DICIONÁRIO da LÍNGUA PORTUGUESA

DICIONÁRIO
da LÍNGUA PORTUGUESA

DICIONÁRIOS EDITORA

© Porto Editora

1.ª edição: maio de 1998
Reimpresso em julho de 2017

O título **DICIONÁRIOS EDITORA** está devidamente registado.
Reservados todos os direitos. Esta publicação não pode ser reproduzida ou transmitida, no todo ou em parte, sob qualquer forma ou por qualquer meio eletrónico ou mecânico, nomeadamente fotocópia, gravação ou outros, para qualquer finalidade, sem prévia autorização escrita da Editora.

Rua da Restauração, 365
4099-023 Porto
Portugal

www.portoeditora.pt

Execução gráfica **Bloco Gráfico**
Unidade Industrial da Maia.

DEP. LEGAL 371985/14

A **cópia ilegal** viola os direitos dos autores.
Os prejudicados somos todos nós.

Principais Colaboradores

Abílio Alves Bonito Perfeito – Licenciado em Filologia Clássica
Adalmiro Castro – Licenciado em Ciências Geológicas
Albano Morgado – Licenciado em Filologia Românica
Aldónio Gomes – Licenciado em Filologia Clássica
Alexandre A. Pires de Carvalho – Doutor em Física
Álvaro Bordalo – Licenciado em Ciências Histórico-Filosóficas
Amílcar de Magalhães Mateus – Doutor em Ciências Biológicas
Ana Maria Vaz Pires – Licenciada em Filologia Românica
António Almodôvar – Licenciado em Ciências Histórico-Filosóficas
António Andrade Guimarães – Doutor em Matemática
António Augusto Lopes – Licenciado em Ciências Matemáticas
António Cândido M. Guerreiro – Licenciado em Filologia Germânica
António de Almeida Sampaio – Licenciado em Ciências Físico-Químicas e Engenharia Química
António de Sampaio e Melo – Licenciado
António Tavares – Licenciado em Filologia Românica
Bernardo Xavier Coutinho – Doutor em Letras
Carlos Teixeira – Doutor em Geologia
Emídio Coelho da Silva
Emília de Oliveira de M. Mateus – Licenciada em Ciências Histórico-Naturais
Evaristo Guedes Vieira – Licenciado em Ciências Geográficas
Fernando Augusto Ramôa – Licenciado em Medicina
Francisco Carvalho Correia – Mestre em Filologia Clássica
Frederico Sodré Borges – Doutor em Geologia
João Luís L. C. de O. Cabral – Doutor em Química
Joaquim Almeida Costa – Licenciado em Filologia Românica
Joaquim Fonseca – Doutor em Linguística Portuguesa
Joaquim José M. dos Santos – Licenciado em Filologia Românica
Joaquim Maria Rocha Moreira – Licenciado em Farmácia
Joaquim Moreira – Licenciado em Matemática
José A. Teixeira – Licenciado em Ciências Físico-Químicas
José Geraldes Freire – Doutor em Linguística Latina
José Inês Louro – Licenciado em Medicina e em Filologia Clássica
José Manuel B. da S. Barbosa – Licenciado em Engenharia Civil
José Tavares Aleixo Gomes
José Vitorino da Costa – Licenciado em Ciências Físico-Químicas
Manuel Figueiredo Ferreira – Mestre em Ciências da Educação
Manuel Pinto Serrão – Licenciado em Engenharia Civil
Maria Luísa Cortesão – Doutora em Ciências da Educação
Mário Fiúza – Licenciado em Filologia Românica
Mário Lopes Gonçalves – Licenciado em Biologia
Martinho Vaz Pires – Licenciado em Filologia Germânica
Orlando Ferreira Barbosa – General
Rómulo de Carvalho – Licenciado em Ciências Físico-Químicas
Rui Grácio – Licenciado em Ciências Histórico-Filosóficas
Viriato Gonçalves – Licenciado em Ciências Histórico-Geográficas
Vítor Manuel Aguiar e Silva – Doutor em Letras

NOTA DA EDITORA

Sempre atenta à célere evolução da língua e obedecendo a uma preocupação constante de rigor e de qualidade, a Porto Editora apresenta a nova edição do *Dicionário Editora da Língua Portuguesa*, fruto de um trabalho profundo e contínuo de revisão e atualização. Uma vez que ainda estamos na fase de transição para a nova ortografia, esta obra continua a registar as grafias anteriores ao novo Acordo Ortográfico, com remissão para as grafias novas.

A informação apresentada nos artigos do dicionário obedece a uma estrutura clara e funcional, permitindo a consulta rápida e a compreensão imediata. Os diferentes sentidos das palavras são destacados por meio de algarismos e as diversas categorias gramaticais são separadas por símbolos quadrangulares. As indicações de pronúncia, a inclusão de contextos, a identificação das áreas temáticas e dos níveis de língua contribuem para esclarecer as dúvidas de qualquer utilizador. O dicionário reúne um extenso vocabulário geral, bem como palavras específicas de diferentes domínios do conhecimento. Inclui igualmente um número significativo de vocábulos de uso recente na língua, tais como: *arborismo*, *bitcoin*, *coadoção*, *ecoescola*, *góji*, *grandolar*, *nanopartícula*, *mentoria*, *phablet* e *visagismo*.

Com esta atualização, temos a certeza de proporcionar aos nossos utilizadores uma obra de excelência que dá conta do que de novo vai sendo introduzido na língua, consolidando simultaneamente a adaptação à nova norma ortográfica. Agradecemos todas as observações e sugestões que nos têm sido enviadas, bem como as que queiram continuar a enviar-nos, contribuindo para que este dicionário seja cada vez mais completo e adequado às necessidades de todos e de cada um.

Guia de Utilização

bioconversão *n.f.* conversão de matéria orgânica, como lixo animal ou vegetal, em produtos utilizáveis ou em fontes de energia, através de processos ou agentes biológicos, nomeadamente microrganismos (De *bio-*+*conversão*)
biocrático *adj.* diz-se do medicamento destinado a modificar as funções orgânicas (Do gr. *bíos*, «vida» +*krátos*, «força»)
biodegradabilidade *n.f.* qualidade daquilo que é biodegradável (De *biodegradável*+*-i-*+*-dade*)
biodegradação *n.f.* BIOLOGIA degradação de compostos químicos por ação de microrganismos (De *bio-*+*degradação*)
biodegradar *v.tr.* decompor através de biodegradação (De *bio-*+*degradar*)
biodegradável *adj.2g.* 1 BIOLOGIA diz-se da substância que pode ser decomposta por ação de microrganismos, especialmente bactérias 2 corruptível (De *bio-*+*degradar*+*-vel*, ou do ing. *biodegradable*, «id.»)
biodiesel *n.m.* combustível renovável e biodegradável, fabricado a partir do óleo vegetal obtido de sementes oleaginosas e/ou de óleos vegetais, usado em veículos com motor diesel (De *bio-*+*diesel*)
biodinâmica *n.f.* BIOLOGIA estudo da atividade dos organismos vivos (De *bio-*+*dinâmica*)
biodisponibilidade *n.f.* FARMÁCIA grau e velocidade com que o princípio ativo de uma substância é absorvido pelo organismo, tornando-se disponível para atuar da forma desejada (De *bio-*+*disponibilidade*)
biodiversidade *n.f.* BIOLOGIA conceito que abrange a variedade das espécies biológicas, a diversidade genética numa dada espécie e a diversidade dos ecossistemas (De *bio-*+*diversidade*)
bioelectricidade ver nova grafia **bioeletricidade**
bioeletricidade *n.f.* BIOLOGIA eletricidade dos seres vivos, que é mantida pela atividade metabólica dos mesmos seres (De *bio-*+*electricidade*)
bioenergética *n.f.* FISIOLOGIA estudo das transformações da energia nos seres vivos (De *bio-*+*energética*, ou do fr. *bioénergétique*, «id.»)
bioenergético *adj.* FISIOLOGIA relativo ou pertencente à bioenergética
bioenergia *n.f.* FISIOLOGIA ⇒ **bioenergética**

biografar *v.tr.* fazer a biografia de ■ *v.pron.* descrever a própria vida; fazer a autobiografia (De *biografia*+*-ar*)
biografia *n.f.* 1 descrição da vida de alguém 2 obra que retrata a vida de alguém (Do gr. *bíos*, «vida» +*gráphein*, «escrever», pelo fr. *biographie*, «id.»)
biográfico *adj.* da biografia ou a ela relativo (De *biografia*+*-ico*, ou do fr. *biographique*, «id.»)
biografista *n.2g.* ⇒ **biógrafo** (De *biografia*+*-ista*)
biógrafo *n.m.* autor de biografia ou biografias (Do gr. *biográphos*, «biógrafo», de *bíos*, «vida» +*gráphein*, «escrever», pelo fr. *biographe*, «id.»)
biólito *n.m.* PETROLOGIA rocha sedimentar constituída por restos de organismos animais ou vegetais (Do gr. *bíos*, «vida» +*líthos*, «pedra»)
biologia *n.f.* ciência que tem por objetivo o estudo dos seres vivos sob todas as suas formas, e todos os fenómenos que estão na base do seu desenvolvimento, crescimento, nutrição, reprodução e morte; ~ **celular** estudo da estrutura funcional de uma célula, com base em conhecimentos de bioquímica, biologia molecular, citologia, genética, etc.; ~ **molecular** estudo das propriedades funcionais, da estrutura, da degradação e da síntese de moléculas constituintes dos seres vivos (Do gr. *bíos*, «vida» +*lógos*, «tratado» + *-ia*, pelo fr. *biologie*, «id.»)
biológico *adj.* 1 da biologia ou a ela relativo 2 próprio dos seres vivos 3 (mãe, pai, filho) que tem ligação genética; não adotivo 4 (arma) que usa organismos vivos (bactérias, vírus) para espalhar doenças ou matar (De *biologia*+*-ico*, ou do fr. *biologique*, «id.»)
biologismo *n.m.* 1 BIOLOGIA sistema que foca a realidade e a vida unicamente do ponto de vista biológico, considerando a vida orgânica como única forma de vida e os organismos individuais como individuações da vida em geral 2 regime alimentar baseado no uso exclusivo de produtos naturais (De *biologia*+*-ismo*)

- A entrada pode ser uma palavra, uma locução ou um elemento de formação.

- A categoria gramatical indica a classe à qual pertence a palavra.

- A definição descreve o sentido da palavra.

- São registadas as grafias anteriores ao Acordo Ortográfico, com remissão para as grafias novas.

- O símbolo quadrangular separa categorias gramaticais da palavra.

- A seta indica a palavra onde deve ser procurada a definição da entrada.

- O símbolo til substitui a entrada.

- O contexto especifica o sentido da aceção.

bit *n.m.* INFORMÁTICA menor unidade de informação processada por um computador e que pode apenas representar um de dois valores binários: 0 ou 1 (Da expr. ing. *binary digit*, «dígito binário»)
bitacaia *n.f.* [Angola] espécie de pulga que se introduz nos pés provocando infeção; matacanha; nígua (Do umbundo *ovitakala*, «id.»)
bitácula *n.f.* **1** NÁUTICA caixa cilíndrica de vidro onde é guardada a bússola **2** [pop.] nariz; ***levar nas bitáculas*** [pop.] apanhar bofetadas (Do lat. *habitacŭla*, pl. de *habitacŭlu-*, «morada; residência»)
bitaite *n.m.* [pop.] opinião pouco refletida ou palpite geralmente sem fundamento (Corrup. de *bitate*)
bitcoin *n.m./f.* meio de pagamento digital, com o qual podem ser realizadas transações online de forma anónima e que está livre de taxas, desvalorização ou inflação por não ser controlado por nenhum banco central; criptomoeda; moeda virtual (Do ing. *bitcoin*, «id.», de *bit*, «bit» +*coin*, «moeda»)
bite-bite *n.m.* ORNITOLOGIA ave pernalta da família dos Caradriídeos, também conhecida por areeiro, bique-bique, fradinho, grim-grim, etc. (De orig. onom.)
bitmap *n.m.* INFORMÁTICA representação de uma imagem na memória do computador através de um conjunto de bits, em que cada bit corresponde a um píxel; mapa de bits (Do ing. *bitmap*, «id.»)
bitocles *elem. expr.* ***nicles de ~*** coisa nenhuma
bitola *n.f.* **1** valor de referência; medida-padrão; modelo **2** norma de conduta; princípio; regra **3** dimensão fixa ou padronizada de um material **4** distância entre os trilhos de uma via-férrea **5** NÁUTICA grossura de um cabo (nos cabos metálicos considera-se o diâmetro e nos cabos de fibra o perímetro) **6** CINEMA medida padronizada da largura de um filme **7** [fig.] nível (intelectual, social, económico, etc.); craveira **8** [fig.] inteligência; capacidade; ***medir tudo pela mesma ~*** não distinguir entre o bom e o mau (Do angl.-sax. *wittot*, «conhecedor», pelo cast. *vitola*, «bitola»)
bitolar *v.tr.* **1** medir com bitola **2** [Brasil] [fig.] ter ideias rígidas ou antiquadas (De *bitola*+*-ar*)
bitonal *adj.2g.* **1** da bitonalidade **2** referente à bitonalidade (De *bi-*+*tonal*)
bitonalidade *n.f.* MÚSICA sobreposição de duas melodias de tons diferentes (De *bi-*+*tonalidade*)
Bitongas *n.m.pl.* ETNOGRAFIA povo que habita nas proximidades da serra da Gorongosa, na Zambézia (Moçambique) (De *bi*, pref. do pl. +*tonga*, etn.)
bitoque *n.m.* CULINÁRIA prato típico português composto por um bife grelhado ou frito, ovo estrelado por cima, geralmente acompanhado de batatas fritas, arroz e, por vezes, salada (Corrup. de *bifesteque*)
bitributação *n.f.* tributação dupla do mesmo sujeito em relação ao mesmo objeto ou pela mesma atividade (De *bi-*+*tributação*)
bituca *n.f.* [Brasil] beata; prisca
biunívoco *adj.* MATEMÁTICA diz-se da relação de correspondência em que a um elemento de um primeiro conjunto corresponde um elemento de um segundo conjunto, e reciprocamente (De *bi-*+*unívoco*)
biureto /ê/ *n.m.* QUÍMICA composto que se obtém da ureia; ***reação do ~*** reação característica na análise dos prótidos (De *bi-*+*ureia*+*-eto*)
bivacar *v.intr.* estabelecer-se em bivaque (De *bivaque*+*-ar*)
bivalência *n.f.* qualidade ou propriedade do elemento químico que tem duas valências (De *bi-*+*valência*)
bivalente *adj.2g.* **1** QUÍMICA que tem valência igual a dois **2** FILOSOFIA diz-se da lógica que apenas reconhece dois valores: o verdadeiro e o não verdadeiro ■ *n.m.* CITOLOGIA estrutura constituída por dois cromossomas homólogos emparelhados que contêm quatro cromatídios (De *bi-*+*valente*)
bivalve *adj.2g.* BOTÂNICA, ZOOLOGIA diz-se do fruto ou da concha que tem duas peças curvas simétricas ■ *n.m.* ZOOLOGIA espécime dos bivalves ■ *n.m.pl.* ZOOLOGIA classe de moluscos de corpo mole revestido por uma concha rígida formada por duas peças laterais simétricas (Do lat. *bis*, «em dois» +*valva-*, «batente de porta»)
bivaque *n.m.* **1** MILITAR modalidade de estacionamento de tropas em que estas se alojam em tendas de campanha ou abrigos improvisados **2** espécie de barrete sobre o comprido, que faz parte de certas fardas (Do al. *Biwak*, «acampamento ao ar livre», pelo fr. *bivouac*, «id.»)

- *Apresenta a área geográfica onde a palavra é utilizada.*
- *Indicação de sentido figurado ou do grau de formalidade da palavra.*
- *Refere a área temática da palavra.*
- *As expressões idiomáticas e provérbios são apresentados no final da entrada.*
- *Os números introduzem diferentes sentidos de uma palavra.*
- *A pronúncia é registada para esclarecer possíveis dúvidas.*
- *A etimologia indica a origem da entrada. A abreviatura «id.» (idem) é usada quando a palavra conserva o sentido principal da forma de origem. Quando a palavra adquiriu um sentido diferente, o significado original fica entre aspas. Os símbolos utilizados são:*
    + *adição de dois elementos*
    × *cruzamento de duas formas*
    * *forma hipotética*
    ® *marca registada*

Lista de Abreviaturas

abrev.	abreviatura
acad.	gíria académica
adj.	adjetivo; adjetival
adv.	advérbio; adverbial
afér.	aférese
afr.	africano
al.	alemão
alt.	alteração
amer.	ameríndio
anam.	anamita
andal.	andaluz
angl.-sax.	anglo-saxão
ant.[1]	antigo; antiquado
antr.	antropónimo
apóc.	apócope
ár.	árabe
aram.	aramaico
arauc.	araucano
arc.[1]	arcaico
art.	artigo
astr.	astrónimo
aum.	aumentativo
aux.	auxiliar
b.	baixo
beng.	bengali
berb.	berbere
birm.	birmanês
biz.	bizantino
bot.	botânico
bras.	brasileiro
bret.	bretão
cal.	calão
card.	cardinal
cast.	castelhano
castr.	castrense
cat.	catalão
célt.	céltico
chin.	chinês
cient.	científico
cig.	cigano
cing.	cingalês
cl.	clássico
coloq.	coloquial
conc.	concani
cong.	congolês
conj.	conjunção; conjuncional
conjug.	conjugação
contr.	contração
cop.	copulativo
corrup.	corruptela
def.	definido
dem.	demonstrativo
depr.[2]	depreciativo
deriv.	derivação
det.	determinante
dial.	dialeto; dialetal
dim.	diminutivo
din.	dinamarquês
dravíd.	dravídico
ecl.	eclesiástico
elem.	elemento
escand.	escandinavo
escoc.	escocês
escol.	escolástico
esl.	eslavo
esp.	espanhol
etn.	etnónimo
euf.	eufemismo
ex.	exemplo
exist.	existencial
expr.	expressão
f./fem.	feminino
fig.	figurado
finl.	finlandês
flam.	flamengo
fr.	francês
frac.	fracionário
frânc.	frâncico
freq.	frequentativo
fut.	futuro
gal.	galego
gasc.	gascão
gaul.	gaulês
ger.	gerúndio
germ.	germânico
gír.	gíria
gót.	gótico
gr.	grego
guar.	guarani
guz.	guzerate
hapl.	haplologia
hebr.	hebraico
hier.	hierónimo
hind.	hindustâni
hisp.	hispânico
hol.	holandês
húng.	húngaro
ibér.	ibérico
id.	idem
imp.	imperativo
inc.	incoativo
ind.	indicativo
indef.	indefinido
infant.	linguagem infantil
infl.	influência
ing.	inglês
interr.	interrogativo
intr.	intransitivo
inv.	invariável
irl.	irlandês
irón.	irónico
irreg.	irregular
isl.	islandês
it.	italiano
jap.	japonês
jav.	javanês
joc.	jocoso
lat.	latim
loc.	locução
lomb.	lombardo
m./masc.	masculino
mal.	malaio
mar.	marata
med.	medieval
met.	metátese
mex.	mexicano
mitol.	mitologia
moç.	moçárabe
mod.	moderno
mud.	mudança
mult.	multiplicativo
n.	nome
nauat.	nauatle
neerl.	neerlandês
neut.	neutro
nórd.	nórdico
norueg.	norueguês
num.	numeral
obsc.	obscura
ocid.	ocidental
onom.	onomatopeica
ord.	ordinal
orig.	origem
pal.	palavra
part.	particípio
pass.	passado
pej.[2]	pejorativo
pers.	persa
pess.	pessoal; pessoa
pl.	plural
poét.	poético
pol.	polaco
pop.	popular
port.	português
poss.	possessivo
pref.	prefixo
prep.	preposição; preposicional
pré-rom.	pré-romano
pres.	presente
pron.	pronome; pronominal
prov.	provençal
quant.	quantificador
quich.	quíchua
quimb.	quimbundo
rad.	radical
red.	redução
regr.	regressiva
rel.	relativo
rom.	romeno
sânsc.	sânscrito
séc.	século
sínc.	síncope
sing.	singular
subst.	substantivado
suf.	sufixo
superl.	superlativo
tâm.	tâmul
tard.	tardio
téc.	técnico
tib.	tibetano
top.	topónimo
tosc.	toscano
tr.	transitivo
trad.	tradução
turc.	turco
univ.	universal
v.	verbo
var.	variação
vasc.	vasconço
vulg.[3]	vulgar; vulgarismo
2g.	géneros (masculino e feminino)
2n.	números (singular e plural)

[1] *arc.* indica palavras que já não se usam e *ant.* (antiquado) palavras que caíram em desuso, embora possam surgir em contextos atuais.
[2] *depr.* identifica uma palavra com conotação negativa e *pej.* uma aceção negativa entre as aceções que definem a entrada.
[3] *vulg.* indica palavras obscenas, grosseiras ou ofensivas.

a[1] *n.m.* **1** primeira letra e primeira vogal do alfabeto **2** letra que representa a vogal central aberta (ex. *pá*) e a vogal anterior semiaberta (ex. *cada*) **3** primeiro lugar de uma série indicada pelas letras do alfabeto **4** (unidade de medida) símbolo de *are* **5** FÍSICA símbolo de *ampere* (com maiúscula) **6** LÓGICA símbolo de *proposição universal afirmativa* (com maiúscula) **7** MÚSICA (países germânicos e anglo-saxões) símbolo da nota *lá* (também com maiúscula) **8** PSICOLOGIA na caracterologia de Heymans-Le Senne, designa o tipo ativo, sendo nA o não ativo (com maiúscula); *de A a Z* do princípio ao fim, totalmente; *provar por a mais b* provar de modo incontestável

a[2] *art.def.* antecede um nome, indicando referência precisa e determinada (*a viagem*) ▪ *pron.pess.* designa a terceira pessoa do singular feminina com a função de complemento direto (*eu vi-a*) ▪ *pron.dem.* equivale a *esta, essa, aquela* (Do lat. *illa-*)

a[3] *prep.* introduz expressões que designam: 1 lugar para onde (*vou a Faro*); 2 lugar onde (*ao colo*); 3 tempo (*a dois dias da partida*); 4 modo ou meio (*a pé, a carvão*); 5 preço (*a dois euros*); 6 finalidade (*deu água a beber*); 7 distância (*a dois quilómetros*) (Do lat. *ad*, a ou *ab*, «a; de; para»)

a-[1] prefixo que exprime a ideia de *aproximação* (Do lat. *ad*, «a; para»)

a-[2] prefixo que exprime a ideia de *afastamento, separação* (Do lat. *ab*, «de»)

a-[3] prefixo que exprime a ideia de *privação* ou *negação* (Do gr. *a* ou *an*, «id.»)

a-[4] elemento protético (ex. *ajuntar = juntar*)

à contração da preposição a + *o artigo definido* a ▪ contração da preposição a + *o pronome demonstrativo* a

aa *n.f.* GEOLOGIA lava áspera e escoriácea constituída por fragmentos irregulares (Do havaiano *a-'a*, «queimar», pelo ing. *aa*)

aacheniano *adj.* relativo à cidade alemã de Aachen ▪ *n.m.* natural ou habitante de Aachen (De *Aachen*, top. +*-iano*)

aal[1] *n.m.* **1** BOTÂNICA árvore da família das Anacardiáceas, cujas raízes e casca são utilizadas, na Índia, em tinturaria e em aromatizações **2** raízes dessa árvore **3** produto tintorial extraído dessas raízes (Do hind. *aal*, pelo lat. cient. *aalis*, «id.»)

aal[2] *n.m.* porcelana antiga de cor amarela e de origem chinesa

Aaleniano *n.m.* GEOLOGIA andar que hoje se situa, geralmente, no final do Jurássico inferior, mas também na base do Jurássico médio ou Dogger (De *Aalen*, cidade alemã+*-iano*)

ab- prefixo que exprime a ideia de *intensidade, separação, oposição*, e se emprega seguido de hífen antes de elemento começado por *r* que não se liga foneticamente ao elemento anterior (*ab--rogar*); a- (Do lat. *ab-*, «id.»)

aba[1] *n.f.* **1** parte inferior ou pendente de algumas peças de vestuário **2** parte inferior do chapéu **3** parte suplementar de uma mesa para dar, quando levantada, maior superfície utilizável **4** cada uma das extremidades de uma capa ou sobrecapa de um livro que se dobram para dentro; badana **5** prolongamento da cobertura para além da prumada das paredes; beiral **6** cada um dos painéis laterais dos trípticos **7** sopé (de monte ou de montanha); falda **8** margem (de rio); orla **9** carne da costela inferior do bovino **10** [fig.] proteção **11** *pl.* arredores; proximidades (Do lat. *alăpa-*, «palma da mão; bofetada; pala»)

aba[2] *n.f.* **1** manto largo sem mangas, usado como agasalho por alguns grupos árabes **2** tecido grosseiro de lã (Do ár. *'abá-*, «manto de beduíno»)

aba[3] *n.m.* designação dos padres das igrejas orientais (Do ár. *abba*, «id.»)

ababalhar *v.tr.* [pop.] sujar com baba (De *a-+baba+-alhar*)

Ababás *n.m.pl.* ETNOGRAFIA povo aborígene que habitava às margens do rio Corumbiara, no estado brasileiro de Mato Grosso

ababosar *v.tr.,pron.* **1** tornar(-se) baboso **2** tornar(-se) infantil

abacá *n.m.* **1** BOTÂNICA bananeira das Filipinas de fruto comestível e produtora de fibras têxteis; cânhamo-de-manila; manila; alvacá; avacá; cofo **2** fibras dessa planta (Do tagalo *abaká*, «id.»)

abaçanar *v.tr.,intr.* tornar(-se) baço; escurecer; amorenar(-se); tostar(-se) (Do fr. *basané*, «curtido, tostado» com infl. de *baço*)

abacate *n.m.* **1** BOTÂNICA fruto baciforme, comestível, do abacateiro **2** ⇒ **abacateiro** ▪ *n.2g.* pessoa pertencente aos Abacates ▪ *adj.2g.* relativo aos Abacates (Do nauatle *awa'katl*, «idem»)

abacateira *n.f.* ⇒ **abacateiro**

abacateiro *n.m.* BOTÂNICA árvore tropical, da família das Lauráceas, que produz o abacate e tem propriedades medicinais; abacate; aguacate (De *abacate+-eiro*)

Abacates *n.m.pl.* ETNOGRAFIA tribo indígena do estado brasileiro de Mato Grosso

abacaxi *n.m.* **1** BOTÂNICA fruto tropical com coroa espinhosa e polpa suculenta **2** BOTÂNICA planta que produz esse fruto ▪ *adj.2g.* referente aos Abacaxis; *descascar um* ~ [Brasil] [coloq.] **1** resolver um problema difícil ou trabalhoso; **2** livrar-se de uma situação desagradável (Do tupi *iwaka'ti*, de *iwá*, «fruta» +*ka'ti*, «cheirosa»)

Abacaxis *n.m.pl.* ETNOGRAFIA tribo indígena do estado brasileiro do Amazonas

abacelamento *n.m.* AGRICULTURA ato ou efeito de abacelar (De *abacelar+-mento*)

abacelar *v.tr.* **1** AGRICULTURA dispor bacelo(s) em **2** AGRICULTURA plantar provisoriamente **3** AGRICULTURA cobrir com terra as raízes de uma planta (De *a-+bacelo+-ar*)

abacial *adj.2g.* referente a abade ou a abadia (Do lat. ecl. *abbatiăle-*, «relativo a abade»)

abacinamento *n.m.* ato ou efeito de abacinar (De *abacinar+-mento*)

abacinar *v.tr.* tirar claridade a; escurecer (Do b. lat. *abacinăre*, «id.», pelo it. *abbacinare*, «cegar; embaciar»)

abacista *n.2g.* pessoa que trabalha com o ábaco, para fazer cálculos (De *ábaco+-ista*)

ábaco *n.m.* **1** quadro que permite representar operações aritméticas por meio de pequenas argolas que deslizam em hastes fixas **2** MATEMÁTICA quadro de curvas que permite a determinação de certas grandezas pela interseção dos traçados **3** marcador de bilhar **4** ARQUITETURA elemento localizado na parte superior do capitel, por cima do equino, e onde assenta a arquitrave ou o arco **5** ARQUITETURA utensílio usado como medida para aplicação repetida **6** ARQUITETURA instrumento utilizado para determinar, no projeto, as sombras de um edifício; ábaco de insolação **7** mesa ou aparador utilizado pelos antigos com diferentes objetivos, consoante a época **8** na Antiguidade, tabuleiro coberto de areia utilizado para esboçar algarismos, letras, etc. (Do gr. *ábakos*, «mesa», pelo lat. *abăcu-*, «ábaco; mesa»)

abacto *n.m.* DIREITO roubo de gado (Do lat. *abactu-*, «id.»)

abactor *n.m.* DIREITO aquele que pratica o abacto; ladrão de gado (Do lat. *abactōre-*, «ladrão de gado»)

abáculo *n.m.* **1** {*diminutivo de* **ábaco**} pequeno ábaco **2** pedaço de vidro ou tijolo embutido no mosaico dos pavimentos (Do lat. *abacŭlu-*, «id.»)

abada *n.f.* **1** aquilo que está contido numa aba (de avental, saia, etc.) **2** grande quantidade **3** [coloq.] grande número de pontos ou golos sofridos num jogo (De *aba+-ada*)

abadágio *n.m.* rendimento de uma abadia (De *abade+-ágio*)

abadar *v.tr.* prover de abade (De *abade+-ar*)

abade *n.m.* **1** superior de uma abadia, de um mosteiro ou de uma confederação de mosteiros **2** superior religioso de um território onde exerce poderes quase episcopais **3** pároco de certas freguesias **4** título honorífico eclesiástico **5** [fig., pej.] homem gordo e pachorrento (Do lat. *abbăte-*, «sacerdote»)

abadejo /ê/ *n.m.* **1** ORNITOLOGIA pássaro dentirrostro, sedentário e comum em Portugal; estrelinha **2** ICTIOLOGIA ⇒ **badejo** **3** ZOOLOGIA inseto coleóptero também conhecido por vaca-loura (Do cast. *abadejo*, «id.»)

abadengo *adj.* 1 que é de um abade ou que está sob a jurisdição de um abade 2 abacial ■ *n.m.* direito de prover de abade (De *abade+-engo*, ou do cast. *abadengo*, «id.»)
abaderna *n.f.* ⇒ **baderna**
abadernar *v.tr.* NÁUTICA fixar com badernas (De *a-+baderna+-ar*)
abadesco /ê/ *adj.* próprio de abade (De *abade+-esco*)
abadessa /ê/ *n.f.* 1 superiora de um mosteiro de monjas 2 [fig., pej.] mulher muito gorda (Do lat. *abbatissa-*, «id.»)
abadessado *n.m.* 1 cargo de abadessa 2 tempo que dura o cargo de abadessa (De *abadessa+-ado*)
abadessar *v.tr.* governar ou dirigir como abadessa (De *abadessa+-ar*)
abadia *n.f.* 1 mosteiro governado por um abade 2 igreja que faz parte do conjunto desse mosteiro 3 dignidade ou cargo de abade (Do lat. *abbatīa-*, «id.», pelo lat. tard. *abbatīa-*, «id.»)
abadiado *n.m.* dignidade, cargo ou jurisdição de abade (De *abadia+-ado*)
abadiar *v.tr.* ⇒ **abadar** (De *abadia+-ar*)
abádida *adj.2g.* referente aos Abádidas ■ *n.2g.* membro dos Abádidas
Abádidas *n.m.pl.* ETNOGRAFIA dinastia muçulmana que dominou em Sevilha no século XI (De *'Abbād*, parte do nome do fundador do reino de Taifas de Sevilha)
abado *adj.* que tem abas (De *aba+-ado*)
abaetar *v.tr.,pron.* 1 cobrir(-se) com baeta 2 tornar(-se) semelhante a baeta 3 enroupar(-se); agasalhar(-se) (De *a-+baeta+-ar*)
abafa *n.f.* [ant.] ameaça arrogante; bravata (Deriv. regr. de *abafar*)
abafação *n.f.* 1 ato ou efeito de abafar 2 falta de ar; sufocação (De *abafar+-ção*)
abafadamente *adv.* 1 a medo 2 em voz baixa 3 secretamente (De *abafado+-mente*)
abafadela *n.f.* ⇒ **abafação** (De *abafar+-dela*)
abafadiço *adj.* 1 (lugar) onde falta o ar 2 sufocante 3 que sofre de abafação 4 [fig.] irascível (De *abafar+-diço*)
abafado *adj.* 1 tapado 2 sufocado 3 apertado 4 oprimido 5 oculto 6 (vinho) que não fermentou 7 [coloq.] roubado (Part. pass. de *abafar*)
abafador *adj.* 1 que impede a respiração normal; que abafa; sufocante 2 que conserva o calor; que agasalha ■ *n.m.* 1 o que abafa 2 MÚSICA dispositivo utilizado em alguns instrumentos para impedir a livre vibração sonora; surdina 3 pedal do piano que abafa o som 4 MECÂNICA peça que reduz o ruído provocado pela descarga dos gases nos motores de explosão; silenciador 5 [coloq.] indivíduo que rouba; ladrão; gatuno 6 [fig.] aquele que oprime; repressor 7 [ant.] indivíduo que apressava a morte dos moribundos, asfixiando-os para lhes diminuir o sofrimento (De *abafar+-dor*)
abafadura *n.f.* 1 ato ou efeito de abafar 2 falta de ar 3 calcamento de um terreno para que o ar não o penetre (De *abafar+-dura*)
abafamento *n.m.* 1 ato ou efeito de abafar 2 falta de ar; sufocação; asfixia; abafadura 3 falta de ventilação (De *abafar+-mento*)
abafante *adj.2g.* 1 que abafa; sufocante 2 [fig.] soberbo; estonteante (De *abafar+-ante*)
abafar[1] *v.tr.* 1 impedir a respiração de; sufocar; asfixiar 2 matar por asfixia; estrangular; esganar 3 cobrir para conservar o calor; agasalhar; tapar 4 impedir o livre seguimento de (processo, discussão); travar; interromper 5 dificultar o desenvolvimento de 6 tornar pouco perceptível (som, ruído); amortecer 7 apagar (incêndio) 8 reprimir; conter 9 [fig.] impedir a divulgação de (facto ou informação); esconder; ocultar 10 [coloq.] apropriar-se indevidamente de; roubar; furtar 11 NÁUTICA aferrar (as velas) ■ *v.intr.* não poder respirar; *abafa!* NÁUTICA voz de comando para aferrar as velas (De *a-+bafo+-ar*)
abafar[2] *n.m.* ⇒ **albafar**
abafarete /ê/ *n.m.* 1 ato de abafar uma discussão 2 bebida quente para aquecer (De *abafar+-ete*)
abafável *adj.2g.* que se pode abafar (De *abafar+-vel*)
abafeira *n.f.* 1 estagnação de água 2 albufeira 3 agasalho 4 ato de abafar; abafação; abafadura (De *abafar+-eira*)
abafo *n.m.* 1 sufocação 2 lugar onde se conserva alguma coisa quente 3 peça de roupa para proteger do frio; agasalho 4 [fig.] carinho (Deriv. regr. de *abafar*)
abagaçar *v.tr.* 1 reduzir a bagaço 2 tornar semelhante a bagaço 3 alimentar com bagaço (De *a-+bagaço+-ar*)
abaganhar *v.intr.* 1 (linho) criar baganha 2 [pop.] angariar (De *a-+baganha+-ar*)
abagoar *v.intr.* (plantas) criar bago ■ *v.tr.* [regionalismo] (Minho) desengranzar; desenfiar (contas) (De *a-+bago+-ar*)
abagulhado *adj.* em forma de bagulho (De *a-+bagulho+-ado*)

abainhar /a-i/ *v.tr.* fazer bainha em; embainhar (De *a-+bainha+-ar*)
abaionetar *v.tr.* 1 ferir ou matar com baioneta 2 armar de baioneta 3 dar forma de baioneta a (De *a-+baioneta+-ar*)
abairramento *n.m.* 1 ato ou efeito de abairrar 2 divisão em bairros (De *abairrar+-mento*)
abairrar *v.tr.* 1 dividir em bairros 2 colocar em bairro ■ *v.pron.* formar bairro (De *a-+bairro+-ar*)
abaisir *n.m.* fuligem metálica que se deposita nos fornos de fundição (De orig. obsc.)
abaiucar *v.tr.* dar aparência de baiuca a (De *a-+baiuca+-ar*)
abaixa *n.f.* fisga usada na pesca da lampreia, no rio Minho (Deriv. regr. de *abaixar*)
abaixado *adj.* 1 que se abaixou 2 ARQUITETURA diz-se da abóbada ou do arco cuja flecha é menos de metade da sua abertura; abatido (Part. pass. de *abaixar*)
abaixador *adj.,n.m.* que ou o que abaixa ■ *n.m.* ANATOMIA músculo que faz baixar a parte do órgão ou do corpo a que está ligado; depressor; *~ de língua* [Brasil] MEDICINA instrumento que se utiliza para fazer baixar a língua durante exames ou cirurgias; cataglosso (De *abaixar+-dor*)
abaixa-língua *n.m.* MEDICINA instrumento que se utiliza para fazer baixar a língua durante exames ou cirurgias; cataglosso (De *abaixar+-língua*)
abaixamento *n.m.* 1 ato ou efeito de abaixar ou abaixar-se 2 descida 3 depressão 4 [fig.] abatimento; humilhação (De *abaixar+-mento*)
abaixante *adj.2g.* que abaixa; abaixador (De *abaixar+-ante*)
abaixar *v.tr.,pron.* 1 tornar(-se) baixo ou mais baixo; baixar(-se) 2 inclinar(-se) para baixo; curvar(-se) para o chão 3 mover(-se) para baixo; (fazer) descer 4 [fig.] humilhar(-se); rebaixar(-se) ■ *v.tr.,intr.,pron.* 1 tornar ou ficar menor em altura; descer 2 tornar ou ficar mais reduzido; diminuir (De *a-+baixar*)
abaixo *adv.* 1 em posição inferior 2 em menor grau 3 em sentido descendente; *~!* exclamação que exprime reprovação ou protesto; *~ de* sob, depois de (De *a-+baixo*)
abaixo-assinado *n.m.* documento que exprime a opinião de um grupo ou representa os interesses das pessoas que o assinam
abajoujado *adj.* aparvalhado; atoleimado; um tanto palerma (Part. pass. de *abajoujar*)
abajoujamento *n.m.* 1 ato de tornar-se bajoujo, palerma; lamechice 2 adulação; bajulação (De *abajoujar+-mento*)
abajoujar *v.tr.* 1 tornar bajoujo, palerma; atoleimar 2 adular; bajular ■ *v.pron.* tornar-se palerma (De *a-+bajoujo+-ar*)
abajur *n.m.* 1 peça de candeeiro com que se resguarda a luz para lhe atenuar a intensidade; quebra-luz 2 [Brasil] candeeiro (Do fr. *abat-jour*, «id.»)
abalada *n.f.* 1 ato de abalar; partida 2 direção tomada pela caça que se levanta; *de ~* apressadamente, a correr; *estar de ~* estar prestes a sair (Part. pass. fem. subst. de *abalar*)
abaladela *n.f.* ⇒ **abalada** (De *abalar+-dela*)
abaladiço *adj.* que se abala com facilidade (De *abalar+-diço*)
abalado *adj.* 1 mal seguro 2 aluído 3 comovido; impressionado 4 inclinado a mudar de opinião; hesitante 5 fraco; débil (Part. pass. de *abalar*)
abaladura *n.f.* ação de abalar; partida (De *abalar+-dura*)
abalaiado *adj.* com feitio de balaio (De *a-+balaio+-ado*)
abalamento *n.m.* 1 ato de abalar; partida; abaladura 2 abalo; agitação 3 balanço (De *abalar+-mento*)
abalançamento *n.m.* 1 ato de abalançar ou abalançar-se 2 audácia; atrevimento (De *abalançar+-mento*)
abalançar *v.tr.* 1 pesar com balança 2 impelir; arrojar ■ *v.pron.* 1 atrever-se; arriscar-se; expor-se 2 atirar-se; lançar-se (De *a-+balança+-ar*)
abalar *v.tr.* 1 fazer tremer 2 sacudir; agitar 3 fazer mudar de propósito; demover 4 impressionar 5 assustar; inquietar ■ *v.intr.* 1 tremer 2 partir com pressa 3 ir-se embora ■ *v.tr.,intr.,pron.* causar ou sentir comoção (Do lat. **advallāre*, «lançar-se no vale, ao fundo»)
abalaustramento /a-u/ *n.m.* ato ou efeito de abalaustrar (De *abalaustrar+-mento*)
abalaustrar /a-u/ *v.tr.* 1 guarnecer de balaústres 2 dar forma de balaústre a (De *a-+balaústre+-ar*)
abalável *adj.2g.* suscetível de ser abalado (De *abalar+-vel*)
abalienação *n.f.* direito, entre os Romanos, de transmitir terras, gados ou escravos aos que os podiam adquirir (Do lat. *abalienatiōne-*, «id.»)
abalienar *v.tr.* transmitir por abalienação (Do lat. *abalienāre*, «afastar; ceder; transferir»)
abalistar *v.tr.* atacar com balista (De *a-+balista+-ar*)

abalizado adj. 1 marcado com baliza 2 de muita competência; ilustrado; distinto; eminente (Part. pass. de *abalizar*)
abalizador adj.,n.m. que ou o que abaliza ■ n.m. 1 vara com que outrora se mediam as terras 2 agrimensor 3 [fig.] crítico (De *abalizar+-dor*)
abalizar v.tr. 1 marcar com balizas 2 assinalar; distinguir ■ v.pron. tornar-se notável; distinguir-se (De *a-+baliza+-ar*)
abalo n.m. 1 ato ou efeito de abalar 2 terramoto 3 abalada; partida 4 comoção 5 surpresa 6 alvoroço 7 susto; ~ *de terra* tremor de terra, terramoto (Deriv. regr. de *abalar*)
abaloar v.tr. dar forma de balão a ■ v.intr. (abdómen) inchar por acumulação de gases (De *a-+balão+-ar*)
abalofar v.tr. tornar balofo; afofar ■ v.pron. [fig.] envaidecer-se (De *a-+balofo+-ar*)
abalone n.m. ZOOLOGIA molusco gastrópode comestível, do género *Haliotis*, cuja concha é utilizada para a joalharia e a decoração; orelha do mar; molusco da Califórnia (Do esp. americano *abulón*, «abalone», pelo ing. *abalone*, «id.»)
abalroa /ô/ n.f. NÁUTICA ⇒ **balroa**
abalroação n.f. ⇒ **abalroamento** (De *abalroar+-ção*)
abalroada n.f. ⇒ **abalroamento** (Part. pass. fem. subst. de *abalroar*)
abalroamento n.m. 1 ato ou efeito de abalroar; abalroação; abalroada 2 colisão de dois navios, um fundeado e outro em movimento 3 choque de navio contra corpo flutuante, pontão ou destroço 4 colisão de um veículo em marcha contra outro parado ou que abranda a velocidade (De *abalroar+-mento*)
abalroar v.tr. 1 colidir com (um obstáculo) 2 [coloq.] chocar com (alguém) 3 investir contra; acometer 4 atracar com balroas 5 arpoar (De *a-+balroa+-ar*)
abalsar v.tr. 1 meter em balsa ou balseiro (dorna) 2 colocar em balsa (jangada) 3 meter em charco (De *a-+balsa+-ar*)
abalseirar v.tr. ⇒ **abalsar** (De *a-+balseiro+-ar*)
abaluartar v.tr. 1 guarnecer de baluartes 2 dar forma de baluarte a (De *a-+baluarte+-ar*)
abambolinar v.tr. 1 dar feitio de bambolim a 2 guarnecer ou enfeitar com bambolins (De *a-+bambolim+-ar*)
abanação¹ n.f. ⇒ **abanadela** (De *abanar+-ção*)
abanação² n.f. antiga pena de desterro por um ano (Do lat. **abannatiōne-*, «id.»)
abanadela n.f. ato ou efeito de abanar ligeiramente (De *abanar+-dela*)
abanado adj. 1 agitado; sacudido 2 doente 3 que dissipou os seus haveres; falido; pobre (Part. pass. de *abanar*)
abanador n.m. utensílio em forma de leque com que se agita o ar para ativar combustões; abano 2 leque; ventarola (De *abanar+-dor*)
abanadura n.f. 1 abanadela; sacudidela 2 balanço (De *abanar+-dura*)
abananar v.tr. 1 dar forma ou gosto de banana a 2 [fig.] aturdir; espantar; desorientar ■ v.pron. 1 perder a energia 2 [fig.] aparvalhar-se; aturdir-se (De *a+-banana+-ar*)
abanão n.m. 1 ato de abanar 2 sacudidela forte 3 [fig.] comoção; choque (De *abanar+-ão*)
abanar v.tr. 1 agitar o ar com abano ou outro objeto 2 dar abanões a; sacudir 3 demover 4 fazer perder a saúde 5 enfraquecer ■ v.intr. oscilar; tremer ■ v.pron. refrescar-se com abano ou outro objeto; ~ *o capacete/esqueleto* [coloq.] dançar; *de mãos a* ~ sem dinheiro, sem nada (Do lat. **vannāre*, através de **evannāre* ou **advannāre*, «cirandar, passar pelo crivo»)
abancar v.tr. guarnecer bancos ou banca ■ v.intr.,pron. 1 sentar-se à banca ou em banco 2 instalar-se temporariamente 3 frequentar assiduamente 4 iniciar o exercício de uma atividade profissional (De *a-+banco* ou *banca+-ar*)
abandalhação n.f. ato ou efeito de abandalhar ou abandalhar-se; relaxe; abandalhamento (De *abandalhar+-ção*)
abandalhamento n.m. ⇒ **abandalhação** (De *abandalhar+-mento*)
abandalhar v.tr.,pron. 1 tornar(-se) indigno, desprezível; aviltar(-se); relaxar(-se) 2 deixar de cuidar (de algo ou de si mesmo); descuidar(-se) (De *a-+bandalho+-ar*)
abandar¹ v.tr. formar ou juntar em bando ■ v.intr. formar bando ■ v.pron. 1 juntar-se em bando; bandear-se 2 seguir as ideias de alguém 3 congregar-se à volta de alguém (De *a-+bando+-ar*)
abandar² v.tr. 1 pôr de banda; separar 2 pôr banda(s) em (De *a-+bando+-ar*)
abandear v.tr.,intr.,pron. ⇒ **abandar**¹ (De *a-+bando+-ear*)
abandeirar v.tr.,pron. ⇒ **embandeirar** (De *a-+bandeira+-ar*)

abandejar v.tr. 1 dar forma de bandeja a 2 AGRICULTURA limpar (os cereais) separando o grão da palha com uma bandeja (De *a-+bandeja+-ar*)
abandejo n.m. AGRICULTURA ato ou efeito de abandejar (cereais) (Deriv. regr. de *abandejar*)
abandião n.m. BOTÂNICA planta herbácea, da família das Iridáceas, espontânea em Portugal (De orig. obsc.)
abandidar v.tr.,pron. tornar(-se) bandido (De *a-+bandido+-ar*)
abandoador adj.,n.m. que ou o que abandoa (De *abandoar+-dor*)
abandoar v.tr.,pron. reunir(-se) em bando; bandear(-se) (De *a-+bando+-ar*)
abandonado adj. 1 posto de lado 2 desprotegido; desamparado 3 desprezado; maltratado 4 exposto 5 (terreno) deserto; inculto (Part. pass. de *abandonar*)
abandonamento n.m. ⇒ **abandono** (De *abandonar+-mento*)
abandonar v.tr. 1 retirar-se de (um local); deixar 2 deixar ficar 3 pôr de parte; largar 4 desamparar 5 não fazer caso de; negligenciar 6 renunciar a; desistir de 7 repudiar ■ v.pron. 1 entregar-se; ceder 2 dar-se (De *abandono+-ar*, ou do fr. *abandonner*, «id.»)
abandonatário n.m. DIREITO aquele que recebe coisa abandonada ou adquire o direito renunciado por outrem (Do fr. *abandonnataire*, «id.»)
abandonável adj.2g. que se pode ou deve abandonar (De *abandonar+-vel*)
abandono /ô/ n.m. 1 ato ou efeito de deixar um local; afastamento 2 ato pelo qual uma pessoa renuncia a um direito, um bem, etc.; renúncia; desistência; cessão 3 desamparo 4 falta de cuidado; desleixo; ~ *de cargo* falta de comparência ao serviço com intenção de não regressar; ~ *do lar conjugal* negação do dever de coabitação; *ao* ~ sem proteção, sem tratamento (Do fr. *abandon*, «id.»)
abanga¹ n.f. 1 BOTÂNICA palmeira africana 2 BOTÂNICA fruto dessa palmeira utilizado numa bebida com propriedades medicinais
abanga² n.f. ⇒ **bango**²
abanicar v.tr. abanar com abanico (De *abanico+-ar*)
abanico n.m. 1 abano pequeno 2 leque (De *abano+-ico*)
abano n.m. 1 utensílio em forma de leque com que se agita o ar para ativar combustões; abanador 2 leque 3 ato ou efeito de (se) abanar; sacudidela 4 [mais usado no plural] [ant.] folho com pregas usado como adorno de vestuário 5 [regionalismo] processo de pescar, no Algarve, em que se substitui a isca por um pedaço de pano branco 6 [fig.] abalo; comoção 7 [fig.] prejuízo (Do lat. *vannu-*, «crivo, joeira»)
abantesma /ê/ n.m./f. 1 fantasma; espetro; avejão 2 [fig.] pessoa ou objeto que assusta por ser muito grande ou disforme (Do gr. *phántasma*, pelo lat. *phantasma*, «id.»)
abaquetar v.tr. 1 dar forma de baqueta a 2 adelgaçar (De *a-+baqueta+-ar*)
abar v.tr. 1 prover de aba 2 levantar as abas de (De *aba+-ar*)
abará n.m. [Brasil] pequeno bolo feito com massa de feijão, especiarias e óleo de palma (Do ioruba *aba'ra*, «id.»)
abaratar v.tr. baixar o preço de; embaratecer (De *a-+barato+-ar*)
abarbado adj. 1 cheio 2 sobrecarregado 3 atrapalhado (Part. pass. de *abarbar*)
abarbar v.tr. 1 tocar com a barba em 2 pôr à mesma altura 3 igualar 4 resistir a 5 assoberbar ■ v.pron. 1 sobrecarregar-se 2 encostar-se; chegar-se 3 igualar-se em altura (De *a-+barba+-ar*)
abarbarizar v.tr. 1 tornar bárbaro 2 introduzir barbarismos em ■ v.pron. tornar-se bárbaro (De *a-+bárbaro+-izar*)
abarbatar v.tr. 1 [coloq.] tirar às escondidas; roubar; surripiar 2 [coloq.] conseguir obter (algo muito desejado); apanhar ■ v.pron. [coloq.] ficar com algo muito desejado (De orig. obsc.)
abarbelar v.tr. prender com barbela (De *a-+barbela+-ar*)
abarbetar v.tr. 1 elevar (a âncora) à altura da barbeta 2 prover de barbeta (um baluarte) (De *a-+barbeta+-ar*)
abarbilhar v.tr. pôr barbilho no focinho de (De *a-+barbilho+-ar*)
abarca n.f. 1 alpercata feita de couro, presa à perna por correias 2 calçado mal feito; chanca (Do basco *abarka*, «id.»)
abarcador adj.,n.m. 1 que ou o que abarca 2 monopolista; açambarcador (De *abarcar+-dor*)
abarcamento n.m. 1 ato ou efeito de abarcar 2 monopólio (De *abarcar+-mento*)
abarcante adj.,n.2g. ⇒ **abarcador** (De *abarcar+-ante*)
abarcar v.tr. 1 rodear com os braços; cingir 2 abranger; conter 3 alcançar com a vista 4 monopolizar; açambarcar (Do lat. **abracchicāre*, de *bracchĭum*, «braço»)
abarcas n.f.pl. [regionalismo] (Algarve) luta braço a braço para experimentar forças (Deriv. regr. de *abarcar*)
abarcável adj.2g. que se pode abarcar (De *abarcar+-vel*)

abaré *n.m.* [Brasil] nome que os Índios do Brasil davam ao missionário (Do tupi *awa're*, «padre; missionário»)

abarga *n.f.* entrelaçado de vergas e paus que formam uma rede para capturar sável e lampreia (Do lat. *virga*-, «verga»)

abargantar *v.tr.,pron.* tornar(-se) bargante; abandalhar(-se); relaxar(-se) (De *a*-+*bargante*+-*ar*)

abaritonar *v.tr.* 1 tornar (a voz) semelhante à de barítono 2 cantar à maneira de barítono ■ *v.pron.* tornar-se barítono (De *a*-+*barítono*+-*ar*)

abaronar *v.tr.* dar do título de barão a (De *a*-+*barão*+-*ar*)

abarqueiro *n.m.* o que faz ou vende abarcas (alpercatas) (De *abarca*+-*eiro*)

abarracamento *n.m.* 1 ato ou efeito de abarracar ou abarracar-se 2 conjunto de barracas 3 acampamento militar (De *abarracar*+-*mento*)

abarracar *v.tr.* 1 dar forma de barraca a 2 meter em barraca 3 construir barracas em 4 alojar 5 aquartelar ■ *v.pron.* 1 acolher-se 2 aquartelar-se (De *a*-+*barraca*+-*ar*)

abarrancamento *n.m.* 1 ato ou efeito de abarrancar 2 GEOLOGIA formação de barrancos pela ação erosiva das águas correntes (De *abarrancar*+-*mento*)

abarrancar *v.tr.* 1 obstruir com barrancos 2 meter em barrancos 3 [fig.] dificultar; atrapalhar ■ *v.pron.* 1 meter-se em barranco 2 GEOLOGIA formar barrancos, ravinas (De *a*-+*barranco*+-*ar*)

abarregado *adj.* 1 (propriedade) onde não reside o dono e que está, por isso, exposto ao ladrões 2 [pop.] que vive com alguém em situação considerada ilícita; amigado; amancebado (Part. pass. de *abarregar*)

abarregar-se *v.pron.* viver maritalmente com alguém sem estar casado; viver em concubinato (De *a*-+*barregá*+-*ar*)

abarreirar *v.tr.* 1 cercar com barreiras 2 fortificar 3 [fig.] impedir ou dificultar a passagem de ■ *v.pron.* acautelar-se (De *a*-+*barreira*+-*ar*)

abarretar *v.tr.* 1 dar forma de barrete a 2 cobrir com barrete ■ *v.pron.* cobrir-se com barrete (De *a*-+*barrete*+-*ar*)

abarretinar *v.tr.* dar forma de barretina a (De *a*-+*barretina*+-*ar*)

abarricar *v.tr.* dar forma de barrica a (De *a*-+*barrica*+-*ar*)

abarrigar *v.tr.,intr.* dar ou tomar forma de barriga (De *a*-+*barriga*+-*ar*)

abarrilar *v.tr.* dar forma de barril a (De *a*-+*barril*+-*ar*)

abarrocado *adj.* (terreno) cheio de barrocas ou buracos (Part. pass. de *abarrocar*)

abarrocar *v.tr.* obstruir com barrocas ■ *v.pron.* encher-se de barrocas (De *a*-+*barroca*+-*ar*)

abarrotamento *n.m.* ato ou efeito de abarrotar ou abarrotar-se (De *abarrotar*+-*mento*)

abarrotar *v.tr.* 1 cobrir de barrotes 2 encher em demasia; atestar ■ *v.intr.* 1 estar cheio 2 estar empanturrado ■ *v.pron.* [fig.] comer de mais; empanturrar-se (De *a*-+*barrote*+-*ar*)

abaruna *n.m.* [Brasil] nome dado aos padres da Companhia de Jesus ou a missionários pelos índios tupis-guaranis (Do tupi *aua're*+-*una*, «homem de preto»)

abasbacar *v.tr.,intr.,pron.* ⇒ **embasbacar** (De *a*-+*basbaque*+-*ar*)

abasia *n.f.* PATOLOGIA doença de origem nervosa que dificulta ou impossibilita a locomoção, por falta de coordenação dos movimentos necessários (Do gr. *a*-, «privação» +*básis*, «marcha, andamento» +-*ia*)

abásico *adj.* 1 relativo à abasia 2 que não se pode mover (De *abasia*+-*ico*)

abastado *adj.* 1 rico; opulento 2 farto; abundante 3 recheado (Part. pass. de *abastar*)

abastamento *n.m.* 1 ato ou efeito de abastar; abastecimento 2 abundância; fartura; abastança (De *abastar*+-*mento*)

abastança *n.f.* 1 abundância 2 riqueza (De *abastar*+-*ança*)

abastar *v.tr.* 1 prover do necessário; abastecer 2 fartar ■ *v.pron.* 1 abastecer-se 2 satisfazer-se; contentar-se (Do lat. vulg. *abastāre*, «id.»)

abastardamento *n.m.* 1 ato ou efeito de abastardar ou abastardar-se 2 degeneração (De *abastardar*+-*mento*)

abastardar *v.tr.* 1 mudar para pior 2 fazer degenerar 3 adulterar; corromper 4 falsificar ■ *v.pron.* alterar-se; corromper-se; degenerar (De *a*-+*bastardo*+-*ar*)

abastecedor *adj.,n.m.* que ou o que abastece; fornecedor; provedor (De *abastecer*+-*dor*)

abastecedouro *n.m.* lugar onde alguém vai abastecer-se (De *abastecer*+-*douro*)

abastecer *v.tr.* 1 fornecer o que é necessário a; prover 2 pôr combustível em (veículo motorizado) ■ *v.pron.* prover-se do necessário (De *a*-+lat. **bastu*-, «tapado, cheio» +-*ecer*)

abastecimento *n.m.* ato ou efeito de abastecer; fornecimento; provimento; provisão (De *abastecer*+-*mento*)

abastionar *v.tr.* 1 construir em forma de bastião 2 dar forma de bastião a (De *a*-+*bastião*+-*ar*)

abastonar *v.tr.* 1 dar forma de bastão a 2 dar pancada com bastão em (De *a*-+*bastão*+-*ar*)

abatanado *n.m.* café servido em chávena de meia de leite, com a mesma quantidade de pó e maior quantidade de água relativamente àquele que é servido em chávena própria (Provavelmente do esp. *abatanado*, «apisoado, batido»)

abatatado *adj.* 1 em forma de batata 2 (nariz) grosso e redondo 3 [fig.] pasmado 4 [fig.] envergonhado 5 [fig.] humilhado (Part. pass. de *abatatar*)

abatatar *v.tr.* 1 dar forma de batata a 2 plantar de batatas 3 achatar 4 [fig.] humilhar (De *a*-+*batata*+-*ar*)

abate *n.m.* 1 abatimento 2 diminuição 3 baixa 4 supressão 5 matança (de animais) 6 corte (de árvores) 7 [fig.] humilhação (Deriv. regr. de *abater*)

abatedor *adj.,n.m.* 1 que ou o que abate 2 matador (de gado) 3 [fig.] arruinador; destruidor (De *abater*+-*dor*)

abatelar *v.tr.* dar forma de batel a (De *a*-+*batel*+-*ar*)

abater *v.tr.* 1 fazer baixar de posição 2 abaixar 3 fazer cair; derrubar 4 matar 5 arruinar 6 deduzir de (uma importância), descontar 7 desanimar; prostrar ■ *v.intr.,pron.* 1 cair; desabar 2 (terreno) ceder 3 perder as forças; ficar deprimido 4 [fig.] humilhar-se (Do lat. tard. *abbatt(u)ĕre*, de *battuĕre*, «bater»)

abatido *adj.* 1 abaixado; derrubado 2 sem forças; fraco 3 magro 4 que foi morto 5 que foi destruído 6 deprimido; desalentado 7 humilhado; subjugado 8 ARQUITETURA diz-se da abóbada ou do arco cuja flecha é menos de metade da sua abertura (Part. pass. de *abater*)

abatimento *n.m.* 1 ato ou efeito de abater(-se) 2 diminuição (de preço ou de intensidade); redução; desconto 3 abaixamento ou desnivelamento de um terreno em relação aos que o rodeiam 4 [fig.] perda de força física; enfraquecimento 5 [fig.] falta de ânimo; prostração; depressão 6 NÁUTICA desvio do rumo pretendido, motivado pela força da corrente e do vento 7 GEOMETRIA quociente da flecha pela corda (De *abater*+-*mento*)

abatinar *v.tr.* 1 vestir com batina 2 dar forma de batina a (De *a*-+*batina*+-*ar*)

abatirá *adj.,n.2g.* que ou indígena que é dos arredores da cidade brasileira de Porto Seguro, no estado da Baía (Do tupi *'aba ati'ra*, «cabelos erguidos»)

abatis *n.m.* (plural *abatises*) 1 obstáculo de natureza militar composto de ramos e troncos de árvore dispostos de forma adequada 2 [Brasil] cabidela feita de entranhas de aves (Do fr. *abattis*, «corte de árvores; miudezas de aves»)

abat-jour *n.m.* ⇒ **abajur** (Do fr. *abat-jour*, «id.»)

abatocar *v.tr.* pôr batoque em; arrolhar (De *a*-+*batoque*+-*ar*)

abatómetro *n.m.* NÁUTICA instrumento para calcular o abatimento de um navio (De *abater*+-*metro*)

abaulado *adj.* que tem forma de baú; arqueado; curvado; bojudo

abaulamento *n.m.* 1 ato ou efeito de abaular 2 convexidade; curvatura (De *abaular*+-*mento*)

abaular *v.tr.,intr.,pron.* 1 dar ou tomar forma de baú 2 tornar(-se) convexo como tampa de baú; arredondar(-se) (De *a*-+port. ant. *baul*, «baú» +-*ar*)

abaunilhar *v.tr.* 1 dar sabor de baunilha a 2 condimentar com baunilha (De *a*-+*baunilha*+-*ar*)

abaxial *adj.2g.* 1 FÍSICA que está fora do eixo ótico 2 ANATOMIA que está fora do eixo do corpo

Abbevillense *n.m.* GEOLOGIA primeira época do Paleolítico inferior, equivalente ao Chelense (De *Abbeville*, cidade francesa)

abceder *v.intr.* ⇒ **absceder**

abcesso *n.m.* MEDICINA formação purulenta inclusa numa cavidade formada em resultado da inflamação de um tecido no organismo (Do lat. *abscessu*-, «id.»)

abcisão *n.f.* corte rente (Do lat. *abscissiōne*-, «ação de arrancar; interrupção»)

abcissa *n.f.* 1 GEOMETRIA coordenada de um ponto numa reta 2 GEOMETRIA coordenada que permite definir a posição de um ponto num plano ou no espaço (Do lat. *abscissa*-, «id.»)

abdicação *n.f.* 1 ato ou efeito de abdicar; resignação; renúncia; desistência; cessão 2 renúncia de um soberano ao poder (Do lat. *abdicatiōne*-, «id.»)

abdicador *adj.,n.m.* que ou o que abdica (De *abdicar*+-*dor*)

abdicante *adj.,n.2g.* ⇒ **abdicador** (Do lat. *abdicante*-, «id.»)

abdicar *v.tr.* **1** renunciar (a função, cargo ou dignidade) **2** desistir da posse de **3** ceder (poder) a outra pessoa ■ *v.intr.* renunciar ao poder (Do lat. *abdicāre*, «renunciar a; abdicar»)

abdicatário *adj.,n.m.* que ou o que abdica ■ *n.m.* aquele em favor de quem se abdica (Do lat. *abdicāre*, «abdicar», pelo fr. *abdicataire*, «id.»)

abdicativo *adj.* **1** relativo a abdicação **2** que implica abdicação (Do lat. *abdicatīvu-*, «negativo»)

abdicatório *adj.* ⇒ **abdicativo** (Do lat. *abdicatoriŭ-*, «id.»)

abdicável *adj.2g.* que pode ser abdicado; renunciável (De *abdicar+-vel*)

ábdito *adj.* **1** longínquo; retirado **2** escondido; oculto (Do lat. *abdĭtu-*, «id.»)

abdome *n.m.* ⇒ **abdómen**

abdómen *n.m.* **1** ANATOMIA parte do corpo humano e de outros animais, entre o tórax e a bacia, que contém uma cavidade separada da caixa torácica pelo diafragma e na qual estão alojados os principais órgãos dos aparelhos digestivo e urinário **2** essa cavidade; ventre; barriga **3** ZOOLOGIA parte posterior do corpo de alguns animais, em especial dos artrópodes (Do lat. *abdomĭne-*, «id.»)

abdominal *adj.2g.* referente ao abdómen; do ventre ■ *n.m.* **1** músculo do abdómen **2** *pl.* exercícios localizados para trabalhar os músculos do abdómen **3** *pl.* ICTIOLOGIA grupo dos peixes teleósteos cujas barbatanas pélvicas estão inseridas no abdómen **4** *pl.* ZOOLOGIA grupo dos insetos coleópteros com abdómen muito desenvolvido **5** *pl.* ZOOLOGIA grupo de crustáceos cirrípedes, parasitas (De lat. *abdomĭne-*, «abdómen» *+-al*, ou do fr. *abdominal*, «id.»)

abdominia *n.f.* apetite insaciável; bulimia (Do lat. *abdomĭne-*, «abdómen» *+-ia*)

abdomino- elemento de formação de palavras que exprime a ideia de *abdómen, abdominal* (Do lat. *abdomĭne-*, «abdómen»)

abdominoscopia *n.f.* MEDICINA exame da cavidade abdominal com o auxílio do endoscópio (Do fr. *abdominoscopie*, «id.»)

abdominoso /ô/ *adj.* que tem o abdómen saliente; pançudo; barrigudo (Do lat. *abdomĭne-*, «abdómen» *+-oso*)

abdominotorácico *adj.* relativo ou pertencente ao abdómen e ao tórax (De *abdomino-+torácico*)

abdução *n.f.* **1** ANATOMIA afastamento de um membro ou parte de um membro do plano de simetria ou eixo do corpo **2** LÓGICA silogismo cuja premissa maior é evidente, enquanto a premissa menor é apenas provável (Do lat. ecl. *abductiōne-*, «afastamento; ação de levar»)

abducente *adj.2g.* que produz abdução; abdutor (Do lat. *abducente-*, «id.», part. pres. de *abducĕre*, «levar; afastar»)

abdutivo *adj.* que abduz ou serve para abduzir (Do lat. *abductīvu-*, «id.»)

abdutor *n.m.* ANATOMIA músculo que produz abdução ■ *adj.* **1** que produz abdução **2** que afasta; que separa; *tubo ~* QUÍMICA tubo que conduz um gás para fora do aparelho em que é produzido (Do lat. *abductōre-*, «id.»)

abduzir *v.tr.* **1** produzir abdução em **2** desviar de um ponto **3** separar; afastar (Do lat. *abducĕre*, «id.»)

abeatar *v.tr.,pron.* tornar(-se) beato (De *a-+beato+-ar*)

abêbera *n.f.* ⇒ **bêbera** (De *a-+bêbera*)

abeberação *n.f.* ato ou efeito de abeberar ou abeberar-se; dessedentação (De *abeberar+-ção*)

abeberar *v.tr.* **1** dar de beber a **2** levar (o gado) a beber **3** amadurecer (plano, ideia) **4** beber **5** [fig.] embeber; ensopar (Do b. lat. *abbiberāre*, por *adbiberāre*, de *bibĕre*, «ensopar; molhar»)

abebereira *n.f.* ⇒ **bebereira** (De *abêbera+-eira*)

abebra /ê/ *n.f.* ⇒ **bêbera**

á-bê-cê *n.m.* **1** alfabeto; abecedário **2** livro para aprender a ler **3** noções básicas de uma disciplina, ciência ou arte (De *a, b, c*)

abecedar *v.tr.* **1** dispor por ordem alfabética **2** dicionarizar (De *a-bê-cê-de+-ar*)

abecedário *n.m.* **1** conjunto das letras de um sistema de escrita, segundo uma ordem convencionada; alfabeto **2** livro para aprender a ler **3** noções básicas de uma disciplina, ciência ou arte ■ *adj.* [raramente usado] alfabético (Do lat. ecl. *abecedariŭ-*, «id.»)

abecoinha *n.f.* ORNITOLOGIA ⇒ **galispo** 2 (De *ave+coinha*)

abécula *n.f.* [depr.] pessoa desajeitada ou que se desorienta facilmente; aselha (De orig. incerta)

abegão[1] *n.m.* (*feminino* **abegoa**) **1** o que trata da abegoaria **2** caseiro; feitor; capataz **3** [regionalismo] indivíduo que faz carros, arados e outros instrumentos agrícolas; carpinteiro de carros (Do lat. *abigōne-*, «guardador de gado»)

abegão[2] *n.m.* ⇒ **zângão** 1 (Do cast. *abejón*, aum. de *abeja*, «abelha»)

abegoa /ô/ *n.f.* (*masculino* **abegão**) **1** mulher que exerce as funções de abegão **2** esposa de abegão

abegoaria *n.f.* **1** lugar reservado para guardar o gado ou alfaias agrícolas de uma propriedade rústica **2** conjunto de animais e utensílios de uma propriedade agrícola (De *abegão+-aria*)

abeiçar *v.tr.* **1** segurar com os beiços **2** [fig.] obter (De *a-+beiço+-ar*)

abeiramento *n.m.* ato ou efeito de abeirar ou abeirar-se; aproximação (De *abeirar+-mento*)

abeirar *v.tr.,pron.* chegar(-se) à beira de; aproximar(-se) (De *a-+beira+-ar*)

abeiro *n.m.* [regionalismo] (Alentejo, Açores) chapéu de palha de aba grande (De *aba+-eiro*)

abeleirar *v.intr.* [regionalismo] fazer de sociedade (dois lavradores) o trabalho da sementeira, emprestando-se mutuamente gente, gado e alfaias agrícolas (De orig. obsc.)

abelha /ê/ *n.f.* **1** ZOOLOGIA inseto himenóptero, da família dos Apídeos, que vive em enxames e produz mel e cera **2** [fig.] mulher astuciosa **3** [fig.] pessoa que dirige outra com cuidado excessivo (Do lat. *apicŭla*, dim. de *apis*, «abelha»)

abelha-flor *n.f.* ⇒ **abelheira** 4

abelhal *n.m.* **1** enxame de abelhas **2** vinho fabricado com a casta de uva com o mesmo nome ■ *n.f.* casta de uva branca, muito doce, que se cultiva nas regiões do Douro e em Trás-os-Montes (De *abelha+-al*)

abelha-mestra *n.f.* fêmea que, num enxame, é a única fecunda; rainha

abelhão *n.m.* **1** ⇒ **zângão** 1 **2** [regionalismo] ⇒ **vespão** (De *abelha+-ão*)

abelhar *v.tr.* concorrer com (uma quantia) para um fim de interesse comum ■ *v.intr.,pron.* andar diligente; atarefar-se (De *abelha+-ar*)

abelharuco *n.m.* ORNITOLOGIA pássaro de plumagem brilhante, da família dos Meropídeos, que se alimenta de abelhas e de outros insetos e é também designado por abelheiro, abelhuco, alrute, barranqueiro, barroqueiro, gralho, melharuco, milheirós, pita-barranqueira, etc. (De *abelheiro+-uco*)

abelheira *n.f.* **1** número de abelhas **2** buraco onde as abelhas se alojam **3** enxame **4** BOTÂNICA nome vulgar de plantas de duas espécies da família das Orquidáceas, cujas flores, pela sua forma, lembram abelhas, também conhecidas por erva-abelha, erva-aranha, alpivre ou abelha-flor **5** buraco ou conjunto de buracos nas rochas, semelhantes às perfurações feitas nas árvores pelas abelhas (De *abelha+-eira*)

abelheiro *n.m.* **1** indivíduo que tem a seu cargo o tratamento de abelhas; apicultor **2** inseto nocivo à apicultura, cujas larvas se desenvolvem nas colmeias **3** ⇒ **abelharuco** (De *abelha+-eiro*)

abelhuco *n.m.* ⇒ **abelharuco** (De *abelha+-uco*)

abelhudice *n.f.* qualidade ou ação de abelhudo; intromissão; indiscrição (De *abelhudo+-ice*)

abelhudo *adj.* **1** que ou o que se intromete indiscretamente; intrometido; curioso **2** teimoso **3** apressado; diligente; ativo (De *abelha+-udo*)

abeliano *adj.* **1** relativo a Abel, personagem bíblica, ou ao matemático norueguês Niels Abel (1802-1829) **2** inocente; simples **3** MATEMÁTICA designativo de certas classes de séries, funções e equações, estudadas, originalmente, pelo matemático norueguês Niels Abel; *grupo ~* MATEMÁTICA grupo cuja operação é comutativa, grupo comutativo (De *Abel*, antr. *+-iano*)

abelidar *v.tr.,pron.* causar ou criar belida ou névoa (De *a-+belida+-ar*)

abelmosco /ô/ *n.m.* BOTÂNICA planta equatorial da família das Malváceas, cujas sementes são utilizadas em perfumaria e em medicina, e cujas fibras são aplicadas na indústria (Do ár. *habb al-musk*, «grão de almíscar», pelo lat. cient. *abelmoschu-*, «id.»)

abeloira *n.f.* ⇒ **dedaleira** 2 (De orig. obsc.)

abeloura *n.f.* ⇒ **dedaleira** 2 (De orig. obsc.)

abemolado *adj.* **1** [pouco usado] MÚSICA marcado com bemóis **2** [fig.] harmonioso; suave (Part. pass. de *abemolar*)

abemolar *v.tr.* **1** MÚSICA baixar meio-tom a (nota musical) **2** MÚSICA colocar bemóis em **3** [fig.] suavizar (De *a-+bemol+-ar*)

abencerragem *n.m.* membro dos Abencerragens; *último ~* último representante (De ár. *aben as-sarraj*, «filho do seleiro»)

Abencerragens *n.m.pl.* ETNOGRAFIA tribo que dominou em Granada antes da conquista deste reino pelos reis católicos (Do ár. *aben as-sarraj*, «filho do seleiro», nome duma tribo do califado de Granada)

abençoadeiro *n.m.* **1** o que abençoa ou protege; abençoador **2** benzedeiro; curandeiro (De *abençoar+-deiro*)

abençoador *adj.,n.m.* que ou o que abençoa (De *abençoar*+-*dor*)
abençoar *v.tr.* **1** dar bênção a; bendizer **2** louvar **3** proteger; favorecer **4** tornar feliz (De *abendiçoar*, com sínc.)
abendiçoar *v.tr.* ⇒ **abençoar** (De *a*-+*bendição*+-*ar*)
aberingelado *adj.* que tem feitio, gosto ou cor de beringela (De *a*-+*beringela*+-*ado*)
aberlindado *adj.* com forma de berlinda (De *a*-+*berlinda*+-*ado*)
aberração *n.f.* **1** desvio em relação à norma; irregularidade **2** alteração da forma ou estrutura; distorção **3** alteração excessiva ou perversa em relação a um modelo ou padrão; anormalidade; anomalia **4** erro de raciocínio; absurdo; contradição; **~ cromática** FÍSICA formação de imagens irisadas quando a luz branca atravessa meios refrangentes, pelo facto de o índice de refração das substâncias transparentes variar com o comprimento de onda da luz incidente; **~ da luz** ASTRONOMIA deslocação aparente da posição de uma estrela no mesmo sentido em que a Terra se desloca, em consequência da ação conjugada da velocidade da luz e da velocidade da Terra no seu movimento de translação; **~ da natureza 1** fenómeno natural que se apresenta com uma forma desconhecida ou incompreensível; **2** ato considerado moralmente condenável; **~ esférica** FÍSICA distorção das imagens dadas por lentes ou por espelhos esféricos devida à não perfeita esfericidade das respetivas superfícies (Do lat. *aberratiōne*-, «desvio; afastamento»)
aberrante *adj.2g.* **1** que se desvia da norma ou do tipo comum; anormal **2** excecional **3** BIOLOGIA diz-se de um grupo atípico individualmente ou pela sua estrutura, especialmente quando apresenta um número anormal de cromossomas (Do lat. *aberrante*-, «id.»)
aberrar *v.tr.,pron.* **1** desviar(-se) do que é considerado normal **2** ser ou ficar diferente (de); destoar (Do lat. *aberrāre*, «desviar-se; afastar-se»)
aberrativo *adj.* em que há aberração (De *aberrar*+-*tivo*)
aberta *n.f.* **1** abertura **2** passagem **3** intervalo **4** breve interrupção da chuva **5** nesga de céu descoberto, em tempo nublado **6** oportunidade **7** solução (Part. pass. fem. subst. de *abrir*)
abertamente *adv.* com franqueza; claramente; desenganadamente (De *aberto*+-*mente*)
abertiço *adj.* **1** fácil de abrir **2** que não adere **3** (linho) rijo e comprido (Do lat. *aperticŭ*-, «que abre»)
abertivo *adj.* **1** que serve para abrir **2** aperitivo ■ *n.m.* aperitivo (Do lat. *apertīvu*-, «aperitivo»)
aberto *adj.* **1** que se abriu; descerrado **2** sem obstáculos; desimpedido; livre **3** descoberto; exposto **4** vasto; amplo **5** desunido; afastado **6** manifesto **7** evidente **8** que não tem tampa ou invólucro **8** que está em funcionamento **9** (pessoa) sincero; franco **10** (espírito, mentalidade) tolerante; liberal **11** (céu) sem nuvens **12** (flor) que desabrochou **13** MATEMÁTICA diz-se do conjunto que é constituído somente por pontos interiores **14** LITERATURA diz-se do texto artístico que, pela sua estrutura, apresenta elevada indeterminação semântica **15** LINGUÍSTICA diz-se do som vocálico articulado com uma posição baixa da língua relativamente ao palato (por oposição a *fechado*) **16** GRAMÁTICA diz-se da sílaba que termina em vogal ■ *n.m.* abertura feita em pano, madeira, pedra (ou outro material) para adorno; **em ~** não definido, por concluir (Do lat. *apertu*-, «id.»)
abertoiras *n.f.pl.* [regionalismo] extremidades das redes que formam bolsa (rio Minho) (De *aberto*?)
abertona *n.f.* abertura no porão do navio (De *aberta*+-*ona*)
abertouras *n.f.pl.* ⇒ **abertoiras**
abertura *n.f.* **1** ato ou efeito de abrir(-se) **2** facto de algo começar; começo; início **3** cerimónia ou evento que marca um início; inauguração **4** orifício numa superfície; buraco; fenda **5** [fig.] qualidade de ser sincero; franqueza; sinceridade **6** [fig.] qualidade de sentir e/ou mostrar compreensão; tolerância **7** [fig.] capacidade de apreensão e aceitação de novas ideias **8** MÚSICA peça orquestral que inicia uma ópera, oratória e suite para orquestra **9** MÚSICA peça sinfónica isolada (como, por exemplo, as aberturas de Beethoven) **10** afastamento das pontas do compasso **11** ÓTICA diâmetro do orifício do diafragma, num aparelho ótico **12** ENGENHARIA distância compreendida entre as nascenças de um arco **13** LITERATURA pluralidade e indeterminação do significado de um texto (Do lat. *apertūra*-, «abertura»)
abesantar *v.tr.* HERÁLDICA adornar com besantes (De *a*-+*besante*+-*ar*)
abesoirar *v.tr.* **1** aturdir com ruídos ou palavras desagradáveis **2** importunar (De *a*-+*besoiro*+-*ar*)
abesourar *v.tr.* ⇒ **abesoirar**
abespinhamento *n.m.* ato ou efeito de abespinhar ou abespinhar-se (De *abespinhar*+-*mento*)
abespinhar *v.tr.,pron.* irritar(-se); enfurecer(-se); zangar(-se) (De *a*-+*vespa*+-*inha*+-*ar*, ou de *a*-+*vespa* × *espinhar*)
abessim *adj.,n.2g.* ⇒ **abissínio**
abestalhar-se *v.pron.* **1** tornar-se bruto; embrutecer-se **2** aparvalhar-se (De *a*-+*besta*-+-*ar*)
abestiar *v.tr.* transformar em besta; bestificar (De *a*-+lat. *bestǐa*-, «fera» +-*ar*)
abetarda *n.f.* **1** ORNITOLOGIA ave pernalta, comestível, de grandes dimensões, da família dos Otidídeos, que é também designada por betarda, batarda e peru-selvagem **2** ORNITOLOGIA ⇒ **grifo**[1] **1** (Do lat. *ave-*+*tarda*-, «ave lenta»)
abetardado *adj.* parecido com a abetarda (De *abetarda*+-*ado*)
abetarda-pequena *n.f.* ORNITOLOGIA ⇒ **sisão**
abetardinha *n.f.* ORNITOLOGIA ⇒ **sisão** (De *abetarda*+-*inha*)
abetesgado *adj.* **1** apertado como uma betesga; estreito **2** pequeno (De *a*-+*betesga*+-*ado*)
abeto *n.m.* BOTÂNICA árvore conífera da família das Pináceas, geralmente alta e com folhagem persistente, cuja madeira é utilizada na produção de papel (Do lat. *abiēte*-, «abeto», pelo lat. vulg. *abēte*-, «id.»)
abetoira *n.f.* ORNITOLOGIA ave pernalta da família dos Ardeídeos, com bico direito, pescoço curto e voo lento, que é também denominada betoira, galinhola-real, ronca, sargaça, touro, etc., e pouco frequente em Portugal (De *ave*+*toira*, ou do lat. cient. *botauru*-, «id.»)
abetoiro *n.m.* ⇒ **abetoira**
abetoninha *n.f.* **1** pequena rola **2** ORNITOLOGIA ⇒ **galispo** **2** (Por *abecoinha*)
abetoura *n.f.* ⇒ **abetoira**
abetouro *n.m.* ⇒ **abetoira**
abetumado *adj.* **1** parecido com betume **2** calafetado com betume **3** (pão, biscoito) compacto; pesado **4** [fig.] triste (Part. pass. de *abetumar*)
abetumar *v.tr.* tapar com betume; betumar; calafetar (De *a*-+*betume*+-*ar*)
abexigar *v.tr.* fazer troça de; escarnecer (De *a*-+*bexiga*+-*ar*)
abexim *adj.2g.* referente à Abissínia ■ *n.2g.* natural ou habitante da Abissínia (Do ár. vulg. *habxí*, «abíssínio»)
abezerrado *adj.* **1** semelhante a bezerro **2** amuado; embezerrado (De *a*-+*bezerro*+-*ado*)
abibe *n.m.* ORNITOLOGIA ⇒ **galispo** **2** (De orig. onom.)
abicar *v.tr.,intr.* NÁUTICA encalhar (a embarcação) propositadamente em terra firme, de proa ou popa; varar ■ *v.tr.* **1** fazer bico em; aguçar **2** chegar com o bico ■ *v.tr.,pron.* aproximar(-se); chegar(-se) (De *a*-+*bico*+-*ar*)
abichar *v.tr.* **1** formar em bicha **2** pôr a isca em (anzol) **3** obter; conseguir ■ *v.pron.* **1** governar-se **2** ficar com (De *a*-+*bicha*+-*ar*)
abieiro *n.m.* BOTÂNICA árvore equatorial, da família das Sapotáceas, oriunda do Amazonas, cujo fruto é o abio, e que é também designada por este nome (De *abio*+-*eiro*)
abiético *adj.* QUÍMICA diz-se do ácido constituinte da colofónia, usado na indústria dos sabões (para obter uma espuma macia) e na do papel (colas de impregnação) (Do lat. *abiēte*-, «pinheiro; abeto», pelo fr. *abiétique*, «abiético»)
abietina *n.f.* QUÍMICA substância cristalizada que se encontra em algumas terebintinas, usada na indústria dos perfumes (Do lat. *abiēte*-, «pinheiro; abeto», pelo fr. *abiétine*, «abietina»)
Abietíneas *n.f.pl.* BOTÂNICA família de plantas coníferas a que pertencem o abeto, o pinheiro, o cedro, etc. (Do lat. *abiēte*-, «abeto» +-*íneas*)
abigarrado *adj.* **1** variegado **2** diz-se, tipicamente, dos arenitos variegados do Triásico **3** que tem várias cores que não combinam bem (Do cast. *abigarrado*, «id.»)
abigeato *n.m.* DIREITO roubo de gado (Do lat. *abigeātu*-, «id.»)
abigodado *adj.* **1** que tem bigode **2** em forma de bigode (De *a*-+*bigode*+-*ado*)
abinício *adv.* desde o princípio; desde sempre (Do lat. *ab initǐo*, «id.»)
abio *n.m.* **1** BOTÂNICA fruto comestível do abieiro **2** BOTÂNICA ⇒ **abieiro** (Do tupi *a'wiu*, «fruto de pele mole»)
ábio *adj.* **1** sem vida **2** incapaz de viver (Do gr. *ábios*, «id.»)
abiofilia *n.f.* **1** afrouxamento do instinto de conservação **2** degeneração moral que leva à prática de crueldades (Do gr. *ábios*, «sem vida» +*philía*, «amizade»)
abiogénese *n.f.* BIOLOGIA teoria segundo a qual os seres vivos nascem de matéria inorgânica; geração espontânea (Do gr. *ábios*, «sem vida» +*génesis*, «produção»

abiogenista n.2g. pessoa que defende a teoria da geração espontânea ou produção da vida pela matéria inorgânica

abiombar v.tr. 1 dar forma de biombo a 2 tapar com biombo (De a-+biombo+-ar)

abiose n.f. 1 BIOLOGIA suspensão das manifestações de vida 2 BIOLOGIA estado de vida latente (Do gr. a-, «sem» +bíōsis, «condições de vida»)

abiótico adj. 1 BIOLOGIA em que não há vida 2 BIOLOGIA em que não há condições de vida (Do gr. abiōtikós, «em que não pode haver vida»)

abioto /ô/ n.m. 1 o que impede as condições de vida 2 BOTÂNICA designação da cicuta (por causar a morte) (Do gr. abíōtos, «que não pode viver; incompatível com a vida»)

abiqueirado adj. 1 que tem biqueira 2 em forma de biqueira (De a-+biqueira+-ado)

abirritação n.f. 1 MEDICINA diminuição ou desaparecimento da irritação 2 fraqueza; atonia (De abirritar+-ção)

abirritante adj.2g. FARMÁCIA que acalma ou elimina a irritação; que produz abirritação (De abirritar+-ante)

abirritar v.tr. MEDICINA fazer cessar ou diminuir a irritação de (Do lat. *abirritāre, «diminuir a excitação da vida»)

abiscoitar v.tr. 1 cozer como biscoito 2 dar forma de biscoito a 3 [fig.] obter; conseguir ■ v.pron. governar-se (De a-+biscoito+-ar)

abiscoutar v.tr.,pron. ⇒ **abiscoitar**

abismal adj. 1 referente a abismo 2 [fig.] assustador; misterioso (De abismo+-al)

abismar v.tr. 1 lançar em abismo 2 submergir 3 [fig.] causar espanto a 4 [fig.] arruinar ■ v.pron. 1 cair em abismo 2 [fig.] espantar-se (De abismo+-ar)

abismo n.m. 1 profundidade de que se desconhece o fim; precipício 2 voragem; sorvedouro 3 [fig.] último grau; extremo 4 [fig.] mistério 5 [fig.] distância extrema 6 [fig.] situação difícil (Do lat. *abismu-, alt. de abyssu-, «id.»)

abisonhar v.tr.,pron. tornar(-se) bisonho, acanhado; envergonhar(-se) (De a-+bisonho+-ar)

abispado adj. 1 com modos de bispo 2 [fig.] prudente 3 [fig.] astuto (De a-+bispo+-ado)

abispamento n.m. 1 cautela; prudência 2 astúcia (De abispar+-mento)

abispar v.tr. 1 ver ao longe; avistar 2 conseguir; obter ■ v.pron. prevenir-se (De a-+bispar)

abissal adj.2g. 1 relativo ao abismo 2 enorme 3 [fig.] misterioso 4 GEOLOGIA referente às grandes profundidades oceânicas e aos depósitos sedimentares com elas relacionados; *fossas abissais* GEOLOGIA zonas mais profundas da região abissal, geralmente estreitas, alongadas e situadas na periferia dos oceanos; *psicologia ~* investigação que se orienta para as camadas mais profundas e mais antigas da personalidade; *região ~* GEOGRAFIA parte dos oceanos em que as profundidades são superiores a 6000 m; *rocha ~* GEOLOGIA rocha ígnea formada abaixo de 1000 m de profundidade, rocha plutónica (Do lat. abyssu-, «abismo»+-al)

abíssico adj. ⇒ **abissal** (Do fr. abyssique, «id.»)

abissínio adj. relativo ou pertencente à Abissínia, atual Etiópia ■ n.m. natural ou habitante da Abissínia (Do ár. vulg. habxi-, «abissínio», pelo it. abissino, «id.»)

abissólito n.m. GEOLOGIA massa rochosa que se estende para grandes profundidades (Do gr. ábyssos, «abismo» +líthos, «pedra»)

abita n.f. NÁUTICA peça de proa do navio para fixar a amarra da âncora (Do fr. bitte, do ant. escand. biti, «viga transversal no navio»)

abitadura n.f. ato ou efeito de abitar (De abitar+-dura)

abitar v.tr. prender na abita (De abita+-ar)

abitoninha n.f. ORNITOLOGIA ⇒ **galispo** 2 (Por abecoinha)

abiu n.m. [Brasil] ⇒ **abio**

abixeiro adj. diz-se do lugar onde não dá o sol ■ n.m. 1 lado oposto ao sul 2 lugar onde não dá o sol 3 encosta voltada a norte (Do lat. adversariu-, «contrário; oposto»)

abjeção n.f. 1 baixeza; aviltamento; degradação 2 abatimento 3 desprezo (Do lat. abjectiōne-, «abatimento»)

abjecção ver nova grafia **abjeção**

abjecto ver nova grafia **abjeto**

abjeto adj. 1 em que há abjeção 2 baixo; vil; desprezível; infame (Do lat. abjectu-, «id.»)

abjudicação n.f. ato ou efeito de abjudicar (De abjudicar+-ção)

abjudicador adj.,n.m. que ou o que abjudica (De abjudicar+-dor)

abjudicante adj.,n.2g. ⇒ **abjudicador** (De abjudicar+-ante)

abjudicar v.tr. DIREITO desapossar por ordem judicial (o detentor ilegítimo) do que não lhe pertence (Do lat. abjudicāre, «id.»)

abjudicável adj.2g. que se pode abjudicar (De abjudicar+-vel)

abjugar v.tr. 1 tirar do jugo; desprender; desjungir 2 soltar; libertar (Do lat. abjugāre-, «id.»)

abjunção n.f. ato ou efeito de abjungir; afastamento; separação (Do lat. *abjunctiōne-, «separação»)

abjungir v.tr. ⇒ **abjugar** (Do lat. abjungĕre, «id.»)

abjuração n.f. 1 ato ou efeito de abjurar 2 renúncia a uma doutrina 3 retratação (Do lat. abjuratiōne-, «repúdio»)

abjurador adj.,n.m. que ou o que abjura (Do lat. abjuratōre-, «o que repudia»)

abjuramento n.m. ⇒ **abjuração** (De abjurar+-mento)

abjurante adj.,n.2g. que ou a pessoa que abjura (Do lat. abjurante-, «id.», part. pres. de abjurāre, «negar com falso juramento»)

abjurar v.tr. 1 renunciar a (crença, sentimento ou doutrina) 2 negar com falso testemunho 3 desdizer (Do lat. abjurāre, «id.»)

abjuratório adj. relativo a abjuração (De abjurar+-tório)

abjurável adj.2g. que pode ou deve ser abjurado (De abjurar+-vel)

abjurgar v.tr. 1 DIREITO ⇒ **abjudicar** 2 invetivar; objurgar (Do lat. abjurgāre, «recusar em contestação»)

abjurgatório adj. que abjurga (De abjurgar+-tório)

ablação n.f. 1 ação de cortar; extração 2 GEOLOGIA degelo superficial dos glaciares, por fusão 3 GEOLOGIA separação ou arranque de substâncias efetuado em rochas por agentes externos 4 CIRURGIA remoção de uma parte do corpo 5 GRAMÁTICA ⇒ **aférese** (Do lat. ablatiōne-, «ato de tirar»)

ablactação n.f. MEDICINA supressão da alimentação láctea (às crianças); desmame (Do lat. ablactatiōne-, «desmame»)

ablactar v.tr. suspender a amamentação a; desmamar (Do lat. ablactāre, «id.»)

ablaqueação n.f. ato ou efeito de ablaquear (Do lat. ablaqueatiōne-, «desprendimento de raízes»)

ablaquear v.tr. 1 abrir uma cova no terreno à volta de (uma planta) 2 desprender; deslaçar (Do lat. ablaqueāre, «id.»)

ablativo adj. que tira ou pode tirar; extrativo ■ adj.,n.m. GRAMÁTICA que ou caso que, nas línguas que têm declinação, exprime geralmente noções de lugar, tempo, meio, companhia, etc. (Do lat. ablatīvu-, «id.»)

ablator n.m. instrumento que serve para extrair ou cortar (Do lat. ecl. ablatōre-, «o que tira»)

ablefaria n.f. ausência congénita de pálpebras (De abléfaro+-ia)

abléfaro adj. desprovido de pálpebras (Do gr. abléphoros, «sem pálpebras»)

ablegação n.f. ato de ablegar; expatriação; desterro (Do lat. ablegatiōne-, «ato de afastar»)

ablegado adj. desterrado ■ n.m. enviado do papa em missão extraordinária (Do lat. ablegātu-, «id.»)

ablegar v.tr. desterrar; banir (Do lat. ablegāre, «afastar»)

ablepsia n.f. 1 MEDICINA cegueira 2 [fig.] perda das capacidades intelectuais (Do gr. ablepsía, «privação de vista», pelo lat. ablepsĭa-, «cegueira»)

ablução n.f. 1 lavagem 2 lavagem total ou parcial do corpo 3 RELIGIÃO (ritual) purificação por meio de água (Do lat. ablutiōne-, «lavagem; batismo»)

abluente adj.2g. 1 que serve para lavar 2 purificador ■ n.2g. pessoa que ablui (Do lat. abluente-, «id.»)

abluir v.tr.,pron. 1 lavar(-se) 2 purificar(-se) (Do lat. abluĕre, «lavar; batizar»)

ablutor adj.,n.m. que ou aquele que ablui; purificador; abluente (Do lat. ablutōre-, «o que purifica; o que batiza»)

abnegação n.f. 1 desprendimento dos próprios interesses; desapego 2 renúncia à própria vontade ou aos bens materiais; altruísmo 3 humildade (Do lat. abnegatiōne-, «recusa»)

abnegado adj. 1 desinteressado; desprendido 2 dedicado; altruísta (Do lat. abnegātu-, «id.»)

abnegador adj.,n.m. que ou o que revela abnegação (Do lat. abnegatōre-, «o que recusa»)

abnegar v.tr. 1 renunciar voluntariamente a (próprios interesses) 2 rejeitar; recusar ■ v.pron. sacrificar-se em benefício de outra pessoa ou por uma causa; abster-se (Do lat. abnegāre, «id.»)

abnegativo adj. que tem disposição para abnegar (Do lat. abnegatīvu-, «negativo; que recusa»)

abnodação n.f. ato ou efeito de abnodar (De abnodar+-ção)

abnodar v.tr. cortar os nós a (árvore) (Do lat. abnodāre, «id.»)

abnodoso adj. desprovido de nós; liso (Do lat. ab-, «sem»+nōdu-, «nó»+-oso)

abnóxio /cs/ adj. inocente; inofensivo; inócuo (Do lat. ab-, «não» +noxĭu-, «culpado»)

abnuir v.tr. 1 não anuir; não consentir 2 não concordar; discordar (Do lat. abnuĕre, «fazer sinal com a cabeça para recusar»)

aboamado *adj.* [Angola] absorto; admirado; embevecido (Do quimb. *kuboama*, «id.»)

aboar *v.intr.* [pouco usado] tornar-se bom (o tempo); clarear (De *a-+bo(m)+-ar*)

abóbada *n.f.* **1** ARQUITETURA cobertura de edifício ou parte dele, de secção vertical em arco, apoiada em paredes, colunas ou pilares, construída com pedra aparelhada, tijolo em cunha ou betão **2** aquilo que apresenta a forma de uma cobertura côncava; **~ abaixada** ARQUITETURA abóbada cuja altura é menor do que o raio que serviu para a traçar; **~ celeste** céu, firmamento; **~ de aresta** ARQUITETURA abóbada que resulta da interseção, em ângulo reto, de duas abóbadas de berço iguais; **~ de berço** ARQUITETURA abóbada que forma um semicilindro; **~ de volta inteira** ARQUITETURA abóbada que tem por diretriz uma semicircunferência; **~ palatina** ANATOMIA região que limita superiormente a cavidade bucal (Do lat. **volvĭta-*, part. pass. pop. de *volvĕre*, «voltar»)

abobadado *adj.* com forma de abóbada ou coberto por abóbada; abaulado (Part. pass. de *abobadar*)

abobadar *v.tr.* **1** construir em forma de abóbada **2** cobrir com abóbada (De *abóbada+-ar*)

abobadilha *n.f.* ARQUITETURA abóbada circular de pequena flecha, formada por tijolos apoiados em vigas de ferro (De *abóbada+-ilha*)

abobadilheiro *n.m.* [regionalismo] no Alentejo, aquele que faz abobadilhas de tijolo (De *abobadilha+-eiro*)

abobado *adj.* [Brasil] tolo; apalermado; aparvalhado (Part. pass. de *abobar*)

abobalhado *adj.* [Brasil] ⇒ **abobado** (Particípio passado de *abobalhar*)

abobalhar *v.tr.,pron.* [Brasil] ⇒ **abobar** (De *a-+bobo+-alhar*)

abobar *v.tr.,pron.* [Brasil] tornar(-se) tolo, palerma (De *a-+bobo+-ar*)

abóbora *n.f.* **1** BOTÂNICA fruto, por vezes muito grande, da aboboreira, de casca grossa e polpa comestível de cor alaranjada **2** BOTÂNICA ⇒ **aboboreira 3** [fig., coloq.] cabeça **4** [fig., pej.] mulher muito gorda **5** [fig., coloq.] homem preguiçoso ou tímido (Do lat. tard. **apopŏra-*, de *apopōres*, «certo género de abóbora»)

abóbora-cabaça *n.f.* **1** BOTÂNICA ⇒ **cabaça**¹ **2** BOTÂNICA ⇒ **cabaceira**¹

abóbora-carneira *n.f.* BOTÂNICA ⇒ **carneira**² **1**

abóbora-chila *n.f.* BOTÂNICA ⇒ **chila**

abóbora-d'água *n.f.* BOTÂNICA ⇒ **colondro**

abóbora-de-coroa *n.f.* BOTÂNICA ⇒ **barrete-de-padre**

abóbora-do-mato *n.f.* [Brasil] BOTÂNICA ⇒ **guardião 6**

aboboral *n.m.* campo semeado de aboboreiras (De *abóbora+-al*)

abóbora-menina *n.f.* BOTÂNICA abóbora de casca fina, usada para fazer compota

abóbora-porqueira *n.f.* BOTÂNICA abóbora de casca grossa, usada na alimentação de porcos

aboborar *v.tr.* **1** amolecer **2** [fig.] amadurecer (ideia, plano) (Por *abeberar*)

aboboreira *n.f.* BOTÂNICA designação extensiva a algumas espécies de plantas, da família das Cucurbitáceas, cultivadas pelo valor dos seus frutos (abóboras) na alimentação (De *abóbora+-eira*)

abobra *n.f.* BOTÂNICA [pop.] ⇒ **abóbora**

abocadura *n.f.* **1** abertura para peça de artilharia **2** seteira **3** embocadura (De *abocar+-dura*)

abocamento *n.m.* **1** ato ou efeito de abocar **2** encontro de duas bocas em embocaduras **3** colóquio **4** murmuração (De *abocar+-mento*)

aboçamento *n.m.* ato ou efeito de aboçar (De *aboçar+-mento*)

abocanhar *v.tr.* **1** cortar com os dentes; despedaçar; morder **2** comer avidamente; devorar **3** difamar; caluniar; enxovalhar **4** [coloq.] apropriar-se de (algo) de forma astuciosa **5** [regionalismo] parar de chover (De *a-+bocanha+-ar*)

abocar *v.tr.* **1** apanhar com a boca **2** tocar com a boca **3** chegar à entrada de **4** apontar (arma de fogo) **5** [fig.] obter; conseguir; *aboca!* incitação feita aos cães para que aboquem a caça (De *a-+boca+-ar*)

aboçar *v.tr.* atar às boças (De *a-+boça+-ar*)

abocetar¹ *v.tr.* **1** dar forma de boceta a **2** guardar em boceta **3** arredondar (De *a-+boceta+-ar*)

abocetar² *v.tr.* delinear; esboçar (De *a-+it. bozzetto*, «esboço»+*-ar*)

abochornado *adj.* abafadiço; sufocante; quente (Part. pass. de *abochornar*)

abochornar *v.tr.,intr.* tornar(-se) abafadiço, sufocante (o tempo) ■ *v.intr.* ficar mole, sem energia devido ao tempo sufocante (De *a-+bochorno+-ar*)

abodegar *v.tr.* **1** ⇒ **embodegar 2** [Brasil] pôr de mau humor; aborrecer; maçar (De *a-+bodega+-ar*)

aboiado *n.m.* [Brasil] ⇒ **aboio**² (Part. pass. subst. de *aboiar*)

aboiar¹ *v.tr.* **1** NÁUTICA prender (o barco) à bóia **2** marcar com boia; assinalar (De *a-+bóia+-ar*)

aboiar² *v.tr.,intr.* falar ou cantar aos bois na incitá-los no trabalho; trabalhar com bois; boiar (De *a-+boi+-ar*)

aboio¹ *adj.* que anda à tona da água

aboio² *n.m.* [Brasil] canto ritmado e monótono com que os vaqueiros guiam os bois (Deriv. regr. de *aboiar*)

aboiz *n.m./f.* armadilha para caçar pássaros e outras aves (perdizes); boiz (Do lat. *boīce-*, «entrave; armadilha»)

abojar *v.tr.* **1** meter no bojo **2** dar forma de bojo (De *a-+bojo+-ar*)

abolachar *v.tr.* **1** dar forma de bolacha a **2** achatar (De *a-+bolacha+-ar*)

aboladura *n.f.* **1** ato ou efeito de abolar **2** amassadela; amolgadura (De *abolar+-dura*)

abolar *v.tr.* **1** dar forma de bolo ou bola a **2** amolgar; amassar (De *a-+bolo* ou *bola+-ar*)

abolçar *v.tr.* ⇒ **bolçar** (De *a-+bolçar*)

aboldriar *v.tr.* dar forma de boldrié a ■ *v.pron.* pôr o boldrié (De *a-+boldrié+-ar*)

aboleimado *adj.* **1** chato e de forma circular **2** [fig.] amalucado; parvo **3** [fig.] espantado **4** [fig.] grosseiro (Part. pass. de *aboleimar*)

aboleimar *v.tr.* **1** dar forma de boleima a **2** [fig.] aparvalhar **3** [fig.] espantar (De *a-+boleima+-ar*)

aboletado *adj.* MILITAR alojado por meio de boleto ■ *n.m.* MILITAR militar nestas condições (Part. pass. de *aboletar*)

aboletador *adj.,n.m.* MILITAR que ou o que distribui o alojamento por boletos (De *aboletar+-dor*)

aboletamento *n.m.* MILITAR ação ou efeito de aboletar (De *aboletar+-mento*)

aboletar *v.tr.* **1** MILITAR dar boleto a; alojar (militares) em casas particulares **2** acomodar; instalar (De *a-+boleto+-ar*)

abolição *n.f.* **1** ato ou efeito de abolir **2** supressão; extinção **3** indulto **4** derrogação; **~ de crime** DIREITO lei que deixa de considerar crime um facto tido como tal até então (Do lat. *abolitiōne-*, «anulação»)

abolicionismo *n.m.* HISTÓRIA doutrina que defendia a abolição da escravatura negra nos séculos XVIII e XIX (Do ing. *abolitionism*, «id.», do lat. *abolitiōne-*, «abolição»)

abolicionista *adj.,n.2g.* que ou pessoa que é partidária do abolicionismo (Do ing. *abolitionist*, «id.»)

abolidor *adj.,n.m.* que ou o que faz abolição (De *abolir+-dor*)

abolimento *n.m.* ⇒ **abolição** (De *abolir+-mento*)

abolinar *v.intr.* navegar à bolina (De *a-+bolina+-ar*)

abolir *v.tr.* **1** pôr fora de uso **2** extinguir; suprimir **3** anular; riscar (Do lat. *abolēre*, «id.»)

abolitivo *adj.* **1** capaz de abolir **2** que produz abolição (De *abolir+-tivo*)

abolorecer *v.tr.,intr.,pron.* produzir ou ganhar bolor; cobrir(-se) com bolor ■ *v.intr.* apodrecer (De *a-+bolor+-ecer*)

abolorecimento *n.m.* ação ou efeito de abolorecer (De *abolorecer+-mento*)

abolorentar *v.tr.,intr.,pron.* ⇒ **abolorecer** (De *a-+bolorento+-ar*)

abolsar *v.tr.,intr.* ter ou tomar a forma de bolsa ou bolso ■ *v.intr.* formar pregas; engelhar (De *a-+bolsa* ou *bolso+-ar*)

abomaso *n.m.* ZOOLOGIA última e principal cavidade do estômago dos ruminantes, coagulador (Do lat. *ab-*, «ao lado de» +*omāsu-*, «tripas de boi», pelo fr. *abomasum*, «id.»)

abominação *n.f.* **1** ato ou efeito de abominar **2** sentimento de desprezo, ódio ou indignação **3** aversão; repulsa **4** coisa abominável (Do lat. *abominatiōne-*, «id.»)

abominador *adj.,n.m.* que ou o que abomina (De *abominar+-dor*)

abominando *adj.* que causa abominação; detestável (Do lat. *abominandu-*, «id.», ger. de *abomināri*, «abominar; detestar»)

abominar *v.tr.* **1** repelir com nojo ou horror **2** detestar; odiar (Do lat. ecl. *abomināri*, «detestar»)

abominável *adj.2g.* **1** que merece ser abominado **2** detestável; execrável **3** horrendo; horrível (Do lat. ecl. *abominabĭle-*, «id.»)

abominoso /ô/ *adj.* ⇒ **abominável** (Do lat. tard. *abominōsu-*, «de mau presságio»)

abonação *n.f.* **1** ato ou efeito de abonar **2** fiança; garantia **3** abono **4** DIREITO ato pelo qual uma ou mais pessoas se responsabilizam pelo pagamento de uma dívida do fiador (abonado) **5** [lexicografia] expressão ou frase, normalmente de autor considerado, usada para exemplificar o emprego de uma palavra ou de uma construção; citação; **testemunha de ~** DIREITO pessoa que não testemunha sobre factos mas apenas sobre o carácter do arguido (De *abonar+-ção*)

abonado adj. 1 que é digno de crédito ou de confiança; acreditado; confiável 2 garantido por abono; subsidiado 3 garantido por fiador; afiançado 4 que tem muitos bens ou muito dinheiro; abastado; endinheirado 5 incluído na folha dos vencimentos 6 (lexicografia) diz-se da palavra ou construção cujo uso foi exemplificado por meio de um texto ou documento (geralmente de um autor consagrado) (Part. pass. de *abonar*)

abonador adj.,n.m. que ou o que abona ▪ n.m. fiador (De *abonar+-dor*)

abonançar v.tr.,intr. 1 tornar(-se) bonançoso, brando 2 amansar; serenar (De *a-+bonança+-ar*)

abonar v.tr. 1 ser fiador de; afiançar; garantir 2 responder por 3 dar; oferecer 4 confirmar 5 adiantar (dinheiro) 6 exemplificar ou comprovar (o emprego de palavra ou construção) através de citação de um excerto, geralmente de um autor consagrado ▪ v.pron. gabar-se (De *a-*+lat. *bonu-*, «bom» *+ar*)

abonatório adj. 1 que serve para abonar; abonador 2 confirmativo (De *abonar+-tório*)

abondar v.intr. [regionalismo] ser suficiente; bastar; bondar (Do lat. *abundāre*, «id.»)

abonecado adj. 1 semelhante a boneco 2 janota (Part. pass. de *abonecar*)

abonecar v.tr. dar forma de boneca a ▪ v.tr.,pron. vestir(-se) com esmero exagerado; ajanotar(-se) ▪ v.intr. (milho) deitar bandeira ou boneca (De *a-+boneca+-ar*)

abono /ô/ n.m. 1 ajuda financeira; subsídio 2 fiança; garantia 3 adiantamento (de dinheiro) 4 distribuição pelos sócios, feita por uma sociedade, de determinada quantia, como antecipação do dividendo e antes do seu apuramento no balanço anual, em que se farão acertos necessários 5 vencimento acessório que se destina a indemnizar o funcionário de riscos especiais a que a função o sujeita 6 [fig.] elogio; louvor; ~ *de família* determinada quantia que os funcionários e pessoas assalariadas recebem mensalmente do Estado ou empresas particulares por cada filho, até certa idade, ou por pessoa de família a seu cargo; *em ~ da verdade* em defesa da verdade (Deriv. regr. de *abonar*)

aboquejar v.tr. 1 dizer mal de alguém; abocanhar 2 dar a perceber (algo) só pelo abrir da boca (De *a-+boca+-ejar*)

aboquejo /ê/ n.m. 1 ato de aboquejar 2 pl. últimos alentos de um moribundo (Deriv. regr. de *aboquejar*)

aborbulhar v.tr. dar forma de borbulha a ▪ v.intr.,pron. 1 tomar forma de borbulha 2 criar borbulhas (inchaços na pele) (De *a-+borbulha+-ar*)

aborcionista adj.2g. relativo à prática do aborto ▪ n.2g. pessoa que apoia a prática de abortos

abordada n.f. ⇒ **abordagem** (Part. pass. fem. subst. de *abordar*)

abordador adj.,n.m. 1 que ou o que aborda 2 abalroador (De *abordar+-dor*)

abordagem n.f. 1 (embarcação) aproximação ao cais; acostagem 2 abalroamento 3 primeira exploração; primeiro contacto com um assunto ou problema 4 aproximação 5 modo de encarar algo; perspetiva 6 fase final de um assalto a uma posição inimiga; ~ *de aviões* colisão entre dois ou mais aviões em voo (Do fr. *abordage*, «id.»)

abordar v.tr. 1 NÁUTICA encostar (navio) ao cais ou a outro navio; acostar 2 NÁUTICA encostar bordo de embarcação a outra com o fim de a assaltar; abalroar 3 aproximar-se de (alguém) e dirigir-lhe a palavra 4 lembrar ou tratar ligeiramente (assunto) 5 encostar a ▪ v.intr. (embarcação) aportar; arribar (De *a-+borda+-ar*)

abordável adj.2g. 1 que se pode abordar 2 acessível (De *abordar+-vel*)

abordo /ô/ n.m. 1 (embarcação) aproximação ao cais; chegada 2 entrada; acesso (Deriv. regr. de *abordar*)

abordoar v.tr. 1 segurar com bordão 2 bater com bordão em ▪ v.pron. apoiar-se; firmar-se (De *a-+bordão+-ar*)

aborígene adj.,n.2g. que ou pessoa que é habitante da região ou do país de onde é natural; indígena; autóctone; nativo (Do lat. *Aborigĭnes*, pl., nome dos primitivos habitantes do Lácio.

abornalar v.tr. 1 meter em bornal 2 ocultar (De *a-+bornal+-ar*)

aborrascar v.tr.,pron. 1 tornar(-se) borrascoso 2 enfurecer(-se) (De *a-+borrasca+-ar*)

aborrecedor adj.,n.m. que ou o que causa aborrecimento; impertinente; importuno (De *aborrecer+-dor*)

aborrecer v.tr. 1 causar aborrecimento, desinteresse, desagrado a; enfadar 2 irritar; enervar 3 detestar ▪ v.pron. 1 sentir aborrecimento, desinteresse, desagrado 2 enervar-se (Do lat. *abhorrescĕre*, «id.», deriv. de *abhorrēre*, «ter aversão a»)

aborrecido adj. 1 que causa aborrecimento; maçador 2 enfastiado; enfadado 3 irritado; arreliado 4 triste; desagradável (Part. pass. de *aborrecer*)

aborrecimento n.m. 1 ato ou efeito de aborrecer 2 desinteresse; fastio 3 irritação; raiva 4 contrariedade 5 repugnância; aversão (De *aborrecer+-i-+-mento*)

aborrecível adj.2g. 1 que causa aborrecimento; fastiento 2 que merece ser aborrecido; detestável (De *aborrecer+-vel*)

aborregado adj. 1 semelhante a borrego; acarneirado 2 diz-se do estado do céu quando apresenta nuvens semelhantes a velos de lã 3 GEOLOGIA diz-se das rochas polidas e modeladas pela erosão glaciária (Part. pass. de *aborregar*)

aborregar v.tr. tornar semelhante a borrego ▪ v.pron. estupidificar-se (De *a-+borrego+-ar*)

aborrido adj. 1 [ant.] detestável; odioso 2 [ant.] aborrecido (Part. pass. de *aborrir*)

aborrimento n.m. 1 [ant.] ato ou efeito de aborrir; aborrecimento 2 [ant.] tédio (De *aborrir+-mento*)

aborrir v.tr. 1 [ant.] ter horror ou aversão a; detestar 2 [ant.] aborrecer (Do lat. *abhorrēre*, «detestar»)

abortadeira n.f. a que provoca abortos (De *abortar+-deira*)

abortador n.m. o que aconselha ou o que causa abortos (De *abortar+-dor*)

abortamento n.m. 1 ⇒ **aborto** 1 2 [fig.] fracasso na concretização de um objetivo ou na realização de uma missão (De *abortar+-mento*)

abortar v.tr.,intr. MEDICINA expulsar, naturalmente ou por meios artificiais, um feto sem tempo de gestação normal que o torne apto para viver ▪ v.tr. 1 fazer com que não tenha sucesso; malograr; frustrar 2 INFORMÁTICA cancelar (comando ou programa) ▪ v.intr. 1 não se desenvolver; malograr-se; fracassar 2 INFORMÁTICA (programa, comando) terminar; interromper-se (Do lat. *abortāre*, «id.»)

abortício adj. nascido por meio de aborto (De *aborto+-ício*)

abortista adj.2g. relativo a aborto ▪ n.2g. 1 pessoa que defende a despenalização do aborto 2 [pej.] pessoa que defende a prática do aborto (De *aborto+-ista*)

abortivo adj. 1 MEDICINA que faz abortar; que provoca o aborto 2 MEDICINA (doença) que não atinge o fim natural do seu desenvolvimento 3 malogrado; falhado ▪ n.m. MEDICINA substância que provoca o aborto (Do lat. *abortīvu-*, «id.»)

aborto /ô/ n.m. 1 MEDICINA expulsão de um feto, de forma espontânea ou provocada, antes de ele completar o seu desenvolvimento 2 MEDICINA feto nessas condições 3 BOTÂNICA estacionamento do desenvolvimento natural de um órgão, em fase bastante atrasada 4 BOTÂNICA órgão nessas condições 5 [pej.] aberração; monstruosidade (Do lat. *abortu-*, «id.»)

abostelado adj. coberto de bostelas (Part. pass. de *abostelar*)

abostelar v.intr. criar bostelas (De *a-+bostela+-ar*)

abotequinar v.tr. dar aspeto de botequim a (De *a-+botequim+-ar*)

abotijar v.tr. 1 meter em botija 2 dar forma de botija a (De *a-+botija+-ar*)

abotinar v.tr. dar forma de botim ou de botina a (De *a-+botina+-ar*)

abotoação n.f. 1 ação ou efeito de abotoar 2 BOTÂNICA aparecimento de botões nas plantas (De *abotoar+-ção*)

abotoadeira n.f. 1 instrumento que serve para abotoar 2 lugar destinado às botoeiras 3 mulher que faz ou prega botões (De *abotoar+-deira*)

abotoador adj.,n.m. que ou o que abotoa ▪ n.m. 1 indivíduo que faz ou prega botões 2 instrumento que serve para abotoar (De *abotoar+-dor*)

abotoadura n.f. 1 ato ou efeito de abotoar 2 conjunto ou jogo de botões para uma peça de vestuário 3 botão de punho (De *abotoar+-dura*)

abotoar v.tr.,pron. fechar (peça de roupa ou calçado) prendendo os botões nas respetivas casas ▪ v.intr. BOTÂNICA (plantas) deitar botões; abrolhar; rebentar ▪ v.pron. [coloq.] apropriar-se de forma ilegal de algo; guardar para si ilicitamente (De *a-+botão+-ar*)

aboubar-se v.pron. encher-se ou cobrir-se de boubas (De *a-+bouba+-ar*)

abra n.f. 1 baía pequena; angra; enseada 2 ancoradouro (Do neerl. med. e ing. med. *havene*, pelo fr. *havre*, «porto»; refúgio»)

abracadabra n.m. 1 palavra mágica à qual se atribuía a propriedade de curar certas doenças e que se escrevia numa série de linhas de maneira a formar um triângulo, permitindo a sua leitura em vários sentidos 2 crença no poder desta palavra 3 expressão

incompreensível (Da fórmula mágica grega *abrakadábra*, de orig. obsc.)
abracadabrante *adj.2g.* 1 enigmático 2 singular; extraordinário (Do fr. *abracadabrant*, «id.»)
abracadabrista *adj.,n.2g.* que ou pessoa que faz uso das crenças relacionadas com o abracadabra (De *abracadabra+-ista*)
abraçadeira *n.f.* 1 peça que liga uma coisa a outra, cingindo-as 2 anel que mantém unidas duas peças 3 placa anelar que se cinge em torno de um tubo 4 chapa de ferro para fixar vigamentos ou paredes 5 cordão que fixa, aos lados, um cortinado (De *abraçar+-deira*)
abraçador *adj.,n.m.* que ou o que abraça (De *abraçar+-dor*)
abraçamento *n.m.* ato ou efeito de abraçar(-se); abraço (De *abraçar+-mento*)
abraçar *v.tr.* 1 envolver com os braços 2 dar abraços a 3 cercar 4 compreender 5 aceitar; admitir 6 adotar; seguir (ideia, crença) 7 dedicar-se a (causa, profissão) ■ *v.pron.* dar abraços recíprocos (Do lat. *abracchiāre*, «cingir; abraçar»)
abraço *n.m.* 1 ato de abraçar; amplexo; abraçamento 2 junção; união 3 ⇒ **gavinha** 4 *pl.* ⇒ **enleio** 7 (Deriv. regr. de *abraçar*)
abrancaçado *adj.* [regionalismo] (Minho) esbranquiçado (De *a-+brancaço+-ado*)
abrandamento *n.m.* 1 ato ou efeito de abrandar 2 afrouxamento (De *abrandar+-mento*)
abrandar *v.tr.* 1 tornar brando; tornar mole ou flexível 2 reduzir (velocidade); afrouxar 3 diminuir; baixar (temperatura) 4 acalmar; serenar (irritação, fúria) 5 aliviar; atenuar (dor, sofrimento) ■ *v.intr.* 1 tornar-se menos intenso 2 (automóvel) reduzir a velocidade 3 (pessoa) acalmar-se 4 (chuva, vento) diminuir de intensidade (De *a-+brando+-ar*)
abrandecer *v.tr.,pron.* ⇒ **embrandecer** (De *a-+brando+-ecer*)
abrangência *n.f.* 1 qualidade daquilo que é abrangente 2 alcance; extensão 3 compreensão
abrangente *adj.2g.* 1 que abrange ou inclui; inclusivo 2 que se aplica a vários casos; amplo; vasto
abranger *v.tr.* 1 tornar-se extensivo a; incluir; abarcar 2 alcançar; compreender; atingir 3 cercar (De orig. obsc.)
abrangimento *n.m.* 1 ato ou efeito de abranger 2 alcance (De *abranger+-mento*)
abrantino *adj.* relativo à cidade portuguesa de Abrantes, no distrito de Santarém, ou aos seus habitantes ■ *n.m.* natural ou habitante de Abrantes (De *Abrantes*, top. *+-ino*)
abraquia *n.f.* TERATOLOGIA privação congénita de braços (Do gr. *a-*, «sem» *+brakhíon*, «braço» *+-ia*)
abráquio *v.tr.* privado de braços ■ *n.m.* TERATOLOGIA o que não tem braços (Do gr. *a-*, «sem»*+brakhíon*, «braço»)
abrasado *adj.* 1 em brasa; ardente 2 consumido 3 exaltado; inflamado; arrebatado (Part. pass. de *abrasar*)
abrasador *adj.* que abrasa; ardente (De *abrasar+-dor*)
abrasamento *n.m.* 1 ato ou efeito de abrasar 2 combustão; incêndio 3 [fig.] ardor; entusiasmo (De *abrasar+-mento*)
abrasante *adj.2g.* ⇒ **abrasador** (De *abrasar+-ante*)
abrasão *n.f.* 1 desgaste por atrito 2 GEOLOGIA desgaste da costa marítima pelo embate de água, areias, pequenos calhaus e outros fragmentos rochosos movimentados pelas ondas e pelo ar comprimido nas fendas e cavernas costeiras 3 MEDICINA raspagem dos ossos cariados, da córnea, do útero, etc. 4 MEDICINA lesão superficial leve da pele ou de uma mucosa 5 desgaste mecânico das formações dentárias (Do lat. *abrasiōne-*, «ato de tirar, raspando»)
abrasar[1] *v.tr.* pôr em brasa; queimar (De *a-+brasa+-ar*)
abrasar[2] *v.tr.* 1 polir (superfícies ásperas) 2 desbastar (Do lat. *abrasu-*, part. pass. de *abradĕre*, «raspar»)
abrasear *v.tr.,pron.* ⇒ **esbrasear** (De *a-+brasa+-ear*)
abrasileirar *v.tr.* dar feição brasileira a ■ *v.pron.* tomar modos de brasileiro (De *a-+brasileiro+-ar*)
abrasividade *n.f.* qualidade daquilo que causa abrasão (De *abrasivo+-i-+-dade*)
abrasivo *adj.,n.m.* 1 que ou substância que desgasta por fricção ou raspagem 2 que ou substância que é usada para provocar desgaste por atrito, tal como o esmeril, a lixa, o carborundo, etc. (Do lat. *abrasīvu-*, «que tira, raspando», pelo fr. *abrasif*, «abrasivo»)
abrasoar *v.tr.,intr.,pron.* ⇒ **abrasonar**
abrasonar *v.tr.* 1 pôr brasão em 2 conceder brasão a ■ *v.intr.,pron.* gabar-se; armar-se (De *a-+brasão+-ar*)
abrastol *n.m.* QUÍMICA poderoso antisséptico pertencente aos compostos sulfonados do naftol (Do al. *Abrasthol*, «id.»)

ab-reação *n.f.* PSICOLOGIA descarga emocional em que um indivíduo revive um acontecimento traumático, libertando-se de um complexo recalcado (De *ab-+reacção*)
ab-reacção ver nova grafia **ab-reação**
ab-reactivo ver nova grafia **ab-reativo**
ab-reativo *adj.* que provoca a ab-reação (De *ab-+reactivo*)
abre-boca /ô/ *n.m.* MEDICINA instrumento usado para manter aberta a boca do doente durante a observação ou a intervenção cirúrgica (De *abrir+boca*)
abre-cápsulas *n.m.2n.* ⇒ **abre-garrafas**
abre-cartas *n.m.2n.* espátula com lâmina pontiaguda para abrir envelopes (De *abrir+cartas*)
abre-cu *n.m.* ⇒ **pirilampo** 1 (De *abrir+cu*)
abre-garrafas *n.m.2n.* utensílio com que se tiram as cápsulas das garrafas; abre-cápsulas; tira-cápsulas; saca-cápsulas
ábrego *n.m.* ⇒ **áfrico** *n.m.* 2
abre-ilhós *n.m.2n.* 1 instrumento com que se abrem os buracos para os ilhós 2 furador (De *abrir+ilhó*)
abrejar *v.tr.* transformar em brejo; alagar; encharcar (De *a-+brejo+-ar*)
abrejeirar *v.tr.,pron.* tornar(-se) brejeiro (De *a-+brejeiro+-ar*)
abre-latas *n.m.2n.* utensílio com que se abrem certos recipientes ou embalagens de folha metálica (De *abrir+latas*)
abrenhar *v.tr.,pron.* ⇒ **embrenhar** (De *a-+brenha+-ar*)
abrenunciação *n.f.* 1 ato ou efeito de abrenunciar 2 renúncia (Do lat. ecl. *abrenuntiatiōne-*, «renúncia»)
abrenunciar *v.tr.* 1 repelir com veemência 2 renunciar a; renegar (Do lat. *abrenuntiāre*, «renunciar»)
abrenúncio *n.m.* esconjuro; maldição; ~! exclamação que exprime rejeição, aversão ou desejo de que algo ou alguém se afaste (Do lat. *abrenuntio*, «renuncio»)
ab-repticiamente *adv.* de modo exaltado, exaltadamente (De *ab-reptício+-mente*)
ab-reptício *adj.* endemoninhado; exaltado (Do lat. *abrepticĭu-*, por *arrepticĭu-*, «id.»)
abre-saca *n.f.* [regionalismo] (Minho, Trás-os-Montes) saco de correias que se põe às costas; mochila; bornal (Do fr. *havresac*, «id.»)
abretanhado *adj.* que dá ideia de bretanha (tecido) (De *a-+bretanha+-ado*)
abreu *n.m.* [Brasil] ZOOLOGIA pequena abelha quase branca (De *Abreu*, antr.)
abreugrafia *n.f.* MEDICINA processo, criado pelo médico brasileiro Manuel de Abreu (1894-1962), que possibilita a fixação, por meio de máquina fotográfica especial, das imagens observadas por radioscopia (De *M. de Abreu*, antr.+-grafia)
abrevar *v.tr.* 1 matar a sede a (gado) 2 molhar; ensopar ■ *v.pron.* dessedentar-se (Do lat. *abbiberāre*, «id.»)
abreviação *n.f.* 1 redução da duração ou extensão (de algo) 2 abreviatura 3 breve notícia de alguma coisa 4 resumo; sumário; epítome (Do lat. ecl. *abbreviatiōne-*, «id.»)
abreviado *adj.* 1 reduzido; encurtado 2 resumido 3 antecipado ■ *n.m.* resumo (Do lat. *abbreviātu-*, «id.»)
abreviador *adj.,n.m.* que ou o que abrevia; resumidor ■ *n.m.* redator de bulas, na Chancelaria Romana (Do lat. ecl. *abbreviatōre-*, «id.»)
abreviamento *n.m.* ⇒ **abreviação** (De *abreviar+-mento*)
abreviar *v.tr.* 1 reduzir a duração ou extensão de; tornar breve; encurtar 2 resumir 3 despachar; aviar 4 antecipar (facto) (Do lat. ecl. *abbreviāre*, «id.»)
abreviativo *adj.* 1 que abrevia 2 que indica abreviação (De *abreviar+-tivo*)
abreviatura *n.f.* 1 em geral, forma encurtada ou contraída de uma palavra 2 GRAMÁTICA forma encurtada ou contraída de uma palavra, constituída por uma ou mais letras (geralmente as iniciais) dessa palavra, seguidas de um ponto, e que se pronuncia como se estivesse por extenso (ex.: *obs.*, *dr.*) 3 resumo (Do it. *abbreviatura*, «id.»?)
abricó *n.m.* ⇒ **abricote**
abricote *n.m.* 1 fruto do abricoteiro, esférico e doce, usado em compotas 2 BOTÂNICA ⇒ **abricoteiro** 1 (Do ár. *albarquq*, «id.», pelo fr. *abricot*, «id.»)
abricoteiro *n.m.* 1 BOTÂNICA árvore da família das Sapotáceas que produz frutos comestíveis (abricotes) 2 BOTÂNICA ⇒ **damasqueiro** (De *abricote+-eiro*, ou do fr. *abricotier*, «id.»)
abricozeiro *n.m.* BOTÂNICA ⇒ **abricoteiro** 1 (De *abricó+z+-eiro*)
abridela *n.f.* ato de abrir (De *abrir+-dela*)
abridor *adj.,n.m.* que ou o que abre ■ *n.m.* gravador; burilador (De *abrir+-dor*)

abrigada *n.f.* 1 sítio abrigado; refúgio; asilo 2 enseada (Part. pass. fem. subst. de *abrigar*)
abrigado *adj.* 1 colocado em abrigo; protegido 2 livre das intempéries (Part. pass. de *abrigar*)
abrigadoiro *n.m.* ⇒ **abrigadouro**
abrigador *adj.,n.m.* 1 que ou aquele que abriga 2 defensor; protetor (De *abrigar*+-*dor*)
abrigadouro *n.m.* 1 lugar defendido do vento 2 abrigo (De *abrigar*+-*douro*)
abrigar *v.tr.* 1 dar abrigo ou proteção a 2 resguardar do mau tempo 3 cobrir 4 acolher 5 defender ■ *v.pron.* proteger-se; resguardar-se (Do lat. *apricāri*, «aquecer-se ao sol»)
abrigo *n.m.* 1 ato ou efeito de abrigar 2 lugar defendido das intempéries 3 resguardo contra o frio 4 asilo; guarida; refúgio 5 porto; baía; enseada 6 apoio; amparo 7 MILITAR tudo o que confere proteção a homens, materiais e animais contra os fogos do inimigo; ~ *nuclear* construção subterrânea que protege do impacto e das radiações de uma explosão atómica; *ao* ~ *de* sob a proteção de (Deriv. regr. de *abrigar*)
abril *n.m.* 1 quarto mês do ano civil, com trinta dias 2 [fig.] época em que se é jovem; juventude (Do lat. *aprīle*-, «id.»)
abrilada *n.f.* 1 facto sucedido em abril 2 tempo próprio de abril 3 [com maiúscula] HISTÓRIA revolta liderada pelo infante D. Miguel, em abril de 1824 (De *Abril*+-*ada*)
abrilhantador *adj.,n.m.* 1 que ou aquele que abrilhanta 2 que ou o que dá lustro ou polimento a 3 [fig.] que ou o que confere brilho ou realce a (De *abrilhantar*+-*dor*)
abrilhantar *v.tr.* 1 tornar brilhante 2 dar luzimento a; lustrar; polir 3 [fig.] dar brilho; dar realce a (De *a*-+*brilhante*+-*ar*)
abrimento *n.m.* 1 ato ou efeito de abrir; abertura (De *abrir*+-*mento*)
abrir *v.tr.* 1 estabelecer; fundar (empresa, negócio) 2 desimpedir; desobstruir (acesso, caminho) 3 dar passagem a 4 destapar 5 separar; afastar; desatar 6 acender (luz) 7 dar início a (sessão) 8 afastar o que fecha ou tapa algo; descerrar ■ *v.intr.* 1 desanuviar 2 (flor) desabrochar ■ *v.pron.* 1 descerrar-se 2 ser franco 3 desabafar 4 revelar-se 5 declarar-se; ~ *a boca* bocejar, ficar admirado, pedir muito; ~ *mão de* abandonar, renunciar a; ~ *o apetite* provocar um desejo; ~ *o coração* desabafar; ~ *os cordões à bolsa* desembolsar dinheiro, pagar muito; ~ *os olhos* compreender, desenganar-se; ~-*se com alguém* desabafar com alguém, contar os seus segredos a alguém; *num* ~ *e fechar de olhos* num instante (Do lat. *aperīre*, «id.»)
abrocadar *v.tr.* tornar semelhante a brocado (De *a*+*brocado*+-*ar*)
abrochador *n.m.* 1 instrumento com que se abrocha 2 o que abrocha (De *abrochar*+-*dor*)
abrochadura *n.f.* ato ou efeito de abrochar (De *abrochar*+-*dura*)
abrochar¹ *v.tr.* 1 fechar com broche ou colchete; afivelar 2 apertar 3 abraçar (De *a*-+*broche*+-*ar*)
abrochar² *v.tr.* jungir com brocha (De *a*-+*brocha*+-*ar*)
ab-rogação *n.f.* 1 DIREITO ato ou efeito de anular ou abolir; anulação 2 DIREITO revogação total de uma lei por outra posterior 3 supressão (Do lat. *abrogatiōne*-, «id.»)
ab-rogador *adj.* que ab-roga; ab-rogatório ■ *n.m.* aquele que ab-roga (De *ab-rogar*+-*dor*)
ab-rogar *v.tr.* 1 DIREITO anular; abolir 2 DIREITO revogar (lei) 3 pôr fora de uso 4 suprimir 5 cassar (licença, privilégio) (Do lat. *abrogāre*, «id.»)
ab-rogativo *adj.* ⇒ **ab-rogatório** (De *ab-rogar*+-*tivo*)
ab-rogatório *adj.* 1 com poder de ab-rogar 2 que produz ab-rogação (De *ab-rogar*+-*tório*)
abrolhal *n.m.* sítio onde crescem abrolhos (De *abrolho*+-*al*)
abrolhamento *n.m.* BOTÂNICA aparecimento de rebentos ou gomos e de espinhos ou acúleos (De *abrolhar*+-*mento*)
abrolhar *v.tr.,intr.* 1 (fazer) deitar abrolhos; brotar; rebentar 2 [fig.] desenvolver(-se) (De *abrolho*+-*ar*)
abrolho /ô/ *n.m.* 1 BOTÂNICA planta da família das Zigofiláceas, que produz frutos espinhosos e é espontânea em Portugal 2 fruto espinhoso dessa planta 3 espinho de qualquer planta 4 BOTÂNICA rebento; gomo 5 ponta aguçada; pua 6 rochedo sob a água, a pouca profundidade 7 [fig.] contrariedade; dificuldade; obstáculo (De *abre*+*olho*, ou do lat. *apěri ocŭlos*, «abre os olhos»)
abrolhoso /ô/ *adj.* 1 que tem abrolhos; espinhoso 2 [fig.] difícil; penoso (De *abrolho*+-*oso*)
abroma *n.f.* BOTÂNICA arbusto das regiões tropicais, da família das Esterculiáceas, cuja casca fornece fibras que são utilizadas no fabrico de cordas
abronzear *v.tr.,intr.,pron.* ⇒ **bronzear** (De *a*-+*bronzear*)
abroquelar *v.tr.,pron.* 1 cobrir(-se) com broquel 2 [fig.] proteger(-se); defender(-se); amparar(-se) (De *a*-+*broquel*+-*ar*)

abrotal *n.m.* ⇒ **abroteal**
abrótano *n.m.* BOTÂNICA planta da família das Compostas, herbácea ou subarbustiva, com flores amarelas ornamentais (Do gr. *abrótonon*, «id.», pelo lat. med. *abrotănu*-, «id.»)
abrótano-fêmea *n.m.* BOTÂNICA planta subarbustiva, da família das Compostas, cultivada e subespontânea em Portugal, também conhecida por guarda-roupa
abrótano-macho *n.m.* BOTÂNICA planta subarbustiva, da família das Compostas, cultivada e subespontânea em Portugal, também denominada erva-lombrigueira
abrótea¹ *n.f.* ICTIOLOGIA peixe teleósteo da família dos Gadídeos, comum nos mares frios e temperados, semelhante ao bacalhau; brota; ricardo (De orig. obsc.)
abrótea² *n.f.* BOTÂNICA planta monocotiledónea, da família das Liliáceas, espontânea e vulgar em Portugal, nos terrenos secos, nos pinhais, etc., também denominada gamão (Do gr. *abrótonon*, pelo lat. *abrotīna-, de *abrotŏnu*-, «id.»)
abroteal *n.m.* campo povoado de abróteas (De *abrótea*+-*al*)
abrótega *n.f.* [pop.] ⇒ **abrótea**²
abrótono *n.m.* ⇒ **abrótano**
abrumar *v.tr.,pron.* 1 cobrir(-se) de bruma 2 tornar(-se) escuro 3 [fig.] tornar(-se) triste e pensativo (De *a*+*bruma*+-*ar*)
abrunhal *n.m.* terreno onde crescem abrunheiros ■ *adj.2g.* 1 diz-se de uma variedade de uvas (com bagos semelhantes a abrunhos) 2 relativo a abrunho (De *abrunho*+-*al*)
abrunheiro *n.m.* BOTÂNICA árvore (ou arbusto) inerme, da família das Rosáceas, cultivada em Portugal, que produz frutos (abrunhos) pendentes e doces (De *abrunho*+-*eiro*)
abrunheiro-bravo *n.m.* BOTÂNICA arbusto espinhoso, afim do abrunheiro, mas produtor de frutos (abrunhos) eretos e muito azedos
abrunho *n.m.* fruto (drupa) do abrunheiro (De *a*-+lat. *prunu-(malu*-), «ameixa»)
abruptamente *adv.* 1 de repente; de modo abrupto 2 bruscamente (De *abrupto*+-*mente*)
abrupto *adj.* 1 escarpado; íngreme 2 inesperado; repentino 3 brusco; rude 4 (estilo) solto (Do lat. *abruptu*-, «id.»)
abrutalhar *v.tr.,pron.* tornar(-se) bruto; embrutecer (De *a*-+*bruto*+-*alho*+-*ar*)
abrutar *v.tr.,pron.* ⇒ **abrutalhar** (De *a*-+*bruto*+-*ar*)
abrutecer *v.tr.,pron.* ⇒ **abrutalhar** (Do lat. *brutescěre*, «embrutecer»)
ABS *n.m.* sistema que evita que as rodas de um automóvel bloqueiem quando se trava subitamente, impedindo que este derrape e fuga sem aderência à estrada (Do ing. *ABS*, acrónimo de *anti-lock braking system*)
absceder *v.intr.* 1 transformar-se em abcesso 2 formar ou verter pus (Do lat. *abscedĕre*, «id.»)
abscesso *n.m.* ⇒ **abcesso**
abscisão *n.f.* ⇒ **abcisão**
abscissa *n.f.* ⇒ **abcissa**
absconder *v.tr.* ⇒ **esconder** (Do lat. *abscondĕre*, «ocultar»)
abscôndito *adj.* 1 escondido; oculto 2 retirado 3 misterioso (Do lat. *abscondĭtu*-, «id.», part. pass. de *abscondĕre*, «esconder»)
abscônsia *n.f.* lamparina de dormitório usada antigamente em certos mosteiros (Do lat. med. *absconsīa*-, «lanterna velada»)
absconso *adj.* 1 escondido; abscôndito 2 [fig.] pouco inteligível (Do lat. *absconsu*-, «id.», part. pass. de *abscondĕre*, «esconder»)
absenteísmo *n.m.* [Brasil] ⇒ **absentismo**
absenteísta *adj.,n.2g.* [Brasil] ⇒ **absentista** (De *absenteísmo*)
absentismo *n.m.* 1 sistema de exploração agrícola em que o proprietário, que não reside nas suas terras, entrega a administração das suas propriedades a um intermediário (caseiro, rendeiro) 2 ausência sistemática; ~ *escolar* falta de assiduidade às aulas (Do ing. *absenteeism*, pelo fr. *absentéisme*, «id.»)
absentista *adj.2g.* 1 que entrega a administração das suas terras a um caseiro ou rendeiro 2 que se ausenta sistematicamente 3 relativo à frequência de faltas num determinado período ■ *n.2g.* 1 pessoa que entrega a gestão das suas propriedades a um intermediário 2 pessoa que não comparece num determinado local (de trabalho, votação, etc.) (De *absentismo*)
absidal *adj.2g.* em forma de abside (De *abside*+-*al*)
abside *n.f.* ARQUITETURA parede semicircular (no estilo românico) ou poligonal (no estilo gótico), por detrás do altar-mor, que fecha a nave principal de uma igreja (Do gr. *apsídos*, «chave da abóbada», pelo lat. ecl. *absīde*-, «id.»)
absidíola *n.f.* 1 ARQUITETURA pequena abside 2 relicário de forma arredondada (Do lat. *absidǐŏla-, «id.»)

absidíolo n.m. ARQUITETURA cada uma das capelas laterais que rodeiam a abside de uma igreja (De *absidíola*)

absintiar v.tr. 1 misturar com absinto 2 tornar amargo (De *absíntio+-ar*)

absíntico adj. diz-se de um ácido existente no absinto (De *absíntio+-ico*)

absíntio n.m. ⇒ **absinto** (Do lat. *absinthĭu-*, «id.»)

absintismo n.m. 1 abuso ou vício do absinto 2 intoxicação devida ao abuso do absinto (De *absinto+-ismo*)

absinto n.m. 1 BOTÂNICA planta aromática da família das Compostas, cujas folhas têm um sabor amargo, espontânea e cultivada, e também conhecida por losna, alosna e sintro 2 bebida alcoólica, muito forte, de cor esverdeada e sabor amargo, preparada com as folhas desta planta (Do lat. *absinthĭu-*, «absíntio», pelo fr. *absinthe*, «id.»)

absolutismo n.m. 1 sistema governativo em que impera a vontade do chefe 2 despotismo; tirania 3 ditadura 4 FILOSOFIA metafísica que considera tudo como emanação do absoluto, sendo este, ao mesmo tempo, causa e objeto (De *absoluto+-ismo*, ou do fr. *absolutisme*, «absolutismo»)

absolutista adj.2g. relativo ao absolutismo ■ adj.2g.,n.2g. partidário do absolutismo (De *absoluto+-ista*)

absoluto adj. 1 que não é relativo 2 que concentra todo o poder 3 sem restrições 4 independente 5 imperioso 6 puro 7 que é independente de todo o ponto de referência convencional 8 FÍSICA diz-se da escala de temperaturas cujo zero corresponde a -273,15 graus Celsius ■ n.m. 1 o que existe independentemente de condição 2 FILOSOFIA o que existe em si ou por si, independentemente de outra coisa (Deus, número); *em ~* totalmente, de modo nenhum; *grau ~* FÍSICA grau da escala das temperaturas absolutas; *valor ~* MATEMÁTICA valor de uma grandeza, independente do sinal; *zero ~* FÍSICA temperatura mais baixa que teoricamente pode ser atingida em qualquer escala de temperaturas, a mesma para todas as substâncias, e à qual as moléculas constituintes não teriam energia calorífica, mas apenas a energia do ponto zero, atribuída pela mecânica quântica (Do lat. *absolūtu-*, «id.»)

absolutório adj. que contém absolvição (Do lat. *absolutorĭu-*, «que absolve»)

absolver v.tr. 1 DIREITO declarar inocente, isento de culpa, por sentença judicial 2 perdoar a; desculpar a 3 dispensar de (obrigação, compromisso); isentar ■ v.pron. 1 desculpar-se 2 desobrigar-se; isentar-se (Do lat. *absolvĕre*, «separar; libertar»)

absolvição n.f. 1 ato ou efeito de absolver 2 perdão dos pecados; remissão 3 DIREITO sentença que declara o réu isento de responsabilidade (De *absolver+-i-+-ção*)

absolvido adj. 1 perdoado 2 declarado inocente (Part. pass. de *absolver*)

absolvimento n.m. ⇒ **absolvição** (De *absolver+-i-+-mento*)

ábsono adj. 1 dissonante; discordante 2 desarmonioso (Do lat. *absŏnu-*, «id.»)

absorção n.f. 1 ato ou efeito de absorver; absorvimento 2 BIOLOGIA (animais e plantas) movimento de um fluido ou de uma substância dissolvida através das membranas celulares, como acontece com os alimentos quando são absorvidos pelo aparelho circulatório, e, nas plantas, quando a água e os sais minerais são absorvidos desde o solo até às raízes 3 GEOLOGIA fenómeno consequente da tectónica e, por vezes, do vulcanismo, que origina o abaixamento de uma zona de terrenos com uma superfície mais ou menos significativa 4 QUÍMICA fixação de um gás por um sólido ou um líquido; fixação de um líquido por um sólido 5 FÍSICA transferência de energia de um feixe de radiação eletromagnética, onda sonora, feixe de partículas, etc., para o meio material que atravessa ou para a superfície do corpo em que embate 6 assimilação de uma cultura (ou de uma crença) pelo contacto com outra, dominante ou não 7 [fig.] êxtase; *~ acústica* FÍSICA redução da intensidade do som resultante da passagem do som através de um meio ou da reflexão por uma superfície separadora de dois meios; *~ de empresa* ECONOMIA caso em que uma empresa cessa de existir, como entidade autónoma, para se integrar noutra; *~ luminosa* FÍSICA fixação parcial de radiações luminosas, incidentes nos corpos materiais, de que resulta a cor destes corpos, se a radiação absorvida pertencer à zona visível do espetro; *bandas/linhas/riscas de ~* FÍSICA bandas (ou linhas) escuras presentes num espetro contínuo pela absorção parcial de radiações por um meio material atravessado pelas radiações; *coeficiente de ~ linear* FÍSICA diminuição relativa de intensidade por unidade de distância quando um feixe de radiação atravessa um determinado material (Do lat. ecl. *absorptiōne-*, «id.»)

absorciometria n.f. 1 FÍSICA determinação da fração da radiação incidente, absorvida por um corpo material 2 QUÍMICA determinação dos coeficientes de absorção entre líquidos e gases (De *absorciómetro+-ia*)

absorciométrico adj. relativo ou pertencente à absorciometria (De *absorciometria+-ico*)

absorciómetro n.m. aparelho usado em absorciometria (Do lat. *absorptĭo*, «absorção»+gr. *métron*, «medida»)

absortividade n.f. 1 poder de absorção de substância ou corpo 2 FÍSICA, QUÍMICA absorvência por unidade de espessura do meio absorvente e por unidade de concentração da espécie absorvente (De *absortivo+-i-+-dade*, ou do fr. *absorptivité*, «id.»)

absortivo adj. que pode absorver ou ser absorvido (De *absorto+-ivo*, ou do fr. *absorptif*, «id.»)

absorto /ô/ adj. 1 imerso nos seus pensamentos 2 distraído 3 [fig.] enlevado; extasiado (Do lat. *absorptu-*, «id.»)

absorvedor adj. 1 que absorve 2 [fig.] que arrebata ■ n.m. substância que absorve (De *absorver+-dor*)

absorvedouro n.m. sorvedouro; sumidouro (De *absorver+-douro*)

absorvência n.f. 1 ato ou faculdade de absorver 2 QUÍMICA logaritmo decimal da razão entre a intensidade da radiação incidente num meio absorvente e a intensidade da radiação emergente (De *absorver+-ência*)

absorvente adj.2g. 1 que absorve 2 cativante; interessante; arrebatante 3 que exige atenção total ■ n.m. QUÍMICA produto que absorve; *elemento ~* MATEMÁTICA elemento que transforma em si próprio cada um dos elementos do conjunto (Do lat. *absorbente-*, «id.»)

absorver v.tr. 1 fazer desaparecer total ou parcialmente 2 fazer a absorção de; embeber 3 gastar; consumir 4 chupar 5 receber; acolher 6 recolher; assimilar 7 submergir 8 [fig.] arrebatar ■ v.pron. 1 concentrar-se 2 embeber-se (Do lat. *absorbēre*, «id.»)

absorvibilidade n.f. qualidade do que é absorvível (De *absorvível+-i-+-dade*)

absorvidade n.f. FÍSICA fração absorvida de energia radiante que incide sobre um corpo a dada temperatura (De *absorver+-i-+-dade*)

absorvimento n.m. ⇒ **absorção** (De *absorver+-i-+-mento*)

absorvível adj.2g. que pode ser absorvido (De *absorver+-i-+-vel*)

abstemia n.f. 1 privação da ingestão de bebidas alcoólicas; abstinência 2 moderação (De *abstémio+-ia*)

abstémico adj. 1 que se abstém de bebidas alcoólicas 2 sóbrio; moderado

abstémio adj.,n.m. que ou o que se abstém de bebidas alcoólicas; sóbrio; moderado (Do lat. *abstemĭu-*, «abstinente; moderado»)

abstenção n.f. 1 ação ou efeito de se abster 2 renúncia 3 privação 4 POLÍTICA recusa voluntária de participar numa votação (Do lat. *abstentiōne-*, «id.»)

abstencionismo n.m. prática de se abster, particularmente do uso do direito de voto (Do lat. *abstentiōne-*, «abstenção» +-*ismo*, ou do fr. *abstentionnisme*, «id.»)

abstencionista adj.,n.2g. que ou pessoa que se abstém (Do lat. *abstentiōne-*, «abstenção» +-*ista*, ou do fr. *abstentionniste*, «id.»)

abster v.tr. privar de (fazer alguma coisa); impedir; embaraçar ■ v.pron. 1 privar-se voluntariamente 2 refrear-se; moderar-se 3 não intervir; não se pronunciar 4 não participar numa votação (Do lat. *abstinēre*, «id.»)

abstergência n.f. 1 qualidade do que é abstergente 2 limpeza de uma ferida (De *absterger+-ência*)

abstergente adj.2g. próprio para absterger; que limpa; que purifica; purgativo ■ n.m. substância ou medicamento para absterger (Do lat. *abstergente-*, «id.»)

absterger v.tr. 1 limpar (ferida); purgar 2 desobstruir (Do lat. *abstergĕre*, «id.»)

abstersão n.f. 1 ato ou efeito de absterger 2 limpeza de uma ferida (Do lat. tard. *abstersiōne-*, «ato de limpar»)

abstersivo adj.,n.m. ⇒ **abstergente** (De *absterso+-ivo*)

absterso adj. que foi abstergido; limpo (De *abstersu-*, «id.»)

abstinência n.f. 1 ato ou efeito de se abster 2 privação voluntária da satisfação de uma necessidade ou de um desejo, por motivos religiosos ou morais 3 privação voluntária ou forçada de certos comportamentos (alimentares, sexuais, etc.) ou de certas substâncias (por exemplo, álcool, droga); jejum 4 restrição de certos alimentos com fins terapêuticos; dieta 5 moderação nos hábitos ou no comportamento; continência; comedimento; *síndrome de ~* manifestação de sintomas físicos devidos à suspensão de administração de substâncias suscetíveis de causar dependência física (Do lat. *abstinentĭa-*, «id.»)

abstinente adj.,n.2g. 1 que ou pessoa que se priva voluntariamente de algo; que ou pessoa que se abstém; abstémio; sóbrio

2 que ou pessoa que se abstém de atos sexuais; casto (Do lat. *abstinente-*, «id.»)

abstração *n.f.* **1** ato ou efeito de abstrair ou abstrair-se **2** FILOSOFIA separação mental de um ou mais elementos concretos de uma entidade complexa (facto, representação) desprezando outros que lhe são inerentes; conceptualização **3** resultado dessa separação (termo, conceito, ideia, etc.) **4** distração; alheamento **5** conjetura **6** [pej.] coisa irreal; devaneio (Do lat. tard. *abstractiōne-*, «separação»)

abstracção ver nova grafia abstração
abstraccionismo ver nova grafia abstracionismo
abstraccionista ver nova grafia abstracionista
abstracionismo *n.m.* **1** FILOSOFIA tendência para considerar as representações mentais como realidades concretas **2** ARTES PLÁSTICAS arte abstrata; arte não figurativa **3** [pej.] uso excessivo de abstrações (Do lat. tard. *abstractiōne-*, «separação» +*-ismo*, ou do fr. *abstractionnisme*, «id.»)

abstracionista *adj.2g.* relativo ao abstracionismo ■ *n.2g.* **1** pessoa partidária do abstracionismo **2** ARTES PLÁSTICAS artista que adota os princípios do abstracionismo (Do fr. *abstractionniste*, «id.»)

abstract *n.m.* texto que resume os principais pontos de um artigo, de uma tese, conferência, etc.; sinopse (Do ing. *abstract*, «id.»)

abstractivo ver nova grafia abstrativo
abstracto ver nova grafia abstrato
abstrair *v.tr.* **1** considerar mentalmente apenas uma parte de um todo **2** separar **3** omitir **4** não considerar; pôr de parte ■ *v.pron.* **1** alhear-se (de) **2** concentrar-se (em) (Do lat. *abstrahĕre*, «separar»)

abstrativo *adj.* **1** próprio para abstrair **2** relativo a abstração (De *abstracto*+*-ivo*)

abstrato *adj.* **1** que resulta de abstração; que não é concreto **2** FILOSOFIA que utiliza abstrações (qualidades e relações) e não a realidade sensível **3** [fig.] que é de difícil compreensão; obscuro **4** [fig.] distraído; alheado **5** [coloq.] vago; impreciso **6** segundo a gramática tradicional, diz-se do nome que designa uma ação, estado ou qualidade (por oposição a concreto) ■ *n.m.* **1** o que se considera existente só no domínio das ideias e sem base material **2** FILOSOFIA abstração; conceito; *arte abstrata* ARTES PLÁSTICAS arte que não descreve nem representa objetos concretos, arte não figurativa; *ciência abstrata* ciência que opera sobre qualidades puras e não sobre realidades; *número* ~ número que não indica medida relativa a certas unidades; *teoria abstrata* teoria que, pelo alto grau de generalidade, é aplicável em vários domínios concretos (Do lat. tard. *abstractu-*, «abstrato», part. pass. de *abstrahĕre*, «separar»)

abstruir *v.tr.* **1** esconder **2** afastar (Do lat. *abstrudĕre*, «id.»)
abstrusidade *n.f.* **1** qualidade ou estado de abstruso **2** desordem; confusão (De *abstruso*+*-i-*+*-dade*)
abstruso *adj.* **1** desordenado **2** impenetrável; obscuro (Do lat. *abstrūsu-*, «id.», part. pass. de *abstrudĕre*, «ocultar»)

absurdez /ê/ *n.f.* **1** qualidade do que é absurdo **2** tolice; disparate (De *absurdo*+*-ez*)
absurdeza /ê/ *n.f.* ⇒ **absurdez** (De *absurdo*+*-eza*)
absurdidade *n.f.* ⇒ **absurdez** (De *absurdo*+*-i-*+*-dade*)
absurdismo *n.m.* FILOSOFIA doutrina de certos existencialistas contemporâneos, segundo os quais o mundo e a vida são absurdos (De *absurdo*+*-ismo*)
absurdista *adj.2g.* FILOSOFIA relativo ao absurdismo ■ *n.2g.* FILOSOFIA pessoa que defende o absurdismo

absurdo *adj.* **1** contrário à razão **2** despropositado; disparatado **3** ilógico; contraditório ■ *n.m.* disparate; *raciocínio pelo* ~ LÓGICA processo que consiste em estabelecer a verdade de uma proposição, mostrando que a sua contraditória leva a consequências falsas ou incompatíveis com a hipótese (prova pelo absurdo), ou a sua falsidade, mostrando que ela conduz a consequências falsas (redução ao absurdo) (Do lat. *absurdu-*, «discordante; absurdo»)

abular *v.tr.* pôr bula ou selo de chumbo em ■ *v.pron.* tomar bula (De *a-*+*bula*+*-ar*)

abulia *n.f.* PATOLOGIA alteração anormal da vontade caracterizada pela incapacidade de tomar decisões e de agir; ~ *generalizada* PATOLOGIA abulia que incide sobre todas as ações e todos os pensamentos; ~ *localizada* PATOLOGIA abulia que incide sobre um movimento de um membro; ~ *sistematizada* PATOLOGIA abulia que incide sobre um ato particular ou um sistema de atos (Do gr. *aboulía*, «irresolução; falta de vontade»)

abúlico *adj.,n.m.* **1** PATOLOGIA que ou o que sofre de abulia **2** que ou pessoa que não tem vontade; apático (Do gr. *aboulikós*, «id.»)

abuna *n.m.* **1** nome por que são conhecidos os sacerdotes entre os cristãos do Oriente **2** patriarca dos Abexins (Do américo-ár. *abúná*, de *abú*, «pai» +*-ná*, «nosso»)

abundância *n.f.* **1** quantidade maior do que a necessária; fartura; abastança **2** opulência; luxo **3** grande quantidade **4** [fig.] excesso (Do lat. *abundantĭa-*, «id.»)

abundante *adj.2g.* **1** que existe em abundância; farto **2** fecundo **3** opulento **4** numeroso **5** GRAMÁTICA diz-se do verbo que apresenta duas ou mais formas equivalentes, como por exemplo, as do particípio passado (ex.: *matado* e *morto*) (Do lat. *abundante-*, «id.»)

abundar *v.intr.* **1** existir em quantidade mais que suficiente; sobrar **2** existir em grande quantidade ■ *v.tr.* **1** ter em grande quantidade; ter em abundância **2** ter opinião igual a; concordar com (Do lat. *abundāre*, «ser abundante»)

abunhadio *n.m.* encargo de abunhado (De *abunhado*+*-io*)
abunhado *n.m.* na antiga Índia Portuguesa, indivíduo que, nascido em terras de um senhor, é obrigado a viver e a trabalhar nelas em troca de uma pequena parte do seu produto (Do pers. *bunyád*, «alicerce; fundo»)
abunhar *v.intr.* [ant.] viver como abunhado (Deriv. regr. de *abunhado*)

aburelar *v.tr.* dar aspeto ou consistência de burel a (De *a-*+*burel*+*-ar*)

aburguesamento *n.m.* ato ou efeito de tornar ou tornar-se burguês (De *aburguesar*+*-mento*)
aburguesar *v.tr.* **1** dar ou adquirir hábitos, modos ou aspeto de burguês **2** [fig., pej.] banalizar(-se) (De *a-*+*burguês*+*-ar*)

aburilar *v.tr.* **1** dar forma de buril a **2** gravar com buril (De *a-*+*buril*+*-ar*)

aburrar *v.intr.* **1** [pouco usado] mostrar-se triste; amuar **2** [pouco usado] estupidificar-se (De *a-*+*burro*+*-ar*)

abusado *adj.* **1** que foi vítima de abuso **2** [Brasil, Angola, Moçambique, São Tomé e Príncipe] abusador; atrevido; ousado

abusador *adj.,n.m.* que ou o que abusa (De *abusar*+*-dor*)

abusão[1] *n.f.* **1** crendice popular; superstição **2** erro (Do lat. **avisiōne-*, «fantasma», pelo fr. ant. *avision*, «visão; aparição»)

abusão[2] *n.f.* abuso; mau uso (De lat. *abusiōne-*, «id.»)

abusar *v.tr.* **1** fazer mau uso (de) **2** exceder-se no uso (de) **3** aproveitar-se (de) **4** usar demasiado **5** forçar ou maltratar sexualmente ■ *v.intr.* ir além do que é considerado sensato ou conveniente; exceder-se (Do lat. ecl. *abusāri*, «abusar»)

abusivo *adj.* **1** praticado por abuso **2** impróprio (Do lat. tard. *abusīvu-*, «usado com abuso»)

abuso *n.m.* **1** mau uso **2** uso excessivo ou injusto **3** exorbitância de atribuições; excesso de poder **4** ultraje ao pudor **5** insulto; ~ *de poder* DIREITO crime cometido por funcionário que, violando os deveres inerentes à sua função, obtém para si ou para terceiro um benefício ilegítimo ou causa prejuízos a outras pessoas, uso do poder por uma autoridade pública quando não tem essa competência ou excede a que tem; ~ *de confiança* DIREITO crime cometido por quem, tendo recebido de outrem coisa móvel para guardar, usar, entregar a terceiro ou dar-lhe qualquer outro fim específico, faz dela coisa sua, integrando-a no seu património; ~ *de direito* DIREITO uso excessivo do direito que a lei confere; ~ *de representação* DIREITO situação em que o representante atua dentro dos poderes formais que lhe são conferidos pelo seu representado, mas de modo contrário aos fins da representação; ~ *sexual* DIREITO prática de atos sexuais de relevo com menores ou incapazes ou com quem, sendo capaz, se encontra inconsciente ou sem poder resistir (Do lat. *abūsu-*, «utilização demasiada de algo»)

abuta *n.f.* BOTÂNICA ⇒ **bútua**

abutre *n.m.* **1** ORNITOLOGIA designação generalizada de algumas aves de rapina, diurnas, da família dos Accipitrídeos, como o grifo, o pica-osso, o abutre-do-egito, o urubu, etc. **2** [fig., pej.] pessoa cruel **3** [fig., pej.] usurário (Do lat. *vultūre-*, «abutre»)

abutreiro *n.m.* caçador de abutres (De *abutre*+*-eiro*)

abútua *n.f.* BOTÂNICA ⇒ **bútua**

abuzinar *v.intr.* **1** tocar buzina; buzinar **2** fazer um barulho incómodo **3** falar alto, aturdindo os ouvintes (De *a-*+*buzina*+*-ar*)

aca[1] *n.m.* mau cheiro; fedor (De origem obscura)

aca[2] *interj.* [Angola] exprime enfado, espanto ou repulsa; livra!; irra!; ora bolas! (Do quimbundo *haka!*, «idem», de *kuhaka*, «ser ousado»)

aça *adj.,n.2g.* [Brasil] que ou o que é albino ou alvacento (pessoa ou animal) (De orig. obsc.)

açã *n.m.* [regionalismo] larva de um díptero que aparece no queijo e na carne de porco (De orig. obsc.)

acabaçar *v.tr.* dar forma de cabaça a (De *a-*+*cabaça*+*-ar*)

acabado *adj.* **1** terminado; completo **2** perfeito **3** velho; gasto **4** abatido ■ *n.m.* acabamento (Part. pass. de *acabar*)

acabador *adj.,n.m.* que ou o que acaba ou aperfeiçoa uma obra (De *acabar*+*-dor*)

acabadote *adj.* 1 [coloq.] um pouco acabado; envelhecido 2 [coloq.] estragado (De *acabado+-ote*)

acabamento *n.m.* 1 ação ou efeito de acabar ou aperfeiçoar 2 remate; conclusão 3 maior ou menor perfeição com que uma obra se apresenta 4 fase final da produção gráfica industrial que compreende um conjunto de operações que dão a forma final ao objeto gráfico 5 fim 6 morte 7 [regionalismo] festa, seguida de uma refeição abundante, que os donos do olival dão aos trabalhadores, depois da apanha da azeitona (De *acabar+-mento*)

acabanado *adj.* 1 com forma de cabana 2 que tem os chifres um tanto descidos e pouco afastados um do outro 3 [fig.] pobre; mal-arranjado (Part. pass. de *acabanar*)

acabanar *v.tr.* construir em forma de cabana (De *a-+cabana+-ar*)

acabar *v.tr.* 1 concluir; terminar; levar a cabo (coisa começada) 2 rematar 3 aperfeiçoar 4 gastar; esgotar 5 fazer envelhecer 6 destruir; matar 7 romper; desmanchar (namoro, noivado, etc.) ■ *v.intr.* 1 chegar ao fim; terminar 2 morrer ■ *v.pron.* 1 chegar ao fim 2 esgotar-se ■ *v.cop.* liga o predicativo ao sujeito, indicando: vir a ser, tornar-se (*ele acabou rico*); *um nunca ~* uma grande quantidade, uma coisa muito extensa ou demorada (De *a-+cabo+-ar*, ou do lat. **accapāre* (de *caput*, «cabeça»), «chegar ao fim»?)

acabelar *v.tr.,intr.* ⇒ **encabelar** (De *a-+cabelo+-ar*)

acaboclado *adj.* [Brasil] que descende de caboclo ou tem cor ou feições de caboclo (De *a-+caboclo+-ar*)

acabramar *v.tr.* atar (o pé do boi) ao chifre (De *a-+cabramo+-ar*)

acabramo *n.m.* peia de acabramar (De *a-+cabramo*)

acabrunhado *adj.* 1 prostrado; abatido 2 humilhado; vexado (Part. pass. de *acabrunhar*)

acabrunhador *adj.* que acabrunha (De *acabrunhar+-dor*)

acabrunhamento *n.m.* 1 ação ou efeito de acabrunhar 2 desânimo; prostração 3 perda da alegria; tristeza 4 vexame; humilhação (De *acabrunhar+-mento*)

acabrunhar *v.tr.* 1 desanimar; abater 2 afligir; atormentar; entristecer 3 vexar; humilhar; envergonhar (Do lat. **capronĕare*, «baixar a cabeça»)

açacalador *adj.,n.m.* que ou aquele que dá polimento a armas brancas; açagador; alfageme; espadeiro (De *açacalar+-dor*)

açacaladura *n.f.* ação ou efeito de açacalar; polimento 2 arranjo; conserto (De *açacalar+-dura*)

açacalar *v.tr.* 1 limpar (armas brancas); polir 2 arranjar; consertar 3 [fig.] afiar (Do ár. *aç-çaqál*, «alfageme; brunidor de armas»)

açaçapar *v.tr.,pron.* 1 fazer ficar ou ficar baixo como um caçapo; agachar(-se); encolher(-se) 2 esconder(-se) (De *a-+caçapo+-ar*)

acachapar *v.tr.,pron.* ⇒ **açaçapar**

acachoar *v.intr.* 1 formar cachão 2 ferver em cachão (De *a-+cachão+-ar*)

acácia *n.f.* 1 BOTÂNICA designação comum a certas árvores da família das Leguminosas, cujas flores são amarelas e perfumadas 2 BOTÂNICA flor dessa planta (Do gr. *akakía*, «inocência», pelo lat. *acacĭa-*, «acácia»)

acácia-bastarda *n.f.* BOTÂNICA árvore originária da América, da família das Leguminosas, cultivada em Portugal e também conhecida por acácia

acaciano *adj.,n.m.* 1 que ou pessoa que faz lembrar o conselheiro Acácio, personagem de *O Primo Basílio*, de Eça de Queirós (1845-1900), no modo solene e habitual de proferir sentenças vazias de sentido 2 seguidor de Acácio (340-366), bispo da cidade turca de Cesareia (De *Acácio*, antr. *+-ano*)

acacifar *v.tr.* meter em cacifo (De *a-+cacifo+-ar*)

academia *n.f.* 1 sociedade de escritores, artistas ou cientistas 2 sede dessa sociedade 3 escola de ensino superior; universidade 4 conjunto dos estudantes de uma instituição escolar 5 reunião de académicos 6 sarau instrutivo e recreativo (Do gr. *akademía*, «escola do jardim de Academo», perto de Atenas, pelo lat. *academīa-*, «id.»)

académia *n.f.* ARTES PLÁSTICAS figura de gesso ou estampa para estudo artístico das formas humanas (Do it. *accademia*, «id.»)

academial *adj.2g.* que diz respeito à academia (De *academia+-al*)

academiar¹ *v.intr.* falar ou escrever como académico (De *academia+-ar*)

academiar² *v.tr.* desenhar ou esculpir, servindo-se de académias (De *académia+-ar*)

academicismo *n.m.* 1 estilo académico 2 formalismo (De *académico+-ismo*)

académico *adj.* 1 relativo a uma academia; academial 2 relativo a um estabelecimento de ensino superior ou aos seus alunos 3 que segue rigorosamente os modelos consagrados pela tradição; formalmente clássico; convencional ■ *n.m.* 1 membro de academia 2 estudante de ensino secundário, médio ou superior (Do gr. *akademaïkós*, «da escola do jardim de Academo», em Atenas, pelo lat. *academĭcu-*, «académico»)

academismo *n.m.* 1 apego ou sujeição a moldes de estilo tradicional 2 falta de originalidade 3 estilo académico (De *academia+-ismo*, ou do fr. *académisme*, «id.»)

academista *n.2g.* 1 aluno ou aluna da academia 2 pessoa que frequenta uma academia recreativa (De *academia+-ista*)

academizar *v.tr.* 1 tornar académico 2 conceder o grau de académico a 3 admitir como membro de uma academia (De *academia+-izar*)

acadiano *adj.* relativo à Acádia, região do Canadá ■ *n.m.* 1 natural da Acádia 2 [com maiúscula] GEOLOGIA andar médio do Câmbrico; Câmbrico Médio (De *Acádia*, top. *+-ano*)

acadimar *v.tr.,pron.* [ant.] tornar(-se) cadimo; adaptar(-se) a certo trabalho ou meio ■ *v.intr.* [regionalismo] (Minho) tomar juízo (De *a-+cadimo+-ar*)

açafata *n.f.* dama da corte que estava encarregada da roupa das senhoras da família real e lha entregava num açafate; dama da rainha; moça do açafate (De *moça do açafate*)

açafate *n.m.* cesto baixo, sem tampa e sem asa, feito de verga fina (Do ár. *as-safat*, «id.»)

açafateiro *n.m.* fabricante ou vendedor de açafates (De *açafate+-eiro*)

acafelador *n.m.* o que acafela (De *acafelar+-dor*)

acafelamento *n.m.* ato ou efeito de acafelar (De *acafelar+-mento*)

acafelar *v.tr.* 1 revestir com argamassa; rebocar 2 [fig.] encobrir (Do ár. *qaffala*, «tapar com argamassa»)

acafetar *v.tr.* dar a cor do café a (De *a-+café+t+-ar*)

açaflor *n.m.* BOTÂNICA ⇒ **açafrão** 1 (De *açafrão × flor*)

açafrão *n.m.* 1 BOTÂNICA planta da família das Iridáceas, de cuja flor se extrai um corante amarelo-alaranjado aplicado em culinária, em farmácia e em medicina, também designada açafroeira e açaflor 2 erva aromática, geralmente utilizada em pó como condimento, proveniente desta planta (Do ár. *az-zá afran*, «id.»)

açafrão-bravo *n.m.* BOTÂNICA planta monocotiledónea, bolbosa, da família das Iridáceas, espontânea no Centro e no Sul de Portugal; pé-de-burro

açafrão-da-índia *n.m.* BOTÂNICA erva da família das Zingiberáceas com rizoma grande e aromático, usado como corante e condimento

açafroa /ô/ *n.f.* BOTÂNICA planta bolbosa, da família das Compostas, que em culinária substitui o açafrão (De *açafrão*)

açafroal *n.m.* plantação de açafrão (De *açafrão+-al*)

açafroar *v.tr.* tingir ou condimentar com açafrão (De *açafrão+-ar*)

açafroeira *n.f.* ⇒ **açafrão** 1 (De *açafrão+-eira*)

acagaçado *adj.* [pop.] amedrontado; atemorizado (Part. pass. de *acagaçar*)

acagaçar *v.tr.,pron.* [pop.] amedrontar(-se); atemorizar(-se) (De *a-+cagaço+-ar*)

açaí *n.m.* 1 [Brasil] BOTÂNICA palmeira que produz frutos roxo-escuros de polpa comestível 2 [Brasil] BOTÂNICA fruto desta palmeira (Do tupi *yasa'i*, «id.»)

acaico *adj.* da Acaia, região grega do Peloponeso (Do lat. *achaïcu-*, «aqueu»)

açaimar *v.tr.* 1 pôr açaime a; açamar 2 [fig.] fazer calar; silenciar 3 [fig.] refrear; reprimir (De *açaime+-ar*)

açaime *n.m.* 1 aparelho de couro ou de metal que se põe no focinho dos animais para eles não morderem 2 [fig.] silenciamento (De orig. obsc.)

açaimo *n.m.* ⇒ **açaime**

acairelador *adj.,n.m.* que ou o que acairela (De *acairelar+-dor*)

acairelamento *n.m.* ato ou efeito de acairelar (De *acairelar+-mento*)

acairelar *v.tr.* guarnecer com cairel; debruar (De *a-+cairel+-ar*)

açaizeiro *n.m.* [Brasil] ⇒ **açaí** 1 (De *açaí+z+-eiro*)

acajadar *v.tr.* 1 dar forma de cajado a 2 bater com cajado em; espancar (De *a-+cajado+-ar*)

acaju *n.m.* ⇒ **caju** 1

acajueiro *n.m.* ⇒ **caju** 1

acalantar *v.tr.* [ant.] ⇒ **acalentar**

acalanto *n.m.* [ant.] ⇒ **acalento** (Deriv. regr. de *acalantar*)

acalcanhamento *n.m.* 1 ato de acalcanhar 2 [fig.] enxovalho; opressão (De *acalcanhar+-mento*)

acalcanhar *v.tr.* 1 pisar com os calcanhares; calcar 2 entortar o calçado ao andar; cambar 3 [fig.] enxovalhar; oprimir (De *a-+calcanhar*)

acalcar v.tr. ⇒ **calcar** (De a-+calcar)

acalçar v.tr. ir no encalço de alguém; seguir (Do lat. ad-+calceāre, «pisar os calcanhares a»)

acalcário adj. ZOOLOGIA relativo ou pertencente aos acalcários ■ n.m. ZOOLOGIA espécime dos acalcários ■ n.m.pl. ZOOLOGIA grupo de espongiários desprovidos de esqueleto calcário (Do gr. a-, «sem»+lat. calcarĭu-, «calcário»)

acalculia n.f. PATOLOGIA distúrbio mental que impossibilita o paciente de fazer cálculos aritméticos (De a-+cálculo+-ia)

acalefa n.f. ZOOLOGIA espécime das acalefas ■ n.f.pl. ZOOLOGIA classe de celenterados cuja cavidade gastrovascular está dividida por septos e cuja forma livre predominante é uma medusa sem véu em forma de campânula; cifozoários (Do gr. akaléphe, «urtiga», pelo lat. acalephe-, «id.», pelo fr. acalèphe)

acalefo adj. ZOOLOGIA relativo ou pertencente aos acalefos ■ n.m.,n.m.pl. ZOOLOGIA ⇒ **acalefa**

acalentador adj.,n.m. que ou o que acalenta (De acalentar+-dor)

acalentar v.tr. 1 aconchegar ao peito 2 adormecer 3 acalmar 4 consolar 5 aquecer 6 trazer na mente (uma ideia) com desejo de a ver realizada (De calar, com infl. de calor e quente?)

acalento n.m. 1 ato de acalentar; afago 2 [fig.] léria; logro (Deriv. regr. de acalentar)

acalhoar v.tr. 1 atirar calhaus a 2 perseguir, atirando pedras (De a-+calhau+-ar)

acálice adj.2g. BOTÂNICA (flor) sem cálice (Do gr. a-, «sem» +kályx, «cálice»)

acalmação n.f. 1 ato ou efeito de acalmar 2 paz; sossego (De acalmar+-ção)

acalmamento n.m. ⇒ **acalmação** (De acalmar+-mento)

acalmar v.tr. 1 pôr em calma; tranquilizar 2 mitigar; abrandar; atenuar 3 apaziguar ■ v.intr.,pron. 1 ficar em sossego; tranquilizar-se 2 abrandar; amainar (De a-+calma+-ar)

acalmia n.f. 1 tempo sereno que sucede à chuva 2 período de calma que se segue a outro de agitação (Do fr. accalmie, «id.»)

acalorado adj. 1 cheio de calor 2 aceso; inflamado 3 [fig.] entusiasmado (Part. pass. de acalorar)

acalorar v.tr.,pron. 1 dar ou receber calor; aquecer(-se) 2 [fig.] entusiasmar(-se); animar(-se) (De a-+calor+-ar)

acama n.f. 1 ato ou efeito de acamar 2 BOTÂNICA doença dos cereais que enfraquece o colmo, fazendo-o tombar (Deriv. regr. de acamar)

acamação n.f. ato ou efeito de acamar; acama (De acamar+-ção)

acamado adj. 1 deitado na cama; estendido 2 que se encontra de cama 3 colocado por camadas 4 alisado (Part. pass. de acamar)

acamamento n.m. 1 ato ou efeito de acamar 2 GEOLOGIA disposição das rochas sedimentares em estratos ou camadas; estratificação (De acamar+-mento)

acamar v.tr. 1 pôr na cama; deitar 2 dispor em camadas 3 alisar ■ v.tr.,intr. 1 pôr na cama ou ficar de cama por doença 2 (colmo dos cereais) fazer tombar ou tombar (De a-+cama+-ar)

açamar v.tr. ⇒ **açaimar**

acamaradar v.intr.,pron. estabelecer laços de camaradagem; tornar-se camarada; tornar-se amigo de ■ v.tr.,pron. unir(-se); ligar(-se) (De a-+camarada+-ar)

açambarcador adj.,n.m. que ou aquele que açambarca (De açambarcar+-dor)

açambarcagem n.f. ⇒ **açambarcamento** (De açambarcar+-agem)

açambarcamento n.m. ato ou efeito de açambarcar (De açambarcar+-mento)

açambarcar v.tr. 1 comprar e reter quantidades elevadas de mercadorias com o fim de, pela escassez, fazer subir os seus preços no mercado 2 monopolizar; apropriar-se de (Do lat. ad se *imbracāre, «apertar si como as bragas às pernas»?)

açambarque n.m. ⇒ **açambarcamento** (Deriv. regr. de açambarcar)

acamboar v.tr. apor ao cambão (os bois) (De a-+cambão+-ar)

acambraiado adj. 1 semelhante a cambraia 2 que imita a cambraia (De a-+cambraia+-ado)

acambulhar v.tr. 1 pôr por cambulhada; pôr de forma desordenada 2 [regionalismo] (Trás-os-Montes) acamar (os cereais) ■ v.pron. apresentar-se confusamente; misturar-se (De a-+cambulha+-ar)

açame n.m. ⇒ **açaime**

açamo n.m. ⇒ **açaime**

açamoucado adj. mal construído ■ n.m. 1 deficiência ou mau emprego dos materiais de construção, com prejuízo manifesto da obra 2 construção pouco sólida (De a-+samouco+-ado)

acampainhar v.tr. dar forma ou som de campainha a (De a-+campainha+-ar)

acampamento n.m. 1 ato ou efeito de permanecer temporariamente em tendas num lugar ao ar livre 2 local onde se acampa 3 conjunto de pessoas acampadas 4 MILITAR modalidade de estacionamento militar em que as tropas se alojam em tendas ou barracas de campanha; arraial; acantoamento 5 parque de campismo (De acampar+-mento)

acampar v.intr. 1 permanecer temporariamente num local ao ar livre, habitando em geral numa tenda; fazer campismo 2 MILITAR instalar-se em tendas ou barracas de campanha; assentar arraial 3 instalar-se provisoriamente ■ v.tr. alojar em tendas (Do it. accampare, «acampar»)

acampto adj. ÓTICA que não reflete a luz (Do gr. ákamptos, «que não é curvado; inflexível»)

acamurçar v.tr. 1 curtir (peles) pelo processo usado com a camurça 2 dar aparência de pele de camurça a 3 cobrir de camurça (De a-+camurça+-ar)

acanalador adj.,n.m. que ou aquele que acanala (De acanalar+-dor)

acanaladura n.f. 1 ato ou efeito de acanalar 2 estria ou sulco em forma de meia-cana (De acanalar+-dura)

acanalar v.tr. 1 abrir canais em 2 dar feitio de canal a (De a-+canal+-ar)

acanalhar v.tr.,pron. 1 tornar(-se) canalha 2 tornar(-se) desprezível; aviltar(-se) (De a-+canalha+-ar)

acanastrar v.tr. meter em canastra (De a-+canastra+-ar)

acanaveadura n.f. ato de acanavear (De acanavear+-dura)

acanavear v.tr. 1 torturar com puas de cana introduzidas entre as unhas e a carne 2 [fig.] atormentar (De a-+port. ant. canavea, «cana de aveia»+-ar)

acancelar v.tr. 1 dar forma de cancela a 2 pôr cancelas em (De a-+cancela+-ar)

acaneladura n.f. ⇒ **acanaladura** (De acanelar+-dura)

acanelar¹ v.tr. 1 dar cor de canela a 2 polvilhar com canela (De a-+canela+-ar)

acanelar² v.tr. dar caneladas a (De a-+canela+-ar)

acanelar³ v.tr. ⇒ **acanalar**

acanhado adj. 1 (local) apertado; estreito 2 (pessoa) envergonhado; tímido (Part. pass. de acanhar)

acanhador adj.,n.m. que ou o que acanha (De acanhar+-dor)

acanhamento n.m. 1 ação ou efeito de acanhar(-se) 2 falta de desembaraço; timidez 3 falta de espaço; estreiteza (De acanhar+-mento)

acanhar v.tr. 1 causar acanhamento a; embaraçar 2 não deixar crescer; atrofiar 3 tornar estreito; encolher ■ v.pron. 1 envergonhar-se; retrair-se 2 humilhar-se; render-se (De a-+canho+-ar)

acanho n.m. ⇒ **acanhamento** (Deriv. regr. de acanhar)

acanhoar v.tr. 1 disparar tiros de canhão contra; canhonear 2 prover ou ornar de canhão (De a-+canhão+-ar)

acanhonear v.tr. ⇒ **acanhoar** (De a-+canhonear)

acanhotado adj. um tanto canhoto; desajeitado (De a-+canhoto+-ado)

acanónico adj. contrário ao direito canónico (Do gr. a-, «não» +kanonikós, «consoante a regra»)

acanonista n.2g. pessoa que desconhece ou transgride os cânones (Do gr. a-, «não»+kanonistés, «conhecedor dos cânones»)

acantácea n.f. BOTÂNICA espécime das Acantáceas

Acantáceas n.f.pl. BOTÂNICA família de plantas herbáceas ou arbustivas, representada, em Portugal, por uma espécie do género Acanthus (De acanto+-áceas)

acantáceo adj. relativo ao acanto (planta) (De acanto+-áceo)

acanteirar v.tr. 1 dividir em canteiros (horta ou jardim) 2 dar feição de canteiro a (De a-+canteiro+-ar)

acântico adj. do acanto (planta); acantáceo (De acanto+-ico)

acantite n.f. MINERALOGIA mineral da classe dos sulfuretos - sulfureto de prata, Ag_2S - que cristaliza no sistema monoclínico (Do gr. ákantha, «espinho»+-ite)

acanto n.m. 1 BOTÂNICA planta herbácea, de folhas largas, da família das Acantáceas, cultivada e espontânea, também conhecida por erva-gigante 2 ARQUITETURA ornato de capitel (da ordem coríntia) que representa uma folha estilizada desta planta (Do gr. ákanthos, «id.», pelo lat. acanthu-, «id.»)

acanto- elemento de formação de palavras que exprime a ideia de espinho, espinhoso (Do gr. ákantha, «espinha, espinho»)

acantoamento n.m. 1 ação ou efeito de acantoar 2 posição a um canto (De acantoar+-mento)

acantoar v.tr. 1 pôr a um canto 2 encerrar em retiro 3 separar; isolar 4 ocultar; esconder (De a-+canto ou cantão+-ar)
acantocárpio adj. BOTÂNICA designativo da planta que dá frutos cobertos de espinhos (De acantocarpo+-io)
acantocarpo n.m. BOTÂNICA fruto coberto de espinhos ■ adj. BOTÂNICA diz-se da planta que dá frutos cobertos de espinhos (Do gr. ákantha, «espinho»+karpós, «fruto»)
acantocéfalo adj. ZOOLOGIA que tem espinhos na cabeça ■ n.m. ZOOLOGIA espécime dos acantocéfalos ■ n.m.pl. ZOOLOGIA classe de nematelmintes parasitas com a extremidade anterior do corpo provida de espinhos ou ganchos (Do gr. ákantha, «espinho»+kephalé, «cabeça»)
Acantoceratídeos n.m.pl. ZOOLOGIA família de amonoides do Cretáceo médio e superior, que tem por tipo o género *Acantoceras* (Do gr. ákantha, «espinho»+kéras, -atos, «chifre»+-ídeos)
acantodáctilo adj. diz-se do animal que apresenta dedos munidos de espinhos (Do gr. ákantha, «espinho»+dáktylos, «dedo»)
acantófago adj. diz-se do animal que come cardos (Do gr. akanthophágos, «que come acantos»)
acantonamento n.m. MILITAR modalidade de estacionamento militar, com utilização de edificações já existentes no local; aquartelamento (De acantonar+-mento)
acantonar v.tr.,intr.,pron. distribuir(-se) (as tropas) por várias edificações ou povoações; aquartelar(-se) (Do it. accantonare, «alojar; acantonar»)
acantopterígio adj. ICTIOLOGIA relativo ou pertencente aos acantopterígios ■ n.m. ICTIOLOGIA espécime dos acantopterígios ■ n.m.pl. ICTIOLOGIA grupo de peixes teleósteos cujas barbatanas dorsal e anal são reunidas por meio de raios espinhosos (Do gr. ákantha, «espinho»+pterýgion, «barbatana»)
acantóptero adj. ⇒ **acantopterígio** adj. (Do gr. ákantha, «espinho»+pterón, «pena; asa»)
acanudar v.tr. dar forma de canudo a (De a-+canudo+-ar)
acanular v.tr. dar forma de cano ou de cânula a (De a-+cânula+-ar)
ação n.f. 1 ato ou efeito de agir 2 maneira de proceder; atuação; comportamento 3 ato; obra 4 DIREITO processo de fazer reconhecer um direito em tribunal 5 sucessão de acontecimentos que constituem o assunto ou o desenvolvimento de uma narrativa, uma peça teatral, um filme, etc.; enredo 6 CINEMA, TELEVISÃO movimento captado pela câmara durante uma filmagem 7 ECONOMIA título de crédito negociável, representativo de uma fração do capital de uma sociedade anónima ou de uma sociedade em comandita por ações 8 movimento; funcionamento 9 FÍSICA produto de uma energia por um tempo, ou de uma quantidade de movimento por uma distância 10 causa de qualquer variação de estado 11 ocorrência 12 tutela privada; ~ *ao portador* ECONOMIA ação de uma sociedade anónima que pertence a quem a tiver em seu poder; ~ *de despejo* DIREITO processo judicial intentado pelo senhorio, destinado a pôr termo ao contrato de arrendamento, por facto imputável ao inquilino; ~ *de formação* sessão ou conjunto de sessões de atualização de conhecimentos profissionais; ~ *de honorários* DIREITO processo judicial intentado por mandatário judicial ou técnico, para cobrança de honorários por serviços prestados e não pagos; ~ *direta* DIREITO recurso à força ou às vias de facto para realizar ou assegurar o próprio direito; ~ *nominativa* ECONOMIA ação de uma sociedade anónima de cujo texto faz parte o nome do seu legítimo proprietário; *entrar em* ~ começar a atuar; *pôr em* ~ colocar em prática (Do lat. actióne-, «id.»)
acapachar v.tr. cobrir com capacho ■ v.pron. submeter-se servilmente; humilhar-se (De a-+capacho+-ar)
acapelar v.tr. 1 dar feitio de capelo a 2 cobrir com capelo 3 encapelar 4 submergir 5 construir em forma de capela (De a-+capelo ou capela+-ar)
acapitular v.tr. 1 dividir em capítulos 2 chamar a capítulo; admoestar (De a-+capítulo+-ar)
acapna n.f. lenha seca que não faz fumo quando arde (Do lat. (ligna-) acapna-, «(lenha) que não dá fumo», do gr. ákapnos, «sem fumo»)
acapno adj. 1 que não produz fumo 2 designativo do melhor mel que se extrai da colmeia, sem afugentar as abelhas com fumo (Do gr. ákapnos, «sem fumo», pelo lat. acapnu-, «id.»)
-açar sufixo verbal, de origem latina, que exprime a ideia de *repetição, intensificação* (espicaçar; esvoaçar)
acaramelar v.tr. 1 converter em caramelo 2 cobrir de açúcar em ponto de caramelo 3 [fig.] congelar (De a-+caramelo+-ar)
acaramular v.tr. amontoar (De a-+caramulo+-ar)
acarapinhar v.tr.,intr.,pron. ⇒ **encarapinhar**

acarapuçar v.tr.,pron. ⇒ **encarapuçar** (De a-+carapuça+-ar)
acarar v.tr. 1 ⇒ **acarear** 2 ⇒ **encarar** (De a-+cara+-ar)
acardia n.f. TERATOLOGIA falta congénita de coração (nos embriões) (Do gr. a-, «sem»+kardía, «coração»)
acardumar v.tr.,pron. reunir(-se) em cardume (De a-+cardume+-ar)
acareação n.f. 1 ato ou efeito de acarear; acareamento; confronto 2 DIREITO confrontação de testemunhas entre si ou com as partes litigantes, de forma a apurar a verdade quando as declarações de umas e de outras acerca de determinado facto se contradizem (De acarear+-ção)
acareamento n.m. ⇒ **acareação** (De acarear+-mento)
acarear v.tr. 1 confrontar; comparar 2 DIREITO pôr em presença testemunhas ou partes litigantes cujas declarações são contraditórias, de forma a apurar a verdade 3 [regionalismo] atrair com afagos; tornar caro ou querido (De a-+cara+-ear)
acari n.m. [Brasil] ⇒ **uacari** 1
acari- elemento de formação de palavras que exprime a ideia de *ácaro* (Do gr. ákari, «id.», pelo lat. acăru-, «id.»)
acaríase n.f. MEDICINA doença causada por ácaros, em especial a sarna (De acari-+-ase)
acariciador adj.,n.m. que ou o que acaricia (De acariciar+-dor)
acariciante adj.2g. que acaricia; acariciador (De acariciar+-ante)
acariciar v.tr. fazer carícias a; afagar (De a-+carícia+-ar)
acariciativo adj. que acaricia; acariciador (De acariciar+-tivo)
acaricida adj.2g.,n.m. que ou substância que destrói os ácaros (De acari-+-cida)
acaridar v.tr. tratar com caridade ■ v.pron. compadecer-se; apiedar-se (De a-+caridade+-ar, com hapl.)
acarídeo adj. ZOOLOGIA relativo ou pertencente aos acarídeos ■ n.m. ZOOLOGIA espécime dos acarídeos ■ n.m.pl. ZOOLOGIA grupo de pequenos aracnídeos em que o cefalotórax e o abdómen estão fundidos entre si; acarinos (De ácaro+-ídeo)
acárido adj.,n.m.,n.m.pl. ⇒ **acarídeo** (De ácaro+-ido)
acarima n.m. [Brasil] pequeno macaco da Guiana
acarinhar v.tr. 1 tratar com carinho 2 acariciar; afagar 3 [fig.] dar força a; apoiar (De a-+carinho+-ar)
acarino adj.,n.m.,n.m.pl. ⇒ **acarídeo** (De ácaro+-ino)
acarminar v.tr.,intr. 1 tingir(-se) com carmim 2 ruborizar(-se) (De a-+carmim+-ar)
acarneirado adj. 1 semelhante a carneiro 2 manso 3 submisso 4 (cavalo) torto das patas dianteiras 5 diz-se do mar quando salpicado de espuma 6 GEOLOGIA designativo das rochas polidas por glaciares (Part. pass. de acarneirar)
acarneirar v.tr. 1 tornar semelhante a carneiro 2 tornar submisso ■ v.pron. 1 seguir como carneiro 2 tornar-se submisso (De a-+carneiro+-ar)
acaro- ⇒ **acari-**
ácaro n.m. 1 ZOOLOGIA espécime do grupo dos acarídeos, que inclui os causadores da sarna do homem e as carraças dos cães 2 *pl.* ⇒ **acarídeo** n.m.pl. (Do gr. ákari, «ácaro», pelo lat. cient. acăru-, «id.»)
acaroar v.tr. pôr cara a cara; confrontar (De a-+carão+-ar)
acarochado adj. (gado) semelhante a carocha ou a carocho (De a-+carocha+-ado)
acarofobia n.f. 1 PATOLOGIA medo de animais pequenos e insetos 2 PATOLOGIA receio doentio de contrair sarna (Do lat. cient. acăru-, «ácaro»+gr. phóbos, «horror»+-ia)
acaroide adj.2g. semelhante a ácaro (Do lat. cient. acăru-, «ácaro»+gr. eîdos, «forma»)
acaróide ver nova grafia **acaroide**
acarpelado adj. BOTÂNICA (flor) que não tem carpelos (De a-, «sem»+carpelo+-ado)
acarpia n.f. BOTÂNICA qualidade de acárpico (Do gr. akarpía, «esterilidade»)
acárpico adj. BOTÂNICA que não dá fruto (Do gr. ákarpos, «estéril, infecundo»)
acarpo adj. ⇒ **acárpico**
acarração n.f. ato ou efeito de acarrar(-se) (De acarrar+-ção)
acarraçar-se v.pron. 1 encher-se de carraças 2 agarrar-se como carraça (De a-+carraça+-ar)
acarradoiro n.m. ⇒ **acarradouro**
acarradouro n.m. sítio para resguardar o gado do sol (De acarrar+-douro)
acarrancar v.tr.,pron. tornar(-se) carrancudo (De a-+carranca+-ar)
acarrapatar v.tr. tornar semelhante ao carrapato ■ v.pron. 1 agarrar-se tal como um carrapato 2 [fig.] não largar; agarrar-se (De a-+carrapato+-ar)

acarrar v.intr.,pron. 1 estar (o gado) no acarradouro 2 deixar de se mover 3 estar de cama ■ v.tr. resguardar (gado) do sol (De orig. obsc.)

acarrear v.tr. 1 [raramente usado] transportar em carro puxado por animais; carrear 2 trazer como consequência; ocasionar (De a-+carro+-ear)

acarreio n.m. 1 transporte feito em carro puxado por animais 2 GEOLOGIA introdução de substâncias novas nas rochas (Deriv. regr. de acarrear)

acarreja /ê/ n.f. 1 ação de acarrejar 2 época do transporte dos cereais para a eira (Deriv. regr. de acarrejar)

acarrejar v.tr. transportar em carros (os cereais); carrear (De a-+carro+-ejar)

acarretador adj.,n.m. que ou o que acarreta (De acarretar+-dor)

acarretamento n.m. 1 ação ou efeito de conduzir ou transportar 2 preço por que se acarreta (De acarretar+-mento)

acarretar v.tr. 1 conduzir em carro ou carreta 2 transportar às costas ou à cabeça 3 amontoar 4 arrastar 5 ter como consequência; implicar; ~ *despesas* exigir gasto de dinheiro (De a-+carreta+-ar)

acarreto /ê/ n.m. ⇒ **carreto** (Deriv. regr. de acarretar)

acarro n.m. ⇒ **acarradouro** (Deriv. regr. de acarrar)

acartamento n.m. [pop.] ⇒ **acarretamento**

acartar v.tr. [pop.] ⇒ **acarretar**

acartolar v.tr. 1 dar forma de cartola a 2 prover de cartola (De a-+cartola+-ar)

acartonar v.tr. 1 dar aspeto ou consistência de cartão a 2 encadernar com cartão (De a-+cartão+-ar)

acartuchar v.tr. 1 dar forma de cartucho a 2 meter em cartucho 3 prover de cartuchos (De a-+cartucho+-ar)

acasacar v.tr. 1 dar feitio de casaca ou casaco a 2 vestir com casaca ou casaco (De a-+casaca ou casaco+-ar)

acasalação n.f. ⇒ **acasalamento** (De acasalar+-ção)

acasalamento n.m. ato ou efeito de acasalar(-se) (De acasalar+-mento)

acasalar v.tr. 1 reunir em casal ou aos casais 2 emparelhar 3 completar o par de ■ v.tr.,intr.,pron. unir(-se) em casal para a procriação (De a-+casal+-ar)

acasamatar v.tr. ⇒ **casamatar**

acascarrilhado adj. (voltarete) jogado com as cartas da cascarra (De a-+cascarrilha+-ado)

acasernar v.tr. meter em caserna; aquartelar (De a-+caserna+-ar)

acasmurrar v.tr.,intr.,pron. tornar(-se) casmurro (De a-+casmurro+-ar)

acaso n.m. 1 conjunto de factos sem causa aparente que determinam um acontecimento 2 acontecimento cujas causas se ignoram 3 casualidade; ocasião imprevista 4 sorte 5 azar 6 destino ■ adv. 1 talvez 2 por casualidade; *ao* ~ sem pensar, à toa; *por* ~ fortuitamente, acidentalmente (Do lat. *a casu*, «por acaso»)

acasquilhar v.tr. tornar casquilho; tornar janota; aperaltar; alindar (De a-+casquilho+-ar)

acastanhado adj. que tem uma cor semelhante ao castanho (De a-+castanho+-ado)

acastelamento n.m. 1 ato ou efeito de dispor em forma de castelo 2 acumulação de pessoas ou de coisas 3 NÁUTICA conjunto das construções de um navio acima do convés superior (De acastelar+-mento)

acastelar v.tr. 1 dar forma de castelo a; encastelar 2 fortificar 3 amontoar ■ v.pron. 1 recolher-se em lugar seguro 2 amontoar-se (De a-+castelo+-ar)

acastelhanar v.tr. 1 dar feição castelhana a 2 usar à moda castelhana (De a-+castelhano+-ar)

acastiçar v.tr.,pron. tornar(-se) castiço (De a-+castiço+-ar)

acastoar v.tr. pôr castão a; encastoar (De a-+castão+-ar)

acastorado adj. parecido com o pelo do castor (De a-+castor+-ado)

acasular v.tr. 1 dar forma de casulo a 2 [fig.] esconder (De a-+casulo+-ar)

acatador adj.,n.m. que ou o que acata (De acatar+-dor)

acataléctico a grafia mais usada é **acataléptico**

acatalepsia n.f. 1 FILOSOFIA impossibilidade de atingir a verdade; ceticismo 2 FILOSOFIA (Bacon) dúvida incontornável na busca do conhecimento 3 MEDICINA dúvida no diagnóstico 4 MEDICINA deficiência mental caracterizada pela impossibilidade (real ou aparente) de atingir a plena compreensão (Do gr. *akatalepsía*, «inaptidão para compreender»)

acataléptico adj. FILOSOFIA relativo à acatalepsia; cético ■ adj.,n.m. MEDICINA que ou o que sofre de acatalepsia (Do gr. *akatáleptos*, «incompreensível»)

acatalético adj. diz-se do verso (grego ou latino) a que não falta nem sobra nenhuma sílaba (Do gr. *akataléktikos*, «a que não falta nenhuma sílaba», pelo lat. *acatalectĭcu*-, «id.») ACORDO ORTOGRÁFICO também se pode escrever **acataléctico**

acatamento n.m. ação de acatar; respeito; veneração; cortesia (De acatar+-mento)

acatar v.tr. 1 respeitar; venerar 2 adotar 3 seguir 4 obedecer a; cumprir 5 [ant.] vigiar (De *acaptāre*, «procurar obter»)

acatarrado adj. ⇒ **encatarrado** (De a-+catarro+-ado)

acatarroado adj. ⇒ **encatarrado**

acatassolado adj. 1 tecido à maneira de catassol 2 furta-cores 3 [fig.] inconstante (De a-+catassol+-ado)

acatastático adj. que muda constantemente; instável (Do gr. *akatastátikos*, «instável; intermitente»)

acatável adj.2g. digno de ser acatado (De acatar+-vel)

acatisia n.f. PATOLOGIA distúrbio que consiste na impossibilidade de estar sentado (Do gr. *a*-, «sem» +*kathízein*, «sentar-se» +-*ia*)

acatisto n.m. RELIGIÃO hino da liturgia bizantina sobre o mistério da Anunciação (Do gr. *a*-, «sem» +*kathízein*, «sentar-se», pelo gr. biz. *akáthistos*, «não sentado»)

acatitar v.tr.,pron. tornar(-se) catita; alindar(-se); aperaltar(-se) (De a-+catita+-ar)

acato n.m. ato ou efeito de acatar; acatamento; respeito (Deriv. regr. de acatar)

acatólico adj.,n.m. que ou aquele que não é católico (Do gr. *a*-, «não» +*katholikós*, «católico»)

acauã n.2g. [Brasil] ORNITOLOGIA ⇒ **uacauã** (Do tupi *waka'wã*, «id.»)

acaudalado adj. [fig.] opulento; abastado (De a-+caudal+-ado)

acaudalar v.tr. tornar caudaloso ■ v.intr. formar caudal (De a-+caudal+-ar)

acaudatar v.tr. 1 pôr cauda em 2 pegar na cauda de 3 seguir atrás de (De a-+caudato+-ar)

acaudelar v.tr.,pron. ⇒ **acaudilhar**

acaudilhar v.tr. 1 conduzir como caudilho 2 chefiar; comandar ■ v.pron. pôr-se às ordens do caudilho (Do cast. *acaudillar*, «comandar»)

acaule adj.2g. BOTÂNICA diz-se da planta cujo caule é tão curto que parece não existir; aculescente (Do gr. *a*-, «sem»+lat. *caule*-, «caule»)

acaulescência n.f. BOTÂNICA falta de desenvolvimento do caule (Do lat. *acaulescentĭa*, neut. pl. de *acaulescente*-, «sem caule»)

acaulescente adj.2g. ⇒ **acaule** (Do lat. **acaulescente*-, «id.»)

acaustobiólito n.m. PETROLOGIA rocha sedimentar biogénica não combustível (Do gr. *a*-, «sem» +*kausto*, de *kaustikós*, «que queima» +*bíos*, «vida» +*líthos*, «pedra»)

acautelar v.tr. 1 pôr de prevenção contra um mal, um inconveniente, etc.; precaver 2 evitar; prevenir 3 guardar com cautela; resguardar; proteger ■ v.intr. prevenir-se; precaver-se ■ v.pron. 1 usar de cautela 2 colocar-se sob proteção de; resguardar-se (De a-+cautela+-ar)

acavalado adj. 1 sentado de pernas abertas sobre algo; posto a cavalo 2 com forma ou aspeto de cavalo; semelhante a cavalo 3 colocado por cima de outro; sobreposto; amontoado 4 [fig.] rude; grosseiro 5 [Brasil] muito grande (Part. pass. de acavalar)

acavalar v.tr.,pron. 1 colocar(-se) ou sentar(-se) de pernas abertas em cima de algo; pôr(-se) a cavalo sobre 2 pôr ou ficar (uma coisa) sobre outra; amontoar(-se); sobrepor(-se) ■ v.tr. cobrir (fêmea, especialmente a égua) para procriação (De a-+cavalo+-ar)

acavaleirar v.tr. 1 colocar em posição de cavaleiro 2 colocar em posição elevada ou dominante 3 sobrepor; amontoar; empilhar (De a-+cavaleiro+-ar)

acavaletado adj. diz-se do nariz aquilino ou em forma de cavalete (Part. pass. de acavaletar)

acavaletar v.tr. 1 dar forma de cavalete a 2 arquear (De a-+cavalete+-ar)

acaveirado adj. 1 parecido com uma caveira 2 muito magro; macilento (De a-+caveira+-ado)

acção ver nova grafia ação

accelerando n.m. MÚSICA expressão que indica que se deve apressar o andamento rítmico do trecho executado (Do it. *accelerando*, «id.»)

accionado ver nova grafia acionado

accionador ver nova grafia acionador

accional ver nova grafia acional

accionamento ver nova grafia acionamento

accionar ver nova grafia acionar
accionista ver nova grafia acionista
accipitrídeo *adj.* ORNITOLOGIA pertencente ou relativo aos Accipitrídeos ■ *n.m.* ORNITOLOGIA espécime dos Accipitrídeos ACORDO ORTOGRÁFICO também se pode escrever acipitrídeo
Accipitrídeos *n.m.pl.* ORNITOLOGIA família de aves, de bico curvo e garras afiadas, com asas em geral largas e arredondadas nas pontas, a que pertencem os gaviões e as águias ACORDO ORTOGRÁFICO também se pode escrever Acipitrídeos
accipitriforme *adj.2g.* ORNITOLOGIA relativo ou pertencente aos accipitriformes ■ *n.m.* ORNITOLOGIA espécime dos accipitriformes ■ *n.m.pl.* ORNITOLOGIA subordem das aves de rapina, de plumagem áspera e olhos laterais; rapinas diurnas (Do lat. *accipĭtre-*, «ave de rapina» +*forma-*, «forma») ACORDO ORTOGRÁFICO também se pode escrever acipitriforme
-áceas sufixo nominal, de origem latina, que designa família de plantas respeitante ao vegetal que a palavra primitiva indica (*Rosáceas*)
acebolado *adj.* **1** que tem forma ou sabor de cebola **2** em que entra cebola (De *a-*+*cebola*+*-ado*)
aceção *n.f.* sentido em que se toma uma palavra ou frase dependendo do contexto; interpretação (Do lat. *acceptiōne-*, «id.»)
acedares *n.m.pl.* **1** rede para a pesca da sardinha **2** lugares onde o linho está a curtir, na água (Do lat. **cetāre-*, «viveiro de peixes»)
acedência *n.f.* **1** ato ou efeito de aceder **2** consentimento; condescendência (Do lat. *accedentĭa-*, «ato de chegar»)
acedente *adj.2g.* que acede; que concorda (Do lat. *accedente-*, «id.», part. pres. de *accedĕre*, «aproximar-se»)
aceder *v.tr.* **1** ter acesso a (lugar) **2** dar consentimento; anuir; aquiescer **3** alcançar; atingir (cargo, posição) **4** INFORMÁTICA obter acesso a (dados, ficheiros) (Do lat. *accedĕre*, «aproximar-se»)
acédia *n.f.* **1** negligência **2** preguiça (Do gr. *akedía*, «negligência», pelo lat. *acedĭa-*, «id.»)
acedioso /ô/ *adj.* **1** que padece de acédia **2** que causa acédia (De *acédia*+*-oso*)
acefalia *n.f.* TERATOLOGIA ausência congénita de cabeça (Do gr. *aképhalos*, «sem cabeça»+*-ia*)
acefálico *adj.* ⇒ **acéfalo** *adj.* (De *acéfalo*+*-ico*)
acefalita *adj.2g.* ⇒ **acéfalo** *adj.* ■ *n.2g.* HISTÓRIA, RELIGIÃO herege que não admitiu a doutrina do Concílio de Calcedónia (De *acéfalo*+*-ita*)
acéfalo *adj.* **1** TERATOLOGIA que não tem cabeça (ou não a tem distinta do resto do corpo) **2** [fig.] que não tem vontade própria; idiota **3** [fig.] que não tem ou não reconhece um dirigente ■ *n.m.pl.* ZOOLOGIA classe de moluscos com brânquias lamelares e desprovidos de região cefálica; lamelibrânquios; pelecípodes (Do gr. *aképhalos*, «sem cabeça»)
acefalópode *adj.2g.,n.m.* TERATOLOGIA que ou o que não tem cabeça nem membros locomotores (Do gr. *a-*, «sem» +*kephalé*, «cabeça» +*poũs, podós*, «pé»)
acefalopodia *n.f.* TERATOLOGIA ausência congénita de cabeça e membros locomotores (De *acefalópode*+*-ia*)
aceiração *n.m.* ⇒ **aceiramento** (De *aceirar*+*-ção*)
aceiramento *n.m.* ato de aceirar (De *aceirar*+*-mento*)
aceirar *v.tr.* **1** temperar, reforçar ou endurecer com aço; acerar **2** fazer aceiros à volta das propriedades **3** ajustar **4** fortalecer **5** proteger com aceiros (De *aceiro*+*-ar*)
aceiraria *n.f.* **1** oficina de aceiro; acearia **2** estabelecimento de artefactos de aço ou ferro; acearia (De *aceiro*+*-aria*)
aceiro *adj.* semelhante ao aço ■ *n.m.* **1** indivíduo que trabalha em aço **2** corte feito no mato em volta de uma propriedade para evitar a propagação de um incêndio **3** clareira (Do lat. tard. *aciarĭu-*, deriv. de *acĭe-*, «ponta de aço; corte com aço»)
aceitabilidade *n.f.* **1** qualidade do que é aceitável **2** LINGUÍSTICA qualidade gradativa de um enunciado que é compreensível e admissível por motivos que podem ser extragramaticais e que dependem sobretudo da realização linguística (Do lat. *acceptabĭle-*, «aceitável» +*-i-*+*-dade*)
aceitação *n.f.* **1** ato ou efeito de aceitar **2** bom crédito **3** acesso **4** acolhimento **5** consentimento; **~ de herança** manifestação de vontade de aceitar a herança por quem a ela é chamado (Do lat. *acceptatiōne-*, «id.»)
aceitador *adj.* que aceita; aceitante ■ *n.m.* **1** aquele que aceita **2** QUÍMICA substância, molécula ou partícula capaz de captar outras **3** QUÍMICA átomo suscetível de receber um eletrão suplementar (Do lat. *acceptatōre-*, «id.»)
aceitamento *n.m.* ⇒ **aceitação** (De *aceitar*+*-mento*)
aceitante *adj.n.2g.* **1** aceitador **2** que ou pessoa que aceita uma letra de câmbio ou comercial (Do lat. *acceptante-*, «id.»)

aceitar *v.tr.* **1** receber o que lhe é dado **2** conformar-se com **3** obrigar-se a pagar (uma letra), pondo o aceite **4** receber com agrado **5** admitir **6** aprovar (Do lat. *acceptāre*, «aceitar»)
aceitável *adj.2g.* **1** que se pode aceitar **2** admissível (Do lat. *acceptabĭle-*, «aceitável; crível»)
aceite *adj.2g.* **1** recebido **2** admitido; permitido **3** aprovado **4** adotado ■ *n.m.* ECONOMIA declaração escrita numa letra comercial pela qual alguém se obriga a pagar a sua importância (Part. pass. irreg. de *aceitar*)
aceito *adj.* [Brasil] ⇒ **aceite** *adj.2g.* (Do lat. *acceptu-*, «id.»)
aceitoso /ô/ *adj.* ⇒ **aceitável**
aceleirar *v.tr.* ⇒ **enceleirar**
acelera *n.2g.* **1** [colóq.] veículo motorizado de duas rodas, de pequena cilindrada e sem mudanças **2** [colóq.] pessoa que gosta de conduzir a alta velocidade (Deriv. regr. de *acelerar*)
aceleração *n.f.* **1** ato ou efeito de acelerar **2** aumento progressivo de velocidade **3** rapidez na execução de algo; ligeireza; prontidão **4** grande pressa; precipitação **5** FÍSICA derivada da velocidade em ordem ao tempo (Do lat. *acceleratiōne-*, «id.»)
aceleradela *n.f.* **1** curta aceleração **2** [colóq.] raspanete (De *acelerar*+*-dela*)
acelerado *adj.* **1** animado de aceleração **2** FÍSICA em que a velocidade varia com o tempo **3** rápido **4** [colóq.] cheio de energia; hiperativo ■ *n.m.* MILITAR passo de cadência mais apressada que a do passo ordinário (Do lat. *acceleratu-*, «id.»)
acelerador *adj.* que acelera ■ *n.m.* **1** o que acelera **2** MECÂNICA (veículo) dispositivo para acelerar o motor, por aumento da admissão de combustível **3** QUÍMICA substância que aumenta a velocidade de uma reação química **4** dispositivo destinado a aumentar a cadência de tiro das armas automáticas; **~ de partículas** FÍSICA aparelho capaz de comunicar grandes velocidades a eletrões ou a iões positivos (De *acelerar*+*-dor*)
aceleramento *n.m.* **1** ato ou efeito de acelerar **2** aumento de velocidade **3** ligeireza; prontidão (De *acelerar*+*-mento*)
acelerando *n.m.* MÚSICA ⇒ **accelerando** (Do it. *accelerando*, «id.»)
acelerante *adj.2g.* que dá velocidade; acelerador (De *acelerar*+*-ante*)
acelerar *v.tr.,intr.* aumentar a velocidade ou adquirir velocidade; tornar(-se) célere ■ *v.tr.,intr.,pron.* apressar(-se); despachar(-se) ■ *v.tr.* **1** adiantar **2** reduzir o tempo de; abreviar (Do lat. *accelerāre*, «id.»)
aceleratriz *adj.* FÍSICA diz-se da força que aumenta a velocidade de um movimento
acelerógrafo *n.m.* FÍSICA aparelho para registo gráfico, automático, das acelerações de um móvel (Do lat. *accelerāre* «acelerar»+gr. *gráphein*, «escrever; registar»)
acelerómetro *n.m.* **1** FÍSICA instrumento para medir acelerações **2** MILITAR aparelho destinado a medir a pressão dos gases do explosivo no interior dos canos das armas de guerra (Do lat. *accelerāre*, «acelerar»+gr. *métron*, «medida»)
aceleumar *v.tr.* levantar celeuma em (De *a-*+*celeuma*+*-ar*)
acelga *n.f.* ⇒ **celga** (De *a-*+*celga*)
acelomado *adj.,n.m.* ⇒ **acelômato** (De *a-*+*celoma*+*-ado*)
acelômato *adj.,n.m.* ZOOLOGIA que ou animal que não tem celoma (Do gr. *a-*, «sem» +*koíloma, -atos*, «cavidade»)
acém *n.m.* parte do lombo dos bovinos entre a pá e o cachaço (Do ár. *as-samn*, «gordura»)
acenamento *n.m.* ⇒ **aceno** (De *acenar*+*-mento*)
acenar *v.tr.,intr.* chamar a atenção por meio de gestos; fazer acenos ■ *v.tr.* **1** mostrar de longe **2** despertar o interesse (com); aliciar (Do lat. pop. **accinnāre*, de *cinnu-*, «sinal» dado com os olhos)
acendalha *n.f.* **1** tudo o que serve para acender lume **2** isqueiro **3** [fig.] causa; origem (De *acender*+*-alha*)
acendedor *adj.* que acende ■ *n.m.* **1** o que acende **2** isqueiro (De *acender*+*-dor*)
acender *v.tr.* **1** pôr fogo a; fazer arder; atear; inflamar **2** ligar; pôr em funcionamento **3** estimular; excitar; instigar **4** avivar; intensificar (Do lat. *accendĕre*, «id.»)
acendimento *n.m.* **1** ato ou efeito de acender **2** inflamação **3** irritação **4** [fig.] desejo veemente (De *acender*+*-mento*)
acendível *adj.2g.* que se pode acender (De *acender*+*-i-*+*-vel*)
acendrado *adj.* **1** acinzentado **2** purificado; acrisolado (Part. pass. de *acendrar*)
acendrador *adj.,n.m.* que ou aquele que acendra (De *acendrar*+*-dor*)
acendramento *n.m.* ato ou efeito de acendrar (De *acendrar*+*-mento*)

acendrar v.tr. 1 limpar com cinza 2 polir 3 purificar; acrisolar; sublimar 4 tornar cinzento (De a-+lat. *cineráre*, «limpar com cinza», pelo cast. *acendrar*, «limpar; purificar»)

aceno /ê/ n.m. 1 ato ou efeito de acenar 2 sinal com a cabeça, olhos ou mãos, para dar a entender o que se pretende; gesto 3 indício (Deriv. regr. de *acenar*)

acenoso /ô/ adj. BOTÂNICA (tronco, flor) que, por debilidade, se curva para o chão (De aceno+-oso)

acensão n.f. 1 ato ou efeito de acender, de excitar; acendimento 2 ardor (Do lat. *accensiōne-*, «iluminação; ato de iluminar»)

acenso n.m. oficial subalterno, entre os Romanos (Do lat. *accensu-*, «soldado de reserva»)

acento n.m. 1 LINGUÍSTICA maior intensidade, altura ou duração de uma sílaba em relação às restantes sílabas da mesma palavra 2 GRAMÁTICA sinal diacrítico com que se indica a pronúncia de uma vogal ou a sílaba tónica 3 LINGUÍSTICA inflexão da voz na pronúncia das palavras 4 sotaque 5 consonância; harmonia; *~ predominante/tónico* GRAMÁTICA a maior intensidade sonora de uma sílaba numa palavra (Do lat. *accentu-*, «acento»)

-acento sufixo nominal, de origem latina, que exprime a ideia de *um tanto* (*alvacento*; *pardacento*)

acentuação n.f. 1 ato ou efeito de acentuar 2 pronúncia de uma sílaba com maior intensidade ou clareza do que as restantes da mesma palavra 3 colocação do acento gráfico 4 inflexão da voz; entoação 5 ênfase; destaque (De acentuar+-ção)

acentuado adj. 1 diz-se da palavra que tem acento gráfico ou da sílaba que tem acento tónico 2 [fig.] realizado com ênfase; realçado 3 [fig.] que se destaca; proeminente 4 [fig.] que é claro, nítido (Part. pass. de *acentuar*)

acentuar v.tr. 1 pronunciar (sílaba) com mais intensidade ou clareza 2 colocar acento gráfico em (palavra) 3 marcar; sublinhar; realçar 4 aumentar; intensificar ■ v.pron. 1 intensificar-se; aumentar 2 agravar-se; piorar (Do lat. med. *accentuāre*, de *accentu-*, «acento»)

-áceo sufixo nominal, de origem latina, que exprime a ideia de *semelhança* ou *qualidade* (*rosáceo*; *amiláceo*)

acepção ver nova grafia **aceção**

acepilhar v.tr. 1 aplainar com cepilho 2 polir; alisar 3 [fig.] aperfeiçoar (Do cast. *acepillar*, «alisar»)

acepipar v.tr. 1 dar gosto de acepipe a 2 apurar (De acepipe+-ar)

acepipe n.m. 1 iguaria que se serve antes do prato principal de uma refeição; aperitivo 2 petisco; guloseima (Do ár. *az-zabíb*, «passa de uva»)

aceptilação n.f. 1 DIREITO ato de quitação pelo qual o credor prescinde do montante não recebido 2 perdão formal de uma dívida (Do lat. tard. *acceptilatiōne-*, «quitação»)

acéquia n.f. açude; regueiro; aqueduto (Do ár. *as-sáqiya*, «regato; canal para irrigar campos»)

ácer n.m. BOTÂNICA planta arbórea, dicotiledónea, da família das Aceráceas, cuja madeira é de grande utilidade, nomeadamente na construção naval, também conhecida por bordo e zelha (Do lat. *acer, acĕris*, «bordo; ácer»)

aceração n.f. ⇒ **aceramento** (De acerar+-ção)

acerácea n.f. BOTÂNICA espécime das Aceráceas

Aceráceas n.f.pl. BOTÂNICA família de plantas arbóreas ou arbustivas, cujo género-tipo, que se designa por *Acer*, está representado em Portugal; Aceríneas (De ácer+-áceas)

aceráceo adj. BOTÂNICA relativo às Aceráceas (Do lat. *acĕre-*, «bordo; ácer» +-áceo)

acerado adj. 1 que tem a consistência do aço 2 cortante; afiado 3 [fig.] cáustico; mordaz (Part. pass. de *acerar*)

aceramento n.m. ato ou efeito de acerar (De acerar+-mento)

acerante adj.2g. 1 que acera 2 estimulante (De acerar+-ante)

acerar v.tr. 1 dar têmpera de aço a 2 aguçar; estimular 3 tornar incisivo 4 [fig.] fortalecer 5 [fig.] exacerbar (Do cast. *acerar*, «id.»)

aceraria n.f. ⇒ **aceiraria**

aceratério n.m. PALEONTOLOGIA rinocerotídeo que existiu na Eurásia e na América desde o Oligocénico até ao Pliocénico (Do gr. *a-*, «sem» +*kéras*, *-atos*, «corno» +*therion*, «animal»)

acerbar v.tr. 1 tornar acerbo 2 irritar 3 [fig.] angustiar (Do lat. *acerbāre*, «id.»)

acerbidade n.f. 1 qualidade do que é acerbo 2 aspereza 3 crueldade 4 rigor (Do lat. *acerbitāte-*, «id.»)

acerbo adj. 1 azedo 2 áspero 3 [fig.] severo 4 [fig.] pungente; doloroso (Do lat. *acerbu-*, «azedo»)

acerca adv. 1 [ant.] junto; perto 2 [ant.] quase; *~ de* a respeito de, relativamente a, quanto a (Do lat. *ad circa*, tornado **accirca*, «à volta de; à roda de»)

acercar v.tr.,pron. 1 colocar(-se) perto; aproximar(-se); abeirar(-se) 2 pôr(-se) em volta; rodear(-se) (De acerca+-ar)

acerejar v.tr.,pron. dar ou tomar cor de cereja (De a-+cereja+-ar)

acerífero adj. que contém ou produz aço (De aceiro+-fero)

Aceríneas n.f.pl. BOTÂNICA ⇒ **Aceráceas**

ácero adj.,n.m. ZOOLOGIA que ou animal que não tem chifres, antenas ou tentáculos (Do gr. *a-*, «sem» +*kéras*, «corno»)

acerola n.f. BOTÂNICA fruto da aceroleira, de cor amarela, vermelha ou roxa, semelhante à cereja e rico em vitamina C, A, ferro e cálcio

aceroleira n.f. BOTÂNICA planta, muito cultivada na América, arbustiva, de folha persistente, que chega a atingir os 3 metros de altura e cujos frutos são muito utilizados nas indústrias alimentar e farmacêutica do Brasil

aceroso /ô/ adj. BOTÂNICA diz-se do órgão pontiagudo (Do lat. tard. *acerōsu-*, «como palha» com possível infl. de *acer-*, «pontiagudo»)

acérrimo adj. 1 {*superlativo absoluto sintético de* **acre**} muito acre 2 pertinaz; obstinado 3 fortíssimo (Do lat. *acerrĭmu-*, «id.»)

acertado adj. 1 feito com acerto 2 ajustado 3 [fig.] sensato; prudente (Part. pass. de *acertar*)

acertar v.tr. 1 descobrir; encontrar (caminho) 2 atingir (objeto, alvo) 3 ajustar; endireitar 4 fazer ficar certo (relógio, instrumento de precisão) 5 ser bem sucedido em 6 atinar com ■ v.intr. 1 sair-se bem de alguma tentativa 2 adivinhar 3 dar no alvo; *~ contas com* pedir explicações a, vingar-se; *~ em cheio* [coloq.] descobrir exatamente (aquilo que se pretendia), perceber perfeitamente (De a-+certo+-ar)

acerto /ê/ n.m. 1 ato ou efeito de acertar 2 ajuste 3 prudência; tino 4 sorte; acaso; *~ de contas* 1 liquidação de contas pendentes; 2 [fig.] vingança, represália (Deriv. regr. de *acertar*)

acervação n.f. 1 ato ou efeito de acervar; montão; acervo (Do lat. *acervatiōne-*, «id.»)

acervar v.tr. amontoar; empilhar (Do lat. *acervāre*, «amontoar»)

acervejado adj. que tem a cor ou o gosto da cerveja (De a-+cerveja+-ado)

acervo n.m. 1 grande quantidade de coisas; ajuntamento; montão 2 conjunto de bens que integram um património (Do lat. *acervu-*, «montão»)

acérvulo n.m. 1 {*diminutivo de* **acervo**} pequeno acervo 2 MEDICINA massa calcária ou magnesiana situada no plexo coroide, na glândula pineal e noutras partes do cérebro (Do lat. *acervŭlu-*, «montículo»)

acescência n.f. tendência para azedar (Do lat. *acescentĭa-*, «id.»)

acescente adj.2g. que azeda ou tende a azedar (Do lat. *acescente-*, part. pres. de *acescĕre*, «azedar»)

aceso /ê/ adj. 1 a que está pegado o fogo; ateado; inflamado 2 ligado; em funcionamento 3 vivo 4 ardente; impetuoso 5 excitado; entusiasmado 6 zangado; furioso 7 ansioso (Do lat. *accēnsu-*, pelo lat. vulg. *accēsu-*, «id.»)

acessão n.f. 1 ato ou efeito de aceder; consentimento; anuência 2 acrescentamento; adição; aumento 3 DIREITO situação que ocorre quando a uma coisa que é propriedade de alguém se une e incorpora outra coisa que não lhe pertencia 4 subida ao trono (Do lat. *accessiōne-*, «acréscimo»)

acessibilidade n.f. 1 facilidade no acesso; facilidade na obtenção 2 conjunto das características de um serviço, equipamento ou edifício que permitem o acesso de todas as pessoas, incluindo aquelas com mobilidade reduzida ou com necessidades especiais (Do lat. *accessibilĭtas-*, «id.»)

acessional adj.2g. 1 que se junta; adicional; que sobrevém 2 MEDICINA (febre) intermitente (Do lat. *accessiōne-*, «acréscimo; aumento» +-al)

acessível adj.2g. 1 que se pode atingir, alcançar ou obter facilmente 2 compreensível 3 aberto; comunicativo 4 tratável 5 INFORMÁTICA (programa) que está disponível para os utilizadores (Do lat. *accessibĭle-*, «praticável, inteligível»)

acesso n.m. 1 possibilidade de entrar ou de se aproximar de um lugar ou de alguma coisa; entrada 2 possibilidade de ser abordado por alguém, permitindo a aproximação 3 via que possibilita a entrada num lugar (autoestrada, cidade, etc.) 4 passagem; circulação 5 MEDICINA conjunto de sintomas que aparecem com intervalos mais ou menos distantes ou regulares; ataque; crise 6 manifestação súbita e intensa (de fúria, raiva, etc.) 7 INFORMÁTICA possibilidade de receber ou transmitir dados por meio de dispositivos computacionais (unidade de rede, memória, etc.) 8 INFORMÁTICA possibilidade de ligar à internet 9 elevação de posto ou promoção (Do lat. *accessu-*, «chegada, aproximação»)

acessoriamente adv. 1 de modo não fundamental; secundariamente 2 de uma forma suplementar; adicionalmente (De acessório+-mente)

acessório adj. 1 não fundamental; secundário 2 adicional; suplementar; anexo ■ n.m. 1 o que completa; complemento 2 objeto de adorno (pulseira, colar, etc.) 3 objeto e utensílio necessário para executar qualquer coisa; apetrecho 4 (gramática tradicional) ⇒ **atributo** 6 5 CINEMA, TEATRO, TELEVISÃO cada um dos objetos de cena de um filme, peça de teatro, etc. (Do lat. med. *accessorĭu-, de accedĕre, «ajuntar»)

acetabulífero adj. ZOOLOGIA com tentáculos providos de ventosas ■ n.m. ZOOLOGIA espécime dos acetabulíferos ■ n.m.pl. ZOOLOGIA grupo de moluscos marinhos com tentáculos providos de ventosas (Do lat. acetabŭlu-, «cavidade» +ferre, «trazer»)

acetabuliforme adj.2g. com forma de acetábulo (Do lat. acetabŭlu-, «cavidade» +forma-, «forma»)

acetábulo n.m. 1 vaso para vinagre, em forma de taça 2 ZOOLOGIA cavidade da parte externa do corpo de um inseto onde se implanta um membro 3 BOTÂNICA recetáculo dos fungos 4 ANATOMIA cavidade articular profunda do osso ilíaco, que recebe a cabeça do fémur 5 MÚSICA instrumento em forma de taça que se percute com baqueta (Do lat. acetabŭlu-, «cavidade»)

acetal n.m. QUÍMICA nome genérico de compostos resultantes da reação de um álcool com um aldeído (Do lat. acētu-, «vinagre» +-al)

acetamida n.f. QUÍMICA amida do ácido acético, cristalina, de cheiro desagradável (De acét(ico)+amida)

acetar v.tr.,pron. ⇒ **acetificar** (Do lat. tard. acetāre, «tornar azedo»)

acetato n.m. 1 QUÍMICA nome genérico dos sais e dos ésteres do ácido acético 2 folha de plástico transparente para uso no retroprojetor; transparência (De acet(ico)+-ato)

acético adj. 1 relativo ao vinagre 2 QUÍMICA diz-se do ácido que consiste num composto líquido, incolor, de cheiro picante e sabor ácido, cujos sais têm o nome genérico de acetatos, e que se encontra no vinagre como resultado da oxidação do álcool do vinho ou do líquido alcoólico original (Do lat. acētu-, «vinagre» +-ico)

acetificação n.f. ato ou efeito de acetificar (De acetificar+-ção)

acetificador adj. que acetifica ■ n.m. aparelho que se usa para acetificar o vinho (De acetificar+-dor)

acetificar v.tr.,pron. 1 converter(-se) (o álcool) em ácido acético 2 transformar(-se) (o vinho) em vinagre (Do lat. acētu-, «vinagre» +ficāre, de facĕre, «fazer; tornar»)

acetilcolina n.f. BIOQUÍMICA éster acético de colina, transmissor do influxo nervoso que diz respeito às sinapses do sistema vegetativo e a cuja diminuição se associa a doença de Alzheimer (Do fr. acéthylcoline, «id.»)

acetilénico adj. QUÍMICA relativo ao acetileno; **hidrocarbonetos acetilénicos** QUÍMICA série de hidrocarbonetos insaturados (fórmula geral C_nH_{2n-2}), de grande importância em reações de síntese orgânica (Do fr. acétylénique, «id.»)

acetileno n.m. QUÍMICA composto gasoso (hidrocarboneto) obtido pela ação da água sobre o carboneto de cálcio, usado na iluminação, no corte de metais e na soldadura por meio de maçarico (Do fr. acétylène, «id.»)

acetileto n.m. QUÍMICA nome genérico dos compostos binários de carbono e metais que, por reação com a água, dão origem a acetileno (De acetil(eno)+-eto)

acetilsalicílico adj. QUÍMICA designativo do ácido ($C_9H_8O_4$), princípio ativo da aspirina, utilizado como analgésico, antipirético e antirreumático (Do ing. acetylsalicylic (acid), «id.»)

acetímetro n.m. instrumento que serve para avaliar o grau de acidez do vinagre; acetómetro (Do lat. acētu-, «vinagre»+gr. métron, «medida»)

acetinação n.f. ato ou efeito de acetinar (De acetinar+-ção)

acetinar v.tr. 1 tornar macio e lustroso como o cetim 2 amaciar 3 alisar (De a-+cetim+-ar)

acet(o)- elemento de formação de palavras que exprime a ideia de ácido acético ou vinagre (Do lat. acētu-, «vinagre»)

acetómetro n.m. ⇒ **acetímetro**

acetona /ô/ n.f. QUÍMICA composto líquido incolor, de cheiro forte, obtido principalmente por síntese, por decomposição térmica do acetato de cálcio e por oxidação catalítica do álcool ordinário (álcool etílico ou etanol) e muito utilizado como solvente; propanona; dimetilcetona (Do fr. acétone, «id.»)

acetonemia n.f. ⇒ **cetonemia** (De acetona+gr. haîma, «sangue» +-ia)

acetonitrilo n.m. 1 QUÍMICA composto líquido, muito volátil, de cheiro etéreo, que se obtém por desidratação da acetamida 2 QUÍMICA segundo termo da série dos nitrilos alifáticos saturados, cuja fórmula geral é $C_nH_{2n+1}CN$ (De aceto-+nitrilo)

acetonúria n.f. ⇒ **cetonúria** (De acetona, do gr. oûron, «urina» + -ia)

acetosidade n.f. qualidade do que é acetoso (De acetoso+-i-+ -dade)

acetoso /ô/ adj. que sabe a vinagre (Do lat. tard. acetōsu-, «id.»)

acetoxídase /cs/ n.f. QUÍMICA fermento (oxidante) que, atuando sobre o álcool, produz ácido acético (De aceto-+oxídase)

acevadar v.tr. alimentar com cevada (De a-+cevada+-ar)

acha¹ n.f. pedaço de madeira usado como lenha; *deitar achas na fogueira* exaltar os ânimos (Do lat. *ascla-, de astŭla-, «fragmento de madeira; cavaco; acha»)

acha² n.f. arma antiga com a forma de machado (Do germ. happja, «foice», pelo fr. hache, «machado»)

achaboucado adj. grosseiro; tosco; desajeitado (De a-+chabouco+-ado)

achacadiço adj. fácil de achacar-se; achacoso; enfermiço (De achacar+-diço)

achacado adj. 1 sujeito a achaques 2 doente (Part. pass. de achacar)

achacar v.tr. 1 apontar defeitos em 2 apresentar como motivo 3 aborrecer; desagradar ■ v.pron. adoecer; apanhar doenças (De achaque+-ar)

achacoso /ô/ adj. 1 que sofre de achaques; doentio; achacadiço 2 impertinente (De achaque+-oso)

achada¹ n.f. ato ou efeito de achar (Part. pass. fem. subst. de achar)

achada² n.f. [Madeira] pequeno planalto encostado ao flanco de uma montanha ou à vertente de um vale (Do lat. *aplanāta-, por applanāta-, part. pass. fem. de applanāre, «aplanar»)

achádego n.m. ⇒ **alvíssaras** (De achar+-ádego)

achadiço adj. que se acha com facilidade (De achar+-diço)

achado n.m. 1 ato ou efeito de achar; descobrimento; descoberta 2 o que se encontrou 3 [coloq.] acaso oportuno; sorte 4 [coloq.] pechincha; *não se dar por* ~ mostrar-se desentendido; *ser um* ~ vir mesmo a calhar (Part. pass. subst. de achar)

achadoiro n.m. ⇒ **achadouro**

achador adj.,n.m. 1 que ou o que acha 2 descobridor 3 inventor (De achar+-dor)

achadouro n.m. lugar onde se encontra uma coisa (De achar+ -douro)

achalezado adj. em feitio de chalé (De a-+chalé+z+-ado)

achamalotado adj. 1 parecido com chamalote 2 iriado (De a- +chamalote+-ado)

achamboado adj. grosseiro; rude (Part. pass. de achamboar)

achamboar v.tr.,pron. tornar(-se) chambão, rude, tosco, grosseiro (De a-+chambão+-ar)

achamento n.m. 1 ato ou efeito de achar; achada; descobrimento 2 invenção (De achar+-mento)

achamorrado adj. 1 semelhante a chamorro 2 achatado 3 rombo (De a-+chamorro+-ado)

achanar v.tr. 1 tornar plano 2 alisar 3 igualar 4 [fig.] facilitar 5 [fig.] sossegar (Do lat. applanāre, «aplanar»)

achaparrar v.tr. dar forma de chaparro a ■ v.intr. engrossar sem crescer proporcionalmente na altura (De a-+chaparro+-ar)

achaque n.m. 1 doença ou mal-estar sem gravidade, geralmente recorrente 2 vício; defeito 3 pretexto 4 imputação sem fundamento (Do ár. ax-xaqq, «dúvida; suspeita»)

achaqueira n.f. estado permanente de doença (De achaque+ -eira)

achaquento adj. propenso a achaques (De achaque+-ento)

achaquilho n.m. achaque pequeno; doença pouco grave (De achaque+-ilho)

achar¹ v.tr. 1 encontrar alguém ou alguma coisa que se perdeu ou se desconhecia 2 julgar; considerar 3 averiguar 4 verificar ■ v.pron. 1 encontrar-se 2 considerar-se; julgar-se; *~ a rua pequena* [fig.] estar bêbedo (Do lat. afflāre, por adflāre, «farejar; encontrar»)

achar² n.m. CULINÁRIA conserva indiana de raízes, frutos, rebentos de bambu, etc., em vinagre e sal, geralmente colorida com açafrão (Do pers. achār, «id.»)

acharoar v.tr. 1 tornar semelhante a charão 2 envernizar com charão (De a-+charão+-ar)

achatadela n.f. 1 ato ou efeito de achatar 2 amolgadela 3 descompostura (De achatar+-dela)

achatadura n.f. ⇒ **achatadela** (De achatar+-dura)

achatamento n.m. ⇒ **achatadela** (De achatar+-mento)

achatar v.tr. 1 tornar chato; espalmar; aplanar; alisar 2 amolgar; amassar 3 derrotar (alguém) com argumentos 4 confundir 5 humilhar ■ v.intr. 1 tornar(-se) chato; aplanar(-se) 2 ficar em pouco (De *a-+chato+-ar*)

achavascado adj. grosseiro; rude (Part. pass. de *achavascar*)

achavascar v.tr. 1 tornar rústico, tosco 2 fazer toscamente 3 deturpar ■ v.pron. tornar-se grosseiro (De *a-+chavasco+-ar*)

ache¹ n.m. espécie de manto antigo (De orig. obsc.)

ache² n.m. BOTÂNICA ⇒ **aipo** (Do lat. *apĭu-*, «aipo; salsa»)

achega /ê/ n.f. 1 o que se junta à parte principal; acréscimo; aditamento 2 pequeno lucro; rendimento acessório 3 auxílio; ajuda 4 subsídio; subvenção (Deriv. regr. de *achegar*)

achegadeira n.f. alcoviteira (De *achegar+-deira*)

achegado adj. 1 próximo 2 aliado 3 aconchegado ■ n.m. 1 parente 2 aliado (Part. pass. de *achegar*)

achegador adj.,n.m. que ou o que achega (De *achegar+-dor*)

achegamento n.m. 1 ato ou efeito de achegar(-se) 2 aproximação (De *achegar+-mento*)

achegar v.tr. 1 pôr ao alcance 2 aproximar 3 unir ■ v.pron. 1 acolher-se 2 encostar-se 3 consentir (Do lat. *applicāre*, «id.»)

achego /ê/ n.m. 1 amparo; proteção 2 vantagem 3 encosto (Deriv. regr. de *achegar*)

acheguilho n.m. acessório (De *achego+-ilho*)

achibantar v.tr.,pron. tornar(-se) chibante (De *a-+chibante+-ar*)

achicador adj.,n.m. que ou o que achica (De *achicar+-dor*)

achicadura n.f. ato ou efeito de achicar (De *achicar+-dura*)

achicanar v.intr. ⇒ **chicanar** (De *a-+chicanar*)

achicar v.tr. esgotar a água de (barco); esvaziar; enxugar (Do lat. *exsiccāre*, «secar; esvaziar»)

achigã n.m. ICTIOLOGIA peixe teleósteo de água doce, oriundo da América do Norte e comum em toda a Europa central, Sudeste da Espanha e Sul de Portugal, que tem aspeto semelhante ao da perca e se encontra, geralmente, nos fundos arenosos dos rios, lagos, lagoas e albufeiras, também conhecido por perca-negra (Do fr. *achigan*, «id.»)

achinar v.tr.,pron. ⇒ **achinesar** (De *a-+chino+-ar*)

achincalhação n.f. 1 ato ou efeito de achincalhar; escárnio 2 rebaixamento (De *achincalhar+-ção*)

achincalhamento n.m. ⇒ **achincalhação** (De *achincalhar+-mento*)

achincalhante adj.2g. que achincalha; trocista (De *achincalhar+-ante*)

achincalhar v.tr. 1 escarnecer; ridicularizar 2 humilhar; rebaixar (De *a-+chinquilho*, «jogo de gente rude» +*-ar*)

achincalhe n.m. ⇒ **achincalhação** (Deriv. regr. de *achincalhar*)

achincalho n.m. ⇒ **achincalhação** (Deriv. regr. de *achincalhar*)

achinelar v.tr. 1 dar forma de chinela ou chinelo a 2 [fig.] desprezar; humilhar (De *a-+chinelo+-ar*)

achinesar v.tr.,pron. dar ou adquirir aspeto de chinês; tornar(-se) parecido com chinês (De *a-+chinês+-ar*)

achinfrinar v.tr. 1 fazer chinfrineira em 2 tornar chinfrim (De *a-+chinfrim+-ar*)

-acho sufixo nominal, de origem latina, com sentido diminutivo e muitas vezes pejorativo (*riacho; fogacho*)

achocalhar v.tr. 1 munir de chocalho 2 dar som ou feitio de chocalho a 3 [fig.] divulgar (De *a-+chocalho+-ar*)

achocolatar v.tr. dar cor ou sabor de chocolate a (De *a-+chocolate+-ar*)

achoupanado adj. com aspeto de choupana (De *a-+choupana+-ado*)

achouriçar v.tr.,pron. ⇒ **enchouriçar** (De *a-+chouriço+-ar*)

achumaçar v.tr. ⇒ **chumaçar** (De *a-+chumaço+-ar*)

achumbar v.tr. 1 dar aspeto ou cor de chumbo a 2 [fig.] tornar pesado (De *a-+chumbo+-ar*)

acicatar v.tr. 1 estimular com acicate 2 [fig.] excitar; incitar (De *acicate+-ar*)

acicate n.m. 1 espora com uma só ponta de ferro 2 [fig.] incentivo; estimulante (Do ár. *as-siqqât*, «pontapé; ponta de ferro»)

acicatura n.f. MÚSICA ornamento melódico, executado em tempo fraco, cujo valor não diminui o da figura antecedente (Do it. *acciaccatura*, «id.»)

acíclico adj. 1 que não tem ciclo 2 BOTÂNICA diz-se da flor cujas peças constituintes estão dispostas em espiral 3 QUÍMICA designativo dos compostos orgânicos de cadeia aberta (Do gr. *a-*, «não» +*kyklikós*, «cíclico»)

acícula n.f. 1 gancho de metal, osso ou madeira com que as mulheres romanas seguravam os cabelos 2 BOTÂNICA pequena agulha muito fina, curva e flexível, do organismo vegetal 3 ZOOLOGIA espinho aguçado, presente no corpo de certos animais (Do lat. tard. *acicŭla-*, «espinha; pequena agulha»)

aciculado adj. 1 que tem forma de agulha 2 que tem espinhos (De *acícula+-ado*)

acicular¹ adj.2g. 1 em forma de agulha; aciforme 2 que tem espinhos ou é finamente estriado (De *acícula+-ar*, sufixo nominal)

acicular² v.tr. dar forma de agulha a (De *acícula+-ar*, sufixo verbal)

acidação n.f. ato ou efeito de acidar; acidificação (De *acidar+-ção*)

acidaliano adj. MITOLOGIA que diz respeito à Vénus Acidália (De *Acidália*, fonte da Beócia, onde se banhavam as Graças)

acidar v.tr.,pron. transformar(-se) em ácido; acidificar (Do lat. *acidāre*, «tornar-se ácido»)

acidável adj.2g. que se pode acidar (De *acidar+-vel*)

acidência n.f. qualidade do que é acidental (Do lat. tard. *accidentĭa-*, «acaso; acidente»)

acidentação n.f. 1 qualidade ou estado do que é acidentado 2 [pouco usado] MÚSICA colocação dos acidentes (para alterar os sons) (De *acidentar+-ção*)

acidentado adj. 1 diz-se de um terreno com elevações e depressões em grande número 2 [fig.] tumultuoso 3 [pouco usado] MÚSICA modificado com acidentes ■ n.m. 1 irregularidade de terreno 2 pessoa que foi vítima de acidente; sinistrado (Part. pass. de *acidentar*)

acidental adj.2g. 1 que sucede por acaso; casual; eventual; contingente 2 que não é essencial; acessório; suplementar; adicional (Do lat. *accidentāle-*, «acessório»)

acidentalidade n.f. 1 qualidade do que é acidental; casualidade; acidência 2 eventualidade; contingência (De *acidental+-i-+-dade*)

acidentalmente adv. casualmente (De *acidental+-mente*)

acidentar v.tr. 1 tornar (um terreno) acidentado 2 causar acidente; vitimar 3 [pouco usado] MÚSICA modificar com acidentes (para alterar os sons) ■ v.pron. 1 (terreno) tornar-se irregular ou acidentado 2 sofrer alteração; variar 3 sofrer acidente; vitimar-se 4 (ferida, doença) agravar-se (De *acidente+-ar*)

acidentável adj.2g. com possibilidade de se acidentar (De *acidentar+-vel*)

acidente n.m. 1 acontecimento casual ou inesperado; contingência; acaso 2 acontecimento repentino e desagradável; desastre; desgraça 3 qualidade não essencial de algo; pormenor; detalhe 4 MÚSICA sinal gráfico que indica alteração momentânea da armação de clave 5 irregularidade da superfície terrestre; desnível 6 MEDICINA reação patológica inesperada que agrava uma doença 7 distribuição irregular da luz; **~ de trabalho** lesão física ou doença que ocorre no exercício da atividade profissional, causando a perda, total ou parcial, permanente ou temporária, da capacidade de trabalho; **~ vascular cerebral** MEDICINA situação em que o fluxo sanguíneo no cérebro é interrompido, reduzindo ou suprimindo o abastecimento de oxigénio e nutrientes, o que provoca a perda total ou parcial das funções cerebrais; **acidentes eucarísticos** RELIGIÃO acidentes que persistem após a consagração do pão e do vinho (cor, sabor, cheiro e quantidade); **por ~** por acaso (Do lat. *accidente-*, «acidente; qualidade acidental»)

acidez /ê/ n.f. 1 qualidade do que é ácido 2 QUÍMICA quantidade de ácido existente numa substância ou numa mistura de substâncias 3 [fig.] azedume (De *ácido+-ez*)

acídia n.f. 1 abatimento físico e moral 2 inércia (Do gr. *akedía*, «negligência», pelo lat. *acidĭa-*, «id.»)

acídico adj. que tem propriedades ácidas (De *ácido+-ico*)

acidífero adj. que produz ácido (Do lat. *acidifĕru-*, «id.»)

acidificação n.f. ato ou efeito de acidificar (Do lat. *acidificatiōne-*, «id.»)

acidificante adj.2g. 1 que torna ácido 2 propenso a converter em ácido ■ n.m. substância que acidifica (De *acidificar+-ante*)

acidificar v.tr. 1 converter em ácido 2 juntar ácido a (solução) para lhe conferir propriedades ácidas (De *ácido+-ficar*)

acidificável adj.2g. suscetível de acidificar-se (De *acidificar+-vel*)

acidimetria n.f. QUÍMICA medição do grau de acidez de uma solução (De *acidímetro+-ia*)

acidímetro n.m. instrumento que serve para avaliar o grau de acidez de um líquido (Do lat. *acĭdu-*, «ácido»+gr. *métron*, «medida»)

acidioso adj. 1 que tem acídia; abatido 2 preguiçoso (De *acídia+-oso*)

ácido adj. 1 que tem sabor ou cheiro semelhante ao do limão ou do vinagre; agre 2 azedo 3 QUÍMICA que tem pH menor que 7 a 25 °C ■ n.m. 1 QUÍMICA composto que contém um ou mais átomos de hidrogénio, substituíveis por metais para dar origem a sais, e cuja solução aquosa avermelha a tintura de tornassol previamente acidófilo

azulada 2 substância ou solução corrosiva 3 substância azeda 4 QUÍMICA substância que origina iões hidrogénio quando em solução aquosa (Arrhenius, físico sueco, 1859-1927) 5 substância que liberta protões (Brönsted, químico dinamarquês, 1879-1947) 6 substância que, na formação de ligações covalentes, é aceitadora de eletrões compartilhados (Lewis, físico e químico americano, 1875-1947); ~ *acético* QUÍMICA composto líquido, incolor, de cheiro picante e sabor ácido, cujos sais têm o nome genérico de acetatos, e que se encontra no vinagre como resultado da oxidação do álcool do vinho ou do líquido alcoólico original (Do lat. *acīdu-*, «id.»)

acidófilo *adj.* 1 que mostra afinidade para os corantes ácidos 2 BIOLOGIA que existe nos meios ácidos ■ *n.m.* BIOLOGIA organismo que vive nos meios ácidos (Do lat. *acĭdu-*, «ácido»+gr. *phílos*, «amigo»)

acidose *n.f.* MEDICINA estado metabólico em que a acidez dos fluidos e dos tecidos orgânicos se encontra muito elevada, observada, por exemplo, em casos de diabetes descompensada

acidrar *v.tr.* tornar semelhante à cidra (De *a-+cidra+-ar*)

acidulação *n.f.* ato ou efeito de acidular (De *acidular+-ção*)

acidulante *adj.2g.* que acidula (De *acidular+-ante*)

acidular *v.tr.* tornar levemente ácido (De *acídulo+-ar*)

acídulo *adj.* levemente ácido (Do lat. *acidŭlu-*, «id.»)

aciforme *adj.2g.* ⇒ **acicular**¹ (Do lat. *acu-*, «agulha» +*forma-*, «forma»)

aciganar *v.tr.* 1 tornar(-se) cigano 2 [pej.] tornar(-se) manhoso, trapaceiro (De *a-+cigano+-ar*)

acilo *n.m.* QUÍMICA radical de um ácido orgânico, carboxílico, formado a partir do ácido por perda de um grupo OH retirado do carboxilo (Do gr. *ákylos*, «bolota comestível»)

acima *adv.* 1 em parte mais alta; em cima 2 em direção a lugar ou parte superior; para cima; ~! expressão usada para dar ânimo; ~ *de* em lugar superior a, de preferência a (De *a-+cima*)

acínace *n.m.* 1 espada curta 2 sabre curvo usado pelos Orientais (Do gr. *akinákes*, «id.», pelo lat. *acinăce-*, «cimitarra»)

acináceo *adj.* 1 em forma de folha de sabre 2 BOTÂNICA que contém sementes (De *acínace+-eo*)

acinaciforme *adj.2g.* ⇒ **acináceo** (De *acínace+-forme*, ou do fr. *acinaciforme*, «id.»)

acincho *n.m.* molde de formato circular utilizado para espremer o queijo, dar-lhe forma e retirar-lhe o soro; cincho (De *a-+cincho*)

acinese *n.f.* ⇒ **amitose** (Do gr. *a-*, «sem» +*kínesis*, «movimento»)

acinesia *n.f.* 1 MEDICINA ausência total ou parcial de movimento; imobilidade; paralisia 2 MEDICINA intervalo entre a sístole e a diástole (Do gr. *akinesía*, «imobilidade»)

acinésico *adj.* ⇒ **acinético**

acinético *adj.* 1 relativo a acinesia 2 diz-se do medicamento utilizado para combater a agitação; calmante (Do gr. *akínetos*, «imóvel» +*-ico*)

acinetinos *n.m.pl.* ZOOLOGIA grupo de protozoários com ciliatura que, no estado adulto, é substituída por tentáculos sugadores; tentaculíferos (Do gr. *akínetos*, «imóvel» +*-ino*)

aciniforme *adj.2g.* em forma de ácino (Do lat. *acīnu-*, «bago» +*forma-*, «forma»)

ácino *n.m.* 1 ANATOMIA formação glandular globosa ou subglobosa 2 BOTÂNICA baga (especialmente a das videiras) (Do gr. *ákinos*, pelo lat. *acīnu-*, «bago de uva»)

acinoso /ô/ *adj.* 1 que contém ácinos 2 em forma de ácino; aciniforme (Do lat. *acinōsu-*, «semelhante à uva»)

acinte *n.m.* ação praticada com a intenção de contrariar, irritar ou provocar alguém; teima; pirraça ■ *adv.* intencionalmente; *por ~ de* propósito, de caso pensado (De *acinte*, de *accinctu-*, «preparado; disposto» ou do lat. *sciente-*, «ciente; sabedor»?)

acintoso /ô/ *adj.* em que há acinte (De *acinte+-oso*)

acinzamento *n.m.* ato ou efeito de acinzar(-se) (De *acinzar+-mento*)

acinzar *v.tr.,pron.* dar ou adquirir cor de cinza (De *a-+cinza+-ar*)

acinzentado *adj.,n.m.* que ou cor que é semelhante ao cinzento (Part. pass. de *acinzentar*)

acinzentar *v.tr.,pron.* ⇒ **acinzar** (De *a-+cinzento+-ar*)

acionado *adj.* 1 posto em ação ou em funcionamento 2 ligado 3 DIREITO processado ■ *n.m.* 1 DIREITO réu 2 gesto do orador ou ator (Part. pass. de *acionar*)

acionador *adj.,n.m.* 1 que ou o que põe em ação 2 DIREITO que ou o que intenta uma ação judicial 3 impulsor; propulsor 4 que ou que gesticula (De *accionar+-dor*)

acional *adj.2g.* referente a ação (Do lat. *actionāle-*, «relativo à administração»)

acionamento *n.m.* 1 ato ou efeito de pôr em movimento ou em funcionamento 2 movimentação (De *accionar+-mento*)

acionar *v.tr.* 1 pôr em ação; pôr em funcionamento (um mecanismo) 2 ligar 3 movimentar 4 DIREITO processar; levar a tribunal 5 acompanhar com gestos (um discurso) (Do lat. *actionăre*, «id.»)

acionista *adj.2g.* ECONOMIA relativo a ação ■ *n.2g.* ECONOMIA titular de ações de uma sociedade anónima ou de uma sociedade por ações (Do lat. *actiōne-*, «ação» +*-ista*)

acipitrídeo a grafia mais usada é accipitrídeo

Acipitrídeos a grafia mais usada é Accipitrídeos

acipitriforme a grafia mais usada é accipitriforme

acipreste *n.m.* ⇒ **cipreste** (Do prov. *aciprès*)

acirandar *v.tr.* ⇒ **cirandar** *v.tr.* (De *a-+ciranda+-ar*)

acirologia *n.f.* impropriedade de expressão (Do gr. *akyrología*, «impropriedade de linguagem»)

acirramento *n.m.* ato ou efeito de acirrar(-se) (De *acirrar+-mento*)

acirrante *adj.2g.* 1 que acirra 2 irritante 3 picante; estimulante ■ *n.m.* aperitivo (De *acirrar+-ante*)

acirrar *v.tr.* 1 irritar 2 estimular 3 incitar; açular ■ *v.pron.* irritar-se (De orig. onom.?)

acistia *n.f.* TERATOLOGIA ausência congénita de bexiga (Do gr. *a-*, «sem» +*kýstis*, «bexiga» +*-ia*)

acitrinar *v.tr.* 1 dar cor ou gosto de cidra ou limão a 2 tornar amarelado (De *a-+citrino+-ar*)

aclamação *n.f.* 1 ato ou efeito de aclamar 2 ovação; aplauso 3 declaração verbal e conjunta de uma assembleia que aprova ou elege sem recorrer à votação 4 reconhecimento solene da mudança de um governo, regime, chefe de Estado, etc. (Do lat. *acclamatiōne-*, «id.»)

aclamador *adj.,n.m.* que ou o que aclama (De *aclamar+-dor*)

aclamar *v.tr.* 1 receber ou saudar com entusiasmo e de forma ruidosa (com gritos e aplausos) 2 proclamar; declarar 3 reconhecer o mérito ou a condição de (Do lat. *acclamăre*, «id.»)

aclamativo *adj.* que envolve aclamação (De *aclamar+-tivo*)

aclamatório *adj.* 1 relativo a aclamação 2 que implica aclamação; aclamativo (De *aclamar+-tório*)

aclaração *n.f.* 1 ato ou efeito de aclarar 2 explicação; esclarecimento (De *aclarar+-ção*)

aclarar *v.tr.,intr.* tornar ou ficar (mais) límpido; clarificar(-se) ■ *v.tr.* 1 explicar; esclarecer 2 manifestar; revelar (De *a-+claro+-ar*)

aclástico *adj.* ÓTICA diz-se do corpo que deixa passar a luz sem a refratar (Do gr. *áklastos*, «inquebrável» +*-ico*)

aclasto *adj.* ⇒ **aclástico** (Do gr. *áklastos*, «inquebrável»)

aclaustrado *adj.* que tem aspeto ou forma de claustro (De *a-+claustro+-ado*)

aclavado *adj.* em forma de clava (De *a-+clava+-ado*)

aclerizar *v.tr.,pron.* dar ou adquirir modos ou costumes de clérigo (De *a-+clero+-izar*)

áclide *n.f.* antiga arma de arremesso (dardo ou lança) (Do lat. *aclȳde-*, «pequeno dardo»)

aclimação *n.f.* ⇒ **aclimatação** (De *aclimar+-ção*)

aclimar *v.tr.,pron.* ⇒ **aclimatar** (De *a-+clima+-ar*)

aclimatação *n.f.* 1 ato ou efeito de aclimatar(-se) 2 adaptação; habituação (De *aclimatar+-ção*)

aclimatar *v.tr.,pron.* 1 adaptar(-se) a um meio diferente 2 adaptar(-se); habituar(-se) (Do fr. *acclimater*, «id.»)

aclimatizar *v.tr.,pron.* ⇒ **aclimatar** (De *aclimatar+-izar*)

aclínico *adj.* 1 sem inclinação 2 diz-se do lugar em que a inclinação magnética é nula 3 diz-se da linha que une os pontos da Terra em que a inclinação magnética é nula (Do gr. *a-*, «sem» +*klínein*, «inclinar» +*-ico*)

aclive *n.m.* inclinação no sentido da subida; ladeira; subida ■ *adj.2g.* 1 íngreme 2 que vai alteando (Do lat. *acclīve-*, «que sobe»)

acloroblepsia *n.f.* MEDICINA incapacidade do órgão visual para distinguir a cor verde (Do gr. *a-*, «privação» +*khlorós*, «verde» +*blépsis*, «vista» +*-ia*)

acmástico *adj.* MEDICINA diz-se do período de maior intensidade de uma doença; *febre acmástica* MEDICINA febre que aumenta gradualmente, decrescendo depois do mesmo modo (Do gr. *akmastikós*, «que está no auge; veemente»)

acme *n.f.* 1 auge; clímax 2 fase crítica 3 PALEONTOLOGIA ponto culminante ou auge do desenvolvimento de uma espécie durante a sua evolução 4 MEDICINA período de maior intensidade de uma doença (Do gr. *akmé*, «ponta; auge; vigor»)

acmeísmo *n.m.* LITERATURA corrente poética russa do início do século XX, oposta aos preceitos da estética simbolista (De *acme+-ismo*)

acmite n.f. MINERALOGIA variedade de egirina, de cor castanha a preto-esverdeada, traço amarelo a verde e brilho vítreo (De *acme+-ite*)

acna n.f. medida agrária dos Romanos (Do lat. *acna-*, «medida de 120 pés quadrados»)

acne n.f. MEDICINA doença cutânea resultante da inflamação das glândulas sebáceas, provocando o aparecimento de borbulhas ou espinhas (Do gr. *ákhné*, transcrição errónea de *ákmé* , «erupção facial», pelo ing. *acne*, «id.»)

acnidário adj.,n.m. ZOOLOGIA que ou celenterado que não possui órgãos urticantes (De *a-+cnidário*)

ácnua n.f. ⇒ **acna**

-aco[1] (tónico) sufixo nominal que tem, geralmente, sentido depreciativo (*velhaco*)

-aco[2] (átono) sufixo nominal que exprime a ideia de origem ou relação (*austríaco; demoníaco*)

aço n.m. 1 METALURGIA liga de ferro e carbono que endurece ao ser introduzida em água fria quando ainda está em brasa 2 amálgama de estanho e mercúrio que se aplica no vidro para formar superfícies refletoras (espelhos) ■ adj. [Brasil] albino; **~ inoxidável** liga de ferro e crómio resistente à corrosão; *de* **~** muito resistente, forte, duro (Deriv. regr. de *aceiro*)

-aço sufixo nominal, de origem latina, que tem sentido aumentativo e, por vezes, pejorativo (*ricaço; bigodaço*)

acoalhar v.tr.,intr.,pron. ⇒ **coalhar**

acobardado adj. 1 pusilânime; cobarde 2 medroso; atemorizado (Part. pass. de *acobardar*)

acobardamento n.m. 1 ato ou efeito de acobardar(-se); cobardia 2 acanhamento (De *acobardar+-mento*)

acobardar v.tr.,pron. 1 tornar(-se) cobarde; amedrontar(-se); acovardar(-se) 2 acanhar(-se); intimidar(-se) 3 desanimar (De *a-+cobarde+-ar*)

acobertar v.tr. 1 pôr a coberto; dar coberto a; proteger 2 arrear; ajaezar 3 dissimular; disfarçar ■ v.pron. esconder-se; dissimular-se (De *a-+coberto+-ar*)

acobrear v.tr. 1 dar a cor do cobre a; cobrear 2 revestir de cobre por galvanostegia (De *a-+cobre+-ar*)

acocado adj. [regionalismo] atarantado; tonto; zonzo (De *a-+coca-ado*)

acochar v.tr. apertar, acamando; arrochar ■ v.pron. 1 apertar-se; comprimir-se 2 agachar-se (De *a-+cocha-ar*)

acochichar v.tr. 1 amolgar 2 amarrotar 3 ⇒ **cochichar** (De *a-+cochicho+-ar*)

acocoração n.f. ato ou efeito de acocorar(-se) (De *acocorar+-ção*)

acocoramento n.m. ⇒ **acocoração** (De *acocorar+-mento*)

acocorar v.tr. 1 pôr de cócoras 2 abaixar 3 esconder ■ v.pron. agachar-se (De *a-+cócoras+-ar*)

açodamento n.m. ato ou efeito de açodar (De *açodar+-mento*)

açodar v.tr. 1 apressar 2 instigar (De orig. onom.)

açofeifa n.f. 1 BOTÂNICA árvore da família das Ramnáceas, representada em Portugal pela açofeifa-maior, anáfega-menor ou lódão; açofeifeira 2 fruto produzido por esta árvore (Do ár. *az-zufaizfâ*, «id.», do gr. *zízyphon*, «id.», pelo lat. cient. *zizīphu-*, «id.»)

açofeifeira n.f. ⇒ **açofeifa** 1 (De *açofeifa+-eira*)

acognosia n.f. MEDICINA conhecimento dos processos terapêuticos; acologia (Do gr. *ákos*, «remédio» +*gnósis*, «conhecimento»)

acogombrado adj. que tem feitio ou gosto de cogombro (pepino) (De *a-+cogombro+-ado*)

acoguladura n.f. ⇒ **cogulo** (De *acogular+-dura*)

acogular v.tr. 1 encher (medida, recipiente) acima dos bordos 2 encher completamente; abarrotar 3 acumular; amontoar (De *a-+cogulo+-ar*)

acoimador adj.,n.m. que ou o que acoima (De *acoimar+-dor*)

acoimar v.tr. 1 lançar coima a 2 censurar 3 classificar de forma depreciativa; taxar ■ v.pron. 1 acusar-se 2 dar-se por culpado (De *a-+coima+-ar*)

acoirado adj. 1 semelhante a coiro 2 que tem aspeto de coiro (De *a-+coiro+-ado*)

acoirelamento n.m. ato ou efeito de acoirelar (De *acoirelar+-mento*)

acoirelar v.tr. dividir (um terreno) em coirelas; embelgar (De *a-+coirela+-ar*)

acoitador adj.,n.m. 1 que ou aquele que acoita 2 encobridor (De *acoitar+-dor*)

açoitador adj.,n.m. 1 que ou aquele que açoita 2 carrasco; verdugo (De *açoitar+-dor*)

acoitamento n.m. ato ou efeito de acoitar(-se) (De *acoitar+-mento*)

açoitamento n.m. 1 ato ou efeito de açoitar(-se) 2 castigo (De *açoitar+-mento*)

acoitar v.tr. 1 dar refúgio a 2 acolher; abrigar ■ v.pron. 1 refugiar-se 2 alojar-se 3 esconder-se (De *a-+coito+-ar*)

açoitar v.tr. 1 punir com açoite 2 bater em 3 castigar 4 fustigar 5 magoar ■ v.pron. 1 flagelar-se 2 disciplinar-se (De *açoite+-ar*)

açoite n.m. 1 tira de couro pendente de um cabo usado para castigar; chicote; azorrague 2 golpe feito com essa tira de couro 3 palmada com a mão aberta; castigo 4 [fig.] sofrimento físico ou moral; padecimento (Do ár. *as-sót*, «id.»)

açoiteira n.f. 1 ponta da rédea com que o cavaleiro açoita o cavalo 2 chicote curto (De *açoite+-eira*)

açoito n.m. ⇒ **açoitamento** (Deriv. regr. de *açoitar*)

acolá adv. 1 além 2 naquele lugar (Do lat. *eccu illāc*, «eis ali»)

acolada n.f. cerimónia do abraço e toque com a espada no ombro do jovem ao ser armado cavaleiro (Do fr. *accolade*, «id.»)

acolchetador adj.,n.m. que ou o que acolcheta (De *acolchetar+-dor*)

acolchetamento n.m. ato ou efeito de acolchetar (De *acolchetar+-mento*)

acolchetar v.tr. 1 pôr colchetes a 2 prender com colchete (De *a-+colchete+-ar*)

acolchoadinho n.m. pano tecido à maneira de acolchoado miudinho (De *acolchoado+-inho*)

acolchoado n.m. 1 tecido de fazenda grossa 2 coberta forrada e espessa ■ adj. estofado com material fofo; almofadado (Part. pass. de *acolchoar*)

acolchoador adj.,n.m. que ou o que acolchoa (De *acolchoar+-dor*)

acolchoamento n.m. ato ou efeito de acolchoar (De *acolchoar+-mento*)

acolchoar v.tr. 1 forrar ou encher à maneira de colchão 2 tecer à maneira de colcha 3 estofar com material fofo; almofadar (De *a-+colchão+-ar*)

acolejo n.m. BOTÂNICA planta ornamental, da família das Ranunculáceas, com propriedades medicinais (Do lat. cient. *aquilegium*, «reservatório de água»)

acoletado adj. com feitio de colete (De *a-+colete+-ado*)

acolhedor adj.,n.m. que ou o que recebe bem; hospitaleiro (De *acolher+-dor*)

acolheita n.f. 1 acolhimento 2 abrigo; couto; refúgio 3 habitação (Part. pass. fem. subst. ant. de *acolher*)

acolher v.tr. 1 dar guarida, refúgio a 2 admitir em sua casa ou companhia 3 hospedar; receber 4 proteger ■ v.pron. 1 refugiar-se 2 abrigar-se (Do lat. **accolligĕre*, «recolher; acolher»)

acolherar v.tr. 1 dar forma de colher a 2 meter em concha 3 [Brasil] juntar (pessoas) (De *a-+colher+-ar*)

acolhida n.f. ação ou efeito de acolher; receção 2 asilo; refúgio (Part. pass. fem. subst. de *acolher*)

acolhimento n.m. 1 ato ou efeito de acolher; receção; hospitalidade 2 refúgio; abrigo (De *acolher+-i-+-mento*)

acolia n.f. MEDICINA falta de secreção biliar (Do gr. *akholía*, «ausência de bile», pelo fr. *acholie*, «id.»)

acolitado n.m. RELIGIÃO quarta e última ordem menor da formação sacerdotal, que confere o poder de transportar as velas e o turíbulo (Part. pass. subst. de *acolitar*)

acolitar v.tr. 1 ajudar como acólito 2 acompanhar (De *acólito+-ar*)

acólito n.m. 1 clérigo com a quarta das ordens menores 2 aquele que ajuda à missa e a outros atos religiosos 3 ajudante 4 companheiro 5 [pej.] guarda-costas (Do gr. *akólouthos*, «acompanhante; servidor», pelo lat. ecl. *acolÿthu-*, «acólito»)

acologia n.f. ⇒ **acognosia** (Do gr. *ákos*, «remédio» +*lógos*, «tratado» +*-ia*)

acomadrar v.tr. tornar comadre de ■ v.pron. 1 tornar-se comadre de 2 estabelecer uma relação próxima; ficar amigo ou companheiro de 3 [pej.] ter intimidade com alguém para falar da vida alheia (De *a-+comadre+-ar*)

acometedor adj.,n.m. 1 que ou o que acomete 2 atacante 3 empreendedor (De *acometer+-dor*)

acometer v.tr. 1 dar começo a uma luta com 2 arremeter contra; investir contra 3 empreender 4 combater 5 [fig.] insultar (De *a-+cometer*)

acometida n.f. 1 assalto inesperado 2 investida 3 ataque repentino (Part. pass. fem. subst. de *acometer*)

acometimento n.m. ato ou efeito de acometer; acometida (De *acometer+-mento*)

acometível *adj.2g.* 1 que se pode acometer 2 atacável 3 expugnável (De *acometer+-i-+-vel*)
acomia *n.f.* MEDICINA ⇒ **calvície** (Do gr. *ákomos*, «sem cabelo» +-*ia*)
acomodação *n.f.* 1 ação ou efeito de acomodar(-se) 2 alojamento 3 arrumação 4 adaptação 5 conciliação entre pessoas 6 conformismo 7 PSICOLOGIA modificação de sistemas internos para adaptação a nova realidade devida a novas informações cognitivas; ~ *visual* MEDICINA faculdade de o olho poder alterar a sua distância focal e produzir imagens nítidas de objetos a diferentes distâncias (Do lat. *accommodatiōne-*, «id.»)
acomodadiço *adj.* 1 que se acomoda; acomodatício 2 que se adapta (De *acomodar+-diço*)
acomodado *adj.* 1 instalado; alojado 2 adaptado 3 conformado 4 sossegado (Do lat. *accommodātu-*, «id.»)
acomodamento *n.m.* 1 ato ou efeito de acomodar(-se) 2 adaptação (De *acomodar+-mento*)
acomodar *v.tr.* 1 pôr em lugar cómodo 2 dar acomodação a; alojar; instalar 3 arrumar 4 adaptar 5 pôr de acordo; harmonizar 6 arranjar emprego a ▪ *v.pron.* 1 assentar-se 2 conformar-se 3 sossegar (Do lat. *accommodāre*, «id.»)
acomodatício *adj.* ⇒ **acomodadiço** (Do lat. *accommodātu-*, part. pass. de *accommodāre*, «adaptar» +-*ício*)
acomodável *adj.2g.* 1 que se pode acomodar 2 razoável (De *acomodar+-vel*)
acompadrar *v.tr.* ligar por compadrio ▪ *v.pron.* 1 tornar-se compadre 2 aliar-se; associar-se (De *a-+compadre+-ar*)
acompanhador *adj.,n.m.* ⇒ **acompanhante** (De *acompanhar+-dor*)
acompanhamento *n.m.* 1 ato ou efeito de acompanhar 2 conjunto de pessoas que acompanham outra(s); comitiva; séquito 3 PEDAGOGIA assistência dada por um profissional a uma pessoa que se encontra sob os seus cuidados; orientação 4 CULINÁRIA conjunto de alimentos (legumes, arroz, batatas, etc.) que acompanham o prato principal; guarnição 5 AERONÁUTICA missão das forças aéreas táticas, de proteção a colunas em movimento ou estacionadas, contra ataques aéreos inimigos 6 MÚSICA parte instrumental ou vocal da composição musical que constitui o seu suporte harmónico (De *acompanhar+-mento*)
acompanhante *adj.,n.2g.* 1 que ou pessoa que acompanha ou auxilia outra 2 que ou músico que acompanha quem canta ou toca outro instrumento (De *acompanhar+-ante*)
acompanhar *v.tr.* 1 estar ou ficar junto de (alguém); fazer companhia a 2 ir na mesma direção de; seguir 3 seguir junto de (alguém); escoltar 4 MÚSICA seguir com música adequada (o que se canta, recita ou executa com outros instrumentos) 5 ser servido juntamente com (prato culinário) 6 dar atenção a; seguir 7 cobrir (acontecimento) 8 partilhar (sentimento, opinião) 9 guarnecer; enfeitar (Do lat. *accompaniāre*, «id.»)
acompassar *v.tr.* [raramente usado] MÚSICA executar com precisão a divisão imposta pelos compassos de (um trecho musical) (De *a-+compasso+-ar*)
acompridar *v.tr.* tornar comprido; alongar; estender (De *a-+comprido+-ar*)
acomunar *v.tr.* pôr em comunidade; associar; mancomunar ▪ *v.pron.* combinar-se para certo fim (De *a-+comum+-ar*)
aconchegante *adj.2g.* que aconchega; acolhedor (De *aconchegar+-ante*)
aconchegar *v.tr.* 1 chegar a si; aproximar 2 abrigar 3 compor; arranjar (roupa, agasalho) ▪ *v.pron.* 1 acomodar-se 2 agasalhar-se (De *a-+conchega*)
aconchego /ê/ *n.m.* 1 conforto 2 proteção 3 agasalho (Deriv. regr. de *aconchegar*)
acondicionação *n.f.* ⇒ **acondicionamento** (De *acondicionar+-ção*)
acondicionado *adj.* 1 arrumado 2 resguardado 3 embrulhado; embalado (Part. pass. de *acondicionar*)
acondicionamento *n.m.* 1 ato ou efeito de acondicionar 2 arranjo 3 disposição 4 arrumo (De *acondicionar+-mento*)
acondicionar *v.tr.* 1 recolher em sítio conveniente 2 dispor 3 embalar; embrulhar 4 proteger (De *a-+condição+-ar*)
acondiçoar *v.tr.* ⇒ **acondicionar** (De *a-+condição+-ar*)
acôndilo *adj.* ANATOMIA desprovido de côndilo (Do gr. *a-*, «sem» +*kóndylos*, «junta, nó, articulação»)
acondimentar *v.tr.* ⇒ **condimentar** (De *a-+condimentar*)
acondrito *n.m.* MINERALOGIA meteorito lítico sem estrutura de condrito, isto é, sem côndrulos (De *a-*, «negação» +*condrito*)
aconfeitar *v.tr.* dar forma de confeito a (De *a-+confeito+-ar*)

aconfradar *v.tr.* 1 tornar confrade 2 bandear (De *a-+confrade+-ar*)
aconitato *n.m.* QUÍMICA nome genérico dos sais derivados do ácido aconítico (De *acónito+-ato*)
aconítico *adj.* QUÍMICA diz-se do ácido que se extrai do acónito (Do gr. *akonitikós*, «feito de acónito»)
aconitina *n.f.* QUÍMICA substância alcaloide que se extrai do acónito e que tem aplicações medicinais (De *acónito+-ina*)
acónito *n.m.* BOTÂNICA planta da família das Ranunculáceas, venenosa e medicinal, da qual se extrai a aconitina; mata-cão (Do gr. *akóniton*, «planta venenosa», pelo lat. *aconītu-*, «id.»)
aconselhador *adj.,n.m.* que ou o que aconselha; conselheiro (De *aconselhar+-dor*)
aconselhamento *n.m.* 1 ato ou efeito de pedir ou dar conselho(s); orientação; encaminhamento 2 indicação da necessidade ou conveniência de; consulta; recomendação 3 auxílio ou orientação prestada por um profissional (psicólogo, etc.) a uma pessoa nas decisões que deve tomar em relação à escolha de profissão, curso, etc. 4 PSICOLOGIA forma de assistência cujo objetivo é prevenir ou resolver problemas psicológicos
aconselhar *v.tr.* 1 dar conselhos a 2 recomendar; sugerir 3 orientar 4 admoestar 5 avisar 6 procurar convencer ▪ *v.pron.* pedir conselho (De *a-+conselhar*)
aconselhável *adj.2g.* que se pode aconselhar; recomendável (De *aconselhar+-vel*)
aconsoantar *v.tr.* tornar consoante; rimar (De *a-+consoante+-ar*)
acontecer *v.tr.,intr.* 1 ocorrer; suceder; sobrevir 2 suceder inesperadamente ▪ *v.intr.* dar-se; realizar-se (Do lat. *contigescĕre por *contingescĕre*, inc. de *contingĕre*, «acontecer»)
acontecido *adj.* que aconteceu; sucedido ▪ *n.m.* o que aconteceu; ocorrência; acontecimento (Part. pass. de *acontecer*)
acontecimento *n.m.* 1 ato ou efeito de acontecer 2 aquilo que acontece; ocorrência; facto; caso 3 notícia; caso notável 4 êxito (De *acontecer+-i-+-mento*)
acoplagem *n.f.* 1 ligação; junção 2 (astronáutica) junção de duas naves ou de dois elementos de uma nave espacial ou de uma estação espacial (Do fr. *accouplage*, «id.»)
acoplamento *n.m.* 1 ligação; junção 2 FÍSICA ligação entre dois sistemas que permite a passagem de energia de um para o outro 3 (astronáutica) junção de duas naves ou de dois elementos de uma nave espacial ou de uma estação espacial (Do fr. *accouplement*, «id.»)
acoplar *v.tr.* 1 fazer o acoplamento de 2 estabelecer ligação entre 3 ligar equipamentos entre si (Do fr. *accoupler*, «acoplar»)
açor *n.m.* ORNITOLOGIA ave de rapina, diurna, da família dos Accipitrídeos, de cor acinzentada e com manchas brancas (Do lat. *acceptōre-*, «açor; falcão»)
açorado *adj.* muito desejoso de alguma coisa; sôfrego; ávido (Part. pass. de *açorar*)
açoramento *n.m.* ação ou efeito de açorar (De *açorar+-mento*)
açorar *v.tr.* suscitar grande desejo em; assanhar ▪ *v.pron.* sentir grande desejo (De *açor+-ar*)
acorcovar *v.tr.,intr.* ⇒ **corcovar** (De *a-+corcovar*)
açorda /ô/ *n.f.* CULINÁRIA iguaria feita de pão, temperada com azeite, alho e ervas aromáticas, a que se pode acrescentar ovos, bacalhau, marisco, etc. (Do ár. *ath-thurdâ*, «id.»)
acordado *adj.* 1 desperto do sono 2 resolvido por acordo; decidido 3 prudente 4 vigilante 5 lembrado (Part. pass. de *acordar*)
acordante *adj.2g.* que está de acordo; concorde; harmonioso; conforme; uníssono (De *acordar+-ante*)
acórdão *n.m.* DIREITO sentença proferida por um tribunal coletivo (De *acordam*, 3.ª pess. do pl. do pres. do ind. de *acordar*)
acordar *v.tr.,intr.* fazer sair ou sair do sono; despertar ▪ *v.tr.* 1 suscitar (emoção, reação); provocar 2 [pouco usado] MÚSICA pôr em acorde (vozes, instrumentos) 3 concertar; ajustar 4 DIREITO lavrar por acórdão (sentença) 5 conceder; outorgar ▪ *v.intr.* começar a manifestar-se; surgir ▪ *v.tr.,pron.* 1 resolver(-se); decidir(-se) 2 lembrar(-se); recordar(-se) ▪ *v.intr.,pron.* cair em si; alertar-se (Do lat. pop. *accordāre*, do lat. cl. *concordāre*, «estar de acordo»)
acorde *n.m.* 1 MÚSICA produção simultânea de três ou mais notas 2 MÚSICA som musical ▪ *adj.2g.* 1 que está de acordo 2 harmonioso (Deriv. regr. de *acordar* [= concordar])
acordeão *n.m.* MÚSICA instrumento de palhetas livres que vibram por ação de um fole; harmónica (Do fr. *accordéon*, «id.»)
acordeonista *n.2g.* pessoa que toca acordeão (Do fr. *accordéoniste*, «id.»)
acordo /ô/ *n.m.* 1 ato ou efeito de acordar 2 consonância; conformidade 3 concordância; assentimento 4 convenção; pacto 5 DIREITO

encontro ou convergência das manifestações das vontades das partes num contrato **6** DIREITO forma de pôr termo a um litígio judicial mediante a aceitação recíproca de uma solução para o mesmo **7** perfeito uso dos sentidos **8** tino; **~ de cavalheiros** pacto verbal, em que as partes envolvidas dispensam formalidades legais; **~ ortográfico** convenção assinada por Estados que partilham a mesma língua oficial, e que estabelece um conjunto de regras de forma a criar uma norma ortográfica única; *de* **~** *com* segundo, em conformidade com; *de comum* **~** com a concordância de todos; *não dar* **~** *de si* ter perdido os sentidos (Deriv. regr. de *acordar*)

acordoar *v.tr.* **1** guarnecer de cordoalha (um navio) **2** medir à corda (um terreno) **3** pôr cordas ou cordões a; encordar (De *a-+cordão+-ar*)

açorenho /ê/ *adj.,n.m.* ⇒ **açoriano** (De Açores, top. +*-enho*)

açorense *adj.,n.2g.* ⇒ **açoriano** (De Açores, top. +*-ense*)

acores /ó/ *n.m.pl.* NÁUTICA escoras para sustentar os navios nos estaleiros (Do gr. *akhóres*, «id.»)

acoria[1] *n.f.* MEDICINA fome insaciável; bulimia (Do gr. *akoría*, «insaciabilidade»)

acoria[2] *n.f.* MEDICINA ausência de pupila ocular (Do gr. *a-*, «sem» +*kóre*, «pupila» +*-ia*)

açoriano *adj.* relativo ou pertencente ao arquipélago dos Açores, no Oceano Atlântico, ou que é seu natural ou habitante ■ *n.m.* natural ou habitante dos Açores (De *Açores*, top. +*-iano*)

acornar *v.tr.* dar feitio de corno a (De *a-+corno+-ar*)

acoroçoado *adj.* que tem ânimo, esperança (De *acoroçoar*)

acoroçoamento *n.m.* ato ou efeito de acoroçoar; encorajamento; incitamento (De *acoroçoar+-mento*)

acoroçoar *v.tr.* dar ânimo a; encorajar (De *a-+coração+-ar*)

acoronhar *v.tr.* **1** dar forma de coronha a **2** dar coronhadas a (De *a-+coronha+-ar*)

acorrentamento *n.m.* **1** ato ou efeito de acorrentar(-se) **2** [fig.] subordinação (De *acorrentar+-mento*)

acorrentar *v.tr.,pron.* **1** prender(-se) com corrente; encadear(-se) **2** [fig.] subordinar(-se); submeter(-se) (De *a-+corrente+-ar*)

acorrer *v.tr.,intr.* **1** dirigir-se rapidamente para **2** acudir; socorrer (Do lat. *accurrĕre*, «correr para»)

acorrilhar *v.tr.* **1** meter em lugar sem saída; acantoar **2** meter em corro ou corrilho (De *a-+corrilho+-ar*)

acortinar *v.tr.* guarnecer de cortinas (De *a-+cortina+-ar*)

acoruchar *v.tr.* **1** dar forma de coruchéu a **2** prover de coruchéu (De *a-+coruchéu+-ar*)

acosmia *n.f.* MEDICINA manifestações irregulares das crises de uma doença (Do gr. *akosmía*, «falta de ordem»)

acosmismo *n.m.* FILOSOFIA teoria que nega a realidade do mundo sensível (De *a-+cosmo+-ismo*, ou do fr. *acosmisme*, «id.»)

acossa *n.f.* **1** [pop.] ato ou efeito de acossar; perseguição **2** [pop.] estafa (Deriv. regr. de *acossar*)

acossador *adj.,n.m.* que ou aquele que acossa; perseguidor (De *acossar+-dor*)

acossamento *n.m.* ato ou efeito de acossar; perseguição (De *acossar+-mento*)

acossar *v.tr.* **1** perseguir; dar caça a **2** atormentar; molestar (Do lat. **acursāre*, «id.»)

acostado *adj.* **1** diz-se do barco encostado ao cais; atracado **2** colocado de encontro a um suporte; encostado **3** que tem apoio; protegido **4** que se situa junto de; vizinho ■ *n.m.* [regionalismo] NÁUTICA embarcação auxiliar dos barcos de pesca (na pesca de cerco americano) (Part. pass. de *acostar*)

acostagem *n.f.* ato ou efeito de acostar (navio); atracação (De *acostar+-agem*, ou do fr. *accostage*, «id.»)

acostamento *n.m.* **1** ato ou efeito de acostar (navio) **2** [ant.] tença ou moradia que se dava aos fidalgos da corte **3** [ant.] pensão ou ordenado dado a alguém em retribuição de determinados serviços **4** [Brasil] ⇒ **berma** **1** (De *acostar+-mento*)

acostar *v.tr.* **1** NÁUTICA encostar (navio) ao cais ou a outro navio; atracar **2** encostar; apoiar ■ *v.pron.* **1** recostar-se; deitar-se **2** [fig.] procurar a proteção de (De *a-+costa+-ar*)

acostável *adj.2g.* de fácil acesso ou desembarque (De *acostar+-vel*)

acosto /ô/ *n.m.* ⇒ **encosto** (Deriv. regr. de *acostar*)

acostumar *v.tr.* fazer contrair um hábito; habituar; afazer ■ *v.pron.* habituar-se (De *a-+costumar*)

açoteado *adj.* que tem açoteias (De *açoteia+-ado*)

açotear *v.tr.* **1** dar forma de açoteia **2** dispor em açoteias (De *açoteia+-ar*)

açoteia *n.f.* terraço no alto de uma casa que substitui o telhado; mirante (Do ár. *as-sotaihâ*, dim. de *sataha*, «terraço»)

acotiar *v.tr.* **1** usar quotidianamente **2** frequentar **3** ser assíduo em (De *a-+cotio+-ar*)

acotiledóne *adj.2g.* BOTÂNICA que não tem cotilédones (De *a-+cotilédone*)

acotiledóneo *adj.* ⇒ **acotiledóne** (De *a-+cotilédoneo*)

acotoar *v.tr.,intr.* encher(-se) de cotão (De *a-+cotão+-ar*)

acotovelamento *n.m.* ato ou efeito de acotovelar(-se) (De *acotovelar+-mento*)

acotovelar *v.tr.* **1** tocar ou dar com o cotovelo em **2** empurrar com o cotovelo **3** [fig.] provocar ■ *v.pron.* **1** dar cotoveladas **2** tocar-se com o cotovelo (De *a-+cotovelar*)

açougada *n.f.* vozearia; algazarra (De *açougue+-ada*)

açougue *n.m.* **1** estabelecimento onde se vende carne; talho **2** local onde se abatem animais; matadouro **3** [fig.] lugar onde se fazem crueldades **4** [fig.] matança (Do ár. *as-sóq*, «mercado; feira»)

açougueiro *n.m.* **1** dono ou empregado de açougue; talhante **2** aquele que mata e esfola reses; carniceiro (De *açougue+-eiro*)

acourelamento *n.m.* ⇒ **acoirelamento**

acourelar *v.tr.* ⇒ **acoirelar**

açoutador *adj.,n.m.* ⇒ **açoitador**

açoutador *adj.,n.m.* ⇒ **açoitador**

acoutar *v.tr.,pron.* ⇒ **acoitar**

açoutar *v.tr.,pron.* ⇒ **açoitar**

açoute *n.m.* ⇒ **açoite**

açouteira *n.f.* ⇒ **açoiteira**

acovar *v.tr.* ⇒ **encovar** (De *a-+cova+-ar*)

acovardar *v.tr.,pron.* ⇒ **acobardar**

acovilhar *v.tr.* **1** meter em covil **2** acolher (De *a-+covil+-ar*)

acracia *n.f.* **1** POLÍTICA sistema que não reconhece qualquer autoridade; anarquia **2** MEDICINA debilidade; fraqueza (Do gr. *akratía*, «falta de autoridade; fraqueza»)

acrania *n.f.* TERATOLOGIA ausência congénita, total ou parcial, de crânio (Do gr. *a-*, «privação» +*kraníon*, «crânio» +*-ia*)

acraniano *adj.* ⇒ **acrânio** *adj.* **1**

acrânio *adj.* **1** TERATOLOGIA (feto) que apresenta acrania **2** ZOOLOGIA pertencente ou relativo aos acrânios ■ *n.m.* ZOOLOGIA espécime dos acrânios ■ *n.m.pl.* ZOOLOGIA grupo dos protocordados, cuja corda dorsal, permanente, se estende ao longo de todo o corpo; cefalocordados (Do gr. *a-*, «sem» +*kraníon*, «crânio»)

acraniota *adj.2g.,n.m.,n.m.pl.* ZOOLOGIA ⇒ **acrânio** (De *a-+craniota*)

acrasia *n.f.* imoderação; excesso (Do gr. *akrasía*, «intemperança»)

acrata *adj.,n.2g.* POLÍTICA partidário da acracia; anarquista (Do gr. *akratés*, «desregrado»)

acratismo *n.m.* POLÍTICA sistema dos que seguem a acracia; anarquismo (De *acrata+-ismo*)

acrato *adj.* que não tem mistura; puro (Do gr. *ákratos*, «id.»)

acratóforo *n.m.* vaso ou jarra usado pelos Romanos e Gregos para o vinho puro (Do gr. *akratóphoros*, «id.», pelo lat. *acratophŏru-*, «vasilha para vinho»)

acravar *v.tr.,pron.* ⇒ **cravar** (De *a-+cravo+-ar*)

acravelhar *v.tr.* fechar com cravelha ou cravelho (De *a-+cravelho+-ar*)

acre[1] *adj.2g.* **1** amargo; azedo **2** ativo; intenso; picante **3** ríspido; áspero; mordaz (Do lat. *acre-*, «id.»)

acre[2] *n.m.* unidade de medida agrária utilizada nalguns países, incluindo o Reino Unido e os Estados Unidos da América, onde equivale a 40,4694 ares (Do fr. ou ing. *acre*, «id.»)

acreção *n.f.* **1** aumento em tamanho ou quantidade como resultado da acumulação gradual de algo; acrescento por justaposição **2** ASTRONOMIA processo mediante o qual a ação de uma determinada força propicia a aglomeração de corpos de pequenas dimensões para originar um corpo de maiores dimensões **3** GEOLOGIA gradual aumento de terra, numa costa litoral, devido à ação das marés, das correntes e do vento, e à acumulação de depósitos aluviais

acreditação *n.f.* **1** reconhecimento oficial de pessoa ou entidade para efeitos legais ou profissionais **2** autorização para exercer uma atividade (De *acreditar+-ção*)

acreditado *adj.* **1** que tem crédito **2** bem reputado **3** (diplomata) autorizado a representar um Estado junto de outro Estado ou junto de uma organização internacional (Part. pass. de *acreditar*)

acreditador *adj.,n.m.* **1** que ou o que acredita **2** fiador (De *acreditar+-dor*)

acreditar *v.tr.* **1** considerar como verdadeiro; aceitar; admitir **2** dar crédito a; ser fiador de alguém **3** conferir poder ou autoridade a alguém para se fazer representar; credenciar **4** considerar possível a

acreditável

realização de 5 ter fé; crer ■ *v.tr.,pron.* tornar(-se) digno de confiança e consideração ■ *v.pron.* considerar-se; julgar-se (De *a-+crédito+-ar*)

acreditável *adj.2g.* que pode ser acreditado; crível (De *acreditar+-vel*)

acre-doce *adj.2g.,n.m.* ⇒ **agridoce**

acrescência *n.f.* 1 estado ou qualidade do que é acrescente 2 acrescentamento (Do lat. *accrescentia*)

acrescentamento *n.m.* 1 ato ou efeito de acrescentar 2 junção; aumento; acréscimo 3 o que se acrescenta; suplemento (De *acrescentar+-mento*)

acrescentar *v.tr.* 1 juntar um tanto a uma coisa para a tornar maior, mais forte ou mais numerosa 2 aumentar 3 adicionar (Do lat. *accrescentāre*, de *accrescente-*)

acrescente *adj.2g.* 1 que acresce 2 BOTÂNICA que se desenvolve depois da fecundação ■ *n.m.* aumento (Do lat. *accrescente-*, part. pres. de *accrescĕre*, «crescer»)

acrescento *n.m.* 1 aquilo que se acrescentou 2 aumento (Deriv. regr. de *acrescentar*)

acrescer *v.tr.* 1 aumentar 2 adicionar; juntar 3 acrescentar (argumentos, factos) ■ *v.intr.* tornar-se maior; crescer (Do lat. *accrescĕre*, «ir aumentando; crescer»)

acrescido *n.m.* 1 aquilo que acresceu 2 *pl.* terras de aluvião que se juntaram a outras 3 *pl.* bens acrescentados a outros (Part. pass. subst. de *acrescer*)

acrescimento *n.m.* ⇒ **acréscimo** (De *acrescer+-mento*)

acréscimo *n.m.* 1 ato ou efeito de acrescer; aumento 2 aquilo que se acrescentou; *por ~* para além do indispensável, por arrastamento

acri- elemento de formação de palavras com o sentido de *ácido, azedo* (Do lat. *acre-*, «azedo; acre»)

acriançar *v.tr.,pron.* dar ou adquirir hábitos e modos de criança; tornar(-se) criança; tornar(-se) infantil (De *a-+criança+-ar*)

acribia *n.f.* 1 rigor na pesquisa das questões ou na documentação de uma obra 2 RETÓRICA estilo preciso ou rigoroso (Do gr. *akríbeia*, «exatidão»)

acribologia *n.f.* RETÓRICA rigor na escolha das palavras; precisão no estilo (Do gr. *akribología*, «cuidado minucioso»)

acridez /ê/ *n.f.* 1 qualidade do que é acre; acrimónia 2 [fig.] aspereza (De *acre* por analogia com *acidez*)

acridiano *adj.* ⇒ **acrídio** *adj.* (De *acrídio+-ano*)

acridina *n.f.* QUÍMICA composto tricíclico cristalino incolor, de fórmula C$_{13}$H$_9$N, extraído dos óleos de antraceno e do alcatrão da hulha, e utilizado na síntese de corantes e medicamentos

acrídio *adj.* ZOOLOGIA que se assemelha a gafanhoto; acridiano ■ *n.m.* ZOOLOGIA inseto pertencente aos acrídios ■ *n.m.pl.* ZOOLOGIA grupo de insetos ortópteros, adaptados ao salto (Do gr. *akrídion*, «pequeno gafanhoto», pelo lat. *acridīu-*, «id.»)

acridofagia *n.f.* hábito de comer gafanhotos (Do gr. *akrís, -ídos*, «gafanhoto» +*phageīn*, «comer»)

acridófago *adj.,n.m.* que ou o que come gafanhotos (Do gr. *akrís, -ídos*, «gafanhoto» +*phageīn*, «comer»)

acriflavina *n.f.* QUÍMICA produto derivado da acridina, usado como corante, antisséptico e germicida

acrílico *n.m.* QUÍMICA ácido orgânico, carboxílico, insaturado, de cheiro acre, usado no fabrico de resinas sintéticas (plásticos); ácido propenoico (CH2=CH-COOH) ■ *adj.* QUÍMICA designativo deste ácido; *aldeído ~* QUÍMICA acroleína, propenal; *fibra acrílica* QUÍMICA fibra sintética preparada por polimerização do nitrilo acrílico (Do fr. *acrylique*, «id.»)

acrimancia *n.f.* suposta adivinhação por meio do fogo (Do lat. *acre-*, «agudo; fogoso»+gr. *manteía*, «adivinhação»)

acriminar *v.tr.* ⇒ **incriminar** (De *a-+criminar*)

acrimónia *n.f.* 1 sabor acre; acidez 2 [fig.] aspereza; azedume (Do lat. *acrimonĭa-*, «amargor, acidez»)

acrimonioso /ó/ *adj.* que tem acrimónia (De *acrimónia+-oso*)

acrinia *n.f.* MEDICINA diminuição ou suspensão da ação secretora (Do gr. *a-*, «sem» +*krínein*, «separar; segregar»)

acrínico *adj.,n.m.* que ou o que manifesta acrinia (De *acrinia+-ico*)

acrisia *n.f.* 1 MEDICINA evolução de uma doença sem crise 2 falta de discernimento (Do gr. *akrisía*, «indecisão»)

acrisolado *adj.* 1 (metal) apurado no crisol 2 [fig.] purificado 3 [fig.] veemente; intenso (Part. pass. de *acrisolar*)

acrisolador *adj.,n.m.* que ou o que acrisola (De *acrisolar+-dor*)

acrisolamento *n.m.* 1 ato ou efeito de acrisolar 2 purificação 3 aperfeiçoamento; apuramento (De *acrisolar+-mento*)

acrisolar *v.tr.* 1 purificar (metal) no crisol 2 [fig.] aperfeiçoar; apurar 3 [fig.] purificar (De *a-+crisol+-ar*)

acrítico *adj.* 1 não crítico 2 MEDICINA diz-se da doença em cuja evolução se verifica acrisia (Do gr. *akritikós*, «id.»)

acritude *n.f.* ⇒ **acrimónia** (Do lat. *acritudĭne-*, «agrura; azedume»)

acro *adj.* 1 que estala facilmente; frágil 2 acre (Do lat. *acru-*, «acre; extremo»)

acro- elemento de formação de palavras com o sentido de *extremidade, ponto culminante* (Do gr. *ákros*, «alto; elevado»)

acroama *n.m.* 1 discurso ou canto harmonioso 2 entreato musical, entre os gregos (Do gr. *akróama*, pelo lat. *acroāma-*, «audição; concerto»)

acroamático *adj.* 1 referente a música de ouvido 2 agradável ao ouvido 3 diz-se do ensino comunicado oralmente 4 FILOSOFIA esotérico, por ser dessa ordem o ensino reservado por Aristóteles aos seus discípulos mais adiantados (Do gr. *akroamatikós*, «relativo ao ouvido»)

acroase *n.f.* 1 impossibilidade de compreender sem explicações prévias 2 discurso erudito (Do gr. *akróasis*, «discurso; leitura», pelo lat. *acroāse-*, «audição; auditório»)

acrobacia *n.f.* 1 exercício arriscado de ginástica ou equilíbrio que implica agilidade, força e destreza 2 arte ou profissão de acrobata 3 [fig.] demonstração de habilidade ou astúcia; *~ aérea* conjunto de exercícios efetuados por aeronaves que incluem a composição de figuras no ar, mudanças de altitude e de velocidade (Do fr. *acrobatie*, «id.», do gr. *akróbatos*, «o que anda nas pontas dos pés»)

acrobata *n.2g.* 1 pessoa que executa exercícios arriscados de ginástica ou equilíbrio que implicam agilidade, força e destreza 2 aviador que pratica acrobacias aéreas (Do gr. *akróbatos*, «o que anda nas pontas dos pés», pelo fr. *acrobate*, «id.»)

acrobático *adj.* relativo a acrobata ou a acrobacia (Do gr. *akrobatikós*, «que serve para subir»)

acrobatismo *n.m.* 1 arte ou profissão de acrobata 2 exercício de acrobata (De *acrobata+-ismo*)

acrocianose *n.f.* MEDICINA coloração azulada ou violácea das mãos e dos pés

acrofobia *n.f.* receio patológico dos lugares muito altos (Do gr. *ákros*, «alto» +*phóbos*, «medo», pelo fr. *acrophobie*, «id.»)

acrofóbico *adj.* 1 relativo a acrofobia 2 que sofre de acrofobia (De *acrofobia+-ico*)

acrófobo *adj.,n.m.* que ou aquele que sofre de acrofobia

acrografia *n.f.* 1 arte de gravar em relevo sobre pedra ou metal recorrendo a ácidos 2 gravura reproduzida através desse processo 3 GRAMÁTICA expressão formada pelas letras iniciais de diversas palavras, sendo estas letras geralmente pronunciadas uma a uma e não com articulação silábica; sigla (De *acro-+-grafia*)

acroíte *n.f.* MINERALOGIA variedade incolor de turmalina (De *a-*, «privação» +gr. *khrōs*, «cor» +*-ite*, pelo fr. *achroïte*, «id.»)

acroleína *n.f.* QUÍMICA aldeído propénico ou aldeído acrílico, obtido da glicerina por desidratação, e que, por oxidação e polimerização, origina resinas acrílicas, que são a base de plásticos (Do lat. *acre-*, «acre» +*óle(o)+-ina*, ou do fr. *acroléine*)

acrólito *n.m.* ARQUITETURA ornamento de pedra (estátua ou alegoria) com que se remata a zona superior de um edifício ou monumento (Do gr. *ákron*, «ponta» +*líthos*, «pedra»)

acrologia *n.f.* investigação das causas primárias (Do gr. *ákron*, «ponta» +*lógos*, «tratado», +*-ia*)

acromania *n.f.* PATOLOGIA loucura completa e incurável (Do gr. *ákros*, «extremo» +*manía*, «loucura»)

acromático *adj.* 1 sem cor 2 que não distingue as cores 3 BIOLOGIA diz-se do constituinte celular que não fixa os corantes 4 ÓTICA diz-se do sistema ótico com a aberração cromática corrigida, portanto, capaz de dar, com luz branca, imagens sem irisação 5 MÚSICA ⇒ **diatónico** 6 [pouco usado] MÚSICA que tem poucas modulações; monótono (Do gr. *akhrōmatos*, «sem cor; incolor»)

acromatina *n.f.* BIOLOGIA parte da substância do núcleo celular sobre a qual os corantes nucleares não têm ação (Do gr. *akhrōmatos*, «sem cor», pelo fr. *achromatine*, «id.»)

acromatismo *n.m.* 1 ÓTICA propriedade dos sistemas óticos que não apresentam aberração cromática 2 BIOLOGIA falta de coloração (Do gr. *akhrōmatismós*, «ação de colorir», pelo fr. *achromatisme*, «id.»)

acromatização *n.f.* ato de tornar um meio ótico acromático

acromatizar *v.tr.* tornar (meio ótico) acromático (Do gr. *akhrōmatos*, «sem cor; incolor», pelo fr. *achromatiser*, «id.»)

acromatopsia *n.f.* MEDICINA incapacidade, congénita ou adquirida, de distinguir as cores (Do gr. *akhrōmatos*, «sem cor» +*ópsis*, «visão», pelo fr. *achromatopsie*, «id.»)

acromegalia *n.f.* MEDICINA doença que ocorre, por vezes, nos adultos, originada pelo funcionamento anormal da hipófise e caracterizada pela hipertrofia das extremidades do corpo, sobretudo das

mãos, dos pés e da face (Do gr. ákros, «extremo» +mégalos, «grande» +-ia, ou do fr. acromégalie, «id.»)
acromegalismo n.m. ⇒ **acromegalia**
acromia n.f. MEDICINA descoloração da pele (Do gr. tard. achrōmia, «falta de cor», pelo fr. achromie, «id.»)
acromial adj.2g. pertencente ou relativo ao acrómio (De acrómio+-al)
acrómico adj. ⇒ **acromo** (De acromo+-ico)
acrómio n.m. ANATOMIA saliência terminal, distal, da espinha da omoplata (Do gr. akrōmion, «ponta da espádua»)
acromo /ô/ adj. que não tem cor (Do gr. akhrōmos, «sem cor; que não cora», pelo fr. achrome, «id.»)
acronia n.f. LINGUÍSTICA estudo dos fenómenos linguísticos sem ter em conta o fator tempo
acrónico[1] adj. 1 relativo à tarde; vespertino 2 ASTRONOMIA diz-se do astro que aparece em lugar oposto ao do Sol, quando este se põe (Do gr. akrónykhos, «que aparece ao cair da noite», pelo lat. tard. acronŷchu-, «id.»)
acrónico[2] adj. 1 não afetado pelo tempo; atemporal 2 que ocorre fora do tempo próprio (De a-+crónico)
acronímia n.f. LINGUÍSTICA processo de formação de acrónimos (Do gr. ákros, «extremo»+ónyma, «nome»+-ia)
acrónimo n.m. LINGUÍSTICA palavra formada a partir de uma combinação de letras ou sílabas de um grupo de palavras, e que não se pronuncia letra a letra, mas sim como uma palavra só (ONU, SIDA) (Do gr. ákron, «extremidade» +ónyma, «nome»)
acropétalo adj. BOTÂNICA que cresce de baixo para cima ou da base para o ápice; basífugo; acrópeto
acrópeto adj. BOTÂNICA que cresce de baixo para cima
acrópole n.f. parte mais elevada e fortificada das antigas cidades gregas (Do gr. akrópolis, «cidadela; fortaleza», pelo lat. tard. acropŏle-, «id.»)
acrosofia n.f. sabedoria divina (Do gr. ákros, «extremo» +sophía, «sabedoria»)
acrossoma /ô/ n.m. CITOLOGIA saliência anterior da cabeça do espermatozoide de alguns animais, que perfura o óvulo; perfurador (Do gr. akrón, «extremo» +sōma, «corpo»)
acróstico n.m. composição poética em que as letras iniciais, médias ou finais dos versos formam nomes, quando lidas na vertical (Do gr. akrostikhís, «id.»)
acrostólio n.m. ornato com que os antigos enfeitavam a proa dos navios (Do gr. akrostólion, «extremidade da proa de um navio»)
acrotério n.m. ARQUITETURA pequeno pedestal colocado na parte mais alta de um edifício, que serve de suporte a estátuas ou outros ornamentos (Do gr. akrotérion, «parte superior», pelo lat. acroterĭu-, «id.»)
acrotismo n.m. 1 MEDICINA falta de pulsação 2 FILOSOFIA investigação das primeiras e últimas causas (Do gr. a-, «sem» +krótos, «ruído» + -ismo)
acta ver nova grafia ata[1]
actina n.f. BIOQUÍMICA proteína existente nas fibras musculares e que é, juntamente com a miosina, essencial para a contração dos músculos
actínia n.f. ZOOLOGIA animal marinho cujo corpo tem uma consistência mole e se assemelha à flor da anémona; anémona-do-mar ■ n.f.pl. ZOOLOGIA celenterados cifozoários geralmente sedentários, de consistência mole, com tentáculos munidos de órgãos urticantes (Do gr. aktís, -īnos, «raio» +-ia)
actínico adj. ZOOLOGIA relativo à actínia; *luz actínica* FÍSICA luz de comprimento de onda capaz de produzir efeito fotográfico; *raios actínicos* FÍSICA parte da radiação solar rica em raios ultravioleta (De actínia+-ico)
actinídeo[1] adj. ZOOLOGIA relativo ou pertencente aos actinídeos ■ n.m. ZOOLOGIA espécime dos actinídeos ■ n.m.pl. ZOOLOGIA grupo de celenterados cifozoários a que pertence a actínia (De actínia+-ídeo)
actinídeo[2] n.m. QUÍMICA cada um dos elementos químicos com número atómico de 89 a 103, o primeiro dos quais é o actínio e o último o laurêncio (De actínio+-ídeo)
actínio n.m. QUÍMICA elemento radioativo com o número atómico 89 e o símbolo Ac (Do gr. aktís, -īnos, «raio; radiação»)
actinógrafo n.m. METEOROLOGIA aparelho usado para registar a intensidade da radiação solar (Do gr. aktís, -īnos, «raio» +gráphein, «escrever; registar»)
actinolite n.f. MINERALOGIA anfíbola rica em cálcio e ferro, de cor verde-clara ou verde-cinza, que cristaliza no sistema monoclínico e se apresenta em cristais prismáticos, desordenados e fibrosos (Do gr. aktís, -īnos, «raio» +líthos, «pedra»)

actinometria n.f. FÍSICA medição da energia da radiação solar (Do gr. aktís, -īnos, «raio» +métron, «medida» +-ia)
actinómetro n.m. METEOROLOGIA instrumento que serve para medir a intensidade da radiação solar (Do gr. aktís, -īnos, «raio» +métron, «medida»)
actinomorfo adj. BIOLOGIA (animal, planta, flor) que tem simetria radiada ■ n.m.pl. ZOOLOGIA grupo de animais invertebrados, com simetria radiada (Do gr. aktís, -īnos, «raio» +morphé, «forma»)
actinopterígio adj. ICTIOLOGIA pertencente ou relativo aos actinopterígios ■ n.m. ICTIOLOGIA espécime dos actinopterígios ■ n.m.pl. ICTIOLOGIA classe de peixes de esqueleto ósseo (Do gr. aktís, -īnos, «raio» +ptéryx, ptérygos, «barbatana», pelo fr. actinoptérygiens, «id.»)
actinoscopia n.f. MEDICINA observação de tecidos ou órgãos, por transparência, utilizando um fundo luminoso (Do gr. aktís, -īnos, «raio» +skopeîn, «ver» +-ia)
actinoterapia n.f. MEDICINA método de tratamento que utiliza radiações luminosas (raios X, raios ultravioleta, etc.) (Do gr. aktís, -īnos, «raio» +therapeía, «tratamento»)
actinoto n.m. MINERALOGIA variedade de anfíbola de cor verde, rica em ferro (Do gr. aktinotós, «radiado»)
actinozoário adj. ZOOLOGIA pertencente ou relativo aos actinozoários ■ n.m. ZOOLOGIA espécime dos actinozoários ■ n.m.pl. ZOOLOGIA subclasse de celenterados cifozoários que conservam a forma de pólipo durante toda a vida (Do gr. aktís, aktínos, «raio» +zōon, «animal» +-ário)
activa ver nova grafia ativa
activação ver nova grafia ativação
activador ver nova grafia ativador
activante ver nova grafia ativante
activar ver nova grafia ativar
actividade ver nova grafia atividade
activismo ver nova grafia ativismo
activista ver nova grafia ativista
activo ver nova grafia ativo
acto ver nova grafia ato
actor ver nova grafia ator
actriz ver nova grafia atriz
actuação ver nova grafia atuação
actual ver nova grafia atual
actualidade ver nova grafia atualidade
actualismo ver nova grafia atualismo
actualista ver nova grafia atualista
actualização ver nova grafia atualização
actualizar ver nova grafia atualizar
actualmente ver nova grafia atualmente
actuante ver nova grafia atuante
actuar ver nova grafia atuar[1]
actuarial ver nova grafia atuarial
actuário ver nova grafia atuário
actuoso ver nova grafia atuoso
-açu sufixo nominal, de origem tupi, que exprime a ideia de *grande* (uauaçu, ubá-açu)
acuamento n.m. ação ou efeito de acuar (De acuar+-mento)
acuar v.intr. 1 baixar o corpo próximo ao chão (o animal), normalmente para dar um salto 2 baixar-se (o animal) sobre as patas traseiras, como forma de defesa ou para atacar 3 parar e não querer andar (o animal de carga) 4 ir para trás; recuar 5 [fig.] ficar imóvel 6 [fig.] desistir; esmorecer ■ v.tr. perseguir (a caça, o inimigo) até os levar a um local de onde não podem fugir; encurralar (De a-+cu+-ar, ou do lat. *aculāre, de culu-, «ânus»)
acúbito n.m. HISTÓRIA leito ou sofá em que os Romanos se recostavam durante as refeições, em volta da mesa (Do lat. tard. accubĭtu-, «cadeira-leito»)
açúcar n.m. 1 substância doce extraída de várias plantas, especialmente a cana-sacarina e a beterraba, composta essencialmente por sacarose e usada como adoçante 2 BIOQUÍMICA qualquer grupo de hidratos de carbono solúvel na água, de peso molecular baixo e com um sabor característico 3 [fig.] suavidade; doçura 4 [fig.] manha; *~ residual* parte de açúcar que se mantém no vinho depois de feito, por não ter sido transformado em álcool durante o processo de fermentação (Do ár. as-sukkar, «açúcar»)
açucarar v.tr. 1 deitar açúcar em; adoçar 2 [fig.] suavizar; abrandar 3 [fig.] tornar meigo (De açúcar+-ar)
açúcar-de-madeira ver nova grafia açúcar de madeira
açúcar de madeira n.m. ⇒ **xilose**
açucareiro adj. 1 relativo a açúcar ou ao seu fabrico 2 que produz açúcar ■ n.m. 1 recipiente em que se serve o açúcar 2 fabricante ou vendedor de açúcar (De açúcar+-eiro)

açucena /ê/ *n.f.* 1 BOTÂNICA planta bolbosa da família das Liliáceas, de flores brancas e perfumadas, também conhecida por bordão-de-são-josé, cecém e lírio-branco 2 flor desta planta 3 [fig.] pureza; inocência (Do ár. *as-sūsānâ*, «lírio»)

açucena-d'água *n.f.* BOTÂNICA planta herbácea ornamental, da família das Amarilidáceas, nativa do Brasil

açucenal *n.m.* plantação de açucenas (De *açucena+-al*)

acuchilar *v.tr.* esfaquear (Do cast. *acuchillar*)

acucular *v.tr.* [pop.] ⇒ **acogular** (De *a-+cuculo+-ar*)

açudada *n.f.* 1 volume de água represada em açude 2 grande quantidade de água (Part. pass. fem. subst. de *açudar*)

açudar *v.tr.* represar (água) em açude (De *açude+-ar*)

açude *n.m.* construção feita em rio ou levada para represar a água destinada a moinhos, regas ou ao abastecimento de populações (Do ár. *as-sudd*, «represa de água»)

acudir *v.tr.,intr.* 1 ir em socorro de alguém; ajudar; socorrer 2 atender rapidamente (a pedido, ordem, convite) 3 ir rapidamente a um determinado lugar 4 replicar; retorquir ■ *v.tr.* tomar o partido de; tomar a defesa de (Do lat. **accutĕre*)

acufeno *n.m.* MEDICINA sensação auditiva anormal que não é originada por um som exterior (De *acu(o)-+-feno*)

acuidade *n.f.* 1 qualidade do que é agudo 2 agudeza; perspicácia 3 intensidade 4 importância; relevância; **~ *sensorial*** poder de discriminação dos sentidos; **~ *visual*** ÓTICA poder do olho para distinguir um deslocamento entre duas secções de uma risca colocadas no mesmo plano perpendicular ao eixo visual (Do lat. med. *acuitāte-*, «agudeza»)

açulador *adj.,n.m.* 1 que ou o que açula 2 instigador 3 provocador (De *açular+-dor*)

açulamento *n.m.* ação ou efeito de açular (De *açular+-mento*)

açular *v.tr.* 1 incitar (um cão) a morder 2 [fig.] estimular; instigar 3 [fig.] provocar (De orig. onom.)

aculear *v.tr.* 1 armar de acúleo ou aguilhão 2 picar ou ferir com aguilhão; aguilhoar (De *acúleo+-ar*)

aculeiforme *adj.2g.* 1 semelhante a acúleo 2 em forma de aguilhão (Do fr. *aculéiforme*, «id.»)

acúleo *n.m.* 1 BOTÂNICA prolongamento pontiagudo e rígido que se desenvolve na casca de certas plantas, como a silva ou a roseira, e se arranca facilmente; pico 2 ferrão dos insetos; aguilhão 3 ponta aguçada; pua 4 [fig.] estímulo (Do lat. *aculĕu-*, «aguilhão»)

aculturação *n.f.* 1 ANTROPOLOGIA conjunto de fenómenos que leva um grupo humano, em contacto contínuo com outro grupo humano de cultura diferente, a adotar os valores culturais desse outro grupo 2 SOCIOLOGIA adaptação de um indivíduo a uma cultura estrangeira, com a qual está em contacto permanente (Do ing. *acculturation*, pelo fr. *acculturation*, «id.»)

aculturar *v.tr.* SOCIOLOGIA promover a aculturação de (indivíduo ou grupo social) ■ *v.pron.* 1 ANTROPOLOGIA adaptar-se (um grupo humano) aos valores culturais de outro grupo, com o qual está em contacto direto e contínuo 2 SOCIOLOGIA adotar uma cultura estrangeira como consequência do contacto direto e prolongado com essa cultura (Do fr. *acculturer*, «id.»)

acume *n.m.* 1 ponta aguda 2 cume 3 [fig.] perspicácia; argúcia (Do lat. *acumĭne-*, «ponta; agudeza»)

acúmen *n.m.* ⇒ **acume**

acumetria *n.f.* avaliação da capacidade auditiva, com utilização de um acúmetro (De *acúmetro+-ia*)

acumétrico *adj.* relativo à acumetria (De *acumetria+-ico*)

acúmetro *n.m.* instrumento destinado a medir a capacidade auditiva (Do gr. *akoúein*, «ouvir» +*métron*, «medida»)

acuminado *adj.* 1 pontiagudo; aguçado 2 (folha, pena, asa) comprido e terminado em ponta (Do lat. *acumĭnātu-*, «id.»)

acuminar *v.tr.* 1 pôr no cume 2 aguçar 3 aguçar a ponta de (De lat. *acumĭnāre*, «aguçar»)

acumulação *n.f.* 1 ato ou efeito de acumular; aglomeração; amontoação 2 conjunto de coisas ou pessoas juntas, reunidas 3 reunião; concentração 4 cúmulo 5 exercício de diversos cargos ou funções pela mesma pessoa 6 cargo ou função que se acumula (Do lat. *accumulatiōne-*, «id.»)

acumulador *adj.,n.m.* que ou o que acumula ■ *n.m.* FÍSICA dispositivo de funcionamento eletrolítico que transforma energia elétrica em energia química (fase de carga) para a restituir parcialmente sob forma elétrica (fase de descarga) (Do fr. *accumulateur*, «id.»)

acumulamento *n.m.* ⇒ **acumulação** (De *acumular+-mento*)

acumular *v.tr.* 1 fazer cúmulo de; amontoar; juntar 2 armazenar; conservar 3 amealhar 4 ocupar simultaneamente (funções, cargos) (Do lat. *accumulāre*, «pôr em monte»)

acumulativo *adj.* que se acumula; que se junta ao que já existia (De *acumular+-tivo*)

acumulável *adj.2g.* que se pode acumular (De *acumular+-vel*)

acúmulo *n.m.* ato ou efeito de acumular; acumulação (Deriv. regr. de *acumular*)

acunhar *v.tr.* 1 apertar com cunhas 2 cunhar (De *a-+cunha+-ar*)

acunhear *v.tr.* dar forma de cunha a (De *a-+cunha+-ear*)

acuo *n.m.* ⇒ **acuamento** (Deriv. regr. de *acuar*)

acupremir *v.tr.* fazer a acupressão de (Do lat. *acu-*, «agulha» +*premĕre*, «premir»)

acupressão *n.f.* 1 MEDICINA antigo método de estancar hemorragias por compressão dos vasos rompidos 2 técnica utilizada pela medicina tradicional chinesa, que consiste em fazer pressão manual sobre pontos específicos do corpo ao longo dos meridianos (linhas de energia) (Do lat. *acu-*, «agulha»+port. *pressão*)

acupressura *n.f.* ⇒ **acupressão** (Do ing. *acupressure*, «id.»)

acupunctor *n.m.* especialista em acupunctura (De *acupunct(urar)+-or*) ACORDO ORTOGRÁFICO também se pode escrever **acupuntor**

acupunctura *n.f.* método, originário da China, de tratamento de doenças e alívio de dores, que consiste em introduzir agulhas muito finas em pontos precisos do corpo do paciente (Do lat. *acu-*, «agulha» +*punctūra-*, «picada») ACORDO ORTOGRÁFICO também se pode escrever **acupuntura**

acupuncturação *n.f.* 1 ato ou efeito de acupuncturar 2 acupuncta (De *acupuncturar+-ção*) ACORDO ORTOGRÁFICO também se pode escrever **acupunturação**

acupunctural *adj.2g.* relativo a acupuncta (De *acupunctura+-al*) ACORDO ORTOGRÁFICO também se pode escrever **acupuntural**

acupuncturar *v.tr.* 1 fazer ou praticar acupuncta em 2 tratar por meio de acupuncta (De *acupunctura+-ar*) ACORDO ORTOGRÁFICO também se pode escrever **acupunturar**

acupuntor a grafia mais usada é **acupunctor**

acupuntura a grafia mais usada é **acupunctura**

acupunturação a grafia mais usada é **acupuncturação**

acupuntural a grafia mais usada é **acupunctural**

acupunturar a grafia mais usada é **acupuncturar**

acurácia *n.f.* 1 [Brasil] MATEMÁTICA exatidão de uma tabela ou operação 2 [Brasil] FÍSICA proximidade entre um valor que se obtém experimentalmente e o valor real ao medir uma grandeza física

acurar *v.tr.* 1 tratar com cuidado ou com atenção 2 apurar; aperfeiçoar (Do lat. *accurāre*, «cuidar de»)

acurralar *v.tr.* meter em curral; encurralar (De *a-+curral+-ar*)

acurvamento *n.m.* 1 ato ou efeito de acurvar 2 [fig.] prostração; abatimento (De *acurvar+-mento*)

acurvar *v.tr.,intr.,pron.* 1 curvar(-se) com o peso 2 [fig.] submeter(-se) (De *a-+curvar*)

acurvilhar *v.intr.* 1 ajoelhar-se (a cavalgadura), por ter os curvilhões muito fracos 2 ajoelhar-se (De *a-+curvilhão+-ar*)

acusação *n.f.* 1 ato ou efeito de acusar 2 atribuição de falta ou crime a; incriminação 3 denúncia 4 censura 5 confissão espontânea 6 DIREITO fase processual em direito penal em que se atribuiu a alguém a prática de um ou mais crimes 7 DIREITO parte que acusa outra (Do lat. *accusatiōne-*, «ato de acusar»)

acusa-cristos *adj.inv.,n.2g.2n.* [pop.] que ou pessoa que costuma fazer acusações; delator (De *acusar+Cristo*)

acusado *adj.* que sofreu acusação; incriminado ■ *n.m.* 1 pessoa a quem se atribui a culpa de alguma coisa 2 DIREITO pessoa que, em direito penal, foi alvo de acusação (Part. pass. subst. de *acusar*)

acusador *adj.,n.m.* que ou pessoa que acusa ou incrimina; denunciante ■ *n.m.* DIREITO pessoa que procura demonstrar a um tribunal a responsabilidade de alguém num crime (Do lat. *accusatōre-*, «id.»)

acusa-pilatos *adj.inv.,n.2g.2n.* ⇒ **acusa-cristos** (De *acusar+Pilatos*)

acusar *v.tr.* 1 culpar; incriminar 2 denunciar; delatar 3 arguir; increpar 4 declarar 5 revelar; mostrar 6 comunicar (receção de correspondência); notificar ■ *v.pron.* 1 denunciar-se 2 culpar-se; **~ *quarenta*** [pop.] não prestar (Do lat. *accusāre*, «pôr em causa; queixar-se de»)

acusativo *adj.* 1 em que há acusação; acusatório 2 que serve para acusar 3 relativo à acusação ■ *n.m.* 1 GRAMÁTICA nas línguas que têm declinação, caso que exprime a função de complemento direto ou de certos complementos regidos ou não por preposição 2 LINGUÍSTICA forma dos pronomes pessoais quando desempenham a função sintática de complemento direto (Do lat. *accusatīvu-*, «id.»)

acusatório *adj.* que envolve acusação; acusativo (Do lat. *accusatoriŭ-*, «id.»)

acusável *adj.2g.* que pode ou merece ser acusado (Do lat. *accusabĭle-*, «id.»)

acusia *n.f.* MEDICINA abolição das sensações acústicas produzida por alterações do ouvido, do nervo acústico ou dos centros nervosos (Do gr. *ákousis*, «audição» +*-ia*)

acusma *n.m.* MEDICINA alucinação auditiva em que se ouvem sons de vozes ou de instrumentos (Do gr. *ákousma, -atos*, «rumor; o que se ouve»)

acusmático *adj.* 1 que diz respeito a acusma 2 que padece de acusma (Do gr. *ákousma, -atos*, «o que se ouve» +*-ico*)

acústica *n.f.* 1 FÍSICA ciência do som, que trata essencialmente do estudo da produção, comportamento e receção, quer objetiva quer subjetiva, de todos os tipos de ondas e vibrações elásticas em qualquer meio 2 conjunto dos fenómenos de reflexão e absorção sonoras que favorecem ou prejudicam a boa audição num lugar determinado (Do gr. *akoustiké*, fem. de *akoustikós*, «relativo ao ouvido»)

acústico *adj.* 1 relativo ao ouvido ou à audição 2 relativo ao som 3 diz-se de instrumento cujo som não é eletricamente amplificado 4 diz-se da música que usa instrumentos cujo som não é eletricamente amplificado; *filtro ~* FÍSICA dispositivo que filtra ou atenua certas frequências inicialmente presentes numa onda sonora (Do gr. *akoustikós*, «relativo ao ouvido»)

acuta *n.f.* instrumento para medir ângulos; esquadria (Do lat. *acūta-*, «aguda; pontiaguda»)

acutância *n.f.* ÓTICA capacidade de uma lente de produzir contornos claros

acutangular *adj.2g.* GEOMETRIA que forma ângulo agudo (De *acutângul*+*-ar*)

acutângulo *adj.* GEOMETRIA que tem os ângulos todos agudos (Do lat. *acūtu-*, «agudo» +*angŭlu-*, «ângulo»)

acutelado *adj.* que tem forma de cutelo (De *a-*+*cutelo*+*-ado*)

acutenáculo *n.m.* instrumento cirúrgico que segura as agulhas ao fazer certas suturas (Do lat. *acu-*, «agulha» +*tenacŭlu-*, «segurança»)

acuti- elemento de formação de palavras que exprime a ideia de *agudo* (Do lat. *acūtu-*, «agudo»)

acuticaude *adj.2g.* ZOOLOGIA que tem a cauda pontiaguda (De *acuti-*+*-caude*)

acuticórneo *adj.* ZOOLOGIA que tem as antenas ou os cornos pontiagudos (De *acuti*+*córneo*)

acutifoliado *adj.* ⇒ **acutifólio** (De *acuti-*+*foliado*)

acutifólio *adj.* BOTÂNICA de folhas pontiagudas (De *acuti-*+*-fólio*)

acutiladiço *adj.* que é frequentemente acutilado (De *acutilar*+*-diço*)

acutilador *adj.,n.m.* 1 que ou o que acutila 2 brigão (De *acutilar*+*-dor*)

acutilamento *n.m.* ato ou efeito de acutilar (De *acutilar*+*-mento*)

acutilância *n.f.* qualidade do que é acutilante, penetrante (De *acutilar*+*-ância*)

acutilante *adj.2g.* 1 que acutila; que fere 2 agudo; incisivo; penetrante (De *acutilar*+*-ante*)

acutilar *v.tr.* 1 ferir com cutiladas; golpear 2 maltratar 3 brigar com (Por **acutelar*, de *cutelo*)

acutilingue *adj.2g.* ZOOLOGIA que tem a língua pontiaguda (De *acuti-*+*-lingue*)

acutilíngue *adj.2g.* ⇒ **acutilingue**

acutirrostro /ô/ *adj.* ZOOLOGIA com a parte anterior da cabeça prolongada em bico (De *acuti-*+*-rostro*)

ad- prefixo que exprime a ideia de *movimento, direção, junção*, etc., e que se separa por hífen do elemento seguinte quando este começa por *r* e não se liga foneticamente ao elemento anterior, como em *ad-rogar*; *a-* (Do lat. *ad*, «id.»)

-ada¹ (tónico) sufixo nominal, de origem latina, que exprime as ideias de *conjunto, medida, ação, ferimento, preparado alimentar*, etc. (*papelada; colherada; bordoada; palhaçada*)

-ada² (átono) sufixo nominal, de origem grega, que exprime a ideia de *filiação, descendência* (*lusíada*)

adactilia *n.f.* TERATOLOGIA ausência congénita de dedos (Do gr. *a-*, «sem» +*dáktylos*, «dedo» +*-ia*)

adáctilo *adj.,n.m.* TERATOLOGIA que ou o que nasceu sem dedos (Do gr. *a-*, «sem» +*dáktylos*, «dedo»)

adaga *n.f.* arma branca, de lâmina curta e larga, com dois gumes (Do lat. **daca-*, «punhal»)

adagada *n.f.* golpe de adaga (De *adaga*+*-ada*)

adagial¹ *adj.2g.* relativo a adágio (provérbio) (De *adágio*, «provérbio» +*-al*)

adagial² *adj.2g.* MÚSICA que tem o andamento chamado adágio (De *adágio*, «andamento» +*-al*)

adagiar *v.intr.* proferir adágios (máximas) (De *adágio*+*-ar*)

adagiário *n.m.* coleção de adágios (provérbios) (De *adágio*+*-ário*)

adágio¹ *n.m.* dito popular breve que encerra um pensamento moral; provérbio; aforismo; ditado; anexim; rifão (Do lat. *adagĭu-*, «id.»)

adágio² *n.m.* 1 MÚSICA andamento lento 2 MÚSICA trecho musical executado neste andamento (Do it. *adagio*, «devagar»)

adague *n.m.* 1 [regionalismo] pilha de madeira 2 [regionalismo] camada de telha que se põe no forno para cozer 3 [regionalismo] fila de videiras numa vinha (De orig. obsc.)

adagueiro *n.m.* 1 indivíduo armado de adaga 2 fabricante de adagas 3 veado novo com as pontas aguçadas em forma de adaga (De *adaga*+*-eiro*)

adaião *n.m.* [ant.] deão (Var. de *deão*)

adail *n.m.* 1 [ant.] chefe ou guia de soldados 2 [ant.] cabo de guerra; caudilho 3 [fig.] o que guia; chefe 4 [fig.] defensor de causa ou movimento (Do ár. *ad-dalil*, «guia; condutor»)

adamado *adj.* 1 efeminado 2 (vinho) com baixa graduação alcoólica e de sabor adocicado (Part. pass. de *adamar*)

adamantino *adj.* 1 de diamante; como diamante 2 muito rijo 3 MINERALOGIA diz-se do brilho semelhante ao do diamante 4 relativo ao esmalte dos dentes 5 [fig.] constante; firme; puro; íntegro (Do gr. *adamántinos*, «de aço; duríssimo», pelo lat. *adamantīnu-*, «id.»)

adamar *v.tr.* 1 efeminar 2 tornar fraco; tornar suave (vinho) ■ *v.pron.* 1 efeminar-se 2 arranjar-se com cuidados considerados femininos (De *a-*+*dama*+*-ar*)

adamascado *adj.* (tecido, fruto) parecido com damasco (Part. pass. de *adamascar*)

adamascar *v.tr.* 1 tornar adamascado 2 dar cor ou gosto de damasco a (De *a-*+*damasco*+*-ar*)

adamastor *n.m.* pessoa ou coisa muito grande (Do lat. *Adamastor*, «Adamastor»)

adamastoriano *adj.* gigantesco; colossal (De *Adamastor*+*-iano*)

adamelito *n.m.* PETROLOGIA tipo de granito rico em plagioclase (De *Adamelo*, top., maciço dos Alpes de Trentino +*-ito*)

adâmico *adj.* 1 que diz respeito a Adão 2 primitivo (Do fr. *adamique*, «id.»)

adamita *n.2g.* adepto de uma seita religiosa (séculos II-III) cujos membros compareciam nus nas assembleias, a recordar o estado de inocência inicial de Adão (Do lat. med. *Adamītas*, «id.»)

adamítico *adj.* dos tempos primitivos (De *adamita*+*-ico*)

adansónia *n.f.* BOTÂNICA árvore tropical, da família das Bombacáceas, de flores pendentes e caule muito grosso (Do fr. *adansonia*, «id.», de *M. Adanson*, bot. fr., 1727-1806)

adaptabilidade *n.f.* 1 qualidade de adaptável 2 capacidade de adaptação (Do lat. **adaptabĭle-*, «adaptável» +*-i-*+*-dade*)

adaptação *n.f.* 1 ato ou efeito de adaptar(-se) 2 BIOLOGIA conjunto das modificações através das quais um ser se ajusta às condições do meio ambiente; acomodação 3 utilização de um objeto para um fim diferente daquele a que se destinava originalmente 4 série de transformações realizadas numa obra de forma a adequá-la a um público diferente ou a transpô-la para o cinema, a televisão, o teatro, etc. 5 MÚSICA arranjo feito numa composição para um fim diferente do original; *~ do olho* FISIOLOGIA processo fisiológico pelo qual o olho ajusta a sua sensibilidade para diferentes níveis de iluminação (De *adaptar*+*-ção*)

adaptador *adj.* que adapta ■ *n.m.* 1 ELETRICIDADE, MECÂNICA dispositivo que serve para ligar peças de uma máquina, de um aparelho ou de um instrumento 2 INFORMÁTICA dispositivo que permite interligar equipamentos entre os quais é impossível estabelecer uma ligação direta 3 pessoa que adapta uma obra para o cinema, o teatro, a televisão, etc. (De *adaptar*+*-dor*)

adaptar *v.tr.* 1 ajustar (uma coisa a outra); adequar; apropriar 2 alterar (obra) de forma a adequá-la a um público diferente ou a transpô-la para o cinema, a televisão, o teatro, etc. ■ *v.pron.* 1 ajustar-se; adequar-se 2 integrar-se; ambientar-se 3 tornar-se apto (Do lat. *adaptāre*, «id.»)

adaptável *adj.2g.* que se pode adaptar (Do lat. **adaptabĭle-*, «id.»)

adaptómetro *n.m.* aparelho para medir o curso de adaptação do olho (De *adaptar*+*-metro*)

adarga *n.f.* 1 escudo de couro de forma oval 2 [fig.] defesa; proteção (Do ár. *ad-darghâ*, «escudo de coiro»)

adargueiro *n.m.* o que fabrica ou traz adarga(s) (De *adarga*+*-eiro*)

adarme *n.m.* 1 unidade de peso antiga, equivalente a cerca de dois gramas 2 calibre de arma de fogo (Do ár. ocid. *ad-darham*, «dracma; oitava parte da onça»)

adarvar *v.tr.* fortificar com adarves (De *adarve*+*-ar*)

adarve *n.m.* 1 passeio estreito ao longo da parte superior das muralhas de uma fortaleza 2 muralha de fortaleza (Do ár. *ad-darb*, «caminho»)
adastra *n.f.* 1 instrumento de ourivesaria para corrigir os aros dos anéis 2 bigorna de estender folha (De orig. obsc.)
adastragem *n.f.* ato ou efeito de adastrar (De *adastrar*+*-agem*)
adastrar *v.tr.* aperfeiçoar ou endireitar na adastra (De *adastra*+*-ar*)
adaxial *adj.2g.* BOTÂNICA relativo às escamas superiores seminíferas das coníferas
adedentro *adv.* [ant.] interiormente (De *a-*+*de*+*dentro*)
adega *n.f.* parte de uma casa, geralmente subterrânea, onde se guarda vinho, azeite e outras provisões (Do gr. *apothéke*, «depósito; armazém», pelo lat. *apothēca-*, «id.»)
adegar *v.tr.* 1 guardar em adega 2 beber de mais (De *adega*+*-ar*)
-ádego sufixo nominal, de origem latina, que exprime a ideia de ação ou estado (*achádego*; *maninhádego*)
adegueiro *n.m.* indivíduo que cuida da adega (De *adega*+*-eiro*)
adei *interj.* [regionalismo] usada para solicitar que algo seja mais bem esclarecido
adejar *v.intr.* bater as asas para se manter no ar; esvoaçar; voejar (Do lat. **anatidiāre*)
adejo /ê/ *n.m.* 1 ato de adejar 2 voo (Deriv. regr. de *adejar*)
adeleiro *n.m.* indivíduo que vende objetos usados; adelo (De *adelo*+*-eiro*)
adelfa *n.f.* BOTÂNICA arbusto da família das Ericáceas, espontâneo no Algarve, onde também é conhecido por loendro (Do gr. *dáphne*, pelo ár. *ad-deflâ* ou *ad-daflâ*, «loendro»)
adelfal *n.m.* plantação de adelfas (De *adelfa*+*-al*)
adelfeira *n.f.* ⇒ **adelfa** (De *adelfa*+*-eira*)
adelfia *n.f.* BOTÂNICA união dos estames pelos respetivos filetes (Do gr. *adelphía*, «fraternidade»)
adelfo *adj.* 1 BOTÂNICA em que há adelfia 2 BOTÂNICA diz-se dos estames quando estão ligados entre si pelos filetes, constituindo um ou mais grupos ■ *n.m.* irmão (Do gr. *adelphós*, «irmão»)
adelfogamia *n.f.* cruzamento entre indivíduos da mesma ninhada ou do mesmo parto (Do gr. *adélphos*, «irmão»+*gámos*, «casamento; união»+*-ia*)
adelgaçador *adj.,n.m.* 1 que ou o que adelgaça 2 afiador (De *adelgaçar*+*-dor*)
adelgaçamento *n.m.* ato ou efeito de adelgaçar(-se) (De *adelgaçar*+*-mento*)
adelgaçante *adj.2g.* 1 que torna mais magro 2 que torna mais fino ■ *n.m.* (creme, loção) produto que combate localmente os efeitos da acumulação de gordura
adelgaçar *v.tr.* 1 tornar fino ou delgado 2 desbastar 3 desengrossar ■ *v.pron.* 1 apertar-se muito; estreitar 2 emagrecer (Do lat. **delicatiāre*, de *delicātu-*, «delgado»)
adelha /ê/ *n.f.* [regionalismo] ⇒ **tremonha** (Do lat. *anaticŭla-*, «pato pequeno»)
adelhão *n.m.* [regionalismo] caleira cuja inclinação é regulada por um cordel e que conduz o cereal da adelha para o centro da mó (De *adelha*+*-ão*)
adelo *n.m.* ⇒ **adeleiro** (Do ár. *ad-dallál*, «leiloeiro»)
adem *n.m.* ORNITOLOGIA ave palmípede, robusta, da família dos Anatídeos, denominada também lavanco, mancão, pato-bravo, pato-real, pescoço-verde, tarratão, etc. (Do lat. *anăte-*, «pato»)
ademã *n.m.* [pouco usado] ⇒ **ademane** (De *ademane*)
ademais *adv.* além disso; demais (De *a-*+*demais*)
ademane *n.m.* 1 [pouco usado e mais no plural] gesto; trejeito; aceno 2 [pouco usado e mais no plural] modo ou gesto afetado (De cast. *ademán*, «id.»)
adempção *n.f.* DIREITO revogação de um legado ou de uma doação (Do lat. *ademptiōne-*, «ato de tirar»)
adenda *n.f.* acrescentamento no fim de um texto, livro ou obra; apêndice; suplemento (Do lat. *addenda* «coisas que se devem acrescentar», ger. pl. de *addĕre*, «acrescentar»)
adendo *n.m.* ⇒ **adenda** (Do lat. *addendum*, «acrescento»)
adengar *v.tr.* tornar dengue, faceiro, mimoso (De *a-*+*dengue*+*-ar*)
adenina *n.f.* BIOQUÍMICA base azotada purínica, que, em conjunto com a timina, é um dos principais componentes da molécula de ácido desoxirribonucleico (ADN) (De *adeno-*+*-ina*)
adenite *n.f.* inflamação dos gânglios linfáticos; ganglionite (De gr. *adén*, «glândula»+*-ite*)
aden(o)- elemento de formação de palavras que exprime a ideia de *glândula* (Do gr. *adén*, *-énos*,«glândula»)
adenocancro *n.m.* MEDICINA ⇒ **adenocarcinoma** (De *adeno-*+*cancro*)
adenocarcinoma *n.m.* MEDICINA cancro ou carcinoma de origem glandular que afeta, entre outros órgãos, o seio, o estômago e o intestino (De *adeno-*+*carcinoma*)
adeno-hipófise *n.f.* MEDICINA lobo anterior ou glandular da hipófise (De *adeno-*+*hipófise*)
adeno-hipofisiário *adj.* relativo a adeno-hipófise (De *adeno-hipófis(e)*+*-i-*+*ário*)
adenoide *adj.2g.* que tem forma típica de glândula ■ *n.f.pl.* formações linfoides da parte posterior das fossas nasais (amígdalas faríngeas) (De *adeno-*+*-óide*)
adenóide ver nova grafia **adenoide**
adenoidectomia *n.f.* CIRURGIA operação para ablação das adenoides (De *adenóide*+gr. *ektomé*, «amputação»+*-ia*)
adenoipófise *n.f.* MEDICINA ⇒ **adeno-hipófise** (De *aden(o)-*+*hipófise*)
adenoipofisiário *adj.* ⇒ **adeno-hipofisiário** (De *adenoipófise*+*-i-*+*ário*)
adenologia *n.f.* MEDICINA estudo das glândulas (De *adeno-*+*-logia*)
adenoma /ô/ *n.m.* MEDICINA tumor, de modo geral benigno, formado por tecido glandular (Do gr. *adén*, «glândula»+*-oma*, pelo fr. *adénome*, «id.»)
adenopatia *n.f.* MEDICINA inflamação das glândulas e dos gânglios linfáticos (Do gr. *adén*, *-énos*, «glândula» +*páthos*, «enfermidade» +*-ia*)
adenosina *n.f.* BIOQUÍMICA composto orgânico que aparece livre no pâncreas e cristaliza em agulhas finas, incolores, fusíveis e pouco solúveis na água
adenovírus *n.m.s2n.* BIOLOGIA vírus que no ser humano provoca um conjunto de doenças como a conjuntivite, a gastroenterite, a faringite e infeções agudas no aparelho respiratório (De *adeno-*+*vírus*)
adensar *v.tr.,pron.* 1 tornar(-se) mais denso ou espesso; condensar(-se) 2 acumular(-se) (Do lat. *addensāre*, «tornar-se espesso»)
adentar *v.tr.* 1 pôr dentes a (roda) 2 fazer dentes a (serra) 3 ferrar os dentes em ■ *v.intr.* começar a ter dentes (De *a-*+*dente*+*-ar*)
adentrar *v.tr.* penetrar em (De *a-*+*dentro*+*-ar*)
adentro *adv.* 1 para dentro 2 interiormente (De *a-*+*dentro*)
adepto *adj.,n.m.* 1 (ciência, corrente, religião) partidário; seguidor 2 DESPORTO admirador e apoiante de clube desportivo (Do lat. *adeptu-*, «que atingiu»)
adequabilidade *n.f.* qualidade do que é adequável ou adequado (De *adequável*+*-i-*+*-dade*)
adequação *n.f.* 1 ação ou efeito de adequar(-se) 2 conformidade 3 apropriação 4 FILOSOFIA correspondência exata entre os termos de uma relação (Do lat. tard. *adaequatiōne-*, «ato de igualar»)
adequado *adj.* 1 que se adequa 2 correto, acertado 3 adaptado 4 proporcionado 5 oportuno (Part. pass. de *adequar*)
adequar *v.tr.* 1 tornar perfeitamente correspondente 2 adaptar; ajustar 3 apropriar ■ *v.pron.* 1 adaptar-se; ajustar-se 2 sujeitar-se (Do lat. *adaequāre*, «tornar igual»)
adequável *adj.2g.* que se pode adequar; adaptável
adereçar *v.tr.* 1 adornar com adereços; enfeitar; adornar 2 compor (Do lat. **addirectiāre*, «tornar mais perfeito; alinhar»)
aderece *n.m.* ⇒ **adereço** (Deriv. regr. de *adereçar*)
aderecista *n.2g.* 1 pessoa que adereça 2 CINEMA, TEATRO, TELEVISÃO pessoa encarregada dos adereços (De *adereço*+*-ista*)
adereço *n.m.* 1 objeto de adorno 2 CINEMA, TEATRO, TELEVISÃO acessório decorativo ou de vestuário (Deriv. regr. de *adereçar*)
aderência *n.f.* 1 ato ou efeito de aderir 2 ligação de superfícies 3 adesão 4 MATEMÁTICA reunião do interior com a fronteira de um conjunto 5 MECÂNICA atrito entre os pneus e o pavimento que impede o deslizamento do veículo 6 [fig.] assentimento (Do lat. tard. *adhaerentĭa-*, «aderência»)
aderente *adj.2g.* 1 que adere ou que está ligado a; pegado 2 que é partidário de (uma ideia, um movimento); seguidor; adepto 3 que aderiu a um serviço periódico fornecido por uma empresa; assinante; associado ■ *n.2g.* 1 pessoa que assinou um contrato com uma empresa para prestação de determinado serviço periódico 2 pessoa que é partidária de (uma ideia, um movimento) (Do lat. *adhaerente-*, «aderência»)
adergar *v.tr.,intr.* [pop.] ⇒ **adregar** (De *adregar*, com met.)
aderir *v.tr.,intr.* 1 estar ou ficar ligado, unido, colado (a); pegar-se 2 ligar-se (a causa, partido, etc.); associar-se (a) 3 apoiar (Do lat. *adhaerēre*, «estar ligado a»)
adermia *n.f.* TERATOLOGIA falta ou atrofia congénita da pele (De *a-*+*derme*+*-ia*)
adernal *n.m.* lugar onde crescem adernos (De *aderno*+*-al*)
adernar *v.intr.* 1 (navio) inclinar(-se) sobre um dos lados 2 (navio) submergir-se (De orig. obsc.)

aderno n.m. 1 BOTÂNICA arbusto da família das Oleáceas, de folhas espessas cobertas de pelos sedosos, espontâneo em Portugal 2 BOTÂNICA arbusto inerme da família das Ramnáceas, também conhecido por aderno-bastardo, sandim e sanguinho-das-sebes (Do lat. *alaternu-*, «id.»)

adesão n.f. 1 ato ou efeito de aderir 2 união 3 FÍSICA força atrativa de origem molecular, entre as superfícies de corpos distintos, postas em contacto 4 concordância; aprovação 5 (causa, ideia) apoio (Do lat. *adhaesiōne-*, «adesão»)

adesividade n.f. 1 qualidade de adesivo 2 adesão 3 consentimento (De *adesivo+-i-+-dade*)

adesivo adj. 1 que adere; que cola 2 que promove adesão ■ n.m. fita revestida de substância que adere, usada para proteger feridas, fixar pensos, etc. (Do lat. **adhaesīvu-*, de *adhaesu-*, «unido», part. pass. de *adhaerēre*, «estar ligado a»)

adestrador adj.,n.m. 1 que ou o que adestra 2 treinador (De *adestrar+-dor*)

adestramento n.m. 1 ato ou efeito de adestrar(-se) 2 treino (De *adestrar+-mento*)

adestrar v.tr. 1 ensinar 2 disciplinar 3 treinar ■ v.pron. treinar-se (Do lat. **addextrāre*, «id.»)

adeus n.m. 1 gesto ou sinal de despedida e, por vezes, de cumprimento 2 despedida; separação; **~!** exclamação usada como sinal de despedida e, por vezes, como forma de saudação (Red. da expr. *encomendo-te a Deus*)

adeusar v.tr. ⇒ **endeusar** (De *a-+deus+-ar*)

adiabático adj. FÍSICA diz-se da transformação termodinâmica num sistema, durante a qual não se dão trocas de calor entre ele e o meio exterior; *desmagnetização adiabática* processo usado para a produção de temperaturas perto do zero absoluto (Do gr. *adiábatos*, «impenetrável», pelo ing. *adiabatic*, «id.»)

adiabilidade n.f. qualidade de adiável (De *adiável+-i-+-dade*)

adiado adj. transferido para mais tarde

adiafa n.f. [regionalismo] refeição que se dá aos trabalhadores no fim de um trabalho 2 gratificação (Do ár. *ad-diāfâ*, «hospitalidade; banquete»)

adiáfano adj. que não é transparente; opaco (De *a-+diáfano*)

adiaforese n.f. MEDICINA falta ou supressão de sudação (Do gr. *a-*, «sem» +*diaphorésis*, «transpiração»)

adiáforo adj. não essencial (Do gr. *adiáphoros*, «indiferente»)

adiamantado adj. 1 guarnecido com diamantes 2 que lembra o diamante (em dureza ou noutras qualidades) (Part. pass. de *adiamantar*)

adiamantar v.tr. 1 dar feitio ou aspeto de diamante a 2 guarnecer de diamantes (De *a-+diamante+-ar*)

adiamantino adj. ⇒ **adamantino** (De *a-+diamante+-ino*)

adiamento n.m. 1 ato ou efeito de adiar 2 transferência para outro dia 3 protelação; procrastinação (De *adiar+-mento*)

adiantado adj. 1 antecipado 2 avançado 3 saliente 4 situado adiante 5 [pop.] atrevido ■ n.m. [ant.] governador de província ou comarca de fronteira, com poderes militares, em Portugal e Espanha ■ adv. com antecipação; antes do tempo (Part. pass. de *adiantar*)

adiantamento n.m. 1 ato ou efeito de adiantar(-se) 2 antecipação 3 avanço; progresso 4 (dinheiro) quantia paga antes do prazo marcado 5 [fig.] aproveitamento escolar (De *adiantar+-mento*)

adiantar v.tr. 1 mover para diante; avançar 2 acelerar 3 fazer progredir; desenvolver 4 antecipar 5 emprestar (dinheiro) ■ v.intr. 1 trazer vantagem; valer a pena 2 progredir; evoluir ■ v.pron. 1 colocar-se à frente de 2 desenvolver-se 3 antecipar-se 4 precipitar-se 5 (relógio) funcionar mais depressa do que o normal 6 [fig.] atrever-se (De *adiante+-ar*)

adiante adv. 1 na frente 2 em tempo futuro 3 depois; **~!** exclamação usada para incitar, dar estímulo ou abreviar um assunto de que não se deseja falar (De *a-+diante*)

adianto[1] n.m. 1 ato ou efeito de adiantar(-se) 2 avanço (Deriv. regr. de *adiantar*)

adianto[2] n.m. ⇒ **avenca** (Do lat. *adiantu-*, «id.»)

adiar v.tr. transferir para outro dia; protelar; procrastinar; demorar; dilatar (De *a-+dia+-ar*)

adiatermia n.f. FÍSICA impenetrabilidade de um corpo ao calor (De *a-+diatermia*)

adiatérmico adj. impenetrável ao calor (De *adiatermia+-ico*)

adiável adj.2g. que pode ser adiado (De *adiar+-vel*)

adição[1] n.f. 1 ato ou efeito de juntar; acréscimo 2 MATEMÁTICA operação aritmética que tem por fim reunir num só número dois ou mais da mesma espécie, chamados parcelas; soma 3 apêndice (Do lat. *additiōne-*, «ação de juntar»)

adição[2] n.f. DIREITO aceitação (de herança) (Do lat. *addictiōne-*, «adjudicação»)

adicar v.tr.,intr. 1 [coloq.] ver 2 [coloq.] perceber 3 [coloq.] reparar em 4 [coloq.] convir 5 [coloq.] namorar 6 [coloq.] mostrar (De orig. cigana)

adicionação n.f. 1 ato ou efeito de adicionar 2 adição (De *adicionar+-ção*)

adicionador n.m. o que adiciona ou serve para adicionar (De *adicionar+-dor*)

adicional adj.2g. 1 que se junta por adição 2 complementar ■ n.m. 1 aquilo que se junta por adição 2 acréscimo (Do lat. *additiōne-*, «adição», pelo fr. *additionnel*, «adicional»)

adicionamento n.m. ⇒ **adicionação** (De *adicionar+-mento*)

adicionar v.tr. 1 acrescentar; juntar 2 MATEMÁTICA obter a soma de (parcelas); somar (Do lat. **additionāre*, «id.»)

adicionável adj.2g. que se pode adicionar (De *adicionar+-vel*)

adictício adj. que tem a qualidade de adicto (Do lat. **addictitĭu-*, de *addictu-*, «dedicado»)

adicto adj. 1 que se apega a; dedicado 2 que depende de algo; dependente ■ n.m. indivíduo dependente de uma substância química; dependente (Do lat. *addictu-*, «dedicado», part. pass. de *addicěre*, «dedicar; entregar»)

adido n.m. 1 funcionário agregado a outro, como auxiliar, ou que não pertence ao quadro dos efetivos 2 funcionário diplomático nomeado para atuar como representante de uma área específica junto de uma embaixada ■ adj. agregado; anexo; **~ cultural** funcionário que representa interesses culturais do seu país no estrangeiro; **~ militar** funcionário que representa interesses militares do seu país no estrangeiro (Part. pass. de *adir*)

adietar v.tr. pôr a dieta (De *a-+dieta+-ar*)

-ádigo ⇒ **-ádego**

adil n.m. [regionalismo] pousio (Do ár. *atíl*, «terreno inculto»)

adilar v.tr. [regionalismo] deixar (um terreno) de adil (De *adil+-ar*)

adimplemento n.m. DIREITO cumprimento de um contrato ou de uma obrigação no prazo estabelecido (De *adimplir+-mento*)

adimplente adj.,n.2g. 1 DIREITO que ou aquele que cumpre um contrato ou uma obrigação no prazo estabelecido 2 que ou aquele que tem os seus compromissos de pagamento em dia (Do lat. *adimplente-*, «id.», part. pres. de *adimplēre*, «cumprir, realizar»)

adimplir v.tr. DIREITO cumprir ou realizar (contrato, obrigação) no prazo estabelecido (Do lat. *adimplēre*, «cumprir, realizar»)

adinamia n.f. 1 MEDICINA falta de forças; debilidade 2 prostração (Do gr. *adynamía*, «impotência»)

adinâmico adj. 1 sem energia 2 prostrado (De *adinamia+-ico*)

adinheirado adj. com dinheiro; rico; endinheirado (De *a-+dinheiro+-ado*)

ádipe n.m./f. gordura animal (Do lat. *adĭpe-*, «gordura»)

ádipo n.m. ⇒ **ádipe**

adipoma n.m. ⇒ **lipoma** (Do lat. *adĭpe-*, «gordura» +*-oma*, «tumefação»)

adipose n.f. MEDICINA acumulação excessiva de gordura no corpo; obesidade (Do fr. *adipose*, «id.»)

adiposidade n.f. qualidade de adiposo; excesso de gordura (De *adiposo+-i-+-dade*)

adiposo /ô/ adj. 1 rico em gordura 2 gordo; obeso (Do lat. **adipōsu-*, «id.»)

adipsia n.f. MEDICINA ausência da sensação de sede (Do gr. *a-*, «privação» +*dípsa*, «sede» +*-ia*)

adir[1] v.tr. acrescentar; juntar; somar (Do lat. *addĕre*, «id.»)

adir[2] v.tr. DIREITO entrar na posse de (herança) (Do lat. *adire*, «ir para»)

aditamento n.m. 1 ato ou efeito de aditar 2 suplemento (Do lat. *additamentu-*, «ato de juntar»)

aditar[1] v.tr. tornar ditoso (De *a-+dita+-ar*)

aditar[2] v.tr. juntar (Do lat. *addĭtu-*, part. pass. de *addĕre*, «adicionar»)

aditar[3] v.tr. entrar (Do lat. *adĭtu-*, «entrada»)

aditício adj. 1 que resulta de uma adição; adicional 2 acrescentado a texto, obra, etc. (Do lat. tard. *additicĭu-*, «que se junta»)

aditivado adj. 1 que recebeu aditivo 2 diz-se do combustível no qual se dissolvem aditivos com o fim de garantir limpeza e proteção do sistema de alimentação (De *aditivo+-ado*)

aditivo adj. que se adiciona ■ n.m. 1 MATEMÁTICA diminuendo de uma subtração 2 artigo adicional 3 substância que se adiciona a outra para melhorar as suas qualidades; **~ alimentar** substância que se incorpora a um produto alimentar para efeitos de apresentação, conservação, intensificação de sabor, etc. (Do lat. tard. *additīvu-*, «que se junta»)

ádito[1] n.m. acrescentamento; aditamento (Do lat. *addĭtu-*, «acrescentado»)

ádito² *n.m.* 1 entrada 2 porta 3 [fig.] acesso 4 [fig.] oportunidade (Do lat. *adĭtu-*, «entrada»)

ádito³ *n.m.* 1 santuário secreto, nos templos antigos, onde só os sacerdotes podiam entrar 2 [fig.] lugar secreto 3 [fig.] segredo (Do lat. *adĭtus-*, «acrescentado»)

adival *n.m.* 1 antiga unidade de medida agrária correspondente a doze braças 2 [regionalismo] corda de carro (Do ár. *at-tiuál*, «corda»)

adivinha *n.f.* 1 coisa para adivinhar; enigma; adivinhação 2 mulher que prediz o futuro (Deriv. regr. de *adivinhar*)

adivinhação *n.f.* 1 ato ou efeito de adivinhar 2 adivinha (Do lat. *addivinatiōne-*, «arte de adivinhar»)

adivinhador *n.m.* ⇒ **adivinho** (Do lat. *addivinatōre-*)

adivinhar *v.tr.* 1 descobrir por meios sobrenaturais ou pela interpretação de sinais (o que geralmente não se pode conhecer) 2 prever (o futuro) 3 decifrar; interpretar 4 conjeturar 5 pressagiar; pressentir (Do lat. *addivināre*, «adivinhar»)

adivinho *n.m.* pessoa que supostamente prevê o futuro (Do lat. *addivīnu-*, «adivinho»)

adjacência *n.f.* 1 qualidade do que é adjacente 2 proximidade; contiguidade 3 *pl.* redondezas (Do lat. *adjacentĭa*, «regiões vizinhas», part. pres. neut. pl. de *adjacēre*, «ficar nas proximidades»)

adjacente *adj.2g.* 1 situado junto a outro 2 contíguo; próximo; **ângulos adjacentes** GEOMETRIA ângulos que têm o mesmo vértice e estão situados em oposição ao seu lado comum (Do lat. *adjacente-*, part. pres. de *adjacēre*, «ficar próximo»)

adjazer *v.intr.* estar próximo ou junto de (De *ad-+jazer*)

adjeção *n.f.* 1 acrescentamento 2 união (Do lat. *adjectiōne-*, «ato de juntar»)

adjecção ver nova grafia **adjeção**

adjectivação ver nova grafia **adjetivação**

adjectivado ver nova grafia **adjetivado**

adjectival ver nova grafia **adjetival**

adjectivalização ver nova grafia **adjetivalização**

adjectivar ver nova grafia **adjetivar**

adjectividade ver nova grafia **adjetividade**

adjectivo ver nova grafia **adjetivo**

adjetivação *n.f.* 1 ato ou efeito de adjetivar; uso de adjetivos 2 GRAMÁTICA processo que consiste em atribuir a função de adjetivo a uma palavra de outra classe gramatical (De *adjectivar+-ção*)

adjetivado *adj.* 1 acompanhado de adjetivo 2 tomado como adjetivo (Part. pass. de *adjetivar*)

adjetival *adj.2g.* relativo ou pertencente ao adjetivo (De *adjectivo+-al*)

adjetivalização *n.f.* ⇒ **adjetivação** 2

adjetivar *v.tr.* 1 acompanhar de adjetivo(s); qualificar; caracterizar 2 GRAMÁTICA empregar como adjetivo (palavra de outra categoria gramatical) 3 fazer concordar 4 ajustar; coadunar ■ *v.intr.* usar adjetivos (De *adjectivo+-ar*)

adjetividade *n.f.* qualidade ou valor de adjetivo (De *adjectivo+-i-+-dade*)

adjetivo *adj.,n.m.* GRAMÁTICA que ou palavra que qualifica, determina ou relaciona o nome, permitindo variação em género, número e grau ■ *adj.* GRAMÁTICA diz-se da oração que desempenha as funções sintáticas típicas de um adjetivo; ~ **numeral** LINGUÍSTICA o que indica o lugar de ordem ocupado por uma entidade numa sucessão ou conjunto ordenado, ocorrendo geralmente antes do nome (na gramática tradicional, corresponde ao numeral ordinal); ~ **qualificativo** GRAMÁTICA o que tipicamente expressa uma qualidade do nome (ex.: olhos *azuis*); ~ **relacional** LINGUÍSTICA o que deriva de uma base nominal, exprime os valores de posse ou agente em relação ao nome e normalmente não surge em posição pré-nominal nem varia em grau (ex.: invasão *americana*) (Do lat. tard. *adjectīvu-*, «que se junta»)

adjudicação *n.f.* 1 ação ou efeito de adjudicar 2 atribuição da execução de obra, projeto, etc., mediante concurso público; concessão 3 DIREITO alienação direta dos bens penhorados, ao credor, em seu pagamento (Do lat. tard. *adjudicatiōne-*, «ato de adjudicar»)

adjudicador *adj.,n.m.* que ou o que adjudica (De *adjudicar+-dor*)

adjudicante *adj.,n.2g.* DIREITO que ou pessoa ou entidade que adjudica algo (Do lat. *adjudicante*, »id.», part. pres. de *adjudicāre*, «adjudicar»)

adjudicar *v.tr.* 1 DIREITO entregar por sentença à posse 2 atribuir (execução de obra, projeto) por meio de concurso público 3 atribuir (Do lat. *adjudicāre*, «id.»)

adjudicatário *n.m.* pessoa a quem se adjudica alguma coisa (De *adjudicar+-tário*)

adjudicatório *adj.* que adjudica ou serve para adjudicar (De *adjudicar+-tório*)

adjudicável *adj.2g.* 1 que se pode adjudicar 2 que se pode entregar ou atribuir (De *adjudicar+-vel*)

adjunção *n.f.* 1 ato ou efeito de juntar; anexação 2 acrescentamento 3 justaposição de uma coisa a outra (Do lat. *adjunctiōne-*, «junção»)

adjungir *v.tr.* 1 juntar; associar 2 jungir; apor (Do lat. *adjungĕre*, «juntar»)

adjunto *adj.* 1 unido; junto; pegado 2 próximo; perto 3 auxiliar; assistente 4 associado; congregado ■ *n.m.* 1 pessoa agregada a outra para a auxiliar; assistente; assessor 2 pessoa que substitui outra; suplente 3 membro de uma associação ou de um clube; associado; sócio 4 [coloq.] grupo de pessoas 5 GRAMÁTICA palavra ou expressão que pode ser suprimida sem que a frase deixe de fazer sentido (Do lat. *adjunctu-*, «ligado»)

adjuração *n.f.* 1 ato ou efeito de adjurar 2 rogo; súplica 3 esconjuro 4 intimação (Do lat. *adjuratiōne-*, «juramento»)

adjurar *v.tr.* 1 invocar por juramento 2 esconjurar 3 intimar 4 confirmar (Do lat. *adjurāre*, «id.»)

adjutor *n.m.* o que ajuda; auxiliar (Do lat. *adjutōre-*, «id.»)

adjutório *adj.* que ajuda; auxiliar ■ *n.m.* 1 o que ajuda 2 assistência; auxílio 3 favor (Do lat. *adjutōriu-*, «ajuda»)

adjuvante *adj.,n.2g.* 1 que ou o que ajuda; auxiliar 2 FARMÁCIA que ou substância que facilita a absorção de um medicamento ou reforça a sua ação (Do lat. *adjuvante-*, «id.»)

adjuvar *v.tr.* ⇒ **ajudar** (Do lat. *adjuvāre*, «id.»)

adlegação *n.f.* 1 HISTÓRIA direito que os estados germânicos tinham de delegar ministros para tratar, com os do imperador, negócios de interesse comum 2 delegação especial (Do lat. *adlegatiōne-*, «delegação»)

adminicular *adj.2g.* 1 referente a adminículo 2 que serve de adminículo 3 auxiliar (De *adminículo+-ar*)

adminículo *n.m.* 1 auxílio; apoio; subsídio; arrimo 2 presunção jurídica 3 *pl.* ornatos em volta de medalhas antigas (Do lat. *adminicŭlu-*, «esteio; suporte»)

administração *n.f.* 1 ação ou efeito de administrar 2 gestão de negócios públicos ou privados; governo 3 ato de dar a tomar (medicamentos) 4 gestão (de negócio, património) 5 gerência; direção (de empresa) 6 sede de serviços administrativos 7 ação de conferir (sacramento); ~ **do Estado** administração pela qual o Estado prossegue os fins que lhe são próprios (Do lat. *administratiōne-*, «id.»)

administrador *adj.* que administra ■ *n.m.* 1 aquele que administra 2 autoridade administrativa de concelho ou bairro 3 diretor; gerente (de empresa) (Do lat. *administratōre-*, «id.»)

administrar *v.tr.* 1 dirigir (negócios) 2 governar 3 ministrar; dar a tomar (medicamento) 4 aplicar 5 conferir (sacramento) (Do lat. *administrāre*, «id.»)

administrativismo *n.m.* DIREITO conjunto de princípios ou normas que regem o direito administrativo (De *administrativo+-ismo*)

administrativista *adj.2g.* DIREITO relativo ou próprio de administrativismo ■ *adj.2g.,n.2g.* DIREITO que ou pessoa que é especialista em direito administrativo ou que o exerce profissionalmente (De *administrativo+-ista*)

administrativo *adj.* relativo à administração (Do lat. *administratīvu-*, «ativo; capaz de agir»)

admirabilidade *n.f.* qualidade do que é admirável (Do lat. *admirabilitāte-*, «qualidade de admirável»)

admiração *n.f.* 1 ação ou efeito de admirar 2 estado de quem admira 3 contemplação 4 espanto; surpresa (Do lat. *admiratiōne-*, «admiração; espanto»)

admirador *adj.,n.m.* 1 que ou pessoa que admira (algo); apreciador 2 apaixonado (Do lat. *admiratōre-*, «id.»)

admirando *adj.* digno de ser admirado; admirável (Do lat. *admirandu-*, «admirável», ger. de *admirāri*, «admirar»)

admirar *v.tr.* 1 olhar com espanto 2 contemplar com deleite 3 ter em grande conta; sentir respeito por 4 causar admiração ou estranheza a ■ *v.pron.* 1 sentir admiração, surpresa, espanto; ficar surpreendido 2 maravilhar-se (Do lat. *admirāri*, «espantar-se; admirar»)

admirativo *adj.* que envolve ou causa admiração (Do lat. tard. *admiratīvu-*, «digno de admiração»)

admirável *adj.2g.* 1 digno de admiração 2 que causa admiração 3 excelente; estupendo (Do lat. *admirabĭle-*, «id.»)

admissão *n.f.* 1 ação ou efeito de admitir 2 entrada 3 receção 4 aceitação 5 (escola, universidade) exame de entrada; ingresso (Do lat. *admissiōne-*, «id.»)

admissibilidade *n.f.* 1 qualidade ou estado do que é admissível 2 recetibilidade (Do lat. *admissibĭle-*, «admissível» +-*i*-+-*dade*)

admissível *adj.2g.* 1 que se pode admitir ou aceitar 2 crível; provável (Do lat. *admissibĭle-*, «id.»)

admitância n.f. ELETRICIDADE capacidade condutora de um circuito de corrente alternada (Do lat. *admittĕre*, «dar acesso», pelo ing. *admittance*, «id.»)
admitir v.tr. 1 dar entrada a 2 receber 3 permitir 4 acreditar em; aceitar 5 contratar (Do lat. *admittĕre*, «dar acesso; admitir»)
admoestação n.f. 1 ato ou efeito de admoestar; advertência; repreensão 2 conselho (Do lat. pop. *admonestatiōne-*, «id.»)
admoestador adj.,n.m. que ou aquele que admoesta; repreensor; censor (De *admoestar+-dor*)
admoestar v.tr. 1 repreender brandamente; censurar 2 advertir; avisar (Do lat. pop. *admonestāre*, «id.», pelo fr. *admonester*, «admoestar; repreender»)
admoestatório adj. 1 que encerra admoestação 2 que serve para admoestar (De *admoestar+-tório*)
admonição n.f. ⇒ **admoestação** (Do lat. *admonitiōne-*, «ato de fazer recordar»)
admonitor adj.,n.m. ⇒ **admoestador** (Do lat. *admonitōre-*, «aquele que faz recordar»)
admonitório adj. que serve para admoestar ■ n.m. admoestação (Do lat. tard. *admonitōriu-*, «aviso»)
ADN n.m. 1 BIOQUÍMICA ácido que é o principal constituinte dos cromossomas e tem um papel fundamental na determinação das características hereditárias, dado que armazena a informação genética transmitida na divisão celular 2 (marketing) características que definem uma empresa ou marca, distinguindo-a relativamente a outras (Acrónimo de *ácido desoxirribonucleico*)
adnato adj. 1 que parece fazer parte do objeto a que está ligado 2 que nasceu junto de (Do lat. *adnātu-*, de *adgnātu-*)
adnominação n.f. GRAMÁTICA semelhança entre palavras da mesma língua com sentidos diferentes ou de línguas diversas e com o mesmo sentido, pela qual se reconhece a origem comum dessas palavras; paronomásia (Do lat. *adnominatiōne-*, «id.»)
adnominal adj.2g. GRAMÁTICA (palavra, expressão) que modifica o significado de um nome quando junto dele
adnotação n.f. despacho do papa a uma pretensão por meio de uma assinatura (Do lat. *adnotatiōne-*, «anotação»)
-ado sufixo nominal, de origem latina, que ocorre sobretudo em adjetivos resultantes do particípio passado dos verbos de infinito em *-ar* (*afeiçoado*), ou em substantivos que designam *instituição* ou *conjunto* (*bispado; professorado*)
adobar v.intr. fazer adobes (De *adobe+-ar*)
adobe n.m. 1 bloco de argamassa seco ao sol 2 tijolo de barro amassado com areia e palha e seco ao ar ou ao sol 3 seixo rolado (Do ár. *a- tōb*, «tijolo cozido»)
adobeira n.f. molde de fazer adobes (De *adobe+-eira*)
adobo /ô/ n.m. ⇒ **adobe**
adoçamento n.m. 1 ato ou efeito de adoçar 2 diminuição de intensidade 3 lenitivo (De *adoçar+-mento*)
adoçante adj.2g. 1 que adoça 2 [fig.] que suaviza; lenitivo ■ n.m. substância, natural ou sintética, utilizada para adoçar alimentos, bebidas, medicamentos, etc., em substituição do açúcar; edulcorante (De *adoçar+-ante*)
adoção n.f. 1 ato ou efeito de adotar 2 DIREITO criação, por sentença judicial, de um vínculo jurídico semelhante ao que resulta da filiação natural, independentemente dos laços de sangue; filiação legal 3 aprovação (de doutrina, lei, etc.) 4 aceitação (de ideia, sugestão, etc.) (Do lat. *adoptiōne-*, «id.»)
adoçar v.tr. 1 tornar doce 2 afiar (os dentes da serra) 3 [fig.] abrandar 4 [fig.] suavizar (De *a-+doce+-ar*)
adocicado adj. 1 um tanto doce 2 brando, suave 3 [fig.] afetado (Part. pass. de *adocicar*)
adocicar v.tr. dar gosto um tanto doce a ■ v.pron. [fig.] mostrar afetação (De *adoçar+-icar*)
adocionismo n.m. HISTÓRIA, RELIGIÃO doutrina herética que apresentava Cristo não como verdadeiro filho de Deus, mas como adotivo; ~ **mitigado** HISTÓRIA, RELIGIÃO forma de adocionismo que afirmava que Cristo, filho natural de Deus, como homem, é só filho adotivo (Do lat. med. *adoptionismu-*)
adoecer v.tr.,intr. tornar ou ficar doente; enfermar (Do lat. *addolescĕre*, de *dolescĕre*, «sofrer»)
adoecimento n.m. o facto de adoecer (De *adoecer+-i-+-mento*)
adoentado adj. ligeiramente doente (Part. pass. de *adoentar*)
adoentar v.tr. provocar doença ligeira em (De *a-+doente+-ar*)
adoestar v.tr. dirigir doestos a; injuriar (De *a-+doestar*)
adoidar v.tr.,intr. tornar(-se) um pouco doido (De *a-+doido+-ar*)
adolescência n.f. período final do desenvolvimento humano entre o início da puberdade e o estado adulto; juventude; mocidade (Do lat. *adolescentĭa-*, «juventude»)

adolescente adj.,n.2g. que ou pessoa que está na adolescência; jovem (Do lat. *adolescente-*)
adolescer v.intr. 1 entrar na adolescência 2 desenvolver-se para entrar na adolescência; crescer (Do lat. *adolescĕre*, «crescer»)
adomingar v.tr.,pron. ⇒ **endomingar** (De *a-+domingo+-ar*)
adonairar v.tr. tornar donairoso (De *a-+donaire+-ar*)
adonde adv. [pop.] onde (De *a+donde*)
adónico adj. ⇒ **adónio** (De *adónio+-ico*)
adónio adj. diz-se de um verso de dois pés, um dáctilo e outro espondeu (Do gr. *adónios*, «id.», pelo lat. *adonĭu-*, «id.»)
adónis n.m.2n. rapaz elegante e muito belo (Do gr. *Ádonis*, mitol. «Adónis», pelo lat. *Adōnis*, «id.»)
adonisar v.tr. tornar galante e afetado (De *adónis+-ar*)
adopção ver nova grafia **adoção**
adopcionismo ver nova grafia **adocionismo**
adoptante ver nova grafia **adotante**
adoptar ver nova grafia **adotar**
adoptivo ver nova grafia **adotivo**
adoração n.f. 1 ato de adorar 2 RELIGIÃO prestação de culto; veneração 3 grande afeição (Do lat. *adoratiōne-*, «id.»)
adorador adj.,n.m. que ou o que adora (Do lat. *adoratōre-*, «id.»)
adorar v.tr. 1 RELIGIÃO prestar culto a 2 amar apaixonadamente 3 [fig.] respeitar muito 4 [coloq.] gostar muito de; ter predileção por (Do lat. *adorāre*, «id.»)
adorativo adj. 1 com carácter de adoração 2 religioso (Do lat. tard. *adoratīvu-*, «que adora»)
adorável adj.2g. 1 que merece ser adorado 2 que encanta; encantador 3 muito estimável (Do lat. *adorabĭle-*, «id.»)
adorbital adj.2g. 1 ANATOMIA que está junto da órbita 2 ANATOMIA diz-se do osso que forma a órbita ■ n.m. ⇒ **pré-orbitário** (De *ad-+órbita+-al*)
adormecedor adj.,n.m. que ou o que faz adormecer; narcótico; soporífero (De *adormecer+-dor*)
adormecer v.tr. 1 fazer dormir 2 fazer perder a sensibilidade 3 embalar para fazer dormir 4 [fig.] acalmar ■ v.tr.,intr. 1 começar a dormir 2 perder a sensibilidade; ficar entorpecido 3 não acordar a tempo; dormir mais tempo do que o pretendido (Do lat. *addormiscĕre*, «id.»)
adormecimento n.m. 1 ato ou efeito de adormecer 2 estado dormente 3 entorpecimento 4 desleixo 5 indolência (De *adormecer+-i-+-mento*)
adormentador adj.,n.m. que ou aquilo que adormenta (De *adormentar+-dor*)
adormentar v.tr. 1 tornar dormente; entorpecer 2 causar sono a 3 acalentar 4 suavizar (De *a-+dormente+-ar*)
adornar v.tr. 1 pôr adornos em; enfeitar; alindar 2 arrear; armar ■ v.intr. ⇒ **adernar** (Do lat. *adornāre*, «id.»)
adorno /ô/ n.m. o que embeleza ou dá um aspeto mais atraente; enfeite; ornamento; aparato (Deriv. regr. de *adornar*)
adossado adj. 1 encostado, apoiado pelas costas 2 pl. diz-se de duas figuras ou objetos colocados costas com costas (Do fr. *adossé*, «id.»)
adosselado adj. em forma de dossel (De *a-+dossel+-ado*)
adotante adj.,n.2g. que ou pessoa que adota (Do lat. *adoptante-*, «id.»)
adotar v.tr. 1 tomar (o filho de outrem) por filho próprio; perfilhar 2 aceitar; seguir 3 seguir ou fazer seguir (livro) como guia 4 pôr em prática; aplicar (lei, norma) (Do lat. *adoptāre*, «escolher; adotar»)
adotivo adj. 1 relativo à adoção 2 que adotou 3 que foi adotado 4 escolhido (Do lat. *adoptīvu-*, «que foi adotado»)
adoudar v.tr.,pron. ⇒ **adoidar**
adquirente adj.,n.2g. que ou a pessoa que adquire por contrato (Do lat. *adquirente-*, «id.», part. pres. de *adquirĕre*, «adquirir»)
adquirição n.f. ato ou efeito de adquirir; aquisição (De *adquirir+-ção*)
adquirido adj. 1 que se adquiriu 2 que não nasceu com o indivíduo; não inato ■ n.m.pl. DIREITO bens obtidos pelos cônjuges a título oneroso depois do casamento (Part. pass. de *adquirir*)
adquiridor n.m. o que adquire (De *adquirir+-dor*)
adquirir v.tr. 1 alcançar a posse de (qualquer coisa); comprar 2 conseguir; obter 3 conquistar; granjear 4 contrair; ganhar (Do lat. *adquirĕre*, «id.»)
adquirível adj.2g. que se pode adquirir (De *adquirir+-vel*)
adraganta n.f. ⇒ **alcatira 2** (De *adraganto*)
adraganto n.m. BOTÂNICA ⇒ **alcatira 1** (Do gr. *tragákanthos*, «adraganto», pelo lat. *tragantu-*, «id.»)

adrasto n.m. ZOOLOGIA inseto coleóptero, da família dos Elaterídeos, que executa saltos acrobáticos rapidíssimos (Do gr. *Ádrastos*, «Adrasto», antr., pelo lat. cient. *adrastu-*, «adrasto»)

ad-rectal a grafia mais usada é **ad-retal**

adrede /ê/ adv. de propósito; expressamente; propositadamente (Do lat. *directu-*, pelo cast. *adrede* ou cat. *adret*, «id.»)

adregar v.intr. 1 acontecer por acaso 2 ter a sorte de ■ v.tr. [regionalismo] enganar; iludir (Do lat. *ad-+dirigĕre*, «alinhar; dirigir»)

adrego /ê/ n.m. 1 ato ou efeito de adregar 2 acaso; casualidade (Deriv. regr. de *adregar*)

ad-renal adj.2g. ANATOMIA (glândula) que está por cima dos rins (De *ad-+renal*)

adrenalina n.f. 1 FISIOLOGIA hormona segregada pela medula suprarrenal, que desempenha um papel importante na formação de reações a estímulos externos 2 [coloq.] energia; força (De *ad--renal+-ina*)

adrenérgico adj. 1 BIOQUÍMICA ativado por adrenalina 2 BIOQUÍMICA que liberta adrenalina ou substância análoga 3 MEDICINA (droga) que tem efeito idêntico ao da adrenalina (De *adren(alina)+erg(o)-+-ico*, pelo ing. *adrenergic*, «id.»)

adrenocorticotrofina n.f. ⇒ **corticotrofina**

ad-retal adj.2g. ANATOMIA que se situa no reto ou junto dele (De *ad-+recto+-al*) ACORDO ORTOGRÁFICO também se pode escrever **ad-rectal**

adriático adj. relativo ao mar Adriático ou às regiões por ele banhadas ■ n.m. [com maiúscula] braço do Mediterrâneo que banha as costas da Itália e da Península Balcânica (Do lat. *adriatĭcu-*, «id.», de *Adrĭa-*, «Ádria», cidade italiana)

adriça n.f. cabo para içar velas, bandeiras, etc., nos navios (Do lat. *directiāre*, pelo it. *drizza*, «id.»)

adriçar v.tr. 1 içar com adriça 2 suspender de encontro à borda da embarcação 3 arvorar (Do lat. *directiāre*, pelo it. *drizzare*, «id.»)

adro n.m. terreiro em frente ou à volta de uma igreja; átrio (Do lat. *atrĭu-*, «átrio»)

ad-rogação n.f. ato ou efeito de ad-rogar (De *ad-rogar+-ção*)

ad-rogador adj.,n.m. que ou o que ad-roga (De *ad-rogar+-dor*)

ad-rogar v.tr. DIREITO adotar (pessoa maior de idade) (Do lat. *adrogāre*, «chamar a si»)

adscrever v.tr. 1 acrescentar ao que já está escrito 2 escrever ao lado 3 inscrever; registar 4 inserir ■ v.pron. obrigar-se (Do lat. *adscribĕre*, «inscrever»)

adscrição n.f. 1 estado de adscrito 2 acrescentamento ao que está escrito 3 sujeição (Do lat. *adscriptiōne-*, «adição por escrito; inscrição»)

adscritício adj. dizia-se do servo ou colono obrigado a viver e a trabalhar em determinado lugar (Do lat. *adscripticĭu-*, «id.»)

adscrito adj. 1 acrescentado 2 escrito ao lado ou junto de 3 inscrito para serviço 4 unido 5 sujeito (Do lat. *adscriptu-*, «id.»)

adsorção n.f. QUÍMICA fenómeno de que resulta acumulação de um gás ou de um soluto na superfície de um sólido (Do lat. *adsorptiōne-*, pelo fr. *adsorption*, «id.»)

adsorvente adj.2g. que pode adsorver ■ n.m. QUÍMICA substância em cuja superfície uma outra está a ser adsorvida (Do fr. *adsorbant*, «id.»)

adsorver v.tr. QUÍMICA fazer a adsorção de (Do fr. *adsorber*, «id.»)

adstrato n.m. LINGUÍSTICA língua (ou dialeto) que coexiste com outra, influenciando-a e sendo influenciada por ela, a vários níveis (léxico, fonética, sintaxe, etc.)

adstrição n.f. ação ou efeito de adstringir (Do lat. *adstrictiōne-*, «qualidade de adstringente»)

adstringência n.f. 1 qualidade do que é adstringente 2 contração; aperto (Do lat. *adstringentia*, «id.»)

adstringente adj.2g. 1 que provoca a contração dos tecidos 2 diz-se de um sabor amargo que atua contraindo a mucosa bucal ■ n.m. MEDICINA, FARMÁCIA substância que provoca a contração dos tecidos (Do lat. *adstringente-*, «id.»)

adstringir v.tr.,pron. 1 (os tecidos orgânicos, vasos sanguíneos, etc.) contrair(-se); encolher(-se); apertar(-se) 2 limitar(-se); restringir(-se) 3 obrigar(-se); sujeitar(-se) (Do lat. *adstringĕre*, «apertar; ligar»)

adstritivo adj. ⇒ **adstringente** (Do lat. *adstrictu-*, part. pass. de *adstringĕre*, «ligar; apertar» +-*ivo*)

adstrito adj. 1 ligado; adjunto 2 contraído; apertado 3 obrigado a; constrangido (Do lat. *adstrictu-*, «id.»)

adua¹ n.f. 1 [regionalismo] matilha de cães a correr 2 [regionalismo] rebanho de animais de vários donos 3 [ant.] pastagem comum 4 [ant.] quinhão de águas de rega (Do ár. ocid. *ad-dūlâ*, «grande rebanho; gado»)

adua² n.f. 1 HISTÓRIA imposto pessoal para as fortificações e seus reparos; anaduva 2 [ant.] trabalho comum forçado (Do ár. *an-nubdá*, «chamamento»)

aduada n.f. 1 [regionalismo] vara de porcos 2 [regionalismo] rebanhos que pastam em adua (De *adua+-ada*)

aduagem n.f. divisão em aduas (De *aduar+-agem*)

aduana n.f. 1 alfândega 2 direitos que nela se pagam 3 antigo bairro isolado de cristãos em terra de mouros (Do ár. *ad-diuānâ*, «alfândega»)

aduanar v.tr. despachar ou registar na alfândega (De *aduana+-ar*)

aduaneiro adj. relativo a aduana; alfandegário (De *aduana+-eiro*)

aduar¹ n.m. acampamento ou aldeia mourisca (Do ár. *ad-dunar*, «acampamento»)

aduar² v.tr. dividir em aduas (as águas de rega) (De *adua+-ar*)

adubação n.f. 1 ação ou efeito de adubar; adubamento 2 tempero (De *adubar+-ção*)

adubadela n.f. ⇒ **adubação** (De *adubar+-dela*)

adubador adj.,n.m. que ou o que aduba (De *adubar+-dor*)

adubadura n.f. ⇒ **adubação** (De *adubar+-dura*)

adubamento n.m. ⇒ **adubação** (De *adubar+-mento*)

adubar v.tr. 1 misturar matéria orgânica no solo para o fertilizar; estrumar 2 temperar 3 curtir; preparar (peles) 4 [fig., ant.] adornar (Do lat. *addubāre*, do franc. *dubban*, «bater»)

adubo n.m. 1 produto natural ou artificial para fertilização de terras 2 tempero; condimento 3 [fig., ant.] adorno 4 [fig.] aquilo que faz crescer (Deriv. regr. de *adubar*)

adução n.f. 1 ato ou efeito de aduzir 2 ANATOMIA movimento que tende a aproximar um membro, ou parte dele, do plano médio imaginário do corpo 3 fornecimento de água do ponto de captação para o local onde é feita a distribuição (Do lat. tard. *adductiōne-*, «ato de levar»)

aducha n.f. NÁUTICA cada uma das voltas do cabo ou da amarra quando enrolados (Do lat. *adducta*, «id.»)

aduchar v.tr. NÁUTICA colher ou enrolar (cabo ou amarra) em aduchas (De *aducha+-ar*)

adueiro n.m. guarda de rebanhos; pastor (De *adua+-eiro*)

aduela n.f. 1 cada uma das tábuas, geralmente encurvadas, que formam o corpo de uma pipa ou vasilha semelhante (dorna, tonel, etc.) 2 ARQUITETURA pedra talhada em cunha que é parte de um arco ou de uma abóbada 3 abertura do ferro que o saca-trapos tem na extremidade da haste 4 tábua que guarnece o vão da ombreira da porta 5 [fig.] costela; *ter uma ~ a menos* ser um pouco desequilibrado, ter um parafuso a menos (Do fr. *douelle*, «curva da abóbada»)

aduelagem n.f. colocação ou fabrico de aduelas (De *aduela+-agem*)

adufa n.f. 1 proteção formada por pequenas tábuas de madeira colocadas por fora da janela 2 abertura em barragem ou canal para escoamento de água; represa 3 revestimento de madeira colocado nas sineiras para fazer baixar o som dos sinos (Do ár. *ad--duffâ*, de *duff*, «batente de porta»)

adufar¹ v.tr. proteger com adufas (De *adufa+-ar*)

adufar² v.intr. tocar adufe (De *adufe+-ar*)

adufe n.m. MÚSICA pandeiro quadrado, com peles retesadas dos dois lados e cosidas entre si, e dentro do qual são colocadas sementes, grãos ou soalhas, de forma a enriquecer a sonoridade (Do ár. *ad--duff*, «pandeiro»)

adufeiro n.m. o que toca ou faz adufes (De *adufe+-eiro*)

adufo n.m. 1 ⇒ **adufa** 2 [Índia] ⇒ **adufe** 3 retângulo de barro amassado e seco ao sol, semelhante ao adobe (Var. de *adufe*)

adulação n.f. ato ou efeito de adular; elogios exagerados e falsos, geralmente com o fim de obter algo em troca; lisonja interesseira; bajulação (Do lat. *adulatiōne-*, «carícia; adulação»)

adulador adj.,n.m. que ou o que adula; lisonjeiro (Do lat. *adulatōre-*, «lisonjeador»)

adular v.tr. elogiar em excesso, geralmente com o fim de obter algo em troca; bajular; lisonjear (Do lat. *adulāri*, «adular»)

adulária n.f. 1 MINERALOGIA variedade incolor e transparente de ortóclase, por vezes opalescente 2 MINERALOGIA designação do hábito das formas compostas dos cristais de ortóclase, quando esta se apresenta prismática (De *Adula*, top. +-*ária*)

adularização n.f. MINERALOGIA transformação de plagióclase em adulária, que se verifica em algumas rochas (De *adulária+-izar--ção*)

adulatório adj. que encerra adulação; lisonjeiro (Do lat. *adulatorĭu-*, «relativo à adulação»)

adulçorar v.tr. 1 adoçar 2 [fig.] tornar suave (De *a-+dulçor+-ar*)

adulteração *n.f.* 1 ato ou efeito de adulterar 2 alteração 3 falsificação (Do lat. *adulteratiōne-*, «falsificação»)

adulterador *adj.,n.m.* 1 que ou o que adultera 2 alterador 3 falsificador (Do lat. tard. *adulteratōre-*, «id.»)

adulterar *v.tr.* 1 falsificar 2 viciar; corromper 3 alterar; modificar ▪ *v.intr.* cometer adultério ▪ *v.pron.* corromper-se (Do lat. *adulterāre*, «cometer adultério; falsificar»)

adulterinidade *n.f.* qualidade de adulterino (De *adulterino*+-*i*-+-*dade*)

adulterino *adj.* 1 proveniente de adultério 2 que nasceu de pais não casados; natural; ilegítimo 3 falsificado (Do lat. *adulterīnu-*, «falsificado»)

adultério *n.m.* facto de uma pessoa casada ter voluntariamente relações sexuais com uma terceira pessoa; violação do dever recíproco de fidelidade (Do lat. *adulterĭu-*, «id.»)

adúltero *adj.,n.m.* que ou aquele que violou a fidelidade conjugal (Do lat. *adultĕru-*, «id.»)

adulteroso /ô/ *adj.* que incita ao adultério (De *adúltero*+-*oso*)

adulto *adj.* 1 que passou a fase da adolescência e completou o seu crescimento 2 que atingiu o estado em que pode reproduzir-se 3 crescido 4 que atingiu o seu pleno desenvolvimento ▪ *n.m.* indivíduo que passou a fase da adolescência e completou o seu crescimento (Do lat. *adultu-*)

adumbração *n.f.* 1 ato ou efeito de adumbrar 2 esboço ligeiro (Do lat. *adumbratiōne-*, «esboço»)

adumbrar *v.tr.* 1 espalhar sombra sobre; sombrear 2 esboçar 3 acompanhar como uma sombra 4 simbolizar (Do lat. *adumbrāre*, «sombrear; esboçar»)

adunação *n.f.* ato ou efeito de adunar (Do lat. tard. *adunatiōne-*, «reunião; união»)

adunado *adj.* 1 junto; unido 2 BOTÂNICA diz-se dos órgãos aderentes entre si, pela base, como certas folhas vegetais (Part. pass. de *adunar*)

adunar *v.tr.* reunir num todo; incorporar (Do lat. *adunāre*, «reunir»)

aduncar *v.tr.* tornar adunco (De *adunco*+-*ar*)

aduncidade *n.f.* qualidade do que é aduncо (Do lat. *aduncitāte-*, «curvatura»)

aduncirrostro /ô/ *adj.* ZOOLOGIA que possui bico adunco (Do lat. *aduncu-*, «curvo» +*rostru*, «bico»)

adunco *adj.* em forma de garra ou de gancho; curvo; recurvado (Do lat. *aduncu-*, «id.»)

adurência *n.f.* queimor; ardência (Do lat. *adurentĭa*, «cáusticos»)

adurente *adj.2g.* que queima ▪ *n.m.* medicamento cáustico (Do lat. *adurente-*, part. pres. de *adurĕre*, «queimar»)

adurir *v.tr.* 1 queimar 2 cauterizar a fogo (Do lat. *adurĕre*, «queimar»)

adustão *n.f.* 1 cauterização a fogo 2 calcinação 3 ardor 4 [fig.] incêndio (Do lat. *adustiōne-*, «ação de queimar»)

adustez /ê/ *n.f.* 1 calor excessivo 2 ardência (De *adusto*+-*ez*)

adustivo *adj.* ⇒ **adurente** *adj.2g.* (De *adusto*+-*ivo*)

adusto *adj.* 1 queimado; tostado 2 enegrecido pelo calor 3 muito quente; cálido 4 ressequido; árido (Do lat. *adustu-*)

aduterino *adj.* relativo ao adútero (De *adútero*+-*ino*)

adútero *n.m.* parte do aparelho genital feminino de alguns animais (Do lat. *ad*, «junto de» +*utēru-*, «útero»)

adutor *adj.,n.m.* 1 que ou o que aduz 2 ANATOMIA que ou músculo que produz a aproximação de dois órgãos ou partes destes, entre si (Do lat. *adductōre-*, «o que conduz»)

aduzir *v.tr.* 1 apresentar; expor (argumentos, provas) 2 trazer; conduzir 3 ANATOMIA provocar adução (Do lat. *addūcĕre*, «atrair»)

aduzível *adj.2g.* 1 que pode ser aduzido 2 alegável (De *aduzir*+-*vel*)

advecção *n.f.* METEOROLOGIA transmissão do calor, por meio de correntes horizontais, através de um líquido ou gás (Do lat. *advectiōne-*, «transporte»)

ádvena *adj.,n.2g.* ⇒ **adventício** (Do lat. *advēna-*, «estrangeiro»)

adveniente *adj.2g.* 1 que vem depois 2 acrescentado (De *adveniente-*, «id.»)

adventício *adj.* 1 que vem de fora; estrangeiro 2 acessório 3 inesperado; casual 4 BOTÂNICA diz-se de um órgão vegetal que se desenvolve acidentalmente num sítio da planta que não lhe é próprio 5 FILOSOFIA diz-se de uma ideia que é proveniente dos sentidos ▪ *n.m.* estrangeiro (Do lat. *adventicĭu-*, «que vem de fora»)

adventismo *n.m.* RELIGIÃO doutrina de um movimento religioso que crê numa segunda vinda de Cristo à Terra (Do ing. *adventism*, «id.»)

adventista *n.2g.* pessoa que segue o adventismo ▪ *adj.2g.* referente ao adventismo (Do ing. *adventist*, «id.»)

advento *n.m.* 1 vinda; chegada 2 [com maiúscula] RELIGIÃO primeiro tempo do ano litúrgico, como preparação para a vinda de Jesus (Do lat. *adventu-*, «chegada»)

adverbial *adj.2g.* 1 da natureza do advérbio; referente a advérbio 2 GRAMÁTICA diz-se da oração que desempenha a função sintática de modificador (da frase ou do grupo verbal) (Do lat. tard. *adverbiāle-*, «que se emprega como advérbio»)

adverbialização *n.f.* GRAMÁTICA ação de adverbializar; emprego com função de advérbio (De *adverbializar*+-*ção*)

adverbializar *v.tr.* GRAMÁTICA usar como advérbio (palavra de outra categoria gramatical); transformar em advérbio (De *adverbial*+-*izar*)

adverbiar *v.tr.* ⇒ **adverbializar** (De *advérbio*+-*ar*)

advérbio *n.m.* GRAMÁTICA palavra invariável em género e número, que pode desempenhar diversas funções sintáticas, exprimindo noções de tempo, modo, lugar, quantidade, etc.; *~ de predicado* LINGUÍSTICA advérbio, com valores semânticos diversos, que ocorre dentro do grupo verbal; *~ de frase* LINGUÍSTICA advérbio, com valores semânticos diversos, que modifica a frase (Do lat. *adverbĭu-*, «id.»)

adversão *n.f.* 1 ato de adversar; impugnação 2 advertência (Do lat. *adversiōne-*, «id.»)

adversar *v.tr.* impugnar; opor; contrariar (Do lat. *adversāri*, «opor-se; ser contrário a»)

adversário *adj.,n.m.* que ou aquele que se opõe em luta, competição, conflito, debate, etc.; rival; inimigo; opositor (Do lat. *adversarĭu-*, «que está contra»)

adversativo *adj.* 1 que indica oposição; contrário; adverso 2 GRAMÁTICA diz-se da conjunção coordenativa ou oração coordenada que exprime contraste ou oposição (Do lat. tard. *adversatīvu-*, «que indica oposição»)

adversidade *n.f.* 1 contrariedade 2 calamidade; infortúnio (Do lat. *adversitāte-*, «força de oposição»)

adverso *adj.* 1 contrário; oposto 2 inimigo; hostil 3 desfavorável ▪ *n.m.* adversário (Do lat. *adversu-*, «que está em face de; contrário»)

advertência *n.f.* 1 ato ou efeito de advertir 2 aviso; conselho 3 admoestação; repreensão 4 anotação (Do lat. *advertentĭa-*, «id.»)

advertido *adj.* 1 avisado 2 atento; acautelado; circunspecto 3 repreendido (Part. pass. de *advertir*)

advertimento *n.m.* ⇒ **advertência** (De *advertir*+-*mento*)

advertir *v.tr.* 1 chamar a atenção de; avisar 2 aconselhar 3 acautelar; prevenir 4 repreender; admoestar ▪ *v.intr.* reparar em; notar (Do lat. *advertĕre*, de *advertĕre*, «avisar»)

advim *n.m.* ⇒ **pimpim** 1 (De orig. onom.)

advindo *adj.* 1 que adveio; que sobreveio 2 acrescido (Do lat. vulg. *advenītu-*, part. pass. de *advenīre*, «resultar»)

advir *v.tr.,intr.* 1 acrescer 2 chegar 3 suceder; ocorrer; sobrevir 4 resultar (Do lat. *advenīre*, «chegar; advir»)

advocação *n.f.* 1 RELIGIÃO proteção de Deus ou de um santo a uma comunidade ou lugar, que toma o seu nome 2 RELIGIÃO dedicação de um lugar a um santo, dando-lhe o nome deste 3 RELIGIÃO título sob o qual está consagrado um templo, um altar ou uma imagem 4 invocação 5 orago (Do lat. *advocatiōne-*, «proteção; assistência»)

advocacia *n.f.* profissão ou atividade de advogado (Do lat. *advocatĭa-*, de *advocātu-*, «advogado»)

advocatório *adj.* que serve para advogar (Do lat. *advocātu-*, «advogado» +-*ório*)

advocatura *n.f.* 1 ⇒ **advocacia** 2 invocação 3 patrocínio (Do lat. *advocātu-*, «advogado» +-*ura*)

advogado *n.m.* 1 licenciado em Direito, inscrito na Ordem dos Advogados, que exerce o mandato judicial e outras funções de carácter técnico e jurídico como profissão 2 protetor; patrono; *~ do diabo* 1 aquele que na Cúria romana estava encarregado de levantar objeções às propostas de canonização; 2 [coloq.] aquele que coloca sempre objeções a qualquer opinião ou argumento (Do lat. *advocātu-*, «advogado»)

advogar *v.tr.* 1 representar (alguém ou uma causa) em juízo 2 interceder por (alguém) 3 defender (alguém ou algo) com razões e argumentos ▪ *v.intr.* exercer a advocacia (Do lat. *advocāre*, «tomar como defensor; invocar»)

aedo *n.m.* poeta e cantor ambulante entre os Gregos antigos (Do gr. *aeidós*, «id.»)

aegirina *n.f.* ⇒ **egirina** (Do fr. *aegirine*, «id.»)

aegirínico *adj.* ⇒ **egirínico** (De *aegirina*+-*ico*)

á-ê-i-ó-u *n.m.* 1 primeiras letras 2 [fig.] noções básicas ou iniciais de qualquer assunto

aenigmatite *n.f.* ⇒ **enigmatite**

aeração *n.f.* 1 ato ou efeito de arejar 2 renovação do ar; ventilação (Do fr. *aération*, «id.»)

aereamente *adv.* 1 no ar 2 pelo ar 3 [fig.] impensadamente 4 [fig.] sem fundamento 5 [fig.] levianamente 6 [fig.] à sorte (De *aéreo+-mente*)

aeremia *n.f.* MEDICINA acidente provocado pela presença de ar no sangue, devido ao aumento brusco da pressão no meio ambiente, como sucede com os mergulhadores (Do gr. *aér, aéros,* «ar» + *-haîma, atos,* «sangue» + *-ia*)

aéreo *adj.* 1 que anda no ar 2 da natureza do ar atmosférico 3 BOTÂNICA diz-se da parte da planta situada acima da terra 4 [fig.] distraído 5 [fig.] sem fundamento 6 [fig.] fútil; *força aérea* aviação militar (Do gr. *aérios,* «do ar», pelo lat. *aerĭu-,* «id.»)

aer(i)- elemento de formação de palavras que exprime a ideia de *ar, vento, gás, aéreo* (Do gr. *aér, aéros,* pelo lat. *aëre-,* «ar»)

aerícola *adj.2g.* BOTÂNICA diz-se da planta que se desenvolve e vive no ar; aerófito (Do lat. *aëre-,* «ar» +*colĕre,* «habitar»)

aerífero *adj.* que leva o ar (De *aeri-+-fero*)

aerificação *n.f.* ato ou efeito de aerificar (De *aerificar+-ção*)

aerificar *v.tr.* 1 fazer passar ao estado gasoso 2 tornar subtil como o ar 3 introduzir ar; arejar (De *aeri-+-ficar*)

aeriforme *adj.2g.* semelhante ao ar (De *aeri-+-forme*)

aerívoro *adj.* ⇒ **aerófago** (De *aeri-+-voro*)

aerização *n.f.* ⇒ **aerificação** (De *aerizar-+-ção*)

aerizar *v.tr.* ⇒ **aerificar** (De *aeri-+-izar*)

aer(o)- ⇒ **aer(i)-**

aerobalística *n.f.* 1 estudo das forças aerodinâmicas que atuam num projétil que se move no ar 2 investigação do movimento do projétil sob a ação dessas forças (De *aero-+balística*)

aeróbata *n.2g.* 1 pessoa que faz acrobacias aéreas 2 [fig.] pessoa distraída (Do gr. *aerobátes,* «que anda no ar»)

aeróbica *n.f.* DESPORTO ginástica que pretende modelar o corpo e oxigenar os tecidos através de sequências de movimentos acompanhados por música (Do ing. *aerobics,* «id.»)

aeróbico *adj.* 1 BIOLOGIA ⇒ **aeróbio** 2 diz-se da ginástica que envolve exercícios para aumentar a oxigenação do organismo (Do ing. *aerobic,* «id.»)

aeróbio *adj.* BIOLOGIA diz-se do ser vivo que tem necessidade do oxigénio livre para viver (Do gr. *aér, aéros,* «ar» +*bíos,* «vida»)

aerobiologia *n.f.* estudo científico de substâncias biológicas e organismos que estão no ar, como é o caso de alergénios e microrganismos que provocam doenças (De *aero-+biologia*)

aeroclube *n.m.* 1 centro onde se reúnem pessoas que praticam ou se interessam pelos desportos aéreos 2 instalações de um centro de preparação e prática de atividades aéreas desportivas (De *aero-+clube*)

aerodinâmica *n.f.* FÍSICA área de estudo da dinâmica dos gases e das perturbações produzidas pelo movimento relativo entre um sólido e o ar ou outros gases em contacto com esse sólido (De *aero-+dinâmica*)

aerodinâmico *adj.* 1 respeitante à aerodinâmica 2 FÍSICA diz-se do corpo cuja forma geométrica minimiza a resistência oferecida por um fluido ao seu deslocamento 3 (veículo) concebido para reduzir a resistência oferecida por um gás ou um líquido ao seu deslocamento 4 [coloq.] que apresenta linhas modernas ou futuristas (De *aero-+dinâmico,* ou do fr. *aérodynamique,* «id.»)

aerodinamismo *n.m.* qualidade daquilo que é aerodinâmico (De *aero-+dinamismo*)

aeródino *n.m.* AERONÁUTICA qualquer aeronave mais pesada que o ar (avião, helicóptero, ultraleve, etc.) (Do gr. *aér, aéros,* «ar» +*dýnamis,* «força», pelo fr. *aérodyne,* «id.»)

aeródromo *n.m.* área delimitada com instalações adequadas para a descolagem e a aterragem de aeronaves destinadas ao transporte de passageiros e mercadorias (De *aero-+-dromo*)

aeroduto *n.m.* tubo de condução de ar nas instalações de ventilação (Do gr. *aér, aéros,* «ar»+lat. *ductu-,* «condução»)

aeroelasticidade *n.f.* FÍSICA ciência que estuda a dinâmica de um sistema sob a ação de forças elásticas, aerodinâmicas e de inércia (De *aero-+elasticidade*)

aeroespacial *adj.2g.* 1 relativo ao espaço aéreo 2 que diz respeito simultaneamente à aeronáutica e à astronáutica (De *aero-+espacial*)

aerofagia *n.f.* MEDICINA deglutição exagerada de ar atmosférico (De *aerófago+-ia*)

aerófago *adj.* que deglute muito ar; aerívoro (De *aero-+-fago*)

aerofilatelia *n.f.* 1 ramo da filatelia especializado no estudo dos selos utilizados no correio aéreo 2 gosto e hábito de colecionar selos utilizados no correio aéreo (De *aero-+filatelia*)

aerofísica *n.f.* FÍSICA estudo das propriedades dos gases a números de Mach muito altos, a pressões muito pequenas e a temperaturas muito elevadas, relacionado com os problemas aerodinâmicos do voo a grandes altitudes (De *aero-+física*)

aerófito *adj.,n.m.* BOTÂNICA que ou vegetal que vive normalmente suspenso no ar (Do gr. *aér, aéros,* «ar» +*phytón,* «planta»)

aerofobia *n.f.* MEDICINA horror doentio ao vento ou às correntes aéreas (De *aerófobo+-ia*)

aerófobo *n.m.* o que padece de aerofobia (Do gr. *aerophóbos,* pelo lat. *aerophŏbu-,* «que receia o ar»)

aerofólio *n.m.* 1 superfície (asa ou leme) destinada a produzir reação favorável do ar em que se desloca, trazendo maior estabilidade ao avião 2 peça adaptada à parte traseira do automóvel de corrida para o tornar mais estável (De *aero-+-fólio*)

aerofone *n.m.* MÚSICA instrumento cujo elemento vibratório é o ar acionado de modo especial pelo próprio instrumento (flauta, gaita de foles, concertina, etc.) (De *aero-(-)+-fone*)

aerofotografia *n.f.* fotografia aérea de um terreno ou de uma região para fins científicos ou militares (De *aero-+fotografia*)

aerogare *n.f.* edifício de aeroporto destinado à instalação de serviços ligados ao tráfego e à administração (De *aero-+gare*)

aerognosia *n.f.* estudo das propriedades do ar (Do gr. *aér, aéros,* «ar» +*gnôsis,* «conhecimento» +*-ia*)

aerognosta *n.2g.* pessoa versada em aerognosia (Do gr. *aér, aéros,* «ar» +*gnôsis,* «conhecimento»)

aerografia *n.f.* descrição das propriedades e dimensões da atmosfera (De *aero-+-grafia*)

aerógrafo *n.m.* 1 indivíduo que se dedica à aerografia 2 pulverizador de ar comprimido usado em pintura e artes gráficas (De *aero-+-grafo*)

aerograma *n.m.* 1 papel de carta previamente selado, que, depois de escrito e dobrado, passa a ter o aspeto de sobrescrito pronto para ser enviado pelo correio 2 comunicação transmitida pelo ar ou pela telegrafia sem fios 3 designação dada na fotogrametria aérea à chapa fotográfica depois de orientada (De *aero-+-grama*)

aeroide *adj.2g.* 1 da natureza do ar 2 parecido com o ar (Do gr. *aeroeidés,* «aéreo», pelo lat. *aeroĭde-,* «da cor do ar ou do céu»)

aeróide ver nova grafia **aeroide**

aerolítico *adj.* relativo aos aerólitos, ou da sua natureza (De *aerólito+-ico*)

aerólito *n.m.* ASTRONOMIA bloco proveniente da fragmentação de bólides nas camadas atmosféricas já muito densas e que cai na superfície terrestre, constituído, em geral, por ferro nativo, níquel, cobalto, cobre, alumínio, etc.; meteorito; uranólito; pedra do ar (De *aero-+-lito*)

aerologia *n.f.* METEOROLOGIA estudo da alta atmosfera (De *aero-+-logia*)

aerólogo *n.m.* indivíduo versado em aerologia (De *aero-+-logo*)

aeromancia *n.f.* pretensa adivinhação por meio da observação do ar (Do gr. *aér, aéros,* «ar» +*manteía,* «adivinhação», pelo lat. tard. *aeromantía-,* «adivinhação pelo estado do céu»)

aeromante *n.2g.* pessoa que exerce a aeromancia (Do gr. *aerómantis,* «aeromante», pelo lat. tard. *aeromante-,* «id.»)

aeromântico *adj.* relativo à aeromancia ■ *n.m.* aeromante (De *aeromante+-ico*)

aerometria *n.f.* FÍSICA disciplina que trata da medição da densidade e expansibilidade do ar e dos seus constituintes (De *aero-+-metria*)

aerométrico *adj.* que diz respeito à aerometria (De *aerometria+-ico*)

aerómetro *n.m.* instrumento com que se avalia a densidade ou a rarefação do ar (De *aero-+-metro*)

aeromoça *n.f.* [Brasil] hospedeira de bordo (De *aero-+moça*)

aeromodelismo *n.m.* 1 construção de pequenos modelos de aviões destinados a experiências, à prática desportiva ou ao lazer 2 DESPORTO modalidade desportiva que consiste em controlar à distância um modelo de avião em miniatura (De *aeromodelo+-ismo*)

aeromodelista *n.2g.* pessoa que se dedica ao aeromodelismo (De *aeromodelo+-ista*)

aeromodelo *n.m.* miniatura de um aparelho voador usado para experiências laboratoriais ou para fins recreativos (De *aero-+modelo*)

aeromotor *n.m.* motor acionado pelo ar (De *aero-+motor*)

aeromóvel *adj.2g.* diz-se da operação de forças militares terrestres em que as unidades executantes são transportadas em helicópteros até à sua zona de atuação (De *aero-+móvel*)

aeronauta *n.2g.* pessoa que comanda ou tripula uma aeronave (Do fr. *aéronaute,* «id.»)

aeronáutica n.f. 1 ciência, arte e prática da navegação aérea 2 MILITAR ramo das forças armadas que tem por missão fundamental a defesa do espaço aéreo nacional e a cooperação com as forças terrestres e navais (De *aero-+náutica*)
aeronáutico adj. respeitante à aeronáutica (De *aeronauta+-ico*)
aeronaval adj.2g. que diz respeito, simultaneamente, à força aérea e à marinha de guerra (De *aero-+naval*, ou de *aeronave+-al*)
aeronave n.f. qualquer aparelho com capacidade para se sustentar e se conduzir no ar, destinado a transportar pessoas e/ou carga (Do fr. *aéronef*, «id.»)
aeronavegabilidade n.f. conjunto de condições que uma aeronave tem de cumprir para realizar com segurança a navegação aérea (De *aero-+navegabilidade*)
aeronavegação n.f. navegação aérea; aeronáutica (De *aero-+navegação*)
aeronavegável adj.2g. que reúne condições para realizar com segurança a navegação aérea (De *aero-+navegável*)
aeroplanismo n.m. 1 prática de pilotagem de aeroplanos 2 desporto com aeroplanos (De *aeroplano+-ismo*)
aeroplano n.m. aparelho de navegação aérea, mais pesado que o ar (Do ing. *aeroplane*, «id.»)
aeroporto n.m. superfície delimitada com instalações e equipamentos necessários ao tráfego aéreo de passageiros e mercadorias, e à recolha e reparação de aeronaves (De *aero-+porto*)
aeroposta n.f. correio aéreo (De *aero-+posta*)
aeropostal adj.2g. referente ao correio aéreo (De *aero-+postal*)
aeroscopia n.f. observação científica do ar (Do gr. *aér, aéros*, «ar» +*skopeīn*, «observar» +-*ia*)
aeroscópio n.m. instrumento para a observação científica do ar (Do gr. *aér, aéros*, «ar» +*skopeīn*, «observar»)
aerosfera n.f. ⇒ **atmosfera** (De *aero-+esfera*)
aerospacial adj.2g. ⇒ **aeroespacial** (De *aero-+espacial*)
aerossol n.m. 1 FÍSICA, QUÍMICA suspensão relativamente estável de partículas sólidas ou gotículas dispersas num gás 2 tratamento clínico feito com esta suspensão 3 recipiente com uma bomba de pressão que permite aspergir essas partículas ou gotículas (Do fr. *aérosol*, «id.»)
aerostação n.f. 1 navegação em aeróstato 2 construção de aeróstatos (Do fr. *aérostation*, «id.»)
aerostática n.f. FÍSICA ciência que estuda as leis do equilíbrio no ar (Do fr. *aérostatique*, «id.»)
aerostático adj. 1 relativo à aerostática 2 relativo a aeróstato (Do fr. *aérostatique*, «id.»)
aeróstato n.m. aparelho que, cheio de gás mais leve do que o ar, se eleva e desloca na atmosfera; balão (Do fr. *aérostat*, «id.»)
aerotecnia n.f. ciência que trata da aplicação do ar à indústria (De *aero-+tecnia*)
aerotécnico adj. relativo à aerotecnia (De *aerotecnia+-ico*)
aeroterapêutica n.f. MEDICINA tratamento de doenças por meio do ar; aeroterapia (De *aero-+terapêutica*)
aeroterapia n.f. ⇒ **aeroterapêutica** (De *aero-+terapia*)
aeroterápico adj. relativo à aeroterapêutica (De *aeroterapia+-ico*)
aerotérmico adj. relativo ao aerotermo (De *aerotermo+-ico*)
aerotermo n.m. calorífero de ar aquecido (Do gr. *aér, aéros*, «ar» +*thérme*, «calor»)
aerotransportado adj. (força militar) transportado por via aérea; transportado em avião ou helicóptero
aerotransportar v.tr. transportar por via aérea; transportar em avião ou helicóptero (forças militares) (De *aero-+transportar*)
aerotropismo n.m. BOTÂNICA ação exercida pelo ar sobre um organismo vegetal em crescimento (De *aero-+tropismo*)
aerovia n.f. [Brasil] via aérea (De *aero-+via*)
aeroviário adj. 1 [Brasil] relativo a aerovia 2 [Brasil] relativo ao tráfego aéreo ■ n.m. [Brasil] pessoa que trabalha numa empresa de navegação aérea (De *aero-+viário*)
aetite n.f. MINERALOGIA variedade de ocre-amarelo, antigamente utilizada como agente terapêutico, também conhecida por pedra de águia (Do gr. *aetítes*, «pedra que se julgava existir nos ninhos das águias», pelo fr. *aétite*, «id.»)
afã n.m. 1 ânsia 2 canseira; fadiga 3 trabalho penoso 4 pressa; azáfama 5 diligência; empenho (Do ant. prov. *afan*, «pena; sofrimento»)
afabilidade n.f. qualidade do que é afável; delicadeza; cortesia (Do lat. *affabilitāte-*, «id.»)
afacia n.f. PATOLOGIA ausência, congénita ou não, do cristalino (Do gr. *a*, «sem» +*phakós*, «lentilha»+-*ia*)

afadigar v.tr. causar fadiga a ■ v.pron. 1 cansar-se 2 trabalhar com afinco; esforçar-se (De *a-+fadiga+-ar*)
afadigoso adj. que causa fadiga (De *afadigar+-oso*)
afadistar v.tr.,pron. dar ou tomar modos de fadista; tornar(-se) fadista (De *a-+fadista+-ar*)
afagador adj.,n.m. que ou o que afaga (De *afagar+-dor*)
afagamento n.m. ato ou efeito de afagar; afago (De *afagar+-mento*)
afagar v.tr. 1 fazer afagos a; acariciar; ameigar 2 lisonjear 3 nivelar; alisar (Do ár. *khálaqa*, «tratar alguém com bondade»)
afago n.m. 1 (gesto) carícia; mimo 2 (peça de roupa) agasalho (Deriv. regr. de *afagar*)
afagoso /ô/ adj. que afaga; afagador (De *afago+-oso*)
afainar-se v.pron. 1 trabalhar com afã; esforçar-se; afanar-se 2 apressar-se (De *a-+faina+-ar*)
afalado adj. (animal) que percebe falas (Part. pass. de *afalar*)
afalar v.tr. falar a um animal para o guiar ou animar (De *a-+fala+-ar*)
afalcoado adj. 1 parecido com o falcão 2 [regionalismo] adoentado 3 [regionalismo] (Alentejo) fatigado (Part. pass. de *afalcoar*)
afalcoar v.intr. 1 tonar parecido com falcão 2 [regionalismo] (Alentejo) sentir-se fatigado (De *a-+falcão+-ar*)
afamado adj. que tem fama; notável; famoso; célebre (Part. pass. de *afamar*)
afamador adj.,n.m. que ou o que dá boa fama (De *afamar+-dor*)
afamar v.tr.,pron. dar ou adquirir fama; tornar(-se) célebre (De *a-+fama+-ar*)
afanado adj. ocupado com muito trabalho; azafamado (Part. pass. de *afanar*)
afanar v.tr. procurar com afã ■ v.pron. afadigar-se (Do lat. *afannāre*, pelo prov. *afanar*, «id.»)
afanchonado adj. que tem atitudes de fanchono (De *a-+fanchono+-ado*)
afandangado adj. 1 parecido com o fandango 2 próprio do fandango 3 acanalhado (De *a-+fandango+-ado*)
afandangar v.tr. dançar ou tocar no estilo do fandango (De *a-+fandango+-ar*)
afanítico adj. PETROLOGIA diz-se da rocha eruptiva cujos grãos não são visíveis à vista desarmada (Do gr. *aphanés*, «invisível»)
afanoso adj. 1 que causa afã; trabalhoso; penoso 2 afanado (De *afã+-oso*)
afantochar v.tr.,pron. 1 tornar(-se) semelhante a fantoche 2 ridicularizar(-se) (De *a-+fantoche+-ar*)
afarar-se v.pron. (cão) adquirir faro (De *a-+faro+-ar*)
afasia n.f. 1 PSICOLOGIA perda total ou parcial da função da palavra, quer da função de expressão verbal (forma de apraxia), quer da função da compreensão (forma de agnosia), da linguagem falada (surdez verbal) ou escrita (cegueira verbal) 2 indecisão de ânimo perante uma dificuldade (Do gr. *aphasía*, «impotência para falar»)
afásico adj.,n.m. 1 relativo a afasia 2 que sofre de afasia (De *afasia+-ico*)
afastado adj. 1 distante; separado 2 (lugar) retirado 3 (facto) sucedido há muito (Part. pass. de *afastar*)
afastador adj.,n.m. que ou o que afasta (De *afastar+-dor*)
afastamento n.m. 1 ato ou efeito de afastar(-se) 2 separação 3 ausência 4 distância (De *afastar+-mento*)
afastar v.tr. 1 desviar ou fazer desviar 2 apartar 3 distanciar 4 desterrar ■ v.pron. 1 ausentar-se 2 desviar-se; *afasta!* exclamação utilizada para expulsar alguém ou para exprimir reprovação ou rejeição (De orig. obsc.)
afatiar v.tr. 1 dar forma de fatia a 2 partir em fatias (De *a-+fatia+-ar*)
afável adj.2g. 1 delicado no trato; cortês; amável 2 carinhoso; meigo (Do lat. *affabĭle-*, «a quem se pode falar»)
afaxinar v.tr. ⇒ **faxinar** (De *a-+faxinar*)
afazendar-se v.pron. 1 adquirir fazendas 2 tornar-se rico (De *a-+fazenda+-ar*)
afazer v.tr.,pron. 1 acostumar(-se); habituar(-se); avezar(-se) 2 adaptar(-se) (De *a-+fazer*)
afazeres n.m.pl. ocupações; tarefas (Do fr. *affaires*, «ocupações»)
afazimento n.m. 1 ato ou efeito de afazer(-se) 2 hábito (De *afazer+-i-+-mento*)
afeamento n.m. 1 ato ou efeito de afear 2 fealdade (De *afear+-mento*)
afear v.tr. 1 tornar feio 2 [fig.] tornar vil, indigno 3 [fig.] deturpar com exageros pessimistas (De *a-+feio+-ar*)
afeção n.f. MEDICINA alteração do organismo ou perturbação de natureza fisiológica ou psíquica (Do lat. *affectiōne-*, «ato de afetar»)

afecção ver nova grafia afeção
afectação ver nova grafia afetação
afectante ver nova grafia afetante
afectar ver nova grafia afetar
afectividade ver nova grafia afetividade
afectivo ver nova grafia afetivo
afecto ver nova grafia afeto
afectuosidade ver nova grafia afetuosidade
afectuoso ver nova grafia afetuoso
afegane adj.2g.,n.2g. ⇒ **afegão** ■ n.m. ⇒ **afegâni** (Do pastó afghāni, pelo ing. afghani, «id.»)
afegâni n.m. unidade monetária do Afeganistão (Do pastó afghāni, pelo ing. afghani, «id.»)
afegão adj. (feminino **afegã**) relativo ao Afeganistão ■ n.m. 1 natural ou habitante do Afeganistão 2 língua falada no Afeganistão (De afegane)
afeição n.f. 1 sentimento de apego e ternura; afeto 2 amizade 3 simpatia 4 inclinação (Do lat. affectiōne-, «afeição»)
afeiçoado[1] adj. 1 feito à feição de alguma coisa 2 bem-feito; aperfeiçoado 3 habituado; acostumado (Part. pass. de afeiçoar [= dar feição a])
afeiçoado[2] adj.,n.m. 1 que ou o que sente afeição; amigo; dedicado 2 inclinado; partidário (Part. pass. de afeiçoar [= fazer ganhar afeição])
afeiçoamento n.m. ⇒ **afeição** (De afeiçoar+-mento)
afeiçoar[1] v.tr. 1 dar feição a; dar forma a; modelar 2 tornar mais perfeito 3 tornar adequado ■ v.pron. 1 tornar-se mais perfeito 2 adaptar-se (De a-+feição+-ar)
afeiçoar[2] v.tr. fazer ganhar afeição ■ v.pron. criar afeição (De afeição+-ar)
afeitar[1] v.tr. [ant.] ⇒ **enfeitar** (Do cast. afeitar, «id.»)
afeitar[2] v.tr. [ant.] ⇒ **afetar** (Do lat. affectāre, «afetar»)
afeito adj. acostumado; habituado (Part. pass. de afazer)
afelear v.tr. 1 deitar fel em 2 [fig.] amargurar (De a-+fel+-ear)
afélio n.m. ASTRONOMIA ponto da órbita de um planeta que fica mais afastado do Sol (Do lat. cient. aphelĭu-, do gr. apó, «afastamento» +hélios, «sol»)
afemear v.tr. 1 (entre animais) proporcionar fêmea a (um macho) 2 ⇒ **efeminar** (De a-+fêmea+-ar)
afemia n.f. MEDICINA modalidade de afasia motriz ou apraxia (Do gr. a-, «sem» +phéme, «rumor» +ia)
afeminar v.tr.,pron. ⇒ **efeminar** (Do lat. effemināre, «id.»)
aferente adj.2g. 1 que conduz; que leva 2 FISIOLOGIA (vaso) que leva um líquido a um órgão 3 FISIOLOGIA (nervo) que conduz um impulso a um centro nervoso (Do lat. *afferente-, part. pres. de afferre, «levar; conduzir»)
aférese n.f. GRAMÁTICA fenómeno fonético que consiste na supressão de um fonema ou de uma sílaba no princípio de uma palavra (Do gr. aphaíresis, «supressão», pelo lat. tard. aphaerĕse-, «id.»)
aferético adj. em que há aférese (Do gr. aphairetikós, «próprio para se tirar»)
aferição n.f. 1 ato ou efeito de aferir 2 avaliação 3 sinal que se coloca nas coisas aferidas (De aferir+-ção)
aferido adj. 1 comparado 2 conferido 3 avaliado ■ n.m. caneiro que leva a água às rodas da azenha (Part. pass. de aferir)
aferidor adj. que afere ou serve para aferir ■ n.m. 1 o que afere ou serve para aferir 2 instrumento para verificar a exatidão dos pesos e medidas; padrão 3 termo de comparação (De aferir+-dor)
aferimento n.m. ⇒ **aferição** (De aferir+-mento)
aferir v.tr. 1 cotejar com os respetivos padrões 2 pôr a marca de aferição em 3 examinar a exatidão de 4 comparar 5 avaliar (Do lat. *afferĕre, de afferre, «levar; conduzir»)
aferramento n.m. ⇒ **aferro** (De aferrar+-mento)
aferrar v.tr. 1 prender com ferro 2 lançar ferro a 3 ancorar 4 arpoar ■ v.pron. 1 agarrar-se 2 apegar-se teimosamente (De a-+ferro+-ar)
aferrenhar v.tr. 1 tornar ferrenho 2 endurecer como o ferro ■ v.pron. obstinar-se (De a-+ferrenho+-ar)
aferretado adj. 1 marcado com ferrete 2 estigmatizado (De a-+ferrete+-ado)
aferretoar v.tr. ⇒ **aferroar** (De a-+ferretoar)
aferro /ê/ n.m. 1 apego obstinado; teima; afinco 2 grande estima (Deriv. regr. de aferrar)
aferroador adj.,n.m. que ou o que aferroa (De aferroar+-dor)
aferroar v.tr. 1 picar com ferrão; espetar; aguilhoar 2 [fig.] estimular; espicaçar 3 [fig.] provocar; instigar 4 [fig.] fazer irar, troçando (De a-+ferroar ou de a-+ferrão+-ar)
aferrolhador adj. que aferrolha ■ n.m. 1 o que aferrolha 2 carcereiro (De aferrolhar+-dor)

aferrolhar v.tr. 1 fechar com ferrolho 2 [fig.] prender; aprisionar 3 [fig.] guardar; esconder 4 [fig.] acumular (riqueza); entesourar (De a-+ferrolho+-ar)
aferventar v.tr. 1 fazer ferver 2 submeter a rápida fervura; cozer imperfeitamente 3 [fig.] estimular; afervorar (De a-+fervente+-ar)
afervorar v.tr. causar fervor a; estimular; acender ■ v.pron. 1 encher-se de fervor 2 aplicar-se com zelo 3 intensificar-se (De a-+fervorar)
afestoar v.tr. 1 ornar com festões 2 engalanar ■ v.pron. enfeitar-se (De a-+festão+-ar)
afetação n.f. 1 ato ou efeito de afetar 2 falta de naturalidade (na maneira de falar, nos gestos, no modo de proceder) 3 fingimento; simulação 4 vaidade; presunção 5 designação de alguém para o exercício de cargo ou função 6 ato de destinar algo a um dado fim; ~ **de recursos** ECONOMIA atribuição de meios financeiros ou outros (trabalho, matérias-primas, etc.) a uma dada utilização, indexação de valores (Do lat. affectatiōne-, «aspiração; afetação»)
afetante adj.2g. que afeta (Do lat. affectante-, «id.»)
afetar v.tr. 1 fazer crer; fingir 2 deixar transparecer; exteriorizar 3 alterar moral ou fisicamente; exercer influência sobre 4 causar danos a; prejudicar 5 prejudicar a saúde de; causar doença a 6 dizer respeito a; interessar 7 atingir; impressionar 8 destinar a; atribuir a 9 designar para função ou cargo 10 MATEMÁTICA prover de sinal ■ v.intr. comportar-se de forma pouco natural (Do lat. affectāre, «aspirar a; afetar»)
afetividade n.f. 1 qualidade de afetivo 2 conjunto de fenómenos afetivos 3 capacidade individual para experimentar sentimentos e emoções (De afectivo+-i-+-dade)
afetivo adj. 1 em que há afeto 2 que revela afeição; afetuoso 3 relativo a afeto ou à afetividade ■ n.m. indivíduo caracterizado pela predominância da sensibilidade sobre a inteligência e a vontade (Do lat. affectīvu-, «que exprime um desejo»)
afeto n.m. 1 sentimento de apego e ternura; afeição 2 amizade 3 amor 4 carinho 5 inclinação ■ adj. 1 afeiçoado; dedicado 2 destinado 3 ligado; dependente (Do lat. affectu-, «afeição; ternura»)
afetuosidade n.f. qualidade de afetuoso; afetividade (De afectuoso+-i-+-dade)
afetuoso /ô/ adj. que revela afeto; carinhoso; meigo (Do lat. tard. affectuōsu-, «id.»)
afia n.m. ⇒ **afia-lápis** (Deriv. regr. de afiar)
afiação n.f. 1 ato ou efeito de afiar 2 amoladura (De afiar+-ção)
afiadeira n.f. 1 pedra de afiar; pedra de amolar 2 aguça (De afiar+-deira)
afiado adj. 1 que tem fio; aguçado 2 [fig.] irritado 3 [fig.] penetrante; agudo; **ter a língua afiada** ser indiscreto, ser maldizente (Part. pass. de afiar)
afiador adj. que afia ■ n.m. 1 o que afia; amolador 2 aguçadeira 3 apara-lápis; aguça (De afiar+-dor)
afia-lápis n.m.2n. instrumento próprio para afiar lápis; afiador; aguça (De afiar+lápis)
afiambrar v.tr. preparar como fiambre ■ v.pron. 1 apurar-se no vestir; esmerar-se 2 [coloq.] (coisa, pessoa) aproveitar-se de; tirar partido de (De a-+fiambre+-ar)
afiançado n.m. aquele cuja dívida está garantida por fiança de terceiro perante o credor (Part. pass. subst. de afiançar)
afiançador n.m. pessoa que afiança; fiador (De afiançar+-dor)
afiançar v.tr. 1 ficar por fiador de 2 garantir; assegurar ■ v.pron. prestar fiança (De a-+fiança+-ar)
afiar v.tr. 1 dar fio (gume) a; amolar 2 tornar pontiagudo; aguçar 3 [fig.] apurar; aperfeiçoar; afinar; ~ **o dente** preparar-se para algo com avidez (De a-+fio+-ar)
aficionado adj.,n.m. 1 que ou pessoa que aprecia certos espetáculos, nomeadamente corridas de touros 2 que ou pessoa que demonstra grande interesse por uma atividade, um desporto, etc.; fã (Do cast. aficionado, «id.»)
afidalgado adj. 1 feito fidalgo 2 de maneiras delicadas 3 delicado; mimoso (Part. pass. de afidalgar)
afidalgar v.tr. tornar fidalgo ■ v.pron. 1 adquirir modos de fidalgo 2 deixar de trabalhar (De a-+fidalgo+-ar)
Afídidas n.m.pl. ⇒ **Afidídeos** (De afídio+-idas)
Afidídeos n.m.pl. ZOOLOGIA família de pequenos insetos hemípteros a que pertencem os pulgões ou piolhos das plantas (De afídio+-ídeos)
afídio n.m. ZOOLOGIA pequeno inseto hemíptero, de abdómen globoso, parasita de várias plantas, de cujos sucos se alimenta, e que pertence especialmente à família dos Afidídeos (Do lat. cient. Aphīde-, «pulgão»)
afifar v.tr. ⇒ **afinfar** (De afinfar)

afiguração n.f. 1 ato ou efeito de afigurar(-se) 2 imaginação 3 aparência (De afigurar+-ção)
afigurar v.tr. 1 dar figura a 2 representar 3 imaginar ■ v.pron. 1 parecer 2 dar a ideia de (Do lat. affigurāre, «moldar»)
afigurativo adj. 1 que contém figura 2 figurado (De afigurar+-tivo)
afilador adj.,n.m. que ou o que afila; aferidor (De afilar+-dor)
afilamento n.m. ato ou efeito de afilar; aferição (De afilar+-mento)
afilar¹ v.tr. afiar; aguçar ■ v.pron. adelgaçar-se (Do fr. affiler)
afilar² v.tr. 1 incitar (um cão) a morder; açular 2 acirrar; estimular (De a-+filar)
afilar³ v.tr. 1 aferir 2 acertar (balança) (De orig. obsc.)
afilhadagem n.f. conjunto de afilhados ou protegidos (De afilhado+-agem)
afilhado n.m. 1 pessoa em relação ao padrinho e/ou à madrinha 2 [fig.] protegido; favorito (De a-+filho+-ado, ou part. pass. de afilhar)
afilhar v.intr. dar filhos ou rebentos (De a-+filho+-ar)
afiliação n.f. ⇒ **filiação** (De afiliar+-ção)
afiliar v.tr.,pron. ⇒ **filiar** (De a-+filiar)
afilo adj. 1 BOTÂNICA que normalmente não possui folhas 2 BOTÂNICA que possui folhas muito reduzidas (Do gr. a-, «sem» +phýllon, «folha»)
afim adj.2g. 1 que tem afinidade com 2 semelhante 3 próximo ■ n.2g. parente por afinidade (Do lat. affine-, «limítrofe; vizinho»)
afinação n.f. 1 ato ou efeito de afinar 2 perfeição; apuramento 3 purificação de metais 4 MÚSICA ajuste do tom de um instrumento ao tom de outro ou de uma voz 5 MÚSICA harmonia entre todas as notas de um instrumento, de um grupo vocal, de uma orquestra, etc. 6 MECÂNICA regulação de um motor 7 [fig.] estado de irritação (De afinar+-ção)
afinado adj. 1 MÚSICA que está no tom correto 2 que funciona bem 3 harmonioso 4 (metal) purificado 5 [fig.] irritado; ofendido (Part. pass. de afinar)
afinador adj. que afina ou serve para afinar ■ n.m. 1 pessoa que se dedica a afinar instrumentos musicais, particularmente pianos 2 instrumento para afinar instrumentos musicais (De afinar+-dor)
afinagem n.f. purificação de metais (Do fr. affinage, «afinação»)
afinal adv. 1 contrariamente ao que se esperava 2 concluindo 3 por fim; finalmente (De a-+final)
afinamento n.m. ⇒ **afinação** (De afinar+-mento)
afinar v.tr. 1 tornar mais fino; adelgaçar 2 MÚSICA pôr no devido tom 3 pôr a funcionar bem (motor, máquina, travões, etc.); ajustar; regular 4 apurar; aperfeiçoar 5 purificar (metais); acrisolar 6 pôr de acordo; harmonizar ■ v.intr. 1 [coloq.] zangar-se; irritar-se; agastar-se 2 [Moçambique] procurar ter aspeto de pessoa com bom gosto; assumir ares de importante (De a-+fino+-ar, por infl. do fr. affiner, «tornar fino»)
afincamento n.m. ⇒ **afinco** (De afincar+-mento)
afincar v.tr. plantar de estaca; fincar; cravar ■ v.tr.,pron. insistir em; aferrar-se (a); teimar (em) (De a-+fincar)
afinco n.m. 1 ato ou efeito de afincar(-se) 2 perseverança; persistência (Deriv. regr. de afincar)
afincoar v.tr. 1 pôr fincões em 2 espicaçar (De a-+fincão+-ar)
afinfar v.tr. 1 [pop.] dar pancada em; bater 2 [pop.] comer e beber à vontade (De orig. onom.)
afinidade n.f. 1 vínculo jurídico existente entre cada um dos cônjuges e os parentes do outro e vice-versa 2 analogia; semelhança 3 coincidência de gostos ou de ideias 4 MATEMÁTICA importante categoria de transformações geométricas 5 QUÍMICA tendência que os átomos ou moléculas manifestam para se combinarem entre si; atração química 6 função de estado, definida como a derivada do calor não compensado em relação ao grau de avanço da transformação; ~ *de produtos* concorrência, no mercado, de produtos com a mesma utilidade e finalidade (Do lat. affinitāte-, «vizinhança»)
áfio adj. ininterrupto; sucessivo (De a fio)
afirmação n.f. 1 ação ou efeito de afirmar 2 asserção; declaração 3 confirmação 4 PSICOLOGIA necessidade de uma pessoa se impor e de se fazer aceitar pelos outros (Do lat. affirmatiōne-, «ato de assegurar»)
afirmar v.tr. 1 declarar com firmeza; dar por certo; asseverar 2 comprovar; corroborar; atestar ■ v.pron. 1 fixar a vista 2 impor a própria identidade, vontade, opinião, etc. 3 mostrar-se adulto, independente 4 evidenciar-se; distinguir-se (Do lat. affirmāre, «tornar firme»)
afirmativa n.f. 1 ato ou efeito de afirmar 2 declaração positiva; afirmação 3 proposição que afirma (De afirmativo)
afirmativo adj. 1 que envolve afirmação 2 que afirma 3 concordante (Do lat. tard. affirmatīvu-, «id.»)
afistular v.tr.,intr.,pron. 1 cobrir(-se) de fístulas 2 corromper(-se); deteriorar(-se) (De a-+fístula+-ar)
afitado¹ adj. tomado por fito (alvo); dirigido ao fito (Particípio passado de afitar [=dirigir ao fito])
afitado² adj. 1 ornado de fita 2 semelhante a fita 3 comprido e estreito (Particípio passado de afitar [=adornar com fita])
afitado³ adj. [ant.] que sofre de afito (Particípio passado de afitar [=causar afito])
afitamento n.m. ato de afitar (fitar) (De afitar+-mento)
afitar¹ v.tr. guarnecer com fita; debruar (De a-+fita+-ar)
afitar² v.tr. 1 fitar; olhar fixamente 2 arrebitar (as orelhas) 3 dirigir ao fito (De a-+fitar, de fito)
afitar³ v.tr. [ant.] causar afito a (De afito+-ar)
afito n.m. [ant.] embaraço gástrico; indigestão; diarreia (De orig. obsc.)
afítulo n.m. [regionalismo] cavilha usada na extremidade do eixo do carro de bois para a roda não cair (De orig. obsc.)
afivelar v.tr. 1 segurar com fivela 2 apertar 3 prender (De a-+fivela+-ar)
afixação /cs/ n.f. 1 ato de afixar ou prender 2 colagem (de cartaz ou aviso) em lugar público 3 GRAMÁTICA processo morfológico que consiste em acrescentar um afixo a uma forma de base (De afixar+-ção)
afixar /cs/ v.tr. 1 tornar fixo; fixar 2 prender, colar, pregar (cartaz, aviso) em lugar público (De a-+fixo+-ar, ou do fr. afficher, «id.»)
afixo /cs/ n.m. GRAMÁTICA cada um dos elementos não autónomos que se associam obrigatoriamente a uma forma de base para formar uma palavra ■ adj. unido; preso (Do lat. affixu-, «id.»)
aflamengado adj. 1 semelhante aos Flamengos 2 semelhante na cor ou no gosto ao queijo flamengo (De a-+flamengo+-ado)
aflar v.tr. soprar; bafejar; insuflar ■ v.intr. arfar (Do lat. afflāre, «soprar sobre»)
aflautado adj. 1 com timbre suave como o da flauta 2 (som) agudo 3 [pop.] (perna) muito delgada (Part. pass. de aflautar)
aflautar v.tr. 1 dar som de flauta a 2 adelgaçar 3 esganiçar (a voz) (De a-+flauta+-ar)
afleimar v.tr. 1 produzir fleuma em 2 tornar fleumático ■ v.pron. tornar-se pachorrento (De a-+fleima+-ar)
afleumar v.tr.,pron. ⇒ **afleimar** (De a-+fleuma+-ar)
aflição n.f. 1 perturbação causada por grande sofrimento 2 angústia; ânsia 3 dor 4 martírio (Do lat. afflictiōne-, «aflição»)
afligimento n.m. 1 ato ou efeito de afligir(-se) 2 aflição (De afligir+-mento)
afligir v.tr. 1 causar aflição a; atormentar; contristar; desgostar 2 assolar; devastar ■ v.pron. 1 agoniar-se 2 atormentar-se; torturar-se (Do lat. afflīgĕre, «abater; perturbar»)
aflitivo adj. 1 que produz aflição; angustiante; doloroso 2 que revela aflição (Do lat. afflictu-, «embate; choque», pelo fr. afflictif, «aflitivo»)
aflito adj. 1 preocupado; angustiado 2 ansioso; inquieto 3 [coloq.] com vontade de urinar ou defecar (Do lat. afflictu-, «id.», part. pass. de afflīgĕre, «afligir; perturbar»)
aflogístico adj. que arde sem chama; que não se inflama (De a-«sem» +flogístico)
afloração n.f. 1 ato ou efeito de aflorar; afloramento 2 ponto ou linha em que um objeto emerge de um líquido ou à superfície da terra 3 nivelamento (De aflorar+-ção)
afloramento n.m. 1 ação ou efeito de aflorar 2 GEOLOGIA parte de um jazigo mineral que aparece na superfície terrestre, mas que teve posição original imersa, mais ou menos profunda (De aflorar+-mento)
aflorar v.tr. 1 trazer ao mesmo nível 2 abordar ao de leve (assunto) 3 tocar levemente 4 esboçar ■ v.intr. 1 vir à superfície; emergir 2 (reses) começar a engordar (De a-+flor+-ar)
afluência n.f. 1 ato ou efeito de afluir 2 corrente de água 3 enchente 4 (coisas) abundância 5 (pessoas) grande concorrência (Do lat. affluentĭa-, «abundância»)
afluente adj.2g. 1 que aflui; que corre para 2 copioso 3 rico ■ n.m. rio que vai desaguar a outro (Do lat. affluente-, «id.», part. pres. de affluĕre, «afluir; correr para»)
afluir v.tr. 1 correr para; desembocar 2 concorrer; convergir; aglomerar-se (Do lat. affluĕre, «correr para»)
afluxo /cs/ n.m. 1 ato ou efeito de afluir 2 concorrência; convergência 3 grande quantidade; enchente 4 MEDICINA movimento de um líquido do organismo, em abundância, para uma região ou órgão

afobação

deste; fluxo (Do lat. *afflūxu-*, part. pass. de *affluĕre*, «correr para; afluir»)

afobação *n.f.* 1 [Brasil] atrapalhação; perturbação 2 [Brasil] azáfama; grande pressa 3 [Brasil] cansaço; fadiga

afobado *adj.* 1 [Brasil] atrapalhado; perturbado 2 [Brasil] apressado; azafamado 3 [Brasil] cansado; esfalfado

afobar *v.tr.* [Brasil] causar afobação a ■ *v.pron.* 1 [Brasil] atrapalhar-se; agitar-se 2 [Brasil] azafamar-se 3 [Brasil] cansar-se

afocinhar *v.tr.* atacar com o focinho ■ *v.intr.* 1 cair, batendo com a cabeça ou parte dianteira 2 (proa do navio) submergir-se (De *a-+focinho+-ar*)

afofamento *n.m.* ato ou efeito de afofar (De *afofar+-mento*)

afofar *v.tr.* 1 tornar fofo 2 amolecer 3 [fig.] envaidecer (De *a-+fofo+-ar*)

afogadela *n.f.* ⇒ **afogamento** (De *afogar+-dela*)

afogadiço *adj.* 1 que sufoca facilmente 2 mal arejado 3 apertado (De *afogado+-iço*)

afogadilho *n.m.* pressa; aperto; açodamento; *de* ~ à pressa, precipitadamente (De *afogado+-ilho*)

afogado *adj.* 1 asfixiado por submersão 2 [fig.] (vestido) não decotado ■ *n.m.* o que morreu por asfixia na água (Part. pass. de *afogar*)

afogador *adj.* que ou o que afoga ■ *n.m.* colar; gargantilha (De *afogar+-dor*)

afogamento *n.m.* 1 ato ou efeito de afogar 2 asfixia, seguida ou não de morte, devida à substituição do ar atmosférico por água ou outro líquido 3 sufocação; abafamento 4 [fig.] pressa 5 [fig.] fartura (De *afogar+-mento*)

afogar *v.tr.* 1 matar por asfixia pela ação de um líquido nos órgãos respiratórios 2 impedir a respiração a; abafar 3 estrangular 4 impedir o desenvolvimento de 5 submergir 6 [fig.] dissimular 7 [fig.] conter; reprimir ■ *v.intr.* (motor de veículo) deixar de funcionar por excesso de gasolina ou devido à deficiente entrada de ar no carburador ■ *v.pron.* 1 matar-se ou morrer por asfixia 2 embriagar-se 3 ficar banhado (em); ~-*se em pouca água* preocupar-se com bagatelas (Do lat. *offocāre*, «estrangular; sufocar»)

afogo /ô/ *n.m.* 1 sufocação; asfixia 2 angústia; ânsia; aflição; opressão 3 pressa (Deriv. regr. de *afogar*)

afogueado *adj.* 1 em brasa; em fogo 2 da cor de fogo; vermelho 3 corado; enrubescido 4 ardente; escaldante 5 exaltado; animado (Part. pass. de *afoguear*)

afogueamento *n.m.* 1 ato ou efeito de afoguear(-se) 2 enrubescimento 3 excitação (De *afoguear+-mento*)

afoguear *v.tr.* 1 pegar fogo a; queimar 2 pôr em brasa; abrasar 3 tornar corado; ruborizar 4 entusiasmar; animar ■ *v.pron.* 1 abrasar-se 2 corar muito 3 animar-se (De *a-+fogo+-ear*)

afoitar *v.tr.* tornar afoito; animar ■ *v.pron.* 1 animar-se 2 atrever-se; ousar (De *afoito+-ar*)

afoiteza *n.f.* coragem; confiança; intrepidez; valor (De *afoito+-eza*)

afoito *adj.* 1 corajoso; destemido 2 atrevido (Do lat. *fautu-*, «favorecido»)

afolar *v.tr.* soprar (o lume) com um fole (De *a-+fole+-ar*)

afolhado[1] *adj.* (terreno) dividido em lotes (Part. pass. de *afolhar*)

afolhado[2] *adj.* (registo fiscal ou mercantil) que tem os fólios numerados e rubricados (De *a-+fólio+-ado*)

afolhamento *n.m.* 1 ato ou efeito de afolhar 2 AGRICULTURA divisão em lotes para alternar as culturas (De *afolhar+-mento*)

afolhar *v.tr.* 1 cobrir de folhas AGRICULTURA (terreno) dividir em lotes (ou folhas) para alternar as culturas ■ *v.intr.* criar folhas (De *a-+folha+-ar*)

afomear *v.tr.* causar fome a; esfomear (De *a-+fome+-ear*)

afonia *n.f.* MEDICINA perda completa ou parcial da voz (Do gr. *aphonía*, «falta de voz»)

afónico *adj.* que apresenta afonia; áfono (De *afonia+-ico*)

afono /ô/ *adj.* ⇒ **áfono**

áfono *adj.* 1 que não tem som 2 afónico (Do gr. *aphōnos*, «mudo»)

afonsino *adj.* 1 HISTÓRIA relativo à primeira dinastia dos reis portugueses 2 HISTÓRIA diz-se das Ordenações publicadas pelo rei português D. Afonso V (1432-1481) 3 [fig.] muito antigo; antiquado; obsoleto; *nos tempos afonsinos* antigamente, há muito tempo (De *Afonso*, antr., +-ino)

afora *prep.* 1 exceto; salvo; menos 2 além de ■ *adv.* 1 para o lado de fora; para o exterior 2 ao longo de; por toda a extensão (De *a-+fora*)

aforação *n.f.* ⇒ **aforamento** (De *aforar+-ção*)

aforador *n.m.* 1 o que dá ou toma de aforamento 2 rendeiro (De *aforar+-dor*)

aforamento *n.m.* 1 ato ou efeito de aforar 2 contrato de foro 3 DIREITO [ant.] cessão do usufruto de uma propriedade, a longo prazo ou perpétua, mediante o pagamento de determinada renda; enfiteuse 4 foro (De *aforar+-mento*)

aforar *v.tr.* 1 dar ou receber por meio de foro 2 autorizar; abonar; implantar ■ *v.pron.* atribuir-se (qualidades, direitos, etc.) (De *a-+foro+-ar*)

aforismar *v.tr.* 1 dizer em aforismo 2 fazer ou formular aforismos sobre (De *aforismo+-ar*)

aforismático *adj.* ⇒ **aforístico** (De *aforismar+t+-ico*)

aforismo *n.m.* preceito moral; sentença; máxima; rifão; adágio (Do gr. *aphorismós*, «sentença», pelo lat. tard. *aphorismu-*, «id.»)

aforista *n.2g.* pessoa que cita ou faz aforismos (Do ing. *aphorist*, «id.»)

aforístico *adj.* 1 que encerra aforismo 2 relativo a aforismo (Do gr. *aphoristikós*, «sentencioso», pelo ing. *aphoristic*, «id.»)

aformalar *v.tr.* DIREITO fazer partilhas; partilhar (De *a-+formal+-ar*)

aformoseador *adj.,n.m.* que ou o que aformoseia (De *aformosear+-dor*)

aformoseamento *n.m.* ato ou efeito de aformosear(-se); embelezamento (De *aformosear+-mento*)

aformosear *v.tr.,pron.* tornar(-se) formoso; embelezar(-se); alindar(-se); enfeitar(-se) (De *a-+formoso+-ar*)

aformosentar *v.tr.,pron.* ⇒ **aformosear** (De *a-+formosentar*)

aforquilhadura *n.f.* ⇒ **aforquilhamento** (De *aforquilhar+-dura*)

aforquilhamento *n.m.* ação ou efeito de aforquilhar (De *aforquilhar+-mento*)

aforquilhar *v.tr.* 1 dar forma de forquilha a 2 segurar com forquilha ■ *v.pron.* bifurcar-se (De *a-+forquilha+-ar*)

aforrado[1] *adj.* 1 que tem forro; forrado 2 disfarçado; incógnito 3 [regionalismo] em mangas de camisa (Part. pass. de *aforrar* [= pôr forro em])

aforrado[2] *adj.* 1 forro; liberto 2 ligeiro (Part. pass. de *aforrar* [= tornar forro])

aforrador *adj.,n.m.* que ou aquele que aforra (De *aforrar+-dor*)

aforrar[1] *v.tr.* 1 pôr forro em; forrar 2 [regionalismo] arregaçar (as mangas) dobrando o forro para fora (De *a-+forro*, «material» +-*ar*)

aforrar[2] *v.tr.* 1 tornar forro; libertar 2 poupar; economizar ■ *v.pron.* 1 desembaraçar-se 2 libertar-se (De *a-+forro*, «liberto» +-*ar*)

aforro /ô/ *n.m.* 1 ato ou efeito de aforrar 2 poupança; economia (Deriv. regr. de *aforrar*)

afortalezar *v.tr.* 1 guarnecer de fortalezas 2 fortificar 3 [fig.] robustecer (De *a-+fortaleza+-ar*)

afortunado *adj.,n.m.* que ou o que tem sorte; feliz; venturoso (Part. pass. de *afortunar*)

afortunar *v.tr.* dar fortuna a; tornar feliz (De *a-+fortuna+-ar*)

afoutar *v.tr.,pron.* ⇒ **afoitar**

afouteza *n.f.* ⇒ **afoiteza**

afouto *adj.* ⇒ **afoito**

afracamento *n.m.* 1 ato ou efeito de afracar 2 fraqueza (De *afracar+-mento*)

afracar *v.tr.,intr.,pron.* ⇒ **enfraquecer** (De *a-+fraco+-ar*)

afragatado *adj.* semelhante a fragata (De *a-+fragata+-ado*)

afragatar *v.tr.* 1 dar forma de fragata a ■ *v.pron.* 1 [fig.] ser fanfarrão 2 [fig.] insinuar-se com intenções libidinosas (De *a-+fragata+-ar*)

afrancesamento *n.m.* ato ou efeito de afrancesar(-se) (De *afrancesar+-mento*)

afrancesar *v.tr.* pôr ao gosto francês ■ *v.pron.* adquirir hábitos franceses (De *a-+francês+-ar*)

afrânia *n.f.* [ant.] mulher desenvolta e sem pudor (De *Afrânia*, antr.)

afranzinar *v.tr.,pron.* 1 tornar(-se) franzino; emagrecer; adelgaçar(-se) 2 enfraquecer (De *a-+franzino+-ar*)

afrechar *v.tr.* 1 dar forma de frecha a 2 ferir com frecha (De *a-+frecha+-ar*)

afreguesado *adj.* 1 com muita freguesia 2 que se tornou freguês (Part. pass. de *afreguesar*)

afreguesamento *n.m.* ato ou efeito de afreguesar(-se) (De *afreguesar+-mento*)

afreguesar *v.tr.* 1 tornar freguês 2 arranjar fregueses para ■ *v.pron.* 1 fazer-se freguês 2 atrair fregueses 3 instalar-se numa freguesia (De *a-+freguês+-ar*)

afreimar *v.tr.* causar freimas a ■ *v.pron.* 1 ganhar freimas; afligir-se 2 impacientar-se 3 encolerizar-se; agastar-se 4 apressar-se (De *a-+freima+-ar*)

afrentar *v.tr.* 1 ser contíguo a 2 enfrentar (De *a-+frente+-ar*)

afresco /ê/ *n.m.* ⇒ **fresco**[2] 2 (De *a-+fresco*)

afretador *n.m.* o que toma o navio por fretamento (De *afretar+-dor*)

afretamento *n.m.* ato ou efeito de afretar; fretamento (De afretar+-mento)
afretar *v.tr.* ⇒ **fretar** (De a-+fretar)
africa *n.f.* proeza; façanha (De África, top.)
africado *adj.* LINGUÍSTICA (consoante) que evolui gradualmente de oclusiva a fricativa (Part. pass. de africar)
africanar *v.tr.,pron.* ⇒ **africanizar** (De africano+-ar)
africanas *n.f.pl.* argolas grandes para as orelhas, semelhantes às usadas pelos naturais da África (De africano)
africânder *adj.2g.* relativo aos habitantes da África do Sul, descendentes dos primeiros colonos holandeses ∎ *n.2g.* natural da África do Sul, descendente dos primitivos colonos holandeses ∎ *n.m.* 1 uma das línguas oficiais faladas em África do Sul, oriunda do holandês do século XVII 2 raça de gado, especialmente ovino, oriundo da África do Sul (Do neerl. *afrikander*, «id.»)
africanês *n.m.* ⇒ **africânder** *n.m.* 1 (Do neerl. *afrikaans*, «id.»)
africânico *adj.,n.m.* ⇒ **africânder**
africanidade *n.f.* 1 carácter ou qualidade de africano 2 simpatia por África e pelas questões africanas (De africano+-i-+-dade)
africanismo *n.m.* 1 uso ou modo característico de África 2 estudo da cultura africana 3 palavra, expressão ou construção oriunda de qualquer uma das línguas africanas 4 palavra, expressão ou construção do francês integrada noutra língua; galicismo (De africano+-ismo)
africanista *n.2g.* 1 pessoa que se dedica ao estudo das línguas, culturas e civilizações africanas 2 pessoa que se dedica à exploração de regiões africanas 3 pessoa que tem negócios em África ou vive lá há muitos anos 4 pessoa que defende os interesses dos povos africanos (De africano+-ista)
africanizar *v.tr.* dar feição africana a ∎ *v.pron.* tornar-se semelhante a africano ou a africanista (De africano+-izar)
africano *n.m.* 1 natural ou habitante de África 2 variedade de limoeiro ∎ *adj.* relativo ou pertencente a África ou aos seus naturais (Do lat. *africānu-*, «id.»)
áfrico *n.m.* 1 natural ou habitante de África 2 vento do sudoeste, também chamado ábrego ∎ *adj.* 1 relativo ou pertencente a África ou aos seus naturais 2 designativo daquele vento (Do lat. *afrĭcu-*, «africano»)
afro *adj.,n.m.* ⇒ **africano** (Do lat. *afru-*, «id.»)
afro- elemento de formação de palavras que exprime a ideia de africano (Do lat. *afru-*, «africano»)
afro-americano *adj.* 1 que diz respeito a americano de ascendência africana 2 que diz respeito à África e à América ∎ *n.m.* indivíduo americano de ascendência africana
afro-árabe *adj.2g.* relativo ou pertencente à África e à Arábia
afro-asiático *adj.* 1 relativo a asiático de ascendência africana 2 relativo à África e à Ásia ∎ *n.m.* indivíduo asiático de ascendência africana
afro-brasileiro *adj.* 1 que diz respeito a brasileiro de ascendência africana 2 relativo à África e ao Brasil ∎ *n.m.* indivíduo brasileiro de ascendência africana
afro-cubano *adj.* 1 referente a cubano de ascendência africana 2 relativo à África e a Cuba ∎ *n.m.* indivíduo cubano de ascendência africana
afrodisia *n.f.* 1 força ou aptidão para gerar 2 desejo sexual, nomeadamente quando é patológico ou excessivo (Do gr. *aphrodísios*, «relativo a Afrodite», deusa do amor, pelo lat. *aphrodísia-*, «id.»)
afrodisíaco *adj.* 1 relativo a Afrodite, deusa do amor 2 que desperta ou estimula o desejo sexual 3 que conserva ou restaura as forças geradoras ∎ *n.m.* substância que estimula o desejo sexual (Do gr. tard. *aphrodisiakós*, «relativo aos prazeres do amor»)
afrodita *adj.2g.* [ant.] designativo de qualquer criptogâmica cuja reprodução sexuada não era conhecida ∎ *n.f.pl.* [ant.] plantas cuja reprodução sexuada não era conhecida (Do gr. *Aphrodíte*, «a deusa do amor», pelo lat. *Aphrodīta-*, «id.»)
afroixamento *n.m.* ⇒ **afrouxamento**
afroixar *v.tr.,pron.* ⇒ **afrouxar**
afroixelar *v.tr.* ⇒ **afrouxelar**
afronhar *v.tr.* dar forma de fronha a (De a-+fronha+-ar)
afronta¹ *n.f.* 1 injúria lançada em rosto; ofensa; ultraje 2 vergonha; vexame 3 desprezo 4 ameaça 5 fadiga (Derivação regressiva de afrontar)
afronta² *n.f.* [Guiné-Bissau] indisposição geral; aflição (De afrontamento)
afrontação *n.f.* ⇒ **afrontamento** (De afrontar+-ção)
afrontadiço *adj.* 1 que se afronta facilmente 2 que sofre de perturbações digestivas (De afrontar+-diço)

afrontado *adj.* 1 insultado, ofendido 2 indisposto, devido a má digestão 3 afogueado; congestionado (Part. pass. de afrontar)
afrontador *adj.,n.m.* que ou aquele que pratica ou causa afronta (De afrontar+-dor)
afrontamento *n.m.* 1 ato ou efeito de afrontar; afronta 2 indisposição devida a perturbações digestivas; peso no estômago; enfartamento 3 sensação de falta de ar (De afrontar+-mento)
afrontar *v.tr.* 1 colocar frente a frente; confrontar 2 fazer face a; defrontar; enfrentar 3 ofender; injuriar 4 afligir 5 causar indisposição ou mal-estar físico a ∎ *v.pron.* encontrar-se frente a frente; defrontar-se (De a-+fronte+-ar)
afrontoso /ô/ *adj.* 1 que causa ou envolve afronta 2 injurioso 3 incomodativo 4 sufocante (De afronta+-oso)
afrósina *n.f.* demência; loucura (Do gr. *aphrosýne*, «demência»)
afrouxamento *n.m.* 1 ato ou efeito de afrouxar(-se) 2 relaxamento 3 debilidade; enfraquecimento 4 redução (de velocidade) (De afrouxar+-mento)
afrouxar *v.tr.* 1 tornar frouxo; abrandar 2 diminuir a força, a intensidade ou a velocidade de 3 desapertar 4 enfraquecer ∎ *v.pron.* 1 relaxar-se 2 descuidar-se (De a-+frouxo+-ar)
afrouxelar *v.tr.* 1 cobrir de frouxel 2 dar a maciez do frouxel a (De a-+frouxel+-ar)
afrutar *v.intr.* cobrir-se de frutos; frutificar ∎ *v.tr.* 1 pôr a dar fruto 2 fertilizar 3 cultivar (De a-+fruto+-ar)
afta *n.f.* MEDICINA pequena vesícula superficial, seguida de ulceração, que aparece sobretudo na mucosa da boca (Do gr. *áphtha*, «úlcera bucal», pelo lat. *aphtha-*, «id.»)
aftershave *n.m.* loção para aplicar na pele depois de fazer a barba (Do ing. *aftershave*, «id.»)
aftongia *n.f.* MEDICINA perturbação da articulação das palavras e da fonação (Do gr. *áphthongos*, «sem fala» +-ia)
aftoso /ô/ *adj.* 1 da natureza da afta 2 que tem aftas; *febre aftosa* MEDICINA, VETERINÁRIA doença infeciosa que ataca o gado bovino e pode transmitir-se ao homem (De afta+-oso)
afugentador *adj.,n.m.* que ou o que afugenta (De afugentar+-dor)
afugentamento *n.m.* ato ou efeito de afugentar (De afugentar+-mento)
afugentar *v.tr.* 1 pôr em fuga; afastar; repelir 2 enxotar; expulsar; escorraçar (De a-+fugir+-entar)
afulvar *v.tr.* tornar fulvo; alourar (De a-+fulvo+-ar)
afumados *n.m.pl.* arredores de uma povoação denunciados pelo fumo das lareiras (Part. pass. pl. de afumar)
afumadura *n.f.* ação ou efeito de afumar; defumação (De afumar+-dura)
afumar *v.tr.* 1 pôr ao fumo; defumar 2 denegrir 3 tisnar 4 escurecer ∎ *v.intr.* apanhar fumo ∎ *v.pron.* envaidecer-se (De a-+fumo+-ar)
afunado *adj.* [regionalismo] mal-humorado; zangado; retesado (Do lat. *fune-*, «corda»?)
afundamento *n.m.* 1 ato ou efeito de afundar(-se) 2 depressão 3 submersão (De afundar+-mento)
afundanço *n.m.* DESPORTO (basquetebol) ação de saltar e introduzir a bola no cesto, empurrando-a com força num movimento vertical descendente (De afundar+-anço)
afundar *v.tr.* 1 fazer ir ao fundo; mergulhar 2 introduzir profundamente 3 tornar mais fundo 4 pôr fundo em 5 [coloq.] pôr em situação embaraçosa ou difícil ∎ *v.intr.,pron.* 1 ir ao fundo; submergir-se 2 [fig.] absorver-se; concentrar-se 3 [fig.] perder-se; malograr-se (Do lat. **affundāre*, «id.»)
afundimento *n.m.* 1 ato ou efeito de afundir(-se); abatimento 2 GEOLOGIA fenómeno que se dá nos terrenos que, por efeito de sismos e outros cataclismos, se afundam na água dos mares 3 GEOLOGIA abaixamento dos estratos separados por fratura em relação a outros que se mantêm na mesma posição; abatimento (De afundir+-mento)
afundir *v.tr.,intr.,pron.* ⇒ **afundar** (Do lat. *affundĕre*, «abaixar-se»)
afunilamento *n.m.* 1 ato ou efeito de afunilar(-se) 2 estreitamento (De afunilar+-mento)
afunilar *v.tr.,intr.,pron.* 1 dar ou tomar forma de funil 2 estreitar(-se) (De a-+funil+-ar)
afuroador *adj.,n.m.* 1 que ou o que caça com furão 2 [fig.] esquadrinhador; curioso (De afuroar+-dor)
afuroar *v.tr.* caçar com furão ∎ *v.intr.* [fig.] procurar descobrir coisa oculta; indagar; fazer pesquisas (De a-+furão+-ar)
afusal *n.m.* 1 porção de fiadura que comporta um fuso; manelo 2 unidade de medida antiga equivalente a dois arráteis (De a-+fuso+-al)

afusão n.f. 1 MEDICINA processo terapêutico que consiste em aplicar água quente ou fria no corpo do doente 2 derramamento 3 aspersão (Do lat. *affusiōne-*, «aspersão»)
afusar v.tr. 1 dar forma de fuso a 2 aguçar (De *a-+fuso+-ar*)
afuselado adj. que tem forma de fuselo (De *a-+fuselo+-ado*)
afustado adj. que tem fuste ou fustes (De *a-+fuste+-ado*)
afutricar v.tr. 1 fazer sem arte 2 [Brasil] importunar ■ v.pron. [acad.] associar-se com os futricas (De *a-+futrica+-ar*)
afuzilar v.tr.,intr. ⇒ **fuzilar** (De *a-+fuzil+-ar*)
agá¹ n.m. nome da letra *h* ou *H* (Do lat. *hacca, «id.»)
agá² n.m. dignidade militar entre os Turcos (Do turc. *agã*, «senhor»)
agacé n.m. título do imperador da Etiópia; negus (Do abexim '*aga*, «chefe; comandante»)
agachado adj. 1 que se agachou 2 escondido 3 baixo ■ n.m. [Brasil] galope de cavalo (Part. pass. de *agachar*)
agachamento n.m. ato ou efeito de agachar(-se) (De *agachar+-mento*)
agachar v.tr. abaixar; acaçapar ■ v.pron. 1 pôr-se de cócoras; abaixar-se 2 curvar-se 3 [fig.] render-se 4 [fig.] ceder (De orig. obsc.)
agacho n.m. ato ou efeito de agachar(-se); agachamento (Deriv. regr. de *agachar*)
agadanhador adj.,n.m. que ou o que agadanha (De *agadanhar+-dor*)
agadanhar v.tr. 1 puxar ou ferir com o gadanho ou com a gadanha 2 esgadanhar; arranhar 3 tirar à força; roubar 4 prender (De *a-+gadanho* ou *gadanha+-ar*)
agafanhador adj.,n.m. que ou o que agafanha (De *agafanhar+-dor*)
agafanhar v.tr. 1 agarrar com gafa 2 arranhar 3 [fig.] empolgar 4 [fig.] furtar (De *a-+cast. gafanhar*, «agarrar; prender»)
agafite n.f. MINERALOGIA mineral (fosfato de alumínio) que constitui uma pedra preciosa, de cor azul-celeste ou esverdeada; turquesa oriental; calaíte (De orig. obsc.)
agaiatar v.tr.,pron. dar ou adquirir modos de gaiato; tornar(-se) travesso, malicioso (De *a-+gaiato+-ar*)
agaitado adj. diz-se da voz ou do som semelhante ao de uma gaita (De *a-+gaita+-ado*)
agalactação n.f. ⇒ **agalaxia** (De *agalacto+-ção*)
agalactia n.f. ⇒ **agalaxia** (Do gr. *agalaktía*, «falta de leite»)
agalacto adj. 1 (mulher, fêmea) que não tem leite 2 (criança) criado sem amamentação (Do gr. *agálaktos*, «que não tem leite»)
agalanar v.tr.,pron. ⇒ **engalanar** (De *a-+galão+-ar*)
agalaxia /cs/ n.f. MEDICINA falta de secreção láctea (Do gr. *agalaktía*, «falta de leite»)
agalegar v.tr. exprimir à maneira dos Galegos ■ v.pron. 1 tornar-se semelhante a galego 2 [pej.] tornar-se rude, indelicado (De *a-+galego+-ar*)
agalgado¹ adj. moído pela galga (mó) (Part. pass. de *agalgar*)
agalgado² adj. esguio como um galgo; esgalgado (De *a-+galgo+-ado*)
agalgar¹ v.tr. moer com galga (mó) (De *a-+galga+-ar*)
agalgar² v.tr. tornar esgalgado (De *a-+galgo+-ar*)
agalhar v.intr. criar galhos ■ v.tr. armar as aduelas de um tonel (De *a-+galho+-ar*)
agaloadura n.f. 1 ação ou efeito de agaloar; guarnição de galões 2 passamanes; alamares (De *agaloar+-dura*)
agaloar v.tr. guarnecer de galões (De *a-+galão+-ar*)
agalopado adj. (cavalo) diz-se do andar semelhante ao galope (De *a-+galope+-ado*)
agami n.m. ORNITOLOGIA ave pernalta da América do Sul; jacamim; trombeta; trombeteiro (Do caraíba *agamy*, «id.»)
agamia n.f. 1 BIOLOGIA ausência de órgãos sexuais 2 BIOLOGIA reprodução assexuada (Do gr. *agamía*, «celibato»)
agâmicas n.f.pl. BOTÂNICA designação das plantas que não apresentam órgãos para a reprodução (De *agâmico*)
agâmico adj. 1 BIOLOGIA diz-se do processo de reprodução em que não há fecundação 2 BIOLOGIA (ser vivo) que não se reproduz sexuadamente (De *ágamo+-ico*)
Agâmidas n.m.pl. ⇒ **Agamídeos**
Agamídeos n.m.pl. ZOOLOGIA família de sáurios tropicais, na maioria insetívoros (Do gr. *a-*, «privação» +*gámos*, «casamento», pelo fr. *agamidés*, «id.»)
ágamo adj. BIOLOGIA ⇒ **agâmico** (Do gr. *ágamos*, «não casado», pelo lat. *agămu-*, «solteiro»)
agapanto n.m. BOTÂNICA planta da família das Liliáceas, com um rizoma grosso, folhas em forma de roseta e flores grandes, nativa do sul da África

ágape n.m./f. 1 HISTÓRIA refeição comum entre os primeiros cristãos a fim de celebrar o rito eucarístico 2 qualquer refeição de confraternização (especialmente de carácter político, social, etc.) 3 refeição entre amigos (Do gr. *agápe*, «amor; afeto», pelo lat. tard. *agăpe-*, «amor; caridade»)
agapeta /ê/ n.f. HISTÓRIA cada uma das virgens ou viúvas cristãs que, nos primeiros tempos do cristianismo, viviam em comunidade sem fazer votos (Do gr. *agapetós*, «amado», pelo lat. *agapēta-*, «amiga»)
agapeto /ê/ n.m. HISTÓRIA clérigo que, nos primeiros tempos do cristianismo, vivia em comum com outros (Do gr. *agapetós*, «amado»)
ágar-ágar n.m. QUÍMICA glícido extraído de certas algas e empregado em culturas biológicas, na indústria, em farmácia, etc., também denominado gelose (Do mal. *ágar-ágar*)
agareno /é/ adj. 1 n.m. descendente de Agar, escrava egípcia de Abraão 2 árabe 3 muçulmano; maometano (Do gr. *agarenós*, «descendente de Agar», pelo lat. *agarēnu-*, «id.»)
agargalado adj. com feitio de gargalo (De *a-+gargalo+-ado*)
Agaricáceas n.f.pl. ⇒ **Agaríceas** (De *agárico+-áceas*)
Agaríceas n.f.pl. BOTÂNICA família de fungos basidiomicetes (alguns comestíveis e outros venenosos) a que pertence o género *Agarĭcus* (De *agár(ico)+-íceas*)
agaricina n.f. FARMÁCIA, QUÍMICA alcaloide extraído do agárico, de antiga aplicação terapêutica (De *agárico+-ina*)
agárico n.m. BOTÂNICA designação extensiva a alguns cogumelos, entre os quais o agárico-branco, de aplicações terapêuticas (Do gr. *agarikón*, «agárico», pelo lat. *agarĭcu-*, «cogumelo»)
agarnachar v.tr. vestir de garnacha (De *a-+garnacha+-ar*)
agarotar v.tr.,pron. tornar(-se) garoto, travesso, traquinas (De *a-+garoto+-ar*)
agarra n.f. [regionalismo] ato de prender gado vacum; garra (Deriv. regr. de *agarrar*)
agarração n.f. ato ou efeito de agarrar(-se) (De *agarrar+-ção*)
agarradiço adj. 1 acostumado a agarrar-se 2 que se agarra 3 parasita 4 importuno; maçador (De *agarrar+-diço*)
agarrado adj. 1 preso por garra 2 pegado; unido 3 apegado 4 sovina (Part. pass. de *agarrar*)
agarrador adj. que agarra ■ n.m. 1 o que agarra 2 ⇒ **rémora** (De *agarrar+-dor*)
agarranado adj. 1 do tamanho de garrano 2 parecido com garrano (De *a-+garrano+-ado*)
agarrar v.tr. 1 prender com garra 2 apanhar 3 segurar 4 apoderar-se de 5 alcançar ■ v.pron. 1 segurar-se 2 unir-se 3 prender-se 4 fixar-se; *agarra!* grito para se prender uma pessoa ou animal que vai a fugir; *~ a ocasião pelos cabelos* não deixar perder uma boa oportunidade (De *a-+garra+-ar*)
agarrochar v.tr. 1 ferir com garrocha 2 dar forma de garrocha a 3 [fig.] atormentar 4 [fig.] incitar (De *a-+garrocha+-ar*)
agarrotar v.tr. ⇒ **garrotar** (De *a-+garrote+-ar*)
agarruchar v.tr. apertar com garruchas (as velas de um navio) (De *a-+garrucha+-ar*)
agarrunchar v.tr. atar com garruncho (De *a-+garruncho+-ar*)
agasalhadeiro adj. que gosta de agasalhar, de hospedar; hospitaleiro (De *agasalhar+-deiro*)
agasalhado adj. 1 abrigado do frio, da chuva, etc. 2 coberto 3 recolhido ■ n.m. abrigo; hospedagem (Part. pass. de *agasalhar*)
agasalhador adj.,n.m. que ou o que agasalha (De *agasalhar+-dor*)
agasalhar v.tr. 1 dar agasalho a; hospedar 2 cobrir com agasalho 3 proteger 4 arrecadar ■ v.pron. 1 abrigar-se 2 cobrir-se com agasalho; abafar-se (Do lat. *ad-gasaliāre, do gót. *gasalja*, «companheiro»)
agasalho n.m. 1 ato ou efeito de agasalhar 2 proteção 3 acolhimento 4 hospedagem 5 peça de roupa para resguardar do frio (Deriv. regr. de *agasalhar*)
agastadiço adj. que se agasta com facilidade (De *agastar+-diço*)
agastamento n.m. 1 ato ou efeito de agastar(-se) 2 enfado 3 pesar 4 ira (De *agastar+-mento*)
agastar v.tr. irritar; enfurecer ■ v.pron. 1 irritar-se; enfurecer-se 2 zangar-se; aborrecer-se (De *gastar*)
ágata n.f. MINERALOGIA variedade de calcedónia, constituída por faixas alternadas de coloração diferente, mostrando, em corte, desenhos variados, e usada no fabrico de objetos de adorno e outros (Do gr. *akhátes*, «ágata», pelo lat. *agătha-*, «id.»)
agatafunhar v.tr. 1 deitar os gatafunhos a 2 arranhar 3 prender 4 gatafunhar (De *a-+gatafunho+-ar*)
agatanhadura n.f. 1 ato ou efeito de agatanhar 2 arranhadela (De *agatanhar+-dura*)

aglomeração

agatanhar *v.tr.* **1** ferir ou arranhar com as unhas **2** trepar como um gato ■ *v.intr.* andar como um gato ■ *v.pron.* **1** ferir-se ou arranhar-se com as unhas; esgadanhar-se **2** [fig.] provocar-se mutuamente **3** [fig.] lutar desesperadamente por algo (De *a-+gato+-anho+-ar*)

agáteo *adj.* parecido com a ágata (De *ágata+-eo*)

agatífero *adj.* que contém ágata (De *ágata+-fero*)

agatificar *v.tr.* transformar em ágata (De *ágata+-ficar*)

agato- elemento de formação de palavras, de origem grega, que exprime a ideia de *bem, perfeição* (Do gr. *agathós*, «bom»)

agatoide[1] *adj.2g.* semelhante à ágata (De *ágata+-óide*)

agatoide[2] *adj.2g.* que possui inclinação para o bem (Do gr. *agathoeidés*, «que lembra o bem»)

agatóide ver nova grafia agatoide[1,2]

agatologia *n.f.* doutrina filosófica que procura explicar o sentido do bem e da perfeição (De *agato-+-logia*)

agatológico *adj.* **1** da agatologia **2** relativo à agatologia (De *agatologia+-ico*)

agatunado *adj.* **1** feito gatuno **2** com aparência de gatuno (De *a-+gatuno+-ado*)

Agaváceas *n.f.pl.* ⇒ **Amarilidáceas** (De *agave+-áceas*)

agave *n.f.* BOTÂNICA planta da família das Agaváceas, originária do México, de cujas folhas grandes e rígidas se extrai fibra própria para o fabrico de cordas, tapetes, etc. (Do gr. *agaué*, «admirável», pelo fr. *agave*, «agave»)

agavelar *v.tr.* ⇒ **engavelar** (De *a-+gavela+-ar*)

agavetado *adj.* em forma de gaveta (De *a-+gaveta+-ado*)

agazuar *v.tr.* **1** tornar semelhante a gazua **2** fazer servir de gazua **3** [fig.] surripiar (De *a-+gazua+-ar*)

-agem sufixo nominal, de origem latina, que exprime sobretudo a ideia de *ação* ou *coleção* (*aterragem; folhagem*)

agemado *adj.* da cor da gema do ovo (De *a-+gema+-ado*)

agência *n.f.* **1** função ou escritório de agente **2** empresa especializada na prestação de serviços **3** sucursal de banco, firma, repartição pública, etc. **4** capacidade de agir; atividade; diligência **5** administração; ~ *de publicidade* empresa que se dedica à organização, execução, distribuição e controlo de campanhas de publicidade dos seus clientes; ~ *de viagens* empresa que organiza excursões e programas turísticos e presta serviços relacionados (guias, alojamento, transporte); ~ *funerária* empresa comercial que se dedica a realizar funerais; ~ *noticiosa* empresa que elabora e fornece regularmente informações jornalísticas para órgãos de comunicação (jornais, televisão, rádio) (Do it. *agenzia*, «id.», ou do fr. *agence*, «id.»)

agenciadeira *n.f.* [ant.] a que adquire os meios de vida pela sua própria iniciativa e diligência **2** [ant.] alcoviteira (De *agenciar+-deira*)

agenciador *adj.,n.m.* **1** que ou o que agencia **2** que ou que é ativo, empreendedor, trabalhador (De *agenciar+-dor*)

agenciamento *n.m.* **1** ato ou efeito de agenciar **2** granjeio (De *agenciar+-mento*)

agenciar *v.tr.* **1** esforçar-se para obter (algo) **2** tratar de (negócios alheios) **3** conseguir; granjear (De *agência+-ar*)

agenciário *n.m.* o que trata de negócios por conta de outrem; agente (De *agência+-ário*)

agencioso /ô/ *adj.* ativo; diligente (De *agência+-oso*)

agenda *n.f.* **1** livro destinado à anotação dos compromissos diários e de outras informações (despesas, aniversários, etc.) **2** lista de assuntos a tratar; ordem de trabalhos **3** conjunto dos compromissos ou assuntos a serem tratados por alguém relativos a um determinado período; ~ *eletrónica* INFORMÁTICA dispositivo portátil ou programa de computador que permite registar em suporte informático os compromissos diários e outras informações úteis (Do lat. *agenda*, «coisas que devem ser feitas», ger. neut. pl. de *agĕre*, «agir; fazer»)

agendamento *n.m.* **1** registo na agenda **2** (conselho, reunião) inclusão de um assunto para discussão (De *agendar+-mento*)

agendar *v.tr.* **1** registar (compromisso, data) na agenda **2** (conselho, reunião) incluir (assunto ou questão) na ordem de trabalhos (De *agenda+-ar*)

agenesia *n.f.* **1** MEDICINA impossibilidade de gerar; esterilidade **2** MEDICINA ausência ou desenvolvimento incompleto de um órgão ou de parte dele (Do gr. *a*, «sem» +*génesis*, «geração» +*-ia*)

agenésico *adj.* impossibilitado de gerar (De *agenesia+-ico*)

agengibrar *v.tr.* **1** dar gosto de gengibre a **2** misturar com gengibre (De *a-+gengibre+-ar*)

agente *adj.2g.* **1** que atua **2** que agencia ■ *n.2g.* **1** pessoa que pratica uma ação **2** pessoa que trata de negócios alheios; representante **3** pessoa encarregada de praticar certas operações materiais ou representar os interesses de outrem **4** membro de força policial; polícia ■ *n.m.* **1** aquilo que age, produz um efeito; o que origina (algo) **2** causa; motivo **3** QUÍMICA princípio ativo **4** GRAMÁTICA aquele que executa a ação expressa pelo verbo **5** MEDICINA produto ou substância capaz de produzir um efeito **6** FILOSOFIA princípio ou sujeito de uma ação; ~ *secreto* pessoa encarregada (por governo ou organização) de uma missão de espionagem, espião (Do lat. *agente-*, «id.»)

ageometria *n.f.* **1** ignorância dos princípios da geometria **2** falta de atenção aos princípios da geometria (De *a-*, «sem» +*geometria*)

ageometrosia *n.f.* ⇒ **ageometria**

agerasia *n.f.* estado de quem tem idade avançada mas apresenta um aspeto jovem (Do gr. *agerasía*, «sem velhice»)

agerásico *adj.* **1** relativo à agerasia **2** que não parece envelhecido (De *agerasia+-ico*)

agermanar *v.tr.* **1** tornar irmão; irmanar **2** associar **3** igualar (De *a-+germano+-ar*)

ageusia *n.f.* ⇒ **ageustia** (Do gr. *a-*, «sem» +*geŭsis*, «gosto» +*-ia*)

ageustia *n.f.* MEDICINA perda parcial ou ausência do sentido do gosto (Do gr. *a-*, «sem» +*geustós*, «que se pode saborear» +*-ia*)

agigantado *adj.* com proporções de gigante; enorme; colossal (Part. pass. de *agigantar*)

agigantamento *n.m.* ato ou efeito de agigantar(-se) (De *agigantar+-mento*)

agigantar *v.tr.* **1** dar proporções de gigante a **2** engrandecer **3** exagerar ■ *v.pron.* **1** engrandecer-se **2** ir além das suas possibilidades (De *a-+gigante+-ar*)

ágil *adj.2g.* **1** que se move com facilidade; ligeiro; veloz **2** destro; hábil **3** desembaraçado; vivo **4** ativo; diligente (Do lat. *agĭle-*, «ágil»)

agilidade *n.f.* **1** qualidade do que é ágil **2** ligeireza; desembaraço **3** atividade e vivacidade (Do lat. *agilitāte-*, «agilidade»)

agilitar *v.tr.* ⇒ **agilizar** (De *ágil+-itar*)

agilizar *v.tr.* tornar ágil; tornar mais rápido (De *ágil+-izar*)

aginia *n.f.* **1** falta de mulher; celibato **2** aversão às mulheres **3** BOTÂNICA carência de pistilo (De *ágino+-ia*)

ágino *adj.* que apresenta aginia (Do gr. *a*, «sem» +*gyné*, «mulher»)

ágio *n.m.* **1** ECONOMIA lucro obtido no desconto de títulos ou troca de moedas **2** ECONOMIA diferença entre o valor real da moeda e o seu valor nominal **3** ECONOMIA prémio do ouro sobre o papel-moeda **4** ECONOMIA usura; especulação (Do it. *aggio*, «ágio»)

agiota *n.2g.* **1** pessoa que empresta dinheiro com juros excessivos; usurário **2** especulador de fundos ■ *adj.* que exerce agiotagem (Deriv. regr. de *agiotagem*)

agiotagem *n.f.* **1** negócio de especulação com fundos ou mercadorias **2** lucro resultante dessa especulação **3** empréstimo de dinheiro com juros exagerados; cobrança de juros ilegais; usura (Do fr. *agiotage*, «id.»)

agiotar *v.intr.* **1** exercer a agiotagem; especular **2** emprestar dinheiro com juros exagerados; usurar (De *agiota+-ar*, ou do fr. *agioter*, «id.»)

agir *v.intr.* **1** fazer algo; atuar **2** proceder; comportar-se ■ *v.tr.,intr.* provocar determinado efeito (sobre) (Do lat. *agĕre*, «agir; fazer»)

agirafado *adj.* esguio como a girafa (De *a-+girafa+-ado*)

agitabilidade *n.f.* qualidade do que é agitável (Do lat. *agitabĭle-*, «agitável» +*-i-+-dade*)

agitação *n.f.* **1** ato ou efeito de agitar **2** alvoroço **3** desassossego **4** motim **5** [fig.] movimento (Do lat. *agitatiōne-*, «agitação»)

agitadiço *adj.* que se agita muitas vezes (De *agitar+-diço*)

agitado *adj.* **1** em movimento **2** perturbado **3** excitado **4** convulso (Part. pass. de *agitar*)

agitador *adj.,n.m.* **1** que ou o que agita **2** perturbador **3** revolucionário (Do lat. *agitatōre-*, «condutor de carros, nos jogos»)

agitamento *n.m.* ⇒ **agitação** (De *agitar+-mento*)

agitante *adj.2g.* **1** que agita **2** perturbador (Do lat. *agitante-*, part. pres. de *agitāre*, «pôr em movimento»)

agitar *v.tr.* **1** mover com frequência e irregularidade **2** excitar **3** abanar; sacudir **4** perturbar **5** sublevar ■ *v.pron.* **1** mover-se **2** inquietar-se (Do lat. *agitāre*, «pôr em movimento»)

agitato *adj.* MÚSICA executado com vivacidade e animação (Do it.)

agitável *adj.2g.* que se pode agitar (Do lat. *agitabĭle-*, «id.»)

agitprop *n.m.* **1** agitação e propaganda políticas, normalmente expressas pela arte, a literatura, a música, etc. **2** trabalho(s) artístico(s) enquanto veículo(s) dessa propaganda (Do ing. *agitprop*, «id.»)

aglobulia *n.f.* MEDICINA diminuição dos glóbulos sanguíneos, sobretudo dos vermelhos (Do gr. *a*, «sem»+lat. *globŭlu-*, «glóbulo»+*-ia*)

aglomeração *n.f.* **1** ação ou efeito de aglomerar(-se) **2** grande quantidade de coisas ou pessoas juntas; amontoamento; reunião (Do lat. *ad-+glomeratiōne-*, «aglomeração»)

aglomerada *n.f.* rolha fabricada com aglomerado de cortiça (Part. pass. fem. subst. de *aglomerar*)
aglomerado *adj.* reunido; amontoado ■ *n.m.* **1** concentração de pessoas ou de coisas **2** GEOLOGIA massas rochosas que se formaram pela reunião sucessiva de fragmentos de outras rochas **3** material utilizado na construção civil e obtido à custa da mistura de um aglutinante, como o cimento, e um inerte, como a brita **4** artefacto de cortiça prensada ou madeira prensada (Do lat. *agglomerātu-*, «id.»)
aglomerar *v.tr.* reunir por aglomeração; amontoar; juntar; acumular (Do lat. *agglomerāre*, «id.»)
aglossia *n.f.* **1** MEDICINA ausência congénita de língua **2** MEDICINA mutismo **3** uso de barbarismos (Do gr. *a*, «sem» +*glóssa*, «língua» +*-ia*)
aglosso *adj.* **1** que não tem língua **2** que emprega barbarismos ■ *n.m.* **1** ZOOLOGIA microlepidóptero cuja larva vive em certas gorduras **2** ZOOLOGIA espécime dos aglossos ■ *n.m.pl.* ZOOLOGIA subordem de batráquios anuros desprovidos de língua (Do gr. *a*, «sem» +*glóssa*, «língua»)
aglutição *n.f.* impossibilidade de engolir (De *a-*, «sem»+lat. **glutitiōne-*, de *glutīre*, «engolir»)
aglutinabilidade *n.f.* qualidade do que é aglutinável (Do lat. **agglutinabĭle-*, «aglutinável» +*-i-*+*-dade*)
aglutinação *n.f.* **1** ato ou efeito de aglutinar **2** reunião de elementos distintos de forma a constituir um todo homogéneo; junção; ligação **3** ação produzida no sangue de um animal pela presença do soro sanguíneo de outro animal, quando os glóbulos se aglomeram e aderem uns aos outros **4** MEDICINA aderência por anticorpos séricos de partículas antigénicas, como eritrócitos (hemaglutinação) ou agentes microbianos **5** segundo a gramática tradicional, fusão de duas ou mais palavras numa só, de modo a formar um todo significativo **6** LINGUÍSTICA processo de formação de palavras que caracteriza as línguas aglutinantes e em que aquelas se formam juntando-se à raiz afixos que exprimem categorias e relações gramaticais (Do lat. *agglutinatiōne-*, «ligação; dedicação»)
aglutinador *adj.,n.m.* que ou o que aglutina (De *aglutinar*+*-dor*)
aglutinamento *n.m.* ⇒ **aglutinação** (De *aglutinar*+*-mento*)
aglutinante *adj.2g.,n.m.* que ou o que aglutina ■ *adj.2g.* LINGUÍSTICA designativo das línguas em que as palavras se formam colocando-se um morfema a seguir a outro, sem o uso de afixos ■ *n.m.* substância presente nas tintas cuja função é fazê-las aderir à base ao secar (Do lat. *agglutinante-*, «id.», part. pres. de *agglutināre*, «unir; aglutinar»)
aglutinar *v.tr.* **1** unir com cola ou grude; fazer aderir **2** pegar **3** juntar; unir **4** (gramática tradicional) reunir duas ou mais palavras num todo subordinado a um só acento predominante (Do lat. *adglutināre*, «unir»)
aglutinativo *adj.* que aglutina (De *aglutinar*+*-tivo*)
aglutinável *adj.2g.* que se pode aglutinar (De *aglutinar*+*-vel*)
aglutinina *n.f.* BIOLOGIA substância (anticorpo) que existe no soro sanguíneo e é capaz de aglutinar os glóbulos vermelhos que contêm o aglutinogénio correspondente (De *aglutinar*+*-ina*)
aglutinogénio *n.m.* BIOLOGIA substância aglutinável dos glóbulos vermelhos do sangue (De *aglutinar*+*-génio*, ou do fr. *agglutinogène*, «id.»)
agma *n.m.* fratura (Do gr. *ágma*, «fragmento»)
agmatologia *n.f.* parte da cirurgia que trata das fraturas (Do gr. *ágma*, *-atos*, «fratura» +*lógos*, «tratado» +*-ia*)
agnação *n.f.* **1** parentesco masculino por consanguinidade **2** BOTÂNICA união de peças pertencentes a verticilos florais diferentes (Do lat. *agnatiōne-*, «parentesco pelo lado paterno»)
agnado *n.m.* **1** parente por linha masculina **2** BOTÂNICA coalescência de peças que pertencem a verticilos florais diferentes (Do lat. *agnātu-*, «parente»)
agnatia *n.f.* TERATOLOGIA ausência congénita do maxilar inferior (Do gr. *a*, «sem» +*gnáthos*, «maxila» +*-ia*)
agnatício *adj.* relativo a agnado (Do lat. *agnaticĭu-*, de *agnātu-*, «parente pelo lado paterno»)
agnato *n.m.* ⇒ **agnado**
ágnato *adj.* **1** TERATOLOGIA que não tem o maxilar inferior **2** ZOOLOGIA relativo ou pertencente aos ágnatos ■ *n.m.* **1** TERATOLOGIA o que não tem o maxilar inferior **2** ZOOLOGIA espécime dos ágnatos **3** *pl.* ⇒ **ciclóstomo** *n.m.pl.* (Do gr. *a*, «sem» +*gnáthos*, «mandíbula»)
agnatóstomo *adj.,n.m.,n.m.pl.* ⇒ **ciclóstomo** (Do gr. *a-*, «sem» +*gnáthos*, «mandíbula» +*stóma*, «boca»)
agnelina *n.f.* **1** pele de cordeiro preparada com a lã **2** primeira lã cortada aos cordeiros (Do fr. *agneline*, «id.», do lat. *agnellu-*, «cordeirinho»)

agnelino *adj.* designativo da primeira lã dos cordeiros (Do lat. *agnellīnu-*, «de cordeiro»)
agnição *n.f.* **1** reconhecimento **2** conhecimento **3** passo de uma peça dramática em que duas personagens se conhecem (Do lat. *agnitiōne-*, «conhecimento»)
agnocasto *n.m.* BOTÂNICA arbusto aromático verbenáceo; árvore-da-castidade (Do lat. *agnu-*, «arbusto» +*castu-*, «casto»)
agnome /ó/ *n.m.* apelido ou alcunha que os Romanos acrescentavam ao cognome (Do lat. *agnōmĭne-*, «sobrenome»)
agnominação *n.f.* ⇒ **paronomásia 1** (Do lat. *agnominatiōne-*, «id.»)
agnosia *n.f.* **1** MEDICINA incapacidade, estando intactos os órgãos sensoriais, de reconhecer os objetos e os símbolos usuais, e que pode ser visual (cores, formas, escrita, etc.), auditiva ou táctil **2** FILOSOFIA reconhecimento da limitação do conhecimento humano (Do gr. *agnosía*, «ignorância»)
agnosticismo *n.m.* sistema filosófico segundo o qual o espírito humano ainda se encontra impossibilitado de alcançar, sobre certos fenómenos (por exemplo, a origem da vida), um conhecimento absoluto (De *agnóstico*+*-ismo*)
agnosticista *adj.,n.2g.* ⇒ **agnóstico** (De *agnóstico*+*-ista*)
agnóstico *adj.* **1** relativo ao agnosticismo **2** que professa esse sistema ■ *n.m.* partidário do agnosticismo (Do gr. *ágnostos*, «ignorante», pelo ing. *agnostic*, «id.»)
agnostozoico *adj.* GEOLOGIA designativo dos tempos pré-câmbricos, por não se conhecerem vestígios de seres vivos revelados pelos fósseis (Do gr. *ágnostos*, «ignorado»+port. *-zóico*)
agnostozóico ver nova grafia **agnostozoico**
Agnus Dei *loc.* invocação feita durante a missa depois da consagração da hóstia (Do lat. *Agnus Dei*, «Cordeiro de Deus»)
agógico *adj.* **1** diz-se do sentido que se infere das palavras **2** MÚSICA que é executado com ligeiras modificações do andamento para dar mais expressão à frase musical (Do gr. *agogé*, «condução; transporte», pelo fr. *agogique*, «agógico»)
agoiral *adj.2g.* ⇒ **agoural**
agoirar *v.tr.,intr.* ⇒ **agourar**
agoireiro *adj.,n.m.* ⇒ **agoureiro**
agoirentar *v.tr.* ⇒ **agourentar**
agoirento *adj.* ⇒ **agourento**
agoiro *n.m.* ⇒ **agouro**
agolfinhado *adj.* semelhante ao golfinho (De *a-*+*golfinho*+*-ado*)
agolpear *v.tr.* ⇒ **golpear** (De *a-*+*golpear*)
agomar *v.intr.* deitar gomos; germinar (De *a-*+*gomo*+*-ar*)
agomia *n.f.* faca de mato de ponta recurvada (Do ár. *kummíâ*, «punhal»)
agomiada *n.f.* golpe de agomia (De *agomia*+*-ada*)
agomil *n.m.* ⇒ **gomil** (Do lat. **aquimīnĭle-*, por *aquimanīle-*, «bacia das mãos»)
agomilado *adj.* em forma de gomil (De *a-*+*gomil*+*-ado*)
agongorar *v.tr.* tornar semelhante ao estilo gongórico (De *a-*+*Gôngora*, antr.+*-ar*)
agonia *n.f.* **1** período que antecede a morte, caracterizado por um enfraquecimento progressivo das funções vitais **2** sofrimento; aflição **3** ansiedade **4** [pop.] náusea; enjoo **5** [fig.] declínio (Do gr. *agónía*, «luta nos jogos» pelo lat. ecl. *agonĭa-*, «perturbação; ansiedade»)
agoniado *adj.* **1** angustiado; aflito **2** enjoado **3** [Brasil] apressado (Part. pass. de *agoniar*)
agoniante *adj.2g.* **1** que causa agonia **2** aflitivo **3** que provoca náuseas; enjoativo (De *agoniar*+*-ante*)
agoniar *v.tr.* **1** causar agonia a **2** enjoar **3** afligir; amargurar; atormentar ■ *v.pron.* **1** afligir-se **2** indispor-se; sentir enjoo **3** encolerizar-se; apoquentar-se (De *agonia*+*-ar*)
agónico *adj.* relativo à agonia (Do gr. *agonikós*, pelo lat. *agonĭcu-*, «relativo a jogos»)
Agónidas *n.m.pl.* ⇒ **Agonídeos**
Agonídeos *n.m.pl.* ICTIOLOGIA família de peixes teleósteos, acantopterígios, afins dos ruivos, a que pertence o bêbedo dos mares de Portugal (Do gr. *ágonos*, «sem ângulos» +*-ídeos*)
agonista *n.m.* **1** ANATOMIA músculo que determina, de maneira predominante, a direção do movimento, opondo-se à ação de outro músculo **2** FARMÁCIA, FISIOLOGIA substância que atua num recetor celular, onde tem um efeito similar ao do mensageiro químico do organismo (Do gr. *agonístes*, «atleta»)
agonistarca *n.m.* indivíduo que presidia aos combates dos atletas, entre os antigos Gregos e Romanos (Do gr. *agonistárkhes*, «chefe dos atletas», pelo lat. *agonistarcha-*, «id.»)

agonística *n.f.* DESPORTO parte da ginástica relativa ao combate dos atletas, entre os antigos Gregos e Romanos (Do gr. *agonistikós*, «relativo à luta», pelo lat. tard. *agonistĭcu-*, «id.»)

agonístico *adj.* DESPORTO relativo a combates (Do gr. *agonistikós*, «relativo à luta», pelo lat. tard. *agonistĭcu-*, «id.»)

agonizante *adj.2g.* 1 que causa agonia 2 que está na agonia ■ *n.2g.* pessoa que está a morrer; moribundo (Do lat. *agonizante-*, «id.», part. pres. de *agonizāre*, «lutar»)

agonizar *v.tr.* causar agonia a; afligir ■ *v.intr.* 1 estar moribundo 2 estar em sofrimento 3 estar em declínio (Do lat. *agonizāre*, «lutar»)

ágono *adj.* GEOMETRIA que não tem ângulos (Do gr. *ágonos*, «sem ângulos»)

agora *adv.* 1 neste momento; ora 2 presentemente 3 hoje em dia 4 de hoje em diante; ~! exclamação que exprime incredulidade ou espanto (Do lat. *hac hora*, «nesta hora»)

ágora *n.f.* praça pública das antigas cidades gregas, semelhante ao fórum romano, em geral de forma quadrada (Do gr. *agorá*, «praça pública»)

agorafobia *n.f.* PATOLOGIA receio mórbido dos largos espaços vazios (rua, praça) e dos sítios públicos (Do gr. *agorá*, «praça pública» +*phóbos*, «medo» +*-ia*)

agorófobo *adj.,n.m.* que ou aquele que sofre de agorafobia (De *ágora*+*-fobo*, do gr. *agorá*, «praça pública» +*phobeīn*, «temer»)

agorentar *v.tr.* 1 aparar à volta; aguarentar 2 diminuir; encurtar 3 depreciar (De orig. obsc.)

agorinha *adv.* agora mesmo; neste momento (De *agora*+*-inha*)

agostado *adj.* estiolado; murcho (Part. pass. de *agostar-se*)

agostadoiro *n.m.* ⇒ **agostadouro**

agostadouro *n.m.* restolho que fica nos campos depois de ceifado o cereal (De *agostar*+*-douro*)

agostar *v.intr.* amadurecer em agosto ■ *v.pron.* murchar por falta de humidade; estiolar (De *Agosto*+*-ar*)

agosteiro *adj.* 1 próprio do mês de agosto 2 nascido neste mês (De *Agosto*+*-eiro*)

agostinho¹ *adj.* relativo a santo Agostinho ou à sua ordem religiosa ■ *n.m.* religioso da Ordem de Santo Agostinho (De *Agostinho*, antr.)

agostinho² *adj.* diz-se do fruto que amadurece em agosto (De *Agosto*+*-inho*)

agostinianismo *n.m.* ⇒ **augustinismo**

agostiniano *adj.* 1 da Ordem de Santo Agostinho 2 relativo a Santo Agostinho (De *Agostinho*+*-iano*)

agosto /ô/ *n.m.* oitavo mês do ano civil, com trinta e um dias (Do lat. *Augustu-*, nome do imperador que deu o nome a este mês)

agoural *adj.2g.* referente a agouro (De *agouro*+*-al*)

agourar *v.tr.,intr.* 1 prever ou dizer antecipadamente o que há de suceder; vaticinar; profetizar 2 prever coisas negativas; predizer desgraças (De *agouro*+*-ar*)

agoureiro *adj.,n.m.* 1 que ou pessoa que faz predições; adivinho 2 que ou pessoa que prediz desgraças 3 que ou pessoa que acredita em agouros, pressagios ■ *n.m.* ⇒ **áugure** 1 (De *agouro*+*-eiro*)

agourentar *v.tr.* predizer desgraças; fazer mau agouro de (De *agouro*+*-entar*)

agourento *adj.* 1 que anuncia desgraças; que traz mau agouro 2 que acredita em agouros; supersticioso (De *agouro*+*-ento*)

agouro *n.m.* 1 presságio baseado na observação de factos ou de objetos; augúrio 2 previsão de coisa negativa 3 sinal que prenuncia algo; *longe vá o ~!* que o perigo se afaste para longe! (Do lat. *augurĭu-*, «presságio; predição»)

agra *n.f.* 1 campo 2 terreno inculto (Do lat. *agru-*, «campo»)

agraciamento *n.m.* ato ou efeito de agraciar; condecoração (De *agraciar*+*-mento*)

agraciar *v.tr.* 1 conceder honra ou galardão; condecorar 2 favorecer 3 conceder graça ou mercê 4 dar graça ou beleza a (De *a-*+*graça*+*-iar*)

agraciável *adj.2g.* que pode ser agraciado (De *agraciar*+*-vel*)

agraço *n.m.* 1 uva verde 2 sumo de uva verde ■ *adj.* muito acre; agraz (De *agro*+*-aço*)

agradado *adj.* 1 que sentiu agrado 2 bem impressionado 3 deleitado; satisfeito (Part. pass. de *agradar*)

agradar¹ *v.tr.,intr.* 1 causar boa impressão (a); parecer bem (a); satisfazer 2 tornar-se querido (de) ■ *v.pron.* 1 gostar de 2 sentir prazer ou inclinação por (De *a-*+*grado*+*-ar*)

agradar² *v.tr.* alisar (o terreno) com grade (De *a-*+*grade*+*-ar*)

agradável *adj.2g.* 1 que agrada 2 amável; afável 3 benigno 4 deleitoso; saboroso; aprazível 5 suave (De *agradar*+*-vel*)

agradecer *v.tr.,intr.* mostrar gratidão (por); dar graças (por) ■ *v.tr.* retribuir de modo equivalente; compensar (De *agradar*+*-ecer*)

agradecido *adj.* 1 que agradece 2 grato; reconhecido; obrigado (Part. pass. de *agradecer*)

agradecimento *n.m.* 1 ato ou efeito de agradecer 2 gratidão; reconhecimento 3 recompensa; gratificação 4 [pop.] paga (De *agradecer*+*-i-*+*-mento*)

agradecível *adj.2g.* que merece ser agradecido (De *agradecer*+*-i-*+*-vel*)

agrado *n.m.* 1 emoção agradável; satisfação; contentamento 2 aparência amável; afabilidade; cortesia 3 aprovação 4 [Brasil] carícia (Deriv. regr. de *agradar*)

agrafador *n.m.* 1 aparelho manual para agrafar papel, tecido, etc. 2 máquina de agrafar (De *agrafar*+*-dor*)

agrafar *v.tr.* prender (geralmente folhas de papel) com agrafo (De *agrafo*+*-ar*)

agrafe *n.m.* ⇒ **agrafo** (Do fr. *agrafe*, «id.»)

agrafia *n.f.* MEDICINA impossibilidade ou perda da capacidade de escrever, independente de qualquer paralisia (De *a-*+*grafia*, ou do fr. *agraphie*, «id.»)

agrafo *n.m.* 1 grampo metálico, geralmente curvo nas pontas, que serve para prender folhas de papel ou outros materiais semelhantes 2 instrumento metálico em forma de grampo, usado para unir as partes de uma ferida (Do fr. *agrafe*, «id.»)

ágrafo *adj.* que não está escrito (Do gr. *ágraphos*, «não escrito»)

agramatical *adj.2g.* LINGUÍSTICA que não está de acordo com os princípios e regras de uma dada gramática

agranar *v.intr.* (cereais) criar grão (De *a-*+*grão*+*-ar*)

agranelar *v.tr.* guardar em granel (De *ad*+ cat. *graner*+*-ar*)

agranjado *adj.* semelhante a uma granja (De *a-*+*granja*+*-ado*)

agrário *adj.* relativo ao campo e à agricultura; campestre; rústico (Do lat. *agrarĭu-*, «relativo ao campo»)

agraudar *v.tr.,intr.* tornar(-se) graúdo; crescer (De *a-*+*graúdo*+*-ar*)

agravação *n.f.* ⇒ **agravamento** (Do lat. *aggravatiōne-*, «sobrecarga»)

agravamento *n.m.* ato ou efeito de agravar(-se) (De *agravar*+*-mento*)

agravante *adj.2g.* que agrava; que torna pior ■ *n.2g.* 1 o que agrava 2 DIREITO pessoa que interpõe recurso de agravo ■ *n.f.* circunstância ou causa que torna mais grave (De *agravar*+*-ante*)

agravar *v.tr.* 1 tornar mais grave; piorar 2 irritar 3 oprimir 4 ofender 5 aumentar 6 DIREITO interpor agravo de ■ *v.pron.* 1 tornar-se mais grave 2 exacerbar-se 3 ofender-se (Do lat. *aggravāre*, «tornar mais pesado»)

agravativo *adj.* ⇒ **agravante** *adj.2g.* (De *agravar*+*-tivo*)

agravatório *adj.* ⇒ **agravante** *adj.2g.* (De *agravar*+*-tório*)

agraviar *v.tr.* 1 [pop.] afligir 2 [pop.] molestar 3 [pop.] atrapalhar (De *a-*+*grave*+*-iar*)

agravista *n.m.* [ant.] juiz que julgava os agravos nos tribunais de segunda instância (De *agravo*+*-ista*)

agravo *n.m.* 1 ofensa; insulto 2 MEDICINA aumento de doença 3 DIREITO recurso ordinário das decisões do tribunal de primeira instância suscetíveis de recurso, mas do que não cabe apelação, isto é, genericamente, de todas as decisões que não conheçam do mérito da causa (Deriv. regr. de *agravar*)

agravoso /ô/ *adj.* que causa ou encerra agravo (De *agravo*+*-oso*)

agraz *adj.2g.,n.m.* ⇒ **agraço** (De *agro* [= azedo] +*-az*)

agre *adj.2g.* 1 ácido 2 azedo; acre (Do lat. *acre-*, «acre»)

agredir *v.tr.* 1 atacar; assaltar 2 insultar; ofender 3 ferir 4 causar sensação desagradável; incomodar (Do lat. **aggredīre*, de *aggrĕdi*, «ir para; aproximar-se de»)

agregação *n.f.* 1 ato ou efeito de agregar(-se) 2 reunião em grupo 3 união 4 admissão; incorporação 5 (ensino superior) habilitação à qual podem concorrer doutorados e que é um pré-requisito para a passagem a catedrático (De *agregar*+*-ção*)

agregado *adj.* 1 associado 2 congregado 3 adjunto 4 (ensino superior) qualificativo do professor que obteve a agregação ■ *n.m.* 1 composto resultante de coisas agregadas; aglomerado 2 conjunto não ordenado de elementos 3 material granular aglutinado em betões, argamassas e macadames 4 MINERALOGIA agrupamento de cristais ligados uns aos outros 5 conjunto de pessoas que habitam juntas 6 (ensino superior) professor que obteve a agregação; *~ familiar* conjunto de pessoas pertencentes à mesma família que vivem na mesma casa (Part. pass. de *agregar*)

agregar *v.tr.* 1 juntar; reunir 2 incorporar; associar 3 amontoar 4 admitir ■ *v.pron.* unir-se; juntar-se; associar-se (Do lat. *aggregāre*, «juntar»)

agregativo *adj.* 1 que agrega 2 capaz de agregar(-se) (De *agregar*+*-tivo*)

agreira *n.f.* ⇒ **lódão-bastardo** (Do lat. *agrariă-*, «relativa ao campo»?)

agrément *n.m.* aceitação da nomeação de um diplomata estrangeiro por parte de um Estado (Do fr. *agrément*, «id.»)

agremiação *n.f.* 1 ato ou efeito de reunir em associação ou grémio 2 associação; grémio (De *agremiar*+*-ção*)

agremiado *adj.* reunido em grémio; associado ▪ *n.m.* membro de associação ou grémio (Part. pass. de *agremiar*)

agremiador *adj.,n.m.* que ou o que agremia (De *agremiar*+*-dor*)

agremiar *v.tr.* 1 reunir em grémio 2 associar ▪ *v.pron.* 1 associar-se a um grémio 2 associar-se; reunir-se (De *a-*+*grémio*+*-ar*)

agressão *n.f.* 1 ato ou efeito de agredir 2 ataque violento 3 hostilidade; provocação (Do lat. *aggressiōne-*, «ataque; agressão»)

agressividade *n.f.* 1 qualidade do que é agressivo 2 tendência ou disposição para agredir 3 combatividade (De *agressivo*+*-i-*+*-dade*)

agressivo *adj.* 1 que contém agressão 2 ofensivo 3 hostil 4 combativo (Do lat. *aggressu-*, «id.», pelo fr. *agressif*, «agressivo»)

agressor *adj.,n.m.* 1 que ou o que agride 2 provocador 3 invasor; atacante (Do lat. *aggressōre-*, «id.»)

agreste *adj.2g.* 1 do campo; rústico 2 não cultivado 3 [fig.] desabrido 4 [fig.] rude (Do lat. *agreste-*, «relativo ao campo»)

agrestia *n.f.* 1 qualidade do que é agreste 2 rudeza (De *agreste*+*-ia*)

agrestice *n.f.* ⇒ **agrestia** (De *agreste*+*-ice*)

agrestidade *n.f.* ⇒ **agrestia**

agri-[1] elemento de formação de palavras que exprime a ideia de *campo* (Do lat. *agru-*, «campo»)

agri-[2] elemento de formação de palavras que exprime a ideia de *acre* (Do lat. *acre-*, «acre; pontiagudo»)

agrial *n.m.* 1 lugar onde crescem agriões 2 plantação de agriões (De *agrião*+*-al*)

agrião *n.m.* 1 BOTÂNICA planta herbácea da família das Crucíferas, com folhas de sabor acre, muito utilizada em culinária (em saladas e sopas) e em farmácia, na preparação de xaropes 2 VETERINÁRIA tumor que se forma nas cavalgaduras (Do gr. *ágrion*, «que vive no campo»)

agrião-do-pará *n.m.* ⇒ **jambu**

agrícola *adj.2g.* relativo à agricultura ▪ *n.m.* agricultor (Do lat. *agricŏla-*, «agricultor»)

agricultar *v.tr.* cultivar (a terra); lavrar (De *agri-*+*culto*+*-ar*)

agricultável *adj.2g.* que se pode cultivar; arável (De *agricultar*+*-vel*)

agricultor *n.m.* o que cultiva o campo; lavrador (Do lat. *agricultōre-*, «id.»)

agricultura *n.f.* 1 atividade que consiste em cultivar a terra para dela se obterem vegetais úteis ao homem e/ou à criação de animais; lavra; cultura; lavoura 2 agrografia; ~ *biológica* sistema de produção agrícola que utiliza métodos (como rotações de culturas, uso de adubos e fertilizantes não sintéticos, etc.) que promovem o equilíbrio dos ecossistemas naturais e dos ciclos biológicos (Do lat. *agricultūra-*, «id.»)

agridoce /ô/ *adj.2g.* 1 amargo e doce ao mesmo tempo 2 [fig.] que causa ao mesmo tempo tristeza e alegria ▪ *n.m.* sabor amargo e doce ao mesmo tempo ▪ *n.f.* variedade de maçã cultivada em Portugal (De *agri-*+*doce*)

agrilhetar *v.tr.* prender com grilheta (De *a-*+*grilheta*+*-ar*)

agrilhoamento *n.m.* 1 ato ou efeito de agrilhoar 2 prisão (De *agrilhoar*+*-mento*)

agrilhoar *v.tr.* 1 prender com grilhões; acorrentar 2 [fig.] reprimir; constranger 3 [fig.] oprimir (De *a-*+*grilhão*+*-ar*)

agrimar-se *v.pron.* 1 tomar-se de grima; enfurecer-se 2 [regionalismo] acolher-se à proteção de alguém (De *a-*+*grima*+*-ar*)

agrimensão *n.f.* ⇒ **agrimensura** (De *agri-*+*-mensão*)

agrimensar *v.tr.* medir (terrenos) (De *agri-*+*-mensar*)

agrimensor *n.m.* 1 indivíduo que mede terrenos 2 instrumento para medir terrenos (Do lat. tard. *agrimensōre-*, «id.»)

agrimensura *n.f.* medição da área de um terreno (Do lat. *agrimensūra-*, «id.»)

agrimónia *n.f.* 1 BOTÂNICA planta herbácea, da família das Rosáceas, de flores amarelas e frutos ásperos, que possui propriedades medicinais e é espontânea em quase todo o País 2 ⇒ **acrimónia** (Do lat. *agrimoniă-*, «agrimónia»)

agrinaldar *v.tr.* ⇒ **engrinaldar** (De *a-*+*grinalda*+*-ar*)

agriófago *adj.,n.m.* que ou aquele que se nutre de animais selvagens (Do gr. *agriophágos*, «que come frutos silvestres ou carne crua», pelo lat. *agriophăgu-*, «id.»)

agriota *n.f.* cereja brava (Do gr. *agriótes*, «não cultivada»)

agripene *adj.2g.* (ave) que tem as penas da cauda em forma aguçada (Do lat. *acre-*, «aguçado» +*penna-*, «pluma»)

agripina *n.f.* [Brasil] ZOOLOGIA borboleta da família dos Noctuídeos, notável pela envergadura das suas asas, que, por vezes, se aproxima dos 30 centímetros, e que, por isso, é um dos maiores insetos conhecidos (Do lat. *Agripina-*, antr.)

agripnia *n.f.* MEDICINA insónia; vigília (Do gr. *agrypnía*, «insónia»)

agrisalhar *v.tr.* tornar grisalho; arruçar (De *a-*+*grisalho*+*-ar*)

agro[1] *adj.* 1 ácido; azedo 2 [fig.] íngreme 3 [fig.] árduo; duro (Do lat. *acru-*, por *acre-*, «acre; pontiagudo»)

agro[2] *n.m.* terreno cultivado ou cultivável (Do lat. *agru-*, «campo»)

agro- ⇒ **agri-**[1]

agroalimentar *adj.2g.* 1 que diz respeito simultaneamente à agricultura e à alimentação 2 relativo à alimentação com base em produtos agrícolas 3 relativo à transformação e armazenamento de produtos alimentares de origem agrícola (De *agro-*+*alimentar*)

agro-alimentar ver nova grafia **agroalimentar**

agro-doce *adj.2g.* ⇒ **agridoce** *adj.2g.* (De *agro-*+*doce*)

agrogeologia *n.f.* disciplina que estuda as características físico-químicas do solo, considerando as necessidades da atividade agrícola (De *agro-*+*geologia*)

agro-geologia ver nova grafia **agrogeologia**

agrografia *n.f.* descrição das coisas respeitantes à agricultura; agricultura (Do gr. *agrós*, «campo» +*grapheīn*, «escrever» +*-ia*)

agrográfico *adj.* relativo a agrografia (De *agrografia*+*-ico*)

agroindústria *n.f.* indústria que se dedica à transformação de produtos provenientes da agricultura (De *agro-*+*indústria*)

agro-indústria ver nova grafia **agroindústria**

agroindustrial *adj.2g.* 1 que diz respeito, simultaneamente, à agricultura e à indústria 2 relativo à agroindústria (De *agro-*+*industrial*)

agro-industrial ver nova grafia **agroindustrial**

agrologia *n.f.* ramo da agronomia que trata do estudo dos solos em relação ao seu aproveitamento agrícola (Do gr. *agrós*, «campo» +*lógos*, «estudo» +*-ia*)

agrológico *adj.* relativo à agrologia (De *agrologia*+*-ico*)

agrólogo *n.m.* aquele que é versado em agrologia (Do gr. *agrós*, «campo» +*lógos*, «tratado»)

agromania *n.f.* paixão pela agricultura (De *agro-*+*-mania*)

agromaníaco *adj.* que tem a mania da agricultura (De *agro-*+*maníaco*)

agrometeorologia *n.f.* 1 estudo dos fenómenos meteorológicos de interesse para a agricultura 2 estudo das atividades agrícolas (arborização, desarborização, etc.) de cujo resultado podem depender a frequência e a intensidade de certos fenómenos meteorológicos de interesse para a agricultura (De *agro-*+*meteorologia*)

agro-meteorologia ver nova grafia **agrometeorologia**

agronometria *n.f.* cálculo da produção provável das terras cultivadas (Do fr. *agronométrie*, «id.»)

agronomia *n.f.* ciência que se dedica ao estudo da agricultura (Do fr. *agronomie*, «id.»)

agronómico *adj.* que diz respeito à agronomia (Do fr. *agronomique*, «id.»)

agrónomo *adj.,n.m.* que ou o que é versado ou diplomado em agronomia (Do gr. *agronómos*, «inspetor dos campos»)

agropastoril *adj.2g.* relativo à agricultura e ao pastoreio (De *agro-*+*pastoril*)

agro-pastoril ver nova grafia **agropastoril**

agropecuária *n.f.* 1 estudo do desenvolvimento e das relações entre a agricultura e a pecuária 2 atividade que se baseia no cultivo da terra com vista à produção animal (De *agro-*+*pecuária*)

agro-pecuária ver nova grafia **agropecuária**

agropecuário *adj.* relativo à agropecuária (De *agro-*+*pecuário*)

agro-pecuário ver nova grafia **agropecuário**

agroquímico *adj.* diz-se dos produtos químicos empregados na agricultura e atividades afins ▪ *n.m.* especialista em agroquímica (De *agro-*+*químico*)

agro-químico ver nova grafia **agroquímico**

agror *n.m.* 1 azedume 2 amargura (Do lat. *acrōre-*, «amargor»)

agrosseirado *adj.* de modos grosseiros (De *a-*+*grosseiro*+*-ado*)

agróstide *n.f.* BOTÂNICA planta forraginosa vivaz, da família das Gramíneas, muito vulgar nos prados naturais (Do gr. *agróstis*, *-idis*, «grama», pelo lat. *agrostĭde-*, «id.»)

agroturismo *n.m.* tipo de turismo realizado em casas particulares integradas em explorações agrícolas, que permite aos turistas o acompanhamento e conhecimento das atividades agrícolas e/ou a participação nas tarefas desenvolvidas (De *agro-+turismo*)

agro-turismo ver nova grafia **agroturismo**

agrumelar *v.tr.,pron.* ⇒ **agrumular**

agrumular *v.tr.,pron.* coagular em grúmulos (De *a-+grúmulo+-ar*)

agrupado *adj.* **1** reunido em grupo **2** associado **3** BOTÂNICA diz-se da inflorescência cujas flores não estão separadas entre si por folhas normais (Part. pass. de *agrupar*)

agrupamento *n.m.* **1** ato ou efeito de agrupar **2** ajuntamento; reunião **3** MILITAR unidade de apoio de fogos composta por dois ou mais grupos de artilharia (De *agrupar+-mento*)

agrupar *v.tr.* **1** pôr ou dispor em grupo **2** juntar; reunir **3** associar ■ *v.pron.* reunir-se (De *a-+grupo+-ar*)

agrura *n.f.* **1** qualidade do que é agro **2** sabor agro **3** asperеза **4** alcantil; penedia **5** [fig.] desgosto **6** [fig.] dificuldade; impedimento (De *agro+-ura*)

água *n.f.* **1** líquido incolor e transparente, insípido e inodoro, composto de hidrogénio e oxigénio, de fórmula química H_2O **2** líquido semelhante a este ou em que este predomina **3** hidrosfera **4** chuva **5** secreção de natureza orgânica, como o suor, a saliva, as lágrimas, etc. **6** infusão; caldo; cozimento **7** vertente de um telhado **8** limpidez das pedras preciosas **9** [Brasil] embriaguez **10** *pl.* ondas; mar **11** *pl.* urina **12** *pl.* saco que contém o líquido amniótico e se rompe antes do parto; ~ *benta* RELIGIÃO água utilizada pelo sacerdote no batismo e noutras cerimónias religiosas; ~ *de cal* QUÍMICA solução aquosa de hidróxido de cálcio; ~ *destilada* QUÍMICA água isenta de sais minerais, obtida por destilação; ~ *doce* água que contém pouco cloreto de sódio; ~ *mineral* água natural com elevada percentagem de substâncias minerais em dissolução, utilizada geralmente para fins terapêuticos; ~ *mole em pedra dura tanto bate até que fura* (provérbio) a tenacidade vence todas as dificuldades; *águas passadas não movem moinhos* (provérbio) o que lá vai lá vai; *águas territoriais* extensão marítima sobre a qual cada Estado exerce a sua soberania; *claro como* ~ evidente, indiscutível; *dar* ~ *pela barba* ser muito difícil, muito penoso; *fazer* ~ *na boca* expressão utilizada para referir algo saboroso ou muito desejável, aludindo ao reflexo da salivação; *ficar em águas de bacalhau* gorar-se; *ir por* ~ *abaixo* frustrar-se, perder-se; *levar a* ~ *ao seu moinho* conseguir os seus intentos; *meter* ~ fazer ou dizer asneiras; *não dizer desta* ~ *não beberei* não se julgar livre de fazer aquilo que condena nos outros; *pescar em águas turvas* tirar proveito da confusão; *sem dizer* ~ *vai* sem aviso prévio; *trazer* ~ *no bico* ter uma intenção oculta; *verter águas* [coloq.] urinar (Do lat. *aqua-*, «id.»)

água-ardente *n.f.* ⇒ **aguardente**

aguabresa /ê/ *n.f.* cano ou esgoto interior das casas que liga com esgoto exterior ou fossa (De orig. obsc.)

aguaça *n.f.* água que corre pelo chão após um aguaceiro (De *água+-aça*)

aguaçal *n.m.* charco de água estagnada; pântano (De *aguaça+-al*)

aguacate *n.m.* ⇒ **abacate** (Do esp. sul-americano *aguacate*, «id.»)

aguaceira *n.f.* líquido salivoso que sai da boca por indisposição de estômago (De *aguaça+-eira*)

aguaceirada *n.f.* grande aguaceiro (De *aguaceiro+-ada*)

aguaceiro *n.m.* **1** chuva forte e passageira **2** [fig.] zanga passageira **3** [fig.] série de contratempos (De *aguaça+-eiro*)

aguacento *adj.* **1** impregnado de água **2** chuvoso **3** aquoso (De *aguaça+-ento*)

aguachado *adj.* saturado de água ■ *n.m.* [regionalismo] indivíduo gordo e barrigudo (Do cast. *aguachado*, «id.»)

água-chilra *n.f.* **1** [regionalismo] líquido insípido **2** [regionalismo] coisa sem sabor ou sem préstimo

aguada *n.f.* **1** lugar onde os navios fazem abastecimento de água potável **2** provisão de água potável **3** tintas preparadas por diluição em água **4** mistura de água e claras de ovos usada pelos encadernadores **5** nome de uma árvore brasileira **6** [regionalismo] refeição dos trabalhadores, nas tardes de inverno (Part. pass. fem. subst. de *aguar*, ou do it. *acquata*, «id.»)

água-de-colónia *n.f.* solução preparada com álcool, água e diversas essências aromáticas (De *água+de+Colónia*, top.) ACORDO ORTOGRÁFICO também se pode escrever **água de Colónia**

água de Colónia a grafia mais usada é **água-de-colónia**

aguadeiro *n.m.* **1** [ant.] indivíduo que leva água ao domicílio ou a vende pelas ruas **2** [regionalismo] molho de linho em rama para demolhar **3** DESPORTO ciclista que presta assistência à equipa ■ *adj.* que deixa escorrer a água da chuva (De *aguada+-eiro*)

água-de-végeto ver nova grafia **água de végeto**

água de végeto *n.f.* FARMÁCIA solução de medicamentos que tem por base um acetato de chumbo diluído

aguadilha *n.f.* **1** humor com aparência de água; serosidade **2** seiva bruta dos vegetais (Do pl. lat. *aquatilia*, «tumores ou vesículas aquosas»)

aguado *adj.* **1** misturado com água **2** semelhante a água **3** cheio de lágrimas **4** corrupto; estragado **5** imperfeito **6** (cavalo) que sofre de inflamação nas patas **7** insípido **8** deslavado **9** malogrado **10** que sente grande desejo; que está com água na boca (Part. pass. de *aguar*)

aguador *n.m.* **1** o que agua **2** regador **3** aguadeiro (Do lat. *aquatōre-*, «aguadeiro»)

aguadouro *n.m.* lugar onde se afoga o linho (De *aguar+-douro*)

água-forte *n.f.* **1** nome vulgar do ácido nítrico **2** solução de ácido nítrico e água usada para gravar metais **3** desenho obtido com chapa gravada por meio do ácido nítrico (Do it. *acquaforte*, «id.»)

água-fortista *adj.,n.2g.* que ou a pessoa que grava a água-forte; aquafortista (De *água-forte+-ista*)

água-furtada *n.f.* ⇒ **águas-furtadas**

aguagem *n.f.* **1** ato ou efeito de aguar **2** NÁUTICA movimento de águas que faz baloiçar o navio (De *aguar+-agem*)

água-mãe *n.f.* QUÍMICA solução aquosa saturada, proveniente da cristalização de certos sais

água-marinha *n.f.* MINERALOGIA pedra, em geral variedade de berilo, semipreciosa, dura, transparente e brilhante, de cor verde-azulada (Do lat. *aqua- marina-*, «água do mar»)

água-mel *n.f.* mistura de água e mel; hidromel

aguamento *n.m.* **1** ato ou efeito de aguar **2** VETERINÁRIA inflamação nas extremidades dos membros locomotores do cavalo ou de outros animais, causada por resfriamento ou excesso de trabalho (De *aguar+-mento*)

aguantar *v.tr.,intr.,pron.* [pop.] ⇒ **aguentar** (Do cast. *aguantar*?)

aguante *n.m.* **1** força que o homem ou o animal pode fazer **2** porção de velame que o navio pode aguentar (Deriv. regr. de *aguantar*)

água-oxigenada /cs/ *n.f.* QUÍMICA peróxido de hidrogénio, usado como antisséptico

aguapé *n.m.* [Brasil] vegetação que cresce em águas estagnadas (Do tupi *awa'pe*, «id.»)

água-pé *n.f.* **1** bebida com baixo teor de álcool que se prepara deitando água no pé ou bagaço das uvas, depois de espremido **2** [pej.] vinho ordinário (De *água+pé*)

água-pesada *n.f.* QUÍMICA composto cujas moléculas são formadas por um átomo de oxigénio e dois de deutério

aguapezal *n.m.* [Brasil] lugar onde abundam aguapés (De *aguapé+z+-al*)

aguar *v.tr.* **1** dissolver em água **2** tornar insípido por excesso de água **3** regar **4** pintar com aguada ■ *v.intr.* **1** [pop.] salivar ao olhar para comida; ficar com água na boca **2** sentir grande desejo **3** (cavalo) ter aguamento ■ *v.pron.* **1** encher-se de água **2** [fig.] malograr-se; frustrar-se (Do lat. *ad*, «para junto de» +*aquāri*, «ir buscar água»)

aguardador *n.m.* o que aguarda (De *aguardar+-dor*)

aguardar *v.tr.* **1** esperar com paciência **2** estar na expectativa **3** obedecer a; acatar; respeitar **4** vigiar (De *a-+guardar*)

aguardentação *n.f.* ato ou efeito de aguardentar (De *aguardentar+-ção*)

aguardentão *adj.* [regionalismo] muito aguardentado (De *aguardentar+-ão*)

aguardentar *v.tr.* **1** misturar com aguardente **2** fartar de aguardente (De *aguardente+-ar*)

aguardente *n.f.* bebida alcoólica que resulta da destilação do vinho ou do seu bagaço, de cereais, frutos, raízes ou outros produtos vegetais doces, depois de fermentados (De *água+ardente*)

aguardenteiro *n.m.* **1** o que fabrica ou negoceia em aguardente **2** o que bebe aguardente em demasia (De *aguardente+-eiro*)

aguardentia *n.f.* embriaguez pela aguardente (De *aguardente+-ia*)

aguardentoso *adj.* que tem cheiro ou sabor de aguardente (De *aguardente+-oso*)

água-régia *n.f.* QUÍMICA mistura de ácido nítrico concentrado com cloreto de hidrogénio (ácido clorídrico) concentrado, em proporções convenientes, e que é capaz de reagir com metais nobres (ouro, platina, etc.), solubilizando-os (Do it. *acqua regia*, «água-régia»)

aguarela *n.f.* **1** tinta diluída em água, cuja aplicação resulta em tons transparentes **2** técnica de pintura com esta tinta **3** pintura com esta tinta (Do it. *acquerella*, «id.», pelo fr. *acquarelle*, «id.»)

aguarelado *adj.* pintado a aguarela (Part. pass. de *aguarelar*)
aguarelar *v.tr.* pintar a aguarela (De *aguarela+-ar*)
aguarelista *adj.,n.2g.* que ou pessoa que pinta a aguarela (De *aguarela+-ista*)
aguarentador *n.m.* 1 o que aguarenta 2 desabonador; detrator (De *aguarentar+-dor*)
aguarentar¹ *v.tr.* 1 arredondar, cortando os guarentes 2 cercear 3 diminuir (De *a-+guarente+-ar*)
aguarentar² *v.tr.* desacreditar; apoucar (De *agourentar*, com infl. de *água* ou *aguar*)
aguaritar *v.tr.,pron.* recolher(-se) em guarita (De *a-+guarita+-ar*)
água-rosada *n.f.* 1 água perfumada de rosas 2 coisa que dá grande prazer
aguarrás *n.f.2n.* essência de terebintina, usada como diluente (Do lat. *aqua-*, «água» +*rase-*, «pez»)
água-ruça *n.f.* 1 resíduo do fabrico do azeite 2 líquido escuro
águas-furtadas *n.f.pl.* último andar de um edifício, com janelas sobre o telhado; sótão
água-tinta *n.f.* gravura que imita desenhos feitos a tinta nanquim (Do it. *acquatinta*, «id.»)
água-tintista *n.2g.* pessoa que grava pelo processo de água-tinta (De *água-tinta+-ista*)
água-tofana *n.f.* solução concentrada de ácido arsénico, que constitui um veneno muito enérgico (Do it. *acqua tofana*, «id.»)
água-viva *n.f.* ZOOLOGIA ⇒ **alforreca** 1
aguazil *n.m.* 1 [ant.] governador, entre os Árabes e os Persas 2 [ant., depr.] oficial de diligências (Do ár. *al-uazîr*, «oficial de justiça»)
aguça¹ *n.m.* instrumento para afiar lápis; apara-lápis; afiador (Deriv. regr. de *aguçar* ou apóc. de *aguçadeira*)
aguça² *n.f.* [ant.] diligência; pressa (Do lat. *acutia-*, «pressa»)
aguçadeira *n.f.* pedra de aguçar ou de amolar; afiadeira (De *aguçar+-deira*)
aguçadoira *n.f.* ⇒ **aguçadeira**
aguçador *n.m.* o que aguça ■ *adj.* estimulante (De *aguçar+-dor*)
aguçadoura *n.f.* ⇒ **aguçadeira**
aguçadura *n.f.* ato ou efeito de aguçar; aguçamento (De *aguçar+-dura*)
aguçamento *n.m.* 1 ato ou efeito de aguçar 2 [fig.] perspicácia (De *aguçar+-mento*)
aguçar *v.tr.* 1 tornar agudo; adelgaçar 2 afiar; amolar 3 [fig.] estimular; incitar 4 [fig.] tornar perspicaz; ~ *o dente* preparar-se para alcançar o que se deseja (Do lat. *acutiāre*, por *acutāre*, «aguçar»)
aguço *n.m.* 1 ato ou efeito de aguçar 2 objeto aguçado; espeto 3 instrumento de aguçar (Deriv. regr. de *aguçar*)
agudelho /ê/ *n.m.* casta de uva branca, própria para vinho; trinca-dente (De *agudo+-elho*)
agudez /ê/ *n.f.* ⇒ **agudeza** (De *agudo+-ez*)
agudeza /ê/ *n.f.* 1 qualidade do que é agudo ou cortante 2 fio; gume 3 ponta 4 [fig.] astúcia; perspicácia; subtileza 5 [fig.] intensidade (De *agudo+-eza*)
agudizar *v.tr.* 1 tornar agudo ou premente 2 agravar (De *agudo+-izar*)
agudo *adj.* 1 que termina em ponta; afiado; bicudo 2 (doença) que apresenta evolução rápida 3 que atingiu o auge da gravidade 4 [fig.] arguto; perspicaz 5 [fig.] penetrante; intenso; violento 6 GEOMETRIA diz-se do ângulo que mede menos de 90 graus 7 GRAMÁTICA diz-se da palavra que tem o acento tónico na última sílaba; oxítono 8 GRAMÁTICA diz-se do acento gráfico (´) que indica som vocálico tónico, geralmente aberto 9 LITERATURA diz-se do verso que termina em sílaba acentuada 10 MÚSICA diz-se do som com frequência elevada; alto; *dito* ~ dito espirituoso, irónico; *vista aguda* [fig.] vista que alcança grande distância, perspicácia (Do lat. *acūtu-*, «pontiagudo»)
agueira /gu-e/ *n.f.* ⇒ **agueiro** (De *água+-eira*)
agueirar /gu-e/ *v.tr.* fazer agueiros em (De *agueiro*)
agueiro /gu-e/ *n.m.* 1 sulco ou rego por onde corre a água das estradas e dos caminhos 2 cano em que se reúnem as águas dos telhados 3 cada um dos orifícios, nos muros das propriedades rústicas, pelos quais entram as águas aproveitáveis na cultura 4 sulco por onde passa a água da rega (nas hortas e nos prados) 5 corrente, geralmente forte, formada por uma massa de água trazida para a costa pelas ondas e que retorna para o mar pelo local que lhe oferece menos resistência; corrente de retorno (Do lat. *aquarĭu-*, «relativo à água»)
aguentador /gu-en...ô/ *adj.,n.m.* que, aquele ou aquilo que aguenta (De *aguentar+-dor*)
aguentar /gu-en/ *v.tr.,intr.* 1 conservar em equilíbrio; sustentar 2 suportar; tolerar; sofrer ■ *v.pron.* 1 equilibrar-se 2 manter-se; conservar-se 3 arranjar-se; haver-se (Do it. *agguantare*, «agarrar»)

aguerreação *n.f.* 1 ato ou efeito de aguerrear 2 prática de guerra (De *a-+guerrear+-ção*)
aguerrear *v.tr.* habituar à guerra (De *a-+guerra+-ear*)
aguerrido *adj.* 1 afeito à guerra 2 belicoso 3 valente; destemido 4 que não esmorece perante as contrariedades (Part. pass. de *aguerrir*)
aguerrilhar *v.tr.* converter em guerrilha ■ *v.pron.* armar-se para formar guerrilhas (De *a-+guerrilha+-ar*)
aguerrimento *n.m.* ato ou efeito de aguerrir(-se) (De *aguerrir+-mento*)
aguerrir *v.tr.,pron.* 1 exercitar(-se) na guerra 2 habituar(-se) às lutas ou às contrariedades (Do fr. *aguerrir*, «id.»)
águia *n.f.* 1 ORNITOLOGIA qualquer das aves de rapina diurnas, especialmente da família dos Accipitrídeos, notáveis pela sua força, grande envergadura, acuidade visual e capacidade de voo, como a águia-real (ou águia-dourada ou águia-caçadeira), a águia-pesqueira (ou aurifrísio ou mugeiro), a águia-pequena, a águia-de-espádua-branca, etc. 2 insígnia ou estandarte com a representação desta ave 3 moeda de ouro de alguns países onde figura esta ave 4 [com maiúscula] ASTRONOMIA constelação do hemisfério boreal, conhecida por Triângulo de verão e formada por três estrelas muito brilhantes, Vega, Deneb e Altair 5 [fig.] pessoa de espírito penetrante, perspicaz (Do lat. *aquĭla-*, «id.»)
águia-caçadeira *n.f.* ORNITOLOGIA ⇒ **águia-real**
águia-dourada *n.f.* ORNITOLOGIA ⇒ **águia-real**
aguião¹ *n.m.* ⇒ **gavião** 1
aguião² *n.m.* 1 vento norte 2 lado norte 3 direção norte (Do lat. *aquilōne-*, «vento do norte»)
aguiar *v.intr.* [regionalismo] agir de má-fé; fazer patifarias (De *águia+-ar*)
águia-real *n.f.* ORNITOLOGIA ave de rapina da família dos Accipitrídeos, com asas longas e cauda maior do que a das outras águias, cujo tamanho pode atingir os oitenta e oito centímetros e que, em estado adulto, é uniformemente de cor castanho-escura; águia-caçadeira; ave-caçadeira; águia-dourada
aguieiro *n.m.* cada uma das traves de uma casa sobre as quais se apoiam as vigas em que assenta o telhado (De orig. obsc.)
aguieta /ê/ *n.f.* HERÁLDICA pequena águia simbólica usada nos brasões (De *águia+-eta*)
águila *n.f.* BOTÂNICA árvore da Índia, de madeira resinosa e aromática (Do malaiala *agil*, «não pesado; leve»)
aguilhada *n.f.* 1 vara comprida com ponta de ferro, que serve para picar os bois 2 antiga unidade de medida agrária equivalente a quatro metros quadrados (Do lat. *aculeāta-*, de *aculeātu-*, «que tem aguilhão»)
aguilhão *n.m.* 1 ponta de ferro das aguilhadas 2 ferrão dos insetos 3 [fig.] estímulo 4 [fig.] tormento (Do lat. *aculeōne-*, de *aculěu-*, «ferrão da abelha»)
aguilhar *v.tr.* ⇒ **aguilhoar** (Do lat. *aculeāre*, de *aculěu-*, «ferrão da abelha»)
aguilhoada *n.f.* 1 picada ou ferimento com aguilhão 2 dor forte e súbita; pontada 3 [fig.] ofensa verbal 4 [fig.] provocação (Part. pass. fem. subst. de *aguilhoar*)
aguilhoadela *n.f.* ⇒ **aguilhoada** (De *aguilhoar+-dela*)
aguilhoador *adj.,n.m.* 1 que ou o que aguilhoa 2 [fig.] estimulante (De *aguilhoar+-dor*)
aguilhoamento *n.m.* 1 ato ou efeito de aguilhoar 2 esporada 3 [fig.] estímulo 4 [fig.] provocação (De *aguilhoar+-mento*)
aguilhoar *v.tr.* 1 ferir; picar com aguilhão 2 [fig.] estimular; incitar 3 [fig.] ferir moralmente; pungir (De *aguilhão+-ar*)
aguilhoeiro *n.m.* o que vende ou fabrica aguilhões (De *aguilhão+-eiro*)
aguioto /ô/ *n.m.* 1 ⇒ **gavião** 2 filhote de águia (De *águia+-oto*)
aguisar *v.tr.* dispor; concertar; combinar (De *a-+guisa+-ar*)
aguista /gu-i/ *adj.,n.2g.* ⇒ **aquista** (De *água+-ista*)
aguitarrar *v.tr.* dar forma ou som de guitarra a (De *a-+guitarra+-ar*)
agulha *n.f.* 1 pequena haste de metal pontiaguda e furada numa das extremidades, para costura 2 haste cilíndrica, com uma extremidade arredondada ou em forma de gancho, para fazer trabalhos de malha 3 [fig.] ofício de costureira ou de alfaiate 4 tubo metálico oco e delgado, com uma extremidade pontiaguda, utilizado geralmente para injeções e punções 5 extremidade pontiaguda 6 haste pontiaguda componente ou acessória de vários instrumentos ou aparelhos 7 lâmina magnética de bússola 8 ponteiro de relógio 9 sistema de carris de ferro móveis, que serve para desviar um comboio de uma linha para a outra 10 designativo de uma variedade de arroz que apresenta bago longo e fino, permanecendo solto quando é

cozinhado 11 travessa que serve para mover a vara do lagar 12 modo de jazida da rocha vulcânica que se consolidou no interior da chaminé do vulcão que a originou e mais tarde se deslocou para o exterior 13 ICTIOLOGIA ⇒ **espadarte** 1 14 BOTÂNICA folha acicular persistente de certas coníferas como o pinheiro 15 GEOGRAFIA cume pontiagudo de montanha; pico 16 [fig.] sabor picante de certos vinhos; ~ *de marear* NÁUTICA bússola própria para orientação marítima; ~ *magnética* NÁUTICA ponteiro magnético, disposto sobre um eixo vertical em torno do qual gira livremente, que serve para indicar o norte; *procurar uma* ~ *no palheiro* procurar uma coisa quase impossível de encontrar (Do lat. **acucŭla-*, dim. de *acu-*, «agulha»)

agulhada n.f. 1 ferimento com agulha 2 porção de linha que se enfia de cada vez na agulha (Part. pass. subst. de *agulhar*)

agulha-de-pastor n.f. BOTÂNICA planta da família das Umbelíferas, frequente em Portugal, também conhecida por erva-agulheira

agulha-de-pastor-moscada n.f. ⇒ **almiscareira**

agulhadoiro n.m. ⇒ **agulhadouro**

agulhadouro n.m. furo no fundo da vara do lagar onde se enfia a agulha da mesma (De *agulhar+-douro*)

agulhagem n.f. 1 ato de mudar a agulha dos carris da via-férrea 2 conjunto de carris móveis usados nessa operação (De *agulhar+-agem*)

agulhão n.m. 1 pequena bússola de bordo 2 ICTIOLOGIA peixe-agulha grande (De *agulha+-ão*)

agulhar v.tr. 1 ferir com agulha; picar 2 [fig.] incitar 3 [fig.] afligir; torturar ■ v.intr. meter a agulha do lagar no agulhadouro (De *agulha+-ar*)

agulheiro n.m. 1 pequeno estojo ou almofada em que se guardam as agulhas 2 fabricante de agulhas 3 ENGENHARIA buraco nas paredes onde se enfiam os paus dos andaimes 4 (caminho de ferro) encarregado do serviço das agulhas 5 abertura na parte superior dos fornos de produtos cerâmicos por onde é lançado o combustível (De *agulha+-eiro*)

agulhento adj. diz-se do vinho que tem agulha (De *agulha+-ento*)

agulheta /ê/ n.f. 1 remate metálico de cordões e atacadores 2 agulha grossa para enfiar cordões e fitas 3 tubo metálico que remata as mangueiras para dirigir o jato de água (De *agulha+-eta*)

agustia n.f. ⇒ **ageustia** (Do lat. *a*, «privação» +*gustu-*, «gosto» +*-ia*)

ah interj. exprime admiração, alegria, espanto ou lamento (Do lat. *ah*, «id.»)

ai interj. exprime dor ou alegria ■ n.m. grito de dor ou alegria; *num* ~ num instante (De orig. onom.)

aí¹ adv. 1 nesse lugar 2 nesse momento 3 então; nesse caso 4 nesse ponto (Do lat. *ad-*, «aproximação» +*-ibi*, «aí»)

aí² n.m. [Brasil] ZOOLOGIA ⇒ **preguiça** 6 (Do tupi *a'i*, «id.»)

aia n.f. 1 dama de companhia 2 encarregada particular da educação doméstica de crianças nobres 3 camareira; criada de quarto (De *aio*)

ai-ai interj. designativa de dor ■ n.m. choro; lamento (De orig. onom.)

aiala n.f. barco de pesca usado em Setúbal (Do norueg. *jolle*, «canoa», pelo ing. *yawl*, «bote»)

aiapana n.f. [Brasil] ⇒ **japana** (Do tupi *ya'pana*, «id.»)

aiar v.intr. soltar ais; gemer (De *ai+-ar*)

aiatola n.m. líder religioso islâmico (Do ár. *ayat allah*, «sinal de Alá»)

aido n.m. 1 pátio; quintal 2 curral de porcos (Do lat. *adĭtu-*, «acesso; entrada»)

aigue n.f. [regionalismo] águia-real (De *águia*)

ai-jesus interj. exprime aflição ou espanto ■ n.m.2n. [pop.] o mais querido; o predileto

aikido n.m. ⇒ **aiquidô** (Do jap.)

ailanticultura n.f. cultura do ailanto (De *ailanto+cultura*)

ailantina n.f. filamento têxtil do bicho-da-seda que se cria no ailanto (De *ailanto+-ina*)

ailanto n.m. BOTÂNICA árvore ornamental da família das Simarubáceas, muito cultivada em Portugal (Do mal. *kayulangit*, «árvore-céu», pelo lat. cient. *ailantu-*, «id.»)

aileron n.m. 1 AERONÁUTICA cada um dos painéis articulados das asas de um avião, que permitem controlar a inclinação lateral do aparelho 2 painel fixo colocado na parte de trás de um automóvel, que favorece a sua estabilidade, sobretudo nas curvas (Do fr. *aileron*, «id.»)

ailó interj. usada para rematar algumas cantigas populares

ainda adv. 1 até agora 2 até então 3 outra vez 4 mais; além disso 5 um dia; no futuro; ~ *agora* neste instante; ~ *agora?* só agora?; ~ *assim* de qualquer forma, seja como for; ~ *bem* felizmente; ~ *que* embora, mesmo que (De *a-+inda*)

aio n.m. 1 antigo precetor de príncipe 2 camareiro; escudeiro 3 encarregado particular da educação doméstica de crianças nobres (Do gót. *hagja, «tutor; protetor»)

aiola n.f. ⇒ **aiala**

aipim n.m. [Brasil] mandioca

aipo n.m. BOTÂNICA planta herbácea, odorífera, da família das Umbelíferas, espontânea ou cultivada, com caule grosso e suculento, e com subespécies cultivadas para fins culinários; salsa-dos-pântanos (Do lat. *apĭu-*, pelo lat. vulg. **appĭu-*, «aipo»)

aiquidô n.m. DESPORTO arte marcial de origem japonesa cujo objetivo é neutralizar o adversário através de movimentos de rotação do corpo e da aplicação de chaves e torções às articulações do oponente (Do jap. *aikido*, «id.»)

airado adj.,n.m. 1 leviano; irresponsável; estroina 2 alucinado (Do cast. *airado*, do v. *airar*, «irritar»)

airbag n.m. 1 almofada insuflável, frontal ou lateral, integrada num sistema de segurança de veículos automóveis, acionada por sensores colocados estrategicamente para proteger o condutor e passageiros em caso de embate 2 sistema de segurança que integra uma ou mais dessas mesmas almofadas (Do ing. *airbag*, «id.»)

airbus n.m.2n. avião subsónico de transporte de passageiros, com grande capacidade (Do ing. *airbus*, «id.»)

airo n.m. ⇒ **arau**

airó n.m. ⇒ **arau**

airoga n.f. ⇒ **eiroga**

airosia n.f. ⇒ **airosidade** (De *airoso+-ia*)

airosidade n.f. 1 elegância; esbelteza; garbo 2 delicadeza (Do cast. *airosidad*, «id.»)

airoso /ô/ adj. 1 que parece bem; elegante; esbelto 2 delicado; gentil 3 digno; decoroso 4 agradável (Do cast. *airoso*, «id.»)

aivado n.m. 1 buraco por onde entram as abelhas no cortiço 2 buraco de instrumentos como a enxada, por onde se enfia o cabo (Do lat. *alveătu-*, «cavado em forma de alvéolo»)

aivão n.m. ⇒ **pedreiro** 3 (Do cast. *avión*, «gaivão; andorinhão»)

aiveca n.f. peça do arado que sustenta a relha e que serve para afastar a terra e alargar o sulco (Do lat. **alīpa-*, por *alăpa-*, «asa; pá» +*-eca*)

aixe n.m. [infant.] ferimento; pequeno golpe (De orig. obsc.)

Aizoáceas n.f.pl. BOTÂNICA família de plantas dicotiledóneas, herbáceas, geralmente com folhas carnudas, também designada por Sesuviáceas (Do gr. *aeízoos*, «que vive sempre» +*-áceas*)

ajaezar v.tr. 1 adornar com jaezes 2 enfeitar (De *a-+jaez+-ar*)

ajambrar v.tr. arranjar mal; atamancar (De *a-+jambro*)

ajanotar v.tr.,pron. 1 dar ou adquirir modos de janota 2 vestir(-se) como janota (De *a-+janota-ar*)

ajantarado adj. 1 semelhante a jantar 2 (lanche) servido mais tarde que o habitual, com o objetivo de substituir o jantar (De *a-+jantar+-ado*)

ajardinamento n.m. ato ou efeito de ajardinar (De *ajardinar+-mento*)

ajardinar v.tr. 1 transformar em jardim 2 tornar semelhante a jardim (De *a-+jardim+-ar*)

ajaulado adj. com feitio de jaula (De *a-+jaula+-ado*)

ajavardar v.tr. 1 [coloq.] tornar javardo; emporcalhar 2 [coloq.] abandalhar 3 [coloq.] criar confusão em ■ v.pron. [coloq.] tornar-se javardo (De *a-+javardo+-ar*)

ajeirar v.tr. dividir ou cultivar em jeiras (De *a-+jeira+-ar*)

ajeitado adj. 1 arrumado; arranjado 2 [fig.] com boa aparência; elegante (Part. pass. de *ajeitar*)

ajeitar v.tr. 1 pôr a jeito; compor 2 adaptar; acomodar 3 preparar ■ v.pron. 1 acomodar-se 2 preparar-se; arranjar-se (De *a-+jeito+-ar*)

ajenil n.m. ICTIOLOGIA ⇒ **angelina** 2 (Corrup. de *angelina?*)

ajeropigado adj. com sabor a jeropiga (De *a-+jeropiga+-ado*)

ajesuitado adj. 1 com modos de jesuíta 2 [ant., pej.] astucioso 3 [ant., pej.] hipócrita (Part. pass. de *ajesuitar*)

ajesuitar v.tr.,pron. dar ou adquirir modos de jesuíta (De *a-+jesuíta+-ar*)

ajimez /ê/ n.m. ARQUITETURA janela arqueada superiormente e bipartida por um colunelo vertical (Do ár. *ax-xamís*, «soalheiro», pelo cast. *ajimez*, «janela»)

ajindungar v.tr. 1 [Angola] condimentar (alimento) com jindungo 2 [Angola] dar sabor picante 3 [Angola] excitar 4 [Angola] usar de malícia (De *jindungo+-ar*)

ajiquite n.f. MINERALOGIA variedade de âmbar (De orig. obsc.)

ajoanetado adj. que tem joanete ou é em forma de joanete (De *a-+joanete+-ado*)

ajoelhação n.f. ação ou efeito de ajoelhar(-se); genuflexão (De *ajoelhar+-ção*)

ajoelhar v.tr. fazer dobrar os joelhos ■ v.intr.,pron. 1 pôr os joelhos no chão; genufletir 2 [fig.] humilhar-se; submeter-se (De a-+joelho+-ar)

ajornalar v.tr. contratar para trabalhar mediante jornal (salário diário) ■ v.intr. trabalhar a jornal (salário diário) (De a-+jornal+-ar)

ajoujamento n.m. ato ou efeito de ajoujar(-se) (De ajoujar+-mento)

ajoujar v.tr. 1 prender com ajoujo 2 [fig.] fazer vergar com um grande peso ■ v.pron. 1 juntar-se 2 submeter-se (De ajoujo+-ar)

ajoujo n.m. 1 correia ou coleira com que se prendem dois animais pelo pescoço 2 [fig.] união forçada (Do lat. *adjugiu-, «prisão; ligação a»)

ajuaga n.f. VETERINÁRIA tumor cutâneo que aparece nas cavalgaduras; enxoada (Do ár. axucac, «tumor ósseo», pelo cast. ajuagas, «úlcera da pata do cavalo»)

ajuda n.f. 1 ato ou efeito de ajudar; auxílio; socorro 2 pessoa que auxilia 3 TAUROMAQUIA auxílio prestado pelos moços de forcado ao companheiro que efetua a pega 4 [pop.] clister 5 INFORMÁTICA aplicação associada a um programa que fornece explicações para facilitar a utilização dos recursos desse mesmo programa; *ajudas de custo* quantia paga a um funcionário por despesas de representação ao serviço da empresa e que abrange geralmente alojamento, refeições e deslocação (Deriv. regr. de ajudar)

ajudada n.f. [regionalismo] auxílio que os pequenos agricultores se prestam reciprocamente nos trabalhos do campo (Part. pass. fem. subst. de ajudar)

ajudante adj.2g. que ajuda outrem ■ n.2g. 1 o que ajuda outrem 2 assistente; auxiliar 3 acólito (De ajudar+-ante)

ajudante-de-campo ver nova grafia ajudante de campo

ajudante de campo n.2g. MILITAR oficial às ordens de um general

ajudar v.tr. 1 dar ajuda a; auxiliar; socorrer 2 cooperar com 3 favorecer; propiciar 4 proteger ■ v.intr. acudir; socorrer (Do lat. adjutăre, «auxiliar; aliviar»)

ajudengar v.tr. tornar judeu; transmitir os modos judaicos a ■ v.pron. tomar hábitos ou modos de judeu (De a-+judengo+-ar)

ajuizado adj. 1 que tem juízo; atinado; sensato 2 de que se formou juízo; avaliado (De a-+juízo+-ado)

ajuizamento n.m. o que ajuíza ou julga dos merecimentos de outrem (De ajuizar+-dor)

ajuizar v.tr. 1 formar juízo de; julgar 2 avaliar; calcular 3 levar a juízo; tornar objeto de processo judicial ■ v.intr. 1 pensar; ponderar 2 tomar juízo ■ v.pron. julgar-se; considerar-se (De a-+juízo+-ar)

ajular v.tr. impelir (o navio) para julavento ou sotavento; sotaventear (De a-+jula(vento)+-ar)

ajumentado adj. com aparência de jumento (De a-+jumento+-ado)

ajunta n.f. ato ou efeito de ajuntar (Deriv. regr. de ajuntar)

ajuntada n.f. [regionalismo] pessoas convidadas para fazer um serviço agrícola gratuitamente (Part. pass. subst. de ajuntar)

ajuntadeira n.f. 1 [pop.] mulher que junta e cose as peças superiores do calçado; gaspeadeira 2 [pop.] mulher poupada (De ajuntar+-deira)

ajuntadoiro n.m. ⇒ ajuntadouro

ajuntador adj.,n.m. que ou o que ajunta (De ajuntar+-dor)

ajuntadouro n.m. lugar onde se juntam pessoas ou coisas (De ajuntar+-douro)

ajuntamento n.m. 1 ação ou efeito de ajuntar; acumulação 2 aglomeração; agrupamento; multidão 3 reunião 4 assembleia (De ajuntar+-mento)

ajuntar v.tr. 1 juntar; aproximar; unir; ligar 2 agrupar; reunir 3 acrescentar 4 economizar; amealhar ■ v.pron. 1 juntar-se; unir-se 2 agrupar-se; reunir-se 3 [pop.] tornar-se amante de (De a-+junto+-ar)

ajuntável adj.2g. que se pode ajuntar (De ajuntar+-vel)

ajuntoira n.f. ⇒ ajuntoura

ajuntoura n.f. pedra que abrange as duas faces de uma parede (De a-+juntoura)

ajuramentação n.f. ato ou efeito de ajuramentar(-se) (De ajuramentar+-ção)

ajuramentar v.tr. 1 fazer jurar 2 receber juramento de ■ v.pron. comprometer-se por juramento (De a-+juramento+-ar)

ajustado adj. 1 que está de acordo; que se adequa 2 justo 3 combinado 4 regulado; afinado ■ n.m. combinado; acordo (Part. pass. de ajustar)

ajustador n.m. 1 aquele que ajusta ou combina alguma coisa 2 mecânico que repara ou acerta as peças de uma máquina (De ajustar+-dor)

ajustamento n.m. 1 ato ou efeito de ajustar(-se); ajuste 2 adaptação 3 acordo; contrato; combinação 4 liquidação de contas (De ajustar+-mento)

ajustar v.tr. 1 tornar justo 2 apertar 3 adaptar; conciliar 4 regular; afinar 5 combinar; estipular; tratar ■ v.pron. adaptar-se; conformar-se; ~ *contas com alguém* castigar alguém ou pedir contas por uma ofensa, vingar-se de alguém (De a-+justo+-ar)

ajustável adj.2g. que se pode ajustar (De ajustar+-vel)

ajuste n.m. 1 ato ou efeito de ajustar(-se) 2 acordo; combinação; contrato 3 liquidação; acerto; ~ *de contas* 1 liquidação de contas pendentes; 2 [fig.] represália, vingança (Deriv. regr. de ajustar)

ajustiçar v.tr. ⇒ **justiçar** (De a-+justiçar)

ajustura n.f. pequena cavidade na ferradura para que ela se adapte ao casco (Do fr. ajusture, «id.»)

al[1] pron.indef. 1 [ant.] outra coisa 2 [ant.] outra pessoa 3 [ant.] o mais; o resto (Do lat. ale- por aliud, «outra coisa»)

al[2] contração da preposição a + as formas do artigo definido arcaico lo

al- prefixo que dá início a muitas palavras portuguesas de origem árabe e que se assimila quando precede as consoantes r, z, c e d (alface, açucena, arrabil) (Do art. def. inv. ár. al, «o»)

-al[1] sufixo nominal, de origem latina, que ocorre em substantivos derivados de outros substantivos e exprime a ideia de *conjunto* ou *quantidade* (choupal; areal)

-al[2] sufixo nominal, de origem latina, que ocorre em adjetivos derivados de substantivos e exprime, sobretudo, a ideia de *semelhança*, *relação*, *causa* (matinal; medicinal; mortal)

ala n.f. 1 fila; fileira 2 alinhamento 3 ARQUITETURA corpo lateral de um edifício; asa 4 MILITAR metade de um batalhão 5 MILITAR tropas que combatem no flanco de um exército formado em ordem de batalha 6 POLÍTICA grupo com tendências particulares dentro de uma organização ou partido 7 DESPORTO cada um dos lados da linha de ataque, em jogos de equipa como o futebol 8 DESPORTO jogador com a função de ataque nessa mesma posição; *abrir alas* formar filas de modo a permitir passagem (Do lat. ala-, «asa»)

Alá n.m. designação muçulmana de Deus (Do ár. alllah, «Deus»)

alabaça n.f. [regionalismo] pedaço de tábua com que se veda o rombo de um barco

alabanda n.f. mármore negro encontrado na cidade deste nome, na Cária, Ásia Menor (De Alabanda, top.)

alabandina n.f. ⇒ **alabandite** (Do lat. alabandĭna-[gemma-], «pedra preciosa de Alabanda»)

alabandite n.f. MINERALOGIA mineral composto quimicamente por sulfureto de manganésio(MnS), de cor preta, com clivagem cúbica, apresentando-se em geral em formas maciças (De Alabanda+-ite)

alabão adj.,n.m. ⇒ **alavão**

alabarar v.tr. 1 queimar ao fogo 2 extinguir com labareda 3 [fig.] consumir 4 [fig.] arruinar; deitar a perder (De labareda?)

alabarda n.f. HISTÓRIA arma composta de uma haste longa, terminada em ferro largo e pontiagudo e atravessada por outro ferro em forma de meia-lua (Do al. Hellebarde, pelo it. alabarda, «id.»)

alabardada n.f. golpe de alabarda (De alabarda+-ada)

alabardar v.tr. armar ou prover de alabarda (De alabarda+-ar)

alabardeiro n.m. homem armado de alabarda; archeiro (De alabarda+-eiro)

alabardino adj. que tem forma de alabarda (De alabarda+-ino)

alabástrica n.f. arte de trabalhar o alabastro (De alabastro+-ica)

alabástrico adj. que tem a cor do alabastro; muito branco (De alabastro+-ico)

alabastrino adj. 1 que tem propriedades do alabastro 2 que é branco e translúcido (De alabastro+-ino)

alabastrite n.f. MINERALOGIA variedade de gesso, que se talha facilmente à navalha, prestando-se ao fabrico de objetos ornamentais, e que constitui o chamado alabastro gipsífero (Do gr. alabastrítes, pelo lat. alabastrīte-, «id.»)

alabastrizar v.tr. dar aspeto de alabastro a (De alabastro+-izar)

alabastro n.m. PETROGRAFIA designação de duas espécies minerais de composição diferente, uma (alabastro calcário) que pode apresentar cores variadas como branco leitoso, cor de mel, castanho, vermelho ou raiado, e é em geral translúcida, e a outra (alabastro branco vulgar), que é menos diáfana, de menor dureza e menos suscetível ao polimento, podendo apresentar uma cor branca muito pura, também denominada alabastrite 2 [fig.] brancura (Do gr. alábastros, «id.», pelo lat. alabastru-, «vaso de alabastro para perfume»)

alabirintar v.tr. 1 dar forma de labirinto a 2 [fig.] tornar confuso; complicar (De a-+labirinto+-ar)

alaboeiro n.m. ⇒ **alavoeiro**

alabregar *v.tr.,pron.* tornar(-se) labrego ou semelhante a labrego; agrosseirar(-se) (De *a-+labrego+-ar*)
alacaiar *v.tr.* 1 tornar lacaio 2 fazer tomar modos de lacaio ■ *v.pron.* tornar-se servil (De *a-+lacaio+-ar*)
alacar *v.intr.* vergar com o peso ou a carga (De *a-+lacão+-ar*?)
à la carte *loc.adv.* pela lista de pratos da ementa (Do fr.)
alacir *n.m.* 1 suco da uva ou da azeitona espremida 2 colheita destes frutos (Do ár. *al-acir*, «id.»)
alacoado *adj.* 1 que tem cor de lacão (presunto) 2 [fig.] rubicundo (De *a-+lacão+-ado*)
alacoques *n.m.pl.* [regionalismo] ⇒ **dedaleira** 2
alacrado *adj.* da cor do lacre (De *a-+lacre+-ado*)
alacraia *n.f.* [regionalismo] ⇒ **escorpião** 1 (De *alacrau*)
alacrau *n.m.* [ant.] ⇒ **escorpião** 1 (Do ár. *al'aqrab*, «escorpião»)
álacre *adj.2g.* 1 alegre; entusiasmado 2 esperto; vivo (Do lat. *alăcre-*, «esperto; vivo»)
alacridade *n.f.* 1 alegria; entusiasmo 2 vivacidade; animação (Do lat. *alacritāte-*, «vivacidade»)
alactação *n.f.* ato ou efeito de alactar; amamentação; aleitação (De *alactar+-ção*)
alactar *v.tr.* amamentar (Do lat. tard. *allactāre*, «amamentar»)
aladainhado *adj.* 1 semelhante à ladainha 2 em tom de ladainha 3 monótono (De *a-+ladainha+-ado*)
alado *adj.* 1 que tem asas 2 em forma de asa 3 ligeiro; veloz 4 [fig.] leve; aéreo (Do lat. *alātu-*, «que tem asas»)
aladroado *adj.* 1 que tem inclinação para ladrão 2 (peso) calculado de modo fraudulento (De *a-+ladrão+-ado*)
alagadela *n.f.* ⇒ **alagamento** (De *alagar+-dela*)
alagadiceiro *adj.* 1 [Brasil] (boi) que pasta em terreno alagadiço 2 [fig.] dissipador ■ *n.m.* charco (De *alagadiço+-eiro*)
alagadiço *adj.* 1 sujeito a alagar-se 2 lamacento; pantanoso; encharcado (De *alagar+-diço*)
alagador *adj.,n.m.* 1 que ou o que alaga 2 [fig.] perdulário (De *alagar+-dor*)
alagadouro *n.m.* ⇒ **aguadouro** (De *alagar+-douro*)
alagamento *n.m.* 1 ato ou efeito de alagar(-se) 2 aluvião; cheia 3 [fig.] destruição; ruína (De *alagar+-mento*)
alagar *v.tr.* 1 cobrir de água; inundar; submergir 2 converter em lago 3 encher, cobrir de qualquer líquido 4 [fig.] destruir; devastar ■ *v.pron.* 1 inundar-se 2 desabar 3 ir ao fundo; naufragar; ir a pique (De *a-+lago+-ar*, ou do fr. *élaguer*, «id.»)
alagartado *adj.* 1 que tem aspeto de lagarto 2 que apresenta cores diferentes; matizado (De *a-+lagarto+-ado*)
alagem *n.f.* ato ou efeito de alar (De *alar+-agem*)
alagoa /ô/ *n.f.* ⇒ **lagoa** (De *a-+lagoa*)
alagoano *adj.* referente ao estado brasileiro de Alagoas ■ *n.m.* natural ou habitante do estado de Alagoas (De *Alagoas*, top. + *-ano*)
alagoeiro *n.m.* poça de água; charco (De *alagoa+-eiro*)
alagoso /ô/ *adj.* paludoso; pantanoso (De *alagoa+-oso*)
alagostado *adj.* 1 da cor da lagosta 2 avermelhado (De *a-+lagosta+-ado*)
alalia *n.f.* 1 MEDICINA perda total ou parcial da capacidade de falar 2 MEDICINA mudez adquirida 3 MEDICINA afasia devida a transtorno psíquico (Do gr. *alalía*, «má linguagem»)
álalo *adj.* 1 que sofre de alalia 2 mudo (Do gr. *álalos*, «mudo»)
alamar *n.m.* requife ou cordão metálico que guarnece, pela frente, uma peça de vestuário, de um lado ao outro do abotoadura (Do ár. *al-amârâ*, «enfeite de vestuário»)
alamarado *adj.* ornado de alamares (De *alamar+-ado*)
alâmbar *n.m.* ⇒ **âmbar** (Do ár. *al-âmbar*, «id.»)
alambarar *v.tr.* dar cor de alâmbar a ■ *v.intr.* 1 arder com grande chama 2 formar chama (De *alâmbar+-ar*)
alambazado *adj.* 1 que come demasiado; glutão 2 grosseiro; desajeitado (Part. pass. de *alambazar-se*)
alambazar-se *v.pron.* 1 [coloq.] comer de mais; empanturrar-se 2 [coloq.] tornar-se desajeitado e grosseiro (De *a-+lambaz+-ar*)
alambel *n.m.* 1 pano de cores para cobrir mesas, bancos, etc. 2 ornato na fímbria dos vestidos (Do ár. *al-hanbal*, «tapete»)
alambicado *adj.* 1 que tem forma de alambique 2 que faz lembrar um alambique 3 destilado em alambique 4 [fig.] afetado; presumido; arrebicado (Part. pass. de *alambicar*)
alambicar *v.tr.* 1 destilar no alambique 2 produzir por meio de destilação 3 examinar minuciosamente 4 requintar 5 tornar afetado ■ *v.pron.* tornar-se afetado, pretensioso (De *alambique+-ar*)
alambique *n.m.* 1 aparelho utilizado para destilações formado pela caldeira, um recipiente fechado onde é colocado o líquido, e pelo capacete ou capitel, de onde sai um tubo dirigido para baixo por onde passam os vapores 2 [pop.] pessoa que bebe demasiado (Do gr. *ámbix*, «id.», pelo ár. *al-anbīq*, «id.»)
alambiqueiro *n.m.* o que trabalha com alambique (De *alambique+-eiro*)
alambor *n.m.* aumento de espessura na base das construções de alvenaria (Do ár. *al-ubúr*, por *al-'ubr*, «margem de rio»)
alamborar *v.tr.* dar declive ou feitio de alambor ou escarpa a (De *alambor+-ar*)
alambra *n.f.* 1 BOTÂNICA árvore da família das Salicáceas, espontânea, subespontânea e cultivada, grande e de rápido crescimento, e que fornece madeira clara e leve; álamo 2 resina obtida desta árvore (Do ár. *al-'anbar*, «âmbar cinzento»)
alambrar[1] *v.tr.,intr.* dar ou tomar a cor de alambre (De *alambre+ -ar*)
alambrar[2] *v.tr.* vedar (um terreno) com fiadas de arame (Do cast. *alambrar*, «cercar com arame»)
alambre[1] *n.m.* 1 ⇒ **âmbar** 2 [fig.] pessoa esperta, sagaz (Do ár. *al-'anbar*, «âmbar cinzento»)
alambre[2] *n.m.* fio de arame (Do lat. *aeramĭne-*, «bronze», pelo cast. *alambre*, «arame»)
alambrear *v.tr.* 1 dar o aspeto de alambre ou âmbar a 2 guarnecer ou ornamentar com âmbar ■ *v.pron.* tomar o aspeto de âmbar (De *alambre+-ear*)
alameda /ê/ *n.f.* 1 lugar plantado de álamos 2 rua ladeada de árvores 3 lugar com muitas ruas arborizadas (De *álamo+-eda*)
alamedar *v.tr.* 1 dispor em forma de alameda 2 orlar de árvores (De *alameda+-ar*)
alamento *n.m.* 1 ato ou efeito de alar 2 elevação (De *alar+-mento*)
à la minute *loc.adv.* no momento; enquanto se espera (Do fr.)
alamiré *n.m.* ⇒ **lamiré** (De *lá+mi+ré*, notas musicais)
álamo *n.m.* BOTÂNICA árvore ornamental da família das Salicáceas, com flores pequenas e casca rugosa, espontânea nos lugares húmidos, que fornece madeira clara e leve, e a que pertencem algumas espécies e subespécies também conhecidas por alambra, choupo, choupo-branco, choupo-negro, faia-branca, etc. (Do lat. *alnu-*, «álamo» × lat. *ulmu-*, «olmo»)
alâmpada *n.f.* [ant.] lâmpada (De *a-+lâmpada*)
alampadário *n.m.* [ant.] ⇒ **lampadário** (De *a-+lampadário*)
alampar *v.tr.* dar o aspeto de maduro antes do tempo ■ *v.intr.* 1 tomar o aspeto de maduro antes do tempo 2 morrer (De *a-+lampo+-ar*)
alancar *v.tr.* fazer vergar com o peso da carga; derrear ■ *v.intr.* 1 sair de debaixo de um peso 2 pôr-se em fuga (De orig. obsc.)
alanceador *adj.,n.m.* 1 que ou o que alanceia 2 [fig.] que ou o que é pungente (De *alancear+-dor*)
alanceamento *n.m.* ato ou efeito de alancear (De *alancear+ -mento*)
alancear *v.tr.* 1 ferir com lança; lancear; golpear 2 [fig.] afligir 3 [fig.] ofender 4 [fig.] estimular (De *a-+lança+-ear*)
alanco *n.m.* [regionalismo] ato de alancar; impulso; encontrão (Deriv. regr. de *alancar*)
alandeado *adj.* semelhante à lande (De *a-+lande+-ado*)
alandro *n.m.* ⇒ **loendro** (Do lat. tard. *lorandru-* por *rhodondron*, «id.»)
alandroal *n.m.* ⇒ **loendral** (De *alandro+-al*)
alandroeiro *n.m.* ⇒ **loendro** (De *alandro+-eiro*)
Alangiáceas *n.f.pl.* BOTÂNICA família de plantas arbóreas e arbustivas, com flores hermafroditas e frutos semelhantes a drupas, a que pertencem as do género *Alangium* (De *alângio+-áceas*)
alangião *n.m.* ⇒ **alângio** (De *alângio+-ão*)
alângio *n.m.* BOTÂNICA nome vulgar, por aportuguesamento da designação do género-tipo *Alangium*, de uma planta angiospérmica da família das Alangiáceas (Do lat. cient. *alangĭu-*, «id.»)
alanguidar-se *v.pron.* tornar-se lânguido; debilitar-se; enfraquecer (De *a-+lânguido+-ar*)
alanhador *adj.,n.m.* que ou aquele que alanha (De *alanhar+-dor*)
alanhamento *n.m.* ato ou efeito de alanhar (De *alanhar+-mento*)
alanhar *v.tr.* 1 fazer lanhos em; golpear 2 [fig.] oprimir; vexar (Do lat. *laniāre*, «dilacerar»)
alanina *n.f.* QUÍMICA aminoácido incolor, cristalino, formado pela hidrólise de certas proteínas; ácido 2-aminopropanoico (Do fr. *alanine*, «id.»)
alanite *n.f.* ⇒ **allanite**
alano *adj.* relativo aos Alanos ■ *n.m.* indivíduo pertencente a este povo (Do lat. *alānu-*, «id.»)
Alanos *n.m.pl.* ETNOGRAFIA povo bárbaro que no século V invadiu a Gália e a Península Ibérica (Do lat. *alānu-*, «id.»)
alanterna *n.f.* [ant.] lanterna (De *a-+lanterna*)

alantíase n.f. PATOLOGIA intoxicação provocada pela ingestão de alimentos em mau estado de conservação; botulismo (Do gr. *allâs, -ântos*, «salsicha»)
alantoide n.f. ANATOMIA anexo embrionário dos vertebrados amniados, representado por uma vesícula que desempenha especialmente funções nutritivas e respiratórias (Do gr. *allantoeidés*, «em forma de salsicha»)
alantóide ver nova grafia alantoide
alantóideo adj. relativo à alantoide (De *alantóide+-eo*)
alanzoado n.m. 1 ato de alanzoar 2 palavreado desconexo, fastidioso (Part. pass. subst. de *alanzoar*)
alanzoador adj.,n.m. 1 que ou o que alanzoa 2 resmungão (De *alanzoar+-dor*)
alanzoar v.tr.,intr. 1 dizer à toa 2 falar com ostentação (de); bazofiar (De *alão+ar+-ar*)
alanzoeiro adj.,n.m. aldrabão (De *alanzoar+-eiro*)
alão n.m. 1 cão de caça corpulento, com o pelo curto e as orelhas caídas 2 [regionalismo] pedra grande de lousa com que se encimam as paredes de pedra miúda para que esta não se solte (Do lat. *alānu-*, «alano», pelo cast. *alano*, «cão grande de fila»)
alapar v.tr. 1 meter debaixo de uma lapa 2 esconder ■ v.pron. 1 ocultar-se 2 agachar-se 3 [pop.] sentar-se 4 [pop.] instalar-se confortavelmente (De *a-+lapa+-ar*)
alapardar-se v.pron. 1 esconder-se junto ao chão; agachar-se 2 instalar-se confortavelmente (De *a-+*lapardo+-ar*)
alaparotado adj. 1 semelhante a laparoto 2 com modos de laparoto (De *a-+laparoto+-ado*)
alapoado adj. com modos de lapão (De *a-+lapão+-ado*)
alapuzar v.tr.,pron. tornar(-se) lapuz; agrosseirar(-se) (De *a-+lapuz+-ar*)
alar¹ v.tr. 1 munir de asas 2 formar em alas (Do lat. *ala-*, «asa; ala»+-ar)
alar² v.tr. 1 NÁUTICA rebocar (uma embarcação) 2 puxar para cima; içar 3 levantar; erguer ■ v.pron. 1 engrandecer-se ■ n.m. 1 laço para caçar perdizes 2 cabo com que os pescadores do rio Minho puxam para a terra a rede denominada algerife; *ala!* exclamação usada para incitar a puxar algo ou para ordenar a alguém que se vá embora; *ala arriba!* grito dos pescadores quando puxam o barco para terra (Do fr. *haler*, «içar», pelo it. *alare*, «puxar; rebocar»)
alar³ adj.2g. 1 em forma de asa 2 que serve de asa (Do lat. *alāre-*, «que diz respeito às asas»)
alarachado adj. que tem laracha ou ar de laracha (De *a-+laracha+-ado*)
alaranjado adj. 1 que tem a forma ou a cor da laranja 2 que tem gosto ou cheiro semelhante a laranja (Part. pass. de *alaranjar*)
alaranjar v.tr. dar forma ou cor de laranja a (De *a-+laranja+-ar*)
alarar v.tr. estender no lar ou lareira ■ v.pron. ir viver no mesmo lar (De *a-+lar+-ar*)
alarde n.m. 1 atitude exibicionista; aparato; ostentação 2 atitude de quem se gaba; vaidade; gabarolice; *fazer ~ de* gabar-se de (Do ár. *al-ard*, «revista militar»)
alardeador adj.,n.m. que ou o que alardeia (De *alardear+-dor*)
alardeamento n.m. ação ou efeito de alardear; alarde; ostentação (De *alardear+-mento*)
alardear v.tr. gabar-se de; fazer alarde de; ostentar ■ v.intr. 1 bazofiar; vangloriar-se 2 ⇒ **lardear** (De *alarde+-ear*)
alardo n.m. 1 ⇒ **alarde** 2 inspeção anual das forças militares 3 demonstração militar para exercitar a tropa para o combate 4 recenseamento militar (Do ár. *al-ard*, «revista militar»)
alargador adj.,n.m. que ou o que alarga (De *alargar+-dor*)
alargamento n.m. 1 ação ou efeito de alargar(-se) 2 ampliação; aumento 3 dilatação (De *alargar+-mento*)
alargar v.tr.,intr.,pron. 1 tornar(-se) (mais) largo 2 tornar(-se) (mais) amplo; aumentar; ampliar 3 tornar(-se) menos apertado; afrouxar ■ v.tr.,pron. prolongar(-se) no tempo; estender(-se) ■ v.pron. 1 falar demoradamente; alongar-se 2 gastar muito dinheiro; esbanjar (De *a-+largo+-ar*)
alarida n.f. ⇒ **alarido**
alarido n.m. 1 clamor geral; gritaria; vozearia; algazarra 2 lamentação; lamúria (De orig. obsc.)
alariz n.m. tecido fabricado em Allariz (De *Allariz*, top.)
alarma n.m. ⇒ **alarme**
alarmante adj.2g. 1 que alarma 2 que assusta 3 que causa grande apreensão; preocupante
alarmar v.tr. 1 pôr em alarme 2 alvoroçar; assustar; sobressaltar 3 inquietar ■ v.pron. alvoroçar-se; assustar-se; sobressaltar-se (De *alarme+-ar*, ou do fr. *alarmer*, «id.»)

alarme n.m. 1 grito para chamar às armas; rebate 2 sinal ou aviso de perigo 3 dispositivo de segurança que emite um sinal de perigo 4 INFORMÁTICA sinal luminoso ou sonoro que acusa uma anomalia de funcionamento ou o fim de uma etapa de processamento de dados 5 susto; sobressalto; tumulto; *falso ~* aviso de perigo ou anúncio de notícia que não se concretiza (Do it. *all'arme*, «às armas», pelo fr. *alarme*, «id.»)
alarmismo n.m. 1 tendência para exagerar os aspetos perigosos de uma situação 2 propensão para se assustar ou se preocupar excessivamente (De *alarme+-ismo*)
alarmista adj.,n.2g. 1 que ou pessoa que tende a exagerar os aspetos perigosos de uma situação 2 que ou pessoa que se assusta ou se preocupa excessivamente (De *alarme+-ista*)
alarvada n.f. 1 ação própria de alarve 2 obscenidade 3 brutalidade (De *alarve+-ada*)
alarvado adj. que tem modos de alarve; rude (De *alarve+-ado*)
alarvaria n.f. 1 qualidade do que é alarve 2 ação própria de alarve; brutalidade (De *alarve+-aria*)
alarve adj.,n.2g. 1 [ant.] que ou o que é árabe beduíno 2 [pej.] que ou pessoa que tem modos ou comportamento grosseiros 3 [pej.] comilão; glutão 4 [pej.] estúpido; parvo (Do ár. *al-'arab*, «os Árabes»)
alarvejar v.tr.,pron. tornar(-se) alarve (De *alarve+-ejar*)
alarvia n.f. multidão de alarves 2 alarvice (De *alarve+-ia*)
alarvice n.f. qualidade ou ato próprio de alarve (De *alarve+-ice*)
alasquito n.m. PETROGRAFIA granito leucocrático formado por quartzo e feldspatos alcalinos (De *Alasca*, top. +-ito)
alassar v.tr. tornar lasso; alargar (De *a-+lasso+-ar*)
alastrador n.m. 1 o que alastra 2 o que se estende em rama rasteira (De *alastrar+-dor*)
alastramento n.m. ato ou efeito de alastrar(-se); propagação; difusão (De *alastrar+-mento*)
alastrar v.tr. 1 espalhar; propagar 2 encher; invadir 3 pôr lastro em 4 carregar com lastro ■ v.intr.,pron. espalhar-se; propagar-se (De *a-+lastro+-ar*)
alastrim n.m. MEDICINA doença contagiosa que é uma forma atenuada da varíola (De *alastrar+-im*)
alatinar v.tr. dar forma ou sintaxe latina a (De *a-+latino+-ar*)
alatoamento n.m. ato ou efeito de alatoar (De *alatoar+-mento*)
alatoar v.tr. guarnecer com chapas ou incrustações de latão (De *a-+latão+-ar*)
alaudar v.tr. dar forma ou som de alaúde a (De *alaúde+-ar*)
alaúde n.m. 1 MÚSICA instrumento de cordas, de origem árabe, com a parte de trás curva, o tampo plano com uma abertura acústica redonda, e o braço largo, muito comum na Europa desde a Idade Média ao período barroco 2 NÁUTICA embarcação usada na pesca do atum (Do ár. *al-'aud*, «id.»)
Aláudidas n.m.pl. ⇒ **Alaudídeos**
Alaudídeos n.m.pl. ORNITOLOGIA família de pássaros de cor acastanhada, cujo género-tipo se designa *Alauda*, a que pertencem as cotovias (Do lat. cient. *Alauda-+-ídeos*)
alaudina n.f. ⇒ **mandola** (De *alaúde+-ina*)
alavanca n.f. 1 FÍSICA corpo rígido, geralmente em forma de barra, que gira em torno de um eixo fixo chamado fulcro, e com o qual se pode equilibrar uma força (resistência) por meio de outra (potência) 2 barra de ferro ou pau, que se apoia num ponto fixo para remover ou levantar corpos pesados 3 MECÂNICA peça com uma das extremidades fixas e outra móvel para controlar uma máquina 4 [fig.] meio de ação; expediente; *~ de mudanças* (veículo) barra vertical apoiada num ponto fixo e com uma extremidade móvel utilizada pelo condutor para controlar a marcha; *alavanca ótica* FÍSICA instrumento que permite medir deslocamentos muito pequenos, utilizando o deslocamento angular de um feixe luminoso (De *alar+panca*)
alavancagem n.f. ECONOMIA estratégia que visa maximizar os lucros de uma empresa, nomeadamente através do aumento do financiamento privado (De *alavancar+-agem*)
alavancar v.tr. 1 erguer (algo) com uma alavanca 2 dar incentivo a; promover; estimular 3 financiar; custear 4 [Brasil] TELEVISÃO aumentar a audiência de um programa transmitindo-o a seguir a outro de grande audiência ■ v.pron. ECONOMIA aumentar a rentabilidade através do endividamento, contraindo empréstimos, adquirindo ativos, etc. (De *alavanca+-ar*)
alavanco n.m. ⇒ **lavanco** (De *a-+lavanco*)
alavão n.m. rebanho de ovelhas que dão leite ■ adj. diz-se do gado que dá leite (Do ár. *al-labán*, «ato de dar leite»)
alavoeiro n.m. pastor que cuida dos alavães (De *alavão+-eiro*)
alazão n.m. cavalo cor de canela; lazão ■ adj. da cor da canela (Do ár. *al-hiçán*, «garanhão»)

alazarado *adj.* **1** como lázaro; chaguento **2** cheio de dívidas (De *a-*+*lázaro*+*-ado*)

alazeirado *adj.* que tem lazeira; com fome (De *a-*+*lazeira*+*-ado*)

alba *n.f.* **1** primeira luz da manhã; aurora **2** RELIGIÃO veste sacerdotal de linho, ou túnica branca, até aos pés e com mangas **3** túnica com mangas que se usou correntemente até ao século IV (Do lat. *albu-*, «branco»)

albacar *n.m.* porta nas antigas fortificações mouriscas por onde entrava e saía o gado (Do ár. *al-baqar*, «bois e vacas»)

albacora[1] *n.f.* ICTIOLOGIA peixe marinho com corpo grosso e barbatanas peitorais longas, sobretudo a barbatana caudal, também conhecido por atum-de-galha-comprida, atum-voador, alvacora e judeu (Do lat. tard. *albicolōre-*, «de cor branca»)

albacora[2] *n.f.* primeiro fruto produzido pela figueira nas regiões quentes (Do ár. *al-bakûr*, «precoce»)

albafar *n.m.* ICTIOLOGIA peixe seláquio da família dos Notidanídeos, raro em Portugal, também designado albafora, abafar e olho-verde (De orig. obsc.)

albaflor *n.f.* ⇒ **albafor** (De *albafor* com infl. de *flor*)

albafor *n.f.* **1** BOTÂNICA planta herbácea da família das Ciperáceas, espontânea em Portugal, conhecida também por junça, junça-ordinária, etc. **2** substância aromática extraída desta planta (Do ár. *al-bakhôr*, «incenso»)

albafora *n.f.* ⇒ **albafar**

albanês[1] *adj.* relativo à República da Albânia (península Balcânica) ■ *n.m.* **1** natural ou habitante da Albânia **2** língua da família indo-europeia falada na Albânia (De *Albânia*, top. +*-ês*)

albanês[2] *n.m.* ⇒ **alvanel**

albanesa /ê/ *n.f.* BOTÂNICA anémona (flor) branca (De *albanês*)

albano[1] *adj.,n.m.* ⇒ **albanês**[1] (De *Albânia*, top.)

albano[2] *adj.* relativo a Alba Longa, cidade do antigo Lácio ■ *n.m.* natural ou habitante de Alba Longa (Do lat. *albānu-*, «de Alba Longa»)

albarca *n.f.* [Açores] sandália (De orig. obsc.)

albarda *n.f.* **1** sela grosseira cheia de palha, própria para animais de carga **2** [pop.] casaco grosseiro ou mal feito **3** [fig.] opressão (Do ár. *al-barda'a*, «id.»)

albardada *n.f.* CULINÁRIA fatia de pão envolvida em ovos batidos, frita e por vezes coberta com açúcar (Part. pass. fem. subst. de *albardar*)

albardado *adj.* **1** que traz uma sela; selado **2** CULINÁRIA envolvido em ovo e frito em azeite **3** (touro) que tem sobre o lombo uma mancha de cor diferente da do resto do pelo (Part. pass. de *albardar*)

albardadura *n.f.* **1** ato ou efeito de albardar **2** conjunto dos arreios das bestas (De *albardar*+*-dura*)

albardão[1] *n.m.* **1** sela grande **2** [Brasil] seguimento de montes e vales **3** [Brasil] elevação junto a um rio ou lago (De *albarda*+*-ão*)

albardão[2] *adj.* **1** trapalhão **2** aldrabão (Do ár. *albardān*, «louco»)

albardar *v.tr.* **1** pôr albarda a **2** CULINÁRIA cobrir (fatias) com ovos e açúcar **3** CULINÁRIA cobrir (carne, peixe) com ovos e farinha **4** [fig.] fazer mal e à pressa; **~ o burro à vontade do dono** fazer as coisas segundo a vontade de quem as manda fazer (De *albarda*+*-ar*)

albardaria *n.f.* **1** lugar onde se fazem ou vendem albardas **2** grande quantidade de albardas (De *albarda*+*-aria*)

albardeira *n.f.* agulha usada para coser albardas (De *albarda*+*-eira*)

albardeiro *n.m.* **1** o que faz ou vende albardas **2** [fig.] alfaiate sem valor **3** [fig.] o que faz as coisas mal e à pressa; trapalhão ■ *adj.* **1** relativo a albarda ou albardão **2** [fig.] imperfeito no seu trabalho; trapalhão (De *albarda*+*-eiro*)

albardilha *n.f.* **1** albarda pequena **2** armadilha de apanhar falcões (De *albarda*+*-ilha*)

albarela *n.f.* vaso de porcelana usado antigamente nas farmácias (Do it. *albarello*, «id.»)

albarelo *n.m.* BOTÂNICA cogumelo comestível, frequente na Itália, que se desenvolve no tronco de algumas árvores (Do it. *alberello*, «vaso para unguentos»)

albarrã *n.f.* **1** torre sólida e saliente, em castelos ou muralhas árabes, onde se guardavam os dinheiros do Estado **2** ⇒ **cebola-albarrã** (Do ár. *al-barrán*, «de fora; exterior»)

albatroz *n.m.* ORNITOLOGIA ave marinha de cor branca e asas muito compridas, pertencente à ordem das procelariiformes e à família dos Diomedeídeos, que passa a maior parte do tempo voando sobre o oceano, sobretudo no Pacífico (Do ár. *al-gattás*, «mergulhão (ave)», pelo ing. *albatross*, «id.»)

albedo /ê/ *n.f.* **1** FÍSICA razão entre a energia luminosa que uma superfície difunde em todas as direções e a luz que incide nessa superfície **2** ASTRONOMIA relação entre a luz refletida pelo hemisfério iluminado de um planeta e a luz que ele recebe do Sol (Do lat. *albēdo, -ĭnis*, «brancura»)

albena /ê/ *n.f.* casta de uvas (Do lat. *albu-*, «branco» +*-ena*)

albente *adj.2g.* que alveja (Do lat. *albente-*, «id.»)

alberca *n.f.* ⇒ **alverca**

albergagem *n.f.* ato ou efeito de albergar(-se) (Do ant. prov. *alberguatge*, «id.»)

albergamento *n.m.* ⇒ **albergagem** (De *albergar*+*-mento*)

albergar *v.tr.* **1** dar albergue a; hospedar **2** agasalhar; acomodar **3** [fig.] conter; encerrar ■ *v.pron.* hospedar-se (Do ant. prov. *alberguar*, «id.»)

albergaria *n.f.* **1** lugar onde alguém se alberga **2** hospedaria; estalagem; pousada **3** abrigo; asilo **4** contrato de hospedagem **5** casa para hóspedes que fazia parte das casas monásticas e posteriormente serviu para receber doentes (Do ant. prov. *alberguaria*, «id.»)

albergue *n.m.* **1** estalagem; hospedaria **2** lugar onde se abrigam pessoas necessitadas; asilo (Do ant. prov. *alberc* ou *albergue*, «id.»)

albergueiro *n.m.* o que alberga (Do ant. prov. *alberguier*, «id.»)

alberguista *adj.* relativo a albergue ■ *n.2g.* pessoa, normalmente jovem, que pernoita em Pousadas de Juventude; **cartão de ~** cartão internacional com validade de um ano que permite pernoitar nas Pousadas de Juventude (De *albergue*+*-ista*)

albertinho *n.m.* pequena bilha de barro (De *Alberto*, antr. +*-inho*)

albi- elemento de formação de palavras que exprime a ideia de *branco* (Do lat. *albu-*, «branco»)

Albiano *n.m.* GEOLOGIA último andar do Cretácico inferior (De *Albi*, top., cidade francesa, +*-ano*)

albicastrense *adj.2g.* relativo a Castelo Branco ■ *n.2g.* natural ou habitante de Castelo Branco (Da pal. latinizada *Albicastru-* [=Castelo Branco] +*-ense*)

albicaude *adj.2g.* que tem cauda branca (De *albi-*+*-caude*)

albicaule *adj.2g.* que tem caule branco ou esbranquiçado (De *albi-*+*caule*)

albíceps *adj.inv.* (animal) que tem a cabeça branca (Do lat. *albu-*, «branco» +*ceps*, por *caput*, «cabeça»)

albicípite *adj.2g.* ⇒ **albíceps**

albicole *adj.2g.* que tem o pescoço branco (Do lat. *albu-*, «branco» +*collu-*, «pescoço»)

albicórneo *adj.* **1** ZOOLOGIA que tem cornos brancos **2** ZOOLOGIA (inseto) que tem antenas brancas (Do lat. *albu-*, «branco» +*cornu-*, «corno»)

albificação *n.f.* ato ou efeito de albificar (De *albificar*+*-ção*)

albificar *v.tr.* tornar alvo ou branco; branquear (De *albi-*+*-ficar*)

albiflor *adj.2g.* BOTÂNICA que produz flores brancas (Do lat. *albu-*, «branco» +*flore-*, «flor»)

albigense *n.2g.* membro de uma seita religiosa, que se espalhou pelo Sul da França, mormente na cidade de Albi, e contra a qual se organizou uma cruzada dirigida por Simão de Monfort, no tempo do papa Inocêncio III (1198-1216) (Do lat. tard. *albigense-*, «relativo a Albi»)

albinágio *n.m.* DIREITO direito do Estado à sucessão relativamente a bens de estrangeiros falecidos no seu território e que não tenham herdeiros nacionais legítimos nem testamentários (Do it. *albinaggio*, «id.»)

albinia *n.f.* ⇒ **albinismo** (De *albino*+*-ia*)

albinismo *n.m.* **1** MEDICINA anomalia orgânica congénita que consiste na diminuição ou falta total de pigmento em zonas superficiais do corpo **2** BOTÂNICA anomalia orgânica congénita das plantas que consiste numa carência de clorofila, que faz com que partes normalmente verdes se tornem brancas (De *albino*+*-ismo*)

albino *adj.,n.m.* que ou indivíduo que sofre de albinismo (Do lat. cient. *albīnu-*, «esbranquiçado»)

albípede *adj.2g.* que tem os pés ou membros locomotores brancos (Do lat. *albu-*, «branco» +*pĕde-*, «pé»)

albipene *adj.2g.* que tem as penas brancas (Do lat. *albu-*, «branco» +*penna-*, «pena»)

albirrosado *adj.* simultaneamente branco e rosado (De *albi-*+*rosado*)

albirrostro /ô/ *adj.* que tem o bico ou o focinho branco (De *albi-*+*-rostro*)

albite[1] *n.f.* MINERALOGIA mineral do grupo das plagióclases, composto quimicamente por silicato de alumínio e sódio ($NaAlSi_3O_8$), que cristaliza no sistema triclínico, apresentando os cristais geralmente maclados, incolores ou brancos a acinzentados e brilho vítreo, e que é mineral comum das rochas ácidas (Do latim *albu-*, «branco» + *-ite*, ou do francês *albite*, «idem»)

albite² *n.m.* [Cabo Verde] conduto; petisco; pitéu (Do crioulo cabo-verdiano *alebite* ou *lebíte*, «idem»)

albitito *n.m.* PETROGRAFIA rocha formada essencialmente de albite (De *albite*+*-ito*)

albitização *n.f.* PETROLOGIA processo mal conhecido, que, numa rocha magmática ou metamórfica, conduz à produção de albite, que pode ser o único feldspato (De *albite*+*-izar*+*-ção*)

albitófiro *n.m.* PETROGRAFIA traquito de fácies paleovulcânico, sódico, com albite (De *albite* × (*pór*)*firo*?)

albiventre *adj.2g.* que tem o ventre branco (De *albi-*+*ventre*)

albogue *n.m.* antiga flauta pastoril (Do ár. *al-bôq*, «flauta»)

albói *n.m.* **1** cúpula envidraçada e móvel para iluminação e arejamento **2** clarabóia que se pode abrir **3** NÁUTICA cobertura envidraçada que cobre as escotilhas dos aposentos de um navio; alboio (De *olho-de-boi*?)

alboio *n.m.* NÁUTICA ⇒ **albói 3**

albóio ver nova grafia alboio

alboque *n.m.* ⇒ **albogue**

albor *n.m.* ⇒ **alvor**

alboranito *n.m.* PETROGRAFIA rocha basáltica da ilha de Alborán, na Espanha (De *Alborán*, top. +*-ito*)

alborcar *v.tr.* entregar ou receber por alborque; permutar (De *alborque*+*-ar*)

albornoz *n.m.* **1** manto de lã comprido, com mangas e capuz, usado pelos árabes **2** casaco largo com capuz ou gola grande e subida (Do ár. *al-burnûs*, «manto com capuz»)

alboroque *n.m.* refeição que se dá quando se fecha um contrato; alborque (Do ár. *alborôk*, «comes e bebes»)

alborotar *v.tr.,pron.* ⇒ **alvoroçar**

alboroto *n.m.* ⇒ **alvoroto**

alborque *n.m.* **1** troca; permuta **2** ⇒ **alboroque** (Do ár. *alborôk*, «comes e bebes»)

albricoque *n.m.* ⇒ **damasco 1** (Do ár. *al-birqûq*, «id.»)

albricoqueiro *n.m.* ⇒ **damasqueiro** (De *albricoque*+*-eiro*)

albufeira *n.f.* **1** lagoa formada pelo mar e suas marés **2** represa artificial de águas pluviais, dos rios ou do degelo **3** água que escorre das azeitonas quando estão amontoadas (Do ár. *al-buháira*, «lago; lagoa»)

albufeirar *v.tr.* transformar em albufeira (De *albufeira*+*-ar*)

albugem *n.f.* **1** MEDICINA mancha esbranquiçada que se forma nas unhas **2** MEDICINA mancha opaca ou semitransparente da córnea resultante de lesão traumática ou de inflamação ou devida a uma anomalia do desenvolvimento **3** clara de ovo (Do lat. *albugĭne-*, «mancha branca no olho»)

albuginado *adj.* ⇒ **albugíneo** (Do lat. *albugĭne-*+*-ado*)

albugínea *n.f.* **1** ANATOMIA parte branca do globo ocular; esclerótica **2** ANATOMIA membrana fibrosa que reveste órgãos como os testículos ou o ovário (De *albugíneo*)

albugíneo *adj.* **1** relativo à albugínea **2** de cor branca (Do lat. *albugĭne-*, «mancha branca no olho» +*-eo*)

albuginite *n.f.* inflamação da albugínea (Do lat. *albugine-*, «albugem» +*-ite*)

albuginoso /ô/ *adj.* ⇒ **albugíneo** (Do lat. tard. *albuginōsu-*, «id.»)

albugo *n.m.* ⇒ **albugem** (Do lat. *albugo* (nominativo), «albugem»)

álbum *n.m.* **1** livro em branco, muitas vezes com bolsas de plástico, para coleccionar e proteger fotografias, selos, postais, moedas, versos ou pensamentos **2** livro que inclui ilustrações legendadas e textos breves com informações turísticas, geográficas, etc. **3** MÚSICA gravação de temas musicais apresentada geralmente num único disco ou em mais de um **4** tábua branca em que, entre os Romanos, se escreviam as deliberações dos pretores (Do lat. *album*, «quadro branco; lista», pelo al. *Album*, «id.»)

albume *n.m.* **1** clara do ovo **2** BOTÂNICA tecido de reserva que envolve as sementes de algumas plantas angiospérmicas e as alimenta (Do lat. tard. *albūmen*, «clara de ovo»)

albúmen *n.m.* ⇒ **albume**

albumina *n.f.* QUÍMICA nome genérico das proteínas solúveis na água e que coagulam por acção do calor, existentes nos organismos animais e vegetais nomeadamente no soro sanguíneo, no leite, e na clara do ovo (De *albume*+*-ina*, ou do fr. *albumine*, «id.»)

albuminagem *n.f.* aplicação de albumina (De *albuminar*+*-agem*)

albuminar *v.tr.* fazer a albuminagem de (De *albumina*+*-ar*)

albuminato *n.m.* QUÍMICA substância que resulta da reacção da albumina com outras substâncias (ácidos, bases, metais) (De *albumina*+*-ato*)

albuminemia *n.f.* **1** MEDICINA presença de albumina no sangue **2** MEDICINA excesso de albumina no sangue (De *albumina*+gr. *haîma*, *-atos*, «sangue»)

albuminiforme *adj.2g.* semelhante a albumina (De *albumina*+*-forme*)

albuminímetro *n.m.* instrumento de polarização usado para determinar a quantidade de albumina num líquido, especialmente na urina (De *albumina*+*-metro*)

albuminina *n.f.* substância que se extrai da albumina da clara dos ovos (De *albumina*+*-ina*)

albuminoide *adj.2g.* que é da natureza da albumina ■ *n.m.* QUÍMICA proteína que não é solúvel em água nem em dissolventes e apresenta uma estrutura fibrosa ■ *n.m.pl.* QUÍMICA combinações, geralmente de carbono, oxigénio, hidrogénio, azoto e enxofre, que formam a parte essencial das células (De *albumina*+*-óide*)

albuminóide ver nova grafia albuminoide

albuminómetro *n.m.* ⇒ **albuminímetro**

albuminose *n.f.* MEDICINA aumento da taxa de albumina no sangue (De *albumina*+*-ose*)

albuminoso /ô/ *adj.* **1** que tem albumina **2** da natureza da albumina (De *albumina*+*-oso*)

albuminúria *n.f.* MEDICINA doença caracterizada pela presença de albumina na urina (De *albumina*+*-úria*)

albuminúrico *adj.* que padece de albuminúria (De *albuminúria*+*-ico*)

albumose *n.f.* produto resultante da acção dos sucos gástricos e pancreáticos sobre as substâncias albuminoides (Do fr. *albumose*, «id.»)

alburno *n.m.* BOTÂNICA parte periférica do lenho do caule das árvores, a mais clara e menos rija, que circunda o cerne; borne; sâmago; entrecasca das árvores (Do lat. *alburnu-*, «id.»)

alça *n.f.* **1** tira, geralmente de tecido, que segura algumas peças de vestuário pelos ombros **2** asa ou puxadeira que serve para levantar alguma coisa **3** pedaço de sola para alterar a forma do calçado **4** peça móvel e graduada para regular o alcance do tiro nas armas de fogo **5** valor marcado nessa peça **6** buraco no assento do banco para poder ser levantado com os dedos **7** peça ligada ao eixo da roldana **8** presente dado ao medianeiro em qualquer negócio; luvas (Deriv. regr. de *alçar*)

alcabol *n.m.* ⇒ **alcaboz**

alcaboz *n.m.* ICTIOLOGIA pequeno peixe teleósteo, da família dos Blenídeos e Batraquídeos, também conhecido por caboz, cabrito, etc. (Do ant. prov. *cabotz*, «que tem a cabeça grande»)

alcabroz *n.m.* ⇒ **alcaboz**

alçação *n.f.* acto de contar e dobrar os exemplares de uma folha impressa; alceamento (De *alçar*+*-ção*)

alçácar *n.m.* ⇒ **alcácer**

alcaçareiro *n.m.* ⇒ **alcacereiro**

alcaçaria *n.f.* **1** fábrica de curtumes **2** arruamento de lojas **3** lugar onde os Judeus e os Mouros podiam negociar **4** paço **5** casa nobre (Do ár. *al-qaisárîá*, «bazar»)

alcaçárico *adj.* relativo a alcaçaria (De *alcaçaria*+*-ico*)

alcacel *n.m.* **1** cevada ou aveia verde para alimentação dos animais **2** balanço (Do ár. *al-qaçíl*, «cevada»)

alcácer *n.m.* **1** palácio fortificado construído pelos Mouros; fortaleza; castelo **2** habitação sumptuosa (Do ár. *al-qaçr*, «castelo; palácio»)

alcacereiro *n.m.* guarda de alcácer (De *alcácer*+*-eiro*)

alcacerense *adj.2g.* referente à cidade portuguesa de Alcácer do Sal, no distrito de Setúbal ■ *n.2g.* natural ou habitante de Alcácer do Sal (De *Alcácer*, top. +*-ense*)

alcachinar *v.tr.,pron.* **1** curvar(-se) **2** encolher(-se); contrair(-se) **3** acabrunhar(-se); desanimar (De orig. obsc.)

alcachofa *n.f.* ⇒ **alcachofra**

alcachofra *n.f.* BOTÂNICA designação extensiva a umas plantas herbáceas, da família das Compostas, espontâneas (alcachofra-brava ou alcachofra-de-são-joão e cardo-coalhador) e outras cultivadas (alcachofra-hortense ou alcachofra-de-comer), usadas em medicina e culinária (Do ár. *al-kharxôfâ*, «id.»)

alcachofral *n.m.* plantação de alcachofras (De *alcachofra*+*-al*)

alcachofrar *v.tr.* **1** dar forma da pinha da alcachofra a **2** [fig.] tornar crespo ou áspero **3** [fig.] irritar (De *alcachofra*+*-ar*)

alcáçova *n.f.* **1** fortaleza principal de um castelo **2** parte mais alta do convés nas naus ou navios antigos **3** [regionalismo] lapa (Do ár. *al-qaçba*, «cidadela»)

alça-cu *n.m.* ORNITOLOGIA designação vulgar de um mergulhão comum e sedentário em Portugal (De *alçar*+*cu*)

alcaçuz *n.m.* BOTÂNICA planta herbácea da família das Leguminosas, que tem aplicação em farmácia e medicina; raiz-doce; regoliz (Do ár. *'arq as-sûs*, «raiz do alcaçuz»)

alçada *n.f.* **1** jurisdição; competência **2** DIREITO limite de valor de ação até ao qual certo tribunal julga **3** esfera de ação **4** antigo tribunal coletivo e ambulante que, percorrendo os povos, lhes administrava justiça (Part. pass. fem. subst. de *alçar*)

alcadafe *n.m.* selha sobre a qual o taberneiro mede o vinho, e que recebe as vertedoras (Do ár. *al-qadáf*, «escudela»)

alçadeira *n.f.* fita que serve para prender a roupa que é muito comprida (De *alçar+-deira*)

alçado *adj.* erguido; alteado ▪ *n.m.* **1** projeção vertical de qualquer objeto **2** ARQUITETURA desenho da fachada de um edifício **3** parte mais elevada de uma cadeira, de um móvel duplo ou da cabeceira de uma cama **4** TIPOGRAFIA operação de secagem e ordenação das folhas de um livro para serem dobradas e encadernadas **5** TIPOGRAFIA compartimento onde se secam e ordenam as folhas do livro antes de as dobrar e encadernar (Part. pass. de *alçar*)

alçador *adj.,n.m.* **1** que ou o que alça ou levanta **2** TIPOGRAFIA que ou empregado que faz a alçagem das folhas de impressão (De *alçar+-dor*)

alçadura *n.f.* **1** ato ou efeito de alçar(-se) **2** alteamento **3** ⇒ **alçagem** (De *alçar+-dura*)

alçagem *n.f.* TIPOGRAFIA ordenação e montagem manual ou mecânica das folhas impressas de um livro para preparar a sua encadernação (De *alçar+-agem*)

alcagoita *n.f.* [regionalismo] amendoim (Do nauat. *cacahuete*, «cacau da terra»)

alcaguete /gu-e/ *n.2g.* **1** [Brasil] [coloq.] informador; delator **2** [Brasil] [coloq.] informador da polícia

alcaiata *n.f.* utensílio de ferro, ligeiramente cónico, usado pelos fundidores e sirgueiros para levantar o molde (Do ár. *al-khaiata*, «id.»)

alcaiate *n.m.* ⇒ **alcaiata**

alcaico *adj.* LITERATURA diz-se do verso grego hendecassílabo com cesura entre o segundo e o terceiro pé (Do lat. *alcaïcu-*, «à maneira de Alceu», poeta lírico gr. do séc. VII a. C.)

alcaidaria *n.f.* **1** dignidade ou funções de alcaide **2** repartição do alcaide (De *alcaide+-aria*)

alcaide *n.m.* **1** HISTÓRIA antigo governador de castelo ou de província; castelão **2** antigo oficial de justiça **3** atual autoridade administrativa espanhola cujas funções são equivalentes às do presidente da câmara em Portugal **4** ORNITOLOGIA pássaro da família dos Traupídeos, frequente no Brasil e também conhecido por tem-tem, etc. (Do ár. *al-qáid*, «chefe»)

alcaide-mor *n.m.* governador de província ou de praça

alcaidia *n.f.* ⇒ **alcaidaria** (De *alcaide+-ia*)

alcaiotar *v.tr.,intr.* ⇒ **alcovitar** (De *alcaiote+-ar*)

alcaiotaria *n.f.* ofício de alcaiote (De *alcaiote+-aria*)

alcaiote *n.m.* alcoviteiro (Do ár. *al-qauuád*, «id.»)

alcaixa *n.f.* faixa do costado do navio (De *al-+caixa*)

alcala *n.f.* fio com que se cosem as redes de pesca (Do ár. *al qalla*, «cortina»)

alcalena *n.f.* [regionalismo] rede de pescar sardinha

alcalescência *n.f.* **1** QUÍMICA passagem ao estado alcalino **2** QUÍMICA alcalinidade leve (Do ár. *al-qali*, «sal tirado da soda», pelo fr. *alcalescence*, «alcalescência»)

alcalescente *adj.2g.* **1** em que se manifestam as propriedades alcalinas **2** que passa ao estado alcalino **3** com tendência para apodrecer (Do ár. *al-qali*, «sal tirado da soda», pelo fr. *alcalescent*, «alcalescente»)

alcali *n.m.* **1** QUÍMICA substância capaz de reagir com ácidos de forma análoga à dos hidróxidos de sódio (soda cáustica) e de potássio (potassa cáustica) **2** QUÍMICA hidróxido solúvel em água (Do ár. *al-qali*, «sal tirado da soda»)

álcali *n.m.* ⇒ **alcali**

alcalicidade *n.f.* ⇒ **alcalinidade** (De *alcálico+-i-+-dade*)

alcálico *adj.* **1** alcalino **2** relativo ao alcali (De *alcali+-ico*)

alcalificante *adj.2g.* **1** que determina propriedades alcalinas noutra substância **2** que alcalifica (De *alcalificar+-ante*)

alcalificar *v.tr.* tornar alcalino (De *alcali+-ficar*)

alcalígeno *adj.* que produz alcalis (Do ár. *al-qali*, «alcali»+gr. *génos*, «nascimento»)

alcalimetria *n.f.* QUÍMICA determinação da quantidade de alcali (hidróxido) existente numa solução (De *alcalímetro+-ia*)

alcalimétrico *adj.* relativo à alcalimetria (De *alcalimetria+-ico*)

alcalímetro *n.m.* QUÍMICA instrumento que serve para medir a quantidade de alcali contida numa solução (De *alcali+-metro*)

alcalinidade *n.f.* QUÍMICA propriedade ou estado do que é alcalino (De *alcalino+-i-+-dade*)

alcalinismo *n.m.* **1** QUÍMICA abuso de substâncias alcalinas **2** QUÍMICA efeitos desse abuso (De *alcalino+-ismo*)

alcalinizar *v.tr.* **1** QUÍMICA transmitir propriedades alcalinas a uma substância; tornar alcalino **2** QUÍMICA aumentar o pH de uma solução (De *alcalino+-izar*)

alcalino *adj.* **1** QUÍMICA que contém alcali **2** QUÍMICA da natureza do alcali **3** QUÍMICA que tem pH maior que 7 a 25 ºC; *metais alcalinos* QUÍMICA metais que constituem o grupo I da classificação periódica (lítio, sódio, potássio, rubídio, césio e frâncio) (De *alcali+-ino*)

alcalinoterroso /ô/ *adj.* QUÍMICA designativo dos metais cálcio, estrôncio, bário e rádio, de comportamento químico próximo do dos metais alcalinos

alcalino-terroso ver nova grafia alcalinoterroso

alcalinúria *n.f.* MEDICINA presença anormal de substâncias alcalinas na urina (De *alcalino+-úria*)

alcalização *n.f.* ação ou efeito de alcalizar (De *alcalizar+-ção*)

alcalizar *v.tr.* ⇒ **alcalinizar** (De *alcali+-izar*)

alcaloide *n.m.* QUÍMICA substância orgânica azotada, com propriedades alcalinas e estrutura geralmente heterocíclica (Do ár. *al-qalí*, «alcali»+gr. *eîdos*, «aspeto; forma»)

alcalóide ver nova grafia alcaloide

alcalose *n.f.* **1** MEDICINA aumento de alcalinidade do sangue **2** BOTÂNICA afeção patológica provocada por excesso de alcalis no solo (De *alcali+-ose*)

alçamento *n.m.* ato ou efeito de alçar(-se) (De *alçar+-mento*)

alcamonia *n.f.* doce feito de melaço e mandioca (Do gr. *kýminon*, «cominho», pelo ár. *al-kamuniya*, «id.»)

alcana *n.f.* ⇒ **buglossa** (Do lat. tard. *alcana-*, «erva-bezerra»)

alcânave *n.m.* variedade de linho semelhante ao cânhamo (Do gr. *kánnabis*, «cânhamo» pelo ár. *al-qunnab*, «id.»)

alcançadela *n.f.* **1** ato ou efeito de alcançar **2** ferimento na pata anterior do animal, produzido pela pata posterior, durante a marcha (De *alcançar+-dela*)

alcançadiço *adj.* **1** que se alcança ou embarga facilmente **2** [fig.] lorpa; estúpido (De *alcançar+-diço*)

alcançado *adj.* **1** atingido **2** obtido; conseguido **3** apanhado; agarrado **4** endividado **5** que desviou em seu proveito dinheiro de outrem (Part. pass. de *alcançar*)

alcançadura *n.f.* ⇒ **alcançadela** (De *alcançar+-dura*)

alcançamento *n.m.* ato ou efeito de alcançar **2** alcance **3** conseguimento (De *alcançar+-mento*)

alcançar *v.tr.* **1** chegar junto de; atingir **2** apanhar; agarrar **3** conseguir; obter **4** abranger; abarcar **5** [fig.] compreender ▪ *v.intr.* [pop.] engravidar ▪ *v.pron.* **1** desfalcar; gastar dinheiro de outrem em proveito próprio **2** endividar-se (Do lat. **incalciãre*, «chegar aos calcanhares de», pelo cast. *alcanzar*, «alcançar»)

alcâncara *n.f.* **1** antigo instrumento musical semelhante ao pandeiro **2** [regionalismo] biscoito feito de massa de pão e gordura (De orig. obsc.)

alcancareiro *n.m.* tocador de alcâncara ▪ *adj.* diz-se do pandeiro que tem duas peles e soalhas no arco (De *alcâncara+-eiro*)

alcançável *adj.2g.* que se pode alcançar (De *alcançar+-vel*)

alcance *n.m.* **1** ato ou efeito de alcançar **2** distância que pode ser vencida com a vista ou com o toque **3** peça de que pendem os reposteiros, as cortinas, etc. **4** distância compreendida entre o ponto de origem da trajetória de um projétil e o ponto de queda **5** distância a que é lançado o projétil de uma arma **6** distância máxima a que um alvo pode ser detetado **7** desvio de dinheiro ou outro valor; desfalque **8** [fig.] inteligência; perspicácia **9** [fig.] importância; valor (Deriv. regr. de *alcançar*)

alcanço *n.m.* **1** ⇒ **alcance 2** ZOOLOGIA dedo insulado nos pés das aves de rapina (Deriv. regr. de *alcançar*)

alcandor *n.m.* **1** lugar alcandorado; cume **2** ⇒ **alcândora** (Deriv. regr. de *alcandorar*)

alcândora *n.f.* **1** poleiro de falcão ou de papagaio **2** graveto a que ele se prende (Do ár. *al-kándara*, «poleiro para ave de rapina»)

alcandorado *adj.* **1** colocado a grande altura; alcantilado **2** [fig.] (estilo) empolado (Part. pass. de *alcandorar*)

alcandorar *v.tr.* colocar em alcândora ▪ *v.pron.* **1** encarrapitar-se; empoleirar-se **2** [fig.] sublimar-se (De *alcândora+-ar*)

alcanfor *n.m.* ⇒ **cânfora** (Deriv. regr. de *alcanforar*)

alcânfora *n.f.* [pop.] cânfora (Do ár. *al-káfūr*, pelo lat. med. *camphŏra-*, «cânfora»)

alcanforar *v.tr.* ⇒ **canforar** (De *alcânfora+-ar*)

alcanforeira *n.f.* ⇒ **canforeira** (De *alcanforar+-eira*)

alcanforeiro *n.m.* **1** vaso onde se traz cânfora para cheirar **2** ⇒ **canforeira** (De *alcanforar+-eiro*)

alcano *n.m.* QUÍMICA nome genérico de qualquer composto de carbono e hidrogénio saturado (De *al qu(ilo)+(met)ano*)
alcântara *n.f.* 1 ponte de pedra 2 [com maiúscula] nome de uma antiga ordem militar (Do ár. *al-qântarâ*, «ponte»)
alcantarense *adj.2g.* referente à cidade brasileira de Alcântara, no estado do Maranhão ▪ *n.2g.* natural ou habitante de Alcântara (De *Alcântara*, top. *+-ense*)
alcantil *n.m.* 1 rocha escarpada 2 despenhadeiro 3 cume; píncaro (De *al-+cantil*)
alcantilada *n.f.* conjunto de alcantis (De *alcantil+-ada*)
alcantilado *adj.* 1 talhado a pique 2 íngreme; escarpado; fragoso 3 alto (Part. pass. de *alcantilar*)
alcantilar *v.tr.,pron.* 1 dar ou tomar forma de alcantil 2 elevar(-se) (De *alcantil+-ar*)
alcantiloso /ô/ *adj.* ⇒ **alcantilado** (De *alcantil+-oso*)
alcanzia *n.f.* 1 bola oca de barro, cozida ao sol e cheia de flores, fitas pintadas, etc. que se atirava aos participantes nas antigas cavalhada (festas) 2 mealheiro de barro, com uma fenda, para depositar moedas 3 [ant.] espécie de granada que se atirava com a mão, nas guerras (Do ár. *al-kanzíâ*, de *al-kanz*, «tesouro escondido»)
alcanziada *n.f.* ação de arremessar alcanzias (De *alcanzia+-ada*)
alção *n.m.* alça grande (De *alça+-ão*)
alçapão *n.m.* 1 abertura no soalho, com tampa levadiça, para comunicar com o pavimento inferior 2 essa mesma tampa no soalho, que fecha de cima para baixo 3 peça da calças que abotoava na cinta pela frente 4 armadilha para pássaros 5 [fig.] logro; armadilha (De *alça+pom*, «levanta e abaixa»)
alcaparra *n.f.* 1 BOTÂNICA planta hortense da família das Caparidáceas, também designada alcaparreira 2 BOTÂNICA botão da alcaparreira, que se usa em culinária como condimento e é conservado em vinagre 3 azeitona curtida sem caroço (Do ár. *kábar*, pelo hisp.-ár. *al-kappâra*, «alcaparra»)
alcaparral *n.m.* plantação de alcaparras (De *alcaparra+-al*)
alcaparrar *v.tr.* 1 temperar com alcaparra 2 [fig.] estimular; provocar (De *alcaparra+-ar*)
alcaparreira *n.f.* ⇒ **alcaparra** 1 (De *alcaparra+-eira*)
alcaparreiro *n.m.* pessoa que negoceia em acepipes, condimentos e conservas, especialmente de alcaparra (De *alcaparra+-eiro*)
alça-pé *n.m.* 1 armadilha para caçar aves pelos pés 2 [fig.] artifício doloso (De *alçar+pé*)
alça-perna *n.f.* ⇒ **alça-pé** (De *alçar+-perna*)
alçaprema *n.f.* 1 trave ou barrote a pino para escorar 2 alavanca grande 3 tenaz para extrair dentes 4 torniquete para apertar o focinho dos animais e segurá-los enquanto são ferrados; aziar (De *alçar+premir*)
alçapremar *v.tr.* 1 levantar ou escorar com alçaprema 2 apanhar com alçaprema 3 [fig.] guindar; levantar 4 [fig.] oprimir (De *alçaprema+-ar*)
alcar *n.m.* BOTÂNICA planta vivaz da família das Cistáceas, espontânea e frequente em Portugal (Do ár. *alkara*, «marroio»)
alçar *v.tr.* 1 tornar mais alto; elevar 2 levantar; guindar 3 edificar 4 TIPOGRAFIA pôr a secar e juntar as folhas impressas de um livro para coser 5 [fig.] engrandecer; enaltecer; aclamar ▪ *v.pron.* 1 levantar-se 2 sobressair 3 engrandecer-se; alça! exclamação usada para mandar levantar as patas aos animais (Do lat. *altiāre* por *altăre*, «tornar alto; elevar»)
alcaravão *n.m.* ORNITOLOGIA ave pernalta de arribação, da família dos Burinídeos, que vive em dunas e terrenos arenosos e é também designada alcorão, algravão, algrubão, galinha-do-mato, gazola, peruís, pirolé, piroliz, sisão, etc. (Do ár. *al-qarauân*, espécie de ave pernalta)
alcaravia *n.f.* BOTÂNICA planta herbácea bianual, da família das Umbelíferas, espontânea e cultivada em Portugal, utilizada na medicina e na culinária; cominho (Do ár. *al-karauīa*, «id.»)
alcaraviz *n.m.* guarda-fogo do tubo que conduz o ar para a forja (Do ár. *al-qarabīç*, pl. de *qarabūç*, «arção»?)
alcaria *n.f.* 1 antiga casa rústica para guardar alfaias agrícolas 2 BOTÂNICA planta dos areais (Do ár. *al-qariâ*, «aldeia; vila»)
alcarial *n.m.* terreno onde crescem alcarias (De *alcaria+-al*)
alcarnache *n.m.* ⇒ **escalracho** 1 (De orig. obsc.)
alcarrada *n.f.* movimento das aves de rapina para apanhar a presa (Do ár. *ar-rakaDät*, pl. de *ar-rakbÂn*, «posto em movimento»)
alcarraz *n.m.* ⇒ **sargo** 1 (De orig. obsc.)
alcarraza *n.f.* vaso de argila porosa usado para manter frescos água e outros líquidos (Do ár. *al-karraz*, «cantarinha», pelo cast. *alcarraza*, «id.»)
alcarroteira *n.f.* [regionalismo] mulher mexeriqueira; alcoviteira (De orig. obsc.)

alcarsina *n.f.* veneno muito enérgico de cheiro repugnante, constituído por óxido de cacodilo (De orig. obsc.)
alcatear *v.tr.,pron.* 1 reunir(-se) em alcateia 2 [fig.] bandear(-se) (De *alcateia+-ar*)
alcateia *n.f.* 1 bando de lobos 2 grupo de animais ferozes 3 [fig.] quadrilha de ladrões 4 [fig.] facção (Do ár. *al-qatai'â*, «rebanho»)
alcatifa *n.f.* 1 peça de lã, fibra, ou outro material, com que se reveste totalmente o soalho de uma divisão 2 tapete grande usado para cobrir o soalho de uma habitação 3 aquilo que cobre uma determinada área, à semelhança da alcatifa 4 BOTÂNICA planta rasteira da família das Compostas (Do ár. *al-qatifâ*, «id.»)
alcatifar *v.tr.* cobrir com alcatifa; revestir com alcatifa (De *alcatifa+-ar*)
alcatifeiro *n.m.* fabricante ou vendedor de alcatifas (De *alcatifa+-eiro*)
alcatira *n.f.* BOTÂNICA nome vulgar de algumas plantas da família das Leguminosas, também conhecidas por adraganto e tragacanto 2 substância gomosa produzida por essas plantas; adraganta; tragacanta (Do ár. *al-kathīrá*, «id.»)
alcatra *n.f.* 1 região do corpo de um bovídeo onde termina o fio do lombo 2 ancas (de uma rês) (Do ár. *al-qatrâ*, «pedaço»)
alcatrão *n.m.* 1 substância escura, de aspeto líquido e cheiro forte, obtida da destilação de certas madeiras resinosas e da hulha, usada no revestimento de pavimentos; asfalto 2 substância resinosa composta de pez líquido, resina e óleo ou sebo (Do ár. *al-qatrân*, «resina»)
alcatrate *n.m.* NÁUTICA pranchão que cobre os topos das aposturas do navio (Do ár. *alqatrăat*, pl. de *qatrâ*, «pedaço»)
alcatraz *n.m.* 1 ORNITOLOGIA grande ave palmípede da família dos Larídeos, também designada albatroz, falcão, ganso-patola, mascato e pelagiano 2 [pop.] ⇒ **endireita** (Do ár. *al-gattâs*, «id.»)
alcatreiro *adj.* que tem as nádegas grandes (De *alcatra+-eiro*)
alcatroagem *n.f.* ⇒ **alcatroamento** (De *alcatroar+-agem*)
alcatroamento *n.m.* ato ou efeito de alcatroar (De *alcatroar+-mento*)
alcatroar *v.tr.* untar, misturar ou cobrir com alcatrão (De *alcatrão+-ar*)
alcatroeiro *adj.,n.m.* 1 que ou o que alcatroa 2 que ou o que faz ou vende alcatrão (De *alcatrão+-eiro*)
alcatruz *n.m.* 1 cada um dos vasos que elevam a água na nora 2 *pl.* [pop.] tamancos grandes e pesados; botifarras 3 [regionalismo] vaso de barro utilizado para capturar polvo na zona do Algarve (Do ár. *al-qâdūs*, «balde de nora»)
alcatruzada *n.f.* 1 conteúdo de um alcatruz 2 conjunto de alcatruzes 3 cano condutor da água do caldeirão para as salinas (De *alcatruz+-ada*)
alcatruzar *v.tr.* 1 dar forma de alcatruz a 2 munir de alcatruzes 3 curvar ▪ *v.pron.* 1 corcovar-se; vergar-se 2 elevar-se (De *alcatruz+-ar*)
alcavala *n.f.* 1 antigo imposto 2 *pl.* quantias cobradas indevidamente 3 *pl.* [fig.] traficância 4 *pl.* [fig.] alvíssaras (Do ár. *al-qabâlâ*, «imposto»)
alcavaleiro *n.m.* arrematante das alcavalas (De *alcavala+-eiro*)
alce *n.m.* ZOOLOGIA grande veado da família dos Cervídeos, de chifres largos, espalmados e recortados, que existe nos países nórdicos; grã-besta (Do lat. *alce-*, «espécie de veado»)
álcea *n.f.* BOTÂNICA planta ornamental da família das Malváceas; malvaísco-silvestre (Do lat. *alcĕa-*, «malva»)
alceamento *n.m.* 1 TIPOGRAFIA operação que consiste em colocar suportes, alças e folhas recortadas sobre o estofo do tímpano para regular a impressão 2 TIPOGRAFIA ordenação e agrupamento manual ou mecânico das folhas impressas para formar um volume (De *alcear+-mento*)
alcear *v.tr.* 1 pôr alça em 2 TIPOGRAFIA colocar suportes, alças e folhas recortadas sobre o estofo do tímpano para regular a impressão 3 TIPOGRAFIA ordenar e agrupar as folhas impressas para formar o livro (De *alça+-ear*, ou do lat. *alteāre*, por *altăre*, «alçar; levantar»)
Alcedínidas *n.m.pl.* ⇒ **Alcedinídeos**
Alcedinídeos *n.m.pl.* ORNITOLOGIA família de pássaros de bico direito, com asas e cauda curtas, cujo género-tipo se designa por *Alcedo* (Do lat. *alcedĭne-*, «alcião» +*-ídeos*)
alcedo /ê/ *n.m.* ORNITOLOGIA ave coraciiforme, da família dos Alcedinídeos, de bico comprido e forte, que vive perto dos rios ou lagos e se alimenta de pequenos peixes (Do lat. *alcĕdo -ĭnis*, «alcião»)
alceno /ê/ *n.m.* QUÍMICA nome genérico de qualquer dos hidrocarbonetos etilénicos, isto é, hidrocarbonetos de cadeia aberta com uma única ligação dupla entre dois átomos de carbono (De *alc(ano)+-eno*)

alcião n.m. 1 MITOLOGIA ave imaginária que fazia o ninho sobre as águas do mar 2 [com maiúscula] ASTRONOMIA a estrela mais brilhante do Sete-Estrelo (Do lat. *alcyŏne-*, «id.»)

alcicorne adj.2g. que tem cornos semelhantes aos do alce (Do lat. *alce-*, «alce»+*cornu-*, «corno»)

Álcidas n.m.pl. ⇒ **Alcídeos**

Alcídeos n.m.pl. ORNITOLOGIA família de aves palmípedes com cauda curta e desprovidas de polegar (Do lat. cient. *alcídae*, «id.»+*-ídeos*)

alcino n.m. QUÍMICA nome genérico de qualquer dos hidrocarbonetos acetilénicos, isto é, hidrocarbonetos de cadeia aberta com uma única ligação tripla entre dois átomos de carbono (De *alc(ano)*+*-ino*)

alcíone n.f. ⇒ **alcião** (Do lat. *alcyŏne-*, «id.»)

alcióneo adj. 1 relativo a alcião 2 (tempo) sereno; agradável (Do lat. *alcyonĕu-*, «id.»)

alcmânico adj.,n.m. LITERATURA diz-se do verso grego ou latino que tem três dáctilos e um espondeu (Do lat. *alcmanĭcu-*, «relativo a Álcman»)

alcobaça n.m. lenço grande usado pelas pessoas que cheiravam rapé (De *Alcobaça*, top., cidade portuguesa do distrito de Leiria)

alcobacense adj.2g. referente à cidade portuguesa de Alcobaça, no distrito de Leiria, ou ao seu mosteiro ∎ n.2g. natural ou habitante de Alcobaça (De *Alcobaça*, top.+*-ense*)

alcoceifa n.f. [ant.] casa de prostituição (Do ár. *alquçaifa*, «id.»)

alcofa /ó/ n.f. 1 cesto feito de vime, palma ou esparto, geralmente com asa 2 berço com ou sem rodas para transporte de crianças de colo ∎ n.2g. pessoa alcoviteira (Do ár. *al-quffâ*, «id.»)

alcofada n.f. o que uma alcofa comporta (De *alcofa*+*-ada*)

alcofar v.tr. 1 meter em alcofa 2 [fig.] inculcar, servindo de alcoviteiro (De *alcofa*+*-ar*)

alcofeiro n.m. 1 intermediário em relações amorosas; alcoviteiro 2 [regionalismo] mentiroso (De *alcofa*+*-eiro*)

alcofinha n.2g. pessoa alcoviteira (De *alcofa*+*-inha*)

alcoice n.m. ⇒ **alcouce**

alcoiceiro n.m. ⇒ **alcouceiro**

álcool n.m. 1 QUÍMICA nome genérico dos compostos orgânicos cuja fórmula se pode obter da de um hidrocarboneto, por substituição de um ou mais átomos de hidrogénio por igual número de grupos OH 2 QUÍMICA líquido incolor volátil e inflamável, e obtido através da destilação de substâncias açucaradas ou farináceas, utilizado na composição de muitas bebidas como o vinho, a cerveja e a aguardente; etanol 3 bebida que contém esse líquido 4 líquido que contém grande percentagem de álcool etílico (por exemplo, 70%) e que é usado como antisséptico; ~ **desnaturado** QUÍMICA álcool etílico alterado com aditivo que o torna impróprio para a produção de bebidas, servindo apenas para queimar (como combustível) ou para fins industriais; ~ **etílico** QUÍMICA substância obtida da fermentação de açúcares, usada em bebidas (cerveja, vinho, etc.) e perfumaria, etanol (Do ár. vulg. *al-kuhūl*, por *al-kuhl*, «colírio de pó de antimónio»)

alcoólase n.f. díastase que provoca a fermentação alcoólica e que aparece nos frutos açucarados (De *álcool*+*-ase*)

alcoolato n.m. 1 FARMÁCIA medicamento obtido por destilação do álcool com substâncias de origem vegetal 2 QUÍMICA composto que resulta da ação dos álcoois sobre certos metais; alquilato (De *álcool*+*-ato*)

alcoólatra adj.,n.2g. que ou pessoa que é viciada na ingestão de bebidas alcoólicas (De *álcool*+*-latra*)

alcoolatria n.f. vício de tomar bebidas alcoólicas em quantidades exageradas; vício do álcool (De *álcool*+*-latria*)

alcoolatura n.f. FARMÁCIA líquido resultante da maceração de plantas frescas em álcool (Do fr. *alcoolature*, «id.»)

alcoolemia n.f. MEDICINA presença de álcool no sangue (De *álcool*+*-emia*)

alcoolémia n.f. ⇒ **alcoolemia**

alcoólico adj. 1 relativo ao álcool 2 QUÍMICA que contém álcool na sua constituição 3 que tem o vício do alcoolismo ∎ n.m. pessoa que tem o vício do alcoolismo; alcóolatra; **radical** ~ QUÍMICA radical que resulta da supressão de um H na fórmula molecular de um alcano, alquilo (De *álcool*+*-ico*)

alcoolificação n.f. transformação em álcool, por fermentação (Do fr. *alcoolification*, «id.»)

alcoolificar v.tr. transformar em álcool (De *álcool*+*-ficar*)

alcoolimetria n.f. ⇒ **alcoometria** (De *álcool*+*-metria*)

alcoolímetro n.m. dispositivo que serve para avaliar o teor de álcool no sangue de uma pessoa, através da medição da quantidade de álcool presente no ar expirado; balão (De *álcool*+*-metro*)

alcoolismo n.m. 1 abuso de bebidas alcoólicas 2 MEDICINA estado patológico causado pelo abuso de bebidas alcoólicas (De *álcool*+*-ismo*)

alcoolização n.f. ato ou efeito de alcoolizar(-se) (De *alcoolizar*+*-ção*)

alcoolizar v.tr. 1 juntar álcool a 2 embriagar; embebedar ∎ v.pron. embriagar-se; embebedar-se (De *álcool*+*-izar*)

alcoologia n.f. estudo das causas e efeitos do alcoolismo e dos meios e processos de o combater (De *álcool*+*-logia*)

alcoolometria n.f. ⇒ **alcoometria**

alcoolómetro n.m. ⇒ **alcoómetro**

alcoomel n.m. excipiente composto de álcool e mel (De *álcool*+*mel*)

alcoometria n.f. avaliação da quantidade de álcool numa solução, especialmente nas bebidas espirituosas (De *alcoómetro*+*-ia*)

alcoómetro n.m. QUÍMICA instrumento graduado que serve para determinar a quantidade de álcool existente num líquido (De *álcool*+*-metro*)

alcooteste n.m. 1 teste destinado a averiguar o teor de álcool no ar expirado 2 aparelho que se usa para esse efeito (Do fr. *alcootest*, «id.»)

alcorânico adj. respeitante ao Alcorão ou à sua doutrina (De *Alcorão*+*-ico*)

alcoranista adj.,n.2g. 1 que ou pessoa que segue a doutrina do Alcorão 2 que ou pessoa que é versada na doutrina do Alcorão (De *Alcorão*+*-ista*)

alcorão[1] n.m. 1 [com maiúscula] RELIGIÃO livro sagrado dos maometanos, que contém as revelações feitas por Alá ao profeta Maomé 2 religião maometana; islamismo 3 coleção de preceitos ou normas pelas quais se regula alguma atividade 4 torre de mesquita muçulmana de onde se chamam os crentes à oração (Do árabe *al-qurān*, «a Leitura»)

alcorão[2] n.m. ⇒ **alcaravão** (Do ár. *al-qarauán*, «espécie de perdiz»)

alcorca n.f. 1 regueiro para esgoto e derivação de águas 2 fosso para resguardo de valados (De orig. obsc.)

alcorça /ô/ n.f. massa de açúcar que serve para cobrir doces (Do ár. *al-qúrçâ*, «doce redondo»)

alcorque n.m. [ant.] calçado com sola de cortiça (Do ár. *al-kurk*, «id.», pelo cast. *alcorque*, «id.»)

alcorraz n.m. ⇒ **choupa**[3] (De orig. obsc.)

alcouce n.m. casa de prostituição (De orig. obsc.)

alcouceiro n.m. o que possui ou frequenta alcouces (De *alcouce*+*-eiro*)

alcoutenejo /ê/ adj. de ou relativo a Alcoutim, vila portuguesa do distrito de Faro ∎ n.m. natural ou habitante de Alcoutim (De *Alcoutim*, top. +*-ejo*)

alcoutinense adj.,n.2g. ⇒ **alcoutenejo** (De *Alcoutim*, top. +*-ense*)

alcova /ô/ n.f. 1 pequeno quarto interior de dormir 2 quarto de casal 3 [fig.] abrigo; refúgio (Do ár. *al-qubbâ*, «tenda»)

alcoveto n.m. intermediário em relações amorosas; alcoviteiro (Do ár. *al-qauuād*, «id.»)

alcovista n.m. indivíduo mulherengo (De *alcova*+*-ista*)

alcovitar v.tr. 1 servir de intermediário em relações amorosas 2 inculcar, como alcoviteiro ∎ v.intr. intrigar; mexericar (De *alcoveto*+*-ar*)

alcovitaria n.f. ⇒ **alcoviteirice** (De *alcovitar*+*-aria*)

alcoviteirice n.f. 1 ofício de alcoviteiro 2 ato de atuar como intermediário em questões amorosas 3 mexerico; intriga 4 lenocínio; aliciação (De *alcoviteiro*+*-ice*)

alcoviteiro adj.,n.m. 1 que ou o que auxilia em relações amorosas 2 mexeriqueiro; intriguista 3 que ou aquele que vive à custa de prostitutas (De *alcovitar*+*-eiro*)

alcovitice n.f. ⇒ **alcoviteirice**

alcunha n.f. qualificativo, por vezes depreciativo, que se usa em lugar do nome próprio de alguém, ou que é acrescentado a esse nome (geralmente derivado de uma particularidade física ou moral); cognome; epíteto (Do ár. *al-kuniâ*, «sobrenome»)

alcunhar v.tr. pôr alcunha a; apelidar; designar pela alcunha (De *alcunha*+*-ar*)

alcunho n.m. ⇒ **alcunha**

aldeaga n.2g. 1 [regionalismo] pessoa trapalhona 2 [regionalismo] tagarela (Deriv. regr. de *aldeagar*)

aldeagante n.2g. 1 [regionalismo] caminhante 2 [regionalismo] estroina 3 [regionalismo] pessoa desembaraçada (De *aldeagar*+*-ante*)

aldeagar v.intr. 1 [regionalismo] caminhar 2 [regionalismo] vadiar 3 [regionalismo] falar à toa 4 [regionalismo] falar com vivacidade (De *aldeia*+*g*+*-ar*)

aldeamento *n.m.* **1** estabelecimento de aldeias numa região **2** disposição de casas em aldeia **3** conjunto de casas ou blocos de apartamentos com acesso a serviços de hotelaria utilizados para fins turísticos (De *aldear*+*-mento*)

aldeante *n.m.* [regionalismo] vadio (De *aldear*+*-ante*)

aldeão *adj.* (plural **aldeãos** ou **aldeões**) **1** que nasceu ou habita numa aldeia **2** rústico; simples ■ *n.m.* natural ou habitante de uma aldeia; camponês (De *aldeia*+*-ão*)

aldear *v.tr.* **1** estabelecer aldeias numa região **2** dividir em aldeias **3** formar um aldeamento ■ *v.intr.* [regionalismo] passear para matar o tempo (De *aldeia*+*-ar*)

Aldebarã *n.f.* ASTRONOMIA estrela do hemisfério norte, avermelhada, de grandeza aparente 1,1, que é a α da constelação zodiacal do Touro e dista do sistema solar 55 anos-luz, sendo também chamada Olho do Touro (Do ár. *al-dabarān*, «as que seguem (as Plêiades)»)

Aldebarão *n.m.* ⇒ **Aldebarã**

aldegalense *adj.2g.* relativo a Aldeia Galega (antiga designação do Montijo) ■ *n.2g.* natural ou habitante de Aldeia Galega (De *Aldeia Galega*, top. +*-ense*)

aldeia *n.f.* **1** pequena localidade, geralmente com poucos habitantes e de organização mais simples que a de uma vila ou cidade, sem autonomia administrativa; povoação rural **2** meio rural; campo; *dividir/repartir o mal pelas aldeias* partilhar tarefas difíceis ou responsabilidades com outras pessoas (Do ár. *ad-dai'â*, «id.»)

aldeia global *n.f.* o mundo atual considerado como uma comunidade única ligada por uma vasta rede de comunicações

aldeído *n.m.* QUÍMICA nome genérico dos compostos caracterizados por ação redutora, que podem derivar dos álcoois primários por oxidação moderada com perda de hidrogénio (Da expr. *ál[cool] deid[rogenado]*, ou do fr. *aldéhyd*, «id.»)

aldemenos *adv.* [ant.] pelo menos; ao menos (De *al*+*de*+*menos*)

al dente *adj.inv.* CULINÁRIA (massa, arroz) cozido ligeiramente, de modo a manter a consistência dura (Do it. *al dente*, «que tem de ser mastigado»)

aldeola *n.f.* aldeia pequena (De *aldeia*+*-ola*)

aldeota *n.f.* ⇒ **aldeola** (De *aldeia*+*-ota*)

aldino *adj.* **1** TIPOGRAFIA diz-se dos caracteres de impressão também conhecidos por itálico ou grifo, criados pelos impressores venezianos Aldos **2** diz-se das edições feitas por estes impressores (Do it. *aldino*, do antr. *Aldo Manuzio*)

aldose *n.f.* QUÍMICA nome genérico dos glícidos que apresentam função aldeído (De *ald[eído]*+*-ose*)

aldosterona *n.f.* FISIOLOGIA hormona segregada pelo córtex suprarrenal, cuja função é atuar no metabolismo mineral e assegurar um volume constante de líquidos no organismo

aldóxima /cs/ *n.f.* QUÍMICA nome genérico dos compostos resultantes da combinação da hidroxilamina com os aldeídos (De *ald[eído]*+*oxima*, ou do ing. *aldoxime*, «id.»)

aldraba *n.f.* **1** peça de ferro para fechar portas e janelas do lado de dentro **2** peça metálica, geralmente em forma de argola, colocada na parte exterior da porta e que serve para bater ou para a puxar; batente **3** peça para fixar as folhas das portas e janelas (Do ár. *aD-Dabbâ*, «trinco»)

aldrabação *n.f.* ato ou efeito de aldrabar (De *aldrabar*+*-ção*)

aldrabada[1] *n.f.* série de mentiras (Part. pass. subst. de *aldrabar*)

aldrabada[2] *n.f.* pancada com aldraba (De *aldraba*+*-ada*)

aldrabado *adj.* **1** feito ou dito à pressa e atabalhoadamente **2** que foi enganado

aldrabão[1] *adj.,n.m.* **1** que ou o que mente **2** que ou o que engana alguém **3** que ou o que fala ou atua apressadamente e sem cuidado (Do ár. *al-bardān*, «indivíduo que diz tolices»)

aldrabão[2] *n.m.* aldraba grande (De *aldraba*+*-ão*)

aldrabar[1] *v.tr.* **1** fazer depressa e mal **2** enganar; intrujar ■ *v.intr.* **1** falar, contar deturpando ou inventando **2** mentir excessivamente (De *aldrabão*+*-ar*)

aldrabar[2] *v.tr.* **1** fechar com aldraba; aferrolhar **2** pôr aldraba em (De *aldraba*+*-ar*)

aldrabeiro *adj.,n.m.* ⇒ **aldrabão**[1] (De *aldrabar*+*-eiro*)

aldrabice *n.f.* **1** mentira; patranha **2** trapalhice; confusão (De *aldrabar*+*-ice*)

aldrabos *n.m.pl.* [regionalismo] pontos mal feitos em costura (Deriv. regr. de *aldrabar*)

aldrava *n.f.* ⇒ **aldraba**

aldravada *n.f.* ⇒ **aldrabada**[2] (De *aldrava*+*-ada*)

aldravão *n.m.* ⇒ **aldrabão**[2] (De *aldrava*+*-ão*)

aldravar *v.tr.,intr.* ⇒ **aldrabar**[1,2]

aldraveiro *adj.,n.m.* ⇒ **aldrabão**[1]

aldravice *n.f.* ⇒ **aldrabice**

aldravos *n.m.pl.* [regionalismo] ⇒ **aldrabos**

aldrope *n.m.* NÁUTICA [ant.] ⇒ **gualdrope** (Do ing. *guiderope*, «corda de guia»)

aldrúbio *adj.,n.m.* [regionalismo] [pop.] aldrabão; intrujão

álea[1] *n.f.* **1** série de árvores ou arbustos **2** passeio ou rua ladeada de árvores ou arbustos **3** arruamento de jardim **4** corredor ou passagem entre dois muros (Do fr. *allée*, «alameda»)

álea[2] *n.f.* DIREITO risco imprevisível (Do lat. *alěa*, «dado de jogar; jogo de sorte»)

alear *v.intr.* bater as asas para se manter no ar; voejar (Do lat. *ala*, «asa» +*-ear*)

aleatoriamente *adv.* de forma aleatória; casualmente (De *aleatório*+*-mente*)

aleatório *adj.* que depende do acaso ou de circunstâncias imprevisíveis; sujeito a contingências; casual; fortuito (Do lat. *aleatoriŭ-*, «relativo ao jogo de azar»)

alecítico *adj.* **1** BIOLOGIA diz-se do óvulo ou ovo animal que quase não possui reservas nutritivas; isolecítico; oligolecítico (Do gr. *a-*, «sem» +*lékythos*, «gema de ovo» +*-ico*)

alécito *adj.* ⇒ **alecítico**

alecrim *n.m.* **1** BOTÂNICA arbusto fortemente aromático, da família das Labiadas, frequente em Portugal, aplicado em medicina e perfumaria; alecrineiro; alecrinzeiro **2** BOTÂNICA ramo, folha ou flor desse arbusto (Do ár. *al-iklil*, «id.»)

alecrim-das-paredes *n.m.* BOTÂNICA subarbusto da família das Compostas

alecrineiro *n.m.* ⇒ **alecrim** 1 (De *alecrim*+*-eiro*)

alecrinzeiro *n.m.* ⇒ **alecrim** 1 (De *alecrim*+*z*+*-eiro*)

alectória *n.f.* **1** BOTÂNICA género de líquenes que vivem fixos nas rochas ou nas árvores **2** pedra encontrada na moela do galo e que antigamente se supunha ter propriedades extraordinárias (Do lat. *alectoria- (petra-)*, «pedra de galo»)

alectório *adj.* relativo ao galo (Do lat. *alectoria- (petra-)*, «pedra de galo», do gr. *aléktor*, «galo»)

alectoromancia *n.f.* adivinhação, entre os Gregos, baseada na ordem por que o galo apanhava os grãos colocados sobre as letras do alfabeto (Do gr. *aléktor, oros*, «galo» +*manteía*, «adivinhação»)

alectoromante *n.2g.* pessoa que pratica a alectoromancia (Do gr. *aléktor, oros*, «galo» +*mántis*, «adivinho»)

alectoromântico *adj.* relativo a alectoromancia ou a alectoromante (De *alectoromante*+*-ico*)

alectoromaquia *n.f.* combate de galos (Do gr. *aléktor, oros*, «galo» +*mákhe*, «combate» +*-ia*)

alectriomancia *n.f.* ⇒ **alectoromancia**

alectriomante *n.2g.* ⇒ **alectoromante**

alectriomântico *adj.* ⇒ **alectoromântico**

alefriz *n.m.* NÁUTICA encaixe na quilha do navio (Do ár. *al-ifrîz*, «incisão; entalhe»)

alegação *n.m.* ⇒ **legação**

alegação *n.f.* **1** ato ou efeito de alegar **2** aquilo que se alega; argumentação; exposição **3** explicação **4** DIREITO exposição oral ou escrita em que o advogado fundamenta o direito do seu constituinte e impugna as razões aduzidas pela parte contrária, retirando daí as consequências jurídicas decorrentes (Do lat. *allegatiōne-*, «alegação; escusa»)

alegado *adj.* **1** suposto; pressuposto **2** que é apresentado como justificação ■ *n.m.* **1** pessoa contra quem se alega **2** alegação (Part. pass. de *alegar*)

alegante *adj.,n.2g.* que ou o que alega (De *alegar*+*-ante*)

alegar *v.tr.* **1** aduzir em defesa; argumentar; citar como prova **2** apresentar um pretexto ou desculpa **3** DIREITO fazer, em juízo, a alegação de (Do lat. *allegāre*, «delegar; enviar»)

alegável *adj.2g.* que se pode alegar (De *alegar*+*-vel*)

alegoria *n.f.* **1** figura de retórica que consiste na representação de uma realidade abstrata através de uma realidade concreta, por meio de analogias, metáforas, imagens e comparações; representação simbólica **2** obra de arte que representa uma ideia abstrata **3** expressão verbal ou plástica de uma coisa, com o fim de que as palavras ou imagens usadas sugiram outra coisa **4** concretização por meio de imagens, pessoas e figuras, de ideias ou entidades abstratas (Do gr. *allegoría*, pelo lat. *allegoria-*, «id.»)

alegórico *adj.* que encerra alegoria ou diz respeito a ela; *carro ~* veículo enfeitado com figuras ou motivos simbólicos que é usado sobretudo em desfiles de Carnaval (Do gr. *allegorikós*, «id.», pelo lat. *allegoricŭ-*, «id.»)

alegorismo n.m. método de exegese da Sagrada Escritura muito usado na Escola de Alexandria fundada por Orígenes (186-254), que distingue na Bíblia três sentidos: corpóreo ou literal, psíquico ou moral, pneumático ou espiritual, e que foi condenado em 1950, na encíclica *Humani Generis*, por Pio XII (De *alegoria*+-*ismo*)

alegorista n.2g. 1 pessoa que faz alegorias 2 pessoa que usa alegorias para exprimir os seus pensamentos (Do lat. *allegorīta*-, «intérprete de alegorias»)

alegorização n.f. ato ou efeito de alegorizar (De *alegorizar*+-*ção*)

alegorizar v.tr. 1 expor por meio de alegoria 2 interpretar alegoricamente (Do gr. *allegorízein*, pelo lat. *allegorizāre*, «empregar alegorias»)

alegra-campo n.m. ⇒ **legação** (De *alegrar*+*campo*)

alegrador adj.,n.m. que ou o que alegra (De *alegrar*+-*dor*)

alegramento n.m. ⇒ **alegria** (De *alegrar*+-*mento*)

alegrão n.m. 1 [coloq.] grande alegria 2 [coloq.] divertimento; patuscada 3 [pop.] ligeira embriaguez (De *alegrar*+-*ão*)

alegrar¹ v.tr. 1 causar alegria a; tornar alegre ou contente 2 embriagar levemente 3 [fig.] dar um aspeto alegre a; enfeitar com cores vivas ▪ v.pron. 1 sentir alegria ou contentamento 2 embriagar-se um pouco (De *alegre*+-*ar*)

alegrar² v.tr. cortar com legra (De *a*-+*legra*+-*ar*)

alegras n.f.pl. rede acessória do aparelho de pesca da sardinha (De orig. obsc.)

alegre adj.2g. 1 que sente ou manifesta alegria ou contentamento 2 divertido 3 (cor) vivo 4 [fig.] meio embriagado (Do lat. *alăcre*-, pelo lat. vulg. *alěcre*-, «animado»)

alegrete adj.2g. 1 um tanto alegre 2 um pouco embriagado ▪ n.m. canteiro geralmente suspenso nas janelas ou varandas, onde se cultivam plantas ornamentais (De *alegre*+-*ete*)

alegreto n.m. MÚSICA ⇒ **allegretto** (Do it. *allegretto*, «id.»)

alegria n.f. 1 estado de grande satisfação, contentamento, felicidade, júbilo, que em geral se manifesta exteriormente 2 aquilo que alegra; acontecimento feliz 3 festa; divertimento 4 ⇒ **gergelim** 1 (De *alegre*+-*ia*)

alegrinho n.m. ORNITOLOGIA pássaro pequeno, da família dos Tiranídeos, frequente no Brasil (De *alegre*+-*inho*)

alegro n.m. MÚSICA ⇒ **allegro** (Do it. *allegro*, «alegre»)

alegrório n.m. ⇒ **alegrão** (De *alegre*+-*ório*)

alegrote adj. ⇒ **alegrete** adj.2g. (De *alegre*+-*ote*)

aleia n.f. ⇒ **álea**¹ (Do fr. *allée*, «avenida»)

aleijado adj. 1 que apresenta lesão, deformidade ou mutilação física 2 [pop.] que está ferido; magoado ▪ n.m. aquele que apresenta lesão, deformidade ou mutilação física (Part. pass. de *aleijar*)

aleijamento n.m. ato ou efeito de aleijar(-se) (De *aleijar*+-*mento*)

aleijão n.m. 1 deformação permanente de um membro ou órgão do corpo acompanhada da sua incapacidade total ou parcial 2 [fig.] deformidade física ou moral 3 [fig.] ser ou coisa disforme; aberração (Do lat. *laesiōne*-, «lesão; ferimento»)

aleijar v.tr.,pron. 1 magoar(-se); ferir(-se) 2 tornar ou ficar aleijado 3 [fig.] deturpar(-se); deformar(-se) (Do lat. *laesiāre* por *laesionāre*, «ferir»)

aleirar v.tr. dividir em leiras (um terreno) (De *a*-+*leira*+-*ar*)

aleitação n.f. ato ou efeito de aleitar (De *aleitar*+-*ção*)

aleitamento n.m. ⇒ **aleitação** (De *aleitar*+-*mento*)

aleitar v.tr. 1 alimentar com leite (dando a mama, o biberão, etc.) 2 tornar claro como leite (Do lat. tard. *allactāre*, «id.»)

aleive n.m. 1 calúnia 2 traição (Do gót. *lewjan*, «atraiçoar»)

aleivosia n.f. 1 qualidade do que é aleivoso 2 traição; deslealdade 3 falsa acusação; calúnia (De *aleivoso*+-*ia*)

aleivoso /ô/ adj. 1 que comete aleivosia; pérfido; desleal 2 caluniador (De *aleive*+-*oso*)

alelarga n.f. 1 NÁUTICA cabo de recolher a amarra até suspender a âncora 2 NÁUTICA manobra com esse cabo (De *alar e largo*)

aleli n.m. 1 BOTÂNICA planta da família das Crucíferas, com flores odoríferas de coloração vermelha, branca, amarela ou violácea; goivo 2 flor dessa planta (Do berb. *alîli*, «adelfa; loendro»)

alelo n.m. BIOLOGIA (genética) sequência de uma molécula de ADN (gene) situada no mesmo locus e que corresponde a diferentes versões do mesmo gene

alelomórfico adj. diz-se de dois caracteres mendelianos que se comportam, entre si, como antagónicos (um dominante, outro recessivo) (Do gr. *allélon*, «um e outro» +*mórphos*, «forma» +-*ico*)

alelomorfo n.m. ⇒ **alelo**

aleluia n.f. 1 RELIGIÃO canto de louvor 2 BOTÂNICA planta da família das Oxalidáceas, que aparece no Norte de Portugal e floresce pela Páscoa; ~! exclamação usada para louvar a Deus, exclamação de regozijo (Do hebr. *hallelu Yah*, «louvai o Eterno», pelo lat. ecl. *alleluĭa*, «id.»)

aleluiático adj. 1 relativo a aleluia 2 em que há aleluia 3 alegre 4 que saúda; que louva (De *aleluia*++-*ico*)

além adv. 1 mais adiante 2 naquele lugar, acolá 3 para lá de 4 longe ▪ n.m. 1 o que vem depois da morte; a outra vida 2 lugar distante; ~ *de* afora, exceto (Do lat. *illinc*, «aí»)

além- elemento de formação de palavras que exprime a ideia de *para o lado de lá de*

alemânico adj.,n.m. ⇒ **alemão** (Do lat. *alemānu*-, «alemão»+-*ico*)

alemão adj. relativo ou pertencente a Alemanha ▪ n.m. 1 natural ou habitante da Alemanha 2 língua oficial da Alemanha, da Áustria, de parte da Suíça, da Bélgica e do Luxemburgo (Do germ. *Allamann*, pelo lat. *alamannu*- ou *alemannu*-, «relativo aos alemanos»)

alembamento n.m. [Angola] tributo de honra que o homem presta à família da noiva; dote (Do quimb. *ilembu*, de *kilembu*, «dote»)

alembrar v.tr.,pron. [ant., pop.] lembrar (De *a*-+*lembrar*)

além-fronteiras adv. do lado de lá da fronteira; no estrangeiro (De *além*-+*fronteiras*)

além-mar adv. do outro lado do mar; no ultramar ▪ n.m. território situado para lá do mar; ultramar

além-mundo adv. na vida depois da morte ▪ n.m. vida depois da morte; eternidade; além

além-Pirenéus adv. do outro lado dos Pirenéus

além-túmulo adv.,n.m. ⇒ **além-mundo**

alentado adj. 1 de muita força 2 corpulento 3 valente 4 que ganhou alento; encorajado (Part. pass. de *alentar*)

alentador adj.,n.m. que ou aquele que alenta (De *alentar*+-*dor*)

alentar v.tr. 1 dar alento a; encorajar; sustentar 2 acalentar (esperança, sonho) ▪ v.intr. tomar alento; respirar ▪ v.pron. animar-se (De *alento*+-*ar*)

alentecer v.intr. tornar-se lento (De *a*-+*lento*+-*ecer*)

alentejano adj. do Alentejo (região de Portugal) ▪ n.m. natural ou habitante do Alentejo (De *Alentejo*, top. +-*ano*)

alento n.m. 1 força necessária para respirar 2 bafo; respiração 3 força; ânimo 4 [poét.] inspiração 5 pl. orifícios das ventas dos cavalos (Do lat. *anhelĭtu*-, «exalação; respiração»)

aleonado adj. 1 parecido com o leão 2 da cor do leão; fulvo (De *a*-+*leão* [do lat. *leone*-, «id.»]+-*ado*)

aleopardado adj. HERÁLDICA diz-se do leão representado no escudo com uma das patas dianteiras erguida na direção do corpo e as restantes firmes (De *a*-+*leopardo*+-*ado*)

alepidoto adj. diz-se do peixe desprovido de escamas (Do gr. *alepidotós*, «sem escamas»)

alepina n.f. estofo de seda e lã de Alepo, cidade da Síria (De *Alepo*, top. +-*ina*)

alepino adj. relativo a Alepo, cidade da Síria ▪ n.m. natural ou habitante de Alepo (Do fr. *alépine*, «id.»)

aleptina n.f. FARMÁCIA excipiente para pomadas composto por óleo de amêndoas doces, cera, gelatina, sabão e lanolina

alequeado adj. em forma de leque (De *a*-+*leque*+-*eado*)

alerdar v.tr.,pron. tornar(-se) lerdo, vagaroso (De *a*-+*lerdo*+-*ar*)

alergénico adj. que produz alergia (De *alergénio*+-*ico*)

alergénio n.m. substância que, introduzida num organismo, produz alergia (De *alérg(ia)*+-*génio*, ou do fr. *allergène*, «id.»)

alérgeno n.m. ⇒ **alergénio**

alergia n.f. 1 MEDICINA sensibilidade anormal do organismo perante certas substâncias 2 [fig.] aversão; antipatia (Do gr. *állos*, «diferente» +*érgon*, «efeito», pelo fr. *allergie*, «id.»)

alérgico adj. 1 referente à alergia 2 que sofre de alergia 3 [fig.] oposto; avesso (De *alergia*+-*ico*, ou do fr. *allergique*, «id.»)

alergizante adj.2g. MEDICINA que produz alergia (Do fr. *allergisant*, «id.»)

alergo- elemento de formação de palavras que exprime a ideia de *alergia, relutância, aversão* (De *alergia*)

alergologia n.f. MEDICINA ramo da medicina que se ocupa do estudo e tratamento das doenças alérgicas (De *alergo*-+-*logia*)

alergológico adj. relativo a alergologia (De *alergologia*+-*ico*)

alergologista n.2g. médico especialista em alergologia (De *alergologia*+-*ista*)

alerta adv. de vigia; de sobreaviso ▪ adj.2g. atento; vigilante ▪ n.m. 1 sinal para se estar vigilante para o ataque, defesa ou proteção 2 situação de vigilância; ~! exclamação usada para impor sentido ou para chamar a atenção (Do it. *allerta*, «de vigia»)

alertar v.tr. 1 pôr alerta 2 assustar; inquietar 3 [fig.] excitar ▪ v.intr. dar alerta (De *alerta*+-*ar*)

alesmar v.tr. 1 tornar como lesma 2 babujar ■ v.pron. 1 tornar-se como lesma 2 rastejar (De a-+lesma+-ar)

alestesia n.f. PATOLOGIA perturbação da sensibilidade em que as sensações tácteis se verificam, não no ponto tocado do corpo, mas no ponto simétrico (Do gr. állos, «outro» +aísthesis, «sensação»)

aleta /ê/ n.f. 1 pequena ala 2 ANATOMIA asa do nariz 3 AERONÁUTICA prolongamento móvel posterior da asa do avião, articulado com a mesma, e que, conjuntamente com os lemes, comanda a direcção e a subida e descida do aparelho (Do cast. aleta, «pequena asa»)

aletargar v.tr.,pron. pôr ou cair em letargo (De a-+letargo+-ar)

aletófilo adj. 1 que gosta de dizer a verdade 2 satírico (Do gr. alethés, «verdadeiro» +phílos, «amigo»)

aletologia n.f. FILOSOFIA dissertação sobre a verdade (Do gr. alethés, «verdadeiro» +lógos, «tratado» +-ia)

aletoscópio n.m. ÓTICA instrumento de uma só lente que substitui o estereoscópio, dando às imagens dos objetos impressão de relevo (Do gr. alethés, «verdadeiro» +skopeĩn, «observar»)

aletradar v.tr.,pron. tornar(-se) letrado; instruir(-se) (De a-+letrado+-ar)

aletria n.f. 1 CULINÁRIA massa de farinha de trigo, crua e seca, em fios muito delgados 2 CULINÁRIA doce feito desta massa com ovos, leite, açúcar e canela (Do ár. al-itriã, «id.»)

aléu n.m. 1 vara 2 [fig.] alívio; descanso (De orig. obsc.)

aleucemia n.f. MEDICINA falta de leucócitos no sangue (Do gr. a-, «sem» +leukós, «branco» +haĩma, «sangue» +-ia)

aleucia n.f. ⇒ aleucemia (Do gr. a-, «sem» +leukós, «branco» +-ia)

aleuromancia n.f. suposta adivinhação, entre os antigos, por meio da farinha (Do gr. áleuron, «farinha de trigo» +manteía, «adivinhação»)

aleuromante n.2g. pessoa que pratica a aleuromancia (Do gr. áleuron, «farinha de trigo» +mántis, «adivinho»)

aleurómetro n.m. instrumento que avalia a quantidade de glúten na farinha (Do gr. áleuron, «farinha de trigo» +métron, «medida»)

aleurona /ô/ n.f. BOTÂNICA substância albuminoide, pulverulenta, existente nas células de certas plantas (Do gr. áleuron, «farinha de trigo» +-ona)

aleúte adj.2g. das ilhas Aleútes ■ n.2g. natural das ilhas Aleútes ■ n.m. língua falada nas ilhas Aleútes

alevadoiro n.m. ⇒ alevadouro

alevadouro n.m. pau que levanta e baixa a pedra do moinho (Por elevadouro)

alevantadiço adj. 1 que está sempre a levantar-se 2 buliçoso 3 insubordinado (De alevantar+-diço)

alevantar v.tr.,intr.,pron. ⇒ levantar (De a-+levantar)

alevante n.m. 1 levantamento 2 sublevação; de ~ sempre a levantar-se, a pé, fora da cama (Deriv. regr. de alevantar)

alevanto n.m. ⇒ alevante

alevedar v.tr.,intr. ⇒ levedar (De a-+levedar)

alevim n.m. ICTIOLOGIA peixe muito jovem (Do lat. *allevãmen, pelo fr. alevin, «id.»)

alexandrino adj. 1 relativo a Alexandre Magno, rei da Macedónia (356 - 323 a. C.) 2 relativo à cidade egípcia de Alexandria 3 LITERATURA diz-se do verso de doze sílabas com acento na sexta sílaba ■ n.m. natural ou habitante de Alexandria (Do lat. alexandrīnu-, «relativo a Alexandria; relativo a Alexandre»)

alexia /cs/ n.f. MEDICINA incapacidade patológica de reconhecer as palavras escritas ou de ler; cegueira verbal; forma de agnosia visual (Do gr. a-, «sem» +léxis, «palavra», pelo fr. alexie, «alexia»)

alexíaco /cs/ adj. ⇒ aléxico

aléxico /cs/ adj. relativo a alexia (De alexia+-ico)

alexifármaco /cs/ n.m. FARMÁCIA remédio que se aplica contra um veneno ingerido (Do gr. alexiphármakos, «contraveneno»)

alexina /cs/ n.f. BIOQUÍMICA substância do soro sanguíneo que atua como imunizante contra certas bactérias (Do gr. aléxein, «repelir» +-ina, ou do fr. alexine, «id.»)

aleziriado adj. cheio de lezírias (De a-+lezíria+-ado)

alfa[1] n.f. 1 nome da primeira letra do alfabeto grego (α, A), correspondente ao **a** 2 ASTRONOMIA estrela mais brilhante de uma constelação; ~ **e ómega** o princípio e o fim; *espetrometria* ~ QUÍMICA medição da distribuição da energia cinética ou da quantidade de movimento de partículas alfa de uma fonte radioativa; *ondas* ~ certo ritmo das ondas elétricas cerebrais observável no eletrencefalograma; *partículas* ~ FÍSICA núcleos de átomos de hélio emitidos por núcleos atómicos de muitos elementos radioativos; *radioatividade* ~ FÍSICA emissão espontânea de núcleos de hélio, isto é, partículas alfa, por núcleos atómicos dos elementos mais pesados; *raios* ~ FÍSICA feixe de partículas alfa (Do gr. álpha, «alfa»)

alfa[2] n.f. 1 mancha ou malha que aparece nas searas e nos frutos e os faz secar 2 BOTÂNICA planta gramínea (esparto) (Do ár. halfa, pelo fr. «alfa», planta gramínea)

alfa[3] n.m. 1 [regionalismo] marco divisório entre propriedades 2 [regionalismo] rego para a sementeira 3 pl. [ant.] raias, termos ou limites de um reino (De orig. obsc.)

alfabetação n.f. ato ou efeito de alfabetar (De alfabetar+-ção)

alfabetador adj.,n.m. que ou o que alfabeta (De alfabetar+-dor)

alfabetar v.tr. colocar por ordem alfabética (De alfabeto+-ar)

alfabetário adj. 1 que tem alfabeto 2 relativo ao alfabeto ■ n.m. 1 abecedário 2 coleção de alfabetos (De alfabeto+-ário)

alfabético adj. 1 relativo a alfabeto 2 que está disposto de acordo com a ordem das letras do alfabeto (De alfabeto+-ico)

alfabetismo n.m. 1 sistema de escrita que tem por base o alfabeto 2 aprendizagem da leitura e da escrita; instrução (De alfabeto+-ismo)

alfabetista n.2g. 1 o que alfabeta 2 o que faz alfabetos para modelos caligráficos (De alfabeto+-ista)

alfabetização n.f. ação de alfabetizar; processo de ensino e/ou aprendizagem da leitura e da escrita (De alfabetizar+-ção)

alfabetizar v.tr. 1 ensinar o alfabeto 2 ensinar a ler e a escrever (De alfabeto+-izar)

alfabeto n.m. 1 conjunto das letras de um sistema de escrita, segundo uma ordem convencionada; abecedário 2 qualquer sistema estabelecido para representar letras, sons, palavras, etc. 3 livro que contém os conhecimentos básicos de leitura 4 primeiras noções de qualquer ciência ou arte 5 LINGUÍSTICA conjunto de signos de um sistema semiótico 6 LINGUÍSTICA conjunto finito de símbolos que, na gramática gerativa, permitem representar as frases de uma língua; ~ *fonético* LINGUÍSTICA sistema convencional em que cada sinal representa graficamente um determinado som (fonema) (Do gr. tard. alphábetos, pelo lat. tard. alphabētu-, «alfabeto»)

alfaçal n.m. plantação de alfaces (De alface+-al)

alface n.f. BOTÂNICA planta herbácea comestível, da família das Compostas, muito cultivada em Portugal, cujas folhas, bem como as de outras variedades da mesma espécie, são muito utilizadas em culinária, sobretudo na preparação de saladas; *estar fresco como uma* ~ estar bem-disposto, sentir-se forte e animado (Do ár. al--khass, «id.»)

alface-batávia n.f. BOTÂNICA variedade de alface-brava de folhas crespas

alface-brava n.f. BOTÂNICA espécie distinta da cultivada, mas do mesmo género, espontânea em Portugal, com variedades como a alface-crespa e a alface-batávia

alface-crespa n.f. BOTÂNICA variedade de alface-brava de folhas crespas e repolhuda

alface-de-cordeiro n.f. BOTÂNICA ⇒ canónigos

alface-do-campo n.f. BOTÂNICA ⇒ canónigos

alface-do-mar n.f. BOTÂNICA alga marinha, clorofícea, de talo foliáceo, também denominada alfacinha e folhada

alface-do-monte n.f. BOTÂNICA planta da família das Compostas, espontânea em Portugal, também conhecida por tripa-de-ovelha e camareira

alface-dos-rios n.f. BOTÂNICA planta herbácea, da família das Primuláceas, espontânea em Portugal

alface-repolhuda n.f. ⇒ alface-crespa

alface-romana n.f. ⇒ alface-brava

alfacinha n.f. ⇒ alface-do-mar ■ adj.2g. [pop.] relativo a Lisboa ■ n.2g. [pop.] natural ou habitante de Lisboa (De alface+-inha)

alfaco n.m. cogumelo de chapéu vermelho (Do ár. al-fa'qu, «cogumelo»)

alfádega n.f. ⇒ alfavaca (Por alfávega)

alfafa n.f. BOTÂNICA planta forraginosa da família das Leguminosas, semelhante à luzerna e espontânea em Portugal (Do ár. al-halfâ, «luzerna»)

alfageme /ê/ n.m. 1 fabricante ou polidor de armas brancas; açacalador; armeiro; espadeiro 2 barbeiro que limpava e afiava armas brancas (Do ár. al-hajjám, «sangrador»)

alfaia n.f. 1 objeto ou utensílio adequado a um fim 2 joia de valor 3 veste sacerdotal 4 utensílio de lavoura 5 adorno 6 baixela 7 arreio (Do ár. al-hájá, «utensílio»)

alfaiamento n.m. ato ou efeito de alfaiar (De alfaiar+-mento)

alfaiar v.tr. 1 prover de alfaias 2 adornar (De alfaia+-ar)

alfaiatar v.intr. exercer a profissão de alfaiate ■ v.tr. coser; talhar (peças de vestuário) (De alfaiate+-ar)

alfaiataria n.f. oficina ou loja de alfaiate (De alfaiate+-aria)

alfaiate n.m. 1 indivíduo que confeciona vestuário masculino, sobretudo fatos 2 ZOOLOGIA inseto aquático, hemíptero, da família

dos Hidrometrídeos, de pernas longas, que se desloca sobre a superfície das águas; cabra; joaninha 3 ⇒ **sovela** 2 4 ⇒ **serra-serra** (Do ár. *al-haiiât*, «alfaiate»)
alfalfa *n.f.* ⇒ **alfafa**
alfama *n.f.* 1 [ant.] bairro habitado por Judeus 2 [ant.] asilo; refúgio (Do ár. *al-hamma*, «refúgio»)
alfamista *n.2g.* natural ou habitante do bairro lisboeta de Alfama ■ *adj.2g.* relativo ou pertencente a Alfama (De *Alfama*, top. +*-ista*)
alfanado *n.m.* ORNITOLOGIA ave palmípede, da família dos Anatídeos, de pescoço e lados da cabeça avermelhados, frequente em Portugal, também conhecida por assobiadeira, pato-assobiadeiro, piadeira, revivo, serafanado, etc. ■ *adj.* ⇒ **alfenado** (Por *alfenado*)
alfândega *n.f.* 1 repartição dos serviços aduaneiros onde se registam mercadorias de importação e exportação e se fiscalizam e cobram direitos de entrada e saída das mesmas; aduana 2 edifício onde está essa repartição 3 [fig.] casa em que há muito movimento (Do ár. *al-funduq*, «estalagem»)
alfandegagem *n.f.* 1 ato ou efeito de alfandegar 2 cobrança de direitos aduaneiros 3 permanência de mercadorias na alfândega (De *alfandegar*+*-agem*)
alfandegar *v.tr.* 1 despachar ou arrecadar na alfândega 2 pagar os direitos aduaneiros de (De *alfândega*+*-ar*)
alfandegário *adj.* relativo ou pertencente a alfândega; aduaneiro (De *alfândega*+*-ário*)
alfandegueiro *adj.* ⇒ **alfandegário** (De *alfândega*+*-eiro*)
alfange *n.m.* sabre de folha larga e curva (Do ár. *al-khanjal* ou *al-khanjar*, «punhal»)
alfanjada *n.f.* golpe de alfange (De *alfange*+*-ada*)
alfanjado *adj.* em forma de alfange (De *alfange*+*-ado*)
alfanumérico *adj.* diz-se do sistema de codificação que utiliza, simultaneamente, letras do alfabeto e algarismos (De *alfa(beto)*+*número*+*-ico*)
alfaque *n.m.* 1 banco de areia movediça à entrada de um porto 2 recife (Do ár. *al-fakk*, «fauces»?)
alfaqueque[1] *n.m.* redentor, resgatador de cativos (Do ár. *al-fakkāk*, «o que resgata cativos»)
alfaqueque[2] *n.m.* ⇒ **alfaqui**[2]
alfaquete /ê/ *n.m.* ⇒ **alfaqui**[2]
alfaqui[1] *n.m.* 1 sacerdote da lei muçulmana 2 linguagem e sabedoria dos sacerdotes da lei muçulmana (Do ár. *al-faqîh*, «teólogo; sábio»)
alfaqui[2] *n.m.* ICTIOLOGIA peixe teleósteo, da família dos Zeídeos, também conhecido por alfaqueque, alfaquete, peixe-galo, são-pedro, etc.
alfaquim *n.m.* ⇒ **alfaqui**[2]
alfaquino *n.m.* ⇒ **alfaqui**[2]
alfaraz *n.m.* cavalo árabe veloz preparado para a guerra (Do ár. *al-farás*, «cavalo; égua»)
alfarge *adj.2g.* designativo do estilo peninsular de artes decorativas ■ *n.m.* 1 estilo peninsular de artes decorativas, caracterizado por lavores multiformes 2 mó do lagar de azeite (Do ár. *al-harj*, «teto de madeira lavrada»)
alfario *adj.* diz-se do cavalo que brinca, que é saltão (Do ár. *al--farás*, «cavalo» +*-io*)
alfarja *n.f.* vaso de pedra em que gira a roda que mói a azeitona (Do ár. *al-hájar*, «mó de lagar de azeite»)
alfarrábio *n.m.* 1 livro antigo; edição antiga 2 calhamaço (Do ár. *Al-Farābi*, antr., filósofo turquestano do séc. X +*-io*)
alfarrabista *adj.,n.2g.* que ou pessoa que negoceia em livros antigos ou usados ■ *n.m.* local onde se vendem livros antigos ou usados (De *alfarrábio*+*-ista*)
alfarricoque *n.m.* [pop.] indivíduo de pouca importância; zé-ninguém (Formação expressiva)
alfarroba /ô/ *n.f.* 1 BOTÂNICA fruto (vagem), de sabor adocicado e de grande valor nutritivo, produzido pela alfarrobeira 2 ⇒ **alfarrobeira** (Do ár. *al-harruba*, «id.»)
alfarrobal *n.m.* plantação de alfarrobeiras (De *alfarroba*+*-al*)
alfarrobar *v.tr.* esfregar (as linhas de pesca) com alfarrobas verdes para as enrijar (De *alfarroba*+*-ar*)
alfarrobeira *n.f.* BOTÂNICA árvore de folhas persistentes, da família das Leguminosas, cultivada e subespontânea, que produz a alfarroba (De *alfarroba*+*-eira*)
alfar-se *v.pron.* (fruto) secar e engelhar-se, apresentando alfas (manchas) (De *ala*+*-ar*)
alfavaca *n.f.* BOTÂNICA planta aromática da família das Labiadas (e do mesmo género do manjericão), cujas folhas são utilizadas como condimento, cultivada em Portugal e também conhecida por alfádega e alfávega (Do ár. *al-habāqâ*, «id.»)

alfavaca-de-caboclo *n.f.* [Brasil] BOTÂNICA alfavaca da família das Labiadas
alfavaca-de-cheiro *n.f.* ⇒ **alfavaca-de-caboclo**
alfavaca-de-cobra *n.f.* BOTÂNICA planta herbácea, da família das Urticáceas, cujas folhas têm propriedades analgésicas, espontânea em Portugal; parietária; pulitária
alfavaca-do-campo *n.f.* [Brasil] BOTÂNICA planta aromática, da família das Labiadas, utilizada como condimento e também chamada segurelha e remédio-do-vaqueiro
alfavaca-dos-montes *n.f.* BOTÂNICA planta herbácea da família das Leguminosas, espontânea em Portugal; tremoção
alfávega *n.f.* ⇒ **alfavaca**
alfazar *n.m.* caminho largo; estrada (De orig. obsc.)
alfazema /ê/ *n.f.* 1 BOTÂNICA planta subarbustiva da família das Labiadas, aromática, com flores azuladas, utilizada em perfumaria e muito cultivada em Portugal 2 BOTÂNICA flor desta planta (Do ár. *al-khuzāmâ*, «id.»)
alfazema-brava *n.f.* BOTÂNICA planta de espécies espontâneas, do mesmo género da alfazema de cultura
alfazema-de-folha-recortada *n.f.* ⇒ **alfazema-brava**
alfazemar *v.tr.* perfumar com alfazema (De *alfazema*+*-ar*)
alfeça *n.f.* 1 ferro vazado no centro, sobre o qual se abrem os olhos das enxadas ou outros orifícios em objetos de ferro; safradeira 2 picareta; alvião (Do ár. *al-fâç*, «machado; picareta»)
alfece *n.m.* ⇒ **alfeça**
alfeirada *n.f.* [regionalismo] rebanho de gado de alfeire (De *alfeire*+*-ada*)
alfeire *n.m.* 1 terreno cercado onde se recolhem porcos 2 gado que não cria (Do ár. *al-hair*, «cercado onde se guarda gado»)
alfeireiro *adj.,n.m.* que ou o que guarda o alfeire (De *alfeire*+*-eiro*)
alfeirio *adj.* ⇒ **alfeiro** (De *alfeiro*+*-io*)
alfeiro *adj.* 1 diz-se do animal que é novo, brincalhão e que não dá criação 2 irrequieto 3 atrevido (De *alfeire*)
alfeizar *n.m.* cada um dos paus em que se encaixam as testeiras da serra (De orig. obsc.)
alféloa *n.f.* 1 CULINÁRIA massa de açúcar em ponto com que se fazem vários doces 2 [fig.] coisa delicada; mimo (Do ár. *al-hálwa*, «doce açucarado»)
alfeloeiro *adj.,n.m.* que ou aquele que faz ou vende alféloa (De *alféloa*+*-eiro*)
alfena /ê/ *n.f.* BOTÂNICA planta arbustiva, espontânea, da família das Oleáceas, também denominada alfeneiro, alfenheiro, santantoninhas e ligustro (Do ár. *al-hinnâ*, «id.»)
alfenado *adj.* tingido de vermelho com pós de alfena (Part. pass. de *alfenar*)
alfenar *v.tr.* 1 tingir de vermelho com pós de alfena 2 [fig.] enfeitar 3 [fig.] tornar efeminado (De *alfena*+*-ar*)
alfeneiro *n.m.* ⇒ **alfena** (De *alfena*+*-eiro*)
alfeneiro-do-japão *n.m.* BOTÂNICA planta afim da alfena, muito cultivada em Portugal
alfenheiro *n.m.* ⇒ **alfena**
alfénico *n.m.* açúcar cândi (De *alfena*+*-ico*)
alfenide *n.m.* liga de cobre (60%), zinco (30%) e níquel (10%), que imita a prata e é empregada principalmente no fabrico de talheres (Do fr. *alfénide*, «id.»)
alfenim *n.m.* 1 CULINÁRIA massa branca de açúcar e óleo de amêndoa, usada em pastelaria fina para moldar formas, como pequenos animais ou flores, que servem para enfeitar bolos, sendo muito apreciada sobretudo na ilha Terceira (nos Açores) 2 rebuçado de leite de coco e açúcar em ponto 3 [fig.] pessoa extremamente delicada (Do pers. *pānīd*, pelo ár. *al-fānīd*, «espécie de doce»)
alfeninado *adj.* 1 com modos de alfenim 2 delicado; franzino 3 [fig.] efeminado (De *alfenim*+*-ado*)
alfeninar *v.tr.,pron.* 1 tornar(-se) delicado, frágil 2 tornar(-se) efeminado (De *alfenim*+*-ar*)
alferça *n.f.* 1 enxadão; picareta; alvião 2 trabalho feito com este utensílio (Do ár. *al-fâç*, «machado; picareta»)
alferce *n.m.* ⇒ **alferça**
alferena *n.f.* estandarte transportado pelos alferes na guerra ou em qualquer expedição militar (De *alferes*+*-ena*)
alferes *n.m.2n.* MILITAR posto de oficial subalterno do Exército e da Força Aérea, superior ao de aspirante a oficial e inferior ao de tenente, e cuja insígnia é constituída por um galão estreito ■ *n.2g.2n.* MILITAR oficial que ocupa esse posto (Do ár. *al-fâris*, «cavaleiro; escudeiro»)
alferga *n.f.* [regionalismo] medida para a semente do sirgo (Do ár. *al--hilqa*, «dedal»)

alfil *n.m.* [ant.] peça do jogo do xadrez que representa um elefante e é equivalente ao bispo (Do pers. *pil*, «elefante», pelo ár. *al-fil*, «id.»)

alfim *adv.* enfim; finalmente (De *al+fim*)

alfinetada *n.f.* **1** picada de alfinete **2** [fig.] dor aguda **3** [fig.] crítica mordaz; censura (Part. pass. fem. subst. de *alfinetar*)

alfinetar *v.tr.* **1** picar com alfinete **2** dar forma de alfinete a **3** [fig.] criticar; satirizar; ferir com dito mordaz (De *alfinete+-ar*)

alfinete /ê/ *n.m.* **1** pequena haste de metal, pontiaguda de um lado e com cabeça no outro, que serve para pregar roupa, etc. **2** broche de senhora **3** objeto de adorno que os homens pregam na gravata **4** ZOOLOGIA pequeno inseto coleóptero, cuja larva, fina e longa, vive nas terras de cultura e ataca vorazmente as raízes de muitas plantas, também conhecido por aresta, bicha-amarela, bicha-do-milho, bicha-galo, câncer, travela, etc. **5** BOTÂNICA planta herbácea, da família das Silenáceas, cultivada e subespontânea em Portugal **6** BOTÂNICA planta herbácea, da família das Valerianáceas, espontânea e cultivada em Portugal, também denominada cuidado-dos-homens **7** *pl.* [ant.] dinheiro para pequenas despesas particulares (Do ár. *al-khilâlât*, pl. de *al-khilâl*, «alfinete; espeto»)

alfinetear *v.tr.* ⇒ **alfinetar** (De *alfinete+-ear*)

alfinete-de-ama ver nova grafia **alfinete de ama**

alfinete de ama *n.m.* alfinete cujo bico encaixa numa cavidade, na extremidade oposta, para não se desprender e não picar; alfinete de dama; alfinete de gancho; alfinete de segurança; alfinete de bebé

alfineteira *n.f.* almofadinha onde se espetam os alfinetes para os guardar; pregadeira de alfinetes (De *alfinete+-eira*)

alfirme *n.m.* [regionalismo] cordel de esparto com que se apertam os feixes da cortiça (De *firme*?)

alfitete /ê/ *n.m.* **1** CULINÁRIA massa composta de farinha com ovos, açúcar, cominhos, manteiga e vinho que se coloca sobre uma peça de carne **2** [fig.] iguaria (Do ár. vulg. *al-ftât* por *al-futât*, «bocadinho; migalha»)

alfobre /ô/ *n.m.* **1** viveiro de plantas hortenses para transplantar **2** tabuleiro de horta (Do ár. *al-hufar*, pl. de *hufrâ*, «buraco; fossa»)

alfombra *n.f.* **1** tapete para cobrir soalhos ou escadas; alcatifa **2** [fig.] porção de terreno arrelvado (Do ár. *al-humrâ*, «tapete variegado»)

alfombrar *v.tr.* **1** cobrir com alfombra; atapetar **2** [fig.] arrelvar (De *alfombra+-ar*)

alfonsia *n.f.* ⇒ **alforra 1** (De orig. obsc.)

alfonsim *n.m.* **1** HISTÓRIA moeda portuguesa do tempo do rei D. Afonso IV (1290-1357) **2** [ant.] instrumento cirúrgico para extrair balas (De *Afonso*, por *Afonso*, antr. *+-im*)

alforba /ô/ *n.f.* BOTÂNICA planta odorífera, da família das Leguminosas, cultivada como forragem e subespontânea, também denominada alforva, ervinha, fenacho, etc. (Do ár. *al-hulbâ*, «fenacho»)

alforfa /ô/ *n.f.* ⇒ **alforba**

alforge *n.m.* **1** saco fechado nas extremidades e aberto ao meio, formando dois compartimentos, que se traz ao ombro ou sobre a montada **2** porção contida neste saco **3** [fig.] volume grande (Do ár. *al-khurj*, «saco; sacola»)

alforgeiro *n.m.* indivíduo que faz ou traz alforges (De *alforge+-eiro*)

alforjada *n.f.* **1** medida que enche o alforge **2** grande volume **3** conteúdo de um bolso grande e cheio (Part. pass. fem. subst. de *alforjar*)

alforjar *v.tr.* **1** meter em alforge **2** arrecadar nas algibeiras (De *alforge+-ar*)

alforques *n.m.pl.* NÁUTICA cabos que, em certas redes, partem da cadoura para as tralhas (De orig. obsc.)

alforra /ô/ *n.f.* **1** BOTÂNICA doença das searas, provocada por um fungo; ferrugem; alfonsia **2** fungo (basidiomicete) causador desta doença (Do ár. *al-hurr*, «doença inflamatória»)

alforrar *v.intr.* criar alforra; manifestar alforra (De *alforra+-ar*)

alforreca *n.f.* ZOOLOGIA celenterado marinho cifozoário, de corpo mole, gelatinoso e transparente, em forma de campânula, e produtor de um líquido que em contacto com a pele humana provoca ardência e queimadura **2** [fig.] o que não tem consistência (Do ár. *al-hurraiqâ*, «urtiga»)

alforria *n.f.* **1** HISTÓRIA liberdade concedida ao escravo pelo senhor **2** libertação ou liberdade em relação a qualquer domínio ou opressão; *carta de* ~ HISTÓRIA documento que concedia a libertação a um escravo (Do ár. *al-hurrîâ*, «liberdade»)

alforriar *v.tr.* **1** HISTÓRIA dar carta de alforria a **2** libertar; resgatar (De *alforria+-ar*)

alforva /ô/ *n.f.* ⇒ **alforba**

alfoz *n.m.* **1** circunscrição administrativa autónoma **2** arredores de povoação **3** [fig.] proximidades (Do ár. *al-húz*, «arredores»)

alfridária *n.f.* influência exercida pelos planetas durante certo tempo, segundo os antigos astrólogos árabes (Do ár. *al-fridâ*, «preceito; regra»)

alfrocheira *n.f.* ⇒ **alfrocheiro**

alfrocheiro *n.m.* BOTÂNICA casta de uva branca, cultivada em Portugal; douradinha (Por *alforgeiro*, de *alforge*?)

alfurja *n.f.* **1** beco de despejo **2** saguão **3** monturo; esterqueira **4** antro (Do ár. *al-fujra*, «beco por onde corre água»?)

alfusqueiro *n.m.* BOTÂNICA casta de videira cultivada especialmente na Beira Litoral (De orig. obsc.)

alga *n.f.* BOTÂNICA espécime do grupo das algas ▪ *n.f.pl.* BOTÂNICA grupo não taxonómico de organismos simples, unicelulares ou pluricelulares, autotróficos, que apresentam clorofila e outros pigmentos fotossintéticos, e que ocorrem em habitat variados, predominantemente em ambientes aquáticos de água doce ou salgada; *algas azuis* algas cianofíceas; *algas castanhas* algas feofíceas; *algas verdes* algas clorofíceas; *algas vermelhas* algas florídeas, rodofíceas (Do lat. *alga-*, «id.»)

algáceo *adj.* relativo a alga (De *alga+-áceo*)

algaço *n.m.* conjunto de vegetação aquática que o mar lança na praia; sargaço (De *alga+-aço*)

algália[1] *n.f.* MEDICINA sonda oca usada para extração de urinas ou observação de pedras vesicais (Do gr. *ergaleíon*, «utensílio», pelo b. lat. *algalia-*, «id.»)

algália[2] *n.f.* **1** substância animal de cor amarelada e cheiro semelhante ao do almíscar **2** ZOOLOGIA pequeno mamífero ruminante da família dos Cervídeos (Do ár. *al-gáliya*, «perfume»)

algaliação *n.f.* ato de algaliar (De *algaliar+-ção*)

algaliar *v.tr.* **1** introduzir a algália em **2** sondar com algália **3** extrair urinas pela algália a ▪ *v.pron.* [regionalismo] andar na pândega (De *algália+-ar*)

algar *n.m.* **1** poço ou abismo natural, mais ou menos profundo, originado, por vezes, de cima para baixo, pela ação mecânica das águas, ou aberto, outras vezes, de baixo para cima, a partir de uma caverna, pela ação dissolvente da água nos terrenos calcários **2** caverna com abertura vertical **3** gruta **4** despenhadeiro; barranco (Do ár. *al-gar*, «caverna»)

algara *n.f.* **1** incursão militar feita em terra inimiga **2** investida **3** algazarra; vozearia (Do ár. *al-gâra*, «id.»)

algarada *n.f.* ⇒ **algara** (De *algara+-ada*)

algaravia *n.f.* **1** modo de falar dos árabes **2** [fig.] linguagem confusa e difícil de perceber **3** [fig.] confusão de vozes que se ouvem em simultâneo (Do ár. *al-'arabí îâ*, «a língua arábica»)

algaraviada *n.f.* **1** confusão de vozes que se ouvem em simultâneo **2** linguagem confusa e difícil de perceber (De *algaravia+-ada*)

algaraviar *v.tr.,intr.* falar ou escrever de modo confuso e incompreensível ▪ *v.intr.* falarem várias pessoas em simultâneo (De *algaravia+-ar*)

algarbito *n.m.* PETROLOGIA rocha eruptiva, melanocrática, de grão fino, existente na serra portuguesa de Monchique, no Algarve, onde foi descrita pela primeira vez, em 1922, por Lacroix (1863-1948); algarvite (De *Algarve*, top. *+-ito*)

algarejo /ê/ *n.m.* [regionalismo] algar pequeno (De *algar+-ejo*)

algariça *n.f.* **1** [regionalismo] colmeia **2** [regionalismo] colmeal (De *algar+-iça*)

algarismo *n.m.* MATEMÁTICA cada um dos sinais gráficos com que se representam os números (Do ár. *al-Khuárizm*, antr.)

algarocho /ô/ *n.m.* pequeno algar (De *algar+-ocho*)

algarrada *n.f.* catapulta antiga (Do ár. *al-'arradâ*, «balista»)

algarviense *adj.,n.2g.* ⇒ **algarvio** (De *algarvio+-ense*)

algarvio *adj.* do Algarve ou relativo a ele ▪ *n.m.* natural ou habitante do Algarve (Do ár. *al-garbíí*, «relativo ao Al-Garb [= Algarve]» *+-io*)

algarvismo *n.m.* termo ou expressão característica do Algarve (De *Algarve*, top. *+-ismo*)

algarvite *n.f.* ⇒ **algarbito**

algaz *n.m.* **1** fruto de certas palmeiras **2** variedade de tâmara (Do ár. *al-gáz*, «id.»)

algazarra *n.f.* **1** vozearia dos Mouros no começo dos combates **2** gritaria; clamor **3** confusão (Do ár. *al-gázara*, «loquacidade»)

algazarrar *v.intr.* fazer algazarra

algazarrear *v.intr.* ⇒ **algazarrar** (De *algazarra+-ear*)

álgebra *n.f.* **1** MATEMÁTICA estudo das manipulações formais de equações, com o fim de resolver certos problemas (ou as próprias equações) **2** MATEMÁTICA conjunto munido de operações unárias e binárias relacionadas entre si por certas propriedades **3** compêndio dessa disciplina **4** [ant.] arte de restaurar ossos deslocados; **~ da lógica** LÓGICA aplicação à lógica e à expressão de toda a espécie de pensamento de simbolismo operatório análogo ao simbolismo algébrico (Do ár. *al-jabr*, «redução», pelo lat. med. *algebra-*, «álgebra»)

algebrão *n.m.* ⇒ **urgebão**

algébrico *adj.* **1** relativo à álgebra **2** que se resolve por álgebra (De *álgebra+-ico*)

algebrista *n.2g.* **1** pessoa conhecedora de álgebra **2** [ant.] ⇒ **endireita** (De *álgebra+-ista*)

algebrizar *v.tr.* **1** encher de fórmulas algébricas **2** MATEMÁTICA resolver algebricamente (problema) **3** munir (um conjunto) de uma ou mais operações (De *álgebra+-izar*)

algema *n.f.* **1** [mais usado no plural] objeto metálico constituído por duas argolas interligadas, que serve para prender alguém pelos pulsos ou pelos tornozelos **2** cadeia; grilhão; grilheta **3** [fig.] constrangimento ou pressão moral; coerção; opressão (Do ár. *al-jámi'â*, «pulseiras de ferro»)

algemar *v.tr.* **1** prender com algemas **2** [fig.] oprimir; subjugar (De *algema+-ar*)

algemia *n.f.* ⇒ **aljamia**

algenil *n.m.* ⇒ **asnil**¹

algente *adj.2g.* frigidíssimo; glacial (Do lat. *algente-*, «frio»)

algerife *n.m.* rede grande de arrasto, usada no rio Minho (Do ár. *al-járif*, «que arrasta»)

algeroz *n.m.* **1** pequeno canal colocado no extremo inferior das coberturas e destinado a escoar as águas que ali caem; caleira **2** cano que leva a água da nora ao tanque (Do ár. *az-zurúb*, «cano de água»)

algesia *n.f.* MEDICINA sensibilidade à dor (Do gr. *álgesis*, «dor; sofrimento» *+-ia*)

algesímetro *n.m.* MEDICINA instrumento que mede a intensidade do estímulo (geralmente picada ou pressão na pele) necessária para atingir o limiar da dor (Do gr. *álgesis*, «sofrimento» *+métron*, «medida»)

algesiógeno *adj.,n.m.* **1** que ou o que provoca dor **2** que ou substância que aumenta a sensibilidade à dor (De *algesia+-geno*)

algi- elemento de formação de palavras que exprime a ideia de *alga, sargaço* (Do lat. *alga*, «alga, sargaço»)

algia *n.f.* MEDICINA dor sem lesão (Do gr. *álgos*, «dor» *+-ia*)

-algia sufixo nominal, de origem grega, que exprime a ideia de *dor* (*coxalgia*)

algibe *n.m.* reservatório de água; cisterna (Do ár. *al-jubb*, «cisterna», pelo cast. *aljibe*, «id.»)

algibé *n.m.* segunda bacia retangular nas marinhas, separada do viveiro por um dique feito de torrão (De orig. obsc.)

algibebe *n.m.* **1** [ant.] o que negoceia em roupas feitas novas ou usadas **2** [ant.] adeleiro; adelo (Do ár. *al-jabbâb*, «o que vende aljubas»)

algibeira *n.f.* **1** bolso feito numa peça de roupa **2** saquinho que as mulheres usam à cintura; *andar de mãos nas algibeiras* não ter nada para fazer; *pergunta de ~* pergunta feita a uma pessoa com o objetivo de a confundir ou embaraçar (Do ár. *al-jibairâ*, «saco pequeno»)

álgico *adj.* **1** MEDICINA referente à dor **2** causado por excitação dolorosa (Do gr. *álgos*, «dor», pelo fr. *algique*, «álgico»)

algidez /ê/ *n.f.* estado do que é álgido (De *álgido+-ez*)

álgido *adj.* muito frio; que faz gelar (Do lat. *algĭdu-*, «frio»)

algina *n.f.* QUÍMICA substância gelatinosa extraída das algas marinhas, que forma, com os alcalis, compostos solúveis (De *alga+-ina*, ou do fr. *algine*, «id.»)

algirão *n.m.* abertura por onde o peixe entra na rede (De orig. obsc.)

algo *pron.indef.* alguma coisa; qualquer coisa ■ *adv.* um tanto; um pouco ■ *n.m.* **1** [ant.] quantia em dinheiro; riquezas; bens **2** [ant.] aquele que é rico; fidalgo (Do lat. *alĭquod*, «alguma coisa»)

alg(o)-¹ elemento de formação de palavras que exprime a ideia de *dor* (Do gr. *álgos*, «dor»)

alg(o)-² ⇒ **algi-**

algodão *n.m.* **1** conjunto dos filamentos celulósicos que revestem as sementes do algodoeiro e que têm grande utilização, nomeadamente na indústria de tecidos **2** fio ou tecido fabricado com estes filamentos; **~ hidrófilo** porção de filamentos que revestem as sementes do algodoeiro e que por terem sido desengordurados, dessecados e esterilizados, são usados como absorvente (Do ár. *al-qutún*, «id.»)

algodão-das-laranjeiras ver nova grafia algodão das laranjeiras

algodão das laranjeiras *n.m.* formação sedosa, semelhante a algodão, produzida por insetos parasitas

algodão-das-oliveiras ver nova grafia algodão das oliveiras

algodão das oliveiras *n.m.* ⇒ **algodão das laranjeiras**

algodão-de-vidro ver nova grafia algodão de vidro

algodão de vidro *n.m.* conjunto de finíssimos fios de vidro utilizado em filtragens

algodão-do-brejo *n.m.* BOTÂNICA ⇒ **vinagreira 6**

algodão-doce *n.m.* doce, branco ou colorido, feito de fios finíssimos de açúcar, que parece algodão em rama

algodão-em-rama ver nova grafia algodão em rama

algodão em rama *n.m.* porção de filamentos que revestem as sementes do algodoeiro e que, por não estarem desengordurados, não têm poder absorvente

algodão-pólvora *n.m.* QUÍMICA produto altamente explosivo obtido pela ação dos ácidos nítrico e sulfúrico sobre o algodão; ácido azótico; ácido fulminante; nitrocelulose; piróxilo; piroxilina

algodoal *n.m.* plantação de algodoeiros (De *algodão+-al*)

algodoaria *n.f.* fábrica de fiação ou de tecidos de algodão (De *algodão+-aria*)

algodoeiro *n.m.* **1** BOTÂNICA planta arbustiva da família das Malváceas, muito cultivada, que produz o algodão, também denominada xilo **2** indivíduo que cultiva e trabalha o algodão ■ *adj.* **1** relativo ao algodão **2** que trabalha em algodão (De *algodão+-eiro*)

algofilia *n.f.* PATOLOGIA desejo patológico de sentir dor física (Do gr. *álgos*, «dor» *+philía*, «amizade»)

algófilo *adj.,n.m.* que ou o que tem algofilia (Do gr. *álgos*, «dor» *+phílos*, «amigo»)

algofobia *n.f.* PATOLOGIA receio obsessivo da dor física (Do gr. *álgos*, «dor» *+phóbos*, «terror» *+-ia*)

algófobo *adj.,n.m.* que ou o que sofre de algofobia (Do gr. *álgos*, «dor» *+phóbos*, «terror»)

algógeno *adj.* **1** que provoca dor **2** que causa sofrimento (De *algo-+-geno*)

Algol *n.m.* ASTRONOMIA estrela do hemisfério norte, β da constelação de Perseu, que á a mais familiar dos binários de eclipse, confirmando a teoria de que a estrela mais brilhante é parcialmente eclipsada por um companheiro ténue que gira em torno dela num período de 2 dias e 21 horas (Do ár. *al-gûl*, «Algol»)

algolagnia *n.f.* PATOLOGIA perversão caracterizada pela obtenção de prazer ao infligir dor em si próprio ou em outras pessoas (Do gr. *álgos*, «dor» *+lagneía*, «libertinagem»)

algolania *n.f.* ⇒ **algolagnia**

algologia *n.f.* BOTÂNICA ramo da botânica que trata das algas (De *alg(i)-+-o-+-logia*)

algológico *adj.* relativo a algologia (De *algologia+-ico*)

algologista *n.2g.* ⇒ **algólogo** (De *algologia+-ista*)

algólogo *n.m.* pessoa especializada em algologia (De *alg(i)-+-o-+-logo*)

algomania *n.f.* PATOLOGIA mania da dor (De *algo-+-mania*)

algómano *adj.,n.m.* que ou aquele que tem algomania (De *algo-+-mano*)

Algonquiano *n.m.* GEOLOGIA antiga divisão estratigráfica que abrange a série superior, sedimentar, do Pré-Câmbrico e tem por tipo uma série muito espessa de xistos, grés, quartzitos, calcários, etc., da região dos grandes lagos, na América do Norte; Proterozoico (Do ing. *Algonkian*, «id.»)

algonquino *n.m.* **1** membro de uma das tribos dos Algonquinos **2** língua falada pelos Algonquinos ■ *adj.* relativo ou pertencente aos Algonquinos ou à sua língua (Do ing. *Algonquin* ou *Algonkin*, «id.»)

Algonquinos *n.m.pl.* ETNOGRAFIA povo índio constituído por numerosas tribos que habitavam uma extensa região do Canadá e dos Estados Unidos da América do Norte, do Labrador até às Montanhas Rochosas (Do ing. *Algonquin* ou *Algonkin*, «id.»)

algor *n.m.* sensação intensa de frio (Do lat. *algōre-*, «frio»)

algoritmia *n.f.* **1** parte das matemáticas puras que trata dos números no seu conjunto **2** teoria dos números **3** estudo dos processos ou métodos de calcular (De *algoritmo+-ia*)

algorítmico *adj.* **1** relativo a algoritmia **2** relativo a algoritmo (De *algoritmia+-ico*)

algoritmo *n.m.* **1** MATEMÁTICA conjunto de regras bem definidas para resolver um problema (usualmente num número finito de passos) **2** INFORMÁTICA conjunto de regras e operações que permitem resolver, num número finito de etapas, um problema **3** programa que se introduz numa máquina de calcular **4** conjunto de fases de pormenor por que é preciso passar para chegar à solução de um

algoso

problema (Do lat. med. *algorithmu*-, «algoritmo», pelo ing. *algorithm*, «id.»)
algoso /ô/ *adj.* 1 que tem algas 2 da natureza das algas (De *alga*+*-oso*)
algospasmo *n.m.* MEDICINA espasmo doloroso; cãibra (Do gr. *álgos*, «dor» +*spasmós*, «espasmo»)
algoterapia *n.f.* método terapêutico à base de diferentes tipos de algas (De *algo*-+*terapia*)
algoz *n.m.* 1 executor da pena de morte; carrasco; verdugo 2 [fig.] pessoa cruel (Do turc. *gozz*, pelo ár. *al-gozz*, nome de uma tribo onde se iam geralmente buscar os carrascos)
algozar *v.tr.* praticar atos de algoz em; martirizar; torturar (De *algoz*+*-ar*)
algozaria *n.f.* 1 ação própria de algoz; crueldade; barbaridade 2 mortandade (De *algoz*+*-aria*)
algrame *n.m.* [regionalismo] vaso ou tanque de lagar de azeite (De orig. obsc.)
algravão *n.m.* ⇒ **alcaravão**
algravia *n.f.* ⇒ **algaravia**
algraviada *n.f.* ⇒ **algaraviada**
algreme *n.m.* [regionalismo] ⇒ **algrame**
algrubão *n.m.* ⇒ **alcaravão**
alguém *pron.indef.* 1 pessoa indeterminada ou cuja identidade não é referida; alguma pessoa 2 pessoa importante (Do lat. *alĭquem*, «alguém»)
alguergar *v.tr.* adornar com alguergues (De *alguergue*+*-ar*)
alguergue *n.m.* 1 antigo jogo de pedrinhas sobre uma tábua riscada a modo de rosa dos ventos 2 pedra de pequenas dimensões com que se fazem mosaicos 3 pedra do lagar onde se colocam as seiras da azeitona (Do ár. *alqerq*, «espécie de jogo com pedrinhas»)
alguidar *n.m.* vaso de barro, madeira, metal ou plástico, cuja boca tem muito maior diâmetro que o fundo e que serve para lavar, amassar, etc. (Do ár. *al-gidār*, «escudela grande»)
alguidarada *n.f.* 1 conteúdo de um alguidar 2 [fig.] grande quantidade (De *alguidar*+*-ada*)
alguirradeira *n.f.* aparelho das oficinas de cardação, nas fábricas de tecidos (De orig. obsc.)
algum *det.indef.* >*quant. exist.* DT ,*pron.indef.* 1 um de entre dois ou mais 2 qualquer 3 indica quantidade indeterminada (*algum dinheiro*) ■ *n.m.* [coloq.] certa quantia de dinheiro (Do lat. **alĭqu'ŭnu*-, *alicūnu*-, formado de *alĭque*-+*unu*-, «qualquer»)
algures *adv.* em algum lugar; em alguma parte (De *algum* × *alhures*)
-alha sufixo nominal, de origem latina, que tem sentido pejorativo (*escumalha; gentalha*)
alhada *n.f.* 1 porção de alhos 2 [Brasil] trança de alhos 3 CULINÁRIA guisado feito com alhos 4 [fig.] intriga; enredo; complicação; *meter-se numa ~* envolver-se numa situação difícil ou embaraçosa (De *alho*+*-ada*)
alhal *n.m.* 1 plantação de alhos 2 [regionalismo] lugar, na cozinha, onde se arrecada a lenha (De *alho*+*-al*)
alhanar *v.tr.* 1 tornar lhano 2 aplanar; nivelar 3 unir 4 facilitar 5 assolar; arrasar (Do cast. *allanar*, «aplanar»)
-alhão aglutinação do sufixo nominal *-alho* com o sufixo nominal *-ão*, que tem sentido aumentativo (*espertalhão*)
-alhar sufixo verbal, de origem latina, que exprime a ideia de *fazer, tornar, transformar* em (*emporcalhar, avacalhar*)
-alhaz aglutinação do sufixo nominal *-alho* com o sufixo nominal *-az*, que tem sentido aumentativo (*facalhaz*)
alheabilidade *n.f.* qualidade de ser alheável; alienabilidade (De *alheável*+*-i-*+*-dade*)
alheação *n.f.* ⇒ **alheamento** (Do lat. *alienatiōne*-, «alienação»)
alheado *adj.* 1 que se transferiu; cedido 2 absorto nos próprios pensamentos; distraído (Part. pass. de *alhear*)
alheador *n.m.* o que (se) alheia; alienador (Do lat. *alienatōre*-, «o que aliena ou vende»)
alheamento *n.m.* 1 ação ou efeito de (se) alhear; alienação 2 distração 3 esquecimento 4 insensibilidade; indiferença (De *alhear*+*-mento*)
alhear *v.tr.* 1 transferir a posse ou a propriedade de (algo) para outrem; tornar alheio; alienar 2 manter afastado; desviar; distrair ■ *v.pron.* 1 pôr-se fora de um assunto ou de uma conversa 2 ficar indiferente 3 isolar-se; afastar-se 4 distrair-se; abstrair-se (Do lat. *alienāre*, «id.»)
alheável *adj.2g.* que se pode alhear ou alienar; alienável (De *alhear*+*-vel*)
alheio *adj.* 1 que pertence a outrem 2 estranho 3 distante 4 deslocado; afastado 5 livre; isento 6 distraído 7 desconhecedor ■ *n.m.* aquilo que pertence a outra pessoa (Do lat. *alienu*-, «que pertence a outrem»)
alheira *n.f.* 1 CULINÁRIA enchido transmontano preparado com pão e picado de diversas carnes e condimentado com alho 2 ⇒ **erva-alheira** (De *alho*+*-eira*)
alheiro *n.m.* 1 o que cultiva ou vende alhos 2 depósito de alhos (De *alho*+*-eiro*)
alhela *n.f.* 1 agrupamento de aduares 2 acampamento (Do ár. *al-hĭllā*, «bairro; povoação»)
alheta /ê/ *n.f.* 1 debrum da parte superior da manga do gibão 2 NÁUTICA cada um dos lados da popa de uma embarcação, de forma geralmente arredondada 3 NÁUTICA direção entre a popa e o través; *ir na ~* ir no encalço; *pôr-se na ~* [coloq.] fugir, escapar(-se), safar-se (De orig. obsc.)
alho *n.m.* 1 BOTÂNICA planta bolbosa da família das Liliáceas, de cheiro forte característico, espontânea ou de cultura, muito utilizada como condimento culinário ou em produtos medicinais 2 bolbo dessa planta 3 [fig.] pessoa esperta ■ *adj.* relativo a essa planta; *falar alhos, responder bugalhos* [fig.] responder algo diferente do que foi perguntado; *misturar alhos com bugalhos* [fig.] confundir coisas distintas (Do lat. *alĭu*- ou *allĭu*-, «alho»)
-alho sufixo nominal, de origem latina, que tem sentido diminutivo ou pejorativo (*porcalho; espertalho*)
alho-francês *n.m.* BOTÂNICA ⇒ **alho-porro**
alho-porro *n.m.* 1 BOTÂNICA planta da família das Liliáceas, maior que o alho comum, de bolbo e folhas muito apreciados em culinária 2 o bolbo e as folhas dessa planta usados em culinária
alhorca *n.f.* ⇒ **trepadeira-azul** (De orig. obsc.)
alhures *adv.* 1 noutro lugar 2 algures (Do lat. *aliorse*, de *aliorsum*, «para outro lugar»)
ali *adv.* naquele lugar (Do lat. *ad illīc*, «para aquele lugar»)
ali- elemento de formação de palavras que exprime a ideia de *asa* (Do lat. *ala*-, «asa»)
aliáceas *n.f.pl.* BOTÂNICA grupo de plantas da família das Liliáceas, a que pertencem os alhos (Do lat. *allīu*-, «alho» +*-áceas*)
aliáceo *adj.* 1 relativo ao alho 2 que cheira a alho 3 diz-se do odor a que correspondem, como estímulos, o alho, o cacodilo e o bromo (Do lat. *alīu*, «alho» +*-áceo*)
aliado[1] *adj.* 1 que formou aliança com; unido; associado 2 diz-se de país ou organização que está ligado (por tratado, convenção ou pacto) 3 diz-se de pessoa que apoia outrem; cúmplice ■ *n.m.* 1 membro de uma aliança 2 pessoa, nação ou entidade que se liga a outra (por tratado, convenção ou pacto) para defender ou combater algo 3 pessoa que apoia outra; cúmplice 4 *pl.* grupos ou Estados que se associam para se apoiarem mutuamente na concretização de objetivos comuns (Do latim *allīgātu*-, «idem», particípio passado de *allĭgāre*, «ligar»)
aliado[2] *adj.* 1 [Cabo Verde] diz-se do milho torrado 2 [Cabo Verde] inchado (como pipocas) (Do crioulo cabo-verdiano *ilá(r)* ou *aliá(r)*, «inchar (falando de cozinha)»)
aliadofilia *n.f.* qualidade de aliadófilo (De *aliado*+*-filo*+*-ia*)
aliadófilo *adj.,n.m.* que ou pessoa que simpatizava com as nações que, nas duas guerras mundiais, se aliaram contra a Alemanha (De *aliado*+*-filo*)
aliadofobia *n.f.* qualidade de aliadófobo (De *aliado*+*-fobo*+*-ia*)
aliadófobo *adj.,n.m.* que ou pessoa que não era favorável às nações que, nas duas guerras, se uniram contra a Alemanha (De *aliado*+*-fobo*)
aliagem *n.f.* 1 aliança 2 liga (Do fr. *alliage*, «liga»)
aliança *n.f.* 1 ato ou efeito de aliar; união 2 laço entre pessoas ou entidades que se prometem mútuo auxílio; pacto; acordo 3 anel de casamento ou de noivado 4 casamento (De *aliar*+*-ança*, ou do fr. *alliance*, «id.»)
aliançar *v.tr.* ⇒ **aliar** (De *aliança*+*-ar*)
aliar *v.tr.* 1 fazer ligação 2 reunir num interesse ou objetivo comum 3 unir por meio de pacto ou tratado 4 combinar 5 conciliar (Do lat. *alligāre*, «ligar»)
aliás *adv.* 1 ou melhor; ou por outra; ou seja 2 além disso; além do mais; demais a mais 3 no entanto; contudo 4 diga-se de passagem (Do lat. *alĭas*, «de outro modo»)
aliável *adj.2g.* 1 que se pode aliar 2 suscetível de ligação (De *aliar*+*-vel*)
aliazar *n.m.* 1 grupo de lezírias circundadas de água 2 terreno seco cercado de água do mar; aljazar (Do ár. *aljazar*, «terra onde declina a ondulação do mar»)
álibi *n.m.* DIREITO argumentação do réu em sua defesa que consiste em declarar e provar a sua ausência do local de um crime no momento em que este aconteceu (Do lat. *alĭbi*, «noutro local»)

alíbil *adj.2g.* próprio para nutrição ■ *n.m.* MEDICINA parte dos alimentos que é assimilável pelo organismo (Do lat. *alibĭle-*, «nutritivo»)
alibilidade *n.f.* qualidade do que é alíbil (De *alíbil+-i-+-dade*)
álica *n.f.* bebida fermentada feita com espelta (Do lat. *alīca-*, «id.»)
alicaído *adj.* 1 de asa caída 2 [fig.] desalentado (De *ali-+caído*)
alicante *n.f.* casta de uva andaluza e algarvia ■ *n.m.* vinho proveniente dessa uva (De *Alicante*, top.)
alicantina *n.f.* 1 trapaça no jogo ou nos negócios; astúcia 2 engano (Do cast. *alicantina*, «id.»)
alicantinador *adj.,n.m.* ⇒ **alicantineiro** (De *alicantina+-dor*)
alicantineiro *adj.,n.m.* que ou aquele que faz ou vive de alicantinas (De *alicantina+-eiro*)
alicantino *adj.* de Alicante ou relativo a Alicante ■ *n.m.* natural ou habitante de Alicante (Do cast. *alicantino*, «id.»)
alicário *n.m.* o que faz ou vende álica (Do lat. *alicarĭu-*, «relativo à álica»)
alicatão *n.m.* grande tenaz de ferreiro para agarrar as peças para forjar (De *alicate+-ão*)
alicate *n.m.* peça de ferramenta formada por duas barras articuladas em forma de tesoura, de pegas curvas e pontas chatas ou redondas, que serve para segurar pequenas peças metálicas, torcer ou cortar arame, etc.; *ter pernas de ~* ter as pernas arqueadas (Do ár. *al-liqāt*, «pinça»)
alicerçagem *n.f.* 1 ato ou efeito de alicerçar 2 fundamentação (De *alicerçar+-agem*)
alicerçar *v.tr.* 1 fazer o alicerce de 2 [fig.] fundar solidamente; basear (De *alicerce+-ar*)
alicerce *n.m.* 1 parte inferior de uma construção (de alvenaria, betão, enrocamento, etc.) normalmente não visível e por intermédio da qual as suas cargas são distribuídas sobre o terreno; fundação 2 [fig.] base; fundamento; sustentáculo (Do ár. *al-isās*, «fundação; alicerce»)
alicercear *v.tr.* ⇒ **alicerçar** (De *alicerce+-ear*)
aliciação *n.f.* ato ou efeito de aliciar 2 sedução 3 suborno (De *aliciar+-ção*)
aliciador *adj.,n.m.* que ou o que alicia ou serve para aliciar (De *aliciar+-dor*)
aliciamento *n.m.* ⇒ **aliciação** (De *aliciar+-mento*)
aliciante *adj.2g.,n.m.* 1 que ou aquilo que alicia 2 atrativo 3 encantador (De *aliciar+-ante*)
aliciar *v.tr.* 1 atrair com falsas promessas 2 induzir; incitar 3 seduzir 4 subornar (Do lat. **alliciāre*, por *allicĕre*, «atrair»)
aliciente *adj.2g.* que alicia; aliciante ■ *n.m.* sedução (Do lat. *alliciente-*, «id.», part. pres. de *allicĕre*, «aliciar; seduzir»)
alícula *n.f.* HISTÓRIA túnica curta usada pelos Romanos (Do lat. *alicŭla-*, «manto ligeiro»)
alidade *n.f.* régua móvel que faz parte de um instrumento com que se determinam direções em topografia (Do ár. *al-'idād*, «bracelete; gancho»)
alienabilidade *n.f.* 1 qualidade ou condição do que é alienável 2 DIREITO característica jurídica de um bem (coisa ou direito) cujo direito de posse pode ser transferido, constituindo-se um direito real em benefício de terceiro (De *alienável+-i-+-dade*)
alienação *n.f.* 1 ação ou efeito de alienar(-se) 2 DIREITO transmissão do direito de propriedade sobre um bem 3 FILOSOFIA estado daquele que não é senhor de si, que é tratado como uma coisa e se torna escravo das atividades e instituições humanas, de ordem económica, social ou ideológica; *~ mental* anomalia psíquica que torna o paciente incapaz de se comportar de maneira normal na sociedade, loucura (Do lat. *alienatiōne-*, «id.»)
alienado *adj.* 1 diz-se de bem ou direito que foi objeto de alienação; transferido; cedido 2 diz-se da pessoa que se distancia da realidade circundante; alheado 3 diz-se de quem sofre de alienação mental; maníaco; louco (Do lat. *alienātu-*, «id.», part. pass. de *alienāre*, «alienar»)
alienamento *n.m.* ⇒ **alienação** (De *alienar+-mento*)
alienante *adj.,n.2g.* que ou pessoa que aliena (Do lat. *alienante-*, «id.», part. pres. de *alienāre*, «alienar»)
alienar *v.tr.* 1 transferir a posse ou a propriedade de (algo) para outrem; tornar alheio 2 abdicar de; ceder 3 afastar; desviar 4 alucinar; enlouquecer ■ *v.pron.* 1 afastar-se; alhear-se 2 perder o juízo; enlouquecer (Do lat. *alienāre*, «ceder; vender; enlouquecer»)
alienatário *n.m.* DIREITO pessoa a favor de quem se aliena um bem (Do fr. *aliénataire*, «id.»)
alienatório *adj.* 1 que tem carácter de coisa alienável 2 DIREITO suscetível de transmissão por alienação (De *alienar+-tório*)
alienável *adj.2g.* 1 que se pode alienar 2 DIREITO que se pode transmitir por alienação (De *alienar+-vel*)

alienígena *adj.,n.2g.* 1 que ou pessoa que é natural de outro país ou de outro lugar; estrangeiro; forasteiro 2 [fig.] que ou pessoa que pertence a outro planeta; extraterrestre (Do lat. *alienigĕna-*, «nascido noutra terra»)
alienismo *n.m.* loucura; alienação (De *alienar+-ismo*)
alienista *n.2g.* MEDICINA especialista em doenças mentais; psiquiatra ■ *adj.2g.* referente ao tratamento de doentes mentais (Do fr. *aliéniste*, «id.»)
alifafe[1] *n.m.* tumor nas articulações das patas das cavalgaduras (Do ár. *an-nafakh*, «tumor nas pernas dos cavalos»)
alifafe[2] *n.m.* 1 travesseiro 2 colcha 3 cobertor (Do ár. *al-lihāf*, «coberta de cama»)
alifático *adj.* QUÍMICA diz-se dos compostos orgânicos com cadeia aberta de átomos de carbono (Do gr. *áleiphar, -atos*, «gordura» + *-ico*)
alífero *adj.* que tem asas ■ *n.m.* animal alado (Do lat. *alifĕru-*, «id.»)
aliforme *adj.2g.* em forma de asa (De *ali-+-forme*)
alífugo *adj.* [poét.] que foge voando (De *ali-+fugo*)
aligar *v.tr.* 1 ligar 2 vincular (Do lat. *alligāre*, «ligar»)
aligátor *n.m.* 1 ZOOLOGIA designação extensiva a répteis da América e da China, que pertencem ao género *Alligator* e que têm o focinho mais curto e mais largo que o dos crocodilos 2 ZOOLOGIA tartaruga gigante, do género *Macrochelys* (Do cast. *el lagarto*, «o lagarto», pelo ing. *alligator*, «caimão»)
aligeiramento *n.m.* ato ou efeito de aligeirar (De *aligeirar+-mento*)
aligeirar *v.tr.* 1 tornar ligeiro 2 pôr mais leve 3 aliviar 4 apressar 5 descarregar 6 desembaraçar (De *a-+ligeiro+-ar*)
alígero *adj.* 1 que tem asas 2 veloz (Do lat. *aligĕru-*, «alado»)
alijamento *n.m.* 1 NÁUTICA ato de lançar ao mar objetos pertencentes à carga ou ao navio 2 descarga 3 alívio (De *alijar+-mento*)
alijar *v.tr.* 1 NÁUTICA lançar ao mar ou transferir (a carga) para uma embarcação, para aliviar o navio 2 tornar menos pesado; aliviar 3 negar (compromisso, responsabilidade) 4 [fig.] desembaraçar-se de; desfazer-se de (Do lat. *alleviāre*, «tornar leve»)
alijo *n.m.* NÁUTICA barco que acompanha um barco maior para receber a carga que este lança por alijar (Deriv. regr. de *alijar*)
alilacetona *n.f.* QUÍMICA substância que se obtém tratando éter alilacetilacético com solução etanólica de hidróxido de potássio (De *alil-+acetona*)
alílio *n.m.* ⇒ **alilo**
alilo *n.m.* QUÍMICA radical univalente (C_3H_5), insaturado, existente em variados compostos (Do lat. **alīlu-*, de *alĭu-*, «alho»)
alil(o)- elemento de formação de nomes de compostos químicos em que entra o radical alilo (Do lat. **alilu-*, de *alĭu-*, «alho»)
alimária *n.f.* 1 animal irracional 2 [fig.] pessoa bruta (Do lat. *animalĭa*, «animais»)
alime *n.m.* designação de teólogo, entre os Árabes (Do ár. *'ălim*, «sábio; douto»)
alimentação *n.f.* 1 ato ou efeito de alimentar(-se) 2 géneros alimentícios 3 sustento 4 [téc.] abastecimento; fornecimento; carregamento 5 (fotocopiadora, impressora) introdução de papel no tabuleiro; *fonte de ~* ELETRICIDADE dispositivo que fornece corrente elétrica a um circuito (De *alimentar+-ção*)
alimentador *adj.* que alimenta ■ *n.m.* 1 aquele que alimenta 2 [téc.] dispositivo de uma máquina onde é carregado o material a ser trabalhado 3 (fotocopiadora, impressora) dispositivo onde é colocado o papel 4 ELETRICIDADE cabo de alimentação 5 (armas de fogo) peça que apresenta sucessivamente cada bala à ação do percutor (De *alimentar+-dor*)
alimentando *n.m.* DIREITO credor de alimentos ■ *adj.* que tem direito a receber alimentos (De *alimentar+-ando*)
alimentante *n.2g.* DIREITO devedor de alimentos ■ *adj.2g.* que está obrigado a fornecer alimentos (De *alimentar+-ante*)
alimentar *v.tr.* 1 fornecer alimento a; nutrir 2 sustentar 3 fomentar 4 [téc.] fornecer (a uma máquina) o material a ser trabalhado 5 ELETRICIDADE abastecer (um circuito) de corrente 6 [fig.] conservar ■ *v.intr.* servir de alimento ■ *adj.2g.* 1 referente aos alimentos 2 nutritivo (De *alimento+-ar*)
alimentício *adj.* 1 próprio para alimentar 2 nutritivo (De *alimento+-ício*)
alimentista *n.2g.* pessoa que recebe pensão de alimentos (De *alimento+-ista*)
alimentividade *n.f.* instinto ou predisposição que leva os indivíduos a alimentar-se (De *alimento+-ivo+-i-+-dade*)
alimento *n.m.* 1 tudo o que serve para alimentar 2 substância utilizada na nutrição 3 comida; sustento 4 [fig.] estímulo; incentivo 5 *pl.* DIREITO prestação que tem geralmente por objeto uma quantia

em dinheiro paga mensalmente e destinada a prover a tudo quanto é indispensável à vida (sustento, habitação, vestuário e educação) de uma pessoa que não pode, por si, garantir a sua subsistência (Do lat. *alimentu-*, «id.»)

alimentoso /ô/ *adj.* ⇒ **alimentício** (De *alimento+-oso*)

alimpa *n.f.* **1** limpeza de árvores, campos e jardins, desembaraçando-os de quanto lhes seja nocivo **2** *pl.* resíduos dos cereais depois de passados pela joeira **3** *pl.* restos de vegetais que não se aproveitaram para a alimentação **4** *pl.* aparas (Deriv. regr. de *alimpar*)

alimpadeira *n.f.* **1** mulher que limpa **2** *pl.* abelhas que precedem o enxame para limpar o sítio onde este deve alojar-se (De *alimpar+-deira*)

alimpador *adj.,n.m.* que ou o que limpa ■ *n.m.* instrumento de limpar (De *alimpar+-dor*)

alimpadura *n.f.* **1** ação ou efeito de limpar **2** *pl.* resíduos do que se limpa; alimpas (De *alimpar+-dura*)

alimpamento *n.m.* ⇒ **alimpadura** (De *alimpar+-mento*)

alimpar *v.tr.,intr.* ⇒ **limpar** (De *a-+limpar*)

alindamento *n.m.* **1** ação ou efeito de alindar **2** aformoseamento (De *alindar+-mento*)

alindar *v.tr.* **1** tornar lindo **2** enfeitar; embelezar **3** arrear (De *a-+lindo+-ar*)

alínea *n.f.* **1** linha que inicia um parágrafo **2** subdivisão de um artigo de lei, decreto ou contrato **3** subdivisão de uma unidade textual, representada por uma letra minúscula ou por um número e seguida de um parêntese (por exemplo: *a), b), c)*, etc.) (Do lat. med. *a linea*, fórmula para indicar nova linha)

alinear *v.tr.* dispor em alíneas (De *alínea+-ar*)

alinegro *adj.* que tem asas negras (De *ali-+negro*)

alinguetado *adj.* em forma de lingueta (De *a-+lingueta+-ado*)

alinhado¹ *adj.* **1** posto em linha reta **2** [fig.] correto; composto **3** [fig.] bem vestido; elegante (Part. pass. de *alinhar*)

alinhado² *adj.* que faz lembrar o linho (De *a-+linho+-ado*)

alinhador *adj.,n.m.* que ou o que alinha (De *alinhar+-dor*)

alinhamento *n.m.* **1** ato ou efeito de alinhar **2** direção daquilo que se prolonga em fileira **3** direção do eixo de uma estrada, canal, etc. **4** MECÂNICA (veículo) operação de verificação e correção do paralelismo das rodas **5** TIPOGRAFIA disposição de um texto em linhas e/ou colunas **6** ARQUITETURA acerto dos pontos de um terreno ou de uma construção relativamente a uma linha reta; traçado (De *alinhar+-mento*)

alinhar *v.tr.* **1** dispor em linha reta **2** marcar o alinhamento de **3** MECÂNICA corrigir o paralelismo das rodas de um veículo **4** TIPOGRAFIA dispor um texto em linhas e/ou colunas; justificar ■ *v.intr.* **1** entrar em linha reta **2** meter-se na fileira **3** formar equipa; fazer parte da equipa **4** [fig.] pôr-se no bom caminho ■ *v.tr.,intr.* [coloq.] participar (em); aderir (De *a-+linha+-ar*)

alinhavar *v.tr.* **1** preparar para a costura, ajustando e dispondo a pontos largos **2** delinear **3** [fig.] fazer mal e à pressa ■ *v.pron.* **1** arranjar-se **2** governar-se (Da expr. *(coser) a linha vã*)

alinhavo *n.m.* **1** ato ou efeito de alinhavar **2** costura provisória a ponto largo para guiar a costura definitiva **3** [fig.] esboço **4** *pl.* escrito feito à pressa e imperfeitamente (Deriv. regr. de *alinhavar*)

alinheiro *n.m.* [regionalismo] primeiro leite que a vaca dá depois de apartar a cria

alinho *n.m.* **1** ato ou efeito de alinhar **2** trabalho tendente a deixar as coisas em boa disposição **3** arranjo; asseio; aprumo (Deriv. regr. de *alinhar*)

álios *n.m.2n.* **1** PETROLOGIA arenito ferruginoso, formado próximo da superfície do solo **2** cimentação de grãos de areia aglutinados pelo óxido de ferro (Do fr. *alios*, «id.»)

aliósio *n.m.* ⇒ **álios** (De *álios+-io*)

alípede *adj.2g.* **1** que tem asas nos pés **2** veloz; ligeiro (Do lat. *alipĕde-*, «que tem asas nos pés»)

alipotente *adj.2g.* que tem asas possantes (Do lat. *ala-*, «asa» *+potente-*, «que pode», part. pres. de **potēre*, «poder»)

alipta *n.m.* escravo, entre os Gregos e os Romanos, cujas funções eram adstritas ao aliptério (Do gr. *aleíptes*, pelo lat. *alipta-*, «o que unta e perfuma os atletas ou os que se banham»)

aliptério *n.m.* lugar junto dos ginásios gregos e romanos onde eram untados com essências os atletas, antes do combate, e os que saíam do banho (Do gr. *aleiptérion*, «local onde se esfregava com azeite»)

alíptica *n.f.* arte de ungir o corpo com unturas medicinais ou higiénicas (Do gr. *aleiptikós*, «respeitante à alíptica»)

aliquanta *adj.,n.f.* que ou parte que não está contida no todo um número exato de vezes (Do lat. *aliquanta (pars)*, «de apreciável grandeza»)

aliquebrado *adj.* que tem as asas quebradas (De *ali-+quebrado*)

alíquota /quô/ *adj.* diz-se da parte que está contida num todo um número exato de vezes ■ *n.f.* essa parte (Do lat. *aliquŏta (pars)*, por *alíquot*, «alguns; vários»)

alisado¹ *adj.* desenrugado (Part. pass. de *alisar*)

alisado² *adj.,n.m.* ⇒ **alísio** (Do fr. *alizé*, «id.»)

alisador *adj.,n.m.* que ou o que alisa ou serve para alisar (De *alisar+-dor*)

alisamento *n.m.* ato ou efeito de alisar (De *alisar+-mento*)

alisar *v.tr.* **1** tornar liso; aplanar **2** desenrugar **3** amaciar **4** pentear (De *a-+liso+-ar*)

aliseu *adj.,n.m.* ⇒ **alísio** (Do fr. *alizé*, «id.»)

alisfenoide *n.m.* ⇒ **proótico** *n.m.* (De *ali-+esfenóide*)

alisfenóide ver nova grafia alisfenoide

alísio *adj.,n.m.* METEOROLOGIA diz-se de ou cada um dos ventos superficiais que sopram regularmente entre o máximo de pressão subtropical e o mínimo equatorial (zona das calmas equatoriais), um no hemisfério norte (o de nordeste), outro no hemisfério sul (o de sueste) (Do it. *aliseo*, «id.»)

Alismáceas *n.f.pl.* BOTÂNICA família de plantas herbáceas, monocotiledóneas, aquáticas ou palustres, cujo género-tipo se designa *Alisma* (Do gr. *álisma*, «tanchagem-d'água» pelo lat. *alisma*, «id.» *+-áceas*)

Alismatáceas *n.f.pl.* ⇒ **Alismáceas**

alistamento *n.m.* **1** ato ou efeito de alistar(-se) **2** operação a que procedem as juntas de recrutamento militar após a inspeção **3** inscrição; arrolamento **4** recrutamento (De *alistar+-mento*)

alistão *n.m.* pedra faceada e esquadriada para cantaria (Do cast. *aristón*, «cunhal; esquina feita de pedra»)

alistar *v.tr.* **1** pôr em lista **2** recrutar ■ *v.pron.* **1** MILITAR incorporar-se no exército **2** (associação, partido) inscrever-se (De *a-+lista+-ar*)

alistridente *adj.2g.* que faz estridor com as asas (De *ali-+estridente*)

aliteração *n.f.* recurso estilístico que consiste na repetição das mesmas letras, sílabas ou sons, na mesma frase (ex.: *o* v*ento mo*v*e as ár*v*ores e* v*oam as folhas*) (Do lat. *littĕra-*, «letra», pelo ing. *alliteration*, «id.» e pelo fr. *alliteration*, «id.»)

aliterante *adj.2g.* em que há aliteração (De *aliterar+-ante*)

aliterar *v.tr.* dispor em aliteração ■ *v.intr.* formar aliteração (Deriv. regr. de *aliteração*)

aliteratado *adj.* com presunções de literato (De *a-+literato+-ado*)

alitúrgico *adj.* diz-se do dia que não tem liturgia particular (Do gr. *a-*, «não» *+leitourgikós*, «litúrgico»)

aliveloz *adj.2g.* [poét.] que voa com rapidez (De *ali-+veloz*)

aliviação *n.f.* ato de aliviar; alívio (De *aliviar+-ção*)

aliviadoiro *n.m.* ⇒ **aliviadouro**

aliviador *adj.,n.m.* **1** que ou o que alivia **2** consolador (De *aliviar+-dor*)

aliviadouro *n.m.* **1** coisa que alivia **2** lugar de alívio **3** peça com que se aproximam ou afastam as mós do moinho para se obter farinha mais fina ou mais grossa (De *aliviar+-douro*)

aliviamento *n.m.* **1** ato ou efeito de aliviar **2** alívio **3** [pop.] parto (De *aliviar+-mento*)

aliviar *v.tr.* **1** dar alívio a; consolar **2** atenuar; suavizar **3** tirar parte do peso a **4** NÁUTICA descarregar **5** isentar ■ *v.intr.* **1** perder a força **2** abrandar; serenar ■ *v.pron.* [pop.] dar à luz; ~ *o luto* começar a usar um vestuário que não é totalmente de luto; ~ *a tripa* [pop.] evacuar, defecar; *alivia!* NÁUTICA ordem de brandear um cabo que está a ser alado (Do lat. *alleviāre*, «tornar mais leve»)

alívio *n.m.* **1** ato ou efeito de aliviar **2** diminuição de peso, de cor, etc. **3** descarga **4** [fig.] consolo; conforto (Deriv. regr. de *aliviar*)

alivioso *adj.* **1** que dá alívio **2** consolador **3** atenuante (De *alívio+-oso*)

alizaba *n.f.* **1** túnica mourisca de mangas longas e aberta na frente **2** vestimenta mourisca semelhante a um colete (Do ár. *al-jubbâ*, «manto; vestido»?)

alizar *n.m.* guarnição de madeira ou azulejo nas ombreiras das portas ou janelas (Do ár. *al-izâr*, «lambril apainelado»)

alizari *n.m.* designação da raiz de uma rubiácea (ruiva-dos-tintureiros), de que se extrai um produto tintorial vermelho (alizarina) (Do ár. *al-'açára*, «suco», pelo it. *alizari*, «id.»)

alizarina *n.f.* substância tintorial obtida da raiz (alizari) da ruiva-dos-tintureiros ou preparada por síntese (Do al. *Alizarin* «id.», pelo fr. *alizarine*, «id.»)

aljafra n.f. 1 bolsa das redes de pesca de arrasto 2 algibeira (Do ár. *al-ja'abâ*, «bolsa; algibeira»?)

aljamia n.f. 1 alteração produzida no dialeto românico, na Península, pelo contacto com os Árabes 2 algaravia (Do ár. *al-'ajamī īâ*, «língua estrangeira»)

aljaraz n.m. [regionalismo] (Trás-os-Montes) guizo colocado no pescoço dos cães (Do ár. *al-jars*, «sino; guizo»)

aljarze n.m. chocalho de gado (Do ár. *al-jars*, «sino; guizo»)

aljava n.f. [ant.] coldre ou carcás em que se metiam as setas (Do ár. *al-ja'abâ*, «id.»)

aljazar n.m. 1 terreno seco cercado de água do mar 2 conjunto de lezírias rodeadas de água 3 ⇒ **mouchão** (Do ár. *al-jazar*, «id.»)

aljofaina n.f. bacia pequena de lavatório (Do ár. *al-jofainâ*, dim. de *jofana*, «alguidar; escudela»)

aljôfar n.m. 1 pérola pequena 2 [fig.] gota de orvalho 3 [fig.] lágrima 4 ⇒ **aljofareira** (Do ár. *al-jáuhar*, «pérolas»)

aljofarar v.tr. 1 ornar ou cobrir de aljôfares 2 salpicar com gotas cristalinas 3 [fig.] orvalhar; rociar (De *aljôfar+-ar*)

aljofareira n.f. BOTÂNICA planta herbácea, da família das Boragináceas, cujos frutos lembram pequenas pérolas (aljôfar), também conhecida por aljôfar, pérola, etc. (De *aljôfar+-eira*)

aljofrar v.tr. ⇒ **aljofarar**

aljofre /ô/ n.m. ⇒ **aljôfar**

aljorce n.m. campainha ou chocalho que as bestas trazem ao pescoço (Do ár. *al-jors* ou *al-jurs*, por *al-jars*, «sino; guizo»)

aljorge n.m. ⇒ **aljorce**

aljorze n.m. ⇒ **aljorce**

ajuba n.f. 1 vestimenta mourisca semelhante a um colete 2 veste talar com fraldas e mangas largas 3 gibão (Do ár. *al-jubbâ*, «vestido; manto»)

aljubarrotense adj.2g. referente a Aljubarrota, localidade portuguesa do distrito de Leiria ■ n.2g. natural ou habitante de Aljubarrota (De *Aljubarrota*, top. +*-ense*)

aljube n.m. 1 antiga cadeia eclesiástica 2 prisão ou cárcere provisório (Do ár. *al-jubb*, «cisterna; poço»)

aljubeiro n.m. carcereiro (De *ajube+-eiro*)

ajubeta /ê/ n.f. 1 ajuba pequena 2 capote usado antigamente pelos clérigos 3 ⇒ **algibebe** (De *ajuba+-eta*)

ajubete /ê/ n.m. ⇒ **ajubeta**

ajubeteiro n.m. fabricante de ajubetas (De *ajubeta+-eiro*)

aljustrelense adj. relativo à vila portuguesa de Aljustrel, no distrito de Beja ■ n.2g. natural ou habitante de Aljustrel (De *Aljustrel*, top. +*-ense*)

ajuz n.m. cola extraída do cardo mata-cão (Do ár. *al-júz*, «noz»)

allanite n.f. MINERALOGIA mineral pertencente ao grupo do epídoto, que é um silicato hidratado de alumínio, ferro, cério e cálcio e cristaliza no sistema monoclínico (De W. *Allan*+-*ite*)

allegretto n.m. 1 MÚSICA andamento menos vivo do que o allegro 2 MÚSICA trecho musical com esse andamento (Do it. *allegretto*, «id.»)

allegro n.m. 1 MÚSICA andamento musical vivo e alegre 2 MÚSICA trecho musical com esse andamento (Do it. *allegro*, «alegre»)

alma n.f. 1 princípio da vida e do pensamento do ser humano 2 parte imaterial do ser humano 3 princípio espiritual em oposição a matéria 4 superfície interior do cano de uma arma de fogo que pode ser lisa ou estriada 5 MÚSICA peça de madeira colocada entre os dois tampos de um violino ou de outros instrumentos de corda, que ajuda a suportar a pressão das cordas no cavalete e a transmitir as vibrações acústicas a todo o instrumento 6 ARQUITETURA trave que sustenta outras traves 7 pedaço de madeira ou metal entre a sola e a palmilha de um sapato 8 sentimento mais íntimo 9 generosidade; sensibilidade 10 [fig.] substância ou parte principal de algo 11 [fig.] entusiasmo; coragem; alento; ânimo 12 pl. nicho ou cruzeiro que lembra a morte violenta de alguém, em local deserto 13 pl. alminhas; ~ *danada/de cântaro/negra* pessoa instigadora do mal, indivíduo perverso; ~ *de uma viga* parte da viga que resiste principalmente aos esforços transversais; ~ *do outro mundo* fantasma; ~ *penada* alma de um morto que, segundo a crença popular, vagueia por este mundo, em penitência, pessoa que sofre muito; *com* ~ com entrega; *dar a* ~ *ao Criador* morrer; *de corpo e* ~ inteiramente; *o segredo é a* ~ *do negócio* ganha-se mais quando não se revelam os pormenores de algo; *rezar-lhe pela* ~ conformar-se com a perda de alguma coisa; *vender a* ~ *ao diabo* prejudicar o futuro por um bem incerto (Do lat. *anĭma*-, «sopro; ar; alma»)

almácega n.f. tanque que recebe a água da nora (De orig. obsc.)

almácego n.m. [regionalismo] ⇒ **almáfego**

almaço adj. 1 diz-se de certo tipo de papel, bastante encorpado e próprio para escrever 2 designativo do formato desse papel dobrado em caderno (Do port. ant. *alomaço*)

alma-de-biafada n.f. [Guiné-Bissau] ORNITOLOGIA ave da família dos Buconídeos, que vive essencialmente no solo

alma-de-mestre n.m. ORNITOLOGIA ave palmípede da família dos Procelariídeos, que aparece nas costas marítimas em tempo borrascoso, também conhecida por cabacinha, calca-mares, chasquilho, paim, painho, procelária, roli, carrachinha, etc.

almádena n.f. torre de mesquita de onde se chama os crentes à oração; minarete (Do ár. *al-mādnâ*, «a torre da mesquita»)

almadia n.f. embarcação africana e asiática, estreita e comprida; canoa (Do ár. *al-ma'adīa*, «jangada»)

alma-do-padeiro ver nova grafia **alma do padeiro**

alma do padeiro n.f. parte oca e interior do pão

almadra n.f. ⇒ **almadrava**

almadraque n.m. 1 almofada usada como assento ou para encostar a cabeça; travesseiro; coxim 2 colchão grosseiro; enxerga (Do ár. *al-matrah*, «tapete; colchão»)

almadrava n.f. 1 armação para a pesca do atum 2 lugar onde se reúnem os pescadores para essa pesca (Do ár. *al-madrabâ*, «lugar onde se bate»)

almadraveiro n.m. aquele que trabalha ou pesca nas almadravas (De *almadrava+-eiro*)

almáfego n.m. [regionalismo] casta de videira cultivada em Portugal; almáfego; malvasia-do-bairro

Almagesto n.m. livro célebre sobre astronomia, da autoria de Ptolomeu (Do gr. *mégiste*, pelo ár. *al-majisti*, «id.»)

almagral n.m. terreno onde predomina o almagre (De *almagre+-al*)

almagrar v.tr. 1 tingir com almagre 2 [fig.] marcar; assinalar (De *almagre+-ar*)

almagre n.m. 1 argila vermelha que se emprega em pinturas grosseiras 2 MINERALOGIA hematite vermelha 3 [fig.] sangue plebeu (Do ár. *al-magrā*, «barro vermelho»)

almagreira n.f. 1 jazigo de almagre 2 terreno onde predomina o almagre; almagral (De *almagre+-eira*)

almagro n.m. ⇒ **almagre**

almainha n.f. ⇒ **almuinha**

almajarra n.f. 1 trave ou pau a que se prende o animal para puxar a nora 2 utensílio de madeira com que se tira a lama das salinas 3 [fig.] coisa ou pessoa desconforme (Do ár. *al-majarra*, «viga»)

almajarrar v.tr. retirar água ou lama acumulada no fundo das salinas com almajarra (De *almajarra+-ar*)

almalaguês adj. relativo a Málaga (De *al-*+*Málaga*, top. +*-ês*)

almalha n.f. toura que ainda não teve cria; bezerra; novilha (Do lat. *animalĭa*, «animais»)

alma mater n.f. universidade (Do lat. *alma mater*, «mãe alimentadora, mãe criadora»)

almanaque n.m. 1 publicação anual com calendário, informações científicas, tabelas, registo de aniversários e textos humorísticos ou recreativos; folhinha; repertório 2 publicação atualizada anualmente com informação sobre uma determinada área de atividade (Do ár. *al-manākh*, «calendário»)

almanaqueiro n.m. autor ou vendedor de almanaques (De *almanaque+-eiro*)

almança n.f. 1 HERÁLDICA escudo dividido em pala, nos brasões 2 HISTÓRIA espada de lâmina comprida usada pela cavalaria portuguesa, no século XVII (De *Almança*, top.)

almandina n.f. MINERALOGIA granada de alumínio e ferro, utilizada como gema e abrasivo (Do lat. *alabandina*- (*gemma*-), «da cidade de Alabanda», na Círia, Ásia Menor)

almandite n.f. MINERALOGIA ⇒ **almandina**

alma-negra n.f. ORNITOLOGIA ave da ilha da Madeira

almanjarra n.f. ⇒ **almajarra**

almanxar n.m. [regionalismo] lugar na eira onde se secam os figos (Do ár. *al-manxar*, «secadouro»)

almarado adj. (boi, cavalo) que apresenta manchas circulares à volta das aberturas naturais (De orig. obsc.)

almárfega n.f. 1 pano grosseiro de lã 2 burel branco que servia para luto (Do ár. *al-marfaqâ*, «almofada»)

almarge n.m. 1 terra de pasto; pastagem 2 erva que cresce nos almargeais, usada para pasto (Do ár. *al-marj*, «pradaria»)

almargeado adj. (terreno) que está semeado de pasto, ou só produz pasto (De *almargem+-ado*)

almargeal n.m. terreno coberto de erva para pasto (De *almarge+-al*)

almargem n.m./f. ⇒ **almarge**
almargémia n.f. PALEONTOLOGIA planta gimnospérmica fóssil, de pequeno porte, semelhante a algumas formas atuais da zâmia, que se encontra no Cretácico de Almargem, localidade do concelho de Sintra (De *Almargem*, top. *+-ia*)
almargio adj. 1 lançado ao almarge 2 (animal) que anda no pasto (De *almarge+-io*)
almártaga n.f. resíduos de prata (Do ár. *al-martak*, «id.»)
almártega n.f. ⇒ **almártaga**
almece n.m. soro branco que escorre do queijo apertado no cincho; tabefe (Do ár. *al-mīs* ou *al-mīç*, «soro de leite»)
almécega n.f. 1 goma-resina que se extrai da almecegueira e se emprega na preparação de vernizes e produtos farmacêuticos, também designada mástica e mástique; resina da aroeira 2 BOTÂNICA ⇒ **almecegueira** (Do gr. *mastíkhē*, «goma boa para mascar», pelo ár. marroquino *al-maçtakā*, «id.»)
almecegado adj. 1 da cor da almécega 2 misturado ou preparado com almécega (De *almécega+-ado*)
almécega-do-brasil ver nova grafia **almécega do Brasil**
almécega do Brasil n.f. substância resinosa que se extrai da elemieira (e de outras árvores) e que tem aplicações industriais e terapêuticas
almecegar v.tr. 1 tingir com almécega 2 juntar almécega a (De *almécega+-ar*)
almecegueira n.f. BOTÂNICA arbusto da família das Anacardiáceas, que fornece a goma denominada almécega; aroeira; lentisco (De *almécega+-eira*)
almedina n.f. parte central e fortificada de uma cidade, geralmente situada num ponto alto (Do ár. *al-madīnā*, «cidade»)
almegue n.m. sítio em um rio onde se pode atravessar a pé (Do ár. vulg. *al-megta'a*, por *al-meqta'a*, «vau»)
almeia¹ n.f. bálsamo natural, usado em farmácia e perfumaria (Do ár. *al-mai'â*, «id.»)
almeia² n.f. dançarina oriental (Do ár. *'âlima*, «sábia; engenhosa», pelo fr. *almée*, «dançarina e cantora oriental»)
almeice n.m. ⇒ **almece**
almeida¹ n.f. NÁUTICA [ant.] parte curva do costado dos navios de popa quadrada, localizada abaixo do painel da popa e formando com ele um ângulo obtuso ou uma curvatura; ~ *do leme* abertura existente no costado por onde entra a cana do leme (Do ár. *al--maida*, «outeiro»)
almeida² n.f. [regionalismo] varredor municipal (De *Almeida*, antr.)
almeirão n.m. BOTÂNICA planta de flores azuis, semelhante à chicória, espontânea e cultivada em Portugal; chicória-do-café (Do gr. *ámyron*, «sem perfume», pelo ár. *amīrūn*, «amargo»)
almeiro n.m. [regionalismo] merendeiro que se leva de jornada (De orig. obsc.)
almeiroa /ô/ n.f. BOTÂNICA planta herbácea da família das Compostas, de flores amarelas ou avermelhadas, semelhante ao almeirão e espontânea em quase todo o País (De *almeirão*)
almêitega n.f. ⇒ **almêitiga**
almêitiga n.f. HISTÓRIA refeição ligeira, que se dava ao cobrador dos impostos reais (Do ár. *al-mit'â*, «id.»)
almejado adj. desejado ardentemente; ansiado (Part. pass. de *almejar*)
almejante adj.2g. que almeja; desejoso; ansioso (De *almejar+-ante*)
almejar v.tr. desejar ardentemente; ansiar por ■ v.intr. 1 aparecer ao longe, de modo indeciso 2 [fig.] agonizar (De *alma+-ejar*)
almejo /ê/ n.m. ação de almejar; desejo ardente (Deriv. regr. de *almejar*)
almenara n.f. HISTÓRIA facho que se acendia na torre do castelo para iluminar ao longe ou dar sinal de alarme (Do ár. *al-manārâ*, «lanterna», pelo cast. *almenara*, «id.»)
almenos adv. [arc.] ao menos (De *al-+menos*)
almiara n.f. [regionalismo] meda de trigo ou de palha (Do ár. *al-mīar*, pl. de *al-mīrâ*, «monte de cereal»)
almicantarado n.m. ASTRONOMIA círculo menor da esfera celeste paralelo ao horizonte racional; lugar geométrico dos astros que têm a mesma altura para o horizonte racional de um dado lugar; círculo de altura; paralelo de altura; almucantarado; almucântara (Do ár. *almuqantarāt*, pl. de *al-muqantarâ*, «círculo paralelo ao horizonte»)
almice n.m. ⇒ **almece**
alminha n.f. 1 pequena alma 2 pl. painel que representa as almas dos mortos penando no Purgatório 3 pl. nicho ou capelinha com ou sem esse painel, situado geralmente na berma das estradas (De *alma+-inha*)

almiranta n.f. 1 NÁUTICA nau que transportava o almirante 2 [ant.] mulher do almirante (De *almirante*)
almirantado n.m. 1 MILITAR dignidade de almirante 2 MILITAR corporação de oficiais superiores da armada 3 edifício onde estão localizados os serviços superiores da armada (De *almirante+-ado*)
almirante n.m. MILITAR posto mais alto da categoria de oficiais da Marinha, cuja insígnia é constituída por galões paralelos, sendo um largo e três estreitos ■ n.2g. 1 MILITAR oficial que ocupa esse posto 2 MILITAR designação comum aos oficiais generais que ocupam os postos de almirante, vice-almirante e contra-almirante ■ adj. NÁUTICA variedade de pera, grande e sumarenta; ~ *da armada* MILITAR 1 patente mais alta da hierarquia da Marinha, concedida como distinção honorífica a certos oficiais generais e cuja insígnia é constituída por quatro estrelas; 2 oficial general que recebeu essa distinção (Do ár. vulg. *al-mīr*, de *mīr*, «chefe; príncipe» *+-ante*)
almirante-vermelho n.m. ZOOLOGIA borboleta diurna, da família dos Ninfalídeos, muito vulgar no Brasil; atalanta
almíscar n.m. 1 substância de aroma característico, produzida por umas glândulas especiais existentes no mamífero denominado almiscareiro 2 substância extraída de plantas ou de origem artificial, cujo aroma é semelhante ao do almíscar (Do ár. *al-misk*, «id.»)
almiscarado adj. 1 que contém almíscar 2 que cheira a almíscar; perfumado com almíscar 3 [fig.] aperaltado; janota (Part. pass. de *almiscarar*)
almiscarar v.tr. 1 perfumar com almíscar 2 aromatizar ■ v.pron. 1 perfumar-se 2 [fig.] aperaltar-se; efeminar-se (De *almíscar+-ar*)
almiscareira n.f. BOTÂNICA planta da família das Geraniáceas, com ativo cheiro a almíscar, espontânea em Portugal; agulha-de-pastor--moscada; erva-almiscareira (De *almíscar+-eira*)
almiscareiro n.m. ZOOLOGIA pequeno mamífero ruminante, da família dos Mosquídeos, que vive na Ásia Central, e cujo macho possui uma bolsa ventral onde se acumula o almíscar; veado--almiscareiro (De *almíscar+-eiro*)
almo adj. 1 [poét.] que alimenta ou nutre; que cria; criador 2 benéfico; benigno 3 santo; puro; venerável 4 adorável; encantador (Do lat. *almu-*, «que alimenta»)
almóada adj.2g. relativo ao movimento religioso ou à dinastia dos Almóadas ■ n.2g. adepto ou seguidor do movimento liderado pelos Almóadas
Almóadas n.m.pl. HISTÓRIA seita político-religiosa que apareceu nos fins do século XII entre os muçulmanos do Norte de África e que depois dominou Marrocos (Do ár. *al-muahhad*, «que proclama a unidade divina»)
Almóades n.m.pl. ⇒ **Almóadas**
almocábar n.m. cemitério mourisco (Do ár. *al-muqábar*, pl. de *maqabarâ*, «túmulo; sepulcro»)
almoçadeira n.f. chávena grande, geralmente usada ao pequeno--almoço (De *almoçar+-deira*)
almocadém n.m. HISTÓRIA antigo chefe militar ou comandante, entre os Árabes; comandante (Do ár. *al-muqaddem*, «chefe; capitão»)
almocafre n.m. sacho de ponta, usado nas minas (Do ár. *al--mihfar*, «enxada»)
almoçar v.intr. comer o almoço ■ v.tr. comer ao almoço (De *almoço+-ar*)
almocela n.f. 1 tapete usado pelos muçulmanos para rezar de joelhos 2 manta usada para cobrir camas; coberta; colcha (Do ár. *al-muçala*, «tapete para orar»)
almoceleiro n.m. fabricante ou vendedor de almocelas (De *almocela+-eiro*)
almoço /ô/ n.m. uma das principais refeições do dia, tomada geralmente ao início da tarde (Do lat. **admorsu-*, part. pass. de *admordēre*, «principiar a morder»)
almocouvar n.m. pastor de situação inferior à do maioral (Do ár. *al-mukabbar*, «id.»)
almocrevar v.tr. transportar em animal de carga ■ v.intr. exercer o ofício de almocreve (De *almocreve+-ar*)
almocrevaria n.f. 1 ofício de almocreve 2 conjunto de almocreves (De *almocreve+-aria*)
almocreve n.m. indivíduo que transporta em animal de carga; recoveiro (Do ár. *al-mukārī*, «jornaleiro»?)
almoeda n.f. 1 venda em hasta pública; leilão 2 exposição pública (Do ár. *al-munādā*, «leilão»)
almoedar v.tr. pôr em almoeda; leiloar (De *almoeda+-ar*)
almoedeiro n.m. aquele que faz almoedas; leiloeiro (De *almoedar+-eiro*)

almofaça n.f. escova de arame usada na limpeza dos cavalos (Do ár. *al-mihassà*, «id.»)
almofaçar v.tr. limpar com almofaça (De *almofaça+-ar*)
almofacilha n.f. porção de estopa que protege a barbela do cavalo (De *almofaça+-ilha*)
almofada n.f. **1** espécie de saco de forma variável cheio de uma substância fofa, usado para assento ou para recostar a cabeça; travesseiro pequeno **2** peça de madeira saliente nas portas ou janelas **3** peça de tecido nas camas de estilo; cabeceira **4** pasta embebida em tinta, para molhar carimbos **5** pequena saliência macia, localizada na extremidade das patas de alguns animais **6** plano fixo de material duro onde assenta o cutelo central da balança comum de pratos suspensos (Do ár. *al-mukhaddâ*, «coxim; travesseiro»)
almofadado adj. **1** com almofadas **2** forrado com uma substância fofa; acolchoado ■ n.m. conjunto de almofadas (Part. pass. de *almofadar*)
almofadão n.m. **1** almofada grande **2** fronha que reveste a almofada (De *almofada+-ão*)
almofadar v.tr. **1** cobrir ou guarnecer de almofadas **2** enchumaçar **3** colocar por baixo de um objeto qualquer peça ou suporte que o alteie (De *almofada+-ar*)
almofadilha n.f. **1** almofada pequena **2** pregadeira de alfinetes (De *almofada+-ilha*)
almofadinha n.f. **1** pregadeira de alfinetes **2** saquinho com substância aromática usado para perfumar roupas ■ n.m. [Brasil] homem ou rapaz aperaltado (De *almofada+-inha*)
almofariz n.m. vaso em que se tritura qualquer coisa com um pilão; gral (Do ár. *al-mihāras*, «id.», pelo cast. ant. *almofariz*, «id.»)
almofate n.m. sovela ou furador com que os correeiros abrem os buracos no cabedal (Do ár. *al-muhiat*, «id.»)
almofeira n.f. água negra que escorre da tulha da azeitona; reima; albufeira (De *albufeira*)
almofia n.f. **1** espécie de tigela de barro vidrado **2** alguidar; bacia (Do ár. *al-mikhfīā*, «prato grande»)
almofreixar v.tr. meter em almofreixe (De *almofreixe+-ar*)
almofreixe n.m. mala grande de viagem (Do ár. *al-mafräx*, «tapete; esteira; mala grande»)
almogávar n.m. [ant.] soldado da milícia espanhola que participava em ataques e emboscadas em terras fronteiriças (Do ár. *al-mugāuar*, «o que faz incursões»)
almogavaria n.f. **1** incursão ou expedição armada de almogávares **2** tropa de almogávares (De *almogávar+-ia*)
almojávena n.f. CULINÁRIA espécie de torta feita de farinha e queijo ou requeijão (Do ár. *al-mujabanā*, «espécie de bolo»)
almôndega n.f. CULINÁRIA pequena bola arredondada de carne picada, preparada com ovos, farinha e temperos, geralmente cozinhada em molho espesso (Do ár. *al-bundqâ*, «bola; bolinha»)
almorávida adj.2g. relativo ou pertencente aos Almorávidas ■ n.2g. membro da seita dos Almorávidas
Almorávidas n.m.pl. HISTÓRIA seita político-religiosa que apareceu nos fins do século XI entre os muçulmanos do Norte de África e se lançou à conquista do Sul da Península Ibérica (Do ár. *al-murābit*, «guarda de fronteira; religioso»)
almorávide adj.,n.2g. ⇒ **almorávida**
almorreima n.f. [pop.] ⇒ **hemorroida** (Do gr. *haîma*, «sangue» +*rheûma*, «fluxo», pelo lat. tard. *haemorrheuma*-, «fluxo de sangue»)
almorroida n.f. ⇒ **hemorroida** (De *almorreimas* × *hemorróidas*)
almorróida ver nova grafia *almorroida*
almotaçar v.tr. **1** [ant.] exercer o ofício de almotacé em **2** [ant.] tabelar os preços de **3** [fig.] aquilatar; avaliar (De *almotacé+-ar*)
almotaçaria n.f. **1** [ant.] cargo de almotacé ou tribunal por ele presidido **2** [ant.] fixação de preço feita por almotacé; taxa (De *almotacé+-aria*)
almotacé n.m. [ant.] antigo inspetor camarário de pesos e medidas que fixava o preço dos géneros (Do ár. *al-muhtasib*, «inspetor de pesos e medidas nos mercados»)
almotacel n.m. [ant.] ⇒ **almotacé**
almotolia n.f. **1** vasilha portátil de folha ou alumínio, de forma cónica, para azeite e outros líquidos oleosos **2** recipiente com óleo para lubrificar (Do ár. *al-motoliā*, «nome de unidade de medida para líquidos»)
almoxarifado n.m. **1** HISTÓRIA cargo ou profissão de almoxarife **2** HISTÓRIA repartição ou área de jurisdição do almoxarife **3** (escritório, firma) local de depósito de materiais e matérias-primas (De *almoxarife+-ado*)
almoxarife n.m. **1** HISTÓRIA administrador ou feitor de propriedades da casa real **2** HISTÓRIA tesoureiro da casa real **3** [ant.] cobrador de portagem **4** funcionário responsável pelo depósito e distribuição de materiais e matérias-primas; fiel de armazém (Do ár. *al-muxrif*, «tesoureiro»)
almoxatre n.m. [ant.] (alquimia) sal amoníaco (Do ár. *al-muxadir*, «id.»)
almuadem n.m. muçulmano que, da torre da mesquita, chama os fiéis à oração (Do ár. *al-muadhan*, «id.»)
almucábala n.f. [ant.] álgebra (Do ár. *al-muqābalá*, «comparação»)
almucântara n.f. ⇒ **almicantarado**
almucantarado n.m. ⇒ **almicantarado**
almudação n.f. ato de almudar; medição aos almudes (De *almudar+-ção*)
almudada n.f. **1** almude de cereais **2** terra que leva um almude de semente **3** um almude (De *almude+-ada*)
almudar v.tr. **1** medir ou vender aos almudes **2** cobrar impostos em vinho (De *almude+-ar*)
almude n.m. **1** antiga unidade de medida de capacidade equivalente a 12 canadas ou 48 quartilhos **2** medida de 25 litros, no sistema métrico decimal **3** medida que atualmente varia de 16,5 a 40 litros, conforme as regiões do país (Do ár. *al-mudd*, «medida de grãos»)
almudeiro n.m. **1** fabricante ou vendedor de medidas de almude **2** aquele que faz medições com almude ■ adj. que tem a capacidade de um almude (De *almude+-eiro*)
almuinha n.f. **1** pequena propriedade rústica; horta murada **2** propriedade suburbana (Do ár. *al-munía*, «herdade»)
alna n.f. antiga medida de comprimento de 1,20 m, usada na compra e venda de tecidos (Do frânc. *alina*, «antebraço», pelo fr. *aulne*, «alna»)
alnico n.m. METALURGIA liga de ferro, níquel, cobalto, alumínio (e, em algumas variedades, cobre), usada para a produção de ímanes permanentes (De *al(umínio)+ní(quel)+co(balto)*)
alo- elemento de formação de palavras que exprime a ideia de *outro, diverso* (Do gr. *állos*, «outro; diferente»)
aló adv. NÁUTICA para o lado donde o vento sopra (De *ló*)
alô interj. [Brasil] usada quando se atende o telefone ■ n.m. [Brasil] cumprimento ou saudação em que se usa essa palavra (Do ing. *hallo!*, «olá!»)
alóbaro adj.,n.m. QUÍMICA elemento ou designativo do elemento cuja composição isotópica é diferente da do elemento natural (Do gr. *állos*, «outro; diferente» +*báros*, «peso»)
alóbroge adj.,n.2g. ⇒ **alóbrogo**
alóbrogo adj. **1** relativo ou pertencente aos Alóbrogos **2** [fig.] grosseiro; rústico ■ n.m. **1** indivíduo dos Alóbrogos **2** [fig.] homem grosseiro ou rústico
Alóbrogos n.m.pl. povo antigo da região que hoje se chama Saboia (França)
alocação n.f. **1** INFORMÁTICA processo que consiste em atribuir recursos para um sistema poder funcionar **2** ECONOMIA divisão de verbas por diferentes setores; **~ de memória** processo no qual o sistema operativo fornece a memória necessária para uma aplicação ser executada (Do ing. *allocation*, «atribuição; distribuição»)
alocar v.tr. **1** INFORMÁTICA reservar um recurso na memória ou disco; atribuir recursos para um sistema poder funcionar **2** ECONOMIA destinar (orçamento, verba) a uma entidade determinada ou a um fim específico (Do ing. *(to) allocate*, «atribuir»)
alocarpia n.f. formação de frutos em cuja polinização correspondente há alogamia (Do gr. *állos*, «outro» +*karpós*, «fruto» +*-ia*)
alocável adj.2g. que pode ser alocado (De *alocar+-vel*)
alocêntrico adj. diz-se do indivíduo que se interessa mais pelos outros do que por si próprio (De *alo-+centro+-ico*)
alocentrismo n.m. tendência do indivíduo que se interessa mais pelos outros do que por si mesmo (De *alo-+centro+-ismo*)
alocinesia n.f. MEDICINA perturbação da mobilidade que leva o doente a mover o membro do lado oposto ao do membro que queria mover (Do gr. *állos*, «outro» +*kínesis*, «movimento» +*-ia*)
alocroado adj. que muda de cor (Do gr. *allókhros*, «de cor diferente»)
alocroísmo n.m. mudança de cor ou presença de tons diferentes da cor original em certas espécies vegetais (Do gr. *allókhros*, «de cor alterada»)
alocromatia n.f. **1** MEDICINA doença que consiste em ver as cores diferentes das reais **2** estado dos corpos alocromáticos (Do gr. *állos*, «diferente» +*khrōma, -atos*, «cor» +*-ia*)
alocromático adj. **1** (pessoa) que sofre de alocromatia **2** (organismo vegetal) que apresenta cores ou tonalidades diferentes **3** (mineral) que tem cor variável de amostra para amostra (De *alocromatia+-ico*)

alóctone

alóctone *adj.2g.* 1 que não é originário do país onde vive 2 formado fora do lugar em que se encontra (Do gr. *állos*, «diferente» +*khthón*, «país»)

alocução *n.f.* 1 discurso breve, proferido em ocasião solene 2 discurso de pessoa com um cargo superior dirigido aos seus subordinados; exortação (Do lat. *allocutiōne-*, «id.»)

alodial *adj.2g.* diz-se da propriedade isenta de encargos, vínculos, foros, pensões e ónus, e de que se pode dispor livremente (De *alódio*+-*al*)

alodialidade *n.f.* qualidade de alodial (De *alodial*+-*i*-+-*dade*)

alodializar *v.tr.* 1 tornar alodial 2 isentar de encargos ou ónus; libertar de impostos 3 tornar alienável (De *alodial*+-*izar*)

alódio *n.m.* [ant.] propriedade ou bens livres de encargo senhorial (Do franc. *al-ôd*, «propriedade completa», pelo lat. med. *alodĭu-*, «id.»)

aloé *n.m.* ⇒ **aloés**

aloendreiro *n.m.* BOTÂNICA ⇒ **loendro** (De *aloendro*+-*eiro*)

aloendro *n.m.* BOTÂNICA ⇒ **loendro** (De *a-*+*loendro*)

aloés *n.m.2n.* BOTÂNICA nome vulgar de umas plantas xerófilas, da família das Liliáceas (género *Aloe*), cultivadas e subespontâneas em Portugal; azebre 2 suco destas plantas (Do gr. *aloés*, genitivo de *aloé*, «aloés»)

aloetato *n.m.* sal resultante do ácido aloético com uma base (De *aloét[ico]*+-*ato*)

aloético *adj.* 1 que contém aloés 2 que se obtém, tratando o aloés com ácido azótico (De *aloé*+*t*+-*ico*, ou do fr. *aloétique*, «id.»)

aloetina *n.f.* substância amarga e purgativa extraída do aloés (De *aloé*+*t*+-*ina*)

alofana *n.f.* MINERALOGIA ⇒ **alofânio**

alofânio *n.m.* MINERALOGIA mineral amorfo, translúcido e de várias cores, que aparece, frequentemente, em forma de incrustações ou estalactites (Do gr. *allophanés*, «que tem outra aparência»)

alofilo *adj.,n.m.* que ou aquele que é oriundo de outra nação, raça ou tribo; estrangeiro; alógeno (Do gr. *allóphylos*, «de outra raça», pelo lat. tard. *allophyllu-*, «id.»)

alofone *n.m.* LINGUÍSTICA variante de um fonema definida pela posição deste na palavra e pelos fonemas contíguos

aloftalmia *n.f.* MEDICINA diferença de pigmentação da íris, nos olhos de uma pessoa (Do gr. *állos*, «diferente» +*ophthalmós*, «olho»)

aloftálmico *adj.* relativo à aloftalmia (De *aloftalmia*+-*ico*)

alogamia *n.f.* BOTÂNICA polinização em que intervém o pólen proveniente de outra flor; polinização cruzada (De *alógamo*+-*ia*)

alógamo *adj.* designativo do vegetal que se reproduz por alogamia (Do gr. *állos*, «diferente» +*gámos*, «casamento»)

alogénico *adj.* PETROLOGIA ⇒ **alotigénico**

alógeno *adj.* 1 de outra nação; de outra raça ou tribo 2 PETROLOGIA (constituinte de rocha) que teve origem em local diferente daquele onde se encontra atualmente (Do gr. **allogenés*, «doutra orig.»)

alogia *n.f.* 1 disparate; absurdo 2 MEDICINA incapacidade de falar devido a lesão do sistema nervoso central (Do gr. *alogía*, «irreflexão»)

alogiano *n.m.* RELIGIÃO partidário da seita dos que negavam a Cristo a qualidade de Verbo Eterno (Do gr. *a-*, «sem» +*lógos*, «o verbo de Deus» +-*iano*)

alógico *adj.* 1 que não precisa de demonstração para se admitir como certo; que é evidente 2 FILOSOFIA que não é regido pelos princípios nem pelas regras da lógica (Do gr. *a-*, «sem» +*logikós*, «lógico»)

alogismo *n.m.* FILOSOFIA pensamento a que falta coordenação de sentido, parecendo opor-se à lógica (De *alogia*+-*ismo*)

alognosia *n.f.* (espiritismo) conhecimento anormal do psiquismo mental de outro indivíduo (Do gr. *állos*, «diferente» +*gnôsis*, «conhecimento»)

alografia *n.f.* perturbação da linguagem escrita, caracterizada pela colocação desordenada das palavras (Do gr. *állos*, «diferente» +*grapheīn*, «escrever»)

alógrafo *n.m.* escrita ou assinatura que uma pessoa faz a pedido e sob responsabilidade de outra

aloilado *adj.* [regionalismo] (Trás-os-Montes) atoleimado; maluco (Do cast. *alelar*, «tornar-se parvo»?)

aloína *n.f.* princípio purgativo do aloés (De *aloés*+-*ina*)

aloinado *adj.* semelhante ao aloés (De *aloína*+-*ado*)

aloirar *v.tr.,intr.* ⇒ **alourar**

aloisar *v.tr.* ⇒ **alousar**

alojador *adj.,n.m.* que ou aquele que dá alojamento a alguém (De *alojar*+-*dor*)

alojamento *n.m.* 1 ato ou efeito de alojar 2 lugar onde se aloja; hospedaria; aposento 3 arrumação 4 MILITAR quartel (De *alojar*+-*mento*)

alojar *v.tr.* 1 dar alojamento a; abrigar; hospedar 2 meter ou recolher em loja; armazenar 3 depositar; acondicionar ■ *v.pron.* 1 abrigar-se; hospedar-se 2 entrincheirar-se; aquartelar-se 3 [Brasil] vomitar (De *a-*+*loja*+-*ar*)

alojo /ô/ *n.m.* 1 ⇒ **alojamento** 2 [Brasil] vómito (Deriv. regr. de *alojar*)

alolalia *n.f.* MEDICINA perturbação da fala, que consiste na colocação desordenada de palavras (Do gr. *állos*, «diferente» +*laliá*, «fala»)

alombamento *n.m.* 1 ato ou efeito de alombar 2 curvatura como a do lombo (De *alombar*+-*mento*)

alombar *v.tr.* 1 tornar curvo como o lombo; curvar; arquear 2 pôr lombada num livro; encadernar 3 [coloq.] suportar o peso de; transportar às costas; carregar (De *a-*+*lombo*+-*ar*)

alomborar *v.tr.* ⇒ **alamborar**

alomerismo *n.m.* QUÍMICA alteração na composição química das substâncias, conservando-se a forma cristalina

alometria *n.f.* 1 BIOLOGIA desenvolvimento anormal (maior ou menor) de um órgão em relação ao de outro órgão ou do conjunto do organismo a que pertence 2 MATEMÁTICA relação entre duas variáveis, tal que entre os seus logaritmos existe uma relação linear (Do gr. *állos*, «outro; diferente» +*métron*, «medida» +-*ia*, ou do fr. *allométrie*, «id.»)

alomorfe *n.m.* LINGUÍSTICA variante de morfema em função do contexto linguístico (De *alo-*+*morfe*, pelo ing. *allomorph*)

alomorfia *n.f.* 1 BIOLOGIA passagem de uma forma a outra diferente; metamorfose 2 LINGUÍSTICA qualidade de alomorfe 3 LINGUÍSTICA existência de alomorfes para determinado morfema de uma língua (De *alomorfe*+-*ia*)

alomórfico *adj.* 1 BIOLOGIA, MINERALOGIA que apresenta forma diferente 2 LINGUÍSTICA relativo a alomorfe (De *alomorfia*+-*ico*)

alomorfismo *n.m.* MINERALOGIA modificação na estrutura cristalina, sem alterar a constituição química (De *alomorfe*+-*ismo*)

alonga *n.f.* 1 tubo de vidro que se adapta ao colo das retortas ou dos balões 2 margem; suplemento (Deriv. regr. de *alongar*)

alongamento *n.m.* 1 ato ou efeito de alongar(-se) 2 aumento de comprimento; prolongamento 3 aumento de distância; afastamento 4 demora; adiamento 5 (ginástica) tipo de exercício físico destinado especificamente a distender os músculos 6 folha anexa a um título de crédito e que é a sua continuação; suplemento (De *alongar*+-*mento*)

alongar *v.tr.* 1 tornar longo ou mais longo; estender; prolongar 2 espaçar; demorar; retardar 3 pôr distante; afastar ■ *v.pron.* 1 afastar-se; distanciar-se 2 estender-se; estirar-se 3 exprimir-se demoradamente; prolongar-se (Do lat. *elongāre*, «alongar», pelo lat. vulg. *allongāre*, «id.»)

alónimo *n.m.* 1 aquele que assina com nome de outrem 2 pseudónimo 3 obra publicada sob o nome de outrem ■ *adj.* publicado sob o nome de outrem (Do gr. *állos*, «diferente» +*ónyma*, «nome»)

alonso *adj.* 1 [pop.] palerma; ingénuo 2 [pop.] vagaroso (Do cast. *Alonso*, antr.)

alopata *n.2g.* MEDICINA pessoa que exerce a alopatia (Do gr. *állos*, «diferente» +*páthos*, «doença»)

alopatia *n.f.* MEDICINA método terapêutico que consiste no uso de medicamentos que se opõem às causas das doenças (Do gr. *allopátheia*, «influência estranha», pelo fr. *allopathie*, «id.»)

alopático *adj.* relativo a alopatia (De *alopatia*+-*ico*)

alopatizar *v.tr.* tratar pela alopatia (De *alopatia*+-*izar*)

alopatria *n.f.* BIOLOGIA impossibilidade de existência simultânea de certas espécies no mesmo ambiente, motivada por antagonismo vital que as leva a destruírem-se umas às outras (Do gr. *állos*, «outro; diferente»+*patriá*, «família; tribo; casta»)

alopátrico *adj.* relativo a alopatria (De *alopatria*+-*ico*)

alopecia *n.f.* queda temporária, total ou parcial, dos pelos ou do cabelo (Do gr. *alopekía*, «id.», pelo lat. *alopecĭa-*, «id.»)

alopécico *adj.,n.m.* que ou pessoa que sofre de alopecia ■ *adj.* que faz cair o cabelo (De *alopecia*+-*ico*)

aloplastia *n.f.* emprego de material morto ou estranho em operações de cirurgia plástica (Do gr. *állos*, «diferente» +*plástes*, «modelador»)

aloquete /ê/ *n.m.* 1 fechadura móvel 2 ferrolho; cadeado (Do ing. ant. *loc*, «loquete», pelo fr. *loquet*, «id.»)

alor *n.m.* 1 maneira de andar ou proceder; movimento; marcha 2 impulso; ímpeto; voo 3 estímulo; incitamento (De *alar*+-*or*)

alorpado *adj.* apalermado; imbecil (De *a-*+*lorpa*+-*ado*)

alosna *n.f.* BOTÂNICA ⇒ **absinto** 1 (Do cast. *alosna*, «id.»)

alotador *n.m.* [Brasil] cavalo de padreação destinado a um grupo de éguas (De *alotar*+*-dor*)

alotar *v.tr.* **1** dispor por lotes **2** [Brasil] vigiar de modo a evitar que se dispersem as éguas de um lote destinado ao cavalo de padreação (De *a-*+*lote*+*-ar*)

alote *n.m.* pequeno cabo náutico para alar (De *alar*)

alotigénico *n.m.* **1** PETROLOGIA constituinte de uma rocha proveniente de rochas mais antigas **2** elemento detrítico ▪ *adj.* relativo a detritos (De *alotígeno*+*-ico*)

alotígeno *adj.* PETROLOGIA diz-se dos componentes das rochas que, formados fora da rocha em que se encontram, foram transportados para onde esta se formou (Do gr. *állothi*, «de outra parte» +*génos*, «nascimento»)

alotransplantar *v.tr.* MEDICINA transferir (órgão ou tecido) de um doador para um recetor da mesma espécie mas geneticamente diferentes

alotransplante *n.m.* MEDICINA transplante de órgãos ou de tecidos entre indivíduos da mesma espécie, mas geneticamente diferentes

alotriodontia *n.f.* implantação defeituosa dos dentes (Do gr. *allótrios*, «estranho» +*odoús*, *odóntos*, «dente» +*-ia*)

alotriofagia *n.f.* **1** tendência mórbida para comer substâncias impróprias ou repugnantes **2** apetites extravagantes que algumas mulheres sentem durante a gravidez (Do gr. *allótrios*, «estranho» +*phageîn*, «comer» +*-ia*)

alotriomórfico *adj.* PETROLOGIA diz-se dos elementos cristalizados das rochas não limitados por faces planas; xenomórfico (Do gr. *allótrios*, «estranho» +*morphé*, «forma» +*-ico*)

alotriomorfo *adj.* PETROLOGIA ⇒ **alotriomórfico**

alotropia *n.f.* FÍSICA, QUÍMICA propriedade que têm certos elementos químicos de se apresentar em formas diferentes, cada uma delas com características próprias, como é, por exemplo, o caso do diamante e da grafite, formados do mesmo elemento - o carbono (De *alótropo*+*-ia*)

alotrópico *adj.* **1** relativo a alotropia **2** FÍSICA, QUÍMICA diz-se de cada uma das formas em que o mesmo elemento químico se apresenta por alotropia **3** GRAMÁTICA diz-se de cada uma das formas das palavras que, embora diferentes, derivam do mesmo étimo (De *alótropo*+*-ico*)

alótropo *n.m.* **1** FÍSICA, QUÍMICA cada uma das diferentes formas em que o mesmo elemento químico se pode apresentar por alotropia **2** LINGUÍSTICA palavra com a mesma origem de outras da mesma língua (como *mácula*, *mancha*, *mágoa* - formas divergentes derivadas do latim *macŭla*) ▪ *adj.* FÍSICA, QUÍMICA ⇒ **alotrópico** (Do gr. *állos*, «outro» +*trópos*, «modo de ser»)

aloucar *v.tr.* tornar louco; enlouquecer ▪ *v.pron.* endoidecer (De *a-*+*louco*+*-ar*)

alourar *v.tr.,intr.* **1** tornar(-se) louro **2** CULINÁRIA conferir (a) ou adquirir (um alimento) uma cor dourada, pela ação do calor (De *a-*+*louro*+*-ar*)

alousar *v.tr.* cobrir com lousa (De *a-*+*lousa*+*-ar*)

alpaca[1] *n.f.* **1** ZOOLOGIA ruminante da família dos Camelídeos, da América do Sul; lama **2** lã desse animal **3** tecido dessa lã (Do quích. *paco*, «avermelhado», pelo cast. *alpaca*, «id.»)

alpaca[2] *n.f.* liga metálica de cobre, zinco, níquel e prata muito usada no fabrico de talheres; metal branco; *prata de ~* alpaca prateada por galvanostegia (De orig. obsc.)

alparca *n.f.* calçado que se prende ao pé com tiras de couro; sandália; alpercata (Do ár. norte-afr. *abbalgâ*, «pantufa; sapato»)

alparcata *n.f.* ⇒ **alpercata**

alparcateiro *n.m.* ⇒ **alpercateiro**

alparcheiro *n.m.* [regionalismo] variedade de uva branca, cultivada em Portugal

alpardecer *v.intr.* [Madeira] entardecer (De *alpardo*+*-ecer*)

alpardo *adv.* [Madeira] ao entardecer (De *ao pardo*)

alpargata *n.f.* ⇒ **alpercata**

alparqueiro *n.m.* fabricante ou vendedor de alparcas (De *alparca*+*-eiro*)

alpechim *n.m.* líquido negro e malcheiroso que sai das azeitonas quando amontoadas (Do cast. *alpechín*, «id.»)

alpendoada *n.f.* ⇒ **alpendrada**

alpendrada *n.f.* alpendre de grandes dimensões, suspenso por polés, pilastras ou colunas, em frente das igrejas ou de outros edifícios (Part. pass. fem. subst. de *alpendrar*)

alpendrado *adj.* em forma de alpendre ▪ *n.m.* ⇒ **alpendrada** (Part. pass. de *alpendrar*)

alpendrar *v.tr.* cobrir com alpendre (De *alpendre*+*-ar*)

alpendre *n.m.* cobertura saliente de um edifício, constituída por uma única superfície inclinada, que pode ser suportada por pilares; telheiro (Do lat. *appendĕre*, «pendurar; pender»)

alpendroada *n.f.* ⇒ **alpendrada**

alpense *adj.2g.* pertencente ou relativo aos Alpes; alpino (De *Alpes*, top. +*-ense*)

alpercata *n.f.* calçado grosseiro de lona, assente sobre corda ou borracha, que se prende ao pé por tiras de couro ou de pano; alparca; alparcata; alpargata; alpergata (Do ár. norte-afr. *al-balgāt*, pl. de *balgâ*, «pantufa; sapato»)

alpercateiro *n.m.* fabricante ou vendedor de alpercatas (De *alpercata*+*-eiro*)

alperce *n.m.* espécie de damasco grande, de polpa branca ou rosada e agre; fruto do alperceiro; alperche (Do lat. *persĭcu-*, «pêssego», pelo cast. *albérchigo*, «alperce»)

alperceiro *n.m.* BOTÂNICA árvore da família das Rosáceas, muito cultivada, produtora dos alperces (De *alperce*+*-eiro*)

alperceiro-do-japão *n.m.* BOTÂNICA ⇒ **diospireiro 1**

alperche *n.m.* ⇒ **alperce**

alpercheiro *n.m.* ⇒ **alperceiro**

alpergata *n.f.* ⇒ **alpercata**

alpes *n.m.pl.* **1** pastagens entre montanhas **2** [fig.] lugar situado a grande altitude (De *Alpes*, top.)

alpestrar *v.tr.* tornar alpestre (De *alpestre*+*-ar*)

alpestre *adj.2g.* **1** relativo aos Alpes; que pertence aos Alpes; alpino **2** que se dá nas montanhas; montanhês **3** montanhoso; rochoso; pedregoso (Do lat. med. *alpestre-*, «id.»)

alpícola *adj.2g.* **1** que habita nos Alpes **2** [fig.] que vive nas regiões montanhosas (De *Alpes*+lat. *colĕre*, «habitar»)

alpinismo *n.m.* **1** DESPORTO subida ou escalada a lugares situados a grandes altitudes; montanhismo **2** gosto por esta atividade (De *alpino*+*-ismo*, ou do fr. *alpinisme*, «id.»)

alpinista *adj.2g.* relativo a alpinismo ▪ *n.2g.* praticante de alpinismo (De *alpino*+*-ista*, ou do fr. *alpiniste*, «id.»)

alpino *adj.* **1** dos Alpes **2** próprio dos montes elevados (Do lat. *alpīnu-*, «dos Alpes»)

alpista *n.f.* **1** BOTÂNICA planta da família das Gramíneas, utilizada como forragem e produtora de grãos usados na alimentação dos pássaros em cativeiro **2** BOTÂNICA grão desta planta (Do cast. *alpiste*, «id.»)

alpiste *n.m.* ⇒ **alpista**

alpisteiro *n.m.* recipiente onde se coloca a alpista (De *alpista*+*-eiro*)

alpisto *n.m.* alimento para doentes que não podem mastigar; apisto (Corrup. de *apisto*)

alpivre *n.f.* BOTÂNICA variedade de orquídea também conhecida por erva-abelha e abelheira (Do lat. *apiféra-*, «com forma de abelha»)

alpondra *n.f.* cada uma das pedras dispostas em fila através de um curso de água, por cima das quais se passa a pé enxuto de uma margem para a outra; poldra (De *al-*+lat. **pullĭtru-*, «poldro»)

alporca *n.f.* **1** MEDICINA escrófula no pescoço **2** AGRICULTURA ⇒ **alporque** (De *al-*+lat. *porca-*, «parte saliente entre dois regos»)

alporcar *v.tr.* AGRICULTURA fazer alporques em (De *alporque*+*-ar*)

alporque *n.m.* AGRICULTURA ramo que, depois de enraizado em contacto com terra, é separado da planta a que pertencia e plantado noutro lugar; alporquia; alporca (De *alporca*)

alporquento *adj.* que tem alporcas (De *alporca*+*-ento*)

alporquia *n.f.* AGRICULTURA processo de multiplicação artificial das plantas por meio de alporque (De *alporcar*+*-ia*)

alpostiz *n.m.* [regionalismo] cabo com que os pescadores amarram umas às outras as testas das redes de pesca (De orig. obsc.)

alquando *adv.* [arc.] algumas vezes (Do lat. *aliquando*, «algumas vezes»)

alquebramento *n.m.* **1** ato ou efeito de alquebrar **2** esgotamento de forças; enfraquecimento **3** NÁUTICA curvatura da quilha do barco, na qual as extremidades ficam mais baixas que a parte central (De *alquebrar*+*-mento*)

alquebrar *v.tr.* fazer perder o vigor do corpo a; debilitar; enfraquecer ▪ *v.intr.* **1** sofrer curvatura na espinha dorsal **2** debilitar-se; enfraquecer **3** NÁUTICA deformar-se (o casco de um navio) ficando com a proa e a popa descaídas e a quilha curvada (Do cast. *alquebrar*, «quebrar as asas»)

alqueimão *n.m.* ORNITOLOGIA ave pernalta, da família dos Ralídeos; galinha-sultana (De orig. obsc.)

alqueiramento *n.m.* **1** ato ou efeito de alqueirar **2** medição aos alqueires (De *alqueirar*+*-mento*)

alqueirão *n.m.* alqueire grande; rasão (De *alqueire*+*-ão*)

alqueirar v.tr. 1 medir aos alqueires 2 calcular (cereais a semear) por alqueires (De *alqueire+-ar*)

alqueire n.m. [ant.] unidade de medida de capacidade para secos e líquidos, que varia entre 13 e 22 litros (Do ár. *al-kail*, medida de capacidade)

alqueireiro n.m. fabricante de alqueires (De *alqueire+-eiro*)

alqueivar v.tr. lavrar terra e deixá-la em descanso para aumentar a sua força produtiva; pôr de alqueive (De *alqueive+-ar*)

alqueive n.m. 1 primeira lavra de uma terra, que é deixada a repousar até nova lavra 2 terra lavrada, deixada em descanso para aumentar a sua força produtiva; pousio 3 estado da terra que é mantida assim (Do ár. *al-qewê*, «terra deserta»)

alquequenge n.m. 1 BOTÂNICA planta herbácea medicinal da família das Solanáceas, com bagas comestíveis de cor alaranjada ou amarelada; fisális, fisália 2 BOTÂNICA fruto (baga) destas plantas (Do ár. *alkākanj*, «resina», pelo fr. *alkékenge*, «id.»)

alquermes n.m.2n. licor ou medicamento de cor avermelhada, feito com quermes (Do ár. *al-qirmiz*, «cochinilha», pelo cast. *alquermes*, «id.»)

alquilador n.m. negociante de animais de carga (De *alquilar+-dor*)

alquilar v.tr. alugar ou tomar de aluguer (animais para transporte) (De *alquilé+-ar*)

alquilaria n.f. 1 casa onde se alugam animais de carga 2 profissão do alquilador (De *alquilé+-aria*)

alquilato n.m. ⇒ **alcoolato**

alquilé n.m. 1 aluguer (de animais de carga) 2 preço do aluguer 3 negociante de animais de carga

alquiler n.m. ⇒ **alquilé**

alquílio n.m. ⇒ **alquilo**

alquilo n.m. QUÍMICA designação de certos radicais, formados por carbono e hidrogénio, cujas fórmulas se podem obter das de hidrocarbonetos alifáticos, por supressão de átomos de hidrogénio (De *alc(ool)+-ilo*)

alquime n.m. 1 liga de alguns metais, principalmente cobre e zinco, com que se pretende imitar o ouro; ouro falso; pechisbeque 2 [fig.] logro; fraude (Deriv. regr. de *alquimia*)

alquimia n.f. espécie de química ainda não científica, praticada na Idade Média pelos Árabes e depois pelos Ocidentais, a qual procurava obter, principalmente pela transmutação dos corpos, o ouro, a panaceia e a chamada pedra filosofal (Do gr. *khúmeia*, «mistura de suco», pelo ár. *al-kīmīa*, «alquimia»)

alquimiar v.intr. 1 praticar a alquimia 2 fingir 3 falsificar (De *alquimia+-ar*)

alquímico adj. que diz respeito à alquimia (De *alquimia+-ico*)

alquimista n.2g. pessoa que cultiva a alquimia (De *alquimia+-ista*)

alquitara n.f. aparelho de destilação semelhante a um alambique, sem serpentina (Do ár. *al-qitarâ*, «alambique»)

alquitarra n.f. ⇒ **alquitara**

alquitete n.m. 1 pessoa mexeriqueira ou desocupada 2 [pej.] mestre de obras 3 [pop.] arquiteto (Corrup. de *arquiteto*)

alquitira n.f. ⇒ **alcatira**

alquitrave n.f. ⇒ **arquitrave**

alrute n.m. [regionalismo] ICTIOLOGIA ⇒ **abelharuco**

alsácia n.f. 1 designação de uma raça de cães 2 designação de produtos oriundos da região da Alsácia (De *Alsácia*, top.)

alsaciano adj. relativo à Alsácia (França) ▪ n.m. 1 natural ou habitante da Alsácia 2 dialeto germânico falado na Alsácia (De *Alsácia*, top. +-*ano*)

alsonómetro n.m. areómetro rudimentar que serve para verificar se um vinho é natural ou artificial (De orig. obsc.)

alta n.f. 1 aumento de preço ou de valor 2 autorização dada pelo médico para o doente sair do hospital 3 acabamento de licença 4 levantamento de proibição 5 parte mais elevada da cidade (De *alto*)

altabaixo n.m. 1 DESPORTO (esgrima) golpe de alto a baixo 2 pancada de alto a baixo (De *alto+a+baixo*)

alta-costura n.f. 1 atividade de criação de modelos de vestuário exclusivos, geralmente feitos especificamente para um cliente 2 indústria de produção desse tipo de vestuário 3 conjunto dos grandes costureiros

alta-fidelidade n.f. 1 ELETRÓNICA técnica de gravação e reprodução áudio que permite processar um impulso sonoro com um mínimo de distorção 2 aparelhagem eletrónica produzida segundo esta técnica ▪ adj.inv. designativo do sistema eletrónico que reproduz e amplifica a informação áudio original com baixos níveis de ruído e distorção

altaforma n.f. ORNITOLOGIA ave de rapina da família dos Accipitrídeos (Do ár. *at-tāfurmâ*, «id.»)

altaico adj. relativo ao Altai, cordilheira da Ásia central ▪ n.m. LINGUÍSTICA grupo linguístico a que pertencem o turco e o mongol (De *Altai*, top. +-*ico*)

Altair n.m. ASTRONOMIA estrela do hemisfério norte, α da constelação Águia, branca e de grandeza aparente 0,9 (Do ár. *al-taír*, «a ave»)

altamado adj. 1 de todas as qualidades 2 misturado (De orig. obsc.)

altamente adv. 1 em lugar alto 2 [coloq.] muitíssimo ▪ adj. [coloq.] muito bom; excelente; ~! [coloq.] exclamação que exprime concordância ou satisfação (De *alto+-mente*)

altanado n.m. indivíduo estroina ▪ adj. 1 altaneiro; erguido 2 [fig.] altivo; leviano; arrogante (Part. pass. de *altanar*)

altanar v.tr. 1 tornar orgulhoso 2 erguer com arrogância ▪ v.pron. 1 elevar-se muito; erguer-se 2 tornar-se altivo, soberbo, orgulhoso; fazer-se leviano, arrogante, ambicioso (Do lat. *altānu-*, «que paira alto»+-*ar*)

altanaria n.f. 1 altivez; soberba 2 caça de aves que voam muito alto 3 qualidade das aves que voam muito alto (Do lat. *altānu-*, «que voa alto», pelo cast. *altanería*, de *altanero*, «que voa alto»)

altâncara n.f. [ant.] grande pandeiro mourisco, de pele dupla (De orig. obsc.)

altâncaro n.m. [ant.] ⇒ **altâncara**

altaneiro adj. 1 que se eleva muito alto 2 [fig.] soberbo; desdenhoso (Do cast. *altanero*, «id.»)

altania n.f. altivez (Do lat. *altānu-*, «que paira no alto» +-*ia*)

altar n.m. 1 mesa sagrada sobre a qual o sacerdote faz sacrifícios à divindade 2 mesa em que se celebra a missa, no culto católico 3 [fig.] religião; culto 4 [fig.] veneração (Do lat. ecl. *altāre-*, «id.»)

altar-mor n.m. altar principal de uma igreja

alta-roda n.f. grupo social constituído por pessoas ricas e/ou proeminentes; alta sociedade; elite social

alta-voz n.m. sistema de telecomunicação que permite comunicar sem ter de segurar num aparelho ou parte dele, como um microfone ou auscultador

alteação n.f. ⇒ **alteamento** (De *altear+-ção*)

alteador n.m. o que alteia (De *altear+-dor*)

alteamento n.m. 1 ato ou efeito de altear 2 ARQUITETURA aumento da altura de parede, coluna, etc. (De *altear+-mento*)

altear v.tr. 1 tornar mais alto; elevar; erguer 2 tornar mais forte 3 subir; aumentar ▪ v.intr. 1 aumentar de volume; crescer 2 tornar-se mais alto ▪ v.pron. 1 tornar-se mais alto 2 erguer-se; elevar-se 3 sublimar-se (De *alto+-ear*)

alteia n.f. BOTÂNICA planta herbácea medicinal, da família das Malváceas, que se desenvolve especialmente junto ao mar; malvaísco (Do gr. *althaía*, «que cura», pelo lat. *althaea-*, «malva»)

alteína n.f. substância, extraída da raiz da alteia, que contém asparagina (De *alteia+-ina*)

alter n.m. (cavalos) raça originária da região de Alter do Chão, vila do distrito de Portalegre (De *Alter [do Chão]*, top.)

alterabilidade n.f. qualidade do que é alterável; mutabilidade (De *alterável+-i-+-dade*)

alteração n.f. 1 ato ou efeito de alterar 2 modificação; mudança 3 corrupção; degeneração 4 falsificação; adulteração 5 agitação; inquietação 6 motim 7 MÚSICA modificação da altura de uma nota (Do lat. *alteratiōne-*, «mudança»)

alterado adj. 1 que sofreu alteração; modificado; mudado 2 falsificado; adulterado 3 nervoso; irritado 4 excitado; agitado 5 amotinado (Part. pass. de *alterar*)

alterador adj. que altera; alterante ▪ n.m. aquele ou aquilo que altera (De *alterar+-dor*)

alterante adj.2g. que causa alteração (De *alterar+-ante*)

alterar v.tr. 1 causar alteração em; modificar; mudar 2 perturbar; desordenar 3 falsificar; corromper 4 confundir; transtornar 5 excitar; irritar 6 inquietar; sobressaltar 7 amotinar 8 [ant.] provocar sede a ▪ v.pron. 1 modificar-se 2 perturbar-se; inquietar-se 3 excitar-se; zangar-se 4 [ant.] ficar com sede (Do lat. *alterāre*, «alterar»)

alterável adj.2g. que pode alterar-se; variável (De *alterar+-vel*)

altercação n.f. 1 ato ou efeito de altercar 2 discussão veemente; debate; discórdia (De *altercar+-ção*)

altercador adj. que ou o que alterca (De *altercar+-dor*)

altercar v.tr.,intr. ter altercação (com outrem); discutir com veemência (Do lat. *altercāre*, «disputar»)

alterco /ê/ n.m. ⇒ **altercação** (Deriv. regr. de *altercar*)

alter ego n.m. 1 o outro eu 2 pessoa em quem se deposita confiança absoluta (Do lat. *alter*, «outro» +*ego*, «eu»)

alterense *adj.2g.* respeitante à vila portuguesa de Alter do Chão, no distrito de Portalegre ▪ *n.2g.* natural ou habitante dessa localidade (De *Alter (do Chão)*, top. +*-ense*)

alteridade *n.f.* **1** qualidade ou estado do que é outro **2** FILOSOFIA facto ou qualidade de uma coisa ser diferente de outra (Do lat. *alteritāte-*, «diferença; diversidade»)

alternação *n.f.* **1** ato ou efeito de alternar **2** mudança; variação **3** revezamento; alternativa (Do lat. *alternatiōne-*, «id.»)

alternadamente *adv.* **1** ora um, ora outro; um de cada vez **2** por turnos (De *alternado*+*-mente*)

alternado *adj.* **1** disposto em alternância; que é substituído a intervalos frequentes; que se reveza **2** ora um, ora outro; ora sim, ora não; à vez **3** ELETRICIDADE diz-se da corrente elétrica cujo sentido se inverte periodicamente, cujo valor médio durante um período é nulo e que passa através do seu ciclo de valores uma vez em cada período (Part. pass. de *alternar*)

alternador *adj.,n.m.* que ou o que alterna ▪ *n.m.* ELETRICIDADE gerador síncrono de corrente elétrica alternada (De *alternar*+*-dor*)

alternância *n.f.* **1** ato ou efeito de alternar; revezamento **2** AGRICULTURA cultura alternada de diversos vegetais no mesmo terreno **3** disposição de alguns depósitos estratificados, separados por uma espessura **4** BOTÂNICA disposição de folhas e flores alternas **5** FÍSICA mudança periódica do sentido da corrente elétrica alternada **6** (desenho decorativo) repetição alternada de dois motivos; **~ de gerações** BIOLOGIA ciclo evolutivo completo de um indivíduo em que se verificam os processos de reprodução assexuada e sexuada, os quais se sucedem alternadamente (De *alternar*+*-ância*)

alternante *adj.2g.* que alterna ▪ *n.f.* LINGUÍSTICA cada uma das formas que realiza uma unidade linguística e que representa uma das alternativas possíveis para a expressão de determinado elemento fonológico, morfológico, sintático ou léxico; variante (Do lat. *alternante-*, «id.»)

alternar *v.tr.* **1** fazer suceder duas coisas, revezando-as; revezar **2** dispor em ordem alternada **3** MATEMÁTICA trocar entre si (os meios ou os extremos de uma proporção) **4** MATEMÁTICA trocar alternadamente o sinal dos termos de uma sequência de números **5** variar; mudar (Do lat. *alternāre*, «id.»)

alternativa *n.f.* **1** sucessão de duas coisas, cada uma por sua vez **2** sucessão de coisas que se excluem entre si **3** opção entre duas coisas; escolha **4** vicissitude; mudança **5** TAUROMAQUIA cedência, por parte de um matador, do estoque e da muleta a um toureiro, para a sorte de matar **6** TAUROMAQUIA cerimónia da entrada oficial no toureio (a pé ou a cavalo); **tomar ~** TAUROMAQUIA fazer essa cerimónia para ser oficialmente considerado toureiro (Do fem. subst. de *alternativo*, ou do fr. *alternative*, «id.»)

alternativo *adj.* **1** que se diz ou faz com alternação; alternado **2** que vem ou sucede por sua vez **3** que representa uma opção entre duas ou mais possibilidades **4** (medicina, escola, etc.) que se propõe como substituto do sistema vigente **5** (música, imprensa, etc.) que se desenvolve fora dos modelos convencionais (Do fr. *alternatif*, «id.»)

alternato *n.m.* **1** sistema ou ato de alternar **2** alternância (Do fr. *alternat*, «alternato»)

alternável *adj.2g.* **1** suscetível de se alternar **2** que se pode colocar em ordem alternada (Do lat. *alternabĭle-*, «variável»)

alterne *n.m.* atividade praticada por mulheres num estabelecimento noturno, que consiste em incitar clientes a consumir e fazer-lhes companhia (Do cast. *alterne*, «id.»)

altern(i)- elemento de formação de palavras que exprime a ideia de *alterno, alternado* (Do lat. *alternu-*, «alternado»)

alternidade *n.f.* qualidade de alterno (Do lat. *alternitāte-*, «alternativa»)

alterniflóreo *adj.* BOTÂNICA provido de flores alternas (Do lat. *alternu-*, «alternado» +*flore-*, «flor»)

alternifloro *adj.* BOTÂNICA ⇒ **alterniflóreo**

alternifoliado *adj.* BOTÂNICA ⇒ **alternifólio**

alternifólio *adj.* BOTÂNICA provido de folhas alternas

alternípede *adj.2g.* ZOOLOGIA que tem as patas alternadamente diferentes na forma ou na cor (De *alterni-*+*-pede*)

alternipétalo *adj.* BOTÂNICA diz-se da peça floral (em especial do estame) que ocupa posição correspondente ao intervalo das pétalas (De *alterni-*+*pétala*)

alternissépalo *adj.* BOTÂNICA diz-se da peça floral (em especial do estame) que ocupa posição correspondente ao intervalo das sépalas (De *alterni-*+*sépala*)

alterno *adj.* **1** alternado; revezado **2** sucessivo **3** BOTÂNICA diz-se das folhas vegetais (ou flores) que se inserem nos dois lados do caule, mas só uma em cada nó **4** *pl.* GEOMETRIA diz-se de cada dois ângulos que, no sistema de duas retas cortadas por uma secante, ficam para dentro ou para fora das duas retas, e um de cada lado da secante (Do lat. *alternu-*, «alterno»)

alternomotor *n.m.* MECÂNICA motor de corrente alternada (De *alterno*+*motor*)

alteroso /ô/ *adj.* **1** de grande altura **2** majestoso; imponente; grandioso **3** sobranceiro **4** (mar) que tem ondas altas (Do cast. *alteroso*, «id.»)

alteza /ê/ *n.f.* **1** altura; elevação **2** nobreza; grandeza **3** [com maiúscula] título honorífico e tratamento dado hoje aos príncipes e princesas (e outrora aos reis) (Do lat. tard. *altitĭa-*, «altura»)

alti- elemento de formação de palavras que exprime a ideia de *alto* (Do lat. *altu-*, «alto»)

altibaixo *adj.* **1** que apresenta elevações e depressões; aos altos e baixos **2** (terreno) acidentado ou desigual **3** [fig.] que tem qualidades boas e más **4** [fig.] instável (De *alti-*+*baixo*)

áltica *n.f.* ZOOLOGIA designação extensiva a uns pequenos coleópteros nocivos (género *Altica*) que atacam as culturas (Do gr. *haltikós*, «ágil para saltar»)

alticolúnio *adj.* (construção, edifício) que tem colunas altas (De *alti-*+*coluna*+*-io*)

alticornígero *adj.* ZOOLOGIA que tem cornos longos e altos (De *alti-*+*cornígero*)

altifalante *adj.2g.* que fala em tom alto ▪ *n.m.* dispositivo no qual a energia elétrica é convertida em energia sonora de elevada potência, constituído essencialmente pelo dispositivo transmissor (um cone de cartão encerado) e pelo dispositivo motor, que pode ser eletromagnético, eletrostático ou eletrodinâmico; megafone (De *alti-*+*falante*)

altiloquência /qu-en/ *n.f.* estilo elevado e grandioso (Do lat. *altu-*, «alto» +*loquentĭa-*, «eloquência»)

altiloquente /qu-en/ *adj.2g.* que se exprime com altiloquência; que usa estilo elevado (Do lat. *altu-*, «alto» +*loquente-*, «que fala», part. pres. de *loqui*, «falar»)

altiloquia *n.f.* ⇒ **altiloquência** (De *altíloquo*+*-ia*)

altilóquio *n.m.* ⇒ **altiloquência**

altíloquo *adj.* ⇒ **altiloquente**

altimetria *n.f.* **1** parte da geodesia que trata da medição das altitudes **2** GEOGRAFIA processo de medição de altitudes com aplicação de meios geodésicos ou barométricos **3** GEOGRAFIA representação sobre o mapa ou a planta dos contornos do relevo por meio de curvas de nível e pontos cotados (De *alti-*+*-metria*)

altímetro *n.m.* aparelho destinado a medir altitudes, em geral constituído por um barómetro aneroide que mede a pressão atmosférica e apresenta o resultado numa escala em que se pode ler diretamente a altitude (De *alti-*+*metro*)

altimurado *adj.* que tem muros altos (De *alti-*+*murado*)

altiplano *n.m.* grande extensão de terreno, situada a altitude considerável; planalto (De *alti-*+*plano*)

altipotente *adj.2g.* que tem muito poder (Do lat. *altipotente-*, «muito poderoso»)

altirrostro /ô/ *adj.* ZOOLOGIA diz-se do bico da ave cuja altura é superior ao comprimento (De *alti-*+*-rostro*)

altíssimo *adj.* {*superlativo absoluto sintético de* **alto**} muito alto ▪ *n.m.* [com maiúscula] RELIGIÃO Deus (Do lat. *altissĭmu-*, «id.»)

altissonância *n.f.* qualidade do que é altissonante (Do lat. *altisonantĭa-*, neut. pl. subst. de *altisonante-*, «altissonante»)

altissonante *adj.2g.* **1** que soa alto; retumbante **2** (estilo) pomposo **3** [fig.] sublime (De *altisonante-*, «que soa alto»)

altíssono *adj.* ⇒ **altissonante** (Do lat. *altisŏnu-*, «que soa alto»)

altista[1] *n.2g.* pessoa que toca o instrumento chamado alto (De *alto*+*-ista*, ou do it. *altista*, «id.»)

altista[2] *adj.2g.* ECONOMIA relativo a alta ou subida dos valores da bolsa ▪ *n.2g.* **1** ECONOMIA corretor de bolsa que faz subir os valores **2** ECONOMIA pessoa que joga na alta (De *alta*+*-ista*)

altitonante *adj.2g.* **1** que troveja nas alturas **2** ruidoso; retumbante (Do lat. *altitonante-*, «que troveja do alto»)

altitude *n.f.* altura em relação ao nível médio das águas do mar; **~ de um lugar** medida do segmento da vertical do lugar entre o nível médio das águas do mar e o referido lugar (Do lat. *altitudĭne-*, «altura»)

altitudinal *adj.2g.* relativo a altitude (Do lat. *altitudĭne-*, «altura» +*-al*)

altívago *adj.* que vagueia nas alturas (Do lat. tard. *altivăgu-*, «que anda pelos ares»)

altivez /ê/ *n.f.* **1** qualidade do que é altivo; elevação **2** brio; orgulho **3** majestade; nobreza **4** soberba; arrogância **5** intolerância (De *altivo*+*-ez*)

altivo *adj.* 1 que tem altivez 2 brioso; orgulhoso 3 majestoso; sublime 4 impetuoso (De *alto*+*-ivo*, ou do cast. *altivo*, «id.»)

altivolante *adj.2g.* ⇒ **altívolo** (De *alti-*+*volante*)

altívolo *adj.* que voa muito alto (Do lat. *altivŏlu-*, «que voa alto»)

alto¹ *adj.* 1 que tem extensão vertical; que tem altura 2 que está acima do plano em que se encontra o observador; elevado; subido 3 levantado; erguido 4 profundo; intenso 5 ilustre; eminente 6 importante; grave; sério 7 soberbo; altivo 8 excessivo; caro 9 difícil; transcendente 10 arrojado; destemido 11 afastado no tempo; remoto; longínquo ■ *n.m.* 1 dimensão vertical; altura 2 elevação; monte 3 ponto alto; cume; pináculo 4 saliência; protuberância 5 [fig.] céu ■ *adv.* 1 em voz alta; sonoramente; fortemente 2 a grande altura; em lugar elevado; **~ e bom som** claramente, com clareza; **~ e malo** 1 sem distinção, sem escolha; 2 à pressa, atabalhoadamente; **altos e baixos** 1 elevações e depressões; 2 [fig.] momentos bons e momentos maus; *de* **~** *a baixo* de cima a baixo, totalmente; *em* **~** *grau* muitíssimo, extraordinariamente; *por* **~** sem detalhe, sem minúcia (Do lat. *altu-*, «alto»)

alto² *adj.* 1 MÚSICA diz-se do som com frequência elevada; agudo ■ *n.m.* 1 MÚSICA forma reduzida de *contralto*, na aceção 1 2 MÚSICA registo de falsete masculino utilizado na música pré-clássica 3 MÚSICA (instrumento de cordas) ⇒ **viola** 3 4 MÚSICA instrumento de sopro da família dos saxofones (Do it. *alto*, «id.»)

alto³ *n.m.* ato de suspender o movimento; paragem; **~!** exclamação que se usa para impor paragem ou suspensão de movimento e para exprimir desacordo, pare!, basta!; **~ lá!** não diga mais!, basta! (Do al. *halt*, imp. de *halten*, «parar»)

alto-alemão *n.m.* dialeto germânico de que derivou o alemão moderno

alto-astral *adj.,n.2g.* [Brasil] [coloq.] que ou pessoa que está bem humorada, feliz ■ *n.m.* 1 [Brasil] [coloq.] situação ou circunstância favorável, por suposta influência positiva dos astros 2 otimismo

alto-comando *n.m.* 1 MILITAR grupo dos comandantes supremos de uma força militar 2 MILITAR local ou instalações onde funciona um alto-comando 3 [fig.] conjunto dos líderes superiores de uma organização

alto-comissário *n.m.* 1 enviado especial de um governo com grandes poderes 2 HISTÓRIA designação dos antigos governadores-gerais de Angola e Moçambique

alto-contraste *n.m.* 1 FOTOGRAFIA técnica de reprodução fotográfica em que os tons claros e escuros são acentuados sobre os meios-tons, que podem ser total ou parcialmente eliminados 2 FOTOGRAFIA reprodução fotográfica obtida por esse processo 3 TIPOGRAFIA processo de reprodução isenta de pontos 4 TIPOGRAFIA estampa ou reprodução obtida desse modo

alto-falante *n.m.* ⇒ **altifalante**

alto-forno *n.m.* forno de reservatório alto e de grandes dimensões, em que se obtêm temperaturas muito elevadas e que é geralmente utilizado na fusão de minerais de ferro (De *alto*+*forno*, ou do fr. *haut fourneau*, «id.»)

alto-mar *n.m.* zona marítima afastada da costa; mar alto; mar largo; largo

altor *adj.,n.m.* (feminino **altriz**) que ou aquele que nutre ou sustenta (Do lat. *altōre-*, «o que alimenta»)

alto-relevo *n.m.* ARTES PLÁSTICAS figura esculpida sobre plano, que sobressai em relevo quase inteiro (Do it. *altorilievo*, «id.», ou do fr. *haut-relief*, «id.»)

altosa *n.f.* espécie de lã comprida (De *alto*+*-oso*)

altriz *n.f.* parte nutritiva de uma substância ■ *adj.* (masculino **altor**) que nutre (Do lat. *altrīce-*, «a que alimenta»)

altruísmo *n.m.* 1 sentimento de interesse e dedicação por outrem 2 doutrina moral segundo a qual o bem consiste no interesse pelos nossos semelhantes; filantropia 3 FILOSOFIA doutrina que considera a dedicação aos outros como norma suprema de moralidade 4 abnegação (Do fr. *altruisme*, «id.»)

altruísta *adj.,n.2g.* 1 que ou aquele que tem altruísmo 2 que se dedica ao bem social; filantropo (Do fr. *altruiste*, «id.»)

altruístico *adj.* 1 que tem carácter altruísta 2 relativo ao altruísmo (De *altruísta*+*-ico*)

altura *n.f.* 1 dimensão de um corpo considerada desde a base até à extremidade superior 2 distância do vértice de um triângulo, pirâmide ou cone, até à sua base 3 distância entre as bases de um paralelogramo, trapézio, prisma ou cilindro 4 flecha de um arco 5 elevação; superioridade 6 eminência 7 cume 8 profundidade 9 ponto de um percurso 10 momento de uma execução 11 ocasião; época 12 qualidade dos sons, dependente da frequência das vibrações sonoras, que permite distinguir um som agudo de um som grave 13 ASTRONOMIA distância angular entre um ponto ou um objeto celeste e o horizonte, medida a partir deste com o valor de 0° e crescendo verticalmente até chegar aos 90° no zénite 14 *pl.* firmamento; céu; **~ barométrica** altura de um ponto acima do nível do mar que é determinada com base na circunstância de que a pressão atmosférica diminui quando a altura aumenta (aproximadamente doze milibares de pressão por cem metros de altura); **~ ortométrica** distância vertical de um ponto acima do nível médio do mar, altitude; *estar à* **~** *de* estar em condições de, ter competência para (De *alto*+*-ura*)

aluadamente *adv.* de forma irrefletida (De *aluado*+*-mente*)

aluado *adj.* 1 influenciado pela Lua 2 que anda com o cio 3 [fig.] lunático; maluco; estouvado (Part. pass. de *aluar*)

aluamento *n.m.* 1 estado de aluado; insensatez; doidice 2 cio dos animais 3 NÁUTICA corte curvo da parte inferior da vela das gáveas (De *aluar*+*-mento*)

aluar *v.tr.* NÁUTICA fazer aluamento em ■ *v.pron.* 1 ficar louco; adoidar-se 2 (animal) ficar com cio (De *a-*+*Lua*, astr. +*-ar*)

aluarado *adj.* 1 iluminado pelo luar 2 da cor do luar (De *a-*+*luar*+*-ado*)

alucinação *n.f.* 1 ato ou efeito de alucinar(-se); desvario 2 imagem tomada como perceção, sem que haja efetivamente objeto correspondente; falsa perceção 3 deslumbramento; ilusão; devaneio; **~ endoscópica** visão alucinatória dos órgãos internos do próprio corpo (Do lat. *alucinatiōne-*, «erro; alucinação»)

alucinante *adj.2g.* 1 que alucina 2 fabuloso; deslumbrante 3 apaixonante (Do lat. *alucinante-*, «id.»)

alucinar *v.tr.* 1 produzir alucinação em; desvairar 2 obscurecer o entendimento de; iludir 3 apaixonar ■ *v.pron.* 1 perder a razão; desorientar-se 2 apaixonar-se a ponto de perder a razão (Do lat. *alucināri*, «ter alucinações»)

alucinatório *adj.* 1 relativo a alucinação; alucinante 2 (delírio) que provém de excessos sensoriais (De *alucinar*+*-tório*)

alucin(o)- elemento de formação de palavras que exprime a ideia de *alucinação*, *desvario* (Do lat. *alucināri*, «ter alucinações»)

alucinogénio *adj.* 1 que provoca alucinações; alucinante 2 [fig.] estonteante; apaixonante ■ *n.m.* substância ou produto que provoca alucinações (De *alucino-*+*-génio*)

alúcita *n.f.* ZOOLOGIA microlepidóptero nocivo, da família dos Pteroforídeos, cujas larvas destroem toda a parte interna dos grãos de muitos cereais (Do lat. *alucīta-*, «mosquito»)

aluda *n.f.* [regionalismo] formiga com asas (Do cast. *aluda*, «formiga alada»)

alude *n.m.* 1 massa de neve que se desprende do alto dos montes 2 desprendimento dessa massa de neve (Do basco *elur* ou *elurr*, «neve», pelo cast. *alud*, «massa de neve; avalancha»)

aludel *n.m.* série de vasos que se encaixam uns nos outros, formando tubo, usados em algumas indústrias químicas para condensar vapores (Do ár. *al-uthāl*, «utensílio; aparelho»)

aludir *v.tr.* fazer alusão a; referir; mencionar; referir-se a (Do lat. *aludĕre*, «gracejar; fazer alusão a»)

alueiro *n.m.* [regionalismo] buraco por onde se escoa a água, nos regos e lameiros

alugação *n.f.* [pouco usado] ⇒ **aluguer** (De *alugar*+*-ção*)

alugador *n.m.* aquele que aluga (De *alugar*+*-dor*)

alugamento *n.m.* [pouco usado] ⇒ **aluguer** (De *alugar*+*-mento*)

alugar *v.tr.* 1 [uso generalizado] ceder o uso de ou usar (bem móvel ou imóvel), por um tempo determinado e mediante pagamento; arrendar 2 DIREITO ceder o uso e fruição de (bem móvel), por um tempo determinado e mediante pagamento; dar de aluguer; locar 3 DIREITO usar (bem móvel) por um tempo determinado e mediante pagamento; tomar de aluguer 4 contratar (um serviço de alguém) por um tempo determinado e mediante pagamento; assalariar (Do lat. *allocāre*, «colocar»)

aluguel *n.m.* [Brasil] ⇒ **aluguer**

aluguer *n.m.* 1 [uso generalizado] cedência ou aquisição de um bem móvel ou imóvel por um tempo determinado e mediante pagamento 2 DIREITO contrato pelo qual alguém se obriga a proporcionar a outrem o gozo temporário de coisa móvel mediante retribuição; locação de coisa móvel 3 prestação periódica que o locatário está obrigado a pagar ao locador a título de remuneração do gozo da coisa alugada; renda (Do lat. *locarĭu-*, «preço de alugar»)

aluimento *n.m.* 1 ato ou efeito de aluir 2 desmoronamento; derrocada (De *aluir*+*-mento*)

aluir *v.tr.* 1 fazer cair pouco a pouco 2 abalar 3 arruinar ■ *v.intr.* 1 desmoronar-se; cair 2 ameaçar ruína ■ *v.pron.* arruinar-se (Do lat. *abluĕre*, «arrastar [a água]»)

álula *n.f.* asa pequena (Do lat. *ala-*, «asa» +*-ula*)

alumagem *n.f.* ⇒ **ignição** (Do fr. *allumage*, «ignição»)

alume n.m. ⇒ **alúmen**
alúmen n.m. QUÍMICA nome dos sulfatos duplos de um metal trivalente e potássio, sódio ou amónio (Do lat. *alūmen*, «id.»)
alumia n.f. [regionalismo] primeira cava feita na vinha; drenagem de um terreno (Deriv. regr. de *alumiar*)
alumiação n.f. ato ou efeito de alumiar (De *alumiar*+-ção)
alumiador adj.,n.m. que ou o que alumia (De *alumiar*+-dor)
alumiamento n.m. ⇒ **alumiação** (De *alumiar*+-mento)
alumiar v.tr. 1 dar luz a; iluminar 2 esclarecer; explicar 3 [fig.] instruir; guiar 4 [fig.] alegrar 5 [fig.] inspirar (Do lat. *alluminăre*, por *illuminăre*, «id.»)
alumina n.f. QUÍMICA sesquióxido de alumínio (Al_2O_3), constituinte de grande número de rochas e de pedras preciosas (De *alúm(en)*+-ina)
aluminação n.f. formação de alúmen (De *aluminar*+-ção)
aluminagem n.f. 1 ato de cobrir com uma camada de alumínio 2 aplicação de alúmen (Do fr. *aluminage*, «id.»)
aluminar v.tr. 1 cobrir com uma camada de alumínio 2 misturar com alúmen ■ adj.2g. que contém alúmen (Do fr. *aluminer*, «id.»)
aluminato n.m. QUÍMICA composto iónico cujo anião contém alumínio (De *alumínio*+-ato)
alumínico adj. QUÍMICA designativo do sal resultante da ação dos ácidos sobre a alumina (De *alumina*+-ico)
aluminífero adj. que contém alumina (De *alumina*+-fero)
alumínio n.m. QUÍMICA elemento químico com o número atómico 13, de símbolo Al, metálico, de fraca densidade (2,65), bom condutor do calor e da eletricidade, dúctil, maleável e tenaz, que, exposto ao ar, se cobre de uma delgada e invisível camada de alumina, o que o torna aparentemente inoxidável (Do lat. *alūmen*, *-ĭnis*, «alúmen», pelo ing. *aluminium*, «alumínio», e pelo fr. *aluminium*, «id.»)
aluminite n.f. MINERALOGIA mineral que é um sulfato básico hidratado de alumínio (De *alumínio*+-ite)
aluminografia n.f. processo de gravar em chapa de alumínio (De *alumínio*+-grafia)
aluminose n.f. MEDICINA perturbação pulmonar provocada por inalação de partículas de alumínio (De *alumínio*+-ose)
aluminoso /ô/ adj. ⇒ **aluminífero** (De *alumina*+-oso)
aluminotermia n.f. 1 processo de obter metais, dos seus óxidos, a alta temperatura, utilizando pó de alumínio finamente dividido como redutor 2 soldadura autogénea por meio de alumínio em pó (Do fr. *aluminothermie*, «id.»)
aluminotérmico adj. relativo a aluminotermia (De *aluminotermia*+-ico)
alunagem n.f. 1 ato de alunar 2 descida na superfície da Lua (De *alunar*+-agem)
alunar v.intr. pousar na Lua (De *a*-+lat. *luna*-+-ar)
alundo n.m. QUÍMICA pó abrasivo e substância refratária, cujo componente principal é a alumina fundida (Do ing. *alundum*, «id.», de *al[uminium]* × *[cor]undum*)
alunite n.f. MINERALOGIA mineral que é quimicamente o sulfato básico de potássio e alumínio $KAl_3(SO_4)_2(OH)_6$ e cristaliza no sistema trigonal (Do fr. *alunite*, «id.»)
aluno n.m. 1 pessoa que recebe formação de um ou mais professores, geralmente num estabelecimento de ensino, de forma a adquirir e/ou aumentar os seus conhecimentos em diversas áreas; discente; estudante 2 pessoa que recebe ou recebeu instrução de um mestre ou precetor; discípulo; aprendiz; educando (Do lat. *alumnu*-, «criança que se dá para criar»)
alusão n.f. 1 ação ou efeito de aludir 2 referência vaga ou indireta; menção 3 recurso estilístico pelo qual se faz referência direta ou indireta a uma pessoa, situação, obra, etc., através da citação de algo que seja do conhecimento do leitor (Do lat. *allusiōne*-, «ação de brincar com»)
alusivo adj. 1 que contém alusão; que alude 2 referente; respeitante; relativo 3 alegórico (De *alusão*+-ivo)
alutar v.tr. ⇒ **enlutar** (De *a*-+*luto*+-ar)
aluvial adj.2g. 1 formado por aluvião 2 semelhante a aluvião (Do lat. *alluvie*-, «inundação»+-*al*)
aluviamento n.m. 1 formação de aluvião 2 acumulação de aluvião (De *aluviar*+-mento)
aluviano adj. diz-se do terreno formado por aluvião (Do lat. *alluvie*-, «inundação»+-*ano*)
aluvião n.f. 1 GEOLOGIA depósito de materiais provenientes da destruição das rochas e transportados pelas águas correntes para determinado lugar, originando por vezes jazigos de valiosos minérios (jazigos sedimentares) 2 materiais transportados dessa forma 3 inundação 4 grande quantidade (Do lat. *alluviōne*-, «id.»)

aluviar v.tr. formar aluvião em (Do lat. *alluvie*-, «inundação»+-*ar*)
aluvionar adj.2g. 1 da natureza da aluvião 2 semelhante a aluvião (Do lat. *alluviōne*-, «aluvião»+-*ar*)
aluviónico adj. ⇒ **aluvionar** (Do lat. *alluviōne*-, «aluvião»+-*ico*)
aluxar v.tr. afrouxar (coisa esticada) (De *a*-+lat. *luxāre*, «luxar»)
alva n.f. 1 claridade indecisa que precede a aurora; início do crepúsculo matutino; alvorada 2 veste talar de linho branco que o sacerdote católico usa para celebrar alguns atos do culto 3 casta de uva branca 4 ANATOMIA membrana conjuntiva, exterior, do globo ocular (Do lat. *alba*-, «branca»)
alvacá n.m. ⇒ **abacá** 1
alvação adj. ⇒ **alvacento** (De *alvo*)
alvacentar v.tr.,pron. tornar(-se) alvacento (De *alvacento*+-*ar*)
alvacento adj. esbranquiçado; alvadio (Do lat. *albescente*-, «id.»)
alvacim adj. muito fresco e branco (De *alvo*)
alvacora n.f. ICTIOLOGIA ⇒ **albacora**¹
alvaçuz n.m. lugar, no porão do navio, para depósito de ferragens, pólvora, etc. (De orig. obsc.)
alvada n.f. 1 [regionalismo] corrente de água; levada 2 [ant.] carapuça (De *levada*)
alvadio adj. 1 cinzento-claro 2 alvacento; esbranquiçado (Do lat. *albātu*-, «vestido de branco»+-*io*)
alvado n.m. 1 orifício de um utensílio onde entra o cabo; olho 2 buraco de entrada das abelhas no cortiço; aivado 3 cavidade onde se implantam os dentes; alvéolo (Do lat. *alveātu*-, «cavado em forma de alvéolo»)
alvadurão n.m. ⇒ **alvarudão** (De *alvarudão*, com met.)
alvaiadar v.tr. pintar com alvaiade (De *alvaiade*+-*ar*)
alvaiade n.m. pigmento branco; **~ de chumbo** hidroxicarbonato de chumbo, tóxico, branco, usado em pintura a óleo; **~ de zinco** óxido de zinco, branco, usado em farmácia e em pintura como substituto do alvaiade de chumbo (Do ár. *al-baiād*, «brancura; alvaiade»)
alvaiado n.m. ⇒ **alvaiade**
alvalade n.m. 1 campo ou pátio murado 2 camarote; cadafalso; palanque 3 espécie de estrado (De *vala* ou *valado*)
alvanar n.m. aqueduto subterrâneo, às vezes descoberto, que serve para enxugar terras húmidas (Do ár. *al-bannā*, «pedreiro»)
alvaneira n.f. [regionalismo] cano por onde se escoam os líquidos das estrebarias (De *alvanar*+-*eira*)
alvanel n.m. 1 pedreiro de alvenaria 2 aqueduto muito baixo, geralmente feito dentro das minas (Do ár. *al-bannā*, «pedreiro»)
alvanéu n.m. ⇒ **alvanel**
alvanhal n.m. [regionalismo] ⇒ **alvanar**
alvar adj.2g. 1 alvo; esbranquiçado 2 [fig.] aparvalhado; estúpido (Do lat. *albāre*, «esbranquiçado»)
alvará n.m. 1 diploma passado por uma autoridade oficial por meio do qual se confirmam certos direitos de alguém ou se concedem certos privilégios a particulares para exploração de determinados serviços; licença 2 HISTÓRIA antigo documento assinado pelo rei sobre negócios de interesse público ou particular (Do ár. *al-barā*, «carta; cédula»)
alvaraça n.f. ⇒ **alvaraço**
alvaraço n.m. casta de videira produtora de uva branca, apreciada em vinicultura (De *alvar*+-*aço*)
alvaraz n.m. 1 MEDICINA manchas brancas que se manifestam na pele; lepra branca 2 VETERINÁRIA dermatose vulgar nos cavalos e noutras espécies domésticas (Do ár. *al-baraç*, «id.»)
alvareja /ê/ n.f. ⇒ **alvaraço** (De *alvar*+-*eja*)
alvarelha /ê/ n.f. [regionalismo] aberta de bom tempo em dia tempestuoso; alvazelha (De *alvar*+-*elha*)
alvarelhão n.m. casta de videiras cultivadas em Portugal (De *Alvarelhos*, top. +-*ão*)
alvarenga n.f. [Brasil] NÁUTICA lanchão para carga e descarga de navios e transporte de géneros de comércio (De *Alvarenga*, antr.)
alvarinho¹ n.m. 1 BOTÂNICA carvalho espontâneo em Portugal, também conhecido por carvalho-alvarinho, carvalho-comum e roble 2 casta de videira de uva branca cultivada em Portugal 3 vinho branco, muito seco, que se faz exclusivamente com essa casta 4 variedade de tojo muito espinhoso 5 ICTIOLOGIA peixe selácio vulgar nas águas portuguesas (De *alvar*+-*inho*)
alvarinho² n.m. VETERINÁRIA varíola benigna que ataca, em especial, os gados bovino e caprino (De *alvaraz*+-*inho*)
alvarral adj.,n.m. que ou peneira que é muito rala (De orig. obsc.)
alvarudão n.m. casta de videira de uva branca cultivado em Portugal; alvadurão (De *alvar*+-*udo*+-*ão*)
alvazelha n.f. [regionalismo] ⇒ **alvarelha**
alvazil n.m. ⇒ **alvazir**

alvazir n.m. [ant.] funcionário de justiça; esbirro (Do ár. *al-vazīr*, «oficial de justiça»)
alveador n.m. o que alveia; branqueador (De *alvear+-dor*)
alveamento n.m. ato ou efeito de alvear (De *alvear+-mento*)
alvear v.tr. tornar alvo; branquear; caiar (De *alvo+-ear*)
alveário n.m. colmeia; cortiço; favo (Do lat. *alveariŭ-*, «cortiço de abelhas»)
alvedrio n.m. 1 determinação da vontade 2 arbítrio; escolha 3 moto próprio (Do lat. *arbitrĭu-*, «arbitragem»)
alveiro adj. 1 de cor branca 2 (mó ou moinho) que só mói pão alvo ■ n.m. marco branco ou caiado (De *alvo+-eiro*)
alveitar[1] n.m. aquele que trata de doenças de animais, sem diploma legal (Do gr. *hippiatrós*, «veterinário», pelo ár. *al-baitār*, «id.»)
alveitar[2] v.tr. [regionalismo] indagar; pesquisar
alveitarar v.intr. exercer a alveitaria ■ v.tr. [fig.] remediar; emendar (De *alveitar+-ar*)
alveitaria n.f. profissão de alveitar (De *alveitar+-ia*)
alvejante adj.2g. 1 que alveja; que branqueia 2 que é alvo; branco ■ n.m. substância usada para branquear tecidos; branqueador (De *alvejar+-ante*)
alvejar v.intr. 1 tornar-se alvo; branquejar 2 (aurora) começar a aparecer; despontar ■ v.tr. 1 tomar como alvo 2 acertar em (algo ou alguém) com um tiro; atingir (De *alvo+-ejar*)
alvela n.f. ORNITOLOGIA ⇒ **alvéloa** (Do lat. *albu-*, «branco»+-*ela*)
alveliço n.m. ORNITOLOGIA ⇒ **alvéloa** (De *alvela+-iço*)
alvéloa n.f. ORNITOLOGIA designação popular extensiva a uns pássaros de cauda muito comprida, da família dos Motacilídeos, também conhecidos por alvéloa-amarela, alveliço, avoeira, boieira, chiria, chirina, lavandeira, lavandisca, pastorinha, etc. (Do lat. vulg. **albellŭla-*, de *albu-*, «branco»)
alvéloa-amarela n.f. ORNITOLOGIA ⇒ **alvéloa**
alvenaria n.f. 1 profissão ou arte de pedreiro 2 arte de construir com pedra e cal 3 associação de pedras que, ligadas por argamassa, formam uma construção (De *alven(er)+-aria*)
alvenel n.m. ⇒ **alvanel**
alvener n.m. ⇒ **alvanel**
alvenéu n.m. ⇒ **alvanel**
álveo n.m. 1 leito de uma corrente de água 2 escavação; sulco (Do lat. *alvĕu-*, «leito de rio»)
alvéola n.f. ORNITOLOGIA ⇒ **alvéloa**
alveolado adj. com alvéolos (Do lat. tard. *alveolātu-*, «com orifícios; como um favo»)
alveolar adj.2g. 1 relativo a alvéolo 2 semelhante a alvéolo 3 LINGUÍSTICA (som) articulado com a ponta da língua na base dos dentes incisivos superiores 4 ANATOMIA relativo à cavidade maxilar onde se alojam os dentes ■ n.f. LINGUÍSTICA consoante articulada com a ponta da língua na base dos dentes incisivos superiores (De *alvéolo+-ar*)
alveoli- elemento de formação de palavras que exprime a ideia de alvéolo, favo (Do lat. *alveŏlu-*, «alvéolo; cortiço de abelhas»)
alveolífero adj. que tem alvéolos (De *alveoli-+-fero*)
alveoliforme adj.2g. que tem forma de alvéolo (De *alveoli-+-forme*)
alveolite n.f. 1 PATOLOGIA lesão nos alvéolos pulmonares 2 PATOLOGIA infeção nos alvéolos dentários (De *alvéolo+-ite*)
alvéolo n.m. 1 pequena cavidade 2 célula do favo das abelhas; casulo 3 espaço delimitado no interior de um parque de campismo, que pode ser ocupado por um utente; ~ *dentário* ANATOMIA cavidade, na peça esquelética, onde se aloja a raiz de um dente; ~ *pulmonar* ANATOMIA pequena cavidade, no pulmão, com paredes elásticas, através das quais se efetuam as trocas gasosas da respiração (Do lat. *alveŏlu-*, «alvéolo»)
alverca n.f. 1 terreno pantanoso 2 viveiro de peixes 3 tanque pequeno onde cai a água da nora que a caleira não comporta (Do ár. *al-birkā*, «lago; tanque»)
alvercada n.f. chuva grossa que faz pântano (De *alverca+-ada*)
alvergue n.m. tanque de lagar onde se apara o azeite que escorre do bagaço da azeitona (De *alverca*?)
alvescente adj.2g. ⇒ **alvinitente** (Do lat. *albescente-*, «id.»)
alvescer v.intr. tornar-se branco (Do lat. *albescĕre*, «id.»)
alvi- elemento de formação de palavras que exprime a ideia de branco, alvo (Do lat. *albu-*, «branco; alvo»)
alvião n.m. instrumento usado na lavoura ou em trabalhos florestais, que serve ao mesmo tempo de enxada e de machado; picareta (De orig. obsc.)
alvidrador adj.,n.m. que ou aquele que alvidra; que ou aquele que arbitra ou avalia (De *alvidrar+-dor*)

alvidramento n.m. ato ou efeito de alvidrar; avaliação; estimativa (De *alvidrar+-mento*)
alvidrar v.tr. avaliar como árbitro; arbitrar (Do lat. *arbitrāre*, «apreciar (julgar) como árbitro»)
álvidro n.m. 1 árbitro; avaliador 2 livre vontade; arbítrio 3 [ant.] juiz mediador em demandas (Do lat. *arbĭtru-*, «árbitro»)
alvidúlcido adj. [poét.] de brancura suave (De *alvi-+dúlcido*)
alvinitência n.f. qualidade do que é alvinitente; brancura brilhante (Do lat. *albu-*, «branco»+*nitentĭa-*, neut. pl. de *nitente-*, «brilhante»)
alvinitente adj.2g. de brancura brilhante (Do lat. *albu-*, «branco»+*nitēnte-*, «brilhante», part. pres. de *nitēre*, «brilhar; luzir»)
alvino adj. relativo ao baixo-ventre; intestinal (Do lat. *alvīnu-*, de *alvu-*, «cavidade intestinal»)
alvirrubro adj. branco e vermelho (De *alvi-+rubro*)
alvissarar v.tr. 1 dar alvíssaras a 2 dar uma notícia para receber alvíssaras 3 divulgar; relatar (De *alvíssaras+-ar*)
alvíssaras n.f.pl. recompensa dada por boas novas, pela restituição de objeto perdido ou por prestação de qualquer serviço ou favor (Do ár. *al-bixrā*, «boa nova»)
alvissareiro n.m. 1 o que promete ou recebe alvíssaras 2 aquele que dá boas notícias ou restitui coisa perdida na mira de recompensa 3 aquele que é portador de boas novas; anunciador ■ adj. 1 que pede ou dá alvíssaras 2 promissor; auspicioso (De *alvíssaras+-eiro*)
alvitana n.f. (pesca) rede de malha apertada para não deixar sair o peixe do tresmalho (Do ár. *al-bitānā*, «forro de vestuário»)
alvitanado adj. de malha miúda como a alvitana (De *alvitana+-ado*)
alvitrador adj.,n.m. que ou o que alvitra (De *alvitrar+-dor*)
alvitrajado adj. trajado de branco (De *alvi-+trajado*)
alvitramento n.m. ato ou efeito de alvitrar; alvitre (De *alvitrar+-mento*)
alvitrar v.tr. 1 sugerir; propor; lembrar 2 aconselhar ■ v.intr. dar alvitres (Do lat. *arbitrāre*, «arbitrar»)
alvitre n.m. 1 ato ou efeito de alvitrar 2 conselho; opinião 3 sugestão; lembrança (Do lat. *arbitrĭu-*, «id.»)
alvitreiro n.m. pessoa que sugere alvitres (De *alvitre+-eiro*)
alvitrista n.2g. que sugere alvitres (De *alvitre+-ista*)
alvo adj. 1 branco; claro 2 [fig.] puro; inocente; cândido ■ n.m. 1 objeto no qual se procura acertar, quando se dispara uma arma de fogo 2 [fig.] centro de interesse 3 [fig.] fim; objetivo; fito 4 cor branca; brancura 5 parte branca do olho; esclerótica; *errar o* ~ não conseguir o que se pretendia, falhar um objetivo; *ser* ~ *de* ser objeto de, estar sujeito a (Do lat. *albu-*, «branco»)
alvor n.m. 1 luz da aurora; alva 2 alvura; brilho 3 ICTIOLOGIA peixe de água doce semelhante à tainha 4 [fig.] início; princípio (Do lat. *albōre-*, «brancura; clara do ovo»)
alvoraçar v.tr. ⇒ **alvoroçar**
alvorada n.f. 1 crepúsculo matutino; madrugada 2 toque de corneta ou outro instrumento que se dá nos quartéis ou navios ao nascer do dia para os militares se levantarem 3 manifestação barulhenta com instrumentos, foguetes, salva de tiros, etc., no início de um dia festivo 4 [fig.] início; princípio (Part. pass. fem. subst. de *alvorar*)
alvorar[1] v.intr. 1 alvorecer; amanhecer 2 começar a aparecer (De *alvor+-ar*)
alvorar[2] v.intr. 1 empinar-se 2 fugir; abalar (De *arvorar*)
alvorário adj.,n.m. [regionalismo] doidivanas (De *alvorar+-ário*)
alvorear v.intr. ⇒ **alvorejar** (De *alvor+-ear*)
alvorecer v.intr. 1 começar a amanhecer; romper o dia 2 [fig.] principiar a manifestar-se; iniciar-se; aparecer ■ v.tr. tornar alvo; branquear ■ n.m. 1 romper do dia; amanhecer 2 [fig.] princípio; início (De *alvor+-ecer*)
alvoredo /ê/ n.m. [regionalismo] (Trás-os-Montes) terreno árido, estéril (De orig. obsc.)
alvorejante adj.2g. 1 que alvoreja 2 que desponta (De *alvorejar+-ante*)
alvorejar v.intr. 1 alvorecer; amanhecer 2 tornar-se branco ou mais branco; branquejar (De *alvor+-ejar*)
alvoriçar v.tr. ⇒ **alvoroçar**
alvoriço n.m. ⇒ **alvoroço** (Deriv. regr. de *alvoriçar*)
alvoroçado adj. 1 inquieto; agitado; perturbado 2 amotinado; sublevado 3 excitado; entusiasmado 4 apressado; acelerado (Part. pass. de *alvoroçar*)
alvoroçador adj.,n.m. 1 que ou aquele que alvoroça 2 amotinador; desordeiro (De *alvoroçar+-dor*)

alvoroçamento *n.m.* 1 ato ou efeito de alvoroçar 2 alvoroço (De *alvoroçar+-mento*)
alvoroçante *adj.2g.* 1 que alvoroça 2 que perturba; inquietante (De *alvoroçar+-ante*)
alvoroçar *v.tr.* 1 pôr em alvoroço; agitar 2 inquietar; perturbar 3 assustar; sobressaltar 4 comover; abalar 5 entusiasmar; animar 6 amotinar; sublevar ▪ *v.pron.* 1 assustar-se; sobressaltar-se 2 entusiasmar-se; alegrar-se 3 comover-se 4 apressar-se (De *alvoroço+-ar*)
alvoroço /ô/ *n.m.* 1 ato ou efeito de alvoroçar; agitação 2 sobressalto; inquietação 3 entusiasmo; animação 4 tumulto; confusão 5 motim; revolta 6 ruído; barulho 7 pressa (Do ár. *al-buríz*, «gritaria», pelo cast. *alvorozo*, «id.»)
alvorotador *n.m.* 1 o que alvorota 2 alvoroçador; amotinador (De *alvorotar+-dor*)
alvorotamento *n.m.* ⇒ **alvoroçamento** (De *alvorotar+-mento*)
alvorotar *v.tr.,pron.* ⇒ **alvoroçar** (De *alvoroto+-ar*)
alvoroto /ô/ *n.m.* ⇒ **alvoroço** (Deriv. regr. de *alvorotar*)
alvura *n.f.* 1 qualidade do que é alvo; brancura 2 claridade; limpidez 3 pureza (De *alvo+-ura*)
alzaqui *n.m.* [ant.] imposto sobre frutos (De orig. obsc.)
ama *n.f.* 1 mulher que cria uma criança alheia 2 mulher que toma conta de crianças 3 dama de companhia; aia 4 dona de casa em relação às pessoas que estão ao seu serviço; patroa 5 governanta (Do gr. *amma*, pelo lat. *amma-*, «mãe»)
-ama sufixo nominal, de origem latina, que ocorre em substantivos derivados de outros substantivos, exprimindo a ideia de *conjunto, quantidade* (*dinheirama; mourama*)
amábil *adj.2g.* [poét.] ⇒ **amável** (Do lat. *amabĭle-*, «id.»)
amabile *adj.* MÚSICA diz-se de andamento musical suave (Do it. *amabile*)
amabilidade *n.f.* 1 qualidade de ser amável; delicadeza; afabilidade 2 palavra ou gesto que revela gentileza (Do lat. *amabilitāte-*, «id.»)
amabilíssimo *adj.* {superlativo absoluto sintético de **amável**} muito amável (Do lat. *amabilissĭmu-*, «id.»)
amacacado *adj.* 1 próprio de macaco 2 semelhante a macaco 3 [fig.] tolo; apatetado
amacacar *v.tr.* 1 dar feição ou aspeto de macaco a 2 imitar; plagiar 3 escarnecer (De *a-+macaco+-ar*)
amaçador *n.m.* aquele que amaça (De *amaçar+-dor*)
amaçar *v.tr.* ⇒ **maçar** (De *a-+maça+-ar*)
amaçarocar *v.tr.* dar forma de maçaroca a ▪ *v.intr.* (espiga) criar maçaroca (De *a-+maçaroca+-ar*)
amachucadela *n.f.* 1 ato ou efeito de amachucar; amassadela 2 [pop.] sova (De *amachucar+-dela*)
amachucar *v.tr.* 1 amarrotar; amarfanhar 2 triturar; esmigalhar 3 enfraquecer 4 [fig.] ofender; melindrar (De *a-+machucar*)
amaciador *adj.* que amacia; que suaviza ▪ *n.m.* 1 produto usado na lavagem da roupa para a tornar mais macia 2 creme que se utiliza depois do champô para tornar o cabelo mais fácil de pentear (De *amaciar+-dor*)
amaciar *v.tr.* 1 tornar macio 2 abrandar; suavizar 3 amansar; domesticar (De *a-+macio+-ar*)
amadeirar *v.tr.* 1 dar aspeto de madeira a 2 guarnecer de madeira (De *a-+madeira+-ar*)
amadeísta *n.m.* HISTÓRIA membro de uma congregação religiosa fundada na Itália, no século XV, que venerava o beato João Amadeu (1431-1482) (De *Amadeu*, antr. *+-ista*)
ama-de-leite ver nova grafia **ama de leite**
ama de leite *n.f.* mulher que amamenta uma criança que não é sua filha
amadeu *n.m.* ⇒ **amadeísta**
amadia *n.f.* [regionalismo] cortiça que se desenvolve após a extração da primeira (cortiça virgem) que se criou nos mesmos sobreiros (De orig. obsc.)
amádigo *n.m.* HISTÓRIA conjunto de privilégios que se concediam às amas que criavam os filhos legítimos dos reis e dos fidalgos ou aos lugares onde eles eram criados (De *ama+-ádigo*)
amadis *n.m.2n.* [fig.] amante muito fiel; homem galanteador (De *Amadis*, antr.)
amado[1] *adj.* 1 querido; estimado 2 preferido ▪ *n.m.* indivíduo que se ama (Do lat. *amātu-*, «id.»)
amado[2] *n.m.* [regionalismo] período de amamentação de uma criança pela ama; *prenda do ~* [regionalismo] [ant.] presente dado à ama no fim do período de amamentação (De *ama+-ado*)
amadoiro *adj.* ⇒ **amadouro**
amador *adj.,n.m.* 1 o que ama; namorado; amante 2 que ou o que exerce qualquer arte, desporto ou ofício por gosto e não por profissão 3 [pej.] que ou o que é inexperiente (Do lat. *amatōre-*, «que ama»)
amadorismo *n.m.* 1 estado do indivíduo que cultiva uma arte ou pratica um desporto como amador 2 falta de profissionalismo (De *amador+-ismo*)
amadornar *v.tr.,intr.,pron.* ⇒ **amodorrar** (De *a-+madorna+-ar*)
amadorrar *v.tr.,intr.,pron.* ⇒ **amodorrar** (De *a-+modorra+-ar*)
amadouro *adj.* que está em condições ou é digno de ser amado (Do lat. *amatorĭu-*, «de amor»)
amadrinhar *v.tr.* 1 servir de madrinha a 2 [regionalismo] jungir (um touro) com um boi manso para o acostumar ao trabalho 3 [Brasil] emparelhar (um cavalo) com uma égua (De *a-+madrinha+-ar*)
amadurar *v.tr.,intr.* tornar(-se) maduro; amadurecer; sazonar (De *a-+maduro+-ar*)
amadurecer *v.tr.,intr.* 1 tornar(-se) maduro; sazonar; maturar 2 dar ou adquirir experiência; tornar(-se) sensato 3 aperfeiçoar(-se) ▪ *v.tr.* pensar em (algo) antes de se decidir; ponderar (De *a-+maduro+-ecer*)
amadurecimento *n.m.* 1 ato ou efeito de amadurecer; maturação 2 estado de maduro 3 processo de evolução 4 [fig.] ponderação; sensatez (De *amadurecer+-mento*)
amagar-se *v.pron.* 1 deitar-se para descansar 2 ficar prostrado por doença; deitar-se (Do cast. *amagar*, «ocultar-se»?)
âmago *n.m.* 1 a parte mais interior; cerne; medula 2 centro; foco; essência 3 alma (De orig. obsc.)
amagotar *v.tr.* dispor em magotes (De *a-+magote+-ar*)
amagrado *adj.* [pop.] emagrecido; magro (De *a-+magro+-ado*)
amainar *v.tr.,intr.* 1 tornar(-se) brando; serenar; acalmar 2 reduzir a força de (vento, mar, etc.); abater 3 colher ou arriar (as velas) (Do it. *ammainare*, «id.», ou do cat. *amainar*, «id.»)
amalandrar-se *v.pron.* 1 tornar-se malandro 2 amarotar-se (De *a-+malandro+-ar*)
amaldiçoador *adj.,n.m.* que ou o que amaldiçoa (De *amaldiçoar+-dor*)
amaldiçoar *v.tr.* 1 lançar maldição sobre 2 abominar 3 abandonar 4 condenar 5 imprecar; maldizer (De *a-+maldição+-ar*)
amalecita *adj.2g.* relativo aos Amalecitas ▪ *n.2g.* indivíduo dos Amalecitas (De *Amalec*, antr. *+-ita*)
Amalecitas *n.m.pl.* ETNOGRAFIA povo bíblico adversário dos Hebreus, considerado descendente de Amalec, neto de Esaú (De *Amalec*, antr. *+-itas*)
amaleitado *adj.* atacado de maleitas; adoentado (De *a-+maleitas+-ado*)
amalfitano *adj.* que diz respeito a Amalfi ou a um código náutico redigido nesta localidade (De *Amalfi*, top.*++-ano*)
amálgama *n.m./f.* 1 QUÍMICA liga de mercúrio com outro metal 2 MINERALOGIA mineral monométrico constituído por mercúrio e prata 3 [fig.] conjunto de coisas várias; miscelânea 4 LINGUÍSTICA forma de neologia que consiste na criação de novas unidades lexicais a partir da fusão de duas ou mais palavras truncadas 5 LINGUÍSTICA termo criado a partir da fusão de duas ou mais palavras truncadas (ex.: *nim, portunhol*) 6 LINGUÍSTICA sufixo de flexão verbal que representa simultaneamente valores de tempo, modo, pessoa e número ou algumas destas categorias (Do gr. *málgma*, «cataplasma emoliente» pelo lat. med. *amalgăma-*, «amálgama»)
amalgamação *n.f.* 1 ato ou efeito de amalgamar 2 processo de extração dos metais nobres 3 [fig.] ligação íntima; fusão 4 [fig.] mistura; confusão (De *amalgamar+-ção*)
amalgamamento *n.m.* ⇒ **amalgamação** (De *amalgamar+-mento*)
amalgamar *v.tr.* 1 fazer amálgama de 2 misturar; reunir ▪ *v.pron.* 1 combinar-se; mesclar-se 2 confundir-se (De *amálgama+-ar*)
amalgamento *n.m.* ⇒ **amalgamação** (De *amalgamamento*, com sínc.)
amalhadeira *n.f.* rede para amalhar peixes (De *amalhar+-deira*)
amalhar[1] *v.tr.* 1 prender nas malhas 2 [fig.] enredar; enlaçar (De *a-+malha+-ar*)
amalhar[2] *v.tr.* 1 trazer ou recolher à malhada (o gado); meter no redil 2 [fig.] abrigar 3 [fig.] levar ao bom caminho ▪ *v.pron.* [fig.] entrar no bom caminho (De *a-+malhada+-ar*)
amalhoar[1] *v.tr.* delimitar com malhões (feixes de giestas) (De *a-+malhão+-ar*)
amalhoar[2] *v.tr.* ⇒ **amalhar**[1]
amalocar *v.tr.* [Brasil] reunir em maloca (De *a-+maloca+-ar*)
amaltar *v.tr.* reunir em malta ▪ *v.pron.* juntar-se a um grupo (De *a-+malta+-ar*)
amalteia *n.f.* 1 MITOLOGIA cabra que, segundo a fábula, amamentou Júpiter 2 [com maiúscula] ASTRONOMIA satélite mais interior de Júpiter

amalucar

com sinais de impactos de meteoritos na sua superfície (Do gr. *Amáltheia*, «id.», pelo lat. *Amalthēa-*, «id.»)
amalucar *v.tr.,intr.* tornar(-se) maluco; endoidecer (De *a-+maluco+-ar*)
amame *adj.2g.* (cavalo) malhado de preto e branco (De orig. obsc.)
amamentação *n.f.* ato de amamentar (De *amamentar+-ção*)
amamentador *adj.,n.m.* que ou o que amamenta (De *amamentar+-dor*)
amamentar *v.tr.* 1 dar de mamar a; criar ao peito 2 nutrir; alimentar (De *a-+mama+-entar*)
amancebado *adj.,n.m.* que ou o que vive maritalmente, sem ser casado; amigado (Part. pass. de *amancebar-se*)
amancebamento *n.m.* estado de mancebia; concubinato (De *amancebar+-mento*)
amancebar-se *v.pron.* 1 viver maritalmente com uma pessoa, sem estar casada com ela; juntar-se em mancebia; amigar-se 2 tornar-se amante (De *a-+mancebo* ou *manceba+-ar*)
amanchar-se *v.pron.* (javali) deitar-se (De *a-+mancha+-ar*)
amaneirar *v.tr.* 1 tornar afetado, não natural 2 adaptar; acomodar ▪ *v.pron.* tornar-se presumido (De *a-+maneira+-ar*)
amanequinar *v.tr.* 1 copiar de manequim 2 pintar 3 esculpir ou desenhar sem arte (De *a-+manequim+-ar*)
amanhã *adv.* 1 no dia seguinte ao presente 2 mais tarde; no futuro; futuramente ▪ *n.m.* 1 o dia seguinte 2 época futura; futuro; *de hoje para ~* de um momento para o outro; *o dia de ~* o futuro (De *à+manhã*)
amanhação *n.f.* ato de amanhar; amanho (De *amanhar+-ção*)
amanhar *v.tr.* 1 dar amanho a 2 preparar; arranjar 3 ajeitar 4 ataviar; enfeitar 5 cultivar ▪ *v.pron.* 1 compor-se; arranjar-se 2 vestir-se (Do gót. *manwjan*, «preparar», ou do lat. **admaniăre*, «preparar com as mãos»)
amanhecer *v.intr.* 1 raiar a manhã; romper o dia 2 começar a ser dia 3 principiar; manifestar-se ▪ *n.m.* 1 o nascer do dia; alvorecer; aurora 2 [fig.] princípio; início (De *a-+manhã+-ecer*)
amanhecida *n.f.* [regionalismo] madrugada (Part. pass. fem. subst. de *amanhecer*)
amanho *n.m.* 1 ato ou efeito de amanhar 2 preparo; arranjo 3 acomodação 4 cultivo; lavoura 5 *pl.* utensílios (Deriv. regr. de *amanhar*)
amanhuçar *v.tr.* [regionalismo] (Trás-os-Montes) fazer manhuços de (De *a-+manhuço+-ar*)
amaninhar *v.tr.* tornar maninho; esterilizar (De *a-+maninho+-ar*)
amanita *n.m.* BOTÂNICA designação genérica de certos fungos basidiomicetes, uns venenosos e outros comestíveis (Do gr. *amanítes*, «amanita», espécie de fungo, pelo fr. *amanite*, «amanita»)
amanitina *n.f.* QUÍMICA princípio ativo, muito tóxico, do amanita (De *amanita+-ina*)
amansadela *n.f.* 1 ato de amansar 2 [pop.] ensinadela (De *amansar+-dela*)
amansador *adj.,n.m.* 1 que ou o que amansa 2 domador (De *amansar+-dor*)
amansar *v.tr.,intr.,pron.* 1 tornar(-se) manso; domesticar(-se) 2 [fig.] acalmar; sossegar 3 [fig.] moderar(-se); refrear(-se) (De *a-+manso+-ar*)
amansia *n.f.* ato ou efeito de amansar (De *amansar+-ia*)
amantar *v.tr.* 1 cobrir ou embrulhar com manta 2 [fig.] proteger; encobrir (De *a-+manta+-ar*)
amantar-se *v.pron.* [regionalismo] amancebar-se (De *amante+-ar*)
amante[1] *adj.2g.* 1 que ama; que tem amor 2 que gosta muito; apreciador ▪ *n.2g.* 1 pessoa que ama; namorado 2 apreciador; entusiasta 3 aquele que mantém uma relação amorosa e/ou sexual com uma pessoa que é casada com outra (Do lat. *amante-*, «id.», part. pres. de *amāre*, «amar»)
amante[2] *n.m.* NÁUTICA cabo grosso para içar parte do aparelho náutico (Do gr. *himas*, *-ántos*, «correia»)
amanteigado *adj.* 1 que apresenta consistência ou sabor de manteiga 2 (biscoito, bolacha) preparado com grande quantidade de manteiga 3 [fig.] macio; mole (De *a-+manteiga+-ado*)
amantelar *v.tr.* cercar com muralhas (De *a-+mantel+-ar*)
amantético *adj.* 1 próprio de amante 2 apaixonado (De *amante*, talvez por analogia com *patético*)
amantilhar[1] *v.tr.* envolver em mantilha (De *a-+mantilha+-ar*)
amantilhar[2] *v.tr.* NÁUTICA endireitar (as vergas da embarcação) com amantilhos (De *amantilho+-ar*)
amantilho *n.m.* NÁUTICA cabo com que se endireitam as vergas horizontalmente (Do cast. *amantillo*, «cabo»)
amantizar-se *v.pron.* viver em concubinato; juntar-se em mancebia (De *amante+-izar*)

amanuense *n.2g.* 1 escriturário ou escriturária de secretaria pública 2 escrevente; copista (Do lat. *amanuense-*, «secretário»)
amaquiar-se *v.pron.* arranjar boa maquia; enriquecer (De *a-+maquia+-ar*)
amar *v.tr.* 1 ter amor a 2 gostar de 3 desejar 4 estimar; apreciar 5 ter devoção por 6 preferir 7 praticar o ato sexual com (Do lat. *amāre*, «amar»)
amarácino *adj.* diz-se do unguento de amáraco ou manjerona ▪ *n.m.* unguento preparado com essência de manjerona (Do gr. *amarákinos*, «relativo à manjerona»)
amáraco *n.m.* ⇒ **manjerona** 1 (Do gr. *amárakos*, «manjerona», pelo lat. *amarăcu-*, «id.»)
amarado *adj.* 1 afastado da costa 2 pousado na água 3 cheio de água; inundado (Part. pass. de *amarar*)
amaragem *n.f.* descida do hidroavião na água (De *amarar+-agem*)
amaral *n.f.* designação de uma casta de videira cultivada em Portugal (De *Amaral*, antr.)
amarantácea *n.f.* BOTÂNICA espécime das Amarantáceas
Amarantáceas *n.f.pl.* BOTÂNICA família de plantas dicotiledóneas, a que pertencem, em Portugal, espécies espontâneas, subespontâneas e de cultura, cujo género-tipo se denomina *Amarantus* (De *amarantáceo*)
amarantáceo *adj.* 1 BOTÂNICA parecido com o amaranto 2 BOTÂNICA relativo às Amarantáceas (De *amaranto+-áceo*)
amarantina *n.f.* BOTÂNICA planta herbácea, ornamental, da família das Amarantáceas (De *amaranto+-ina*)
amarantino[1] *adj.* 1 semelhante ao amaranto 2 vermelho; purpurino (De *amaranto+-ino*)
amarantino[2] *adj.* de Amarante, cidade portuguesa ▪ *n.m.* natural ou habitante de Amarante (De *Amarante*, top. +-*ino*)
amaranto *n.m.* 1 (cor) vermelho-escuro 2 BOTÂNICA ⇒ **crista-de-galo** 1 (Do gr. *amárantos*, «que não murcha», pelo lat. *amarantu-*, «amaranto»)
amarar *v.intr.* 1 (navio) fazer-se ao mar largo 2 (hidroavião) pousar na água ▪ *v.tr.* encher-se (os olhos) de lágrimas (De *a-+mar+-ar*)
amarasmar *v.intr.,pron.* cair em marasmo (De *a-+marasmo+-ar*)
amarela *n.f.* BOTÂNICA planta poligalácea, de sabor amargo (De *amarelo*)
amarelado *adj.* 1 (cor) um tanto amarelo 2 (aparência) pálido; descorado (De *amarelar+-ado*)
amarelante *n.m.* ORNITOLOGIA ⇒ **papa-figos** 1 (De *amarelar+-ante*)
amarelão *n.m.* ORNITOLOGIA ⇒ **verdelhão** 1 (De *amarelo+-ão*)
amarelar *v.tr.* tornar amarelo ▪ *v.intr.* 1 tornar-se amarelo; ficar amarelo 2 perder a cor; empalidecer
amarelecer *v.tr.,intr.* 1 tornar(-se) amarelo 2 empalidecer 3 amadurecer (De *amarelo+-ecer*)
amarelecimento *n.m.* ato ou efeito de amarelecer (De *amarelecer+-mento*)
amarelejar *v.intr.* mostrar-se amarelo (De *amarelo+-ejar*)
amarelento *adj.* ⇒ **amarelado** (De *amarelo+-ento*)
amarelidão *n.f.* 1 coloração amarela 2 [pop.] palidez (De *amarelo+-idão*)
amarelinha[1] *n.f.* [pop.] libra de ouro
amarelinha[2] *n.f.* 1 BOTÂNICA variedade de videira 2 BOTÂNICA trepadeira silvestre, de flores amarelas
amarelinha[3] *n.f.* ORNITOLOGIA ⇒ **serzino**
amarelinha[4] *n.f.* [Brasil] ⇒ **macaca** 3 (De *amarelo+-inha*)
amarelir *v.intr.* ⇒ **amarelecer** (De *amarelo+-ir*)
amarelo *n.m.* 1 cor que, no espetro solar, se situa entre o verde e o laranja, semelhante à cor do limão maduro, da gema do ovo ou do ouro 2 *pl.* objetos ou peças de metal amarelo como o cobre ou o latão ▪ *adj.* 1 que tem a cor do limão, da gema do ovo ou do ouro 2 pálido; descorado (Do b. lat. hisp. *amarillu-*, «amarelento; pálido»)
amarelo-claro *n.m.* tom claro de amarelo ▪ *adj.* que tem essa cor
amarelo-escuro *n.m.* tom escuro de amarelo ▪ *adj.* que tem essa cor
amarelo-topázio *adj.* da cor do topázio ▪ *n.m.* 1 uma das cores do espetro solar 2 cor do topázio
amarelo-torrado *n.m.* cor amarela um tanto carregada ▪ *adj.* que tem essa cor
amarescente *adj.2g.* um tanto amargo (Do lat. *amarescente-*, «id.», part. pres. de *amarescĕre*, «tornar-se amargo»)
amarfalhar *v.tr.* [pop.] ⇒ **amarfanhar**
amarfanhamento *n.m.* 1 ato ou efeito de amarfanhar 2 amarrotamento (De *amarfanhar+-mento*)
amarfanhar *v.tr.* 1 amarrotar; amachucar 2 [fig.] maltratar 3 [fig.] humilhar (De orig. obsc.)

amarfinado *adj.* da cor do marfim ou semelhante a ele; ebúrneo (De *a-+marfim+-ado*)
amargado *adj.* 1 diz-se de um gosto amargo; azedo 2 acompanhado de amargura; triste; doloroso (Part. pass. de *amargar*)
amargamente *adv.* 1 com amargura 2 pesarosamente (De *amargo+-mente*)
amargar *v.intr.* 1 ter sabor amargo, semelhante ao do fel, da quina ou do absínto 2 [fig.] sentir desgosto ■ *v.tr.* 1 tornar amargo 2 sofrer por (Do lat. tard. *amaricāre*, «tornar amargo»)
amargo *adj.* 1 que amarga 2 que tem sabor adstringente; azedo 3 [fig.] desagradável 4 [fig.] custoso; triste; penoso 5 [fig.] duro; difícil 6 [fig.] magoado; ressentido ■ *n.m.* 1 sabor acre 2 *pl.* FARMÁCIA substâncias amargas, quimicamente afins dos taninos e com propriedades terapêuticas; *amargos de boca* arrelias, desgostos; *verdades amargas* verdades duras de ouvir (Do lat. hisp. *amarĭcu-*, «amargo»)
amargor *n.m.* 1 qualidade de ser amargo 2 sabor amargo 3 [fig.] angústia; amargura (De *amargo+-or*)
amargoseira *n.f.* BOTÂNICA árvore ornamental, da família das Meliáceas, cuja flor é arroxeada; falso-sicómoro (De *amargoso+-eira*)
amargoso /ô/ *adj.* 1 que amarga 2 amargo; azedo 3 [fig.] penoso; triste (De *amargo+-oso*)
amargura *n.f.* 1 sabor amargo 2 azedume 3 [fig.] dissabor 4 [fig.] aflição; angústia; *arrastar pelas ruas da* ~ dizer mal de, difamar (De *amargo+-ura*)
amarguradamente *adv.* ⇒ **amargamente** (De *amargurado+-mente*)
amargurado *adj.* que tem amargura; atribulado; aflito; angustiado (Part. pass. de *amargurar*)
amargurar *v.tr.* 1 causar amargura a; afligir; angustiar 2 tornar amargo (De *amargura+-ar*)
amaricante *adj.2g.* ⇒ **amargoso** (Do lat. *amaricante-*, «id.»)
amaricar *v.tr.,pron.* [depr.] dar ou adquirir uma aparência tradicionalmente associada ao sexo feminino; efeminar(-se) (De *a-+maricas+-ar*)
amariçar *v.intr.* [regionalismo] (gado) juntar-se muito; unir-se (De orig. obsc.)
amariço *n.m.* [regionalismo] lugar onde o gado se junta (Deriv. regr. de *amariçar*)
amárico *n.m.* língua falada na zona central do planalto etíope (De *Amara*, top., região da Etiópia, *+-ico*)
amaridar *v.tr.* 1 dar marido a 2 ter intimidade ou convivência com (alguém); dar-se bem com (outrem) (De *a-+marido+-ar*)
amarídeo *n.m.* FARMÁCIA qualquer substância amarga (De *amaro+-ídeo*)
amarilha *n.f.* VETERINÁRIA espécie de papeira que ataca os animais 2 distomatose; distomíase (Do cast. *amarilla*, «id.»)
amarilidácea *n.f.* BOTÂNICA espécime das Amarilidáceas
Amarilidáceas *n.f.pl.* BOTÂNICA família de plantas monocotiledóneas, cujo género-tipo se designa *Amarílis*; Agaváceas (De *amarílide+-áceas*)
amarílide *n.f.* BOTÂNICA planta ornamental, também conhecida por beladona-bastarda (Do lat. *Amaryllĭde-*, «nome de pastora»)
amarílis *n.f.s.2n.* BOTÂNICA ⇒ **amarílide** (Do lat. *Amaryllis*, «nome de pastora»)
amarina *n.f.* QUÍMICA alcaloide preparado pela ação do amoníaco sobre a essência de amêndoas amargas (Do lat. *amāru-*, «amargo» *+-ina*)
amaríneo *adj.* que contém substâncias amargas (De *amaro+-íneo*)
amarinhar *v.tr.* 1 prover de marinheiros; equipar 2 comandar (o navio); tripular ■ *v.pron.* 1 acostumar-se ao mar 2 inscrever-se como marinheiro (De *a-+marinha+-ar*)
amaríssimo *adj.* {superlativo absoluto sintético de **amargo**} muito amargo (Do lat. *amarissĭmu-*, «id.»)
amaritude *n.f.* [poét.] ⇒ **amargor** (Do lat. *amaritudĭne-*, «amargor»)
amaro *adj.* amargo (Do lat. *amāru-*, «amargo»)
amarotado *adj.* um tanto maroto; travesso (Part. pass. de *amarotar-se*)
amarotar-se *v.pron.* fazer-se maroto (De *a-+maroto+-ar*)
amarra *n.f.* 1 NÁUTICA ato ou efeito de amarrar (uma embarcação) 2 NÁUTICA corrente formada por elos pesados que prende o navio à âncora ou à boia 3 cabo, corda ou corrente com que se prende alguma coisa 4 [fig.] apoio; proteção; segurança 5 *pl.* [fig.] obstáculos; impedimentos; *cortar as amarras* desligar(-se) de algo ou de alguém que constitui um apoio (Deriv. regr. de *amarrar*)

amarração *n.f.* 1 ato ou efeito de amarrar 2 conjunto de amarras 3 boia 4 ancoradouro 5 [Brasil] ligação amorosa; encantamento (De *amarrar+-ção*)
amarradamente *adv.* [Angola] prolongadamente
amarrado *adj.* [Brasil] [pop.] apaixonado
amarradoiro *n.m.* ⇒ **amarradouro**
amarrador *n.m.* o que amarra (De *amarrar+-dor*)
amarradouro *n.m.* lugar onde se amarra (De *amarrar+-douro*)
amarradura *n.f.* ⇒ **amarração** (De *amarrar+-dura*)
amarrar *v.tr.* 1 prender com amarra; acorrentar 2 ligar com corda, fita, etc.; atar 3 NÁUTICA segurar (o navio) com âncoras; prender (o navio) ao cais; atracar; ancorar; fundear 4 ligar fortemente; prender 5 [fig.] impedir por promessa ou obrigação moral; comprometer; tolher 6 [Brasil] prender afetivamente; conquistar; ganhar ■ *v.pron.* 1 acorrentar-se; atar-se 2 ligar-se fortemente a; prender-se 3 aterse; apoiar-se 4 [Brasil] ligar-se afetivamente; apaixonar-se; casar-se 5 [fig.] insistir em; teimar; ~ *o bode* [Brasil] [coloq.] ficar zangado, amuar (Do neerl. *aanmarren*, «id.», pelo fr. *amarrer*, «id.»)
amarrecar *v.tr.,intr.* tornar(-se) um tanto marreca; corcovar (De *a-+marreca+-ar*)
amarreta /ê/ *n.f.* pequena amarra (De *amarra+-eta*)
amarrilho *n.m.* atilho com que se ata (De *amarra+-ilho*)
amarroado *adj.* [fig.] abatido; desanimado (De *amarroar*)
amarroar *v.tr.* bater com marrão em ■ *v.intr.* andar cismático ou abatido (De *a-+marrão+-ar*)
amarroquinado *adj.* semelhante a marroquim (De *a-+marroquim+-ado*)
amarrotamento *n.m.* ato ou efeito de amarrotar (De *amarrotar+-mento*)
amarrotar *v.tr.* 1 apertar com o fim de enrugar 2 amachucar 3 encarquilhar 4 [fig.] abater 5 [fig.] vencer numa discussão; fazer calar ■ *v.pron.* 1 vincar-se 2 enxovalhar-se; ~ *os colarinhos a* vencer em discussão, agredir, maltratar (De *a-+*manroto* [= rasgado com as mãos] *+-ar*?)
amartelado *adj.* 1 batido com martelo; amolgado 2 [fig.] vencido 3 [fig.] importunado (Part. pass. de *amartelar*)
amartelar *v.tr.* 1 dar forma de martelo a 2 bater com martelo em; amolgar 3 [fig.] perseguir 4 [fig.] importunar 5 [fig.] vencer numa controvérsia (De *a-+martelo+-ar*)
amarugem *n.f.* 1 sabor levemente amargo 2 coisa amarga (De *amaro+-ugem*)
amarugento *adj.* que produz amarugem (De *amarugem+-ento*)
amarujar[1] *v.intr.* tornar um tanto amargo (Do lat. tard. *amarizāre*, «tornar amargo», ou de *amarugem+-ar*)
amarujar[2] *v.tr.* tripular ■ *v.pron.* adquirir modos de marujo (De *a-+marujo+-ar*)
amarulento *adj.* muito amargo (Do lat. *amarulentu-*, «id.»)
amarume *n.m.* qualidade de amargo (De *amaro+-ume*)
ama-seca *n.f.* mulher que cuida de crianças sem as amamentar
amasiar-se *v.pron.* viver com alguém sem estar ligado pelo matrimónio; tornar-se amante; amigar-se (De *amásio+-ar*)
amasio *n.m.* ato ou efeito de amasiar-se (Deriv. regr. de *amasiar*)
amásio *n.m.* [depr.] pessoa que mantém uma relação amorosa com outra com a qual não é casada; amante (Do lat. *amasĭu-*, «amante»)
amasónia *n.f.* BOTÂNICA planta herbácea da família das Verbenáceas (De *Th. Amason*, antr., viajante americano *+-ia*)
amassadeira *n.f.* 1 tabuleiro onde se amassa a farinha para o fabrico do pão 2 máquina de amassar (De *amassar+-deira*)
amassadela *n.f.* 1 ato ou efeito de amassar 2 amassadura; amolgadura (De *amassar+-dela*)
amassadia *n.f.* pá usada pelos trabalhadores das salinas (De *amassar+-d-+-ia*)
amassado *adj.* [Brasil] machucado; amarrotado
amassadoiro *n.m.* ⇒ **amassadouro**
amassador *adj.* que amassa ■ *n.m.* 1 aquele que prepara ou aplica a argamassa; argamassador 2 máquina para amassar (De *amassar+-dor*)
amassadouro *n.m.* 1 lugar ou vasilha onde se amassa 2 masseira (De *amassar+-douro*)
amassadura *n.f.* 1 fornada 2 ⇒ **amassadela** (De *amassar+-dura*)
amassar *v.tr.* 1 converter em massa ou pasta 2 misturar 3 amolgar; achatar 4 [fig.] deprimir ■ *v.pron.* ligar-se intimamente; *comer o pão que o Diabo amassou* passar por muitas dificuldades e privações (De *a-+massa+-ar*)
amassaria *n.f.* casa ou lugar próprio onde se amassa a farinha 2 trabalho de amassar (De *amassar+-aria*)

amassilho n.m. 1 porção de farinha que se amassa de cada vez 2 instrumento de amassar (De *amassar+-ilho*)

amastia n.f. PATOLOGIA anomalia caracterizada pela ausência parcial ou total de mamas (Do gr. *a-*, «sem» +*mastós*, «seio»)

amastozoário n.m. ZOOLOGIA vertebrado desprovido de mamas (Do gr. *a-*, «sem» +*mastós*, «seio» +*zóon*, «animal» +*-ário*)

amatalar v.tr. [regionalismo] encher de matas ou maduras (os animais) (De *a-+mata+l+-ar*)

amatalotar v.tr. misturar ou alojar marinheiros, dois a dois, na mesma camarata ■ v.pron. 1 tornar-se matalote (marinheiro) 2 associar-se um matalote com outro (De *a-+matalote+-ar*)

amatilhar v.tr.,pron. 1 reunir(-se) em matilha 2 agrupar(-se) para fins pouco recomendáveis (De *a-+matilha+-ar*)

amatividade n.f. disposição para amar (De *amativo+-i-+-dade*)

amativo adj. 1 propenso a amar 2 que envolve amor 3 erótico (De *amar+-tivo*)

amatório adj. 1 que insinua amor 2 erótico (Do lat. *amatorĭu-*, «amoroso»)

amatular-se v.pron. 1 juntar-se com gente de má condição 2 tornar-se matulo ou matulão (De *a-+matulo+-ar*)

amatutar-se v.pron. fazer-se matuto (De *a-+matuto+-ar*)

amaurose n.f. MEDICINA enfraquecimento ou perda completa da vista por afeção na retina, no nervo ótico, no cérebro ou nas meninges (Do gr. *amaúrosis*, «obscuridade; cegueira»)

amaurótico adj. que diz respeito a amaurose ■ n.m. aquele que sofre de amaurose (Do gr. *amaurotikós*, «próprio para obscurecer»)

amável adj.2g. 1 digno de ser amado 2 delicado 3 agradável; encantador (Do lat. *amabĭle-*, «digno de amor; amável»)

amavio n.m. bebida com que se pretende despertar amor 2 meio de sedução 3 feitiço; sortilégio (Do port. ant. *amadio* [= amoroso], de *amar+-dio*, com infl. de *amável*)

amavioso adj. 1 em que há amavios 2 amável; delicado; mavioso (De *amavio+-oso*)

amaxofobia /cs/ n.f. (psiquiatria) medo doentio de veículos em marcha, bem como de neles andar ou de os conduzir (De *amaxófobo+-ia*)

amaxófobo /cs/ adj.,n.m. (psiquiatria) que ou aquele que sofre de amaxofobia (Do gr. *hámaxa*, «carro» +*phobeīn*, «ter horror a»)

amazelar v.tr. cobrir de mazelas ■ v.pron. encher-se de mazelas (De *a-+mazela+-ar*)

amazia n.f. ⇒ **amastia** (Do gr. *a-*, «sem» +*mazós*, «seio» +*-ia*)

amazona /ô/ n.f. 1 mulher que monta a cavalo 2 mulher guerreira 3 vestido ou saia comprida que as mulheres usavam para montar a cavalo 4 membro de um povo fabuloso composto de mulheres guerreiras, que, segundo os antigos, habitavam a Capadócia e mutilavam o seio direito para melhor manejarem o arco (Do gr. *Amazōn* [de *a-*, «sem»+*mazós*, «seio»], «mulher belicosa», pelo lat. *Amazŏne-*, «id.»)

amazonense adj.2g. referente à região brasileira do Amazonas; amazónico (De *Amazonas*, rio bras. +*-ense*)

amazónico[1] adj. relativo a amazona (Do lat. *amazonĭcu-*, «das Amazonas»)

amazónico[2] adj. relativo ao Amazonas (De *Amazonas+-ico*)

amazónico[3] adj. relativo à Amazónia (De *Amazónia+-ico*)

amazónio adj. ⇒ **amazónico**[2] (De *Amazonas*, top. +*-io*)

amazonite n.f. MINERALOGIA variedade de microclina de cor verde ou verde-azulada (De *Amazonas*, top., região brasileira, +*-ite*)

amazorrado adj. macambúzio; carrancudo (De *a-+mazorro+-ado*)

ambaca n.2g. indivíduo pertencente à tribo dos Ambacas (De *Ambaca*, top., região de Angola)

Ambacas n.m.pl. ETNOGRAFIA povo negro que vive na região angolana de Ambaca (De *Ambaca*, top.)

ambages n.m.pl. 1 caminhos intrincados 2 [fig.] subterfúgios; rodeios; evasivas (Do lat. *ambāges*, «rodeios»)

ambagioso adj. 1 em que há ambages 2 que usa de ambages (Do lat. *ambagiōsu-*, «cheio de ambiguidades»)

ambaló n.m. BOTÂNICA árvore indiana da família das Anacardiáceas 2 fruto comestível desta árvore 3 [Brasil] (árvore) cajazeira 4 [Brasil] (fruto) cajá (Do conc. *ambadó*, «id.»)

ambão n.m. espécie de púlpito, estante ou dupla tribuna, à entrada da capela-mor, destinada à leitura da epístola ou ao canto do evangelho, na missa (De orig. obsc.)

ambaquista n.2g. natural de Ambaca, região de Angola ■ adj.2g. relativo a Ambaca (De *Ambaca*, top. +*-ista*)

âmbar n.m. resina fóssil, encontrada nos estratos terciários, com as propriedades físicas da resina, perfeitamente amorfa, que é um ótimo isolador elétrico, tendo a propriedade de se carregar negativamente quando esfregada com um pano de lã, com aplicação industrial e farmacêutica e também denominada alambre e âmbar amarelo ■ adj.2g. de cor entre o acastanhado e o amarelo (Do ár. *'anbar*, «âmbar-cinzento»)

ambarado adj. que tem aspeto, cor ou cheiro de âmbar (De *âmbar+-ado*)

âmbar-cinzento n.m. matéria de cheiro ativo, utilizada em perfumaria, segregada por certos moluscos e extraída dos intestinos dos cachalotes, que se alimentam desses animais

ambárico adj. 1 feito de âmbar 2 relativo a âmbar 3 designativo de um ácido resultante da ambarina tratada com ácido nítrico (De *âmbar+-ico*)

ambarina n.f. substância branca, inodora, que se extrai do âmbar-cinzento (De *âmbar+-ina*)

ambarino adj. de âmbar ou relativo a âmbar (De *âmbar+-ino*)

amb(i)- elemento de formação de palavras que significa *à roda, de ambos os lados* (Do lat. *ambi-*, «de ambos os lados»)

ambição n.f. 1 desejo veemente de riqueza, honras ou glórias 2 expectativa em relação ao futuro; aspiração 3 cobiça; ganância; sede (Do lat. *ambitiōne-*, «ambição»)

ambicionar v.tr. 1 ter ambição de; aspirar a 2 cobiçar (Do lat. *ambitiōne-*, «ambição»+*-ar*)

ambicioso adj. 1 que tem ambição; ganancioso 2 (projeto, desafio) cuja realização exige muita coragem ou capacidade; ousado; arriscado ■ n.m. aquele que tem ambição; indivíduo ganancioso (Do lat. *ambitiōsu-*, «ambicioso»)

ambidestrismo n.m. 1 qualidade de ambidestro 2 sistema educativo tendente a levar uma pessoa a utilizar indiferentemente as duas mãos (De *ambidestro+-ismo*)

ambidestro /é/ adj. que se serve de ambas as mãos com igual destreza (Do lat. tard. *ambidextru-*, «id.»)

ambidextria n.f. ⇒ **ambidestrismo** (De *ambidextro+-ia*)

ambidextrismo n.m. ⇒ **ambidestrismo** (De *ambidextro+-ismo*)

ambidextro adj. ⇒ **ambidestro** (Do lat. tard. *ambidextru-*, «id.»)

ambiência n.f. 1 meio físico em que vive um ser vivo 2 atmosfera que envolve alguém num dado espaço; ambiente 3 conjunto das características sociais, culturais, emocionais, etc., que rodeiam uma pessoa e que influenciam o seu comportamento 4 espaço organizado esteticamente para determinada atividade (De *ambientĭa*, «coisas que rodeiam», part. pres. neut. pl. de *ambīre*, «rodear; cercar»)

ambientação n.f. 1 ato ou efeito de ambientar ou ambientar-se 2 adaptação a novo ambiente 3 acomodação aos usos e costumes de um ambiente diferente (De *ambientar+-ção*)

ambientador n.m. produto composto por uma substância aromática, acompanhado ou não de um difusor, utilizado normalmente para eliminar maus odores em lugares fechados através evaporação ou pulverização (De *ambientar+-dor*)

ambiental adj.2g. 1 relativo a ambiente 2 que diz respeito ao meio em que se vive (De *ambiente+-al*)

ambientalismo n.m. 1 estudo do meio físico em que estão integrados os seres vivos com vista à sua proteção 2 movimento ou sistema que visa a proteção do meio ambiente e preconiza um maior equilíbrio entre o homem e o meio em que está integrado (De *ambiental+ismo*)

ambientalista adj.2g. 1 relativo ao meio ambiente 2 (perspetiva, política) que manifesta preocupação em relação ao meio ambiente e à sua proteção ■ n.2g. pessoa que se dedica ao estudo das condições de existência dos seres vivos no seio da natureza e das relações entre eles e o ambiente em que vivem, lutando pela sua defesa e proteção, no sentido de se conservar e promover um perfeito equilíbrio biológico (De *ambiental+-ista*)

ambientalizar v.tr. adaptar a um ambiente (De *ambiental+-izar*)

ambientar v.tr. 1 criar ambiente a 2 ajudar alguém a adaptar-se a novo ambiente 3 proporcionar a alguém a integração em novo ambiente ■ v.pron. adaptar-se a novo ambiente; integrar-se em novo ambiente; acomodar-se às exigências de um ambiente novo e diferente (De *ambiente+-ar*)

ambiente adj.2g. 1 que rodeia os corpos por todos os lados 2 relativo ao meio circundante ■ n.m. 1 meio natural e social em que se vive; atmosfera 2 o ar que se respira 3 conjunto de coisas que nos cercam 4 lugar; espaço; recinto 5 INFORMÁTICA conjunto de elementos de hardware ou software onde os programas são executados; configuração; ~ *de trabalho* interface de um sistema operativo onde aparecem menus, janelas e ícones de programas ou ficheiros (Do lat. *ambiente-*, «id.», part. pres. de *ambīre*, «rodear; cercar»)

ambiesquerdo adj. 1 desajeitado de ambas as mãos; ambílevo 2 [fig.] inábil; desastrado (De *ambi-+esquerdo*)

ambigenia n.f. qualidade do que é ambígeno (De *ambígeno+-ia*)

ambígeno *adj.* proveniente de duas espécies diferentes; híbrido (Do lat. *ambigĕnu-*, «id.»)

ambiguidade /gu-i/ *n.f.* **1** qualidade do que é ambíguo **2** obscuridade de sentido; duplicidade **3** LITERATURA complexidade e indeterminação semânticas de um texto **4** LINGUÍSTICA propriedade da unidade linguística de ter mais de um sentido; anfibologia **5** dúvida; incerteza **6** hesitação (Do lat. *ambiguitāte-*, «ambiguidade»)

ambíguo *adj.* **1** que tem mais de um sentido **2** LINGUÍSTICA (frase, expressão) que permite duas ou mais interpretações diferentes; anfibológico **3** que provoca dúvida ou incerteza; equívoco; obscuro **4** indeterminado; vago; indefinido (Do lat. *ambigŭu-*, «ambíguo; de dois sentidos»)

ambila *n.f.* BOTÂNICA ⇒ **imbila**¹

ambílevo *adj.* **1** desajeitado de ambas as mãos; ambiesquerdo **2** [fig.] inábil; desastrado (Do lat. *ambi-*, «ambos» +*laevu-*, «tolo; funesto»)

ambiope *adj.2g.* ⇒ **ambíope**

ambíope *adj.2g.* que sofre de ambiopia (Do lat. *ambi-*, «de ambos os lados»+gr. *óps, opós*, «olho»)

ambiopia *n.f.* MEDICINA perturbação da vista que duplica os objetos; diplopia (De *ambíope*+*-ia*)

ambíparo *adj.* BOTÂNICA diz-se do gomo que origina ramos e flores (Do lat. *ambi-*, «ambos» +*parĕre*, «parir»)

ambisséxuo /cs/ *adj.* que tem características de ambos os sexos; hermafrodita (Do lat. *ambi-*, «ambos» +*sexu-*, «sexo»)

ambissinistro *adj.* desajeitado de ambas as mãos; ambiesquerdo; ambílevo (De *ambi-+sinistro*)

âmbito *n.m.* **1** espaço fechado ou considerado como tal **2** circuito **3** circunferência **4** campo de ação; atribuições **5** esfera; contexto **6** ZOOLOGIA região em que a couraça de um equinoide tem o maior diâmetro **7** [fig.] grandeza (Do lat. *ambĭtu-*, «circuito»)

ambivalência *n.f.* **1** qualidade do que tem dois valores (opostos ou diferentes) **2** coexistência de sentimentos antagónicos em face do mesmo objeto (De *ambi-+valência*)

ambivalente *adj.2g.* **1** que tem dois valores (opostos ou diferentes) **2** [fig.] que pode ter duas interpretações opostas ou diferentes (Do lat. *ambi-*, «de ambos os lados» +*valente-*, part. pres. de *valēre*, «valer»)

ambiversão *n.f.* PSICOLOGIA tendência igualmente orientada para a introversão e a extroversão (De *ambi-+versão*)

ambívio *n.m.* ponto de cruzamento de dois caminhos; encruzilhada (Do lat. *ambivĭu-*, «id.»)

ambligonite *n.f.* MINERALOGIA mineral (fluofosfato de alumínio e lítio) que cristaliza no sistema triclínico e é considerado um dos principais minérios de lítio (De *amblígono+-ite*)

amblígono *adj.* que tem ângulos obtusos (Do gr. *amblýs*, «obtuso» +*gonía*, «ângulo»)

ambliope *adj.,n.2g.* ⇒ **amblíope**

amblíope *adj.,n.2g.* que ou aquele que sofre de ambliopia (Do gr. *amblýs*, «embotado; obtuso» +*óps, opós*, «olho»)

ambliopia *n.f.* MEDICINA enfraquecimento mais ou menos acentuado da sensibilidade visual, sem lesões aparentes do olho, cujas causas são variadas: malformação da retina, albinismo, abuso de tóxicos (Do gr. *amblyopía*, «debilidade da vista»)

ambó *n.m.* **1** BOTÂNICA ⇒ **mangueira**² **2** BOTÂNICA ⇒ **manga**² (Do indo-árico)

âmbolos [pop., arc.] contração do quantificador *ambos* + *o* artigo definido arcaico *los*

amboré *n.m.* [Brasil] ICTIOLOGIA designação extensiva a alguns peixes de água doce e salobra, também conhecidos por aimoré, amoré, amoreia, babosa, mussurungo, taguará, timboré, ximburé, ximburu, etc. (Do tupi *amo're*, «id.»)

ambos *det.indef.* >*quant.univ.*^{DT} **1** um e outro; os dois juntos **2** tanto um como o outro (Do lat. *ambos*, de *ambo,-ae,-o*, «os dois ao mesmo tempo»)

ambotraço *n.m.* instrumento para escrever em duplicado (De *ambo[s]+traço*)

ambrar¹ *v.tr.* ⇒ **ambrear** (De *ambre+-ar*)

ambrar² *v.intr.* mover as ancas provocadoramente; saracotear-se (Do lat. *ambulāre*, «andar; passear»)

ambreada *n.f.* âmbar artificial (Part. pass. fem. subst. de *ambrear*)

ambrear *v.tr.* **1** aromatizar com âmbar; perfumar **2** dar cor de âmbar a (De *ambre+-ear*)

ambreína *n.f.* ⇒ **ambarina** (De *ambre+-ína*)

ambreta /ê/ *n.f.* **1** BOTÂNICA semente de uma planta da família das Malváceas, que cheira a âmbar e tem aplicação em perfumaria **2** BOTÂNICA esta planta, também denominada erva-de-almíscar **3** BOTÂNICA planta da família das Compostas **4** BOTÂNICA variedade de pereira cujos frutos têm aroma de âmbar (Do fr. *ambrette*, «id.»)

ambr(o)- elemento de formação de palavras que exprime a ideia de *âmbar* (Do ár. *'anbar*, «âmbar»)

ambroína *n.f.* substância má condutora da eletricidade, com que se fazem isoladores (De *ambro-+-ina*)

ambrosia *n.f.* **1** iguaria delicada e saborosa **2** bebida deliciosa **3** MITOLOGIA manjar dos deuses **4** [fig.] acepipe fino e agradável (Do gr. *ambrosía*, «alimento dos deuses»)

ambrósia *n.f.* BOTÂNICA designação comum às ervas do género *Ambrosia* (Do lat. cient. *Ambrosia*)

ambrosiácea *n.f.* BOTÂNICA espécime das Ambrosiáceas

Ambrosiáceas *n.f.pl.* BOTÂNICA família de plantas dicotiledóneas, de flores pequenas, representada na flora portuguesa (Do lat. *ambrosĭa-*, «ambrósia» +*-áceas*)

ambrosíaco *adj.* **1** relativo a ambrósia; ambrosino; ambrósio **2** aromático **3** [fig.] delicioso (Do lat. *ambrosiăcu-*, «id.»)

ambrósia-das-boticas *n.f.* BOTÂNICA planta odorífera, da família das Quenopodiáceas, espontânea em Portugal

ambrósia-do-méxico *n.f.* BOTÂNICA ⇒ **erva-formigueira**

ambrosiano *adj.* relativo a Santo Ambrósio, antigo bispo de Milão (340-397) ■ *n.m.* membro da Ordem de Santo Ambrósio (De *Ambrósio*, antr. +*-ano*)

ambrosiíneas *n.f.pl.* [ant.] tribo da família das Compostas correspondente, em Portugal, à família das Ambrosiáceas (Do lat. *ambrosĭa-*, «ambrósia» +*-íneas*)

ambrosino *adj.* ⇒ **ambrosíaco** (De *ambrósia+-ino*)

ambrósio *adj.* ⇒ **ambrosíaco** (De *ambrósia*)

ambrozó *n.m.* [Brasil] CULINÁRIA acepipe feito de farinha de milho, azeite de dendê, pimenta, etc. (De orig. obsc.)

âmbula *n.f.* vaso utilizado para guardar os Santos Óleos (Do lat. *ampŭla*, por *ampulla-*, «frasquinho»)

ambulação *n.f.* **1** ato de ambular **2** passeio (Do lat. *ambulatiōne-*, «id.»)

ambulacrário *adj.* ZOOLOGIA diz-se do aparelho locomotor dos equinodermes **2** que se relaciona com ambulacro ■ *n.m.* ZOOLOGIA órgão ou zona que diz respeito a esse aparelho; *pé ~* órgão tubuloso, extensível, terminado em ventosa, que faz parte do aparelho locomotor dos equinodermes (Do lat. *ambulācru-*, «passeio coberto de árvores; alameda» +*-ário*)

ambulacro *n.m.* **1** ZOOLOGIA órgão tubuloso, extensível, terminado em ventosa, que faz parte do aparelho ambulacrário dos equinodermes; pé ambulacrário **2** sítio plantado de árvores em renques regulares (Do lat. *ambulăcru-*, «alameda»)

ambulância *n.f.* **1** veículo automóvel equipado para transportar e prestar os primeiros socorros a doentes e feridos **2** MILITAR hospital móvel que acompanha as tropas **3** estado do que é ambulante (Do lat. *ambulantĭa-*, part. pres. neut. pl. de *ambulāre*, «andar; passear», pelo fr. *ambulance*, «ambulância»)

ambulância-postal *n.f.* **1** veículo automóvel que faz o transporte de correspondência e de encomendas postais **2** pessoal encarregado do serviço que se realiza neste veículo **3** carruagem do correio atrelada ao comboio

ambulante *adj.2g.* **1** relativo a ambulância **2** que anda; errante **3** que se desloca de lugar em lugar; móvel; itinerante (Do lat. *ambulante-*, «id.», part. pres. de *ambulāre*, «andar; passear»)

ambular *v.intr.* **1** andar sem destino; vaguear **2** passear; girar (Do lat. *ambulāre*, «id.»)

ambulativo *adj.* **1** que pode andar **2** errante; ambulante; itinerante (De *ambular+-tivo*)

ambulatório *adj.* **1** que não tem sede fixa **2** diz-se da doença que não obriga o doente a estar de cama, ou do processo de tratamento desta doença ■ *n.m.* secção de hospital para atendimento de doentes que se podem deslocar pelos seus próprios meios e onde são prestados os primeiros socorros (Do lat. *ambulatorĭu-*, «móvel»)

ambulatriz *n.f.* HISTÓRIA mulher que, na antiga Roma, gostava de deambular pelas ruas para dar nas vistas (Do lat. *ambulatrīce-*, «mulher que gosta de passear»)

ambulípede *adj.2g.* ZOOLOGIA que tem órgãos locomotores bem adaptados à locomoção (Do lat. *ambulāre*, «andar» +*pede-*, «pé»)

Amburbiais *n.f.pl.* HISTÓRIA festas, na antiga Roma, com procissão à volta da cidade, em que seguiam os animais destinados ao sacrifício, que rematava a procissão (Do lat. *Amburbiales*, de *ambŭrbiu-*, «sacrifício de animais, que rematava a procissão à volta da cidade»)

ambustão *n.f.* cauterização de uma ferida (Do lat. *ambustiōne-*, «queimadura»)

-ame sufixo nominal, de origem latina, que exprime a ideia de *conjunto, abundância* (*cordame; vasilhame*)

ameaça *n.f.* 1 palavra, gesto ou sinal indicativo do mal que se quer fazer a alguém 2 prenúncio de mal ou doença 3 advertência; aviso (Do lat. vulg. *minacĭa-*, de *mināce-*, «ameaçador»)

ameaçador *adj.* 1 que ameaça 2 (tempo) que anuncia temporal ■ *n.m.* o que ameaça (De *ameaçar+-dor*)

ameaçante *adj.,n.2g.* ⇒ **ameaçador** (De *ameaçar+-ante*)

ameaçar *v.tr.* 1 dirigir ameaças a 2 intimidar; amedrontar 3 pôr em perigo 4 manifestar intenção de ■ *v.tr.,intr.* estar quase a acontecer; estar iminente (De *ameaça+-ar*)

ameaço *n.m.* ⇒ **ameaça** (Deriv. regr. de *ameaçar*)

ameado *adj.* guarnecido de ameias (Part. pass. de *amear*)

amealhado *adj.* 1 diz-se do dinheiro poupado 2 dividido ou distribuído em parcelas (Part. pass. de *amealhar*)

amealhador *adj.,n.m.* 1 que ou aquele que amealha 2 económico (De *amealhar+-dor*)

amealhar *v.tr.* 1 guardar em mealheiro 2 juntar aos poucos; economizar 3 regatear na compra ou venda 4 dividir em pequenas parcelas (De *a-+mealha+-ar*)

amear[1] *v.tr.* guarnecer de ameias (De *ameia+-ar*)

amear[2] *v.tr.* dividir ao meio (De *a-+meio+-ar*)

ameba *n.f.* ZOOLOGIA protozoário livre, comensal ou parasita, constituído por uma única célula nua que muda de forma por emissão de pseudópodes, comum nas águas dos charcos, na terra húmida, etc. (Do gr. *amoibé*, «troca; mudança»)

amebeu *adj.* 1 LITERATURA designativo de um verso latino com duas sílabas longas seguidas de duas breves e uma longa 2 diz-se do discurso ou poema dialogado (Do gr. *amoibaîos*, «alternativo», pelo lat. *amoebaeu-*, «id.»)

amebíase *n.f.* MEDICINA qualquer doença produzida por amebas (De *ameba-í-+-ase*)

amebiforme *adj.2g.* que muda frequentemente de forma, como as amebas (Do gr. *amoibé*, «mudança»+lat. *forma-*, «forma»)

ameboide *adj.2g.* BIOLOGIA semelhante a ameba; *movimento ~* deslocação (de microrganismos) por meio da emissão de pseudópodes (De *ameba+-óide*)

amebóide ver nova grafia **ameboide**

amedalhar *v.tr.* dar aspeto de medalha a (De *a-+medalha+-ar*)

amedrontador *adj.,n.m.* que ou o que amedronta; assustador (De *amedrontar+-dor*)

amedrontamento *n.m.* ato ou efeito de amedrontar(-se) (De *amedrontar+-mento*)

amedrontar *v.tr.* causar medo a; assustar ■ *v.pron.* assustar-se; apavorar-se (Do port. ant. *amedorentar*, «id.»)

ameia *n.f.* 1 cada uma das estruturas retangulares salientes no alto das muralhas, castelos e fortificações, de onde se avistava o inimigo 2 lugar elevado (Do lat. *mina[s]*, «ameias»)

ameiar *v.tr.* ⇒ **amear**[1] (De *ameia+-ar*)

ameigador *adj.,n.m.* que ou o que ameiga (De *ameigar+-dor*)

ameigar *v.tr.* 1 fazer meiguices a; acarinhar; afagar; amimar 2 suavizar (De *a-+meigo+-ar*)

amêijoa *n.f.* 1 ZOOLOGIA designação de vários moluscos lamelibrânquios, alguns dos quais apreciados em culinária 2 ZOOLOGIA molusco bivalve da família dos Cardiídeos, comestível, com concha sólida e convexa, e interior branco, frequente no Atlântico e no Mediterrâneo (De orig. obsc.)

ameijoada[1] *n.f.* CULINÁRIA guisado de amêijoas (De *amêijoa+-ada*)

ameijoada[2] *n.f.* 1 pastagem onde o gado pernoita 2 espera que o caçador faz à caça 3 [Brasil] noitada (Part. pass. fem. subst. de *ameijoar*)

ameijoar *v.tr.* reunir (o gado) na ameijoada (Do lat. *mansiōne-*, «morada», pelo port. ant. *meijon*, «id.»)

ameijoeira *n.f.* aparelho usado no Algarve para a pesca da amêijoa (De *amêijoa+-eira*)

ameixa *n.f.* 1 BOTÂNICA fruto suculento e saboroso, produzido pela ameixeira 2 [pop.] bala das armas de fogo 3 granada de mão (Do lat. *damascīna-*, por *damascēna-*, «ameixa de Damasco»)

ameixeira *n.f.* BOTÂNICA árvore cultivada ou subespontânea, da família das Rosáceas, que produz frutos muito doces e comestíveis (ameixas); ameixieira; ameixoeira (De *ameixa+-eira*)

ameixial *n.m.* campo plantado de ameixeiras (Do port. ant. *amêixea* [= ameixa] +-*al*)

ameixieira *n.f.* ⇒ **ameixeira**

amêixoa *n.f.* ⇒ **ameixa**

ameixoal *n.m.* lugar plantado de ameixoeiras (De *amêixoa+-al*)

ameixoeira *n.f.* ⇒ **ameixeira**

amelaçar *v.tr.* 1 dar gosto ou cor de melaço a 2 adocicar (De *a-+melaço+-ar*)

amelado *adj.* da cor do mel (De *a-+mel+-ado*)

amelia *n.f.* TERATOLOGIA ausência congénita de membros (Do gr. *a-*, «sem» +*mélos*, «membro» +-*ia*)

ameloado *adj.* parecido com o melão no gosto ou no cheiro (De *a-+melão+-ado*)

amelopia *n.f.* MEDICINA diminuição ou perda parcial da visão (Do gr. *a-*, «sem» +*mélas*, «obscuro» +*óps, opós*, «olho» +-*ia*)

amelópico *adj.* relativo à amelopia ■ *adj.,n.m.* que ou indivíduo que sofre de amelopia (De *amelopia+-ico*)

amém *interj.* RELIGIÃO exprime concordância; assim seja!; assim é!; concordo! ■ *n.m.* 1 assentimento; aprovação; concordância 2 [raramente usado] insignificância (Do hebr. *ámén*, «assim seja!», pelo gr. *amén* e pelo lat. *amen*, «id.»)

amembranado *adj.* com aspeto de membrana (De *a-+membrana+-ado*)

ámen *interj.,n.m.* ⇒ **amém**

amência *n.f.* MEDICINA (raramente usado) deficiência mental congénita; confusão mental (Do lat. *amentĭa-*, «demência»)

amendina *n.f.* substância albuminoide contida na amêndoa (Do fr. *amandine*, «id.»)

amêndoa *n.f.* 1 fruto (drupa) de casca dura, produzido pelas amendoeiras, que apresenta uma forma alongada e achatada 2 semente oleaginosa desse fruto utilizada em doçaria e da qual se extrai um óleo utilizado em cosmética, culinária ou farmácia 3 *pl.* qualquer presente que se oferece pela Páscoa (Do gr. *amygdále*, «amêndoa», pelo lat. cl. *amygdăla-*, «id.», pelo lat. vulg. **amyndŭla-*, «amêndoa»)

amendoada *n.f.* 1 emulsão de amêndoas 2 CULINÁRIA doce de amêndoa e ovos 3 [fig.] soporífero (De *amêndoa+-ada*)

amendoado *adj.* 1 que é feito com amêndoas 2 que sabe a amêndoa 3 que tem forma de amêndoa (De *amêndoa+-ado*)

amendoal *n.m.* pomar de amendoeiras

amendoeira *n.f.* BOTÂNICA árvore da família das Rosáceas, cujas flores, de cor branca, nascem antes das folhas, e cujos fruto e semente oleaginosa se denominam amêndoas (De *amêndoa+-eira*)

amendoim *n.m.* 1 BOTÂNICA planta americana da família das Leguminosas, produtora de frutos subterrâneos, comestíveis, e cujas sementes fornecem um precioso óleo também muito usado na alimentação; alcagoita 2 BOTÂNICA fruto ou semente desta planta (Do tupi-guar. *mãdu'bi* ou *mãdu'i*, «id.»)

amendoína *n.f.* FARMÁCIA cosmético preparado com óleo de amêndoa (De *amêndoa+-ina*)

amenidade *n.f.* 1 qualidade do que é ameno 2 deleite; suavidade; doçura 3 [fig.] carácter aprazível (Do lat. *amoenitāte-*, «amenidade»)

ameninado *adj.* 1 que tem aspeto ou modos de criança; acriançado; pueril 2 fraco; débil (Part. pass. de *ameninar-se*)

ameninar *v.tr.* dar aparência ou maneiras de criança a ■ *v.pron.* 1 adquirir modos de criança 2 vestir-se como uma criança (De *a-+menino* ou *menina+-ar*)

amenista *adj.,n.2g.* que ou pessoa que concorda com tudo; condescendente (De *ámen+-ista*)

amenizador *adj.,n.m.* que ou o que ameniza (De *amenizar+-dor*)

amenizar *v.tr.,intr.,pron.* 1 tornar(-se) ameno ou aprazível; suavizar(-se) 2 tornar(-se) menos difícil ou penoso (De *ameno+-izar*)

ameno *adj.* 1 que tem amenidade 2 agradável; aprazível 3 delicioso 4 delicado; afável (Do lat. *amoenu-*, «id.»)

amenomania *n.f.* (psiquiatria) forma de melancolia anormal com delírio e excitação de alegria; delírio (De *ameno+mania*)

amenomaníaco *adj.,n.m.* que ou aquele que tem amenomania (De *ameno+maníaco*)

amenómano *adj.,n.m.* ⇒ **amenomaníaco** (De *ameno+-mano*)

amenorreia *n.f.* MEDICINA ausência da menstruação em mulher na idade de ser menstruada (Do gr. *a-*, «sem» +*mén, menós*, «mês» +*rhoía*, «fluxo»)

amenorreico *adj.* 1 que diz respeito à amenorreia 2 diz-se da mulher que sofre de amenorreia (De *amenorreia+-ico*)

amenta *n.f.* 1 ação de amentar 2 reza pelos defuntos 3 quantia paga ao padre pelas rezas, em dia de finados (Deriv. regr. de *amentar*)

amentáceas *n.f.pl.* BOTÂNICA designação de um grupo de plantas que têm amentos ou amentilhos, como as Salicáceas (De *amentáceo*)

amentáceo *adj.* 1 relativo a amentilho 2 que tem a forma de amentilho (Do lat. *amentu-*, «correia» +-*áceo*)

amentador *n.m.* o que amenta (De *amentar+-dor*)

amentar¹ *v.tr.* **1** trazer à mente **2** lembrar-se de **3** rezar por (defuntos); responsar (De *a-+mente+-ar*)
amentar² *v.tr.* enlouquecer (Do lat. *amentāre*, «não estar no seu juízo»)
amentar³ *v.tr.* ligar com correias; prender (Do lat. *amentāre*, «guarnecer de correias»)
amentífero *adj.* que tem amentos ou amentilhos (Do lat. *amentu-*, «correia do dardo» +*fero*, de *ferre*, «trazer»)
amentiforme *adj.2g.* que tem forma de amentilho (Do lat. *amentu-*, «correia» +*forma-*, «forma»)
amentilho *n.m.* BOTÂNICA espiga de flores unissexuais, caduca depois da maturação; amento (Do lat. *amentu-*, «correia» +*-ilho*)
amento *n.m.* BOTÂNICA ⇒ **amentilho** (Do lat. *amentu-*, «correia»)
amerceador *adj.,n.m.* que ou o que se amerceia (De *amercear+-dor*)
amerceamento *n.m.* **1** ato ou efeito de amercear ou de amercear-se **2** mercê **3** compaixão (De *amercear+-mento*)
amercear *v.tr.* **1** fazer mercê a; conceder mercê a **2** comutar uma pena a ■ *v.pron.* compadecer-se; condoer-se; apiedar-se (De *a-+mercê+-ar*)
americana *n.f.* **1** carruagem de quatro rodas e capota **2** variedade de nogueira (De *americano*)
americanada *n.f.* **1** conjunto de americanos **2** [depr.] americanice (De *americano+-ada*)
americanice *n.f.* [depr.] procedimento característico do gosto americano; exagero; excentricidade (De *americano+-ice*)
americanismo *n.m.* **1** cultura ou mentalidade característica dos povos americanos, especialmente dos Estados Unidos da América **2** admiração pela civilização americana, especialmente a dos Estados Unidos da América **3** palavra, expressão ou pronúncia própria dos naturais ou habitantes dos Estados Unidos da América, por oposição aos ingleses **4** estudo das culturas do continente americano **5** HISTÓRIA movimento nascido das ideias do Padre Isaac Hecker (1819-1888), que parecia defender certa adaptação do dogma à vida prática hedonista dos Americanos ávidos de riquezas, e foi condenado por Leão XIII em 1889 (De *americano+-ismo*)
americanista *n.2g.* **1** pessoa versada em assuntos americanos, especialmente dos Estados Unidos da América **2** entusiasta pelas coisas da América, especialmente dos Estados Unidos da América ■ *adj.2g.* que manifesta admiração pelo que é americano (De *americano+-ista*)
americanite *n.f.* dinamite, com grande percentagem de nitroglicerina, adicionada a um líquido (Do ing. *american*, «americano» +*(dynam)ite*, «dinamite»)
americanização *n.f.* ato ou efeito de americanizar(-se) (De *americanizar+-ção*)
americanizar *v.tr.* dar carácter de americano a ■ *v.pron.* **1** adquirir modos ou hábitos americanos **2** naturalizar-se americano (De *americano+-izar*)
americano *adj.* **1** relativo à América **2** relativo aos Estados Unidos da América ■ *n.m.* **1** natural da América **2** cidadão dos Estados Unidos da América **3** carro que se desloca sobre carris de ferro, movido por tração animal ou elétrica (De *América*, top. +*-ano*)
americanófilo *adj.,n.m.* que ou aquele que é admirador dos povos americanos, dos seus usos e costumes (De *americano+-filo*)
americanófobo *adj.,n.m.* que ou aquele que detesta os Americanos ou as coisas da América (De *americano+-fobo*)
amerício *n.m.* QUÍMICA sexto elemento transuraniano, com o número atómico 95 e símbolo Am, radioativo, obtido artificialmente (De *América*, top. +*-io*)
americo- /é/ elemento de formação de palavras que exprime a ideia de *americano* ou *referente à América* (De *América*)
americomania *n.f.* admiração exagerada pelas coisas americanas (De *americo-+-mania*)
ameríndio *n.m.* nativo do continente americano ■ *adj.* pertencente ou relativo aos nativos do continente americano (De *Amér(ica)+índio*)
amerissar *v.tr.* [Brasil] ⇒ **amarar** (Do fr. *amériss(age)*, «amaragem» +*-ar*)
amerita *n.f.* (mitologia indiana) licor da imortalidade (Do sânsc. *amrta*, «néctar da imortalidade»)
amerstia *n.f.* BOTÂNICA árvore leguminosa, oriunda da Índia e descoberta por J. Amherst (1717-1797) (De *J. Amherst*, antr. +*-ia*)
amerujar *v.tr.,intr.* [regionalismo] ⇒ **merujar** (De *a-+merujar*)
amesendar *v.tr.* **1** fazer sentar à mesa **2** instalar; acomodar ■ *v.pron.* **1** sentar-se à mesa **2** pôr-se à vontade; refastelar-se (De *a-+mesa* × *merendar?*)

amesquinhador *adj.,n.m.* que ou o que amesquinha (De *amesquinhar+-dor*)
amesquinhamento *n.m.* **1** ato ou efeito de amesquinhar **2** humilhação (De *amesquinhar+-mento*)
amesquinhar *v.tr.,pron.* **1** tornar(-se) mesquinho ou insignificante; depreciar(-se) **2** vexar(-se); humilhar(-se) **3** tornar(-se) triste (De *a-+mesquinho+-ar*)
amesterdamês *adj.* relativo ou pertencente à cidade de Amesterdão ■ *n.m.* natural ou habitante dessa cidade (De *Amsterdam*, top. +*-ês*)
amestrado *adj.* **1** tornado mestre **2** (animal) treinado; ensinado **3** [fig.] obediente (Part. pass. de *amestrar*)
amestrador *adj.,n.m.* que ou o que amestra (De *amestrar+-dor*)
amestramento *n.m.* **1** ato ou efeito de amestrar **2** adestramento; treino; instrução (De *amestrar+-mento*)
amestrar *v.tr.* **1** tornar mestre; tornar perito **2** instruir; ensinar **3** tornar capaz de fazer habilidades (De *a-+mestre+-ar*)
ametabólico *adj.* ZOOLOGIA diz-se do inseto cujo desenvolvimento se processa sem metamorfoses (De *a-+metabólico*)
ametalar *v.tr.* **1** misturar ou ornar com metal **2** dar aspeto de metal a (De *a-+metal+-ar*)
ametista *n.f.* MINERALOGIA variedade de quartzo, de cor purpúrea ou violeta, usada como gema; ~ *oriental* variedade purpúrea de corindo, usada como pedra preciosa (Do gr. *améthystos*, «pedra preciosa», pelo lat. *amethystu-*, «ametista»)
ametístea *n.f.* BOTÂNICA planta ornamental da família das Labiadas, de pequenas flores roxas e azuis (De *ametista+-ea*)
ametístico *adj.* **1** relativo a ametista **2** que tem o brilho e a cor da ametista (De *ametista+-ico*)
ametria¹ *n.f.* falta de medida (Do gr. *ametría*, «número desmesurado»)
ametria² *n.f.* MEDICINA ausência congénita de útero (Do gr. *a-*, «sem» +*métra*, «útero» +*-ia*)
amétrico¹ *adj.* sem medida (Do gr. *ámetros*, «imenso»)
amétrico² *adj.* MEDICINA que não tem útero (Do gr. *a-*, «sem» +*métra*, «útero» +*-ico*)
ametrope *adj.2g.* MEDICINA em que há ametropia (Do gr. *ámetros*, «imenso» +*óp, opós*, «olho»)
ametropia *n.f.* MEDICINA defeito de visão originado pela falta de focagem conveniente das imagens na retina, que se corrige colocando diante do olho ametrope uma lente delgada que lhe permite ver, sem fazer a acomodação, objetos muito afastados; ~ *axial* MEDICINA defeito de visão causado pelo comprimento, exagerado (miopia axial) ou deficiente (hipermetropia axial), do eixo do globo ocular (De *ametrope+-ia*)
amezinhador *n.m.* aquele que amezinha (De *amezinhar+-dor*)
amezinhar *v.tr.* **1** receitar mezinhas a **2** tratar por meio de mezinhas (De *a-+mezinha+-ar*)
amezinhável *adj.2g.* que se pode amezinhar (De *amezinhar+-vel*)
âmi *n.f.* BOTÂNICA planta da família das Umbelíferas, frequente em Portugal; âmio-maior; âmio-vulgar (Do gr. *ámmi*, «cominho real», pelo lat. *ammĭu-*, «id.»)
amial *n.m.* lugar plantado de amieiros (De *ami(eiro)+-al*)
amiantáceo *adj.* semelhante a amianto (De *amianto+-áceo*)
amiantino *adj.* que tem o aspeto ou as propriedades do amianto; semelhante a amianto (De *amianto+-ino*)
amianto *n.m.* MINERALOGIA silicato natural hidratado de cálcio e magnésio, de estrutura fibrosa, branca e brilhante, resistente ao fogo e a altas temperaturas (Do gr. *amíantos*, pelo lat. *amiantu-*, «amianto»)
amiantoide *adj.2g.* ⇒ **amiantino** (De *amianto+-óide*)
amiantóide ver nova grafia **amiantoide**
amiba *n.f.* ⇒ **ameba** (Do gr. *amoibé*, «que muda»)
amical *adj.2g.* **1** que tem carácter de amizade **2** próprio de amigo (Do lat. *amicāle-*, «de amigo»)
amichelar *v.tr.* NÁUTICA atar com michelos (De *a-+michelo+-ar*)
amicíssimo *adj.* {superlativo absoluto sintético de **amigo**} muito amigo (Do lat. *amicissĭmu-*, «id.»)
amicto *n.m.* pano branco que o sacerdote põe aos ombros antes de vestir a alva (Do lat. *amictu-*, «vestuário exterior»)
amictório *n.m.* na Roma antiga, lenço ou véu com que as donzelas cobriam os ombros e o peito (Do lat. *amictorĭu-*, «véu»)
amículo *n.m.* pequeno véu; mantilha (Do lat. *amicŭlu-*, «manto»)
amida *n.f.* QUÍMICA qualquer composto orgânico cuja fórmula pode ser obtida da do amoníaco ou de uma amina primária ou secundária, por substituição de um átomo de hidrogénio por um acilo, ou da fórmula de um ácido por substituição do grupo OH pelo grupo NH_2 (De *am(oníaco)+-ida*)
amidálico *adj.* ⇒ **amídico** (De *amido+-al+-ico*)

amidar v.tr. preparar com amido (De amido+-ar)
amídico adj. **1** relativo a amido **2** que contém amido (De amido+-ico)
amidina n.f. **1** QUÍMICA princípio imediato do amido **2** QUÍMICA monobase em que o mesmo átomo de carbono está ligado a uma amida e a uma imida **3** QUÍMICA nome genérico de compostos orgânicos que se podem derivar das amidas, substituindo oxigénio carboxílico por radicais NH (De amido+-ina)
amido n.m. QUÍMICA designação genérica de compostos de carbono, oxigénio e hidrogénio, glícidos polissacarídeos, muito abundantes nos vegetais, especialmente nos tubérculos, rizomas e sementes, sendo o amido da batata (fécula) um pó branco muito usado na alimentação e na indústria (Do gr. ámylon, «não moído», pelo lat. amÿlu-, «amido», pelo it. amido, «id.»)
amidogénio n.m. QUÍMICA radical NH_2 que figura em vários compostos orgânicos (De amida+-génio)
amidol n.m. FOTOGRAFIA cloridrato de diaminofenol, usado como revelador (Do fr. amidol, «id.»)
amidoleucito n.m. ⇒ **amiloplasta** (De amido+gr. leukós, «branco» +-ito)
amidona n.f. QUÍMICA ⇒ **amidina 1**
amieira n.f. **1** cesta feita de tiras delgadas e estreitas de madeira de amieiro **2** ⇒ **amieiro** (De amieiro)
amieiral n.m. ⇒ **amial** (De amieiro+-al)
amieiro n.m. **1** BOTÂNICA árvore da família das Betuláceas, frequente nas terras húmidas, cuja madeira é aproveitada para construção e cuja casca se utilizada para preparar curtumes **2** [regionalismo] (Trás-os-Montes) tamanco feito da madeira do amieiro (De orig. obsc.)
amieiro-negro n.m. BOTÂNICA arbusto da família das Ramnáceas, comum nas terras húmidas e matos; lagarinho; sanguinho; zangarinho; amieiro-preto
amielencefalia n.f. TERATOLOGIA ausência congénita do encéfalo e da medula espinhal ou de todo o sistema nervoso central (Do gr. a-, «sem» +myelós, «medula»+port. encefalia)
amielencéfalo adj.,n.m. TERATOLOGIA que ou aquele que apresenta amielencefalia (Do gr. a-, «sem» +myelós, «medula»+port. encéfalo)
amielia n.f. TERATOLOGIA ausência congénita de medula espinhal (Do gr. a-, «sem»+myélos, «medula» +-ia)
amiélico adj.,n.m. TERATOLOGIA que ou aquele que sofre de amielia (De amielia+-ico)
amielotrofia n.f. MEDICINA atrofia da medula espinhal (Do gr. a-, «sem» +myelós, «medula» +tropheîa, «alimentação»)
amiga n.f. **1** mulher que tem com alguém uma relação de amizade **2** colega **3** amante (Do lat. amīca-, «id.»)
amigabilidade n.f. **1** qualidade ou carácter do que é amigável **2** INFORMÁTICA característica de um produto (programa, página de internet, etc.) que é fácil de aprender a usar (De amigável+-i+-dade)
amigação n.f. ato ou efeito de amigar-se; concubinato; mancebia (De amigar+-ção)
amigaço n.m. [pop.] grande amigo (De amigo+-aço)
amigado adj. [depr., pop.] que vive com alguém em situação considerada ilícita; amancebado (Part. pass. de amigar)
amigalhaço n.m. [pop.] grande amigo (De amigo+-alho+-aço)
amigalhão n.m. ⇒ **amigalhaço** (De amigo+-alho+-ão)
amigalhote n.m. [depr.] amigo de pouca intimidade (De amigo+-alho+-ote)
amiganço n.m. ⇒ **amigação** (De amigar+-anço)
amigar v.tr. tornar amigo ■ v.pron. **1** tornar-se amigo **2** [depr., pop.] viver maritalmente com alguém sem estar casado; amancebar-se (De amigo+-ar)
amigável adj.2g. **1** próprio de amigo **2** dito ou feito por amizade **3** (acordo, separação) por mútuo consentimento **4** INFORMÁTICA de fácil aprendizagem ou utilização; intuitivo **5** DESPORTO diz-se do jogo disputado geralmente para treino, confraternização ou para recolha de fundos, cujo resultado não conta para campeonato ou torneio (Do lat. tard. amicabĭle-, «id.»)
amígdala n.f. ANATOMIA cada um dos órgãos de função linfopoiética, tipicamente em forma de amêndoa, que estão situados à entrada da garganta; tonsila (Do gr. amygdále, «amêndoa» pelo lat. amygdăla-, «id.»)
amigdaláceas n.f.pl. BOTÂNICA grupo de plantas a que pertencem as amendoeiras, incluídas por alguns autores na família das Rosáceas; amigdáleas (De amígdala+-áceas)
amigdalar adj.2g. relativo às amígdalas; amigdaliano (De amígdala+-ar)
amigdáleas n.f.pl. BOTÂNICA ⇒ **amigdaláceas** (De amígdala+-eas)

amigdalectomia n.f. ⇒ **amigdalotomia** (Do gr. amygdále, «amígdala» +ektomé, «corte»)
amigdaliano adj. relativo às amígdalas (De amígdala+-iano)
amigdálico adj. relativo às amígdalas (De amígdala+-ico)
amigdalífero adj. BOTÂNICA diz-se da planta que produz amêndoas (Do lat. amygdăla-, «amêndoa» +fero, de ferre, «ter; dar»)
amigdaliforme adj.2g. em forma típica de amígdala (Do lat. amygdăla-, «amêndoa» +forma-, «forma»)
amigdalina n.f. QUÍMICA substância cristalizada descoberta na amêndoa amarga (Do lat. amygdăla-, «amêndoa» +-ina)
amigdalino adj. **1** feito com amêndoas **2** relativo a amêndoa (Do lat. amygdalīnu-, «de amêndoa»)
amigdalite n.f. MEDICINA inflamação das amígdalas; angina tonsilar; tonsilite (De amígdala+-ite)
amigdalotomia n.f. CIRURGIA remoção das amígdalas (Do gr. amygdále, «amígdala» +tomé, «corte» +-ia)
amigdalótomo n.m. instrumento cirúrgico que serve para extrair as amígdalas (Do gr. amygdále, «amígdala» +tomé, «corte»)
amigo n.m. **1** aquele que tem com alguém uma relação de amizade **2** partidário; simpatizante **3** admirador; apreciador **4** defensor; protetor **5** aliado; cúmplice **6** [coloq.] amante ■ adj. **1** que demonstra afeição **2** em que há amizade; ~ *da onça* aquele que é considerado amigo e toma uma atitude traiçoeira ou desleal; ~ *de Peniche* [depr.] amigo falso e hipócrita; ~ *do alheio* ladrão; ~ *do ambiente* quem ou o que revela uma preocupação com o impacto negativo da ação humana sobre o ambiente; ~ *do peito* pessoa muito chegada; *falso* ~ palavra ou expressão de uma língua que, por ser semelhante à de outra língua, é erradamente entendida como tendo o mesmo sentido (por ex., a palavra *actually*, em inglês, que significa «na realidade» e não «atualmente») (Do lat. amīcu-, «id.»)
amiláceo adj. **1** que contém amido **2** da natureza do amido (De amilo+-áceo)
amílase n.f. fermento que transforma o amido em maltose (De amilo+-ase)
amilhar v.tr. **1** dar milho a **2** tratar com milho (De a-+milho+-ar)
amílico adj. QUÍMICA designativo de vários álcoois, com o grupo C_5H_{11} na molécula, e de derivados desses álcoois (De amilo+-ico)
amilífero adj. que contém ou produz amido (Do lat. amÿlu-, «amido» +fero, de ferre, «ter; dar»)
amílio n.m. QUÍMICA radical do álcool amílico (De amilo+-io)
amilo n.m. ⇒ **amílio** (Do lat. amÿlu-, «amido»)
amilo- elemento de formação de palavras que exprime a ideia de amido (Do gr. ámylon, «não moído», pelo lat. amÿlu-, «amido»)
amiloide adj.2g. diz-se do princípio vegetal, glícido, com caracterísitcas semelhantes às do amido ■ n.f. QUÍMICA, MEDICINA complexo glicoproteico anormal, que se deposita entre as células de certos tecidos ou órgãos, provocando lesões degenerativas e diferentes perturbações (De amilo+-óide)
amilóide ver nova grafia amiloide
amiloidose n.f. MEDICINA doença provocada pela deposição de amiloide entre as células de determinados tecidos ou órgãos (De amilóide+-ose)
amiloleucito n.m. ⇒ **amiloplasta** (De amilo-+leucito)
amiloplasta n.m. CITOLOGIA plasta incolor com amido acumulado no seu interior, abundante nos órgãos vegetais de reserva; amiloplastídio; amidoleucito (De amilo-+plasta)
amiloplastídio n.m. ⇒ **amiloplasta** (De amilo-+plastídio)
amilopsina n.f. BIOQUÍMICA fermento do suco pancreático que atua na sacarificação dos alimentos amiláceos (De amilo-+(tri)psina)
amilose n.f. QUÍMICA substância que constitui a parte principal dos grânulos da fécula (De amilo-+-ose)
amimador adj.,n.m. que ou o que amima (De amimar+-dor)
amimalhar v.tr. dar demasiado mimo a (De a-+mimalho+-ar)
amimar v.tr. dar mimo a; acariciar; acarinhar (De a-+mimo+-ar)
amimia n.f. MEDICINA paralisia dos músculos faciais (Do gr. a-, «sem» +mîmos, «ato mímico» +-ia)
amina n.f. QUÍMICA qualquer composto orgânico cuja fórmula possa ser obtida da do amoníaco, substituindo um ou mais átomos de hidrogénio por igual número de alquilos ou acilos (De am(oníaco)+-ina, ou do fr. amine, «id.»)
aminação n.f. processo de preparação de aminas (De amina+-ção)
aminácido n.m. ⇒ **aminoácido** (De amina+ácido)
amino- elemento de formação de palavras que exprime a ideia de amina (De amina)
aminoácido n.m. QUÍMICA nome genérico dos compostos orgânicos em cuja composição entram a função amina e a função ácido,

e que são os constituintes principais das proteínas (De *amino-+ácido*)

aminol *n.m.* líquido incolor e de cheiro desagradável, empregado como antisséptico (De *amina+-ol*)

amíntico *adj.* **1** que preserva **2** que fortifica (Do gr. *amyntikós*, «capaz de defender»)

âmi-maior *n.m.* BOTÂNICA ⇒ **âmi**

amiostasia *n.f.* MEDICINA tremura involuntária produzida pelo relaxamento e contrações dos músculos (Do gr. *a-*, «sem» *+mýs, myós*, «músculo» *+stásis*, «equilíbrio» *+-ia*)

amiotaxia /cs/ *n.f.* MEDICINA movimentos involuntários e desordenados, de ordem reflexa (Do gr. *a-*, «sem» *+mýs, myós*, «músculo» *+táxis*, «disposição» *+-ia*)

amiotrofia *n.f.* MEDICINA atrofia do tecido muscular

amiotrófico *adj.* MEDICINA que sofre de amiotrofia

âmio-vulgar *n.m.* BOTÂNICA ⇒ **âmi**

amir *n.m.* ⇒ **emir** (Do ár. *amīr*, «chefe; príncipe»)

amiserar *v.tr.* despertar a piedade de ■ *v.pron.* **1** compadecer-se; apiedar-se **2** lamentar-se; queixar-se (De *a-+mísero+-ar*)

amissão *n.f.* perda (Do lat. *amissiōne-*, «id.»)

amissibilidade *n.f.* qualidade do que é amissível (Do lat. *amissibilitāte-*, «id.»)

amissível *adj.2g.* que pode perder-se (Do lat. *amissibĭle-*, «id.»)

amistar *v.tr.* **1** tornar amigo **2** reconciliar (Do cast. *amistar*, «id.»)

amistoso /ô/ *adj.* **1** próprio de amigo; amigável **2** caloroso (Do cast. *amistoso*, «id.»)

amisular *v.tr.* **1** pôr mísulas em **2** colocar sobre mísulas (De *a-+mísula+-ar*)

amitose *n.f.* CITOLOGIA processo de divisão (direta) do núcleo celular, em que este se separa em duas partes, indo cada uma delas originar um novo núcleo; acinese (De *a-+mitose*, ou do fr. *amitose*, «id.»)

amituário *n.m.* armário para guardar amictos

amiudadamente *adv.* frequentemente; amiúde (De *amiudado+-mente*)

amiudar[1] /mi-u/ *v.tr.* fazer (algo) repetidas vezes; repetir frequentemente ■ *v.intr.,pron.* ocorrer com frequência ■ *v.intr.* cantar (o galo) repetidas vezes, ao amanhecer (De *amiúde+-ar*)

amiudar[2] /mi-u/ *v.tr.,pron.* tornar(-se) miúdo, pequeno ■ *v.tr.* analisar em pormenor; examinar (De *a-+miúdo+-ar*)

amiúde *adv.* frequentemente; muitas vezes (Do lat. *adinvĭcem*, «pouco a pouco»)

amixia /cs/ *n.f.* **1** BIOLOGIA impossibilidade de mistura de duas espécies, devida muitas vezes a carência de interação sexual **2** MEDICINA ausência de secreção mucosa (Do gr. *amixía*, «ausência de relações»)

amixorreia /cs/ *n.f.* MEDICINA falta ou diminuição da secreção normal de muco (Do gr. *a-*, «sem» *+mýxa*, «muco» *+rheín*, «correr»)

amizade *n.f.* **1** afeição por uma pessoa; estima; simpatia **2** camaradagem; companheirismo; cumplicidade **3** entendimento; compreensão **4** dedicação; bondade **5** pessoa amiga (Do lat. *amicitāte-*, «id.»)

amnesia *n.f.* ⇒ **amnésia**

amnésia *n.f.* MEDICINA perturbação mais ou menos profunda da memória; **~** *de conservação/retrógrada* amnésia habitualmente provocada por traumatismo, que incide sobre um período mais ou menos longo imediatamente anterior ao acontecimento causal; **~** *de fixação* incapacidade de adquirir lembranças; **~** *de reconhecimento* incapacidade de reconhecer objetos e por vezes pessoas familiares, também denominada agnosia; **~** *lacunar* amnésia que incide sobre período geralmente muito breve, em casos de acidente epilético, de confusão mental; **~** *sistemática* amnésia habitualmente devida a causas afetivas, que incide sobre um período ou sobre factos cuja lembrança seria dolorosa para o paciente (Do gr. *amnēsía*, «esquecimento»)

amnesiar *v.tr.* causar amnésia a (De *amnésia+-ar*)

amnésico *adj.* **1** que provoca amnésia **2** [fig.] esquecido ■ *n.m.* MEDICINA aquele que sofre de amnésia (De *amnésia+-ico*)

amnéstico *adj.* ⇒ **amnésico** *adj.*

amniado *adj.* ZOOLOGIA diz-se do vertebrado cujo embrião se desenvolve no interior do âmnio; amniota ■ *n.m.pl.* ZOOLOGIA grupo de vertebrados (répteis, aves e mamíferos), nos quais se verifica a existência dos anexos embrionários (âmnio e alantoide) (De *âmnio+-ado*)

amnícola *adj.2g.* que vive nas margens dos rios (Do lat. *amnicŏla*, «id.»)

âmnio *n.m.* anexo embrionário dos amniados, representado por um saco protetor do embrião, que contém o líquido amniótico (Do gr. *amníon*, «vaso para o sangue dos sacrifícios»)

amniocentese *n.f.* MEDICINA punção da cavidade uterina para recolha de líquido amniótico para análise, durante a gravidez (De *âmnio+gr. kéntesis*, «perfuração»)

amniota *n.m.* ZOOLOGIA vertebrado cujo embrião se desenvolve no interior do âmnio (De *âmnio+-ota*)

amniótico *adj.* relativo à membrana que envolve o embrião; *líquido* **~** líquido claro que envolve o feto durante a gestação; *saco* **~** bolsa membranosa que contém este líquido e dentro da qual o feto se desenvolve (De *amniota+-ico*)

amnistia *n.f.* **1** DIREITO medida de clemência que se traduz na anulação ou diminuição da pena imposta por crime, contraordenação ou ato ilícito disciplinar **2** perdão de carácter geral ou coletivo (Do gr. *amnēstía*, «esquecimento; perdão», pelo lat. *amnestīa-*, «amnistia»)

amnistiar *v.tr.* **1** conceder amnistia a **2** perdoar a (De *amnistia+-ar*)

amo *n.m.* **1** patrão; chefe **2** dono da casa em relação às pessoas que estão ao seu serviço; senhor (De *ama*)

amocambar *v.tr.* **1** juntar em mocambos **2** esconder (De *a-+mocambo+-ar*)

amocar *v.tr.* **1** dar com moca em **2** esconder (De *a-+moca+-ar*)

amocete *n.m.* BIOLOGIA larva de peixe sem mandíbula, como a lampreia

amochar *v.intr.* **1** (jogo do eixo) dobrar-se para que lhe saltem por cima **2** aguentar ■ *v.pron.* **1** retrair-se **2** abaixar-se **3** esconder-se; isolar-se **4** zangar-se (De *a-+mocho+-ar*)

amochilar *v.tr.* **1** meter na mochila; guardar **2** esconder **3** comer (De *a-+mochila+-ar*)

amodernar *v.tr.* ⇒ **modernizar** (De *a-+moderno+-ar*)

amódita *n.m.* **1** ICTIOLOGIA peixe teleósteo semelhante à enguia **2** ZOOLOGIA réptil da família dos Viperídeos ■ *adj.2g.* diz-se do ser vivo que vive ou se enterra na areia (Do gr. *ammodýtes*, de *ámmos*, «areia» *+dýtes*, «mergulhador», pelo lat. *ammodȳta-*, «id.»)

Amodítidas *n.m.pl.* ⇒ **Amoditídeos**

Amoditídeos *n.m.pl.* ICTIOLOGIA família de peixes teleósteos (De *amódita+-ídeos*)

amodorrar *v.tr.,intr.,pron.* causar ou cair em modorra; tornar(-se) sonolento (De *a-+modorra+-ar*)

amoedação *n.f.* **1** ato de amoedar **2** transformação em moeda **3** cunhagem de moeda (De *amoedar+-ção*)

amoedar *v.tr.* **1** reduzir a moeda **2** cunhar (moeda) (De *a-+moeda+-ar*)

amoedável *adj.2g.* que se pode transformar em moeda (De *amoedar+-vel*)

amofinação *n.f.* **1** ato ou efeito de amofinar(-se) **2** aborrecimento **3** desgosto; pena (De *amofinar+-ção*)

amofinador *adj.,n.m.* que ou o que amofina (De *amofinar+-dor*)

amofinar *v.tr.* **1** causar amofinação a **2** afligir; apoquentar ■ *v.pron.* **1** zangar-se **2** afligir-se; preocupar-se (De *a-+mofino+-ar*)

amofinativo *adj.* que produz amofinação (De *amofinar+-tivo*)

amoinar *v.intr.* **1** [coloq.] andar na moina; vadiar **2** [coloq.] pedir esmola; mendigar (De *a-+moina+-ar*)

amoirar *v.tr.* ⇒ **amourar**

amoiriscado *adj.* ⇒ **amouriscado**

amoiriscar *v.tr.* ⇒ **amouriscar**

amoitar *v.tr.* meter em moita; ocultar ■ *v.pron.* meter-se em moita; esconder-se (De *a-+moita+-ar*)

amojar *v.tr.,pron.* encher(-se) de leite (o seio, a teta) ■ *v.tr.* [ant.] ordenhar (o gado) (De lat. *emulgĕre*, «id.»)

amojo /ô/ *n.m.* **1** ato de amojar **2** intumescência das tetas cheias de leite; apojadura **3** estado lactescente dos grãos dos cereais antes da maturação (Deriv. regr. de *amojar*)

amojudo *adj.* que tem as tetas ou os seios muito desenvolvidos (De *amojo+-udo*)

amolação *n.f.* **1** ato ou efeito de amolar; afiação; amoladela; amoladura **2** [Brasil] maçada; contrariedade; aborrecimento (De *amolar+-ção*)

amolachar *v.tr.* [pop.] amolgar

amolada *n.f.* água em que mergulha parte do rebolo de amolar (Part. pass. fem. subst. de *amolar*)

amoladeira *n.f.* pedra ou instrumento de amolar (De *amolar+-deira*)

amoladela *n.f.* **1** ato ou efeito de amolar; afiação; amolação; amoladura **2** [coloq.] experiência penosa e inútil; aborrecimento **3** [coloq.] castigo; repreensão (De *amolar+-dela*)

amolador *n.m.* o que amola (De *amolar+-dor*)

amoladura *n.f.* **1** ato ou efeito de amolar; amolação; amoladela; afiação **2** resíduo que fica na água com que se amolece o rebolo (pedra) (De *amolar+-dura*)

amolancar v.tr. 1 tornar mole 2 amachucar (De a-+molancas+-ar)

amolar¹ v.tr. 1 afiar no rebolo; tornar cortante; aguçar 2 [coloq.] pôr em dificuldade 3 [Brasil] molestar; importunar; maçar ■ v.pron. 1 [coloq.] ver-se em grandes dificuldades; sofrer as consequências de 2 [Brasil] apoquentar-se; incomodar-se (Do lat. *mola-*, «mó», pelo cast. *amolar*, «afiar; aguçar»)

amolar² v.tr. [pop.] achatar; amolgar (De a-+mole+-ar)

amoldar v.tr. 1 ajustar ao molde; moldar 2 conformar; adequar 3 habituar; acostumar ■ v.pron. 1 ajustar-se ao molde 2 habituar-se (De a-+molde+-ar)

amoldável adj.2g. que se pode amoldar (De amoldar+-vel)

amoldurar v.tr. 1 ⇒ **moldurar** 2 [fig.] adaptar; amoldar (De a-+moldura+-ar)

amolecar v.tr. 1 [Brasil] tornar semelhante a moleque 2 [Brasil] [fig.] ridicularizar; rebaixar (De a-+moleque+-ar)

amolecedor adj.,n.m. que ou o que amolece (De amolecer+-dor)

amolecer v.tr. 1 tornar mole 2 [fig.] abrandar; enternecer ■ v.intr. 1 ficar mole 2 perder o ânimo; entorpecer ■ v.pron. 1 enternecer-se 2 [fig.] efeminar-se (Do lat. *mollescĕre*, «id.»)

amolecimento n.m. 1 ato ou efeito de amolecer 2 enfraquecimento; entorpecimento (De amolecer+-i-+-mento)

amolengar v.tr. 1 tornar molengão 2 tornar mole; amolecer (De a-+molenga+-ar)

amolentar v.tr.,intr.,pron. 1 tornar(-se) mole; amolecer gradualmente 2 enfraquecer 3 abrandar; comover(-se); enternecer(-se) (De a-+mole-entar)

amolgadela n.f. 1 ato ou efeito de amolgar 2 depressão; amachucadela; achatamento (De amolgar+-dela)

amolgadura n.f. ⇒ **amolgadela** (De amolgar+-dura)

amolgamento n.m. ⇒ **amolgadela** (De amolgar+-mento)

amolgar v.tr. 1 fazer mossa em; achatar; amassar; deprimir 2 [fig.] vencer; dominar (Do lat. *mollĭcāre* ou *admollĭcāre*, «tornar mole»)

amolgável adj.2g. que se pode amolgar (De amolgar+-vel)

Amomáceas n.f.pl. BOTÂNICA [ant.] família de plantas exóticas, cujo género-tipo era o *Amomum* (De amomáceo)

amomáceo adj. relativo ou semelhante ao amomo (De amomo+-áceo)

amomo /ô/ n.m. 1 BOTÂNICA designação generalizada de plantas exóticas do género *Amomum*, da antiga família das Amomáceas 2 perfume de algumas destas plantas (Do gr. *amómon*, «amomo», pelo lat. *amōmu-*, «id.»)

amonal n.m. QUÍMICA explosivo formado por nitrato de amónio e alumínio e normalmente trotil (De amón[io]+al[umínio])

amónia n.f. QUÍMICA solução aquosa de amoníaco, incolor, com cheiro acre intenso (De amónio)

amoniacado adj. que contém amoníaco (De amoníaco+-ado)

amoniacal adj.2g. 1 que tem amoníaco 2 que tem as propriedades do amoníaco (De amoníaco+-al)

amoníaco n.m. QUÍMICA composto gasoso de nitrogénio e de hidrogénio (NH_3), de cheiro acre intenso, lacrimogéneo, existente nos produtos gasosos da destilação da hulha e da fermentação de matérias orgânicas (como a urina) e que é usado em detergentes, fertilizantes, etc. (Do gr. *ammoniakón*, «sal amoníaco», pelo lat. *ammoniăcu-*, «id.»)

amonímetro n.m. instrumento que serve para avaliar a dosagem do azoto, sob a forma de amoníaco, contido nos alimentos e nos adubos (De amónia+-metro)

amónio¹ n.m. QUÍMICA catião (NH_4^+) com bastantes propriedades análogas às dos catiões alcalinos, particularmente as do catião potássio (Deriv. regr. de amoníaco)

amónio² adj. MITOLOGIA relativo ao deus egípcio Ámon (Do gr. *Ámmon*, «o deus Ámon» +-io)

amoniómetro n.m. aparelho utilizado para medir a dosagem do amoníaco (De amoníaco+-metro)

amoniotélico n.m. BIOLOGIA animal aquático que excreta diretamente o excesso de iões amónio resultantes da decomposição das substâncias proteicas, como, por exemplo, aminoácidos

amonita¹ n.f. explosivo formado por uma mistura de nitrato de amónio ou de sódio e de trinitronaftaleno (De amónio+-ita)

amonita² adj.2g. relativo aos Amonitas ■ n.2g. indivíduo pertencente aos Amonitas (Do lat. *ammonīta-*, «id.»)

Amonitas n.m.pl. ETNOGRAFIA povo bíblico da Mesopotâmia (Do lat. *ammonīta-*, «id.»)

amonite n.f. PALEONTOLOGIA molusco fóssil cefalópode com concha em forma de espiral ■ n.f.pl. PALEONTOLOGIA cefalópodes fósseis, de concha geralmente enrolada em espiral e linha de sutura muito complicada, que tiveram o seu apogeu e se extinguiram na era mesozoica (Do gr. *Ámmon*, «o deus Ámon», pelo fr. *ammonite*, «id.»)

amoniúria n.f. MEDICINA eliminação de amoníaco pela urina (De amónia+-úria)

amonização n.f. 1 ação ou efeito de amonizar 2 QUÍMICA transformação de nitrogénio orgânico em nitrogénio amoniacal por ação bacteriana (De amonizar+-ção)

amonizante adj.2g. diz-se do microrganismo que provoca a decomposição da matéria orgânica azotada, libertando amoníaco (De amonizar+-ante)

amonizar v.tr. transformar (o azoto orgânico) em azoto amoniacal por ação bacteriana (De amoní(aco)+-izar)

amonoide adj.2g. relativo aos amonoides ■ n.m. PALEONTOLOGIA espécime dos amonoides ■ n.m.pl. PALEONTOLOGIA grupo de cefalópodes fósseis que compreende as amonites e cefalópodes afins (Do fr. *ammonoides*, «id.»)

amonóide ver nova grafia amonoide

amonólise n.f. QUÍMICA reação química em que intervém o amoníaco (De amon(íaco)+-o-+-lise)

amontado adj. (animal) que anda a monte; fugido (Part. pass. de amontar)

amontanhar v.tr. 1 elevar 2 acumular; avolumar ■ v.pron. 1 elevar-se como uma montanha; altear-se 2 acumular-se; avolumar-se (De a-+montanha+-ar)

amontar v.tr. 1 dar forma de monte a 2 mandar para o monte 3 montar 4 atingir (soma, preço, etc.); elevar-se a ■ v.intr. fugir para o monte (animal domesticado), tornando-se selvagem (De a-+monte+-ar)

amontijar v.tr. [regionalismo] cavar (a terra) formando montijos (De a-+montijo+-ar)

amontilhar v.tr. ⇒ **amontijar** (De a-+monte-+ilho+-ar)

amontoa /ô/ n.f. 1 ato ou efeito de amontoar 2 ação de chegar a terra para o pé das plantas suscetíveis de raízes adventícias (Deriv. regr. de amontoar)

amontoação n.f. ato ou efeito de amontoar(-se); acumulação (De amontoar+-ção)

amontoado adj. colocado em montão; acumulado ■ n.m. conjunto de coisas amontoadas (Part. pass. subst. de amontoar)

amontoador n.m. 1 o que amontoa 2 arado com duas aivecas para levantar a terra e aconchegá-la às plantas (De amontoar+-dor)

amontoamento n.m. ⇒ **amontoação** (De amontoar+-mento)

amontoar v.tr. 1 pôr em montão 2 acumular 3 [fig.] arrecadar ■ v.pron. 1 subir em forma de monte 2 acumular-se (De a-+montão+-ar)

amonturar v.tr. reunir em monturo (De a-+monturo+-ar)

amoque n.m. delírio de furor homicida observado em certos opiómanos da Malásia (Do mal. *ámoq*, «id.», pelo fr. *amok*, «id.»)

amoquecar v.tr. [Brasil] assar na brasa (De a-+moqueca+-ar)

amor n.m. 1 sentimento que predispõe a desejar o bem de alguém 2 sentimento de afeto ou extrema dedicação; apego 3 sentimento que nos impele para o objeto dos nossos desejos; atração; paixão 4 afeto; inclinação 5 relação amorosa; aventura 6 objeto da afeição 7 adoração; veneração; devoção 8 [coloq.] pessoa muito simpática 9 pl. BOTÂNICA ⇒ **bardana**; ~ à primeira vista paixão súbita; ~ carnal amor físico; ~ com ~ se paga (provérbio) deve retribuir-se um benefício com outro benefício; ~ livre ligação amorosa que rejeita o vínculo do casamento; ~ platónico amor puramente espiritual, sem desejo sexual; fazer ~ ter relações sexuais; morrer de ~(es) por estar apaixonado por, gostar muito de; não morrer de amores por não simpatizar com, não gostar de; por ~ à arte por prazer, desinteressadamente; por ~ de por causa de, em atenção a; por ~ de Deus por favor, por caridade; ter ~ à pele não correr riscos desnecessários, ser prudente (Do lat. *amōre-*, «id.»)

amora n.f. 1 fruto suculento e doce da amoreira e de algumas silvas, geralmente de cor vermelho-escura 2 BOTÂNICA (árvore) amoreira (Do gr. *mōron*, «id.», pelo lat. *mōru-*, «amoreira»)

amorado¹ adj. da cor da amora (De amora+-ado)

amorado² adj. [regionalismo] enamorado (De amor+-ado)

amoral adj.2g. que supõe a ausência de toda a obrigação moral ■ n.2g. pessoa que não tem a noção de moral (De a- [= sem] +moral)

amoralidade n.f. 1 ausência de moralidade 2 negação da moralidade como norma de vida (De a- [= sem] +moralidade)

amoralismo n.m. negação da moralidade como norma de vida; amoralidade (De amoral+-ismo)

amoralizar v.tr.,pron. tornar(-se) amoral (De amoral+-izar)

amorangado adj. com sabor a morango (De a-+morango+-ado)

amorável adj.2g. 1 disposto para o amor 2 terno; meigo; amoroso 3 amigável; afável (De amor+-ável)

amoravelmente adv. 1 com modo amorável 2 amavelmente; afavelmente (De amorável+-mente)

amorcegar v.tr. tornar semelhante a morcego ■ v.tr.,intr. aborrecer(-se); entristecer(-se) (De a-+morcego+-ar)

amordaçar v.tr. 1 pôr mordaça a; açaimar 2 [fig.] impedir de falar ou de exteriorizar o seu pensamento (De a-+mordaça+-ar)

amor-de-hortelão n.m. BOTÂNICA planta trepadora, da família das Rubiáceas, espontânea em Portugal

amor-do-campo n.m. BOTÂNICA planta da família das Leguminosas papilionáceas; trevo-do-campo; carrapicho; barbadinho

amor-dos-homens n.m. 1 BOTÂNICA planta herbácea, rizomatosa, medicinal, de flores amarelas, pertencente à família das Compostas 2 BOTÂNICA variedade de cogumelo comestível

amoreia n.f. [Brasil] ICTIOLOGIA ⇒ **amboré**

amoreira n.f. 1 BOTÂNICA árvore da família das Moráceas, cultivada em Portugal, que produz amoras (soroses) e cujas folhas são utilizadas na alimentação do bicho-da-seda 2 ORNITOLOGIA pássaro da família dos Silviídeos, também conhecido por felosa-real, flecha, papa-amoras, etc. (De amora+-eira)

amoreiral n.m. plantação de amoreiras (De amoreira+-al)

amorenar v.tr.,pron. tornar(-se) moreno (De a-+moreno+-ar)

amorfia n.f. falta de forma determinada (Do gr. amorphía, «deformidade»)

amórfico adj. 1 em que há amorfia 2 relativo à amorfia (De amorfo+-ico)

amorfismo n.m. ⇒ **amorfia** (De amorfo+-ismo)

amorfo adj. 1 que não tem forma determinada 2 MINERALOGIA não cristalino na estrutura 3 QUÍMICA diz-se do estado dos corpos cujos átomos ou moléculas se dispõem irregularmente 4 (indivíduo) apático; indiferente; sem iniciativa 5 PSICOLOGIA na caracterologia de Heymans (fisiólogo belga, 1892-1968) corresponde à fórmula nEnAP (não emotivo, não ativo, primário) (Do gr. ámorphos, «sem forma»)

amorico n.m. amor passageiro; namoro (De amor+-ico)

amorífero adj. que provoca ou encerra amor (Do lat. amōre-, «amor» +-fero, de ferre, «ter; produzir»)

amorim adj. BOTÂNICA diz-se de uma variedade de pereira (ou do seu fruto) muito cultivada em Portugal, de frutos relativamente pequenos, suculentos e saborosos (De Amorim, antr.)

amorio n.m. namoro; amor passageiro; amorico (De amor+-io)

amoriscado adj. que é cortejado amorosamente; namoriscado (Part. pass. de amoriscar-se)

amoriscar-se v.pron. tomar-se de amores (De amor+-iscar)

amorismo n.m. 1 tendência para amar 2 culto; veneração (De amor+-ismo)

amormado adj. 1 atacado de mormo 2 adoentado (De a-+mormo+-ado)

amornar v.tr.,intr. tornar(-se) morno (De a-+morno+-ar)

amornecer v.tr.,intr. ⇒ **amornar** (De a-+morno+-ecer)

amorosidade n.f. qualidade do que é amoroso (De amoroso+-i-+-dade)

amorosinho adj. [regionalismo] muito macio (De amoroso+-inho)

amoroso adj. 1 que tem amor 2 carinhoso; terno 3 [regionalismo] macio (Do lat. *amorōsu-, «id.»)

amor-perfeito n.m. BOTÂNICA nome vulgar de plantas herbáceas da família das Violáceas, com flores de corola larga, de cor roxa, branca e amarela, com variedades espontâneas e outras cultivadas para fins ornamentais

amor-próprio n.m. sentimento de dignidade ou respeito que uma pessoa tem por si própria; autoestima

amorrinhar v.intr.,pron. 1 adoecer com morrinha 2 [fig.] enfraquecer (De a-+morrinha [=doença]+-ar)

amorroar v.intr. arder (o lume) com dificuldade por má disposição da lenha (De a-+morrão+-ar)

amorsegar v.tr. 1 partir com os dentes 2 mordiscar; morsegar (Do lat. morsicāre, «morder por várias vezes»)

amortalhador adj.,n.m. que ou o que amortalha (De amortalhar+-dor)

amortalhamento n.m. ato ou efeito de amortalhar (De amortalhar+-mento)

amortalhar v.tr. 1 envolver em mortalha 2 dispor (o cadáver) no caixão mortuário 3 [fig.] cobrir com uma camada branca (De a-+mortalha+-ar)

amortecedor adj. que amortece ■ n.m. dispositivo para reduzir o efeito dos choques e as vibrações das máquinas, aparelhos, etc. (De amortecer+-dor)

amortecer v.tr. diminuir o impacto de (choque, queda, golpe, etc.). ■ v.tr.,intr. 1 (fazer) perder intensidade; abrandar; afrouxar 2 aplacar(-se); acalmar 3 entorpecer(-se); adormecer 4 tornar(-se) como morto; desfalecer (De a-+morte+-ecer)

amortecimento n.m. 1 ato ou efeito de amortecer 2 afrouxamento 3 FÍSICA termo usado em ligação com os sistemas dinâmicos, para significar as ações que tendem a estabelecer um estado de repouso ou dissipação da energia do movimento, que normalmente é oscilatório (De amortecer+-i-+-mento)

amortiçar v.tr.,pron. 1 tornar(-se) mortiço 2 afrouxar até extinguir-se (De a-+mortiço+-ar)

amortização n.f. 1 ato ou efeito de amortizar 2 ECONOMIA pagamento gradual de uma dívida 3 ECONOMIA cada uma das parcelas de uma dívida paga em prestações 4 perda de valor sofrida por ativos (máquinas, equipamentos, imóveis) em resultado do desgaste físico ou obsolescência; depreciação 5 passagem dos bens para as chamadas corporações de mão-morta (De amortizar+-ção)

amortizar v.tr. 1 ECONOMIA devolver gradualmente ou de uma só vez um capital obtido por empréstimo 2 ECONOMIA recuperar um valor anteriormente investido em capital fixo 3 passar o domínio de bens a corporação de mão-morta (De a+morte+-izar)

amortizável adj.2g. que se pode amortizar (De amortizar+-vel)

amorudo adj. 1 inclinado ao amor 2 apaixonado (De amor+-udo)

amorzeiro adj. 1 amoroso 2 afetivo 3 delicado 4 simpático (De amor+z+-eiro)

amossadela n.f. 1 ⇒ **amolgadela** 2 mossa (De amossar+-dela)

amossar v.tr. fazer mossa em (De a-+mossa+-ar)

amossegar v.tr. 1 ⇒ **amossar** 2 amorsegar (Do lat. morsicāre, «morder por várias vezes»)

amostado adj. 1 que sabe a mosto 2 que não fermentou (De a-+mosto+-ado)

amostardar v.tr. 1 misturar com mostarda 2 tornar picante 3 [fig.] irritar 4 [fig.] estimular ■ v.pron. [fig.] zangar-se (De a-+mostarda+-ar)

amostra n.f. 1 ato de amostrar 2 pequena quantidade de qualquer coisa que se mostra ou envia para se conhecer a sua qualidade 3 tudo o que pode servir de termo de confronto 4 prova 5 sinal 6 exposição 7 atrativo artificial para pesca à linha (Deriv. regr. de amostrar)

amostradiço adj. que gosta de mostrar-se (De amostrar+-diço)

amostragem n.f. 1 ato ou efeito de amostrar 2 conjunto de amostras 3 recolha de pequenas quantidades de um produto para o analisar 4 processo de seleção de elementos de uma população ou de um universo estatístico que possam servir de amostra (De amostra ou amostrar+-agem)

amostrar v.tr. 1 apresentar em amostra 2 mostrar (De a-+mostrar)

amota n.f. 1 terra que se amontoa em volta das árvores 2 ⇒ **mota**[2] (De a-+mota)

amotar v.tr. 1 rodear de amota 2 encostar terra ao pé de uma planta (De amota+-ar)

amotinação n.f. 1 ato ou efeito de amotinar 2 motim; tumulto; sublevação 3 alvoroço; agitação (De amotinar+-ção)

amotinador adj.,n.m. que ou o que amotina (De amotinar+-dor)

amotinar v.tr. 1 pôr em motim 2 alvoroçar 3 revoltar ■ v.pron. sublevar-se; insurgir-se (De a-+motim+-ar)

amoucado[1] adj. 1 um tanto mouco 2 tonto; aparvalhado (Part. pass. de amoucar)

amoucado[2] adj. tornado amouco (De amouco+-ado)

amoucar[1] v.tr. pôr mouco ■ v.pron. ficar mouco; ensurdecer (De a-+mouco+-ar)

amoucar[2] v.tr.,pron. tornar(-se) amouco (De amouco+-ar)

amouco n.m. 1 na Índia, indivíduo que jura morrer pelo seu chefe 2 [fig.] o que defende incondicionalmente e lisonjeia os seus superiores 3 [fig.] indivíduo que defende cegamente as suas opiniões (Do mal. ámoq, «homem furioso»)

amourar v.tr. ⇒ **amouriscar** (De a-+mouro+-ar)

amouriscado adj. 1 feito à moda dos Mouros 2 diz-se de um telhado em que as fiadas de telhas são seguras, nos intervalos, com argamassa (Part. pass. de amouriscar)

amouriscar v.tr. dar aspeto mourisco a (De a-+mourisco+-ar)

amouroar v.intr. 1 [regionalismo] encostar-se 2 [regionalismo] pôr-se (o gado) muito junto ao sol, durante as horas de mais calor; acarrar (De orig. obsc.)

amoutar v.tr.,pron. ⇒ **amoitar**

amouxar v.tr. 1 guardar com avareza 2 esconder das vistas alheias 3 entesourar ■ v.pron. ⇒ **amochar** (De amochar?)

amover v.tr. 1 desapossar 2 afastar (Do lat. amovēre, «afastar»)

amovibilidade n.f. qualidade do que é amovível (Do fr. amovibilité, «id.»)

amovível adj.2g. 1 que pode ser mudado, afastado ou transferido 2 temporário; transitório (Do lat. med. amovibĭle-, «id.»)

amoxamar v.tr. secar (peixe, carne, etc.) como moxama ■ v.tr.,pron. 1 tornar(-se) semelhante a moxama 2 tornar(-se) magro e seco; ressequir(-se) (De a-+moxama+-ar)
amparador adj.,n.m. que ou o que ampara (De amparar+-dor)
amparamento n.m. ⇒ **amparo** (De amparar+-mento)
amparar v.tr. 1 prestar amparo a 2 suster na queda 3 apoiar 4 segurar 5 proteger 6 ajudar ■ v.pron. 1 encostar-se 2 apoiar-se 3 acolher-se 4 defender-se (Do lat. *anteparāre, «fazer preparativos para se defender»)
amparo n.m. 1 ato de amparar 2 coisa ou pessoa que ampara 3 apoio 4 proteção 5 abrigo 6 benefício 7 defesa (Deriv. regr. de amparar)
ampeli- elemento de formação de palavras que exprime a ideia de vinha, uva (Do gr. ampelís, -ídos, «vinha»)
Ampelidáceas n.f.pl. BOTÂNICA antiga designação da família das Vitáceas (Do gr. ampelís, -ídos, «vinha» +-áceas)
Ampelídas n.m.pl. ⇒ **Ampelídeos**
Ampelídeas n.f.pl. ⇒ **Ampelidáceas**
Ampelídeos n.m.pl. ORNITOLOGIA família de pássaros cujo género-tipo se designa Ampelis (Do gr. ampelís, -ídos, «vinha» +-ídeos)
ampelito n.m. PETROLOGIA xisto negro, carbonoso (Do lat. ampelīde-, «xisto betuminoso», que afasta os vermes das vinhas)
ampel(o)- ⇒ **ampeli-**
ampelofagia n.f. tendência de certos insetos para comerem as videiras (De ampelófago+-ia)
ampelófago adj. designativo dos insetos que atacam as videiras (Do gr. ámpelos, «vinha» +phageīn, «comer»)
ampelografia n.f. descrição ou tratado de viticultura (Do gr. ámpelos, «vinha» +gráphein, «descrever», pelo fr. ampélographie, «id.»)
ampelógrafo n.m. o que é versado em ampelografia (Do gr. ámpelos, «vinha» +gráphein, «descrever»)
ampelologia n.f. 1 conjunto de conhecimentos relativos ao tratamento da vinha 2 BOTÂNICA estudo das plantas da família das Ampelidáceas (Do gr. ámpelos, «vinha» +lógos, «tratado» +-ia)
ampelológico adj. relativo à ampelologia (De ampelologia+-ico)
ampeloterapia n.f. terapêutica com aplicação das uvas (Do gr. ámpelos, «vinha» +therapeía, «cura»)
amperagem n.f. intensidade da corrente elétrica expressa em amperes (De ampere+-agem)
ampere n.m. FÍSICA unidade de medida de corrente elétrica do Sistema Internacional, de símbolo A, definida como a intensidade da corrente constante que, percorrendo no mesmo sentido dois condutores retilíneos paralelos, de comprimento infinito e secção desprezável, à distância de um metro um do outro, no vazio, produz uma força entre os condutores de 2×10^{-7} newtons por metro de comprimento (Do fr. Ampère, antropónimo, físico fr., 1775-1836)
ampere-espira n.m. FÍSICA unidade de medida do Sistema Internacional de força magnetomotriz; ampere-volta
ampere-hora n.m. FÍSICA unidade usual de capacidade dos acumuladores, equivalente à quantidade de eletricidade que atravessa, durante uma hora, qualquer secção de um condutor quando nele existe uma corrente constante de um ampere (um ampere-hora equivale a 3600 coulombs)
ampere-volta n.m. ⇒ **ampere-espira**
amperímetro n.m. FÍSICA instrumento que serve para medir a intensidade de uma corrente elétrica, graduado em amperes (miliamperímetro, se graduado em miliamperes), de que os tipos mais comuns são o de bobina móvel, empregado só em corrente contínua, o de ferro móvel e o térmico, estes dois últimos utilizados quer em corrente contínua quer em corrente alternada (De ampere-+-i-+-metro)
amperómetro n.m. ⇒ **amperímetro**
amplamente adv. 1 com largueza 2 à vontade (De amplo+-mente)
amplectivo ver nova grafia ampletivo
ampletivo adj. 1 BOTÂNICA diz-se de um órgão vegetal que abraça outro; amplexivo 2 que abraça; que envolve (Do fr. amplectif, «id.»)
amplexicaude /cs/ adj.2g. que tem a cauda provida de uma membrana que a liga às pernas (Do lat. amplexu-, «abraço» +cauda-, «cauda»)
amplexicaule /cs/ adj.2g. BOTÂNICA diz-se da folha ou bráctea cuja porção basilar abraça o caule sem o cercar totalmente (Do lat. amplexu-, «abraço» +caule-, «caule»)
amplexifloro /cs/ adj. que abraça ou envolve a flor (Do lat. amplexu-, «abraço» +flōre-, «flor»)
amplexifólio /cs/ adj. que possui folhas amplexicaules (Do lat. amplexu-, «abraço» +folĭu-, «folha»)

amplexivo /cs/ adj. ⇒ **ampletivo** (Do lat. amplexu-, «abraço» +-ivo)
amplexo /cs/ n.m. abraço (Do lat. amplexu-, «abraço»)
ampli- elemento de formação de palavras que exprime a ideia de amplo (Do lat. amplu-, «grande»)
ampliação n.f. 1 ato ou efeito de ampliar(-se); alargamento; acrescentamento 2 reprodução em escala maior; aumento 3 ÓTICA alteração das dimensões de uma imagem para um tamanho maior por meio de uma lente 4 FOTOGRAFIA operação que tem por fim obter uma cópia positiva maior do que o negativo 5 FOTOGRAFIA cópia positiva maior do que o negativo (Do lat. tard. ampliatiōne-, «aumento»)
ampliador adj. que amplia ■ n.m. 1 o que amplia 2 FOTOGRAFIA aparelho ótico que aumenta a imagem de um objeto 3 FOTOGRAFIA instrumento que permite fazer reproduções ampliadas de negativos, constituído por uma lente, um suporte para negativos e um braço móvel para ajustar a altura ao tamanho da cópia pretendido (De ampliar+-dor)
ampliar v.tr. 1 tornar amplo 2 estender 3 alargar 4 desenvolver 5 pôr em formato maior (Do lat. ampliāre, «aumentar»)
ampliativo adj. 1 que amplia; ampliador; ampliatório 2 que serve para ampliar (De ampliar+-tivo)
ampliatório adj. que serve para ampliar (De ampliar+-tório)
ampliável adj.2g. que se pode ampliar (De ampliar+-vel)
amplidão n.f. 1 qualidade do que é amplo 2 extensão grande 3 vastidão 4 largueza 5 amplitude (Do lat. amplitudĭne-, «grandeza; amplitude»)
amplificação n.f. 1 ato ou efeito de amplificar 2 ampliação 3 desenvolvimento de um assunto em todos os seus pormenores 4 razão entre o diâmetro aparente da imagem dada por um sistema ótico e o do objeto visto a olho nu 5 processo de produzir um aumento na grandeza de uma quantidade variável, usualmente uma tensão ou uma corrente, sem variação de qualquer outra quantidade (o termo é muito usado nos amplificadores de válvulas eletrónicas ou de transístores) 6 aumento da intensidade de um som por meio de um amplificador 7 recurso estilístico que consiste em exagerar o que se diz (Do lat. amplificatiōne-, «aumento»)
amplificador adj. 1 que amplifica 2 que serve para amplificar a intensidade do som ■ n.m. 1 o que amplifica 2 aparelho que serve para aumentar a amplitude ou a potência de um sinal elétrico, utilizando válvulas eletrónicas ou transístores e retirando energia de uma fonte de potência (Do lat. amplificatōre-, «id.»)
amplificar v.tr. 1 dar amplificação a 2 tornar amplo 3 dilatar 4 desenvolver 5 exagerar 6 ampliar 7 aumentar ■ v.pron. 1 crescer 2 dilatar-se (Do lat. amplificāre, «id.»)
amplificativo adj. que amplifica (De amplificar+-tivo)
amplificável adj.2g. suscetível de amplificação ou desenvolvimento (De amplificar+-vel)
amplimamoso adj. que tem grandes mamas ou apêndices morfologicamente semelhantes (Do lat. amplu-, «amplo» +mammōsu-, «que tem grandes mamas»)
amplitude n.f. 1 extensão 2 amplidão 3 desenvolvimento 4 abertura angular 5 alcance de um projétil 6 curva descrita por um astro 7 FÍSICA valor máximo de uma quantidade variável com o tempo, quer esta quantidade seja repetitiva (sinusoidal e não sinusoidal), quer seja transitória (aperiódica e oscilatória); **~ térmica** diferença entre a temperatura mínima e a temperatura máxima de um lugar; *modulação de* ~ processo pelo qual se comunica informação a uma onda transportadora, obrigando a amplitude do transportador a variar de acordo com o sinal de entrada (Do lat. amplitudĭne-, «amplidão»)
amplo adj. 1 vasto 2 largo 3 espaçoso 4 dilatado 5 desafogado (Do lat. amplu-, «grande»)
ampola /ô/ n.f. 1 ⇒ **empola** 2 reservatório pequeno de vidro (Do lat. ampulla-, «frasquinho»)
ampolhar v.intr. (abelhas) pôr os ovos nos casulos ■ v.tr. incubar; chocar (ovos) (Por empolhar)
ampulheta n.f. instrumento que serve para contar determinados períodos de tempo pela passagem de areia fina de um para outro dos dois reservatórios que comunicam entre si por um orifício 2 símbolo do tempo (Do cast. ampolleta, dim. de ampolla, «ampulheta»)
amputação n.f. 1 ato de amputar; excisão; ablação 2 mutilação (Do lat. amputatiōne-, «corte; poda»)
amputar v.tr. 1 separar, por meio de corte, um membro (ou parte deste) do corpo a que pertence 2 mutilar 3 eliminar (Do lat. amputāre, «cortar; podar»)

amuado *adj.* 1 que mostra amuo 2 agastado 3 desgostoso 4 aborrecido 5 enfunado 6 que não rende (dinheiro) (Part. pass. de *amuar*)

amuamento *n.m.* ato ou efeito de amuar (De *amuar*+*-mento*)

amuar *v.intr.* 1 ficar aborrecido e calado 2 não chegar a resolver-se ▪ *v.tr.* 1 tornar amuado 2 aborrecer 3 melindrar; ofender (De *a*-+*mu* [= mulo] +*-ar*)

amuganhar *v.tr.* 1 [regionalismo] vencer na luta 2 [regionalismo] deitar por terra, com pancadas (De orig. obsc.)

amulatar *v.tr.* dar a cor de mulato a ▪ *v.pron.* 1 tomar a cor de mulato 2 tomar modos de mulato (De *a*-+*mulato*+*-ar*)

amulético *adj.* relativo a amuletos (De *amuleto*+*-ico*)

amuleto /ê/ *n.m.* objeto que se traz e a que se atribui supersticiosamente qualquer virtude; talismã (Do lat. *amulētu*-, «talismã»)

amulherar *v.tr.,pron.* ⇒ **efeminar** (De *a*-+*mulher*+*-ar*)

amulherengar *v.tr.,pron.* ⇒ **efeminar** (De *a*-+*mulherengo*+*-ar*)

amumiar *v.tr.* tornar semelhante a múmia; mumificar ▪ *v.pron.* 1 tornar-se semelhante a múmia; mumificar-se 2 [fig.] mirrar-se; emagrecer muito (De *a*-+*múmia*+*-ar*)

amuniciamento *n.m.* ⇒ **municiamento** (De *amuniciar*+*-mento*)

amuniciar *v.tr.* ⇒ **municiar** (De *a*-+*municiar*)

amuniga *adj.2g.* relativo aos Amunigas ▪ *n.2g.* indivíduo dos Amunigas

Amunigas *n.m.pl.* ETNOGRAFIA povo indígena de Quelimane

amuo *n.m.* 1 ato ou efeito de amuar 2 estado de quem se mantém calado por se ter aborrecido com algo ou alguém; mau humor; enfado 3 zanga passageira; arrufo; zanga 4 paragem na evolução ou no desenvolvimento; retraimento; retração (Deriv. regr. de *amuar*)

amura *n.f.* 1 NÁUTICA cabo onde se prendem os papa-figos e as velas para as segurar do lado donde sopra o vento 2 NÁUTICA lugar, na proa, onde prende o cabo do mesmo nome (Deriv. regr. de *amurar*)

amurada *n.f.* 1 paredes que limitam internamente o costado de um navio 2 borda da embarcação (Part. pass. fem. subst. de *amurar*)

amuralhar *v.tr.* cercar de muralhas ▪ *v.pron.* [fig.] retrair-se (De *a*-+*muralha*+*-ar*)

amurar¹ *v.tr.* 1 prender à amura 2 retesar (De *amura*+*-ar*)

amurar² *v.tr.* 1 amuralhar 2 murar (De *a*-+*muro*+*-ar*)

amurca *n.f.* água escura que escorre da tulha das azeitonas; almofeira (Do lat. *amurca*-, «id.»)

amusia *n.f.* 1 perda patológica de capacidades musicais; surdez musical 2 alexia para as notas de música (cegueira musical) 3 perda do canto (amusia vocal) 4 perda da capacidade de tocar um instrumento 5 perda da capacidade de escrever música (agrafia musical) 6 ignorância das Belas-Artes (Do gr. *amousía*, pelo lat. *amusĭa*-, «ignorância musical»)

an- prefixo que exprime a ideia de *privação, separação*; a- (Do gr. *an*-, «id.»)

an(a)- elemento de formação de palavras que exprime a ideia de *ascensão, repetição, mudança, sentido contrário* (Do gr. *aná*, «id.»)

-ana¹ sufixo nominal, de origem latina, que designa a coleção de obras de alguém

-ana² sufixo nominal, desinência do feminino de alguns substantivos terminados em *-ão*

aná¹ *adv.* 1 em partes iguais 2 FARMÁCIA a mesma quantidade (de cada uma das substâncias) (Do gr. *aná*, «de cada; de cada coisa»)

aná² *n.f.* antiga moeda da Índia equivalente a 1/16 da rupia (Do hind. *ānā*, «id.»)

anã *n.f. (masculino* **anão***)* 1 ⇒ **anã** 2 espécie de bananeira do Brasil ▪ *adj.* de tamanho reduzido; **~ branca** ASTRONOMIA estrela de pequeno volume, mas muito densa que se encontra em processo de arrefecimento; **~ vermelha** ASTRONOMIA estrela de pequeno volume e baixa densidade, com temperatura superficial baixa e fraca luminosidade; **estrela ~** ASTRONOMIA estrela de pequeno volume e de massa variável (De *anão*)

anabaptismo ver nova grafia anabatismo

anabaptista ver nova grafia anabatista

anabasia *n.f.* período de recrudescimento de uma doença (Do gr. *anábasis*, «ascensão»+*-ia*)

anábata *n.f.* antigo cavaleiro grego que concorria aos jogos olímpicos com dois cavalos (Do gr. *anabátes*, «cavaleiro»)

anabático *adj.* (doença) que se agrava gradualmente (Do gr. *anabatikós*, «que sobe»)

anabatismo *n.m.* doutrina herética que, considerando nulo o batismo recebido antes do uso da razão, prega a necessidade de se rebatizarem os que foram batizados naquelas condições (Do gr. *anabaptismós*, «novo batismo», pelo lat. tard. *anabaptismu*-, «id.», pelo fr. *anabaptisme*, «id.»)

anabatista *adj.,n.2g.* que ou a pessoa que professa o anabatismo (Do gr. *aná*, «de novo» +*baptizeīn*, «batizar»)

anabenodáctilo *adj.* (animal) que tem os dedos dispostos para trepar (Do gr. *anabaínein*, «subir» +*dáktylos*, «dedo»)

anabionte *n.m.* BIOLOGIA organismo cuja respiração não utiliza o oxigénio livre; ser anaeróbio (Do gr. *an*-, «sem» +*aér, aéros*, «ar» +*bíos*, «vida» +*ón, óntos*, «ser; ente»)

anabiose *n.f.* 1 BIOLOGIA morte aparente 2 interrupção temporária da atividade dos órgãos vitais do organismo, com regresso à normalidade (Do gr. *anabiósis*, «ressurreição»)

anabólico *adj.* relativo ao anabolismo (Do gr. *anabolé*, «crescimento» +*-ico*)

anabolismo *n.m.* BIOLOGIA síntese metabólica das gorduras, proteínas e outros constituintes dos seres vivos para formar moléculas ou os seus precursores (Do gr. *anabolé*, «crescimento» +*-ismo*)

anabolização *n.f.* ato ou efeito de anabolizar (De *anabolizar*+*-ção*)

anabolizante *adj.2g.* 1 BIOLOGIA que provoca o anabolismo 2 BIOLOGIA (substância) que atua como estimulante, nomeadamente no aumento da massa muscular ▪ *n.m.* substância que estimula o anabolismo e é, por vezes, usada como estimulante físico no desporto (De *anabolizar*+*-ante*)

anabolizar *v.tr.* 1 BIOQUÍMICA realizar o anabolismo em; estimular o anabolismo; assimilar 2 [fig.] impulsionar; estimular o crescimento de (De *anabol(ismo)*+*-izar*)

anacã *n.m.* ave da região amazónica, com plumagem de colorido variado, semelhante ao papagaio (Do tupi *ana'kã*, «id.»)

anacaína *n.f.* FARMÁCIA anestésico resultante da combinação do quinino com a ureia (De *ana*-+*(co)caína*)

anacâmptico *adj.* 1 que reflete o som ou a luz 2 produzido pela reflexão da luz (Do gr. *anakámptein*, «voltar atrás; dobrar»)

anacanto *adj.* que não tem espinhos (Do gr. *anákanthos*, «sem espinhos»)

anaçar *v.tr.* [ant.] revolver; mexer; misturar (Do lat. **adnateāre*, de *natāre*, «nadar»?)

anacarar *v.tr.* dar a cor do nácar a ▪ *v.pron.* 1 ruborizar-se 2 corar (De *a*-+*nácar*+*-ar*)

anacardeiro *n.m.* BOTÂNICA árvore também conhecida por acaju ou acajueiro, anacárdio ou anacardo e caju ou cajueiro (De *anacardo*+*-eiro*)

Anacardiáceas *n.f.pl.* BOTÂNICA família de plantas dicotiledóneas, lenhosas, de fruto drupáceo, muitas vezes comestível, também denominada Terebintáceas (De *anacardiáceo*)

anacardiáceo *adj.* semelhante ou relativo ao anacárdio (De *anacárdio*+*-áceo*)

anacárdico *adj.* designativo de um ácido extraído do pericarpo do anacárdio (De *anacárdio*+*-ico*)

anacardina *n.f.* compota de anacárdios (De *anacárdio*+*-ina*)

anacardino *adj.* relativo ao anacárdio (De *anacárdio*+*-ino*)

anacárdio *n.m.* BOTÂNICA ⇒ **caju** (Do gr. *anakárdion*, «id.»)

anacardo *n.m.* BOTÂNICA ⇒ **caju**

anacatarse *n.f.* nome científico da expetoração (Do gr. *anakátharsis*, «evacuação por cima»)

anacatarsia *n.f.* ⇒ **anacatarse** (De *anacatarse*+*-ia*)

anacatártico *adj.* expetorante (Do gr. *anakathartikós*, «que purga por cima»)

anacefaleose *n.f.* sumário dos principais pontos de um discurso; recapitulação (Do gr. *anakephalaiósis*, «recapitulação»)

anacíclico *adj.* diz-se de um verso que tem sempre o mesmo sentido, quer lido às direitas, quer às avessas (Do gr. *anakyklikós*, «que se pode ler da esquerda para a direita e vice-versa»)

anacinese *n.f.* MEDICINA reeducação da capacidade de realizar movimentos voluntários (Do gr. *anakínesis*, «excitação; emoção»)

anacinesia *n.f.* ⇒ **anacinese** (De *anacinese*+*-ia*)

anáclase *n.f.* 1 inflexão articular 2 refração da luz (Do gr. *anáklasis*, «refração»)

anaco *n.m.* novilho de um ano; anejo; anelho (Do ár. *anãq*, «id.»)

anacolutia *n.f.* ⇒ **anacoluto** (Do gr. *anakolouthía*, «falta de seguimento no discurso»)

anacolútico *adj.* em que há anacoluto (De *anacoluto*+*-ico*)

anacoluto *n.m.* recurso estilístico que consiste em abandonar uma construção sintática no meio do enunciado para adotar uma outra, segundo um novo pensamento (ex.: *quem ama o feio, bonito lhe parece*) (Do gr. *anakólouthos*, «inconsequente»)

anaconda *n.f.* ZOOLOGIA réptil da família dos Boídeos (*Eunectes murinus*), de coloração cinzento-esverdeada, que é a maior serpente conhecida (chega a ter 10 metros de comprimento) (Do tâm. *anai-konda*, «aquele que mata um elefante»)

anaconquilismo *n.m.* designação científica do gargarejo (Do gr. *anakogkylismós*, «id.»)
anacoreta /ê/ *n.m.* homem que vivia retirado nos desertos ou montes por desejo de perfeição (Do gr. *anakhorétés*, «que vive retirado», pelo lat. tard. *anachorēta*-, «anacoreta; solitário»)
anacorético *adj.* relativo a anacoreta (De *anacoreta*+-*ico*)
anacoretismo *n.m.* vida de anacoreta (De *anacoreta*+-*ismo*)
anacreôntica *n.f.* composição poética do género das de Anacreonte, poeta lírico da Grécia (séc. VI a. C.), que cantou o amor, o vinho e a gastronomia (De *anacreôntico*)
anacreôntico *adj.* que é do género das poesias de Anacreonte (Do lat. tard. *anacreontĭcu*-, «de Anacreonte» +-*ico*)
anacreontismo *n.m.* imitação do género poético de Anacreonte, poeta lírico da Grécia antiga (De *Anacreonte*, antr. +-*ismo*)
anacreontizar *v.tr.,intr.* fazer versos ao modo dos de Anacreonte (De *Anacreonte*, antr. +-*izar*)
anacroasia *n.f.* impossibilidade de entender a linguagem falada e ouvida (Do gr. *an*-, «sem» +*akróasis*, «ação de escutar» +-*ia*)
anacrónico *adj.* 1 contrário à cronologia 2 fora dos usos e costumes de certa época (Do gr. *anakhronikós*, «extemporâneo»)
anacronismo *n.m.* 1 erro de cronologia 2 erro de atribuir a uma época o que pertence a outra 3 coisa própria de época diferente (Do gr. *anakhronismós*, «id.»)
anacronizar *v.tr.* referir, cometendo anacronismo (De *anacrónico*+-*izar*)
anacruse *n.f.* MÚSICA nota ou notas não acentuadas no princípio de uma frase musical (Do gr. *anákrousis*, «prelúdio»)
anactesia *n.f.* MEDICINA convalescença (Do gr. *anáktesis*, «recuperação», +-*ia*)
anactésico *adj.* relativo à anactesia (De *anactesia*+-*ico*)
anactético *adj.* ⇒ **anactésico**
anacusia *n.f.* MEDICINA perda total ou parcial da audição (Do gr. *an*-, «sem» +*akoúsis*, «audição» +-*ia*)
anacústico *adj.* relativo a anacusia (Do gr. *an*-, «sem» +*akaustikós*, «acústico», pelo fr. *acoustique*, «id.»)
anadaria *n.f.* ⇒ **anadelaria**
anadel *n.m.* capitão de besteiros (Do ár. *an-nāzir*, «inspetor»)
anadelaria *n.f.* cargo ou jurisdição de anadel (De *anadel*+-*aria*)
anadiplose *n.f.* recurso estilístico que consiste na repetição da última palavra ou expressão de um verso ou de uma frase no começo do verso ou da frase seguinte (Do gr. *anadíplosis*, «redobro» pelo lat. *anadiplōse*-, «id.»)
anaduva *n.f.* tributo em dinheiro ou em trabalho a que eram obrigados os vassalos para atender à reparação das obras militares dos castelos feudais; adua (Por *anúduva*)
anaeróbico *adj.* 1 BIOLOGIA que ou organismo que vive sem precisar de ar ou de oxigénio 2 que se desenvolve ou realiza com muito pouco oxigénio ou sem ele (é o caso de determinados exercícios físicos) (De *an*-+*aeróbico*)
anaeróbio *adj.,n.m.* BIOLOGIA que ou organismo que vive sem precisar de ar ou de oxigénio ■ *adj.* ⇒ **anaeróbico** 2; *anaeróbio facultativo* BIOLOGIA organismo que se desenvolve tanto na presença como na ausência de oxigénio; *anaeróbio obrigatório* BIOLOGIA organismo que se desenvolve apenas na ausência de oxigénio; *respiração anaeróbia* BIOLOGIA respiração em que o ser vivo não utiliza o oxigénio livre (Do gr. *an*-, «sem» +*aér*, -*aéros*, «ar» +*bíos*, «vida»)
anaerobiose *n.f.* BIOLOGIA vida na ausência de oxigénio livre (De *anaeróbio*+-*ose*)
anafa *n.f.* BOTÂNICA nome vulgar de umas plantas herbáceas, da família das Leguminosas (anafa-da-itália, anafa-menor ou trevo-de-cheiro), usadas como forragem (Do ár. *an-nafalâ*, «trevo silvestre»)
anafado *adj.* 1 baixo e gordo 2 nédio (Part. pass. de *anafar*)
anafaia *n.f.* primeiros fios que o bicho-da-seda fia antes de formar o casulo (Do ár. *an-nafáiâ*, «a parte pior duma coisa»)
anafalantíase *n.f.* MEDICINA queda das pestanas (Do gr. *anaphalantíase*, «id.»)
anafar *v.tr.* 1 alimentar com anafa 2 tornar nédio 3 cevar; engordar (De *anafa*+-*ar*)
anáfase *n.f.* (genética) fase da evolução cariocinética durante a qual se verifica o desemparelhamento dos cromossomas e a sua deslocação para os polos do fuso acromático; ascensão polar (Do gr. *aná*- «para cima» +*phásis*, «fase»)
anafe *n.m.* ⇒ **anafa**
anáfega *n.f.* 1 BOTÂNICA ⇒ **açofeifa** 2 casta de macieira de frutos doces 3 estes frutos 4 [regionalismo] pagamento ao médico (Do ár. *an-nabiqâ*, «fruto do loto»?)

anafia *n.f.* MEDICINA diminuição ou ausência de sensibilidade táctil (Do gr. *an*-, «sem» +*haphé*, «tato» +-*ia*)
anafil *n.m.* trombeta mourisca ■ *adj.* diz-se de uma qualidade de trigo de pragana preta (Do ár. *an-nafār*, «corneta; clarim»)
anafiláctico ver nova grafia **anafilático**
anafilase *n.f.* ⇒ **anafilaxia**
anafilático *adj.* relativo à anafilaxia (Do fr. *anaphilactique*, «id.»)
anafilaxia /cs/ *n.f.* MEDICINA hipersensibilidade de um organismo contra a presença de substâncias estranhas, principalmente de proteínas, provocada pela introdução anterior dessas substâncias (Do gr. *aná*, «contrário a» +*phýlaxis*, «proteção»)
anafileiro *n.m.* tocador de anafil (De *anafil*+-*eiro*)
anáfise *n.f.* BIOLOGIA regeneração dos tecidos (Do gr. *anáphysis*, «novo crescimento»)
anáfora *n.f.* 1 recurso estilístico que consiste em repetir a(s) mesma(s) palavra(s) no princípio de duas ou mais frases (ex.: *olha o tempo que resta; olha o dia que passa*) 2 LINGUÍSTICA processo mediante o qual um termo reenvia para outro termo anteriormente inserido no mesmo texto 3 RELIGIÃO designação de parte do cânone da missa, na liturgia grega e oriental (Do gr. *anaphorá*, «elevação; repetição» pelo lat. *anaphŏra*-, «id.»)
anaforese *n.f.* 1 FÍSICA migração para o ânodo de partículas finas em suspensão num líquido, quando se aplica um campo elétrico 2 MEDICINA entrada de substâncias no organismo por processos elétricos, mas em sentido contrário ao da corrente elétrica (Do gr. *ana*, «em sentido contrário» +*phorésis*, «ação de levar»)
anafórico *adj.* que contém anáfora (De *anáfora*+-*ico*)
anaforismo *n.m.* abuso da anáfora (De *anáfora*+-*ismo*)
anafrodisia *n.f.* MEDICINA falta ou perda de desejo sexual; apatia sexual (Do gr. *anaphrodisía*, «abstinência sexual»)
anafrodisíaco *adj.* 1 que elimina ou diminui o desejo sexual; antiafrodisíaco 2 que sente pouco ou nenhum desejo sexual (De *anafrodisia*+-*aco*)
anafrodita *adj.,n.2g.* que ou pessoa que sente pouco ou nenhum desejo sexual (Do gr. *anaphróditos*, «privado de desejos sexuais»)
anafrodítico *adj.* que não provém da união dos sexos (De *anafrodita*+-*ico*)
anafrodito *adj.,n.m.* ⇒ **anafrodita**
anagalhar *v.tr.* atar com nagalho ■ *v.pron.* [fig.] casar-se (De *a*-+*nagalho*+-*ar*)
anagálide *n.f.* BOTÂNICA termo que tem sido usado para designar plantas do género *Anagallis* (família das Primuláceas) (Do gr. *anagallís*, -*ídos*, «pimpinela», pelo lat. *anagallĭde*-, «id.»)
anagalídeas *n.f.pl.* BOTÂNICA grupo de plantas da família das Primuláceas em que se consideram típicas as do género *Anagallis* (De *anagálide*+-*ídeas*)
anagalidíneas *n.f.pl.* BOTÂNICA ⇒ **anagalídeas** (De *anagálide*+-*íneas*)
anagénese *n.f.* MEDICINA restauração das partes destruídas de um órgo (Do gr. *anagénesis*, «nova produção»)
anaglífico *adj.* em que há ánaglifos (De *anáglifo*+-*ico*)
anáglifo *n.m.* 1 obra esculpida em relevo 2 imagem impressa com cores complementares, que, vistas através de óculos coloridos, dão a sensação de relevo (Do gr. *anaglyphós*, «cinzelado em relevo», pelo lat. *anaglýphu*-, «id.»)
anagliptografia *n.f.* processo de escrita e de leitura táctil para cegos, como o sistema Braille (Do gr. *anaglyphós*, «cinzelado em relevo» +*gráphein*, «escrever» +-*ia*)
anagliptográfico *adj.* relativo à anagliptografia (De *anagliptografia*+-*ico*)
anagnórise *n.f.* LITERATURA reconhecimento ou descoberta de facto ou circunstância terminante que causa mudança brusca e radical no desenvolvimento da ação e no destino do protagonista (na comédia leva ao triunfo, na tragédia provoca a derrocada) (Do gr. *anagnórisis*, «reconhecimento»)
anagnosigrafia *n.f.* arte de ensinar a ler e a escrever simultaneamente (Do gr. *anagnósis*, «leitura» +*gráphein*, «escrever»)
anagnosta *n.m.* escravo que, durante os banquetes, na Grécia e em Roma, lia em voz alta para os convivas (Do gr. *anagnóstes*, «leitor» pelo lat. *anagnoste*-, «id.»)
anagnóstico *adj.* relativo ao anagnosta (Do gr. *anagnostikós*, «id.»)
anagogia *n.f.* 1 elevação da alma à contemplação das coisas divinas 2 interpretação mística dos livros sagrados (Do gr. *anagogé*, «elevação» +-*ia*)
anagógico *adj.* relativo à anagogia (De *anagogia*+-*ico*, ou do fr. *anagogique*, «id.»)
anagogismo *n.m.* ⇒ **anagogia** (De *anagogia*+-*ismo*)

anagogista *n.2g.* pessoa que se ocupa de anagogia (De *anagogia*+*-ista*)

anagrama *n.m.* palavra formada pela alteração da ordem das letras de outra palavra (Do gr. *anágramma*, «id.»)

anagramático *adj.* 1 relativo a anagrama 2 que encerra anagrama (Do gr. *anágramma*, *-atos*, «anagrama» +*-ico*)

anagramatista *n.2g.* pessoa que faz anagramas (Do gr. *anagramma*, *-atos*, «anagrama» +*-ista*)

anagramatizar *v.intr.* compor anagramas (Do gr. *anagrammatízein*, «id.»)

anágua *n.f.* saia branca que algumas mulheres usam sobre a combinação (Do taino *naguas*, «id.», pelo cast. *enagua*, «id.»)

anaguel *n.m.* [regionalismo] tabuleiro de cortiça onde se deitam as miudezas dos porcos após a matança (De orig. obsc.)

anaia *n.f.* entre os cabilas do norte de África, talismã ou salvo-conduto

anainho *adj.* de estatura pequena; anão (De *anão*+*-inho*)

anais *n.m.pl.* 1 narração de factos históricos, organizada ano a ano 2 história (Do lat. *annāles*, «id.»)

anal¹ *adj.2g.* relativo ou pertencente ao ânus (De *ân(us)*+*-al*, ou do fr. *anal*, «anal»)

anal² *adj.2g.* que durou ou durará um ano (Do lat. *annāle-*, «relativo ao ano»)

análabo *n.m.* estola ou manto usada pelos antigos frades gregos (Do gr. *analábon*, do v. *analabánein*, «vestir»)

análcime *n.m.* MINERALOGIA ⇒ **analcite**

análcimo *n.m.* MINERALOGIA ⇒ **analcite**

analcite *n.f.* MINERALOGIA mineral do grupo das zeolites, composto quimicamente por silicato hidratado de alumínio e sódio, que cristaliza no sistema cúbico (Do gr. *an-*, «sem» +*alkée*, «força» +*-ite*)

analecta *n.f.* 1 coleção de máximas e de textos significativos da obra de um ou mais autores; seleta; antologia 2 restos de uma refeição (Do gr. *análektos*, «recolhido» pelo lat. *analecta-*, «colecionador de frases»)

analecto *n.m.* ⇒ **analecta**

analector *n.m.* colecionador de analectas (De *analecta*+*-or*)

analema *n.m.* planisfério (Do gr. *análemma*, pelo lat. *analemma-*, «id.»)

analemático *adj.* relativo a analema (Do gr. *análemma*, *-atos*, «planisfério» +*-ico*)

analepse *n.f.* 1 MEDICINA restauração das forças perdidas por doença; convalescença 2 LITERATURA narração de eventos ocorridos anteriormente em relação a eventos já narrados; recuo no tempo (Do gr. *análepsis*, «recuperação»)

analepsia *n.f.* MEDICINA ⇒ **analepse** 1 (De *analepse*+*-ia*)

analéptica *n.f.* parte da higiene que ensina a restabelecer as forças (Do gr. *analeptikós*, «que restaura as forças»)

analéptico *adj.* 1 próprio para restabelecer as forças; fortificante 2 higiénico 3 LITERATURA (narrativa) caracterizado por um recuo no tempo dos eventos narrados ■ *n.m.* substância suscetível de estimular o sistema nervoso central e de combater as depressões (Do gr. *analeptikós*, «que recupera as forças», pelo lat. tard. *analeptĭcu-*, «fortificante»)

analfabético *adj.* designativo dos idiomas que não têm alfabeto (De *analfabeto*+*-ico*)

analfabetismo *n.m.* 1 desconhecimento do alfabeto 2 falta de instrução; ignorância (De *analfabeto*+*-ismo*)

analfabeto *adj.,n.m.* 1 que ou o que não sabe ler nem escrever; que ou o que desconhece o alfabeto 2 que ou o que é ignorante (Do gr. *an-*, «sem» +*álpha*, «alfa» +*béta*, «beta»)

analgesia *n.f.* 1 insensibilidade a estímulos suscetíveis de provocar, normalmente, dor 2 MEDICINA supressão, mediante drogas ou técnicas apropriadas, das dores provocadas por condições patológicas 3 MEDICINA prevenção pré-operatória da dor (Do gr. *analgesía*, «insensibilidade», pelo fr. *analgésie*, «id.»)

analgésico *adj.* 1 relativo à analgia 2 que torna insensível à dor ■ *n.m.* substância ou medicamento que alivia ou elimina a dor (De *analgesia*+*-ico*, ou do fr. *analgésique*, «id.»)

analgia *n.f.* [pouco usado] ⇒ **analgesia** (Do gr. *an-*, «sem» +*álgos*, «dor» +*-ia*)

análgico *adj.* 1 relativo à analgia 2 que torna insensível à dor (De *analgia*+*-ico*)

analgina *n.f.* ⇒ **antipirina** (De *analgia*+*-ina*)

analgizar *v.tr.* 1 tornar análgico 2 insensibilizar (De *análg(ico)*+*-izar*)

analgognosia *n.f.* perturbação patológica caracterizada pela incompreensão da significação de uma dor sentida e por uma ausência de reações de proteção ou de defesa, com manutenção de reações afetivas (Do gr. *an-*, «sem» +*álgos*, «dor» +*gnósis*, «conhecimento» +*-ia*)

analina *n.f.* pó muito fino do gesso calcinado, usado no fabrico do papel

analisado *adj.,n.m.* 1 que ou o que se analisou 2 PSICANÁLISE que ou indivíduo que foi submetido a processo de tratamento ou de autoconhecimento por psicanálise; psicanalisado (Part. pass. de *analisar*)

analisador *adj.* que analisa ■ *n.m.* 1 aquele que analisa; analista 2 ÓTICA componente de um sistema ótico com o qual se pode determinar o estado de polarização de um feixe de luz 3 PSICOLOGIA aparelho nervoso de sensibilidade exterocetiva, que fornece informações analíticas sobre os componentes elementares do mundo exterior perceционado: analisador visual, auditivo, gustativo, etc. (De *analisar*+*-dor*)

analisando *n.m.* PSICANÁLISE paciente submetido a exames psicanalíticos (De *analisar*+*-ando*)

analisar *v.tr.* 1 estudar (algo) com atenção, examinando as suas partes constituintes; fazer a análise de 2 observar, atentando aos pequenos pormenores 3 criticar; comentar (De *análise*+*-ar*)

analisável *adj.2g.* que se pode analisar (De *analisar*+*-vel*)

análise *n.f.* 1 ação ou efeito de analisar 2 exame de uma coisa, parte por parte 3 crítica de uma obra 4 decomposição de um todo nos seus elementos 5 MATEMÁTICA parte da matemática que compreende o cálculo infinitesimal (cálculo diferencial e cálculo integral) e suas aplicações 6 *pl.* exame qualitativo e quantitativo de determinadas substâncias do organismo, a partir de amostras (sangue, urina, fezes, etc.), que permite fazer um diagnóstico; ~ *morfológica* GRAMÁTICA classificação das palavras quanto à sua flexão e ao seu processo de formação (na gramática tradicional, a análise morfológica corresponde à classificação das palavras conforme a sua categoria gramatical); ~ *química* QUÍMICA determinação, total ou parcial, da composição química, qualitativa ou quantitativa, de uma substância ou mistura de substâncias; ~ *sintática* GRAMÁTICA análise das unidades maiores do que a palavra, como os diversos grupos e as frases, classificando-as de acordo com a função sintática que desempenham; *em última* ~ em conclusão, finalmente, como último recurso (Do gr. *análysis*, «dissolução»)

analista¹ *adj.2g.* que analisa ■ *n.2g.* 1 MEDICINA médico que realiza análises clínicas 2 [coloq.] psicanalista 3 QUÍMICA especialista em química analítica 4 MATEMÁTICA especialista em análise matemática (Do fr. *analyste*, «id.»)

analista² *adj.2g.* que escreve anais (De *anal*+*-ista*)

analítica *n.f.* 1 FILOSOFIA parte da lógica que trata da demonstração (Aristóteles, filósofo grego, 384 - 322 a. C.) 2 FILOSOFIA parte da crítica que tem por objeto determinar as formas do entendimento (Kant, filósofo alemão, 1724-1804) 3 GEOMETRIA reformulação da geometria mediante representação dos pontos por meio de números (coordenadas) (De *analítico*)

analítico *adj.* 1 que procede por análise 2 que se funda no emprego da álgebra; *proposição analítica* LÓGICA proposição em que o atributo está necessariamente contido na compreensão do sujeito (Do gr. *analytikós*, pelo lat. *analytĭcu-*, «id.»)

analogia *n.f.* 1 relação de semelhança entre objetos diferentes, quer por motivo de semelhança, quer por motivo de dependência causal 2 BIOLOGIA relação entre órgãos que executam funções idênticas, embora não tenham a mesma estrutura e posição relativa 3 DIREITO aplicação, a um caso não previsto na lei, de um preceito jurídico que regula casos semelhantes; *raciocínio por* ~ raciocínio através do qual se infere, de uma semelhança comprovada, uma semelhança não comprovada (Do gr. *analogía*, «proporção matemática», pelo lat. *analogĭa-*, «analogia», pelo fr. *analogie*, «id.»)

analógico *adj.* 1 que tem analogia 2 MATEMÁTICA, FÍSICA designativo de um tipo de computadores nos quais o resultado de um problema se obtém por intermédio de grandezas elétricas relacionadas entre si por uma equação análoga à que traduz o problema proposto 3 que se manifesta por graus de um processo contínuo e não por unidades discretas 4 INFORMÁTICA diz-se de tudo o que varia de modo contínuo e gradual (Do gr. *analogikós*, «que tem analogia», pelo lat. *analogĭcu-*, «id.»)

analogismo *n.m.* modo de raciocinar por analogia (De *analogia*+*-ismo*)

analogista *n.2g.* pessoa que argumenta por analogia (De *analogia*+*-ista*)

analogístico *adj.* 1 em que se procede por analogia 2 analógico (De *analogista*+*-ico*)

análogo *adj.* 1 que tem analogia; semelhante 2 que provém de factos idênticos (Do gr. *análogos*, «proporcional», pelo lat. *analŏgu-*, «id.»)

analose *n.f.* perda de forças (Do gr. *análosis*, «perda»)

anambé *n.m.* ⇒ **uanambé**

anamês *adj.* ⇒ **anamita** *adj.2g.*

anamita *adj.2g.* relativo ao Aname, região central do Vietname ■ *n.2g.* pessoa natural do Aname ■ *n.m.* língua do Aname (De *Aname*, top. +-*ita*)

anamítico *adj.* relativo aos anamitas (De *anamita*+-*ico*)

anamnese *n.f.* 1 recordação pouco precisa; reminiscência 2 FILOSOFIA conceito essencial da filosofia de Platão (filósofo grego, 427-347 a. C.), segundo o qual a alma, ainda que cativa do corpo, pode, através de um processo de rememoração, recuperar o conhecimento anteriormente perdido 3 recurso estilístico pelo qual o orador simula lembrar-se de uma coisa longínqua ou esquecida 4 MEDICINA conjunto de informações dadas ao médico pelo paciente, mediante interrogatório, sobre o seu passado e a história da sua doença 5 RELIGIÃO (liturgia) parte da missa que inicia as orações depois da consagração (Do gr. *anámnesis*, «recordação», pelo fr. *anamnèse*, «id.»)

anamnesia *n.f.* ⇒ **anamnese** (De *anamnese*+-*ia*)

anamnésia *n.f.* ⇒ **anamnese**

anamnésico *adj.* ⇒ **anamnéstico** (De *anamnésia*+-*ico*)

anamnéstico *adj.* que aviva a memória (Do gr. *anamnestikós*, «que tem memória pronta», pelo fr. *anamnestique*, «id.»)

anamniado *adj.* ZOOLOGIA diz-se do vertebrado cujo embrião não apresenta âmnio ■ *n.m.pl.* ZOOLOGIA grupo de vertebrados (peixes e batráquios) nos quais não existem anexos embrionários (âmnio e alantoide), em oposição a amniados ou amniotas (De *an-*+*amniado*)

anamniota *adj.2g.* ZOOLOGIA ⇒ **anamniado**

anamórfico *adj.* 1 sem forma 2 diz-se das imagens deformadas em virtude de anamorfose 3 MINERALOGIA designativo dos cristais de núcleo invertido (De *anamorf(ose)*+-*ico*)

anamorfismo *n.m.* PETROLOGIA transformação das rochas caracterizada pela formação de minerais complexos à custa de minerais mais simples (De *anamorf(ose)*+-*ismo*)

anamorfose *n.f.* 1 ÓTICA deformação da imagem de um objeto mediante um sistema ótico 2 BOTÂNICA deformação mórbida em certas algas e líquenes que altera o aspeto da planta a ponto de esta ficar irreconhecível 3 MATEMÁTICA transformação que permite passar de um ábaco de linhas cotadas curvilíneas a outro de linhas cotadas retilíneas (Do gr. *anamórphosis*, «transformação»)

ananás *n.m.* 1 BOTÂNICA planta intertropical, da família das Bromeliáceas, muito cultivada pelas suas saborosas infrutescências; ananaseiro 2 infrutescência (sorose) desta planta (Do tupi-guar. *naná* ou *nanã*, «o que sempre cheira»)

ananaseiro *n.m.* BOTÂNICA planta tropical, da família das Bromeliáceas, cultivada pelos seus frutos (De *ananás*+-*eiro*)

anandria *n.f.* 1 MEDICINA privação de órgãos masculinos 2 anafrodisia (Do gr. *anandría*, «falta de virilidade»)

anandrino *adj.* ⇒ **anandro** (De *anandro*+-*ino*)

anândrio *adj.* ⇒ **anandro** (De *anandro*+-*io*)

anandro *adj.* BOTÂNICA diz-se da flor que não tem estames (Do gr. *ánandros*, «não viril»)

ananicar *v.tr.* 1 tornar anão 2 não deixar crescer 3 enfraquecer (De *ananico*+-*ar*)

ananico *adj.,n.m.* anãozinho; anão (De *anão*+-*ico*)

anânico *adj.* que tem configuração ou aspeto de anão (De *anão*+-*ico*)

ananismo *n.m.* BOTÂNICA desenvolvimento deficiente e anormal de uma planta (De *anão*+-*ismo*)

anantérico *adj.* ⇒ **anantero** (De *anantero*+-*ico*)

anantero *adj.* BOTÂNICA desprovido de anteras (Do gr. *an*, «sem» +*antherá*, «flórida»)

ananto *adj.* BOTÂNICA que não produz flor; criptogâmico (Do gr. *an*, «sem» +*ánthos*, «flor»)

anão *n.m.* (*feminino* **anã**) indivíduo de estatura muito abaixo do normal ■ *adj.* 1 pequeno; enfezado 2 [fig.] sem valor; insignificante (Do gr. *nánnos*, «de excessiva pequenez», pelo lat. *nānu-*, «id.»)

anapéstico *adj.* formado de anapestos (De *anapesto*+-*ico*)

anapesto *n.m.* LITERATURA pé de verso grego ou latino composto de duas sílabas breves e uma longa (Do gr. *anápaistos*, «verso anapéstico», pelo lat. *anapaestu-*, «id.»)

anaplasia *n.f.* CIRURGIA ⇒ **anaplastia**

anaplasmose *n.f.* VETERINÁRIA doença dos bovídeos provocada por esporozoários (De *anáplasma*, de *anaplássein*, «remodelar» +-*ose*)

anaplastia *n.f.* CIRURGIA restauração de uma parte mutilada do corpo por outra tirada do mesmo indivíduo ou de outro indivíduo (Do gr. *anáplastos*, «remodelado» +-*ia*)

anaplástico *adj.* relativo a anaplastia (De *anaplastia*+-*ico*)

anapnógrafo *n.m.* aparelho que serve para medir a capacidade pulmonar (Do gr. *anapneín*, «respirar» +*gráphein*, «registar»)

anaptíctico ver nova grafia anaptítico

anaptítico *adj.* 1 LINGUÍSTICA relativo à anaptixe 2 LINGUÍSTICA diz-se da vogal que formou a anaptixe (De *anaptixe*+-*ico*)

anaptixe /cs/ *n.f.* GRAMÁTICA intercalação de uma vogal ou semivogal entre dois sons para lhes facilitar a pronúncia (Do gr. *anáptyxis*, «desenvolvimento»)

anarca *adj.,n.2g.* ⇒ **anarquista**

anarco- elemento de formação de palavras que exprime a noção de anarquia

anarco-sindicalismo ver nova grafia anarcossindicalismo

anarco-sindicalista ver nova grafia anarcossindicalista

anarcossindicalismo *n.m.* POLÍTICA forma de anarquismo em que os sindicatos têm um papel essencial na luta pelos interesses sociais, económicos e culturais (De *anarco-*+*sindicalismo*)

anarcossindicalista *adj.2g.* relativo ao anarcossindicalismo ■ *n.2g.* pessoa que defende o anarcossindicalismo (De *anarco-*+*sindicalista*)

anarmónico *adj.* que não tem harmonia (De *an-*+*harmónico*)

anarquia *n.f.* 1 falta de chefe 2 falta de governo 3 regime em que não há governo 4 negação do princípio da autoridade 5 conceção política que exclui da sociedade todo o direito de coerção sobre o indivíduo 6 desordem; confusão (Do gr. *anarkhía*, «sem governo», pelo fr. *anarchie*, «id.»)

anárquico *adj.* 1 em que há anarquia 2 confuso; desordenado; desorganizado (De *anarquia*+-*ico*)

anarquismo *n.m.* doutrina política que defende a abolição de qualquer autoridade organizada (De *anarquia*+-*ismo*)

anarquista *adj.,n.2g.* que ou pessoa que é partidária do anarquismo (De *anarquia*+-*ista*)

anarquização *n.f.* ato ou efeito de anarquizar (De *anarquizar*+-*ção*)

anarquizante *adj.2g.* 1 que anarquiza 2 que incita à desordem 3 que desorganiza (De *anarquizar*+-*ante*)

anarquizar *v.tr.* 1 compelir à anarquia 2 converter em anarquia 3 excitar à desordem; sublevar (De *anarquia*+-*izar*)

anartria *n.f.* MEDICINA impossibilidade de articular sons devido a lesão cerebral (Do gr. *an-*, «sem» +*árthron*, «articulação» +-*ia*)

anartro *adj.* que não pode articular, ou articula mal, determinados sons (Do gr. *ánarthros*, «inarticulado»)

anasarca *n.f.* MEDICINA edema generalizado a todo o tecido celular subcutâneo, com infiltração nas próprias vísceras (Do gr. *aná*, «por entre» +*sárx, sarkós*, «carne»)

anasárcico *adj.* 1 relativo a anasarca 2 que sofre de anasarca (De *anasarca*+-*ico*)

anasarco *adj.* ⇒ **anasárcico**

anastácio *n.m.* [coloq.] tolo; palerma (De *Anastácio*, antr.)

anastáltico *adj.,n.m.* que ou medicamento que é muito adstringente (Do gr. *anastaltikós*, «próprio para comprimir»)

anástase *n.f.* 1 ação de levantar 2 MEDICINA deslocação dos humores das zonas inferiores do corpo para as superiores (Do gr. *anástasis*, «ato de elevar»)

anastático *adj.* 1 relativo a anástase 2 diz-se do processo de reproduzir quimicamente textos ou desenhos impressos 3 restaurador (Do gr. *anástasis*, «ato de elevar», pelo fr. *anastatique*, «id.»)

anastigmático *adj.* 1 que apresenta anastigmatismo 2 ÓTICA diz-se de uma objetiva fotográfica que está corrigida de aberração esférica, coma, astigmatismo, curvatura de campo e aberração cromática (De *an-*+*astigmático*)

anastigmatismo *n.m.* ÓTICA propriedade de um sistema ótico (objetiva fotográfica ou outro) que consiste numa correção de efeitos refrativos de modo a produzir a supressão de astigmatismo (De *an-*+*astigmatismo*)

anastomosar *v.tr.* 1 juntar por meio de anastomose 2 fazer intercomunicar (De *anastomose*+-*ar*)

anastomose *n.f.* 1 operação cirúrgica que consiste na união de dois vasos sanguíneos, duas partes do tubo digestivo, etc. 2 coalescência, entre si, de órgãos que se ramificam 3 comunicação, natural ou resultante de processo cirúrgico, entre tubos, vasos sanguíneos, nervos da mesma natureza (Do gr. *anastómosis*, «embocadura»)

anastomótico *adj.* 1 relativo a anastomose 2 que estabelece a anastomose (Do gr. *anastomótikos*, «próprio para dar saída»)

anástrofe *n.f.* recurso estilístico que consiste na inversão da ordem natural das palavras (ex.: *ele das escadas desceu*) (Do gr. *anastrophé*, «id.», pelo lat. tard. *anastrŏphe-*, «id.»)

anastrofia *n.f.* ANATOMIA inversão de vísceras (Do gr. **anastrophía*, «inversão»)

anata *n.f.* [ant.] renda anual paga à autoridade eclesiástica pelos novos titulares de benefícios (Do b. lat. *annāta-*, «id.», pelo fr. *annate*, «id.»)

anatar *v.tr.* **1** cobrir de nata **2** tornar semelhante a nata ■ *v.intr.* cobrir-se de nata (De *a-+nata+-ar*)

anátase *n.f.* MINERALOGIA ⇒ **octaedrite** (Do gr. *anátasis*, «alongamento»)

anatásio *n.m.* MINERALOGIA ⇒ **octaedrite** (Do gr. *anátasis*, «alongamento»)

anateirar *v.tr.* cobrir de nateiros (De *a-+nateiro+-ar*)

anátema *n.m.* **1** sentença que expulsa um católico da Igreja; excomunhão **2** maldição; imprecação **3** condenação; reprovação; repreensão (Do gr. *anáthema*)

anatemático *adj.* **1** relativo a anátema **2** que envolve anátema (Do gr. *anáthema, -atos*, «anátema» *+-ico*, pelo fr. *anathématique*, «id.»)

anatematismo *n.m.* **1** decisão que envolve anátema **2** anatematização (Do gr. *anathematismós*, «ato de anatematizar», pelo lat. *anathematismu-*, «excomunhão»)

anatematização *n.f.* ato ou efeito de anatematizar; excomunhão (De *anatematizar+-ção*)

anatematizador *adj.,n.m.* que ou o que anatematiza (De *anatematizar+-dor*)

anatematizar *v.tr.* **1** lançar anátema sobre; fulminar com excomunhão **2** reprovar; condenar (Do gr. *anathematízein*, «amaldiçoar», pelo lat. *anathematizăre*, «excomungar»)

anatexia /cs/ *n.f.* GEOLOGIA formação de magmas por refusão de rochas preexistentes, efetuada a grande profundidade da crosta terrestre (Do gr. *anátexis*, «liquefação» *+-ia*)

Anátidas *n.m.pl.* ZOOLOGIA ⇒ **Anatídeos**

Anatídeos *n.m.pl.* ZOOLOGIA família de aves palmípedes a que pertencem os patos, marrecos, etc., cujo género-tipo se designa *Anas* (Do lat. *anas, anătis*, «pato» *+-ídeos*)

anato *n.m.* ⇒ **urucu** (De orig. obsc.)

anatocismo *n.m.* **1** junção dos juros vencidos ao capital, para que o todo proporcione novos juros **2** capitalização dos juros vencidos e não pagos **3** juros de juros (Do gr. *anatokismós*, «juros compostos», pelo lat. *anatocismu-*, «id.»)

anatomia *n.f.* **1** ciência que, tendo por base os métodos de dissecação e corte, estuda a organização estrutural dos seres vivos, por isso também denominada morfologia interna **2** arte de dissecar as partes de um organismo para estudar a sua estrutura **3** [fig.] exame minucioso **4** BOTÂNICA fitotomia **5** ZOOLOGIA zootomia; ~ *fina* histologia (Do gr. *anatomé*, «incisão», pelo lat. *anatomĭa-*, «dissecação do corpo»)

anatómico *adj.* **1** relativo à anatomia **2** em que se estuda anatomia ■ *n.m.* o que sabe e trata de anatomia (Do gr. *anatomikós*, «respeitante à dissecação»)

anatomista *n.2g.* pessoa especializada em anatomia (De *anatomia+-ista*)

anatomização *n.f.* ato ou efeito de anatomizar (De *anatomizar+-ção*)

anatomizar *v.tr.* **1** dissecar segundo as regras da anatomia **2** observar com minúcia (De *anatomia+-izar*)

anátomo-patologia *n.f.* MEDICINA ciência que estuda as modificações orgânicas causadas pelas doenças; anatomia patológica (De *anátomo* (por *anatómico*)*+patologia*)

anátomo-patologista *n.2g.* MEDICINA médico que faz o exame dos tecidos ou dos órgãos extraídos cirurgicamente ou colhidos após a morte (De *anátomo* (por *anatómico*)*+patologista*)

anatoxina /cs/ *n.f.* toxina microbiana que, submetida a determinado tratamento, perde a toxicidade, mas é capaz de produzir imunidade (De *ana-+toxina*)

anatríptico *adj.* usado para friccionar (Do gr. *anátriptos*, «id.»)

anatrópico *adj.* ⇒ **anátropo**

anátropo *adj.* diz-se do óvulo vegetal, de eixo direito, que está refletido sobre o seu longo funículo (o qual se liga), de modo que toma uma posição invertida (Do gr. *anatropé*, «reviramento»)

anaudia *n.f.* ⇒ **afasia** (Do gr. *anaudía*, «falta de voz; mudez»)

anavalhar *v.tr.* **1** esfaquear com navalha **2** [fig.] difamar (De *a-+navalha+-ar*)

anãzado *adj.* **1** parecido com anão **2** pequeno (De *anão+z+-ado*)

anãzar-se *v.pron.* **1** tornar-se anão **2** enfezar-se (De *anão+z+-ar*)

anazótico *adj.* que não é azotado (De *an-+azótico*)

anazotúria *n.f.* redução sensível ou desaparecimento da ureia da urina (De *an-+azotúria*)

anca *n.f.* **1** ANATOMIA proeminência lateral do corpo humano desde a cintura à coxa; quadril; cadeiras **2** quarto traseiro de um animal; garupa (Do germ. **hanka*, pelo lat. **hanca-*, «coxa»)

-anca sufixo nominal, de origem germânica, que entra na formação de substantivos derivados de outros substantivos e tem sentido *aumentativo* e *pejorativo* (*bicanca, carranca*)

-ança sufixo nominal, de origem latina, que exprime *ação* ou *resultado de ação* (*matança; tardança; semelhança*)

ancarense *adj.2g.* relativo ou pertencente a Ancara, capital da Turquia, ou que é seu natural ou habitante ■ *n.2g.* natural ou habitante de Ancara (De *Ancara*, top. *+-ense*)

ancestral *adj.2g.* **1** relativo aos antepassados; avito **2** ascendente **3** antigo ■ *n.2g.* pessoa da qual descendem outras pessoas; antecessor; antepassado (Do ing. *ancestral*, «dos antepassados», pelo fr. *ancestral*, «id.»)

ancestralidade *n.f.* **1** qualidade de ancestral **2** aparecimento, num indivíduo, de caracteres pertencentes a gerações anteriores, que tinham deixado de se manifestar; atavismo (De *ancestral+-i-+-dade*)

ancho *adj.* **1** largo **2** [fig.] cheio de vaidade; soberbo (Do lat. *amplu-*, «grande»)

anchova *n.f.* ICTIOLOGIA peixe teleósteo, da família dos Carangídeos, frequente nos mares quentes e temperados, que se alimenta de outros peixes e crustáceos; enchova; biqueirão (Do gr. *aphýe*, «sardinha», pelo lat. vulg. **apiŭ(v)a-*, «id.», pelo cast. *anchova*, «anchova»)

-ância sufixo nominal, de origem latina, que exprime a ideia de *ação* ou *resultado de ação*

anciania *n.f.* ⇒ **ancianidade** (De *ancião+-ia*)

ancianidade *n.f.* **1** estado de ancião **2** velhice; antiguidade (De *ancião+-i-+-dade*)

ancião *n.m.* (plural **anciãos** ou **anciões**) pessoa de idade avançada ■ *adj.* velho; antigo (Do lat. med. *antiānu-*, pelo fr. *ancien* ou prov. *ancian*, «id.»)

ancil *n.m.* HISTÓRIA escudo romano de forma oval (Do lat. *ancīle-*, «escudo»)

ancila *n.f.* **1** escrava; serva **2** [fig.] ajuda; auxílio (Do lat. *ancilla-*, «criada; escrava»)

ancilar¹ *adj.2g.* **1** referente a ancila **2** servil (Do lat. *ancillāre-*, «servil»)

ancilar² *adj.2g.* em forma de ancil (De *ancil+-ar*)

ancilo- elemento de formação de palavras que exprime a ideia de *curvo, tortuoso, aderente* (Do gr. *agkýlos*, «curvo»)

anciloglossia *n.f.* MEDICINA imobilidade da língua por aderência ao pavimento da boca (Do gr. *agkýle*, «aderência» *+glóssa*, «língua» *+-ia*)

anciloglóssico *adj.* MEDICINA relativo a anciloglossia

anciloide *adj.2g.* em forma de colchete ou gancho (Do gr. *agkýle*, «gancho» *+eîdos*, «forma»)

ancilóide ver nova grafia **anciloide**

ancilosar *v.tr.* causar ancilose a (De *ancilose+-ar*)

ancilose *n.f.* MEDICINA estado de uma articulação móvel cujos movimentos estão diminuídos ou impossibilitados (Do gr. *agkýlosis*, «curvatura»)

ancilostomíase *n.f.* MEDICINA ⇒ **ancilostomose**

ancilóstomo *n.m.* ZOOLOGIA nematelminte parasita do intestino delgado do homem e do de outros animais (Do gr. *agkýlos*, «curvo» *+stóma*, «boca»)

ancilostomose *n.f.* MEDICINA doença produzida pelo ancilóstomo (De *ancilóstomo+-ose*)

ancinhar *v.tr.* limpar ou trabalhar com ancinho (De *ancinho+-ar*)

ancinho *n.m.* **1** instrumento agrícola em forma de pente para juntar palha, feno, etc. **2** rede de pesca usada no rio Mondego para apanhar berbigão (Do lat. pop. *incīnu-*, por *uncīnu-*, «gancho»)

ancipitado *adj.* que tem bordo afiado (gume) de um lado e de outro; ancípite (De *ancípite+-ado*)

ancipital *adj.2g.* ⇒ **ancípite** (De *ancípite+-al*)

ancípite *adj.2g.* **1** que tem duas cabeças, faces, lados ou gumes **2** diz-se da sílaba que, em latim, pode ser longa ou breve **3** duplo **4** [fig.] incerto; duvidoso; vacilante (Do lat. *ancipĭte-*, «de duas cabeças; de duas faces»)

anciroide *adj.2g.* que tem forma de âncora (Do gr. *agkyroidés*, «que tem forma de âncora»)

anciróide ver nova grafia **anciroide**

anco *n.m.* recanto ou enseada na costa do mar (Do lat. *ancu-*, «encurvado»)

-anco sufixo nominal, de origem germânica, que tem sentido *diminutivo* (potranco, travanco)

-anço sufixo nominal, de origem latina, que designa *uma ação* ou *o resultado de uma ação* e tem, geralmente, sentido *pejorativo* (falhanço; rapinanço)

ancol *n.m.* [Guiné-Bissau] fruto do sibe, de forma arredondada e dividido interiormente em 3 ou 4 cavidades que contêm uma polpa adocicada (Do crioulo *ankol*, «id.»)

ancólia *n.f.* BOTÂNICA ⇒ **acolejo** (Do fr. *ancolie*, «id.»)

ancóneo *adj.* ANATOMIA diz-se do músculo da parte superior e posterior do antebraço (Do gr. *agkón*, «cotovelo», pelo lat. cient. *anconĕu-*, «curvo»)

âncora *n.f.* 1 peça de ferro forjado, geralmente resistente e pesada, com duas ou mais unhas numa das extremidades, e na outra, uma argola a que está presa uma corrente, e que se deixa cair para o fundo do mar ou do rio para manter o navio imóvel e seguro 2 peça de escape de um relógio 3 [fig.] o que dá estabilidade ou segurança; proteção; abrigo 4 ⇒ **loja-âncora** (Do gr. *ágkyra*, «id.», pelo lat. *ancŏra-*, «âncora»)

ancoração *n.f.* 1 ato ou efeito de ancorar; ancoragem 2 ⇒ **ancoradouro** (De *ancorar+-ção*)

ancoradoio *n.m.* ⇒ **ancoradouro**

ancoradouro *n.m.* 1 local onde uma embarcação lança âncora 2 local de abrigo; porto (De *ancorar+-douro*)

ancoragem *n.f.* 1 ato ou efeito de ancorar; ancoração 2 imposto que as embarcações pagam por ancorar (Do lat. *ancoratīcu-*, pelo it. *ancoraggio*, «id.»)

ancorar *v.intr.* 1 lançar âncora 2 (navio) abrigar-se; aportar; fundear 3 [fig.] fixar-se; estabelecer-se ▪ *v.tr.* 1 fazer fundear 2 apoiar(-se) em; basear(-se) em (De *âncora+-ar*)

ancoreta /ê/ *n.f.* 1 âncora pequena 2 barril de forma achatada para adaptar ao lombo dos animais de carga; angoreta (De *âncora+-eta*)

ancorote *n.m.* ⇒ **ancoreta** (De *âncora+-ote*)

ancudo *adj.* que tem ancas largas (De *anca+-udo*)

andábata *n.m.* gladiador dos circos romanos que combatia a cavalo e de olhos vendados (Do lat. *andabăta-*, «id.»)

andaca *n.f.* BOTÂNICA planta herbácea da família das Comelináceas; marianinha; grama-da-terra (De orig. obsc.)

andaço *n.m.* 1 epidemia de pouca gravidade que predomina numa localidade 2 incómodo; indisposição (De *andar+-aço*, ou do it. *andazzo*, «andamento»?)

andada *n.f.* 1 ato de andar 2 caminho que se percorre andando 3 jornada; caminhada 4 vez (Part. pass. fem. subst. de *andar*)

andadeira *n.f.* 1 a que anda muito 2 cavalgadura ligeira 3 ⇒ **andarilho** *n.m.* 1 4 ⇒ **andarilho** *n.m.* 2 5 *pl.* tiras de pano com que se segura uma criança pela cintura ou pelas axilas para a ensinar a andar (De *andar+-deira*)

andadeiro *adj.* 1 que anda muito 2 que é fácil de percorrer; transitável 3 de inferior qualidade; feito sem cuidado 4 (roupa, calçado) próprio para usar todos os dias (De *andar+-deiro*)

andador *n.m.* 1 o que anda muito e/ou rapidamente; caminheiro 2 aparelho utilizado para ajudar as crianças quando começam a andar ou adultos com dificuldades de locomoção (De *andar+-dor*)

andadoria *n.f.* ofício de andador (das almas) (De *andador+-ia*)

andadura *n.f.* 1 maneira de andar 2 caminho andado; andada 3 maneira de andar do cavalo, levantando ao mesmo tempo as duas patas do mesmo lado (De *andar+-dura*)

andaia *n.f.* [Açores] produto da destilação do vinho de baixa graduação (De orig. obsc.)

andaimar *v.tr.* pôr andaimes em (De *andaime+-ar*)

andaimaria *n.f.* conjunto dos andaimes de uma construção (De *andaime+-aria*)

andaime *n.m.* armação de madeira ou tubo de ferro destinada a possibilitar o trabalho de operários em construções altas (De *andar*, ou do ár. *ad-da'áim*, pl. de *ad-da'amã*, «viga; pilar»?)

andaimo *n.m.* ⇒ **andaime**

andaina *n.f.* 1 disposição de coisas ou pessoas em linha; fileira; renque 2 conjunto das peças do vestuário ou das velas da embarcação (De orig. obsc.)

andala *n.f.* [São Tomé e Príncipe] folha de palmeira com que se fazem vassouras e cobrem as cubatas (Do quimb. *andala*, «id.»)

andaluz *adj.* relativo à Andaluzia, região da Espanha meridional ▪ *n.m.* 1 natural ou habitante da Andaluzia 2 dialeto falado na Andaluzia (Do ár. *andalus*)

andaluzite *n.f.* MINERALOGIA mineral (silicato de alumínio) que cristaliza no sistema ortorrômbico e é comum nas rochas metamórficas (De *Andaluzia*, top. +*-ite*)

andamento *n.m.* 1 ato de andar, de se movimentar 2 velocidade a que algo ou alguém se movimenta; ritmo 3 forma como algo (processo, ação, etc.) avança; prosseguimento; desenvolvimento; progressão 4 MÚSICA ritmo mais ou menos vagaroso ou apressado que regula a execução de uma peça musical 5 MÚSICA cada uma das partes constitutivas de uma composição musical cíclica (sinfonia, sonata, etc.); *dar ~ a* fazer seguir; fazer prosseguir (ação, processo, etc.) (De *andar+-mento*)

andana *n.f.* ⇒ **andaina**

andança *n.f.* 1 [ant.] ato de andar 2 [mais usado no plural] jornada; viagem 3 [mais usado no plural] [fig., coloq.] trabalho difícil; faina 4 [fig.] aventura 5 [fig.] sorte; destino (De *andar+-ança*)

andanhos *n.m.pl.* [regionalismo] escaninhos de algum lugar; carreiros; recantos (De *andar+-anho*)

andante[1] *adj.2g.* 1 que anda sem rumo; errante; vagabundo 2 que procura aventuras; aventureiro ▪ *n.2g.* pessoa que circula nas ruas; transeunte ▪ *n.m.* cartão eletrónico recarregável que permite viajar em qualquer um dos meios de transporte aderentes (metro, autocarros, comboios) dentro da Área Metropolitana do Porto (De *andar+-ante*)

andante[2] *n.m.* 1 MÚSICA andamento musical moderado 2 MÚSICA trecho musical com este andamento (Do it. *andante*, «id.»)

andantesco /ê/ *adj.* 1 da cavalaria andante 2 próprio de cavaleiro; cavaleiroso (De *andante+-esco*)

andantino *n.m.* 1 MÚSICA andamento musical mais apressado que o andante 2 MÚSICA trecho musical neste andamento (Do it. *andantino*, «id.»)

andapé *n.m.* andaime junto ao chão (De *andar+pé*)

andar *v.intr.* 1 deslocar-se a pé; caminhar; mover-se 2 mover-se; deslocar-se 3 funcionar; trabalhar (um aparelho, um mecanismo) 4 decorrer; passar (o tempo) 5 ter desenvolvimento; progredir ▪ *v.tr.* 1 percorrer 2 deslocar-se em (meio de transporte) 3 frequentar (curso, escola) 4 conviver com 5 atingir (valor, quantidade, etc.); rondar 6 [coloq.] manter relação amorosa (com) ▪ *v.cop.* liga o predicativo ao sujeito, indicando: estar, encontrar-se, achar-se (*o João anda contente; a casa anda em obras*) ▪ *n.m.* 1 qualquer piso de uma casa acima do rés do chão 2 apartamento 3 forma como se anda 4 camada GEOLOGIA divisão estratigráfica cuja determinação se baseia em fósseis característicos, que constitui a unidade estratigráfica fundamental e tem, como tempo correspondente, a idade; *~ à corda* andar ao arbítrio de alguém; *~ a monte* andar fugido das autoridades; *~ à nora* andar desorientado, andar sem saber o que fazer; *~ aos ss e rr* cambalear de bêbedo; *~ à solta* andar em liberdade; *~ cimeiro* a cabeça; *~ no ganso* cambalear de bêbedo; *~ sobre brasas* andar aflito, andar preocupado (Do lat. *ambităre*, frequ. de *ambīre*, «ir em volta»)

andarejo /ê/ *adj.* (animal) que anda muito (De *andar+-ejo*)

andarengo *adj.* ⇒ **andejo** 1 (De *andar+-engo*)

andarilhar *v.intr.* 1 servir de andarilho 2 andar de um lado para o outro; vaguear (De *andarilho+-ar*)

andarilho *adj.,n.m.* que ou o que anda muito e depressa ▪ *n.m.* 1 aparelho constituído por uma estrutura de metal, plástico ou outro material, que assenta em pequenas rodas e se utiliza para ajudar as crianças a manterem-se de pé quando começam a andar; voador; aranha; andadeira 2 estrutura metálica leve, assente em quatro pernas, sobre a qual uma pessoa com dificuldades de locomoção se apoia para se deslocar com estabilidade; andadeira 3 TAUROMAQUIA aquele que apanha as farpas na arena 4 [pouco usado] portador de cartas ou notícias 5 [ant.] criado que, a pé, acompanhava o amo quando este saía a cavalo ou de carro (De *andar+-ilho*)

andarivelo *n.m.* NÁUTICA cabo náutico de içar ou arriar mastaréus e vergas (Do it. *andarivello*, *andrivello*, «id.»)

andar-modelo *n.m.* apartamento totalmente equipado, apresentado como exemplo para promoção de um empreendimento imobiliário

andas *n.f.pl.* 1 pernas altas de pau para andar a certa altura do solo ou atravessar terrenos alagadiços ou arenosos 2 varais sobre que se coloca a liteira ou tumba; charola (Deriv. regr. de *andar*, ou do lat. *amĭtes*, «varais»)

andável *adj.2g.* por onde se pode andar (De *andar+-vel*)

andebol *n.m.* DESPORTO jogo de equipa em que tomam parte dois grupos, geralmente de sete jogadores, em que se procura introduzir a bola na baliza adversária, jogando-a com as mãos (Do ing. *handball*, «id.»)

andebolista *n.2g.* DESPORTO pessoa que joga andebol (De *andebol+-ista*)

andeiro adj. que anda muito; andadeiro (De andar+-deiro, com hapl.)

andejar v.intr. 1 andar muito por fora de casa 2 andar ao acaso; vaguear; errar (De andar+-ejar)

andejo /ê/ adj. 1 que anda muito; andeiro 2 que anda sempre por fora de casa 3 que gosta de mudar constantemente de lugar; erradio 4 [fig.] versátil (Deriv. regr. de andejar)

andesina n.f. MINERALOGIA ⇒ **andesite** (De Andes, top. +-ina)

andesite n.f. MINERALOGIA mineral que se encontra em rochas extrusivas, normalmente de cor escura (De Andes, top. +-ite)

andesito n.m. PETROLOGIA rocha de textura microlítica geralmente de cor cinzento-escura (De Andes, top. +-ito)

andícola adj.2g. que habita ou cresce nos Andes (De Andes+-cola)

andilhas n.f.pl. armação de madeira que se coloca sobre a cavalgadura para amparar quem monta sentado (De andas+-ilhas)

andilheiro n.m. o que faz andilhas (De andilha+-eiro)

andineiro n.m. [São Tomé e Príncipe] indivíduo que, munido de corda, trepa às palmeiras a fim de cortar o dendê (De andim, o mesmo que dendê)

andinhas n.f.pl. liteira armada no dorso de dois cavalos (De andas+-inhas)

andino adj. dos Andes ou relativo aos Andes (De Andes, top. +-ino)

andirá n.m. 1 [Brasil] ZOOLOGIA espécie de morcego 2 [Brasil] ZOOLOGIA veado do Amazonas (Do tupi ãdi'ra, «morcego»)

andirá-açu n.m. [Brasil] ZOOLOGIA grande morcego

andirá-guaçu n.m. [Brasil] ZOOLOGIA ⇒ **andirá-açu**

andiroba n.f. 1 BOTÂNICA árvore da família das Meliáceas, da América tropical, que fornece madeira de qualidade e frutos comestíveis; andirobeira; jandiroba; nandiroba 2 BOTÂNICA fruto desta árvore 3 madeira proveniente desta árvore (Do tupi ñani 'rowa, «óleo amargo»)

andirobal n.m. lugar onde crescem andirobas (De andiroba+-al)

andirobeira n.f. BOTÂNICA ⇒ **andiroba** 1 (De andiroba+-eira)

ândito n.m. espaço que se reserva para andar à volta de alguma coisa (Do lat. ambītu-, «circuito» × adĭtu-, «acesso», pelo it. andito, «corredor; vestíbulo»)

-ando sufixo nominal, de origem latina, proveniente do gerundivo dos verbos de infinitivo em -are, que traduz a ideia de situação provisória que se está a verificar ou merece verificar-se (educando; doutorando)

andoa /ô/ n.f. barro azulado aplicado na impermeabilização das marinhas de sal, que se extrai na margem esquerda da ria de Aveiro (De orig. obsc.)

andoar v.tr. cobrir com andoa (De andoa+-ar)

andóbia n.f. pedra sobre a qual gira a mó, em certos moinhos ou engenhos (De orig. obsc.)

andor n.m. 1 padiola ornamentada para conduzir as imagens dos santos, nas procissões; charola 2 [regionalismo] trouxa; pateta; **~!** exclamação utilizada para fazer avançar ou para mandar alguém embora; *ir no* **~** deixar-se enganar (Do sânscr. hindola, «liteira», pelo malaialo andola, «id.»)

andorinha n.f. 1 ORNITOLOGIA nome vulgar extensivo a uns pássaros insetívoros, de arribação, da família dos Hirundinídeos 2 BOTÂNICA planta herbácea da família das Liliáceas, ou a sua flor 3 NÁUTICA barco de corrida, à vela 4 NÁUTICA tipo de lancha a vapor 5 [Brasil] carro especial para transporte de mobiliário (Do lat. *harundīna-, por hirundīna-, «de andorinha», de hirundĭne-, «andorinha», com met.)

andorinha-do-mar n.f. ORNITOLOGIA ⇒ **gaivina**

andorinha-do-mato n.f. ORNITOLOGIA ⇒ **urubuzinho**

andorinha-grande n.f. ORNITOLOGIA ⇒ **taperá**

andorinhão n.m. ORNITOLOGIA pássaro da família dos Apodídeos, afim do pedreiro ou guincho, mas de maiores dimensões, também conhecido por ferreiro e gaivão (De andorinha+-ão)

andorinho n.m. 1 andorinha macho 2 pequena andorinha 3 NÁUTICA cabo náutico para pear os estribos das vergas 4 NÁUTICA peça do poleame (De andorinha)

andorino adj. da cor ou com o aspeto da andorinha (De andor(inha)+-ino)

andorisco n.m. [pop.] andorinha macho (De andor(inho)+-isco)

andorrano adj. relativo a Andorra ■ n.m. natural ou habitante de Andorra (De Andorra, top. +-ano)

andorriano adj.,n.m. ⇒ **andorrano** (De Andorra, top. +-iano)

andradite n.f. MINERALOGIA granada ferricálcica, usada como gema e como abrasivo, descoberta pelo mineralogista brasileiro J. B. Andrada e Silva (1763-1838) (De Andrada, antr. +-ite)

andrajo n.m. 1 roupa usada 2 farrapo (Do ár. indiraji, «forro», pelo cast. andrajo, «trapo»)

andrajosidade n.f. estado de andrajoso (De andrajoso+-i-+-dade)

andrajoso adj. coberto de andrajos; esfarrapado (Do cast. andrajoso, «id.»)

andrio n.m. ZOOLOGIA serpente venenosa (Do lat. med. andrīu-, «id.»)

andro- elemento de formação de palavras que exprime a ideia de masculino, homem, macho (Do gr. anér, andrós, «homem»)

-andro sufixo nominal, de origem grega, que exprime a ideia de masculino, homem, androceu (hexandro; pentandro)

androceu n.m. 1 BOTÂNICA parte fértil, masculina, de uma flor, representada pelo conjunto dos seus estames 2 parte da casa grega destinada aos homens (Do gr. anér, andrós, «homem (elemento masculino)» +oîkos, «casa», pelo lat. cient. androcēu-, «id.»)

androdínamo adj. BOTÂNICA designativo da planta cujas flores têm os estames muito desenvolvidos em relação ao gineceu (Do gr. anér, andrós, «homem» +dýnamis, «força»)

androfagia n.f. ⇒ **antropofagia** (Do gr. anér, andrós, «homem» +phageîn, «comer» +-ia)

andrófago adj.,n.m. ⇒ **antropófago** (De andro-+-fago)

androfilia n.f. simpatia pelo sexo masculino (Do gr. anér, andrós, «homem» +philía, «amizade»)

androfobia n.f. aversão pelo sexo masculino (Do gr. anér, andrós, «homem» +phobeîn, «ter horror a» +-ia)

andrófobo adj.,n.m. que ou aquele que apresenta androfobia (De andro-+-fobo)

andróforo n.m. 1 BOTÂNICA parte do eixo floral que se desenvolve, em certas flores, entre o perianto e o androceu 2 BOTÂNICA órgão formado pela união dos filetes dos estames de uma flor 3 ZOOLOGIA animal que, numa associação colonial, exerce funções de macho (De andro-+-foro)

androgenesia n.f. 1 ciência do desenvolvimento físico e moral do homem 2 reprodução humana (Do gr. anér, andrós, «homem» +génesis, «geração»)

androgenésico adj. relativo à androgenesia (De androgenesia+-ico)

androgénio n.m. BIOQUÍMICA hormona sexual masculina, natural ou artificial, responsável pelo desenvolvimento dos órgãos sexuais e das características secundárias masculinas (De andro-+-génio)

andrógeno adj. BIOLOGIA diz-se do grupo de hormonas sexuais, como a testosterona, que estimulam o desenvolvimento dos testículos e dos caracteres sexuais secundários masculinos (De andro-+-geno)

androginia n.f. 1 BIOLOGIA qualidade do ser vivo que apresenta órgãos reprodutores dos dois sexos ou que se comporta simultaneamente como macho e como fêmea; hermafroditismo; androginismo 2 qualidade do indivíduo que apresenta características convencionalmente associadas a ambos os sexos; ambiguidade sexual 3 BOTÂNICA presença de flores masculinas e femininas na mesma inflorescência (De andrógino+-ia)

androgínico adj. 1 relativo a androginia; andrógino 2 BOTÂNICA diz-se da inflorescência de que fazem parte flores masculinas e flores femininas (De andrógino+-ico)

androginismo n.m. ⇒ **androginia** (De andrógino+-ismo)

andrógino adj. 1 relativo a androginia; androgínico 2 ⇒ **hermafrodita** 3 BOTÂNICA diz-se da inflorescência de que fazem parte flores masculinas e flores femininas 4 BOTÂNICA diz-se da flor que tem androceu e gineceu (Do gr. andrógynos, «hermafrodita», pelo lat. androgўnu-, «id.»)

androginoide adj.,n.m. que ou o indivíduo que é hermafrodita com aparências masculinas ■ n.2g. 1 pessoa com traços do sexo oposto ao seu 2 ser vivo que apresenta caracteres dos dois sexos (Do gr. andrógynos, «hermafrodita» +eîdos, «aspeto; forma»)

androginóide ver nova grafia androginoide

androide adj.2g. semelhante ao homem ■ n.m. 1 autómato com figura humana 2 [fig.] fantoche; títere (Do gr. anér, andrós, «homem» +eîdos, «aspeto; forma»)

andróide ver nova grafia androide

andrólatra n.2g. pessoa que presta culto divino a um homem (Do gr. anér, andrós, «homem» +latreín, «adorar»)

androlatria n.f. culto divino prestado a um homem (Do gr. anér, andrós, «homem» +latreía, «adoração»)

andrologia n.f. 1 ciência que estuda o homem e as suas doenças 2 MEDICINA estudo das doenças dos órgãos sexuais masculinos (Do gr. anér, andrós, «homem» +lógos, «tratado» +-ia)

androma /ô/ n.m. tumor do escroto ou elefantíase deste órgão (De andro-+-oma)

andrómana n.f. PATOLOGIA ⇒ **ninfómana** (De andro-+-mana)

andromania *n.f.* PATOLOGIA desejo sexual compulsivo e considerado excessivo em mulher (Do gr. *andromanía*, «paixão pelos homens»)

andromaníaco *adj.,n.m.* PATOLOGIA que ou aquele que apresenta andromania (De *andro-*+*maníaco*)

andrómeda *n.f.* **1** BOTÂNICA arbusto da família das Ericáceas e próprio da zona temperada setentrional e subártica **2** [com maiúscula] ASTRONOMIA constelação boreal formada por cinquenta e nove estrelas, célebre pela nebulosa que nela se observa (De *Andrómeda*, mitol.)

andromorfo *adj.* que tem configuração de homem (De *andro-*+*-morfo*)

andropausa *n.f.* conjunto de alterações fisiológicas e psicológicas que ocorrem no homem entre os 50 e os 70 anos, com redução progressiva da atividade sexual, devida ao envelhecimento, e associada a perturbações de ordem geral (abatimento, insónias, facilidade em cansar-se, etc.) (De *andro-*+*pausa*, com infl. de *menopausa*, ou do fr. *andropause*, «id.»)

androrropia *n.f.* BIOLOGIA qualidade do indivíduo que apresenta, de forma dominante, os caracteres transmitidos pelo progenitor masculino (Do gr. *anér*, *andrós*, «homem» +*rhopé*, «inclinação» +*-ia*)

androsemo *n.m.* BOTÂNICA ⇒ **hipericão** (Do gr. *andrósaimon*, pelo lat. *androsaemon*, «id.»)

andu *n.m.* **1** BOTÂNICA planta arbustiva, tropical, da família das Leguminosas, de sementes comestíveis, também conhecida por anduzeiro, feijão-guando, etc. **2** fruto ou semente desta planta (De orig. obsc.)

andua *n.f.* [Angola] ave semelhante ao papagaio, mas mais corpulenta (Do quimb. *ndua*, «id.»)

andurrial *n.m.* **1** caminho mau e ermo **2** sítio deserto e inculto (Do cast. *andurrial*, «id.»)

anduzeiro *n.m.* BOTÂNICA ⇒ **andu** 1 (De *andu*+*z*+*-eiro*)

anecoico *adj.* FÍSICA que tem pouco eco; que tem pouca ou nenhuma reflexão de som; *câmara anecoica* recinto fechado cujas paredes se encontram cobertas de material absorvente de som, de forma que este sofra uma reflexão mínima

anecóico ver nova grafia *anecoico*

anediar *v.tr.* **1** tornar nédio **2** amaciar; alisar **3** afagar (De *a-*+*nédio*+*-ar*)

anedonia *n.f.* MEDICINA falta da sensação de prazer em atos que naturalmente a proporcionam (Do gr. *an-*, «sem» +*hedoné*, «prazer» +*-ia*)

anedota *n.f.* **1** narração breve e geralmente jocosa de um facto histórico ou imaginário; chiste **2** [fig.] pessoa que provoca o riso (Do gr. *anékdotos*, «inédito», pelo fr. *anecdote*, «anedota»)

anedotário *n.m.* coletânea de anedotas (De *anedota*+*-ário*)

anedótico *adj.* **1** que contém anedotas **2** relativo a anedota **3** cómico; risível (De *anedota*+*-ico*)

anedotista *n.2g.* pessoa que narra ou coleciona anedotas (De *anedota*+*-ista*)

anedotizar *v.tr.* contar à maneira de anedota ■ *v.intr.* contar anedotas (De *anedota*+*-izar*)

anedotomania *n.f.* mania de contar anedotas (De *anedota*+*mania*)

anegar *v.tr.* submergir; alagar (Do lat. *inaquāre*, «encher de água»)

anegralhado *adj.* ⇒ **anegriscado** (De *a-*+*negro*+*-alho*+*-ado*)

anegrar *v.tr.* tornar um tanto negro; denegrir (De *a-*+*negro*+*-ar*)

anegrejar *v.tr.* ⇒ **anegrar** (De *a-*+*negro*+*-ejar*)

anegriscado *adj.* um tanto negro (De *a-*+*negro*+*-isco*+*-ado*)

aneiro *adj.* **1** dependente do modo como o ano decorre **2** que produz ano sim, ano não **3** contingente; precário; incerto (Do lat. *annarĭu-*, «anual; do ano»)

aneixa *n.f.* BOTÂNICA ⇒ **rábano-silvestre** (De orig. obsc.)

anejo /ê/ *n.m.* novilho de um ano; anaco; anelho (Do cast. *añejo*, «de um ano ou mais»)

anel *n.m.* **1** pequena argola, de ouro, prata ou outro material, que se usa no dedo **2** cada uma das peças de uma corrente; elo **3** arco **4** espiral de cabelo frisado ou encaracolado; caracol **5** MATEMÁTICA conjunto onde estão definidas duas operações, com propriedades formalmente idênticas à adição e multiplicação dos inteiros **6** BOTÂNICA série de células de paredes internas e laterais muito espessas, existentes nos arquídios (invólucro dos esporângios) dos fetos **7** BOTÂNICA parte do véu que, em alguns cogumelos, permanece presa ao pé, depois de o chapéu estar aberto; calça **8** ZOOLOGIA cada uma das partes constituintes do corpo segmentado de alguns animais, também denominada segmento, zoonito e merídio **9** QUÍMICA grupo de átomos, iguais ou diferentes, ligados uns aos outros em cadeia fechada; *~ ambulacrário* tubo do aparelho ambulacrário que circunda o esófago dos equinodermes; *~ esofágico* porção anterior do sistema nervoso ganglionar de muitos invertebrados, que também se denomina colar esofágico; *~ labial* formação tubular que rodeia o esófago dos equinodermes, e que faz parte do aparelho parambulacrário; *anéis de Saturno* ASTRONOMIA sistema formado de minúsculos satélites que rodeiam o equador deste planeta; *vão-se os anéis, fiquem os dedos* gaste-se tudo, mas acuda-se à saúde ou à vida (Do lat. *anellu-*, «pequeno anel»)

anelação[1] *n.f.* ato de dar forma de anel a (De *anelar*+*-ção*)

anelação[2] *n.f.* **1** respiração difícil **2** cansaço **3** [fig.] desejo; ânsia (Do lat. *anhelatiōne-*, «dificuldade de respirar»)

anelado *adj.* **1** em forma de anel; encaracolado **2** formado de anéis ■ *n.m.* ZOOLOGIA espécime dos anelados ■ *n.m.pl.* ZOOLOGIA grupo de vermes com o corpo dividido em anéis, com nefrídios e sistema nervoso ganglionar típico; anelídeos (Part. pass. de *anelar*)

aneladura *n.f.* **1** ação de anelar **2** disposição em anel (De *anelar*+*-dura*)

anelante *adj.2g.* **1** ofegante **2** [fig.] ansioso (Do lat. *anhelante-*, «id.»)

anelar[1] *v.tr.* dar feitio de anel a; encaracolar ■ *adj.2g.* em forma de anel; anular (De *anel*+*-ar*)

anelar[2] *v.intr.* respirar com dificuldade; ofegar ■ *v.tr.* [fig.] desejar ardentemente (Do lat. *anhelāre*, «respirar com dificuldade»)

aneléctrico ver nova grafia *anelétrico*

aneleira *n.f.* caixinha para guardar anéis (De *anel*+*-eira*)

anelétrico *adj.* [ant.] relativo a um corpo que não conserva as propriedades elétricas (De *an-*+*eléctrico*)

anelho /ê/ *n.m.* novilho de um ano; anaco; anejo (Do lat. *annicŭlu-*, «de um ano»)

anelídeo *adj.* ZOOLOGIA pertencente ou relativo aos anelídeos ■ *n.m.* ZOOLOGIA espécime dos anelídeos ■ *n.m.pl.* ZOOLOGIA grupo de vermes de corpo dividido em anéis, com nefrídios e sistema nervoso ganglionar típico; anelados; anélidos (De *anel*+*-ídeo*)

anélido *adj.,n.m.,n.m.pl.* ⇒ **anelídeo**

aneliforme *adj.2g.* em forma de anel (Do lat. *anellu-*, «pequeno anel» +*forma-*, «forma»)

anélito *n.m.* **1** hálito; bafo **2** [fig.] desejo veemente (Do lat. *anhelĭtu-*, «respiração»)

anélitro *adj.* designativo de insetos de quatro asas das quais as anteriores não são élitros (De *an-*+*élitro*)

anelo *n.m.* desejo ardente; ansiedade (Deriv. regr. de *anelar*)

anemático *adj.* diz-se do animal que não tem sangue (Do gr. *an-*, «sem» +*haîma*, *-atos*, «sangue» +*-ico*)

anemia *n.f.* **1** MEDICINA doença do sangue que se verifica quando a concentração da hemoglobina nos glóbulos vermelhos não é suficiente para transportar o oxigénio às células na quantidade necessária **2** [fig.] enfraquecimento; debilidade (Do gr. *anaimía*, «falta de sangue»)

anemiante *adj.2g.* que provoca anemia (De *anemiar*+*-ante*)

anemiar *v.tr.* **1** provocar anemia em **2** [fig.] enfraquecer; debilitar (De *anemia*+*-ar*)

anémico *adj.* **1** que tem anemia **2** relativo a anemia (De *anemia*+*-ico*)

anemizante *adj.2g.* ⇒ **anemiante** (De *anemizar*+*-ante*)

anemizar *v.tr.* ⇒ **anemiar** (De *anemi(co)*+*-izar*)

anemo- elemento de formação de palavras que exprime a ideia de *vento* (Do gr. *ánemos*, «vento»)

anemofilia *n.f.* BOTÂNICA polinização de flores em que o pólen é transportado pelo vento, como acontece nas gramíneas e nas coníferas (De *anemófilo*+*-ia*)

anemófilo *adj.* diz-se do vegetal (ou flor) cuja polinização se faz normalmente pelo vento; anemógamo (De *anemo-*+*-filo*)

anemofobia *n.f.* horror mórbido ao vento (De *anemófobo*+*-ia*)

anemófobo *adj.* **1** que sofre de anemofobia **2** BOTÂNICA diz-se dos vegetais defendidos da ação prejudicial do vento por uma disposição protetora (De *anemo-*+*-fobo*)

anemógamo *adj.* diz-se do tipo de polinização cruzada que se realiza pela ação do vento; anemófilo (De *anemo-*+*-gamo*)

anemografia *n.f.* descrição dos ventos (De *anemógrafo*+*-ia*)

anemógrafo *n.m.* aparelho registador da direção, velocidade e força do vento (De *anemo-*+*-grafo*)

anemograma *n.m.* gráfico obtido no anemógrafo (De *anemo-*+*-grama*)

anemologia *n.f.* estudo dos ventos (De *anemólogo*+*-ia*)

anemológico *adj.* relativo a anemologia (De *anemologia*+*-ico*)

anemólogo *adj.,n.m.* que ou o que se ocupa da anemologia (De *anemo-*+*-logo*)

anemometria *n.f.* medida da força ou da velocidade dos ventos (De *anemómetro*+*-ia*)

anemómetro n.m. instrumento que serve para avaliar a velocidade do vento (De anemo-+-metro)

anemometrógrafo n.m. aparelho que regista as variações e a duração do vento (Do gr. ánemos, «vento»+métron, «medida»+gráphein, «registar»)

anémona n.f. 1 BOTÂNICA planta da família das Ranunculáceas, cultivada para fins ornamentais 2 BOTÂNICA flor ornamental desta planta, grande e de cores variadas (Do gr. anemóne, pelo lat. anemōne-, «id.»)

anémona-do-mar n.f. ZOOLOGIA ⇒ **actínia**

anemopluviógrafo n.m. aparelho que regista a velocidade do vento e a quantidade de chuva caída (Do gr. ánemos, «vento»+lat. pluviă-, «chuva»+gr. gráphein, «registar»)

anemoscopia n.f. 1 estudo sobre a direção dos ventos 2 prognóstico baseado na observação de correntes aéreas (Do gr. ánemos, «vento»+skopeîn, «ver»+-ia)

anemoscópio n.m. aparelho que indica a direção do vento; cata-vento (Do gr. ánemos, «vento»+skopeîn, «ver»+-io)

anemoterapia n.f. tratamento por meio de inalações (Do gr. ánemos, «vento»+therapeía, «tratamento»)

anemotropismo n.m. reação de orientação ou de deslocação de certos animais na direção do vento (De anemo-+tropismo)

anemótropo n.m. motor que funciona pela pressão do vento (Do gr. ánemos, «vento»+trópos, «viragem»)

anencefalia n.f. TERATOLOGIA anomalia congénita caracterizada pela ausência de encéfalo; acefalia (De anencéfalo+-ia)

anencefálico adj. relativo a anencefalia (De anencéfalo+-ico)

anencéfalo adj. que apresenta anencefalia (De an-+encéfalo)

-âneo sufixo nominal, de origem latina, que exprime a ideia de qualidade (subterrâneo; cutâneo)

anepatia n.f. diminuição ou supressão da atividade hepática (Do gr. an-, «sem»+hépar, hépatos, «fígado»+-ia)

anepigrafia n.f. desaparecimento ou falta de inscrição em medalhas, baixos-relevos, etc. (De anepígrafo+-ia)

anepígrafo adj. 1 sem título 2 sem inscrição (Do gr. anepígraphos, «que não tem inscrição»)

anequim n.m. ICTIOLOGIA ⇒ **marraxo** (De orig. obsc.)

aneroide adj.,n.m. barómetro ou designativo de um barómetro cujo funcionamento é baseado na elasticidade de uma caixa metálica onde se rarefez o ar (Do gr. a-, «sem» +nerós, «líquido»+eîdos, «forma»)

aneróide ver nova grafia aneroide

anérveo adj. 1 ZOOLOGIA diz-se do inseto cujas asas são desprovidas de filetes nervosos 2 sem ação nos nervos; paralítico (De a-+nervo+-eo)

anervia n.f. MEDICINA falta de ação nervosa; paralisia (De anérveo+-ia)

anervismo n.m. ⇒ **anervia** (De a-+nervo+-ismo)

anesia n.f. diminuição ou desaparecimento dos sintomas de uma doença (Do gr. ánesis, «afrouxamento»+-ia)

anestesia n.f. 1 MEDICINA ato, processo ou efeito de anestesiar 2 MEDICINA ausência ou perda de vários ou de um dos tipos da sensibilidade, em todo ou parte do corpo 3 MEDICINA supressão temporária da sensibilidade e da consciência, mediante técnicas utilizadas em cirurgia, para fins operatórios, exploratórios, terapêuticos 4 ⇒ **anestésico** adj. 1; ~ **dissociada** MEDICINA dissociação patológica da sensibilidade; ~ **epidural** MEDICINA supressão da sensibilidade na parte inferior do corpo, mediante a aplicação de um anestésico na região da medula espinal; ~ **geral** MEDICINA suspensão de toda a sensibilidade do corpo, com perda total da consciência e da mobilidade, com a utilização de gases por via inalatória e de drogas por via endovenosa; ~ **local** MEDICINA supressão temporária da sensibilidade de uma parte do corpo por meio da aplicação de um anestésico na proximidade de um nervo, sem perda de consciência; ~ **moral** [fig.] incapacidade de distinguir as noções de bem e de mal (Do gr. anaisthesía, «insensibilidade»)

anestesiante adj.2g.,n.m. que ou substância que diminui ou suprime a sensibilidade; anestésico (De anestesiar+-ante)

anestesiar v.tr. 1 MEDICINA suprimir a sensibilidade em (parte ou totalidade do corpo) através de anestésicos 2 [fig.] adormecer; entorpecer (De anestesia+-ar)

anestésico adj. que diminui ou suprime a sensibilidade; que anestesia ■ n.m. 1 substância que diminui ou suprime a sensibilidade 2 [pop.] médico anestesista (De anestesia+-ico)

anestesiologia n.f. MEDICINA estudo dos anestésicos e das técnicas de anestesia e reanimação (De anestesia+-logia)

anestesiologista n.2g. médico especialista em anestesiologia (De anestesiologia+-ista)

anestesista adj. 1 que aplica anestesia 2 relativo a anestesia ■ n.2g. médico que aplica anestesia; especialista em anestesia (De anestesia+-ista)

anestético adj. que revela falta de estética (Do gr. anaísthetos, «insensível»)

anestia n.f. PSICOLOGIA estado mórbido que consiste na recusa da pessoa em vestir-se (Do gr. an-, «sem»+esthẽs, «hábito»)

anete /ê/ n.m. argola de âncora; arganel (De anel, com troca de suf.?)

aneto /ê/ n.m. BOTÂNICA ⇒ **endro** (Do gr. ánethon, «id.», «endro», pelo lat. anēthu-, «id.»)

aneuria n.f. ⇒ **anervia** (Do gr. a, «sem» +neûron, «nervo» +-ia)

aneurisma n.m. MEDICINA dilatação localizada de uma artéria cujas paredes cederam anormalmente à pressão do sangue; tumor sanguíneo (Do gr. aneúrysma, «dilatação», pelo lat. tard. aneurysma, «id.»)

aneurismal adj.2g. relativo a aneurisma (De aneurisma+-al)

aneurismático adj. da natureza do aneurisma (Do gr. aneúrysma, -atos, «aneurisma»+-ico)

aneuritmia n.f. falta de euritmia (Do gr. an-, «sem» +eurythmía, «movimento rítmico»)

aneurítmico adj. que carece de euritmia (De aneuritmia+-ico)

aneurose n.f. ausência de nervos ou de nervuras (Do gr. a-, «sem» +neûron, «nervo» +-ose)

aneurostenia n.f. insensibilidade nervosa (Do gr. a-, «sem» +neûron, «nervo» +sthénos, «força» +-ia)

anexação /cs/ n.f. ato ou efeito de anexar; incorporação; junção (De anexar+-ção)

anexar /cs/ v.tr. fazer a anexação de; incorporar; unir (De anexo+-ar)

anexim /ch/ n.m. 1 dito sentencioso; provérbio; adágio 2 [regionalismo] alcunha 3 [gír.] estudante de um curso anexo à Universidade (Do ár. an-naxíd, «canto; poema»)

anexionismo /cs/ n.m. POLÍTICA sistema segundo o qual os pequenos estados se devem incorporar nos grandes, quando haja afinidade rácica e étnica (Do fr. annexionnisme, «id.»)

anexionista /cs/ adj.2g. relativo ao anexionismo ■ n.2g. partidário do anexionismo (Do fr. annexionniste, «id.»)

anexirista adj.,n.2g. que ou pessoa que habitualmente emprega anexins (De anexir, por anexim+-ista)

anexo /cs/ adj. 1 ligado a outro; junto; incorporado 2 dependente 3 acessório ■ n.m. 1 o que foi adicionado a um documento principal 2 dependência de um edifício principal 3 ficheiro adicionado a uma mensagem eletrónica 4 ANATOMIA parte acessória de um órgão ou de uma estrutura principal (Do lat. annexu-, «junção; junto; unido»)

anfetamina n.f. QUÍMICA substância excitante do sistema nervoso central que amplia a capacidade física e psíquica do indivíduo e que é, por vezes, usada como estimulante, podendo ter efeitos secundários considerados perigosos (De a(lpha), «alfa»+m(ethyl), «metil»+ph(ene)t(hyl), «fenetil»+amine, «amina»)

anfi- elemento de formação de palavras que exprime a ideia de em redor de, à roda de, de ambos os lados, numa e noutra parte (Do gr. amphí, «em volta»)

anfiartrose n.f. ANATOMIA articulação semimóvel dos ossos, cujas superfícies estão unidas por tecido fibrocartilaginoso e por ligamentos periféricos; sínfise (De anfi-+artrose)

anfíbio adj. 1 (ser vivo) adaptado a viver tanto na água como em terra 2 (avião) que pousa e levanta, indistintamente, do solo ou da superfície da água 3 (veículo) que se desloca indiferentemente no solo ou na água 4 ZOOLOGIA relativo aos anfíbios ■ n.m. ZOOLOGIA espécime dos anfíbios ■ n.m.pl. ZOOLOGIA classe de vertebrados de sangue frio, ordinariamente de pele nua e viscosa, que passam por metamorfoses; batráquios (Do gr. amphíbios, «id.», pelo lat. tard. amphíbion, «anfíbio»)

anfibiografia n.f. descrição dos animais anfíbios (Do gr. amphíbios, «anfíbio»+gráphein, «descrever»+-ia)

anfibiologia n.f. parte da zoologia que trata dos animais anfíbios (Do gr. amphíbios, «anfíbio»+lógos, «tratado»+-ia)

anfibiólogo n.m. especialista em anfibiologia (Do gr. amphíbios, «anfíbio»+lógos, «estudo»)

anfíbola n.f. 1 MINERALOGIA ⇒ **horneblenda** 2 pl. MINERALOGIA minerais que são isossilicatos de cadeia dupla, com cálcio, magnésio e, por vezes, outros metais (Do gr. amphíbolos, «ambíguo», pelo fr. amphibole, «id.»)

anfibolia n.f. MEDICINA período de prognóstico incerto (Do gr. amphibolía, «ataque por dois lados ao mesmo tempo», pelo lat. amphibolía-, «ambiguidade»)

anfibólio n.m. MINERALOGIA ⇒ **anfíbola**

anfibolito n.m. PETROLOGIA rocha metamórfica de cor esverdeada, escura, formada essencialmente por anfíbola (horneblenda), associada a plagióclase intermédia (Do gr. *amphíbolos*, «ambíguo» +*líthos*, «pedra»)

anfíbolo n.m. 1 MEDICINA fase da febre tifoide, entre o período de estado e a defervescência 2 MINERALOGIA ⇒ **anfíbola** (Do gr. *amphíbolos*)

anfibologia n.f. GRAMÁTICA ambiguidade de sentido que resulta de má construção gramatical ou do emprego de palavras que têm vários sentidos (Do gr. *amphíbolos*, «ambíguo», pelo b. lat. *amphibologĭa*-, pelo fr. *amphibologie*, «anfibologia»)

anfibológico adj. 1 que contém anfibologia 2 ambíguo; equívoco (Do fr. *amphibologique*, «id.»)

anfibologista n.2g. pessoa que escreve ou fala com anfibologia (De *anfibologia*+-*ista*)

anfiboloxisto n.m. PETROLOGIA rocha metamórfica, xistosa, constituída especialmente por anfíbola e xisto (De *anfíbola*+*xisto*)

anfíbraco n.m. LITERATURA pé de verso grego ou latino com uma sílaba longa entre duas breves (Do gr. *amphíbrakhys*, «breve de ambos os lados», pelo lat. *amphibrăchu*-, «id.»)

anficéfalo adj. que tem duas cabeças (Do gr. *amphí*, «duas» +*kephalé*, «cabeça»)

anfictião n.m. representante de cada um dos antigos estados confederados (Do pl. gr. *Amphiktýones*, «delegados dos estados gregos», pelo lat. *Amphictyōnes*, «id.»)

anfictionia n.f. 1 confederação das anfictiónides 2 assembleia dos anfictiões 3 direito que tinham as cidades gregas de se fazerem representar nessa assembleia (Do gr. *amphiktyonía*, «confederação»)

anfictiónico adj. relativo aos anfictiões (Do gr. *amphiktyonikós*, «dos anfictiões»)

anfictiónide n.f. cidade grega que fazia parte da anfictionia (Do gr. *amphiktyonís, -ídos*, «id.»)

anfictiónio adj. ⇒ **anfictiónico**

anfiderme n.f. BOTÂNICA formação cuticular da epiderme (Do gr. *amphí*, «de ambos os lados» +*dérma*, «pele»)

anfidiartrose n.f. articulação que permite o movimento em dois sentidos (Do gr. *amphí*, «de ambos os lados» +*diárthrosis*, «flexibilidade»)

ânfido adj. [ant.] designação de sais que contêm oxigénio no anião (De *anfi*-+(*óx*)*ido*)

anfifagia n.f. qualidade de anfífago (De *anfífago*+-*ia*)

anfífago adj. que está apto a ingerir tanto alimentos animais como vegetais (Do gr. *amphí*, «de uma e de outra parte» +*phageĩn*, «comer»)

anfigamia n.f. BOTÂNICA qualidade de anfígamo (De *anfígamo*+-*ia*)

anfígamo adj. BOTÂNICA em que se verifica a endogamia e a exogamia (Do gr. *amphí*, «de ambos os lados» +*gámos*, «união»)

anfigénio n.m. MINERALOGIA [ant.] ⇒ **leucite** (Do gr. *amphí*, «de ambos os lados» +*génos*, «nascimento» +-*io*)

anfígeno adj. 1 BOTÂNICA diz-se da planta que lança rebentos em todos os sentidos durante a germinação 2 QUÍMICA [ant.] designativo de elemento que funciona como ácido ou base (Do gr. *amphí*, «de ambos os lados» +*génos*, «nascimento»)

anfigonia n.f. BIOLOGIA reprodução através de dois indivíduos diferentes; geração sexual (De *anfi*-+*gono*-+-*ia*)

anfiguri n.m. obra literária de sentido confuso (Do fr. *amphigouri*, «discurso escrito confuso e obscuro»)

anfigúrico adj. 1 que encerra anfiguris 2 relativo a anfiguri (Do fr. *amphigourique*, «id.»)

anfigurítico adj. ⇒ **anfigúrico**

anfímacro n.m. LITERATURA verso latino ou grego com uma sílaba breve no meio de duas longas (Do gr. *amphímakros*, «id.», pelo lat. *amphimăcru*-, «id.»)

anfineuro adj. ZOOLOGIA pertencente ou relativo aos anfineuros ■ n.m. ZOOLOGIA espécime dos anfineuros ■ n.m.pl. ZOOLOGIA classe de moluscos de caracteres primitivos, com concha formada por placas inarticuláveis e pé em palmilha muito desenvolvida, que funciona como ventosa (Do gr. *amphí*, «em torno» +*neûron*, «nervo»)

anfioxo /cs/ n.m. ZOOLOGIA pequeno animal de corpo aguçado nas duas extremidades, pertencente aos protocordados acrânios, que vive nos fundos arenosos de muitos mares (Do gr. *amphí*, «de ambos os lados» +*oxýs*, «agudo»)

anfípode adj.2g. (animal, sobretudo crustáceo) que tem dois tipos de patas (Do gr. *amphí*, «de ambos os lados» +*poús, podós*, «pé»)

anfiprostilo n.m. templo com dois vestíbulos, um anterior e outro posterior (Do gr. *amphipróstylos*, «que tem duas fachadas ornadas de colunas»)

anfíptero n.m. HERÁLDICA dragão com asas de morcego, representado no escudo (Do gr. *amphí*, «de ambos os lados» +*pterón*, «asa»)

anfisarca n.m. BOTÂNICA fruto sincárpico, polispérmico, duro por fora e carnudo por dentro (Do gr. *amphí*, «em redor» +*sárx, sarkós*, «carne; polpa»)

anfisbena n.f. HERÁLDICA figura que consiste numa serpente com o corpo retorcido e uma cabeça em cada extremidade (Do gr. *amphísbaina*, «serpente que anda nos dois sentidos», pelo lat. *amphisbaena*, «id.»)

anfíscios n.m.pl. habitantes da zona tórrida que projetam a sua sombra, ao meio-dia solar, norte ou para sul, conforme a posição do Sol em relação ao equador (Do gr. *amphískios*, «que projeta sombra dos dois lados», pelo lat. *amphiscĭu*-, «que tem sombra dos dois lados»)

anfitálamo n.m. HISTÓRIA (Grécia e Roma) compartimento contíguo ao quarto de dormir, destinado ao trabalho e ao alojamento das escravas (Do gr. *amphithálamos*, «quarto com leitos de um e de outro lado», pelo lat. *amphithalămu*-, «lugar onde dormiam as escravas»)

anfiteatral adj.2g. relativo ao anfiteatro (De *anfiteatro*+-*al*)

anfiteátrico adj. ⇒ **anfiteatral** (De *anfiteatro*+-*ico*)

anfiteatro n.m. 1 na Grécia e Roma antigas, edifício oval ou circular, com arquibancadas e uma arena no centro, para espetáculos públicos, combates, jogos e representações 2 sala de aula ou de espetáculos com arquibancada 3 conjunto de arquibancadas de uma sala de aula ou de espetáculos 4 elevação gradual e circular de um terreno (Do gr. *amphithéatron*, «teatro de ambos os lados», pelo lat. *amphitheatru*-, «anfiteatro»)

anfitrião n.m. dono da casa em relação aos convidados (Do gr. *Amphitrýon*, rei de Tebas, pelo lat. *Amphitryōne*-, «id.»)

Anfitrite n.f. 1 (mitologia grega) deusa do mar 2 [poét.] mar (Do gr. *Amphitríte*, «Nereida», pelo lat. *Amphitrīte*-, deusa do mar)

anfitropia n.f. BOTÂNICA qualidade do óvulo ou embrião anfítropo (De *anfítropo*+-*ia*)

anfitrópico adj. BOTÂNICA ⇒ **campilótropo** (De *anfítropo*+-*ico*)

anfítropo adj. BOTÂNICA ⇒ **campilótropo** (Do gr. *amphí*, «por ambos os lados» +*trópos*, «volta»)

anfo- ⇒ **anfi-** (Do gr. *ámpho*, «ambos»)

anfólito adj. QUÍMICA designativo das espécies químicas capazes de apresentar comportamentos antagónicos, dependendo das espécies com que reagem (De *anfo*-+(*electró*)*lito*)

ânfora n.f. 1 vaso grande de duas asas para líquidos 2 BOTÂNICA valva de alguns frutos que se fendem na maturação (Do lat. *amphŏra*, «id.»)

anforal adj.2g. 1 contido em ânfora 2 que leva ânfora 3 relativo a ânfora (De *ânfora*+-*al*)

anforicidade n.f. MEDICINA existência de ruído anfórico na pleura (De *anfórico*+-*i*-+-*dade*)

anfórico adj. 1 MEDICINA diz-se da ressonância da respiração em certas afeções pulmonares 2 relativo a ânfora (De *ânfora*+-*ico*)

anfotérico adj. relativo a anfótero (De *anfótero*+-*ico*)

anfótero adj. QUÍMICA diz-se do composto químico que reage como ácido em presença de uma base, e como base em presença de um ácido (Do gr. *amphóteros*, «um e outro»)

anfracto adj. ⇒ **anfractuoso** (Do lat. *anfractu*-, «tortuoso»)

anfractuosidade n.f. 1 qualidade do que é anfractuoso 2 sinuosidade 3 cavidade; saliência (De *anfractuoso*+-*i*-+-*dade*)

anfractuoso adj. 1 que tem sinuosidades e curvaturas; tortuoso 2 desigual (Do lat. tard. *anfractuōsu*-, «tortuoso»)

-anga sufixo nominal, de origem sul-americana, com sentido pejorativo (*nariganga*)

angana[1] n.f. [Índia] pátio situado à frente da casa (Do sânsc. *angana*, «id.», pelo conc. *ángan*, pl. *ānganā*, «id.»)

angana[2] n.f. 1 [Brasil] senhora 2 [Brasil] filha mais velha dos senhores; tratamento dado pelos pais às filhas (Do quimb. *nganna*, «senhor»)

Angara n.f. antigo continente que teria formado o núcleo da Sibéria atual

angareira n.f. [Brasil] rede de malha apertada, usada para apanhar tainhas (De *angariar*+-*eira*?)

angarela n.f. [regionalismo] conjunto de fueiros com que se ampara a carrada de palha ou feno (De orig. obsc.)

angária n.f. 1 requisição de navio ancorado por um Estado beligerante para satisfazer necessidades urgentes de defesa ou de economia 2 [ant.] requisição de animais de carga e de sela que se fazia para serviço do Estado (Do gr. *aggareía*, «imposição», pelo lat. tard.

angaria-, «id.», pelo fr. *angarie*, «requisição por um Estado beligerante de um navio neutro ancorado nas suas águas»)

angariação *n.f.* **1** ato ou efeito de angariar **2** obtenção; recolha (de fundos) **3** recrutamento (De *angariar+-ção*)

angariador *adj.* **1** que angaria **2** agenciador ■ *n.m.* **1** aquele que angaria **2** aquele que, por profissão, obtém anúncios, assinaturas de jornais ou revistas e seguros (De *angariar+-dor*)

angariar *v.tr.* **1** aliciar; atrair **2** procurar obter; recrutar **3** adquirir; obter (Do lat. tard. *angariāre*, «forçar», pelo it. *angariàre*, «atormentar; oprimir»)

angarilha *n.f.* cobertura de palha ou verga com que se resguardam objetos de louça ou de vidro (Do cast. *angarillas*, «cangalhas»)

angeli- elemento de formação de palavras que exprime a ideia de *anjo, angélico* (Do gr. *ággelos*, «mensageiro», pelo lat. *angĕlu-*, «anjo»)

angélia *n.f.* [ant., poét.] aurora (Do gr. *aggelía*, «mensagem»)

angélica *n.f.* **1** BOTÂNICA planta ornamental e medicinal da família das Liliáceas, de flores odoríferas; angélica-dos-jardins; nardo **2** licor fabricado com o caule desta planta **3** RELIGIÃO na liturgia católica, lição que é cantada na bênção do círio pascal **4** [regionalismo] jeropiga (Do gr. *aggelikós*, «de anjo», pelo lat. *angelĭcu-*, «id.», pelo fr. *angélique*, «angélica»)

angelical *adj.2g.* ⇒ **angélico** (De *angélico+-al*)

angélica-silvestre *n.f.* BOTÂNICA ⇒ **erva-sarneira**

angélico *adj.* **1** próprio de anjo; angelical; angelino **2** [fig.] inocente; puro **3** [fig.] encantador; perfeito; *pão* ~ Eucaristia, hóstia (Do gr. *aggelikós*, «de anjo», pelo lat. *angelĭcu-*, «angélico»)

angelim *n.m.* BOTÂNICA nome vulgar de algumas espécies de árvores tropicais da América e da Ásia, da família das Leguminosas (angelim-amargoso, angelim-doce, etc.), que fornecem valiosas madeiras (Do tâm. *anjili*, «id.»)

angelina *n.f.* **1** casta de videiras **2** ICTIOLOGIA peixe teleósteo, comestível, da família dos Hemulídeos; anjouinil; xaputa **3** FARMÁCIA princípio ativo que se encontra nas sementes do angelim-amargoso **4** pequeno planeta (De *angelim+-ina*)

angelino *adj.* ⇒ **angélico** (Do lat. *angĕlu-*, «anjo» +-*ino*)

angelismo *n.m.* **1** tendência para espiritualizar exageradamente **2** desejo de pureza absoluta **3** FILOSOFIA atitude filosófica que considera o homem como puro espírito **4** [pej.] inocência; ingenuidade (De *angeli+-ismo*)

angelita *n.2g.* membro de uma seita da Mesopotâmia que adorava os anjos (De *angeli-+-ita*)

angelitude *n.f.* **1** qualidade de angélico **2** estado de anjo (De *angeli-+-tude*)

angelização *n.f.* **1** ato ou efeito de angelizar **2** estado de beleza, pureza e ventura semelhante ao dos anjos (De *angelizar+-ção*)

angelizar *v.tr.* comparar ou tornar semelhante a um anjo (De *angél(ico)+-izar*)

angelo- ⇒ **angeli-**

angelografia *n.f.* tratado ou estudo sobre os anjos (Do gr. *ággelos*, «anjo» +*gráphein*, «descrever» +-*ia*)

angelólatra *n.2g.* pessoa que presta culto de adoração aos anjos (Do gr. *ággelos*, «anjo» +*latreúein*, «adorar; servir»)

angelolatria *n.f.* adoração dos anjos (Do gr. *ággelos*, «anjo» +*latreía*, «adoração»)

angelologia *n.f.* ⇒ **angelografia** (Do gr. *ággelos*, «anjo» +*lógos*, «tratado» +-*ia*)

angiectasia *n.f.* MEDICINA nome genérico das dilatações dos vasos sanguíneos (De *angi-+ectasia*)

angina *n.f.* **1** MEDICINA tumefação inflamatória da garganta e, em especial, das amígdalas; amigdalite **2** dor espasmódica; ~ *de peito* doença que se caracteriza por dor no peito e que é causada por deficiência do afluxo sanguíneo ao miocárdio, por espasmo ou arteriosclerose das artérias coronárias (Do lat. *angīna-*, «id.»)

anginoso /ô/ *adj.* **1** relativo à angina **2** que sofre de anginas (De *angina+-oso*)

angi(o)- elemento de formação de palavras que exprime a ideia de *vaso* (Do gr. *aggeîon*, «vaso»)

angiocolite *n.f.* PATOLOGIA inflamação dos canais biliares (Do gr. *aggeîon*, «vaso» +*kholé*, «bílis» +-*ite*)

angiografia *n.f.* radiografia de vasos sanguíneos (Do gr. *aggeîon*, «vaso» +*gráphein*, «descrever» +-*ia*)

angiograma *n.m.* MEDICINA radiografia dos vasos sanguíneos, obtida após injeção de uma substância opaca para raios X

angiologia *n.f.* estudo dos vasos sanguíneos (Do gr. *aggeîon*, «vaso» +*lógos*, «estudo» +-*ia*)

angiólogo *n.m.* médico especialista em doenças dos vasos sanguíneos (Do gr. *aggeîon*, «vaso» +*lógos*, «estudo»)

angioma *n.m.* MEDICINA tumor vascular provocado pela proliferação e aglomeração de vasos sanguíneos ou linfáticos (De *angi-+-oma*)

angioplastia *n.f.* CIRURGIA operação cirúrgica cujo objetivo é reparar um vaso sanguíneo (De *angio-+plastia*)

angiorragia *n.f.* hemorragia pelos vasos capilares (Do gr. *aggeîon*, «vaso» +*rhagé*, «rutura» +-*ia*)

angioscopia *n.f.* exame dos vasos sanguíneos (Do gr. *aggeîon*, «vaso» +*skopeîn*, «ver; observar» +-*ia*)

angioscópio *n.m.* aparelho para examinar os vasos sanguíneos (Do gr. *aggeîon*, «vaso» +*skopeîn*, «ver»)

angiose *n.f.* doença do sistema vascular sanguíneo (Do gr. *aggeîon*, «vaso» +-*ose*)

angiospérmica *n.f.* BOTÂNICA espécime das angiospérmicas ■ *n.f.pl.* BOTÂNICA grupo de plantas do tipo das espermatófitas, cujo gineceu possui estigma e cujos óvulos estão encerrados em ovário (De *angiospérmico*)

angiospérmico *adj.* BOTÂNICA que tem as sementes encerradas em pericárpio fechado (Do gr. *aggeîon*, «vaso» +*spérma*, «semente» +-*ico*)

angiossarcoma *n.m.* MEDICINA tumor maligno que resulta da disseminação de células dos vasos sanguíneos, e que afeta geralmente o fígado ou o baço (De *angio-+sarcoma*)

angiotomia *n.f.* dissecção dos vasos sanguíneos (Do gr. *aggeîon*, «vaso» +*tomé*, «corte» +-*ia*)

angite *n.f.* PATOLOGIA inflamação dos vasos sanguíneos (Do gr. *aggeîon*, «vaso» +-*ite*)

anglesite *n.f.* MINERALOGIA mineral (sulfato de chumbo) que, em regra, provém da oxidação da galenite e cristaliza no sistema ortorrômbico (De *Anglesey*, top. +-*ite*)

anglicanismo *n.m.* religião oficial da Inglaterra, iniciada com Henrique VIII (De *anglicano+-ismo*)

anglicano *adj.* relativo ao anglicanismo ■ *n.m.* partidário ou seguidor do anglicanismo (Do lat. med. *anglicānu-*, «anglicano», pelo ing. *anglican*, «id.»)

anglicismo *n.m.* palavra, expressão ou construção do inglês integrada noutra língua; inglesismo (Do lat. med. *anglicu-*, «inglês», pelo fr. *anglicisme*, «anglicismo»)

anglicizar *v.tr.* **1** dar carácter inglês a **2** submeter à influência inglesa (De *ânglico+-izar*)

ânglico *adj.* pertencente ou relativo a Inglaterra; inglês (Do lat. med. *anglĭcu-*, «inglês»)

anglística *n.f.* estudo da língua, literatura e filologia inglesas (De *anglo-+-ística*)

anglo *adj.* **1** relativo aos Anglos **2** pertencente ou relativo à Inglaterra ■ *n.m.* **1** indivíduo dos Anglos **2** natural ou habitante da Inglaterra

angl(o)- elemento de formação que exprime a ideia de *inglês* ou *referente à Inglaterra*, e é sempre seguido de hífen (*anglo-saxão*) (Do lat. *Anglu-*, sing. de *Anglos*, «os Anglos»)

anglo-americano *adj.* **1** pertencente ou relativo a ingleses e americanos **2** composto de elementos próprios dos países de ambos ■ *n.m.* pessoa de naturalidade norte-americana que tem ascendência inglesa

anglofilia *n.f.* qualidade de anglófilo (De *anglófilo+-ia*)

anglófilo *adj.,n.m.* **1** amante das coisas da Inglaterra **2** partidário da Inglaterra (De *anglo-+-filo*)

anglofobia *n.f.* horror ou ódio aos ingleses (De *anglófobo+-ia*)

anglófobo *adj.* que tem ódio aos ingleses (De *anglo-+-fobo*)

anglofonia *n.f.* **1** conjunto das identidades culturais existentes entre os países de língua inglesa **2** conjunto dos falantes do inglês (De *anglo-+-fonia*)

anglófono *adj.* **1** que se exprime em língua inglesa **2** (povo) cuja língua oficial é o inglês ■ *n.m.* indivíduo que fala inglês, principalmente como primeira língua (De *anglo-+-fono*)

anglo-luso *adj.* relativo a Inglaterra e a Portugal

anglomania *n.f.* imitação das coisas inglesas (De *anglo-+-mania*)

anglomaníaco *adj.,n.m.* que ou o que admira em excesso tudo o que é inglês (De *anglo-+maníaco*)

anglomanizar *v.tr.* causar anglomania a (De *anglómano+-izar*)

anglómano *adj.,n.m.* ⇒ **anglomaníaco** (De *anglo-+-mano*)

Anglos *n.m.pl.* povo germânico que deu origem ao povo inglês (Do lat. *Anglos*, «os Anglos», povo da Germânia)

anglo-saxão /cs/ *adj.* **1** relativo aos povos germânicos (Anglos, Saxões e Jutos) que se fixaram em Inglaterra a partir do século V **2** descendente do povo inglês ou com ele aparentado ■ *n.m.* **1** indivíduo pertencente a um povo resultante do cruzamento dos Anglos com os Saxões e os Jutos **2** idioma falado por este povo e do qual derivou o inglês **3** inglês ou pessoa de origem inglesa

anglo-saxónico *adj.,n.m.* ⇒ **anglo-saxão**

anglo-saxónio *adj.,n.m.* ⇒ **anglo-saxão**

angola *n.2g.* ⇒ **angolano** (De *Angola*, top.)

angolanidade *n.f.* ETNOLOGIA conjunto dos caracteres e das maneiras de pensar, de sentir e de se exprimir próprios dos Angolanos (De *angolano*+-*i*-+-*dade*)

angolanismo *n.m.* palavra, expressão ou construção de uma das línguas faladas em Angola, integrada noutra língua (De *angolano*+ -*ismo*)

angolano *adj.* relativo ou pertencente a Angola ▪ *n.m.* natural de Angola (De *Angola*, top. +-*ano*)

angolar[1] *adj.2g.* **1** relativo ou pertencente a angolar ou próprio desse povo **2** ⇒ **angolense** *adj.2g.* ▪ *n.2g.* pessoa pertencente aos Angolares ▪ *n.m.* antiga unidade monetária de Angola (De *Angola*, topónimo +-*ar*)

angolar[2] *n.m.* crioulo afro-português, falado pelos Angolares (De *Angolares*)

Angolares *n.m.pl.* ETNOGRAFIA grupo étnico instalado a Sudeste da ilha de São Tomé, e originário de escravos angolanos sobreviventes de naufrágio (De *angolar*)

Angolas *n.m.pl.* indígenas africanos que teriam dado o seu nome a Angola (Do quimb. *Ngola*, antr., nome de um soba)

angolense *adj.2g.,n.2g.* ⇒ **angolano** (De *Angola*, top. +-*ense*)

angora *adj.2g.,n.m.* ⇒ **angorá** (De *Angora*, top. [= Ancara])

angorá *adj.2g.* diz-se de uma raça de gatos, coelhos e cabras de pelo fino, comprido e sedoso ▪ *n.m.* **1** animal desta raça **2** lã feita com o pelo dos animais desta raça ou tecido sintético que a imita (De *Angora*, top. [= Ancara])

angoreta /ê/ *n.f.* ⇒ **ancoreta**

angra *n.f.* pequena baía; enseada; calheta (Do b. lat. *ancra*-, ou *angra*-, «vale; intervalo entre árvores»)

angrense *adj.2g.* de Angra do Heroísmo, cidade portuguesa da ilha Terceira (Açores) ▪ *n.2g.* natural ou habitante dessa cidade (De *Angra*, top. +-*ense*)

angström *n.m.* FÍSICA unidade de comprimento, de símbolo Å, usada normalmente para exprimir o comprimento de onda das radiações luminosas ou das partículas subatómicas, equivalente a um décimo milionésimo de milímetro (atualmente define-se o comprimento de onda do angström, dizendo que o comprimento de onda da risca vermelha do cádmio, medido no ar seco, a 15° C, à pressão atmosférica de 760 mm de mercúrio e com aceleração da gravidade de 980,67 cm/s^2, é exatamente de 6438,4696 angströms) (De *Angström*, antr.)

angu *n.m.* **1** [Brasil] CULINÁRIA papa feita com farinha de milho (fubá), de mandioca ou de arroz, cozida com água e sal **2** [Brasil] CULINÁRIA papa feita de banana cozida **3** [Brasil] [pop.] salsada; confusão (De orig. africana)

angu-de-caroço ver nova grafia angu de caroço

angu de caroço *n.m.* [Brasil] [pop.] situação embaraçosa ou imprevista

angui- /gu-i/ elemento de formação de palavras que exprime a ideia de *serpente*, *cobra* (Do lat. *angue*-, «serpente»)

anguicida /gu-i/ *adj.2g.* **1** que tem a propriedade de matar as cobras **2** RELIGIÃO epíteto da Virgem Maria, quando se representa a pisar a serpente, que simboliza o Demónio (De *angui*-+-*cida*)

anguícomo /gu-i/ *adj.* [poét.] coroado de serpentes (Do lat. *anguicŏmu*-, «que tem cobras ou serpentes como cabelos»)

anguífero /gu-i/ *adj.* que tem ou cria cobras (De *angui*-+-*fero*)

anguiforme /gu-i/ *adj.2g.* que tem forma de serpente (De *angui*-+ -*forme*)

anguilídeo /gu-i/ *adj.* ICTIOLOGIA relativo aos anguilídeos ▪ *n.m.* ICTIOLOGIA espécime dos anguilídeos ▪ *n.m.pl.* ICTIOLOGIA grupo de peixes com forma de enguia, a que pertencem a enguia, o safio, etc. (Do lat. *anguilla*-, «enguia» +-*ídeos*)

anguiforme /gu-i/ *adj.2g.* com forma de enguia ▪ *n.m.* ICTIOLOGIA espécime dos anguiformes ▪ *n.m.pl.* ICTIOLOGIA grupo de peixes teleósteos, sem barbatanas abdominais, também denominado ápodes (Do lat. *anguilla*-, «enguia» +*forma*-, «forma»)

anguiloide /gu-i/ *adj.2g.* ⇒ **anguiliforme** *adj.2g.* (De *anguilla*-, «enguia»+gr. *eîdos*, «forma»)

anguilóide ver nova grafia anguiloide

anguílula /gu-i/ *n.f.* ZOOLOGIA designação extensiva a algumas formas livres e parasitas de pequenos nematodes filiformes (Do lat. *anguilla*-, «enguia» +-*ula*)

anguilulídeo *n.m.* ZOOLOGIA espécime dos anguilulídeos ▪ *n.m.pl.* ZOOLOGIA grupo de pequenos nematodes, filiformes, livres ou parasitas, a que pertencem os do género *Anguillula* (De *anguílula*+ -*ídeos*)

anguilulose *n.f.* qualquer doença produzida por anguílulas (De *anguílula*+-*ose*)

anguino *adj.* com feitio de cobra (Do lat. *anguīnu*-, «semelhante a serpente»)

anguípede /gu-i/ *adj.2g.* com membros ou pés de dragão (Do lat. *anguipĕde*-, «que tem pés terminados em serpente»)

angulado *adj.* com ângulos (Do lat. *angulātu*-, «id.»)

angular[1] *adj.2g.* **1** em forma de ângulo **2** relativo a ângulo **3** que forma um ângulo ▪ *n.m.* pequena peça endosquelética do arco mandibular dos vertebrados inferiores (Do lat. *angulāre*-, «em forma de ângulo»)

angular[2] *v.tr.* formar ângulo em; enviesar (Do lat. tard. *angulāre*, «formar ângulos»)

angularidade *n.f.* qualidade do que é angular (De *angular*+-*i*+ -*dade*)

angulário *n.m.* instrumento que serve para medir ângulos na madeira (De *ângulo*+-*ário*)

angulatura *n.f.* qualidade ou estado do que é angular (De *ângulo*+-*tura*)

angulete *n.m.* cavidade talhada em ângulo reto (De *ângulo*+-*ete*)

angul(i)- elemento de formação de palavras que exprime a ideia de *ângulo* (Do lat. *angŭlu*-, «id.»)

angulirrostro /ô/ *adj.* (ave) que tem o bico pontiagudo e anguloso (De *anguli*-+-*rostro*)

ângulo *n.m.* **1** GEOMETRIA figura formada por dois semiplanos ou duas semirretas com a mesma origem; espaço limitado por essa figura **2** GEOMETRIA medida do afastamento de duas semirretas que têm a mesma origem **3** canto; aresta; esquina **4** FOTOGRAFIA, CINEMA posição da câmara em relação ao objeto focado **5** [fig.] ponto de vista; perspetiva; **~ agudo** GEOMETRIA ângulo que mede menos de 90°; **~ de giro** GEOMETRIA ângulo que mede 360°; **~ de divergência** BOTÂNICA ângulo diedro cujos planos partem do eixo do ramo e passam pelos pontos de inserção de duas folhas consecutivas; **~ obtuso** GEOMETRIA ângulo que mede mais de 90°; **~ reto** GEOMETRIA ângulo que mede 90° (Do lat. *angŭlu*-, «id.»)

angulometria *n.f.* medição de ângulos; goniometria (De *angulómetro*+-*ia*)

angulómetro *n.m.* instrumento para medir ângulos; goniómetro (Do lat. *angŭlu*-, «ângulo»+gr. *métron*, «medida»)

angulosidade *n.f.* qualidade de anguloso (De *anguloso*+-*i*+ -*dade*)

anguloso /ô/ *adj.* **1** que tem ângulos; esquinado **2** (feições, joelhos, etc.) ossudo (Do lat. *angulōsu*-, «que tem ângulos»)

angúrria *n.f.* MEDICINA ⇒ **estrangúria** (Do lat. *angĕre*, «apertar»+gr. *oûron*, «urina»)

angust(i)- elemento de formação de palavras que exprime a ideia de *estreito*, *apertado* (Do lat. *angustu*-, «apertado»)

angústia *n.f.* **1** PSICOLOGIA mal-estar, ao mesmo tempo psíquico e físico, caracterizado por um receio difuso, sem objeto bem determinado, desde a inquietação ao pânico, com repercussões corporais penosas, como a constrição torácica ou laríngea **2** [fig.] aflição; ansiedade; agonia **3** [fig.] mágoa; tristeza **4** [fig.] estreiteza; opressão; **~ de peito** doença também denominada angina de peito; **~ existencial** inquietude metafísica e moral, como consciência de um destino pessoal sob o signo da liberdade ou da ameaça do nada (Do lat. *angustĭa*-, «id.»)

angustiador *adj.* ⇒ **angustiante** (De *angustiar*+-*dor*)

angustiante *adj.2g.* que causa angústia; aflitivo; angustiador (De *angustiar*+-*ante*)

angustiar *v.tr.* **1** causar angústia a; afligir; atormentar **2** apertar (Do lat. *angustiāre*, «apertar»)

angusticlávio *n.m.* HISTÓRIA aquele que tinha o direito de usar angusticlavo (Do lat. *angusticlavĭu*-, «o que usava a túnica de cavaleiro romano»)

angusticlavo *n.m.* HISTÓRIA faixa estreita de púrpura que os magistrados populares romanos usavam na túnica (Do lat. *angusticlavŭ*-, «banda de cavaleiro»)

angustifoliado *adj.* BOTÂNICA diz-se do vegetal que tem folhas estreitas (Do lat. *angustu*-, «estreito» +*folĭu*-, «folha» +-*ado*)

angustifólio *adj.* ⇒ **angustifoliado**

angustímano *adj.* que possui mãos estreitas (De *angusti*-+ -*mano*)

angustioso *adj.* **1** que sofre ou que tem caráter de angústia **2** que causa angústia (De *angústia*+-*oso*)

angustirrostro /ô/ *adj.* ZOOLOGIA de bico ou focinho estreito (De *angusti*-+-*rostro*)

angusto adj. 1 apertado; estreito 2 [fig.] limitado; mesquinho (Do lat. angustu-, «id.»)
angustura¹ n.f. BOTÂNICA pequena árvore, da família das Rutáceas, cuja casca tem propriedades febrífugas e digestivas
angustura² n.f. 1 passagem estreita; garganta 2 [fig.] estreiteza 3 [fig.] angústia (De angusto+-ura)
angusturina n.f. alcaloide que se extrai da casca da angustura (De angustura+-ina)
anguzada n.f. 1 [Brasil] grande confusão 2 [Brasil] mistura; mescla (De angu+z+-ada)
anguzô n.m. [Brasil] CULINÁRIA espécie de esparregado (De angu)
anhangá n.m. 1 [Brasil] (mitologia tupi-guarani) espírito do mal 2 [Brasil] Diabo 3 ZOOLOGIA espécie de veado da Amazónia (Do tupi a'ñãga, «espírito do mal»)
anhanguera /gu-é/ n.f. 1 [Brasil] Diabo que mudou de forma 2 [Brasil] Demónio soberano do fogo ■ adj. [Brasil] [fig.] resoluto (Do tupi añã'gwera, «o diabo velho»)
anhara n.f. [Angola] planície arenosa, de vegetação rasteira, geralmente marginando um rio (Do umbundo anhara, «id.»)
anho n.m. ZOOLOGIA cria da ovelha (Do lat. agnu-, «cordeiro»)
-anho sufixo nominal, de origem latina, que designa qualidade, relação (ricanho; moscanho)
anhoto adj. 1 [ant.] vagaroso 2 desgovernado 3 (navio) impedido de navegar por falta de vento ou por qualquer incidente
aniagem n.f. 1 pano grosseiro para envolver fardos; linhagem 2 [fig.] grosseria
anião n.m. FÍSICA, QUÍMICA ião com carga elétrica negativa e que na eletrólise se desloca para o ânodo (Do gr. anión, «que vai para cima»)
anichar v.tr. 1 meter em nicho 2 [coloq.] dar emprego público a alguém por favoritismo ■ v.pron. 1 esconder-se; ocultar-se 2 [coloq.] empregar-se; fixar-se (De a-+nicho+-ar)
anídrico adj. privado de água; anidro (De anidro+-ico)
anidrido n.m. 1 QUÍMICA composto orgânico que, reagindo com água, origina duas moléculas de ácido monoprótico ou uma molécula de ácido diprótico 2 QUÍMICA [ant.] composto binário de oxigénio e outro elemento que, reagindo com água, dá origem a um ácido (De anidro+-ido)
anidrite n.f. MINERALOGIA mineral (sulfato de cálcio anidro) que cristaliza no sistema ortorrômbico e que, por hidratação, se transforma em gesso, aumentando de volume (De anidro+-ite)
anidro adj. privado de água; anídrico (Do gr. ánydros, «sem água»)
anidrose n.f. diminuição anormal da secreção sudorípara (Do gr. anydrōsis, «sem suor»)
anielagem n.f. ato de anielar; esmaltagem com nielo (De anielar+-agem)
anielar v.tr. esmaltar com nielo (De a-+nielo+-ar)
aniilar v.tr. reduzir a nada; aniquilar (Do lat. annihilāre, «id.»)
anil¹ n.m. 1 substância azulada, usada como corante, que se obtém de algumas plantas; índigo 2 uma das cores do espetro solar (Do pers. níl, pelo ár. an-nil, «azul-escuro»)
anil² adj.2g. senil (Do lat. anīle-, «de velha»)
anilado adj. da cor do anil; azul-escuro (Part. pass. de anilar)
anilar v.tr. 1 tingir de anil 2 esmaltar de azul (De anil+-ar)
anileira n.f. BOTÂNICA planta da família das Leguminosas que produz o anil (De anil+-eira)
anileiro n.m. ⇒ **anileira** (De anil+-eiro)
anilha n.f. 1 pequena argola ou arco 2 enfeite usado nos braços e nas pernas 3 aro de metal com chapa circular e perfurada 4 acessório para certas aplicações de parafusos 5 anel de ferro com que se prendiam os polegares dos criminosos (Do cast. anilla, «id.»)
anilhaçar v.tr. prender com anilhas (De anilha+-açar)
anilha-freio n.f. anilha de segurança
anilhar v.tr. colocar anilhas em; prender (De anilha+-ar)
anilho n.m. ⇒ **anilha** (Do cast. anillo, «aro pequeno», do lat. anellu-, «anel pequeno»)
anilina n.f. QUÍMICA composto orgânico azotado, aromático, cuja fórmula se pode obter da do benzeno, substituindo um átomo de hidrogénio por um grupo NH_2, muito usado na indústria de corantes e em tinturaria (De anil+-ina)
anilinar v.tr. misturar com anilina (De anilina+-ar)
anilismo n.m. intoxicação pelas anilinas (De anil+-ismo)
animação n.f. 1 ato ou efeito de (se) animar 2 movimento; aceleração 3 [fig.] vivacidade; entusiasmo 4 técnica cinematográfica que se baseia em fotografar uma sequência de imagens fixas de desenhos ou bonecos, visando à sugestão de movimento (Do lat. animatiōne-, «id.»)

animado adj. 1 dotado de animação 2 com alma 3 movimentado 4 entusiasmado 5 um tanto ébrio (Do lat. animātu-, «id.»)
animador adj. 1 que anima 2 que faz alimentar esperanças ■ n.m. 1 aquele que domina e exerce a técnica cinematográfica da animação 2 indivíduo responsável pela organização ou coordenação de determinada atividade cultural, espetáculo ou programa (Do lat. tard. animatōre-, «que dá a vida»)
animadversão n.f. 1 repreensão; censura; castigo 2 aversão; ódio (Do lat. animadversiōne-, «repreensão»)
animadvertir v.tr. 1 censurar; repreender; castigar 2 ter aversão a; odiar (Do lat. animadvertĕre, «repreender»)
animal n.m. 1 BIOLOGIA designação do grupo de seres vivos eucarióticos, pluricelulares, macroconsumidores e heterotróficos por ingestão, com tecidos diferenciados e sem parede celular 2 ser vivo irracional 3 [pej.] pessoa desumana ou cruel ■ adj.2g. 1 relativo ou pertencente a animal 2 diz-se do couro extraído de um animal 3 [fig.] que apresenta qualidades mais características dos animais do que das pessoas 4 [fig.] sensual; lascivo 5 [fig.] material; físico; ~ **de estimação** animal de companhia que vive habitualmente com o dono; ~ **doméstico** animal que foi domesticado e convive com o homem; ~ **selvagem** animal que se encontra no estado de liberdade natural (Do lat. animăle-, «ser vivo»)
animalaço n.m. 1 animal muito grande 2 [fig., pej.] indivíduo muito estúpido (De animal+-aço)
animalão n.m. ⇒ **animalaço** (De animal+-ão)
animalcular adj.2g. relativo aos animálculos (De animálculo+-ar)
animalculismo n.m. teoria dos que afirmavam que o espermatozoide era um animálculo inteiramente semelhante ao animal adulto da mesma espécie (De animálculo+-ismo)
animalculista adj.,n.2g. partidário do animalculismo (De animálculo+-ista)
animálculo n.m. animal microscópico (De animal+-culo, ou do fr. animalcule, «id.»)
animalejo /ê/ n.m. 1 pequeno animal 2 [fig., pej.] pessoa estúpida (Do cast. animalejo, «id.»)
animalesco /ê/ adj. 1 do animal ou a ele relativo 2 [fig.] brutal 3 [fig.] grosseiro (De animal+-esco)
animali- elemento de formação de palavras que exprime a ideia de animal (Do lat. animăle-, «id.»)
animália n.f. 1 animal irracional; besta 2 [fig.] pessoa bruta ou cruel (Do lat. animalĭa, «animais», pl. de animal)
animalicida n.m.,adj. produto ou designativo de produto cuja ação provoca a morte dos animais (De animali-+-cida)
animalicídio n.m. extermínio violento de animal (De animali-+-cídio)
animalidade n.f. 1 conjunto de qualidades ou atributos animais 2 os animais no seu conjunto 3 manifestação das características animais no homem (Do lat. animalitāte-, «id.»)
animalismo n.m. natureza ou qualidade de animal (De animal+-ismo)
animalista adj.,n.2g. ARTES PLÁSTICAS que ou artista que se dedica à pintura ou escultura de animais (De animal+-ista)
animalização n.f. 1 ato ou efeito de animalizar 2 materialidade (De animalizar+-ção)
animalizar v.tr. 1 transformar (um alimento de natureza vegetal) em substância animal 2 tornar bruto ■ v.pron. dar preferência aos instintos do corpo (De animal+-izar)
animalogia n.f. estudo das faculdades dos animais (Do lat. animăle-, «animal»+gr. lógos, «tratado» +-ia)
animante adj.2g. que anima; animador (Do lat. animante-, «id.», part. pres. de animāre, «animar; dar vida a»)
animar v.tr. 1 dar alma a 2 dar vida a; avivar 3 dar animação a 4 alentar; encorajar ■ v.pron. 1 ganhar vontade ou coragem 2 atrever-se 3 alegrar-se 4 embriagar-se (ligeiramente) (Do lat. animāre, «dar vida a»)
animato n.m. MÚSICA andamento animado na execução de uma peça musical (Do it. animato, «id.»)
animatógrafo n.m. 1 aparelho destinado a projetar numa tela imagens que dão impressão de movimento; cinematógrafo 2 local onde se realizam essas projeções (Do lat. animātu-, «animado»+gr. gráphein, «escrever»)
animável adj.2g. que pode ser animado (De animar+-vel)
anime n.m. resina da cor do enxofre e muito aromática, parecida com o copal (Do tupi ananime, «id.»)
animicida n.2g. pessoa que mata a alma (Do lat. anīma-, «alma»+caedĕre, «matar»)
anímico adj. de ou relativo a alma (Do lat. anīma-, «alma» +-ico)

animismo *n.m.* FILOSOFIA tendência para se considerar todas as coisas dotadas de vida e de intencionalidade, a partir da convicção da existência de uma só alma, que é princípio do pensamento e da vida orgânica; **~ infantil** (pedagogia) crença das crianças de que todo o objeto que se move ou age é dotado de vida (Do lat. *anĭma-*, «alma» +*-ismo*, ou do fr. *animisme*, «id.»)

animista *adj.2g.* relativo ao animismo ■ *adj.,n.2g.* que ou pessoa que professa o animismo (Do lat. *anĭma-*, «alma» +*-ista*, ou do fr. *animiste*, «id.»)

ânimo *n.m.* **1** estado de espírito; humor **2** força moral; coragem; valor **3** vontade; intenção **4** [pouco usado] espírito; alma; **~!** exclamação que se usa para animar ou incitar, coragem!, força! (Do lat. *anĭmu-*, «alma; espírito; ânimo»)

animosidade *n.f.* **1** indisposição de ânimo; má vontade **2** ressentimento; rancor; malquerença (Do lat. *animositāte-*, «id.»)

animoso /ô/ *adj.* **1** que tem ânimo **2** corajoso; audaz **3** resoluto **4** brioso **5** generoso (Do lat. *animōsu-*, «corajoso»)

anina¹ *n.f.* cantiga para acalentar crianças (De *a-+nina*)

anina² *n.f.* NÁUTICA arruela de ferro; anilha (De *anilha*, com troca de suf.?)

aninhador *n.m.* **1** aquele que aninha **2** ovo que se coloca no ninho para que a galinha vá lá pôr; endez ■ *adj.* designativo do ovo que se coloca no ninho para que a galinha vá lá pôr (De *aninhar+-dor*)

aninhar *v.tr.* **1** pôr no ninho **2** [fig.] acolher; abrigar **3** [fig.] aconchegar **4** [fig.] esconder ■ *v.pron.* **1** recolher-se no ninho **2** acocorar-se **3** [fig.] aconchegar-se **4** [fig.] meter-se na cama (De *a-+ninho+-ar*)

aninho¹ *n.m.* **1** cordeiro ou ovelha de um ano **2** lã da primeira tosquia (Do lat. *agnīnu-*, «de cordeiro»)

aninho² *n.m.* **1** conforto; aconchego **2** tranquilidade (Deriv. regr. de *aninhar*)

aniquilação *n.f.* **1** ato ou efeito de aniquilar **2** destruição; **radiação de ~** radiação eletromagnética que resulta da destruição mútua de um eletrão e um positrão (De *aniquilar+-ção*)

aniquilador *adj.,n.m.* **1** que ou o que aniquila **2** destruidor (De *aniquilar+-dor*)

aniquilamento *n.m.* **1** destruição **2** abatimento; prostração (De *aniquilar+-mento*)

aniquilar *v.tr.* **1** reduzir a nada; destruir totalmente **2** [fig.] abater; deprimir **3** [fig.] humilhar ■ *v.pron.* abater-se; prostrar-se (Do lat. *annihilāre*, «id.»)

anis *n.m.* **1** BOTÂNICA planta herbácea, da família das Umbelíferas, que tem aplicações em farmácia, culinária e na preparação de algumas bebidas alcoólicas, também denominada erva-doce **2** semente desta planta **3** licor fabricado com esta planta (Do gr. *ánison*, «anis» pelo lat. *anīsu-*, «id.», pelo fr. *anis*, «id.»)

anisador *n.m.* aparelho que serve para fabricar o licor de anis (De *anisar+-dor*)

anisal *n.m.* terreno semeado de anis (De *anis+-al*)

anisante *adj.2g.* que dá sabor de anis a (De *anisar+-ante*)

anisanto *adj.* que tem flores desiguais (Do gr. *ánisos*, «desigual» +*ánthos*, «flor»)

anisar *v.tr.* **1** dar o sabor de anis a **2** preparar com anis (De *anis+-ar*, ou do fr. *aniser*, «id.»)

aniseira *n.f.* **1** BOTÂNICA planta herbácea, da família das Umbelíferas, aplicada em farmácia, culinária e na preparação de bebidas alcoólicas **2** terreno semeado de anis (De *anis+-eira*)

anis-estrelado *n.m.* BOTÂNICA fruto aromático da badiana

aniseta /ê/ *n.f.* ⇒ **anisete** (De *anisete*)

anisete /ê/ *n.m.* licor de anis (Do fr. *anisette*, «id.»)

anísico *adj.* designativo do ácido resultante da ação do ácido azótico sobre a essência do anis (De *anis+-ico*)

anisina *n.f.* princípio estimulante do anis (De *anis+-ina*)

aniso- elemento de formação de palavras que exprime a ideia de *desigual* (Do gr. *ánisos*, «desigual; parcial»)

anisocoria *n.f.* desigualdade de diâmetro entre as pupilas oculares de um indivíduo (Do gr. *ánisos*, «desigual»+*kóre*, «pupila»)

anisocromia *n.f.* apresentação de coloração desigual (Do gr. *ánisos*, «desigual»+*khrõma*, «cor»)

anisocronia *n.f.* LITERATURA conjunto de processos narrativos tais como a pausa, a elipse, o resumo ou a descrição, que permitem variar a relação entre o tempo da história e o tempo do discurso (De *aniso-*, do gr. *ánisos*, «desigual; parcial» +*khrónos*, «tempo»+*-ia*)

anisodactilia *n.f.* qualidade de anisodáctilo (De *anisodáctilo+-ia*)

anisodáctilo *adj.* que tem os dedos desiguais (Do gr. *ánisos*, «desigual»+*dáktylos*, «dedo»)

anisodonte *adj.2g.* que apresenta dentes desiguais (Do gr. *ánisos*, «desigual»+*odoús, odóntos*, «dente»)

anisofilia *n.f.* BOTÂNICA presença de folhas diferentes (De *anisofilo+-ia*)

anisofilo *adj.* BOTÂNICA que tem folhas diferentes no mesmo ramo (Do gr. *ánisos*, «desigual» +*phýllon*, «folha»)

anisogamia *n.f.* ⇒ **heterogamia** (De *anisógamo+-ia*)

anisógamo *adj.* ⇒ **heterogâmico** (Do gr. *ánisos*, «desigual» +*gámos*, «matrimónio»)

anisomelia *n.f.* MEDICINA desigualdade notória entre dois membros pares (Do gr. *ánisos*, «desigual»+*mélos*, «membro»+*-ia*)

anisomélico *adj.* **1** MEDICINA relativo a anisomelia **2** diz-se dos membros que têm anisomelia (De *anisomelia+-ico*)

anisomeria *n.f.* qualidade de anisómero (De *anisómero+-ia*)

anisómero *adj.* **1** formado de partes desiguais **2** composto de elementos desiguais ou irregulares (Do gr. *ánisos*, «desigual» +*méros*, «parte»)

anisometria *n.f.* qualidade de anisómetro (De *anisómetro+-ia*)

anisómetro *adj.* que não tem a mesma extensão (De *aniso-+-metro*)

anisometrope *adj.2g.* diz-se da pessoa cujos olhos apresentam desigualdade de acomodação visual (Do gr. *ánisos*, «desigual» +*métron*, «medida» +*óps, opós*, «vista»)

anisometropia *n.f.* qualidade de anisometrope (De *anisometrope+-ia*)

anisopétalo *adj.* diz-se da corola constituída por pétalas desiguais (Do gr. *ánisos*, «desigual» +*pétalon*, «pétala»)

anisópode *adj.2g.* que tem membros locomotores desiguais ou pés de tamanhos diferentes (Do gr. *ánisos*, «desigual» +*poús, podós*, «pé»)

anisopodia *n.f.* qualidade de anisópode (De *anisópode+-ia*)

anisóptero *adj.* que tem asas desiguais ■ *n.m.* ZOOLOGIA espécime dos anisópteros ■ *n.m.pl.* ZOOLOGIA grupo de insetos, arquípteros, cujas asas anteriores diferem morfologicamente das posteriores (Do gr. *ánisos*, «desigual» +*pterón*, «asa»)

anisostémone *adj.2g.* BOTÂNICA diz-se da flor ou planta que tem estames em número diferente do das peças florais de cada verticilo do perianto (Do gr. *ánisos*, «desigual» +*stémon*, «filete»)

anisotropia *n.f.* qualidade do que é anisótropo (De *anisótropo+-ia*)

anisotrópico *adj.* ⇒ **anisótropo** (De *anisotropia+-ico*)

anisótropo *adj.* diz-se das substâncias homogéneas, com propriedades físicas ou químicas cujo valor não é o mesmo em todas as direções (De *an-+isótropo*)

anistia *n.f.* qualidade de anisto (De *anisto+-ia*)

anisto *adj.* que não possui textura determinada (Do gr. *an-*, «sem» +*histós*, «tecido»)

anistórico *adj.* contrário à História; a-histórico (De *an-+histórico*)

anite *n.f.* ⇒ **proctite** (Do lat. *anu-*, «ânus», +*-ite*)

anivelar *v.tr.,pron.* ⇒ **nivelar** (De *a-+nível+-ar*)

aniversariante *adj.,n.2g.* que ou pessoa que celebra o aniversário; que ou pessoa que faz anos (De *aniversariar+-ante*)

aniversariar *v.intr.* celebrar o aniversário (De *aniversário+-ar*)

aniversário *n.m.* dia em que se completa um ou mais anos a partir daquele em que uma pessoa nasceu ou um acontecimento ocorreu (Do lat. *anniversarĭu-*, «que volta todos os anos»)

anjinho *n.m.* **1** pequeno anjo **2** [pop.] criança morta **3** ORNITOLOGIA ⇒ **alma-negra 4** [fig.] pessoa ingénua **5** *pl.* anéis de ferro com que se prendiam os dedos dos criminosos (De *anjo+-inho*)

anjo *n.m.* **1** ser celestial geralmente representado como uma figura humana jovem alada **2** [fig.] mensageiro **3** [fig.] criança inocente ou vestida a imitar aquele ser **4** [fig.] pessoa extremamente bondosa **5** ICTIOLOGIA peixe da ordem dos selácios cujas barbatanas lembram as asas daquele ser (Do gr. *ággelos*, «mensageiro», pelo lat. ecl. *angĕlu-*, «anjo»)

anjo-custódio *n.m.* ⇒ **anjo da guarda**

anjo-da-guarda ver nova grafia **anjo da guarda**

anjo da guarda *n.m.* **1** RELIGIÃO anjo que vela por uma pessoa ou por uma entidade coletiva **2** pessoa que vela por outra; protetor **3** guarda-costas

anjo-do-mar *n.m.* ICTIOLOGIA ⇒ **anjo 5**

anjounil *n.m.* ICTIOLOGIA ⇒ **angelina 2**

Anno Domini *loc.* ano da era de Cristo (Do lat. *Anno Domini*, «ano do Senhor»)

ano *n.m.* **1** ASTRONOMIA tempo que a Terra gasta para dar uma volta em torno do Sol **2** tempo que o Sol gasta numa revolução aparente em torno da Terra **3** período de cerca de 365 dias ou doze meses **4** produções ou rendimentos obtidos durante este período **5** *pl.* idade **6** *pl.* aniversário de nascimento **7** *pl.* festa de aniversário; **~ anomalístico/astronómico** tempo que decorre entre duas passagens consecutivas do Sol pelo perigeu, no seu movimento anual aparente; **Ano Bom** festividade que marca o início de um ano; **~ civil** tempo de 365 dias exatos (ano comum) ou de 366 dias exatos (ano bissexto), quase igual ao ano trópico, e que começa às 0 h 0 m 0 s do tempo legal, no momento em que o Sol passa, no mesmo movimento aparente, no perigeu (1 de janeiro); **~ da graça** ano da era cristã; **~ letivo** período durante o qual se realizam as atividades escolares (aulas, exames, etc.); **Ano Novo** o primeiro dia de janeiro; **~ santo** RELIGIÃO ano durante o qual a Igreja concede graças espirituais especiais e que se celebra normalmente no final de cada quarto de século; **~ sideral** tempo gasto pelo Sol entre duas passagens consecutivas pelo ponto vernal (ponto equinocial de março) no movimento anual aparente; **~ solar** período que corresponde ao número inteiro de dias que a Terra leva para fazer uma revolução completa em torno do sol (Do lat. *annu-*, «id.»)

-ano sufixo nominal, de origem latina, que exprime a ideia de *origem, autoria, relação* (alentejano; pessoano)

anoa /ô/ n.f. 1 [regionalismo] ⇒ **ervilha 2** ⇒ **anã**

anodia n.f. mania de dizer disparates ou proferir obscenidades (Do gr. *ánodos*, «que não canta» +*-ia*)

anódico adj. relativo a anódio ou ânodo (De *ânodo*+*-ico*)

anodinia n.f. insensibilidade à dor (Do gr. *anodyníā*, «sem dor»)

anódino adj. 1 que acalma as dores 2 [fig.] inofensivo 3 [fig.] sem importância ■ n.m. remédio calmante (Do gr. *anódynos*, «que faz cessar as dores»)

anódio n.m. ⇒ **ânodo** (De *ânodo*+*-io*)

anodização n.f. 1 ato ou efeito de anodizar 2 formação de uma película de óxido aderente numa superfície metálica, quando o metal é polarizado positivamente num eletrólito apropriado (De *anodizar*+*-ção*)

anodizar v.tr. revestir eletroliticamente (peça de alumínio ou de outro metal ou liga, que serve de ânodo) de uma camada de óxido para a tornar mais resistente ao atrito e à corrosão (De *ânodo*+*-izar*)

ânodo n.m. 1 FÍSICA elétrodo positivo de uma tina eletrolítica, de uma pilha, de um tubo de descarga, de um arco elétrico, de uma válvula termiónica 2 FÍSICA elétrodo pelo qual a corrente entra e os eletrões saem do sistema (Do gr. *ánodos*, «subida; acesso»)

anodoncia n.f. ⇒ **anodontia**

anodonte adj.2g. sem dentes; desdentado ■ n.m. ZOOLOGIA molusco lamelibrânquio que não tem dentes na charneira da concha (Do gr. *anódous, -ontos*, «sem dentes»)

anodontia n.f. MEDICINA falta total de dentes, congénita ou por acidente posterior ao nascimento (De *anodonte*+*-ia*)

anófele n.m. ZOOLOGIA designação genérica dos mosquitos, do género *Anopheles*, que transmitem o parasita do paludismo, através de picada, ao ser humano (Do gr. *anophelés*, «sem proveito; daninho»)

anoftalmia n.f. TERATOLOGIA ausência congénita de um ou de ambos os olhos (Do gr. *an-*, «sem» +*ophthalmós*, «olho» +*-ia*, ou do fr. *anophtalmie*, «id.»)

anoftálmico adj. que não possui olhos (De *anoftalmia*+*-ico*)

anoitecer v.intr. fazer-se noite; escurecer ■ n.m. o cair da tarde; o aproximar da noite (De *a-*+*noite*+*-ecer*)

anojadiço adj. que se anoja facilmente (De *anojar*+*-diço*)

anojador adj.,n.m. que ou que anoja (De *anojar*+*-dor*)

anojamento n.m. ato ou efeito de anojar (De *anojar*+*-mento*)

anojar v.tr. 1 causar nojo a 2 enojar 3 desgostar 4 enlutar ■ v.pron. 1 tomar luto 2 enfadar-se 3 desgostar-se (Do lat. *inodiāre, «inspirar aversão»)

anojo /ô/ n.m. 1 nojo 2 enfado 3 luto (Deriv. regr. de *anojar*)

anojoso /ô/ adj. que anoja; asqueroso (De *anojo*+*-oso*)

ano-luz n.m. ASTRONOMIA unidade de medida igual à distância percorrida pela luz, em linha reta, no espaço, à velocidade de 300 000 quilómetros por segundo, num ano de 365,25 dias

anomalia n.f. 1 carácter ou estado de anómalo 2 irregularidade 3 BIOLOGIA desvio do tipo normal; anormalidade 4 exceção à regra; singularidade (Do gr. *anomalía*, «desigualdade», pelo lat. *anomalĭa-*, «irregularidade», pelo fr. *anomalie*, «id.»)

anomalístico adj. 1 relativo a anomalia 2 diz-se do tempo gasto por um planeta a passar duas vezes consecutivas pelo periélio da sua órbita (Do fr. *anomalistique*, «id.»)

anómalo adj. 1 que encerra anomalia 2 anormal 3 BIOLOGIA designativo dos seres vivos que se afastam do tipo ou da norma a que geralmente pertencem 4 irregular; singular (Do gr. *anómalos*, «desigual», pelo lat. *anomălu-*, «irregular»)

anomaloscópio n.m. instrumento usado para a deteção e classificação da visão defeituosa de cores (Do gr. *anómalos*, «desigual» +*skopeîn*, «ver» +*-io*)

anomia¹ n.f. ausência de organização legal ou natural (Do gr. *anomía*, «ilegalidade»)

anomia² n.f. perda da faculdade de contar os objetos e de reconhecer os números (Do gr. *an*, «sem»+*(gh)noma*, «conhecimento»)

anominação n.f. ⇒ **paronomásia 1** (Do lat. *agnominatiōne-*, «agnome»)

anomocefalia n.f. estado de anomocéfalo (De *anomocéfalo*+*-ia*)

anomocéfalo adj. que tem cabeça anómala (Do gr. *ánomos*, «irregular» +*kephalé*, «cabeça»)

anona¹ /ô/ n.f. 1 colheita dos frutos de um ano 2 [ant.] imposto pago em cereais (Do lat. *annona-*, «colheita dos frutos de um ano»)

anona² /ô/ n.f. BOTÂNICA árvore dos países quentes, da família das Anonáceas, espontânea e cultivada, e que produz frutos com o mesmo nome, também conhecida por anoneira 2 fruto bacáceo, comestível, produzido pela planta referida anteriormente, também designado ata, nona, pinha, etc. (Do lat. *Annona*)

anonácea n.f. BOTÂNICA espécime das Anonáceas

Anonáceas n.f.pl. BOTÂNICA família de plantas arbóreas, tropicais e subtropicais, espontâneas e cultivadas, que, em regra, produzem frutos comestíveis (anonas) (De *anonáceo*)

anonáceo adj. semelhante ou relativo à anona (De *anona*+*-áceo*)

anonário adj. dizia-se das províncias romanas que pagavam as suas contribuições em géneros alimentícios, especialmente cereais (Do lat. *annonarĭu-*, «relativo aos géneros alimentícios»)

anoneira n.f. BOTÂNICA árvore que dá anonas (De *anona*+*-eira*)

anonimado n.m. ⇒ **anonimato** (De *anónimo*+*-ado*)

anonimar v.tr. tornar anónimo ■ v.pron. 1 tornar-se anónimo 2 ocultar-se (De *anónimo*+*-ar*)

anonimato n.m. 1 qualidade ou estado do que é anónimo 2 ausência de identificação; ocultação 3 hábito ou método de escrever sem assinar 4 [fig.] ausência de notoriedade; desconhecimento; obscuridade (De *anónimo*+*-ato*)

anonímia n.f. qualidade ou estado de anónimo; anonimato (De *anónimo*+*-ia*)

anonimizar v.tr. 1 tornar anónimo 2 eliminar dados pessoais de (ficheiro, documento) de forma que não seja possível identificar as pessoas a que dizem respeito (Do ing. *anonymize*, «id.» ou de *anónimo*+*-izar*)

anónimo adj. 1 que não se quer dar a conhecer 2 sem nome; não assinado ■ n.m. 1 aquele que não assina o que escreve 2 indivíduo desconhecido ou que não quer dar a conhecer-se; **sociedade anónima** ECONOMIA sociedade por ações, que não tem a designação de nenhum dos seus associados (Do gr. *anónymos*, «sem nome»)

anoniquia n.f. falta congénita de unhas (Do gr. *an-*, «sem» +*ónyx, ónykhos*, «unha» +*-ia*)

anopétalo adj. que apresenta pétalas direitas (Do gr. *áno*, «para cima» +*pétalon*, «pétala»)

anopluro adj. ZOOLOGIA relativo aos anopluros ■ n.m. ZOOLOGIA espécime dos anopluros ■ n.m.pl. ZOOLOGIA grupo de insetos hemípteros, ápteros, a que pertencem os piolhos (Do gr. *ánoplos*, «desarmado» +*ourá*, «cauda»)

anopsia¹ n.f. MEDICINA supressão ou desuso da visão de um olho (Do gr. *an-*, «sem» +*ópsis*, «vista»)

anopsia² n.f. MEDICINA caso de estrabismo em que o olho se volta para cima (Do gr. *áno*, «para cima» +*ópsis*, «vista» +*-ia*)

anoque n.m. 1 lugar onde se curtem couros 2 selha onde os sapateiros põem a sola de molho (Do ár. *anaqa'a*, «pôr em infusão»?)

anoraque n.m. casaco de tipo desportivo, impermeável e provido de capuz (Do esquimó *anorak*, «id.», pelo fr. *anorak*, «id.»)

anordestear v.tr. desviar (o navio) para nordeste ■ v.intr. seguir rumo de nordeste (De *a-*+*nordeste*+*-ear*)

anoréctico ver nova grafia **anorético**

anorético adj. 1 relativo à anorexia 2 que sofre de anorexia (Do gr. *anórektos*, «sem apetite» +*-ico*)

anorexia /cs/ n.f. MEDICINA redução ou falta de apetite; **~ nervosa** MEDICINA síndrome neurótica caracterizada pela recusa gradual de toda a alimentação, que tem como resultado o enfraquecimento do organismo em geral e pode mesmo levar à morte (Do gr. *anorexía*, «inapetência»)

anoréxico /cs/ adj. ⇒ **anorético** (De *anorexia*+*-ico*)

anorexigénio adj.,n.m. que ou substância que tira ou reduz o apetite (De *anorexia*+*-génio*)

anormal adj.2g. 1 que se afasta da norma ou da média 2 que faz exceção 3 irregular 4 anómalo 5 [fig., pej.] tarado ■ n.2g. 1 pessoa que

anormalidade

se afasta da norma ou da média **2** [fig., pej.] tarado (Do lat. *anormăle-*, «id.»)

anormalidade *n.f.* **1** qualidade do que é anormal **2** irregularidade **3** desvio em relação à norma (De *anormal+-i-+-dade*)

anorteamento *n.m.* ato ou efeito de anortear (De *anortear+-mento*)

anortear *v.tr.* **1** virar para o norte **2** dirigir para o norte; nortear **3** inclinar (o navio) para norte (De *a-+norte+-ear*)

anortite *n.f.* MINERALOGIA plagióclase básica que, quando pura, é um silicato de alumínio e cálcio (Do gr. *anórthos*, «que não é direito» + *-ite*)

anortóclase *n.f.* MINERALOGIA feldspato alcalino, com excesso de sódio sobre o potássio, (Na, K)AlSi$_3$O$_8$, que cristaliza no sistema triclínico, ocorrente sobretudo nas rochas eruptivas sódicas (De *an-+ortóclase*)

anortografia *n.f.* falta da aplicação das regras ortográficas (De *an-+ortografia*)

anortosito *n.m.* PETROLOGIA rocha plutónica ou metamórfica, constituída quase exclusivamente por plagióclase; plagioclasito (De *an-+ortose+-ito*)

anosfresia *n.f.* enfraquecimento ou perda do olfato; anosmia (Do gr. *an-*, «sem» +*ósphresis*, «olfato» +*-ia*)

anosia *n.f.* ausência de doença; estado de saúde (Do gr. *a-*, «sem» +*nósos*, «enfermidade» +*-ia*)

anosidade *n.f.* qualidade de anoso; velhice (Do lat. *annositāte-*, «idade avançada»)

anosmia *n.f.* MEDICINA perda total do sentido do olfato (Do gr. *an-*, «sem» +*osmé*, «cheiro» +*-ia*)

anoso /ô/ *adj.* **1** com muitos anos **2** velho (Do lat. *annōsu-*, «carregado de anos»)

anosognosia *n.f.* desconhecimento patológico de um estado mórbido, como cegueira, hemiplegia, etc. (Do gr. *a-*, «privação» +*nósos*, «doença» +*gnôsis*, «conhecimento»)

anosteose *n.f.* MEDICINA atrofia senil ou mórbida dos ossos (Do gr. *an-*, «sem» +*ostéon*, «osso» +*-ose*)

anosteozoário *adj.* diz-se do animal desprovido de ossos (Do gr. *anósteos*, «sem osso» +*zóon*, «animal» +*-ário*)

anotação *n.f.* **1** ato ou efeito de anotar **2** nota; apontamento **3** comentário; observação (Do lat. *annotatiōne-*, «id.»)

anotado *adj.* **1** com anotações **2** inventariado **3** registado por escrito; apontado (Part. pass. de *anotar*)

anotador *n.m.* aquele que anota (De *anotar+-dor*)

anotar *v.tr.* **1** tomar nota de **2** fazer anotações em **3** (edição) esclarecer com comentários (Do lat. *annotāre*, «id.»)

anotia *n.f.* privação congénita de orelhas (De *anoto+-ia*)

anoto /ô/ *adj.* que apresenta anotia (Do gr. *an-*, «sem» +*oûs*, *otós*, «orelha»)

anoutecer *v.intr.* ⇒ **anoitecer**

anovamento *n.m.* contrato que derroga outro anterior (De *anovar+-mento*)

anovar *v.tr.* ⇒ **inovar** (De *a-+novo+-ar*)

anovear *v.tr.* **1** multiplicar por nove **2** obrigar a pagar anóveas (De *a-+nove+-ear*)

anóveas *n.f.pl.* nove vezes o valor de alguma coisa (Deriv. regr. de *anovear*)

anovelar *v.tr.* dar forma de novelo a (De *a-+novelo+-ar*)

anovulação *n.f.* FISIOLOGIA ausência de ovulação (De *an-+ovulação*)

anovulatório *adj.* **1** que não apresenta ovulação **2** FARMÁCIA que impede a ovulação (De *an-+ovulatório*)

anoxemia /cs/ *n.f.* MEDICINA deficiência de oxigénio no sangue (Do gr. *an-*, «sem» +*oxýs*, «óxido; oxigénio» +*haîma*, «sangue» +*-ia*)

anoxia *n.f.* MEDICINA estado em que se verifica uma deficiente oxigenação dos tecidos

anoxiemia /cs/ *n.f.* ⇒ **anoxemia**

anoxítona *n.f.* GRAMÁTICA palavra cuja sílaba tónica não é a última

anoxítono *adj.* GRAMÁTICA diz-se do vocábulo cuja sílaba tónica não é a última

anquilosar *v.tr.* ⇒ **ancilosar**

anquilose *n.f.* ⇒ **ancilose**

anquinhas *n.f.pl.* ancas postiças (De *anca+-inhas*)

ansa *n.f.* **1** asa **2** pequeno golpe **3** ensejo (Do lat. *ansa-*, «asa»)

ansarinha-malhada *n.f.* BOTÂNICA ⇒ **cicuta**

anseio *n.m.* **1** ansiedade; aflição **2** desejo (Deriv. regr. de *ansiar*)

anseriforme *adj.2g.* que tem forma de ganso ■ *n.m.* ZOOLOGIA espécime dos anseriformes ■ *n.m.pl.* ordem de aves a que pertencem o pato, o ganso e o cisne (Do lat. *ansĕre-*, «pato» +*forma-*, «forma»)

anserina *n.f.* BOTÂNICA designação extensiva a umas plantas herbáceas, da família das Quenopodiáceas (género *Chenopodium*), como a ambrósia-das-boticas, a erva-formigueira e a fedegosa; assarina (De *anserino*)

anserino *adj.* **1** próprio do ganso **2** relativo ao ganso **3** que imita o ganso (Do lat. *anserīnu-*, «id.»)

ânsia *n.f.* **1** opressão física ou moral **2** perturbação causada pela incerteza **3** aflição; angústia (Do lat. *anxĭa-*, «angústia»)

ansiamento *n.m.* ânsia; ansiedade (De *ansiar+-mento*)

ansiar *v.tr.* **1** causar ânsia a **2** desejar ardentemente **3** oprimir ■ *v.intr.* sentir ânsias (Do lat. tard. *anxiāre*, «inquietar»)

ansiedade *n.f.* **1** estado de perturbação psicológica causado pela perceção de um perigo ou pela iminência de um acontecimento desagradável ou que se receia; opressão; angústia **2** desejo veemente **3** incerteza aflitiva **4** impaciência (Do lat. *anxietāte-*, «disposição para a inquietação»)

ansiforme *adj.2g.* que tem forma de ansa ou de asa (Do lat. *ansa-*, «asa» +*forma-*, «forma»)

ansiogénico *adj.* MEDICINA que provoca ansiedade (De *ansioso+-génico*)

ansiolítico *adj.* MEDICINA que liberta da ansiedade; que tranquiliza ■ *n.m.* FARMÁCIA medicamento tranquilizante, usado para contrariar a ansiedade (Do lat. tard. *anxĭa-*, «ânsia; ansiedade»+gr. *lytikós*, «que rejeita; que refuta»)

ansioso /ô/ *adj.* **1** que sente ansiedade **2** inquieto; perturbado **3** desejoso (Do lat. *anxiōsu-*, «inquieto»)

anspeçada *n.m.* antigo posto militar, o primeiro acima de soldado (Do it. *lanciaspezzata*, «lança quebrada», pelo fr. *anspessade*, «id.»)

anta[1] *n.f.* **1** construção sepulcral, pré-histórica, tipicamente feita de pedras grandes; dólmen **2** pilastra saliente nas paredes das fachadas dos templos gregos (Do lat. *antas*, «pilares nos lados das portas»)

anta[2] *n.f.* **1** ZOOLOGIA nome por que também é conhecido o tapir (mamífero) **2** designação da pele do tapir e da de um búfalo africano (Do ár. *lamt*, «id.»)

anta[3] *adj.2g.* referente aos Antas

antado *adj.* preparado com pele de anta ou semelhante a ela (De *anta+-ado*)

antagónico *adj.* **1** que encerra antagonismo **2** contrário; oposto (Do fr. *antagonique*, «id.»)

antagonismo *n.m.* **1** oposição de sistemas **2** rivalidade **3** incompatibilidade (Do gr. *antagónisma*, «id.», pelo fr. *antagonisme*, «id.»)

antagonista *n.2g.* **1** pessoa que luta contra alguém ou algo; opositor; adversário **2** contraditor ■ *n.m.* **1** ANATOMIA músculo cuja ação contraria a de outros músculos associados na execução de um movimento **2** FARMÁCIA medicamento cuja ação se opõe à de outro (Do gr. *antagōnistes*, «adversário», pelo lat. *antagonista-*, «id.», pelo fr. *antagoniste*, «id.»)

antagonizar *v.tr.,pron.* exercer ação antagónica (contra); opor-se (a) (De *antagon(ismo)+-izar*)

antalgia *n.f.* ausência ou diminuição de dor (Do gr. *antí-*, «contra» +*álgos*, «dor» +*-ia*)

antálgico *adj.* **1** contrário à dor **2** que acalma a dor; anódino (Do gr. *antí-*, «contra» +*álgos*, «dor» +*-ico*)

antanáclase *n.f.* ⇒ **diáfora** (Do gr. *antanáklasis*, «repercussão»)

antanagoge *n.f.* recurso estilístico que consiste na acusação feita ao acusador, servindo-se dos mesmos argumentos de que ele se serviu (Do gr. *antí-*, «contra» +*anagôge*, «impulso»)

antanho *adv.* **1** no ano passado **2** nos tempos passados; outrora (Do cast. *antaño*, «tempo anterior»)

antapódose *n.f.* recurso estilístico que consiste na correspondência das palavras de uma oração às de outra, por ordem semelhante ou inversa (Do gr. *antapódosis*, «compensação», pelo lat. *antapodŏse-*, «id.»)

antar *v.tr.* preparar com pele de anta (De *anta+-ar*)

antárctico ver nova grafia **antártico**

Antares *n.m.* ASTRONOMIA estrela do hemisfério sul, vermelha, múltipla, de grandeza aparente 1,2 e que é a α da constelação do Escorpião (Do gr. *Antáres*, «id.»)

antártico *adj.* **1** relativo ao Polo Sul ou às suas vizinhanças **2** que se encontra no sul; meridional; austral **3** que vive nas regiões glaciais do sul ■ *n.m.* [com maiúscula] oceano situado no Polo Sul (Do gr. *antarktikós*, «oposto ao ártico»)

Antas *n.m.pl.* ETNOGRAFIA antigo povo eslavo, vizinho dos Búlgaros, que formou o primeiro estado russo

ante *prep.* diante; perante ■ *adv.* [ant.] ⇒ **antes** (Do lat. *ante*, «id.»)

ante- elemento de formação que exprime a ideia de *antecedência, anterioridade*, e se liga por hífen ao elemento seguinte quando este começa por *h*, aglutinando nos outros casos (se o elemento seguinte começar por *r* ou *s*, estas consoantes dobram) (Do lat. *ante*, «antes; anteriormente»)

-ante sufixo nominal que exprime a ideia de *agente* ou *profissão* e, por vezes, uma *qualidade* ou *estado* (*estudante; comerciante; radiante; retumbante*) (Do lat., do part. pres. dos v. de infinito em *-āre*)

anteacto ver nova grafia anteato

anteâmbulo *n.m.* escravo romano que ia à frente da liteira do seu senhor ou senhora para abrir passagem por entre a multidão (Do lat. *anteambŭlo* (nominativo), «id.»)

ante-à-ré *elem.loc.prep.* NÁUTICA ~ *de* situado mais para a popa do que um qualquer ponto tomado como referência

anteato *n.m.* pequena peça de teatro que se representa antes da principal (Do lat. *anteactu-*, «levado a efeito antes»)

anteaurora *n.f.* o primeiro alvor do dia (De *ante-+aurora*)

antebém *n.m.* [regionalismo] pequena refeição entre duas refeições principais (De orig. obsc.)

anteboca /ô/ *n.f.* ANATOMIA parte anterior da boca (De *ante-+boca*)

antebraço *n.m.* ANATOMIA parte do membro superior do homem situada entre a articulação do cotovelo e o pulso (De *ante-+braço*)

antebraquial *adj.2g.* respeitante ao antebraço (Do lat. cient. *antebrachĭu-*, «antebraço» +*-al*)

antecâmara *n.f.* 1 sala de espera 2 compartimento que precede a sala de receção 3 NÁUTICA espaço que precede a câmara do navio (De *ante-+câmara*)

Antecâmbrico *n.m.* GEOLOGIA período correspondente a nove décimos da história da Terra, que se iniciou com a formação desta e que terminou, segundo alguns autores, há 570 ou 530 milhões de anos ■ *adj.* [com minúscula] GEOLOGIA diz-se das formações geológicas anteriores ao Câmbrico (De *ante-+Câmbrico*)

antecanicular *adj.2g.* que precede o tempo da canícula (De *ante-+canícula-+ar*)

antecanto *n.m.* estribilho que se repete no princípio de cada estrofe (De *ante-+canto*)

antecedência *n.f.* 1 estado ou lugar do que é antecedente 2 o que se faz antes 3 precedência 4 *pl.* factos anteriores (Do lat. *antecedentia*, part. pres. neut. pl. de *antecedĕre*, «anteceder»)

antecedente *adj.2g.* que antecede; precedente; anterior ■ *n.m.* 1 o que tem uma consequência 2 GRAMÁTICA termo (palavra, oração, etc.) a que se refere o pronome relativo 3 circunstância anterior que justifica factos posteriores ou permite perceber uma situação atual (Do lat. *antecedente-*, «id.»)

anteceder *v.tr.* 1 vir ou estar antes; preceder 2 ser superior a (Do lat. *antecedĕre*, «anteceder»)

antecena *n.f.* TEATRO parte do palco à frente da cena; proscénio (De *ante-+cena*)

antecessor *n.m.* 1 o que antecede; predecessor 2 antepassado (Do lat. *antecessōre-*, «antecessor»)

antecéu *n.m.* 1 antegosto do céu 2 [fig.] grande ventura (De *ante-+céu*)

antecipação *n.f.* 1 ato ou efeito de antecipar; mudança (de compromisso, evento, etc.) para antes da data marcada ou habitual 2 previsão 3 adiantamento; *por* ~ antes da data própria ou prevista (Do lat. *anticipatiōne-*, «pressentimento»)

antecipadamente *adv.* antes da data própria ou prevista; previamente; de antemão; com antecipação (De *antecipada+-mente*)

antecipado *adj.* 1 feito ou ocorrido antes do tempo próprio ou previsto; adiantado 2 percebido com antecedência; previsto 3 ECONOMIA designativo do juro pago no início do respetivo período de contagem (Part. pass. de *antecipar*)

antecipador *adj.,n.m.* que ou o que antecipa (De *antecipar+-dor*)

antecipar *v.tr.* 1 fazer acontecer antes da data marcada; adiantar 2 anunciar com antecedência; avisar ■ *v.pron.* fazer algo ou ocorrer antes do tempo devido; adiantar-se (Do lat. *anticipāre*, «antecipar»)

antecipatório *adj.* que antecipa algo; proativo (De *antecipar+-tório*)

anteclássico *adj.* anterior ao classicismo (De *ante-+clássico*)

antecoluna *n.f.* coluna posta em lugar anterior a outras (De *ante-+coluna*)

antecomeço /ê/ *n.m.* o que precede o começo (De *ante-+começo*)

anteconhecimento *n.m.* 1 conhecimento de coisa futura; presciência 2 previsão (De *ante-+conhecimento*)

anteconjugal *adj.2g.* que antecede o casamento; antenupcial (De *ante-+conjugal*)

antecoro /ô/ *n.m.* aposento anterior ao coro (De *ante-+coro*)

antecos *n.m.pl.* designação dos habitantes de dois pontos do Globo com a mesma longitude e latitudes do mesmo valor numérico (Do gr. *ántoikos*, «de casa oposta»)

antedar *v.tr.* dar antes (De *ante-+dar*)

antedata *n.f.* data falsa (anterior à verdadeira) (De *ante-+data*)

antedatar *v.tr.* pôr antedata em (De *antedata+-ar*)

antedia *adv.* 1 antes do dia presente 2 antes de começar o dia (De *ante-+dia*)

antediluviano *adj.* 1 anterior ao dilúvio 2 [fig.] muito antigo 3 [fig.] muito velho (De *ante-+diluviano*)

antedito *adj.* que foi dito anteriormente (De *ante-+dito*)

antedizer *v.tr.* 1 dizer com antecedência 2 predizer (De *ante-+dizer*)

anteface *n.f.* 1 véu que cobre o rosto 2 máscara (De *ante-+face*)

antefebril *adj.2g.* que precede a febre (De *ante-+febril*)

anteferir *v.tr.* ⇒ **preferir** (Do lat. **anteferĕre*, por *anteferre*, «levar antes; preferir»)

antefirma *n.f.* palavras de cortesia que precedem a assinatura de uma carta (De *ante-+firma* [= assinatura])

antefixa /cs/ *n.f.* peça de ornato que se colocava verticalmente à frente das telhas dos beirais dos telhados, na arquitetura grega, romana e etrusca (Do lat. *antefixa*, «ornamentos fixados à frente»)

antefixo /cs/ *n.m.* ⇒ **antefixa** ■ *adj.* que está na frente (Do lat. *antefixu-*, «pregado à frente»)

antefosso /ô/ *n.m.* fosso que circunda a esplanada de uma fortificação (De *ante-+fosso*)

antefruir *v.tr.* antegozar (De *ante-+fruir*)

antegabinete *n.m.* 1 aposento que antecede um gabinete e lhe dá acesso 2 antecâmara (De *ante-+gabinete*)

antegalha *n.f.* tomadouro onde se amarra a vela do navio para lhe diminuir a superfície, em ocasião de temporal (De orig. obsc.)

antegare *n.f.* vestíbulo que dá acesso à gare (De *ante-+gare*)

antegostar *v.tr.* ⇒ **antegozar** (De *ante-+gostar*)

antegosto /ô/ *n.m.* 1 gosto antecipado, imaginado 2 ⇒ **antegozo** (De *ante-+gosto*)

antegozar *v.tr.* gozar antecipadamente (De *ante-+gozar*)

antegozo /ô/ *n.m.* gozo antecipado (Deriv. regr. de *antegozar*)

antegramatical *adj.2g.* anterior às regras gramaticais (De *ante-+gramatical*)

anteguarda *n.f.* ⇒ **vanguarda** (De *ante-+guarda*)

ante-histórico *adj.* anterior aos tempos históricos

antela¹ *n.f.* pequena anta ou dólmen, sem laje de cobertura, e fechada dos quatro lados (De *ante+-ela*)

antela² *n.f.* BOTÂNICA racimo especial de flores, com pedúnculos laterais mais longos (Do gr. *anthéle*, «cabeleira de planta»)

antelação *n.f.* preferência (Do lat. **antelatiōne-*, de *antelātu-*, part. pass. de *anteferre*, «preferir»)

antélice *n.f.* ANATOMIA saliência no pavilhão da orelha que acompanha interiormente a hélice (Do gr. *anthélix*, «pavilhão da orelha»)

antélio *n.m.* imagem do Sol, esbranquiçada e esbatida, que às vezes se observa no círculo parélico, diametralmente oposta ao Sol, nas regiões de latitudes muito elevadas, devido a fenómenos de reflexão e refração da luz solar nos cristais de gelo dos cirros (Do gr. *antí-*, «contra» +*hélios*, «Sol»)

antelmíntico *adj.,n.m.* MEDICINA que ou medicamento que serve para combater os vermes parasitas; anti-helmíntico (Do gr. *antí-*, «contra» +*hélmins, -inthos*, «verme»)

antelóquio *n.m.* o que se diz ou escreve antes; prólogo (Do lat. *antelŏquĭu-*, «prólogo»)

antelucano *adj.* que se faz antes do romper do dia (Do lat. *antelucānu-*, «da antemanhã»)

antemanhã *n.f.* primeiro alvor da manhã; madrugada ■ *adv.* antes do amanhecer (De *ante-+manhã*)

antemão *n.f.* parte dianteira do cavalo à esquerda do cavaleiro ■ *adv.* com antecipação; *de* ~ antecipadamente, previamente (De *ante-+mão*)

antemeridiano *adj.* anterior ao meio-dia (Do lat. *antemeridiānu-*, «antes do meio-dia»)

ante meridiem *loc.adv.* antes do meio-dia (Do lat.)

antemesa *n.f.* pano sagrado sobre que celebram missa os sacerdotes do rito grego (De *ante-+mesa*)

antemolar *adj.2g.,n.m.* cada um ou designativo de cada um dos dentes molares anteriores; pré-molar (De *ante-+molar*)

antemostrar *v.tr.* 1 mostrar com antecedência 2 predizer; prognosticar (De *ante-+mostrar*)

antemover *v.tr.* 1 mover com antecedência 2 promover (De *ante-+mover*)

antemural

antemural *adj.2g.* relativo ao antemuro ■ *n.m.* fortificação exterior (Do lat. *antemurāle-*, «antemuro»)

antemuralha *n.f.* ⇒ **antemuro 2** (De *ante-+muralha*)

antemurar *v.tr.* 1 guarnecer com antemuros 2 proteger (De *antemuro+-ar*)

antemuro *n.m.* 1 obra avançada de fortificação 2 muro anterior a outro; barbacã (De *ante-+muro*)

antena /ê/ *n.f.* 1 ZOOLOGIA apêndice cefálico, tipicamente alongado ou filiforme, que os animais de alguns grupos (crustáceos, miriápodes, insetos, etc.) possuem, e que funciona, especialmente, como órgão do tato e do olfato 2 ELETRICIDADE condutor elétrico destinado à emissão ou receção de ondas eletromagnéticas; ~ *parabólica* antena em forma de parábola que capta programas de televisão via satélite; *direito de* ~ faculdade que o governo, os partidos políticos, as associações sindicais, as associações profissionais, etc., têm de ocupar, com programas próprios, certos períodos da programação geral da televisão; *tempo de* ~ totalidade dos períodos da programação geral da televisão que, ao longo de cada ano, o governo, os partidos políticos, as associações sindicais, as associações profissionais, etc., têm o direito e a responsabilidade de ocupar com programas próprios (Do lat. *antemna-* ou *antenna-*, «antena de navio»)

antenado *adj.* que tem antenas; antenífero (De *antena+-ado*)

antenal *adj.2g.* 1 referente às antenas 2 em forma de antena (De *antena+-al*)

antenífero *adj.* ⇒ **antenado** ■ *n.m.* 1 ZOOLOGIA apófise da fosseta antenal que permite à antena mover-se em todos os sentidos 2 ZOOLOGIA espécime dos anteníferos ■ *n.m.pl.* ZOOLOGIA grupo de animais possuidores de antenas (Do lat. *antemna-* ou *antenna-*, «antena de navio» *+fero*, de *ferre*, «trazer»)

anteniforme *adj.2g.* em forma de antena (Do lat. *antemna-* ou *antenna-*, «antena de navio» *+forma-*, «forma»)

antenome /ô/ *n.m.* 1 palavra ou título que precede o nome 2 prenome (De *ante-+nome*)

anténula *n.f.* 1 pequena antena 2 ZOOLOGIA cada uma das antenas do par de menores dimensões, nos crustáceos (De *antena+-ula*)

antenular *adj.2g.* pertencente ou relativo às anténulas (De *anténula+-ar*)

antenupcial *adj.2g.* 1 que antecede as núpcias; anteconjugal 2 estipulado antes do casamento (Do lat. *antenuptiāle-*, «anterior ao casamento»)

anteocular *adj.2g.* situado à frente dos olhos (De *ante-+ocular*)

anteocupação *n.f.* 1 primazia na ocupação 2 antecipação 3 figura de retórica que consiste em prever e tentar aniquilar as objeções do adversário (Do lat. *anteoccupatiōne-*, «antecipação»)

anteocupante *adj.,n.2g.* que ou o que ocupa antes (Do lat. *anteoccupante-*, «id.», part. pres. de *anteoccupāre*, «antecipar»)

anteocupar *v.tr.* ocupar em primeiro lugar; pré-ocupar (Do lat. *anteoccupāre*, «antecipar»)

anteontem *adv.* no dia anterior ao de ontem; *olhar para* ~ estar distraído, pasmado (De *ante-+ontem*)

antepaga *n.f.* pagamento antecipado (Deriv. regr. de *antepagar*)

antepagar *v.tr.* pagar antecipadamente (De *ante-+pagar*)

antepara *n.f.* 1 tabique que secciona interiormente o navio em divisões 2 biombo 3 forro (Deriv. regr. de *anteparar*)

anteparar¹ *v.tr.* 1 resguardar 2 proteger ■ *v.pron.* acautelar-se (De *ante-+parar* [= amparar])

anteparar² *v.intr.* parar antes do tempo (De *ante-+parar* [= deixar de andar])

anteparo *n.m.* 1 ato ou efeito de anteparar 2 objeto colocado diante de alguma coisa para a resguardar; tabique 3 biombo 4 defesa (Deriv. regr. de *anteparar*)

anteparto *n.m.* período que precede o parto (De *ante-+parto*)

antepassado¹ *adj.* que passou antes ■ *n.m.* 1 ascendente 2 antecessor (Part. pass. de *antepassar*)

antepassado² *adj.* [Moçambique] antes do último; penúltimo (De *antes do passado*)

antepassar *v.tr.* vir ou estar antes de; anteceder; preceder (De *ante-+passar*)

antepasto *n.m.* iguarias que se tomam como aperitivo antes das refeições (De *ante-+pasto*)

antepectoral *adj.2g.* 1 relativo à parte anterior do peito 2 situado na parte anterior do peito (Do lat. *ante-*, «antes; diante»*+pectorāle-*, «peitoral; do peito»)

antepeitoral *adj.2g.* ⇒ **antepectoral**

antepenúltimo *adj.* imediatamente antes do penúltimo ■ *n.m.* terceiro a contar do fim (Do lat. tard. *antepaenultĭmu-*, «id.»)

antepirrema *n.m.* parte da comédia grega a seguir à antístrofe (Do gr. *antepyrrhema*, «contraparte do recitativo do coro»)

antepopa /ô/ *n.f.* parte anterior da popa (De *ante-+popa*)

antepor *v.tr.* 1 pôr antes 2 preferir (Do lat. *anteponĕre*, «colocar adiante»)

anteporta *n.f.* porta que precede a principal (De *ante-+porta*)

anteportada *n.f.* portada anterior a outra (De *ante-+portada*)

anteportal *n.m.* portal que antecede outro (De *ante-+portal*)

anteportaria *n.f.* espaço alpendrado antes da portaria de um convento (De *ante-+portaria*)

anteporto /ô/ *n.m.* lugar de abrigo à entrada de um porto (De *ante-+porto*)

anteposição *n.f.* 1 ato ou efeito de antepor 2 colocação anterior; precedência 3 preferência (De *ante-+posição*)

anteposto /ô/ *adj.* colocado antes (Do lat. *anteposĭtu-*, «id.»)

antepotente *adj.2g.* 1 mais potente que os outros 2 prepotente (Do lat. *antepotente-*, «superior»)

anteprimeiro *adj.* 1 que está antes do primeiro 2 que é fundamento dos outros 3 preliminar (De *ante-+primeiro*)

anteprograma *n.m.* o que antecede um programa (De *ante-+programa*)

anteprojecto ver nova grafia **anteprojeto**

anteprojeto *n.m.* 1 estudo que serve de base à elaboração de um projeto 2 esboço de um projeto 3 preliminares de um plano (De *ante-+projecto*)

anteproposta *n.f.* projeto para uma proposta (De *ante-+proposta*)

antera *n.f.* BOTÂNICA parte terminal do estame, no interior da qual se formam os grãos de pólen (Do gr. *antherós*, «florido»)

anteriano *adj.* relativo ao poeta Antero de Quental (1842-1891) ou à sua obra e feição literária (De *Antero*, antr. *+-iano*)

anterídia *n.f.* BOTÂNICA ⇒ **anterídio**

anterídio *n.m.* BOTÂNICA gametângio (masculino) onde se produzem os anterozoides (De *antera+-ídio*)

anterífero *adj.* provido de anteras (De *antera+-fero*)

anteriforme *adj.2g.* com forma de antera (De *antera+-forme*)

anterino *adj.* 1 relativo às anteras 2 que vive nas flores (De *antera+-ino*)

anterior *adj.2g.* 1 que está antes; antecedente 2 que está situado na parte da frente; dianteiro 3 LINGUÍSTICA diz-se do som vocálico produzido através da elevação da língua na parte da frente da cavidade bucal em direção ao palato duro (Do lat. *anteriōre-*, «que está à frente»)

anterioridade *n.f.* 1 qualidade do que é anterior 2 precedência de tempo ou lugar 3 época anterior 4 prioridade (De *anterior+-i-+-dade*)

anteriorizar *v.tr.* vir antes de; preceder (De *anterior+-izar*)

anteriormente *adv.* em tempo anterior; precedentemente; antes (De *anterior+-mente*)

antero- elemento de formação de palavras que traduz a ideia de *flor, florido* (Do gr. *antherós*, «florido»)

ântero- elemento de formação de palavras que exprime a ideia de *anterior*, e é sempre seguido de hífen (*ântero-superior*) (Red. de *anterior*)

ântero-dorsal *adj.2g.* colocado na parte anterior do dorso

ântero-inferior *adj.2g.* situado na parte anterior e inferior

ântero-posterior *adj.2g.* localizado na parte anterior e posterior

ântero-superior *adj.2g.* situado adiante e por cima

anterozoide *n.m.* BOTÂNICA gâmeta masculino, menos volumoso que o feminino e geralmente móvel, também designado espermatozoide (De *antera+z+-óide*)

anterozóide ver nova grafia **anterozoide**

anterrosto /ô/ *n.m.* primeira página da folha que precede o frontispício de um livro e que, geralmente, só contém o título (De *ante-+rosto*)

antes *adv.* 1 em tempo anterior, outrora 2 em lugar anterior 3 mais cedo, primeiramente 4 pelo contrário; ~ *de* primeiro que (seguido de infinitivo, nome ou pronome); ~ *que* primeiro que (seguido de conjuntivo) (Do lat. *ante*, «id.»)

antese *n.f.* 1 BOTÂNICA período de desenvolvimento das peças florais em que a flor se mostra apta para a polinização 2 o desabrochar da flor 3 tempo que decorre entre o desabrochar e a murcha de uma flor (Do gr. *ánthesis*, «florescência»)

antessacristia *n.f.* saleta que precede a sacristia (De *ante-+sacristia*)

antessala *n.f.* aposento que antecede a sala principal; saleta; antecâmara (De *ante-+sala*)

antessazão *adv.* antes de tempo; prematuramente (De *ante-+sazão*, «época própria»)
antessentir *v.tr.* ⇒ **pressentir** (De *ante-+-sentir*)
antestatura *n.f.* MILITAR obra ligeira de fortificação para fazer fogo a coberto (De *ante-+estatura*)
antestreia *n.f.* apresentação de um produto ou de um espetáculo a um público restrito, que precede a apresentação ao público em geral (De *ante-+estreia*)
antetempo *adv.* antes da ocasião própria (De *ante-+tempo*)
anteterminal *adj.2g.* **1** que está antes da extremidade **2** que não chega à extremidade (De *ante-+terminal*)
antetítulo *n.m.* (jornalismo) título secundário colocado por cima do título propriamente dito numa notícia de imprensa escrita (De *ante-+título*)
antever *v.tr.* **1** ver com antecipação; prever **2** conjeturar (Do lat. *antevidēre*, «id.»)
anteversão *n.f.* **1** ato ou efeito de anteverter **2** desvio de qualquer órgão **3** posição oblíqua do útero (Do lat. *anteversiōne-*, «ato de prevenir»)
anteverter *v.tr.* **1** inclinar para a frente **2** preceder (Do lat. *antevertĕre*, «ir diante; preceder»)
antevéspera *n.f.* dia que precede imediatamente a véspera (De *ante-+véspera*)
antevidência *n.f.* faculdade de antever; previdência (De *ante-+vidência*)
antevidente *adj.,n.2g.* que ou quem antevê; previdente (Do lat. *antevidente-*, «id.», part. pres. de *antevidēre*, «prever»)
antevigília *n.f.* tempo que precede a vigília (De *ante-+vigília*)
antevisão *n.f.* **1** ato ou efeito de antever; previsão **2** adivinhação (Do lat. *antevisiōne-*, «previsão»)
antevocálico *adj.* que está antes de vogal (De *ante-+vocálico*)
anti- elemento de formação que exprime a ideia de *hostilidade, proteção, oposição*, e se aglutina com o elemento seguinte, exceto quando este começa por *h, i, r* ou *s*, separando-se, neste caso, por hífen (Do gr. *antí-*, «contra»)
antiabolicionismo *n.m.* doutrina dos que combatem a abolição de qualquer instituição, sobretudo da escravatura (De *anti-+abolicionismo*)
antiabolicionista *n.2g.* pessoa partidária do antiabolicionismo (De *anti-+abolicionista*)
antiabortionista *adj.,n.2g.* que ou pessoa que não apoia a prática do aborto
antiabortivo *adj.,n.m.* FARMÁCIA que ou substância que se utiliza para evitar o aborto (De *anti-+abortivo*)
antiaborto *adj.inv.* contrário ao aborto (De *anti-+aborto*)
antiacadémico *adj.* oposto às praxes académicas (De *anti-+académico*)
antiácido *adj.,n.m.* FARMÁCIA que ou substância que neutraliza o excesso de acidez (De *anti-+ácido*)
antiacne *adj.inv.* que previne ou combate o acne (De *anti-+acne*)
antiaderente *adj.,n.m.* que ou o que evita a aderência; *frigideira ~* frigideira cujo revestimento não permite que os alimentos se peguem à superfície onde estão a ser cozinhados
antiaéreo *adj.* que serve para a defesa contra ataques aéreos (De *anti-+aéreo*)
antiafrodisíaco *adj.* ⇒ **anafrodisíaco**
antiaglutinante *adj.2g.* que evita a aglutinação (De *anti-+aglutinante*)
antiagrícola *adj.2g.* contrário às regras da agricultura (De *anti-+agrícola*)
antialcalino *adj.* que neutraliza a alcalinidade (De *anti-+alcalino*)
antialcoólico *adj.,n.m.* que ou substância que anula ou modifica a ação do álcool (De *anti-+alcóolico*)
antialcoolismo *n.m.* conjunto dos meios empregados para combater o abuso do álcool (De *anti-+alcoolismo*)
antialérgico *adj.,n.m.* FARMÁCIA que ou substância ou produto que combate ou evita a alergia (De *anti-+alérgico*)
antialgésico *adj.* ⇒ **analgésico**
antiálgico *adj.* ⇒ **análgico** (Do gr. *antí-*, «contra» +*álgos*, «dor» +*-ico*)
antialienígena *adj.,n.2g.* que ou pessoa que é contrária aos alienígenas (Do gr. *antí-*, «contra»+lat. *alienigěnu-*, «estrangeiro»)
antiamericanismo *n.m.* atitude contrária aos costumes ou à política dos Estados Unidos da América (De *anti-+americanismo*)
antiapopléctico ver nova grafia **antiapoplético**
antiapoplético *adj.* FARMÁCIA que ou substância que previne ou combate a apoplexia (De *anti-+apopléctico*)

antiarina *n.f.* veneno muito ativo com que os indígenas de Java e Bornéu ervam as setas (Do jav. *antjar*, «id.» +*-ina*)
antiaristocrata *adj.,n.2g.* que ou pessoa que se opõe à aristocracia (De *anti-+aristocrata*)
antiaristocrático *adj.* oposto à aristocracia (De *anti-+aristocrático*)
antiartístico *adj.* contrário às regras da arte (De *anti-+-artístico*)
antiartrítico *adj.* que atua contra o artritismo (De *anti-+artrítico*)
antiasmático *adj.,n.m.* que ou medicamento que previne ou combate a asma (De *anti-+asmático*)
antibacteriano *adj.,n.m.* FARMÁCIA que ou substância que impossibilita o desenvolvimento de bactérias
antibanditismo *adj.inv.* que combate o banditismo ou a criminalidade (De *anti-+banditismo*)
antibaquio *adj.,n.m.* LITERATURA que ou pé de verso que é composto de duas sílabas longas seguidas de uma breve (Do gr. *antibákkheios*, «oposto ao báquico», pelo lat. *antibacchiu-*, «id.»)
antibilioso /ô/ *adj.* que combate o excesso da bile (De *anti-+bilioso*)
antibionte *n.m.* cada um dos indivíduos associados em antibiose (Do gr. *antíbios*, «contrário à vida» +*ón, óntos*, «ser»)
antibiose *n.f.* BIOLOGIA associação de diferentes microrganismos, da qual resulta prejuízo ou destruição de um deles (Do gr. *antí-*, «contra» +*bíōsis*, «maneira de viver»)
antibioterapia *n.f.* terapêutica com antibióticos (De *antibió(tico) +terapia*)
antibiótico *adj.* que atua, destruindo a vida ■ *n.m.* FARMÁCIA substância que impede ou destrói certas manifestações vitais de alguns microrganismos, sendo por isso aplicada contra a ação patogénica de certos parasitas, em defesa do hospedeiro (Do gr. *antí-*, «contra» +*biotikós*, «respeitante à vida»)
antiblenorrágico *adj.,n.m.* FARMÁCIA que ou substância que combate a blenorragia (De *anti-+blenorrágico*)
antibloqueio *n.m.* diz-se do sistema de travagem de um veículo que impede o bloqueio das rodas (De *anti-+bloqueio*)
antibritânico *adj.,n.m.* que ou o que é contrário aos ingleses ou à sua influência política ou económica (De *anti-+britânico*)
antibrómico *adj.* **1** que corrige o mau cheiro **2** desodorizante (De *anti-+brómico*)
antibula *n.f.* bula de um antipapa (De *anti-+bula*)
anticalcário *adj.inv.* usado para impedir a formação e acumulação de calcário (De *anti-+calcário*)
anticancerígeno *adj.,n.m.* FARMÁCIA que ou substância que previne ou combate o cancro (De *anti-+cancerígeno*)
anticanceroso /ô/ *adj.* diz-se do que se aplica contra o cancro (De *anti-+canceroso*)
anticanónico *adj.* contrário aos cânones (De *anti-+canónico*)
anticardeal *n.m.* cardeal nomeado por um antipapa (De *anti-+cardeal*)
anticárdio *n.m.* ANATOMIA cavidade do epigástrio também chamada oco do coração (Do gr. *antikárdion*, «depressão do peito»)
anticarro *adj.inv.* diz-se do projétil, da arma, da mina ou do obstáculo usado contra carros de combate ou tanques; antitanque (De *anti-+carro*)
anticaspa *adj.inv.,n.m.* que ou substância ou produto que previne ou combate a caspa
anticatódio *adj.* ⇒ **anticátodo** (De *anticátodo+-io*)
anticátodo *n.m.* placa metálica das ampolas de raios X que origina esses raios por transformação parcial da energia dos raios catódicos (De *anti-+cátodo*)
anticatolicismo *n.m.* doutrina contrária ao catolicismo (De *anti-+catolicismo*)
anticatólico *adj.,n.m.* que ou o que é contrário ao catolicismo (De *anti-+católico*)
anticefalálgico *adj.,n.m.* FARMÁCIA que ou substância que se aplica contra as dores de cabeça (Do *anti-+cefalálgico*)
anticelulite *adj.,n.m.* que ou produto que combate a celulite (De *anti-+celulite*)
anticelulítico *adj.,n.m.* ⇒ **anticelulite** (De *anti-+celulítico*)
anticéptico ver nova grafia **anticético**
anticético *adj.,n.m.* que ou o que é contrário ao ceticismo (De *anti-+céptico*)
antichoque *adj.inv.* usado para amortecer ou impedir choques ou colisões (De *anti-+choque*)
anticiclone *n.m.* METEOROLOGIA centro de altas pressões limitado por isóbaras, curvas e fechadas, com valores decrescentes do interior para a periferia, onde o ar desce e diverge (Do fr. *anticyclone*, «id.»)
anticiclónico *adj.* relativo a anticiclone (De *anti-+ciclónico*)

anticientífico *adj.* que se opõe aos princípios da ciência (De *anti-+científico*)
anticívico *adj.* oposto aos deveres do cidadão (De *anti-+cívico*)
anticivilizador *adj.* que é contrário à civilização (De *anti-+civilizador*)
anticivismo *n.m.* ato ou doutrina oposta ao civismo (De *anti-+civismo*)
anticlássico *adj.* contrário aos clássicos (De *anti-+clássico*)
anticlerical *adj.,n.2g.* que ou pessoa que é ou se manifesta contra o clero (De *anti-+clerical*)
anticlericalismo *n.m.* **1** sistema que pretende que o clero se ocupe apenas da vida espiritual dos fiéis **2** oposição sistemática ao clero (De *anti-+clericalismo*)
anticlericalista *adj.2g.* **1** relativo ao anticlericalismo **2** que se opõe ao envolvimento da Igreja nos assuntos do Estado ou partidário dessa opinião ou doutrina ▪ *n.2g.* pessoa que se opõe ao clero ou ao clericalismo (De *anti-+clericalista*)
anticlímax *n.m.2n.* **1** o contrário de clímax **2** o ponto mais baixo ou menos intenso de um processo **3** declínio; involução **4** [fig.] desilusão **5** LITERATURA momento de uma obra em que, após terem sido criadas grandes expectativas ao leitor ou espectador, não se dá o esperado crescendo de intensidade do enredo **6** cena de filme, peça de teatro, etc., que frustra a expectativa de um clímax, por ser menos importante (De *anti-+clímax*)
anticlinal *adj.2g.* GEOLOGIA designativo da dobra cujas camadas se inclinam para ambos os lados ▪ *n.m.* GEOLOGIA dobra de terreno formada em estratos de rochas sedimentares, cujas camadas se inclinam para ambos os lados, a partir do eixo, como as abas de um telhado (Do gr. *antiklínein*,«fazer pender em sentido contrário»+*-al*)
anticlinório *n.m.* GEOLOGIA anticlinal composto, formado por várias dobras menores que, no conjunto, definem uma dobra de maiores dimensões (De *anticlin(al)+-ório*)
anticoagulante *adj.2g.,n.m.* MEDICINA que ou substância que evita a coagulação do sangue (De *anti-+coagulante*)
anticolérico *adj.* MEDICINA que se aplica contra a cólera (De *anti-+colérico*)
anticolonialismo *n.m.* doutrina ou atitude que se opõe ao colonialismo (De *anti-+colonialismo*)
anticomania *n.f.* predileção pelas coisas antigas (Do lat. *antiquu-*, «antigo»+gr. *manía*, «mania»)
anticombustível *adj.2g.* **1** que impede a combustão **2** refratário à combustão (De *anti-+combustível*)
anticomercial *adj.2g.* contrário aos usos ou interesses comerciais (De *anti-+comercial*)
anticomunismo *n.m.* doutrina ou atitude que se opõe ao comunismo (De *anti-+comunismo*)
anticomunista *adj.,n.2g.* que ou a pessoa que é adversária do comunismo (De *anti-+comunista*)
anticonceção *n.f.* ⇒ **contraceção** (De *anti-+concepção*)
anticoncecional *adj.2g.* que impede a conceção ▪ *n.m.* método ou produto destinado a possibilitar relações sexuais sem fecundação; contracetivo (De *anti-+concepcional*)
anticoncepção ver nova grafia anticoncecção
anticoncepcional ver nova grafia anticoncecional
anticonceptivo ver nova grafia anticoncetivo
anticonceptivo *adj.,n.m.* ⇒ **anticoncecional** (De *anti-+conceptivo*)
anticoncílio *n.m.* concílio de dissidentes que combatem as decisões de outro concílio (De *anti-+concílio*)
anticonformismo *n.m.* atitude de oposição em relação às normas estabelecidas (De *anti-+conformismo*)
anticonformista *adj.2g.* **1** relativo a anticonformismo **2** independente **3** original ▪ *n.2g.* pessoa que se opõe a uma ordem ou ideias preestabelecidas (De *anti-+conformista*)
anticongelante *adj.2g.* que impede a congelação ▪ *n.m.* líquido que se adiciona à água para impedir o seu congelamento (De *anti-+congelante*)
anticonjugal *adj.2g.* oposto à vida conjugal (De *anti-+conjugal*)
anticonstitucional *adj.2g.* contrário à constituição política de um país (De *anti-+constitucional*)
anticonvulsivo *adj.* que ou o que previne ou combate as convulsões (De *anti-+convulsivo*)
antícope *n.f.* **1** repercussão **2** reação no organismo (Do gr. *antikopé*, «ação de repelir violentamente»)
anticoposcópio *n.m.* MEDICINA instrumento de medicina que servia para fazer a percussão imediata (Do gr. *antikopé*, «ressonância»+*skopeîn*, «ver»+*-io*)

anticorpo /ô/ *n.m.* BIOLOGIA, MEDICINA substância produzida no organismo em resposta à presença de um antigénio (uma bactéria, um vírus, etc.), com o qual reage, causando o seu enfraquecimento ou destruição (Do al. *Antikörper*, «anticorpo»)
anticorporativismo *n.m.* sistema oposto ao corporativismo ou às suas doutrinas político-económicas (De *anti-+corporativismo*)
anticorporativo *adj.* relativo ao anticorporativismo (De *anti-+corporativo*)
anticorrosivo *adj.,n.m.* que ou o que evita ou atenua a corrosão (De *anti-+corrosivo*)
anticosmético *adj.,n.m.* que ou aquilo que destrói a beleza da pele, dentes, cabelos, etc. (De *anti-+cosmético*)
anticrepuscular *adj.2g.* do lado oposto ao do crepúsculo verdadeiro (De *anti-+crepúsculo+-ar*)
anticrepúsculo *n.m.* claridade que aparece do lado oposto ao do crepúsculo real (De *anti-+crepúsculo*)
anticrese *n.f.* **1** designação tradicional da consignação de rendimentos **2** garantia do cumprimento de uma obrigação, que consiste na afetação dos rendimentos de certos bens imóveis, ou de certos bens móveis, sujeitos a registo, ao pagamento da dívida garantida (Do gr. *antikhrésis*, «uso de uma coisa por outra», pelo lat. *antichrēse-*, «id.», pelo fr. *antichrèse*, «id.»)
anticrime *adj.inv.* que se destina a evitar a incidência de crimes numa dada área ou num certo grupo (De *anti-+crime*)
anticristão *adj.,n.m.* que ou pessoa que se opõe ao cristianismo (De *anti-+cristão*)
anticristianismo *n.m.* doutrina oposta ao cristianismo (De *anti-+cristianismo*)
Anticristo *n.m.* RELIGIÃO personagem ou força que, segundo o Apocalipse, virá antes do Juízo Final para tentar um triunfo decisivo sobre Cristo e a Sua Igreja (Do gr. *antíkhristos*, «id.», pelo lat. *antichristu-*, «id.»)
anticrítico *adj.* **1** contrário à crítica **2** que evita o aparecimento de crises, numa doença (De *anti-+crítico*)
antíctone *adj.inv.* ⇒ **antípoda** (Do gr. *antíkhthones*, «antípodas», pelo lat. *antichthōnes*, «id.»)
antidáctilo *adj.* (verso) que tem a disposição das sílabas inversa da do dáctilo ▪ *n.m.* pé de verso que tem a disposição das sílabas inversa da do dáctilo (Do gr. *antidáktylos*, «dáctilo invertido», pelo lat. *antidactўlu-*, «id.»)
antidemocracia *n.f.* **1** doutrina contrária às ideias democráticas **2** atitude contrária aos princípios da democracia; antidemocratismo (De *anti-+democracia*)
antidemocrata *adj.,n.2g.* que ou pessoa que é contrária às ideias democráticas (De *anti-+democrata*)
antidemocrático *adj.* contrário à democracia (De *anti-+democrático*)
antidemocratismo *n.m.* ⇒ **antidemocracia**
antidemoníaco *adj.* **1** que nega a existência dos demónios **2** que afugenta o Demónio (De *anti-+demoníaco*)
antidepressivo *adj.,n.m.* que ou medicamento que evita ou atenua a depressão (De *anti-+depressivo*)
antiderrapante *adj.2g.* **1** que evita derrapagens **2** que aumenta a aderência do pneu ao piso ▪ *n.m.* **1** dispositivo de um veículo automóvel que aumenta a aderência do pneu ao piso **2** revestimento de estrada que evita derrapagens de veículos **3** revestimento de uma superfície que evita escorregar ou deslizar (De *anti-+derrapante*)
antidesma *n.f.* BOTÂNICA árvore da família das Euforbiáceas, de folha perene e fruto drupáceo, vulgar na Ásia, África e Austrália (Do gr. *antí-*, «contra»+*désma*, «laço; corda»)
Antidesmáceas *n.f.pl.* BOTÂNICA ⇒ **Euforbiáceas** (De *antidesma+-áceas*)
antidesportista *adj.,n.2g.* que ou pessoa que não gosta dos desportos (De *anti-+desportista*)
antidesportivo *adj.* contrário às regras do desporto (De *anti-+desportivo*)
antidetonante *adj.2g.* **1** que impede a detonação **2** que diminui ou amortece a detonação ▪ *n.m.* aditivo que, num motor de combustão interna, se junta ao combustível para evitar que a combustão se realize no período de compressão (De *anti-+detonante*)
antidiabético *adj.,n.m.* que ou medicamento que combate a diabetes (De *anti-+diabético*)
antidiaforético *adj.,n.m.* FARMÁCIA ⇒ **antissudorífico**
antidiarreico *adj.* FARMÁCIA que ou substância que combate a diarreia (De *anti-+diarreico*)
antidiftérico *adj.* FARMÁCIA que ou substância que serve para combater a difteria (De *anti-+diftérico*)

antidigestivo *adj.* que dificulta a digestão (De *anti-+digestivo*)
antidinástico *adj.* contrário à dinastia ou à realeza (De *anti-+dinástico*)
antidínico *adj.* FARMÁCIA que ou substância que combate as vertigens (Do gr. *antí-*, «contra» +*dînos*, «vertigem» +*-ico*)
antidisentérico *adj., n.m.* FARMÁCIA que ou substância que combate a disenteria (De *anti-+disentérico*)
antidispéptico *adj.* FARMÁCIA que ou medicamento que combate a dispepsia (De *anti-+dispéptico*)
antidispneico *adj.* que combate a dispneia (De *anti-+dispneico*)
antidiurético *adj.* FARMÁCIA que ou substância que diminui a diurese (De *anti-+diurético*)
antidogmático *adj.* contrário aos dogmas (De *anti-+dogmático*)
antidogmatismo *n.m.* doutrina ou atitude dos que atacam os dogmas (De *anti-+dogmatismo*)
antidopagem *adj.inv., n.f.* ⇒ **antidoping**
antidoping *adj.inv.* **1** que se opõe ao uso de substâncias dopantes em competições desportivas **2** que se realiza com o objetivo de detetar a ocorrência de doping ■ *n.m.* exames de controlo que visam detetar a presença de substâncias ilegais no organismo de uma pessoa ou de um animal para melhorar o seu desempenho em competições desportivas (Do ing. *antidoping*, «idem»)
antidotal *adj.2g.* MEDICINA que se emprega como antídoto
antídoto *n.m.* **1** FARMÁCIA substância que se emprega para diminuir ou anular os efeitos nocivos de um veneno no organismo **2** [fig.] remédio contra um mal (Do gr. *antídotos*, «dado contra», pelo lat. *antidŏtu-*, «contraveneno»)
antidramático *adj.* contrário às regras e usos da arte de representar (De *anti-+dramático*)
antidroga *adj.inv.* **1** que é contra o tráfico e o consumo de estupefacientes **2** que combate o tráfico e o consumo de droga (De *anti-+droga*)
antídromo *n.m.* espiral que se enrola em sentido contrário ao de outra precedente (Do gr. *antí-*, «direção oposta»+*drómos*, «corrida»)
antidumping *adj.inv.* (legislação, medida) que contraria ou restringe a importação de produtos a preços abaixo do custo ou inferiores aos que são praticados no mercado interno do país, por meio do controlo e aplicação de tarifas aduaneiras suplementares (De *anti-+dumping*)
antieconómico *adj.* contrário aos princípios da economia (De *anti-+económico*)
antiemético *adj.* FARMÁCIA que ou substância que evita os vómitos (De *anti-+emético*)
antienvelhecimento *adj.inv.* que previne ou combate o envelhecimento (De *anti-+envelhecimento*)
antiepidémico *adj.* que combate as doenças epidémicas (De *anti-+epidémico*)
antiescarlatinoso *adj.* que combate a escarlatina (De *anti-+escarlatinoso*)
antiescorbútico *adj.* FARMÁCIA que ou substância que evita ou cura o escorbuto (De *anti-+escorbútico*)
antiescravista *adj., n.2g.* que ou o que é contrário à escravatura (De *anti-+escravista*)
antiescrofuloso /ô/ *adj.* que combate as escrófulas (De *anti-+escrofuloso*)
antiespasmódico *adj., n.m.* FARMÁCIA que ou substância que diminui ou combate os espasmos; espasmolítico (De *anti-+espasmódico*)
antiespiritualismo *n.m.* doutrina ou atitude contrária ao espiritualismo; materialismo (De *anti-+espiritualismo*)
antiestafilocócico *adj.* designativo da vacina destinada a combater o estafilococo (De *anti-+estafilocócico*)
antiestético *adj.* contrário à estética (De *anti-+estético*)
antietimológico *adj.* não conforme com a etimologia (De *anti-+etimológico*)
antievangélico *adj.* contrário à doutrina do Evangelho (De *anti-+evangélico*)
antifascismo *n.m.* doutrina política contrária à do fascismo (De *anti-+fascismo*)
antifascista *adj., n.2g.* que ou pessoa que é partidária do antifascismo (De *anti-+fascista*)
antifebril *adj.2g., n.m.* FARMÁCIA ⇒ **antipirético** (De *anti-+febril*)
antifeminismo *n.m.* corrente contrária ao feminismo (De *anti-+feminismo*)
antifeminista *adj.* **1** relativo ao antifeminismo **2** que se opõe ao feminismo ■ *n.2g.* pessoa que se opõe ao feminismo (De *anti-+feminista*)
antiferroeléctrico ver nova grafia antiferroelétrico

antiferroelétrico *n.m.* FÍSICA dielétrico de alta permitividade que efetua uma transformação na estrutura cristalina a certa temperatura de transição (temperatura antiferroelétrica de Curie) abaixo da qual não existe polarização espontânea (De *anti-+ferroeléctrico*)
antiferromagnetismo *n.m.* FÍSICA propriedade que os iões magnéticos possuem de, quando separados por iões não magnéticos interpostos, poderem tomar um ordenamento antiparalelo dos spins na rede cristalina (De *anti-+ferromagnetismo*)
antiferrugem *adj.inv.* **1** que protege contra a ferrugem **2** que elimina manchas de ferrugem (De *anti+ferrugem*)
antiferruginoso /ô/ *adj.* que evita a ferrugem (De *anti-+ferruginoso*)
antifilosófico *adj.* oposto aos princípios da filosofia (De *anti-+filosófico*)
antifisiológico *adj.* contrário à fisiologia normal (De *anti-+fisiológico*)
antiflatulento *adj., n.m.* FARMÁCIA que ou substância que combate a flatulência (De *anti-+flatulento*)
antiflogístico *adj.* FARMÁCIA que ou substância que combate a inflamação ou a febre; antipirético; antifebril (De *anti-+flogístico*)
antifogo *adj.inv.* que dificulta ou não permite a propagação do fogo (De *anti-+fogo*)
antífona *n.f.* versículo principal de um salmo que se recita ou canta em cerimónias religiosas (Do gr. *antíphone*, «canto alternado», pelo lat. *antiphōna-*, «id.»)
antifonário *n.m.* livro com a letra e a música de antífonas e de outros textos litúrgicos (Do lat. med. *antiphonarĭu-*, «id.»)
antifoneiro *n.m.* aquele que num coro eclesiástico inicia o canto de cada salmo (De *antífona+-eiro*)
antifonia *n.f.* **1** contradição lógica **2** designação do canto em oitavas, entre os Gregos **3** canto alternado entre dois coros (Do gr. *antíphonos*, «que responde; que acompanha» +*-ia*)
antífrase *n.f.* recurso estilístico que consiste no emprego de uma palavra ou expressão com sentido contrário ao da ideia que se pretende exprimir (ex.: *lindo serviço!*) (Do gr. *antíphrasis*, «contradição», pelo lat. *antiphrăse-*, «id.»)
antifúngico *adj., n.m.* que ou o que combate os fungos (De *anti-+fúngico*)
antifurto *adj.inv.* diz-se do dispositivo ou mecanismo que previne ou evita o furto (De *anti-+furto*)
antigalha *n.f.* ⇒ **antigualha** (Do it. *anticaglia*, «id.»)
antigalho *n.m.* NÁUTICA peça em que se seguram as vergas do navio quando a enxárcia está rota ou inutilizada (De orig. obsc.)
antigalicanismo *n.m.* doutrina oposta à da Igreja galicana (De *anti-+galicanismo*)
antigamente *adv.* em tempos passados (De *antiga+-mente*)
antigangrenoso /ô/ *adj.* que combate a gangrena (De *anti-+gangrenoso*)
antigás *adj.inv.* que combate ou evita os efeitos de gases tóxicos
antigásico *adj.* ⇒ **antigás** (De *anti-+gás+-ico*)
antigene *n.m.* ⇒ **antigénio**
antigénico *adj.* que se comporta como antigénio ou lhe diz respeito (De *antigénio+-ico*)
antigénio *n.m.* MEDICINA substância que, sendo introduzida no organismo, estimula a formação de anticorpos específicos capazes de a neutralizar (Do fr. *antigène*, «id.»)
antígeno *n.m.* ⇒ **antigénio**
antigeométrico *adj.* contrário à geometria (De *anti-+geométrico*)
antigermânico *adj.* adversário da Germânia (Alemanha) (De *anti-+germânico*)
antiglobalização *adj.inv.* que se opõe à globalização (De *anti-+globalização*)
antigo *adj.* **1** de um tempo remoto **2** que existiu outrora **3** que existe há muito tempo; velho **4** que teve em tempo anterior um lugar que já não ocupa ■ *n.m.pl.* pessoas doutros tempos; antepassados (Do lat. *antiquu-*, por vezes *antīcu-*, «id.»)
antigório *adj.* um pouco antiquado (De *antigo+-ório*)
antigorite *n.f.* MINERALOGIA variedade laminar do mineral serpentina (Do it. *antigorite*, «id.»)
antigotoso *adj.* MEDICINA que combate a gota (De *anti-+gotoso*)
antigovernamental *adj.2g.* que se opõe ao governo existente (De *anti-+governamental*)
antígrafo *n.m.* **1** sinal com que se distinguem as palavras do texto que se vai glosando **2** distintivo que separa o texto das notas ou comentários (Do gr. *antígraphos*, «copiado», pelo lat. *antigrăphu-*, «cópia de um ato»)

antigramatical *adj.2g.* contrário às regras da gramática (De *anti-+gramatical*)
antigrevista *adj.,n.2g.* que ou a pessoa que é inimiga das greves ou se opõe a uma greve (De *anti-+grevista*)
antigripal *adj.2g.,n.m.* FARMÁCIA que ou medicamento que evita ou combate a gripe (De *anti-+gripal*)
antigualha *n.f.* **1** objeto de época antiga com interesse histórico **2** *pl.* costume, uso, moda, vestimenta, obra, etc., já desusado **3** notícia sobre algo que aconteceu em tempos antigos **4** *pl.* objeto antigo e com pouco valor; velharia (Do cast. *antigualla*, «id.»)
antiguano *adj.* relativo ou pertencente a Antígua e Barbuda, arquipélago da América Central ▪ *n.m.* natural ou habitante de Antígua e Barbuda (De *Antigua*, top. *+-ano*)
antiguidade /gu-i/ *n.f.* **1** tempo antigo **2** qualidade do que é antigo **3** tempo durante o qual se vem exercendo uma função **4** [com maiúscula] HISTÓRIA período histórico compreendido entre os alvores dos tempos históricos e a queda do Império Romano do Ocidente, subdividido em Antiguidade Oriental e Antiguidade Clássica; Idade Antiga **5** *pl.* monumentos ou objetos de arte antigos (Do lat. *antiquitāte-*, «id.»)
anti-helmíntico *adj.,n.m.* MEDICINA ⇒ **antelmíntico** (De *anti-+helmíntico*)
anti-hemorrágico *adj.,n.m.* FARMÁCIA que ou substância que combate a hemorragia
anti-hemorroidal *adj.2g.,n.m.* FARMÁCIA que ou substância que combate as hemorroidas
anti-hepático *adj.,n.m.* que ou o que provoca afeções no fígado
anti-herói *n.m.* protagonista de uma obra sem as qualidades e virtudes do herói clássico
anti-herpético *adj.,n.m.* FARMÁCIA que ou substância que se emprega para combater o herpes
anti-hidrofóbico *adj.,n.m.* FARMÁCIA que ou medicamento que combate a hidrofobia
anti-hidrópico *adj.,n.m.* FARMÁCIA que ou substância que combate a hidropisia
anti-higiénico *adj.* que se opõe às normas de higiene
anti-hipnótico *adj.,n.m.* MEDICINA que ou o medicamento que impede o sono
anti-histamínico *adj.,n.m.* MEDICINA que ou substância natural ou sintética que combate a ação da histamina e tem propriedades calmantes
anti-histérico *adj.* que combate a histeria
anti-histórico *adj.* oposto à veracidade dos factos da história
anti-hitlerismo *n.m.* doutrina político-económica contrária ao hitlerismo
anti-ibérico *adj.* contrário ao iberismo
anti-imperialismo *n.m.* movimento político ou posição ideológica contrários ao imperialismo
anti-imperialista *adj.,n.2g.* que ou o que é contrário ao imperialismo
anti-incêndio *adj.inv.* que é contra incêndio; que previne incêndios
anti-infalibilismo *n.m.* doutrina dos que impugnam a infalibilidade do papa
anti-infeccioso ver nova grafia anti-infecioso
anti-infecioso *adj.,n.m.* FARMÁCIA que ou substância que previne ou combate as infeções
anti-inflamatório *adj.,n.m.* MEDICINA que ou substância que combate as inflamações
anti-isomorfismo *n.m.* nome dado a certas espécies de isomorfismo em que há diferenças significativas nas propriedades óticas dos dois corpos, ainda que a forma cristalina exterior seja a mesma
antijurídico *adj.* DIREITO contrário às normas jurídicas; ilegal (De *anti-+jurídico*)
antilambda *n.m.* [ant.] sinal gráfico, em forma de 8 tombado, para indicar citações (Do gr. *antí-*, «contra» *+lámbda*, «lambda», letra grega)
antiletárgico *adj.* que combate a letargia (De *anti-+letárgico*)
antilhano *adj.* relativo às Antilhas, arquipélago da América Central ▪ *n.m.* natural ou habitante das Antilhas (De *Antilhas*, top. *+-ano*)
antiliberal *adj.,n.2g.* que ou o que é contrário às ideias liberais (De *anti-+liberal*)
antiligante *adj.2g.* que se opõe ou contraria a ligação (De *anti-+ligar+-ante*)
antilítico *adj.,n.m.* FARMÁCIA que ou o que resolve os cálculos da bexiga (Do gr. *antí-*, «contra» *+líthos*, «pedra», *+-ico*)

antilogaritmo *n.m.* número em relação ao seu logaritmo (De *anti-+logaritmo*)
antilogia *n.f.* contradição entre as ideias de um discurso ou de um autor (Do gr. *antilogía*, «contradição»)
antilógico *adj.* em que há antilogia (De *antilogia+-ico*)
antilogismo *n.m.* raciocínio contrário à lógica; ilogismo (De *anti-+lóg(ica)+-ismo*)
antílope *n.m.* ZOOLOGIA mamífero artiodáctilo, ruminante, do grupo dos cavicórneos, adaptado à corrida rápida (Do gr. *anthálops*, «animal fabuloso», pelo lat. med. *anthalŏpu-*, «id.», pelo fr. *antilope*, «antílope»)
antiluético *adj.,n.m.* FARMÁCIA ⇒ **antissifilítico** (De *anti-+luético*)
antimaçónico *adj.* contrário à maçonaria (De *anti-+maçónico*)
antimagnético *adj.* refratário a efeitos magnéticos (De *anti-+magnético*)
antimalárico *adj.,n.m.* FARMÁCIA que ou substância que combate a malária; antipalúdico (De *anti-+malárico*)
antimarxista /cs/ *adj.,n.2g.* que ou o que é contrário às doutrinas marxistas (De *anti-+marxista*)
antimatéria *n.f.* FÍSICA totalidade dos átomos constituídos por partículas que só diferem das que constituem os átomos da matéria por terem as propriedades eletromagnéticas de sinal oposto (De *anti-+matéria*)
antimefítico *adj.* que absorve os miasmas e maus cheiros (De *anti-+mefítico*)
antimelancólico *adj.* eficaz contra a melancolia (De *anti-+melancólico*)
antimelódico *adj.* **1** oposto à melodia **2** dissonante (De *anti-+melódico*)
antímero *adj.* diz-se de um órgão ou parte de um organismo que ocupa posição simétrica de outro ou outra, relativamente a um plano ou eixo (Do gr. *antí-*, «contra» *+méros*, «parte»)
antimetábole *n.f.* ⇒ **antimetátese** (Do gr. *antimetabolé*, «reversão», pelo lat. *antimetabŏle-*, «conversão»)
antimetalepse *n.f.* ⇒ **antimetátese** (Do gr. *antimetálepsis*, «permuta; mudança»)
antimetátese *n.f.* RETÓRICA recurso estilístico que consiste em formar uma frase com as mesmas palavras de outra, mas em ordem diferente (ex.: *o homem deve comer para viver e não viver para comer*) (Do gr. *antimetáthesis*, «uso da mesma palavra em dois sentidos diferentes»)
antimilitar *adj.2g.* contrário ao espírito e disciplina militares (De *anti-+militar*)
antimilitarismo *n.m.* corrente ideológica que se opõe à existência do exército permanente e à interferência dos militares na política nacional (De *anti-+militarismo*)
antimilitarista *adj.,n.2g.* que ou pessoa que é partidária do antimilitarismo (De *anti-+militarista*)
antiministerial *adj.2g.* hostil ao sistema administrativo seguido por um ministério (De *anti-+ministerial*)
antimíssil *adj.inv.,n.m.* que ou míssil que é lançado na direção de outro míssil para o intercetar durante o voo (De *anti-+míssil*)
antimnésia *n.f.* PSICOLOGIA fenómeno psicológico pelo qual um indivíduo julga ser nova para ele uma coisa que, na realidade, já lhe é familiar (Do gr. *antí-*, «contra» *+mnēsis*, «recordação»)
antimonacal *adj.2g.* contrário às instituições monásticas; antimonástico (De *anti-+monacal*)
antimonárquico *adj.* adverso à monarquia (De *anti-+monárquico*)
antimonástico *adj.* ⇒ **antimonacal**
antimonial *adj.2g.* relativo ao antimónio ▪ *adj.2g.,n.m.* que ou o que contém antimónio (De *antimónio+-al*)
antimoniato *n.m.* QUÍMICA nome genérico dos sais derivados do ácido antimónico (De *antimónio+-ato*)
antimónico *adj.* QUÍMICA designativo de um composto e de um ácido derivados do antimónio (De *antimónio+-ico*)
antimónio *n.m.* QUÍMICA elemento com o número atómico 51 e símbolo Sb, de aspeto metálico, acinzentado, que se emprega na composição de ligas metálicas (De *antimonĭu-*, «id.»)
antimonióxido /cs/ *n.m.* MINERALOGIA designação genérica dos minérios de antimónio em forma de óxidos (De *antimónio+óxido*)
antimonite *n.f.* MINERALOGIA mineral conhecido também por estibina, que é quimicamente sulfureto de antimónio, cristaliza no sistema ortorrômbico e é minério de antimónio (De *antimónio+-ite*)
antimoral *adj.2g.* contrário à moral (De *anti-+moral*)
antimoralismo *n.m.* doutrina ou atitude que se opõe ao moralismo (De *anti-+moralismo*)

antinacional *adj.2g.* contrário aos interesses da nação (De *anti-+nacional*)
antinarcótico *adj.* que destrói ou atenua os efeitos dos narcóticos (De *anti-+narcótico*)
antinatalista *adj.2g.* designativo do conjunto de medidas ou políticas que visam diminuir o número de nascimentos (De *anti-+natalista*)
antinatural *adj.2g.* contrário às leis da natureza (De *anti-+natural*)
antinazi *adj.,n.2g.* que ou pessoa que é contrária aos nazis ou à sua doutrina política
antinazismo *n.m.* movimento político ou posição ideológica contrários ao nazismo
antinazista *adj.,n.2g.* que ou o que é contrário aos nazistas ou à sua doutrina política
antinefrítico *adj.,n.m.* FARMÁCIA que ou substância que atua contra as dores dos rins (De *anti-+nefrítico*)
antineutrão *n.m.* FÍSICA partícula não carregada, com a mesma massa do neutrão, mas com um momento magnético de sentido oposto, relativamente ao spin; antipartícula correspondente ao neutrão (De *anti-+neutrão*)
antineutrino *n.m.* FÍSICA antipartícula subnuclear correspondente ao neutrino, sem carga, de massa nula e período infinito
antinevoeiro *adj.inv.* (farol) que permite maior visibilidade quando há nevoeiro (De *anti-+nevoeiro*)
antinevrálgico *adj.,n.m.* FARMÁCIA que ou medicamento que é próprio para combater a nevralgia (De *anti-+nevrálgico*)
antinevrótico *adj.,n.m.* que ou o que combate a nevrose (De *anti-+nevrótico*)
antinha *n.f.* monumento sepulcral idêntico às antas; antela (De *anta-+inha*)
ântino *adj.* que contém flores (Do gr. *anthinós*, «florido», pelo lat. *anthĭnu-*, «id.»)
antinodal *adj.2g.* FÍSICA diz-se do par de pontos conjugados de uma lente espessa ou sistema ótico centrado, para os quais a amplificação angular é igual a 1 (De *antinodo+-al*)
antinodo *n.m.* FÍSICA ponto de elongação máxima numa série de ondas estacionárias (De *anti-+nodo*)
antinomia *n.f.* contradição; *antinomias da razão pura* em Kant (filósofo alemão, 1724-1804): afirmações contraditórias a que a razão chega quando pretende determinar a natureza absoluta do mundo (De gr. *antinomía*, «contradição nas leis», pelo lat. *antinomĭa-*, «id.», pelo fr. *antinomie*, «id.»)
antinomiano *n.m.* 1 inimigo das leis 2 membro de uma seita religiosa para a qual a fé era motivo suficiente de salvação (De *antinomia+-ano*)
antinómico *adj.* 1 oposto 2 contraditório (Do gr. *antinomikós*, «que respeita à antinomia»)
antinomismo *n.m.* 1 sistema filosófico fundado em duas proposições contraditórias 2 oposição à lei 3 RELIGIÃO teoria a respeito do valor da lei moral para o cristão, segundo a qual o cristão como crente está acima da lei e como pecador está-lhe subordinado (De *antinomia+-ismo*)
antinuclear *adj.2g.* 1 que se opõe à utilização de energia nuclear 2 que protege dos efeitos da radiação nuclear (De *anti-+nuclear*)
antinupcial *adj.2g.* que se opõe ao casamento (De *anti-+nupcial*)
antiofídico *adj.,n.m.* FARMÁCIA que ou substância que é eficaz contra a mordedura das víboras (Do gr. *antí-*, «contra» +*óphis*, «serpente» +*-ico*)
antioqueno *adj.* que diz respeito a Antioquia ■ *n.m.* natural ou habitante de Antioquia (Do lat. *antiochēnu-*, «id.»)
antioquense *adj.,n.2g.* ⇒ **antioqueno** (De *Antioquia*, top. +*-ense*)
antioquiano *adj.,n.m.* ⇒ **antioqueno** (De *Antioquia*, top. +*-ano*)
antioxidante *adj.2g.,n.m.* que ou substância que se usa para evitar ou retardar a oxidação de um determinado objeto, material ou alimento (De *anti-+oxidante*)
antipalúdico *adj.,n.m.* FARMÁCIA ⇒ **antimalárico** (De *anti-+palúdico*)
antipapa *n.m.* pessoa que age como papa, em oposição ao sumo pontífice legitimamente eleito (De *anti-+papa*)
antipapado *n.m.* governo de antipapa (De *antipapa+-ado*)
antipapismo *n.m.* seita ou doutrina dos que reconhecem o antipapa (De *antipapa+-ismo*)
antipapista *adj.,n.2g.* que ou pessoa que é partidária do antipapismo (De *antipapa+-ista*)
antiparalelas *n.f.pl.* GEOMETRIA designação de duas retas cortadas por duas secantes concorrentes, de modo que o ângulo de uma das retas com a primeira secante seja igual ao da outra reta com a segunda secante (De *anti-+paralela*)

antiparalelismo *n.m.* qualidade das retas antiparalelas (De *antiparalelo+-ismo*)
antiparasita *adj.2g.* 1 diz-se dos dispositivos usados nas telecomunicações sem fios para atenuar os ruídos chamados parasitas 2 diz-se das substâncias que matam os parasitas (De *anti-+parasita*)
antiparasitário *adj.,n.m.* FARMÁCIA que ou substância que previne ou destrói os parasitas (De *anti-+parasitário*)
antiparástase *n.f.* recurso estilístico pelo qual se faz a alegação de que o acusado seria digno de louvor se tivesse praticado o ato que lhe imputam (Do gr. *antiparástasis*, «réplica a uma objeção do adversário»)
antiparlamentarismo *n.m.* doutrina dos que atacam o sistema parlamentar (De *anti-+parlamentarismo*)
antipartícula *n.f.* FÍSICA partícula que, em relação a outra, tem a mesma massa, o mesmo spin e a mesma vida média e carga igual de sinal contrário (De *anti-+partícula*)
antipatia *n.f.* 1 repugnância que nos causa uma pessoa ou coisa; repulsa 2 aversão espontânea e instintiva (Do gr. *antipátheia*, «sentimento contrário», pelo lat. *antipathĭa-*, «id.»)
antipático *adj.* que inspira antipatia; desagradável (De *antipatia+-ico*)
antipatizar *v.tr.* sentir antipatia (por); não engraçar (com) (De *antipatia+-izar*)
antipatriota *adj.,n.2g.* 1 que ou pessoa que não tem patriotismo 2 contrário à ideia de pátria (De *anti-+patriota*)
antipatriótico *adj.* contrário ao patriotismo (De *anti-+patriótico*)
antipatriotismo *n.m.* atitude ou sistema dos antipatriotas (De *anti-+patriotismo*)
antipedagógico *adj.* contrário às regras da pedagogia (De *anti-+pedagógico*)
antipêndio *n.m.* revestimento, geralmente de brocado, para cobrir e decorar a parte dianteira do altar (De orig. obsc.)
antiperiódico *adj.,n.m.* FARMÁCIA que ou medicamento que é eficaz contra as afeções periódicas (De *anti-+periódico*)
antiperistáltico *adj.* designativo das contrações do estômago e intestinos contrárias ao movimento peristáltico (De *anti-+peristáltico*)
antiperistaltismo *n.m.* conjunto das contrações antiperistálticas (De *anti-+peristaltismo*)
antiperístase *n.f.* circunstância que faz sobressair uma qualidade por influência doutra oposta (Do gr. *antiperístasis*, «mudança em sentido contrário»)
antipessoal *adj.2g.* (arma, dispositivo) usado essencialmente contra pessoas
antipestilencial *adj.2g.* que combate a peste (De *anti-+pestilencial*)
antipirético *adj.,n.m.* FARMÁCIA que ou substância ou processo que é utilizado para diminuir a febre; antiflogístico; antifebril (Do gr. *antí-*, «contra» +*pyretós*, «febre» +*-ico*)
antipirina *n.f.* FARMÁCIA medicamento que faz baixar a temperatura em certas febres e acalma as dores (Do gr. *antí-*, «contra» +*pýr, pyrós*, «fogo» +*-ina*)
antipirinismo *n.m.* intoxicação pela antipirina e seus derivados (De *antipirina+-ismo*)
antipirótico *adj.* que combate as queimaduras e a pirose (De *anti-+pirótico*)
antiplástico *adj.* que faz diminuir a plasticidade da massa cerâmica (De *anti-+plástico*)
antipleurítico *adj.,n.m.* FARMÁCIA que ou substância que combate a pleurisia (De *anti-+pleurítico*)
antipneumocócico *adj.* que combate a ação patogénica do pneumococo (De *anti-+pneumococo+-ico*)
antipneumónico *adj.* que atua contra a pneumonia (De *anti-+pneumónico*)
antípoda *n.2g.* 1 habitante que, relativamente a outro, se encontra num lugar diametralmente oposto do planeta 2 [fig.] contrário; oposto ■ *adj.2g.* [fig.] oposto; contrário ■ *n.m.pl.* GEOGRAFIA dois pontos da superfície terrestre situados a latitudes com valores iguais mas com nomes ou sinais diferentes e a longitudes que diferem 180° (Do gr. *antípodes*, «que tem os pés em posições opostas», pelo lat. *antípŏdes*, «antípodas»)
antipodágrico *adj.* MEDICINA que atua contra a podagra (De *anti-+podágrico*)
antipodal *adj.2g.* relativo aos antípodas (De *antípoda+-al*)
antípode *adj.2g.,n.2g.,n.m.pl.* ⇒ **antípoda**
antipódico *adj.* ⇒ **antipodal** (De *antípoda+-ico*)
antipoético *adj.* contrário à poesia (De *anti-+poético*)

antipoliorcético *adj.* relativo à defesa das praças sitiadas (Do gr. *antí-*, «contra» +*poliorketés*, «sitiador de cidades» +*-ico*)
antipolítica *n.f.* atitude contrária às normas da boa política (De *anti-*+*política*)
antipolítico *adj.* 1 oposto à boa política 2 contrário à política (De *anti-*+*político*)
antipoluente *adj.2g.,n.m.* que ou substância ou processo que reduz ou combate a poluição ambiental (De *anti-*+*poluente*)
antipoluição *adj.inv.* destinado a combater a poluição (De *anti-*+*poluição*)
antipopular *adj.2g.* contrário ao povo, aos seus interesses ou ao partido popular (De *anti-*+*popular*)
antiprotão *n.m.* FÍSICA antipartícula correspondente ao protão (De *anti-*+*protão*)
antipruriginoso *adj.,n.m.* FARMÁCIA que ou medicamento que previne ou reduz o prurido; antipsórico
antipsicótico *adj.,n.m.* FARMÁCIA que ou medicamento que é usado para tratar os estados psicóticos (De *anti-*+*psicótico*)
antipsiquiatria *n.f.* movimento que resultou das experiências levadas a efeito pelos psiquiatras ingleses David Cooper (1931--1986) e Ronald Laing (1927-1989) e que preconiza que os desequilíbrios do indivíduo e da sociedade sejam tratados sem recurso à repressão e à exclusão (De *anti-*+*psiquiatria*)
antipsiquiátrico *adj.* 1 relativo à antipsiquiatria 2 contrário à psiquiatria (De *anti-*+*psiquiátrico*)
antipsórico *adj.,n.m.* FARMÁCIA ⇒ **antipruriginoso** (De *anti-*+*psórico*)
antiptose *n.f.* GRAMÁTICA emprego de um caso por outro ou de uma preposição por outra (Do gr. *antíptosis*, «id.», pelo lat. *antiptōse-*, «id.»)
antipútrido *adj.,n.m.* que ou o que evita ou combate a putrefação (De *anti-*+*pútrido*)
antiquado *adj.* 1 que já não está em uso; obsoleto; antigo 2 ultrapassado; fora de moda (Do lat. *antiquātu-*, «id.»)
antiqualha *n.f.* ⇒ **antigualha** (Do it. *anticaglia*, «antiqualha», pelo fr. *antiquaille*, «id.»)
antiquar *v.tr.* tornar antiquado ■ *v.pron.* ficar fora de moda (Do lat. *antiquāre*, «tornar antiquado; suprimir»)
antiquário *n.m.* 1 pessoa que se dedica ao estudo de antiguidades 2 pessoa que se dedica ao comércio de antiguidades 3 colecionador de antiguidades 4 estabelecimento onde se comercializam antiguidades (Do lat. *antiquariŭ-*, «antiquário»)
antiquíssimo /qu-i/ *adj.* {*superlativo absoluto sintético de* **antigo**} muito antigo (Do lat. *antiquissĭmu-*, «id.»)
anti-rábico ver nova grafia antirrábico
anti-racional ver nova grafia antirracional
anti-racismo ver nova grafia antirracismo
anti-racista ver nova grafia antirracista
anti-radiação ver nova grafia antirradiação
anti-raquítico ver nova grafia antirraquítico
anti-realismo ver nova grafia antirrealismo
anti-reflexo ver nova grafia antirreflexo
anti-regulamentar ver nova grafia antirregulamentar
anti-religioso ver nova grafia antirreligioso
anti-republicano ver nova grafia antirrepublicano
anti-reumático ver nova grafia antirreumático
anti-reumatismal ver nova grafia antirreumatismal
anti-revolucionário ver nova grafia antirrevolucionário
anti-risco ver nova grafia antirrisco
anti-roubo ver nova grafia antirroubo
antirrábico *adj.,n.m.* FARMÁCIA que ou substância que evita ou combate a raiva
antirracional *adj.2g.* contrário à razão
antirracismo *n.m.* doutrina ou atitude contrária ao racismo
antirracista *adj.,n.2g.* que ou pessoa que é contrária ao racismo
antirradiação *adj.inv.* que protege das radiações (De *anti-*+*radiação*)
antirraquítico *adj.,n.m.* FARMÁCIA que ou substância que é eficaz contra o raquitismo
antirrealismo *n.m.* 1 (arte) oposição ao realismo 2 POLÍTICA oposição ao regime monárquico
antirreflexo *adj.inv.* ÓTICA designativo do sistema de proteção de lentes óticas que elimina a luz refletida sobre a sua superfície (De *anti-*+*reflexo*)
antirregulamentar *adj.2g.* contrário ao regulamento
antirreligioso *adj.,n.m.* que ou o que é contrário à religião; irreligioso

antirrepublicano *adj.,n.m.* que ou o que é contrário à república ou aos republicanos
antirrético *adj.* 1 que combate 2 contraditório (Do gr. *antirrhetikós*, «próprio para refutar»)
antirreumático *adj.,n.m.* FARMÁCIA ⇒ **antirreumatismal**
antirreumatismal *adj.2g.,n.m.* FARMÁCIA que ou substância que ataca o reumatismo; antirreumático
antirrevolucionário *adj.,n.m.* que ou que é contrário a revoluções
antirrina *n.f.* substância tintorial, amarela, que se extrai do antirrino (De *antirrino*)
antirrínea *n.f.* BOTÂNICA espécime das antirríneas ■ *n.f.pl.* BOTÂNICA grupo de plantas da família das Escrofulariáceas, cujo género-tipo se denomina *Antirrhinum* (De *antirrino*+*-ea*)
antirrino *n.m.* BOTÂNICA planta da família das Escrofulariáceas; bocas-de-lobo; erva-bezerra (Do gr. *antírrhinon*, «antirrino», pelo lat. *antirrhīnon*, «id.»)
antirrisco *adj.inv.* designativo do sistema de proteção de lentes acrílicas que consiste na aplicação de uma camada de quartzo na superfície da lente, de forma a aumentar a sua resistência aos riscos (De *anti-*+*risco*)
antirroubo *adj.inv.* diz-se do dispositivo de segurança contra o roubo
antirrugas *adj.inv.* 1 diz-se de produto, substância ou processo que se usa para prevenir ou combater as rugas 2 designativo do tecido que não amarrota ■ *n.m.2n.* qualquer produto usado para prevenir ou combater as rugas
anti-rugas ver nova grafia antirrugas
anti-sátira ver nova grafia antissátira
antíscios *n.m.pl.* aqueles que, situados no mesmo meridiano, mas em latitudes de nomes ou sinais contrários, projetam ao meio-dia solar as respetivas sombras em sentidos contrários, um para o norte e o outro para o sul (Do gr. *antískioi*, de *antí-*, «contra» +*skiá*, «sombra» pelo lat. *antiscĭos*, «antíscios»)
anti-semita ver nova grafia antissemita
anti-semítico ver nova grafia antissemítico
anti-semitismo ver nova grafia antissemitismo
anti-sepsia ver nova grafia antissepsia
anti-séptico ver nova grafia antisséptico
anti-sezonático ver nova grafia antissezonático
anti-sialagogo ver nova grafia antissialagogo
anti-sifilítico ver nova grafia antissifilítico
anti-sigma ver nova grafia antissigma
anti-sinodal ver nova grafia antissinodal
anti-sísmico ver nova grafia antissísmico
anti-social ver nova grafia antissocial
anti-sofista ver nova grafia antissofista
anti-soro ver nova grafia antissoro
anti-soviético ver nova grafia antissoviético
antíspase *n.f.* MEDICINA revulsão (Do gr. *antíspasis*, «id.»)
antispástico *adj.* relativo ao antispasto (Do gr. *antispastikós*, «retráctil», pelo lat. *antispastĭcu-*, «composto de antispastos»)
antispasto *n.m.* LITERATURA pé de verso grego ou latino composto de duas sílabas longas entre duas breves (Do gr. *antíspastos*, «puxado em sentido contrário», pelo lat. *antispastu-*, «id.»)
antissátira *n.f.* réplica a uma sátira
antissemita *n.2g.* pessoa inimiga dos Semitas, sobretudo dos Judeus
antissemítico *adj.* relativo aos antissemitas
antissemitismo *n.m.* 1 ódio aos Semitas 2 sistema dos antissemitas
antissepsia *n.f.* conjunto de medidas destinadas a evitar ou combater as infeções destruindo os micróbios que existem no exterior ou interior dos organismos (Do gr. *antí-*, «contra» +*sépsis*, «infeção» +*-ia*)
antisséptico *adj.,n.m.* que ou substância que combate ou previne as infeções destruindo os micróbios que podem originar contaminações; desinfetante (Do gr. *antí-*, «contra» +*septikós*, «podre»)
ACORDO ORTOGRÁFICO também se pode escrever **antissético**
antissético a grafia mais usada é **antisséptico**
antissezonático *adj.* que combate as sezões
antissialagogo *adj.* que faz diminuir a formação da saliva
antissifilítico *adj.,n.m.* FARMÁCIA que ou substância que atua contra a sífilis; antiluético
antissigma *n.m.* sinal, em forma de sigma voltado, empregado pelos antigos copistas para indicar que se devia inverter a ordem dos versos (Do gr. *antísigma*, «sigma virado», pelo lat. *antisigma*, «sigma voltado»)

antissinodal *adj.2g.* contrário às decisões dos sínodos
antissísmico *adj.* (construção, edifício) que foi concebido para resistir aos fenómenos sísmicos
antissocial *adj.2g.* **1** contrário ou prejudicial à sociedade **2** incapaz de socialização **3** conflituoso
antissofista *adj.,n.2g.* que ou o que é contrário às doutrinas dos sofistas (Do gr. *antisophistés*, «adversário hábil», pelo lat. *antisophista-*, «anti-sofista»)
antissoro *n.m.* MEDICINA soro que contém anticorpos e que é usado para dar imunidade a certas infeções ou doenças (De *anti-+soro*)
antissoviético *adj.* contrário aos sovietes ou ao sovietismo
antissubmarino *adj.inv.* (embarcação, armamento, etc.) destinado a combater ou destruir submarinos
antissudorífico *adj.,n.m.* FARMÁCIA que ou medicamento ou processo que é utilizado para diminuir a secreção exagerada de suor; antidiaforético
antístite *n.m.* **1** chefe dos sacerdotes; pontífice **2** prelado (Do lat. *antistīte-*, «chefe»)
anti-stress *adj.inv.* que visa combater o stress (De *anti-+stress*)
antístrofe *n.f.* **1** LITERATURA segunda unidade do esquema estrófico das composições da lírica coral grega **2** LITERATURA segunda unidade do esquema estrófico tripartido da ode pindárica cultivada a partir do Renascimento (Do gr. *antistrophé*, «inversão», pelo lat. *antistrŏpheu-* ou *antistrŏpha-*, «id.»)
anti-submarino ver nova grafia antissubmarino
anti-sudorífico ver nova grafia antissudorífico
antitabaco *adj.inv.* **1** que visa lutar contra os efeitos prejudiciais do tabagismo, divulgando informação **2** que é contra os efeitos do tabaco (De *anti-+tabaco*)
antitabagista *adj.,n.2g.* que ou pessoa que é contra o tabaco
antitanque *adj.inv.* ⇒ **anticarro** (De *anti-+tanque*)
antitártaro *adj.inv.* que previne ou combate o tártaro
antiteatro *n.m.* teatro de vanguarda caracterizado pela abolição das normas tradicionais do teatro (De *anti-+teatro*)
antiteísmo *n.m.* doutrina dos que afirmam que a natureza divina e a natureza humana são essencialmente opostas (De *anti-+teísmo*)
antiteísta *n.2g.* pessoa adepta do antiteísmo (De *anti-+teísta*)
antitérmico *adj.* **1** que produz abaixamento de temperatura **2** febrífugo (De *anti-+térmico*)
antiterrorismo *n.m.* atitude ou procedimento cujo objetivo é combater atividades terroristas
antiterrorista *adj.,n.2g.* que ou pessoa que é contrária ao terrorismo ou luta contra ele
antítese *n.f.* **1** figura de retórica pela qual se exprime a oposição entre dois termos ou duas proposições (ex.: *os ricos e os pobres*) **2** coisa contrária; contrário **3** FILOSOFIA negação de um termo ou de uma especulação anterior **4** FILOSOFIA em Kant (filósofo alemão, 1724-1804): proposição negativa das antinomias da razão pura **5** FILOSOFIA em Hegel (filósofo alemão, 1770-1831): segundo momento do processo dialético, que nega o primeiro, ou tese, e que contribui para o emergir da síntese, que supera ambos (Do gr. *antíthesis*, «oposição» pelo lat. *antithĕse-*, «id.»)
antitetânico *adj.,n.m.* FARMÁCIA que ou substância que atua contra o tétano (De *anti-+tetânico*)
antitético *adj.* em que há antítese (Do gr. *antithetikós*, pelo lat. *antithetĭcu-*, «que encerra oposição ou contraste»)
antítipo *n.m.* **1** figura que representa outra **2** cópia de um modelo (Do gr. *antítypos*, «id.»)
antitóxico /cs/ *adj.* que serve de contraveneno ▪ *n.m.* antídoto (De *anti-+tóxico*)
antitoxina /cs/ *n.f.* anticorpo que tem ação neutralizante sobre as toxinas (De *anti-+toxina*)
antitraça *adj.inv.* que protege das traças (De *anti-+traça*)
antítrago *n.m.* ANATOMIA saliência do pavilhão auricular, na região ínfero-posterior, em posição oposta à do trago (Do gr. *antítragos*, «id.»)
antitrinitário *adj.* que ataca o dogma da Santíssima Trindade (De *anti-+trinitário*)
antítropo *adj.* **1** BOTÂNICA diz-se de dois órgãos que se desenvolvem normalmente em sentidos contrários um ao outro **2** diz-se do embrião de uma semente proveniente de um óvulo ortótropo (De *anti-+tropo*)
antitrust *adj.inv.* ECONOMIA referente à legislação adotada por certos Estados capitalistas, com o fim de combater as práticas de monopólio (De *anti-+trust*)
antituberculoso /ô/ *adj.* que atua contra a tuberculose (De *anti-+tuberculoso*)

antitússico *adj.,n.m.* MEDICINA que ou o que suprime ou combate a tosse
antiutopia *n.f.* representação ou descrição de uma sociedade futura caracterizada por condições de vida alienantes ou extremas, que tem como objetivo criticar tendências da sociedade atual, ou alertar para os perigos de determinadas utopias (De *anti-+utopia*)
antiutópico *adj.* **1** relativo a antiutopia **2** que tem o carácter de antiutopia (De *anti-+utópico*)
antiutopista *n.2g.* pessoa defensora de uma antiutopia ▪ *adj.2g.* relativo a antiutopia (De *anti-+utopista*)
antivariólico *adj.,n.m.* FARMÁCIA que ou substância que atua contra a varíola (De *anti-+variólico*)
antiveneno *adj.inv.,n.m.* FARMÁCIA que ou substância que anula os efeitos de um veneno; contraveneno (De *anti-+veneno*)
antivenenoso /ô/ *adj.* que combate a ação dos venenos (De *anti-+venenoso*)
antivenéreo *adj.* **1** que evita ou cura doenças venéreas **2** usado no tratamento de doenças venéreas (De *anti-+venéreo*)
antiviral *adj.2g.* BIOLOGIA, FARMÁCIA que destrói ou impede o desenvolvimento de vírus
antivírico *adj.* ⇒ **antiviral**
antiviril *adj.2g.* efeminado (De *anti-+viril*)
antivirulento *adj.* que se opõe à propagação de um vírus (De *anti-+virulento*)
antivírus *n.m.2n.* **1** agente que atua destruindo a ação de um vírus **2** INFORMÁTICA aplicação que identifica e desativa um vírus num sistema informático (De *anti-+vírus*)
antizímico *adj.,n.m.* que ou o que impede a fermentação (De *anti-+zímico*)
anto- elemento de formação que exprime a ideia de *flor* (Do gr. *ánthos*, «flor»)
antociano *n.m.* BOTÂNICA pigmento que dá colorações vermelhas, violetas e azuis às flores e outras partes das plantas
antófago *adj.* que come flores; florívoro (Do gr. *ánthos*, «flor» *+fageîn*, «comer»)
antofilite *n.f.* MINERALOGIA anfíbola ortorrômbica de silicato de magnésio e ferro, presente geralmente em agregados lamelares ou fibrosos (Do gr. *ánthos*, «flor» *+phýllon*, «folha» *+-ite*)
antofilo *n.m.* BOTÂNICA folha floral (Do gr. *ánthos*, «flor» *+phýllon*, «folha»)
antófilo *adj.* **1** que gosta de flores **2** que vive entre flores (Do gr. *ánthos*, «flor» *+phílos*, «amigo»)
antóforo *n.m.* BOTÂNICA parte alongada do recetáculo de algumas flores, situada entre o cálice e a corola, que suporta esta, o androceu e o gineceu, e, mais tarde, o fruto ▪ *adj.* BOTÂNICA diz-se de um vegetal provido de flor (Do gr. *anthophóros*, «que produz flores», pelo lat. *anthophŏros*, «que tem flores»)
antografia *n.f.* **1** descrição das flores **2** expressão de ideias por meio de flores (De *anto-+-grafia*)
antógrafo *n.m.* indivíduo versado em antografia (De *anto-+-grafo*)
antojadiço *adj.* sujeito a apetites (De *antojar+-diço*)
antojar *v.tr.* **1** pôr à vista **2** representar ou figurar na imaginação **3** apetecer (Do cast. *antojar*, «apetecer»)
antojo /ô/ *n.m.* **1** ato ou efeito de pôr diante dos olhos **2** apetite veemente; desejo **3** aparência **4** preocupação **5** nojo; asco (Do cast. *antojo*, «capricho»)
antolhar *v.tr.* ⇒ **antojar** (De *ante-+olhar*)
antolho /ô/ *n.m.* ⇒ **antojo** (Deriv. regr. de *antolhar*)
antolhos *n.m.pl.* **1** palas que se colocam dos lados dos olhos dos animais de tração e carga para que só possam ver para a frente **2** [fig.] ilusão **3** [fig.] capricho (De *ante-+olho*)
antólito *n.m.* fóssil de uma flor (Do gr. *ánthos*, «flor» *+líthos*, «pedra»)
antologia *n.f.* **1** coleção escolhida de trechos em prosa e/ou verso do mesmo ou de diferentes autores; seleta **2** estudo das flores **3** coleção de flores; florilégio (Do gr. *anthología*, «colheita de flores»)
antologista *adj.2g.* **1** relativo a antologia **2** que é versado em antologia ▪ *n.2g.* autor ou autora de antologias ou seletas (De *antologia+-ista*)
antólogo *n.m.* **1** coleção de hinos da Igreja grega **2** antologista (Do gr. *ánthos*, «flor» *+lógos*, «estudo»)
antomania *n.f.* paixão pelas flores (Do gr. *ánthos*, «flor» *+manía*, «paixão»)
antoniano *adj.* relativo a Santo António de Lisboa (1195-1231); antonino ▪ *n.m.* religioso da ordem de Santo António (De *António*, antr. *+-ano*)

antonímia

antonímia *n.f.* I LINGUÍSTICA relação de oposição entre duas ou mais palavras a nível semântico 2 emprego de antónimos (De *antónimo*+*-ia*)

antónimo *n.m.* LINGUÍSTICA palavra cujo significado é oposto ao de outro ∎ *adj.* com significação oposta (Do gr. *antí-*, «contra» +*ónoma*, «nome»)

antonino *adj.* ⇒ **antoniano** *adj.* (De *António*, antr. +*-ino*)

antonomásia *n.f.* I recurso estilístico que consiste em usar um nome próprio como se fosse comum ou vice-versa 2 sobrenome; alcunha (Do gr. *antonomasía*, «nome contrário à ideia», pelo lat. *antonomasǐa-*, «id.»)

antonomástico *adj.* I empregado por antonomásia 2 em que há antonomásia (Do gr. *antonomastikós*, «id.»)

antorismo *n.m.* recurso estilístico que visa reforçar o conceito de uma palavra através da introdução de uma outra mais precisa ou mais enfática (ex.: *uma grande, uma imensa vontade de viver*) (Do gr. *anthorismós*, «definição contrária»)

antotropismo *n.m.* tropismo da flor ou de qualquer das suas partes (De *anto-*+*tropismo*)

antoxantina /cs/ *n.f.* substância corante das flores amarelas (Do gr. *ánthos*, «flor» +*xanthós*, «amarelo» +*-ina*)

antozoário *adj.* diz-se do animal cuja forma lembra uma flor, como, nos celenterados, as anémonas ou flores-do-mar ∎ *n.m.* ZOOLOGIA espécime dos antozoários ∎ *n.m.pl.* subclasse de celenterados cifozoários que conservam a forma de pólipo durante toda a vida, também denominados actinozoários (Do gr. *ánthos*, «flor» +*zóon*, «animal» +*-ário*)

antracénico *adj.* relativo ao antraceno (De *antraceno*+*-ico*)

antraceno /ê/ *n.m.* QUÍMICA hidrocarboneto aromático, de fórmula $C_{14}H_{10}$, que se obtém pela destilação do alcatrão da hulha (Do gr. *ánthrax, -akos*, «carvão» +*-eno*)

antrácia *n.f.* MEDICINA tumor subcutâneo análogo ao antraz (Do gr. *ánthrax, -akos*, «carvão», pelo lat. *anthrăce-*, «antraz»)

antrácico *adj.* relativo ao antraz (De *antraz*+*-ico*)

antracífero *adj.* que tem antracite; antracitoso (Do gr. *ánthrax, -akos*, «carvão» +lat. *fero*, de *ferre*, «ter»)

antraciforme *adj.* que tem aspeto de antraz (Do gr. *ánthrax, -akos*, «carvão»+lat. *forma-*, «forma»)

antracite *n.f.* ⇒ **antracito**

antracito *n.m.* PETROLOGIA carvão fóssil, negro e aparentemente compacto, pobre em matérias voláteis, com o mais elevado teor de carbono (Do gr. *ánthrax, -akos*, «carvão» +*-ito*)

antracitoso *adj.* ⇒ **antracífero** (De *antracito*+*-oso*)

antracnose *n.f.* BOTÂNICA doença causada por fungos em algumas plantas, especialmente nas videiras (Do gr. *ánthrax, -akos*, «carvão» +*nósos*, «moléstia»)

antracoide *adj.2g.* I da cor do carvão 2 semelhante ao antraz (Do gr. *anthrakoeidés*, «semelhante ao carvão»)

antracóide ver nova grafia **antracoide**

Antracolítico *n.m.* GEOLOGIA nome com que alguns autores designam o último período do Paleozoico, incluindo nele os períodos Carbónico e Pérmico; Permocarbónico (Do gr. *ánthrax, -akos*, «carvão» +*líthos*, «pedra» +*-ico*)

antracomancia *n.f.* suposta adivinhação pelo exame do carvão incandescente (Do gr. *ánthrax, -akos*, «carvão» +*manteía*, «adivinhação»)

antracomante *n.2g.* pessoa que pratica a antracomancia (Do gr. *ánthrax, -akos*, «carvão» +*mántis*, «adivinho»)

antracose *n.f.* MEDICINA doença do aparelho respiratório, caracterizada pela presença de partículas de carvão incrustadas nas paredes dos alvéolos pulmonares (Do gr. *anthrákosis*, «id.»)

antraz *n.m.* I MEDICINA infeção da pele causada por bactérias que produzem pus 2 MEDICINA infeção provocada por diferentes bactérias biogénicas patológicas, que geralmente aparece no gado bovino e nos animais herbívoros, e que pode ser transmitida ao homem por inoculação ou por inalação 3 ZOOLOGIA mosca parasita que destrói os ovos de certos himenópteros e ortópteros (Do gr. *ánthrax, -akos*, «carvão», pelo lat. *anthrăce-*, «antraz»)

antreno /ê/ *n.m.* ZOOLOGIA pequeno inseto coleóptero, da família dos Dermestídeos, cuja larva causa prejuízos irreparáveis, especialmente nos museus de zoologia (Do gr. *anthréne*, «abelha brava»)

antro *n.m.* I caverna profunda e escura; gruta; cova 2 habitação pobre e escura; espelunca 3 prisão subterrânea; masmorra 4 [fig.] lugar onde predomina a corrupção e a imoralidade 5 ANATOMIA cavidade natural no interior de um osso (Do gr. *ántron*, «caverna», pelo lat. *antru-*, «id.»)

antróforo *n.m.* MEDICINA espécie de algália (Do gr. *ántron*, «caverna» +*phorós*, «propício; favorável»)

antropagogia *n.f.* sistema pedagógico que preconiza a ação educativa para além da escola e da família (Do gr. *ánthropos*, «homem» +*agogé*, «educação»)

antropiatria *n.f.* antiga designação da medicina aplicada ao homem (Do gr. *ánthropos*, «homem» +*iatreía*, «medicina»)

antropo- elemento de formação de palavras que exprime a ideia de *homem, ser humano* (Do gr. *ánthropos*, «id.»)

antropobiologia *n.f.* parte da antropologia que estuda o homem do ponto de vista funcional (De *antropo-*+*biologia*)

antropocêntrico *adj.* relativo ao antropocentrismo (De *antropo-*+*centro*+*-ico*)

antropocentrismo *n.m.* atitude ou doutrina filosófica que faz do homem o centro do Mundo, alegando que este foi feito para ele, e que o bem da humanidade é a causa final do resto das coisas (De *antropo-*+*centrismo*)

antropofagia *n.f.* qualidade ou condição da pessoa que se alimenta de carne humana; canibalismo (Do gr. *anthropophagía*, «id.»)

antropofágico *adj.* relativo a ou próprio de quem se alimenta de carne humana

antropófago *adj.,n.m.* que ou pessoa que se alimenta de carne humana; canibal (Do gr. *ánthropos*, «homem» +*phageîn*, «comer», pelo lat. *antropophăgu-*, «antropófago»)

antropofilia *n.f.* dedicação ou simpatia pelos seres humanos (Do gr. *ánthropos*, «homem» +*philía*, «amizade»)

antropófilo *adj.* dedicado aos seres humanos ∎ *n.m.* amigo do homem (Do gr. *ánthropos*, «homem» +*phílos*, «amigo»)

antropofobia *n.f.* aversão à sociedade, ao ser humano; misantropia (Do gr. *ánthropos*, «homem» +*phobeîn*, «ter horror a»)

antropófobo *adj.,n.m.* que ou aquele que odeia ou evita o ser humano (Do gr. *ánthropos*, «homem» +*phobeîn*, «ter horror a»)

antropogénese *n.f.* I estudo das transformações evolutivas dos animais, utilizadas na explicação da origem do homem 2 conjunto de fenómenos que dizem respeito à geração ou reprodução do homem (Do gr. *ánthropos*, «homem» +*génesis*, «origem», pelo fr. *anthropogenèse*, «id.»)

antropogenesia *n.f.* ⇒ **antropogénese** (De *antropogénese*+*-ia*)

antropogenético *adj.* relativo à antropogénese (Do fr. *antropogénétique*, «id.»)

antropogenia *n.f.* ⇒ **antropogénese** (Do gr. *ánthropos*, «homem» +*génos*, «geração» +*-ia*, pelo fr. *anthropogénie*, «id.»)

antropogeografia *n.f.* capítulo da geografia, fundado pelo geógrafo alemão Friedrich Ratzel (1844-1904), que estuda as causas da distribuição geográfica das comunidades humanas (ráticas, linguísticas, religiosas, políticas, etc.), considerando o homem como um ser poderosamente subordinado ao meio geográfico (De *antropo-*+*geografia*)

antropoglosso *adj.* que imita a voz humana (Do gr. *anthropóglossos*, «id.»)

antropognosia *n.f.* estudo do homem no seu aspeto físico e anatómico (Do gr. *ánthropos*, «homem» +*gnósis*, «conhecimento» +*-ia*)

antropografia *n.f.* descrição do corpo humano (Do gr. *ánthropos*, «homem» +*gráphein*, «descrever» +*-ia*)

antropoide *adj.2g.* ⇒ **antropomorfo** (Do gr. *ánthropos*, «homem» +*eîdos*, «forma»)

antropóide ver nova grafia **antropoide**

antrópolatra *adj.,n.2g.* que ou a pessoa que pratica a antropolatria (Do gr. *ánthropos*, «homem» +*latreúein*, «adorar», pelo lat. *anthropolătra-*, «id.»)

antropolatria *n.f.* adoração de um ser humano considerado como deus (Do gr. *anthropolatreía*, «id.»)

antropólito *n.m.* corpo humano, ou parte dele, fossilizado (Do gr. *ánthropos*, «homem» +*líthos*, «pedra»)

antropologia *n.f.* I estudo do homem dos pontos de vista anatómico, fisiológico, biológico e genético 2 estudo das raças e populações humanas do ponto de vista físico; ~ *cultural* estudo do homem nos seus diversos aspetos, fazendo uso de dados e conceitos próprios de outras ciências, como a etnologia, a história, a sociologia, a psicologia, etc. (Do gr. *ánthropos*, «homem» +*lógos*, «tratado» +*-ia*)

antropológico *adj.* que diz respeito à antropologia (De *antropologia*+*-ico*)

antropologista *n.2g.* ⇒ **antropólogo** (De *antropologia*+*-ista*)

antropólogo *n.m.* pessoa especialista em antropologia (Do gr. *ánthropos*, «homem» +*lógos*, «estudo»)

antropomancia *n.f.* suposta adivinhação pela observação das entranhas de vítimas humanas (Do gr. *ánthropos*, «homem» +*manteía*, «adivinhação»)

antropometria *n.f.* parte da antropologia que se ocupa da determinação de medidas nas diversas partes do corpo humano (Do gr. *ánthropos*, «homem» +*métron*, «medida» +-*ia*)

antropométrico *adj.* relativo à antropometria (De *antropometria*+-*ico*)

antropomorfia *n.f.* semelhança, do ponto de vista morfológico, com o homem; antropomorfismo (De *antropomorfo*+-*ia*)

antropomórfico *adj.* 1 com forma humana ou que se assemelha à de um ser humano 2 concebido com forma ou características humanas 3 que diz respeito à antropomorfia; antropomorfo (De *antropomorfo*+-*ico*)

antropomorfismo *n.m.* 1 doutrina que atribui à divindade a forma humana 2 estado de espírito no qual o homem representa todos os seres à semelhança de si mesmo 3 tendência para considerar qualidades humanas nas coisas da natureza 4 ⇒ **antropomorfia** (Do gr. *ánthropos*, «homem» +*morphé*, «forma» +-*ismo*)

antropomorfizar *v.tr.* dar forma humana a (De *antropomorfo*+-*izar*)

antropomorfo *adj.* com forma humana ou que se assemelha à de um ser humano; antropomórfico ■ *n.m.* ZOOLOGIA espécime dos antropomorfos ■ *n.m.pl.* ZOOLOGIA grupo de símios que mais se assemelham ao homem, como o chimpanzé, o gorila, o orangotango e o gibão (Do gr. *anthropómorphos*, «id.»)

antropomorfose *n.f.* 1 transformação em homem 2 aquisição de figura humana (Do gr. *anthropomorphosis*, «id.»)

antroponímia *n.f.* parte da onomatologia que trata dos antropónimos (De *ánthropos*, «homem» +-*ónyma*, por *ónoma*, «nome» +-*ia*)

antroponímico *adj.* referente a nome de pessoa (De *antropónimo*+-*ico*)

antropónimo *n.m.* nome próprio de pessoas ou de ser personificado (Do gr. *ánthropos*, «homem» +*ónyma*, por *ónoma*, «nome»)

antropopatia *n.f.* atribuição de qualidades humanas aos deuses, aos seres vivos e aos objetos (Do gr. *anthropopátheia*, «condição da natureza humana»)

antropopiteco *n.m.* designação de um primata hipotético que representaria a transição entre os símios e o homem (Do gr. *ánthropos*, «homem» +*píthekos*, «macaco»)

antroposcopia *n.f.* estudo da estrutura psíquica de um homem pela análise do seu rosto (Do gr. *ánthropos*, «homem» +*skopeīn*, «observar» +-*ia*)

antroposofia *n.f.* estudo do homem, do ponto de vista moral (Do gr. *ánthropos*, «homem» +*sophía*, «sabedoria»)

antropotaxia /cs/ *n.f.* classificação das raças humanas (Do gr. *ánthropos*, «homem» +*táxis*, «disposição»)

antropotecnia *n.f.* arte que procura corrigir as faculdades do homem no sentido de as adaptar às exigências da vida (Do gr. *ánthropos*, «homem» +*tékhne*, «arte»)

antropoteísmo *n.m.* 1 deificação da humanidade 2 representação de Deus sob a figura humana (Do gr. *ánthropos*, «homem» +*theós*, «deus» +-*ismo*)

antropoteísta *n.2g.* pessoa que diviniza a humanidade (Do gr. *ánthropos*, «homem» +*theós*, «deus» +-*ista*)

antropoterapia *n.f.* terapêutica das enfermidades físicas ou morais do homem (Do gr. *ánthropos*, «homem» +*therapeía*, «tratamento»)

antropoterápico *adj.* relativo à antropoterapia (De *antropoterapia*+-*ico*)

antropotomia *n.f.* dissecação do corpo humano; anatomia humana (Do gr. *ánthropos*, «homem» +*tomé*, «corte» +-*ia*)

Antropozoico *n.m.* GEOLOGIA período geológico correspondente ao aparecimento do homem; Quaternário; Pleistocénico ■ *adj.* [com minúscula] relativo ao Antropozoico (Do grego *ánthropos*, «homem» +*zoé*, «vida» +-*ico*)

Antropozóico ver nova grafia Antropozoico

antúrio *n.m.* BOTÂNICA planta da família das Aráceas, cultivada com fins ornamentais (Do gr. *ánthos*, «flor» +*ourá*, «cauda», pelo lat. *anthurĭu*-, «antúrio»)

anual *adj.2g.* 1 que dura um ano 2 que acontece uma vez por ano 3 que se paga todos os anos (Do lat. *annuāle*-, «de um ano»)

anualidade *n.f.* 1 qualidade do que é anual 2 quantia paga em cada ano; anuidade (De *anual*+-*i*-+-*dade*)

anualizar *v.tr.* [Brasil] estabelecer um índice anual

anualmente *adv.* em cada ano (De *anual*+-*mente*)

anuário *n.m.* 1 registo do que se faz durante um ano 2 publicação anual 3 catálogo do estado e do movimento dos indivíduos de determinadas profissões (Do lat. tard. *annuarĭu*-, «id.», pelo fr. *annuaire*, «anuário»)

anúduva *n.f.* ⇒ **adua**² 1 (Do ár. *an-nudba*, «chamamento»)

anuência *n.f.* ato de anuir; consentimento; aquiescência (Do lat. *annuentĭa*, part. pres. neut. pl. de *annuĕre*, «consentir»)

anuente *adj.,n.2g.* que ou pessoa que anui (Do lat. *annuente*-, «id.»)

anuidade *n.f.* 1 quantia que se paga anualmente a uma instituição 2 importância que um devedor deve reembolsar anualmente a um credor para amortizar uma dívida ou os juros de um empréstimo (Do b. lat. *anuitāte*-, «id.»)

anuir *v.tr.,intr.* dar anuência; consentir; aprovar (Do lat. *annuĕre*, «id.»)

anuitário *adj.* que se amortiza por anuidades (Do fr. *annuitaire*, «id.»)

anulabilidade *n.f.* 1 qualidade do que é anulável 2 forma de invalidade dos negócios jurídicos (De *anulável*+-*i*-+-*dade*)

anulação *n.f.* 1 ato ou efeito de anular 2 supressão; eliminação (Do lat. *annulatiōne*-, «id.»)

anulador *adj.,n.m.* que ou o que anula (De *anular*+-*dor*)

anulante *adj.2g.* que anula (Do lat. *annulante*-, «id.»)

anular¹ *v.tr.* 1 declarar ou tornar nulo; invalidar 2 inutilizar 3 destruir o efeito de 4 fazer parecer insignificante ■ *v.pron.* 1 suprimir-se 2 produzir um resultado nulo por oposição mútua; neutralizar-se 3 [fig.] esconder as suas capacidades; deixar-se subjugar (Do lat. *annullāre*, «id.»)

anular² *adj.2g.* em forma de anel; *dedo* ~ dedo em que se usa o anel (Do lat. *annulāre*-, «id.»)

anulativo *adj.* ⇒ **anulante** (De *anular*+-*tivo*)

anulatório *adj.* que anula (De *anular*+-*tório*)

anulável *adj.2g.* que se pode anular (De *anular*+-*vel*)

anulicorne *adj.2g.* ZOOLOGIA que tem cornos ou antenas anelados (Do lat. *annŭlu*-, «anel» +*cornu*-, «corno»)

anulífero *adj.* que tem anéis (Do lat. *annŭlu*-, «anel» +*fero*, de *ferre*, «trazer»)

ânulo *n.m.* ARQUITETURA filete por debaixo do bocal da cornija do capitel dórico (Do lat. *annŭlu*-, «anel»)

anunciação *n.f.* 1 ato ou efeito de anunciar 2 publicação por anúncio 3 [com maiúscula] RELIGIÃO mensagem do arcanjo Gabriel à Virgem 4 [com maiúscula] RELIGIÃO dia em que se comemora esse acontecimento (Do lat. *annuntiatiōne*-, «anúncio; notícia»)

anunciada *n.f.* ⇒ **anunciação** (Part. pass. fem. subst. de *anunciar*)

anunciador *adj.,n.m.* que ou o que anuncia (Do lat. *annuntiatōre*-, «id.»)

anunciante *adj.,n.2g.* 1 anunciador 2 que ou pessoa que manda anúncios para os jornais (Do lat. *annuntiante*-, «id.»)

anunciar *v.tr.* 1 comunicar em anúncio 2 pôr em anúncio 3 prevenir da chegada ou da presença de 4 publicar; noticiar 5 predizer (Do lat. *annuntiāre*, «id.»)

anunciativo *adj.* 1 que anuncia 2 sintomático (De *anunciar*+-*tivo*)

anúncio *n.m.* 1 aviso por meio do qual se dá conhecimento de certo facto 2 mensagem escrita, oral ou visual que publicita alguma coisa 3 notícia 4 o que deixa prever ou antecipa um acontecimento; sintoma; indício; ~ *luminoso* anúncio feito com palavras ou figuras iluminadas (Deriv. regr. de *anunciar*)

ânuo *adj.* ⇒ **anual** (Do lat. *annŭu*-, «id.»)

anúria *n.f.* supressão da formação da urina (De *an*-+-*úria*)

anuro *n.m.* ZOOLOGIA batráquio desprovido de cauda quando adulto, como o sapo, a rã e a rela (De *an*-+-*uro*)

ânus *n.m.2n.* ANATOMIA orifício que termina o tubo digestivo e pelo qual se expelem excrementos e gases (Do lat. *anus*, «id.»)

anuviador *adj.,n.m.* que ou o que anuvia (De *anuviar*+-*dor*)

anuviar *v.tr.* 1 cobrir de nuvens 2 toldar; carregar; escurecer 3 [fig.] entristecer ■ *v.pron.* cobrir-se de nuvens; nublar-se (Do lat. *annubilāre*, «id.»)

anverso *n.m.* face principal de uma medalha ou moeda (Do lat. *anteversu*-, «voltado para diante»)

anzol *n.m.* 1 gancho metálico, farpado, a que se prende uma isca para pescar 2 [fig.] meio utilizado para a obtenção de algo; engodo; artimanha (Do lat. **hamicĕŏlu*-, dim. de *hamu*-, «gancho; anzol»)

anzolado *adj.* em forma de anzol (De *anzol*+-*ado*)

anzoleiro *n.m.* o que faz ou vende anzóis (De *anzol*+-*eiro*)

anzolos *n.m.pl.* bracelete de missangas dos indígenas africanos

ao contração da preposição *a* + *o artigo definido* o ■ contração da preposição *a*¹ + *o pronome demonstrativo* o

-ão[1] sufixo nominal que tem sentido aumentativo (*caldeirão*), exprime a ideia de *origem* (*beirão*), *idade* (*trintão*) ou *ação brusca* (*puxão*, *empurrão*), e apresenta, por vezes, sentido diminutivo (*calção*)

-ão[2] (física atómica) sufixo nominal que designa *núcleo atómico* (*tritião*, *magnetão*)

aonde adv.interr. **1** a que lugar, para que lugar (*aonde vais?*) **2** em que lugar; onde (*aonde ficaste?*) ■ pron.rel. >adv.rel.[DT] **1** ao qual (*o cinema aonde fui é grande*) **2** no qual; em que; onde (*o café aonde te vi é perto*) (De *a-+onde*)

aónio adj. **1** da Aónia, região da Grécia antiga **2** [fig.] relativo às musas (Do gr. *Aónios*, «da Aónia», pelo lat. *aonĭu-*, «id.»)

aorístico adj. que diz respeito ao aoristo (Do gr. *aoristikós*, «id.»)

aoristo n.m. um dos tempos indeterminados da conjugação grega que indica ação pura e simples, sem ideia de duração (Do gr. *aóristos*, «não limitado; indefinido», pelo lat. *aoristu-*, «id.»)

aorta n.f. **1** ANATOMIA grande artéria que, nos vertebrados superiores, sai do ventrículo esquerdo, conduzindo, pelas suas numerosas ramificações, sangue arterial às diversas partes do corpo **2** designação extensiva a importantes vasos sanguíneos em diversos grupos de animais (Do gr. *aorté*, «aorta»)

aortalgia n.f. dor na região da aorta (Do gr. *aorté*, «aorta» +*álgos*, «dor» +*-ia*)

aortectasia n.f. dilatação da aorta (Do gr. *aorté*, «aorta» +*éktasis*, «alargamento»)

aorteurisma n.m. aneurisma da aorta (Do gr. *aorté*, «aorta» +*aneúrisma*, «dilatação»)

aórtico adj. relativo à aorta (De *aorta*+*-ico*)

aortite n.f. inflamação da aorta (De *aorta*+*-ite*)

aortoclasia n.f. rotura da aorta (Do gr. *aorté*, «aorta» +*klásis*, «rutura» +*-ia*)

aortoclastia n.f. ⇒ **aortoclasia**

aortografia n.f. angiografia relativa à aorta (Do gr. *aorté*, «aorta» +*gráphein*, «escrever» +*-ia*)

aortostenia n.m. aperto na aorta (Do gr. *aorté*, «aorta» +*sténos*, «estreito»)

apa n.f. **1** bolo chato, feito de farinha não fermentada (de arroz, trigo ou milho) e azeite de coco, originário da Ásia **2** pão típico, de farinha de trigo, óleo, sal, água e manteiga, da culinária indo-portuguesa, acompanhamento de pratos ou por um molho **3** [Moçambique] pão (Do dravíd. *appam*, «id.»)

apache adj. relativo aos Apaches ■ n.2g. **1** indivíduo da tribo dos Apaches **2** nome dado aos membros de um grupo de criminosos parisienses que nos finais do século XIX se notabilizaram pelos seus crimes e violências (Do fr. *apache*, «id.»)

Apaches n.m.pl. povo indígena, nómada, que vive no Sudoeste dos Estados Unidos da América

apachorrar-se v.pron. tornar-se pachorrento (De *a-+pachorra+-ar*)

apadrinhador adj.,n.m. que ou o que apadrinha (De *apadrinhar+-dor*)

apadrinhamento n.m. **1** ato ou efeito de apadrinhar **2** patrocínio; favorecimento (De *apadrinhar+-mento*)

apadrinhar v.tr. **1** ser padrinho de **2** [fig.] patrocinar **3** [fig.] defender (De *a-+padrinho+-ar*)

apadroar v.tr. ser padroeiro de (De *a-+padrão* [= patrono] +*-ar*)

apaga n.f. NÁUTICA cabo que serve para carregar as testas dos papa-figos (Deriv. regr. de *apagar*)

apagadiço adj. **1** que se apaga com facilidade **2** quase apagado **3** [fig.] sem brilho; murcho (De *apagado+-iço*)

apagado adj. **1** extinto **2** sumido **3** gasto **4** [fig.] que não se destaca; ignorado **5** [fig.] sem importância (Part. pass. de *apagar*)

apagador adj. que serve para apagar ■ n.m. **1** o que apaga **2** utensílio usado para apagar traços de giz ou de marcador do quadro (De *apagar+-dor*)

apagamento n.m. ato ou efeito de apagar (De *apagar+-mento*)

apagão n.m. [coloq.] interrupção provisória do fornecimento de eletricidade a uma dada região (Do esp. *apagón*, «id.»)

apaga-penóis n.m.pl. NÁUTICA cabos com que se colhem as velas das gáveas (De *apagar+penol*)

apagar v.tr. **1** extinguir o fogo ou a luz de **2** desligar um aparelho **3** [fig.] diminuir o brilho de **4** fazer desaparecer **5** suprimir; eliminar **6** destruir **7** INFORMÁTICA eliminar (dados informáticos), por meio de um comando específico ■ v.pron. **1** extinguir-se **2** acabar (Do lat. *ad+pacāre*, «pacificar»)

ápage interj. usada para expulsar alguém ou para exprimir reprovação ou rejeição (Do gr. *ápage*, «afasta!», pelo lat. *apăge*, «fora daqui!»)

apagogia n.f. FILOSOFIA demonstração de uma proposição pelo absurdo da proposição inversa (Do gr. *apagogé*, «ação de levar duma para outra parte» +*-ia*)

apaijar v.tr. [pop.] ⇒ **apajear** (De *apajear*)

apainelado adj.,n.m. que ou teto que é feito com almofadas de madeira (Part. pass. de *apainelar*)

apainelamento n.m. **1** ato ou efeito de apainelar **2** disposição de painéis (De *apainelar+-mento*)

apainelar v.tr. **1** dar forma de painel a **2** dispor em painel ou painéis **3** ornar (tetos ou paredes) com molduras ou relevos (De *a-+painel+-ar*)

apaiolar v.tr. **1** guardar em paiol **2** armazenar (De *a-+paiol+-ar*)

apaisanar v.tr. dar modos de paisano ■ v.pron. adotar traje ou costumes de paisano (De *a-+paisano+-ar*)

apaisar v.tr. pintar paisagens em (De *a-+país+-ar*)

apaixonadiço adj. que se apaixona com facilidade (De *apaixonar-+diço*)

apaixonado adj. **1** que sente paixão por; enamorado **2** entusiasta; fanático **3** (discurso) arrebatado; inflamado (Part. pass. de *apaixonar*)

apaixonante adj.2g. **1** que apaixona **2** que entusiasma; empolgante (De *apaixonar+-ante*)

apaixonar v.tr. **1** inspirar paixão a **2** despertar amor em **3** entusiasmar; arrebatar **4** exaltar ■ v.pron. **1** sentir paixão ou amor forte (por); ter paixão **2** entusiasmar-se (De *a-+paixão+-ar*)

apajar[1] v.tr. [regionalismo] lançar com a pá ao vento (os cereais) para os limpar (De *a-+pá+j+-ar*)

apajar[2] v.tr. bater e alisar (montes de sal) com o pajão (De *a-+pajão+-ar*)

apajar[3] v.tr. ⇒ **apajear** (De *a-+pajem+-ar*)

apajear v.tr. **1** servir de pajem a **2** [fig.] tratar com carinho **3** [fig.] adular; lisonjear (De *a-+pajem+-ar*)

apalaçar v.tr. **1** dar forma de palácio a **2** construir à maneira de palácio (De *a-+palácio+-ar*)

apalacianar v.tr. tornar palaciano ■ v.pron. adquirir maneiras palacianas (De *a-+palaciano+-ar*)

apaladado adj. que tem um paladar definido

apaladar v.tr. **1** dar sabor a **2** temperar; condimentar (De *a-+paladar*)

apalancar[1] v.tr. fechar com palancas (De *a-+palanca+-ar*)

apalancar[2] v.tr. **1** guarnecer com palanques **2** dar a forma de palanque (estrado) a **3** cavar para destruir as ervas daninhas **4** fazer oscilar (De *a-+palanque+-ar*)

apalavrar v.tr. **1** ajustar de palavra **2** combinar (negócio, acordo) sob palavra ■ v.pron. comprometer-se por palavras (De *a-+palavra+-ar*)

apaleação n.f. ato de apalear; espancamento (De *apalear+-ção*)

apaleamento n.m. ⇒ **apaleação** (De *apalear+-mento*)

apalear[1] v.tr. bater com pau em; espancar (De *a-+lat. pallu-*, «pau» +*-ear*)

apalear[2] v.tr. aventar com a pá (De *a-+lat. pala-*, «pá» +*-ear*)

apalermar v.tr. tornar palerma; aparvalhar ■ v.pron. tornar-se ou fazer-se palerma (De *a-+palerma+-ar*)

apalestrar-se v.pron. exercitar-se na palestra (De *a-+palestra+-ar*)

apalhaçado adj. **1** com modos de palhaço **2** [pej.] ridículo

apalhaçar v.tr.,pron. tornar(-se) palhaço (De *a-+palhaço+-ar*)

apalmado adj. **1** HERÁLDICA diz do escudo que tem uma mão mostrando a palma **2** com feitio de palma

apalmar v.tr. **1** dar forma de palma a **2** tornar plano; espalmar (De *a-+palma+-ar*)

apalpação n.f. ato de apalpar; apalpamento (De *apalpar+-ção*)

apalpadeira n.f. mulher que, em certos estabelecimentos alfandegários, verifica se as pessoas do seu sexo são portadoras de objetos proibidos ou sujeitos a direitos (De *apalpar+-deira*)

apalpadela n.f. **1** ato de apalpar **2** [coloq.] ⇒ **apalpão**; *andar às apalpadelas* **1** guiar-se pelo tato; **2** [fig.] andar com hesitações (De *apalpar+-dela*)

apalpamento n.m. ⇒ **apalpação** (De *apalpar+-mento*)

apalpanço n.m. **1** [coloq.] ⇒ **apalpão 2 2** [coloq.] troca de carícias íntimas; marmelada (De *apalpar+-anço*)

apalpão n.m. **1** apalpadela forte **2** [coloq.] ação de tocar ou apalpar alguém com intenção libidinosa, geralmente de forma dissimulada (De *apalpar+-ão*)

apalpar v.tr. **1** tocar ou examinar com a mão; tatear **2** tocar com intenção libidinosa **3** [fig.] sondar; experimentar; pesquisar **4** [fig.] afligir; maltratar; *~ o terreno* proceder com cautela, indagar antes de tomar uma decisão (Do lat. *palpāre*, «tatear; afagar»)

apalpo n.m. ⇒ **apalpadela** (Deriv. regr. de *apalpar*)

apanágio *n.m.* 1 característica; atributo 2 [fig.] privilégio 3 condição 4 [ant.] pensão que se dava a filhos segundos e viúvas nobres; ~ *do cônjuge sobrevivo* DIREITO direito de o cônjuge viúvo ser alimentado pelos rendimentos dos bens deixados pelo falecido (Do fr. *apanage*, «pensão anual; privilégio»)

apanagista *n.2g.* pessoa que tem apanágio (De *apanágio*+-*ista*)

apancadado *adj.* ⇒ **apancado** (De *a*-+*pancada*+-*ado*)

apancado *adj.* 1 que tem panca ou mania; idiota 2 apagado com o ugalho (De *a*-+*panca*+-*ado*)

apancamento *n.m.* ato ou efeito de apancar (De *apancar*+-*mento*)

apancar *v.tr.* apagar com o ugalho as pegadas do marnoto, no meio das salinas ainda moles (De *a*-+*panca*+-*ar*)

apandar *v.tr.* 1 tornar pando 2 enfunar (De *a*-+*pando*+-*ar*)

apandilhar-se *v.pron.* 1 reunir-se para enganar alguém 2 tornar-se vadio; abandalhar-se (De *a*-+*pandilha*+-*ar*)

apandria *n.f.* aversão ao sexo masculino (Do gr. *apó*, «longe» +*anér, andrós*, «homem»)

apanha *n.f.* 1 ato de apanhar 2 colheita; apanhamento (Deriv. regr. de *apanhar*)

apanha-bolas *n.2g.2n.* DESPORTO pessoa que tem por função apanhar as bolas saídas do terreno de jogo e entregá-las aos jogadores, por forma a diminuir os tempos de espera nos encontros desportivos (De *apanhar*+*bolas*, com apóc.)

apanhada *n.f.* ⇒ **caçadinhas** (Part. pass. fem. subst. de *apanhar*)

apanhadiço *adj.* 1 que se apanha facilmente 2 que está em condições de se apanhar ou colher (De *apanhar*+-*diço*)

apanhado *adj.* 1 que se apanhou 2 (produto agrícola) colhido 3 (objeto) recolhido do chão; levantado 4 capturado com rede, armadilha, etc. 5 que se tomou como prisioneiro; preso 6 (doença) que se contraiu 7 facilmente compreendido; entendido 8 adquirido por convivência; imitado 9 encontrado em flagrante; surpreendido 10 [coloq.] que atua de forma insensata; doido 11 [coloq.] dominado pela paixão; apaixonado 12 roubado; furtado ▪ *n.m.* 1 conjunto de elementos recolhidos de um ou mais livros com o fim de se obter um resultado geral ou esclarecedor; resumo; sinopse 2 parte do vestido formado em tufo por costura ou colchete; prega (Part. pass. de *apanhar*)

apanhador *n.m.* 1 o que apanha 2 pá que serve para apanhar o lixo 3 colhedor (De *apanhar*+-*dor*)

apanhadura *n.f.* ato de apanhar; apanha (De *apanhar*+-*dura*)

apanhamento *n.m.* 1 apanhado; resumo 2 colheita; apanha (De *apanhar*+-*mento*)

apanha-moscas *n.f.2n.* BOTÂNICA designação de algumas plantas que se alimentam de insetos que capturam ▪ *n.m.2n.* objeto ou substância própria para apanhar moscas (De *apanhar*+*mosca*)

apanhar *v.tr.* 1 levantar do chão 2 colher do chão ou de uma árvore 3 agarrar; surpreender 4 arregaçar (roupa) 5 pescar ou caçar 6 contrair (doença) 7 roubar 8 reproduzir; imitar 9 conseguir; obter 10 entender com rapidez; perceber bem ▪ *v.intr.* ser agredido fisicamente; levar pancada ▪ *v.pron.* 1 achar-se 2 definhar; ~ *alguém com a boca na botija* encontrar alguém em flagrante delito; ~ *moscas* empregar mal o tempo; ~ *no ar* compreender muito facilmente, ouvir dizer; ~ *o pião à unha* haver-se bem; ~ *para tabaco* [pop.] levar pancada ou descompostura (Do cast. *apañar*, «apanhar»)

apanhia *n.f.* 1 colheita da sardinha ao sair da rede que rebentou 2 extorsão (De *apanhar*+-*ia*)

apanho *n.m.* ⇒ **apanha** (Deriv. regr. de *apanhar*)

apanicar *v.tr.* [regionalismo] tratar com desvelo exagerado; amimar (De *a*-+*pano*+-*icar*)

apaniguado *adj.,n.m.* 1 mantido por outrem 2 protegido; favorito 3 partidário (Part. pass. de *apaniguar*)

apaniguar *v.tr.* 1 sustentar a pão e água; manter 2 proteger; favorecer (Do b. lat. *panificāre*, «sustentar», de *panis*, «pão»)

apantomancia *n.f.* adivinhação pelo que se mostra de repente (Do gr. *ápantos*, «que se mostra» +*manteía*, «adivinhação»)

apantropia *n.f.* ⇒ **misantropia** (Do gr. *apanthrōpía*, «id.»)

apantufar *v.tr.* dar forma de pantufa a ▪ *v.pron.* calçar pantufas (De *a*-+*pantufa*+-*ar*)

apaparicamento *n.m.* 1 ato ou efeito de apaparicar 2 [fig.] mimo (De *apaparicar*+-*mento*)

apaparicar *v.tr.* 1 dar guloseimas ou paparicos 2 [fig.] amimar; acarinhar (De *a*-+*paparicos*)

apaparicos *n.m.pl.* 1 gulodices; carinhos 2 carinhos; mimos (De *a*-+*paparicos*)

apapoilado *adj.* da cor da papoila (De *a*-+*papoila*+-*ado*)

apar *n.m.* [Brasil] (mamífero) ⇒ **armadilho** 1 (Do tupi [tatu] *apara* ou *iapar*, «id.»)

apara *n.f.* 1 pequena parcela que se solta de algo que se corta ou raspa; limalha 2 *pl.* maravalhas (Deriv. regr. de *aparar*)

aparabolar *v.tr.* ensinar por meio de parábolas (De *a*-+*parábola*+-*ar*)

aparadeira *n.f.* 1 espécie de vaso de fundo chato, que serve para os doentes acamados fazerem as suas necessidades fisiológicas quando não podem sair da cama; arrastadeira; comadre 2 [pop.] parteira (De *aparar*+-*deira*)

aparador *n.m.* 1 móvel de sala de jantar, com prateleiras e portas, geralmente comprido, estreito, sobre o qual se colocam as travessas com os alimentos, garrafas e outros utensílios que possam vir a ser necessários durante a refeição 2 aquele que apara ▪ *adj.* que apara ou segura (De *aparar*+-*dor*)

aparafusadora *n.f.* aparelho elétrico ou manual utilizado para fixar parafusos (De *aparafusar*+-*dora*)

aparafusamento *n.m.* ato ou efeito de aparafusar (De *aparafusar*+-*mento*)

aparafusar *v.tr.* 1 apertar com parafuso; parafusar 2 tornar fixo; imobilizar ▪ *v.intr.* pensar longamente; magicar; matutar (De *a*-+*parafuso*+-*ar*)

aparagem *n.f.* ato de aparar (De *aparar*+-*agem*)

apara-lápis *n.m.2n.* instrumento para aguçar lápis; afiador (De *aparar*+*lápis*)

aparaltar *v.tr.* ⇒ **aperaltar**

aparamentar *v.tr.,pron.* ⇒ **paramentar**

aparamentoso *adj.* ⇒ **paramentoso**

aparar *v.tr.* 1 agarrar (algo que caiu ou foi atirado); segurar; deter 2 dar a forma que convém, cortando os excessos; desbastar 3 cortar ligeiramente (o cabelo) 4 aguçar (lápis) 5 TIPOGRAFIA cortar de modo regular as folhas de um livro, usando a guilhotina; dar o refilo; refilar 6 [fig.] receber 7 [fig.] suportar; tolerar 8 [fig.] aperfeiçoar; polir; ~ *o jogo a alguém* aturar as caturrices ou bizarrias de alguém (De *a*-+*parar*)

aparato *n.m.* 1 pompa; magnificência 2 adorno 3 *pl.* aparelhos; aprestos; ~ *crítico* conjunto das variantes e das notas registadas por um editor na edição crítica de um texto (Do lat. *apparātu*-, «preparativo»)

aparatoso *adj.* 1 pomposo; magnífico 2 de bela aparência, mas com pouco fundo 3 com aparato 4 que chama a atenção; espetacular (De *aparato*+-*oso*)

aparcamento *n.m.* 1 ato ou efeito de aparcar 2 recolha (de viatura) em parque de estacionamento (De *aparcar*+-*mento*)

aparcar *v.tr.* guardar (viatura) em parque de estacionamento (De *a*-+*parque*+-*ar*)

aparceirar *v.tr.* 1 tomar ou dar para parceiro 2 associar-se ▪ *v.pron.* entrar em sociedade ou parceria (De *a*-+*parceiro*+-*ar*)

aparcelamento *n.m.* 1 ato de aparcelar 2 fragmentação 3 disposição em parcelas 4 fundo do mar coberto de parcéis (De *aparcelar*+-*mento*)

aparcelar¹ *v.tr.* dispor em parcelas (De *a*-+*parcela*+-*ar*)

aparcelar² *v.tr.* cobrir de parcéis (De *a*-+*parcel*+-*ar*)

apardaçar *v.tr.,pron.* tornar(-se) pardacento (De *a*+*pardo*+-*açar*)

aparecer *v.tr.,intr.* 1 tornar-se visível; mostrar-se de repente 2 apresentar-se 3 começar a manifestar-se; surgir 4 acontecer (Do lat. *apparescĕre*, «estar visível»)

aparecimento *n.m.* 1 ato ou efeito de aparecer; aparição 2 surgimento; princípio (De *aparecer*+-*mento*)

aparelhador *n.m.* 1 aquele que aparelha 2 encarregado de obras, inferior ao mestre (De *aparelhar*+-*dor*)

aparelhagem *n.f.* 1 conjunto de aparelhos ou instrumentos necessários para uma instalação 2 preparação da madeira (serrar, aplainar, lixar, etc.) para poder ser utilizada 3 sistema áudio para reprodução e gravação de som, que pode incluir um leitor de CD/DVD, amplificador, sintonizador e colunas (De *aparelho* ou *aparelhar*+-*agem*)

aparelhamento *n.m.* 1 ato ou efeito de aparelhar 2 aparelho (De *aparelhar*+-*mento*)

aparelhar *v.tr.* 1 guarnecer de aparelhos ou equipamentos 2 colocar arreios 3 dar primeira pintura a 4 preparar; arranjar 5 NÁUTICA preparar o navio com o aparelho ou equipamento necessário ▪ *v.pron.* 1 aprontar-se 2 arranjar-se (Do lat. **appariculāre*, de *apparāre*, «preparar; dispor»)

aparelho /ê/ *n.m.* 1 ato de aparelhar 2 conjunto de peças ou mecanismos que formam um instrumento capaz de executar determinadas operações; máquina 3 dispositivo técnico para estudo experimental de um fenómeno destinado a obter medidas de grandezas físicas 4 ANATOMIA conjunto de órgãos necessários para desempenhar uma função num corpo organizado 5 primeira

aparência

camada de tinta que se aplica antes da pintura de acabamento **6** preparo de pedras ou madeira para uma construção **7** NÁUTICA conjunto de mastreação, massame, poleame e velame necessário à mareação de um navio de vela **8** (ortodontia) dispositivo metálico concebido para corrigir a posição dos dentes e alinhá-los **9** avião **10** *pl.* arreios; aprestos; apetrechos; **~ circulatório** ANATOMIA conjunto de órgãos responsáveis pela circulação do sangue e da linfa no organismo; **~ de Estado** conjunto dos organismos que representam o poder de um Estado; **~ digestivo** ANATOMIA conjunto de órgãos responsáveis pela assimilação dos alimentos, que inclui o tubo digestivo e as glândulas digestivas; **~ reprodutor** ANATOMIA conjunto dos órgãos que asseguram a reprodução (Deriv. regr. de *aparelhar*)

aparência *n.f.* **1** forma exterior de uma coisa ou pessoa; exterioridade **2** aspeto exterior pelo qual se julga pessoas ou coisas **3** aspeto exterior de uma coisa, considerado diferente do que essa coisa realmente é; ilusão; disfarce; **manter as aparências** comportar-se de modo a não revelar uma situação embaraçosa ou sujeita a preconceito social (Do lat. *apparentĭa-*, «id.»)

aparentado *adj.* **1** que tem parentesco com alguém **2** parecido **3** fingido (Part. pass. de *aparentar*)

aparentar¹ *v.tr.* **1** ter ou dar aparência de **2** assemelhar-se a (De *aparente*+-*ar*)

aparentar² *v.tr.* unir por parentesco ■ *v.pron.* tornar-se parente (De *a-*+*parente*+-*ar*)

aparente *adj.2g.* **1** que aparece ou se mostra; visível **2** que só tem aparência; fingido (Do lat. *apparente-*, «id.»)

aparentelar *v.tr.* ⇒ **aparentar**² (De *a-*+*parentela*+-*ar*)

aparentemente *adv.* **1** por aquilo que é visível; exteriormente **2** segundo o que parece, embora não esteja comprovado; supostamente

aparição *n.f.* **1** ato ou efeito de aparecer; aparecimento **2** princípio **3** visão sobrenatural (Do lat. *apparitiōne-*, «id.»)

aparo *n.m.* **1** ato ou efeito de aparar **2** peça metálica que se coloca na extremidade da pena para escrever **3** apara (Deriv. regr. de *aparar*)

aparoquianar-se *v.pron.* tornar-se paroquiano (De *a-*+*paroquiano*+-*ar*)

aparoquiar-se *v.pron.* ⇒ **aparoquianar-se** (De *a-*+*paróquia*+-*ar*)

aparração *n.f.* ato ou efeito de aparrar (De *aparrar*+-*ção*)

aparrado *adj.* **1** semelhante à parra **2** que tem rama baixa **3** [fig.] atarracado (De *a-*+*parra*+-*ado*)

aparrar *v.intr.* **1** (vide) encher-se de parras **2** criar folhagem **3** enramar-se (De *a-*+*parra*+-*ar*)

aparreirar *v.tr.* **1** dispor em forma de parreira **2** cobrir de parreiras (De *a-*+*parreira*+-*ar*)

aparta *n.f.* **1** ação ou efeito de apartar **2** apartamento; escolha **3** separação; *de ~* diz-se do fruto em que o caroço se separa facilmente do sarcocarpo, como em certas variedades de pêssego e ameixa (Deriv. regr. de *apartar*)

apartação *n.f.* ⇒ **apartamento**¹ (De *apartar*+-*ção*)

apartadiço *adj.* com propensão para apartar-se; arredio (De *apartar*+-*diço*)

apartado *adj.* **1** posto à parte; separado **2** afastado; distante **3** independente ■ *n.m.* caixa privativa de um indivíduo ou empresa, em estação postal; caixa postal (Part. pass. subst. de *apartar*)

apartador *adj.,n.m.* que ou o que aparta (De *apartar*+-*dor*)

apartamento¹ *n.m.* **1** parte independente de um edifício de habitação destinado a residência particular; andar **2** divisão de casas **3** aposento (Do fr. *appartement*, «id.»)

apartamento² *n.m.* **1** afastamento; separação **2** partida **3** ausência **4** isolamento; solidão **5** sítio oculto (De *apartar*+-*mento*)

apartar *v.tr.* **1** pôr à parte **2** desviar **3** separar; desunir **4** retirar **5** apaziguar uma briga **6** desmamar ■ *v.pron.* **1** desviar-se **2** divorciar-se (De *a-*+*parte*+-*ar*)

aparte¹ *n.m.* **1** o que um ator diz simulando falar consigo **2** frase isolada para interromper quem fala **3** interrupção (Da loc. adv. *à parte*)

aparte² *n.m.* [Brasil] ⇒ **apartação** (Deriv. regr. de *apartar*)

apartear *v.tr.,intr.* dirigir apartes (a) ou interromper (discurso de outra pessoa) (De *aparte*+-*ar*)

apartheid *n.m.* **1** política sul-africana, em vigor de 1950 a 1991, que se baseava na separação territorial das raças negra, mestiça e branca, e em que a minoria branca tinha uma situação económica, política, social e educativa privilegiada **2** qualquer forma de segregação racial (Do africanês *apartheid*, «separação; segregação»)

aparthotel *n.m.* **1** estabelecimento hoteleiro constituído por apartamentos com cozinha **2** cada um desses apartamentos

apartidarismo *n.m.* **1** convicção ou sistema dos que não seguem diretrizes partidárias **2** carácter do que não é partidário (De *a-*+*partidarismo*)

apartotel *n.m.* ⇒ **aparthotel**

aparvalhar *v.tr.,pron.* **1** tornar(-se) parvo; embasbacar(-se) **2** atrapalhar(-se); desnortear(-se) (De *a-*+*parvo*+-*alhar*)

aparvar *v.tr.,pron.* ⇒ **aparvoar** (De *a-*+*parvo*+-*ar*)

aparvejar *v.tr.,intr.* ⇒ **aparvalhar** (De *a-*+*parvo*+-*ejar*)

aparvoamento *n.m.* **1** ato de aparvoar **2** estado de aparvoado **3** atrapalhação (De *aparvoar*+-*mento*)

aparvoar *v.tr.,pron.* tornar(-se) parvo; aparvalhar(-se) (De *a-*+port. ant. *párvoo*+-*ar*)

apascaçar-se *v.pron.* tornar-se pascácio; atoleimar-se (De *a-*+*pascácio*+-*ar*)

apascentação *n.f.* ⇒ **apascentamento** (De *apascentar*+-*ção*)

apascentador *adj.,n.m.* **1** que ou o que apascenta **2** pastor (De *apascentar*+-*dor*)

apascentamento *n.m.* **1** ato ou efeito de apascentar; apascentação **2** pasto (De *apascentar*+-*mento*)

apascentar *v.tr.* **1** dar pasto a (gado) **2** levar ao pasto; pastorear **3** [fig.] doutrinar ■ *v.pron.* **1** deleitar-se **2** instruir-se (Do lat. **appascentāre*, «apascentar»)

apascoar *v.tr.* ⇒ **apascentar** (De *a-*+*páscoa*+-*ar*)

apasquinado *adj.* **1** semelhante a pasquim **2** injurioso (De *a-*+*pasquim*+-*ado*)

apassamanar *v.tr.* guarnecer de passamanes (De *a-*+*passamanes*+-*ar*)

apassivação *n.f.* ato ou efeito de apassivar (De *apassivar*+-*ção*)

apassivador *adj.* que apassiva (De *apassivar*+-*dor*)

apassivante *adj.2g.* que apassiva (De *apassivar*+-*ante*)

apassivar *v.tr.* **1** dar forma passiva a (frase) **2** dar características de passivo a (De *a-*+*passivo*+-*ar*)

apassivativo *adj.* que apassiva (De *apassivar*+-*tivo*)

apatacado *adj.* endinheirado (De *a-*+*pataco*+-*ado*)

apatacar-se *v.pron.* encher-se de dinheiro (De *a-*+*pataco*+-*ar*)

apatanhar *v.tr.* **1** pisar com as patas **2** espezinhar (De *a-*+*pata*+-*anhar*)

apatetado *adj.* **1** um tanto pateta; atoleimado **2** amalucado (Part. pass. de *apatetar*)

apatetar *v.tr.* **1** tornar pateta; aparvalhar **2** desorientar ■ *v.pron.* endoidecer (De *a-*+*pateta*+-*ar*)

apatia *n.f.* **1** insensibilidade às causas que provocam habitualmente as emoções **2** indiferença **3** falta de energia; indolência **4** FILOSOFIA ataraxia (Do gr. *apátheia*, «ausência de paixão»)

apático *adj.* **1** em estado de apatia **2** indiferente ■ *n.m.* **1** indivíduo cujas reações afetivas e atividade estão abaixo do nível médio **2** na classificação caracterológica de Heymans-Le Senne (C. Heymans, médico fisiologista belga, 1892-1968; Le Senne, filósofo francês, 1882-1954), corresponde à fórmula nEAS (não Emotivo-Ativo-Secundário) (De *apatia*+-*ico*)

apatifar *v.tr.* tornar patife (De *a-*+*patife*+-*ar*)

apatite *n.f.* MINERALOGIA mineral importante pelo seu conteúdo de fósforo, que é, quimicamente, um fosfato de cálcio com flúor e cloro e cristaliza no sistema hexagonal (Do gr. *apáte*, «engano» +-*ite*, por este mineral ter sido confundido com outros)

apatizar *v.tr.* tornar apático (De *apát(ico)*+-*izar*)

apátrida *adj.2g.,n.2g.* que ou pessoa que perdeu a sua nacionalidade e não adquiriu legalmente outra; que ou pessoa que não tem pátria (Do gr. *a-*, «sem» +*patrís*, -*ídos*, «pátria»)

apatriota *adj.2g.* que ou a pessoa que não tem patriotismo (Do gr. *a-*, «sem» +*patriótes*, «patriota»)

apatrulhar *v.tr.* ■ **patrulhar** ■ *v.pron.* **1** meter-se em patrulha **2** formar-se ou dividir-se em patrulhas (De *a-*+*patrulha*+-*ar*)

apaular *v.tr.* **1** transformar em paul; tornar pantanoso **2** encharcar (De *a-*+*paul*+-*ar*)

apavesar *v.tr.,pron.* ⇒ **empavesar** (De *a-*+*pavês*+-*ar*)

apavonar *v.tr.* **1** vestir de cores variegadas como as do pavão **2** [fig.] envaidecer ■ *v.pron.* **1** empavonar-se **2** envaidecer-se (De *a-*+lat. *pavōne-*, «pavão» +-*ar*)

apavorador *adj.,n.m.* que ou o que apavora (De *apavorar*+-*dor*)

apavoramento *n.m.* **1** ato ou efeito de apavorar ou apavorar-se **2** pânico; susto (De *a-*+*pavorar*+-*mento*)

apavorante *adj.2g.* que apavora (De *apavorar*+-*ante*)

apavorar *v.tr.* infundir pavor a; horrorizar; aterrar ■ *v.pron.* encher-se de pavor; assustar-se (De *a-*+*pavor*+-*ar*)

apaziguador adj.,n.m. que ou o que apazigua (De apaziguar+-dor)

apaziguamento n.m. ato ou efeito de apaziguar ou de apaziguar-se; pacificação (De apaziguar+-mento)

apaziguar v.tr.,pron. 1 pôr(-se) em paz; serenar; aquietar(-se); abrandar 2 harmonizar(-se) (De a-+paziguar)

ape n.m. [regionalismo] ápice; *num* ~ num instante (Por ápice)

apé n.m. BOTÂNICA planta medicinal (Do tupi a'pe, «caminho; vereda»)

apeaça n.f. correia que liga o boi à canga ou aos chifres de outro boi (De a-+peaça)

apeaçar v.tr. ligar (o boi) à canga ou a outro boi com a peaça (De a-+peaça+-ar)

apeadeira n.f. poial ou escadinha que serve de degrau a quem monta ou desce do cavalo (De apear+-deira)

apeadeiro n.m. 1 lugar onde não há estação e em que o comboio para apenas para deixar ou receber passageiros 2 sítio de pouca demora; ponto de passagem 3 [Brasil] parada (De apear+-deiro)

apeado adj. 1 desmontado 2 deitado abaixo 3 [fig.] destituído; exonerado; *gente apeada* a infantaria (Part. pass. de apear)

apeamento n.m. 1 ato ou efeito de apear 2 destituição (De apear+-mento)

apeanhar v.tr. 1 dar feitio de peanha a 2 colocar em peanha ou pedestal (De a-+peanha+-ar)

apear v.tr. 1 pôr a pé 2 fazer descer ou fazer sair (de um meio de transporte) 3 desmontar (de animal) 4 tirar do pedestal 5 demolir 6 [fig.] privar 7 [fig.] demitir; exonerar ■ v.pron. 1 descer ou sair 2 desmontar-se (De a-+pé+-ar)

apeçonhar v.tr. ⇒ **empeçonhar** (De a-+peçonha+-ar)

apeçonhentar v.tr. ⇒ **empeçonhentar** (De a-+peçonhento+-ar)

apedado adj. 1 diz-se da folha com duas nervuras principais, divergentes, que se ramificam em cimeira escorpioide 2 BOTÂNICA ⇒ **pedunculado** (De a-+lat. pedătu-, «que tem pés»)

apedantado adj. com modos de pedante

apedantar v.tr. 1 tornar pedante ■ v.pron. tomar modos de pedante (De a-+pedante+-ar)

apedar v.tr. 1 prender ou segurar pelos pés 2 pear (De a-+lat. pede, «pé» +-ar)

apedeuta adj.,n.2g. que ou pessoa que não tem instrução; ignorante (Do gr. apaídeutos, «sem educação»)

apedeutismo n.m. falta de instrução (De apedeuta+-ismo)

apedeuto adj.,n.m. ⇒ **apedeuta**

apedicelado adj. que tem pedicelo ou pedúnculo (De a-+pedicelo+-ado)

apedoirar v.tr. juntar em mealheiro; entesourar (De a-+pedoiro+-ar)

apedourar v.tr. ⇒ **apedoirar**

apedramento n.m. ato ou efeito de apedrar; empedramento (De apedrar+-mento)

apedrar v.tr. 1 guarnecer de pedras finas; empedrar 2 apedrejar ■ v.intr. endurecer (a fruta) (De a-+pedra+-ar)

apedregulhar v.tr. encher de pedregulhos (De a-+pedregulho+-ar)

apedrejador n.m. aquele que apedreja (De apedrejar+-dor)

apedrejamento n.m. 1 ato ou efeito de apedrejar 2 lapidação (De apedrejar+-mento)

apedrejar v.tr. 1 atirar pedras a 2 lapidar 3 [fig.] injuriar; ofender (De a-+pedra+-ejar)

apegação n.f. 1 ato de pegar em alguma coisa para simbolizar a posse dela 2 ⇒ **apegamento** (De apegar+-ção)

apegadas n.f.pl. tablado nos barcos rabelos (rio Douro) donde se manobra o leme (Part. pass. fem. pl. subst. de apegar)

apegadiço adj. 1 que se apega facilmente; viscoso 2 contagioso 3 [fig.] afeiçoado (De apegar+-diço)

apegador n.m. o que se apega (De apegar+-dor)

apegamento n.m. 1 ato ou efeito de apegar ou apegar-se 2 aderência; adesão 3 [fig.] afeição 4 [fig.] contágio (De apegar+-mento)

apeganhar v.tr. 1 apegar 2 agarrar (De apegar+-anhar)

apegar[1] v.tr. 1 pegar 2 ajuntar 3 transmitir; contagiar ■ v.pron. 1 afeiçoar-se 2 valer-se 3 aferrar-se (Do lat. *appicāre, de picāre, «brear», de pice, «pez»)

apegar[2] v.tr.,intr.,pron. meter(-se) em pego; afundar(-se) (De a-+pego+-ar)

apego /ê/ n.m. 1 ato ou efeito de apegar 2 sentimento que une uma pessoa às pessoas ou coisas de que gosta; ligação forte; afeição; apegamento 3 tenacidade 4 timão da charrua (Deriv. regr. de apegar)

apeguilhar v.intr. 1 [regionalismo] comer apeguilho com pão 2 [regionalismo] comer moderadamente (De apeguilho+-ar)

apeguilho n.m. 1 [regionalismo] carne de porco cozida; presigo 2 [fig.] afeição (De apegar+-ilho)

apeirador n.m. [regionalismo] capataz dos ganhões (De apeirar+-dor)

apeiragem n.f. 1 ato ou efeito de apeirar 2 conjunto de aparelhos destinados a lavrar com animais (De apeiro+-agem)

apeirar v.tr. 1 jungir (os bois) ao carro, ao arado; apor 2 prover de todos os apetrechos necessários à lavoura (De apeiro+-ar)

apeiria n.f. ⇒ **apeiragem** 2 (De apeiro+-aria, com hapl.)

apeiro n.m. 1 ⇒ **apeiragem** 2 2 utensílios para a caça, pesca, etc. 3 correia que prende a canga ao cabeçalho do carro, do arado, etc.; temoeiro 4 [pop.] rabo gordo (Do lat. *apparĭu-, de appariāre, «emparelhar»)

apejar-se v.pron. encher-se de pejo; envergonhar-se; pejar-se (De a-+pejo+-ar)

apelabilidade n.f. qualidade do que é apelável (De apelável+-i-+-dade)

apelação n.f. 1 ato ou efeito de apelar; apelo 2 chamamento 3 DIREITO recurso ordinário que se interpõe da sentença final ou do despacho saneador que conheça do mérito da causa (Do lat. appellatiōne-, «apelo; recurso»)

apelado adj. diz-se do juiz ou do tribunal de cuja sentença se apela ■ n.m. parte contrária à que interpõe o recurso de apelação (Part. pass. de apelar)

apelador adj.,n.m. que ou aquele que apela (Do lat. appellatōre-, «id.»)

apelamento n.m. ⇒ **apelação** (De apelar+-mento)

apelante adj.2g. recorrente ■ n.2g. aquele que interpõe um recurso de apelação ■ n.m.pl. bispos franceses e professores da Sorbona que, em 1717, apelaram para um futuro concílio contra a bula Unigenitus, do papa Clemente XI (1700-1721) (Do lat. appelante-, «id.»)

apelar v.tr. 1 recorrer de uma sentença a juiz ou tribunal superior 2 chamar em socorro 3 apresentar como desculpa ou atenuante (Do lat. appellāre, «id.»)

apelativo adj. 1 que apela ou chama 2 que atrai 3 LINGUÍSTICA diz-se da função que pretende influenciar o comportamento do recetor, por exemplo através de ordem, pedido ou sugestão ■ adj.,n.m. GRAMÁTICA diz-se de ou nome comum a objetos ou indivíduos da mesma espécie (Do lat. appellatīvu-, «id.»)

apelatório adj. pertencente à apelação (Do lat. appellatoriŭ-, «id.»)

apelável adj.2g. de que se pode apelar (De apelar+-vel)

apelidação n.f. ato ou efeito de apelidar (De apelidar+-ção)

apelidar v.tr. 1 dar ou pôr apelido a 2 nomear; alcunhar 3 chamar 4 qualificar (Do lat. appellitāre, «chamar repetidamente»)

apelido n.m. 1 nome de família; sobrenome 2 denominação por qualidade ou característica ilustre; cognome 3 [Brasil] alcunha 4 nome especial de certas coisas (Deriv. regr. de apelidar)

apelintrar v.tr. tornar pelintra ■ v.pron. 1 tornar-se pelintra 2 ficar pobre (De a-+pelintra+-ar)

apelo /ê/ n.m. 1 ato ou efeito de apelar; apelação 2 chamada 3 convocação 4 pedido de auxílio; *sem ~ nem agravo* sem possibilidade de solução (Deriv. regr. de apelar)

apenar v.tr. 1 impor pena a; castigar 2 multar (De a-+pena+-ar)

apenas adv. 1 somente; só; unicamente 2 dificilmente; só; mal ■ conj. logo que; assim que; mal (De a+penas)

apendar v.intr. [regionalismo] inclinarem-se os caules dos cereais por serem pesadas as espigas (De pender x apendoar)

apendência n.f. estado de apenso (Do lat. appendentia, part. pres. neut. pl. de appendĕre, «apensar; suspender»)

apender v.tr. ⇒ **apensar** (Do lat. appendĕre, «apensar; suspender»)

apendicalgia n.f. dor de origem apendicular (Do lat. appendĭce-, «apêndice» +algos, «dor» +-ia)

apêndice n.m. 1 parte que completa algo maior; prolongamento 2 ANATOMIA parte anexa a um órgão e dele separável 3 parte acrescentada no fim de texto ou obra; anexo; suplemento 4 cauda 5 [pop.] nariz; *~ cecal/ileocecal/vermicular* ANATOMIA saliência do cego com a forma de um dedo de luva (mais conhecido só por apêndice); *~ xifoide* ANATOMIA extremidade inferior (ou posterior) do osso esterno (Do lat. appendĭce-, «apêndice»)

apendicectomia n.f. CIRURGIA ressecção do apêndice (Do lat. appendĭce-, «apêndice»+gr. ektomé, «corte» +-ia)

apendiciado adj. com apêndices (De apêndice+-ado)

apendiciforme adj.2g. com forma de apêndice (Do lat. appendĭce-+forma-, «forma»)

apendicite n.f. MEDICINA inflamação do apêndice cecal (De *apêndice*+*-ite*)
apendicografia n.f. radiografia do apêndice cecal (Do lat. *appendĭce-*, «apêndice» +*gráphein*, «escrever» +*-ia*)
apendiculado adj. **1** provido de apêndice **2** ZOOLOGIA diz-se do urocordado livre, com corda dorsal permanente ■ n.m. ZOOLOGIA espécime dos apendiculados ■ n.m.pl. ZOOLOGIA classe ou ordem de tunicados de cauda e corda dorsal permanente (De *apendículo*+*-ado*)
apendicular adj.2g. **1** relativo a apêndice, e em especial ao apêndice cecal **2** [fig.] que não é essencial (De *apendículo*+*-ar*)
apendiculário adj. ZOOLOGIA relativo aos apendiculários ■ n.m. espécime dos apendiculários ■ n.m.pl. ZOOLOGIA classe ou ordem de tunicados de cauda e corda dorsal permanentes (De *apendículo*+*-ário*)
apendículo n.m. pequeno apêndice (Do lat. *appendicŭlu-*, «id.»)
apendoamento n.m. ato ou efeito de apendoar ou apendoar-se (De *apendoar*+*-mento*)
apendoar v.tr. colocar pendões em ■ v.intr. (milho) deitar pendão ■ v.pron. embandeirar-se (De *a-*+*pendão*+*-ar*)
apenhado adj. cheio de penhas; apenhascado; apenedado (De *a-*+*penha*+*-ado*)
apenhascado adj. **1** coberto de penhascos **2** que tem aspeto de penhasco (De *a-*+*penhasco*+*-ado*)
apeninsulado adj. em forma de península (De *a-*+*península*+*-ado*)
apensação n.f. **1** ato ou efeito de apensar; anexação **2** acrescento (De *apensar*+*-ção*)
apensar v.tr. **1** juntar em apenso; apender; anexar **2** acrescentar (De *apenso*+*-ar*)
apensionar v.tr. sobrecarregar com serviço (De *a-*+*pensionar*)
apenso n.m. parte que se junta a uma obra ou a um auto sem fazer parte integrante dele ■ adj. junto; anexo (Do lat. *appensu-*, part. pass. de *appendĕre*, «suspender; apensar»)
apenumbrar v.tr. fazer penumbra em ■ v.pron. entrar na penumbra (De *a-*+*penumbra*+*-ar*)
apepinação n.f. [pop.] ato ou efeito de apepinar; troça; enxovalho (De *apepinar*+*-ção*)
apepinado adj. **1** com forma ou gosto de pepino **2** [pop.] enxovalhado; escarnecido (De *a-*+*pepino*+*-ado*)
apepinar v.tr. [pop.] caçoar; escarnecer (De *a-*+*pepino*+*-ar*)
apepsia n.f. **1** dificuldade em digerir **2** má digestão gástrica (Do gr. *apepsía*, «indigestão; apepsia»)
apéptico adj. **1** que padece de apepsia **2** relativo à apepsia (Do gr. *apéptos*, «não digerido» +*-ico*)
apequenar v.tr.,pron. **1** tornar(-se) pequeno **2** [fig.] apoucar(-se); humilhar(-se) (De *a-*+*pequeno*+*-ar*)
aperaltar v.tr.,pron. **1** dar ou adquirir modos de peralta **2** vestir(-se) e arranjar(-se) bem (até ao excesso) (De *a-*+*peralta*+*-ar*)
aperalvilhar v.tr.,pron. apresentar(-se) de forma afetada (De *a-*+*peralvilho*+*-ar*)
aperceber v.tr. **1** dar conta de **2** preparar; aparelhar; aprestar **3** prover; munir **4** avisar; prevenir ■ v.pron. **1** dar conta de; notar **2** preparar-se; aparelhar-se **3** prover-se; munir-se (Do lat. *ad-*+*percipĕre*, «perceber»)
apercebimento n.m. **1** ato ou efeito de aperceber ou aperceber-se **2** apercepção **3** prevenção **4** preparativo; apresto **5** fornecimento (De *aperceber*+*-i-*+*-mento*)
aperceção n.f. **1** sentimento da própria consciência **2** intuição **3** tomada refletida de consciência enquanto há perceções inconscientes; apercebimento (De *a-*+*perceção*)
apercepção ver nova grafia **aperceção**
aperceptibilidade ver nova grafia **apercetibilidade**
aperceptível ver nova grafia **apercetível**
aperceptivo ver nova grafia **apercetivo**
apercetibilidade n.f. faculdade de aperceber as impressões (De *a-*+*percetibilidade*)
apercetível adj.2g. que pode ser apercebido, avistado ou distinguido; percetível (De *a-*+*percetível*)
apercetivo adj. **1** por meio do qual se percebe **2** que tem a faculdade de perceber (De *a-*+*percetivo*)
aperfeiçoador adj.,n.m. que ou o que aperfeiçoa (De *aperfeiçoar*+*-dor*)
aperfeiçoamento n.m. **1** ato ou efeito de aperfeiçoar(-se), de tornar(-se) melhor; avanço; progresso **2** acabamento **3** melhoramento (De *aperfeiçoar*+*-mento*)
aperfeiçoar v.tr. **1** tornar melhor; melhorar **2** apurar; melhorar **3** melhorar do ponto de vista técnico; otimizar ■ v.pron. **1** adquirir mais qualidades **2** melhorar as suas qualidades **3** tornar-se melhor do ponto de vista técnico; corrigir-se (De *a-*+*perfeição*+*-ar*)
aperfilhar v.tr. ⇒ **perfilhar** (De *a-*+*perfilhar*)
apergaminhar v.tr.,pron. dar ou tomar o aspeto de pergaminho (De *a-*+*pergaminho*+*-ar*)
Aperiantáceas n.f.pl. ⇒ **Cicadáceas** (De *aperiantáceo*)
aperiantáceo adj. diz-se da flor desprovida de perianto (flor nua) (De *a-*, «sem» +*perianto*+*-áceo*)
aperiantado ⇒ **aperiantáceo** (De *a-*+*perianto*+*-ado*)
aperiente adj.2g.,n.m. que ou aquilo que abre ou desperta o apetite; aperitivo (Do lat. *aperiente-*, «id.»)
aperiódico adj. **1** não periódico **2** ELETRICIDADE, ELETRÓNICA diz-se de um sistema no qual o amortecimento é tal que uma perturbação inicial se extingue sem haver oscilação (Do gr. *a-*, «sem» +*periodikós*, «periódico»)
aperitivo adj.,n.m. **1** que o bebida/comida que se ingere antes da refeição até que esta seja servida **2** [fig.] que ou o que excita **3** [ant.] que ou o que, abrindo os poros, facilita as secreções (Do lat. med. *aperitīvu-*, «que abre»)
aperitório n.m. peça que mantém as extremidades das hastes à mesma altura para fazer os bicos aos alfinetes (Do lat. med. *aperitorĭu-*, «que abre»)
apernadeira n.f. corda com que se prendem as pernas dos animais; peia (De *apernar*+*-deira*)
apernar v.tr. **1** prender pelas pernas; pear **2** [fig.] obrigar a um compromisso (De *a-*+*perna*+*-ar*)
aperolar v.tr. dar feitio e cor de pérola a (De *a-*+*pérola*+*-ar*)
aperrar v.tr. **1** levantar o cão de (espingarda); engatilhar **2** aprontar (a arma de fogo) para disparar (De *a-*+*perro*+*-ar*)
aperreação n.f. **1** ato de aperrear **2** importunação **3** clausura **4** opressão (De *aperrear*+*-ção*)
aperreado adj. aborrecido; chateado
aperreador adj. **1** que ou o que aperreia **2** opressor **3** importuno (De *aperrear*+*-dor*)
aperrear v.tr. **1** fazer perseguir por cães **2** incitar (um cão) a morder **3** [fig.] causar aborrecimento a; arreliar; importunar **4** [fig.] submeter a uma disciplina severa; reprimir (De *a-*+*perro*+*-ear*, ou do cast. *aperrear*, «aperrear»)
apertada n.f. **1** ⇒ **aperto 2** desfiladeiro **3** [fig.] opressão; dificuldade; aflição (Part. pass. fem. subst. de *apertar*)
apertadeira n.f. instrumento para apertar (De *apertar*+*-deira*)
apertadela n.f. **1** ato ou efeito de apertar **2** leve compressão (De *apertar*+*-dela*)
apertadoiro n.m. ⇒ **apertadouro**
apertador adj.,n.m. **1** que ou aquilo que aperta **2** apertadeira (De *apertar*+*-dor*)
apertadouro n.m. **1** lugar onde se aperta **2** apertador **3** coisa que aperta (De *apertar*+*-douro*)
aperta-livros n.m.2n. conjunto de duas peças iguais destinadas a manter ao alto os livros, em cima de uma mesa
apertamento n.m. ato ou efeito de apertar (De *apertar*+*-mento*)
apertão n.m. **1** aperto grande **2** multidão de pessoas num recinto acanhado (De *apertar*+*-ão*)
aperta-papéis n.m.2n. mola metálica para apertar papéis
apertar v.tr. **1** cingir ou segurar fortemente **2** dispor coisas ou pessoas mais perto umas das outras de forma a ocuparem menos espaço; comprimir **3** tornar menos largo; encolher **4** fazer mover (um elemento) de forma a fixar uma peça a outra ou a fechar um dispositivo **5** conservar fechado **6** unir com botões (vestuário) **7** empurrar (alguém) contra um obstáculo **8** [fig.] perseguir; atormentar **9** [fig.] instar com; apressar ■ v.intr. **1** (calçado) ser muito justo **2** (tempo) estar para acabar **3** (frio, calor) aumentar de intensidade; *estar num* ~ estar em dificuldades (financeiras ou outras); ~ *os cordões à bolsa* restringir as despesas, poupar (Do lat. tard. *appectorāre*, «estreitar contra o peito»)
aperto /ê/ n.m. **1** ato ou efeito de apertar; pressão **2** aglomeração de pessoas em lugar pouco espaçoso; apertão **3** lugar apertado ou estreito **4** urgência; pressa **5** situação difícil (sobretudo financeira); contratempo **6** angústia; aflição **7** avareza; ~ *de mão* cumprimento em que duas pessoas entrelaçam as mãos; *estar num* ~ estar em dificuldades (financeiras ou outras) (Deriv. regr. de *apertar*)
apertómetro n.m. dispositivo para medir a abertura de uma objetiva de microscópio (Do lat. *apertu-*, «aberto; abertura»+gr. *métron*, «medida»)
apertura n.f. ⇒ **aperto** (De *aperto*+*-ura*)
aperuado adj. semelhante a peru (De *a-*+*peru*+*-ado*)

apesar *elem.loc.prep.* ~ *de* não obstante; a despeito de ▪ *elem.loc. conj.* ~ *de que* ainda que; se bem que; ~ *disso/de tudo* não obstante; no entanto; todavia (De *a-+pesar+de*)
apesarar *v.tr.* tornar pesaroso (De *a-+pesar+-ar*)
apessoado *adj.* 1 que tem boa estatura 2 elegante; donairoso (De *a-+pessoa+-ado*)
apestanado *adj.* 1 em forma de pestana 2 que tem pestanas grandes; pestanudo (De *a-+pestana+-ado*)
apestar *v.tr.* ⇒ **empestar** (De *a-+peste+-ar*)
apétalas *n.f.pl.* BOTÂNICA grupo de plantas, dicotiledóneas, cujas flores são nuas ou têm perianto não diferenciado (Do gr. *a-*, «sem» +*pétalon*, «pétala»)
apetalífero *adj.* ⇒ **apetaliflōro** (De *a-*, «sem» +*pétala+-fero*)
apetaliflōro *adj.* BOTÂNICA diz-se do vegetal cujas flores são apétalas (Do gr. *a-*, «sem» +*pétalon*, «pétala» +lat. *flore-*, «flor»)
apétalo *adj.* BOTÂNICA diz-se da flor desprovida de corola (pétalas) (Do gr. *a-*, «sem» +*pétalon*, «pétala»)
apetar *v.tr.* fazer mossa (no fruto) por onde começará a apodrecer ▪ *v.intr.* começar a apodrecer (De *a-+peto+-ar*)
apetecer *v.tr.,intr.* 1 despertar apetite 2 despertar interesse; agradar ▪ *v.tr.* 1 ter apetite de 2 desejar ardentemente; cobiçar; pretender (Do lat. **appetescěre*, inc. de *appetěre*, «desejar; cobiçar»)
apetecível *adj.2g.* 1 digno de ser apetecido; desejável 2 apetitoso (De *apetecer+-i+-vel*)
apetência *n.f.* 1 desejo; vontade 2 inclinação; jeito 3 [pouco usado] vontade de comer; apetite (Do lat. *appetentĭa-*, «desejo; ambição»)
apetente *adj.2g.* 1 que apetece 2 que desperta apetite (Do lat. *appetente-*, «id.», part. pres. de *appetěre*, «desejar»)
apetibilidade *n.f.* faculdade de apetecer (Do lat. *appetibilitāte-*, «id.»)
apetição *n.f.* desejo veemente (Do lat. *appetitiōne-*, «id.»)
apetitar *v.tr.* 1 causar apetite a 2 [fig.] tentar (De *apetite+-ar*)
apetite *n.m.* 1 desejo de satisfazer um gosto ou uma necessidade 2 vontade de comer; prazer que se sente ao comer 3 [fig.] gosto especial; predileção 4 [fig.] aspiração; sede; paixão (Do lat. *appetītu-*, «desejo», pelo fr. *appétit*, «apetite»)
apetitivo *adj.* ⇒ **apetitoso** (De *apetitar+-ivo*)
apetitoso *adj.* 1 que provoca o apetite 2 que se faz desejar 3 gostoso 4 tentador; provocante (De *apetite+-oso*)
apetrechamento *n.m.* 1 ato ou efeito de apetrechar ou apetrechar-se 2 aparelhamento (De *apetrechar+-mento*)
apetrechar *v.tr.,pron.* 1 munir(-se) de apetrechos 2 equipar(-se); aparelhar(-se) (De *apetrecho+-ar*)
apetrecho /ê/ *n.m.* utensílio; ferramenta (Deriv. regr. de *apetrechar*)
ápex /cs/ *n.m.* (*plural* **ápices**) ⇒ **ápice** (Do lat. *apex*, «ponta»)
apezunhar *v.tr.* agarrar pelos pezunhos ▪ *v.intr.* ficar com as pernas cambadas (De *a-+pezunho+-ar*)
apfelstrudel *n.m.* CULINÁRIA torta de massa folhada com recheio de maçã, uvas passas, açúcar e canela (Do al. *Apfelstrudel*, «id.»)
Apiáceas *n.f.pl.* BOTÂNICA família de plantas dicotiledóneas, com pequenas flores dispostas, na maioria dos casos, em umbelas formadas de umbélulas, também denominadas Umbelíferas (Do lat. *apĭu-*, «aipo» +*-áceas*)
apiário *adj.* que diz respeito às abelhas ▪ *n.m.* 1 conjunto de cortiços de abelhas ou o lugar de sua instalação; colmeal; colmeeiro; silhar 2 ZOOLOGIA espécime dos apiários ▪ *n.m.pl.* ZOOLOGIA grupo de insetos himenópteros a que pertencem as abelhas (Do lat. *apiarĭu-*, «cortiço; colmeia»)
apicado *adj.* que termina em pico ou em ápice (De *a-+pico+-ado*)
apical *adj.2g.* 1 apiculado 2 relativo ao ápice (em oposição a basal) 3 GRAMÁTICA diz-se da consoante que se articula, tocando com a ponta da língua nas gengivas; *polo* ~ região da couraça dos equinoides onde se localiza o ânus (Do lat. *apīce-*, «ponta» +*-al*, ou do fr. *apical*, «id.»)
ápice *n.m.* 1 cume em ponta; ápex 2 vértice 3 BOTÂNICA parte terminal; ponta 4 GRAMÁTICA trema 5 [fig.] o mais alto grau 6 [fig.] requinte; apuro; *num* ~ num instante; *por um* ~ por um triz (Do lat. *apīce-*, «ponta»)
apichelar *v.tr.* dar forma de pichel a (De *a-+pichel+-ar*)
apiciadura *n.f.* 1 flor ou laço que oculta um remate 2 união de dois volantes, nos trabalhos de armador (De *apīce-*, «ponta» + *-dura*)
apicida *adj.,n.2g.* que ou o que provoca a morte das abelhas (Do lat. *ape-*, «abelha» +*caeděre*, «matar»)
apicifloro *adj.* BOTÂNICA que tem flores no ápice dos ramos (Do lat. *apīce-*, «ponta» +*flore-*, «flor»)

apiciforme *adj.2g.* diz-se dos cristais que apresentam a forma de agulhas reunidas em tufo (Do lat. *apīce-*, «ponta» +*forma-*, «forma»)
apicilar *adj.2g.* BOTÂNICA diz-se do órgão implantado no ápice de outro (De *ápice+/+-ar*)
apicoar *v.tr.* 1 desbastar a picão 2 talhar a pique ▪ *v.intr.* começar a azedar (o vinho); tomar pico (De *a-+picão+-ar*)
apicodental *adj.2g.* 1 que tem dentes aguçados 2 GRAMÁTICA diz-se da consoante que se profere, tocando com o ápice da língua nos incisivos superiores (Do lat. *apīce-*, «ponta»+*dental*)
apícola *n.2g.* pessoa que trata das abelhas; abelheiro; apicultor ▪ *adj.2g.* referente às abelhas (Do lat. *ape-*, «abelha» +*colěre*, «cultivar», pelo fr. *apicole*, «id.»)
apícula *n.f.* ponta aguda, flexível ou livre, de um órgão; apículo (Do lat. *apicŭla-*, «id.»)
apiculado *adj.* munido de apícula (De *apícula+-ado*)
apículo *n.m.* ⇒ **apícula**
apicultor *n.m.* indivíduo que se dedica à apicultura; abelheiro (Do lat. *ape-*, «abelha» +*cultōre-*, «criador»)
apicultura *n.f.* arte de criar abelhas e de aproveitar os seus produtos (Do fr. *apiculture*, «id.»)
apicultural *adj.2g.* relativo à apicultura (De *apicultura+-al*)
Ápidas *n.m.pl.* ZOOLOGIA ⇒ **Apídeos** (Do lat. *ape-*, «abelha» +*-idas*)
Apídeos *n.m.pl.* ZOOLOGIA família de insetos himenópteros a que pertencem as abelhas sociais (Do lat. *ape-*, «abelha» +*-ídeos*)
apiedar *v.tr.* mover à piedade ▪ *v.pron.* compadecer-se; condoer-se; ter dó (De *a-+pieda[de]+-ar*, com hapl.)
apifobia *n.f.* horror mórbido às abelhas (Do lat. *ape-*, «abelha»+gr. *phóbos*, «horror» +*-ia*)
apiforme *adj.2g.* que tem forma de abelha (Do lat. *ape-*, «abelha» +*forma-*, «forma»)
apilandrar-se *v.pron.* [pop.] vestir-se com apuro; esmerar-se na apresentação; assear-se (Por *apilarar-se*)
apilarar *v.tr.* guarnecer com pilares ▪ *v.pron.* enfeitar-se; apurar-se (De *a-+pilar+-ar*)
apilhar *v.tr.* ⇒ **empilhar** (De *a-+pilha+-ar*)
apiloador *n.m.* compactador que utiliza a energia cinética proveniente da queda de um peso (De *apiloar+-dor*)
apiloar *v.tr.* bater com o pilão em (De *a-+pilão+-ar*)
apimentar *v.tr.* 1 condimentar com pimenta 2 tornar picante 3 [fig.] pôr malícia em (De *a-+pimenta+-ar*)
apimpolhar-se *v.pron.* encher-se de pimpolhos (De *a-+pimpolho+-ar*)
apimponar-se *v.pron.* fazer-se pimpão (De *a-+pimpão+-ar*)
apinário *n.m.* designação dada pelos Romanos aos comediantes que representavam as sátiras; truão (Do lat. *apinarĭu-*, «id.»)
apincelar *v.tr.* 1 dar forma de pincel a 2 ⇒ **pincelar** (De *a-+pincel+-ar*)
apingentar *v.tr.* 1 guarnecer de pingentes 2 dar forma de pingente a (De *a-+pingente+-ar*)
apinhar *v.tr.* 1 empilhar 2 aglomerar 3 encher 4 [Brasil] dar forma de pinha a ▪ *v.pron.* amontoar-se; aglomerar-se (De *a-+pinha+-ar*)
apinhoar *v.tr.* 1 formar pinhões de ou em 2 apinhar (De *a-+pinhão+-ar*)
apintalhar *v.tr.* marcar com pintalhas ou estacas para estremar (De *a-+pintalha+-ar*)
apintoar *v.intr.* [regionalismo] (uvas) começar a ganhar cor (De *a-+pintão+-ar*)
apiol *n.m.* princípio ativo da semente da salsa (Do lat. *apĭu-*, «aipo» +*-ol*)
apipar *v.tr.* 1 dar forma de pipa a 2 tornar bojudo (De *a-+pipa+-ar*)
apirético *adj.* que não tem febre (Do gr. *a-*, «sem» +*pýretos*, «ardor; febre» +*-ico*)
apirexia /cs/ *n.f.* MEDICINA estado de ausência de febre; estado de apirético (Do gr. *apyrexía*, «id.»)
apirina *n.f.* alcaloide extraído da noz do coco (Do gr. *ápyros*, «que resiste ao fogo» +*-ina*)
ápiro *adj.* 1 que resiste ao fogo 2 incombustível (Do gr. *ápyros*, «que não arde», pelo lat. *apýru-*, «id.»)
Ápis[1] *n.m.* ASTRONOMIA constelação do hemisfério sul, situada perto do Polo Sul, formada por 6 estrelas (1 variável), chamada também Abelha e Mosca Indiana (Do lat. *apis*, «abelha»)
Ápis[2] *n.m.* MITOLOGIA boi sagrado, no Egito antigo (Do gr. *Ápis*, pelo lat. *Apis*, «id.»)
apisina *n.f.* veneno das abelhas (Do lat. *apis*, «abelha» +*-ina*)
apisinação *n.f.* intoxicação produzida pelo veneno das abelhas (De *apisina+-ção*)
apisoar *v.tr.* ⇒ **pisoar** (De *a-+pisão+-ar*)

apisteiro *n.m.* bule pequeno para dar o apisto a um doente deitado (De *apisto*+-*eiro*)

apisto *n.m.* caldo apurado que se dá a um doente (Do lat. *pistu-*, part. pass. de *pinsĕre*, «pisar; triturar»)

apitadela *n.f.* ato ou efeito de apitar ligeiramente; *dar uma ~* entrar em contacto com alguém para informar de alguma coisa (De *apitar*+-*dela*)

apitar *v.intr.* **1** produzir som agudo fazendo o ar passar por um orifício estreito; assobiar **2** dar sinal com apito **3** buzinar (em veículo) **4** [coloq.] entrar em contacto com alguém para informar de alguma coisa; *dar uma apitadela* ■ *v.tr.* dirigir (um encontro desportivo), zelando pelo cumprimento das regras; arbitrar (De *apito*+-*ar*)

apito[1] *n.m.* **1** pequeno instrumento de metal, madeira ou plástico que se faz soar por meio de sopro **2** o silvo deste instrumento; *apito de manobra* assobio para transmitir ordens a bordo (De origem onomatopeica)

apito[2] *n.m.* [São Tomé e Príncipe] flauta de bambu ou caniço (Do forro *pito doxi*, «idem»)

apívoro *adj.* que devora abelhas (Do lat. *ape-*, «abelha» +*vorāre*, «comer»)

aplacação *n.f.* ato ou efeito de aplacar (De *aplacar*+-*ção*)

aplacador *adj.,n.m.* que ou aquele que aplaca; apaziguador

aplacar *v.tr.,intr.* **1** tornar(-se) plácido, tranquilo; acalmar; sossegar **2** aliviar; mitigar (Do lat. *applacāre*, de *placāre*, «apaziguar»)

aplacável *adj.2g.* que pode ser aplacado (De *aplacar*+-*vel*)

aplacentário *adj.* ZOOLOGIA diz-se do animal (mamífero) gerado sem intervenção de placenta ■ *n.m.* ZOOLOGIA espécime dos aplacentários ■ *n.m.pl.* ZOOLOGIA grupo de mamíferos que compreende os monotrématos e marsupiais (Do gr. *a-*, «sem»+lat. *placenta-*, «bolo»+-*ário*)

aplainação *n.f.* **1** ato ou efeito de aplainar **2** alisamento com plaina; aplainamento (De *aplainar*+-*ção*)

aplainador *n.m.* **1** aquele que aplaina **2** plaina mecânica (De *aplainar*+-*dor*)

aplainamento *n.m.* ⇒ **aplainação** (De *aplainar*+-*mento*)

aplainar[1] *v.tr.* alisar com a plaina; polir (De *a-*+*plaina*+-*ar*)

aplainar[2] *v.tr.* **1** igualar **2** aplanar (De *a-*+*plaino*+-*ar*)

aplanação *n.f.* **1** ato ou efeito de aplanar **2** nivelamento (De *aplanar*+-*ção*)

aplanador *adj.,n.m.* que ou aquele que aplana (De *aplanar*+-*dor*)

aplanar *v.tr.* **1** tornar plano; nivelar **2** igualar **3** [fig.] facilitar **4** [fig.] remover (obstáculo ou dificuldade) (Do lat. tard. *applanāre*, «id.»)

aplanético *adj.* FÍSICA diz-se do sistema ótico que não apresenta aberração de esfericidade (Do gr. *aplánetos*, «que não se desvia»+-*ico*)

aplanetismo *n.m.* qualidade do que é aplanético (Do gr. *aplánetos*, «que não se desvia»+-*ismo*)

aplanogâmeta *n.m.* BIOLOGIA ⇒ **zigogâmeta** (Do gr. *aplanés*, «fixo; imóvel»+*gamétes*, «esposo»)

aplasia *n.f.* desenvolvimento incompleto de um órgão ou parte dele; atrofia (Do gr. *a-*, «sem»+*plásis*, «modelação»+-*ia*)

aplastar *v.tr.* **1** desfraldar (as velas do navio) **2** [Brasil] fazer calar **3** [Brasil] extenuar (Do cast. *aplastar*, «esmagar»)

aplástico *adj.* **1** relativo à aplasia **2** sem plasticidade (Do gr. *a-*, «sem»+*plastikós*, «que serve para modelar»)

aplaudente *adj.2g.* que aplaude (Do lat. *applaudente-*, «id.»)

aplaudido *adj.* **1** que recebeu aplausos **2** elogiado; louvado (Part. pass. de *aplaudir*)

aplaudir *v.tr.* **1** aprovar com aplausos **2** louvar ■ *v.intr.* bater palmas ■ *v.pron.* **1** regozijar-se **2** gabar-se (Do lat. **applaudĕre*, «id.»)

aplaudível *adj.2g.* digno de aplauso (De *aplaudir*+-*vel*)

aplausível *adj.2g.* ⇒ **aplaudível**

aplauso *n.m.* **1** ato ou efeito de aplaudir **2** louvor **3** aprovação (Do lat. *applausu-*, «id.»)

aplebear *v.tr.,pron.* tornar(-se) plebeu (De *a-*+*plebeu*+-*ar*)

aplestia *n.f.* MEDICINA apetite insaciável causado pela perda de sensação de saciedade; bulimia (Do gr. *aplestía*, «avidez»)

aplicabilidade *n.f.* **1** qualidade do que é aplicável **2** possibilidade de aplicar-se (Do lat. **applicabĭle-*+-*i-*+-*dade*)

aplicação *n.f.* **1** ação de fazer aderir uma coisa a outra; sobreposição **2** ornato que se sobrepõe **3** utilização prática; emprego; uso; destino **4** préstimo; proveito **5** execução e cumprimento de uma lei ou regra **6** concentração no estudo ou no trabalho **7** MATEMÁTICA correspondência ou função cujo domínio é todo o conjunto de partida **8** INFORMÁTICA programa ou grupo de programas que executam tarefas no computador (Do lat. *applicatiōne-*, «id.»)

aplicado *adj.* **1** aposto **2** sobreposto **3** cuidadoso **4** estudioso; *matemática aplicada* matemática cujo conteúdo é dirigido sobretudo para as atividades profissionais ou de natureza técnica, em oposição à matemática pura

aplicador *adj.,n.m.* **1** que ou o que aplica **2** que ou aquilo que serve para aplicar alguma coisa (De *aplicar*+-*dor*)

aplicante *adj.,n.2g.* o que ou pessoa que aplica (Do lat. *applicante-*, «id.», part. pres. de *applicāre*, «aplicar»)

aplicar *v.tr.* **1** pôr ou ajustar (uma coisa sobre outra); sobrepor; adaptar **2** empregar **3** dedicar **4** infligir **5** pôr em prática ■ *v.pron.* concentrar a atenção (Do lat. *applicāre*, «aplicar»)

aplicativo *n.m.* [Brasil] INFORMÁTICA programa ou grupo de programas que executam tarefas no computador (De *aplicar*+-*tivo*)

aplicável *adj.2g.* que pode ser aplicado (De *aplicar*+-*vel*)

aplique *n.m.* objeto que se aplica ou coloca numa parede como ornamento ou iluminação (Do fr. *applique*, «id.»)

aplísia *n.f.* ZOOLOGIA molusco gastrópode do género *Aplysia*, vulgarmente conhecido por tintureira, vinagreira, etc. (Do gr. *aplysía*, «imundície»)

aplito *n.m.* PETROLOGIA rocha de granulação fina, com poucos constituintes escuros e textura peculiar, frequentemente de composição granítica (Do gr. *haplóos*, «simples»+-*ito*)

aplomado *adj.* diz-se do touro que não responde ao convite do toureiro (Do cast. *aplomado*, «pesado; grave»)

aplomb *n.m.* **1** segurança; confiança **2** arrogância; ousadia (Do fr. *aplomb*)

apneia *n.f.* MEDICINA suspensão momentânea da respiração (Do gr. *ápnoia*, «falta de respiração»)

apneosfixia /cs/ *n.f.* MEDICINA suspensão momentânea do pulso e da respiração (Do gr. *ápnoia*, «falta de respiração» +*asphyxía*, «falta de pulso»)

apneumia *n.f.* **1** ausência normal de pulmões em certos animais **2** anomalia em que se verifica ausência de pulmões (Do gr. *a-*, «sem»+*pneúmon*, «pulmão»+-*ia*)

apnêumone *adj.2g.* sem pulmões (Do gr. *a-*, «sem»+*pneúmon*, «pulmão»)

apo[1] *n.m.* timão do arado ou da charrua (De orig. obsc.)

apo[2] *adj.2g.* ⇒ **ápode** (Do gr. *ápous*, *ápodos*, «sem pé»)

apo- elemento de formação de palavras que exprime a ideia de afastamento (Do gr. *apó*, «afastado»)

apoatropina *n.f.* alcaloide que se obtém da atropina por desidratação (De *apo-*+*atropina*)

ápoca *n.f.* declaração escrita de dívida em que o devedor se obriga ao pagamento em data certa (Do gr. *apokhé*, «recibo», pelo lat. *apŏcha-*, «id.»)

apocalbase *n.f.* resina venenosa com que algumas tribos africanas ervam as flechas (Do fr. *apocalbase*, «id.»)

Apocalipse *n.m.* **1** RELIGIÃO último livro do Novo Testamento, que trata das revelações que Deus fez a S. João Evangelista e anuncia a vitória de Cristo e da Igreja sobre os seus perseguidores **2** [com minúscula] escrito ou discurso obscuro **3** [com minúscula] cataclismo; desgraça (Do grego *apokálypsis*, «revelação», pelo latim *apocalypse-*, «idem»)

apocalíptico *adj.* **1** relativo ou pertencente ao Apocalipse **2** [fig.] difícil de compreender; obscuro; sibilino **3** [fig.] que evoca o fim do mundo; catastrófico (Do gr. tard. *apokalyptikós*, «relativo a apocalipse») ACORDO ORTOGRÁFICO também se pode escrever **apocalítico**

apocalítico *adj.* a grafia mais usada é **apocalíptico**

apocapnismo *n.m.* fumigação com vapores aromáticos (Do gr. *apokapnismós*, «fumigação»)

apocarpado *adj.* ⇒ **apocárpico** (De *apocarpo*+-*ado*)

apocárpico *adj.* BOTÂNICA diz-se da flor, do gineceu, do fruto, etc., que têm origem em vários carpelos independentes entre si (De *apocarpo*+-*ico*)

apocarpo *n.m.* BOTÂNICA fruto procedente de um gineceu apocárpico (Do gr. *apó*, «afastado»+*karpós*, «fruto»)

apocatástase *n.f.* **1** ASTRONOMIA revolução periódica que reconduz os astros ao ponto de onde partiram **2** RELIGIÃO doutrina que preconizava a restauração universal, no fim do mundo, com o retorno de todos os seres à sua condição original de ausência de culpa (Do gr. *apokatástasis*, «restabelecimento», pelo lat. *apocatastăse-*, «id.»)

apocatastático *adj.* relativo à apocatástase (Do gr. *apokatastatikós*, «que volta ao mesmo ponto», pelo lat. *apocatastatĭcu-*, «id.»)

apoceirar *v.tr.* fazer poço ou caldeira à roda de (uma planta) para a regar (De *a-*+*poceira*+-*ar*)

apocinácea *n.f.* BOTÂNICA espécime das Apocináceas

Apocináceas *n.f.pl.* BOTÂNICA família de plantas dicotiledóneas, representada, em Portugal, pelo apócino, congossa, loendro ou cevadilha, etc. (De *apócino*+-*áceas*)

apocínea *n.f.* BOTÂNICA ⇒ **apocinácea**

Apocíneas n.f.pl. BOTÂNICA ⇒ **Apocináceas** (De apócino+-íneas)

apocinina n.f. princípio ativo extraído do apócino (De apócino+-ina)

apócino n.m. BOTÂNICA planta dicotiledónea, da família das Apocináceas, com propriedades vomitivas e purgativas (Do gr. apókhynon, «apócino»)

apóclise n.f. GRAMÁTICA subordinação de uma palavra átona ao acento tónico da palavra imediatamente anterior, com a qual forma um todo fonético (Do gr. apóklisis, «inclinação»)

apoclítico adj. 1 GRAMÁTICA relativo à apóclise 2 em que há apóclise 3 diz-se de uma palavra átona, subordinada ao acento tónico da palavra antecedente (Do gr. apóklitos, «inclinado» +-ico)

apocopar v.tr. fazer apócope em (De apócope+-ar)

apócope n.f. GRAMÁTICA fenómeno fonético que consiste na eliminação de um fonema ou de uma sílaba no final de um vocábulo (Do gr. apokopé, «corte», pelo lat. apocŏpe-, «id.»)

apocópico adj. em que há apócope (De apócope+-ico)

apocrifia n.f. 1 qualidade de apócrifo 2 documento ou obra apócrifa (De apócrifo+-ia)

apócrifo adj. 1 não autêntico ou cuja autenticidade não foi provada 2 diz-se dos escritos que a Igreja Católica não reconhece como pertencentes ao cânone bíblico; não canónico (Do gr. apókryphos, «oculto», pelo lat. apocrȳphu-, «id.»)

apocrisia n.f. 1 evacuação de detritos mórbidos que aparecem no decurso de uma doença 2 diarreia (Do gr. apókrisis, «secreção; resposta» +-ia)

apocrisiário n.m. 1 antigo procurador eclesiástico junto dos imperadores 2 legado do papa em Bizâncio 3 arquicapelão do palácio, na corte carolíngia (Do lat. apocrisiarĭu-, «mandatário»)

apocromático adj. FÍSICA diz-se de um sistema ótico no qual se realizou o acromatismo para três radiações do espetro visível e se corrigiu a aberração de esfericidade para duas radiações, tornando assim desprezável o espetro secundário (Do gr. apó, «afastado» +khrôma, -atos, «cor» +-ico)

apocromatismo n.m. propriedade do que é apocromático (Do gr. apó, «afastamento» +khrôma, -atos, «cor» +-ismo)

apodacrítico adj. que é próprio para provocar a secreção lacrimal (Do gr. apodakrytikós, «que faz chorar»)

apodador n.m. aquele que dirige apodos (De apodar+-dor)

apodar v.tr. 1 dirigir apodos a; motejar de 2 alcunhar, depreciando 3 comparar (Do lat. tard. apputāre, «id.»)

ápode adj.2g. diz-se do animal desprovido de membros locomotores ■ n.m. ZOOLOGIA espécime dos ápodes ■ n.m.pl. ZOOLOGIA designação de alguns grupos de animais (peixes, larvas de insetos, batráquios, répteis, etc.) desprovidos de membros locomotores (Do gr. ápous, ápodos, «sem pé»)

apodecta n.m. funcionário de finanças, na antiga Grécia (Do gr. apodéktes, «recebedor de impostos»)

apódema n.m. apófise interna do exosqueleto dos artrópodes na qual vão inserir-se alguns músculos (Do gr. apó, «afastamento» +déma, «laço»)

apodemialgia n.f. impossibilidade de permanecer no mesmo sítio; necessidade de se deslocar (Do gr. apodemía, «afastamento» +álgos, «dor» +-ia)

apodengado adj. parecido com um podengo (De a-+podengo+-ado)

apoderado¹ adj. 1 que está de posse de algo; apossado 2 dominado (Part. pass. de apoderar)

apoderado² n.m. representante de um toureiro que intervém nos contratos deste (Do cast. apoderado, «mandatário»)

apoderamento n.m. ato ou efeito de apoderar-se (De apoderar+-mento)

apoderar-se v.pron. 1 tomar posse; assenhorear-se 2 usurpar 3 conquistar; ganhar (De a-+poder+-ar)

apodia n.f. 1 qualidade do que é ápode 2 TERATOLOGIA ausência congénita de pés (Do gr. a-, «sem» +poús, podós, «pé» +-ia)

apodíctico ver nova grafia apodítico

apodídeo adj. ORNITOLOGIA relativo ou pertencente aos Apodídeos ■ n.m. ORNITOLOGIA espécime dos Apodídeos

Apodídeos n.m.pl. ORNITOLOGIA família de aves migratórias, com pés pequenos, asas alongadas e estreitas, pescoço e bico curtos, a que pertencem os andorinhões

apodioxe /cs/ n.f. recurso estilístico que consiste na recusa de um argumento por ser absurdo (Do gr. apodíoxis, «banimento»)

apoditério n.m. espécie de vestiário nos quartos de banho, entre os Gregos (Do gr. apodytérion, «vestiário», pelo lat. apodyterĭu-, «id.»)

apodítico adj. 1 que convence 2 LÓGICA necessariamente verdadeiro, quer por evidência, quer por demonstração (Do gr. apodeiktikós, «evidente», pelo lat. apodictĭcu-, «id.»)

apodixe /cs/ n.f. LÓGICA prova incontestável (Do gr. apódeixis, «demonstração», pelo lat. apodixe-, «id.»)

apodo /ô/ n.m. 1 alcunha afrontosa 2 motejo; zombaria (Deriv. regr. de apodar)

ápodo adj.,n.m. ⇒ **ápode** (Do gr. ápodos, «sem pé»)

apódose n.f. 1 GRAMÁTICA segunda parte de um período gramatical cujo sentido é complemento da primeira (prótase) 2 GRAMÁTICA oração principal de um período hipotético (condicional) (Do gr. apódosis, «restituição», pelo lat. apodŏse-, «id.»)

apodrecer v.tr.,intr. 1 tornar(-se) podre; deteriorar(-se) 2 [fig.] corromper(-se); perverter(-se) ■ v.intr. [fig.] ficar esquecido; jazer (De a-+lat. putrescĕre, «apodrecer»)

apodrecimento n.m. 1 ato ou efeito de apodrecer 2 estado de podre 3 [fig.] perversão (De apodrecer+-mento)

apodrentar v.tr.,intr. [ant.] ⇒ **apodrecer** (Do lat. putrente-, part. pres. de putrēre, «estar podre» +-ar)

apodrido adj. 1 apodrecido 2 [fig.] dorido 3 [fig.] doente (Part. pass. de apodrir)

apodrir v.intr. começar a apodrecer (De a-+lat. putrēre, «id.»)

apofântica n.f. parte da lógica que trata do juízo (De apofântico)

apofântico adj. que enuncia uma relação suscetível de ser considerada verdadeira ou falsa (Do gr. apóphansis, «declaração; afirmação» +-ico)

apófase n.f. RETÓRICA refutação do que se acaba de dizer (Do gr. apóphasis, «negação», pelo lat. apophăse-, «id.»)

apófige n.f. anel ou círculo de metal que cerca o fuste da coluna a seguir ao capitel ou à base (Do gr. apophygé, «ação de escapar», pelo lat. apophȳge-, «apófige»)

apofilite n.f. MINERALOGIA mineral afim das zeolites, silicato hidratado de cálcio e potássio, por vezes com flúor, com clivagem perfeita e cristalizado no sistema tetragonal (Do gr. apó, «distante» +phýllon, «folha» +-ite)

apófise n.f. 1 ANATOMIA saliência normal dos ossos ou peças cartilagíneas em que se verificam articulações ou inserções musculares 2 GEOLOGIA prolongamento da massa eruptiva que penetra na rocha encaixante (Do gr. apóphysis, «excrescência»)

apoflegmático adj. eficaz para excreção das fleumas (Do gr. apophlegmatikós, «próprio para a evacuação de fleumas»)

apoflegmatismo n.m. excreção dos fleumas (Do gr. apophlegmatismós, «expulsão de fleumas»)

apofonia n.f. alteração da vogal do radical de certos verbos, geralmente por influência do prefixo (Do gr. apó, «afastado; distante» +phoné, «voz» +-ia)

apoftegma n.m. dito sentencioso de personagem célebre; máxima (Do gr. apophthégma, -atos, «id.»)

apoftegmático adj. relativo a apoftegma (Do gr. apophthegmatikós, «que fala por meio de máximas»)

apogamia n.f. BOTÂNICA processo de reprodução em que não intervêm gâmetas, formando-se o embrião de uma célula vegetativa (Do gr. apó, «sem» +gámos, «casamento» +-ia)

apogeico adj. 1 BOTÂNICA 2 relativo a apogeu (De apogeu+-ico)

apogético adj. ⇒ **apogeico** (De apogeu+t+-ico)

apogeu n.m. 1 ASTRONOMIA o ponto da órbita da Lua, da órbita de um satélite artificial ou da órbita do Sol no movimento anual aparente, que fica mais afastado da Terra 2 [fig.] a maior elevação 3 [fig.] auge; momento máximo; culminância (Do gr. apógeios, «afastamento da Terra», pelo lat. apogēu, «apogeu»)

apogiatura n.f. MÚSICA pequena nota ornamental, escrita a traço muito fino, que precede uma nota real que deva ser acentuada e à qual subtrai o seu valor (Do it. appoggiatura, «apoio»)

apoginia n.f. BOTÂNICA modalidade de apogamia em que os órgãos femininos não exercitam as suas funções sexuais (Do gr. apó, «sem» +gyné, «mulher; órgão feminino» +-ia)

apografia n.f. 1 arte de fazer desenhos com o apógrafo 2 desenho feito com o apógrafo (De apógrafo+-ia)

apógrafo n.m. 1 traslado de um original 2 cópia 3 instrumento para copiar desenhos (Do gr. apographós, «transcrito», pelo lat. apogrăphu-, «id.»)

apoiado adj. 1 que tem apoio 2 baseado 3 protegido 4 patrocinado ■ n.m. 1 aplauso 2 aprovação; ~! exclamação que indica aprovação, aplauso ou assentimento

apoiante adj.2g. que apoia algo ou alguém ■ n.2g. 1 adepto 2 defensor (De apoiar+-ante)

apoia-nuca *n.m.* 1 travesseiro de madeira para senhoras, usado em África para manter o penteado 2 encosto da nuca, usado em transportes de longo curso

apoiar *v.tr.* 1 suster ou fazer suster; suportar; encostar 2 exercer pressão (sobre) 3 tornar mais firme; basear; fundamentar; reforçar 4 dar apoio a; ajudar; proteger; recomendar; favorecer 5 aplaudir ■ *v.pron.* 1 servir-se de algo ou alguém como apoio; suster-se; encostar-se; sustentar-se 2 poder contar com alguém ou com alguma coisa 3 basear-se; fundamentar-se; referir-se (Do b. lat. *appodiăre*, «id.»)

apoio *n.m.* 1 ato ou efeito de apoiar 2 tudo o que serve para amparar ou sustentar; suporte; base 3 ajuda moral ou material; proteção; auxílio 4 aprovação; ~ *judiciário* DIREITO benefício legal dado a quem demonstre não ter bens ou rendimentos que lhe permita pagar as despesas de um processo e/ou os honorários de advogado ou solicitador (Deriv. regr. de *apoiar*)

apoitar *v.tr.* ⇒ **apoutar**

apojadura *n.f.* 1 aumento intermitente de afluência de leite às mamas da mulher ou das fêmeas de animais 2 [fig.] máximo grau; auge (De *apojar*+*-dura*)

apojar *v.tr.,intr.* encher(-se) ou intumescer(-se) de leite (o seio ou a teta) ■ *v.intr.* 1 [regionalismo] chegar segunda vez o novilho à teta da mãe para lhe tirar o apojo 2 demorar-se 3 [fig.] encher-se demasiado; abarrotar (Do b. lat. *appodiăre*, «suster-se»)

apojo /ó/ *n.m.* leite mais consistente extraído da vaca, depois de tirado o primeiro, que é pouco espesso (Deriv. regr. de *apojar*)

apolainado *adj.* 1 com feitio de polaina 2 calçado de polainas (De *a-*+*polaina*+*-ado*)

apolar *adj.2g.* que não tem polos ou prolongamentos (célula nervosa) (De *a-*, «sem» +*polar*)

apoldrado *adj.* (égua) que tem ou cria um poldro (De *a-*+*poldra*+*-ado*)

apoleação *n.f.* ato ou efeito de apolear (De *apolear*+*-ção*)

apolear *v.tr.* dar tratos de polé a (De *a-*+*polé* ou *poleia*+*-ar*)

apolegadura *n.f.* ato ou efeito de apolegar (De *apolegar*+*-dura*)

apolegar *v.tr.* 1 amassar com a unha do dedo polegar 2 palpar; manusear (De *a-*+*poleg(ar)*+*-ar*)

apolejar *v.tr.* ⇒ **apolegar** (De *a-*+*polex*+*-ejar*)

apolentar¹ *v.tr.* cevar com polenta; engordar (De *a-*+*polenta*+*-ar*)

apolentar² *v.tr.* [regionalismo] apalpar a fruta com os dedos para ver se está madura (Por *apolejar*)

apolezar *v.tr.* vincar (as pregas de uma peça de vestuário ou outro objeto qualquer) (De *a-*+*polé*+*z*+*-ar*)

apólice *n.f.* 1 certificado de contrato emitido por uma companhia de seguros ao aceitar o risco proposto pelo segurado 2 ECONOMIA certificado de obrigação mercantil 3 ECONOMIA ação de uma companhia (Do gr. *apódeixis*, «prova», pelo lat. med. *apodĭxe-*, «recibo», pelo fr. *police*, «apólice»)

apolinarismo *n.m.* doutrina herética que, no séc. IV, sustentava que a união de Deus completo com o homem completo não passava de uma justaposição, e não unidade (Do antr. *Apolinário* + *-ismo*)

apolinarista *n.2g.* pessoa sectária do apolinarismo (De *Apolinário*, antr., retórico cristão gr. do séc. IV +*-ista*)

apolíneo *adj.* 1 de Apolo 2 relativo ao Sol 3 formoso como Apolo 4 FILOSOFIA (em Nietzsche, filósofo alemão, 1844-1900) em que há contemplação da beleza e da harmonia (Do lat. *apollinĕu-*, «id.»)

apolítico *adj.,n.m.* que ou aquele que não tem ideias políticas ou as não manifesta (De *a-*+*político*)

apologal *adj.2g.* 1 que contém apólogos 2 referente a apólogo 3 feito por meio de apólogos (De *apólogo*+*-al*)

apologeta *n.2g.* autor de uma apologia (texto ou discurso de defesa)

apologética *n.f.* 1 disciplina filosófico-religiosa da Teologia que expõe e defende os fundamentos da religião católica 2 argumentação em defesa de uma teoria ou doutrina (Do gr. *apologetikós*, «próprio para defesa», pelo lat. *apologetĭca-*, «apologia»)

apologético *adj.* 1 que encerra apologia; encomiástico 2 justificativo (Do gr. *apologetikós*, «próprio para defesa», pelo lat. *apologetĭcu-*, «justificativo»)

apologia *n.f.* 1 discurso ou escrito para justificar, defender ou louvar uma pessoa ou uma doutrina 2 elogio de uma pessoa ou coisa; louvor 3 defesa; justificação (Do gr. *apologia*, «defesa», pelo lat. *apologĭa-*, «id.»)

apológico *adj.* ⇒ **apologético** (De *apólogo*+*-ico*)

apologismo *n.m.* discurso apologético (Do gr. *apologismós*, «apreciação», pelo lat. *apologismu-*, «desenvolvimento de argumentos»)

apologista *adj.2g.* que faz apologia; que defende ou elogia; defensor ■ *n.2g.* 1 pessoa que faz apologia; panegirista; defensor 2 (século II) defensor da religião cristã (De *apologia*+*-ista*)

apologizar *v.tr.* fazer a apologia de (De *apologia*+*-izar*)

apólogo *n.m.* ensinamento moral sob a forma de um conto em que figuram e falam animais e até entes inanimados (Do gr. *apólogos*, «narração», pelo lat. *apologu-*, «id.»)

apoltronar-se¹ *v.pron.* tornar-se poltrão; acobardar-se (De *a-*+*poltrão*+*-ar*)

apoltronar-se² *v.pron.* sentar-se em poltrona; repimpar-se (De *a-*+*poltrona*+*-ar*)

apolvilhar *v.tr.* ⇒ **polvilhar** (De *a-*+*polvilhar*)

apomecometria *n.f.* arte de medir a distância de objetos muito afastados; telemetria (De *apomecómetro*+*-ia*)

apomecómetro *n.m.* instrumento para medir a distância de objetos muito afastados (Do gr. *apó-*, «longe» +*mékos*, «distância» +*métron*, «medida»)

apomorfina *n.f.* QUÍMICA alcaloide derivado da morfina, usado especialmente como vomitório (De *apo-*+*morfina*)

aponeurologia *n.f.* ANATOMIA estudo das aponeuroses; aponevrologia (De *aponeuro(se)*+*-logia*)

aponeurose *n.f.* ANATOMIA membrana de tecido conjuntivo fibroso que envolve os músculos, separando-os uns dos outros, ou lhes serve para inserção; aponevrose (Do gr. *aponeurōsis*, «endurecimento de tendão»)

aponeurótico *adj.* 1 que diz respeito a aponeurose 2 pertencente à aponeurose; aponevrótico (De *aponeuro(se)*+*t*+*-ico*)

aponevrologia *n.f.* ⇒ **aponeurologia** (Do fr. *aponévrologie*, «id.»)

aponevrose *n.f.* ⇒ **aponeurose** (Do fr. *aponévrose*, «id.»)

aponevrótico *adj.* ⇒ **aponeurótico** (Do fr. *aponévrotique*, «id.»)

aponitrose *n.f.* polvilhação de uma ferida com nitro (De *apo-*+*nitro*+*-ose*)

apontador *n.m.* 1 indivíduo encarregado de efetuar as medições do trabalho produzido e apontar o pessoal presente 2 livro para apontamentos 3 INFORMÁTICA símbolo visível no ecrã, geralmente em forma de seta, que indica a posição do rato 4 INFORMÁTICA elemento clicável, num documento ou numa página de internet, que permite aceder a outro documento ou a outra página 5 [Brasil] apara-lápis (De *apontar*+*-dor*)

apontamento *n.m.* 1 ato ou efeito de apontar 2 nota; registo 3 declaração 4 lembrança 5 plano (De *apontar*+*-mento*)

apontar¹ *v.tr.* 1 mostrar com o dedo ou ponteiro; indicar 2 direcionar (arma) no sentido do alvo 3 tomar apontamentos de 4 notar com sinal 5 marcar com pontos 6 numerar ■ *v.pron.* escrever o nome no livro de ponto; ~! MILITAR ordem de comando (De *a-*+*ponto*+*-ar*)

apontar² *v.tr.* 1 fazer ponta a; aguçar 2 embeber pouco (pregos) ■ *v.intr.* começar a aparecer; despontar; brotar (De *a-*+*ponta*+*-ar*)

apontear *v.tr.* ⇒ **pontear** (De *a-*+*ponto*+*-ear*)

apontoar¹ *v.tr.* 1 coser a pontos largos 2 citar a propósito (De *a-*+*ponto*+*-ar*)

apontoar² *v.tr.* pôr pontões em; especar (De *a-*+*pontão*+*-ar*)

apopléctico ver nova grafia **apoplético**

apoplético *adj.* 1 da natureza da apoplexia 2 relativo a apoplexia (Do gr. *apopléktikós*, «id.», pelo lat. *apoplectĭcu-*, «id.»)

apoplexia /cs/ *n.f.* MEDICINA suspensão súbita, completa ou incompleta, do movimento e da sensação relacionada com uma afeção cerebral, hemorragia, congestão ou derramamento sanguíneo (Do gr. *apoplexía*, «golpe violento», pelo lat. *apoplexĭa-*, «id.»)

apoquentação *n.f.* 1 ato ou efeito de apoquentar ou apoquentar-se 2 importunação 3 mal-estar (De *apoquentar*+*-ção*)

apoquentado *adj.* 1 aborrecido 2 preocupado; aflito (Part. pass. de *apoquentar*)

apoquentador *adj.,n.m.* 1 que ou o que apoquenta 2 importuno (De *apoquentar*+*-dor*)

apoquentar *v.tr.* 1 incomodar; importunar 2 afligir; amofinar 3 [ant.] vexar ■ *v.pron.* preocupar-se (De *a-*+*pouco*+*-entar*)

apor *v.tr.* 1 pôr junto; justapor 2 sobrepor 3 jungir (os bois) ao carro, etc. 4 aplicar (Do lat. *apponĕre*, «id.»)

aporema /ê/ *n.m.* LÓGICA silogismo dubitativo, no qual se apresentam raciocínios opostos com argumentos igualmente válidos (De *aporética*)

aporética *n.f.* 1 discussão de problemas sem o propósito de obter soluções 2 FILOSOFIA designação dada ao ceticismo de Pirro (filósofo cético grego, 365 - 275 a. C.) (De *aporético*)

aporético *adj.* 1 diz-se do ceticismo de Pirro 2 cético; dubitativo (Do gr. *aporetikós*, «id.»)

aporia *n.f.* 1 FILOSOFIA dificuldade de solução de um problema 2 dificuldade insolúvel 3 figura de retórica em que se simula uma hesitação, uma dúvida (Do gr. *aporía*, «embaraço; dificuldade», pelo lat. *aporĭa-*, «dúvida»)

aporisma *n.m.* 1 extravasão de sangue 2 ulceração da pele (Do b. gr. *aporísma*, «id.»)

aporismo *n.m.* problema difícil ou impossível de resolver (Do gr. *a-*, «sem» +*póros*, «passagem» +*ismo*)

áporo *adj.* de difícil resolução ■ *n.m.* aporismo (Do gr. *áporos*, «impenetrável; difícil; deficiente»)

aporobrânquio *adj.* ZOOLOGIA relativo aos aporobrânquios ■ *n.m.* ZOOLOGIA espécime dos aporobrânquios ■ *n.m.pl.* alguns grupos de animais com brânquias pouco desenvolvidas (Do gr. *áporos*, «pobre; deficiente» +*brágkhia*, «brânquias»)

aporocéfalo *adj.* diz-se de um animal cuja cabeça é pouco distinta do resto do corpo (Do gr. *áporos*, «deficiente; pobre» +*kephalé*, «cabeça»)

aporrear *v.tr.* 1 bater com um pau em; espancar 2 aporrinhar; importunar (De *a-*+*porra*+-*ear*)

aporretar *v.tr.* sovar com um porrete (De *a-*+*porrete*+-*ar*)

aporrinhação *n.f.* ato ou efeito de aporrinhar; importunação (De *aporrinhar*+-*ção*)

aporrinhar *v.tr.* 1 importunar; consumir; aporrear 2 afligir (De *a-*+*porra*+-*inha*+-*ar*)

aporrinose *n.f.* corrimento mucoso pelo nariz (Do gr. *apó*, «que provém de» +*rhis, rhinós*, «nariz» +-*ose*)

aportação *n.f.* ⇒ **aportamento** (De *aportar*+-*ção*)

aportada *n.f.* 1 chegada de um navio ao porto; aportamento 2 arriba (Part. pass. fem. subst. de *aportar*)

aportamento *n.m.* ação ou efeito de aportar; aportada (De *aportar*+-*mento*)

aportar *v.tr.,intr.* entrar em (um porto) ■ *v.tr.* trazer a um porto (De *a-*+*porto*+-*ar*)

aportelado *adj.* com portelas ou portelos (De *a-*+*portela*+-*ado*)

aportilhar *v.tr.* 1 abrir portilhas em (para dar passagem) 2 fazer portilhas em (De *a-*+*portilha*+-*ar*)

aportuguesamento *n.m.* ato ou efeito de aportuguesar(-se) (De *aportuguesar*+-*mento*)

aportuguesar *v.tr.* 1 acomodar ao gosto ou uso português 2 dar forma portuguesa a ■ *v.pron.* tornar-se semelhante ao português (De *a-*+*português*+-*ar*)

após *prep.* 1 atrás de 2 depois de; a seguir a ■ *adv.* depois; a seguir (Do lat. *ad*+*post*, «id.»)

aposentação *n.f.* [ant.] ato ou efeito de aposentar ou de se aposentar; alojamento; hospedagem 2 situação de um funcionário que, por ter completado a idade regularmente fixada, por doença ou por incapacidade física, foi dispensado do serviço; reforma 3 pensão mensal vitalícia recebida por funcionário nessa situação (De *aposentar*+-*ção*)

aposentado *adj.,n.m.* que ou pessoa que, por ter completado a idade regularmente fixada, por doença ou por incapacidade física, foi dispensada do serviço; reformado (Part. pass. de *aposentar*)

aposentador *n.m.* 1 o que aposenta 2 o que procurava aposentos para as pessoas com direito a aposentadoria (De *aposentar*+-*dor*)

aposentadoria *n.f.* 1 [ant.] ato ou efeito de aposentar ou de se aposentar; alojamento; hospedagem 2 [ant.] lugar onde alguém se hospeda; pousada 3 [Brasil] ⇒ **aposentação** 2 (De *aposentar*)

aposentamento *n.m.* ⇒ **aposentação** 1 (De *aposentar*+-*mento*)

aposentar *v.tr.* 1 conceder aposentação a 2 [ant.] dar hospedagem a; abrigar; albergar ■ *v.pron.* 1 obter aposentação; reformar-se; jubilar-se 2 alojar-se (Do port. ant. *apousentar*, de *a-*+*pousar*+-*entar*)

aposento *n.m.* 1 parte de uma casa que pode servir para uma ou mais pessoas se instalarem; quarto 2 pousada (Deriv. regr. de *aposentar*)

após-guerra *n.m.* ⇒ **pós-guerra**

aposia *n.f.* falta de apetite para líquidos (Do gr. *a-*, «sem» +*pósis*, «bebida» +-*ia*)

aposição *n.f.* 1 ação ou efeito de apor uma coisa a outra 2 ajuntamento de duas coisas 3 processo de crescimento num organismo com depósito interno ou externo de matéria 4 GRAMÁTICA relação entre dois nomes, em que o segundo caracteriza, precisa ou identifica o primeiro (Do lat. *appositiōne-*, «ajuntamento»)

aposiopese *n.f.* recurso estilístico que consiste na interrupção intencional uma frase e que pode ser representado graficamente por reticências (Do gr. *aposiópesis*, «silêncio súbito», pelo lat. *aposiopēse-*, «id.»)

apositia *n.f.* falta de apetite (Do gr. *apositía*, «id.»)

aposítico *adj.* 1 relativo à apositia 2 que faz diminuir o apetite (Do gr. *apositikós*, «id.»)

apositivo *adj.* 1 relativo a aposição 2 em que há aposição ■ *n.m.* GRAMÁTICA palavra ou grupo de palavras que se utiliza em aposição (Do lat. *appositīvu-*, «id.»)

apósito *adj.* 1 aposto 2 acomodado 3 DIREITO que se opõe à parte lesada ■ *n.m.* compressa (Do lat. *apposĭtu-*, «id.»)

apossar *v.tr.* 1 pôr de posse 2 empossar ■ *v.pron.* tomar posse; apoderar-se; assenhorear-se; conquistar (De *a-*+*posse*+-*ar*)

apossuir-se *v.pron.* ⇒ **apossar** *v.pron.* (De *a-*+*possuir*)

aposta *n.f.* 1 contrato mútuo entre pessoas que afirmam coisas diferentes, devendo a que perder cumprir para com a(s) outra(s) as condições do ajuste 2 jogo em que o ganho depende da quantia apostada e do resultado da prova ou da competição, na qual o apostador, em princípio, não participa 3 coisa ou quantia que se aposta 4 desafio (Deriv. regr. de *apostar*)

apostado *adj.* 1 resolvido 2 empenhado 3 aposto

apostador *n.m.* aquele que aposta (De *apostar*+-*dor*)

apostar *v.tr.* 1 fazer aposta de 2 asseverar; sustentar ■ *v.pron.* 1 postar-se; colocar-se 2 resolver-se 3 empenhar-se (Do lat. vulg. *appositāre*, «apostar»)

apóstase *n.f.* 1 PATOLOGIA formação de abcessos 2 apostema 3 esquírola (Do gr. *apóstasis*, «afastamento»)

apostasia *n.f.* 1 ação ou efeito de apostatar 2 RELIGIÃO abandono público da fé da Igreja a que se pertence; abjuração 3 abandono de um partido ou instituição (Do gr. *apostasía*, «id.», pelo lat. *apostasĭa-*, «id.»)

apóstata *adj.,n.2g.* que ou a pessoa que apostata (Do gr. *apostátes*, «o que se afasta», pelo lat. *apostătă-*, «id.»)

apostatar *v.tr.* renegar (a sua religião); abjurar ■ *v.intr.* abjurar o seu credo (Do lat. *apostatāre*, «id.»)

apostático *adj.* relativo à apostasia (Do lat. *apostatĭcu-*, «id.»)

apostema /ê/ *n.m.* 1 [ant.] abcesso 2 [fig.] ferida moral (Do gr. *apóstema*, «fleimão», pelo lat. *apostēma-*, «abcesso»)

apostemação *n.f.* 1 ato ou efeito de apostemar ou apostemar-se 2 apostema (De *apostemar*+-*ção*)

apostemar *v.tr.* 1 produzir apostema em 2 [fig.] corromper; estragar ■ *v.intr.,pron.* criar abcesso (De *apostema*+-*ar*)

apostemático *adj.* 1 relativo ao apostema 2 que tem carácter de apostema (Do gr. *apóstema, -atos*, «abcesso» +-*ico*)

apostemoso *adj.* ⇒ **apostemático** (De *apostema*+-*oso*)

a posteriori *loc.* do efeito para a causa; pelas razões que vêm depois (Do lat.)

apostia *n.f.* TERATOLOGIA ausência congénita de prepúcio (Do gr. *a-*, «sem» +*pósthe*, «prepúcio»)

apostila *n.f.* 1 anotação à margem de um escrito 2 nota que se acrescenta a um papel público sob a forma de anotação à margem 3 [Brasil] sebenta (Do fr. *apostille*, «anotação»)

apostilador *n.m.* 1 aquele que faz apostilas 2 anotador (De *apostilar*+-*dor*)

apostilar *v.tr.* 1 fazer apostilas em 2 explicar (um escrito) (De *apostila*+-*ar*)

apostilha *n.f.* ⇒ **apostila**

aposto /ô/ *adj.* 1 junto a outro; encostado 2 atrelado; aparelhado 3 alinhado 4 pronto 5 [fig.] com boa apresentação ■ *n.m.* segundo a gramática tradicional, função sintática equivalente à de modificador apositivo do nome (Do lat. **appostu-*, de *appositu-*, part. pass. de *apponĕre*, «pôr junto de»)

apostolado *n.m.* 1 missão de apóstolo 2 conjunto dos doze apóstolos ■ *adj.* doutrinado por um apóstolo (Do lat. *apostolātu-*, «id.»)

apostolar *v.tr.* 1 pregar ou ensinar publicamente (uma doutrina) à maneira dos apóstolos 2 difundir pela pregação; apostolizar; doutrinar; evangelizar (De *apóstolo*+-*ar*)

apostolicidade *n.f.* 1 carácter do que é apostólico 2 conformidade com a doutrina pregada pelos apóstolos (De *apostólico*+-*i-*+-*dade*)

apostólico *adj.* 1 que diz respeito a apóstolo 2 relativo ao papa 3 que depende do papa (Do lat. *apostolĭcu-*, «id.»)

apostolização *n.f.* 1 ato ou efeito de apostolizar 2 apostolado (De *apostolizar*+-*ção*)

apostolizar *v.tr.* ⇒ **apostolar** (De *apóstolo*+-*izar*)

apóstolo *n.m.* 1 RELIGIÃO cada um dos doze discípulos de Cristo encarregados de pregar o Evangelho 2 [fig.] propagandista dedicado de uma ideia 3 [fig.] missionário de fama (Do gr. *apóstolos*, «enviado», pelo lat. *apostŏlu-*, «apóstolo»)

apostrofar[1] *v.tr.* 1 dirigir apóstrofes a; interpelar; invetivar 2 insultar; injuriar (De *apóstrofe*+-*ar*)

apostrofar[2] *v.tr.* colocar apóstrofo em (De *apóstrofo*+-*ar*)

apóstrofe

apóstrofe *n.f.* **1** recurso estilístico que consiste numa interpelação a alguém realizada através da utilização do vocativo e do discurso direto **2** palavra ou expressão que indica o destinatário da mensagem (ex.: *você aí*) **3** frase injuriosa; invetiva (Do gr. *apostrophé*, «ação de virar-se», pelo lat. *apostrŏphe*-, «apóstrofe»)

apóstrofo *n.m.* sinal gráfico (') usado em português, designativo da elisão de uma ou mais letras, numa palavra (Do gr. *apóstrophos*, «que se desvia», pelo lat. *apostrŏphu*-, «apóstrofo»)

apostura *n.f.* **1** posição do corpo **2** atitude; garbo **3** *pl.* NÁUTICA as últimas peças das balizas e madeiros de encher que formam o costado superior à cinta do navio (Do lat. *positūra*-, «postura; posição»)

apotanásia *n.f.* ciência de prolongar a vida (Do gr. *apó*, «afastado» +*thánatos*, «morte» +*-ia*)

apoteca *n.f.* BOTÂNICA receptáculo, tipicamente discoide, em forma de taça, onde se formam elementos reprodutores em certos fungos e líquenes (Do gr. *apothḗkē*, «depósito»)

apotécia *n.f.* BOTÂNICA ⇒ **apoteca**

apotecial *adj.2g.* BOTÂNICA relativo ou pertencente à apotécia

apotécio *n.m.* ⇒ **apoteca** (Do gr. *apothḗkē*, «depósito; armazém», pelo lat. *appotecīu*-, «id.»)

apotegma *n.m.* história breve, com intuito moral, atribuída a uma personalidade notável e rematada por um dito sentencioso que se reproduz em discurso direto (Do gr. *apóphthegma*, -*atos*, «sentença»)

apotegmático *adj.* que encerra apotegma (Do gr. *apophthegmatikós*, «id.»)

apotegmatismo *n.m.* emprego ou uso de apotegmas (Do gr. *apóphthegma*, -*atos*, «sentença» +*-ismo*)

apótema *n.m.* **1** GEOMETRIA segmento de reta que une o centro de um polígono regular ao ponto médio de um dos seus lados **2** GEOMETRIA segmento de reta que une o centro de uma circunferência ao ponto médio de uma corda **3** GEOMETRIA segmento de reta que une o vértice de uma pirâmide regular reta ao ponto médio de uma aresta da base (Do gr. *apotíthemi*, «abaixar»)

apotentar *v.tr.* tornar potente (De *a-*+*potente*+*-ar*)

apoteosar *v.tr.* fazer a apoteose de; glorificar (De *apoteose*+*-ar*)

apoteose *n.f.* **1** colocação de uma pessoa na categoria dos deuses; deificação **2** homenagem grandiosa **3** cena final de certos espetáculos (Do gr. *apothéosis*, «divinização», pelo lat. *apotheōse*-, «apoteose», pelo fr. *apothéose*, «id.»)

apoteótico *adj.* **1** que encerra apoteose **2** elogioso (De *apoteo(se)*+*t*+*-ico*)

apótese *n.f.* CIRURGIA posição que se deve dar a um membro fraturado depois de ligado (Do gr. *apóthesis*, «abaixamento», pelo lat. *apothēse*-, «id.»)

apótipo *n.m.* em sistemática, exemplar que serviu de base para a descrição incompleta de uma espécie (Do gr. *apó-*, «origem» +*týpos*, «tipo»)

apótomo *n.m.* diferença entre duas quantidades incomensuráveis (Do gr. *apótomos*, «dividido»)

apoucamento *n.m.* **1** ato ou efeito de apoucar ou de apoucar-se **2** rebaixamento; amesquinhamento; abatimento **3** acanhamento; pusilanimidade (De *apoucar*+*-mento*)

apoucar *v.tr.* **1** fazer pouco de; amesquinhar **2** desprezar **3** reduzir a pouco ■ *v.pron.* humilhar-se (De *a-*+*pouco*+*-ar*)

apoutar *v.tr.* segurar (a embarcação), lançando a pouta ao fundo (De *a-*+*pouta*+*-ar*)

apózema *n.m.* cozimento medicinal em que entram várias substâncias vegetais (Do gr. *apózema*, «decocção», pelo lat. *apozēma*-, «id.»)

applet *n.f./m.* INFORMÁTICA aplicação que é executada no contexto de outro programa (Do ing. *applet*, «id.»)

apraxia /cs/ *n.f.* MEDICINA perturbação da motricidade, caracterizada pela incapacidade de realizar atos voluntários adaptados, sem que haja paralisia (Do gr. *apraxía*, «inércia»)

aprazador *n.m.* aquele que apraza (De *aprazar*+*-dor*)

aprazamento *n.m.* **1** ato ou efeito de aprazar ou de aprazar-se **2** emprazamento **3** citação em juízo (De *aprazar*+*-mento*)

aprazar *v.tr.* **1** marcar prazo a **2** ajustar; combinar **3** citar alguém em juízo ■ *v.pron.* ajustar com outro (De *a-*+*prazo*+*-ar*)

aprazedor *adj.* que apraz; aprazível (De *aprazer*+*-dor*)

aprazer *v.tr.*,*intr.*,*pron.* proporcionar prazer (a alguém ou a si próprio); agradar(-se); deleitar(-se) (De *a-*+*prazer*)

aprazibilidade *n.f.* **1** qualidade do que é aprazível **2** faculdade de se sentir satisfeito (De *aprazível*+*-i-*+*-dade*)

aprazimento *n.m.* **1** ato ou efeito de aprazer ou de aprazer-se **2** agrado; contentamento **3** beneplácito (De *aprazer*+*-i-*+*-mento*)

aprazível *adj.2g.* **1** que apraz; agradável; ameno **2** grato **3** harmonioso (De *a-*+*prazível*)

apre *interj.* exprime irritação ou desprezo (De orig. obsc.)

apreçador *n.m.* o que apreça; avaliador (De *apreçar*+*-dor*)

apreçamento *n.m.* ato ou efeito de apreçar (De *apreçar*+*-mento*)

apreçar *v.tr.* **1** indagar ou ajustar o preço de **2** avaliar; estimar (Do lat. *appretiăre*, «avaliar»)

apreciação *n.f.* **1** ato ou efeito de apreciar **2** ato de determinar o preço ou valor de alguma coisa; estimação; avaliação **3** facto de julgar; julgamento; consideração; opinião **4** valorização; estima (Do lat. *appretiatiōne*-, «id.»)

apreciador *n.m.* o que ou o que aprecia (De *apreciar*+*-dor*)

apreciamento *n.m.* ⇒ **apreciação** (De *apreciar*+*-mento*)

apreciar *v.tr.* **1** dar apreço a; avaliar **2** julgar **3** considerar; estimar ■ *v.pron.* ECONOMIA (moeda) aumentar o próprio valor (Do lat. *appretiăre*, «id.»)

apreciativo *adj.* **1** que denota apreço **2** que procede por estimação (De *apreciar*+*-tivo*)

apreciável *adj.2g.* **1** que se pode apreciar ou avaliar; mensurável **2** que pode ser percebido; percetível **3** digno de estima; estimável **4** de grande dimensão ou importância; significativo; considerável **5** diz-se da forma que exprime um determinado juízo de valor (De *apreciar*+*-vel*)

apreço /ê/ *n.m.* **1** valor que se atribui a alguma coisa **2** estima, consideração, respeito que se tem por alguém ou por algo; *em ~ de que se trata/fala*; que está em questão (Deriv. regr. de *apreçar*)

apreendedor *adj.*,*n.m.* que, aquilo ou aquele que apreende; apreensor (De *apreender*+*-dor*)

apreender *v.tr.* **1** tomar posse judicialmente de (mercadoria, objeto); confiscar **2** prender; capturar **3** assimilar; compreender (ideia, informação) **4** cismar em (Do lat. *apprehendĕre*, «id.»)

apreensão *n.f.* **1** ato ou efeito de apreender; tomada **2** perceção **3** cisma; preocupação **4** DIREITO modo de conservar uma prova (Do lat. *apprehensiōne*-, «id.»)

apreensibilidade *n.f.* qualidade do que é apreensível (Do lat. *apprehensibĭle*-, «apreensível» +*-i-*+*-dade*)

apreensiva *n.f.* faculdade de apreender (De *apreensivo*)

apreensível *adj.2g.* **1** que pode ser apreendido **2** compreensível (Do lat. *apprehensibĭle*-, «id.»)

apreensivo *adj.* **1** que apreende **2** cismático; preocupado (Do lat. *apprehensu*-, *part. pass.* de *apprehendĕre*, «apreender; compreender» +*-ivo*)

apreensor *adj.*,*n.m.* que ou o que apreende; apreendedor (Do lat. *apprehensōre*-, «id.»)

apreensório *adj.* **1** que serve para apreender **2** em virtude do qual se apreende (Do lat. *apprehensu*-, *part. pass.* de *apprehendĕre*, «compreender; apreender» +*-ório*)

aprefixar /cs/ *v.tr.* juntar prefixo a (palavra) (De *a-*+*prefixo*+*-ar*)

apregoador *adj.*,*n.m.* que ou aquele que apregoa; pregoeiro (De *apregoar*+*-dor*)

apregoar *v.tr.* **1** anunciar por meio de pregão **2** dizer em voz alta **3** ler na igreja (os proclamas de noivos) **4** divulgar; publicar **5** convocar ■ *v.pron.* gabar-se (De *a-*+*pregão*+*-ar*)

apremedeira *n.f.* instrumento para apremer (De *apremer*+*-deira*)

apremer *v.tr.* ⇒ **premer** (Do lat. *apprimĕre*, «apertar»)

aprendente *adj.2g.*,*n.2g.* que ou pessoa que está a aprender (por oposição a *ensinante*) (De *aprender*+*-ente*)

aprender *v.tr.*,*intr.* **1** adquirir conhecimento ou domínio (de assunto, matéria, etc.) através do estudo ou da prática; instruir-se **2** tornar-se hábil (em) **3** tornar-se capaz (de) pouco a pouco ■ *v.intr.* melhorar o comportamento (Do lat. *apprehendĕre*, «compreender»)

aprendiz *n.m.* **1** pessoa que está a aprender uma arte ou uma profissão **2** pessoa que começa a aprender algo; principiante **3** pessoa que tem pouca experiência e/ou poucos conhecimentos de uma dada área; novato **4** primeiro grau da maçonaria (Do fr. *apprenti*, «id.»)

aprendizado *n.m.* **1** ato ou efeito de aprender; aprendizagem **2** tempo em que se aprende **3** condição de aprendiz **4** prática inicial do que se aprendeu; experiência; tirocínio (De *aprendiz*+*-ado*)

aprendizagem *n.f.* **1** aquisição de conhecimentos através da experiência ou do ensino; aprendizado **2** tempo em que se aprende (Do prov. *aprendisage*, «id.»)

apresador *n.m.* o que apresa; captor (De *apresar*+*-dor*)

apresamento *n.m.* **1** ato ou efeito de apresar **2** MILITAR ato pelo qual o captor de um navio substitui o capitão, dá ordens à equipagem e considera apreendidos o navio e a carga, de que passa a dispor, sem prejuízo de ulterior julgamento (De *apresar+-mento*)

apresar *v.tr.* **1** tomar como presa **2** apreender; capturar; agarrar (De *a-+presa+-ar*)

apresentação *n.f.* **1** ato ou maneira de apresentar **2** proposta para um cargo ou benefício **3** ação de apresentar uma pessoa a outra ou a outras **4** ato durante o qual se apresenta algo ou alguém publicamente; exibição **5** forma como uma coisa é apresentada; condicionamento; embalagem **6** aparência de uma pessoa em sociedade; aspeto **7** MEDICINA modo como o feto se apresenta à entrada do útero, no início do parto (De *apresentar+-ção*)

apresentado *n.m.* aquele que uma pessoa apresenta a outra (Part. pass. subst. de *apresentar*)

apresentador *adj.* que faz uma apresentação ▪ *n.m.* **1** aquele que apresenta **2** pessoa que apresenta um programa ou um espetáculo na rádio ou na televisão (De *apresentar+-dor*)

apresentante *adj.,n.2g.* ⇒ **apresentador** (De *apresentar+-ante*)

apresentar *v.tr.* **1** dar a conhecer uma pessoa a outra ou a outras **2** pôr na presença de **3** propor uma pessoa para um cargo ou benefício; inscrever; nomear **4** expor à vista; exibir; mostrar **5** submeter à apreciação de **6** fazer a exposição de um tema ou trabalho; expressar **7** descrever; definir ▪ *v.pron.* **1** comparecer mostrar-se; patentear-se **3** ter determinado aspeto ou aparência **4** MEDICINA aparecer à entrada do útero (feto); ~ *armas* MILITAR levar a arma à frente, verticalmente, em continência a um oficial superior ou general; ~ *credenciais* apresentar-se ao Chefe de Estado de um país para onde é enviado; ~*-se em juízo* comparecer em tribunal (Do lat. *praesentare*, «id.»)

apresentável *adj.2g.* **1** que se pode apresentar **2** digno de ser apresentado **3** de boa apresentação (De *apresentar+-vel*)

apresigar *v.tr.* comer com presigo (De *a-+presigo+-ar*)

apresigo *n.m.* conduto; presigo (De *a-+presigo*)

apresilhar *v.tr.* **1** prender com presilha **2** prover de presilha (De *a-+presilha+-ar*)

apressado *adj.* **1** que tem pressa ou age com pressa; rápido; breve **2** impaciente; ansioso **3** precipitado; irrefletido

apressador *adj.,n.m.* que ou o que apressa (De *apressar+-dor*)

apressar *v.tr.* **1** dar pressa a **2** tornar mais rápido; acelerar **3** pressionar ▪ *v.pron.* **1** proceder com pressa **2** despachar-se (De *a-+pressa+-ar*)

apressuramento *n.m.* **1** ato ou efeito de apressurar **2** pressa **3** aceleração (De *apressurar+-mento*)

apressurar *v.tr.* **1** tornar pressuroso **2** acelerar; apressar (De *a-+ant. pressura* [= pressa] *+-ar*)

aprestação *n.f.* ⇒ **aprestamento** (De *aprestar+-ção*)

aprestador *adj.,n.m.* que ou aquele que apresta (De *aprestar+-dor*)

aprestamento *n.m.* **1** ato ou efeito de aprestar; aparelhamento **2** preparação (De *aprestar+-mento*)

apréstamo *n.m.* [ant.] ⇒ **préstamo 2** prestimónio **3** propriedade sujeita a préstamo (De *a-+préstamo*)

aprestar *v.tr.* **1** tornar prestes; aprontar **2** aparelhar **3** dispor ▪ *v.pron.* preparar-se; aprontar-se (De *a-+presto* ou *preste[s]+-ar*)

apreste *n.m.* ⇒ **apresto**¹

apresto¹ *n.m.* **1** todo o material necessário para certo fim; equipamento **2** preparativo **3** mantimentos **4** munições (Derivação regressiva de *aprestar*)

apresto² *adv.* [Cabo Verde] em prestações (Do crioulo cabo-verdiano *aprestasom*, forma reduzida)

apresuntado *adj.* que tem aspeto de presunto (De *a-+presunto+-ado*)

aprico *adj.* **1** [poét.] abrigado **2** bem exposto ao sol (Do lat. *aprīcu-*, «id.»)

aprilino *adj.* **1** relativo ao mês de abril **2** [fig.] fresco; viçoso; jovem (Do lat. *aprīle-*, «abril» *+-ino*)

aprimoramento *n.m.* ato ou efeito de aprimorar ou de aprimorar-se (De *aprimorar+-mento*)

aprimorar *v.tr.* **1** tornar primoroso **2** fazer com primor; aperfeiçoar ▪ *v.pron.* esmerar-se (De *a-+primor+-ar*)

aprincesar-se *v.pron.* tomar modos de princesa (De *a-+princesa+-ar*)

a priori *loc.* de acordo com os princípios anteriores à experiência; à primeira vista; *argumento* ~ argumento em que se parte da causa para o efeito (Do lat. *a priōri*, «à primeira vista»)

aprioridade *n.f.* qualidade do que é a priori (independente da experiência) (Do lat. *a priōri*, «à primeira vista» *+-i-+-dade*)

apriorismo *n.m.* doutrina que admite princípios ou formas a priori do pensamento (tem muitas vezes sentido pejorativo) (Do lat. *a priōri*, «à primeira vista» *+-ismo*, ou do fr. *apriorisme*, «id.»)

apriorista *n.2g.* pessoa que segue o apriorismo (Do lat. *a priōri*, «à primeira vista» *+-ista*, ou do fr. *aprioriste*, «id.»)

apriorístico *adj.* **1** relativo ao apriorismo **2** em que há aprioridade (De *apriorista+-ico*)

apriscar *v.tr.* recolher em aprisco; encurralar ▪ *v.pron.* recolher-se ao aprisco; abrigar-se (Do lat. *apressicāre, «apertar»)

aprisco *n.m.* **1** casa feita de ramagens onde se recolhem as ovelhas para se abrigarem ou serem ordenhadas; curral; redil **2** covil; toca **3** [fig.] casa humilde **4** [fig.] o seio da Igreja (Deriv. regr. de *apriscar*)

aprisionamento *n.m.* ato ou efeito de aprisionar; apresamento (De *aprisionar+-mento*)

aprisionar *v.tr.* fazer prisioneiro; capturar; prender (Do lat. *a(d)-+prehensiōne-*, «prisão» *+-ar*)

aproamento *n.m.* ato ou efeito de aproar (De *aproar+-mento*)

aproar *v.tr.* dirigir em certa direção a proa de (navio) ▪ *v.intr.* **1** dar entrada (o barco) **2** arribar (De *a-+proa+-ar*)

aprobativo *adj.* que encerra ou indica aprovação (Do lat. *approbatīvu-*, «id.»)

aprobatório *adj.* ⇒ **aprobativo** (Do lat. *approbāre*, «aprovar; reconhecer» *+-tório*)

aproctia *n.f.* anomalia caracterizada pela falta de ânus (Do gr. *a-*, «sem» *+proktós*, «ânus» *+-ia*)

aprocto *adj.,n.m.* que ou aquele que padece de aproctia (Do gr. *a-*, «sem» *+proktós*, «ânus»)

aproejar *v.intr.* ⇒ **aproar** (De *a-+proa+-ejar*)

aprofundação *n.f.* ⇒ **aprofundamento** (De *aprofundar+-ção*)

aprofundamento *n.m.* ato ou efeito de aprofundar (De *aprofundar+-mento*)

aprofundar *v.tr.* **1** tornar mais fundo ou profundo **2** fazer entrar para dentro; enterrar **3** tornar mais intenso; intensificar **4** estudar (um assunto) minuciosamente; investigar a fundo ▪ *v.pron.* embrenhar-se; concentrar-se; penetrar (De *a-+profundo+-ar*)

aprontação *n.f.* ⇒ **aprontamento** (De *aprontar+-ção*)

aprontamento *n.m.* ato ou efeito de aprontar (De *aprontar+-mento*)

aprontar *v.tr.* **1** pôr pronto; preparar **2** aparelhar ▪ *v.tr.,intr.* [Brasil] fazer algo impróprio, maldoso ou travesso ▪ *v.pron.* pôr-se pronto; preparar-se (De *a-+pronto+-ar*)

apropinquação *n.f.* ato ou efeito de apropinquar; aproximação (Do lat. *appropinquatiōne-*, «aproximação»)

apropinquar *v.tr.* aproximar (Do lat. *appropinquāre*, «id.»)

apropositar *v.tr.* fazer com que venha a propósito ▪ *v.pron.* **1** adquirir propósito **2** tornar-se sério **3** preparar-se para fazer uma coisa em condições (De *a-+propósito+-ar*)

a-propósito *n.m.* graça que se diz ou facto que se conta inspirado no assunto em questão; aparte; *não ter* ~ não ter graça, ser incorreto

apropriação *n.f.* ato ou efeito de apropriar ou de apropriar-se (Do lat. *appropriatiōne-*, «id.»)

apropriado *adj.* **1** próprio; indicado **2** indicado **3** adaptado **4** oportuno (Part. pass. de *apropriar*)

apropriador *adj.* que apropria ▪ *n.m.* empregado chapeleiro que tem a seu cargo o acabamento de chapéus (apropriagem) (De *apropriar+-dor*)

apropriagem *n.f.* acabamento dos chapéus (De *apropriar+-agem*)

apropriar *v.tr.* **1** tornar próprio; adaptar; acomodar **2** aplicar; atribuir ▪ *v.pron.* assenhorear-se (Do lat. *appropriāre*, «id.»)

aprosado *adj.* diz-se do verso solto parecido com a prosa

aprosar *v.tr.* **1** transformar um verso em prosa **2** compor verso semelhante a prosa (De *a-+prosa+-ar*)

aprosexia /cs/ *n.f.* dificuldade em fixar a atenção (Do gr. *aprosexía*, «id.»)

aprosopia *n.f.* qualidade de aprosopo (De *aprosopo+-ia*)

aprosopo *adj.* diz-se do que apresenta falta congénita da face (Do gr. *a-*, «sem» *+prósopon*, «face»)

aprovação *n.f.* **1** ação ou efeito de aprovar **2** consentimento; confirmação **3** aplauso; adesão **4** bom resultado em exame (Do lat. *approbatiōne-*, «id.»)

aprovador *adj.,n.m.* que ou aquele que aprova (Do lat. *approbatōre-*, «id.»)

aprovar *v.tr.* **1** dar aprovação a **2** ter uma opinião favorável de **3** autorizar **4** julgar apto ou habilitado em exame (Do lat. *approbāre*, «id.»)

aprovativo adj. ⇒ **aprobativo** (De aprovar+-tivo)
aprovável adj.2g. que merece ser aprovado (Do lat. approbabĭle-, «id.»)
aproveitabilidade n.f. qualidade do que é aproveitável (De aproveitável+-i-+-dade)
aproveitação n.f. 1 ato ou efeito de aproveitar; aproveitamento 2 utilização 3 proveito (De aproveitar+-ção)
aproveitador adj.,n.m. 1 que ou aquele que (se) aproveita 2 económico; poupado (De aproveitar+-dor)
aproveitamento n.m. 1 ato ou efeito de aproveitar 2 proveito 3 utilização 4 rendimento escolar avaliado periodicamente (De aproveitar+-mento)
aproveitante adj.,n.2g. que ou pessoa que aproveita (De aproveitar+-ante)
aproveitar v.tr. 1 tirar proveito de 2 utilizar 3 não deitar fora ■ v.intr. 1 dar, fazer proveito 2 ser útil ■ v.pron. 1 valer-se de 2 abusar da ingenuidade ou simpatia de (alguém) (De a-+proveito+-ar)
aproveitável adj.2g. 1 que pode ser aproveitado 2 vantajoso (De aproveitar+-vel)
aprovisionamento n.m. 1 ato ou efeito de aprovisionar; abastecimento 2 conjunto de provisões (De aprovisionar+-mento)
aprovisionar v.tr. 1 munir de provisões 2 abastecer; prover ■ v.intr.,pron. fazer provisões (De a-+lat. provisiõne-, «provisão» +-ar)
aproximação n.f. 1 ato ou efeito de aproximar ou de aproximar-se 2 proximidade 3 determinação de um valor que, sem ser o exato, não é muito diferente deste 4 [fig.] tentativa de reconciliação 5 MATEMÁTICA resultado aproximado 6 MATEMÁTICA processo para obter um resultado aproximado 7 (lotaria) número cujo último algarismo é imediatamente superior ou inferior ao último do número premiado (De aproximar+-ção)
aproximar v.tr. 1 trazer para mais perto 2 encurtar a distância entre 3 relacionar; combinar 4 reconciliar ■ v.pron. 1 acercar-se 2 ter certa semelhança (Do lat. approximāre, «id.»)
aproximativo adj. 1 em que há aproximação 2 que aproxima 3 aproximado ou feito por aproximação (De aproximar+-tivo)
aprumação n.f. ato de aprumar (De aprumar+-ção)
aprumar v.tr. 1 pôr a prumo; pôr em posição vertical; levantar 2 endireitar ■ v.pron. 1 endireitar-se 2 vestir-se com elegância 3 mostrar-se altivo; empertigar-se 4 portar-se corretamente (De a-+prumo+-ar)
aprumo n.m. 1 ato ou efeito de aprumar(-se) 2 posição vertical 3 [fig.] correção (Deriv. regr. de aprumo)
apsará n.f. [Índia] ninfa das águas (Do sânsc. apsará, «água bulicosa»?)
apside n.f. 1 ASTRONOMIA ponto em que um planeta se encontra mais afastado ou mais próximo do astro em torno do qual efetua o movimento de translação 2 ARQUITETURA ⇒ **abside**; *linha das apsides* eixo maior da elipse descrita aparentemente pelo Sol em torno da Terra (Do gr. apsís, -ídos, «arco; abóbada», pelo lat. apsĭde-, «id.»)
ápside n.f. ⇒ **apside**
apsiquia n.f. (pouco usado) perda da consciência ou dos sentidos; desmaio; desfalecimento (Do gr. apsykhía, «id.»)
apsiquismo n.m. falta absoluta de inteligência; idiotismo (De a-, «sem» +psiquismo)
apsitiria n.f. 1 paralisia das cordas vocais 2 afonia especial (Do gr. a-, «sem» +psithyrós, «murmurante» +-ia)
aptar v.tr. 1 tornar apto 2 adaptar (Do lat. aptāre, «adaptar»)
apteira n.f. BOTÂNICA planta tropical da família das Leguminosas, cuja casca tem aplicações terapêuticas e industriais e cujas folhas são utilizadas como tabaco (Do mar. aptá, «id.»)
apterigianos n.m.pl. ⇒ **apterígios** (De apterígio+-ano)
apterígios n.m.pl. ZOOLOGIA grupo de animais desprovidos de barbatanas ou asas (Do gr. aptérygos, de a-, «sem» +ptéryx, ptérygos, «asa»)
apterigogénios n.m.pl. ZOOLOGIA grupo de insetos primitivos, desprovidos de asas e sem metamorfoses; apterigotas; ápteros (Do gr. aptérygos, «sem asas» +génos, «nascimento»)
apterigotas n.m.pl. ⇒ **apterigogénios** (Do fr. aptérigotes, «id.»)
aptério n.m. edifício grego sem colunas nas fachadas laterais (De ápteros, «sem asas» +-io)
aptérix n.m.2n. ORNITOLOGIA ave corredora neozelandesa do tamanho de uma galinha, de plumagem acastanhada, bico fino e longo, sem cauda e com as asas atrofiadas (Do gr. a-, «sem»+ptéryx, -ygos, «asa»)
áptero adj. que é desprovido de asas ■ n.m. ZOOLOGIA espécime dos apterigogénios ■ n.m.pl. 1 ZOOLOGIA ⇒ **apterigogénios** 2 [ant.] grupo de artrópodes sem asas (Do gr. ápteros, «sem asas», pelo fr. aptère, «id.»)

apterogénios n.m.pl. ⇒ **apterigogénios** (De áptero+-génio)
apterologia n.f. estudo dos insetos ápteros (Do gr. ápteros, «sem asas» +lógos, «estudo» +-ia)
apterólogo n.m. indivíduo que se dedica à apterologia (Do gr. ápteros, «sem asas» +lógos, «estudo»)
aptialia n.f. MEDICINA falta ou diminuição da saliva (Do gr. a-, «sem» +ptýalon, «saliva» +-ia)
aptialismo n.m. ⇒ **aptialia** (De aptialia+-ismo)
áptico n.m. PALEONTOLOGIA opérculo calcário dos amonoides, formado por duas peças simétricas, não coalescentes (Do gr. a-, «sem» +ptykhós, «dobra; prega»)
aptidão n.f. 1 capacidade para fazer alguma coisa; habilidade 2 disposição inata que, por desenvolvimento natural, pelo exercício, ou pela educação, se torna uma capacidade; vocação; queda 3 conjunto de requisitos necessários para o desempenho de determinada atividade ou função (Do lat. aptitudĭne-, «id.»)
aptificar v.tr. tornar apto (Do lat. aptificāre, «id.»)
aptitude n.f. ⇒ **aptidão** (Do lat. aptitudĭne-, pelo fr. aptitude, «aptidão»)
apto adj. 1 que tem aptidão; capaz; hábil 2 conveniente 3 idóneo (Do lat. aptu-, «id.»)
apuamento n.m. 1 ato ou efeito de apuar 2 alanceamento (De apuar+-mento)
apuar v.tr. 1 dar forma de pua a 2 guarnecer de puas 3 [fig.] afligir; ralar (De a-+pua+-ar)
apucarado adj. com forma de púcaro (De a-+púcaro+-ado)
apudorado adj. que revela pudor; pudico (De a-+pudor+-ado)
apulhastrar-se v.pron. tornar-se pulhastro (De a-+pulhastro+-ar)
apuliano adj.,n.m. ⇒ **apuliense** (De Apúlia, top. +-ano)
apúlico adj. ⇒ **apuliense** adj.2g. (De Apúlia, top. +-ico)
apuliense adj.2g. referente à Apúlia, região da Itália meridional ■ n.m. dialeto da Apúlia ■ n.2g. natural ou habitante da Apúlia (De Apúlia, top. +-ense)
apúlio adj. relativo à Apúlia (De Apúlia, top.)
apunga n.f. trombeta de marfim (Angola) (De orig. onom.)
apunhalado adj. 1 ferido com punhal 2 [fig.] compungido; ofendido 3 designativo de uma variedade de rolas ou de uma variedade de pombas com malha vermelha no peito
apunhalante adj.2g. 1 que apunhala 2 [fig.] pungente; dilacerante (De apunhalar+-ante)
apunhalar v.tr. 1 cravar punhal em 2 [fig.] afligir muito; ofender gravemente 3 [fig.] trair (De a-+punhal+-ar)
apunhar v.tr. dar punhadas a; esmurrar (De a-+punho+-ar)
apupada n.f. ato de apupar (Part. pass. subst. de apupar)
apupar v.tr. 1 perseguir com apupos; dirigir vaias a 2 gritar contra 3 (caça) tocar a buzina para se reunirem os monteiros (De orig. onom.)
apupo n.m. 1 demonstração de desagrado por meio de gritos ou assobios; vaia 2 espécie de búzio de som desabrido (Deriv. regr. de apupar)
apuração n.f. 1 ato ou efeito de apurar; apuramento 2 seleção (De apurar+-ção)
apurador n.m. o que apura (De apurar+-dor)
apuramento n.m. 1 ato ou efeito de apurar 2 exame 3 seleção 4 contagem de votos 5 liquidação (De apurar+-mento)
apurar v.tr. 1 tornar puro; purificar 2 tornar mais perfeito; refinar 3 selecionar 4 afinar (metais) 5 CULINÁRIA tornar mais concentrado a nível de sabor e consistência, através da cozedura lenta 6 cobrar; receber 7 indagar; averiguar ■ v.pron. 1 purificar-se 2 esmerar-se (De a-+puro+-ar)
apurativo adj. 1 que apura 2 depurativo 3 detersivo; purificante (De apurar+-tivo)
apuro n.m. 1 ato ou efeito de apurar 2 rendimento diário das vendas num estabelecimento de retalho 3 quantia arrecadada 4 perfeição 5 elegância; requinte 6 [fig.] angústia 7 [fig.] aperto; dificuldade; sarilho; *ver-se em apuros* estar em dificuldade (Deriv. regr. de apurar)
apurpurado adj. 1 coberto de púrpura 2 tirante a cor de púrpura; avermelhado (De a-+púrpura+-ado)
aquacultura n.f. 1 cultura em água 2 criação de peixes, crustáceos, etc., em viveiros aquáticos; aquicultura (Do lat. aqŭa-, «água» +cultūra-, «cultura»)
aquadrelar v.tr. 1 dividir em quadrelas 2 enumerar (De a-+quadrela+-ar)
aquadrilhamento n.m. 1 ato ou efeito de aquadrilhar ou de aquadrilhar-se 2 bando; quadrilha (De aquadrilhar+-mento)
aquadrilhar v.tr. 1 formar quadrilha de 2 alistar em quadrilha ■ v.pron. juntar-se em quadrilha (Do cast. acuadrillar, «id.»)

aquaforte *n.f.* ⇒ **água-forte** (Do it. *acquaforte*, «id.»)
aquafortista *adj.,n.2g.* ⇒ **água-fortista** (De *aquaforte+-ista*, do it. *acquafortista*, «id.»)
aquamanil *n.m.* recipiente em forma de animal ou de figura antropomórfica, onde se punha água para lavar as mãos, antigamente usado em ocasiões de cerimónia (Do lat. *aquaemanăle-*, «bacia para lavar as mãos»)
aquanauta *n.2g.* especialista em expedições submarinas (Do lat. *aqŭa-*, «água» +*nauta-*, «nauta; marinheiro»)
aquando *conj.* [ant., pop.] ⇒ **quando**; ~ *de* por ocasião de, na altura de (De *a-+quando*)
aquaparque *n.m.* recinto de diversões equipado com piscinas e outras instalações aquáticas; parque aquático (De *aqua-+parque*)
aquaplanagem *n.f.* deslize de um veículo provocado pela falta de aderência dos pneus ao piso molhado (De *aquaplanar+-agem*)
aquaplanar *v.intr.* (veículo) deslizar por falta de aderência dos pneus ao piso molhado (De *aquaplano+-ar*)
aquarela *n.f.* ⇒ **aguarela**
aquarelista *n.2g.* ⇒ **aguarelista** (De *aquarela+-ista*)
aquariano *n.m.* 1 ASTROLOGIA indivíduo nascido sob o signo de Aquário 2 RELIGIÃO indivíduo que pertencia a uma seita herética (século III) que se abstinha de vinho às refeições e na celebração eucarística ■ *adj.* ASTROLOGIA pertencente ou relativo ao indivíduo nascido sob o signo de Aquário
aquário *n.m.* 1 reservatório artificial de água, destinado a manter ou criar animais aquáticos ou plantas 2 [com maiúscula] ASTRONOMIA décima primeira constelação do zodíaco situada no hemisfério sul 3 [com maiúscula] ASTROLOGIA décimo primeiro signo do zodíaco, de 20 de janeiro a 19 de fevereiro ■ *adj.* que vive na água; aquático (Do lat. *aquarĭ-*, «relativo à água»)
aquariofilia *n.f.* gosto e/ou prática da criação de peixes ornamentais em aquário (De *aquário+-o-+-filia*)
aquariófilo *adj.,n.m.* que ou aquele que se dedica à aquariofilia (De *aquário+-o-+-filo*)
aquartalado *adj.* que tem os quartos fortes e baixos (o cavalo) (De *a-+quarto+-al+-ado*)
aquartelamento *n.m.* 1 ação ou efeito de aquartelar 2 alojamento em quartel 3 quartel 4 HERÁLDICA divisão do escudo em quartéis (De *aquartelar+-mento*)
aquartelar *v.tr.* 1 alojar em quartel 2 dar quartel a; acantonar; acomodar 3 HERÁLDICA dividir (o escudo) em quartéis ■ *v.pron.* 1 instalar-se em quartel 2 acomodar-se em qualquer lugar (De *a-+quartel+-ar*)
aquartilhar *v.tr.* 1 vender aos quartilhos 2 comprar ou vender por miúdo (De *a-+quartilho+-ar*)
aquase *adv.* ⇒ **quase** (De *a-+quase*)
aquático *adj.* 1 referente a água 2 da água; que vive na água 3 húmido (Do lat. *aquatĭcu-*, «aquoso; húmido»)
aquátil *adj.2g.* ⇒ **aquático** (Do lat. *aquatīle-*, «que vive na água»)
aquatinta *n.f.* gravura a água-forte (Do it. *acquatinta*, «id.»)
aquatofana *n.f.* ⇒ **água-tofana** (Do it. *acquatofana*, «id.»)
aquecedela *n.f.* 1 aquecimento ligeiro; aquentamento 2 [pop.] tareia; sova (De *aquecer+-dela*)
aquecedor *n.m.* aparelho que serve para fazer subir a temperatura ambiente, utilizando uma de diferentes formas de energia (gás, eletricidade, etc.) ■ *adj.* que produz calor; que aquece (De *aquecer+-dor*)
aquecedouro *n.m.* lugar onde se aquece ou se pode aquecer (pessoa, animal ou coisa) (De *aquecer+-douro*)
aquecer *v.tr.,intr.,pron.* 1 tornar ou ficar quente 2 preparar(-se) antes de uma atividade física intensa 3 dar ou receber conforto 4 [fig.] animar(-se); entusiasmar(-se) 5 [fig.] encolerizar(-se); irritar(-se) ■ *v.tr.* manter (motor de automóvel) a trabalhar durante algum tempo (para que este atinja a temperatura ideal de funcionamento); *nem aquece nem arrefece* tanto faz, tem pouca importância (Do lat. ad-+calescĕre, «aquecer», inc. de *calēre*, «estar quente»)
aquecimento *n.m.* 1 ato ou efeito de tornar mais quente 2 equipamento que gera calor 3 DESPORTO conjunto de exercícios físicos leves, realizados antes de qualquer esforço mais intenso (jogo, competição, etc.), que aumentam a resistência muscular e a flexibilidade, e diminuem o risco de lesões; ~ *central* sistema que, a partir de uma aparelhagem única, faz circular ar ou água quente pelos radiadores ou saídas de ar localizadas em diversos pontos de um edifício (De *aquecer+-mento*)
aquecível *adj.2g.* que se pode aquecer (De *aquecer+-i-+-vel*)
aquedar *v.tr,intr,pron.* tornar ou ficar quedo; aquietar(-se); sossegar (De *a-+quedo+-ar*)
aque-d'el-rei *interj.* ⇒ **aqui-d'el-rei**

aqueduto *n.m.* 1 construção destinada a dar passagem à água sobre arcadas ou sob a plataforma das vias de comunicação 2 ANATOMIA canal fino que comunica com um osso ou liga cavidades orgânicas; ~ *de Sílvio* passagem estreita entre o 3.º e o 4.º ventrículos do encéfalo (Do lat. *aquaeductu-*, «canal de água»)
aquela *det.,pron.dem.* 1 designa pessoa ou coisa afastada da pessoa que fala e da pessoa com quem se fala (*aquela rapariga; aquela casa*) 2 a mais distante ■ *n.f.* 1 importância; valor 2 ideia; plano 3 propensão 4 inclinação; afeição 5 desavença; questão 6 mania; cisma; *sem mais* ~ sem cerimónia, à vontade (Do lat. *eccu illa*, «eis aquela»)
aquelar *v.tr.* 1 [regionalismo] atinar com 2 [regionalismo] arranjar 3 [regionalismo] preferir (De *aquela+-ar*)
aquele /ê/ *det.,pron.dem.* 1 designa pessoa ou coisa afastada da pessoa que fala e da pessoa com quem se fala (*aquele senhor; aquele carro*) 2 o mais distante (Do lat. *eccu+ille*, «eis aquele»)
àquele *contração da preposição* a + *o pronome demonstrativo* aquele
aqueloutro *det.,pron.dem.* o outro que está mais além (De *aquele+outro*)
aquém *adv.* da parte de cá; ~ *de* 1 para este lado de, para cá de; 2 abaixo de; 3 antes de (Do lat. *eccu+inde*, «id.»)
aquemeneres *adv.* exatamente; assim mesmo (Do al. *ja, mein Herr*, «sim, senhor»)
aquém-fronteiras *adv.* para cá das fronteiras
aquém-mar *adv.* do lado de cá do mar
aqueniano *adj.* ⇒ **aacheniano**
aquénio *n.m.* BOTÂNICA fruto seco, monospérmico, indeiscente, cuja semente é ereta (Do gr. *a-*, «sem» +*khaínein*, «abrir», pelo lat. cient. *achaenīu-*, «id.»)
aquenódio *n.m.* BOTÂNICA fruto que se assemelha ao aquénio (Do lat. cient. *achænodĭu-*, «semelhante ao aquénio»)
aquentamento *n.m.* ação ou efeito de aquentar; aquecimento (De *aquentar+-mento*)
aquentar *v.tr.* 1 tornar quente 2 dar calor a; aquecer 3 [fig.] animar; favorecer; *nem aquenta nem arrefenta* tanto faz, tem pouca importância (De *a-+quente+-ar*)
áqueo /qu-i/ *adj.* 1 de água 2 aquoso (Do lat. *aquĕu-*, «id.»)
aquerenciar *v.tr.* [Brasil] acostumar (um animal) a determinado lugar ou a viver com outro (Do cast. *aquerenciar*, «id.»)
aquerito *n.m.* PETROLOGIA sienodiorito quartzífero, hololeucocrático, com dióspido (De orig. obsc.)
aqui *adv.* 1 neste lugar 2 cá 3 nisto 4 neste ponto 5 nesta ocasião (Do lat. *eccu+hic*, «eis aqui»)
aqui- /qu-i/ elemento de formação de palavras que exprime a ideia de *água, aquático* (Do lat. *aqua-*, «água»)
aquícola /qu-i/ *adj.2g.* 1 que vive na água 2 relativo à aquicultura (Do fr. *aquicole*, «id.»)
aquicultor /qu-i...ô/ *n.m.* 1 aquele que pratica aquicultura 2 criador de animais e plantas aquáticas (De *aqui+cultor*)
aquicultura /qu-i/ *n.f.* 1 preparação de lagos, rios, etc., para a boa reprodução dos animais aquáticos 2 criação de animais aquícolas dirigida cientificamente (De *aqui-+cultura*)
aqui-d'el-rei *interj.* usada para pedir ajuda ou socorro
aquiescência *n.f.* ato de aquiescer; consentimento (Do lat. *acquiescentĭa*, part. pres. neut. pl. de *acquiescĕre*, «consentir»)
aquiescente *adj.2g.* que aquiesce (Do lat. *acquiescente-*, «id.»)
aquiescer *v.intr.* dar consentimento (a); consentir; condescender (Do lat. *acquiescĕre*, «consentir»)
aquietação *n.f.* 1 ato ou efeito de aquietar ou de aquietar-se 2 pacificação 3 tranquilidade (De *aquietar+-ção*)
aquietador *adj.,n.m.* 1 que ou aquele que aquieta 2 pacificador (De *aquietar+-dor*)
aquietar *v.tr.* 1 pôr quieto; sossegar 2 apaziguar; tranquilizar ■ *v.pron.* 1 serenar 2 aplacar-se (De *a-+quieto+-ar*, ou do lat. **quietāre*, «aquietar»?)
aquífero /qu-i/ *adj.* que leva ou contém água ■ *adj.,n.m.* GEOLOGIA diz-se de ou tipo de solo ou formação geológica que emana água subterrânea para poços e mananciais (De *aqui-+-fero*)
Aquifoliáceas *n.f.pl.* BOTÂNICA família de plantas lenhosas representada em Portugal pela espécie a que pertence o azevinho; Ilicáceas (Do lat. *aquifolĭu-*, «azevinho» +*-áceas*)
aquifólio /qu-i/ *n.m.* BOTÂNICA azevinho (Do lat. *aquifolĭu-* ou *acrifolĭu-*, «azevinho»)
aquígeno *adj.* que se gera na água (Do lat. *aquigĕnu-*, «nascido na água»)
Aquilão *n.m.* vento norte, frio e violento (Do lat. *aquilōne-*, «id.»)

aquilária *n.f.* BOTÂNICA árvore indiana, da família das Timeleáceas, que fornece madeira aromática conhecida por pau-d'áquila (Do lat. cient. *Aquilaria-*, deriv. de *aquila-*, «águia»)

Aquilariáceas *n.f.pl.* BOTÂNICA família de plantas, em regra lenhosas, com espécies espontâneas em Portugal, também denominada Timeleáceas (De *aquilária*+*-áceas*)

aquilaríneas *n.f.pl.* BOTÂNICA grupo de plantas que tem por tipo a aquilária (De *aquilária*+*-íneas*)

aquilatação *n.f.* **1** ato ou efeito de aquilatar **2** [fig.] avaliação; apreciação (De *aquilatar*+*-ção*)

aquilatador *adj.,n.m.* que ou o que aquilata (De *aquilatar*+*-dor*)

aquilatar *v.tr.* **1** determinar os quilates de (ouro ou prata) **2** [fig.] avaliar; apreciar; julgar ■ *v.pron.* acrisolar-se (De *a-*+*quilate*+*-ar*)

aquilégia /qu-i/ *n.f.* **1** BOTÂNICA designação extensiva a umas plantas ornamentais da família das Ranunculáceas que inclui os acolejos e a ancólia **2** erva-pombinha (Do lat. *aquillegia-*, «a que gosta de água»)

aquilégio *n.m.* canal ou reservatório de água (Do lat. *aquilegiu-*, «goteira; reservatório»)

aquílego *n.m.* **1** indivíduo que descobre nascentes de água; vedor **2** indivíduo que, entre os Romanos, guardava e fiscalizava as fontes (Do lat. *aquilegu-*, «que tira água»)

aquileia *n.f.* BOTÂNICA planta da família das Compostas com inflorescência radiada e disposta em corimbo (Do gr. *akhilleía*, «erva de Aquiles», pelo lat. *achillea-*, «milefólio»)

aquilhado *adj.* **1** guarnecido de quilha **2** semelhante a quilha (De *a-*+*quilha*+*-ado*)

aquilia[1] *n.f.* TERATOLOGIA ausência congénita de um ou ambos os lábios (Do gr. *a-*, «sem» +*kheîlos*, «lábio» +*-ia*)

aquilia[2] *n.f.* MEDICINA insuficiência da secreção do estômago (Do gr. *a-*, «sem» +*khylós*, «suco; quilo»)

aquilífero *adj.* (estandarte) que possui águias pintadas ■ *n.m.* porta-bandeira, entre os antigos Romanos (Do lat. *aquiliferu-*, «porta-bandeira»)

aquilino *adj.* **1** pertencente ou semelhante a águia **2** curvo como bico de águia **3** [fig.] perspicaz (Do lat. *aquilinu-*, «id.»)

aquilo *pron.dem.* aquela coisa; aquelas coisas (Do lat. *eccu+illud*, «id.»)

Áquilo *n.m.* ⇒ **Aquilão** (Do lat. *aquilo*, «id.»)

àquilo *contração da preposição* a + *o pronome demonstrativo* aquilo

aquilodinia *n.f.* dor ou inflamação no tendão de Aquiles (Do lat. *Achilles*, «Aquiles», herói gr. +gr. *odýne*, «dor» +*-ia*)

aquilonal *adj.2g.* **1** referente ao Aquilão **2** boreal (Do lat. *aquilonale-*, «id.»)

aquilónio *adj.* do norte; aquilonal (Do lat. *aquiloniu-*, «id.»)

aquinhoador *adj.,n.m.* que ou o que distribui quinhões ou toma parte neles (De *aquinhoar*+*-dor*)

aquinhoamento *n.m.* **1** ato ou efeito de dar quinhões ou partilhar deles **2** divisão (De *aquinhoar*+*-mento*)

aquinhoar *v.tr.* **1** dividir em quinhões **2** partilhar; repartir ■ *v.pron.* tomar uma parte ou quinhão de (De *a-*+*quinhão*+*-ar*)

aquiria *n.f.* TERATOLOGIA ausência de mãos ou de uma delas (Do gr. *a-*, «sem» +*kheír*, *-rós*, «mão» +*-ia*)

aquisição *n.f.* **1** ato ou efeito de adquirir; obtenção **2** o que se adquiriu; compra **3** processo através do qual se adquire alguma coisa (qualidade, conhecimento, prática); aprendizagem (Do lat. *acquisitione-*, «id.»)

aquisitividade *n.f.* poder de aquisição (De *aquisitivo*+*-i-*+*-dade*)

aquisitivo *adj.* **1** próprio para adquirir **2** relativo a aquisição (Do lat. *acquisitivu-*, «id.»)

aquista /qu-i/ *adj.,n.2g.* que ou pessoa que faz tratamento com águas medicinais (Do lat. *aqua-*, «água» +*-ista*)

aquosidade *n.f.* **1** qualidade do que é aquoso **2** serosidade (Do lat. *aquositate-*, «id.»)

aquoso /ô/ *adj.* **1** da natureza da água **2** que contém água **3** semelhante à água (Do lat. *aquosu-*, «id.»)

ar *n.m.* **1** mistura de gases que envolve a Terra; atmosfera **2** espaço aéreo **3** brisa; aragem; sopro **4** [fig.] aparência; aspeto; fisionomia **5** indício; vestígio **6** doença súbita; ataque; **~ comprimido** ar submetido a uma pressão superior à da atmosfera; **andar no ~** constar, andar com o juízo pouco assente; **ao ~ livre** fora de recinto fechado ou coberto; **apanhar ~** caminhar para espairecer; **beber os ares por alguém** manifestar grande afeto por alguém; **dar ares de** parecer-se com; **dar-se ares** emproar-se, fazer-se importante; **dar um ~ da sua graça** aparecer, mostrar que se é capaz de executar algo; **estar no ~** (rádio, televisão) estar a ser transmitido; **foi um ~ que lhe deu** morreu, desapareceu; **ir ao ~** rebentar, malograr-se; **ir pelos ares** irritar-se, explodir; **mudar de ares** mudar de local de residência ou de trabalho; **toldarem-se os ares** estar iminente uma tempestade; **tomar ~** passear (Do gr. *aér*, *aéros*, «ar», pelo lat. *aëre-*, «id.»)

-ar[1] sufixo verbal, de origem latina, que entra na formação de verbos derivados de substantivos ou adjetivos, designando uma ação correspondente ao sentido da palavra primitiva (*coroar*; *estudar*; *pular*; *profanar*)

-ar[2] sufixo nominal, de origem latina, que ocorre em adjetivos derivados de substantivos, designando *relação* (*mandibular*; *espetacular*), ou, às vezes, em substantivos derivados de outros substantivos, com sentido diminutivo (*vilar*)

ara *n.f.* **1** altar gentílico onde se faziam os sacrifícios **2** altar cristão; **pedra de ~** pedra benta sobre a qual, durante a missa, o sacerdote coloca o cálice e a patena com a hóstia (Do lat. *ara-*, «altar»)

ará[1] *n.m.* unidade das medidas de capacidade, na província de Damão (Índia) (Do beng. *adha*, «id.»)

ará[2] *n.m.* ORNITOLOGIA ⇒ **arara 1** (Do tupi *a'ra*, «id.»)

árabe *adj.2g.* **1** nascido na península arábica ou nas regiões vizinhas **2** relativo ou pertencente a essas regiões **3** relativo à língua falada nessas regiões **4** diz-se da escrita que utiliza o alfabeto usado pelos povos árabes **5** diz-se de uma raça de cavalos originária da península Arábica ■ *n.2g.* natural da Arábia ■ *n.m.* língua semítica falada pelos Árabes (Do lat. *arabe-*, «id.»)

Árabes *n.m.pl.* povos semitas que habitam no Norte de África e em muitas regiões do Médio Oriente

arabescar *v.tr.* **1** enfeitar com arabescos **2** traçar em forma de arabesco ■ *v.intr.* traçar arabescos (De *arabesco*+*-ar*)

arabesco /ê/ *n.m.* ornato configurado com imagens de plantas, frutos, folhas, animais reais ou fantásticos (Do it. *arabesco*, «id.»)

arabia *n.f.* **1** corrupção da língua árabe **2** linguagem ininteligível (Do ár. *arabiia*, «linguagem arábica»)

arábias *n.f.pl.* lugares exóticos; terras distantes ou desconhecidas; **coisa das ~** papalvice; **homem das ~** homem extravagante, arrojado, façanhudo (De *Arábia*, top.)

arábico *adj.* da Arábia ■ *n.m.* língua semítica falada pelos Árabes (Do gr. *arabikós*, «arábico», pelo lat. *arabicu-*, «id.»)

arábigo *adj.,n.m.* ⇒ **arábico** (De *arábico*)

arabina *n.f.* QUÍMICA uma das substâncias solúveis contidas nas gomas vegetais (De *aráb(ica)*+*-ina*)

arabinose *n.f.* QUÍMICA glícido do grupo das pentoses, com função aldeído, não suscetível de fermentação alcoólica, que se obtém por hidrólise de certas gomas, como a goma-arábica (De *arabina*+*-ose*)

arábio *adj.* ⇒ **arábico** *adj.* (Do gr. *arabiós*, «arábico», pelo lat. *arabiu-*, «id.»)

arabismo *n.m.* palavra, expressão ou construção do árabe integrada noutra língua (De *árabe*+*-ismo*)

arabista *n.2g.* pessoa que conhece ou estuda a língua, a literatura ou os costumes árabes (De *árabe*+*-ista*)

arabizar *v.tr.* **1** dar forma arábica a **2** fazer imitar o idioma árabe (De *árabe*+*-izar*)

arabote *n.m.* [Açores] pequeno barco que leva água aos navios (Do ing. *water-boat*, «id.»)

arabutã *n.m.* BOTÂNICA árvore brasileira da família das Leguminosas, cuja madeira é conhecida por pau-brasil ou pau-rosa (Do tupi *arapi'tãa*, «id.»)

araca[1] *n.f.* BOTÂNICA chícharo espontâneo em Portugal, também conhecido por chícharo-miúdo (De orig. obsc.)

araca[2] *n.f.* bebida alcoólica que se fabrica na Índia e na América através da fermentação do arroz; araque (Do ár. *araq*, «id.»)

araçá *n.m.* BOTÂNICA pequena árvore da família das Mirtáceas, de frutos comestíveis, frequente no Brasil e cultivada em Portugal, também conhecida por araçazeiro (Do tupi *ara'sa*, «id.»)

araçaíba *n.m.* BOTÂNICA arbusto do Brasil, da família das Mirtáceas, cujo fruto é o araçá-mirim (Do tupi *arasa'yba*, «id.»)

araçá-mirim *n.m.* fruto comestível do araçaíba

aração *n.f.* **1** ato ou efeito de arar **2** [Brasil] ato de comer sofregamente **3** [Brasil] fome excessiva (De *arar*+*-ção*)

araçazeiro *n.m.* (planta) ⇒ **araçá** (De *araçá*+*z*+*-eiro*)

Aráceas *n.f.pl.* BOTÂNICA família de plantas monocotiledóneas, com inflorescência em espadice e fruto baciforme (Do gr. *áron*, pelo lat. *aru-*, «jarro» +*-áceas*)

aracni- ⇒ **aracn(o)-**

aracniano *adj.* relativo às teias de aranha (Do gr. *arákhnion*, «fio, teia de aranha» +*-ano*)

aracnicultor *n.m.* pessoa que se ocupa da criação de aranhas (De *aracni-*+*cultor*)

aracnicultura *n.f.* criação de aranhas para aproveitamento das suas teias (De *aracni-+cultura*)
aracnídeo *adj.* ZOOLOGIA relativo aos aracnídeos ■ *n.m.* ZOOLOGIA espécime dos aracnídeos ■ *n.m.pl.* ZOOLOGIA artrópodes quelicerados, com quatro pares de patas locomotoras (Do gr. *arákhne*, «aranha» + *-ídeo*)
aracnismo *n.m.* doença produzida por picada de aranha (Do gr. *arákhne*, «aranha» +*-ismo*)
aracn(o)- elemento de formação de palavras que exprime a ideia de *aranha* (Do gr. *arákhne*, «aranha»)
aracnodérmico *adj.* com pele fina como teia de aranha (De *aracno-+dérmico*)
aracnofilia *n.f.* gosto pelo estudo dos aracnídeos (De *aracno-+-filia*)
aracnófilo *adj.,n.m.* que ou aquele que se interessa pelos aracnídeos (De *aracno-+-filo*)
aracnofobia *n.f.* horror mórbido de aranhas (De *aracno-+fobia*)
aracnoide *n.f.* ANATOMIA meninge média, das três que envolvem o chamado eixo cerebrospinal (encéfalo-medular) ■ *adj.2g.* ⇒ **aracnóideo** (Do gr. *arakhnoeidés*, «semelhante a uma teia de aranha»)
aracnóide ver nova grafia **aracnoide**
aracnóideo *adj.* relativo a aracnoide (De *aracnóide+-eo*)
aracnoidiano *adj.* ⇒ **aracnóideo** (De *aracnóide+-iano*)
aracnoidite *n.f.* MEDICINA inflamação da membrana aracnoide (De *aracnóide+-ite*)
aracnologia *n.f.* estudo dos aracnídeos (De *aracno-+-logia*)
aracnólogo *n.m.* indivíduo versado no estudo dos aracnídeos (De *aracno-+-logo*)
aracnopsia *n.f.* defeito da visão em que o doente vê sombras que lembram teias de aranha (Do gr. *arákhne*, «aranha» +*ópsis*, «visão» +*-ia*)
arada *n.f.* 1 terra lavrada 2 trabalho de arar 3 lavoura (Part. pass. fem. subst. de *arar*)
aradar *v.tr.* abrir sulcos com o arado em; lavrar (De *arado+-ar*)
aradeira *n.f.* [regionalismo] BOTÂNICA ⇒ **hera** (De *arar+-deira*)
aradessa *n.f.* [regionalismo] arado primitivo, que lavra muito à superfície (De *arado+-essa*)
arado *n.m.* utensílio agrícola que serve para lavrar a terra ■ *adj.* [Brasil] esfomeado (Do lat. *arātru-*, «charrua», com dissimilação)
arador *n.m.* 1 aquele que ara 2 lavrador (Do lat. *aratōre-*, «id.»)
aradouro *n.m.* ⇒ **arado** (De *arar+-douro*)
aradura *n.f.* 1 ato de arar 2 terra arada por uma junta de bois, num dia; jeira (Do lat. *aratūra-*, «id.»)
aragano *adj.* 1 [Brasil] espantadiço 2 [Brasil] (cavalo) difícil de domar (Do cast. *haragán*, «ocioso»)
aragem *n.f.* 1 vento leve; brisa 2 bafejo 3 [fig.] aparência (De *ar+-agem*)
aragonês *adj.* relativo à região de Aragão ■ *n.m.* natural ou habitante de Aragão (Do cast. *aragonés*, «id.»)
aragonite *n.f.* MINERALOGIA mineral de composição química igual à da calcite (carbonato de cálcio), mas que cristaliza no sistema ortorrômbico (Do cast. *Aragão*, «Aragão», top. +*-ite*)
aralha *n.f.* novilha de dois anos que já pode lavrar (De *arar+-alha*)
araliácea *n.f.* BOTÂNICA espécime das Araliáceas
Araliáceas *n.f.pl.* BOTÂNICA família de plantas dicotiledóneas, em regra lenhosas e trepadoras, a que pertence a hera (Do lat. cient. *Aralia-+-áceas*)
aramado *adj.* 1 guarnecido de arame 2 preso com arame
aramagem *n.f.* 1 resguardo feito de arame 2 estrutura de arame (De *aramar+-agem*)
aramaico *adj.* relativo aos Arameus ou ao arameu ■ *n.m.* língua semita falada pelos Arameus da antiga Síria (Do lat. *aramaicu-*, de *aramacu-*)
aramar *v.tr.* 1 cercar com arame 2 guarnecer de arame (De *arame+-ar*)
arame *n.m.* 1 fio de qualquer metal puxado à fieira; fio metálico 2 antiga designação das ligas que tinham por base o cobre 3 [coloq.] dinheiro; **~ farpado** cabo composto de fios metálicos torcidos com farpas em diversos pontos, utilizado para impedir a passagem de pessoas ou veículos; **andar preso por arames** estar em más condições físicas, andar com cautela; **ir aos arames** ficar furioso ou zangado, enfurecer-se (Do lat. *aerāmen*, «bronze»)
arameiro *n.m.* o que fabrica ou trabalha em arame (De *arame+-eiro*)
aramenha¹ *n.f.* BOTÂNICA ⇒ **erva-babosa** (Alt. de *agrimónia*)
aramenha² *n.f.* armadilha para pássaros (De *arame?*)
aramês *adj.,n.m.* ⇒ **arameu** (Do hebr. *Aram* (Síria antiga), top. +*-ês*)

arameu *adj.* relativo ou pertencente aos Arameus ■ *n.m.* 1 indivíduo pertencente ao povo dos Arameus, que habitava a Síria antiga 2 língua semita falada pelos Arameus; aramaico (Do lat. *aramaeu-*, «id.»)
Arameus *n.m.pl.* ETNOGRAFIA povo formado pelas tribos semíticas que ocupavam o Aram (Síria), região pantanosa nas margens do Tigre e do Eufrates (Do lat. *Aramaei*, «id.»)
arâmico *adj.,n.m.* ⇒ **arameu** (Do hebr. *Aram*, top. +*-ico*)
aramista *n.2g.* 1 ginasta que trabalha sobre arames 2 equilibrista que anda no arame; funâmbulo (De *arame+-ista*)
arandela *n.f.* 1 peça do castiçal que apara os pingos de cera 2 guarda-mão de lança, de espada, etc. (Do fr. *rondelle*, «roda pequena», pelo cast. *arandela*, «id.»)
arando *n.m.* BOTÂNICA ⇒ **mirtilo** (Do cast. *arándano*, «arando»)
araneídeo *adj.* ZOOLOGIA relativo aos araneídeos ■ *n.m.* ZOOLOGIA espécime dos araneídeos ■ *n.m.pl.* ZOOLOGIA grupo de aracnídeos, tipicamente com abdómen distinto e portadores de glândulas especiais (fieiras), que é constituído pelas aranhas (Do lat. *aranĕu-*, «relativo a aranha» +*ídeos*)
araneífero *adj.* que tem teias de aranha (Do lat. *aranĕa-*, «aranha» +*-fero*, de *ferre*, «trazer»)
araneiforme *adj.2g.* que tem forma de aranha (Do lat. *aranĕa-*, «aranha» +*forma-*, «forma»)
aranha *n.f.* 1 ZOOLOGIA designação dos animais do grupo dos araneídeos, alguns dos quais são venenosos, que segregam um líquido que lhes permite construir as teias (casulos e ninhos) 2 rede de metal para colocar postais 3 lustre de metal para poucas velas 4 ICTIOLOGIA peixe teleósteo da família dos Traquinídeos e Calionimídeos; aranhuço; peixe-aranha 5 ⇒ **andarilho** *n.m.* ■ *n.2g.* [fig.] pessoa desastrada, que se atrapalha; *andar às aranhas* andar à toa; *teias de ~* [fig.] ilusões, preconceitos, fantasias; *ver-se em palpos de ~* achar-se em apuros (Do lat. *aranĕa-*, «id.»)
aranha-do-mar *n.f.* ZOOLOGIA ⇒ **centola**
aranhagato *n.m.* BOTÂNICA árvore silvestre do Brasil, apreciável pela madeira que fornece; vinhático (De orig. obsc.)
aranhão *n.m.* 1 aranha grande 2 [fig.] indivíduo que se atrapalha com qualquer coisa (De *aranha+-ão*)
aranheira *n.f.* teia de aranha (De *aranha+-eira*)
aranheiro *n.m.* buraco onde as aranhas se metem; aranhol (De *aranha+-eiro*)
aranhento *adj.* 1 cheio de aranhas ou teias de aranha 2 próprio da aranha (De *aranha+-ento*)
aranhiço *n.m.* 1 ZOOLOGIA designação vulgar que se refere às aranhas de patas finas e longas 2 ARQUITETURA conjunto das nervuras salientes da abóbada que se reúnem no fecho da mesma 3 [coloq., pej.] pessoa magra, franzina, com membros longos (De *aranha+-iço*)
aranhol *n.m.* buraco onde as aranhas se metem; aranheiro (De *aranha+-ol*)
aranhola *n.f.* ZOOLOGIA ⇒ **centola** (De *aranha+-ola*)
aranhoso /ô/ *adj.* 1 com fios ou filamentos dispostos como os da teia de aranha 2 semelhante à aranha (De *aranha+-oso*)
aranhuço *n.m.* 1 aranha grande; aranhão 2 ICTIOLOGIA peixe teleósteo da família dos Traquinídeos e Calionimídeos, conhecido também por aranha e peixe-aranha (De *aranha+-uço*)
aranzel *n.m.* 1 discurso fastidioso 2 lengalenga 3 [ant.] lista; catálogo (Do cast. ant. *alanzel*, «id.»)
arão *n.m.* BOTÂNICA ⇒ **jarro**² (Do gr. *áron*, «jarro», pelo lat. *aru-*, «id.»)
arapapá *n.m.* [Brasil] ORNITOLOGIA ave pernalta, da família dos Ardeídeos, de bico grande; tamatiá (Do tupi *arapa'pa*, «id.»)
araponga *n.m.* [Brasil] ORNITOLOGIA pássaro da família dos Cotingídeos, cujo canto imita os sons produzidos pelo ferro quando é batido e limado, também conhecido por ferreiro ■ *n.2g.* 1 [Brasil] pessoa que fala alto e tem voz estridente 2 [Brasil] espião; informador (Do tupi *wi'ra põga*, «pássaro soante»)
arapuca *n.f.* 1 [Brasil] armadilha para pássaros; aramenha 2 [Brasil] estratagema; tramoia 3 [Brasil] casa muito velha, prestes a desabar 4 [Brasil] estabelecimento público, de aspeto desagradável, onde os clientes são mal atendidos; *cair na arapuca* [Brasil] deixar-se enganar; ser apanhado em armadilha (Do tupi *ara'puka*, «id.»)
araque *n.m.* (bebida) ⇒ **araca**²
aráquide *n.f.* BOTÂNICA ⇒ **amendoim** (Do gr. *arakídes*, «amendoim»)
araquídico *adj.* QUÍMICA designativo de um ácido gordo, saturado, que se extrai do óleo de amendoim e de outras gorduras (De *aráquide+-ico*)
arar *v.tr.* 1 lavrar com arado ou charrua 2 abrir sulcos em; sulcar 3 [fig.] navegar (Do lat. *arāre*, «id.»)

arara n.f. 1 ORNITOLOGIA ave da família dos Psitacídeos, de bico muito curvo e forte que a auxilia quando trepa 2 BOTÂNICA planta ornamental da família das Amarantáceas, cultivada em Portugal 3 [fig.] mentira (Do tupi a'rara, «id.»)

arará n.m. 1 ORNITOLOGIA ave aquática do Brasil 2 BOTÂNICA planta de Cuba (Do tupi?)

araramboia n.f. ZOOLOGIA grande serpente colorida do Norte do Brasil; cobra-papagaio (Do tupi a'rara mbói, «id.»)

ararambóia ver nova grafia araramboia

araribá n.f. BOTÂNICA designação comum a várias plantas brasileiras da família das Euforbiáceas, Rubiáceas ou Leguminosas (Do tupi arari'wa, «id.»)

araribina n.f. alcaloide extraído da casca da araribá (ruivinha) (De araribá+-ina)

araruta n.f. 1 BOTÂNICA planta equatorial, americana, do grupo das Marantáceas, cujo rizoma fornece uma apreciável fécula alimentícia 2 fécula extraída do rizoma de algumas plantas, especialmente da anteriormente referida (De orig. obsc.)

arasão n.f. GEOLOGIA plataforma originada por corrosão em larga escala (Do fr. araser, «nivelar»?)

arataca n.f. [Brasil] armadilha usada para caçar animais silvestres (Do tupi ara'taka, «colher, batendo»)

aratório adj. relativo ao arado ou à lavoura (Do lat. aratorĭu-, «id.»)

aratriforme adj.2g. que tem forma de arado (Do lat. arātru-, «arado» +forma-, «forma»)

arau n.m. ORNITOLOGIA ave palmípede, da família dos Alcídeos, frequente nas costas de Portugal durante o outono e o inverno, também conhecida por airo e papagaio-do-mar (Do frânc. haigro, «garça», pelo fr. ant. hairon, hoje héron, «garça-real»)

araucano adj. relativo aos Araucanos ■ n.m. 1 indivíduo pertencente aos Araucanos 2 idioma dos Araucanos ou Chilenos, pertencente à família das línguas aglutinantes (De Arauco, top., cidade portuária do Chile +-ano)

Araucanos n.m.pl. ETNOGRAFIA aborígenes do Chile (De araucano)

araucária n.f. BOTÂNICA árvore de porte elegante, com ramificação verticilada, da família das Pináceas (grupo das coníferas), muito cultivada, mesmo em Portugal (De Arauco, top.+-ária)

arau-de-bico-rombudo n.m. ORNITOLOGIA ave palmípede, comum no inverno, nas costas do continente português, também conhecida por torda-mergulheira

arauto n.m. 1 HISTÓRIA (Idade Média) oficial que levava as declarações de guerra ou de paz, ou anunciava as funções públicas 2 pregoeiro 3 [fig.] mensageiro; correio 4 [fig.] defensor (Do fr. ant. hiraut, «arauto»)

arável adj.2g. que se pode arar (Do lat. arabĭle-, «arável»)

aravela n.f. AGRICULTURA peça do arado (ou charrua) que o lavrador segura com cada uma das mãos para o dirigir (De rabela)

aravessa n.f. AGRICULTURA charrua com uma só aiveca que se vira de um lado para o outro no fim de cada sulco (Do lat. arāre, «lavrar» +versa-, part. pass. de vertĕre, «virar»)

aravia n.f. 1 linguagem confusa e pouco inteligível; algaravia 2 linguagem arábica (Do ár. arabiia, «a linguagem arábica»)

araviada n.f. confusão de vozes (Part. pass. subst. de araviar)

araviar v.intr. falar de maneira incompreensível (De aravia+-ar)

arbaleta n.f. arma antiga utilizada para o lançamento de flechas, com arco, coronha e hastil (Do fr. arbalète, «id.»)

arbitrador n.m. aquele que arbitra (De arbitrar+-dor)

arbitragem n.f. 1 jurisdição exercida por juízes não profissionais 2 julgamento por árbitro ou árbitros 3 intervenção do tribunal arbitral 4 mediação imparcial para resolver um litígio 5 direção de um desafio desportivo 6 ECONOMIA operação de compra e venda de divisas com o objetivo de restabelecer o equilíbrio entre as diferentes taxas de câmbio (Do fr. arbitrage, «id.»)

arbitral adj.2g. 1 que diz respeito a árbitros 2 (sentença) pronunciada por árbitros 3 (tribunal) constituído por árbitros (Do lat. arbitrāle-, «de árbitro»)

arbitramento n.m. 1 ato de arbitrar 2 arbitragem 3 prova pericial 4 diligência realizada por peritos nomeados (De arbitrar+-mento)

arbitrar v.tr. 1 resolver (conflito, questão) decidindo qual a melhor solução; mediar 2 dirigir (um encontro desportivo), zelando pelo cumprimento das regras; apitar ■ v.intr. servir de árbitro (Do lat. arbitrāre, «id.»)

arbitrariedade n.f. 1 qualidade do que é arbitrário 2 procedimento sem base na lei 3 abuso de autoridade 4 capricho (De arbitrário+-i+dade)

arbitrário adj. 1 que depende apenas da vontade 2 facultativo 3 despótico 4 sem fundamento na lei (Do lat. arbitrarĭu-, «id.»)

arbitrativo adj. que depende do árbitro (De arbitrar+-tivo)

arbítrio n.m. 1 decisão dependente apenas da vontade 2 parecer, sentença, opinião de árbitro (juiz) 3 poder absoluto; domínio; autoridade 4 expediente; meio 5 FILOSOFIA o que supõe a possibilidade de escolher; capacidade de optar pelo bem ou pelo mal; faculdade de escolher entre possibilidades alternativas (Do lat. arbitrĭu-, «id.»)

árbitro n.m. 1 aquele que resolve questões por escolha de um tribunal ou por consenso das partes litigantes 2 juiz do tribunal arbitral (juiz não togado) 3 DESPORTO indivíduo que, em jogos desportivos, fiscaliza a observância das regras 4 [fig.] aquele que julga ou decide; avaliador ■ adj. que julga por seu arbítrio (Do lat. arbĭtru-, «id.»)

arbóis n.m.2n. [Açores] ⇒ **claraboia** (De albói)

arbóreo adj. 1 de condição semelhante à de árvore 2 relativo à árvore (Do lat. arborĕu-, «id.»)

arborescência n.f. estado de arborescente (Do lat. arborescentĭa, neut. pl. de arborescente-, part. pres. de arborescĕre, «arborescer»)

arborescente adj.2g. que se apresenta com porte ou forma de árvore (Do lat. arborescente-, «id.»)

arborescer v.intr. 1 tornar-se árvore 2 desenvolver-se como se fosse uma árvore (Do lat. arborescĕre, «id.»)

arboreto n.m. 1 área onde se cultivam árvores, arbustos e plantas herbáceas para fins científicos, de preservação e/ou exibição ao público 2 mata de plantas lenhosas (Do lat. arborētu-, «arvoredo»)

arboricida adj.,n.2g. que ou a pessoa que destrói as árvores (Do lat. arbŏre-, «árvore» +caedĕre, «matar»)

arborícola adj.2g. 1 que vive nas árvores 2 relativo à cultura das árvores (Do lat. arbŏre-, «árvore» +colĕre, «cultivar, habitar»)

arboricultor n.m. aquele que se dedica à cultura das árvores (Do lat. arbŏre-, «árvore» +cultōre-, «cultor»)

arboricultura n.f. cultura das árvores (Do lat. arbŏre-, «árvore» +cultūra-, «cultura»)

arboriforme adj.2g. 1 que tem forma de árvore 2 frondoso (Do lat. arbŏre-, «árvore» +forma-, «forma»)

arborismo n.m. DESPORTO atividade que consiste em deslocar-se entre plataformas colocadas na copa de árvores, utilizando pontes de cordas, redes e cabos de aço e também técnicas como o rappel ou a tirolesa (De arbor--, «árvore»+-ismo)

arborista n.2g. ⇒ **arboricultor** (Do lat. arbŏre-, «árvore» +-ista)

arborização n.f. 1 ato ou efeito de arborizar; plantação de árvores 2 ramificações naturais em forma de ramos de árvores (De arborizar+-ção)

arborizado adj. 1 (local) onde se plantaram árvores 2 MINERALOGIA que tem veios em forma de ramo (Part. pass. de arborizar)

arborizar v.tr. plantar árvores em; povoar de árvores (Do lat. arbŏre-, «árvore» +-izar)

arbovírus n.m.2n. MEDICINA grupo de vírus responsáveis por bastantes doenças, como a febre amarela, o dengue e diversas encefalites (Do ing. arbovirus, «id.»)

arbúscula n.f. 1 arvorezinha 2 arbusto (Do lat. arbuscŭla-, «id.»)

arbuscular adj.2g. relativo a arbúscula ou arbúsculo (De arbúscula+-ar)

arbúsculo n.m. arbusto pequeno (Do lat. arbuscŭlu-, «id.»)

arbustáceo adj. da classe dos arbustos (De arbusto+-áceo)

arbustal adj.2g. respeitante a arbusto (De arbusto+-al)

arbústeo adj. ⇒ **arbustal** (De arbusto+-eo)

arbustiforme adj.2g. que tem forma de arbusto (Do lat. arbustu-, «arbusto» +forma-, «forma»)

arbustivo adj. 1 relativo a arbusto 2 semelhante a arbusto (Do lat. arbustīvu-, «plantado de árvores»)

arbusto n.m. BOTÂNICA planta lenhosa, medianamente elevada, cuja altura é menor que cinco metros e, em regra, apresenta ramos desde a sua parte inferior (Do lat. arbustu-, «arvoredo»)

arbutáceo adj. BOTÂNICA relativo ou semelhante às plantas do grupo do medronheiro (Do lat. arbŭtu-, «medronheiro» +-áceo)

arbutina n.f. FARMÁCIA princípio ativo das folhas de uma espécie de medronheiro, usado como medicamento diurético contra o catarro vesical (Do lat. arbŭtu-, «medronheiro» +-ina)

árbuto n.m. [Brasil] BOTÂNICA ⇒ **medronheiro**

arbutóidea n.f. BOTÂNICA espécime das arbutóideas ■ n.f.pl. BOTÂNICA subfamília das Ericáceas cujo género-tipo se designa Arbutus (Do lat. arbŭtu-, «medronheiro»+gr. eídos, «forma»)

arca n.f. 1 caixa grande de forma retangular na qual se guardam roupas, cereais, etc.; baú 2 [ant.] cofre 3 [fig.] depósito 4 [fig.] tesouro; **~ congeladora** aparelho eletrodoméstico destinado a congelar alimentos; **arca da Aliança** tabernáculo onde os Hebreus guardavam as tábuas da lei de Moisés; **arca de Noé** 1 embarcação em que Noé, com a família e um casal de animais de cada espécie, se salvou do dilúvio bíblico; **2** [fig.] casa com muitos móveis e pessoas; **~ por ~** peito a peito; *arcas encouradas* **1** segredos; **2** mistérios; **3** dissimulação; *pagar arcas* [ant.] pagar as propinas na universidade; *virar as arcas* fazer meia volta (Do lat. *arca-*, «id.»)

arça *n.f.* [regionalismo] BOTÂNICA alfazema silvestre; arçanha; rosmaninho (De orig. obsc.)

arcabém *n.m.* parte posterior das grades de verga de um carro (De arcar+bem?)

arcaboiçar *v.tr.* **1** formar o arcabouço ou o esqueleto de (construção) **2** estruturar (De *arcaboiço*+-*ar*)

arcaboiço *n.m.* ANATOMIA armação dos ossos do corpo humano ou de qualquer animal; esqueleto; ossatura **2** estrutura para suportar uma construção; armação **3** [fig.] capacidade para criar, produzir, resistir, etc.; competência (De *arca*, com formação estranha)

arcabouçar *v.tr.* ⇒ **arcaboiçar**

arcabouço *n.m.* ⇒ **arcaboiço**

arcabuz *n.m.* antiga arma de fogo individual, de cano curto e largo, de carregar pela boca, cuja escorva era inflamada primitivamente com mecha e ulteriormente com sílex (Do it. *archibugio*, pelo fr. *arquebuse*, «id.»)

arcabuzada *n.f.* tiro de arcabuz (Part. pass. subst. de *arcabuzar*)

arcabuzamento *n.m.* ato ou efeito de arcabuzar (De *arcabuzar*+-*mento*)

arcabuzar *v.tr.* **1** matar a tiro de arcabuz; fuzilar; espingardear **2** dar forma de arcabuz a (De *arcabuz*+-*ar*)

arcabuzaria *n.f.* **1** tropa armada de arcabuzes **2** fuzilaria (De *arcabuz*+-*aria*)

arcabuzeiro *n.m.* **1** fabricante de arcabuzes **2** soldado armado de arcabuz (De *arcabuz*+-*eiro*)

arcabuzeta /ê/ *n.f.* pequeno arcabuz (De *arcabuz*+-*eta*)

arcada¹ *n.f.* **1** série de arcos que ornamentam uma passagem ou galeria **2** conjunto de pilares ligados superiormente por abóbadas ou arcos (Do it. *arcata*, «id.»)

arcada² *n.f.* **1** MÚSICA passagem do arco sobre as cordas de um instrumento de cordas friccionadas **2** MÚSICA marcação na partitura do sentido de orientação da passagem do arco sobre as cordas (De *arco*+-*ada*)

arca-d'água *n.f.* depósito recetor ou distribuidor de água; reservatório de alvenaria; terminal dos aquedutos

arcadas *n.f.pl.* convulsões do peito quando se vomita ou respira a custo (De *arca*+-*ada*)

árcade *adj.2g.* pertencente a uma arcádia ■ *n.2g.* LITERATURA sócio ou sequaz da Arcádia Lusitana, academia fundada em Lisboa no século XVIII (Do lat. *arcăde-*, «habitante da Arcádia»)

arcádia¹ *n.f.* LITERATURA agremiação literária da última fase do classicismo (De *árcade*+-*ia*)

arcádia² *n.f.* [com maiúscula] planalto da Grécia que em poesia se tornou o símbolo da simplicidade pastoril (Do lat. *Arcadĭa-*, «Arcádia», top.)

arcadiano *adj.* ⇒ **arcádico** (De *arcádia*+-*ano*)

arcádico *adj.* relativo às academias ou arcádias (Do gr. *arkadikós*, «id.», pelo lat. *arcadĭcu-*, «id.»)

arcádio *adj.,n.m.* natural ou habitante da Arcádia (região da antiga Grécia) (Do lat. *arcadĭu-*, «id.»)

arcadismo *n.m.* LITERATURA influência literária das arcádias (De *arcádia*+-*ismo*)

arcado *adj.* em forma de arco; arqueado (Do lat. *arcuātu-*, «id.»)

arcadura *n.f.* curvatura em arco (Do lat. *arcuatūra-*, «arcada»)

arcaico *adj.* **1** muito antigo; remoto; longínquo **2** que já não se usa há muito tempo; obsoleto; antiquado **3** GEOLOGIA relativo ao período mais antigo da era agnostozoica ■ *n.m.* GEOLOGIA o mais antigo período da era agnostozoica (Do gr. *arkhaïkós*, «desusado»)

arcainha *n.f.* [regionalismo] nome que se dá, nas províncias portuguesas das Beiras, à anta ou dólmen (De *arca*+-*inha*)

arcaísmo *n.m.* **1** palavra, expressão ou construção que deixou de ser usada numa língua **2** maneira de falar ou escrever fora de uso (Do gr. *arkhaïsmós*, «imitação dos antigos», pelo lat. *archaismu-*, «arcaísmo»)

arcaísta *adj.,n.2g.* que ou pessoa que usa termos arcaicos ou se dedica ao seu estudo (De *arca(ico)*+-*ista*)

arcaizamento *n.m.* ato ou efeito de arcaizar (De *arcaizar*+-*mento*)

arcaizante *adj.2g.* **1** que torna arcaico **2** que usa ou tende a usar expressões caídas em desuso **3** que se dedica ao estudo de termos arcaicos (De *arcaizar*+-*ante*)

arcaizar *v.tr.* **1** tornar arcaico **2** empregar arcaísmos em (Do gr. *arkhaízein*, «id.»)

arcane *n.m.* mistura usada para estanhar (Do fr. *arcane*, «operação misteriosa dos alquimistas»)

arcangélica *n.f.* BOTÂNICA termo que tem sido usado para designar umas plantas da família das Umbelíferas, semelhantes à angélica-silvestre (De *arcangélico*)

arcangélico *adj.* relativo a arcanjo (Do gr. *arkhaggelikós*, «de arcanjo», pelo lat. *archangelĭcu-*, «id.»)

arçanha *n.f.* [regionalismo] BOTÂNICA alfazema silvestre; arça

arçanhal *n.m.* [regionalismo] campo de arçanhas (De *arçanha*+-*al*)

arcanjo *n.m.* RELIGIÃO anjo de ordem superior (Do gr. *arkhággelos*, «id.», pelo lat. *archangělu-*, «id.»)

arcano *n.m.* segredo profundo; mistério; enigma ■ *adj.* oculto; misterioso; enigmático (Do lat. *arcānu-*, «secreto»)

arção *n.m.* parte anterior ou posterior da sela (Do fr. *arçon*, «arção; arco»)

arcar¹ *v.tr.* **1** guarnecer de arcos **2** arquear **3** apertar com arcos **4** cingir **5** abranger ■ *v.pron.* **1** vergar-se **2** arquear-se (De *arco*+-*ar*)

arcar² *v.tr.* **1** lutar corpo a corpo **2** aguentar; suportar **3** enfrentar; arrostar **4** ansiar; arquejar (De *arca*+-*ar*)

arcaria *n.f.* série de arcos; arcada (De *arco*+-*aria*)

arcário *n.m.* **1** encarregado do cofre público **2** tesoureiro **3** (Roma) antigo cobrador de impostos (Do lat. *arcarĭu-*, «id.»)

arcatura *n.f.* **1** ARQUITETURA elemento com função quase sempre decorativa, usado desde a construção basilical até ao gótico, cujo efeito procurava diminuir a monotonia das grandes superfícies **2** ARQUITETURA elemento que liga modilhões ou cachorros de uma cornija **3** ARQUITETURA pequena abóbada por cima de um vão **4** ARQUITETURA elemento decorativo que remata o encontro de uma parede com o teto (Do lat. *arcuatūra-*, «id.»)

arcaz *n.m.* **1** móvel em forma de arca com gavetões **2** arca grande (De *arca*+-*az*)

arce- prefixo que exprime a ideia de *chefia, primazia, superioridade*; arqui-; arque- (Do gr. *árkhein*, «guiar; ser chefe»)

arcebispado *n.m.* **1** território sob a jurisdição religiosa de um arcebispo; arquidiocese **2** dignidade ou jurisdição do arcebispo **3** residência do arcebispo (De *arcebispo*+-*ado*)

arcebispal *adj.2g.* de ou respeitante a arcebispo; arquiepiscopal (De *arcebispo*+-*al*)

arcebispo *n.m.* RELIGIÃO prelado hierarquicamente superior a bispo, que dirige uma província eclesiástica, na qual se englobam dioceses subordinadas ou sufragâneas; *~ titular* prelado que tem o título de um arcebispado extinto (Do gr. *akhiepískopos*, pelo lat. *archiepiscŏpu-*, «id.»)

arcebispo-bispo *n.m.* RELIGIÃO prelado que é bispo de uma diocese e que foi anteriormente arcebispo titular

arcediagado *n.m.* RELIGIÃO dignidade ou jurisdição do arcediago (Do lat. *archidiaconātu-*, «id.»)

arcediago *n.m.* **1** RELIGIÃO dignitário de um cabido **2** RELIGIÃO diácono-chefe de uma igreja (Do gr. *arkhidiákonos*, pelo lat. *archidiacŏnu-*, «id.»)

arcela *n.f.* ZOOLOGIA ameba testácea, do género *Arcella*, possuidora de uma concha quitinosa (Do lat. *arcella-*, «arca pequena»)

arcélida *n.m.* ZOOLOGIA ⇒ **arcelídeo**

Arcélidas *n.m.pl.* ZOOLOGIA ⇒ **Arcelídeos** (Do lat. *arcella-* «arca pequena» +-*idas*)

arcelídeo *adj.* ZOOLOGIA relativo aos Arcelídeos ■ *n.m.* ZOOLOGIA espécime dos Arcelídeos

Arcelídeos *n.m.pl.* ZOOLOGIA família de protozoários, ameboides, a que pertence o género *Arcella* (Do lat. *arcella-*, «arca pequena» + -*ídeos*)

arcelíneo *adj.* relativo ou semelhante à arcela (De *arcela*+-*íneo*)

arcete /ê/ *n.m.* **1** pequeno arco **2** serra para cortar pedra **3** instrumento para arrombar portas (Do fr. *archet*, «id.»)

arcêutide *n.f.* baga de zimbro ou fruto parecido com ela (Do gr. *arkeuthís, -ídos*, «baga de zimbro»)

archa *n.f.* antiga arma usada pelos archeiros, constituída por uma haste longa terminada em pique e cutelo (De *acha* [= arma])

archeiro¹ *n.m.* **1** soldado armado de archa **2** guarda do paço ou da universidade (De *archa*+-*eiro*)

archeiro² *n.m.* homem armado de arco (Do fr. *archer*, «soldado de arco»)

archete /ê/ *n.m.* **1** ARQUITETURA ornato em forma de arco **2** instrumento cirúrgico para esmagamento de cálculos na bexiga urinária **3** urna cinerária (Do fr. *archet*, «serra; pequeno arco»)

archotada *n.f.* **1** marcha noturna com archotes **2** conjunto de archotes (De *archote*+-*ada*)

archote *n.m.* **1** pedaço de esparto revestido de breu que é ateado para iluminar, geralmente ao ar livre; facho; tocha **2** [pop.] quartilho de vinho (De orig. obsc.)

archoteiro *n.m.* fabricante de archotes (De *archote*+*-eiro*)

archotista *n.2g.* pessoa que toma parte numa archotada (De *archote*+*-ista*)

arci- elemento de formação que traduz as ideias de *princípio, chefia, preeminência, superioridade*

arcífero *adj.* que traz arco (Do lat. *arcu-*, «arco» +*-fero*, de *ferre*, «levar; trazer»)

arcifinal *adj.,n.2g.* ⇒ **arcifínio** (Do lat. *arcifināle-*, «id.»)

arcifínio *adj.,n.m.* que ou região que tem por limites acidentes naturais (Do lat. *arcifinĭu-*, «id.»)

arciforme *adj.2g.* em forma de arco (Do lat. *arcu-*, «arco» +*-forma-*, «forma»)

arcipotente *adj.2g.* destro e valente no manejo do arco (Do lat. *arcipotente-*, «id.»)

arciprestado *n.m.* RELIGIÃO dignidade, jurisdição ou área jurisdicional de arcipreste (De *arcipreste*+*-ado*)

arciprestal *adj.2g.* que diz respeito a arcipreste ou às suas funções (De *arcipreste*+*-al*)

arcipreste *n.m.* **1** sacerdote com determinada jurisdição sobre outros sacerdotes; vigário da vara **2** dignitário de um cabido **3** [ant.] presbítero mais importante de uma igreja (Do gr. *arkhipresbýteros*, pelo lat. *archipresbӯter-*, «id.»)

arcíria *n.f.* BOTÂNICA planta mixófita, que vive na madeira podre e nas folhas mortas (De orig. obsc.)

arcitenente *adj.2g.* portador de arco; sagitário (Do lat. *arcitenente-*, «que traz arco»)

arco *n.m.* **1** GEOMETRIA segmento de curva, especialmente de uma circunferência **2** ARQUITETURA remate superior de abertura arquitetónica, muitas vezes formado por associação de arcos de circunferência (arco pluricêntrico), ou a figura geométrica que o representa **3** ARQUITETURA arranjo de materiais em curva, que se sustentam mutuamente no espaço com o fim de conseguir um vão **4** ARQUITETURA curva de abóbada **5** ARQUITETURA elemento arquitetónico de cariz ornamental, colocado num ou em vários pontos do percurso efetuado por procissões ou cortejos, para realçar esses eventos **6** objeto de forma anular **7** brinquedo que consiste de um aro, normalmente de plástico, que se faz girar à volta da cintura através do movimento do próprio corpo **8** MÚSICA vara muito flexível, com crinas de cavalo nas extremidades, com a qual se friccionam as cordas como o violino, a viola de arco, o violoncelo e o contrabaixo **9** vara flexível, retesada por uma corda amarrada nas extremidades, que serve para lançar setas **10** aro que cinge e mantém unidas as aduelas de pipas **11** FÍSICA descarga elétrica de grande intensidade luminosa e de elevada temperatura (3800 °C), entre dois elétrodos, geralmente de carvão das retortas **12** brinquedo de criança em forma de aro que se faz rodar com uma vara de metal **13** ANATOMIA conjunto de peças esqueléticas tipicamente em disposição simétrica e encurvada; **~ abatido** ARQUITETURA arco de curvatura policêntrica formada de arcos de círculo de flecha menor que metade da largura do vão; **~ abaulado** ARQUITETURA arco cuja curvatura é um segmento de círculo menor que 180°; **~ bizantino/mourisco** ARQUITETURA arco cujo perfil é um segmento de círculo com mais de 180°; **~ de volta inteira** ARQUITETURA arco de curvatura semicircular; **~ do triunfo** construção normalmente isolada, erigida para comemoração de acontecimentos notáveis, constituída por um pórtico abobadado de escala monumental, arco situado entre o coro e o corpo das naves de uma igreja, geralmente formado por três arcos, dispostos lado a lado, sendo o do meio o de maior abertura; **~ lanceolado** ARQUITETURA arco mourisco formado por duas curvas que se aproximam, fazem vértice no ponto mais alto e configuram a forma de uma lança; **~ ogival** ARQUITETURA arco cuja curvatura é formada por dois segmentos de círculo, de raio igual, que se intercetam no ponto mais alto; **~ reflexo** FISIOLOGIA trajeto que percorre o impulso nervoso no ato reflexo, desde que se produz o estímulo nos neurónios sensitivos até à reação provocada num neurónio motor; **embandeirado em arcos** muito contente e entusiasmado (Do lat. *arcu-*, ou *arquu-*, «arco»)

arcobotante *n.m.* ARQUITETURA construção exterior de reforço terminada em forma de arco; pegão (Do fr. *arc-boutant*, «id.»)

arco-celeste *n.m.* ⇒ **arco-íris**

arco-da-aliança ver nova grafia arco da aliança

arco da aliança *n.m.* ⇒ **arco-íris**

arco-da-chuva ver nova grafia arco da chuva

arco da chuva *n.m.* ⇒ **arco-íris**

arco-da-velha *n.m.* [pop.] arco-íris; *dizer/fazer coisas do ~* dizer ou fazer coisas incríveis (Por *arco da velha aliança*) ACORDO ORTOGRÁFICO também se pode escrever arco da velha

arco da velha a grafia mais usada é arco-da-velha

arco-íris *n.m.2n.* METEOROLOGIA fenómeno atmosférico que consiste na formação de um grupo de arcos concêntricos onde se escalonam as cores do espetro solar, devido a fenómenos de refração e reflexão dos raios solares nas gotas de água da atmosfera (De *arco*+*íris*)

arco-irisar *v.tr.* dar as cores do arco-íris a ■ *v.intr.,pron.* mostrar as cores do arco-íris (De *arco-íris*+*-ar*)

ar condicionado *n.m.* sistema elétrico que mantém o ambiente em boas condições de temperatura e humidade

arcontado *n.m.* **1** dignidade do arconte **2** instituição dos arcontes (De *arconte*+*-ado*)

arcontaria *n.f.* HISTÓRIA lugar, na igreja grega, onde se reuniam os arcontes (De *arconte*+*-aria*)

arconte *n.m.* HISTÓRIA (Grécia antiga) antigo magistrado encarregado de funções de governação (Do gr. *árkhon, -ontos*, «chefe; arconte», pelo lat. *archonte-*, «id.»)

arcoptose *n.f.* MEDICINA ptose ou prolapso do reto ou ânus (Do gr. *arkhós*, «intestino; reto» +*ptósis*, «queda»)

arcorragia *n.f.* ⇒ **arcorreia** (Do gr. *arkhós*, «reto» +*rhagé*, «fluxo»)

arcorreia *n.f.* corrimento pelo ânus (Do gr. *arkhós*, «reto» +*rhoía*, «fluxo»)

arcose *n.f.* PETROLOGIA rocha sedimentar detrítica, consolidada, que contém elevada percentagem de feldspatos, e cujos elementos constituintes resultaram, em geral, da desagregação de rochas graníticas (Do fr. *arkose*, «id.»)

arcoso /ô/ *adj.* com muitos arcos (De *arco*+*-oso*)

arcossólio *n.m.* **1** nicho em forma de arco, nas paredes das catacumbas, que servia para túmulo **2** túmulo construído na espessura de uma parede (Do lat. tard. *arcosolĭu-*, «id.»)

arctação *n.f.* MEDICINA aperto de um canal ou de um orifício (Do lat. *arctatione-*, «aperto, contração»)

arctar *v.tr.* apertar; contrair (Do lat. *arc-tāre*, «apertar»)

árctico ver nova grafia ártico

arctícola ver nova grafia artícola

Arcto *n.m.* ASTRONOMIA designação da Ursa Maior ou da Ursa Maior e da Ursa Menor conjuntamente (Do gr. *árktos*, «norte»)

arctocéfalo *adj.* que tem cabeça semelhante à do urso ■ *n.m.* ZOOLOGIA foca do hemisfério sul, caracterizada por pelagem dupla (Do gr. *árktos*, «urso» +*kephalé*, «cabeça»)

arctopiteco *n.m.* ZOOLOGIA macaco americano, de caninos pequenos, da família dos Hapalídeos (Do gr. *árktos*, «urso» +*píthekos*, «macaco»)

Arcturo *n.m.* ASTRONOMIA estrela do hemisfério norte, α da constelação do Boieiro, de cor alaranjada, de grandeza 0,2, de diâmetro 23 vezes maior do que o do Sol e distante da Terra 35 anos-luz (Do gr. *arktoūros*, pelo lat. *Arctūru-*, «id.»)

arcual *adj.2g.* em forma de arco (De *arco*+*-al*)

arcuar *v.tr.* ⇒ **arquear** (Do lat. *arcuāre*, «curvar em arco»)

arcuense *adj.2g.* referente à vila portuguesa de Arcos de Valdevez, no distrito de Viana do Castelo ■ *n.2g.* natural ou habitante de Arcos de Valdevez (De *Arcos*, top. +*-ense*)

arda *n.f.* ZOOLOGIA espécie de esquilo lanoso (Do berb. *aarda*, «rato»)

árdea *n.f.* ORNITOLOGIA designação que engloba qualquer tipo de garça (Do lat. *ardĕa-*, «garça-real»)

ardeida *n.m.* ORNITOLOGIA ⇒ **ardeídeo**

Ardeidas *n.m.pl.* ORNITOLOGIA ⇒ **Ardeídeos** (De *árdea*+*-idas*)

ardeídeo *adj.* ORNITOLOGIA relativo aos Ardeídeos ■ *n.m.* ORNITOLOGIA espécime dos Ardeídeos

Ardeídeos *n.m.pl.* ORNITOLOGIA família de aves pernaltas ciconiiformes (De *árdea*+*-ídeos*)

ardência *n.f.* **1** qualidade do que é ardente **2** [fig.] vivacidade **3** [fig.] ardor (Do lat. *ardentĭa*, part. pres. neut. pl. de *ardēre*, «arder»)

ardente *adj.2g.* **1** que arde; que queima **2** que causa calor; abrasador **3** luminoso **4** radiante **5** (sabor) picante **6** [fig.] veemente; intenso **7** [fig.] apaixonado **8** [fig.] impetuoso (Do lat. *ardente-*, «id.», part. pres. de *ardēre*, «arder»)

ardentia *n.f.* **1** fosforescência das águas do mar **2** calor excessivo (De *ardente*+*-ia*)

ardentoso /ô/ *adj.* que causa ardor e inflamação (De *ardente*+*-oso*)

arder *v.intr.* **1** estar em chamas; incendiar-se; queimar-se **2** ter sabor amargo ou picante (alimento) **3** estar muito quente **4** experimentar sensação de ardor **5** sentir muito calor **6** estar aceso; brilhar

7 [fig.] estragar-se **8** [fig.] sofrer prejuízos **9** [fig.] desbaratar-se ■ *v.tr., intr.* desejar intensamente (Do lat. *ardĕre*, «id.»)

ardidez /ê/ *n.f.* **1** atrevimento **2** desenvoltura **3** intrepidez (De *ardido*+*-ez*)

ardido¹ *adj.* **1** queimado **2** em começo de decomposição **3** [fig.] desconceituado (Part. pass. de *arder*)

ardido² *adj.* corajoso; valente (Do frânc. **hardjan*, «endurecer», pelo fr. *hardi*, «intrépido»)

ardífero *adj.* que produz ardor (Do lat. *ardifĕru-*, «id.»)

ardil *n.m.* **1** manha; astúcia **2** estratagema (Do cast. *ardid*, «ardil; astúcia»)

ardileza /ê/ *n.f.* qualidade de ardiloso (De *ardil*+*-eza*)

ardiloso /ô/ *adj.* **1** que usa de ardil ou tem ardil **2** astuto **3** artificioso **4** acautelado (De *ardil*+*-oso*)

ardimento¹ *n.m.* **1** ardência **2** doença das oliveiras (De *arder*+*-i-*+*-mento*)

ardimento² *n.m.* **1** valor **2** ousadia; coragem **3** heroicidade **4** fúria (Do fr. **hardjan*, «endurecer»)

ardina¹ *n.2g.* pessoa que anda pelas ruas a vender jornais; jornaleiro_Brasil_ (De orig. obsc.)

ardina² *n.f.* **1** [regionalismo] aguardente **2** [regionalismo] bebedeira (De *arder*+*-ina*)

ardísia *n.f.* **1** BOTÂNICA arbusto da família das Mirsináceas, aproveitado para fins ornamentais **2** BOTÂNICA fruto comestível desse arbusto (Do gr. *árdis*, «agulha»)

ardisiácea *n.f.* BOTÂNICA espécime das Ardisiáceas

Ardisiáceas *n.f.pl.* BOTÂNICA família de plantas lenhosas, resinosas, das regiões quentes, também denominada Mirsináceas (De *ardísia*+*-áceas*)

-ardo sufixo nominal, de origem germânica, que tem sentido pejorativo, por vezes aumentativo (*moscardo; gabinardo*)

ardómetro *n.m.* tipo especial de pirómetro de radiação total em que esta é concentrada por meio de uma lente num pequeno disco de platina enegrecida que recebe a radiação e a temperatura é avaliada por meio de um termopar (Do lat. *ardōre-*, «calor; ardor»+gr. *métron*, «medida»)

ardor *n.m.* **1** sensação de calor intenso **2** sabor picante **3** [fig.] veemência; vigor **4** [fig.] paixão **5** [fig.] intrepidez (Do lat. *ardōre-*, «calor; ardor»)

ardoroso /ô/ *adj.* **1** que tem ardor **2** ativo **3** impetuoso (De *ardor*+*-oso*)

ardósia *n.f.* PETROLOGIA rocha metamórfica de grão muito fino, de cor cinzenta (por vezes muito escura), com tendência evidente para se fender, que se usa para revestir telhados, paredes, etc.; lousa **2** quadro feito desta rocha que se escreve com giz e é geralmente usado nas escolas; lousa (Do fr. *ardoise*, «id.»)

ardosiar *v.tr.* cobrir ou forrar com ardósia (De *ardósia*+*-ar*)

ardosieira *n.f.* pedreira de ardósia (De *ardósia*+*-eira*)

ardosieiro *n.m.* **1** dono de uma ardosieira **2** o que trabalha em ardósia; louseiro (De *ardósia*+*-eiro*)

arduidade *n.f.* qualidade do que é árduo; dificuldade (Do lat. *arduitāte-*, «escarpa»)

ardume *n.m.* ⇒ **ardor** (De *arde*+*-ume*)

árduo *adj.* **1** que cansa; fatigante; trabalhoso **2** a que é difícil aceder; íngreme; escarpado **3** penoso; doloroso (Do lat. *ardŭu-*, «difícil»)

are *n.m.* FÍSICA unidade de medida de superfície, de símbolo a, equivalente a cem metros quadrados (1 decâmetro quadrado) (Do lat. *arĕa-*, «espaço; área», pelo fr. *are*, «are»)

área *n.f.* **1** extensão de espaço compreendida dentro de certos limites; superfície **2** zona com características particulares que se destina a uma função específica **3** GEOMETRIA medida da superfície de uma figura plana **4** [fig.] campo de estudo **5** [fig.] campo em que se exerce determinada ação; *~ de serviço* instalação localizada junto a uma bomba de gasolina, normalmente na margem de uma autoestrada, que disponibiliza serviços de restaurante, lavabos e tabacaria; *~ metropolitana* região urbana constituída por municípios que formam uma mesma comunidade socioeconómica, e que partilham necessidades, serviços e interesses; *grande ~* DESPORTO parte do campo de futebol constituída por um retângulo a partir da linha de cabeceira, onde se encontra a baliza e na qual as faltas graves dão origem aos penáltis; *pequena ~* DESPORTO espaço retangular localizado dentro da grande área (Do lat. *arĕa-*, «área; eira; espaço livre»)

areação *n.f.* **1** ato ou efeito de arear **2** aplicação terapêutica de areia quente (De *arear*+*-ção*)

areado *adj.* **1** coberto de areia; assoreado **2** designativo do açúcar refinado e que se apresenta em pequenos cristais **3** [pop.] pasmado **4** [pop.] amalucado **5** [pop.] ourado (Do lat. *arenātu-*, «misturado com areia»)

areador *n.m.* indivíduo que areia o açúcar (De *arear*+*-dor*)

areal *n.m.* **1** lugar onde há muita areia **2** praia (De *areia*+*-al*)

areamento *n.m.* ⇒ **areação** (De *arear*+*-mento*)

areão *n.m.* **1** areia de grânulos grossos **2** [Brasil] areal grande (De *areia*+*-ão*)

arear *v.tr.* **1** deitar areia em **2** cobrir de areia; assorear **3** limpar com areia, cinza, etc. **4** refinar (açúcar) ■ *v.pron.* **1** perder o juízo **2** desorientar-se (De *areia*+*-ar*)

areca *n.f.* **1** BOTÂNICA palmeira indiana que produz frutos (avelãs-da-índia ou nozes-de-areca) e folhas comestíveis; arequeira **2** BOTÂNICA fruto desta árvore (Do malaiala *adeka*, «id.»)

arecaína *n.f.* alcaloide que se extrai da noz-de-areca (De *areca*+*-ina*)

arecal *n.m.* floresta de arecas (De *areca*+*-al*)

arecina *n.f.* corante amarelo que se extrai do fruto da arequeira (De *areca*+*-ina*)

arecínea *n.f.* BOTÂNICA espécime das arecíneas ■ *n.f.pl.* BOTÂNICA tribo de plantas da família das Palmáceas a que pertence a areca (De *areca*+*-íneas*)

arecíneo *adj.* relativo ou semelhante à areca (De *areca*+*-íneo*)

areeiro *n.m.* **1** local de onde se tira areia **2** homem que extrai e carrega areia **3** ICTIOLOGIA peixe teleósteo, comestível, de corpo achatado, pertencente à família dos Pleuronectídeos **4** ORNITOLOGIA nome vulgar extensivo a algumas aves pernaltas, da família dos Caradriídeos **5** [ant.] recipiente para a areia que se deitava na escrita para secar a tinta (Do lat. *arenarĭu-*, «da areia»)

areento *adj.* **1** que tem aspeto de areia **2** misturado com areia **3** [fig.] maluco **4** [fig.] maníaco (De *areia*+*-ento*)

arefação *n.f.* dessecação das substâncias que hão de reduzir-se a pó para uso farmacêutico (Do lat. *arefacĕre*, «secar; enxugar»)

arefacção ver nova grafia **arefação**

areia *n.f.* **1** conjunto de partículas granulosas de natureza mineral, que se encontra no leito dos rios, dos mares, nas praias e nos desertos **2** cada uma dessas partículas granulosas formadas essencialmente por grãos de quartzo ou de outros minerais ou rochas e cujo diâmetro varia entre 0,07 mm e 2 mm **3** extensão coberta por estas partículas **4** *pl.* pequenos cálculos; *~(s) movediça(s)* **1** superfície de areia que não oferece resistência ao peso, podendo engolir tudo o que sobre ela se desloque; **2** [fig.] situação delicada, problema de que é difícil sair airosamente; *fazer castelos na ~* fazer planos sem uma base firme e que, por isso, podem não se concretizar; *meter a cabeça na ~* fazer de conta que não se vê; *ser muita ~ para a camioneta de alguém* [colóq.] exceder a capacidade de alguém; *ter ~ na cabeça* não pensar, não ter ideias, ser fútil, oco (Do lat. *arēna-*, «id.»)

areinho *n.m.* **1** pequeno areal à beira de um rio **2** banco de areia que as marés deixam a descoberto (De *areia*+*-inho*)

areísca *n.f.* argamassa feita de areia e barro (Do lat. vulg. **ariscu-*, de *arĭdu-*, «seco; árido»)

areísco *adj.* **1** que tem muita areia **2** arisco (De *areia*+*-isco*)

arejador *adj., n.m.* que ou o que areja (De *arejar*+*-dor*)

arejamento *n.m.* ato ou efeito de arejar (De *arejar*+*-mento*)

arejar *v.tr.* **1** fazer circular o ar em (recinto, divisão, etc.); ventilar **2** expor ao ar (peça de roupa, calçado, etc.) **3** [fig.] dar novo alento a; renovar ■ *v.intr.* **1** tomar ar; espairecer **2** (plantas, frutos) sofrer arejo ■ *v.pron.* **1** tomar ar **2** expor-se ao ar **3** (dinheiro) gastar-se (De *ar*+*-ejar*)

arejo /ê/ *n.m.* **1** ato ou efeito de arejar ou arejar-se **2** ventilação **3** doença nas folhas e nos frutos que os faz mirrar **4** [fig.] mau-olhado **5** [fig.] debilidade (Deriv. regr. de *arejar*)

arelha *n.f.* AGRICULTURA arado pequeno (De *arado* ou *arar*+*-elha*)

arena /ê/ *n.f.* **1** HISTÓRIA (Roma antiga) lugar, coberto de areia, no circo, onde os gladiadores combatiam **2** (circo) área central onde os artistas atuam **3** TAUROMAQUIA recinto circular onde se correm touros **4** liça **5** anfiteatro **6** [fig.] campo de discussão (Do lat. *arēna-*, pelo cast. *arena*, «arena»)

arenação *n.f.* ⇒ **areação** (Do lat. *arenatiōne-*, «aplicação de uma mistura de cal e areia, para reboco»)

arenáceo *adj.* **1** relativo a areia **2** arenoso **3** que se desagrega facilmente (Do lat. *arenacĕu-*, «de areia»)

arenar *v.tr.* ENGENHARIA cobrir com areia (Do lat. *arēna*, «areia»+*-ar*)

arenário¹ *adj.* que se desenvolve em terrenos arenosos (Do lat. *arenarĭu-*, «arenoso»)

arenário² *n.m.* antigo gladiador que combatia na arena (Do lat. *arenarĭu-*, «gladiador»)

arenata n.f. 1 pedra em cuja composição se encontram grãos de areia 2 terra estéril por ser arenosa (Do lat. *arenăta-*, «misturada com areia»)

arenato adj. que contém grãos de areia (Do lat. *arenătu-*, «misturado com areia»)

arenga n.f. 1 alocução pública 2 discurso longo e fastidioso; palavrório 3 altercação; discussão (Do gót. *hring*, «círculo», pelo lat. med. *harenga-*, «discurso»)

arengador adj.,n.m. 1 que ou aquele que arenga 2 que está sempre a discutir (De *arengar*+*-dor*)

arengar v.intr. 1 fazer arenga; discursar 2 falar muito e de forma aborrecida 3 [pop.] resmungar com algo ou alguém; rezingar 4 [regionalismo] fingir que se trabalha (De *arenga*+*-ar*)

arengueiro adj.,n.m. ⇒ **arengador** (De *arenga*+*-eiro*)

arenícola adj.2g. que vive em terreno arenoso ■ n.m. ZOOLOGIA ⇒ **biscalongo** (Do lat. *arena-*, «areia» +*colĕre*, «habitar»)

arenífero adj. 1 que tem areia 2 que transporta areias (Do lat. *arēna-*, «areia» +*-fero*, de *ferre*, «trazer»)

areniforme adj.2g. semelhante a areia (Do lat. *arēna-*, «areia» +*forma-*, «forma»)

arenisco adj. ⇒ **arenoso** (Do lat. *arēna-*, «areia» +*-isco*)

arenito n.m. PETROLOGIA nome genérico de rochas sedimentares detríticas, constituídas por areias aglutinadas por um cimento (Do lat. *arēna-*, «areia» +*-ito*)

arenoso /ô/ adj. 1 que contém areia 2 misturado com areia 3 que tem aspeto de areia (Do lat. *arenōsu-*, «id.»)

arenque n.m. 1 ICTIOLOGIA nome vulgar de algumas espécies de peixes teleósteos comestíveis, da família dos Clupeídeos, com cerca de 30 centímetros, que se encontram especialmente nos mares do Norte da Europa 2 [fig.] pessoa muito magra (Do frânc. *haring*, «id.»)

arenqueiro n.m. 1 pescador ou vendedor de arenques 2 embarcação para a pesca do arenque (De *arenque*+*-eiro*)

arensar v.intr. (cisne) soltar a voz ■ n.m. voz do cisne (De orig. obsc.)

arenuláceo adj. 1 que tem areia miúda 2 semelhante a grãos de areia (Do lat. *arenŭla-*, «grão de areia» +*-áceo*)

areola n.f. 1 terra coberta de areia 2 areeiro 3 solo constituído por areia média e fina, silte e argila, em proporções variáveis, mas com predominância de areia fina e silte ■ adj.,n.2g. que ou pessoa que não tem juízo (De *areia*+*-ola*)

aréola n.f. 1 canteiro para flores 2 pequena área 3 anel corado que rodeia o mamilo ou região inflamada 4 círculo luminoso que, às vezes, rodeia a Lua (Do lat. *areŏla-*, «canteiro redondo de flores»)

areolação n.f. disposição em aréolas (De *areolar*+*-ção*)

areolado adj. que tem aréolas (Part. pass. de *areolar*)

areolar adj.2g. 1 referente ou semelhante à aréola 2 que contém espaços ou áreas 3 relativo a áreas ou aréolas ■ v.tr. 1 dividir ou dispor em aréolas 2 cingir de aréola (De *aréola*+*-ar*)

areolite n.f. MEDICINA inflamação da aréola (De *aréola*+*-ite*)

areometria n.f. determinação da densidade de líquidos ou de sólidos, por meio do areómetro (Do gr. *araiós*, «pouco denso» +*métron*, «medida» +*-ia*)

areométrico adj. que diz respeito à areometria ou ao areómetro (De *areometria*+*-ico*)

areómetro n.m. aparelho baseado no princípio de Arquimedes, sábio grego (287 - 212 a. C.), que se usa em areometria (Do gr. *araiós*, «pouco denso» +*métron*, «medida»)

areopagita n.m. HISTÓRIA (Grécia antiga) membro do areópago (Do gr. *areiopagítes*, «id.», pelo lat. *areopagīta-*, «id.»)

areópago n.m. 1 HISTÓRIA (Grécia antiga) antigo tribunal de Atenas onde se reunia o conselho dos anciãos 2 assembleia de homens eminentes 3 colina de Atenas onde se reunia o conselho dos anciãos, a que também se dava o mesmo nome (Do gr. *áreios*, «consagrado a Marte» +*págos*, «colina», pelo lat. *areopăgu-*, «areópago»)

areoso /ô/ adj. ⇒ **arenoso** (De *areia*+*-oso*)

areotectónica n.f. MILITAR ciência que se ocupa do ataque e defesa das praças de guerra (Do gr. *áreios*, «consagrado a Marte» +*tektoniké*, «arte de construir»)

arequeira n.f. BOTÂNICA ⇒ **areca** (De *areca*+*-eira*)

aresta n.f. 1 GEOMETRIA reta comum às duas faces de um diedro 2 GEOMETRIA segmento de reta comum a duas faces de um poliedro 3 ângulo saliente formado pelo encontro de duas superfícies planas ou curvas 4 esquina 5 BOTÂNICA ⇒ **pragana** 6 arueiro 7 linha divisória das vertentes 8 partícula que se desprende da espinha de peixe 9 prego fino e pequeno 10 partícula que cai da estriga de linho quando se espadela, asseda ou fia 11 ZOOLOGIA ⇒ **alfinete** 4 12 [fig.] insignificância (Do lat. *arista-*, «barba de espiga»)

arestado adj. com arestas ou esquinas (De *aresta*+*-ado*)

arestal adj.2g. ⇒ **arestado** (De *aresta*+*-al*)

aresteiro n.m. [ant.] advogado que alegava casos julgados ou arestos (De *aresto*+*-eiro*)

arestelado adj. (linho) limpo das arestas (De *aresta* × *espadelado*)

arestizar v.tr. 1 avivar em aresta 2 aguçar (De *aresta*+*-izar*)

aresto n.m. 1 decisão do tribunal; acórdão 2 caso julgado 3 solução que fica a servir de norma (De *arresto*, ou do fr. *arrêt*, «decisão superior»)

arestoso /ô/ adj. ⇒ **arestado** (Do lat. *aristōsu-*, «que tem barbas de espiga»)

arestudo adj. (linho) com muitas arestas (De *aresta*+*-udo*)

aretologia n.f. FILOSOFIA parte da filosofia moral que trata da virtude e dos meios para a sua aquisição (Do gr. *areté*, «virtude» +*lógos*, «tratado»)

aréu adj. 1 embaraçado 2 indeciso 3 apalermado (De *ar*+*-éu*?)

-aréu sufixo nominal, de origem latina, que tem sentido diminutivo (*fumaréu; lumaréu*)

arfada n.f. 1 ato ou efeito de arfar 2 balanço do navio da popa à proa 3 respiração em ritmo acelerado; palpitação (Part. pass. fem. subst. de *arfar*)

arfadura n.f. ⇒ **arfada** (De *arfar*+*-dura*)

arfagem n.f. movimento longitudinal de balanço de um navio; arfada (De *arfar*+*-agem*)

arfante adj.2g. que arfa; ofegante (De *arfar*+*-ante*)

arfar v.intr. 1 respirar com dificuldade; estar ofegante 2 (navio) balançar 3 [fig.] ansiar (De lat. *aer(e)fare*, «respirar a custo»)

arfvedsonite n.f. MINERALOGIA mineral, quimicamente silicato de sódio, ferro e magnésio, que faz parte das anfíbolas alcalinas e cristaliza no sistema monoclínico (De *Arfvedson*, antr.)

arga n.f. ZOOLOGIA ácaro ou parasita especialmente as aves de capoeira (Do lat. cient. *arga-*, «id.», do gr. *argós*, «inútil»)

argaceiro n.m. homem que trabalha na apanha do argaço; sargaceiro (De *argaço*+*-eiro*)

argaço n.m. 1 ⇒ **sargaço** 2 [regionalismo] caruma seca (De *algaço*)

argalha n.f. 1 [regionalismo] gravato 2 aresta (De orig. obsc.)

argali n.m. ZOOLOGIA grande carneiro montês (*Ovis ammon*) que vive nas regiões montanhosas da Ásia central e oriental, e que se caracteriza pela sua lã curta e espessa de cor pardo-acinzentada (Do mongol *argali*, «id.»)

argamassa n.f. pasta utilizada na construção civil e formada por cal ou cimento, a que se junta areia e água; ~ *betuminosa* mistura de agregado fino, aglutinante e betume usada em pavimentações (Do cast. *argamasa*, «id.»)

argamassador n.m. o que prepara ou aplica a argamassa; amassador (De *argamassar*+*-dor*)

argamassar v.tr. 1 cobrir com argamassa 2 amassar como se faz à argamassa (De *argamassa*+*-ar*)

arganaça n.f. ZOOLOGIA ⇒ **arganaz** (De orig. obsc.)

arganaz n.m. 1 ZOOLOGIA mamífero roedor, semelhante ao rato, cuja cauda é tufada; leirão; rato-dos-pomares 2 [fig.] homem magro e de estatura muito elevada (De orig. obsc.)

arganel n.m. 1 argola grande 2 argola a que se prendem os tirantes das peças de artilharia 3 grossa argola chumbada nas muralhas, à qual se amarravam os navios 4 argola da âncora a que se prende a amarra 5 anel de arame que se coloca no focinho dos porcos para impedir que focem (Do gr. *órganon*, «instrumento», pelo lat. vulg. *argānu-*, «id.», pelo cast. *arganel*, «id.»)

arganéu n.m. ⇒ **arganel**

argânia n.f. BOTÂNICA árvore frutífera, da família das Sapotáceas, comum no Norte da África, que fornece madeira apreciada e produz o fruto denominado argão (Do berb. *argán*, «id.»)

arganil n.m. ⇒ **arganel**

argano n.m. [regionalismo] doença dos bovídeos, também chamada bolha (De orig. obsc.)

argão[1] n.m. ZOOLOGIA ⇒ **arga** (De *arga*+*-ão*)

argão[2] n.m. BOTÂNICA fruto da argânia, de semente oleosa (Do berb. *argán*, «id.»)

argão[3] n.m. QUÍMICA ⇒ **árgon** (Do gr. *argós*, «inativo; inútil»)

argau n.m. 1 bomba com que se tiram amostras de vinho das pipas ou tonéis 2 pipeta 3 espécie de gibão (Do gr. *órganon*, «instrumento», pelo lat. vulg. *argānu-*, «id.»)

argel adj.2g. (cavalo) que tem malha branca no pé direito (Do ár. *arjal*, «(cavalo) que tem uma mancha branca no pé»)

argelino adj. relativo à Argélia ■ n.m. natural ou habitante da Argélia (De *Argélia*, top. +*-ino*)

argentador adj.,n.m. que ou o que prateia (De *argentar*+*-dor*)

argentamina n.f. FARMÁCIA solução de fosfato de prata a 8% com etilenodiamina usada como antisséptico no tratamento da gonorreia (Do lat. *argentu-*, «prata»+port. *amina*)

argentão n.m. nome dado a várias ligas, de aspeto semelhante ao da prata, em que figuram o cobre e o níquel sós ou associados a outros metais (Do fr. *argentan*, «id.»)

argentar v.tr. **1** cobrir de prata; pratear **2** dar cor de prata a; branquear (Do lat. *argentu-*, «prata» +*-ar*)

argentaria n.f. **1** guarnição de prata **2** baixela de prata (Do fr. *argenterie*, «id.»)

argentário n.m. **1** guarda-pratas **2** [fig.] homem de muito dinheiro; capitalista (Do lat. *argentariŭ-*, «id.»)

argentarismo n.m. **1** qualidade de argentário **2** preponderância dos ricos; plutocracia (De *argentário*+*-ismo*)

argentato n.m. anião que contém prata (Do lat. *argentatu-*, «prateado»)

argentear v.tr. ⇒ **argentar** (Do lat. *argentu-*, «prata» +*-ear*)

argênteo adj. de prata ou da cor da prata (Do lat. *argentĕu-*, «de prata»)

argenticerúleo adj. ⇒ **argenticérulo** (Do lat. *argentu-*, «prata» +*caerulĕu-*, «azul»)

argenticérulo adj. cor de prata e azul (Do lat. *argentu-*, «prata» +*caerŭlu-*, «azul»)

argêntico adj. QUÍMICA (sal) que tem por base a prata (Do lat. *argentu-*, «prata» +*-ico*)

argentífero adj. (terreno) que contém prata (Do lat. *argentu-*, «prata» +*-fero*, de *ferre*, «ter»)

argentífico adj. designativo da substância a que, entre os alquimistas, se atribuía a virtude de converter outras substâncias em prata (Do lat. *argentu-*, «prata» +*facĕre*, «fazer»)

argentifólio adj. (planta) que tem folhas prateadas (Do lat. *argentu-*, «prata» +*folĭu-*, «folha»)

argentina n.f. **1** BOTÂNICA planta herbácea, rastejante, da família das Rosáceas, que aparece especialmente nas margens do rio Douro **2** MINERALOGIA variedade lamelar de calcite, de cor branca e brilho nacarado (De *argentino*)

argentino¹ adj. relativo ou pertencente à Argentina (América do Sul) ■ n.m. natural ou habitante da Argentina (De *Argentina*, top.)

argentino² adj. que tem o timbre ou a cor da prata; argênteo (Do lat. *argentu-*, «prata» +*-ino*)

argentite n.f. MINERALOGIA mineral que é quimicamente sulfureto de prata e cristaliza no sistema cúbico (Do lat. *argentu-*, «prata» +*-ite*)

argila n.f. **1** PETROLOGIA rocha sedimentar, de grão muito fino (inferior a 0,002 mm), e que é uma rocha constituída essencialmente por silicatos de alumínio hidratados (caulinite, haloisite, etc.); barro **2** [fig.] fragilidade humana (Do gr. *árgilos*, «argila», pelo lat. *argilla-*, «id.»)

argiláceo adj. que contém argila; argiloso (Do lat. *argillacĕu-*, «de argila; que contém argila»)

argileira n.f. lugar de onde se extrai a argila; barreira; saibreira (De *argila*+*-eira*)

argilífero adj. que contém argila (Do lat. *argilla-*, «argila» +*-fero*, de *ferre*, «ter»)

argiliforme adj.2g. semelhante à argila (Do lat. *argilla-*, «argila» +*forma-*, «forma»)

argilito n.m. PETROLOGIA rocha sedimentar compacta, formada essencialmente por argila (De *argila*+*-ito*)

argilofagia n.f. hábito de comer terra (Do gr. *árgilos*, «argila» +*phageĩn*, «comer»)

argiloide adj.2g. ⇒ **argiliforme** (Do gr. *árgilos*, «argila» +*eĩdos*, «semelhança»)

argilóide ver nova grafia **argiloide**

argilólito n.m. GEOLOGIA tufo vulcânico, cor de borra de vinho, variegado de verde, endurecido por sílica (Do gr. *árgilos*, «argila» +*líthos*, «pedra»)

argiloso /ô/ adj. **1** da natureza da argila **2** que tem muita argila (Do lat. *argillōsu-*, «id.»)

arginina n.f. BIOQUÍMICA aminoácido que entra na formação de várias proteínas e que, em combinação com o ácido fosfórico, se reveste de especial significado nos fenómenos relativos às contrações musculares (Do fr. *arginine*, «id.»)

argirismo n.m. conjunto dos fenómenos tóxicos resultantes do uso prolongado dos sais de prata (Do gr. *árgyros*, «prata» +*-ismo*)

argirite n.f. MINERALOGIA designação obsoleta da argentite (De *árgyros*, «prata» +*-ite*)

argir(o)- elemento de formação de palavras que exprime a ideia de prata (Do gr. *árgyros*, «prata»)

argirol n.m. FARMÁCIA vitelinato de prata usado como antisséptico e antiflogístico (Do gr. *árgyros*, «prata» +*-ol*)

argirólito n.m. pedra preciosa parecida com a prata, conhecida dos antigos e hoje desconhecida (De *argiro-*+*-lito*)

argirose n.f. ⇒ **argentite** (De *argiro-*+*-ose*)

argivo adj. **1** de Argos, cidade grega do Peloponeso **2** [poét.] grego (Do lat. *argīvu-*, «id.»)

argo¹ n.m. QUÍMICA ⇒ **árgon** (Do grego *árgos*, «inativo»)

argo² n.m. **1** [com maiúscula] ASTRONOMIA constelação austral **2** [com maiúscula] MITOLOGIA personagem que tinha cem olhos **3** [com maiúscula] MITOLOGIA construtor da nau Argo **4** [fig.] indivíduo perspicaz (Do grego *Árgos*, pelo latim *Argu-*, «idem»)

argola n.f. **1** anel de metal ou madeira **2** aldraba **3** brinco em forma de anel; arrecada **4** *pl.* aparelho de ginástica constituído por duas cordas suspensas com dois aros nas extremidades, onde o atleta se pendura pelas mãos; *meter o pé na ~* [coloq.] cometer um erro ou uma indiscrição, errar (Do ár. *al-gullâ*, «colar; ferros»)

argolada n.f. **1** pancada com argola **2** pancada com aldraba **3** [pop.] ação ou fala inoportuna; calinada (De *argola*+*-ada*)

argolagem n.f. conjunto de argolas (De *argola*+*-agem*)

argolão n.m. argola grande (De *argola*+*-ão*)

argolar v.tr. **1** prender com argola **2** guarnecer de argolas **3** dar feitio de argola a ■ v.intr. [coloq.] errar; cometer falta (De *argola*+*-ar*)

argoleiro n.m. o que faz ou vende argolas (De *argola*+*-eiro*)

argolinha n.f. **1** argola pequena **2** jogo popular infantil (De *argola*+*-inha*)

argolista n.2g. DESPORTO ginasta que trabalha em argolas (De *argola*+*-ista*)

argomas n.f.pl. **1** [regionalismo] ramagem prejudicial que se elimina das árvores **2** BOTÂNICA rebentos das plantas, popularmente chamados ladrões ou mamões (De orig. obsc.)

árgon n.m. QUÍMICA elemento químico com o número atómico 18 e símbolo Ar, existente no ar na percentagem de cerca de 1%, utilizado no enchimento de lâmpadas elétricas (Do gr. *árgon*, «inativo»)

argonauta n.m. **1** MITOLOGIA tripulante da nau Argo que, segundo a lenda grega, foi à Cólquida, antigo país asiático junto do mar Negro, em demanda do velo de ouro **2** ZOOLOGIA molusco cefalópode, cuja fêmea é maior que o macho e portadora de uma espécie de concha ■ n.2g. **2** [fig.] navegador arrojado (Do gr. *Argonaútes*, «marinheiro da nau Argo», pelo lat. *argonauta-*, «id.»)

argonáutico adj. respeitantes aos argonautas (De *argonauta*+*-ico*)

argonina n.f. caseinato de prata com propriedades bactericidas (Do gr. *árgon*, «brilhante» +*-ina*)

argúcia n.f. **1** agudeza de espírito; finura de observação **2** raciocínio capcioso **3** subtileza **4** chiste (Do lat. *argutĭa-*, «id.»)

arguciar v.intr. usar de argúcia (De *argúcia*+*-ar*)

argucioso /ô/ adj. **1** que tem argúcia **2** ardiloso (De *argúcia*+*-oso*)

argueirar v.intr. **1** procurar argueiros **2** [fig.] esmiuçar (De *argueiro*+*-ar*)

argueireiro adj. **1** que procura argueiros **2** [fig.] escrupuloso; coca-bichinhos (De *argueiro*+*-eiro*)

argueirice n.f. insignificância a que se pretende dar valor (De *argueiro*+*-ice*)

argueirinha n.f. pedra de cevar com que, segundo outrora se supunha, se tiravam os argueiros (ciscos) dos olhos (De *argueiro*+*-inha*)

argueiro n.m. **1** partícula ou grânulo de um líquido em suspensão no ar **2** corpúsculo que se introduz nos olhos **3** [fig.] coisa insignificante

arguente /gu-en/ adj.,n.2g. **1** que ou pessoa que argui ou argumenta; argumentador **2** que ou pessoa que questiona um candidato que defende uma tese académica, provocando o debate (Do lat. *arguente-*, «id.», part. pres. de *arguĕre*, «provar; censurar»)

arguição /gu-i/ n.f. **1** ato ou efeito de arguir; argumentação; alegação **2** exame oral **3** interrogatório **4** ato de imputação; responsabilização (Do lat. *arguitiōne-*, «ato de censurar»)

arguiço n.m. [regionalismo] folha seca de pinheiro; caruma; chamiça; maravalha

arguido /gu-i/ adj. acusado ■ n.m. DIREITO sujeito passivo de processo penal; aquele sobre quem recai forte suspeita de ter perpetrado um crime (Part. pass. de *arguir*)

arguidor /gu-idô/ n.m. o que argui; arguente (De *arguir*+*-dor*)

arguir /gu-i/ v.tr. **1** argumentar; alegar **2** acusar; qualificar **3** impugnar; refutar **4** avaliar e criticar (pontos de vista numa prova académica) de modo a provocar o debate **5** revelar; denotar ■ v.tr.,pron. censurar(-se); condenar(-se) (Do lat. *arguĕre*, «id.»)

arguitivo /gu-i/ adj. 1 que se emprega como argumento 2 acusatório; denunciador (De arguir+-tivo)
arguível /gu-i/ adj.2g. que se pode arguir (De arguir+-vel)
argumentação n.f. 1 ato ou efeito de argumentar; alegação; exposição 2 sistema de argumentar 3 raciocínio lógico 4 conjunto de argumentos apresentados (Do lat. argumentatiōne-, «id.»)
argumentador n.m. 1 aquele que argumenta ou gosta de argumentar 2 arguente 3 questionador (Do lat. argumentatōre-, «id.»)
argumental adj.2g. 1 relativo a argumento 2 empregado como argumento (Do lat. argumentāle-, «id.»)
argumentante adj.,n.2g. ⇒ **arguente** (De argumentar+-ante)
argumentar v.tr. 1 apresentar ou defender com argumentos 2 apresentar como razão; alegar 3 discutir (com); debater 4 usar argumentos (contra) ■ v.intr. apresentar argumentos (Do lat. argumentāri, «id.»)
argumentário n.m. apresentação breve das características de um produto ou serviço (por vezes em oposição aos seus concorrentes) com que se procura convencer a alguém a adquiri-lo (De argumento+-ário)
argumentativo adj. 1 que contém argumento ou serve de argumento 2 LINGUÍSTICA diz-se do texto que contém argumentos para justificar ou refutar opiniões, com o fim de influenciar o leitor (Do lat. argumentatīvu-, «que faz uma exposição»)
argumentilho n.m. argumento de pouco valor (De argumento+-ilho)
argumentista n.2g. CINEMA, TELEVISÃO pessoa que elabora o argumento de filmes, séries, etc. (De argumento+-ista)
argumento n.m. 1 raciocínio destinado a provar ou refutar determinada tese 2 raciocínio de que se tira uma consequência 3 indício 4 prova 5 CINEMA, TELEVISÃO versão escrita de filme que inclui não só os diálogos mas também as indicações técnicas que permitem encená-los; descrição da ação de um filme 6 assunto 7 conjetura 8 resumo; sumário 9 MATEMÁTICA variável independente (Do lat. argumentu-, «id.»)
arguto adj. 1 que tem argúcia; astucioso; engenhoso 2 fino; subtil 3 agudo 4 capcioso (Do lat. argūtu-, «subtil; sagaz»)
-aria sufixo nominal, de origem grega ou latina, que traduz a ideia de oficina, estabelecimento comercial, coleção, grande quantidade (sapataria; livraria; pancadaria)
ária¹ n.f. 1 MÚSICA peça composta para uma voz com acompanhamento de um ou mais instrumentos ou de uma orquestra 2 melodia; cantiga 3 MÚSICA andamento orquestral ou peça instrumental de expressão cantabile (Do it. aria, «id.»)
ária² n.f. 1 [regionalismo] donaire 2 [regionalismo] jeito no manejar de um instrumento (De ar?)
ária³ adj.2g. 1 relativo aos Árias 2 relativo a raça ariana ■ n.2g. 1 indivíduo dos Árias 2 pessoa de raça ariana (Do sânsc. árya, «nobre»)
Ariadna n.f. ⇒ **Ariadne**
Ariadne n.f. 1 ASTRONOMIA asteroide ou pequeno planeta entre Marte e Júpiter 2 MITOLOGIA personagem que ajudou Teseu a sair do labirinto, filha de Minos, rei de Creta; *fio de ~* [fig.] indício que leva à descoberta de uma questão difícil e intrincada (Do gr. Ariádne, mitol., filha de Minos, rei de Creta)
arianismo¹ n.m. 1 doutrina defendida por Ario (séc. IV), sacerdote de Alexandria (256 - 336), que praticamente negava a Trindade, a divindade de Cristo e a Redenção, e que foi condenada no concílio de Niceia (De ariano [=de Ário]+-ismo)
arianismo² n.m. teoria tornada popular pelo nazismo que afirmava a superioridade dos descendentes do antigo povo ariano (supostamente, europeus de raça pura) (De ariano [=de Árias]+-ismo)
arianizar v.tr. submeter à influência da civilização ariana (De ariano+-izar)
ariano¹ adj.,n.m. diz-se de ou seguidor de Ário ou do arianismo (Do lat. ariānu-, «id.»)
ariano² adj. 1 relativo aos Árias; árico 2 designativo da suposta raça descendente dos Árias, que representaria o elemento puro e superior da raça branca (De ária+-ano)
ariar v.tr. mondar cuidadosamente (a erva ou o capim)
ariari n.m. unidade monetária de Madagáscar
Árias n.m.pl. ETNOGRAFIA os mais antigos antepassados da família indo-europeia (Do sânsc. árya, «nobre»)
aricar v.tr. [regionalismo] AGRICULTURA lavrar superficialmente para tirar as ervas daninhas (De arar+-icar)
aricíida adj.,n.2g. ⇒ **aricíideo**
Aricíidas n.m.pl. ⇒ **Aricíideos** (Do lat. cient. Aricĭa-+-idas)
aricíideo adj. relativo ou pertencente aos Aricíideos ■ n.m. espécime dos Aricíideos
Aricíideos n.m.pl. família de anelídeos poliquetas sedentários, cujo género-tipo se designa *Aricia* (Do lat. cient. Aricĭa-+-ídeos)
aricíneo adj. ZOOLOGIA relativo ou pertencente aos aricíneos ■ n.m. ZOOLOGIA espécime dos aricíneos ■ n.m.pl. ZOOLOGIA tribo dos dípteros do género *Arica* (Do lat. cient. Arīca+-íneos)
árico adj. relativo aos Árias; ariano (De ária+-ico)
aridez /ê/ n.f. 1 qualidade do que é árido, seco; secura 2 esterilidade; improdutividade 3 [fig.] característica do que demonstra falta de sensibilidade; dureza 4 [fig.] falta de interesse, de graça 5 [fig.] pobreza de imagens ou ideias (De árido+-ez)
aridificar v.tr. tornar árido; secar (Do lat. arĭdu-, «árido» +facĕre, «tornar»)
árido adj. 1 que tem pouca ou nenhuma humidade; seco 2 que produz pouco ou nada; estéril 3 [fig.] que revela falta de sensibilidade; duro 4 [fig.] pobre de imagens ou ideias 5 [fig.] pouco interessante; aborrecido (Do lat. arĭdu-, «id.»)
Áries n.m. 1 ASTRONOMIA ⇒ **carneiro** 6 2 ASTROLOGIA ⇒ **carneiro** 7 (Do lat. arĭes, -ĭetis, «carneiro»)
arietar v.tr. 1 atacar com aríete 2 combater ■ v.intr. usar aríete (Do lat. arietāre, «marrar» – o carneiro)
aríete n.m. MILITAR antiga máquina de guerra formada por uma viga grossa e comprida, com uma cabeça de carneiro esculpida na extremidade, que era utilizada para derrubar portas e muralhas (Do lat. arĭĕte-, «carneiro»)
arietino adj. 1 que pertence ao aríete 2 relativo ao carneiro (Do lat. arietīnu-, «de carneiro»)
arilado adj. (semente) que tem arilo (De arilo+-ado)
arilo¹ n.m. 1 BOTÂNICA invólucro acessório da semente de alguns frutos, proveniente do desenvolvimento do funículo (do óvulo) 2 grainha seca (Do lat. cient. arillu-, «id.», pelo it. arillo, «id.»)
arilo² n.m. QUÍMICA radical derivado de um hidrocarboneto aromático por perda de um átomo de hidrogénio (De ar(omático)+-ilo; por analogia com alquilo)
arimo n.m. [Angola] propriedade agrícola (Do quimb. marimu, «id.», de kurima, «cultivar»)
arincu n.m. [regionalismo] ⇒ **pirilampo**
aringa n.f. campo fortificado, entre os habitantes da África Ocidental (Do cafreal aringa)
arinque n.m. 1 cabo que prende uma boia à âncora 2 flutuador da rede de cercar (Aveiro) (Do cast. orinque, «id.»)
arinta n.f. ⇒ **arinto**
arinto n.m. 1 BOTÂNICA designação extensiva a algumas castas de videiras muito cultivadas em Portugal, como: arinto-bastardo, arinto-cerceal, arinto-branco, arinto-preto, etc. 2 uvas e vinho produzidos por essas videiras (De orig. obsc.)
-ário sufixo nominal, de origem latina, que ocorre em substantivos e adjetivos, designando *agente, recipiente, relação* (escriturário; relicário; fracionário)
aríolo n.m. indivíduo que pretende adivinhar por meio dos ídolos; haríolo (Do lat. hariŏlu-, «id.»)
aripar v.tr. joeirar (a areia em que as ostras apodrecem) para colher as pérolas e os aljôfares (De aripo+-ar)
aripeiro n.m. aquele que aripa (De aripar+-eiro)
aripo¹ n.m. (Sri Lanka) joeiramento de areia, na praia onde se enterraram ostras, para obter pérolas e aljôfar (Do malaiala arippu, «joeira, bateia»)
aripo² n.m. (Sri Lanka) bagaço de semente oleaginosa, que se aplicava na lavagem da cabeça (Deriv. regr. de aripar)
ariquena adj.2g. relativo aos Ariquenas ■ n.2g. indivíduo dos Ariquenas
Ariquenas /ê/ n.m.pl. ETNOGRAFIA indígenas das margens do rio Madeira, um dos afluentes do Amazonas, rio do Brasil
ariscar v.tr. 1 tornar arisco 2 recusar ■ v.intr. ser arisco (De arisco+-ar)
arisco¹ adj. que tem abundância de areia (Por areísco, de areia)
arisco² adj. 1 áspero 2 desagradável 3 (animal) bravio 4 [fig.] esquivo; desconfiado (Do cast. arisco, «intratável»)
arista¹ n.f. BOTÂNICA ⇒ **pragana** (Do lat. arista-, «pragana»)
arista² n.2g. pessoa que se desloca para determinado lugar a fim de se tonificar com ar puro (De ar+-ista)
aristado adj. que tem aristas ou praganas (De arista+-ado)
aristarco n.m. crítico severo (De Aristarco, antr.)
aristiforme adj.2g. que tem forma de aresta (Do lat. arista-, «aresta» +forma-, «forma»)
aristocracia n.f. 1 conjunto dos nobres; nobreza; fidalguia 2 forma de governo em que uma minoria nobre ou de classes privilegiadas detém o poder, geralmente por herança 3 [fig.] distinção;

superioridade 4 [fig.] talento (Do gr. *aristokratía*, «governo dos melhores»)

aristocrata *n.2g.* pessoa pertencente à aristocracia; nobre; fidalgo ▪ *adj.2g.* aristocrático (Do gr. *áristos*, «melhor» +*krátos*, «força; poder»)

aristocrático *adj.* 1 pertencente à aristocracia ou próprio dela 2 [fig.] elegante; requintado (Do gr. *aristokratikós*, «id.»)

aristocratismo *n.m.* princípios ou maneiras dos aristocratas (De *aristocrata+-ismo*)

aristocratizar *v.tr.* 1 dar foros de aristocrata a 2 nobilitar ▪ *v.pron.* 1 tornar-se aristocrata 2 adquirir modos aristocráticos (De *aristocrata+-izar*)

aristodemocracia *n.f.* governo misto de nobreza e povo (De *aristocracia* × *democracia*)

aristolóquia *n.f.* BOTÂNICA planta trepadeira de flores grandes e coloridas frequentemente usadas para ornamentação (Do gr. *aristolókia*, «aristolóquia», pelo lat. *aristolochīa-*, «id.»)

aristoloquiácea *n.f.* BOTÂNICA espécime das Aristoloquiáceas

Aristoloquiáceas *n.f.pl.* BOTÂNICA família de plantas com caule nodoso e frutos capsulares, representada pela aristolóquia (De *aristolóquia+-áceas*)

aristoso /ô/ *adj.* ⇒ **aristado** (Do lat. *aristōsu-*, «que tem praganas»)

aristotélico *adj.* relativo a Aristóteles ou ao aristotelismo ▪ *n.m.* defensor da filosofia de Aristóteles ou do aristotelismo (Do gr. *aristotelikós*, pelo lat. *aristotelĭcu-*, «id.»)

aristotelismo *n.m.* 1 FILOSOFIA doutrina de Aristóteles (384-322 a. C.) e da sua escola, em cujos fundamentos se salientam os conceitos de ato e potência, forma e matéria, e substância e acidente 2 princípios de lógica e de filosofia geral baseados na filosofia de Aristóteles (De antr. *Aristóteles* (filósofo grego) +*-ismo*)

aritenoide *adj.2g.,n.f.* ANATOMIA cada uma ou designativo de cada uma de duas pequenas cartilagens da laringe (Do gr. *arytaina*, «copo; funil» +*eīdos*, «forma»)

aritenóide ver nova grafia **aritenoide**

aritenoídeo *adj.* pertencente ou relativo às aritenoides (De *aritenóide+-eo*)

aritenoidite *n.f.* inflamação das aritenoides (De *aritenóide+-ite*)

aritmancia *n.f.* ⇒ **aritmomancia**

aritmética *n.f.* 1 parte da matemática que estuda os números, as suas propriedades e as operações numéricas (soma, subtração, multiplicação, divisão); ciência dos números 2 arte de calcular (Do gr. *arithmetiké*, «arte de contar; aritmética», pelo lat. *arithmetĭca-*, «id.»)

aritmético *adj.* da aritmética ou a ela relativo ▪ *n.m.* o que sabe ou ensina aritmética (Do gr. *arithmetikós*, «relativo a número», pelo lat. *arithmetĭcu-*, «da aritmética»)

aritmetógrafo *n.m.* ⇒ **aritmógrafo**

aritmografia *n.f.* arte de escrever os números e de representar por notações adequadas as medidas de grandezas (Do gr. *arithmós*, «número» +*gráphein*, «escrever» +*-ia*)

aritmógrafo *n.m.* máquina de calcular (Do gr. *arithmós*, «número» +*gráphein*, «escrever»)

aritmologia *n.f.* ciência que tem por fim a medição das grandezas em geral (Do gr. *arithmós*, «número» +*lógos*, «tratado» +*-ia*)

aritmomancia *n.f.* suposta arte da adivinhação por meio de números (Do gr. *arithmós*, «número» +*manteía*, «adivinhação»)

aritmomania *n.f.* compulsão de realizar operações aritméticas diferentes ou repetidas; mania dos cálculos (Do gr. *arithmós*, «número»+*manía*, «mania; loucura»)

aritmometria *n.f.* arte de calcular com o aritmómetro (Do gr. *arithmós*, «número» +*métron*, «medida» +*-ia*)

aritmométrico *adj.* relativo à aritmometria (De *aritmometria+-ico*)

aritmómetro *n.m.* instrumento de cálculo em que estão traçadas divisões logarítmicas que permitem efetuar operações aritméticas (Do gr. *arithmós*, «número» +*métron*, «medida»)

arjão *n.m.* [regionalismo] pau para empar a videira e outras plantas; estaca (De orig. obsc.)

arjoar *v.tr.* segurar com arjão (De *arjão+-ar*)

arjoz *n.m.* 1 guizo 2 chocalho (Do ár. *al-jars*, «guizo»)

arjunça *n.f.* substância glutinosa extraída de um cardo (cardo-du-visco) utilizada no fabrico do visco, com o qual se caçam pássaros (De orig. obsc.)

arlequim *n.m.* 1 personagem da antiga comédia italiana que usava um traje de várias cores e geralmente aos losangos 2 fantasia carnavalesca inspirada no traje dessa personagem 3 [fig.] bobo; palhaço 4 [fig.] pessoa que muda de opinião; cata-vento (Do it. *arlecchino*, «arlequim», pelo fr. *arlequin*, «id.»)

arlequinada *n.f.* 1 representação feita por arlequins 2 ação própria de arlequim 3 palhaçada (Do fr. *arlequinade*, «id.»)

arlequíneo *adj.* (animal) de cores variadas (De *arlequim+-eo*)

arlequinesco *adj.* 1 próprio de arlequim 2 burlesco; faceto; chocarreiro (Do it. *arlecchinesco*, «id.»)

arma *n.f.* 1 todo o instrumento, cortante, perfurante ou contundente, usado para como forma de ataque ou defesa 2 MILITAR conjunto de militares dotados de regulamento e armamento comuns e que combatem segundo técnicas e táticas próprias (infantaria, artilharia, cavalaria, engenharia e transmissões) 3 defesa de animal (garras, chifres, dentes) 4 [fig.] recurso 5 [fig.] argumento 6 *pl.* [fig.] poder 7 *pl.* escudo; brasão; ~ ***automática*** arma de fogo que dispara continuamente; ~ ***biológica*** qualquer forma de ataque que utiliza seres vivos ou substâncias derivadas de seres vivos para causar a morte de pessoas, plantas e animais; ~ ***branca*** arma composta essencialmente de uma lâmina metálica, que serve para cortar ou perfurar; ~ ***de fogo*** instrumento que projeta balas pela deflagração de explosivos; ~ ***química*** substância intoxicante, asfixiante ou incendiária, usada como forma de ataque à vida humana, animal ou vegetal; ***às armas!*** brado da sentinela para chamar os soldados ao seu posto; ***de/com armas e bagagens*** com todos os seus pertences, de forma total; ***depor as armas*** entregar-se, render-se; ***pedra de armas*** brasão; ***porta de armas*** porta principal do quartel (Do lat. *arma*, neut. pl. «armas»)

armação *n.f.* 1 ato ou efeito de armar 2 armamento 3 esqueleto ou estrutura básica de objeto ou construção 4 (óculos) conjunto dos aros e das hastes 5 (animais) chifres 6 NÁUTICA equipagem de um navio 7 aparelho fixo de pesca 8 cortinado de um leito 9 armadilha para pássaros 10 [Brasil] [coloq.] tramoia; embuste (Do lat. *armatiōne-*, «armamento»)

armada¹ *n.f.* conjunto de navios e tropas de mar que pertencem a uma nação; esquadra; frota (Do it. *armata*, «id.»)

armada² *n.f.* empa da vinha (Part. pass. fem. subst. de *armar*)

armadilha *n.f.* 1 artifício para caçar animais; esparrela 2 MILITAR engenho de guerra explosivo, oculto ou dissimulado, para ser acionado inadvertidamente pelo inimigo 3 [fig.] embuste; estratagema; cilada 4 [fig.] engano; logro 5 [fig.] situação perigosa a que é difícil escapar (Do cast. *armadija*, «id.»)

armadilhado *adj.* 1 com armadilha(s) 2 MILITAR (local, objeto) que foi munido com um dispositivo que provoca explosão 3 [fig.] em que há um perigo escondido (Part. pass. de *armadilhar*)

armadilhar *v.tr.* 1 colocar armadilha em 2 [fig.] tornar enganoso; transformar em cilada (De *armadilha+-ar*)

armadilho *n.m.* 1 ZOOLOGIA mamífero desdentado, da ordem dos tatus, com o corpo coberto de placas córneas dispostas em listas 2 ZOOLOGIA crustáceo isópode, terrestre, de corpo convexo que se pode enrolar em bola (Do cast. *armadillo*, «id.»)

armado *adj.* 1 munido de arma 2 acautelado; preparado 3 aparelhado para um fim; ~ ***e equipado*** provido de tudo para um serviço; ***à mão armada*** com armas, violentamente (Do lat. *armātu-*, «id.», part. pass. de *armāre*, «armar»)

armador *n.m.* 1 aquele que arma 2 aquele que, sendo ou não proprietário, assume diretamente a exploração comercial de um navio, auferindo os benefícios e suportando os prejuízos 3 indivíduo que decora as igrejas, câmaras mortuárias, etc. 4 pessoa ou empresa cuja atividade se baseia na realização de funerais; agência funerária; agente funerário 5 peça do mecanismo de disparo de uma arma de fogo (Do lat. *armatōre-*, «o que arma»)

armadoura *n.f.* fasquia em que se fixam as escoras do costado do navio em construção (De *armar+-douras*)

armadura *n.f.* 1 conjunto de peças metálicas (elmo, couraça, gorjal, etc.) que protegiam quase completamente os antigos cavaleiros em combate e em torneios 2 peça de ferro macio que se prende aos polos dos magnetes e dos eletromagnetes 3 cada uma das duas peças metálicas que entram na construção de um condensador elétrico 4 conjunto de varões de aço existente nas peças de betão armado das construções 5 estrutura (dentes, garras, chifres, etc.) que os animais usam para defesa ou ataque 6 [fig.] defesa; ~ ***bucal*** conjunto das peças que rodeiam a cavidade bucal dos artrópodes (Do lat. *armatūra-*, «armadura, id.»)

Armagedão *n.m.* 1 RELIGIÃO cena da luta entre as forças do Bem e do Mal, segundo o livro do Apocalipse 2 [fig.] luta final ou decisiva (Do gr. *Armageddon* ou *Harmagedon*, pelo hebr. *Har Meghíddōhn*, «monte Megiddo»)

armamento *n.m.* 1 ato ou efeito de armar 2 MILITAR conjunto de armas e de instrumentos de guerra de um exército, de um país,

armanço etc. **3** depósito de armas e munições **4** NÁUTICA conjunto de apetrechos, acessórios e pessoal necessários para praticar a navegação (Do lat. *armamentu-, sing. de armamenta, «apetrechos de guerra»)

armanço n.m. [coloq.] atitude ou comportamento de quem se gaba constantemente; gabarolice (De armar(-se)+-anço)

armando n.m. espécie de papas para abrir o apetite aos cavalos (De orig. obsc.)

armão n.m. **1** peça a que se prende a lança de uma viatura **2** jogo dianteiro das peças e viaturas de munições da artilharia hipomóvel (Do fr. armon, «id.»)

armar v.tr. **1** munir de armas **2** equipar; aparelhar **3** fazer a instalação de (loja, montra, etc.) **4** cobrir com armadura **5** pôr armação em **6** adornar (um templo, etc.) **7** montar; fazer a montagem de (barraca, tenda) **8** dispor convenientemente (armadilha, arma), deixando em condições de funcionamento o dispositivo que há de provocar o desarme ou o disparo **9** dar forma volumosa a (cabelo, saia, etc.) **10** [fig.] preparar **11** [fig.] maquinar; tramar (intriga, cilada) **12** [fig.] fortalecer ■ v.pron. **1** proteger-se com arma defensiva **2** prevenir-se; acautelar-se **3** [coloq.] mostrar-se diferente do que se é para causar uma impressão favorável; ~ a pretender qualquer coisa; ~ *ao efeito* querer atrair a atenção através de uma aparência vistosa; ~ *ao pingarelho/aos cágados/aos cucos* [coloq.] fazer-se importante; ~ *barraca/sarilhos* provocar um escândalo (Do lat. armāre, «armar; equipar um barco»)

armaria n.f. **1** depósito de armas; arsenal **2** heráldica (De arma+-aria)

armarinheiro n.m. [Brasil] dono de armarinho; capelista (De armarinho+-eiro)

armarinho n.m. [Brasil] pequena loja onde se vendem artigos de costura, de capelista e de retrosaria (De armário+-inho)

armário n.m. **1** móvel de madeira, metal ou outro material, com prateleiras, gavetas e portas utilizado para arrumar roupa, louça, livros, etc. **2** [coloq.] pessoa muito grande e forte (Do lat. armarĭu-, «armário; móvel onde se guardam armas»)

armazelo /ê/ n.f. **1** certa rede de pescar **2** armadilha de pesca (Do lat. *hamicellu-, de hamu- «anzol»)

armazém n.m. **1** edifício de grandes dimensões onde se arrecadam mercadorias **2** depósito de munições e víveres para o exército **3** arrecadação **4** estabelecimento de vendas por grosso **5** grande estabelecimento comercial, muitas vezes instalado nos vários andares de um edifício apropriado, onde se vendem mercadorias de toda a espécie (Do ár. al-makhazan, «botica; celeiro»)

armazenagem n.f. ⇒ **armazenamento** (De armazenar+-mento)

armazenamento n.m. **1** ato ou efeito de armazenar; depósito em armazém **2** importância que se paga por alguma coisa guardada e conservada em armazém **3** INFORMÁTICA conservação (de informação) num dispositivo do computador (De armazenar+-mento)

armazenar v.tr. **1** recolher em armazém **2** depositar **3** conservar; guardar **4** [fig.] reter na mente **5** INFORMÁTICA conservar (dados ou ficheiros) num dispositivo de memória do computador (De armazém+-ar)

armazenário n.m. [Brasil] negociante que armazena grandes quantidades de açúcar para revender ou exportar (De armazém+-ário)

armazenista n.2g. **1** pessoa ou empresa cuja atividade comercial consiste em comprar, armazenar e vender artigos em grande quantidade **2** pessoa que possui armazém ou está encarregada dele (De armazém+-ista)

armeiro n.m. **1** pessoa que fabrica, conserta ou vende armas; alfageme **2** móvel ou compartimento próprio para guardar armas **3** pequeno depósito de armas; armaria (Do lat. armarĭu-, «móvel onde se guardam armas»)

armela n.f. **1** argola onde enfia o ferrolho ou por onde se puxa a porta **2** bracelete (Do lat. armilla-, «anel de ferro; bracelete»)

armelina n.f. espécie de marta zibelina, cuja pele é aproveitada para forros (Do lat. med. armelīna-, «armelina; arminho»)

armelino n.m. ZOOLOGIA arminho asiático ■ adj. de armelina (Do lat. med. armelīnu-, «id.»)

armelo /ê/ n.m. [regionalismo] ⇒ **aramenha**²

armenha /ê/ n.f. ⇒ **aramenha**²

arménio adj. relativo ou pertencente à Arménia ■ n.m. **1** natural ou habitante da Arménia **2** língua indo-europeia falada na Arménia e em zonas de países vizinhos, como a Turquia (Do lat. armenĭu-, «da Arménia»)

armenista n.2g. pessoa versada na língua arménia (De arménio+-ista)

armental adj.2g. relativo ou pertencente a armento (Do lat. armentāle-, «id.»)

armentário n.m. o que cuida de armento; pastor (Do lat. armentarĭu-, «de gado»)

armentio n.m. ⇒ **armento** (Do lat. armentīvu-, «relativo a rebanho»)

armento n.m. manada ou rebanho de gado bovino ou cavalar (Do lat. armentu-, «id.»)

armentoso /ô/ adj. possuidor de muito gado (Do lat. armentōsu-, «id.»)

arméu n.m. **1** quantidade de estopa ou linho que se põe na roca de uma vez; rocada **2** manelo (De orig. obsc.)

armífero adj. que traz armas; armígero (Do lat. armifĕru-, «id.»)

armígero adj. ⇒ **armífero** (De arma+-gero)

armila n.f. **1** ASTRONOMIA cada um dos anéis fixos do dispositivo designado esfera armilar (figuração da esfera celeste), que representam os círculos do equador, dos meridianos, etc. **2** ARQUITETURA cada uma das três molduras em forma de anéis, que rodeiam a parte superior do fuste de uma coluna dórica **3** [ant.] adorno circular usado no braço ou no tornozelo; armela (Do lat. armilla-, «bracelete; anel de ferro»)

armilado adj. **1** cingido de armila **2** HERÁLDICA (animal em escudo) que tem um anel ou banda de cor diferente da do resto do corpo (De armila+-ado)

armilar adj.2g. **1** relativo a armila **2** que tem armilas (De armila+-ar)

armim n.m. ⇒ **armino**

arminado adj. que tem armim ou armino (De armim+-ado)

arminhado adj. **1** guarnecido de arminhos **2** parecido com arminho **3** HERÁLDICA (brasão) que é branco com pontos negros (Part. pass. de arminhar)

arminhar v.tr. **1** guarnecer de arminho **2** tornar branco como o arminho (De arminho+-ar)

arminho n.m. **1** ZOOLOGIA animal das regiões polares, de pelo ruivo, no verão, e branco, no inverno **2** pele deste animal **3** título de nobreza **4** [fig.] brancura; alvura **5** [fig.] objeto muito macio e fofo (Do lat. armenĭu-, da expr. armenĭus mus, «rato da Arménia»)

arminianismo n.m. sistema teológico criado por Tiago Arminius, que negava a doutrina calvinista da predestinação absoluta, afirmando serem compatíveis a soberania de Deus e o livre arbítrio humano (Do antr. Arminius (reformador holandês) +-ismo)

arminiano adj. relativo a Armínio ou ao arminianismo ■ n.m. partidário do teólogo holandês J. Harmensen (1560-1609), conhecido por Armínio, que defendia a teoria da predestinação absoluta (De Armínio, antr. +-ano)

armino n.m. tufo de pelos junto ao casco dos equídeos, que sobressai pela coloração; armim (De orig. obsc.)

armipotente adj.2g. **1** muito poderoso em armas **2** guerreiro (Do lat. armipotente-, «poderoso pelas armas»)

armíssono adj. que soa como as armas quando se entrechocam (Do lat. armisŏnu-, «cujas armas ressoam»)

armista n.2g. HERÁLDICA pessoa versada em armaria (De arma+-ista)

armistício n.m. cessação das hostilidades por comum acordo dos beligerantes por um prazo determinado, a partir de certo dia e hora; trégua ou suspensão de hostilidades (Do lat. diplomático armistitĭu-, «deposição das armas»)

armistrondo n.m. barulho produzido pelas armas que entrechocam, durante uma batalha ou luta (De arma+estrondo)

armo n.m. ⇒ **arméu** (De orig. obsc.)

armola n.f. BOTÂNICA ⇒ **armole**

armolão n.m. BOTÂNICA designação brasileira do espinafre, extensiva à armole (De armole+-ão)

armole n.f. BOTÂNICA planta da família das Quenopodiáceas, cultivada ou subespontânea, de folhas de sabor adocicado (Do gr. álimon, «que mata a fome», pelo lat. alĭmon, «armole»)

armole-brava n.f. BOTÂNICA planta afim da armole, vulgar nas areias do litoral português

armorácia n.f. BOTÂNICA planta da família das Crucíferas, frequente na Europa, cultivada, com diversas aplicações medicinais e farmacêuticas (Do gr. armorakía, pelo lat. armoracĭa-, «id.»)

armorejado adj. ⇒ **armoriado**

armoriado adj. que tem armas ou brasões desenhados ou esculpidos (Part. pass. de armoriar)

armorial n.m. livro de registo dos brasões ■ adj.2g. referente a brasão (Do fr. armorial, «id.»)

armoriar v.tr. **1** colocar brasões em **2** empregar símbolos de nobreza em (Do fr. armorier, «id.»)

armur *n.m.* espécie de tecido transparente (Do fr. *armure*, «armadura»?)

armuzelo /ê/ *n.m.* espécie de rede; armazelo (Do lat. **hamicellu-*, dim. de *hamu-*, «anzol; malha», com infl. de *armar*?)

arnado *n.m.* arneiro (Do lat. *arenātu-*, «misturado com areia»)

arnal *adj.2g.* 1 que cresce na areia 2 (tojo) que se desenvolve nos terrenos areentos (Do lat. **arenāle-*, «de areia»)

arnaz *adj.2g.* 1 [regionalismo] que tem boa boca; que come muito e de tudo 2 robusto (De orig. obsc.)

arneirar *v.tr.* 1 juntar (as espigas) para formar as paveias 2 [regionalismo] joeirar com arneiro (De *arneiro+-ar*)

arneiro *n.m.* 1 terra arenosa e estéril 2 [regionalismo] joeira para separar a areia do calhau e para limpar o trigo das areias e outras impurezas (Do lat. *arenariū-*, «de areia»)

arnela *n.f.* 1 resto de um dente que ficou na gengiva 2 [fig.] ponta proeminente de rocha (Do lat. **arenella-*, dim. de *arēna-*, «areia»)

arnês *n.m.* 1 conjunto de fitas resistentes unidas entre si, que envolvem o tronco e a cintura de uma pessoa em diversas atividades (escalada, passeio de bicicleta, etc.), de maneira a permitir uma melhor distribuição das forças em caso de queda 2 conjunto de fitas resistentes unidas num fecho central, que envolvem o corpo de bebé ou criança numa cadeira própria instalada em veículos e que permitem uma melhor distribuição das forças em caso de colisão 3 [ant.] armadura completa dos antigos guerreiros 4 [fig.] proteção; amparo (Do fr. ant. *herneis*, «id.»)

arnesar *v.tr.* vestir com arnês (De *arnês+-ar*)

arnica *n.f.* BOTÂNICA planta herbácea, da família das Compostas, aplicada em medicina, farmácia (tintura de arnica) e tinturaria (Do gr. *ptarmiké*, «planta que faz espirrar», pelo lat. bot. *arnĭca-*, «id.»)

arnicina *n.f.* resina acre extraída da arnica (De *arnica+-ina*)

arnilha *n.f.* ⇒ **ranilha** ■ *n.m.* [regionalismo] criança enfezada e magra (De *ranilha*)

arnoglossa *n.f.* BOTÂNICA planta medicinal, da família das Plantagináceas, considerada variedade da tanchagem (Do fr. *arnoglosse*, «id.»)

arnoso /ô/ *adj.* de terra arenosa ■ *n.m.* terra arenosa e estéril; arneiro (Do lat. *arenōsu-*, «arenoso»)

arnoto /ô/ *n.m.* ⇒ **urucu**

aro *n.m.* 1 pequeno círculo; argola; anel 2 parte da armação dos óculos que circunda a lente 3 MECÂNICA guarnecimento anelar de uma roda, que comporta o piso 4 caixilho de madeira, ferro ou alumínio que guarnece o vão das janelas (Do lat. *arvu-* ou *arŭu-*, «campo lavrado»)

aroeira *n.f.* BOTÂNICA planta arbustiva, aromática, da família das Anacardiáceas, também conhecida por almecegueira e lentisco (De *daroeira*, do ár. *darú*, «lentisco»)

aroeira-branca *n.f.* BOTÂNICA árvore brasileira, da família das Anacardiáceas, muito útil pela madeira que fornece

aroeira-mole *n.f.* BOTÂNICA ⇒ **pimenteira-bastarda**

aroeira-vermelha *n.f.* BOTÂNICA árvore, da família das Anacardiáceas, que fornece madeira avermelhada de boa qualidade

aroeiro *n.m.* BOTÂNICA ⇒ **aroeira**

arola *n.f.* 1 ZOOLOGIA ⇒ **centola** 2 [fig.] armadilha; tramoia; aldrabice; *cair na ~* deixar-se enganar (De orig. obsc.)

arolas *n.m.2n.* [regionalismo] indivíduo sem valor; troca-tintas (De *arola*)

aroma /ô/ *n.m.* 1 essência odorífera agradável; perfume; fragrância 2 cheiro; odor 3 aditivo usado na preparação de determinados alimentos industriais para intensificar ou sugerir determinado sabor e/ou cheiro (Do gr. *ároma*, *-atos*, «cheiro; aroma», pelo lat. *arōma*, *-ătis*, «id.»)

aromar *v.tr.* ⇒ **aromatizar** (De *aroma+-ar*)

aromaterapeuta *n.2g.* especialista em aromaterapia

aromaterapia *n.f.* terapia que se baseia na utilização de óleos essenciais, geralmente através de massagem ou inalação (De *aroma+terapia*)

aromaticidade *n.f.* qualidade do que é aromático (De *aromático+-i-+-dade*)

aromático *adj.* 1 que tem aroma 2 perfumado; bem cheiroso; *compostos aromáticos* QUÍMICA compostos orgânicos, de estrutura cíclica, em que se admite a existência de ligações deslocalizadas por todos os átomos do ciclo (Do gr. *aromatikós*, «id.», pelo lat. *aromatĭcu-*, «id.»)

aromatismo *n.m.* intoxicação causada pelas bebidas aromáticas (Do lat. *arōma*, *-ătis*, «aroma» +-*ismo*)

aromatização *n.f.* 1 ato ou efeito de aromatizar(-se) 2 utilização de ervas aromáticas; condimentação (De *aromatizar+-ção*)

aromatizante *adj.2g.,n.m.* que ou substância que torna aromático, que dá cheiro ou sabor agradável (Do lat. *aromatizante-*, «id.»)

aromatizar *v.tr.* 1 tornar aromático, perfumado; perfumar 2 acrescentar tempero, condimento a (alimento líquido ou sólido) para lhe alterar o sabor; dar sabor; temperar ■ *v.intr.* exalar cheiro agradável ■ *v.pron.* impregnar-se de aroma (Do gr. *aromatízein*, «id.», pelo lat. *aromatizāre*, «cheirar»)

aromato *n.m.* parte odorífera de certos vegetais que se emprega no fabrico de perfumes (Do fr. *aromate*, «aroma»)

aromatóforo *n.m.* HISTÓRIA (Grécia antiga) escravo que era encarregado de levar os perfumes (Do gr. *aromatophóros*, «id.»)

aromatologia *n.f.* estudo dos aromas e sua aplicação no tratamento de doenças físicas (Do gr. *ároma*, *-atos*, «aroma»+*logia*, «estudo»)

aromoso *adj.* ⇒ **aromático** (De *aroma+-oso*)

arouquense *adj.2g.* relativo ou pertencente a Arouca, no distrito de Aveiro, ou que é seu natural ou habitante ■ *n.2g.* natural ou habitante de Arouca, top. +-*ense*)

arouquês *adj.* 1 ⇒ **arouquense** 2 diz-se de uma raça bovina criada na região de Arouca (De *Arouca*, top. +-*ês*)

Arpanet *n.f.* INFORMÁTICA rede de computadores criada em 1969 pelo Departamento de Defesa norte-americano, interligando, na altura, instituições militares, à qual, em meados de 1970, várias universidades aderiram, dando origem à atual internet (Do ing. *Arpanet*, de **A**dvanced **R**esearch **P**rojects **A**gency **N**etwork)

arpão *n.m.* 1 instrumento constituído por um ferro em forma de seta ligado a uma haste de madeira ou metal, utilizado na pesca de grandes peixes ou cetáceos e na caça submarina 2 fisga 3 arma indiana (Do fr. *harpon*, «id.»)

arpar *v.tr.* ⇒ **arpear** (Do fr. ant. *harper*, «pescar com arpão»)

arpear *v.tr.* 1 lançar o arpéu a 2 espetar o arpéu em (Do fr. ant. *harper*, «empunhar; pescar com arpão»)

arpejar *v.tr.,intr.* ⇒ **harpejar** (Do it. *arpeggiare*, «id.»)

arpejo /ê/ *n.m.* MÚSICA execução alternada das notas musicais de um acorde; harpejo (Do it. *arpeggio*, «toque de harpa»)

arpentagem *n.f.* medição da superfície das terras em arpentes (Do fr. *arpentage*, «id.»)

arpente *n.m.* unidade de medida agrária dos Gauleses (Do célt. *arepennis*, «id.», pelo fr. *arpent*, «id.»)

arpento *n.m.* ⇒ **arpente**

arpéu *n.m.* 1 pequeno arpão 2 gancho de ferro para aferrar embarcações 3 fateixa 4 *pl.* unhas (Do cast. *arpeo*, «ferro terminado em farpa»)

arpoação *n.f.* ato ou efeito de arpoar (De *arpoar+-ção*)

arpoador *n.m.* o que arpoa (De *arpoar+-dor*)

arpoar *v.tr.* 1 atirar o arpão a 2 [fig.] agarrar; deitar a unha a 3 [fig.] seduzir (De *arpão+-ar*)

arpoeira *n.f.* 1 corda que se prende ao arpão ou arpéu 2 ⇒ **arpão** (De *arpão+-eira*)

arpoeiro *adj.,n.m.* que ou aquele que lança o arpão (De *arpão+-eiro*)

arque- elemento de formação que traduz as ideias de *princípio*, *chefia*, *preeminência*, *superioridade*

arqueação *n.f.* 1 ato ou efeito de dar a forma de arco 2 medição da capacidade de uma vasilha arqueada 3 volume de espaço destinado a carga existente num navio 4 curvatura de um arco (De *arquear+-ção*)

arqueador *adj.,n.m.* que ou o que arqueia (De *arquear+-dor*)

arqueadura *n.f.* ⇒ **arqueação** (Do lat. *arcuatūra-* ou *arqueatūra-*, «arcada»)

arqueamento *n.m.* ⇒ **arqueação** (De *arquear+-mento*)

Arqueano *n.m.* GEOLOGIA era geológica caracterizada pela ausência de fósseis, correspondente à fase mais antiga do período Pré-Câmbrico ■ *adj.* [com minúscula] GEOLOGIA relativo ao período Arqueano

arquear *v.tr.* 1 dar forma de arco a 2 curvar em arco ■ *v.pron.* 1 tomar forma de arco 2 dobrar-se (Do lat. *arcuāre*, «curvar em arco»)

arquegoniado *adj.* BOTÂNICA (planta) que tem arquegónios (De *arquegónio+-ado*)

arquegónio *n.m.* BOTÂNICA gametângio (feminino) pluricelular onde se forma a oosfera ou gâmeta feminino (Do gr. *arkhegónos*, «primitivo; originário», de *arkhé*, «começo» +*gónos*, «nascimento», pelo lat. cient. *archegoniū-*, «arquegónio»)

arqueio *n.m.* ⇒ **arqueação** (Deriv. regr. de *arquear*)

arqueiro[1] *n.m.* 1 fabricante ou vendedor de arcos 2 indivíduo que combate com arco (De *arco+-eiro*)

arqueiro[2] *n.m.* fabricante ou vendedor de arcas (De *arca+-eiro*)

arquejante *adj.2g.* que arqueja; que respira com dificuldade; ofegante (De *arquejar+-ante*)

arquejar[1] *v.intr.* **1** respirar com esforço; ofegar; arfar **2** [fig.] ansiar (De *arca+-ejar*)

arquejar[2] *v.tr.,pron.* ⇒ **arquear** (De *arco+-ejar*)

arquejo /ê/ *n.m.* **1** ato de arquejar **2** respiração curta e difícil **3** anélito **4** opressão (Deriv. regr. de *arquejar*)

arquêntero *n.m.* cavidade central (e única) do embrião, na fase de gástrula, que constitui o intestino primitivo; arquentério; celentério; êntero (Do gr. *arkhé*, «começo» +*énteron*, «intestino»)

arqueo- elemento de formação que traduz a ideia de *antigo, antiguidade* (Do gr. *arkhaîos*, «antigo»)

arqueografia *n.f.* descrição ou representação dos monumentos antigos (De *arqueógrafo+-ia*)

arqueógrafo *n.m.* indivíduo versado em arqueografia (Do gr. *arkhaiógraphos*, «antiquário»)

arqueologia *n.f.* estudo das civilizações antigas com base nos vestígios e monumentos que vão sendo descobertos (Do gr. *arkhaiología*, «história da antiguidade», de *arkhaîos*, «antigo» +*lógos*, «ciência» +*-ia*)

arqueológico *adj.* **1** relativo à arqueologia **2** [fig.] antigo; fora de uso (Do gr. *arkhaiologikós*, «hábil na ciência da antiguidade»)

arqueólogo *n.m.* indivíduo que se dedica à arqueologia (Do gr. *arkhaîos*, «antigo» +*lógos*, «estudo»)

arqueoptérix *n.m.* PALEONTOLOGIA a ave mais antiga que se conhece, do tamanho da pomba, que exibe, simultaneamente, características de ave e de réptil (Do gr. *arkaîos*, «antigo» +*ptérix*, «asa»; voo»)

arqueórnita *n.f.* PALEONTOLOGIA ⇒ **saururídea** (Do gr. *arkaîos*, «antigo» +*órnis, órnithos*, «ave»)

arquestetismo *n.m.* doutrina que preconiza que a vida e a sensibilidade antecedem os seus órgãos e são a causa do seu desenvolvimento (De *arque+-estetismo*)

arqueta /ê/ *n.f.* **1** pequena arca **2** mealheiro **3** (igrejas) caixinha das esmolas (De *arca+-eta*)

arquetípico *adj.* relativo a ou próprio de arquétipo

arquétipo *n.m.* **1** modelo; protótipo; paradigma **2** FILOSOFIA (Platão) tipo ideal e supremo de que as coisas concretas são cópias **3** LITERATURA manuscrito de que derivam outros textos **4** *pl.* PSICOLOGIA (Jung) imagens e símbolos ancestrais que formam, no seu conjunto, o inconsciente coletivo de um povo e se revelam nos contos, lendas populares e tradições (Do gr. *arkhétypon*, «modelo; tipo primitivo», pelo lat. *archetýpu-*, «id.»)

arqu(i)- elemento de formação que traduz as ideias de *princípio, chefia, preeminência, superioridade*, e que se junta ao elemento seguinte, exceto quando este começa por *h, i, r* ou *s*, casos em que se separa dele por hífen (Do gr. *árkhein*, «ser o primeiro; dominar»)

arquiacólito *n.m.* primeiro acólito (De *arqui+acólito*)

arquiapóstata *n.2g.* o primeiro ou o principal apóstata (De *arqui-+apóstata*)

arquiatro *n.m.* **1** [arc.] o primeiro médico **2** [arc.] o médico do monarca (Do gr. *arkhíatros* ou *arkhiatrós*, «grande médico», pelo lat. tard. *archiätru-*, «primeiro médico»)

arquibancada *n.f.* **1** série de assentos dispostos em filas sucessivas, em vários planos, permitindo uma melhor visibilidade em anfiteatros, estádios ou hemiciclos; bancada principal **2** banco grande cujo assento é, ao mesmo tempo, tampa de arca; arquibanco (De *arquibanco+-ada*)

arquibanco *n.m.* ⇒ **arquibancada 2** (De *arqui-+banco*)

arquiburro *adj.* muitíssimo burro (De *arqui-+burro*)

arquicancelário *n.m.* indivíduo que possui o título honorífico máximo de uma confraria; primeiro cancelário (De *arqui-+cancelário*)

arquicantor *n.m.* cantor principal ou superior; primeiro cantor (De *arqui-+cantor*)

arquiconfraria *n.f.* confraria que tem precedência sobre as outras (De *arqui-+confraria*)

arquidiácono *n.m.* RELIGIÃO ⇒ **arcediago** (Do gr. *arkhidiákonos*, pelo lat. *archidiacŏnu-*, «id.»)

arquídio *n.m.* **1** saco pluricelular, no interior do qual se formam esporângios e depois os esporos **2** designação também utilizada por alguns autores para significar este saco com o seu conteúdo (Do gr. *arkhídion*, «cargo subalterno»)

arquidiocesano *adj.* **1** relativo a arquidiocese **2** dependente de uma arquidiocese (De *arquidiocese+-ano*)

arquidiocese *n.f.* RELIGIÃO divisão territorial eclesiástica dirigida por um arcebispo; arcebispado (De *arqui-+diocese*)

arquiducado *n.m.* dignidade ou domínio do arquiduque (De *arquiduque+-ado*)

arquiducal *adj.2g.* relativo ou pertencente a arquiduque (De *arquiduque+-al*)

arquiduque *n.m.* (*feminino* **arquiduquesa**) **1** título nobiliárquico acima de duque **2** título dos príncipes da Casa de Áustria (De *arqui-+duque*)

arquiduquesa *n.f.* (*masculino* **arquiduque**) **1** mulher do arquiduque **2** senhora que tem o título correspondente ao de arquiduque **3** princesa da Casa de Áustria (De *arqui-+duquesa*)

arquiepiscopado *n.m.* ⇒ **arcebispado** (De *arqui-+episcopado*)

arquiepiscopal *adj.2g.* de arcebispo ou a ele respeitante (De *arqui-+episcopal*)

arquiforme *adj.2g.* que tem forma de arco (Do lat. *arcu-*, ou *arquu-*, «arco» +*forma-*, «forma»)

arqui-hierarca *n.m.* [ant.] chefe da hierarquia eclesiástica; papa

arqui-hierarquia *n.f.* dignidade do arqui-hierarca

arqui-hipérbole *n.f.* hipérbole exagerada

arqui-inimigo *adj.,n.m.* que ou o que é mais que inimigo

arqui-irmandade *n.f.* irmandade principal; arquiconfraria

arquilevita *n.m.* chefe dos levitas, na religião hebraica (De *arqui-+levita*)

arquimandrita *n.m.* RELIGIÃO superior de um mosteiro de rito oriental que recebeu a bênção do patriarca ou do bispo local (Do gr. *arkhimandrítes*, «id.», pelo lat. *archimandrita-*, «id.»)

arquimártir *n.m.* primeiro mártir; protomártir (De *arqui-+mártir*)

arquimilionário *adj.* que tem muito dinheiro ▪ *n.m.* multimilionário; indivíduo riquíssimo (De *arqui-+milionário*)

arquimosteiro *n.m.* mosteiro principal (De *arqui-+mosteiro*)

arquinave *n.f.* nave principal (De *arqui-+nave*)

arquipélago *n.m.* grupo de ilhas próximas umas das outras (Do gr. biz. **arkhipélagos*, «mar principal», pelo fr. *archipel*, «id.»)

arquipotente *adj.2g.* poderosíssimo (De *arqui-+potente*)

arquipresbítero *n.m.* RELIGIÃO arcipreste (De *arqui-+presbítero*)

arquiprior *n.m.* grão-mestre dos Templários (De *arqui-+prior*)

arquipriorado *n.m.* dignidade de arquiprior (De *arquiprior+-ado*)

arquiprofeta *n.m.* primeiro dos profetas (De *arqui-+profeta*)

arquípteros *n.m.pl.* ZOOLOGIA (inseto) ⇒ **pseudoneurópteros** (Do gr. *arkhé*, «princípio» +*pterón*, «asa»)

arqui-rabino ver nova grafia arquirrabino

arquirrabino *n.m.* chefe dos rabinos, entre os Hebreus

arqui-sacerdote ver nova grafia arquissacerdote

arquissacerdote *n.m.* sacerdote principal; sumo sacerdote

arquitectação ver nova grafia arquitetação

arquitectar ver nova grafia arquitetar

arquitecto ver nova grafia arquiteto

arquitectónica ver nova grafia arquitetónica

arquitectónico ver nova grafia arquitetónico

arquitector ver nova grafia arquitetor

arquitectura ver nova grafia arquitetura

arquitectural ver nova grafia arquitetural

arquitetação *n.f.* **1** ato ou efeito de arquitetar **2** planeamento; ideação (De *arquitetar+-ção*)

arquitetar *v.tr.* **1** conceber a estrutura de (edifício, obra); projetar; idear; planear **2** edificar; construir **3** [fig.] planear; engendrar; engenhar (Do lat. *architectāri*, «construir; inventar»)

arquiteto *n.m.* **1** título obtido por quem possui o grau académico de licenciatura em arquitetura **2** pessoa que possui esse título e está inscrito na Ordem dos Arquitetos como membro efetivo **3** [fig.] indivíduo responsável por uma ideia, um plano ou uma fantasia; ~ *paisagista* arquiteto que concebe projetos para jardins ou que organiza os espaços verdes de uma cidade de forma a obter a integração destes no meio físico circundante (Do gr. *arkhitékton*, «chefe dos operários», pelo lat. *architectu-*, «arquiteto»)

arquitetónica *n.f.* **1** arte ou técnica da construção **2** conjunto de elementos que compõem um todo; organização; estrutura (Do lat. *architectonĭca-*, «id.»)

arquitetónico *adj.* relativo à arquitetura (Do lat. *architectonĭcu-*, «id.»)

arquitetor *n.m.* ⇒ **arquiteto** (De *arquitectar+-or*)

arquitetura *n.f.* **1** arte da construção que trata simultaneamente os aspetos funcionais, construtivos e estéticos dos edifícios e construções **2** método ou estilo de construção que caracteriza uma civilização, uma época, etc. **3** conjunto das obras arquitetónicas realizadas num dado período **4** conjunto de princípios e regras que são a base de uma instituição ou uma atividade **5** SOCIOLOGIA organização dos espaços que exprimem e induzem a realização plural das relações humanas **6** série de elementos que compõem um todo; estrutura **7** [fig.] plano; projeto **8** INFORMÁTICA estrutura geral e organização lógica de funcionamento de um computador; **~ paisagista** arte de dar forma a um meio físico, tendo em conta o ordenamento e o tratamento da paisagem não só do ponto de vista funcional e estético mas também do ponto de vista cultural e ecológico (Do lat. *architectūra-*, «id.»)

arquitetural *adj.2g.* ⇒ **arquitetónico** (De *arquitectura+-al*)

arquitolo /ô/ *adj.,n.m.* que ou o que é muito tolo (De *arqui-+tolo*)

arquitravado *adj.* guarnecido de arquitrave (De *arquitrave+-ado*)

arquitrave *n.f.* ARQUITETURA parte inferior do entablamento, entre o friso do mesmo e o capitel da coluna, numa ordem arquitetónica (Do it. *architrave*, «viga principal»)

arquitriclino *n.m.* **1** chefe dos que serviam à mesa **2** despenseiro (Do lat. *architriclīnu-*, «mordomo»)

arquivador *n.m.* **1** pasta com separadores ou compartimentos para guardar documentos, CD, DVD, etc.; arquivo **2** móvel geralmente de metal, com gavetas ou compartimentos, para guardar documentos; arquivo (De *arquivar+-dor*)

arquivar *v.tr.* **1** guardar em arquivo **2** suspender o prosseguimento de **3** [fig.] conservar na memória **4** [fig.] deixar de lado; esquecer (De *arquivo+-ar*)

arquivista *n.2g.* pessoa encarregada de um arquivo; cartorário (De *arquivar+-ista*)

arquivo *n.m.* **1** ação de arquivar **2** conjunto documental (manuscritos, livros, fotografias, impressões digitais, etc.) que resulta da atividade de uma entidade ou um serviço **3** depósito, lugar ou edifício onde está guardado esse conjunto documental; cartório **4** móvel ou pasta para guardar documentos **5** [fig.] pessoa de boa memória **6** INFORMÁTICA ⇒ **ficheiro** 4; **~ morto** conjunto de documentos que se guardam e que só raramente se consultam (Do gr. *arkheîon*, «sede do governo», pelo lat. tard. *archīvu-*, «arquivo»)

arquivologia *n.f.* estudo da organização dos arquivos (De *arquivo+-logia*)

arquivolta *n.f.* ARQUITETURA moldura que acompanha o arco (Do it. *archivolto*, «abóbada principal»)

arrabalde *n.m.* [mais usado no plural] localidade situada perto de uma cidade, da qual depende; subúrbio; arredor (Do ár. *ar-rabD*, «arredores duma cidade»)

arrabaldeiro *adj.* que diz respeito aos arrabaldes ■ *n.m.* pessoa que mora nos arrabaldes (De *arrabalde+-eiro*)

arrabaldino *adj.,n.m.* ⇒ **arrabaldeiro** (De *arrabalde+-ino*)

arrabar *v.intr.* [regionalismo] (gado) fugir por causa das moscas (De *rabo*?)

arrabeirar *v.tr.* **1** tirar as rabeiras a (cereais) **2** [fig.] concluir (De *a-+rabeira+-ar*)

arrábido *adj.* **1** relativo à serra da Arrábida **2** relativo ao convento que se ergue na encosta sul da serra da Arrábida ■ *n.m.* monge do convento da Arrábida (De *Arrábida*, top.)

arrabil *n.m.* antigo instrumento de cordas, de origem árabe, tangido com um arco (Do ár. *ar-rabāb*, «id.»)

arrabileiro *n.m.* aquele que toca arrabil (De *arrabil+-eiro*)

arrabinado *adj.* carrancudo (De *a-+rabino+-ado*)

arrabio *n.m.* ORNITOLOGIA ave palmípede, da família dos Anatídeos, que aparece em Portugal durante o inverno e é também conhecida por rabijunco (De *rabo*?)

arrabujar *v.tr.* tornar rabugento ■ *v.pron.* **1** (cão) encher-se de rabugem **2** tornar-se rabugento; ficar mal-humorado (De *a-+rabugem+-ar*)

arraçado *adj.* que resulta do cruzamento de raças

arraçar *v.tr.* conseguir melhorar as características de certas raças por meio de cruzamentos; cruzar (raças) (De *a-+raça+-ar*)

arracimar-se *v.pron.* criar racimos; reunir-se em cacho (De *a-+racimo+-ar*)

arraçoamento *n.m.* ato ou efeito de arraçoar (De *arraçoar+-mento*)

arraçoar *v.tr.* **1** dar ou distribuir a ração a **2** dividir em rações **3** alimentar (De *a-+ração+-ar*)

arraia[1] *n.f.* **1** fronteira de um país; raia (limite) **2** [pej.] ralé; populacho; vulgacho (Do ár. *ar-ra'āiã*, «súbditos»)

arraia[2] *n.f.* ICTIOLOGIA ⇒ **raia**[2] (Do lat. *raia-*, «id.»)

arraiada *n.f.* **1** ato de arraiar **2** alvorada; alvor (Part. pass. fem. subst. de *arraiar*)

arraial *n.m.* **1** acampamento, especialmente de tropas **2** festa ao ar livre, por ocasião de romaria **3** [coloq.] grande quantidade; **~!** fórmula de aclamação usada com os reis portugueses; **~ de pancada/porrada** [coloq.] tareia, sova; *assentar arraiais* estabelecer-se, fixar-se (De *reial*, forma antiga de *real* [= tenda])

arraialesco /ê/ *adj.* relativo a arraial (De *arraial+-esco*)

arraia-miúda *n.f.* [depr.] ⇒ **ralé** 1

arraiano *adj.* **1** que mora na raia; raiano **2** natural da raia (De *arraia+-ano*)

arraião[1] *n.m.* ICTIOLOGIA peixe açoriano (De *arraia+-ão*)

arraião[2] *n.m.* BOTÂNICA ⇒ **manjericão** (Do ár. *ar-raihãn*, «colofónia»)

arraiar *v.intr.* ⇒ **raiar**[1] (De *a-+raiar*)

arraieira *n.f.* rede para a pesca da raia (De *arraia+-eira*)

arraigada *n.f.* ⇒ **arreigada** (Part. pass. fem. subst. de *arraigar*)

arraigamento *n.m.* ⇒ **arreigamento**

arraigar *v.tr.,intr.,pron.* ⇒ **arreigar**

arraigota *n.f.* tronco ou raiz seca para lenha (De *a-+raigota*)

arrair *v.tr.* **1** cortar (o bacelo), aparando-lhe a rama do ano anterior **2** cortar (uma árvore) pela base do seu tronco (Do lat. *radĕre*, «rapar; cortar»)

arrais *n.m.2n.* patrão ou mestre de um barco ou lancha (Do ár. *ar-ráiç*, «capitão de um navio»)

arralentar *v.tr.* **1** tornar ralo **2** desbastar (De *a-+ralentar*)

arramalhar *v.intr.* **1** (ramos) sussurrar com o vento **2** (réptil) esconder-se sob ramos **3** (peixe) agitar-se na rede **4** [fig.] aproximar-se **5** [fig.] quase roçar (De *a-+ramalhar*)

arramar *v.tr.* **1** enramar **2** alastrar ■ *v.pron.* **1** cobrir-se de rama **2** [pop.] desanuviar **3** [pop.] ficar bom tempo (depois da chuva) (De *a-+ramo+-ar*)

arrampadoiro *n.m.* ⇒ **arrampadouro**

arrampadouro *n.m.* rampa; vertente; encosta (De *a-+rampa+-douro*)

arranca *n.f.* **1** ato ou efeito de arrancar **2** pernada ou haste que se arrancou **3** [Brasil] colheita de mandioca (Deriv. regr. de *arrancar*)

arrancada *n.f.* **1** ato ou efeito de arrancar **2** partida precipitada ou impetuosa; largada **3** movimento repentino e inesperado; arranco **4** primeiro impulso **5** terra de onde se arrancaram tocos, para ser cultivada **6** monte de ervas arrancadas **7** expedição militar violenta (Part. pass. fem. subst. de *arrancar*)

arrancadeira *n.f.* instrumento ou máquina de arrancar (De *arrancar+-deira*)

arrancadela *n.f.* ⇒ **arrancada** (De *arrancar+-dela*)

arranca-dentes *n.2g.2n.* [depr.] dentista

arrancador *adj.* que arranca ■ *n.m.* **1** o que arranca **2** instrumento para arrancar **3** extirpador **4** dispositivo para iniciar um movimento ou desencadear um fenómeno (De *arrancar+-dor*)

arrancadura *n.f.* **1** ⇒ **arrancada 2** porção arrancada por cada vez (De *arrancar+-dura*)

arrancamento *n.m.* **1** ato ou efeito de arrancar **2** extração **3** separação (De *arrancar+-mento*)

arrancão *n.m.* impulso violento (De *arranque+-ão*)

arranca-pinheiros *n.m.2n.* **1** [pop.] elefante **2** [pop.] indivíduo de muita força

arranca-pregos *n.m.2n.* utensílio para arrancar pregos

arrancar *v.tr.* **1** puxar ou tirar com força; extrair **2** desenraizar (planta) **3** fazer aparecer; provocar **4** separar; afastar **5** obter com muito esforço ou de forma violenta (segredo, informação); extorquir **6** obrigar a manifestar ou expressar **7** [coloq.] obrigar a abandonar; fazer sair ■ *v.intr.* **1** sair de repente **2** pôr-se em fuga ou em movimento **3** começar a funcionar **4** ter início; **~ o mal pela raiz** resolver um problema atacando a sua causa (Do lat. *eruncāre*, «arrancar ervas»)

arranca-rabo *n.m.* **1** [Brasil] [pop.] discussão acalorada; bate-boca **2** [Brasil] [pop.] sarilho; barafunda

arranchar *v.tr.* reunir ou dividir em ranchos **2** dar pousada a ■ *v.intr.* **1** entrar no rancho **2** reunir-se em rancho ■ *v.pron.* (soldado) comer do rancho (De *a-+rancho+-ar*)

arranco *n.m.* **1** ato ou efeito de arrancar **2** movimento inicial impetuoso **3** movimento repentino e inesperado **4** arquejo; estertor (Deriv. regr. de *arrancar*)

arrancorar-se *v.pron.* **1** tornar-se rancoroso **2** criar rancor (De *a-+rancor+-ar*)

arranha-céu *n.m.* ⇒ **arranha-céus**

arranha-céus *n.m.2n.* edifício de grande altura, com muitos andares (Do fr. *gratte-ciel* ou ing. *skyscraper*, «id.»)

arranhadela *n.f.* golpe superficial feito na pele pelas unhas ou por um instrumento pontiagudo; arranhadura (De *arranhar+-dela*)

arranhador *adj.,n.m.* **1** que ou o que arranha **2** [fig.] que ou o que domina apenas rudimentos de uma arte ou língua **3** [fig.] que ou o que toca mal um instrumento (De *arranhar+-dor*)

arranhadura *n.f.* ⇒ **arranhadela** (De *arranhar+-dura*)

arranhão *n.m.* ⇒ **arranhadela** (De *arranhar+-ão*)

arranhar v.tr.,intr. 1 ferir com as unhas ou com objeto pontiagudo a pele de (alguém ou si próprio) 2 (gatos) esgadanhar 3 causar, por atrito, uma sensação desagradável (a) ■ v.tr. 1 fazer risco(s) em 2 [fig.] tocar mal (um instrumento musical) 3 [fig.] conhecer imperfeitamente (língua, disciplina) 4 [fig.] manchar a reputação de ■ v.pron. ferir-se com as unhas ou com objeto pontiagudo (Do cast. *arañar*, «id.»)

arranjadeiro adj. 1 que gosta de ordem; metódico 2 cuidadoso 3 económico (De *arranjar+-deiro*)

arranjadela n.f. 1 arranjo rápido 2 pequeno conserto (De *arranjar+-dela*)

arranjado adj. 1 disposto 2 aprontado 3 consertado 4 económico 5 que tem algum dinheiro; governado; remediado 6 combinado 7 tramado; *estar bem* ~ [pop.] estar em situação difícil, estar sujeito a consequências desagradáveis

arranjamento n.m. 1 ato ou efeito de arranjar 2 ordem 3 disposição (De *arranjar+-mento*)

arranjão n.m. 1 grande conveniência 2 pechincha (De *arranjo+-ão*)

arranjar v.tr. 1 pôr em ordem; dispor; arrumar 2 obter; conseguir 3 consertar; reparar 4 tratar de 5 enfeitar; adornar 6 preparar (comida) ■ v.pron. 1 conseguir uma boa situação económica; governar-se 2 amanhar-se; avir-se 3 vestir-se; preparar-se 4 adornar-se (Do fr. *arranger*, «arrumar»)

arranjinho n.m. 1 [coloq.] combinação; conluio 2 [coloq.] namoro de ocasião (De *arranjo+-inho*)

arranjismo n.m. ato ou efeito de arranjar-se (De *arranjar+-ismo*)

arranjista n.2g. 1 pessoa que governa a vida por meios pouco escrupulosos 2 pessoa ativa 3 especulador (De *arranjar+-ista*)

arranjo n.m. 1 ato ou efeito de arranjar 2 boa ordem; arrumação 3 conveniência 4 compromisso; acordo; entendimento 5 conserto; reparação 6 combinação fraudulenta; logro 7 MÚSICA adaptação de uma composição a vozes ou instrumentos para os quais não tinha sido originalmente escrita (Deriv. regr. de *arranjar*)

arranque n.m. 1 ato ou efeito de arrancar; extração 2 início do funcionamento de uma máquina ou de um motor 3 ARQUITETURA parte onde começa a curvatura de uma abóboda 4 [fig.] início; princípio (Deriv. regr. de *arrancar*)

-arrão aglutinação do sufixo nominal *-arro* com o sufixo nominal *-ão*

arrapazar v.tr.,pron. 1 dar ou adquirir modos de rapaz 2 tornar(-se) semelhante a rapaz (De *a-+rapaz+-ar*)

arraposar-se v.pron. 1 ter um comportamento astucioso que faz lembrar o das raposas; avelhacar-se 2 acomodar-se bem para dormir (De *a-+raposa+-ar*)

arrarar v.tr. tornar raro (De *a-+raro+-ar*)

arras n.f.pl. 1 bens dotais que eram assegurados pelo noivo à noiva no caso de esta lhe sobreviver 2 sinal dado para segurança de um contrato; penhor (Do gr. *arrabón*, pelo lat. *arrha-*, «penhor»)

arrás n.m. tapeçaria antiga que ornava as paredes das salas ou galerias; rás (Do fr. *Arras*, top., cidade do Norte da França)

arrasa n.f. ato de arrasar (medidas) (Deriv. regr. de *arrasar*)

arrasadeira n.f. pau cilíndrico que serve para arrasar (medidas); rasoira; arrasador (De *arrasar+-deira*)

arrasador adj. 1 que arrasa 2 destruidor; demolidor 3 muito cansativo; desgastante 4 que prostra; que desgasta psicologicamente ■ n.m. 1 o que arrasa 2 ⇒ **arrasadeira** (De *arrasar+-dor*)

arrasadura n.f. 1 ato ou efeito de arrasar 2 o que cai da medida quando se lhe passa a rasoira (De *arrasar+-dura*)

arrasamento n.m. ato ou efeito de arrasar (De *arrasar+-mento*)

arrasante adj.2g. 1 que arrasa 2 muito cansativo; desgastante (De *arrasar+-ante*)

arrasar v.tr. 1 tornar raso; aplanar 2 nivelar (medidas) com rasoira 3 demolir; derrubar 4 destruir 5 arruinar 6 humilhar; vexar 7 falar ou dizer mal de 8 prostrar; aniquilar 9 encher até aos bordos 10 [fig.] fatigar excessivamente 11 [fig.] deixar sem argumentos ■ v.pron. 1 arruinar-se 2 decair 3 [fig.] abater-se, extenuar-se, esfalfar-se (De *a-+raso+-ar*)

arrastadeira n.f. 1 ⇒ **aparadeira** 2 [coloq.] automóvel baixo (De *arrastar+-deira*)

arrastadeiro adj. 1 que arrasta 2 rasteiro (De *arrastar+-deiro*)

arrastadiço adj. 1 que se deixa arrastar ou dominar por outrem 2 próprio para arrastar (De *arrastar+-diço*)

arrastado adj. 1 levado de rastos 2 conduzido à força 3 pausado; lento 4 vagaroso; demorado 5 infeliz; miserável 6 implicado ■ n.m. [Brasil] melodia tocada em viola ou guitarra, arrastando os dedos pelas cordas (Part. pass. de *arrastar*)

arrastador adj.,n.m. 1 que ou o que arrasta 2 [Madeira] ascensor (De *arrastar+-dor*)

arrastadura n.f. ⇒ **arrastamento** (De *arrastar+-dura*)

arrastamento n.m. 1 ato ou efeito de arrastar 2 demora (De *arrastar+-mento*)

arrastão n.m. 1 esforço brusco que se faz para arrastar; puxão; repelão 2 saco de rede que os barcos de pesca a motor arrastam pelo fundo do mar ou rio 3 NÁUTICA navio a motor para a pesca de arrasto (De *arrastar+-ão*)

arrasta-pé n.m. [Brasil] [pop.] baile popular onde predomina o forró; bailarico

arrastar v.tr. 1 levar ou trazer (algo) fazendo-o deslizar pelo chão com esforço 2 puxar ou mover com dificuldade 3 conduzir à força 4 induzir; levar a 5 roçar pelo chão 6 acarretar 7 implicar 8 [fig.] comprar ou vender por baixo preço 9 [fig.] dizer mal de 10 [fig.] humilhar ■ v.pron. 1 andar de rastos; rastejar 2 [fig.] (tempo) passar lentamente 3 [fig.] demorar mais tempo do que o desejado; levar muito tempo 4 [fig.] levar uma vida difícil 5 [fig.] humilhar-se; aviltar-se; ~ *a asa a* cortejar, namorar, cobiçar (De *a-+rasto+-ar*)

arrasto n.m. 1 ato ou efeito de arrastar; arrastamento 2 o que se arrasta 3 ato de arrastar as redes de pesca; *de* ~ desgraçado, miserável; *pesca de* ~ pesca feita com arrastão (rede); *por* ~ como consequência (Deriv. regr. de *arrastar*)

arrátel n.m. antiga unidade de medida de peso correspondente a 459 gramas (Do ár. *ar-ratl*, medida de peso)

arratelar v.tr. 1 vender ou comprar aos arráteis 2 dividir em arráteis (De *arrátel+-ar*)

arrazoado n.m. 1 exposição de razões 2 alegação de direito 3 defesa ■ adj. 1 conforme à razão; razoável 2 proporcionado (Part. pass. de *arrazoar*)

arrazoador n.m. 1 o que faz arrazoados 2 discursador (De *arrazoar+-dor*)

arrazoamento n.m. 1 ato ou efeito de arrazoar 2 arrazoado (De *arrazoar+-mento*)

arrazoar v.tr. 1 expor ou defender com razões; argumentar 2 discorrer 3 alegar ■ v.pron. 1 tornar-se razoável 2 acomodar-se (De *a-+razão+-ar*)

arre interj. 1 exprime impaciência, aborrecimento ou irritação 2 usada para fazer as bestas andar (Do ár. vulg. do Magrebe *arrih*, grito para estimular camelos)

arreação n.f. ato ou efeito de arrear (De *arrear+-ção*)

arreador n.m. 1 o que arreia 2 arrieiro (De *arrear+-dor*)

arreamento n.m. 1 ato ou efeito de arrear 2 armação 3 enfeite; adorno (De *arrear+-mento*)

arrear v.tr. 1 pôr arreios em; aparelhar 2 [pop.] enfeitar; adornar ■ v.pron. 1 gabar-se; gloriar-se 2 enfeitar-se (Do lat. vulg. *arredāre*, «prover; arranjar»)

arrearia n.f. 1 profissão de arrieiro 2 casa de arrieiros (De *arreio+-aria*)

arreata n.f. 1 corda ou tira de couro que se ata ao cabresto e com que se conduzem animais 2 récua de animais de carga, presas pela arreata, umas atrás das outras 3 renque; fila (De *a reata*, com aglutinação do art.)

arreatada n.f. pancada com a arreata (Part. pass. subst. de *arreatar*)

arreatadura n.f. 1 ato de arreatar 2 cordas de enlear (De *arreatar+-dura*)

arreatar[1] v.tr. 1 pôr arreata na cabeçada a 2 prender com arreata (De *arreata+-ar*)

arreatar[2] v.tr. atar com muitas voltas (De *a-+reatar*)

arrebanhador adj.,n.m. 1 que ou o que arrebanha 2 açambarcador (De *arrebanhar+dor*)

arrebanhadura n.f. ato ou efeito de arrebanhar (De *arrebanhar+-dura*)

arrebanhar[1] v.tr. 1 juntar em rebanho 2 reunir 3 apanhar com avidez 4 açambarcar ■ v.pron. 1 juntar-se em rebanho 2 reunir-se (De *a-+rebanho+-ar*)

arrebanhar[2] v.tr. AGRICULTURA aplanar com um feixe de ramos preso na traseira do timão (os camalhões que o arado forma), cobrindo ao mesmo tempo as sementes (De orig. obsc.)

arrebanho n.m. ato ou efeito de arrebanhar (Deriv. regr. de *arrebanhar*)

arrebatado adj. 1 levado pelos ares 2 transportado em êxtase 3 precipitado; irrefletido; impulsivo 4 imprudente 5 violento; veemente 6 entusiasmado 7 enlevado; extasiado 8 extorquido; tirado 9 roubado (Part. pass. de *arrebatar*)

arrebatador adj. 1 que arrebata 2 que entusiasma 3 encantador 4 delicioso ■ n.m. raptor (De *arrebatar+-dor*)

arrebatamento n.m. 1 ato ou efeito de arrebatar(-se) 2 [fig.] precipitação 3 [fig.] cólera súbita 4 [fig.] êxtase; exaltação 5 [fig.] entusiasmo (De *arrebatar+-mento*)

arrebatante adj.2g. 1 que arrebata 2 HERÁLDICA em atitude de arrebatar a presa (De *arrebatar+-ante*)

arrebatar v.tr. 1 tirar ou roubar com violência 2 arrancar 3 levar pelos ares 4 [fig.] entusiasmar 5 [fig.] enlevar; extasiar; encantar ▪ v.pron. 1 enlevar-se; encantar-se 2 encolerizar-se (De *arrebate+-ar*)

arrebate¹ n.m. 1 movimento violento 2 ímpeto 3 assalto (Do ár. *rbāṭ*, «ataque»)

arrebate² n.m. soleira da porta (De orig. obsc.)

arrebato n.m. ⇒ **arrebate**¹

arrebém n.m. pequeno cabo usado nos navios como chicote e para outros fins (Do fr. ant. *riban*, mod. *ruban*, «fita; tira»)

arrebenta-bois n.m. BOTÂNICA nome vulgar de umas plantas herbáceas, da família das Aráceas; jarro

arrebentação n.f. 1 BOTÂNICA aparecimento de botões ou gomos nas plantas; rebentação 2 marulho das ondas junto à praia ou contra os recifes (De *arrebentar+-ção*)

arrebenta-diabos n.m.2n. andada de vinho depois da refeição

arrebentadiço adj. 1 fácil de arrebentar 2 que quebra com estrondo (De *arrebentar+-diço*)

arrebentamento n.m. 1 ato ou efeito de arrebentar; arrebentação 2 estrondo produzido por aquilo que rebenta (De *arrebentar+-mento*)

arrebentão n.m. ⇒ **arrebentação** (De *arrebentar+-ão*)

arrebentar v.tr.,intr. 1 fazer(-se) em pedaços; fazer explodir ou explodir 2 abrir(-se) fendas, buracos numa superfície 3 quebrar(-se) com violência ▪ v.tr. 1 [coloq.] arrombar 2 [coloq.] bater violentamente (em) 3 [coloq.] estafar; extenuar 4 [coloq.] ser dominado por (emoção) ▪ v.intr. 1 deitar rebentos (a planta) 2 acontecer de repente ou de forma inesperada 3 [fig.] falir (De *a-+rebentar*)

arrebento n.m. ⇒ **rebento** (Deriv. regr. de *arrebentar*)

arrebicar v.tr. 1 pôr arrebiques em 2 ataviar ▪ v.pron. enfeitar-se com exagero (De *arrebique+-ar*)

arrebique n.m. 1 ingrediente avermelhado que era usado para pintar o rosto 2 [fig., pej.] adorno exagerado, geralmente considerado de mau gosto 3 [fig.] afetação (Do ár. *ar-rabīk*, «mistura»)

arrebitaço n.m. 1 vontade súbita 2 desejo de folgar 3 excitação (De *arrebite+-aço*)

arrebitado adj. 1 voltado para cima 2 [fig.] esperto; vivo 3 [fig.] atrevido 4 [fig.] soberbo; arrogante 5 [fig.] petulante (Part. pass. de *arrebitar*)

arrebitar v.tr. 1 virar para cima a ponta de 2 levantar; alçar 3 ⇒ **rebitar** 4 [fig.] dar ânimo a ▪ v.pron. 1 virar-se para cima na ponta 2 mostrar-se mais animado ou ativo; espevitar-se 3 [fig.] abespinhar-se; irritar-se 4 [fig.] mostrar-se insolente (De *arrebite+-ar*)

arrebite n.m. ⇒ **arrebitaço** (Do ár. *ar-ribāṭ*, «laço; atadura»)

arrebito n.m. 1 configuração do objeto arrebitado 2 prego com a ponta revirada 3 [fig.] esperteza 4 [fig.] soberba (Deriv. regr. de *arrebitar*)

arrebol n.m. 1 cor de fogo que às vezes o horizonte toma ao nascer e ao pôr do Sol 2 [fig.] princípio (Do lat. *rubŏre-*, «vermelhidão»)

arrebolar¹ v.tr. 1 dar forma de bola a; arredondar 2 arremessar, fazendo girar (De *a-+rebolar*)

arrebolar² v.tr. dar cor de arrebol a (De *arrebol+-ar*)

arrebunhar v.tr. 1 arrepelar 2 arranhar (De *arranhar* × *unhar*)

arre-burrinho n.m. 1 aparelho para as crianças brincarem, constituído por uma tábua sobre um eixo e cujas extremidades se elevam ou abaixam alternadamente por impulso de quem lá está sentado 2 [fig.] pessoa que obedece a outra sem questionar

arrecabe n.m. NÁUTICA corda com que se puxa a rede de arrastar (De *arrecadar* × *cabo*?)

arrecabo n.m. NÁUTICA ⇒ **arrecabe** (De *arrecadar* × *cabo*?)

arrecada n.f. 1 brinco em forma de argola 2 [fig., ant.] prenda ou virtude de alguém (De orig. obsc.)

arrecadação n.f. 1 ato ou efeito de arrecadar 2 local onde se guarda alguma coisa; lugar para depósito 3 prisão 4 cobrança (De *arrecadar+-ção*)

arrecadador n.m. 1 aquele que arrecada 2 guardador 3 cobrador 4 tesoureiro (De *arrecadar+-dor*)

arrecadamento n.m. ato ou efeito de arrecadar (De *arrecadar+-mento*)

arrecadar v.tr. 1 pôr em recato 2 recolher; guardar 3 juntar 4 meter no bolso 5 economizar 6 receber 7 cobrar (Do lat. pop. *recapitāre*, «receber», pelo cast. ant. *recabdar*, «alcançar»)

arrecear-se v.pron. ter receio; recear (De *a-+recear*)

arrecuão n.m. ato de arrecuar 2 recuo forte (De *arrecuar+-ão*)

arrecuar v.tr.,intr. ⇒ **recuar** (De *a-+recuar*)

arrecuas elem.loc.adv. **às ~** para trás; de costas; recuando (Deriv. regr. de *arrecuar*)

arredado adj. 1 afastado 2 retirado 3 excluído

arredamento n.m. 1 ato ou efeito de arredar 2 afastamento 3 recuo (De *arredar+-mento*)

arredar v.tr. 1 pôr longe 2 afastar; desviar 3 remover para trás ▪ v.intr.,pron. 1 afastar-se; pôr-se longe; retirar-se 2 recuar ▪ v.tr.,pron. dissuadir(-se); **arreda!** exclamação que indica ordem de desvio ou de afastamento (Do lat. *ad-retrāre*, «fazer recuar», pelo cast. *arredrar*, «arredar»)

arredio adj. 1 que anda afastado dos lugares que frequentava 2 separado 3 esquivo (Do lat. *erratīvu-*, «que anda perdido»)

arredondado adj. 1 que tem forma redonda, circular ou esférica 2 diz-se do número ou valor aproximado de outro por excesso ou por defeito (Part. pass. de *arredondar*)

arredondamento n.m. 1 ato ou efeito de arredondar 2 forma redonda 3 redondeza 4 MATEMÁTICA aproximação, por excesso ou por defeito, de dado valor numérico (De *arredondar+-mento*)

arredondar v.tr. 1 dar forma redonda a 2 MATEMÁTICA fazer uma aproximação, por excesso ou por defeito, de dado valor numérico 3 aumentar ou diminuir (quantia) para obter um número exato de unidades; aproximar 4 [fig.] tornar harmonioso (frase, texto) 5 [fig.] completar; aperfeiçoar ▪ v.intr.,pron. 1 tornar-se redondo 2 engordar 3 engrossar (De *a-+redondo+-ar*)

arredor adv. em redor, ao redor, em volta ▪ adj.2g. circunvizinho ▪ n.m.pl. 1 lugares circunvizinhos 2 arrabaldes; subúrbios (De *a-+redor*)

arrefanhar v.tr. arrebatar das mãos de outrem (De *arrebatar* × *amarfanhar*)

arrefeçar v.tr. tornar refece; aviltar (De *a-+refece+-ar*)

arrefecedor adj.,n.m. que ou o que produz arrefecimento (De *arrefecer+-dor*)

arrefecer v.tr.,intr.,pron. 1 tornar(-se) frio; baixar a temperatura (de); esfriar 2 [fig.] fazer perder ou perder a energia, o entusiasmo; abrandar (Do lat. *a-+refrigescĕre*, «esfriar»)

arrefecido adj. 1 que ficou (mais) frio 2 [fig.] que perdeu o entusiasmo; desanimado 3 [fig.] que abrandou; enfraquecido (Part. pass. de *arrefecer*)

arrefecimento n.m. 1 ato ou efeito de arrefecer 2 diminuição de temperatura 3 [fig.] abrandamento 4 [fig.] frouxidão 5 [fig.] tibieza (De *arrefecer+-i-+-mento*)

arrefentar v.tr. tornar um tanto frio (De *arrefecer* × *aquentar*)

arrefertar v.tr. 1 [pop.] lançar em rosto; refertar 2 censurar (De *a-+refertar*)

arregaçada n.f. 1 quantidade que cabe no regaço 2 quantidade grande (Part. pass. fem. subst. de *arregaçar*)

arregaçar v.tr. 1 recolher para o regaço 2 puxar ou voltar para cima (parte do vestuário); enrolar para cima; **~ as mangas** dispor-se imediatamente a fazer um trabalho (De *a-+regaçar*)

arregacha n.f. [regionalismo] ⇒ **narceja** 1 (De orig. obsc.)

arregalar v.tr. abrir muito (os olhos) com satisfação, espanto ou ar de ameaça (De *a-+regalar*)

arreganhada n.f. ICTIOLOGIA peixe seláquio da família dos Espinacídeos, também conhecido por lixa-de-pau, xara-branca, xara-preta, etc. (Part. pass. fem. subst. de *arreganhar*)

arreganhado adj. 1 mostrado com arreganho 2 aberto 3 esgarçado 4 mal cozido 5 transido de frio; **de tacha arreganhada** a rir, mostrando os dentes

arreganhar v.tr. 1 mostrar (os dentes), abrindo a boca 2 entreabrir ▪ v.intr. (fruta) rachar; gretar ▪ v.pron. 1 mostrar os dentes, abrindo a boca 2 encher-se de frio 3 troçar; escarnecer; **~ a tacha** [coloq.] rir, mostrando os dentes (Do lat. *recaniāre* ou *recaneāre*, «proceder como os cães», ou do cast. *regaýar*, «rosnar, mostrando os dentes»)

arreganho n.m. 1 abertura da boca, mostrando os dentes 2 atitude de quem ameaça 3 mau modo 4 altivez 5 empenho 6 genica; vivacidade (Deriv. regr. de *arreganhar*)

arregimentação n.f. 1 ato ou efeito de arregimentar 2 aliciamento 3 recrutamento (De *arregimentar+-ção*)

arregimentar v.tr. 1 incorporar ou agrupar em regimento 2 reunir; juntar 3 enfileirar (De *a-+regimentar*)

arregoar v.tr. abrir regos em ▪ v.intr. fender-se; abrir (a fruta) (De *a-+rego+-ar*)

arregougado adj. 1 parecido com o regougo da raposa 2 rouco (De *a-+regougo+-ado*)

arregrar v.tr. 1 pôr em regra 2 planear 3 esboçar (De *a-+regra+-ar*)

arregueirar v.tr. abrir regueiras em (De *a-+regueiro+-ar*)

arreguilar v.tr. ⇒ **arregalar** (De *arregalar*, com dissimilação)

arreia *n.f.* corte das ramas nos sobreiros adultos (Deriv. regr. de *arrear*)
arreico *adj.* diz-se da região árida, sem rede hidrográfica permanente (De orig. obsc.)
arreigada *n.f.* 1 região ou ponto do organismo onde se fixa um membro, apêndice, etc. 2 *pl.* NÁUTICA cabos que fixam os ovéns da enxárcia grande (Part. pass. fem. subst. de *arreigar*)
arreigamento *n.m.* 1 ato ou efeito de arreigar 2 [fig.] afinco (De *arreigar+-mento*)
arreigar *v.tr.* 1 fazer lançar raízes pela terra; enraizar 2 tornar firme, permanente; entranhar; inveterar ▪ *v.intr.* lançar raízes ▪ *v.pron.* 1 prender-se à terra 2 estabelecer-se; fixar-se (Do lat. *arradicāre*, de *radicāre*, «lançar raízes»)
arreio *n.m.* 1 ato de preparar o cavalo 2 (hipismo) sela 3 [fig.] enfeite; adorno 4 *pl.* conjunto de peças com que se preparam os animais de sela ou de tração (Deriv. regr. de *arrear*)
arreitado *adj.* 1 que sente desejo sexual 2 aperaltado; vistoso (Part. pass. de *arreitar*)
arreitamento *n.m.* ato ou efeito de arreitar; excitação erótica (De *arreitar+-mento*)
arreitar *v.tr.* provocar desejo sexual em (Do lat. *arrectāre*, «levantar»)
arrelampar *v.tr.* 1 acender como relâmpago; faiscar 2 assombrar ▪ *v.intr.* ficar assombrado (De *a-+relampar*)
arrelhada *n.f.* AGRICULTURA utensílio de ferro para limpar o arado; arrilhada (De *a-+relha+-ada*)
arrelhador *n.m.* [Brasil] tira de couro com que se arrelha o vitelo (De *arrelhar+-dor*)
arrelhar *v.tr.* [Brasil] prender com relha (o bezerro) quando a vaca está a ser ordenhada (De *a-+relha+-ar*)
arrelia *n.f.* 1 ato ou efeito de arreliar; irritação; amofinação 2 contrariedade; dissabor 3 contenda; quezília (Deriv. regr. de *arreliar*)
arreliação *n.f.* ⇒ **arrelia** (De *arreliar+-ção*)
arreliador *adj.* 1 que arrelia; que aborrece; que contraria 2 quezilento ▪ *n.m.* 1 aquele que arrelia 2 importunador (De *arreliar+-dor*)
arreliante *adj.2g.* que produz arrelia (De *arreliar+-ante*)
arreliar *v.tr.* impacientar; importunar; aborrecer ▪ *v.pron.* zangar-se; aborrecer-se (De orig. obsc.)
arreliento *adj.* arreliante; impertinente (De *arrelia+-ento*)
arrelvar *v.tr.* cobrir de relva ▪ *v.pron.* encher-se de relva (De *a-+relva+-ar*)
arremangar *v.tr.* arregaçar as mangas a ▪ *v.pron.* 1 arregaçar as mangas 2 dispor-se para alguma coisa 3 pôr as mãos em posição de ameaça (De *a-+remangar*)
arremansar-se *v.pron.* 1 ficar em remanso; remansar-se 2 estagnar (De *a-+remanso+-ar*)
arrematação *n.f.* 1 ato ou efeito de arrematar; acabamento; remate 2 DIREITO venda judicial quando feita em hasta pública (De *arrematar+-ção*)
arrematador *adj.,n.m.* que ou o que arremata um trabalho; arrematante (De *arrematar+-dor*)
arrematante *adj.2g.* que arremata; arrematador ▪ *n.2g.* 1 pessoa encarregada de uma arrematação 2 leiloeiro 3 licitante a quem, por ter feito o lanço mais alto, o objeto ou lote é adjudicado (De *arrematar+-ante*)
arrematar *v.tr.* 1 oferecer o lanço mais alto adquirindo (um bem) num leilão; comprar em hasta pública 2 declarar vendido (objeto) em hasta pública 3 dar remate a; concluir; finalizar 4 fazer pontos de acabamento em (trabalho de costura ou malha) (De *a-+rematar*)
arremate *n.m.* 1 ato ou efeito de arrematar; remate 2 ponto ou nó com que se arremata um trabalho de costura 3 fim (Deriv. regr. de *arrematar*)
arremeção *n.m.* antiga unidade de medida agrária equivalente a 4,3 metros quadrados (De *a-+remeção*)
arremedador *n.m.* aquele que arremeda (De *arremedar+-dor*)
arremedar *v.tr.* 1 imitar de modo grosseiro e provocador (os gestos, as falas, etc., de outrem); macaquear 2 reproduzir, imitando 3 semelhar; parecer 4 contrafazer (De *a-+remedar*)
arremedo *n.m.* 1 ato ou efeito de arremedar 2 imitação imperfeita 3 semelhança 4 aparência (Deriv. regr. de *arremedar*)
arremelgar *v.tr.* 1 virar para fora (rebordo das pálpebras) 2 abrir muito; aregalar (olhos) (De *remelgado*?)
arremessado *adj.* [regionalismo] bem provido; que tem a casa bem cheia (Part. pass. de *arremessar*)
arremessador *adj.,n.m.* que ou o que arremessa (De *arremessar+-dor*)

arremessamento *n.m.* ato ou efeito de arremessar; arremesso (De *arremessar+-mento*)
arremessão *n.m.* 1 impulso de arremessar 2 encontrão 3 o que se arremessa 4 máquina de arremessar (De *arremessar+-ão*)
arremessar[1] *v.tr.* 1 atirar com força 2 lançar para longe de si; expulsar ▪ *v.pron.* 1 lançar-se; atirar-se com ímpeto 2 investir (Do lat. vulg. *remissăre*, de *remissu-*, part. pass. de *remittĕre*, «largar; lançar»)
arremessar[2] *v.tr.* [regionalismo] abastecer; prover (De *a-+remessa+-ar*)
arremesso *n.m.* 1 ato ou efeito de arremessar; arremessamento, lançamento 2 [pouco usado] o que se lança; projétil 3 ameaça; ataque 4 gesto repentino; ímpeto 5 grande coragem; arrojo; *arma de ~* arma que lança projéteis (Deriv. regr. de *arremessar*)
arremetedor *adj.,n.m.* que ou o que arremete (De *arremeter+-dor*)
arremetente *adj.,n.2g.* ⇒ **arremetedor** (De *arremeter+-ente*)
arremeter *v.tr.,intr.* investir com ímpeto (contra); lançar-se para atacar ▪ *v.tr.* incitar; açular (animal) (De *a-+remeter*)
arremetida *n.f.* 1 ato ou efeito de arremeter 2 investida; ataque 3 ação arrojada (Part. pass. fem. subst. de *arremeter*)
arremetimento *n.m.* ⇒ **arremetida** (De *arremeter+-mento*)
arreminação *n.f.* 1 ato ou efeito de arreminar-se 2 ameaça 3 zanga (De *arreminar+-ção*)
arreminar-se *v.pron.* 1 enfurecer-se, fazendo ameaças 2 abespinhar-se (Do lat. *re-*, «de novo» *+mināri*, «ameaçar»)
arrenda *n.f.* AGRICULTURA segunda sacha do milho (Deriv. regr. de *arrendar*)
arrendação *n.f.* ⇒ **arrendamento** (De *arrendar+-ção*)
arrendador *n.m.* aquele que arrenda
arrendamento *n.m.* 1 ato ou efeito de arrendar 2 locação de coisa imóvel 3 DIREITO contrato pelo qual alguém se obriga a proporcionar a outrem o gozo temporário de coisa imóvel mediante retribuição (renda) 4 preço por que se dá ou toma uma coisa de renda; renda (De *arrendar+-mento*)
arrendar[1] *v.tr.* 1 [uso generalizado] ⇒ **alugar** 2 DIREITO ceder ou obter o uso de (bem imóvel) por prazo e preço estipulados (De *a-+renda* [= rendimento] *+-ar*)
arrendar[2] *v.tr.* guarnecer com rendas; rendar; rendilhar (De *a-+renda* [= tecido] *+-ar*)
arrendar[3] *v.tr.* AGRICULTURA fazer a arrenda de (De *arrenda+-ar*)
arrendar[4] *v.tr.* acostumar (cavalo) à rédea (De *a-+renda+-ar*)
arrendatário *n.m.* aquele que arrenda um bem, um prédio, etc.; inquilino; caseiro; rendeiro (De *arrendar+-tário*)
arrendável *adj.2g.* que se pode arrendar (De *arrendar+-vel*)
arrenegação *n.f.* 1 ato de arrenegar; renegação; apostasia; abjuração 2 [pop.] enfado; irritação (De *arrenegar+-ção*)
arrenegada *n.f.* 1 zanga 2 espécie de jogo do voltarete entre dois parceiros (Part. pass. fem. subst. de *arrenegar*)
arrenegado *adj.* 1 que arrenegou 2 [coloq.] enfurecido
arrenegador *n.m.* aquele que arrenega outrem (De *arrenegar+-dor*)
arrenegar *v.tr.* 1 fazer zangar 2 aborrecer 3 amaldiçoar 4 ter aversão a 5 renegar 6 abjurar de (crença ou religião que se professava) ▪ *v.pron.* irritar-se (De *a-+renegar*)
arrenego[1] /ê/ *n.m.* 1 gesto colérico 2 zanga 3 arrenegação; apostasia; abjuração (Deriv. regr. de *arrenegar*)
arrenego[2] /é/ *interj.* exprime repulsa e é usada para lançar uma praga ou esconjuro (Deriv. regr. de *arrenegar*)
arrentar *v.tr.,intr.* 1 cortar rente 2 andar em torno de 3 [pop.] gabar-se; alardear 4 [pop.] dizer galanteios; namorar (De *a-+rente+-ar*)
arrepanhar *v.tr.* 1 fazer dobras ou rugas em 2 arregaçar para não arrastar 3 apanhar; recolher 4 arrebatar 5 economizar com avareza (De *arrebatar ✕ apanhar*)
arrepanho *n.m.* 1 refego 2 engelha 3 ruga (Deriv. regr. de *arrepanhar*)
arrepela *n.f.* [regionalismo] tirada de cortiça (Deriv. regr. de *arrepelar*)
arrepelação *n.f.* ato ou efeito de arrepelar (De *arrepelar+-ção*)
arrepeladela *n.f.* 1 ato de arrepelar 2 repelão; puxão 3 briga (De *arrepelar+-dela*)
arrepelador *adj.,n.m.* que ou o que arrepela (De *arrepelar+-dor*)
arrepelão *n.m.* 1 ato ou efeito de arrancar os cabelos 2 puxão (De *arrepelar+-ão*)
arrepelar *v.tr.* 1 puxar (cabelos, pelos, penas); arrancar 2 puxar com força ▪ *v.pron.* 1 arrancar os próprios cabelos 2 [fig.] desesperar-se 3 [fig.] arrepender-se (De *a-+repelar*)
arrepelo *n.m.* ⇒ **arrepelão** (Deriv. regr. de *arrepelar*)
arrepender-se *v.pron.* 1 sentir arrependimento; sentir pesar ou remorso por erro cometido 2 mudar de opinião; voltar atrás em

arrependido *adj.* que sente arrependimento; contrito; pesaroso ■ *n.m.* aquele que, em tribunal, confessa um crime e denuncia cúmplices para obter redução de pena ou perdão (Part. pass. de *arrepender-se*)

arrependimento *n.m.* 1 sentimento de mágoa ou remorso por atos e faltas passados; contrição 2 mudança de opinião ou de atitude (De *arrepender+-mento*)

arrepia *n.f.* MÚSICA forma de acompanhamento musical (à viola, guitarra, etc.) para danças populares (Deriv. regr. de *arrepiar*)

arrepia-cabelo *n.2g.* pessoa ríspida; *a ~* em sentido contrário, contra a vontade

arrepiador *adj.* ⇒ **arrepiante** (De *arrepiar+-dor*)

arrepiamento *n.m.* ato ou efeito de arrepiar ou de arrepiar-se; arrepio (De *arrepiar+-mento*)

arrepiante *adj.2g.* 1 que causa arrepios; que faz arrepiar 2 que causa horror; pavoroso; medonho (De *arrepiar+-ante*)

arrepiar *v.tr.* 1 causar arrepio(s) a; causar sensação de frio a 2 inspirar horror a; horripilar 3 passar a mão ao arrepio em 4 puxar para trás os cabelos de 5 encrespar 6 franzir; arregaçar ■ *v.intr.* causar arrepios ou calafrios ■ *v.pron.* 1 sentir calafrios 2 horripilar-se; *~ caminho* retroceder, desdizer-se; *de ~ os cabelos* de causar medo (Do lat. *horripilāre*, «ter o pelo eriçado»)

arrepio *n.m.* 1 estremecimento causado por frio, medo ou emoção intensa; calafrio 2 inclinação inversa da normal dos cabelos ou do pelo; *ao ~* em direção contrária à habitual, contra a corrente (Deriv. regr. de *arrepiar*)

arrepolhar *v.tr.,intr.,pron.* 1 dar ou tomar forma de repolho 2 tornar(-se) redondo; arredondar(-se) 3 entufar(-se) ■ *v.intr.,pron.* criar repolho (De *a-+repolho+-ar*)

arrepsia *n.f.* incerteza; irresolução (Do gr. *arrhepsía*, «equilíbrio; indiferença»)

arrequifar *v.tr.* guarnecer de arrequifes (De *arrequife+-ar*)

arrequife[1] *n.m.* cada uma das puas, colocadas na extremidade de uma vara, com que se limpa o algodão (Do ár. *ar-rakîb*, «adaptado outra coisa»)

arrequife[2] *n.m.* ⇒ **requife** (De *a-+requife*)

arrequim *n.m.* ICTIOLOGIA peixe seláquio, muito longo, de cor pardo-azulada, que aparece nas costas marítimas portuguesas; raposo; marraxo (De orig. obsc.)

arrestado *adj.* DIREITO apreendido judicialmente; embargado ■ *n.m.* DIREITO pessoa contra a qual se fez arresto

arrestante *n.2g.* pessoa que promoveu arresto (De *arrestar+-ante*)

arrestar *v.tr.* DIREITO proceder ao arresto de; apreender judicialmente; embargar (Do lat. tard. **arrestāre*, «parar; deter»)

arresto *n.m.* DIREITO apreensão judicial de bens do suposto devedor, que ficam à ordem do tribunal e servem de garantia da eventual execução que contra ele possa vir a ser efetuada (Deriv. regr. de *arrestar*)

arretado *adj.* [Brasil] [pop.] muito bom; excelente; maravilhoso

arretadura *n.f.* ato de arretar (De *arretar+-dura*)

arretar *v.tr.* 1 fazer voltar para trás 2 fazer parar a marcha de (Do lat. **arreptāre*, «fazer voltar para trás»)

arreto /ê/ *n.m.* 1 ato de arretar 2 botaréu 3 cômoro (Deriv. regr. de *arretar*)

arretrasado *adj.* [pop.] muito atrasado (De *a-+re+-atrasado*)

arrevesadamente *adv.* 1 ao revés 2 de maneira complicada (De *arrevesado+-mente*)

arrevesado *adj.* 1 complicado 2 de feitio difícil

arrevesar *v.tr.* 1 pôr do avesso 2 dar sentido contrário a 3 tornar confuso; tornar obscuro (De *a-+revés+-ar*)

arreveso *n.m.* 1 ato de arrevesar 2 coisa difícil (Deriv. regr. de *arrevesar*)

arrevessar *v.tr.,intr.* expelir pela boca; lançar fora; vomitar; bolçar ■ *v.tr.* detestar (Do lat. *reversāre*, de *reversu-*, part. pass. de *revertĕre*, «voltar atrás»)

arrevesso *adj.* 1 reverso; revirado 2 torcido; tortuoso ■ *n.m.* reverso (Deriv. regr. de *arrevessar*)

arriamento *n.m.* 1 ato ou efeito de arriar 2 descida 3 desarmamento 4 cansaço (De *arriar+-mento*)

arriar *v.tr.* 1 abaixar; fazer descer (o que estava suspenso ou levantado) 2 soltar aos poucos (cabo, linha, rede) 3 colocar no chão 4 depor (armas) 5 inutilizar (compartimentos destinados à evaporação do sal) 6 deitar abaixo; causar abatimento a 7 [coloq.] bater em (alguém); dar pancada ■ *v.intr.* 1 ser vencido 2 ceder; desistir 3 render-se 4 não poder mais; *~ o calhau* [cal.] defecar, obrar; *~ sujeira* [pop.] dizer obscenidades, fazer asneira (Do cat. *arriar*, «baixar a vela do navio»)

arriaz *n.m.* fivela por onde se enfiam os loros dos estribos (Do ár. *ar-riás*, «punho de espada»)

arriba *n.f.* 1 costa marítima ou lacustre, fragosa, alta e a pique 2 rochedo que a forma 3 escarpa litoral originada pela erosão marinha 4 riba; ribanceira ■ *adv.* 1 acima 2 para cima 3 adiante; *~!* exclamação que traduz incitamento (Do lat. *ad ripa-*, «para a margem; para lugar superior»)

arribação *n.f.* 1 ato ou efeito de arribar 2 migração de animais, geralmente aves, para novas regiões 3 chegada a uma região para permanência curta (De *arribar+-ção*)

arribada *n.f.* 1 NÁUTICA entrada de um navio num porto não previsto nas escalas e que também não é o do seu destino 2 arribação 3 desmoronamento de um cômoro 4 [fig.] convalescença (Part. pass. fem. subst. de *arribar*)

arribadeira *n.f.* ORNITOLOGIA ⇒ **trepadeira** 3 (De *arribar+-deira*)

arribadeiro *n.m.* NÁUTICA cabo que se ala do mar para a terra depois de lançada a rede de arrastar (De *arribar+-deiro*)

arribadiço *adj.* 1 de arribação 2 [fig.] adventício (De *arribar+-diço*)

arribana *n.f.* 1 cabana coberta de colmo para recolher gado; curral 2 palheiro 3 choupana (De *arribar+-ana*)

arribanceirado *adj.* que tem ou forma ribanceira (De *a-+ribanceira+-ado*)

arribar *v.tr.,intr.* NÁUTICA tomar (uma embarcação) um porto que não era o das escalas ou o do destino, por motivo de força maior; aportar ■ *v.intr.* 1 NÁUTICA manobrar o leme por forma a afastar a proa do navio da linha do vento 2 ZOOLOGIA migrar; mudar de região 3 partir 4 [fig.] melhorar de uma doença ■ *v.tr.* 1 levantar; elevar 2 chegar (ao cimo de algum lugar) (Do lat. tard. *arripāre*, «chegar à riba»)

ariçar[1] *v.tr.* 1 NÁUTICA meter as velas nos rizes; arrizar; rizar 2 [ant.] atar com cabos; amarrar (Do it. *rizzare*, «erguer»)

ariçar[2] *v.tr.* pôr (os cabelos ou os pelos) em pé; eriçar; arrepiar (Do lat. **erectiāre*, de *erectu-*, «levantado»)

ariçar[3] *v.intr.* 1 tornar-se robusto 2 enrijar (Do lat. **arrigidiāre*, «tornar rijo»)

arrida *n.f.* NÁUTICA cada um dos cordéis que prendem os toldos à borda dos escaleres (Do fr. *ride*, «corda de pequeno diâmetro com que se entesa outra mais grossa»)

arridar *v.tr.* prender com arridas (De *arrida+-ar*)

arrieirada *n.f.* ato ou palavra indecorosa própria de arrieiro (De *arrieiro+-ada*)

arrieirado *adj.* 1 [depr.] que tem modos de arrieiro 2 [depr.] grosseirão (De *arrieiro+-ado*)

arrieiral *adj.2g.* 1 próprio de arrieiro 2 relativo a arrieiro (De *arrieiro+-al*)

arrieirático *adj.* ⇒ **arrieiral** (De *arrieiro+-ático*)

arrieiro *n.m.* 1 condutor de bestas de aluguer 2 alquilador 3 [pej.] pessoa grosseira, mal-educada (De *arre+-eiro*)

arriel *n.m.* 1 barra de ouro ou prata 2 argola de ouro usada no nariz ou nas orelhas 3 argola (Do cast. *riel*, «barra de metal»)

arrifana[1] *n.f.* [regionalismo] pano fino de linho (De *Arrifana*, top.)

arrifana[2] *n.f.* [Açores] série de arrifes (De *arrife+-ana*)

arrife *n.m.* 1 aberta em linha reta feita no arvoredo pelo desbaste dos ramos 2 [Açores] cabeços de penedos subjacentes que afloram do solo (Do ár. *ar-rif*, «recife; rochedo; litoral»)

arrifeiro *n.m.* homem que trabalha nos arrifes (De *arrife+-eiro*)

arrijar *v.tr.,intr.* ⇒ **enrijar** (De *a-+rijo+-ar*)

arrilhada *n.f.* AGRICULTURA ⇒ **arrelhada** (De *arrelhada*)

arrimadiço *adj.* 1 que gosta de se arrimar 2 que se chega ou aparece quando pressente benefício; pendura; parasita (De *arrimar+-diço*)

arrimador *n.m.* 1 aquele ou aquilo que arrima ou se arrima 2 o que põe em rima (De *arrimar+-dor*)

arrimar *v.tr.* 1 pôr em rima, montão ou pilha 2 pôr em ordem 3 amparar; sustentar 4 encostar; apoiar 5 [pop.] bater 6 [pop.] atirar ■ *v.pron.* 1 encostar-se 2 apoiar-se 3 valer-se (Do fr. *arrimer*, «arrumar; arranjar»)

arrimo *n.m.* 1 ato de arrimar ou arrimar-se 2 apoio; encosto 3 amparo; proteção (Deriv. regr. de *arrimar*)

arrincoar *v.tr.* 1 meter em rincão (local retirado) 2 fazer rincão em 3 pôr em lugar estreito ou sem saída; encurralar ■ *v.pron.* 1 tornar-se misantropo 2 isolar-se; retirar-se (De *a-+rincão+-ar*)

arrió *n.m.* pedrinha redonda do jogo do alguergue (De orig. obsc.)

arriosca *n.f.* 1 cilada; intriga; falcatrua 2 ⇒ **arrió** (De *arrió* × *marosca*)

arriscado *adj.* 1 que oferece risco; perigoso 2 temerário; audacioso (Part. pass. de *arriscar*)

arriscar *v.tr.,pron.* 1 expor(-se) a perigo(s) 2 sujeitar(-se) à sorte; aventurar(-se); *quem não arrisca não petisca* (provérbio) quem não tenta, nunca há de conseguir obter o que pretende (De *a-+risco+ -ar*)

arrispidar-se *v.pron.* tornar-se ríspido (De *a-+ríspido+-ar*)

arritmia *n.f.* 1 falta de ritmo 2 MEDICINA irregularidade do ritmo das contrações do coração (Do gr. *arrhythmía*, «falta de ritmo», pelo lat. *arrhythmīa-*, «id.»)

arrítmico *adj.* 1 sem ritmo 2 de ritmo irregular 3 que apresenta arritmia (Do gr. *árrhythmos*, «sem ritmo», pelo lat. *arrhythmos*, «id.»+ *-ico*)

arritmo *adj.* ⇒ **arrítmico** (Do gr. *árrhythmos*, «sem ritmo», pelo lat. *arrhythmos*, «id.»)

arrivismo *n.m.* procedimento de arrivista; ambição sem escrúpulos (Do fr. *arrivisme*, «arranjismo»)

arrivista *n.2g.* pessoa que pretende conseguir os seus fins por qualquer meio, mesmo em prejuízo de outros; pessoa ambiciosa e sem escrúpulos (Do fr. *arriviste*, «arranjista»)

arrizar *v.tr.* NÁUTICA meter nos rizes; enrizar (De *a-+rizar*)

arrizo *adj.* BOTÂNICA que não tem raízes ou radículas (Do gr. *árrhizos*, «sem raiz», de *a-*, «sem» +*rhiza*, «raiz»)

arrizotónico *adj.* GRAMÁTICA (forma verbal) cuja sílaba tónica está para diante da raiz (Do gr. *árrhizos*, «sem raiz» +*tonikós*, «tónico»)

-arro sufixo nominal, de origem vasca, que tem sentido pejorativo, por vezes aumentativo (*chibarro; atuarro*)

arroba /ô/ *n.f.* 1 antiga unidade de medida de peso, de 32 arráteis ou um quarto de quintal, arredondada atualmente para 15 quilogramas 2 INFORMÁTICA nome dado ao sinal gráfico @, usado nos endereços de correio eletrónico para separar o nome do utilizador do endereço propriamente dito (Do ár. *ar-ruba'a*, «um quarto»)

arrobação *n.f.* 1 pesagem às arrobas 2 avaliação por arroba (De *arrobar+-ção*)

arrobagem *n.f.* ⇒ **arrobação**

arrobamento *n.m.* 1 ⇒ **arrobação** 2 tempero com arrobe (De *arrobar+-mento*)

arrobar[1] *v.tr.* 1 pesar às arrobas 2 avaliar por arroba (De *arroba+ -ar*)

arrobar[2] *v.tr.* 1 temperar com arrobe 2 adoçar (De *arrobe+-ar*)

arrobe /ô/ *n.m.* 1 xarope de sumo de uva concentrado pela ação do fogo 2 conserva de frutas (Do ár. *ar-rubb*, «xarope»)

arrobustado *adj.* tornado robusto (De *a-+robusto+-ado*)

arrochada *n.f.* pancada ou ferimento com arrocho; bordoada (De *arrocho+-ada*)

arrochadura *n.f.* 1 ato de arrochar 2 NÁUTICA peça com que se aperta a almajarra da atafona (De *arrochar+-dura*)

arrochar *v.tr.* 1 apertar com arrocho 2 apertar muito com corda ou outro material que serve para atar 3 comprimir fortemente 4 ser exigente com (alguém); pressionar 5 [coloq.] dormir; descansar 6 [pouco usado] bater com arrocho ■ *v.tr.,pron.* comprimir(-se) fortemente; apertar(-se) (De *arrocho+-ar*)

arrocheiro *n.m.* o que lida com bestas de carga; almocreve; arrieiro (De *arrocho+-eiro*)

arrochelar *v.tr.* fortificar (De *Arrochela*, top. [fr. La Rochelle] +-*ar*)

arrocho /ô/ *n.m.* 1 ato de arrochar 2 pau arqueado para apertar a carga ao lombo das cavalgaduras 3 pau para espancar; bordão; cacete 4 [fig.] situação difícil 5 [fig.] rigor 6 [fig.] indivíduo mau 7 [fig.] modos violentos 8 *pl.* cabos com nós nas pontas; *dar-lhe para o ~* ter inclinação para fazer mal; *torto como um ~* de mau carácter, intratável (De orig. obsc.)

arrodelar *v.tr.* 1 proteger, tapar ou armar com rodela (escudo) 2 cobrir com rodelas 3 dar forma de rodela a 4 cortar às rodelas (De *a-+rodela+-ar*)

arrodilhar *v.tr.* dar forma de rodilha a (De *a-+rodilha+-ar*)

arrodilhar-se *v.pron.* ajoelhar-se (Do cast. *arrodillar*, «ajoelhar»)

arrofo /ô/ *n.m.* NÁUTICA buraco no remate da tarrafa (De orig. obsc.)

arrogação *n.f.* 1 ato ou efeito de arrogar ou arrogar-se 2 perfilhação de pessoa adulta (Do lat. *arrogatiōne-*, «adoção de alguém»)

arrogador *adj.,n.m.* que ou aquele que arroga ou se arroga (Do lat. *arrogatōre-*, «aquele que adota por arrogação»)

arrogância *n.f.* sentimento de orgulho que se exprime por atitudes de altivez e desprezo; sobranceria; presunção; insolência; audácia (Do lat. *arrogantĭa-*, «id.»)

arrogante *adj.2g.* que tem arrogância; altivo; insolente; presumido; fanfarrão (Do lat. *arrogante-*, «id.»)

arrogar *v.tr.* tomar como próprio; atribuir a alguém ou a si mesmo ■ *v.pron.* atribuir-se o direito ou a faculdade de (Do lat. *arrogāre*, «adotar; dar-se ares de sábio»)

arroiar *v.intr.* 1 brotar ou correr como arroio 2 serpentear (De *arroio+-ar*)

arroio[1] *n.m.* pequena corrente de água não permanente; regato (Do lat. hisp. *arrugĭu-*, de *arrugĭa-*, «galeria de mina»)

arroio[2] *n.m.* BOTÂNICA planta da família das Quenopodiáceas (De orig. obsc.)

arrojadiço *adj.* 1 audaz; temerário 2 resoluto 3 esforçado (De *arrojar+-diço*)

arrojado *adj.* 1 audaz; destemido; ousado 2 resoluto; determinado 3 inovador; progressista

arrojador *adj.,n.m.* que ou aquele que arroja (De *arrojar+-dor*)

arrojamento *n.m.* 1 ato de arrojar; arrojo 2 temeridade (De *arrojar+-mento*)

arrojão *n.m.* puxão dado ao que se leva de rojo (De *arrojar+-ão*)

arrojar *v.tr.* 1 levar de rojo; arrastar 2 arremessar para longe; despedir ■ *v.pron.* 1 atirar-se com ímpeto 2 abalançar-se; empreender 3 lançar-se de uma altura considerável; despenhar-se 4 andar de rojo (Do lat. vulg. *arrotulāre*, «fazer rodar», pelo cast. *arrojar*, «levar de rojo; lançar»)

arrojeitar *v.intr.* arremessar pau grosso como arma (arrojeito) (De *arrojar × rejeitar*)

arrojeito *n.m.* [regionalismo] pau grosso que serve de arma de arremesso (Deriv. regr. de *arrojeitar*)

arrojo /ô/ *n.m.* 1 ato de arrojar 2 arremesso; lançamento 3 [fig.] atrevimento; descaramento 4 [fig.] coragem; ousadia 5 [fig.] animosidade 6 *pl.* destroços de um naufrágio lançados à praia (Deriv. regr. de *arrojar*)

arrolada *n.f.* [ant.] mulher de porte leviano (Part. pass. fem. subst. de *arrolar*)

arrolado[1] *adj.* posto em rol; inventariado; classificado (Particípio passado de *arrolar*[1])

arrolado[2] *adj.* 1 com forma de rolo 2 arrojado (Particípio passado de *arrolar*[2])

arrolado[3] *adj.,n.m.* que ou o que dorme ao relento; sem-abrigo (Particípio passado (substantivado) de *arrolar*[3])

arrolador *adj.,n.m.* que ou o que arrola (De *arrolar+-dor*)

arrolamento *n.m.* 1 ato ou efeito de arrolar 2 lançamento em rol 3 DIREITO inventário de bens e valores (que pode ser requerido por qualquer pessoa em relação a bens, móveis e imóveis, e a documentos, desde que haja justo receio da sua perda) (De *arrolar+-mento*)

arrolar[1] *v.tr.* 1 meter em rol ou lista; inventariar 2 classificar (De *a-+rol+-ar*)

arrolar[2] *v.tr.* 1 dar forma de rolo a 2 fazer rolos de; enrolar ■ *v.intr.* formar rolos (De *a-+rolo+-ar*)

arrolar[3] *v.tr.* 1 soltar arrulhos; cantar como os pombos ou as rolas; arrulhar ■ *v.tr.* [pop.] embalar (De orig. onom.)

arrolhador[1] *n.m.* 1 aquele ou aquilo que arrolha 2 máquina de arrolhar (De *arrolhar*, «meter rolha» +*-dor*)

arrolhador[2] *n.m.* [Brasil] o que reúne animais (De *arrolhar*, «reunir» +*-dor*)

arrolhamento *n.m.* ação de arrolhar (De *arrolhar+-mento*)

arrolhar[1] *v.tr.* 1 meter rolha em; rolhar 2 tapar 3 [fig.] fazer calar (adversário) 4 [fig.] intimidar (De *a-+rolha+-ar*)

arrolhar[2] *v.tr.* [Brasil] reunir (animais) (De *arrolar*)

arrolho /ô/ *n.m.* ⇒ **arrolhamento** (Deriv. regr. de *arrolhar*)

arrolo /ô/ *n.m.* toada para adormecer as crianças (Deriv. regr. de *arrolar*)

arromançar *v.tr.* escrever em estilo de romance; romancear (De *a-+romance+-ar*)

arromba *n.f.* canção para ser cantada à viola; *de ~* espetacular, excelente, espantoso (Deriv. regr. de *arrombar*)

arrombada *n.f.* 1 ato ou efeito de arrombar 2 rombo 3 NÁUTICA borda falsa do navio 4 *pl.* NÁUTICA reforços de madeira do navio para resguardar a tripulação do fogo inimigo (Part. pass. fem. subst. de *arrombar*)

arrombadela *n.f.* ⇒ **arrombamento** (De *arrombar+-dela*)

arrombador *adj.,n.m.* que ou o que arromba (De *arrombar+-dor*)

arrombamento *n.m.* 1 ato ou efeito de arrombar 2 abertura forçada e violenta (De *arrombar+-mento*)

arrombar *v.tr.* 1 fazer rombo em; romper; quebrar 2 forçar (o que está fechado) 3 provocar estragos em; dar cabo de; desfazer 4 [fig.] deitar abaixo; desanimar 5 [fig.] reduzir ao silêncio 6 [fig.] humilhar (De *a-+rombo+-ar*)

arrosetado *adj.* em forma de roseta (De *a-+roseta+-ado*)

arrostar v.tr. 1 encarar sem medo 2 encontrar-se face a face com 3 fazer face a; afrontar; defrontar 4 suportar (De a-+rosto+-ar)
arrota /ô/ n.f. AGRICULTURA terra arroteada de novo (Por arroteia)
arrotação n.f. 1 ato de arrotar; eructação 2 [fig.] ostentação; alarde (De arrotar+-ção)
arrotador adj.,n.m. 1 que ou aquele que arrota 2 [fig.] sofredor 3 [fig.] pagador 4 [fig.] fanfarrão (De arrotar+-dor)
arrotadura n.f. NÁUTICA volta de um cabo que liga um mastro a um madeiro do navio para o fortificar (Por arreatadura)
arrotar v.tr.,intr. 1 expelir (gases do estômago) pela boca; dar arrotos; eructar 2 [pop.] pagar (despesa) 3 [fig.] gabar-se (de); vangloriar-se (de); ~ **postas de pescada** armar-se em rico, vangloriar-se (Do lat. eructāre, «lançar; vomitar»)
arroteador adj.,n.m. 1 que ou aquele que arroteia 2 [fig.] que ou aquele que abre caminho a (De arrotear+-dor)
arroteamento n.m. ato ou efeito de arrotear; arroteação; cultivo (De arrotear+-mento)
arrotear v.tr. 1 AGRICULTURA desbravar (a terra) para ser cultivada; decruar; surribar 2 lavrar para o primeiro cultivo; cultivar pela primeira vez 3 [fig.] dar educação a; instruir (De a-+roto+-ear)
arroteia n.f. 1 arroteamento 2 terra desbravada recentemente que começa a ser cultivada; noval (Deriv. regr. de arrotear)
arroto /ô/ n.m. 1 expulsão ruidosa de gases do estômago pela boca; eructação 2 [fig.] obscenidade (Deriv. regr. de arrotar)
arroubamento n.m. ⇒ arroubo (De arroubar+-mento)
arroubar v.tr. enlevar; extasiar ■ v.pron. alhear-se; ficar extático (De a-+roubar)
arroubo n.m. 1 ato ou efeito de arroubar ou arroubar-se 2 enlevo; êxtase; encanto; rapto (Deriv. regr. de arroubar)
arroxado adj. ⇒ arroxeado (Part. pass. de arroxear)
arroxar v.tr.,intr.,pron. ⇒ arroxear (De a-+roxo+-ar)
arroxeado adj. de cor semelhante a roxo (De a-+roxo+-ado)
arroxear v.tr.,intr.,pron. tornar(-se) roxo; arroxar(-se); roxear(-se); purpurear(-se) (De a-+roxo+-ear)
arroz /ô/ n.m. (plural arrozes) 1 BOTÂNICA planta da família das Gramíneas muito cultivada nas regiões temperadas e tropicais húmidas, cujo grão é rico em amido e largamente utilizado na alimentação 2 grão desta planta 3 CULINÁRIA preparado em que entram os grãos desta planta; ~ **integral** arroz a que não se retira a casca ou o pericarpo; ~ **malandro** CULINÁRIA arroz cozinhado com muita calda, de forma a ficar solto na altura de ser comido; **dar o ~ a** [coloq.] ensinar uma lição, castigar (Do ár. ar-ruzz, «id.»)
arrozada n.f. 1 CULINÁRIA iguaria cujo elemento principal é o arroz 2 grande quantidade de arroz (De arroz+-ada)
arrozal n.m. plantação de arroz (De arroz+-al)
arroz-doce n.m. 1 CULINÁRIA doce feito com arroz cozido em leite a que geralmente se adiciona açúcar, gemas de ovos, casca de limão e canela 2 [fig.] pessoa que não falta a festas
arroz-dos-telhados n.m. BOTÂNICA pequena planta herbácea, da família das Crassuláceas, muito frequente nos telhados e rochedos, também conhecida por pinhões-de-rato
arrozeira n.f. ⇒ arrozal (De arroz+-eira)
arrozeiro n.m. 1 o que cultiva arroz 2 negociante de arroz 3 pessoa que gosta muito de arroz 4 grão de arroz ■ adj. 1 do arroz 2 relativo ao arroz 3 que adora arroz (De arroz+-eiro)
arruaça n.f. motim de rua; alvoroço popular (De a-+rua+-aça)
arruaçar v.intr. fazer arruaças (De arruaça+-ar)
arruaceiro adj. que faz arruaças; briguento; turbulento ■ n.m. fomentador de arruaças; brigão (De arruaça+-eiro)
arruada n.f. ação de campanha eleitoral realizada na(s) rua(s), junto das pessoas, geralmente com bandas de música, apoiantes empunhando bandeiras e gritando palavras de ordem, etc. (De arruar+-ada)
arruadeira n.f. 1 [ant.] mulher que gosta de andar na rua 2 [ant.] prostituta (De arruar+-deira)
arruado adj. 1 disposto em ruas 2 diz-se daquele a quem foi assinalada uma rua para viver ou comerciar (Part. pass. de arruar)
arruador n.m. 1 aquele que tem a seu cargo o alinhamento das construções nas ruas 2 arruaceiro (De arruar+-dor)
arruamento n.m. 1 ato ou efeito de arruar 2 alinhamento ou disposição das ruas; traçado e abertura de ruas 3 rua 4 conjunto de ruas 5 fixação de residência, na mesma rua, de pessoas com a mesma profissão, etnia, etc. (De arruar+-mento)
arruar[1] v.tr. 1 dispor ou dividir em ruas; traçar e abrir ruas em 2 distribuir por ruas ■ v.intr. 1 andar pelas ruas 2 passear com ostentação nas ruas 3 vadiar (De a-+rua+-ar)
arruar[2] v.intr. 1 (javali) grunhir 2 (boi) mugir (Do lat. vulg. *rudāre, por rudĕre, «rugir; grunhir»)

arruçar v.tr.,intr. tornar(-se) ruço (De a-+ruço+-ar)
arruda n.f. BOTÂNICA planta lenhosa, subarbustiva, da família das Rutáceas, de forte cheiro desagradável e sabor acre, cultivada e espontânea, fornecedora de produtos terapêuticos e utilizada em medicina popular; ruda (Do lat. ruta-, «id.»)
arrudado adj. irritado; zangado; bravo (De arruda+-ado)
arruda-dos-muros n.f. BOTÂNICA ⇒ rutamurária
arrudão n.m. BOTÂNICA planta da família das Rutáceas, afim da arruda, frequente em Portugal; rudão (De arruda+-ão)
arrudense adj.2g. pertencente ou relativo a Arruda dos Vinhos, vila do distrito de Lisboa ■ n.2g. natural ou habitante de Arruda dos Vinhos (De Arruda, top. +-ense)
arruela n.f. 1 HERÁLDICA círculo semelhante a uma moeda, que faz parte dos brasões; besante 2 porção de prata que os ourives vazam em tijolo 3 chapa redonda que se mete na cavilha ou no parafuso, para evitar que a porca desgaste a peça que vai ser aparafusada; anilha (Do lat. tard. rotella-, dim. de rota-, «roda», pelo fr. rouelle, «rodela»)
arruelado adj. 1 cheio de arruelas 2 HERÁLDICA (brasão) que possui arruela (De arruela+-ado)
arrufada n.f. CULINÁRIA pequeno bolo tradicional da região de Coimbra feito com massa tipo brioche (Part. pass. fem. subst. de arrufar)
arrufadiço adj. que se arrufa com facilidade (De arrufar+-diço)
arrufar v.tr. 1 causar arrufos a 2 irritar um pouco ■ v.pron. 1 agastar-se 2 mostrar mau modo, ocultando os motivos 3 (leite) extravasar-se quando ferve (De orig. obsc.)
arrufianado adj. 1 próprio de rufia ou rufião 2 que tem modos de rufião (De a-+rufião+-ado)
arrufo n.m. 1 ato de arrufar ou arrufar-se 2 agastamento entre pessoas amigas; amuo 3 despeito leve (Deriv. regr. de arrufar)
arrugamento n.m. ato ou efeito de arrugar; enrugamento (De arrugar+-mento)
arrugar v.tr. 1 fazer rugas em; enrugar 2 engelhar; encarquilhar (De a-+ruga+-ar)
arrúgia n.f. canal para escoar as águas das minas (Do lat. hisp. arrugĭa-, «galeria de mina»)
arruído n.m. 1 vozearia confusa; clamor 2 ruído 3 estrondo 4 ostentação festiva (De a-+ruído)
arruinador adj.,n.m. que ou aquele que arruína (De arruinar+-dor)
arruinamento n.m. ato ou efeito de arruinar ou arruinar-se; ruína (De arruinar+-mento)
arruinar v.tr. 1 causar ruína a 2 reduzir à pobreza 3 reduzir a ruínas; destruir 4 estragar 5 prejudicar (saúde) ■ v.pron. 1 cair em ruína 2 perder a fortuna ou a saúde (De a-+ruína+-ar)
arruivado adj. 1 um tanto ruivo 2 semelhante ao ruivo (De a-+ruivo+-ado)
arruivascado adj. ⇒ arruivado (De a-+ruivasco+-ado)
arrulhador adj. que arrulha (De arrulhar+-dor)
arrulhar v.intr. 1 emitir a sua voz característica (os pombos ou as rolas); soltar arrulhos 2 [fig.] cantar e embalar para fazer adormecer ■ v.tr. [fig.] sussurrar com meiguice (De orig. onom.)
arrulho n.m. 1 ação de arrulhar 2 som emitido pelos pombos ou rolas 3 [fig.] canto para adormecer as crianças 4 [fig.] murmúrio de água 5 [fig.] meiguice (Deriv. regr. de arrulhar)
arrumação n.f. 1 ato ou efeito de arrumar 2 lugar onde se arruma alguma coisa; arrumo 3 disposição ordenada de objetos num espaço; ordem 4 método; organização 5 [coloq.] ocupação profissional; colocação; emprego 6 [coloq.] negócio fraudulento; jogada; traficância 7 acumulação de nuvens no horizonte 8 complicação 9 NÁUTICA disposição ou acondicionamento que garante a segurança da carga de um navio (De arrumar+-ção)
arrumaço n.m. amuo; arrufo de namorados (De arrufo × amuo+-aço)
arrumadeira n.f. 1 empregada que, nos cinemas ou teatros, indica aos espectadores os lugares correspondentes aos seus bilhetes 2 [Brasil] criada de sala ou de quarto (De arrumar+-deira)
arrumadela n.f. arrumação feita à pressa e por alto (De arrumar+-dela)
arrumado adj. 1 que se arrumou 2 que está no lugar próprio 3 bem organizado; ordenado 4 colocado de lado ou de parte 5 [coloq.] casado; *estar ~* [coloq.] estar em situação difícil (Part. pass. de arrumar)
arrumador adj. que arruma ■ n.m. 1 aquele que arruma 2 pessoa que indica os lugares a ocupar pelos espectadores nos teatros ou cinemas 3 pessoa que tem como atividade arrumar carros 4 pessoa que indica os lugares disponíveis para estacionamento, ajuda os automobilistas a estacionar e vigia os automóveis, muitas vezes em

arrumar

troca de dinheiro **5** pessoa que, em hotéis, arruma os aposentos dos hóspedes (De *arrumar+-dor*)

arrumar *v.tr.* **1** colocar no lugar próprio **2** ordenar; dispor **3** pôr de lado; deixar de usar **4** [coloq.] pôr sem capacidade de agir ou reagir; liquidar **5** dar solução; resolver **6** estacionar (veículo) **7** [Brasil] conseguir; alcançar ■ *v.pron.* **1** conseguir uma boa situação; arranjar-se **2** [coloq.] casar-se **3** [Brasil] arranjar-se para sair (Do fr. ant. *arrumer*, mod. *arrimer*, «arrumar a carga no porão»)

arrumo *n.m.* **1** arrumação; ordem **2** [fig.] ocupação; emprego **3** *pl.* compartimento onde se conservam objetos diversos; arrecadação (Deriv. regr. de *arrumar*)

arrunhar *v.tr.* **1** abrir **2** rasgar **3** aparar em redor (a sola do calçado) **4** abrir o javre (nas aduelas) para encaixar os tampos **5** arruinar; destruir (Por *arruinar*)

arse *n.f.* **1** elevação da voz ou do tom **2** MÚSICA primeiro tempo de um compasso ⇔ o levantar da mão ou da batuta para marcar esse tempo (Do gr. *ársis*, «ato de levantar (o pé, a perna, etc.)», pelo lat. *arse-*, «elevação da voz»)

arsenal *n.m.* **1** estabelecimento destinado ao fabrico e depósito de armas e munições de guerra ou à construção e reparação de navios **2** [fig.] grande quantidade de objetos ou meios específicos destinados a uma mesma finalidade **3** [fig.] local onde se guardam objetos em grande quantidade; depósito (Do ár. *dâr sinâ'a*, «casa da indústria», pelo it. *arsenale*, «id.»)

arseniado *adj.* que contém arsénio (De *arsénio+-ado*)

arseniato *n.m.* QUÍMICA sal derivado do ácido arsénico (De *arsénio+-ato*)

arsenicado *adj.* ⇒ **arseniado** (De *arsénico+-ado*)

arsenical *adj.2g.* formado de arsénico ou a ele relativo (De *arsénico+-al*)

arsenicíase *n.f.* ⇒ **arsenicismo** (De *arsénico+-ase*)

arsenicismo *n.m.* intoxicação pelo arsénico (Do fr. *arsénicisme*, «id.»)

arsénico *n.m.* QUÍMICA nome vulgar do hexóxido de arsénio(III), anteriormente chamado anidrido arsenioso, que é um composto branco extremamente tóxico e venenoso (Do gr. *arsenikós*, «id.», pelo lat. *arsenĭcu-*, «arsénico»)

arsenicofagia *n.f.* hábito de ingerir compostos de arsénio em doses por vezes superiores às tóxicas (De *arsenicófago+-ia*)

arsenicófago *n.m.* o que pratica a arsenicofagia (Do gr. *arsenikós*, «arsénico» *+phageîn-*, «comer»)

arsenieto /ê/ *n.m.* anião monatómico, de carga -3, resultante do arsénio e dos compostos que se podem supor derivados deste anião (De *arsénio+-eto*)

arsenífero *adj.* que tem arsénio; arseniado (Do lat. cient. *arseniu-*, «arsénio» *+fero*, de *ferre*, «ter»)

arsénio *n.m.* QUÍMICA elemento químico com o número atómico 33, de símbolo As, de cor cinzenta e brilho metálico, que pode entrar na composição de certas ligas metálicas (Do lat. cient. *arseniu-*, «id.»)

arsenioso /ô/ *adj.* QUÍMICA diz-se do composto de arsénio em que este elemento figura, formalmente, com o estado de oxidação +3 (De *arsénio+-oso*)

arsenito *n.m.* QUÍMICA designação dos aniões e compostos deles derivados em que o arsénio figura, formalmente, com o estado de oxidação +3 (De *arsénio+-ito*)

arsen(o)- elemento de formação de palavras que exprime a ideia de *arsénio* (Do lat. cient. *arseniu-*, «arsénio»)

arsenopirite *n.f.* MINERALOGIA mineral que é quimicamente sulfar-senieto de ferro, ocorre em cristais pseudo-ortorrômbicos e é o principal minério de arsénio (De *arseno-+pirite*)

arsina *n.f.* **1** QUÍMICA composto gasoso AsH₃, extremamente tóxico e de cheiro aliáceo **2** QUÍMICA designação genérica de qualquer composto cuja fórmula possa ser obtida de AsH₃, substituindo um ou mais átomos de hidrogénio por igual número de alquilos ou arilos (De *ars[énio]+[am]ina*)

ársis *n.f.* ⇒ **arse**

artanita *n.f.* BOTÂNICA pequena planta ornamental, da família das Primuláceas (grupo dos cíclames), também conhecida por ciclamino e pão-porcino (De ár. *artanîtâ*, «id.»)

arte *n.f.* **1** aplicação do saber à obtenção de resultados práticos, sobretudo quando aliado ao engenho; habilidade **2** ofício que exige a passagem por uma aprendizagem **3** conjunto das técnicas para produzir algo; técnica especial **4** expressão de um ideal estético através de uma atividade criativa **5** conjunto das atividades humanas que visam essa expressão **6** criação de obras artísticas **7** conjunto das obras artísticas de um determinado período ou lugar **8** capacidade; dom; jeito **9** artimanha; astúcia; ~ *abstrata*

ARTES PLÁSTICAS arte não figurativa, arte que procura suscitar sentimentos estéticos pelo jogo das formas, texturas ou cores, sem referência explícita ao real; ~ *figurativa* ARTES PLÁSTICAS arte que tem como ponto de referência a representação do objeto real; ~ *mágica* arte de feiticeiro, magia, prestidigitação, manigância; *artes liberais* artes que requerem estudo e aplicação da inteligência como a medicina, advocacia, etc.; *artes mecânicas* artesanato; *artes plásticas* conjunto das artes que recriam linhas, formas, volumes e cores (desenho, pintura, gravura, escultura e arquitetura); *nobre* ~ pugilismo; *nona* ~ banda desenhada; *por artes mágicas* de forma misteriosa; *sétima* ~ cinema (Do lat. *arte-*, «saber; habilidade; arte»)

artefacto *n.m.* objeto produzido por trabalho mecânico ou manual (Do lat. *arte factu-*, «feito com arte»)

arteirice *n.f.* **1** astúcia; ardil **2** habilidade **3** maldade (De *arteiro+-ice*)

arteiro *adj.* **1** astuto; manhoso **2** habilidoso (De *arte+-eiro*)

artelete *n.m.* CULINÁRIA espécie de bolo feito de carne de várias aves e ovos (Do cat. *artalet*, «empada»)

artelho /ê/ *n.m.* **1** ANATOMIA tornozelo **2** nome extensivo a algumas partes constituintes do corpo ou apêndices dos artrópodes (Do lat. *articŭlu-*, «articulação»)

arte-maior *n.f.* LITERATURA designação dada ao verso castelhano e português de onze sílabas

artemão *n.m.* NÁUTICA vela mestra do navio (Do gr. *artémon*, «vela de mezena», pelo lat. *artemōne-*, «vela da proa»)

arte-menor *n.f.* LITERATURA verso com menos de oito sílabas e sem esquema acentual obrigatório

artemísia *n.f.* BOTÂNICA designação comum a várias plantas herbáceas, da família das Compostas, espontâneas e cultivadas em Portugal, afins do píretro, do absíntio, etc. (Do gr. *artemisía*, «id.», pelo lat. *artemisia-*, «artemísia»)

artemísia-dos-ervanários *n.f.* BOTÂNICA ⇒ **matricária**

artemisina *n.f.* QUÍMICA princípio amargo extraído da artemísia (De *artemísia+-ina*)

artéria *n.f.* **1** ANATOMIA vaso que conduz sangue do coração para as diversas partes do corpo **2** [fig.] grande via central de comunicação (Do gr. *artēría*, «canal», pelo lat. *arteria-*, «artéria»)

arterial *adj.2g.* **1** referente à artéria **2** qualificativo do sangue rico em oxigénio, depois da hematose (De *artéria+-al*)

arterialidade *n.f.* qualidade de arterial (De *arterial+-i-+-dade*)

arterialização *n.f.* **1** ação ou efeito de arterializar **2** hematose do sangue venoso (De *arterializar+-ção*)

arterializar *v.tr.* transformar (o sangue venoso) em arterial (De *arterial+-izar*)

arteriectasia *n.f.* MEDICINA dilatação patológica de uma artéria (Do gr. *artēría*, «canal» *+éktasis*, «dilatação» *+-ia*)

arteriectomia *n.f.* CIRURGIA ablação de uma artéria ou de um segmento de artéria (Do gr. *artēría*, «artéria» *+ektomé*, «corte» *+-ia*)

arteri(o)- elemento de formação de palavras que exprime a ideia de *artéria* (Do gr. *artēría*, «id.»)

arteriografia *n.f.* **1** ANATOMIA descrição do sistema arterial **2** MEDICINA radiografia de uma ou várias artérias (De *arterio-+-grafia*)

arteríola *n.f.* ANATOMIA pequena artéria, de calibre reduzido (De *artéria+-ola*)

arteriologia *n.f.* estudo do sistema arterial (De *arterio-+-logia*)

arteriólogo *n.m.* o que é versado em arteriologia (Do gr. *artēría*, «artéria» *+lógos*, «estudo»)

arteriopatia *n.f.* doença das artérias (De *arterio-+-patia*)

arteriorrafia *n.f.* sutura de artéria (Do gr. *artēría*, «artéria» *+rhaphé*, «costura» *+-ia*)

arteriorragia *n.f.* hemorragia causada pela rutura de uma artéria (De *arterio-+-ragia*)

arteriosclerose *n.f.* MEDICINA espessamento e endurecimento das paredes das artérias (Do gr. *artēría*, «artéria» *+sklērósis*, «endurecimento»)

arteriosclerótico *adj.* **1** relativo à arteriosclerose **2** que sofre de arteriosclerose ■ *n.m.* pessoa que sofre de arteriosclerose (De *arterio-+-esclerose+-ico*)

arterioso /ô/ *adj.* da natureza das artérias (De *artéria+-oso*)

arteriotomia *n.f.* CIRURGIA incisão numa artéria (Do gr. *artēría*, «artéria» *+tomé*, «corte» *+-ia*)

arterite *n.f.* inflamação de artéria (De *artéria+-ite*)

artesa *n.f.* espécie de caixa que serve para amassar o pão; masseira; amassadeira (De orig. obsc.)

artesanal *adj.2g.* **1** próprio de artesão **2** fabricado por artesão **3** que não é industrial **4** [fig.] (atividade, objeto, etc.) em que não se aplicam os progressos da técnica; pouco sofisticado (De *artesão+-al*)

artesanato n.m. 1 manufatura de objetos com matéria-prima existente numa determinada região, produzidos por um ou mais artífices numa pequena oficina ou na própria habitação 2 conjunto de objetos assim produzidos 3 pequena indústria especializada (Do fr. *artisanat*, «id.»)

artesão¹ n.m. indivíduo que exerce uma arte manual frequentemente por conta própria (Do it. *artigiano*, pelo fr. *artisan*, «id.»)

artesão² n.m. ARQUITETURA lavor emoldurado nas abóbadas, tetos, etc. (De *artesa*+-*ão*)

artesiano adj. (poço) aberto por meio de broca e de onde a água brota em repuxo acima do nível da superfície terrestre (Do fr. *artésien*, «relativo a Artois»)

artesoar v.tr. guarnecer com artesões (De *artesão*+-*ar*)

art(i)- elemento de formação de palavras que exprime a ideia de *arte* (Do lat. *arte*-, «saber; habilidade; arte»)

artice n.f. 1 arteirice 2 manha (De *arte*+-*ice*)

articida adj.,n.2g. 1 que ou o que despreza ou danifica objetos de arte 2 que ou o que é contrário ao gosto estético (Do lat. *arte*-, «arte»+*cædĕre*, «matar»)

ártico adj. 1 relativo ao Polo Norte ou às suas vizinhanças 2 situado a norte; setentrional; boreal ▪ n.m. [com maiúscula] oceano situado no Polo Norte (Do gr. *arktikós*, «setentrional», pelo lat. *arctĭcu*-, «id.»)

artícola adj.2g. (animal) que vive nas regiões árticas (Do gr. *árktos*, «norte»+lat. *colĕre*, «habitar»)

articulação n.f. 1 ato ou efeito de articular(-se) 2 ANATOMIA junção natural de dois ou mais ossos 3 pronunciação de palavras; verbalização 4 encadeamento; ligação 5 exposição por artigos 6 MECÂNICA ponto de união entre peças de uma estrutura, aparelho ou máquina que permite rotação 7 BOTÂNICA zona de ligação das partes de uma planta (Do lat. *articulatiōne*-, «formação dos nós nas árvores; articulação»)

articulado adj. 1 que tem articulações 2 pronunciado 3 exposto em artigos ou artículos 4 ZOOLOGIA qualificativo dos animais que têm o corpo formado por duas ou mais partes móveis (artrópodes e anelídeos) ▪ n.m. 1 DIREITO peça processual escrita e organizada por artigos, onde as partes em litígio expõem os fundamentos da ação e da defesa e formulam os pedidos correspondentes 2 ZOOLOGIA espécime dos articulados ▪ n.m.pl. ZOOLOGIA animais que possuem o corpo formado de peças articuladas; artrópodes (Do lat. *articulātu*-, «id.»)

articulante adj.,n.2g. que, aquele ou aquilo que articula (Do lat. *articulante*-, «id.», part. pres. de *articulāre*, «articular»)

articular¹ v.tr. 1 unir pelas articulações 2 pronunciar; proferir 3 ligar de modo coerente; organizar; estruturar 4 unir; ligar; juntar 5 expor por artigos ou parágrafos distintos (Do lat. *articulāre*, «articular, dividir em partes»)

articular² adj.2g. 1 relativo às articulações 2 que é da natureza do artigo gramatical (Do lat. *articulāre*-, «id.»)

articular³ n.m. peça endosquelética do arco mandibular dos vertebrados inferiores, que, nos mamíferos, origina o ossículo do ouvido, denominado martelo

articulatório adj. que produz articulação; articular (De *articular*+-*tório*)

articulável adj.2g. que pode ser articulado; articular (De *articular*+-*vel*)

articulista n.2g. pessoa que escreve artigos para jornais (De *artículo*+-*ista*)

artículo n.m. 1 ZOOLOGIA cada um dos segmentos que formam o corpo dos animais articulados 2 ANATOMIA falange dos dedos 3 BOTÂNICA espaço entre os nós de um caule 4 divisão de um trabalho escrito (Do lat. *articŭlu*-, «articulação; capítulo»)

articuloso /ô/ adj. que é composto de artículos (Do lat. *articulōsu*-, «nodoso»)

artífice n.2g. 1 pessoa que exerce uma arte mecânica; artista 2 [fig.] autor; criador; inventor; obreiro (Do lat. *artifĭce*-, «o que pratica uma arte»)

artificial adj.2g. 1 que se faz por arte ou indústria; produzido pelo homem 2 postiço 3 que não é natural; afetado 4 dissimulado; fingido (Do lat. *artificiāle*-, «id.»)

artificialidade n.f. 1 qualidade do que é artificial 2 ausência de naturalidade; afetação (De *artificial*+-*i*-+-*dade*)

artificialismo n.m. ⇒ **artificialidade** (De *artificial*+-*ismo*)

artificiar v.tr. 1 fazer com artifício 2 engendrar 3 tramar (De *artifício*+-*ar*)

artifício n.m. 1 recurso utilizado para conseguir um dado efeito 2 perfeição com que se faz qualquer coisa; habilidade 3 imitação do natural 4 afetação 5 astúcia; manha; dolo 6 dispositivo mecânico, pirotécnico ou elétrico, usado para provocar a deflagração de uma carga explosiva (Do lat. *artifĭcĭu*-, «ocupação; arte»)

artificioso /ô/ adj. 1 que tem artifício 2 que trabalha com arte; engenhoso 3 fingido; falso (Do lat. *artificiōsu*-, «engenhoso»)

artigo n.m. 1 subdivisão de um capítulo 2 cada uma das divisões, assinaladas com um número de ordem, feitas no texto de diplomas legislativos, estatutos, alegações, interrogatórios, etc. 3 texto escrito de jornal ou revista, geralmente mais extenso do que a notícia 4 produto que é objeto de compra ou venda; mercadoria 5 objeto de escritório 6 assunto que é objeto de discussão; matéria 7 GRAMÁTICA palavra variável em género e número que antecede o nome e determina a sua referência (definida ou indefinida); **~ de fé** RELIGIÃO ponto fundamental, considerado incontestável, de uma doutrina, princípio estabelecido; **~ definido** GRAMÁTICA palavra que se coloca antes de um nome, individualizando a sua referência (*o, a, os, as*); **~ de fundo** (jornalismo) artigo em geral inserido na primeira página de um jornal, geralmente da autoria do seu diretor, editorial; **~ de primeira necessidade** produto considerado indispensável à sobrevivência (alimentos, vestuário e calçado); **~ indefinido** GRAMÁTICA palavra que se coloca antes de um nome para introduzir no discurso uma entidade não identificada previamente (*um, uma, uns, umas*); **em ~ de morte** prestes a expirar (Do lat. *articŭlu*-, «artigo; capítulo»)

artiguelho /ê/ n.m. [depr.] escrito jornalístico de pouco valor (De *artigo*+-*elho*)

artilhamento n.m. ato ou efeito de artilhar (De *artilhar*+-*mento*)

artilhar v.tr. 1 guarnecer com artilharia 2 [fig.] preparar para dificuldade, desafio ou perigo com os meios necessários 3 [coloq.] modificar e/ou enriquecer (automóvel) com acessórios e adereços (Do fr. *artiller* ou *artillier*, «preparar; equipar»)

artilharia n.f. 1 MILITAR material bélico composto de armas de fogo não portáteis (canhões, obuses, lança-mísseis), destinado ao lançamento de projéteis a grande distância 2 MILITAR corpo de tropas (arma) especializado no emprego deste material 3 ciência do artilheiro 4 classe de militares (Do fr. *artillerie*, «id.»)

artilheiro n.m. 1 MILITAR militar pertencente à arma de artilharia 2 [pop.] homem bem constituído 3 [Brasil] DESPORTO goleador (Do fr. *artilleur*, «id.»)

artimanha n.f. forma hábil e engenhosa de conseguir algo; ato de astúcia; ardil (De *arte*+*manha*)

artimão n.m. NÁUTICA ⇒ **artemão**

artiodáctilo adj. ZOOLOGIA relativo ou pertencente aos artiodáctilos ▪ n.m. ZOOLOGIA espécime dos artiodáctilos ▪ n.m.pl. ZOOLOGIA mamíferos ungulados que têm em cada membro um número par de dedos que assentam sobre o solo (Do gr. *ártios*, «par» +*dáktylos*, «dedo»)

artiozoário adj. ZOOLOGIA relativo ou pertencente aos artiozoários ▪ n.m. ZOOLOGIA espécime dos artiozoários ▪ n.m.pl. ZOOLOGIA animais metazoários com um só plano de simetria (simetria bilateral) (Do gr. *ártios*, «par» +*zôon*, «animal» +-*ário*)

artista n.2g. 1 criador de obras de arte plástica 2 pessoa que aprendeu uma arte; artífice; operário 3 pessoa que se dedica à representação, no teatro, cinema, rádio ou televisão; intérprete; ator 4 [fig.] pessoa exímia em determinada atividade ▪ adj.2g. 1 que tem o gosto pelas belas-artes 2 perfeito na sua profissão 3 [fig.] engenhoso; habilidoso 4 [fig.] manhoso; astuto (De *arte*+-*ista*)

artístico adj. 1 relativo a arte 2 que tem arte 3 próprio de artista 4 criativo 5 que tem o gosto pelas belas-artes 6 apresentado com arte; primoroso (De *artista*+-*ico*)

arto- elemento de formação de palavras que exprime a ideia de *pão* (Do gr. *ártos*, «pão»)

artocarpo n.m. BOTÂNICA árvore tropical da família das Moráceas, que produz um fruto volumoso, comestível, que sabe a pão de trigo; árvore-do-pão; jaca; jaqueira (Do gr. *ártos*, «pão» +*karpós*, «fruto»)

artócopo n.m. HISTÓRIA (Roma antiga) escravo que partia o pão à mesa (Do gr. *artokópos*, «padeiro», pelo lat. *artocŏpu*-, «id.»)

artófago adj.,n.m. 1 que ou o que se alimenta de pão 2 que ou o que prefere este alimento a outro qualquer (Do gr. *artophágos*, «que come pão», pelo lat. *artophăgu*-, «id.»)

artóforo n.m. vaso onde se guardavam as hóstias consagradas; píxide; cibório (Do gr. *artóphoros*, «id.»)

artola¹ n.f. arte menor; arte pobre

artola² n.2g. [regionalismo] pessoa que leva uma vida desregrada; estroina; valdevinos (De *arte*+-*ola*)

artola³ n.f. [Brasil] espécie de liteira ou padiola (Do cast. *artolas*, «cangalhas»)

artolar v.intr. levar vida de artola; estroinar; vadiar (De *artola*+-*ar*)

artólatra n.2g. o que adora o pão (Do gr. ártosi, «pão» +latreúein, «adorar»)
artolatria n.f. adoração do pão (Do gr. ártos, «pão» +latreía, «adoração»)
artomel n.m. cataplasma feita de pão e mel (Do gr. artómeli, «pão com mel»)
artonomia n.f. arte de fabricar pão (Do gr. ártos, «pão» +nómos, «lei; regra» +-ia)
artonómico adj. relativo à artonomia (De artonomia+-ico)
artralgia n.f. MEDICINA dor articular (Do gr. árthron, «articulação» +álgos, «dor» +-ia)
artrite n.f. MEDICINA inflamação articular (Do gr. arthritis, «doença das articulações», pelo fr. arthrite, «artrite»)
artrítico adj. relativo a artrite ■ adj.,n.m. que ou o que sofre de artrite (Do gr. arthritikós, «relativo às articulações», pelo lat. arthritĭcu-, «id.»)
artritismo n.m. PATOLOGIA estado mórbido do organismo (diátese), relacionado com condições de transmissão hereditária (De artrite+-ismo)
artr(o)- elemento de formação de palavras que exprime a ideia de articulação (Do gr. árthron, «juntura; articulação»)
artrobrânquia n.f. ZOOLOGIA brânquia dos crustáceos, que está ligada à membrana articular entre o tegumento e a base de apêndices (Do gr. árthron, «articulação» +brágkhia, «brânquias»)
artrocéfalo adj. ZOOLOGIA (artrópode) que tem a cabeça distinta do corpo (Do gr. árthron, «articulação» +kephalé, «cabeça»)
artrodinia n.f. 1 MEDICINA dor vaga nas articulações 2 reumatismo crónico (Do gr. árthron, «articulação» +odýne, «dor» +-ia)
artrografia n.f. radiografia de uma articulação (Do gr. árthron, «articulação» +gráphein, «descrever» +-ia)
artrologia n.f. ciência que trata das articulações (Do gr. árthron, «articulação» +lógos, «tratado»)
artropatia n.f. MEDICINA designação genérica das doenças nas articulações (Do gr. árthron, «articulação» +páthos, «sofrimento»)
artropiose n.f. MEDICINA supuração das articulações; piartrose (Do gr. árthron, «articulação» +pýon, «pus» +-ose)
artrópode adj.2g. ZOOLOGIA relativo ou pertencente aos artrópodes ■ n.m. ZOOLOGIA espécime dos artrópodes ■ n.m.pl. ZOOLOGIA animais quitinóforos, de corpo segmentado e apêndices articulados; articulados; artrozoários (De artro-+-pode, ou do fr. arthropode, «id.»)
artroscópio n.m. MEDICINA instrumento tubular que permite examinar o interior das articulações e efetuar certas operações cirúrgicas (Do gr. árthron, «juntura; articulação» +skopeîn)
artrose n.f. 1 MEDICINA afeção articular do tipo degenerativo 2 ANATOMIA articulação com superfícies articulares planas (Do gr. árthrosis, «id.»)
artrotomia n.f. CIRURGIA abertura cirúrgica de uma articulação (Do gr. árthron, «articulação» +tomé, «corte» +-ia)
artrozoário adj. ZOOLOGIA relativo ou pertencente aos artrozoários ■ n.m. ZOOLOGIA espécime dos artrozoários ■ n.m.pl. ZOOLOGIA animais com corpo e seus apêndices articulados; articulados; artrópodes (Do gr. árthron, «articulação» +zôon, «animal» +-ário)
aruaque adj.,n.2g. que ou pessoa que pertence aos Aruaques ■ n.m. língua dos Aruaques
Aruaques n.m.pl. ETNOGRAFIA povos índios da zona setentrional da América do Sul, que formam uma família linguística
aruga n.f. canal subterrâneo (Do lat. hisp. arrugĭa-, «galeria de mina por onde circula a água»)
arujo n.m. 1 cisco que caiu na comida 2 maravalha 3 arguerio (Do cast. orujo, «resíduo de fruto»)
árula n.f. {diminutivo de **ara**} pequeno altar (Do lat. arŭla-, «pequeno altar»)
árum n.m. BOTÂNICA ⇒ **arão** (Do lat. arum)
arunco n.m. BOTÂNICA planta ornamental da família das Rosáceas, também conhecida por barba-de-cabra (Do gr. árugkos, «id.», pelo lat. *aruncu-, «clematite»)
arundinácea n.f. BOTÂNICA ⇒ **arundínea** (Do lat. arundinacĕu-, «semelhante à cana»)
arundináceo adj. semelhante a cana ou caule; arundinoso (Do lat. arundinacĕu-, «semelhante à cana»)
arúndine n.f. RELIGIÃO cana com três velas, símbolo da Santíssima Trindade, com uma das quais se acende o círio pascal no Sábado Santo (Do lat. arundĭne-, «cana»)
arundínea n.f. BOTÂNICA espécime das arundíneas ■ n.f.pl. BOTÂNICA grupo de plantas da família das Gramíneas, ao qual pertencem a cana, o caniço, etc. (De arundíneo)
arundíneo adj. feito de cana; de cana (Do lat. arundinĕu-, «semelhante ao caniço»)

arundinoso /ô/ adj. 1 que produz ou tem muitas canas (caules secos de plantas) 2 semelhante a cana ou caule; arundináceo (Do lat. arundinōsu-, «id.»)
aruspicação n.f. arte ou ciência dos arúspices (De arúspice ou de *aruspicar+-ção)
aruspicatório adj. relativo a aruspicação ou a arúspice; aruspicino (De arúspice ou de *aruspicar+-tório)
arúspice n.m. HISTÓRIA (Roma antiga) sacerdote pagão que predizia o futuro pelo exame às entranhas das vítimas (Do lat. (h)aruspĭce-, «id.»)
aruspicina n.f. 1 mulher que profetiza como o arúspice 2 ⇒ **aruspicação** (Do lat. (h)aruspicĭna-, «ciência dos arúspices»)
aruspicino adj. relativo a aruspicação ou a arúspice (Do lat. (h)aruspicīnu-, «relativo aos arúspices»)
aruspício n.m. adivinhação ou profecia feita pelos arúspices (Do lat. (h)aruspicĭu-, «ciência dos arúspices»)
aruspicismo n.m. ⇒ **aruspicação** (De arúspice+-ismo)
arval adj.2g. pertencente ou relativo às terras cultivadas ■ n.m. terreno lavrado mas não semeado (Do lat. arvăle-, «relativo aos campos»)
arvela n.f. ORNITOLOGIA ⇒ **alvéloa**
arvelas n.f.pl. argolas que os marinheiros metem nas cavilhas para segurança das chavetas (De orig. obsc.)
arvelhana n.f. [regionalismo] ⇒ **ervilhana**
arvéloa n.f. ORNITOLOGIA ⇒ **alvéloa**
arvense adj.2g. 1 que cresce ou vive em terras semeadas 2 diz-se das culturas herbáceas fornecedoras de grão e forragens (Do lat. arvense-, «id.»)
arvéola n.f. ORNITOLOGIA ⇒ **alvéloa**
arvi- elemento de formação de palavras que exprime a ideia de campo ou *terra de sementeira* (Do lat. arvu-, «terra lavrada»)
arvião n.m. ORNITOLOGIA ⇒ **pedreiro 3** (De gaivão)
arvícola adj.2g. que vive em arvais ■ n.2g. 1 pessoa que vive no campo 2 lavrador (Do lat. arvu-, «campo» +colĕre, «habitar»)
arvicolídeo adj. ZOOLOGIA relativo ou pertencente aos Arvicolídeos ■ n.m. ZOOLOGIA espécime dos Arvicolídeos
Arvicolídeos n.m.pl. ZOOLOGIA família de ratos a cujo género-tipo pertencem o rato da água, o rato dos campos, o rato dos batatais, etc. (De arvícola+-ídeos)
arvicultor adj.,n.m. que ou aquele que se emprega na avicultura (Do lat. arvu-, «campo» +cultōre, «habitante; cultivador»)
arvicultura n.f. arte de cultivar terras aráveis; agricultura (Do lat. arvu-, «campo» +cultūra, «cultura»)
arvingel n.m. NÁUTICA espécie de embarcação do Tejo (De orig. obsc.)
arvoamento n.m. 1 ação ou efeito de arvoar 2 estonteamento; tontura; vertigem (De arvoar+-mento)
arvoar v.tr.,pron. causar ou sentir tontura; tornar ou ficar tonto; aturdir(-se); entontecer (Do lat. *herbulāre, «ervar»)
arvorada n.f. NÁUTICA levantamento das velas nos mastros para encetar viagem (Part. pass. fem. subst. de arvorar)
arvorado n.m. MILITAR soldado raso que exerce provisoriamente atribuições de cabo ■ adj. 1 içado; hasteado 2 elevado provisoriamente a um cargo ou posto 3 arborizado
arvoragem n.f. 1 ato de arvorar 2 NÁUTICA levantamento das velas nos mastros para encetar viagem (De arvorar+-agem)
arvorar v.tr. 1 NÁUTICA colocar um mastro ou mastaréu ao alto 2 levantar 3 içar; hastear 4 plantar árvores em ■ v.intr. fugir; **~-se em** desempenhar as funções de, assumir um cargo por autoridade própria (De árvore+-ar)
árvore n.f. 1 BOTÂNICA planta lenhosa que pode atingir grandes alturas e cujo tronco se ramifica na parte superior 2 representação de alguma coisa em forma de um esquema com tronco e ramificações 3 MECÂNICA peça principal rotativa de uma máquina 4 MECÂNICA eixo; fuso 5 NÁUTICA mastro completo do navio 6 [fig.] pessoa muito alta 7 LINGUÍSTICA representação gráfica da estrutura de uma frase ou oração, salientando as relações de hierarquia e derivação por meio de linhas descendentes; **~ de Natal** pinheiro natural ou artificial que se decora com bolas, lâmpadas, fitas e outros enfeites, na época do Natal; **~ genealógica** esquema de forma arborescente que indica a descendência de uma família através de gerações sucessivas, ou o grau de parentesco dos diferentes grupos de seres vivos (Do lat. arbŏre-, «árvore»)
árvore-da-borracha n.f. BOTÂNICA árvore de onde se extrai cauchu, como, por exemplo, a seringueira e a hévea
árvore-da-castidade n.f. BOTÂNICA planta verbenácea aromática, também conhecida por agnocasto
árvore-da-judeia n.f. BOTÂNICA ⇒ **olaia**

árvore-da-morte *n.f.* BOTÂNICA ⇒ **mançanilheira**
árvore-da-preguiça *n.f.* [Brasil] BOTÂNICA ⇒ **umbaúba**
árvore-da-vida ver nova grafia árvore da vida
árvore da vida *n.f.* **1** aspeto arborescente, em evidência nos cortes do cerebelo, por contraste entre as substâncias branca e cinzenta **2** aspeto do conjunto de pregas do colo uterino
árvore-de-gralha *n.f.* BOTÂNICA ⇒ **vedo**[1]
árvore-de-raspa *n.f.* BOTÂNICA ⇒ **raspadeira**
arvoredo /ê/ *n.m.* conjunto de árvores (Do lat. *arborētu-*, «bosque; pomar»)
árvore-do-pão *n.f.* BOTÂNICA planta tropical, urticácea, que produz um volumoso fruto comestível, de sabor que lembra o do pão; jaca; jaqueira; artocarpo
arvorejar *v.tr.* guarnecer de árvores; arborizar ■ *v.pron.* cobrir-se de árvores nascidas espontaneamente (De *árvore*+*-ejar*)
arxar *v.tr.* AGRICULTURA dar a terceira cava (à vinha); redrar (De orig. obsc.)
arzegaia *n.f.* espécie de azagaia usada pelos estradiotas, com um ferro em cada extremo e presa ao braço por uma corda (De *azagaia*)
arzola *n.f.* BOTÂNICA planta herbácea, espinhosa, da família das Compostas (Do ár. *al-lauza*, «id.»?)
ás *n.m.* **1** carta de jogar, peça do dominó ou face de dado que tem uma pinta **2** [fig.] pessoa notável na sua especialidade; *dar sota e* ~ levar vantagem (Do lat. *as*, unidade monetária fundamental dos Romanos)
às *contração da preposição* a + *o artigo definido* as ■ *contração da preposição* a + *o pronome demonstrativo* as
asa *n.f.* **1** membro do corpo das aves que é guarnecido de penas e permite o voo (pássaros) ou auxilia a corrida (galinhas, avestruzes) e o nado (pinguins) **2** apêndice membranoso de alguns animais (insetos, mamíferos, etc.) que lhes permite voar **3** apêndice, geralmente recurvado, de alguns utensílios, pelo qual se lhes pega **4** cada uma das partes laterais e inferiores do nariz **5** cada um dos planos laterais e horizontais de uma aeronave que possibilitam a sustentação no ar **6** BOTÂNICA expansão lateral de certas pétalas, sementes ou frutos **7** BOTÂNICA cada uma das duas pétalas de uma corola papilionácea **8** ARQUITETURA **ala 3**; *arrastar a* ~ fazer namoro a, namoriscar, cortejar; *bater a* ~ fugir, ir-se embora; *estar com/ter um grão na* ~ estar alegre, estar levemente embriagado (Do lat. *ansa-*, «asa de vaso»)
asada *n.f.* [regionalismo] vasilha com asas (De *asado*)
asa-delta *n.f.* **1** estrutura não motorizada para um só praticante, que consiste numa armação em forma de triângulo, coberta de tecido fino, e que plana no ar **2** DESPORTO atividade que consiste em planar sem motor ou leme com essa estrutura; voo livre
asado *adj.* **1** guarnecido de asas; alado **2** jeitoso; bem-feito ■ *n.m.* vaso com asas (Part. pass. de *asar*)
asador *n.m.* o que faz asas (De *asar*+*-dor*)
asafia *n.f.* MEDICINA articulação defeituosa das palavras (Do gr. *asápheia*, «obscuridade»)
asaprol *n.m.* FARMÁCIA sal complexo de cálcio (β-naftol-α – sulfonato de cálcio), poderoso antisséptico sucedâneo do salicilato de sódio como analgésico e antirreumático (Do gr. *a-*, «sem» +*saprós*, «podre; bafiento» +*-ol*)
asar *v.tr.* guarnecer de asas (De *asa*+*-ar*)
asarina *n.f.* QUÍMICA produto que se extrai do ásaro e que tem propriedades medicinais (De *ásaro*+*-ina*)
asarina-da-praia *n.f.* BOTÂNICA planta prostrada, da família das Escrofulariáceas, espontânea nas areias marítimas do Sul de Portugal
ásaro *n.m.* BOTÂNICA planta rasteira, da família das Aristoloquiáceas, cultivada nas hortas e nos jardins (Do lat. *asăru-*, «nardo»)
asarona /ô/ *n.f.* substância extraída da raiz seca do ásaro (De *ásaro*+*-ona*)
asbestino *adj.* relativo ao asbesto ■ *n.m.* pano ou tecido incombustível (De *asbesto*+*-ino*)
asbesto *n.m.* MINERALOGIA variedade fibrosa de serpentina ou de anfíbolas, de fibra incombustível e muitas vezes têxtil; amianto (Do gr. *ásbestos*, «inextinguível», pelo lat. *asbestos*, «mineral incombustível»)
asbestose *n.f.* MEDICINA doença do pulmão provocada pela inalação de partículas de asbesto (De *asbesto*+*-ose*)
asbolina *n.f.* óleo obtido a partir da fuligem das chaminés (Do gr. *asbóle*, «fuligem» +*-ina*)
asca *n.f.* ⇒ **asco**[1] (De *asco*)
ascá *n.m.* [regionalismo] cabo em que os pescadores do rio Minho suspendem as redes de pesca (De orig. obsc.)

ascaricida *adj.2g.* que elimina os ascarídeos ■ *n.f.* BOTÂNICA planta vermífuga da família das Compostas ■ *n.m.* FARMÁCIA preparado que é usado para combater os ascarídeos (Do gr. *askarís*, *-ídos*, «lombriga», pelo lat. *ascarĭda-*, «id.»+*caedĕre*, «matar»)
ascárida *adj.*,*n.m.*,*n.m.pl.* ZOOLOGIA ⇒ **ascarídeo** (Do gr. *askarís*, *-ídos*, «lombriga»)
ascarídeo *adj.* ZOOLOGIA relativo ou pertencente aos ascarídeos ■ *n.m.* ZOOLOGIA espécime dos ascarídeos ■ *n.m.pl.* ZOOLOGIA grupo de nematodes a que pertencem as lombrigas intestinais (Do gr. *askarís*, «lombriga» +*-ídeos*)
ascaridíase *n.f.* MEDICINA doença causada pelos ascarídeos (De *ascarídeo*+*-ase*)
ascaula *n.m.* **1** tocador de gaita de foles **2** gaiteiro, entre os antigos Gregos (Do gr. *askaúles*, «tocador de cornamusa», pelo lat. *ascaule-*, «id.»)
áscele *adj.*,*n.2g.* TERATOLOGIA que ou o que não tem os membros inferiores (Do gr. *askelés*, «sem pernas»)
ascelia *n.f.* TERATOLOGIA ausência congénita de membros inferiores (De *áscele*+*-ia*)
áscelo *adj.*,*n.m.* ⇒ **áscele**
ascendência *n.f.* **1** ato de ascender, de se elevar **2** linha de gerações anteriores a um indivíduo ou a uma família **3** superioridade; domínio; influência (Do lat. *ascendentĭa-*, «id.»)
ascendente *adj.2g.* **1** que sobe; que progride **2** MÚSICA (escala) que vai do grave ao agudo ■ *n.2g.* pessoa de quem um indivíduo descende; antepassado; progenitor ■ *n.m.* **1** domínio; superioridade; influência **2** ASTROLOGIA grau do zodíaco que sobe no horizonte, na altura do nascimento de um indivíduo (Do lat. *ascendente-*, «id.»)
ascender *v.intr.* passar para cima; subir; elevar-se ■ *v.tr.* **1** chegar a (valor, nível, etc.) **2** elevar-se para (cargo ou posição superior) (Do lat. *ascendĕre*, «ascender»)
ascendimento *n.m.* **1** ato ou efeito de ascender **2** subida; ascensão **3** promoção (De *ascender*+*-mento*)
ascensão *n.f.* **1** ação de subir pelos seus próprios meios **2** subida; elevação **3** promoção **4** [com maiúscula] RELIGIÃO subida de Cristo ao Céu **5** [com maiúscula] RELIGIÃO festa ou dia comemorativo dessa subida; ~ *reta* ASTRONOMIA coordenada celeste equatorial absoluta que é o retilíneo do diedro formado pelo semicírculo de declinação do ponto equinocial de março e o semicírculo de declinação do astro considerado (Do lat. *ascensiōne-*, «id.»)
ascensional *adj.2g.* **1** relativo a ascensão **2** que obriga a subir **3** que se efetua, subindo (Do lat. *ascensiōne-*, «ato de subir» +*-al*)
ascensionista *n.2g.* pessoa que faz ascensões a pontos elevados (Do lat. *ascensiōne-*+*-ista*)
ascenso *adj.* elevado ■ *n.m.* **1** ascensão **2** promoção **3** progresso (Do lat. *ascensu-*, «subido; ato de subir; subida»)
ascensor *n.m.* aparelho mecânico que conduz pessoas ou carga aos vários andares de um edifício; elevador ■ *adj.* que eleva (Do lat. *ascensōre-*, «aquele que sobe», pelo fr. *ascenseur*, «ascensor; elevador»)
ascensorista *n.2g.* pessoa encarregada de um ascensor (De *ascensor*+*-ista*)
ascese *n.f.* busca do aperfeiçoamento espiritual através do afastamento do mundo e da renúncia aos prazeres associados à vida terrena (Do gr. *áskesis*, «id.»)
asceta *n.2g.* **1** pessoa que procura atingir o aperfeiçoamento espiritual através de uma prática de renúncia **2** pessoa que leva uma vida austera (Do gr. *asketés*, «praticante»)
ascetério *n.m.* **1** retiro de ascetas **2** local de meditação **3** mosteiro (Do gr. *asketérion*, «mosteiro; ermida», pelo lat. tard. *asceterĭu-*, «id.»)
ascética *n.f.* ciência da perfeição cultivada no exercício das virtudes cristãs (De *asceta*+*-ica*)
ascético *adj.* **1** relativo a asceta ou a ascetismo **2** espiritual; místico; contemplativo **3** austero; monacal (Do gr. *asketikós*, «ativo; laborioso»)
ascetismo *n.m.* **1** doutrina de busca da perfeição moral fundamentada na disciplina espiritual rigorosa e no controlo do corpo e das suas exigências **2** prática da ascese **3** vida austera com o objetivo de alcançar um fim considerado superior (De *asceta*+*-ismo*)
ascetizar *v.tr.* tornar asceta (De *asceta*+*-izar*)
ascídia *n.f.* ZOOLOGIA cordado tunicado de tamanho e forma variadas, que se encontram em águas costeiras, normalmente fixos a rochas (Do gr. *askídion*, «pequeno odre», pelo lat. cient. *ascidĭa*, «id.», pelo fr. *ascidie*, «ascídia»)
ascidiáceo *adj.* ZOOLOGIA relativo ou pertencente aos ascidiáceos ■ *n.m.* ZOOLOGIA espécime dos ascidiáceos ■ *n.m.pl.* ZOOLOGIA animais pertencentes ao grupo dos tunicados, com corda dorsal caduca, que se fixa ao atingir o estado adulto (De *ascídia*+*-áceo*)

ascídio

ascídio n.m. 1 BOTÂNICA formação foliar que, em certas plantas carnívoras, serve para capturar a presa 2 espécie de utrículo 3 BOTÂNICA ⇒ **asco**² (Do gr. *askídion*, «pequeno odre»)

áscio adj. que não projeta sombra ■ n.m. habitante da zona tórrida que não tem sombra ao meio-dia, por ocasião dos equinócios (Do gr. *áskios*, «sem sombra»)

ascite n.f. MEDICINA acumulação de líquido na cavidade abdominal (Do gr. *askós*, «odre», pelo lat. *ascīte-*, «hidropisia»)

asclepíada n.f. BOTÂNICA planta arbustiva, de frutos sedosos, com propriedades medicinais, representante do género-tipo das Asclepiadáceas (Do gr. *asklepiádes*, «id.»)

asclepiadácea n.f. BOTÂNICA espécime das Asclepiadáceas

Asclepiadáceas n.f.pl. BOTÂNICA família de plantas herbáceas ou arbustivas, espontâneas e cultivadas, representada em Portugal (De *asclepíada*+*-áceas*)

asclepiadeu adj. GRAMÁTICA (verso grego ou latino) formado de um espondeu, dois coriambos e um jambo (Do gr. *Asklepiádeion*, «id.», pelo lat. *asclepiadēu-*, «id.»)

asco¹ n.m. 1 aversão; nojo; repugnância 2 rancor (Do gr. *eskhára*, «crosta de chaga»)

asco² n.m. BOTÂNICA esporângio que é produtor de esporos endogénicos (ascósporos), nos fungos ascomicetes, e é também denominado ascídio (Do gr. *askós*, «odre»)

-asco sufixo nominal, de origem pré-latina, que entra na formação de adjetivos ou substantivos, exprimindo a ideia de *semelhança, atenuação, aproximação* (*verdasco, ruivasco*)

ascóforo n.m. fungo que tem ascos (De *asco*+*-foro*)

ascoma /ô/ n.m. NÁUTICA sola que envolve o remo para não se desgastar pelo atrito nas bordas do barco (Do gr. *áskoma*, «espécie de fole de couro»)

ascomicete n.m. BIOLOGIA espécime dos ascomicetes ■ n.m.pl. BIOLOGIA grupo de fungos de hifas septadas e providos de esporos formados em ascos (Do gr. *askós*, «odre» +*mýkes, -etos*, «cogumelo»)

áscon n.m. ZOOLOGIA tipo estrutural simples de esponja calcária em que os coanócitos forram a cavidade gastrovascular (Do gr. *askós*, «odre»)

ascórbico adj. QUÍMICA designativo do ácido que constitui a vitamina C (De *a-*+*[e]scorb[uto]*+*-ico*)

ascorosidade n.f. qualidade do que é ascoroso; asquerosidade (De *ascoroso*+*-i-*+*-dade*)

ascoroso adj. que causa asco; asqueroso; repugnante (Do lat. **escharōsu-*, «que produz crosta»)

ascospóreo adj. BOTÂNICA pertencente ou relativo ao ascósporo

ascósporo n.m. BOTÂNICA esporo endogénico produzido nos ascos (Do gr. *askós*, «odre» +*spóros*, «sementeira; procriação»)

áscua n.f. 1 brasa viva 2 ferro incandescente 3 [fig.] brilho do olhar de pessoa zangada (De orig. obsc.)

-ase sufixo nominal, de origem grega, que exprime a ideia de *estado mórbido* (*teníase; helmintíase*)

aseidade n.f. FILOSOFIA ⇒ **asseidade**

aselha /ê/ n.f. 1 pequena asa 2 laçada 3 presilha ■ adj.,n.2g. [coloq.] que ou pessoa que é desajeitada (Do lat. **ansicŭla-*, «pequena asa»)

aselhice n.f. [coloq.] procedimento de pessoa desajeitada (De *aselha*+*-ice*)

asélidas n.m.pl. ZOOLOGIA ⇒ **aselídeos** (Do lat. *asellu-*, «aselo» + *-idas*)

aselídeos n.m.pl. ZOOLOGIA grupo de crustáceos, isópodes, a que pertencem os aselos (Do lat. *asellu-*, «aselo» +*-ídeos*)

aselo n.m. ZOOLOGIA pequeno crustáceo isópode, de água doce, do grupo dos aselídeos (Do lat. *asellu-*, «aselo»)

asfalina n.f. explosivo de grande força, cujo princípio ativo é a nitroglicerina (Do gr. *asphalés*, «firme» +*-ina*)

asfaltador n.m. indivíduo que asfalta (De *asfaltar*+*-dor*)

asfaltagem n.f. 1 ato ou efeito de asfaltar 2 revestimento de asfalto 3 alcatroamento (De *asfaltar*+*-agem*)

asfaltar v.tr. cobrir de asfalto; alcatroar (De *asfalto*+*-ar*)

asfáltico adj. que contém asfalto (De *asfalto*+*-ico*)

asfaltite n.f. substância que contém asfalto (De *asfalto*+*-ite*)

asfalto n.m. 1 PETROLOGIA substância espessa e viscosa, de cor escura, lustrosa e com fratura concoidal, que constitui uma rocha sedimentar, biogénica, hidrocarbonetada, originada por oxidação do petróleo 2 mistura desta substância com areia, cal, etc., utilizada para pavimentar ruas e para impermeabilização 3 betume que impregna algumas rochas, como os xistos betuminosos 4 betume que se prepara com os resíduos da destilação do petróleo 5 superfície revestida com aquela mistura (Do gr. *ásphaltos*, «id.», pelo lat. *asphaltu-*, «asfalto»)

asfixia /cs/ n.f. 1 suspensão dos fenómenos da respiração; sufocação 2 restrição ao livre desenvolvimento ou atuação; opressão (Do gr. *asphyxía*, «paragem de pulso»)

asfixiante /cs/ adj.2g. 1 que produz asfixia; sufocante 2 [fig.] opressivo (De *asfixiar*+*-ante*)

asfixiar /cs/ v.tr. 1 causar asfixia a; sufocar 2 [fig.] oprimir ■ v.intr. 1 não conseguir respirar; sufocar 2 [fig.] sentir-se oprimido (De *asfixia*+*-ar*)

asfódelo n.m. BOTÂNICA designação genérica de algumas plantas monocotiledóneas da família das Liliáceas (género *Asphodelus*) (Do gr. *asphodelós*, «aipo», pelo lat. *asphodĕlu-*, «id.»)

asiarca n.m. HISTÓRIA grão-sacerdote que presidia aos espetáculos e combates nas províncias romanas da Ásia (Do gr. *asiárkhes*, «governador da província romana da Ásia», pelo lat. *asiarcha-*, «id.»)

asiática n.f. 1 BOTÂNICA espécie de anémona 2 MEDICINA pandemia de gripe (ocorrida em 1957 e com origem na Ásia) (De *asiático*)

asiaticismo n.m. palavra, expressão ou construção originárias de uma língua asiática (De *asiático*+*-ismo*)

asiático adj. 1 pertencente ou relativo à Ásia 2 [fig.] (estilo) pomposo e difuso 3 [fig.] (luxo) sumptuoso; opulento; faustoso ■ n.m. indivíduo natural da Ásia (Do lat. *asiatĭcu-*, «id.»)

asiatismo n.m. 1 modo de falar próprio dos Asiáticos 2 ⇒ **asiaticismo** 3 [fig.] pompa; luxo 4 [fig.] estilo pomposo (De *asiático*+*-ismo*)

asilado adj.,n.m. que ou indivíduo que foi acolhido em asilo

asilar v.tr. 1 recolher em asilo 2 albergar por esmola 3 acolher (fugitivos políticos) ■ v.pron. refugiar-se (De *asilo*+*-ar*)

asilo n.m. 1 estabelecimento de caridade para albergar pessoas necessitadas 2 proteção dada a uma pessoa perseguida 3 lugar de refúgio 4 [fig.] amparo; agasalho; proteção (Do gr. *ásylos*, «inviolável», pelo lat. *asȳlu-*, «lugar inviolável»)

asimina n.f. BOTÂNICA fruto do asimineiro 2 BOTÂNICA esta planta (Do fr. canadense *asimine*, «id.»)

asimineiro n.m. BOTÂNICA arbusto americano, da família das Anonáceas, cujo fruto é a asimina (De *asimina*+*-eiro*)

asinário adj. ⇒ **asinino** (Do lat. *asinarĭu-*, «de burro»)

asinha adv. [arc.] depressa (Do lat. *agīna-*, «orifício onde se move o fiel da balança»)

asinino adj. 1 próprio de asno ou burro; asinário 2 [pej.] que não tem inteligência; estúpido (Do lat. *asinīnu-*, «id.»)

asir v.tr. 1 segurar pela asa 2 agarrar 3 empunhar (Do germ. *sazian*, «agarrar», pelo prov. *sazir*, «id.»)

asma n.f. MEDICINA doença, com acessos irregulares, caracterizada por dificuldade de respirar, tosse seca e uma sensação de aperto no peito (Do gr. *ásthma*, «respiração ofegante», pelo lat. *asthma-*, «id.»)

asmático adj.,n.m. que ou o que sofre de asma (Do gr. *asthmatikós*, «que respira com dificuldade», pelo lat. *asthmatĭcu-*, «id.»)

asmento adj.,n.m. ⇒ **asmático** (De *asma*+*-ento*)

asna n.f. 1 fêmea do burro; jumenta 2 espécie de armação de madeira ou de ferro, de forma triangular, sobre que assenta o telhado 3 HERÁLDICA ângulo formado por duas barras que, a partir do vértice superior do escudo, se vão afastando para os lados; chaveirão (Do lat. *asĭna-*, «asna; burra»)

asnada¹ n.f. 1 bando de asnos 2 tolice (De *asno*+*-ada*)

asnada² n.f. resguardo de madeira ou pedra, destinado a evitar que as águas de um rio inundem os terrenos marginais (De *asna*+*-ada*)

asnal adj.2g. próprio de asno; asinino (Do lat. *asināle-*, «relativo ao burro»)

asnaria¹ n.f. conjunto de asnos (De *asno*)

asnaria² n.f. construção assente em asnas (De *asna*+*-aria*)

asnático adj. ⇒ **asnal** (De *asno*+*t*+*-ico*)

asnear v.intr. fazer ou dizer asneiras; disparatar (De *asno*+*-ear*)

asneira n.f. 1 disparate; tolice 2 palavra obscena, grosseira ou ofensiva (De *asno*+*-eira*)

asneirada n.f. grande asneira (De *asneira*+*-ada*)

asneirão n.m. ⇒ **asneirada** (De *asneira*+*-ão*)

asneirento adj. que costuma dizer asneiras ou obscenidades (De *asneira*+*-ento*)

asneiro adj. (muar) que procede do cruzamento de cavalo e burra ■ n.m. 1 tratador de asnos 2 burriqueiro; arrieiro (De *asno*+*-eiro*)

asneirola n.f. palavra obscena, grosseira ou ofensiva (De *asneira*+*-ola*)

asnice n.f. ⇒ **asneira** (De *asno*+*-ice*)

asnidade n.f. ⇒ **asneira** (De *asno*+*-i-*+*-dade*)

asnil¹ n.m. ICTIOLOGIA peixe teleósteo, da família dos Teraponídeos, semelhante ao cherne, comum nas costas de Portugal e também denominado algenil

asnil² *n.m.* arreio ■ *adj.* ⇒ **asnal** (De *asno+-il*)

asno *n.m.* **1** burro **2** [fig.] pessoa estúpida, ignorante ■ *adj.* [fig.] estúpido; palerma; parvo (Do lat. *asīnu-*, «id.»)

asofia *n.f.* **1** ignorância **2** falta de juízo **3** falta de prudência (Do gr. *asophía*, «loucura»)

aspa *n.f.* **1** antigo instrumento de tortura em forma de X **2** vela de moinho **3** *pl.* sinal gráfico, «»», que destaca títulos ou nomes comerciais, sendo também usado para delimitar citações ou realçar uma palavra ou expressão; vírgulas dobradas; comas (Do gót. *haspa*, «dobadoura»)

aspar *v.tr.* **1** colocar entre aspas **2** crucificar em aspa **3** [fig.] vexar; mortificar **4** expungir (De *aspa+-ar*)

asparagácea *n.f.* BOTÂNICA espécime das Asparagáceas

Asparagáceas *n.f.pl.* BOTÂNICA antiga designação da família de plantas atualmente denominada Liliáceas (De *aspárago+-áceas*)

asparagina *n.f.* QUÍMICA, FARMÁCIA substância obtida do aspárago e que tem ação diurética (De *aspárago+-ina*)

aspárago *n.m.* BOTÂNICA ⇒ **espargo** (Do gr. *aspáragos*, «espargo», pelo lat. *asparăgu-*, «id.»)

aspárago *n.m.* BOTÂNICA ⇒ **espargo**

aspartame *n.m.* substância muito doce utilizada como adoçante artificial de baixas calorias em vez do açúcar comum (Do ing. *aspartame*, «id.»)

aspártico *adj.* QUÍMICA designativo de um aminoácido derivado da asparagina (De *aspar(go)+t+-ico*)

aspectável *adj.2g.* **1** que se pode ver **2** digno de ser visto (Do lat. *aspectabĭle-*, «id.»)

aspecto ver nova grafia aspeto

aspectual a grafia mais usada é **aspetual**

aspeito *n.m.* ⇒ **aspeto** (Do lat. *aspectu-*, «vista de olhos»)

aspereza *n.f.* **1** qualidade do que é áspero **2** rudeza; severidade **3** qualidade do que é escarpado, inóspito; escabrosidade **4** [fig.] inclemência; rigor **5** [fig.] mortificação; penitência **6** [fig.] ausência de harmonia (De *áspero+-eza*)

asperger *v.tr.* ⇒ **aspergir** (Do lat. *aspergĕre*, «espalhar; salpicar»)

asperges *n.m.2n.* aspersão de água benta (Do lat. *aspergĕre*, «aspergir»)

aspergilário *adj.* ⇒ **aspergiliforme** (Do lat. *aspergillu-*, «hissope» +*-ário*)

aspergiliforme *adj.2g.* que tem forma de hissope (Do lat. *aspergillu-*, «hissope» +*forma-*, «forma»)

aspergilo *n.m.* BOTÂNICA fungo ascomicete que se parece com um hissope (Do lat. *aspergillu-*, «hissope»)

aspergilose *n.f.* VETERINÁRIA doença causada pelo aspergilo, localizada mais frequentemente nos pulmões, e que se confunde com a tuberculose pulmonar (De *aspergilo+-ose*)

aspergimento *n.m.* ação de aspergir; aspersão (De *aspergir+-mento*)

aspergir *v.tr.* **1** molhar com gotas de água ou outro líquido; borrifar **2** RELIGIÃO borrifar com hissope ou ramo molhado (Do lat. *aspergĕre*, «espalhar; salpicar»)

aspericorne *adj.2g.* BOTÂNICA, ZOOLOGIA diz-se de certas plantas ou animais cujas folhas ou antenas são providas de pelos ásperos (Do lat. *aspĕru-*, «áspero» +*cornu-*, «antena»)

aspericórneo *adj.* ⇒ **aspericorne**

asperidade *n.f.* ⇒ **aspereza** (Do lat. *asperitāte-*, «id.»)

asperifólia *n.f.* BOTÂNICA ⇒ **asperifoliácea**

asperifoliácea *n.f.* BOTÂNICA espécime das Asperifoliáceas

Asperifoliáceas *n.f.pl.* BOTÂNICA ⇒ **Boragináceas** (De *asperifólio+-áceas*)

Asperifólias *n.f.pl.* BOTÂNICA ⇒ **Boragináceas** (De *asperifólio*)

asperifólio *adj.* BOTÂNICA de folhas ásperas (Do lat. *aspĕru-*, «áspero» +*folĭu-*, «folha»)

aspermado *adj.* ⇒ **aspermo** (De *aspermo+-ado*)

aspermatismo *n.m.* MEDICINA defeito da emissão de esperma por falta de secreção ou devido à impossibilidade de ejacular (Do gr. *a-*, «sem» +*spermatismós*, «emissão de semente»)

aspermia *n.f.* **1** falta de espermatozoides; esterilidade no homem **2** BOTÂNICA estado de uma planta que não tem semente (Do gr. *a-*, «sem» +*spérma*, «semente» +*-ia*)

aspermo *adj.* **1** MEDICINA que não tem esperma **2** BOTÂNICA que não tem semente (Do gr. *áspermos*, «sem semente»)

áspero *adj.* **1** desagradável ao tato, paladar ou ouvido **2** que tem superfície desigual, não lisa **3** (terreno) acidentado; irregular **4** rude; desabrido **5** severo; austero (Do lat. *aspĕru-*, «rugoso»)

aspérrimo *adj.* {*superlativo absoluto sintético de* **áspero**} muito áspero (Do lat. *asperrĭmu-*, «id.»)

aspersão *n.f.* ato ou efeito de aspergir; borrifo (Do lat. *aspersiōne-*, «aspersão; borrifo»)

aspersar *v.tr.* ⇒ **aspergir** (De *asperso+-ar*)

aspersionismo *n.m.* prática de batizar por aspersão (algumas igrejas evangélicas batizavam por aspersão, ao contrário das imersionistas, que usavam a imersão) (Do lat. *aspersiōne-*, «aspersão; borrifo» +*-ismo*)

asperso *adj.* aspergido; borrifado; respingado (Do lat. *aspersu-*, «id.», part. pass. de *aspergĕre*, «aspergir»)

aspersor *adj.* que asperge; que borrifa ■ *n.m.* **1** aquele que asperge **2** aparelho que serve para regar automaticamente áreas verdes (De *asperso+-or*)

aspersório *n.m.* ⇒ **hissope** (De *asperso+-ório*)

aspérula *n.f.* BOTÂNICA designação extensiva a plantas herbáceas de algumas espécies da família das Rubiáceas que existem em Portugal (Do lat. *asperŭla-*, dim. de *aspĕru-*, «áspero»)

aspeto *n.m.* **1** feição que um objeto ou uma pessoa apresenta à vista; aparência **2** semblante; fisionomia **3** lado; face; ângulo **4** ponto de vista **5** LINGUÍSTICA categoria gramatical que exprime a forma como uma situação é perspetivada na sua estrutura temporal interna, a partir de um ponto de referência temporal (Do lat. *aspectu-*, «vista de olhos»)

aspetual *adj.2g.* LINGUÍSTICA relativo a aspeto (Do lat. *aspectu-*, «vista de olhos» +*-al*) ACORDO ORTOGRÁFICO também se pode escrever **aspectual**

aspiciência *n.f.* faculdade de olhar (Do lat. *adspicientĭa*, «id.»)

aspiciente *adj.2g.* **1** que olha **2** ANATOMIA diz-se das veias que vão dar ao canto do olho (Do lat. *adspiciente-*, «que olha»)

áspide *n.m./f.* ZOOLOGIA nome vulgar por que são conhecidas algumas serpentes venenosas, em especial a víbora e a naja ■ *n.2g.* [fig.] pessoa maldizente (Do gr. *aspís, -ídos*, «áspide», pelo lat. *aspĭde-*, «id.»)

aspidistra *n.f.* BOTÂNICA planta rizomatosa, ornamental, resistente, da família das Liliáceas, de cultura caseira (Do gr. *aspís, -ídos*, «escudo; áspide»)

aspido- elemento de formação de palavras que exprime a ideia de *escudo* (Do gr. *aspís, -ídos*, «áspide; escudo; arma defensiva»)

aspidocéfalo *adj.* ZOOLOGIA com a cabeça guarnecida de placas ■ *n.m.* ZOOLOGIA espécime dos aspidocéfalos ■ *n.m.pl.* ZOOLOGIA família de répteis ofídios que têm a cabeça guarnecida de placas (Do gr. *aspís, -ídos*, «serpente» +*kephalé*, «cabeça»)

aspidosperma *n.m.* BOTÂNICA designação genérica de um grupo de árvores brasileiras da família das Apocináceas a que pertencem o pau-cetim e o quebracho (Do gr. *aspís, -ídos*, «escudo; áspide» +*spérma*, «semente»)

aspidospermina *n.f.* MEDICINA alcaloide usado como antiasmático e antipirético, extraído do quebracho (De *aspidosperma+-ina*)

aspiração *n.f.* **1** ato ou efeito de aspirar; absorção de ar **2** ação de bomba aspirante **3** GRAMÁTICA ruído surdo ou sopro produzido quando o volume de ar que passa pela glote não basta para provocar a vibração das cordas vocais **4** MÚSICA exagerado impulso gutural no momento da emissão da voz **5** [fig.] desejo; ambição; ideal (Do lat. *aspiratiōne-*, «aspiração»)

aspirador *n.m.* **1** eletrodoméstico usado para limpar e aspirar poeiras ou pequenos detritos **2** bomba aspirante **3** aparelho para produzir uma corrente de ar num recinto ■ *adj.* que aspira (De *aspirar+-dor*)

aspirante *adj.2g.* **1** que aspira **2** que sorve ou absorve **3** que tem aspirações ■ *n.2g.* pessoa candidata a um título, cargo ou função ■ *n.m.* MILITAR posto imediatamente inferior ao de alferes e cuja insígnia é constituída por um galão disposto em diagonal (Do latim *aspirante-*, «idem», particípio presente de *aspirāre*, «aspirar»)

aspirante-a-oficial ver nova grafia **aspirante a oficial**

aspirante a oficial *n.m.* MILITAR posto de oficial subalterno das Forças Armadas, superior ao de sargento-mor e inferior ao de alferes/subtenente, e cuja insígnia é constituída por um galão disposto em diagonal ■ *n.2g.* MILITAR oficial que ocupa esse posto

aspirar *v.tr.* **1** introduzir ar nos pulmões; inspirar; respirar **2** recolher poeira e pequenos detritos, por meio de sucção **3** absorver (líquido) por meio de sucção; sorver; chupar **4** limpar com aspirador (eletrodoméstico) **5** inalar o cheiro de uma substância odorífica; cheirar **6** ter desejo veemente de; pretender; ambicionar **7** LINGUÍSTICA pronunciar (um som) com aspiração (Do lat. *aspirāre*, «aspirar»)

aspirativo *adj.* GRAMÁTICA (fonema) que se pronuncia com aspiração (Do lat. *aspiratīvu-*, «letra aspirada»)

aspiratório *adj.* relativo ou pertencente a aspiração (De *aspirar+-tório*)

aspirina *n.f.* FARMÁCIA designação comercial do ácido acetilsalicílico, empregado como analgésico e antipirético, bem como na conservação de produtos alimentares (Do al. *Aspirin*®)

asquerosidade *n.f.* 1 carácter do que provoca asco 2 coisa asquerosa (De *asqueroso*+*-i-*+*-dade*)

asqueroso /ô/ *adj.* que causa asco; repugnante (Do lat. *escharōsu-*, «que produz crosta»)

assa *n.f.* suco vegetal concreto (Do pers. *asa*, «resina»)

assaborar *v.tr.* tornar saboroso (De *a-*+*sabor*+*-ar*)

assacadilha *n.f.* imputação malévola (De *assacar*+*-dilha*)

assacador *adj.,n.m.* que ou quem assaca (De *assacar*+*-dor*)

assacar *v.tr.* 1 imputar aleivosamente 2 caluniar (De *a-*+*sacar*)

assacate *n.m.* sebo extraído do mesentério de reses (De orig. obsc.)

assadeira *n.f.* recipiente, geralmente de louça ou barro, utilizado para assar alimentos (De *assar*+*-deira*)

assadeiro *n.m.* ⇒ **assador** ■ *adj.* próprio para se assar (De *assar*+*-deiro*)

assado *adj.* 1 queimado 2 [pop.] com inflamação avermelhada na pele, produzida pelo calor ou por fricção ■ *n.m.* 1 CULINÁRIA peça de peixe ou carne cozinhada no forno com pouco ou nenhum molho 2 *pl.* [fig.] dificuldades; *assim e* ~ desta maneira e daquela; *meter-se em assados* procurar voluntariamente dificuldades; *ver-se em maus assados* ver-se em apuros (Part. pass. de *assar*)

assador *n.m.* 1 o que assa 2 utensílio que serve para assar (De *assar*+*-dor*)

assadura *n.f.* 1 ato ou efeito de assar 2 porção de carne assada de uma vez 3 [pop.] irritação da pele devido a calor ou fricção (Do lat. *assatūra-*, «ação de assar; carne assada»)

assa-fétida *n.f.* 1 BOTÂNICA planta da família das Umbelíferas, que produz uma goma-resina malcheirosa utilizada antigamente em medicina como antiespasmódico 2 esta goma-resina (Do lat. cient. *assafœtĭda-*, «id.»)

assafiado *adj.* [regionalismo] acabrunhado pelo excesso de trabalho (De *a-*+*safio*+*-ado*?)

assalariação *n.f.* ato ou efeito de assalariar (De *assalariar*+*-ção*)

assalariado *n.m.* 1 trabalhador que recebe salário 2 funcionário eventual 3 jornaleiro ■ *adj.* estipendiado; pago

assalariador *n.m.* indivíduo que assalaria (De *assalariar*+*-dor*)

assalariamento *n.m.* ⇒ **assalariação** (De *assalariar*+*-mento*)

assalariar *v.tr.* 1 contratar a troco de salário 2 dar salário a; estipendiar 3 peitar (De *a-*+*salário*+*-ar*)

assalganhar *v.tr.* misturar; confundir (De *a-*+*salgalhada*+*-ar*)

assalmoado *adj.* ⇒ **assalmonado**

assalmonado *adj.* parecido, na cor, com o salmão (De *a-*+*salmão*+*-ado*)

assaloiado *adj.* que tem modos ou ações de saloio (De *a-*+*saloio*+*-ado*)

assaltada *n.f.* 1 ato ou efeito de atacar de repente ou assaltar; assalto 2 investida 3 pedido inesperado; *de uma* ~ de uma só vez, num instante (Part. pass. fem. subst. de *assaltar*)

assaltador *adj.,n.m.* ⇒ **assaltante** (De *assaltar*+*-dor*)

assaltante *adj.,n.2g.* que ou pessoa que assalta (De *assaltar*+*-ante*)

assaltar *v.tr.* 1 atacar (alguém ou algo) de surpresa normalmente para roubar 2 atacar subitamente; acometer 3 (ideia, lembrança, doença, etc.) surgir de repente 4 incomodar insistentemente (De *a-*+*salto*+*-ar*)

assaltear *v.tr.* ⇒ **assaltar** (De *a-*+*salto*+*-ear*)

assalto *n.m.* 1 ataque súbito a alguém ou algo, em geral utilizando a força ou ameaças e com o objetivo de roubar 2 ataque repentino 3 MILITAR último lanço de uma ação de ataque, que leva o combatente à posição inimiga 4 pedido insistente; importunação 5 DESPORTO em certos desportos, período de duração determinada durante um combate corpo a corpo 6 jogo semelhante ao das damas (Deriv. regr. de *assaltar*)

assamara *n.f.* substância que comunica o amargor ao café, ao pão e a outros produtos, quando tostados (Do lat. *assāre*, «assar» +*amāra-*, «amarga»)

assanhadiço *adj.* que se assanha facilmente (De *assanhar*+*-diço*)

assanhado *adj.* 1 que tem sanha; irritado 2 impetuoso 3 revolto; agitado (Part. pass. de *assanhar*)

assanhamento *n.m.* 1 ato ou efeito de assanhar(-se) 2 irritação; fúria; sanha (De *assanhar*+*-mento*)

assanhar *v.tr.* 1 excitar a sanha de; enfurecer; inflamar 2 tornar mais intenso; exacerbar 3 tornar mais inflamado (ferida); piorar ■ *v.pron.* irritar-se; agastar-se (De *a-*+*sanha*+*-ar*)

assanho *n.m.* ⇒ **assanhamento** (Deriv. regr. de *assanhar*)

assante *interj.* [Moçambique] exprime agradecimento (Do maconde *achante*, «id.», a partir do suaíli *asante*)

assapado *adj.* 1 colado ao chão; acaçapado 2 confortavelmente sentado; alapado 3 desajeitado (Part. pass. de *assapar*)

assapar *v.intr.* 1 [pop.] agachar-se como um sapo; esconder-se abaixando 2 [pop.] cair; desmoronar-se 3 [pop.] acelerar ■ *v.tr.* [pop.] dar; pespegar (De *a-*+*sapo*+*-ar*)

assapatar *v.tr.* 1 dar forma de sapato a 2 acalcanhar (De *a-*+*sapato*+*-ar*)

assapateirar-se *v.pron.* tomar modos burlescos (De *a-*+*sapateiro*+*-ar*)

assar *v.tr.,intr.* 1 cozinhar em seco ou com pouco molho, diretamente sobre o fogo ou em forno; tostar(-se) 2 fazer arder no fogo ou ser queimado; queimar 3 [pop.] provocar ou sofrer inflamação de cor avermelhada na pele devido a calor ou fricção 4 [fig.] provocar ou sentir grande calor (Do lat. *assāre*, «assar»)

assarapantado *adj.* 1 espantado; pasmado 2 atarantado; atrapalhado 3 assustado (Part. pass. de *assarapantar*)

assarapantamento *n.m.* 1 ato ou efeito de assarapantar 2 atrapalhação 3 confusão (De *assarapantar*+*-mento*)

assarapantar *v.tr.* 1 atrapalhar; entontecer 2 espantar 3 sobressaltar; assustar ■ *v.pron.* 1 assustar-se 2 atrapalhar-se (De *a-*+*sarapantar*)

assarapanto *n.m.* 1 espanto grande 2 atrapalhação (Deriv. regr. de *assarapantar*)

assaria *n.f.* BOTÂNICA casta de videira, de uva branca, cultivada em Portugal (De *assario*)

assarilhado *adj.* em forma de sarilho (De *a-*+*sarilho*+*-ado*)

assarina *n.f.* BOTÂNICA ⇒ **anserina** (Por *ansarina* ou *anserina*)

assario *adj.* 1 graúdo 2 tardio ■ *n.m.* ⇒ **asserio** *n.m.* (De orig. obsc.)

assassinador *adj.,n.m.* que ou que assassina; assassino (De *assassinar*+*-dor*)

assassinamento *n.m.* ⇒ **assassínio** (De *assassinar*+*-mento*)

assassinar *v.tr.* 1 matar (alguém) 2 mandar matar (alguém) 3 [fig.] destruir 4 [fig., coloq.] fazer ou executar (algo) pessimamente (De *assassino*+*-ar*)

assassinato *n.m.* ⇒ **assassínio** (Do fr. *assassinat*, «id.»)

assassínio *n.m.* 1 ato ou efeito de matar alguém, de forma premeditada; assassinato 2 [fig.] destruição; aniquilamento (Do it. *assassinio*, «id.»)

assassino *adj.* 1 que assassina; mortífero 2 [fig.] que destrói ■ *n.m.* 1 pessoa que mata outra ou outras premeditadamente ou na sequência de uma ação violenta 2 [fig.] destruidor (Do ár. *hassasî*, «bebedor de haxixe», pelo it. *assassino*, «id.»)

assaz *adv.* 1 em grau elevado; muito 2 suficientemente; bastante (Do lat. *ad satie-*, pelo prov. ant. *asatz*, «bastante»)

assazoar *v.tr.,intr.,pron.* ⇒ **sazonar**

assazonar *v.tr.,intr.,pron.* ⇒ **sazonar** (De *a-*+*sazonar*)

asse *n.m.* HISTÓRIA moeda de cobre e unidade de medida de peso, entre os Romanos (Do lat. *asse-*, «id.»)

asseado *adj.* 1 com asseio; limpo 2 limpo e esmerado na roupa 3 feito com perfeição; esmerado (Part. pass. de *assear*)

assear *v.tr.* 1 pôr em asseio; limpar 2 [ant.] adornar ■ *v.pron.* 1 limpar-se 2 vestir-se com esmero (Do lat. **assedāre*, «pôr as coisas no seu lugar»)

assedadeira *n.f.* mulher que asseda o linho, passando-o pelos dentes do sedeiro (De *assedar*+*-deira*)

assedador *n.m.* o que asseda o linho (De *assedar*+*-dor*)

assedagem *n.f.* 1 operação de assedar o linho 2 passagem do linho pelo sedeiro (De *assedar*+*-agem*)

assedar *v.tr.* 1 tornar macio e lustroso como seda 2 passar (o linho) pelo sedeiro (De *a-*+*seda*+*-ar*)

assedenhar *v.tr.* abrir com o auxílio de sedenho (De *a-*+*sedenho*+*-ar*)

assedentado *adj.* que tem sede (De *a-*+*sedento*+*-ado*)

assediador *adj.,n.m.* 1 que ou que assedia; sitiante 2 [fig.] importuno (De *assediar*+*-dor*)

assediar *v.tr.* 1 impor cerco militar a; cercar; sitiar 2 [fig.] perseguir insistentemente em geral com o objetivo de conseguir algo; importunar (De *assédio*+*-ar*)

assedilhado *adj.* com sede; sequioso (De *a-*+*sede*+*-ilha*+*-ado*)

assédio *n.m.* 1 conjunto de operações que visam a conquista de uma posição inimiga; cerco; sítio 2 [fig.] perseguição insistente em geral com o objetivo de conseguir algo; importunação; ~ *moral* pressão psicológica exercida sobre alguém com quem se tem uma relação de poder; ~ *sexual* conjunto de atos ou comportamentos, por parte de alguém em posição privilegiada, que ameaçam sexualmente outra pessoa (Do lat. *obsidĭu*-, «cerco», pelo it. *assedio*, «id.»)

asseguração *n.f.* **1** ato ou efeito de assegurar **2** afirmação (De *assegurar*+*-ção*)

assegurador *n.m.* **1** o que assegura **2** fiador (De *assegurar*+*-dor*)

assegurar *v.tr.* **1** tornar seguro **2** dar a certeza de; garantir **3** afirmar com segurança; asseverar ■ *v.pron.* obter a certeza de (algo); certificar-se (De *a-*+*seguro*+*-ar*)

asseidade *n.f.* **1** FILOSOFIA carácter do que existe por si e não por outro **2** RELIGIÃO atributo próprio de Deus (Do lat. *a se*, «por si mesmo» +*-i-*+*dade*)

asseio *n.m.* **1** estado de limpeza; higiene; alinho **2** qualidade do que é feito com esmero; perfeição; apuro (Deriv. regr. de *assear*)

asselado¹ *adj.* que possui depressão semelhante à da sela (De *a-*+*sela*+*-ado*)

asselado² *adj.* **1** marcado com selo; selado **2** assinalado (De *a-*+*selo*+*-ado*)

asselvajamento *n.m.* **1** ato ou efeito de asselvajar **2** selvajaria (De *asselvajar*+*-mento*)

asselvajar *v.tr.,pron.* **1** tornar(-se) selvagem **2** tornar(-se) grosseiro ou intratável (De *a-*+*selvagem*+*-ar*)

assembleia *n.f.* **1** reunião de pessoas convocadas para certo fim **2** pessoas assim reunidas; assistência **3** reunião dos membros de um grupo ou organismo, regularmente convocados para deliberar sobre assuntos particulares ou de interesse público **4** membros desse organismo **5** parlamento **6** conselho **7** sociedade; clube **8** BOTÂNICA planta ornamental da família das Crucíferas cultivada nos jardins; ~ *constituinte* POLÍTICA reunião dos representantes de um Estado que têm o poder de elaborar, votar ou alterar a sua constituição (Do lat. *assimulăre, «pôr em conjunto; juntar», pelo fr. *assemblée*, «assembleia»)

assembleia-geral *n.f.* **1** reunião dos membros de um grupo, que regularmente deliberam sobre assuntos de interesse geral ou particular **2** reunião em que todos os membros de uma associação ou sociedade são convocados **3** membros desse grupo ou associação **4** órgão deliberativo máximo das associações e sociedades

assembler *n.m.* INFORMÁTICA programa especial de serviço que permite traduzir um programa em «linguagem assembly» para um programa em «linguagem máquina», para o computador poder executá-lo (Do ing. *assembler*, «que reúne, ordenando»)

assemelhação *n.f.* **1** ato ou efeito de assemelhar **2** analogia (De *assemelhar*+*-ção*)

assemelhar *v.tr.* **1** tornar semelhante **2** comparar **3** imitar ■ *v.pron.* **1** parecer-se **2** afigurar-se (De *a-*+*semelhar*)

assemia *n.f.* impossibilidade de utilizar os sinais da linguagem falada ou mímica para exprimir ou compreender ideias (Do gr. *a-*, «sem» +*sêma*, «sinal» +*-ia*)

assémico *adj.,n.m.* que ou o que sofre de assemia (De *assémio*+*-ico*)

assémio *adj.,n.m.* ⇒ **assémico** (Do gr. *a-*, «sem» +*semeîon*, «sinal»)

assenhorar *v.tr.* **1** dar modos de senhor ou senhora **2** ⇒ **assenhorear** *v.tr.* ■ *v.pron.* **1** tomar maneiras de senhor ou senhora **2** ⇒ **assenhorear** *v.pron.* (De *a-*+*senhor*+*-ar*)

assenhoreamento *n.m.* ação de assenhorear-se (De *assenhorear*+*-mento*)

assenhorear *v.tr.* **1** tornar senhor **2** empossar ■ *v.pron.* **1** tornar-se senhor, dono **2** assumir a posse de **3** apoderar-se de **4** conquistar (De *a-*+*senhor*+*-ear*)

assenso *n.m.* ato de assentir (Do lat. *assensu-*, «id.»)

assentada *n.f.* **1** ato de sentar-se ou assentar-se **2** tempo em que se está sentado **3** DIREITO termo dos depoimentos das testemunhas em juízo **4** vez; ocasião; *de uma* ~ de uma vez, de um jato, sem interrupção (Part. pass. fem. subst. de *assentar*)

assentadeira *n.f.* maquinismo com que se assentam os tecidos antes de serem enrolados ou empacotados (De *assentar*+*-deira*)

assentado *adj.* **1** sentado **2** colocado sobre uma base **3** ajustado; resolvido **4** em paz; sereno **5** conforme; combinado **6** escrito; registado

assentador *n.m.* **1** o que se assenta **2** utensílio que serve para passar o fio da navalha ou da lâmina de barbear (De *assentar*+*-dor*)

assentamento *n.m.* **1** ato ou efeito de assentar **2** lançamento **3** base **4** acordo **5** consentimento; anuência **6** declaração reduzida a escrito (De *assentar*+*-mento*)

assentar *v.tr.* **1** pôr sobre assento; fazer sentar **2** colocar de maneira que fique seguro; ajustar **3** firmar **4** estabelecer **5** escrever; anotar; registar **6** regar (planta) pela primeira vez ■ *v.intr.* **1** (poeira, resíduos) baixar, depositando-se **2** tomar assento **3** ganhar juízo **4** amoldar-se ■ *v.pron.* tomar assento; sentar-se; ~ *a mão* adquirir destreza, adquirir perícia; ~ *arraiais* estabelecer-se, instalar-se; ~ *praça* incorporar-se no exército (De *a-*+*sentar*)

assente *adj.2g.* **1** colocado sobre uma base; pousado **2** resolvido; combinado **3** que depôs o sedimento; cuja borra assentou; límpido **4** fundamentado; baseado **5** [coloq.] que tem juízo; ponderado; sensato (Deriv. regr. de *assentar*)

assentimento *n.m.* **1** ato ou efeito de assentir **2** consentimento; anuência; aquiescência; acordo **3** adesão do espírito a um juízo (De *assentir*+*-mento*)

assentir *v.tr.,intr.* dar assentimento; consentir; anuir; concordar (Do lat. *adsentĭre*, «consentir»)

assento *n.m.* **1** móvel ou lugar em que é possível alguém sentar-se; banco; cadeira **2** lugar que oferece segurança ou estabilidade; base; sustentáculo **3** [coloq.] nádegas; traseiro **4** lugar onde se habita; residência; morada **5** sedimento de um líquido que assenta no fundo de um recipiente **6** direito de entrada; acesso **7** estabilidade; firmeza **8** juízo; ponderação **9** apontamento; registo **10** termo de um ato oficial **11** pacto **12** tranquilidade de espírito; sossego **13** DIREITO acórdão proferido pelo Supremo Tribunal de Justiça, para uniformização da jurisprudência, que passa a ter força de lei quanto a uma questão de direito; ~ *de nascimento* registo de nascimento; *abrir* ~ lavrar registo; *de* ~ com sossego (Deriv. regr. de *assentar*)

assépalo *adj.* BOTÂNICA que não apresenta sépalas (De *a-*+*sépala*)

assepsia *n.f.* **1** MEDICINA conjunto de processos preventivos de defesa contra agentes de infeção **2** MEDICINA ausência de micróbios (Do gr. *a-*, «sem» +*sêpsis*, «putrefação» +*-ia*)

assepsiar *v.tr.* aplicar os processos da assepsia a; desinfetar; esterilizar (De *assepsia*+*-ar*)

asséptico *adj.* **1** relativo a assepsia **2** que não contém germes; estéril (Do gr. *a-*, «sem» +*septikós*, «putrefaciente») ACORDO ORTOGRÁFICO também se pode escrever **assético**

asseptização *n.f.* desinfeção; esterilização

asseptol *n.m.* QUÍMICA solução aquosa de ácidos fenolsulfónicos, empregada como antisséptico (De *assépt(ico)*+*-ol*)

asserção *n.f.* **1** afirmação; asseveração **2** LÓGICA proposição, afirmativa ou negativa, enunciada como verdadeira **3** alegação **4** propósito (Do lat. *adsertĭōne-*, «afirmação»)

asserenar *v.tr.* **1** expor ao sereno **2** tornar sereno; acalmar (De *a-*+*serenar*)

asserio *n.m.* casta de uva branca do Sul de Portugal; assario ■ *adj.* [regionalismo] diz-se de certos legumes, quando são de boa qualidade (De orig. obsc.)

asserir *v.tr.* dizer assertivamente; afirmar (Do lat. *asserĕre*, «afirmar»)

assertar *v.tr.* afirmar; asseverar (Do lat. *assertu-*, part. pass. de *asserĕre*, «afirmar» +*-ar*)

assertividade *n.f.* **1** qualidade do que é assertivo **2** PSICOLOGIA conjunto de atitudes e comportamentos que permitem ao indivíduo afirmar-se social e profissionalmente sem violar os direitos dos outros

assertivo *adj.* que tem carácter de asserção; afirmativo (De *assertar*+*-ivo*)

asserto /ê/ *n.m.* proposição afirmativa; asserção (Do lat. *assertu-*, «asserção; afirmação»)

assertoar *v.tr.* talhar (peça de roupa) de modo que uma banda se sobreponha à outra; *casaco assertoado* casaco de trespasse (Do lat. *sertu-*, «entrelaçado», part. pass. de *serĕre*, «entrelaçar» +*-ar*)

assertor *n.m.* **1** aquele que assevera **2** defensor (Do lat. *assertōre-*, «aquele que assevera, que afirma»)

assertórico *adj.* ⇒ **assertório** (De *assertório*+*-ico*)

assertório *adj.* **1** afirmativo; assertivo **2** FILOSOFIA que enuncia uma verdade de facto, embora não logicamente necessária (Do lat. *assertorĭu-*, «que encerra uma afirmação»)

assessor *n.m.* **1** especialista em determinada área que auxilia alguém no cumprimento de determinadas tarefas ou na tomada de determinadas decisões; assistente; adjunto **2** magistrado que auxilia o juiz principal (Do lat. *assessōre-*, «ajudante; auxiliar»)

assessorado *n.m.* **1** cargo ou funções de assessor **2** duração dessas funções ■ *adj.* assistido por assessor (De *assessor*+*-ado*)

assessorar *v.tr.* auxiliar tecnicamente no cumprimento de determinadas tarefas ou na tomada de determinadas decisões (De *assessor*+*-ar*)

assessoria *n.f.* **1** cargo ou função de assessor; assessorado **2** serviço administrativo constituído por especialistas que apoiam um chefe no cumprimento de determinadas tarefas ou na tomada de determinadas decisões (De *assessor*+*-ia*)

assessorial *adj.2g.* ⇒ **assessório** (De *assessório*+*-al*)

assessório *adj.* relativo ao assessor (Do lat. *assessoriŭ-*, «id.»)
assestar *v.tr.* 1 postar (artilharia) 2 dispor 3 pôr na direção de; apontar 4 disparar (Do lat. *sessitāre*, «estar assente»)
assesto /ê/ *n.m.* 1 ato de assestar 2 pontaria (Deriv. regr. de *assestar*)
assetar *v.tr.* ⇒ **assetear** (De *a-*+*seta*+*-ar*)
asseteador *adj.,n.m.* que ou aquele que asseteia (De *assetear*+*-dor*)
assetear *v.tr.* 1 ferir ou matar com seta 2 [fig.] molestar 3 [fig.] injuriar (De *a-*+*seta*+*-ear*)
assético a grafia mais usada é asséptico
asseveração *n.f.* 1 ato ou efeito de asseverar 2 afirmação feita com insistência e convicção 3 certeza (Do lat. *asseveratiōne-*, «id.»)
asseverador *adj.,n.m.* que ou o que assevera (De *asseverar*+*-dor*)
asseverante *adj.2g.* que assevera; asseverador (Do lat. *asseverante-*, «id.»)
asseverar *v.tr.* afirmar com segurança; assegurar ■ *v.pron.* certificar-se (Do lat. *asseverāre*, «afirmar»)
asseverativo *adj.* que afirma, asseverando; confirmativo (Do lat. *asseveratīvu-*, «confirmativo»)
assexo /cs/ *adj.* ⇒ **assexuado** (De *a-*+*sexo*)
assexuado /cs/ *adj.* 1 BIOLOGIA sem sexo 2 que não parece pertencer a um sexo determinado 3 que parece não ter desejo ou vida sexual; *reprodução assexuada* BIOLOGIA reprodução em que não há o concurso dos gâmetas, reprodução orgânica (Do gr. *a-*, «sem»+lat. *sexu-*+*-ado*)
assexual /cs/ *adj.2g.* 1 BIOLOGIA que não provém de uma união sexual 2 que não sente desejo sexual; que não tem relações sexuais (De *a-*+*sexual*)
assexualidade /cs/ *n.f.* 1 qualidade de assexual 2 BIOLOGIA característica dos organismos desprovidos de caracteres e função sexuais 3 característica de quem não sente desejo sexual (De *assexual*+*-i-*+*-dade*)
assezoar¹ *v.tr.* 1 assazoar; sezoar 2 tornar (a cortiça) suscetível de ser golpeada (De *a-*+*sezão*, por *sazão*+*-ar*)
assezoar² *v.tr.* causar acesso de febre a (De *a-*+*sezão*+*-ar*)
assialia *n.f.* MEDICINA carência de salivação (Do gr. *a-*, «sem» +*síalon*, «saliva»+*-ia*)
assibilação *n.f.* ato de assibilar (De *assibilar*+*-ção*)
assibilar *v.tr.* tornar sibilante (som) (Do lat. *assibilāre*, «id.»)
assideração *n.f.* 1 ação ou efeito mortal sobre o organismo 2 morte provocada por imersão em água muito fria (De *a-*+*sideração*)
assidrar *v.tr.* dar cheiro ou sabor de sidra a (De *a-*+*sidra*+*-ar*)
assiduamente *adv.* com frequência; com continuidade; sem faltar (De *assíduo*+*-mente*)
assiduidade *n.f.* 1 qualidade do que é assíduo 2 presença regular num local em que se tem o compromisso de permanecer cumprindo um horário previamente estabelecido, geralmente para trabalhar ou estudar 3 frequência; continuação; regularidade (Do lat. *assiduitāte-*, «presença constante»)
assíduo *adj.* 1 que comparece regularmente num dado local cumprindo um horário estabelecido anteriormente 2 que aparece regularmente; que não falta 3 contínuo; constante 4 aplicado; empenhado (Do lat. *assidŭu-*, «id.»)
assigmático *adj.* 1 que não tem sigma ou s 2 que perdeu o s (Do gr. *a-*, «sem» +*sīgma*, *-tos*, «a letra sigma» +*-ico*)
assilabia *n.f.* incapacidade para pronunciar as sílabas (Do gr. *a-*, «sem» +*syllabé*, «sílaba» +*-ia*)
assilábico *adj.* que não forma sílaba com os fonemas vizinhos (Do gr. *a-*, «sem» +*syllabé*, «sílaba» +*-ico*)
assim *adv.* 1 desta ou dessa forma; deste ou desse modo 2 igualmente; do mesmo modo; da mesma maneira 3 [coloq.] indica grande quantidade (*a sala estava assim de gente*) *adj.inv.* igual; semelhante (*quem me dera uma casa assim*) ■ *conj.* portanto; por conseguinte; deste modo; de modo que; ~ *como* bem como, do mesmo modo que, e também; ~ *como* ~ de uma forma ou de outra, de um modo ou de outro; ~ *e assado* desta e daquela maneira; ~ *por diante* etc.; ~ *que* logo que, mal; ~ *seja!* que seja desta forma, amém; *ainda* ~/*mesmo* ~ contudo, todavia, no entanto; *bem* ~ e também; *por* ~ *dizer* de certo modo, melhor dizendo, digamos (Do lat. *ad*+*sic*, «id.»)
assim-assim *adv.* 1 nem muito nem pouco; mais ou menos 2 nem bem nem mal; sofrivelmente
assimbolia *n.f.* ⇒ **assemia** (Do gr. *a-*, «sem» +*sýmbolon*, «marca; sinal»+*-ia*)
assimetria *n.f.* falta de simetria (Do gr. *asymmetría*, «id.»)

assimétrico *adj.* carecido de simetria (Do gr. *asýmmetros*, «sem simetria» +*-ico*)
assimilabilidade *n.f.* qualidade do que é assimilável (De *assimilável*+*-i-*+*-dade*)
assimilação *n.f.* 1 ato ou efeito de assimilar 2 processo em que duas ou mais coisas se tornam semelhantes 3 ato de considerar uma coisa semelhante a outra; identificação 4 apropriação e compreensão de conhecimentos; absorção 5 [fig.] compenetração de ideias ou sentimentos alheios 6 [fig.] processo de integração de ideias, pessoas ou povos 7 BIOLOGIA capacidade fundamental de um ser vivo que lhe permite integrar, na sua própria matéria, as substâncias e a energia captadas do meio exterior 8 GRAMÁTICA processo fonológico em que um segmento fonético se identifica com outro que lhe é contíguo ou dele se aproxima (Do lat. *assimilatiōne-*, «semelhança»)
assimilado *adj.* 1 tornado ou considerado semelhante 2 FISIOLOGIA absorvido e transformado em substância própria 3 compreendido; apreendido ■ *adj.,n.m.* que ou pessoa que interiorizou hábitos e ideias próprios de uma cultura diferente da sua (Part. pass. de *assimilar*)
assimilador *adj.* que assimila ou produz assimilação (De *assimilar*+*-dor*)
assimilar *v.tr.* 1 produzir assimilação de 2 considerar como semelhante; identificar 3 tornar semelhante; integrar 4 FISIOLOGIA transformar na sua própria substância 5 compreender (o que se estuda); absorver ■ *v.pron.* 1 tornar-se semelhante; considerar-se semelhante; identificar-se 2 compenetrar-se de 3 FISIOLOGIA ser transformado por assimilação 4 apropriar-se de um elemento estranho; incorporar 5 tornar-se semelhante aos restantes membros de uma comunidade ou país; integrar-se; inserir-se ■ *adj.2g.* referente a assimilação (Do lat. *assimilāre*, «tornar semelhante»)
assimilativo *adj.* relativo a assimilação (De *assimilar*+*-tivo*)
assimilável *adj.2g.* que pode ser assimilado (De *assimilar*+*-vel*)
assímptota *n.f.* ⇒ **assíntota**
assímptota *n.f.* ⇒ **assíntota**
assimptótico *adj.* ⇒ **assintótico** (De *assímptota*+*-ico*)
assimulação *n.f.* 1 dissimulação 2 recurso estilístico pelo qual o orador finge hesitação em afirmar alguma coisa (Do lat. *assimulatiōne-*, «rodeio de palavras»)
assinação *n.f.* 1 ato ou efeito de assinar 2 comunicação ou notificação de um facto 3 aprazamento; fixação de um prazo (De *assinar*+*-ção*)
assinado *n.m.* 1 documento autenticado com assinatura 2 espécie de papel-moeda criado no tempo da Revolução Francesa ■ *adj.* 1 que traz assinatura 2 em que se pôs assinatura (Part. pass. de *assinar*)
assinalação *n.f.* ⇒ **assinalamento** (De *assinalar*+*-ção*)
assinalado *adj.* 1 que tem sinal 2 marcado com sinal 3 estabelecido; combinado 4 [fig.] extraordinário 5 [fig.] notável; ilustre (Part. pass. de *assinalar*)
assinalador *adj.,n.m.* que ou o que assinala (De *assinalar*+*-dor*)
assinalamento *n.m.* 1 ato ou efeito de assinalar ou assinalar-se 2 sinal (De *assinalar*+*-mento*)
assinalante *adj.2g.* que assinala; assinalador (De *assinalar*+*-ante*)
assinalar *v.tr.* 1 pôr sinal em 2 marcar 3 designar 4 notar 5 balizar 6 distinguir ■ *v.pron.* 1 distinguir-se 2 dar sinal de si 3 revelar-se (De *a-*+*sinal*+*-ar*)
assinalável *adj.2g.* 1 que se pode assinalar 2 que se deve distinguir; digno de atenção ou destaque; importante (De *assinalar*+*-vel*)
assinamento *n.m.* ⇒ **assinação** (De *assinar*+*-mento*)
assinante *adj.,n.2g.* 1 que ou pessoa que assina 2 que ou pessoa que, por contrato e mediante o pagamento de uma quantia, adquiriu o direito de receber determinado bem (publicação periódica) ou usufruir de um serviço (frequência de espetáculos, utilização de transportes públicos, etc.); subscritor (De *assinar*+*-ante*)
assinar *v.tr.* 1 autenticar com assinatura ou rubrica 2 tomar de assinatura 3 ser o autor de 4 escrever o próprio nome no fim de (texto, documento, etc.) 5 adquirir, por contrato e mediante o pagamento de uma quantia, o direito de receber determinado bem (publicação periódica) ou usufruir de um serviço (frequência de espetáculos, utilização de transportes públicos, etc.) 6 designar 7 marcar com sinal 8 aprazar; intimar ■ *v.intr.* escrever o próprio nome ■ *v.pron.* subscrever (Do lat. *assignāre*, «apor um sinal em»)
assinatura *n.f.* 1 aposição do nome individual em qualquer documento; firma 2 nome escrito de uma forma própria num documento, para assumir a responsabilidade pelo seu conteúdo ou para provar a sua autenticidade; firma 3 contrato através do qual se adquire o direito de receber determinado bem (publicação

periódica) ou usufruir de um serviço (frequência de espetáculos, utilização de transportes públicos, etc.), mediante o pagamento de uma dada quantia **4** [fig.] cunho próprio; marca (De *assinar*+*-tura*)

assinável *adj.2g.* que se pode assinar (De *assinar*+*-vel*)

assíncrono *adj.* **1** que não é síncrono **2** FÍSICA designativo dos motores de corrente alternada cuja velocidade angular varia com a potência que deles se exige (Do gr. *a-*, «sem» +*sýgkhronos*, «contemporâneo»)

assindético *adj.* GRAMÁTICA diz-se da coordenação em que os membros não estão ligados por conjunção ou locução coordenativa (De *assíndeto*+*-ico*)

assíndeto *n.m.* GRAMÁTICA ausência da conjunção coordenativa a ligar grupos de palavras ou orações coordenadas (Do gr. *asýndetos*, «desunido»)

assíndeton *n.m.* GRAMÁTICA ⇒ **assíndeto** (Do gr. *asýndeton*, «desunido»)

assinergia *n.f.* **1** privação de sinergia **2** MEDICINA falta de movimentos harmónicos e coordenados, especialmente entre músculos de ação antagónica (Do gr. *a-*, «sem» +*synergía*, «cooperação»)

assinérgico *adj.* relativo à assinergia (De *assinergia*+*-ico*)

assingelar *v.tr.* **1** tornar singelo **2** simplificar (De *a-*+*singelo*+*-ar*)

assintáctico ver nova grafia **assintático**

assintático *adj.* contrário às regras da sintaxe (Do gr. *a-*, «sem» +*syntaktikós*, «que põe por ordem»)

assintomático *adj.* que não apresenta sintomas (Do gr. *a-*, «sem» +*symptomatikós*, «id.»)

assíntota *n.f.* ⇒ **assímptota**

assíntota *n.f.* **1** MATEMÁTICA linha reta relacionada com uma curva, cuja distância entre elas se torna infinitamente pequena, a partir de determinado ponto **2** [fig.] caminho que se aproxima continuamente de um ideal sem jamais o atingir (Do gr. *asýmptotos*, «que não coincide»)

assintótico *adj.* relativo a assíntota (De *assíntota*+*-ico*)

assírio *adj.* **1** relativo à antiga Assíria **2** da Assíria ■ *n.m.* **1** indivíduo natural da Assíria **2** idioma da Assíria (Do lat. *assyrĭu-*, «id.»)

assiriologia *n.f.* estudo das antiguidades assírias (filologia, arqueologia, etc.) (De *Assíria*, top. +*-logia*)

assiriologista *n.2g.* ⇒ **assiriólogo** (De *assiriologia*+*-ista*)

assiriólogo *n.m.* pessoa que se dedica ao estudo das antiguidades assírias (De *Assíria*, top. +*-logo*)

assisado *adj.* **1** que tem siso; ajuizado; sensato; prudente **2** discreto (Part. pass. de *assisar*)

assisar *v.tr.* dar juízo a ■ *v.intr.* **1** tornar-se mais ajuizado **2** cair em si; refletir (De *a-*+*siso*+*-ar*)

assísmico *adj.* **1** (região) que não apresenta fenómenos sísmicos; sem atividade sísmica **2** (edifício) construído de forma a evitar as consequências dos sismos (De *a-*+*sísmico*)

assistência *n.f.* **1** ato ou efeito de assistir, estar presente **2** conjunto de pessoas que assistem a algo; espectadores; auditório **3** ação de auxiliar tecnicamente alguém **4** ação de ajudar ou de prestar socorro a alguém; amparo; auxílio; socorro prestado a pessoas com necessidades **5** garantia pela qual uma sociedade se obriga a apoiar os seus aderentes ou clientes, financeira ou tecnicamente, nos termos de um contrato estabelecido previamente **6** socorro prestado a um navio em perigo mas não em risco de se perder **7** dever recíproco dos cônjuges de prestação de alimentos e contribuição para os encargos da vida familiar; **~ técnica** apoio ao cliente por pessoal especializado (De *assistir*+*-ência*)

assistencial *adj.2g.* **1** referente a assistência **2** em que há assistência (De *assistência*+*-al*)

assistente *adj.2g.* que assiste; que auxilia ■ *n.2g.* **1** pessoa que assiste; auxiliar; ajudante **2** adjunto **3** ouvinte **4** (ensino superior) docente adjunto do professor catedrático, encarregado das aulas práticas ou teórico-práticas **5** DIREITO pessoa ou entidade que tem interesses processuais próprios num processo penal e que auxilia o Ministério Público, estando subordinado à sua atuação ■ *n.m.* INFORMÁTICA programa que guia o utilizador na realização de uma tarefa através de uma sequência de instruções simples que vão aparecendo no ecrã ■ *n.f.* [Brasil] parteira; **~ de bordo** membro da tripulação de um avião encarregado de atender os passageiros; **~ social** pessoa com formação específica que ajuda a solucionar problemas de adaptação de indivíduos, causados por fatores de ordem física, psicológica ou social; **médico ~** médico que trata de um doente com regularidade (De *assistir*+*-ente*)

assistida *n.f.* [pop.] mulher durante o período menstrual (Part. pass. fem. subst. de *assistir*)

assistido *adj.* **1** que recebeu ajuda ou apoio médico **2** MECÂNICA diz-se do tipo de direção de automóvel em que o esforço de girar as rodas (mediante a rotação do volante) é auxiliado por um sistema complementar, geralmente hidráulico (Part. pass. de *assistir*)

assistimento *n.m.* [pop.] menstruação (De *assistir*+*-mento*)

assistir *v.tr.* **1** estar presente (em); presenciar; participar (em) **2** estar presente em (espetáculo, reunião, etc.), vendo e ouvindo **3** dar apoio ou assistência; auxiliar; ajudar **4** ser da competência de; caber; competir **5** secundar (alguém) nas suas funções (Do lat. *assistĕre*, «assistir»)

assistolia *n.f.* MEDICINA insuficiência da contração (sístole) do coração (Do gr. *a-*, «sem» +*systolé*, «contração» +*-ia*)

assoadela *n.f.* ato ou efeito de assoar ou de se assoar (De *assoar*+*-dela*)

assoado¹ *adj.* de som forte (De *a-*+*som*+*-ado*)

assoado² *adj.* que se assoou (Part. pass. de *assoar*)

assoalhada *n.f.* qualquer compartimento de uma casa que não seja a despensa, a cozinha, o quarto de banho ou o hall (Part. pass. fem. subst. de *assoalhar*)

assoalhado¹ *adj.* **1** coberto de soalho; sobradado **2** (compartimento de casa) que não se destina a instalações higiénicas, nem à cozinha, nem à arrumações ■ *n.m.* soalho (Part. pass. de *assoalhar*, «cobrir de soalho»)

assoalhado² *adj.* provido de soalhas (De *soalha*)

assoalhado³ *adj.* **1** exposto ao sol **2** [fig.] divulgado (Part. pass. de *assoalhar*, «expor ao sol»)

assoalhador *n.m.* aquele que assoalha (De *assoalhar*+*-dor*)

assoalhadura *n.f.* processo de assoalhar; assoalhamento (De *assoalhar*+*-dura*)

assoalhamento *n.m.* **1** ato ou efeito de cobrir de soalho **2** [fig.] divulgação; revelação (De *assoalhar*+*-mento*)

assoalhar¹ *v.tr.* cobrir de soalho; sobradar (De *a-*+*soalho*, «pavimento» +*-ar*)

assoalhar² *v.tr.* colocar soalhas em (De *a-*+*soalha*+*-ar*)

assoalhar³ *v.tr.* **1** expor ao sol **2** [fig.] divulgar; revelar ■ *v.pron.* mostrar-se em público (De *a-*+*soalho*, «soalheiro» +*-ar*)

assoante *adj.2g.* **1** que tem ou forma assonância **2** (rima) em que só coincidem as vogais tónicas da última palavra de cada verso; toante (Do lat. *assonante-*, «que faz eco»)

assoa-queixos *n.m.* [pop.] tabefe; bofetão (De *assoar*+*queixo*)

assoar *v.tr.* limpar as mucosidades (do nariz) ■ *v.pron.* expirar com força pelo nariz para expelir as mucosidades; **assoa-te a esse guardanapo!** fizeste-a bonita!, que te sirva de lição! (De *a-*+*soar*)

assobarcar *v.tr.* **1** meter debaixo do braço **2** [fig.] açambarcar (Do cast. *asobarcar*, «sobraçar»)

assoberbado *adj.* **1** dominado pela soberba; soberbo; altivo **2** repleto **3** tratado com soberba **4** humilhado **5** sobrecarregado **6** excedido (Part. pass. de *assoberbar*)

assoberbamento *n.m.* ato ou efeito de assoberbar (De *assoberbar*+*-mento*)

assoberbante *adj.2g.* **1** que assoberba **2** enorme; descomunal (De *assoberbar*+*-ante*)

assoberbar *v.tr.* **1** tratar com soberba ou desprezo; dominar com arrogância **2** sobrecarregar com (trabalho); encher **3** dominar; oprimir **4** humilhar; vexar ■ *v.pron.* **1** tornar-se soberbo ou arrogante **2** sobrecarregar-se (de trabalho) (De *a-*+*soberba*+*-ar*)

assobiada *n.f.* **1** ruído forte e prolongado de assobios **2** apupada; assuada **3** troça (Part. pass. fem. subst. de *assobiar*)

assobiadeira *n.f.* ORNITOLOGIA ⇒ **alfanado** (De *assobiar*+*-deira*)

assobiadela *n.f.* **1** assobio breve e audível **2** chamada por assobio **3** demonstração de desagrado através de assobio; apupo (De *assobiar*+*-dela*)

assobiado *adj.* **1** corrido a assobios; apupado **2** [regionalismo] aguçado; esguio (Part. pass. de *assobiar*)

assobiador *adj.,n.m.* que ou o que assobia (De *assobiar*+*-dor*)

assobiante *adj.2g.* que assobia; assobiador (De *assobiar*+*-ante*)

assobiar *v.intr.* produzir um som agudo fazendo o ar passar pelos lábios quase fechados ou com um instrumento próprio; dar assobios; silvar ■ *v.tr.* **1** chamar por meio de assobio **2** reproduzir (melodia) através de assobio ■ *v.tr.,intr.* demonstrar desagrado através de assobios; apupar; vaiar; **~ às botas** já não haver nada a fazer (Do lat. *assibilāre*, «assobiar»)

assobio *n.m.* **1** som agudo resultante da passagem do ar pelos lábios quase fechados ou pelo orifício de um instrumento **2** pequeno instrumento para produzir este som; apito **3** silvo **4** apupada **5** BOTÂNICA planta de flores brancas, pertencente à família das Silináceas, espontânea em Portugal; **de três assobios** muito bom (Deriv. regr. de *assobiar*)

assobradar *v.tr.* pôr sobrado em; soalhar (De *a-*+*sobrado*+*-ar*)

assocar v.tr. **1** cobrir (o estrume) com a terra dos bordos do rego feito pelo arado **2** atolar (os pés) ao andar (De a-+soco [= tamanco] +-ar)

associabilidade n.f. qualidade de associável (De associável+-i-+-dade)

associação n.f. **1** ato ou efeito de associar ou associar-se; aliança; união **2** grupo das pessoas assim reunidas **3** ato de associar alguém a algo; colaboração **4** união de esforços de várias pessoas para prosseguir um fim comum **5** pessoa coletiva sem fim lucrativo **6** BIOLOGIA agrupamento de seres vivos de condições mesológicas uniformes **7** reunião de elementos diversos para formar um conjunto; ~ *de ideias* ato psicológico pelo qual uma ideia evoca outra (De associar+-ção)

associacionismo n.m. PSICOLOGIA doutrina segundo a qual as formas superiores da atividade psíquica resultam da associação automática de ideias e representações (Do ing. *associationism*, «id.»)

associado adj. que se associou ■ n.m. **1** aquele que se associou **2** membro de uma associação; sócio **3** (ensino superior) docente adjunto do professor catedrático, encarregado das aulas práticas ou teórico-práticas e da orientação de disciplinas e trabalhos de investigação

associalização n.f. ato ou efeito de assocializar; socialização (De assocializar+-ção)

assocializar v.tr. **1** tornar social **2** constituir em associação **3** irmanar (De a-+social+-izar)

associar v.tr. **1** unir; juntar **2** reunir para um fim comum **3** relacionar (com) ■ v.pron. **1** inscrever-se como associado **2** formar uma associação ou sociedade **3** reunir-se **4** cooperar **5** tomar parte; participar (coisas) combinar-se **7** ser compatível (Do lat. *associāre*, «juntar»)

associatividade n.f. MATEMÁTICA propriedade de uma operação em que se verifica a associação entre elementos de um conjunto sem afetar o resultado (De associativo+-i-+-dade)

associativismo n.m. **1** ECONOMIA doutrina que preconiza a livre associação de pequenos grupos de produtores como solução para problemas socioeconómicos **2** ECONOMIA sistema dos que se agrupam em associações ou lhes atribuem um papel económico de relevo (De associativo+ismo)

associativo adj. **1** relativo ou pertencente a uma associação **2** relativo a associação de ideias (De associar+-tivo)

associável adj.2g. que se pode associar (De associar+-vel)

assolação n.f. **1** ato ou efeito de assolar **2** devastação; destruição (De assolar+-ção)

assolador adj.,n.m. **1** que, aquele ou aquilo que assola **2** destruidor; devastador (De assolar+-dor)

assolamento n.m. ⇒ **assolação** (De assolar+-mento)

assolapado adj. **1** oculto **2** disfarçado (Part. pass. de assolapar)

assolapar v.tr. ⇒ **solapar** (De a-+solapa+-ar)

assolar v.tr. **1** deitar por terra; arrasar **2** destruir; devastar; talar **3** [fig.] consternar intensamente ■ v.pron. agachar-se; acaçapar-se (Do lat. *assolāre*, «destruir»)

assoldadar v.tr. **1** tomar a soldo **2** assalariar ■ v.pron. ajustar-se por soldada ou soldo (De a-+soldada+-ar)

assoldar v.tr.,v.pron. ⇒ **assoldadar** (De a-+soldo+-ar)

assolear v.intr. [Brasil] cansar-se por ter andado muito ao sol (Do cast. *asolear*, «expor ao sol»)

assoleimar v.tr. [regionalismo] crestar ao sol; estiolar (De assolear × queimar)

assolhar v.tr. ⇒ **assoalhar**¹ (De a-+solho+-ar)

assomada n.f. **1** ato ou efeito de assomar **2** aparição **3** cumeada **4** altura **5** auge (Part. pass. fem. subst. de assomar)

assomadamente adv. **1** com ímpeto **2** com arrogância (De assomado+-mente)

assomadiço adj. **1** que se irrita facilmente **2** arrebatado (De assomar+-diço)

assomado adj. **1** levantado **2** exaltado; colérico; irascível **3** impaciente (Part. pass. de assomar)

assomadoiro n.m. **1** lugar próprio para se assomar **2** assomada (De assomar+-doiro)

assomadouro n.m. ⇒ **assomadoiro**

assomar v.tr. **1** aparecer em (lugar alto); subir a **2** mostrar-se; manifestar-se **3** vir ao pensamento; ocorrer **4** irritar; enraivecer ■ v.intr. começar a mostrar-se; surgir ■ v.pron. irritar-se; enraivecer-se (Do lat. *assummāre*, «subir para o alto»)

assombração n.f. **1** visão sobrenatural; fantasma **2** [Brasil] terror causado pela aparição de coisas sobrenaturais (De assombrar+-ção)

assombradiço adj. **1** que se assombra com facilidade; espantadiço **2** desconfiado (De assombrar+-diço)

assombrado adj. **1** diz-se do lugar em que se acredita aparecerem almas do outro mundo **2** aterrado; apavorado **3** espantado; pasmado **4** que tem sombra; sombreado (Part. pass. de assombrar)

assombramento n.m. **1** ato ou efeito de assombrar ou de se assombrar **2** admiração; espanto **3** susto **4** sombra (De assombrar+-mento)

assombrar v.tr. **1** (fantasma, espírito) andar por (um lugar); aparecer **2** maravilhar; pasmar **3** aterrar; apavorar **4** espalhar sombra em **5** tornar sombrio; escurecer ■ v.pron. **1** ficar maravilhado; espantar-se **2** assustar-se **3** cobrir-se de sombra (De a-+sombra+-ar)

assombreamento n.m. ⇒ **assombramento** (De assombrear+-mento)

assombrear v.tr. dar sombra a; sombrear (De a-+sombra+-ear)

assombro n.m. **1** grande admiração ou espanto; pasmo **2** pessoa ou coisa que causa terror **3** terror causado por visão; susto **4** pessoa ou coisa que desperta admiração; prodígio; portento (Deriv. regr. de assombrar)

assombroso /ô/ adj. que causa assombro; espantoso; maravilhoso; prodigioso (De assombro+-oso)

assomo /ô/ n.m. **1** ato de assomar **2** indício **3** irritação; agastamento **4** manifestação de um sentimento **5** suspeita **6** lembrança (Deriv. regr. de assomar)

assonância n.f. **1** conformidade ou semelhança de sons **2** aproximação fonética das vogais tónicas de duas palavras (Do lat. *assonantĭa*, part. pres. neut. pl. de *assonāre*, «fazer eco»)

assonante adj.2g. que tem assonância; assoante (Do lat. *assonante-*, «id.», part. pres. de *assonāre*, «fazer eco»)

assonar v.intr. **1** produzir assonância **2** ressoar; ecoar (Do lat. *assonāre*, «id.»)

assonorentado adj. sonolento (De a-+sonorento+-ado)

assopeado adj. **1** [pop.] afrontado **2** [pop.] perseguido por credores **3** [pop.] acabrunhado (Part. pass. de assopear)

assopear v.tr. [pop.] pôr debaixo dos pés; pisar; calcar (De a-+sopear)

assopradela n.f. **1** ato de assoprar; sopradela; sopro; assopro **2** auxílio dos colegas aos alunos que estão a ser chamados (De assoprar+-dela)

assoprado adj. **1** impelido com sopro; soprado **2** enfunado **3** [fig.] vaidoso **4** sugerido; lembrado (Part. pass. de assoprar)

assoprador adj. **1** que assopra **2** [fig.] que instiga ■ n.m. **1** o que assopra **2** [fig.] instigador **3** fole (De assoprar+-dor)

assopradura n.f. ⇒ **assopro** (De assoprar+-dura)

assopramento n.m. ⇒ **assopro** (De assoprar+-mento)

assoprar v.tr.,intr. ⇒ **soprar** (De a-+soprar)

assopro /ô/ n.m. **1** ⇒ **sopro** **2** [fig.] denúncia (Deriv. regr. de assoprar)

assoreamento n.m. **1** acumulação de detritos (areias, calhaus, lodo, etc.) nas zonas de fraco desnível do leito dos rios, especialmente na parte final **2** obstrução da barra de um rio, porto, etc., pelo depósito de detritos (De assorear+-mento)

assorear v.tr. causar assoreamento a ■ v.pron. sofrer assoreamento (Do lat. *subarenāre*, «id.»)

assossegar v.tr.,intr. ⇒ **sossegar** (De a-+sossegar)

assossego /ê/ n.m. ⇒ **sossego** (Deriv. regr. de assossegar)

assotado adj. **1** em forma de sótão **2** inclinado

assotar v.tr. dar forma de sótão a (De a-+soto [= sótão] +-ar)

assovacado adj. **1** que se assovaca ou se assovacou **2** acovardado **3** intimidado (De a-+sovaco+-ado)

assovacar v.intr. ter dificuldade na respiração; sufocar ■ v.pron. acobardar-se (De a-+sovaco+-ar)

assovelado adj. **1** furado com sovela **2** em forma de sovela **3** pontiagudo **4** [fig.] esganiçado (Part. pass. de assovelar)

assovelar v.tr. **1** furar com sovela **2** dar forma de sovela a **3** [fig.] espicaçar; estimular **4** [fig.] irritar (De a-+sovelar)

assovinado adj. **1** furado ou picado com sovina **2** assovelado **3** um tanto sovina **4** [fig.] irritado (De a-+sovina+-ado)

assovinar v.tr. **1** furar ou picar com sovina **2** [fig.] espicaçar; assovelar **3** [fig.] irritar ■ v.pron. tornar-se sovina (De a-+sovinar)

assovinhar v.tr. **1** ⇒ **assovinar** **2** coser mal e à pressa (De a-+sovinha, por sovina, +-ar)

assuada n.f. **1** bando de gente armada para provocar desordem **2** motim **3** algazarra; barulho **4** zombaria **5** apupada (Part. pass. fem. subst. de assuar)

assuar v.tr. **1** juntar (pessoas) para fazer um motim **2** insultar com vaias; apupar (Do lat. *ad+sub+unāre*, «juntar»)

assucador *n.m.* [regionalismo] arado de duas aivecas largas (De *assucar*+-*dor*)
assucadouro *n.m.* [regionalismo] ⇒ **assucador** (De *assucar*+-*douro*)
assucar *v.tr.* [regionalismo] margear (a terra), formando sulcos (De *a*-+*suco* [= sulco] +-*ar*)
assucatar *v.tr.* **1** construir mal **2** fazer mal (De *a*-+*sucata*+-*ar*)
assumagrar *v.tr.* misturar com sumagre (De *a*-+*sumagre*+-*ar*)
assumido *adj.* **1** que mostra adotar uma ideia, ideologia ou atitude **2** declarado
assumir *v.tr.* **1** tomar sobre si; atribuir-se **2** encarregar-se de; arrogar **3** adotar; ostentar **4** alcançar; atingir **5** FILOSOFIA admitir (uma proposição) a título de hipótese, como base de uma investigação, de um raciocínio ■ *v.pron.* identificar-se com uma dada forma de estar e agir em conformidade com ela (Do lat. *assumĕre*, «tomar para si»)
assumptível *adj.2g.* **1** que se pode assumir **2** admissível **3** legítimo (Do lat. *assumptu*-, «adotado»+-*vel*)
assumptivo *adj.* **1** que se assume de outro **2** adotivo (Do lat. *assumptīvu*-, «exterior; que vem de fora»)
assumpto *adj.* **1** elevado **2** transportado **3** arrebatado **4** assumido (Do lat. *assumptu*-, part. pass. de *assumĕre*, «tomar para si»)
assunar *v.tr.* amotinar ■ *v.pron.* reunir-se para assuada (Do lat. *ad*+*sub*+*unāre*, «juntar»)
assunção *n.f.* **1** ato ou efeito de assumir **2** sujeição ou vinculação a um dever **3** arrebatamento **4** [com maiúscula] RELIGIÃO elevação milagrosa da Virgem ao Céu **5** [com maiúscula] RELIGIÃO festa no dia comemorativo dessa elevação (Do lat. *assumptiōne*-, «ato de tomar para si, recebimento»)
assuntar *v.tr.* **1** [Brasil] prestar atenção a **2** [Brasil] pensar em **3** [Brasil] apurar; descobrir (De *assunto*+-*ar*)
assunto *n.m.* matéria de que se trata; objeto; tema; motivo (Do lat. *assumptu*-, «assumido»)
assurgente *adj.2g.* **1** aprumado **2** que surge **3** que se ergue (Do lat. *assurgente*-, «id.», part. pres. de *assurgĕre*, «erguer-se»)
assustadiço *adj.* que se assusta com facilidade; espantadiço (De *assustar*+-*diço*)
assustador *adj.,n.m.* que, aquele ou aquilo que assusta (De *assustar*+-*dor*)
assustar *v.tr.* causar susto a; intimidar ■ *v.pron.* ter susto ou receio (De *a*-+*susto*+-*ar*)
assustoso /ô/ *adj.* que mete susto (De *a*-+*susto*+-*oso*)
assutado *adj.* **1** marcado com suta **2** esquadriado (De *a*-+*suta*+-*ado*)
asta *interj.* usada para fazer recuar os bois jungidos (Por *afasta*!)
-asta sufixo nominal, de origem latina, que tem sentido diminutivo e pejorativo (*vergasta; homiliasta*)
astácida *n.m.* ICTIOLOGIA ⇒ **astacídeo**
Astácidas *n.m.pl.* ICTIOLOGIA ⇒ **Astacídeos**
astacídeo *adj.* ICTIOLOGIA relativo ou pertencente aos Astacídeos ■ *n.m.* ICTIOLOGIA espécime dos Astacídeos
Astacídeos *n.m.pl.* ICTIOLOGIA família de malacostráceos, decápodes, macruros, cujo género-tipo se denomina *Astacus* (Do gr. *astakós*, «lagostim», pelo lat. *astăcu*-, «caranguejo»+-*ídeos*)
Ástaco *n.m.* **1** ASTRONOMIA constelação de Câncer **2** MITOLOGIA figura mitológica (Do gr. *astakós*, «lagostim», pelo lat. *astăcu*-, «caranguejo»)
astasia *n.f.* MEDICINA dificuldade ou impossibilidade de conservar o corpo ereto ou de permanecer de pé (Do gr. *a*-, «sem» +*stásis*, «estabilidade» +-*ia*)
astaticidade *n.f.* qualidade do que é astático (De *astático*+-*i*-+-*dade*)
astático *adj.* **1** que não tem equilíbrio estável **2** MEDICINA que padece de astasia; *sistema* ~ sistema móvel cujo equilíbrio é indiferente num dado campo de forças (um par de agulhas magnéticas iguais, paralelas, solidárias, com os polos magnéticos em oposição e com os movimentos livres em torno de um eixo central) (Do gr. *a*-, «sem» +*statikós*, «estável»)
ástato *n.m.* QUÍMICA elemento químico com o número atómico 85 e símbolo At, radioativo, não existente na natureza, descoberto em 1940, e muito semelhante aos elementos halogéneos (Do gr. *ástatos*, «instável»)
asteca *adj.2g.* relativo ou pertencente aos Astecas ou à sua língua ■ *n.2g.* pessoa pertencente aos Astecas ■ *n.m.* ⇒ **nauatle** *n.m.* (Do nauat. *aztecatl*, «homem do Norte», pelo cast. *azteca*, «id.»)
Astecas *n.m.pl.* ETNOGRAFIA povo índio que ocupou o México até à conquista deste país pelos espanhóis, em 1519 (De *asteca*)
asteísmo *n.m.* expressão delicada mas um tanto irónica (Do gr. *asteïsmós*, «finura de espírito»)

astela *n.f.* aparelho cirúrgico de talas para membros fraturados (Do lat. *hastella*-, dim. de *hasta*-, «vara»)
astélico *adj.* BOTÂNICA diz-se da estrutura do caule, típica das monocotiledóneas, que não apresenta cilindro central (estela) (Do gr. *a*-, «sem» +*stéle*, «estela; coluna»)
astenia *n.f.* MEDICINA fraqueza; debilidade; falta de forças (Do gr. *astheneía*, «falta de vigor»)
asténico *adj.* **1** que tem astenia **2** PSICOLOGIA (Kretschmer) de tipo morfológico longilíneo e magro, com tendência para a esquizotimia; leptossómico (Do gr. *asthenikós*, «id.»)
asten(o)- elemento de formação de palavras que exprime a ideia de *fraco, débil* (Do gr. *asthenés*, «débil»)
astenofonia *n.f.* diminuição de intensidade do som vocal (De *asteno*-+-*fonia*)
astenopia *n.f.* fraqueza ou cansaço dos órgãos da visão (Do gr. *asthenés*, «débil» +*óps, opós*, «olho» +-*ia*)
áster *n.m.* BIOLOGIA conjunto de filamentos radiantes que circundam o centrossoma, nas células (Do gr. *astér*, «estrela», pelo lat. *aster, ĕris*, «id.»)
asterácea *n.f.* BOTÂNICA espécime das Asteráceas
Asteráceas *n.f.pl.* BOTÂNICA família de plantas com inflorescência em capítulo, que inclui milhares de espécies espontâneas ou cultivadas também designadas Compostas, também designada Compostas (Do gr. *astér*, «estrela», pelo lat. *aster, -ĕris*, «id.» +-*áceas*)
astereognosia *n.f.* perturbação que consiste na impossibilidade de reconhecer formas, sobretudo tactilmente (Do gr. *a*-, «sem» +*stéreos*, «sólido» +*gnósis*, «conhecimento» +-*ia*)
astéria *n.f.* **1** ZOOLOGIA zoófito radiário, da ordem dos equinodermes, mais conhecido por estrela-do-mar **2** MINERALOGIA espécie de opala que tem a qualidade do asterismo **3** FÍSICA ponto luminoso em forma de estrela que por vezes se observa no interior de um cristal quando exposto a uma luz intensa
asteriforme *adj.2g.* em forma de estrela (Do lat. *aster, -ĕris*, «estrela» +*forma*-, «forma»)
asteriída *n.m.* ZOOLOGIA ⇒ **asteriídeo**
Asteriídas *n.m.pl.* ZOOLOGIA ⇒ **Asteriídeos**
asteriídeo *adj.* ZOOLOGIA relativo ou pertencente aos Asteriídeos ■ *n.m.* ZOOLOGIA espécime dos Asteriídeos
Asteriídeos *n.m.pl.* ZOOLOGIA família de equinodermes, cujos pés ambulacrários estão dispostos em quatro séries (Do lat. cient. *Asteria*-+-*ídeos*)
astério *n.m.* ANATOMIA ponto do cruzamento das três suturas cranianas: a lambdoide, a occipitotemporal e a parietotemporal (Do gr. *astér*, «estrela» +-*io*)
asterisco *n.m.* **1** sinal gráfico em forma de estrela (*), usado para indicar qualquer informação em nota **2** pequena estrela (Do gr. *asterískos*, «estrelinha», pelo lat. *asteriscu*-, «asterisco»)
asterismo *n.m.* **1** ASTRONOMIA conjunto de estrelas que, dentro de uma constelação, estão agrupadas de tal forma que permitem imaginar uma determinada figura na esfera celeste **2** MINERALOGIA qualidade de alguns minerais que, expostos à luz, exibem, internamente, uma estrela de raios luminosos (Do gr. *asterismós*, «constelação»)
asternal *adj.2g.* **1** que não tem relação com o esterno **2** que não se articula com o esterno (Do gr. *a*-, «sem»,+*stérnon*, «esterno»)
asteroide *n.m.* **1** ASTRONOMIA pequeno corpo celeste que gravita à volta do Sol e se encontra, na sua maioria, entre as órbitas de Marte e Júpiter, apresentando dimensões variáveis; pequeno planeta; planetoide **2** ZOOLOGIA espécime dos asteroides ■ *adj.2g.* **1** que tem forma semelhante à de uma estrela **2** ZOOLOGIA relativo ou pertencente aos asteroides ■ *n.m.pl.* ZOOLOGIA classe de equinodermes, de corpo asteriforme ou pentagonal e com os pés ambulacrários dispostos em quatro séries, a que pertencem as estrelas-do-mar (Do gr. *asteroeidés*, «em forma de estrela»)
asteróide ver nova grafia asteroide
asterol *n.m.* sal complexo de mercúrio usado como antisséptico em soluções muito diluídas (Do gr. *astér*, «estrela» +-*ol*)
astigmático *adj.* **1** FÍSICA que apresenta astigmatismo **2** MEDICINA que sofre de astigmatismo (De *a*-+*estigmático*)
astigmatismo *n.m.* **1** FÍSICA defeito de um instrumento ótico que não dá de um ponto uma imagem pontual, pelo que a imagem de um objeto aparece como que desfocada (este defeito corrige-se com uma adequada combinação de lentes); ausência de estigmatismo **2** MEDICINA perturbação visual causada por defeitos na curvatura do cristalino ou da córnea (De *a*-+*estigmatismo*)
astigmómetro *n.m.* instrumento para determinar o grau de astigmatismo (Do gr. *a*-, «sem» +*stígma, -atos*, «ponto; marca» +*métron*, «medida»)

astilha *n.f.* estilhaço (Do cast. *astilla*, «lasca de madeira», do lat. *hastella*-, «pequena haste ou lasca»)

astinomia *n.f.* dignidade ou funções de astínomo (De *astínomo*+ *-ia*)

astínomo *n.m.* funcionário da antiga Grécia que tinha a seu cargo o policiamento e limpeza das ruas (Do gr. *astynómos*, «id.»)

astomático *adj.* sem boca; ástomo (Do gr. *a-*, «sem» +*stóma*, *-atos*, «boca» +*-ico*)

astómato *adj.* ⇒ **astomático** (Do gr. *a-*, «sem» +*stóma*, *-atos*, «boca»)

astomia *n.f.* TERATOLOGIA ausência congénita de boca (De *ástomo*+ *-ia*)

ástomo *adj.* TERATOLOGIA desprovido de abertura bucal ■ *n.m.pl.* grupo de musgos cuja urna não apresenta opérculo (Do gr. *a-*, «sem» +*stóma*, *-atos*, «boca»)

astracã *n.f.* **1** pele de cordeiro nonato, de pelo muito frisado, da raça caraculo **2** tecido de lã que imita essa pele (Do fr. *astracan*, «id.», de *Astracã*, cidade russa que fica numa ilha do mar Cáspio)

astragália *n.f.* ARQUITETURA parte de cornija no contorno de moldura terminada em astrágalo (De *astrágalo*+*-ia*)

astragaliano *adj.* relativo a astrágalo (De *astrágalo*+*-iano*)

astragálico *adj.* ⇒ **astragaliano** (De *astrágalo*+*-ico*)

astrágalo *n.m.* **1** ARQUITETURA moldura terminal do fuste de uma coluna, na parte superior, composta pela gola, o listel e o loro **2** ANATOMIA osso situado na parte média do tarso, que se articula com a tíbia e o perónio de um lado, e com o calcâneo e o escafoide do outro lado **3** MILITAR ornato que circunda a boca do canhão (Do gr. *astrágalos*, «pequeno osso» +*manteía*, «adivinhação», pelo fr. *astragale*, «id.»)

astragaloide *adj.2g.* que se parece com astrágalo (De *astrágalo*+ *-óide*)

astragalóide ver nova grafia **astragaloide**

astragalomancia *n.f.* adivinhação praticada pelos antigos Gregos com ossinhos em que se marcavam as letras do alfabeto (Do gr. *astrágalos*, «pequeno osso» +*manteía*, «adivinhação»)

astral *adj.2g.* **1** referente a astro; sideral **2** brilhante ■ *n.m.* parte fluida dos seres humanos (o corpo astral) que, segundo os teósofos e os ocultistas, estabelece a relação entre o corpo físico e o espírito e é suscetível de se materializar (Do lat. *astrāle-*, «relativo aos astros»)

astralidade *n.f.* influência dos astros nos fenómenos naturais e psíquicos, segundo o ocultismo (De *astral+-i-+-dade*)

astralização *n.f.* ato ou efeito de astralizar (De *astralizar+-ção*)

astralizar *v.tr.* tornar astral ■ *v.pron.* **1** viver no astral **2** exercer a vidência (De *astral+-izar*)

astrança *n.f.* BOTÂNICA designação extensiva a umas plantas da família das Umbelíferas, de flores em forma de estrela, cultivadas para fins ornamentais (De *astro+-ança*)

astrância *n.f.* BOTÂNICA ⇒ **astrança** (De *astro+-ância*)

astreia¹ *n.f.* pólipo pedregoso de superfície estrelada (De *astro+ -eia*)

astreia² *n.f.* **1** MITOLOGIA deusa da justiça entre os antigos Gregos **2** ASTRONOMIA [ant.] ⇒ **virgem** *n.f.* **1 3** ASTRONOMIA planeta telescópico entre Marte e Júpiter (Do gr. *Astraía*, mitol., «Astreia», pelo lat. *Astræa-*, «id.»)

ástreo *adj.* **1** relativo a astros; astral **2** cheio de astros **3** iluminado (De *astro+-eo*)

astrífero *adj.* cheio de astros; estrelado (Do lat. *astrifĕru-*, «que traz os astros»)

astrígero *adj.* ⇒ **astrífero** (Do lat. *astru-*, «astro» +*gerĕre*, «ter»)

astro *n.m.* **1** ASTRONOMIA todo o corpo que existe no espaço (estrela, planeta, cometa e nebulosa) **2** ASTROLOGIA todo o corpo celeste considerado relativamente à influência decisiva exercida sobre o destino das pessoas **3** [fig.] pessoa notável; estrela (Do gr. *ástron*, «constelação; astro», pelo lat. *astru-*, «id.»)

astr(o)- elemento de formação de palavras que exprime a ideia de astro (Do gr. *ástron*, «constelação; astro»)

-astro sufixo nominal, de origem latina, que ocorre sobretudo em substantivos derivados de outros substantivos e tem sentido pejorativo (*poetastro*, *medicastro*)

astrobiologia *n.f.* estudo das possibilidades da existência de vida em qualquer lugar exterior à Terra (De *astro-+biologia*)

astrobolismo *n.m.* **1** insolação **2** [ant.] certas paralisias que se consideravam provocadas pela influência dos astros (Do gr. *astrobolismós*, «o que é atribuído à influência dos astros»)

astrocárpea *n.f.* BOTÂNICA espécime das astrocárpeas ■ *n.f.pl.* BOTÂNICA grupo de plantas da família das Resedáceas, cujo género-tipo é *Astrocarpus* (Do gr. *ástron*, «constelação; astro» +*karpós*, «fruto» + *-eas*)

astrocentro *n.m.* CITOLOGIA parte central do áster, que pode estar representada pelo centrossoma ou pelo centríolo (Do gr. *ástron*, «constelação; astro» +*kéntron*, «centro»)

astrodinâmica *n.f.* ASTRONOMIA estudo dos movimentos dos astros e das forças de ação mútua entre eles (De *astro-+dinâmica*)

astrofísica *n.f.* aplicação das leis físicas aos corpos astronómicos, cujo desenvolvimento tem sido feito pela fotografia, fotometria, espetroscopia, técnicas de eletrónica, uso do telescópio eletrónico, dos foguetões e satélites artificiais; estudo da natureza física dos corpos celestes (De *astro-+física*)

astrofísico *adj.* relativo à astrofísica ■ *n.m.* especialista em astrofísica (De *astro-+físico*)

astrofobia *n.f.* pavor mórbido causado pelos relâmpagos e trovões (De *astro-+-fobia*)

astrófobo *adj.,n.m.* que ou aquele que sofre de astrofobia (De *astro-+-fobo*)

astrofotografia *n.f.* processo ou técnica fotográfica aplicada à investigação astronómica; fotografia dos astros ou eventos celestiais (De *astro-+fotografia*)

astrofotometria *n.f.* ASTRONOMIA parte da astronomia que trata da medição da intensidade luminosa dos astros (De *astro-+fotometria*)

astrognosia *n.f.* conhecimento dos astros (Do gr. *ástron*, «astro» +*gnósis*, «conhecimento» +*-ia*)

astrográfico *adj.* (objetiva) utilizado para fotografar campos de estrelas (Do gr. *ástron*, «astro» +*graphiké*, «ação de escrever»)

astroide *n.m.* ⇒ **asteroide**

astróide ver nova grafia **astroide**

astrolábio *n.m.* ASTRONOMIA instrumento de navegação utilizado até ao século XVIII para medir a altura dos astros acima do horizonte (Do gr. *astrolábion*, pelo lat. *astrolabĭu-*, «id.»)

astrólatra *n.2g.* pessoa que adora os astros (De *astro-+-latra*)

astrolatria *n.f.* culto dos astros (De *astro-+-latria*)

astrologia *n.f.* estudo das posições e características dos astros no sentido de determinar a sua influência no destino e no comportamento das pessoas, bem como em fenómenos naturais (Do gr. *astrología*, pelo lat. *astrologĭa-*, «id.»)

astrológico *adj.* relativo à astrologia (Do lat. *astrologĭcu-*, «astronómico»)

astrólogo *n.m.* indivíduo que se dedica à astrologia (Do gr. *astrológos*, «id.», pelo lat. *astrologŭ-*, «id.»)

astromancia *n.f.* adivinhação por meio dos astros (De *astro-+ -mancia*)

astromante *n.2g.* pessoa que pratica a astromancia (De *astro-+ -mante*)

astrometria *n.f.* ASTRONOMIA ramo da astronomia que trata da medição precisa das dimensões dos astros e das suas posições relativas (De *astrómetro+-ia*)

astrométrico *adj.* relativo à astrometria (De *astrometria+-ico*)

astrómetro *n.m.* ASTRONOMIA instrumento que serve para medir o diâmetro aparente dos astros e as distâncias entre si nos espaços interplanetários (Do gr. *ástron*, «astro» +*métron*, «medida»)

astronauta *n.2g.* tripulante de um veículo espacial; cosmonauta (De *astro-+nauta*, ou do fr. *astronaute*, «id.»)

astronáutica *n.f.* ciência e técnica que possibilitam as viagens fora da atmosfera terrestre, a colocação em órbita e o funcionamento dos satélites artificiais e as viagens interplanetárias (Do gr. *ástron*, «astro» +*nautike*, «relativo à navegação», pelo fr. *astronautique*, «id.»)

astronímia *n.f.* tratado acerca do nome dos astros (De *astrónimo+-ia*)

astrónimo *n.m.* palavra ou locução com que se designa um astro (Do gr. *ástron*, «astro» +*ónoma*, «nome»)

astronomia *n.f.* ciência que estuda os astros, principalmente a sua constituição, as suas posições relativas e as leis dos seus movimentos (Do gr. *astronomía*, pelo lat. *astronomĭa-*, «id.»)

astronómico *adj.* **1** relativo à astronomia **2** [fig.] muito grande; gigantesco; exagerado; **unidade astronómica** distância geométrica média da Terra ao Sol (149,5 milhões de quilómetros); **em quantidades astronómicas** em quantidades incalculáveis (Do gr. *astronomikós*, «id.», pelo lat. *astronomĭcu-*, «id.»)

astrónomo *n.m.* **1** especialista na área da astronomia **2** pessoa que se dedica à astronomia (Do gr. *astronómos*, pelo lat. *astronŏmu-*, «astrónomo»)

astroquímica *n.f.* estudo da natureza química dos corpos celestes (De *astro-+química*)

astro-rei *n.m.* o Sol

astroscopia n.f. observação dos astros por meio de instrumentos astronómicos (Do gr. *astroskopía*, «observação dos astros», pelo lat. *astrocopĭa*-, «id.»)

astroscópio n.m. antigo instrumento para observação dos astros (Do gr. *ástron*, «astro» +*skopeîn*, «observar»)

astrosfera n.f. BIOLOGIA conjunto da esfera atrativa com o respetivo áster (Do gr. *astér*, «áster» +*sphaîra*, «esfera»)

astroso adj. 1 aluado 2 infeliz 3 desastrado 4 azarento (De *astro*+*-oso*)

astúcia n.f. habilidade para enganar alguém de modo subtil e inteligente; manha; sagacidade; arte (Do lat. *astutĭa*-, «id.»)

astuciar v.tr. realizar (algo) com astúcia ▪ v.intr. agir com astúcia (De *astúcia*+*-ar*)

astucioso adj. 1 que tem astúcia; astuto 2 que se serve de astúcia; manhoso (De *astúcia*+*-oso*)

ásture adj.,n.2g. ⇒ **asturiano** (Do lat. *astŭre*-, «asturiano»)

asturiano n.m. 1 habitante das Astúrias, província do Norte da Espanha 2 idioma das Astúrias ▪ adj. relativo às Astúrias (Do lat. *Astŭre*-, «das Astúrias» +*-iano*)

astuto adj. 1 que tem habilidade para enganar de forma subtil; manhoso; astucioso 2 sagaz; perspicaz; habilidoso 3 subtil (Do lat. *astūtu*-, «id.»)

ata¹ n.f. registo escrito dos factos ocorridos e das decisões tomadas em reunião, congresso, etc. (Do lat. *acta*, «coisas; factos»)

ata² n.f. 1 [Brasil] BOTÂNICA ⇒ **ateira** 2 fruto da ateira (De orig. obsc.)

-ata sufixo nominal, de origem latina com passagem pelo italiano, que traduz a ideia de *coleção* ou tem sentido pejorativo (*jogata; bailata; dançata*)

atabacado adj. que tem cor ou cheiro de tabaco (De *a*-+*tabaco*+*-ado*)

atabafador adj.,n.m. que ou aquele que atabafa (De *atabafar*+*-dor*)

atabafamento n.m. ato ou efeito de atabafar (De *atabafar*+*-mento*)

atabafar v.tr. 1 abafar 2 cobrir 3 ocultar; encobrir 4 [fig.] não deixar prosseguir (um processo) (De *atafegar* × *abafar*)

atabafeira n.f. [regionalismo] CULINÁRIA ⇒ **tabafeia** (De *a*-+*tabafeira*)

atabalar v.intr. tocar atabales ou timbales (De *atabales*+*-ar*)

atabale n.m. antiga designação do timbale (Do ár. *aT-Tabl*, «tambor»)

atabaleiro n.m. tocador de atabales (De *atabale*+*-eiro*)

atabalhoação n.f. ⇒ **atabalhoamento** (De *atabalhoar*+*-ção*)

atabalhoado adj. 1 feito à pressa; confuso 2 precipitado; atrapalhado 3 desorientado; aturdido 4 estouvado (Part. pass. de *atabalhoar*)

atabalhoamento n.m. 1 ato ou efeito de atabalhoar ou de se atabalhoar; atabalhoação 2 precipitação (De *atabalhoar*+*-mento*)

atabalhoar v.tr. 1 dizer ou fazer de forma desordenada e despositada 2 fazer mal e precipitadamente; atamancar 3 atrapalhar; embaraçar ▪ v.pron. atrapalhar-se; desorientar-se (De orig. obsc.)

atabão n.m. (inseto) ⇒ **tavão** (Do lat. *tabănu*-, «moscardo»)

atabaque n.m. MÚSICA ⇒ **timbale** (Do ár. *aT-Tăbaq*, «prato»)

atabaqueiro n.m. tangedor de atabaque (De *atabaque*+*-eiro*)

atabarda n.f. antigo capote militar (De *a*-+*tabardo*)

atabernar v.tr. 1 vender em taberna 2 converter em taberna 3 vender a retalho (De *a*-+*taberna*+*-ar*)

atabular v.tr. [Brasil] apressar, estugar (o passo) ▪ v.intr. [Brasil] questionar em voz alta (De *atabalhoar*?)

ataca n.f. ⇒ **atacador** (Deriv. regr. de *atacar*)

atacadas n.f.pl. NÁUTICA barrotes que se utilizam no costado do navio para obrigar a madeira a ir ao seu lugar (Part. pass. fem. pl. subst. de *atacar*)

atacadista n.2g. aquele que vende por atacado; grossista (De *atacado*+*-ista*)

atacado adj. 1 que sofreu ataque; assaltado 2 censurado; criticado 3 que está doente 4 muito cheio; atestado 5 atado com atacador; *de ~* de uma só vez; *por ~* por junto, em grandes quantidades (Part. pass. de *atacar*)

atacador n.m. 1 o que ataca 2 cordão ou fita para apertar uma peça de vestuário ou calçado 3 vareta ▪ adj. que ataca (De *atacar*+*-dor*)

atacadura n.f. ato ou efeito de atacar (De *atacar*+*-dura*)

atacanhar v.tr.,pron. tornar(-se) tacanho (De *a*-+*tacanho*+*-ar*)

atacaniça n.f. parte do telhado que cobre ou abriga os lados do edifício (De *a*-+*tacaniça*)

atacante adj.2g. 1 que ataca; agressor 2 que ofende; injurioso ▪ n.2g. 1 pessoa que ataca 2 [Brasil] DESPORTO (futebol) jogador(a) que joga ao ataque; avançado (De *atacar*+*-ante*)

atação n.f. ato ou efeito de atar (De *atar*+*-ção*)

atacar v.tr. 1 lançar um ataque a/contra 2 começar um combate com 3 agredir; assaltar 4 [fig.] opor-se a (alguém) com o objetivo de obter uma vitória moral 5 censurar; criticar 6 ofender; injuriar 7 procurar vencer; tentar resolver 8 destruir a substância de; corroer (matéria) 9 [fig.] encher; atestar 10 iniciar sem hesitação; começar 11 [coloq.] comer com muito apetite 12 ligar ou apertar com atacador ▪ v.pron. 1 agredir-se mutuamente 2 encher-se (Do it. *attaccare*, «id.»)

atacoar v.tr. 1 pôr tacões em 2 atamancar (De *a*-+*tacão*+*-ar*)

atáctico adj. ⇒ **atáxico**

atada n.f. ⇒ **atação** (Part. pass. fem. subst. de *atar*)

atadeiro adj. próprio para atar (De *atar*+*-deiro*)

atadilho n.m. parte inferior da guitarra, bandolim, etc., onde estão os botões para prender as cordas (De *atado*+*-ilho*)

atado adj. 1 preso ou apertado com fio, fita, corda; amarrado 2 [fig.] acanhado; embaraçado; tímido ▪ n.m. série de coisas amarradas; molho (Part. pass. de *atar*)

atador n.m. 1 aquele que ata 2 ceifeiro encarregado de atar os molhos ou paveias (De *atar*+*-dor*)

atadura n.f. 1 ação ou efeito de atar 2 fio ou faixa que serve para atar e prender 3 [Brasil] tira ou faixa de tecido, geralmente gaze, própria para curativos; ligadura (De *atar*+*-dura*)

atafal n.m. retranca franjada das bestas (Do ár. do Magrebe *aT-Tafar*, do ár. cl. *at-thafr*, «id.»)

atafegação n.f. ⇒ **atafego** (De *atafegar*+*-ção*)

atafegar v.tr. [regionalismo] sufocar, apertando o pescoço; asfixiar; abafar (De *atabafar* × *ofegar*?)

atafego /ê/ n.m. ato ou efeito de atafegar; asfixia; sufocação (Deriv. regr. de *atafegar*)

atafera n.f. tira de esparto para as asas dos seirões (Do ár. *ad-dafira*, «toda a coisa entrançada»)

atafona n.f. 1 moinho movido à mão ou por força animal 2 moinho movido a água; azenha (Do ár. *tahŭnă*, «moinho»)

atafoneiro n.m. dono ou encarregado da atafona (De *atafona*+*-eiro*)

atafular v.tr.,pron. [ant.] tornar(-se) taful; aperaltar(-se) (De *a*-+*taful*+*-ar*)

atafulhamento n.m. ato ou efeito de atafulhar (De *atafulhar*+*-mento*)

atafulhar v.tr. 1 encher demasiadamente; abarrotar 2 meter de forma desordenada ▪ v.pron. empanturrar-se (De *a*-+*tafulhar*)

ataganhar v.tr. [regionalismo] abafar por estrangulamento (De orig. obsc.)

atagantar v.tr. 1 açoitar com tagante 2 [fig.] flagelar 3 [fig.] vexar 4 [regionalismo] assustar (De *a*-+*tagante*+*-ar*)

atalaia n.f. torre ou lugar de vigia em situação elevada ▪ n.2g. pessoa que vigia; *de ~* a vigiar, de sobreaviso, à espera (Do ár. *talâyi*, «a sentinela avançada»)

atalaiador n.m. 1 o que põe atalaias 2 o que vigia (De *atalaiar*+*-dor*)

atalaião n.m. torreão; atalaia (De *atalaia*+*-ão*)

atalaiar v.tr. 1 pôr atalaias em 2 [fig.] vigiar de alto 3 espiar 4 guardar (De *atalaia*+*-ar*)

atálamo adj. BOTÂNICA (líquen) sem conceptáculos (Do gr. *a*-, «sem» +*thálamos*, «leito nupcial»)

atalanta n.f. borboleta diurna, da família dos Ninfalídeos (De *Atalanta*, mitol.)

atalante n.m. [regionalismo] desejo súbito de possuir alguma coisa (De *a*-+*talante*)

atalhada n.f. corte feito no mato para evitar que um incêndio se propague (Part. pass. fem. subst. de *atalhar*)

atalhadoiro n.m. ⇒ **talhadouro**

atalhador¹ n.m. aquele que atalha (De *atalhar*+*-dor*)

atalhador² n.m. fornecedor de talhos (De *a*-+*talhador*)

atalhadouro n.m. ⇒ **talhadouro**

atalhamento n.m. 1 ato ou efeito de atalhar 2 corte (De *atalhar*+*-mento*)

atalhar v.tr. 1 impedir o progresso de 2 interromper (pessoa que fala); replicar 3 embaraçar; estorvar; impedir; obviar 4 encurtar (caminho) por atalho 5 diminuir a intensidade de (De *a*-+*talhar*)

atalho n.m. 1 caminho entre dois lugares, diferente e mais curto do que o percurso do caminho principal; vereda; carreiro 2 estorvo; empecilho 3 INFORMÁTICA ícone na área de trabalho ou teclas através dos quais é possível o acesso rápido a ficheiros, pastas ou programas (Deriv. regr. de *atalhar*)

atalocha n.f. ⇒ **talocha** (De *a*-+*talocha*)

atamanca *n.f.* mergulhia de varas, deixando de pé a planta-mãe (Deriv. regr. de *atamancar*)

atamancador *adj.,n.m.* que ou o que atamanca (De *atamancar+-dor*)

atamancamento *n.m.* ato ou efeito de atamancar (De *atamancar+-mento*)

atamancar *v.tr.* 1 fazer ou consertar mal e à pressa 2 pisar com tamanco (De *a-+tamanco+-ar*)

atamarado *adj.* com gosto, cor ou forma de tâmara (De *a-+tâmara+-ado*)

atamento *n.m.* 1 ato ou efeito de atar 2 [fig.] acanhamento (De *atar+-mento*)

atanado *n.m.* 1 casca de carvalho e de outras plantas, depois de triturada para se lhe extrair o tanino que se emprega no curtume das peles 2 cabedal assim curtido (Part. pass. subst. de *atanar*)

atanar *v.tr.* curtir (uma pele) com tanino, para a transformar em coiro (Do fr. *tanner*, «curtir»)

atanário *adj.* diz-se da ave, especialmente da de rapina, que ainda não mudou a pena do ano anterior (De orig. obsc.)

atanásia *n.f.* doutrina baseada na crença da imortalidade (Do gr. *athanasía*, «imortalidade»)

atanazar *v.tr.* ⇒ **atenazar** (De *a-+tenaz+-ar*)

atanchar *v.tr.* ⇒ **tanchar** (De *a-+tanchar*)

atapetar *v.tr.* 1 cobrir com tapete 2 cobrir como um tapete (De *a-+tapete+-ar*)

atapulhar *v.tr.* 1 rolhar 2 tapar com tapulho 3 [fig.] encher muito; atafulhar (De *a-+tapulho+-ar*)

ataque *n.m.* 1 ato ou efeito de atacar; ofensiva 2 ato de violência contra alguém; assalto; agressão 3 palavras duras de crítica; acusação 4 manifestação súbita de uma doença; acesso 5 operação militar; *ângulo de ~* ângulo do plano médio das asas de um avião com o plano horizontal; *ter/sofrer um ~* ser acometido de um mal súbito (crise nervosa ou convulsiva, enfarte, etc.), muitas vezes com perda de consciência (Deriv. regr. de *atacar*)

ataqueiras *elem. expr.* [pop.] *ver-se nas ~* ver-se em dificuldade, aperto ou embaraço (De *atacar+-eiras*)

ataqueiro *n.m.* fabricante ou vendedor de atacas (De *ataca+-eiro*)

atar *v.tr.* 1 prender ou apertar com fio, fita, corda; amarrar com nó ou laço 2 unir; ligar; estreitar 3 impedir; tolher 4 submeter; sujeitar; *não ~ nem desatar* ficar indeciso, não resolver uma situação (Do lat. *aptāre*, «adaptar; ligar»)

ataráctico *adj.* 1 relativo à ataraxia 2 que tem efeito tranquilizante ■ *n.m.* calmante; sedativo (Do gr. *atáraktos*, «tranquilo»+*-ico*)

atarantação *n.f.* ato ou efeito de atarantar ou atarantar-se; ataranto; atrapalhação; confusão (De *atarantar+-ção*)

atarantado *adj.* 1 atrapalhado; embaraçado; assarapantado 2 aturdido; desnorteado (Part. pass. de *atarantar*)

atarantamento *n.m.* ⇒ **atarantação** (De *atarantar+-mento*)

atarantar *v.tr.* 1 causar atarantação a; atrapalhar 2 estontear; desnortear ■ *v.pron.* perder a presença de espírito; atrapalhar-se (De *a-+taranta+-ar*)

ataranto *n.m.* ⇒ **atarantação** (Deriv. regr. de *atarantar*)

ataraxia /cs/ *n.f.* FILOSOFIA ideal de tranquilidade de espírito preconizado pelos filósofos epicuristas e estoicos; *~ medicamentosa* estado de tranquilidade e de indiferença por efeito de agentes neurolépticos (Do gr. *ataraxía*, «ausência de perturbação»)

atardar *v.tr.* 1 atrasar 2 demorar (De *a-+tarde+-ar*)

atarefado *adj.* muito ocupado numa tarefa; afadigado; azafamado (Part. pass. de *atarefar*)

atarefamento *n.m.* 1 ato ou efeito de atarefar ou atarefar-se 2 pressa; azáfama (De *atarefar+-mento*)

atarefar *v.tr.* 1 encarregar de uma tarefa 2 sobrecarregar de serviço; azafamar ■ *v.pron.* trabalhar de forma ativa e rápida; azafamar-se (De *a-+tarefa+-ar*)

ataroucar *v.tr.* 1 tornar idiota 2 fazer proceder tolamente (De *a-+tarouco+-ar*)

atarracado *adj.* 1 baixo e de tronco largo 2 pesado e deselegante 3 atulhado; cheio

atarraçado *adj.* 1 em forma de tarraço 2 cheio de tarraço (De *a-+tarraço+-ado*)

atarracar *v.tr.* 1 preparar (a ferradura e os cravos), batendo-os com martelo 2 tornar baixo e largo ou gordo (De *a-+*ár. *tarrâqa*, «martelo de ferrador»+*-ar*)

atarrafado *adj.* 1 coberto com tarrafa 2 semelhante a tarrafa (De *a-+tarrafa+-ado*)

atarraxador *n.m.* instrumento para atarraxar; parafusador (De *atarraxar+-dor*)

atarraxar *v.tr.* 1 apertar com tarraxa; aparafusar 2 [fig.] apertar muito 3 [coloq.] forçar (alguém) a fazer alguma coisa; apertar (De *a-+tarraxa+-ar*)

atartamelado *adj.* 1 sem firmeza no andar 2 com dificuldade no falar (De *a-+tartamelo+-ado*)

atartarugado *adj.* parecido com a tartaruga (De *a-+tartaruga+-ado*)

atarugar *v.tr.* ⇒ **tarugar** (De *a-+tarugar*)

Atarvaveda *n.m.* RELIGIÃO (hinduísmo) último dos quatro livros sagrados dos hindus, que contém numerosas fórmulas de encantamento e prescrições especiais relativas a cerimónias litúrgicas

atascadeiro *n.m.* atoleiro; lodaçal (De *atascar+-deiro*)

atascar *v.tr.* 1 enterrar em atascadeiro 2 [fig.] comprometer seriamente ■ *v.pron.* 1 enterrar-se em atoleiro ou atascadeiro; atolar-se 2 rebaixar-se no vício (De *a-+tascos+-ar*)

atasqueiro *n.m.* ⇒ **atascadeiro** (De *atascar+-eiro*)

atassalhador *adj.,n.m.* que ou o que atassalha (De *atassalhar+-dor*)

atassalhadura *n.f.* 1 ação de atassalhar 2 dentada 3 mordedura (De *atassalhar+-dura*)

atassalhar *v.tr.* 1 cortar ou fazer em tassalhos; despedaçar 2 lacerar 3 [fig.] desacreditar 4 [fig.] caluniar 5 [fig.] atormentar; torturar (De *a-+tassalho+-ar*)

atassim *n.m.* fio que prende as malhas da rede de pesca à tralha (De *ataar*)

atataranhar-se *v.pron.* 1 acanhar-se 2 embaraçar-se 3 atrapalhar-se (De *a-+tataranha+-ar*)

ataúde *n.m.* caixão funerário; esquife; tumba; féretro (Do ár. *at-tábût*, «esquife; ataúde»)

atauxiar *v.tr.* ⇒ **tauxiar** (De *a-+tauxiar*)

atavanado *adj.* (cavalo preto ou castanho) que tem pintas brancas (tavões ou moscas) nas ancas ou espáduas (De *a-+tavão-+-ado*)

atavão *n.m.* (inseto) ⇒ **tavão** (De *a-+tavão*)

atavernar *v.tr.* ⇒ **atabernar** (De *a-+taverna+-ar*)

ataviador *adj.,n.m.* que ou aquele que atavia (De *ataviar+-dor*)

ataviamento *n.m.* 1 ato de ataviar 2 enfeite; adorno (De *ataviar+-mento*)

ataviar *v.tr.* pôr atavios em; ornar; enfeitar ■ *v.pron.* enfeitar-se; aderecar-se; adornar-se (Do gót. *taujan*, «fazer; enfeitar»)

atávico *adj.* 1 relativo a atavismo 2 em que há atavismo (Do lat. **atavĭcu-*, de *atāvi*, «antepassados»)

atavio *n.m.* 1 enfeite; adorno; ornato 2 modo de se apresentar; apresentação 3 *pl.* arreios (Deriv. regr. de *ataviar*)

atavismo *n.m.* condição que exprime o reaparecimento, num indivíduo, de caracteres que pertenciam a gerações antepassadas e que tinham já deixado de se manifestar (Do lat. *atāvu-*, «antepassado; pai do trisavô»+*-ismo*)

atavonado *adj.* 1 parecido com tavão 2 atavanado (De *a-+tavão+-ado*)

ataxia /cs/ *n.f.* MEDICINA falta de coordenação nos movimentos do corpo (Do gr. *ataxía*, «desordem»)

atáxico /cs/ *adj.* 1 que padece de ataxia 2 relativo a ataxia (De *ataxia+-ico*)

atazanar *v.tr.* ⇒ **atenazar** (De *atenazar*, com met.)

atchim *interj.* imitativa do som produzido quando se espirra

até *prep.* introduz expressões que designam: 1 limite no tempo (*até este momento*); 2 limite no espaço (*até ao Algarve*); 3 limite na quantidade (*contar até mil*) ■ *adv.* 1 mesmo; também; inclusive 2 ainda; *~ já!* até breve!; *~ que enfim!* finalmente! (Do ár. *hátta*, «id.»)

ateador *adj.,n.m.* 1 que ou aquele que ateia 2 fomentador (De *atear+-dor*)

atear *v.tr.* 1 lançar fogo a 2 levantar a chama de; avivar (o lume) 3 [fig.] tornar mais violento 4 [fig.] fomentar; excitar ■ *v.pron.* avivar-se; tornar-se mais intenso (De *a-+teia+-ar*)

ateatrado *adj.* 1 próprio do teatro 2 semelhante a teatro 3 [fig.] teatral 4 [fig.] espalhafatoso (De *a-+teatro+-ado*)

atecnia[1] *n.f.* falta de arte (Do gr. *atekhnía*, «falta de arte»)

atecnia[2] *n.f.* esterilidade; incapacidade de geração; impotência genésica (Do gr. *a-*, «sem»+*téknon*, «filho»+*-ia*)

atediar *v.tr.* causar tédio a; enfastiar; aborrecer ■ *v.pron.* encher-se de tédio; enfadar-se (De *a-+tédio+-ar*)

ateigamento *n.m.* ato ou efeito de ateigar (De *ateigar+-mento*)

ateigar *v.tr.* 1 medir com teiga 2 avaliar a olho o que um campo pode produzir ■ *v.pron.* fartar-se; repimpar-se (De *a-+teiga+-ar*)

ateimar *v.tr.,intr.* ⇒ **teimar** (De *a-+teimar*)

ateira *n.f.* [Brasil, Angola, Moçambique] BOTÂNICA anonácea também denominada ata, fruta-do-conde e pinha (De *ata+-eira*)

ateiró *n.m.* ⇒ **teiró** (De *a-+teiró*)

ateísmo *n.m.* **1** atitude ou doutrina que nega a existência de um Deus, valorizando a humanidade e a vida terrestre como um bem natural da qual o fenómeno divino está alheio; negação da existência de Deus **2** doutrina que não se apoia na existência de uma causa primeira para justificar o Universo (De *ateu+-ismo*, ou do fr. *athéisme*, «id.»)

ateísta *adj.2g.* relativo a ateísmo ■ *n.2g.* **1** pessoa que não crê na existência de Deus **2** pessoa que acredita que a vida é um fenómeno natural que não necessita de um explicação de ordem transcendente (De *ateu+-ista*, ou do fr. *athéiste*, «id.»)

ateístico *adj.* relativo a ateísmo (De *ateísta+-ico*)

atelanas *n.f.pl.* TEATRO, HISTÓRIA farsas populares representadas entre os antigos Romanos (Do lat. *atellāna-*, «atelana», pequena peça de teatro)

atelectasia *n.f.* MEDICINA colapso de uma região do pulmão ou impossibilidade de expansão deste (Do gr. *atelés*, «incompleto» *+éktasis*, «dilatação»)

atelencefalia *n.f.* MEDICINA deficiência do desenvolvimento do encéfalo (Do gr. *atelés*, «incompleto» *+egképhalos*, «encéfalo»)

ateliê *n.m.* ⇒ **atelier** (Do fr. *atelier*)

atelier *n.m.* **1** espaço onde se realiza algum tipo de trabalho artístico ou de artesanato **2** oficina ou estúdio de artistas ou profissionais de arte **3** sessão ou curso prático sobre uma atividade ou um tema **4** grupo de pessoas que trabalham juntas num projeto criativo ou num estudo de um tema ou de uma atividade (Do fr. *atelier*, «lugar onde um artista trabalha»)

atelocardia *n.f.* MEDICINA desenvolvimento incompleto do coração (Do gr. *atelés*, «incompleto» *+kardía*, «coração»)

atelópode *adj.2g.* MEDICINA com desenvolvimento imperfeito dos pés (Do gr. *atelés*, «incompleto» *+poús, podós*, «pé»)

atemorização *n.f.* **1** ato ou efeito de atemorizar ou atemorizar-se **2** temor (De *atemorizar+-ção*)

atemorizador *adj.,n.m.* que ou o que atemoriza (De *atemorizar+-dor*)

atemorizamento *n.m.* ⇒ **atemorização** (De *atemorizar+-mento*)

atemorizar *v.tr.* causar temor, medo a; assustar; espavorir ■ *v.pron.* sentir temor ou medo (De *a-+temor+-izar*)

atempação *n.f.* **1** ato de atempar **2** marcação de tempo ou prazo (De *atempar+-ção*)

atempadamente *adv.* **1** em devido tempo **2** dentro do prazo conveniente **3** a tempo (De *atempada+-mente*)

atempado *adj.* **1** feito dentro de tempo ou prazo conveniente **2** amadurecido; maduro (Part. pass. de *atempar*)

atempar *v.tr.* marcar prazo a ■ *v.intr.* **1** concluir o seu tempo **2** (UVAS) vingar e amadurecer ■ *v.pron.* combinar prazo com outrem (De *a-+tempo+-ar*)

a-tempo *n.m.* oportunidade

atemporal *adj.2g.* que não é afetado pelo tempo

atenazar *v.tr.* **1** apertar com tenaz **2** [fig.] atormentar; afligir **3** [fig.] maçar; aborrecer **4** [fig.] incitar a desforra **5** [fig.] incitar a proceder mal (De *a-+tenaz+-ar*)

atença *n.f.* **1** ação de ater-se **2** confiança (De *ater+-ença*)

atenção *n.f.* **1** fixação da mente num determinado objeto **2** consideração; cortesia **3** dedicação; cuidado **4** [regionalismo] dinheiro que se dá voluntariamente a alguém em paga de um serviço; **~!** exclamação de advertência; *à ~ de* ao cuidado ou à consideração de; *chamar a ~* despertar interesse ou curiosidade; *chamar a ~ de* fazer com que se note; *chamar (alguém) à ~* fazer uma crítica ou um reparo; *em ~ a* tendo em conta, por consideração a (Do lat. *attentiōne-*, «atenção»)

atenciosamente *adv.* **1** com amabilidade; respeitosamente **2** (fórmula epistolar) com consideração (De *atencioso+-mente*)

atencioso *adj.* **1** respeitoso; delicado; cortês **2** que tem ou presta atenção; atento (De *atenção+-oso*)

atendar *v.intr.* **1** montar tendas **2** acampar (De *a-+tenda+-ar*)

atendedor *adj.,n.m.* que ou o que atende; *~ de chamadas* aparelho de atendimento e de gravação de mensagens telefónicas

atender *v.tr.* **1** prestar atenção a **2** ter consideração por **3** satisfazer pedido ou solicitação **4** examinar com cuidado **5** notar; observar **6** deferir **7** receber; ocupar-se de **8** servir (cliente) **9** responder (a quem telefona ou bate à porta) **10** solucionar; resolver ■ *v.intr.* aguardar com atenção; esperar (Do lat. *attendĕre*, «prestar atenção a»)

atendimento *n.m.* **1** ato ou efeito de atender **2** acolhimento (De *atender+-mento*)

atendível *adj.2g.* **1** que pode ser atendido **2** que deve ser atendido (De *atender+-vel*)

ateneu *n.m.* **1** HISTÓRIA (Grécia antiga) lugar público onde os literatos liam as suas produções **2** estabelecimento particular de instrução ou recreio; academia (De gr. *Athénaion*, «templo de Minerva», pelo lat. *athenaeu-*, «escola de poesia e retórica»)

ateniense *n.2g.* natural ou habitante de Atenas ■ *adj.2g.* de ou relativo a Atenas (Do lat. *atheniense-*, «id.»)

atenorar *v.tr.* tornar (a voz) semelhante à de tenor (De *a-+tenor+-ar*)

atenrar *v.tr.* **1** tornar tenro **2** abrandar (De *a-+tenro+-ar*)

atentado *n.m.* **1** tentativa ou prática de crime contra alguém, sobretudo por razões políticas; ato criminoso **2** ofensa a determinados valores (morais, estéticos, etc.) (Do lat. *attentātu-*, part. pass. de *attentāre*, «atacar»)

atentamente *adv.* **1** de forma atenta; com atenção; cuidadosamente **2** (fórmula epistolar) com consideração; atenciosamente (De *atento+-mente*)

atentar[1] *v.tr.* **1** observar com atenção **2** ponderar; considerar (De *a-+tento+-ar*)

atentar[2] *v.tr.* **1** cometer atentado (contra) **2** [fig.] ofender (Do lat. *attentāre*, «atacar»)

atentatório *adj.* **1** que envolve atentado **2** que vai contra algo ou alguém (De *atentar+-tório*)

atentivo *adj.* em que há atenção (Do fr. *attentif*, «atento»)

atento *adj.* **1** que atende **2** que presta atenção; concentrado **3** aplicado; cuidadoso **4** delicado; afável; atencioso (Do lat. *attentu-*, «id.»)

atenuação *n.f.* **1** ato ou efeito de atenuar; diminuição de gravidade, força ou intensidade; abrandamento **2** fraqueza (Do lat. *attenuatiōne-*, «id.»)

atenuador *adj.* que atenua; atenuante (De *atenuar+-dor*)

atenuante *adj.2g.* que atenua ■ *n.f.* circunstância que diminui a culpabilidade de um criminoso ou faltoso (Do lat. *attenuante-*, «id.», part. pres. de *attenuāre*, «diminuir»)

atenuar *v.tr.,pron.* tornar(-se) menos grave, forte ou intenso; tornar(-se) ténue; abrandar; minorar(-se); enfraquecer ■ *v.tr.* diminuir a gravidade de (crime, infração, etc.) (Do lat. *attenuāre*, «diminuir»)

atenuativo *adj.* que serve para atenuar (De *atenuar+-tivo*)

atenuável *adj.2g.* que se pode atenuar (De *atenuar+-vel*)

aterecer-se *v.pron.* inteiriçar-se com o frio; enregelar-se (Do cast. *aterecerse*, «id.»)

aterina *n.f.* ICTIOLOGIA peixe teleósteo acantopterígio semelhante ao arenque (Do gr. *athér*, «espiga; pragana» *+-ina*)

aterinídeo *adj.* ICTIOLOGIA relativo ou pertencente aos Aterinídeos ■ *n.m.* ICTIOLOGIA espécime dos Aterinídeos

Aterinídeos *n.m.pl.* ICTIOLOGIA família de peixes teleósteos a que pertence o camarão-bruxo e a cujo género-tipo pertence a aterina (De *aterina+-ídeos*)

atermal *adj.2g.* **1** sem calor **2** qualificativo das águas minerais que brotam frias **3** atérmico (Do gr. *áthermos*, «sem calor» *+-al*)

atérmano *adj.* ⇒ **atérmico** (Do gr. *a-*, «sem» *+thermaínein*, «aquecer»)

atermia *n.f.* qualidade do que é atérmano ou atérmico (Do gr. *áthermos*, «sem calor» *+-ia*)

atérmico *adj.* **1** impenetrável ao calor **2** mau condutor calorífico **3** que não liberta nem absorve calor (Do gr. *áthermos*, «sem calor» *+-ico*)

ateroma /ô/ *n.m.* MEDICINA placa que se forma na parede interna das artérias, por deposição de colesterol, e que pode calcificar-se ou ulcerar-se numa fase posterior (Do gr. *athéroma, -atos*, «id.», pelo fr. *athérome*, «ateroma»)

ateromatoso *adj.* que contém ateroma (Do gr. *athéroma, -atos*, «ateroma» *+-oso*)

aterosclerose *n.f.* PATOLOGIA variedade de arteriosclerose que se caracteriza pela deposição de substâncias gordas nas paredes internas das artérias (Do gr. *athéro(oma)*, «depósito de gordura» *+sklērōsis*, «endurecimento»)

aterosclerótico *adj.* **1** relativo à aterosclerose **2** em que há ou que sofre de aterosclerose (De *aterosclerose+-ico*, do ing. *atherosclerotic*, «id.», ou do fr. *athérosclérotique*)

aterrador[1] *adj.,n.m.* que ou o que causa terror; pavoroso; terrífico (De *aterrar*, «aterrorizar» *+-dor*)

aterrador[2] *n.m.* aquele que trabalha em aterro (De *aterrar+-dor*)

aterragem *n.f.* ato ou efeito de pousar (o avião) no solo (De *aterrar+-agem*)

aterraplenar *v.tr.* **1** pôr (a terra) plana; terraplenar **2** nivelar (De *a-+terraplenar*)

aterrar[1] *v.intr.* (aeronave) descer em terra; pousar no solo ■ *v.tr.* altear ou cobrir com terra (De *a-+terra+-ar*)

aterrar² *v.tr.* causar muito medo a; aterrorizar (Do lat. *terrēre*, «aterrorizar»)

aterro /ê/ *n.m.* 1 ato, efeito ou trabalho de encher de terra 2 porção de terra ou de entulho para cobrir ou nivelar um terreno 3 local que cobriu ou nivelou com terra ou entulho 4 obra constituída por um maciço artificial de terras 5 ECOLOGIA terreno onde são depositados, em camadas compactadas, resíduos sólidos, que são tratados de maneira a reduzir ao mínimo os efeitos nocivos sobre o ambiente ou a saúde pública; ~ *sanitário* sistema próprio para a deposição e destruição de resíduos sólidos, que consiste num conjunto de cavidades abertas no solo, onde o lixo é colocado, isolado e tapado com terra (Deriv. regr. de *aterrar*)

aterroar *v.tr.* [regionalismo] cobrir com terrões (De *a-*+*terrão*+*-ar*)

aterrorar *v.tr.,pron.* [regionalismo] ⇒ **aterrorizar** (De *a-*+*terror*+*-ar*)

aterrorização *n.f.* ato de causar terror a; ato de meter medo a

aterrorizador *adj.* 1 que infunde terror 2 pavoroso 3 horroroso (De *aterrorizar*+*-dor*)

aterrorizar *v.tr.* causar terror a; aterrar; amedrontar ■ *v.pron.* encher-se de terror (De *a-*+*terror*+*-izar*)

ater-se *v.pron.* 1 apoiar-se; arrimar-se 2 fiar-se; confiar 3 limitar-se; cingir-se (Do lat. *attinēre*, «segurar; reter»)

atesar *v.tr.,pron.* ⇒ **entesar** (De *a-*+*teso*+*-ar*)

atestação *n.f.* 1 ato de atestar (declarar) 2 testemunho 3 certificado (Do lat. *attestatiōne-*, «id.»)

atestado¹ *n.m.* 1 declaração escrita e assinada, que certifica a veracidade de um facto, para fins jurídicos ou morais; atestação 2 [coloq.] prova; demonstração ■ *adj.* testemunhado; certificado; declarado (Do lat. *attestātu-*, «id.»)

atestado² *adj.* 1 cheio; abarrotado 2 [coloq.] bêbedo (Part. pass. de *atestar*)

atestador¹ *n.m.* vasilha com que se atesta um tonel ou uma pipa (De *atestar*+*-dor*)

atestador² *n.m.* 1 aquele que atesta 2 testemunha (Do lat. *attestatōre-*, «id.»)

atestadura *n.f.* porção de líquido com que se atesta uma pipa ou um tonel (De *atestar*+*-dura*)

atestamento *n.m.* ato ou efeito de atestar (encher) (De *atestar*+*-mento*)

atestante *n.2g.* pessoa que atesta ou passa atestados (De *attestante-*, part. pres. de *attestári*, «provar; confirmar»)

atestar¹ *v.tr.* 1 declarar a veracidade de; certificar por escrito ou oralmente; passar atestado de 2 confirmar; testemunhar 3 provar; demonstrar (Do lat. *attestāri*, «atestar; provar»)

atestar² *v.tr.* 1 encher (depósito de gasolina, recipiente) até ficar cheio 2 encher completamente; abarrotar ■ *v.intr.* [coloq.] beber muito; embebedar-se ■ *v.pron.* encher-se completamente (De *a-*+*testo*+*-ar*)

atesto /ê/ *n.m.* ato ou efeito de atestar (vasilhas) (Deriv. regr. de *atestar*)

atetose *n.f.* MEDICINA série de movimentos involuntários e lentos dos dedos, mais raramente dos músculos da face, do pescoço e da nuca, causados por lesão encefálica (Do gr. *áthetos*, «sem posição» +*-ose*)

atetótico *adj.* 1 relativo a atetose 2 que sofre de atetose (De *atetose*+*-ico*)

ateu *adj.,n.m.* que ou indivíduo que nega a existência de qualquer divindade; descrente (Do gr. *átheos*, «ateu», pelo lat. *athĕu-*, «id.»)

atezanar *v.tr.* ⇒ **atenazar** (De *atenazar*, com met.)

atibiar *v.tr.,pron.* ⇒ **entibiar** (De *a-*+*tíbio*+*-ar*)

atiça *n.m.* [regionalismo] aquele que, no Alentejo, instiga outro à briga; atiçador (Deriv. regr. de *atiçar*)

-ática sufixo nominal, de origem latina, que ocorre em substantivos femininos que designam *conjunto, série* (*problemática, informática*)

atiçação *n.f.* ⇒ **atiçamento** (De *atiçar*+*-ção*)

atiçador *n.m.* 1 aquele que atiça 2 (fogo) utensílio para atiçar ou avivar; espevitador 3 [fig.] provocador 4 [fig.] instigador (De *atiçar*+*-dor*)

atiçamento *n.m.* 1 ato ou efeito de atiçar 2 [fig.] incitamento; incitação; instigação (De *atiçar*+*-mento*)

atiçar *v.tr.* 1 avivar; espertar (o lume) 2 chegar para cima a torcida de 3 espevitar (morrão) 4 [fig.] incitar; estimular 5 [fig.] provocar (Do lat. *attitiāre*, «id.», de *titĭo, -ōnis*, «tição»)

aticismo *n.m.* 1 elegância no comportamento, característica dos áticos 2 estilo elegante, conciso e delicado típico dos autores da Ática, região da Grécia antiga 3 este mesmo estilo em escritores de qualquer época ou país (Do gr. *attikismós*, «emprego do idioma ático», pelo lat. *atticismu-*, «id.»)

aticista *n.2g.* pessoa que usa estilo elegante, sóbrio e puro como o dos escritores da Ática, região da Grécia antiga (Do gr. *attikistés*, «imitador de elegâncias da língua ática»)

ático *adj.* 1 relativo à Ática (região da Grécia antiga) 2 (estilo) elegante, sóbrio e conciso ■ *n.m.* ARQUITETURA último andar, no cimo de um edifício, que é recuado relativamente à fachada (Do gr. *Attikós*, «ático», pelo lat. *attícu-*, «id.»)

-ático sufixo nominal, de origem latina, que entra na formação de adjetivos, designando *relação, pertinência* (*catedrático, opiniático, arrieirático*)

atiçoar *v.tr.* queimar com tições (De *a-*+*tição*+*-ar*)

aticurgo *adj.* ARQUITETURA (estilo arquitetónico) próprio da Ática (Do gr. *attikourgés*, «feito à maneira ática»)

atido *adj.* 1 apoiado 2 fiado 3 esperançado (Part. pass. de *ater*)

atigrado *adj.* 1 semelhante a tigre 2 mosqueado (De *a-*+*tigre*+*-ado*)

atijolado *adj.* da cor do tijolo (Part. pass. de *atijolar*)

atijolar *v.tr.* 1 pôr tijolos em 2 ladrilhar 3 dar cor de tijolo a (De *a-*+*tijolo*+*-ar*)

atilado *adj.* 1 a que não falta um til 2 vivo; perspicaz; sagaz 3 polido 4 culto 5 elegante 6 atinado; ajuizado 7 escrupuloso; correto 8 aperfeiçoado (Part. pass. de *atilar*)

atilar *v.tr.* 1 pôr til em 2 executar com perfeição 3 refinar; aperfeiçoar 4 tornar hábil (De *a-*+*til*+*-ar*)

atilho *n.m.* 1 cordão; fita para atar; guita; baraço 2 ligadura frágil e estreita (De *atar*+*-ilho*)

atimia *n.f.* 1 MEDICINA perturbação de humor caracterizada por abatimento e desânimo 2 TERATOLOGIA ausência congénita de timo (Do gr. *athymía*, «desencorajamento; inquietação»)

atímico *adj.* 1 relativo a atimia 2 que padece de atimia (De *atimia*+*-ico*)

átimo *n.m.* 1 pequena parte 2 instante; momento; ápice; *num* ~ num instante, num ápice (Do it. *attimo*, «instante; ápice»)

atinado *adj.* 1 que tem tino; ajuizado; refletido 2 sagaz; inteligente (De *a-*+*tino*+*-ado*)

atinar *v.tr.* 1 descobrir; encontrar; achar 2 descobrir pelo raciocínio; perceber; compreender 3 [coloq.] simpatizar (com); gostar (de); dar-se bem (com) 4 recordar; lembrar ■ *v.intr.* [coloq.] passar a agir de forma sensata (De *a-*+*tino*+*-ar*)

atinente *adj.2g.* que diz respeito; relativo; concernente (Do lat. *attinente-*, «id.», part. pres. de *attinēre*)

atingir *v.tr.* 1 chegar a; alcançar 2 conseguir (o que se pretende) 3 compreender; perceber 4 acertar 5 dizer respeito a; abranger (Do lat. *attingěre*, «tocar em»)

atingível *adj.2g.* que se pode atingir (De *atingir*+*-vel*)

atino *n.m.* 1 ato de atinar 2 tino; juízo 3 acerto (Deriv. regr. de *atinar*)

atintar *v.tr.* 1 dar uma leve demão de tinta a 2 pôr tinta em (De *atintar*)

atipia *n.f.* irregularidade no aparecimento de certas doenças periódicas (Do gr. *a-*, «sem» +*týpos*, «forma» +*-ia*)

atipicidade *n.f.* qualidade do que é atípico (De *atípico*+*-i-*+*-dade*)

atípico *adj.* 1 que se afasta do normal ou típico; anómalo 2 (doença) que aparece com intervalos irregulares (Do gr. *atypikós*, «irregular»)

atiplado *adj.* 1 que tem voz semelhante à de tiple 2 agudo 3 esganiçado (De *a-*+*tiple*+*-ado*)

atirada *n.f.* 1 ato ou efeito de atirar 2 disparo (Part. pass. fem. subst. de *atirar*)

atiradiço *adj.* 1 [coloq.] que se lança facilmente em aventuras; audaz 2 [coloq.] que gosta de seduzir e conquistar; atrevido (De *atirar*+*-diço*)

atirador *adj.* que atira; disparador ■ *n.m.* 1 aquele que atira 2 MILITAR militar especializado no emprego de armas portáteis 3 DESPORTO esgrimista; ~ *furtivo* 1 MILITAR atirador de elite que, munido de uma arma de precisão, se esconde a grande distância dos alvos em território dominado pelo inimigo; 2 pessoa que dispara sobre outra, de um local escondido e a grande distância (De *atirar*+*-dor*)

atirar *v.tr.* 1 lançar com força; arremessar 2 disparar 3 participar de certas qualidades de (alguém) 4 assemelhar-se a ■ *v.intr.* disparar uma arma de fogo ■ *v.pron.* 1 arremessar-se; lançar-se 2 dedicar-se inteiramente (a) 3 [coloq.] tentar conquistar (amorosamente); dirigir galanteios; ~-*se de cabeça a* entregar-se inteiramente a (De *a-*+*tiro*+*-ar*)

atitar *v.intr.* dar gritos agudos (certas aves); silvar (De *atito*+*-ar*)

atito *n.m.* 1 grito agudo das aves quando exasperadas 2 silvo (De orig. onom.)

atitude n.f. **1** posição do corpo; postura **2** forma de agir; procedimento **3** maneira de significar um propósito (Do lat. tard. aptitudĭne-, «aptidão», pelo fr. attitude, «atitude»)

ativa n.f. GRAMÁTICA construção em que participam verbos transitivos e que indica que o sujeito pratica a ação expressa pelo verbo (por oposição a passiva)

ativação n.f. **1** ação ou efeito de ativar **2** ELETRÓNICA energia necessária para, em semicondutores, fazer passar um eletrão da banda de valência ou de um estado de impureza para a banda de condução; ~ *radioativa* FÍSICA processo de induzir radioatividade num material por exposição a radiação; *energia de* ~ QUÍMICA energia adicional que requerem as espécies químicas para reagirem, isto é, a diferença de energia entre o estado inicial dos reagentes e o estado de transição para os produtos (De activar+-ção)

ativador adj.,n.m. que ou o que ativa; que ou o que estimula a atividade (De activar+-dor)

ativante adj.2g. que ativa; estimulante (De activar+-ante)

ativar v.tr. **1** dar atividade a **2** apressar a execução de **3** estimular; avivar (De activo+-ar)

atividade n.f. **1** qualidade do que é ativo **2** faculdade de exercer uma ação **3** modo de vida; profissão **4** energia; dinamismo **5** conjunto de atos ligados ordenadamente para a realização de determinado fim; ~ *ótica* FÍSICA propriedade de fazer rodar o plano de polarização da luz; ~ *radioativa* FÍSICA número de átomos de uma substância radioativa que se desintegram por segundo (Do lat. activitāte-, «id.»)

ativismo n.m. **1** FILOSOFIA doutrina que privilegia a ação como meio de conhecimento; pragmatismo **2** doutrina que preconiza a participação ativa na vida política e social; militância política **3** POLÍTICA tendência para a ação violenta ou extremista (De activo+-ismo, ou do fr. activisme, «id.»)

ativista adj.2g. relativo ao ativismo ■ n.2g. pessoa partidária do ativismo (De activo+-ista, ou do fr. activiste, «id.»)

ativo adj. **1** que está apto a agir **2** que age ou atua; que funciona **3** enérgico; diligente; dinâmico **4** intenso; forte **5** (sexualidade) que domina o parceiro **6** GRAMÁTICA diz-se de um verbo que pede complemento direto **7** FARMÁCIA (princípio, substância) que, num produto complexo, é o principal agente ■ n.m. **1** ECONOMIA conjunto de valores patrimoniais positivos de uma empresa ou pessoa (dinheiro, imóveis, máquinas, créditos, etc.) **2** PSICOLOGIA na caracterologia de Heymans-Le Senne, indivíduo em que dominam as tendências para a ação, geralmente enérgico, alegre, otimista (Do lat. actīvu-, «id.»)

atlante n.m. **1** [com maiúscula] MITOLOGIA gigante condenado por Zeus a carregar eternamente a abóbada celeste sobre os ombros **2** ARQUITETURA figura de homem que suporta peso nas ordens de arquitetura clássica; telamão **3** indivíduo muito forte ■ adj.2g. agigantado; enorme (Do gr. Átlas, -antos, «Atlas», pelo lat. Atlante-, «id.»)

atlântico adj. **1** relativo ao oceano que banha o oeste dos continentes africano e europeu, e o leste do americano **2** referente às montanhas africanas do Atlas **3** do monte Atlas **4** [fig.] hercúleo ■ n.m. [com maiúscula] oceano que banha as costas ocidentais da Europa e da África e a costa oriental do continente americano (Do lat. atlantĭcu-, «relativo a Atlas; relativo ao oceano Atlântico»)

atlas n.m.2n. **1** coleção de cartas geográficas ou estampas dispostas em livro de estudo **2** ANATOMIA primeira vértebra cervical, que suporta a cabeça (Do gr. Átlas, -antos, mitol. «Atlas»)

atleta n.2g. **1** pessoa que pratica um desporto, participando geralmente em competições **2** DESPORTO pessoa que pratica atletismo **3** HISTÓRIA (antiguidade greco-romana) gladiador; lutador **4** [fig.] pessoa robusta; pessoa de grande força ■ adj.2g. robusto (Do gr. athletés, «lutador», pelo lat. athlēta-, «id.»)

atlética n.f. arte ou profissão de atleta (Do lat. athletĭca-, «atlética»)

atlético adj. **1** próprio de atleta **2** robusto; forte **3** esforçado **4** PSICOLOGIA (Kretschmer) relativo a tipo morfológico vigoroso, musculado, sem excesso adiposo; esquizotímico (Do gr. athletikós, «atlético», pelo lat. athletĭcu-, «id.»)

atletismo n.m. DESPORTO modalidade desportiva que engloba corridas de velocidade e de resistência, saltos horizontais e verticais, marcha atlética, e diversos tipos de lançamento (De atleta+-ismo)

atloide n.m. ANATOMIA ⇒ **atlas 2** ■ adj.2g. referente ao atlas (vértebra) (De atlas+-óide)

atlóide ver nova grafia atloide

atlóteta n.m. HISTÓRIA (Grécia antiga) magistrado encarregado de organizar os jogos ginásticos (Do gr. athlothétes, «id.»)

atmiatria n.f. MEDICINA processo de curar por meio de gases ou vapores (Do gr. atmís, «vapor» +iatreía, «cura»)

atmidiatria n.f. ⇒ **atmiatria** (Do gr. atmís, -idos, «vapor» +-iatreía, «cura»)

atmidómetro n.m. METEOROLOGIA ⇒ **atmómetro** (Do gr. atmís, -ídos, «vapor» +métron, «medida»)

atmófilo adj. diz-se dos elementos químicos que se evolam dos banhos de fusão dos minérios (Do gr. atmós, «vapor» +phílos, «amigo»)

atmólise n.f. QUÍMICA separação dos gases de uma mistura através de paredes porosas (Do gr. atmós, «vapor» +lýsis, «decomposição»)

atmómetro n.m. METEOROLOGIA instrumento usado em meteorologia para medir a massa de água evaporada, durante certo período, à superfície da terra; evaporómetro (Do gr. atmós, «vapor» +métron, «medida»)

atmosfera n.f. **1** camada gasosa que envolve a Terra, constituída basicamente por azoto e oxigénio, e dividida em várias zonas com base na temperatura **2** camada gasosa que envolve qualquer astro **3** FÍSICA unidade de medida de pressão equivalente a 101 325 Pa (pascal) **4** o ar que se respira **5** ambiente social ou espiritual; meio (Do gr. atmós, «vapor» +sphaîra, «esfera»)

atmosférico adj. **1** da atmosfera **2** relativo à atmosfera (De atmosfera+-ico)

atmosferografia n.f. descrição da atmosfera (De atmosfera+-grafia)

ato n.m. **1** exercício da capacidade de agir ou o seu resultado; ação **2** cerimónia pública e solene **3** exame **4** cada uma das partes em que se divide uma peça **5** BIOLOGIA trabalho executado por um órgão; ~ *contínuo* imediatamente; ~ *de fala* LINGUÍSTICA ação verbal realizada com uma intenção comunicativa; ~ *ilícito* DIREITO ato jurídico que viola a lei, a boa-fé ou a ordem pública; ~ *jurídico* DIREITO manifestação da vontade destinada a produzir efeitos de direito; ~ *reflexo* FISIOLOGIA reação involuntária a um impulso externo (Do lat. actu-, «ato; ação»)

-ato[1] sufixo nominal que exprime a ideia de *instituição, dignidade* ou *pequenez* (patronato, baronato, regato)

-ato[2] sufixo nominal que, na terminologia química, designa um sal resultante de um ácido de nome terminado em -ico (carbonato)

à-toa adj.inv. **1** irrefletido **2** insignificante **3** desprezível (De à+toa)

atoada n.f. atoarda; notícia vaga; boato (De a-+toada)

atoagem n.f. ação ou efeito de atoar (De atoar+-agem)

atoalhado adj. **1** em forma de toalha **2** tecido como toalha **3** próprio para toalha ■ n.m. **1** conjunto de toalhas e guardanapos **2** conjunto de toalhas para quarto de banho (De a-+toalha+-ado)

atoalhar v.tr. **1** cobrir com toalha **2** dar aspeto de toalha a (De a-+toalha+-ar)

atoar v.tr. levar à toa, a reboque, à sirga ■ v.intr. **1** esbarrar e não andar **2** seguir cegamente a opinião de outrem (De a-+toa+-ar)

atoarda n.f. notícia vaga; boato; rumor (De atoada)

atocaiar v.tr. **1** [Brasil] fazer espera a **2** [Brasil] atacar de surpresa **3** [Brasil] assaltar nas sombras (De a-+tocaia+-ar)

atochado adj. **1** abarrotado **2** comprimido **3** entalado

atochador n.m. **1** o que atocha **2** cunha ■ adj. que atocha, aperta ou segura (De atochar+-dor)

atochar v.tr. **1** apertar com tocho ou cunha **2** meter à força **3** embutir **4** [fig.] encher completamente e sob compressão; atulhar (De a-+tocho+-ar)

atocho /ô/ n.m. **1** ato de atochar **2** aperto com pau ou cunha **3** cunha com que se atocha **4** [fig.] empenho (Deriv. regr. de atochar)

atocia n.f. MEDICINA estado de infecundidade na mulher (Do gr. atokía, «ausência de parto»)

atoiçar v.tr. ⇒ **atouçar**

à-toinha adj.2g. muito fácil (De à+toa+-inha)

atol n.m. ilha, geralmente com a configuração de um anel, que delimita uma lagoa interior com comunicação para o mar, que se forma em mares tropicais e é originada pela aglomeração e consolidação de polipeiros de coraliários (rocha sedimentar zoogénica) (Do maldivano atolu, «id.», pelo ing. atoll, «id.»)

atoladeiro n.m. [regionalismo] ⇒ **atoleiro** (De atolar+-deiro)

atoladela n.f. **1** ato ou efeito de atolar ou de atolar-se **2** [fig.] situação difícil **3** [fig.] embaraço (De atolar+-dela)

atoladiço adj. **1** em que se forma atoleiro **2** alagadiço (De atolar+-diço)

atoladoiro n.m. ⇒ **atoleiro** (De atolar+-doiro)

atoladouro n.m. ⇒ **atoleiro** (De atolar+-douro)

atolambar v.tr.,pron. ⇒ **atoleimar** (Corrup. de atolambar)

atolar[1] v.tr. meter em atoleiro ■ v.pron. **1** meter-se em atoleiro **2** enlamear-se; sujar-se **3** [fig.] meter-se (em dificuldades de que não

atolar

é fácil livrar-se) **4** [fig.] degradar-se (Do lat. *a-+*tullu-*, por *tullīu-* «fonte; charco» +-*ar*)
atolar² *v.tr.,pron.* tornar(-se) tolo (De *a-+tolo+-ar*)
atoldoar *v.tr.* cobrir com toldo; toldar (De *a-+toldo+-ar*)
atoleimado *adj.* um tanto tolo; apatetado
atoleimar *v.tr.* tornar atoleimado ■ *v.pron.* **1** fazer-se tolo **2** [fig.] enfatuar-se (De *a-+toleima+-ar*)
atoleiro *n.m.* **1** terreno lamacento; lamaçal **2** [fig.] baixeza moral **3** [fig.] situação complicada da qual não é fácil sair; embaraço (De *atolar+-eiro*)
atomatar *v.tr.* **1** tornar vermelho como tomate **2** preparar com tomate **3** [fig.] envergonhar; encavacar (De *a-+tomate+-ar*)
atombar *v.tr.* **1** arrastar na queda **2** tombar **3** reduzir a tombo **4** catalogar **5** arquivar (De *a-+tombo+-ar*)
atomicidade *n.f.* FÍSICA, QUÍMICA número de átomos que constituem a molécula de uma substância simples (De *atómico+-idade*)
atómico *adj.* **1** relativo a átomo **2** relativo à libertação brusca da energia de desintegração do núcleo do átomo **3** [fig.] de efeitos rápidos e enérgicos; *calor ~* produto do calor específico de um elemento pelo átomo-grama; *energia atómica* energia resultante da desintegração, espontânea ou provocada, de certos núcleos atómicos; *física atómica* estudo das propriedades físicas dos átomos, quando o átomo é considerado como um todo, isto é, como um núcleo associado a certo número de eletrões; *massa atómica* massa do átomo do elemento expressa em unidades de massa atómica, que é 1/12 da massa do isótopo 12 do carbono; *número ~* número de protões no núcleo do átomo de um dado elemento (De *átomo+-ico*)
atomismo *n.m.* **1** FILOSOFIA doutrina que admite a existência de átomos (partículas indivisíveis) como elementos constituintes da matéria **2** FÍSICA teoria atómica; *~ mental* doutrina segundo a qual as formas superiores da atividade psíquica resultam da associação de factos mais simples, associacionismo (De *átomo+-ismo*, ou do fr. *atomisme*, «id.»)
atomista *adj.2g.* relativo ou pertencente ao atomismo ■ *n.2g.* partidário do atomismo (De *átomo+-ista*, ou do fr. *atomiste*, «id.»)
atomística *n.f.* teoria que defende a estrutura atómica da matéria (De *atomístico*)
atomístico *adj.* **1** relativo ao atomismo **2** atómico (De *atomista+-ico*, ou do fr. *atomistique*, «id.»)
atomização *n.f.* ato ou efeito de atomizar (De *atomizar+-ção*)
atomizar *v.tr.* **1** reduzir a átomos **2** reduzir a partículas pequeníssimas **3** submeter à ação de radiações atómicas **4** [fig.] aniquilar (De *átomo+-izar*)
átomo *n.m.* **1** FÍSICA, QUÍMICA porção mais pequena de matéria que caracteriza um elemento químico, composta por um núcleo (constituído por protões e neutrões) em torno do qual se situa a nuvem eletrónica **2** FILOSOFIA (atomismo) partícula indivisível da matéria **3** coisa excessivamente pequena (Do gr. *átomos*, «indivisível», pelo lat. *atŏmu-*, «átomo»)
átomo-grama *n.m.* FÍSICA, QUÍMICA [ant.] massa, expressa em gramas, de uma mole de átomos de um elemento
atonado *adj.* **1** que veio à tona da água **2** diz-se, especialmente, do peixe morto ou moribundo (Part. pass. de *atonar*)
atonal *adj.2g.* MÚSICA que segue os princípios da atonalidade, explorando a totalidade dos recursos da escala cromática
atonalidade *n.f.* moderno sistema de composição musical baseado na igual importância conferida aos 12 sons da escala cromática (De *a-+tonalidade*)
atonar *v.intr.* vir à tona da água (De *a-+tona+-ar*)
atonelado *adj.* com feitio de tonel (De *a-+tonel+-ado*)
atonia *n.f.* **1** MEDICINA diminuição da tonicidade normal de um tecido ou de um órgão; fraqueza **2** [fig.] calma **3** [fig.] inércia moral ou intelectual (Do gr. *atonía*, «frouxidão»)
atonicidade *n.f.* **1** MEDICINA estado do que perdeu o seu tónus normal; atonia **2** GRAMÁTICA propriedade das sílabas que são átonas
atónico *adj.* MEDICINA que perdeu o seu tónus normal (De *atonia+-ico*)
atónito *adj.* **1** estupefacto; espantado; assombrado **2** perturbado; confuso (Do lat. *attonĭtu-*, «id.», part. pass. de *attonāre*, «espancar; aturdir»)
atonização *n.f.* ato ou efeito de atonizar (De *atonizar+-ção*)
atonizar *v.tr.* **1** causar atonia a **2** debilitar (De *atón[ico]+-izar*)
átono *adj.* **1** que não soa **2** GRAMÁTICA diz-se, da vogal, sílaba ou palavra que não tem acento tónico **3** MEDICINA sem tonicidade; que se deve à falta de tonicidade (Do gr. *átonos*, «sem som»)
atontadiço *adj.* muito sujeito a entontecer ou a tonturas (De *atontar+-diço*)

atontar *v.tr.* tornar tonto; estontear; entontecer (De *a-+tonto+-ar*)
atontear *v.tr.* ⇒ **atontar** (De *a-+tonto+-ear*)
atopetar *v.tr.* **1** fazer topete a **2** içar ao tope **3** [Brasil] encher muito; abarrotar (De *a-+topete+-ar*)
atopia *n.f.* MEDICINA predisposição familiar genética para reações alérgicas, nomeadamente asma, rinite, conjuntivite, etc. (De *a-+topia*)
atópico¹ *adj.* que está fora do lugar; deslocado (De *a-+top(o)-+-ico*)
atópico² *adj.* MEDICINA relativo a atopia ou que manifesta atopia (De *atopia+-ico*)
ator *n.m.* (*feminino* **atriz**) **1** CINEMA, TEATRO, TELEVISÃO pessoa que interpreta um papel, encarnando uma personagem **2** pessoa que desempenha um papel importante num acontecimento; protagonista; agente **3** [fig.] fingidor (Do lat. *actōre-*, «o que faz; o que representa»)
atora *n.f.* [Brasil] ⇒ **toro** (Deriv. regr. de *atorar*)
atorácico *adj.* **1** sem tórax **2** (animal) cujo corpo não apresenta região torácica distinta ■ *n.m.pl.* ZOOLOGIA grupo de crustáceos nos quais, aparentemente, não há região correspondente ao tórax (Do gr. *a-*, «sem» +*tórax, -akos*, «tronco»)
atorar *v.tr.* dividir em toradas (De *a-+toro+-ar*)
atorçoar *v.tr.* ⇒ **atroçoar** (Por *atroçoar*)
atordoador *adj.,n.m.* que ou o que atordoa (De *atordoar+-dor*)
atordoamento *n.m.* **1** ato ou efeito de atordoar; aturdimento **2** perturbação consequente de uma pancada na cabeça **3** pasmo (De *atordoar+-mento*)
atordoante *adj.2g.* que atordoa (De *atordoar+-ante*)
atordoar *v.tr.* **1** causar perturbação nos sentidos (por causa de embriaguez, pancada, emoção forte, etc.); aturdir; entontecer **2** incomodar com barulho **3** maravilhar ■ *v.pron.* ficar tonto; ficar aturdido (De *a-+tordo+-ar*)
atormentação *n.f.* ato ou efeito de atormentar; aflição; tormento (De *atormentar+-ção*)
atormentadiço *adj.* **1** que se atormenta facilmente **2** medroso (De *atormentar+-diço*)
atormentador *adj.,n.m.* **1** que ou aquele que atormenta **2** importuno (De *atormentar+-dor*)
atormentar *v.tr.* **1** infligir tormento a; torturar **2** mortificar; afligir **3** causar incómodo a; importunar ■ *v.pron.* afligir-se (De *a-+tormentar+-ar*)
atorrear *v.tr.* guarnecer de torres (De *a-+torre+-ar*)
atorrejar *v.tr.* ⇒ **atorrear** (De *a-+torre+-ejar*)
atorresmar *v.tr.* fazer em torresmos (De *a-+torresmo+-ar*)
atortumelado *adj.* **1** que tem tortumelos **2** pouco liso **3** desigual **4** que não tem firmeza nas pernas **5** que não caminha direito (De *a-+tortumelo+-ado*)
atoscalhado *adj.* um tanto tosco (De *a-+tosco+-alho+-ado*)
atoucado *adj.* **1** do feitio da touca **2** coberto com touca (De *a-+touca+-ado*)
atouçar *v.tr.* **1** dispor em touças **2** afiar (a ferramenta de corte) em direção quase a prumo (De *a-+touça+-ar*)
atoucinhar *v.tr.* **1** dar aspeto de toucinho a **2** engordar para fazer toucinho **3** preparar com toucinho (De *a-+toucinho+-ar*)
atoxicar /cs/ *v.tr.,intr.,pron.* ⇒ **intoxicar** (De *a-+tóxico+-ar*)
atóxico /cs/ *adj.* que não produz intoxicação; que não é venenoso (Do gr. *a-*, «sem» +*toxikón*, «veneno para flecha»)
atrabelhar *v.tr.* **1** fechar com trabelho **2** movimentar (os trabelhos ou peças) no xadrez (De *a-+trabelho+-ar*)
atrabile *n.f.* **1** suposto humor ou bile negra a que se imputava a melancolia, irritação, etc. **2** mau humor **3** hipocondria **4** misantropia **5** neurastenia; grande melancolia (Do lat. *atra-*, «negra» +*bile-*, «bílis; bile», pelo fr. *atrabile*, «bílis negra»)
atrabiliariamente *adv.* **1** de modo atrabiliário **2** à toa (De *atrabiliário+-mente*)
atrabiliário *adj.* **1** que possui atrabile **2** melancólico **3** colérico; irascível **4** injusto **5** violento (De *atrabílis+-ário*)
atrabilioso *adj.* ⇒ **atrabiliário** (De *atrabílis+-oso*)
atrabílis *n.f.2n.* ⇒ **atrabile** (Do lat. *atra-*, «negra» +*bilis*, «bílis»)
atraca *n.f.* o que serve para atracar (Deriv. regr. de *atracar*)
atracação *n.f.* ato ou efeito de atracar; amarração (De *atracar+-ção*)
atracadela *n.f.* ⇒ **atracação** (De *atracar+-dela*)
atracadoiro *n.m.* ⇒ **atracadouro**
atracador *adj.,n.m.* que ou o que atraca (De *atracar+-dor*)
atracadouro *n.m.* lugar onde se atracam as embarcações (De *atracar+-douro*)
atracadura *n.f.* ⇒ **atracação** (De *atracar+-dura*)

atração *n.m.* 1 [pop.] encontrão 2 [pop.] abordagem com pedidos insistentes 3 [fig.] impertinência (De *atracar*+*-ão*)

atração *n.f.* 1 ato ou efeito de atrair 2 força que se exerce entre dois corpos e que tende a aproximá-los 3 [fig.] força que tende a aproximar uma pessoa de outra ou de algo; inclinação 4 [fig.] poder de sedução; fascínio 5 centro de interesse ou divertimento 6 número musical ou de variedades (Do lat. *attractiōne-*, «ato de puxar para si»)

atracar *v.tr.* 1 levar (o barco) ao lugar onde deve ficar acostado e amarrá-lo 2 segurar fortemente com os braços 3 travar luta com 4 dar atrações a (Do germ. *trekken*, «encostar; aproximar», pelo it. *attracare*, «atracar»)

atracção ver nova grafia atração

atractividade ver nova grafia atratividade

atractivo ver nova grafia atrativo

atraente *adj.2g.* 1 que atrai; atrativo 2 que tem bom aspeto 3 que interessa; que tem vantagens 4 agradável; encantador (Do lat. *attrahente-*, «id.»)

atrafegar-se *v.pron.* 1 meter-se em tráfegos 2 cuidar de muitos negócios 3 sobrecarregar-se 4 fatigar-se; afanar-se (De *a-*+*tráfego*+*-ar*)

atraiçoador *adj.,n.m.* que ou o que atraiçoa (De *atraiçoar*+*-dor*)

atraiçoamento *n.m.* ato de atraiçoar; traição (De *atraiçoar*+*-mento*)

atraiçoar *v.tr.* 1 denunciar (alguém a quem se deve lealdade ou solidariedade) 2 abandonar (algo ou alguém) 3 ser infiel a; trair 4 dar a perceber; denunciar; revelar ■ *v.pron.* denunciar-se; trair-se (De *a-*+*traição*+*-ar*)

atraimento *n.m.* ⇒ **atração** (De *atrair*+*-mento*)

atrair *v.tr.* 1 fazer aproximar 2 puxar para si 3 exercer ação de força, à distância, sem existência necessária de matéria intermediária 4 [fig.] seduzir; encantar; fascinar 5 [fig.] interessar (Do lat. *attrahěre*, «puxar para si»)

atralhoar *v.tr.* [regionalismo] meter à charrua (bois) (Corrup. de *atrelar*?)

atramar-se *v.pron.* tornar-se ralo (o tecido); mostrar a trama (De *a-*+*trama*+*-ar*)

atrambolhar *v.tr.* embaraçar; estorvar (De *a-*+*trambolho*+*-ar*)

atramento *n.m.* 1 tinta de escrever usada pelos Romanos 2 líquido preto para pintar e envernizar (Do lat. *atramentu-*, «tinta negra»)

atrancada *n.f.* [regionalismo] partida que, no Minho, se costuma pregar na véspera de São João, fazendo um montão de cancelas e caniços tirados das propriedades (Part. pass. fem. subst. de *atrancar*)

atrancamento *n.m.* ato ou efeito de atrancar (De *atrancar*+*-mento*)

atrancar *v.tr.* 1 fechar com tranca; trancar 2 atravancar ■ *v.pron.* 1 fechar-se; fortificar-se 2 atravessar-se (De *a-*+*tranca*+*-ar*)

atranco *n.m.* 1 aquilo com que se atranca 2 atrancamento (Deriv. regr. de *atrancar*)

atrangalhar *v.tr.* [regionalismo] fazer mal e à pressa; atamancar (De *a-*+*trangalho*+*-ar*)

atranqueirado *adj.* que tem tranqueiras (De *a-*+*tranqueira*+*-ado*)

atrapalhação *n.f.* 1 ato ou efeito de atrapalhar 2 confusão; desordem 3 embaraço; acanhamento (De *atrapalhar*+*-ção*)

atrapalhador *adj.,n.m.* que ou o que atrapalha (De *atrapalhar*+*-dor*)

atrapalhar *v.tr.* 1 confundir; embaraçar 2 pôr em desordem 3 estorvar; perturbar 4 fazer mal e à pressa ■ *v.pron.* 1 perder o sangue-frio 2 atarantar-se; embaraçar-se (De *a-*+*trapo*+*-alho*+*-ar*)

atrapar *v.tr.* 1 [regionalismo] agarrar em corrida 2 [regionalismo] concluir; acabar (Do fr. *attraper*, «apanhar», pelo cast. *atrapar*, «id.»)

atraquelia *n.f.* extrema curteza ou ausência de pescoço (Do gr. *a-*, «sem» +*trákhelos*, «pescoço» +*-ia*)

atrás *adv.* 1 detrás; na retaguarda; no lado posterior 2 depois; após 3 em lugar já ultrapassado 4 em tempo já passado; antes; anteriormente 5 em posição inferior à de outrem; ~ *de* na parte posterior de, depois de, em seguida a, em perseguição de (Do lat. *ad trans*, «para lá; além»)

atrasado *adj.* 1 que ficou atrás 2 com um desenvolvimento físico ou mental insuficiente relativamente à idade 3 que não está em dia; desatualizado 4 que não acompanha o progresso; retrógrado 5 que não é pontual 6 (relógio) que marca um tempo anterior ao tempo exato 7 que apresenta um fraco desenvolvimento económico, tecnológico e sociocultural; subdesenvolvido ■ *n.m.* 1 o que não é pontual; retardatário 2 indivíduo cujo desenvolvimento mental é inferior ao estabelecido para a sua idade 3 *pl.* pagamentos já vencidos mas ainda não efetuados (Part. pass. de *atrasar*)

atrasador *n.m.* aquele ou aquilo que atrasa; retardador ■ *adj.* que atrasa (De *atrasar*+*-dor*)

atrasamento *n.m.* ato ou efeito de atrasar; atraso; retardamento (De *atrasar*+*-mento*)

atrasar *v.tr.* 1 pôr para trás 2 retardar o andamento de 3 estorvar o desenvolvimento ou progresso de 4 deixar para ocasião futura; diferir 5 [fig.] prejudicar; lesar ■ *v.pron.* 1 ficar para trás 2 mover-se com menos velocidade do que a devida 3 demorar-se no cumprimento de uma obrigação 4 não ser pontual (De *atrás*+*-ar*)

atraso *n.m.* 1 ato ou efeito de (se) atrasar; atrasamento 2 falta de pontualidade no cumprimento de uma obrigação ou de um compromisso; demora 3 desenvolvimento físico ou intelectual inferior ao que é considerado normal para determinada idade; retardamento 4 falta de progresso ou de desenvolvimento (cultural, económico, etc.); subdesenvolvimento 5 forma de pensar ou de agir de uma pessoa ou de um grupo, considerada antiquada ou ultrapassada em relação à sua época; ~ *de vida* [coloq.] aquilo que atrapalha, atrasa ou prejudica, lugar pouco desenvolvido, pessoa pouco desembaraçada (Deriv. regr. de *atrasar*)

atratantado *adj.* 1 que tem modos de tratante 2 travesso (De *a-*+*tratante*+*-ado*)

atratividade *n.f.* qualidade do que é atrativo (De *atractivo*+*-i-*+*-dade*)

atrativo *adj.* 1 que exerce atração 2 que inspira simpatia; que interessa; encantador; sedutor ■ *n.m.* 1 o que atrai 2 graça; encanto 3 estímulo (Do lat. *attractīvu-*, «que atrai»)

atravancamento *n.m.* 1 ato ou efeito de atravancar 2 obstrução 3 obstáculo (De *atravancar*+*-mento*)

atravancar *v.tr.* 1 pôr travancas (obstáculos) em 2 impedir; estorvar; obstruir; atravessar 3 acumular muitas coisas num lugar; encher; atulhar (De *a-*+*travanca*+*-ar*)

atravanco *n.m.* embaraço; obstáculo; atravancamento (Deriv. regr. de *atravancar*)

através *adv.* transversalmente; de lado a lado; ~ *de* por entre, por meio de, de um para outro lado de, ao longo de (De *a-*+*través*)

atravessadeira *n.f.* [regionalismo] (Coimbra) apelido dado à mulher que compra os géneros destinados ao mercado para os vender por preço mais alto (De *atravessar*+*-deira*)

atravessadiço *adj.* 1 que costuma atravessar-se 2 que tem o hábito de se intrometer para fazer oposição 3 avesso à razão (De *atravessar*+*-diço*)

atravessado *adj.* 1 colocado transversalmente; oblíquo 2 em cruz; cruzado 3 varado; trespassado 4 proveniente do cruzamento de duas raças 5 que não se esquece; que não se perdoa 6 [fig.] que tem más intenções; mau 7 [fig.] travesso; irrequieto; *olhos atravessados* olhos vesgos, travessos (Part. pass. de *atravessar*)

atravessadoiro *n.m.* ⇒ **atravessadouro**

atravessador *adj.,n.m.* 1 que ou aquele que atravessa 2 [Brasil] açambarcador (De *atravessar*+*-dor*)

atravessadouro *n.m.* 1 passagem ou serventia particular em terreno privado 2 direito que determinadas pessoas tinham de atravessar um prédio alheio (De *atravessar*+*-douro*)

atravessamento *n.m.* ato ou efeito de atravessar (De *atravessar*+*-mento*)

atravessante *adj.2g.* HERÁLDICA diz-se da peça que, no escudo, atravessa de um ângulo ou bordo ao ângulo ou bordo oposto (De *atravessar*+*-ante*)

atravessar *v.tr.* 1 pôr ao través 2 passar através de 3 cruzar 4 pôr diante 5 [fig.] suportar; sofrer 6 [fig.] atormentar 7 [fig.] monopolizar ■ *v.pron.* 1 pôr-se de través 2 intrometer-se 3 interferir para dificultar; opor-se; impedir (De *a-*+*travessar*)

atravincar *v.tr.* 1 segurar com travinca 2 apertar 3 comprimir (De *a-*+*travinca*+*-ar*)

atrecer-se *v.pron.* [regionalismo] ⇒ **aterecer-se**

atreguar *v.intr.* ajustar tréguas (De *a-*+*trégua*+*-ar*)

atreito *adj.* 1 que tem inclinação (para); propenso 2 habituado (Do lat. *attractu-*, «atraído», part. pass. de *attrahěre*, «puxar para si»)

atrelado *adj.* 1 preso ou engatado a outro veículo 2 preso com trela 3 [coloq.] que anda sempre atrás de uma pessoa (ou pessoas), como se estivesse preso a ela ■ *n.m.* veículo sem motor rebocado por outro

atrelagem *n.f.* 1 ato ou efeito de atrelar 2 aparelho para atrelar a locomotiva às carruagens (De *atrelar*+*-agem*)

atrelar *v.tr.* 1 prender com trela 2 levar preso por trela 3 engatar (um veículo a outro) 4 [fig.] trazer sujeito; dominar 5 [fig.] seduzir ■ *v.pron.*

atremar

[coloq.] seguir alguém permanentemente, por interesse e não sendo desejada a sua companhia; colar-se (De *a-+trela+-ar*)

atremar *v.intr.* **1** [pop.] atinar; ter tino ou juízo **2** [pop.] acertar **3** [pop.] recuperar o juízo **4** [pop.] discorrer bem **5** [Madeira] prestar ouvidos; dar atenção (De *a-+termo+-ar?*)

atrepa *n.f.* ORNITOLOGIA ⇒ **trepadeira** 3 (Deriv. regr. de *atrepar*)

atrepar *v.tr.* [pop.] ⇒ **trepar** (De *a-+trepar*)

atrepsia *n.f.* estado de desnutrição nas crianças lactentes (Do gr. *a-*, «sem» +*thrépsis*, «nutrição» +*-ia*, pelo fr. *athrepsie*, «id.»)

atréptico *adj.* **1** relativo a atrepsia **2** que sofre de atrepsia (Do fr. *athreptique*, «id.»)

atresia *n.f.* PATOLOGIA falta congénita de uma abertura natural do organismo, ou o seu encerramento por uma formação anormal (Do gr. *a-*, «sem» +*trēsis*, «orifício» +*-ia*)

atrever-se *v.pron.* **1** ter a coragem para fazer algo difícil ou arriscado; ousar **2** afrontar um perigo (Do lat. *tribuĕre*, «atribuir-se a faculdade de»)

atreves-te *n.m.* jogo tradicional de rapazes, praticado em Trás-os-Montes (De *atreve-se*)

atrevidaço *adj.* muito atrevido; insolente (De *atrevido+-aço*)

atrevido *adj.* **1** que se atreve; audaz **2** malcriado; petulante

atrevidote *adj.* um tanto atrevido (De *atrevido+-ote*)

atrevimento *n.m.* **1** ação ou efeito de atrever-se **2** audácia; coragem **3** petulância; insolência (De *atrever+-mento*)

atri- elemento de formação de palavras que exprime a ideia de *negro, preto* (Do lat. *atru-*, «negro; escuro»)

atriário *n.m.* **1** escravo que guardava o átrio, na antiga Roma **2** porteiro; guarda-portão (Do lat. *atriariŭ-*, «id.»)

atribuição *n.f.* **1** ato ou efeito de atribuir **2** prerrogativa; direito; competência **3** *pl.* jurisdição de uma autoridade; poderes (Do lat. *attributiōne-*, «atribuição»)

atribuidor *n.m.* aquele que atribui (De *atribuir+-dor*)

atribuir *v.tr.* **1** dar; conferir; outorgar **2** considerar autor ou possuidor de; imputar ■ *v.pron.* tomar para si; arrogar-se (Do lat. *attribuĕre*, «dar; atribuir»)

atribuível *adj.2g.* que pode ou deve ser atribuído (De *atribuir+-vel*)

atribulação *n.f.* tormento moral; inquietação; mortificação; mágoa (De *a-+tribulação*)

atribulador *adj.,n.m.* **1** que ou o que atribula **2** que ou o que aflige; aflitivo (De *atribular+-dor*)

atribular *v.tr.,pron.* causar ou sofrer atribulação ou aflição; afligir(-se); atormentar(-se) (De *a-+tribular*)

atributivo *adj.* **1** que indica atributo **2** que confere direito ou atribuição **3** qualificativo (De *atributo+-ivo*)

atributo *n.m.* **1** o que é próprio ou peculiar a alguém ou a alguma coisa; característica **2** qualidade considerada positiva; virtude **3** sinal distintivo; símbolo **4** acessório **5** condição **6** segundo a gramática tradicional, função sintática equivalente à de modificador restritivo do nome **7** FILOSOFIA propriedade essencial de uma substância (os atributos de Deus, por exemplo) **8** LÓGICA termo que numa proposição designa o que se afirma ou nega acerca do sujeito (Do lat. *attribūtu-*, «o que é atribuído»)

atricado *adj.* [regionalismo] (indivíduo) que executa com habilidade e diligência um trabalho manual (De *a-+trica+-ado*)

atrição *n.f.* **1** efeito de um atrito **2** desgaste **3** RELIGIÃO pesar de ter ofendido a Deus, causado pelo receio de castigo **4** [fig.] arrependimento (Do lat. *attritiōne-*, «fricção; atrito»)

atricapilo *adj.* que tem os cabelos negros (Do lat. *atru-*, «negro» +*capillu-*, «cabelo»)

atricaude *adj.2g.* que tem a cauda negra (De *atri-+-caude*)

atricolo *adj.* que tem o pescoço negro (Do lat. *atru-*, «negro» +*collu-*, «pescoço»)

atricose *n.f.* **1** ausência anormal de pelos ou cabelos; atriquia **2** mutação em que o animal aparece desprovido de pelos **3** calvície (Do gr. *a-*, «privação» +*thríx, -ikhós*, «cabelo» +*-ose*)

atrigado[1] *adj.* que tem cor de trigo (De *a-+trigo+-ado*)

atrigado[2] *adj.* **1** irritado **2** acanhado **3** aflito **4** apressado (Part. pass. de *atrigar-se*)

atrigar-se *v.pron.* **1** apressar-se; azafamar-se **2** perturbar-se com vergonha ou medo; embaraçar-se (De *a-+trigar-se*)

atrigueirado *adj.* tirante a trigueiro; moreno (De *a-+trigueiro+-ado*)

atril *n.m.* estante para suporte de livros ou pautas de música, abertos para leitura (Do b. lat. *lectorīle-*, «id.», pelo cast. ant. *latril*, pelo cast. mod. *atril*, «id.»)

atrincheirar *v.tr.* guarnecer de trincheiras (De *a-+trincheira+-ar*)

átrio *n.m.* **1** ARQUITETURA, HISTÓRIA na antiga casa romana, espaço central que dava acesso a diversos aposentos **2** ARQUITETURA, HISTÓRIA espaço coberto à frente da entrada das antigas basílicas **3** espaço que serve de entrada principal a um edifício; vestíbulo **4** espaço central de circulação dentro de um edifício; pátio interno **5** ANATOMIA ⇒ **aurícula** **6** ANATOMIA parte principal da caixa do tímpano localizada abaixo da cabeça do martelo **7** GEOGRAFIA terreno com depressão, em forma de anfiteatro **8** ZOOLOGIA cavidade do corpo dos tunicados e cefalocordados, em que estão suspensos vários órgãos **9** ZOOLOGIA cavidade central do corpo dos espongiários, que comunica com o exterior por uma abertura denominada ósculo; cavidade atrial (Do lat. *atrĭu-*, «id.»)

atríolo *n.m.* átrio pequeno (Do lat. *atriŏlu-*, «id.»)

atrioventricular *adj.2g.* ANATOMIA ⇒ **auriculoventricular** (De *átrio+ventricular*)

atrípede *adj.2g.* ZOOLOGIA que tem as extremidades dos membros (pés) de cor negra (De *atri-+-pede*)

atriquia *n.f.* ⇒ **atricose** (Do gr. *a-*, «privação» +*thríx, trikhós*, «pelo; cabelo» +*-ia*)

atrirrostro /ô/ *adj.* **1** (ave) que tem bico negro **2** (animal) que tem o focinho negro (De *atri-+-rostro*)

atritar *v.tr.* **1** causar atrito em **2** magoar; atormentar ■ *v.pron.* friccionar-se (um corpo no outro) (De *atrito+-ar*)

atrito *n.m.* **1** resistência que todos os corpos opõem ao moverem-se uns sobre os outros; fricção **2** [fig.] desentendimento; desinteligência (Do lat. *attrītu-*, «fricção; atrito»)

atriz *n.f.* (masculino *ator*) ⇒ **ator** (Do lat. *actrīce-*, «id.»)

atro *adj.* **1** negro **2** escuro **3** [fig.] funesto **4** [fig.] lúgubre (Do lat. *atru-*, «negro»)

atroada *n.f.* grande ruído; barulho; estrondo (Part. pass. fem. subst. de *atroar*)

atroador *adj.* **1** que atroa; estrondoso **2** [fig.] perturbador; amotinador (De *atroar+-dor*)

atroamento *n.m.* **1** ação ou efeito de atroar; estrondo **2** aturdimento causado por estrondo **3** VETERINÁRIA doença nos cascos dos cavalos (De *atroar+-mento*)

atroante *adj.2g.* ⇒ **atroador** (De *atroar+-ante*)

atroar *v.tr.* **1** fazer estremecer com estrondo **2** aturdir; abalar **3** [fig.] magoar com pancada (os cascos das cavalgaduras enquanto as ferram) ■ *v.intr.* retumbar (o trovão) (De *a-+trom+-ar*)

atrocidade *n.f.* **1** qualidade de ser atroz; crueldade **2** ação atroz; barbaridade; tortura (Do lat. *atrocitāte-*, «id.»)

atroçoar *v.tr.* **1** dividir em troços **2** fragmentar (De *a-+troço+-ar*)

atrofia *n.f.* **1** PATOLOGIA diminuição do peso ou do volume de tecido, órgão ou célula **2** [fig.] falta de desenvolvimento; enfraquecimento **3** [fig.] definhamento; decadência (Do gr. *atrophía*, «falta de alimento», pelo lat. *atrophĭa-*, «id.»)

atrofiador *adj.* que atrofia (De *atrofiar+-dor*)

atrofiante *adj.2g.* ⇒ **atrofiador** (De *atrofiar+-ante*)

atrofiar *v.tr.,intr.,pron.* **1** PATOLOGIA provocar ou sofrer (tecido, órgão ou célula) diminuição do peso ou do volume; causar atrofia a **2** [fig.] enfraquecer; debilitar(-se); definhar (De *atrofia+-ar*)

atrófico *adj.* **1** relativo ou pertencente a atrofia **2** que padece de atrofia (Do gr. *átrophos*, «não alimentado» +*-ico*)

atrófito *n.m.* parasita vegetal, em especial fungo, que produz atrofiamento dos órgãos do hospedeiro (Do gr. *átro(phos)*, «debilitado» +*phýton*, «planta»)

atrogalhar *v.tr.* [regionalismo] fazer mal e à pressa (De *a-+trogalho+-ar*)

atrolhar *v.tr.* [regionalismo] AGRICULTURA cavar ou lavrar (a terra) a pouca profundidade (De *a-+trolho+-ar*)

atrombetado *adj.* (instrumento musical) que se assemelha a trombeta (De *a-+trombeta+-ado*)

atronchado *adj.* [regionalismo] atarracado e forte; entroncado (De *a-+troncho+-ado*)

atroo /ô/ *n.m.* **1** ação ou efeito de atroar; estrondo **2** aturdimento causado por estrondo (Deriv. regr. de *atroar*)

atropar *v.tr.* **1** guarnecer com tropa **2** reunir em tropa **3** mobilizar **4** concentrar tropas em (De *a-+tropa+-ar*)

atropelação *n.f.* [pouco usado] ato ou efeito de atropelar; atropelamento; atropelo (De *atropelar+-ção*)

atropelador *adj.,n.m.* que ou o que atropela (De *atropelar+-dor*)

atropelamento *n.m.* **1** ação ou efeito de atropelar **2** choque de um veículo em movimento com um peão ou um animal, provocando a sua queda e de que podem resultar ferimentos ou a morte **3** [fig.] precipitação; confusão **4** [fig.] desrespeito por regra, princípio ou direito; infração (De *atropelar+-mento*)

atropelante *adj.2g.* que atropela (De *atropelar+-ante*)

atropelar v.tr. 1 colidir (veículo em movimento) com (pessoa ou animal), provocando a sua queda e passado ou não por cima 2 abrir caminho de forma agressiva, empurrando e acotovelando 3 [fig.] fazer mal; atamancar 4 [fig.] não respeitar os direitos de (outros), passando por cima deles para obter o que se quer 5 [fig.] desrespeitar; infringir ■ v.pron. 1 empurrar-se e acotovelar-se mutuamente 2 apinhar-se desordenadamente 3 apresentar-se em desordem 4 [fig.] confundir-se (De *a-+tropel+-ar*)

atropelo /ê/ n.m. 1 ato ou efeito de atropelar 2 [fig.] desrespeito por regra, princípio ou direito; infração 3 [fig.] atrapalhação; embaraço 4 [fig.] confusão (Deriv. regr. de *atropelar*)

atropilhar v.tr. reunir (cavalos) em tropilha (De *a-+tropilha+-ar*)

atropina n.f. FARMÁCIA, QUÍMICA alcaloide muito venenoso extraído da beladona, com aplicações medicinais (Do gr. *Átropos*, mitol., a Parca que cortava o fio da vida, pelo lat. *atrŏpa-*, «beladona» +*-ina*)

átropo adj. BOTÂNICA (óvulo) que é direito e tem o eixo longitudinal e o funículo na mesma linha reta; ortótropo (Do gr. *átropos*, «não virado»)

atrouxemouxado adj. 1 feito a trouxe-mouxe, atamancado 2 tosco; grosseiro (De *a-+trouxe-mouxe+-ado*)

atroviscado adj. 1 da cor da casca do trovisco esmagada 2 amargoso 3 (pão no forno) enegrecido por efeito do calor muito forte e repentino (De *a-+trovisco+-ado*)

atroz adj.2g. 1 cruel; desumano; feroz 2 doloroso; lancinante (Do lat. *atrōce-*, «id.»)

atrupido n.m. 1 estrépito 2 barulho (De *a-+trupe+-ido?*)

atrutado adj. 1 que tem pintas como a truta 2 [fig.] manhoso como a truta (De *a-+truta+-ado*)

attaché n.m. ⇒ **adido 2** (Do fr. *attaché*, «id.»)

atto- prefixo do Sistema Internacional de Unidades, de símbolo *a*, que equivale a multiplicar por 10^{-18} a unidade por ele afetada (Do din. ou noruegu. *atten*, «dezoito»)

atuação n.f. 1 ação de atuar 2 procedimento; conduta 3 CINEMA, TEATRO representação (De *actuar+-ção*)

atuador adj.,n.m. [raramente usado] o que trata por tu (De *atuar+-dor*)

atual adj.2g. 1 que existe presentemente ou no tempo em questão 2 efetivo; real 3 moderno 4 FILOSOFIA que está em ato; que adquiriu a sua forma final, acabada (Do lat. *actuāle-*, «ativo»)

atualidade n.f. 1 qualidade do que é atual 2 momento ou época presente 3 coisa ou facto atual 4 interesse atual 5 pl. notícias do momento (Do lat. *actualitāte-*, «id.»)

atualismo n.m. 1 GEOLOGIA doutrina segundo a qual os fenómenos geológicos do passado podem ser explicados pelas mesmas causas observadas na atualidade 2 SOCIOLOGIA método que se baseia na observação de factos presentes (De *actual+-ismo*)

atualista adj.2g. relativo ao atualismo ■ n.2g. pessoa que segue o atualismo (De *actual+-ista*)

atualização n.f. 1 ato ou efeito de atualizar(-se) 2 adequação ao (tempo) presente; modernização 3 substituição total ou parcial de um programa ou equipamento através da instalação de uma versão mais recente 4 FILOSOFIA passagem da potência ao ato (De *actualizar+-ção*)

atualizar v.tr. 1 tornar atual; modernizar; pôr em dia 2 substituir total ou parcialmente (programa ou equipamento) através da instalação de uma versão mais recente ■ v.pron. modernizar-se; pôr-se em dia (De *actual+-izar*)

atualmente adv. agora; presentemente (De *actual+-mente*)

atuante adj.,n.2g. que ou pessoa que atua (De *actuar+-ante*)

atuar¹ v.intr. 1 exercer ação; agir; proceder 2 CINEMA, TEATRO representar; interpretar ■ v.tr.,intr. 1 exercer influência (em) 2 produzir efeito (sobre) (Do lat. med. *actuāre*, do lat. *actu-*, «ação»)

atuar² v.tr. [raramente usado] tratar por tu (De *a-+tu+-ar*)

atuarial adj.2g. 1 referente ao atuário 2 diz-se do cálculo matemático próprio do atuário (Do ing. *actuarial*, do lat. *actuāriu-*, «escrivão; secretário»)

atuário n.m. pessoa especializada na aplicação de cálculos matemáticos e estatísticos a operações financeiras, especialmente na área dos seguros (Do lat. *actuāriu-*, «escrivão», pelo ing. *actuary*, «id.»)

atuarro n.m. ICTIOLOGIA atum pequeno ou jovem (De *atum+-arro*)

atucanar v.tr. 1 [Brasil] incomodar; apoquentar 2 [Brasil] espicaçar 3 [Brasil] perseguir (De *a-+tucano+-ar*)

atueira n.f. rede de apanhar atum (De *atum+-eira*)

atufar v.tr. 1 fazer tufos em 2 encher 3 meter dentro 4 mergulhar ■ v.pron. 1 meter-se no lodo; atolar-se 2 esconder-se, baixando-se 3 [fig.] cair em opróbrio 4 [fig.] amuar (De *a-+tufo+-ar*)

atuir v.tr. [regionalismo] obstruir; entupir (De orig. obsc.)

atulhamento n.m. 1 ato ou efeito de atulhar; atulho 2 abarrotamento (De *atulhar+-mento*)

atulhar v.tr. 1 meter em tulha 2 encher até não caber mais 3 [fig.] impedir, enchendo ou acumulando 4 estorvar; obstruir ■ v.pron. abarrotar-se (De *a-+tulha+-ar*)

atulho n.m. ⇒ **atulhamento** (Deriv. regr. de *atulhar*)

atum n.m. ICTIOLOGIA peixe teleósteo da família dos Escombrídeos, frequente nas costas marítimas de Portugal, especialmente no Algarve (Do gr. *thýnnos*, «atum», pelo lat. *thunnu-*, pelo ár. *at-tunn*, «id.»)

atumultuador n.m. o que excita ao tumulto; amotinador (De *atumultuar+-dor*)

atumultuar v.tr. excitar a tumultos; amotinar (De *a-+tumulto+-ar*)

atundir v.tr.,intr. ⇒ **contundir** (Do lat. *contundĕre*, «ferir»)

atundo n.m. espécie de gaiola usada na África

atuneira n.f. grande dorna para a salga do atum (De *atuneiro*)

atuneiro adj. relativo ao atum ■ n.m. NÁUTICA barco especialmente equipado para a pesca do atum (De *atum+-eiro*)

atuoso /ô/ adj. que atua; atuante (Do lat. *actuōsu-*, «ativo»)

atupir v.tr. 1 cobrir de terra (os grãos semeados) 2 entupir; obstruir 3 tapar (De *a-+tupir*)

aturá n.m. [Brasil] espécie de cesto usado para transporte de produtos agrícolas (Do tupi *atu'ra*, «id.»)

aturado adj. 1 persistente 2 constante; contínuo (Part. pass. de *aturar*)

aturadoiro adj. ⇒ **aturadouro**

aturador adj.,n.m. que ou o que atura (De *aturar+-dor*)

aturadouro adj. que pode aturar; resistente (De *aturar+-douro*)

aturar v.tr. 1 suportar com custo ou resignação; aguentar; tolerar 2 sofrer ■ v.intr. 1 persistir 2 durar muito 3 permanecer durante muito tempo (Do lat. *obturāre*, «tapar; fechar»)

aturável adj.2g. que se pode aturar; suportável (De *aturar+-vel*)

aturdidor adj.,n.m. que ou o que aturde (De *aturdir+-dor*)

aturdimento n.m. 1 ato ou efeito de aturdir 2 perturbação dos sentidos; estonteamento 3 imprudência; estouvamento (De *aturdir+-mento*)

aturdir v.tr. 1 atordoar; entontecer 2 causar grande admiração; assombrar (Do lat. *turdu-*, «tordo», pelo cast. *aturdir*, «id.»)

aturdizar v.tr. aturdir com bebidas alcoólicas (Do lat. *a-+turdu-*, «tordo» +*-izar*)

aturgir v.tr. 1 [regionalismo] atroar, fazendo estrondo 2 refogar (De *a-+turgir*)

au-au n.m. [infant.] cão (De orig. onom.)

audácia n.f. 1 impulso que leva a praticar atos difíceis, extraordinários ou perigosos; arrojo; temeridade; intrepidez 2 insolência; atrevimento (Do lat. *audacĭa-*, «id.»)

audacioso /ô/ adj. 1 que tem audácia; ousado 2 temerário 3 atrevido 4 arriscado (De *audácia+-oso*)

audaz adj.2g. 1 que tem audácia 2 ousado; arriscado 3 atrevido (Do lat. *audāce-*, «id.»)

audião n.m. designação original da lâmpada de três elétrodos usada em TSF; tríodo (Do nome comercial *Audion*, do lat. *audīre*, «ouvir»)

audibilidade n.f. 1 qualidade do que é audível 2 facilidade de deteção de um som pelo ouvido (De *audível+-i-+-dade*)

audição n.f. 1 ato de ouvir ou de se fazer ouvir 2 perceção dos sons pelo ouvido 3 auscultação 4 depoimento oral de testemunhas 5 espetáculo de música, canto ou recitação 6 CINEMA, TEATRO, TELEVISÃO curta apresentação de um artista tendo em vista a eventual contratação para uma peça ou um filme; ~ **colorida** PSICOLOGIA tipo de sinestesia em que sensações visuais são associadas a sensações auditivas, sinopsia (Do lat. *auditiōne-*, «id.»)

audiência n.f. 1 ato de ouvir ou dar atenção a quem fala 2 receção dada por uma autoridade às pessoas que pretendem falar-lhe 3 DIREITO sessão do tribunal, geralmente pública, em que é discutida e julgada uma causa 4 grupo de ouvintes ou espectadores; assistência 5 RÁDIO, TELEVISÃO conjunto de pessoas que, num dado momento, assistem a um programa de televisão ou ouvem uma emissão radiofónica (Do lat. *audientĭa-*, «audiência»)

audiente adj.2g. ouvinte (Do lat. *audiente-*, «id.»)

audímetro n.m. TELEVISÃO, RÁDIO aparelho destinado a medir e registar dados de audiência em recetores de rádio e de televisão

audimudez n.f. MEDICINA mudez, em regra congénita, que não é acompanhada de surdez (De *audi-+mudez*)

audimudo adj.,n.m. que ou aquele que sofre de audimudez (De *audi-+mudo*)

audi(o)- elemento de formação de palavras que exprime a ideia de *audição* (Do lat. *audīre*, «ouvir»)

áudio *n.m.* conjunto de técnicas usadas no registo, reprodução e transmissão do som ■ *adj.inv.* 1 relativo a som e audição 2 relativo ao registo, reprodução e transmissão do som (Do lat. *audĭo*, 1.ª pess. do pres. do ind. de *audīre*, «ouvir»)

audiocassete *n.f.* ⇒ **cassete** 2 (De *audio-*+*cassete*)

audiofone *n.m.* aparelho que amplifica os sons, usado por pessoas com deficiência auditiva (Do lat. *audīre*, «ouvir»+gr. *phoné*, «som»)

audiofrequência /qu-en/ *n.f.* FÍSICA qualquer frequência dentro dos limites da gama de frequências que excitam um ouvido normal e se estende desde cerca de vinte a mil ciclos por segundo (De *audio-*+*frequência*)

audiograma *n.m.* gráfico representativo da relação entre a frequência do som e a capacidade auditiva (De *audio-*+*-grama*)

audioguia *n.m.* aparelho eletrónico que reproduz informação áudio sobre um lugar turístico, uma obra de arte ou um monumento (De *audi(o)-*+*guia*)

audiolivro *n.m.* livro que é lido em voz alta e gravado em estúdio, podendo apresentar-se em diversos suportes (CD, cassete, MP3, etc.) (De *audi(o)-*+*livro*)

audiologia *n.f.* ramo da ciência que estuda a audição e o tratamento das suas perturbações (De *audio-*+*-logia*)

audiologista *n.2g.* especialista em audiologia; audiólogo (De *audiologia*+*-ista*)

audiólogo *n.m.* ⇒ **audiologista** (De *audio-*+*-logo*)

audiometria *n.f.* estudo metrológico da audição (De *audiómetro*+*-ia*)

audiómetro *n.m.* instrumento para produzir, num auscultador telefónico, um som de frequência e intensidade conhecidas e permitir a determinação da acuidade auditiva (De *audio-*+*metro*)

audioteca *n.f.* coleção de documentos sonoros, em diversos suportes (CD, DVD, MP3, etc.) e normalmente disponíveis ao público em geral, para audição, descarregamento e/ou empréstimo (De *audio-*+*-teca*)

audiovisual *adj.2g.* 1 relativo, simultaneamente, à audição e à visão 2 diz-se do meio de comunicação ou método de ensino que utiliza o som e a imagem ■ *n.m.* meio de informação que utiliza o som e a imagem (De *audio-*+*visual*)

auditivo *adj.* relativo ao ouvido ou à audição (Do lat. *auditīvu-*, «id.»)

auditor *n.m.* 1 o que ouve 2 magistrado que tem a seu cargo informar um tribunal ou uma repartição sobre a legalidade dos atos ou sobre a interpretação das leis a aplicar a um caso presente 3 juiz civil agregado a um tribunal militar 4 magistrado do contencioso administrativo 5 assessor da nunciatura 6 ECONOMIA pessoa, geralmente externa, que analisa as contas e normas de uma empresa, de forma a averiguar a existência de fraudes (Do lat. *auditōre-*, «o que ouve»)

auditoria *n.f.* 1 cargo de auditor 2 tribunal ou repartição onde se exercem as funções de auditor 3 ECONOMIA fiscalização da contabilidade e da gestão de uma empresa ou de um organismo 4 ECONOMIA diagnóstico que visa analisar a gestão e a situação financeira de uma empresa ou organismo (De *auditor*+*-ia*)

auditório *n.m.* 1 conjunto de ouvintes 2 assistência 3 lugar onde se reúnem os ouvintes 4 sala que, pelas suas características acústicas, se destina à realização de espetáculos (concertos, peças de teatro, etc.) ou de palestras e conferências 5 tribunal ■ *adj.* auditivo (Do lat. *auditorĭu-*, «id.»)

audível *adj.2g.* que pode ouvir-se (Do lat. *audibĭle-*, «id.»)

auê *n.m.* [Brasil] [gír.] tumulto; escândalo; zaragata

auferir *v.tr.* obter; tirar; colher; gozar (Do lat. **auferēre*, de *auferre*, «id.»)

auferível *adj.2g.* suscetível de ser auferido (De *auferir*+*-vel*)

augar *v.intr.* [pop.] ⇒ **aguar** (De *auga*, por *água*+*-ar*)

auge *n.m.* 1 ponto mais elevado; culminância 2 apogeu; o máximo (Do ár. *auj*, «apogeu»)

augir *v.tr.* atingir o auge de (De *auge*+*-ir*)

augite *n.f.* MINERALOGIA mineral monoclínico do grupo das piroxenas, rico em ferro e alumínio, de cor verde-escura ou preta e abundante nas rochas eruptivas (Do gr. *augé*, «brilho», pelo lat. *augīte-*, «augite», espécie de pedra preciosa)

augitito *n.m.* PETROLOGIA rocha vulcânica sem feldspatos nem feldspatoides, rica em augite (De *augite*+*-ito*)

augueira *n.f.* ⇒ **agueira** (De *auga*, por *água*+*-eira*)

augueiro *n.m.* [pop.] ⇒ **agueiro** (De *auga*, por *água*+*-eiro*)

auguração *n.f.* ciência de fazer agouros; adivinhação (Do lat. *auguratiōne-*, «id.»)

augural *adj.2g.* 1 pertencente a áugure 2 misterioso 3 fatídico (Do lat. *augurāle-*, «id.»)

augurar *v.tr.* 1 prever ou dizer antecipadamente o que há de suceder; predizer; vaticinar; prognosticar 2 anunciar antecipadamente; ser indício de 3 fazer votos de; desejar (Do lat. *augurāre*, «tomar os augúrios»)

auguratório *n.m.* lugar onde se reuniam os áugures ■ *adj.* relativo a augúrio (Do lat. *auguratorĭu-*, «id.»)

auguratriz *n.f.* mulher que exercia as funções de áugure (Do lat. *auguratrīce-*, «id.»)

áugure *n.m.* 1 sacerdote romano que pressagiava pelo voo e canto das aves 2 [fig.] adivinho 3 [fig.] profeta (Do lat. *augŭre-*, «id.»)

augúrio *n.m.* 1 [ant.] presságio dos áugures baseado na observação das aves (do seu número, canto, voo, etc.); auspício; agouro 2 presságio; vaticínio (Do lat. *augurĭu-*, «agoiro»)

augustal *adj.2g.* 1 HISTÓRIA relativo a Octaviano César Augusto, imperador romano (63 a. C. - 14 d. C.) 2 [fig.] majestoso (Do lat. *augustāle-*, «id.»)

augustinho *n.m.* TIPOGRAFIA antiga designação dos caracteres tipográficos hoje chamados corpo doze (Do adj. lat. *augustīnu-*, «de Augusto»)

augustiniano *adj.* relativo a Santo Agostinho ou à sua doutrina ■ *n.m.* adepto e divulgador da doutrina de Santo Agostinho (Do lat. *Augustīnu-*, «Agostinho» +*-iano*)

augustinismo *n.m.* FILOSOFIA doutrina filosófica inspirada no pensamento teológico de Santo Agostinho (354 - 430) (Do lat. *Augustīnu-*, «Agostinho» +*-ismo*)

augusto[1] *adj.* 1 digno de respeito e veneração 2 magnífico; solene; majestoso (Do lat. *augustu-*, «santo; veneravel»)

augusto[2] *n.m.* palhaço sarapintado, que faz muitas habilidades (Do fr. *auguste*, «palhaço pobre; faz-tudo»)

aula *n.f.* 1 recinto onde se recebe uma lição 2 classe 3 lição 4 palácio de príncipe 5 espécie de conselho que o rei convocava quando entendia, nos primeiros tempos da monarquia portuguesa (Do gr. *aulé*, «espaço livre», do lat. *aula-*, «pátio»)

aularca *n.m.* intendente ou governador de um palácio (Do gr. *aulárkhes*, «id.»)

auleta /ê/ *n.2g.* tocador de flauta (Do gr. *auletés*, «tocador de flauta»)

aulética *n.f.* arte de tocar aulo (Do gr. *auletiké*, «da flauta»)

aulétride *n.f.* mulher que, na antiguidade grega, tocava aulo ou flauta (Do gr. *auletrís, -ídos*, «tocadora de flauta»)

aulicano *adj.* relativo aos áulicos ou cortesãos (De *áulico*+*-ano*)

aulicismo *n.m.* qualidade ou carácter de áulico (De *áulico*+*-ismo*)

áulico *n.m.* homem da corte; cortesão ■ *adj.* da corte; palaciano (Do gr. *aulikós*, «id.», pelo lat. *aulīcu-*, «da corte»)

aulido *n.m.* 1 grito de animal 2 uivo (Part. pass. subst. de *aulir*)

aulir *v.intr.* (cão) latir (a outro animal) (Do lat. *ululāre*, «uivar», com mud. de conjug.?)

aulista *n.2g.* aquele que recebe aulas; estudante (De *aula*+*-ista*)

aulo *n.m.* 1 nome dado pelos antigos Gregos aos instrumentos musicais de sopro, excluindo os de bocal 2 flauta 3 qualquer instrumento de sopro (Do gr. *aulós*, «flauta» ou qualquer instrumento de sopro)

aulodia *n.f.* MÚSICA canção acompanhada a aulo (Do gr. *aulodía*, «id.»)

aumentação *n.f.* ⇒ **aumento** (Do lat. *augmentatiōne-*, «aumento»)

aumentador *adj.,n.m.* que ou o que aumenta (Do lat. *augmentatōre-*, «id.»)

aumentar *v.tr.,intr.* 1 tornar(-se) maior 2 subir (preço, temperatura, valor, etc.) 3 acrescentar; adicionar (-se) 4 ampliar(-se) 5 tornar(-se) mais grave; agravar 6 progredir; prosperar (Do lat. *augmentāre*, «id.»)

aumentativo *adj.* 1 que aumenta 2 GRAMÁTICA que reforça ou aumenta o sentido de uma palavra ■ *n.m.* GRAMÁTICA morfema ou palavra que reforça ou aumenta o sentido de outra palavra (De *aumentar*+*-tivo*)

aumentável *adj.2g.* suscetível de aumento (De *aumentar*+*-vel*)

aumento *n.m.* 1 ato ou efeito de aumentar; acréscimo; acrescentamento 2 crescimento em número ou subida de valor ou salário 3 ampliação 4 quantidade ou valor acrescentado 5 progresso; melhoria; *~ de capital* ECONOMIA operação que tem por objetivo o aumento de capital de uma empresa e que consiste na emissão e venda de novas ações (Do lat. *augmentu-*, «id.»)

aunar *v.tr.* reunir em um só (Do lat. *adunāre*, «juntar»)

aura *n.f.* 1 emanação de um corpo ou substância 2 MEDICINA conjunto de sensações que precedem um ataque epiléptico 3 [fig.] atmosfera que rodeia ou parece rodear alguém ou alguma coisa 4 vento brando e aprazível; aragem; brisa 5 sopro 6 fama; favor público (Do gr. *aúra*, «sopro de ar; brisa», pelo lat. *aura-*, «aura»)

auranceácea *n.f.* BOTÂNICA espécime das auranceáceas ■ *n.f.pl.* BOTÂNICA grupo de plantas que atualmente constituem uma tribo da família das Rutáceas (Do lat. cient. *aurantĭa*, termo criado para designar os citrinos +*-áceas*)

auranciáceo *adj.* relativo a laranjeira (Do lat. cient. *aurantĭu-*, «citrino» +*-áceo*)

auranciódea *n.f.* BOTÂNICA espécime das auranciódeas ■ *n.f.pl.* BOTÂNICA subfamília da família das Rutáceas que inclui árvores e arbustos muito cultivados, produtores de apreciados frutos (Do lat. cient. *aurantĭa*, termo criado para designar os citrinos+gr. *eîdos*, «aspeto; forma»)

aurantina *n.f.* princípio amargo da casca da laranjeira (Do lat. cient. *aurantĭa*, termo criado para designar os citrinos +*-ina*)

aurato *n.m.* QUÍMICA sal resultante da ação do ácido áurico sobre uma base forte (Do lat. *auru-*, «ouro» +*-ato*)

aurécia *n.f.* [regionalismo] aragem fresca dos campos após a rega, em manhãs de verão (Do gr. *aúra*, «sopro de ar; brisa», pelo lat. *aura-*, «id.»)

aurela *n.f.* [Cabo Verde] margem; beira (Do crioulo cabo-verdiano *aurela*, a partir de *ourela*, «id.»)

aurélia *n.f.* BOTÂNICA ⇒ **grindélia** (Do lat. *auru-*, «ouro», pelo it. *aurelia*, «id.»)

aureliídeo *adj.* ZOOLOGIA relativo ou pertencente aos aureliídeos ■ *n.m.* ZOOLOGIA espécime dos aureliídeos ■ *n.m.pl.* ZOOLOGIA grupo de celenterados cifozoários a que pertence a medusa-acalefa comum e cujo género se designa *Aurelia* (Do lat. cient. *Aurelia-*+*-ídeo*)

áureo *adj.* 1 de ouro ou da cor dele; dourado 2 brilhante 3 [fig.] nobre 4 [fig.] magnífico ■ *n.m.* antiga moeda portuguesa; *período ~* época de maior riqueza ou prosperidade (Do lat. *aurĕu-*, «de ouro»)

auréola *n.f.* 1 nimbo, em geral dourado, de forma circular ou em cruz, que na iconografia cristã rodeia a cabeça dos santos ou de Cristo 2 diadema; coroa 3 [fig.] glória; prestígio 4 prémio (Do lat. *aureŏla-*, dim. de *aurĕa- (corona-)*, «coroazinha dourada»)

aureolar *v.tr.* 1 ornar com auréola 2 abrilhantar; glorificar ■ *adj.2g.* que tem forma de auréola (De *aréola*+*-ar*)

auri-¹ elemento de formação de palavras que exprime a ideia de ouro (Do lat. *auru-*, «ouro»)

auri-² elemento de formação de palavras que exprime a ideia de orelha, ouvido (Do lat. *aure-*, «orelha; ouvido»)

auricalco *n.m.* metal finíssimo que consiste numa espécie de latão, com mistura de ouro e prata, usado antigamente e cujo processo de fabrico se perdeu

auricerúleo *adj.* azul-dourado (Do lat. *auru-*, «ouro» +*caerulĕu-*, «azul»)

auriclípeo *adj.* que tem escudo dourado (Do lat. *auru-*, «ouro» +*clipĕu-*, «escudo»)

auricolo *adj.* que tem pescoço dourado (Do lat. *auru-*, «ouro» +*collu-*, «pescoço»)

auricolor *adj.2g.* da cor do ouro; dourado (Do lat. *auricolōre-*, «da cor do ouro»)

aurícomo *adj.* que tem cabelos de ouro ou dourados (Do lat. *auricŏmu-*, «id.»)

auricórneo *adj.* ZOOLOGIA que tem antenas douradas (Do lat. *auru-*, «ouro» +*cornu-*, «antena» +*-eo*)

auricrinito *adj.* que tem tranças douradas (Do lat. *auru-*, «ouro» +*crinītu-*, «que tem muitos cabelos»)

aurícula *n.f.* 1 ANATOMIA cada uma das cavidades localizadas atrás dos ventrículos, na base do coração, sendo que a direita recebe o sangue venoso e a esquerda recebe o sangue oxigenado vindo dos pulmões 2 ANATOMIA pavilhão do ouvido; orelha 3 ZOOLOGIA conjunto de penas em disposição radiada que cobre a parte externa dos órgãos auditivos nalgumas aves de rapina 4 BOTÂNICA prolongamento em forma de orelha que aparece na base de certas folhas vegetais (Do lat. *auricŭla-*, «orelha»)

auriculado *adj.* provido de aurículas (De *aurícula*+*-ado*)

auricular *adj.2g.* 1 relativo à orelha ou ao ouvido 2 relativo às aurículas do coração 3 dito ao ouvido 4 que se sabe por se ter ouvido ■ *n.m.* dispositivo que converte ondas elétricas em sinais sonoros e que se põe encostado no ouvido para permitir que o som seja escutado apenas pelo seu portador, podendo incorporar um microfone ■ *adj.,n.m.* diz-se de ou dedo mínimo; mendinho; mindinho (Do lat. *auriculāre-*, «da orelha»)

auriculiforme *adj.2g.* em forma de orelha (Do lat. *auricŭla-*, «orelha»+*forme-*, «forma»)

auriculista *n.2g.* médico especialista de doenças dos ouvidos ■ *adj.2g.* que trata dos ouvidos (De *aurícula*+*-ista*)

auriculo- elemento de formação de palavras que exprime a ideia de *aurícula*

aurículo *n.m.* ⇒ **aurícula**

auriculoventricular *adj.2g.* ANATOMIA que diz respeito às aurículas e aos ventrículos do coração (De *aurículo*+*ventricular*)

aurífero *adj.* que contém ouro (Do lat. *aurifĕru-*, «id.»)

aurificação *n.f.* 1 ação de aurificar 2 obturação (dos dentes cariados) com folhas ou bloco de ouro (De *aurificar*+*-ção*)

aurificar *v.tr.* 1 proceder à aurificação de 2 dourar (Do lat. *auru-*, «ouro» +*facĕre*, «fazer»)

aurífice *n.2g.* artista que trabalha em ouro; ourives (Do lat. *aurifĭce-*, «id.»)

aurifícia *n.f.* arte de ourives; ourivesaria (De *aurífice*+*-ia*)

aurifício *adj.* que fabrica objetos de ouro (Do lat. *auru-*, «ouro» +*facĕre*, «fazer»)

aurífico *adj.* que contém ouro ou é da cor do ouro (Do lat. *aurifĭcu-*, «id.»)

auriflama *n.f.* 1 estandarte de seda vermelha com reflexos dourados, usado na guerra pelos reis da França 2 bandeira (Do lat. *auru-*, «ouro» +*flamma*, «chama»)

auriflamante *adj.2g.* 1 da cor da auriflama 2 aurifulgente (De *auri-*+*flamante*)

auriforme *adj.2g.* que tem forma de orelha (De *auri-*+*-forme*)

aurifrigiado *adj.* guarnecido a ouro (De *aurifrígio*+*-ado*)

aurifrígio *n.m.* guarnição de ouro (Do lat. med. *aurifrigĭu-*, de *auru-*, «ouro» +*phrygĭu-*, «frígio»)

aurifrísio *n.m.* ORNITOLOGIA nome por que também é conhecida a águia-pesqueira (De *auri-*+*friso-*+*-io*)

aurifulgente *adj.2g.* que brilha como o ouro (De *auri-*+*fulgente*)

aurifúlgido *adj.* ⇒ **aurifulgente** (De *auri-*+*fúlgido*)

auriga *n.m.* 1 [ant.] cocheiro 2 [com maiúscula] ASTRONOMIA uma das constelações boreais, com 13 estrelas binárias, algumas avermelhadas, onde se situa a estrela Capela ou Cabra de grandeza aparente 0,24, também chamada Cocheiro (Do lat. *aurīga-*, «cocheiro»)

aurigário *n.m.* HISTÓRIA (Roma antiga) indivíduo que guiava os carros nas corridas, vestido de quatro cores que simbolizavam as quatro estações do ano (Do lat. *aurigarĭu-*, «cocheiro de circo»)

aurigastro *adj.* que tem o ventre amarelado (Do lat. *auru-*, «dourado»+gr. *gastér*, *gastrós*, «ventre»)

aurígero *adj.* ⇒ **aurífero** (Do lat. *aurigĕru-*, «que traz ouro»)

aurígia *n.f.* 1 profissão de cocheiro 2 arte de adestrar e dirigir os animais de tiro (Do lat. *aurīga-*, «cocheiro» +*-ia*)

aurígico *adj.* relativo a auriga ou a aurígia (De *auriga*+*-ico*)

auriginoso /ô/ *adj.* 1 que tem a cor do ouro 2 designativo da febre que é acompanhada de icterícia (Do lat. *auriginōsu-*, «que tem icterícia»)

aurigo *n.m.* cor das pessoas doentes de icterícia (Do lat. *aurīgo*, -*ĭnis*, «icterícia»)

aurilavrado *adj.* com lavores a ouro (De *auri-*+*lavrado*)

auriluzente *adj.2g.* ⇒ **aurifulgente** (De *auri-*+*luzente*)

auriluzir *v.intr.* brilhar como o ouro (De *auri-*+*luzir*)

aurimesclado *adj.* que tem cor de ouro à mistura (De *auri-*+*mesclado*)

auripene *adj.2g.* de penas douradas (Do lat. *auru-*, «ouro» +*penna-*, «pena»)

auripigmento *n.m.* MINERALOGIA mineral amarelo (sulfureto de arsénio) que cristaliza no sistema monoclínico; ouro-pigmento (Do lat. *auripigmentu-*, «ouro-pigmento»)

auripurpúreo *adj.* da cor do ouro e da púrpura (De *auri-*+*purpúreo*)

aurir *v.intr.* 1 [regionalismo] fugir alucinadamente 2 [regionalismo] perder a razão; alucinar (De orig. obsc.)

aurirrosado *adj.* ⇒ **aurirróseo** (De *auri-*+*rosado*)

aurirróseo *adj.* da cor de ouro e rosa (De *auri-*+*róseo*)

aurisplendente *adj.2g.* ⇒ **aurifulgente** (Do lat. *auru-*, «ouro» +*splendente-*, «brilhante»)

auriterapia *n.f.* terapêutica por meio dos sais de ouro (De *auri-*+*terapia*)

aurito *adj.* 1 que ouve bem 2 que tem orelhas grandes; orelhudo (Do lat. *aurītu-*, «de orelhas grandes»)

auritrémulo *adj.* que cintila como o ouro (De *auri-*+*trémulo*)

auriverde *adj.2g.* da cor do ouro e verde (De *auri-*+*verde*)

aurívoro *adj.* 1 que devora ouro 2 [fig.] dissipador; perdulário (Do lat. *auru-*, «ouro» +*vorāre*, «devorar»)

auroque *n.m.* ZOOLOGIA antigo boi selvagem da Europa, semelhante ao bisão, que se considera extinto; uro (Do al. *Auerochs*, «boi da planície»)

aurora *n.f.* 1 claridade que precede o nascer do dia; madrugada; crepúsculo matutino 2 [fig.] começo; princípio; origem 3 [fig.] juventude; *~ polar* GEOGRAFIA fenómeno luminoso em forma de faixas e

auroral

arcos coloridos e brilhantes, que pode ser observado quer nas regiões de latitudes elevadas do hemisfério norte (aurora boreal) quer nas latitudes elevadas do hemisfério sul (aurora austral) (Do lat. *aurōra-*, «id.»)

auroral *adj.2g.* **1** da aurora **2** [fig.] inicial **3** [fig.] original (De *aurora+-al*)

aurorar *v.tr.* **1** iluminar como a aurora **2** [fig.] tornar brilhante **3** [fig.] dar início a (Do lat. *aurorāre*, «ter o brilho da aurora»)

auroreal *adj.2g.* ⇒ **auroral**

aurorescer *v.intr.* começar a romper a claridade do dia (Do lat. *aurorescĕre*, «surgir a aurora»)

auscultação *n.f.* **1** ato de escutar os sons que se produzem no interior do organismo, diretamente com o ouvido ou com o auxílio de um estetoscópio **2** [fig.] sondagem; inquérito (Do lat. *auscultatiōne-*, «ação de escutar»)

auscultador *adj.* que ausculta ■ *n.m.* **1** aquele que ausculta **2** instrumento com que se ausculta; estetoscópio **3** peça móvel de um telefone que integra um recetor acústico e um microfone e pelo qual se comunica **4** *pl.* aparelho constituído por dois dispositivos de escuta para cada orelha, permitindo a receção sonora apenas pelo seu portador **5** cada um destes dois dispositivos de escuta (Do lat. *auscultatōre-*, «o que escuta»)

auscultadora *n.f.* RELIGIÃO religiosa que acompanha outra ao locutório para ouvir a conversa (De *auscultador*)

auscultar *v.tr.* **1** fazer auscultação a **2** [fig.] procurar conhecer **3** [fig.] examinar (Do lat. *auscultāre*, «escutar»)

ausência *n.f.* **1** não presença em certo lugar **2** falta de comparência **3** DIREITO situação verificada quando uma pessoa desaparece sem ter deixado representante legal ou procurador **4** carência; falta **5** inexistência **6** afastamento **7** MEDICINA suspensão passageira da consciência; *fazer boas/más ausências a* dizer bem/mal de quem não está presente (Do lat. *absentĭa-*, «id.»)

ausentar-se *v.pron.* **1** afastar-se do lugar onde estava **2** ir-se; partir **3** alhear-se (Do lat. *absentāre*, «tornar ausente»)

ausente *adj.2g.* **1** que não está presente **2** afastado **3** distraído; absorto ■ *n.2g.* pessoa que não está presente (Do lat. *absente-*, «id.»)

ausio *n.m.* [pop.] ⇒ **ousio** (De *auso+-io*)

auso *n.m.* ⇒ **ousadia** (Do lat. *ausu-*, «ato de audácia»)

auspicar *v.tr.* ⇒ **auspiciar** (Do lat. *auspicāre*, «id.»)

áuspice *n.m.* ⇒ **arúspice** (Do lat. *auspĭce-*, «id.»)

auspiciador *adj.* **1** de bom auspício; auspicioso **2** que auspicia (De *auspiciar+-dor*)

auspiciar *v.tr.* fazer auspício de; augurar (De *auspício+-ar*)

auspício *n.m.* **1** [ant.] presságio baseado na observação das aves (do seu número, canto, voo, etc.); agouro; augúrio **2** sinal de que alguma coisa, boa ou má, vai acontecer; prenúncio; presságio; *sob os ~s de* sob a proteção, o patrocínio, o conselho ou o apoio de (Do lat. *auspicĭu-*, «observação das aves; presságio»)

auspicioso /ô/ *adj.* **1** de bom agouro **2** esperançoso **3** prometedor (De *auspício+-oso*)

austar *v.tr.* NÁUTICA reforçar (amarras do navio) (De *áuste+-ar*)

áuste *n.m.* **1** costura feita nas amarras dos cabos para as emendar **2** cabo de navio **3** amarra (De orig. obsc.)

austeridade *n.f.* **1** carácter ou qualidade do que é austero **2** rigor de disciplina; severidade **3** ausência de enfeites ou ornamentos **4** ECONOMIA contenção de gastos **5** ECONOMIA política governamental que procura reduzir a despesa pública (Do lat. *auseritāte-*, «seriedade»)

austerismo *n.m.* excesso de austeridade (De *austero+-ismo*)

austerizar *v.tr.* tornar austero (De *austero+-izar*)

austero *adj.* **1** que revela austeridade; rígido nos princípios, hábitos ou opiniões **2** que não é flexível; severo; rigoroso **3** que revela circunspeção ou formalidade; sério; grave **4** desagradável para os sentidos; áspero; ríspido **5** que exige esforço; duro; penoso **6** sem enfeites ou ornamentos (Do lat. *austēru-*, «rude; áspero»)

austinado *adj.* **1** obstinado; teimoso **2** impenitente **3** desaustinado (Do lat. *obstinātu-*, «id.»)

austral *adj.2g.* do sul; meridional ■ *n.m.* antiga unidade monetária da Argentina, substituída pelo peso argentino (Do lat. *australe-*, «id.»)

australásio *adj.* da Australásia (De *Australásia*, top.)

austrália *n.f.* BOTÂNICA árvore da família das Leguminosas (género *Acacia*), originária da Austrália, frequentemente cultivada em Portugal; acácia-preta (De *Austrália*, top.)

australiano *adj.* **1** da Austrália **2** relativo à Austrália ■ *n.m.* natural ou habitante da Austrália (De *Austrália*, top. +-*ano*)

australo-africano *adj.* relativo à Austrália e à África

australopiteco *n.m.* PALEONTOLOGIA hominídeo fóssil de pequeno tamanho, descoberto na África austral em 1925 (Do lat. *australe-*, «austral; meridional»+gr. *píthekos*, «macaco»)

austríaco *adj.* relativo ou pertencente à Áustria ■ *n.m.* natural ou habitante da Áustria (De *Áustria*+-*aco*)

austrífero *adj.* que traz chuva ou vento do sul; chuvoso (Do lat. *austrifĕru-*, «que traz o vento do Sul»)

austrino *adj.* ⇒ **austral** (Do lat. *austrīnu-*, «id.»)

austro *n.m.* vento do sul (Do lat. *austru-*, «sul»)

austro-[1] elemento de formação de palavras que exprime a ideia de *meridional* (Do lat. *austru-*, «do sul»)

austro-[2] elemento de formação de palavras que exprime a ideia de *austríaco* ou *australiano* (De *Áustria* ou *Austrália*, top.)

austro-africano *adj.* relativo ou pertencente à região do sul de África; sul-africano (De *austro-* [por *australiano*]+*africano*)

austro-húngaro *adj.* relativo ao antigo império formado pela Áustria e pela Hungria

austromancia *n.f.* suposta adivinhação pela observação dos ventos (Do lat. *austru-*, «o vento do sul»+gr. *manteía*, «adivinhação»)

autarca *n.2g.* **1** pessoa que administra uma autarquia; edil **2** pessoa que governa por si **3** monarca absoluto; autocrata (Do gr. *autárkes*, «que se basta a si mesmo»)

autarcia *n.f.* **1** sociedade que, do ponto de vista económico, se basta a si mesma **2** suficiência própria; autossuficiência **3** [fig.] tranquilidade **4** [fig.] temperança (Do gr. *autarkheía*, «id.»)

autarquia *n.f.* **1** entidade administrativa que prossegue os interesses de uma circunscrição do território nacional, através de órgãos próprios dotados de autonomia (em relação ao poder central), dentro dos limites da lei **2** sistema económico de uma região que vive dos próprios recursos (Do gr. *autarkheía*, «id.»)

autárquicas *n.f.pl.* eleições para os diversos órgãos das autarquias (De *autárquico*)

autárquico *adj.* respeitante à autarquia (De *autarquia*+-*ico*)

autemoterapia *n.f.* ⇒ **auto-hemoterapia** (Do gr. *autós*, «por si mesmo»+*haîma*, «sangue»+*therapeía*, «tratamento»)

autêntica *n.f.* **1** certidão **2** atestado **3** RELIGIÃO certificado pontifício confirmativo de um milagre ou da veracidade de qualquer relíquia (De *autêntico*)

autenticação *n.f.* **1** ato ou efeito de autenticar **2** certificação dada por perito **3** reconhecimento (De *autenticar*+-*ção*)

autenticador *adj.* que autentica (De *autenticar*+-*dor*)

autenticar *v.tr.* **1** tornar autêntico **2** reconhecer como verdadeiro **3** DIREITO acreditar (certo ato ou documento) por forma que, no futuro, faça fé em juízo **4** certificar **5** legalizar (De *autêntico*+-*ar*)

autenticidade *n.f.* **1** carácter do ato ou documento que está conforme à lei **2** qualidade de uma obra que comprovadamente pertence ao autor a que é atribuída **3** qualidade do que é conforme à verdade; veracidade **4** manifestação de sinceridade ou naturalidade (De *autêntico*+-*i*-+-*dade*)

autêntico *adj.* **1** legalizado juridicamente **2** certificado por testemunho público **3** que é do autor a quem se atribui **4** fidedigno **5** verdadeiro **6** sincero (Do gr. *authentikós*, «que faz autoridade», pelo lat. *authentĭcu-*, «autêntico»)

autentificar *v.tr.* ⇒ **autenticar** (De *autêntico*+-*ficar*)

autigéneo *adj.* ⇒ **autígeno** (De *autígeno*+-*eo*)

autígeno *adj.* PETROLOGIA diz-se do componente de rocha formado no próprio local em que se originou a rocha de que faz parte (Do gr. *authigenés*, «indígena», de *authi*, «aqui mesmo» +*genós*, «origem»)

autismo *n.m.* **1** MEDICINA estado mental caracterizado por uma concentração patológica do indivíduo sobre si mesmo, e pela ausência de reação a estímulos e a contactos sociais **2** predominância da vida interior; alheamento do real; ensimesmamento (Do gr. *autós*, «de si mesmo» +-*ismo*, ou do fr. *autisme*, «autismo»)

autista[1] *adj.2g.* relativo a autismo ■ *n.2g.* pessoa que sofre de autismo (Do grego *autós*, «o próprio» +-*ista*)

autista[2] *n.m.* [ant.] motorista (De *auto* [=automóvel] +-*ista*)

auto[1] *n.m.* **1** ato solene **2** DIREITO documento oficial em que se narra uma ocorrência ou se regista um ato e que tem fins legais **3** DIREITO peça de um processo judicial **4** LITERATURA composição dramática de cunho moral ou pedagógico; *~ de posse* auto em que se faz a narração escrita de um ato de posse; *levantar/lavrar um ~* fazer a narração escrita e circunstanciada de qualquer ato (Do lat. *actu-*, «o que se realizou»)

auto[2] *n.m.* forma reduzida de *automóvel*

auto-[1] elemento de formação que exprime a ideia de *próprio, independente, por si mesmo*, e é seguido de hífen quando o

auto-² elemento de formação que exprime a ideia de *automóvel*, e é seguido de hífen quando o elemento seguinte começa por vogal ou por *h*, *r* ou *s*

autoacusação *n.f.* **1** ato de atribuir a si mesmo a culpa de um facto considerado reprovável **2** confissão de crime ou delito **3** perturbação em que o paciente se imputa atos ou delitos que não praticou

auto-acusação ver nova grafia autoacusação

autoadesivo *n.m.* papel ou etiqueta com uma das superfícies revestida de uma substância aderente ■ *adj.* que possui uma superfície aderente

auto-adesivo ver nova grafia autoadesivo

autoajuda *n.f.* **1** procedimento que consiste em fazer uso dos próprios recursos para atingir objetivos práticos ou resolver dificuldades **2** série de orientações e conselhos que têm por fim permitir este procedimento

auto-ajuda ver nova grafia autoajuda

autoanálise *n.f.* ato ou efeito de se analisar a si próprio; introspeção

auto-análise ver nova grafia autoanálise

autoaprendizagem *n.f.* processo de aprendizagem sem professor, realizado pela própria pessoa

auto-aprendizagem ver nova grafia autoaprendizagem

autoavaliação *n.f.* processo de se avaliar a si próprio; autoanálise

auto-avaliação ver nova grafia autoavaliação

autobiografia *n.f.* vida de um indivíduo escrita por ele próprio (Do gr. *autós*, «o próprio» +*bíos*, «vida» +*gráphein*, «escrever» +*-ia*, ou do fr. *autobiographie*, «id.»)

autobiográfico *adj.* relativo à autobiografia (De *autobiografia*+*-ico*)

autobiógrafo *n.m.* autor da própria biografia (Do gr. *autós*, «o próprio» *bíos*, «vida» +*gráphein*, «escrever»)

autobomba *n.f.* automóvel provido de bomba, empregado no serviço de incêndios (De *auto-*+*bomba*)

autobronzeador *n.m.* produto cosmético que permite obter um efeito bronzeado na pele sem o contacto direto com os raios solares (De *auto-*+*bronzeador*)

autobus *n.m.2n.* **1** veículo automóvel geralmente destinado a transporte urbano **2** ⇒ **autocarro** (Do fr. *autobus*, «id.»)

autocaravana *n.f.* veículo automóvel concebido e apetrechado para servir de habitação (De *auto-*+*caravana*)

autocarro *n.m.* veículo automóvel para transporte coletivo de passageiros (De *auto-*+*carro*)

autocarro-biblioteca *n.m.* veículo adaptado ao serviço itinerante de uma biblioteca

autocatálise *n.f.* QUÍMICA catálise de uma reação química por um produto gerado nela própria (De *auto-*+*catálise*)

autocéfalo *adj.* que se governa pela própria cabeça; autónomo; independente ■ *n.m.* RELIGIÃO bispo grego fora da jurisdição do patriarca (Do gr. *autoképhalos*, «cabeça própria, independente», pelo fr. *autocéphale*, «id.»)

autocensura *n.f.* censura que alguém faz a si próprio

autociclo *n.m.* bicicleta acionada por um motor (Do fr. *autocycle*, «id.»)

autocinese *n.f.* movimento espontâneo que se supõe que a matéria viva possui (Do gr. *autokínesis*, «movimento espontâneo»)

autocinesia *n.f.* ⇒ **autocinese** (De *autocinese*+*-ia*, ou de *auto-*+*cinesia*)

autoclavagem *n.f.* ECOLOGIA processo de esterilização de resíduos, em que os microrganismos são eliminados por serem sujeitos a temperaturas superiores ao seu limite de sobrevivência

autoclave *n.f.* **1** fecho automático de recipientes com fluidos a alta pressão (tensão) **2** aparelho de esterilização em que a água atinge temperaturas superiores a 100 °C sem ferver, por estar impedida a saída do vapor (Do gr. *autós*, «mesmo; próprio»+lat. *clave-*, «chave», pelo fr. *autoclave*, «autoclave»)

autoclínica *n.f.* estudo e tratamento de uma enfermidade feitos pelo próprio doente (De *auto-*+*clínica*)

autóclise *n.f.* seringa de jato permanente que serve para uma pessoa dar clisteres a si própria (Do gr. *autós*, «o próprio» +*klýsis*, «lavagem»)

autoclismo *n.m.* reservatório que se enche de água e a descarrega na sanita ou no urinol para os limpar, quando se aciona mecanicamente a válvula que regula a saída da água (Do gr. *autós*, «o próprio» +*klýsma*, «lavagem»)

autocolante *adj.2g.* **1** que cola por si **2** que adere sem ser humedecido ■ *n.m.* impresso que cola instantaneamente, por ter uma das faces coberta de substância adesiva (De *auto-*+*colar*+*-ante*, ou do fr. *autocollant*)

autocolimador *adj.,n.m.* que ou instrumento (também denominado luneta autocolimadora) que serve para medir, com alto grau de precisão, pequenas variações na inclinação de uma superfície refletora (De *auto-*+*colimador*)

autocombustão *n.f.* combustão espontânea de uma substância (De *auto-*+*combustão*)

autocomiseração *n.f.* ato ou efeito de sentir pena de si próprio (De *auto-*+*comiseração*)

autocomplacência *n.f.* ⇒ **autoindulgência** (De *auto-*+*complacência*)

autoconceito *n.m.* PSICOLOGIA parte da identidade de um indivíduo que consiste no conjunto de ideias e de representações que ele tem de si próprio (De *auto-*+*conceito*)

autocondução *n.f.* **1** o facto de alguém ou algo se conduzir por si próprio **2** indução elétrica em corpos vivos por meio de correntes alternadas de alta frequência (De *auto-*+*condução*)

autoconfiança *n.f.* confiança em si próprio (De *auto-*+*confiança*)

autoconfiante *adj.2g.* confiante em si mesmo; que confia em si próprio; seguro de si

autoconsciência *n.f.* consciência dos próprios atos (De *auto-*+*consciência*)

autoconsumo *n.m.* ECONOMIA consumo de um bem ou utilização de um serviço por quem o produz (De *auto-*+*consumo*)

autocontrato *n.m.* contrato consigo mesmo (De *auto-*+*contrato*)

autocontrolo *n.m.* capacidade de se controlar a si mesmo; autodomínio; contenção; comedimento (De *auto-*+*controlo*)

autocópia *n.f.* cópia mecânica (De *auto-*+*cópia*)

autocopiadora *n.f.* aparelho para fazer autocópias (De *auto-*+*copiadora*)

autocopiar *v.tr.* reproduzir um escrito ou desenho por autocópia (De *autocópia*+*-ar*)

autocorrector ver nova grafia autocorretor

autocorretor *n.m.* aparelho de pontaria antiaérea das armas portáteis que permite, feita a pontaria ao avião inicial, que o plano de tiro fique dirigido ao avião futuro (De *auto-*+*corrector*)

autocracia *n.f.* poder absoluto e ilimitado de um soberano (Do gr. *autokrateía*, «id.»)

autocrata *n.2g.* soberano absoluto ■ *adj.2g.* independente (Do gr. *autokratés*, «id.»)

autocrático *adj.* que pertence a um autocrata ou à autocracia (De *autocrata*+*-ico*)

autocratismo *n.m.* **1** qualidade de autocrata **2** ⇒ **autocracia** (De *autocrata*+*-ismo*)

autocrítica *n.f.* crítica que alguém faz às suas próprias obras ou ao seu procedimento (Do gr. *autós*, «o próprio» +*kritiké*, «crítica», ou de *auto-*+*crítica*)

autocrítico *adj.* que se critica a si próprio

autocromia *n.f.* FOTOGRAFIA processo fotográfico com reprodução de cores (Do gr. *autós*, «o próprio» +*khrôma*, «cor» +*-ia*)

autocross *n.m.* DESPORTO corrida em veículos automóveis realizada numa pista fechada (Do ing. *autocross*, «id.»)

autóctone *adj.,n.2g.* que ou pessoa que nasceu na própria terra em que habita; aborígene; indígena ■ *adj.2g.* designativo da primeira língua falada num país (Do gr. *autókhthon*, «indígena», pelo lat. *autochtŏne-*, «id.»)

autoctonia *n.f.* qualidade de ser autóctone (De *autóctone*+*-ia*)

autoctonismo *n.m.* ⇒ **autoctonia** (De *autóctone*+*-ismo*)

autodecomposição *n.f.* decomposição lenta de um explosivo, realizada sem intervenção exterior, a não ser a dos agentes atmosféricos (De *auto-*+*decomposição*)

auto-de-fé ver nova grafia auto de fé

auto de fé *n.m.* **1** cerimónia durante a qual eram tornadas públicas as sentenças do tribunal da Inquisição **2** [pop.] aplicação de uma pena de morte pelo fogo **3** [fig.] destruição, pelo fogo, de qualquer objeto considerado inútil ou pernicioso

autodefesa *n.f.* **1** ato ou efeito de se defender pelos seus próprios meios **2** organização militar defensiva de uma região contra a subversão, sob as formas psíquica e física (De *auto-*+*defesa*)

autodescoberta *n.f.* descoberta de si próprio; ação de descobrir algo em si próprio (De *auto-*+*descoberta*)

autodestruição *n.f.* destruição (moral ou física) de si próprio (De *auto-*+*destruição*)

autodestrutivo *adj.* que leva à destruição de si próprio

autodeterminação *n.f.* ato pelo qual o povo escolhe, por sufrágio direto e universal, o seu estatuto político (De *auto-*+*determinação*)

autodeterminismo *n.m.* POLÍTICA sistema político baseado na autodeterminação (De *auto-*+*determinismo*)

autodidacta ver nova grafia autodidata

autodidáctica ver nova grafia autodidática

autodidáctico ver nova grafia autodidático

autodidactismo ver nova grafia autodidatismo

autodidata *adj.,n.2g.* que ou a pessoa que aprende por si, sem a ajuda de professores ou orientadores (Do gr. *autodídaktos*, «id.»)

autodidática *n.f.* ⇒ **autodidatismo** (De *autodidáctico*)

autodidático *adj.* relativo ou pertencente à autodidática (Do gr. *autodídaktos*, «que se instruiu a si próprio»)

autodidatismo *n.m.* aprendizagem feita por si próprio, isto é, sem o auxílio de professor ou orientador (De *autodidacta*+*-ismo*)

autodidaxia /cs/ *n.f.* ⇒ **autodidatismo** (Do gr. *autós*, «próprio» +*dídaxis*, «instrução» +*-ia*)

autodiegético *adj.* diz-se do narrador que é personagem principal e que relata, na primeira pessoa, as suas experiências pessoais (De *auto-*+*diegético*)

autodigestão *n.f.* BIOLOGIA desintegração dos tecidos e sua transformação sem concurso alheio (De *auto-*+*digestão*)

autodinamia *n.f.* propriedade daquilo que se move por si próprio (Do gr. *autós*, «próprio» +*dýnamis*, «força; poder» +*-ia*)

autodinâmico *adj.* 1 relativo a autodinamia 2 que se move sem impulso alheio (Do gr. *autós*, «próprio» +*dynamikós*, «forte»)

autodisciplina *n.f.* 1 disciplina mantida por si próprio ou pelos próprios membros de um grupo 2 capacidade de se disciplinar (De *auto-*+*disciplina*)

autodomínio *n.m.* ⇒ **autocontrolo** (De *auto-*+*domínio*)

autódromo *n.m.* recinto reservado, com instalações próprias para corridas de automóveis (De *auto-*+*-dromo*)

autoeducação *n.f.* 1 educação feita pelo próprio educando 2 educação independente de normas

auto-educação ver nova grafia autoeducação

autoescada *n.f.* 1 equipamento que consiste numa escada articulada, montada sobre viatura automóvel, utilizada no serviço de incêndios, salvamentos e sinistros 2 viatura automóvel que possui esse equipamento (De *auto-*+*escada*)

auto-escada ver nova grafia autoescada

autoescola *n.f.* [Brasil] instituição oficialmente autorizada a ministrar o ensino teórico e prático relativo à condução de veículos automóveis, com vista à obtenção da carta de condução (De *auto-²*+*escola*, ou do fr. *auto-école*, «id.»)

auto-escola ver nova grafia autoescola

autoestima *n.f.* 1 estima por si próprio 2 opinião favorável de si mesmo

auto-estima ver nova grafia autoestima

autoestrada *n.f.* via pública destinada a trânsito rápido, com os acessos condicionados, sem cruzamentos de nível e com as faixas de rodagem separadas entre si; **~ de informação** INFORMÁTICA rede de comunicação global que permite o envio e a partilha de informação em formatos ou aplicações diversos (De *auto-*+*estrada*)

auto-estrada ver nova grafia autoestrada

autoexcitação *n.f.* ELETRICIDADE ação ou efeito de autoexcitar (De *auto-*+*excitação*)

auto-excitação ver nova grafia autoexcitação

autoexcitar *v.tr.* ELETRICIDADE excitar (os ímanes indutores de um dínamo) com uma corrente produzida pelo próprio dínamo

auto-excitar ver nova grafia autoexcitar

autofagia *n.f.* 1 situação em que um organismo, por doença ou falta de alimento, se nutre de substâncias do próprio corpo 2 BIOLOGIA destruição de células por enzimas que se encontram dentro delas; autodestruição da célula 3 [fig.] autodestruição (De *autófago*+*-ia*)

autófago *adj.,n.m.* que ou o que manifesta autofagia (Do gr. *autós*, «próprio» +*phageîn*, «comer»)

autofecundação *n.f.* fecundação realizada por gâmetas provenientes do mesmo indivíduo (De *auto-*+*fecundação*)

autofilia *n.f.* estima exagerada por si próprio; egolatria (Do gr. *autós*, «próprio» +*philía*, «amor; amizade»)

autofilismo *n.m.* ⇒ **autofilia** (De *autofi(lia)*+*-ismo*)

autofinanciamento *n.m.* ECONOMIA financiamento de investimentos de uma empresa com a reserva de parte dos dividendos distribuíveis (De *auto-*+*financiamento*)

autoflagelação *n.f.* 1 ação de se flagelar, como penitência 2 ação de se atormentar (Do gr. *autós*, «o próprio; por si próprio»+lat. *flagellatione-*, «ação de açoitar»)

autoflagelar-se *v.pron.* 1 fustigar-se com um flagelo 2 penitenciar-se 3 [fig.] atormentar-se (De *auto-*+*flagelar-se*)

autofoco *n.m.* FOTOGRAFIA dispositivo eletrótico que mantém a imagem em foco (Do ing. *autofocus*, «id.»)

autofócus *n.m.2n.* FOTOGRAFIA ⇒ **autofoco** (Do ing. *autofocus*, «id.»)

autoformação *n.f.* modalidade de aprendizagem individual que permite ao indivíduo aprender ao seu próprio ritmo, utilizando recursos específicos para o efeito (De *auto-*+*formação*)

autofotografia *n.f.* fotografia tirada pelo próprio fotografado (De *auto-*+*fotografia*)

autogamia *n.f.* BIOLOGIA processo de reprodução sexuada em que os gâmetas que nela intervêm são produzidos pelo mesmo indivíduo, como no hermafroditismo suficiente (De *autógamo*+*-ia*)

autógamo *adj.* em que se verifica autogamia (Do gr. *autós*, «próprio» +*gámos*, «união; matrimónio»)

autogéneo *adj.* 1 que existe por si próprio 2 BOTÂNICA (bolbo) que dá folhas antes de metido na terra; **soldadura autogénea** soldadura de metais pela fusão das partes que se querem ligar (Do gr. *autogenés*, «nascido por si próprio» +*-eo*)

autogénese *n.f.* BIOLOGIA geração espontânea; reprodução em que intervêm apenas um indivíduo (Do gr. *autós*, «próprio» +*génesis*, «geração»)

autogenético *adj.* que diz respeito à autogénese (De *autogénese*+*-ico*)

autógeno *adj.* ⇒ **autogéneo** (Do gr. *autogenés*, «nascido por si próprio»)

autogestão *n.f.* 1 gestão pelos próprios geridos 2 governo pelos próprios governados 3 administração levada a efeito pelos próprios trabalhadores de uma empresa (De *auto-*+*gestão*)

autogiro *n.m.* aeronave munida, na parte superior, de uma hélice cujo movimento lhe permite a sustentação no ar (De *auto-*+*giro*)

autognose *n.f.* conhecimento de si próprio (Do gr. *autógnosis*, «conhecimento de si próprio»)

autogolo *n.m.* DESPORTO golo marcado por um jogador na baliza da própria equipa

autografar *v.tr.* 1 pôr autógrafo em; assinar pelo próprio punho 2 reproduzir (um manuscrito) pelo processo de autografia (De *autógrafo*+*-ar*)

autografia *n.f.* arte de reproduzir um manuscrito pela impressão litográfica ou outro processo mais recente (De *autógrafo*+*-ia*)

autográfico *adj.* 1 relativo à autografia 2 diz-se das artes, como a pintura, em que um texto não pode ser reproduzido sem perda da sua autenticidade (De *autógrafo*+*-ico*)

autógrafo *n.m.* 1 assinatura de pessoa famosa recolhida por alguém 2 texto manuscrito pelo autor ■ *adj.* que foi escrito pelo punho do autor (Do gr. *autógraphos*, «escrito pelo próprio», pelo lat. *autográphu-*, «id.»)

autografomania *n.f.* mania de colecionar autógrafos (De *autógrafo*+*mania*, ou de *autografar*+*mania*)

autoguiado *adj.* (engenho) munido de um dispositivo especial que lhe permite guiar-se automaticamente (De *auto-*+*guiado*)

auto-hemoterapia *n.f.* MEDICINA processo terapêutico que consiste em injetar num doente certa quantidade do seu próprio sangue; autemoterapia

auto-hipnose *n.f.* hipnose obtida espontaneamente, sem recorrer a processos de hipnotização

autoimagem *n.f.* imagem que se tem de si mesmo

auto-imagem ver nova grafia autoimagem

autoimune *adj.2g.* MEDICINA (reação, doença) que resulta da imunização de uma pessoa contra os seus próprios constituintes (De *auto-*+*imune*)

auto-imune ver nova grafia autoimune

autoimunidade *n.f.* MEDICINA situação que resulta da imunização de uma pessoa contra os seus próprios constituintes (De *auto-*+*imunidade*)

auto-imunidade ver nova grafia autoimunidade

autoinculpação *n.f.* DIREITO ato ou efeito de atribuir culpa a si próprio (De *auto-*+*inculpação*)

auto-inculpação ver nova grafia autoinculpação

autoindução *n.f.* FÍSICA formação de correntes induzidas num circuito elétrico, já percorrido por uma corrente principal, quando varia o fluxo do campo magnético criado por esta

auto-indução ver nova grafia autoindução

autoindulgência *n.f.* tendência para desculpar os próprios erros e defeitos; autocomplacência (De *auto-*+*indulgência*)

auto-indulgência ver nova grafia autoindulgência
autoindulgente adj.2g. que é condescendente com os defeitos, ações ou erros próprios (De *auto-+indulgente*)
auto-indulgente ver nova grafia autoindulgente
autoinfeção n.f. infeção por um microrganismo já existente no corpo e que se torna patogénico, geralmente por diminuição dos mecanismos de defesa
auto-infecção ver nova grafia autoinfeção
autointoxicação n.f. intoxicação causada por substâncias originadas no ou pelo próprio organismo
auto-intoxicação ver nova grafia autointoxicação
autolábio n.m. espécie de pinça que aperta automaticamente (Do gr. *autós*, «próprio» +*labís*, «tenaz» +*-io*)
autólatra adj.2g. relativo a autolatria ■ n.2g. pessoa que tem o culto de si própria (De *auto-+-latra*)
autolatria n.f. culto de si próprio; veneração de si próprio; amor-próprio excessivo (Do gr. *autós*, «próprio» +*latreía*, «culto»)
autólise n.f. BIOLOGIA destruição espontânea dos tecidos orgânicos (Do gr. *autós*, «próprio» +*lýsis*, «dissolução»)
autolítico adj. relativo a autólise (De *autólise+-ico*)
automaca n.f. maca montada em veículo automóvel (De *auto-+maca*)
automação n.f. ⇒ **automatização** (Do ing. *automation*, «id.»)
automática n.f. conjunto de metodologias e tecnologias que se ocupam de processos de automatização
automático adj. 1 que tem movimento de autómato 2 que funciona por si mesmo 3 mecânico 4 diz-se da arma de fogo que dispara continuamente 5 [fig.] inconsciente; involuntário ■ n.m. dispositivo que, previamente ligado, põe um mecanismo em marcha (De *autómato+-ico*)
automatismo n.m. 1 qualidade do que é automático 2 movimento inconsciente 3 ausência de vontade própria 4 conjunto de atividades psíquicas involuntárias e subconscientes (De *autómato+-ismo*)
automatização n.f. 1 ação ou efeito de automatizar 2 INFORMÁTICA técnica de que resulta a execução automática de tarefas administrativas, científicas ou industriais 3 uso de aparelhos eletrónicos para controlo do funcionamento de um sistema ou processo (De *automatizar+-ção*)
automatizar v.tr. 1 tornar automático 2 tornar mecânico 3 fazer agir inconscientemente (Do gr. *automatízein*, «fazer alguma coisa por si; tornar automático»)
autómato n.m. 1 figura que imita os movimentos dos seres animados por meio de um maquinismo interno; robô 2 máquina ou aparelho que funciona por meios mecânicos 3 [fig.] pessoa que age de forma mecânica, sem pensar 4 [fig.] pessoa incapaz de ação própria e que se deixa dominar por outra (Do gr. *autómatos*, «que se move por si próprio», pelo lat. *automătu-*, «autómato»)
automedicação n.f. consumo de medicamento(s) sem indicação médica
automedicar-se v.pron. consumir medicamento(s) sem indicação médica
automedonte n.m. [fig.] cocheiro hábil (Do gr. *Automédon, -ontos*, «Automedonte», pelo lat. *Automedonte-*, «id.»)
autometralhadora n.f. viatura militar de reconhecimento, provida de rodas, com blindagem menor do que a de um carro de combate, que emprega armamento menos potente do que o deste, destinada, especialmente, a atuar sobre vias de comunicação (De *auto-+metralhadora*)
automobilismo n.m. 1 sistema de viação por meio de automóveis 2 DESPORTO desporto que consiste em corridas de automóveis, especialmente os que são concebidos para andar a altas velocidades (Do fr. *automobilisme*, «id.»)
automobilista n.2g. 1 pessoa que conduz um automóvel 2 DESPORTO pessoa que pratica o automobilismo (Do fr. *automobiliste*, «id.»)
automobilístico adj. que diz respeito a automobilismo (De *automobilista+-ico*)
automobilizar v.tr. adaptar (uma estrada) à circulação de automóveis (De *automóvel+-izar*)
automórfico adj. ⇒ **automorfo** (De *automorfo+-ico*)
automorfismo n.m. isomorfismo em que o domínio e o contradomínio se confundem (De *automorfo+-ismo*)
automorfo adj. ⇒ **idiomorfo** (Do gr. *autós*, «próprio» +*morphé*, «forma»)
automotor adj. que se move por si próprio; automóvel ■ n.m. 1 o que se move por si próprio 2 MILITAR viatura militar blindada, provida de lagartas, mas, em geral, sem proteção superior (De *auto-+motor*)
automotora n.f. veículo motorizado adaptado ao transporte de passageiros e mercadorias por via-férrea (De *auto-+motor+-a*)
automóvel adj. (veículo) com capacidade de locomoção autónoma ■ n.m. veículo de pelo menos quatro rodas, com motor próprio (acionado geralmente a gasolina, gasóleo ou gás), usado no transporte de passageiros e de mercadorias (De *auto-+móvel*, ou do fr. *automobile*, «id.»)
automutilação n.f. 1 ato ou efeito de mutilar-se 2 ato de cortar qualquer parte do próprio corpo 3 ato de privar-se de algum membro (De *auto-+mutilação*)
autónimo adj. diz-se de uma obra publicada sob o verdadeiro nome do autor ■ n.m. signo que reenvia a si mesmo como signo (Do gr. *autós*, «próprio» +*ónyma*, «nome»)
autonivelante adj.,n.m. que ou produto à base de resinas, cimento, etc., que se aplica em espaços interiores ou exteriores para regularização e acabamento de pavimentos, conferindo-lhes um aspeto liso e tornando-os resistentes ao desgaste (De *auto-+nivelar+-ante*)
autonomamente adv. de modo autónomo
autonomeado adj. que se nomeou a si próprio
autonomia n.f. 1 condição ou qualidade de autónomo; independência 2 direito de se governar por leis próprias; autodeterminação 3 possibilidade que uma entidade tem de estabelecer as suas próprias normas 4 poder que os particulares têm de fixar por si próprios a disciplina jurídica dos seus interesses 5 distância máxima a que uma viatura, um avião ou um navio se pode deslocar sem necessidade de se reabastecer de combustível 6 tempo durante o qual uma bateria fornece energia sem necessidade de ser recarregada 7 FILOSOFIA (Kant) liberdade da vontade racional que só obedece à lei por ela mesma legislada (Do gr. *autonomía*, «id.»)
autonómico adj. 1 relativo a autonomia 2 que tem autonomia; independente (De *autonomia+-ico*)
autonomismo n.m. POLÍTICA sistema político que advoga a autonomia das divisões de um estado (De *autonomia+-ismo*, ou do fr. *autonomisme*, «id.»)
autonomista adj.,n.2g. que ou pessoa que é partidária da autonomia ou do autonomismo (De *autonomia+-ista*, ou do fr. *autonomiste*, «id.»)
autonomização n.f. ato ou efeito de tornar autónomo
autonomizar v.tr. tornar autónomo
autónomo adj. 1 que se governa por leis próprias 2 independente; autossuficiente 3 (dispositivo, sistema) que funciona sem depender de ligação a outro dispositivo ou sistema (Do gr. *autónomos*, «id.»)
auto-observação n.f. 1 observação de si mesmo 2 introspeção
auto-ónibus n.m.2n. ⇒ **autocarro**
autopata n.2g. pessoa que tem autopatia (Do gr. *autós*, «próprio» +*páthos*, «o que se sente; paixão»)
autopatia n.f. 1 egoísmo exagerado 2 insensibilidade perante o mal alheio (Do gr. *autopátheia*, «sentimento pessoal»)
autopiano n.m. piano automático que toca a música gravada num rolo de papel perfurado; pianola (De *auto-+piano*)
autoplastia n.f. CIRURGIA operação cirúrgica pela qual se restaura uma região destruída, utilizando tecidos do mesmo indivíduo (Do gr. *autós*, «próprio» +*plastós*, «modelado» +*-ia*)
autoplástico adj. relativo à autoplastia (De *autoplastia+-ico*)
autopolinização n.f. BOTÂNICA polinização através do pólen da própria flor
autopropulsão n.f. ENGENHARIA capacidade de certas máquinas de se movimentarem pelos seus próprios meios
autopropulsor n.m. ENGENHARIA parte de uma máquina que lhe confere a capacidade de se movimentar
autoproteção n.f. ação de se proteger a si mesmo
autoprotecção ver nova grafia autoproteção
autópsia n.f. 1 exame médico de um cadáver, com o fim de determinar as causas da morte 2 [fig.] inspeção de si mesmo 3 [fig.] análise crítica minuciosa (Do gr. *autopsía*, «ato de ver com os próprios olhos»)
autopsiar v.tr. 1 fazer a autópsia de 2 [fig.] observar ou analisar minuciosamente (De *autópsia+-ar*)
autóptico adj. relativo a autópsia (Do gr. *autoptikós*, «que depende do testemunho dos olhos»)
autor n.m. 1 causa primeira e principal de alguma coisa 2 criador; inventor 3 o que pratica uma ação 4 aquele que produz um texto, escrito ou oral, ou a quem se deve uma obra científica ou artística

5 DIREITO o que promove demanda judicial (Do lat. *auctōre-*, «autor; criador; promotor»)
auto-rádio ver nova grafia **autorrádio**
auto-retrato ver nova grafia **autorretrato**
autoria *n.f.* **1** condição de autor **2** presença do autor em juízo **3** paternidade (De *autor*+*-ia*)
autoricida *n.2g.* pessoa que mutila ou altera de tal maneira a obra de um autor, que dificilmente se reconhece o original (Do lat. *auctōre-*, «autor» +*cædĕre*, «cortar; matar»)
autoridade *n.f.* **1** direito ou poder de se fazer obedecer **2** supremacia de uma vontade sobre outra ou outras **3** domínio **4** mando **5** crédito **6** competência **7** entidade judicial, militar, policial ou eclesiástica que, dentro da sua alçada, tem o direito de se fazer obedecer **8** pessoa de grande competência num assunto (Do lat. *auctoritāte-*, «id.»)
autoritário *adj.* **1** que se impõe pela autoridade **2** adepto da existência de uma autoridade forte **3** absolutista **4** despótico (De *autoridade*+*-ário*, ou do fr. *autoritaire*, «id.»)
autoritarismo *n.m.* **1** atitude autoritária **2** carácter de um governo ou regime político autoritário; despotismo (De *autoritário*+*-ismo*, ou do fr. *autoritarisme*, «id.»)
autorização *n.f.* **1** ato ou efeito de autorizar ou ser autorizado **2** licença ou poder de fazer certa coisa **3** permissão; ~ *legislativa* autorização através da qual o Parlamento confere ao Governo a faculdade de fazer leis em seu lugar (De *autorizar*+*-ção*)
autorizado *adj.* **1** que foi alvo de autorização; permitido **2** dotado de autoridade **3** digno de fé ou crédito **4** respeitável (Part. pass. de *autorizar*)
autorizador *adj.,n.m.* que ou o que autoriza (De *autorizar*+*-dor*)
autorizar *v.tr.* **1** conceder autorização a **2** conferir autoridade a **3** permitir **4** validar **5** apoiar ■ *v.pron.* **1** adquirir autoridade **2** abonar-se (Do lat. tard. *auctorizāre*, «id.»)
autorizável *adj.2g.* que pode ser autorizado (De *autorizar*+*-vel*)
autorrádio *n.m.* aparelho de rádio próprio para veículo automóvel
autorretrato *n.m.* retrato de uma pessoa feito por ela própria
auto-satisfação ver nova grafia **autossatisfação**
autoscopia *n.f.* **1** emprego do autoscópio **2** representação patológica da sua própria imagem **3** auscultação ou exame de si mesmo (Do gr. *autós*, «próprio» +*skopeīn*, «olhar; ver»)
autoscópio *n.m.* instrumento próprio para autoscopia (Do gr. *autós*, «próprio» +*skopeīn*, «olhar»)
auto-serviço ver nova grafia **autosserviço**
autossatisfação *n.f.* satisfação que uma pessoa sente relativamente a si mesma, ao seu comportamento ou às suas ações
autosserviço *n.m.* serviço feito pela própria pessoa, sem auxílio de ninguém; self-service
autossoma *n.m.* CITOLOGIA cada um dos cromossomas que formam o património genético dos indivíduos, à exceção dos cromossomas sexuais (Do gr. *autós*, «próprio» +*sóma*, «corpo»)
autossuficiência *n.f.* qualidade de autossuficiente
autossuficiente *adj.2g.* **1** que se basta a si próprio **2** independente (De *auto-*+*suficiente*)
autossugestão *n.f.* sugestão originada de forma espontânea em alguém, sem a influência exterior
autossugestionar-se *v.pron.* sugestionar-se a si próprio
autossustentabilidade *n.f.* **1** capacidade de autossustentar-se; qualidade de poder sustentar-se a si próprio **2** capacidade de gerar, com recursos próprios, a sustentabilidade de uma ação ou projeto (De *auto-*+*sustentabilidade*)
autossustentar-se *v.pron.* **1** gerar os recursos materiais para a própria sobrevivência **2** gerar, com recursos próprios, a sustentabilidade de uma ação ou projeto (De *auto-*+*sustentável*)
autossustentável *adj.2g.* que pode sustentar-se a si mesmo (De *auto-*+*sustentável*)
auto-suficiência ver nova grafia **autossuficiência**
auto-suficiente ver nova grafia **autossuficiente**
auto-sugestão ver nova grafia **autossugestão**
auto-sugestionar-se ver nova grafia **autossugestionar-se**
auto-sustentabilidade ver nova grafia **autossustentabilidade**
auto-sustentar-se ver nova grafia **autossustentar-se**
auto-sustentável ver nova grafia **autossustentável**
autotanque *n.m.* veículo automóvel para transporte de líquidos (água, vinho, gasolina) (De *auto-*+*tanque*)
autotelia *n.f.* qualidade de determinar por si próprio o objetivo dos seus atos (Do gr. *autothelés*, «que age por sua própria vontade», pelo fr. *autothélie*, «autotelia»)

autotélico *adj.* **1** relativo à autotelia **2** que tem o seu fim em si mesmo (De *autotelia*+*-ico*)
autoterapia *n.f.* **1** tratamento de uma doença pelos próprios meios do organismo doente **2** cura de si próprio (Do gr. *autós*, «próprio» +*therapeía*, «tratamento»)
autotipia *n.f.* reprodução de fotografias por meio de prelos (Do gr. *autós*, «próprio» +*typos*, «impressão» +*-ia*)
autotomia *n.f.* reação pela qual certos animais, presos por um membro, se libertam, seccionando-o por uma contração muscular (Do gr. *autós*, «próprio» +*tomé*, «corte» +*-ia*)
autotoxina /cs/ *n.f.* MEDICINA substância tóxica produzida no próprio organismo e que pode levar a disfunções (De *auto-*+*toxina*)
autotransformador *n.m.* ELETRICIDADE transformador estático com os circuitos primário e secundário no mesmo enrolamento (De *auto-*+*transformador*)
autotrofia *n.f.* BIOLOGIA capacidade de um organismo fabricar a matéria orgânica a partir de matéria mineral e energia (Do gr. *autós*, «o próprio; por si mesmo»+*trophé*, «alimentação»+*-ia*)
autotrófico *adj.* BIOLOGIA diz-se do ser vivo que, utilizando uma fonte de energia, é capaz de transformar substâncias inorgânicas nas suas próprias substâncias orgânicas (Do gr. *autós*, «próprio» +*trophé*, «alimentação» +*-ico*)
autovacina *n.f.* MEDICINA vacina feita com os germes que infetam o próprio doente (De *auto-*+*vacina*)
autoviação *n.f.* serviço de carreira de veículos automóveis entre vários lugares, para uso público (De *auto-*+*viação*)
autuação *n.f.* **1** ação de autuar ou lavrar um auto **2** termo inicial de um processo **3** auto (De *autuar*+*-ção*)
autuar *v.tr.* **1** lavrar auto a **2** reunir (documentos) em processo; processar **3** multar (De *auto*+*-ar*)
autunação *n.f.* influência do outono nas plantas (Do lat. *autumnāre*, «assinalar o outono» +*-ção*)
autunal *adj.2g.* ⇒ **outonal** (Do lat. *autumnāle-*, «do outono»)
autunite *n.f.* MINERALOGIA mineral amarelo-esverdeado (fosfato hidratado de cálcio e uranilo), que cristaliza no sistema tetragonal e é um dos minérios de urânio e rádio (Do fr. *Autun*, top., cidade francesa da região do Loire +*-ite*)
auxanologia /cs/ *n.f.* ⇒ **auxologia**
auxanómetro /cs/ *n.m.* aparelho destinado a medir o crescimento das plantas (Do gr. *auxánein*, «crescer» +*métron*, «medida»)
auxese /cs/ *n.f.* **1** exagero **2** hipérbole (Do gr. *aúxesis*, «crescimento»)
auxiliador *adj.,n.m.* que ou o que auxilia (Do lat. *auxiliatōre-*, «aquele que auxilia»)
auxiliante *adj.2g.* **1** que auxilia **2** fortificante (Do lat. *auxiliante-*, «id.», part. pres. de *auxiliāre*, «ajudar»)
auxiliar *v.tr.* **1** prestar auxílio a; ajudar; socorrer **2** servir de meio a ■ *adj.2g.* **1** que auxilia **2** complementar **3** GRAMÁTICA diz-se do verbo que entra na formação dos tempos de outro verbo, na formação de frases passivas ou para expressar informação temporal, aspetual ou modal ■ *n.2g.* **1** pessoa que auxilia; ajudante; assistente; colaborador **2** (ensino superior) docente adjunto do professor catedrático, encarregado das aulas práticas ou teórico-práticas e da orientação de disciplinas e trabalhos de investigação (Do lat. *auxiliāre*, «id.»)
auxiliário *adj.,n.m.* ⇒ **auxiliar** (Do lat. *auxiliarĭu-*, «vindo em socorro»)
auxílio *n.m.* **1** ato ou efeito de auxiliar **2** ajuda; socorro **3** subsídio **4** esmola (Do lat. *auxilĭu-*, «id.»)
auxina /cs/ *n.f.* BOTÂNICA hormona ou substância sintética que provoca o crescimento das plantas (Do gr. *auxeín*, «crescer» +*-ina*, ou do fr. *auxine*, «auxina»)
auxologia /cs/ *n.f.* estudo geral do crescimento dos seres vivos (Do gr. *auxeín*, «crescer» +*lógos*, «estudo» +*-ia*)
auxómetro /cs/ *n.m.* instrumento que serve para avaliar o aumento do diâmetro aparente produzido pelas lentes convergentes (Do gr. *aúxe*, «aumento» +*métron*, «medida»)
avacá *n.m.* ⇒ **abacá** ♦
avacalhado *adj.* **1** [Brasil] [pop.] desmoralizado; relaxado **2** [Brasil] [pop.] desleixado; mal vestido
avacalhar *v.tr.* **1** [pop.] desmoralizar **2** [pop.] rebaixar **3** [pop.] fazer mal ■ *v.pron.* **1** [pop.] ficar acobardado **2** [pop.] desmoralizar-se (De *a-*+*vaca*+*-alhar*)
avagarar *v.tr.* **1** tornar vagaroso **2** retardar (De *a-*+*vagar*+*-ar*)
aval *n.m.* **1** garantia pessoal de pagamento, na data de vencimento, de um título comercial, dada por um terceiro **2** [fig.] apoio; auxílio **3** [fig.] consentimento; aprovação (Do ár. *hauāla*, «delegação; mandato», pelo it. *avallo* e fr. *aval*, «id.»)

avaladar v.tr. cercar de valados (De a-+valado+-ar)
avalancha n.f. 1 grande massa de neve que se desprende do cume ou das encostas das montanhas, e que, descendo rápida e violentamente, arrasta tudo quanto encontra 2 [fig.] queda ruidosa e repentina de coisas pesadas 3 [fig.] invasão súbita 4 [fig.] grande quantidade (Do fr. avalanche, «id.»)
avalanche n.f. ⇒ **avalancha**
avalentoado adj. que é valente; destemido; ousado (De a-+valentão+-ado)
avaliação n.f. 1 ato de avaliar 2 valor determinado pelos avaliadores 3 estabelecimento do valor de algo; cálculo 4 apreciação da competência ou o progresso de um aluno ou de um profissional 5 DIREITO arbitragem, feita por peritos, que tem por fim a determinação do valor de certos bens ou direitos 6 [fig.] apreço; estima (De avaliar+-ção)
avaliado adj. 1 a que se atribuiu um valor 2 que foi calculado; estimado 3 sobre o qual se formou um juízo; apreciado (Part. pass. de avaliar)
avaliador adj. que avalia ■ n.m. 1 aquele que faz uma avaliação 2 pessoa com os conhecimentos técnicos necessários para fazer uma avaliação (De avaliar+-dor)
avaliamento n.m. ⇒ **avaliação** (De avaliar+-mento)
avaliar v.tr. 1 determinar a valia ou o valor de 2 apreciar o merecimento de 3 reconhecer a grandeza, força ou intensidade de 4 calcular; orçar; computar ■ v.pron. 1 julgar-se; apreciar-se 2 reputar-se (De a-+valia+-ar)
avalista n.2g. ECONOMIA pessoa que garante, por aval, o pagamento de letra de câmbio, livrança ou cheque (De aval+-ista)
avalizador n.m. aquele que avaliza; avalista (De avalizar+-dor)
avalizar v.tr. garantir por aval (De aval+-izar)
avaloar v.tr. ⇒ **avaliar** (De avaliar, com infl. de valor)
avaluar v.tr. ⇒ **avaliar**
avançada n.f. 1 ato de avançar 2 investida; assalto 3 dianteira; vanguarda (Part. pass. fem. subst. de avançar)
avançado adj. 1 que precede ou vai adiante 2 adiantado 3 de ideias contrárias às conservadoras; progressista 4 subversivo 5 saliente ■ n.m. 1 DESPORTO jogador que, em certas modalidades desportivas, tem função predominantemente atacante ou ofensiva, com o objetivo principal de marcar pontos ou golos 2 cobertura de lona, com armação de tubo, complementar da caravana de turismo (Part. pass. de avançar)
avançador n.m. 1 depositário de bens ou dinheiro que os utiliza sem permissão 2 gatuno (De avançar+-dor)
avançamento n.m. 1 avançada; avanço 2 ARQUITETURA saliência de um edifício (De avançar+-mento)
avançar v.tr. 1 fazer mover para a frente; adiantar 2 adiantar (dinheiro) 3 fazer progredir (processo) 4 passar por cima de (obstáculo); ir além de 5 antecipar (notícia, informação) 6 propor; sugerir ■ v.intr. 1 andar para a frente 2 fazer saliência; estar colocado à frente 3 progredir; aproximar-se do fim 4 obter um avanço 5 tomar a iniciativa; agir 6 deslocarem-se (as tropas) na direção do inimigo (Do lat. *abantiāre, «antecipar-se», pelo fr. avancer, «id.»)
avanço n.m. 1 ato ou efeito de avançar 2 dianteira 3 progresso 4 melhoria 5 vantagem 6 [fig.] roubo (Deriv. regr. de avançar)
avantajado adj. 1 que leva vantagem sobre 2 que excede a média 3 corpulento; robusto (Part. pass. de avantajar)
avantajar v.tr. 1 mostrar-se maior ou superior a; levar vantagem sobre 2 dar vantagem a; favorecer 3 melhorar ■ v.pron. 1 ganhar vantagem; adiantar-se 2 distinguir-se; salientar-se 3 melhorar 4 progredir (De a-+vantagem+-ar)
avante adv. 1 adiante para a frente; ~! exclamação de incitamento; *levar a sua* ~ fazer prevalecer a sua vontade, a sua ideia, teimando (Do lat. tard. abante, «à frente»)
avantesma /ê/ n.m./f. ⇒ **abantesma**
avão n.m. ORNITOLOGIA ⇒ **pedreiro** 3
avaqueirado adj. 1 com modos de vaqueiro 2 rústico (De a-+vaqueiro+-ado)
avarandado adj. que possui varanda (De a-+varanda+-ado)
avaré n.m. [Brasil] ⇒ **abaré** (Do tupi awa're, «padre; missionário»)
avarento adj.,n.m. 1 que ou o que se apega excessivamente ao dinheiro ou às riquezas; sovina 2 que ou o que não é generoso; mesquinho (Do lat. *avarentu-, «id.», de avāru-, «avarento»)
avareza /ê/ n.f. 1 qualidade de quem se preocupa excessivamente em adquirir e acumular dinheiro; sovinice; avidez 2 falta de generosidade; mesquinhez 3 [fig.] ciúme (Do lat. avaritĭa-, «grande desejo»)
avaria n.f. 1 desarranjo ocorrido num veículo, num aparelho ou num maquinismo 2 NÁUTICA dano em navio ou na sua carga 3 estrago; dano 4 perda; prejuízo (Do ár. awarîya, «mercadoria deteriorada», pelo it. avaria, «id.»)
avariado adj. 1 que sofreu avaria 2 estragado 3 atacado de avariose; sifilítico 4 [fig.] louco (Part. pass. de avariar)
avariar v.tr. 1 causar avaria a 2 danificar 3 fazer com que deixe de funcionar ■ v.intr.,pron. 1 sofrer avaria 2 danificar-se 3 [fig.] enlouquecer (De avaria+-ar)
avariose n.f. MEDICINA ⇒ **sífilis** (De avaria+-ose)
avaro adj.,n.m. ⇒ **avarento** (Do lat. avāru-, «cobiçoso»)
avarzeado adj. com várzea ou em forma de várzea (De a-+várzea+-ado)
avasconçado adj. 1 parecido com o vasconço 2 ininteligível (De a-+vasconço+-ado)
avassalador adj.,n.m. que ou o que avassala (De avassalar+-dor)
avassalante adj.2g. que avassala (De avassalar+-ante)
avassalar v.tr. 1 tornar vassalo 2 subjugar; submeter; dominar 3 render (De a-+vassalo+-ar)
avatar n.m. 1 RELIGIÃO (hinduísmo) descida de um ser divino à Terra, em forma materializada 2 INFORMÁTICA (internet) representação gráfica de um utilizador numa comunidade virtual 3 [fig.] transformação; metamorfose (Do sânsc. avatára, «descida», pelo fr. avatar, «metamorfose»)
avati n.m. [Brasil] milho (Do tupi auati)
AVC n.m. MEDICINA situação em que o fluxo sanguíneo no cérebro é interrompido, reduzindo ou suprimindo o abastecimento de oxigénio e nutrientes, o que provoca a perda total ou parcial das funções cerebrais (Acrónimo de acidente vascular cerebral)
ave¹ n.f. 1 ZOOLOGIA animal vertebrado, pulmonado e ovíparo, de sangue quente, com o corpo revestido de penas e bico córneo 2 [fig.] pessoa estranha ou manhosa 3 [Índia] espécie de bombarda antiga; ~ *de arribação* 1 ave que se desloca para regiões quentes periodicamente; 2 [fig.] indivíduo que demora pouco tempo no lugar onde foi colocado; ~ *de mau agouro* a coruja, o mocho, ou pessoa cujo aparecimento ou presença é, supersticiosamente, prenúncio de desgraça, esperto, finório, matreiro; ~ *de rapina* ave carnívora munida de bico adunco e garras; ~ *rara* pessoa insubstituível ou especial (Do lat. ave-, «id.»)
ave² interj. usada para aclamar ou saudar ■ n.f. ⇒ **ave-maria** (Do lat. ave, «Salve, eu te saúdo»)
aveado adj. que tem veia de doido; telhudo (De a-+veia+-ado)
aveal n.m. campo de aveia (De aveia+-al)
aveão n.m. BOTÂNICA variedade de aveia de espiguilhas grandes, subespontânea e cultivada em Portugal, utilizada como forragem (De aveia+-ão)
ave-caçadeira n.f. ORNITOLOGIA ⇒ **águia-real**
avecoinha n.f. ORNITOLOGIA ⇒ **galispo** 2 (De ave+cuinha)
ave-das-tempestades n.f. ORNITOLOGIA ⇒ **mangas-de-veludo**
ave-do-paraíso n.f. ORNITOLOGIA pássaro conirrostro notável pela beleza da sua plumagem
ave-fria n.f. ORNITOLOGIA ⇒ **galispo** 2
aveia n.f. 1 BOTÂNICA planta pertencente a diversas espécies da família das Gramíneas, muito cultivada pelo valor nutritivo dos seus grãos, que são utilizados como forragem e na alimentação humana 2 grão dessa planta (Do lat. avēna-, «aveia»)
aveirense adj.2g. da cidade portuguesa de Aveiro ■ n.2g. natural ou habitante de Aveiro (De Aveiro, top. +-ense)
avejão¹ n.m. ave grande (De ave+j+-ão)
avejão² n.m. 1 fantasma; abantesma 2 homem corpulento e feio (Do lat. visiōne-, «visão; fantasma»)
avelã n.f. BOTÂNICA fruto da aveleira, comestível, de que também se extrai um óleo (óleo de avelã), muito usado em farmácia (Do lat. abellāna- ou avellāna- (nuce-), «noz de Abella»)
avelã-da-índia n.f. (fruto) ⇒ **areca** 2
avelado adj. 1 (fruto) enrugado pela secura 2 [regionalismo] um tanto húmido 3 [fig.] envelhecido (Part. pass. de avelar)
avelamento n.m. ato ou efeito de avelar (De avelar+-mento)
avelanado adj. da cor da avelã (De avelã+-ado)
avelanal n.m. terreno plantado de avelaneiras (De avelã-al)
avelaneira n.f. BOTÂNICA árvore (ou arbusto) da família das Coriláceas, um pouco disseminada e cultivada em Portugal, que produz as avelãs; aveleira; avelãzeira (De avelã+-eira)
avelar¹ n.m. plantação de avelaneiras; avelanal (De avelã-ar, sufixo nominal)
avelar² v.intr. 1 engelhar, secando (o fruto) 2 [fig.] envelhecer sem grande perda de forças (De avelã+-ar, sufixo verbal)
avelãzeira n.f. BOTÂNICA ⇒ **avelaneira** (De avelã+z+-eira)
aveleira n.f. BOTÂNICA ⇒ **avelaneira**
aveleiral n.m. ⇒ **avelanal** (De aveleira+-al)

avelhacado *adj.* um tanto velhaco (Part. pass. de *avelhacar-se*)
avelhacar-se *v.pron.* tornar-se velhaco (De *a-+velhaco+-ar*)
avelhado *adj.* com aspeto de velho (Part. pass. de *avelhar*)
avelhar *v.tr.,intr.* envelhecer prematuramente (De *a+velho+-ar*)
avelhentado *adj.* ⇒ **avelhado** (Part. pass. de *avelhentar*)
avelhentador *adj.,n.m.* que ou o que faz envelhecer (De *avelhentar+-dor*)
avelhentar *v.tr.,intr.* ⇒ **avelhar** (De *a-+velho+-entar*)
ave-lira *n.f.* ORNITOLOGIA ave australiana da família dos Menúridas, notável pela beleza da sua plumagem, cujo macho tem cauda muito comprida, em forma de lira
avelório *n.m.* 1 ⇒ **vidrilho** 2 [fig.] ninharia; bagatela (Do ár. *billáurî*, «cristalino»)
aveludado *adj.* macio como veludo (Part. pass. de *aveludar*)
aveludadora *n.f.* [ant.] mulher que, nas fábricas têxteis, está encarregada de aveludar os tecidos (De *aveludar+-dora*)
aveludar *v.tr.* 1 dar o aspeto e a maciez do veludo a 2 amaciar (De *a-+veludo+-ar*)
ave-maria *n.f.* 1 RELIGIÃO (catolicismo) oração dirigida a Nossa Senhora 2 conta do rosário que representa esta oração 3 *pl.* toque do sino de manhã, ao meio-dia e à tardinha; trindades (Do lat. ecl. *Ave, Maria*, «ave, Maria!»)
avena *n.f.* 1 [poét.] antiga flauta de pastor 2 BOTÂNICA aveia (Do lat. *avēna-*, «flauta pastoril; aveia»)
avenáceo *adj.* relativo ou semelhante a aveia (Do lat. *avenacĕu-*, «de aveia»)
avenado *adj.* que tem veneta; amalucado (Do cast. *avenado*, «lunático»)
avenaína *n.f.* glúten extraído da aveia (Do lat. *avēna-*, «aveia» +-*ina*)
avenal *n.m.* ⇒ **aveal** (Do lat. *avēna-*, «aveia» +-*al*)
avenca *n.f.* BOTÂNICA planta pteridófita, filicínea, da família das Polipodiáceas, espontânea em Portugal, e cultivada em estufas, também conhecida por capilária (Do lat. *vinca-*, «congorsa»)
avença *n.f.* 1 quantia certa a pagar periodicamente por quem recebe um serviço ou fornecimento 2 quantia certa paga antecipadamente por conta de certos impostos ou pelo transporte de correspondência no correio 3 conciliação entre duas partes; acordo (Do lat. med. *advenentĭa-*, «convenção»)
avençal *n.2g.* 1 pessoa que está avençada 2 jornaleiro ■ *adj.2g.* que paga avença (De *avença+-al*)
avencão *n.m.* BOTÂNICA planta pteridófita, da família das Polipodiáceas, de folhas lineares e pecíolos finos, espontânea em muros e rochedos (De *avenca+-ão*)
avençar *v.tr.* 1 fazer contrato de avença 2 tomar como avençal ■ *v.pron.* obrigar-se por avença (De *avença+-ar*)
avenida *n.f.* 1 via mais larga do que uma rua e cuja faixa de rodagem tem geralmente diversas pistas para a circulação automóvel 2 rua larga e geralmente orlada de árvores; alameda 3 ida 4 vinda 5 viagem; *fazer* ~ passear despreocupadamente (Do fr. *avenue*, «rua larga, orlada de árvores», pelo cast. *avenida*, «id.»)
avental *n.m.* 1 resguardo de pano, plástico ou couro que se prende à cintura para não estragar nem sujar a roupa 2 resguardo em algumas carruagens 3 *pl.* [regionalismo] [ant.] peças de vestuário que se dão às empregadas domésticas, além do ordenado (Do lat. *ab ante*, «diante» +-*al*)
aventar¹ *v.tr.* 1 expor ao vento 2 atirar fora 3 ventilar; arejar 4 [fig.] pressentir; suspeitar 5 [fig.] sugerir (De *a-+vento+-ar*)
aventar² *v.tr.* 1 segurar pelas ventas 2 abocar (De *a-+venta+-ar*)
aventar³ *v.intr.* 1 aproximar-se pouco a pouco 2 chegar (Do lat. *adventāre*, «chegar rapidamente»)
aventesma *n.m./f.* ⇒ **abantesma**
aventura *n.f.* 1 ação arriscada, perigosa ou fora do comum 2 acontecimento extraordinário ou imprevisto 3 acaso; sorte 4 perigo 5 ligação amorosa passageira (Do lat. vulg. *adventūra*, «coisas que estão para vir», pelo fr. *aventure*, «aventura»)
aventurado *adj.* 1 que se aventura; ousado 2 feliz (Part. pass. de *aventurar*)
aventurar *v.tr.* 1 expor ao perigo; arriscar 2 ousar dizer ou fazer ■ *v.pron.* expor-se ao desconhecido ou ao perigo; arriscar-se (De *aventura+-ar*)
aventureirismo *n.m.* 1 espírito aventureiro 2 tendência a tomar decisões precipitadas ou arriscadas (De *aventureiro+-ismo*)
aventureiro *n.m.* 1 aquele que procura a aventura 2 aquele que vive de expedientes 3 [ant.] cavaleiro andante ■ *adj.* 1 que procura a aventura 2 temerário 3 incerto; arriscado (De *aventura+-eiro*)
aventurina *n.f.* 1 MINERALOGIA variedade de quartzo cintilante (devido à presença de numerosas inclusões brilhantes de palhetas de mica ou de hematite), usada como gema 2 vidro amarelado, mesclado, no interior, de limalha de cobre (Do fr. *aventurine*, «id.»)
aventuroso /ô/ *adj.* 1 que se aventura 2 arriscado 3 caracterizado por aventuras (De *aventura+-oso*)
averbação *n.f.* ⇒ **averbamento** (De *averbar+-ção*)
averbamento *n.m.* 1 ato ou efeito de averbar 2 DIREITO anotação acessória feita à margem do assento principal e destinada a atualizar o conteúdo deste 3 nota à margem de um título ou registo 4 registo (De *averbar+-mento*)
averbar¹ *v.tr.* 1 escrever em verba 2 escrever à margem de 3 assinalar a verba de 4 registar 5 ter em conta (De *a-+verba+-ar*)
averbar² *v.tr.* empregar como verbo (De *a-+verbo+-ar*)
averdengado *adj.* um tanto verde (De *a-+verde+-engo+-ado*)
averdugar *v.intr.* [regionalismo] (árvores) dobrar com o peso da fruta ■ *v.tr.* [regionalismo] apertar; comprimir (as carnes) (De *a-+verdugo* [de *verde*] +-*ar*)
avergalhar *v.tr.* castigar com vergalho (De *a-+vergalho+-ar*)
avergir *v.tr.* demandar um ponto fixo ou móvel, tomando esse ponto como referência exclusiva e utilizando as ondas eletromagnéticas como processo de referenciação (Do lat. *ad-*, «para junto de» +*vergĕre*, «pender para»)
avergoar *v.tr.* fazer vergões em (com um açoite) (De *a-+vergão+-ar*)
averiguação *n.f.* 1 ação de averiguar; investigação; inquérito 2 informação (De *averiguar+-ção*)
averiguador *adj.,n.m.* que ou aquele que averigua; investigador; inquiridor (De *averiguar+-dor*)
averiguar *v.tr.* 1 proceder a averiguações sobre 2 apurar a verdade sobre 3 investigar 4 certificar-se de 5 experimentar 6 [regionalismo] expelir as secundinas 7 [regionalismo] dar à luz (Do lat. *verificāre*, «apresentar como verdadeiro»)
averiguável *adj.2g.* que se pode averiguar (De *averiguar+-vel*)
avermelhado *adj.* um tanto vermelho (Part. pass. de *avermelhar*)
avermelhar *v.tr.,pron.* 1 tornar(-se) vermelho 2 (fazer) corar (De *a-+vermelho+-ar*)
avernal *adj.2g.* do Averno; infernal (Do lat. *Avernāle-*, «do Averno»)
Averno *n.m.* [poét.] Inferno (Do lat. *Avernu-*, lago na Campânia (Itália))
averroísmo *n.m.* sistema doutrinal do pensador árabe Abu Averróis (1126-1198) e dos seus discípulos, que nega a imortalidade da alma, afirma uma inteligência única para todos os homens e considera o mundo como proveniente da matéria eterna como princípio e realidade (De *Averróis*, antr. +-*ismo*)
averroísta *adj.,n.2g.* pessoa ou designativo da pessoa sectária do averroísmo (De *Averróis*, antr. +-*ista*)
averrugar *v.tr.,intr.* ⇒ **enverrugar** (De *a-+verruga+-ar*)
averrumar *v.tr.* 1 abrir furos com verruma em 2 [fig.] torturar 3 [fig.] afligir (De *a-+verruma+-ar*)
aversão *n.f.* 1 sentimento que nos afasta de alguma pessoa ou coisa que julgamos má 2 repugnância 3 antipatia 4 ódio (Do lat. *aversiōne-*, «afastamento»)
avessado *adj.* 1 feito às avessas; arrevesado 2 [fig.] hostil 3 mal-avindo (Do lat. *aversātu-*, «id.»)
avessamente *adv.* 1 às avessas 2 por contradição 3 de má vontade (De *avesso+-mente*)
avessar *v.tr.* 1 fazer às avessas 2 [fig.] contrariar 3 impugnar ■ *v.pron.* tornar-se avesso (Do lat. *aversāri*, «ser contrário a»)
avessas *n.f.pl.* coisas contrárias; *às* ~ ao contrário, do avesso, ao revés (De *avesso*)
avesseiro *adj.* [regionalismo] (terreno) que é voltado a norte, húmido e frio, onde não dá o sol (Do lat. *adversariu-*, «que está contra»)
avessia *n.f.* qualidade do que é avesso (De *avesso+-ia*)
avessidade *n.f.* ⇒ **avessia** (De *avesso+-i-+-dade*)
avesso /ê/ *adj.* 1 contrário; oposto 2 extravagante 3 mau ■ *n.m.* lado oposto à parte ou superfície principal; reverso (Do lat. *adversu-*, «contrário»)
Avestá *n.m.* RELIGIÃO nome dado ao conjunto dos livros sagrados dos antigos Parses, atribuídos a Zaratustra, reformador da religião parse (séc. VII a. C.)
avéstico *adj.* relativo ao Avestá (De *Avestá+-ico*)
avestruz *n.m./f.* 1 ORNITOLOGIA ave corredora, alta e robusta, da família dos Estrutionídeos, com dois dedos em cada pata, plumagem solta e sem capacidade para voar 2 designação imprópria de casuar, ema e nandu (De *ave*+prov. *estrutz*, do lat. *struthĭo*, «avestruz»)
avestruzeiro *adj.,n.m.* que ou aquele que se dedica à caça de avestruzes (De *avestruz+-eiro*)
avexar *v.tr.* ⇒ **vexar** (De *a-+vexar*)

avezar v.tr. 1 habituar; afazer 2 [pop.] obter; possuir ■ v.pron. acostumar-se (De *a-+vezo* [= costume], do lat. *vitĭu-*, «defeito»+*-ar*)

avezeirar v.tr. [regionalismo] pôr a pastar (rebanhos que se revezam) (De *a-+vezeira+-ar*)

avi- elemento de formação de palavras que exprime a ideia de *ave*, *voo* (Do lat. *ave-*, «ave»)

aviação n.f. 1 sistema de navegação aérea com aparelhos mais pesados que o ar 2 conjunto de técnicas e atividades relacionadas com o transporte aéreo; aeronáutica 3 conjunto de aviões 4 indústria e técnica de produção de aeronaves (Do fr. *aviation*, «id.»)

aviado adj. 1 despachado 2 desembaraçado 3 concluído 4 pronto para servir 5 servido; atendido ■ n.m. 1 [Brasil] negociante que vende por conta de outrem; mascate 2 [regionalismo] comida que os corticeiros levam para alguns dias; *estar bem ~* [pop.] estar em situação crítica (Part. pass. de *aviar*)

aviador¹ adj. 1 que ou aquele que avia 2 recoveiro (De *aviar+-dor*)

aviador² n.m. piloto de um aparelho de aviação (Do fr. *aviateur*, «id.»)

aviajado adj. ARQUITETURA diz-se do arco pluricêntrico com as nascenças a níveis diferentes, e cujas normais, nos pontos de nascença, são paralelas, mas nunca coincidentes (Do fr. *biaiser*, «obliquar», pelo cast. *aviajado*, «enviesado; oblíquo»)

aviamento n.m. 1 ato ou efeito de aviar 2 execução de uma incumbência 3 andamento 4 preparo 5 despacho 6 expediente 7 capacidade de um estabelecimento para, pela sua organização e composição, produzir lucros 8 *pl.* materiais para uma obra 9 *pl.* miudezas 10 *pl.* aprestos (De *aviar+-mento*)

avião n.m. AERONÁUTICA aparelho de locomoção aérea, munido de asas e de motores para propulsão; aeroplano; aeronave; *~ a jato* avião que se desloca por meio de propulsão a jato (Do fr. *avion*, «id.»)

aviar v.tr. 1 pôr a caminho 2 pôr em via 3 aprontar 4 atender; servir (um cliente) 5 despachar 6 apressar 7 providenciar 8 maltratar 9 matar ■ v.pron. 1 apressar-se 2 desembaraçar-se 3 dar à luz (De *a-+via+-ar*)

aviário n.m. viveiro de aves ■ adj. relativo às aves (Do lat. *aviarĭu-*, «id.»)

avicénia n.f. BOTÂNICA designação comum a uns arbustos e árvores equatoriais, da família das Verbenáceas, cuja casca se utiliza em curtumes (De *Avicena* [= *Ibn Sinā*], filósofo pers., 980-1037 +-*ia*)

aviceptologia n.f. arte de caçar aves por meio de armadilhas (Do lat. *ave-*, «ave»+*ceptu-* por *captu-*, part. pass. de *capĕre*, «tomar»+gr. *lógos*, «tratado» +*-ia*)

avicida adj.,n.2g. que ou pessoa que mata aves (De *avi-+-cida*)

avícola n.2g. pessoa que se dedica à criação de aves; avicultor ■ adj.2g. relativo à criação de aves (De *avi-+-cola*)

avícula n.f. 1 pequena ave 2 ZOOLOGIA molusco lamelibrânquio, da família dos Aviculídeos, cuja concha tem uma forma que lembra a cauda da andorinha e que é frequente nas costas marítimas de Portugal (Do lat. *avicŭla-*, «id.»)

avicular n.m. ZOOLOGIA ⇒ **aviculário** ■ adj.2g. que diz respeito à avicultura (De *avícula+-ar*)

aviculário n.m. 1 indivíduo que se dedica à manutenção e criação de aves; avicultor 2 ZOOLOGIA cada indivíduo, nas colónias de briozoários, que, pela sua forma, lembra uma cabeça de ave ■ adj. 1 que diz respeito às aves 2 que vive no ninho das aves 3 que devora aves (Do lat. *aviculariŭ-*, «id.»)

avicúlida n.m. ZOOLOGIA ⇒ **aviculídeo**

Avicúlidas n.m.pl. ZOOLOGIA ⇒ **Aviculídeos**

aviculídeo adj. ZOOLOGIA relativo ou pertencente aos Aviculídeos ■ n.m. ZOOLOGIA espécime dos Aviculídeos

Aviculídeos n.m.pl. ZOOLOGIA família de moluscos lamelibrânquios cujo género-tipo se designa *Avicula* (De *avícula+-ídeos*)

aviculinha n.f. designação que se refere ao molusco avícula, especialmente às formas menos desenvolvidas (De *avícula+-inha*)

avicultor adj.,n.m. ⇒ **avícola** (De *avi-+cultor*)

avicultura n.f. criação de aves domésticas (De *avi-+cultura*)

avidamente adv. com avidez; sofregamente (De *ávido+-mente*)

avidez /ê/ n.f. 1 desejo veemente e insaciável; voracidade; sofreguidão 2 cobiça 3 ânsia (De *ávido+-ez*)

ávido adj. 1 que deseja com avidez; sôfrego 2 sequioso 3 cobiçoso 4 avaro (Do lat. *avĭdu-*, «id.»)

avieirado adj. que tem vieiras ou conchas (De *a-+vieira+-ado*)

avieiro n.m. [regionalismo] pescador das praias do rio Lis, que, no inverno, vai pescar no rio Tejo (De orig. obsc.)

aviesar v.tr. ⇒ **enviesar** (De *a-+viés+-ar*)

avifauna n.f. conjunto das aves de uma região (De *avi-+fauna*)

avigoramento n.m. ato ou efeito de avigorar; consolidação (De *avigorar+-mento*)

avigorar v.tr. 1 dar vigor a 2 robustecer 3 consolidar (De *a-+vigor+-ar*)

avilanar v.tr.,pron. tornar(-se) vilão; aviltar(-se); proceder como vilão; degenerar (De *a-+vilão+-ar*)

aviltação n.f. ⇒ **aviltamento** (De *aviltar+-ção*)

aviltador adj.,n.m. que avilta (De *aviltar+-dor*)

aviltamento n.m. 1 ação ou efeito de aviltar ou aviltar-se; aviltação 2 estado do que está aviltado; desonra; abjeção 3 baixeza (De *aviltar+-mento*)

aviltante adj.2g. que avilta; desonroso (De *aviltar+-ante*)

aviltar v.tr.,pron. 1 tornar(-se) vil, abjeto, desprezível; envilecer 2 humilhar(-se); rebaixar(-se) (Do lat. *vilitāre*, «tornar vil», de *vile-*, «vil»)

avinagrar v.tr.,intr.,pron. ⇒ **envinagrar** (De *a-+vinagre+-ar*)

avincar v.tr. fazer vincos em; vincar (De *a-+vincar*)

avindo adj. 1 que se aveio 2 avençado 3 ajustado ■ n.m. [regionalismo] freguês (Part. pass. de *avir*)

avindor adj.,n.m. que ou aquele que harmoniza desavindos; mediador; *tribunal de árbitros avindores* HISTÓRIA tribunal que julga questões entre patrões e assalariados (De *avindo+-or*)

avinhado adj. 1 que sabe a vinho 2 que cheira a vinho 3 da cor do vinho tinto 4 misturado com vinho 5 embebido em vinho 6 molhado com vinho 7 ébrio (Part. pass. de *avinhar*)

avinhar¹ v.tr. 1 temperar ou misturar com vinho 2 impregnar de vinho 3 dar cor de vinho a ■ v.pron. embriagar-se (De *a-+vinho+-ar*)

avinhar² v.tr. plantar de vinha (De *a-+vinha+-ar*)

avio n.m. 1 ⇒ **aviamento** 2 [regionalismo] comestíveis que se dão ao trabalhador rural para ele cozinhar (Deriv. regr. de *aviar*)

ávio adj. que fica longe ou ao lado da estrada (Do lat. *avĭu-*, «onde não há caminho»)

aviolado¹ adj. que tem a forma ou o som de viola (De *a-+viola+-ado*)

aviolado² adj. 1 preparado com flores de violeta 2 violáceo (De *a-+viola* [= violeta] +*-ado*)

avioletar v.tr. dar cor de violeta a; arroxear (De *a-+violeta+-ar*)

aviominiatura n.f. ⇒ **aeromodelismo** 1 (De *avião+miniatura*)

avioneta n.f. AERONÁUTICA avião de pequenas dimensões e com motor pouco potente (Do fr. *avionnette*, «id.»)

avir v.tr. fazer concordar; pôr de acordo; apaziguar ■ v.pron. 1 arranjar-se como for possível; acomodar-se 2 livrar-se de dificuldades 3 concordar; concordar ■ v.intr. [ant.] acontecer; suceder (Do lat. *advenīre*, «chegar»)

avisado adj. 1 que recebeu aviso; advertido 2 prudente; atilado 3 discreto 4 acertado (Part. pass. de *avisar*)

avisador adj.,n.m. 1 que ou aquele que avisa 2 alvissareiro (De *avisar+-dor*)

avisar v.tr. 1 dar aviso a 2 fazer saber 3 prevenir; acautelar 4 notificar 5 admoestar 6 aconselhar ■ v.pron. 1 tomar parecer 2 aconselhar-se 3 precaver-se (Do lat. *advisāre*, «olhar atentamente»)

aviso n.m. 1 ato ou efeito de avisar; advertência; admoestação 2 comunicação ou informação prestada a alguém; participação 3 discrição; sensatez; juízo 4 opinião; conselho 5 manifestação ou gesto que serve para avisar alguém de algo; sinal 6 NÁUTICA navio de guerra ligeiro, destinado à transmissão de ordens e despachos entre os navios da frota 7 POLÍTICA anúncio, devidamente fundamentado e estruturado, de um deputado à assembleia legislativa, com a informação de que, em data a fixar, deseja fazer uma comunicação, para debate, sobre um assunto de interesse regional ou nacional 8 comunicação, em prazo legal, de um sindicato a uma empresa ou empresas do setor da data de início de uma greve; *~ prévio* comunicação feita pelo empregador ao empregado ou pelo empregado ao empregador, na qual um informa antecipadamente o outro da rescisão do contrato de trabalho; *de ~* de prevenção; *sem ~* inesperadamente, subitamente (Deriv. regr. de *avisar*)

avissuga n.f. ZOOLOGIA inseto díptero, pupíparo, hematófago, parasita de algumas aves (De *ave+sugar*)

avistamento n.m. suposta visão de um objeto voador não identificado ou de um fenómeno alegadamente extraterrestre (De *avistar+-mento*)

avistar v.tr. 1 alcançar com a vista 2 começar a distinguir 3 ver ■ v.pron. 1 ter entrevista 2 encontrar-se 3 defrontar-se 4 falar (De *a-+vista+-ar*)

avistável adj.2g. que se pode avistar (De *avistar+-vel*)

avitaminose n.f. MEDICINA qualquer doença que tem por causa a falta de vitaminas (De *a-+vitamina+-ose*)

avito *adj.* que procede dos avós ou antepassados (Do lat. *avītu-*, «de avô; antigo»)

avitualhar *v.tr.* fornecer de vitualhas; abastecer de mantimentos (De *a-+vitualha+-ar*)

avivado *adj.* **1** renovado **2** retocado **3** realçado **4** estimulado **5** (peça de vestuário) guarnecido de vivos ■ *n.m.* avivamento (Part. pass. de *avivar*)

avivador *adj.,n.m.* que ou aquele que aviva (De *avivar+-dor*)

avivamento *n.m.* **1** ato ou efeito de avivar **2** realce (De *avivar+-mento*)

avivar *v.tr.* **1** dar vida ou viveza a **2** despertar **3** animar **4** estimular **5** realçar **6** guarnecer de vivos ou debruns ■ *v.pron.* **1** reanimar-se **2** crescer **3** tornar-se mais claro (De *a-+vivo+-ar*)

aviventador *adj.,n.m.* que ou o que aviventa (De *aviventar+-dor*)

aviventar¹ *v.tr.* fomentar a vida de (De *a-+vivente+-ar*)

aviventar² *v.tr.* **1** avivar **2** dar novo vigor a **3** fortificar ■ *v.pron.* cobrar ânimo; reanimar-se (De *avivar+-entar*)

avizinhar *v.tr.* fazer ficar mais perto; aproximar ■ *v.intr.* **1** viver como vizinho **2** estar perto; confinar ■ *v.pron.* **1** aproximar-se **2** estar iminente (De *a-+vizinho+-ar*)

avo *n.m.* **1** fração da unidade quando dividida em mais de dez partes alíquotas que não sejam potência de dez **2** [fig.] insignificância **3** partícula (Da terminação de *oitavo*)

avó *n.f.* mãe do pai ou da mãe; ~ *torta* mãe do padrasto ou da madrasta, madrasta do pai ou da mãe (Do lat. *aviŏla-*, dim. de *avīa-*, «avó», pelo lat. pop. *avoĭla-*, «id.»)

avô *n.m.* **1** pai do pai ou da mãe **2** [fig.] antepassado; ~ *torto* pai do padrasto ou da madrasta, padrasto do pai ou da mãe (Do lat. **aviŏlu-*, dim. de *avu-*, «avô», pelo lat. pop. *avoĭlu-*, «id.»)

avoão *n.m.* ORNITOLOGIA ⇒ **pedreiro** 3 (De *avão × voar*)

avocação *n.f.* **1** ato de avocar **2** DIREITO chamamento de uma causa a outro juízo; ~ *de poderes* delegação de poderes (Do lat. *advocatiōne-*, «advocacia; defesa»)

avocar *v.tr.* **1** chamar a si; atrair **2** atribuir a si próprio; arrogar-se **3** DIREITO chamar a um tribunal (uma causa ou um processo) que corria por outro **4** desviar (Do lat. *advocāre*, «id.»)

avocatório *adj.* **1** que encerra avocação **2** que serve para avocar (De *avocar+-tório*)

avocatura *n.f.* DIREITO ⇒ **avocação** (De *avocar+-tura*)

avocável *adj.2g.* que se pode avocar (De *avocar+-vel*)

avoceta *n.f.* ORNITOLOGIA ⇒ **sovela** 2 (Do it. *avocetta*, «avezinha»)

avoeira *n.f.* ORNITOLOGIA ⇒ **lavandisca** (De *boieira*, com infl. de *avoar = voar*?)

avoejar *v.intr.* ⇒ **voejar** (De *a-+voejar*)

avoejo /ê/ *n.m.* desenho caprichoso em peças de cerâmica ou de charão (Deriv. regr. de *avoejar*)

avoengo *adj.* que procede dos avós; avito ■ *n.m.pl.* antepassados (Do lat. tard. **avolencu-*, «id.», ou de *avô+-engo*)

avoengueiro *adj.* **1** que vem dos avós **2** que tem direito avito **3** que faz alarde dos seus avoengos (De *avoengo+-eiro*)

avolumar *v.tr.* **1** aumentar o volume de **2** aumentar; engrandecer **3** tornar maior ou mais grave ■ *v.pron.* engrandecer-se (De *a-+volume+-ar*)

avonda *interj.* usada como ordem de interrupção (De *avondar*)

avondar *v.tr.,intr.* ⇒ **abundar** (Do lat. *abundāre*, «abundar»)

avonde *adv.* com fartura; abundantemente (Do lat. *abunde*, «abundantemente»)

à-vontade *n.m.* estado de quem está a seu gosto; descontração

avós *n.m.pl.* **1** antepassados; avoengos **2** os pais da mãe ou os pais do pai ■ *n.f.pl.* mãe da mãe e mãe do pai conjuntamente

avôs *n.m.pl.* pai da mãe e pai do pai conjuntamente

avosar *v.tr.* [Brasil] tratar por vós (De *a-+vós+-ar*)

avozear *v.tr.* **1** aclamar em altas vozes **2** vozear (De *a-+voz+-ear*)

avulsão *n.f.* **1** ato de arrancar com violência **2** MEDICINA extração de um órgão **3** DIREITO contrato em que uma das partes entrega à outra uma coisa, móvel ou imóvel, para que a guarde e a restitua, quando for exigida (Do lat. *avulsiōne-*, «id.»)

avulsivo *adj.* que produz avulsão (Do lat. *avulsu-*, part. pass. de *avellĕre*, «arrancar; separar» +*-ivo*)

avulso *adj.* **1** arrancado ou separado por força ou violência **2** desligado do que fazia parte; solto **3** isolado **4** [fig.] vago **5** anónimo **6** não autêntico (Do lat. *avulsu-*, part. pass. de *avellĕre*, «arrancar; separar»)

avultação *n.f.* **1** ato ou efeito de avultar(-se) **2** *pl.* semelhanças (De *avultar+-ção*)

avultado *adj.* **1** que tomou vulto **2** volumoso; grande **3** corpulento **4** valioso (Part. pass. de *avultar*)

avultar *v.tr.* **1** dar ou atribuir maiores proporções a; dar vulto a **2** aumentar; engrandecer **3** representar em vulto ou relevo ■ *v.intr.* sobressair (De *a-+vulto+-ar*)

avultoso /ô/ *adj.* ⇒ **avultado** (De *a-+vultoso*)

avuncular *adj.2g.* **1** relativo ao tio ou à tia **2** relativo ao tio ou à tia materna (Do lat. *avuncŭlu-*, «tio materno» +*-ar*)

axada *n.m.* mês do calendário hindu que corresponde a parte de junho e parte de julho do nosso calendário

axadrezado *adj.* **1** em forma de tabuleiro de xadrez **2** aos quadrados alternados na cor (Part. pass. de *axadrezar*)

axadrezar *v.tr.* ⇒ **enxadrezar** (De *a-+xadrez+-ar*)

axandrar *v.intr.* [pop.] acalmar forçadamente

axe¹ *n.m.* [infant.] ferimento; dor (De orig. onom.)

axe² /cs/ *n.m.* ⇒ **eixo** (Do lat. *axe-*, «eixo»)

axial /cs/ *adj.2g.* **1** do eixo **2** relativo a eixo; *cruz* ~ MINERALOGIA conjunto dos eixos cristalográficos (Do lat. *axe-*, «eixo» +*-al*, ou do fr. *axial*, «id.»)

axicarar *v.tr.* dar forma de xícara a (De *a-+xícara+-ar*)

axículo /cs/ *n.m.* eixo pequeno (Do lat. *axicŭlu-*, «id.»)

axífero /cs/ *adj.* munido de eixo (Do lat. *axe-*, «eixo» +*-fero*, de *ferre*, «trazer; ter»)

axiforme /cs/ *adj.2g.* em forma de eixo (Do lat. *axe-*, «eixo» +*forma-*, «forma»)

axífugo /cs/ *adj.* **1** que se afasta ou faz afastar do eixo **2** centrífugo (Do lat. *axe-*, «eixo» +*fugĕre*, «fugir»)

áxil /cs/ *adj.2g.* relativo ao eixo de uma planta, etc. (Do lat. *axe-*, «eixo» +*-il*)

axila /cs/ *n.f.* **1** ANATOMIA cavidade da parte interna da região onde o braço se insere no tronco; sovaco **2** BOTÂNICA ângulo superior formado por uma folha, bráctea, etc., com o eixo no qual se insere, ou por dois ramos entre si (Do lat. *axilla-*, «sovaco»)

axilante /cs/ *adj.2g.* (folha) que apresenta na sua axila uma flor ou um ramo (De *axila+-ante*)

axilar /cs/ *adj.2g.* **1** que diz respeito a axila **2** que está situada na axila (De *axila+-ar*)

áxilo /cs/ *adj.* BOTÂNICA (planta) que não dá madeira (Do gr. *a-*, «sem» +*xýlon*, «madeira»)

aximez /ê/ *n.m.* ARQUITETURA janela arqueada na parte superior e dividida no meio por um colunelo perpendicular ao parapeito (Do ár. *ax-ximâsa*, «janela»)

axinite /cs/ *n.f.* MINERALOGIA mineral de metamorfismo, que é quimicamente um borossilicato de alumínio e cálcio, e que cristaliza no sistema triclínico, geralmente em cristais delgados, de arestas cortantes (Do gr. *axíne*, «machado» +*-ite*)

axinomancia /cs/ *n.f.* suposta adivinhação por meio de um machado (Do gr. *axinomanteía*, «id.»)

axiologia /cs/ *n.f.* FILOSOFIA teoria filosófica dos valores, como o bem, o belo, a verdade, o sagrado e outros de ordem espiritual (Do gr. *axía*, «preço; valor» +*lógos*, «tratado» +*-ia*)

axioma /cs/ *n.m.* **1** FILOSOFIA, MATEMÁTICA proposição cuja validade se admite sem demonstração, no início da exposição lógica de uma teoria matemática **2** máxima; sentença; adágio (Do gr. *axíoma*, *-atos*, «preço; valor», pelo lat. *axiōma-*, *-ătis*, «proposição evidente; axioma»)

axiomática /cs/ *n.f.* **1** disciplina que procura determinar e ordenar os axiomas implicados numa ciência ou num grupo de ciências **2** conjunto das proposições indemonstradas que servem de base a uma construção hipotético-dedutiva (De *axiomático*)

axiomático /cs/ *adj.* **1** que tem carácter de axioma **2** MATEMÁTICA diz-se do método de expor matemática a partir de uma axiomática **3** evidente **4** intuitivo **5** incontestável (Do gr. *axiomatikós*, «que fala por axiomas; sentencioso»)

axiómetro /cs/ *n.m.* NÁUTICA aparelho que serve para indicar a posição da roda do leme (Do gr. *áxios*, «justo; conveniente» +*métron*, «medida»)

axionímia /cs/ *n.f.* **1** estudo acerca dos axiónimos **2** conjunto de axiónimos (De *axiónimo+-ia*)

axiónimo /cs/ *n.m.* palavra ou locução que constitui forma cortês de tratamento, expressão de reverência ou título honorífico (por exemplo: *sua excelência, vossa santidade, senhor doutor*) (Do gr. *axía*, «preço; valor»+*ónyma* por *ónoma*, «nome»)

axípeto /cs/ *adj.* ⇒ **centrípeto** (Do lat. *axe-*, «eixo» +*petĕre*, «procurar; pretender»)

áxis /cs/ *n.m.2n.* **1** eixo; axe **2** ANATOMIA segunda vértebra da região cervical, portadora de uma apófise superior que serve de eixo à rotação da primeira vértebra (atlas) (Do lat. *axis*, «eixo»)

axoide /cs/ *adj.2g.* **1** que tem forma de eixo **2** relativo ao axe (Do gr. *áxon*, «eixo» +*eĩdos*, «forma»)

axóide ver nova grafia axoide
axónio /cs/ *n.m.* HISTOLOGIA apêndice longo e cilíndrico (cilindro-eixo) da célula nervosa que veicula o fluxo nervoso para a zona de contacto com outra célula nervosa (Do gr. *áxon*, «eixo»+-*io*)
axorca *n.f.* argola usada por certos povos orientais para adornar as pernas ou os braços (Do ár. *ax-xurkâ*, «pulseira»)
axorcar *v.tr.* enfeitar com axorcas (De *axorca*+-*ar*)
axúngia /cs/ *n.f.* **1** gordura para untar os eixos dos carros **2** banha; enxúndia (Do lat. *axungĭa*-, «banha de porco»)
axungiar /cs/ *v.tr.* untar com axúngia (De *axúngia*+-*ar*)
az *n.m./f.* **1** gume **2** esquadrão **3** arraial **4** ala do exército (Do lat. *acĭe*-, «ponta; gume; linha de batalha»)
-az sufixo nominal, de origem latina, que exprime a ideia de *robustez* e tem sentido pejorativo (*canaz; mangaz*)
azabumbado *adj.* **1** aturdido **2** atarantado **3** embatucado **4** que tem a forma de zabumba (Part. pass. de *azabumbar*)
azabumbante *adj.2g.* **1** atroador **2** atordoante (De *azabumbar*+-*ante*)
azabumbar *v.tr.* **1** bater com zabumba em **2** [fig.] aturdir **3** [fig.] espantar (De *a*-+*zabumba*+-*ar*)
azado *adj.* **1** que tem ou dá azo **2** próprio para alguma coisa **3** jeitoso **4** cómodo **5** oportuno; propício (Part. pass. de *azar*)
azáfama *n.f.* **1** grande afã **2** execução de um trabalho com atrapalhação, devido à urgência **3** pressa **4** balbúrdia (Do ár. *az-zah(a)mâ*, «pressa; barafunda»)
azafamado *adj.* **1** muito atarefado; sobrecarregado com trabalho **2** afadigado **3** muito apressado; pressuroso
azafamar *v.tr.* dar pressa a; atarefar ■ *v.pron.* trabalhar de forma ativa e rápida; andar em azáfama; atarefar-se (De *azáfama*+-*ar*)
azagaia *n.f.* lança curta de arremesso, constituída por uma haste de madeira e uma ponta de ferro; zagaia (Do ár. *az-zagâiá*, «zagaia; baioneta»)
azagaiada *n.f.* ferimento causado com azagaia (Part. pass. fem. subst. de *azagaiar*)
azagaiar *v.tr.* **1** matar ou ferir com azagaia **2** arremessar azagaias contra (De *azagaia*+-*ar*)
azagunchada *n.f.* golpe de zaguncho (Part. pass. fem. subst. de *azagunchar*)
azagunchar *v.tr.* ferir com zaguncho (De *a*-+*zaguncho*+-*ar*)
azal *n.m.* [regionalismo] designação de uma casta de videiras, cultivadas em Portugal, produtoras de uvas apreciadas na preparação de vinhos verdes (De orig. obsc.)
azálea *n.f.* BOTÂNICA planta da família das Ericáceas, com folhas oblongas e flores afuniladas, de corolas divididas em cinco lóbulos desiguais (Do gr. *azaléos*, «seco; árido»)
azamboamento *n.m.* **1** ato ou efeito de azamboar **2** atordoamento (De *azamboar*+-*mento*)
azamboar *v.tr.* **1** tornar insípido **2** [fig.] atordoar; entontecer (De *a*-+*zamboa*+-*ar*)
azambrado *adj.* **1** um pouco cambado das pernas; zambro **2** [fig.] desajeitado **3** [fig.] malfeito (De *a*-+*zambro*+-*ado*)
azambuja *n.f.* BOTÂNICA ⇒ **zambujeiro** (Do ár. *azambújá*, «oliveira brava; azambujo»)
azambujeira *n.f.* BOTÂNICA ⇒ **zambujeiro** (De *azambuja*+-*eira*)
azambujeiro *n.m.* BOTÂNICA ⇒ **zambujeiro** (De *azambuja*+-*eiro*)
azambujense *adj.2g.* relativo ou pertencente a Azambuja, no distrito de Lisboa, ou que é seu natural ou habitante ■ *n.2g.* natural ou habitante de Azambuja (De *Azambuja*, top. +-*ense*)
azambujo *n.m.* BOTÂNICA ⇒ **zambujeiro** (De *a*-+*zambujo*)
azar[1] *n.m.* **1** falta de sorte **2** acaso; sorte **3** desgraça; infelicidade; *jogo de ~* jogo cujo resultado depende mais do acaso e da sorte do que do raciocínio do jogador (por exemplo, a roleta); *ter ~ a* ter ódio ou antipatia a (Do ár. *az-zaHar*, «felicidade; dado»)
azar[2] *v.tr.* dar azo a; causar; ocasionar ■ *v.pron.* **1** vir a propósito; proporcionar-se **2** acomodar-se; ajeitar-se (De *azo*+-*ar*)
azar[3] *n.m.* BOTÂNICA planta da família das Ranunculáceas, que produz flores muito odoríferas (Do ár. *azhar*, pl. de *az-zahr*, «flor de laranjeira»)
azar[4] *n.m.* moeda antiga de Ormuz (Do pers. *hazar*, «mil»)
azarado *adj.* que tem azar; que anda com má sorte (De *azar*+-*ado*)
azaranzar *v.tr.* atrapalhar; zaranzar (De *a*-+*zaranza*+-*ar*)
azarar *v.tr.* **1** transmitir azar; dar má sorte a **2** agourar; enguiçar (De *azar*+-*ar*)
azarcão *n.m.* ⇒ **zarcão** (De *a*-+*zarcão*)
azarento *adj.* **1** que tem azar **2** que dá azar (De *azar*+-*ento*)

azeitoso

azarola *n.f.* **1** BOTÂNICA pequena árvore da família das Rosáceas, de ramos curtos e folhas cuneiformes, cujo fruto é rico em vitaminas **2** fruto desta árvore (Do ár. *az-za'arórâ*, «nespereira»)
azaroleira *n.f.* BOTÂNICA ⇒ **azarola** 1 (De *azarola*+-*eira*)
azaroleiro *n.m.* BOTÂNICA ⇒ **azarola** 1 (De *azarola*+-*eiro*)
azarolo /ô/ *n.m.* BOTÂNICA ⇒ **azarola** 1 (De *azarola*)
azebrar *v.tr.* cobrir de azebre (De *azebre*+-*ar*)
azebre /ê/ *n.m.* **1** camada de substância verde constituída essencialmente por carbonato e hidróxido de cobre, formada à superfície dos objetos de cobre pela ação da humidade e do gás carbónico do ar; zinabre; azinhavre **2** BOTÂNICA ⇒ **aloés 3** [fig.] finura **4** [fig.] malícia (Do ár. *aç-çibar*, «aloés; mirra»)
azebuado *adj.* diz-se do gado mestiço de zebu (De *a*-+*zebu*+-*ado*)
azeda /ê/ *n.f.* BOTÂNICA planta herbácea, de sabor ácido, da família das Poligonáceas, com folhas oblongas comestíveis e flores esverdeadas, de que se extrai o sal de azedas (De *azedo*)
azedador *adj.,n.m.* que ou o que azeda (De *azedar*+-*dor*)
azedamento *n.m.* ato ou efeito de azedar (De *azedar*+-*mento*)
azedão *n.m.* BOTÂNICA planta da família das Poligonáceas, que aparece em quase todo o país, também chamada azeda-romana (De *azeda*+-*ão*)
azedar *v.tr.,intr.,pron.* **1** tornar(-se) azedo **2** envinagrar(-se) **3** [fig.] irritar(-se); exasperar(-se) **4** [fig.] tornar(-se) difícil, complicado (De *azedo*)
azeda-romana *n.f.* BOTÂNICA ⇒ **azedão**
azedeira *n.f.* designação popular da planta mais conhecida por azeda ou azedas (De *azeda*+-*eira*)
azedia *n.f.* **1** azedume **2** azia **3** acédia; acídia (Do lat. **acetīva*, de *acētu*-, «vinagre», ou de *azedo*+-*ia*)
azedinha *n.f.* BOTÂNICA planta de sabor muito ácido, da família das Poligonáceas, mais ou menos frequente em todo o país (De *azeda*+-*inha*)
azedo /ê/ *adj.* **1** que tem o sabor particular do limão ou do vinagre; acre **2** de gosto amargo **3** diz-se de alimento que se deteriorou por ter fermentado **4** [fig.] ríspido; áspero **5** [fig.] mal-humorado; irritado **6** [fig.] diz-se de pessoa amargurada, de trato difícil ■ *n.m.* **1** sabor semelhante ao do limão ou do vinagre **2** sabor amargo (sem açúcar) **3** enchido transmontano de travo azedo, feito com carne cozida de porco e aves, misturada com pão, azeite, alho, sal e colorau (Do lat. *acētu*-, «vinagre»)
azedote *adj.* um tanto azedo (De *azedo*+-*ote*)
azedum *n.m.* ⇒ **azedume** (De *azedo*+-*um*)
azedume *n.m.* **1** sabor acre **2** acidez do estômago **3** azia **4** [fig.] mau humor **5** [fig.] desabrimento; aspereza (no trato) **6** [fig.] agastamento (De *azedo*+-*ume*)
azegrino *n.m.* ORNITOLOGIA ⇒ **serzino** (De orig. obsc.)
azeitada *n.f.* **1** grande porção de azeite usado no tempero dos alimentos **2** porção de azeite entornado (Part. pass. fem. subst. de *azeitar*)
azeitador *n.m.* encarregado de lubrificar as máquinas, nas fábricas (De *azeitar*+-*dor*)
azeitar *v.tr.* **1** temperar com azeite **2** embeber em azeite **3** olear (De *azeite*+-*ar*)
azeite *n.m.* óleo extraído da azeitona; *estar com os azeites* [coloq.] estar de mau humor (Do ár. *az-zait*, id.)
azeite-de-cheiro ver nova grafia azeite de cheiro
azeite de cheiro *n.m.* óleo de dendezeiro
azeiteira *n.f.* vaso ou almotolia para azeite (De *azeite*+-*eira*)
azeiteiro *n.m.* **1** vendedor de azeite **2** pessoa cheia de nódoas **3** vaso ou almotolia para azeite; azeiteira **4** [pop.] proxeneta **5** [pop.] parolo **6** [pop.] grosseirão ■ *adj.* **1** relativo a azeite; da indústria do azeite **2** [pop.] parolo **3** [pop.] grosseirão; ordinário (De *azeite*+-*eiro*)
azeitona *n.f.* BOTÂNICA fruto drupáceo, produzido pela oliveira, que fornece o azeite; *~ sapateira* azeitona que se torna mole e meio podre na salmoira (Do ár. *az-zaitúnâ*, «azeitona; oliveira»)
azeitonado *adj.* de cor de azeitona (Part. pass. de *azeitonar*)
azeitonar *v.tr.,pron.* tornar(-se) semelhante à azeitona, no gosto ou na cor (De *azeitona*+-*ar*)
azeitoneira *n.f.* **1** vaso ou prato em que se servem azeitonas **2** mulher que apanha ou vende azeitonas **3** nome vulgar usado em algumas regiões de Portugal para designar a oliveira (De *azeitona*+-*eira*)
azeitoneiro *n.m.* homem que trabalha na apanha da azeitona (De *azeitona*+-*eiro*)
azeitoso *adj.* **1** que tem muito azeite **2** diz-se da azeitona rica em azeite (De *azeite*+-*oso*)

azemel¹ *n.m.* condutor de azémolas; almocreve (Do ár. *az-zammal*, «o que impele»)

azemel² *n.m.* **1** abarracamento **2** povoação mourisca (Do ár. *az-zamla*, «família e trastes de um chefe»)

azemeleiro *n.m.* tratador de azémolas (De *azemel+-eiro*)

azémola *n.f.* **1** animal de carga **2** cavalgadura velha e magra **3** [fig.] pessoa estúpida (Do ár. *az-zámilâ*, «id.»)

azenegue *adj.2g.* relativo aos Azenegues ■ *n.2g.* indivíduo dos Azenegues

Azenegues *n.m.pl.* ETNOGRAFIA tribo mourisca do Sara ocidental

azenha *n.f.* moinho de rodízio movido a água (Do ár. *as-sániâ*, «nora; roda de irrigação»)

azenheiro *n.m.* dono ou encarregado de azenha (De *azenha+-eiro*)

azeotrópico *adj.* QUÍMICA diz-se da mistura de líquidos que destilam a uma temperatura bem definida, para determinada pressão, sendo a composição do vapor igual à do líquido (Do gr. *a-*, «sem» +*zeīn*, «ferver» +*trópos*, «mudança»+-*ico*)

azerado *adj.* da cor do aço; acerado (Part. pass. de *azerar*)

azerar *v.tr.* **1** dar cor de aço a (caracteres impressos) **2** dar têmpera de aço a; acerar (De *acerar*)

azerbaijano *adj.* relativo ou pertencente à República do Azerbaijão, país do Sudeste da Europa ■ *n.m.* **1** natural da República do Azerbaijão **2** língua falada na República do Azerbaijão (De *Azerbaijão*, top. +-*ano*)

azeredo *n.m.* bosque de azereiros (Por *azereiredo*, com hapl.)

azereiro *n.m.* BOTÂNICA árvore da família das Rosáceas, espontânea e cultivada em Portugal, produtora de drupas muito amargas (Do lat. *acerariŭ-*, de *acer*, «bordo»)

azereiro-dos-danados *n.m.* BOTÂNICA planta arbustiva com caracteres afins dos do azereiro, mas de folha caduca, espontânea em Portugal; pado

azevém *n.m.* BOTÂNICA planta herbácea, da família das Gramíneas, espontânea em Portugal, também cultivada e utilizada como forragem, sendo uma das suas várias espécies conhecida por erva-castelhana (De orig. obsc.)

azevia *n.f.* **1** ICTIOLOGIA peixe teleósteo, da família dos Pleuronectídeos, de corpo ovalado e achatado, frequente na costa marítima de Portugal **2** ICTIOLOGIA designação de uma outra espécie de peixe daquela mesma família, também conhecida por língua ou língua-de-vaca **3** CULINÁRIA pastel frito, feito de massa tenra, com recheio de doce de amêndoa, batata-doce, chila, feijão ou grão-de-bico (De orig. obsc.)

azevichar *v.tr.* tingir de azeviche (De *azeviche+-ar*)

azeviche *n.m.* variedade de lignito, compacta e suscetível de polimento, usada em joalharia (Do ár. andal. *az-zabíj*, por *as-sabaj*, «glóbulos negros»)

azevieiro *adj.* finório; esperto; malicioso (De *azevia+-eiro*)

azevinheiro *n.m.* BOTÂNICA ⇒ **azevinho** (De *azevinho+-eiro*)

azevinho *n.m.* BOTÂNICA arbusto ou árvore de pequeno porte, da família das Aquifoliáceas, de folhas onduladas e cor verde-escura, com pequenas bagas avermelhadas, e cujos ramos têm servido de ornamento tradicional nas festas do Natal e Ano Novo (Do lat. *acifoliŭ-*, «de folhas espinhosas», pelo port. ant. **acevo*, «azevinho» +-*inho*)

azia *n.f.* sensação de azedume no estômago (Do lat. *acidīva-*, por *acedīva-*, «azia»)

aziago *adj.* **1** que pressagia desgraça **2** funesto; nefasto **3** infeliz (Do lat. **aegyptiăcu-* (*die*-), «dia de azar»)

aziar *n.m.* espécie de torniquete para apertar o focinho dos animais e tê-los seguros enquanto são ferrados (Do ár. *az-ziár*, «mordaça de animais»)

azimia *n.f.* falta de fermentos para elaborar o quimo (De *ázimo+-ia*)

ázimo *adj.* (pão) sem fermento; ***festa dos ázimos*** Páscoa dos Judeus (Do gr. *ázymos*, «sem levedura», pelo lat. *azўmu-*, «id.»)

azimutal *adj.2g.* relativo a azimute; ***ângulo azimutal*** ASTRONOMIA distância angular medida horizontalmente a partir do ponto cardeal sul, para oeste, ao longo do horizonte, até ao círculo vertical de um astro, de 0° a 360°; ***projeção azimutal*** ASTRONOMIA projeção cartográfica, muito utilizada nas representações das regiões polares, que representa a superfície terrestre sobre um plano a partir de um ponto de tangência, que é um dos polos e que se torna no centro da projeção (De *azimute+-al*)

azimute *n.m.* ASTRONOMIA distância angular medida horizontalmente a partir do ponto cardeal sul, para oeste, ao longo do horizonte, até ao círculo vertical de um astro, de 0° a 360° (Do ár. *as-sumút*, pl. de *samt*, «caminho direito», pelo fr. *azimut*, «azimute»)

azinha *n.f.* **1** BOTÂNICA fruto da azinheira **2** azinheira (Do lat. vulg. *ilicīna-*, de *ilex, -ĭcis*, «azinheira»)

azinhaga *n.f.* caminho rústico e estreito entre muros, valados ou sebes altas; córrego (Do ár. *az-zinaiqâ*, «rua estreita»)

azinhal *n.m.* campo plantado de azinheiras (De *azinha+-al*)

azinhavre *n.m.* azebre ou verdete (Do ár. *az-zinjár*, «óxido de cobre; verdete»)

azinheira *n.f.* BOTÂNICA árvore da família das Fagáceas, que fornece madeira apreciada e é cultivada e também espontânea, sobretudo no Sul de Portugal

azinheira-doce *n.f.* BOTÂNICA variedade de azinheira que produz bolota doce (comestível), frequente especialmente nas províncias portuguesas do Alentejo e do Algarve

azinheiral *n.m.* ⇒ **azinhal** (De *azinheira+-al*)

azinheira-macha *n.f.* árvore, produto (híbrido) do cruzamento do sobreiro com a azinheira, que se encontra ao sul do Tejo e é também conhecida por carvalho

azinheiro *n.m.* BOTÂNICA ⇒ **azinheira** (De *azinha+-eiro*)

azinho *n.m.* **1** ⇒ **azinheira 2** madeira desta árvore (Do lat. **ilicīnu-*, de *ilex, -ĭcis*, «azinheira»)

azinhoso /ô/ *adj.* cheio de azinhos (De *azinho+-oso*)

-ázio sufixo nominal, de origem latina, que exprime a ideia de aumento, intensidade (*balázio, copázio*)

aziumar *v.tr.* **1** causar aziúme a **2** azedar **3** [fig.] irritar ■ *v.pron.* **1** azedar-se **2** exasperar-se (De *aziúme+-ar*)

aziúme *n.m.* **1** azia **2** [fig.] agastamento; exasperação (De *azedume*, ou de *azia+-ume*)

azo *n.m.* **1** ensejo; oportunidade; ocasião **2** causa; origem; ***dar ~ a*** fazer com que algo aconteça (Do prov. *aize*, «comodidade»)

azoada *n.f.* **1** zunido **2** barulheira (Part. pass. fem. subst. de *azoar*)

azoado *adj.* aturdido; entontecido (Part. pass. de *azoar*)

azoamento *n.m.* ato ou efeito de azoar (De *azoar+-mento*)

azoar *v.tr.* **1** atordoar; fazer andar à roda a cabeça de **2** importunar; enfadar ■ *v.pron.* zangar-se (De orig. onom.)

azoeirado *adj.* **1** amalucado **2** aluado **3** aparvalhado

azoeirar *v.tr.* **1** tornar zoeira **2** azoar (De *a-+zoeira+-ar*)

azoico¹ *adj.* **1** GEOLOGIA (terreno) desprovido de fósseis ou com estes mal representados; agnostozoico **2** designativo da era anterior ao Paleozoico (Do gr. *ázoos*, «sem vida» +-*ico*)

azoico² *adj.* QUÍMICA diz-se do composto orgânico azotado, incluindo diversos corantes sintéticos (De *azo[to]+-ico*)

azóico ver nova grafia azoico¹,²

azoinante *adj.,n.2g.* **1** que ou o que azoina **2** importuno (De *azoinar+-ante*)

azoinar *v.tr.,pron.* ⇒ **azoar**; ***~ os ouvidos a*** importunar, falando constantemente (De orig. onom.)

azoospermia *n.f.* BIOLOGIA ausência de espermatozoides no líquido seminal (Do gr. *a-*, «sem» +*zóon*, «animal» +*spérma*, «esperma» +-*ia*)

azoque *n.m.* mercado árabe (Do ár. *as-sóq*, «mercado; feira»)

azoratado *adj.* **1** doidivanas; estroina **2** tonto; estonteado

azoratar *v.tr.* **1** entontecer **2** atordoar (De *a-+zorate+-ar*)

azorragada *n.f.* golpe de azorrague (Part. pass. fem. subst. de *azorragar*)

azorragar *v.tr.* açoitar com azorrague (De *azorrague+-ar*)

azorrague *n.m.* látego formado por correias entrançadas; chicote; zorrague (De *a-+zorrague*)

azorrar *v.tr.* transportar em zorra (De *a-+zorra+-ar*)

azotado *adj.* que contém azoto; nitrogenado (Part. pass. de *azotar*)

azotar *v.tr.* **1** fornecer azoto a **2** misturar azoto a **3** tornar azotado (De *azoto+-ar*)

azotato *n.m.* ⇒ **nitrato** (De *azoto+-ato*)

azotemia *n.f.* MEDICINA excesso de ureia e outras substâncias nitrogenadas no sangue (De *azoto+-emia*, ou do fr. *azotémie*, «id.»)

azoteto /ê/ *n.m.* **1** QUÍMICA designação do anião N_3^- **2** QUÍMICA designação genérica dos compostos em que figura o anião azoteto ou que se podem supor derivados do azoteto de hidrogénio (De *azoto+-eto*)

azótico *adj.* QUÍMICA ⇒ **nítrico 2** (Do gr. *azotikós*, «azótico»)

azotídrico *adj.* QUÍMICA [ant.] diz-se do ácido que atualmente se designa por azoteto de hidrogénio (De *azoto+hídrico*)

azotito *n.m.* QUÍMICA ⇒ **nitrito** (De *azoto+-ito*)

azoto *n.m.* QUÍMICA elemento químico, com o número atómico 7 e o símbolo N, gasoso, incolor e que constitui a maior parte do ar; nitrogénio (Deriv. regr. de *azótico*, do gr. *azotikós*, «azótico», ou do fr. *azote*, «azoto»)

azotoso /ô/ *adj.* QUÍMICA ⇒ **nitroso** (De *azoto+-oso*)

azotúria *n.f.* MEDICINA doença caracterizada pela presença de quantidade excessiva de ureia (e outras substâncias nitrogenadas) na urina (De *azoto+-úria*)

azougado *adj.* **1** que tem azougue **2** [fig.] que não pode estar quieto **3** esperto; vivo **4** leviano **5** tonto **6** vaidoso (Part. pass. de *azougar*)

azougamento *n.m.* **1** ato ou efeito de azougar **2** qualidade de quem é azougado **3** esperteza; vivacidade (De *azougar+-mento*)

azougar *v.tr.* **1** misturar com azougue (mercúrio) **2** fazer murchar (as plantas gramíneas) antes de deitarem a espiga **3** [fig.] tornar vivo ou esperto ■ *v.intr.* **1** [regionalismo] apodrecer (o fruto, a planta) **2** [regionalismo] murchar por excesso de água **3** [regionalismo] ficar fraco; definhar (De *azougue+-ar*)

azougue *n.m.* **1** designação vulgar do mercúrio **2** BOTÂNICA planta da família das Euforbiáceas **3** [fig.] pessoa esperta e finória **4** [fig.] esperteza; finura (Do ár. *az-zâuq*, «mercúrio»)

azougue-do-brasil *n.m.* BOTÂNICA planta brasileira, da família das Cucurbitáceas, que tem aplicações medicinais

azucrinar *v.tr.* [coloq.] importunar; maçar; aborrecer

azul *adj.2g.* **1** da cor do céu sem nuvens; cerúleo **2** [fig.] embaraçado; atrapalhado ■ *n.m.* **1** cor do arco-íris semelhante à do céu sem nuvens **2** qualquer gradação desta cor **3** [fig.] o céu; ~ *de metileno* QUÍMICA corante básico, também empregado em medicina como antisséptico (Do ár. *lázúrd*, por *lázawárd*, «lápis-lazúli; azul»)

azuláceo *adj.* tirante a azul; azulado (De *azul+-áceo*)

azuladinha *n.f.* [Brasil] [pop.] ⇒ **cachaça** *n.f.*

azulado *adj.,n.m.* que ou cor que é semelhante ao azul (Part. pass. de *azular*)

azulador *adj.,n.m.* que ou o que azula (De *azular+-dor*)

azulamento *n.m.* ato ou efeito de azular (De *azular+-mento*)

azulão *n.m.* **1** tom forte de azul **2** ORNITOLOGIA pássaro, da família dos Fringilídeos, com plumagem de cor totalmente azul, frequente nas Américas (De *azul+-ão*)

azular *v.tr.* dar a cor azul a; pintar de azul; anilar ■ *v.intr.* [Brasil] [coloq.] fugir; desaparecer (De *azul+-ar*)

azul-celeste *adj.2g.,n.m.* azul da cor do céu

azul-claro *n.m.* tom claro do azul ■ *adj.* que apresenta esse tom

azul-cobalto *n.m.* matéria corante muito usada em pintura, que se obtém calcinando uma mistura de alumina e fosfato de cobalto ■ *adj.inv.* da cor desta matéria corante

azul-da-prússia ver nova grafia azul da Prússia

azul da Prússia *n.m.* **1** QUÍMICA ferrocianeto férrico **2** QUÍMICA substância de cor azul-escura, ligeiramente esverdeada, usada em tintas, vernizes, etc.

azulejador *adj.,n.m.* que ou aquele que assenta azulejos (De *azulejar+-dor*)

azulejar¹ *v.tr.* pôr ou assentar azulejos em (De *azulejo+-ar*)

azulejar² *v.tr.,intr.* tornar(-se) azul; azular (De *azul+-ejar*)

azulejista *n.2g.* [Brasil] ladrilhador

azulejo /ê/ *n.m.* placa de cerâmica, pintada e vidrada numa das faces, utilizada no revestimento de paredes (Do ár. *az-zuleij*, «id.», pelo cast. *azulejo*, «id.»)

azul-escuro *n.m.* tom escuro de azul ■ *adj.* que tem esse tom

azul-ferrete *n.m.* tom de azul bastante carregado ■ *adj.inv.* que é de um azul bastante carregado

azulinar *v.tr.* tornar azulino; anilar (De *azulino+-ar*)

azulino *adj.* de cor anilada (De *azul+-ino*)

azul-marinho *n.m.* tonalidade de azul muito escura, que lembra o fundo do mar ■ *adj.* que é de um tom de azul que lembra o fundo do mar

azuloio *adj.* **1** de cor azul-ferrete **2** aviolado (De *azul+lóio*, «azul da cor do hábito dos frades loios»)

azulóio ver nova grafia azuloio

azul-turquesa *n.m.* cor da turquesa ■ *adj.inv.* da cor da turquesa

azul-violeta *n.m.* tom violeta do azul ■ *adj.inv.* que apresenta esse tom

azumbrado *adj.* **1** derreado; um tanto corcovado **2** [ant.] bêbedo (Do cast. *azumbrado*, «id.»)

azurado *n.m.* conjunto dos riscos paralelos, retos ou ondeados, utilizados em letras, cheques e recibos, para neles se escrever, por extenso, a importância e impedir as rasuras (Do fr. *azuré*, «azulado»)

azuraque *n.m.* BOTÂNICA planta da família das Convolvuláceas, espontânea em Portugal, também conhecida por bons-dias, madrugadas e zuraque (De *zuraque*)

azurite *n.f.* MINERALOGIA mineral de cor azul (carbonato básico de cobre) que cristaliza no sistema monoclínico e é um dos minérios de cobre (Do fr. *azurite*, «id.»)

azurracha *n.f.* embarcação usada no rio Douro, com um remo a servir de leme (espadela) e dois remos laterais (Do ár. *az-zallaj*, «espécie de barca»)

azurrar *v.intr.* ⇒ **zurrar** (De *a-+zurrar*)

azuru *n.m.* ORNITOLOGIA pássaro azul do Canadá; azulão (Do fr. *azur*, «azul»)

azurzir *v.tr.* ⇒ **zurzir** (De *a-+zurzir*)

B

b *n.m.* 1 segunda letra e primeira consoante do alfabeto 2 letra que representa a consoante oclusiva bilabial sonora (ex. *b*ata) 3 segundo lugar de uma série indicada pelas letras do alfabeto 4 FÍSICA símbolo de *barn* 5 INFORMÁTICA símbolo de *bit* 6 [acad.] símbolo de *bom* 7 QUÍMICA símbolo de *boro* (com maiúscula) 8 INFORMÁTICA símbolo de *byte* (com maiúscula) 9 MÚSICA (países anglo-saxões) símbolo da nota *si* (também com maiúscula) 10 MÚSICA (países germânicos) símbolo de *si bemol* (também com maiúscula)

B2B *n.m.* comércio eletrónico em que os potenciais compradores são empresas que adquirem bens e/ou serviços vendidos por outras empresas (Do inglês *B2B*, acrónimo de *business-to-business*)

B2C *n.m.* comércio eletrónico efetuado diretamente entre a empresa produtora e o consumidor final (Do inglês *B2C*, acrónimo de *business-to-consumer*)

baalita *n.2g.* pessoa que prestava culto a Baal, divindade dos Assírios e dos Fenícios (De *Baal*, mitol. +-*ita*)

baamiano *adj.* relativo ou pertencente às Baamas (arquipélago das Antilhas) ■ *n.m.* natural ou habitante das Baamas (De *Baamas*, top. +-*iano*)

baba¹ *n.f.* 1 saliva abundante que sai involuntariamente da boca 2 saliva viscosa que escorre da boca, em resultado de certas doenças 3 humor viscoso segregado por alguns animais 4 [pop.] ⇒ **babete**; *chorar ~ e ranho* chorar imenso (Do lat. vulg. **baba-*, vocábulo expressivo, próprio da linguagem infantil)

baba² *n.m.* 1 [Moçambique] pai 2 [Moçambique] tratamento respeitoso para com homens mais velhos (Do suaíli *baba*, «id.»)

babá *n.f.* [Brasil] ⇒ **ama-seca**

babaca *adj.,n.2g.* [Brasil] [pop.] parvo; idiota; tolo

babaçu *n.m.* BOTÂNICA ⇒ **uauaçu** (Do tupi *wawa'su*, «id.»)

baba-de-camelo ver nova grafia **baba de camelo**

baba de camelo *n.f.* CULINÁRIA doce preparado com leite condensado, gemas e claras batidas em castelo

babadinho *adj.* 1 que deseja uma coisa com veemência 2 que está muito orgulhoso 3 apaixonado; *estar ~ por* estar desejoso de, estar apaixonado por (De *babado*+-*inho*)

babado *adj.* 1 molhado ou coberto de baba 2 sujo de baba 3 [fig.] orgulhoso 4 [fig.] apaixonado ■ *n.m.pl.* sobras de pratos ou copos (Part. pass. de *babar*)

babadoiro *n.m.* ⇒ **babete**

babador *n.m.* [Brasil] ⇒ **babete**

babadouro *n.m.* ⇒ **babete** (De *babar*+-*douro*)

babadura *n.f.* ação de babar-se (De *babar*+-*dura*)

babalaza *n.f.* [Moçambique] cansaço depois de bebedeira; ressaca (Do tsonga *babàlàzà*, «id.», a partir do ronga *(ku)-babalasa*, «deitar-se de borco»)

babanca *n.m.* [regionalismo] lorpa; pacóvio; palerma (De *baba*+-*anca*)

babão *adj.* 1 que se baba 2 baboso 3 [fig.] pasmado 4 [fig.] apaixonado ■ *n.m.* 1 aquele que se baba 2 [fig.] aquele que fica orgulhoso 3 [fig.] apaixonado (De *babar*+-*ão*)

babaquice *n.f.* [Brasil] asneira

babar *v.tr.* 1 molhar com baba 2 sujar com baba ■ *v.pron.* 1 escorrer-lhe a baba 2 ter orgulho (em alguém) 3 gostar muito; deliciar-se; *~-se por* estar apaixonado por (De *baba*+-*ar*)

babaré *n.m.* 1 [Índia] sinal de alarme de que há ladrões nas vizinhanças 2 instrumento com que se dá esse alarme 3 [Moçambique] barulho ou surriada (Do conc. *bábá-rê*, «aqui-d'el-rei!; ó da guarda!»)

babaréu *n.m.* [Moçambique] ⇒ **babaré** 3

babau¹ *n.m.* [regionalismo] moeda de cinco réis, usada antigamente em leilões de prendas para festas de igreja (De orig. onom.)

babau² *interj.* exclamação indicativa de que algo é irreversível; acabou-se!; não tem remédio! (De orig. onom.)

babeira *n.f.* 1 peça do elmo que cobria parte da cara 2 abertura que, nas marinhas, estabelece comunicação entre as canejas e o salinador (De *baba*+-*eira*)

babeiro *n.m.* 1 ⇒ **babete** 2 espécie de bata, com ou sem mangas, geralmente abotoada atrás, que se veste às crianças para lhes proteger a roupa; bibe (De *baba*+-*eiro*)

babel *n.f.* 1 confusão de vozes ou de línguas 2 grande algazarra 3 balbúrdia; desordem (De *Babel*, top. [= Babilónia])

babelesco *adj.* ⇒ **babélico** (De *Babel*, top. +-*esco*)

babélico *adj.* 1 relativo à cidade de Babel 2 [fig.] desordenado; confuso (De *Babel*, top. +-*ico*)

babete *n.m./f.* peça de pano ou de material impermeável que se coloca sobre o peito das crianças para as resguardar da baba ou da comida (Do fr. *bavette*, «id.»)

babilónia *n.f.* 1 [fig.] cidade grande, de ruas irregulares 2 grande confusão; desordem 3 edifício muito alto (De *Babilónia*, top., cidade da antiga Caldeia)

babilónico *adj.* 1 relativo a Babilónia 2 [fig.] desordenado; confuso 3 [fig.] grandioso; majestoso (Do lat. *babylonĭcu-*, «de Babilónia»)

babilónio *n.m.* natural ou habitante da Babilónia ■ *adj.* 1 relativo à Babilónia ou aos seus habitantes 2 [fig.] desordenado; confuso 3 [fig.] grandioso; majestoso (Do lat. *babylonĭu-*, «da Babilónia»)

babirussa *n.f.* ZOOLOGIA paquiderme da família dos Suídeos, afim dos porcos e originário da Malásia; porco-veado (Do mal. *bábi*, «porco» +*rusa*, «veado»)

baboca *adj.2g.* tolo; ingénuo (De *baba*+-*oca*)

babosa *n.f.* 1 BOTÂNICA variedade de ameixa alentejana 2 [Brasil] ICTIOLOGIA peixe teleósteo, de água doce ou salgada, da família dos Gobiídeos (De *baboso*)

baboseira *n.f.* dito disparatado; tolice; asneira; estupidez (De *baboso*+-*eira*)

babosice *n.f.* ⇒ **baboseira** (De *baboso*+-*ice*)

baboso /ô/ *adj.* 1 que se baba muito 2 [fig.] que está muito orgulhoso 3 [fig.] tolo 4 [fig.] apaixonado; entusiasmado (De *baba*+-*oso*)

babucha *n.f.* calçado raso, de couro ou tecido, aberto atrás, geralmente usado nos países árabes (Do ár. *bábúj*, «pantufa», pelo fr. *babouche*, «id.»)

babugem *n.f.* 1 espuma produzida pela água que se agita ou que está poluída 2 saliva viscosa que escorre da boca 3 detritos que se encontram à superfície da água ou nas margens dos rios 4 [fig.] coisa sem importância; bagatela (De *baba*+-*ugem*)

babugento *adj.* cheio de babugem (De *babugem*+-*ento*)

babuíno *n.m.* 1 ZOOLOGIA grande macaco africano, da família dos Cinocefalídeos, de grandes caninos, focinho alongado e calosidades nas nádegas 2 [fig.] imbecil (Do it. *babbuino*, pelo fr. *babouin*, «babuíno; tolo»)

babujar *v.tr.* 1 sujar com baba ou com restos de comida 2 pronunciar a medo 3 louvar de forma servil; adular 4 [fig.] enxovalhar ■ *v.pron.* lambuzar-se (De *babugem*+-*ar*)

babujaria *n.f.* lisonja; adulação (De *babujar*+-*aria*)

baby-doll *n.m.* peça de vestuário feminino, usada para dormir, constituída por uma só peça, semelhante a uma camisa de dormir curta e sem mangas, ou por duas peças (calção e top) (Do ing. *baby-doll(s)*, «id.»)

babygro *n.m.* fato de bebé, constituído por uma peça única, geralmente feito de tecido extensível (Do ing. *Babygro*®, «id.»)

babysitter *n.2g.* pessoa que, mediante pagamento, toma conta de crianças na casa destas durante a ausência dos pais (Do ing. *babysitter*, «id.»)

baby-sitter *n.2g.* ⇒ **babysitter**

babysitting *n.m.* atividade que consiste em tomar conta de crianças na casa destas durante a ausência dos pais, mediante pagamento (Do ing. *babysitting*, «id.»)

baby-sitting *n.m.* ⇒ **babysitting**

bacaba *n.f.* 1 BOTÂNICA fruto (coco bastante carnoso) da bacabeira 2 BOTÂNICA bacabeira (Do tupi *wa'kawa*, «id.»)

bacabá *n.m.* bebida preparada com bacaba (De *bacaba*)

bacabada *n.f.* iguaria feita com bacaba (De *bacaba*+-*ada*)

bacabeira n.f. BOTÂNICA palmeira que produz o fruto bacaba, frequente em especial no Norte do Brasil; bacaba (De *bacaba*+*-eira*)

bacáceo adj. BOTÂNICA da natureza da baga; baciforme (Do lat. *baca-*, «baga» +*-áceo*)

bacada n.f. [Brasil] salto de um veículo, produzido por um terreno acidentado (De *baque*+*-ada*)

bacalhau n.m. 1 ICTIOLOGIA peixe teleósteo da família dos Gadídeos, abundante nos mares do Norte, utilizado frequentemente na alimentação, em certos países, depois de seco e salgado 2 certa madeira de pinho 3 chicote de couro com que, no Brasil, se castigavam os escravos 4 espécie de jogo 5 [regionalismo] fendas naturais da cortiça 6 pl. colarinhos largos e engomados pendentes sobre o peito; *apertar/estender o ~ a alguém* cumprimentar alguém com um aperto de mão; *ficar em águas de ~* diz-se de um negócio ou de um intento que ficou em nada, que se frustrou; *para quem é, ~ basta* para pessoa insignificante qualquer coisa serve (Do neerl. *cabbeliau*, «id.»)

bacalhoada n.f. 1 grande porção de bacalhau 2 cozinhado de bacalhau 3 [fig.] aperto de mão 4 [Brasil] azorragada (De *bacalhau*+*-ada*)

bacalhoeiro adj. relativo ao bacalhau ou à pesca do bacalhau ■ n.m. 1 barco usado na pesca e no transporte do bacalhau 2 negociante de bacalhau 3 apreciador de bacalhau 4 [fig.] pessoa grosseira 5 ORNITOLOGIA ave de rapina diurna da família dos Falconídeos, também designada milhafre (De *bacalhau*+*-eiro*)

bacalhuço n.m. bacalhau de fraca qualidade (De *bacalhau*+*-uço*)

bacamartada n.f. tiro de bacamarte (De *bacamarte*+*-ada*)

bacamarte n.m. 1 antiga arma de fogo individual de cano curto e calibre grosso, de escorva inflamada por pederneira e de carregar pela boca, sendo esta geralmente em forma de sino 2 [fig.] livro velho, volumoso e inútil 3 [Brasil] indivíduo corpulento e boçal 4 ICTIOLOGIA peixe teleósteo, da família dos Triglídeos, também conhecido por cabra-moura, ruivo, santo-antónio, etc. 5 ⇒ **grugutuba** (Do neerl. *breecmes*, «cutelo», pelo fr. *braquemart*, «espada de dois gumes»?)

bacana adj.2g. [Brasil] [coloq.] palavra que denota características positivas atribuídas a pessoas (bom, interessante, simpático, bem-educado, correto, honesto, etc.) e a coisas (bom, divertido, agradável, etc.) ■ n.2g. [Brasil] [coloq.] pessoa endinheirada, de estrato social elevado; grã-fino (De orig. controversa)

Bacanais n.f.pl. festas em honra de Baco (Do lat. *bacchanăle*, «relativo a Baco»)

bacanal adj.2g. 1 referente a Baco 2 próprio de orgia ■ n.m. festa licenciosa; orgia (Do lat. *bacchanăle-*, «relativo a Baco»)

bacanalizar v.tr. transformar em bacanal (De *bacanal*+*-izar*)

bacano adj. [coloq.] simpático ■ n.m. 1 [coloq.] alguém em que se pode confiar; boa pessoa 2 [Brasil] [coloq.] pessoa que tem muito dinheiro ou poder

bacante n.f. 1 sacerdotisa de Baco 2 mulher que participava nas festas em honra de Baco 3 [fig.] mulher libertina 4 BOTÂNICA planta herbácea da família das Asteráceas 5 ZOOLOGIA espécie de borboleta diurna (Do lat. *bacchante-*, «id.», part. pres. de *bacchāri*, «festejar Baco»)

bacará n.m. jogo de azar entre um banqueiro e vários jogadores (Do fr. *baccara*, «id.»)

bacarija n.f. BOTÂNICA ⇒ **bácaro** (Do gr. *bákkaris*, «bácaro; nardo», pelo lat. *baccăre-*, «id.»)

bácaro n.m. 1 BOTÂNICA planta que os Romanos usavam nas coroas para galardoar os poetas; bacarija 2 laurel (Do gr. *bákkaris*, «bácaro; nardo», pelo lat. *baccăre-*, «id.»)

bacecola n.f. [Moçambique] bicicleta (Do changana *bàsekòla*, a partir do ing. *bycicle*, «id.»)

baceira n.f. VETERINÁRIA doença de origem carbunculosa que ataca, em especial, os animais bovinos e lanígeros, também conhecida por lobegão (De *baço*+*-eira*)

baceiro adj. relativo a baço (De *baço*+*-eiro*)

bacela n.m. [Moçambique] brinde; gratificação (Do tsonga *bàselà*, «id.»)

bacelada n.f. 1 grande quantidade de varas de videira para plantação de vinhas; plantação de bacelos 2 vinha nova (De *bacelo*+*-ada*)

bacelador n.m. o que planta bacelo (De *bacelar*+*-dor*)

bacelar v.tr. ⇒ **abacelar** (De *bacelo*+*-ar*)

baceleiro n.m. 1 bacelador 2 bacelo (De *bacelo*+*-eiro*)

bacelo /ê/ n.m. 1 AGRICULTURA vara cortada da videira para plantar 2 AGRICULTURA videira brava para enxertar 3 AGRICULTURA vinha nova 4 terreno onde há plantação de videiras que são suportadas por corrimão ou estaca ou não têm suporte especial (Do lat. *bacillu-*, dim. de *bacŭlu-*, «pequeno bastão»)

bacento adj. 1 um tanto baço 2 sem brilho (De *baço*+*-ento*)

bacharel n.m. (feminino **bacharela**) 1 título obtido por quem concluiu o bacharelato 2 pessoa que possui esse título 3 [pej.] indivíduo muito falador; tagarela (Do fr. ant. *bacheler*, «jovem aspirante a cavaleiro», com met.)

bacharelada n.f. [depr.] tagarelice pretensiosa e impertinente; bacharelice (Part. pass. fem. subst. de *bacharelar*)

bacharelado n.m. ⇒ **bacharelato** ■ adj. que tomou o grau de bacharel (Part. pass. de *bacharelar*)

bacharelando n.m. 1 o que se prepara para o bacharelato 2 o que frequenta o último ano do curso em que se toma o grau de bacharel (De *bacharelar*+*-ando*)

bacharelar v.tr. conferir o grau de bacharel ■ v.intr. [pej.] falar muito e à toa ■ v.pron. obter o grau de bacharel (De *bacharel*+*-ar*)

bacharelato n.m. 1 primeiro grau académico conferido por uma faculdade ou escola de ensino superior, no período anterior ao Processo de Bolonha 2 conjunto de estudos para obtenção desse grau (De *bacharel*+*-ato*)

bachareleiro adj. 1 próprio de bacharel 2 [pej.] palavroso (De *bacharel*+*-eiro*)

bacharelesco adj. [depr.] próprio de bacharel (De *bacharel*+*-esco*)

bacharelice n.f. [depr.] vício de falar muito e à toa; palavrório; bacharelada (De *bacharel*+*-ice*)

bachicar v.intr. [regionalismo] bater na água com os pés ou com as mãos; chapinhar (De orig. obsc.)

bacia n.f. 1 vasilha geralmente redonda e larga, de uso doméstico, para lavagens 2 ANATOMIA formação endosquelética constituída pelos ossos coxais, pelo sacro e pelo cóccix; pelve 3 parte de um porto destinada ao estacionamento de embarcações; enseada 4 pedra em que assentam as grades da sacada 5 cavidade no solo para onde corre o metal fundido 6 depressão de terreno cercada de montes ou colinas; vale 7 molde para assentar a pasta de feltro dos chapéus 8 vaso usado pelo barbeiro para preparar a solução com que ensaboa a barba; *~ de emprego* ECONOMIA mercado de trabalho, numa dada zona geográfica, dentro da qual as pessoas que aí habitam podem encontrar emprego sem mudar de residência e as empresas podem dispor da mão de obra de que necessitam (De *bacio*)

baciada n.f. conteúdo de uma bacia ou de um bacio (De *bacia*+*-ada*)

bacia hidrográfica n.f. GEOGRAFIA conjunto de terras cujas águas são drenadas por um rio e os seus afluentes

bacial adj.2g. que diz respeito a bacia (De *bacia*+*-al*)

baciano adj. 1 semelhante a baga 2 carnudo (Do lat. *baca-*, «baga» +*-iano*)

bacidez /ê/ n.f. qualidade ou estado de baço (De *baço*+*-i-*+*-dez*)

bacífero adj. que produz bagas (Do lat. *baca-*, «baga» +*-fero*, de *ferre*, «trazer»)

baciforme adj.2g. BOTÂNICA em forma de baga; semelhante a baga (Do lat. *baca-*, «baga» +*forma-*, «forma»)

bacilar adj.2g. 1 referente a bacilos 2 comprido, delgado e cilíndrico como uma varinha 3 com forma de prisma (Do lat. *baccillu-*, «varinha» +*-ar*)

bacilariáceas n.f.pl. BOTÂNICA algas unicelulares de membrana celular com formação siliciosa (Do lat. bot. *bacillarĭa-*, de *bacillu-*, «varinha» +*-áceas*)

bacilariófitas n.f.pl. ⇒ **bacilariáceas** (Do lat. bot. *bacillarĭu-*, de *bacillu-*, «varinha» +*-fito*)

bacilemia n.f. MEDICINA presença de bacilos no sangue (De *bacili-*+*-emia*)

bacil(i)- elemento de formação de palavras que exprime a ideia de *bacilo* (Do lat. *bacillu-*, «varinha»)

baciliforme adj.2g. 1 com forma de bacilo 2 bacilar (De *bacili-*+*-forme*)

bacilização n.f. invasão do organismo por bacilos (De *bacilizar*+*-ção*)

bacilizar v.tr. 1 contaminar com bacilos 2 provocar a bacilização de (De *bacilo*+*-izar*)

bacilo n.m. BIOLOGIA designação geral de bactérias em forma de filamento ou de bastonete, com algumas espécies patogénicas para o homem (Do lat. *bacillu-*, «varinha»)

bacilo- ⇒ **bacil(i)-**

baciloscopia n.f. exame dos bacilos nos escarros, fezes, etc. (Do lat. *bacillu-*, «varinha»+gr. *skopeīn*, «examinar» +*-ia*)

bacilose n.f. MEDICINA bacteriose produzida pela ação de bacilos (Do fr. *bacillose*, «id.»)

baciloso /ô/ adj. 1 que possui bacilos 2 tuberculoso (De bacilo+-oso)

baciloterapia n.f. emprego terapêutico dos bacilos sob a forma de culturas vivas ou mortas (De bacilo-+terapia)

bacinete /ê/ n.m. 1 casquete de ferro usado por baixo do capacete 2 ANATOMIA cavidade, no interior do rim, que recebe a urina que depois segue pelo uréter para a bexiga (Do fr. bassinet, «id.»)

bacio n.m. recipiente próprio para se urinar e defecar; penico; pote; bispote (Do lat. pop. *baccīnu-, «vaso de madeira»)

bacívoro adj. que se alimenta de baga (Do lat. baca- ou bacca-, «baga» +vorāre, «comer»)

background n.m. 1 conjunto de circunstâncias ou antecedentes de situação, facto ou fenómeno; contexto 2 conjunto de elementos (antecedentes familiares, educação, experiência, etc.) que contribuem para a formação de uma pessoa; meio 3 série de elementos com menos destaque relativamente aos principais, num desenho, fotografia, quadro, ecrã, etc.; fundo 4 INFORMÁTICA modo de baixa prioridade em que o computador corre um programa em simultâneo com outras tarefas (Do ing. background, «id.»)

backup n.m. 1 INFORMÁTICA sistema de reprodução de dados em cópias de reserva para que a informação não se perca caso estes sejam danificados ou destruídos 2 INFORMÁTICA cópia de um ficheiro que é guardada como reserva para o caso de perda ou danificação do ficheiro original; cópia de segurança (Do ing. backup, «id.»)

baço[1] adj. 1 embaciado 2 trigueiro (Do lat. opacŭ-, de opăcu-, «que está à sombra»)

baço[2] n.m. ANATOMIA importante órgão situado no hipocôndrio esquerdo, que ajuda a destruir os glóbulos vermelhos inúteis e que é também um reservatório de sangue (Do gr. hépar, -atos, «fígado», pelo lat. *hepatĭu-, sing. de hepatĭa, «fígados»)

bacoco /ô/ adj.,n.m. [pop.] indivíduo ou designativo de indivíduo pouco esperto; pacóvio; ingénuo

bacon /bei/ n.m. CULINÁRIA toucinho fumado (Do ing. bacon, «id.»)

Bacongos n.m.pl. ETNOGRAFIA grupo étnico que abrange naturais do antigo Congo português (Do pl. híbrido de Mukongo)

baconiano /bei/ adj. relativo ao filósofo inglês Francis Bacon (1561-1626), ou à sua doutrina filosófica (De F. Bacon, antr. +-iano)

baconismo /bei/ n.m. sistema filosófico de Francis Bacon (1561-1626), particularmente caracterizado pelo relevo dado ao método experimental como meio de conhecimento (Do antr. Bacon (cientista e filósofo inglês) +-ismo)

bacoquice n.f. ato ou dito de bacoco; palermice (De bacoco+-ice)

bacoquismo n.m. qualidade de bacoco (De bacoco+-ismo)

bácora n.f. 1 fêmea do bácoro; leitoa 2 [fig., pej.] mulher de maus costumes (De bácoro)

bacorada n.f. 1 vara de bácoros 2 [fig.] obscenidade; asneira (De bácoro+-ada)

bacorejar v.tr. 1 adivinhar; prever; pressentir 2 palpitar; parecer ■ v.intr. 1 (leitão) grunhir 2 [regionalismo] fazer mexericos; **bacoreja-se que** [regionalismo] diz-se que (De bácoro+-ejar)

bacorejo /ê/ n.m. 1 pressentimento 2 palpite 3 boato 4 mexerico (Deriv. regr. de bacorejar)

bacorice n.f. 1 [regionalismo] ato de bacorejar; mexerico 2 [regionalismo] [fig.] ação desonesta (De bácoro+-ice)

baçorina n.f. substância (espécie de goma) que se extrai das gomas-resinas oriundas de Bassorá, cidade portuária do Iraque (De Bassorá, top. +-ina)

bacorinhar v.tr. ⇒ **bacorejar** v.tr. ■ v.intr. grunhir (o leitão) (De bacorinho+-ar)

bacorinho n.m. 1 leitãozinho 2 variedade de figo pequeno, redondo, temporão (De bácoro+-inho)

bácoro n.m. porco pequeno; leitão (Do germ. bakko, «porco», ou do ár. bakurī, «cordeirinho», pelo b. lat. bachăru-, «id.»)

bacorote n.m. bácoro já crescido (De bácoro+-ote)

bacteri- ⇒ **bacteri(o)-**

bactéria n.f. 1 BIOLOGIA designação de seres vivos microscópicos unicelulares, procariotas, que são desprovidos de sistemas de membranas internas 2 pl. BIOLOGIA bacteriáceas; esquizomicetes (Do gr. baktēría, «vara»)

bacteriáceas n.f.pl. BIOLOGIA grupo de esquizófitas, desprovidas de ficocianina e corpo central, que compreende as bactérias; esquizomicetes (De bactéria+-ácea)

bacteriáceo adj. ⇒ **bacteriano** (De bactéria+-áceo)

bacteriano adj. relativo a bactéria (De bactéria+-ano)

bactericida adj.2g.,n.m. que ou substância que destrói as bactérias (De bactéria+-cida)

bactérico adj. ⇒ **bacteriáceo** (De bactéria+-ico)

bacteriemia n.f. MEDICINA presença anormal de bactérias no sangue (De bacteri-+gr. haîma, «sangue» +-ia)

bacteri(o)- elemento de formação de palavras que exprime a ideia de bactéria (Do gr. baktēría, «vara»)

bacteriófago n.m. microrganismo que promove a destruição de bactérias (De bacterio-+-fago)

bacteriologia n.f. ciência que tem por objeto o estudo das bactérias e os efeitos da sua ação (De bacterio-+-logia, ou do fr. bactériologie, «id.»)

bacteriológico adj. relativo ou pertencente à bacteriologia (De bacteriologia+-ico, ou do fr. bactériologique, «id.»)

bacteriologista adj.,n.2g. que ou indivíduo que se dedica ao estudo da bacteriologia; bacteriólogo (Do fr. bactériologiste, «id.»)

bacteriólogo n.m. indivíduo conhecedor dos assuntos da bacteriologia; bacteriologista (De bacterio-+-logo)

bacterioscopia n.f. observação ou pesquisa de bactérias (Do gr. baktēría, «vara» +skopeîn, «observar» +-ia)

bacteriose n.f. MEDICINA doença produzida por bactérias (De bacteri-+-ose)

bacteriostático adj.,n.m. MEDICINA que ou substância que impede o desenvolvimento das bactérias (Do fr. bactériostatique, «id.»)

bacterioterapia n.f. MEDICINA aplicação de bactérias cultivadas na cura ou prevenção de certas doenças (De bacterio-+terapia)

bacteriúria n.f. MEDICINA presença de bactérias na urina, em quantidade anormal (De bacteri-+-úria)

baculífero adj. diz-se do vegetal cuja parte caulinar é resistente, e que pode servir como báculo ou bengala (Do lat. bacŭlu-, «bastão» +-fero, de ferre, «trazer»)

baculiforme adj.2g. em forma de báculo ou bastão (Do lat. bacŭlu-, «bastão» +forma-, «forma»)

baculino adj. relativo a báculo (De báculo+-ino)

báculo n.m. 1 bordão alto, geralmente com a extremidade superior em arco, usado em cerimónias litúrgicas pelos bispos e por alguns abades conventuais, como sinal da sua jurisdição 2 [fig.] amparo (Do lat. bacŭlu-, «bastão»)

baculometria n.f. medição por meio de uma vara graduada (Do lat. bacŭlu-, «bastão»+gr. métron, «medida» +-ia)

bacurau n.m. [Brasil] ⇒ **urutau** (Do tupi waku'rawa, «id.»)

badagaio n.m. 1 [coloq.] perda dos sentidos; desmaio 2 [coloq.] ataque nervoso 3 [coloq.] ataque cardíaco; **dar o ~ a** [coloq.] 1 desmaiar; 2 deixar de funcionar; avariar (De orig. obsc.)

badala n.f. mulher tagarela e indiscreta; mexeriqueira (Deriv. regr. de badalar)

badalada n.f. 1 pancada do badalo 2 [pop.] palavreado balofo (Part. pass. fem. subst. de badalar)

badalado adj. [coloq.] muito comentado; muito divulgado (Part. pass. de badalar)

badalão n.m. indivíduo que fala muito e não tem juízo (De badalar+-ão)

badalar v.intr. 1 soar através de badaladas 2 [fig.] falar muito; ser linguareiro; ser indiscreto ■ v.tr. 1 fazer soar (sino, campainha, chocalho, etc.) 2 [coloq.] dar a conhecer indiscretamente; mexericar 3 [coloq.] exibir (De badalo+-ar)

badaleira n.f. 1 argola a que está preso o badalo 2 [fig.] mulher tagarela e indiscreta; mexeriqueira (De badaleiro)

badaleiro n.m. indivíduo tagarela e indiscreto (De badalar+-eiro)

badalejar v.intr. 1 ⇒ **badalar** v.intr. 2 [fig.] bater os dentes com frio ou medo (De badalo+-ejar)

badalhoca n.f. 1 pedaço de lama que se pega à parte inferior do vestido 2 excremento pendente da lã ou dos pelos das pernas das ovelhas e de outros animais (De badalo+-oca)

badalhocar v.tr. [depr.] sujar; emporcalhar; enodoar (De badalhoca+-ar)

badalhoco /ô/ adj. 1 [depr.] sujo; imundo; porco 2 [depr.] obsceno; grosseiro (De badalhoca)

badalo n.m. 1 peça metálica suspensa por uma argola no interior do sino, sineta ou campainha, que, quando estes são agitados, bate nas suas paredes para os fazer soar 2 [fig.] língua; **dar ao ~** falar de mais, tagarelar, ser indiscreto (Do lat. vulg. *bat(u)acŭlu-, deriv. de battuĕre, «bater»)

badame n.m. ⇒ **bedame** (De bedame)

badameco n.m. 1 [pop.] rapaz atrevido 2 [pej.] indivíduo sem importância 3 [ant.] antiga pasta escolar (Do lat. vade mecum, «vai comigo; pasta escolar»)

badana n.f. 1 parte extrema e delgada dos couros 2 ovelha muito velha e magra, ou a sua carne 3 parte estreita, comprida e pendente de uma peça de vestuário 4 cada uma das partes da capa de uma brochura que dobram para dentro; orelha 5 [pop.] barbatana,

especialmente de bacalhau ■ *n.2g.* [fig.] pacóvio (Do ár. *bitāna*, «forro de vestuário»)
badanagem *n.f.* agrupamento de badanos ou de pacóvios (De *badano+-agem*)
badanal *n.m.* 1 confusão; balbúrdia 2 lufa-lufa (Do hebr. *beadonay*, do Salmo 117, 26, «id.»)
badanar *v.intr.* 1 mover-se frouxamente 2 abanar 3 tremer (De *badana+-ar*)
badano *n.m.* 1 cavalo velho e magro 2 medricas que se arma em valente 3 ⇒ **badana** (De *badana*)
badante *adj.2g.* [regionalismo] diz-se da obra de alvenaria inclinada para dentro
badejo /ê/ *n.m.* 1 ICTIOLOGIA peixe teleósteo da família dos Gadídeos e do mesmo género a que pertence o bacalhau, com o qual é muitas vezes confundido 2 [Brasil] designação comum a vários peixes teleósteos, comestíveis, da família dos Serranídeos (Do cast. *abadejo*, «id.», peixe do mar das Antilhas)
baderna *n.f.* 1 NÁUTICA cabo delgado para fixar os colhedores quando se aperta a enxárcia 2 [fig., pej.] pessoa sem préstimo devido à idade avançada ou por falta de saúde 3 coisa muito usada 4 [colog.] pândega; farra 5 [Brasil] grupo de vadios 6 [Brasil] desordem; confusão (Do gr. *ptérna*, «talo; calcanhar; parte inferior do mastro», pelo it. ou cast. *baderna*, «cordame velho»?)
badiana *n.f.* 1 BOTÂNICA árvore da família das Magnoliáceas, que produz um fruto aromático, utilizado em medicina e perfumaria, e conhecido por anis-estrelado 2 fruto desta planta (Do pers. *bádián*, «anis»)
badião *n.m.* ICTIOLOGIA nome vulgar de um peixe teleósteo, da família dos Gadídeos, que aparece em Portugal e é também conhecido por barbaísco (De *bodião?*)
badil *n.m.* [regionalismo] pá para remover o lume ou a cinza (Do lat. *batīle-*, por *batillu-*, «pá para brasas»)
badine *n.f.* chibata; varinha; vara delgada; bengalinha (Do fr. *badine*, «id.»)
badio *n.m.* [Cabo Verde] camponês do interior da ilha de Santiago que manteve um certo grau de diferenciação cultural nos costumes, no folclore, na religião e na língua (Do crioulo *badiu*, «id.», de *vadio*)
badminton *n.m.* DESPORTO jogo que se pratica com raquetes apropriadas, de cabo fino e comprido, e um volante, que é lançado por cima de uma rede, não devendo tocar no chão (Do ing. *badminton*, «id.»)
badmínton *n.m.* ⇒ **badminton**
badulaque *n.m.* 1 guisado de fígado e bofes em bocados pequenos; bazulaque 2 *pl.* [Brasil] trastes sem valor (Do cast. *badulaque*, «cosmético»?)
baeta /ê/ *n.f.* 1 pano de lã felpudo não pisoado 2 pano com que se costumam agasalhar as crianças recém-nascidas (Do lat. *badĭu-*, «baio; trigueiro», pelo ant. picardo *bayette*, «pano castanho»)
baetão *n.m.* 1 baeta grossa 2 cobertor ou colcha de lã grossa (De *baeta+-ão*)
baetilha *n.f.* 1 baeta fina 2 espécie de flanela de algodão (De *baeta+-ilha*)
bafafá *n.m.* 1 [Brasil] [coloq.] discussão; zaragata 2 [Brasil] [coloq.] tumulto; confusão (De orig. onom.)
bafagem *n.f.* 1 ato de bafejar 2 sopro brando 3 aragem 4 brisa 5 [fig.] alento 6 [fig.] inspiração (De *bafo* ou *bafar+-agem*)
bafar *v.intr.* 1 expelir o bafo 2 ofegar (De *bafo+-ar*)
bafareira *n.f.* parte superior da serpentina de alguns alambiques (De *bafar+-eira*)
bafari *n.m.* ORNITOLOGIA ⇒ **tagarote** 1 (Do ár. *bahrí*, «marítimo»)
bafejador *adj.,n.m.* que ou aquele que bafeja (De *bafejar+-dor*)
bafejante *adj.2g.* que bafeja (De *bafejar+-ante*)
bafejar *v.tr.* 1 aquecer com bafo; exalar bafo sobre 2 soprar brandamente sobre 3 [fig.] dar estímulo; incentivar 4 [fig.] auxiliar; favorecer 5 [fig.] acariciar ■ *v.intr.* exalar bafo (De *bafo+-ejar*)
bafejo /ê/ *n.m.* 1 ato ou efeito de bafejar 2 ar expelido pela boca; sopro; bafo 3 [fig.] auxílio; proteção (Deriv. regr. de *bafejar*)
bafiento *adj.* 1 que cheira a bafio 2 abafado (De *bafio+-ento*)
bafio[1] *n.m.* 1 cheiro peculiar dos objetos húmidos não arejados; mofo 2 bolor (De *bafo+-io*)
bafio[2] *n.m.* [Cabo Verde] alimento suficiente; sustento (Do crioulo cabo-verdiano *bofiu*, «idem», de *abafar*)
bafo[1] *n.m.* 1 ar expirado pela boca; hálito 2 sopro brando 3 [fig.] favor; patrocínio 4 [fig.] inspiração 5 [fig.] carinho 6 [Angola] ralhete 7 [Angola] som emitido por um aparelho (De origem onomatopeica)
bafo[2] *n.m.* [Moçambique] banho de estufa (Do ronga *bafu*, «banheira»)
bafómetro *n.m.* [Brasil] [coloq.] ⇒ **alcoolímetro** (De *bafo+-metro*)

baforada *n.f.* 1 bafo forte 2 sopro de fumo de cigarro, charuto, etc. 3 hálito malcheiroso 4 sopro forte de vento 5 [fig.] alarde; espalhafato (Part. pass. fem. subst. de *baforar*)
baforar *v.intr.* 1 expelir bafo; expelir baforadas 2 arrotar 3 [fig.] gabar-se (De *bafo+r+-ar*)
bafordo /ô/ *n.m.* 1 sapal 2 terreno alagadiço (Do germ. *bihurdan*, «entaipar»)
baforeira[1] *n.f.* 1 BOTÂNICA árvore, da família das Moráceas, que produz figos não comestíveis, conhecida também por figueira-brava 2 BOTÂNICA variedade de figueira que dá figos comestíveis, também chamada figueira-de-tocar (Do lat. *bifararĭa-*, de *bifĕra-*, «bêbera»)
baforeira[2] *n.f.* ⇒ **baforada** (De *baforar+-eira*)
baforeiro *adj.* relativo a baforeira (De *baforar+-eiro*)
bafum *n.m.* 1 [regionalismo] mau cheiro 2 [regionalismo] bafio (De *bafo+-um*)
bafurdar *v.intr.* revolver-se na água (De *chafurdar*?)
bafureira *n.f.* (planta) ⇒ **rícino** (De **bafura*, por *mafura+-eira*)
baga[1] *n.f.* 1 BOTÂNICA fruto indeiscente, com mesocarpo carnudo e endocarpo não endurecido, geralmente comestível 2 BOTÂNICA variedade de videira cujas uvas são muito utilizadas na vinicultura 3 [fig.] gota; pingo (Do lat. *baca-*, «baga»)
baga[2] *n.f.* pequena embarcação do arquipélago malaio (Do mal. *bágan*, «barco de passagem»)
baga[3] *n.f.* [São Tomé e Príncipe] panela de barro (Do forro *baga*, «id.»)
bagabaga *n.f.* [Guiné-Bissau] ZOOLOGIA térmite; formiga branca (Do crioulo *baga-baga*, «id.», redobro a partir do bambara *baga* e do mandinga *baaba*)
bagaçada *n.f.* 1 [Brasil] porção de coisas sem préstimo 2 [Brasil] montão de cacarecos (De *bagaço+-ada*)
bagaçal *n.m.* quantidade de bagos caídos e pisados; bagoeira (De *bagaço+-al*)
bagaceira *n.f.* 1 lugar ou tulha onde se junta o bagaço 2 aguardente do bagaço da uva 3 [Brasil] monte de lenha 4 [fig.] palavreado ■ *adj.* designativo da aguardente do bagaço da uva (De *bagaço+-eira*)
bagaceiro *adj.* 1 relativo a bagaço 2 que come bagaço (resíduo) ■ *n.m.* 1 indivíduo que acarreta o bagaço 2 [Brasil] lugar onde se junta o bagaço da cana-de-açúcar 3 [fig.] mandrião (De *bagaço+-eiro*)
bagaço *n.m.* 1 resíduo de alguns frutos, caules ou colmos, depois de pisados e espremidos, como o de uva, o de azeitona, o de cana-de-açúcar, etc. 2 (aguardente) ⇒ **bagaceira** 2 3 [fig.] dinheiro (De *baga+-aço*)
bagada *n.f.* 1 porção grande de bagos ou pingos 2 *pl.* lágrimas grossas (De *bago+-ada*)
bagado *adj.* 1 que tem muitos bagos ou bagas 2 diz-se do cereal grado na espiga (De *baga* ou *bago+-ado*)
bagageira *n.f.* 1 compartimento de um veículo destinado à arrumação da bagagem; mala 2 quantia que se abona para transporte de bagagens (De *bagagem+-eira*)
bagageiro *n.m.* 1 condutor de bagagens 2 o que, no Alentejo, leva a comida aos trabalhadores 3 [Brasil] estrutura metálica instalada sobre o tejadilho de carros e autocarros para transportar bagagens ■ *adj.* 1 designativo do comboio que transporta mercadorias 2 diz-se, no Brasil, do cavalo que é o último a chegar à meta (De *bagagem+-eiro*)
bagagem *n.f.* 1 conjunto de malas e bens pessoais que uma pessoa leva consigo (ou despacha) em viagem 2 [fig.] conjunto de conhecimentos sobre determinada área; saber 3 [fig.] conjunto de obras de um autor; *fugir com armas e bagagens* desaparecer levando consigo tudo o que se tem (Do fr. *bagage*, «id.»)
bagagista *n.2g.* pessoa que cuida de bagagens (De *bagagem+-ista*)
bagalhão *n.m.* bago grande (De *bago+-alho+-ão*)
bagalho *n.m.* 1 [regionalismo] designação dos bagos da romã 2 [pop.] dinheiro (De *bago+-alho*)
bagalhoça *n.f.* 1 [pop.] dinheiro 2 riqueza (De *bagalho+-oça*)
bagalhudo *adj.* 1 [pop.] que tem bagalhoça 2 rico (De *bagalho+-udo*)
baganda *n.2g.* pessoa ordinária e desordeira
baganha *n.f.* 1 BOTÂNICA película que envolve algumas sementes 2 casulo de linho 3 bagaço da azeitona 4 grainha da uva 5 BOTÂNICA ⇒ **uva-de-cão** 1 (De *bago+-anha*)
baganho *n.m.* BOTÂNICA ⇒ **uva-de-cão** (De *bago+-anho*)
bagar *v.intr.* criar baga graúda (De *baga+-ar*)

bagatela

bagatela[1] *n.f.* 1 coisa de pouco valor 2 coisa sem importância; ninharia; insignificância 3 tabuleiro do chamado bilhar chinês (Do italiano *bagattella*, «ninharia; insignificância»)

bagatela[2] *n.f.* [São Tomé e Príncipe] panela de barro em que se cozem os alimentos em fogo brando (Do forro *baga*, «panela»)

bagateleiro *n.m.* o que se prende com bagatelas (De *bagatela*+ -*eiro*)

bago *n.m.* 1 fruto da videira; uva 2 qualquer pequeno fruto suculento que lembre a uva 3 designação de alguns grãos (frutos), como os do trigo, por exemplo 4 grânulo esférico 5 [coloq.] dinheiro (De *baga*)

bagoado *adj.* com forma de bago (De *bago*+-*ado*)

bagocho /ô/ *n.m.* [regionalismo] pedaço de trapo ou papel sobre o qual se enrola o fio para formar o novelo (De *bago*+-*ocho*, por -*ucho*)

bagoeira *n.f.* lugar coalhado de bagos de uva caídos; bagaçal (De *bago*+-*eira*)

bagoinha *n.f.* doença da vinha que dá origem a bagos de tamanhos irregulares sendo alguns diminutos (De *bago*+-*inha*)

bagre *n.m.* ICTIOLOGIA designação comum a vários peixes teleósteos, marinhos ou de água doce, que vivem no fundo dos rios ou dos mares (De orig. obsc.)

baguari *adj.2g.* [Brasil] vagaroso; corpulento

bagudo *adj.* que tem bagos grandes ■ *n.m.* [pop.] feijão tenro, ainda por secar (De *bago*+-*udo*)

baguete *n.f.* 1 tira de madeira comprida, usada em ornamentos 2 régua com uma ranhura longitudinal para pendurar cartazes 3 pão comprido e fino, de origem francesa 4 formato de lapidação de diamante, com facetas paralelas (Do fr. *baguette*)

baguiche *n.m.* 1 [Guiné-Bissau] BOTÂNICA planta malvácea cujas folhas, ácidas, são comestíveis 2 [Guiné-Bissau] CULINÁRIA esparregado preparado com essas folhas, quiabo e beringela (Do crioulo guineense *bagíce* ou *baguitchi*, «id.»)

baguim *n.m.* variedade de pera pequena, muito sumarenta e agradável (De *bago*+-*im*)

bagulhado *adj.* que tem muito bagulho (De *bagulho*+-*ado*)

bagulhento *adj.* ⇒ **bagulhado** (De *bagulho*+-*ento*)

bagulho *n.m.* 1 semente de uva; grainha 2 [regionalismo] (Douro) conjunto de bagos pisados 3 [regionalismo] (Trás-os-Montes) bago da romã 4 [Índia] caroço de tamarindo 5 [Brasil] coisa sem valor 6 [Brasil] droga (De *bago*+-*ulho*)

bagulhoso /ô/ *adj.* ⇒ **bagulhado** (De *bagulho*+-*oso*)

bagunça *n.f.* 1 [Brasil] máquina de remover aterro 2 [Brasil] confusão; desordem (Formação expressiva)

bagunçar *v.tr.,intr.* [Brasil] [coloq.] provocar desordem (em); criar confusão (em) (De *bagunça*, de orig. expressiva,+-*ar*)

bagunceiro *n.m.* [Brasil] indivíduo que provoca confusão ■ *adj.* [Brasil] desordeiro (De *bagunça*, de orig. expressiva+-*eiro*)

baht *n.m.* unidade monetária da Tailândia

baia[1] *n.f.* tábua ou barrote que separa os cavalos nas cavalariças (Do quimb. *baia*, forma abreviada de *ribaia*, «tábua»)

baia[2] *n.f.* mulher morena (De *baio*)

baía *n.f.* GEOGRAFIA reentrância da costa, geralmente entre dois cabos, de forma semicircular e de tamanho intermédio entre o golfo e a enseada (Do lat. *baïa*-, «porto pequeno», pelo fr. *baie*, «baía»)

baiacu *n.m.* ICTIOLOGIA nome vulgar extensivo a alguns peixes teleósteos das regiões equatoriais (Do tupi *baya'ku*, «id.»)

baiana *n.f.* 1 [Brasil] capa de couro que cobre a sela e onde se leva roupa e outros objetos 2 mulher natural do estado brasileiro da Baía (De *baiano*)

baião *n.m.* dança popular brasileira (De *Baía*, top. +-*ão*)

baiar[1] *v.intr.* [Brasil] dançar; bailar (Por *bailar*)

baiar[2] *v.tr.* [São Tomé e Príncipe] fazer feitiço contra alguém (Do forro *baiar*, de *baia*, «separação»)

baicar *v.intr.* [Angola] morrer (Do quimb. *kubaika*, «id.»)

baiete *interj.* [Moçambique] (saudação a um superior) viva!; salve!; obrigado!

baila *n.f.* 1 baile; bailado 2 ICTIOLOGIA ⇒ **robalo** 1; *andar/estar na* ~ ser citado, estar em evidência; *chamar à* ~ citar, provocar; *vir à* ~ vir a propósito, ser lembrado na conversa (Deriv. regr. de *bailar*)

bailada *n.f.* 1 ato de bailar 2 baile popular; bailarico 3 dança antiga do povo e de jograis 4 LITERATURA tipo de poesia trovadoresca que se destinava à dança ou que tratava temas relacionados com a dança (Part. pass. fem. subst. de *bailar*)

bailadeira *n.f.* 1 mulher que baila por gosto ou profissão; dançarina 2 ICTIOLOGIA ⇒ **robalo** 1 3 [Índia] ORNITOLOGIA ave com dorso verde ou dourado, uropígio preto e crista vermelha 4 *pl.* [regionalismo] redemoinho de água no Tejo (De *bailar*+-*deira*)

bailado *n.m.* 1 conjunto de movimentos executados de acordo com uma coreografia e ao som da música, geralmente em palco e apresentado num espetáculo 2 qualquer dança (Part. pass. subst. de *bailar*)

bailadoiro *n.m.* ⇒ **bailadouro**

bailador *adj.,n.m.* que ou aquele que baila (De *bailar*+-*dor*)

bailadouro *n.m.* lugar onde se baila (De *bailar*+-*douro*)

bailante *adj.2g.* que baila; dançante ■ *n.2g.* pessoa que baila; bailador (De *bailar*+-*ante*)

bailão *adj.* 1 que gosta de bailar 2 rufião; desordeiro ■ *n.m.* 1 baile grande ou muito bom 2 o que gosta de bailar 3 desordeiro (De *bailar*+-*ão*)

bailar *v.intr.* 1 mover o corpo de maneira ritmada, geralmente ao som da música; dançar 2 oscilar; tremer; balançar ■ *v.tr.* executar, dançando (Do lat. *ballāre*, «bailar»)

bailarico *n.m.* baile popular (De *bailar*+-*ico*)

bailarim *n.m.* ⇒ **bailarino** (De *bailarina*)

bailarina *n.f.* 1 pessoa que tem como profissão dançar; dançarina 2 mulher que dança bem 3 vasilha de forma cónica para aquecer água (Do it. *ballerina*, «id.»)

bailarino *n.m.* 1 pessoa que tem como profissão dançar; dançarino 2 indivíduo que dança bem (De *bailarina*)

bailariqueiro *n.m.* frequentador de bailaricos (De *bailarico*+ -*eiro*)

bailata *n.f.* 1 canção própria para baile 2 bailado (De *baile*+-*ata*)

baile *n.m.* 1 reunião de pessoas para dançar 2 dança 3 [pop.] conflito; *apanhar/levar um* ~ [coloq.] ser gozado, ser alvo de troça, ser totalmente dominado pelo adversário; *dar* ~ *a* [coloq.] fazer pouco de (Deriv. regr. de *bailar*)

bailete /ê/ *n.m.* dança mímica; pantomima (Do fr. *ballet*, «id.», com infl. de *baile*)

bailéu *n.m.* 1 andaime móvel utilizado para construção ou reparação de edifícios 2 obra ressaltada em edifício ou embarcação 3 NÁUTICA pavimento suplementar ou meio pavimento montado entre cobertas ou a meia altura do porão de um navio, destinado a arrumações (Do mal. *bailai*, «estrado alto»)

bailiado *n.m.* dignidade ou área da jurisdição do bailio (De *bailio*+ -*ado*)

bailio *n.m.* 1 magistrado a quem os nobres de uma província confiavam a defesa dos seus bens; balio 2 comendador, nas antigas Ordens; balio 3 ⇒ **bailiado** (Do fr. *bailli*, «governador com funções administrativas e judiciais; homem de confiança»)

bailique *n.m.* 1 quarto na prisão 2 tarimba (De orig. obsc.)

bailomania *n.f.* mania dos bailes (De *baile*+*mania*)

bailomaníaco *adj.* 1 que tem a mania dos bailes 2 bailariqueiro (De *baile*+*maníaco*)

bailundo *adj.* relativo ou pertencente aos Bailundos ■ *n.m.* 1 indivíduo dos Bailundos 2 dialeto falado pelos Bailundos

Bailundos *n.m.pl.* ETNOGRAFIA povo banto, do grupo umbundo, instalado no planalto central de Angola (Do umbundo *Mbalundu*, «id.»)

bainha *n.f.* 1 estojo de metal ou couro onde se mete a lâmina de uma arma branca 2 costura dobrada na extremidade do tecido 3 ANATOMIA membrana que envolve certos órgãos 4 BOTÂNICA parte basilar de uma folha vegetal que envolve total ou parcialmente o caule 5 BOTÂNICA vagem de legume (Do lat. *vagĭna*-, «id.»)

bainhar *v.tr.* 1 fazer bainhas em 2 abainhar 3 embainhar (De *bainha*+-*ar*)

bainharia *n.f.* 1 antiga oficina onde se fabricavam bainhas para armas brancas 2 rua ou bairro de bainheiros (De *bainha*+-*aria*)

bainheiro *n.m.* indivíduo que fabrica bainhas para armas brancas (De *bainha*+-*eiro*)

baio *adj.* 1 diz-se daquilo que tem uma cor de ouro-mate ou amarelo-torrado 2 muito trigueiro; amulatado 3 designativo do cavalo cuja pelagem apresenta tonalidade de cor amarela (dourada ou acastanhada); zebrum (Do lat. *badĭu*-, «baio»)

baionesa /ê/ *n.f.* 1 BOTÂNICA variedade de macieira; ceboleira 2 maçã grande, doce e perfumada, produzida por esta macieira; ceboleira (De *Baiona*, top., cidade francesa, +-*esa*)

baioneta /ê/ *n.f.* arma que consiste numa lâmina pontiaguda que se adapta à extremidade do cano da espingarda, para o combate corpo a corpo; *de* ~ *calada* com a baioneta armada e em posição de ataque (Do fr. *baïonnette*, «id.», de *Baiona*, cidade do Sudoeste da França, onde se fabricava esta arma)

baionetada *n.f.* golpe de baioneta (De *baioneta*+-*ada*)

Baiotes *n.m.pl.* ETNOGRAFIA povo da Guiné-Bissau, do litoral ao norte da ria de Cacheu, e que constitui um dos ramos dos Felupes (Do felupe *Baioti*, etn.)

bairradino *adj.* relativo à Bairrada, região portuguesa da Beira Litoral ∎ *n.m.* natural da região da Bairrada (De *Bairrada*, top. +*-ino*)

bairrismo *n.m.* apego excessivo de uma pessoa ao seu bairro, à sua região ou terra natal, que a leva a sobrevalorizá-los em relação a outros; qualidade de bairrista (De *bairro*+*-ismo*)

bairrista *adj.,n.2g.* 1 que ou pessoa que frequenta ou habita um bairro 2 que ou a pessoa que é amiga do seu bairro ou da sua terra 3 que ou a pessoa que valoriza sempre o seu bairro ou a sua terra natal sobre os outros (De *bairro*+*-ista*)

bairro *n.m.* 1 aglomerado de habitações homogéneas e com características próprias dentro de uma povoação 2 conjunto de pessoas que habita nesse aglomerado de habitações 3 área administrativa ou fiscal em que se dividem algumas cidades (Do ár. *barrî*, «exterior»)

bairro-de-lata ver nova grafia bairro de lata

bairro de lata *n.m.* aglomerado de casas pobres, sem infraestruturas fundamentais, normalmente habitado por pessoas carenciadas e localizado na periferia de centros urbanos

baita *adj.2g.* 1 [Brasil] grande, enorme 2 [Brasil] crescido, desenvolvido (De orig. obsc.)

baitaca *n.m.* [Brasil] ⇒ **maitaca** (Do tupi *mba'e 'taka*, «coisa ruidosa»)

baiuca *n.f.* 1 casa pequena e miserável 2 taberna (Do cast. *bayuca*, «id.»)

baiuqueiro *adj.* 1 relativo a baiuca 2 que tem, frequenta ou habita em baiuca (De *baiuca*+*-eiro*)

baixa *n.f.* 1 diminuição de altura; abaixamento 2 depressão do terreno 3 lugar baixo; fundo de um vale 4 parte baixa de uma cidade que é normalmente o centro administrativo ou comercial 5 situação de impossibilidade temporária para o trabalho reconhecida pelos serviços médicos 6 MILITAR dispensa definitiva ou temporária de serviço 7 diminuição de preço ou valor; redução; queda 8 entrada em hospital para tratamento 9 isenção judicial de culpa 10 METEOROLOGIA zona onde se verifica queda da pressão atmosférica 11 [fig.] situação de declínio; decadência; enfraquecimento 12 pessoa que é vítima de uma situação de conflito armado, catástrofe natural ou acidente; *dar ~ a* licenciar, eliminar (nota de culpa, de débito, etc.); *dar ~ de* registar a saída de (produto, documento, etc.), tomar nota de (De *baixo*)

baixada *n.f.* 1 terreno baixo junto de uma lomba 2 ladeira 3 descida 4 fio de ligação elétrica entre um cabo de rede aérea e o local de utilização (Part. pass. fem. subst. de *baixar*)

baixa-mar *n.f.* nível mais baixo atingido pelas águas dos mares nas marés; maré baixa; vazante

baixante *n.f.* [regionalismo] a parede inclinada de uma chaminé (De *baixar*+*-ante*)

baixão¹ *n.m.* MÚSICA antigo instrumento de sopro de palheta dupla, muito utilizado na música do Renascimento (Do italiano *bassone*, «instrumento que dá notas graves, baixas»)

baixão² *adj.* [Cabo Verde] muito baixo; *fazer baixão* cantar em tom muito baixo (De *baixo*+*-ão*)

baixar *v.tr.* 1 pôr baixo ou em baixo 2 fazer descer 3 diminuir a altura de 4 inclinar para a terra; curvar 5 diminuir a força ou a intensidade de (voz, som) 6 diminuir (preço) ∎ *v.intr.* 1 diminuir de altura; descer 2 perder o prestígio 3 (aviso, ordem) ser expedido 4 diminuir de valor ou preço 5 DIREITO (processo) ser remetido de um tribunal superior para um tribunal inferior ∎ *v.pron.* 1 curvar-se 2 [fig.] humilhar-se; submeter-se; aviltar-se; *~ a grimpa* submeter-se; *~ à sepultura* ser sepultado (Do lat. tard. **bassiāre*, de *bassu-*, «baixo»)

baixaria *n.f.* 1 [Brasil] ⇒ **baixeza** 2 [Brasil] ação mesquinha, vil

baixel *n.m.* embarcação 2 pequeno navio (Do cast. *vaixell*, do lat. *vascellu-*, dim. de *vascŭlu-*, «vasinho»)

baixela *n.f.* 1 conjunto de utensílios próprios para o serviço de mesa 2 objetos litúrgicos utilizados no culto divino (Do fr. *vaisselle*, «id.», do lat. pop. *vascella*, pl. de *vascellu-*, «vasinho»)

baixete /ê/ *n.m.* 1 banco chanfrado sobre que assentam as pipas 2 malhal 3 banco de tanoeiro (De *baixo*+*-ete*)

baixeza /ê/ *n.f.* 1 qualidade do que é ou está abaixo; inferioridade 2 [fig.] atitude incorreta; ato vil; indignidade; vileza (De *baixo*+*-eza*)

baixia *n.f.* 1 extensão de mar pouco profunda, perigosa para a navegação 2 baixa-mar 3 ⇒ **baixio**

baixinho *adv.* 1 (som) com pouco volume; pouco intenso 2 em segredo ∎ *adj.* muito baixo (De *baixo*+*-inho*)

baixio *n.m.* 1 banco de areia 2 rochedo sob a água, a pouca profundidade, perigoso para a navegação 3 [fig.] obstáculo; revés (De *baixo*+*-io*)

baixista *n.2g.* 1 MÚSICA pessoa que toca um instrumento de corda chamado baixo 2 pessoa que joga na bolsa quando o mercado está em baixa 3 pessoa que provoca ou visa provocar a baixa na bolsa de valores (De *baixa* ou *baixo*+*-ista*)

baixo *adj.* 1 que tem pouca altura 2 de pequena estatura 3 pouco fundo 4 dirigido ou inclinado para o chão 5 que está num nível inferior ao normal 6 diz-se do som que se ouve mal; fraco 7 que custa ou vale pouco; barato 8 de qualidade inferior; ordinário 9 situado ao sul 10 desfavorecido (do ponto de vista económico ou social) 11 [fig.] desprezível; reles; grosseiro ∎ *n.m.* 1 parte inferior de um objeto ou de um lugar 2 cavidade pouco funda; depressão 3 parte exterior e submersa do navio 4 MÚSICA elemento mais grave de uma família de instrumentos 5 MÚSICA registo mais grave da voz masculina 6 MÚSICA nota mais grave de um acorde 7 MÚSICA tessitura grave da altura musical 8 *pl.* compartimentos inferiores de uma casa ou do andar de baixo de um prédio; rés do chão ∎ *adv.* 1 em lugar pouco elevado 2 em voz baixa 3 em tom grave; *altos e baixos* [fig.] bem-estar e mal-estar, felicidade e infelicidade, alegria e tristeza, situação boa e situação má; *dar para ~* desanimar; *de ~* de um nível inferior; *estar em ~* estar em decadência, estar desanimado, estar abatido (Do lat. vulg. *bassu-*, «baixo»)

baixo-alemão *n.m.* língua alemã falada no Norte da Alemanha

baixo-astral *n.m.* 1 [Brasil] mau humor 2 [Brasil] depressão ∎ *adj.inv.* 1 [Brasil] mal-humorado; infeliz 2 [Brasil] depressivo; desagradável

baixo-bretão *adj.* relativo à Baixa Bretanha ∎ *n.m.* 1 pessoa natural dessa região 2 LINGUÍSTICA língua de origem céltica falada nessa região

baixo-império *n.m.* 1 época da decadência do Império Romano 2 [fig.] sociedade corrupta 3 desmoralização (De *Baixo Império*)

baixo-latim *n.m.* língua latina que se falava após a queda do Império Romano

baixo-relevo *n.m.* escultura sobre um fundo em que as figuras não sobressaem em todo o seu vulto

baixote *adj.* um tanto baixo (De *baixo*+*-ote*)

baixo-ventre *n.m.* a parte inferior do abdómen

baixura *n.f.* 1 lugar baixo 2 [fig.] baixeza (De *baixo*+*-ura*)

bajoujar *v.tr.* 1 lisonjear com termos demasiado afetuosos; adular 2 dar mimo a; amimar 3 obedecer cegamente a (Do lat. *baiolāre*, por *bajulāre*, «carregar às costas»)

bajoujice *n.f.* 1 ação ou qualidade de bajoujo 2 parvoíce 3 toleima (De *bajoujar*+*-ice*)

bajoujo *adj.,n.m.* 1 que ou aquele que bajouja; adulador; lamecha 2 enamorado; baboso 3 parvo (Deriv. regr. de *bajoujar*)

bajuda *n.f.* 1 [Guiné-Bissau] rapariga virgem 2 [Guiné-Bissau] rapariga solteira (Do crioulo *ba*, «as que» +*juda*, «ajudar», referência ao papel social da rapariga)

bajudeza *n.f.* 1 [Guiné-Bissau] (raparigas) virgindade 2 [Guiné-Bissau] (raparigas) juventude (Do crioulo *badjudesa*, de *bajuda*+*-esa*)

bajulação *n.f.* ação ou efeito de bajular; elogios exagerados e falsos, geralmente com o fim de obter algo em troca; lisonja interesseira; bajulice (De *bajular*+*-ção*)

bajulador *adj.,n.m.* que ou aquele que bajula (De *bajular*+*-dor*)

bajular *v.tr.* elogiar em excesso, geralmente com o fim de obter algo em troca; adular; lisonjear (Do lat. *bajulāre*, «carregar às costas»)

bajulatório *adj.* que encerra bajulação; lisonjeiro (De *bajular*+*-tório*)

bajulice *n.f.* ⇒ **bajulação** (De *bajular*+*-ice*)

bala¹ *n.f.* 1 projétil metálico, esférico ou alongado, próprio para ser disparado por arma de fogo 2 [Brasil] rebuçado (doce) (Do fr. *balle*, «id.», do it. *palla*, «bola de jogar; bala»)

bala² *n.f.* 1 fardo de mercadorias; pacote 2 tubérculo seco de mandioca para se fazer o infunde 3 [fig.] censura por escrito 4 pedido de dinheiro 5 desgosto 6 prejuízo (Do fr. *balle*, «pacote grande»)

balache *n.m.* 1 espécie de pedra preciosa, cor de vinho clarete 2 variedade de espinela (Do pers. *balakhxí*)

balaço *n.m.* ⇒ **balázio** (De *bala*+*-aço*)

balada *n.f.* 1 LITERATURA poesia narrativa de lendas e tradições, originária dos povos do Norte da Europa 2 LITERATURA poema composto por três estrofes de 8 ou 10 versos, que finalizam com o mesmo refrão e com uma dedicatória 3 MÚSICA canção antiga de estrutura simples e conteúdo narrativo, em estilo popular 4 MÚSICA canção de cariz sentimental, em ritmo lento 5 MÚSICA peça para piano (Do prov. ant. *ballada*, «id.», pelo fr. *ballade*, «canção acompanhada de dança»)

balado¹ *n.m.* ⇒ **balido** (Particípio passado substantivado de *balar*)

balado² *adj.* [Angola, São Tomé e Príncipe] que tem muitos bens; endinheirado (De *bala*, «dinheiro» +*-ado*)

balador¹ *adj.* que dá balidos (De *balar*+*-dor*)

balador

balador[2] *n.m.* BOTÂNICA árvore oriental, da família das Anacardiáceas, também conhecida por fava-de-malaca e anacardo (De orig. obsc.)

balafom *n.m.* [Guiné-Bissau] MÚSICA instrumento composto por barras de madeira graduadas em escala, ligadas a cabaças e percutidas com dois paus (Do crioulo *balafô*, a partir do mandinga *bala balafon* «id.»)

balaiada *n.f.* conteúdo de um balaio (De *balaio+-ada*)

balaio *n.m.* 1 cesto oval feito de palhinha, verga ou correias para usos rurais 2 [Brasil] dança semelhante ao fandango 3 [Brasil] nádegas (Do bret. *balai*, «giesta», pelo fr. *balai*, «vassoura»)

balalaica *n.f.* 1 MÚSICA instrumento musical, triangular, de três cordas dedilhadas, muito usado na Rússia 2 peça de vestuário masculino, tipo blusão (Do tártaro *balalaika*, pelo fr. *balalaïka*, «espécie de alaúde»)

balalão *n.m.* 1 expressão infantil que se usa para imitar o badalar dos sinos 2 pau comprido a que se prende o animal que move a mó do lagar de azeite 3 jogo infantil (De orig. onom.)

balame *n.m.* monte de balas (De *bala+-ame*)

balança *n.f.* 1 instrumento com que se determina a massa e o peso dos corpos 2 símbolo da Justiça 3 [fig.] equilíbrio; ponderação 4 [fig.] critério; justiça 5 [com maiúscula] ASTRONOMIA sétima constelação do zodíaco situada no hemisfério sul, com quatro estrelas, das quais a α é dupla e a β é a única esverdeada visível à vista desarmada, também conhecida por Libra 6 [com maiúscula] ASTROLOGIA sétimo signo do zodíaco, de 23 de setembro a 22 de outubro; Libra; ~ *comercial* ECONOMIA registo contabilístico das exportações e importações de mercadorias de um país durante determinado período de tempo; ~ *de pagamentos* ECONOMIA registo contabilístico de todas as operações efetuadas entre um país e o exterior durante determinado período de tempo (Do lat. **bilancĭa-*, de *bilanx*, «balança de dois pratos», pelo cast. *balanza*, «id.»)

balançar *v.tr.* 1 mover alternadamente de um lado para outro; dar balanço a; fazer oscilar; agitar 2 equilibrar; compensar; contrapesar 3 [fig.] hesitar; vacilar ▪ *v.intr.,pron.* oscilar; baloiçar (De *balança+-ar*)

balancé *n.m.* 1 baloiço 2 prensa para cunhagem, impressão a relevo, a ouro, ou trabalhos semelhantes 3 passo de dança 4 bailarico (Do fr. *balancé*, «agitado», passo de dança)

balanceamento *n.m.* 1 ato ou efeito de balancear ou balancear-se 2 balanço (De *balancear+-mento*)

balancear *v.tr.,intr.,pron.* ⇒ **balançar** (De *balança+-ear*)

balanceiro *n.m.* 1 peça que, em certas máquinas, transmite o movimento a outras peças 2 ZOOLOGIA cada um dos dois órgãos rudimentares que os dípteros possuem atrás das asas 3 indivíduo encarregado de pesagens (De *balança+-eiro*)

balancete /ê/ *n.m.* ECONOMIA documento contabilístico, elaborado normalmente para períodos inferiores a um ano, que se destina a verificar a igualdade dos movimentos a débito e a crédito (De *balanço+-ete*)

balancim *n.m.* 1 peça que transmite o movimento ao maquinismo principal e o regula 2 peça de viatura a que se prendem os tirantes dos animais 3 *pl.* NÁUTICA cabos com que se endireitam as vergas horizontalmente; amantilhos (Do cast. *balancín*, «id.»)

balancista *n.2g.* aferidor de balanças (De *balança+-ista*)

balanco[1] *n.m.* BOTÂNICA nome vulgar de umas plantas herbáceas nocivas, da família das Gramíneas, afins das aveias (De orig. pré-romana)

balanco[2] *n.m.* NÁUTICA embarcação malaia (Do mal. *balang*, «id.»)

balanço[1] *n.m.* 1 ato ou efeito de balançar 2 movimento oscilatório; balanceamento 3 abalo; solavanco 4 NÁUTICA movimento oscilatório de um navio em qualquer direção, provocado pela agitação da água 5 distância entre o apoio e a extremidade de uma consola (Deriv. regr. de *balançar*)

balanço[2] *n.m.* 1 ECONOMIA documento contabilístico que representa a situação patrimonial de uma empresa, dando a conhecer a relação entre o ativo (o que empresa possui) e o passivo (recursos e dívidas) 2 inventário de perdas humanas ou materiais decorrentes de uma catástrofe ou acidente público de grandes dimensões 3 [fig.] exame minucioso; avaliação 4 [fig.] resultado global (Do it. ant. *balancio*, hoje *bilancio*, «balanço; orçamento»)

balandra *n.f.* NÁUTICA embarcação costeira de um só mastro (Do neerl. *bijlander*, «embarcação de transporte», pelo fr. *bélandre*, «id.»)

balandrau *n.m.* 1 capote largo e comprido 2 opa usada por certas irmandades religiosas 3 [fig.] qualquer vestimenta comprida, larga e desajeitada 4 redingote (Do al. ant. *wallender*, «peregrino»)

balan(i)- elemento de formação de palavras que exprime a ideia de *glande, bolota* (Do lat. *balănu-*)

Balânidas *n.m.pl.* ⇒ **Balanídeos**

Balanídeos *n.m.pl.* ZOOLOGIA família de crustáceos cirrípedes a cujo género-tipo pertence o bálano (De *bálano+-ídeos*)

balanífero *adj.* que tem ou produz bolotas (Do lat. *balănu-*, «bolota» +*-fero*, de *ferre*, «trazer; produzir»)

balanite[1] *n.f.* MINERALOGIA pedra preciosa que se assemelha a um topázio muito escuro (Do gr. *balanítes*, «pedra preciosa em forma de glande», pelo lat. *balanīte-*, «id.»)

balanite[2] *n.f.* MEDICINA inflamação da mucosa da glande do pénis (De *bálano+-ite*)

balan(o)- elemento de formação de palavras que exprime a ideia de *bolota, glande* (Do gr. *bálanos*)

bálano *n.m.* 1 ANATOMIA extremidade do pénis; glande 2 ⇒ **bolota** 1 3 ZOOLOGIA crustáceo fixo que cobre os rochedos banhados pela água do mar (Do gr. *bálanos*, «bolota; glande», pelo lat. *balănu-*, «id.»)

balanófago *adj.* que se alimenta de bolotas (Do gr. *bálanos*, «glande» +*phageîn*, «comer»)

balanóforo *adj.* que tem ou produz bolotas; glandífero (Do gr. *balanophóros*, «que produz bolotas»)

balanoide *adj.2g.* semelhante a bolota (Do gr. *balanoeidés*, «que tem forma de bolota»)

balanóide ver nova grafia balanoide

balanorragia *n.f.* hemorragia do bálano inflamado (Do gr. *bálanos*, «glande; bolota» +*rhagé*, «rutura» +*-ia*)

balanquinho *n.m.* BOTÂNICA espécie de balanco também conhecido por rabo-de-galo, espontâneo em Portugal (De *balanco+-inho*)

balanta *adj.2g.* relativo aos Balantas ▪ *n.m.* língua falada pelos Balantas ▪ *n.2g.* indivíduo pertencente aos Balantas

Balantas *n.m.pl.* ETNOGRAFIA povo da Guiné-Bissau, na maioria animista, que vive essencialmente do arroz que cultiva nas bolanhas e do gado bovino que possui (Do crioulo, a partir do mandinga *Balanta*, de *abalanta*, «os que recusam»)

balante *adj.2g.* que dá balidos (De *balar+-ante*)

balantidiano *adj.* ⇒ **balantídico** (De *balantídio+-ano*)

balantidíase *n.f.* ⇒ **balantidiose** (De *balantídio+-ase*)

balantídico *adj.* 1 que diz respeito ao balantídio 2 diz-se da enfermidade intestinal, no homem, provocada por um balantídio (De *balantídio+-ico*)

balantídio *n.m.* ZOOLOGIA termo usado para designar um protozoário, ciliado, parasita de alguns animais (Do gr. *balántion*, «bolsa»)

balantidiose *n.f.* MEDICINA doença também designada por balantidíase, cujo agente produtor é um balantídio (De *balantídio+-ose*)

balão *n.m.* 1 invólucro esférico que se eleva na atmosfera quando cheio de uma substância gasosa menos densa que o ar, podendo transportar pessoas num cesto suspenso; aeróstato 2 invólucro de borracha ou plástico fino que se enche de ar ou de hélio, ficando suspenso por um fio, e que pode ter formas variadas, sendo utilizado como brinquedo ou como objeto decorativo em festas 3 invólucro de papel de seda colorido que sobe na atmosfera quando cheio de ar aquecido por uma mecha e que é lançado geralmente em certas festas populares 4 vaso de vidro de forma globosa, provido de colo mais ou menos comprido, usado correntemente em laboratórios; balão de ensaio 5 DESPORTO (futebol) pontapé forte que projeta a bola a uma grande altura 6 (banda desenhada) espaço, geralmente com formato oval, que contém os diálogos ou pensamentos das personagens 7 copo bojudo, de pé baixo e base alargada, utilizado normalmente para bebidas espirituosas 8 saia com muita roda 9 [coloq.] ⇒ **alcoolímetro** 10 [fig.] boato falso; mentira; ~ *de oxigénio* garrafa de oxigénio para auxiliar a respiração de doentes (Do it. *pallone*, «id.», pelo fr. *ballon*, «id.»)

balão-de-ensaio ver nova grafia balão de ensaio

balão de ensaio *n.m.* 1 AERONÁUTICA, METEOROLOGIA pequeno balão lançado na atmosfera para se determinar a direção dos ventos 2 pequeno recipiente bojudo de vidro, com gargalo estreito, que se utiliza em experiências químicas em laboratórios 3 [fig.] experiência; ensaio

balão-piloto *n.m.* METEOROLOGIA balão que não tem tripulação e cujo objetivo é determinar a intensidade e a direção do vento

balão-sonda *n.m.* METEOROLOGIA balão que não tem tripulação e é usado para estudos meteorológicos, elevando-se geralmente a grande altura

balar *v.intr.* soltar balidos (a ovelha ou o cordeiro) (Do lat. *balāre*, «id.»)

balária *n.f.* BOTÂNICA ⇒ **candelária** 1 (De orig. obsc.)

balastragem *n.f.* operação de balastrar ou assentar balastro (Do fr. *ballastage*, «id.»)

balastrar v.tr. cobrir de balastro (a via-férrea) (De balastro+-ar)
balastreira n.f. 1 pedreira donde se extrai balastro 2 vagoneta própria para o transporte de balastro e de outros materiais para reparação de vias-férreas (De balastro+-eira)
balastreiro n.m. trabalhador que se ocupa da balastragem (De balastro+-eiro)
balastro n.m. 1 empedrado sobre o qual assentam as travessas (chulipas) que suportam os carris nas vias-férreas 2 material colocado no porão de um barco ou no cesto de um aeróstato, para aumentar a sua estabilidade 3 dispositivo eletrónico ou eletromagnético que permite o arranque das lâmpadas fluorescentes e as protege de picos de corrente (Do ing. ballast, «lastro; balastro»)
balata n.f. MÚSICA ⇒ **balada** (Do it. ballata, «id.»)
baláuste n.m. ⇒ **balaústre**
baláustio n.m. BOTÂNICA variedade de baga (fruto), cujas sementes, numerosas e de tegumento carnudo, estão dispostas aos andares, como na romã (Do gr. balaústion, «flor da romãzeira brava», pelo lat. balaustĭu-, «id.»)
balaústo n.m. ⇒ **balaústre**
balaustrada n.f. série de balaústres que formam corrimão ou resguardo (De balaústre+-ada)
balaustrar v.tr. guarnecer de balaústres (De balaústre+-ar)
balaústre n.m. 1 ARQUITETURA coluneto geralmente usado no suporte de corrimões e peitoris 2 parte lateral da voluta do capitel jónico (Do gr. balaústion, «flor da romãzeira brava», pelo lat. balaustŭ-, «balaústre», pelo it. balaustro, «id.»)
balázio n.m. 1 [coloq.] bala grande 2 [coloq.] tiro de bala 3 [coloq.] (futebol) remate com muita força; chuto violento (De bala+-ázio)
balbo adj. gago (Do lat. balbu-, «id.»)
balboa /ô/ n.m. unidade monetária do Panamá (De V. Nuñez de Balboa, antr., conquistador esp., 1475-1517)
balbuciação n.f. ato de balbuciar (De balbuciar+-ção)
balbuciadela n.f. 1 balbuciação que provoca o riso 2 sussurro (De balbuciar+-dela)
balbuciamento n.m. 1 ato de balbuciar 2 balbuciadela 3 defeito de pronúncia (De balbuciar+-mento)
balbuciante adj.2g. 1 que profere de modo imperfeito e com hesitação; que balbucia 2 [fig.] que está no começo; principiante (De balbuciar+-ante)
balbuciar v.tr.,intr. 1 proferir de forma pouco percetível ou com hesitação; gaguejar 2 exprimir(-se) sem conhecimento da matéria (Do lat. *balbutiăre, de balbutīre, «gaguejar; babuciar»)
balbúcie n.f. modo de falar de quem articula as palavras de forma imperfeita e com hesitação; balbucio (Deriv. regr. de balbuciar)
balbuciência n.f. ⇒ **balbúcie** (De balbuciar+-ência)
balbuciente adj.2g. ⇒ **balbuciante**
balbucio n.m. 1 modo de falar de quem articula as palavras de forma imperfeita e com hesitação; balbúcie 2 fase pré-linguística da criança, caracterizada pela emissão de sons mais ou menos articulados, sem significação, e que começa pelos dois meses e meio, sucedendo aos vagidos e precedendo o chilreio; lalação 3 [fig.] início (Deriv. regr. de babuciar)
balbúrdia n.f. 1 vozearia; barulho 2 grande desordem; confusão (Do célt. balbord, «tumulto; desordem»)
balburdiar v.tr.,intr. causar balbúrdia (em) ■ v.tr. confundir (De balbúrdia+-ar)
balça n.f. 1 matagal 2 ramais de coral 3 sebe viva 4 baldio; terra inculta (Do lat. baltĕu-, «cinto; cintura»)
balcânico adj. relativo aos Balcãs (península do sudeste da Europa) (De Balcãs, top.+-ico, ou do fr. balkanique, «id.»)
balcanização n.f. fragmentação de uma região ou de um país em zonas mais pequenas e geralmente hostis entre si 2 divisão; fragmentação (De balcanizar+-ção)
balcanizar v.tr. 1 dividir (região, país) em zonas mais pequenas e geralmente hostis entre si 2 dividir; fragmentar (De Balcãs, top.+-izar)
balcão n.m. 1 ARQUITETURA estrutura saliente no sítio da abertura de uma janela ou porta, rodeada de uma grade ou de balaústres, com parapeito; varanda; sacada 2 numa sala de espetáculos, plataforma saliente, à frente dos camarotes, sobre a plateia 3 móvel de diversos estabelecimentos (lojas, repartições públicas, etc.) que separa os clientes dos funcionários que os atendem e onde, por vezes, se expõe mercadorias 4 móvel comprido em bares, cafés, restaurantes, etc., onde se serve comida e bebidas 5 plataforma de mármore, fórmica, aço inoxidável, etc., geralmente sobre os móveis da cozinha 6 estabelecimento dependente de outro; filial; sucursal (Do it. balcone, «id.», do longobardo balko, «viga»)
balção n.m. ⇒ **balça** (De balça+-ão)

baleeira

balceiro adj. 1 relativo a balça 2 silvestre (De balça+-eiro)
balconing n.m. atividade que consiste em saltar de uma varanda para outra ou de uma varanda para a piscina de um hotel, geralmente praticada por turistas embriagados ou sob o efeito de drogas (Do ing. balconing, «id.»)
balconista n.2g. [Brasil] pessoa que atende os clientes ao balcão de um estabelecimento comercial (De balcão+-ista)
balda n.f. 1 [coloq.] inexistência total de regras ou de ordem; desordem; confusão 2 [coloq.] fuga ao trabalho ou às responsabilidades 3 defeito habitual; mania 4 (jogo de cartas) carta que se coloca de lado, por não ter valor para o parceiro ou para o jogo; descarte; *à ~ à* toa, desordenadamente (Deriv. regr. de baldar)
baldada n.f. porção de líquido contida num balde (De balde+-ada)
baldão n.m. 1 contrariedade 2 trabalho frustrado 3 onda grande 4 obscenidade; impropério; *andar aos baldões* andar com azar, sofrer contratempos; *de ~ de* roldão (Do fr. ant. bandon, «tratamento arbitrário»)
baldaquim n.m. ⇒ **baldaquino**
baldaquino n.m. 1 dossel 2 pavilhão sustentado por colunas 3 pálio (Do it. baldacchino, «fazenda de seda para dosséis», de Baldacco, «Bagdade», top.)
baldar v.tr. 1 frustrar; impedir; inutilizar 2 empregar inutilmente ■ v.pron. 1 furtar-se; esquivar-se; fugir às responsabilidades 2 (jogo) descartar-se 3 tornar-se inútil ou ineficaz (De baldo+-ar)
baldas adj.inv.,n.2g.2n. 1 [coloq.] que ou pessoa que falta às suas obrigações; irresponsável 2 que ou pessoa que é desorganizada, desleixada e inconsequente (De balda)
balde n.m. 1 vaso de folha, madeira, chapa esmaltada, plástico, etc., geralmente com forma cilíndrica ou de um tronco de cone invertido, neste caso com a boca mais larga que o fundo 2 conteúdo desse vaso 3 [coloq.] copo, geralmente grande, com vinho ou outra bebida alcoólica; *~ de água fria* [coloq.] desilusão, deceção (Do lat. *batŭlu-, por batillu-, «recipiente para brasas»)
baldeação n.f. 1 ato ou efeito de baldear 2 lavagem do convés 3 passagem das mercadorias de um navio para outro (De baldear+-ção)
baldeador adj.,n.m. que ou aquele que baldeia (De baldear+-dor)
baldear v.tr. 1 tirar com balde 2 trasfegar 3 lavar a baldes de água 4 mudar (mercadorias) de um navio ou de um comboio para outro 5 baloiçar 6 atirar; arremessar ■ v.pron. 1 passar-se para outro lado 2 baloiçar-se (De balde+-ear)
baldeona n.f. pá usada pelos marnotos (De baldear+-ona)
baldio adj.,n.m. 1 designativo do terreno possuído e gerido por comunidades locais, compostas pelo conjunto de moradores de uma ou mais freguesias ou parte delas e que têm direito ao uso e fruição, de acordo com os usos e costumes 2 que ou terreno que não é cultivado ■ adj. que não serve para nada; inútil (Do ár. bátil, «inútil; vão»)
baldo adj. 1 necessitado 2 vadio; desocupado 3 que não tem cartas do naipe necessário ao jogo 4 [fig.] sem dinheiro (Do ár. bátil, «baldado; inútil»)
baldoar v.tr. 1 insultar com baldões 2 proferir impropérios (De baldão+-ar)
baldoeira n.f. BOTÂNICA casta de videira temporã, cultivada em Portugal, também designada camarate e carrega-besta (De orig. obsc.)
baldoeiro n.m. 1 buraco deixado na parede para aí se meterem as travessas do bailéu (andaime) 2 bueiro (De orig. obsc.)
baldréu n.m. pelica própria para luvas (Do fr. ant. baldré, «tira de couro»)
baldroca n.f. trapaça; engano; fraude; *por trocas e baldrocas* por processos pouco lícitos (De balda × troca)
baldrocar v.tr.,intr. fazer baldrocas (a); enganar (De baldroca+-ar)
baldroqueiro n.m. [regionalismo] indivíduo intriguista, mexeriqueiro (De baldrocar+-eiro)
balé n.m. ⇒ **ballet** (Do fr. ballet)
baleação[1] n.f. 1 pesca da baleia 2 óleo de baleia (De baleia+-ção)
baleação[2] n.f. ato de balear (De balear+-ção)
balear[1] v.tr. ferir ou atingir com bala (De bala+-ear)
balear[2] v.tr. limpar com baleio (De baleio+-ar)
balear[3] adj.2g. relativo às ilhas Baleares, no Mediterrâneo ■ n.2g. natural ou habitante das ilhas Baleares (Do lat. baleăre-, «das Baleares»)
baleato n.m. ⇒ **baleote** (De baleia+-ato)
baleeira n.f. NÁUTICA embarcação miúda, sem coberta, com a proa e a popa lançadas, originariamente usada na pesca de baleias (De baleia+-eira)

baleeiro *n.m.* 1 pescador de baleias 2 navio utilizado na pesca da baleia ■ *adj.* que se emprega na pesca da baleia (De *baleia*+*-eiro*)

baleia *n.f.* 1 ZOOLOGIA mamífero marinho de grande porte, da ordem dos cetáceos, que respira através de um orifício situado no topo da cabeça (espiráculo), tem barbatanas anteriores e uma cauda lisa horizontal, e cuja espécie inclui os maiores animais atualmente existentes 2 [pej.] pessoa excessivamente gorda 3 [com maiúscula] ASTRONOMIA constelação do hemisfério sul, de que faz parte a estrela *Mira Ceti* (Do lat. *ballaena-*, «id.»)

baleio *n.m.* vassoura grande com que se varrem as espigas e o grão nas eiras (Do fr. *balai*, «vassoura de giesta»)

baleizão *n.m.* [Angola] sorvete, geralmente vendido na rua (De *Baleizão*, antr., «fabricante de sorvetes»)

balela *n.f.* dito sem fundamento; boato falso (De *bala*+*-ela*?)

Balenoptéridas *n.m.pl.* ⇒ **Balenopterídeos**

Balenopterídeos *n.m.pl.* ZOOLOGIA família de cetáceos possuidores de dois espiráculos e barbatana dorsal mais ou menos desenvolvida (Do lat. *ballaena-*, «baleia»+gr. *pterón*, «asa; barbatana» + *-ídeos*)

baleota *n.f.* ⇒ **baleote** (De *baleia*+*-ota*)

baleote *n.m.* designação das baleias de pequeno porte ou ainda novas (De *baleia*+*-ote*)

balestilha *n.f.* 1 instrumento náutico com que se tomava a altura dos astros, também chamado balestrilha, báculo ou radiómetro 2 VETERINÁRIA instrumento para sangrar animais (Do cast. ant. *balestrilla*, «id.»)

balestra *n.f.* (arma) besta (Do lat. tard. *ballistra-*, por *bāllista-*, pelo it. *balestra*, «id.»)

balestreiro *n.m.* abertura na muralha por onde se disparavam as bestas e lançavam matérias inflamadas sobre os sitiantes (De *balestra*+*-eiro*)

balestrilha *n.f.* ⇒ **balestilha** (Do cast. ant. *balestrilla*, «id.»)

balha *n.f.* ⇒ **baila** (Deriv. regr. de *balhar*, por *bailar*)

balhadeira *n.f.* 1 ⇒ **bailadeira** 1 2 ICTIOLOGIA ⇒ **robalo** 1 (De *balhar*, por *bailar*+*-deira*)

balhana *n.f.* conjunto de móveis e utensílios sem valor (De orig. obsc.)

balhesteira *n.f.* ⇒ **balestreiro**

baliado *n.m.* ⇒ **bailiado**

balido *n.m.* som emitido pela ovelha ou pelo cordeiro (Do lat. *balitu-*, por *balātu-*, part. pass. de *balāre*, «balir; dar balidos»)

balio *n.m.* ⇒ **bailio**

balir *v.intr.* soltar balidos (a ovelha ou o cordeiro) (De *balido*)

balissa *n.f.* [Moçambique] recenseamento (Do changana *balisa*, «id.»)

balista[1] *n.f.* engenho de guerra com que se arremessavam pedras e virotões (Do lat. *ballista-*, «id.»)

balista[2] *n.f.* ICTIOLOGIA peixe teleósteo da família dos Balistídeos a que pertencem os cangulos (Do lat. cient. *Balista*, nome do género)

balística *n.f.* ciência que estuda o movimento dos projéteis, especialmente de armas de fogo (De *balista*+*-ística*)

balístico *adj.* 1 relativo à bala 2 respeitante à balística 3 diz-se de um instrumento que mede um impacto ou jato brusco de energia (Do lat. *ballista-*, «máquina de guerra que lança projéteis» +*-ico*)

Balistídeos *n.m.pl.* ICTIOLOGIA família de peixes teleósteos a que pertence o cangulo (De *balista*+*-ídeos*)

balistite *n.f.* poderoso explosivo constituído por nitrocelulose e nitroglicerina (De *balista*+*-ite*)

baliza *n.f.* 1 marco, estaca ou outro objeto que assinala um limite 2 boia que indica um ponto que os navios devem evitar 3 DESPORTO estrutura retangular colocada no campo de jogo, constituída por dois postes unidos a uma trave de madeira ou de metal, que têm presa uma rede onde fica retida a bola 4 [fig.] meta; termo 5 [fig.] limite; fronteira (Do b. lat. *palitĭa-*, de *palu-*, «pau; estaca», pelo fr. *balise*, «baliza»)

balizador *adj.,n.m.* que ou aquele que baliza (De *balizar*+*-dor*)

balizagem *n.f.* 1 ação ou efeito de balizar 2 colocação de referências (Do fr. *balisage*, «id.»)

balizamento *n.m.* ⇒ **balizagem** (De *balizar*+*-mento*)

balizar *v.tr.* 1 marcar com balizas; abalizar 2 [fig.] distinguir; diferenciar 3 [fig.] restringir; limitar (De *baliza*+*-ar*)

ballet *n.m.* 1 estilo de dança artística caracterizado por movimentos graciosos, saltos e piruetas, em que muitos dos passos são executados nas pontas dos pés 2 espetáculo de dança e pantomima em que os dançarinos representam uma história ou um tema; bailado 3 companhia de dançarinos deste tipo de dança 4 peça musical para um bailado (Do fr. *ballet*)

ballet-teatro *n.m.* lugar ou edifício onde se apresentam bailados, obras dramáticas, óperas ou outros espetáculos

ballotage *n.f.* a segunda votação a que se recorre quando do primeiro escrutínio da eleição do chefe do Estado não resultar maioria absoluta para qualquer candidato; segunda volta (Do fr. *ballotage*)

balmaz *n.m.* prego de cabeça redonda utilizado em várias indústrias

balmázio *n.m.* ⇒ **balmaz** (De *balmaz*+*-io*)

balneação *n.f.* ato ou efeito de se banhar ou dar banho (De *balnear*+*-ção*)

balnear[1] *adj.2g.* 1 relativo a banhos 2 em que há ou se tomam banhos (Do lat. *balneāre-*, «do banho; relativo a banho»)

balnear[2] *v.tr.* dar banho a (Do lat. *balneāre*, «banhar-se»)

balneário *n.m.* 1 num ginásio ou complexo desportivo, local onde é possível mudar de roupa e/ou tomar banho 2 casa ou dependência onde se tomam banhos 3 estância de águas minerais ■ *adj.* relativo a banhos; balnear (Do lat. *balneārĭu-*, «relativo ao banho»)

balneatório *adj.* 1 próprio para banhos 2 balnear (Do lat. *balneatorĭu-*, «que serve para o banho»)

balneável *adj.2g.* próprio ou própria para banho (água) (De *balnear*+*-vel*)

balneografia *n.f.* estudo da aplicação terapêutica dos banhos (Do lat. *balnĕu-*, «banho»+gr. *gráphein*, «escrever» +*-ia*)

balneoterapia *n.f.* tratamento de doenças por meio de banhos (Do lat. *balnĕu-*, «banho»+gr. *therapeía*, «tratamento»)

balneoterápico *adj.* relativo à balneoterapia (De *balneoterapia*+*-ico*)

baloba /ô/ *n.f.* 1 [Guiné-Bissau] feitiço 2 [Guiné-Bissau] local sagrado onde se praticam cerimónias (Do crioulo *baloba*, a partir do felupe *bu-loba*, «feitiço falante»)

balofice *n.f.* 1 qualidade do que é balofo 2 [fig.] superficialidade 3 [fig.] impostura (De *balofo*+*-ice*)

balofo /ô/ *adj.* 1 volumoso, mas sem consistência 2 gordo ou inchado 3 de consistência leve; fofo; mole 4 [fig.] que aparenta ser mais do que aquilo que vale 5 [fig.] vazio de sentido; superficial

baloiçador *adj.,n.m.* 1 que ou aquele que baloiça 2 diz-se do cavalo que chouta, abanando o cavaleiro (De *baloiçar*+*-dor*)

baloiçamento *n.m.* 1 ato de baloiçar 2 solavanco (De *baloiçar*+*-mento*)

baloiçante *adj.2g.* que baloiça ou que se baloiça (De *baloiçar*+*-ante*)

baloiçar *v.tr.,intr.* mover(-se) alternadamente de um lado para outro; balançar; oscilar; abanar ■ *v.pron.* 1 oscilar 2 andar no baloiço (Do lat. *bal(l)occĭāre*, «id.»)

baloiço *n.m.* 1 assento suspenso por cordas ou correntes, em que as pessoas, especialmente as crianças, se sentam realizando movimentos para trás e para a frente 2 movimento de quem se baloiça (Do lat. *bal(l)occĭu-*, «id.»)

baloiçoso /ô/ *adj.* que bamboleia (De *baloiço*+*-oso*)

balona[1] /ô/ *n.f.* 1 morteiro pirotécnico que explode no ar, largando fogos de cor 2 boato falso 3 balela (De *balão*)

balona[2] /ô/ *n.f.* 1 colarinho de camisa pendente sobre os ombros 2 *pl.* calções largos franzidos por baixo dos joelhos (Do cast. *valona*, «id.»)

balonismo *n.m.* DESPORTO atividade cujo objetivo é subir ao céu num balão de ar quente, fazendo uso de um queimador que controla as subidas e as descidas

balonista *n.2g.* pessoa que se dedica a pilotar um balão de ar quente

balota *n.f.* BOTÂNICA planta herbácea, fétida, da família das Labiadas, espontânea e também conhecida por marroio-negro (Do gr. *ballotḗ*, «id.»)

balote[1] *n.m.* 1 bala pequena 2 estalo carnavalesco (De *bala*+*-ote*)

balote[2] *n.m.* fardo de algodão (Do fr. *ballot*, «fardo; embrulho»)

baloiçador *adj.,n.m.* ⇒ **baloiçador**

balouçamento *n.m.* ⇒ **baloiçamento**

balouçante *adj.2g.* ⇒ **baloiçante**

balouçar *v.tr.,intr.,pron.* ⇒ **baloiçar**

balouço *n.m.* ⇒ **baloiço**

balouçoso /ô/ *adj.* ⇒ **baloiçoso**

balroa /ô/ *n.f.* NÁUTICA arpéu com fateixa para abordar embarcações (Do cast. *barloa*, «arpéu com fateixa», com met.)

balsa[1] *n.f.* 1 dorna destinada ao transporte e posterior fermentação das uvas depois da pisa 2 mosto em fermentação com o bagaço 3 funil de madeira para trasfega do vinho 4 jangada de grandes dimensões, feita de tábuas e toros que são vendidos no fim da viagem 5 BOTÂNICA árvore da família das Bombacáceas, produtora de madeira mais leve que a cortiça 6 madeira dessa árvore

balsa² *n.f.* antigo estandarte dos Templários; balsão (Do lat. *baltĕu*-, «cinturão; boldrié»)
balsamar *v.tr.* 1 deitar bálsamo em 2 perfumar; aromatizar 3 [fig.] amenizar; aliviar; suavizar (De *bálsamo*+-*ar*)
balsamário *n.m.* vaso onde os antigos conservavam os perfumes (De *bálsamo*+-*ário*)
balsameia *n.f.* suco que se extrai das plantas carnosas, vulgarmente denominadas balsameiros (De *bálsamo*+-*eia*)
balsameiro *n.m.* BOTÂNICA designação extensiva às árvores que produzem bálsamos (De *bálsamo*+-*eiro*)
balsâmico *adj.* 1 que tem as propriedades do bálsamo; aromático; perfumado 2 [fig.] confortante; calmante (Do lat. *balsamĭcu*-, «id.»)
balsamífero *adj.* que produz bálsamo (Do lat. *balsămu*-, «bálsamo» +-*fero*, de *ferre*, «produzir»)
balsamificar *v.tr.* balsamizar (Do lat. *balsămu*-, «bálsamo» +*facĕre*, «fazer»)
balsamina *n.f.* 1 BOTÂNICA planta odorífera, da família das Boragináceas, cultivada em Portugal e também designada por baunilha-dos-jardins e heliotrópio 2 designação de umas trepadeiras, da família das Cucurbitáceas, também cultivadas em Portugal (balsamina-pequena e balsamina-longa) (Do gr. *balsamíne*, «olho-de-boi; crisântemo amarelo», pelo fr. *balsamine*, «id.»)
Balsamináceas *n.f.pl.* BOTÂNICA família de plantas dicotiledóneas de corola polipétala, afins das Geraniáceas, cujo género-tipo se denomina *Balsamina* (De *balsamina*+-*áceas*)
balsamíneas *n.f.pl.* BOTÂNICA grupo de plantas que compreende as Balsamináceas (De *balsamíneo*)
balsamíneo *adj.* 1 aromático 2 semelhante à balsamina (De *bálsamo*+-*íneo*)
balsamita *n.f.* BOTÂNICA planta aromática, da família das Compostas, cultivada nas hortas e jardins, também conhecida por hortelã-francesa (De *bálsamo*+-*ita*)
balsamização *n.f.* 1 ato ou efeito de balsamizar 2 [fig.] alívio; refrigério (De *balsamizar*+-*ção*)
balsamizar *v.tr.* 1 tornar balsâmico 2 aromatizar; perfumar 3 [fig.] aliviar; lenificar; amenizar (De *bálsamo*+-*izar*)
bálsamo *n.m.* 1 substância resinosa e aromática que ressuma de alguns vegetais, espontaneamente ou por incisão 2 perfume; odor; aroma 3 medicamento com aroma balsâmico 4 BOTÂNICA planta da família das Aizoáceas, de folhas carnosas, como os chorões, comum em várias regiões de Portugal 5 [fig.] lenitivo; alívio; consolo (Do gr. *bálsamon*, «bálsamo», pelo lat. *balsămu*-, «id.»)
bálsamo-de-tolu *n.m.* BOTÂNICA árvore da família das leguminosas, nativa da América tropical e cultivada ou explorada pela madeira resistente e para a produção de um bálsamo utilizado em farmácia ACORDO ORTOGRÁFICO sem alteração
bálsamo de Tolu *n.m.* FARMÁCIA ⇒ **tolu** ACORDO ORTOGRÁFICO a grafia anterior era bálsamo-de-Tolu
bálsamo-do-canadá ver nova grafia bálsamo do Canadá
bálsamo do Canadá *n.m.* produto obtido com a dissolução, em xilol, de uma resina branca extraída de uma conífera do Canadá, de índice de refração 1,55, usado como cimento para elementos óticos e na construção de nicóis
bálsamo-tranquilo *n.m.* substância usada em fricções e como calmante, resultante da infusão de certas plantas narcóticas em azeite doce
balsana *n.f.* fita para debruar o bordo inferior dos hábitos dos frades (Do it. *balzana*, de *balza*, do lat. *baltĕa*, pl. de *baltĕu*-, «cinto; talabarte»)
balsão *n.m.* 1 antigo estandarte dos Templários 2 insígnia (Do prov. *bausan*, «id.»)
balsedo /ê/ *n.m.* 1 arvoredo muito espesso 2 matagal 3 terreno alagadiço coberto de espessa vegetação sarmentosa (De *balsa*+-*edo*)
balseira *n.f.* dorna grande para pisar uvas (De *balseiro*)
balseiro¹ *n.m.* 1 grande dorna onde fermentam as uvas 2 aquele que dirige a balsa (jangada) 3 charco ▪ *adj.* relativo a balsa (De *balsa*+-*eiro*)
balseiro² *adj.* [Cabo Verde] inchado; bojudo; volumoso (Do crioulo cabo-verdiano *balsero*, de *balser*, «papeira»)
balso *n.m.* cabo a que se dá um nó para içar volumes ou se estribar o homem que trabalha no costado do navio, em mastros, etc. (Do lat. *baltĕu*-, «boldrié; cinturão; talabarte»)
baltar *adj.2g.* diz-se de uma espécie de videira brava, estéril, que é nociva à viticultura (De *Baltar*, top., localidade portuguesa do distrito do Porto)
báltico *adj.* 1 relativo ou pertencente à região do mar Báltico 2 relativo às línguas bálticas ▪ *n.m.* 1 ramo de línguas separado da família das línguas indo-europeias que compreende o lituano, o letão e várias línguas agora extintas, entre elas o prussiano antigo 2 [com maiúscula] mar localizado no Norte da Europa, que banha os países escandinavos (Do lat. **Baltĭcu*-, de *Baltĭa*, «Escandinávia» +-*ico*)
baluarte *n.m.* 1 elemento de defesa situado nos ângulos de uma fortificação, avançado em relação a ela e destinado a protegê-la; bastião 2 local completamente seguro; fortaleza inexpugnável 3 [fig.] conjunto dos defensores de um ideal 4 [fig.] sustentáculo; alicerce (Do fr. ant. *boloart*, *balouart*, «id.», do neerl. med. *bolwerc*, «obra feita com vigas»)
baluma *n.f.* NÁUTICA corda que corre na bainha das velas latinas (Do cat. *balum*, «id.», variante de *volum*, «volume», do lat. *volūmen*, «volume»)
balúrdio *n.m.* [colóq.] quantia muito avultada (geralmente de dinheiro) (De orig. obsc.)
balurdo *n.m.* grande parafuso de madeira que entra na vara de um antigo lagar de azeite e suspende uma grande pedra arredondada, aumentando assim o peso da vara que espreme a azeitona depois de moída ▪ *adj.* gordo, grosso (Do fr. *balourd*, «pessoa grosseira»)
balzaquiano *adj.* 1 que diz respeito ao escritor francês Honoré de Balzac (1799-1850) 2 próprio de Balzac ▪ *n.m.* grande conhecedor, admirador ou seguidor da obra de Balzac (De *Balzac*, antr.+-*iano*)
bamba¹ *n.m.* ORNITOLOGIA ave palmípede
bamba² *n.f.* golpe de sorte ao jogo; bambúrrio (De *bambúrrio*?)
bamba³ *adj.,n.2g.* 1 [Brasil] [colóq.] que ou pessoa que é muito valente; valentão 2 [fig.] que ou pessoa que tem muita prática e/ou conhecimento de determinada matéria; perito (Do quimb. *mbamba*, «mestre; exímio»)
bamba⁴ *adj.2g.* relativo aos Bambas ▪ *n.2g.* pessoa que pertence aos Bambas (De *Bambas*, etn.)
bambá *n.m.* 1 sedimento do azeite de cheiro 2 [fig.] balbúrdia; desordem 3 [Brasil] jogo executado com metades de caroços de pêssego (De orig. onom.?)
bambaleadura *n.f.* ato de bambalear (De *bambalear*+-*dura*)
bambaleante *adj.2g.* 1 que bambaleia 2 que ginga (De *bambalear*+-*ante*)
bambalear *v.tr.,intr.,pron.* ⇒ **bambolear** (De orig. onom.)
bambaleio *n.m.* 1 movimento de quem bambaleia 2 bamboleio (Deriv. regr. de *bambalear*)
bambalhão *adj.,n.m.* 1 que ou o que é muito bambo 2 [fig., pej.] que ou aquele que é indolente; molengão 3 [fig., pej.] que ou aquele que anda mal vestido; desleixado; desajeitado (De *bambo*+-*alho*+-*ão*)
bambão *n.m.* 1 corda bamba 2 redouça (De orig. onom.)
bambar *v.tr.* ⇒ **bambear** (De *bambo*+-*ar*)
bambara *n.2g.* pessoa pertencente aos Bambaras ▪ *adj.2g.* relativo aos Bambaras ▪ *n.m.* língua falada pelos povos do subgrupo étnico Bambaras, nomeadamente na região de Gabu, na Guiné-Bissau
bambarã *n.f.* [Guiné-Bissau] pano ou rede de fibras para transportar crianças às costas 2 [Guiné-Bissau] criação; geração (Do crioulo *bambaran*, «id.»)
Bambaras *n.m.pl.* ETNOGRAFIA subgrupo dos Mandingas que vive sobretudo no Mali, no Senegal e na Guiné-Bissau (Do mandinga *Bambarã* ou *Bambara*, «geração; criação»)
Bambas *n.m.pl.* ETNOGRAFIA povo africano que se integra nos Fiotes (Angola) (Do quimb. *mbamba*, «mestre»)
bambear *v.tr.,intr.* tornar ou ficar bambo; afrouxar(-se) ▪ *v.intr.* hesitar; vacilar (De *bambo*+-*ear*)
bâmbi¹ *n.m.* 1 ZOOLOGIA cria de corça ou gazela 2 ZOOLOGIA mamífero da família dos Bovídeos, com pelagem cinzenta ou amarelada, que existe nas savanas e áreas montanhosas de África, sendo muito frequente em Angola (Do quimbundo *mbámbi*, «idem», ou do umbundo *ombambi*, «idem»)
bâmbi² *n.m.* [São Tomé e Príncipe] ETNOGRAFIA perturbação no parto, devida, segundo a crença, a atos ilícitos da parturiente (Do forro *bambi*, «idem»)
bambinar *v.intr.* [Brasil] agitar-se com a aragem; esvoaçar; adejar (De *bambino*?)
bambinela *n.f.* cortina, encimada às vezes por sanefa, que adorna as janelas interiormente (Do it. *bandinella*, «cortina»)
bambino *n.m.* 1 rapaz 2 criança (Do it. *bambino*, «id.»)
bambo *adj.* 1 não esticado; frouxo; lasso 2 que perdeu a firmeza 3 que não está firme; instável; ***dançar na corda bamba*** estar numa situação delicada (De orig. onom.)
bamboar *v.tr.,intr.,pron.* ⇒ **bambolear** (De orig. onom.)
bambochar *v.intr.* [Brasil] fazer bambochata; pandegar (De *bambochata*)

bambochata n.f. 1 quadro representativo de festas populares, paisagens rústicas ou cenas burlescas 2 [pop.] festa com muita comida e bebida; patuscada; pândega 3 coisa pouco séria ou sem frutos (Do it. *bambocciata*, «pintura burlesca», de *Bamboccio*, alcunha do pintor hol. P. van Laer, 1592-1645)
bamboleamento n.m. ⇒ **bamboleio** (De *bambolear*+*-mento*)
bamboleante adj.2g. que bamboleia (De *bambolear*+*-ante*)
bambolear v.tr.,intr. mover(-se) de um lado para o outro; menear(-se); saracotear(-se); bambalear(-se) ■ v.pron. mover o corpo ou as ancas de um lado para o outro (De orig. onom.)
bamboleio n.m. ato ou efeito de bambolear(-se); meneio; saracoteio (Deriv. regr. de *bambolear*)
bambolim n.m. sanefa colocada por cima dos cortinados das portas e janelas (De *bambolina*?)
bambolina n.f. parte do cenário que une superiormente os bastidores, fingindo o teto ou o céu (Do cast. *bambalina*, «id.»)
bambu n.m. 1 BOTÂNICA planta tropical, lenhosa, da família das Gramíneas, de caule fistuloso e longo, por vezes oco, que ocorre especialmente nas regiões tropicais e subtropicais de ambos os hemisférios 2 caule dessa planta; cana 3 bengala feita deste caule (Do mar. *bámbú*, «id.»)
bambuada n.f. 1 pancada com bambu 2 canada (De *bambu*+*-ada*)
bambual n.m. 1 mata de bambus; bambuzal 2 canavial (De *bambu*+*-al*)
bambueira n.f. rebento de bambu (De *bambu*+*-eira*)
Bambuelas n.m.pl. ETNOGRAFIA povo do Sueste de Angola pertencente aos Ganguelas (Do ganguela *ambuela*, ou do umbundo *mbwela*, «sul; povos que vivem a sul»)
bamburra n.f. [Cabo Verde] pano com que as mães seguram os filhos às costas
bamburral n.m. 1 lugar pantanoso onde crescem pastagens 2 bambual (De *bamburro*+*-al*)
bambúrrio n.m. 1 acaso feliz 2 sorte ao jogo (Do b. lat. *baburru-*, «inepto; tolo»?)
bamburrista adj.,n.2g. que ou pessoa que é favorecida pela sorte (De *bambúrrio*+*-ista*)
bamburro n.m. [Brasil] BOTÂNICA vegetação arbustiva densa, semelhante ao chavascal (De orig. obsc.)
bambuzal n.m. lugar onde crescem bambus; bambual (De *bambu*+*-z*+*-al*)
banaboia n.2g. 1 banazola 2 vadio (Do cast. *buenaboya*, «remador voluntário das galés»?)
banabóia ver nova grafia **banaboia**
banal adj.2g. 1 trivial; vulgar; comum; sem importância 2 HISTÓRIA que pertencia ao senhor feudal e de que os seus vassalos podiam servir-se, mediante um foro a título de retribuição (Do fr. *banal*, «pertencente a um ban [circunscrição feudal]; banal»)
banalidade n.f. 1 vulgaridade; futilidade; frivolidade; coisa sem importância 2 HISTÓRIA direito que o senhor tinha de obrigar um súbdito a servir-se das coisas que lhe pertenciam, mediante pagamento (Do fr. *banalité*, «id.»)
banalização n.f. ato ou efeito de banalizar (De *banalizar*+*-ção*)
banalizar v.tr.,pron. tornar(-se) banal; vulgarizar(-se); generalizar(-se) (Do fr. *banaliser*, «id.»)
banana n.f. 1 fruto bacáceo de forma longa e curva, com casca amarela quando maduro, produzido pela bananeira 2 ELETRICIDADE ficha individual de forma alongada 3 penteado em que o cabelo é apanhado, formando um rolo vertical atrás da cabeça ■ adj.,n.2g. [pej.] que ou pessoa que não tem vontade própria ou energia; molengão; pateta; *escorregar numa casca de ~* cair numa armadilha, deixar-se enganar (Do ár. *banána*, «dedo»)
bananada n.f. doce de banana (De *banana*+*-ada*)
bananal n.m. terreno plantado de bananeiras; bananeiral (De *banana*+*-al*)
banana-pão n.f. [São Tomé e Príncipe] variedade de banana de cerca de 30 cm, pouco doce, que se come cozida como legume (Do forro *baná-npón*, «id.»)
bananeira n.f. BOTÂNICA planta tropical, herbácea, de porte arbustivo ou arbóreo, da família das Musáceas, cultivada em extensas regiões do Globo em virtude dos frutos e fios têxteis que fornece (De *banana*+*-eira*)
bananeiral n.m. ⇒ **bananal** (De *bananeira*+*-al*)
bananeiro adj. respeitante à banana, à sua cultura ou ao seu comércio ■ n.m. plantador ou vendedor de bananas (De *banana*+*-eiro*)
bananice n.f. ato ou dito próprio de indivíduo banana (De *banana*+*-ice*)

bananívoro adj. que se alimenta de bananas (De *banana*+*-i-*+*-voro*)
banazola n.2g. [depr.] pessoa que não tem vontade própria ou energia; banana (De *bana[na]*+*z*+*ola*, com hapl.)
banca[1] n.f. 1 estrutura constituída por bacia e torneira embutidas num balcão de mármore, fórmica, aço inoxidável, etc., que se encontra geralmente na cozinha e é utilizada para lavar a loiça, os alimentos, etc. 2 mesa de trabalho ou de apoio com tampo de mármore, fórmica, aço inoxidável, etc. 3 (feiras, mercados) mesa mais ou menos comprida onde é exposta a mercadoria 4 mesa retangular e tosca 5 secretária e escritório de advocacia 6 (jogos de azar) fundo de apostas que é posto sobre a mesa pelo banqueiro, no começo do jogo 8 [regionalismo] tripeça (De *banco*)
banca[2] n.f. 1 conjunto dos bancos nacionais 2 movimento financeiro dos bancos nacionais (Do it. *banca*, «id.»)
bancada n.f. 1 conjunto de bancos dispostos em filas sucessivas, cada uma num nível superior ao da outra 2 banco comprido 3 conjunto de pessoas sentadas em vários bancos 4 mesa de trabalho ou de apoio (em cozinha, laboratório, etc.) (De *banco*+*-ada*)
bancal n.m. 1 pano para cobrir bancos ou mesas 2 pano que se põe na mesa por debaixo da toalha (De *banco*+*-al*)
bancaria n.f. 1 conjunto de bancos 2 negociações de bulas pontifícias por meio de um banco de Roma (De *banco*+*-aria*)
bancário adj. relativo a banca, a banco ou a banqueiro ■ n.m. funcionário de banco (De *banco*+*-ário*, ou do fr. *bancaire*, «id.»)
bancarrota n.f. 1 situação de uma entidade ou da própria nação que, por não ter capacidade de pagar as suas dívidas e de cumprir as obrigações contraídas, deixa de ser viável economicamente; falência 2 falência fraudulenta (Do it. *bancarrotta*, «falência»)
bancarroteiro adj. que faz bancarrota (De *bancarrota*+*-eiro*)
banco n.m. 1 móvel de madeira, ferro, pedra, plástico, etc., com ou sem encosto, para assento das pessoas; mocho; escabelo 2 ECONOMIA instituição financeira cuja atividade principal consiste em receber depósitos e conceder créditos 3 edifício onde se realizam essas operações 4 departamento hospitalar para consultas e tratamentos urgentes 5 secção de hospital onde se armazenam sangue, órgãos, etc. para transplantes e enxertos 6 pranchão sobre que trabalham os carpinteiros 7 cepo de ferrador 8 tábua onde se sentam os remadores 9 GEOLOGIA extensa elevação do fundo do mar ou de um rio quase até à superfície 10 cardume de peixes à superfície da água 11 mole de gelo flutuante 12 camada de pedra; ~ *central* ECONOMIA instituição bancária, normalmente pública, que em geral é responsável pela emissão de moeda, pela fiscalização das instituições e da atividade financeira de um país, pelo controlo do crédito, pela fixação das taxas de juro e pela divulgação de análises e resultados económicos; ~ *de areia* acumulação de seixos e sedimentos de rochas no leito dos rios; ~ *de dados* conjunto de informações sobre um dado tema, armazenadas e processadas por um computador; ~ *de esperma* lugar onde é guardado o esperma para efeitos de inseminação artificial; ~ *dos réus* 1 lugar onde se senta a pessoa que está a ser julgada na sala de um tribunal; 2 [fig.] situação em que se é alvo de acusação ou crítica; ~ *emissor* ECONOMIA instituição de crédito que emite moeda em papel ou fiduciária (Do germ. *banki*, «banco», pelo antigo alto-al. *bank*, «id.»)
bancocracia n.f. preponderância dos banqueiros nos negócios do Estado (De *banco*+gr. *krátos*, «domínio»+*-ia*)
banda[1] n.f. 1 parte lateral de um objeto 2 faixa ou risca larga 3 lado; margem 4 grupo musical 5 direção; rumo 6 RÁDIO faixa de frequências 7 FÍSICA variação de energia que os eletrões de um sólido podem ter 8 partido 9 lista ou faixa de cor num tecido 10 HERÁLDICA lista que atravessa diagonalmente o escudo, do canto superior esquerdo para a direita 11 faixa de uma condecoração honorífica 12 [Cabo Verde, Guiné-Bissau] faixa estreita de algodão tecida em tear e utilizada quer como peça de vestuário, quer na confeção de panos constituídos por várias unidades cosidas entre si; *banda gástrica* cinta ajustável que se coloca, mediante cirurgia, à volta da parte superior do estômago para tratar casos de obesidade; *banda larga* INFORMÁTICA meio de transmissão em que a largura da banda de frequências permite o uso simultâneo de diversos canais separados para dados, voz e imagens, funcionando cada canal sobre uma frequência distinta; *banda magnética* fita com matéria ferromagnética, capaz de registar e reproduzir informações; *ficar de cara à banda* ficar desapontado ou desiludido; *mandar àquela banda* [coloq.] despedir alguém com indiferença, desprezar alguém; *pôr de banda* [coloq.] desprezar, excluir (Do francês *bande* e provençal *banda*, «idem»)
banda[2] n.m. [Moçambique] almofariz (Do niungue *banda*, «idem»)

bandada *n.f.* multidão de aves em voo (De *bando*+*-ada*)
banda desenhada *n.f.* sequência de imagens acompanhadas ou não de textos (legendas, diálogos, pensamentos), através da qual é narrada uma história; história aos quadradinhos (Do fr. *bande dessinée*, «id.»)
bandado *adj.* 1 HERÁLDICA diz-se do campo do escudo coberto de bandas de metal e de cor 2 guarnecido de bandas (De *banda*+*-ado*)
bandagem *n.f.* 1 MEDICINA ligadura 2 faixa 3 venda (Do fr. *bandage*)
bandalheira *n.f.* 1 ação de bandalho; baixeza; indignidade 2 situação de grande confusão e desordem (De *bandalho*+*-eira*)
bandalhice *n.f.* ⇒ **bandalheira** (De *bandalho*+*-ice*)
bandalhismo *n.m.* ⇒ **bandalheira** (De *bandalho*+*-ismo*)
bandalho *n.m.* 1 pessoa sem pundonor 2 indivíduo esfarrapado 3 trapo grande (De *banda*+*-alho*)
bandar *v.tr.* 1 guarnecer de banda (o escudo) 2 pôr bandas a (vestido) (De *banda*+*-ar*)
bandarilha *n.f.* haste com a ponta em forma de seta que numa tourada se espeta no cachaço do touro; farpa (Do cast. *banderilla*, «pequena bandeira»)
bandarilhar *v.tr.* 1 espetar bandarilhas em 2 [fig.] satirizar (Do cast. *banderillear*, «id.»)
bandarilheiro *n.m.* toureiro que espeta bandarilhas no cachaço dos touros (Do cast. *banderillero*, «id.»)
bandarim *n.m.* homem que se ocupa na extração da seiva das palmeiras, na Índia (Do mar.-conc. *bhandárí*, «id.»)
bandarra *n.m.* 1 indivíduo mandrião; vadio 2 fadista (De *bando*+*-arro*)
bandarrear *v.intr.* vadiar (De *bandarra*+*-ear*)
bandarrice *n.f.* vida, dito ou ato próprio de bandarra (De *bandarra*+*-ice*)
bandarrismo *n.m.* 1 vida de bandarra 2 ociosidade 3 crença nas profecias de Bandarra, sapateiro e poeta popular português (1500-1550), célebre pelas suas trovas consideradas proféticas (De *Bandarra*, antr. +*-ismo*)
bandarrista *n.2g.* pessoa que acreditava nas profecias de Bandarra (De *Bandarra*, antr. +*-ista*)
banda sonora *n.f.* 1 CINEMA, TELEVISÃO faixa lateral da fita cinematográfica onde se grava o som do filme ou do programa 2 CINEMA gravação musical utilizada num filme 3 tira estreita em relevo colocada perpendicularmente à faixa de rodagem e que, sendo pisada por um veículo em movimento, provoca ruído e vibração, alertando o condutor de que está a circular com excesso de velocidade ou a sair daquela faixa
bandeador *n.m.* organizador de bandos (De *bandear*+*-dor*)
bandeamento *n.m.* ato ou efeito de bandear ou bandear-se (De *bandear*+*-mento*)
bandear *v.tr.* 1 unir a bando ou partido 2 inclinar para a banda 3 considerar (uma questão) em todos os aspetos 4 mudar de parecer 5 juntar em bando 6 mover de um para outro lado 7 agitar ■ *v.pron.* 1 passar para o partido de outrem 2 coligar-se; mancomunar-se (De *bando* ou *banda*+*-ear*)
bandeira *n.f.* 1 pano, geralmente retangular, de uma ou mais cores, com ou sem emblema, que serve de distintivo a uma nação, agremiação, sociedade, corporação, etc. 2 peça de tecido de formato, tamanho e cor convencionais, usada para diversos fins (sinalização, informação, etc.) 3 inflorescência terminal superior do milho, constituída pelas flores masculinas, também denominada pendão 4 chapa de metal que é baixada, nos taxímetros, para começar a contagem da quantia a ser paga no fim do percurso 5 espécie de quebra-luz, nos antigos candeeiros de bico 6 parte superior de porta ou janela, independente destas, e que pode ser fixa ou móvel 7 cata-vento 8 HISTÓRIA expedição armada que antigamente ia explorar os sertões do Brasil 9 letreiro que indica o destino de veículos de transporte público 10 [fig.] lema; ideal 11 [fig.] distintivo; emblema; **~ a meia haste** bandeira colocada a meia altura do mastro, em sinal de luto; **rir a bandeiras despregadas** rir às gargalhadas (De *banda*, «sinal; estandarte» +*-eira*, ou do cast. *bandera*, «id.»)
bandeirada *n.f.* primeira quantia, fixa, que o taxímetro dos automóveis de praça indica, quando o motorista baixa a bandeira do referido aparelho à entrada do passageiro (De *bandeira*+*-ada*)
bandeiral *n.m.* estendal de bandeiras ou de roupas dependuradas ao sol (De *bandeira*+*-al*)
bandeirante *adj.2g.*, *n.2g.* HISTÓRIA diz-se de ou indivíduo pertencente a uma bandeira (expedição armada) que ia explorar o sertão brasileiro (De *bandeira*+*-ante*)

bandoneonista

bandeirar *v.intr.* 1 [Brasil] HISTÓRIA ser bandeirante 2 [Brasil] organizar bandeiras (expedições) (De *bandeira*+*-ar*)
bandeirinha *n.f.* bandeira pequena ■ *n.2g.* 1 pessoa volúvel, sobretudo em política 2 DESPORTO ⇒ **juiz de linha** (De *bandeira*+*-inha*)
bandeirismo *n.m.* história dos factos respeitantes à época dos bandeirantes (De *bandeira*+*-ismo*)
bandeiro *adj.*, *n.m.* que ou o indivíduo que faz parte de um bando ■ *adj.* 1 parcial 2 versátil (De *bando*+*-eiro*)
bandeirola *n.f.* 1 bandeira pequena usada para marcar alinhamentos e fazer sinais ao longe 2 vara pintada a duas cores, com ponteira metálica, empregada em levantamentos topográficos 3 cada uma das seis bandeiras que delimitam um campo de futebol: quatro de canto e duas ao meio das linhas laterais 4 panícula do milho (De *bandeira*+*-ola*)
bandeja /ê/ *n.f.* 1 tabuleiro de bordo baixo para serviço de mesa 2 abano para arejar cereais 3 RELIGIÃO prato pequeno utilizado na comunhão 4 grande escudela de bordo onde comia determinado número de marinheiros ou passageiros de terceira classe; **de ~** sem recompensa, de mão beijada (Deriv. regr. de *bandejar*, ou do cast. *bandeja*, «id.»)
bandeja-d'água *n.f.* BOTÂNICA ⇒ **nenúfar** 1
bandejar *v.tr.* aventar (os cereais) com bandeja (De *banda*+*-ejar*)
bandidismo *n.m.* ⇒ **banditismo** (De *bandido*+*-ismo*)
bandido *n.m.* 1 pessoa que pratica atividades ilegais e criminosas; malfeitor; criminoso 2 pessoa sem carácter ■ *adj.* banido; desterrado (Do it. *bandito*, «proscrito»)
banditismo *n.m.* 1 ato ou comportamento de bandido 2 conjunto dos crimes praticados num determinado meio durante um dado período; criminalidade (Do it. *banditismo*, «id.»)
bando *n.m.* 1 grupo de animais (especialmente aves) 2 grupo de pessoas 3 grupo de criminosos que agem em conjunto; quadrilha 4 os que integram um partido ou uma facção (De *banda* [= tropa; multidão])
bandó *n.m.* 1 cada uma das duas partes em que se divide o cabelo por meio de risca da testa à nuca 2 faixa usada pelas mulheres na cabeça (Do fr. *bandeau*, «id.»)
bandoar *v.tr.* [Cabo Verde] anunciar publicamente; apregoar (Do crioulo cabo-verdiano *bando*, ger. do v. *báe*, «indo», na loc. *em bando*, «em indo»)
bandola¹ *n.f.* cinto de suspensão do recipiente onde se levava a pólvora para a caça (De *banda*+*-ola*)
bandola² *n.f.* MÚSICA instrumento de cordas dedilhadas, com quatro cordas duplas tocadas com um plectro, afinado uma oitava abaixo do bandolim (Do it. *mandola*, «id.», do lat. *pandūra-*, «alaúde de três cordas»)
bandolas *n.f.pl.* NÁUTICA as velas do navio desaparelhado (Do cat. *bandolas*, «id.»)
bandolear *v.intr.* levar vida de bandoleiro (De *bandol(eiro)*+*-ear*)
bandoleira *n.f.* acessório de algumas armas portáteis, que pode ser de couro ou de tela e que serve para as suspender ao ombro ou a tiracolo (Do cast. *bandolera*, «correia a tiracolo»)
bandoleirismo *n.m.* ato ou comportamento de bandoleiro; banditismo (De *bandoleiro*+*-ismo*)
bandoleiro *n.m.* salteador ou ladrão que rouba em estradas ou locais ermos e que geralmente faz parte de um bando (Do cast. *bandolero*, «salteador»)
bandoleta /ê/ *n.f.* bandolim pequeno (De *bandola*+*-eta*)
bandolete *n.f.* tira de material flexível em forma de semicírculo, que se adapta à cabeça e se segura atrás das orelhas, para prender o cabelo para trás e/ou para enfeitar (Do fr. *bandelette*, «tira estreita»)
bandolim *n.m.* MÚSICA instrumento de cordas dedilhadas, de corpo encurvado, com quatro cordas duplas tocadas com um plectro (Do it. *mandolino*, dim. de *mandola*, «instrumento musical de cordas»)
bandolina *n.f.* cosmético extraído das pevides do marmelo, usado para lustrar e segurar o cabelo (De orig. obsc.)
bandolinada *n.f.* MÚSICA concerto de bandolim (Do it. *mandolinata*, «id.»)
bandolinista *n.2g.* pessoa que toca bandolim (De *bandolim*+*-ista*)
bandoneon *n.m.* MÚSICA instrumento musical de palheta livre, típico das orquestras de tango argentino, formado por uma caixa retangular de madeira com um fole e dotado de dois teclados de botões (Do al. *Bandoneon*, «id.», de H. Band, antr., que inventou este instrumento em 1846)
bandoneonista *n.2g.* pessoa que toca bandoneon (De *bandoneon*+*-ista*)

bandónio

bandónio *n.m.* ⇒ **bandoneon**
bandoria *n.f.* **1** fação **2** [pop.] maldade **3** prejuízo **4** estrago **5** devastação causada por bandos de malfeitores **6** revolta **7** motim (De *bando*+-*aria*)
bandulho *n.m.* **1** primeira e maior das cavidades do estômago dos ruminantes, também conhecida por pança e ruminadoiro **2** [pop.] barriga; intestinos; *encher o* ~ [pop.] comer demasiado (Do lat. **pantucŭlu*-, dim. do lat. *pantĭce*-, «pança»)
bandurra *n.f.* MÚSICA instrumento do mesmo género do alaúde, com caixa de ressonância em forma de pera, seis pares de cordas e braço curto (Do lat. *pandūra*-, «alaúde de três cordas», pelo cast. *bandurria*, «id.»)
bandurrar *v.intr.* ⇒ **bandurrear** (De *bandurra*+-*ar*)
bandurrear *v.intr.* **1** tocar bandurra **2** [fig.] viver ociosamente; vadiar (De *bandurra*+-*ear*)
bandurrilha *n.f.* bandurra pequena ■ *n.2g.* **1** pessoa que toca bandurra; bandurrista **2** [fig.] vadio; malandro (De *bandurra*+-*ilha*)
bandurrista *n.2g.* pessoa que toca bandurra (De *bandurra*+-*ista*)
baneane *n.m.* [Moçambique] indivíduo de ascendência indiana que se dedica ao comércio (Do hind. *baniyan*, «id.», do sânsc. *vanij*, «id.»)
banezianismo *n.m.* desenvolvimento dado por Domingo Bañez, teólogo espanhol (1528-1604), à doutrina de S. Tomás sobre o concurso divino na ação do homem, isto é, sobre a graça e a predestinação (De *baneziano*+-*ismo*)
baneziano *adj.* relativo a D. Bañez, teólogo espanhol (1528-1604), ou à sua obra (De *D. Bañez*, antr. +-*iano*)
bângala *adj.* relativo aos Bângalas ■ *n.2g.* indivíduo pertencente aos Bângalas ■ *n.f.* língua do grupo quimbundo falada pelos Bângalas
Bângalas *n.m.pl.* ETNOGRAFIA tribo indígena da região de Luanda (Angola), do grupo linguístico dos Bantos (Do vernáculo *Mbangala*, etn., de *Bângala*, antr. de chefe militar)
bangaló *n.m.* ⇒ **bangalô**
bangalô *n.m.* **1** casa de um andar, rodeada por uma varanda, típica da Índia e de outros países asiáticos e de zonas tropicais **2** casa pequena, geralmente de madeira, utilizada para férias (Do hind. *bangalo*, «de Bengala», pelo ing. *bungalow*, «casa de um andar»)
bangão *adj.,n.m.* **1** [Angola] que ou pessoa que é vaidosa **2** [Angola] que ou pessoa que é garbosa (De *banga*, «vaidade»)
bangladechiano *adj.* relativo ou pertencente ao Bangladeche (país do sul da Ásia) ■ *n.m.* natural ou habitante do Bangladeche (De *Bangladeche*, top. +-*iano*)
bango¹ *adj.* relativo ou pertencente aos Bangos
bango² *n.m.* BOTÂNICA espécie de cânhamo-da-índia, do qual se extrai um estupefaciente, o haxixe, também conhecido por abanga e bangue (Do neo-árico *bhang*, «id.», pelo sânsc. *bhanga*, «id.»)
Bangos *n.m.pl.* ETNOGRAFIA povo da região de Benguela, em Angola, que vive sobretudo da caça (De *Bango*, top., do ganguela *mbangu*)
bangue *n.m.* BOTÂNICA ⇒ **bango**²
bangué *adj.* **1** relativo aos Bangués **2** indivíduo pertencente aos Bangués (Do quimb. *mbanguê*, «id.»)
bangueiro /gu-e/ *n.m.* **1** homem habituado ao bangue **2** bêbedo (De *bangue*+-*eiro*)
Bangués *n.m.pl.* ETNOGRAFIA povo indígena da região da Beira, Dondo e Cheringona (Moçambique) (De *Bangwé*, potamónimo, o atual rio Púngoe, afluente do Zambeze)
bangula *n.f.* **1** [Brasil] embarcação de pescaria; calungueira; garoupeira **2** [Angola] ORNITOLOGIA ⇒ **mangula**
bangulê *n.m.* género de dança negra (Do quimb.?)
banha *n.f.* **1** gordura animal, principalmente de porco; pingue **2** pomada odorífera para o cabelo **3** *pl.* [coloq.] excesso de gordura no corpo humano (De orig. obsc.)
banhar *v.tr.* **1** dar banho a; lavar **2** introduzir um objeto ou corpo em água ou em outro líquido; mergulhar **3** passar um líquido em **4** (rio, mar) correr junto de; passar em **5** (luz, claridade) inundar; derramar **6** cercar **7** regar **8** impregnar; humedecer ■ *v.pron.* **1** tomar banho **2** meter-se na água **3** nadar (Do lat. vulg. **baneāre*, de *balneāre*, «banhar-se»)
banheira *n.f.* **1** tina de louça, mármore ou esmalte, própria para tomar banho de imersão ou duche **2** [coloq., joc.] automóvel grande e geralmente antigo (Do lat. vulg. **baneariă*, por *balneariă*, «banhos; casa de banhos»)
banheiro *n.m.* **1** responsável por uma praia 2 salva-vidas que dá assistência aos banhistas **3** dono de um estabelecimento balnear **4** indivíduo que prepara o banho ou acompanha os banhistas no banho **5** (tina) ⇒ **banheira 1 6** [Brasil] casa de banho (De *banho*+-*eiro*)

banhista *n.2g.* **1** pessoa que toma banho no mar, no rio, ou em piscinas **2** pessoa em tratamento em local de águas medicinais (De *banho*+-*ista*)
banho *n.m.* **1** ação de mergulhar o corpo ou parte dele em água por motivos higiénicos ou de saúde ou para refrescar **2** ação de entrar e permanecer na água do mar, rio, lago, etc., para nadar ou por diversão **3** imersão de um corpo ou parte dele num líquido **4** preparação líquida ou solução na qual se mergulha um corpo **5** exposição a vapores, gases, raios solares, etc. **6** local onde se tomam banhos **7** *pl.* estabelecimento para uso terapêutico de águas medicinais, principalmente termais; termas **8** [fig.] ação de se impregnar do ou mergulhar em **9** [com maiúscula] ordem de cavalaria em Inglaterra; ~ *de assento* **1** banho tomado na posição de sentado; **2** [fig.] sacrifício de esperar muito tempo sentado; ~ *de sol* exposição ao sol para bronzeamento (Do lat. vulg. **banĕu*-, de *balnĕu*-, «banho; casa de banho»)
banho-maria *n.m.* CULINÁRIA processo de aquecimento ou cozedura de um alimento a uma temperatura suave, em que o recipiente onde o alimento aquece ou coze é mergulhado dentro de outro que contém água a ferver **2** CULINÁRIA conjunto dos dois recipientes anteriores; *em* ~ [coloq.] que demora a ser decidido; em suspenso
banhos *n.m.pl.* anúncio oficial de um casamento (Do germ. *ban*, «ordem, proclamação»)
banho turco *n.m.* exposição numa sala a elevada temperatura e cheia de vapor, seguida de uma imersão em água fria
baniano *n.m.* ⇒ **baneane**
banidor *n.m.* o que decreta banimento (De *banir*+-*dor*)
banimento *n.m.* **1** ação de banir **2** desterro (De *banir*+-*mento*)
banir *v.tr.* **1** expulsar da pátria; desterrar; exilar **2** expulsar de uma sociedade ou grupo; excluir **3** eliminar; suprimir; proibir (Do frânc. **bannjan*, «banir», pelo fr. *bannir*, «id.»)
banível *adj.2g.* que pode ou deve ser banido (De *banir*+-*vel*)
banja *n.f.* **1** [Moçambique] reunião; assembleia **2** [Moçambique] casamento; lar (Do niungue *ma banja*, «id.»)
banjo *n.m.* MÚSICA instrumento de braço comprido, com um número variável de cordas dedilhadas e o corpo central em forma de tambor (Do ing. *bandore*, «bandurra»)
banner *n.m.* mensagem publicitária colocada num sítio da internet, geralmente com um link ou endereço para outra página (Do ing. *banner*, «id.»)
banqueiro *n.m.* **1** pessoa com as funções de diretor num banco **2** proprietário de banco **3** aquele que, no jogo, maneja as cartas **4** encarregado de expedir bulas pontifícias **5** [fig.] pessoa muito rica (De *banco*+-*eiro*)
banqueta /ê/ *n.f.* **1** banco pequeno e sem encosto **2** degrau sobre o altar para colocação dos castiçais **3** a fileira destes castiçais **4** corte em forma de degrau na espessura de um parapeito de muralha **5** sólido de secção trapezoidal formado pelo balastro, existente sobre a via-férrea **6** parte superior do parapeito da janela **7** banco de janela **8** estrado utilizado pelos atiradores numa carreira de tiro para facilitar os disparos (De *banco*+-*eta*)
banquete *n.m.* **1** refeição solene com muitos convidados **2** refeição copiosa; festim; ~ *sagrado* comunhão eucarística (Do fr. *banquet*, «banquete», do it. *banchetto*, «banquinho» – num banquete, os convivas sentavam-se em banquinhos)
banqueteador *adj.,n.m.* que ou aquele que banqueteia ou se banqueteia (De *banquetear*+-*dor*)
banquetear *v.tr.* dar banquetes a ■ *v.pron.* **1** assistir a banquete **2** tratar-se à grande; regalar-se (De *banquete*+-*ear*)
banquisa *n.f.* **1** camada de gelo que cobre grandes extensões de mares polares, com maior espessura junto às costas, proveniente da congelação da água do mar, denominada também campo de gelo **2** banco de gelo que impede o acesso de embarcações à barra (Do escand. *bank-is*, «banco de gelo», pelo fr. *banquise*, «id.»)
bantabá *n.m.* **1** [Guiné-Bissau] local de reunião dos notáveis, com um estrado, construído à sombra de árvores frondosas **2** [Guiné-Bissau] terreiro onde se reúne a população quando de acontecimentos importantes (Do crioulo *bantaba*, «id.», sobre o mandinga *bantaba*, a partir de *bantan*, «poilão» +*ba*, «grande»)
banto *adj.* **1** relativo aos Bantos **2** diz-se dos idiomas africanos cuja flexão se faz por meio de prefixos ■ *n.m.* indivíduo pertencente aos Bantos
Bantos *n.m.pl.* ETNOGRAFIA grupo étnico que se impôs por toda a África subequatorial, determinando um vasto território linguístico (Do banto *bantu*, pl. de *muntu*, «povo»)
banza *n.f.* **1** MÚSICA espécie de guitarra africana, com quatro cordas **2** [pej.] banda musical pouco afinada **3** [Angola] residência do régulo

em África (Do quimb. *mbanza*, a partir de *(ku)banza*, «ponderar, pensar»)
banzado *adj.* **1** [coloq.] muito admirado; pasmado; surpreso **2** [coloq.] desapontado (Part. pass. de *banzar*)
banzar[1] *v.tr.* surpreender; espantar ■ *v.intr.* ficar pasmado; ficar surpreendido (De *banzo*+-*ar*)
banzar[2] *v.intr.* pensar; refletir (Do quimb. *(ku)banza*, «id.»)
banzé *n.m.* **1** [coloq.] festa ruidosa; folgança **2** [coloq.] grande ruído de vozes; barulheira (Do quimb. *mãzué*, «vozes; vozearia»)
banzeiro *adj.* **1** (mar) pouco agitado **2** (jogo) que se prolonga sem grande diferença para os parceiros **3** um tanto bêbedo; cambaleante **4** [Brasil] triste (De *banzo*+-*eiro*)
banzo *n.m.* [Angola] nostalgia mortal sentida pelos negros escravizados trazidos de África; saudade ■ *adj.* **1** [Brasil] triste; nostálgico **2** [Brasil] pasmado; surpreendido (Do quicongo *lubanzu*, «saudade», ou do quimb. *(ku)banza*, «ponderar, pensar»)
banzos *n.m.pl.* **1** as duas hastes compridas e paralelas da escada de mão onde se encaixam os degraus **2** braços do andor ou do esquife **3** ARQUITETURA parte de uma viga que resiste principalmente aos movimentos fletores (Do célt. **wankjos*, «trave; travessa»)
baobá *n.m.* BOTÂNICA árvore da família das Bombacáceas, de origem africana, que possui um tronco relativamente baixo mas extremamente grosso; embondeiro; melambeira (Do fr. *baobab*, «embondeiro»)
baobabe *n.m.* ⇒ **baobá**
baptismal ver nova grafia batismal
baptismo ver nova grafia batismo
baptista ver nova grafia batista
baptistério ver nova grafia batistério
baptizado ver nova grafia batizado
baptizando ver nova grafia batizando
baptizante ver nova grafia batizante
baptizar ver nova grafia batizar
baptizo ver nova grafia batizo
baque *n.m.* **1** ruído que um corpo faz ao cair **2** queda; tombo **3** [fig.] revés repentino e inesperado; choque; contratempo **4** [fig.] palpitação forte provocada por medo ou pressentimento; sobressalto (De orig. onom.)
baquear *v.intr.* **1** cair de repente; desabar **2** [fig.] arruinar-se ■ *v.pron.* prostrar-se (De *baque*+-*ear*)
baquelite *n.f.* QUÍMICA material plástico obtido a partir do fenol e do aldeído fórmico pelo químico belga L. Baekeland, 1863-1944 (De *L. Baekel(and)*, antr. +-*ite*)
baqueta /ê/ *n.f.* **1** vareta de madeira com que se percute o tambor, o timbale, etc. **2** vareta de guarda-sol (Do it. *bacchetta*, dim. de *bacchio*, «bastão»)
baquetar *v.tr.,intr.* ⇒ **baquetear** (De *baqueta*+-*ar*)
baquetear *v.tr.,intr.* bater com as baquetas (em) (De *baqueta*+-*ear*)
báquico *adj.* **1** relativo a Baco ou ao vinho **2** próprio de bêbedo **3** orgíaco; bacanal (Do gr. *bakkhikós*, «id.», pelo lat. *bacchĭcu-*, «id.»)
baquio *n.m.* LITERATURA pé de verso grego ou latino com uma sílaba breve e duas longas (Do gr. *bakkheîos*, «id.», pelo lat. *bacchĭu-*, «id.»)
baquista *n.2g.* **1** pessoa dada à embriaguez **2** frequentador de orgias (De *Baco*, mitol. +-*ista*)
bar[1] *n.m.* **1** estabelecimento noturno onde se servem bebidas, sobretudo alcoólicas, e se ouve música **2** local onde se servem bebidas e refeições leves, em escola, hotel, teatro, etc. **3** móvel onde se guardam bebidas alcoólicas, nas casas particulares; ~ *aberto* bebidas de graça, servidas geralmente num estabelecimento de diversão noturno (bar, discoteca, etc.) (Do ing. *bar*, «bar; botequim»)
bar[2] *n.m.* **1** FÍSICA unidade de medida de pressão equivalente a 10^5 pascais **2** FÍSICA símbolo desta unidade de medida (Do gr. *barýs*, «pesado»)
bar[3] *n.m.* peso indiano (de 141 a 330 quilogramas) (Do ár. *bahar*, «id.»)
baraça *n.f.* **1** correia que prende o linho à roca **2** baraço com que faz dançar o pião **3** baraço (De *baraço*)
baracejo /ê/ *n.m.* BOTÂNICA planta herbácea, da família das Gramíneas, afim do esparto e, como este, utilizada na indústria de seiras, capachos, esteiras, etc. (De *baraço*+-*ejo*)
baracha *n.f.* cada um dos taludes de terra batida que separam os talhões ou compartimentos das salinas e por onde os trabalhadores se deslocam; maracha (De *maracha*)
barachar *v.tr.* **1** guarnecer de barachas **2** separar com barachas (De *baracha*+-*ar*)

baraço *n.m.* **1** corda delgada **2** cordel; guita; baraça; *senhor de ~ e cutelo* indivíduo que exerce a sua vontade sem restrição (Do ár. *maraç*, «corda; cordel»)
barafunda *n.f.* **1** multidão desordenada **2** confusão; algazarra; tumulto; azáfama (Do cast. *barahunda*, «id.»)
barafundido *adj.* [Moçambique] confundido com a barafunda; confuso (De *barafunda*+-*ido*)
barafusta *n.f.* **1** ato de barafustar; argumentação desordenada **2** agitação (Deriv. regr. de *barafustar*)
barafustar *v.intr.* **1** movimentar o corpo descontroladamente; bracejar; debater-se **2** [coloq.] responder com maus modos ■ *v.tr.,intr.* [coloq.] protestar (com); reclamar (com) (De orig. obsc.)
baralha *n.f.* **1** conjunto de cartas necessárias para um jogo; baralho **2** o que sobra do baralho depois de dadas as cartas para jogar **3** [fig.] confusão; mistura **4** [fig.] altercação **5** *pl.* enredos (Deriv. regr. de *baralhar*)
baralhação *n.f.* ato ou efeito de baralhar algo; confusão; desordem (De *baralhar*+-*ção*)
baralhada *n.f.* confusão; desordem; baralha (Part. pass. fem. subst. de *baralhar*)
baralhador *adj.,n.m.* que ou aquele que baralha (De *baralhar*+-*dor*)
baralhamento *n.m.* **1** ato ou efeito de baralhar **2** ⇒ **baralhada** (De *baralhar*+-*mento*)
baralhar *v.tr.* **1** misturar (as cartas de jogar) **2** colocar fora de ordem; misturar; desordenar **3** [fig.] perturbar; confundir ■ *v.pron.* misturar-se **2** confundir-se (De orig. obsc.)
baralho *n.m.* **1** conjunto de cartas cujo número depende do jogo a que se destinam **2** conjunto de 52 cartas de jogar, divididas em 4 naipes (Deriv. regr. de *baralhar*)
barambaz *n.m.* **1** coisa pendente como sanefa **2** certa guarnição de vestido (De orig. obsc.)
baranho *n.m.* [regionalismo] cordão de erva ceifada à gadanha nos lameiros (De *maranha*?)
barão *n.m.* (feminino **baronesa**) **1** título nobiliárquico inferior ao de visconde **2** indivíduo que possui esse título **3** pessoa que se distingue pelos seus feitos, pela sua riqueza ou pelo seu poder (Do germ. **baro*, «homem livre, apto para a luta», pelo lat. *barōne-*, «mercenário», pelo fr. *baron*, «barão»)
barata[1] *n.f.* ZOOLOGIA inseto ortóptero, da família dos Blatídeos, com um corpo oval e chato e com antenas, veloz e muito voraz, em geral doméstico e de costumes noturnos; ~ *tonta* [coloq.] pessoa desorientada ou perdida; *ficar como uma ~* [coloq.] ficar furioso, enfurecer-se (Do lat. *blatta-*, «id.»)
barata[2] *n.f.* vasilha onde se bate leite para preparar manteiga (Do fr. *baratte*, «batedeira de nata»)
baratar *v.tr.* **1** desbaratar; desperdiçar **2** destruir (De orig. obsc.)
barataria *n.f.* **1** dádiva com mira interesseira **2** ato doloso ou culposo do capitão, mestre ou arrais de um navio de que resulte prejuízo para as mercadorias a bordo ou para o próprio navio (Do fr. *baraterie*, «roubo; fraude»)
barateador *n.m.* **1** o que barateia **2** depreciador (De *baratear*+-*dor*)
barateamento *n.m.* **1** ato ou efeito de baratear **2** baixa de preço (De *baratear*+-*mento*)
baratear *v.tr.* **1** tornar barato **2** regatear o preço de ■ *v.intr.* baixar de preço ■ *v.pron.* dar pouco valor a si próprio; menosprezar-se (De *barato*+-*ear*)
barateio *n.m.* ⇒ **barateamento** (Deriv. regr. de *baratear*)
barateira *n.f.* armadilha para caçar baratas (De *barata*+-*eira*)
barateiro *adj.,n.m.* que ou aquele que vende ou compra barato (De *barato*+-*eiro*)
barateza /ê/ *n.f.* **1** qualidade do que é barato **2** preço baixo (De *barato*+-*eza*)
baraticida *n.m.* droga para matar baratas (De *barata*+-*cida*)
baratim *n.m.* **1** [pop.] engano **2** engodo **3** logro **4** coisa falsa **5** palavras enganosas (Do fr. *baratin*, «discurso ilusório»)
baratinado *adj.* **1** [coloq.] logrado; intrujado; enganado **2** [coloq.] confuso; aturdido; atarantado (Part. pass. de *baratinar*)
baratinar *v.tr.* **1** [coloq.] seduzir com palavras falsas; enganar; intrujar **2** [coloq.] confundir; desorientar (De *baratim*+-*ar*, ou do fr. *baratiner*, «seduzir com palavras mentirosas»)
baratinha *n.f.* **1** árvore do Amazonas, da família das Leguminosas **2** ponta de cigarro **3** [Brasil] automóvel pequeno (De *barata*+-*inha*)
barato *adj.* **1** que custa pouco dinheiro **2** que se vende por preço baixo **3** sem originalidade; banal; vulgar **4** [fig.] fácil de conseguir ■ *n.m.* **1** percentagem paga ao dono de uma casa de jogo, deduzida dos ganhos do jogo **2** favor; benefício **3** concessão; facilidade

báratro

4 [Brasil] [coloq.] aquilo que é muito bonito ou proporciona prazer ■ *adv.* por baixo preço (Deriv. regr. de *baratar*)

báratro *n.m.* **1** voragem; precipício **2** inferno (Do gr. *bárathron*, «abismo», pelo lat. *barăthru-*, «id.»)

baratrómetro *n.m.* instrumento destinado a medir a velocidade e a determinar a direção das correntes submarinas (Do gr. *bárathron*, «abismo» +*métron*, «medida»)

barba *n.f.* **1** conjunto de pelos que se desenvolvem no queixo e nas faces do homem adulto ou no focinho de alguns animais **2** queixo; mento **3** cada uma das ramificações laterais do ráquis de uma pena **4** feixe de arestas ou de outros órgãos filiformes de algumas plantas, como os estiletes das flores do milho (barbas-de--milho) **5** pragana de uma espiga **6** *pl.* pagamento anual ao barbeiro pelos serviços prestados; *dar água pela* ~ ser muito difícil, ser muito penoso; *já ter barbas* ser muito conhecido, ser velho; *pôr as barbas de molho* precaver-se contra um perigo iminente (Do lat. *barba-*, «barba»)

barba-azul[1] *n.m.* **1** homem que possui muitas mulheres **2** marido que trata a sua mulher com crueldade (De *Barba-Azul*, nome do protagonista de um conto do escritor fr. Charles Perrault, 1628-1703)

barba-azul[2] *n.m.* ORNITOLOGIA nome vulgar de um pássaro de plumagem azul, vulgar na região do Amazonas

barbacã *n.f.* **1** muro anteposto às muralhas e mais baixo do que estas, para defender o fosso **2** fresta na muralha para atirar sobre o inimigo (Do fr. *barbacane*, «id.», ou do it. *barbacana*, «id.»)

barbaçana *n.m.* ⇒ **barbaças** (De *barbaças+-ana*)

barbaças *n.m.2n.* **1** homem com barba comprida e mal cuidada **2** ancião respeitável **3** cão empregado na caça da lebre e do coelho (De *barba+-aças*)

barbaçudo *adj.* com muita barba ou com barbas grandes (De *barbaças+-udo*)

barbada *n.f.* **1** base do lábio inferior do cavalo, premida pela barbela do freio **2** barbela dos bovinos (De *barba+-ada*)

barba-de-baleia ver nova grafia barba de baleia

barba de baleia *n.f.* peça laminar, córnea, que se encontra na parte superior da cavidade bucal de alguns cetáceos

barba-de-bode *n.f.* BOTÂNICA planta herbácea, de raiz comestível, da família das Compostas, também conhecida por salsifi-negro e escorcioneira

barba-de-cabra *n.f.* BOTÂNICA ⇒ **arunco**

barbadinho *n.m.* **1** frade franciscano que usava barba comprida **2** BOTÂNICA ⇒ **amor-do-campo** ■ *adj.* **1** designativo do frade franciscano que usava barba comprida **2** com pouca barba (De *barbado+-inho*)

barbado *n.m.* **1** videira nova com raiz desenvolvida, para plantar **2** [Brasil] ZOOLOGIA ⇒ **bugio** ■ *adj.* que tem barba (Do lat. *barbătu-*, «id.»)

barbaísco *n.m.* ICTIOLOGIA ⇒ **badião** (De orig. obsc.)

barbal *n.m.* rede para a pesca do barbo, no rio Douro (De *barbo+-al*)

barbalho *n.m.* raiz filamentosa; radícula (De *barba+-alho*)

barbalhoste *adj.2g.* com pouca barba ■ *n.m.* [fig.] pessoa sem valor (De *barbalho*)

barbante *n.m.* fio para atar; guita; cordel; baraço (De *Brabante*, top.)

barbar *v.intr.* **1** começar a ter barba **2** (planta) criar raízes (De *barba+-ar*)

barbaresco[1] /ê/ *adj.* próprio de bárbaro (De *bárbaro+-esco*)

barbaresco[2] /ê/ *adj.* ⇒ **berberesco** (De *berberesco*)

barbar(i)- elemento de formação de palavras que exprime a ideia de *bárbaro, cruel, estrangeiro* (Do gr. *bárbaros*, «estrangeiro; cruel», pelo lat. *barbăru-*, «bárbaro; estrangeiro»)

barbaria *n.f.* **1** multidão de bárbaros **2** terra de bárbaros **3** barbárie **4** barbaridade; grosseria (De *bárbaro+-ia*)

barbarice *n.f.* **1** rudeza de bárbaro **2** selvajaria **3** vandalismo (De *bárbaro+-ice*)

barbárico *adj.* ⇒ **barbaresco**[1] (Do gr. *barbarikós*, «de bárbaro», pelo lat. *barbarĭcu-*, «bárbaro»)

barbaridade *n.f.* **1** ação própria de bárbaro; barbaria; crueldade **2** disparate; asneira **3** ⇒ **barbarismo 3** (De *bárbaro+-i-+-dade*)

barbárie *n.f.* **1** estado ou condição de bárbaro; barbaria **2** erro de linguagem ou de escrita; barbarismo **3** ato de extrema violência; barbaridade (Do lat. *barbarĭe-*, «o país dos Bárbaros»)

barbariloquia *n.f.* uso de linguagem bárbara (Do lat. *barbăru-*, «bárbaro» +*loqui*, «falar» +-*ia*)

barbarisco *adj.* ⇒ **barbaresco**[1] (De *berberesco*)

barbarismo *n.m.* **1** estado ou condição de bárbaro; barbárie **2** ato ou comportamento cruel; crueldade; barbaridade **3** GRAMÁTICA uso de formas linguísticas que não estão de acordo com os princípios e regras de uma língua (pronúncia incorreta, troca de letras, uso de formas gramaticais erradas ou emprego de palavras com significado diferente do exato) **4** GRAMÁTICA forma linguística produzida dessa forma **5** uso de vocábulos ou locuções estrangeiras (considerado reprovável pelos puristas) (Do gr. *barbarismós*, «linguagem ininteligível», pelo lat. *barbarismu-*, «barbarismo»)

barbarização *n.f.* ato ou efeito de barbarizar (De *barbarizar+-ção*)

barbarizar *v.tr.,pron.* tornar(-se) bárbaro, selvagem; embrutecer; asselvajar(-se) ■ *v.intr.* dizer ou escrever barbarismos (Do gr. *barbarízein*, «agir ou falar como um bárbaro», pelo lat. *barbarizāre*, «id.»)

bárbaro *adj.* **1** brutal; desumano; feroz **2** rude; grosseiro **3** diz-se do estilo que não é correto ■ *n.m.* **1** indivíduo pertencente aos Bárbaros **2** pessoa que manifesta comportamento violento; pessoa brutal (Do gr. *bárbaros*, «estrangeiro; cruel; bárbaro», pelo lat. *barbăru-*, «id.»)

barbarolexia /cs/ *n.f.* **1** LINGUÍSTICA formação de um vocábulo com elementos oriundos de línguas diferentes **2** pronúncia incorreta de uma palavra estrangeira (Do gr. *bárbaros*, «estrangeiro» +*léxis*, «dicção» +-*ia*)

Bárbaros *n.m.pl.* **1** ETNOGRAFIA antigos povos do Norte que invadiram o Império Romano do Ocidente **2** estrangeiros, em relação aos antigos Gregos e Romanos (Do gr. *bárbaros*, «estrangeiro; cruel», pelo lat. *barbăru-*, «bárbaro»)

barbasco *n.m.* BOTÂNICA ⇒ **verbasco** (Do lat. *verbascu-*, «verbasco»)

barbas-de-velho *n.f.pl.* BOTÂNICA planta herbácea, da família das Ranunculáceas, espontânea em Portugal

barbata[1] *n.f.* região normalmente desdentada da boca do cavalo, onde assenta o freio (De *barba+-ata*)

barbata[2] *n.f.* ⇒ **bravata** (De *bravata*)

barbatana *n.f.* **1** ZOOLOGIA órgão formado por uma membrana e pelo esqueleto ósseo ou cartilaginoso que a sustém, com uma função propulsora e estabilizadora na locomoção dos peixes e cetáceos **2** peça de calçado de borracha, larga e espalmada, usada pelos nadadores para se deslocarem com maior velocidade dentro de água **3** vareta flexível que serve para armação de cintas, coletes, etc. **4** bengala fina **5** pingalim (De *barba*, através da forma **barbitana*, de **barbita*, dim. de *barba*)

barbato *n.m.* leigo de ordem religiosa que usa barba comprida ■ *adj.* que tem cabelos (Do lat. *barbātu-*, «barbado; que tem barba»)

barbeação *n.f.* **1** ato ou efeito de barbear ou de se barbear **2** rasoura (De *barbear+-ção*)

barbear *v.tr.* cortar a barba a ■ *v.pron.* fazer a barba a si próprio (De *barba+-ear*)

barbearia *n.f.* **1** estabelecimento onde os homens cortam o cabelo e fazem a barba **2** profissão de barbeiro (De *barbear+-aria*)

barbechar *v.tr.* **1** preparar o barbecho ou alqueive para a sementeira **2** alqueivar (Do cast. *barbechar*, «preparar a terra para a sementeira»)

barbecho /ê/ *n.m.* ⇒ **barbeito** (Do cast. *barbecho*, do lat. *vervăctu-*, «terra deixada de pousio; alqueive»)

barbecue *n.m.* refeição ao ar livre que consta essencialmente de carne ou legumes grelhados na brasa; churrasco (Do ing. *barbecue*, «id.»)

barbeiragem *n.f.* passagem de um automóvel rente a outro ou a um obstáculo (De *barbeiro+-agem*)

barbeirice *n.f.* **1** ato ou dito próprio de barbeiro **2** imperícia **3** mezinha (De *barbeiro+-ice*)

barbeiro *n.m.* **1** indivíduo cuja profissão é cortar o cabelo e fazer a barba a homens **2** barbearia **3** [fig.] vento frio e cortante que irrita a cara **4** [coloq.] indivíduo que não é hábil na sua profissão **5** curandeiro **6** [Brasil] ZOOLOGIA inseto hemíptero, hematófago, de hábitos noturnos, transmissor da doença de Chagas ou tripanossomíase americana (De *barba+-eiro*)

barbeirola *n.f.* [depr.] barbeiro pouco hábil; rapa-barbas **2** [depr.] mau médico (De *barbeiro+-ola*)

barbeito *n.m.* **1** primeira lavra de um terreno **2** terra lavrada, deixada em descanso para aumentar a sua força produtiva; alqueive **3** muro que divide propriedades rurais (Do lat. *vervăctu-*, «terra deixada de pousio»)

barbela *n.f.* **1** dobra desenvolvida da pele pendente da parte inferior do pescoço, especialmente dos bovinos, também denominada barbada e papada **2** saliência adiposa por baixo do queixo **3** peça ou cadeia de ferro que guarnece e aperta a barbada do

cavalo 4 farpinha do anzol e da agulha de meia ou de croché 5 queixo 6 barba (Do lat. *barbella-, por barbŭla-, «barba pequena»)
barbelado adj. que possui barbela (Part. pass. de barbelar)
barbelar v.tr. 1 pôr barbela a 2 farpar (De barbela+-ar)
barbelões n.m.pl. pequenos tumores, bolhas ou dobras na língua do gado cavalar ou bovino (Do fr. barbillon, «id.»)
barbeta n.f. plataforma donde a artilharia disparava sobre o parapeito (De barbette, «id.»)
barbi- elemento de formação de palavras que exprime a ideia de barba, pelos (Do lat. barba-, «barba»)
barbialçado adj. 1 que tem a barba levantada 2 [fig.] de cara levantada (De barbi-+alçado)
barbica n.f. 1 barba pequena 2 barbicha (De barba+-ica)
barbicacho n.m. 1 cabeçada de corda para bestas; cabresto 2 obstáculo; empecilho 3 ⇒ **berbicacho** 4 [Brasil] laço de couro com que os vaqueiros prendem o chapéu ao queixo 5 [Brasil] condição necessária para que um negócio se concretize; *pôr ~ em* [Brasil] impor obediência a; sujeitar, constranger (De barbi-+queixo)
barbiças n.m.2n. ⇒ **barbichas** (De barba+-iça)
barbicha n.f. 1 barba de pelo curto e raro 2 barba pequena geralmente em ponta (Do fr. barbiche, «pequena barba no queixo»)
barbichas n.m.2n. homem com pouca barba e de aspeto desagradável (De barbicha)
barbífero adj. que tem barba (De barbi-+-fero)
barbiforme adj.2g. com aspeto de barba (De barbi-+-forme)
barbilha n.f. 1 barba curta 2 corte que se faz na extremidade de uma peça de madeira para poder encaixar noutra (Do cast. barbilla, «ponta da barba»)
barbilhão n.m. 1 saliência carnosa por debaixo do bico de algumas aves 2 excrescência na mucosa bucal dos bovídeos 3 ⇒ **barbilho** 1 (Do fr. barbillon, «barbilhão»)
barbilho n.m. 1 formação tegumentar, filiforme, que guarnece externamente a boca de alguns peixes, também denominada barbilhão 2 espécie de saco de rede que se adapta ao focinho de alguns animais, especialmente para que estes não possam mamar ou danificar as plantas 3 açaimo 4 [fig.] embaraço (Do lat. *barbicŭlu-, «pequena barba»)
barbiloiro adj. ⇒ **barbilouro** (De barbi-+loiro)
barbilongo adj. que tem barba comprida (De barbi-+longo)
barbilouro adj. que tem barba loura (De barbi-+louro)
barbinegro adj. que tem barba preta (De barbi-+negro)
barbípede adj.2g. que tem os membros locomotores (ou os pés) guarnecidos de pelos (De barbi-+-pede)
barbipoente adj.2g. ⇒ **barbiponente**
barbiponente adj.2g. que principia a ter barba (Do lat. barba-, «barba»+ponente-, «que cria», part. pres. de ponĕre, «pôr; criar; construir»)
barbirrostro /ô/ adj. que tem formações filiformes (como pelos) no bico (De barbi-+-rostro)
barbirruivo adj. que tem a barba ou as penas ruivas (De barbi-+ruivo)
barbital n.m. FARMÁCIA substância usada como antiespasmódico e hipnótico (De barbit[úrico]+-al)
barbiteso /ê/ adj. 1 de barba rija 2 [fig.] enérgico 3 dominador (De barbi-+teso)
barbiturato n.m. QUÍMICA, FARMÁCIA nome genérico dos sais do ácido barbitúrico (De barbitúr(ico)+-ato)
barbitúrico adj. FARMÁCIA diz-se dos compostos derivados do ácido barbitúrico, de propriedades hipnóticas e antiespasmódicas, utilizados no tratamento da ansiedade, insónias, depressão, etc. ■ n.m. FARMÁCIA medicamento feito com esses compostos; *ácido ~* QUÍMICA, FARMÁCIA ácido obtido a partir da ureia e do ácido malónico, de que derivam os barbituratos (Do fr. barbiturique, «id.»)
barbiturismo n.m. MEDICINA intoxicação produzida por barbitúricos (Do fr. barbiturisme, «id.»)
barbo n.m. ICTIOLOGIA peixe de água doce (representado em Portugal por duas espécies), da família dos Ciprinídeos, prateado ou dourado, sem dentes e com quatro barbilhões, também denominado cumbo e cuva (Do lat. barbu-, «barbo», assim chamado pelos barbilhos que o caracterizam)
barbote n.m. 1 parte do elmo que defendia a cara, do nariz para baixo 2 nó ou saliência resultante da emenda do fio ao tear (De barba+-ote)
barbotina n.f. 1 pasta cerâmica líquida, mistura de argila e água, utilizada para produzir peças cerâmicas utilitárias e para fazer os moldes de vazamento de metais fundidos 2 BOTÂNICA semente do absinto 3 BOTÂNICA flores não desabrochadas de diversas espécies de artemísia (Do fr. barbotine, «id.»)

barbozinho n.m. 1 excrescência ou tumor na boca do cavalo e de outros animais 2 ⇒ **barbilho** 1 (De barbo+z+-inho)
barbuda n.f. 1 antiga moeda portuguesa de prata que valia 36 réis 2 espécie de capacete antigo 3 ⇒ **barbudo** n.m. 2 (Do fr. barbute, «capacete que deixava ver a barba»)
barbudo adj. que possui muita barba ■ n.m. 1 indivíduo que tem muita barba 2 ORNITOLOGIA pequena ave insetívora, tropical, da família dos Buconídeos, que, no Brasil, é também designada por joão--barbudo e barbuda (De barba+-udo)
bárbula¹ n.f. cada uma das ramificações filiformes das barbas das penas (Do lat. barbŭla-, «pequena barba»)
bárbula² n.f. pequeno machado usado antigamente pela cavalaria (De orig. obsc.)
barca n.f. 1 antiga embarcação de um ou dois mastros 2 embarcação larga e pouco funda para serviços fluviais e marítimos 3 canção de barqueiros 4 [com maiúscula] ASTRONOMIA Ursa Maior 5 pl. [fig.] pés ou sapatos grandes; *~ de Caronte* MITOLOGIA barca que, segundo a mitologia, levava as almas para os Infernos através do lago Estige; *~ de S. Pedro* RELIGIÃO a Igreja Católica; *saber guiar a sua ~* [fig.] saber governar a sua vida (Do lat. barca-, «barca»)
barça n.f. 1 invólucro de verguinha ou palha com que se resguardam vasos de vidro 2 cestos em que os caçadores levam o furão (Corrup. de balça)
barcaça n.f. 1 grande barca 2 embarcação para serviços auxiliares de navegação, transportes, etc. (Do it. barcaccia, «id.», pelo fr. barcasse ou prov. barcasso, «id.»)
barcada n.f. a carga de um barco (De barco+-ada)
barcafom n.m. [Guiné-Bissau] saco de couro ou fibras vegetais, que o camponês usa a tiracolo, com as provisões para o dia ou o caminho (Do crioulo guineense barkafón, «mochila»)
barcagem n.f. 1 contrato de transporte em barco 2 aluguer de barco 3 carga de um barco (De barco+-agem)
barcarola n.f. 1 canção dos barqueiros italianos e gondoleiros de Veneza 2 peça vocal ou instrumental cujo ritmo sugere o balançar das águas, cultivada, sobretudo, na época romântica (Do it. barcarola, «id.»)
barca-volante n.f. nome de um aparelho de pesca
barceiro n.m. fabricante ou negociante de barças (De barça+-eiro)
barcelada n.f. fiozinho com que se liga a pata do anzol em alguns aparelhos de pesca (De orig. obsc.)
barcelense adj.2g. referente a Barcelos, cidade portuguesa do distrito de Braga ■ n.2g. natural ou habitante de Barcelos (De Barcelos, top. +-ense)
barcelonês adj. relativo à cidade espanhola de Barcelona ■ n.m. natural ou habitante de Barcelona (Do cat. barcelonés, «id.»)
barco n.m. 1 embarcação de pequenas dimensões e sem coberta 2 qualquer embarcação; *estar no mesmo ~* estar numa situação idêntica (De barca)
barcolas n.f.pl. NÁUTICA bordas em que encaixam os quartéis que fecham as escotilhas (De barco+-ola)
barco-patrulha n.m. barco especialmente equipado para patrulhar a costa marítima
barda¹ n.f. 1 tapume formado por silvas ou ramos de outras plantas; sebe 2 divisão de madeira num carro 3 pranchão com que se escoram ou protegem muros ou paredes 4 camada 5 quantidade; *em ~* em grande quantidade, muito (De orig. obsc.)
barda² n.f. armadura de ferro para o peito do cavalo (Do ár. barda'a, «albarda», pelo fr. barde, «id.» ou pelo it. barda, «sela»)
bardana n.f. BOTÂNICA planta da família das Compostas, com flores pequenas e róseas e frutos capsulares, espontânea em Portugal, também conhecida por amores e pegamasso (Do lat. *parietāna-, por parietīna-, «das paredes», pelo fr. bardane, «bardana»)
bardana-maior n.f. BOTÂNICA planta da família das Compostas, pouco frequente em Portugal
bardana-menor n.f. BOTÂNICA planta da família das Ambrosiáceas, espontânea em Portugal
bardar v.tr. 1 cercar com bardas 2 cobrir com bardas (De barda+-ar)
bárdico adj. que diz respeito à poesia ou ao tempo dos bardos (De bardo+-ico)
bardino n.m. 1 [pop.] valdevinos 2 estroina 3 homem cruel 4 ratoneiro (De orig. obsc.)
bardo¹ n.m. 1 tapume formado por silvas ou ramos de outras plantas; barda 2 fila de videiras ligadas a estacas e arames que formam um suporte vertical 3 curral onde pernoita o gado miúdo; redil (De barda)
bardo² n.m. 1 poeta, entre os celtas 2 trovador; poeta (Do lat. bardu-, «cantor e poeta gaulês»)

barege *n.m.* tecido de lã originário do vale francês de Barèges, localidade francesa nos Pirenéus (De *Barèges*, top.)

baregina *n.f.* certa substância orgânica encontrada numas águas minerais em Barèges, localidade francesa nos Pirenéus (De *Barèges*, top. +-*ina*)

baremita *adj.2g.* relativo ou pertencente ao Barém, arquipélago situado no golfo Pérsico ■ *n.2g.* natural ou habitante do Barém

barga *n.f.* 1 espécie de rede de emalhar 2 palhoça; cabana (De orig. obsc.)

barganha *n.f.* 1 troca 2 trapaça 3 [Brasil] pequeno negócio (Deriv. regr. de *barganhar*)

barganhar *v.tr.* negociar com dolo ■ *v.tr.,intr.* 1 [coloq.] negociar por meio de troca de favores 2 [pej.] sobretudo em política, trocar favor ou privilégio de forma pouco ética 3 pedir redução no preço de (algo); regatear (Do fr. ant. *bargaignier*, «id.», ou do it. *bargagnare*, «id.»)

bargantaria *n.f.* vida ou ações de bargante; velhacaria (De *bargante*+-*aria*)

bargante *n.2g.* 1 pessoa que age de uma forma desprezível; biltre 2 pessoa sem vergonha; libertino (Do cast. *bergante*, «id.», do it. *brigante*, «bandido»)

bargantear *v.intr.* levar vida de bargante (De *bargante*+-*ear*)

bargela *n.f.* ICTIOLOGIA peixe teleósteo da família dos Triglídeos, existente em Portugal (De orig. obsc.)

bargueiro *n.m.* 1 aquele que faz bargas 2 indivíduo que pesca com bargas (De *barga*+-*eiro*)

bari- elemento de formação de palavras que exprime a ideia de *pesado*, *grave*, *difícil*; *peso*, *gravidade* (Do gr. *barýs*, «pesado»)

bária *n.f.* FÍSICA unidade de pressão do antigo sistema de unidades CGS (centímetro, grama, segundo), com valor igual à pressão de um dine por centímetro quadrado (ou seja, 10^{-1} pascais) (Do gr. *barié*, vocábulo jónico equivalente a *báros*, «peso»)

barião *n.m.* FÍSICA termo genérico utilizado para designar os nucleões e hiperões, isto é, partículas fundamentais de massa igual ou maior que a do protão (Do gr. *barýs*, «pesado»+-*ão*, por analogia com protão)

baricêntrico *adj.* 1 relativo ao baricentro 2 GEOMETRIA diz-se do sistema de coordenadas em que, na geometria plana, um ponto é determinado relativamente a outros três pontos fixos, ou relativamente aos quatro vértices de um tetraedro fixo, em geometria espacial

baricentro *n.m.* FÍSICA centro de gravidade de um corpo; **~ de um triângulo** GEOMETRIA ponto de interseção das medianas de um triângulo (Do gr. *barýs*, «pesado»+*kéntron*, «centro»)

bárico[1] *adj.* relativo ao bário (De *bário*+-*ico*)

bárico[2] *adj.* que diz respeito a peso (Do gr. *barýs*, «pesado» +-*ico*)

barifonia *n.f.* dificuldade em falar (Do gr. *baryphonía*, «voz grave ou forte»)

bariglossia *n.f.* embaraço da língua que perturba a fala (Do gr. *baryglóssos*, «que tem a língua pesada; maldizente»)

baril *adj.2g.* [coloq.] muito bom; fantástico; ótimo; excelente (Provavelmente do cig. *baré* ou *bari*, «grande, enorme»)

barinel *n.m.* antiga embarcação de carga a remos e por vezes à vela, usada no Mediterrâneo (Do lat. *ballenarŭ*-, deriv. de *ballena*-, «baleia», pelo cast. *ballener* ou pelo fr. *ballenier*, «barco equipado para a pesca da baleia», com met.)

bário *n.m.* QUÍMICA metal esbranquiçado, semelhante ao cálcio, com o número atómico 56 e o símbolo Ba, que se encontra na natureza sobretudo em estado de sulfato e de carbonato (o sulfato de bário, de suspensão aquosa opaca aos raios X, é empregado nos exames radiológicos do tubo digestivo) (Do gr. *barýs*, «pesado»)

barisfera *n.f.* GEOGRAFIA parte central da Terra, formada possivelmente por ferro e níquel, num estado físico mal definido, com a densidade média de 11; núcleo central; nife (Do gr. *barýs*, «pesado» +*sphaïra*, «esfera»)

barista *adj.,n.2g.* especialista ou designativo do especialista na preparação de cafés e/ou de bebidas à base de café (De *bar*+-*ista*)

barite *n.f.* 1 MINERALOGIA designação, caída em desuso, do hidróxido de bário 2 ⇒ **baritina** (De *bário*+-*ite*)

baritina *n.f.* MINERALOGIA mineral (sulfato de bário) que cristaliza no sistema ortorrômbico e é também conhecido por barite, baritite e espato pesado (De *barite*+-*ina*)

baritite *n.f.* ⇒ **baritina** (De *barite*+-*ite*)

barítono *n.m.* MÚSICA voz masculina entre a do baixo e a do tenor (Do gr. *barýtonos*, de *barýs*, «pesado» +*tónos*, «tom da voz»)

barjuleta /ê/ *n.f.* 1 bolsa de couro 2 mochila (Do cast. *barjuleta*, «bolsa de caminhante»)

barlaventear *v.intr.* dirigir-se (o navio) contra o vento (De *barlavento*+-*ear*)

barlaventejar *v.intr.* ⇒ **barlaventear** (De *barlavento*+-*ejar*)

barlavento *n.m.* 1 lado de onde o vento sopra 2 NÁUTICA bordo da embarcação voltado para o lado de onde o vento sopra 3 no Algarve, parte da costa entre o cabo de Santa Maria e Sagres, porque são de oeste os ventos dominantes (De orig. obsc.)

barman *n.m.* aquele que prepara e serve bebidas num bar; empregado de bar (Do ing. *barman*, «id.»)

barn *n.m.* FÍSICA unidade em que se exprimem as secções eficazes nas colisões nucleares, igual a 10^{-24} cm² (Do ing. *barn*, «id.»)

Barnabitas *n.m.pl.* clérigos regulares de S. Paulo, ordem que tirou o seu nome da igreja de S. Barnabé, em que oficiaram (Do it. *barnabita*, «id.»)

baro- elemento de formação de palavras que exprime a ideia de *peso*, *gravidade* (Do gr. *báros*, «peso»)

baroado *n.m.* ⇒ **baronato** (De *barão*+-*ado*)

baroclínico *adj.* diz-se de uma condição característica da atmosfera que leva a densidade (ou temperatura) do ar, numa superfície isobárica, a não ser constante (Do gr. *báros*, «peso» +*klínein*, «inclinar» +-*ico*)

baroco[1] /ô/ *n.m.* 1 palavra mnemónica que, na lógica medieval, exprimia o 4.º modo da 2.ª figura do silogismo 2 palavra mnemónica indicativa de um silogismo

baroco[2] /ô/ *n.m.* ⇒ **barroco**[2] (De *baroco*[1], que passou a significar absurdo, confuso)

barógrafo *n.m.* 1 FÍSICA instrumento meteorológico que serve para registar as variações da pressão atmosférica; barómetro registador (De *baro*-+-*grafo*)

barograma *n.m.* registo gráfico das variações da pressão atmosférica, dadas pelo barógrafo durante certo período, geralmente durante uma semana (De *baro*-+-*grama*)

barologia *n.f.* FÍSICA estudo da gravidade

barometria *n.f.* parte da física que trata da medida da pressão atmosférica (De *baro*-+-*metria*)

barométrico *adj.* 1 relativo a barómetro 2 avaliado por meio de barómetro; **câmara barométrica** FÍSICA espaço compreendido entre o nível do mercúrio, no tubo de Torricelli, e a extremidade superior deste, que não contém ar (De *barometria*+-*ico*)

barómetro *n.m.* 1 FÍSICA instrumento que serve para medir a pressão atmosférica 2 conjunto de indicadores que refletem uma determinada situação (política, económica, etc.) (Do gr. *báros*, «peso» +*métron*, «medida»)

barometrógrafo *n.m.* barómetro registador (Do gr. *báros*, «peso» +*métron*, «medida» +*gráphein*, «registar»)

baronato *n.m.* título ou dignidade de barão; baronia (Do lat. *barōne*-, «mercenário», pelo fr. *baron*, «barão» +-*ato*)

baronesa *n.f.* (*masculino* **barão**) 1 mulher que possui um baronato 2 esposa de um barão 3 [Brasil] BOTÂNICA planta aquática, da família das Ninfeáceas, com flor azul 4 *pl.* brincos de ouro em forma de lira (De *barão*+-*esa*)

baronete /ê/ *n.m.* título conferido aos membros de uma ordem de cavalaria na Inglaterra (Do ing. *baronet*, «id.»)

baronia *n.f.* ⇒ **baronato** (Do fr. *baronnie*, «id.»)

baronial *adj.2g.* concernente a baronia ou aos barões (De *baronia*+-*al*)

baronizar *v.tr.* outorgar o título de barão a (Do fr. *baron*, «barão» +-*izar*)

barosânemo *n.m.* instrumento que avalia a força de impulsão do vento (Do gr. *báros*, «peso» +*ánemos*, «vento»)

baroscópio *n.m.* 1 FÍSICA instrumento que serve para mostrar que os gases exercem uma impulsão sobre os corpos que neles mergulham 2 nome que antigamente se dava ao barómetro (Do gr. *báros*, «peso» +*skopeïn*, «observar»)

barostática *n.f.* FÍSICA estudo do equilíbrio dos corpos, no âmbito da gravidade (De *báros*, «peso» +*statikós*, «relativo ao equilíbrio dos corpos»)

baróstato *n.m.* FÍSICA aparelho utilizado para manter constante a pressão no interior de um recipiente (Do gr. *báros*, «peso» +*statós*, «estável; que está»)

barotaxia /cs/ *n.f.* BIOLOGIA excitabilidade dos organismos à ação de diferentes pressões (Do gr. *báros*, «peso» +*táxis*, «ordenação» +-*ia*)

barotermógrafo *n.m.* FÍSICA aparelho, formado por um barógrafo e um termógrafo, que regista simultaneamente as variações da pressão atmosférica e da temperatura, durante certo tempo (Do gr. *báros*, «peso» +*thérme*, «calor» +*gráphein*, «escrever»)

barotermómetro *n.m.* FÍSICA aparelho destinado a medir, simultaneamente, a pressão atmosférica e a temperatura, constituído

pela associação de um barómetro e de um termómetro (De *baro-+termómetro*)
barotrauma n.m. MEDICINA doença relacionada com mudanças de pressão dentro do organismo (De *baro-+trauma*)
barotraumatismo n.m. MEDICINA lesão motivada por alterações bruscas e repetidas da pressão atmosférica (De *baro-+traumatismo*)
barotropia n.f. METEOROLOGIA qualidade de barotrópico (Do gr. *báros*, «peso»+*trópos*, «volta»+*-ia*)
barotrópico adj. diz-se de um fluido cuja densidade depende da pressão (Do gr. *báros*, «peso» +*trópos*, «volta» +*-ico*)
barotropismo n.m. tropismo cuja causa é a pressão (De *baro-+tropismo*)
barquear v.intr. 1 andar de barco 2 dirigir o barco (De *barco+-ear*)
barqueira n.f. 1 aparelho de pesca constituído por duas varas ligadas que têm linhas com muitos anzóis 2 mulher que tripula um barco 3 variedade de maçã (De *barqueiro*)
barqueiro n.m. pessoa que tripula um barco; ~ *do Inferno* Caronte; ~ *passa* ~ os da mesma profissão ajudam-se mutuamente (De *barco+-eiro*)
barquejar v.intr. ⇒ **barquear** (De *barco+-ejar*)
barquense adj.2g. referente à vila portuguesa de Ponte da Barca, no distrito de Viana do Castelo ■ n.2g. natural ou habitante desta localidade (De *P. da Barca*, top. +*-ense*)
barqueta /ê/ n.f. barca pequena (De *barca+-eta*)
barquilha n.f. instrumento com que se avalia a velocidade do navio à vela movido pelo vento (Do cast. *barquilla*, «instrumento para calcular o caminho andado»)
barquilheiro n.m. vendedor ambulante de barquilhos (Do cast. *barquillero*, «id.»)
barquilho n.m. 1 CULINÁRIA bolacha feita de uma massa seca, que se enrola em forma de cone 2 CULINÁRIA massa em forma de barco, recheada de ovos moles (Do cast. *barquillo*, «id.»)
barquinha n.f. 1 espécie de cesto pendente num aeróstato onde viajam os aeronautas 2 barca pequena (De *barca+-inha*)
barra n.f. 1 bloco de metal sólido de forma retangular; lingote 2 peça longa e estreita de metal, madeira, etc. 3 DESPORTO (ginástica) aparelho constituído por uma trave de madeira ou metal colocada sobre dois suportes verticais, utilizado para exercícios de impulso, rotação e balanço; barra fixa 4 (ballet) corrimão horizontal fixo à parede, pela altura da cinta, que serve de apoio para certos exercícios 5 (tribunal) grade de madeira que separa os magistrados do público 6 jogo em que se lança uma peça metálica curta, de forma chata, ganhando quem a atirar mais longe 7 cada uma das peças utilizadas neste jogo 8 entrada de um porto 9 friso ao longo de uma parede 10 tira de tecido que remata ou enfeita uma peça de roupa 11 armação de uma leito de ferro ou de madeira 12 estratos que às vezes se notam depois do pôr do Sol 13 dique submarino formado junto da costa pelos materiais arrastados pelas águas de um rio 14 palheiro sobre as cortes do gado 15 sinal gráfico (/) que se usa sobretudo para separar elementos 16 ZOOLOGIA ⇒ **diastema** 1 17 lista; orla; tira 18 MÚSICA linha perpendicular à pauta para separar os compassos ■ n.2g. [coloq.] pessoa que sabe muito sobre determinado assunto ou que revela um excelente desempenho numa determinada área; ~ *de deslocamento* INFORMÁTICA barra horizontal ou vertical localizada na parte lateral ou inferior do ecrã, que permite o deslocamento com o rato na área ativa; ~ *de ferramentas* INFORMÁTICA numa interface gráfica de utilizador, régua com botões clicáveis dispostos na horizontal que identificam operações que o utilizador pode selecionar; ~ *de menus* INFORMÁTICA barra retangular, presente na janela de uma aplicação, com menus que o utilizador pode selecionar de forma a visualizar as listas de opções respetivas; *barras paralelas* DESPORTO aparelho constituído por duas barras colocadas paralelamente sobre suportes verticais para execução de exercícios de impulsos e rotação, com o auxílio das mãos; *aguentar/segurar a* ~ [Brasil] resistir com firmeza a uma situação difícil; *forçar a* ~ [Brasil] ser inconveniente ou insistente; *levar à* ~ *do tribunal* levar a julgamento, processar; *limpar a* ~ [Brasil] resolver uma situação difícil; *ser uma* ~ ser excelente a nível físico ou intelectual, saber muito sobre determinado assunto (Do lat. vulg. *barra-, «travessa; divisória», de orig. célt.)
barraca n.f. 1 casa simples e pequena, pouco sólida 2 construção pequena geralmente feita de madeira com telhado de zinco, habitual na periferia das cidades e usada como habitação por pessoas sem recursos 3 (praia) armação de madeira coberta de lona onde os banhistas mudam de roupa ou se abrigam do sol 4 construção pouco sólida e desmontável, em que os feirantes expõem a mercadoria para venda 5 abrigo desmontável de tecido resistente utilizado por campistas, alpinistas, militares em campanha, etc.; tenda 6 [coloq.] fiasco; asneira; disparate; *armar/dar* ~ [coloq.] fazer disparates, fazer tolices, fazer escândalo (Do cat. *barraca*, «id.», ou do fr. *baraque*, «id.»)
barracão n.m. abrigo de construção ligeira, destinado a armazenar materiais ou a servir de habitação provisória (De *barraca+-ão*)
barracento adj. 1 da cor ou da natureza do barro 2 barrento (De *barro+-aço+-ento*)
barraco n.m. 1 [regionalismo] corte para bois, só para servir de dia 2 habitação tosca ou improvisada (De *barraca*)
barracório n.m. barracão ordinário (De *barraca+-ório*)
barracuda n.f. [Brasil] ICTIOLOGIA peixe teleósteo da família dos Esfirenídeos, de corpo alongado com manchas negras, comum nas águas temperadas do Atlântico; bicuda
barradela n.f. ato ou efeito de barrar (De *barrar+-dela*)
barrado¹ adj. 1 coberto de manteiga, de compota, etc. 2 coberto de barro (De *barrar+-ado*)
barrado² adj. 1 que tem barra 2 impedido 3 estorvado 4 diz-se do cheque sobre o qual se traçou uma barra para impedir que seja levantado 5 [fig.] envergonhado 6 mal sucedido (Part. pass. de *barrar*)
barradura n.f. ⇒ **barradela** (De *barrrar+-dura*)
barragem n.f. 1 sebe de troncos de árvores e ramos entrelaçados posta nos rios para impedir a passagem aos peixes 2 construção feita num curso de água para a reter para diversos fins, tais como a produção de energia elétrica, a navegação, a regularização do caudal de um rio, etc. 3 MILITAR cortina de fogo destinada a impedir o assalto inimigo ou a facilitar o assalto das próprias tropas à posição inimiga 4 MILITAR conjunto de obstáculos implantados de acordo com a manobra, com vista a retardar, desviar ou canalizar a progressão das forças inimigas 5 obstrução; impedimento (Do fr. *barrage*, «id.»)
barral n.m. ⇒ **barreira**¹ (De *barro+-al*)
barra-limpa adj.2g. 1 [Brasil] [coloq.] (pessoa) impecável 2 [Brasil] [coloq.] (situação) favorável
barramaque n.m. espécie de tela antiga e rica (De orig. obsc.)
barramento n.m. 1 ELETRICIDADE ligações físicas elétricas entre diferentes componentes que constituem vias de encaminhamento 2 INFORMÁTICA conjunto de condutores que interligam diferentes partes do sistema de um computador, permitindo a transferência de dados entre vários dispositivos; ~ *de chamadas* serviço que permite controlar a utilização do telefone por parte do cliente, designadamente a ativação ou a desativação de níveis sujeitos a restrição
barranca n.f. 1 barranco 2 palha trilhada que se aglomera no bordo das eiras quando se limpam os cereais (De *barranco*)
barrancal n.m. sítio cortado por muitos barrancos (De *barranco+-al*)
barranco n.m. 1 sulco feito no solo pelas enxurradas; barroca 2 ravina; precipício 3 [fig.] obstáculo (De orig. pré-romana)
barrancoso /ô/ adj. cheio de barrancos (De *barranco+-oso*)
barranha n.f. [regionalismo] espécie de barro que serve de adubo às terras 2 BOTÂNICA vegetação, em geral composta por algas, que se forma à beira-mar sobre as rochas e é empregada como estrume (De *barro+-anha*)
barranhão n.m. 1 recipiente de madeira onde se prepara a comida para os porcos 2 pequeno alguidar 3 bacio 4 pequeno barril portátil, para líquidos, especialmente vinho (De orig. obsc.)
barranhar v.tr. adubar com barranha (De *barro+-anha+-ar*)
barranqueiro n.m. ORNITOLOGIA nome por que também é conhecido o abelharuco (De *barranco+-eiro*)
barranquenho adj. relativo ou pertencente a Barrancos, no distrito de Beja, ou que é seu natural ou habitante ■ n.m. natural ou habitante de Barrancos (De *Barrancos+-enho*)
barrão n.m. ⇒ **varrão** (De *varrão*)
barra-pesada n.2g. 1 [Brasil] pessoa muito competente 2 [Brasil] pessoa de má índole 3 [Angola] negociante de mercadoria de elevado valor e alto risco ■ n.f. [Brasil] situação difícil de resolver
barraqueiro adj.,n.m. 1 que ou aquele que faz, vende ou aluga barracas 2 que ou aquele que vende em barraca 3 [pop.] que ou aquele que arma confusão ou provoca escândalo 4 [pop.] que ou aquele que chama muito a atenção por ser espalhafatoso (De *barraca+-eiro*)
barraquim n.m. barraca pequena (De *barraca+-im*)
barrar¹ v.tr. 1 cobrir com barro 2 cobrir (pão, bolacha) com manteiga, creme, etc. 3 revestir de argamassa 4 untar (De *barro+-ar*)
barrar² v.tr. 1 guarnecer de barra 2 apor uma barra ou cruz a (um cheque) para impedir que seja levantado 3 impedir a passagem 4 [fig.] atravessar (De *barra+-ar*)

barrasco *n.m.* ⇒ **varrão**
barredo /ê/ *n.m.* lugar onde há barro (De *barro+-edo*)
barregã *n.f.* [ant.] pessoa que mantém uma relação amorosa com outra com a qual não é casada; amante; concubina; amásia (De *barregão*)
barregana *n.f.* pano de lã muito duradouro (Do ár. *barrakán*, «pano de lã de cabra ou de camelo»)
barregão *n.m.* **1** [ant.] pessoa que mantém uma relação amorosa com outra com a qual não é casada; amásio **2** [ant.] rapaz no vigor da idade (Do gót. **barika, -kans*, dim. de *baro*, «barão; homem livre»)
barregar *v.intr.* [pop.] ⇒ **berregar** (De *berrar*)
barregueiro[1] *n.m.* gritaria (De *barregar+-eiro*)
barregueiro[2] *adj.* que vive com barregã (De *barregã+-eiro*)
barreira[1] *n.f.* **1** estrutura que impede o acesso a determinado local **2** [fig.] obstáculo; dificuldade **3** DESPORTO (corrida) obstáculo disposto em série que os atletas têm de transpor **4** trincheira **5** portagem; ~ *alfandegária* conjunto de medidas destinadas a limitar as importações de um país; ~ *arquitectónica* obstáculo que, num dado local, impede ou dificulta o acesso de pessoas com alguma incapacidade física; ~ *do som* FÍSICA grande aumento súbito da resistência ao avanço de qualquer aeronave na camada de ar frontal, ao atingir a velocidade do som; ~ *térmica* ASTRONOMIA, FÍSICA limite de velocidade a partir do qual o calor desenvolvido pelo atrito com a atmosfera danifica ou inutiliza a estrutura de um mecanismo espacial; *saltar barreiras* [fig.] ultrapassar dificuldades (De *barra+-eira*)
barreira[2] *n.f.* **1** lugar de onde se tira barro **2** terreno argiloso **3** [regionalismo] terra alta e seca (De *barro+-eira*)
barreiral *n.m.* ⇒ **barreira**[1] (De *barreira+-al*)
barreirar *v.tr.* **1** pôr barreiras a **2** estabelecer barreiras em (De *barreira+-ar*)
barreirense *adj.2g.* referente ao Barreiro, cidade portuguesa do distrito de Setúbal ■ *n.2g.* natural ou habitante desta cidade (De *Barreiro*, top. +-*ense*)
barreirento *adj.* onde há barreiras (De *barreira+-ento*)
barreiro *n.m.* ⇒ **barreira**[1] (De *barreira*)
barrela *n.f.* **1** mistura resultante da passagem de água quente por cinzas de madeira ou soda, utilizada para branquear a roupa **2** lavagem de roupas com esta mistura **3** [pop.] limpeza (De *barrilha*)
barrelão *n.m.* indivíduo sujo; imundo (De *barrela+-ão*)
barreleira *n.f.* **1** mulher que faz barrelas **2** recipiente para branqueação **3** [fig., pej.] mulher suja (De *barrela+-eira*)
barreleiro *adj.* diz-se do cortiço ou barrica em que se faz a barrela ■ *n.m.* **1** homem que faz barrelas **2** cinza usada na barrela **3** pedra ou tripeça de madeira sobre que se coloca o cortiço ou a barrica com a roupa para a barrela **4** pano com que se cobre a roupa e sobre o qual se deita a barrela **5** [pop., pej.] homem baixo e gordo (De *barrela+-eiro*)
barrelo /ê/ *n.m.* [regionalismo] coberto onde se guardam os pastos secos para alimento do gado no inverno; palheiro (De *barrela*)
barrena /ê/ *n.f.* broca para abrir buracos para tiro de mina ou de pedreira (Do lat. *veruīna*, «dardo pequeno»)
barrenar *v.intr.* perfurar a rocha com barrena (De *barrena+-ar*)
barreneiro *adj., n.m.* que ou aquele que trabalha com barrena (De *barrena+-eiro*)
barrenha /ê/ *n.f.* ⇒ **barranha**
barrenhão *n.m.* ⇒ **barranhão**
barreno /ê/ *n.m.* tiro de mina ou pedreira (De *barrena*)
barrento *adj.* que contém barro; argiloso (De *barro+-ento*)
barreta /ê/ *n.f.* barra pequena, apenas acessível a navios costeiros (De *barra+-eta*)
barretada *n.f.* **1** quantidade que um barrete pode comportar **2** saudação que se faz, tirando o barrete ou o chapéu da cabeça (De *barrete+-ada*)
barrete /ê/ *n.m.* **1** peça de malha que se ajusta à cabeça; carapuça **2** cobertura para a cabeça, de forma quadrangular, usada pelos eclesiásticos **3** [pop.] deceção; logro **4** segunda cavidade do estômago dos ruminantes, também denominada crespina **5** ORNITOLOGIA pássaro da família dos Laniídeos, muito vulgar em Portugal, também conhecido por barreteiro, pardal-real, picanço, pintaloporco, tanjarro, tanjerro; ~ *frígio* barrete vermelho usado pelos Frígios, adotado durante a Revolução Francesa como insígnia da liberdade; *enfiar o* ~ [pop.] assumir uma crítica ou alusão dirigida a outra pessoa, sofrer uma deceção, ser enganado; *enfiar o ~ a* [pop.] pregar uma partida a, enganar (Do lat. tard. *birru-*, «capa com capuz», pelo it. *baretta*, ou fr. *barrette*, «boné»)

barrete-de-clérigo *n.m.* BOTÂNICA casta de videira, cujos frutos, de bagos grandes, apresentam coloração raiada e são utilizados como uva de mesa ACORDO ORTOGRÁFICO sem alteração
barrete de clérigo *n.m.* ARQUITETURA abóbada formada pelo cruzamento de duas abóbadas cilíndricas iguais ACORDO ORTOGRÁFICO a grafia anterior era **barrete-de-clérigo**
barrete-de-padre *n.m.* BOTÂNICA planta herbácea da família das Cucurbitáceas, cultivada em Portugal e também conhecida por abóbora-de-coroa
barreteiro *n.m.* **1** fabricante ou vendedor de barretes **2** ORNITOLOGIA ⇒ **barrete** **5** (De *barrete+-eiro*)
barretina *n.f.* antigo barrete dos militares (Do cast. *barretina*, «gorro catalão»)
barrica *n.f.* vasilha feita de aduelas, em forma de pipa, destinada a sólidos e líquidos (Do gasc. *barri*, «id.», pelo fr. *barrique*, «pipa pequena»)
barricada *n.f.* obstáculo localizado em vias de comunicação, constituído por troncos de árvores, pedras, viaturas derrubadas, barricas, etc. (Do fr. *barricade*, «id.»)
barricar *v.tr.* **1** construir barricadas em **2** defender com barricadas (De *barrica+-ar*)
barrido *n.m.* ⇒ **barrito** (Part. pass. subst. de *barrir*)
barriga *n.f.* **1** cavidade do tronco do homem e dos animais que encerra o estômago e os intestinos; ventre **2** [pop.] pança; bandulho **3** [fig.] saliência **4** [fig.] gravidez; ~ *da perna* parte muscular posterior da perna; *estar com/ter a ~ a dar horas* estar com fome; *ter olhos que ~* [coloq.] pensar que se vai comer mais do que realmente se consegue comer; *ter/trazer o rei na ~* mostrar-se arrogante; *tirar a ~ de misérias* [coloq.] comer muito depois de ter passado fome (De *barrica*)
barrigada *n.f.* **1** grande porção de alimentos ingeridos; fartote **2** grande quantidade ou intensidade de algo (positivo) **3** [Brasil] conjunto de crias nascidas de um parto (animal) **4** [Brasil] gravidez (De *barriga+-ada*)
barriga-d'água *n.f.* MEDICINA ⇒ **ascite**
barriga-de-bicho ver nova grafia **barriga de bicho**
barriga de bicho *n.m.* homem extremamente gordo
barriga-de-freira ver nova grafia **barriga de freira**
barriga de freira *n.f.* CULINÁRIA especialidade de doçaria conventual à base de doce de ovos, pão e frutos secos
barrigal *adj.2g.* concernente à barriga (De *barriga+-al*)
barrigana *adj., n.2g.* ⇒ **barrigudo** (De *barriga+-ana*)
barriguda *n.f.* BOTÂNICA árvore do Brasil, também chamada árvore-da-lã (De *barrigudo*)
barrigudo *adj.* que tem barriga grande; pançudo ■ *n.m.* **1** o que tem barriga grande **2** [Brasil] ZOOLOGIA primata da família dos Cebídeos, de barriga grande e arredondada, e pelo curto e macio (De *barriga+-udo*)
barrigueira *n.f.* corda ou correia que passa pela barriga das bestas (De *barriga+-eira*)
barriguismo *n.m.* qualidade de barriguista (De *barriga+-ismo*)
barriguista *n.2g.* pessoa que só cuida dos seus interesses (De *barriga+-ista*)
barril *n.m.* **1** vasilha de madeira, feita de tábuas encurvadas, geralmente destinada a conservar ou transportar vinho ou outros líquidos **2** bilha de louça, bojuda, de gargalo estreito e com asas **3** unidade de medida de capacidade (americana), usada para o petróleo bruto, equivalente a 160 litros, aproximadamente; ~ *de pólvora* **1** recipiente cheio de material inflamável, acionado por meio de uma espoleta e usado para incendiar fortificações inimigas; **2** [fig.] situação tensa, em que o conflito pode ser desencadeado a qualquer momento (Do prov. *baril*, «pipo pequeno»)
barrilada *n.f.* **1** porção de líquido que o barril comporta **2** conjunto de barris **3** [fig.] desordem (De *barril+-ada*)
barrileira *n.f.* **1** vasilha onde se faz a decoada para lavar as formas tipográficas **2** mesa com um sulco por onde escorre o soro da coalhada espremida durante o fabrico do queijo (De *barril+-eira*)
barrileiro *n.m.* BOTÂNICA ⇒ **alquequenge** (De *barril+-eiro*)
barrilete /ê/ *n.m.* **1** ferro com que se segura, no banco de carpinteiro, a madeira que se está a aparelhar **2** barril pequeno **3** cilindro onde gira o êmbolo da bomba **4** tambor de revólver; *distorção em* ~ FÍSICA aparência distorcida da imagem de um quadrado dada por uma lente diafragmada e originada pelo facto de a amplificação lateral diminuir com o tamanho do objeto (Do fr. *barillet*, «barril pequeno»)
barrilha *n.f.* cinzas (possuidoras de muita soda) obtidas da planta também conhecida por este mesmo nome e por barrilha-espinhosa,

barrilheira e soda (Do cast. *barrilla*, «barrilha», planta de cuja cinza se faz a lixívia)

barrilheira n.f. BOTÂNICA ⇒ **soda** (De *barrilha+-eira*)

barrinha n.f. **1** nome dado em Esmoriz, localidade portuguesa do concelho de Ovar, distrito de Aveiro, a um aparelho de pesca para a tainha **2** comunicação de uma lagoa com o mar em certas épocas do ano (De *barra+-inha*)

barriqueiro adj.,n.m. **1** que ou aquele que faz ou vende barricas **2** tanoeiro (De *barrica+-eiro*)

barrir v.intr. emitir a voz (o elefante) (Do lat. *barrīre*, «id.»)

barrisco n.m. [regionalismo] terreno barrento (De *barro+-isco*)

barrista¹ n.2g. pessoa que trabalha ou modela barro (De *barro+-ista*)

barrista² n.2g. acrobata que trabalha em barras fixas, paralelas ou assimétricas (De *barra+-ista*)

barrito n.m. voz do elefante (Do lat. *barrītu-*, «id.»)

barro n.m. **1** terra própria para o fabrico de louça; argila **2** [fig.] coisa insignificante **3** [fig.] fragilidade **4** pl. objetos feitos com aquela terra; *deitar o ~ à parede* aventurar-se para conseguir certo fim (De orig. obsc.)

barroca n.f. **1** monte de barro ou piçarra **2** cova feita por enxurradas; barranco **3** escavação natural resultante da erosão causada por chuvas (De *barro+-oca*)

barrocal n.m. lugar onde há barrocas ou barrocos (De *barroca+-al*)

barrocão n.m. grande barroca (De *barroca+-ão*)

barroco¹ /ô/ n.m. **1** penedo pequeno e irregular **2** pérola de forma irregular **3** [regionalismo] escavação natural resultante da erosão causada por chuvas; barroca (De *barro+-oco*)

barroco² /ô/ adj. **1** ARTES PLÁSTICAS, LITERATURA estilo que, dos fins do século XVI até meados do século XVIII, se opõe ao classicismo renascentista, se caracteriza pela pujança, pelo dinamismo e pelo tormento das formas, dominadas pelo ímpeto da fantasia e da paixão **2** MÚSICA estilo surgido na Europa e dominante sobretudo entre 1600 e 1760, que realça a exploração de elementos contrastantes na composição, e que consolidou o sistema de harmonia tonal prevalecente na música ocidental até ao início do século XX **3** artista cuja obra pertence a esse período ∎ adj. **1** relativo a esse estilo **2** característico desse estilo **3** [pej.] exagerado; excessivo **4** [fig.] extravagante; bizarro (Do fr. *baroque* ou do it. *barocco*, pelo port. *barroco*, «pérola de forma irregular»)

barrocoso /ô/ adj. onde há barrocos (De *barroco+-oso*)

barroqueiro n.m. ORNITOLOGIA nome vulgar por que também se designa o abelharuco (De *barroco+-eiro*)

barroquismo n.m. **1** qualidade do que é barroco **2** arte dos que cultivam o estilo barroco **3** estilo barroco tardio, caracterizado pela profusão luxuriante e complicada das formas e dos elementos decorativos (De *barroco+-ismo*)

barrosão adj. **1** de Barroso, região portuguesa no Norte do distrito de Vila Real **2** qualificativo de uma raça bovídea oriunda desta região, geralmente de pelo castanho-amarelado ∎ n.m. indivíduo natural de Barroso (De *Barroso*, top. +-*ão*)

barrosinho n.m. ⇒ **barrosão** (De *Barroso*, top. +-*inho*)

barroso¹ /ô/ adj. **1** diz-se do gado bovino cuja pelugem mostra coloração branco-amarelada, branco-arruivada ou branco-suja **2** diz-se de uma variedade de centeio (De *Barroso*, top.)

barroso² /ô/ n.m. ICTIOLOGIA peixe seláquio, voraz, da família dos Espinacídeos, que aparece em Portugal (De *barro+-oso*)

barrotar v.tr. **1** pôr barrotes em **2** segurar com barrotes (De *barrote+-ar*)

barrote¹ n.m. viga de secção apreciável para sustentar tábuas, soalho, ripado, etc. (Do fr. *barrot*, «barrote»)

barrote² n.m. porco não castrado (De *barrão* [= varrão] +-*ote*)

barrotear v.tr. ⇒ **barrotar** (De *barrote+-ear*)

barrufar v.tr. [pop.] ⇒ **borrifar** (De *borrifar*)

barrufo n.m. [pop.] ⇒ **borrifo** (Deriv. regr. de *barrufar*)

barruntar v.tr. **1** desconfiar **2** pressentir **3** bacorejar (De orig. obsc.)

barrunto n.m. **1** ação de barruntar **2** suspeita **3** desconfiança (Deriv. regr. de *barruntar*)

bartedouro n.m. pá ou vaso para alijar a água que se junta no fundo dos barcos (Por *vertedouro*)

bartolomeu n.m. [regionalismo] (pássaro) ⇒ **papa-figos 1** (De *Bartolomeu*, antr.)

barulhada n.f. ⇒ **barulheira** (De *barulho+-ada*)

barulhar v.tr. **1** meter em barulho **2** amotinar **3** atrapalhar ∎ v.intr. fazer barulho (De *barulho+-ar*)

barulheira n.f. grande barulho; confusão; gritaria (De *barulho+-eira*)

barulheiro adj. ⇒ **barulhento** (De *barulho+-eiro*)

barulhento adj. **1** que faz barulho; ruidoso **2** turbulento **3** em que há barulho; agitado (De *barulho+-ento*)

barulho n.m. **1** conjunto de sons dissonantes; ruído **2** tumulto; desordem **3** confusão; atrapalhação **4** [fig.] publicidade; notoriedade (Corrup. de *marulho*)

barulhoso adj. **1** tumultuoso **2** barulhento (De *barulho+-oso*)

basal adj.2g. **1** relativo ou pertencente a base **2** basilar (De *base+-al*)

basáltico adj. GEOLOGIA que é formado de basalto; da natureza do basalto (De *basalto+-ico*)

basaltiforme adj.2g. semelhante a basalto (De *basalto+-forme*)

basalto n.m. PETROLOGIA rocha eruptiva, vulcânica, de cor escura ou negra, muito dura, especialmente utilizada no empedramento de calçadas e passeios, etc. (Do gr. *basanítes* [*líthos*], «(pedra) de toque», pelo lat. *basalte-*, por *basanite-*, «id.», pelo fr. *basalte*, «basalto»)

basbacaria n.f. **1** conjunto de basbaques **2** basbaqueira (De *basbaque+-aria*)

basbaque n.2g. **1** pessoa que pasma de tudo **2** pateta; parvo; tolo (De orig. obsc.)

basbaqueira n.f. ⇒ **basbaquice** (De *basbaque+-eira*)

basbaquice n.f. **1** ação ou modos de basbaque **2** tolice **3** pasmatório (De *basbaque+-ice*)

basco adj. relativo ao País Basco, situado nos Pirenéus Ocidentais, do lado da França e da Espanha ∎ n.m. **1** natural ou habitante do País Basco **2** língua falada no País Basco (Do cast. *vasco*, deriv. regr. de *vascón*, do lat. *vascōne-*, «id.»)

báscula n.f. balança de braços desiguais para grandes pesos (Do fr. *bascule*, «id.»)

basculante adj.2g. que possui um sistema de balanço do tipo de um básculo, que permite levantar uma extremidade descendo a outra (Do fr. *bascule*, «báscula»+-*ante*)

basculhar v.tr. ⇒ **vasculhar** (Do lat. *vasculeăre*, de *vascŭlu-*, «vaso pequeno; bilha pequena»)

basculho n.m. ⇒ **vasculho** (Deriv. regr. de *basculhar*)

básculo n.m. **1** peça de ferro, chata, que gira numa cavilha e serve para abrir ou fechar alternadamente dois ferrolhos de uma porta **2** ponte levadiça com contrapeso (De *báscula*)

base n.f. **1** tudo o que serve de apoio ou suporte a alguma coisa **2** princípio fundamental de uma teoria ou ideia; fundamento **3** origem ou ponto de inserção das partes externas de um corpo **4** (COSMÉTICA) substância que se aplica no rosto para cobrir marcas da pele e para dar coloração **5** ARQUITETURA superfície sobre a qual se aplica pintura **6** ARQUITETURA alicerce; pedestal **7** ARQUITETURA parte correspondente ao arranque de parede, muro ou coluna **8** ARQUITETURA plinto de uma estátua ou coluna **9** GRAMÁTICA constituinte morfológico (radical, tema ou palavra) ao qual se pode juntar um afixo para formar um vocábulo; forma de base **10** GEOMETRIA lado ou face que se opõe ao vértice, em certas figuras ou sólidos geométricos **11** GEOMETRIA lado ou face inferior **12** GEOMETRIA cada um dos lados paralelos de um trapézio **13** GEOMETRIA cada uma das faces poligonais de um prisma que servem para o caracterizar **14** GEOMETRIA cada uma das faces planas de um cilindro **15** MATEMÁTICA número que exprime a relação entre unidades de ordem imediata, num sistema de numeração **16** MATEMÁTICA número cujo logaritmo é a unidade e define um sistema de logaritmos **17** MATEMÁTICA número que, numa potência, representa o fator que é multiplicado por si mesmo **18** MATEMÁTICA certo conjunto a partir de cujos elementos se podem obter todos os elementos de uma dada classe **19** MILITAR centro de abastecimento ou operações militares **20** CULINÁRIA ingrediente principal de uma mistura **21** QUÍMICA espécie química com propriedades opostas às dos ácidos **22** QUÍMICA substância que origina iões hidróxido (HO^- ou OH^-) quando em solução aquosa (Arrhenius, físico sueco, 1859-1927) **23** QUÍMICA substância que tem a propriedade de captar os protões dos ácidos (Brönsted, químico dinamarquês, 1879-1947) **24** QUÍMICA substância que, na formação de ligações covalentes, é dadora de eletrões compartilhados (Lewis, químico americano, 1875-1947) **25** FARMÁCIA substância sem atividade terapêutica que serve de veículo ao medicamento ou medicamentos constituintes de um preparado farmacêutico; excipiente **26** pl. conhecimentos ou competências elementares; *~ aérea* MILITAR centro de operações de aviões militares; *~ espacial* MILITAR centro de lançamentos de foguetes e satélites; *~ militar* MILITAR centro de apoio logístico e de coordenação de uma operação militar; *cair pela ~* revelar-se sem fundamento (Do gr. *básis*, «base; pedestal», pelo lat. *base-*, «id.»)

baseado

baseado¹ *adj.* **1** posto sobre base **2** fundamentado **3** [Brasil] firme **4** resistente; afoito; valente (Part. pass. de *basear*)

baseado² *n.m.* [Brasil] [coloq.] cigarro de haxixe; charro (De orig. obsc.)

basear *v.tr.* **1** estabelecer a base de; firmar **2** apoiar; fundamentar ■ *v.pron.* fundar-se; fundamentar-se (De *base*+-*ear*)

baseball *n.m.* DESPORTO ⇒ **basebol** (Do ing. *baseball*, «id.»)

basebol *n.m.* DESPORTO desporto praticado com um bastão e uma pequena bola de borracha maciça, que se disputa entre duas equipas de nove jogadores cada, num campo com quatro bases ou posições que os jogadores ocupam alternadamente, e cujo objetivo é realizar um circuito completo em torno do campo (Do ing. *baseball*, «id.»)

base de dados *n.f.* INFORMÁTICA conjunto de dados estruturados num determinado modelo que permite a sua utilização por outras aplicações

baselga *adj.2g.* [pop.] ventrudo; barrigudo (Do gr. *basiliké (oikía)*, «casa do rei; grande sala para tribunais; igreja», pelo lat. *basilīca-(domu-)*, «basílica»)

basi- elemento de formação de palavras que exprime a ideia de base, sustentáculo (Do gr. *básis*, «base; pedestal», pelo lat. *base-*, «id.»)

basial *adj.2g.* que forma a base (De *basi-*+-*al*)

basicidade *n.f.* QUÍMICA propriedade das bases que se exprime pelo número de protões que podem captar (Brönsted, químico dinamarquês, 1879-1947), ou pelo número de dupletos que podem compartilhar (Lewis, físico americano, 1875-1946), em qualquer caso, por molécula de base (De *básico*+-*i-*+-*dade*)

básico *adj.* **1** que serve de base **2** fundamental; essencial **3** QUÍMICA relativo a base; alcalino **4** [coloq., pej.] pouco inteligente (De *base*+-*ico*)

basicromatina *n.f.* BIOLOGIA substância constituinte da cromatina, com grande afinidade para corantes básicos (De *basi-*+*cromatina*)

basídio *n.m.* BOTÂNICA célula (ovo) produtora de basidiósporos (esporos) nos basidiomicetes (De *basi-*+-*ídio*)

basidiomicete *n.m.* BIOLOGIA espécime dos basidiomicetes ■ *n.m.pl.* BIOLOGIA grupo de fungos com hifas septadas e com basídios (De *basídio*+gr. *mýkes, -etos*, «fungo», pelo fr. *basidiomycète*, «id.»)

basidiósporo *n.m.* esporo exógeno produzido pelos basídios (De *basídio*+*esporo*)

basificação *n.f.* ato ou efeito de basificar (De *basificar*+-*ção*)

basificar *v.tr.* QUÍMICA converter em base ■ *v.pron.* QUÍMICA converter-se em base (De *basi-*+*ficar*)

basifixo /cs/ *adj.* fixo pela base (De *basi-*+-*fixo*)

basífugo *adj.* BOTÂNICA diz-se das partes das plantas cujo crescimento é exclusivamente terminal (De *basi-*+-*fugo*)

basigéneo *adj.* que produz bases (Do gr. *básis*, «base» +*génos*, «nascimento»)

basilar *adj.2g.* **1** que serve de base ou de fundamento; essencial; básico **2** que se situa na base **3** BOTÂNICA, ZOOLOGIA que nasce ou deriva da base de um órgão (Do fr. *basilaire*, «id.»)

basílica *n.f.* **1** igreja católica de grandes dimensões, com uma nave larga separada das naves laterais por duas filas de colunas, apresentando geralmente uma abside semicircular num dos cantos **2** residência do arconte, em Atenas **3** tribunal e centro de reunião, em Roma **4** sala retangular, dividida ou não em três naves, com uma abside circular **5** ANATOMIA veia que se estende ao longo da região ântero-interna do braço (Do gr. *basiliké (oikía)*, «casa do rei; grande sala para tribunais; igreja», pelo lat. *basilīca- (domu-)*, «basílica; igreja cristã»)

basilical *adj.2g.* referente à basílica ou com forma de basílica (De *basílica*+-*al*)

basilicão *n.m.* antiga designação de substâncias supostas detentoras de grandes virtudes curativas (Do gr. *basilikón (émplastron)*, «unguento real», pelo lat. *basilīcu-*, «real»)

basílico *n.m.* BOTÂNICA planta herbácea, aromática, também designada manjerico (Do lat. *basilīcu-*, «basílico; manjerico»)

basilisco *n.m.* **1** ZOOLOGIA pequeno lagarto da família dos Iguanídeos, de cor verde manchada de amarelo, com crista muito serreada no dorso, escamas salientes no pescoço e rabo comprido, muito vulgar no México e na Colômbia **2** réptil fabuloso a que se atribuía o poder de matar através do olhar, do bafo ou do contacto **3** antiga peça de artilharia que consistia num canhão para atirar balas de ferro (Do gr. *basilískos*, «basilisco», serpente venenosa, pelo lat. *basilīcu-*, «id.»)

basinérveo *adj.* BOTÂNICA diz-se do órgão vegetal, especialmente a folha, cujas nervuras são bem visíveis a partir da base (Do lat. *base-*, «base» +*nervu-*, «nervo»)

básio *n.m.* um dos pontos craniométricos ao centro do bordo anterior do buraco occipital (Do gr. *básis*, «base; pedestal» +-*io*)

basiofobia *n.f.* doença que se manifesta pelo receio de andar (Do gr. *básis*, «marcha» +*phobeīn*, «ter horror a» +-*ia*)

basípeto *adj.* BOTÂNICA diz-se do desenvolvimento de um órgão do vértice para a base (Do lat. *base-*, «base» +*petĕre*, «dirigir-se para»)

basipinacoide *n.m.* CRISTALOGRAFIA forma cristalográfica constituída por duas faces paralelas aos eixos secundários (De *basi-*+*pinacóide*)

basipinacóide ver nova grafia basipinacoide

basmati *n.m.* ⇒ **basmáti**

basmáti *n.m.* arroz branco indiano de grãos finos e perfumados (Do hindi *bāsmāti*, de *bās*, «perfume», + *matī*, «que possui», pelo ing. *basmati*, «id.»)

basófilo *adj.* CITOLOGIA que é corado pelos reagentes básicos ■ *n.m.* leucócito (que se encontra no sangue ou no tecido conjuntivo) cujas granulações citoplasmáticas são irregulares e têm afinidades com os corantes básicos (Do gr. *básis*, «base» +*phílos*, «amigo»)

basofobia *n.f.* **basiofobia**

basqueiro *n.m.* [coloq.] ⇒ **vasqueiro**²

básquete *n.m.* forma reduzida de *basquetebol*

basquetebol *n.m.* DESPORTO jogo disputado entre duas equipas de cinco elementos cada e que consiste em tentar meter a bola num cesto (de rede e sem fundo) fixo no alto de uma coluna (Do ing. *basket-ball*, «bola ao cesto»)

basquetebolista *n.2g.* DESPORTO pessoa que joga basquetebol (De *basquetebol*+-*ista*)

bassula *n.f.* [Angola] golpe que provoca queda, em luta corpo a corpo; rasteira (Do quimb. *kubasula*, «quebrar»)

basta *n.f.* **1** cada um dos pontos que atravessam o colchão para reter o enchimento **2** pequena peça de pano que remata esses pontos **3** prega de saia **4** barra de vestido (Do germ. **bastjan*, «cerzir; pespontar»)

bastante *adj.2g.* **1** que basta; suficiente **2** numeroso ■ *adv.* **1** em quantidade suficiente **2** muito ■ *n.m.* o que basta ou é suficiente ■ *det.indef. >quant. exist.* ᴅᵀ *pron.indef.* **1** muito **2** algum (De *bastar*+-*ante*)

bastantemente *adv.* [Moçambique] excessivamente; demasiado (De *bastante*+-*mente*)

bastão¹ *n.m.* **1** espécie de bengala para apoio ou para servir de arma ofensiva ou defensiva; bordão **2** insígnia e distintivo militar **3** vinho grosso, encorpado, carregado de tanino **4** [fig.] medianeiro de paz **5** [ant., fig.] autoridade **6** vara em que são colocados os fios para serem tingidos **7** *pl.* HERÁLDICA palas estreitas que cobrem o campo do escudo ou parte dele (Do lat. **bastōne-*, de *bastu-*, «pau; bastão»)

bastão² *adj.* muito basto, grosso, espesso; encorpado (De *basto*+-*ão*)

bastar *v.tr.,intr.* **1** ser tanto quanto é necessário; chegar; satisfazer **2** ser adequado ou conveniente; *basta!* exclamação que indica a alguém que deve calar-se ou parar de fazer alguma coisa (Do gr. *bastázein*, «levar, sustentar um peso», pelo lat. med. *bastāre*, «id.»)

bastardão *n.m.* **1** lima de serrilha de tamanho médio **2** casta de videira (De *bastardo*+-*ão*)

bastardear *v.tr.* ⇒ **abastardar** (De *bastardo*+-*ear*)

bastardeira *n.f.* **1** (videira) ⇒ **bastardo 3 2** designação de uma variedade de uvas que se assemelha ao bastardo (De *bastardo*+-*eira*)

bastardeiro *adj.,n.m.* vinho ou designativo do vinho produzido com uva baldoeira (De *bastardo*+-*eiro*)

bastardia *n.f.* [ant., pop.] **1** qualidade de bastardo; ilegitimidade **2** perda de qualidades originais; degeneração (De *bastardo*+-*ia*)

bastardinho *n.m.* **1** tipo de letra menor que o bastardo **2** casta de videira produtora de espessos cachos de bagos pretos pequenos e muito doces; bastardo (De *bastardo*+-*inho*)

bastardinho-miúdo *n.m.* variedade de videira (bastardo) produtora de uma uva de bago muito miúdo

bastardo *n.m.* **1** [ant., pop.] aquele que era fruto de uma relação extraconjugal; filho ilegítimo **2** BOTÂNICA híbrido **3** AGRICULTURA casta de videira produtora de espessos cachos de bagos pretos pequenos e muito doces **4** uva desta videira **5** TIPOGRAFIA tipo de letra um pouco inclinado para diante, com ligações arredondadas e hastes simples **6** NÁUTICA cabo que entra nos furos das lebres **7** NÁUTICA vela triangular de embarcação pequena ■ *adj.* **1** [ant., pop.] que nascia de pais não casados; ilegítimo **2** BOTÂNICA híbrido **3** [fig.] degenerado (Do lat. med. *bastardu-*, «id.», pelo fr. ant. *bastard*, «id.»)

basteadeira *n.f.* **1** mulher que põe bastas nos colchões **2** agulha comprida própria para esse serviço (De *bastear*+-*deira*)

bastear v.tr. 1 pôr bastas em 2 acolchoar (De basta+-ear)
bastião n.m. 1 trincheira ou muro levantado em frente do ângulo saliente de um forte 2 baluarte 3 pl. relevos de prata e ouro que representam animais (Do it. bastione, «id.», deriv. de bastia, «obra fortificada»)
bastição n.f. ato ou efeito de bastir (aduelas) (De bastir+-ção)
bastida n.f. 1 trincheira formada de paus muito unidos e seguros 2 paliçada 3 tranqueira 4 cerca 5 máquina de guerra assente sobre rodas (Do fr. bastide, «id.»)
bastidão n.f. 1 qualidade do que é basto 2 conjunto de coisas muito unidas 3 espessura (De basto+-idão)
bastidor n.m. 1 espécie de caixilho onde se estende o pano que se quer bordar 2 TEATRO cada um dos quadros móveis que formam a decoração lateral do palco 3 pl. TEATRO espaços que separam as decorações de um palco 4 pl. TEATRO espaço do palco que não é visto pelo público 5 pl. [fig.] aspetos secretos de uma organização, empresa ou instituição que são desconhecidos da opinião pública; segredos (De bastir+-dor)
bastilha n.f. fortaleza avançada em certas cidades, na Idade Média (Do fr. bastille, «id.»)
bastimento n.m. ⇒ **abastecimento** (De bastir [= abastecer] + -mento)
bastio n.m. 1 [pop.] moita cerrada 2 maciço de árvores 3 pinhal rasteiro (De basto+-io)
bastir v.tr. 1 armar (o pano de um guarda-chuva) 2 formar (um chapéu) com bastas de pelo ou lã 3 dobrar (as aduelas) a fogo 4 forrar 5 acolchoar (Do germ. bastjan, «construir»)
bastissagem n.f. 1 ato de bastir 2 preparação do pelo para formar o chapéu (Do fr. *bâtissage, «id.»?)
basto adj. 1 compacto; espesso 2 robusto 3 cheio 4 sujo; porco ■ adv. bastante ■ n.m. ás de paus, no jogo do voltarete (Do lat. *bastu-, «tapado; cheio»)
bastonada n.f. 1 pancada com bastão 2 paulada (De bastão+-ada, ou do fr. bastonnade, «id.»)
bastonário n.m. 1 antigo bedel 2 título do presidente de diversas associações como a Ordem dos Advogados, a Ordem dos Engenheiros, etc. 3 pessoa que possui esse título (Do lat. med. *bastonarĭu-, «que tem o bastão»)
bastonete /ê/ n.m. 1 bastão pequeno; varinha 2 BIOLOGIA microrganismo em forma de pequeno bastão 3 FISIOLOGIA um dos elementos sensoriais de uma das duas espécies que constituem a retina: os cones e os bastonetes (diâmetro 4,5 mícrones) (Do prov. bastonet, «bastão pequeno»)
bastos n.m.pl. rede que faz parte do saco da sardinha (De basto)
bastura n.f. 1 espessura 2 bastidão (De basto+-ura)
bata n.f. peça de vestuário que se usa por cima da roupa normal para a proteger
batachim n.m. ORNITOLOGIA ⇒ **patachim** (De orig. onom.)
batage n.m. [regionalismo] ICTIOLOGIA peixe teleósteo, da família dos Macrurídeos, que aparece nas costas marítimas de Portugal e é também conhecido por peixe-rato
batagem n.f. ação de bater os casulos da seda para enredar os fios destramados (Do fr. battage, «batedura»)
batalha n.f. 1 ação militar que combina, no espaço e no tempo, combates ofensivos e defensivos, capaz de decidir a consecução total ou parcial de um objetivo de uma guerra, ou seja, a destruição das forças armadas adversas 2 luta 3 discussão; controvérsia 4 jogo de cartas; ~ *campal* batalha que se trava em campo aberto; ~ *naval* batalha que ocorre no mar, jogo entre duas pessoas em que cada uma preenche numa grelha quadriculada marcada com letras na vertical e números na horizontal, a disposição dos seus barcos, tentando adivinhar a disposição do jogo do adversário (Do lat. tard. battualia-, «esgrima»)
batalhação n.f. 1 ação de batalhar 2 porfia 3 teimosia 4 importunação (De batalhar+-ção)
batalhador adj. 1 que participa ou participou em batalhas 2 lutador 3 que defende as suas ideias de forma tenaz ■ n.m. 1 indivíduo que defende com convicção as suas ideias 2 indivíduo determinado e persistente (De batalhar+-dor)
batalhante adj.2g. 1 que batalha 2 HERÁLDICA que, no escudo, está em atitude de batalhar (De batalhar+-ante)
batalhão n.m. 1 MILITAR subdivisão de um regimento ou de uma brigada, formada por um número determinado de companhias 2 [fig.] grande quantidade (de pessoas, animais) (Do it. battaglione, «grande esquadrão de soldados», pelo fr. bataillon, «id.»)
batalhar v.tr.,intr. 1 travar batalha; combater; pelejar 2 discutir acaloradamente ■ v.tr. 1 lutar para conseguir (algo); esforçar-se (por) 2 tentar vencer, dominar (De batalha+-ar)

batanca n.f. [Cabo Verde] broa de milho de pilão cozida e depois corada na grelha (Do crioulo batanka, «id.»)
batarda n.f. ORNITOLOGIA ⇒ **abetarda**
batardão n.m. ORNITOLOGIA ⇒ **abetarda**
bataria n.f. ⇒ **bateria**
batata n.f. 1 BOTÂNICA tubérculo caulinar subterrâneo da batateira, geralmente com formato oval ou arredondado, coberto por uma casca fina, muito usado na alimentação 2 BOTÂNICA tubérculo ou mesmo o bolbo de algumas plantas 3 [pop.] mentirola; peta 4 [pop.] asneira; parvoíce; mentirola; peta 5 [fig.] nariz grosso e achatado; *batatas a murro* CULINÁRIA batatas que, depois de assadas com casca, são abertas por meio de uma pancada com a mão fechada, geralmente para as barrar com manteiga; *passar a ~ quente* [coloq.] transferir para outra pessoa um problema ou uma dificuldade; *vai plantar batatas!* [coloq.] deixa-me em paz!, vai bugiar! (Do taino patata, «batata-doce»)
batatada n.f. 1 grande porção de batatas 2 doce de batata; *correr à ~* afastar insultuosamente, afugentar agressivamente (De batata+-ada)
batata-da-ilha n.f. ⇒ **batata-doce**
batata-doce n.f. 1 BOTÂNICA planta herbácea, da família das Convolvuláceas, cultivada em Portugal, cujos caules (tubérculos) são comestíveis e contêm reservas açucaradas 2 tubérculo comestível dessa planta
batatal n.m. terreno plantado de batatas (De batata+-al)
batata-semente n.f. batata certificada para reprodução e comercialização
batateira n.f. BOTÂNICA planta herbácea, da família das Solanáceas, bastante cultivada, que produz batatas (De batata+-eira)
batateiral n.m. campo de batateiras; batatal (De batateira+-al)
batateiro adj. 1 que gosta muito de batatas 2 que tem negócio de batatas ■ n.m. 1 [pop.] indivíduo grosseiro e que fala incorretamente 2 pessoa que costuma pregar petas (De batata+-eiro)
batatudo adj. 1 do feitio de batata 2 [fig.] grosso e redondo (De batata+-udo)
batávia n.f. 1 pano de linho fino; holanda 2 espécie de tabaco 3 BOTÂNICA variedade de alface (De Batávia, top., ant. nome da Holanda)
batávico adj. relativo à antiga Batávia (Holanda) (De Batávia, top. +-ico)
batávio adj. ⇒ **batávico** (De Batávia)
Batavos n.m.pl. ETNOGRAFIA povo germânico que habitou a antiga Batávia (Holanda) (Do lat. batāvu-, «do país dos Batavos»)
bate[1] n.m. 1 arroz com casca 2 arroz cozido (Do conc.-mar. bhiát, «id.»)
bate[2] n.m. [regionalismo] pão de ló (De orig. obsc.)
bateada n.f. porção de minério contida numa bateia (De bateia+-ada)
batear v.tr. lavar (o minério) na bateia (De bateia+-ar)
bate-barba n.f. ⇒ **batibarba**
bate-bate n.m. 1 aparelho para afugentar pássaros 2 taramela 3 espantalho
bate-boca n.m. [Brasil] discussão violenta
bate-chapa n.m. 1 operário ou máquina que desempena, alisa ou molda chapas de ferro, por meio de percussão 2 [Brasil] lanterneiro
bate-chinela n.m. baile popular
bate-cu n.m. 1 [pop.] queda que resulta em bater com as nádegas no chão 2 [pop.] pancada nas nádegas com a mão 3 [Brasil] (papagaio) ⇒ **tuim**
batedeira n.f. 1 aparelho elétrico que serve para bater ingredientes ou massas 2 aparelho manual usado para bater ovos, natas, etc. (De bater+-deira)
batedela n.f. ação de bater ou ser batido (De bater+-dela)
batedoiro n.m. ⇒ **batedouro**
batedor n.m. 1 aquele ou aquilo que bate 2 (caça) aquele que levanta a caça para que ela vá ter onde a esperam 3 MILITAR soldado que vai adiante de um exército para explorar o terreno 4 aparelho manual ou elétrico que serve para bater ingredientes ou massas ■ adj. que bate (De bater+-dor)
batedouro n.m. 1 pedra em que as lavadeiras batem a roupa 2 lugar onde se bate ou sacode qualquer objeto 3 série de ruídos provenientes de pancadas (De bater+-douro)
batedura n.f. 1 ato ou efeito de bater 2 malha 3 debulha (De bater+-dura)
bate-estacas n.m.2n. 1 máquina para cravar estacas no terreno 2 macaco hidráulico

bate-folhas *n.m.2n.* **1** indivíduo que reduz o ouro e outros metais a folhas tenuíssimas, batendo-os **2** latoeiro
bátega¹ *n.f.* antiga bacia de metal (Do ár. *bâtiya*, «vasilha»?)
bátega² *n.f.* chuvada (Provavelmente de *bater*)
bategada *n.f.* pancada de água; aguaceiro (De *bátega+-ada*)
bateia *n.f.* gamela em que se lavam os minérios (Do ár. *bâtiya*, «vasilha»?)
bateira *n.f.* pequena embarcação sem quilha; canoa de fundo chato (De *batel*?)
batel *n.m.* **1** barco pequeno **2** bote **3** canoa (Do fr. ant. *batel*, mod. *bateau*, «barco», dim. do angl.-sax. *bât*, «bote»)
batela *n.f.* barco pequeno e de fundo chato, usado no Minho (De *batel*)
batelada *n.f.* **1** conteúdo ou carga de um batel **2** [fig.] grande quantidade **3** tigelada; pratada (De *batel+-ada*)
batelão *n.m.* grande barca, geralmente sem motor, utilizada no transporte de objetos muito pesados (Do it. *ballone*, «id.»)
bate-latas *n.m.* [pop.] automóvel velho; carripana
bateleiro *n.m.* tripulante ou dono de batel (De *batel+-eiro*)
bate-língua *n.2g.* pessoa que fala muito
batelo /ê/ *n.m.* [regionalismo] engenho rústico para tirar água dos poços (De *bater*?)
bate-mão *n.m.* [São Tomé e Príncipe] banquete; refeição importante (Do forro *batê mom*, «id.»)
bate-mar *n.m.* ⇒ **quebra-mar**
bate-muros *n.m.2n.* MILITAR boca de fogo antiga, que atirava balas de ferro de grande calibre em trajetória horizontal
batente *n.m.* **1** ranhura na ombreira onde batem a porta ou a janela ao fechar **2** meia-porta em que bate a outra meia, ao fechar-se **3** peça de ferro, geralmente em forma de argola, que serve para bater à porta; aldraba **4** lugar onde se quebram as ondas ■ *adj.2g.* que bate (De *bater+-ente*)
bate-orelha *n.m.* [coloq., depr.] indivíduo estúpido, pouco inteligente
bate-papo *n.m.* **1** [Brasil] conversa animada **2** [Brasil] colóquio; encontro **3** [Brasil] troca de impressões (De *bater+papo*)
bate-que-bate *n.m.* ruído repetido muitas vezes
bater *v.tr.* **1** dar pancadas em; agredir; espancar **2** ir de encontro a; chocar; embater **3** tocar várias vezes com força em (porta, etc.) ou acionar um mecanismo (campainha, etc.) para chamar a atenção **4** dar uma pancada (com parte do corpo) **5** fechar com violência (porta, janela) **6** ultrapassar; superar (recorde, resultado) **7** derrotar; vencer (adversário) **8** agitar ou amassar (ingredientes) **9** abanar com rapidez (asas) **10** dar golpe ou pancada em (metal, superfície, etc.) **11** cunhar (moeda) **12** explorar ■ *v.intr.* **1** palpitar (o coração) **2** incidir (o Sol) soar; ~ *a asa* [coloq.] sair apressadamente, fugir; ~ *a bota* [pop.] morrer; ~ *com a língua nos dentes* revelar um segredo; ~ *com o nariz na porta* não encontrar quem se procura, não conseguir aquilo que se pretende; ~ *o ceguinho* insistir desnecessariamente; ~ *o dente* sentir frio; ~ *o pé* [coloq.] mostrar-se obstinado, resistir; ~ *palmas* aplaudir; *ir ~ a outra porta* procurar outro recurso (Do lat. *battĕre*, por *battuĕre*, «bater; agredir»)
bateria *n.f.* **1** MÚSICA conjunto de instrumentos de percussão (tambores, pratos, etc.) **2** ELETRICIDADE associação em série de células eletroquímicas, ou seja, dispositivos capazes de produzir corrente elétrica a partir de energia química **3** MILITAR unidade de artilharia, formada por determinado número de bocas de fogo e dividida em secções **4** MILITAR unidade de referenciação de tiro de artilharia que permite a localização da artilharia ou dos morteiros inimigos **5** MILITAR fortificação com peças assestadas **6** MILITAR fileira de peças de artilharia **7** trem de cozinha **8** conjunto; série; grupo (de testes, exames, etc.) **9** [raramente usado] ato ou efeito de bater (Do fr. *batterie*, «id.»)
baterista *n.2g.* pessoa que toca bateria (De *bateria+-ista*)
bate-sacas *n.m.2n.* homem atarracado e maljeitoso
bate-sela *n.m.* [depr.] pessoa que monta mal; mau cavaleiro (De *bater+sela*)
bate-sola *n.m.* [pop.] sapateiro (De *bater+sola*)
bate-sornas *n.m.2n.* [regionalismo] ladrão noturno que explora os incautos que dormem nos bancos públicos
bati- elemento de formação de palavras que exprime a ideia de *profundo, profundidade* (Do gr. *báthos*, «profundidade; altura; extensão»)
batial *adj.2g.* diz-se da profundidade marítima compreendida entre 200 e 1000 metros (De *bati-+-al*)
batibarba *n.f.* **1** palmada por baixo do queixo **2** [fig.] repreensão severa **3** quinau (De *bater-+barba*)

batida *n.f.* **1** (mato) ato de bater **2** (coração, teclas) batimento **3** montaria **4** corrida **5** MILITAR operação no âmbito de uma guerra subversiva, destinada a localizar e a aniquilar os rebeldes no interior da zona em que foram cercados **6** trilho estreito aberto no mato **7** [fig.] descompostura; repreensão; ~ *policial* [Brasil] rusga; *de* ~ à pressa (Part. pass. fem. subst. de *bater*)
batido *adj.* **1** que recebeu pancada; sovado **2** que foi comprimido; achatado **3** muito usado; desgastado; gasto **4** que foi derrotado; vencido **5** que foi pisado; calcado **6** [coloq.] ouvido muitas vezes; que é muito conhecido; habitual **7** [coloq.] sem originalidade; banal; vulgar; trivial **8** [coloq.] que está fora de moda; ultrapassado ■ *n.m.* bebida preparada com leite que se bate juntamente com outros ingredientes (chocolate, pedaços de fruta, etc.) (Part. pass. de *bater*)
batigrafia *n.f.* ⇒ **batografia** (Do gr. *bathýs*, «profundo» +*gráphein*, «registar» +-*ia*)
batilhar *v.tr.* bater de mansinho (água) (De *bater+-ilhar*)
batimento *n.m.* **1** ato ou efeito de bater **2** embate violento **3** FÍSICA efeito da interferência de oscilações eletromagnéticas de frequências muito próximas **4** MÚSICA efeito acústico oscilatório produzido pela execução simultânea de duas notas musicais com frequências ligeiramente diferentes **5** movimento alternado de contração e dilatação do coração; pulsação (De *bater+-i-+-mento*)
batimetria *n.f.* ⇒ **batometria** (Do gr. *bathýs*, «profundo» +*métron*, «medida» +-*ia*)
batimétrico *adj.* relativo à batimetria
batímetro *n.m.* ⇒ **batómetro** (Do gr. *bathýs*, «profundo» +*métron*, «medida»)
batina *n.f.* **1** veste comprida de cor preta, que desce até ao calcanhar e é usada por eclesiásticos que não pertencem a congregação com hábito próprio **2** peça de vestuário exterior em forma de casaco comprido, de cor preta, usada pelos estudantes do sexo masculino de algumas universidades (Por *abatina*, do lat. *abbatīna-* (veste-), «veste própria de abade»)
batipelágico *adj.* relativo às profundezas do mar ou aos organismos que as habitam (Do gr. *bathýs*, «profundo» +*pélagos*, «alto mar» +-*ico*)
batique *n.m.* **1** técnica para estampar tecidos, que consiste na aplicação repetida de camadas de cera derretida sobre um tecido, que é depois tingido, de forma que ao remover a cera o desenho apresente efeitos multicoloridos **2** tecido estampado através desta técnica (Do mal. *batik*)
batíscafo *n.m.* aparelho de aço, em forma de esfera, inventado por Piccard, físico suíço (1884-1962), e empregado para descer a grandes profundidades marítimas (Do gr. *bathýs*, «profundo» +*skáphos*, «embarcação»)
batisfera *n.f.* ⇒ **batíscafo** (Do gr. *bathýs*, «profundo» +*sphaîra*, «esfera»)
batismal *adj.2g.* respeitante a batismo; *fonte* ~ vaso de pedra que contém a água para o batismo (De *baptismo+-al*)
batismo *n.m.* **1** RELIGIÃO ritual de purificação ou iniciação em que se mergulha em água a pessoa a ser batizada **2** RELIGIÃO (catolicismo) sacramento que consiste na ablução, imersão ou aspersão com água, simbolizando a purificação do pecado original **3** ato ou efeito de dar o nome a uma pessoa ou coisa **4** ato ou efeito de ser admitido num grupo, partido, religião, etc. **5** [pop.] adulteração do vinho ou do leite pela junção de água **6** [fig.] qualquer experiência nova ou difícil pela qual se passa; ~ *do ar* primeira viagem aérea de uma pessoa (Do gr. *baptismós*, «imersão; batismo», pelo lat. ecl. *baptismu-*, «id.»)
batista *n.m.* **1** aquele que batiza **2** [com maiúscula] RELIGIÃO nome dado a S. João por ter batizado Cristo ■ *n.2g.* membro da seita cristã protestante, que vive em regime congregacionalista e que considera válido só o batismo dos adultos ■ *adj.2g.* relativo à seita dos batistas (Do gr. *baptistés*, «o que imerge; o que batiza», pelo lat. *baptista-*, «batizar»)
batistério *n.m.* lugar dentro da igreja ou construção anexa onde se encontra a pia batismal (Do gr. *baptistérion*, «casa de banho; batistério», pelo lat. *baptisterĭu-*, «id.»)
batizado *n.m.* **1** ato ou efeito de ministrar o sacramento do batismo **2** festa com que se celebra este ato (Part. pass. subst. de *baptizar*)
batizando *n.m.* o que se vai batizar (Do lat. *baptizandu-*, «id.», ger. de *baptizāre*, «batizar»)
batizante *adj.,n.2g.* que ou a pessoa que batiza (De *baptizar+-ante*)
batizar *v.tr.* **1** administrar o batismo a **2** dar nome a; apelidar **3** [pop.] adulterar com água o vinho ou o leite ■ *v.pron.* **1** receber o

batismo 2 realizar algo pela primeira vez; iniciar-se (Do gr. *baptízein*, «imergir; batizar», pelo lat. ecl. *baptizāre*, «batizar»)
batizo *n.m.* [pop.] ⇒ **batizado** (Deriv. regr. de *baptizar*)
bato¹ *n.m.* antiga unidade de medida para líquidos, entre os Judeus (Do hebr. *bath*, pelo gr. *bátos*, «medida de três ânforas» e pelo lat. *batu-*, «id.»)
bato² *n.m.* jogo de crianças, chamado também das cinco pedrinhas (De *bater*?)
bato- elemento de formação de palavras que exprime a ideia de *profundo, profundidade* (Do gr. *báthos*, «profundidade»)
batoca *n.f.* casta de uva branca de qualidade média
batocada *n.f.* **1** [pop.] perda ao jogo **2** grande prejuízo **3** despesa inesperada (Part. pass. fem. subst. de *batocar*)
batocaduras *n.f.pl.* NÁUTICA chapas e cavilhas que prendem as mesas das enxárcias ao costado do navio (De *batocar*+*-dura*)
batocar *v.tr.* tapar com beque; abatocar (De *batoque*+*-ar*)
Batocas *n.m.pl.* ETNOGRAFIA grupo étnico instalado nas margens do rio Zambeze, entre Tete e o Lago Vitória (África Austral) (Do bângala *batoka*, «narina», referência ao nariz largo e achatado)
batoco /ô/ *n.f.* **1** barranco **2** ORNITOLOGIA ⇒ **trepadeira-azul 3** espécie de pica-pau (De *batoque*?)
batografia *n.f.* representação gráfica das profundidades oceânicas; batigrafia (Do gr. *báthos*, «profundidade» +*gráphein*, «registar»)
batógrafo *n.m.* instrumento que regista as profundidades do mar (Do gr. *báthos*, «profundidade» +*gráphein*, «registar»)
batólito *n.m.* GEOLOGIA enorme massa rochosa (plutónica), irregular, que se estende pelas profundezas da crusta terrestre, também designada maciço (Do gr. *báthos*, «profundidade» +*líthos*, «pedra»)
batologia *n.f.* repetição fastidiosa de um pensamento no discurso (Do gr. *battología*, «tagarelice», pelo fr. *battologie*, «id.»)
batológico *adj.* relativo à batologia (De *batologia*+*-ico*)
batom *n.m.* **1** cosmético para pintar ou proteger os lábios, geralmente de forma cilíndrica **2** DESPORTO haste metálica utilizada pelo esquiador para impulsionar o andamento ou para se equilibrar **3** produto em forma de pequeno tubo cilíndrico (Do fr. *bâton*, «id.»)
batometria *n.f.* medida das profundezas do mar (De *báthos*, «profundidade» +*métron*, «medida» +*-ia*)
batómetro *n.m.* instrumento que serve para indicar a profundidade do mar (Do gr. *báthos*, «profundidade» +*métron*, «medida»)
bâton *n.m.* ⇒ **batom**
batoque *n.m.* **1** orifício na parte superior da pipa ou do tonel **2** rolha com que se tapa este orifício **3** [coloq.] pessoa baixa e gorda (Do vasc. *bartoc*, «id.»?)
batoqueira *n.f.* (orifício) ⇒ **batoque 1** (De *batoque*+*-eira*)
batota *n.f.* **1** não cumprimento das regras de um jogo, de maneira que outro ou outros jogadores não se apercebam, com o objetivo de ganhar; trapaça no jogo **2** não observância de regra(s) previamente estabelecida(s); aldrabice; burla **3** jogo de azar **4** casa de jogo; *fazer ~* não respeitar as regras previamente estabelecidas, enganar (De orig. obsc.)
batotar *v.intr.* **1** jogar a batota (jogo de azar) **2** não respeitar as regras previamente estabelecidas; fazer batota; trapacear (De *batota*+*-ar*)
batotear *v.intr.* ⇒ **batotar** (De *batota*+*-ear*)
batoteiro *adj.,n.m.* **1** que ou pessoa que não cumpre as regras de um jogo, de maneira que outro ou outros jogadores não se apercebam, com o objetivo de ganhar **2** que ou pessoa que não respeita a(s) regra(s) previamente estabelecida(s) **3** que ou pessoa que participa em jogos de azar (De *batota*+*-eiro*)
batotice *n.f.* **1** não cumprimento das regras de um jogo, de maneira que outro ou outros jogadores não se apercebam, com o objetivo de ganhar; trapaça no jogo; batota **2** não observância de regra(s) previamente estabelecida(s); aldrabice; burla (De *batota*+*-ice*)
batraco- elemento de formação de palavras que exprime a ideia de *rã, batráquio* (Do gr. *bátrakos*, «rã»)
batracófago *adj.* que come rãs (De *batraco-*+*-fago*)
batracoide *adj.2g.* semelhante à rã (De *batraco-*+*-óide*)
batracóide ver nova grafia batracoide
Batráquidas *n.m.pl.* ICTIOLOGIA ⇒ **Batraquídeos**
Batraquídeos *n.m.pl.* ICTIOLOGIA família de peixes teleósteos cujo género-tipo se designa *Batrachium* (Do gr. *bátrakos*+*-ídeos*)
batráquio *adj.* ZOOLOGIA relativo aos batráquios ■ *n.m.pl.* ZOOLOGIA espécime dos batráquios ■ *n.m.pl.* ZOOLOGIA classe de vertebrados anfíbios, de pele nua e viscosa, que passam por metamorfoses e que constituem o grupo mais antigo de vertebrados terrestres (Do gr. *bátrakos*, «rã», pelo lat. *batrăchu-*, «id.»)

batucada *n.f.* **1** toque de batuque **2** dança acompanhada de batuque (De *batuque*+*-ada*)
batucadeira *n.f.* [Cabo Verde] mulher que, nos batuques, exprime os seus sentimentos dançando, cantando e brincando (De *batucada*+*-eira*)
batucar *v.intr.* **1** dançar o batuque **2** bater repetidas vezes **3** martelar (De *batuque*, do landim *batchuque*, «tambor; baile» +*-ar*)
batuda *n.f.* saltos em altura pelos artistas de uma companhia acrobática e equestre (De *batida*)
batuque *n.m.* **1** MÚSICA instrumento de percussão cilíndrico de madeira, coberto de pele numa das extremidades, semelhante ao tambor **2** dança ao ritmo dos tambores **3** ruído de golpes repetidos (Do landim *batchuque*, «tambor; baile»)
batuqueiro *n.m.* **1** tocador de batuque **2** dançador de batuques (De *batuque*+*-eiro*)
batuquira *n.f.* ORNITOLOGIA ave semelhante ao falcão, de plumagem cinzenta, peito avermelhado e cauda cinzenta com listras pretas, muito frequente no Noroeste do Brasil, na Venezuela e nas Guianas (De orig. obsc.)
batuta *n.f.* **1** varinha com que os maestros regem uma execução musical **2** [fig.] direção; orientação; comando ■ *n.2g.* **1** indivíduo hábil **2** perito ■ *adj.2g.* **1** forte **2** perfeito (Do it. *battuta*, «compasso»)
bau¹ *n.m.* [Angola] ZOOLOGIA búfalo; pacaça (Do quioco *mbau*, «idem»)
bau² *n.m.* [regionalismo] estrada macadamizada (De origem obscura)
baú *n.m.* caixa retangular, geralmente de madeira, com tampa convexa e geralmente coberta de couro cru; *dar o golpe do ~* [pop.] casar com uma pessoa rica por dinheiro (Do port. ant. *baúl*, do fr. ant. *bahur*, mod. *bahut*, «id.»)
bauá *n.f.* [Brasil] ORNITOLOGIA ave passeriforme da família dos Icterídeos, de plumagem preta e cauda vermelha, vulgar no centro e Sul do Brasil (De orig. onom.)
bau-bau *n.m.* **1** rapaz chique e moderno **2** menino bem (De orig. onom.)
baud *n.m.* **1** unidade de transmissão telegráfica equivalente a um impulso por segundo **2** INFORMÁTICA número de mudanças de fase do sinal transmitido por um modem (De *Émile Baudot*, inventor)
bauleiro *n.m.* fabricante de baús (Do port. ant. *baul*, («baú) +*-eiro*)
baunilha *n.f.* **1** BOTÂNICA planta da família das Orquidáceas, que produz umas flores verde-amareladas e cujos frutos são umas vagens que possuem uma essência aromática (vanilina) **2** fruto desta planta **3** licor feito com a essência deste fruto (Do lat. *vagīna-*, «bainha», pelo cast. *vainilla*, «baunilha», pelo port. ant. *bainilha*, «id.»)
baunilha-dos-jardins *n.f.* BOTÂNICA planta odorífera da família das Boragináceas; balsamina
bauxite /cs/ *n.f.* PETROLOGIA rocha sedimentar de origem química, essencialmente constituída por minerais aluminosos (diáspuro, gibbsite, etc.), muito explorada como fonte de alumínio e descoberta pela primeira vez na zona da localidade Baux-de-Provence, no Sul da França (Do fr. *Baux[-de-Provence]*, top. +*-ite*)
bávaro *adj.* relativo a Baviera ■ *n.m.* natural ou habitante da Baviera (Do fr. *bavarois*, «id.»)
bavaroise *n.f.* CULINÁRIA doce de colher de consistência esponjosa e servido frio, preparado com diversos ingredientes consoante as diferentes receitas (ovos, açúcar, natas, leite condensado, gelatina, etc.) (Do fr. *bavarois*, «id.»)
baxete /ê/ *n.m.* ⇒ **baixete**
báxi *n.2g.* [Angola] namorado; namorada (Do umbundo *ombaxi*, «id.»)
bazana *n.f.* pele curtida (Do it. *bazzana*, «carneira»)
bazanada *n.f.* **1** [regionalismo] sopapo; bofetada **2** [regionalismo] pancadaria (De *bazana*+*-ada*)
bazar¹ *n.m.* **1** mercado público nos países orientais **2** mercado ou loja de quinquilharias **3** centro comercial **4** empório **5** venda de artigos geralmente artesanais para fins de beneficência (Do pers. *bazár*, «id.»)
bazar² *v.intr.* [coloq.] fugir precipitadamente; desaparecer; vazar (Do quimb. *kubaza*, «romper»)
bazaruca *adj.2g.* tolo; maluco (Do quimb. *kusaluka*, «estar maluco»)
bazófia *n.f.* **1** vaidade sem motivo; presunção **2** guisado feito de restos de comida ■ *n.m.* pessoa que se gaba exageradamente de feitos ou qualidades que muitas vezes não lhe pertencem; fanfarrão (Do it. *bazzoffia*, «patranha; ficção»)
bazofiador *adj.,n.m.* **1** que ou aquele que bazofia **2** blasonador (De *bazofiar*+*-dor*)
bazofiamento *n.m.* ato de bazofiar (De *bazofiar*+*-mento*)
bazofiar *v.tr.,intr.,pron.* gabar-se (de); mostrar bazófia; blasonar; alardear (De *bazófia*+*-ar*)
bazófio *adj.* que tem ou em que há bazófia (De *bazófia*)

bazofo adj. [Cabo Verde] fanfarrão; convencido; brilhante (Do crioulo cabo-verdiano *bazófu*, «id.», a partir de *bazófio*)

bazuca n.f. 1 arma que dispara granadas anticarro 2 [Moçambique] garrafa de cerveja de tamanho grande (Do ing. *bazooka*, «id.»)

bazulaque n.m. 1 homem baixo e muito gordo 2 guisado de miúdos 3 [Brasil] doce de coco ralado e mel (Var. de *badulaque*?)

BCG n.f. MEDICINA vacina que se destina a imunizar contra a tuberculose e é administrada geralmente nos recém-nascidos (Acrónimo de *bacilo de Calmette-Guérin*)

bdelar adj.2g. que tem ventosas (Do gr. *bdélla*, «sanguessuga» +-*ar*)

bdélio n.m. FARMÁCIA goma-resina que já foi muito empregada em medicina (Do gr. *bdéllion*, «id.», pelo lat. *bdellĭu*-, «id.»)

bdelómetro n.m. instrumento que executa ação semelhante à da sanguessuga, permitindo medir e regular o fluxo de sangue a extrair (Do gr. *bdélla*, «sanguessuga» +*métron*, «medida»)

bê n.m. nome da letra *b* ou *B*

bê-á-bá n.m. 1 exercício de soletração 2 cartilha de aprender a ler 3 [fig.] primeiras noções de uma ciência ou arte; á-bê-cê (De *b*+*a*)

beafada n.2g. indivíduo que pertence aos Beafadas ■ adj.2g. relativo aos Beafadas ■ n.m. língua falada pelos povos do grupo étnico Beafadas, nomeadamente, no eixo Fulacunda-Buba, na Guiné-Bissau

Beafadas n.m.pl. ETNOGRAFIA ⇒ **Biafadas**

beata n.f. 1 [coloq.] ponta de cigarro depois de fumado; prisca 2 antiga moeda de cinco réis (De orig. obsc.)

beatão adj.,n.m. 1 hipócrita 2 santarrão (De *beato*+-*ão*)

beataria n.f. 1 [depr.] conjunto de pessoas que se entregam a práticas religiosas exageradas 2 [depr.] devoção religiosa que não é sincera (De *beata*+-*aria*)

beateiro adj.,n.m. 1 que ou aquele que convive com beatos ou beatas 2 que ou aquele que apanha pontas de cigarro (De *beata*+-*eiro*)

beatério n.m. [depr.] ⇒ **beataria**

beatice n.f. [depr.] devoção fingida; hipocrisia religiosa (De *beato*+-*ice*)

beático adj. 1 próprio de beato 2 hipócrita (De *beato*+-*ico*)

beatificação n.f. 1 decisão do papa pela qual é permitido que se preste, com determinadas restrições, culto público a uma pessoa, depois da sua morte, e que é formal se a decisão de beatificar for precedida de um processo canónico, ou equipolente se se trata apenas de reconhecimento de um culto tradicional 2 ato solene em que se torna pública essa decisão (Do lat. *beatificatiōne*-, «id.»)

beatificador adj.,n.m. que ou aquele que beatifica (Do lat. *beatificatōre*-, «que torna feliz»)

beatificante adj.2g. que beatifica; beatificador (Do lat. *beatificante*-, «id.», part. pres. de *beatificāre*, «tornar feliz; beatificar»)

beatificar v.tr. 1 proceder à beatificação de 2 declarar bem-aventurado 3 [fig.] tornar feliz 4 louvar muito ou em excesso (Do lat. *beatificāre*, «tornar feliz»)

beatificatório adj. que beatifica; beatificador (De *beatificar*+-*tório*)

beatífico adj. 1 que torna bem-aventurado 2 que dá a suprema felicidade 3 relativo a êxtase 4 místico (Do lat. *beatifĭcu*-, «que torna feliz»)

beatilha n.f. 1 touca de pano branco usada pelas freiras 2 pano de que se fazem essas toucas (Do fr. *béatille*, «id.», pelo cast. *beatilla*, «id.»)

beatismo n.m. ⇒ **beatice** (De *beato*+-*ismo*)

beatíssimo adj. {superlativo absoluto sintético de **beato**} tratamento honorífico dado aos papas (Do lat. *beatissĭmu*-, «id.»)

beatitude n.f. 1 RELIGIÃO felicidade eterna e suprema 2 felicidade tranquila 3 antigo tratamento dado ao Papa (Do lat. *beatitudĭne*-, «felicidade»)

beato adj. 1 que ou o que foi beatificado pela Igreja Católica 2 que ou o que é muito devoto 3 [pej.] que ou o que é falsamente devoto (Do lat. *beātu*-, «feliz»)

beatorro /ô/ n.m. 1 grande beato 2 [pej.] santarrão; hipócrita (De *beato*+-*orro*)

bêbado adj.,n.m. ⇒ **bêbedo** (Do lat. *bibĭtu*-, part. pass. de *bibĕre*, «beber»)

bebas /ê/ n.f.pl. [pop.] bebida que se dá aos homens que transportam as uvas, nas vindimas (Deriv. regr. de *beber*)

bebé n.2g. 1 criança recém-nascida ou de pouca idade 2 cria de animal ■ adj.2g. que revela imaturidade (Do fr. *Bébé*, nome de um anão da corte do rei da Polónia Estanislau Leszczynski (1677-1766), vulgarizado pelo ing. *baby*, «id.»)

bebe-azeite n.f. [ant.] designação rara da coruja, por se lhe atribuir, erradamente, o gosto de beber o azeite das lâmpadas das igrejas

bêbeda n.f. (MOLUSCO) ⇒ **aplísia** (De *bêbedo*)

bebedanas n.2g.2n. ⇒ **bebedolas** (De *bêbedo*+-*ana*)

bebedeira n.f. ⇒ **embriaguez** (De *bêbedo*+-*eira*)

bebedice n.f. hábito de se embebedar (Do port. ant. *bevedice*, «id.»)

bêbedo n.m. 1 indivíduo que costuma ingerir bebidas alcoólicas em excesso 2 [pej.] homem desprezível; patife 3 ICTIOLOGIA nome comum a uns peixes teleósteos, da família dos Triglídeos e dos Agónidas, também conhecidos por ruivo, bergela, cabrinha, etc. ■ adj. 1 que ingeriu bebidas alcoólicas em excesso; embriagado; ébrio 2 [fig.] zonzo; aturdido; ~ *como um cacho* muito embriagado (Do lat. *bibĭtu*-, «id.», part. pass. de *bibĕre*, «beber»)

bebedoiro n.m. ⇒ **bebedouro**

bebedolas n.2g.2n. [coloq.] pessoa que se embebeda com frequência (De *bêbedo*+-*ola*)

bebedor adj.,n.m. que ou aquele que bebe em excesso; bêbedo (Do lat. *bibitōre*-, «bebedor»)

bebedouro n.m. vaso ou lugar onde os animais bebem água (De *beber*+-*douro*)

bebedura n.f. 1 ato de beber 2 bebida (De *beber*+-*dura*)

bebé-proveta n.2g. BIOLOGIA criança concebida por meio de fecundação in vitro do óvulo e implantação posterior do ovo no útero da (futura) mãe

beber v.tr. 1 ingerir (líquido) 2 gastar em bebidas 3 absorver; impregnar-se de 4 aprender; receber (conhecimentos) 5 suportar; sofrer 6 (automóvel) consumir muito (combustível) ■ v.intr. 1 ingerir líquidos, principalmente bebidas alcoólicas 2 embriagar-se 3 ser bêbado ■ n.m. bebida; ~ *à saúde de* beber, fazendo votos pela saúde ou felicidade de alguém; ~ *como uma esponja* beber muito, ser bom bebedor; ~ *os ares por* estimar muito (Do lat. *bibēre*, «beber»)

bêbera n.f. BOTÂNICA variedade de figo preto, grande e comprido, com polpa vermelha, produzido pela abebereira ou bebereira (Do lat. *bifĕra*- (*ficu*-), «(figueira) que produz duas vezes por ano»)

beberagem n.f. 1 cozimento medicinal de ervas 2 bebida desagradável 3 água de sêmeas para animais 4 farelada; lavagem 5 bebida (Do lat. **biberacŭlu*-, «beberagem», pelo fr. *breuvage*, «id.», ou de *beber*+-*agem*)

beberar v.tr. ⇒ **abeberar**

bebereira n.f. figueira cultivada em Portugal, cuja infrutescência é o figo conhecido por bêbera, bebra, etc., também denominada abebereira (De *bêbera*+-*eira*)

beberete n.m. refeição ligeira em que predominam as bebidas (De *beber*+-*ete*)

bebericar v.tr.,intr. beber pouco mas frequentemente (De *beber*+-*icar*)

beberrão n.m. o que bebe demasiado; borrachão (De *beber*+-*ão*)

beberraz n.m. ⇒ **beberrão** (De *beber*+-*az*)

beberrica n.2g. [pop.] indivíduo que bebe frequentemente; borracho; bêbedo (Deriv. regr. de *beberricar*)

beberricação n.f. ato de beberricar (De *beberricar*+-*ção*)

beberricador n.m. ⇒ **beberrica** (De *beberricar*+-*dor*)

beberricar v.tr.,intr. ⇒ **bebericar**

beberricas n.2g.2n. ⇒ **beberrica**

beberronia n.f. 1 qualidade de beberrão 2 grupo de beberrões (De *beberrão*+-*ia*)

bebes n.m.pl. aquilo que se bebe; *comes e* ~ comidas e bebidas

bebestíveis n.m.pl. [pop.] bebidas (De *bebidas* × *comestíveis*)

bebida n.f. 1 líquido que se bebe 2 hábito de beber muito 3 ação de beber (Part. pass. fem. subst. de *beber*)

bebível adj.2g. 1 que se pode beber; potável 2 cujo gosto é tolerável 3 que se destina a ser bebido (De *beber*+-*vel*)

bebra /ê/ n.f. ⇒ **bêbera**

beca n.f. 1 veste talar preta usada por magistrados judiciais no exercício das suas funções ou nas solenidades em que tenham de participar 2 dignidade ou profissão de quem usa beca (Do cast. *beca*, «id.»)

becabunga n.f. BOTÂNICA planta herbácea, da família das Escrofulariáceas, espontânea em Portugal (Do lat. cient. *beccabunga*, do b. al. *bekebunge*, «id.»)

bechamel n.m. CULINÁRIA molho branco muito cremoso preparado com leite, farinha e manteiga derretida, e geralmente temperado com pimenta, sal e noz moscada (De *Béchamel*, antr., gastrónomo e chefe de mesa de Luís XIV)

beco /ê/ n.m. rua estreita e escura; viela; ~ *sem saída* [fig.] embaraço de que não se pode escapar, situação de grande dificuldade (De *via*+-*eco*?)

becquerel n.m. (plural **becquerels**) FÍSICA unidade do Sistema Internacional de radioatividade, de símbolo Bq, que equivale à atividade resultante da desintegração de um nuclídeo radioativo por segundo (De *Antoine-Henri Becquerel*, antr., físico fr., 1852-1908)

bécua n.f. ORNITOLOGIA ⇒ **galispo** 2 (Deriv. regr. de *becuinha*)

becuinha n.f. ORNITOLOGIA ⇒ **galispo** 2 (De *abecuinha*)

bedame n.m. formão comprido e estreito para abrir encaixes na madeira (Do fr. *bec-d'âne* ou *bédane*, «formão comprido e estreito»)

bedegar n.m. excrescência olorosa que se desenvolve em várias espécies de roseiras pela sucção das larvas de certos insetos (Do pers. *badaward*, «id.», pelo fr. *bédégar*, «id.»)

bedel n.m. empregado de uma universidade encarregado de marcar as faltas dos estudantes e dos professores (Do fr. ant. *bedel*, «id.», mod. *bedeau*, «sacristão», do frânc. *bidal*, «oficial de justiça»)

bedelhar v.intr. 1 meter o bedelho; intrometer-se 2 conversar familiarmente; dar à língua (De *bedelho*+-*ar*)

bedelheiro adj.,n.m. que ou aquele que mete o bedelho; intrometido; abelhudo (De *bedelho*+-*eiro*)

bedelho /ê/ n.m. 1 tranqueta da porta que se levanta por meio de aldraba 2 [fig.] criançola; fedelho; *meter o* ~ intrometer-se importunamente (De orig. obsc.)

bedelia n.f. funções ou duração das funções do bedel (De *bedel*+-*ia*)

bedém n.m. 1 capote de palha, esparto ou couro, contra a chuva 2 palhoça 3 capa mourisca (Do ár. *badan*, «camisa sem mangas»)

bedro /ê/ n.m. BOTÂNICA ⇒ **bredo** (De *bredo*, com met.)

beduim n.m. ⇒ **beduíno**

beduíno n.m. árabe nómada dos desertos do Norte de África e do Médio Oriente ■ adj. relativo aos árabes nómadas dos desertos do Norte de África e do Médio Oriente (Do ár. *baduíí*, «o que habita o deserto; nómada»)

bédulo n.m. BOTÂNICA ⇒ **videoeiro** (De *bétula*)

bedum n.m. 1 cheiro característico do bode não castrado 2 [pej.] cheiro forte e desagradável da transpiração de animais ou humana 3 [pej.] qualquer mau cheiro forte 4 cheiro e sabor do sebo, na carne de carneiro 5 cheiro enjoativo da louça mal lavada; *meter* ~ [cal., pej.] causar nojo ou asco (Alt. de *bodum*)

beeper n.m. ⇒ **pager** (Do ing. *beeper*, «id.»)

beerite n.f. substância formada pela mistura de mármore em pó, vidro em pó, cal, areia, etc.; mármore líquido (De orig. obsc.)

beethoveniano adj. relativo a Ludwig van Beethoven, compositor alemão, 1770-1827, ou à sua obra musical (De *Beethoven*, antr. +-*iano*)

beetria n.f. na alta Idade Média, povoação rural que tinha o direito de escolher livremente os senhores que mais lhe conviessem para sua defesa e bem-estar (Do b. lat. *benefactoria*-, «benfeitoria», pelo cast. *behetría*, «id.»)

bege adj.2g.,n.m. cor ou designativo da cor intermédia entre a do café com leite e a do creme (Do fr. *beige*, «id.», do it. *bigio*, «cinzento acastanhado»)

begónia n.f. BOTÂNICA nome vulgar comum a grande número de plantas ornamentais, da família das Begoniáceas, de folhas vistosas e intensivamente cultivadas em estufas, jardins e habitações (Do fr. *bégonia*, «id.»)

Begoniáceas n.f.pl. BOTÂNICA família de plantas herbáceas ou arbustivas (género-tipo *Begonia*), em regra tropicais, muito cultivadas para fins ornamentais (De *begónia*+-*áceas*)

beguina n.f. 1 religiosa sem votos, em regime de pobreza e clausura, que vivia do seu trabalho 2 beata falsa (Do neerl. *beggaert*, «freira mendicante», pelo fr. *béguine*, «religiosa; devota»)

beguinaria n.f. 1 vida de penitência e clausura dos beguinos ou das beguinas 2 comunidade de beguinos ou beguinas (De *beguino* ou *beguina*+-*aria*)

beguino n.m. 1 frade mendicante 2 pl. religiosos de vida penitente em regime de pobreza e clausura ■ adj. [pop.] fingido; hipócrita (Do neerl. *beggaert*, «frade mendicante», pelo fr. *béguin*, «religioso»)

begum n.f. título honorífico equivalente a princesa, que se dá às mães, irmãs e viúvas dos príncipes hindus (Do hind. *begam*, «senhora»)

behaviorismo n.m. PSICOLOGIA ⇒ **behaviourismo**

behaviourismo n.m. 1 PSICOLOGIA psicologia do comportamento, doutrina de J. Watson, psicólogo americano, 1878-1958, segundo a qual o objeto da psicologia é exclusivamente limitado aos dados observáveis do comportamento exterior 2 psicologia objetiva (Do ing. *behaviourism*, «id.», de *behaviour*, «comportamento»)

bei n.m. 1 governador de província árabe 2 título do soberano da Tunísia (Do turc. *bég* ou *bék*, pelo ár. *bái*, «senhor; dom»)

beiça n.f. 1 lábio; beiço 2 lábio grande e caído; *de* ~ *caída* descontente, amuado; *estar de* ~ estar amuado (De *beiço*)

beiçada n.f. 1 beiços grossos e pendentes 2 carne da beiça de alguns animais (De *beiça*+-*ada*)

beiçana n.2g. pessoa que tem beiço grosso e pendente (De *beiça*+-*ana*)

beicinho n.m. beiço pequeno; *estar pelo* ~ estar apaixonado; *fazer* ~ estar prestes a chorar (as crianças), amuar (De *beiço*+-*inho*)

beiço n.m. 1 [pop.] cada uma das partes carnudas que contornam externamente a entrada da boca; lábio 2 bordo de uma ferida 3 rebordo; borda saliente; ~ *rachado* [pop.] lábio fendido como o lábio superior dos roedores, que anormalmente aparece no homem; *de* ~ *caído* triste, desanimado; *estar/andar pelo* ~ estar apaixonado; *fazer* ~ estar prestes a chorar (as crianças), amuar; *lamber os beiços* mostrar que se gostou muito, deleitar-se; *morder os beiços* mostrar sentimento de raiva, fazer esforço para conter o riso; *trazer pelo* ~ dominar alguém (Do célt. *baikkion*, «beiçada; boca grande»)

beiçola n.f. grande beiço ou beiça ■ n.2g. [depr.] pessoa que tem grande beiço ou beiça (De *beiço*+-*ola*)

beiçorra /ô/ n.f. ⇒ **beiçola** n.f. (De *beiça*+-*orra*)

beiçudo adj. que tem beiços grossos (De *beiço*+-*udo*)

beijadela n.f. ato de beijar; beijo (De *beijar*+-*dela*)

beijado adj. 1 unido 2 a quem se deu um beijo; *de mão beijada* gratuitamente, sem ser esperado (Part. pass. de *beijar*)

beijador adj.,n.m. 1 que ou aquele que beija 2 que ou o que gosta de beijar; beijoqueiro (De *beijar*+-*dor*)

beija-flor n.m. ORNITOLOGIA nome vulgar de um pequeno pássaro, da família dos Troquilídeos, muito pequeno e de plumagem com coloração viva e brilhante, frequente na América tropical e conhecido também por colibri, suga-flor, chupa-flor, etc. (De *beijar*+-*flor*)

beija-mão n.m. ação ou cerimónia de beijar a mão; *ir ao* ~ *de alguém* prestar obediência a alguém, sujeitar-se; baixar-se (De *beijar*+-*mão*)

beija-pé n.m. 1 ação de beijar ou de dar a beijar o pé 2 RELIGIÃO (catolicismo) ato de beijar o pé (ao papa ou aos pobres, na cerimónia do lava-pés) (De *beijar*+-*pé*)

beijar v.tr. 1 dar beijos a; oscular 2 [fig.] tocar de leve 3 [fig.] banhar 4 [fig.] estar contíguo a (Do lat. *basiāre*, «dar um beijo a»)

beijinho n.m. 1 beijo pequeno 2 búzio muito pequeno 3 CULINÁRIA espécie de bolo pequeno 4 [fig.] nata; parte mais delicada; primor (De *beijo*+-*inho*)

beijo n.m. 1 ato ou efeito de tocar com os lábios, pressionando, algo ou alguém 2 fórmula de despedida informal, utilizada sobretudo em correspondência; ~ *de Judas* manifestação de amizade falsa e pérfida; ~ *de paz* 1 beijo que o padre, os acólitos e os fiéis dão na missa, em sinal de união fraterna; 2 beijo que se dá a alguém em sinal de reconciliação (Do lat. *basīu*-, «beijo»)

beijoca n.f. beijo sonoro (De *beijo*+-*oca*)

beijocada n.f. muitas beijocas (De *beijoca*+-*ada*)

beijocadela n.f. ação de beijocar (De *beijocar*+-*dela*)

beijocador adj.,n.m. que ou aquele que beijoca (De *beijocar*+-*dor*)

beijocar v.tr. beijar repetidamente e com estalido (De *beijoca*+-*ar*)

beijo-de-frade n.m. BOTÂNICA espécie de balsamina

beijo-de-moça ver nova grafia *beijo de moça*

beijo de moça n.m. rebuçado de ovos, envolvido em papel de seda recortado

beijo-de-rainha n.m. BOTÂNICA variedade de maçã

beijoim n.m. ⇒ **benjoim** (Do ár. *lubán jáuí*, «incenso; resina javanesa»)

beijoqueiro adj.,n.m. 1 que ou o que gosta de beijocar 2 que ou o que aprecia beijocas (De *beijocar*+-*eiro*)

beijos-de-freira n.m.pl. BOTÂNICA candelária

beiju n.m. [Brasil] CULINÁRIA bolo feito de mandioca ou de tapioca (Do tupi *mbei'ju*, «id.»)

beilhique n.m. território governado por um bei (Do fr. *beylicat*, «id.»?)

beilhó n.f. ⇒ **bilhó** (De *bilhó*)

beira n.f. 1 borda; margem; orla 2 proximidade 3 beiral 4 gota de água que cai do telhado; *à* ~ junto; *à* ~ *de* junto de (De *ribeira*, por red.)

beirada n.f. 1 beiral; beirado 2 [regionalismo] terra produtiva e baixa (De *beira*+-*ada*)

beirado n.m. 1 parte do telhado que sobressai fora da parede; beiral 2 beira; margem (De *beira*+-*ado*)

beiral *n.m.* 1 aresta inferior de um telhado; beirado 2 beira 3 gota de água que cai do telhado (De *beira+-al*)
beira-mar *n.f.* 1 região costeira; litoral; costa 2 zona que fica entre as ondas e areia numa praia; *à ~* junto ao mar
beirame *n.m.* tecido de algodão fino oriundo da Índia (Do pers. *bairam*, «id.»)
beirão *adj.* das Beiras Alta, Baixa e Litoral (antigas províncias portuguesas); beirense ▪ *n.m.* (feminino **beiroa**) natural ou habitante de uma das Beiras (De *Beira*, top. *+-ão*)
beirar *v.tr.* 1 caminhar pela beira ou pela margem de 2 costear 3 ladear (De *beira+-ar*)
beira-rio *n.f.* terrenos que marginam um rio
beirense *adj.,n.2g.* ⇒ **beirão** (De *Beira*, top. *+-ense*)
beirinha¹ *n.f.* ORNITOLOGIA ⇒ **alvéloa** (De *boieirinha*)
beirinha² *elem.loc.adv. à ~* muito próximo (De *beira+-inha*)
bejala *n.f.* [Moçambique] bebida fermentada à base de farinha de milho ou de outro cereal (Do ronga *byala*, «id.»)
bejense *n.2g.* habitante ou natural da cidade portuguesa de Beja ▪ *adj.2g.* de Beja ou referente a esta cidade (De *Beja*, top. *+-ense*)
bejoega *n.f.* ⇒ **bejoga**
bejoga *n.f.* [regionalismo] (Trás-os-Montes) empola ou bolha, nos pés ou nas mãos (Do cast. *vejiga*, «bolha»?)
bel¹ ⇒ **belo**; *a seu ~ talante* consoante a sua vontade (De *belo*, com apóc.)
bel² *n.m.* FÍSICA unidade logarítmica usada, em acústica, para exprimir o nível de intensidade de um som e, em engenharia de telecomunicações, para comparar duas potências (modernamente usa-se mais o decibel) (De A. G. Bell, antr., físico escoc., 1847-1922)
bela *n.f.* mulher bela (De *belo*)
bela-aloísia *n.f.* BOTÂNICA limonete
belacidade *n.f.* 1 carácter guerreiro 2 combatividade (Do lat. *bellacitāte-*, «id.»)
belacíssimo *adj.* 1 muito guerreiro 2 façanhudo (Do lat. *bellacissĭmu-*, «id.», superl. de *bellăce-*, «belicoso»)
beladona *n.f.* BOTÂNICA planta herbácea, venenosa, da família das Solanáceas, subespontânea e cultivada em Portugal, de aplicação terapêutica (Do it. *belladonna*, de *bella donna*, «mulher bela», talvez por dela se extraírem cosméticos)
beladona-bastarda *n.f.* BOTÂNICA planta herbácea, da família das Amarilidáceas, cultivada e subespontânea em Portugal, conhecida vulgarmente por amarílis
beladonado *adj.* que contém beladona ou que é da sua natureza (De *beladona+-ado*)
beladónio *n.m.* extrato de beladona retificado (De *beladona+-io*)
bela-luísa *n.f.* BOTÂNICA ⇒ **bela-aloísia**
bela-luz *n.f.* BOTÂNICA planta lenhosa, da família das Labiadas, espontânea em Portugal
belas-artes *n.f.pl.* conjunto formado por pintura, escultura, arquitetura, gravura, música e dança
belas-letras *n.f.pl.* conjunto formado por gramática, eloquência, poesia, literatura e história
bela-sombra *n.f.* BOTÂNICA árvore da família das Amarilidáceas, muito cultivada com fins ornamentais, também conhecida por tintureira
belatriz *n.f.* mulher guerreira; amazona (Do lat. *bellatrīce-*, «id.»)
bélbute *n.m.* veludilho de algodão (Do ing. *velvet*, «veludo»)
belbutina *n.f.* bélbute fino (De *bélbute+-ina*)
beldade *n.f.* 1 mulher bela 2 beleza (Do lat. *bellitāte-*, por *bellitudĭne-*, «beleza; graça»)
beldar *v.intr.* [regionalismo] (Trás-os-Montes, Beira) conversar; tagarelar (De *badalar*, com met.)
beldro *n.m.* BOTÂNICA ⇒ **bredo** (Do gr. *blíton*, «id.», pelo lat. *blitu-*, «bredo»)
beldroega *n.f.* BOTÂNICA planta, em regra prostrada, carnosa e muito suculenta, da família das Portulacáceas, cultivada e subespontânea em Portugal, aplicada especialmente em salada e conhecida também por verdoega ▪ *n.2g.* [coloq., pej.] ⇒ **beldroegas** (Do lat. *portulāca-*, pelo moç. **berdolaca*, «id.»)
beldroegas *n.2g.2n.* [coloq., pej.] pessoa inútil ou pouco inteligente (De *beldroega*)
belecar *v.tr.* 1 dar à luz 2 transportar uma criança às costas balançando-a (Do changana *b'èlèkà*, «id.»)
beleguim *n.m.* [ant., depr.] oficial de justiça (Do cast. *belleguín*, «id.»)
belém *n.m.* variedade de trigo (De *Belém*, top.)
belemita *adj.2g.* relativo a Belém (cidade da Palestina) ▪ *n.2g.* natural ou habitante daquela cidade (Do lat. *bethlehemīte-*, «de Belém»)
belemnite *n.f.* PALEONTOLOGIA molusco cefalópode fóssil (Do gr. *belemnités*, «pedra em forma de flecha», pelo fr. *bélemnite*, «id.»)

belenense *n.2g.* habitante ou natural de qualquer localidade chamada Belém ▪ *adj.2g.* referente a localidades com este nome (De *Belém*, top. *+-ense*)
Belenzada *n.f.* revolta política ocorrida no bairro lisboeta de Belém, em 4 de novembro de 1836 (De *Belém*, top., bairro de Lisboa *+-z-+-ada*)
beletrista *n.2g.* pessoa que cultiva as belas-letras (Do al. *Belletrist*, «id.»)
beletrística *n.f.* conjunto das obras que constituem a literatura amena (Do al. *Belletristik*, «id.»)
beleza *n.f.* 1 qualidade do que é belo ou agradável; beldade; lindeza 2 mulher formosa 3 coisa bela 4 excelência; perfeição (Do lat. vulg. **bellitĭa-*, «id.», pelo prov. *belleza* ou pelo it. *bellezza*, «id.»)
belfa *n.f.* 1 excrescência carnosa da parte inferior da cabeça de algumas aves, especialmente galináceas 2 [regionalismo] (almofada) molhelha 3 [regionalismo] bazófia 4 *pl.* [fig.] faces bochechudas (Do lat. *bellŭa-*, «animal corpulento; coisa monstruosa»)
belfo *adj.* 1 que tem o beiço inferior mais saliente do que o superior 2 que parece falar com a boca cheia 3 (cavalo) com beiços grossos e arreganhados (De *belfa*)
belfudo *adj.* 1 que tem belfas grandes 2 bochechudo (De *belfa+-udo*)
belga¹ *adj.2g.* relativo à Bélgica (país da Europa Ocidental) ▪ *n.2g.* natural ou habitante da Bélgica (Do lat. *belga-*, «habitante da Gália belga»)
belga² *n.f.* 1 pequeno campo cultivado 2 jeira 3 courela (Do cast. *embelga*, «id.»)
belgata¹ *n.f.* BOTÂNICA planta africana de aplicações terapêuticas (De origem obscura)
belgata² *n.f.* [Moçambique] variedade especial de aguardente (De *Balagate*, topónimo, região da Índia)
bélgico *adj.* ⇒ **belga**¹ *adj.2g.* (De *Bélgica*, top.)
belho /ê/ *n.m.* ⇒ **bedelho** (De *bedelho*, com sínc.)
belhó *n.m.* ⇒ **bilhó** (De *bilhó*)
beli- elemento de formação de palavras que exprime a ideia de *guerra* (Do lat. *bellu-*, «guerra»)
beliche *n.m.* 1 conjunto de duas ou mais camas sobrepostas, utilizadas geralmente em quartos de crianças 2 NÁUTICA pequeno compartimento de navio destinado ao alojamento de passageiros ou membros da tripulação; camarote 3 NÁUTICA cama estreita usada a bordo de um navio (Do mal. *biliq kechil*, «alcova pequena»)
belicismo *n.m.* 1 tendência para resolver conflitos por meio da força ou da guerra 2 espírito conflituoso (Do fr. *bellicisme*, «id.»)
belicista *adj.2g.* 1 que defende a resolução de conflitos por meio da força ou da guerra 2 que defende o aumento de material bélico ▪ *n.2g.* pessoa que é partidária da guerra ou do uso de armas (Do fr. *belliciste*, «id.»)
bélico *adj.* 1 relativo à guerra; próprio da guerra 2 agressivo; conflituoso (Do lat. *bellĭcu-*, «id.»)
belicosidade *n.f.* 1 qualidade do que é belicoso ou guerreiro 2 agressividade (De *belicoso+-i-+-dade*)
belicoso /ô/ *adj.* 1 que tem inclinação para a guerra; que tem tendência para resolver os conflitos por meio da força 2 que incita à guerra 3 que está preparado para a guerra (Do lat. *bellicōsu-*, «id.»)
belida *n.f.* MEDICINA mancha cicatricial opaca ou semitransparente da córnea, resultante de lesão traumática ou inflamação, ou devida a uma anomalia do desenvolvimento, e que, consoante a espessura, se designa por nefélio, albugem ou leucoma (De orig. obsc.)
beligerância *n.f.* 1 qualidade de beligerante 2 estado de guerra (Do lat. *belligerantia-*, «id.», part. pres. neut. pl. de *belligerāre*, «fazer guerra», pelo fr. *belligérance*, «id.»)
beligerante *adj.2g.* que está em guerra ▪ *n.2g.* 1 aquele que faz guerra; aquele que está em guerra 2 nação ou povo envolvido numa guerra (Do lat. *belligerante-*, «id.», part. pres. de *belligerāre*, «guerrear; lutar»)
belígero *adj.* 1 que serve na guerra 2 belicoso 3 guerreiro (Do lat. *belligĕru-*, «id.»)
belindre *n.m.* ⇒ **berlinde** (De *berlinde*, com met.)
belindro *n.m.* ⇒ **berlinde** (De *berlinde*, com met.)
belinógrafo *n.m.* aparelho para transmissão, a distância, de desenhos, gravuras ou originais fotográficos, por meio de correntes elétricas, inventado pelo engenheiro francês Edouard Belin, 1876-1963 (Do fr. *bélinographe*, «id.»)
belinograma *n.m.* gravura transmitida por belinógrafo (Do fr. *bélinogramme*, «id.»)
belipotência *n.f.* qualidade de belipotente (De *beli-+potência*)

belipotente *adj.2g.* poderoso na guerra (Do lat. *bellipotente-*, «id.»)
belisária *n.f.* moeda de pouco valor que o jogador afortunado dá a outro para que continue a jogar (De *belisário*)
belisário *n.m.* o que perdeu a sua riqueza ■ *adj.* **1** pobre **2** desventurado (De *Belisário*, antr.)
belisca *n.f.* ação de beliscar; beliscadura (Deriv. regr. de *beliscar*)
beliscadela *n.f.* ⇒ **beliscadura** (De *beliscar+-dela*)
beliscadura *n.f.* **1** ação ou efeito de beliscar **2** ferimento produzido por apertar a pele com os dedos **3** qualquer ferimento ligeiro (De *beliscar+-dura*)
beliscão *n.m.* beliscadura grande (De *belisco+-ão*)
beliscar *v.tr.* **1** apertar a pele com as unhas dos dedos polegar e indicador; contundir; trilhar; magoar **2** [fig.] estimular **3** [fig.] ofender; irritar (Do lat. **vellicicāre*, «id.», de *vellicāre*, «beliscar»)
belisco *n.m.* apertão da pele entre as unhas dos dedos polegar e indicador; beliscadura; beliscão (Deriv. regr. de *beliscar*)
belíssono *adj.* que tem som guerreiro (Do lat. *bellisŏnu-*, «id.»)
belle époque *loc.* época de euforia das primeiras décadas do séc. XX (Do fr. *belle époque*)
belmandil *n.f.* variedade de figueira cultivada especialmente no Algarve
belo *adj.* **1** que tem beleza; lindo; bonito **2** que provoca uma emoção estética **3** que tem forma agradável; formoso **4** gentil; aprazível **5** distinto **6** feliz **7** próspero **8** generoso; nobre **9** harmónico **10** perfeito ■ *n.m.* **1** carácter ou natureza do que tem beleza **2** perfeição; ~! exclamação que expressa aprovação (Do lat. *bellu-*, «id.»)
belo-¹ elemento de formação de palavras que exprime a ideia de *guerra*; beli- (Do lat. *bellu-*, «guerra»)
belo-² elemento de formação de palavras que exprime a ideia de *dardo, flecha* (Do gr. *bélos*, «dardo»)
belo-horizontino *adj.* relativo à cidade brasileira de Belo Horizonte ■ *n.m.* habitante ou natural de Belo Horizonte (De *Belo Horizonte*, top. *+-ino*)
belomancia *n.f.* suposta arte de adivinhar por meio de flechas (Do gr. *bélos*, «flecha» *+manteía*, «adivinhação»)
Belona *n.f.* **1** MITOLOGIA deusa da guerra, entre os Romanos **2** [com minúscula] personificação da guerra (Do latim *Bellōna-*, «Belona, deusa da guerra»)
belonofobia *n.f.* terror mórbido de todos os objetos que possam picar (Do gr. *belóne*, «ponta; agulha» *+phóbos*, «horror» *+-ia*)
bel-prazer *n.m.* **1** vontade própria **2** arbítrio; *a seu* ~ a seu arbítrio (De *belo+prazer*)
beltrano *n.m.* **1** a terceira das três pessoas cujo nome se não quer mencionar (fulano, sicrano e beltrano) **2** indivíduo; sujeito (De *Beltrão*, antr., com mud. de terminação para rimar com fulano)
beltrão *n.m.* ⇒ **beltrano**
beluária *n.f.* arte de domar feras (De *beluário*)
beluário *n.m.* **1** homem que, nos anfiteatros, combatia as feras **2** escravo encarregado do tratamento das feras destinadas ao circo **3** domador de animais ferozes (Do lat. *belluarĭu-*, «id.», pelo fr. *belluaire*, «id.»)
beluca *n.f.* **1** ZOOLOGIA cetáceo das regiões árticas, da família dos Delfinídeos, que atinge cerca de 3 metros de comprimento, branco quando adulto e impropriamente chamado baleia-branca **2** ICTIOLOGIA esturjão branco, do mar Cáspio e do mar Negro, que atinge mais de 5 metros de comprimento e de cujas ovas se faz o caviar (Do russo *belukha*, «id.»)
beluga *n.f.* ⇒ **beluca**
beluíno *adj.* **1** relativo a fera **2** bestial; brutal; feroz; selvagem (Do lat. *belluīnu-*, «id.»)
belveder *n.m.* terraço no alto de um edifício; mirante; belver (Do it. *belvedere*, «bela vista», de *bello*, «belo» *+vedere*, «ver»)
belver *n.m.* ⇒ **belveder**
belverde *n.f.* BOTÂNICA planta herbácea ornamental, da família das Quenopodiáceas, cultivada e subespontânea; ~ *da praia* planta da família atrás referida, espontânea nas areias salgadas do litoral português (Do it. *belvedere*, «belo de se ver»)
Belzebu *n.m.* RELIGIÃO Demónio; Diabo (Do lat. *Beelzebūb*, do hebr. *ba'al zebub*, «Belzebu»)
belzebútico *adj.* relativo a Belzebu; demoníaco; diabólico (De *Belzebu+t+-ico*)
bem *adv.* **1** como é conveniente **2** de modo agradável **3** muito ■ *adj. inv.* **1** conveniente **2** socialmente irrepreensível ■ *n.m.* **1** tudo o que é bom, justo, lícito, valioso e conforme à moral **2** virtude **3** aquilo que é útil para um determinado fim; benefício **4** pessoa amada **5** *pl.* o que é suscetível de apropriação; posses **6** *pl.* propriedades **7** *pl.* riquezas **8** *pl.* capital; ~ *comum* conjunto das condições materiais e espirituais que proporcionam a uma comunidade humana um bem-estar favorável ao desenvolvimento harmonioso dos indivíduos que a compõem; ~ *feito!* exclamação irónica usada quando sucede mal a alguém que tem culpa; ~ *haja!* exclamação que exprime gratidão ou reconhecimento, obrigado!; *bens de consumo* bens de utilização imediata; *bens de raiz* prédios urbanos ou rústicos; *a* ~ de boa vontade, às boas; *a* ~ *de* a favor de; *em* ~ de modo satisfatório; *por* ~ por bom modo, com boa intenção; *soberano* ~ **1** o bem acima de todos os outros bens, o que proporciona satisfação plena do ser, particularmente das suas tendências espirituais e morais; **2** FILOSOFIA (em Kant, filósofo alemão, 1724-1804) união da felicidade e da virtude (Do lat. *bene*, «bem»)
bem- elemento de formação de palavras que exprime a ideia de *bem* e se separa sempre do elemento seguinte por meio de hífen (Do lat. *bene*, «bem»)
bem-afortunado *adj.* feliz; ditoso
bem-amado *adj., n.m.* que ou aquele que é muito amado por outrem
bem-apessoado *adj.* com boa figura; com boa apresentação; apresentável
bem-aventurado *adj.* que goza de bem-aventurança; muito feliz; ditoso; afortunado ■ *n.m.* o que foi beatificado; santo
bem-aventurança *n.f.* **1** perfeição última do ser intelectual **2** RELIGIÃO glória celestial **3** RELIGIÃO (catolicismo) Céu **4** *pl.* (catolicismo) conjunto das virtudes preconizadas por Jesus para se alcançar a felicidade eterna
bem-aventurar *v.tr.* **1** tornar bem-aventurado **2** dar a felicidade eterna a
bem-avindo *adj.* que está em boas relações; harmonizado; conciliado
bem-bom *n.m.* **1** comodidade **2** despreocupação
bem-comportado *adj.* que tem bom comportamento; ajuizado
bem-criado *adj.* bem-educado; polido; cortês
bem-disposto *adj.* **1** com boa disposição; divertido **2** em boa forma
bem-ditoso *adj.* que tem muita dita; afortunado
bem-dizer *v.tr.* dizer bem de
bem-educado *adj.* que recebeu boa educação; que revela cortesia; que é amável
bem-encarado *adj.* que tem aspeto e modos agradáveis
bem-estar *n.m.* estado de contentamento físico e espiritual; tranquilidade; conforto
bem-fadado *adj.* com bom fado; feliz; afortunado
bem-falante *adj.2g.* agradável e elegante no falar; eloquente
bem-fazer *v.intr.* fazer bem; beneficiar ■ *n.m.* caridade; benefício
bem-feito *adj.* **1** perfeito **2** elegante
bem-haja *n.m.* **1** forma de agradecimento (*um bem-haja pelo vosso apoio*); obrigado **2** [regionalismo] cacho de uvas que se encontra na vinha depois da vindima (De *bem+haja*)
bem-humorado *adj.* **1** de bom humor; com boa disposição **2** atencioso
bem-intencionado *adj.* com boa intenção; sem malícia; sincero
bem-mandado *adj.* que revela submissão; que obedece com facilidade
bem-me-quer *n.m.* BOTÂNICA nome vulgar por que também se designam a margarida e o malmequer
bem-merecer *v.tr.* ter direito à estima de
bem-nascido *adj.* filho de família nobre ou rica
bemol *n.m.* MÚSICA sinal musical, em forma de b, indicativo de que a nota por ele antecedida deve baixar meio tom (Do b. lat. *be molle*, «bê suave, mole»)
bemolado *adj.* MÚSICA que está afetado de bemol ou tem as características dos tons bemóis; abemolado (Part. pass. de *bemolar*)
bemolar *v.tr.* **1** MÚSICA marcar com bemol; bemolizar **2** MÚSICA baixar o tom de (De *bemol+-ar*)
bemolizar *v.tr.* MÚSICA ⇒ **bemolar** (De *bemol+-izar*)
bem-parecido *adj.* que parece bem; de aspeto agradável; bonito
bem-posto *adj.* bem trajado; elegante
bem-querente *adj.2g.* que quer bem; benévolo (De *bem-querer+-ente*)
bem-querer *v.tr.* **1** ter benquerença a **2** ter afeição a **3** amar ■ *n.m.* **1** amizade **2** benquerença
bem-soante *adj.2g.* que soa bem; agradável ao ouvido
bem-sucedido *adj.* **1** que tem ou teve sucesso; florescente **2** cuja situação financeira é próspera; rico; endinheirado **3** cuja carreira profissional é brilhante; realizado

bem-te-vi *n.m.* ORNITOLOGIA nome vulgar de um pássaro da família dos Tiranídeos, de poupa sobre a cabeça, muito frequente no Brasil (De orig. onom.)

bem-vindo *adj.* **1** que chega ou chegou bem **2** que é bem recebido ■ *interj.* usa-se para saudar ou cumprimentar hóspedes e visitantes, como forma de manifestar satisfação

bem-visto *adj.* estimado; considerado

bênção *n.f.* **1** ato ou efeito de benzer ou abençoar **2** RELIGIÃO sinal com que se invoca o favor divino **3** benefício; favor especial; graça **4** *pl.* palavras ou expressões de gratidão; *deitar/dar a ~ a* abençoar (Do lat. *benedictiōne-*, «id.»)

bênção-de-deus *n.f.* BOTÂNICA planta malvácea do Brasil

benchmarking *n.m.* instrumento de gestão que permite melhorar o desempenho de uma empresa e que consiste em identificar e implementar posteriormente os modelos de sucesso de uma outra empresa ou de um departamento dentro da mesma empresa (Do ing. *benchmarking*, «id.»)

bendencha *n.f.* **1** [São Tomé e Príncipe] conversa amena **2** [São Tomé e Príncipe] aventura amorosa sem futuro **3** [São Tomé e Príncipe] abuso de confiança (Do forro e do lunguiê *bendenxa*, «id.»)

bendição *n.f.* ⇒ **bênção** (Do lat. *benedictiōne-*, «bênção»)

bendito *adj.* **1** feliz **2** abençoado **3** glorificado ■ *n.m.* RELIGIÃO cântico litúrgico que começa por esta palavra (Do lat. *benedictu-*, «id.»)

bendizer *v.tr.* **1** abençoar **2** louvar; glorificar (Do lat. *benedicĕre*, «id.»)

bene- elemento de formação de palavras que exprime a ideia de *bem* (Do lat. *bene*, «bem»)

beneditina *n.f.* **1** RELIGIÃO freira da ordem de São Bento **2** licor de receita conventual (De *beneditino*)

beneditino *adj.* RELIGIÃO relativo à ordem de São Bento ■ *n.m.* **1** RELIGIÃO frade da ordem de São Bento **2** [fig.] homem erudito e paciente (Do lat. **benedictīnu-*, «relativo a São Bento» ou aos frades da sua ordem)

beneditismo *n.m.* **1** procedimento de beneditino **2** [fig.] grande paciência **3** tenacidade no trabalho (Do lat. *benedictu-+-ismo*)

benefe *n.f.* BOTÂNICA planta herbácea, da família das Violáceas, espontânea e conhecida também por violeta-brava e benefe-da-beira (Do ár. *banafxaj*, «id.», pelo ár. vulg. *benefxej*, «id.»)

beneficência *n.f.* **1** ato de fazer benefícios; prática da caridade; filantropia (Do lat. *beneficentĭa-*, «id.»)

beneficente *adj.2g.* que pratica a beneficência; caritativo (De *beneficência*)

beneficentíssimo *adj.* {superlativo absoluto sintético de **benéfico**} muito benéfico

beneficiação *n.f.* **1** ato ou efeito de beneficiar **2** melhoramento (De *beneficiar+-ção*)

beneficiado *n.m.* **1** pessoa em favor de quem reverteu o produto de um benefício (espetáculo, peditório público, etc.) **2** eclesiástico que desfruta um benefício ■ *adj.* que recebeu um benefício (Part. pass. de *beneficiar*)

beneficiador *adj.,n.m.* que ou aquele que faz ou concede um benefício (De *beneficiar+-dor*)

beneficial *adj.2g.* relativo a benefício eclesiástico (Do lat. *beneficiāle-*, «id.»)

beneficiamento *n.m.* ⇒ **beneficiação** (De *beneficiar+-mento*)

beneficiar *v.tr.* **1** fazer benefício a **2** fazer benfeitorias em; melhorar **3** consertar **4** prover em benefício eclesiástico **5** tratar o vinho com aguardente (De *beneficio+-ar*)

beneficiário *adj.* que obtém benefício ■ *n.m.* **1** pessoa que beneficia de um direito ou de um privilégio **2** utente de um serviço **3** pessoa que obtém vantagem de uma situação (Do lat. *beneficiariŭ-*, «id.»)

beneficiável *adj.2g.* que pode ou merece ser beneficiado (De *beneficiar+-vel*)

benefício *n.m.* **1** serviço ou bem que se faz generosamente a outra pessoa; favor; mercê; graça **2** beneficiação; benfeitoria **3** tratamento do vinho com aguardente **4** o que se ganha com algum negócio ou troca; lucro **5** cargo eclesiástico **6** rendimento deste cargo **7** pessoa jurídica constituída por certos bens materiais destinados à manutenção do seu titular (Do lat. *beneficĭu-*, «id.»)

benéfico *adj.* **1** que faz bem; saudável; salutar **2** que beneficia **3** bondoso (Do lat. *beneficu-*, «id.»)

benemerência *n.f.* qualidade de benemérito (De *benemérito*)

benemerente *adj.2g.* **1** que bem-merece **2** digno de recompensa, de louvor (De *benemerência*)

benemérito *adj.* **1** digno de louvor, de prémio **2** benfeitor (Do lat. *bene*, «bem» +*meritu-*, «merecido», part. pass. de *merēri*, «merecer»)

beneplácito *n.m.* aprovação dada a um ato; licença; consentimento (Do lat. *beneplacĭtu-*, «bel-prazer; vontade»)

benesse *n.f.* **1** doação em dinheiro obtida pelos padres **2** favor **3** lucro obtido sem esforço **4** auxílio; ajuda (Do lat. *bene*, «bem» +*esse*, «estar»)

benevolência *n.f.* **1** qualidade de quem é favorável a alguém ou a algo **2** vontade de fazer bem; bondade **3** manifestação de carinho ou afeto; benquerença (Do lat. *benevolentĭa-*, «id.»)

benevolente *adj.2g.* ⇒ **benévolo** (Do lat. *benevolente-*, «que quer bem; favorável»)

benévolo *adj.* **1** que deseja o bem dos outros; bondoso **2** bem-disposto **3** benigno; benéfico (Do lat. *benevŏlu-* «benévolo; devotado»)

benfazejo /ê/ *adj.* **1** que faz bem; benéfico **2** que gosta de fazer bem; caridoso (De *bem-fazer*)

benfeitor *adj.,n.m.* que ou aquele que faz bem (Do lat. *benefactōre-*, «id.»)

benfeitoria *n.f.* **1** melhoramento feito em propriedade; beneficiação **2** todas as despesas feitas para conservar ou melhorar uma coisa (Do lat. *benefactōre-*, «benfeitor» +*-ia*)

benfeitorizar *v.tr.* fazer benfeitorias em; melhorar (De *benfeitoria+-izar*)

bengala *n.f.* **1** pequeno bastão, em regra de madeira, que se leva na mão e serve de apoio durante a marcha **2** BOTÂNICA árvore brasileira útil pela madeira que fornece ■ *adj.,n.2g.* ⇒ **bengali** (De *Bengala*, top., região da Índia)

bengalada *n.f.* **1** pancada com bengala **2** paulada (De *bengala+-ada*)

bengalão *n.m.* bengala grossa e pesada, que serve de arma ofensiva (De *bengala+-ão*)

bengaleira *n.f.* BOTÂNICA cana-da-índia usada para fazer bengalas, cultivada em Portugal como planta ornamental (De *bengala+-eira*)

bengaleiro *n.m.* **1** fabricante ou vendedor de bengalas **2** espécie de cabide onde se colocam bengalas, guarda-chuvas, agasalhos, etc. **3** compartimento onde se guardam estes objetos (De *bengala+-eiro*)

bengalês *adj.* **1** de Bengala, antiga região da Índia **2** relativo ao Bangladeche ■ *n.m.* **1** natural ou habitante de Bengala **2** natural ou habitante do Bangladeche (De *Bengala*, top. +*-ês*)

bengali *adj.,n.2g.* **1** que ou pessoa que é natural ou habitante do estado indiano de Bengala; bengala; bengalês **2** que ou pessoa que é natural ou habitante do Bangladeche; bengalês ■ *n.m.* **1** língua de origem indo-europeia falada em Bengala e no Bangladeche **2** ORNITOLOGIA ⇒ **pintassilgo-verde** (De *Bengala*, top., região da Índia)

bengalinha *n.f.* ORNITOLOGIA ⇒ **pintassilgo-verde** (De *bengali+-inha*)

Benguelas *n.m.pl.* ETNOGRAFIA povo banto que habita a região de Benguela, em Angola (Do top. *Benguela*)

benguelense *adj.2g.* referente a Benguela ■ *n.2g.* natural ou habitante de Benguela (De *Benguela*, top. +*-ense*)

benignidade *n.f.* **1** qualidade do que é benigno **2** amenidade; doçura **3** clemência **4** bondade (Do lat. *benignitāte-*, «id.»)

benigno *adj.* **1** que se compraz em fazer bem; benévolo **2** que não apresenta gravidade; que não é maligno **3** afetuoso; suave; brando **4** favorável (Do lat. *benignu-*, «id.»)

benjamim *n.m.* **1** filho mais novo **2** [fig.] filho predileto **3** [fig.] criança amimada (De *Benjamim*, antr.)

benjoeiro *n.m.* **1** BOTÂNICA árvore oriental, da família das Estiracáceas, que fornece uma espécie de resina perfumada denominada benjoim **2** BOTÂNICA nome comum a algumas árvores do Brasil (De *benjoim+-eiro*)

benjoim *n.m.* espécie de resina de perfume agradável produzida pelo benjoeiro, utilizada em perfumaria e farmácia, e também designada beijoim (Do ár. *lubān jāuī*, «incenso; resina javanesa»)

benodáctilo *adj.* designativo do animal que caminha sobre os dedos (Do gr. *baínein*, «caminhar» +*dáktylos*, «dedo»)

benquerença *n.f.* **1** sentimento de querer bem **2** benevolência **3** afeto; amizade (De *bem-querer+-ença*)

benquistar *v.tr.* **1** tornar benquisto **2** conciliar ■ *v.pron.* granjear a estima de alguém (De *benquisto+-ar*)

benquisto *adj.* **1** estimado; prezado **2** bem aceite (Do lat. *bene*, «bem» +*quaesītu-*, «querido», part. pass. de *quaerĕre*, «querer; procurar»)

bentana *n.f.* [Guiné-Bissau] ICTIOLOGIA carpa; pequeno peixe teleósteo da família dos Ciprínidas, que vive nos rios (Do crioulo *bentana*, «id.»)

bentinhos *n.m.pl.* **1** quadradinhos de pano com imagens ou emblemas que se trazem ao pescoço por devoção **2** escapulário **3** [irón.] condecorações (De *bento+-inho*)

bento *adj.* **1** benzido **2** consagrado ■ *n.m.* RELIGIÃO frade da ordem de S. Bento (Do lat. *benedictu-*, «id.», part. pass. de *benedicĕre*, «bendizer; louvar; benzer»)

bentos *n.m.2n.* BIOLOGIA conjunto dos animais marinhos que habitam o fundo das águas, na plataforma continental, alguns fixos, outros móveis (Do gr. *bénthos*, «fundo do mar», pelo fr. *benthos*, «id.»)

benzedeiro *n.m.* indivíduo que pretende livrar de doenças e feitiços por meio de rezas e benzeduras; curandeiro (De *benzer+-deiro*)

benzedela *n.f.* ⇒ **benzedura** (De *benzer+-dela*)

benzedor *adj.* que benze ■ *n.m.* indivíduo que pretende afastar doenças e feitiços por meio de rezas e benzeduras; curandeiro (De *benzer+-dor*)

benzedura *n.f.* ato de benzer acompanhado de rezas supersticiosas (De *benzer+-dura*)

benzénico *adj.* QUÍMICA relativo ao benzeno (De *benzeno+-ico*)

benzeno *n.m.* QUÍMICA hidrocarboneto aromático, de fórmula molecular C_6H_6, extraído da hulha e muito empregado como dissolvente e em sínteses orgânicas (Do lat. med. *benz[oe]+-eno*)

benzenossulfónico *adj.* QUÍMICA designativo dos ácidos, cujas fórmulas se podem obter da do benzeno, substituindo um ou mais átomos de hidrogénio por igual número de grupos sulfónicos, que se podem obter por ação do ácido sulfúrico sobre o benzeno (De *benzeno+sulfónico*)

benzer *v.tr.* **1** dar a bênção a **2** fazer cruzes sobre **3** RELIGIÃO consagrar ao culto por meio do sinal da Cruz e de outras cerimónias ■ *v.intr.* fazer benzeduras ■ *v.pron.* **1** fazer uma cruz, com a mão direita, da testa ao peito, dali ao ombro esquerdo e deste ao ombro direito, invocando ao mesmo tempo a Santíssima Trindade **2** [fig.] ficar admirado (Do lat. *benedicĕre*, «dizer bem de; bendizer; benzer»)

benzidina *n.f.* QUÍMICA diamina aromática primária, da qual derivam os corantes tetrazoicos (De *benzi[na]+di[ami]na*)

benzilhão *n.m.* ⇒ **benzedeiro** (De *benzer+-ilho+-ão*)

benzílico *adj.* QUÍMICA diz-se de um álcool primário, de núcleo benzénico, existente em certas essências (De *benzilo+-ico*)

benzilo *n.m.* QUÍMICA radical alcoólico do tolueno (Do lat. med. *benz[oe]* por *benjoim*+gr. *hýle*, «matéria»)

benzimento *n.m.* ⇒ **benzedura** (De *benzer+-mento*)

benzina *n.f.* **1** QUÍMICA benzeno com impurezas **2** QUÍMICA nome que se dá a um dos produtos líquidos resultantes da destilação do petróleo (Do ing. *benzine*, «id.»)

benz(o)- elemento de formação de palavras que exprime a ideia de *substância obtida a partir do benzeno* ou *cuja fórmula se pode obter da do benzeno* (Do lat. med. *benzoe-*, por *benjoim*)

benzoato *n.m.* QUÍMICA designação genérica dos sais e dos ésteres derivados do ácido benzoico (De *benzo-+-ato*)

benzoico *adj.* QUÍMICA designativo do ácido carboxílico, cuja fórmula se pode obter da do benzeno, substituindo um átomo de hidrogénio por um grupo carboxilo, e que se pode extrair do benjoim (Do lat. med. *benzoe-* por *benjoim+-ico*)

benzóico ver nova grafia **benzoico**

benzol *n.m.* QUÍMICA mistura de benzeno e outros hidrocarbonetos aromáticos, como o tolueno, o xileno, etc. (Do lat. med. *benzoe-* por *benjoim+-ol*)

benzonaftol *n.m.* QUÍMICA composto orgânico aromático, usado em medicina como desinfetante intestinal (De *benzo-+naftol*)

benzossulfónico *adj.* QUÍMICA ⇒ **benzenossulfónico** (De *benzo-+sulfónico*)

beócio *adj.* **1** relativo à Beócia, província da Grécia **2** [fig., pej.] estúpido ■ *n.m.* **1** indivíduo natural da Beócia **2** dialeto da Beócia (Do gr. *boiotós*, «beócio», pelo lat. *Bœotü-*, «id.»)

bequadro *n.m.* MÚSICA sinal gráfico que se utiliza para desfazer a ação dos acidentes sustenido ou bemol (Do it. *b quadro*, «b quadrado»)

beque[1] *n.m.* **1** NÁUTICA parte mais avançada da proa **2** [ant.] parte posterior do vestido das mulheres **3** [fig.] nariz; *achatar o ~ (a)* ficar logrado; *dar ao ~* saracotear-se (Do lat. *beccu-*, «bico», pelo fr. *bec*, «id.»)

beque[2] *n.m.* governador de província entre os Turcos; bei (Do turc. *bēg* ou *bēk*, do ár. *bāi*, «senhor»)

beque[3] *n.m.* [Brasil] DESPORTO (futebol) ⇒ **zagueiro** (Do ing. *back*, «id.»)

béquico *adj.,n.m.* FARMÁCIA que ou remédio que é usado para alívio da tosse; antitússico (Do gr. *bekhikós*, «bom para curar a tosse», pelo lat. *bechĭcu-*, «contra a tosse»)

bera *adj.2g.* que parece bom, mas não o é; falso (De *Baer*, antr., indivíduo al. que, em 1908, inundou Lisboa e Porto de pedras falsas)

berbequim *n.m.* aparelho elétrico ou manual munido de uma broca giratória, usado para fazer furos; furadeira (Do neerl. *wimmelkijn*, «trado pequeno», pelo fr. *vilebrequin*, «id.»)

berbere *adj.2g.* **1** da região africana da Berbéria **2** relativo à língua dos Berberes ■ *n.m.* **1** ramo de línguas faladas na Argélia e em Marrocos **2** língua dos Berberes ■ *n.2g.* natural da região africana da Berbéria (Do lat. *barbăru-*, «bárbaro»?)

Berberes *n.m.pl.* ETNOGRAFIA povo nómada da região africana da Berbéria e do deserto do Sara (De *berbere*)

berberesco *adj.* relativo aos Berberes (De *berbere+-esco*)

berbérico *adj.* QUÍMICA diz-se de um ácido resultante da ação da potassa em fusão ou do ácido nítrico sobre a berberina (De *berber[ina]+-ico*)

berberina *n.f.* FARMÁCIA alcaloide que se encontra em várias plantas e que tem forte ação sobre os centros nervosos (Do lat. cient. *berberis*, «uva-espim» +*-ina*)

berbicacho *n.m.* situação complicada ou difícil de resolver; problema (De *barbicacho*)

berbigão *n.m.* ZOOLOGIA molusco lamelibrânquio de concha estriada, muito frequente nas costas marítimas de Portugal, utilizado na alimentação (De orig. obsc.)

berbigoeira *n.f.* nome dado à rede de apanhar berbigões, na ria de Aveiro (De *berbigão+-eira*)

berça /ê/ *n.f.* **1** couve-galega **2** *pl.* folhas de couve, ou de outra verdura, preparadas para comer **3** *pl.* caldo verde; *ser das berças* ser provinciano (De *verça*)

berçário *n.m.* **1** secção de uma maternidade onde se encontram os berços das crianças recém-nascidas **2** instituição que cuida de crianças recém-nascidas ou de colo durante o dia; creche (De *berço+-ário*)

berço /ê/ *n.m.* **1** leito de criança com grades ou outro tipo de proteção lateral e, por vezes, com estrutura própria para embalar **2** terra natal **3** origem **4** começo **5** primeira infância **6** elemento do reparo das bocas de fogo em relação ao qual, por intermédio de uma ligação elástica, se move o conjunto que recua após o disparo; *nascer em ~ de ouro* nascer rico (Do lat. gaul. *bercŭ-*, «armação de madeira em forma de berço», pelo fr. *berceau*, «cama de criança»)

berçudo *adj.* **1** com muitas folhas **2** [fig.] peludo (De *berça+-udo*)

bergadinha *n.f.* [pop.] nome vulgar por que também são conhecidas a águia-real e a águia-de-espádua-branca

bergamota *n.f.* **1** BOTÂNICA árvore (variedade de laranjeira) pouco cultivada em Portugal, de cujos frutos se extrai a essência de bergamota utilizada em perfumaria **2** BOTÂNICA fruto (hesperídio) desta planta; vergamota **3** BOTÂNICA planta muito aromática, da família das Labiadas, cultivada em Portugal; vergamota **4** BOTÂNICA variedade de pera perfumada e suculenta (Do it. *bergamotta*, «lima bergamota», do turc. *beg armúdi*, «pera do bei»)

bergantim *n.m.* **1** NÁUTICA embarcação de dois mastros que arma em brigue **2** NÁUTICA navio pequeno e ligeiro que servia para combater ou dar caça (Do it. *brigantino*, de *brigante*, «bandido», talvez pelo cat. *bergantí*, «patife; velhaco»)

bergela *n.f.* ICTIOLOGIA peixe teleósteo, da família dos Agonídeos, também conhecido por bêbedo e casca (De orig. obsc.)

bergsoniano *adj.* relativo a Bergson, filósofo francês (1859-1941), ou ao bergsonismo (De *Bergson*, antr. +*-iano*)

bergsonismo *n.m.* FILOSOFIA doutrina de Henri Bergson (1859-1941), que considera a intuição como um instinto superior capaz de permitir o conhecimento a partir do carácter do tempo como duração meramente espacial (De antr. *Bergson* (filósofo espiritualista francês) +*-ismo*)

beribéri *n.m.* MEDICINA doença que tem como causa a falta da vitamina B1, peculiar a certas regiões quentes, que se manifesta por paralisia, hidropisia e convulsões (Do cing. *boeri*, «debilidade»)

beribérico *adj.* relativo ao beribéri ■ *n.m.* indivíduo atacado de beribéri (De *beribéri+-ico*)

beriberizar *v.tr.* provocar o beribéri em (De *beribéri+-izar*)

Berícidas *n.m.pl.* ICTIOLOGIA ⇒ **Bericídeos**

Bericídeos *n.m.pl.* ICTIOLOGIA família de peixes teleósteos a que pertence o cardeal, frequente nas costas marítimas de Portugal (Do lat. cient. *Berice-* (de *Berix, icis*)+*-ídeos*)

berílio *n.m.* QUÍMICA elemento químico com o número atómico 4 e símbolo Be, metálico, branco-acinzentado, empregado no fabrico de certas ligas metálicas; glicínio (De *berilo*)

berilo *n.m.* MINERALOGIA mineral (silicato de alumínio e berílio) que cristaliza no sistema hexagonal e se explora como minério de

berimbau

berílio, constituindo algumas das suas variedades gemas de alto valor (Do gr. *béryllos*, pelo lat. *beryllu-*, «id.»)

berimbau *n.m.* MÚSICA instrumento musical, em forma de ferradura, com uma lingueta de aço ao centro, que se toca fazendo vibrar com o dedo indicador a extremidade livre da lingueta e utilizando a cavidade bucal como caixa de ressonância; **~ de boca** MÚSICA pequeno instrumento, geralmente metálico e em forma de lira, que se toca colocando-o entre os lábios, e cujo som é produzido a partir de uma lingueta elástica que sai do centro, quando tangida pelo polegar ou indicador, guimbarda (Do quimb. *mbirimbau*, «id.»)

beringela *n.f.* 1 BOTÂNICA planta herbácea, da família das Solanáceas, cultivada em Portugal pela utilidade dos seus frutos na alimentação 2 BOTÂNICA fruto desta planta, de pele roxa e brilhante, comestível depois de cozinhado (Do pers. *bādnjān*, pelo ár. *bādinjānâ*, «id.», pelo cast. *berenjena*, «beringela»)

berkelianismo *n.m.* FILOSOFIA sistema filosófico espiritualista de G. Berkeley, cujas características fundamentais são a negação da dualidade corpo-espírito e a redução da realidade à capacidade de o espírito compreender as coisas (De *berkeliano*+*-ismo*)

berkeliano *adj.* relativo a G. Berkeley, bispo e filósofo irlandês (1684-1753) ou ao seu sistema filosófico (De *Berkeley*, antr. +*-iano*)

berkélio *n.m.* QUÍMICA ⇒ **berquélio**

berlinda *n.f.* carruagem antiga de dois assentos e quatro rodas; *estar na ~* 1 estar condenado a fazer certa coisa (nos jogos de prendas); 2 [fig.] ser alvo da atenção geral (Do fr. *berline*, «berlinda», de *Berlim*, cidade alemã donde a carruagem era importada)

berlinde *n.m.* 1 pequena esfera de vidro, metal ou madeira com que jogam as crianças 2 jogo infantil em que se procura introduzir pequenas bolas de vidro (berlindes) em buracos feitos na terra (De orig. obsc.)

berlinense *adj.2g.* de Berlim ou referente a esta cidade alemã ■ *n.2g.* natural ou habitante de Berlim (De *Berlim*, top. +*-ense*)

berlinês *adj.,n.m.* ⇒ **berlinense** (De *Berlim*, top. +*-ês*)

berlique *n.m.* pequeno enfeite que se traz pendurado na correia da pulseira ou do relógio; *por artes de ~ e berloques* por artes diabólicas, como por magia (Do fr. *brelique-breloque*, «ao acaso; em confusão»)

berloque *n.m.* 1 pequeno enfeite que se traz pendurado na correia da pulseira ou do relógio 2 [fig.] objeto sem importância; insignificância; *por artes de berliques e berloques* por artes diabólicas, como por magia (Do fr. *breloque*, de formação expressiva)

berma /ê/ *n.f.* 1 superfície longitudinal, contígua à faixa de rodagem de uma estrada, que não se destina ao trânsito de veículos, mas que estes podem parar em caso de emergência; acostamento[Brasil] 2 orla; beira 3 caminho estreito que mediava entre a muralha e o fosso (Do neerl. *berm*, «id.», pelo fr. *berme*, «id.»)

bermudas *n.f.pl.* calções de pernas estreitas que chegam quase aos joelhos (De *Bermudas*, top., ilhas do oceano Atlântico)

bernaca *n.f.* ORNITOLOGIA ave palmípede, da família dos Anatídeos, rara em Portugal, também chamada bernacho, ganso-bravo, etc. (Do irl. *bairneach*, «id.», pelo fr. *bernache*, «id.»)

bernacho *n.m.* ORNITOLOGIA ⇒ **bernaca** (Do irl. *bairneach*, «id.», pelo fr. *bernache*, «id.»)

bernarda[1] *n.f.* 1 tentativa revolucionária; motim 2 rebuliço; desordem (De *Bernarda* ou *Maria Bernarda*, movimento revolucionário que eclodiu em Braga, em 1862)

bernarda[2] *n.f.* 1 RELIGIÃO freira da Ordem de S. Bernardo 2 BOTÂNICA variedade de pera (De *Bernardo*, antr.)

bernardesco *adj.* próprio de bernardo (De *bernardo*+*-esco*)

bernardice *n.f.* 1 dito próprio de frade bernardo 2 [pop.] tolice; parvoíce (De *bernardo*+*-ice*)

bernardo *n.m.* RELIGIÃO frade da ordem de São Bernardo ■ *adj.* 1 [pop.] estúpido 2 [pop.] glutão (De *S. Bernardo*, antr.)

bernardo-eremita *n.m.* ZOOLOGIA ⇒ **casa-alugada** (Do fr. *bernard-l'ermite*, «id.»)

bernás *n.m.* [regionalismo] nome por que é conhecida (especialmente em Trás-os-Montes) uma variedade de granito utilizada em construções (De orig. obsc.)

berne[1] *n.m.* 1 ZOOLOGIA larva de uns insetos dípteros que produzem tumores subcutâneos em alguns animais e também no homem; berro 2 VETERINÁRIA tumor subcutâneo que é produzido pela ação das larvas (bernes) de uns insetos dípteros e que atinge especialmente os bovídeos, mas também outros animais, assim como o homem; berro (Corrup. de *verme*)

berne[2] *n.m.* pano vermelho usado em reposteiros (De *Berne*, top., cidade suíça)

bernense *n.2g.* natural ou habitante de Berna, capital da Suíça ■ *adj.2g.* referente a Berna ou aos seus habitantes (De *Berna*, top. +*-ense*)

bernês *adj.,n.m.* ⇒ **bernense** (De *Berna*, top. +*-ês*)

bérnio *n.m.* 1 pano fino escarlate oriundo da Irlanda 2 coberta ou colcha feita deste pano 3 antiga capa grosseira e comprida (Do lat. *Hibernia*, top., nome latino da Irlanda)

beroídeos *n.m.pl.* ZOOLOGIA termo usado para designar os animais marinhos desprovidos de tentáculos, transparentes, do género *Beroe*, frequentes nos mares tropicais (Do lat. cient. *Beroidae*)

beroides *n.m.pl.* ⇒ **beroídeos**

beroídes ver nova grafia beroides

berquélio *n.m.* QUÍMICA quinto elemento transuraniano, com o número atómico 97 e o símbolo Bk, radioativo, obtido artificialmente; berkélio (De *Berkeley*, top., cidade universitária da Califórnia (EUA), onde foi descoberto)

berra *n.f.* 1 ação de berrar 2 cio dos touros e veados; brama 3 ORNITOLOGIA ⇒ **narceja** 4 [fig.] voga; notoriedade; *andar/estar na ~* estar na moda, ser famoso (Deriv. regr. de *berrar*)

berração *n.f.* ação de berrar (De *berrar*+*-ção*)

berrador *adj.,n.m.* que ou aquele que berra (De *berrar*+*-dor*)

berrante *adj.2g.* de cores muito vivas ou que dão muito na vista; garrido (De *berrar*+*-ante*)

berrão *n.m.* 1 criança que berra muito; chorão 2 indivíduo que tem o hábito de berrar (De *berrar*+*-ão*)

berrar *v.intr.* 1 emitir (animal bovino ou caprino) o som característico da sua espécie 2 dar berros; gritar; bramir 3 [fig.] dar nas vistas pelas suas cores muito vivas ■ *v.tr.,intr.* 1 cantar ou falar muito alto 2 ralhar; gritar; vociferar 3 destoar; não condizer (Do lat. **verrāre*, «guinchar», de *verre-*, «varrão»)

berraria *n.f.* berreiro; gritaria (De *berrar*+*-aria*)

berratório *n.m.* conjunto de muitos berros (De *berrar*+*-tório*)

berrega *n.f.* criança chorona ■ *adj.2g.* que berra muito (Deriv. regr. de *berregar*)

berregar *v.intr.* 1 berrar muito e com frequência 2 soltar balidos; balar (De *berrar*)

berreiro *n.m.* 1 berros altos e repetidos; gritaria 2 choro (De *berrar*+*-eiro*)

berrida *n.f.* [Angola] corrida; fuga como resultado de admoestação (De *berro*, «causador da corrida»)

berro[1] *n.m.* 1 voz de alguns animais 2 grito humano, alto e áspero 3 descompostura; *dar o ~* [coloq.] deixar de funcionar, avariar (Deriv. regr. de *berrar*)

berro[2] *n.m.* ZOOLOGIA, VETERINÁRIA ⇒ **berne**[1] (Corrup. de *verme*)

bertanjil *n.m.* ⇒ **bretanjil**

bertoldice *n.f.* dito ou ato de bertoldo; palermice (De *bertoldo*+*-ice*)

bertoldo /ô/ *n.m.* palerma; estúpido; tolo; brutamontes (Do it. *bertoldo*, «parvo», de *Bertoldo*, personagem criada pelo escritor it. Benedetto Croce, 1866-1952)

berzunda *n.f.* ⇒ **berzundela** (De orig. obsc.)

berzundela *n.f.* [regionalismo] [Algarve] bebedeira; patuscada; pândega (De *berzunda*+*-ela*)

besantar *v.tr.* HERÁLDICA guarnecer de besantes (o escudo) (De *besante*+*-ar*)

besante *n.m.* 1 antiga moeda bizantina de ouro 2 HERÁLDICA peça circular de ouro ou prata, sem marca, figurada no brasão de armas 3 *pl.* ornato arquitetónico característico do estilo românico (Do lat. *byzantiu-*, «moeda bizantina», pelo fr. *besant*, «id.»)

besigue *n.m.* jogo de cartas entre dois ou mais parceiros, que se servem de dois baralhos de trinta e duas cartas (Do fr. *bésigue*, «id.»)

besoirar *v.intr.* ⇒ **besourar**

besoiro *n.m.* ⇒ **besouro**

besourar *v.intr.* zunir como o besoiro; ciciar (De *besouro*+*-ar*)

besouro *n.m.* 1 ZOOLOGIA nome comum a algumas espécies de insetos coleópteros, que produzem um som agudo quando voam 2 ICTIOLOGIA peixe teleósteo, da família dos Macrurídeos, também conhecido por peixe-lima e olhudo 3 sinal sonoro semelhante ao zunido produzido por aqueles insetos (Do port. ant. *abesouro*, do cast. *abejorro*, aum. de *abeja*, «abelha»)

bessangana *n.f.* [Angola] senhora africana da classe média (Do quimb. *besá*, de *bênção*+*ngana*, «senhor/a»)

besta[1] /ê/ *n.f.* 1 animal irracional 2 quadrúpede; cavalgadura 3 [pej.] pessoa bruta ■ *adj.2g.* 1 estúpido; tolo 2 ignorante; *~ de carga/tiro* animal utilizado no transporte de cargas, por tração ou a dorso; *fazer-se de ~* [cal.] fingir não compreender, fazer-se passar por inocente; *ser metido a ~* [Brasil] ser muito vaidoso, ser pretensioso (Do lat. tard. *besta-*, por *bestia-*, «animal»)

besta² /é/ n.f. **1** antiga arma portátil para lançamento de virotes e pelouros, composta essencialmente por um arco cruzado com hastil **2** aparelho de pesca usado nos Açores (Do lat. *balista-*, «máquina de lançar projéteis»)
besta-fera n.f. **1** animal feroz **2** [fig.] pessoa cruel
besta-quadrada n.f. [depr.] pessoa muito ignorante, rude ou grosseira
bestar v.intr. [Brasil] [coloq.] dizer asneiras
bestaria n.f. **1** grande porção de bestas (armas) **2** arte de disparar bestas (De *besta*+*-aria*)
bestearia n.f. brutalidade (Do lat. *bestĭa-*, «besta» +*-aria*)
besteira¹ n.f. **1** ARQUITETURA abertura nas galerias das fortificações antigas por onde se arremessavam setas com as bestas (armas) **2** BOTÂNICA ⇒ **erva-besteira** (De *besteiro*)
besteira² /ê/ n.f. [Brasil] tolice; asneira (De *besta*¹+*-eira*)
besteiro n.m. **1** soldado armado de besta (arma) **2** fabricante de bestas (arma) (Do lat. *balistarĭu-*, «soldado que maneja a balista»)
béstia n.f. besta; animal; **~ de lavra** o boi (Do lat. *bestĭa-*, «animal»)
bestiaga n.f. **1** besta desprezível; animalejo; animal sem grande valor **2** [fig., depr.] pessoa muito estúpida (Do lat. *bestĭa-*, «animal»)
bestiagem n.f. ajuntamento de bestas (De *béstia-*+*-agem*)
bestial adj.2g. **1** próprio de besta **2** brutal; grosseiro **3** estúpido **4** erróneo **5** repugnante **6** [coloq.] formidável; sensacional; magnífico (Do lat. *bestiāle-*, «de animal»)
bestialidade n.f. **1** qualidade de ser bestial; **2** [fig.] estupidez; imoralidade **3** PATOLOGIA ⇒ **bestialismo** (De *bestial*+*-i-*+*-dade*)
bestialismo n.m. PATOLOGIA prática sexual entre um ser humano e um animal (De *bestial*+*-ismo*)
bestialização n.f. ato ou efeito de bestializar ou bestializar-se; brutificação (De *bestializar*+*-ção*)
bestializador adj. que bestializa; bestificador (De *bestializar*+*-dor*)
bestializar v.tr. tornar besta ou estúpido; bestificar (De *bestial*+*-izar*)
bestialmente adv. **1** brutalmente **2** estupidamente **3** [coloq.] muito (De *bestial*+*-mente*)
bestiame n.m. quantidade de bestas de carga (De *béstia*+*-ame*)
bestiário n.m. **1** jaula de feras **2** gladiador que, entre os Romanos, combatia com as feras **3** tratado medieval, em prosa ou em verso, no qual se descreviam as características físicas e os costumes de animais, verdadeiros ou fantásticos, atribuindo-lhes, muitas vezes, significados alegóricos ou morais (Do lat. *bestiarĭu-*, «id.»)
bestice n.f. asneira; estupidez
bestidade n.f. ⇒ **bestialidade** (De *besta*+*-i-*+*-dade*)
bestificação n.f. ato ou efeito de bestificar ou bestificar-se (De *bestificar*+*-ção*)
bestificador adj. que bestifica (De *bestificar*+*-dor*)
bestificante adj.2g. que bestifica; que torna estúpido (De *bestificar*+*-ante*)
bestificar v.tr.,pron. **1** tornar(-se) como besta; bestializar(-se) **2** tornar(-se) estúpido; embrutecer(-se); brutificar(-se) (Do lat. *bestĭa-*, «besta» +*facĕre*, «fazer; tornar»)
bestiola n.f. ⇒ **bestiaga** (Do lat. *bestiŏla-*, «animal pequeno», pelo fr. *bestiole*, «id.»)
bestseller n.m. ⇒ **best-seller**
best-seller n.m. **1** livro que se vende em maior número ou que se situa entre os mais vendidos num determinado período; êxito de livraria **2** qualquer produto que vende bem; êxito de vendas (Do ing. *best-seller*, «id.»)
bestuntar v.tr.,intr. [pop.] arrancar do bestunto; imaginar tolamente (De *bestunto*+*-ar*)
bestunto n.m. [pop.] cabeça de pouco juízo; cachimónia (De *besta*)
besugo n.m. **1** ICTIOLOGIA nome vulgar de uns peixes teleósteos, especialmente da família dos Esparídeos, frequentes em Portugal, também conhecidos por ferreira, etc. **2** [fig.] pessoa muito gorda (Do cat. *besuc* ou *besuch*, «estrábico; zarolho»)
besuntadela n.f. **1** ato ou efeito de besuntar **2** untura leve **3** [fig.] ligeiras noções (De *besuntar*+*-dela*)
besuntão n.m. indivíduo que anda muito sujo ou besuntado; porcalhão (De *besuntar*+*-ão*)
besuntar v.tr. **1** sujar com substância untuosa **2** untar de mais ■ v.pron. sujar-se com gordura (Do lat. *bis*, «duas vezes» +**unctāre*, deriv. de *unctu-*, part. pass. de *ungĕre*, «untar»)

beta¹ n.f. **1** nome da segunda letra do alfabeto grego (β, Β), correspondente ao **b**; **ondas ~** FÍSICA ondas cerebrais de um certo ritmo observável no eletroencefalograma; **partícula ~** FÍSICA eletrão emitido por uma substância radioativa; **raios ~** FÍSICA radiação constituída por feixes de eletrões animados de velocidade muito elevada, que as substâncias radioativas emitem; **teste ~** INFORMÁTICA utilização experimental de um programa ou produto na fase final do seu desenvolvimento para deteção de problemas por parte de utilizadores selecionados (beta testers); **versão ~** INFORMÁTICA programa ou produto destinado a testes de verificação que é distribuído, na fase final do seu desenvolvimento, a utilizadores selecionados (beta testers) (Do gr. *béta*, «2.ª letra do alfabeto», pelo lat. *beta*, «id.»)
beta² /ê/ n.f. **1** lista de cor nas pernas ou no pelo de alguns animais **2** veio de metal em rocha **3** (cavalo) mancha alongada (Do lat. *vitta-*, «faixa; fita»)
betacismo n.m. emprego frequente do *b* na linguagem (Do lat. *beta*, «letra b», com infl. de *lambdacismo*)
betado adj. que tem betas; listrado; raiado (Part. pass. de *betar*)
betão n.m. aglomerado artificial obtido pela mistura de cimento, areia, brita e água, usado em construção ou pavimentação; concreto; **~ armado** betão reforçado com armação metálica para resistir a grandes pressões causadas por flexão ou tração (Do lat. *bitūmen*, «id.», pelo fr. *béton*, «id.»)
betar v.tr. **1** listrar de cores várias **2** matizar ■ v.pron. **1** criar betas **2** [fig.] harmonizar-se (De *beta*+*-ar*)
betarda n.f. ORNITOLOGIA ⇒ **abetarda**
betarda-pequena n.f. ORNITOLOGIA ⇒ **sisão**
beta tester n.m. INFORMÁTICA pessoa que testa versões preliminares (versões beta) de programas ou produtos para deteção de problemas (Do ing. *beta tester*, «id.»)
betatrão n.m. FÍSICA máquina que acelera eletrões por indução magnética e que tem sido usada na investigação em física nuclear e para a produção de raios X de grande energia (Do ing. *betatron*, «id.»)
bétel n.m. ⇒ **bétele**
bétele n.m. **1** BOTÂNICA planta aromática, da família das Piperáceas, cujas folhas são muito empregadas, na Índia e na Malásia, em mistura mastigatória **2** a semente de algumas palmeiras utilizada na mistura referida anteriormente **3** aquela mistura mastigatória (Do malaiala *vettila*, «id.»)
beterraba n.f. **1** BOTÂNICA planta herbácea da família das Quenopodiáceas, de grande raiz napiforme, vermelho-escura e de alto valor nutritivo **2** BOTÂNICA raiz dessa planta, comestível, e de onde se extrai açúcar (sacarose) (Do fr. *betterave*, «id.»)
beterrabal n.m. campo plantado de beterrabas (De *beterraba*+*-al*)
betesga /ê/ n.f. **1** rua estreita **2** beco sem saída **3** loja muito pequena, só de uma porta **4** tasca **5** cubículo (De orig. obsc.)
bético adj. **1** da Bética, antiga província espanhola hoje chamada Andaluzia **2** relativo à Bética (Do lat. *baetĭcu-*, «id.»)
betilho n.m. espécie de mordaça que se coloca no focinho dos bois para que não comam enquanto trabalham; barbilho; cofinho (De *beta*+*-ilho*)
betinho n.m. ⇒ **beto**
betle n.m. ⇒ **bétele**
betlemita adj.2g. referente a Belém, cidade da Palestina, ou aos seus habitantes ■ n.2g. habitante ou natural de Belém (Do lat. *bethleemīte-*, «de Belém»)
beto n.m. [coloq.] pessoa, geralmente jovem, pertencente a um meio abastado e socialmente favorecido, que usa roupas e acessórios caros e frequenta os lugares da moda
betoira n.f. ORNITOLOGIA ⇒ **abetoira**
betonagem n.f. ato de revestir (uma construção ou um pavimento) de betão (Do fr. *bétonnage*, «id.»)
betonar v.tr. **1** revestir (uma construção ou um pavimento) com betão **2** cimentar (Do fr. *bétonner*, «id.»)
betoneira n.f. (construção civil) aparelho munido de um recipiente rotativo em forma de tambor utilizado para fabricar betão, misturando os seus componentes (Do fr. *bétonnière*, «id.»)
betónica n.f. BOTÂNICA planta herbácea, aromática, da família das Labiadas, espontânea e frequente em Portugal, também conhecida por cestro (Do lat. *betonĭca-* [-*hera*-], «betónica»)
betónica-bastarda n.f. BOTÂNICA planta afim da betónica, frequente nas montanhas de Portugal
betonicina n.f. FARMÁCIA substância obtida da betónica (De *betónica*+*-ina*)
betonilha n.f. betão com brita de pequenas dimensões, utilizado em revestimentos (Do fr. *béton*, «betão» +*-ilha*)
betoura n.f. ORNITOLOGIA ⇒ **abetoira**
betouro n.m. ORNITOLOGIA ⇒ **abetoira**
bétula n.f. BOTÂNICA ⇒ **vidoeiro** (Do lat. *betŭla-*, «id.»)

Betuláceas n.f.pl. BOTÂNICA família de plantas arbustivas ou arbóreas, próprias das regiões frias e temperadas do Norte (Do lat. *betŭla-*, «bétula» +*-áceas*)
betulíneo adj. relativo à bétula ou parecido com ela (De *bétula+-íneo*)
betumadeira n.f. espátula de forma triangular com que se aplica o betume (De *betumar+-deira*)
betumar v.tr. 1 aplicar betume a 2 tapar (as cavidades de uma superfície) com betume antes de se pintar (De *betume+-ar*)
betume n.m. 1 mistura natural de hidrocarbonetos, proveniente da decomposição de matérias orgânicas, de cor escura e consistência viscosa, utilizada como impermeabilizante no pavimento das estradas, no fabrico de borracha, em tintas, etc.; petróleo natural 2 massa artificial composta de cré, óleo de linhaça e outros ingredientes, empregada pelos vidraceiros para fixar os vidros nos caixilhos e pelos carpinteiros e pintores para tapar pequenos buracos na madeira 3 massa artificial composta de pez, cal e outros ingredientes, utilizada para vedar a água e tapar juntas nas pedras (Do lat. *bitūmen*, «betume»)
betuminização n.f. GEOLOGIA processo através do qual os hidrocarbonetos naturais se transformam em betume
betuminoso /ô/ adj. 1 que contém betume 2 da natureza do betume (Do lat. *bituminōsu-*, «id.»)
bexiga n.f. 1 ANATOMIA órgão musculomembranoso que funciona como reservatório da urina que recebe dos rins 2 [pop.] troça 3 [pop.] pândega 4 pl. termo popular para designar a varíola ou sinais deixados, no rosto, por esta doença, que também é conhecida por bexigas negras; *bexigas doidas/loucas* varicela; *picado das bexigas* 1 com marcas de bexigas, bexigoso; 2 [fig.] de mau génio (Do lat. vulg. **vessīca-*, do lat. cl. *vesīca-*, «bexiga; bolha»)
bexiga-de-lobo n.f. BOTÂNICA ⇒ **licoperdo**
bexiga-natatória n.f. ZOOLOGIA órgão existente em alguns peixes que contém gases e regula a sua subida e descida na água e ainda, em alguns deles, auxilia a respiração
bexigão n.m. 1 grande bexiga 2 [pop.] grande troça (De *bexiga+-ão*)
bexigar v.intr. [pop.] troçar; zombar (De *bexiga+-ar*)
bexigoso /ô/ adj. que apresenta sinais de bexigas; variolado (De *bexiga+-oso*)
bexigueiro adj. [pop.] que tem graça; motejador; trocista; pândego (De *bexiga+-eiro*)
bexiguento adj. ⇒ **bexigoso** (De *bexiga+-ento*)
bezana n.f. [coloq.] bebedeira
bezedor n.m. ICTIOLOGIA peixe teleósteo, da família dos Molídeos, também conhecido por lua, mola, peixe-lua, pendão, roda, rodim, rolim, etc. (De orig. obsc.)
bezerra n.f. cria (fêmea) da vaca; vitela; novilha; *estar a pensar na morte da ~* estar distraído, estar longe do assunto em discussão (De *bezerro*)
bezerrada n.f. manada de bezerros e bezerras (De *bezerro+-ada*)
bezerro n.m. 1 ZOOLOGIA cria da vaca, macho, com menos de um ano; novilho; vitelo 2 a pele curtida deste animal (Do ibér. **ibicirru*, deriv. do lat. hisp. *ibex, -ĭcis*, «camurça» (animal))
bezoante adj.2g. que berra como as cabras (De *bezoar+-ante*)
bezoar[1] n.m. espécie de pedra calcária que se forma no estômago, intestinos e vias urinárias dos quadrúpedes (Do pers. *pādzahr* ou *pāzahr*, «o que expele o veneno; antídoto», pelo ár. *bādizaHr* ou *bāzaHr*, «id.»)
bezoar[2] v.intr. berrar (a cabra) (De *vozear*, com met.)
bi- prefixo de origem latina que exprime a ideia de *dois, duas vezes* (Do lat. *bi-*, de *bis*, «duas vezes»)
biácido n.m. QUÍMICA designação equivalente a ácido diprótico, isto é, ácido que pode libertar dois protões por molécula (De *bi-+ácido*)
biaco n.m. [Angola] indivíduo branco pouco civilizado (Do quimb. *biaku*, «id.», de *kubiaka*, «ter bazófia»)
biaculeado adj. com dois acúleos (De *bi-+aculeado*)
biafada adj.2g. pertencente ou relativo aos Biafadas ■ n.2g. pessoa pertencente aos Biafadas ■ n.m. língua falada pelos Biafadas, nomeadamente, no eixo Fulacunda-Buba, na Guiné-Bissau
Biafadas n.m.pl. ETNOGRAFIA povo autóctone da República da Guiné-Bissau, que vive no litoral junto à ria grande de Buba e pratica a agricultura, a pesca e a extração de sal (Do vernáculo *Biafada* ou *Beafada*, etn., do potamónio *Jafada* - hoje Cacheu)
bialado adj. que tem dois pares de asas (De *bi-+alado*)
bianejo /ê/ adj. diz-se do animal com dois anos (De *bi-+anejo*)
biangulado adj. ⇒ **biangular** (De *bi-+angulado*)
biangular adj.2g. que tem ou forma dois ângulos (De *bi-+angular*)
bianual adj.2g. 1 que ocorre duas vezes por ano 2 que dura dois anos; bienal 3 ⇒ **bienal** 4 BOTÂNICA diz-se, em especial, da planta que dura dois anos, completando o seu ciclo evolutivo neste período (De *bi-+anual*)
biaristado adj. que tem duas arestas ou praganas (Do lat. *bi-*, «duas vezes» +*arista-*, «aresta» +*-ado*)
biarticulado adj. que tem duas articulações; articulado em dois pontos (De *bi-+articulado*)
biatlo n.m. 1 DESPORTO competição desportiva que combina esqui em corta-mato e tiro ao alvo 2 DESPORTO qualquer prova com duas modalidades desportivas diferentes 3 DESPORTO atleta que participa em provas de biatlo (De *bi-+-atlo*)
biatómico adj. QUÍMICA diz-se de um elemento cuja molécula tem dois átomos; diatómico (De *bi-+atómico*)
biauriculado adj. que possui duas aurículas (De *bi-+auriculado*)
biauricular adj.2g. relativo aos dois ouvidos (De *bi-+auricular*)
biaxial /cs/ adj.2g. 1 FÍSICA diz-se de um cristal oticamente anisotrópico, em que há duas direções (eixos óticos) ao longo das quais a luz é transmitida com a mesma velocidade, independentemente da direção da vibração 2 que tem dois eixos (De *bi-+axial*)
biaxífero /cs/ adj. que tem dois eixos (De *bi-+axífero*)
biaxilar /cs/ adj.2g. referente às duas axilas (De *bi-+axilar*)
bibe n.m. 1 espécie de bata, com ou sem mangas, geralmente abotoada atrás, que se veste às crianças para lhes proteger a roupa; babeiro 2 ORNITOLOGIA abibe; galispo (Do ing. *bib*, «id.»)
bibelô n.m. ⇒ **bibelot** (Do fr. *bibelot*, «id.»)
bibelot n.m. 1 qualquer pequeno objeto que se usa geralmente sobre uma peça de mobiliário como adorno 2 objeto inútil ou de pouco valor (Do fr. *bibelot*)
biberão n.m. frasco ao qual está adaptada uma tetina de borracha e que se emprega na lactação artificial (Do fr. *biberon*, «id.», do lat. *bibĕre*, «beber»)
biberete n.m. [regionalismo] refeição dada aos malhadores, no fim da segunda eirada (De *beberete*)
Bíblia n.f. 1 RELIGIÃO coleção dos livros sagrados do Antigo e do Novo Testamento; Sagrada Escritura 2 [com minúscula] obra fundamental de uma determinada disciplina ou ideologia 3 [com minúscula] obra que se lê muitas vezes ou se consulta frequentemente; livro preferido (Do grego *tà biblía*, «os livros santos», pelo latim medieval *biblía-*, «bíblia»)
bíblíaco adj. relativo ao livro (Do gr. *bibliakós*, «perito no conhecimento de livros; sábio»)
bibliátrica n.f. arte de restaurar os livros (Do gr. *biblíon*, «livro» +*iatriké*, «medicina»)
biblicismo n.m. 1 doutrina bíblica 2 estudo da Bíblia (De *bíblico+-ismo*)
biblicista n.2g. pessoa que se dedica ao estudo da Bíblia (De *bíblico+-ista*)
bíblico adj. que diz respeito à Bíblia (De *bíblia+-ico*)
bibli(o)- elemento de formação de palavras que exprime a ideia de *livro* (Do gr. *biblíon*, «livro»)
biblioclasta n.2g. pessoa que destrói livros (Do gr. *biblíon*, «livro» +*kláein*, «destruir»)
biblioclepta n.2g. pessoa que rouba livros (Do gr. *biblíon*, «livro» +*kléptes*, «ladrão»)
bibliófago adj. diz-se do animal (especialmente insetos e suas larvas) que destrói livros, roendo-os (Do gr. *biblíon*, «livro» +*phageīn*, «comer»)
bibliofilia n.f. amor aos livros (De *bibliófilo+-ia*)
bibliófilo n.m. amador ou colecionador de livros, especialmente de livros raros (Do gr. *biblíon*, «livro» +*phílos*, «amigo»)
bibliofobia n.f. aversão aos livros (Do gr. *biblíon*, «livro» +*phóbos*, «horror; aversão» +*-ia*)
bibliófobo adj., n.m. que ou aquele que tem aversão aos livros (Do gr. *biblíon*, «livro» +*phobeīn*, «ter horror»)
bibliognosia n.f. conhecimento da história dos livros, dos seus títulos, edições sucessivas, impressores, etc. (Do gr. *biblíon*, «livro» +*gnōsis*, «conhecimento»+*-ia*)
bibliognosta n.2g. pessoa conhecedora da história e títulos de livros, das suas edições e respetivas datas, impressores e editores (Do gr. *biblíon*, «livro»+*gnōstēs*, «aquele que conhece»)
bibliografar v.tr. 1 fazer a bibliografia de 2 fazer a recensão crítica de (obra literária) (Do gr. *biblíon*, «livro» +*gráphein*, «escrever»)
bibliografia n.f. 1 ciência que trata da história, classificação e descrição dos livros 2 descrição ou conhecimento dos livros quanto à edição, papel e tipo 3 lista de obras escritas por um autor 4 lista de livros e trabalhos sobre determinado assunto 5 relação das obras consultadas para um trabalho ou um livro, apresentada geralmente no final deste 6 secção de um jornal ou revista destinada à recensão crítica das obras recentemente publicadas (Do g

bibliographía, «transcrição de livros», pelo fr. *bibliographie*, «bibliografia»)

bibliográfico *adj.* relativo à bibliografia (De *bibliografia*+*-ico*)

bibliógrafo *n.m.* pessoa versada em bibliografia (Do gr. *bibliográphos*, «que transcreve livros; copista», pelo fr. *bibliographe*, «id.»)

bibliolatria *n.f.* 1 paixão pelos livros 2 adoração pela Bíblia ou outros textos sagrados (Do gr. *biblíon*, «livro»+*latreía*, «adoração»)

bibliologia *n.f.* parte teórica e preliminar da bibliografia considerada como ciência (Do gr. *biblíon*, «livro»+*lógos*, «tratado»)

bibliólogo *n.m.* o que é versado em bibliologia (Do gr. *biblíon*, «livro»+*lógos*, «tratado»)

bibliomancia *n.f.* pretensa adivinhação por meio de um livro aberto ao acaso (Do gr. *biblíon*, «livro»+*manteía*, «adivinhação»)

bibliomania *n.f.* mania de adquirir e colecionar livros; paixão pelos livros (Do gr. *biblíon*, «livro»+*manía*, «mania», pelo fr. *bibliomanie*, «paixão pelos livros raros»)

bibliomaníaco *adj.,n.m.* que ou pessoa que tem paixão pelos livros, comprando-os e colecionando-os de forma compulsiva (De *biblio-*+*-maníaco*)

bibliómano *adj.,n.m.* ⇒ **bibliomaníaco** (De *biblio-*+*-mano*)

biblionímia *n.f.* parte da onomatologia que trata dos bibliónimos (De *biblionímo*+*-ia*)

bibliónimo *n.m.* qualquer livro de reputação universal (Do gr. *biblíon*, «livro»+*ónyma*, por *ónoma*, «nome»)

bibliopola *n.2g.* pessoa que vende livros; livreiro (Do gr. *bibliopóles*, «vendedor de livros», de *biblíon*, «livro»+*poleīn*, «vender», pelo lat. *bibliopōla-*, «id.»)

bibliorreia *n.f.* grande existência ou produção de livros (Do gr. *biblíon*, «livro»+*rhoía*, «fluxo»)

bibliótafo *n.m.* lugar, na biblioteca, reservado aos livros mais preciosos (Do gr. *bibliotáphos*, «sepulcro de livros»)

biblioteca *n.f.* 1 coleção de livros pertencentes a uma pessoa particular ou destinados à leitura do público 2 edifício ou sala onde se encontra uma coleção de livros para consulta no local ou empréstimo domiciliário 3 conjunto de móveis próprios para livros; estante 4 conjunto de obras de um mesmo editor com determinadas características comuns (temáticas, de público-alvo, etc.) 5 coleção das obras literárias de um povo 6 INFORMÁTICA coleção de e-books pertencentes a alguém e disponíveis para leitura num dispositivo (smartphone, tablet, etc.) ou numa nuvem; ~ *itinerante* coleção de livros e outros textos impressos destinados a empréstimo domiciliário que é transportada num veículo por regiões onde o acesso à leitura é geralmente difícil; ~ *viva* [fig.] pessoa que tem conhecimentos profundos acerca de diversas áreas do saber, pessoa erudita (Do gr. *bibliothéke*, «depósito de livros», pelo lat. *bibliothēca-*, «biblioteca»)

bibliotecário *n.m.* 1 funcionário de uma biblioteca 2 catalogador de livros (Do lat. *bibliothecarĭu-*, «id.»)

bibliotecnia *n.f.* arte da confeção de livros (impressão, encadernação, seleção, etc.) (Do gr. *biblíon*, «livro»+*tékhne*, «arte»)

biblioteconomia *n.f.* ciência que trata do arranjo ou da organização de bibliotecas (Do gr. *bibliothéke*, «depósito de livros» +*nómos*, «lei; regra»+*-ia*)

biblista *n.2g.* pessoa versada em assuntos da Bíblia (De *Bíblia*+*-ista*)

biblística *n.f.* conhecimento da bibliografia da Bíblia (De *biblista*+*-ica*)

bibo *n.m.* ⇒ **bibó**

bibó *n.m.* 1 [Índia] árvore da família das Anacardiáceas, cujos frutos têm pedúnculos comestíveis 2 tinta que se extrai do fruto (fava-de-malaca) deste anacardo (Do conc. *bibó*, «id.»)

biboca *n.f.* 1 fenda ou rasgão na terra, geralmente provocado por uma enxurrada; barranca; barranco 2 vale profundo e de acesso difícil; barranca; barranco; fundão; cova profunda 3 casa humilde e pobre; baiuca 4 choupana coberta de palha 5 loja pequena; venda; baiuca; bodega (Do tupi *y'by'boka*, «terra fendida; casa de terra ou de barro»)

bibói *n.m.* ⇒ **bibó** (Do conc. *biboi*, «id.»)

bibra *n.f.* [regionalismo] embriaguez (Do lat. *bibĕra-*, «bebida»)

bíbulo *adj.* 1 que absorve humidade 2 que bebe ou absorve algum líquido (Do lat. *bibŭlu-*, «que bebe muito»)

bica *n.f.* 1 cano ou meia-cana por onde sai água ou qualquer outro líquido 2 veio de líquido que corre deste cano 3 ICTIOLOGIA peixe teleósteo, da família dos Esparídeos, também conhecido por breca e dourada 4 [regionalismo] café tirado em máquina própria e que fica com uma camada de espuma no topo; expresso 5 [regionalismo] pão de trigo comprido e chato 6 [regionalismo] farinha de trigo de qualidade inferior 7 caruma; *correr em* ~ verter sem interrupção; *estar à* ~ estar prestes ou próximo; *suar em* ~ transpirar abundantemente (De *bico*)

biça *n.f.* unidade de medida de peso usada no Oriente (Índia) aquando dos descobrimentos e conquistas dos Portugueses (Do tâm. *visei*, «id.»)

bicada *n.f.* 1 golpe feito com o bico 2 quantidade que uma ave leva de cada vez no bico 3 entrada de um bosque ou matagal 4 extremidade de um monte 5 *pl.* ramos mais altos das árvores (Part. pass. fem. subst. de *bicar*)

bicado *adj.* 1 HERÁLDICA diz-se da ave que, nos brasões, tem no bico esmalte diferente do do corpo 2 [Brasil] um pouco embriagado (De *bico*+*-ado*)

bical *n.2g.* o que tem má boca; biqueiro ■ *adj.2g.* 1 que possui bico 2 designativo de certas variedades de frutos, como a uva, a cereja, a azeitona, etc. (De *bico*+*-al*)

bicameral *adj.2g.* POLÍTICA diz-se do sistema de representação por meio de duas câmaras legislativas (De *bi-*+*câmara*+*-al*)

bicameralismo *n.m.* sistema político bicameral (De *bicameral*+*-ismo*)

bicampeão *adj.* DESPORTO que recebe o título de campeão pela segunda vez ■ *n.m.* DESPORTO (clube, pessoa) o que é campeão pela segunda vez (De *bi-*+*campeão*)

bicanca *n.f.* [pop.] nariz grande e pontiagudo (De *bico*+*-anca*)

bicanço *n.m.* 1 bicanca 2 [pop.] nariz grande e pontiagudo; bicanca (De *bico*+*-anço*)

bicancra *adj.2g.* 1 que tem o bico grande 2 [pop.] que tem o nariz grande ■ *n.m.* [pop.] indivíduo nariguado ■ *n.f.* [pop.] borracheira (De *bicanca*)

bicancudo *adj.* ⇒ **bicancra** *adj.2g.* (De *bicanca*+*-udo*)

bicão *n.m.* 1 [Brasil] o que vive à custa de outrem 2 [Brasil] intruso; metediço 3 [Brasil] descarado

bicapsulado *adj.* que tem duas cápsulas (De *bi-*+*cápsula*+*-ado*)

bicapsular *adj.2g.* ⇒ **bicapsulado** (De *bi-*+*cápsula*+*-ar*)

bicar *v.tr.* 1 picar com o bico; dar bicadas a; nicar 2 beber pouco mas frequentemente; bebericar ■ *v.intr.* 1 dar bicadas 2 [Brasil] ficar ébrio (De *bico*+*-ar*)

bicarbonato *n.m.* QUÍMICA anião de fórmula HCO_3^-; hidrogenocarbonato; ~ *de sódio* QUÍMICA sal de fórmula $NaHCO_3$, branco e solúvel em água, que, ao ser aquecido, se transforma em carbonato de sódio, sendo usado em fermentos, extintores de fogo de pó seco e em diversas indústrias; hidrogenocarbonato de sódio (De *bi-*+*carbonato*)

bicarpelado *adj.* BOTÂNICA que possui dois carpelos (De *bi-*+*carpelo*+*-ado*)

bicaudado *adj.* com duas caudas ou apêndices caudais (De *bi-*+*cauda*+*-ado*)

bicaude *adj.2g.* ⇒ **bicaudado** (De *bi-*+*-caude*)

bicéfalo *adj.* 1 TERATOLOGIA que tem duas cabeças; dicéfalo 2 BOTÂNICA que tem dois capítulos; bicípite (Do lat. *bi-*, «duas»+gr. *kephalé*, «cabeça»)

bicelular *adj.2g.* 1 que possui duas células 2 constituído por duas células (De *bi-*+*célula*+*-ar*)

bicentenário *adj.* 1 que tem duzentos anos 2 que celebra o segundo centenário ■ *n.m.* comemoração dos duzentos anos de um acontecimento (De *bi-*+*centenário*)

bíceps *n.m.2n.* 1 ANATOMIA músculo longo terminado, na extremidade superior, por dois tendões; músculo anterior do braço 2 [fig.] força muscular (Do lat. *biceps*, «que tem duas cabeças»)

bicha *n.f.* 1 ZOOLOGIA animal de corpo comprido e desprovido de pernas (lombriga, ténia, sanguessuga, serpente, etc.) 2 ZOOLOGIA ⇒ **biscalongo** 3 [coloq.] fêmea de animal, especialmente doméstico (gata, cadela, etc.) 4 fila de pessoas umas atrás das outras 5 [pop.] insígnia militar que representa a patente de aspirante a oficial 6 [fig.] pessoa muito irritada 7 *pl.* ziguezagues 8 *pl.* brincos de ouro com forma de serpente ■ *adj.,n.2g.* 1 [cal., pej.] que ou indivíduo que é efeminado 2 [cal., pej.] homossexual masculino; *ficar como uma* ~ ficar furioso; *ver se pegam as bichas* tentar obter o que se deseja (Do lat. vulg. **bistĭa-*, do lat. cl. *bestĭa-*, «animal»)

bicha-amarela *n.f.* ZOOLOGIA (inseto) ⇒ **alfinete** 4

bicha-cadela *n.f.* ZOOLOGIA pequeno inseto dermáptero, da família dos Forficulídeos, que possui um corpo alongado, várias pernas e um par de fortes pinças na extremidade livre do abdómen, também conhecido por gato-bichaneiro, rapelha e serra-cancelas

bicha-de-rabear ver nova grafia bicha de rabear

bicha de rabear *n.f.* peça de fogo de artifício com a forma de um pequeno canudo contendo pólvora e que, acesa, anda aos ziguezagues pelo chão; busca-pé; bichaninha

bicha-de-sete-cabeças ver nova grafia bicha de sete cabeças
bicha de sete cabeças n.f. ⇒ **bicho de sete cabeças**
bicha-do-milho n.f. ZOOLOGIA (inseto) ⇒ **alfinete** 4
bicha-galo n.f. ZOOLOGIA (inseto) ⇒ **alfinete** 4
bichanada n.f. **1** grande porção de gatos **2** sussurro de quem bichana (De *bichano+-ada*)
bichanar v.intr. **1** [pop.] chamar pelos gatos **2** [fig.] falar baixinho, sussurrando as palavras; sussurrar **3** mexericar (De *bichano+-ar*)
bichancros n.m.pl. gestos ou trejeitos ridículos que fazem os namorados (De orig. obsc.)
bichaneira n.f. registo com que os padeiros regulam o calor do forno (De *bichana+-eira*)
bichaneiro adj. **1** que costuma bichanar **2** [fig.] mexeriqueiro (De *bichanar+-eiro*)
bichanice n.f. costume de bichanar ou murmurar (De *bichano+-ice*)
bichaninha n.f. ⇒ **bicha de rabear** (De *bichana+-inha*)
bichano n.m. gato; gatinho (De *bicho+-ano*)
bichar[1] v.intr. **1** criar bicho **2** (fruta) encher-se de bichos (De *bicho+-ar*)
bichar[2] v.intr. [Moçambique] participar numa fila para obter algo (De *bicha*, «fila»+-*ar*)
bicharada n.f. conjunto de bichos, de animais; *estar entregue à ~* estar numa situação difícil, com pessoas que não dão apoio (De *bicha+r+-ada*)
bicharengo n.m. ZOOLOGIA ⇒ **texugo** 1 (De *bicha+r+-engo*)
bicharia n.f. **1** multidão de bichos **2** [fig.] ajuntamento de pessoas **3** [pop.] piolhos (De *bicho+-aria*)
bicharoco /ô/ n.m. **1** grande bicho **2** bicho asqueroso **3** [fig.] pessoa que infunde temor (De *bicha+r+-oco*)
bicharrão n.m. **1** bicho grande **2** gatarrão (De *bicho+-arrão*)
bicha-solitária n.f. ZOOLOGIA ⇒ **ténia**
bicheira n.f. **1** multidão de bichos; bicharia **2** bicheiro **3** ferida nos animais produzida por larvas dos insetos que aí puseram os ovos (De *bicho+-eira*)
bicheiro[1] n.m. **1** frasco onde se guardam as sanguessugas **2** vara de barqueiro com gancho na ponta **3** aparelho de pescar à linha ■ adj. que se alimenta de bichos ■ adj.,n.m. [fig.] que ou pessoa que se ocupa de ninharias; coca-bichinhos (De *bicho+-eiro*)
bicheiro[2] adj.,n.m. [Angola, Moçambique] que ou pessoa que está na bicha (De *bicha* [=fila] +*eiro*)
bichento adj. que tem bichos (De *bicho+-ento*)
bicheza /ê/ n.f. **1** grande quantidade de bichos; bicharada; bicharia **2** grande afluência de pessoas (De *bicho+-eza*)
bichice[1] n.f. **1** grande quantidade de bichos **2** grande afluência de pessoas **3** [mais usado no plural] mimo exagerado (De *bicho+-ice*)
bichice[2] n.f. [cal., pej.] característica ou condição de bicha (indivíduo efeminado ou homossexual masculino) (De *bicha+-ice*)
bichinha n.f. **1** pequeno bolo preparado com farinha, ovos e açúcar **2** ⇒ **bicha de rabear 3** gatinha **4** [Brasil] rapariga; mocinha (De *bicha+-inha*)
bichinha-gata n.f. demonstração de afeto; afago; carícia
bichinho n.m. bicho pequeno (De *bicho+-inho*)
bicho n.m. **1** designação generalizada dos animais, especialmente dos pequenos **2** [pop.] piolho **3** [fig., pej.] pessoa intratável ou feia **4** [acad.] estudante do ensino secundário, entre os universitários; *andar com o ~ no ouvido* andar desconfiado, estar de sobreaviso; *matar o ~* [pop.] ingerir bebidas alcoólicas; *pancada de criar ~* muita pancada (Do lat. vulg. *bistĭu-, m. de *bistĭa-, do lat. cl. *bestĭa-*, «animal»)
bichoca n.f. **1** pequeno verme **2** minhoca **3** furúnculo; leicenço (De *bicha+-oca*)
bicho-careta n.m. [coloq.] pessoa sem importância; indivíduo qualquer
bicho-careto n.m. [coloq.] ⇒ **bicho-careta**
bicho-carpinteiro n.m. inseto cuja larva rói a madeira; *ter bichos-carpinteiros* estar irrequieto
bichoco /ô/ adj. diz-se do fruto que cria bichos ■ n.m. **1** bicho pequeno **2** furúnculo (De *bicho+-oco*)
bicho-da-madeira n.m. [pop.] inseto coleóptero que rói a madeira; carcoma; caruncho
bicho-da-seda n.m. ZOOLOGIA inseto lepidóptero, da família dos Bombicídeos, cuja larva segrega o fio da seda, também conhecido por sirgo
bicho-de-conta n.m. ZOOLOGIA pequeno crustáceo isópode que vive nos sítios húmidos e se enrola em conta quando se lhe toca

bicho-de-pé n.m. ZOOLOGIA (inseto) ⇒ **nígua** 1
bicho-de-sete-cabeças ver nova grafia bicho de sete cabeças
bicho de sete cabeças n.m. grande dificuldade, em regra, imaginária
bicho-do-buraco ver nova grafia bicho do buraco
bicho do buraco n.m. **1** pessoa que não aprecia o convívio social **2** indivíduo solitário
bicho-do-mato ver nova grafia bicho do mato
bicho do mato n.m. **1** indivíduo insociável **2** indivíduo solitário
bicho-do-ouvido ver nova grafia bicho do ouvido
bicho do ouvido n.m. [pop.] tímpano auricular; *matar/moer o ~ a* importunar insistentemente com palavras
bicho-galo n.m. ZOOLOGIA (inseto) ⇒ **alfinete** 4
bichoiro n.m. [regionalismo] pedra pequena; seixo (De *bicho+-oiro*)
bichona n.f. **1** [Brasil] [coloq., pej.] homem muito efeminado **2** [Brasil] [coloq., pej.] homossexual que dá muito nas vistas (De *bicha+-ona*)
bicho-papão n.m. **1** ser imaginário que assusta as crianças; papão; ogre **2** [fig.] ser ou coisa considerada perigosa e ameaçadora
bichoso /ô/ adj. ⇒ **bichento** (De *bicho+-oso*)
bichouro n.m. [regionalismo] ⇒ **bichoiro**
bicicleta n.f. veículo de duas rodas, geralmente de diâmetro igual, sobre as quais assenta uma estrutura metálica com um selim em cima, sendo a da frente dirigida por um guiador e a de trás ligada a um sistema de pedais acionados pelo ciclista; *~ de montanha/~ todo-o-terreno* **1** bicicleta robusta e resistente, concebida para percorrer todo o tipo de terrenos; **2** modalidade de ciclismo em que se utiliza esta bicicleta e que tem como objetivo fazer percursos com várias irregularidades e obstáculos; *~ pasteleira* bicicleta pesada e robusta, com características que em geral já não são comuns em bicicletas atuais, como é o caso de sistemas de três velocidades, travões de alavanca e faróis alimentados com dínamo (Do fr. *bicyclette*, «id.», do lat. *bis*, «duas vezes»+gr. *kýklos*, «círculo; roda»)
bicicletada n.f. passeio de bicicleta organizado por ciclistas para divulgar e defender a bicicleta como meio de transporte (De *bicicleta+-ada*)
bicipital adj.2g. relativo ao bicípite (De *bicípite+-al*)
bicípite adj.2g. **1** que tem duas cabeças **2** BOTÂNICA que tem dois capítulos ■ n.m. ANATOMIA músculo longo terminado, numa das extremidades, por dois tendões (Do lat. *bicipĭte-*, «que tem duas cabeças»)
bicla n.f. [coloq.] forma reduzida de *bicicleta*
bico[1] n.m. **1** formação córnea, constituída por duas partes, de que está provida a boca das aves e de alguns outros animais **2** aquilo que tem forma saliente mais ou menos pontiaguda **3** extremidade aguçada; ponta **4** aparo de escrever **5** boca de maxilas salientes em alguns peixes **6** bebedeira; embriaguez **7** pej. pretextos **8** ave doméstica **9** [pop.] boca de homem **10** [fig.] pessoa astuciosa **11** [fig.] pessoa de porte suspeito **12** [vulg.] ⇒ **felação 13** pl. pequenos serviços; *~ calado!* silêncio!; *abrir o ~* divulgar, denunciar; *calar o ~* deixar de falar; *levar/trazer água no ~* encerrar uma intenção reservada; *levar um ~* levar um raspanete; *melro de ~ amarelo* indivíduo astucioso; *molhar o ~* beber; *virar o ~ ao prego* mudar de assunto propositadamente (Do latim *beccu-*, «bico»)
bico[2] n.m. [Cabo Verde] canto (Do crioulo cabo-verdiano *bic*, «lábios»)
bico-cruzado n.m. ORNITOLOGIA ⇒ **cruza-bico**
bico-curto n.m. ORNITOLOGIA ⇒ **serzino**
bico-de-cegonha n.m. BOTÂNICA ⇒ **repimpim**
bico-de-obra ver nova grafia bico de obra
bico de obra n.m. embaraço; dificuldade
bico-de-pato ver nova grafia bico de pato
bico de pato n.m. pãozinho de leite semelhante a um bico de pato, usado em pequenas sanduíches
bico-de-pomba n.m. BOTÂNICA nome vulgar de uma planta da família das Geraniáceas, espontânea e frequente em Portugal
bico-doce n.m. ICTIOLOGIA peixe seláquio da família dos Notidanídeos, também conhecido por cação-severino, boca-doce e olhudo-branco
bico-grosso n.m. ORNITOLOGIA pássaro da família dos Fringilídeos muito vulgar em Portugal, também conhecido por bico-grossudo, chinchalhão, pardal-do-norte, pardal-espanhol, torcázio, trinca-pinhas, etc.
bico-grossudo n.m. ORNITOLOGIA ⇒ **bico-grosso**
bicolor adj.2g. de duas cores (Do lat. *bicolōre-*, «de duas cores»)
bicôncavo adj. **1** côncavo dos dois lados **2** diz-se, em particular, de um dos tipos de lentes divergentes (De *bi-+côncavo*)

biconjugado *adj.* BOTÂNICA diz-se da folha composta em que cada pecíolo secundário tem dois folíolos (De *bi-+conjugado*)
biconvexo /cs/ *adj.* convexo dos dois lados (De *bi-+convexo*)
bico-rasteiro *n.m.* ORNITOLOGIA ⇒ **taiataia**
bicorne *adj.2g.* que tem dois cornos ou pontas; bicornígero ▪ *n.m.* chapéu de dois bicos (Do lat. *bicorne-*, «que tem dois cornos»)
bicórneo *adj.* ⇒ **bicorne** *adj.2g.* (De *bi+corno+-eo*)
bicornígero *adj.* ⇒ **bicorne** *adj.2g.* (Do lat. *bicornigĕru-*, «que tem dois cornos»)
bicos-de-papagaio ver nova grafia bicos de papagaio
bicos de papagaio *n.m.pl.* [pop.] produção óssea anormal na coluna vertebral causada por neoformações do tecido ósseo
bico-tesoura *n.m.* ORNITOLOGIA ⇒ **taiataia**
bicromia *n.f.* **1** qualidade ou estado daquilo que apresenta duas cores **2** TIPOGRAFIA processo de impressão a duas cores **3** gravura impressa a duas cores (De *bi+cromia*)
bicuatas *n.f.pl.* **1** [Angola] móveis **2** [Angola] objetos domésticos **3** [Angola] bagagem (Do umbundo *ovikuata*, «id.»)
bicuda *n.f.* **1** ICTIOLOGIA designação generalizada a peixes de rostro alongado, mais ou menos pontiagudo **2** faca pontiaguda; punhal **3** variedade de azeitona; bical **4** ORNITOLOGIA ⇒ **galinhola** **1** (De *bicudo*)
bicudo *adj.* **1** que possui bico **2** pontiagudo; aguçado **3** [fig.] difícil; complicado **4** [Brasil] trombudo; mal-humorado **5** [regionalismo] embriagado ▪ *n.m.* ICTIOLOGIA peixe teleósteo, da família dos Esparídeos, vulgar em Portugal, também conhecido por sargo e sargueta (De *bico-+udo*)
bicúspide *adj.2g.* **1** que é fendido no vértice e termina em duas pontas divergentes **2** ANATOMIA diz-se da válvula com duas lâminas; mitral **3** ZOOLOGIA diz-se do dente que termina em duas pontas aguçadas (cúspides) ▪ *n.m.* ZOOLOGIA dente que termina em duas pontas aguçadas (Do lat. *bis*, «duas» +*cuspĭde-*, «ponta de lança»)
bidão *n.m.* vasilha metálica, em regra cilíndrica, de grande capacidade (Do fr. *bidon*, do escand. *bida*, «vaso»)
bidé *n.m.* peça sanitária destinada à higiene íntima e também usada para lavar outras partes do corpo, como os pés (Do fr. *bidet*, «id.»)
bidentado *adj.* **1** BOTÂNICA diz-se do limbo que tem dois dentes **2** QUÍMICA designativo das substâncias com dois pontos onde podem sofrer o mesmo tipo de reação (De *bi-+dentado*)
bidente *n.m.* **1** gadanho com dois dentes **2** picareta; alvião (Do lat. *bidente-*, «que tem dois dentes»)
bidexteridade *n.f.* qualidade de bidextro; qualidade de quem se serve de ambas as mãos com a mesma naturalidade e a mesma destreza (Do lat. *bi-* «duas vezes»+*dexteritate-*, «destreza; habilidade»)
bidextro *adj.* que se serve de ambas as mãos com a mesma naturalidade e destreza; ambidestro (Do lat. *bi-* «duas vezes»+*dextru-*, «direito; destro; hábil»)
bidigitado *adj.* **1** que tem dois dedos **2** que se divide em dois lóbulos digitiformes (De *bi-+digitado*)
bidimensional *adj.2g.* que tem duas dimensões
bidireccional ver nova grafia bidirecional
bidirecional *adj.2g.* que funciona em duas direções; referente a duas direções
bíduo *n.m.* período de dois dias (Do lat. *bidŭu-*, «id.»)
biebdomadário *adj.* **1** que aparece duas vezes por semana; bissemanal **2** que acontece a cada duas semanas (Do lat. *bis*, «duas vezes» +*hebdomăde-*, «semana» +*-ário*)
biela *n.f.* MECÂNICA peça de máquina que serve para transmitir e modificar movimentos de vaivém em movimentos de rotação (Do fr. *bielle*, «id.»)
bielorrusso *adj.* da Bielorrússia, país situado a leste da Polónia e da Lituânia ▪ *n.m.* natural ou habitante da Bielorrússia (De *Bielorrússia*, top.)
bienal *adj.2g.* **1** [sentido original] que se realiza ou ocorre de dois em dois anos; bianual **2** [uso generalizado] que dura dois anos consecutivos; bianual **3** BOTÂNICA diz-se, em especial, da planta que dura dois anos, completando o seu ciclo evolutivo neste período; bianual ▪ *n.f.* exposição ou evento que se realiza de dois em dois anos (Do lat. *biennāle-*, «id.»)
biénio *n.m.* período de dois anos consecutivos (Do lat. *biennĭu-*, «id.»)
bieno *adj.* relativo ao Bié, distrito de Angola ▪ *n.m.* natural ou habitante do Bié (De *Bié*, top. +*-eno*)
bifacial *adj.2g.* que tem duas faces ou lados; bilateral (De *bi-+facial*)
bifalhada *n.f.* grande quantidade de bifes (De *bife+-alho+-ada*)

bifana *n.f.* CULINÁRIA bife pequeno de carne de porco que se come geralmente em sanduíche (De *bife+-ana*)
bifar *v.tr.* [pop.] furtar; surripiar (Do fr. *biffer*, «truncar; suprimir»)
bifarpado *adj.* que possui duas farpas (De *bi-+farpado*)
bifásico *adj.* ELETRICIDADE que tem duas fases (De *bi-+fase+-ico*)
bife *n.m.* **1** qualquer fatia de carne (de vaca, porco, peru, atum, etc.) **2** CULINÁRIA essa fatia de carne, grelhada ou frita, que serve de alimento depois de temperada **3** [coloq.] corte na pele, feito por distração ou por acidente **4** [ant., pej.] indivíduo de nacionalidade inglesa ou norte-americana ou de língua inglesa; ~ *a cavalo* bife com um ovo estrelado por cima; ~ *de cabeça chata* [gír.] sardinha; ~ *tártaro* CULINÁRIA carne picada crua, ligada com ovo, temperada com ervas aromáticas e moldada em forma de hambúrguer (Do ing. *beef*, «carne de vaca»)
bifeira *n.f.* utensílio de fazer bifes (De *bife+-eira*)
bifendido *adj.* separado em duas partes; bífido (De *bi-+fendido*)
bífero *adj.* BOTÂNICA que dá flor ou fruto duas vezes no ano (Do lat. *bifĕru-*, «que produz duas vezes por ano»)
bifesteque *n.m.* CULINÁRIA bife grelhado ou mal passado (Do ing. *beefsteak*, «id.»)
bífido *adj.* ⇒ **bifendido** (Do lat. *bifĭdu-*, «fendido em duas partes»)
biflexo /cs/ *adj.* dobrado para os dois lados (Do lat. *bis*, «duas vezes» +*flexu-*, «dobrado», part. pass. de *flectĕre*, «dobrar»)
bifloro *adj.* BOTÂNICA que tem, normalmente, duas flores (Do lat. *bis*, «duas vezes» +*flore-*, «flor»)
bifocal *adj.2g.* **1** que possui dois focos **2** ÓTICA diz-se da lente usada nos óculos para visão próxima (na parte inferior) e visão distante (na parte superior) (De *bi-+focal*)
bifoliado *adj.* BOTÂNICA que tem duas folhas (De *bi-+foliado*)
bifólio *adj.* BOTÂNICA ⇒ **bifoliado** (Do lat. *bis*, «duas vezes» +*folĭu-*, «folha»)
bífore *adj.2g.* diz-se de um portal que tem duas portadas ou dois batentes (Do lat. *bifŏre-*, «que tem duas aberturas»)
biforme *adj.2g.* **1** que tem duas formas **2** que tem duas frontes ou caras; bifronte **3** MINERALOGIA diz-se do cristal que tem dois aspetos ou duas faces diferentes **4** GRAMÁTICA diz-se do adjetivo que tem uma forma para o masculino e outra para o feminino (ex.: *alto*, *alta*) **5** [fig.] que pensa de duas maneiras diferentes simultaneamente (Do lat. *biforme-*, «que tem forma dupla»)
bifronte *adj.2g.* **1** que tem duas frontes ou caras; biforme **2** [fig.] dissimulado; falso **3** volúvel (Do lat. *bifronte-*, «que tem duas caras»)
bifurcação *n.f.* **1** ato ou efeito de bifurcar **2** ponto de divisão em dois ramais **3** vértice (De *bifurcar+-ção*)
bifurcar *v.tr.* **1** estabelecer bifurcação em **2** separar em dois ramais ▪ *v.pron.* **1** dividir-se em dois ramos ou hastes **2** [fig.] montar (cavalo, bicicleta, etc.) (Do lat. *bifurcu-*, «com dois ramos»+*-ar*)
biga *n.f.* antigo carro romano puxado por dois cavalos (Do lat. *biga-*, «id.»)
bigamia *n.f.* estado de quem está casado simultaneamente com duas pessoas (De *bígamo+-ia*)
bigamizar *v.intr.* praticar a bigamia (De *bígamo+-izar*)
bígamo *adj.,n.m.* que ou aquele que está casado simultaneamente com duas pessoas (Do gr. *dígamos*, «casado segunda vez», pelo lat. *bigămu-*, «bígamo»)
big-bang *n.m.* ASTRONOMIA explosão cósmica que terá dado origem à formação do Universo; *teoria do* ~ explicação da evolução cósmica com base numa explosão que terá ocorrido há quinze mil milhões de anos (Do ing. *big bang*, «id.»)
bigémeo *adj.* BOTÂNICA (folha, flor, fruto) diz-se do órgão vegetal que cresce no mesmo pedúnculo; bigeminado; biconjugado (Do lat. *bigemĭnu-*, «duas vezes duplo»)
bigeminado *adj.* **1** BOTÂNICA ⇒ **bigémeo** **2** MEDICINA diz-se do pulso arrítmico em que as pulsações se seguem duas a duas, separadas por pausas (Do lat. *bigemĭnu-*, «duas vezes duplo» +*-ado*)
bigeminismo *n.m.* **1** BOTÂNICA qualidade ou estado de bigémeo **2** MEDICINA arritmia do pulso em que as pulsações se repetem aos pares, separadas por intervalos (Do lat. *bigemĭnu-*, «duas vezes duplo» +*-ismo*)
bigénito *adj.* que foi gerado duas vezes (Baco) (Do lat. *bis*, «duas vezes» +*genĭtu-*, «gerado», part. pass. de *genĕre*, «gerar»)
biglandular *adj.2g.* ANATOMIA que tem duas glândulas (De *bi-+glandular*)
biglanduloso /ô/ *adj.* ⇒ **biglandular** (De *bi-+glanduloso*)
bigle *n.m.* cão de corrida de raça inglesa, veloz, com pernas curtas e pelo macio, empregado especialmente na caça à lebre (Do ing. *beagle*, «galgo para caçar lebres»)
biglobular *adj.2g.* que tem ou apresenta aspeto de dois glóbulos ou esferas (De *bi-+globular*)

bignónia *n.f.* BOTÂNICA trepadeira ornamental, de folhas compostas e flores em forma de tubos, cultivada em Portugal (Do fr. *bignone*, de *Bignon*, apelido do bibliotecário de Luís XIV, a quem a planta foi dedicada)

Bignoniáceas *n.f.pl.* BOTÂNICA família de plantas, em regra arbóreas e com flores vistosas, próprias dos países quentes (De *bignónia*+*-áceas*)

bigodaço *n.m.* **1** [coloq.] bigode grande **2** [coloq.] pessoa que usa bigode grande (De *bigode*+*-aço*)

bigodado *adj.* que possui bigode (De *bigode*+*-ado*)

bigode *n.m.* **1** [também usado no plural] conjunto de pelos que cresce por cima do lábio superior **2** [também usado no plural] porção de bebida ou comida que fica por cima do lábio superior, lembrando esse conjunto de pelos **3** [pop.] penugem no lábio superior do adolescente ou da mulher; buço **4** *pl.* pelos longos e tesos do focinho de certos animais **5** jogo de cartas **6** [coloq.] descompostura; *apanhar/levar um ~* [coloq.] ficar derrotado, ser humilhado; *dar um ~* [coloq.] pregar uma partida (De orig. obsc.)

bigodear *v.tr.* **1** enganar; iludir; lograr **2** troçar de; escarnecer (De *bigode*+*-ear*)

bigodeira *n.f.* **1** grande bigode **2** escova de limpar bestas; almofaça (De *bigode*+*-eira*)

bigodi *n.m.* pequeno rolo que se aplica no cabelo para o encaracolar ou ondular (Do fr. *bigoudi*, «id.»)

bigodinho *n.m.* **1** bigode pequeno e curto **2** ORNITOLOGIA ⇒ **pintassilgo-verde** (De *bigode*+*-inho*)

bigorna *n.f.* **1** peça de ferro com a ponta cilíndrica em cima da qual se batem ou moldam metais **2** ANATOMIA pequeno osso do ouvido médio; *estar entre o martelo e a ~* estar entre dois perigos (Do lat. *bicornĭa*, neut. pl. de *bicorne-*, «que tem dois cornos»)

bigorrilhas *n.m.2n.* homem sem importância (De orig. obsc.)

bigota *n.f.* NÁUTICA moitão chato sem roldana e com um furo por onde passa o colhedor das velas (Por *vigota*, dim. de *viga*)

bigotismo *n.m.* **1** intolerância religiosa; falsa devoção **2** hipocrisia (Do fr. *bigotisme*, «beatice; carolice»)

bigúmeo *adj.* que tem dois gumes (De *bi-*+*gume*+*-eo*)

bi-horário *adj.* diz-se do contador programado com dois horários, em que normalmente o horário noturno e/ou de fim de semana tem uma tarifa mais económica

bijagó *adj.2g.* **1** relativo ao arquipélago de Bijagós, na Guiné-Bissau **2** relativo aos Bijagós ■ *n.2g.* natural de Bijagós ■ *n.m.* idioma do arquipélago de Bijagós

Bijagós *n.m.pl.* ETNOGRAFIA povo autóctone que habita o arquipélago de Bijagós, na Guiné-Bissau (Do vernáculo ou do mandinga *Budjago*/*Bidjago*, etn., a partir do esp. *Bigiohos*)

bijou *n.m.* ⇒ **biju** (Do fr. *bijou*, «joia»)

biju *n.m.* **1** pessoa muito estimada e mimada dentro de um grupo **2** pessoa bonita, graciosa, simpática; amor; encanto **3** forma de tratamento que reflete afeição, carinho por alguém; amorzinho **4** [regionalismo] pão pequeno, arredondado, feito à base de farinha de trigo (Do fr. *bijou*, «joia»)

bíjugo *adj.* que é puxado por dois cavalos (Do lat. *bijŭgu-*, «puxado por uma parelha de cavalos»)

bijutaria *n.f.* ⇒ **bijuteria**

bijuteria *n.f.* **1** objeto de adorno feito em liga de metal (a imitar ouro ou prata) **2** joia de pouco valor (Do fr. *bijouterie*, «id.»)

bikini *n.m.* ⇒ **biquíni**

bila *n.f.* [Angola] sepultura; túmulo; campa (Do quimb. *mbila*, a partir de *kubilama*, «ficar atravancado»)

bilabiado *adj.* **1** que tem dois lábios **2** BOTÂNICA diz-se do cálice e da corola cujos limbos estão divididos em duas saliências desiguais que lembram dois lábios (De *bi-*+*labiado*)

bilabial *adj.2g.* LINGUÍSTICA diz-se da consoante que se pronuncia por meio de uma oclusão realizada pelos dois lábios ■ *n.f.* LINGUÍSTICA esta consoante (De *bi-*+*labial*)

bilaminado *adj.* que tem duas lâminas (De *bi-*+*laminado*)

bilar *v.intr.* [Angola] lutar; brigar (Do quimb. *kubila*, «id.»)

bilaterado *adj.* BOTÂNICA diz-se das folhas colocadas em lados opostos (Do lat. *bis-*, «duas vezes» +*latĕre-*, «lado» +*-ado*)

bilateral *adj.2g.* **1** que possui dois lados ou se refere a dois lados **2** relativo a lados opostos **3** DIREITO diz-se de um contrato em que as partes ficam com obrigações recíprocas; *simetria ~* condição satisfeita quando se pode imaginar um só plano de simetria num organismo, como nos animais artiozoários (Do lat. *bi-*, «duas vezes» +*laterāle-*, «do lado»)

bilateralidade *n.f.* **1** qualidade de bilateral **2** qualidade daquele ou daquilo que tem dois lados **3** DIREITO qualidade do contrato em que as partes ficam com obrigações recíprocas (De *bilateral*+*-i-*+*-dade*)

bilbaíno *adj.* relativo à cidade espanhola de Bilbau ■ *n.m.* habitante ou natural de Bilbau (De *Bilbau*, top. +*-ino*)

bilbode *n.m.* MILITAR [ant.] ação de disparar armas de fogo sem ordens para atirar; *fogo de ~* disparos de espingarda sucessivos, com intervalos irregulares (Do fr. *billebaude*, «confusão; desordem»)

bilboqué *n.m.* **1** utensílio de dourador que serve para apanhar os fragmentos cortados da folha do ouro **2** jogo infantil (Do fr. *bilboquet*, «bilboqué», tipo de brinquedo)

bile *n.f.* ⇒ **bílis** (Do lat. *bile-*, «id.»)

bilénio *n.m.* período de dois mil anos (De *bi-*+[*mi*]*lénio*)

bilha *n.f.* **1** vaso de barro, bojudo e de gargalo estreito **2** recipiente em que se vende o gás de consumo doméstico; botija (Do fr. *bille*, «bola pequena; esfera»)

bilhão *num.card.* >*quant.num.*^{DT} *,n.m.* ⇒ **bilião**

bilhar *n.m.* **1** jogo em que, sobre uma mesa retangular revestida de feltro verde, limitada por tabelas e sem buracos, se fazem rolar três bolas (uma vermelha e duas brancas) com um taco de madeira, marcando um ponto quem fizer uma carambola **2** mesa quadrangular forrada de feltro verde e com bordos almofadados (tabelas), para jogar este jogo **3** casa ou sala onde se pratica este jogo (Do fr. *billard*, «taco para impelir as bolas; bilhar»)

bilharda *n.f.* jogo praticado com um pau aguçado nas duas extremidades que se faz saltar com uma pancada desferida com outro pau mais comprido (Do fr. *billard*, «taco para impelir as bolas; bilhar»)

bilhardar *v.tr.* **1** (jogo do bilhar) empurrar duas vezes a bola com o taco **2** (jogo do bilhar) tocar duas bolas ao mesmo tempo **3** jogar a bilharda (Do fr. *billarder*, «empurrar a bola de bilhar»)

bilhardeira *n.f.* [Madeira] mulher mexeriqueira (De *bilharda*+*-eira*)

bilhardeiro *n.m.* **1** jogador de bilharda **2** [pop.] mandrião; vadio (De *bilharda*+*-eiro*)

bilharista *adj.2g.* relativo a bilhar ■ *n.2g.* pessoa que joga bilhar (De *bilhar*+*-ista*)

bilhárzia *n.f.* ZOOLOGIA animal trematode, dístomo, que provoca no homem uma grave doença (bilharziose vesical) (De *T. Bilharz*, antr., médico al., 1825-1862)

bilharzíase *n.f.* ⇒ **bilharziose** (De *bilhárzia*+*-ase*)

bilharziose *n.f.* MEDICINA doença produzida pela bilhárzia, como a bilharziose vesical (De *bilhárzia*+*-ose*)

bilhete /ê/ *n.m.* **1** escrito breve **2** aviso impresso ou manuscrito **3** impresso que dá admissão a espetáculos (de cinema, teatro, concertos) **4** senha que, mediante pagamento, dá direito à utilização de meios de transporte públicos **5** impresso de lotaria ou rifa que dá direito a um prémio no caso de ser sorteado **6** [coloq.] bofetada; *~ do tesouro* título de crédito a curto ou médio prazo, representativo da dívida flutuante do Estado (Do lat. *bulla-*, «selo; documento selado», pelo fr. ant. *billete*, mod. *billet*, «bilhete»)

bilhete de identidade *n.m.* cartão com o número de identificação civil, uma fotografia, a impressão digital e os dados pessoais do seu portador (filiação, naturalidade, estado civil, etc.)

bilhete-de-visita ver nova grafia bilhete de visita

bilhete de visita *n.m.* ⇒ **cartão de visita**

bilheteira *n.f.* **1** local, compartimento ou guiché onde se vendem bilhetes de acesso a espetáculos, viagens, transportes, etc. **2** prato em que se colocam os cartões de visita **3** carteira onde se guardam cartões de visita (De *bilhete*+*-eira*)

bilheteiro *n.m.* **1** aquele que vende bilhetes ao público; camaroteiro **2** vendedor de bilhetes de lotaria ou rifas; cauteleiro (De *bilhete*+*-eiro*)

bilhete-postal *n.m.* cartão franqueado, para correspondência escrita, geralmente com uma ilustração num dos lados; postal

bilheteria *n.f.* [Brasil] ⇒ **bilheteira**

bilhética *n.f.* **1** sistema de venda de bilhetes para transportes públicos, espetáculos, etc. **2** local onde se vendem bilhetes (para espetáculo, cinema, transporte, etc.) **3** conceção e desenvolvimento de bilhetes de acesso a determinados serviços (De *bilhete*+*-ica*)

bilhó *n.m.* **1** [regionalismo] bolo frito de abóbora e farinha **2** [regionalismo] miolo de noz **3** [regionalismo] castanha assada sem casca **4** [regionalismo] criança de colo, gorda e baixa; *~ da serra* [regionalismo] castanha pilada (Do lat. *balaneŏla-*, dim. de *balănu-*, «castanha»)

bilhostre *n.2g.* **1** [depr.] pessoa estrangeira **2** [depr.] patife (De orig. obsc.)

bili- elemento de formação de palavras que exprime a ideia de *bílis, fel* (Do lat. *bilis*, «id.»)

bilião *num.card.* >*quant.num.* ^{DT},*n.m.* **1** um milhão de milhões; a unidade seguida de doze zeros (10^{12}) **2** [Brasil] mil milhões; a unidade seguida de nove zeros (10^9) (Do fr. *billion*, «id.»)
biliar *adj.2g.* **1** que diz respeito à bílis **2** que contém bílis; *vesícula ~* órgão em forma de saco onde se acumula a bílis (De *bili*-+-*ar*)
biliário *adj.* ⇒ **biliar** (De *bili*-+-*ário*)
bilifulvina *n.f.* BIOQUÍMICA ⇒ **bilirrubina** (De *bili*-+*fulvo*+-*ina*)
bilifuscina *n.f.* BIOQUÍMICA pigmento biliar derivado da bilirrubina (De *bili*-+*fusco*+-*ina*)
biligulado *adj.* dividido em duas lígulas (Do lat. *bi*-, «duas vezes» +*ligŭla*-, «lígula» +-*ado*)
bilinear *adj.2g.* MATEMÁTICA relativo à função de duas variáveis que é linear em cada uma separadamente (De *bi*-+*linear*)
bilingue *adj.2g.* **1** que tem duas línguas; que fala duas línguas **2** escrito em dois idiomas **3** [fig.] que fala com ambiguidade (Do lat. *bilingue*-, «que tem duas línguas»)
bilíngue /gu-e/ *adj.2g.*
bilinguismo /gu-i/ *n.m.* **1** coexistência de dois sistemas linguísticos (língua, dialeto, etc.) numa comunidade **2** utilização simultânea de duas línguas por uma pessoa ou por um grupo, com idêntica fluência ou com proeminência de uma delas (De *bilíngue*+-*ismo*)
bilionário *adj.,n.m.* que ou aquele que é duas vezes milionário; multimilionário (De *bilião*+-*ário*)
bilionésimo *num.ord.* >*adj.num.* ^{DT} que é o último numa série de um bilião ■ *num.frac.* >*quant.num.* ^{DT} cada uma das partes iguais de um todo que foi dividido por um bilião
biliosa *n.f.* MEDICINA doença de origem discutida (para alguns, uma forma de paludismo), frequente na África tropical, conhecida também por febre biliosa hemoglobinúrica (De *bilioso*)
bilioso /ô/ *adj.* **1** em que predomina a bílis **2** relativo à bílis **3** procedente da bílis **4** designativo de um dos temperamentos distinguidos na Antiguidade, caracterizado por elementos somáticos (tez amarela, magreza) e psíquicos (preocupação, pessimismo, azedume) **5** [fig.] que tem mau génio (Do lat. *biliösu*-, «bilioso»)
bilirrubina *n.f.* BIOQUÍMICA principal pigmento biliar, no homem e nos carnívoros, eliminado pela bílis (De *bili*-+*rubina*)
bílis *n.f.2n.* **1** FISIOLOGIA substância líquida, mais ou menos viscosa, amarga e de reação alcalina, que é o produto da secreção exócrina do fígado, e que desempenha importante função digestiva, também denominada bile, fel **2** [fig.] mau génio; irascibilidade (Do lat. *bilis*, «id.»)
biliteral *adj.2g.* que tem duas letras (Do lat. *bi*-, «duas vezes» +*littĕra*-, «letra» +-*al*)
bilítero *adj.* ⇒ **biliteral**
biliverdina *n.f.* BIOQUÍMICA pigmento biliar derivado da bilirrubina, abundante nos carnívoros (De *bili*-+*verde*-+*ina*)
bilobado *adj.* que consta de dois lobos ou lóbulos (Do lat. *bi*-, «duas vezes»+gr. *lobós*, «lóbulo» +-*ado*)
bilocação *n.f.* RELIGIÃO ato ou capacidade de uma pessoa poder estar, por milagre, em dois lugares distintos, ao mesmo tempo (De *bi*-+*locação*)
bilocular *adj.2g.* que tem duas cavidades ou lóculos (Do lat. *bi*-, «duas vezes» +*locŭlu*-, «lóculo», pelo fr. *biloculaire*, «bilocular»)
bilogia *n.f.* tratado de dois assuntos diferentes numa só obra (Do lat. *bi*-, «duas vezes»+gr. *lógos*, «tratado» +-*ia*)
bilontra *n.2g.* [depr.] pelintra que se dá ares de importância para intrujar; velhaco (De orig. obsc.)
bilontragem *n.f.* **1** grupo de bilontras **2** ação de bilontra; maroteira (De *bilontra*+-*agem*)
bilontrar *v.intr.* agir como bilontra (De *bilontra*+-*ar*)
biloto /ô/ *n.m.* apoio da cabeça do cadáver, nas mesas de anatomia (Do fr. *billot*, «id.»)
bilrar *v.intr.* trabalhar com bilros (De *bilro*+-*ar*)
bilreira *n.f.* mulher que trabalha com bilros; rendilheira (De *bilro*+-*eira*)
bilreiro *n.m.* [Brasil] BOTÂNICA ⇒ **carrapeta** (De *bilro*+-*eiro*)
bilro *n.m.* **1** utensílio de madeira, com feitio de fuso, com que se fazem rendas **2** pau com que se joga a bola **3** [fig.] homem pequeno (Do lat. *pirŭlu*-, dim. de *piru*-, «pera», ou do lat. *pilŭlu*-, «bola pequena»?)
biltragem *n.f.* **1** grupo de biltres **2** ação de biltre (De *biltre*+-*agem*)
biltraria *n.f.* ⇒ **biltragem** (De *biltre*+-*aria*)
biltre *n.2g.* pessoa que age de forma desprezível; patife ■ *adj.2g.* vil; ordinário (Do fr. *bélitre* ou *blitre*, «esfarrapado; mendigo»)
bimaculado *adj.* que tem duas manchas ou malhas (De *bi*-+*maculado*)
bímano *adj.* que tem duas mãos ■ *n.m.* espécime dos bímanos ■ *n.m.pl.* grupo de mamíferos que inclui a espécie humana (Do lat. *bi*-, «duas vezes» +*manu*-, «mão»)
bímare *adj.2g.* que fica entre dois mares (Do lat. *bimăre*-, «id.»)
bimarginado *adj.* que possui duas margens ou bordas (De *bi*-+*marginado*)
bimba¹ *n.f.* **1** parte interna e superior das coxas **2** barra interior em tonéis de grandes dimensões para evitar que os tampos empenem **3** ORNITOLOGIA pequena ave passeriforme africana, granívora **4** [Brasil] [coloq.] pénis de criança **5** [Brasil] [coloq.] pénis pouco desenvolvido (De origem incerta)
bimba² *interj.* designa o som produzido por uma pancada ou queda (De origem onomatopeica)
bimbadura *n.f.* pedaço de lodo pegado às divisões das salinas (De *bimbar*+-*dura*)
bimbalhada *n.f.* toque ou repique simultâneo de muitos sinos (Part. pass. fem. subst. de *bimbalhar*)
bimbalhar *v.tr.* repicar ou tanger muitos sinos ao mesmo tempo (De *bimba*, «nádegas; parte interna da coxa» +-*alho*+-*ar*)
bimbar *v.tr.* **1** [pop.] bater com (as coxas) uma na outra **2** (salinas) cortar (as bimbaduras) com o ugalho (De *bimba*+-*ar*)
bimbarra *n.f.* pau que serve de alavanca (Do fr. *brimbale*, «braço de bomba hidráulica», de *brimbaler*, «oscilar; balançar»)
bimbarreta /ê/ *n.f.* bimbarra pequena (De *bimbarra*+-*eta*)
bimbo *n.m.* [coloq., depr.] indivíduo piroso; parolo; saloio (Provavelmente do it. *bimbo*)
bimembre *adj.2g.* que possui dois membros (Do lat. *bimembre*-, «id.»)
bimensal *adj.2g.* **1** que se faz ou acontece duas vezes por mês **2** ⇒ **bimestral** (De *bi*-+*mensal*)
bimensário *n.m.* periódico que se publica duas vezes por mês (De *bi*-+*mensário*)
bimestral *adj.2g.* **1** que dura dois meses; bimestre **2** que se faz ou sucede de dois em dois meses; bimestre (De *bimestre*+-*al*)
bimestre *n.m.* período de dois meses ■ *adj.2g.* **1** que dura dois meses **2** que se faz ou sucede de dois em dois meses (Do lat. *bimestre*-, «id.»)
bimetal *n.m.* metal recoberto de uma camada de outro metal (De *bi*-+*metal*)
bimetálico *adj.* composto de dois metais (De *bi*-+*metálico*)
bimetalismo *n.m.* ECONOMIA sistema no qual o ouro e a prata têm valor legal fixo e existe liberdade de cunhagem relativamente a esses metais (De *bi*-+*metal*+-*ismo*)
bimetalista *adj.2g.* que defende o bimetalismo (De *bi*-+*metal*+-*ista*)
bimo *adj.* que tem dois anos de duração (Do lat. *bimu*-, «id.»)
bimotor *adj.* (veículo) que funciona com dois motores ■ *n.m.* AERONÁUTICA avião que dispõe de dois motores (De *bi*-+*motor*)
binação *n.f.* **1** RELIGIÃO celebração de duas missas pelo mesmo padre, no mesmo dia **2** AGRICULTURA segundo amanho que se dá à terra que vai ser semeada; binágio (De *binar*+-*ção*)
binado *adj.* BOTÂNICA ⇒ **bifoliado** (Part. pass. de *binar*)
binagem *n.f.* operação da sericicultura que consiste em juntar dois ou mais fios ao do casulo já torcido (De *binar*+-*agem*)
binágio *n.m.* AGRICULTURA segundo amanho que se dá à terra que vai ser semeada (Do fr. *binage*, «id.»)
binar *v.intr.* RELIGIÃO celebrar uma segunda missa (o mesmo sacerdote e no mesmo dia) ■ *v.tr.* AGRICULTURA dar segundo amanho a (um terreno) (Do lat. **binăre*, deriv. do lat. *binu*-, «duplo»)
binário *adj.* **1** MÚSICA diz-se do compasso de dois tempos **2** que consta de duas unidades ou dois elementos **3** diz-se da descrição e da análise que, nas ciências humanas, se funda na presença e na ausência de um traço distintivo ■ *n.m.* **1** conjunto de duas coisas ou conceitos interdependentes **2** FÍSICA sistema de duas forças paralelas, da mesma intensidade e de sentidos contrários, aplicadas a um sistema rígido **3** INFORMÁTICA sistema de numeração de base 2 (Do lat. *binarĭu*-, «duplo»)
binascido *adj.* nascido duas vezes (Baco) (De *bi*-+*nascido*)
binauricular *adj.2g.* respeitante a ambos os ouvidos; biauricular; *localização ~* determinação da direção de um som quando se faz uso dos dois ouvidos (a utilização de um único ouvido não conduz a resultados tão precisos) (De *bini*-+*auricular*)
binda *n.f.* vasilha para líquidos, usada por indígenas da África Ocidental
binde *n.m.* [Cabo Verde, Guiné-Bissau] vaso de barro, furado para fazer cuscuz (Do crioulo *bindi*, «id.»)
binervado *adj.* ⇒ **binérveo** (De *bi*-+*nervado*)

binérveo *adj.* BOTÂNICA que tem duas nervuras (Do lat. *bi-*, «duas vezes» +*nervu-*, «nervo» +*-eo*)

bingo *n.m.* jogo de azar, semelhante ao loto, em que se risca num cartão os números que vão sendo sorteados, ganhando o primeiro jogador que o preencher totalmente ■ *interj.* **1** neste jogo, indica que se completou o cartão **2** usa-se para indicar que se descobriu ou ganhou algo (Do ing. *bingo*, «id.»)

bin(i)- elemento de formação que exprime a ideia de *dois, ambos, duplo, par* (Do lat. *bini*, «dois; ambos»)

binoculado *adj.* provido de dois olhos (De *binóculo*+*ado*)

binocular *adj.2g.* **1** inerente aos dois olhos **2** relativo a ambos os olhos **3** diz-se da visão simultânea com dois olhos ■ *v.tr.* ver com binóculo; **microscópio ~** microscópio com duas oculares instaladas cada uma em seu tubo, para observação simultânea com os dois olhos (De *binóculo*+*ar*)

binoculizar *v.tr.* ver com binóculo (De *binóculo*+*-izar*)

binóculo *n.m.* [mais usado no plural] instrumento de punho composto por duas lentes, usado principalmente para observação à distância (Do lat. *bin(i)-*, «duplo» +*ocŭlu-*, «olho»)

binomial *adj.2g.* **1** relativo a dois nomes **2** relativo a uma designação (de planta ou animal) com dois termos **3** MATEMÁTICA relativo a binómio; composto por dois termos ou monómios (De *binómio*+*-al*)

binómico *adj.* relativo a binómio (De *binómio*+*-ico*)

binominal *adj.2g.* **1** relativo a dois nomes **2** que utiliza dois nomes (Do lat. *binomĭne-*, «que tem dois nomes» +*-al*)

binómine *adj.2g.* que tem dois nomes (Do lat. *binomĭne-*, «que tem dois nomes»)

binómio *n.m.* **1** MATEMÁTICA expressão algébrica composta de dois monómios ligados pelos sinais + ou − **2** classificação científica (geralmente em Latim) de plantas e animais composta por dois termos, em que o primeiro representa o género e o segundo a espécie (Do lat. *bi-*, «duas vezes»+gr. *nómos*, «porção; divisão», pelo lat. cient. *binomium-*)

bínubo *adj.* casado em segundas núpcias (Do lat. *binŭbu-*, «id.»)

binucleado *adj.* que tem dois núcleos (De *bi-*+*núcleo*+*-ado*)

binuclear *adj.2g.* **1** que tem dois núcleos **2** BIOLOGIA relativo ao que é binucleado (De *bi-*+*nuclear*)

bio *n.m.* pequena cavilha de pau com que se prega o fundo dos cortiços e, por vezes, a sua costura lateral (De orig. obsc.)

bio- elemento de formação que exprime a ideia de *vida* (Do gr. *bíos*, «vida»)

bioactivo ver nova grafia **bioativo**

bioacumulação *n.f.* BIOLOGIA, ECOLOGIA concentração de compostos químicos, como pesticidas, em seres vivos que vivem num ambiente contaminado (De *bio-*+*acumulação*)

bioacústica *n.f.* ciência que tem por objetivo o estudo dos sons produzidos por animais (De *bio-*+*acústica*)

bioaeração *n.f.* introdução de ar no solo, por meio de poços de injeção, com o objetivo de levar oxigénio ou nutrientes aos microrganismos para que estes possam desenvolver-se (De *bio-*+*aeração*)

bioastronáutica *n.f.* ASTRONOMIA estudo das influências do voo espacial sobre organismos vivos, e da forma como os fatores biológicos condicionam as operações espaciais (De *bio-*+*astronáutica*)

bioastronomia *n.f.* ASTRONOMIA estudo das possibilidades e condições de vida fora do sistema solar

bioativo *adj.* BIOLOGIA que exerce ação sobre os organismos vivos (De *bio-*+*activo*)

biobibliografia *n.f.* descrição simultânea da vida e das obras de um autor (Do gr. *bíos*, «vida» +*biblíon*, «livro» +*gráphein*, «descrever» +*-ia*)

biobibliográfico *adj.* relativo à vida e às obras de um escritor (De *biobibliografia*+*-ico*)

biocatalisador *n.m.* BIOQUÍMICA substância (enzima ou hormona) existente nos tecidos vivos, de ação catalítica sobre reações indispensáveis à vida (De *bio-*+*catalisador*)

biocenologia *n.f.* BIOLOGIA, ECOLOGIA disciplina que estuda as relações entre as várias espécies animais e vegetais que formam a biocenose

biocenose *n.f.* BIOLOGIA, ECOLOGIA associação equilibrada de seres vivos em determinada área natural; comunidade (Do gr. *bíos*, «vida» +*koinós*, «comum»)

biocenótico *adj.* **1** da biocenose **2** relativo à biocenose (De *biocenose*+*-ico*, ou do fr. *biocénotique*, «id.»)

biocida *adj.2g.,n.m.* BIOQUÍMICA, ECOLOGIA que ou substância que é capaz de exterminar seres vivos, usada geralmente contra microrganismos (Do ing. *biocide*, «id.»)

bioclimática *n.f.* ⇒ **bioclimatologia**

bioclimático *adj.* ⇒ **bioclimatológico**

bioclimatologia *n.f.* estudo das características dos climas relativamente ao desenvolvimento dos seres vivos e aos vários níveis de organização dos sistemas ecológicos

bioclimatológico *adj.* relativo à bioclimatologia

bioco /ô/ *n.m.* **1** mantilha usada para cobrir a cabeça e parte do rosto **2** [fig.] hipocrisia; falsa modéstia **3** [fig.] gesto ameaçador; ameaça (Do lat. *velu-*, «véu» +*-oco*)

biocoloide *n.m.* termo que inclui as substâncias orgânicas naturais macromoleculares e também certos coloides de pequena massa molecular (De *bio-*+*colóide*)

biocolóide ver nova grafia **biocoloide**

biocombustível *n.m.* combustível renovável, líquido ou gasoso, produzido a partir de matéria orgânica vegetal, usado em meios de transporte com vista à diminuição das emissões de dióxido de carbono para a atmosfera (De *bio-*+*combustível*)

biocompatibilidade *n.f.* BIOLOGIA, MEDICINA compatibilidade entre um implante e o tecido biológico em que é inserido ou com o qual é posto em contacto (De *bio-*+*compatibilidade*)

biocompatível *adj.2g.* BIOLOGIA, MEDICINA que não produz efeitos nefastos sobre os tecidos biológicos (De *bio-*+*compatível*)

bioconversão *n.f.* conversão de matéria orgânica, como lixo animal ou vegetal, em produtos utilizáveis ou em fontes de energia, através de processos ou agentes biológicos, nomeadamente microrganismos (De *bio-*+*conversão*)

biocrático *adj.* diz-se do medicamento destinado a modificar as funções orgânicas (De gr. *bíos*, «vida» +*krátos*, «força»)

biodegradabilidade *n.f.* qualidade daquilo que é biodegradável (De *biodegradável*+*-i-*+*-dade*)

biodegradação *n.f.* BIOLOGIA degradação de compostos químicos por ação de microrganismos (De *bio-*+*degradação*)

biodegradar *v.tr.* decompor através de biodegradação (De *bio-*+*degradar*)

biodegradável *adj.2g.* **1** BIOLOGIA diz-se da substância que pode ser decomposta por ação de microrganismos, especialmente bactérias **2** corruptível (De *bio-*+*degradar*+*-vel*, ou do ing. *biodegradable*, «id.»)

biodiesel *n.m.* combustível renovável e biodegradável, fabricado a partir do óleo vegetal obtido de sementes oleaginosas e/ou de óleos vegetais, usado em veículos com motor diesel (De *bio-*+*diesel*)

biodinâmica *n.f.* BIOLOGIA estudo da atividade dos organismos vivos (De *bio-*+*dinâmica*)

biodisponibilidade *n.f.* FARMÁCIA grau e velocidade com que o princípio ativo de uma substância é absorvido pelo organismo, tornando-se disponível para atuar da forma desejada (De *bio-*+*disponibilidade*)

biodiversidade *n.f.* BIOLOGIA conceito que abrange a variedade das espécies biológicas, a diversidade genética numa dada espécie e a diversidade dos ecossistemas (De *bio-*+*diversidade*)

bioelectricidade ver nova grafia **bioeletricidade**

bioeletricidade *n.f.* BIOLOGIA eletricidade dos seres vivos, que é mantida pela atividade metabólica dos mesmos seres (De *bio-*+*electricidade*)

bioenergética *n.f.* FISIOLOGIA estudo das transformações da energia nos seres vivos (De *bio-*+*energética*, ou do fr. *bioénergétique*, «id.»)

bioenergético *adj.* FISIOLOGIA relativo ou pertencente à bioenergética

bioenergia *n.f.* FISIOLOGIA ⇒ **bioenergética**

bioengenharia *n.f.* disciplina que trata da aplicação de técnicas avançadas de engenharia e tecnologia à medicina (Do ing. *bioengeneering*, «id.»)

bioensaiar *v.tr.* realizar um bioensaio

bioensaio *n.m.* método para determinar a concentração ou o poder ativo de uma substância através da medição dos seus efeitos em seres vivos (animais, plantas ou microrganismos); ensaio biológico; bioteste (De *bio-*+*ensaio*)

bioequivalência *n.f.* FARMÁCIA característica dos medicamentos que são idênticos na substância ativa, dosagem, forma farmacêutica e respetiva via de administração (De *bio-*+*equivalência*)

bioequivalente *adj.* FARMÁCIA designativo do medicamento que é idêntico a outro em relação a substância ativa, dosagem, forma farmacêutica e respetiva via de administração (De *bio-*+*equivalente*)

bioestatística *n.f.* estatística aplicada ao estudo dos fenómenos biológicos (De *bio-*+*estatística*)

bioética *n.f.* reflexão acerca das implicações éticas e filosóficas da investigação científica e dos problemas levantados pela aplicação da ciência e da tecnologia ao estudo de seres vivos (De *bio-+ética*)

biofármaco *n.m.* FARMÁCIA medicamento obtido através de um processo de engenharia genética ou por qualquer meio biotecnológico (De *bio-+fármaco*)

biofísica *n.f.* BIOLOGIA ciência que estuda os condicionalismos e fenómenos biológicos que ocorrem nas células, nos tecidos e nos organismos, usando métodos e modelos da física (De *bio-+física*)

bioflavonoides *n.m.pl.* BIOQUÍMICA grupo de substâncias encontradas em muitos vegetais, que fortalecem a tonicidade da parede dos pequenos vasos sanguíneos, melhoram a permeabilidade capilar, inibem a ação da histamina e têm uma forte ação antioxidante (De *bio-+flavonóide*)

bioflavonóides ver nova grafia bioflavonoides

biofobia *n.f.* horror patológico ou repulsa incontrolável por tudo o que é vivo (Do gr. *bíos*, «vida» +*phóbos*, «terror; espanto» +*-ia*)

biófobo *adj.,n.m.* que ou aquele que sofre de biofobia (Do gr. *bíos*, «vida» +*phobeīn*, «ter horror a»)

biogás *n.m.* QUÍMICA gás incolor, geralmente inodoro, formado a partir das lamas ou de estrume animal, constituído maioritariamente por metano (50 a 75%) e dióxido de carbono (25 a 40%), podendo ser utilizado para aquecimento ou em sistemas de cogeração

biogénese *n.f.* **1** BIOLOGIA desenvolvimento do ser vivo **2** BIOLOGIA teoria que defende que todo o ser vivo é proveniente de outro ser vivo, opondo-se à teoria da geração espontânea (Do gr. *bíos*, «vida» +*génesis*, «geração»)

biogenésico *adj.* ⇒ **biogenético** (De *biogénese*+-*ico*)

biogenética *n.f.* BIOLOGIA ⇒ **biogénese** (De *biogenético* ou do fr. *biogénétique*, «id.»)

biogenético *adj.* relativo à biogénese; *lei biogenética* «a ontogénese reproduz a filogénese», isto é, o desenvolvimento, particularmente o desenvolvimento embrionário, reproduz abreviadamente as fases percorridas pela espécie na sua evolução (tese muito contestada) (Do fr. *biogénétique*, «id.»)

biogenia *n.f.* BIOLOGIA ⇒ **biogénese** (Do gr. *bíos*, «vida» +*génos*, «nascimento» +*-ia*)

biogeografia *n.f.* GEOGRAFIA capítulo da geografia que estuda a distribuição dos seres vivos na Terra e analisa as causas que a determinam (De *bio-+geografia*, ou do fr. *biogéographie*, «id.»)

biogeógrafo *n.m.* aquele que se ocupa de biogeografia (De *bio-+geógrafo*, ou do fr. *biogéographe*, «id.»)

biografado *adj.* diz-se daquele de quem se fez a biografia ■ *n.m.* aquele de quem se fez a biografia

biografar *v.tr.* fazer a biografia de ■ *v.pron.* descrever a própria vida; fazer a autobiografia (De *biografia*+*-ar*)

biografia *n.f.* **1** descrição da vida de alguém **2** obra que retrata a vida de alguém (Do gr. *bíos*, «vida» +*gráphein*, «escrever», pelo fr. *biographie*, «id.»)

biográfico *adj.* da biografia ou a ela relativo (De *biografia*+-*ico*, ou do fr. *biographique*, «id.»)

biografista *n.2g.* ⇒ **biógrafo** (De *biografia*+*-ista*)

biógrafo *n.m.* autor de biografia ou biografias (Do gr. *biográphos*, «biógrafo», de *bíos*, «vida» +*gráphein*, «escrever», pelo fr. *biographe*, «id.»)

biólito *n.m.* PETROLOGIA rocha sedimentar constituída por restos de organismos animais ou vegetais (Do gr. *bíos*, «vida» +*líthos*, «pedra»)

biologia *n.f.* ciência que tem por objetivo o estudo dos seres vivos sob todas as suas formas, e todos os fenómenos que estão na base do seu desenvolvimento, crescimento, nutrição, reprodução e morte; *~ celular* estudo da estrutura funcional de uma célula, com base em conhecimentos de bioquímica, biologia molecular, citologia, genética, etc.; *~ molecular* estudo das propriedades funcionais, da estrutura, da degradação e da síntese de moléculas constituintes dos seres vivos (Do gr. *bíos*, «vida» +*lógos*, «tratado» +*-ia*, pelo fr. *biologie*, «id.»)

biológico *adj.* **1** da biologia ou a ela relativo **2** próprio dos seres vivos **3** (mãe, pai, filho) que tem ligação genética; não adotivo **4** (arma) que usa organismos vivos (bactérias, vírus) para espalhar doenças ou matar (De *biologia*+-*ico*, ou do fr. *biologique*, «id.»)

biologismo *n.m.* **1** BIOLOGIA sistema que foca a realidade e a vida unicamente do ponto de vista biológico, considerando a vida orgânica como única forma de vida e os organismos individuais como individuações da vida em geral **2** regime alimentar baseado no uso exclusivo de produtos naturais (De *biologia*+-*ismo*)

biologista *n.2g.* ⇒ **biólogo** (De *biologia*+-*ista*, ou do fr. *biologiste*, «id.»)

biólogo *n.m.* indivíduo que estuda biologia ou é conhecedor dos assuntos desta ciência (De *biologia*)

bioluminescência *n.f.* ZOOLOGIA produção e emissão de luz visível por certos organismos vivos, em resultado de reações enzimáticas (De *bio-+luminescência*)

bioma *n.m.* BIOLOGIA designação de uma grande comunidade ecológica ou de um grupo de comunidades que se estende por uma grande área geográfica e que se caracteriza por um tipo dominante de vegetação, como é o caso da savana (Do fr. *biome*, «id.»)

biomagnetismo *n.m.* sensibilidade dos seres vivos aos campos magnéticos; magnetismo animal (De *bio-+magnetismo*)

biomassa *n.f.* **1** BIOLOGIA massa de matéria viva, animal ou vegetal, que vive em equilíbrio numa determinada área da superfície terrestre **2** BIOLOGIA matéria orgânica vegetal usada como fonte de energia (De *bio-+massa*)

biombo *n.m.* móvel de resguardo, geralmente composto de peças articuladas por dobradiças, usado para dividir ou isolar um espaço (Do jap. *byôbû*, «id.»)

biomecânica *n.f.* BIOLOGIA estudo da estrutura fisiológica e das atividades musculares dos organismos vivos dotados de movimento (De *bio-+mecânica*)

biomedicina *n.f.* ciência que estuda a aplicação dos princípios da biologia, da bioquímica e de outras áreas das ciências naturais à medicina (De *bio-+medicina*)

biomédico *adj.* **1** relativo à biomedicina **2** que diz respeito à biologia e à medicina (De *bio-+médico*)

biometria *n.f.* **1** BIOLOGIA, ESTATÍSTICA disciplina que estuda os seres vivos aplicando métodos estatísticos e cálculo de probabilidades **2** técnica de identificação de uma pessoa com base nas suas características fisiológicas (tais como impressões digitais) ou comportamentais (caligrafia, por exemplo) (De *bio-+metria*)

biométrico *adj.* relativo à biometria (De *biometria*+-*ico*)

biomolécula *n.f.* BIOQUÍMICA molécula que participa da estrutura e dos processos bioquímicos do organismo (De *bio-+molécula*)

biomorfismo *n.m.* **1** ARTES PLÁSTICAS características de uma obra de arte (pintura ou escultura) em que as formas representadas fazem lembrar as do mundo vegetal ou as do mundo animal **2** BIOLOGIA ⇒ **biologismo 1** (De *bio-+-morfo+-ismo*)

biomorfose *n.f.* BIOLOGIA alteração da forma ou do aspeto de um órgão vegetal ou animal devida à ação de um elemento morfogénico (por ex., a ação dos parasitas nas plantas hospedeiras) (De *bio-+-morfo+-ose*)

biónica *n.f.* ciência cujo objetivo é o estudo de características, comportamentos e mecanismos dos seres vivos, no sentido de desenvolver sistemas artificiais que funcionem da mesma forma que os mecanismos biológicos, podendo substituí-los (Do fr. *bionique*, «id.»)

biónico *adj.* **1** relativo ou pertencente à biónica **2** em que funções biológicas são desempenhadas ou reforçadas por meios eletrónicos (De *biónica*)

bionose *n.f.* qualquer doença causada por agentes vivos (Do gr. *bíos*, «vida» +*nósos*, «enfermidade»)

biopsia *n.f.* MEDICINA colheita e exame (ao microscópio) de tecidos de um ser vivo, como processo de diagnóstico médico (Do gr. *bíos*, «vida» +*ópsis*, «visão» +*-ia*)

biópsia *n.f.* ⇒ **biopsia**

bioquice *n.f.* [depr.] pudor exagerado de pessoas beatas; hipocrisia (De *bioco*+-*ice*)

bioquímica *n.f.* ciência que estuda as reações químicas que podem ocorrer na matéria viva (De *bio-+química*)

bioquímico *adj.* que diz respeito às reações químicas que podem ocorrer na matéria viva; relativo à bioquímica (De *bioquímica*)

biorritmo *n.m.* BIOLOGIA conjunto de ritmos associados a um indivíduo que supostamente revelam o seu estado físico, mental e psicológico num determinado momento; ritmo biológico (De *bio-+ritmo*)

bioscópio *n.m.* aparelho que verifica a existência de vida pela persistência da secreção do suor

biosfera *n.f.* GEOGRAFIA camada exterior, pouco espessa, da Terra, que inclui a atmosfera e a hidrosfera e onde podem existir organismos vivos (Do gr. *bíos*, «vida» +*sphaīra*, «esfera»)

biossatélite *n.m.* ASTRONOMIA satélite artificial que transporta seres vivos para se proceder ao estudo da influência que sobre eles exercem os voos espaciais (De *bio-+satélite*)

biossensor *n.m.* dispositivo usado para a deteção de uma substância que combina um componente biológico com um componente físico-químico detetor (De *bio-+sensor*)

biossíntese *n.f.* BIOQUÍMICA síntese de um composto orgânico realizada por intermédio de um organismo vivo (De *bio-*+*síntese*, ou do fr. *biosynthèse*, «id.»)

biostratigrafia *n.f.* GEOLOGIA classificação e seriação das diversas unidades geológicas com base nos fósseis que contêm (De *bio-*+*estratigrafia*)

biostratinomia *n.f.* PALEONTOLOGIA estudo da disposição dos fósseis em estratos (Do gr. *bíos*, «vida»+lat. *stratum*, «camada»+gr. *nomia*, «regra, lei»)

biostroma /ô/ *n.m.* GEOLOGIA corpo recifal em forma de camada, estratificado, constituído pela acumulação de esqueletos de corais ou de outros organismos sedentários (De *bio-*+*estroma*)

biota *n.f.* BIOLOGIA, ECOLOGIA conjunto de todos os animais e vegetais de uma região (Do gr. *biõtēs*, «vida»)

biotáctico ver nova grafia biotático

biotático *adj.* relativo à biotaxia; taxinómico (De *bio-*+*táctico*)

biotaxia /cs/ *n.f.* BIOLOGIA ⇒ **taxinomia** (Do gr. *bíos*, «vida» +*táxis*, «ordem; classificação» +*-ia*)

biotecnologia *n.f.* conjunto de técnicas que têm por objetivo realizar transformações no domínio da química, da farmácia e da indústria agroalimentar, pela ação de microrganismos (De *bio-*+*tecnologia*)

biotecnológico *adj.* relativo a biotecnologia (De *bio-*+*tecnológico*)

bioterapia *n.f.* MEDICINA aplicação terapêutica de produtos orgânicos e culturas vivas (De *bio-*+*terapia*)

biotério *n.m.* local onde são criados e mantidos animais de laboratório para serem utilizados em investigação e ensino, em condições ambientais, nutricionais e sanitárias controladas (De *bio-*+*-tério*)

bioterrorismo *n.m.* forma de terrorismo em que são utilizadas armas biológicas (De *bio-*+*terrorismo*)

bioterrorista *n.2g.* pessoa defensora do bioterrorismo

bioteste *n.m.* ⇒ **bioensaio** (De *bio-*+*teste*)

biótico *adj.* **1** relativo à vida ou aos seres vivos **2** provocado ou induzido por seres vivos (Do gr. *biotikós*, «vital»)

-biótico sufixo nominal, de origem grega, que significa *respeitante à vida, respeitante ao comportamento de organismo vivo* (Do gr. *biotikós*, «id.»)

biotina *n.f.* princípio vitamínico do complexo B encontrado na gema de ovo, nos cereais, no leite e no fígado, e que é utilizado pelo organismo para metabolizar a gordura e os hidratos de carbono

biótipo *n.m.* BIOLOGIA conjunto das propriedades vitais, características e diferenciais, dos indivíduos encarados na sua unidade (Do gr. *bíos*, «vida» +*týpos*, «tipo»)

biotipologia *n.f.* ciência que estuda os vários tipos humanos num mesmo grupo étnico (Do gr. *bíos*, «vida» +*týpos*, «tipo» +*lógos*, «tratado» +*-ia*)

biotite *n.f.* MINERALOGIA mica ferromagnesiana, mais conhecida por mica preta por causa da sua cor (De *J.-B. Biot*, físico e químico fr., 1774-1862 +*-ite*)

biótopo *n.m.* BIOLOGIA área povoada por um conjunto de seres vivos perfeitamente adaptados ao meio (Do gr. *bíos*, «vida» +*tópos*, «lugar»)

bióxido /cs/ *n.m.* QUÍMICA [ant.] óxido com dois átomos de oxigénio e um do outro elemento; dióxido (De *bi-*+*óxido*)

bip *n.m.* **1** som agudo e breve que interfere por vezes nas comunicações espaciais; som agudo emitido por equipamento eletrónico **2** pequeno aparelho portátil que permite receber mensagens **3** mensagem enviada por meio de um daqueles aparelhos (Do ing. *beep*, «som agudo e curto»)

biparietal *adj.2g.* que diz respeito aos dois parietais (De *bi-*+*parietal*)

bíparo *adj.* **1** que se produz e reproduz aos pares **2** diz-se da fêmea que já teve dois partos **3** BOTÂNICA diz-se da inflorescência de cujo eixo saem dois ramos laterais (Do lat. *bis-*, «duas vezes» +*parĕre*, «dar à luz»)

bipartição *n.f.* divisão em duas partes; bissecção (Do lat. *bipartitiõne-*, «id.»)

bipartidário *adj.* POLÍTICA relativo ao bipartidarismo (De *bi-*+*partidário*)

bipartidarismo *n.m.* POLÍTICA sistema que se caracteriza pela relevância de dois partidos (De *bi-*+*partidarismo*)

bipartidismo *n.m.* POLÍTICA forma de governo caracterizada pela associação de dois partidos (De *bi-*+*partidismo*)

bipartir *v.tr.* **1** partir ou dividir em duas partes ou segmentos **2** partir ao meio ▪ *v.pron.* bifurcar-se (Do lat. *bipartĩre*, «separar»)

bipartível *adj.2g.* suscetível de se dividir em duas partes (De *bipartir*+*-vel*)

bipatente *adj.2g.* patente ou aberto de dois lados ou para dois lados (Do lat. *bipatente-*, «id.»)

bipe *n.m.* ⇒ **bip**

bipé *n.m.* MILITAR órgão de apoio para o tiro de certas armas de infantaria, constituído por duas pernas em ângulo, que, por meio de uma braçadeira, se ligam à parte anterior do cano (De *bi-*+*pé*)

bipedal *adj.2g.* **1** que mede dois pés **2** relativo a bípede (Do lat. *bipedãle-*, «de dois pés»)

bípede *adj.2g.* designativo do animal que possui dois pés ou que se desloca utilizando dois pés ▪ *n.2g.* animal que se desloca utilizando dois pés ▪ *n.m.* conjunto de cada par de patas de um quadrúpede (Do lat. *bipĕde-*, «que tem dois pés»)

bipene *adj.2g.* que tem duas asas; biplume ▪ *n.f.* machada de dois gumes (Do lat. *bipenne-*, «com duas asas»)

biperfurado *adj.* com duas aberturas ou furos (De *bi-*+*perfurado*)

bipétalo *adj.* BOTÂNICA que tem duas pétalas; dípétalo (Do lat. *bi-*, «duas vezes»+gr. *pétalon*, «folha; pétala»)

bipiramidal *adj.2g.* com forma de bipirâmide ou a ela relativo (De *bi-*+*piramidal*)

bipirâmide *n.f.* CRISTALOGRAFIA sólido geométrico formado por duas pirâmides iguais e com a mesma base (De *bi-*+*pirâmide*)

biplano *adj.* constituído por dois planos ▪ *n.m.* AERONÁUTICA aeroplano cujas asas são formadas por duas superfícies planas e paralelas, uma ao nível superior do aparelho, outra ao nível inferior (De *bi-*+*plano*)

biplume *adj.2g.* ⇒ **bipene** *adj.2g.* (Do lat. *bi-*, «duas vezes» +*pluma-*, «pena»)

bipolar *adj.2g.* **1** que tem dois polos **2** que apresenta duas forças opostas **3** diz-se da célula nervosa que possui dois prolongamentos **4** diz-se de doença do foro psiquiátrico que se caracteriza por mudanças acentuadas do humor (De *bi-*+*polar*)

bipolaridade *n.f.* **1** qualidade de bipolar **2** FÍSICA condição de um corpo que possui dois polos contrários **3** POLÍTICA agrupamento das forças políticas de um país em dois blocos opostos (De *bipolar*+*-i-+-dade*)

bipolarização *n.f.* **1** ato ou efeito de bipolarizar ou bipolarizar-se **2** POLÍTICA concentração das ideologias políticas de um país em apenas dois blocos que se opõem **3** FÍSICA ato ou efeito de tornar bipolar (De *bipolarizar*+*-ção*)

bipolarizar *v.tr.* POLÍTICA reunir as forças políticas de um país em dois blocos que se opõem (De *bipolar*+*-izar*)

biprisma *n.m.* FÍSICA aparelho de ótica constituído por dois prismas de bases adjacentes e ângulo muito pequeno (cerca de um grau) usado no estudo da interferência de ondas luminosas (De *bi-*+*prisma*)

biprismático *adj.* constituído por dois prismas (De *bi-*+*prismático*)

biquadrado *adj.* **1** quadrado duas vezes **2** elevado à quarta potência **3** diz-se de uma equação de grau 4 que só tem termos de grau par (De *bi-*+*quadrado*)

bique-bique *n.m.* ORNITOLOGIA ⇒ **bite-bite** (De orig. onom.)

biqueira *n.f.* **1** remate que se ajusta na extremidade de qualquer coisa **2** ponteira **3** extremidade anterior do calçado **4** conserto na ponta do pé da meia para substituir a parte rota ou cortada **5** veio de água que cai do telhado **6** tubo ou telha por onde jorra essa água (De *bico*+*-eira*)

biqueirada *n.f.* **1** pancada com biqueira **2** pontapé (De *biqueira*+*-ada*)

biqueirão *n.m.* ICTIOLOGIA peixe teleósteo, da família dos Clupeídeos, abundante nas costas marítimas portuguesas, também conhecido por anchova, boqueirão e chacaréu (Por *boqueirão*)

biqueiro *adj.* que não come de tudo; que tem má boca ▪ *n.m.* [pop.] pontapé (De *bico*+*-eiro*)

biquinho *n.m.* bico pequeno; *fazer* ~ amuar (De *bico*+*-inho*)

biquíni *n.m.* peça de vestuário feminino, composta de duas peças (sutiã e slip), usada na praia ou na piscina (De *Bikini*, top., ilhota do grupo das ilhas Marshall, na zona tropical do oceano Pacífico)

biquotidiano *adj.* que se faz ou sucede duas vezes ao dia (De *bi-*+*quotidiano*)

birbante *n.2g.* homem sem brio; biltre; velhaco (Do it. *birbante*, «id.»)

biribíri *n.m.* tambor de guerra usado em África (De orig. onom.)

biricar *v.intr.* [Angola] pronunciar defeituosamente as palavras; exprimir-se incorretamente (Do quimb. *kubirika*, «id.»)

birita *n.f.* [Brasil] aguardente ou qualquer bebida alcoólica

birmã *adj.,n.2g.* ⇒ **birmane** (Do fr. *birman*, «id.»)
birmane *adj.2g.* relativo ou pertencente a Birmânia/Mianmar, país do sudeste asiático ∎ *n.m.* idioma da família linguística sino-tibetana, falada nas regiões central e meridional de Birmânia/Mianmar ∎ *n.2g.* natural ou habitante de Birmânia/Mianmar (Do fr. *birmane*, «id.»)
birmanês *adj.* relativo ou pertencente a Birmânia/Mianmar, país do sudeste asiático ∎ *n.m.* **1** natural ou habitante de Birmânia/Mianmar **2** idioma da família linguística sino-tibetana, falada nas regiões central e meridional de Birmânia/Mianmar **3** gato doméstico de cor acastanhada ou dourada e olhos azuis, semelhante ao gato siamês (De *Birmânia*, top. +*-ês*)
Birniniano *n.m.* GEOLOGIA andar do Pré-Câmbrico africano (De *Birnin (Gwari)*, cidade da Nigéria Central +*-iano*)
birr *n.m.* unidade monetária da Etiópia
birra[1] *n.f.* **1** recusa de alterar determinada atitude ou opinião em relação a algo; teima; obstinação; capricho; pertinácia **2** acesso de fúria, por vezes descontrolada, que revela descontentamento ou frustração, comum em crianças pequenas; perrice **3** sentimento de antipatia ou aversão **4** zanga; quezília **5** hábito de alguns animais de ferrar os dentes em objetos duros (Do latim vulgar **verrĕa-*, «teimosia», derivação de *verre-*, «verrasco»)
birra[2] *n.f.* [Angola] cerveja (Do alemão *bier*, «idem»)
birrar *v.intr.* **1** ter birra **2** teimar; embirrar **3** antipatizar (De *birra+-ar*)
birre *n.m.* porco ou suíno para procriação (Do lat. *verre-*, «verrão»)
birrefração *n.f.* FÍSICA fenómeno ótico de dupla refração (De *bi-+refracção*)
birrefracção ver nova grafia birrefração
birrefrangência *n.f.* ⇒ **birrefringência** (De *bi-+refrangência*)
birrefrangente *adj.2g.* ⇒ **birrefringente** (De *bi-+refrangente*)
birrefringência *n.f.* qualidade do que é birrefringente (De *bi-+refringência*)
birrefringente *adj.2g.* FÍSICA diz-se das substâncias anisotrópicas que têm a propriedade de decompor uma onda luminosa em duas ondas polarizadas de direções de vibração mutuamente ortogonais (De *bi-+refringente*)
birreme *adj.2g.* **1** que se move por meio de dois remos **2** com duas ordens de remos (Do lat. *birēme-*, «que tem dois remos ou duas filas de remos»)
birrento *adj.* **1** que faz birra **2** teimoso; obstinado; embirrento; pertinaz **3** ferrenho **4** agastadiço (De *birra+-ento*)
birrostrado *adj.* que tem dois esporões ou pontas cónicas (Do lat. *bi-*, «duas vezes» +*rostrātu-*, «recurvado como um bico»)
biruta *n.f.* AERONÁUTICA aparelho indicador dos ventos de superfície, usado nos aeródromos para orientação das manobras dos aviões e que consta essencialmente de uma sacola cónica presa perpendicularmente à extremidade de um mastro ∎ *adj.2g.* atoleimado; maluco (Do fr. *biroute*, «id.»)
bis *adv.* duas vezes ∎ *n.m.2n.* repetição; ~*!* exclamação que se usa para pedir a repetição de uma música ou da atuação de um artista ou o prolongamento de um espetáculo, outra vez!, mais! (Do lat. *bis*, «duas vezes»)
bi(s)- prefixo de origem latina que exprime a ideia de *dois, duas vezes*
bisagra *n.f.* [ant.] gonzo sobre que gira uma porta ou janela; dobradiça; leme (Do cast. *bisagra*, «id.»)
bisalhado *adj.* que tem joias ou pedrarias (De *bisalho+-ado*)
bisalho *n.m.* **1** [regionalismo] pequena porção de qualquer coisa; biscato **2** [ant.] saquinho de trazer joias e outras preciosidades (Do lat. **bisacŭlu-*, por **bisaccŭlu-*, dim. de **bisaccu-*, de *bis+saccu-*, «saco duplo; alforge»)
bisanual *adj.2g.* ⇒ **bienal** *adj.2g.* (Do lat. *bis*, «duas vezes» +*annuāle-*, «de um ano»)
bisão *n.m.* ZOOLOGIA mamífero selvagem, ruminante, muito corpulento, da família dos Bovídeos, atualmente em vias de extinção, que tem chifres curtos e se caracteriza por uma elevação na parte anterior do dorso, coberta de longos pelos; bisonte (Do gr. *bíson*, «boi selvagem», pelo lat. *bison*, «bisonte»)
bisar *v.tr.* **1** pedir a repetição de **2** repetir (De *bis+-ar*)
bisarma *n.f.* **1** arma de guerra de grandes dimensões, formada por uma lança comprida com gume para cortar e espigões para ferir **2** [fig.] pessoa muito corpulenta **3** [fig.] objeto disforme (Do fr. *guisarme*, «arma de uma lança e dois ganchos»)
bísaro *adj.,n.m.* porco ou designativo de porco corpulento, de cabeça comprida e cerdas grossas e compridas, de pelo mesclado de preto e branco, predominante ao norte do Tejo (De orig. obsc.)
bisavó *n.f.* mãe do avô ou da avó

bisavô *n.m.* pai do avô ou da avó (De *bis+avô*)
bisavós *n.m.pl.* pais do avô ou da avó
bisbilhotar *v.intr.* **1** ver o que se passa para ir contar; mexericar **2** intrigar; enredar (Do it. *bisbigliare*, «cochichar; murmurar»)
bisbilhoteiro *n.m.* aquele que é dado a bisbilhotices; mexeriqueiro; coscuvilheiro (De *bisbilhotar+-eiro*)
bisbilhotice *n.f.* **1** ato de bisbilhotar **2** mexerico; enredo; intriga (De *bisbilhotar+-ice*)
bisbórrias *n.m.2n.* homem ridículo; bigorrilhas ∎ *n.f.2n.* coisa insignificante (De *bis+borra?*)
bisca *n.f.* **1** jogo de cartas **2** manilha **3** carta de jogar com maior número de pintas **4** [pop.] escarro **5** [fig.] gracejo; piada **6** [fig.] pessoa de mau carácter (Do it. *bisca*, «casa de jogo»)
biscainho *adj.* da província espanhola da Biscaia ou a ela relativo ∎ *n.m.* **1** habitante ou natural da Biscaia **2** dialeto da Biscaia (Do cast. *vizcaíno*, «id.»)
biscaio *adj.,n.m.* ⇒ **biscainho** (De *Biscaia*, top.)
biscalheira *n.f.* [regionalismo] vara fendida numa das extremidades, destinada a colher a fruta pendente da árvore; galha (De *biscalho+-eira*)
biscalho *n.m.* **1** [regionalismo] fruta pendente que se colhe com a biscalheira **2** [regionalismo] biscato (De orig. obsc.)
biscalongo *n.m.* ZOOLOGIA anelídeo poliqueta que vive no lodo ou nas areias, muito utilizado como isca, e também conhecido por arenícola, bicha, etc. (De *bisca[to]+longo?*)
biscar *v.intr.* (jogo da bisca) tirar uma carta do baralho (De *bisca+-ar*)
biscate *n.m.* **1** pequeno trabalho; biscato **2** dito malicioso; remoque; picuinha (De orig. obsc.)
biscatear *v.intr.* fazer biscates; viver de biscates (De *biscate+-ear*)
biscateiro *n.m.* o que faz biscates (De *biscate+-eiro*)
biscato *n.m.* **1** alimento que as aves trazem no bico para o ninho; cibo **2** coisa de pouca importância; biscate (De orig. obsc.)
bisco *adj.* [regionalismo] diz-se do bovídeo que tem uma haste mais baixa que a outra (De orig. obsc.)
biscoitada *n.f.* **1** iguaria feita com biscoitos **2** grande quantidade de biscoitos (De *biscoito+-ada*)
biscoitar *v.tr.,pron.* ⇒ **abiscoitar** (De *biscoito+-ar*)
biscoitaria *n.f.* fábrica ou loja de biscoitos; doçaria (De *biscoito+-aria*)
biscoiteira *n.f.* recipiente para guardar biscoitos (De *biscoito+-eira*)
biscoiteiro *n.m.* fabricante ou vendedor de biscoitos (De *biscoito+-eiro*)
biscoito *n.m.* **1** CULINÁRIA pequeno bolo relativamente duro, feito de farinha e outros ingredientes como leite ou água, manteiga, ovos, etc., e que se coze no forno **2** massa de porcelana não vidrada **3** [fig., coloq.] bofetão; sopapo **4** [ant.] bolacha cozida no forno e comida a bordo dos navios **5** *pl.* camada de lava ondulada que cobre certos terrenos nos Açores (Do lat. *biscoctu-*, «cozido duas vezes»)
biscoutada *n.f.* ⇒ **biscoitada**
biscoutar *v.tr.,pron.* ⇒ **abiscoitar**
biscoutaria *n.f.* ⇒ **biscoitaria**
biscouteira *n.f.* ⇒ **biscoiteira**
biscouteiro *n.m.* ⇒ **biscoiteiro**
biscouto *n.m.* ⇒ **biscoito**
bisegre *n.m.* brunidor de sapateiro para os saltos do calçado e rebordos da sola (Do fr. *bisaigüe*, «brunidor de sapateiro»)
bisel *n.m.* **1** corte ou talhe oblíquo feito nos bordos de uma lâmina ou face plana de um objeto de modo a não terminar em aresta aguda **2** recorte em ângulo nas extremidades de um objeto **3** gume de certos objetos cortantes, como o formão (Do fr. ant. *bisel*, mod. *biseau*, «id.»)
biselador *adj.,n.m.* que ou aquele que bisela (De *biselar+-dor*)
biselar *v.tr.* cortar em bisel; chanfrar (De *bisel+-ar*)
bisesdrúxulo *adj.* GRAMÁTICA diz-se do vocábulo cujo acento predominante está em sílaba anterior à antepenúltima por causa da ligação enclítica de pronomes pessoais átonos (De *bis+esdrúxulo*)
bisga *n.f.* [coloq.] ⇒ **escarro 1** (De *visgo*)
bisma *n.m./f.* **1** emplastro usado em veterinária **2** emplastro cáustico (Do gr. *epíthema*, «o que se põe sobre; emplastro», pelo lat. *epithĕma-*, «id.»)
bismálito *n.m.* GEOLOGIA rocha ígnea com a forma de corpo cónico ou cilíndrico, mais ou menos vertical, originada por injeção através dos sedimentos (Do gr. *epíthema*, «o que se põe sobre» +*líthos*, «pedra»)
bismutato *n.m.* ião ou composto em que o bismuto faz parte do anião (De *bismuto+-ato*)

bismútico *adj.* 1 diz-se de certos compostos do bismuto 2 relativo ao bismuto (De *bismuto+-ico*)

bismutina *n.f.* QUÍMICA sulfureto de bismuto (De *bismuto+-ina*)

bismutinite *n.f.* MINERALOGIA mineral formado pelo sulfureto de bismuto (Bi_2S_3), que cristaliza no sistema ortorrômbico (De *bismutina+-ite*)

bismuto *n.m.* QUÍMICA elemento com o número atómico 83 e o símbolo Bi, semimetálico, altamente diamagnético, mau condutor da eletricidade e empregado em medicina e na composição de certas ligas metálicas (Do al. ant. *Bismuth*, mod. *Wismut*, «id.»)

bisnaga *n.f.* 1 brinquedo cheio de água ou de um líquido aromático que se usa no Carnaval 2 tubo, em regra de metal ou plástico flexível, que contém pasta dentífrica ou produto medicinal 3 [Brasil] tipo de pão comprido semelhante ao cacete 4 BOTÂNICA planta, da família das Umbelíferas, espontânea em Portugal, também denominada bisnaga-das-searas e paliteira (Do lat. *pastināca-*, «pastinaga», espécie de cenoura)

bisnagar *v.tr.* borrifar com bisnaga (De *bisnaga+-ar*)

bisnau *adj.* finório; manhoso; *pássaro* ~ pessoa finória e astuciosa, capaz de enganar, velhaco (Do port. ant. *avezimau*, do lat. *avis mala*, «ave de mau agouro»)

bisneiro *n.m.* [Angola] intermediador de negócios ▪ *adj.* [Angola] corrupto (Do ing. *business*, «negócio»)

bisneto *n.m.* filho de neto ou neta (De *bis+neto*)

bisonharia *n.f.* ⇒ **bisonhice** (De *bisonho+-aria*)

bisonhice *n.f.* 1 inexperiência 2 ignorância 3 acanhamento; timidez (De *bisonho+-ice*)

bisonho /ô/ *adj.* 1 inexperiente; inábil 2 (soldado) não exercitado 3 principiante 4 acanhado; tímido (Do cast. *bisoño*, «inexperiente», do it. *bisogno*, «necessidade»)

bisonte *n.m.* ZOOLOGIA mamífero selvagem, ruminante, muito corpulento, da família dos Bovídeos, atualmente em vias de extinção, que tem chifres curtos e se caracteriza por uma elevação na parte anterior do dorso, coberta de longos pelos; bisão (Do lat. *bisonte-*, «id.»)

bispado *n.m.* 1 dignidade de bispo 2 área territorial onde um bispo exerce a sua jurisdição; jurisdição espiritual de bispo; diocese (De *bispo+-ado*)

bispal *adj.2g.* que pertence ou diz respeito ao bispo; episcopal (De *bispo+-al*)

bispar *v.tr.* 1 ver ao longe; descortinar; lobrigar 2 apanhar de surpresa 3 [pop.] roubar; surripiar ▪ *v.tr.,intr.* queimar; esturricar (comida) ▪ *v.pron.* [coloq.] escapar-se; fugir (De *bispo+-ar*)

bispável *adj.2g.* diz-se do sacerdote que revela cedo qualidades para ser bispo (De *bispar+-vel*)

bispo *n.m.* 1 RELIGIÃO prelado que governa uma diocese 2 (jogo de xadrez) pedra que só pode ser movimentada na diagonal 3 [pop.] esturro na comida; ~ *auxiliar* prelado que coopera com o bispo residencial; ~ *coadjutor* prelado que coopera com o bispo residencial, geralmente com direito de sucessão; ~ *residencial* prelado que governa, por direito próprio, a sua diocese; ~ *resignatário* bispo que renunciou ao governo de uma diocese; ~ *titular* prelado que não tem diocese própria; *trabalhar para o* ~ perder o tempo, trabalhar de graça (Do gr. *epískopos*, «o que observa», pelo lat. *episcŏpu-*, «bispo»)

bispo-conde *n.m.* título honorífico dos bispos da diocese portuguesa de Coimbra

bispote *n.m.* [pop.] bacio; penico (Do ing. *piss-pot*, «id.»)

bispotear *v.tr.* bajular servilmente (De *bispote+-ear*)

bisqueiro *n.m.* [regionalismo] pequena refeição entre o almoço e o jantar ou entre o jantar e a ceia, dada aos trabalhadores nas ceifas e nas malhadas (De orig. obsc.)

bissapa *n.f.* [Angola] moita; espinheiro; planta do matagal (Do umbundo *ovisapa*, pl., «id.»)

bissecção *n.f.* divisão em duas partes iguais (De *bi-+secção*)

bissectar a grafia mais usada é bissetar

bissector ver nova grafia bissetor

bissectriz ver nova grafia bissetriz

bissecular *adj.2g.* que tem dois séculos (De *bi-+secular*)

bissel *n.m.* dispositivo adaptado à dianteira das locomotivas para lhes facilitar o movimento (Do fr. *bissel*, «id.», de *Bissel*, antr., nome do inventor)

bissemanal *adj.2g.* 1 que se realiza, publica ou sucede duas vezes por semana 2 que acontece a cada duas semanas (De *bi-+semanal*)

bissemanário *n.m.* periódico que se publica duas vezes por semana (De *bi-+semanário*)

bisseriado *adj.* disposto em duas séries (De *bi-+seriado*)

bissetar *v.tr.* dividir em duas partes iguais (Do lat. *bis*, «em dois» +*sectu-*, «cortado», part. pass. de *secāre*, «cortar» +*-ar*) ACORDO ORTOGRÁFICO também se pode escrever bissectar

bissetor *adj.,n.m.* que ou aquele que bisseta (Do lat. *bis*, «em dois» +*sectōre-*, «o que corta»)

bissetriz *n.f.* GEOMETRIA semirreta que, partindo do vértice de um ângulo, o divide em duas partes iguais (Do lat. *bis*, «em dois» +*sectrīce-*, fem. de *sector*, «a que corta»)

bissextil *adj.2g.* ⇒ **bissexto** (Do lat. *bisextīle-*, «id.»)

bissexto /ê/ *adj.* diz-se do ano em que o mês de fevereiro tem 29 dias ▪ *n.m.* o dia que, de 4 em 4 anos, se junta ao mês de fevereiro (de quatro em quatro anos os Romanos acrescentavam um dia após o sexto dia antes das calendas de março) (Do lat. *bisextu-*, «id.»)

bissexuado /cs/ *adj.* 1 BIOLOGIA diz-se do indivíduo que se comporta como tendo os dois sexos; hermafrodita; bissexual 2 BOTÂNICA diz-se da flor que possui androceu e gineceu; hermafrodita; bissexual (De *bi-+sexuado*)

bissexual /cs/ *adj.2g.* 1 que diz respeito aos dois sexos 2 BIOLOGIA, BOTÂNICA que apresenta órgãos reprodutores dos dois sexos; hermafrodita 3 que se sente atraído por indivíduos de ambos os sexos ▪ *n.2g.* 1 hermafrodita 2 pessoa que se sente atraída por indivíduos de ambos os sexos (De *bi+sexual*)

bissexualidade /cs/ *n.f.* qualidade de bissexual (De *bissexual+-i-+dade*)

bissílabo *n.m.* verso ou palavra de duas sílabas; dissílabo ▪ *adj.* que tem duas sílabas; dissílabo (Do lat. *bissyllăbu-*, «id.»)

bisso *n.m.* 1 substância semelhante ao linho, empregada pelos antigos no fabrico de tecidos preciosos 2 ZOOLOGIA conjunto de filamentos existentes em alguns lamelibrânquios, que servem para fixar estes moluscos (Do gr. *býssos*, «linho da Índia», pelo lat. *byssu-*, «id.»)

bissulcado *adj.* que tem dois sulcos (De *bi-+sulcado*)

bissulfato *n.m.* QUÍMICA sulfato primário em que há um átomo de hidrogénio substituível (De *bi-+sulfato*)

bissulfito *n.m.* QUÍMICA sal do ácido sulfuroso (De *bi-+sulfito*)

bissulfureto /ê/ *n.m.* QUÍMICA nome impropriamente atribuído a certos sulfuretos que têm dois átomos de enxofre na molécula (De *bi-+sulfureto*)

bisteca *n.f.* [Brasil] CULINÁRIA bife grelhado; peça de carne para bife (Do ing. *beefsteak*, «id.»)

bistorta *n.f.* BOTÂNICA planta da família das Poligaláceas, de raiz medicinal e torcida sobre si mesma (Do lat. *bis*, «duas vezes» +*torta-*, «torcida»)

bistre *n.m.* 1 cor entre o castanho e o amarelo 2 tinta feita com fuligem, usada em aguarelas (Do fr. *bistre*, «id.»)

bisturi *n.m.* 1 instrumento cortante utilizado em cirurgia; escalpelo 2 [pop.] lanceta (Do fr. *bistouri*, «id.»)

bit *n.m.* INFORMÁTICA menor unidade de informação processada por um computador e que pode apenas representar um de dois valores binários: 0 ou 1 (Da expr. ing. *binary digit*, «dígito binário»)

bitacaia *n.f.* [Angola] espécie de pulga que se introduz nos pés provocando infeção; matacanha; nígua (Do umbundo *ovitakaia*, «id.»)

bitácula *n.f.* 1 NÁUTICA caixa cilíndrica de vidro onde é guardada a bússola 2 [pop.] nariz; *levar nas bitáculas* [pop.] apanhar bofetadas (Do lat. *habitacŭla*, pl. de *habitacŭlu-*, «morada; residência»)

bitaite *n.m.* [pop.] opinião pouco refletida ou palpite geralmente sem fundamento (Corrup. de *bitate*)

bitcoin *n.m./f.* meio de pagamento digital, com o qual podem ser realizadas transações online de forma anónima e que está livre de taxas, desvalorização ou inflação por não ser controlado por nenhum banco central; criptomoeda; moeda virtual (Do ing. *bitcoin*, «id.», de *bit*, «bit» +*coin*, «moeda»)

bite-bite *n.m.* ORNITOLOGIA ave pernalta da família dos Caradriídeos, também conhecida por areeiro, bique-bique, fradinho, grim-grim, etc. (De orig. onom.)

bitmap *n.m.* INFORMÁTICA representação de uma imagem na memória do computador através de um conjunto de bits, em que cada bit corresponde a um píxel; mapa de bits (Do ing. *bitmap*, «id.»)

bitocles *elem. expr.* *nicles de* ~ coisa nenhuma

bitola *n.f.* 1 valor de referência; medida-padrão; modelo 2 norma de conduta; princípio; regra 3 dimensão fixa ou padronizada de um material 4 distância entre os trilhos de uma via-férrea 5 NÁUTICA grossura de um cabo (nos cabos metálicos considera-se o diâmetro e nos cabos de fibra o perímetro) 6 CINEMA medida padronizada da largura de um filme 7 [fig.] nível (intelectual, social, económico, etc.); craveira 8 [fig.] inteligência; capacidade; *medir tudo pela* *mesma* ~ não distinguir entre o bom e o mau (Do angl.-sax. *wittor*, «conhecedor», pelo cast. *vitola*, «bitola»)

bitolar *v.tr.* 1 medir com bitola 2 [Brasil] [fig.] ter ideias rígidas ou antiquadas (De *bitola*+-*ar*)

bitonal *adj.2g.* 1 da bitonalidade 2 referente à bitonalidade (De *bi-*+*tonal*)

bitonalidade *n.f.* MÚSICA sobreposição de duas melodias de tons diferentes (De *bi-*+*tonalidade*)

Bitongas *n.m.pl.* ETNOGRAFIA povo que habita nas proximidades da serra da Gorongosa, na Zambézia (Moçambique) (De *bi*, pref. do pl. +*tonga*, etn.)

bitoque *n.m.* CULINÁRIA prato típico português composto por um bife grelhado ou frito, ovo estrelado por cima, geralmente acompanhado de batatas fritas, arroz e, por vezes, salada (Corrup. de *bifesteque*)

bitributação *n.f.* tributação dupla do mesmo sujeito em relação ao mesmo objeto ou pela mesma atividade (De *bi-*+*tributação*)

bituca *n.f.* [Brasil] beata; prisca

biunívoco *adj.* MATEMÁTICA diz-se da relação de correspondência em que a um elemento de um primeiro conjunto corresponde um elemento de um segundo conjunto, e reciprocamente (De *bi-*+*unívoco*)

biureto /ê/ *n.m.* QUÍMICA composto que se obtém da ureia; *reação do* ~ reação característica na análise dos prótidos (De *bi-*+*ureia*+-*eto*)

bivacar *v.intr.* estabelecer-se em bivaque (De *bivaque*+-*ar*)

bivalência *n.f.* qualidade ou propriedade do elemento químico que tem duas valências (De *bi-*+*valência*)

bivalente *adj.2g.* 1 QUÍMICA que tem valência igual a dois 2 FILOSOFIA diz-se da lógica que apenas reconhece dois valores: o verdadeiro e o não verdadeiro ■ *n.m.* CITOLOGIA estrutura constituída por dois cromossomas homólogos emparelhados que contêm quatro cromatídios (De *bi-*+*valente*)

bivalve *adj.2g.* BOTÂNICA, ZOOLOGIA diz-se do fruto ou da concha que tem duas peças curvas simétricas ■ *n.m.* ZOOLOGIA espécime dos bivalves ■ *n.m.pl.* ZOOLOGIA classe de moluscos de corpo mole revestido por uma concha rígida formada por duas peças laterais simétricas (Do lat. *bis*, «em dois» +*valva-*, «batente de porta»)

bivaque *n.m.* 1 MILITAR modalidade de estacionamento de tropas em que estas se alojam em tendas de campanha ou abrigos improvisados 2 espécie de barrete sobre o comprido, que faz parte de certas fardas (Do al. *Biwak*, «acampamento ao ar livre», pelo fr. *bivouac*, «id.»)

biviário *adj.* que fica no ponto de junção de dois caminhos (De *bívio*+-*ário*)

bívio *n.m.* 1 ponto de junção de dois caminhos 2 ZOOLOGIA região dorsal dos equinodermes a que correspondem duas zonas de órgãos locomotores rudimentares ■ *adj.* que tem duas vias ou caminhos (Do lat. *bivĭu-*, «cruzamento de dois caminhos»)

bivitelino *adj.* 1 BIOLOGIA diz-se da gravidez gemelar em que cada feto provém de um óvulo distinto, havendo formação de placentas independentes 2 BIOLOGIA diz-se dos gémeos que provêm de óvulos distintos (De *bi-*+*vitelino*)

bixeiro *adj.,n.m.* ⇒ **abixeiro**

bixina /cs/ *n.f.* substância corante vermelha do urucu (Do caraíba *bija* ou *bixa*, «vermelho; urucu» +-*ina*)

bizâncio *n.m.* moeda de ouro ou prata de Bizâncio, que no final da Idade Média esteve em uso em vários países da Europa, incluindo Portugal (De *Bizâncio*, top.)

bizantinice *n.f.* esquisitice; tolice (De *bizantino*+-*ice*)

bizantinismo *n.m.* 1 hábito de discutir coisas frívolas 2 bizantinice; esquisitice (De *bizantino*+-*ismo*)

bizantino *adj.* 1 relativo à cidade de Bizâncio, capital do Império Romano do Oriente 2 diz-se das manifestações culturais e artísticas que floresceram no Império Bizantino (330-1453), com relevo para a época do imperador Justiniano, e que tiveram influência no estilo românico 3 esquisito 4 [fig.] fútil; pretensioso ■ *n.m.* 1 habitante ou natural de Bizâncio 2 estilo bizantino (Do lat. tard. *byzantīnu-*, «id.»)

bizarraço *adj.* 1 que é muito bizarro 2 elegante; garboso (De *bizarro*+-*aço*)

bizarrear *v.intr.* 1 proceder com bizarria 2 jactar-se; bazofiar (De *bizarro*+-*ear*)

bizarria *n.f.* 1 qualidade do que é bizarro 2 ação de quem é bizarro 3 excentricidade; esquisitice 4 fanfarronice; bazófia 5 ostentação; vaidade 6 bravura; valentia (De *bizarro*+-*ia*)

bizarrice *n.f.* ⇒ **bizarria** (De *bizarro*+-*ice*)

bizarro *adj.* 1 esquisito; excêntrico; insólito 2 gentil; generoso 3 nobre; valente 4 arrogante; fanfarrão (Do vasc. *bizarra*, «barba cerrada», pelo cast. *bizarro*, «valente»)

biznesse *n.m.* [Angola, Moçambique] negócio (Do ing. *business*, «id.»)

blackout *n.m.* 1 ELETRICIDADE falha no fornecimento de energia elétrica; corte de energia; apagão 2 MILITAR extinção de luzes durante bombardeamentos aéreos em tempo de guerra 3 [fig.] silêncio; ~ *informativo* recusa de transmissão de informações aos meios de comunicação social por uma determinada entidade, bloqueio informativo (Do ing. *blackout*, «id.»)

blague *n.f.* piada; gracejo; dito espirituoso (Do neerl. *blagen*, «exagerar; inchar», pelo fr. *blague*, «mentirola»)

blandícia *n.f.* 1 carícia 2 lisonja (Do lat. *blanditĭa-*, «id.»)

blandiciar *v.tr.* acariciar; afagar; amimar (De *blandícia*+-*ar*)

blandície *n.f.* ⇒ **blandícia**

blandicioso /ô/ *adj.* 1 que faz blandícias 2 caricioso; meigo 3 lisonjeiro (De *blandícia*+-*oso*)

blandífluo *adj.* que desliza brandamente (Do lat. *blandiflŭu-*, «id.»)

blandíloquo *adj.* de voz branda e suave (Do lat. *blandilŏquu-*, «que tem palavras meigas»)

blanqueta /ê/ *n.f.* [Moçambique] cobertor; manta (Do ing. *blanket*, «id.»)

blasfemação *n.f.* 1 ato de blasfemar 2 blasfémia (Do lat. *blasphematiōne-*, «id.»)

blasfemador *adj.,n.m.* que ou aquele que blasfema (Do lat. *blasphematōre-*, «id.»)

blasfemar *v.intr.* 1 proferir blasfémias 2 praguejar ■ *v.tr.* ultrajar com blasfémias; insultar; injuriar (Do lat. *blasphemāre*, «id.»)

blasfematório *adj.* que contém blasfémias (De *blasfemar*+-*tório*)

blasfémia *n.f.* 1 toda a palavra ou atitude injuriosa contra uma divindade ou religião 2 atribuição de defeitos a Deus ou negação de qualquer dos Seus atributos 3 dito insultuoso; ofensa 4 calúnia; difamação 5 praga (Do gr. *blasphemía*, «palavra de mau agoiro», pelo lat. *blasphemĭa-*, «palavra ultrajante»)

blasfemo /ê/ *adj.* 1 que diz ou contém blasfémias 2 ultrajante ■ *n.m.* o que diz blasfémias; blasfemador (Do gr. *blásphemos*, «que pronuncia palavras de mau agoiro», pelo lat. *blasphēmu-*, «que ultraja»)

blasonador *adj.,n.m.* que ou aquele que se vangloria; fanfarrão (De *blasonar*+-*dor*)

blasonar *v.tr.* HERÁLDICA ⇒ **brasonar** *v.tr.* ■ *v.tr.,intr.* mostrar (algo) com alarde; vangloriar-se (de); armar-se (de) (Do fr. *blasonner*, «decifrar ou explicar brasões»)

blasonaria *n.f.* 1 ação ou qualidade do que blasona; armanço 2 heráldica (De *blasonar*+-*aria*)

blastema /ê/ *n.m.* 1 BIOLOGIA invólucro membranoso do embrião 2 BIOLOGIA massa de substâncias amorfas que se notam num tecido (Do gr. *blástema*, «germe; rebento»)

blasto *n.m.* 1 CITOLOGIA qualquer célula indiferenciada, nomeadamente as que darão origem às células sanguíneas 2 BOTÂNICA parte do embrião que se desenvolve por efeito da germinação (Do gr. *blastós*, «gérmen»)

blasto- elemento de formação de palavras que exprime a ideia de *gérmen, germinação, botão* (Do gr. *blastós*, «gérmen; botão»)

blastocele *n.f.* BIOLOGIA cavidade do embrião na fase de blástula; cavidade de segmentação (Do gr. *blastós*, «gérmen; botão» +*koîlon*, «côncavo; concavidade»)

blastocélio *n.m.* ⇒ **blastocele**

blastoderma *n.m.* BIOLOGIA parede do blastocélio, na blástula (Do gr. *blastós*, «rebento; gérmen» +*dérma*, «pele»)

blastoderme *n.f.* ⇒ **blastoderma**

blastogénese *n.f.* BIOLOGIA formação da forma embrionária inicial (blástula) como consequência da fragmentação do ovo (De *blasto-*+*génese*)

blastoides *n.m.pl.* PALEONTOLOGIA classe de equinodermes desaparecidos, fixos, cujo cálice tinha a forma de um botão de rosa e que viveram do Ordovícico ao Pérmico (Do gr. *blastós*, «gérmen; botão» +*eîdos*, «forma»)

blastóides ver nova grafia **blastoides**

blastómero *n.m.* ZOOLOGIA cada uma das primeiras células provenientes da segmentação do ovo animal (Do gr. *blastós*, «gérmen» +*méros*, «parte»)

blastomicete *n.m.* BIOLOGIA fungo cuja reprodução se faz por germinação (Do gr. *blastós*, «germe; botão»+*mýkes, -etos*, «fungo»)

blastomicose *n.f.* MEDICINA doença provocada por um blastomicete (Do gr. *blasto-*+*micose*)

blastóporo n.m. ZOOLOGIA orifício da gástrula, que põe o intestino primitivo em comunicação com o meio externo e se designa também boca primitiva (Do gr. *blastós*, «gérmen» +*póros*, «passagem; buraco»)

blástula n.f. BIOLOGIA fase do desenvolvimento embrionário em que o embrião é uma espécie de vesícula cuja cavidade (blastocélio) está cercada pela série de células que formam o blastoderma (De *blasto-*+*-ula*, ou do fr. *blastule*, «id.»)

blatária n.f. BOTÂNICA planta do género *Verbascum* (família das Escrofulariáceas) (Do lat. *blattaria-*, «erva contra a traça ou baratas»)

blateração n.f. 1 ato ou efeito de tagarelar 2 voz mal articulada ou confusa 3 ruído semelhante à voz do camelo (De *blaterar*+*-ção*)

blaterar v.intr. 1 emitir a sua voz característica (o camelo) 2 falar muito e em voz alta (Do lat. *blaterāre* ou *blatterāre*, «tagarelar»)

Blátidas n.m.pl. ZOOLOGIA ⇒ **Blatídeos**

blatídeo n.m. ZOOLOGIA espécime dos Blatídeos ▪ adj. relativo aos Blatídeos

Blatídeos n.m.pl. ZOOLOGIA família de insetos ortópteros, corredores, de corpo achatado, cujo género-tipo é representado pela barata (Do lat. *blatta-*, «barata»+*-ídeos*)

blau adj.,n.m. HERÁLDICA cor ou designativo da cor azul dos brasões (Do frânc. **blao*, «azul», pelo fr. ant. *blau*, mod. *bleu*, «id.»)

blazer n.m. 1 casaco geralmente de corte clássico, com mangas compridas, bolsos e lapelas, que aperta à frente com botões e cujo comprimento vai até às ancas 2 casaco que faz parte de determinados uniformes (Do ing. *blazer*)

b-learning n.m. processo de ensino-aprendizagem que combina métodos e práticas do ensino presencial com o ensino a distância (Do ing. *b-learning*, «id.»)

blefarite n.f. MEDICINA inflamação do bordo livre das pálpebras (Do gr. *blépharon*, «pálpebra»+*-ite*)

blefaro- elemento de formação de palavras, de origem grega, que exprime a ideia de *pálpebra* (Do gr. *blépharon*, «pálpebra»)

blefaroplasta n.m. BIOLOGIA corpúsculo cromático que se considera núcleo motor do flagelo de algumas células ou microrganismos unicelulares (Do gr. *blépharon*, «pálpebra» +*plastós*, «modelado»)

blefaroplastia n.f. MEDICINA operação cirúrgica que consiste em restaurar a pálpebra ou parte dela

blefaroplasto n.m. ⇒ **blefaroplasta**

blêizer n.m. ⇒ **blazer** (Do ing. *blazer*)

blematómetro n.m. instrumento usado para medir a força das molas nas armas de fogo portáteis (Do gr. *bléma*, *-atos*, «lançamento; tiro; jato» +*métron*, «medida»)

blemómetro n.m. ⇒ **blematómetro** (Do gr. *bléma*, «lançamento; tiro; jato» +*métron*, «medida»)

blenda n.f. MINERALOGIA mineral de cristais negros ou castanhos, que cristaliza no sistema cúbico e é um minério de zinco, também conhecido por esfalerite (Do al. *Blende*, «id.»)

Bleniídas n.m.pl. ICTIOLOGIA ⇒ **Bleniídeos**

bleniídeo n.m. espécime dos Bleniídeos ▪ adj. relativo aos Bleniídeos

Bleniídeos n.m.pl. ICTIOLOGIA família de peixes teleósteos, de corpo fusiforme e pele lisa, sem escamas, a cujo género-tipo pertence o caboz (Do gr. *blénna*, «muco»+*-ídeos*)

blenorragia n.f. MEDICINA ⇒ **gonorreia** (Do gr. *blénna*, «mucosidade»+*rhagé*, «erupção»)

blenorrágico adj. relativo à blenorragia (De *blenorragia*+*-ico*)

blenorreia n.f. 1 MEDICINA corrimento mucopurulento, em especial pela uretra, sem carácter inflamatório 2 [ant.] ⇒ **gonorreia** (Do gr. *blénnos*, «mucosidade»+*rheîn*, «correr»)

blesidade n.f. vício de pronúncia que consiste em substituir uma consoante surda pela correspondente sonora, como *s* por *z* (De *bleso*+*-i-*+*-dade*)

bleso adj. 1 que tem o vício da blesidade 2 que pronuncia erradamente (Do gr. *blaisós*, «de pés virados para fora; gago»)

blindado adj. 1 que tem revestimento de metal; revestido de aço 2 ECONOMIA diz-se dos estatutos de uma empresa quando são alterados no sentido de limitar o acesso à tomada de decisão por parte dos acionistas, evitando assim aquisições hostis 3 [fig.] protegido ▪ n.m. carro de combate com revestimento metálico (Part. pass. de *blindar*)

blindagem n.f. 1 ação ou efeito de blindar 2 MILITAR revestimento, geralmente metálico, utilizado em veículos, embarcações, aeronaves, etc., como proteção contra projéteis ou bombardeamento 3 série de materiais ou dispositivos usados para proteger uma construção ou um local de cargas explosivas 4 ECONOMIA estratégia de proteção de uma empresa que consiste em alterar os seus estatutos no sentido de limitar o acesso à tomada de decisão por parte dos acionistas, evitando assim aquisições hostis (Do fr. *blindage*, «id.», do al. *blenden*, «tornar cego»)

blindar v.tr. 1 revestir de metal, geralmente chapas de aço 2 [fig.] proteger 3 ECONOMIA alterar (estatutos de uma empresa) no sentido de limitar o acesso à tomada de decisão por parte dos acionistas, evitando assim aquisições hostis (Do fr. *blinder*, «id.», do al. *blenden*, «tornar cego»)

blindas n.f.pl. peças de madeira que sustentam as faxinas de um fosso, para segurança do pessoal que trabalha nele (Do fr. *blindes*, «estacadas de trincheiras»)

blocagem n.f. 1 ato ou efeito de blocar 2 ECONOMIA medida que assegura a estabilização dos preços; congelamento de preços (Do fr. *blocage*, «id.»)

blocar v.tr. 1 transformar em bloco 2 travar; imobilizar 3 encaixar ▪ v.intr. 1 transformar-se em bloco 2 parar (Do fr. *bloquer*, «id.»)

bloco n.m. 1 massa volumosa e compacta de uma substância pesada 2 caderno de folhas destacáveis 3 edifício de vários andares, que faz parte de um conjunto de prédios 4 conjunto; grupo 5 paralelepípedo de betão utilizado nas construções 6 agrupamento de pessoas ou países com objetivos comuns 7 coligação de partidos políticos 8 DESPORTO em voleibol, ação em que um ou mais jogadores, colocados junto da rede, tentam intercetar um ataque adversário, elevando-se acima da altura da rede 9 GEOLOGIA elemento rochoso, de origem diversa, cujo tamanho varia entre alguns centímetros e vários metros 10 qualquer objeto mais ou menos volumoso 11 conjunto de elementos que se destaca ou isola de um conjunto maior; parte 12 [fig.] pessoa larga ou corpulenta 13 NÁUTICA cada uma das peças que formam a estrutura do casco de um navio; ~ *agrícola* parte das terras da exploração agrícola totalmente rodeada de terras, águas, etc., não pertencentes à exploração; ~ *cirúrgico/operatório* local, num hospital ou numa clínica, equipado para a realização de intervenções cirúrgicas; ~ *errático* GEOLOGIA grande bloco de rocha transportado pelos glaciares, por vezes a grandes distâncias em relação ao seu lugar de origem; ~ *noticioso* RÁDIO, TELEVISÃO conjunto de notícias transmitidas num programa de informação; *em* ~ em conjunto, num todo (Do neerl. *bloc*, «tronco»)

blog n.m. INFORMÁTICA ⇒ **blogue**

blogosfera n.f. 1 espaço virtual ocupado pelos blogues 2 conjunto de blogues 3 comunidade de bloguistas (De *blogue*+*esfera*)

blogue n.m. INFORMÁTICA página de internet regularmente atualizada, que contém textos organizados de forma cronológica, com conteúdos diversos (diário pessoal, comentário e discussão sobre um dado tema, etc.) e que geralmente contém hiperligações para outras páginas (Do ing. *blog*, «id.», de *weblog*, «id.»)

bloguista n.2g. autor de um blogue ▪ adj.2g. relativo a blogue (De *blogue*+*-ista*)

bloguístico adj. relativo a blogue ou a bloguista (De *blogue*+*-ístico*)

bloqueado adj. 1 onde não é possível passar, devido a um obstáculo; obstruído 2 sem liberdade de movimentos 3 impedido de funcionar; travado 4 INFORMÁTICA diz-se do programa, ficheiro ou hardware que deixa de processar dados ou que não os transmite 5 PSICOLOGIA que não se expressa ou se manifesta livremente; reprimido (Part. pass. de *bloquear*)

bloqueador adj.,n.m. que ou aquele que bloqueia (De *bloquear*+*-dor*)

bloqueante adj.2g. que bloqueia; bloqueador (De *bloquear*+*-ante*)

bloquear v.tr. 1 cercar com forças militares; sitiar 2 impedir a passagem de; obstruir 3 limitar o movimento de; travar 4 impedir (operações financeiras); congelar ▪ v.intr. não conseguir dizer nada; encavacar (Do fr. *bloquer*, «bloquear», pelo cast. *bloquear*, «id.»)

bloqueio n.m. 1 ato ou efeito de bloquear 2 MILITAR cerco de um território com o objetivo de lhe impedir qualquer saída ou comunicação com o exterior 3 isolamento imposto a um país inimigo ou a uma área vital para os interesses desse país numa situação de conflito ou de corte de relações (económicas, diplomáticas, etc.) 4 interrupção do desenvolvimento de algo 5 MECÂNICA imobilização 6 ELETRICIDADE obstrução da passagem de corrente elétrica; ~ *informativo* recusa da transmissão de informações aos meios de comunicação social por uma determinada entidade (Do cast. *bloqueo*, «id.»)

bloquista n.2g. 1 pessoa que faz parte de um bloco 2 TIPOGRAFIA indivíduo que se ocupa da preparação de blocos de papel (De *bloco*+*-ista*)

blues *n.m.2n.* **1** MÚSICA género musical em andamento lento e com carácter lamentoso, símbolo da tradição musical negra norte-americana, e cujas origens remontam à segunda metade do século XIX **2** canção desse género (Do ing. *blues*, «id.»)

bluetooth *n.m.* INFORMÁTICA tecnologia de transmissão de dados sem fios, que efetua a ligação de dispositivos eletrónicos próximos entre si (Do ing. *Bluetooth*®)

bluff *n.m.* atitude, gesto, dito ou ato cujo objetivo é enganar ou dar a entender aquilo que não é; fingimento; simulação (Do ing. *bluff*, «id.»)

blufo *n.m.* **1** [Guiné-Bissau] indivíduo não circuncidado **2** [Guiné-Bissau] indivíduo que desconhece as normas de relacionamento entre adultos (Do crioulo guineense *blufu*, do balanta *be-lufu*, «id.»)

blusa *n.f.* **1** espécie de camisa feminina, com ou sem mangas **2** vestuário leve e largo usado sobre a camisa por operários, artistas, crianças, etc.; **~ de lã** [Brasil] camisola (Do fr. *blouse*, «id.»)

blusão *n.m.* **1** peça de vestuário para o tronco (até à cintura) e braços, de couro ou tecido, usado como agasalho sobre outras peças de roupa **2** blusa grande e comprida (De *blusa*+*-ão*, ou do fr. *blouson*, «id.»)

blush *n.m.* cosmético em pó, que se aplica na face, para acentuar principalmente as maçãs do rosto (Do ing. *blush*, «id.»)

boa /ô/ *n.f.* **1** ZOOLOGIA serpente de grandes dimensões, geralmente não venenosa, da América tropical; jiboia **2** agasalho em forma de rolo, que as mulheres usam à volta do pescoço (Do lat. *boa-*, «boa; serpente», pelo fr. *boa*, «agasalho em forma de rolo para o pescoço»)

boa-fé *n.f.* **1** franqueza; sinceridade **2** intenção honesta; *de ~* com boa intenção

boal *n.m.* designação extensiva a castas de videira, muito cultivadas em Portugal, como boal-de-alicante, boal-de-santarém, boal-dona-branca, etc. (De *boa*, fem. de *bom*+*-al*?)

boamente *adv.* **1** bem **2** de bom modo (De *boa*, fem. de *bom*+*-mente*)

boana *n.f.* **1** cardume de peixes pequenos **2** tábua delgada para caixotaria; casquilha (De orig. obsc.)

boa-noite *n.f.* **1** cumprimento usado à noite (*desejei-lhe uma boa-noite*) **2** ORNITOLOGIA nome vulgar de uma ave passeriforme da família dos Caprimulgídeos, frequente em Portugal no verão, também conhecida por noitibó, pita-cega, engole-vento, etc.

boa-nova *n.f.* ZOOLOGIA nome vulgar extensivo a umas pequenas borboletas brancas consideradas mensageiras de boas notícias

boa-pinta *adj.inv.* [Brasil] que tem boa aparência e se veste bem; elegante

boa-praça *adj.inv.* [Brasil] [pop.] agradável; simpático

boa-presa *n.f.* declaração emanada de um tribunal em consequência da qual a propriedade de um navio se transfere para o captor desde a captura

boas-entradas *n.f.pl.* cumprimento que se dirige no Ano Novo

boas-festas *n.f.pl.* **1** cumprimento que se dirige no Natal, no Ano Novo e (menos frequentemente) na Páscoa **2** cartão com este cumprimento

boas-noites *n.f.pl.* **1** cumprimento de saudação ou despedida que se usa à noite (*deu-lhe as boas-noites e foi dormir*) **2** BOTÂNICA planta ornamental cujas flores se abrem ao cair da noite; *dar as ~* desejar uma boa noite

boas-tardes *n.f.pl.* **1** cumprimento de saudação usado durante a tarde (*dei-lhe as boas tardes e saí*) **2** BOTÂNICA planta ornamental da família das Enoteráceas cujas flores amarelas se abrem à tardinha, também designada círio-do-norte; *dar as ~* cumprimentar alguém durante a tarde

boas-vindas *n.f.pl.* cumprimento de saudação usado durante a tarde (*deram as boas-vindas aos visitantes*)

boatar *v.intr.* espalhar boatos; divulgar notícias sem fundamento (De *boato*+*-ar*)

boa-tarde *n.f.* cumprimento usado durante a tarde (*desejei-lhe uma boa-tarde*)

boataria *n.f.* grande quantidade de boatos (De *boato*+*-aria*)

boateiro *adj.,n.m.* que ou aquele que espalha boatos (De *boato*+*-eiro*)

boato *n.m.* notícia que corre publicamente, mas não confirmada; rumor; atoarda (Do lat. *boātu-*, «mugido; grito agudo»)

boa-vai-ela *n.f.2n.* boa vida; farra; pândega; *andar na ~* andar na boa vida

boa-vida *adj.,n.2g.* **1** [Brasil] que ou pessoa que gosta de trabalhar pouco, procurando viver bem sem grande esforço **2** [Brasil] que ou pessoa que vive sem preocupações

boazinha *n.f.* [regionalismo] BOTÂNICA variedade de pera alentejana, muito doce e sumarenta (De *boa*, fem. de *bom*+*z*+*-inha*)

boazona *adj.* [cal.] (mulher, rapariga) que é muito atraente; que é bem-feita ∎ *n.f.* [cal.] mulher ou rapariga muito atraente; mulher ou rapariga provocante (De *boa*+*z*+*-ona*)

boazuda *adj.,n.f.* [cal.] ⇒ **boazona** (De *boa*+*z*+*-uda*)

bobagem *n.f.* **1** palhaçada **2** [Brasil] coisa sem importância **3** [Brasil] tolice; disparate (De *bobo*+*-agem*)

bobalhão *n.m.* **1** [Brasil] indivíduo ridículo **2** [Brasil] palerma (De *bobo*+*-alho*+*-ão*)

bobear *v.intr.* **1** [Brasil] portar-se como bobo **2** [Brasil] dizer ou fazer asneiras **3** [Brasil] desperdiçar uma oportunidade **4** [Brasil] [coloq.] cometer um descuido (De *bobo*+*-ear*)

bobice *n.f.* **1** qualidade de ser bobo **2** dito ou ação própria de bobo **3** palermice; tolice (De *bobo*+*-ice*)

bobina *n.f.* **1** cilindro de madeira com rebordo, no qual se enrolam os fios da tecedura; carretel **2** CINEMA, FOTOGRAFIA, TELEVISÃO cilindro em volta do qual se enrola filme ou fita magnética **3** TIPOGRAFIA grande rolo de papel destinado a impressão de grande tiragem **4** ELETRICIDADE dispositivo usado em circuitos elétricos, constituído por um enrolamento (geralmente cilíndrico) de fio condutor; *~ de indução* aparelho transformador da tensão de correntes elétricas, formado por dois enrolamentos condutores, isolados, coaxiais e sobrepostos (Do fr. *bobine*, «carretel»)

bobinadeira *n.f.* máquina de enrolar papel, filme ou fita em torno de um cilindro (De *bobinar*+*-deira*)

bobinador *n.m.* **1** máquina de enrolar papel, filme ou fita em torno de um cilindro **2** operário que manobra a máquina de bobinar (De *bobinar*+*-dor*)

bobinagem *n.f.* ação ou efeito de bobinar (Do fr. *bobinage*, «id.»)

bobinar *v.tr.* enrolar em bobina (Do fr. *bobiner*, «id.»)

bobine *n.f.* ⇒ **bobina** (Do fr. *bobine*, «id.»)

bobinete /ê/ *n.m.* [Brasil] filó (Do ing. *bobbinet*, «bobinete; filó»)

bobo[1] /ô/ *n.m.* **1** HISTÓRIA indivíduo, geralmente disforme ou ridículo, que divertia os príncipes e os nobres com as suas graças, zombarias e esgares; truão; bufão **2** [fig.] pessoa que pretende divertir os outros com ditos tolos e momices; bufão **3** pessoa que diverte os outros com ditos tolos e caretas; bufão **4** [Brasil] pessoa que diz ou faz bobagens **5** [Brasil] pessoa ingénua ou crédula ∎ *adj.* **1** parvo; estúpido **2** [Brasil] pasmado; *ser o ~ da corte* ser alvo de riso ou de troça; *ser o ~ da festa* ser a pessoa que faz toda a gente rir, ser alvo da atenção geral (Do latim *balbu-*, «gago», pelo castelhano *bobo*, «tolo»)

bobo[2] /ô/ *n.m.* [Moçambique] variedade de gafanhotos (Do sena *bombo*, «idem»)

bobô *n.m.* [São Tomé e Príncipe] indivíduo de cor pouco definida, geralmente filho de casal de tons mulato e negro; albino (Do forro *bôbô*, «id.»)

boca /ô/ *n.f.* **1** ANATOMIA cavidade que forma a primeira parte do aparelho digestivo e pela qual se introduzem os alimentos **2** ANATOMIA órgão da fala **3** lábios **4** pessoa que consome alimentos **5** abertura de frasco ou garrafa; bocal **6** entrada ou saída de rua ou caminho **7** entrada de forno **8** abertura anterior do cano ou tubo de uma arma por onde sai a bala **9** foz de um rio **10** cratera **11** mossa ou falha no gume de um utensílio cortante **12** NÁUTICA a maior largura do navio ou embarcação **13** [coloq.] opinião brejeira; dito provocatório; *~ a ~* **1** (respiração) designativo do método de ventilação de urgência, em que se expira ar diretamente e várias vezes na boca de outra pessoa que se encontra em paragem respiratória; **2** transmitido oralmente de uma pessoa para outra; *~ de cena* parte anterior do palco de uma sala de espetáculo, próxima da plateia; *~ do estômago* epigastro; *à ~ da noite* ao começar a noite; *abrir muito a ~* exagerar no preço; *andar com o credo na ~* andar em sobressalto; *andar nas bocas do mundo* ser alvo da maledicência pública; *crescer água na ~* desejar ardentemente; *dizer à ~ cheia* dizer publicamente; *fazer ~* comer um pouco para beber; *fazer ~ doce a amimar*; *fazer crescer água na ~* ser muito apetitoso; *mandar uma ~* [coloq.] fazer um comentário (por vezes inconveniente), dar uma sugestão; *pela ~ morre o peixe* (provérbio) é perigoso falar demasiado; *quem tem ~ vai a Roma* (provérbio) quem não sabe pergunta; *rijo de ~* (cavalo) que não obedece ao freio; *ter boa ~* comer de tudo; *ter má ~* comer pouco ou não comer de tudo; *ter o coração ao pé da ~* ser muito franco, ser linguareiro (Do lat. *bucca-*, «boca»)

boça *n.f.* NÁUTICA cabo fixo num arganéu da proa, que serve para amarrar uma embarcação (Do cast. *boza*, «pedaço de corda», do it. *bozza*, «id.»)

boca-aberta *n.2g.* **1** pessoa que se admira de tudo; pateta **2** pessoa indolente

bocaça *n.f.* boca muito grande; bocarra (De *boca*+*-aça*)

bocada *n.f.* 1 aquilo que se mete à boca de uma vez; bocado 2 entrada de saco ou rede 3 mordidela (De *boca+-ada*, ou part. pass. fem. subst. de *bocar*)

boca-de-fogo ver nova grafia boca de fogo

boca de fogo *n.f.* peça de artilharia

boca-de-incêndio ver nova grafia boca de incêndio

boca de incêndio *n.f.* válvula de passagem na canalização de água da via pública, à qual se podem ligar as mangueiras dos bombeiros para o combate a incêndios

boca-de-sino ver nova grafia boca de sino

boca de sino *n.m.* 1 [ant.] bacamarte cujo cano tem a forma de um sino 2 calça cujas pernas são mais largas na parte inferior

boca-de-siri ver nova grafia boca de siri

boca de siri *n.m.* [Brasil] [coloq.] silêncio; discrição; *fazer ~* calar-se

bocado[1] *n.m.* 1 pedaço; porção 2 pequena quantidade 3 pequeno intervalo de tempo 4 porção de alimento que se pode meter de uma vez na boca 5 parte do freio que entra na boca da cavalgadura; *passar um mau ~* passar por uma situação difícil; *um ~* um pouco, um tanto (De *boca+-ado*)

bocado[2] *n.m.* [São Tomé e Príncipe] reunião, na Quarta-Feira de Cinzas, em torno do membro mais idoso do agregado familiar para se tomar a primeira colher de um prato típico, sem carne (Do forro *bocadu*, a partir de *bocado*, «porção de alimento»)

boca-doce *n.f.* ICTIOLOGIA ⇒ **perna-de-moça**

boçagem *n.f.* cabo com que se amarra; amarradura (De *boçar+-agem*)

bocaiuva *n.f.* BOTÂNICA espécie de coqueiro (Do tupi *mocay'iba*, «id.»)

bocal *n.m.* 1 abertura de um recipiente (vaso, frasco, garrafa, etc.) 2 MÚSICA parte de um instrumento de sopro que se adapta à boca 3 boca de castiçal 4 peça metálica onde entra a chaminé do candeeiro 5 peça metálica onde encaixa a lâmpada elétrica 6 açaimo que se põe ao gado; betilho 7 anel que se adapta ao orifício de um reservatório, a fim de regularizar um jato líquido (De *boca+-al*)

boçal *adj.2g.* 1 grosseiro; rude 2 ingénuo 3 idiota ∎ *n.2g.* pessoa rude; pessoa grosseira (Do cast. *bozal*, «boçal; simplório»)

boçalidade *n.f.* 1 qualidade de quem é boçal 2 estupidez 3 rudeza (De *boçal+-i+-dade*)

boca-livre *n.f.* [Brasil] [pop.] comida e bebida de borla

bocalvo *adj.* que tem o focinho branco e a cabeça escura (touro ou cavalo) (De *boca+alvo*)

boca-mole *adj.* [Brasil] [pop.] falador; linguarudo

boca-negra *n.f.* ZOOLOGIA ⇒ **saimiri**

bocanha *n.f.* 1 parte oca do marfim 2 grande boca (De *boca+-anha*)

bocanho *n.m.* 1 aberta em dias chuvosos 2 instante; momento (De *boca+-anho*)

bocante *adj.,n.2g.* 1 [Angola] boateiro 2 [Angola] maldizente 3 [Angola] resmungão (De *bocar*, «dizer bocas»)

bocar[1] *v.tr.* 1 apanhar com a boca; abocanhar 2 tocar com a boca; abocar (De *boca+-ar*)

bocar[2] *v.intr.* 1 [Angola] dizer bocas; ir de boca em boca 2 [São Tomé e Príncipe] abrir a boca; denunciar (De *boca+-ar*)

boçar *v.tr.* ⇒ **aboçar** (De *boça+-ar*)

boçardas *n.f.pl.* NÁUTICA travessões curtos na parte de dentro da roda da proa para a reforçar (Do cast. *buzarda*, «reforço na proa do navio»)

bocarra *n.f.* boca muito grande ou escancarada (De *boca+-arra*)

bocas *n.m.pl.* ZOOLOGIA caranguejos comestíveis, frequentes em Portugal, também conhecidos por cavalete e cava-terra ∎ *n.2g.2n.* [coloq.] indivíduo que lança ditos provocatórios, sem fundamento (De *boca*)

bocas-de-lobo *n.f.pl.* BOTÂNICA planta herbácea, da família das Escrofulariáceas, representada em Portugal pela erva-bezerra e diversas formas cultivadas para fins ornamentais

boccacciano *adj.* relativo ao poeta italiano Giovanni Boccaccio (1313-1375) ou à sua obra (De *Boccaccio*, antr. +-ano)

bocejador *adj.* que está sempre a bocejar (De *bocejar+-dor*)

bocejar *v.intr.* 1 abrir a boca com sono ou em sinal de aborrecimento; fazer bocejos 2 [fig.] enfastiar-se; aborrecer-se (Por *boquejar* ou do cast. *bostezar*, «abrir a boca»?)

bocejo /ê/ *n.m.* abertura involuntária da boca com inspiração e expiração do ar (Deriv. regr. de *bocejar*)

bocel *n.m.* 1 ARQUITETURA moldura convexa existente na base de coluna jónica, coríntia e compósita, situada entre o plinto e o fuste, também denominada toro 2 MILITAR rebordo circular na base dos cartuchos das munições das armas de fogo onde prende a garra do extrator (Do fr. ant. *bossel*, «id.», mod. *bosel*, «relevo; saliência»)

bocelão *n.m.* ARQUITETURA moldura larga em forma de bocel na base de uma coluna; bocel grosso (De *bocel+-ão*)

bocelar *v.tr.* 1 dar forma de bocel a 2 ornar com bocel (De *bocel+-ar*)

bocelinho *n.m.* ARQUITETURA ⇒ **bocelino** (De *bocel+-inho*)

bocelino *n.m.* ARQUITETURA parte mais delgada da coluna junto do capitel (De *bocel+-ino*)

boceta /ê/ *n.f.* 1 pequena caixa redonda ou oval para guardar objetos pessoais 2 caixa de rapé 3 variedade de tangerina 4 [Brasil] [vulg.] órgão sexual feminino; *~ de Pandora* [fig.] origem de todos os males (Do fr. ant. *boucette*, «barril pequeno»)

bocete /ê/ *n.m.* 1 ARQUITETURA ornamento arredondado, geralmente pendente e às vezes terminado por um escudete, usado na decoração dos tetos; florão 2 adorno em forma de cabeça de prego, nas antigas armaduras (Do fr. *bossette*, «id.»)

boceteiro *n.m.* fabricante ou vendedor de bocetas (De *boceta+-eiro*)

boche[1] *n.m.* 1 vísceras dos animais; bofe; fressura 2 *pl.* vísceras; miúdos; *~!* exclamação que se usa para chamar os cães; *chouriça de ~* enchido feito com carne dos pulmões e muita cebola (Por *bofe*?)

boche[2] *adj.,n.2g.* [depr.] alemão (Do fr. *boche*, «alemão»)

bochecha /ê/ *n.f.* parte saliente e carnuda de cada uma das faces; *nas bochechas* cara a cara (De orig. obsc.)

bochechada *n.f.* bofetada nas bochechas (De *bochecha+-ada*)

bochechão *n.m.* ⇒ **bochechada** (De *bochecha+-ão*)

bochechar *v.tr.,intr.* agitar (líquido) na boca pelo movimento das bochechas (De *bochecha+-ar*)

bochecho /ê/ *n.m.* 1 ato de bochechar 2 quantidade de líquido retido na boca quando se bochecha 3 bofetada nas bochechas; bochechada; *aos bochechos* aos poucos, um bocado de cada vez (Deriv. regr. de *bochechar*)

bochechudo *adj.* de bochechas grandes (De *bochecha+-udo*)

bochornal *adj.2g.* diz-se do tempo quente e abafadiço (De *bochorno+-al*)

bochorno *n.m.* 1 vento quente 2 ar abafadiço (Do lat. *vulturnu-*, «vento do Sul», pelo cast. *bochorno*, «id.»)

bochornoso *adj.* ⇒ **bochornal** (De *bochorno+-oso*)

bócio *n.m.* MEDICINA tumefação na parte anterior do pescoço provocada por perturbações funcionais da tiroide (Do b. lat. *bocĭu-*, «papo»)

bocudo *adj.* que tem boca grande (De *boca+-udo*)

boçudo *adj.* diz-se de um pau usado como arma de guerra pelos indígenas da África Ocidental

boda[1] /ô/ *n.f.* 1 enlace matrimonial; casamento 2 festa e banquete por ocasião de casamento; *bodas de diamante* celebração do 60.º aniversário de casamento; *bodas de ouro* celebração do 50.º aniversário de casamento; *bodas de prata* celebração do 25.º aniversário de casamento (Do latim *vota*, plural de *votu-*, «voto; messa»)

boda[2] /ó/ *n.m./f.* [Angola] qualquer tipo de festa; comemoração (De *boda*, «celebração de acontecimento», com variação fonética e de género)

bodalha *n.f.* [regionalismo] porca pequena (De *bode+-alha*)

bodalhão *n.m.* [regionalismo] (Trás-os-Montes) pessoa suja; bodegão (De *bodalho+-ão*)

bodalhice *n.f.* [regionalismo] falta de asseio; porcaria (De *bodalho+-ice*)

bodalho *n.m.* [regionalismo] porco novo; leitão (De *bode+-alho*)

bodana *n.f.* BOTÂNICA trepadeira silvestre, de bagas vermelhas (De orig. obsc.)

bode *n.m.* 1 ZOOLOGIA mamífero ruminante com chifres ocos e pelos compridos por baixo do queixo; macho da cabra 2 [fig.] indivíduo feio 3 situação complicada 4 [pop.] embriaguez 5 [pop.] repreensão 6 antiga moeda indiana 7 [Brasil] [coloq.] sarilho; problema; *~ expiatório* vítima; *passar um ~ a* dar uma repreensão a (De orig. obsc.)

bodega *n.f.* 1 casa onde se serve vinho e refeições ligeiras; taberna; tasca 2 taberna imunda 3 casa muito suja 4 [coloq.] comida mal feita 5 [coloq.] porcaria (Do gr. *apothḗkē*, «depósito; armazém», pelo lat. *apothēca-*, «armazém; adega»)

bodegada *n.f.* 1 coisa mal feita 2 porcaria; bodeguice (De *bodega+-ada*)

bodegão *n.m.* 1 indivíduo sujo; porcalhão 2 trapalhão (De *bodega+-ão*)

bodegueiro *n.m.* ⇒ **bodegão** (De *bodega+-eiro*)

bodeguice *n.f.* **1** ação própria de bodegão **2** coisa mal feita (De *bodega+-ice*)
bodejar *v.intr.* **1** [Brasil] soltar a voz (o bode) **2** [fig.] gaguejar (De *bode+-ejar*)
bodelha /ê/ *n.f.* BOTÂNICA alga marinha de cor castanha, da família das Fucáceas, que se fixa aos rochedos das costas marítimas, também conhecida por carvalhinho-do-mar, bodelho, botelho, sargaço, etc. (De *botelha*)
bódi *n.m.* ⇒ **body**
bodião *n.m.* ICTIOLOGIA nome vulgar extensivo a uns peixes teleósteos, da família dos Labrídeos, alguns dos quais também conhecidos por maragota, chalrão, etc. (Do lat. *gobiōne-*, «cadoz»)
bodo /ô/ *n.m.* **1** distribuição de alimentos, dinheiro e vestuário aos pobres, em dias festivos **2** comida; iguaria (Do lat. *votu-*, «voto; promessa»)
bodoque *n.m.* **1** [ant.] bala de barro que se atirava com a besta **2** [Brasil] fisga (Do gr. *pontikón (káryon)*, «noz pôntica», pelo lat. *pontĭca nux*, pelo ár. *bunduq*, «noz; avelã; bala»)
bodum *n.m.* ⇒ **bedum** (De *bode+-um*)
body *n.m.* peça de roupa justa feita de tecido elástico, que cobre todo o tronco e se aperta entre as pernas (Do ing. *body*, «id.»)
bodyboard *n.m.* **1** desporto radical aquático em que o surfista se desloca sobre as ondas deitado numa pequena prancha **2** prancha usada na prática deste desporto (Do ing. *bodyboard*, «id.»)
body-building *n.m.* ⇒ **culturismo** (Do ing. *body-building*, «id.»)
body pump *n.m.* modalidade aeróbica em que se utilizam barras e pesos, sincronizados com música, sob a orientação de professores (Do ing. *body pump®*, «id.»)
boeira *n.f.* ORNITOLOGIA ⇒ **boieira 3** (De **boeiro*, por *boieiro*)
boeirinha *n.f.* ORNITOLOGIA ⇒ **boieira 3** (De *boeira+-inha*)
boémia *n.f.* **1** vida despreocupada; ociosidade **2** vadiagem (De *Boémia*, top.)
boémio *adj.* da Boémia, região ocidental da antiga Checoslováquia ■ *n.m.* **1** natural ou habitante da Boémia **2** cigano **3** [fig.] indivíduo que vive despreocupadamente; estúrdio; estroina; vadio (Do lat. med. *bohemu-*, «habitante da Boémia», pelo fr. *bohème*, «vagabundo»)
bóer *adj.,n.2g.* que ou pessoa que descende dos primitivos colonos holandeses da África do Sul; bur (Do hol. *boer*, «camponês»)
bofá *adv.* em verdade; francamente; bofé (De *boa+fé*)
bofar *v.tr.* **1** lançar dos bofes **2** golfar ■ *v.intr.* **1** sair às golfadas; jorrar **2** [fig.] jactar-se; gabar-se (De *bofe+-ar*)
bofe *n.m.* **1** [Brasil] pessoa feia **2** [Brasil] meretriz
bofé *adv.* à boa-fé; em verdade; francamente (De *boa+fé*)
bofeira *n.f.* [regionalismo] espécie de chouriço (De *bofes+-eira*)
bofes *n.m.pl.* **1** [pop.] pulmões **2** pregas ou folhos no peitilho da camisa **3** [fig.] índole; *deitar os ~ pela boca* [fig.] cansar-se a falar, andar em grande azáfama, estar muito cansado (Deriv. regr. de *bofar*)
bófeta *n.f.* [Angola] manto preto com que as mulheres se cobrem completamente (Do quimb. *bofeta*, «id.»)
bofetada *n.f.* **1** pancada na cara com a mão aberta **2** [fig.] insulto; enxovalho; humilhação; *~ sem mão/de luva branca* ofensa subtil, disfarçada (De *bofete+-ada*)
bofetão *n.m.* bofetada forte; sopapo (De *bofete+-ão*)
bofete /ê/ *n.m.* bofetada leve; tabefe (Do fr. *buffet*, «bofetada»)
bofetear *v.tr.* dar bofetadas a; esbofetear (De *bofete+-ear*)
bófia *n.f.* [pop.] (instituição) polícia ■ *n.2g.* [pop.] agente da polícia (De *embófia*?)
boga *n.f.* **1** ICTIOLOGIA peixe teleósteo, da família dos Esparídeos, também conhecido por boga-do-mar **2** ICTIOLOGIA peixe de água doce da família dos Ciprinídeos (Do lat. *boca-*, «id.»)
bogar *v.intr.* [regionalismo] importar; valer a pena (De orig. obsc.)
bogari *n.m.* **1** BOTÂNICA arbusto trepador, da família das Oleáceas (*Jasminum sambac*), de flores brancas e aromáticas **2** BOTÂNICA flor deste arbusto (Do conc. *mogri*, «id.»)
bogarim *n.m.* BOTÂNICA ⇒ **bogari**
bogomilos *n.m.pl.* partidários de uma seita búlgara, de fundo maniqueísta (dualista), dos séc. X a XIV (Do esl. *bogomil*, «amigo de Deus»)
bogueira *n.f.* cova onde as bogas desovam (De *boga+-eira*)
bogueiro *n.m.* rede para apanhar bogas e outro peixe miúdo (De *boga+-eiro*)
boguinhas *n.m.2n.* designação carinhosa de um automóvel que se tem há muito tempo
bóhrio *n.m.* QUÍMICA elemento transuraniano, obtido artificialmente, que tem o número atómico 107 e símbolo Bh (De *(Niels) Bohr*, antr.+-*io*)

boi *n.m.* ZOOLOGIA nome vulgar de várias raças domésticas de um ruminante (macho adulto, castrado), da família dos Bovídeos, ainda muito utilizado em trabalhos agrícolas pesados, na carga e na alimentação; *passo de ~* andar muito lento; *pôr o carro à frente dos bois/andar o carro adiante dos bois* trocar a ordem natural das coisas, precipitar-se (Do lat. *bove-*, «id.»)
boia *n.f.* **1** objeto flutuante que serve de sinal às embarcações **2** pedaço de cortiça ou plástico aplicado nas redes de pesca para que estas não vão ao fundo **3** objeto circular de borracha que os aprendizes de natação cingem ao peito para flutuar **4** qualquer corpo flutuante **5** MECÂNICA peça que, nos carburadores, regula o nível da gasolina **6** [coloq.] comida; *não ver ~* [pop.] não perceber nada, não distinguir nada (Do frânc. **bauk*, «sinal; boia», pelo fr. ant. *boye*, mod. *bouée*, «id.»)
bóia ver nova grafia **boia**
boiada *n.f.* manada de bois (De *boi+-ada*)
boiadeiro *n.m.* [Brasil] indivíduo que guia ou toca uma boiada; boieiro (De *boiada+-eiro*)
boia-fria *n.2g.* [Brasil] trabalhador rural sem vínculo a nível de emprego, que come no local de trabalho a comida fria que leva de casa
bóia-fria ver nova grafia **boia-fria**
boiante *adj.2g.* **1** que boia ou flutua **2** [fig.] vacilante (De *boiar+-ante*)
boião *n.m.* vaso de vidro, de barro vidrado ou de folha, bojudo ou cilíndrico, para guardar pomadas, conservas, etc. (Do mal. *búyong*, «jarro; canjirão»)
boiar¹ *v.tr.* amarrar à boia ■ *v.intr.* **1** ficar à superfície de um líquido; flutuar **2** [fig.] vacilar (De *bóia+-ar*)
boiar² /ô/ *v.intr.* **1** falar aos bois; aboiar **2** chamar (a vaca) pelo boi **3** [pop.] chamar muito alto (De *boi+-ar*)
boiardo *n.m.* nobre russo (Do russo *boiar*, «senhor», pelo fr. *boyard*, «id.»)
boiça *n.f.* ⇒ **bouça**
boiçar *v.tr.* ⇒ **bouçar**
boicoatiara *n.f.* ZOOLOGIA ⇒ **urutu** (Do tupi *mbói*, «cobra»+*kwati'ara*, «pintada»)
boicotagem *n.f.* ato ou efeito de boicotar (Do fr. *boycottage*, «id.»)
boicotar *v.tr.* **1** declarar a interdição ou o fim da colaboração com um indivíduo, um grupo ou um país **2** recusar sistematicamente manter relações comerciais com um indivíduo, uma organização ou um país **3** recusar participar num evento em sinal de protesto (Do ing. *to boycott*, «boicotar», de C. C. Boycott, proprietário irl., 1832-1897)
boicote *n.m.* **1** ato ou efeito de boicotar **2** situação de isolamento económico ou social imposto a uma pessoa, empresa ou nação como forma de represália ou meio de pressão; bloqueio (Do ing. *boycott*, «id.»)
boicotear *v.tr.* ⇒ **boicotar** (De *boicote+-ear*)
boieira *n.f.* **1** guardadora ou condutora de bois **2** [com maiúscula] ASTRONOMIA planeta Vénus **3** ORNITOLOGIA ave passeriforme de dorso acinzentado e abdómen branco que se alimenta de insetos e geralmente acompanha os bois quando estes pastam ou lavram (De *boi+-eira*)
boieiro *n.m.* **1** pastor de bois; abegão **2** [regionalismo] cajado **3** [com maiúscula] ASTRONOMIA constelação boreal, no prolongamento da Ursa Maior, constituída por 6 estrelas, das quais o α é denominada Arcturo ■ *adj.* **1** relativo a bois **2** [pop.] diz-se da vaca que anda com o cio (Do lat. *boariu-*, «relativo a bois»)
boi-marinho *n.m.* foca
boina /bói, bôi/ *n.f.* espécie de boné geralmente sem pala, redondo e largo (Do vasc. *boina*, «id.»)
boirel *n.m.* cada uma das pequenas boias de cortiça que aguentam em suspensão as redes da sardinha (De *boiar*?)
boita *n.f.* **1** ORNITOLOGIA pequeno pássaro da família dos Silviídeos, abundante em Portugal, também conhecido por chincra, fuinho, garrafinha, gile-gile, papa-moscas, tistias, etc. **2** [regionalismo] montão de imundícies (De orig. obsc.)
boîte *n.f.* sala de diversão, geralmente aberta à noite, onde se pode ouvir música, dançar, comer e beber; discoteca (Do fr. *boîte*)
boiuno *adj.* relativo a boi ou próprio de boi; bovino (Do lat. *bovīnu-*, «bovino»)
boiz *n.f.* **1** armadilha para pássaros **2** [fig.] engano; cilada (Do lat. **boīce-*, «entrave»)
bojador *adj.,n.m.* que ou aquele que boja (De *bojar+-dor*)
bojadura *n.f.* **1** ato ou efeito de bojar **2** volume de um corpo; saliência arredondada; inchaço (De *bojar+-dura*)

bojança

bojança *n.f.* bolha; empola (De *bojar*+-*ança*)
bojante *adj.2g.* que faz bojo (De *bojar*+-*ante*)
bojar *v.tr.* **1** tornar bojudo; enfunar **2** salientar ▪ *v.intr.* formar ou apresentar bojo; apresentar saliência arredondada (Do hol. *bogen*, «dobrar; encurvar»)
bojarda *n.f.* **1** BOTÂNICA variedade de pera sumarenta e doce **2** [coloq.] dito disparatado; asneira; calinada **3** [coloq.] pontapé violento (De it. *bugiardo*, «mentiroso; falso»)
bojega *n.f.* [regionalismo] bolha, na pele, por efeito de atrito (De *bojo*+-*ega* [= -eca])
bojego /ê/ *n.m.* ⇒ **bojega** (De *bojo*+-*ego* [= -eco])
bojo /ô/ *n.m.* **1** forma convexa de certos vasos; convexidade **2** capacidade **3** barriga; pança **4** [fig.] envergadura; *ter ~ para* ser capaz de admitir ou suportar (Deriv. regr. de *bojar*)
bojudo *adj.* **1** que tem grande bojo **2** pançudo (De *bojo*+-*udo*)
bola¹ /ó/ *n.f.* **1** qualquer corpo redondo em toda a sua superfície; esfera **2** objeto esférico de borracha ou de outro material, geralmente oco, usado em certos jogos ou desportos **3** figura com a forma de círculo ou circunferência **4** [gír.] futebol **5** [gír.] jogada ou lance, em certos jogos ou desportos **6** [gír.] golo **7** [pop.] cabeça **8** *pl.* pó de carvão amassado em forma de bolas, usado para conservar o calor nos fogões **9** *pl.* [cal.] testículos; *~ de Berlim* CULINÁRIA bolo arredondado, recheado de creme ou não, feito com farinha, ovos e açúcar, frito em óleo; *~ de cristal* esfera de cristal ou vidro, usado para prever o futuro; *~ de gude* [Brasil] berlinde; *baixar a ~* [coloq.] **1** moderar-se; **2** intimidar-se; *dar ~ a/para* [Brasil] **1** dar confiança a; **2** dar atenção a; *estar uma ~* [coloq.] estar muito gordo; *não bater bem da bola* [coloq.] não ter juízo; ser doido; *não ir à ~ com* [coloq.] não simpatizar, não se dar com; *não ser bom da ~* [coloq.] não ter juízo; ser doido (Do lat. *bŭlla-*, «bolha; bola», pelo prov. ant. *bola*, «id.»)
bola² /ô/ *n.f.* **1** [regionalismo] CULINÁRIA iguaria salgada preparada com massa de pão que se recheia com carnes variadas ou enchidos e é cozida no forno; bola de carne **2** [regionalismo] CULINÁRIA broa ou pão de centeio ou milho arredondado e chato **3** [regionalismo] CULINÁRIA queijo grande e fresco de leite de ovelha **4** [regionalismo] [coloq.] ⇒ **palmatoada** (De *bolo*)
bola-ao-cesto ver nova grafia bola ao cesto
bola ao cesto *n.f.* DESPORTO ⇒ **basquetebol** (Trad. do ing. *basket-ball*)
bolacha *n.f.* **1** bolo chato, redondo e retangular, semelhante a um biscoito, feito de farinha muito fina e às vezes com açúcar e outros ingredientes **2** [coloq.] bofetada **3** [Angola] cruzamento de ruas de forma circular; rotunda (De *bolo*+-*acha*)
bolachada *n.f.* [coloq.] bofetada (De *bolacha*+-*ada*)
bolacheira *n.f.* **1** mulher que fabrica ou vende bolachas **2** recipiente para guardar bolachas (De *bolacha*+*eira*)
bolacheiro *n.m.* fabricante ou vendedor de bolachas ▪ *adj.* que tem as faces rechonchudas; bolachudo (De *bolacha*+-*eiro*)
bolachudo *adj.* que tem as faces rechonchudas (De *bolacha*+-*udo*)
bolada¹ *n.f.* **1** pancada com bola **2** DESPORTO lanço de bola no jogo **3** parte intermédia do perfil externo do tubo-canhão, próxima da extremidade anterior deste (De *bola*+-*ada*)
bolada² /ó/ *n.f.* **1** [fig.] porção grande de dinheiro **2** [fig.] grande prejuízo; desfalque **3** [coloq.] abalo; choque (De *bolo*+-*ada*)
bolandas *elem. expr. em ~* aos tombos; atrapalhado; em grande azáfama (Do cast. *en volandas*, «pelo ar»)
bolandeira *n.f.* roda dentada que transmite o movimento à mó do moinho do açúcar, no Brasil (De *bolandas*+-*eira*)
bolanha *n.f.* [Guiné-Bissau] grande terreno pantanoso, geralmente perto de um rio, onde se cultiva ou se pode cultivar arroz
bolar¹ *v.intr.* **1** lançar a bola para início de uma jogada; servir **2** acertar com a bola **3** dar forma de bola **4** [regionalismo] mudar facilmente de maneira de pensar ▪ *v.tr.* **1** [Brasil] [coloq.] arquitetar; inventar **2** [Brasil] [coloq.] compreender; entender (De *bola*+-*ar*)
bolar² *v.intr.* **1** fazer bolo, em jogo de cartas em que se fazem vazas **2** ter sorte ou sair-se bem num negócio (De *bolo*+-*ar*)
bolar³ *adj.2g.* designativo de uma terra argilosa também chamada bolo-arménio (De *bolo*[-*arménio*]+-*ar*)
bolas *n.2g.2n.* **1** [pop.] pessoa sem energia; indolente **2** [pop.] pessoa sem vontade própria ▪ *interj.* exprime aborrecimento, dor, espanto, irritação ou protesto; *ora ~!* exprime irritação, protesto ou surpresa (De *bola*)
bolbilho *n.m.* **1** pequeno bolbo; bulbilho **2** BOTÂNICA espécie de gomo que, carregado de reservas nutritivas, se divide e dá origem a várias novas plantas (Do lat. *bulbŭlu-*, «bolbo pequeno»)

bolbo /ô/ *n.m.* **1** BOTÂNICA cormo subterrâneo de eixo curto, cujas folhas, transformadas em escamas, estão carregadas de reservas nutritivas; bulbo **2** ANATOMIA dilatação de órgão ou de qualquer parte dele; bulbo; *~ piloso* parte dilatada, terminal, da porção intradérmica de um pelo; *~ raquidiano* ANATOMIA parte posterior do encéfalo, onde fica situado o 4.º ventrículo; medula alongada, mielencéfalo (Do gr. *bolbós*, «cebola», pelo lat. *bulbu-*, «bolbo; cebola»)
bolboso /ô/ *adj.* **1** diz-se do vegetal que tem ou produz bolbo; bulboso **2** que tem forma de bolbo **3** que se apresenta inchado (De *bolbo*+-*oso*)
bolçada *n.f.* golfada (Part. pass. fem. subst. de *bolçar*)
bolçado *n.m.* leite coalhado que as crianças de peito bolçam (Part. pass. de *bolçar*)
bolçar *v.tr.* lançar involuntariamente pela boca (sobretudo leite); vomitar; golfar (Do lat. **vomitiăre*, por *vomitāre*, «vomitar»)
bolchevique *adj.2g.* que diz respeito ao bolchevismo ▪ *n.2g.* **1** POLÍTICA membro da ala radical do partido social-democrata russo, que conquistou a maioria no congresso de Londres de 1903 **2** POLÍTICA partidário do bolchevismo (Do russo *bolchévik*, «que quer o máximo», pelo fr. *bolchevique*, «id.»)
bolchevismo *n.m.* POLÍTICA sistema político-social estabelecido na Rússia, após a Revolução de outubro de 1917, chefiada por Lenine, e que em 1918 passou a chamar-se comunismo (Do fr. *bolchevisme*, «id.»)
bolchevista *n.2g.* partidário do bolchevismo (Do fr. *bolcheviste*, «id.»)
bolchevização *n.f.* **1** ato ou efeito de bolchevizar **2** implantação do bolchevismo **3** propaganda comunista em prol da revolução social proletária (De fr. *bolchevisation*, «id.»)
bolchevizante *adj.2g.* que provoca o bolchevismo (De *bolchevizar*+-*ante*)
bolchevizar *v.tr.* tornar bolchevista (uma pessoa ou um país) (Do fr. *bolcheviser*, «id.»)
bold *n.m.* TIPOGRAFIA ⇒ **negrito** **1** (Do ing. *bold*, «id.»)
boldo *n.m.* BOTÂNICA árvore oriunda do Chile, da família das Monimiáceas, cujas folhas têm especial aplicação no tratamento de doenças do fígado (Do cast. *boldo*, «id.», do arauc. *boldu*, «id.»)
boldrié *n.m.* correia de couro que os militares usam a tiracolo para suspender a espada ou segurar a bandeira; cinturão; talabarte (Do fr. ant. *baldré*, mod. *baudrier*, «id.»)
boleado *adj.* curvo em forma de meia-cana; arredondado (Part. pass. de *bolear*)
boleamento *n.m.* ato ou efeito de bolear; boleio (De *bolear*+-*mento*)
bolear *v.tr.* **1** dar forma de bola a; arredondar **2** [fig.] apurar o estilo; aperfeiçoar **3** movimentar em círculos; bambolear; girar **4** [Brasil] arremessar a bola (De *bola*+-*ear*)
bolear² *v.tr.* guiar à boleia (De *boleia*+-*ar*)
bole-bole *n.m.* BOTÂNICA nome vulgar de uma planta herbácea da família das Gramíneas, espontânea e frequente em Portugal, que se agita à menor aragem, também designada por bule-bule (De *bulir*)
boleeiro *n.m.* o que monta o cavalo nas carruagens de boleia; cocheiro (De *boleia*+-*eiro*)
boleia¹ *n.f.* **1** transporte gratuito no veículo de outra pessoa **2** peça de madeira da carruagem, onde prendem os tirantes e sobre a qual vai o cocheiro **3** assento do cocheiro na carruagem (Do francês *volée*, «boleia»)
boleia² *n.f.* [Moçambique] adubo; corretor da terra (Do suaíli *mbolea*, «idem», ou de *bolo*, «correção»)
boleima *n.f.* bolo grosseiro ▪ *n.2g.* **1** [fig.] pessoa sem préstimo; indolente **2** [fig.] palerma (De *bolo*+-*eima*)
boleio *n.m.* **1** ato de arredondar ou alisar **2** [fig.] correção **3** [fig.] aperfeiçoamento; esmero (Deriv. regr. de *bolear*)
boleiro *adj.,n.m.* que ou aquele que faz ou vende bolos (De *bolo*+-*eiro*)
bolero *n.m.* **1** música popular espanhola, cujo compasso ternário é marcado com castanholas **2** dança a três tempos executada ao som desta música **3** casaco curto semelhante à jaqueta de toureiro (Do cast. *bolero*, «dançarino»)
boleta /ê/ *n.f.* [pop.] ⇒ **bolota** (De *bolota*, com mud. de suf.)
boletar *v.tr.* dar boleto a **2** alojar (De *boleto*+-*ar*)
bolete /ê/ *n.m.* [regionalismo] haste de ferro que atravessa o pé do moinho e se fixa na extremidade superior da azenha (De orig. obsc.)
boletim *n.m.* **1** breve notícia que se expõe ao público **2** resenha noticiosa de operações militares ou policiais e de observações

científicas **3** impresso; formulário **4** questionário **5** publicação periódica oficial; **~ *de vacinas*** caderneta individual onde são registadas as vacinas obrigatórias tomadas por cada pessoa ao longo da sua vida (Do it. *bollettino* ou *bulletino*, «id.»)

boletineiro *n.m.* **1** portador de boletins **2** distribuidor de telegramas (De *boletim*+*-eiro*)

boletinista *n.2g.* **1** pessoa que escreve boletins **2** boletineiro (De *boletim*+*-ista*)

boleto¹ *n.m.* **1** MILITAR ordem oficial que requisita alojamento para militares numa casa particular **2** alojamento realizado desta forma (Do it. *bolleta*, «salvo-conduto», pelo cast. *boleta*, «id.»)

boleto² *n.m.* BOTÂNICA designação comum a diversas espécies de cogumelos, cuja polpa branca não se modifica, nos comestíveis, ao entrar em contacto com o ar, adquirindo uma coloração azul no caso dos venenosos (Do lat. cient. *Boletus*, «cogumelo»)

boléu *n.m.* **1** queda; trambolhão **2** encontrão; ***aos boléus*** aos trambolhões, aos encontrões (Do cast. *boleo*, de *bolear*, «atirar bolas»)

bolha /ô/ *n.f.* **1** inchaço à superfície da pele provocado por acumulação de líquido; empola **2** glóbulo formado pelo ar nos líquidos em ebulição **3** glóbulo gasoso que se forma em certos materiais em fusão (vidro, plástico, borracha, etc.) **4** [fig.] hábito repetitivo ou extravagante; telha; mania; ***estar com a ~*** [pop.] estar mal-humorado; ***ter ~*** [pop.] ser maníaco (Do lat. *bulla-*, «bola; bolha»)

bolhante *adj.2g.* que forma bolhas (De *bolhar*+*-ante*)

bolhão *n.m.* **1** grande bolha **2** borbotão de água ou de outro líquido (De *bolha*+*-ão*)

bolhar *v.tr.* fazer sair em borbotões ■ *v.intr.* formar bolhas; borbulhar (De *bolha*+*-ar*)

bolhelho /ê/ *n.m.* CULINÁRIA bolo comprido e arredondado, feito de açúcar, ovos, farinha e leite (De *bolho*, por *bolo*+*-elho*)

bolhento *adj.* que forma bolhas (De *bolha*+*-ento*)

bolhoso /ô/ *adj.* cheio de bolhas (De *bolha*+*-oso*)

bolhudo *adj.* que tem bolha (mania) (De *bolha*+*-udo*)

boliche *n.m.* [Brasil] ⇒ **bowling** (Do cast. *boliche*, «id.»)

bólide *n.m./f.* **1** ASTRONOMIA grande bloco (pedaço de antigo planeta) que se fragmenta na atmosfera terrestre e origina aerólitos, meteoritos ou uranólitos, que caem para a Terra, na forma de globos brilhantes que por vezes deixam um rastro luminoso **2** ASTRONOMIA estrela-cadente que chega muito próximo da superfície terrestre **3** qualquer corpo que atinge grandes velocidades **4** carro de corrida; automóvel veloz **5** [colóq.] carro; automóvel (Do gr. *bolís*, *-ídos*, «objeto que se lança; dardo», pelo lat. *bolīde-*, «meteoro ígneo»)

bólido *n.m.* ⇒ **bólide**

bolina *n.f.* NÁUTICA cabo com que se governam as velas do navio; escota; ***bracear à ~*** orientar as velas ou mover as vergas em torno do mastro, de modo a aproveitar o vento; ***navegar à ~*** navegar ora numa ora noutra direção, obliquamente em relação à linha do vento, de forma que o deslocamento resultante coincida com o rumo pretendido (Do ing. *bowline*, «corda da proa», pelo fr. *bouline*, «id.»)

bolinar *v.intr.* **1** NÁUTICA (navio) navegar à bolina **2** [fig.] andar sem rumo certo; vaguear (De *bolina*+*-ar*)

bolineiro *adj.* NÁUTICA diz-se da embarcação que navega bem à bolina (De *bolina*+*-eiro*)

bolinete /ê/ *n.m.* **1** NÁUTICA cilindro de madeira colocado à proa e que serve de cabrestante para manobrar **2** vaso de madeira para lavagem de areias dos minérios; bateia (De *molinete*)

bólingue *n.m.* ⇒ **bowling**

bolinhol *n.m.* [regionalismo] bolo doce retangular, usado no Minho (De *bolo*+*-inho*+*-ol*)

bolívar *n.m.* unidade monetária da Venezuela (De *S. Bolívar*, nome do general libertador da Venezuela, 1783-1830)

boliviano *adj.* relativo à Bolívia ■ *n.m.* **1** natural ou habitante da Bolívia **2** língua falada na Bolívia **3** unidade monetária da Bolívia (que substituiu o peso) (De *Bolívia*, top. +*-ano*)

bolo¹ /ô/ *n.m.* **1** CULINÁRIA massa de farinha, ovos e outros ingredientes, geralmente doce, cozida no forno ou frita **2** [pop.] palmatoada; **~ *alimentar*** massa formada pelos alimentos mastigados, no início do processo digestivo, antes da deglutição; ***bolinho de bacalhau*** CULINÁRIA frito mais ou menos oval, confecionado com batata, bacalhau, salsa, cebola e alho; ***ficar num ~*** ficar em mau estado (De *bola*)

bolo² /ô/ *n.m.* **1** quantia formada pelas entradas e multas dos parceiros num jogo **2** prestação anual com que os habitantes de uma freguesia contribuem para a sustentação do seu pároco (Do gr. *bôlos*, «massa em forma de bola»)

bolo-arménio *n.m.* **1** espécie de terra argilosa e untuosa, vermelha ou amarela, que entra nos materiais do dourador **2** argila adstringente usada outrora como medicamento

bolometria *n.f.* emprego do bolómetro (De *bolómetro*+*-ia*)

bolómetro *n.m.* FÍSICA dispositivo extremamente sensível que deteta radiação eletromagnética por absorção (Do gr. *bolé*, «jato» +*métron*, «medida»)

bolonhês *adj.* relativo à cidade italiana de Bolonha ■ *n.m.* natural ou habitante de Bolonha (De *Bolonha*, top. +*-ês*)

bolónio *adj.,n.m.* que ou aquele que é simplório; ingénuo (Do cast. *bolonio*, «estudante graduado do Colégio Espanhol de Bolonha»)

bolo-podre *n.m.* CULINÁRIA bolo escuro, preparado com ovos, açúcar amarelo, mel e azeite

bolor *n.m.* **1** aglomerado constituído por fungos, que se desenvolve na matéria orgânica em decomposição **2** mofo; bafio **3** [fig.] velhice (Do lat. *pallōre-*, «palidez; mofo»)

bolorecer *v.tr.,intr.* ⇒ **abolorecer** (De *bolor*+*-ecer*)

bolo-rei *n.m.* CULINÁRIA bolo confecionado com massa de fermento de padeiro enriquecida com ovos, licores, frutas secas e cristalizadas, assim chamado por ser típico da quadra do Natal até ao dia de Reis

bolorência *n.f.* qualidade ou estado de bolorento (De *bolor*+*-ência*)

bolorento *adj.* **1** que tem bolor **2** [fig.] velho **3** [fig.] decadente (De *bolor*+*-ento*)

bolota *n.f.* **1** fruto do carvalho, sobreiro e azinheira, provido de cúpula e casca grossa, dentro da qual se encontra a semente, que é utilizada na alimentação dos suínos; lande; glande **2** ornamento composto de um botão de onde pendem tufos de fios em forma de campânula; borla; ***quem quer ~ trepa*** quem deseja ter algo, tem de se trabalhar para consegui-lo; quem quer colher tem de semear (Do ár. *bollôtā*, «id.»)

bolotada *n.f.* grande quantidade de bolota (De *bolota*+*-ada*)

bolotado *adj.* engordado a bolota (De *bolota*+*-ado*)

bolota-do-mar *n.f.* ⇒ **bálano** 3

bolotal *n.m.* mata de árvores que produzem bolota (De *bolota*+*-al*)

bolsa /ô/ *n.f.* **1** saco de material flexível, com feitios diversos que serve para transportar ou guardar alguma coisa **2** mala de mão de couro, tecido ou outros materiais, usada para transportar objetos de uso pessoal **3** carteira onde se traz o dinheiro **4** ECONOMIA instituição pública, autorizada legalmente, onde são realizados negócios relativos à compra e venda de títulos de crédito, ações, fundos públicos, etc.; bolsa de valores **5** saca pequena fechada por meio de cordões **6** MILITAR saliência na linha da frente do combate **7** MILITAR espaço onde efetivos militares se encontram cercados **8** dinheiro para despesas correntes **9** ANATOMIA, ZOOLOGIA cavidade em forma de saco; **~ *das águas*** ANATOMIA saco que contém o líquido amniótico e se rompe antes do parto; **~ *de emprego*** ECONOMIA ponto de encontro entre ofertas e pedidos de emprego, instituição ou departamento que visa promover o contacto entre candidatos a postos de trabalho e entidades empregadoras; **~ *de estudo*** subsídio concedido a estudantes ou professores para continuação dos seus estudos ou frequência de centros de cultura no país ou no estrangeiro; **~ *do fel*** ANATOMIA vesícula que contém a bílis, vesícula biliar; **~ *do ferrado*** órgão vesicular de alguns cefalópodes, onde é recolhido o ferrado (líquido); ***apertar os cordões à ~*** reduzir as despesas (Do gr. *býrsa*, «couro», pelo lat. tard. *bursa-*, «pele; coiro»)

bolsa-catálogo *n.f.* bolsa fina de plástico para guardar folhas e documentos; mica

bolsada *n.f.* **1** conteúdo de uma bolsa ou bolso **2** conjunto empilhado de minério no lugar onde se explora (De *bolsa* ou *de bolso*+*-ada*)

bolsa-de-pastor *n.f.* **1** BOTÂNICA planta herbácea, da família das Crucíferas, espontânea em Portugal **2** BOTÂNICA ⇒ **braço-de-preguiça** **3** BOTÂNICA ⇒ **mandioquinha-do-campo**

bolsado *adj.* entufado (Part. pass. de *bolsar*)

bolsão *n.m.* grande bolsa (De *bolsa*+*-ão*)

bolsar *v.tr.* fazer bolsos ou foles em; enfunar (De *bolso*+*-ar*)

bolseiro *n.m.* **1** indivíduo a quem foi concedida bolsa de estudo **2** tesoureiro **3** aquele que faz ou vende bolsas ■ *adj.* que faz ou vende bolsas (De *bolsa*+*-eiro*)

bolsista *adj.2g.* referente à bolsa de valores ou às operações nela efetuadas ■ *n.2g.* **1** pessoa que faz investimentos na bolsa de valores **2** [Brasil] indivíduo a quem foi concedida uma bolsa de estudo; bolseiro (De *bolsa*+*-ista*)

bolso /ô/ *n.m.* **1** pequeno saco de pano, cosido na parte interna ou externa do vestuário, para guardar alguma coisa; algibeira **2** fole que faz o vestuário mal talhado **3** dinheiro que se traz para

bom

despesas ocorrentes; **~ falso** bolso feito dentro do forro do casaco (De *bolsa*)

bom *adj. (feminino* **boa)** 1 que é conforme ao uso a que é destinado; próprio 2 de boa qualidade 3 que tem bondade 4 competente; eficiente 5 vantajoso 6 agradável 7 útil 8 saudável 9 saboroso 10 que funciona bem 11 perfeito 12 virtuoso; nobre 13 seguro; garantido 14 [cal.] que é muito atraente; que é bem-feito ■ *n.m.* 1 homem bondoso 2 [acad.] classificação escolar entre o suficiente e o muito bom; **~!** exclamação que exprime desaprovação/censura ou que introduz algo que se vai dizer a seguir; *às boas* amigavelmente; *do ~ e do melhor* da mais alta qualidade, de categoria; *essa é boa* [coloq.] expressão usada ironicamente para exprimir desagrado ou indignação (Do lat. *bonu-*, «id.»)

bomba[1] *n.f.* 1 MILITAR engenho explosivo de pequena ou grande potência, que rebenta por ação de dispositivos elementares (rastilhos) ou de espoletas de técnica elevada 2 peça de fogo de artifício que estoura 3 [fig.] acontecimento inesperado; desgraça imprevista 4 [fig.] escândalo; **~ atómica** FÍSICA engenho explosivo de efeitos destrutivos e mortíferos, resultantes da brusca libertação da energia de desintegração do núcleo atómico; **~ calorimétrica** FÍSICA aparelho utilizado para a determinação do calor de combustão de um combustível; **~ de hidrogénio** engenho explosivo de destruição em massa que rebenta em resultado da fusão de núcleos de hidrogénio, bomba H; **~ vulcânica** GEOLOGIA massa de lava projetada no espaço por um vulcão, e que, em virtude do movimento, tomou a forma elipsoidal ou arredondada com que solidificou (De *bomba*, «bala explosiva», ou do fr. *bombe*, «id.»)

bomba[2] *n.f.* 1 máquina para aspirar e elevar líquidos 2 aparelho para enchimento de pneumáticos 3 aparelho com que se transvasam ou esgotam fluidos (líquidos ou gases) 4 dispositivo de sucção para extrair leite do seio da mulher; **~ centrífuga** FÍSICA uma bomba sem êmbolo em que a água se eleva pela ação de uma roda com pás (Do neerl. *pompe*, «id.», pelo fr. *pompe*, ou pelo it. *pompa*, «id.»)

Bombacáceas *n.f.pl.* BOTÂNICA família de plantas dicotiledóneas tropicais, produtoras de fibras, a que pertencem árvores gigantescas como o embondeiro (Do fr. *bombacacées*, «id.»)

bombachas *n.f.pl.* calças largas atadas por debaixo do joelho (Do cast. *bombacho*, «calção curto»)

bombacho *n.m.* bomba pequena para líquidos (De *bomba+ -acho*)

bombada *n.f.* 1 ato de dar à bomba para tirar água, ou para tirar ou introduzir ar 2 curso completo do êmbolo numa bomba de corpo cilíndrico (De *bomba+-ada* ou part. pass. fem. subst. de *bombar*)

bomba de gasolina *n.f.* posto de abastecimento de combustível situado junto às estradas e que geralmente dispõe de outros serviços (lavagem de veículos, venda de produtos diversos)

bombagem *n.f.* (líquido) extração por meio de bomba (Do fr. *pompage*, «id.»)

bombar *v.tr.* 1 extrair (ar, líquido) por meio de bomba; bombear 2 introduzir por meio de bomba ■ *v.intr.* 1 [coloq.] ter muito sucesso 2 [coloq.] ter muita força ou energia (De *bomba+-ar*)

bombarato *n.m.* 1 o que facilita ou evita dificuldades 2 desprezo; *de ~* sem dificuldades (De *bom+barato*)

bombarda *n.f.* 1 MILITAR [ant.] boca de fogo, pesada e curta, capaz de projetar grandes balas de pedra 2 [ant.] pedra arremessada por estas máquinas de guerra 3 NÁUTICA pequeno navio à vela, de dois mastros, em que se transportavam morteiros e obuses (Do it. *bombarda*, «id.»)

bombardada *n.f.* [ant.] tiro de bombarda (De *bombarda+-ada*)

bombardeamento *n.m.* 1 ato ou efeito de bombardear; ataque a determinado alvo com bombas ou fogo de peças de artilharia, com o objetivo de o destruir ou danificar 2 descarga de canhões; canhonada (De *bombardear+-mento*)

bombardear *v.tr.* 1 MILITAR atacar um alvo terrestre ou naval com fogo de peças de artilharia ou com bombas lançadas pela aviação 2 disparar canhões contra; canhonear (De *bombarda+-ear*)

bombardeio *n.m.* ⇒ **bombardeamento** (Deriv. regr. de *bombardear*)

bombardeira *n.f.* 1 abertura no parapeito para aplicar a bombarda; canhoneira 2 navio armado de artilharia; canhoneira (De *bombarda+-eira*)

bombardeiro *adj.* 1 que lança bombas 2 [ant.] relativo a bombarda ■ *n.m.* 1 avião de grande porte que lança bombas 2 [ant.] o que dispara as bombardas; artilheiro (De *bombarda+-eiro*)

bombardino *n.m.* MÚSICA instrumento de sopro de metal, da família dos saxhorns, de registo barítono ou tenor, muito utilizado nas bandas de música; eufónio (Do it. *bombardino*, «id.»)

bomba-relógio *n.f.* bomba cujo detonador é acionado através de um dispositivo de relógio onde é fixado o momento da explosão

bombástico *adj.* 1 que chama a atenção; estrondoso 2 [fig.] (estilo) extravagante; pomposo (Do al. *bombastisch*, «id.», designativo de estilo escuro e empolado do médico suíço Bombast von Hohenheim, mais conhecido por Paracelso, 1493-1541, pelo it. *bombastico*, «id.»)

bômbax /cs/ *n.f.2n.* BOTÂNICA planta da família das Bombacáceas (Do lat. *bombax!*, interjeição que exprime espanto)

bombazina *n.f.* tecido canelado de algodão que imita veludo (Do it. *bombagina*, deriv. de *bombagia*, «algodão»)

bombeação *n.f.* ⇒ **bombeamento** (De *bombear+-ção*)

bombeamento *n.m.* 1 lançamento de bombas 2 extração de líquidos por meio de bomba (De *bombear+-mento*)

bombear *v.tr.* 1 extrair por meio de bomba (líquido) 2 fazer circular (líquido) 3 bombardear 4 dar forma redonda a 5 [Brasil] espionar (campo inimigo) (De *bomba+-ear*)

bombeiro *n.m.* 1 membro de uma unidade operacional tecnicamente organizada, preparada e equipada para cumprir diversas missões: combate e extinção de incêndios, operações de salvamento, etc. 2 MILITAR [ant.] o que faz os tiros de bomba; o que faz bombas; artilheiro 3 [Brasil] ⇒ **canalizador** 4 [Brasil] pessoa que espia outra de quem desconfia ou a quem pretende pedir algo 5 [Brasil] espião do campo inimigo 6 [Brasil] [joc.] criança que urina na cama durante a noite (De *bomba+-eiro*)

bombiar *v.tr.* [Angola] pedir enaltecendo o destinatário; lisonjear (Do quicongo *mbomba*, «id.»)

bombice *n.m.* ⇒ **bômbix**

bômbice *n.m.* ⇒ **bômbix**

bombicicultor *n.m.* criador de bicho-da-seda; sericicultor (Do lat. *bombȳce-+cultōre-*, «cultor»)

bombicicultura *n.f.* criação de bichos-da-seda; sericicultura (Do lat. *bombȳce-*, «bicho-da-seda» +*cultūra*, «cultura»)

Bombícidas *n.m.pl.* ZOOLOGIA ⇒ **Bombicídeos** (Do gr. *bómbyx*, «bicho-da-seda» +*-idas*)

Bombicídeos *n.m.pl.* ZOOLOGIA família de insetos lepidópteros, a cujo género-tipo (*Bombyx*) pertence o bicho-da-seda (Do gr. *bómbyx*, «bicho-da-seda», pelo lat. *bombȳce-*, «id.» +*-ídeos*)

bombista *adj., n.2g.* 1 que ou pessoa que fabrica, coloca ou atira bombas explosivas 2 [Brasil] terrorista (De *bomba+-ista*)

bômbix /cs/ *n.m.* (*plural* **bombices**) designação científica dos insetos lepidópteros, vulgarmente conhecidos por bicho-da-seda (Do gr. *bómbyx*, «bicho-da-seda», pelo lat. *bombȳce-*, «id.»)

bombo *n.m.* MÚSICA tambor grande tocado na vertical e, em geral, apenas numa das peles com uma baqueta; *andar de ~* [pop.] estar grávida; *ser o ~ da festa* ser alvo de agressividade, ser gozado (Do gr. *bómbos*, «ruído», pelo lat. *bombu-*, «id.»)

bombó *n.m.* [Angola] mandioca seca que se come assada nas brasas ou que serve para preparar o infunde

bom-bocado *n.m.* CULINÁRIA doce feito de açúcar, gemas de ovos, amêndoas e chila

bombolom *n.m.* [Guiné-Bissau] tambor grande, construído a partir de um tronco de cerca de 1,5 m, escavado no sentido longitudinal de modo a ficar apenas com uma fenda de abertura, a qual é percutida com baquetas para transmitir mensagens, sobretudo notícias de falecimentos (Do crioulo *bombolõ*, «id.», baseado em onomatopeia)

bombom *n.m.* guloseima de chocolate com ou sem recheio de licores, frutas, etc. (Do fr. *bonbon*, «rebuçado»)

bombonaria *n.f.* estabelecimento onde se vendem bombons (De *bombom+-aria*)

bomboneira *n.f.* recipiente de louça ou cerâmica próprio para guardar bombons (De *bombom+-eira*)

bomboneria *n.f.* [Brasil] ⇒ **bombonaria** (De *bombom+-eria*)

bombordo *n.m.* NÁUTICA o lado esquerdo do navio, olhado da popa à proa, designado abreviadamente por BB (Do neerl. *bakboord*, «coberta posterior», de *bak*, «atrás» +*boord*, «bordo»)

bomboteiro *n.m.* homem que, no Funchal, vende a bordo os produtos regionais: rendas, vimes, etc. (Do ing. *bumboat*, «barco para venda de pequenas mercadorias nos navios» +*-eiro*)

bom-de-bico ver nova grafia **bom de bico**

bom de bico *adj.* [Brasil] que transmite convicção sobre assuntos que não domina

bom-dia *n.m.* cumprimento usado durante a manhã (*desejei-lhe um bom-dia*)

bom-é *n.m.* [Brasil] ⇒ **japim**

bom-nome *n.m.* boa reputação

bom-pastor n.m. BOTÂNICA planta silvestre muito vulgar na serra de Sintra
bom-serás n.m.2n. [pop.] homem bom; ingénuo (De bom+ser)
bom-tom n.m. elegância de maneiras; delicadeza; civilidade; *de bom-tom* de acordo com as regras da boa educação (Do fr. *bon ton*, «boas maneiras»)
bonachão adj.,n.m. ⇒ **bonacheirão** (Do cast. *bonachón*, «id.»)
bonacheirão adj.,n.m. que ou indivíduo que é demasiado bondoso (De bonacheiro+-ão)
bonacheirice n.f. qualidade de bonacheirão (De bonacheiro+-ice)
bonacheiro adj.,n.m. ⇒ **bonacheirão** (De bonacho+-eiro)
bonacho[1] adj.,n.m. bonacheirão (Do cast. *bonazo*, «id.»)
bonacho[2] n.m. [ant.] bisonte (De orig. obsc.)
bona fide loc. de boa-fé (Do lat. *bona fide*)
bonança n.f. 1 estado do mar propício à navegação 2 calma; sossego 3 tranquilidade do espírito (Do cast. *bonanza*, «id.»)
bonançar v.intr. ⇒ **abonançar** (De bonança+-ar)
bonanças n.f.pl. zonas muito ricas dos filões, na linguagem mineira (De bonança)
bonançoso /ô/ adj. 1 que acalmou 2 calmo; sossegado 3 propício (De bonança+-oso)
bonapartismo n.m. sistema político de Napoleão Bonaparte, imperador de França, 1769-1821 (Do fr. *bonapartisme*, «id.»)
bonapartista adj.2g. 1 que advoga a causa do império napoleónico 2 relativo a Napoleão Bonaparte ■ n.2g. pessoa partidária do bonapartismo (Do fr. *bonapartiste*, «id.»)
bondade n.f. qualidade de que ou de quem é bom; disposição natural para o bem; benevolência; brandura; *tenha a ~!* faz favor!, faça favor! (Do lat. *bonitāte-*, «id.»)
bondar[1] v.intr. [pop.] bastar; ser suficiente (Do latim *abundāre*, «trasbordar; abundar»)
bondar[2] v.tr. 1 [Angola] matar 2 [Angola] ferir (Do quimbundo *kubonda*, «idem»)
bonde[1] n.m. 1 título da dívida pública pagável ao portador 2 [Brasil] carro elétrico (Do inglês *bond*, «título; apólice»)
bonde[2] n.f. [Moçambique] esteira constituída pela sobreposição de matérias vegetais, sobretudo canas perfuradas e interligadas por um fio (Do echuabo *bondde*, «idem»)
bondoso /ô/ adj. que tem bondade; benévolo (De bondade+-oso, com hapl.)
bonducina n.f. resina extraída do bonduque (De bonduque+-ina)
bonduque n.m. BOTÂNICA árvore tropical, da família das Leguminosas, cujas sementes fornecem uma resina amarga denominada bonducina (Do fr. *bonduc*, «id.»)
boné n.m. chapéu sem abas, de copa redonda, geralmente com pala; *apanhar bonés* não ter êxito (Do fr. *bonnet*, «id.»)
boneca n.f. 1 figura de pano, madeira, plástico ou outro material, com forma feminina, usada geralmente como brinquedo infantil ou como elemento decorativo 2 CULINÁRIA pequena bola de especiarias ou temperos envolta em pano que é usada para adicionar gosto sem deixar resíduos 3 pequeno chumaço de algodão envolvido em trapo com que se aplica verniz na madeira 4 pequena bola de qualquer substância envolta em trapo 5 pequena bola de pano com açúcar, que se dava às crianças para elas chuparem com o objetivo de as acalmar 6 rolha de madeira para resguardar o cano da espingarda 7 [fig.] mulher muito enfeitada; mulher bonita (Do lat. *monna*-, por *nonna*-, «ama; educadora; mona; pessoa querida» + *-eca*, com dissimilação das duas consoantes nasais)
bonecada n.f. vários bonecos ou bonecas (De boneca+-ada)
bonecagem n.f. bonecada (De boneca+-agem)
boneco n.m. 1 figura de pano, madeira, plástico ou outro material, com forma masculina, usada geralmente como brinquedo de homens ou animais 3 fantoche; bonifrate 4 [fig.] homem janota 5 [fig.] indivíduo sem vontade própria; *falar para o ~* [coloq.] falar sem ser ouvido (De boneca)
bonecra n.f. [pop.] ⇒ **boneca** (De boneca)
bonecrada n.f. [pop.] conjunto de bonecras (De bonecra+-ada)
bonecragem n.f. [pop.] ⇒ **bonecrada** (De bonecra+-agem)
bonecreiro n.m. [pop.] ⇒ **bonequeiro**
bonequeiro n.m. 1 indivíduo que faz ou vende bonecas ou bonecos 2 pessoa que trabalha com bonecos em espetáculos de fantoches (De boneco ou boneca+-eiro)
bonete /ê/ n.m. NÁUTICA [arc.] vela pequena de embarcação que se junta à grande (Do fr. *bonnette*, «id.»)

bongó n.m. MÚSICA instrumento de percussão, de origem afro-cubana, que consiste em dois pequenos tambores ligados entre si, e tocados com os polegares e restantes dedos
bongolo /ô/ n.2g. [Moçambique] burro (Do changana *mbòngòlò*, «id.»)
bongue n.m. [Angola] dique na margem de um rio (Do quimb. *mbonge*, a partir de *kubongolola*, «reunir»)
bonhar /ô/ v.tr. [Angola] falhar (Do umbundo *(oku)ponha*)
bonico n.m. 1 [pop.] excremento de novilho com que se barram os cortiços das abelhas 2 pl. [pop.] caganitas (De orig. obsc.)
bonificação n.f. 1 atribuição de bónus 2 (negócio, concurso) vantagem 3 beneficiação; melhoramento (De bonificar+-ção)
bonificar v.tr. 1 dar bónus a 2 gratificar; premiar 3 melhorar (Do lat. *bonificāre*, «id.», de *bonifĭcu-*, «que pratica o bem»)
bonifrate n.m. 1 boneco articulado; marioneta; fantoche; títere 2 [fig.] pessoa sem vontade própria; palhaço 3 [fig.] pessoa presumida (Do lat. *bonu- fratre-*, «bom irmão»?)
bonina n.f. 1 BOTÂNICA designação que, de forma geral, se refere às florzinhas do campo 2 BOTÂNICA planta da família das Compostas, com capítulos de flores liguladas, brancas, espontânea em Portugal; margarida 3 BOTÂNICA a flor desta planta 4 [Brasil] nome vulgar por que também se designam as boas-noites (Do cast. *bonina*, «id.»)
boninal n.m. campo cheio de boninas (De bonina+-al)
boníssimo adj. {superlativo absoluto sintético de **bom**} muito bom; ótimo (De bom+-íssimo)
boniteza /ê/ n.f. qualidade do que ou de quem é bonito; lindeza; beleza (De bonito+-eza)
bonito adj. 1 agradável à vista, ao ouvido ou ao espírito 2 formoso; belo; lindo 3 generoso 4 bom; vantajoso 5 nobre 6 [irón.] censurável; feio ■ n.m. ICTIOLOGIA nome vulgar de um peixe teleósteo, da família dos Escombrídeos, também conhecido por gaiado, serra, etc.; *fizeste-a bonita!* [irón.] procedeste muito mal! (Do cast. *bonito*, «id.»)
bonitote adj. um tanto bonito (De bonito+-ote)
bonomia n.f. 1 bondade natural aliada à simplicidade de maneiras 2 paciência (Do fr. *bonhomie*, «id.»)
bonsai n.m. 1 BOTÂNICA árvore anã originária do Japão, obtida pelo corte de determinados ramos e raízes e da aplicação de ligaduras ao tronco de determinados espécimes 2 arte de jardinagem japonesa para cultivo daquelas árvores (Do jap. *bonsai*, «árvore em vaso»)
bons-dias n.m.pl. 1 cumprimento usado durante a manhã 2 BOTÂNICA designação extensiva a algumas plantas espontâneas e de cultura, da família das Convolvuláceas, cujas flores abrem de dia e fecham à noite, como o azurraque, as madrugadas e a trepadeira; *dar os ~* cumprimentar alguém durante a manhã (dizendo, geralmente, bons dias!)
bónus n.m.2n. 1 prémio que algumas empresas concedem aos seus clientes ou associados 2 prémio concedido por sorteio em certos sistemas de vendas a prestações 3 abatimento no preço; desconto (Do lat. *bonus*, «bom»)
bonzo[1] n.m. 1 sacerdote budista 2 [pop.] homem hipócrita; indivíduo impassível (Do japonês *bózu*, «religioso ordinário ou ignorante»)
bonzo[2] n.m. [Angola] batata doce cozida, com azeite, bananas e milho, vendida às portas das casas (Do quimbundo *mbonzo*, «idem»)
boom n.m. 1 aumento súbito de algo 2 desenvolvimento acelerado de uma região 3 ECONOMIA subida repentina do nível da atividade económica a que correspondem progressos do investimento, aumento de lucros, diminuição de desemprego, etc. 4 ECONOMIA ponto máximo do ciclo económico (Do ing. *boom*, «id.»)
Boota n.m. ASTRONOMIA [ant.] ⇒ **boieiro** n.m. 3
Bootes n.m. ASTRONOMIA [ant.] ⇒ **boieiro** n.m. 3 (Do lat. *Boōtes*, «id.»)
boqueada n.f. 1 ação de boquear 2 bocejo (Part. pass. fem. subst. de boquear)
boquear v.intr. 1 abrir a boca para respirar sofregamente (o animal a morrer ou que respira dificilmente) 2 agonizar 3 falar em voz baixa; murmurar; boquejar ■ v.tr. dizer mal de (De boca+-ear)
boqueira n.f. 1 pequena ferida na junção dos lábios 2 entrada; limiar (De boca+-eira)
boqueirão n.m. 1 grande boca 2 abertura grande 3 rua ou travessa que dá acesso ao cais de um rio ou canal (Do cast. *boquerón*, «abertura grande»)
boqueiro n.m. 1 [regionalismo] buraco numa presa de água 2 [regionalismo] abertura estreita numa tapada 3 [regionalismo] rede usada na pesca da boga (De boca+-eiro)
boquejadura n.f. ⇒ **boquejamento** (De boquejar+-dura)
boquejamento n.m. ato de boquejar (De boquejar+-mento)

boquejar v.tr. 1 tocar com a boca 2 abocanhar 3 [fig.] criticar ■ v.intr. 1 falar por entre dentes 2 bocejar 3 [fig.] murmurar (De boca+-ejar)

boquejo /ê/ n.m. 1 ato ou efeito de boquejar 2 bocejo 3 aquilo que se diz em voz baixa; murmúrio 4 conversa informal 5 notícia sem fundamento; boato 6 [regionalismo] segunda refeição dada aos trabalhadores nas malhadas (Deriv. regr. de boquejar)

boquelamento n.m. [Angola] discurso (Do quimb. kubokela, «apregoar»)

boquelho /ê/ n.m. buraco ao pé da boca do forno (De boca+-elho)

boqui- elemento de formação de palavras que exprime a ideia de boca (Do lat. bucca-, «boca»)

boquiaberto adj. pasmado; de boca aberta; alvar (De boqui-+aberto)

boquiardente adj.2g. (cavalgadura) muito sensível à ação do freio (De boqui-+ardente)

boquiduro adj. (cavalo) que não se ressente muito da ação do freio (De boqui-+duro)

boquifendido adj. diz-se do cavalo que tem a boca muito fendida (De boqui-+fendido)

boquilargo adj. que tem a boca larga (De boqui-+largo)

boquilha n.f. 1 tubo onde se mete o cigarro ou o charuto para fumar 2 encaixe dos caixilhos das janelas 3 embocadura de certos instrumentos de sopro (Do cast. boquilla, «id.»)

boquim n.m. MÚSICA tubo suplementar que se adapta a alguns instrumentos de sopro (De boca+-im)

boquinha n.f. 1 [coloq.] boca pequena 2 trejeito com a boca 3 beijinho de criança; *fazer ~* franzir os lábios, contrariado (De boca+-inha)

boquirroto adj. incapaz de guardar um segredo (De boqui-+roto)

boquisseco /ê/ adj. 1 sequioso 2 [fig.] calado; mudo (De boqui-+seco)

boquitorto /ô/ adj. que tem a boca torta, de lado (De boqui-+torto)

borace n.m. QUÍMICA ⇒ **bórax** (Do lat. med. borāce-, «bórax»)

borácico adj. relativo ao bórax ou borace (De borace+-ico)

boracite n.f. MINERALOGIA mineral constituído por cloroborato de magnésio (De borace+-ite)

Boragináceas n.f.pl. BOTÂNICA família de plantas dicotiledóneas, herbáceas, subarbustivas ou arbustivas; Boragíneas (Do lat. vulg. boragĭne-, «borragem» +-áceas)

Boragíneas n.f.pl. BOTÂNICA ⇒ **Boragináceas** (Do lat. vulg. boragĭne-+-íneas)

boratado adj. que contém borato (De borato+-ado)

borato n.m. 1 QUÍMICA composto cujo anião contém boro 2 QUÍMICA tetraborato de sódio 3 pl. MINERALOGIA classe de minerais (de que são exemplos a boracite, o bórax e a ulexite) em que a estrutura fundamental dos cristais é a cadeia formada pelo grupo BO₃ (Do fr. borate, «id.»)

bórax n.m.2n. 1 QUÍMICA tetraborato dissódico natural 2 ⇒ **tincal** (Do ár. burāq, «id.», pelo lat. med. borax, «id.»)

borboleta /ê/ n.f. 1 ZOOLOGIA designação comum a todos os insetos, no seu estado perfeito, pertencentes à ordem dos lepidópteros; mariposa 2 peça que regula a admissão da quantidade de ar num carburador 3 dispositivo que regula a passagem de água, gasolina, etc., nos respetivos contadores 4 dispositivo que regula a entrada de pessoas num recinto 5 BOTÂNICA nome vulgar de um ranúnculo dos jardins 6 ZOOLOGIA nome vulgar de um molusco, gastrópode (pterópode), pelágico, cujos lobos laterais do pé atuam como barbatanas 7 [fig.] pessoa volúvel 8 [fig.] prostituta (Do lat. vulg. *papillītta-, dim. de papilīo, «borboleta»)

borboleta-da-couve n.f. borboleta de tamanho médio, branca com manchas negras, que se alimenta de plantas, sobretudo de couves

borboletear v.intr. 1 mover-se como as borboletas 2 vaguear; devanear (De borboleta+-ear)

borboleteio n.m. ato ou efeito de borboletear (Deriv. regr. de borboletear)

borboniano adj. relativo à família francesa dos Bourbons (Do fr. bourbonien, «id.»)

borbónico adj. ⇒ **borboniano** (De borboniano, com mud. de suf.)

borborejar v.intr. fazer o ruído da água em cachão (De orig. onom.)

borborigmo n.m. ruído produzido por gases nos intestinos (Do gr. borborygmós, «ruído dos intestinos»)

borborismo n.m. ⇒ **borborigmo**

borbotão n.m. jato impetuoso de um líquido ou de um gás; jorro; golfada (De borboto+-ão)

borbotar v.intr. formar borbotões; jorrar com ímpeto (De borbulhar × brotar)

borboto n.m. 1 BOTÂNICA gomo; rebento 2 pequeno tufo que se forma à superfície dos tecidos de lã (Deriv. regr. de borbotar)

borbulha n.f. 1 pequeno inchaço na pele geralmente inflamado e com formação de gordura; espinha 2 formação vesiculosa cutânea 3 bolha gasosa que se pode formar nos líquidos 4 BOTÂNICA gomo de uma planta utilizado para enxertia; gema; brulha 5 [fig.] ponto fraco de alguém; mácula; balda 6 discussão; zaragata (Deriv. regr. de borbulhar)

borbulhaço n.m. 1 borbulha muito grande; borbulhão 2 grande quantidade de borbulhas; borbulhagem (De borbulha+-aço)

borbulhagem n.f. grande quantidade de borbulhas; erupção cutânea (De borbulha+-agem)

borbulhante adj.2g. 1 que apresenta borbulhas 2 fervente; em cachão (De borbulhar+-ante)

borbulhão n.m. 1 grande borbulha ou bolha 2 jorro forte; cachão (De borbulha+-ão)

borbulhar v.intr. 1 encher-se de borbulhas 2 jorrar com ímpeto; borbotar 3 formar cachão, fervendo 4 BOTÂNICA (planta) formar botões (Do lat. *bulbulliāre, do lat. bullīre, «ferver», pelo cast. borbollar, «borbulhar»)

borbulhento adj. 1 que tem borbulhas 2 que borbulha (De borbulha+-ento)

borbulhoso /ô/ adj. 1 cheio de borbulhas 2 que sai em bolhas 3 que forma bolhas 4 borbulhento (De borbulha+-oso)

borcar v.tr. 1 [regionalismo] pôr de borco; virar de barriga para baixo 2 [regionalismo] vomitar (Do lat. *volvicāre, «rodar; revolver», deriv. de volvĕre, «virar»)

borco /ô/ n.m. posição voltada para baixo; *de ~* 1 (vasilha) de boca para baixo; 2 (pessoa) de barriga para baixo (Deriv. regr. de borcar)

borda n.f. 1 extremidade de uma superfície 2 beira 3 orla; ourela; fímbria 4 margem 5 (navio) amurada 6 praia 7 espécie de clava com pregos cravados; *pela ~ fora* para fora da embarcação, para o exterior (Do frânc. bord, «amurada de navio», pelo fr. bord, «id.»)

bordação n.f. [regionalismo] pagamento anual ao padre (De orig. obsc.)

bordada n.f. 1 NÁUTICA ação de bordejar; ação de navegar mudando de rumo frequentemente para apanhar vento favorável 2 NÁUTICA descarga de artilharia de um dos lados de um navio 3 NÁUTICA lado do navio; banda; bordo 4 NÁUTICA uma das velas do mastro de uma galé (Part. pass. fem. subst. de bordar)

borda-d'água n.f. 1 beira-mar 2 margem de rio ou lago ■ n.m. espécie de calendário popular

bordadeira n.f. (masculino **bordador**) mulher que borda (De bordar+-deira)

bordado adj. guarnecido ■ n.m. 1 trabalho de agulha, feito manualmente ou à máquina, sobre um motivo desenhado num tecido ou tela 2 tecido assim ornado (Part. pass. de bordar)

bordador n.m. (feminino **bordadeira** ou **bordadora**) aquele que borda (De bordar+-dor)

bordadura n.f. 1 ato ou efeito de bordar 2 cercadura decorativa de tecido, linha ou outros materiais 3 lavor que se faz, bordando; bordado 4 cercadura de plantas num canteiro de jardim 5 ARQUITETURA moldura de um baixo-relevo 6 HERÁLDICA cercadura ornamental em volta do escudo 7 NÁUTICA borda falsa das canoas (De bordar+-dura)

bordagem n.f. NÁUTICA madeira que forma o bordo do costado do navio (Do fr. bordage, «id.»)

bordaleiro n.m. [regionalismo] espécie de carneiro de lã crespa, de qualidade inferior (De orig. obsc.)

bordalengo adj. 1 relativo à cidade francesa de Bordéus 2 de Bordéus 3 [fig., pej.] grosseiro; tosco 4 [fig., pej.] estúpido; ignorante (Do lat. Burdigăla-, «Bordéus»+-engo)

bordalense adj.2g. que diz respeito a Bordéus ■ n.2g. habitante ou natural de Bordéus (Do lat. burdigalense-, «de Bordéus»)

bordalês adj.,n.m. ⇒ **bordalense** (Do fr. bordelais, «id.»)

bordalesa n.f. barril para vinho, usado em Bordéus, com a capacidade de 225 litros (De bordalês)

bordalo n.m. ICTIOLOGIA ⇒ **escalo** (De orig. obsc.)

bordão[1] n.m. 1 pau que serve para apoio de quem caminha; bastão; cajado 2 MÚSICA corda grossa que, em alguns instrumentos musicais, produz sons graves 3 MÚSICA som emitido por essa corda 4 MÚSICA corda dupla estendida sobre a pele inferior de alguns tambores 5 MÚSICA registo de tessitura grave da pedaleira do órgão 6 parte das antigas armaduras dos cavalos destinada a proteger o peito ou as ancas do animal 7 HIPISMO peça em que o cavaleiro apoia o pé quando cavalga; estribo 8 [fig.] aquilo que serve de proteção; amparo; ajuda **9** [fig.] palavra ou expressão que uma pessoa repete constantemente ao falar ou escrever; *falso bordão* MÚSICA antiga composição polifónica vocal em terças e sextas paralelas, fabordão (Do latim tardio *burdōne-*, «mula», talvez de origem céltica)

bordão² *n.m.* [Angola] BOTÂNICA pernada fibrosa e resistente da palmeira-bordão, com várias aplicações na vida comunitária: mesas, cadeiras de braços, remos, estrutura ou cobertura de casas (De *palmeira-bordão*)

bordão-de-são-josé *n.m.* BOTÂNICA ⇒ **açucena 1**

bordar *v.tr.* **1** fazer um bordado **2** ornar; enfeitar **3** cercar **4** [fig.] (discurso) entremear com expressões de retórica **5** fantasiar; imaginar ■ *v.intr.* executar bordados (Do franc. **brozdōn*, «bordar», pelo fr. *broder*, «id.», com met.)

bordear *v.tr.,intr.* ⇒ **bordejar** ■ *v.tr.* [regionalismo] voltar a aresta de (qualquer peça de latão) (De *borda+-ear*)

bordeaux *adj.inv.* da cor do vinho; de um vermelho-escuro ■ *n.m.* cor do vinho tinto; tonalidade de vermelho-escuro (Do fr. *bordeaux*, «id.»)

bordegão *adj.* ⇒ **bordalengo** (Do lat. *Burdigala-*, «Bordéus» +*-ão*)

bordeira *n.f.* **1** [Cabo Verde] borda; beira **2** [Cabo Verde] situação difícil (De *borda*)

bordejado *adj.* **1** bordado **2** franjado **3** orlado (Part. pass. de *bordejar*)

bordejar *v.intr.* **1** navegar, mudando de rumo frequentemente para apanhar vento favorável **2** cambalear ■ *v.tr.* andar em volta de (Do it. *bordeggiare*, «bordejar»)

bordel *n.m.* casa de prostituição; lupanar; alcouce (Do fr. *bordel*, «id.», ou do it. *bordello*, «id.»)

bordeleiro *adj.* relativo a bordel ■ *n.m.* o que frequenta bordéis (De *bordel+-eiro*)

bordelês *adj.,n.m.* ⇒ **bordalense** (Do lat. *burdigalense-*, «id.», pelo prov. *bordelês*, «id.»)

bordéus *n.m.2n.* vinho produzido na região de Bordéus (França) (De *Bordéus*, top.)

bordo¹ *n.m.* **1** NÁUTICA lado do navio; bordada **2** NÁUTICA rumo do navio **3** o interior de navio ou de avião **4** borda; beira **5** passeio **6** [fig.] disposição; humor **7** *pl.* ziguezagues; *a* ~ dentro de embarcação ou aeronave; *andar aos bordos* cambalear, estar bêbedo; *dar um* ~ dar uma volta; *de alto* ~ (navio) grande (Do franc. **bord*, «amurada de barco», talvez pelo fr. *bord*, «id.»)

bordo² /ô/ *n.m.* **1** BOTÂNICA nome vulgar extensivo a algumas árvores da família das Aceráceas, frequentes em algumas regiões de Portugal; ácer **2** madeira destas árvores (Do lat. *alburnu-*, «alburno»)

bordô *adj.inv.,n.m.* ⇒ **bordeaux**

bordoada *n.f.* **1** golpe dado com bordão; paulada **2** pancadaria; sova **3** [pop.] grande quantidade **4** [colôq.] o que provoca abalo emocional ou psicológico; pantufada (De *bordão+-ada*)

bordoeira *n.f.* [Brasil] ⇒ **bordoada 2** (De *bordão+-eira*)

boré *n.m.* trombeta (Do tupi *boré*, «id.»)

boreal *adj.2g.* do lado do norte; setentrional; *aurora* ~ GEOGRAFIA aurora de luz difusa, constituída por faixas e arcos coloridos e brilhantes, que se observa em latitudes boreais (Do lat. *boreāle-*, «id.»)

bóreas *n.m.* [poét.] vento norte (Do gr. *boréas*, «id.», pelo lat. *borĕas*, «id.»)

borga *n.f.* [pop.] estroinice; pândega; vadiagem (De orig. obsc.)

borgonha /ô/ *n.m.* vinho da Borgonha, região da França oriental (Do lat. *Burgundĭa-*, top. «Borgonha», região a leste da Gália)

borgonhês *adj.* da Borgonha ■ *n.m.* o que é natural da Borgonha (De *Borgonha*, top. +*-ês*)

borguinhão *adj.,n.m.* ⇒ **borgonhês** (Do fr. *bourguignon*, «id.»)

borguista *adj.2g.* que diz respeito a borga ■ *n.2g.* pessoa que gosta muito de borga; estroina (De *borga+-ista*)

bori *n.m.* BOTÂNICA ⇒ **buri**

bórico *adj.* QUÍMICA (composto) derivado do boro (De *boro+-ico*)

borla *n.f.* **1** ornamento de passamanaria composto de um botão de onde pendem tufos de fios em forma de campânula **2** barrete, grau ou insígnias de doutor **3** rodela no topo do mastro da bandeira **4** entrada gratuita para assistir a um espetáculo **5** [Brasil] penetra **6** calote; *de* ~ [colôq.] de graça, gratuitamente (Do lat. vulg. **burrŭla-*, «floco de lã», dim. do lat. tard. *burra-*, «burel; tecido grosseiro de lã»)

borlado *adj.* **1** orlado **2** franjado **3** bordado **4** doutorado (De *borla+-ado*)

borleado *adj.* guarnecido de borla (De *borla+-eado*)

borlista *n.2g.* **1** pessoa que costuma comer ou divertir-se à custa alheia; pendura **2** pessoa que assiste a espetáculos sem pagar **3** o que faz ou prega borlas (De *borla+-ista*)

bornal *n.m.* **1** saco em que os soldados, trabalhadores e viajantes levam as suas provisões **2** saco de forragens em que se mete o focinho da cavalgadura para ela comer sem ser desatrelada **3** [fig.] pessoa desajeitada e mal vestida (De orig. obsc.)

borne¹ *n.m.* BOTÂNICA ⇒ **alburno** (Do lat. *alburnu-*, «alburno»)

borne² *n.m.* ELETRICIDADE peça metálica de um circuito elétrico à qual se liga um fio para estabelecer ligação com um circuito externo (Do fr. *borne*, «id.»)

bornear *v.tr.* **1** alinhar com a vista **2** mover horizontalmente (o canhão) para o apontar (De *borne+-ear*)

borneio¹ *n.m.* **1** ato de bornear **2** movimento circular em plano horizontal (Deriv. regr. de *bornear*)

borneio² *n.m.* [ant.] lança de ponta romba utilizada em torneios e justas (De orig. obsc.)

borneira *n.f.* **1** pedra negra e dura geralmente utilizada para fazer mós **2** a mó feita de pedra borneira ■ *adj.* diz-se da mó feita desta pedra (De orig. obsc.)

borneiro¹ *adj.* **1** diz-se de uma pedra negra de que se faziam mós, e da mó feita dessa pedra **2** moído em borneira; *pão* ~ pão escuro, moído na mó borneira (De *borneira*)

borneiro² *n.m.* buraco no tampo do tonel ou da pipa onde se introduz a torneira ■ *adj.* diz-se da madeira que tem muito borne (alburno) (De *borne+-eiro*)

borneol *n.m.* QUÍMICA, FARMÁCIA ⇒ **cânfora 1** (De *Bornéu*, top. +*-ol*)

bornite *n.f.* MINERALOGIA mineral cuja composição química corresponde ao sulfureto de cobre e ferro, que cristaliza no sistema cúbico e é minério de cobre (De *I. von Born*, mineralogista austríaco, 1742-1791 +*-ite*)

borno /ô/ *adj.* [pop.] ⇒ **morno**

boro *n.m.* QUÍMICA elemento com o número atómico 5 e símbolo B, que figura na composição dos boratos, de grande atividade redutora, pouco fusível e quase tão duro como o diamante (Do lat. med. *borax*, «biborato de sódio», do ár. *burāq*, pelo fr. *bore*, «id.»)

boroa *n.f.* ⇒ **broa** (Do pré-rom. **boruna*, pelo cast. *borona*, «pão de milho»?)

borra¹ *n.f.* **1** parte sólida em suspensão num líquido e que assenta quando este está em repouso; lia **2** sedimento **3** [pej.] grupo de pessoas sem mérito **4** [pop.] diarreia (Deriv. regr. de *borrar*)

borra² /ô/ *n.f.* **1** parte do casulo que não se fia; desperdícios de seda na fiação **2** [fig.] coisa de valor insignificante (Do lat. *bŭrra-*, «fazenda grosseira de lã»)

borra³ *n.f.* ORNITOLOGIA ⇒ **chasco**¹ (De orig. obsc.)

borra-botas *n.2g.2n.* **1** [pop.] indivíduo sem valor **2** [pop.] engraxador (De *borrar+bota*)

borraça *n.f.* aguaceiro de chuva miúda; chuvisco (De *borra+-aça*)

borraçal *n.m.* **1** lameiro de pastagem **2** casta de uva tinta (Por *morraçal*)

borraçar *v.intr.* chuviscar; morraçar (De *borraça+-ar*)

borraceira *n.f.* variedade de azeitona graúda, mas pouco apreciada (De *borraceiro*)

borraceiro *n.m.* **1** chuva miudinha e persistente **2** variedade de azeitona graúda, mas pouco apreciada ■ *adj.* **1** chuvoso **2** que tem muita borra **3** diz-se do azeite extraído da azeitona que, depois de madura, apanhou chuva (De *borraça+-eira*)

borracha *n.f.* **1** substância elástica obtida por coagulação e secagem do látex extraído de certas plantas, nomeadamente da árvore-da-borracha **2** seringa feita desse material **3** pedacinho desse material para apagar a escrita ou o desenho; safa **4** vaso de couro com bocal de madeira para pequena quantidade de vinho; *passar uma* ~ [fig.] passar uma esponja, esquecer, perdoar (Do it. *borraccia*, «id.»)

borrachão *n.m.* [colôq.] indivíduo que bebe muito; beberrão (De *borracho* [=bêbedo]+*-ão*)

borracheira *n.f.* **1** [colôq.] embriaguez; bebedeira **2** [fig.] disparate; desconchavo **3** coisa sem arte; obra mal feita (De *borracho* [=bêbedo]+*-eira*)

borracheiro *n.m.* **1** [Madeira] o que transporta vinho em borrachos ou odres **2** indivíduo que, na Amazónia (Brasil), faz as incisões na seringueira e recolhe o látex; seringueiro (De *borracho* [=odre]+*-eiro*)

borrachice *n.f.* ⇒ **borracheira** (De *borracho* [=bêbedo]+*-ice*)

borracho¹ *n.m.* **1** cria do pombo **2** [colôq.] pessoa bonita e atraente (Do lat. *burru-*, «vermelho») [cor que têm os pombos a que ainda não cresceram penas] +*-acho*)

borracho² *adj.,n.m.* [colôq.] bêbedo; ébrio; embriagado (Do cast. *borracho*, «id.»)

borracho³ *n.m.* **1** [Madeira] odre feito de pele de cabrito, em que os borracheiros transportam o vinho dos lagares para as adegas

borrachudo

2 [regionalismo] CULINÁRIA bolinho de farinha e ovos amassados com vinho branco (De *borracha*)

borrachudo *adj.* inchado como uma borracha cheia; bojudo; gordo (De *borracha+-udo*)

borrada *n.f.* 1 ato ou efeito de borrar 2 grande quantidade de borra 3 porcaria 4 [fig.] coisa mal feita; grande asneira 5 ação indecorosa; *sair uma ~* [coloq.] dar mau resultado, dar asneira (Part. pass. fem. subst. de *borrar*)

borradela *n.f.* 1 ato ou efeito de borrar 2 pintadela ligeira 3 mancha de excremento de moscas, etc. 4 borrão (De *borrar+-dela*)

borrador *n.m.* 1 trabalho escrito não definitivo, para passar a limpo; rascunho; borrão 2 caderno de apontamentos 3 [ant.] caderno ou livro em que se inscreviam dia a dia as operações comerciais, com o fim exclusivo de auxiliar a escrituração 4 [pop.] mau pintor (De *borrar+-dor*)

borradura *n.f.* 1 ação ou efeito de borrar 2 borrões ou nódoas que tornam ilegível o que está escrito (De *borrar+-dura*)

borragem *n.f.* BOTÂNICA planta herbácea, da família das Boragináceas, espontânea e frequente em Portugal 2 a flor desta planta (Do lat. vulg. *borragĭne-*, «borragem»)

Boragináceas *n.f.pl.* BOTÂNICA ⇒ **Boragináceas**

borraina *n.f.* 1 HIPISMO o acolchoado pela parte interior dos arções da sela 2 debrum que une as placas de chumbo de um terraço quando não são soldadas (De orig. obsc.)

borralha *n.f.* ⇒ **borralho** (De *borra+-alha*)

borralheira *n.f.* lugar onde se junta o borralho (De *borralho+-eira*)

borralheiro *adj.* 1 que gosta de estar ao borralho; friorento 2 que gosta de estar em casa; caseiro ■ *n.m.* lugar onde se junta o borralho; borralheira (De *borralho+-eiro*)

borralhento *adj.* da cor do borralho; cinzento (De *borralho+-ento*)

borralho *n.m.* 1 brasido coberto com a própria cinza 2 [fig.] lareira; lume 3 [fig.] lar (De *borra+-alho*)

borrão *n.m.* 1 nódoa de tinta 2 mancha 3 rascunho; borrador; debuxo 4 [fig.] ação indecorosa; desdouro; vergonha 5 [regionalismo] porco; suíno (De *borra+-ão*)

borrar *v.tr.* 1 deitar borrões em 2 sujar; enodoar 3 riscar 4 [fig.] perder o prestígio; deslustrar ■ *v.intr.* defecar ■ *v.pron.* 1 sujar-se 2 praticar uma ação indecorosa; desacreditar-se; deslustrar-se 3 [coloq.] ficar muito assustado ou cheio de medo; *~ a pintura* estragar o que está feito (De *borra+-ar*)

borrasca *n.f.* 1 tempestade violenta e repentina, geralmente acompanhada de vento e chuva, de curta duração; furacão 2 tempestade marítima 3 [fig.] acesso súbito de ira ou de mau humor 4 [fig.] contrariedade súbita que dá origem a inquietações 5 [fig.] zaragata; motim; tumulto; revolta (Do it. *burrasca*, «id»)

borrascoso *adj.* 1 em que há borrasca 2 que ameaça borrasca; tempestuoso (De *borrasca+-oso*)

borrasqueiro *n.m.* grande borrasca; tempestade (De *borrasca+-eiro*)

borratada *n.f.* 1 grande borrão 2 porção de borrões (Part. pass. fem. subst. de *borratar*)

borratão *n.m.* ⇒ **borratada** (De *borratar+-ão*)

borratar *v.tr.* sujar com borrões (De *borra+t+-ar*)

borrazeira *n.f.* BOTÂNICA ⇒ **salgueiro-preto** (De *borra+z+-eira*?)

borrega /ê/ *n.f.* 1 ovelha nova 2 bolha nos pés ou nas mãos 3 [coloq.] mulher fisicamente atraente 4 [coloq.] rapariga esbelta (De *borrego*)

borregada *n.f.* 1 rebanho de borregos e borregas 2 [fig.] disparate (De *borrego+-ada*)

borregar *v.intr.* 1 berrar como um borrego; berregar 2 abortar a aterragem 3 (cavalo) recusar-se a efetuar o salto sobre um obstáculo (De *borrego+-ar*)

borrego /ê/ *n.m.* 1 carneiro até um ano de idade 2 animal muito manso 3 [fig.] pessoa excessivamente boa e pacífica (Do cast. *borrego*, «id.»)

borregueiro *n.m.* pastor de borregos (De *borrego+-eiro*)

borreguice *n.f.* 1 disparate; pacovice; estupidez 2 indolência (De *borrego+-ice*)

borrelho /ê/ *n.m.* 1 ZOOLOGIA molusco gastrópode, da família dos Litorinídeos, castanho-esverdeado, de listas esbranquiçadas e negras, vulgar nas costas mediterrânicas e atlânticas, também conhecido por burgau e burrié 2 ORNITOLOGIA ave de pequeno porte, da família dos Caradriídeos, que vive no lodo; maçarico (Do lat. *burru-*, «ruço; encarnado»)

borrento *adj.* que tem muita borra (De *borra+-ento*)

borriçar *v.intr.* cair chuva miudinha; chuviscar; borraçar (De *borra+-iço+-ar*)

borriceiro *n.m.* chuva miudinha e persistente; borraceiro (De *borriço+-eiro*)

borriço *n.m.* chuva miudinha e persistente; borraceiro; chuvisco (Deriv. regr. de *borriçar*)

borrifadela *n.f.* 1 ato ou efeito de salpicar com água 2 chuva miudinha que dura pouco tempo (De *borrifar+-dela*)

borrifador *n.m.* 1 o que borrifa 2 utensílio, geralmente de plástico ou metal, com pequenos orifícios por onde saem salpicos de água, usado normalmente para borrifar a roupa 3 regador (De *borrifar+-dor*)

borrifar *v.tr.* 1 deitar borrifos em; salpicar; aspergir 2 molhar ligeiramente a roupa, com salpicos de água, antes de a passar a ferro 3 orvalhar ■ *v.intr.* chuviscar ■ *v.pron.* não ligar importância; *estar a ~-se para* não ligar importância a, não querer saber de (Por *borriçar*)

borrifo *n.m.* 1 difusão de gotas 2 *pl.* gotas de líquido aspergido 3 *pl.* gotas miúdas e espaçadas de chuva; chuvisco 4 *pl.* pequenos pontos; pintas (Deriv. regr. de *borrifar*)

borriscada *n.f.* temporal repentino e forte (Part. pass. fem. subst. de *borriscar*)

borriscar *v.intr.* haver borrisco ou borriscada; cair um temporal (De *borrisco+-ar*)

borrisco *n.m.* chuva miudinha; borrifo; borraceiro (De *borra+-isco*)

borro /ô/ *n.m.* carneiro entre um e dois anos de idade (Do lat. *burru-*, «ruço; vermelho»)

borroso *adj.* [regionalismo] qualificativo do centeio graúdo e limpo (De orig. obsc.)

bort *n.m.* MINERALOGIA variedade de diamante opaco ou turvo, usado na indústria como abrasivo e em instrumentos cortantes ou perfurantes (Do hol. *boort*, «diamante grosseiro», pelo ing. *boart* ou *bort*, «id.», e pelo fr. *bort*, «id.»)

borututu *n.m.* [Angola] BOTÂNICA pequena árvore da família das Coclospermáceas, cujas raízes têm largas aplicações medicinais (Do quioco *mbrututu*, «id.»)

borzeguieiro *n.m.* [ant.] ⇒ **borzeguineiro**

borzeguim *n.m.* calçado até meio da perna, com atacadores ou botões (Do hol. *borseken*, «pequena bota de couro», pelo fr. ant. *brosequin*, mod. *brodequin*, «bota de marchar», pelo cast. *borcegui*, «borzeguim»)

borzeguineiro *n.m.* [ant.] fabricante ou vendedor de borzeguins (De *borzeguim+-eiro*)

bosão *n.m.* FÍSICA designação da partícula que assegura as interações entre os constituintes da matéria (partícula que obedece à estatística de Bose-Einstein e cujo spin ou é nulo ou é dado por um número inteiro: fotões, mesões π, núcleos de número de massa par, partículas α) (De *S. Bose*, físico indiano, 1894-1974, pelo ing. *boson*, «id.»)

bosboque *n.m.* ZOOLOGIA mamífero selvagem, ruminante, muito corpulento, da família dos Bovídeos, atualmente em vias de extinção; bisão; bisonte (Do lat. *bos*, «boi»+al. *Bock*, «bode»)

bosca *n.f.* [regionalismo] rede cónica empregada na pesca da lagosta e de lavagantes (De orig. obsc.)

boscagem *n.f.* 1 maciço de árvores; mata 2 ARTES PLÁSTICAS representação de bosques na pintura (Do prov. *boscatge*, «id.»)

boscarejo /ê/ *adj.* que é dos bosques ou vive neles (De *bosque+r+-ejo*)

bósnio *adj.* relativo ou pertencente à Bósnia e Herzegovina (país do sul da Europa) ■ *n.m.* natural ou habitante da Bósnia e Herzegovina (De *Bósnia*, top.)

bosque *n.m.* 1 conjunto de árvores, arbustos e outras plantas, em geral mais pequeno do que uma floresta 2 terreno coberto de arvoredo constituído frequentemente por apenas algumas espécies vegetais; mata (Do germ. **bosk*, «pequena mata; bosque», pelo prov. *bosc*, «id.»)

bosquejar *v.tr.* 1 fazer o bosquejo de; esboçar 2 descrever a traços largos; resumir (Do cat. *bosquejar*, «desbastar um tronco; bosquejar», pelo cast. *bosquejar*, «id.»)

bosquejo /ê/ *n.m.* 1 ato ou efeito de bosquejar 2 esboço; rascunho 3 descrição sumária (Deriv. regr. de *bosquejar*)

bosquímano *adj.,n.m.* ⇒ **boximane**

Bosquímanos *n.m.pl.* ETNOGRAFIA ⇒ **Boximanes**

bossa *n.f.* 1 MEDICINA inchaço formado em consequência de uma contusão 2 protuberância irregular nas costas; corcunda 3 ZOOLOGIA (camelo, dromedário) protuberância dorsal 4 ANATOMIA saliência arredondada de certos ossos 5 protuberância craniana que, segundo a teoria frenologista, indicaria determinada faculdade ou aptidão

6 [fig.] tendência; disposição **7** [Brasil] buraco no pavimento da estrada (Do fr. ant. *boce*, mod. *bosse*, «id.»)

bossagem *n.f.* **1** parte de uma construção que ressai do prumo ou da superfície **2** qualquer pedra ou madeiramento que sai fora da prumada de uma construção **3** conjunto de bossas (Do fr. *bossage*, «id.»)

bossa nova *n.f.* MÚSICA movimento musical popular brasileiro iniciado em finais de 1950, que consiste numa variante suave e pausada do samba, e que é definido pela valorização das letras e pela renovação a nível rítmico e melódico

bosta *n.f.* **1** excremento de gado bovino **2** [cal.] o que não presta; coisa sem valor; porcaria (Deriv. regr. de *bostal*)

bostal *n.m.* curral de gado bovino (Do lat. tard. *bostāre*, «estábulo para bois»)

bostar *v.tr.* sujar com bosta ■ *v.intr.* **1** expelir bosta **2** [fig.] dizer disparates (De *bosta*+*-ar*)

bostear *v.tr.* **1** sujar com bosta; embostar; embostear **2** barrar com bosta (as paredes, as eiras) **3** [fig.] proferir ditos que enojam (De *bosta*+*-ear*)

bosteira *n.f.* monte de bosta (De *bosta*+*-eira*)

bosteiro *n.m.* **1** monte de bosta; bosteira **2** animal que se nutre de bosta **3** escaravelho (De *bosta*+*-eiro*)

bostela *n.f.* **1** crosta de uma ferida; pústula **2** mau hábito (Do lat. *pustella*, por *pustŭla-*, «id.»)

bostelento *adj.* que tem bostelas; pustulento (De *bostela*+*-ento*)

bosteloso *adj.* ⇒ **bostelento** (De *bostela*+*-oso*)

bóston *n.m.* **1** jogo com quatro baralhos de 52 cartas, disputado entre quatro parceiros **2** dança originária de Boston, capital do Massachusetts, nos Estados Unidos (De *Boston*, top.)

bota *n.f.* **1** calçado que cobre o pé e parte da perna **2** [fig.] pessoa estúpida **3** [fig.] dificuldade; obstáculo **4** [fig.] patranha; mentira; *~ alta* bota que cobre a perna até ao joelho; *arrumar as botas* [pop.] deixar de praticar uma atividade, desistir, render-se; *bater a ~* [pop.] morrer; *dar/deitar ~* errar, enganar-se; *descalçar a ~* livrar-se de uma situação embaraçosa (Do fr. *botte*, «bota de montar»)

bota-abaixo *n.m.2n.* **1** lançamento de um navio à água **2** [fig.] maledicência; crítica destrutiva; *de ~* contundente, radical (De *botar*+*abaixo*)

botada *n.f.* **1** ato de botar; ato de lançar **2** investida; agressão (Part. pass. fem. subst. de *botar*)

bota-de-elástico ver nova grafia bota de elástico

bota de elástico *n.2g.* [coloq., pej.] pessoa considerada antiquada no que diz respeito a opiniões, costumes ou aparência exterior; pessoa avessa ao progresso

bota-fogo *n.m.* **1** MILITAR pau com um morrão na ponta com que se incendiava a peça de fogo **2** MILITAR pedaço de corda com alcatrão com a qual se comunicava o fogo à pólvora dos canhões antigos; morrão **3** MILITAR soldado que chegava fogo às peças de artilharia **4** pau provido de mecha com que se acendia o fogo de artifício **5** [fig.] provocador de distúrbios (De *botar*+*fogo*)

bota-fora *n.m.2n.* **1** despedida solene **2** lançamento de um navio à água **3** [fig.] grande atividade **4** gasto excessivo; desperdício (De *botar*+*fora*)

botaló *n.m.* NÁUTICA pau com ferros de três bicos na ponta para vários serviços a bordo (Da expr. *bota a ló!*, «ruma para barlavento!»)

botânica *n.f.* ciência que se dedica ao estudo da morfologia e da fisiologia das espécies vegetais; fitologia; *~ aplicada* área da botânica que estuda as relações entre as espécies vegetais e a vida humana e as aplicações práticas dos resultados desse estudo; *~ pura* área da botânica que estuda as espécies vegetais com finalidade puramente científica, sem preocupação com as suas possíveis aplicações práticas (Do gr. *botaniké (parádosis)*, «(ciência) que trata das plantas»)

botânico *adj.* relativo à botânica ■ *n.m.* indivíduo versado em botânica (Do gr. *botanikós*, «das plantas»)

botante *n.m.* ARQUITETURA porção de arco que vai dos contrafortes ou botaréus ao nascimento da abóbada; arcobotante (Do fr. *boutant*, «que empurra; que sustenta», part. pres. de *bouter*, «empurrar»)

botão *n.m.* **1** BOTÂNICA gomo que origina as flores e folhas **2** BOTÂNICA flor antes do desabrochamento **3** BOTÂNICA parte central das flores da família da Compostas **4** pequena peça, de forma variada e feita de diversos materiais, que se usa para apertar ou ornar o vestuário **5** jogo em que as crianças utilizam esta peça **6** peça redonda que se fixa a uma porta, janela ou gaveta, para as abrir ou fechar; puxador; maçaneta **7** ELETRICIDADE comando de um mecanismo ou de um aparelho elétrico **8** tumor cutâneo; verruga **9** (esgrima) peça de metal ou couro, arredondada, colocada na ponta do florete para que este não fira **10** brinco pequeno com a forma de uma bola pequena e sem pingente **11** [fig.] mamilo **12** ligação com forte apego de dois cabos ou duas partes de um mesmo cabo **13** INFORMÁTICA representação gráfica de uma opção ou de um comando que, ao ser selecionada, ativa a opção ou executa o comando a que está associada; *dizer com os seus botões* falar consigo mesmo (Do fr. *bouton*, «rebento; gomo; botão de roupa»)

botão-de-ouro *n.m.* BOTÂNICA planta herbácea, da família das Ranunculáceas, espontânea e frequente em Portugal, com uma subespécie cultivada, e também conhecida por erva-belida

botar[1] *v.tr.* **1** [pop.] colocar; pôr **2** [pop.] deitar; atirar; lançar **3** [Brasil] verter **4** [Brasil] vestir; usar **5** [Brasil] atribuir; imputar **6** [Brasil] introduzir; enfiar ■ *v.intr.* pôr ovos ■ *v.pron.* **1** arremessar-se; atirar-se (a) **2** (dente) tornar-se boto **3** entregar-se **4** estragar-se; *~ a carga ao mar* [pop.] vomitar (Do fr. ant. *bouter*, «empurrar; pôr», do frânc. *bôtan*, «empurrar; golpear»)

botar[2] *v.tr.* ⇒ **embotar** (De *boto*+*-ar*)

botar[3] *v.tr.* ⇒ **desbotar** (De orig. obsc.)

botaréu *n.m.* **1** ARQUITETURA elemento de reforço de uma estrutura de sustentação **2** ARQUITETURA contraforte de reforço para sustentação de arcos ou paredes **3** ARQUITETURA pilastra de reforço, adossada, ou arcobotante **4** peça que ampara ou sustêm outra; escora; pegão **5** ARQUITETURA estribo **6** [regionalismo] muro de socalco (Do cast. *botarel*, «id.»)

botarra *n.f.* ⇒ **botifarra** (De *bota*+*-arra*)

bota-selas *n.m.2n.* MILITAR toque de clarim para os soldados arrearem os cavalos (De *botar*+*sela*)

bote[1] *n.m.* pequeno barco a remo ou à vela; *ir no ~* deixar-se enganar (Do ing. med. *bôt*, «id.», mod. *boat*, pelo fr. ant. *bot*, «id.»)

bote[2] *n.m.* **1** golpe; cutilada **2** [fig.] censura **3** [fig.] desfalque (Do prov. *bot*, «id.»)

boteco *n.m.* [coloq.] estabelecimento comercial popular com artigos de uso corrente e onde se servem refeições rápidas (Deriv. regr. de *botequim*)

botelha /ê/ *n.f.* **1** garrafa **2** BOTÂNICA casta de pereira outrora cultivada em Portugal **3** cabaça **4** maciço de mato numa charneca (Do fr. *bouteille*, «id.», do lat. *butticŭla-*, dim. do lat. tard. *buttis*, «odre; tonel»)

botelharia *n.f.* **1** antigo cargo de botelheiro **2** [ant.] lugar ou móvel onde se guardam garrafas e frascos; frasqueira (De *botelheiro*+*-aria*)

botelheiro *n.m.* **1** operário vidreiro que faz garrafas **2** [ant.] o que cuidava da frasqueira ou dos vinhos engarrafados (De *botelha*+*-eiro*)

botelho /ê/ *n.m.* **1** [ant.] pequena medida para cereais **2** ⇒ **bodelha** (De *botelha*)

botequim *n.m.* estabelecimento comercial onde se servem bebidas alcoólicas, refrigerantes, cafés e algumas comidas leves; bar (Do it. *botteghino*, «local de venda de bilhetes de lotaria»)

botequineiro *n.m.* **1** dono de botequim **2** o que vende em botequim (De *botequim*+*-eiro*)

botica *n.f.* [ant.] estabelecimento onde se preparam e vendem remédios; farmácia (Do gr. biz. *apothíki*, «depósito; armazém», pelo lat. *apothēca-*, «id.», pelo fr. *boutique*, «venda; armazém»)

boticão *n.m.* forte pinça ou alicate para arrancar dentes (De *botica*+*-ão*)

boticária *n.f.* **1** [ant.] farmacêutica **2** [ant.] mulher de boticário **3** religiosa encarregada da farmácia do convento (De *boticário*)

boticário *n.m.* [ant.] farmacêutico (Do lat. *apothecarĭu-*, «armazenista»)

botifarra *n.f.* bota grande e grosseira (De *bota*+*f*+*-arra*)

botija *n.f.* **1** recipiente geralmente de borracha que se enche de água quente para aquecer alguma parte do corpo **2** recipiente de metal em que se vende o gás de consumo doméstico **3** vaso de grés, de boca estreita e asa pequena, destinado sobretudo a bebidas alcoólicas **4** [fig.] homem gordo; bazuluque; *apanhar alguém com a boca na ~* apanhar alguém em flagrante (Do lat. tard. *butticŭla-*, dim. de *buttis*, «tonel», pelo cast. *botija*, «id.»)

botilhão *n.m.* ⇒ **bodelha** (De *botelho*+*-ão*)

botim *n.m.* bota de cano curto, que termina geralmente acima do tornozelo (Do cast. *botín*, «id.»)

botina *n.f.* bota de senhora ou criança, muito justa, que apertava geralmente com botões (Do fr. *bottine*, «id.»)

botineiro *adj.* diz-se do touro que tem as pernas de cor diferente da do resto do corpo (Do cast. *botinero*, «id.»)

botirão *n.m.* utensílio de verga, em forma de funil, para a pesca da lampreia (De orig. obsc.)

boto¹ /ô/ *adj.* **1** (utensílio cortante) que não tem o gume afiado; embotado; rombo **2** deformado **3** (dente) que se ressente da ação das substâncias ácidas **4** [fig.] bronco; pouco perspicaz (Deriv. regr. de *botar*)

boto² /ô/ *n.m.* sacerdote hindu (Do conc. *bhat*, do sânsc. *bhatta*, «brâmane letrado»)

boto³ /ô/ *n.m.* ZOOLOGIA ⇒ **toninha** (De orig. obsc.)

boto⁴ *n.m.* [regionalismo] odre (Do b. lat. *bŭtte-*, «tonel; odre»)

botoaria *n.f.* fábrica, loja ou indústria de botões (De *botão+-aria*)

botoeira *n.f.* **1** casa para meter o botão **2** abertura na banda do casaco para colocar uma flor **3** mulher que faz ou vende botões (De *botão+-eira*)

botoeiro *n.m.* o que faz ou vende botões (De *botão+-eiro*)

botoque *n.m.* adorno em forma de disco ou botão que alguns povos ou tribos usam nas orelhas, no nariz ou nos lábios (De *batoque*, «rolha grossa»)

botox *n.m.* produto feito com toxina botulínica, que produz relaxamento muscular, usado sobretudo para fins terapêuticos e estéticos, principalmente em rugas de expressão, quando injetado sob a pele (Do ing. *Botox*®)

botrião *n.m.* PATOLOGIA ulceração pouco profunda na córnea transparente (Do gr. *bóthrion*, «pequena cavidade»)

botriocéfalo *n.m.* ZOOLOGIA designação que se refere a uns platelmintes, cestodes, de escólex alongado, parasitas de alguns animais, incluindo o homem (Do gr. *bóthrion*, «pequena cavidade» +*kephalé*, «cabeça»)

botrioide *adj.2g.* em forma de cacho de uvas (Do gr. *bótrys*, «cacho» +*eîdos*, «forma»)

botrióide ver nova grafia **botrioide**

botsuano *adj.* relativo ou pertencente ao Botsuana, país do Centro-Sul da África ■ *n.m.* pessoa natural do Botsuana (De *Botsuana*, top.)

botulina *n.f.* toxina produzida pela bactéria (*Clostridium botulinum*) que provoca o botulismo

botulismo *n.m.* PATOLOGIA intoxicação do homem e dos animais, provocada pela ingestão de alimentos estragados (charcutaria e conservas mal preparadas) que contêm botulina (Do lat. *botŭlu-*, «chouriço», pelo fr. *botulisme*, «intoxicação alimentar» provocada por chouriço mal conservado)

bouba *n.f.* MEDICINA ⇒ **buba** (De *buba*)

bouça *n.f.* **1** [regionalismo] terreno delimitado em que se criam pinheiros, eucaliptos, carvalhos e mato **2** [regionalismo] terreno inculto (Do lat. *baltĕa*, neut. pl. do adj. *baltĕu-*, «que cinge»)

bouçar *v.tr.* queimar o mato em (terreno de lavoura) (De *bouça+-ar*)

bouceira *n.f.* primeira estopa tirada do linho; tomento (De *bouça+-eira*)

boucelo *n.m.* falha na boca de qualquer vasilha de barro ou porcelana (Do lat. **buccella-*, por *buccŭla-*, «boca pequena»)

boucha *n.f.* [regionalismo] mato a que se lança fogo para depois se amanhar a terra (De *bouça*)

bouquet *n.m.* **1** ramo de flores dispostas harmoniosamente **2** conjunto de coisas dispostas de forma artística **3** aroma de um vinho ou licor que se desenvolve ao longo do seu envelhecimento **4** conjunto de foguetes lançados simultaneamente, produzindo um efeito grandioso (Do fr. *bouquet*)

bourbon *n.m.* bebida alcoólica afim do uísque, preparada a partir da destilação de grãos de milho (mais de 50%), malte e cevada, consumida principalmente nos Estados Unidos (Do ing. *bourbon*, «id.»)

boutique *n.f.* loja de venda de roupa e acessórios (Do fr. *boutique*)

bovarismo *n.m.* estado de espírito mediante o qual um indivíduo faz de si mesmo e da sua condição uma ideia falsa, como sucede com Emma Bovary, personagem principal do romance *Madame Bovary*, do escritor francês G. Flaubert, 1821-1880 (Do fr. *bovarysme*, «id.»)

Bóvidas *n.m.pl.* ZOOLOGIA ⇒ **Bovídeos**

Bovídeos *n.m.pl.* ZOOLOGIA família de mamíferos ruminantes providos de chifres e com dedos protegidos por cascos, a que pertencem os bois, os carneiros, as cabras e os antílopes (Do lat. *bove-*, «boi» +*-ídeos*)

bovini- elemento de formação de palavras que exprime a ideia de *bovino, boi* (Do lat. *bovīnu-*)

bovinicultor *n.m.* o que se dedica à bovinocultura; criador de gado bovino (De *bovini-+cultor*)

bovinicultura *n.f.* criação de gado bovino (De *bovini-+cultura*)

bovino *adj.* **1** do boi ou a ele relativo **2** constituído por bois (Do lat. *bovīnu-*, «de boi»)

bowling *n.m.* jogo que consiste em lançar uma bola relativamente pesada ao longo de uma pista estreita com cerca de 19 m de comprimento, com o objetivo de derrubar o maior número de pinos, de um conjunto de 10, em forma de garrafa e dispostos transversalmente em relação à pista (Do ing. *bowling*, «id.»)

boxador /cs/ *n.m.* DESPORTO pugilista; jogador de boxe (De *boxar+-dor*)

boxar /cs/ *v.intr.* **1** DESPORTO praticar o boxe **2** bater-se a murro (De *boxe+-ar*)

boxe¹ /cs/ *n.m.* **1** DESPORTO desporto de combate em que dois adversários usando luvas apropriadas se confrontam com socos; pugilismo **2** armadura metálica que se enfia nos dedos para dar socos **3** jogo do murro (Do ing. *boxing*, «luta com os punhos fechados», através da forma substantivada *box* «golpe; soco»)

boxe² /cs/ *n.m.* **1** HIPISMO (cavalariça) compartimento para um cavalo **2** *pl.* (corrida de automóveis) local, junto à pista, onde é prestada assistência aos carros em competição **3** [Brasil] nos quartos de banho, pequeno compartimento separado por vidro ou plástico, para banhos de chuveiro; polibã (Do ing. *box*, «caixa»)

boxeador /cs/ *n.m.* ⇒ **boxador** (De *boxear+-dor*)

boxear /cs/ *v.intr.* ⇒ **boxar** (De *boxe+-ear*)

boxer /cs/ *n.m.* cão de estatura média, de cor acastanhada, com o maxilar inferior mais saliente que o superior, focinho negro e orelhas longas e caídas (Do ing. *boxer*, «id.»)

bóxer /cs/ *n.m.* ⇒ **boxer**

boxers /cs/ *n.m.pl.* cuecas de homem com o formato de calção (Do ing. *boxer shorts*, «id.»)

boxeur /cs/ *n.m.* DESPORTO jogador de boxe; pugilista (Do fr. *boxeur*)

boximane /cs/ *adj.2g.* relativo aos Boximanes ■ *n.2g.* indivíduo dos Boximanes (Do hol. *boschiman*, «id.», de *boschi*, «dos bosques» +*man*, «homem»)

Boximanes /cs/ *n.m.pl.* ETNOGRAFIA povo nómada, caracterizado pela sua pequena estatura e pele clara, que habita principalmente o deserto de Calaári, no sudoeste de África (De *boximane*)

boxista /cs/ *n.2g.* ⇒ **boxador** (De *boxe+-ista*)

boy *n.m.* ⇒ **paquete**² 2 (Do ing. *office boy*, «id.»)

boysband *n.f.* MÚSICA banda constituída exclusivamente por elementos, geralmente adolescentes, do sexo masculino (Do ing. *boysband*, «id.»)

brabo *adj.* [Cabo Verde] bravo; bravio (Do crioulo cabo-verdiano *brábu*, «id.»)

braça *n.f.* medida antiga equivalente a 1,8288 m (De *braço*)

braçada *n.f.* **1** porção que se pode abranger com os braços; braçado **2** braça **3** movimento dos braços, na natação **4** ramo grosso de árvore; pernada; pola (De *braço+-ada*)

braçadeira *n.f.* **1** sinal distintivo em forma de faixa usado no braço **2** chapa metálica que segura duas ou mais peças de uma armação ou estrutura **3** tira plástica ou de borracha, insuflável, utilizada nos braços como medida de segurança quando se aprende a nadar **4** tira de tecido, com balão insuflável no interior, colocada à volta do braço para medir a tensão arterial **5** apanhador de cortina **6** argola que fixa o cano da espingarda ao fuste **7** (escudo) correia do escudo por onde se enfiava o braço (De *braço+-deira*)

braçado *n.m.* **1** porção que se abrange com os braços; braçada **2** [fig.] grande quantidade (De *braço+-ado*)

braçadura *n.f.* ⇒ **braçagem** (De *braço+-dura*)

braçagem *n.f.* trabalho braçal; serviço executado com os braços (De *braço+-agem*)

braçal *adj.2g.* **1** relativo aos braços **2** executado com a força dos braços; manual **3** diz-se de uma espécie de imposto ■ *n.m.* **1** (armadura) peça que protege os braços **2** ⇒ **braçadeira** 4 (Do lat. *brachiāle-*, «do braço»)

bracamarte *n.m.* espada curta de dois gumes (Do fr. *braquemart*, «id.»)

bracarense *adj.2g.* relativo ou pertencente a Braga ou que é seu natural ou habitante ■ *n.2g.* natural ou habitante de Braga (Do lat. *bracarense-*, «id.», de *Bracăra-*, «Braga»)

braçaria *n.f.* arte de fabricar projéteis com o braço (De *braço+-aria*)

brácaro *adj.,n.m.* ⇒ **bracarense** (Do lat. *Bracăra-*, top. «Braga»)

braceagem *n.f.* **1** ação de bracear **2** retribuição que se dava ao dono do metal pelo trabalho de o amoedar (De *bracear+-agem*)

bracear *v.intr.* **1** impulsionar o corpo para a frente quando se nada, por movimentos rotativos e alternados dos braços **2** movimentar os braços; bracejar **3** NÁUTICA orientar as velas ou mover as vergas em torno do mastro; ~ **à bolina** orientar as velas ou mover as vergas em torno do mastro, de modo a aproveitar o vento (De *braço+-ear*)

braceira *n.f.* 1 faixa de argamassa com que se fixam as telhas para vedar os canais 2 braçadeira (De *braço*+*-eira*)
braceiro *adj.* 1 que tem força ou agilidade nos braços 2 que se arremessa com a força do braço 3 braçal ▪ *n.m.* 1 o que dá o braço a outrem 2 trabalhador mecânico (De *braço*+*-eiro*)
bracejador *adj.* que braceja (De *bracejar*+*-dor*)
bracejamento *n.m.* ato ou efeito de bracejar (De *bracejar*+*-mento*)
bracejante *adj.2g.* que braceja (De *bracejar*+*-ante*)
bracejar *v.tr.* prover de braços ▪ *v.intr.* 1 agitar os braços 2 fazer movimentos semelhantes aos dos braços 3 [fig.] lidar; lutar 4 BOTÂNICA criar braços (os vegetais); germinar 5 HIPISMO (cavalo) projetar de mais as patas dianteiras (De *braço*+*-ejar*)
bracejo /ê/ *n.m.* ⇒ **bracejamento** (Deriv. regr. de *bracejar*)
braceleira *n.f.* (armadura) braçal (De *braçal*+*-eira*)
bracelete *n.m./f.* adorno circular para trazer no braço; pulseira (Do fr. *bracelet*, «id.»)
bracilonga *n.f.* BOTÂNICA ⇒ **corriola** (De *braço*+*longo*)
braço *n.m.* 1 ANATOMIA parte do membro superior situada entre a articulação do ombro e a do cotovelo 2 membro superior do corpo humano 3 tentáculo, apêndice ou prolongamento do corpo de certos animais, como o polvo, a alforreca e as estrelas-do-mar 4 ramo de árvore 5 cada uma das metades da haste menor da cruz 6 parte alongada de alguns instrumentos de corda 7 ramificação de um rio ou de um mar 8 parte alongada de um objeto por onde o mesmo é segurado 9 parte de uma alavanca compreendida entre o seu eixo (fulcro) e a linha de ação da resistência, ou entre aquele e a linha de ação da força 10 [fig.] poder 11 auxílio 12 trabalhador; executor 13 esforço 14 jurisdição 15 coragem; *a braços com* em luta com; *abrir os braços a* receber bem; *cruzar os braços* ficar ocioso ou indiferente; *dar o ~ a torcer* ceder; *de ~ dado* braço no braço; *de braços abertos* com alegria; *de braços cruzados* sem atividade, imóvel, indiferente (Do lat. *brachĭu-* ou *bracchĭu-*, «braço; antebraço»)
braço-de-ferro ver nova grafia braço de ferro
braço de ferro *n.m.* 1 medição de forças entre dois indivíduos que, ao apoiar um dos cotovelos numa mesa, ficam com os antebraços um contra o outro e, com as mãos enlaçadas, tentam derrubar o braço do adversário 2 [fig.] situação em que alguém procura dominar; prova de força; *fazer ~* tentar fazer prevalecer uma opinião ou um princípio
braço-de-preguiça *n.m.* BOTÂNICA planta família das Solanáceas, nativa do Brasil, de flores pardas ou brancas e bagas amarelas
braço-direito *n.m.* pessoa que se dedica ao serviço de alguém com muita aplicação; principal colaborador
braçolas *n.f.pl.* NÁUTICA guarnição que contorna as escotilhas de um navio para evitar a entrada de água (De *braço*+*-ola*)
bráctea *n.f.* BOTÂNICA folha vegetal modificada que se situa na base da flor e a cobre enquanto está fechada (Do lat. *bractĕa-*, «folha de metal»)
bracteado *adj.* BOTÂNICA que tem brácteas (De *bráctea*+*-ado*)
bracteal *adj.2g.* pertencente ou relativo a bráctea (Do lat. *bracteāle-*, «de folha de metal»)
bracteiforme *adj.2g.* que se assemelha a bráctea (Do lat. *bractĕa-*, «folha de metal» +*forma-*, «forma»)
bractéola *n.f.* bráctea pequena (Do lat. *bracteŏla-*, «pequena folha de ouro»)
bracteolado *adj.* que possui bractéolas (De *bractéola*+*-ado*)
bracteolar *adj.2g.* relativo a bractéola (De *bractéola*+*-ar*)
braçudo *adj.* que tem braços compridos e fortes (De *braço*+*-udo*)
bradados *n.m.pl.* RELIGIÃO cantos ou vozes que, nas cerimónias da Semana Santa, reproduzem as palavras de Pilatos (Part. pass. pl. subst. de *bradar*)
bradal *n.m.* utensílio de carpinteiro, com a ponta em forma de cinzel, utilizado para fazer furos e colocar pregos em madeira suscetível de rachar, substituindo a verruma (Do ing. *bradawl*, «furador; punção»)
bradar *v.tr.* 1 dizer em voz alta; clamar; gritar 2 chamar com instância ▪ *v.intr.* 1 soltar brados 2 vociferar; rugir (Do lat. **blaterāre*, «gritar»)
bradejar *v.intr.* soltar brados (De *brado*+*-ejar*)
bradi- elemento de formação de palavras que exprime a ideia de *vagaroso, lento, pesado* (Do gr. *bradýs*, «lento; tranquilo»)
bradicardia *n.f.* MEDICINA retardamento das contrações cardíacas (Do gr. *bradýs*, «lento» +*kardía*, «coração»)
bradifasia *n.f.* MEDICINA lentidão na pronúncia das palavras (Do gr. *bradýs*, «lento» +*phásis*, «palavra» +*-ia*)
bradiglossia *n.f.* 1 encurtamento congénito da língua 2 lentidão no falar (Do gr. *bradýglossos*, «de palavra lenta» +*-ia*)
bradigrafia *n.f.* MEDICINA perturbação dos centros motores que provoca lentidão exagerada na escrita das palavras (De *bradi-*+*-grafia*)
bradilalia *n.f.* MEDICINA lentidão da fala, motivada por perturbações nos centros psicomotores (Do gr. *bradýs*, «lento; indolente»+*laleín*, «falar»+*-ia*)
bradilexia *n.f.* MEDICINA perturbação patológica que provoca uma leitura demasiadamente lenta (Do gr. *bradýs*, «lento; indolente»+*léxis*, «palavra; maneira de falar»+*-ia*)
bradipepsia *n.f.* MEDICINA digestão lenta e difícil (Do gr. *bradypepsía*, «digestão lenta ou difícil»)
bradipneia *n.f.* MEDICINA diminuição dos movimentos no mecanismo da respiração (Do gr. *bradýpnoos*, «que tem respiração lenta ou difícil»)
bradípode *adj.2g.* 1 lento no andar 2 ZOOLOGIA tardígrado (Do gr. *bradýpous, -podos*, «de passo lento»)
bradissismo *n.m.* GEOLOGIA movimento lento da crusta da Terra, de tipo epirogénico (Do gr. *bradýs*, «lento» +*seismós*, «sismo»)
brado *n.m.* 1 ação de bradar 2 grito de chamamento 3 grito de súplica ou de queixa; *dar ~* ter eco, ser falado (Deriv. regr. de *bradar*)
braga *n.f.* 1 muro das antigas fortificações; tranqueira 2 argola que prendia a perna dos forçados 3 *pl.* calções 4 *pl.* calças largas e curtas; *não se pescam trutas a bragas enxutas* nada se consegue sem esforço (Do lat. *bracas*, «calções compridos»)
bragada *n.f.* 1 parte da perna que as bragas (calções) cobrem 2 *pl.* veias nas coxas, onde se sangra o cavalo (De *braga*+*-ada*)
bragado[1] *adj.* diz-se do animal que tem o pelo das patas de cor diferente da do resto do corpo, ou do touro maculado de branco no abdómen (Do lat. *bracātu-*, «que usa bragas»)
bragado[2] *n.m.* pano de que se faziam as bragas (De *braga*+*-ado*)
bragadura *n.f.* malhas do animal bragado (De *bragado*+*-ura*)
bragal *n.m.* 1 tecido grosseiro de que se faziam as bragas 2 roupa branca de uma casa 3 enxoval 4 anilha de ferro da grilheta dos condenados (De *braga*+*-al*)
bragançano *adj.* relativo ou pertencente a Bragança ou que é seu natural ou habitante ▪ *n.m.* natural ou habitante de Bragança (De *Bragança*, top. +*-ano*)
braganção *adj.,n.m.* ⇒ **bragançano** (De *Bragança*, top. +*-ão*)
bragancês *adj.,n.m.* ⇒ **bragançano** (De *Bragança*, top. +*-ês*)
bragano *adj.,n.m.* ⇒ **bracarense** (De *Braga*, top. +*-ano*)
bragante *n.2g.* homem de má condição; patife (Do cast. *bergante*, «patife»)
bragantino *adj.* 1 ⇒ **bragançano** *adj.* 2 relativo ou pertencente à dinastia de Bragança ▪ *n.m.* 1 ⇒ **bragançano** *n.m.* 2 membro da dinastia de Bragança (De *bragançano* × *brigantino*)
bragueiro *n.m.* 1 aparelho cirúrgico para comprimir roturas e segurar hérnias; funda 2 cinta 3 cueiro 4 cabo que amarra o canhão à amurada (De *braga*+*-eiro*)
braguês *adj.,n.m.* ⇒ **bracarense** (De *Braga*, top. +*-ês*)
braguilha *n.f.* abertura dianteira das calças ou calções que geralmente se fecha com botões ou fecho-éclair; carcela (De *braga*+*-ilha*)
braguinha *n.f.* MÚSICA cavaquinho da ilha da Madeira, tocado de rasgado por alguns grupos de certas zonas rurais da ilha
braile *adj.inv.,n.m.* ⇒ **braille**
braille *adj.inv.,n.m.* diz-se de ou sistema de leitura e de escrita para cegos, em que as letras, os algarismos e os sinais gráficos são representados por uma combinação de seis pontos em relevo, que são lidos da esquerda para a direita, com uma ou ambas as mãos (De *Braille*, antr. pedagogo fr., 1809-1852)
brainstorming *n.m.* modelo de reunião em que os participantes, geralmente pertencentes a áreas de especialidades diferentes, apresentam espontaneamente as suas ideias e propostas para resolver determinado problema; tempestade de ideias (Do ing. *brainstorming*, «id.»)
brama[1] *n.f.* cio dos veados ou cervos (Deriv. regr. de *bramar*)
brama[2] *n.f.* [com maiúscula] no hinduísmo, princípio criador do Universo (Do sânsc. *brahma*, «id.»)
bramá *adj.,n.2g.* ⇒ **birmane** (Do fr. *birman*, «birmane»)
bramadeiro *n.m.* lugar de reunião dos veados com cio (De *bramar*+*-deiro*)
bramador *adj.* que brama (De *bramar*+*-dor*)
brâmane *n.2g.* membro da casta sacerdotal, a primeira das quatro grandes castas tradicionais da Índia (Do sânsc. *bráhmana*, «id.»)

bramânico *adj.* relativo aos brâmanes ou à sua religião (De *brâmane*+*-ico*)

bramanismo *n.m.* sistema social e religioso da Índia que precede o hinduísmo, e que é caracterizado pela supremacia dos brâmanes e pela importância atribuída a Brama, o princípio criador, e à integração da vida civil com os rituais e deveres religiosos (De *brâmane*+*-ismo*)

bramanista *n.2g.* pessoa sectária do bramanismo (De *brâmane*+*-ista*)

bramante *adj.2g.* ⇒ **bramador** (De *bramar*+*-ante*)

bramar *v.intr.* 1 berrar; gritar 2 irritar-se 3 rugir 4 (animais, em especial o veado) ter cio (Do gót. *brammôn*, «uivar», pelo lat. *bramāre*, «id.»)

bramido *n.m.* 1 ação de bramir 2 rugido de uma fera 3 grito de pessoa encolerizada; brado 4 barulho forte do mar 5 estrondo (Part. pass. subst. de *bramir*)

bramidor *adj.,n.m.* que ou aquele que brame; bramador (De *bramir*+*-dor*)

bramir *v.intr.* 1 soltar bramidos 2 (animal) soltar rugidos 3 gritar de modo encolerizado; berrar alto; bramar 4 retumbar; produzir um estrondo (De *bramar*, com mud. de conjug.)

bramismo *n.m.* ⇒ **bramanismo** (De Brama, hier. +*-ismo*)

bramista *n.2g.* ⇒ **bramanista** (De Brama, hier. +*-ista*)

branca *n.f.* 1 cabelo branco; cã 2 madeixa branca no cabelo 3 TEATRO lapso momentâneo de memória 4 antiga moeda de ouro (De *branco*)

brancacento *adj.* quase branco; alvacento (De *branco*+*-aço*+*-ento*)

brancaço *adj.* quase branco; brancacento; alvacento (De *branco*+*-aço*)

brancagem *n.f.* imposto que se pagava antigamente sobre o pão e a carne vendidos a retalho (De *branca*, moeda de prata +*-agem*)

brancal *adj.2g.* esbranquiçado (De *branco*+*-al*)

brancarana *n.f.* [Brasil] mulata de pigmentação relativamente clara; mestiça (De *branca*, fem. de *branco*+r+*-ana*)

brancarão *adj.,n.m.* [Brasil] mulato claro (De *brancarana*)

branca-ursina *n.f.* BOTÂNICA planta herbácea, robusta, da família das Umbelíferas, também conhecida por canabrás e esfondílio (Do b. lat. *branca-ursīna*-, «pata de urso», pelo fr. *branche-ursine* ou *branc-ursine*, «id.»)

branco *adj.* 1 que tem a cor da cal, da neve ou do leite; alvo 2 que tem cor clara, próxima do branco 3 que tem cor clara, por oposição a outra coisa da mesma natureza com uma tonalidade mais escura (é o caso do vinho, carne, pão, metal, etc.) 4 sem cor; transparente 5 que apresenta cor parecida com a da prata 6 pálido; lívido 7 (cabelo) que tem madeixas brancas 8 (bilhete de lotaria) não premiado 9 (página, voto) que não está escrito ou preenchido 10 (verso) que não é rimado ■ *n.m.* 1 cor da cal, da neve ou do leite 2 substância com que se pinta desta cor ■ *adj.,n.m.* que ou pessoa que tem a pele clara, devido a pigmentação reduzida; *~ é, galinha o põe* coisa fácil de adivinhar; *arma branca* arma constituída por uma lâmina de aço cortante e pontiaguda; *de ponto em ~* impecável, muito bem apresentado; *estar em ~* não conhecer o assunto; *ficar em ~* não entender nada, não pontuar (ao jogo); *lição em ~* lição por estudar; *molho ~* creme feito de leite, farinha, manteiga e limão; *passar a noite em ~* passar a noite sem dormir; *pôr o preto no ~* tornar escrita uma declaração verbal, esclarecer uma situação (Do germ. *blank*, «brilhante; branco»)

branco-marfim *adj.inv.* de cor branco-amarelada, semelhante à cor do marfim ■ *n.m.* cor branco-amarelada, semelhante à cor do marfim

branco-pérola *adj.inv.* de cor branca semelhante à cor da pérola ■ *n.m.* cor branca semelhante à cor da pérola

brancor *n.m.* ⇒ **brancura** (De *branco*+*-or*)

brancura *n.f.* 1 qualidade do que é branco; alvura 2 cor branca (De *branco*+*-ura*)

brandal *n.m.* NÁUTICA cada um dos cabos que seguram os mastaréus no sentido do barlavento, deixando brandos os do sotavento (De *brando*+*-al*)

brandão *n.m.* vela grande de cera; tocha (Do frânc. *brand*, «tição aceso», pelo lat. *brandōne*-, «id.»)

brande *n.m.* ⇒ **brandy** (Do ing. *brandy*, «id.»)

brandear *v.tr.* 1 abrandar 2 NÁUTICA dar folga a (um cabo, uma amarra) (De *brando*+*-ear*)

brandecer *v.tr.* tornar brando (De *brando*+*-ecer*)

brandeira *n.f.* [regionalismo] pão oferecido ao proprietário do forno pela utilização deste (De orig. obsc.)

brandeza /ê/ *n.f.* ⇒ **brandura** (De *brando*+*-eza*)

brandíloquo *adj.* que tem voz branda; que fala com suavidade; blandíloquo (Do lat. *blandilŏquu*-, «de falar meigo»)

brandimento *n.m.* ação de brandir (De *brandir*+*-mento*)

branding *n.m.* processo pelo qual um produto, serviço, organização ou empresa se diferencia no mercado através de uma marca e/ou nome identificativo (Do ing. *branding*, «id.»)

brandir *v.tr.* 1 (arma) agitar antes de descarregar o golpe 2 [fig.] agitar de modo ameaçador ■ *v.intr.* oscilar (Do frânc. *brand*, «tição; espada», pelo prov. *brandir*, «brandir»)

brando *adj.* 1 que cede à pressão; mole; tenro 2 suave ao tato; macio 3 que age com moderação e calma; manso 4 que transmite suavidade; suave; agradável 5 que é pouco intenso; suave; fraco 6 que é lento; vagaroso (Do lat. *blandu*-, «carinhoso»)

brandura *n.f.* 1 qualidade do que é brando 2 moleza 3 suavidade 4 frouxidão 5 doçura 6 *pl.* meiguice; afagos (De *brando*+*-ura*)

brandy *n.m.* bebida alcoólica que resulta da destilação do vinho; aguardente (Do ing. *brandy*, «id.»)

branqueação *n.f.* 1 ação ou efeito de branquear; branqueamento 2 caiação (De *branquear*+*-ção*)

branqueador *n.m.* 1 aquele ou aquilo que branqueia 2 lixívia ■ *adj.* que branqueia (De *branquear*+*-dor*)

branqueadura *n.f.* ⇒ **branqueação** (De *branquear*+*-dura*)

branqueamento *n.m.* ato ou efeito de branquear; *~ de capitais* legalização de fundos de origem fraudulenta (De *branquear*+*-mento*)

branquear *v.tr.* 1 tornar branco; dar cor branca a 2 caiar 3 limpar (metais) 4 legalizar fundos de origem fraudulenta ou ilícita ■ *v.intr.* 1 alvorecer 2 tornar-se branco; branquejar 3 encanecer; criar cãs (De *branco*+*-ear*)

branquearia *n.f.* lugar onde se branqueiam materiais diversos, tal como tecidos, cera, etc. (De *branquear*+*-aria*)

branqueio *n.m.* ⇒ **branqueação** (Deriv. regr. de *branquear*)

branquejante *adj.2g.* que branqueja; alvejante (De *branquejar*+*-ante*)

branquejar *v.intr.* mostrar cor branca; branquear; alvejar (De *branco*+*-ejar*)

branqueta /ê/ *n.f.* 1 espécie de tecido de lã, geralmente usado para fazer o vestuário dos sargaceiros, pescadores, banheiros, etc. 2 pano de lã felpudo para embrulhar crianças de peito (De *branco*+*-eta*)

brânquia *n.f.* ZOOLOGIA órgão da respiração dos animais aquáticos; guelra (Do gr. *brágkhia*, «brânquias», pelo lat. *branchĭa*-, «id.»)

branquiado *adj.* provido de brânquias (De *brânquia*+*-ado*)

branquial *adj.2g.* relativo às brânquias (De *brânquia*+*-al*)

branquidão *n.f.* brancura; alvura (De *branco*+*-i-*+*-dão*)

branquiópodes *n.m.pl.* ZOOLOGIA grupo de crustáceos primitivos (Do gr. *brágkhia*, «brânquias» +*poús, podós*, «pé», pelo fr. *branchiopode*, «id.»)

branquiostégio *n.m.* designação de cada uma das peças endosqueléticas anexas ao aparelho hioide, que sustentam inferiormente o aparelho opercular, nos peixes (Do gr. *brágkhia*, «brânquias» +*stégein*, «cobrir»)

branquir *v.tr.* branquear; limpar (metais) (Por *branquear*)

branza *n.f.* 1 rama de pinheiro 2 caruma (Do lat. *brancĭa*-, «id.»)

bráquete *n.m.* (ortodontia) cada um dos pequenos suportes do aparelho ortodôntico que são colocados em cada dos dentes cuja posição vai ser corrigida (Do ing. *bracket*, «id.»)

braqui- elemento de formação de palavras que exprime a ideia de *breve, curto, conciso* (Do gr. *brakhýs*, «curto; breve»)

braquia *n.f.* sinal gráfico (˘) que, sobreposto a uma vogal, indica que ela é breve (Do gr. *brakheĩa*, fem. de *brakhýs*, «curto; breve»)

braquiado *adj.* provido de braço ou de braços (Do lat. *brachiātu*-, «ramoso; com ramos semelhantes a braços»)

braquial *adj.2g.* do braço ou a ele referente (Do lat. *brachiāle*-, «braço»)

braquialgia *n.f.* PATOLOGIA nevralgia dos membros superiores (Do gr. *brakhíon*, «braço» +*álgos*, «dor» +*-ia*)

braquianticlinal *n.m.* GEOLOGIA anticlinal de secção transversal elíptica ou circular (De *braqui-*+*anticlinal*)

braquicefalia *n.f.* qualidade de braquicéfalo (De *braquicéfalo*+*-ia*)

braquicéfalo *adj.* diz-se do indivíduo cujo crânio, observado de cima, apresenta o diâmetro ântero-posterior pouco maior que o transversal (Do gr. *brakhyképhalos*, «de cabeça curta»)

braquidáctilo *adj.* que tem dedos anormalmente curtos (Do gr. *brakhydáktylos*, «de dedos curtos»)

braquidiagonal n.f. CRISTALOGRAFIA [ant.] eixo secundário mais curto de uma cruz axial (ortorrômbica ou triclínica) (De *braqui-*+*diagonal*)

braquidoma /ô/ n.m. prisma transversal, com eixo braquidiagonal (Do gr. *brakhýs*, «curto; pequeno» +*dôma*, «casa; construção; forma»)

braquigrafia n.f. estudo das abreviaturas (De *braqui-*+*-grafia*)

braquígrafo adj.,n.m. que ou aquele que escreve por abreviaturas (De *braqui-*+*-grafo*)

braquilogia n.f. locução que, por ser muito breve, se torna obscura (Do gr. *brakhylogía*, «brevidade no discurso ou no estilo»)

braquimetrope adj.2g. míope (Do gr. *brakhýs*, «curto» +*métron*, «medida» +*óps, opós*, «olho»)

braquimetropia n.f. miopia (De *braquimetrope*+*-ia*)

braqui(o)- elemento de formação de palavras que exprime a ideia de *braço* (Do gr. *brakhíon*, «braço»)

braquiópode adj. que pertence ou é relativo aos braquiópodes ■ n.m. ZOOLOGIA espécime dos braquiópodes ■ n.m.pl. 1 ZOOLOGIA grupo de animais marinhos, solitários, possuidores de concha bivalve 2 classe do tipo dos moluscoides (Do gr. *brakhíon*, «braço» +*poús, podós*, «pé»)

braquiossauro n.m. PALEONTOLOGIA dinossauro do grupo dos saurópodes, de grande corpulência, anfíbio (De *braquio-*+*sáurio*)

braquiotomia n.f. amputação de um ou dois braços (Do gr. *brakhíon*, «braço» +*tomé*, «amputação» +*-ia*)

braquipneia n.f. PATOLOGIA respiração curta e difícil (Do gr. *brakhypnoía*, «respiração curta»)

braquípode adj.2g. que tem os pés curtos (Do gr. *brakhýs*, «curto» +*poús, podós*, «pé»)

braquíptero adj. que tem as asas muito curtas ■ n.m. ZOOLOGIA espécime dos braquípteros ■ n.m.pl. ZOOLOGIA grupo de aves palmípedes cujas asas são muito curtas (Do gr. *brakhýpteros*, «de asas curtas»)

braquissílabo n.m. GRAMÁTICA pé de verso, grego ou latino, formado de três sílabas breves (Do gr. *brakhysyllabos*, «formado por sílabas breves», pelo lat. *brachysyllăbu-*, «pé de três sílabas breves»)

braquistócrona n.f. FÍSICA, MATEMÁTICA curva que une dois pontos, de tal modo que um ponto material, deslizando sem atrito sobre essa curva, sujeito apenas à gravidade, a percorra num tempo mínimo (Do gr. *brakhystós*, «o mais curto» +*khrónos*, «tempo»)

braquiúro adj. que tem cauda curta ■ n.m. ZOOLOGIA espécime dos braquiúros ■ n.m.pl. ZOOLOGIA grupo de crustáceos com cinco pares de patas e de abdómen atrofiado, tal como o caranguejo (Do gr. *brakhýs*, «curto» +*ourá*, «cauda»)

brasa n.f. 1 carvão ou lenha incandescente, sem chama 2 estado de incandescência 3 calor intenso 4 ardência; ardor 5 inflamação 6 afogueamento 7 [coloq.] pessoa fisicamente atraente ou excitante; **chegar a ~ à sua sardinha** procurar a sua conveniência, zelar o próprio interesse; **estar sobre brasas** estar ou ficar muito irritado, inquieto, impaciente, receoso, em dificuldades; **ir na ~** [pop.] ir com grande velocidade; **mandar ~** [Brasil] agir com agressividade e firmeza; **passar pelas brasas** dormir um pouco (Do germ. ocid. *brasa*, «fogo»)

brasão n.m. 1 conjunto dos emblemas e signos distintivos de uma família nobre ou de uma coletividade; escudo de armas 2 distintivo de nobreza 3 título 4 heráldica 5 [fig.] fidalguia; nobreza 6 [fig.] glória; honra; pundonor (Do fr. *blason*, «escudo; figura que se pinta no escudo»)

braseira n.f. 1 brasas do braseiro 2 bacia de metal onde se deitam brasas para aquecer um aposento 3 braseiro; fogareiro (De *brasa*+*-eira*)

braseiro n.m. 1 calor das brasas 2 pequeno fogão para cozinhar; fogareiro 3 bacia de metal onde se deitam brasas para aquecer um aposento; braseira (De *brasa*+*-eiro*)

brasido n.m. 1 porção de brasas 2 calor forte do lume 3 queimor; ardência (De *brasa*+*-ido*)

brasil n.m. BOTÂNICA ⇒ **pau-brasil** (Do it. *brasile*, «pau-brasil»)

brasileirada n.f. 1 grupo de brasileiros 2 ato ou dito de brasileiro (De *brasileiro*+*-ada*)

brasileiresco /ê/ adj. com carácter de brasileiro (De *brasileiro*+*-esco*)

brasileirice n.f. 1 expressão à moda do Brasil 2 modos de brasileiro 3 [fig.] languidez (De *brasileiro*+*-ice*)

brasileirismo n.m. 1 carácter de brasileiro 2 palavra, expressão ou construção própria do português do Brasil (De *brasileiro*+*-ismo*)

brasileiro adj. relativo ao Brasil ■ n.m. natural ou habitante do Brasil (De *Brasil*, top. +*-eiro*)

brasileirote n.m. [depr.] brasileiro sem importância (De *brasileiro*+*-ote*)

brasilense adj.,n.2g. ⇒ **brasileiro** (De *Brasil*, top. +*-ense*)

brasilete /ê/ n.m. variedade de pau-brasil (Do fr. *brésillet*, «id.»)

brasilianismo n.m. 1 qualidade de brasileiro 2 conjunto das características distintivas dos brasileiros (De *brasiliano*+*-ismo*)

brasilianista n.2g. indivíduo versado em assuntos brasileiros ■ adj. relativo a assuntos brasileiros (De *brasiliano*+*-ista*)

brasiliano adj. ⇒ **brasileiro** (De *Brasil*, top. +*-iano*)

brasílico adj. relativo ou pertencente ao Brasil (De *Brasil*, top. +*-ico*)

brasiliense adj.,n.2g. que ou o que é natural ou habitante da cidade de Brasília, capital do Brasil (De *Brasília*, top. +*-ense*)

brasilina n.f. QUÍMICA substância corante amarelada extraída do tronco do pau-brasil (De *brasil*+*-ina*)

brasilio- elemento de formação de palavras que exprime a ideia de *Brasil*

brasiliofilia n.f. 1 amizade aos brasileiros 2 predileção pelas coisas do Brasil (De *brasilio-*+*-filia*)

brasiliófilo adj.,n.m. que ou o que é amigo do Brasil (De *brasilio-*+*-filo*)

brasiliofobia n.f. antipatia pelos brasileiros ou pelas coisas do Brasil (De *brasilio-*+*-fobia*)

brasiliófobo adj.,n.m. que ou aquele que é inimigo do Brasil (De *brasilio-*+*-fobo*)

brasino n.m. chamusco ■ adj. da cor das brasas ■ n.m. ICTIOLOGIA enguia (De *brasa*+*-ino*)

brasoar v.tr.,intr. ⇒ **brasonar** (De *brasão*+*-ar*)

brasonado adj. com brasão (De *brasão*+*-ado*)

brasonar v.tr. 1 HERÁLDICA esculpir, pintar ou gravar (elementos) em brasão 2 HERÁLDICA conceder o direito de usar brasão (a família, instituição) 3 HERÁLDICA ornar com brasão ■ v.intr. ⇒ **blasonar** v.tr.,intr. (Do fr. *blasonner*, «id.»)

brassadura n.f. ⇒ **brassagem** (De *brassa(gem)*+*-dura*)

brassagem n.f. preparação das misturas para fabricar a cerveja (Do fr. *brassage*, «id.» de *brasser*, «fazer cerveja»)

Brassicáceas n.f.pl. BOTÂNICA ⇒ **Crucíferas** (Do lat. *brassĭca-*, «couve» +*-áceas*)

brasuca adj.,n.2g. [coloq.] ⇒ **brasileiro** (De *Bras[il]*+*-uca*)

braúna n.f. [Brasil] BOTÂNICA árvore da família das Leguminosas, de flores amarelas, produtora de madeira negra muito dura, usada em construções (Do tupi *ybyrá'una*, «id.»)

braunito n.m. MINERALOGIA mineral constituído essencialmente por um óxido de manganésio que cristaliza no sistema tetragonal e é explorado como minério de manganésio (De *Braunau*, top., cidade austríaca +*-ito*)

bravar v.intr. [Angola, Moçambique] ficar bravo; zangar-se (De *bravo*+*-ar*)

bravata n.f. 1 ameaça arrogante 2 fanfarronice; bazófia; jactância (Do it. *bravata*, «provocação com ameaça»)

bravatão adj.,n.m. ⇒ **bravateador** (De *bravata*+*-ão*)

bravateador adj.,n.m. que ou aquele que bravateia (De *bravatear*+*-dor*)

bravatear v.intr. 1 fazer ameaças; intimidar 2 fazer alarde de valente; bazofiar; jactar-se (De *bravata*+*-ear*)

bravateiro adj.,n.m. ⇒ **bravateador** (De *bravata*+*-eiro*)

bravear v.intr. ⇒ **bravejar** (De *bravo*+*-ear*)

bravejar v.intr. ficar furioso; barafustar; esbravejar (De *bravo*+*-ejar*)

braveza /ê/ n.f. 1 qualidade do que é bravo 2 ferocidade; selvajaria 3 impetuosidade 4 dureza; força; fúria (De *bravo*+*-eza*)

bravio adj. 1 não domesticado 2 silvestre; agreste 3 assanhado 4 bruto; feroz 5 áspero 6 árduo; íngreme 7 (caminho, campo) difícil de atravessar, por causa da vegetação rasteira 8 (mar) agitado ■ n.m. terreno inculto, apenas com vegetação espontânea e rasteira (De *bravo*+*-io*)

bravo adj. 1 que manifesta bravura; corajoso; valente; intrépido; destemido 2 bravio; inculto 3 não domesticado 4 feroz; selvagem 5 não civilizado 6 tempestuoso 7 (mar) tormentoso 8 colérico; furioso 9 bizarro ■ n.m. 1 homem corajoso 2 aplauso; ~! exclamação que exprime aplauso ou aprovação (Do lat. *barbăru-*, «bárbaro; feroz; selvagem; valente»)

bravo-de-esmolfo n.m. variedade de maçã de sabor doce, polpa branca macia e aroma intenso; maçã bravo de Esmolfe (De *bravo*+*de*+*Esmolfe*, top., localidade portuguesa do distrito de Viseu)

bravo-de-mel n.m. variedade de maçã

bravo-de-mundão n.m. pera de inverno, muito sumarenta (De *bravo*+*de*+*Mundão*, top., localidade portuguesa do distrito de Viseu)

bravura n.f. 1 coragem; destemor 2 qualidade do que é feroz 3 valor 4 ânimo 5 arrojo; ousadia (De *bravo*+*-ura*)

breadura

breadura *n.f.* ⇒ **breagem** (De *brear*+-*dura*)
breagem *n.f.* ato ou efeito de brear; aplicação de uma camada de breu sobre um objeto (De *brear*+-*agem*)
break[1] *n.m.* INFORMÁTICA tecla cujo acionamento interrompe uma operação (Do inglês *break*)
break[2] *n.m.* forma reduzida de *breakdance*
breakdance *n.m.* dança que surgiu em 1970/80, caracterizada por movimentos acrobáticos, executados de modo rápido e enérgico ao som de música rap (Do ing. *breakdancing*, «id.»)
brear *v.tr.* cobrir de breu; embrear; alcatroar (De *breu*+-*ar*)
breca[1] *n.f.* 1 [pop.] contração espasmódica, dolorosa, dos músculos; cãibra 2 doença dos caprinos; *coisas da* ~ coisas espantosas; *com a* ~*!* exclamação designativa de espanto ou descontentamento; *levado da* ~ insuportável, endiabrado (De orig. obsc.)
breca[2] *n.f.* ICTIOLOGIA ⇒ **bica** 3 (Do lat. *perca*-, «perca»)
brecada *n.f.* [Brasil] ⇒ **travagem** (Part. pass. fem. subst. de *brecar*)
brecagem *n.f.* MECÂNICA amplitude máxima que a direção de um veículo consegue descrever (De *brecar*+-*agem*)
brecar *v.tr.,intr.* [Brasil] ⇒ **travar**[1] (De *breque*+-*ar*)
brecha *n.f.* 1 abertura em qualquer vedação 2 fenda; racha 3 ferimento profundo 4 lacuna 5 [fig.] dano 6 [fig.] afronta 7 PETROLOGIA rocha formada por elementos angulosos ligados por um cimento, a qual pode ser sedimentar, eruptiva, tectónica, etc.; *estar na* ~ ser notório, ser objeto de reparo, ser oportuno (Do ant. alto-al. *brecha*, «fratura; rompimento», pelo fr. *brèche*, «id.»)
bredo /ê/ *n.m.* 1 BOTÂNICA planta herbácea, da família das Amarantáceas, de folhas tenras e flores muito pequenas, espontânea em Portugal 2 BOTÂNICA qualquer outra planta hortense que serve para fazer esparregado (Do gr. *blíton*, «bredo», pelo lat. *blitu-*, «id.»)
brega *adj.2g.* [Brasil] ordinário; saloio; piroso; de mau gosto
bregal *n.m.* [regionalismo] ⇒ **bragal** (De *bragal*)
bregma *n.m.* ANATOMIA ponto de encontro das suturas frontoparietal e interparietal do crânio; moleirinha (Do gr. *brégma, -atos*, «cume da cabeça»)
brejal *n.m.* conjunto de brejos (De *brejo*+-*al*)
brejeirada *n.f.* 1 grupo de brejeiros 2 palavras ou ações maliciosas; brejeirice (De *brejeiro*+-*ada*)
brejeirar *v.intr.* praticar ou dizer brejeirices (De *brejeiro*+-*ar*)
brejeirice *n.f.* 1 palavras ou ações de brejeiro 2 maroteira 3 gracejo malicioso (De *brejeiro*+-*ice*)
brejeiro *adj.* 1 próprio de garoto; gaiato 2 malicioso 3 ocioso; vadio; tunante 4 ordinário 5 velhaco 6 relativo a brejo ▪ *n.m.* 1 indivíduo desonesto; patife 2 pessoa maliciosa 3 brincalhão (De *brejo*+-*eiro*)
brejeirote *adj.* um tanto brejeiro; ladino (De *brejeiro*+-*ote*)
brejo *n.m.* 1 pântano; lamaçal 2 terreno inculto que só produz urzes; matagal (Do célt. **bracum*, «lama; lodo»)
brejoso *adj.* 1 que tem brejos 2 próprio de brejo 3 parecido com brejo (De *brejo*+-*oso*)
brema /ê/ *n.f.* ICTIOLOGIA termo que tem sido usado para designar alguns peixes da família dos Ciprinídeos, incluindo as carpas (Do fr. *brème*, «brema; dourada», do frânc. **brahsima*, «id.»)
brenha /ê/ *n.f.* 1 mata espessa 2 [fig.] situação confusa 3 [fig.] coisa enredada (Do célt. **brigna*, deriv. de *briga*, «monte; outeiro»)
brenhoso /ô/ *adj.* 1 em que há brenhas 2 parecido com brenha (De *brenha*+-*oso*)
breque[1] *n.m.* carruagem de quatro rodas com o assento da boleia alto e dois bancos longitudinais atrás (Do ing. *break*, «carro para ensinar um cavalo»)
breque[2] *n.m.* [Brasil] travão (de carro ou de máquina) (Do ing. *brake*, «freio; travão»)
brequefesta *n.f.* ⇒ **brequefeste**
brequefeste *n.m.* 1 zaragata; barulho 2 pândega; comezaina (Do ing. *breakfast*, «pequeno-almoço»)
bretanha *n.f.* tecido branco de algodão ou linho muito fino (De *Bretanha*, top., região do Oeste da França)
bretanjil *n.m.* tecido de algodão fabricado pelos Cafres
bretão *adj.* 1 relativo à província francesa da Bretanha 2 [ant.] relativo à Grã-Bretanha ▪ *n.m.* 1 natural ou habitante da Bretanha 2 dialeto céltico falado na Bretanha 3 [ant.] natural ou habitante da Grã-Bretanha (Do lat. *brittōne-*, «habitante celta da Bretanha», pelo fr. *breton*, «id.»)
brete *n.m.* 1 armadilha para pássaros, feita com dois paus 2 [fig.] cilada; logro (Do gót. **brid*, «tábua», pelo prov. *bret*, «armadilha para pássaros», pelo cast. *brete*, «id.»)
breu *n.m.* QUÍMICA resíduo negro ou muito escuro proveniente da destilação dos alcatrões da hulha, das resinas, dos petróleos, etc.; *pez; escuro como* ~ muito escuro (Do gaul. **bracu*, «id.», pelo fr. *brai*, «breu; piche»)
breve *adj.2g.* 1 que dura pouco; curto 2 de pequena extensão; conciso; curto ▪ *n.m.* escrito pontifício de carácter privado, sobre matérias menos importantes do que as de uma bula ▪ *n.f.* 1 GRAMÁTICA vogal ou sílaba que se pronuncia com rapidez 2 MÚSICA figura musical com o valor de duas semibreves ▪ *adv.* brevemente; *dentro em* ~ daqui a pouco, brevemente (Do lat. *breve*-, «id.»)
brevê *n.m.* ⇒ **brevete**
brevetar *v.tr.* conceder carta de piloto aviador ▪ *v.pron.* encartar-se; tirar carta de piloto aviador (Do fr. *breveter*, «diplomar; encartar»)
brevete *n.m.* diploma de piloto concedido a quem completa um curso de aviação (Do fr. *brevet*, «diploma; carta; registo»)
brevi- /é/ elemento de formação de palavras que exprime a ideia de *breve*, *curto*, *conciso* (Do lat. *breve*-, «id.»)
breviário *n.m.* 1 antigo nome do conjunto de orações e leituras prescritas pela Igreja para serem recitadas diariamente pelos sacerdotes e monges 2 livro que contínha estas orações e leituras 3 [fig.] livro predileto 4 sinopse; resumo; *ler/rezar pelo mesmo* ~ proceder do mesmo modo, ser da mesma laia (Do lat. *breviarĭu-*, «resumo»)
brevicaude *adj.2g.* que tem cauda curta (De *brevi-*+-*caude*)
brevicórneo *adj.* que tem as antenas curtas (De *brevi-*+*córneo*)
brevidade *n.f.* 1 qualidade do que é breve 2 curta duração; rapidez 3 pequena extensão (Do lat. *brevitāte*-, «brevidade»)
brevidigitado *adj.* que tem dedos curtos (De *brevi-*+*digitado*)
brevifloro *adj.* que tem flores curtas (De *brevi-*+-*floro*)
brevipene *adj.2g.* (ave) de asas curtas (Do lat. *breve*-, «curto» +*penna*-, «asa»)
brevirrostrado *adj.* ⇒ **brevirrostro** (De *brevirrostro*+-*ado*)
brevirrostro *adj.* que tem o bico curto (De *brevi-*+-*rostro*)
brevista *n.m.* o que trata dos breves pontifícios (De *breve*+-*ista*)
brial *n.m.* túnica que os cavaleiros usavam sobre as armas ou sobre o fato interior, quando desarmados (Do prov. ant. *blial*, «vestido de seda»)
brica *n.f.* HERÁLDICA espaço, nos brasões, para distinguir a linhagem dos filhos segundos (De orig. obsc.)
bricabraque *n.m.* 1 loja em que se vendem velhos objetos de arte 2 conjunto desses objetos (Do fr. *bric-à-brac*, «id.»)
bricabraquista *n.2g.* 1 pessoa que tem loja de bricabraque 2 ferro-velho; adelo (De *bricabraque*+-*ista*)
briche *n.m.* pano felpudo e grosso de lã de cor castanho-escura (Do ing. *British*, «britânico»?)
brichote *n.m.* [ant., depr.] nome que se dava aos estrangeiros (De *briche*+-*ote*)
bricolage *n.f.* 1 reparação ou pequeno trabalho manual feito por um amador 2 ocupação de tempos livres em trabalhos manuais (Do fr. *bricolage*)
bricolagem *n.f.* [Brasil] ⇒ **bricolage**
bricomania *n.f.* hábito de ranger os dentes, sobretudo durante a noite (Do gr. *brýkein*, «roer» +*manía*, «mania»)
brida *n.f.* HIPISMO correia que se liga ao freio ou ao bridão dos cavalos e que serve para os guiar; *a toda a* ~ a toda a pressa, à desfilada (Do fr. *bride*, do med. alto-al. *brídel*, «rédea»)
bridão *n.m.* HIPISMO freio que consta de uma barra articulada com duas argolas nas extremidades, a que se prendem as rédeas (Do fr. *bridon*, «id.»)
bridar *v.tr.* 1 pôr brida; enfrear 2 [fig.] refrear; conter ▪ *v.intr.* galopar (De *brida*+-*ar*)
brídege *n.m.* ⇒ **bridge**
bridge *n.m.* jogo de cartas em que quatro jogadores jogam entre si em pares, ficando uma mão do jogo à vista (Do ing. *bridge*, «id.»)
briefing *n.m.* 1 reunião breve durante a qual são dadas informações e instruções consideradas indispensáveis à realização de determinada tarefa 2 conjunto de informações transmitidas nessa reunião (Do ing. *briefing*, «id.»)
brífingue *n.m.* ⇒ **briefing**
briga *n.f.* 1 ato de brigar 2 disputa 3 rixa; peleja; luta 4 rompimento de relações; desavença; *galo de* ~ galo treinado para lutar com outros (Deriv. regr. de *brigar*)
brigada *n.f.* 1 conjunto de agentes de fiscalização ou de operários sob a direção de um chefe 2 MILITAR unidade tática do exército que reúne um número variável de batalhões de infantaria e de unidades de outras armas (artilharia, cavalaria, transmissões, engenharia), capaz de atuar independentemente ou integrada numa divisão 3 grande unidade da força aérea, constituída por certo número de alas, capaz de desenvolver uma ação de combate importante por um tempo de duração apreciável 4 unidade militar de grandes

brigadeiro n.m.,n.2g. MILITAR ⇒ **brigadeiro-general** ■ n.m. CULINÁRIA doce de chocolate e leite condensado, com a forma de pequenas bolas (De brigada+-eiro)

brigadeiro-general n.m. MILITAR posto de oficial general do Exército e da Força Aérea, superior ao de coronel e inferior ao de major-general, e cuja insígnia é constituída por uma estrela ■ n.2g. MILITAR oficial que ocupa esse posto

brigador¹ adj.,n.m. que ou aquele que briga; brigão; desordeiro (De brigar+-dor)

brigador² n.m. 1 [São Tomé e Príncipe] praticante do jogo do pau (luta encenada, em que os participantes têm um varapau como arma e obedecem a movimentos ritmados e encenados) 2 [São Tomé e Príncipe] pessoa que participa na encenação de algumas manifestações folclóricas (Do forro bligadô, «idem»)

brigante adj.2g. que briga; brigão (De brigar+-ante)

brigantino adj.,n.m. ⇒ **bragançano** (Do lat. brigantīnu-, de Brigantĭa-, «Bragança»)

brigão adj.,n.m. que ou aquele que é dado a brigas; rixoso (Do fr. brigand, «malfeitor»)

brigar v.tr.,intr. 1 bater-se corpo a corpo (com); lutar 2 desentender-se; discordar; estar em oposição 3 [fig.] destoar; não condizer (Do gót. brikan, «romper; quebrar; lutar»)

brigoso /ô/ adj.,n.m. ⇒ **brigão** (De briga+-oso)

brigue n.m. NÁUTICA embarcação veleira de dois mastros com velas redondas (Do ing. brig, «id.»)

briguento adj.,n.m. ⇒ **brigão** (De briga+-ento)

brilhante adj.2g. 1 que brilha; luzente; cintilante 2 [fig.] muito inteligente; talentoso 3 [fig.] célebre; notável 4 [fig.] pomposo; magnífico 5 [fig.] excelente; excecional 6 [fig.] próspero; florescente ■ n.m. 1 diamante lapidado de forma especial 2 pl. [regionalismo] pedacinhos de papel, cortados à máquina e de várias cores, que se atiram no Carnaval (De brilhar+-ante)

brilhantina n.f. 1 pó mineral para dar brilho 2 cosmético usado para fixar o cabelo (Do fr. brillantine, «id.»)

brilhantismo n.m. 1 qualidade do que é brilhante; luzimento 2 magnificência; pompa 3 perfeição (De brilhante+-ismo)

brilhar v.intr. 1 emitir luz; refletir e difundir luz 2 reluzir; cintilar 3 [fig.] mostrar-se; distinguir-se 4 [fig.] notabilizar-se (Do it. brillare, «girar; cintilar; brilhar»)

brilharete /ê/ n.m. demonstração de valor ou capacidade; *fazer um ~* evidenciar-se (De brilhar+-ete)

brilho n.m. 1 luz difundida por um corpo 2 claridade 3 fulgor; esplendor 4 FÍSICA intensidade luminosa em determinada direção, por unidade de superfície do corpo luminoso, projetada perpendicularmente à direção 5 MINERALOGIA propriedade de refletir a luz 6 [fig.] vivacidade do estilo 7 [fig.] celebridade (Deriv. regr. de brilhar)

brim n.m. tecido forte de linho ou algodão (Do cat. bri, «filamento de cânhamo»)

brinca n.f. [pop.] ⇒ **brincadeira** (Deriv. regr. de brincar)

brinça n.f. BOTÂNICA planta herbácea da família das Umbelíferas, espontânea em Portugal, também conhecida por ervatão-porcino e funcho-de-porco (Do lat. vulg. *verrinicĭa-, «id.»)

brincadeira n.f. 1 ato ou efeito de brincar 2 divertimento, jogo, particularmente de crianças; passatempo 3 dito engraçado; gracejo 4 partida que se prega a alguém 5 [coloq.] coisa fácil de fazer ou de alcançar 6 [coloq.] coisa de pouca importância 7 ato inoportuno ou irrefletido, sem pensar nas consequências 8 bailarico; festa; *~ de mau gosto* procedimento inconveniente; *custar/sair cara a ~* ser dispendioso, ter consequências negativas; *fora de ~* a sério; *levar tudo para a ~* não dar importância a nada, troçar de tudo; *na/por ~* no gozo, sem intenção séria (De brincar+-deira)

brincado adj. 1 ornado a capricho 2 floreado ■ n.m. lavor em forma de renda (Part. pass. de brincar)

brincador adj.,n.m. que ou aquele que brinca (De brincar+-dor)

brincalhão adj.,n.m. que ou aquele que gosta de brincar; folgazão (De brincar+-alho+-ão)

brincalhar v.intr. [Angola] brincar; divertir-se (Deriv. regr. de brincalhão, «que brinca»)

brincalheta /ê/ n.f. BOTÂNICA ⇒ **penacho** 5 (De orig. obsc.)

brincão n.m. pessoa que gosta de brincar ■ adj. 1 brincalhão 2 HERÁLDICA diz-se do cavalo representado em pelo no escudo (De brincar+-ão)

brincar v.tr.,intr. 1 divertir-se (com jogos); entreter-se (com brincadeiras infantis) 2 gracejar; zombar 3 proceder com leviandade (em relação ao algo) ■ v.intr. recrear-se; distrair-se; folgar ■ v.tr. mexer distraidamente em (algo); *~ com o fogo* não tomar a sério coisas dignas de ponderação e perigosas, não ter o sentido da responsabilidade; *a ~, a ~* a pouco e pouco; *brinca, brincando* sem dar por isso (Do germ. blinkan, «gracejar»?)

brinco¹ n.m. 1 adorno para as orelhas 2 gracejo 3 objeto para brincar; brinquedo 4 coisa muito arrumada ou muito bem feita; primor (Deriv. regr. de brincar)

brinco² n.m. NÁUTICA bocado de cabo de pequeno calibre para amarração de uma embarcação à boia; *~ de mola* peça de articulação de uma mola de um carro ao corpo deste (Do lat. vincŭlu-, «laço; atilho»)

brincos-de-princesa n.m.pl. BOTÂNICA planta ornamental, da família das Enoteráceas, de flores pendentes avermelhadas ou cor-de-rosa 2 BOTÂNICA flor dessa planta

brincos-de-viúva n.m.pl. BOTÂNICA ⇒ **tange-tange**

brindão n.m. maçã da Índia (Do conc. bhirandám, «id.»)

brindar v.tr.,intr. 1 beber à saúde de alguém, levantando o copo e tocando-o noutros copos 2 oferecer (brinde); presentear (De brinde+-ar)

brinde n.m. 1 saudação pela saúde ou êxito de (alguém ou alguma coisa) 2 oferta; presente (Do fr. brinde, «ação de beber à saúde»)

brinquedo /ê/ n.m. 1 objeto que serve para as crianças brincarem 2 divertimento infantil; jogo 3 [fig.] pessoa que é manipulada por outra; joguete (De brincar+-edo)

brinquinharia n.f. fábrica de brinquedos (De brinquinho+-aria)

brinquinheiro n.m. fabricante de brinquedos (De brinquinho+-eiro)

brinquinho n.m. 1 coisa muito asseada 2 quinquilharia; bugiganga 3 [fig.] pessoa muito melindrosa; *num ~* muito bem arranjado, muito limpo, impecável (De brinco+-inho)

brio n.m. 1 sentimento da própria dignidade; pundonor 2 garbo; elegância 3 valor 4 coragem; *meter-se em brios* esforçar-se corajosamente (Do célt. *brigos, «apreço; dignidade; honra», pelo prov. briu e cast. brio, «id.»)

brioche n.m. CULINÁRIA pequeno pão, muito leve e fofo, confecionado com farinha de trigo, ovos, manteiga, açúcar e sal (Do fr. brioche, «id.»)

briófita n.f. BOTÂNICA espécime das briófitas ■ n.f.pl. BOTÂNICA grupo de plantas com arquídios, mas desprovidas de tubos traqueanos e de sementes, também denominado muscínea (Do gr. brýon, «musgo» +phytón, «planta»)

briófito adj. referente aos briófitos ■ n.m. BOTÂNICA ⇒ **briófita** n.f. ■ n.m.pl. BOTÂNICA ⇒ **briófita** n.f.pl.

briol n.m. 1 NÁUTICA cabo de ferrar e colher as velas 2 [pop.] frio 3 [pop.] vinho; *estar com o ~* [pop.] estar embriagado (Do cat. briol, «corda grossa»)

briologia n.f. BOTÂNICA parte da botânica que estuda os musgos (Do gr. brýon, «musgo» +lógos, «estudo» +-ia)

briologista n.2g. 1 pessoa que estuda briologia 2 especialista em briologia (De briologia+-ista)

briólogo n.m. ⇒ **briologista** (Do gr. brýon, «musgo» +lógos, «estudo»)

briónia n.f. BOTÂNICA planta herbácea da família das Cucurbitáceas, trepadeira, de folhas grandes e flores dioicas, cujos tubérculos apresentam propriedades medicinais

brioso /ô/ adj. 1 que tem brio 2 que revela dignidade; pundonoroso 3 generoso 4 altivo 5 corajoso (De brio+-oso)

briozoário adj. referente aos briozoários ■ n.m. espécime dos briozoários ■ n.m.pl. ZOOLOGIA grupo de animais aquáticos muito pequenos, em regra marinhos, que se associam em colónias presas a diversos suportes em águas rasas; classe dos moluscoides (Do gr. brýon, «musgo» +zôon, «animal»)

briquetar v.tr. fazer briquetes de (De briquete+-ar)

briquete /ê/ n.m. 1 bola de pó de carvão amassado com pez, que serve de combustível 2 aglomerado (Do fr. briquette, «id.»)

briquitar v.intr. [Brasil] trabalhar em coisas miúdas (De briquetar?)

brisa n.f. 1 vento fresco e brando que, de dia, sopra do mar para a terra ou do vale para a montanha e, de noite, em sentido contrário; aragem; viração 2 [Madeira] embate (Do fr. brise, «id.»)

brístol n.m. antigo pano grosso de lã oriundo da cidade inglesa de Bristol (De Bristol, top.)

brita n.f. 1 ação de britar 2 material obtido por trituração de rochas e utilizado na preparação de betões e na pavimentação de estradas (Deriv. regr. de britar)

britadeira n.f. máquina que serve para partir pedra em fragmentos de pequenas dimensões (De britar+-deira)

britador n.m. aquele que brita (De britar+-dor)

britamento n.m. ato ou efeito de britar (De britar+-mento)

britango *n.m.* ORNITOLOGIA ave de rapina, da família dos Vulturídeos, comum em Portugal, também conhecida por abutre e abutre-do--egito (De orig. obsc.)

britânia *n.f.* liga metálica à base de estanho que se funde com o antimónio e o cobre

britânico *adj.* relativo ou pertencente à Grã-Bretanha ■ *n.m.* natural da Grã-Bretanha (Do lat. *britannĭcu*-, «da Bretanha»)

britanismo *n.m.* atitude ou procedimento próprio de britânico (Do lat. *britannu*-, «da Bretanha» +*-ismo*)

brita-ossos *n.m.2n.* ORNITOLOGIA ⇒ **grifo**[1] (De *britar*+*osso*)

britar *v.tr.* 1 reduzir a bocadinhos; reduzir a fragmentos 2 triturar; reduzir a nada (Do suevo *briutan*, «quebrar»?)

brive *n.f.* NÁUTICA cada um dos cabos de recolher as velas de uma embarcação (De orig. obsc.)

brizo- elemento de formação de palavras que exprime a ideia de *sono, sonho* (Do gr. *brízein*, «estar sonolento; dormir»)

brizomancia *n.f.* arte de adivinhar pelos sonhos (Do gr. *brízein*, «estar sonolento; dormir» +*manteía*, «adivinhação»)

brizomante *n.2g.* pessoa que pratica a brizomancia (Do gr. *brízein*, «dormir» +*mántis*, «adivinho»)

broa /ô/ *n.f.* 1 pão de milho 2 bolo grande em que entra farinha de milho 3 *pl.* presente de Natal (Do pré-rom. *borúna*, «id.», pelo cast. *borona*, «id.»)

broca *n.f.* 1 instrumento destinado à perfuração por rotação; pua 2 MEDICINA instrumento cortante rotativo com que o dentista perfura e limpa cavidades de dentes cariados 3 eixo de fechadura que entra no buraco da chave 4 cavidade num canhão de artilharia 5 ferroada de pião; nica 6 fístula; chaga 7 mentira; patranha (Do lat. *broccu*-, ou *brocchu*-, «que tem os dentes salientes»)

broça *n.f.* comida para porcos (Do lat. *bruscia*-, «matagal»)

brocado *n.m.* tecido de seda com motivos em relevo, de fio de prata ou ouro (Do it. *broccato*, «fazenda bordada»)

brocagem *n.f.* ação de brocar (De *brocar*+*-agem*)

brocal *n.m.* HERÁLDICA guarnição de aço na borda dos escudos (Do fr. ant. *bocler*, de *bocle*, «guarnição de metal na borda do escudo», pelo cast. *brocal*, «brocal»)

brocar *v.tr.* perfurar com broca (De *broca*+*-ar*)

brocardo *n.m.* 1 axioma jurídico 2 dito sentencioso; aforismo; anexim (Do lat. med. *brocardu*-, «id.», pelo fr. *brocard*, «máxima jurídica»)

brocatel *n.m.* 1 tecido semelhante ao brocado 2 tecido adamascado de linho ou seda (Do it. *broccatello*, dim. de *broccato*, «brocado»)

brocatelo *n.m.* espécie de mármore italiano de cores variegadas (Do it. *broccatello*, «mármore»)

brocha *n.f.* 1 prego curto e de cabeça larga 2 MECÂNICA cunha ou chaveta na extremidade do eixo do carro para segurar a roda 3 correia que liga a canga ao pescoço do boi 4 cinta para apertar alporcas 5 fecho de metal utilizado em diversos objetos tal como pastas, livros, caixas, etc. 6 (carro de bois) corda que vai de fueiro a fueiro para impedir que estes se desloquem com o peso da carga; *estar/ver-se à ~* [pop.] estar ou ver-se em grandes dificuldades (Do fr. *broche*, «espeto»)

brochado *adj.* TIPOGRAFIA diz-se do produto gráfico (livro, folheto, etc.) cujas folhas são cosidas, coladas ou agrafadas e cobertas por uma capa mole, de papel ou cartolina (Part. pass. de *brochar*)

brochador *n.m.* aquele que brocha (De *brochar*+*-dor*)

brochagem *n.f.* 1 ação ou efeito de brochar 2 TIPOGRAFIA operação que consiste em prender as folhas ou cadernos de um produto gráfico (livro, folheto, etc.) a uma capa mole (de papel ou cartolina), através de costura, colagem ou com agrafos (Do fr. *brochage*, «id.»)

brochar[1] *v.tr.* TIPOGRAFIA prender as folhas de produto gráfico (livro, folheto, etc.) através de costura, colagem ou com agrafos, fixando a capa mole, de papel ou cartolina, à lombada dessas folhas (Do fr. *brocher*, «pregar com broches»)

brochar[2] *v.tr.* pregar brochas em (calçado) (De *brocha*+*-ar*)

broche *n.m.* 1 adereço provido de um alfinete e um fecho, usado normalmente ao peito para prender e/ou adornar uma peça de roupa; alfinete 2 TIPOGRAFIA colchete que se prega nos livros para os ter fechados 3 fivela das ligas 4 [vulg.] ⇒ **felação** (Do fr. *broche*, «alfinete de peito»)

brochura *n.f.* 1 TIPOGRAFIA ato ou efeito de coser as folhas dos livros e de lhes colar uma capa de papel ou cartolina 2 estado do livro assim cosido 3 livro ou caderno com poucas folhas; folheto (Do fr. *brochure*, «id.»)

brócolos *n.m.pl.* BOTÂNICA planta hortense, da família das Crucíferas, da qual se consomem as folhas e as pequenas ramificações verdes, que, por vezes, possuem flores (Do it. *broccolo*, pl. *broccoli*, «id.»)

brocos *n.m.pl.* ⇒ **brócolos** (De *brócolos*)

bródio *n.m.* 1 festa com muita comida e bebida; comezaina; patuscada 2 [ant.] caldo dado nas portarias dos conventos (Do germ. *brod*, «caldo», pelo it. *brodo*, «id.»)

brodista *n.2g.* 1 amante de bródios 2 pessoa que recebia o bródio (De *bródio*+*-ista*)

broeiro *n.m.* 1 aquele que gosta de broa 2 vendedor de broas ■ *adj.* 1 que gosta de broa 2 [fig.] grosseiro; rústico (De *broa*+*-eiro*)

broma[1] /ô/ *n.f.* ZOOLOGIA traça que ataca a madeira (Do gr. *brôma*, «alimento», pelo cast. *broma*, «verme que rói a madeira»)

broma[2] /ô/ *n.f.* BOTÂNICA planta do Brasil da família das Escrofulariáceas (De orig. obsc.)

broma[3] /ô/ *n.2g.* pessoa grosseira ■ *n.f.* brincadeira; piada (De orig. obsc.)

bromado *adj.* que contém bromo (De *bromo*+*-ado*)

bromar *v.tr.* corroer como a broma (traça) (De *broma*+*-ar*)

bromato *n.m.* 1 QUÍMICA anião correspondente ao ácido brómico 2 QUÍMICA sal derivado do ácido brómico (De *bromo*+*-ato*)

bromato- elemento de formação de palavras que exprime a ideia de *alimento* (Do gr. *brôma, -atos*, «alimento»)

bromatologia *n.f.* ciência que estuda os alimentos (Do gr. *brôma, -atos*, «alimento» +*lógos*, «estudo»)

bromatologista *n.2g.* ⇒ **bromatólogo** (De *bromatologia*+*-ista*)

bromatólogo *n.m.* especialista em bromatologia (Do gr. *brôma, -atos*, «alimento» +*lógos*, «estudo»)

bromatometria *n.f.* determinação quantitativa de alimentos necessários (Do gr. *brôma, -atos*, «alimento» +*métron*, «medida»)

Bromeliáceas *n.f.pl.* BOTÂNICA família de plantas monocotiledóneas a que pertence o ananás (De *Bromel* ou *Bromelius*, antr., bot. sueco do séc. XVIII +*-áceas*)

brometo /ê/ *n.m.* 1 QUÍMICA anião monoatómico correspondente ao bromo 2 QUÍMICA sal derivado do ácido bromídrico 3 QUÍMICA nome vulgar do brometo de potássio (De *bromo*+*-eto*)

brómico *adj.* QUÍMICA diz-se de certos compostos do bromo (De *bromo*+*-ico*)

bromídia *n.f.* FARMÁCIA preparação medicamentosa de ação calmante, composta de brometo de potássio e outras substâncias (De *bromo*)

bromídrico *adj.* QUÍMICA designativo antiquado do ácido composto, exclusivamente, por bromo e hidrogénio (De *bromo*+*hídrico*)

bromidrose *n.f.* transpiração fétida (Do gr. *brômos*, «mau cheiro» +*hydrós*, «suor» +*-ose*)

bromina *n.f.* 1 substância elementar da composição de certas algas marinhas 2 QUÍMICA substância gasosa utilizada na indústria farmacêutica e fotográfica 3 ⇒ **bromo** (De *bromo-*+*-ina*)

bromismo *n.m.* MEDICINA perturbações causadas pelo abuso dos brometos (De *bromo*+*-ismo*)

bromo *n.m.* QUÍMICA elemento com o número atómico 35 e o símbolo Br, vermelho-acastanhado, de cheiro desagradável, muito corrosivo e tóxico, que pode obter-se puro no estado líquido (Do gr. *brômos*, «mau cheiro», pelo lat. *bromu*-, «id.»)

brom(o)- elemento de formação de palavras que exprime a ideia de *mau cheiro* ou de *bromo* (Do grego *brômos*, «mau cheiro», pelo latim científico *bromu-*, «bromo»)

bromofórmio *n.m.* QUÍMICA composto líquido, em cuja composição figura bromo, usado na preparação de calmantes para a tosse (Do fr. *bromoforme*, «id.» ou de *bromo*+(*cloro*)*fórmio*)

bronca *n.f.* 1 situação confusa; tumulto 2 estardalhaço 3 situação desagradável e embaraçosa 4 reprimenda 5 [Brasil] reclamação (De *bronco*)

bronco *adj.* 1 rude 2 tosco; grosseiro 3 inculto 4 ignorante (Do lat. *bruncu*-, «cepo», pelo cast. *bronco*, «grosseiro; rude»)

bronc(o)- elemento de formação de palavras que exprime a ideia de *brônquio* (Do gr. pl. *brógkhia*, «brônquios»)

broncoalveolar *adj.2g.* MEDICINA relativo a brônquio(s) e a alvéolo(s) pulmonares (De *bronc(o)-*+*alveolar*)

broncocele *n.f.* MEDICINA ⇒ **bócio** (Do gr. *brogkhokéle*, «papeira»)

broncodilatador *adj.,n.m.* que ou o que permite a dilatação dos brônquios

broncofonia *n.f.* ressonância exagerada da voz, que atesta lesão pulmonar (De *bronco-*+*fonia*)

broncopleurisia *n.f.* MEDICINA inflamação dos brônquios e da pleura (De *bronco-*+*pleurisia*)

broncopneumonia *n.f.* MEDICINA doença do grupo das pneumonias em que a inflamação atinge os brônquios e o tecido pulmonar (De *bronco-*+*pneumonia*)

broncorragia n.f. MEDICINA hemorragia pelos brônquios (De *bronco-+-ragia*)
broncoscopia n.f. MEDICINA exame aos brônquios com o broncoscópio (Do gr. pl. *brógkhia*, «brônquios» +*skopeīn*, «olhar» +*-ia*)
broncoscópio n.m. MEDICINA instrumento usado para observação do interior dos brônquios (Do gr. pl. *brógkhia*, «brônquios» +*skopeīn*, «olhar»)
broncotomia n.f. MEDICINA incisão feita nas vias respiratórias em caso de sufocação; traqueotomia (Do gr. pl. *brógkhia*, «brônquios» +*tomé*, «amputação» +*-ia*)
bronquectasia n.f. MEDICINA ⇒ **bronquiectasia**
bronquial adj.2g. relativo aos brônquios (De *brônquio+-al*)
bronquice n.f. qualidade de ser bronco (De *bronco+-ice*)
bronquico adj. relativo aos brônquios; bronquial (De *brônquio+-ico*)
bronquiectasia n.f. MEDICINA dilatação dos brônquios (Do gr. pl. *brógkhia*, «brônquios» +*éktasis*, «dilatação» +*-ia*)
brônquio n.m. ANATOMIA canal que resulta da bifurcação da traqueia e que se ramifica no interior dos pulmões, para onde conduz o ar (Do gr. pl. *brógkhia*, «brônquios»)
bronquiolite n.f. MEDICINA inflamação dos bronquíolos, usualmente de causa vírica e que afeta mais frequentemente as crianças de pouca idade (De *bronquíolo+-ite* [=inflamação])
bronquíolo n.m. ANATOMIA ramificação terminal dos brônquios intralobulares (De *brônquio+-olo*)
bronquite n.f. MEDICINA inflamação da membrana mucosa dos brônquios (De *brônquio+-ite*)
bronquítico adj. **1** relativo à bronquite **2** que sofre de bronquite ■ n.m. indivíduo que sofre de bronquite (De *bronquite+-ico*)
brontómetro n.m. aparelho com o qual se avalia a eletricidade atmosférica, em ocasião de tempestade
brontossauro n.m. PALEONTOLOGIA dinossauro do grupo dos saurópodes (Do gr. *bronté*, «estrondo» +*saūros*, «lagarto; sáurio», pelo fr. *brontosaure*, «id.»)
bronzagem n.f. operação de dar cor de bronze a (Do fr. *bronzage*, «id.»)
bronze n.m. **1** liga bastante dura de cobre e estanho, que pode conter zinco e outros elementos **2** obra feita dessa liga **3** [coloq.] coloração escura da pele obtida por ação de raios solares ou de radiações artificiais; **ter coração de ~** [fig.] ser duro ou indiferente; **trabalhar para o ~** [coloq.] expor-se ao sol para ficar com a pele morena (Do it. *bronzo*, «bronze», pelo fr. *bronze*, «id.»)
bronzeado adj. **1** da cor do bronze **2** escuro com reflexos metálicos **3** moreno; queimado; tisnado (Part. pass. de *bronzear*)
bronzeador adj. que bronzeia ■ n.m. **1** aquele que bronzeia **2** (creme, loção) produto para bronzear a pele (De *bronzear+-dor*)
bronzeamento n.m. **1** (materiais) operação de dar cor de bronze; bronzagem **2** ação de bronzear a pele sob o efeito de raios solares ou radiações artificiais; banho de sol **3** coloração tisnada da pele (De *bronzear+-mento*)
bronzear v.tr. **1** dar cor de bronze a **2** (pele) escurecer; dourar ■ v.intr. ficar moreno; escurecer; queimar ■ v.pron. expor-se ao efeito de raios solares ou de radiações artificiais para que a pele fique morena (De *bronze+-ear*)
brônzeo adj. **1** relativo ao bronze **2** feito de bronze **3** duro como bronze (De *bronze+-eo*)
bronzista n.2g. pessoa que trabalha em bronze (De *bronze+-ista*)
bronzite n.f. MINERALOGIA variedade ferrífera de enstatite (piroxena ortorrômbica) (De *bronze+-ite*)
broque n.m. tubo de ventilador em forno de fundição de metais (De *broque?*)
broqueamento n.m. ato ou efeito de broquear (De *broquear+-mento*)
broquear v.tr. ⇒ **brocar** (De *broca+-ear*)
broquel n.m. **1** escudo pequeno **2** [fig.] proteção; defesa (Do fr. ant. *bocler* ou *boucler*, mod. *bouclier*, «escudo para defesa»)
broquelar v.tr.,pron. ⇒ **abroquelar** (De *broquel+-ar*)
broqueleiro n.m. o que fabricava broquéis ou se armava de broquel (De *broquel+-eiro*)
broquento adj. **1** cheio de brocas ou buracos **2** [fig.] fistuloso; chaguento (De *broca+-ento*)
broquim n.m. broca pequena (De *broca+-im*)
brossa n.f. **1** TIPOGRAFIA escova para lavar as formas de impressão **2** escova para limpar cavalgaduras **3** máquina para limpar fazendas nas fábricas de lanifícios (Do fr. *brosse*, «escova»)
brossar v.tr. TIPOGRAFIA lavar (a composição tipográfica) com brossa e aguarrás (Do fr. *brosser*, «escovar»)
brota[1] n.f. ICTIOLOGIA ⇒ **abrótea**[1] (De *abrótea*)

brota[2] n.f. BOTÂNICA ⇒ **broto** 1 (Deriv. regr. de *brotar*)
brotamento n.m. BOTÂNICA ação de brotar; lançamento de brotos; germinação (De *brotar+-mento*)
brotar v.intr. **1** BOTÂNICA sair do solo; desenvolver rebentos; rebentar **2** aparecer **3** proceder **4** nascer **5** irromper; borbotar; aparecer subitamente **6** mostrar-se ■ v.tr. **1** lançar brotos **2** produzir; gerar; criar **3** proferir (Do gót. *bruton*, «brotar», pelo prov. *brotar*, «id.»)
brotinho /ô/ n.m. **1** [Brasil] [pop.] namorado; namorada **2** [Brasil] [pop.] rapaz; rapariga
broto /ô/ n.m. **1** BOTÂNICA gomo; rebento **2** [Brasil] adolescente **3** [Brasil] namorado ou namorada (Deriv. regr. de *brotar*)
brotoeja /ê/ n.f. erupção cutânea, acompanhada de prurido (De *broto+-eja*)
browniano adj. FÍSICA diz-se do movimento irregular de partículas sólidas, microscópicas, em suspensão num fluido, originado pelas colisões térmicas das moléculas do fluido com as partículas, e existente mesmo a temperatura uniforme e na ausência de qualquer agitação mecânica (De *R. Brown*, bot. ing., 1773-1858 +*-iano*)
brownie n.m. bolo baixo de chocolate, que por vezes também leva nozes, cortado e servido em forma de pequenos quadrados ou retângulos (Do ing. *brownie*, «id.»)
browser n.m. INFORMÁTICA aplicação que permite aos utilizadores da internet consultar documentos em hipertexto, permitindo ainda o acesso a outros recursos dessa rede (Do ing. *browser*, «id.»)
broxa n.f. pincel grosso, de cabo comprido, utilizado para caiar (Do fr. *brosse*, «pincel; broxa»)
broxante n.2g. pintor secundário, encarregado de fazer as pinturas de menor responsabilidade (De *broxar+-ante*)
broxar v.tr. pintar ou pincelar com broxa (De *broxa+-ar*)
bruaca n.f. **1** [Brasil] mala de couro para transporte de objetos sobre cavalgaduras **2** [Brasil] bolsa de couro usada a tiracolo **3** [Brasil] [pej.] mulher velha e feia **4** [Brasil] [pej.] mulher rabugenta ou mexeriqueira **5** [Brasil] [pej.] prostituta envelhecida e feia (Do cast. *burjaca*, «id.»)
brucela n.f. MEDICINA bactéria causadora da brucelose ou febre de Malta, descoberta por David Bruce, cientista australiano, 1855--1931 (Do lat. cient. *brucella-*, pelo fr. *brucelle*, «id.», de *Bruce*, antr.)
brucelose n.f. MEDICINA doença infeciosa comum aos bovinos, caprinos e suínos e por eles transmitida ao homem; febre de Malta (De *brucela+-ose*, ou do fr. *brucellose*, «id.»)
brucina n.f. QUÍMICA, FARMÁCIA alcaloide extraído da noz-vómica, que tem propriedades estimulantes e é muito venenoso (Do fr. *brucine*, «id.»)
brucite n.f. MINERALOGIA mineral que é, quimicamente, o hidróxido de magnésio ($MgOH_2$) e cristaliza no sistema hexagonal (De *A. Bruce*, antr., mineralogista americano, 1777-1818 +*-ite*)
bruco[1] n.m. ZOOLOGIA inseto coleóptero cujas larvas são prejudiciais à agricultura (Do gr. *broūkos*, «id.», pelo lat. *bruchu-*, «espécie de carocha»)
bruco[2] n.m. BOTÂNICA planta herbácea, da família das Umbelíferas, espontânea em Portugal (De orig. obsc.)
bruços n.m.pl. DESPORTO estilo de natação em que o nadador se move de ventre e cabeça voltados para baixo, afastando e juntando os braços em movimento circular, enquanto abre e fecha as pernas; **de ~** de ventre para baixo (De orig. obsc.)
bruega n.f. **1** chuvisco passageiro **2** [pop.] bebedeira **3** desordem; barulho (De orig. obsc.)
brulha n.f. BOTÂNICA (enxertia) ⇒ **borbulha** 4 (De *borbulha*)
brulho n.m. bagaço da azeitona depois de espremido (De orig. obsc.)
brulote n.m. [ant.] barco carregado de matérias explosivas, destinadas a provocar incêndio nos navios inimigos (Do fr. *brûlot*, «id.», do v. *brûler*, «queimar; abrasar»)
bruma n.f. **1** nevoeiro do mar **2** nevoeiro denso; cerração **3** [fig.] obscuridade **4** [fig.] mistério; incerteza (Do lat. *bruma-*, «solstício de inverno; tempo de muita névoa»)
brumaceiro adj. diz-se do tempo húmido e escuro (De *bruma+-aça+-eiro*)
brumal adj.2g. **1** relativo a bruma **2** nevoeiro **3** sombrio; vago (Do lat. *brumāle-*, «relativo ao solstício do inverno»)
Brumário n.m. segundo mês do calendário da primeira República Francesa (Do fr. *brumaire*, «id.»)
brumoso /ô/ adj. **1** coberto de nevoeiro; nebuloso; brumal **2** que é pouco nítido; vago (Do lat. *brumōsu-*, «de inverno»)
brunheiro n.m. ⇒ **abrunheiro** (De *brunho+-eiro*)
brunho n.m. [pop.] ⇒ **abrunho** (Do lat. *prunu-*, «abrunho»)
brunideira n.f. mulher que passa a roupa a ferro; engomadeira de roupa (De *brunir+-deira*)

brunidor *adj.* que brune ■ *n.m.* **1** aquele que brune **2** utensílio ou instrumento para brunir (De *brunir+-dor*)
brunidura *n.f.* ação ou efeito de brunir ou de dar lustro (De *brunir+-dura*)
brunir *v.tr.* **1** engomar ou passar a ferro **2** tornar luzidio **3** polir; dar lustre a **4** alisar (Do frânc. **brûnjan*, «brunir», pelo prov. *brunir*, «id.»)
bruno *adj.* **1** escuro **2** [fig.] sombrio **3** [fig.] triste; infeliz (Do frânc. **brún*, «moreno; pardo», talvez pelo it. *bruno*, «id.»)
brusca *n.f.* BOTÂNICA ⇒ **gilbardeira** (De *brusco*)
brusco *adj.* **1** inesperado; súbito **2** áspero e arrebatado no falar; desabrido **3** desagradável (Do lat. **bruscu-*, var. de *ruscu-*, «arbusto espinhoso»)
brushing *n.m.* técnica de cabeleireiro que consiste em pentear o cabelo madeixa a madeixa com escova e secador, com ajuda de uma escova redonda e de secador elétrico manual (Do ing. *brushing*, do v. *to brush* «escovar»)
brusquidão *n.f.* **1** qualidade de brusco; falta de delicadeza **2** qualidade do que é repentino ou imprevisto (De *brusco+-i-+-dão*)
bruta *elem.loc.adv.* **à ~** brutalmente; violentamente; sem cuidado; de forma indelicada; asperamente; em quantidade; à farta (De *bruto*)
brutal *adj.2g.* **1** próprio dos animais; animal; ferino **2** cruel; desumano; violento; selvagem **3** muito rude; grosseiro **4** que impressiona profundamente; chocante **5** [coloq.] enorme ou muito intenso; descomunal; excessivo **6** [coloq.] fora do comum; fantástico; extraordinário (Do lat. *brutāle-*, «sem razão; irracional»)
brutalhada *n.f.* quantidade de brutos (De *bruto+-alho+-ada*)
brutalidade *n.f.* **1** qualidade do que é próprio do animal; animalidade **2** crueldade; desumanidade **3** qualidade do que é violento; rudeza; força **4** bestialidade; selvajaria **5** atitude ou ato grosseiro; indelicadeza **6** qualidade do que é excessivo; enorme quantidade; exagero (De *brutal+-i-+-dade*)
brutalização *n.f.* ato ou efeito de brutalizar ou brutalizar-se (De *brutalizar+-ção*)
brutalizar *v.tr.* **1** fazer perder as capacidades de raciocínio e a sensibilidade; tornar bruto ou brutal; embrutecer; bestificar **2** tornar violento **3** tratar com brutalidade ■ *v.pron.* tornar-se bruto; bestializar-se (De *brutal+-izar*)
brutamontes *n.2g.2n.* pessoa grosseira, violenta; alarve (De *bruto+montes*)
brutesco /ê/ *adj.* **1** grosseiro; tosco **2** sem arte ■ *n.m.* figuração, em tela, de animais ou cenas agrestes (De *bruto+-esco*)
bruteza /ê/ *n.f.* ⇒ **brutalidade** (De *bruto+-eza*)
brutidade *n.f.* ⇒ **brutalidade** (De *bruto+-i-+-dade*)
brutidão *n.f.* ⇒ **brutalidade** (De *bruto+-i-+-dão*)
brutificação *n.f.* ato ou efeito de brutificar ou de brutificar-se; brutalização (De *brutificar+-ção*)
brutificador *adj.,n.m.* que ou o que brutifica (De *brutificar+-dor*)
brutificante *adj.2g.* que brutifica (De *brutificar+-ante*)
brutificar *v.tr.* fazer perder as capacidades de raciocínio e a sensibilidade; brutalizar; embrutecer (Do lat. *brutu-*, «bruto» +*facĕre*, «fazer»)
brutitates *n.2g.2n.* [regionalismo] pessoa ignorante; brutamontes (De *bruto*)
bruto *adj.* **1** diz-se de um indivíduo grosseiro **2** irracional; estúpido **3** rude; violento **4** selvagem **5** dotado de muita força **6** muito grande **7** inerte **8** tosco; informe **9** diz-se do valor que não está sujeito a encargos ou reduções ■ *n.m.* **1** animal irracional **2** ORNITOLOGIA ave da família dos Larídeos, desprovida de polegar, semelhante às gaivotas, conhecida também por gaivota e gaivota-de-bico-de-cana; *em ~* não trabalhado; *fórmula bruta* QUÍMICA fórmula química representativa da composição molecular em que não se evidencia a distribuição dos átomos na estrutura; *peso ~* peso total, sem dedução da tara; *receita bruta* receita total, sem dedução da despesa (Do lat. *brutu-*, «pesado; estúpido»)
bruxa *n.f.* **1** mulher que faz bruxarias; mágica; feiticeira **2** vidente **3** [pej.] mulher velha e antipática **4** lamparina mortiça ou o seu pavio **5** ZOOLOGIA borboleta de coloração sombria, em regra, noturna **6** ICTIOLOGIA nome vulgar de uns peixes seláquios, da família dos Cilídeos (cação, gata, pata-roxa, pintarroxa, etc.) **7** ICTIOLOGIA nome vulgar de uns peixes seláquios, da família dos Espinacídeos (arreganhada, lixa-de-pau, xara, etc.) (Do lat. **bruxa-*, de orig. pré-romana, pelo cast. *bruja*, «feiticeira»)
bruxear *v.intr.* fazer bruxarias (De *bruxa+-ar*)
bruxaria *n.f.* **1** capacidade sobrenatural atribuída a bruxas ou bruxos **2** feitiçaria; sortilégio **3** conjunto de bruxas **4** facto extraordinário que se não sabe explicar (De *bruxa+-aria*)
bruxear *v.intr.* ⇒ **bruxar** (De *bruxa+-ear*)

bruxedo /ê/ *n.m.* **1** suposto poder sobrenatural atribuído a bruxas ou bruxos **2** facto extraordinário que se não sabe explicar (De *bruxa+-edo*)
bruxo *n.m.* **1** aquele que faz bruxarias **2** pessoa que pretende curar sem diploma legal nem conhecimentos de medicina científica; curandeiro **3** pessoa que crê em artes ou ciências ocultas; ocultista (De *bruxa*)
bruxuleante *adj.2g.* **1** que bruxuleia; oscilante **2** frouxo; mortiço (De *bruxulear+-ante*)
bruxulear *v.intr.* **1** oscilar **2** (luz da lamparina) tremular **3** brilhar frouxamente (Do port. arc. *brúxula*, «bússola»)
bruxuleio *n.m.* ato de bruxulear (Deriv. regr. de *bruxulear*)
bua *n.f.* [infant.] água (Do lat. *bua-*, pal. usada pelas crianças para pedir água)
buba *n.f.* MEDICINA pequeno tumor cutâneo (Deriv. regr. de *bubão*)
búbalo *n.m.* ZOOLOGIA ⇒ **búfalo** (Do gr. *boúbalos*, «id.», pelo lat. *bubălu-*, «id.»)
bubão *n.m.* MEDICINA intumescência dos gânglios linfáticos da virilha, observada em algumas doenças sexualmente transmissíveis e na peste bubónica (Do gr. *boubón*, «tumor»)
bubela *n.f.* ORNITOLOGIA ⇒ **poupa**[1] **2** (Do lat. **upupella-* ou **apupella-*, dim. de *upŭpa-*, «poupa»)
bubonalgia *n.f.* MEDICINA dor nas virilhas (Do gr. *boubón*, «virilha» +*álgos*, «dor» +*-ia*)
bubónia *n.f.* BOTÂNICA planta medicinal da família das Compostas (Do gr. *boubón*, «virilha; tumor na virilha», pelo lat. **bubōne-*, «id.», pelo fr. *bubon*, «id.»)
bubónico *adj.* que apresenta bubões; *peste bubónica* uma das manifestações da peste caracterizada pelo aparecimento de bubões, especialmente na zona das virilhas (Do fr. *bubonique*, «id.»)
Bubónidas *n.m.pl.* ⇒ **Estrigídeos**
Bubonídeos *n.m.pl.* ⇒ **Estrigídeos**
bubonocele *n.f.* MEDICINA forma de hérnia inguinal (Do gr. *boubonokéle*, «hérnia inguinal»)
bucal *adj.2g.* relativo a boca; *armadura ~* conjunto das peças que rodeiam a cavidade bucal dos artrópodes (Do lat. *buccāle-*, «relativo a boca»)
buçal *n.m.* espécie de cabresto forte com focinheira (De *buço+-al?*)
bucéfalo *n.m.* **1** cavalo aparatoso, de batalha **2** cavalo nobre, de raça **3** [pop.] burro lazarento (Do gr. *bouképhalos*, «(cavalo) que tem cabeça de boi»)
bucelar *adj.2g.* em forma de boca (Do lat. *bucella-*, «boca pequena», dim. de *bucca-*, «boca» +*-ar*)
bucelário[1] *adj.* em forma de boca pequena (Do lat. *buccella-*, «boca pequena», dim. de *bucca-*, «boca» +*-ário*)
bucelário[2] *n.m.* homem que, nos tempos dos Godos, estava adido a uma família poderosa em troca de alguns serviços (Do lat. *buccellarĭu-*, «soldado particular»)
bucentauro *n.m.* **1** centauro com corpo de touro **2** [com maiúscula] antigo galeão aparatoso de Veneza (Do gr. *boũs*, «boi» +*kéntauros*, «centauro»)
bucha *n.f.* **1** rodela de cartão, feltro, cortiça, etc., que antigamente se empregava para atacar a carga das armas de fogo e que ainda se utiliza nos cartuchos de caça **2** [pop.] pequeno bocado de alimento que se mete à boca de uma só vez **3** alimento ou comida leve que se ingere para atenuar a fome ou para preparar o estômago para uma bebida alcoólica **4** chumaço com que se tapam fendas ou rombos **5** pedaço de madeira ou plástico que se embute numa parede ou noutra superfície semelhante para nela se introduzir um prego ou um parafuso **6** TEATRO aparte que os atores acrescentam ao texto original **7** [regionalismo] centro da roda do carro de bois, ao qual estão ligados os raios **8** [fig.] mau negócio; logro; espiga *n.2g.* [coloq.] pessoa gorda ■ *adj.2g.* [coloq.] gordo; *~ vegetal* [Brasil] esponja de banho (Do fr. ant. *bouche*, «molho; feixe; tufo»)
buchada *n.f.* **1** vísceras dos animais **2** fartadela **3** [fig.] estopada **4** prejuízo grande (De *bucho+-ada*)
buchado *adj.* que possui bucho grande (De *bucho+-ado*)
bucha-dos-caçadores *n.f.* [Brasil] BOTÂNICA ⇒ **cabacinho** 2
bucheiro[1] *n.m.* aquele que tem por hábito comer qualquer coisa como pretexto para beber (De *bucha+-eiro*)
bucheiro[2] *n.m.* homem que vende vísceras dos animais; fressureiro; tripeiro (De *bucho+-eiro*)
buchela *n.f.* pinça usada pelos ourives
buchim *n.m.* MECÂNICA revestimento metálico nos buracos das rodas onde entram as extremidades do eixo fixo do carro (Do cast. *bocín*, «id.»)

bucho *n.m.* 1 (animais) estômago 2 pança; ventre; barriga (Do lat. *muscŭlu-*, «músculo»)

buchudo *adj.* 1 que tem barriga grande; barrigudo 2 [Brasil] grávido; prenhe (De *bucho+-udo*)

bucinador *adj.,n.m.* ANATOMIA músculo ou designativo de um músculo da face que intervém na mastigação e no sopro (Do lat. *bucinatōre-*, «o que toca corneta ou trombeta»)

buco[1] *n.m.* capacidade de um navio (Do catalão *buk* ou *buc*, «barriga; capacidade de um navio»)

buco[2] *n.m.* [Guiné-Bissau] BOTÂNICA planta medicinal de cujas folhas se faz um chá usual na prevenção do paludismo e no pós-parto (Do crioulo guineense *buku*, «idem»)

buço *n.m.* 1 penugem que nasce acima do lábio superior do homem, quando começa a ter barba, ou de algumas mulheres 2 pelos do focinho de alguns animais 3 cão muito novo; cachorro (Do lat. *buccĕu-*, «da boca», de *bucca-*, «boca»)

bucólica *n.f.* 1 LITERATURA poesia pastoril 2 LITERATURA écloga (De *bucólico*)

bucólico *adj.* 1 relativo à vida dos pastores 2 campestre 3 simples 4 gracioso 5 inocente (Do gr. *boukolikós*, «relativo a boieiros», pelo lat. *bucolĭcu-*, «id.»)

bucolismo *n.m.* 1 LITERATURA género da poesia bucólica 2 vida pastoril 3 inocência 4 a simplicidade da vida campestre (De *bucól(ico)+ -ismo*)

bucolista *n.2g.* pessoa que escreve poesias bucólicas (De *bucól(ico)+ -ista*)

Bucónidas *n.m.pl.* ORNITOLOGIA ⇒ **Buconídeos**

Buconídeos *n.m.pl.* ORNITOLOGIA família de pássaros insetívoros tropicais, frequentes no Brasil, que apresentam formações filiformes na base do bico (Do lat. *buccōne-*, «palrador; de boca grande» + *-ídeos*)

bucrânio *n.m.* figuração de uma cabeça descarnada de boi, que servia de ornato nas construções gregas e romanas (Do gr. *boukránion*, «cabeça de boi», pelo lat. *bucranĭu-*, «id.»)

buçu *n.m.* BOTÂNICA ⇒ **ubuçu**

búcula *n.f.* viseira em forma de caraça que complementava o morrião e a mitra, dois tipos de capacete usados na antiguidade pelos Iberos (Do lat. *buccŭla*, «boca pequena»)

Buda *n.m.* 1 nome atribuído no budismo aos seres que realizaram a verdadeira natureza do seu espírito 2 principal título atribuído ao fundador do budismo depois de atingir a iluminação 3 ser iluminado 4 [com minúscula] representação de um Buda (Do sânsc. *Buddha*, «o iluminado»)

búdico *adj.* relativo ao budismo (Do fr. *bouddhique*, «id.»)

budismo *n.m.* RELIGIÃO sabedoria fundada pelo Buda Gautama na Índia, que analisa a origem e as causas da insatisfação inerente a toda a existência, e que se propõe ensinar o método de libertação dessa insatisfação (De *Buda+-ismo*, ou do fr. *bouddhisme*, «id.»)

budista *adj.2g.* relativo ao budismo ■ *n.2g.* pessoa seguidora do budismo (De *Buda+-ista*, ou do fr. *bouddhiste*, «id.»)

bué *adv.* [coloq.] em grande quantidade; muito (Do quimb. *mbuwe*, «abundância, fartura»)

bueira *n.f.* NÁUTICA furo no fundo da embarcação para escoar as águas, quando em seco (De *bueiro*)

bueiro *n.m.* 1 abertura para esgoto de águas superficiais; sarjeta 2 respiradouro de fornalha (Do lat. *buarĭu-*, «da água», de *bua-*, «água»)

buena-dicha *n.f.* sina; sorte (Do cast. *buena dicha*, «boa sorte»)

buereré *adv.* [Angola] muitíssimo (De *bué*, «muito»)

bufa *n.f.* 1 [pop.] ventosidade expelida pelo ânus, sem ruído; bufo 2 *pl.* suíças (Deriv. regr. de *bufar*)

bufalino *adj.* respeitante ao búfalo (De *búfalo+-ino*)

búfalo *n.m.* ZOOLOGIA mamífero ruminante da família dos Bovídeos, de longos cornos arqueados, de que existem várias espécies no estado selvagem e doméstico na Ásia e em África (Do gr. *boúbalos*, «id.», pelo lat. cl. *bubālu-*, pelo lat. dial. *bufālu-*, «id.»)

bufão *n.m.* 1 ⇒ **bobo**[1] *n.m.* 2 que ou aquele que se gaba exageradamente de feitos ou qualidades que muitas vezes não lhe pertencem; gabarola; fanfarrão (Do it. *buffone*, ou do cast. *bufón*, «id.»)

bufar *v.intr.* 1 expelir o ar pela boca, com força; soprar 2 [fig.] bazofiar ■ *v.tr.* 1 alardear; blasonar 2 soprar sobre 3 expelir; *pagar e não ~* [pop.] pagar sem protestar (De orig. onom.)

bufarinha *n.f.* 1 cosmético de pouco valor 2 bugiganga; quinquilharia (De *bufar*?)

bufarinheiro *n.m.* 1 vendedor ambulante de bufarinhas 2 quinquilheiro (De *bufarinha+-eiro*)

bufeira *n.f.* 1 pessoa presumida 2 [fig.] embófia; farronca; bazófia (De *bufar+-eira*)

bufete *n.m.* 1 móvel de sala de jantar, com prateleiras e portas, geralmente comprido, estreito, sobre o qual se colocam as travessas com os alimentos, garrafas e outros utensílios que possam vir a ser necessários durante a refeição; aparador 2 mesa, geralmente comprida e estreita, sobre a qual se dispõem bebidas, pratos frios e pastelaria, em reuniões, festas ou receções 3 refeição constituída pelos alimentos e bebidas dispostos em cima desta mesa 4 as bebidas e os alimentos servidos nessa refeição 5 divisão numa escola, numa sala de espetáculos, etc., onde são servidas refeições rápidas, lanches, bolos, bebidas, etc. 6 secretária antiga; papeleira (Do fr. *buffet*, «aparador»)

buffer *n.m.* INFORMÁTICA parte da memória utilizada para guardar dados temporariamente, enquanto estes se transferem entre dispositivos que operam a velocidades ou em formatos diferentes (Do ing. *buffer*, «id.»)

buffet *adj.inv.,n.m.* que ou serviço de refeição que é composto por iguarias e bebidas dispostas num móvel ou mesa e em que as próprias pessoas se servem à discrição (geralmente em festas, reuniões, etc.); bufete (Do fr. *buffet*, «aparador»)

bufido *n.m.* som produzido quando se bufa (De *bufar+-ido*)

bufo[1] *n.m.* 1 sopro forte e rápido 2 [pop.] ventosidade expelida pelo ânus, sem ruído (Deriv. regr. de *bufar*)

bufo[2] *n.m.* 1 ORNITOLOGIA ave de rapina noturna, da família dos Bubonídeos ou Estrigídeos, também conhecida por coruja 2 ICTIOLOGIA peixe teleósteo da família dos Traquinídeos, também conhecido por masca-tabaco e papa-tabaco (Do lat. *bubo*, (nominativo), «mocho; coruja»)

bufo[3] *n.m.* 1 bobo; bufão 2 [pop.] polícia secreto 3 [pop.] delator 4 homem avarento 5 [Brasil] burlão ■ *adj.* 1 burlesco 2 jovial (Do it. *buffo*, «id.»)

bufonaria *n.f.* ação ou dito de bufão; fanfarrice; chocarrice (Do cast. *buhonería*, «bufonaria; tenda de coisas miúdas»)

bufonear *v.intr.* 1 representar o papel de bufão, de bobo 2 fanfarronar ■ *v.tr.* representar burlescamente (De *bufão+-ear*)

Bufónidas *n.m.pl.* ZOOLOGIA ⇒ **Bufonídeos**

Bufonídeos *n.m.pl.* ZOOLOGIA família de batráquios anuros, cujo género-tipo, a que pertence o sapo vulgar, se denomina *Bufo* (De lat. *bufōne-*, «sapo» +*-ídeos*)

bufúrdio *n.m.* justa singular em que dois cavaleiros combatiam em vez dos seus exércitos; torneio (Do lat. med. *bufurdĭu-*, «id.»)

bug *n.m.* INFORMÁTICA erro ou falha na execução de um programa, prejudicando ou inviabilizando o seu funcionamento (Do ing. *bug*, «id.»)

bugalha *n.f.* 1 pequeno bugalho 2 noz de galha (Do cast. *bugalla*, «galha de carvalho»)

bugalhinha *n.f.* espécie de jogo com bugalhas de carvalheira (De *bugalha+-inha*)

bugalho *n.m.* 1 excrescência arredondada, nos vegetais, produzida pela picada de certos insetos 2 noz de galha 3 conta grande de rosário 4 corpo globoso 5 ⇒ **erva-isqueira**; *misturar alhos com bugalhos* [fig.] confundir as coisas (De *bugalha*)

bugalhó *n.m.* BOTÂNICA planta da família das Ranunculáceas, espontânea em Portugal (De *bugalho*?)

bugalhudo *adj.* 1 em forma de bugalho; arredondado 2 (olho) grande e esbugalhado (De *bugalho+-udo*)

buganvília *n.f.* BOTÂNICA planta trepadeira com inflorescências de cor vermelha ou púrpura, originária da América (De *Louis de Bougainville*, antr., navegador fr., 1729-1811, pelo fr. *bougainvillée*, «id.»)

buggy *n.m.* automóvel leve, com pneus largos, normalmente sem tejadilho e, por vezes, sem portas, capaz de circular em terrenos arenosos (Do ing. *beach buggy*, «id.»)

bugia[1] *n.f.* pequena vela de cera (De *Bugia*, top., cidade africana donde se importava a cera)

bugia[2] *n.f.* ZOOLOGIA fêmea do bugio (De *bugio*)

bugiada *n.f.* porção de bugios; macacada (De *bugio+-ada*)

bugiar *v.intr.* fazer bugiarias; *mandar ~* [pop.] despedir alguém com desprezo (De *bugio+-ar*)

bugiaria *n.f.* 1 gesto de bugio; macaquice 2 bugiganga 3 ninharia (De *bugio+-aria*)

bugiganga *n.f.* 1 objeto de pouco valor; coisa inútil 2 quinquilharia; bagatela (Do cast. *bojiganga*, antiga companhia dramática ambulante)

bugigangaria *n.f.* porção de bugigangas (De *bugiganga+-aria*)

bugio *n.m.* ZOOLOGIA macaco corpulento, com o queixo barbado, também conhecido por barbado, guariba, etc. (De *Bugia*, top., cidade africana donde os macacos eram originários)

buglossa *n.f.* BOTÂNICA planta herbácea, tintorial, da família das Boragináceas, espontânea em Portugal, também conhecida por língua-de-vaca e alcana (Do gr. *bouglõsson*, «língua-de-boi, planta»)

bugre *n.m.* [Brasil] árvore da família das Leguminosas, cuja madeira é duríssima ■ *n.2g.* [pej.] indígena da América do Sul (Do fr. *bougre*, «velhaco», do lat. *bulgăru-*, «búlgaro; herege»)

Bugres *n.m.pl.* ETNOGRAFIA tribo de índios do Sul do Brasil (De *bugre*)

búgula *n.f.* BOTÂNICA ⇒ **erva-férrea** (Do b. lat. *bugŭla-*, «id.»)

buibilar *v.intr.* [Angola] urrar; gritar enfurecido (Do quimb. *kubuibuila*, «id.»)

Buingelas *n.m.pl.* ETNOGRAFIA grupo populacional do Sul de Moçambique (Do xichangana *Mabuingela*, etn.)

buinho /uí/ *n.m.* BOTÂNICA ⇒ **bunho** (Do lat. *budĭnu-*, de *buda*, «junco; erva dos pântanos»)

buir *v.tr.* **1** puir; desgastar **2** polir; alisar (De *puir*, divergente de *polir*, do lat. *polīre*, «polir»)

bujão[1] *n.m.* **1** peça utilizada para tapar um orifício ou uma fenda **2** NÁUTICA rolha, bucha ou cunha com que se tapam buracos ou fendas a bordo **3** rolha metálica, com rosca, utilizada nos automóveis **4** cunha pequena usada para apertar cavilhas **5** [coloq.] rabo (De *bucha+-ão*)

bujão[2] *n.m.* **1** [Brasil] recipiente metálico e cilíndrico, para armazenar e transportar produtos voláteis; botijão **2** [Brasil] conteúdo desse recipiente (Do fr. *bouchon*, «rolha, tampa»)

bujarda *n.f.* martelo com duas cabeças quadradas e revestidas de pontas, utilizado no acabamento de pedras (Do fr. *boucharde*, «id.»)

bujarrona /ô/ *n.f.* **1** NÁUTICA vela triangular içada a proa **2** [fig.] insulto; afronta (Do cast. *bujarrón*, «sodomita», do it. *buggerone*, «id.», do lat. *bulgăru-*, «búlgaro; herege»)

bula[1] *n.f.* **1** selo de ouro, prata ou chumbo, utilizado antigamente pelos papas e soberanos em documentos, atestando a sua autenticidade **2** decreto ou documento com esse selo **3** nome vulgarmente dado a documentos pontifícios escritos em pergaminho com selo papal gravado em chumbo ou cera **4** dispensa de certas práticas religiosas concedida por bispos **5** papel impresso que acompanha um medicamento, contendo informações sobre a sua composição, utilização, posologia e contraindicações **6** [pouco usado] *pl.* habilitações; capacidades **7** [pouco usado] *pl.* processos; motivos (Do baixo latim *bulla-*, «bola; bula»)

bula[2] *n.f.* [Moçambique] ETNOGRAFIA ossos divinatórios **2** [Moçambique] ETNOGRAFIA palavras definitivas dos espíritos, dos deuses, que constituem a revelação do que vai acontecer (Do xi-ronga *bula*, «idem»)

bula-bula *n.f.* [Moçambique] conversa em motivo especial, para passar o tempo (Do ronga *ku bula-bula*, «conversar»)

bular *v.tr.* selar com bula (De *bula+-ar*)

bulário *n.m.* **1** coleção de bulas **2** oficial encarregado de copiar as bulas (De *bula+-ário*)

bulastenia *n.f.* enfraquecimento extremo da vontade (Do gr. *boulé*, «vontade» +*asthéneia*, «debilidade»)

bulbi- elemento de formação de palavras que exprime a ideia de *bolbo* (Do lat. *bulbu-*, «bolbo»)

bulbífero *adj.* que produz bulbos ou bolbos (De *bulbi-+-fero*)

bulbiforme *adj.2g.* que tem forma de bulbo; bolbiforme (De *bulbi-+-forme*)

bulbilho *n.m.* ⇒ **bolbilho** (Do lat. cient. *bulbillu-*, por *bulbŭlu-*, «bolbo pequeno»)

bulbilo *n.m.* ⇒ **bulbilho**

bulbíparo *adj.* ⇒ **bulbífero** (Do lat. *bulbu-*, «bolbo» +*parĕre*, «produzir»)

bulbo *n.m.* ⇒ **bolbo** (Do lat. *bulbu-*, «bolbo; cebola»)

bulboso /ô/ *adj.* ⇒ **bolboso** (Do lat. *bulbōsu-*, «id.»)

bulcão *n.m.* **1** negrume de nuvens **2** nuvem de fumo denso **3** redemoinho **4** [fig.] grande aflição (De *vulcão*)

buldogue *n.m.* **1** raça inglesa de cães, de pelo curto e de cabeça volumosa com boca larga de beiços pendentes e focinho achatado **2** cão dessa raça (Do ing. *bull-dog*, «cão dos toiros»)

buldózer *n.m.* **1** máquina que se desloca sobre lagartas, munida de uma pá na frente e usada para operações de terraplenagem e demolições **2** lâmina adaptável a um trator para escavar ou remover terras (Do ing. *bulldozer*, «id.»)

bule[1] *n.m.* recipiente bojudo para preparar e servir chá (Do malaio *búli*, «frasco»)

bule[2] *n.m.* [Cabo Verde, Guiné-Bissau] cabaça com gargalo estreito, usada para líquidos, sobretudo para recolher o vinho de palma (Do crioulo *buli*, «idem», a partir de *bule*)

bule-bule *n.m.* **1** BOTÂNICA ⇒ **bole-bole** **2** ventoinha de papel; vira-vento **3** movimento ■ *n.2g.* pessoa irrequieta ou buliçosa (De *bulir*)

buleiro *n.m.* oficial eclesiástico encarregado de distribuir a Bula da Cruzada (De *bula+-eiro*)

bulevar *n.m.* rua larga e ladeada de árvores (Do fr. *boulevard*, «id.»)

búlgaro[1] *adj.* relativo à Bulgária ■ *n.m.* **1** natural da Bulgária **2** língua da Bulgária (Do lat. *bulgăru-*, «id.»)

búlgaro[2] *n.m.* [Angola] copo (De *búlgaros*, designação de vasos de compotas da Bulgária aproveitados como copos)

bulha *n.f.* **1** confusão de sons; barulho **2** desordem; rebuliço; rixa; *andar à* ~ envolver-se em brigas ou confusões; *meter à* ~ provocar a discórdia entre (Do cast. *bulla*, «ruído»)

bulhão *adj.* dado a bulhas; desordeiro ■ *n.m.* **1** punhal antigo **2** medalhão (De *bulha+-ão*)

bulhar *v.intr.* andar à bulha; armar desordem; brigar (De *bulha+-ar*)

bulhento *adj.* que é dado a bulhas; desordeiro; bulhão (De *bulhar+-ento*)

bulhufas *pron.indef.* [Brasil] [coloq.] coisa nenhuma; nada

bulício *n.m.* **1** rumor prolongado **2** sussurro; murmúrio **3** agitação (Do lat. *bullitĭo* (nominativo), «formação de bolhas»)

buliçoso /ô/ *adj.* **1** que se move sem parar **2** inquieto; ativo **3** traquinas **4** bulhento (De *bulício+-oso*)

bulideira *n.f.* pá com que se separam os pães no forno (De *bulir+-deira*)

bulidela *n.f.* ato ou efeito de bulir (De *bulir+-dela*)

bulimia *n.f.* **1** MEDICINA apetite exagerado; desejo compulsivo de comer **2** MEDICINA perturbação alimentar em que a pessoa tende a comer excessivamente durante um dado período e seguidamente, por sentir culpa, vomita e/ou faz uso excessivo de laxantes e diuréticos e/ou pratica demasiado exercício físico para não ganhar peso (Do gr. *boulimía*, «fome devoradora»)

bulímico *adj.* MEDICINA relativo à bulimia ■ *n.m.* MEDICINA o que sofre de bulimia

bulir *v.intr.* **1** mexer-se; agitar-se **2** oscilar **3** palpitar **4** tocar; mexer (Do lat. *bullīre*, «ferver»)

bulista *n.m.* antigo empregado da Cúria encarregado de registar as bulas (De *bula+-ista*)

bullying *n.m.* conjunto de comportamentos agressivos, intencionais e repetidos, adotados por alguém contra pessoas física ou psicologicamente mais vulneráveis, sobretudo em contexto escolar (Do ing. *bullying*, «id.»)

bum *interj.* imitativa do som de um tiro, estrondo ou pancada (De orig. onom.)

bumba[1] *interj.* imita o som de uma queda ou de uma pancada (De origem onomatopeica)

bumba[2] *n.f.* **1** [Moçambique] barro húmido **2** [Moçambique] barro próprio para olaria (Do ronga *bumba*, «idem»)

bumbar[1] *v.tr.* [regionalismo] bater como quem bate em bombo; espancar (De *bumba* ou *bumbo+-ar*)

bumbar[2] *v.intr.* [Angola] trabalhar esforçadamente (De *bumbo*, «negro inculto», por referência ao seu destino)

bumbo[1] *n.m.* [pop.] ⇒ **bombo** **2** selha alta em que se expõe o peixe na lota (De *bombo*, com infl. da interjeição *bumba!*)

bumbo[2] *n.m.* [Angola] indivíduo negro inculto (Do quimb. *mumbundu*, «id.»)

bumbum[1] *n.m.* **1** estrondo repetido **2** som do bombo **3** [Brasil] nádegas; bunda (De *bum*)

bumbum[2] *n.m.* [infant.] água (De *bua*)

bume *n.m.* ⇒ **boom**

bumerangue *n.m.* **1** peça de madeira chata e em forma de cotovelo, usada como arma pelos povos aborígenes da Austrália, e concebida para voltar para perto da pessoa que a lançou após descrever uma curva **2** brinquedo com estas características **3** [fig.] argumento que se volta contra o autor; faca de dois gumes (Do ing. *boomerang*, «id.»)

bunda *n.f.* **1** [pop.] nádegas **2** [Brasil] [vulg.] ânus ■ *adj.inv.* [Brasil] [coloq., pej.] sem qualidade ou valor; ordinário (Do quimb. *mbunda*, «nádegas»)

bunda-mole *n.2g.* [Brasil] [coloq.] pessoa sem coragem; medricas

bundana *n.f.* [Brasil] [coloq.] nádegas volumosas (De *bunda+-ana*)

bundo *n.m.* **1** ⇒ **quimbundo 2** negro de Angola **3** [fig.] linguagem incorreta **4** ORNITOLOGIA ⇒ **janda** (Do quimb. *mbundu*, «negro»)

bungalow *n.m.* ⇒ **bangalô**

bungee-jumping *n.m.* DESPORTO atividade desportiva que consiste em saltar de um lugar alto utilizando uma corda elástica atada aos tornozelos (Do ing. *bungee-jumping*)

bungular *v.tr.* **1** [Angola] saracotear-se **2** [Angola] amaldiçoar (Do quimb. *bungula*, «id.»)

bunheiro *n.m.* **1** indivíduo que faz obras de bunho, como esteiras, cadeiras, etc. **2** BOTÂNICA bunho (De *bunho+-eiro*)

bunho n.m. BOTÂNICA planta monocotiledónea, da família das Ciperáceas, espontânea em Portugal; vime (Do lat. *budĭnu-, do lat. buda-, «caniço»)

bunker n.m. MILITAR abrigo subterrâneo para proteção contra bombardeamentos; casamata (Do ing. bunker, «id.»)

bunodonte adj.2g. **1** diz-se do tipo de dente molar cujos tubérculos são bem distintos e têm vértice arredondado **2** diz-se da dentadura que apresenta esses dentes (Do gr. bounós, «colina; altura» +odoús, odóntos, «dente», pelo fr. bunodonte, «id.»)

búnquer n.m. ⇒ **bunker**

Bupréstidas n.m.pl. ZOOLOGIA ⇒ **Buprestídeos**

Buprestídeos n.m.pl. ZOOLOGIA família de insetos coleópteros que inclui lindas formas de coloração e brilho metálicos, como os do género Bupreste (Do gr. boúprestis, «vaca-loura», pelo lat. buprestĭde-, «id.»+-ídeos)

buque n.m. barco auxiliar dos cercos de pesca (Do cat. buk, buc, «barriga; capacidade de navio»)

buquê n.m. ⇒ **bouquet** (Do fr. bouquet)

bur adj.,n.m. ⇒ **bóer** (Do hol. boer, «camponês»)

buraca n.f. buraco largo; cova (De buraco)

buracão n.m. grande buraco (De buraco+-ão)

buracar v.tr. ⇒ **esburacar** (De buraco+-ar)

buraco n.m. **1** abertura ou rotura em qualquer superfície **2** orifício; furo **3** cova; cavidade **4** toca **5** [fig.] casa pequena **6** [fig.] falha; lacuna; **~ do ozono** região da atmosfera onde a camada de ozono se tornou excessivamente fina ou desapareceu; **~ negro** ASTRONOMIA região do Universo, compacta e maciça, cujo campo de gravitação é tão intenso que nem a luz nem qualquer outra forma de radiação pode escapar-se do seu interior; **~ nutritivo** ANATOMIA orifício dos ossos que dá entrada à artéria que os irriga; **tapar buracos** [fig.] pagar dívidas pequenas, acudir a pequenas necessidades (Do lat. *foramĭne-, «buraco», pelo port. ant. furaco, «id.»)

burato n.m. antigo tecido transparente (Do it. buratto, «tecido transparente»)

burburejar v.intr. rumorejar como a água em cachão (De orig. onom.)

burburijar v.intr. ⇒ **burburejar**

burburinhar v.intr. soar como burburinho (De burburinho+-ar)

burburinho n.m. **1** confusão de vozes **2** sussurro; rumor **3** desordem **4** [pop.] redemoinho (De orig. onom.)

burca n.f. ⇒ **burka**

Burdigaliano n.m. GEOLOGIA andar do Miocénico inferior (Do lat. Burdigăla-, top., hoje Bordéus, +-iano)

buré n.m. [Brasil] mingau de milho verde (Alt. de puré?)

burel n.m. **1** tecido grosseiro de lã **2** hábito de frade **3** [fig.] luto **4** vida ascética (Do lat. *bura-, «fazenda grosseira de lã», pelo prov. burel, «id.»)

burela n.f. HERÁLDICA faixa estreita e horizontal do escudo (Do fr. burelle, «id.»)

burelado adj. HERÁLDICA diz-se do escudo cujas faixas (burelas) estão divididas aos pares (De burela+-ado)

burelina n.f. fazenda de lã menos grosseira do que o burel (De burel+-ina)

bureta /ê/ n.f. QUÍMICA tubo cilíndrico de vidro com escala graduada, destinado à medição rigorosa de volumes variáveis de gases ou de líquidos (Do fr. burette, «vasilha; galheta»)

burgalhão n.m. banco de conchas e seixos que se forma no fundo do mar e dos rios (De burgau+alho+-ão)

burgau n.m. **1** cascalho **2** ZOOLOGIA molusco gastrópode, comestível, da família dos Litorinídeos, de concha univalve de onde se tira a burgaudina (nácar), frequente nas costas marítimas de Portugal; burrié (Do fr. burgau, «id.»)

burgaudina n.f. nácar obtido da concha do molusco conhecido por burgau (Do fr. burgaudine, «id.»)

burgesso /ê/ adj. [depr.] estúpido; ignorante ■ n.m. **1** [depr.] homem gordo, baixo e desajeitado **2** [depr.] pessoa grosseira; brutamontes (Do ing. T. W. Burgess, antr., nadador ing. que atravessou o canal da Mancha em 1911)

burgo¹ n.m. **1** HISTÓRIA povoação que se desenvolveu sob a proteção de um castelo ou mosteiro **2** residência nobre; paço **3** povoação de pouca importância (Do germ. burg, «pequena cidade fortificada», pelo lat. burgu-, «id.»)

burgo² n.m. doença das azinheiras (De orig. obsc.)

burgo³ n.m. pequeno seixo; cascalho (Do fr. burgau, «id.»)

burgomestre n.m. título que, em alguns países da Europa, se dá ao primeiro magistrado municipal (Do médio-alto al. burgmeister, hoje Bürgermeister, «senhor dum burgo; presidente de município», pelo fr. bourgmestre, «id.»)

burgravado n.m. dignidade ou jurisdição de burgrave (De burgrave+-ado)

burgrave n.m. título dos antigos dignitários de cidades alemãs (Do al. Burggraf, «conde do burgo», pelo fr. burgrave, «id.»)

burguês n.m. **1** (Idade Média) habitante de burgo **2** membro da classe média **3** [pej.] pessoa com posses mas que demonstra falta de gosto ou educação **4** [pej.] materialista; conformista ■ adj. **1** do burgo **2** da classe média **3** [pej.] vulgar; sem arte **4** [pej.] prosaico; materialista; conformista **5** LITERATURA diz-se de certo género de romance cujos heróis pertencem à classe média (Do lat. *burgense-, «do burgo»)

burguesia n.f. **1** a classe média da sociedade **2** qualidade de burguês **3** (Idade Média) habitante do burgo (De burguês+-ia)

burguesismo n.m. qualidade ou comportamento próprio da burguesia (De burguês+-ismo)

Burgúndios n.m.pl. ETNOGRAFIA antigo povo germânico que se estabeleceu na Gália oriental (Do lat. Burgundĭa-, «Borgonha», região da França)

buri n.m. BOTÂNICA nome extensivo a umas palmeiras do Brasil, como o buri-de-praia, o buri-de-campo, etc. (Do tupi bu'ri, «id.»)

buril n.m. **1** instrumento com ponta de aço ou de substância dura para cortar e gravar em metal, lavrar pedra, etc.; cinzel **2** [fig.] arte de gravar **3** estilo apurado (Do it. ant. burino, «cinzel»)

burilada n.f. traço de buril (Part. pass. fem. subst. de burilar)

burilador adj.,n.m. que ou aquele que burila (De burilar+-dor)

burilagem n.f. **1** ato ou efeito de burilar **2** (selo) fundo estriado sobre o qual se destaca o motivo principal (De buril+-agem)

burilar v.tr. **1** gravar ou lavrar com buril **2** [fig.] (estilo literário) trabalhar; apurar **3** [fig.] fixar no espírito (De buril+-ar)

Burínidas n.m.pl. ⇒ **Burinídeos**

Burinídeos n.m.pl. ORNITOLOGIA família de aves pernaltas a que pertence o alcaravão

buriti n.m. BOTÂNICA palmeira brasileira (Do tupi mburi'ti, «id.»)

buritizal n.m. mata de buritis (De buriti+z+-al)

burjaca n.f. **1** saco de couro em que os caldeireiros ambulantes trazem a ferramenta do seu ofício **2** jaquetão comprido e largo **3** [fig.] pessoa gorda, desajeitada (Do cast. burjaca, «bolsa de couro»)

burjassote n.f. BOTÂNICA figueira cultivada em Portugal produtora de figos brancos ou pretos **2** BOTÂNICA o fruto desta figueira (Do cast. Burjassot, top., pequena cidade espanhola da província de Valência)

burka n.f. veste comprida que envolve todo o corpo, usada em público por algumas mulheres muçulmanas (Do ár. burqu, «véu», pelo pers. burka, «id.»)

burla n.f. **1** ato de burlar **2** engano fraudulento; embuste; trapaça **3** zombaria (Do cast. burla, «id.», de orig. obsc.)

burlador adj. que burla; embusteiro; defraudador ■ n.m. aquele que burla (De burlar+-dor)

burlão adj. **1** que pratica burla **2** que engana; trapaceiro ■ n.m. **1** aquele que pratica burla **2** aquele que engana; trapaceiro (De burlar+-ão)

burlar v.tr. **1** enganar por meio de burla; ludibriar **2** motejar; zombar (De burla+-ar)

burlesco /ê/ adj. **1** LITERATURA diz-se do género literário que usa recursos satíricos, tal como termos cómicos, arcaicos e vulgares, para caricaturar **2** que provoca o riso; cómico; caricato **3** ridículo; irrisório ■ n.m. LITERATURA categoria estética, próxima da sátira e da paródia, que se caracteriza pela incongruência intencional entre a forma e o conteúdo, pela distorção ou pela deformação do mundo representado (Do it. burlesco, «id.»)

burlesquear v.intr. **1** usar de modos burlescos **2** falar de maneira burlesca (De burlesco+-ear)

burleta /ê/ n.f. farsa (Do it. burletta, «troça; gracejo»)

burlista adj.,n.2g. ⇒ **burlador** (De burlar+-ista)

burloso adj. **1** em que há burla; fraudulento **2** que usa de burla; burlão (De burla+-oso)

burneiro¹ adj. (uva) que tem muito viço (De bruno+-eiro?)

burneiro² n.m. **1** [regionalismo] rolha de cortiça com que se tapa o orifício onde se mete a torneira **2** [regionalismo] esse mesmo orifício (De orig. obsc.)

burnout n.m. PSICOLOGIA esgotamento físico e mental causado por excesso de trabalho ou por stress decorrente da atividade profissional (Do ing. burnout, «id.»)

burocracia n.f. **1** sistema administrativo baseado na organização em serviços e na divisão de tarefas, que privilegia as funções hierárquicas de maneira a dispor de uma grande quantidade de trabalho de uma forma rotineira **2** conjunto dos funcionários públicos, considerados do ponto de vista do seu poder dentro do

burocrata

Estado; funcionalismo público **3** predomínio dos burocratas **4** influência abusiva da administração, impedindo o prosseguimento de uma ação com procedimentos oficiais desnecessários (Do fr. *bureaucratie*, «id.», de *bureau*, «escritório; oficina»)

burocrata *n.2g.* **1** funcionário público **2** adepto da obediência cega a rotinas e formalismos administrativos (Do fr. *bureaucrate*, «id.»)

burocrático *adj.* **1** que diz respeito à burocracia **2** próprio da burocracia (De *burocrata*+*-ico*)

burocratismo *n.m.* domínio ou influência abusiva da burocracia (De *burocrata*+*-ismo*)

burocratização *n.f.* **1** transformação em burocracia **2** aumento do poder dos serviços administrativos

burocratizante *adj.2g.* que tem carácter burocrático

burocratizar *v.tr.* **1** dar carácter burocrático a **2** submeter a normas e processos administrativos (De *burocrata*+*-izar*)

burótica *n.f.* **1** ECONOMIA aplicação da informática aos trabalhos de escritório **2** conjunto das técnicas e dos meios que visam automatizar os trabalhos de escritório, com especial atenção para tratamento e comunicação do texto e da imagem (Do fr. *bureautique*, «id.», de *bureau*, «escritório»+(*informa*)*tique*, «informática»)

burquinense *adj.2g.,n.2g.* ⇒ **burquino** (De *Burquina*, top.+*-ense*)

burquino *adj.* relativo ou pertencente à República de Burquina Faso (país da África Ocidental) ▪ *n.m.* natural ou habitante de Burquina Faso (De *Burquina (Faso)*, topónimo)

burra *n.f.* **1** fêmea do burro; jumenta **2** cavalete usado pelos serradores de madeira **3** dispositivo simples que serve para tirar a água dos poços **4** [pop.] bicicleta **5** pé-de-meia **6** fortuna **7** cofre; *falar do alto da ~* falar com arrogância (De *burro*)

burrada *n.f.* **1** bando de burros **2** [fig.] asneira (De *burro*+*-ada*)

burragem *n.f.* burrice; asneira (De *burro*+*-agem*)

burranca *n.f.* [regionalismo] burra fraca ▪ *adj.2g.* **1** idiota **2** molengão (De *burra*+*-anca*)

burrão *n.m.* **1** burro grande **2** [fig.] amuo; casmurrice **3** [fig.] aborrecimento (De *burro*+*-ão*)

burreco *n.m.* burro pequeno (De *burro*+*-eco*)

burrego /ê/ *adj.,n.m.* estúpido (De *burro*+*-ego*)

burricada *n.f.* **1** ajuntamento de burros **2** passeio de burro **3** [fig.] asneira; jericada (De *burrico*+*-ada*)

burrical *adj.2g.* **1** relativo a burro **2** próprio de burro (De *burrico*+*-al*)

burrice *n.f.* **1** qualidade ou condição de burro; estupidez; asnice **2** ato tolo ou impensado; asneira; tolice (De *burro*+*-ice*)

burrico *n.m.* **1** burro pequeno **2** burro (Do lat. vulg. *burrīcu-, por *burrĭchu*-, «cavalo pequeno»)

burrié *n.m.* **1** ZOOLOGIA molusco gastrópode, comestível, da família dos Litorinídeos, de cuja concha se tira a burgaudina (nácar), frequente nas costas marítimas de Portugal, também denominado borrelho, burgau, búzio, caramujo, etc. **2** [coloq.] secreção seca do nariz; macaco (De orig. obsc.)

burrificar *v.tr.* tornar burro; estupidificar (De *burro*+*-ficar*)

burrinho *n.m.* **1** burro pequeno **2** aparelho que aspira a gasolina num motor e a conduz ao carburador **3** ICTIOLOGIA bodião; *dar com os burrinhos na água* [fig.] ser mal sucedido (De *burro*+*-inho*)

burriqueiro *n.m.* **1** condutor de burros **2** o que negoceia em burros; alquilador (De *burrico*+*-eiro*)

burro *n.m.* **1** ZOOLOGIA mamífero da família dos Equídeos, menos corpulento que o cavalo, mas com orelhas mais compridas; asno; jumento; jerico **2** animal usado para transportar carga; cavalgadura **3** jogo de cartas **4** pessoa que perde nesse jogo de cartas **5** [ant., acad.] tradução literal de um autor para auxílio dos estudantes; pai-velho **6** ICTIOLOGIA ⇒ **bodião 7** inflamação nos lábios **8** [fig.] indivíduo estúpido ou teimoso; imbecil ▪ *adj.* estúpido; *~ de carga* [fig.] pessoa que trabalha demasiado ou que faz o trabalho dos outros; *~ de sorte* felizardo; *~ morto, cevada ao rabo* (provérbio) casa roubada, trancas na porta; *dar com os burros na água* ser mal sucedido, fracassar; *estar com os burros* estar mal-humorado; *vozes de ~ não chegam ao céu* palavras ocas não merecem atenção (Do lat. *burru*-, «ruço; ruivo»)

Burseráceas *n.f.pl.* BOTÂNICA família de plantas dicotiledóneas, tropicais, cujo género-tipo se denomina *Bursera* (Do lat. cient. *Bursera*, de *J. Burser*, antr., bot. al. do séc. XVII +*-áceas*)

burundanga *n.f.* **1** palavreado confuso; algaravia **2** mixórdia **3** *pl.* bagatelas (Do cast. de Cuba *burundanga*, por *morondanga*, «quinquilharia»)

burusso *n.m.* resíduo dos frutos depois de espremidos; bagaço (Do cast. *burujo*, «bagaço de azeitona»)

burzigada *n.f.* **1** [regionalismo] conjunto de coisas dispostas à maneira de cacho **2** fartote com miúdos de porco **3** CULINÁRIA sarrabulho (De orig. obsc.)

bus[1] *n.m.* (*plural* **buses**) **1** veículo de transporte coletivo de passageiros; autocarro **2** marca rodoviária indicativa da via reservada a veículos de transporte coletivo ou público **3** sinal luminoso exclusivo para veículos de transporte coletivo ou público **4** ELETRICIDADE ligações físicas elétricas entre diferentes componentes de vias de encaminhamento **5** INFORMÁTICA conjunto de condutores que interligam diferentes partes do sistema de um computador, permitindo a transferência de dados entre vários dispositivos (Do ing. *bus*, «autocarro»)

bus[2] *interj.* imitativa de ruído; *nem chus nem ~* nem uma palavra (De orig. onom.)

busano *n.m.* ZOOLOGIA ⇒ **gusano**

busaranho *n.m.* ZOOLOGIA ⇒ **musaranho**

busardo *n.m.* ORNITOLOGIA ave de rapina, da família dos Falconídeos; milhafre (Do fr. *busard*, «milhafre»)

busca *n.f.* **1** ação de buscar **2** procura **3** pesquisa; investigação **4** procura, por parte de autoridades oficiais, de objetos suscetíveis de ser apreendidos **5** exame; *em ~ de* à procura de (Deriv. regr. de *buscar*)

buscado *adj.* **1** que não é natural; feito com artifício; rebuscado; estudado; afetado **2** veículo de transporte coletivo de passageiros (Part. pass. de *buscar*)

buscador[1] *adj.,n.m.* que ou aquele que busca (De *buscar*+*-dor*)

buscador[2] *n.m.* [Cabo Verde] indivíduo que provoca ou perturba, desafiando ou ofendendo, e que procura oportunidades para exaltar os ânimos; provocador (Do crioulo cabo-verdiano *busca(r) bida*, «insultar; provocar»)

buscante *adj.2g.* que busca ▪ *n.m.* [ant.] pessoa ou animal encarregado de levantar a caça (De *buscar*+*-ante*)

busca-pé *n.m.* ⇒ **bicha de rabear** (De *buscar*+*pé*)

busca-polos *n.m.2n.* utensílio que permite determinar a natureza dos polos de uma fonte de corrente elétrica (De *buscar*+*pólo*)

busca-pólos ver nova grafia **busca-polos**

buscar *v.tr.* **1** procurar descobrir; procurar **2** examinar; investigar **3** diligenciar **4** idear; imaginar **5** revistar **6** granjear **7** dirigir-se para **8** recorrer a (De orig. obsc.)

busca-três *n.m.* jogo popular (De *buscar*+*três*)

busca-vida *n.2g.* pessoa muito diligente; fura-vidas (De *buscar*+*vida*)

busca-vidas *n.m.2n.* **1** instrumento de ferro para escorvar o ouvido da peça de fogo **2** fateixa que servia para procurar, do fundo da água, um objeto perdido ou o cadáver de um afogado (De *buscar*+*vida*)

buseira *n.f.* excremento mole das aves (De *bus*+*-eira*)

buseiro *n.m.* [pop.] monte de excrementos; buseira; bosteira (De *bus*+*-eiro*)

busílis *n.m.2n.* dificuldade; nó górdio; *o ~ da questão* o ponto fundamental da questão, o nó da questão (Do it. *busillis*, «dificuldade»)

bússola *n.f.* **1** caixa que contém uma agulha magnética, montada sobre um eixo vertical, em torno do qual roda, indicando aproximadamente a direção norte-sul **2** NÁUTICA instrumento destinado à medição de azimutes por meio de agulha magnética; agulha de marear **3** [com maiúscula] ASTRONOMIA pequena constelação austral constituída por estrelas pouco brilhantes, assim designada em homenagem ao instrumento de navegação **4** [fig.] guia (Do it. *bussola*, «id.»)

busto *n.m.* **1** parte do corpo humano da cintura para cima **2** imagem, sem braços, do peito e da cabeça de uma pessoa (Do lat. *bustu*-, «túmulo; sepultura», pelo it. *busto*, «busto»)

bustuário *n.m.* indivíduo que faz bustos (Do lat. *bustuarĭu*-, «aquele que queima os cadáveres»)

butaca *n.f.* [Moçambique] herança; sucessão (Do sena *unthaka*, ou do niungue *utaka*, «id.»)

butadieno *n.m.* QUÍMICA hidrocarboneto de que, por polimerização, resulta borracha sintética de ótima qualidade (Do fr. *butadiène*, «id.»)

butanês *adj.* relativo ou pertencente ao Butão, país sul da Ásia ▪ *n.m.* **1** pessoa natural do Butão **2** dialeto falado no Butão (De *Butão*, top.+*-ês*)

butano *n.m.* QUÍMICA hidrocarboneto saturado alifático (C_4H_{10}), muito empregado como combustível gasoso (Do lat. cient. *but[ȳrum]*, «manteiga» +*-ano*, ou do fr. *butane*, «id.»)

bute *n.m.* **1** bota grosseira **2** [coloq.] pé; *~!* [coloq.] exclamação que exprime a vontade de ir ou partir, vamos!; *dar aos butes* [coloq.]

pôr-se a andar, ir-se embora, fugir; *ir a butes* [coloq.] ir a pé (Do ing. *boot*, «bota»)
buteão *n.m.* **1** tubo por onde sai a água nas fábricas de papel **2** tubo que leva o ar dos foles **3** [fig.] homem preguiçoso
butes *interj.* [coloq.] exprime a vontade de ir ou partir; vamos! (Do ing. *boot*, «bota»)
butílico *adj.* QUÍMICA (composto) que contém o radical butilo (De *butilo*+-*ico*)
butilo *n.m.* QUÍMICA alquilo derivado do butano (Do lat. cient. *but[ylĭum]*, do lat. *but[ўrum]*, «manteiga»+gr. *hýle*, «matéria; madeira»)
bútio *n.m.* **1** ORNITOLOGIA espécie de falcão **2** tubo que comunica o ar aos foles, nas minas **3** tubo de comunicação da água nas fábricas de papel **4** [pej.] indivíduo indolente
butique *n.f.* [Brasil] ⇒ **boutique**
butiráceo *adj.* **1** que diz respeito à manteiga **2** da natureza da manteiga (Do lat. *butўru*-, «manteiga»+-*áceo*)
butirada *n.f.* bolo de manteiga (Do lat. *butўru*-, «manteiga»+-*ada*)
butírico *adj.* QUÍMICA diz-se de certos compostos orgânicos saturados, alifáticos, em cujas moléculas figuram quatro átomos de carbono (ácido butírico, anidrido butírico, etc.) (Do gr. *boútyron*, pelo lat. *butўru*-, «manteiga»+-*ico*)
butirina *n.f.* **1** QUÍMICA glicérido do ácido butírico **2** manteiga **3** gordura do leite (Do gr. *boútyron*, pelo lat. *butўru*-, «manteiga»+-*ina*)
butir(o)- elemento de formação de palavras que exprime a ideia de manteiga, butirina (Do gr. *boútyron*, «manteiga», pelo lat. *butўru*-, «id.»)
butirómetro *n.m.* instrumento que serve para avaliar a quantidade de gordura existente no leite (De *butiro*-+-*metro*)
butiroso /ô/ *adj.* ⇒ **butiráceo** (Do lat. *butўru*-+-*oso*)
Butomáceas *n.f.pl.* BOTÂNICA família de plantas monocotiledóneas, aquáticas ou palustres, representada em Portugal e cujo género-tipo é representado pelo bútomo (De *bútomo*+-*áceas*, ou do fr. *butomacées*, «id.»)
bútomo *n.m.* BOTÂNICA planta monocotiledónea, de flores em umbela, vulgar em parques e jardins (Do gr. *boútomon*, «bútomo»)
buttneriácea *n.f.* BOTÂNICA ⇒ **byttneriácea**
bútua *n.f.* **1** BOTÂNICA nome comum a várias plantas da família das Menispermáceas **2** BOTÂNICA planta trepadeira (*Abuta selloana*) da família das Menispermáceas, de folhas coriáceas, raízes usadas pelas qualidades tónicas e febrífugas, e drupas roxas comestíveis, que se encontra no Brasil e em Angola
butuca *n.f.* **1** espora (de cavaleiro) **2** [Brasil] ZOOLOGIA ⇒ **mutuca** **3** [Brasil] [coloq.] ⇒ **olho**; *de ~* [Brasil] [coloq.] à espreita de; observando atentamente; de olho em (Do tupi *mbu'tuka*, «a que aguilhoa»)
butucada *n.f.* esporada (Part. pass. fem. subst. de *butucar*)
butucar *v.tr.* esporear (De *butuca*+-*ar*)
Buxáceas /cs/ *n.f.pl.* BOTÂNICA família de plantas dicotiledóneas, lenhosas, representada em Portugal pelo buxo e suas variedades (De *buxo*+-*áceas*)
buxal *n.m.* mata de buxos (De *buxo*+-*al*)
buxeira *n.f.* ⇒ **buxo** (De *buxo*+-*eira*)
buxeiro *n.m.* ⇒ **buxo** (De *buxo*+-*eiro*)
buxete /ê/ *n.m.* **1** utensílio de picheleiro que serve para alargar a extremidade dos canos de chumbo **2** ⇒ **bisegre** (De *buxo*+-*ete*)

buxo *n.m.* BOTÂNICA planta arbustiva, da família das Buxáceas, cultivada e subespontânea em Portugal, que fornece madeira muito dura, também conhecida por buxeiro e buxeira (Do gr. *býxos*, «buxo», pelo lat. *buxu*-, «id.»)
buxo-anão *n.m.* BOTÂNICA planta arbustiva, afim do buxo, cultivada para adorno de jardins, cemitérios, etc., também conhecida por murta
buzanfã *n.m.* [Brasil] [coloq.] rabo
buzaranha *n.f.* **1** grande ventania; vendaval **2** *pl.* coisas fantásticas que uma pessoa febril vê
buzarate *n.2g.* ⇒ **bazulaque** **1** ■ *adj.2g.* fanfarrão
búzera *n.f.* [pop.] pança; barriga ■ *n.2g.* grande comilão
buzilhão *n.m.* [regionalismo] **1** grande quantidade de dinheiro **2** inchaço; tumor
buzina *n.f.* **1** trombeta de corno ou metal usada especialmente na caça **2** instrumento sonoro usado em veículos automóveis **3** búzio grande que produz um som semelhante ao da buzina **4** [fig.] pregoeiro (Do lat. *bucīna*-, por *bucĭna*-, «corneta de boieiro»)
buzinação *n.f.* **1** ato de buzinar **2** [fig.] importunação (De *buzinar*+-*ção*)
buzinada *n.f.* toque de buzina (Part. pass. fem. subst. de *buzinar*)
buzinadela *n.f.* toque ligeiro de buzina (De *buzinar*+-*dela*)
buzinão *n.m.* forma de protesto através de fortes buzinadelas (De *buzina*+-*ão*)
buzinar *v.intr.* tocar buzina; *~ aos ouvidos de* importunar (De *buzina*+-*ar*)
búzio *n.m.* **1** ZOOLOGIA nome vulgar extensivo a alguns moluscos gastrópodes, marinhos, tipicamente de concha fusiforme, de tamanhos variados, alguns dos quais também conhecidos por burrié, buzina, caramujo, etc. **2** concha destes moluscos **3** mergulhador **4** trombeta ■ *adj.* baço; *jogo de búzios* [Brasil] método de adivinhação pela consulta de búzios (conchas), originário do candomblé (Do lat. *bucīnu*-, «trombeteiro»)
buzo *n.m.* [Brasil] jogo popular executado com rodelas de casca de laranja
buzugo *n.m.* [Brasil] coisa malfeita
bypass *n.m.* CIRURGIA operação que se destina a restabelecer a circulação sanguínea interrompida devido a lesões numa artéria ou veia, através do transplante de um vaso sanguíneo ou da introdução de um tubo de plástico; *~ coronário* CIRURGIA ligação feita entre dois canais ou vasos, permitindo criar uma derivação para passagem do sangue, ponte coronária (Do ing. *bypass*, «id.»)
byroniano *adj.* relativo ao poeta inglês George Gordon, mais conhecido por Lord Byron (1788-1824) ou à sua obra (De *Byron*, antr. +-*iano*)
byte *n.m.* INFORMÁTICA unidade de medida de informação, de símbolo B, constituída por um conjunto de oito bits e geralmente utilizada para representar uma letra, um número ou um símbolo; octeto (Do ing. *byte*, «id.»)
byttneriácea *n.f.* BOTÂNICA espécime das byttneriáceas ■ *n.f.pl.* BOTÂNICA grupo de plantas tropicais, da família das Esterculiáceas, a que pertence o cacaueiro (Do lat. cient. *Byttneria*, de *A. Byttner*, antr. +-*ácea*)

C

c *n.m.* 1 terceira letra e segunda consoante do alfabeto 2 letra que representa a consoante oclusiva velar surda antes de *a*, *e* e *u* (ex. *cão*, *colo*, *cume*), e a consoante fricativa linguodental surda antes de *e* e *i* (ex. *cinema*) ou quando cedilhada (ex. *caça*) 3 terceiro lugar numa série indicada pelas letras do alfabeto 4 (numeração romana) número 100 (com maiúscula) 5 QUÍMICA símbolo de *carbono* (com maiúscula) 6 FÍSICA símbolo de *coulomb* (com maiúscula) 7 MÚSICA (países germânicos e anglo-saxões) símbolo da nota *dó* (também com maiúscula) 8 FÍSICA representa uma constante universal, a velocidade de qualquer radiação luminosa no vazio (299 793 ± 0,3 km/s)

ca¹ *conj.* [arc.] que; do que (Do lat. *quam*, «id.»)

ca² *conj.* [arc.] porque (Do lat. *qua*, por *quia*, «porque»)

cá¹ *adv.* 1 aqui 2 neste lugar 3 para aqui 4 entre nós (Do lat. *eccu hac*, «eis aqui!»)

cá² *n.m.* ⇒ **capa**²

cã *n.f.* 1 [mais usado no plural] cabelo branco 2 [fig.] velhice (Do lat. *cana-*, fem. de *canu-*, «branco»)

Caaba *n.f.* 1 RELIGIÃO pedra sagrada existente na grande mesquita de Meca, e de particular veneração dos Muçulmanos 2 santuário muçulmano de Meca (Do ár. *Ká abâ*, «dado (para jogar); casa quadrada»)

caapiá *n.f.* [Brasil] BOTÂNICA ⇒ **contraerva** 1 (Do tupi **kaapi'a*, «id.»)

caatinga *n.f.* 1 [Brasil] tipo de vegetação característica do nordeste do Brasil, em que predominam pequenas árvores espinhosas que perdem as folhas ao longo da estação seca 2 [Brasil] zona ou região que possui este tipo de vegetação (Do tupi *kaa'tinga*, «id.», de *ka'a*, «mato»+*'tinga*, «branco»)

caba *n.f.* [Brasil] ZOOLOGIA ⇒ **vespa**¹ 1 (Do tupi-guar. *'kawa*, «vespa»)

cabaça¹ *n.f.* 1 BOTÂNICA fruto (pepónio) da cabaceira, cuja forma se caracteriza por ser estreita no meio, como se tivesse uma cintura 2 BOTÂNICA ⇒ **cabaceira**¹ 3 [pop.] ⇒ **abóbora**¹ 4 recipiente para líquidos obtido a partir de um fruto da cabaceira esvaziado de polpa e completamente seco 5 BOTÂNICA variedade de pereira (ou o seu fruto) de cultura frequente em Portugal 6 [fig.] pingente; *qual ~!* nada disso! (De orig. pré-romana)

cabaça² *n.2g.* 1 [Angola, Brasil] criança gémea que nasce em segundo lugar (por oposição a *caculo*) 2 [Brasil] [pej.] palerma; idiota (Do quimb. *ka'basa*, «id.»)

cabaçada *n.f.* 1 quantidade de líquido que enche uma cabaça 2 CULINÁRIA doce feito de cabaça (abóbora) (De *cabaça+-ada*)

cabaçal *n.m.* 1 terreno semeado de cabaças (abóboras) 2 variedade de maçã e de pera (De *cabaça+-al*)

cabação *n.m.* [regionalismo] pimento grande (De *cabaça* ou *cabaço+-ão*)

cabaceira¹ *n.f.* BOTÂNICA planta da família das Cucurbitáceas, que produz as cabaças e é cultivada em Portugal, de norte a sul do país, também conhecida por abóbora-cabaça (De *cabaça+-eira*)

cabaceira² *n.f.* BOTÂNICA árvore tropical de grande porte; baobá (Do crioulo *kabasséra*, «id.»)

cabaceiro *n.m.* BOTÂNICA ⇒ **cabaceira**¹ (De *cabaça+-eiro*)

cabacinha *n.f.* 1 cabaça pequena 2 ORNITOLOGIA ⇒ **alma-de-mestre** (De *cabaça+-inha*)

cabacinho *n.m.* 1 cabaço pequeno 2 BOTÂNICA planta da família das Cucurbitáceas, empregada em medicina e também conhecida por bucha dos caçadores (De *cabaço+-inho*)

cabaço¹ *n.m.* 1 BOTÂNICA ⇒ **cabaça**¹ 2 ⇒ **cabaceira**¹ 3 regador de cabo longo 4 recipiente utilizado para tirar, de poços e tanques, água para rega 5 ICTIOLOGIA peixe teleósteo, da família dos Triglídeos, comum em Portugal e também conhecido por santo-antónio e ruivo 6 [Brasil] marçano 7 [pop.] recusa de namoro (De *cabaça*)

cabaço² *n.m.* 1 [vulg.] hímen 2 [fig., vulg.] virgindade (Do quimb. *ka'basu*, «id.»)

cabaçuda *n.f.* [Brasil] [vulg.] mulher virgem (De *cabaço+-uda*)

cabaia *n.f.* vestuário de grandes mangas e aberto ao lado, usado por alguns povos orientais (Do ár. *kabāiâ*, por *qabāiā*, do pers. *qabā*, «fato de homem com mangas»)

cabal *adj.2g.* 1 que é ou está como deve ser 2 completo; perfeito 3 que chega ao fim 4 certo 5 rigoroso 6 satisfatório (De *cabo+-al*)

cabala¹ *n.f.* 1 tratado filosófico-religioso hebraico cujo conteúdo se relaciona com a decifração de um sentido secreto na Bíblia 2 conjunto de crenças místicas 3 [fig.] maquinação; intriga; conluio (Do hebr. *qabbalah*, «tradição», referindo-se à tradição esotérica, pelo fr. *cabale*, «intriga»)

cabala² *adj.,n.2g.* [Angola] sovina (Do quimb. *kabala*, «id.»)

cabalar *v.intr.* fazer ou urdir cabalas; conspirar; intrigar (De *cabala+-ar*)

cabaleta /ê/ *n.f.* MÚSICA trecho musical movimentado com que, nas óperas clássicas italianas, se terminava sempre uma grande ária ou dueto (Do it. *cabaletta*, «id.»)

cabalino *adj.* referente a Pégaso ou à fonte cabalina ou de Hipocrene, onde os poetas iam beber inspiração (Do lat. *caballīnu-*, «de cavalo»)

cabalista *n.2g.* 1 pessoa dada às práticas de cabala 2 pessoa versada em ciências ocultas (De *cabala+-ista*, ou do fr. *cabaliste*, «id.»)

cabalístico *adj.* 1 da cabala 2 relativo a cabala 3 [fig.] misterioso; obscuro (De *cabalista+-ico*, ou do fr. *cabalistique*, «id.»)

cabalmente *adv.* 1 de modo cabal 2 completamente (De *cabal+-mente*)

cabana *n.f.* 1 casa rústica geralmente de madeira, coberta de colmo e sem pavimento; choça; choupana; tugúrio 2 [regionalismo] parte dos salários paga em géneros aos operários contratados ao ano (Do lat. tard. *capanna-*, «casa pequena»)

Cabanada *n.f.* [Brasil] HISTÓRIA sedição dos cabanos em Pernambuco e Alagoas (Brasil), de 1832 a 1835 (De *cabano+-ada*)

cabanagem *n.f.* 1 [Brasil] partido dos cabanos 2 [Brasil] ação própria de cabanos 3 [Brasil] rancho de cabanos (De *cabano+-agem*)

cabanal *n.m.* 1 [regionalismo] alpendre coberto de telha, junto às eiras, para guardar lenha e alfaias agrícolas 2 [regionalismo] abrigo permanente em certos mercados e feiras (De *cabana+-al*)

cabaneiro *n.m.* 1 homem pobre que vive em cabana 2 cesto alto e largo feito de vimes (De *cabana+-eiro*)

cabanejo /ê/ *n.m.* ⇒ **cabaneiro** 2 (De *cabana+-ejo*)

cabanel *n.m.* [regionalismo] ⇒ **cabanal** 1 (De *cabana+-el*)

cabanha *n.f.* [Brasil] estabelecimento moderno de criação de gado (Do cast. *cabaña*, «rebanho; manada»)

cabanil *n.m.* [regionalismo] armação que protege uma planta de ser comida (De *cabana+-il*)

cabanilho *n.m.* [regionalismo] cesto de tampa, próprio para transporte de fruta (De *cabano+-ilho*)

cabano *n.m.* 1 cesto alto e largo feito de vimes; cabaneiro 2 membro de certo partido político do Norte do Brasil ■ *adj.* 1 diz-se do boi que tem os chifres horizontais ou inclinados para baixo 2 diz-se do cavalo que tem as orelhas descaídas (De *cabana*)

cabaré *n.m.* lugar ou estabelecimento onde se servem bebidas e se dança, e onde frequentemente têm lugar espetáculos de variedades (Do fr. *cabaret*, «id.»)

cabaz *n.m.* 1 cesto de junco, verga ou cana, geralmente com tampa e asa 2 caixa de folha para transportar alimentos 3 [pop.] bebida quente composta de café, vinho, açúcar e canela; *~ de compras* conjunto dos produtos essenciais, dos quais o governo, durante certo período, garante o abastecimento suficiente e um preço máximo (Do lat. pop. **capacĭu-*, de *capax, -ācis*, «que leva muito; espaçoso», pelo prov. ou fr. *cabas*, «cabaz; cesto de junco»)

cabazada *n.f.* 1 conteúdo de um cabaz cheio 2 [pop.] grande quantidade; grande número (De *cabaz+-ada*)

cabazeiro *n.m.* fabricante de cabazes (De *cabaz+-eiro*)

cabe *n.m.* 1 astúcia; ardil 2 ensejo 3 (jogo do arco) distância que fica entre duas bolas; *dar cabes* fazer uma ação hábil e ardilosa (De *caber*)

cabear *v.intr.* (cavalo) agitar a cauda quando o picam; rabear (De *cabo+-ear*)

cabeça /ê/ n.f. 1 ANATOMIA parte superior do corpo humano e superior ou anterior do corpo de outros animais, que, em regra, contém o encéfalo ou órgãos equivalentes 2 ANATOMIA extremidade arredondada de um osso 3 pessoa ou animal considerados individualmente, num conjunto 4 BOTÂNICA bolbo dos vegetais 5 parte superior ou extremidade saliente e arredondada de um objeto 6 primeiras linhas de uma folha impressa ou manuscrita 7 palavra em evidência no canto superior das páginas de um dicionário 8 capital; metrópole 9 frente de um cortejo 10 [fig.] inteligência 11 [fig.] tino; sensatez 12 [coloq.] pessoa considerada muito inteligente e/ou muito culta; sumidade ▪ n.2g. 1 chefe; dirigente 2 autor; ~ *de impressão* INFORMÁTICA dispositivo da impressora que imprime os caracteres no papel; ~ *de leitura/escrita* órgão do leitor de cassetes ou do disco que faz a leitura ou a gravação dos sinais; *à ~ de* à frente de; *andar com a ~ à razão de juros* estar perturbado, andar desnorteado; *atirar-se de ~* arriscar-se; *cada ~ sua sentença* (provérbio) cada qual tem a sua opinião; *cair a ~ aos pés* a ficar estupefacto; *com ~* com tino, com juízo; *comer as papas na ~ a* abusar da ingenuidade ou imprevidência de (alguém), ser mais alto; *dar com a ~ nas paredes* estar desesperado, fazer asneiras, ficar desnorteado; *de ~* de cor, de memória; *de ~ levantada* sem receio, sem vergonha; *deitar as mãos à ~* mostrar-se espantado, indignado ou aflito; *dos pés à ~* totalmente; *estar à ~ de* estar à frente de, dirigir; *fazer a ~ de* [coloq.] levar (alguém) a mudar de ideia ou opinião, convencer; *fazer andar a ~ à roda* fazer com que não se faça nada acertadamente; *levantar ~* prosperar; *meter na ~* aprender, decorar, fixar, cismar; *meter na ~ de* persuadir (alguém); *não sair da ~ a* ter como ideia fixa; *não ter pés nem ~* não ter jeito nenhum, ser disparate; *passar pela ~* vir ao pensamento, lembrar; *perder a ~* perder a serenidade; *pôr a ~ sobre* garantir (alguma coisa); *quebrar a ~* puxar pela inteligência ou pela memória, concentrar-se demoradamente num problema; *subir à ~* perturbar o raciocínio, fazer (alguém) sentir-se poderoso ou importante; *usar a ~* agir com inteligência, proceder com ponderação (Do lat. vulg. hisp. *capitĭa-, por caput, -ĭtis, «ib.»)

cabeçada¹ n.f. 1 pancada com a cabeça 2 DESPORTO (futebol) toque na bola com a cabeça 3 movimento repentino da cabeça do cavalo 4 conjunto de cordas ou correias que cinge a cabeça dos animais de tiro ou sela 5 cabresto de argola para prender à manjedoura 6 (encadernação) cordão colorido que se cola nas extremidades superior e inferior do bloco de cadernos costurados, como ornamento e reforço do livro; cabeceira 7 [fig.] disparate; tolice (De *cabeça+-ada*)

cabeçada² n.f. [Cabo Verde] primeira enxurrada, muito forte, que provoca desgaste nos cabeços e aluviões nas ribeiras (De *cabeço+ada*)

cabeça-d'água n.f. [pop.] ⇒ **hidrocefalia**
cabeça-de-abóbora ver nova grafia cabeça de abóbora
cabeça de abóbora n.2g. 1 [pop.] pessoa que denota pouco juízo 2 [pop.] pessoa distraída
cabeça-de-alho-chocho ver nova grafia cabeça de alho chocho
cabeça de alho chocho n.2g. 1 [pop.] pessoa distraída 2 [pop.] pessoa que se esquece facilmente
cabeça-de-avelã ver nova grafia cabeça de avelã
cabeça de avelã n.2g. [pop.] pessoa distraída ou sem memória
cabeça-de-carneiro ver nova grafia cabeça de carneiro
cabeça de carneiro n.f. [regionalismo] importância que um dos cônjuges paga ao padre, pelo serviço de enterro, quando o outro cônjuge morre
cabeça-de-cartaz ver nova grafia cabeça de cartaz
cabeça de cartaz n.2g. artista principal de um espetáculo ou de uma companhia
cabeça-de-casal ver nova grafia cabeça de casal
cabeça de casal n.2g. DIREITO pessoa que tem a posse e a administração de uma herança até à sua liquidação ou partilha
cabeça-de-cobra n.m. ORNITOLOGIA ⇒ **peto 1**
cabeça-de-lista ver nova grafia cabeça de lista
cabeça de lista n.2g. primeiro candidato numa lista partidária
cabeça-de-motim ver nova grafia cabeça de motim
cabeça de motim n.2g. chefe de revolta
cabeça-de-pau ver nova grafia cabeça de pau
cabeça de pau n.m. 1 indivíduo que arremata objetos por conta de outrem 2 leiloeiro
cabeça-de-ponte ver nova grafia cabeça de ponte

cabeça de ponte n.f. MILITAR posição adiantada que se tomou ao inimigo e que servirá de ponto de apoio para ataques de maior envergadura; testa de ponte (Do fr. *tête de pont*, «ib.»)
cabeça-de-prego ver nova grafia cabeça de prego
cabeça de prego n.f. [pop.] furúnculo
cabeça-de-série ver nova grafia cabeça de série
cabeça de série n.2g. DESPORTO atleta ou equipa mais bem posicionado no grupo de apuramento de uma competição desportiva
cabeça-de-tremoço ver nova grafia cabeça de tremoço
cabeça de tremoço n.f. espécie de parafuso
cabeça-de-turco ver nova grafia cabeça de turco
cabeça de turco n.m. indivíduo que arca com a responsabilidade de uma ação, quer tenha ou não culpa; testa de ferro
cabeça-de-vento ver nova grafia cabeça de vento
cabeça de vento n.2g. 1 [coloq.] pessoa distraída 2 [coloq.] pessoa que muda frequentemente de ideias
cabeça-dura n.2g. 1 [coloq.] pessoa com dificuldades de compreensão ou de aprendizagem; pessoa ignorante 2 [coloq.] pessoa que não desiste facilmente; indivíduo insistente 3 [coloq.] pessoa que não muda facilmente de opinião ou de atitude; teimoso; obstinado
cabeçal n.m. 1 chumaço que se põe por baixo da ligadura, em volta de uma ferida 2 [ant.] almofada para recostar a cabeça 3 [regionalismo] peça de madeira sobreposta a um sino para o segurar (De *cabeça+-al*)
cabeça-leve n.2g. ⇒ **cabeça de vento**
cabeçalha n.f. haste dianteira do carro ou do arado à qual se atrelam os animais; timão (De *cabeçalho*)
cabeçalho n.m. 1 título de jornal, capítulo ou artigo 2 parte superior de uma página impressa 3 almofada para encostar a cabeça; cabeceira 4 ⇒ **cabeçalha** (De *cabeça+-alho*)
cabeça-no-ar ver nova grafia cabeça no ar
cabeça no ar n.2g. [pop.] pessoa distraída
cabeção n.m. 1 gola pendente e larga sobreposta a capote, gabão, etc. 2 colarinho largo e pendente usado como adorno pelas senhoras e crianças 3 colarinho usado pelos clérigos 4 cabresto especial para domar cavalgaduras (De *cabeça+-ão*)
cabeça-oca n.2g. [pop.] pessoa fútil; pessoa que não tem ideias próprias
cabeça-rapada n.2g. ⇒ **skinhead**
cabeças-de-santo-antónio n.f.pl. BOTÂNICA espécie de perpétua silvestre
cabeceamento n.m. DESPORTO (futebol) ato ou efeito de dar toques na bola com a cabeça
cabecear v.intr. 1 deixar pender a cabeça para a levantar em seguida (ao dormitar) 2 mexer a cabeça 3 NÁUTICA balançar verticalmente (a proa do navio), quer a navegar, quer fundeado ▪ v.tr.,intr. 1 dar cabeçadas (em) 2 DESPORTO (futebol) jogar (a bola) com a cabeça (De *cabeça+-ear*)
cabeceio n.m. ato de cabecear (Deriv. regr. de *cabecear*)
cabeceira n.f. 1 parte da cama onde se deita a cabeça 2 almofada para encostar a cabeça 3 topo da mesa 4 frente; dianteira 5 contraforte saliente na lombada dos livros 6 extremidade 7 nascente de um rio 8 princípio de uma lista (De *cabeça+-eira*)
cabeceirense adj.2g. relativo ou pertencente a Cabeceiras de Basto, no distrito de Braga, ou que é seu natural ou habitante ▪ n.2g. natural ou habitante de Cabeceiras de Basto (De *Cabeceiras*, top. +-*ense*)
cabeceiro n.m. [regionalismo] extremidade superior de um terreno ou campo (De *cabeceira*)
cabecel n.m. 1 [ant.] quinhoeiro principal de uma propriedade indivisa, que tinha a seu cargo o pagamento integral do respetivo foro ao senhorio direto e o pagamento do rendimento aos outros quinhoeiros 2 TIPOGRAFIA vinheta que encima um escrito 3 capitel (De *cabeça+-el*)
cabecilha n.2g. 1 chefe de um grupo; líder; cabeça 2 chefe de um bando de rebeldes ou amotinados 3 chefe militar; caudilho (Do cast. *cabecilla*, «chefe dos rebeldes»)
cabecinha n.f. 1 cabeça pequena 2 farinha grossa proveniente do rolão depois de passado por peneiro largo (De *cabeça+-inha*)
cabeço /ê/ n.m. 1 cume arredondado de um monte 2 pequeno monte arredondado; outeiro 3 NÁUTICA peça de ferro vertical com base fortemente cavilhada no convés, que serve para dar volta aos cabos de força ou espias 4 poste de amarração 5 [regionalismo] penedo (Do lat. *capitĭu-*, «abertura superior da túnica para a cabeça»)
cabeçorra /ô/ n.f. [pop.] cabeça grande (De *cabeça+-orra*)
cabeçorro /ô/ n.m. grande cabeço; morro (De *cabeço+-orro*)

cabeçote *n.m.* 1 cada uma das extremidades dos bancos dos carpinteiros e marceneiros 2 parte frontal de uma locomotiva (De *cabeça+-ote*)

cabeçudo *adj.* 1 que tem cabeça grande 2 [fig.] teimoso 3 [fig.] estúpido ▪ *n.m.* 1 ZOOLOGIA nome vulgar do girino dos batráquios 2 boneco de grandes dimensões e cabeça grande, frequente em cortejos alegóricos ou carnavalescos (De *cabeça+-udo*)

cabedal *n.m.* 1 nome genérico das peles curtidas, usadas em calçado, vestuário, arreios, etc. 2 recursos financeiros; capital; dinheiro 3 [fig.] conjunto de recursos intelectuais e morais 4 [fig.] talento; competência 5 [fig.] poder; força 6 [coloq.] corpo; físico (Do lat. *capitāle-*, «principal»)

cabedelo *n.m.* GEOGRAFIA língua móvel de areia, na foz de um rio, proveniente da acumulação de sedimentos fluviais e marinhos (Do lat. *capittellu-*, dim. de *caput*, «cabeça de agulha; capitel de coluna»)

cabedula *n.f.* [Moçambique] calções (Do nianja *kabudula*, «id.»)

cabeiro *adj.* 1 que está ou vem no cabo (fim); último 2 designativo do dente do siso ▪ *n.m.* o que faz cabos (De *cabo+-eiro*)

cabeladura *n.f.* conjunto dos cabelos de uma cabeça; cabeleira; encabeladura (De *cabelo+-dura*)

cabelame *n.m.* 1 conjunto de filamentos que se assemelha a uma cabeleira 2 BOTÂNICA conjunto das ramificações do eixo principal de uma raiz (De *cabelo+-ame*)

cabeleira *n.f.* 1 conjunto dos cabelos de uma cabeça, quando são compridos ou volumosos 2 cabelo postiço; peruca; chinó 3 crina 4 ASTRONOMIA nebulosidade que circunda o núcleo dos cometas 5 [pop.] bebedeira (De *cabelo+-eira*)

cabeleireiro *n.m.* 1 indivíduo cuja profissão é cortar e pentear o cabelo das outras pessoas 2 estabelecimento comercial onde profissionais se dedicam a cortar, pentear e tratar os cabelos de clientes, e onde geralmente estão disponíveis outros cuidados de beleza (massagens, depilações, etc.) 3 indivíduo que faz cabeleiras postiças (De *cabeleira+-eiro*)

cabeleiro *n.m.* [regionalismo] um pelo ou cabelo isolado (De *cabelo+-eiro*)

cabelinho *n.m.* cabelo pequeno; *de ~ na venta* [fig.] de mau génio (De *cabelo+-inho*)

cabelo /ê/ *n.m.* 1 conjunto de pelos, curtos ou compridos, que revestem normalmente a parte superior e posterior da cabeça dos seres humanos 2 pelo que cresce em qualquer outra parte do corpo humano 3 estrutura filamentosa semelhante a um pelo; fio 4 pequena mola de fita de aço, muito fina, que regula o movimento de alguns relógios 5 [fig.] quantidade muito pequena; *de arrepiar os cabelos* de causar medo; *de ~ na venta* de mau génio; *estar pelos cabelos* estar farto, estar sem paciência; *pôr os cabelos em pé* assustar, aterrorizar, fazer zangar; *por um ~* por muito pouco, por um triz; *ter cabelos no coração* ser cruel (Do lat. *capillu-*, «cabelo»)

cabelo-das-feiticeiras *n.m.* BOTÂNICA ⇒ **linho-de-cuco**

cabelos-de-raposa *n.m.pl.* BOTÂNICA ⇒ **linho-de-cuco**

cabelos-loiros *n.m.pl.* BOTÂNICA ⇒ **enleio 7**

cabelos-louros *n.m.pl.* BOTÂNICA ⇒ **enleio 7**

cabeludo *adj.* 1 que tem muito cabelo 2 peludo (De *cabelo+-udo*)

cabelugem *n.f.* ⇒ **cabeleira 1** (De *cabelo+-ugem*)

cabenga *adj.,n.2g.* [Angola] guloso (Do quimb. *uabenga*, «id.»)

caber *v.tr.* 1 poder entrar e ficar contido em 2 pertencer por direito ou dever; competir 3 tocar em sorte; calhar 4 ser compatível; adequar-se ▪ *v.intr.* ser admissível ou oportuno; ter cabimento; vir a propósito (Do lat. pop. **capĕre*, do lat. cl. *capĕre*, «conter; comportar»)

cabida *n.f.* ⇒ **cabimento** (Part. pass. fem. subst. de *caber*)

cabide *n.m.* 1 estrutura, geralmente de forma triangular, feita de metal, plástico ou madeira, utilizada para pendurar roupa 2 móvel em que se penduram chapéus, fatos, arreios, etc. (Do ár. *qabḍā*, pl. de *qabḍă*, «pega; cabo»?)

cabidela¹ *n.f.* CULINÁRIA guisado de miúdos de aves com o sangue das mesmas (De *cabos [de ave]?*)

cabidela² *n.f.* 1 [pop.] cabimento 2 [fig.] oportunidade (De *caber+-dela*)

cabido¹ *n.m.* agrupamento de cónegos ou de outros sacerdotes, instituído para assegurar o serviço religioso numa igreja catedral ou numa colegiada e, no primeiro caso, também para colaborar no governo da diocese (Do lat. *capitŭlu-*, «cabeça pequena»)

cabido² *adj.* 1 oportuno 2 que tem cabimento (Part. pass. de *caber*)

cabídola *adj.,n.f.* letra ou designativo de letra maiúscula inicial de um capítulo (Do lat. *capitŭlu-*, «capítulo dum livro»)

cabidual *adj.2g.* referente a cabido (Do lat. *capitulāre-*, «id.»)

cabila¹ *n.f.* 1 designação de algumas tribos nómadas, especialmente árabes norte-africanas 2 tribo ou grupo de famílias que vivem no mesmo lugar (Do árabe *qabîlâi*, «tribo; geração»)

cabila² *n.f.* [Moçambique] ETNOGRAFIA tribo que agrupa um conjunto de clãs ligados por princípios religiosos, jurídicos e económicos (Do suaíli *kabila*, «idem»)

cabilda *n.f.* ⇒ **cabila**¹

cabimento *n.m.* 1 ato ou efeito de caber 2 qualidade daquilo que cabe 3 lugar; entrada 4 aceitação; admissão 5 qualidade do que é conveniente ou apropriado; oportunidade; conveniência (De *caber+-i-+-mento*)

cabina *n.f.* 1 pequeno compartimento, isolado, para diversos fins (cabina telefónica, cabina sonora, etc.) 2 compartimento de navio; camarote 3 carruagem do caminho de ferro 4 parte do avião destinada ao piloto e ao copiloto; carlinga 5 parte do avião destinada aos passageiros (Do ing. *cabin*, «id.», pelo fr. *cabine*, «cabina; beliche»)

cabinda *adj.2g.* relativo ou pertencente aos Cabindas ▪ *n.2g.* pessoa pertencente aos Cabindas ▪ *n.m.* língua do grupo quicongo falada pelos Cabindas (De *Cabinda*, top.)

Cabindas *n.m.pl.* ETNOGRAFIA povo banto de Cabinda, província costeira de Angola, ao norte da foz do rio Congo (Do vernáculo *kambinda*)

cabine *n.f.* ⇒ **cabina**

cabíri *n.m.* 1 [Angola] cão rafeiro 2 [Angola] animal pequeno 3 [Angola] indivíduo baixo (Do quimb. *kabiri*, a partir de *kubirika*, «estropiar», alusão ao pouco tamanho)

cabisbaixo *adj.* 1 de cabeça baixa 2 [fig.] moralmente abatido; desanimado 3 [fig.] envergonhado; humilhado 4 [fig.] arrependido (Do cast. *cabizbajo* «de cabeça baixa»)

cablagem *n.f.* 1 ELETRICIDADE conjunto de cabos condutores de um aparelho ou dispositivo elétrico ou eletrónico 2 montagem das conexões de um aparelho elétrico ou eletrónico 3 [Brasil] envio de mensagem ou informação por cabo subterrâneo (Do fr. *câblage*)

cabo¹ *n.m.* 1 extremidade; fim 2 cauda 3 ponta de terra que entra pelo mar 4 condutor elétrico 5 corda grossa 6 réstia (de cebolas ou alhos); *~ do mundo* lugar muito distante; *~ submarino* sistema de transmissão telegráfica que utiliza cabos condutores assentes no fundo do mar; *ao ~* ao fim; *dar ~ de* acabar com, extinguir; *de ~ a rabo* de princípio ao fim; *ir às do ~* zangar-se muito; *levar a ~* realizar, fazer, executar; *os cabos de ave* a cabeça, o pescoço, as pernas e as asas de uma ave (Do lat. vulg. *capu-*, por *caput*, «extremidade; ponta»)

cabo² *n.m.* MILITAR posto da categoria de praça da Marinha, superior ao de primeiro-marinheiro e inferior ao de segundo-subsargento ▪ *n.2g.* 1 MILITAR militar que ocupa esse posto 2 MILITAR designação comum aos militares que ocupam um dos postos superiores a soldado e inferiores a segundo-furriel (cabo de secção, cabo-adjunto, primeiro-cabo e segundo-cabo) (Do lat. *caput*, «chefe; cabeça»)

cabo³ *n.m.* parte por onde se segura ou pega num utensílio (Do lat. *capŭlu-*, «cabo; pega de um objeto»)

cabo-adjunto *n.m.* MILITAR posto da categoria de praça do Exército e da Força Aérea, superior ao de primeiro-cabo e inferior ao de cabo de secção ▪ *n.2g.* MILITAR militar que ocupa esse posto

cabobo /ô/ *adj.,n.2g.* que ou pessoa que tem a boca encovada por falta de dentes; desdentado (Do quimb. *kabobo*, «id.»)

cabochão *n.m.* 1 pedra preciosa polida, mas por facetar 2 prego de cabeça lavrada para ornamento (Do fr. *cabochon*, «id.»)

caboclada *n.f.* 1 agrupamento de caboclos 2 os caboclos (De *caboclo+-ada*)

caboclo /ô/ *n.m.* 1 [Brasil] indivíduo com um progenitor índio e outro branco 2 [fig., pej.] indivíduo desconfiado ou traiçoeiro ▪ *adj.* 1 relativo a caboclo 2 que tem cor de cobre (Do tupi *kari'boka*, «procedente de branco»)

caboco /ô/ *n.m.* ⇒ **caboclo**

cáboco *n.m.* [Angola] orador; pregador (Do quimb. *kaboko*, «id.»)

cabo-de-esquadra ver nova grafia **cabo de esquadra**

cabo de esquadra *n.m.* o que comandava uma esquadra de soldados; *ser de ~* ser disparatado

cabo-de-guerra ver nova grafia **cabo de guerra**

cabo de guerra *n.m.* chefe ou comandante militar que se notabilizou em campanhas

cabo-de-secção ver nova grafia **cabo de secção**

cabo de secção *n.m.* MILITAR posto da categoria de praça do Exército e da Força Aérea, superior ao de cabo-adjunto e inferior ao de segundo-furriel ▪ *n.2g.* MILITAR militar que ocupa esse posto

cabograma *n.m.* telegrama transmitido por cabo submarino (Do ing. *cablegram*, «id.»)

cabonde *adj.2g.* [ant.] bastante ■ *adv.* [ant.] bastante (De *que+abonde*, de *abondar* «bastar; ser suficiente», de *abundar*)

cabotagem *n.f.* 1 NÁUTICA navegação marítima entre portos da mesma costa ou costas vizinhas 2 NÁUTICA navegação costeira (Do fr. *cabotage*, «id.»)

cabotar *v.intr.* fazer cabotagem (Do fr. *caboter*, «id.»)

cabotinagem *n.f.* profissão ou costumes de cabotino (Do fr. *cabotinage*, «id.»)

cabotinar *v.intr.* proceder como cabotino (De *cabotino+-ar*)

cabotinismo *n.m.* 1 maneira pretensiosa ou fingida de adquirir fama 2 profissão ou costumes de cabotino (De *cabotino+-ismo*)

cabotino *n.m.* 1 cómico ambulante 2 ator pouco competente na sua profissão 3 [fig.] indivíduo que alardeia qualidades que não tem (Do fr. *cabotin*, «id.»)

caboucar *v.tr.,intr.* abrir valas ou fossos (em); cavoucar ■ *v.tr.* assentar nas valas ou nos fossos; cavoucar (De *cabouco+-ar*)

cabouco *n.m.* 1 fosso ou vala para se assentarem os alicerces de uma construção 2 base de uma construção; sapata 3 vala; fosso 4 vão em que gira o rodízio dos moinhos (De *cavouco*)

cabouqueiro *n.m.* 1 o que abre caboucos 2 cavador 3 indivíduo que trabalha em minas ou pedreiras 4 pioneiro (De *cabouco+-eiro*)

cabo-verde *adj.,n.2g.* ⇒ **cabo-verdiano**

cabo-verdianidade *n.f.* ETNOLOGIA conjunto dos caracteres e das maneiras de pensar, de sentir e de se exprimir próprios dos Cabo-Verdianos (De *cabo-verdiano+-i-+-dade*)

cabo-verdiano *adj.* 1 relativo a Cabo Verde (arquipélago do Noroeste de África) 2 pertencente a Cabo Verde ■ *n.m.* 1 pessoa natural de Cabo Verde 2 língua crioula falada em Cabo Verde e nas regiões costeiras próximas (De *Cabo Verde*, top. +-iano)

caboz *n.m.* ICTIOLOGIA nome vulgar extensivo a peixes teleósteos das famílias dos Blenídeos, Batraquídeos e Gobiídeos, alguns dos quais frequentes em Portugal e conhecidos também por alcaboz, cabrito, lula, marachomba, peixe-escama, etc., de forma alongada, cor parda e manchas mais escuras (Do lat. vulg. *capocĭu-, «que tem a cabeça grande», pelo prov. ant. *cabotz*, «id.»)

cabra¹ *n.f.* 1 ZOOLOGIA mamífero ruminante, de pelo curto e chifres curvados para trás; fêmea do bode 2 ZOOLOGIA inseto aquático de pernas longas, também conhecido por alfaiate 3 guindaste grande 4 ICTIOLOGIA ⇒ **ruivo** *n.m.* 3 5 [vulg.] mulher má ou traiçoeira 6 [vulg.] mulher com comportamento considerado promíscuo 7 [acad.] sino da Universidade de Coimbra que anuncia as aulas 8 [regionalismo] bebedeira ■ *n.m.* 1 [Brasil] indivíduo com um progenitor negro e outro mulato 2 [Brasil] bandido que se coloca ao serviço de quem lhe paga 3 [Brasil] indivíduo; sujeito (Do latim *capra-*, «cabra»)

cabra² *n.f.* [São Tomé e Príncipe] BOTÂNICA arbusto espontâneo da família das Ulmáceas, cuja madeira é pouco utilizada e com cujas raízes se tratam partos difíceis (De *pau-cabra*)

cabra-almiscareira *n.f.* ZOOLOGIA ⇒ **almiscareiro**

cabra-cega *n.f.* jogo de crianças, em que uma delas, de olhos vendados, procura agarrar as outras

cabrada *n.f.* rebanho de cabras (De *cabra+-ada*)

cabra-das-pedras *n.f.* [Angola] ZOOLOGIA pequeno antílope (*Oreotragus oreotragus*), da família dos Bovídeos, com pelo grosso cinzento-acastanhado, hastes finas e retas, dotado de grande agilidade e que habita sítios elevados e rochosos; conca (De *cabra+das+pedras*, alusão ao seu habitat)

cabra-do-monte *n.f.* 1 ORNITOLOGIA ⇒ **narceja** 1 2 ZOOLOGIA ⇒ **camarão-mouro**

cabralino *adj.* 1 respeitante ao governo de Costa Cabral, estadista português, 1803-1889, ou ao cabralismo 2 relativo a Pedro Álvares Cabral, navegador português que descobriu o Brasil, 1467-1526 ■ *n.m.* partidário do cabralismo; *à cabralina* [fig.] à valentona (De *Cabral*, antr. +-ino)

cabralismo *n.m.* POLÍTICA sistema que preponderou em Portugal durante o ministério de Costa Cabral (1803-1889), político português conhecido pelo seu autoritarismo (Do antr. *C. Cabral*, (ministro de D. Maria II) +-ismo)

cabralista *adj.,n.2g.* relativo ao cabralismo ■ *n.2g.* partidário do cabralismo (De *C. Cabral*, antr. +-ista)

cabra-loira *n.f.* ZOOLOGIA grande inseto coleóptero, muito vulgar, cujo macho apresenta as mandíbulas muito grandes e em forma de chifre de veado; vaca-loura; lucano

cabra-loura *n.f.* ZOOLOGIA ⇒ **cabra-loira**

cabramo *n.m.* peia com que se amarra o pé do boi a um dos chifres para que não fuja; acabramo (Por *cabrame*, do lat. *capulamĭne-*, de *capŭlu-*, «corda; cabo»)

cabrão *n.m.* 1 bode 2 cabra grande 3 [vulg.] indivíduo atraiçoado pela mulher 4 [vulg.] indivíduo mau ou traiçoeiro; sacana 5 [regionalismo] (peixe) caboz (De *cabro+-ão*)

cabrazar *v.intr.* saltar como as cabras; pular; cabrejar (De *cabra+z+-ar*)

cábrea *n.f.* 1 NÁUTICA cabo grosso para amarrar os navios 2 guindaste (Do lat. *caprĕa-*, «cabra-montês»)

cabreado *adj.* 1 HERÁLDICA diz-se do cavalo que, nos brasões, é representado empinado 2 [pop.] aborrecido; zangado (Part. pass. de *cabrear*)

cabrear *v.intr.* erguer-se (o cavalo) sobre as patas traseiras; empinar-se (De *cabra+-ear*)

cabreira *n.f.* 1 pastora de cabras 2 BOTÂNICA planta herbácea; variedade de cornilhão (De *cabreiro*)

cabreiro *adj.* diz-se do queijo de cabra ■ *n.m.* pastor de cabras (Do lat. *caprarĭu-*, «relativo a cabra»)

cabrejar *v.intr.* brincar, saltando; cabrazar (De *cabra+-ejar*)

cabrestante *n.m.* sarilho (máquina) de eixo vertical para levantar a âncora e outros corpos pesados (Do prov. *cabestran*, «utensílio para enrolar cabos», com met.)

cabrestão *n.m.* cabresto forte; arreio reforçado (De *cabresto+-ão*)

cabrestear *v.intr.* deixar-se (o cavalo) levar pelo cabresto (De *cabresto+-ear*)

cabresteira *n.f.* NÁUTICA armação constituída por duas âncoras, uma à vazante e outra à enchente (De *cabresto+-eira*)

cabresteiro *n.m.* o que faz ou vende cabrestos ■ *adj.* 1 que se deixa conduzir pelo cabresto 2 dócil (De *cabresto+-eiro*)

cabrestilho *n.m.* cabresto pequeno (De *cabresto+-ilho*, ou do cast. *cabestrillo*, «faixa pendente do ombro» para suster a mão ou o braço quando magoados)

cabresto /ê/ *n.m.* 1 arreio de corda, couro ou linhagem, com que se prendem e conduzem as cavalgaduras pela cabeça e sem freio; cabeçada 2 amarra de couro que prende as extremidades da cabeçalha 3 boi manso que serve de guia aos touros 4 NÁUTICA cabo que vem da ponta dos gurupés à proa do navio (Do lat. *capistru-*, «açaimo; mordaça» com met.)

cabril¹ *n.m.* 1 curral de cabras 2 caminho próprio para cabras 3 secção muito apertada e rochosa do leito de um rio encaixado (Do lat. *caprīle*, «curral de cabras»)

cabril² *adj.2g.* 1 alcantilado 2 agreste (Do lat. *caprīle*, «relativo a cabra»)

cabrilha *n.f.* 1 pequena cábrea 2 alavanca de mover o cabrestante 3 vara que serve de alavanca; bimbarra 4 aparelho de elevar água (De *cábrea+-ilha*)

cabrim *n.m.* pele curtida de cabra (Do lat. *caprīnu-*, «de cabra»)

cabrinha *n.f.* 1 cabra pequena 2 ICTIOLOGIA ⇒ **ruivo** *n.m.* 3 (De *cabra+-inha*)

cabriola *n.f.* 1 salto de cabra 2 salto ágil ou rápido; pulo 3 salto acrobático; cambalhota; pirueta 4 [fig.] mudança repentina de opinião (sobretudo em política); reviravolta 5 [regionalismo] rapariga traquinas 6 [vulg.] mulher com comportamento considerado promíscuo; cabra (Do lat. *capreŏlu-*, «cabrito-montês», pelo it. *capriola*, «salto de bailarino», pelo fr. *cabriole*, «cabríola»)

cabriolar *v.intr.* 1 dar cabríolas 2 saltar; pular (De *cabríola+-ar*)

cabriolé *n.m.* 1 automóvel com capota móvel, que se pode baixar; descapotável; conversível 2 carruagem leve e pequena de duas rodas, puxada por um cavalo (Do fr. *cabriolet*, «id.»)

cabriolice *n.f.* ato de cabriolar (De *cabriolar+-ice*)

cabrita *n.f.* 1 cabra pequena 2 graça 3 [pop.] amuo ou zanga de criança 4 máquina que os antigos guerreiros usavam para atirar pedras 5 [vulg.] mulher má ou traiçoeira 6 [vulg.] mulher com comportamento considerado promíscuo 7 [regionalismo] bloco de pedra que sustenta a ramada 8 [regionalismo] bebedeira 9 [regionalismo] alboroque; *às cabritas* às cavalitas (De *cabra+-ita*, ou de *cabrito*)

cabritada *n.f.* 1 rebanho de cabritos 2 CULINÁRIA cabrito assado (De *cabrito+-ada*)

cabritar *v.intr.* 1 pular como os cabritos 2 brincar, saltando 3 [pop.] vomitar (De *cabrito+-ar*)

cabriteiro *n.m.* o que vende ou mata cabritos (De *cabrito+-eiro*)

cabrito *n.m.* 1 ZOOLOGIA cria da cabra enquanto jovem; chibarro 2 carne desse animal usada na alimentação 3 CULINÁRIA refeição preparada com carne desse animal 4 ICTIOLOGIA ⇒ **caboz** 5 [pop.] vómito ■ *adj.* (gado vacum) que tem chifres curtos e virados; *deitar o ~ fora/os cabritos ao mar* vomitar (Do lat. *caprītu-*, «cabra pequena»)

cabrito-montês *n.m.* ZOOLOGIA ⇒ **corço**

cabro *n.m.* bode; cabrão (Do lat. *capru-*, «bode»)

cabrum *adj.2g.* relativo a cabras, bodes e cabritos; caprino (Do lat. *caprūnu-*, «de cabra»)

cabuchão *n.m.* objeto de forma cónica e oca (De *cabucho+-ão*)

cabucho *n.m.* 1 ponta superior, em forma de cone, dos pães de açúcar 2 tipo de lapidação com essa forma (Do it. *cappuccio*, «capuz»)

cábula *n.2g.* estudante que não se aplica ou é pouco assíduo às aulas ▪ *n.f.* 1 apontamento que se destina a ser usado fraudulentamente num exame; cabulice 2 pai-velho 3 [fig.] ardil para iludir uma obrigação ▪ *adj.2g.* 1 preguiçoso 2 manhoso (Do cat. *cábula*, «tramoia; ardil»)

cabular *v.intr.* 1 ser cábula 2 usar de cábula 3 trapacear nas aulas (De *cábula+-ar*)

cabulice *n.f.* 1 ação de cabular 2 ⇒ **cábula** *n.f.* 1 (De *cabular+-ice*)

caburé *n.m.* 1 [Brasil] pequena coruja diurna 2 caboclo juvenil 3 panela de barro para cozinhar 4 [Brasil] ⇒ **cafuzo** (Do tupi *kabu're*, «id.»)

caca *n.f.* 1 [coloq.] excremento; fezes 2 imundície; porcaria 3 [coloq.] coisa desprezível (Do lat. *cacca*, deriv. regr. de *caccāre*, por *cacāre*, «defecar»)

caça *n.f.* 1 perseguição e captura de animais; caçada 2 animais perseguidos e capturados 3 animais que podem ser caçados 4 [fig.] busca insistente; perseguição 5 [fig.] busca minuciosa; investigação ▪ *n.m.* avião de combate usado para intercetar ou destruir aviões inimigos, ou para escoltar bombardeiros; ~ **submarina** DESPORTO desporto que consiste em mergulhar para apanhar peixe com um arpão; *andar à* ~ *de* andar à procura de; *espantar a* ~ proceder intempestivamente (Deriv. regr. de *caçar*)

cacaborrada *n.f.* 1 [pop.] coisa mal feita 2 [pop.] asneira grande; despropósito (De *caca+borrada*)

cacada¹ *n.f.* 1 monte de cacos 2 conjunto de coisas sem valor 3 [Índia] gargalhada (De *caco+-ada*)

cacada² *n.f.* 1 [pop.] grande quantidade de excrementos 2 [pop.] porcaria (De *caca+-ada*)

caçada *n.f.* 1 ato ou efeito de perseguir e capturar (animais, pessoas) 2 o que se capturou 3 excursão organizada para perseguir e capturar animais como desporto 4 apreensão (de artigos) 5 [fig.] busca 6 [fig.] perseguição (Part. pass. fem. subst. de *caçar*)

caçadeira *n.f.* 1 espingarda de caçador 2 jaqueta própria de caçador 3 pequeno barco para caça às aves aquáticas (De *caçar+-deira*)

caçadeiro *adj.* que caça ou é próprio para caçar

caçadinhas *n.f.pl.* brincadeira infantil que consiste em correr atrás de outro participante até o apanhar (De *caçada+-inhas*)

caçado *adj.* 1 apanhado na caça 2 ágil na caça 3 [fig.] experiente 4 [fig.] manhoso (Part. pass. de *caçar*)

caçador *n.m.* 1 aquele que caça animais por desporto ou profissão 2 animal que depende da predação para sobreviver; predador 3 MILITAR soldado de infantaria ▪ *adj.* que caça; ~ *furtivo* pessoa que caça sem licença oficial (De *caçar+-dor*)

caçamba *n.f.* 1 [Brasil] balde de tirar água dos poços 2 [Brasil] caixote preso à ilharga do cavalo e equilibrado por outro caixote, na outra ilharga 3 [Brasil] cada um dos vasos que elevam a água na nora; alcatruz (Do quimb. *ki'samu*, «id.»)

caça-minas *n.m.2n.* NÁUTICA barco de guerra com aparelhagem própria para descobrir e rocegar minas submarinas (De *caçar+mina*)

cáçamo *n.m.* BOTÂNICA ⇒ **cálcimo**

caça-moscas *n.m.2n.* ORNITOLOGIA ⇒ **taralhão** 1 (De *caçar+mosca*)

cacana *n.f.* [Moçambique] planta trepadeira cujas folhas e frutos são comestíveis (Do ronga *nkakana*, «id.»)

caçante *adj.2g.* HERÁLDICA diz-se do animal em atitude de caçar (De *caçar+-ante*)

cação *n.m.* 1 ICTIOLOGIA nome extensivo a peixes seláquios das famílias dos Carcarídeos, Cilídeos e Espinacídeos, também conhecidos por bruxa, carraça, cascarra, chião, leitão, melga, papoila, pata-roxa, pique, etc. 2 [pop.] mulher nua 3 [Brasil] [pop.] prostituta; meretriz (De orig. obsc.)

caçapear *v.intr.* (coelho) andar (De *caçapo+-ear*)

caçapeira *n.f.* ninho de caçapos (De *caçapo+-eira*)

caçapo¹ *n.m.* 1 ZOOLOGIA [pop.] coelho pequeno; láparo 2 [fig.] homem baixo e gordo 3 [Brasil] gramínea utilizada na indústria de chapéus (De orig. obsc.)

caçapo² *n.m.* [Índia] magarefe (Do ár. *qasáb*, «id.»)

caçar *v.tr.* 1 procurar ou perseguir (animais) para os matar ou apanhar vivos 2 apanhar 3 colher 4 NÁUTICA puxar (as velas) 5 [fig.] perseguir 6 [fig.] conseguir (algo difícil) ▪ *v.intr.* 1 andar à caça 2 NÁUTICA afastar-se do rumo (a embarcação) (Do lat. *captiāre*, do lat. cl. *captāre*, «apoderar-se de; captar»)

cacaracá *n.m.* voz da galinha; *de* ~ de pouca importância, muito simples (De orig. onom.)

cacareco *n.m.* traste velho e sem valor (De *caco+r+-eco*)

cacarejador *adj.* 1 que cacareja 2 tagarela (De *cacarejar+-dor*)

cacarejar *v.intr.* 1 emitir o seu som característico (galinha e aves de canto semelhante); cantar 2 [fig.] falar monotonamente; tagarelar (De orig. onom.)

cacarejo /ê/ *n.m.* 1 ato de cacarejar 2 som emitido pela galinha; canto da galinha após a postura do ovo 3 [fig.] tagarelice (Deriv. regr. de *cacarejar*)

cacaréu *n.m.* ⇒ **cacareco** (De *caco*)

cacaria¹ *n.f.* 1 aglomeração de cacos 2 coisas velhas e inúteis (De *caco+-aria*)

cacaria² *n.f.* [Brasil] covil de ladrões (De *Caco*, antr. +-aria)

caçarola *n.f.* 1 caçoula de barro vidrado 2 tacho (Do fr. *casserole*, «id.»)

cacata *n.2g.* [Moçambique] avarento; sovina (Do changana *kakata*, «id.»)

caça-torpedos *n.m.2n.* ⇒ **contratorpedeiro** (De *caçar+torpedo*)

cacatua *n.f.* ORNITOLOGIA ⇒ **catatua** 1 (Do mal. *kakatúwa*, «id.»)

cacau *n.m.* 1 BOTÂNICA fruto (baciforme, caulinar) ou sementes do cacaueiro 2 substância de alto valor alimentício, que se extrai das sementes do cacaueiro e que se utiliza em pó no fabrico de chocolate 3 bebida que se prepara adicionando leite ou água a essa substância 4 [pop.] dinheiro (Do nauat. *cacauatl*, «caroço de cacau»)

cacaual *n.m.* plantação de cacaueiros; cacauzeiral (De *cacau+-al*)

cacaueiro *n.m.* BOTÂNICA pequena árvore tropical da família das Esterculiáceas, muito cultivada pela utilidade das suas sementes, com as quais se prepara o cacau, também denominada cacau; cacauzeiro e cacueiro (De *cacau+-eiro*)

cacauzeiral *n.m.* ⇒ **cacaual** (De *cacauzeiro+-al*)

cacauzeiro *n.m.* BOTÂNICA ⇒ **cacaueiro** (De *cacau+z+-eiro*)

caçava *n.f.* farinha ou pão de mandioca (Do taino *kaçavi*, «id.»)

cacear *v.intr.* 1 NÁUTICA afastar-se do rumo (a embarcação) 2 NÁUTICA garrar o ferro no fundo (Do lat. *captiāre*, do lat. cl. *captāre*, «apoderar-se de»?)

caceia *n.f.* 1 ação de cacear 2 conjunto de redes; *ir à* ~ NÁUTICA (navio) ir garrando (Deriv. regr. de *cacear*)

caceio *n.m.* espécie de rede de pesca (Deriv. regr. de *cacear*)

caceta /ê/ *n.f.* 1 vaso com forma de semiesfera e com o fundo crivado, usado para filtragem e para preparar medicamentos 2 [regionalismo] concha da sopa (Do cast. *caceta*, «id.»)

cacetada *n.f.* pancada com cacete; mocada (De *cacete+-ada*)

cacete /ê/ *n.m.* 1 pau grosso e curto; moca 2 pancada com esse pau; cacetada; mocada 3 pão de trigo comprido e fino, com o qual se fazem as rabanadas 4 bengala; bastão ▪ *adj.2g.* [Brasil] maçador; impertinente (De *caço+-ete* [por ser curto o cabo desta vasilha], ou do fr. *casse-tête*, «moca; cacete»)

caceteação *n.f.* 1 ato de cacetear ou importunar 2 [fig.] maçada (De *cacetear+-ção*)

cacetear *v.tr.* 1 agredir com cacete 2 [Brasil] maçar; importunar (De *cacete+-ear*)

caceteiro *n.m.* 1 o que usa cacete 2 espancador 3 desordeiro (De *cacete+-eiro*)

cacha¹ *n.f.* 1 o que se pratica às ocultas 2 dissimulação; ardil 3 [gír.] (jornalismo) notícia em primeira mão; manchete (Deriv. regr. de *cachar*)

cacha² *n.f.* pano da Índia (Do dravíd. *kachcha*, «id.»)

cacha³ *n.f.* [regionalismo] metade de um lenço (De *cacho* [= pedaço])

cachaça *n.f.* [Brasil] aguardente extraída das borras do melaço e das limpaduras da cana-sacarina ▪ *n.2g.* [Brasil] pessoa que bebe muito; bêbedo (De *cacho [de uvas]*?)

cachaçada *n.f.* ⇒ **cachação** (De *cachaço+-ada*)

cachação *n.m.* 1 pancada no cachaço; cachaçada 2 murro 3 soco (De *cachaço+-ão*)

cachaceira¹ *n.f.* 1 cachaço grande e largo 2 carne do cachaço do porco 3 correia que se passa por detrás das orelhas da cavalgadura (De *cachaço+-eira*)

cachaceira² *n.f.* 1 [Brasil] lugar onde se prepara a cachaça 2 [Brasil] bebedeira de cachaça (De *cachaça+-eira*)

cachaceiro¹ *adj.* ⇒ **cachaçudo** 1 (De *cachaço+-eiro*)

cachaceiro² *adj.* dado ao abuso da cachaça; beberrão (De *cachaça+-eiro*)

cachaço *n.m.* 1 parte posterior do pescoço; cerviz 2 pancada na parte posterior do pescoço 3 porco gordo 4 porco que não é castrado 5 [pop.] arrogância; soberba (Do port. ant. *cacho* [= pescoço] + -aço)

cachaçudo adj. 1 que possui grande cachaço 2 [regionalismo] arrogante; orgulhoso (De *cachaço+-udo*)

cachada n.f. 1 queima de mato 2 alqueive (Part. pass. fem. subst. de *cachar*)

cachafundo n.m. [regionalismo] mergulho de nadador (De *cacha* [puço]+*fundo*)

cachagens n.f.pl. 1 ossos nasais 2 guelras dos peixes (Do lat. *cartilagĭne-*, «cartilagem»)

cachalote n.m. 1 ZOOLOGIA corpulento cetáceo da família dos Fiseterídeos, provido de numerosos dentes, de cabeça grande, e encontrado em grande escala nos mares dos Açores 2 designação extensiva a outras espécies afins da anterior (Por *cacholote, de *cachola*+-*ote*?)

cachamorra /ô/ n.f. cacete com uma extremidade mais grossa que a outra; moca; porrete; cacheira; cachaporra (De *cachaporra*?)

cachamorrada n.f. pancada com a cachamorra; cacheirada; cachaporrada (De *cachamorra+-ada*)

cachamorreiro n.m. aquele que bate com cachamorra (De *cachamorra+-eiro*)

cachão n.m. 1 borbulhão da água a ferver 2 borbotão; jato 3 fervura 4 queda de água; cachoeira 5 vento que sopra entre a ilha do Sri Lanka (Ceilão) e o continente (Do lat. *coctiōne-*, «cozedura; ato de cozer»)

cachapeira n.f. BOTÂNICA verbasco existente em Portugal, também designado por verbasco-pulverulento (De orig. obsc.)

cachapeiro n.m. BOTÂNICA ⇒ **cachapeira**

cachapim n.m. ORNITOLOGIA ⇒ **chapim**² (De orig. onom.)

cachaporra /ô/ n.f. cacete; moca; porrete (Do moç. *qazpórra*, «cacete»)

cachaporrada n.f. pancada com cachaporra (De *cachaporra+-ada*)

cachapuço n.m. ⇒ **cachafundo** (De *cachapuz*)

cachapuz interj. designativa de queda com estrépito ou inesperada (De orig. onom.)

cachar¹ v.tr.,pron. ocultar(-se); esconder(-se) ■ v.intr. armar ciladas (Do fr. *cacher*, «ocultar», ou prov. *cachar*, «id.»)

cachar² v.tr. [regionalismo] desbravar (a terra) para ser cultivada; arrotear (Do lat. *cappulāre, de *capulāre*, «cortar», pelo cast. *cachar*, «fazer em pedaços»?)

cacharolete /ê/ n.m. 1 mistura de diversas bebidas alcoólicas vulgarmente designada cocktail 2 conjunto variado; mistura (De orig. obsc.)

cache¹ n.m. FOTOGRAFIA chapa de metal para obtenção de efeitos especiais, em técnica fotográfica, por obturação parcial (Do fr. *cache*, «lâmina ou folha de papel opaco usada em fotografia»)

cache² n.f. INFORMÁTICA secção de memória de alta velocidade que armazena temporariamente informação utilizada frequentemente, permitindo o acesso mais rápido (Do ing. *cache*, «id.», pelo fr. *cacher*)

caché n.m. ⇒ **cachê** (Do fr. *cachet*, «retribuição, pagamento»)

cachê n.m. 1 remuneração que um artista recebe por uma apresentação ou espetáculo 2 quantia paga a uma pessoa (conferencista, etc.) que se apresenta em público (Do fr. *cachet*, «retribuição, pagamento»)

cacheado adj. 1 em forma de cacho 2 crespo (Part. pass. de *cachear*)

cachear¹ v.intr. 1 encher-se de cachos 2 formar cacho 3 (arroz) deitar espiga (De *cacho+-ear*)

cachear² v.intr. (aves) machear (Do port. ant. *cacho* [= pescoço] + *-ear*)

cachear³ v.tr. 1 exercer as funções de apalpadeira em 2 apalpar (De *cacha+-ear*)

cachecol n.m. faixa de lã ou seda destinada a agasalhar o pescoço e o peito (Do fr. *cache-col*, «id.»)

cacheira n.f. 1 cacete; moca 2 pau tosco; cajado 3 tecido grosseiro de lã 4 vestimenta feita desse tecido 5 cobertor grosseiro (De *cachar+-eira*)

cacheirada n.f. pancada com cacheira; mocada (De *cacheira+-ada*)

cacheiro adj. 1 que se esconde 2 [fig.] ardiloso ■ n.m. ⇒ **cacheira** (De *cachar+-eiro*)

cachené n.m. agasalho para o pescoço e para o rosto até ao nariz (Do fr. *cache-nez*, literalmente «esconde-nariz»)

cacherá n.m. ORNITOLOGIA ⇒ **pintarroxo** (De orig. onom.)

cachet n.m. ⇒ **cachê**

cacheta /ê/ n.f. o facto de ficar em ponto baixo, no jogo do sete-e-meio (De *cacha+-eta*)

cachetar v.tr.,intr. [Brasil] zombar (de) (De *cachete+-ar*)

cachete /ê/ elem. expr. [Brasil] *dar de* ~ dar pancadas sucessivas (Do cast. *cachete*, «murro»)

cachia n.f. 1 BOTÂNICA flor da esponjeira 2 esponja (De orig. obsc.)

cachiça n.f. [regionalismo] cortiça virgem (De orig. obsc.)

cachicha interj. designativa de nojo ou repugnância

cachiço n.m. 1 parte interna (carolo) da espiga de milho 2 sabugo 3 palha miúda 4 graveto 5 [regionalismo] engaço ou bagaço da uva 6 ICTIOLOGIA robalo jovem (De *cacho+-iço*)

cachilro n.m. 1 BOTÂNICA planta herbácea, suculenta, da família das Crassuláceas, espontânea em Portugal 2 [pop.] mama da mulher (De orig. obsc.)

cachimbada n.f. 1 porção de tabaco que o cachimbo comporta 2 fumaça que se aspira do cachimbo (Part. pass. fem. subst. de *cachimbar*)

cachimbador adj.,n.m. que ou o que fuma cachimbo (De *cachimbar+-dor*)

cachimbar v.intr. 1 fumar cachimbo 2 exalar vapores ou fumos ■ v.tr. 1 votar ao desprezo; ignorar 2 desfrutar 3 lograr 4 [Brasil] meditar; considerar (De *cachimbo+-ar*)

cachimbo n.m. 1 objeto usado para fumar, constituído por um tubo fino que, numa das extremidades, tem um recipiente onde se coloca o tabaco, e na outra uma abertura por onde se aspira o fumo 2 buraco onde se encaixa a vela no castiçal 3 peça de ferro onde entra e gira um espigão 4 peça rotativa para contactos elétricos sucessivos na distribuição de corrente a diversos circuitos (De orig. obsc.)

cachimónia n.f. 1 [pop.] cabeça 2 [pop.] juízo 3 [pop.] capacidade de se lembrar; memória (Do port. ant. *cacho* [= pescoço]?)

cachinada n.f. gargalhada trocista (Part. pass. fem. subst. de *cachinar*)

cachinador n.m. aquele que cachina (De *cachinar+-dor*)

cachinar v.intr. 1 soltar cachinadas 2 rir de escárnio (Do lat. *cachinnāre*, «rir às gargalhadas»)

cachinha n.f. [regionalismo] conluio (De *cacha+-inha*)

cacho n.m. 1 BOTÂNICA inflorescência agrupada, monopodial, cujas flores são pedunculadas; racimo 2 BOTÂNICA infrutescência proveniente da inflorescência com este nome 3 aglomerado de objetos ou pessoas muito juntas 4 anéis de cabelos encaracolados em conjunto pendente 5 cachorro 6 [Brasil] namoro 7 [regionalismo] pedaço de qualquer coisa 8 [ant.] pescoço; *estar como um* ~ estar muito embriagado (Do lat. *capŭlu-*, «punhado; mancheia»)

cachoante adj.2g. que forma cachão (De *cachoar+-ante*)

cachoar v.intr. 1 ferver em cachão 2 formar cachão ou cachoeira 3 estuar 4 tumultuar (De *cachão+-ar*)

cachoça n.f. [regionalismo] sova (De orig. obsc.)

cachoeira n.f. corrente de água que cai formando cachão; queda de água; catarata; catadupa (De *cachão+-eira*)

cachoeirar v.intr. 1 despenhar-se como cachoeira 2 formar cachoeira (De *cachoeira+-ar*)

cachola n.f. 1 [pop.] cabeça; cachimónia; bestunto 2 [regionalismo] cabeça de peixe miúdo 3 [regionalismo] fígado de porco cozinhado; sarrabulho 4 [regionalismo] moela de galinha e de outras aves 5 [regionalismo] grande refeição feita com carne de porco, pouco depois da matança; *ficar com uma grande* ~ ser logrado, sofrer uma deceção (De *cacho* [= pescoço]+-*ola*)

cacholada n.f. 1 CULINÁRIA guisado de miúdos de porco 2 sarrabulho (De *cachola+-ada*)

cacholeira n.f. 1 [regionalismo] enchido com aparas de carne de porco e bocados de cachola (fígado) 2 [regionalismo] fígado de porco ou outro animal; cachola (De *cachola+-eira*)

cacholeta /ê/ n.f. 1 pequena pancada na cabeça com a mão ou com uma vara 2 [fig.] censura 3 [fig.] ofensa (De *cachola+-eta*)

cachonceira n.f. [ant.] cabeleira comprida em anéis (De *cacho* [= pescoço]?)

cachondear v.intr. (cadela) andar com cio (De *cachonda+-ear*)

cachondo adj. (fêmea) que está com cio (Do cast. *cachondo*, «dominado por apetites sexuais»)

cachopa /ó/ n.f. 1 rapariga; moça 2 casta de uva do Douro 3 [Madeira] ramalhete ou tufo de flores na extremidade de um ramo (De *cachopo*)

cachopada n.f. grupo de cachopos ou cachopas (De *cachopo+-ada*)

cachoparrão n.m. rapagão; mocetão (De *cachopo+-arrão*)

cachopice n.f. ação própria de cachopo ou cachopa; traquinice; rapaziada (De *cachopo+-ice*)

cachopinhos elem. expr. *andar aos* ~ andar aos pulinhos (os coelhos) (De *cachopo+-inho*)

cachopo /ô/ *n.m.* **1** rapaz; moço **2** escolho à flor da água; baixio **3** [fig.] perigo **4** [fig.] obstáculo (De orig. obsc.)

cachorra *n.f.* **1** ZOOLOGIA cadela nova ou pequena **2** ICTIOLOGIA peixe afim do atum de barbatanas peitorais muito longas; albacora **3** [pej.] mulher de mau carácter **4** [pej.] mulher de mau génio **5** [pop.] embriaguez (De *cachorro*)

cachorrada *n.f.* **1** grupo numeroso de cachorros **2** ARQUITETURA fileira de cachorros na cornija de uma construção **3** [fig.] ação reprovável; traição **4** [fig.] gente reles; canalha (De *cachorro+-ada*)

cachorrice *n.f.* ação própria de pessoa de mau carácter; ato vil; canalhice (De *cachorro+-ice*)

cachorro /ô/ *n.m.* **1** cão novo ou pequeno **2** ARQUITETURA peça saliente, de apoio, numa construção **3** escora **4** peça de atafona que, batendo na calha, faz cair o grão na mó **5** sande de salsicha quente com mostarda **6** [Brasil] (animal) cão **7** [fig., pej.] indivíduo de mau carácter **8** [fig.] rapaz traquina (De orig. obsc.)

cachorro-da-areia *n.m.* [Brasil] ZOOLOGIA ⇒ *ralo*¹ 7

cachorro-quente *n.m.* sande de salsicha quente com mostarda (Do ing. *hot-dog*, «id.»)

cachu *n.m.* substância aromática oriental também designada por catechu (Do mal. *kachu*, «ingrediente perfumoso e excitante»)

cachucha *n.f.* dança popular espanhola semelhante ao fandango (Do cast. *cachucha*, «id.»)

cachucho¹ *n.m.* **1** papelote para tornar o cabelo ondulado **2** parte interna de uma pena de ave **3** anel grosso ou com grande pedra preciosa **4** cachiço (De cast. *cachucho*, «teso»)

cachucho² *n.m.* ICTIOLOGIA peixe teleósteo, da família dos Esparídeos, frequente em Portugal e no mar das Antilhas (Do cast. *cachucho*, «id.»)

cachudo *adj.* **1** que forma cacho **2** que dá cachos grandes (De *cacho+-udo*)

cachundé *n.m.* preparado aromatizante em que entra o cachu, substância extraída de uma acácia da Índia (Do mal. *kachu*, «ingrediente perfumoso e excitante» +*ondé*, «bolo»)

cachupa *n.f.* [Cabo Verde] CULINÁRIA prato tradicional à base de milho cozido e feijão, com toucinho, peixe ou carne (Do crioulo *katxupa*, «id.»)

cacical *adj.2g.* referente a cacique (De *cacique+-al*)

cacicar *v.intr.* agir ou praticar atos como cacique (De *cacique+-ar*)

cacifeiro *n.m.* **1** fabricante ou vendedor de cacifos **2** cónego tesoureiro do cabido da Sé de Coimbra (De *cacifo+-eiro*)

cacifo *n.m.* **1** pequeno armário ou compartimento para guardar objetos pessoais em instalações públicas **2** cofre **3** caixa, cesto ou gaveta para coisas de pouco valor **4** vão ou recanto escuro numa casa **5** cubículo **6** cesto de vime onde os caçadores levam o furão **7** antiga medida equivalente ao celamim **8** (jogo da bola) buraco **9** [Brasil] escaninho (Do ár. *qafiz*, «alqueire», pelo port. ant. *cafiz*, «cacifo»)

cacifre *n.m.* ⇒ *cacifo*

cacifro *n.m.* ⇒ *cacifo*

cacilda *interj.* [Brasil] exprime espanto, admiração

cacilheiro *adj.* relativo a Cacilhas (Almada) ▪ *n.m.* **1** natural ou habitante de Cacilhas **2** barco que faz viagens entre Cacilhas e Lisboa (De *Cacilhas*, top. +-*eiro*)

cacimba *n.f.* **1** nevoeiro denso que se forma ao anoitecer em algumas regiões africanas **2** chuva miudinha **3** cova ou poço destinado a receber água filtrada por terrenos adjacentes para uso de algumas povoações; cisterna (Do quimb. *quixima*, «poço de água»)

cacimbado *adj.* [Angola] afetado psicologicamente; neurótico (De *cacimbar*, «cair cacimba» com longa exposição)

cacimbar *v.intr.* cair cacimba (De *cacimba+-ar*)

cacimbo *n.m.* **1** época da cacimba **2** ⇒ *cacimba* (De *cacimba*)

cácimo *n.m.* BOTÂNICA ⇒ *cálcimo* (De *cálcimo*)

cacique *n.m.* **1** chefe político dos votos dos eleitores de uma localidade **2** chefe (entre os indígenas) de várias regiões da América (Do aruaque do Haiti *cachique*, «chefe político», pelo cast. *cacique*, «id.»)

caciquismo *n.m.* **1** influência política dos caciques **2** os caciques (De *cacique+-ismo*)

caciz *n.m.* sacerdote mourisco, na África oriental (Do ár. *qasis*, «sacerdote»)

caco¹ *n.m.* **1** fragmento de louça quebrada **2** objeto velho e de pouco valor **3** [fig.] pessoa velha e doente **4** [fig.] cabeça **5** [coloq.] secreção seca do nariz; macaco **6** *pl.* trastes velhos e sem valor; cacarecos; *fazer em cacos* partir em muitos bocados pequenos (Do lat. *cacculu-*, por *caccãbu-*, «panela; marmita»)

caco² *n.m.* [Cabo Verde] copo com bebida; pinga (Da natureza dos copos tradicionais, de barro; ou do ing. *cup*)

caco- elemento de formação de palavras que exprime a ideia de *mau, ruim, errado* (Do gr. *kakós*, «mau»)

caço *n.m.* **1** concha de terrina ou do açucareiro **2** colher com que se tira o azeite da talha **3** frigideira de barro com cabo (Do gr. *kýathos*, «concha para tirar líquido de um recipiente»)

caçoada *n.f.* **1** zombaria; chacota **2** brincadeira; pilhéria **3** promessa feita sem tenção de a cumprir (Part. pass. fem. subst. de *caçoar*)

caçoador *adj., n.m.* que ou aquele que caçoa; zombeteiro (De *caçoar+-dor*)

caçoar *v.tr., intr.* fazer troça (de); escarnecer; troçar (De **cançoar*, de *canção?*)

caçoaria *n.f.* grande caçoada (De *caçoar+-aria*)

cacoco /ô/ *n.m.* **1** [Angola] mocho **2** [Angola] indivíduo tristonho (Do quimb. *kakoko*, «id.», de *kukoka*, «arrastar», alusão ao agoiro do piar)

cacodilato *n.m.* QUÍMICA sal derivado do ácido cacodílico, muito empregado em medicina (De *cacodilo+-ato*)

cacodílico *adj.* QUÍMICA designativo vulgar do ácido dimetilarsénico (De *cacodilo+-ico*)

cacodilo *n.m.* QUÍMICA designação vulgar do dimetilarsénio, radical univalente que se encontra em vários compostos, como o óxido de cacodilo, o ácido cacodílico, etc. (Do gr. *kakódes*, «que cheira mal» +*hýle*, «matéria»)

cacoépia *n.f.* pronúncia viciosa (Do gr. *kakós*, «mau» +*épeia*, «pronúncia; acentuação»)

cacoépico *adj.* relativo a cacoépia (De *cacoépia+-ico*)

cacoestesia *n.f.* má sensação (Do gr. *kakós*, «mau» +*aísthesis*, «sensação» +-*ia*)

cacoete /ê/ *n.m.* **1** mau costume; mau hábito **2** [Brasil] mania (Do gr. *kakós*, «mau» +*éthos*, «costume»)

cacofagia *n.f.* ingestão de matérias fecais ou outras substâncias consideradas repugnantes (Do gr. *kakós*, «mau» +*phageîn*, «comer» +-*ia*)

cacófago *adj., n.m.* que ou aquele que ingere matérias fecais ou outras substâncias consideradas repugnantes (Do gr. *kakós*, «mau» +*phageîn*, «comer»)

cacófato *n.m.* **1** som desagradável resultante da junção dos sons de duas ou mais palavras próximas; cacofonia **2** palavra obscena resultante do encontro do final de uma palavra com o começo da palavra seguinte (Do gr. *kakóphaton*, «má consonância»)

cacofatomania *n.f.* mania de cometer cacófatos (Do gr. *kakóphaton*, «má consonância» +*manía*, «mania»)

cacófaton *n.m.* ⇒ *cacófato* (Do gr. *kakóphaton*, «má consonância»)

cacofilia *n.f.* predileção pelas coisas más, feias ou erradas (Do gr. *kakós*, «feio» +*phílos*, «amigo» +-*ia*)

cacofonia *n.f.* **1** som desagradável ou resultante da junção dos sons de duas ou mais palavras próximas; cacófato; cacófaton **2** pronúncia errada de palavras, que produz um som desagradável **3** MÚSICA sons ou vozes que não estão afinados entre si **4** repetição de sons que é desagradável ao ouvido (De *caco-+-fonia*)

cacofónico *adj.* em que há cacofonia (De *cacofonia+-ico*)

cacografar *v.tr., intr.* escrever com erros ortográficos (Do gr. *kakós*, «mau» +*gráphein*, «escrever» +-*ar*)

cacografia *n.f.* ortografia viciosa (De *caco-+-grafia*)

cacográfico *adj.* em que há cacografia (De *cacografia+-ico*)

cacógrafo *n.m.* o que pratica cacografia (Do gr. *kakós*, «mau» +*gráphein*, «escrever»)

caçoila *n.f.* ⇒ *caçoula*

caçoilada *n.f.* ⇒ *caçoulada*

caçoilo *n.m.* ⇒ *caçoulo*

caçoísta *n.2g.* pessoa amiga de caçoar; caçoador; zombeteiro (De *caçoar+-ista*)

cacolalia *n.f.* **1** linguagem incorrecta **2** incorrecção da fala observável em certas formas de demência (Do gr. *kakós*, «mau» +*laleîn*, «falar» +-*ia*)

caçoleta /ê/ *n.f.* **1** cadinho de ourives para recozer os metais **2** pequena frigideira **3** pequeno vaso em que se queimam perfumes **4** parte côncava da fecharia das antigas armas de pederneira onde se depositava a escorva (Do prov. ant. *casoletta*, «caçarola pequena», pelo fr. *cassolette*, «id.»)

cacologia *n.f.* locução viciosa (Do gr. *kakós*, «mau» +*lógos*, «palavra» +-*ia*)

cacológico *adj.* **1** em que há cacologia **2** relativo à cacologia (De *cacologia+-ico*)

cacometria *n.f.* erro de medição (Do gr. *kakós*, «mau» +*métron*, «medida» +-*ia*)

cacopatia n.f. MEDICINA doença grave ou que provoca sofrimento (Do gr. *kakopátheia*, «sofrimento; mau trato»)

cacoquimia n.f. **1** alteração nos humores **2** compleição débil (Do gr. *kakokhymía*, «má qualidade dos sucos»)

cacosmia n.f. **1** alteração do olfato que leva a pessoa a detetar cheiros desagradáveis onde eles não existem **2** perturbação do olfato que leva a pessoa a apreciar cheiros desagradáveis (Do gr. *kakós*, «mau» +*osmé*, «cheiro» +-*ia*)

cacoso[1] /ô/ adj. [regionalismo] sujo; imundo; emporcalhado (De *caca*+-*oso*)

cacoso[2] /ô/ adj. [regionalismo] em cacos; imprestável; velho (De *caco*+-*oso*)

cacostomia n.f. mau hálito (Do gr. *kakós*, «mau» +*stôma*, «boca» +-*ia*)

cacotecnia n.f. falta de arte (Do gr. *kakós*, «mau» +*tékhne*, «arte» +-*ia*)

caçoula n.f. recipiente largo e pouco alto, de barro ou metal, para cozinhar ao lume; caçarola; caçoila (Do lat. **cattiöla-*, «pequena escumadeira»)

caçoulada n.f. **1** conteúdo de uma caçoula; caçoilada **2** comida feita em caçoula; caçoilada (De *caçoula*+-*ada*)

caçoulo n.m. caçoula pequena (De *caçoula*)

cacre n.m. [Guiné-Bissau] ZOOLOGIA pequeno crustáceo da ordem dos decápodes, comestível, que vive nas zonas húmidas e lodosas (Do crioulo *kakre*, «id.»)

cactácea n.f. BOTÂNICA espécime das Cactáceas

Cactáceas n.f.pl. BOTÂNICA família de plantas dicotiledóneas, carnosas, de folhas rudimentares, em regra tropicais, representada em Portugal pelos catos e pela figueira-da-índia, e também denominada Opunciáceas (De *cacto*+-*áceas*)

cact(i)- elemento de formação de palavras que exprime a ideia de *cato*, *cardo*

cactiforme adj.2g. que tem forma de cato (De *cacti*-+-*forme*)

cacto ver nova grafia **cato**

cactoide adj.2g. ⇒ **cactiforme** (Do gr. *káktos*, «cardo» +*eîdos*, «forma»)

cactóide ver nova grafia **cactoide**

cácu n.m. **1** [Guiné-Bissau] pardal **2** [Guiné-Bissau] pássaro pequeno (Do crioulo guineense *kacu*, «id.», do mandinga *káca*)

cacual n.m. ⇒ **cacaual**

cacueiro n.m. BOTÂNICA ⇒ **cacaueiro** (De *cacau*+-*eiro*)

caçula[1] n.2g. **1** filho ou filha mais novo/a **2** irmão ou irmã mais novo/a (Do quimb. *ka'zuli*, «o último da família»)

caçula[2] n.f. ato de secar ou moer, no pilão, milho e outros géneros (Do quimb. *kuçula*, «pilar; secar»)

cacúmen n.m. parte mais elevada de tudo o que termina em ponta (Do lat. *cacūmen*, «ponta»)

cacuminal adj.2g. diz-se da consoante que se articula com a ponta da língua (Do lat. *cacumĭne*-, «ponta», pelo fr. *cacuminal*, «id.»)

cacunda n.f. [Brasil] dorso; costas

caçurrento adj. cheio de surro; sujo (De *caçurro*+-*ento*)

caçurro n.m. [regionalismo] surro; porcaria (De orig. obsc.)

cacusso n.m. [Angola] ICTIOLOGIA peixe da família dos Pércidas, cujo consumo, seco ou assado, é muito popular em Luanda (Do quimb. *kikusu*, de *kukusuka*, «ser encarnado», referência à coloração)

cada det.indef. >quant.univ.^{DT} **1** qualquer elemento de um grupo, considerado individualmente ⟨*deu um dicionário a cada aluno*⟩ **2** indica repetição ou regularidade, quando seguido de um numeral ⟨*cada dez*⟩ **3** tem valor enfático ⟨*tens cada ideia!*⟩ ■ pron.indef. antecedido de um nome, designa qualquer elemento de um grupo, considerado individualmente ⟨*ficaram com um dicionário cada*⟩; *~ vez* de momento para momento; *~ vez que* sempre que (Do gr. *katá*, «segundo; de alto a baixo», pelo lat. *cata*, «cada»)

cadabulhar v.tr. cavar (a terra) onde o arado não chega (De *cadabulho*+-*ar*)

cadabulho n.m. [regionalismo] porção de terra onde o arado não chega e que tem de ser cavada (De **cavadulho*, de *cavar*, com met.)

cadafalso n.m. **1** estrado alto e público para execução de condenados; patíbulo **2** estrado **3** andaime (Do lat. vulg. *catafalsu*-, «estrado; andaime», pelo prov. *cadafals*, «cadafalso»)

cadaneiro adj. que se produz em cada ano (De *cada*+*ano*+-*eiro*)

cadarço n.m. **1** barbilho dos casulos de seda **2** tecido feito de seda ordinária **3** nastro **4** [Brasil] (para calçado) atacador (Do gr. *kathartéon*, «seda que deve ser purificada», pelo lat. **catharthēu*-, «id.», pelo cast. *cadarzo*, «cadarço»)

cadaste n.m. NÁUTICA peça da popa onde se prende o eixo do leme (Do lat. *catasta*-, «estrado em que se vendiam escravos»)

cadastrado adj.,n.m. que ou o que tem cadastro ou já foi condenado (Part. pass. de *cadastrar*)

cadastragem n.f. ação de organizar cadastro(s) (Do fr. *cadastrage*, «id.»)

cadastral adj.2g. que diz respeito a cadastro (Do fr. *cadastral*, «id.»)

cadastrar v.tr. organizar o cadastro de (De *cadastro*+-*ar*)

cadastro n.m. **1** registo policial de infrator ou criminoso **2** registo público dos prédios rústicos ou urbanos de uma localidade ou região, com discriminação da sua extensão, qualidade e valor **3** registo da vida oficial do funcionalismo público **4** recenseamento da população **5** registo; relação (Do gr. med. *katástikhon*, «registo», pelo fr. *cadastre*, «id.»)

cádava n.f. conjunto dos pés de mato que ficam depois das queimadas (De orig. obsc.)

cadaval n.m. lugar onde há cádavas (De *cádava*+-*al*)

cadáver n.m. **1** corpo morto, não decomposto, de um ser humano ou de um animal; defunto **2** [fig.] pessoa que, pelo seu definhamento, parece estar prestes a morrer **3** [fig.] coisa que já se extinguiu (Do lat. *cadáver*, «cadáver»)

cadavérico adj. **1** parecido com um cadáver **2** relativo a cadáver **3** [fig.] muito definhado (De *cadáver*+-*ico*)

cadaverina n.f. QUÍMICA composto orgânico com função amina, de cheiro pestilencial, proveniente de decomposição de proteínas e presente na putrefação dos cadáveres (Do lat. *cadäver*, «cadáver» +-*ina*)

cadaveroso /ô/ adj. próprio de cadáver; cadavérico (Do lat. *cadaverōsu*-, «cadavérico»)

cadaxo n.m. ⇒ **cadexo**

caddie n.m. DESPORTO (golfe) pessoa que transporta os tacos e restante material do jogador e lhe presta auxílio (Do ing. *caddie*, «id.»)

cade n.m. espécie de zimbro cujas bagas dão, por destilação, o óleo de cade, empregado no tratamento de dermatoses (Do b. lat. *catănu*-, «id.», pelo prov. *cade*, «id.»)

cadê adv.interr. [Brasil] [coloq.] que é de; onde está

cadeado n.m. **1** cadeia formada de elos de ferro **2** fechadura móvel; loquete (Do lat. *catenätu*-, «encadeado»)

cadeeiro n.m. guarda de cárcere; carcereiro (De *cadeia*+-*eiro*)

cadeia n.f. **1** corrente formada de elos geralmente metálicos **2** conjunto ordenado linearmente; sucessão; série **3** prisão; cárcere; calabouço **4** QUÍMICA modo de agrupamento dos átomos de carbono nas estruturas dos compostos orgânicos **5** [fig.] servidão; *~ alimentar* ordenação hierárquica dos organismos de um ecossistema de acordo com as suas fontes de alimento; *~ do agrimensor* corrente articulada com o comprimento de dez metros, destinada a medir terrenos; *ponto de ~* maneira de coser ou bordar formando anéis; *reação em ~* QUÍMICA reação química ou reação nuclear que se propaga controlada ou incontroladamente aos átomos vizinhos por ação da energia e de produtos nela gerados (Do lat. *catêna*-, «cadeia»)

cadeira n.f. **1** assento ou banco com costas e, por vezes, com braços **2** ramo de conhecimentos que disciplina um que professor leciona numa universidade; cátedra **3** lugar ocupado por uma pessoa ilustre no exercício de cargo ou função de autoridade; trono **4** cargo oficial ocupado por um membro de uma instituição política, científica ou de outra natureza **5** [fig.] lugar principal; centro; sede **6** pl. anca; quadril; *~ elétrica* cadeira ligada a uma corrente elétrica de alta tensão utilizada na eletrocussão dos condenados à morte (Do lat. vulg. *cathédra*-, do lat. cl. *cathĕdra*-, «id.»)

cadeirado n.m. fila de cadeiras ligadas e fixas à parede de um coro, aula, etc. ■ adj. que tem grandes ancas (De *cadeira*+-*ado*)

cadeiral n.m. ⇒ **cadeirado** (De *cadeira*+-*al*)

cadeirão n.m. **1** cadeira de braço geralmente estofada; poltrona **2** [acad.] disciplina considerada difícil pelos alunos (De *cadeira*+-*ão*)

cadeireiro n.m. fabricante ou vendedor de cadeiras (De *cadeira*+-*eiro*)

cadeirinha n.f. **1** cadeira pequena **2** espécie de liteira com assento, transportada por dois homens **3** ⇒ **andilhas** **4** ⇒ **chapim**[2] (De *cadeira*+-*inha*)

cadeixo n.m. ⇒ **cadexo**

cadela n.f. **1** ZOOLOGIA fêmea do cão **2** [pej.] mulher cujo comportamento é considerado promíscuo (Do lat. *catella*-, «cadelinha»)

cadelinha n.f. **1** cadela pequena **2** ZOOLOGIA molusco lamelibrânquio, da família dos Donacídeos, comestível e bastante comum nas costas marítimas do Sul de Portugal, também conhecido por conquilha (De *cadela*+-*inha*)

cadelo /ê/ n.m. **1** cãozinho **2** [regionalismo] taramela ■ adj. velhaco (Do lat. *catellu*-, «cãozinho»)

cadência *n.f.* **1** sucessão regular de sons ou de movimentos **2** movimento compassado; ritmo **3** repetição regular ou ritmada **4** harmonia na disposição das palavras **5** MÚSICA progressão harmónica ou melódica que termina uma frase ou um discurso musical **6** MÚSICA secção de exibição virtuosística instrumental inserida no final de um andamento de um concerto **7** MÚSICA secção de exibição virtuosística vocal inserida no final de uma ária **8** [fig.] inclinação natural; propensão; vocação (Do lat. *cadentĭa*, part. pres. neut. pl. de *cadĕre*, «cair»)

cadenciado *adj.* **1** que tem cadência; compassado; rítmico **2** harmonioso (Part. pass. de *cadenciar*)

cadenciar *v.tr.* dar cadência a; compassar; ritmar (De *cadência*+*-ar*)

cadencioso /ô/ *adj.* ⇒ **cadenciado** (De *cadência*+*-oso*)

cadenilha *n.f.* antigo bordado a ponto de cadeia (Do cast. *cadenilla*, «cadeia estreita»)

cadente *adj.2g.* **1** que vai caindo **2** decadente **3** cadenciado (Do lat. *cadente-*, part. pres. de *cadĕre*, «cair»)

caderna *n.f.* HERÁLDICA reunião de quatro peças semelhantes, num escudo (Do lat. *quaterna*, «de quatro em quatro»)

cadernaço *n.m.* caderno volumoso (De *caderno*+*-aço*)

cadernal *n.m.* **1** aparelho para levantar pontes levadiças **2** peça do navio onde gira uma roldana múltipla **3** conjunto de quatro roldanas com uma alça comum **4** ⇒ **talha**[1] **5** (Do lat. *quaternu-*, «de quatro em quatro»+*-al*)

caderneta *n.f.* **1** caderno pequeno **2** livro de apontamentos **3** livrete de registo de depósitos e levantamentos por conta destes depósitos **4** fascículo de obra literária distribuído aos assinantes **5** caderno pequeno com espaços para preencher com cromos **6** caderno onde o professor regista a assiduidade e o comportamento dos alunos **7** livrete em que se regista o serviço e o comportamento dos militares; **~ predial** caderneta respeitante a prédios rústicos, em regime de cadastro, e a prédios urbanos (De *caderno*+*-eta*)

caderno *n.m.* **1** porção de folhas de papel unidas e sobrepostas, como num livro **2** conjunto de cinco folhas de papel dobradas de modo a formar, cada uma, quatro páginas; **~ de encargos** articulado com regras técnicas, jurídicas e administrativas que devem ser respeitadas na elaboração de um estudo ou na execução de qualquer obra; **~ diário** conjunto de folhas onde o aluno regista apontamentos durante a aula e resolve exercícios escolares; **cadernos eleitorais/de recenseamento** folhas de recenseamento onde se inscrevem os cidadãos eleitores (Do lat. *quaternu-*, «de quatro em quatro»)

cadete /ê/ *n.m.* **1** aluno que cursa uma escola superior militar **2** miliciano antes de passar a aspirante **3** designação que se dava aos filhos não primogénitos de pessoas nobres **4** soldado que, por ser da nobreza, gozava de certos privilégios **5** [fig.] indivíduo aperaltado (Do fr. *cadet*, «irmão menor»)

cadexo /ê/ *n.m.* **1** madeixa de cabelos **2** troço de linha ou de retrós (Do cast. *cadejo*, «madeixa»)

cádi *n.m.* magistrado que, entre os Muçulmanos, acumula funções judiciais e religiosas (Do ár. *qādi*, «juiz», pelo fr. *cadi*, «juiz muçulmano com funções civis e religiosas»)

cadilha *n.f.* **1** conjunto de fios do urdume sem trama **2** problema; cadilho (De *cadilho*)

cadilho *n.m.* **1** extremidade do urdume, sem trama, que forma uma espécie de franja **2** guarnição **3** problema; cuidado; ralação (Do cast. *cadillo*, «id.»)

cadime *n.m.* NÁUTICA cada uma das tábuas curvas que circundam a proa do barco (De orig. obsc.)

cadimo *adj.* **1** destro; hábil **2** perito **3** frequentado **4** useiro e vezeiro **5** ardiloso (Do ár. *qadímu*, «antigo; velho»)

cadinhar *v.tr.* fundir em cadinho (De *cadinho*+*-ar*)

cadinho *n.m.* **1** vaso para fundir metais; crisol **2** recipiente, de material refratário, utilizado em análise química para aquecimento de substâncias a temperaturas elevadas (Do lat. *catīnu-*, «prato; cadinho; crisol»)

cadivo *adj.* **1** que cai de maduro; caduco **2** senil (Do lat. *cadīvu-*, «que cai por si mesmo»)

cadmeu *adj.* respeitante ao primeiro alfabeto grego atribuído a Cadmo, filho do rei fenício Agenor, fundador lendário de Tebas (séc. VI a. C.) (Do lat. *cadmēu-*, «de Cadmo»)

cadmia *n.f.* QUÍMICA depósito residual, mistura de zinco, óxido de zinco e óxido de cádmio, na metalurgia do zinco (Do lat. *cadmīa-*, do gr. *kadmeía*, «carbonato de zinco extraído perto da cidade grega de Cadmo (Tebas)»)

cádmio *n.m.* QUÍMICA elemento químico com o número atómico 48 e símbolo Cd, semelhante ao zinco, venenoso, que entra na composição de ligas de grande resistência ao desgaste, muito empregado nos reatores nucleares por causa da sua grande facilidade de absorção de neutrões lentos (De *cadmia*)

cado *n.m.* **1** vaso antigo para guardar bebidas **2** medida de capacidade usada pelos antigos (Do hebr. *kad*, «balde», ou do gr. *kádos*, «vaso; bilha»)

cadorno /ô/ *n.m.* BOTÂNICA planta lenhosa, da família das Oleáceas, afim do aderno, espontânea em Portugal (De orig. obsc.)

cadouço *n.m.* **1** [regionalismo] esconderijo (de peixes) grande e profundo **2** molhos de trigo, aveia ou centeio que, depois da ceifa, se deixam no campo a atempar (Do lat. **catucciu*, derivado do lat. *catīnu-*, «prato fundo; cavidade dum rochedo»)

cadoura *n.f.* cabo de linho preso aos punhos das redes da pesca para as alar (De orig. obsc.)

cadoxo /ô/ *n.m.* ⇒ **cadexo**

cadoz *n.m.* **1** covil; esconderijo; toca **2** pardieiro; depósito de lixo; monturo **3** repartição que não dá andamento aos negócios **4** [jogo da pela] cova **5** [fig.] homem gasto por excessos **6** [Brasil] lata do lixo **7** ICTIOLOGIA ⇒ **bodião** (Do lat. *catucciu-*, de *catīnu-*, «prato fundo; cavidade dum rochedo»)

caduca *n.f.* ANATOMIA porção da mucosa uterina que, na espécie humana e em outros mamíferos, se solta e é expulsa com a placenta depois do parto; decídua (De *caduco*)

caducante *adj.2g.* que caduca (De *caducar*+*-ante*)

caducar *v.intr.* **1** tornar-se caduco **2** declinar **3** ir acabando **4** cair em desuso **5** prescrever; ser anulado **6** (pessoa) envelhecer; tornar-se senil; perder as forças (De *caduco*+*-ar*)

caducário *adj.* **1** relativo a coisas caducas **2** que faz caducar **3** que regula a prescrição (Do lat. *caducarĭu-*, «relativo a bens sem dono»)

caduceador *n.m.* **1** emissário **2** arauto (Do lat. *caduceatōre-*, «arauto»)

caduceu *n.m.* vara de louro, com duas serpentes enroscadas e encimada por duas asas, que era atributo de Mercúrio e insígnia dos antigos embaixadores e arautos (Do lat. *caducēu-*, «id.»)

caducibrânquio *adj.* ZOOLOGIA espécime dos caducibrânquios ■ *n.m.pl.* ZOOLOGIA grupo de batráquios cujas brânquias desaparecem quando eles atingem o estado adulto (Do lat. *cadūcu-* «caduco» +*branchĭa-*, «guelra»)

caducidade *n.f.* **1** qualidade ou condição do que é caduco; decadência **2** velhice prematura **3** extinção de um direito, sem efeito retroativo, pela verificação de um facto a que a lei atribui esse efeito; **~ da lei** situação que se verifica quando uma lei deixa de vigorar por força de qualquer circunstância inerente à própria lei, independentemente da publicação de uma nova lei (De *caduco*+*-i-*+*-dade*)

caducífero *adj.* que traz caduceu (Do lat. *caducifĕru-*, «id.»)

caducifólio *adj.* BOTÂNICA diz-se da árvore ou do arbusto que normalmente perde as folhas em determinada época do ano; caduco (Do lat. *cadūcu-*, «caduco» +*folĭu-*, «folha»)

caduco *adj.* **1** que cai ou está prestes a cair **2** que perdeu as forças; que está debilitado; decrépito **3** que passa rapidamente; transitório; efémero **4** DIREITO que ficou sem efeito; que prescreveu **5** BOTÂNICA diz-se da folhagem que cai anualmente ou ocasionalmente **6** BOTÂNICA diz-se da planta ou vegetação que perde a folhagem anualmente ou ocasionalmente; caducifólio; decíduo (Do lat. *cadūcu-*, «que cai»)

caduquice *n.f.* **1** velhice **2** caducidade (De *caduco*+*-ice*)

cafajestada *n.f.* **1** [Brasil] ação ou dito de cafajeste **2** [Brasil] bando de cafajestes (De *cafajeste*+*-ada*)

cafajeste *n.m.* **1** [Brasil] pessoa de baixa condição **2** [Brasil] pessoa sem maneiras **3** [Brasil] pessoa de mau carácter (De orig. obsc.)

cafal *n.m.* resina da Abissínia

cafarnaum *n.m.* **1** recinto baixo e escuro **2** lugar de tumulto ou desordem **3** lugar onde se amontoam objetos sem qualquer ordem **4** caverna; gruta **5** antro (De *Cafarnaum*, top., cidade da Palestina)

café *n.m.* **1** BOTÂNICA semente do cafeeiro **2** BOTÂNICA ⇒ **cafeeiro** **3** sementes do cafeeiro secas e torradas **4** pó resultante da moagem destas sementes secas e torradas **5** bebida preparada com este pó por infusão **6** porção desta bebida em chávena ou copo próprios, para consumo individual **7** estabelecimento onde se serve esta e outras bebidas e algumas comidas leves; cafetaria (Do it. *caffè*, «id.», do turc. *qahvé*, do ár. *qahuâ*, «vinho»)

cafeal *n.m.* ⇒ **cafeeiral** (De *café*+*-al*)

café-concerto *n.m.* sala de espetáculos musicais em que funciona um serviço de bar (Do fr. *café-concert*, «id.»)

café-da-manhã ver nova grafia **café da manhã**
café da manhã *n.m.* [Brasil] pequeno-almoço
cafedório *n.m.* café que não presta (De *café+-d+-ório*)
cafeeiral *n.m.* plantação de cafeeiros; cafezal (De *cafeeiro+-al*)
cafeeiro *n.m.* BOTÂNICA nome vulgar de uns arbustos de várias espécies, da família das Rubiáceas, algumas espontâneas e outras muito cultivadas, especialmente no Brasil, Angola, S. Tomé e Príncipe e Timor, cujo fruto (drupa) tem sementes que, depois de torradas e moídas, servem para fazer a bebida denominada café; cafezeiro ■ *adj.* relativo a café (De *café+-eiro*)
cafeico *adj.* QUÍMICA diz-se de um ácido contido no café (De *café+-ico*)
cafeicultor *n.m.* indivíduo que se dedica à cafeicultura (De *café+i+cultor*)
cafeicultura *n.f.* cultura do café (De *café+i+cultura*)
cafeína *n.f.* QUÍMICA substância que figura na composição dos grãos do café, principalmente depois de torrados, nas folhas do chá, etc., dotada de propriedades estimulantes, diuréticas e antinevrálgicas (Do fr. *caféine*, «id.»)
cafeísmo *n.m.* intoxicação pelo café (De *café+-ismo*)
cafeona /ô/ *n.f.* óleo aromático obtido do café pela torrefação (De *café+-ona*)
cafetã *n.m.* **1** peça de vestuário oriental, muito comprida e quase sempre ricamente decorada **2** túnica ricamente bordada e guarnecida de peles, usada no Oriente (Do pers. *khaftan*, «camisola; roupão», pelo turc. *gaftán*, «id.», pelo fr. *cafetan*, «id.»)
cafetão *n.m.* **1** ⇒ **cafetã 2** [Brasil] aproveitador; chulo
cafetaria *n.f.* estabelecimento onde se serve café, outras bebidas, e algumas comidas leves
café-teatro *n.m.* local com as características de um bar onde se pode assistir a espetáculos cénicos
cafeteira *n.f.* **1** recipiente metálico onde se faz ou em que se traz o café à mesa **2** qualquer vasilha semelhante ou para uso semelhante (Do fr. *cafetière*, «id.»)
cafeteiro *n.m.* [Brasil] proprietário de um café; botequineiro (Do fr. *cafetier*, «id.»)
cafezada *n.f.* grande quantidade de café (bebida) (De *café+z+-ada*)
cafezal *n.m.* ⇒ **cafeeiral** (De *café+z+-al*)
cafezeiral *n.m.* ⇒ **cafeeiral** (De *cafezeiro+-al*)
cafezeiro *n.m.* **1** BOTÂNICA nome vulgar de uns arbustos de várias espécies, da família das Rubiáceas, algumas espontâneas e outras muito cultivadas, especialmente no Brasil, Angola, S. Tomé e Príncipe e Timor, cujo fruto (drupa) tem sementes que, depois de torradas e moídas, servem para fazer a bebida denominada café; cafeeiro **2** proprietário de estabelecimento de café ■ *adj.* que aprecia o café (De *café+z+-eiro*)
cafezista *n.2g.* **1** proprietário de uma plantação de café; cafeicultor **2** pessoa que gosta muito de café (De *café+z+-ista*)
cáfila *n.f.* **1** grupo de camelos **2** conjunto de mercadorias transportadas em camelos, no interior da Ásia e da África **3** [pej.] corja; súcia (Do ár. *qafila*, «caravana»)
cafofo /ô/ *adj.,n.m.* [Angola] que ou o que não vê; pitosga (Do quimb. *kafôfo*, de *kufofoka*, «cegar»)
cafona *adj.2g.* **1** [Brasil] [coloq., depr.] piroso; de mau gosto **2** [Brasil] [coloq., depr.] rude; grosseiro; mal-educado ■ *n.2g.* **1** [Brasil] [coloq., depr.] pessoa cuja forma de apresentação não obedece às convenções do bom gosto **2** [Brasil] [coloq., depr.] pessoa cujo comportamento e atitude não se enquadram nas supostas regras de convívio social (Do it. *cafone*, «id.»)
cafre *n.2g.* **1** pessoa de raça negra, originária e habitante da Cafraria **2** pessoa pertencente aos Cafres **3** [fig., pej.] pessoa perversa, bárbara, ignorante ou sovina ■ *n.m.* língua falada pelos Cafres (Do ár. *kâfr*, «infiel»)
cafreal *adj.2g.* **1** de cafre ou a ele referente **2** [pej.] selvagem (De *cafre+-al*)
Cafres *n.m.pl.* ETNOGRAFIA povo negro não muçulmano, originário e habitante da Cafraria, que vive sobretudo da pastorícia e da agricultura (Do ár. *kâfr*, «infiel»)
cafrice *n.f.* [depr.] ação própria de cafre; selvajaria (De *cafre+-ice*)
cafriela *n.f.* [Guiné-Bissau] prato nacional, à base de frango, pimentos e limão (Do crioulo guineense *kafryela*, «id.», de *cafreal*, alusão à estranheza da comida)
cáften *n.m.* (*feminino* **caftina**) indivíduo que vive à custa de prostitutas ou que explora uma casa de prostituição (Do lunfardo *cáften*, «id.»)
caftina *n.f.* (*masculino* **cáften**) a que vive à custa de prostitutas ou que explora uma casa de prostituição (Do lunfardo *caftina*, «id.»)
caftinagem *n.f.* atividade de cáften ou de caftina; exploração da prostituição; lenocínio (De *caftina+-agem*)
cafua *n.f.* **1** caverna profunda e escura; cova **2** lugar escuro e isolado **3** habitação miserável; choça **4** esconderijo; antro **5** estabelecimento escuro, sujo e em desordem **6** [Brasil] quarto escuro e isolado para onde iam, antigamente, os alunos castigados (De orig. obsc.)
cafumbar *v.tr.* [Angola] dar menos do que o devido; prejudicar (Do quimb. *kufumba*, «id.»)
cafuné *n.m.* **1** [Brasil] ação de afagar suavemente a cabeça de alguém para o adormecer **2** [Brasil] carícia (Talvez do quimb. *kafu'nu*, «cravar, enterrar»)
cafurna *n.f.* ⇒ **cafua** (De *caverna × furna*)
cafuzo *n.m.* [Brasil] indivíduo mestiço, com um progenitor negro e outro índio ou um progenitor mulato e outro negro; carafuzo (De orig. obsc.)
cagaçal *n.m.* **1** [pop.] monte de porcaria; monturo **2** [pop.] barulho; berreiro; celeuma **3** cerco feito pelas toninhas à sardinha; *fazer um ~* fazer muito barulho (De *cagaço+-al*)
cagaço *n.m.* [pop.] medo; susto; pavor (De *cagar+-aço*)
cágado *n.m.* **1** ZOOLOGIA nome vulgar dos répteis da ordem dos quelónios, família dos Testudinídeos, anfíbios, representados em Portugal e também chamados sapos-conchos **2** NÁUTICA capuz dos cabos do leme **3** [fig., pop.] indivíduo lento e desajeitado; lorpa **4** ORNITOLOGIA ⇒ **moleiro 3** (De orig. obsc.)
cagaita *n.f.* **1** BOTÂNICA fruto da cagaiteira, baga sumarenta e saborosa que, comida em excesso, provoca disenteria **2** [pop.] crosta de mucosidade tirada do nariz (De *cagar+-ita*)
cagaiteira *n.f.* [Brasil] BOTÂNICA pequena árvore da família das Mirtáceas, de madeira útil e fruto comestível (De *cagaita+-eira*)
caga-lume *n.m.* [pop.] pirilampo; vaga-lume
cagamasso *n.m.* BOTÂNICA nome vulgar de uma planta herbácea, de folhas largas, compridas e recortadas, pousadas no chão, que cresce especialmente na região de Alcobaça (De orig. obsc.)
caga-na-saquinha *n.2g.* [pop.] pessoa medrosa, triste
caganato *n.m.* **1** [pop.] girino **2** ⇒ **caganita**
caganeira *n.f.* [pop.] diarreia (De *cagão+-eira*)
caganeta *n.f.* **1** [pop.] susto **2** [pop.] ⇒ **caganita** (De *cagão+-eta*)
caganifância *n.f.* [pop.] bagatela; insignificância
caganifrates *n.m.2n.* [regionalismo] pessoa ridícula; casquilho; bonifrate (De *caganito × bonifrate*)
caganita *n.f.* [pop.] excremento de alguns animais, em forma de pequena bola (De *cagão+-ita*)
caganito *n.m.* **1** [pop.] indivíduo muito baixo **2** [pop.] criança enfezada **3** [pop.] ⇒ **caganita** (De *caganita*)
cagão *n.m.* **1** [pop.] indivíduo que defeca com muita frequência **2** [pop., fig.] homem medroso **3** [pop., pej.] indivíduo presunçoso e arrogante (De *cagar+-ão*)
cagar *v.tr.,intr.* [cal.] expelir naturalmente (os excrementos) pelo ânus; defecar ■ *v.tr.,pron.* **1** [cal., fig.] sujar(-se) **2** [cal., fig.] ter desprezo por (algo ou alguém); desprezar (Do lat. *cacāre*, «defecar»)
cagaréu *n.m.* [regionalismo] designação dada aos pescadores da cidade portuguesa de Aveiro, especialmente aos nascidos na freguesia de Vera Cruz (De *cagar+-éu*)
cagarola *adj.,n.2g.* [pop.] que ou pessoa que tem medo (De *cagar+-ola*)
cagarraz *n.m.* ORNITOLOGIA mergulhão (ave palmípede) comum em Portugal (De orig. obsc.)
cagativo *adj.* [cal.] irrelevante; insignificante (De *cagar+-tivo*)
caguinchas *n.2g.2n.* [pop.] medricas (De *cagar × guincha*, de *guinchar*)
cagunço *n.m.* **1** variedade de ameixa, de cor arroxeada **2** [pop.] criançola; rapazinho (De *cagar+-unço*)
caiação *n.f.* **1** ato ou efeito de caiar **2** branqueação (De *caiar+-ção*)
caiada *n.f.* ORNITOLOGIA ⇒ **chasco-branco** (Part. pass. fem. subst. de *caiar*)
caiadela *n.f.* **1** caiação ligeira **2** branqueamento da pele com o emprego de cosméticos **3** [fig.] disfarce **4** [fig.] cor (De *caiar+-dela*)
caiador *n.m.* homem que tem a profissão de caiar (De *caiar+-dor*)
caiadura *n.f.* **1** ato ou efeito de caiar **2** cor branca dada à pele **3** [fig.] disfarce (De *caiar+-dura*)
caiapiá *n.f.* BOTÂNICA ⇒ **contraerva** (Do tupi **kaapi'a*, «id.»)
caiapó *n.m.* [Brasil] ⇒ **taiuiá**
caiaque *n.m.* **1** canoa de pesca esquimó, comprida e estreita, feita de peles de foca cosidas sobre uma armação de madeira leve e movida por um remo de duas pás **2** DESPORTO embarcação desportiva

de um ou dois lugares, semelhante a esta canoa (Do esquimó *kayak*, «id.», pelo fr. *kayak* ou *kayac*, «id.»)

caiar *v.tr.* 1 pintar com cal diluída em água 2 branquear 3 maquilhar o rosto de modo a torná-lo branco 4 [fig.] disfarçar; encobrir (Do lat. *caleăre*, «estar quente», ou do lat. *canăre*, «tornar branco»?)

cãiba *n.f.* [Açores] cada uma das peças curvas que fazem parte da roda do carro de bois (de eixo móvel); camba (De **câmbia* = *camba*, do célt. *kamb*, «curvo; arqueado»)

cãibal *n.m.* resguardo de pano ou madeira para evitar que se espalhe a farinha que se vai moendo (De *cãiba*+-*al*)

cãibeira *n.f.* pó de farinha que adere às partes circunjacentes do moinho (De *cãiba*+-*eira*)

cãibeiro *n.m.* aquele que faz cãibas (De *cãiba*+-*eiro*)

cãibo *n.m.* vara de apanhar fruta; cambo (De *cãiba* [= camba])

cãibra *n.f.* MEDICINA forte contração espasmódica e dolorosa de certos músculos; breca (Do germ. **kramp*, «gancho»)

caibrada *n.f.* 1 pancada com um caibro 2 bordoada (De *caibro*+-*ada*)

caibral *adj.2g.* 1 de caibro 2 próprio para segurar madeira grossa (prego) (De *caibro*+-*al*)

caibramento *n.m.* 1 ato ou efeito de caibrar 2 conjunto dos caibros de um telhado (De *caibrar*+-*mento*)

caibrar *v.tr.* assentar caibros em (De *caibro*+-*ar*)

caibro *n.m.* cada um dos paus grossos que vão do pau de fileira aos frechais, e sobre os quais se pregam as ripas 2 vara (Do lat. **caprĕu*-, «id.»)

caicai *adj.inv.,n.m.* diz-se de ou peça de roupa feminina que cobre o tronco até às axilas sem mangas nem alças que a segurem ao pescoço ou aos ombros; top ■ *n.m.* soutien sem alças (De *cai*, forma do verbo *cair*, com redobro)

caída *n.f.* 1 queda 2 quebrada 3 [fig.] ruína (Part. pass. fem. subst. de *cair*)

caide *n.m.* 1 chefe, entre os Mouros 2 alcaide (Do ár. *kaid*, «id.»)

caideiro *adj.* 1 que ameaça ruína 2 caduco (De *cair*+-*deiro*)

caidela *n.f.* ⇒ **queda** (De *cair*+-*dela*)

caidiço *adj.* que cai frequentemente (De *cair*+-*diço*)

caído *adj.* 1 que caiu 2 [fig.] prostrado; abatido 3 [fig.] triste 4 [fig.] vencido 5 [fig.] apaixonado ■ *n.m.pl.* 1 rendas vencidas, mas não pagas 2 desperdícios; restos; *andar aos caídos* viver à custa de outrem (Part. pass. de *cair*)

caieira *n.f.* fábrica ou forno de cal (De *cal*+-*eira*)

caieiro *n.m.* 1 moço de pedreiro que lhe leva a cal 2 caiador 3 caleiro (De *cal*+-*eiro*)

caim[1] *n.m.* 1 [fig.] fratricida 2 [fig.] homem desumano (De *Caim*, antr.)

caim[2] *n.m.* latido de dor do cão (De orig. onom.)

caimão *n.m.* 1 ZOOLOGIA réptil da família *Alligatoridae*, muito parecido com o crocodilo, mas mais pequeno 2 ORNITOLOGIA ⇒ **alqueimão** (Do caribe *acayuman*, «id.», pelo cast. *caimán*, «id.»)

caimento *n.m.* 1 queda; inclinação 2 [fig.] abatimento 3 [fig.] ruína (De *cair*+-*mento*)

cainça *n.f.* matilha de cães; canzoada (Do lat. **canitĭa*-, «id.»)

cainçada *n.f.* ⇒ **cainça** (De *cainça*+-*ada*)

cainçalha *n.f.* matilha de cães; cainça (De *cainça*+-*alha*)

cainçar *v.intr.* [regionalismo] (cadela) andar com o cio (De *cainça*+-*ar*)

caincento *adj.* [regionalismo] (cadela) que anda com o cio (De *cainço*+-*ento*)

cainço *n.m.* cio (Do lat. **canitĭu*-, «de cão»)

cainhar *v.intr.* 1 latir dolorosamente 2 uivar (De *cainho*+-*ar*)

cainheza /ê/ *n.f.* mesquinhez; sovinice (De *cainho*+-*eza*)

cainho *adj.* 1 canino 2 [fig.] sovina; mísero (Do lat. *canīnu*-, «canino»)

caio *n.m.* 1 ato ou efeito de caiar; caiação; caiadura 2 branqueação 3 cor branca dada à pele (Deriv. regr. de *caiar*)

caiota *n.f.* 1 BOTÂNICA planta herbácea, trepadeira, da família das Cucurbitáceas, produtora de um fruto carnudo (comestível), cultivada em Portugal e também conhecida por chuchuzeiro e chuchu 2 fruto desta planta (Do nauat. *cayotli*, «id.»)

caipira *adj.2g.* 1 que vive no mato ou na roça 2 que não tem instrução e é rude; labrego 3 [fig.] tímido; acanhado 4 [regionalismo] avarento; sovina ■ *n.2g.* 1 natural ou habitante de parte das regiões sudeste e centro-oeste brasileiras 2 [Brasil] pessoa simplória, de pouca instrução e de modos rústicos ■ *n.m.* HISTÓRIA designação dos adeptos do partido constitucional português durante as lutas civis de 1828-1834 (Corrup. do tupi *kaa'pora*, «habitante do mato»)

caipirada *n.f.* [Brasil] ação de caipira 2 [Brasil] a classe dos caipiras (De *caipira*+-*ada*)

caipirinha *n.f.* bebida típica do Brasil preparada com cachaça ou outra aguardente, açúcar, gelo picado e pedaços de lima esmagados (De *caipira*+-*inha*)

caipirosca *n.f.* bebida preparada com limão, açúcar, gelo picado e vodka (De *caipira*+-*osca*)

caipora *n.2g.* [Brasil] ser fantástico pertencente à mitologia tupi, associado às florestas e aos animais de caça, que supostamente amedronta as pessoas e traz má sorte ■ *adj.,n.2g.* 1 [Brasil] [fig.] que ou pessoa que traz azar 2 [Brasil] [fig.] que ou pessoa que não tem sorte; azarado ■ *n.f.* [Brasil] [fig.] azar; má sorte (Do tupi *kaa'pora*, «habitante do mato»)

caiporice *n.f.* ⇒ **caiporismo** (De *caipora*+-*ice*)

caiporismo *n.m.* 1 azar 2 infelicidade 3 mau agouro (De *caipora*+-*ismo*)

caíque *n.m.* 1 NÁUTICA pequena embarcação de dois mastros, com velas triangulares 2 NÁUTICA barco costeiro de pesca 3 NÁUTICA pequeno barco a remos para transporte de uma para outra margem (Do turc. *kayk*, «caíque» (barco pequeno), pelo it. *caicco*, «id.», pelo fr. *caïque*, «id.»)

caiqueiro *n.m.* tripulante de caíque (De *caíque*+-*eiro*)

cair *v.tr.,intr.* 1 ir ao chão; tombar 2 ser enganado ou deixar-se enganar ■ *v.intr.* 1 descer sobre a terra; precipitar-se 2 desabar; ruir 3 soltar-se; desprender-se 4 descer 5 diminuir; baixar 6 desvalorizar(-se) 7 ser vencido 8 morrer; sucumbir 9 (ligação, chamada) interromper-se ■ *v.tr.* 1 pender 2 calhar (a); competir (a) 3 acontecer; ocorrer 4 ir ter a 5 chegar (a); ~ *bem* agradar; ~ *como sopa no mel* vir no momento oportuno; ~ *como tordos* tombar em grande quantidade; ~ *como um pato* deixar-se enganar; ~ *do céu* [fig.] aparecer inesperadamente; ~ *em desgraça* perder o favor de alguém; ~ *em graça* conquistar o favor de alguém; ~ *em si* reconhecer o erro, deixar de estar absorto; ~ *fora* [Brasil] ir-se embora, pôr-se a andar; ~ *mal* desagradar; *não* ~ *em cesto roto* não ser esquecido; *não ter onde* ~ *morto* ser muito pobre (Do lat. pop. **cadĕre*, pelo cl. *cadĕre*, «cair; tombar»)

cairel *n.m.* 1 galão para debruar 2 borda 3 beira 4 resguardo (Do prov. *cairel*, «adorno na borda de um traje»)

cairelar *v.tr.* debruar com cairel (De *cairel*+-*ar*)

cairo *n.m.* 1 filamentos extraídos do invólucro da noz do coco que servem para cordas, tapetes, etc. 2 cordel que prende os testículos da serra manual (Do malaiala-tâm. *kayuru*, «corda»)

cais *n.m.2n.* 1 parte da margem de um rio ou porto de mar destinada ao embarque e desembarque de mercadorias e passageiros 2 lugar nas estações de caminho de ferro ou do metropolitano destinado à carga e à descarga de mercadorias e ao movimento de passageiros (Do prov. *cais*, do celta *cai*, «id.»)

caititu *n.m.* [Brasil] espécie de porco do mato (Do tupi *taite'tu*, «id.»)

caitónia *n.f.* PALEONTOLOGIA planta fóssil do Jurássico, pertencente ao grupo das pteridospérmicas

caitoniácea *n.f.* BOTÂNICA espécime das Caitoniáceas

Caitoniáceas *n.f.pl.* PALEONTOLOGIA família de plantas fósseis que tem por tipo o género *Caytonia* (De *caitónia*+-*áceas*)

caixa *n.f.* 1 recipiente ou móvel para transportar ou guardar qualquer coisa; arca; cofre 2 estojo; boceta 3 recetáculo 4 peça que resguarda outra 5 local numa casa comercial onde se efetuam recebimentos e pagamentos 6 valores contidos em cofre 7 MECÂNICA carroçaria 8 estabelecimento de crédito 9 recetáculo postal 10 notícia importante que só um jornal publica 11 MÚSICA instrumento tocado com duas baquetas em posição horizontal, possuindo geralmente um ou mais bordões sobre a pele inferior 12 MÚSICA músico que toca esse instrumento 13 componente de cartucho (munição) destinado a acondicionar a carga dentro do tubo de lançamento 14 TIPOGRAFIA tabuleiro dividido em pequenas secções denominadas caixotins, para distribuição do tipo 15 carregador múltiplo de certas armas automáticas ■ *n.m.* ECONOMIA (contabilidade) livro de registo dos recebimentos e pagamentos de uma empresa ■ *n.2g.* pessoa que exerce as funções de recebedor e de pagador de uma casa comercial; ~ *alta* TIPOGRAFIA designação das letras maiúsculas; ~ *baixa* TIPOGRAFIA designação das letras minúsculas; ~ *de crédito* estabelecimento público destinado à receção de capitais mediante prémio, que tem em vista auxiliar as classes menos abastadas; ~ *de som* [Brasil] altifalante; ~ *económica* instituição especial de crédito, que exerce uma atividade restrita (recolha de depósitos à ordem ou a prazo, empréstimos hipotecários e empréstimos sobre penhores); *a toque de* ~ à viva força, a toda a pressa; *calar a* ~ deixar de falar (Do lat. *capsa*-, «caixa; cofre», pelo prov. *caissa*, ou pelo cat. *caixa*, «id.»)

caixa automática *n.f.* 1 aparelho eletrónico que permite efetuar várias operações bancárias 2 MECÂNICA (automóvel) dispositivo que permite engrenar velocidades sem utilização da embraiagem

caixa-clara *n.f.* MÚSICA espécie de tambor no qual uma das membranas fica em contacto com duas cordas esticadas (bordões), especialmente usado em marchas militares e geralmente colocado a tiracolo

caixa-d'água *n.f.* **1** reservatório da água destinada ao abastecimento de uma povoação **2** depósito em que se faz reserva de água

caixa-de-ar ver nova grafia caixa de ar

caixa de ar *n.f.* espaço entre o solo e o vigamento de um edifício

caixa-de-óculos ver nova grafia caixa de óculos

caixa de óculos *n.2g.* [coloq.] pessoa que usa óculos

caixa-de-rufo ver nova grafia caixa de rufo

caixa de rufo *n.f.* MÚSICA pequeno tambor cilíndrico, com corpo de madeira e couro nas duas bases, percutido de um só lado com duas baquetas de madeira, usado nas orquestras e nas fanfarras militares

caixa de velocidades *n.f.* MECÂNICA dispositivo, nos veículos de tração mecânica e nos guindastes, para mudança de velocidade

caixa-dos-pirolitos ver nova grafia caixa dos pirolitos

caixa dos pirolitos *n.f.* [coloq.] cabeça

caixa-forte *n.f.* caixa instalada nos estabelecimentos bancários, que, sob garantia dos mesmos, pode ser utilizada para a guarda de documentos, joias e outros valores

caixa negra *n.f.* aparelho eletrónico que tem por função fazer o registo ininterrupto de vários dados relativos aos voos aéreos, o que permite, em caso de acidente, reconstituir as circunstâncias em que tenha ocorrido

caixão *n.m.* **1** caixa grande **2** caixa retangular comprida para transportar e guardar o corpo de defuntos; esquife; féretro **3** NÁUTICA espaço estanque entre a almeida e a cabeça do leme; *de ~ à cova* muito grande, com grande pompa (De *caixa+-ão*)

caixaria *n.f.* **1** grande quantidade de caixas **2** ofício de caixeiro (De *caixa+-aria*)

caixeirada *n.f.* **1** a classe dos caixeiros **2** multidão de caixeiros (De *caixeiro+-ada*)

caixeiral *adj.2g.* que diz respeito a caixeiro (De *caixeiro+-al*)

caixeiro *n.m.* **1** indivíduo que faz caixas **2** [ant.] empregado comercial que tem a seu cargo a venda a retalho (De *caixa+-eiro*)

caixeiro-viajante *n.m.* vendedor que viaja por várias localidades com o propósito de vender os produtos da empresa que representa; promotor de vendas

caixeta /ê/ *n.f.* caixa pequena; boceta (De *caixa+-eta*)

caixilhame *n.m.* ⇒ **caixilharia** (De *caixilho+-ame*)

caixilharia *n.f.* conjunto de caixilhos de uma construção; caixilhame (De *caixilho+-aria*)

caixilho *n.m.* **1** moldura de painéis, retratos, vidros, etc. **2** parte anterior da carcaça de um revólver, dentro da qual se move o cilindro (De *caixa+-ilho*)

caixinha *n.f.* caixa pequena; *fazer ~* [fig.] guardar segredo (De *caixa+-inha*)

caixista *n.m.* TIPOGRAFIA tipógrafo empregado apenas na composição corrente de linhas (De *caixa+-ista*)

caixotão *n.m.* **1** caixote grande **2** ARQUITETURA divisão quadrada e ornamentada, nos tetos de luxo (De *caixote+-ão*)

caixotaria *n.f.* **1** fábrica ou estabelecimento de venda de caixas e caixotes **2** grande porção de caixotes (De *caixote+-aria*)

caixote *n.m.* caixa de dimensão variável, geralmente para guardar ou transportar mercadorias ou artigos diversos (De *caixa+-ote*)

caixoteiro *n.m.* o que faz ou vende caixas e caixotes (De *caixote+-eiro*)

caixotim *n.m.* TIPOGRAFIA cada uma das divisões da caixa tipográfica (De *caixote+-im*, ou do it. *cassetino*, «id.»)

caixoto /ô/ *n.m.* [regionalismo] joelheira de madeira que as mulheres usam nos lavadouros e quando limpam soalhos (De *caixote*)

cajá *n.m.* **1** [Brasil] BOTÂNICA fruto (drupa) da cajazeira, amarelo e aromático, muito usado em refrescos **2** [Brasil] BOTÂNICA ⇒ **cajazeira** (Do tupi *aka'ya*, «id.»)

cajadada *n.f.* pancada com cajado; *matar dois coelhos de uma ~* arrumar com proveito dois assuntos ao mesmo tempo (De *cajado+-ada*)

cajado *n.m.* **1** pau com a extremidade superior arqueada **2** bordão de pastor (Do lat. vulg. *caiātu-*, de *caĭa-*, «pau; cacete; bastão»)

cajado-de-são-josé *n.m.* BOTÂNICA ⇒ **açucena**

cajaeira *n.f.* ⇒ **cajazeira** (De *cajá+-eira*)

cajaeiro *n.m.* ⇒ **cajazeiro**

cajazeira *n.f.* [Brasil] BOTÂNICA árvore da família das Anacardiáceas, que produz o cajá (fruto) (De *cajá+z+-eira*)

cajazeiro *n.m.* ⇒ **cajazeira**

caju *n.m.* **1** BOTÂNICA árvore da família das Anacardiáceas, originária da América, que produz frutos comestíveis, madeira, goma, etc., também conhecida por acaju, acajueiro, cajueiro, anacardeiro, anacárdio e anacardo **2** o fruto desta árvore (Do tupi *aka'yu*, «fruto amarelo»)

cajuada *n.f.* **1** refresco de sumo de caju, água e açúcar **2** doce de caju (De *caju+-ada*)

cajueiral *n.m.* plantação ou moita de cajueiros (De *cajueiro+-al*)

cajueiro *n.m.* BOTÂNICA ⇒ **caju 1** (De *caju+-eiro*)

cal[1] *n.f.* (plural **cales** ou **cais**) QUÍMICA nome vulgar do óxido de cálcio (cal viva); *~ apagada* QUÍMICA hidróxido de cálcio; *~ hidráulica* cal que faz presa com água; *água de ~* QUÍMICA solução aquosa de hidróxido de cálcio; *de pedra e ~* muito seguro, inflexível (Do latim *calce-*, «pedrinha; cal», pelo catalão *cals*, «idem»)

cal[2] *adv.interr.* [Guiné-Bissau] qual; qual deles (Do crioulo guineense *kal*, «idem», de *qual*)

cala[1] *n.f.* enseada estreita entre rochedos (Do ár. *kallá*, «ancoradouro»)

cala[2] *n.f.* abertura num fruto para ver se está maduro (De orig. obsc.)

cala[3] *n.f.* ato de calar(-se) (Deriv. regr. de *calar*)

calabaça *n.f.* **1** BOTÂNICA ⇒ **cabaça**[1] **2** [fig.] pessoa de cabeça grande (Do cast. *calabaza*, «fruto da cabaceira»)

calaboiço *n.m.* ⇒ **calabouço**

calabouço *n.m.* **1** prisão subterrânea **2** prisão em posto policial ou quartel **3** enxovia **4** lugar de detenção provisória (Do cast. *calabozo*, «id.»)

calabre *n.m.* **1** corda grossa **2** amarra; cabo **3** ARQUITETURA ornato que imita o entrançado de uma corda grossa **4** antiga máquina de guerra (Do lat. *capŭlu-*, dim. de *capu-*, «cabo», pelo prov. *calabre*, «catapulta»)

calabrês *adj.* **1** da Calábria, província da Itália meridional, ou a ela relativo **2** próprio dos habitantes da Calábria ■ *n.m.* **1** natural ou habitante da Calábria **2** dialeto da Calábria (Do lat. *calabrense-*, «id.»)

calabrete /ê/ *n.m.* calabre delgado; calabrote (De *calabre+-ete*)

Calabriano *n.m.* GEOLOGIA andar formado por depósitos de fácies continental, correspondente à parte inferior do Plistocénico (De *Calábria*, top. +-*ano*)

calábrico *adj.* respeitante à Calábria, região da Itália meridional (De *calabrĭcu-* «da Calábria»)

calabrote *n.m.* ⇒ **calabrete** (De *calabre+-ote*)

calaça *n.f.* preguiça; lazeira ■ *n.2g.* pessoa preguiçosa, mandriona (De orig. obsc.)

calaçaria *n.f.* **1** vida de calaceiro **2** ociosidade; vadiagem (De *calaça+-aria*)

calacear *v.intr.* levar vida de calaceiro; vadiar; mandriar; parasitar (De *calaça+-ear*)

calaceirar *v.intr.* ⇒ **calacear** (De *calaceiro+-ar*)

calaceirice *n.f.* ⇒ **calaçaria** (De *calaceiro+-ice*)

calaceiro *adj.,n.m.* **1** mandrião; preguiçoso **2** vadio; parasita (De *calaça+-eiro*)

calacice *n.f.* ⇒ **calaçaria** (De *calaça+-ice*)

calacre *n.m.* **1** dívida **2** embaraço (De orig. obsc.)

calada *n.f.* **1** silêncio profundo **2** cessação de todo o ruído; *pela ~* sem ser pressentido, com muito cuidado, arteiramente, manhosamente, em silêncio (Part. pass. fem. subst. de *calar*)

caladinho *n.m.* **1** variedade de maçã minhota **2** espécie de biscoito (De *calado+-inho*)

calado *adj.* **1** silencioso **2** que fala pouco **3** discreto **4** sossegado ■ *n.m.* **1** NÁUTICA distância entre a quilha do navio e a linha de flutuação **2** espaço ocupado pelo navio dentro de água **3** abertura; buraco **4** cala (Part. pass. de *calar*)

calador *n.m.* **1** tripulante que deita a rede ao mar **2** o que vai arriando as cordas da rede de cercar (De *calar+-dor*)

caladura *n.f.* **1** ação de calar **2** abertura **3** cala (De *calar+-dura*)

calafate *n.m.* operário que calafeta (Do gr. biz. *kalaphátes*, «id.»)

calafetação *n.f.* ⇒ **calafetagem** (De *calafetar+-ção*)

calafetador *n.m.* instrumento próprio para calafetar (De *calafetar+-dor*)

calafetagem *n.f.* ato ou efeito de calafetar (De *calafetar+-agem*)

calafetamento *n.m.* ⇒ **calafetagem** (De *calafetar+-mento*)

calafetar *v.tr.* **1** vedar (frestas, fendas) com qualquer substância **2** vedar (fendas das pipas, dos navios, etc.) com estopa alcatroada (Do lat. *calefectāre*, «aquecer muitas vezes», pelo it. *calafatare*, «calafetar»)

calafeto[1] /ê/ *n.m.* ⇒ **calafetagem** (Derivação regressiva de *calafetar*)

calafeto[2] /ê/ *n.m.* [Cabo Verde] objeto usado; velharia (Do crioulo cabo-verdiano *calafetar*, «reparar»)

calafrio *n.m.* 1 contração súbita dos músculos superficiais, acompanhada de uma sensação de frio; arrepio 2 tremura com sensação de frio antes de um ataque febril (Do lat. *cale-*, de *calēre*, «estar quente» +*frige-*, de *frigēre*, «estar frio»)

calagem¹ *n.f.* ação de corrigir certos terrenos por meio de cal (De *cal*+-*agem*)

calagem² *n.f.* nivelamento; *ângulo de* ~ ELETRICIDADE desvio angular entre a posição das escovas do coletor de um dínamo, no caso de máxima força eletromotriz, e o plano médio do aparelho (De *calar*+-*agem*)

calagoiça *n.f.* ⇒ **calagouço**
calagoiçada *n.f.* ⇒ **calagouçada**
calagoiço *n.m.* ⇒ **calagouço**
calagouça *n.f.* ⇒ **calagouço**
calagouçada *n.f.* [regionalismo] golpe de calagouço (De *calagouço*+-*ada*)
calagouço *n.m.* [regionalismo] foice roçadoira de cabo curto (Do cast. *calagozo*, «podadeira; podão»)

calaíte *n.f.* ⇒ **agafite** (Do gr. *kállais*, «turquesa» +-*ite*)

calamar *n.m.* nome vulgar, empregado especialmente no Sul de Portugal e no Brasil, para designar alguns moluscos comestíveis, nomeadamente o choco e a lula; calmar (Do lat. **calamariŭ-*, «tinteiro», pelo it. *calamaro*, «calamar»)

calamário *n.m.* estojo onde se guardavam os cálamos ou penas (Do lat. **calamariŭ-*, «tinteiro»)

calambá *n.m.* 1 BOTÂNICA árvore oriental, da família das Euforbiáceas, que fornece apreciada madeira aromática, também denominada calambuca, calambuco e calambuque 2 esta madeira (Do mal. *kalámbaq*, «id.»)

calambaque *n.m.* ⇒ **calambá**
calambuca *n.f.* ⇒ **calambá**
calambuco *n.m.* ⇒ **calambá**
calambuque *n.m.* ⇒ **calambá**

calamento *n.m.* 1 ação de calar 2 (corda) cala 3 porção de cabo necessária para um barco fundear 4 conjunto das cordas precisas para puxar para terra as redes de pesca de arrasto (De *calar*+-*mento*)

calami- elemento de formação de palavras que exprime a ideia de *colmo* ou de *pena* (Do gr. *kálamos*, «cana», pelo lat. *calămu-*, «colmo»)

calamidade *n.f.* 1 grande mal que atinge muita gente 2 grande desastre 3 grande desgraça 4 *pl.* [Moçambique] artigos entregues como auxílio, devido a grandes desgraças (Do lat. *calamitāte-*, «id.»)

calamídeo *adj.* que tem forma de pena; peniforme (Do gr. *kálamos*, «cana» +*eîdos*, «forma»)

calamífero *adj.* BOTÂNICA (vegetal) que possui ou produz colmo; colmífero (De *calami-*+-*fero*)

calamiforme *adj.2g.* que tem forma de colmo (De *calami-*+-*forme*)

calamina *n.f.* MINERALOGIA designação empregada para o silicato hidratado de zinco (hemimorfite) e para o carbonato de zinco, ambos minérios de zinco (Do lat. med. *calamīna*, de *cadmĭa-*, «carbonato de zinco», pelo fr. *calamine*, «id.»)

calaminta *n.f.* ⇒ **erva-das-azeitonas** (Do gr. *kalamínthe*, «id.»)

calamistrar *v.tr.* 1 tornar crespo 2 frisar (o cabelo) (De *calamistro*+-*ar*)

calamistro *n.m.* 1 [ant.] instrumento próprio para frisar o cabelo 2 ZOOLOGIA órgão composto por uma fila de pelos semirrígidos na margem superior do metatarso de algumas aranhas, usado para enrolar fios durante a construção da teia (Do lat. *calamistru-*, «ferro de frisar»)

calamita *n.f.* 1 espécie de estoraque 2 qualidade de argila branca (Do gr. med. *kalamíta*, de *kalamítes*, «de colmo», pelo it. *calamita*, «id.»)

calamite *n.f.* PALEONTOLOGIA planta arbórea, fóssil, com cerca de vinte a trinta metros de altura e de forma cónica, que tem certa semelhança com a cavalinha e existiu no Permocarbónico (Do gr. *kalamítes*, «de colmo»)

calamitoso /ô/ *adj.* 1 cheio ou acompanhado de calamidades 2 funesto 3 desgraçado (Do lat. *calamitōsu-*, «desastroso; funesto; calamitoso»)

cálamo *n.m.* 1 parte basilar, tubulosa, do eixo principal de uma pena, também denominada tubo 2 [fig.] pena de escrever 3 BOTÂNICA caule herbáceo e cilíndrico das Gramíneas 4 cana 5 [fig., poét.] flauta (Do gr. *kálamos*, «caniço», pelo lat. *calămu-*, «cana»)

calamocada *n.f.* 1 pancada na cabeça 2 [fig.] dano; prejuízo (De *cálamo* × *pancada*)

calamocar *v.tr.* 1 dar calamocadas a 2 [fig.] danificar (De *calamocada*)

calandra¹ *n.f.* ORNITOLOGIA ⇒ **calhandra**

calandra² *n.f.* máquina essencialmente constituída por cilindros rotativos que tornam lisa e brilhante a superfície de tecidos ou papéis, curvam ou endireitam placas metálicas, etc. (Do gr. *kýlindros*, «cilindro», pelo b. lat. **calendra-*, pelo fr. *calandre*, «calandra»)

calandragem *n.f.* operação de calandrar (Do fr. *calandrage*, «id.»)

calandrar *v.tr.* lustrar, ondear ou acetinar (tecidos, papel) com a calandra (Do fr. *calandrer*, «id.»)

calandreiro *n.m.* operário que trabalha com a calandra (De *calandrar*+-*eiro*)

calântica *n.f.* lenço usado pelas mulheres gregas e romanas, que se enrolava à cabeça, em forma de cinta e cujas pontas caíam sobre os ombros (Do gr. *kalós*, «belo» +*anthos*, «flor»)

calão¹ *n.m.* 1 linguagem criada por um grupo particular e posteriormente integrada no conhecimento geral 2 nível de língua de carácter expressivo, humorístico, transgressor ou ofensivo, usado em situações informais de comunicação 3 [pop.] indivíduo preguiçoso ou mandrião ■ *adj.* [pop.] preguiçoso; mandrião; indolente (Do cast. *caló*, «cigano; linguagem cigana»)

calão² *n.m.* 1 bilha 2 telha grande 3 barco empregado na pesca do atum 4 cabo que sustém as boias que suportam a rede da pesca (Do tâm.-malaiala *kalam*, «vasilha; bilha»)

calar *v.tr.,intr.,pron.* (fazer) parar de falar; pôr(-se) em silêncio ■ *v.tr.* 1 não revelar; guardar 2 reprimir; conter 3 impressionar 4 fazer uma abertura (num fruto) para ver se está maduro 5 colocar no lugar próprio; ~ *a boca/o bico* deixar de falar, emudecer; ~ *baioneta* MILITAR colocar a baioneta em posição de atacar, encaixando-a no lugar próprio da espingarda; *quem cala consente* (provérbio) silêncio equivale a anuência (Do lat. *callāre*, por *calāre* ou *chaāre*, «suspender; baixar a vela»)

calátide *n.f.* BOTÂNICA ⇒ **capítulo** 5 (Do gr. *kálathos*, «açafate»)

calatiforme *adj.2g.* que tem forma de açafate (Do gr. *kálathos*, «açafate»+lat. *forma-*, «forma»)

Calatrava *n.f.* antiga ordem militar e religiosa de Castela (De *Calatrava*, top., cidade espanhola da província de Castela Nova)

calatravense *adj.2g.* referente à Ordem de Calatrava ■ *n.2g.* cavaleiro dessa ordem (De *Calatrava*, top. +-*ense*)

calau *n.m.* ORNITOLOGIA ave do grupo dos coraciiformes, de bico grosso e arqueado, com uma protuberância óssea entre os olhos, habitantes das regiões tropicais, domesticáveis e, algumas, comestíveis (Do mal. *calau*, «id.»)

calaverite *n.f.* MINERALOGIA mineral que, quimicamente, é o telureto de ouro, cristaliza no sistema monoclínico e é minério de ouro (De *Calaveras*, rio americano da Califórnia, +-*ite*)

calaza *n.f.* 1 região do óvulo vegetal onde o tegumento deixa de ser distinto do núcleo 2 cada uma das formações albuminosas, densas, que se ligam à gema, num ovo telolecítico típico, como o de galinha 3 pequeno tumor da pálpebra (Do gr. *khálaza*, «granizo; tubérculo», pelo fr. *chalaze*, «saraiva grossa; granizo»)

calazar *n.m.* MEDICINA grave doença infeciosa produzida por um protozoário flagelado do género *Leishmania* (Do hind. *kala-azar*, «id.»)

calça *n.f.* 1 atilho que se coloca nas pernas de algumas aves domésticas, em especial galinhas, para as distinguir de outras 2 anel dos cogumelos 3 ⇒ **calças** (Deriv. regr. de *calçar*)

calcada *n.f.* 1 ato de calcar 2 luta; pancadaria (Part. pass. fem. subst. de *calcar*)

calçada *n.f.* 1 arruamento cujo pavimento é revestido por pequenos elementos de um material duro 2 ladeira íngreme (Part. pass. fem. subst. de *calçar*)

calcadeira *n.f.* pau com que os moleiros calcam a farinha nos sacos (De *calcar*+-*deira*)

calçadeira *n.f.* objeto em forma de meia-cana para ajudar a calçar os sapatos (De *calçar*+-*deira*)

calcadela *n.f.* 1 ato ou efeito de calcar 2 pisadela (De *calcar*+-*dela*)

calçado *n.m.* peça(s) para cobrir e proteger os pés ■ *adj.* 1 (pé) metido em sapato, bota, etc. 2 (cavalo) com pelo branco na extremidade das patas 3 seguro por calço 4 empedrado (Part. pass. de *calçar*)

calcadoiro *n.m.* ⇒ **calcadouro**

calcador *adj.* que calca ■ *n.m.* 1 aquele que calca 2 peça das máquinas de costura que calca o tecido que se cose (Do lat. *calcatōre-*, «pisador»)

calçador *n.m.* 1 aquele que calça 2 calçadeira (De *calçar*+-*dor*)

calcadouro *n.m.* **1** sítio da eira onde se calca, trilha e debulha o cereal **2** amassadouro (nas olarias) **3** ação contínua de calcar (Do lat. *calcatorĭu-*, «lagar»)

calcadura *n.f.* **1** ato ou efeito de calcar **2** calcadela (De *calcar+-dura*)

calçadura *n.f.* **1** ação de calçar **2** parte do calçado reservada ao calcanhar (De *calçar+-dura*)

calcagem *n.f.* ato ou efeito de calcar ou trilhar; pisa (De *calcar+-agem*)

calca-mares *n.m.2n.* ORNITOLOGIA ⇒ **alma-de-mestre** (De *calcar+mar*)

calcamento *n.m.* ⇒ **calcagem** (De *calcar+-mento*)

calcaneano *adj.* relativo ao calcanhar (De *calcâneo+-ano*)

calcâneo *n.m.* ANATOMIA osso resistente da região posterior do tarso; sural (Do lat. *calcanĕu-*, «calcanhar»)

calcanhar *n.m.* **1** saliência posterior do pé **2** parte do calçado correspondente a essa saliência do pé **3** termo; *~ de Aquiles* [fig.] ponto fraco; *~ do mundo* ponto longínquo e extremo; *dar aos calcanhares* fugir; *não chegar aos calcanhares de alguém* ser inferior a (Do lat. **calcaneāre-*, de *calcanĕu-*, «calcanhar»)

calcanheira *n.f.* **1** parte do calçado ou meia que se adapta ao calcanhar **2** dobra feita na parte posterior dos sapatos para os trazer à maneira de chinelos (De *calcâneo*, por *calcanhar+-eira*)

calcante *n.m.* **1** [coloq.] pé **2** [coloq.] sapato (De *calcar+-ante*)

calcão *n.m.* **1** ato ou efeito de calcar **2** pisadela **3** peça do carro onde se apoia o eixo (De *calcar+-ão*)

calção *n.m.* **1** penas que revestem as pernas de algumas aves **2** ⇒ **calções 3** [fig.] cavaleiro (Do it. *calzoni*, «calças», pelo fr. *caleçon*, «calça; calção»)

calça-púcaros *n.m.2n.* [regionalismo] rapaz pequeno e gordo (De *calçar+púcaro*)

calcar *v.tr.* **1** comprimir com os pés; pisar **2** fazer pressão de cima para baixo, sobre um objeto **3** contundir; moer **4** amachucar **5** decalcar **6** [fig.] vexar; humilhar **7** [fig.] desprezar **8** [fig.] desobedecer a (lei) **9** [fig.] reprimir; refrear; *~ aos pés* [fig.] tratar com desprezo, vexar (Do lat. *calcāre*, «pisar aos pés»)

calçar *v.tr.* **1** introduzir os pés em (calçado) **2** introduzir as mãos em (luvas) **3** usar (um dado número de calçado) **4** vestir **5** fornecer calçado a **6** prover de pneus (as rodas de um veículo) **7** empedrar **8** calcetar **9** pôr calço em; firmar **10** revestir com aço (a ferramenta) ■ *v.intr.* **1** ajustar-se **2** ficar bem (Do lat. *calceāre*, «calçar»)

calcaré *n.m.* ⇒ **codorniz** (De orig. onom.)

calcário *adj.* **1** relativo a cal ou a cálcio **2** ZOOLOGIA relativo aos calcários ■ *n.m.* **1** PETROLOGIA designação genérica de rochas sedimentares essencialmente constituídas por carbonato de cálcio **2** sedimento destas rochas, de cor esbranquiçada, que se acumula nos tubos de certas máquinas ou em canalizações, originando entupimentos e prejudicando o seu desempenho **3** ZOOLOGIA espécime dos calcários ■ *n.m.pl.* ZOOLOGIA grupo de espongiários que têm esqueleto de natureza calcária (Do lat. *calcarĭu-*, «relativo à cal»)

calças *n.f.pl.* peça de roupa que veste as ancas e, separadamente, cada uma das pernas; *com as ~ na mão* [fig.] numa situação embaraçosa; *ver-se em ~ pardas* [fig.] estar muito atrapalhado

calca-tripa *n.f.* BOTÂNICA planta da família das Compostas, espontânea e frequente em Portugal, também denominada cardo-estrelado

calce *n.m.* ⇒ **calço 1**

calcedónia *n.f.* MINERALOGIA mineral (quartzo criptocristalino), frequentemente em massas concrecionadas (Do gr. *Kalkédon*, «de Calcedónia», antiga cidade da Ásia Menor, pelo lat. *chalcedonĭa-*, «id.»)

calcedónio[1] *adj.* parecido com a calcedónia

calcedónio[2] *adj.* relativo a Calcedónia, antiga cidade da Ásia Menor ■ *n.m.* natural ou habitante da Calcedónia (Do gr. *Kalkédon*, «de Calcedónia», pelo lat. *chalcedonĭu-*, «id.»)

calceiro *adj.,n.m.* que ou aquele que faz ou vende calças (De *calça+-eiro*)

calcemia *n.f.* FISIOLOGIA quantidade de cálcio no sangue (1 decigrama por litro de sangue normal) (Do lat. *calce-*, «cálcio»+gr. *haima*, «sangue», pelo fr. *calcémie*, «id.»)

calceolária *n.f.* BOTÂNICA nome vulgar extensivo a umas plantas da família das Escrofulariáceas, algumas delas cultivadas em Portugal para fins ornamentais (Do lat. *calceŏlu-*, «sapatinho»+*-ária*)

calcês *n.m.* NÁUTICA parte quadrada do mastro do navio onde se introduz a enxárcia real (Do gr. *karkésion*, «vaso para beber; cesto da gávea», pelo lat. *carchesĭu-*, «id.», pelo it. *calcese*, «calcês; polé»)

calceta /ê/ *n.f.* **1** argola de ferro com que se prendia a perna do condenado; grilheta **2** pena de trabalhos forçados **3** empedrado ■ *n.m.* forçado das antigas galés (De *calça+-eta*)

calcetamento *n.m.* **1** ação ou efeito de calcetar **2** empedramento (De *calcetar+-mento*)

calcetar *v.tr.* revestir de calçada; empedrar (De *calceta+-ar*)

calcetaria *n.f.* profissão de calceteiro (De *calceta+-aria*)

calceteiro *n.m.* operário que calceta (De *calcetar+-eiro*)

calci- elemento de formação de palavras que exprime a ideia de *cal*, (Do lat. *calce-*, «cal»)

cálcico *adj.* relativo ao cálcio ou à cal (De *cálcio+-ico*)

calcícola *adj.2g.* ⇒ **calcófilo** (De *calci-+-cola*)

calcífero *adj.* que tem cal (De *calci-+-fero*)

calciferol *n.m.* QUÍMICA vitamina D_2, que se forma por ação das radiações ultravioleta sobre o ergosterol e tem as propriedades da vitamina D (De *calcífero+-ol*)

calcificação *n.f.* **1** MEDICINA depósito de sais de cálcio durante a formação dos ossos **2** MEDICINA depósito de sais calcários em tecidos e órgãos que, em situação normal, não os contêm (De *calcificar+-ção*)

calcificar *v.tr.* **1** dar a consistência e a cor da cal a **2** prover de cálcio ou de sais de cálcio ■ *v.intr.,pron.* **1** tomar a consistência e a cor da cal **2** MEDICINA sofrer calcificação (De *calci-+-ficar*)

calcífugo *adj.* BOTÂNICA (planta) que não se desenvolve em terrenos em que abunda o cálcio (De *calci-+-fugo*)

calcímetro *n.m.* instrumento com que se avalia a quantidade de calcário num terreno (De *calci-+-metro*)

cálcimo *n.m.* [regionalismo] BOTÂNICA planta da família das Escrofulariáceas (um verbasco), espontânea em Portugal, e utilizada criminosamente para envenenar peixes nos rios; cácimo; cácamo (De orig. obsc.)

calcinação *n.f.* **1** QUÍMICA transformação do carbonato de cálcio em cal pela ação do calor **2** METALURGIA aquecimento de minérios para lhes fazer perder água e anidrido carbónico **3** QUÍMICA aquecimento prolongado de um material a alta temperatura (De *calcinar+-ção*)

calcinante *adj.2g.* **1** que calcina **2** [fig.] abrasador (De *calcinar+-ante*)

calcinar *v.tr.* **1** transformar em cal pela ação do calor **2** desdobrar, por aquecimento, um carbonato em gás carbónico e óxido metálico **3** queimar **4** reduzir a cinzas **5** [fig.] aquecer muito; abrasar (Do fr. *calciner*, «id.»)

calcinatório *adj.* que serve para calcinar (De *calcinar+-tório*)

calcinável *adj.2g.* que pode calcinar-se (De *calcinar+-vel*)

calcinha *n.f.* [Brasil] ⇒ **calcinhas**

calcinhas *n.f.pl.* peça interior de vestuário feminino, inteira e sem pernas, que vai da cinta ou das ancas até às virilhas ou à parte superior das coxas; cuecas ■ *n.m.2n.* [pej.] indivíduo efeminado, ridículo (De *calça+-inhas*)

cálcio *n.m.* QUÍMICA elemento químico com o número atómico 20 e símbolo Ca, de carácter metálico, muito oxidável, cujo óxido é a cal (Do lat. cient. *calcĭu-*, de *calx*, *calcis*, «cal»)

calcioterapia *n.f.* MEDICINA tratamento pelos sais de cálcio (De *calci-+-o-+terapia*)

calcisponja *n.f.* ZOOLOGIA espécime das calcisponjas ■ *n.f.pl.* ZOOLOGIA grupo de espongiários cujas apículas são de natureza calcária; esponjas calcárias (De *cálcio+esponja*)

calcite *n.f.* MINERALOGIA mineral (carbonato de cálcio) que cristaliza no sistema trigonal e é o 3.º termo da escala de dureza de Mohs (Do lat. *calce-*, «cal»+*-ite*, pelo fr. *calcite*, «id.»)

calco *n.m.* **1** reprodução de um desenho ou de uma gravura sobrepondo-lhe um papel transparente e seguindo-lhe os traços com lápis ou pena; decalque **2** cópia de relevos ou de uma inscrição lapidar por meio de pressão sobre um papel humedecido (Deriv. regr. de *calcar*)

calco- elemento de formação de palavras que exprime a ideia de *bronze* ou *cobre* (Do gr. *khalkós*, «cobre»)

calço *n.m.* **1** cunha, pedra, pedaço de madeira que se põe por debaixo de um objeto para o fixar na posição desejada **2** socalco **3** [Brasil] rasteira; cambapé; *~ de travão* uma das peças que constituem um dispositivo de travagem (Deriv. regr. de *calçar*)

calções *n.m.pl.* calça que desce até à coxa ou até ao joelho

calcófilo *adj.* (organismo, planta) que necessita de um meio calcário para viver normalmente; calcícola (De *calco por cálcio+-filo*)

calcografar *v.tr.* gravar em cobre ou noutro metal por meio de calcografia (Do gr. *khalkós*, «cobre» +*gráphein*, «gravar» +-*ar*)

calcografia *n.f.* **1** arte de gravar em metal **2** gravura em metal (Do gr. *khalkós*, «cobre» +*gráphein*, «gravar» +-*ia*)

calcográfico *adj.* pertencente ou relativo à calcografia

calcógrafo *n.m.* aquele que grava em metal (Do gr. *khalkós*, «cobre» +*gráphein*, «gravar»)

calcolitografia *n.f.* TIPOGRAFIA processo de litografar pelo transporte, sobre pedra ou zinco, de incisões em metal (De *calco-+litografia*)

calcopirite *n.f.* MINERALOGIA mineral de cor amarela (sulfureto duplo de cobre e ferro), que cristaliza no sistema tetragonal e é minério de cobre, também conhecido por pirite de cobre (De *calco-+pirite*)

calcorreada *n.f.* 1 caminhada a pé 2 estafa (Part. pass. fem. subst. de *calcorrear*)

calcorreador *adj.* que calcorreia ▪ *n.m.* aquele que calcorreia; andarilho (De *calcorrear+-dor*)

calcorreante *adj.2g.* 1 que calcorreia 2 que anda a pé (De *calcorrear+-ante*)

calcorrear *v.tr.* percorrer (caminho geralmente longo) a pé; caminhar muito ▪ *v.intr.* [Brasil] andar depressa (Do cast. *calcorrear*, «id.»?)

calcorros *n.m.pl.* [pop.] calçado com que se caminha; sapatos (Deriv. regr. de *calcorrear*)

calcosina *n.f.* MINERALOGIA mineral (sulfureto de cobre) que é um minério deste metal e se designa também por calcosite (Do gr. *khalkós*, «cobre» +-*ina*)

calcosite *n.f.* MINERALOGIA ⇒ **calcosina**

calçotas *n.f.pl.* 1 calcinhas de mulher 2 calças pequenas para banho (De *calça+-ota*)

calcotipia *n.f.* 1 incisão ou gravura em relevo sobre cobre 2 impressão de trabalhos deste género (Do gr. *khalkós*, «cobre» +*typos*, «tipo; cunho» +-*ia*)

calcoxisto *n.m.* PETROLOGIA xisto calcífero, com sericite e clorite, derivado de calcário margoso ou de marga por metamorfismo pouco acentuado, e que é calcário com xistosidade mais ou menos perfeita (De *calco*, por *cálcio+xisto*)

calçudo *adj.* 1 que traz calças muito compridas 2 (ave) que tem os sancos cobertos de penas (De *calça+-udo*)

calculador *adj.* que calcula ▪ *n.m.* 1 aquele que calcula 2 máquina automática para contar e efetuar operações aritméticas ou algébricas 3 [fig.] indivíduo previdente (Do lat. *calculatōre-*, «calculador; guarda-livros»)

calculadora /ô/ *n.f.* mecanismo eletrónico que efetua cálculos matemáticos; máquina de calcular; ~ *de bolso* INFORMÁTICA máquina de calcular que pode transportar-se na algibeira (De *calcular+-dora*)

calcular *v.tr.* 1 MATEMÁTICA determinar (quantidades) por meio de cálculo; computar; contar 2 conjeturar; estimar; esmar 3 imaginar; conceber 4 prever; predizer 5 premeditar 6 regular ▪ *v.intr.* fazer cálculos matemáticos ▪ *adj.2g.* referente a cálculo (Do lat. *calculāre*, «id.»)

calculável *adj.2g.* que se pode calcular (De *calcular+-vel*)

calculismo *n.m.* 1 modo de proceder do calculista 2 atitude da pessoa que orienta cuidadosamente a sua atividade, submetendo-a incondicionalmente à defesa dos seus próprios interesses (De *calcular+-ismo*)

calculista *adj.,n.2g.* 1 que ou pessoa que interesseiramente orienta os seus atos para um fim útil; previdente; interesseiro 2 que ou pessoa que é perita em cálculo matemático, nomeadamente em cálculo mental; calculador (De *calcular+-ista*)

cálculo *n.m.* 1 ato ou efeito de calcular 2 resolução de problema aritmético ou algébrico 3 designação geral de alguns ramos das matemáticas superiores (cálculo diferencial, integral, etc.) 4 [fig.] conjetura 5 [fig.] plano; desígnio 6 MEDICINA concreção dura que se forma na bexiga, rins, fígado, etc., também denominada pedra (Do lat. *calcŭlu-*, «pedrinha» que servia para contar)

calculoso /ô/ *adj.* 1 MEDICINA relativo a cálculo 2 MEDICINA propenso a cálculos 3 [fig.] previdente (Do lat. *calculōsu-*, «pedregoso»)

calda *n.f.* 1 mistura mais ou menos xaroposa de água com açúcar obtida por fervura 2 xarope 3 sumo fervido de alguns frutos para os guardar de conserva 4 ato de incandescer o ferro para o trabalho 5 CULINÁRIA (arroz) caldo, geralmente preparado com água, cebola, azeite e pedaços de carne, peixe ou legumes, que serve de base à cozedura do arroz 6 [regionalismo] sova; ~ *bordalesa* mistura de sulfato de cobre, cal e água, para combate ao míldio das videiras e de outras plantas (Do lat. *calĭda-* ou *calda-*, «quente»)

caldaça *n.f.* 1 [regionalismo] caldo mal feito e pouco temperado; lavadura 2 [regionalismo] vinho reles ▪ *n.m.* borrachão (De *caldo+-aça*)

caldaico *adj.* da Caldeia ou dos Caldeus (Do lat. *chaldaĭcu-*, «id.»)

caldar *v.tr.* deitar calda de cal em (De *calda+-ar*)

caldas *n.f.pl.* 1 nascente de águas medicinais e de temperatura elevada 2 estância termal (De *caldo*)

caldeação *n.f.* 1 ato ou efeito de caldear 2 mistura 3 têmpera (De *caldear+-ção*)

caldeamento *n.m.* ⇒ **caldeação** (De *caldear+-mento*)

caldear *v.tr.* 1 misturar 2 deitar água na cal e na areia para amassar 3 pulverizar com calda (bordalesa) 4 ligar peças metálicas da mesma natureza mediante um forte aquecimento 5 levar ao rubro por meio do fogo 6 temperar ▪ *v.pron.* adquirir força, rijeza (De *calda* ou *caldo+-ear*)

caldeira *n.f.* 1 recipiente metálico para aquecer líquidos, produzir vapor e cozinhar alimentos 2 gerador de vapor de uma máquina a vapor 3 cova em torno do tronco de uma árvore 4 caixa no fundo de um reservatório, poço, tanque, etc. 5 pequena enseada 6 cratera de vulcão, circular e larga, por vezes transformada em lago 7 insígnia de nobreza; ~ *de Pêro Botelho* o Inferno (Do lat. tard. *caldarĭa-*, «estufa»)

caldeirada *n.f.* 1 conteúdo de uma caldeira 2 CULINÁRIA guisado de peixes preparado à maneira dos pescadores 3 [fig.] salgalhada; mistifório (De *caldeira+-ada*)

caldeirão *n.m.* 1 caldeira grande 2 (salinas) reservatório de água para a distribuir pelos talhões 3 tanque entre rochedos onde se reúne a água pluvial ou do degelo 4 MÚSICA sinal de suspensão (De *caldeira+-ão*)

caldeirar *v.tr.* meter em caldeira (De *caldeira+-ar*)

caldeiraria *n.f.* 1 loja de caldeireiro 2 antigo arruamento de caldeireiros 3 [fig.] lugar onde há muito barulho (De *caldeira+-aria*)

caldeireiro *n.m.* 1 o que faz, conserta ou vende caldeiras ou outros objetos de cobre ou latão 2 [pop.] o que traz ou anuncia chuva (De *caldeira+-eiro*)

caldeirinha *n.f.* 1 caldeira pequena 2 vasilha de metal, portátil, para água benta 3 ORNITOLOGIA ⇒ **chapim**[2]; *estar entre a cruz e a* ~ estar em situação embaraçosa, estar entre a espada e a parede, estar quase a morrer, correr grande risco (De *caldeira+-inha*)

caldeiro *n.m.* 1 caldeira de cozinhar 2 tacho grande 3 recipiente usado para tirar água dos poços 4 (salinas) segunda bacia retangular ▪ *adj.* (touro) que tem as hastes um tanto baixas (Do lat. *caldarĭu-*, «estufa»)

caldense *adj.2g.* referente à cidade portuguesa de Caldas da Rainha ▪ *n.2g.* natural ou habitante desta cidade (De *Caldas*, top. + -*ense*)

caldeu *adj.* da Caldeia ▪ *n.m.* 1 natural ou habitante da antiga Caldeia 2 língua falada na Caldeia (Do lat. *chaldaeu-*, «id.»)

caldinho *n.m.* 1 caldo pouco apurado 2 pancada no cachaço 3 ligeiro corte de cabelo, aparadela; ~ *sem sal* pessoa sensaborona (De *caldo+inho*)

caldivana *n.f.* ⇒ **caldaça** (De *caldo*?)

caldo *n.m.* 1 CULINÁRIA alimento líquido que se prepara fazendo cozer em água certas substâncias alimentícias (hortaliça, carne, peixe, arroz, batata), com condimentos apropriados 2 líquido para cultura de micróbios 3 [coloq.] pancada que se dá na nuca ou no pescoço de alguém com a palma da mão aberta 4 [regionalismo] couves; nabiças; hortaliça ▪ *adj.* quente; cálido; *temos o* ~ *entornado* temos desavença, está tudo em desacordo, está tudo desarranjado, estragado (Do lat. *calĭdu-* ou *caldu-*, «quente»)

caldoneira *n.f.* BOTÂNICA planta arbustiva, espinhosa, da família das Leguminosas, espontânea em Portugal, em especial nas regiões montanhosas do Norte (De orig. obsc.)

caldoneiro *n.m.* ⇒ **caldoneira**

caldo-verde *n.m.* CULINÁRIA sopa preparada com folhas de couve-galega ou de nabiça cortadas em tiras finas, engrossada com batata e temperada com azeite, sal e uma rodela de chouriço

calduço *n.m.* [coloq.] pancada que se dá na nuca de alguém com a palma da mão aberta; cachaço (De *caldo+-uço*)

cale *n.f.* 1 rego ou encaixe formado pelo ajustamento de duas ou mais peças compridas de madeira para condução de água 2 caleira 3 canal 4 barco usado nos rios da província portuguesa do Minho (Do lat. *canāle-*, «aqueduto; canal»)

caleadela *n.f.* ato ou efeito de calear; caiadela (De *calear+-dela*)

calear *v.tr.* ⇒ **caiar** (De *cal+-ear*)

caleça *n.f.* antiga sege para fazer jornadas; caleche (Do checo *kolesa*, pelo fr. *calèche*, «id.» e it. *calesse*, «id.»)

caleceiro *n.m.* indivíduo que guia a caleça (De *caleça+-eiro*)

caleche *n.f.* antiga sege para fazer jornadas; caleça (Do fr. *calèche*, «id.»)

caledónico *adj.* da Caledónia (Escócia); caledónio; *orogenia caledónica* GEOLOGIA conjunto de movimentos orogénicos que tiveram lugar durante o Câmbrico, o Ordovícico, o Silúrico e o Devónico (De *Caledónia* [= Escócia], top. +-*ico*)

caledónidas *n.f.pl.* GEOLOGIA montanhas caledónicas, originadas no Paleozoico antigo e localizadas especialmente na Escandinávia e na Escócia (Caledónia) (De *Caledónia*, top. +-*idas*)

caledónio adj. da Caledónia (Escócia) ▪ n.m. natural ou habitante da Caledónia; escocês (Do lat. caledonĭu-, «id.»)
calefação n.f. **I** aquecimento **2** FÍSICA fenómeno que consiste em um líquido se manter sobre uma placa fortemente aquecida, sob a forma de glóbulos, sustentado por uma almofada de vapor gerado no momento em que a gota líquida chegou ao contacto da placa (Do lat. calefactiōne-, «aquecimento»)
calefacção ver nova grafia calefação
calefaciente adj.2g. **I** que faz aquecer **2** que aumenta o calor natural (Do lat. calefaciente-, «id.», part. pres. de calefacĕre, «aquecer»)
calefactor ver nova grafia calefator
calefactório ver nova grafia calefatório
calefator n.m. aparelho para aquecer ▪ adj. calorífico (Do lat. calefactōre-, «id.»)
calefatório n.m. sítio, num convento, onde os religiosos vão aquecer-se (Do lat. calefactorĭu-, «que tem a propriedade de aquecer»)
calefrio n.m. ⇒ calafrio
calei n.m. indivíduo que, junto de alguns sobas africanos, atende as pretensões do povo (Do quimb. kaleyi, «id.»)
caleidoscópico adj. **I** relativo a caleidoscópio **2** obtido por meio de caleidoscópio **3** [fig.] colorido e variado (De caleidoscópio+-ico)
caleidoscópio n.m. instrumento de ótica recreativa, formado de pequenos espelhos inclinados, mas paralelos a determinada direção, e por pequenos fragmentos de vidro colorido, missanga, etc., e que, a cada movimento, apresenta imagens variadas e simétricas (Do gr. kallós, «belo» +eîdos, «forma» +skopeîn, «ver»)
caleira¹ n.f. **I** cano para esgotar as águas dos telhados; algeroz; quelha **2** (terrenos, construções) canal descoberto para escoamento de águas **3** tronco escavado longitudinalmente para escoamento de líquidos **4** telha (Do lat. *canalarĭa-, «id.», ou de cale-+eira)
caleira² n.f. lugar onde se extrai cal (De cal+-eira)
caleira³ n.f. doença dos vegetais provocada pela ação do calor (De orig. obsc.)
caleiro n.m. ⇒ caleira¹ (Do lat. *canalarĭu-, «id.», ou de cale+-eiro)
caleja /ê/ n.f. quelha; viela (Do cast. calleja, «viela»)
calejado adj. **I** que tem calos **2** [fig.] habituado; experimentado **3** [fig.] endurecido; insensível **4** [fig.] matreiro (Part. pass. de calejar)
calejador adj. que caleja (De calejar+-dor)
calejamento n.m. ato ou efeito de calejar (De calejar+-mento)
calejar v.tr.,intr.,pron. **I** produzir ou adquirir calos **2** [fig.] habituar(-se) **3** [fig.] tornar(-se) insensível; endurecer (De calo-+ejar)
calema /ê/ n.f. ondulação forte do mar, própria da costa ocidental da África, proveniente do facto de a ressaca se produzir longe da costa e originar correntes que, umas após outras, chegam à costa e rebentam ruidosamente na praia (De orig. obsc.)
calembur n.m. jogo de palavras que, embora semelhantes no som, têm significados diversos, ocasionando equívocos (Do fr. calembour, «id.»)
calemburar v.intr. fazer calembures (De calembur+-ar)
calembureiro n.m. ⇒ calemburista (De calembur+-eiro)
calemburgar v.intr. ⇒ calemburar (De calemburgo+-ar)
calemburgo n.m. ⇒ calembur
calemburista n.2g. **I** pessoa que faz calembures **2** pessoa que, para gracejar, usa expressões equívocas (De calembur+-ista)
calendário n.m. **I** quadro com uma ou mais folhas em que se indicam os dias, meses, festas religiosas, etc., de um ano **2** projeto de ocupação do tempo **3** programa; plano das datas de determinadas atividades **4** almanaque (Do lat. calendarĭu-, «livro de contas; registo»)
calendarista n.2g. pessoa que elabora calendários (De calendário+-ista)
calendarização n.f. **I** ato ou efeito de calendarizar **2** projeto de ocupação do tempo **3** programa (De calendarizar+-ção)
calendarizar v.tr. organizar a ocupação do tempo com **2** incluir em calendário **3** planear; programar **4** incluir num projeto de ocupação de tempo (De calendário+-izar)
calendas n.f.pl. primeiro dia de cada mês do antigo calendário romano; ***para as ~ gregas*** nunca (os gregos não tinham calendas) (Do lat. calendas, «id.»)
calêndula n.f. **I** BOTÂNICA planta ornamental de flores amarelas e brancas, da família das Asteráceas **2** BOTÂNICA flor desta planta (Do lat. cient. calendŭla-, «id.»)
calentura n.f. **I** acesso de febre com delírio **2** quentura **3** [fig.] carinho **4** [fig.] aconchego (Do cast. calentura, «febre»)

calepino n.m. **I** espécie de agenda de apontamentos de uso pessoal **2** vocabulário (Do it. calepino, «id.», de A. Calepino, antr., lexicógrafo it., 1435-1511)
caleta /ê/ n.f. pequeno cano para conduzir água (De cale+-eta)
calfe n.m. couro de vitela para o fabrico de calçado e outros artefactos (Do ing. calf, «vitela»)
calha¹ n.f. **I** cano ou rego para condução de líquidos **2** carril de caminho de ferro (Do lat. *canalĭa, pl. de canāle-, «canal; aqueduto»)
calha² n.f. ação de calhar (Deriv. regr. de calhar)
calhadoiro n.m. ⇒ calhadouro
calhadouro n.m. lugar marcado em que os jogadores da malha ou da bola têm de firmar os pés para lançar a malha ou a bola (De calhar+-douro)
calhamaçada n.f. montão de calhamaços (De calhamaço+-ada)
calhamaço n.m. **I** livro ou caderno volumoso **2** livro antigo e de pouco préstimo; alfarrábio **3** pano grosso de estopa ou cânhamo **4** [pop., pej.] mulher gorda e repulsiva (De cânhamo, com dissimilação +-aço)
calhambeque n.m. **I** barco pequeno e velho **2** [coloq.] veículo (geralmente automóvel) velho e estragado **3** traste (De orig. obsc.)
calhanço n.m. **I** ato de calhar **2** aquilo que calha (De calhar+-anço)
calhandra n.f. ORNITOLOGIA nome vulgar extensivo a uns pássaros, da família dos Alaudídeos, também conhecidos por calandra, cochicho, cotovia, laverca, carreirola (Do gr. kálandra, «cotovia», pelo lat. pop. calandra-, «id.»)
calhandreira n.f. **I** [ant.] mulher que faz limpeza aos calhandros **2** [fig., pej.] bisbilhoteira; coscuvilheira **3** [fig., pej.] prostituta (De calhandro+-eira)
calhandreiro n.m. **I** [ant.] pessoa que fazia limpeza aos calhandros e os despejava **2** [fig., pej.] bisbilhoteiro; coscuvilheiro (De calhandro+-eiro)
calhandrice n.f. [pop.] bisbilhotice; coscuvilhice; falatório (De calhandro+-ice)
calhandro¹ n.m. [ant.] vaso grande e cilíndrico onde se despejavam dejetos e outras imundícies recolhidos de cada casa, para serem colocados em local próprio (De orig. obsc.)
calhandro² n.m. ORNITOLOGIA macho da calhandra (De calhandra)
calhar v.intr. **I** entrar na calha **2** caber à justa ▪ v.tr.,intr. **I** coincidir; acontecer **2** tocar; caber em sorte **3** fazer jeito; vir a propósito **4** ficar bem; ser próprio; ***se ~*** talvez, eventualmente; ***vir mesmo a ~*** acontecer na altura devida (De calha+-ar)
calhariz n.m. casta de videira (De Calhariz, top., localidade portuguesa do concelho de Sesimbra, no distrito de Setúbal)
calhastriz n.f. [regionalismo] [depr.] ⇒ calhastroz
calhastroz n.m. **I** [regionalismo] [depr.] mulher alta e desajeitada **2** [regionalismo] [depr.] estafermo (Formação expressiva)
calhau n.m. **I** fragmento de rocha dura; pedra pequena; seixo **2** [fig.] indivíduo estúpido; ***~ rolado*** pedra que, pela ação de desgaste em transporte pelas águas correntes, se apresenta mais ou menos polida, de bordos arredondados (Do prov. calhau, do gaul. caljavo ou *caljo-, «pedra»)
calhe n.f. **I** calha **2** vereda **3** carreiro (Do cast. calle, «caminho; rua»)
calheta /ê/ n.f. pequena enseada; angra (De cala+-eta)
calhoada n.f. **I** monte de calhaus **2** ferimento com um calhau; pedrada **3** [fig.] asneira; inconveniência (Part. pass. fem. subst. de calhoar)
calhoar v.tr.,intr. atirar calhaus (a); atirar pedras (a) (De calhau+-ar)
calhorda n.2g. pessoa desprezível; patife (De orig. obsc.)
calhordice n.f. **I** ação desprezível **2** canalhice (De calhorda+-ice)
calhota n.f. [regionalismo] ⇒ codorniz (Do fr. caille, «codorniz»+-ota?)
cali-¹ elemento de formação de palavras que exprime a ideia de belo (Do grego kallós, «belo»)
cali-² elemento de formação de palavras que exprime a ideia de calo (Do latim callu, «idem»)
calíbio n.m. BOTÂNICA termo usado por alguns botânicos para designar o fruto que se apresenta com cúpula, como as bolotas (Do gr. kalýbion, dim. de kalýbe, «cabana»)
calibite n.f. MINERALOGIA ⇒ siderite (Do gr. khályps, -ybos, «aço» +-ite)
calibração n.f. ⇒ calibragem (De calibrar+-ção)
calibrador n.m. **I** aquele que calibra **2** instrumento para medir o calibre das bocas de fogo **3** separador de sementes ou frutos (De calibrar+-dor)
calibragem n.f. **I** ato ou efeito de calibrar **2** seleção dos grãos do trigo por meio do crivo ou da tarara **3** separação de frutos ou sementes pelo seu tamanho (Do fr. calibrage, «id.»)

calibrar v.tr. 1 determinar o calibre de 2 dar o calibre conveniente a 3 verificar o calibre de 4 aferir 5 separar, por tamanhos, objetos mais ou menos semelhantes (De *calibre*+-*ar*)
calibre n.m. 1 diâmetro interior das bocas de fogo, tubos, etc. 2 capacidade de um tubo 3 diâmetro de um projétil 4 volume; tamanho 5 [fig.] qualidade; importância (Do ár. *qalib*, «forma; cimbre», pelo fr. *calibre*, «calibre; qualidade»)
calibroso adj. diz-se do canal ou vaso sanguíneo com o calibre dilatado (De *calibre*+-*oso*)
caliça n.f. 1 fragmentos de argamassa soltos das paredes e tetos velhos 2 [coloq.] dinheiro miúdo (De *cal*+-*iça*, ou do cast. *caliza*, «calcário»)
caliçada n.f. porção de caliça (De *caliça*+-*ada*)
cálice n.m. 1 RELIGIÃO (catolicismo) vaso sagrado de metal, sob a forma de um copo grande com pé, usado na celebração da missa; cálix 2 copo pequeno de forma semiesférica ou parecida com um cone invertido, que tem um pé constituído por uma haste alongada com uma base arredondada, e que é geralmente usado para vinhos finos ou licores 3 o conteúdo deste copo 4 [fig.] sofrimento moral; humilhação 5 ANATOMIA estrutura cuja forma lembra a de uma taça redonda pouco profunda 6 ANATOMIA formação envolvente da papila renal que, pela extremidade inferior, se abre no bacinete 7 BOTÂNICA parte que, numa flor de perianto diferenciado, representa o seu invólucro externo e é constituída pelas sépalas 8 ZOOLOGIA depressão de um polipeiro onde se instala cada indivíduo (pólipo) de uma colónia 9 ZOOLOGIA conjunto de placas que suporta a face inferior do corpo dos crinoides (Do gr. *kályx*, «invólucro», pelo lat. *calĭce*-, «copo pequeno»)
caliche n.f. 1 GEOLOGIA (Chile, Peru) designação dos depósitos que contêm nitrato de sódio 2 GEOLOGIA (México, Oeste dos Estados Unidos) designação dos depósitos porosos calcários das regiões áridas e semiáridas, resultantes da evaporação das águas do solo (Do cast. *caliche*, «salitre; caliça»)
caliciado adj. 1 envolto em cálice 2 provido de cálice (De *cálice*+-*ado*)
calicida n.m. fármaco específico para destruir os calos (Do lat. *callu*-, «calo» +*caedĕre*, «matar», pelo fr. *calicide*, «calicida»)
caliciforme adj.2g. em forma de cálice (Do lat. *calĭce*-, «cálice» +*forma*-, «forma»)
calicinal adj.2g. respeitante ou pertencente ao cálice da flor (De *cálice*+n+-*al*)
calicinar adj.2g. ⇒ **calicinal**
calicíneo adj. ⇒ **calicinal** (De *cálice*+-*íneo*)
caliço n.m. ⇒ **caliça** (De *cal*+-*iço*)
calicromo adj. de cores belas (Do gr. *kallós*, «belo» +*khrôma*, «cor»)
caliculado adj. BOTÂNICA provido de cálículo (De *cáliculo*+-*ado*)
cáliculo n.m. BOTÂNICA invólucro de brácteas que envolve o cálice de algumas flores, simulando outro cálice, e é também denominado epicálice (Do lat. *calicŭlu*-, «copo pequeno»)
calidez /ê/ n.f. qualidade do que é cálido (De *cálido*+-*ez*)
cálido¹ adj. 1 em que há calor; quente 2 [fig.] fogoso; entusiasmado (Do lat. *calĭdu*-, «quente»)
cálido² adj. astuto (Do lat. *callĭdu*-, «hábil; experimentado»)
calidoscópio n.m. ⇒ **caleidoscópio**
caliemia n.f. MEDICINA concentração de potássio no sangue (Do lat. cient. *kalium*, «potássio» +-*emia*)
califa n.m. 1 soberano temporal e espiritual da comunidade muçulmana 2 chefe (Do ár. *khalîfâ*, «sucessor de Mafoma»)
califado n.m. 1 dignidade de califa 2 jurisdição do califa 3 área desta jurisdição 4 tempo que dura o mandato de um califa (De *califa*+-*ado*)
califásia n.f. arte de falar com boa dicção e elegância (Do gr. *kallós*, «belo» +*phásis*, «palavra; declaração» +-*ia*)
califonia n.f. voz agradável (Do gr. *kallós*, «belo» +*phoné*, «som» +-*ia*)
califórnia n.f. variedade de pêssego (De *Califórnia*, top.)
californiano adj. relativo ou pertencente ao estado norte-americano da Califórnia ■ n.m. natural ou habitante da Califórnia
califórnio n.m. QUÍMICA elemento químico radioativo e artificial, com o número atómico 98 e símbolo Cf, que é o sexto elemento transuraniano (De *Califórnia*, top.)
cáliga n.f. 1 sandália guarnecida de pregos, usada pelos antigos soldados romanos 2 calçado feito de pano, usado pelo celebrante nos atos litúrgicos pontificais (Do lat. *caligā*-, «sapato; sandália»)
caligante adj.2g. 1 que turva a vista 2 que produz vertigens (Do lat. *caligante*-, part. pres. de *caligāre*, «estar obscuro; envolver na ignorância»)

caligem n.f. 1 nevoeiro denso 2 escuridão 3 névoa nos olhos 4 catarata (Do lat. *caligĭne*-, «fumo negro; nevoeiro cerrado»)
caliginar v.tr. 1 tornar caliginoso 2 escurecer (Do lat. *caliginăre*, «tornar escuro; obscurecer»)
caliginoso /ô/ adj. 1 em que há caligem 2 tenebroso (Do lat. *caliginōsu*-, «tenebroso; escuro»)
caligrafar v.tr. escrever com letra bonita ■ v.intr. 1 fazer caligrafia 2 escrever à mão (Do gr. *kallós*, «belo» +*gráphein*, «escrever»)
caligrafia n.f. 1 arte de escrever bem à mão 2 maneira própria de cada pessoa escrever à mão; letra 3 forma de letra manuscrita 4 perfeição da letra (Do gr. *kalligraphía*, «escrita bela»)
caligráfico adj. relativo a caligrafia (De *caligrafia*+-*ico*)
calígrafo n.m. 1 aquele que escreve muito bem à mão 2 o que sabe ou ensina caligrafia (Do gr. *kallós*, «belo» +*gráphein*, «escrever»)
calígula n.f. ZOOLOGIA revestimento tegumentar da canela das aves (Do lat. *caligŭla*-, «sapatos pequenos para soldado»)
calilanga n.m. [regionalismo] ⇒ **corvo-marinho** (De orig. obsc.)
calilogia n.f. elegância de expressão (Do gr. *kallilogía*, «id.»)
calime n.m. 1 NÁUTICA a parte mais estreita do navio, entre a linha de água e o gio grande 2 boia presa no fundo do saco da rede de cercar e alar (De orig. obsc.)
calimeira n.f. pequena embarcação que acompanha o saco da armação de pesca da sardinha e do atum (De *calime*+-*eira*)
calimenídeo n.m. PALEONTOLOGIA espécime dos Calimenídeos
Calimenídeos n.m.pl. PALEONTOLOGIA família de trilobites, que tem por tipo o género *Calymene*, muito vulgar no Ordovícico (Do lat. cient. *Calymĕne*-*ídeos*)
calinada n.f. asneira que desperta o riso por ser ingénua; parvoíce; tolice (De *Calino*, antr., personagem de comédia popularizada pelo teatro +-*ada*)
calinite n.f. MINERALOGIA mineral que, quimicamente, é alúmen de potássio (Do al. *Kalium*, «potássio» +-*ite*)
calino¹ adj.,n.m. que ou o que é ingénuo; estúpido; parvo (Do fr. *Calino*, antr., personagem de comédia popularizada pelo teatro)
calino² adj. [regionalismo] quente (De orig. obsc.)
calipedia n.f. [ant.] arte de obter filhos formosos (Do gr. *kallós*, «belo» +*pais*, *paidós*, «filho; menino» +-*ia*)
calipédico adj. relativo à calipedia (De *calipedia*+-*ico*)
calípico adj. diz-se de um período de quatro ciclos lunares de Méton (astrónomo grego do séc. V a. C.), num total de 76 anos, estabelecido por Calipo (astrónomo grego do séc. V a. C.), findo o qual se procederia a uma correção do calendário grego (supressão de um dia) (De *Calipo*, antr. +-*ico*)
calipígio adj. que tem nádegas formosas (Do gr. *kallípygos*, «id.», pelo fr. *callipyge*, «de nádegas bonitas»)
calipolense adj.2g. de Vila Viçosa, vila portuguesa do distrito de Évora ■ n.2g. natural ou habitante de Vila Viçosa (Do lat. *Callipŏle*-[= Vila Viçosa] +-*ense*)
caliptra n.f. 1 BOTÂNICA corola simpétala em forma de capuz 2 ⇒ **coifa** 6 (Do gr. *kalýptra*, «véu; toucado», pelo lat. tard. *calyptra*-, «id.»)
calismo n.m. MEDICINA série de acidentes mórbidos causados pela potassa (Do lat. cient. *kalĭu*-, do ár. *qali*, «potássio» +-*ismo*)
calista n.2g. profissional que trata ou extrai calos; pedicure (De *calo*+*ista*)
calistenia n.f. ginástica rítmica (Do gr. *kallisthenós*, de *kallós*, «belo» e *sthénos*, «força» +-*ia*)
calisto n.m. indivíduo cuja presença, no jogo, é de mau agouro (De *Calisto*, antr.)
cálix n.m. (plural **cálices**) ⇒ **cálice** (Do lat. *calix*, «copo pequeno»)
call center n.m. serviço que centraliza o atendimento de chamadas telefónicas, possibilitando o apoio ao cliente, a realização de estudos de mercado, vendas e outros serviços (Do ing. *call center*, «id.»)
call girl n.f. prostituta que faz as marcações de serviços com os seus clientes por telefone (Do ing. *call girl*, «id.»)
calma n.f. 1 calor causado pelo Sol 2 ausência de ventos, especialmente no mar, provocando imobilidade; calmaria; bonança 3 ausência ou redução de movimento ou de agitação; serenidade; sossego; tranquilidade; **nas calmas** lentamente, sem pressa, sem dificuldade (Do gr. *kauma*, «calor», pelo lat. tard. *cauma*-, «grande calor», pelo it. *calma*, «calmaria»)
calmã n.f. [Cabo Verde, Guiné-Bissau] meia cabaça, em forma de colherão, que serve para beber (Do crioulo *kalman*, a partir do mandinga *kalamaa*, «colher de madeira»)

calmante *adj.2g.* 1 que acalma 2 que suaviza ■ *n.m.* FARMÁCIA substância ou medicamento que abranda a dor ou a excitação nervosa (De *calmar+-ante*)
calmão¹ *adj.* (mar) que está em calmaria (De *calmo+-ão*)
calmão² *n.m.* grande cabaça para tirar água dos poços, na Guiné
calmar¹ *v.tr.,intr.,pron.* ⇒ **acalmar** ■ *v.tr.* [pop.] bater (De *calma+-ar*)
calmar² *n.m.* (molusco) ⇒ **calamar** (Do lat. *calamarĭu-* «tinteiro; lula», pelo it. ant. *calamaro*, «calamar», ou pelo cast. *calamar*, «id.»)
calmaria *n.f.* 1 cessação do vento e quietação das ondas 2 calor continuado, sem aragem 3 calma; serenidade; sossego 4 falta de notícias (De *calma+-aria*)
calmeirão *n.m.* 1 [pop.] indivíduo forte, mas sereno 2 indivíduo muito alto (De *calmeiro+-ão*)
calmeiro *adj.* que navega com pouco vento ■ *n.m.* ⇒ **calmaria** (De *calma+-eiro*)
calmo *adj.* 1 sereno; tranquilo; sossegado 2 que está em calmaria 3 quente (De *calma*)
calmorrear *v.tr.* 1 [pop.] espancar 2 [pop.] dar pancadas na cabeça a (Do cast. *calamorra*, «cabeça» +-*ear*)
calmoso /ô/ *adj.* 1 em que há calma 2 quente; abafadiço (De *calma+-oso*)
calo *n.m.* 1 MEDICINA espessamento e endurecimento da pele causado por atrito continuado 2 MEDICINA crosta dura que se forma como cicatriz da fratura de um osso 3 BOTÂNICA endurecimento na videira junto ao corte de um ramo durante a poda 4 [fig.] insensibilidade produzida pelo hábito 5 [fig.] experiência; **criar ~** habituar-se, ganhar experiência (Do lat. *callu-*, «id.»)
calo- elemento de formação de palavras que exprime a ideia de *belo* (Do gr. *kallós*, «belo»)
caló *n.m.* 1 linguagem própria dos ciganos espanhóis 2 calão espanhol constituído por palavras e expressões de origem cigana 3 ⇒ **gíria** (De orig. obsc.)
calofilo *adj.* que possui folhas belas (Do gr. *kallós*, «belo» +*phýllon*, «folha»)
caloirada *n.f.* [acad.] caloiros (De *caloiro+-ada*)
caloirice *n.f.* 1 tolice de caloiro 2 parvoíce 3 insipiência (De *caloiro+-ice*)
caloiro *n.m.* 1 [acad.] estudante do primeiro ano de um curso superior 2 [fig.] principiante em qualquer matéria 3 [fig.] indivíduo acanhado (Do gr. mod. *kalógeros*, «bom velho; monge»)
calombo *n.m.* 1 qualquer substância líquida coalhada, em forma granular 2 [Brasil] inchaço; protuberância; pequeno tumor (Do quimb. *ka'luma*, «id.»)
calombro *n.m.* BOTÂNICA ⇒ **colondro**
calomelano *n.m.* QUÍMICA, FARMÁCIA cloreto de dimercúrio(I), ou cloreto mercuroso, usado como purgante (Do gr. *kalós*, «belo» +*mélas*, *mélanos*, «preto»)
calondro *n.m.* ⇒ **colondro**
calóptero *adj.* diz-se do animal possuidor de asas bonitas (Do gr. *kalós*, «belos» +*pterón*, «asa»)
calor *n.m.* 1 FÍSICA forma de energia associada com o movimento individual de átomos ou moléculas de um corpo, à qual se devem os fenómenos caloríficos (aquecimento, dilatação dos corpos, certas mudanças de estado e transformações químicas) 2 sensação produzida pela ação do sol e do fogo 3 sensação do que se acha ou está quente 4 [fig.] animação; entusiasmo 5 [fig.] veemência 6 [fig.] ira; indignação; **~ atómico** FÍSICA produto do calor específico de um elemento pelo átomo-grama; **~ *específico de uma substância*** FÍSICA, QUÍMICA quantidade de calor necessária para elevar de um grau Celsius ou de um kelvin a temperatura da unidade de massa dessa substância, sem mudança de estado, para uma temperatura definida; *apanhar um* **~** apanhar um susto (Do lat. *calōre-*, «id.»)
caloraça *n.f.* ⇒ **calorão** (De *calor+-aça*)
calorão *n.m.* 1 grande calor 2 [Brasil] afrontamento (De *calor+-ão*)
calorento *adj.* 1 que tem calor 2 onde há calor 3 (pessoa) muito sensível ao calor (De *calor+-ento*)
calorescência *n.f.* FÍSICA emissão de radiações caloríferas (maior comprimento de onda) por uma superfície que anteriormente absorveu radiações luminosas (menor comprimento de onda) (De *calor*)
calori- elemento de formação de palavras que exprime a ideia de *calor* (Do lat. *calōre-*, «calor»)
caloria *n.f.* 1 FÍSICA antiga unidade de medida de energia, de símbolo cal, definida como a quantidade de calor absorvida por um grama de água destilada, quando a sua temperatura passa de 14,5 °C para 15,5 °C, à pressão atmosférica normal, sendo equivalente a 4,1868 joules; pequena caloria 2 FÍSICA unidade de medida de energia, de símbolo Cal ou kcal, equivalente a mil (pequenas) calorias, sendo frequentemente usada para medir o valor energético dos alimentos; quilocaloria; grande caloria (De *calor+-ia*, ou do fr. *calorie*, «id.»)
caloricidade *n.f.* propriedade que têm os corpos vivos de desenvolver certa quantidade de calor ou de conservar uma temperatura superior à do meio em que vivem (De *calórico+-i-+-dade*)
calórico *adj.* 1 relativo a calor 2 relativo a caloria 3 (alimento) rico em calorias ■ *n.m.* fluido imponderável, indestrutível, altamente elástico, cuja existência era admitida pelos antigos físicos, correspondente à atual noção de calor; **teoria do ~** FÍSICA teoria que considerava o calor como um fluido extremamente subtil, e que foi abandonada quando Joule, físico inglês, 1818-1889, mostrou que o calor era uma forma de energia (Do fr. *calorique*, «id.»)
calorífero *adj.* que tem ou produz calor ■ *n.m.* aparelho que gera calor, utilizado para aquecer o ambiente (De *calori-+-fero*)
calorificação *n.f.* desenvolvimento do calor nos corpos vivos (De *calorificar+-ção*)
calorificar *v.tr.* comunicar calor a (De *calorífico+-ar*)
calorífico *adj.* que tem a propriedade de fornecer calor ■ *n.m.* ⇒ **calorífero** *n.m.* (Do lat. *calorifĭcu-*, «que aquece»)
calorífugo *adj.* 1 que se opõe à transmissão do calor ou impede que ele se irradie 2 mau condutor do calor (Do lat. *calōre-*, «calor» +-*fugo*, de *fugĕre*, «fugir»)
calorimetria *n.f.* FÍSICA parte da física em que se estuda a medida das quantidades de calor (De *calori-+-metria*, ou do fr. *calorimétrie*, «id.»)
calorimétrico *adj.* relativo à calorimetria (De *calorimetria+-ico*, ou do fr. *calorimétrique*, «id.»)
calorímetro *n.m.* FÍSICA instrumento destinado a determinações calorimétricas (calor específico, etc.) (De *calori-+-metro*, ou do fr. *calorimètre*, «id.»)
caloroso /ô/ *adj.* 1 cordial 2 entusiasta; com ardor 3 enérgico; veemente 4 afetuoso (De *calor+-oso*)
calosidade *n.f.* 1 dureza calosa 2 calo com certa extensão (Do lat. *callositāte-*, «calosidade»)
caloso /ô/ *adj.* 1 que tem calos 2 da natureza do calo (Do lat. *callōsu-*, «caloso; duro»)
calota *n.f.* 1 MATEMÁTICA cada uma das partes em que se separa uma superfície esférica, quando intersetada por um plano 2 ANATOMIA parte superior do crânio 3 ARQUITETURA porção central de uma abóbada circular 4 [Brasil] ⇒ **jante** 2 (Do lat. med. *calōta*, «id.», pelo fr. *calotte*, «solidéu; calota»)
calote¹ *n.m.* [pop.] dívida que se contraiu sem possibilidade ou intenção de pagar; *pregar um* **~** não pagar uma dívida (Do fr. *culotte* «pedra de dominó que não pôde ser jogada»)
calote² *n.f.* ⇒ **calota**
calotear *v.tr.,intr.* pregar calotes a; não pagar as dívidas (De *calote+-ear*)
caloteirismo *n.m.* vício de calotear; calotismo (De *caloteiro+-ismo*)
caloteiro *adj.,n.m.* que ou pessoa que contrai dívidas e não pode ou não tenciona pagá-las (De *calote+-eiro*)
calótipo *n.m.* FOTOGRAFIA processo primitivo de obter negativos
calotismo *n.m.* ⇒ **caloteirismo** (De *calote+-ismo*)
Caloviano *n.m.* GEOLOGIA andar correspondente à parte superior do Jurássico médio
calpa *n.f.* 1 BOTÂNICA urna de alguns musgos 2 antiga urna funerária (Do gr. *kálpe*, «urna»)
calpense *adj.2g.* de Gibraltar (Do lat. *Calpe-*, «Gibraltar», top. +-*ense*)
calque *n.m.* calco; decalque (Deriv. regr. de *calcar*)
calquiré *n.m.* ORNITOLOGIA ⇒ **codorniz** (De orig. onom.)
calracho *n.m.* BOTÂNICA ⇒ **escalracho** 1 (De orig. obsc.)
calta *n.f.* BOTÂNICA planta herbácea, da família das Ranunculáceas, espontânea em Portugal e também conhecida por malmequer-dos-brejos (Do etrusco *cautha*, «deus do Sol», pelo lat. *caltha-*, «maravilha», flor)
cálu *n.m.* [São Tomé e Príncipe] CULINÁRIA refeição típica confecionada com peixe seco, folhas de ocá, azeite de palma, quiabos, sal e pimenta (Do forro *cálu*, «id.», a partir de *caldo*)
caluanda *adj.* [Angola] relativo ou pertencente a Luanda ■ *n.2g.* [Angola] natural ou habitante de Luanda; luandense (Do quimb. *mukwa luanda*, «id.»)
caluda *interj.* usada para impor silêncio (De *calar*)
caluga *n.f.* [regionalismo] carne do cachaço e da espádua do porco (De *colo*, «pescoço»?)
calulu *n.m.* 1 [Angola] prato típico constituído por um guisado de peixe fresco ou seco, temperado com numerosos ingredientes e

acompanhado de funje **2** [São Tomé e Príncipe] ⇒ **cálu** (Do umbundo *kalulu*, «rama de batata doce»)
calumba[1] *n.f.* BOTÂNICA planta trepadeira, africana, de aplicações medicinais, também denominada colombo (Do cafre-tetense *kalumba*, «idem»)
calumba[2] *n.f.* **1** [Angola] rapariga de baixa condição social **2** [Angola] rapariga nova; mulherzinha (Do quimbundo *kalumba*, «idem»)
calundu *n.m.* [Angola] espírito de elevada hierarquia, que se transmite por herança (Do quimb. *kilundu*, de *kubundûla*, «herdar»)
calunga[1] *n.f.* **1** [Angola] além-túmulo; eternidade **2** [Angola] mar (Do quimb. *kalunga*, «id.»)
calunga[2] *n.m.* [Moçambique] coelho, símbolo de sagacidade para os africanos (Do iao *kalunga*, «id.»)
calungueira *n.f.* [Brasil] barco de pesca no alto mar
calúnia *n.f.* **1** imputação mentirosa que ofende a honra ou a dignidade de alguém; difamação **2** os caluniadores (Do lat. *calumnĭa*-, «acusação falsa; calúnia»)
caluniador *adj.,n.m.* que ou aquele que diz calúnias; difamador (Do lat. *calumniatōre*-, «chicaneiro; falso acusador»)
caluniar *v.tr.* ofender com calúnias ■ *v.tr.,intr.* dizer algo ofensivo da reputação e crédito de alguém, tendo consciência de que isso é falso (Do lat. *calumniāri*, «acusar falsamente»)
caluniável *adj.2g.* suscetível de ser caluniado (De *caluniar+-vel*)
calunioso *adj.* **1** que encerra calúnia **2** que serve para caluniar (Do lat. *calumniōsu*-, «cheio de fraudes»)
calutrão *n.m.* FÍSICA separador de isótopos de tipo eletromagnético, baseado num espetrógrafo de massa (Do ing. *calutron*, de *Cal(ifornia) U(niversity)+(Cyclo)tron*, «ciclotrão»)
calva *n.f.* **1** parte da cabeça que perdeu o cabelo; careca **2** área de terreno sem vegetação; clareira; *pôr-lhe a ~ à mostra* descobrir-lhe os defeitos (Do lat. *calvu*-, «sem cabelo»)
calvar *v.tr.,intr.* tornar(-se) calvo; calvejar (De *calvo+-ar*)
calvário *n.m.* **1** [com maiúscula] RELIGIÃO monte próximo de Jerusalém onde Jesus foi crucificado **2** RELIGIÃO representação da crucifixão de Jesus **3** moeda de prata do tempo do rei português D. João III (1502-1557) **4** [fig.] sofrimento **5** [fig.] dificuldades; trabalhos; *levar a cruz ao ~* levar até ao fim uma tarefa difícil e penosa (Do lat. *Calvarĭu*-, top.)
calvejar *v.tr.,intr.* ⇒ **calvar** (De *calvo+-ejar*)
calvez /ê/ *n.f.* ⇒ **calvície** (De *calvo+-ez*)
calvície *n.f.* **1** MEDICINA queda definitiva, total ou parcial, dos cabelos; acomia **2** estado do que é calvo (Do lat. *calvitĭe*-, «falta de cabelos»)
calvinismo *n.m.* RELIGIÃO conjunto das doutrinas de João Calvino (1509-1564), um dos grandes nomes da Reforma protestante (Do antr. *Calvino* (teólogo e reformador cristão) *+-ismo*)
calvinista *adj.,n.2g.* que ou a pessoa que segue a doutrina de Calvino (1509-1564), reformador francês (De *Calvino*, antr. *+-ista*)
calvo *adj.* **1** que não tem cabelo na cabeça ou em parte dela; careca **2** escalvado **3** sem vegetação; escalvado **3** (pêssego) liso; careca **4** [fig.] evidente; mal dissimulado ■ *n.m.* indivíduo sem cabelo (Do lat. *calvu*-, «sem cabelo»)
calzone *n.m.* CULINÁRIA alimento de origem italiana feito de massa de pão e recheado com queijo e presunto temperados com ervas e/ou alho (Do it. *calzone*, «id.»)
cama *n.f.* **1** móvel constituído por uma estrutura retangular (com ou sem pés) sobre o qual se coloca um colchão em que habitualmente se dorme; leito **2** [fig.] lugar sobre o qual pessoas ou animais se deitam **3** [fig.] camada de coisas macias para colocar frutos ou objetos frágeis; *~ e mesa* dormida e comida; *cair/ficar de ~* ter de permanecer na cama por motivo de doença; *fazer a ~ a* [irón.] preparar (a alguém) uma situação desagradável (De orig. ibér. pelo lat. tard. *cama*-, «cama»)
camabuim *n.m.* [Angola] indivíduo sem dentes (Do quimb. *kamabwinhi*, «id.»)
camada *n.f.* **1** porção de coisas da mesma espécie estendidas uniformemente sobre uma superfície **2** estrato; sedimento **3** revestimento (de uma superfície, com tinta, verniz, pó, etc.) **4** grande quantidade; série **5** classe; categoria **6** erupção cutânea; *~ de ozono* METEOROLOGIA zona da atmosfera onde existe uma elevada concentração de ozono que impede a passagem da radiação solar ultravioleta; *~ eletrónica* FÍSICA conjunto de eletrões de um átomo que tem o mesmo número quântico principal (De *cama+-ada*)
camafeu *n.m.* **1** pedra preciosa de duas cores sobrepostas em que se esculpiu uma figura em alto-relevo **2** [pop., pej.] pessoa muito feia (Do lat. *camaephaeu*-, pelo cast. *camafeo*, «camafeu»)
camal *n.m.* capacete de malha de aço que cobria o elmo e descia sobre os ombros (Do prov. *capmal*, «malha da cabeça»)

camáldulas *n.f.pl.* rosário de contas grossas (De *Camaldoli*, top., localidade italiana próxima de Florença)
camáldulo *n.m.* monge do convento de S. Bruno, em Camaldoli, localidade italiana próxima de Florença (De *Camaldoli*, top.)
camaleão *n.m.* **1** ZOOLOGIA designação de uns sáurios (vários géneros), da família dos Cameleontídeos, espalhados pelo Sul da Península Ibérica, África, Índia, etc., em muitos dos quais se verificam fenómenos miméticos de coloração **5** [com maiúscula] ASTRONOMIA constelação austral **3** [fig.] pessoa que muda muito de aparência e aprecia a mudança **4** [fig., pej.] pessoa volúvel que muda conforme os seus interesses; cata-vento **5** cata-vento (Do gr. *khamailéon*, «leão anão; camaleão», pelo lat. *chamaeleōne*-, «id.»)
camaleonismo *n.m.* ZOOLOGIA faculdade de certos animais, entre eles o camaleão, de mudarem bruscamente de pigmentação (De *camaleão+-ismo*)
camalha *n.f.* capuz de malha de lã que cobria a cabeça das mulheres, descaindo sobre os ombros (De *camal* × *malha*)
camalhão *n.m.* **1** porção de terreno para sementeira, entre dois sulcos **2** [pop.] pequena elevação isolada de terreno; combro (Do cast. *caballón*, «lombo de terra entre dois regos»)
camalote *n.m.* [Brasil] ilha flutuante formada por plantas aquáticas (Do cast. *camalote*, «id.»)
camândulas *n.f.pl.* ⇒ **camáldulas**
camanga *n.f.* [Angola] comércio clandestino de diamantes ou de pedras preciosas (De *Kamanga*, lugar do distrito de Cuanza Norte)
camão *n.m.* ORNITOLOGIA ⇒ **alqueimão** (De orig. obsc.)
câmara *n.f.* **1** aposento destinado a uma pessoa **2** quarto de dormir **3** conjunto dos vereadores **4** assembleia de legisladores eleitos pelo povo **5** repartição de despachos reais ou episcopais **6** edifício onde se celebram as sessões de uma assembleia **7** CINEMA, TELEVISÃO máquina de filmar **8** FOTOGRAFIA máquina fotográfica **9** parte posterior do cano de uma arma de retrocarga, que serve para alojar o cartucho e do qual tem a forma **10** [pop.] ⇒ **cãibra** ■ *n.2g.* CINEMA, TELEVISÃO profissional cuja função é captar imagens através de uma máquina de filmar; operador de câmara; *Câmara Apostólica* repartição que faz parte da Cúria Romana e se ocupa dos bens e direitos temporais da Santa Sé; *~ barométrica* FÍSICA espaço compreendido entre o nível do mercúrio, no tubo de Torricelli, e a extremidade superior deste, que não contém ar; *~ clara* FÍSICA dispositivo adaptável aos microscópios, que permite desenhar o que se observa, por um processo semelhante ao decalque; *Câmara de Comércio* instituição destinada a discutir os acontecimentos económicos e a advogar junto dos governos a defesa dos interesses dos seus associados; *~ escura* FÍSICA caixa paralelepipédica, com um orifício numa face, usada em física experimental para provar a propagação retilínea da luz, designação dos compartimentos onde se faz a revelação e fixação de chapas e provas fotográficas; *~ frigorífica* compartimento de grandes dimensões, dentro do qual a temperatura é mantida baixa, de forma a permitir o armazenamento e a conservação de matérias deterioráveis; *~ municipal* conjunto dos vereadores de um município, edifício onde os vereadores se reúnem e onde estão instaladas as várias repartições dos serviços administrativos de um concelho; *música de ~* música escrita para poucos instrumentos e, em princípio, destinada a ser tocada em pequenos recintos (Do gr. *kamára*, «abóbada», pelo lat. *camĕra*-, «abóbada; câmara»)
câmara-ardente *n.f.* compartimento onde se vela o corpo do defunto, antes do funeral
camarada *n.2g.* **1** amigo **2** colega; parceiro **3** companheiro de escola; condiscípulo **4** indivíduo do mesmo ofício **5** tratamento entre militares e entre filiados de certos partidos políticos ■ *adj.2g.* **1** que demonstra ou resulta de um sentimento de companheirismo ou amizade **2** [fig.] favorável; propício (Do it. *camerata*, «companheiro de casa», do lat. *camĕra*-, «abóbada; câmara», pelo cast. *camarada*, «companheiro»)
camaradagem *n.f.* convivência amigável entre camaradas (De *camarada+-agem*)
camaradão *n.m.* bom camarada (De *camarada+-ão*)
câmara-de-ar ver nova grafia câmara de ar
câmara de ar *n.f.* tubo circular de borracha que, cheio de ar, se ajusta à volta do aro das rodas das bicicletas, dos automóveis, etc.
câmara de vídeo *n.f.* aparelho que serve para gravar imagens e/ou sons numa fita magnética
camaradia *n.f.* [Guiné-Bissau] camaradagem (Do crioulo guineense *kamaradiya*, «id.»)
camaranchão *n.m.* **1** obra avançada de uma fortificação **2** ⇒ **caramanchão** (Do ant. cast. *caramanchón*, «id.», com met.)

camarão n.m. 1 ZOOLOGIA nome vulgar de uns crustáceos decápodes, macruros, comestíveis, em especial das famílias dos Palemonídeos e dos Peneídeos, muito frequentes junto às costas marítimas portuguesas, rias e embocaduras dos rios 2 prego ou parafuso em gancho, que se fixa nas paredes ou tetos 3 [fig., coloq.] pessoa muito corada ou com a pele avermelhada, queimada pelo sol (Do gr. kámmaros, «camarão», pelo lat. cammăru-, «lagosta; caranguejo»)

camarão-bruxo n.m. ICTIOLOGIA nome vulgar de uns pequenos peixes teleósteos, da família dos Aterinídeos, existentes em Portugal e também conhecidos por peixe-rei, piarda, pica, etc.

camarão-mouro n.m. ZOOLOGIA espécie de camarão da família dos Peneídeos

camararia n.f. cargo ou dignidade do camareiro ou camareira (De camareiro+-ia)

camarário adj. 1 relativo à câmara 2 da câmara 3 municipal (De câmara+-ário)

camarata n.f. grande quarto de dormir com diversas camas (em colégios, quartéis, etc.) (Do lat. caměra-, «abóbada; câmara», pelo it. camerata, «camarata»)

camarate n.m. ⇒ **baldoeira** (De Camarate, top., localidade portuguesa do concelho de Loures, distrito de Lisboa)

camarçada n.f. [pop.] série de camarços ou achaques (De camarço+-ada)

camarção n.m. [regionalismo] terra areenta que só produz algumas plantas silvestres 2 ⇒ **médão** (De camarço+-ão)

camarço n.m. 1 [pop.] infortúnio 2 [pop.] série de tribulações 3 [pop.] enfermidade; achaque 4 [pop.] febrão (De orig. obsc.)

camareira n.f. 1 dama que presta serviço na câmara da rainha 2 (quartos de hotel, camarotes de barcos, etc.) arrumadora 3 BOTÂNICA ⇒ **alface-do-monte** (De camareiro)

camareiro[1] n.m. 1 fidalgo que serve na câmara real 2 dignidade da corte pontifícia 3 pessoa que, em hotéis, navios, comboios, etc., arruma os aposentos (quartos, camarotes, cabines) e está ao serviço dos hóspedes 4 bacio de quarto (De câmara+-eiro)

camareiro[2] n.m. ⇒ **camaroeiro**

camarento adj. que sofre de câmaras ou cãibras (De câmara+-ento)

camarilha n.f. 1 qualquer grupo de indivíduos colocados em lugares de influência, que os utilizam em seu benefício e no dos seus protegidos, lesando interesses mais gerais 2 grupo de indivíduos que se reúnem habitualmente para fins ilícitos (Do cast. camarilla, «id.»)

camarim n.m. 1 câmara pequena 2 pequeno quarto de vestir 3 compartimento num teatro onde os atores se caracterizam e vestem (Do it. camerino, «pequena câmara»)

camarinha n.f. 1 BOTÂNICA pequeno fruto drupáceo, globoso, branco ou róseo, produzido pela camarinheira 2 (planta) ⇒ **camarinheira** 1 3 gota pequena e redonda 4 pequeno quarto; camarim 5 prateleira pequena num canto da sala 6 [ant.] pequena câmara à popa dos navios antigos (De câmara+-inha)

camarinhar v.tr. cobrir de camarinhas (De camarinha+-ar)

camarinheira n.f. 1 BOTÂNICA planta arbustiva, da família das Empetráceas, que produz pequenos frutos (camarinhas), frequente nos sítios arenosos do litoral português, também denominada camarinha 2 mulher que vende camarinhas (frutos) (De camarinha+-eira)

camarista n.2g. 1 vereador(a) municipal 2 nobre ao serviço de pessoas reais; camareiro; camareira

camarlengo n.m. ⇒ **camerlengo**

camaroeiro n.m. 1 rede de pescar camarões 2 pescador de camarões 3 sinal que se iça em lugares próprios para indicar temporal aos navegantes (De camarão+-eiro)

camaronês adj. relativo ou pertencente à República dos Camarões ■ n.m. natural ou habitante desse país

camarote n.m. 1 pequena câmara do navio para alojamento de oficiais e passageiros 2 compartimento no teatro, sobranceiro à plateia, de onde os espectadores podem assistir às representações 3 [pop.] cama (De câmara+-ote)

camaroteiro n.m. 1 empregado de teatro e de outros espetáculos públicos que vende bilhetes para camarotes e outros lugares; bilheteiro 2 (navio) encarregado de um camarote (De camarote+-eiro)

camartelada n.f. pancada de camartelo (Part. pass. fem. subst. de camartelar)

camartelar v.tr. partir ou destruir com camartelo (De camartelo+-ar)

camartelo n.m. 1 variedade de martelo com uma das extremidades circular ou quadrada e a outra aguçada 2 [fig.] agente demolidor (Do cat. capmartell, do lat. *martellu-, «martelo pequeno»)

camauro n.m. touca de veludo vermelho, debruada com arminho, usada pelo papa, e que lhe cobre a cabeça até às orelhas (Do lat. med. camauru-, «id.»)

camba[1] n.f. 1 cada uma das peças curvas que formam as rodas dos carros de bois 2 peça do freio em que entra o tornel da rédea 3 pedaço de tecido com que se aumenta a roda do vestido 4 pequena cambota (Do rad. célt. camb-, «arquear; curvar»)

camba[2] n.m. [Angola] amigo; camarada (Do quimb. kamba, «id.»)

cambaco n.m. [Moçambique] elefante velho, solitário, afastado da manada (Do changana kambaku, «id.»)

cambada[1] n.f. 1 porção de coisas enfiadas, penduradas ou atadas no mesmo suporte (fio, gancho, argola, etc.) 2 [coloq.] grande quantidade de coisas ou pessoas 3 [coloq., pej.] grupo de pessoas de má nota; corja (Do latim tardio gamba-, «perna»+-ada)

cambada[2] n.f. [Angola] grupo de pessoas com alguma afinidade (desporto, trabalho, classe social) (Do quimbundo camba, «camarada», +-ada)

cambadela n.f. 1 ato de entortar 2 trambolhão; cambalhota 3 rasteira; cambapé (De cambar+-dela)

cambado adj. (calçado) que se entortou sobre o tacão 2 ⇒ **cambaio** (Part. pass. de cambar)

cambadoiro n.m. ⇒ **cambadouro**

cambadouro n.m. mudança de rumo que os barqueiros fazem para o lado onde a corrente é menos forte (De cambar+-douro)

cambaio adj. 1 de pernas tortas 2 que mete os joelhos para dentro (De cambar)

cambal n.m. anteparo nas mós para que a farinha não se espalhe (De camba+-al)

cambala[1] n.f. [Moçambique] corda de folhas de palmeira ou de fios de planta trepadeira; corda (Do macua khamphala, «idem»)

cambala[2] n.f. [Angola] embarcação de dimensão inferior à quimbala; piroga (Do quimbundo kambala, «idem»)

cambalachar v.intr. fazer cambalacho (De cambalacho+-ar)

cambalacho n.m. 1 (negócio, transação) vigarice 2 tramoia; conluio (Do cast. cambalache, «troca de objetos de pouco valor»)

cambaleante adj.2g. 1 que cambaleia 2 que oscila (De cambalear+-ante)

cambalear v.intr. 1 caminhar sem firmeza nas pernas 2 [fig.] vacilar (De cambar?)

cambaleio n.m. ato ou efeito de cambalear (Deriv. regr. de cambalear)

cambalhão n.m. 1 [regionalismo] pedaço de terra que os maus cavadores deixam por cavar 2 monte de terra resultante da cava (De camalhão)

cambalhota n.f. 1 movimento giratório do corpo em que os pés passam por cima da cabeça e voltam a tocar no chão, e que pode ou não ser realizado com o apoio da cabeça ou das mãos 2 pirueta 3 [fig.] trambolhão 4 [fig.] reviravolta; mudança súbita 5 [fig.] revés de vida (De cambalear+-ota)

cambalhotar v.intr. dar cambalhotas (De cambalhota+-ar)

cambaluço n.m. [regionalismo] queda de bruços; grande trambolhão (De orig. obsc.)

cambaluz n.m. 1 [regionalismo] desastre 2 [regionalismo] contrariedade 3 [regionalismo] cambalhota (De orig. obsc.)

cambanito n.m. gancho que aperta o cincho (De cambão+-ito)

cambão n.m. 1 aparelho ou cabo com que se ligam duas juntas de bois ao mesmo carro 2 pau a que se liga o animal que faz mover a nora ou a atafona 3 pau com gancho para apanhar fruta 4 conluio entre vários indivíduos para conseguirem em leilões os melhores lucros (De cambo+-ão)

cambapé n.m. ato de meter uma perna entre as pernas de outra pessoa para a fazer cair; rasteira 2 [fig.] cilada (De cambar+pé)

cambar[1] v.intr. 1 andar com as pernas tortas; ser cambaio ou trôpego 2 cambalear; oscilar 3 curvar (De cambar+-ar)

cambar[2] v.tr. 1 [Guiné-Bissau] passar de um lado para o outro; atravessar 2 [Guiné-Bissau] passar por cima (Do crioulo guineense kamba, «idem»)

cambaretas /ê/ elem. expr. *andar às* ~ estar bêbedo (De cambar+-eta)

cambaritas elem. expr. *andar às* ~ estar bêbedo

cambeira n.f. 1 [regionalismo] resguardo que se põe à volta da mó para não deixar que a farinha se espalhe e junte nos cantos; cambal 2 pl. [regionalismo] farinha muito fina que se pega aos objetos e paredes circunjacentes da mó (De camba+-eira)

cambeirada *n.f.* **1** porção de farinha que se atira à cara de alguém no Carnaval **2** pequena quantidade de farinha que se junta aos cantos da mó (De *cambeira*+*-ada*)
cambeiral *n.m.* ⇒ **cambal** (De *cambeira*+*-al*)
cambeiro *n.m.* [regionalismo] tronco de pinheiro alto e esguio que, em certas noites festivas, se ergue em lugar público e ao qual se atam ramagens, que, ao arderem, iluminam o recinto (De *cambo*+*-eiro*)
camber *n.m.* inclinação lateral que as rodas apresentam quando montadas num veículo, de modo que, vistas de frente, o topo do pneu se encontra mais afastado do chassis do que a base, para que o peso do veículo não deforme a parte inferior do pneu (Do ing. *camber*, «id.»)
cambeta /ê/ *adj.2g.* ⇒ **cambaio** (De *camba*+*-eta*)
cambetear *v.intr.* andar com as pernas tortas ou de maneira anormal; mancar; coxear (De *cambeta*+*-ear*)
cambiação *n.f.* **1** ato ou efeito de cambiar **2** mudança de cor **3** cambiante (De *cambiar*+*-ção*)
cambial *adj.2g.* referente ao câmbio ■ *n.f.* **1** ECONOMIA letra sacada numa praça sobre outra **2** título da contabilidade bancária, representativo das moedas estrangeiras que são objeto de compra e venda (Do it. *cambiale*, «letra de câmbio», do lat. tard. *cambiăre*, «trocar»)
cambiante *n.m./f.* **1** mudança gradual de cor **2** matiz; nuance **3** [fig.] pequena diferença de opinião, de sistema, de apreciação ■ *adj.2g.* **1** de cor variada **2** que tem as cores do arco-íris; irisado **3** de cor indecisa (De *cambiar*+*-ante*)
cambiar *v.tr.* trocar; permutar ■ *v.tr.,intr.* **1** trocar (moeda de um país) pela de outro **2** variar de opinião, de processo, etc. **3** mudar gradualmente de cor(es) (Do lat. tard. *cambiăre*, «trocar»)
câmbio[1] *n.m.* **1** troca de valores (dinheiro, letras, metais preciosos) entre dois países **2** conversão de certa quantidade de moeda nacional na quantidade equivalente de moeda estrangeira **3** lucro ou prémio que o cambista aufere pela permutação de valores; ágio **4** sorte de toureio; *taxa de* ~ número de unidades de moeda estrangeira obtidas em troca de uma unidade de moeda nacional (Do it. *cambio*, «troca; permuta»)
câmbio[2] *n.m.* BOTÂNICA camada de tecido vegetal (meristema) que se situa entre o líber e o lenho (Do it. *cambio*, «id.»)
cambismo *n.m.* **1** influência do câmbio **2** as operações de câmbio (De *câmbio*+*-ismo*)
cambista *n.2g.* dono ou dona de estabelecimento em que se negoceiam papéis de crédito e se permuta moeda (De *câmbio*+*-ista*)
cambito *n.m.* [Brasil] [joc.] perna fina
cambo[1] *n.m.* pau munido de gancho para apanhar a fruta ■ *adj.* [regionalismo] ⇒ **cambaio** (Do radical céltico *camb-*, «arquear; curvar»)
cambo[2] *n.m.* **1** [Moçambique] ironia mordaz e indireta **2** [Moçambique] crítica ofensiva ou insultuosa **3** [Moçambique] alheamento em relação ao próximo e às suas coisas (Do echuabo *kambo*, «idem»)
camboa /ô/ *n.f.* cova ou pequeno lago artificial, à beira-mar, para onde entra o peixe miúdo, na maré alta, e onde fica retido na maré baixa (Do rad. célt. *camb-*, «curvar; arquear»)
camboada *n.f.* ato ou efeito de camboar (Part. pass. fem. subst. de *camboar*)
camboar *v.intr.* apor ao carro duas ou três juntas de bois para subir encostas (De *cambão*+*-ar*)
camboeira *n.f.* rede de pesca usada nas camboas (De *camboa*+*-eira*)
cambojano *adj.* **1** do Camboja **2** relativo ao Camboja ■ *n.m.* natural ou habitante do Camboja (De *Camboja*, top.+*-ano*)
cambolação *n.f.* **1** [Angola] ato ou efeito de cambolar **2** [Angola] engajamento de carregadores, no interior da África (De *cambolar*+*-ção*)
cambolador *n.m.* **1** o que faz cambolação; engajador **2** traficante (De *cambolar*+*-dor*)
cambolar *v.tr.* [Angola] engajar (carregadores), no interior da África (De orig. obsc.)
cambona /ô/ *n.f.* NÁUTICA mudança rápida e simultânea da direção das velas (De *cambar*?)
cambota *n.f.* **1** peça curva que constitui o simples do arco **2** MECÂNICA veio que transforma em movimento de rotação o movimento retilíneo alternado do êmbolo do motor **3** [Brasil] cambalhota (Do rad. célt. *camb-*, «curvar; arquear»+*-ota*)
cambraia *n.f.* tecido muito fino de algodão ou linho (Do fr. *cambrai*, «id.», de *Cambrai*, top., cidade do Norte da França)
cambraieta /ê/ *n.f.* cambraia de qualidade inferior (De *cambraia*+*-eta*)

cambrão[1] *n.m.* BOTÂNICA fruto (baga vermelha elipsoidal) produzido pela cambroeira (De orig. obsc.)
cambrão[2] *n.m.* **1** vespão **2** moscardo (Do lat. *crabrōne-*, «vespão»)
cambrar *v.tr.* **1** dar forma arqueada a **2** construir, formando abóbada; abobadar (Do lat. *camerāre*, «construir em forma de abóbada»)
cambras *n.f.pl.* ⇒ **cãibra** (De *câmara*)
cambriano *adj.* GEOLOGIA que diz respeito ou pertence ao Câmbrico; câmbrico (De *Câmbria*, top. [= País de Gales] +*-ano*)
Câmbrico *n.m.* GEOLOGIA período mais antigo do Paleozoico ■ *adj.* **1** [com minúscula] GEOLOGIA relativo ou pertencente ao Câmbrico **2** [com minúscula] relativo ou pertencente à Câmbria, antigo nome do País de Gales (De *Câmbria*, topónimo [=País de Gales] +*-ico*)
cambroeira *n.f.* BOTÂNICA planta arbustiva, espinhosa, da família das Solanáceas, espontânea em Portugal (De *cambrão*+*-eira*, ou do cast. *cambronera*, «id.»)
cambudo *adj.* (nariz) adunco (De *camba*+*-udo*)
cambulha *n.f.* **1** conjunto de chouriças ou de figos, geralmente ligados por um fio **2** confusão; misturada **3** ⇒ **cambulhada** (De orig. obsc.)
cambulhada *n.f.* **1** conjunto de cambulhos **2** réstia **3** desordem; confusão **4** conjunto de coisas presas umas às outras; cambada; *de* ~ sem ordem, confusamente (De *cambulha*+*-ada*)
cambulhão *n.m.* ⇒ **cambulhada** (De *cambulha*+*-ão*)
cambulho *n.m.* **1** rodela de barro presa à rede para a obrigar a ir ao fundo **2** [pej.] pessoa mal-amanhada (Do lat. med. *cambucŭlu-*, do rad. célt. *camb-*, «curvar; arquear»)
cambuta *n.2g.* [Angola] indivíduo de pouca altura ■ *adj.2g.* [Angola] baixo (Do quimb. *kambuta*, «id.», a partir de *kubuta*, «ser baixo», ou do quicongo *mbuta*, «pigmeu»)
came *n.m.* MECÂNICA peça que faz parte de certos mecanismos (como relógios mecânicos) e que possui uma forma adequada de modo a imprimir, ao girar, determinado movimento a outra peça a ela ligada (Do al. *Kamm*, «pente»)
camear *v.tr.* [regionalismo] mergulhar (a videira); praticar mergulhia em (De *cama*+*-ear*)
camecefalia *n.f.* ANTROPOLOGIA carácter antropológico que se manifesta pela apresentação de crânio baixo (De *camecéfalo*+*-ia*)
camecéfalo *adj.* que apresenta camecefalia (Do gr. *khamaí*, «baixo»+*kephalé*, «cabeça»)
camelão *n.m.* tecido impermeável de pelo de cabra ou de lã de carneiro, outrora de camelo (De *camelo*+*-ão*)
cameleão *n.m.* ZOOLOGIA ⇒ **camaleão 1**
cameleira *n.f.* BOTÂNICA arbusto ou pequena árvore de origem asiática, da família das Cameliáceas, muito cultivado em Portugal pela beleza das suas flores (camélias); japoneira; camélia; rosa-do-japão (De *camélia*+*-eira*)
cameleiro *n.m.* condutor de camelos (De *camelo*+*-eiro*)
Cameleôntidas *n.m.pl.* ZOOLOGIA ⇒ **Cameleontídeos**
cameleontídeo *n.m.* ZOOLOGIA espécime dos Cameleontídeos
Cameleontídeos *n.m.pl.* ZOOLOGIA família de répteis, sáurios, vermilingues, a que pertencem os camaleões (Do lat. *chamaeleonte-*, «camaleão»+*-ídeos*)
camélia *n.f.* **1** BOTÂNICA flor (inodora) da cameleira **2** BOTÂNICA ⇒ **cameleira** (Do fr. *camélia*, «id.», de *J. Camelli*, antr., nome do missionário jesuíta dos fins do séc. XVII, que trouxe esta planta do Japão para a Europa)
cameliácea *n.f.* BOTÂNICA espécime das Cameliáceas
Cameliáceas *n.f.pl.* BOTÂNICA família de plantas arbóreas ou arbustivas, tropicais, a que pertencem as cameleiras ou japoneiras, muito cultivadas em Portugal, também denominada Teáceas (Do lat. bot. *camellia-*, «camélia» +*-áceas*)
camelice *n.f.* estupidez; sandice (De *camelo*+*-ice*)
Camélidas *n.m.pl.* ZOOLOGIA ⇒ **Camelídeos**
camelídeo *n.m.* ZOOLOGIA espécime dos Camelídeos
Camelídeos *n.m.pl.* ZOOLOGIA família de mamíferos artiodáctilos, ruminantes, a que pertencem o camelo, o dromedário, etc. (Do lat. *camēlu-*, «camelo» +*-ídeos*)
cameliforme *adj.2g.* semelhante a camelo (Do lat. *camēlu-*, «camelo» +*forma-*, «forma»)
camelina[1] *n.f.* BOTÂNICA planta da família das Brassicáceas, de flor amarela, muito cultivada pelo óleo que se extrai dos seus frutos (Do lat. *chamaemelina-*, «camelina», planta semelhante à camomila, pelo fr. *caméline*, «id.»)
camelina[2] *n.f.* substância extraída da planta conhecida por cameleira (De *camélia*+*-ina*)
camelino *adj.* **1** de camelo **2** relativo a camelo (Do lat. *camelīnu-*, «de camelo»)

camelo[1] /ê/ *n.m.* **1** ZOOLOGIA mamífero da família dos Camelídeos, de origem asiática, de grande porte, ruminante, com duas corcovas dorsais, muito utilizado como animal de carga nas regiões áridas **2** [pop.] homem estúpido, rude (Do gr. *kámelos*, «camelo», pelo lat. *camēlu-*, «id.»)
camelo[2] /ê/ *n.m.* corda grossa (Do gr. *kámilos*, «corda grossa»)
camelopárdale *n.f.* nome que os antigos davam à girafa por causa das manchas (Do gr. *kamelopárdalis*, «camelo-pantera; girafa», pelo lat. *camelopardăle-*, «id.»)
camelornito *n.m.* ORNITOLOGIA nome comum a algumas aves semelhantes à avestruz (Do gr. *kámelos*, «camelo» +*órnis, -ithos*, «pássaro»)
camena /ê/ *n.f.* **1** nome vulgar das ninfas das fontes, no Lácio **2** ⇒ **musa**[1] **3** composição em verso (Do lat. *Camoena-*, mitol., «musa; divindade das fontes»)
cameraman *n.m.* CINEMA, TELEVISÃO operador de câmara (Do ing. *cameraman* «id.»)
camerlengado *n.m.* dignidade do camerlengo (De *camerlengo*+-*ado*)
camerlengo *n.m.* cardeal que preside à Câmara Apostólica e, num interregno pontifício, tem a seu cargo o governo da Igreja no campo administrativo; **~ do Sacro Colégio** cardeal, nomeado anualmente, que tem a seu cargo a administração dos bens do Sacro Colégio (Do germ. *kamerlinc*, «inspetor de câmara», pelo it. *camerlengo*, «camerlengo»)
camião *n.m.* **1** viatura automóvel pesada destinada ao transporte de mercadorias; caminhão **2** carreta para transporte de bagagem no cais das estações ferroviárias (Do fr. *camion*, «id.»)
camião-cisterna *n.m.* veículo pesado próprio para o transporte de substâncias líquidas ou gasosas
camião-reboque *n.m.* veículo pesado usado para rebocar outro veículo
camila *n.f.* [regionalismo] mesa, em geral redonda, a que está adaptada uma braseira (Do cast. *camilla*, «cama pequena; camila»)
camilha *n.f.* **1** espécie de canapé de encosto **2** cama pequena **3** cobertura da mesa debaixo da qual está a braseira **4** cobertura para mesa redonda (Do cast. *camilla*, «cama pequena; camila»)
camiliana *n.f.* coleção das obras do escritor português Camilo Castelo Branco, 1825-1890, e dos escritos que lhe dizem respeito (De *camiliano*)
camilianista *n.2g.* pessoa admiradora de Camilo e que se dedica ao estudo das suas obras (De *camiliano*+-*ista*)
camiliano *adj.* relativo ao escritor português Camilo Castelo Branco (1825-1890), ou à sua obra (De *Camilo*, antr. +-*iano*)
camilista *n.2g.* ⇒ **camilianista** (De *Camilo*, antr. +-*ista*)
camilonga *n.f.* ORNITOLOGIA nome vulgar de uma ave palmípede, da família dos Colimbídeos, que aparece em Portugal no inverno, também conhecida por mergulhão, mobelha, etc. (De orig. obsc.)
camim *n.m.* BOTÂNICA árvore oleaginosa timorense cujas sementes são comestíveis e fornecem um óleo empregado em pintura e na preparação de vernizes
caminhada *n.f.* **1** ato ou efeito de caminhar **2** grande distância andada ou para andar a pé **3** passeio a pé; jornada (Part. pass. fem. subst. de *caminhar*)
caminhador *adj.* que anda ou caminha muito ∎ *n.m.* **1** aquele que anda ou caminha muito **2** o que anda muito e depressa; andarilho (De *caminhar*+-*dor*)
caminhante *adj.2g.* que caminha; caminhador ∎ *n.2g.* **1** pessoa que circula nas ruas; peão; transeunte **2** viajante; viandante (De *caminhar*+-*ante*)
caminhão[1] *n.m.* [Brasil] ⇒ **camião 1** (Do fr. *camion*, «id.», com infl. de *caminho*)
caminhão[2] *n.m.* resina de benjoim (Do mal. *kamiñan*, «id.»)
caminhar *v.tr.,intr.* percorrer (caminho) a pé; andar ∎ *v.intr.* **1** fazer caminhadas; jornadear **2** marchar **3** [fig.] progredir; avançar ∎ *v.tr.* tender para (De *caminho*+-*ar*)
caminheiro *adj.* **1** que caminha **2** que caminha muito; caminhador ∎ *n.m.* **1** que caminha ou anda a pé **2** o que anda ou caminha muito; caminhador **3** ⇒ **recoveiro** (De *caminhar*+-*eiro*)
caminhense *adj.2g.* respeitante à vila portuguesa de Caminha, no distrito de Viana do Castelo ∎ *n.2g.* natural ou habitante de Caminha (De *Caminha*, top. +-*ense*)
caminheta /ê/ *n.f.* ⇒ **camioneta** (De *caminhão*+-*eta*)
caminho *n.m.* **1** via de comunicação terrestre destinado ao trânsito local em zonas rurais **2** extensão percorrida **3** distância **4** passagem **5** direção; rumo **6** [fig.] meio; norma de proceder; **ficar pelo ~** não conseguir atingir um determinado objetivo ou fim; **levar ~** perder-se; **ser meio ~ andado** estar já resolvido em parte (Do lat. vulg. *cammīnu-*, «caminho»)
caminho-de-ferro ver nova grafia caminho de ferro
caminho de ferro *n.m.* **1** via de comunicação terrestre constituída por dois carris paralelos sobre os quais circulam comboios ou outro tipo de composições; via-férrea **2** empresa que explora e gere a rede ferroviária de um país
caminhonete *n.f.* [Brasil] veículo automóvel para transporte de pessoas ou carga; carrinha
caminologia *n.f.* tratado acerca da construção das chaminés (Do gr. *káminos*, «forno» +*lógos*, «tratado»)
caminotecnia *n.f.* arte de construir chaminés e fogões (Do gr. *káminos*, «forno» +*tékhne*, «arte» +-*ia*)
camionagem *n.f.* **1** transporte por camião **2** custo desse transporte (Do fr. *camionnage*, «id.»)
camioneta *n.f.* **1** viatura automóvel ligeira para transporte de mercadorias; camião pequeno; caminheta **2** veículo automóvel para transporte coletivo de pessoas, com lugares geralmente divididos por uma coxia central (Do fr. *camionnette*, «id.»)
camionete *n.f.* ⇒ **camioneta**
camionista *n.2g.* dono ou condutor de camião (Do fr. *camion*, «camião» +-*ista*)
camisa *n.f.* **1** peça de vestuário de tecido leve para tronco e braços, geralmente com colarinho e botões à frente **2** peça de vestuário feminino para dormir, com forma de vestido ou túnica **3** folhelho da espiga do milho **4** envoltório **5** peça do revestimento interior dos cilindros nos motores de explosão **6** revestimento metálico exterior dos projéteis das armas portáteis, destinado a facilitar a penetração dos mesmos nas estrias do cano; **em mangas de ~** sem casaco; **ficar sem ~** perder tudo (Do gr. *kámasos*, «túnica», pelo lat. med. *camisĭa-*, «camisa»)
camisa-de-forças ver nova grafia camisa de forças
camisa de forças *n.f.* peça com forma de casaco, com grandes mangas que permitem que os braços sejam cruzados e apertados atrás das costas para restringir os movimentos de prisioneiro ou doente agitado
camisa-de-onze-varas ver nova grafia camisa de onze varas
camisa de onze varas *n.f.* **1** alva dos condenados a autos de fé **2** [fig.] grande dificuldade; situação embaraçosa; **meter-se numa ~** meter-se em grandes dificuldades
camisa-de-vénus ver nova grafia camisa de Vénus
camisa de Vénus *n.f.* ⇒ **preservativo** *n.m.* **2**
camisão *n.m.* camisa grande (De *camisa*+-*ão*)
camisaria *n.f.* fábrica ou estabelecimento de venda de camisas (De *camisa*+-*aria*)
camiseira *n.f.* costureira de camisas (De *camisa*+-*eira*)
camiseiro *n.m.* **1** fabricante ou negociante de camisas **2** móvel de gavetas próprio para guardar camisas ∎ *adj.* **1** próprio para camisas **2** semelhante a camisa (De *camisa*+-*eiro*)
camiseta /ê/ *n.f.* **1** camisa de manga curta para homem **2** espécie de camisa feminina, com ou sem mangas; blusa **3** camisa de pano fino e transparente que algumas mulheres usavam sobre a camisa **4** [Brasil] camisola interior **5** [Brasil] t-shirt (Do fr. *chemisette*, «id.»)
camisinha *n.f.* **1** camisa pequena **2** peitilho para compor o decote do vestido **3** [pop.] preservativo (De *camisa*+-*inha*)
camisola *n.f.* **1** peça de roupa de malha que cobre o tronco e os braços e é geralmente usada como agasalho **2** (interior) peça de vestuário moldada ao tronco ou ao tronco e aos braços, usada por baixo de outra peça de roupa **3** [Brasil] camisa para dormir (De *camisa*+-*ola*)
camisola-amarela *n.m.* DESPORTO (ciclismo) corredor que, por ser o primeiro da classificação geral em etapas, veste uma camisola de cor amarela
camisoleiro *n.m.* fabricante ou vendedor de camisolas (De *camisola*+-*eiro*)
camisote[1] *n.m.* **1** camisa de tecido muito fino **2** armadura antiga (De *camisa*+-*ote*)
camisote[2] *n.m.* [Guiné-Bissau] veste masculina semelhante ao albornoz (Do crioulo guineense *kamisoti*, «id.»)
camita *adj.2g.* **1** de Cam, filho de Noé **2** relativo a Cam **3** descendente de Cam ∎ *n.2g.* indivíduo descendente de Cam (Do lat. *Cham*, antr. +-*ita*)
camítico *adj.* relativo aos Camitas (Egípcios, Etíopes e Líbios) (De *camita*+-*ico*)
camoca *n.f.* [Cabo Verde] alimento preparado à base de milho torrado e moído (Do crioulo *kamóka*, «farinha de milho torrado»)
camocho /ô/ *n.m.* [gír.] tostão (De orig. obsc.)

camocica n.m. [Brasil] veado do Brasil, também conhecido por veado-bororó, foboca, mão-curta, etc. (De orig. obsc.)

camoeca n.f. 1 [pop.] bebedeira 2 [pop.] sonolência causada pela embriaguez 3 [pop.] mal-estar; achaque (De orig. obsc.)

camoês n.m. 1 variedade de pero (maçã) de cor avermelhada ou branca e de sabor muito agradável 2 variedade de pereiro (macieira) com frutos de polpa ácida (De orig. obsc.)

camoesa /ê/ n.f. 1 BOTÂNICA termo que é usado para designar algumas variedades de macieira muito cultivadas em Portugal, como a camoesa-branca, a camoesa-rosa, etc. 2 BOTÂNICA fruto (pomo) destas árvores (De camoês)

camomila n.f. BOTÂNICA nome extensivo a algumas plantas da família das Compostas, muito usadas em infusões ou chás, particularmente uma planta espontânea em Portugal, com caules flexíveis e flores aromáticas de cabeça amarela e pétalas brancas, com aplicação farmacêutica e também conhecida por margaça-das-boticas (Do gr. khamaimélon, «maçã do chão», pelo lat. tard. camomilla-, «camomila»)

camomilha n.f. BOTÂNICA ⇒ **camomila**

camondongo n.m. [Brasil] ZOOLOGIA ⇒ **camundongo**

camone n.m. [pop.] pessoa que se expressa em inglês, especialmente um turista norte-americano ou inglês (Do ing. come on, «vamos»)

camoniana n.f. coleção de obras do poeta português Luís de Camões (1524-1580) e dos escritos que a este ou àquelas dizem respeito (De camoniano)

camonianista adj.2g.,n.2g. estudioso ou admirador da obra de Luís de Camões (De camoniano+-ista)

camoniano adj. 1 relativo ao poeta português Luís de Camões (1524-1580) e à sua obra 2 que imita o estilo de Camões ■ adj.,n.m. ⇒ **camonianista** (De Camões, antr. +-iano)

camonologia n.f. estudos acerca de Camões e das suas obras (De Camões+-logia)

campa¹ n.f. 1 sino pequeno 2 sineta de igreja ou comunidade (Do lat. tard. campăna-, «espécie de balança romana; sino»)

campa² n.f. 1 pedra ou lousa que cobre a sepultura 2 sepultura (De campo?)

campação n.f. 1 ato ou efeito de campar 2 motivo de orgulho ou honra; ufania (De campar+-ção)

campainha n.f. 1 pequena sineta 2 aparelho sonoro, metálico, de alarme ou chamada 3 [pop.] úvula 4 [fig.] pessoa que divulga tudo o que ouve 5 BOTÂNICA planta (ou flor) das famílias das Campanuláceas e Amarilidáceas, espontâneas em Portugal 6 pl. MÚSICA [ant.] (bandas militares) instrumento musical com a forma de um triângulo com guizos e campainhas (Do lat. tard. campanīna-, dim. de campăna-, «sino»)

campainha-azul n.f. BOTÂNICA ⇒ **azuraque**

campainhada n.f. toque de campainha (De campainha+-ada)

campainhão n.m. ⇒ **campainheiro** (De campainha+-ão)

campainheiro n.m. 1 o que leva a campainha 2 andador de confraria (De campainha+-eiro)

campal adj.2g. 1 referente ao campo 2 próprio de acampamento 3 realizado em campo raso (De campo+-al)

campana n.f. 1 sino pequeno; sineta 2 ornato de dossel 3 extremidade larga de alguns instrumentos musicais 4 BOTÂNICA planta da família das Compostas, com flores amarelas agrupadas em capítulos, espontânea no litoral de Portugal; campana-da-praia (Do lat. campāna-, «espécie de balança romana; sino»)

campanado adj. ⇒ **campanulado** (De campana+-ado)

campanário n.m. 1 parte da torre da igreja em que estão suspensos os sinos 2 [fig.] freguesia; aldeia (Do lat. *campanarĭu-, «id.»)

campaneiro n.m. tocador de campana; sineiro (De campana+-eiro)

campanha n.f. 1 MILITAR série de operações militares durante uma guerra 2 MILITAR acampamento de tropas 3 MILITAR período durante o qual se realizam operações militares 4 movimento organizado para divulgação ou realização de determinado assunto 5 companha 6 [fig.] lida; batalha 7 [fig.] conjunto de esforços para determinado fim 8 [regionalismo] ⇒ **campina** (Do lat. campanĭa-, «campo; campo de batalha»)

campanhista n.f. 1 militar que fez ou entrou em campanhas 2 veterano (De campanha+-ista)

campan(i)- elemento de formação de palavras que exprime a ideia de campânula, campainha, campa, sino (Do lat. campăna-, «sino»)

Campaniano n.m. GEOLOGIA andar do Cretácico superior (Do it. Campânia, top., região da Itália meridional +-ano)

campaniço adj. relativo ou pertencente à região do Campo Branco ou à vila de Campo Maior, no Alentejo (De campana+-iço)

campaniforme adj.2g. que tem forma de campânula; campanulado (De campani-+-forme)

campanil n.m. 1 liga de metais para sinos 2 lugar alto para sinos (Do lat. med. campanīle-, «campanil», pelo it. campanile, «id.»)

campanilo n.m. 1 torre ou flecha que encima certos edifícios 2 torre sineira quando separada do corpo da igreja (Do it. campanile, «campanil; campanário», pelo fr. campanile, «id.»)

campanologia n.f. ciência relativa aos sinos ou à arte de os tocar por música (De campanólogo+-ia)

campanólogo n.m. o que toca peças de música em sinos, campainhas ou copos (Do lat. campăna-, «sino»+gr. lógos, «estudo»)

campanudo adj. 1 que tem forma de sino 2 campaniforme 3 [fig.] (discurso, estilo) empolado; pomposo; mais enfático do que substancial (De campana+-udo)

campânula n.f. 1 recipiente de vidro em forma de sino 2 pequena estufa portátil em forma de sino 3 BOTÂNICA planta da família das Campanuláceas, com flores cuja corola tem a forma de sino (Do lat. med. campanŭla-, por campanella-, «sino pequeno»)

campanulácea n.f. BOTÂNICA espécime das Campanuláceas

Campanuláceas n.f.pl. BOTÂNICA família de plantas dicotiledóneas, de corola simpétala, a que pertencem as campainhas, o rapúncio, etc. (De campanuláceo)

campanuláceo adj. ⇒ **campanular** (De campânula+-áceo)

campanulado adj. 1 que possui campânula 2 que tem forma de campânula 3 BOTÂNICA diz-se da corola simpétala, regular, curta, que se alarga para fora (De campânula+-ado)

campanular adj.2g. 1 que diz respeito a campânula 2 em forma de campainha (De campânula+-ar)

campão¹ n.m. GEOLOGIA mármore variegado existente na região de Campan, nos Pirenéus (De Campan, top.)

campão² n.m. [Brasil] campo grande (De campo+-ão)

campar¹ v.tr.,intr. acampar ■ v.tr. ostentar; gabar-se; sobressair ■ v.intr. 1 sair-se bem 2 aproveitar; lucrar 3 sair à noite à procura de aventuras amorosas (De campo+-ar)

campar² v.intr. [Angola] morrer (De campa, «sepultura», ou do quimbundo kamba, «morrer»)

campeador adj.,n.m. 1 que campeia 2 lidador 3 campeão (De campear+-dor)

campeão n.m. 1 DESPORTO vencedor em prova desportiva ou campeonato 2 [fig.] indivíduo com qualidades típicas de vencedor 3 HISTÓRIA aquele que combatia em campo fechado, nos torneios, em defesa de alguém 4 [fig.] defensor (Do lat. tard. campiōne-, do germ. kampjo, de kamp, «campo de luta»)

campear v.tr.,intr. acampar ■ v.intr. 1 estar em campanha 2 batalhar 3 marchar com garbo 4 sobressair 5 dominar 6 ostentar; alardear (De campo+-ear)

campeche n.m. 1 BOTÂNICA árvore da América Central, da família das Leguminosas, cuja madeira fornece a hematoxilina, da qual deriva a hemateína, também conhecida por campecheiro 2 a madeira desta árvore, o pau-de-campeche (De Campeche, top., estado da confederação mexicana)

campecheiro n.m. ⇒ **campeche** (De campeche+-eiro)

campéfago adj. diz-se do animal, especialmente a ave, que se alimenta de lagartas (Do gr. kámpe, «lagarta; larva de insetos» +phageīn, «comer»)

campeiro¹ n.m. 1 [pop.] (edifício) que não tem outros que lhe tirem as vistas 2 desafogado 3 habituado aos trabalhos campestres 4 relativo ao campo (De campo+-eiro)

campeiro² n.m. sineiro (De campa+-eiro)

campenomia n.f. GRAMÁTICA parte da gramática que se ocupa da flexão das palavras; camptologia (Do gr. kampé, «flexão» +nómos, «lei; norma» +-ia)

campeonato n.m. competição desportiva para apurar o melhor dos concorrentes (campeão) (De campeão+-ato)

campesinato n.m. os camponeses em geral (De campesino+-ato)

campesinho adj. ⇒ **campesino**

campesino adj. relativo ou pertencente ao campo; campestre; rústico ■ n.m. camponês (De *campēs, «do campo» +-ino)

campestre adj.2g. 1 do campo 2 relativo ao campo 3 próprio do campo; campesino; rústico ■ n.m. indivíduo que vive no campo; camponês (Do lat. campestre-, «da planície; do campo»)

campícola adj.2g. que habita no campo (Do lat. campu-, «campo» +colĕre, «habitar»)

campilotrópico adj. ⇒ **campilótropo** (De campilótropo+-ico)

campilótropo *adj.* BOTÂNICA diz-se do óvulo vegetal cujo eixo está encurvado, ficando o hilo, a calaza e o micrópilo próximos uns dos outros (Do gr. *kampýlos*, «curvo»+*trópos*, «volta»)

campímetro *n.m.* MEDICINA instrumento que serve para medir a extensão do campo visual (Do lat. *campu-*, «campo»+gr. *métron*, «medida»)

campina *n.f.* **1** planície extensa, sem povoações nem árvores; planura; chã **2** chão **3** descampado (De *campo*+*-ina*)

campineiro *n.m.* [Brasil] ICTIOLOGIA ⇒ **taguará** (De *campina*+*-eiro*)

campino *adj.* relativo ou pertencente ao campo; campesino ▪ *n.m.* **1** homem do campo; camponês; aldeão **2** guardador de rebanhos; pastor **3** [regionalismo] (especialmente no Ribatejo) guardador de touros (De *campo*+*-ino*)

campir *v.tr.* pintar a perspetiva do horizonte em (quadro) (Do it. *campire*, «id.»)

campismo *n.m.* atividade de lazer, turística ou desportiva, que consiste em acampar ao ar livre, em recintos próprios (parques de campismo) ou livremente em locais naturais (campismo selvagem) (De *campo*+*-ismo*)

campista *n.2g.* pessoa que pratica o campismo (De *campo*+*-ista*)

campo *n.m.* **1** extensão de terreno destinado ao cultivo e às pastagens **2** terreno plantado; plantação **3** pequena localidade fora da cidade, onde predominam as atividades agrícolas; aldeia **4** terreno sem edificação, dentro de uma povoação **5** espaço plano **6** área mais ou menos extensa; espaço **7** zona rural situada fora dos limites das cidades **8** MILITAR acampamento militar **9** MILITAR zona de combate **10** DESPORTO recinto destinado à prática de atividades desportivas **11** DESPORTO área demarcada para jogo **12** CINEMA, FOTOGRAFIA, TELEVISÃO espaço abrangido pela objetiva de uma máquina fotográfica ou de filmagem; plano **13** HERÁLDICA parte do fundo do escudo onde se representam as imagens ou figuras do brasão **14** [fig.] área de atividade; domínio; âmbito **15** [fig.] assunto; tema **16** [fig.] partido; fação **17** [fig.] azo; ensejo; ocasião **18** conjunto estruturado de elementos; **~ de consciência** PSICOLOGIA conteúdo atual da consciência; **~ de forças** FÍSICA porção de espaço onde são sensíveis e verificáveis ações de forças sem agente transmissor intermédio (campo da gravidade, campo elétrico, campo magnético, campo de mesões, este último responsável pelas forças nucleares); **~ de Marte** campo de manobras; **~ elétrico** região do espaço na qual se exerce força percetível, diferente da força gravitacional, sobre uma carga elétrica; **~ lexical** LINGUÍSTICA conjunto de palavras associadas, pelo seu sentido, a uma dada área conceptual; **~ psicológico** conjunto de factos psíquicos interdependentes orientado por uma tendência; **~ semântico** LINGUÍSTICA conjunto de significados que uma palavra pode ter nos diversos contextos em que ocorre; **~ visual** extensão total que um olho pode ver sem se mover; *chamar alguém a ~* desafiar; *descobrir ~* explorar o terreno por onde se tem de avançar; *pôr em ~* acionar, fazer agir; *trazer a ~* trazer à discussão (Do lat. *campu-*, «planície; campo»)

campo de concentração *n.m.* local onde se mantêm presos de guerra ou presos políticos, geralmente em más condições e sujeitos a trabalhos forçados

camponês *n.m.* **1** pessoa que vive ou trabalha no campo **2** aldeão ▪ *adj.* do campo; rústico (De *campo*+*n*+*-ês*)

campónio *n.m.* [depr.] pessoa que vive ou trabalha no campo; camponês ▪ *adj.* [depr.] do campo; rústico (De *campo*+*-ónio*)

campo-santo *n.m.* cemitério

camposo /ô/ *adj.* [regionalismo] largo; amplo (De *campo*+*-oso*)

campto- elemento de formação de palavras que exprime a ideia de *flexão, curva* (Do gr. *kámptes*, «flexão»)

camptocormia *n.f.* MEDICINA deformidade de postura, geralmente de origem traumática, que consiste na inclinação do tronco para diante e acarreta modificações morfológicas diversas (Do gr. *kámptes*, «flexão»+*kormós*, «tronco»+*-ia*)

camptologia *n.f.* GRAMÁTICA estudo da flexão das palavras variáveis; campenomia (De *campto*-+*-logia*)

camptometria *n.f.* medição das curvas do crânio ou das de outras partes do corpo humano (De *campto-*+*-metria*)

camptonito *n.m.* PETROLOGIA rocha porfírica, de cor escura, que se encontra em diques e é constituída por labradorite, piroxena, horneblenda sódica e olivina (Do gr. *kamptón*, «fletido; flexível»+*-ito*)

campus *n.m.2n.* área que compreende os terrenos e os principais edifícios de uma universidade (Do ing., pelo lat. *campus*, «terreno plano, planície»)

camueca *n.f.* [coloq.] doença ligeira; achaque (Provavelmente do quimb. *kamueca*, «bebedeira»)

camuelo /ê/ *n.m.* [Angola] indivíduo invejoso ou avarento (Do quimb. *muelo*, «id.»)

camuflagem *n.f.* **1** disfarce **2** dissimulação de um objeto para evitar ou atrasar o reconhecimento da sua verdadeira natureza (Do fr. *camouflage*, «id.»)

camuflar *v.tr.* **1** alterar o aspeto exterior de acordo com o meio ambiente para passar despercebido **2** esconder; disfarçar (Do fr. *camoufler*, «id.»)

camundongo *n.m.* [Brasil] pequeno roedor da família dos Murídeos, pelagem macia, cauda longa e orelhas grandes e arredondadas, de cor cinzenta amarelada, geralmente associado a habitações humanas; camondongo; catita; rato-catita (Do quimb. *kamun'dongo*, «id.»)

camurça *n.f.* **1** ZOOLOGIA mamífero ruminante, da família dos Bovídeos, com chifres lisos e em forma de gancho nas pontas, que vive nos Alpes, Pirenéus, Grécia, etc., e é útil pela carne e pela pele **2** a pele deste animal, que, depois de preparada, é utilizada em vários artefactos (De orig. obsc.)

camurçagem *n.f.* ato ou efeito de camurçar (De *camurçar*+*-agem*)

camurçar *v.tr.* dar o aspeto de camurça a (uma pele) (De *camurça*+*-ar*)

camurcina *n.f.* tecido que imita a camurça (De *camurça*+*-ina*)

camurcite *n.f.* ⇒ **camurcina** (De *camurça*+*-ite*)

cana *n.f.* **1** BOTÂNICA planta rizomatosa, de colmo lenhoso, da família das Gramíneas, cultivada e subespontânea em Portugal, útil pelas aplicações do seu colmo **2** BOTÂNICA colmo seco desta planta **3** BOTÂNICA caule de muitas gramíneas **4** [fig.] flauta **5** utensílio de pesca **6** bengala **7** bambu **8** cachaça **9** [pop.] designação de alguns ossos, como a tíbia, os ossos do nariz, etc. **10** *pl.* antiga justa com lanças frágeis; *de ~ rachada* (VOZ) estridente e desafinada; *duma ~* muito bom (Do gr. *kánna*, «cana», pelo lat. *canna*-, «id.»)

canabinácea *n.f.* BOTÂNICA espécime das Canabináceas

Canabináceas *n.f.pl.* BOTÂNICA família de plantas dicotiledóneas, herbáceas, representada, em Portugal, pelo cânhamo e pelo lúpulo (Do gr. *kánnabis*, «cânhamo», pelo lat. *cannabīnu-*, «de cânhamo»+*-áceas*)

Canabíneas *n.f.pl.* BOTÂNICA ⇒ **Canabináceas**

canábis *n.f.2n.* **1** BOTÂNICA ⇒ **cânhamo 1 2** substância obtida a partir das folhas e flores secas do cânhamo-da-índia que, sendo mascada ou fumada, provoca efeito entorpecente e alucinogénio causado pela ação do seu principal componente psicoativo, o tetra-hidrocanabinol; erva; haxixe; maconha; marijuana (Do lat. cient. *cannabis*, pelo ing. *cannabis*, «id.»)

canabrás *n.f.2n.* BOTÂNICA planta herbácea da família das Umbelíferas, espontânea em Portugal, também conhecida por branca-ursina e esfondílio (De orig. obsc.)

cana-brava *n.f.* ⇒ **ubá²**

canada¹ *n.f.* **1** pancada com uma cana **2** dupla fiada de estacas através de um rio para indicar o vau **3** carreiro através dos campos **4** antigo caminho, geralmente murado, seguido pelo gado transumante **5** rodeira de carro (De *cana*+*-ada*)

canada² *n.f.* **1** antiga unidade de medida de capacidade equivalente a dois litros **2** *pl.* paga feita em vinho aos trabalhadores rurais (Do lat. **cannata-*, «id.»)

cana-da-índia *n.f.* **1** BOTÂNICA gramínea da América tropical, cultivada com fins ornamentais e industriais **2** bambu

cana-de-açúcar *n.f.* BOTÂNICA cana originária da Índia, representada por muitas variedades, bastante cultivada em certas regiões tropicais, especialmente pelo valor do sacarose que fornece

canadela *n.f.* unidade de medida antiga para secos, menor que o alqueire (De *canada*+*-ela*)

cana-de-macaco *n.f.* ⇒ **ubacaia**

canadense *adj.,n.2g.* ⇒ **canadiano** (De *Canadá*, top. +*-ense*)

canadiana *n.f.* **1** cada uma das hastes metálicas que, na extremidade superior, têm um encosto superior ajustado ao antebraço e um suporte para a mão, e que são usadas como apoio por pessoas que não conseguem andar normalmente **2** tenda de campismo de formato triangular **3** casaco de lã que vai geralmente até ao meio das coxas, com carapuço e botões que entram em tiras de tecido ou couro **4** [ant.] modelo de automóvel, destinado simultaneamente a passageiros e carga (De *canadiano*)

canadiano *adj.* relativo ou pertencente ao Canadá; canadense ▪ *n.m.* natural ou habitante do Canadá; canadense (De *Canadá*, top. +*-iano*)

canado *n.m.* **1** vasilha para medir líquidos, equivalente a meio almude **2** vaso de folha com boca larga para transporte de leite, azeite, etc. (De *canada*)

canafístula *n.f.* BOTÂNICA planta arbórea, tropical, da família das Leguminosas, comum na Índia, fornecedora de boa madeira e de

canafrecha

frutos utilizados em medicina, também conhecida por cássia (Do lat. *canna-*, «cana» +*fistŭla-*, «tubo»)

canafrecha *n.f.* BOTÂNICA planta herbácea, da família das Umbelíferas, espontânea em Portugal (Do lat. *canna-*, «cana» +*fercŭla-*, dim. de *ferŭla-*, «férula; canafrecha»)

canal[1] *n.m.* **1** passagem natural ou artificial de águas **2** comunicação estreita entre dois mares; estreito **3** braço de rio por onde se desviam águas **4** cano; tubo **5** LINGUÍSTICA mecanismo que permite, em processo de comunicação, a transmissão da mensagem do emissor para o recetor **6** RÁDIO, TELEVISÃO faixa de frequência de determinada estação **7** RÁDIO, TELEVISÃO estação de rádio ou televisão **8** ANATOMIA cavidade mais ou menos estreita e alongada, num organismo, como canal lacrimal, canal excretor, canal raquidiano, etc. **9** [fig.] meio; via **10** [fig.] intermediário; ~ *micropilar* BOTÂNICA micrópilo; ~ *neural* ANATOMIA canal vertebral que contém a medula (Do lat. *canăle-*, «tubo; cano»)

canal[2] *n.m.* [regionalismo] ⇒ **canavial** *n.m.* (De *cana-*+*-al*)

canal-da-areia ver nova grafia canal da areia

canal da areia *n.m.* BIOLOGIA tubo do aparelho ambulacrário (nos equinodermes) que se segue à placa madrepórica e é também designado por canal aquífero ou canal hidróforo

canalete /ê/ *n.m.* canal pequeno (De *canal*+*-ete*)

canalha *n.f.* [pej.] gente desprezível **2** grupo de crianças; criançada ∎ *adj.*,*n.2g.* [pej.] que ou pessoa que é desprezível; patife; velhaco (Do it. *canaglia*, «patife; canalha»)

canalhada *n.f.* **1** ato de canalha; canalhice **2** [pej.] gente desprezível **3** a canalha; criançada (De *canalha*+*-ada*)

canalhice *n.f.* **1** ação desprezível **2** brincadeira de criança (De *canalha*+*-ice*)

canalhismo *n.m.* ⇒ **canalhice 1** (De *canalha*+*-ismo*)

canali- elemento de formação de palavras que exprime a ideia de *canal* (Do lat. *canale-*, «canal»)

canaliculado *adj.* que tem canalículo (De *canículo*+*-ado*)

canalicular *adj.2g.* ⇒ **canaliculado** (De *canículo*+*-ar*)

canalículo *n.m.* **1** pequeno canal **2** BOTÂNICA pequeno tubo que apresentam as hastes, pecíolos e folhas de alguns vegetais (Do lat. *canaliculu-*, «canal pequeno»)

canalífero *adj.* que possui canais ou vasos (De *canali-*+*-fero*)

canaliforme *adj.2g.* em forma de canal (De *canali-*+*-forme*)

canalização *n.f.* **1** ato ou efeito de canalizar **2** abertura de canais num dado local **3** conjunto ou disposição dos canos ou canais que formam um sistema ou rede **4** encaminhamento (De *canalizar*+*-ção*)

canalizador *n.m.* indivíduo que se encarrega de trabalhos de instalação e reparação de canalizações, assim como de caleiras, aparelhos sanitários, cilindros, máquinas de lavar, etc.; picheleiro; encanador Brasil; bombeiro Brasil (De *canalizar*+*-dor*)

canalizar *v.tr.* **1** abrir ou colocar canos em **2** pôr canalização em **3** encanar **4** dirigir por canos, tubos ou canais **5** [fig.] encaminhar em certo sentido (De *canal*+*-izar*)

canalizável *adj.2g.* que pode ser canalizado (De *canalizar*+*-vel*)

canamão *n.m.* [regionalismo] peça a que se apoiam os trabalhadores que ocupam o trilho com que se debulham alguns cereais (De *cana*+*mão*)

canana *n.f.* cartucheira usada a tiracolo por oficiais e praças montadas (Do ár. *kinana*, «aljava»)

cananeu *adj.* **1** de Canaã (Palestina) **2** relativo a Canaã ∎ *n.m.* natural ou habitante de Canaã (Do lat. *cananaeu-*, «id.»)

canapé *n.m.* **1** assento com braços e recosto para duas ou mais pessoas **2** CULINÁRIA pequena fatia de pão ou tosta sobre a qual se colocam ingredientes como molhos alimentícios, fatias de presunto, tomate, etc., e que se serve antes do prato principal de uma refeição, ou em vez desta; aperitivo (Do gr. *konopeîon*, «mosquiteiro; cortina da cama», pelo lat. tard. *canapēu-*, «id.», pelo fr. *canapé*, «canapé»)

canareira *n.f.* gaiola grande para viveiro de canários (De *canário*+*-eira*)

canaria *n.f.* conjunto de tubos que formam o instrumento musical chamado órgão (De *cano*+*-aria*)

canária *n.f.* **1** ORNITOLOGIA fêmea do canário **2** dança antiga, em compasso ternário, originária das ilhas Canárias (De *Canárias*, top.)

canaricultura *n.f.* criação de canários (De *canário*+*cultura*)

canarim *n.2g.* pessoa natural da antiga Índia portuguesa ∎ *n.m.* **1** uma das línguas decânicas **2** [Brasil] homem alto, de pernas longas ∎ *adj.2g.* **1** natural da antiga Índia portuguesa **2** de pele trigueira (De *Canará*, top. [região da Índia] +*-im*)

canário *n.m.* **1** ORNITOLOGIA pássaro canoro da família dos Fringilídeos, que se encontra ainda no estado selvagem nas ilhas Canárias **2** designação extensiva a diversas raças domésticas de pássaros dessa mesma família, tipicamente amarelos, muito apreciados pelo seu canto em quase todo o Globo **3** BOTÂNICA planta trepadeira, da família das Bignoniáceas, própria das regiões quentes, que produz flores vistosas **4** BOTÂNICA variedade de feijão amarelo cultivada em Portugal **5** ICTIOLOGIA designação comum a uns peixes marinhos, teleósteos, da família dos Labrídeos e dos Serranídeos, também conhecidos por bodião, canário-do-mar, peixe-rei, papagaio, etc. **6** [fig.] pessoa que canta muito bem (De *ilhas Canárias*, top.)

canário-da-índia *n.m.* ⇒ **pintassilgo-verde**

canário-do-mar *n.m.* ICTIOLOGIA peixe teleósteo da família dos Labrídeos ou Serranídeos

cana-sacarina *n.f.* ⇒ **cana-de-açúcar**

canasta *n.f.* jogo para dois ou quatro jogadores, em que se utilizam dois baralhos de 52 cartas, e cujo objetivo é conseguir obter séries de sete cartas de valores iguais (Do cast. *canasta*, «canastra»)

canastra *n.f.* cesta larga e baixa, com ou sem tampa, feita de vergas ou fasquias de madeira ou de cana, entrançadas (Do gr. *kánastron*, «cesta de junco ou cana», pelo lat. **cannastra-*, por *cannistra-*, pl. de *cannistrum*, «cesto; açafate»)

canastrada *n.f.* **1** conteúdo de uma canastra **2** conjunto de canastras (De *canastra*+*-ada*)

canastrado *adj.* diz-se do tecido que imita o entrançado da canastra (De *canastra*+*-ado*)

canastrão *n.m.* **1** canastra grande **2** [fig.] pessoa alta e desajeitada **3** [coloq.] mau ator (De *canastra*+*-ão*)

canastreiro *n.m.* o que faz, conserta ou vende canastras (De *canastra*+*-eiro*)

canastrel *n.m.* **1** canastra pequena com tampa e asa; canistrel **2** cesto de vindima **3** cabaz (De *canastra*+*-el*)

canastro *n.m.* **1** canastra alta e estreita **2** [pop.] corpo ou tronco humano **3** [regionalismo] espigueiro; *dar cabo do ~ a* arruinar a saúde de, espafatar, matar (De *canastra*)

cânave *n.m.* ⇒ **cânhamo** (Do lat. *cannăbe-*, «cânhamo»)

canaveira *n.f.* lugar onde cresce o cânave (Do lat. *cannabaria-*, «id.»)

cana-verde *n.f.* **1** dança típica do Minho e também difundida em algumas regiões do Brasil, de andamento rápido e executada em duas rodas, uma de homens e outra de mulheres, em que estes cantam e dançam em sentido oposto, trocando de lugar sem se tocarem e formando novos pares **2** canção que acompanha esta dança

canavês[1] *adj.* **1** relativo ou pertencente à cidade portuguesa do Marco de Canaveses, no distrito do Porto **2** designativo do gado bovino dessa região ∎ *n.m.* natural ou habitante daquela cidade (De *Canaveses*, top.)

canavês[2] *n.m.* ⇒ **canaveira** (De *cânave*+*-ês*)

canavial *n.m.* **1** sítio onde crescem canas **2** vasto aglomerado de canas ∎ *adj.2g.* **1** BOTÂNICA designativo de uma casta de macieira, cultivada em Portugal, produtora de maçãs doces de maturação serôdia **2** BOTÂNICA designativo da maçã produzida por esta macieira (Do lat. *canna-*, «cana, colmo» +*avena-*, «aveia», pelo port. ant. *canavea-*+*-i-*+*-al*)

canavieira *n.f.* **1** [Madeira] BOTÂNICA variedade de sorgo **2** cana de roca (Do ant. *canavea*+*-eira*)

canavoura *n.f.* planta de folhas semelhantes às da espadana (De *cânave*+*-oura*)

canaz *n.m.* **1** ⇒ **canzarrão 2** [fig., pej.] homem velhaco (Do lat. *cane-*, «cão» +*-az*)

cancã[1] *n.f.* quadrilha acrobática de movimentos muito rápidos, dançada só por mulheres (Do fr. *cancan*, «id.»)

cancã[2] *n.m.* [Cabo Verde] rapé; tabaco de mascar; preparado à base de tabaco (Do crioulo cabo-verdiano *kankam*, «id.»)

cancaborrada *n.f.* [pop.] ⇒ **cacaborrada**

cancaburra *n.f.* [Cabo Verde] confusão; asneira (De *cacaborrada*, «coisa mal feita», «desordem»)

cancanar *v.intr.* dançar o cancã (Do fr. *cancaner*, «id.»)

cancanista *n.2g.* pessoa que dança o cancã ∎ *adj.2g.* parecido com o cancã (De *cancã*+*-ista*)

canção *n.f.* **1** MÚSICA composição musical com letra destinada a ser cantada **2** cântico **3** LITERATURA forma poética, de origem provençal, constituída por uma série de estrofes heterométricas e rematadas por uma estrofe mais curta (Do lat. *cantiōne-*, «canção»)

cancarã *n.f.* [Cabo Verde] esteira feita de canas inteiras de caniço que se usa para base da esteira de deitar ou para fazer divisórias, tetos

cancela *n.f.* 1 porta gradeada e geralmente de madeira ou de ferro 2 resguardo metálico de passagem de nível do caminho de ferro 3 resguardo móvel de madeira dos carros de bois 4 dependência do curro onde estão os touros para ser lidados (De *cancelo*)

cancelada *n.f.* cerca de cancelas onde pernoita o gado nas estercadas (De *cancela*+*-ada*)

canceladura *n.f.* ⇒ **cancelamento** (De *cancelar*+*-dura*)

cancelamento *n.m.* ato ou efeito de cancelar; canceladura (De *cancelar*+*-mento*)

cancelar *v.tr.* 1 inutilizar com uma nota à margem (escrita, termo ou registo) 2 anular; invalidar 3 desistir de 4 fechar (processo) (Do lat. *cancellāre*, «cobrir com grades; riscar»)

cancelário *n.m.* antiga dignidade da universidade de Coimbra equivalente à do atual reitor (Do lat. tard. *cancellarĭu-*, «porteiro da câmara do imperador»)

cancelo /ê/ *n.m.* 1 cancela pequena 2 reunião de sebes que formam um curral transitório nos campos para que o gado os estrume 3 bardo; curral (para ovelhas ou cabras) (Do lat. *cancellu-*, «grade»)

cancer *v.tr.* 1 ZOOLOGIA (inseto) ⇒ **alfinete** 4 2 [com maiúscula] ASTRONOMIA quarta constelação zodiacal situada no hemisfério norte e formada por várias estrelas e o cúmulo estelar Colmeia, também chamada Caranguejo 3 [com maiúscula] ASTROLOGIA quarto signo do zodíaco, de 21 de junho a 22 de julho 4 [Brasil] ⇒ **cancro**; **trópico de Câncer** 1 GEOGRAFIA paralelo terrestre de 23° 27' de latitude norte; 2 ASTRONOMIA paralelo celeste cuja circunferência parece ser descrita pelo centro do Sol, no movimento diurno, quando este astro atinge o ponto solsticial de junho, tendo a declinação de 23° 27' norte (de verão, para o hemisfério norte) (Do lat. *cancer*, «caranguejo»)

canceração *n.f.* ato ou efeito de cancerar (De *cancerar*+*-ção*)

cancerar *v.intr.,pron.* tornar-se canceroso; ganhar cancro (Do lat. *cancerāre*, «gangrenar; ulcerar»)

canceremia *n.f.* MEDICINA presença no sangue de células cancerosas (Do lat. *cancer*+gr. *haîma*, «sangue»)

cancer(i)- elemento de formação de palavras que exprime a ideia de *caranguejo; cancro*

canceriano *n.m.* ASTROLOGIA indivíduo nascido sob o signo de Câncer ▪ *adj.* 1 ASTROLOGIA pertencente ou relativo a este indivíduo 2 ASTROLOGIA pertencente ou relativo ao signo de Câncer

canceriforme *adj.2g.* com aspeto de cancro (De *canceri-*+*-forme*)

cancerígeno *adj.* que favorece o desenvolvimento do cancro (De *canceri-*+*-geno*)

cancerização *n.f.* ⇒ **canceração** (Do lat. *cancerizar*+*-ção*)

cancerizar *v.tr.,pron.* converter(-se) ou tornar(-se) em cancro (De *canceri-*+*-(i)zar*)

cancerologia *n.f.* ⇒ **oncologia** (De *cancero-*+*-logia*)

canceroso /ô/ *adj.* 1 da natureza do cancro 2 que tem cancro 3 [fig., pej.] pervertido; miserável ▪ *n.m.* aquele que tem cancro (Do lat. *cancerōsu-*, «canceroso»)

cancha[1] *n.f.* [Brasil] recinto ou pista preparada para jogos e desportos (Do esp. argentino *cancha*, «id.»)

cancha[2] *n.f.* BOTÂNICA gramínea muito utilizada como forragem (Do fr. *canche*, «id.»)

canchear *v.tr.* [Brasil] cortar ou picar (erva-mate) (De *cancha*+*-ear*)

cancioneiro *n.m.* 1 coleção de canções 2 repositório de antigas canções líricas em português, castelhano e galego 3 conjunto de composições poéticas, do mesmo autor ou de diversos autores, que apresentam afinidades formais ou temáticas (Do lat. *cantiōne-*, «canção»+*-eiro*)

cancionista *n.2g.* pessoa que faz canções (Do lat. *cantiōne-*+*-ista*)

canço *n.m.* [São Tomé e Príncipe] asma (Do forro *cânçu*, «id.», a partir de *cansaço*)

cançoneta /ê/ *n.f.* pequena canção, de assunto ligeiro ou mordaz, posta em música (Do fr. *chansonnette*, «cançoneta»)

cançonetista *n.2g.* pessoa que faz ou canta cançonetas ▪ *adj.2g.* 1 relativo a cançoneta 2 próprio de cançoneta (De *cançoneta*+*-ista*)

cancri- elemento de formação de palavras que exprime a ideia de *cancro; caranguejo*

cancriforme *adj.2g.* que tem forma de caranguejo; canceriforme (De *cancri-*+*-forme*)

cancrinite *n.f.* MINERALOGIA mineral do grupo dos feldspatoides, que, frequentemente, deriva da nefelina por adição de carbonato de cálcio (De *Conde de Cancrin*, geógrafo russo +*-ite*)

cancro *n.m.* 1 MEDICINA tumor maligno, de origem desconhecida, com tendência a destruir os tecidos vizinhos e a disseminar-se; carcinoma 2 MEDICINA doença causada por tumor maligno 3 BOTÂNICA designação comum a certas doenças que se manifestam, em muitos vegetais, por tumores cavernosos 4 peça de ferro para fixação da madeira nos bancos de carpinteiro 5 [fig.] mal que se agrava progressivamente; **~ do vidro** defeito de fabrico do vidro que provoca o seu estilhaçamento (Do lat. *cancru-*, «id.»)

cancroide *adj.2g.* semelhante a cancro (De *cancro*+*-óide*)

cancróide ver nova grafia cancroide

cândace *n.f.* nome genérico das rainhas da Etiópia

candado *n.m.* ⇒ **cando** (De *cando*+*-ado*)

candando *n.m.* [Angola] abraço, nomeadamente como congratulação na passagem de ano (Do quimb. *kandandu*, «id.»)

candango *n.m.* 1 designação geral por que são conhecidos todos os que trabalharam na construção de Brasília 2 nome com que os africanos designavam os Portugueses (Do quimb. **candanje*, nome pejorativo dado aos Portugueses)

candeada *n.f.* porção de azeite ou óleo que enche a candeia ou o candeeiro (De *candeia*+*-ada*)

candeal *n.m.* terreno onde crescem candeias (plantas) (De *candeia*+*-al*)

candear *v.tr.* 1 [Brasil] guiar (um carro de bois) 2 iluminar (De *candeia*+*-ar*)

candearia *n.f.* conjunto de candeeiros (De *candeia*+*-aria*)

candeeirada *n.f.* ⇒ **candeada** (De *candeeiro*+*-ada*)

candeeiro *n.m.* aparelho de iluminação, de forma e dimensão variáveis, geralmente eletrificado (Do lat. **candelarĭu-*, «id.»)

candeia *n.f.* 1 luminária cuja luz resulta da combustão de um óleo ou petróleo por intermédio de uma torcida 2 vela; luz 3 BOTÂNICA planta da família das Aráceas, espontânea em Portugal; **~ que vai à frente alumia duas vezes** (provérbio) quem se adianta melhor se arranja; **andar de candeias às avessas com alguém** estar zangado com alguém, andar de mal com alguém (Do lat. *candēla-*, «vela»)

candeio *n.m.* 1 archote para a pesca noturna 2 esta pesca 3 fogaréu (De *candeia*)

candela *n.f.* ÓTICA unidade de medida de intensidade luminosa do Sistema Internacional, igual à intensidade luminosa, numa direção dada, de uma fonte que emite uma radiação monocromática de frequência 540×10^{12} Hz e cuja intensidade nessa direção é de $1/683$ W.sr^{-1} (Do lat. *candēla-*, «vela; candeia»)

candelabro *n.m.* 1 castiçal para muitas velas; serpentina 2 candeeiro grande; lustre 3 BOTÂNICA planta da família das Primuláceas, afim das primaveras, cultivada em Portugal, nos jardins 4 BOTÂNICA planta tropical africana, conhecida por cato candelábrico (Do lat. *candelābru-*, «castiçal»)

candelária *n.f.* 1 BOTÂNICA planta herbácea, da família das Silenáceas, subespontânea e cultivada em Portugal, também conhecida por candeia, pica-nariz e orelha-de-lebre 2 [com maiúscula] RELIGIÃO festa que a Igreja Católica celebra em honra da Purificação da Virgem, em 2 de fevereiro, chamada também Purificação ou Festa das Candeias (Do lat. **candelarĭa-*, «festa das candeias»)

candeliça *n.f.* NÁUTICA cabo singelo para içar velas, embarcar ou desembarcar objetos pesados (Do cast. *candaliza*, «talha; cabo»)

candelinha *n.f.* ⇒ **algália**[1] (Do lat. *candēla-*, «vela» +*-inha*)

candência *n.f.* qualidade ou estado do que é ou está candente (Do lat. *candentĭa-*, «brancura brilhante»)

candengue *n.2g.* [Angola] criança; garoto ▪ *adj.2g.* [Angola] pequeno; novo (Do quimb. *kandenge*, «id.», dim. de *ndenge*, «criança»)

candente *adj.2g.* 1 que está em brasa 2 aquecido ao rubro-claro 3 [fig.] ardente; ardoroso; arrebatado 4 [fig.] (assunto) que gera polémica (Do lat. *candente-*, «branco brilhante»)

candeolas *n.f.pl.* BOTÂNICA ⇒ **salva-brava** (De *candeia*+*-olas*)

cândi *adj.* (açúcar) refinado e cristalizado (Do ár. *qandī*, de *qand*, «açúcar cândi»)

candial *adj.2g.* diz-se de uma variedade de trigo cuja farinha é muito branca (Do lat. **candidāle-*, de *candīdu-*, «branco»)

cândida *n.f.* PATOLOGIA designação de um género de fungos (*Candida*) encontrados na cavidade vaginal e no tubo digestivo, e que pode tornar-se patogénico, causando candidíase (Do lat. cient. *Candida*)

candidatar *v.tr.* apresentar ou propor (alguém) como candidato ▪ *v.pron.* 1 propor-se como candidato 2 [fig.] oferecer-se (para) 3 [fig.] arriscar-se (a) (De *candidato*+*-ar*)

candidato *n.m.* pretendente a um emprego ou cargo 2 o que solicita votos para ser eleito para um cargo (Do lat. *candidātu-*, «vestido de branco», pelo fr. *candidat*, «aspirante; candidato»)

candidatura *n.f.* 1 apresentação ou proposta para candidato 2 pretensão do candidato 3 estado de candidato (De *candidato*+*-ura*)

candidez /ê/ n.f. **1** candura; alvura **2** [fig.] inocência; pureza (De *cândido*+*-ez*)
candidíase n.f. MEDICINA doença fúngica provocada por uma cândida (fungo) (De *cândida*+*-íase*)
cândido adj. **1** alvo **2** [fig.] inocente; puro **3** [fig.] ingénuo (Do lat. *candĭdu-*, «branco brilhante»)
candil[1] n.m. **1** candeeiro **2** candeia **3** fosforescência nas águas (Do ár. *qindīl*, «lâmpada»)
candil[2] n.m. **1** medida de capacidade luso-indiana de 160 litros **2** peso indiano correspondente a quatro quintais **3** antiga moeda de Ormuz (Do tâm. *kandi* ou do conc. *khandi*, «id.»)
cândil adj. ⇒ **cândi**
candilar v.tr. **1** cristalizar o açúcar sob a forma de açúcar cândi **2** cobrir com açúcar cândi (De *cândil*+*-ar*)
cando n.m. **1** espaço estreito entre a ranilha e as barras, no casco das bestas **2** pernada seca de uma árvore
candombe n.m. **1** [Brasil] rede de pescar camarões **2** [Brasil] espécie de batuque **3** [Brasil] ⇒ **candomblé** (Do quimb. *ka'nome*, «id.»)
candomblé n.m. **1** prática religiosa ligada ao culto da natureza, originária da região da atual Nigéria e Benim e levada para o Brasil pelos escravos negros **2** ritual celebrado nesse culto (De *candombe*+ioruba *ilé*, «casa»)
candonga[1] n.f. **1** lisonja; bajulação **2** carinhos fingidos (Do castelhano *candonga*, «idem», ou talvez do quimbundo *ka-*, prefixo diminutivo +*ndonge*, «amor», isto é, «fraco amor»)
candonga[2] n.f. **1** contrabando de géneros alimentícios e outros produtos **2** mercado negro **3** [Cabo Verde, Guiné-Bissau] bebida alcoólica cuja produção é proibida, feita com ponche ou água, misturados com álcool puro e mel de cana sacarina **4** [Guiné-Bissau] transporte misto de mercadorias e passageiros (Do quimbundo *ka-*, prefixo diminutivo, +*ndenge*, «pequeno; menor», isto é, «negócio pequeno; negócio insensato»)
candongar v.intr. **1** exercer a candonga **2** [fig.] lisonjear; bajular (De *candonga*+*-ar*)
candongueiro adj.,n.m. que ou pessoa que se dedica ao contrabando de géneros alimentícios e outros produtos ■ adj. impostor; trapaceiro (De *candonga*+*-eiro*)
candonguice n.f. **1** ocupação do candongueiro **2** candonga **3** [fig.] lisonja **4** [fig.] hipocrisia **5** [fig.] afagos fingidos (De *candonga*+*-ice*)
candor n.m. **1** alvura imaculada **2** candura (Do lat. *candōre-*, «brancura brilhante»)
candorça n.f. **1** [pop., depr.] besta velha, escanifrada **2** [fig., depr.] mulher velha e magra (De orig. obsc.)
candura n.f. **1** qualidade ou estado do que é cândido **2** alvura **3** [fig.] inocência; pureza **4** [fig.] ingenuidade; simplicidade (De *cândido*+*-ura*, com hapl.)
caneca n.f. recipiente cilíndrico, ou aproximadamente cilíndrico, com uma asa lateral, para beber ou servir líquidos (Do lat. *canna-*, «cana» [cilindro oco] +*-eca*)
canecada n.f. porção de líquido que enche uma caneca (De *caneca*+*-ada*)
caneco n.m. **1** recipiente de madeira para transporte de líquidos, em forma de barril com asas **2** vasilha tipicamente mais alta e mais estreita que a caneca **3** [pop.] chapéu alto; cartola **4** ⇒ **canarim** n.2g. **1** ■ adj. [fig.] um tanto embriagado; *pintar o* ~ fazer grande pândega ou alarido, ralhar (De *caneca*)
canéfora n.f. estátua decorativa com açafate à cabeça (Do gr. *kanephóros*, «que leva um cesto», pelo lat. *canephŏra*-, «mulher que leva um cesto»)
Canefórias n.f.pl. festa pagã em honra de Ceres, em que as donzelas levavam açafates à cabeça (Do gr. *kanephóros*, «que transporta um cesto», pelo lat. *canephŏra-*, «mulher que leva um cesto»)
caneira n.f. BOTÂNICA caule ou haste de uma gramínea ou poácea (De *cana*+*-eira*)
caneiro n.m. **1** pequeno canal **2** canal por onde o peixe entra na caniçada **3** passagem estreita num curso de água que consente a navegação **4** cano **5** dique; rego (De *cano*+*-eiro*)
caneja[1] n.f. ICTIOLOGIA nome vulgar de um cação frequente em Portugal (Do lat. *canicŭla*, «cadelinha»)
caneja[2] /ê/ n.f. rego ou conduta, nas salinas de Aveiro (De *cano*+*-eja*)
canejo /ê/ adj. **1** que se parece com um cão **2** que diz respeito ao cão **3** que tem as pernas tortas (De *cão*, do rad. do lat. *canis*+*-ejo*)
canela n.f. **1** casca da árvore chamada caneleira, de aroma e sabor agradáveis, usada (em pó ou fragmentada) em terapêutica, perfumaria, doçaria e como condimento **2** BOTÂNICA (árvore) ⇒ **caneleira 3** face anterior da perna **4** (aves) região do tarso e do metatarso **5** peça das máquinas de costura ou tecelagem onde se enrola o fio **6** cor pardo-acastanhada semelhante à do pó da casca da caneleira **7** BOTÂNICA planta da família das Labiadas, cultivada em Portugal e também conhecida por rapazinhos **8** [Brasil] designação extensiva a várias árvores, algumas das quais produtoras de madeira de excelente qualidade **9** [pop.] perna; *dar às canelas* fugir, correr; *tirado das canelas* desembaraçado, expedito, bem-apresentado, elegante (Do lat. *cannella-*, dim. de *canna-*, «cana»)
canelácea n.f. BOTÂNICA espécime das Canaláceas
Canaláceas n.f.pl. BOTÂNICA família de plantas dicotiledóneas, lenhosas, cujo género-tipo se denomina *Canella* (De *canela*+*-áceas*)
canaláceo adj. relativo às Canaláceas
canelada n.f. **1** pancada na canela da perna **2** o fio que uma canela (de tecer) comporta (De *canela*+*-ada*)
canelado adj. **1** que tem caneluras **2** estriado ■ n.m. ponto de malha que deixa o aspeto de sulcos; revesilho (Part. pass. de *canelar*)
caneladura n.f. ⇒ **canelura** (De *canelar*+*-dura*)
canelagem n.f. ação ou efeito de canelar (De *canelar*+*-agem*)
canelão n.m. **1** canelada forte **2** CULINÁRIA confeito de canela e açúcar **3** fio de teia mais grosso que os outros **4** [acad.] pontapé que era infligido aos caloiros, à entrada na Universidade de Coimbra ■ adj. grosseiro (De *canela*+*-ão*)
canelar[1] v.tr. abrir caneluras ou estrias em
canelar[2] v.intr. encher canelas para tecer (De *canela*+*-ar*)
caneleira n.f. **1** BOTÂNICA árvore da família das Lauráceas, oriunda do Sri Lanka (Ceilão), cultivada em algumas regiões tropicais, cuja casca, aromática, é a canela; canela **2** lançadeira que contém a canela onde está enrolado o fio nas máquinas de costura e de tecelagem **3** DESPORTO resguardo acolchoado que se usa, como proteção contra o choque, na face anterior das pernas **4** DESPORTO peça recheada de material pesado (areia, por exemplo), utilizada geralmente à volta da canela para dificultar certos exercícios físicos, de maneira a fortalecer os músculos da perna e os glúteos **5** mulher encarregada de encher as canelas de fio das máquinas de tecelagem **6** [Brasil] pássaro pequeno, da cor da canela, da família dos Cotingídeos **7** *pl.* ⇒ **greva 1** (De *canela*+*-eira*)
caneleiro n.m. **1** indivíduo encarregado de encher as canelas de fio das máquinas de tecelagem **2** concha cilíndrica usada no Alentejo **3** BOTÂNICA ⇒ **caneleira 1 4** ⇒ **caneleira 2** (De *canela*+*-eiro*)
canelha /ê/ n.f. [regionalismo] caleja; quelha (Do lat. *canalicŭla-*, «canal pequeno»)
canelim n.m. **1** amêndoa aromatizada com canela **2** perna delgada (De *canela*+*-im*)
canelina n.f. princípio ativo da canela (De *canela*+*-ina*)
canelo /ê/ n.m. **1** meia ferradura própria para o gado bovino **2** ferradura velha e gasta **3** pernil de porco; *de* ~ rijo, forte, saudável (De *canela*)
canelone n.m. CULINÁRIA pequeno rolo de massa, recheado com carne ou outros ingredientes, que vai ao forno gratinar com molho (Do it. *cannellone*, «canudo grosso»)
canelura n.f. **1** sulco vertical nas colunas, em forma de meia-cana **2** estria nos caules (Do fr. *cannelure*, «id.»)
caneta n.f. **1** utensílio que contém tinta e serve para escrever ou desenhar **2** tubo ou cabo em que se encaixa um aparo para escrever ou desenhar **3** espécie de cabo ou pinça com que se segura um cautério **4** *pl.* [coloq.] pernas delgadas; *~ de feltro* utensílio para escrever ou marcar com ponta grossa e porosa, marcador; *~ luminosa/ótica* INFORMÁTICA dispositivo sensível à luz que, tocando diretamente no ecrã do computador, telemóvel, PDA, etc., permite manipular a informação aí disponível; *ir-se abaixo das canetas* [coloq.] não aguentar, desistir (De *cana*+*-eta*)
caneta-tinteiro n.f. caneta com reservatório de tinta; caneta de tinta permanente
canevão n.m. cilindro metálico em que giram as chaves de alguns instrumentos musicais (De orig. obsc.)
canfano n.m. QUÍMICA hidrocarboneto bicíclico, saturado, do grupo dos terpenos, cuja cetona constitui a cânfora (De *cânf(ora)*+*-ano*)
canfeno n.m. QUÍMICA hidrocarboneto bicíclico, não saturado, usado no fabrico da cânfora artificial (De *cânf(ora)*+*-eno*)
cânfora n.f. **1** QUÍMICA, FARMÁCIA substância branca, sólida, cristalina, extraída da canforeira e empregada em terapêutica, no fabrico do celuloide e noutras indústrias, e que é uma cetona de canfano **2** BOTÂNICA ⇒ **canforeira** (Do ár. *kāfūr*, pelo lat. med. *camphŏra-*, «id.»)
canforar v.tr. **1** polvilhar com cânfora **2** dissolver cânfora em (De *cânfora*+*-ar*)

canforato n.m. QUÍMICA sal ou éster do ácido canfórico
canforeira n.f. BOTÂNICA árvore da família das Lauráceas, de cuja madeira se extrai a cânfora, e que é também conhecida por alcanforeira, cinamomo, etc. (De *cânfora*+*-eira*)
canforeiro n.m. BOTÂNICA ⇒ **canforeira**
canfórico adj. QUÍMICA diz-se de um ácido produzido pela destilação do ácido nítrico sobre a cânfora
canforífero adj. que produz cânfora (Do lat. *camphŏra-*, «cânfora» +*-fero*, de *ferre*, «trazer»)
canforoide adj.2g. semelhante à cânfora (De *cânfora*+*-óide*)
canforóide ver nova grafia **canforoide**
canforomania n.f. abuso da cânfora (De *cânfora*+*mania*)
canga[1] n.f. 1 jugo que une uma junta de bois 2 pau que assenta no chinguiço e de que pende a carga levada por dois homens 3 antigo instrumento de suplício dos Chineses 4 [fig.] domínio 5 [fig.] sujeição (Do céltico *cambica*, de *cambo*, «torto; curvo», ou do latim *canīca-*, «vela» (da expressão *copŭla-canīca-*) com o sentido de «ligação; junção»?)
canga[2] n.f. 1 [Moçambique] ORNITOLOGIA ⇒ **pintada** 2 [Moçambique] modalidade de capulana importada, de tecido fino com pintas e franjas laterais (Do ciniungue *nkanga*, «ave galinácea»)
cangaceiro n.m. 1 [Brasil] salteador 2 [Brasil] bandido do Nordeste brasileiro (De *cangaço*+*-eiro*)
cangaço[1] n.m. 1 carolo ou sabugo da espiga do milho 2 o que resta do cacho depois de as uvas serem espremidas e de o vinho ser tirado 3 utensílio de casa pobre 4 indivíduo muito magro 5 engaço 6 bagaço (De *cango*+*-aço*)
cangaço[2] n.m. 1 [Brasil] modo de vida de cangaceiro 2 [Brasil] conjunto de armas dos cangaceiros 3 ato de banditismo (De *canga*+*-aço*)
cangalha n.f. 1 [regionalismo] carro puxado só por um boi 2 pl. armação para sustentar a carga dos animais dos dois lados 3 pl. [pop.] óculos; **de cangalhas** de pernas para o ar (De *canga*+*-alha*)
cangalhada n.f. 1 amontoado de móveis velhos 2 objetos sem valor; tarecos (De *cangalho*+*-ada*)
cangalheiras elem.loc.adv. **às ~** de pernas para o ar sobre o dorso do animal (De *cangalha*+*-eiras*)
cangalheiro n.m. 1 condutor de bestas que trazem cangalhas; almocreve 2 [pop.] agente funerário ■ adj. pertencente às cangalhas (De *cangalha* ou *cangalho*+*-eiro*)
cangalho n.m. 1 cada um dos paus da canga 2 [pop.] traste velho e inútil 3 [fig., pej.] pessoa doente e sem préstimo (De *canga*+*-alho*)
canganhiça n.f. [Moçambique] engano; ludíbrio (Do ronga *kanganyisa*, «enganar»)
canganho n.m. bagaço (De *cango*+*-anho*)
cangar[1] v.tr. 1 sujeitar à canga; jungir 2 [fig.] subjugar; oprimir 3 [pop.] meter petas a 4 [pop.] fazer pirraça a (De *canga*+*-ar*)
cangar[2] v.tr. [Angola] prender (Do quimb. *kukanga*, «id.»)
cangar[3] v.intr. [Cabo Verde] apegar-se a alguém (Do crioulo cabo-verdiano *kangá*, «id.», de *canga*)
cangarilhada n.f. 1 engano 2 tramoia (De *cangar*+*-ilha*+*-ada*)
cangarinha n.f. BOTÂNICA cardo frequente em Portugal, conhecido também por cardo-de-ouro
cango n.m. [regionalismo] parte pedruncular do cacho de uvas; parte que resta de um cacho de uvas depois de retirados os bagos
cangoeira n.f. espécie de flauta feita de ossos, usada pelos Índios do Brasil (Do tupi *kang'wera*, «osso sem carne»)
cangosta n.f. ⇒ **congosta**
cangote n.m. cogote (De *cogote*, com infl. de *canga*)
canguçu n.m. [Brasil] ZOOLOGIA variedade de onça também conhecida por onça-pintada (Do tupi *akangu'su*, «cabeça grande»)
cangueira n.f. 1 calosidade no cachaço dos bovinos, resultante do atrito da canga 2 [pop.] papeira (De *canga*+*-eira*)
cangueiro adj. 1 que traz canga 2 que está habituado a canga 3 [fig.] submisso ■ n.m. 1 pau espetado na parede para pendurar objetos pesados 2 indivíduo dominado (De *canga*+*-eiro*)
canguinhar v.intr. 1 ser canguinhas 2 estar irresoluto 3 hesitar (De *canguinhas*+*-ar*)
canguinhas n.2g.2n. 1 pessoa tímida ou acanhada 2 sovina (De *canga*+*-inha*)
cangulo[1] n.m. ICTIOLOGIA peixe teleósteo, da família dos Corifenídeos, e outro da família dos Balistídeos, que aparecem em Portugal e são também conhecidos por xaputa e peixe-porco, respetivamente
cangulo[2] adj. [Angola] muito sujo (Do quimbundo *ngulu*, «porco»)
canguru n.m. ZOOLOGIA designação extensiva a uns mamíferos marsupiais, da família dos Macropodídeos, da Austrália, cujos membros posteriores e cauda são robustos e longos (Do ing. *kangaroo*, «id.»)
canhamaço n.m. tecido grosseiro de fio de cânhamo (De *cânhamo*+*-aço*)
canhameiral n.m. ⇒ **canhameiro** (De *canhameiro*+*-al*)
canhameiro n.m. plantação ou sementeira de cânhamo (De *cânhamo*+*-eiro*)
canhamiço adj. relativo ao cânhamo (De *cânhamo*+*-iço*)
cânhamo n.m. 1 BOTÂNICA planta herbácea, ereta, da família das Canabináceas, útil especialmente pelo óleo e pelas fibras de aplicação têxtil que fornece, sendo as suas folhas e extremidades secas usadas como matéria-prima para a obtenção de uma droga narcótica; liamba; pango; cofo 2 as sementes desta planta 3 fio ou tecido produzido das fibras desta planta 4 estupefaciente que se obtém a partir das sementes, da resina ou das folhas desta planta (Do lat. *cannăbu-*, «cânhamo», pelo cast. *cáñamo*, «id.»)
cânhamo-de-manila n.m. BOTÂNICA planta da família das Musáceas, muito cultivada na Ásia (da Índia às Filipinas), que fornece uma fibra usada em cordoaria e tecelagem; abacá
canhangulo n.m. [Angola, Moçambique] espingarda antiga de carregar pela boca (Do quimb. *kanhangulu*, «id.», a partir de *kunyanga*, «matar», + *ngulu*, «porco»)
canhão[1] n.m. 1 boca de fogo, fixa ou móvel, de elevado calibre, destinada a projetar granadas, com base na força expansiva dos explosivos 2 designação genérica para obuses, peças de artilharia e as armas sem recuo, de calibre elevado 3 (casaco) extremidade inferior da manga, quando é sobreposta ou parece sê-lo 4 cano de bota 5 peça do freio 6 peça da fechadura onde entra a espiguilha da chave 7 tubo do microscópio 8 [regionalismo] [pej.] mulher ordinária (Do cast. *cañón*, «id.»)
canhão[2] n.m. vale profundo de vertentes abruptas, talhado por um curso de água, geralmente em terreno calcário (Do it. *cannone*, aum. de *canna*, «cana», pelo cast. *cañón*, «canhão»)
canhar v.tr. [regionalismo] varrer com canheiro (De *canho* por *coanho*+*-ar*)
canheiro n.m. [regionalismo] vassoura feita de codessos (De *canho*, por *coanho*+*-eiro*)
canhenho /ê/ n.m. 1 livro de lembranças 2 caderno de notas 3 [fig.] memória ■ adj. canhoto
canhestro /ê/ adj. 1 canhoto 2 feito às avessas 3 pouco hábil; desajeitado; desastrado
canho[1] n.m. [pop.] lucro fraudulento e ilícito ■ adj.,n.m. que ou pessoa que utiliza preferencialmente o lado esquerdo do corpo, sobretudo a mão ou o pé; canhoto
canho[2] n.m. 1 [Moçambique] fruto do canhoeiro; ocanho 2 [Moçambique] bebida tradicional preparada a partir deste fruto, usada nas festas e em memória dos antepassados; ocanho (Do changana *kanyi*, «id.»)
canhoeira n.f. ⇒ **canhoneira** (De *canhão*+*-eira*)
canhoeiro n.m. [Moçambique] BOTÂNICA árvore africana, de porte pouco elevado, considerada sagrada entre os Rongas, e de cujo fruto, o canho, se faz uma bebida fermentada muito apreciada; morula; ocanheira (Do ronga *nkanyu*, «canhoeiro»+*-eiro*)
canhola n.f. 1 [pop.] cabeça; cachola 2 carcaça, espécie de pão fino
canhonaço n.m. tiro de canhão (Do cast. *cañonazo*, «tiro de canhão»)
canhonada n.f. descarga de canhões; canhoneio (De *canhão*+*-ada*)
canhonar v.tr. guarnecer de canhões (De *canhão*+*-ar*)
canhonear v.tr. 1 disparar canhões contra 2 bater com artilharia 3 bombardear (De cast. *cañonear*, «id.»)
canhoneio n.m. ⇒ **canhonada** (Deriv. regr. de *canhonear*)
canhoneira n.f. 1 abertura em muralha ou no costado do navio, por onde sai a boca do canhão 2 pequeno navio armado de artilharia de calibre reduzido (Do cast. *cañonera*, «id.»)
canhoneiro adj. 1 armado de canhões 2 artilhado 3 próprio de canhão (Do cast. *cañonero*, «id.»)
canhos n.m.pl. 1 restos de palha depois de malhada; coanhos 2 restos de comida; **andar aos ~** andar ao sobejos, catar miudezas (Do lat. vulg. *codanĕu*, «da cauda», de *coda-*, «cauda»)
canhota n.f. a mão esquerda (De *canho*+*-ota*)
canhotismo n.m. característica de quem utiliza preferencialmente o lado esquerdo do corpo, sobretudo a mão ou o pé; mancinismo; sinistrismo (De *canhoto*+*-ismo*)
canhoto[1] adj. 1 que utiliza preferencialmente o lado esquerdo do corpo, sobretudo a mão ou o pé; esquerdo 2 que está do lado oposto ao direito; sinistro 3 [fig.] que não tem habilidade; desajeitado ■ n.m. 1 pessoa que utiliza preferencialmente o lado

canhoto

canhoto esquerdo do corpo, sobretudo a mão ou o pé **2** num livro de cheques, recibos, etc., parte que não se destaca e está normalmente à esquerda, permanecendo com comprovativo da operação efetuada **3** tronco de árvore utilizado para queimar; acha **4** [pop.] demónio; diabo; *cruzes, canhoto!* exclamação que exprime rejeição, aversão ou desejo de que algo ou alguém se afaste (De *canho+-oto*)

canhoto[2] *n.m.* [Cabo Verde] cachimbo (Do crioulo cabo-verdiano *kanhote* ou *kanhotu*, «idem», a partir do crioulo guineense *kañutu*, de *canudo*, «tubo»)

cani-[1] elemento de formação de palavras que exprime a ideia de cão (Do lat. *cane-*, «id.»)

cani-[2] elemento de formação de palavras que exprime a ideia de cana (Do lat. *canna-*, «id.»)

canibal *adj.,n.2g.* **1** que ou o que se alimenta de carne humana; antropófago **2** que ou animal que come outro da mesma espécie **3** [fig.] que ou pessoa que é cruel, bárbara (Do caraíba *caribal*, «anti-lhano», pelo cast. *caníbal*, «canibal»)

canibalesco /ê/ *adj.* próprio de canibal (De *canibal+-esco*)

canibalismo *n.m.* **1** qualidade, condição ou ato da pessoa que se alimenta de carne humana; antropofagia **2** ato de um animal comer outro da mesma espécie **3** [fig.] ferocidade; crueldade (De *canibal+-ismo*)

canibalização *n.f.* **1** reaproveitamento de peças de um mecanismo desativado, que são utilizadas como sobresselentes para outro mecanismo igual ou semelhante **2** [marketing] redução das vendas de um bem ou serviço de uma empresa, por esta ter começado a comercializar um novo bem ou serviço semelhante **3** [fig.] desaparecimento; absorção

canibalizar *v.tr.* **1** retirar peças (de mecanismo desativado), aproveitando-as como sobresselentes para outro mecanismo igual ou semelhante **2** [marketing] reduzir (uma empresa) as vendas de (um dos seus bens ou serviços) comercializando um novo bem ou serviço semelhante **3** [fig.] fazer desaparecer; absorver (De *canibal+-izar*)

caniça *n.f.* [regionalismo] sebe de vime ou madeira que se coloca nos lados dos carros de bois para amparar a carga (De *caniço*)

caniçada *n.f.* sebe de canas ou caniços (De *caniço+-ada*)

caniçado ⇒ **caniçada** (De *caniço+-ado*)

caniçal *n.m.* mata de canas ou caniços (De *caniço+-al*)

caniçalha *n.f.* ⇒ **cainçalha**

caniçalho *n.m.* **1** cão pequeno **2** [fig.] rapazote atrevido (De *cainçalha*)

caniche *n.m.* **1** cão de água felpudo e frisado **2** pequeno cão; cãozinho (Do fr. *caniche*, «id.»)

cancho *n.m.* ⇒ **caniche** (Do fr. *caniche*, «id.»)

canície *n.f.* **1** alvura dos cabelos **2** [fig.] velhice (Do lat. *canitĭe-*, «id.», de *canu-*, «velho»)

caniço *n.m.* **1** cana delgada **2** cana de pesca **3** sebe de canas delgadas **4** gradeado, em geral de vime, para taipas de carros **5** teto da cozinha, feito de canas ou ripas, próprio para secar castanhas **6** BOTÂNICA planta lenhosa, da família das Gramíneas, espontânea em Portugal **7** [fig.] perna delgada **8** [Moçambique] bairro dos subúrbios de construções rudimentares (De *cana+-iço*)

caniço-malhado *n.m.* BOTÂNICA planta da família das Gramíneas, espontânea e com uma subespécie cultivada, em Portugal, nos jardins

canícula[1] *n.f.* **1** cana pequena e delgada **2** [pop.] perna delgada (De *cana+-i-+-cula*)

canícula[2] *n.f.* [com maiúscula] ASTRONOMIA estrela Sírio **2** período do ano em que a estrela Canícula se encontra em conjunção com o Sol, também designado por Sírio **3** calor muito forte (Do lat. *canicŭla-*, «cadelinha», antiga designação da estrela Sírio)

canicular *adj.2g.* relativo ao tempo da canícula; quente; calmoso (De *canícula+-ar*)

canicultura *n.f.* processo de criar cães e de desenvolver e aperfeiçoar as suas raças (Do lat. *cane-*, «cão» +*cultura-*, «cultura»)

Cânidas *n.m.pl.* ZOOLOGIA ⇒ **Canídeos**

canídeo *n.m.* ZOOLOGIA espécime dos Canídeos ∎ *adj.* ZOOLOGIA relativo aos Canídeos

Canídeos *n.m.pl.* ZOOLOGIA família de mamíferos da ordem dos carnívoros, fissípedes, com quatro dedos em cada membro posterior e unhas não retrácteis ou pouco retrácteis (Do lat. cient. *Canĭdae*, de *cane-*, «cão» +*-ídeos*)

canídromo *n.m.* recinto onde se realizam corridas de cães (Do lat. *cane-*, «cão»+*-dromo*)

canífobo *adj.,n.m.* que ou o que tem horror aos cães (Do lat. *cane-*, «cão»+gr. *phóbos*, «medo»)

canifraz *n.m.* indivíduo magro como cão faminto (Do lat. **canifăce-*, «que tem aparência de cão»)

canil *n.m.* **1** lugar onde se criam ou alojam cães **2** canela da perna do gado cavalar **3** pau da canga (Do lat. *canīle-*, «id.»)

canilha *n.f.* tubo onde se enrola o fio da lançadeira (no tear); canela (Do cast. *canilla*, «canela»)

canimambo *interj.* [Moçambique] utilizada para agradecer (Do ronga *kanimambo*, a partir do chona *I khani Mambo*, «danço para o Mambo», ou seja, «obrigado»)

caninana *n.f.* **1** [Brasil] ZOOLOGIA grande cobra, de hábitos arborícolas, também conhecida por papa-ovo e papa-pintos **2** BOTÂNICA planta da família das Rubiáceas (Do tupi *kani'nana*, «id.»)

caninha *n.f.* [Brasil] [pop.] aguardente de cana

caninha-verde *n.f.* modinha popular

canino *adj.* **1** que ou o cão **2** relativo a cão **3** diz-se da tosse uivada **4** (fome) insaciável **5** ANATOMIA designação de cada um dos dentes situados entre os incisivos e os molares **6** [fig.] maligno ∎ *n.m.* ANATOMIA cada um dos dentes situados entre os incisivos e os molares e que têm a função de rasgar os alimentos (Do lat. *canīnu-*, «canino»)

canistrel *n.m.* canastra pequena com tampa e asa; canastrel (Do lat. *cannistrellu-*, dim. de *canistru-*, «cesto; canastro»)

canito *n.m.* {*diminutivo de* **cão**} [pop.] cãozinho (De *cão+-ito*)

canivetada *n.f.* **1** golpe ou picada de canivete **2** [fig.] picuinha (De *canivete+-ada*)

canivete *n.m.* **1** navalha pequena com uma ou mais lâminas e outros acessórios móveis e retrácteis, que se encaixam no respetivo cabo **2** [pop.] instrumento cortante utilizado em cirurgia; bisturi **3** [fig., pop.] perna magra, escanzelada **4** ZOOLOGIA (molusco) ⇒ **longueirão** (Do frânc. *knif, «faca; navalha», pelo fr. ant. *canivet*, «id.»)

caniveteiro *n.m.* o que faz ou vende canivetes (De *canivete+-eiro*)

canja[1] *n.f.* **1** CULINÁRIA caldo de galinha com arroz **2** [regionalismo] embriaguez; *ser canja* ser coisa fácil, não oferecer dificuldades (Do malaiala *kañji*, «arroz com água»)

canja[2] *n.f.* [Guiné-Bissau] BOTÂNICA pequena planta da família das Malváceas, cujas fibras são usadas para cordoaria e no fabrico de tecidos grosseiros, e cujos fruto e folhas são comestíveis (Do crioulo guineense *kanja*, «idem»)

canjica[1] *n.f.* **1** [Brasil] papa cremosa de milho moído, cozido com leite de vaca ou coco e açúcar, e servido com canela **2** [Brasil] iguaria preparada com milho branco que se coze inteiro com leite de vaca ou de coco, temperado com açúcar e canela **3** [Brasil] rapé confecionado com o tabaco da ilha de São Sebastião **4** [Brasil] mistura de saibro com pedra miúda **5** [Brasil] [pop.] cachaça **6** [Brasil] [pop.] bebedeira **7** BOTÂNICA planta da família das Verbenáceas **8** ⇒ **cisticerco** ∎ *adj.2g.* [Brasil] bêbedo; embriagado (De *canja+-ica*)

canjica[2] *n.f.* [Angola] CULINÁRIA guisado de feijão com milho ralado, temperado geralmente com azeite de palma (Do quicongo *kanjika*, «papa de milho grosso cozido»)

canjirão *n.m.* **1** jarro grande para vinho **2** coisa ou pessoa grande e desajeitada (Do lat. *cangĭu-*, «vaso para vinho», pelo cast. *cangilón*, «id.»)

canjonjar *v.tr.* [Angola] petiscar (Do quimb. *kunjonja*, «id.»)

cano[1] *n.m.* **1** tubo para condução de líquidos ou fluidos **2** tubo cilíndrico por onde sai o projétil das armas de fogo **3** tubo para ventilação e saída do fumo **4** parte da bota que reveste a perna **5** canal **6** aqueduto **7** goteira **8** [Brasil] [coloq.] situação difícil; *entrar pelo ~* [Brasil] [coloq.] sair-se mal (De *cana*)

cano[2] *adj.* (raramente usado) branco (Do lat. *canu-*, «branco; de cabelos brancos»)

canoa *n.f.* **1** NÁUTICA pequena embarcação de pontas aguçadas, geralmente movida a remos **2** pente ornamental que as senhoras usavam **3** banheira antiga comprida **4** frigideira comprida de barro (Do caribe *ukuni*, «tronco de árvore», pelo cast. *canoa*, «id.»)

canoagem *n.f.* DESPORTO modalidade olímpica que consiste em descer rios, geralmente com rápidos, e se pratica em canoa ou caiaque, individualmente ou por equipas

canoco /ô/ *n.m.* [regionalismo] pedaço de broa ∎ *adj.* diz-se de uma variedade de trigo (De orig. obsc.)

canóculo *n.m.* óculo de ver ao longe (De *cano+óculo*)

canoeiro *n.m.* fabricante ou condutor de canoas (De *canoa+-eiro*)

canoila *n.f.* ⇒ **canoula**

canoilo *n.m.* ⇒ **canoula**

canoira *n.f.* ⇒ **canoura**

canoísta *n.2g.* DESPORTO indivíduo que pratica canoagem (De *canoa+-ista*)

cânon[1] *n.m.* ⇒ **cânone**

cânone *n.m.* **1** preceito; regra geral **2** padrão; norma **3** foro **4** RELIGIÃO decisão de concílio sobre matéria de fé ou disciplina eclesiástica **5** RELIGIÃO catálogo dos santos reconhecidos pela Igreja **6** RELIGIÃO catálogo dos livros inspirados, que constituem a Bíblia **7** RELIGIÃO as orações da parte mais importante da missa **8** LITERATURA conjunto de autores e de obras literárias que, em determinado período histórico e em determinada comunidade cultural, são considerados modelares **9** MÚSICA composição musical na qual uma voz é imitada integralmente por uma ou mais vozes, segundo intervalos de tempo determinados **10** *pl.* antiga faculdade na universidade (Do gr. *kanón*, «régua», pelo lat. *canōne-*, «regra; cânone»)

canonical *adj.2g.* respeitante a cónegos (Do lat. *canonĭcu-*, «cónego»+-*al*)

canonicamente *adv.* **1** de acordo com a regras ou normas **2** conforme os cânones ou preceitos da Igreja (De *canónico*+-*mente*)

canonicato *n.m.* dignidade ou funções de cónego; conezia (Do lat. *canonĭcu-*, «cónego»+-*ato*)

canonicidade *n.f.* qualidade de canónico (De *canónico*+-*i*-+-*dade*)

canónico *adj.* **1** conforme ou relativo aos cânones **2** (direito) que regula a disciplina eclesiástica (Do lat. *canonĭcu-*, «consoante a regra»)

canónigos *n.m.pl.* BOTÂNICA planta herbácea da família das Valerianáceas, muito nutritiva, de cor verde-escura e valor calórico baixo, cujas folhas são utilizadas em saladas; alface-de-cordeiro; valerianela; alface-do-campo; erva-benta (Do esp. *canónigos*, «id.»)

canonista *n.2g.* pessoa versada em cânones (De *cânone*+-*ista*)

canonização *n.f.* **1** RELIGIÃO decisão da Igreja Católica que estabelece definitivamente o culto público de veneração a uma pessoa falecida, a qual passa a ser denominada santo **2** ato solene em que é declarada essa decisão **3** processo canónico preparatório da decisão de canonizar **4** [fig.] enaltecimento **5** [fig.] consagração (De *canonizar*+-*ção*)

canonizador *adj.,n.m.* **1** que ou aquele que canoniza **2** [fig.] adulador (De *canonizar*+-*dor*)

canonizar *v.tr.* **1** proceder à canonização de **2** inscrever no cânone, na lista dos santos **3** declarar santo **4** [fig.] elogiar; encarecer **5** [fig.] proclamar **6** [fig.] consagrar (Do lat. ecl. *canonizāre*, «id.»)

canonizável *adj.2g.* digno de ser canonizado (De *canonizar*+-*vel*)

Canopeia *n.f.* ASTRONOMIA ⇒ **Canopo** (De *Canopo*+-*eia*)

Canopo *n.m.* ASTRONOMIA estrela de grandeza 0,8, azulada, da constelação Argo (Do lat. *Canōpu-*, top., «Canopo», cidade do Egito)

canoro *adj.* **1** que canta **2** melodioso; suave **3** sonoro (Do lat. *canōru-*, «melodioso»)

canotaria *n.f.* ⇒ **canaria** (De *cano*+*t*+-*aria*)

canoula *n.f.* **1** a haste ou cana do milho **2** HERÁLDICA emblema do brasão com a forma desta haste (De *cana* ou do lat. vulg. **cannabŭla-*, dim. de *canna-*, «cana»)

canoulo *n.m.* ⇒ **canoula**

canoura *n.f.* [regionalismo] ⇒ **tremonha** (Do lat. vulg. *cannabŭla-*, dim. de *canna-*, «cana»)

cansaço *n.m.* **1** fadiga; esfalfamento **2** fraqueza **3** [fig.] enfastiamento; enfado (De *cansar*+-*aço*)

cansanção *n.m.* BOTÂNICA nome extensivo a várias plantas do Brasil com pelos urticantes (De orig. obsc.)

cansar *v.tr.,intr.,pron.* causar ou sentir cansaço; fatigar(-se) ■ *v.tr.,pron.* causar ou sentir desagrado, aborrecimento; fartar(-se) ■ *v.pron.* empenhar-se; esmerar-se (Do lat. *campsāre*, «virar; dobrar»)

cansativo *adj.* que causa cansaço; fatigante (De *cansar*+-*tivo*)

canseira *n.f.* **1** cansaço; fadiga **2** esforço; trabalho **3** cuidado; afã (De *cansar*+-*eira*)

canseiroso /ô/ *adj.* **1** que tem canseira **2** esforçado no trabalho (De *canseira*+-*oso*)

cantabile *n.m.* MÚSICA andamento musical menos lento que o adágio ■ *adj.2g.* designativo do andamento menos lento que o adágio (Do it. *cantabile*, «id.»)

cantábrico *adj.* **1** da Cantábria, região espanhola ao sul do golfo da Gasconha, ou a ela relativo **2** biscainho **3** vasconço (Do lat. *cantabrĭcu-*, «da Cantábria»)

cantábrio *adj.* ⇒ **cantábrico** (Do lat. *cantabrĭu-*, «da Cantábria»)

cântabro *adj.* ⇒ **cantábrico** ■ *n.m.* habitante da Cantábria (Do lat. *cantabrŭ-*, «id.»)

cantada *n.f.* **1** [Brasil] [coloq.] ⇒ **piropo¹** **2** [Brasil] [coloq.] conversa agradável e envolvente com o objetivo de tentar seduzir alguém (Part. pass. fem. subst. de *cantar*)

cantadeira *n.f.* **1** aquela que canta música popular **2** aquela que gosta de cantar ou tem como profissão cantar **3** ORNITOLOGIA ave palmípede da família dos Anatídeos, pouco frequente em Portugal, também conhecida por marreca, rangedeira, etc.; cotovia (De *cantar*+-*deira*)

cantadela *n.f.* [pop.] ⇒ **cantiga** (De *cantar*+-*dela*)

cantadoira *n.f.* **1** cada um dos pares de peças verticais que, atravessando o chedeiro, abraçam o eixo do carro de bois, aos lados do cocão **2** ⇒ **treitoura** (De *cantar*+-*doira*)

cantador *adj.,n.m.* (feminino **cantadeira**) que ou aquele que canta música popular (De *cantar*+-*dor*)

cantadoura *n.f.* ⇒ **cantadoira**

cantante *adj.2g.* **1** que canta **2** harmonioso **3** MÚSICA (parte de composição musical) destinado a ser cantado; *arco* ~ ELETRICIDADE dispositivo usado em TSF experimental para obter frequências estabilizadas (Do lat. *cantante-*, «id.», part. pres. de *cantāre*, «cantar»)

cantão *n.m.* **1** divisão territorial de alguns países, como é o caso da Suíça **2** secção de estrada a cargo de um cantoneiro **3** troço de linha uma férrea onde, em condições normais, só pode circular um comboio de cada vez **4** HERÁLDICA cada um dos quatro cantos do escudo divididos pelos braços da cruz (Do ant. prov. *cantoun*, «cantão», pelo it. *cantone*, «id.», pelo fr. *canton*, «id.»)

cantar *v.tr.,intr.* emitir sons musicais com a voz; entoar ■ *v.intr.* (ave e outros animais) emitir sons ■ *v.tr.* MÚSICA executar com a voz (um trecho musical) **2** celebrar em verso ou prosa **3** [pop.] retorquir; replicar **4** [Brasil] [pop.] tentar seduzir (alguém) através de conversa agradável ■ *n.m.* **1** canto **2** cantiga; canção **3** composição poética em louvor a alguém; ~ *de galo* estar em vantagem, falar com arrogância, mostrar-se provocador, mandar; ~ *vitória* gabar-se de ter conseguido o que desejava (Do lat. *cantāre*, «id.»)

cântara *n.f.* cântaro pequeno (De *cântaro*)

cantareira *n.f.* poial sobre que se colocam os cântaros (De *cântaro*+-*eira*)

cantarejar *v.tr.,intr.* ⇒ **cantarolar** (De *cantar*+-*ejar*)

cantarejo /ê/ *n.m.* ⇒ **cantarola** (Deriv. regr. de *cantarejar*)

cantaria *n.f.* pedra lavrada ou simplesmente aparelhada, geralmente em paralelepípedos, para construções (De *canto* [= pedra]+-*aria*)

cantárida *n.f.* ZOOLOGIA nome vulgar extensivo a uns insetos coleópteros, da família dos Traquelídeos, comuns especialmente nas regiões mediterrânicas, com os quais se prepara um pó (do mesmo nome), de aplicações medicinais, que contém a cantaridina (Do gr. *kantharís*, *-ídos*, «cantárida», pelo lat. *cantharĭde-*, «cantárida»)

cantaridal *adj.2g.* relativo à cantárida ou ao seu pó (De *cantárida*+-*al*)

cantaridar *v.tr.* polvilhar com pó de cantáridas (De *cantárida*+-*ar*)

cantáride *n.f.* ZOOLOGIA ⇒ **cantárida**

cantaridina *n.f.* substância venenosa e irritante, princípio ativo das cantáridas, com aplicações terapêuticas (De *cantárida*+-*ina*)

cantaridismo *n.m.* intoxicação pelas cantáridas (De *cantárida*+-*ismo*)

cantarilha *n.m.* ICTIOLOGIA ⇒ **cantariz** (De orig. obsc.)

cantarilho *n.m.* ICTIOLOGIA ⇒ **cantariz** (De orig. obsc.)

cantariz *n.m.* ICTIOLOGIA peixe teleósteo, da família dos Escorpenídeos, pouco abundante em Portugal (De orig. obsc.)

cântaro *n.m.* **1** recipiente grande para líquidos **2** meio almude; *chover a cântaros* chover torrencialmente (Do gr. *kántharos*, «escaravelho», pelo lat. *canthăru-*, «taça»)

cantarola *n.f.* **1** canto desafinado **2** canto a meia voz (Deriv. regr. de *cantarolar*)

cantarolar *v.tr.,intr.* **1** cantar a meia voz; trautear **2** cantar mal (De *cantar*+-*ola*+-*ar*)

cantata *n.f.* **1** composição poética para ser cantada **2** MÚSICA género vocal de câmara do período barroco, constituído por recitativos, árias, duetos, tercetos e coros, com acompanhamento instrumental **3** MÚSICA desde finais do século XVIII, designação de uma grande variedade de obras, sacras ou seculares, geralmente destinadas a coro e a orquestra **4** pequeno poema lírico **5** [pop.] lábia; léria (Do it. *cantata*, «id.»)

cantautor *n.m.* artista que canta as letras e a música de canções que ele próprio escreve e compõe (De *cantor* × *autor*)

cantável *adj.2g.* **1** que se pode cantar **2** que se adapta ao canto (Do lat. *cantabĭle-*, «digno de ser cantado»)

cante *n.m.* **1** [regionalismo] ato de cantar; canto **2** MÚSICA género musical tradicional do Alentejo (Deriv. regr. de *cantar*)

canté *interj.* [pop.] exprime desejo ou esperança

canteira *n.f.* **1** pedreira de onde se extrai pedra de cantaria **2** gato de ferro para segurar partes de uma tábua rachada (De *canto* [= pedra]+-*eira*)

canteiro[1] *n.m.* **1** artista que trabalha em cantaria **2** pequena área demarcada de terreno ajardinado (De *canto* [= *pedra grande para esquadria*]+*-eiro*)

canteiro[2] *n.m.* **1** poial, nas adegas, para assentar as vasilhas **2** malhal (Do lat. *cantherĭu-*, «asna; cavalo montado»)

cantés *interj.* ⇒ **canté**

cântico *n.m.* **1** canto consagrado à divindade; hino **2** poema; ode **3** canção (Do lat. *cantĭcu-*, «canto»)

cantiga *n.f.* **1** canto popular formado de redondilhas ou versos menores que estas e dividido em estrofes iguais **2** estrofe para cantar **3** qualquer composição popular que se destina a ser cantada **4** [fig., pop.] mentira; léria (Do lat. *cantĭca*, pl. de *canticu-*, «cântico; canção», com deslocação do acento)

cantil[1] *n.m.* pequeno recipiente resistente aos choques e passível de ser fechado hermeticamente, utilizado para transporte de líquidos (De orig. obsc.)

cantil[2] *n.m.* **1** utensílio de carpinteiro para abrir a madeira a meio-fio **2** utensílio de canteiro para lavrar pedras (De *canto* [= *ângulo*]+*-il*)

cantilena /ê/ *n.f.* **1** cantiga fastidiosa **2** canto suave **3** [fig.] história para enganar alguém (Do lat. *cantilēna-*, «canção; refrão»)

cantimplora *n.f.* **1** recipiente metálico para arrefecer líquidos **2** sifão para trasfegar líquidos **3** tubo comunicante **4** regador **5** almotolia de lubrificação (De orig. obsc.)

cantina *n.f.* **1** lugar onde se fornecem refeições aos trabalhadores da mesma empresa, estabelecimento, fábrica, quartel, etc. **2** instituição de beneficência que fornece alimento e outros auxílios sobretudo a crianças e pobres (Do it. *cantina*, «cave; adega», pelo fr. *cantine*, «cantina»)

cantineiro *n.m.* o que administra uma cantina (De *cantina*+*-eiro*)

cantinho *n.m.* **1** canto pequeno **2** sítio escondido **3** lugar pouco frequentado **4** *pl.* jogo infantil (De *canto*+*-inho*)

canto[1] *n.m.* **1** ângulo formado pelo cruzamento de duas linhas ou superfícies; esquina; aresta **2** lugar afastado ou isolado **3** sítio escuro **4** pedra grande para esquadria **5** comissura dos lábios e das pálpebras **6** DESPORTO ângulo formado pela linha lateral e pela linha de fundo num campo de futebol, hóquei, etc. **7** DESPORTO (futebol) falta cometida por um jogador ao atirar a bola para lá da linha de fundo da sua equipa **8** DESPORTO (futebol) reposição em jogo da bola, a pontapé, por parte da equipa adversária, como resultado da realização dessa falta; *de* ~ de esguelha; *ser posto a um* ~ ser desprezado (Do lat. *canthu-*, «ângulo; canto»)

canto[2] *n.m.* **1** emissão de sons musicais; ato de cantar **2** versos destinados a serem cantados **3** cantiga **4** LITERATURA composição poética **5** LITERATURA divisão de um poema longo; ~ *da sereia* linguagem lisonjeira para atrair; ~ *gregoriano* MÚSICA uma das formas antigas do canto litúrgico, monódico, composto sobre textos litúrgicos latinos, cantochão (Do lat. *cantu-*, «canto; canção»)

cantochanista *n.2g.* cantor ou cantora de cantochão (De *cantochão*+*-ista*)

cantochão *n.m.* uma das formas antigas do canto litúrgico; canto gregoriano (De *canto*+*chão* [= *plano, simples*])

canto-de-cisne ver nova grafia *canto de cisne*

canto de cisne *n.m.* a última obra ou ação de um autor ou pessoa antes de morrer

cantoeira *n.f.* **1** peça de ferro para firmar os cantos dos edifícios **2** viga metálica com perfil em L (De *cantão*, por *canto*+*-eira*)

cantonado *adj.* HERÁLDICA diz-se do escudo que tem alguma peça nos cantos (De *cantão*+*-ada*)

cantonal *adj.2g.* **1** de cantão **2** referente a cantão (De *cantão*+*-al*, ou do fr. *cantonal*, «id.»)

cantoneira *n.f.* prateleira móvel ou fixa adaptada a um canto de um aposento (Do it. *cantoniera*, «móvel de canto»)

cantoneiro *n.m.* encarregado da conservação de um cantão (secção de estrada) (De *cantão*+*-eiro*)

cantor[1] *n.m.* **1** aquele que canta **2** artista que canta por profissão **3** [fig.] poeta (Do lat. *cantōre-*, «id.»)

cantor[2] *n.m.* designação dada ao sapal, na Índia (Do conc. *kāntor*, «id.»)

cantoria *n.f.* **1** ato de cantar **2** concerto de vozes **3** parte cantante (De *cantor*+*-ia*)

canudo *n.m.* **1** tubo comprido e estreito **2** rolo de cabelo **3** [coloq.] diploma de um curso superior **4** [pop.] contrariedade; contratempo **5** [pop.] prejuízo; logro; *que* ~! que maçada!; *ver por um* ~ ver de longe sem poder alcançar (Do moç. *gannût*, «canudo», do lat. hisp. *cannŭtu-*, «semelhante a cana»)

cânula *n.f.* MEDICINA instrumento tubiforme, que se aplica em operações terapêuticas, cirúrgicas, de higiene, etc., por vezes adaptado a seringas e irrigadores (Do lat. *cannŭla-*, «id.»)

canutilho *n.m.* **1** fio de ouro ou prata, fino e enrolado em espiral, usado para bordar **2** tubozinho de vidro usado para enfeitar e guarnecer o vestuário das senhoras **3** fio metálico que se enrola nos bordões dos instrumentos de corda (Do cast. *cañutillo*, «canutilho»)

canvanza *n.f.* [Angola] barulho; confusão (Do quimb. *kavanza*, «id.»)

canyoning *n.m.* DESPORTO desporto considerado radical que utiliza as técnicas de escalada para exploração de ravinas ou desfiladeiros (*canyons*) e cavernas, adaptando-as para cachoeiras e quedas de água (Do ing. *canyoning*)

canzarrão *n.m.* {*aumentativo de* **cão**} cão grande (De *cão*+*z*+*-arrão*)

canzeiro *adj.,n.m.* que ou pessoa que contrai dívidas e não pode ou não tenciona pagá-las; caloteiro ■ *n.m.* lugar onde assenta o canzil (De *cão*+*z*+*-eiro*)

canzil *n.m.* **1** cada um dos dois paus da canga entre os quais o boi mete o pescoço; cangalho **2** canil (Do lat. **canicĭle-*, «id.», de *canīca-*, «canga»)

canzoada *n.f.* **1** aglomeração de cães **2** [fig.] canalhada **3** [fig.] gente vil **4** [fig.] cambada **5** [pop.] grande porção de dívidas (De *cão*+*z*+*-ada*)

canzoal *adj.2g.* de cães ou a eles referente ■ *n.m.* matilha (De *cão*+*z*+*-al*)

cão[1] *n.m.* (*feminino* **cadela**) **1** ZOOLOGIA mamífero carnívoro, da família dos Canídeos, domesticado e representado por numerosas raças **2** peça de percussão, nas armas de fogo portáteis **3** pedra saliente, nas paredes, para suster balcões **4** [pop.] calote **5** [pej.] pessoa má, desprezível; ~ *de fila* cão de guarda; ~ *que ladra não morde* (provérbio) os que mais falam são os que menos atuam (Do lat. *cane-*, «cão»)

cão[2] *n.m.* **1** príncipe ou chefe asiático **2** mercado ou estalagem no Oriente (Do tártaro *khán*, «príncipe; senhor»)

cão[3] *adj.* (*feminino singular* **cã**, *feminino plural* **cãs**, *masculino plural* **cãos**) que tem cãs; branco (Do lat. *canu-*, «branco»)

-ção sufixo nominal de origem latina, que exprime *ação* ou *resultado de ação* (*nomeação; traição; organização*)

caoco /ô/ *n.m.* ZOOLOGIA nome da girafa, em Angola

cão-d'água *n.m.* ZOOLOGIA cão de porte médio, robusto, ágil e bom nadador, de focinho largo e pelo abundante, sem ondulação e de cor branca, preta ou castanha

cão-da-pradaria *n.m.* ZOOLOGIA designação comum aos mamíferos roedores e escavadores da família dos esquilos, de pelo castanho-claro, corpo robusto e cauda e pernas curtas, que vivem em colónias subterrâneas nas planícies da América do Norte

cão-guia *n.m.* cão treinado para conduzir deficientes visuais

caolho *adj.,n.m.* [Brasil] zarolho; estrábico; vesgo (Provavelmente do quimb. *ka*, «pequeno»+*olho*)

Cão Maior *n.m.* ASTRONOMIA constelação austral cuja estrela principal é Sírio (Do lat. *Canis Major*)

cão-marinho *n.m.* ICTIOLOGIA ⇒ **peixe-cão**

Cão Menor *n.m.* ASTRONOMIA constelação boreal cuja estrela mais brilhante é Prócion (Do lat. *Canis Minor*)

cão-polícia *n.m.* cão treinado para auxiliar a polícia no trabalho de investigação criminal

caos *n.m.2n.* **1** estado confuso dos elementos cósmicos antes da suposta intervenção de um demiurgo ou de um princípio organizador do Universo **2** desordem; balbúrdia; confusão **3** indiferenciação; ~ *molecular* condição em que as moléculas se movem desordenadamente e com velocidades variáveis; *teoria do* ~ teoria que descreve a complexidade e a dinâmica de sistemas que, embora aparentemente imprevisíveis, são, de facto, regidos por leis deterministas (Do gr. *kháos*, «abismo»)

caótico *adj.* **1** em estado de caos **2** desordenado; confuso (Do fr. *chaotique*, «id.»)

cão-tinhoso *n.m.* [pop.] o Demónio

caotizar *v.tr.* **1** [Brasil] tornar caótico **2** [Brasil] desordenar; confundir (De *caót*[*ico*]+*-izar*)

capa[1] *n.f.* **1** peça de vestuário, ampla e sem mangas, que se usa sobre a outra roupa **2** face anterior de livro ou revista **3** peça que forma a lombada e as faces anterior e posterior de uma publicação **4** o que envolve ou cobre qualquer coisa; invólucro **5** bocado de couro que cobre o salto de um sapato, bota, etc. **6** [fig.] proteção **7** [fig.] aparência; ~ *de asperges* capa que o sacerdote veste para fazer esta aspersão; pluvial (Do gr. *kápa*, «capote», pelo lat. tard. *cappa-*, «manto; toucado»)

capa² *n.f.* 1 nome da décima letra do alfabeto grego (κ, K) 2 nome da décima primeira letra e oitava consoante do alfabeto português (k, K) (Do gr. *káppa*, «id.», pelo lat. tard. *cāppa*, «id.»)

capa³ *n.f.* [Brasil] capadura (Deriv. regr. de *capar*)

capação *n.f.* 1 ato ou efeito de capar; capadura 2 corte dos rebentos (De *capar+-ção*)

capacete /ê/ *n.m.* 1 armadura oval defensiva da cabeça 2 peça metálica que cobre a caldeira do alambique 3 teto do moinho de vento 4 [pop.] cabeça; **~ de gelo** camada de gelo aplicada à cabeça de certos doentes; ***abanar o ~*** [coloq.] dançar (Do cat. *cabasset*, «capacete», pelo cast. *capacete*, «id.»)

capacete-azul *n.2g.* militar ao serviço da Organização das Nações Unidas

capacheiro *n.m.* fabricante ou negociante de capachos (De *capacho+-eiro*)

capachice *n.f.* 1 adulação 2 servilismo (De *capacho+-ice*)

capachinho *n.m.* [pop.] chinó; peruca (De *capacho+-inho*)

capachismo *n.m.* ⇒ **capachice** (De *capacho+-ismo*)

capacho *n.m.* 1 tapete de esparto a que se limpa o calçado 2 [fig.] pessoa servil 3 espécie de vaso cilíndrico, de esparto, onde se metem os pés para os aquecer (Do cast. *capacho*, «seira pequena»)

capacidade *n.f.* 1 espaço interior de um corpo vazio que pode ser ocupado; volume interior 2 possibilidade de fazer alguma coisa 3 [fig.] aptidão; talento 4 aptidão legal para determinados atos 5 pessoa de grande merecimento; **~ *calorífica (de um corpo)*** quantidade de calor necessária para elevar 1 °C a temperatura de um corpo; **~ *de tráfego*** número máximo de veículos que uma via pode escoar em certas condições; **~ *elétrica (de um condensador)*** FÍSICA a razão entre a carga da armadura coletora e a diferença de potencial entre as armaduras; **~ *elétrica (de um condutor isolado)*** FÍSICA a razão entre a carga do condutor e o seu potencial (Do lat. *capacitāte-*, «id.»)

capacitar *v.tr.* 1 tornar capaz 2 fazer compreender 3 convencer; persuadir ■ *v.pron.* 1 tornar-se capaz 2 convencer-se (Do it. *capacitare*, «id.»)

capada¹ *n.f.* pancada com capa (De *capa+-ada*)

capada² *n.f.* camada de pelo nos chapéus de feltro (Do fr. *capade*, «feltro para um chapéu»)

capadeira *n.f.* navalha de capar (De *capar+-deira*)

capado¹ *n.m.* 1 carneiro ou bode castrado 2 a carne destes animais (Part. pass. subst. de *capar*)

capado² *n.m.* [cal.] ⇒ **caparro**

capadócio *adj.* relativo à Capadócia, região ocidental da Ásia Menor ■ *n.m.* 1 natural ou habitante da Capadócia 2 [pej.] pateta; palerma 3 [Brasil] [pej.] que ou o que age de forma desonesta ou fraudulenta; trapaceiro 4 [Brasil] [pej.] patife; canalha (De *Capadócia*, top.)

capador *n.m.* 1 o que tem a profissão de capar 2 castrador (De *capar+-dor*)

capadura *n.f.* ⇒ **capação** (De *capar+-dura*)

capandua *n.f.* espécie de maçã vermelha (Do fr. *capendu*, «id.», de orig. obsc.)

capanga¹ *n.f.* 1 [Brasil] espécie de bolsa que os viajantes usam a tiracolo e em que trazem pequenos objetos necessários para a jornada 2 [Brasil] compra de diamantes efetuada pelo capangueiro ■ *n.m.* [Brasil] valentão ao serviço de alguém para defender a sua pessoa ou os seus interesses; guarda-costas (De origem obscura)

capanga² *n.f.* [Angola] golpe de luta (Do quimbundo *kubanga*, «briga»)

capangueiro *n.m.* [Brasil] comprador de diamantes, em pequenas quantidades, aos mineiros ou a particulares que os encontram (De *capanga+-eiro*)

capão¹ *n.m.* 1 galo ou cavalo castrado 2 [regionalismo] molho de vides que se cortam na poda ■ *adj.* diz-se de certa variedade de feijão rasteiro (Do lat. vulg. *cappone-*, «capão»)

capão² *n.m.* [Brasil] mata que se corta para lenha (Do tupi *kaa'pãu*, «mato isolado»)

capar *v.tr.* 1 extrair ou inutilizar os órgãos da reprodução animal a; castrar 2 cortar os rebentos (a certas plantas) para elas engrossarem ou frutificarem melhor (Do lat. vulg. *cappāre*, «id.»)

caparação *n.m.* 1 espécie de xairel 2 antiga cobertura do cavalo, que ficava pendente sobre as partes posteriores e laterais do animal (Do cast. *caparazón*, «id.»)

caparaçonado *adj.* HERÁLDICA diz-se do cavalo figurado no brasão, coberto com caparação (Do cast. *caparazón*, «caparação» + *-ado*)

caparão *n.m.* espécie de carapuça que serve para tapar a cabeça das aves usadas na caça de altanaria (Do lat. **capparōne-*, «id.»)

caparazão *n.m.* 1 espécie de gualdrapa ou xairel 2 antiga armadura dos cavalos (Do cast. *caparazón*)

caparidácea *n.f.* BOTÂNICA espécime das Caparidáceas

Caparidáceas *n.f.pl.* BOTÂNICA família de plantas dicotiledóneas, herbáceas ou subarbustivas, a que pertence a alcaparra, em regra tropicais e representadas em Portugal (Do gr. *kápparis*, «alcaparra», pelo lat. *capparĭde-*, «id.» +*-áceas*)

caparoeiro *adj.* 1 habituado ao caparão 2 doméstico (De *caparão+-eiro*)

caparro *n.m.* [cal.] constituição física desenvolvida, musculada (De orig. obsc.)

caparrosa *n.f.* 1 QUÍMICA antiga designação comum a vários sulfatos de ferro, de cobre e de zinco, hidratados e cristalizados 2 BOTÂNICA arbusto tintureiro do Brasil (Do lat. med. *cupri rosa*, «rosa de cobre», pelo fr. *couperose*, «id.», pelo cast. *caparrosa*, «id.»)

capatão *n.m.* ICTIOLOGIA nome vulgar de um peixe teleósteo, da família dos Esparídeos, comum nas costas marítimas portuguesas, também conhecido por pargo-de-morro, pargo-de-mitra e parguete (Do lat. *capitōne-*, «mugem, peixe do mar»)

capataz *n.m.* chefe de um grupo de pessoas que executam trabalhos físicos (Do prov. ant. *captás*, «id.»)

capatazia *n.f.* 1 cargo do capataz 2 grupo de indivíduos dirigido por um capataz (De *capataz+-ia*)

capatázio *adj.,n.m.* que ou aquele que pertence a uma capatazia (De *capataz+-io*)

capatorra /ô/ *n.f.* ⇒ **cotovia** (Do lat. *capĭte-*, «cabeça» +*-orra*)

capaz *adj.2g.* 1 que tem as características adequadas para uma dada tarefa, atividade, etc. 2 que apresenta dimensões suficientes (para conter algo ou para que algo caiba) 3 que tem as habilidades, competências ou conhecimentos necessários para exercer uma função; competente 4 próprio para o fim a que se destina; conveniente; adequado 5 DIREITO que tem capacidade legal para certos atos 6 honesto; sério; idóneo; ***ser ~ de*** ser suscetível de; existir a possibilidade de (*o menino é capaz de estar doente; isto é capaz de te interessar*); ***ser ~ de tudo*** não hesitar perante nada até conseguir o que se pretende (Do lat. *capāce-*, «capaz»)

capazmente *adv.* 1 de modo capaz 2 com capacidade 3 com competência 4 bem (De *capaz+-mente*)

capcioso *adj.* 1 que tende a enganar 2 ardiloso; cavilloso 3 arguto (Do lat. *captiōsu-*, «enganador»)

cápea *n.f.* ⇒ **capeia** (Deriv. regr. de *capear*)

capeador *n.m.* 1 o que capeia 2 capinha 3 toureiro (De *capear+-dor*)

capeamento *n.m.* 1 ato ou efeito de capear 2 trabalho de revestir uma parede com pequenas pedras (capeias) colocadas nas falhas (De *capear+-mento*)

capear¹ *v.tr.* 1 cobrir com capa; encapar 2 revestir (parede, etc.) com material protetor 3 TAUROMAQUIA passar com capa (touro) 4 NÁUTICA pôr (navio) à capa 5 [fig.] encobrir; ocultar 6 [fig.] enganar; iludir (De *capa+-ear*)

capear² *v.tr.* [regionalismo] revestir de capeias (lajes) (De *cápea+-ar*)

capeia *n.f.* 1 [regionalismo] laje que se utiliza no remate de paredes ou cobertura de canos 2 TAUROMAQUIA prática tauromáquica em que se provoca o touro com uma capa (Deriv. regr. de *capear*)

capeiro *n.m.* 1 o que leva capa ou opa nas procissões 2 encarregado de guarda-roupa (De *capa+-eiro*)

capela *n.f.* 1 igreja pequena 2 ermida; santuário 3 cada uma das partes de uma igreja em que há um altar 4 grupo de cantores ou músicos adstritos a um santuário 5 grinalda de flores ou folhas 6 compartimento fechado e envidraçado de um laboratório, destinado à realização de reações químicas que libertam gases tóxicos ou prejudiciais à saúde 7 loja de quinquilharia 8 teto do forno 9 [regionalismo] pagamento anual ao pároco pelos serviços prestados (Do b. lat. *cappella-*, dim. de *cappa-*, «capinha» e, mais tarde, «oratório»)

capelada¹ *n.f.* porção de coroas ou capelas (De *capela+-ada*)

capelada² *n.f.* peça que cobre a boca do coldre (De *capelo+-ada*)

capela-mor *n.f.* a capela que tem o altar-mor (De *capela+mor* [= *maior*])

capelania *n.f.* cargo ou benefício de capelão (Do lat. *capellānu-*, «capelão») +*-ia*)

capelão *n.m.* 1 padre encarregado do serviço religioso de uma capela 2 padre que diz missa na capela de uma família ou exerce funções sacerdotais num convento, hospital, prisão, regimento, etc. (Do lat. med. *cappellānu-*, «o encarregado de guardar a relíquia de S. Martinho»)

capeleira *n.f.* [ant.] mulher que faz ou vende capelas (de flores); florista (De *capela+-eira*)

capelina *n.f.* **1** armadura ligeira para a cabeça; elmo **2** chapéu feminino (Do fr. *capeline*, «capinha»)
capelinha *n.f.* **1** pequena capela **2** [fig.] grupo fechado; seita **3** [coloq.] taberna (De *capela*+-*inha*)
capelista *n.f.* pequena loja de quinquilharias ▪ *n.2g.* pessoa que vende nesta loja (De *capela*+-*ista*)
capelo /ê/ *n.m.* **1** antigo capuz dos frades **2** touca de freira ou viúva **3** [acad.] cabeção (na murça) usado pelos doutores, como insígnia, nos atos solenes **4** dossel **5** indivíduo doutorado **6** ICTIOLOGIA peixe teleósteo, da família dos Corifenídeos, que aparece em Portugal com pouca frequência (Do lat. **cappellu*-, dim. de *cappa*-, «toucado»)
capeludo *adj.* que traz capelo (De *capelo*+-*udo*)
capengar *v.intr.* [Brasil] coxear; mancar (De *capenga*+-*ar*)
caperotada *n.f.* CULINÁRIA guisado de pedaços de aves previamente assadas (Do cast. *capirotada*, «guisado; caperotada»)
capeta *n.m.* [Brasil] diabo; satanás
capiá *n.f.* [Brasil] ⇒ **contraerva** (Do tupi *caá-pi'a*, «id.»)
capialço *n.m.* corte oblíquo na parte superior das portas e janelas para dar mais luz ao interior das casas (Do cast. *capialzo*, «id.»)
capiau *n.m.* [Brasil] saloio; camponês
capicua *n.f.* **1** conjunto de algarismos ou de letras cuja leitura é a mesma quando feita nos dois sentidos **2** (jogo do dominó) pedra que pode ser colocada de um lado ou do outro **3** horóscopo tirado de um número que é sempre o mesmo, lido de trás para diante ou de diante para trás (Do cat. *capicua*, da expr. *cap i cua*, «cabeça e cauda»)
cápide *n.f.* taça ou vaso de duas asas, que os antigos usavam nos sacrifícios (Do lat. *capĭde*-, «id.»)
capigorrão *n.m.* designação dada aos estudantes seminaristas que usavam capa e gorro (Do cast. *capigorrón*, «id.»)
capiláceo *adj.* que tem filamentos capilares (Do lat. *capillacĕu*-, «feito de cabelo»)
capilamento *n.m.* **1** fibra muito fina **2** filamento capilar **3** cabeladura (Do lat. *capillamentu*-, «cabeleira»)
capilar *adj.2g.* **1** que diz respeito ao cabelo **2** tão fino como um cabelo **3** designativo do tubo de calibre muito reduzido utilizado em análises laboratoriais **4** FÍSICA (fenómeno) que resulta das ações moleculares no contacto de um líquido com um sólido, como seja a elevação ou depressão de um líquido num tubo muito estreito ▪ *n.m.* ANATOMIA vaso sanguíneo de calibre muito fino que liga entre si as arteríolas e as vénulas (Do lat. *capillāre*-, «relativo ao cabelo; semelhante ao cabelo»)
capilária *n.f.* BOTÂNICA ⇒ **avenca** (Do lat. **capillarĭa*- por *capillāre*-, «com forma de cabeleira»)
capilaridade *n.f.* **1** FÍSICA propriedade de contacto que se manifesta pelo desnível entre um líquido interior a um tubo capilar e a superfície da parte exterior do mesmo líquido **2** parte da física em que se estuda essa propriedade (De *capilar*+-*i*-+-*dade*, ou do fr. *capilarité*, «id.»)
capilarímetro *n.m.* **1** FÍSICA instrumento que serve para medir o diâmetro interior dos tubos capilares **2** instrumento destinado a medir as forças capilares (Do lat. *capillāre*-, «capilar»+gr. *métron*, «medida»)
capilé *n.m.* xarope ou calda feita com suco de avenca (Do fr. *capillaire*, «xarope de avenca»)
capilha *n.f.* exemplar de uma obra impressa oferecido ao arquivo da tipografia que a imprimiu (Do cast. *capilla*, «capuz»)
capiliforme *adj.2g.* que tem forma de cabelo (Do lat. *capillu*-, «cabelo» +*forma*-, «forma»)
capilota *n.f.* **1** [pop.] tareia; sova **2** [pop.] grande derrota (ao jogo) (De orig. obsc.)
capim *n.m.* **1** conjunto de ervas, em regra forraginosas, e por vezes altas, com predominância das gramíneas, que cobre superfícies de terreno mais ou menos extensas **2** reboco grosseiro e pouco resistente feito com areia e cimento (Do tupi *kaa'pii*, «mato fino»)
capina *n.f.* **1** [Brasil] ⇒ **capinação 2** [Brasil] [fig.] repreensão (Deriv. regr. de *capinar*)
capinação *n.f.* [Brasil] ato de capinar; corte ou monda do capim (De *capinar*+-*ção*)
capinador *adj.,n.m.* que ou aquele que capina; sachador; mondador (De *capinar*+-*dor*)
capinar *v.tr.* **1** [Brasil] cortar o capim em **2** [Brasil] limpar do capim; mondar (De *capim*+-*ar*)
capindó *n.m.* capa curta de mulher (Do cast. *capingó*, «capa curta»)
capineiro *n.m.* [Brasil] aquele que capina (De *capinar*+-*eiro*)
capinha *n.f.* capa com que o toureiro provoca ou distrai o touro ▪ *n.m.* toureiro que capeia (De *capa*+-*inha*)
capinzal *n.m.* terreno onde cresce capim (De *capim*+*z*+-*al*)
capirote *n.m.* capuz antigo ▪ *adj.* **1** designativo do touro cuja cabeça é unicolor, mas de tonalidade distinta da do resto do corpo **2** malhado; maculado (Do cast. *capirote*, «capuz antigo»)
capiscar *v.tr.* descobrir as manhas de outrem (Do it. *capisco*, de *capire*, «compreender»)
capista *n.m.* clérigo que assiste, revestido de capa, ao capitulante, quando este recita o ofício (De *capa*+-*ista*)
capistrar *v.tr.* **1** ligar com capistro **2** pôr capistro a (Do lat. *capistrāre*, «pôr o cabresto a»)
capistro *n.m.* **1** atadura em forma de cabresto para cingir a cabeça **2** formação carnosa que envolve a base do bico das aves (Do lat. *capistru*-, «capistro»; «cabresto»)
capitação *n.f.* o que se paga ou recebe por cabeça ou pessoa (Do lat. *capitatiōne*-, «id.»)
capitado *n.m.* ANATOMIA osso da segunda série do carpo, também chamado grande-osso ▪ *adj.* **1** designativo do corpo alongado com extremidade dilatada e arredondada **2** com a forma de cabeça **3** cabeçudo (Do lat. *capitātu*-, «cabeçudo; com copa grande»)
capital *adj.2g.* **1** que diz respeito à cabeça **2** que é a cabeça ou parte principal de alguma coisa **3** principal; essencial **4** gravíssimo **5** relativo à pena de morte **6** RELIGIÃO (pecado) relativo às faltas graves catalogadas pela Igreja Católica (avareza, gula, inveja, ira, luxúria, orgulho e preguiça) ▪ *n.f.* **1** cidade ou povoação onde reside o governo de uma nação, região ou distrito **2** letra maiúscula ▪ *n.m.* **1** dinheiro que constitui o fundo de uma indústria, sociedade comercial ou de um rendimento **2** valores **3** dinheiro **4** [fig.] todo o valor de ordem moral ou espiritual recebido como herança de uma longa tradição; **~ *social*** cifra representativa da soma das entradas dos sócios; ***pena* ~** pena de morte (Do lat. *capitāle*-, «da cabeça; principal»)
capitalismo *n.m.* **1** ECONOMIA regime económico caracterizado pela grande produção, pelo investimento de grande massa de bens, pela propriedade individual dos capitais, e por um mercado livre e competitivo **2** POLÍTICA regime no qual o poder político está na dependência dos detentores de capitais (De *capital*+-*ismo*)
capitalista *n.2g.* **1** pessoa que vive de rendimentos de capitais **2** pessoa que empresta fundos ao empreendedor de um negócio **3** pessoa proprietária dos meios de produção, no sistema económico do capitalismo **4** pessoa partidária do capitalismo **5** [fig.] pessoa muito rica ▪ *adj.2g.* **1** relativo ao capitalismo **2** financiador (De *capital*+-*ista*)
capitalização *n.f.* **1** acumulação de capitais **2** o capital de uma empresa **3** liquidez financeira **4** conversão (dos juros) em capital **5** [fig.] aproveitamento (De *capitalizar*+-*ção*)
capitalizar *v.intr.* ECONOMIA acumular dinheiro para formar ou aumentar um capital ▪ *v.tr.* **1** acumular para formar um capital **2** converter em capital **3** transformar em capital **4** adicionar ao capital **5** usar como capital **6** [fig.] valer-se de; aproveitar-se de (De *capital*+-*izar*)
capitalizável *adj.2g.* que se pode capitalizar (De *capitalizar*+-*vel*)
capitanear *v.tr.* **1** comandar como capitão **2** governar; dirigir (Do lat. tard. *capitānu*-, «capitão» +-*ear*)
capitango *n.m.* espécie de juiz em algumas tribos de Angola (De *capitão*)
capitania *n.f.* **1** dignidade ou posto de capitão **2** jurisdição das águas marítimas territoriais **3** sede dessa jurisdição **4** designação das primeiras divisões administrativas do Brasil (Do lat. tard. *capitānu*-+-*ia*)
capitânia *adj.* diz-se da nau em que vai o capitão, o comandante ▪ *n.f.* **1** essa nau **2** navio-chefe de uma esquadra (Do lat. *capitanĕu*-, «principal»)
capitania-mor *n.f.* **1** dignidade ou cargo de capitão-mor **2** duração do governo de um capitão-mor
capitão *n.m.* **1** MILITAR posto de oficial subalterno do Exército e da Força Aérea, superior ao de tenente e inferior ao de major, e cuja insígnia é constituída por três galões estreitos **2** MILITAR oficial que ocupa esse posto **3** comandante de um navio mercante **4** chefe de uma equipa ou delegação desportiva **5** encarregado do policiamento de um porto de mar (Do genovês *capitan*, «id.», este do lat. **capitānu*-, «chefe»)
capitão-de-bandeira ver nova grafia **capitão de bandeira**
capitão de bandeira *n.m.* oficial da marinha nomeado para representar as autoridades navais a bordo de navio privado fretado pelo Estado para transporte de guerra
capitão-de-fragata ver nova grafia **capitão de fragata**

capitão de fragata n.m. 1 MILITAR posto de oficial superior da Marinha, acima do capitão-tenente e inferior ao de capitão de mar e guerra, e cuja insígnia é constituída por três galões paralelos e estreitos, sendo um ligeiramente mais largo do que os restantes 2 MILITAR oficial que ocupa esse posto

capitão-de-mar-e-guerra ver nova grafia capitão de mar e guerra

capitão de mar e guerra n.m. 1 MILITAR posto de oficial superior da Marinha, acima do de capitão de fragata e inferior ao de comodoro, e cuja insígnia é constituída por quatro galões paralelos e estreitos, sendo um ligeiramente mais largo do que os restantes 2 MILITAR oficial que ocupa esse posto

capitão-do-mato ver nova grafia capitão do mato

capitão do mato n.m. [Brasil] indivíduo que era encarregado de recapturar os escravos fugitivos, escondidos no mato

capitão-mor n.m. antiga autoridade militar que comandava a milícia de uma cidade ou vila (De capitão+mor [= maior])

capitão-tenente n.m. 1 MILITAR posto de oficial superior da Marinha, acima do de primeiro-tenente e inferior ao de capitão de fragata, e cuja insígnia é constituída por dois galões paralelos e estreitos, sendo um ligeiramente mais largo do que os restantes 2 MILITAR oficial que ocupa esse posto

capitar v.tr.,intr. impor ou determinar a capitação (de) (Do lat. capĭte-, «cabeça» +-ar)

capitato adj. que termina em forma de cabeça; capitado (Do lat. capitātu-, «cabeçudo»)

capitel n.m. 1 ARQUITETURA parte superior da coluna 2 ARQUITETURA remate de uma pilastra, de um balaústre 3 capacete do alambique 4 cabeça de foguete (Do it. capitello, «id.»)

capitia n.2g. 1 [Angola, Moçambique] pessoa que comanda 2 [Angola, Moçambique] tradutor; intérprete (Do umbundo okapitia, de okupitia, «traduzir, transmitir»)

capitiforme adj.2g. em forma de cabeça (Do lat. caput, -ĭtis, «cabeça» +forma-, «forma»)

capitilúvio n.m. banho ou lavagem à cabeça (Do lat. caput, -ĭtis-, «cabeça» +luvĭu-, de luĕre, «lavar»)

capitoa /ô/ n.f. [ant.] antiga designação de esposa do capitão 2 [ant., pej.] mulher mandona (De capitão)

capitolino adj. relativo ao capitólio (Do lat. capitolīnu-, «do Capitólio»)

capitólio n.m. 1 templo pagão na antiga Roma 2 [fig.] glória; triunfo 3 [fig.] apogeu do esplendor (Do lat. Capitolĭu-, «Capitólio»)

capitoso /ô/ adj. 1 que tem cabeça grande; cabeçudo 2 (vinho) com elevado teor de álcool; sobe à cabeça; que embriaga 3 [fig.] teimoso; obstinado (Do it. capitoso, «id.»)

capítula n.f. cada uma das lições curtas do breviário (Do lat. capítula, pl. de capítulum, «capítulo»)

capitulação n.f. 1 ato de capitular 2 termo das condições em que um chefe militar se rende 3 transação entre litigantes ou desavindos 4 rendição 5 transigência; cedência 6 sujeição (De capitular+-ção)

capitulante adj.,n.2g. que ou aquele que capitula (De capitular+-ante)

capitular¹ v.intr. 1 render-se mediante condições 2 ceder 3 presidir, no coro, a qualquer ofício divino ■ v.tr. 1 combinar 2 dividir em capítulos 3 acusar por capítulos (Do lat. tard. capitulāre, «fazer convenção; entrar em acordo»)

capitular² adj.2g. 1 referente a capítulo ou a cabido 2 maiúsculo (De capítulo+-ar)

capitular³ adj.2g. em forma de cabeça (Do lat. capítŭlu-, «cabeça pequena» +-ar)

capitulares n.f.pl. 1 decretos reais dos monarcas francos, especialmente na época de Carlos Magno 2 ordenações prescritas pelas assembleias francesas, na Idade Média (Do lat. capitulares, «ordenações divididas em capítulos»)

capitulário n.m. livro eclesiástico que contém as capítulas (De capítula+-ário)

capítulo n.m. 1 cada uma das grandes divisões de um livro, tratado, lei, contrato, etc. 2 RELIGIÃO assembleia de religiosos 3 RELIGIÃO sacerdotes de uma colegiada ou cónegos 4 RELIGIÃO sala onde se reúne essa assembleia 5 BOTÂNICA tipo de inflorescência cujo eixo é achatado ou muito curto e está envolvido, na base, por brácteas 6 LITERATURA composição poética em tercetos rematados por um verso isolado que rima com o penúltimo do último terceto; *chamar a* ~ pedir contas a, repreender, castigar (Do lat. capítŭlu-, dim. de caput, -ĭtis, «cabeça»)

capivara n.f. ZOOLOGIA grande mamífero roedor, da América do Sul, da família dos Caviídeos, que vive à beira das águas e é domesticável (Do tupi kapii'wara, «id.», de ka'pii, «capim» +'wara, «comedor»)

capnófugo adj. que preserva do fumo (Do gr. kapnós, «fumo»+lat. fugo, de fugăre, «afugentar»)

capnomancia n.f. suposta adivinhação por meio do fumo (Do gr. kapnós, «fumo» +mantéia, «adivinhação»)

capnomante n.2g. pessoa que pratica a capnomancia (Do gr. kapnós, «fumo» +mántis, «adivinho»)

capô n.m. ⇒ **capot** (Do fr. capot, «id.»)

capoca n.f. 1 BOTÂNICA árvore muito vulgar no Norte de Moçambique que dá uma espécie de sumaúma usada em saboaria 2 a espécie de sumaúma produzida por esta árvore; *óleo de* ~ óleo que se extrai das sementes de capoca e é utilizado no fabrico de sabões

capoeira¹ n.f. 1 espécie de gaiola grande ou espaço vedado onde se alojam ou criam galinhas, capões, etc. 2 cesto com que os defensores de uma fortaleza resguardavam a cabeça 3 sege velha; tipoia (De capão+-eira)

capoeira² n.f. 1 jogo acrobático que combina luta e dança, derivando os seus movimentos das formas de luta dos escravos no Brasil colonial 2 ORNITOLOGIA nome vulgar comum a umas aves galináceas da América do Sul, da família dos Odontoforídeos, também conhecidas por uru 3 matagal onde já houve roça (Do tupi ko'pwera, «id.»)

capoeiro¹ adj. 1 relativo a capoeira 2 que rouba aves de capoeira (De capoeira)

capoeiro² adj. [Brasil] que vive nas matas ■ n.m. [Brasil] veado de pequeno porte, cuja pele é aproveitada para a confeção de vestuário dos vaqueiros (Do tupi ko'pwera, «mata»)

capopa /ô/ n.f. 1 [Angola] nascente 2 [Angola] pequeno poço 3 [Angola] riacho (Do quimb. kupopama, «ser estreito»)

caporal n.m. antiga graduação militar entre cabo e sargento ■ adj. designativo de uma qualidade de tabaco picado (Do it. caporale, «cabo; chefe», pelo fr. caporal, «cabo»)

caporro /ô/ n.m. [Moçambique] mulato

capot n.m. cobertura ou tampa que, nos automóveis, protege o motor (Do fr. capot)

capota n.f. 1 cobertura da cabeça que desce até aos ombros 2 cobertura de certos veículos 3 espécie de touca usada pelas crianças (Do fr. capote, «cobertura de veículo»)

capotagem n.f. ato ou efeito de capotar (De capotar+-agem)

capotar v.intr. 1 (avião, automóvel) voltar-se com o lado de baixo para cima 2 [Brasil] [coloq.] cair em sono profundo (Do fr. capoter, «voltar-se por acidente»)

capote n.m. 1 capa que desce, normalmente, quase até aos pés, com cabeção e capuz 2 casaco comprido usado por militares 3 capa de toureiro 4 vitória indiscutível sobre o(s) adversário(s) em jogo ou aposta 5 ORNITOLOGIA ⇒ **pintada** 6 [fig.] disfarce; fingimento; *dar um* ~ ganhar com grande diferença de pontos ou não permitir ao(s) adversário(s) atingir o objetivo do jogo; *sacudir a água do* ~ não assumir responsabilidades (Do it. cappotto, «sobretudo», pelo fr. capote, «capote»)

capotear v.tr. ganhar com grande diferença de pontos ou não permitir ao(s) adversário(s) atingir o objetivo do jogo (De capote+-ear)

capoteira n.f. capote curto de mulher (De capote+-eira)

capotilha n.f. pequena cobertura para os ombros (De capotilho)

capotilho n.m. capote pequeno (Do cast. capotillo, «capotinho; capa curta»)

cappuccino n.m. ⇒ **capuchino**

caprária n.f. BOTÂNICA ⇒ **couve-galega** (Do lat. caprarĭa-, «de cabra»)

cápreo adj. ⇒ **caprino** (Do lat. caprĕu-, «de cabra»)

capreolar adj.2g. ANATOMIA diz-se de certas artérias e veias que são muito sinuosas (Do lat. capreŏlu-, «cabrito-montês» +-ar)

capréolo n.m. ZOOLOGIA designação geral dos mamíferos cervídeos, do género Capreŏlus, como o cabrito-montês (Do lat. capreolu-, «cabrito-montês»)

capri- elemento de formação de palavras que exprime a ideia de cabra, bode (Do lat. capra-, «cabra»)

capribarbudo adj. que tem barbas como as do bode (De capri- +barbudo)

caprichar v.tr.,intr. fazer (algo) com esmero; esmerar-se (em); capricho (em) (De capricho+-ar)

capricheira n.f. ⇒ **capricho** (De capricho+-eira)

capricho n.m. 1 vontade extravagante e sem razão 2 modificação de ideias ou de modas 3 arbitrariedade 4 fantasia 5 extravagância

caprichoso

6 esmero; aplicação **7** pundonor; brio; *a ~* com pundonor, esmeradamente (Do it. *capriccio*, «id.»)
caprichoso /ô/ *adj.* **1** que tem caprichos **2** teimoso **3** extravagante **4** feito a capricho; com esmero (De *capricho*+-*oso*)
capricorniano *n.m.* ASTROLOGIA indivíduo nascido sob o signo de Capricórnio ■ *adj.* **1** ASTROLOGIA pertencente ou relativo a este indivíduo **2** ASTROLOGIA pertencente ou relativo ao signo de Capricórnio
capricórnio *adj.* que tem cornos como os da cabra ou do bode ■ *n.m.* **1** ZOOLOGIA espécime dos capricórnios **2** [com maiúscula] ASTRONOMIA décima constelação do zodíaco situada no hemisfério sul, constituída por duas estrelas duplas de grandeza aparente 3 e por outras menos brilhantes **3** [com maiúscula] ASTROLOGIA décimo signo do zodíaco, de 22 de dezembro a 19 de janeiro ■ *n.m.pl.* ZOOLOGIA insetos coleópteros, da família dos Cerambicídeos, portadores de longas antenas; *trópico de Capricórnio* **1** GEOGRAFIA paralelo terrestre de 23° e 27' de latitude sul; **2** ASTRONOMIA paralelo celeste cuja circunferência parece ser descrita pelo centro do Sol, no movimento diurno, quando este astro atinge o ponto solsticial de dezembro, com a declinação de 23° 27' sul (de inverno, para o hemisfério norte) (Do lat. *capricornu-*, «Capricórnio», de *capra-*, «cabra» +*cornu-*, «corno» +*-io*)
caprídeo *adj.* ⇒ **caprino** (Do lat. *capra-+-ídeo*)
caprificação *n.f.* polinização das flores femininas de uma figueira-mansa com pólen de flores de figueira-brava (Do lat. *caprificatiōne-*, «id.»)
caprificar *v.tr.* praticar a caprificação em (Do lat. *caprificāre*, «fazer amadurecer pela caprificação»)
caprifoliácea *n.f.* BOTÂNICA espécime das Caprifoliáceas
Caprifoliáceas *n.f.pl.* BOTÂNICA família de plantas dicotiledóneas angiospérmicas (correspondente a parte das Loniceráceas), como o sabugueiro e a madressilva; Viburnáceas (Do lat. *caprifolĭu-*, «madressilva» +*-ácea*)
caprílico *adj.* QUÍMICA diz-se de um ácido orgânico alifático saturado com oito átomos de carbono (octanoico), ao correspondente álcool (octanol) e do aldeído (octanal), que se extrai da manteiga de cabra (Do fr. *caprilique*, «id.»)
Caprimúlgidas *n.m.pl.* ORNITOLOGIA ⇒ **Caprimulgídeos**
caprimulgídeo *n.m.* ORNITOLOGIA espécime dos Caprimulgídeos ■ *adj.* ORNITOLOGIA relativo aos Caprimulgídeos
Caprimulgídeos *n.m.pl.* ORNITOLOGIA família de aves de cauda e asas compridas, bico curto e largo, plumagem macia, hábitos noturnos, que se alimentam de insetos e a que pertence o noitibó (Do lat. *capra-*, «cabra» +*mulgēre*, «mungir» +*-ídeos*)
capríneo *n.m.* ZOOLOGIA espécime dos capríneos ■ *adj.* ZOOLOGIA relativo aos capríneos ■ *n.m.pl.* ZOOLOGIA subfamília de mamíferos ruminantes, da família dos Bovídeos, a que pertencem as cabras (Do lat. *caprīnu-*, «de cabra» +*-eo*)
Caprinídeos *n.m.pl.* PALEONTOLOGIA família de rudistas, cuja concha possui duas valvas em forma de corno de cabra, e que tem por tipo o género *Caprina* (De *caprino+-ídeos*)
caprino *adj.* relativo ou semelhante à cabra; caprídeo (Do lat. *caprīnu-*, «de cabra»)
capripede *adj.2g.* que tem pés de cabra (Do lat. *capripĕde-*, «id.»)
caprissaltante *adj.2g.* que salta como as cabras (Do lat. *capra-*, «cabra» +*saltante-*, part. pres. de *saltāre*, «saltar»)
caproico *adj.* **1** QUÍMICA diz-se de um ácido orgânico alifático saturado com seis átomos de carbono (hexanoico), cujos glicerídeos existem na manteiga de cabra **2** diz-se também do aldeído (hexanal) e do álcool (hexanol) correspondentes (Do lat. *capra-*, «cabra»+ *-óico*, ou do fr. *caproïque*, «id.»)
capróico ver nova grafia caproico
caprum *adj.2g.* ⇒ **caprino** (Do lat. *caprūnu-*, «de cabra»)
cápsula *n.f.* **1** invólucro ou cobertura de qualquer natureza, nomeadamente o que cobre a rolha e a extremidade livre do gargalo de uma garrafa **2** folheto ou camada envolvente de um órgão **3** FARMÁCIA película gelatinosa com que se reveste determinados medicamentos **4** FARMÁCIA medicamento revestido por essa película **5** recipiente, de natureza diversa, usado nos laboratórios **6** tampa metálica de garrafa **7** pequeno cilindro que contém material explosivo destinado a inflamar as cargas dos cartuchos nas armas de fogo **8** AERONÁUTICA parte da nave onde se encontram os tripulantes e instrumentos necessários aos voos espaciais **9** caixa que protege um microfone **10** BOTÂNICA urna das briófitas **11** BOTÂNICA fruto, em regra seco e deiscente, não decomponível, polispérmico (ou com uma só semente não ereta) e glandiforme; *~ suprarrenal* ANATOMIA órgão glandular que reveste a parte superior do rim de importante secreção endócrina, indispensável à vida (Do lat. *capsŭla-*, «caixinha»)

302

capsulação *n.f.* **1** ação de capsular **2** colocação dos medicamentos em cápsulas (De *capsular+-ção*)
capsulador *n.m.* aparelho de preparar cápsulas (De *capsular+ -dor*)
capsular[1] *adj.2g.* **1** em forma de cápsula **2** encerrado em cápsula (De *cápsula+-ar*, suf. nominal)
capsular[2] *v.tr.* **1** encerrar em cápsula **2** fechar com cápsula (De *cápsula+-ar*, suf. verbal)
capsulífero *adj.* que tem cápsula(s) (Do lat. *capsulifĕru-*, «que tem cápsula», de *capsŭla-*, «caixinha» +*ferre*, «trazer»)
captação *n.f.* ato ou efeito de captar (Do lat. *captatiōne-*, «ação de apanhar»)
captador *adj.,n.m.* que ou aquele que capta (Do lat. *captatōre-*, «o que procura apanhar»)
captar *v.tr.* **1** atrair a si; chamar **2** recolher e conduzir (água) **3** cativar **4** apanhar; intercetar **5** entender; compreender **6** granjear; conquistar **7** receber (emissão de rádio ou sinal audiovisual) **8** ganhar as boas graças de alguém (Do lat. *captāre*, «procurar apanhar»)
captor *adj.,n.m.* **1** que ou o que captura **2** apreensor (Do lat. *captōre-*, «aquele que apanha»)
captura *n.f.* **1** ato de capturar **2** aprisionamento; apresamento **3** prisão **4** FÍSICA processo pelo qual um sistema atómico ou nuclear adquire uma partícula adicional (Do lat. *captūra-*, «tomada; captura»)
capturador *adj.,n.m.* captor (De *capturar+-dor*)
capturar *v.tr.* prender; apreender (De *captura+-ar*)
capucha *n.f.* **1** capa usada no campo que cobre a cabeça e os ombros **2** convento de comunidade franciscana **3** [Açores] BOTÂNICA ⇒ **fisális**; *à ~* discretamente, às escondidas, dissimuladamente (De *capucho*)
capuchar *v.tr.* **1** pôr capucho ou capucha em **2** cobrir com capuz **3** [fig.] dissimular; encobrir ■ *v.intr.* usar capucho ou capuz (De *capucho* ou *capucha+-ar*)
capucheiro *n.m.* indivíduo que usa capucho (De *capucho+-eiro*)
capuchinha *n.f.* **1** denominação dada às freiras de alguns institutos religiosos **2** BOTÂNICA ⇒ **chaga 2 3** BOTÂNICA variedade de alface; *à ~* dissimuladamente (Do it. *cappuccina*, «capuchinha»)
capuchinho *n.m.* **1** capuz pequeno **2** membro de alguns institutos religiosos franciscanos (Do it. *cappuccino*, «frade franciscano»)
capuchino *n.m.* bebida quente composta de café e leite espumoso, geralmente polvilhada com chocolate em pó ou canela (Do it. *cappuccino*, «id.»)
capucho *n.m.* **1** RELIGIÃO frade franciscano **2** [regionalismo] pequena meda de centeio **3** ⇒ **capuz** ■ *adj.* que traz capuz (Do lat. tard. *capputĭu-*, «capuz», pelo it. *cappuccio*, «id.»)
capulana *n.f.* [Moçambique] pano que se coloca à volta da cintura e que chega abaixo dos joelhos (Do landim *kap[u]lana*, «id.»)
capulho *n.m.* **1** BOTÂNICA gomo floral (botão) ainda por abrir **2** BOTÂNICA formação capsular que reveste os pelos das sementes do algodoeiro (Do lat. **capucŭlu-*, dim. de *caput*, «cabeça»)
capuz *n.m.* **1** peça de vestuário, de forma cónica, para resguardo da cabeça; capelo **2** ORNITOLOGIA ⇒ **picanço-barreteiro** (Do lat. tard. *caputĭu-*, «capuz», pelo cast. *capuz*, «id.»)
capuz-de-fradinho *n.m.* BOTÂNICA ⇒ **candeia 3**
caquear *v.intr.* [regionalismo] matutar; pensar (De *caco+-ear*)
caquéctico ver nova grafia caquético
caqueirada *n.f.* **1** montão de cacos ou caqueiros **2** porção de trastes velhos **3** tiroteio carnavalesco com cacos **4** [coloq.] pancada violenta; bordoada **5** [coloq.] soco; bofetada (De *caqueiro+-ada*)
caqueiro *n.m.* **1** vaso de barro velho e inútil **2** chapéu velho e amachucado **3** caco (De *caco+-eiro*)
caquético *adj.* **1** que sofre de caquexia **2** envelhecido; senil (Do gr. *kakhektikós*, «fraco»)
caquexia /cs/ *n.f.* **1** MEDICINA enfraquecimento geral das funções vitais **2** abatimento senil (Do gr. *kakhexía*, «má disposição física», pelo lat. *cachexĭa-*, «id.»)
caqui[1] *n.m.* **1** fazenda resistente, de algodão, da cor do barro, muito empregada em uniformes **2** cor amarelo-acastanhada, característica do barro ■ *adj.inv.* que apresenta essa cor (Do hind. *khaki*, «cor de barro», pelo ing. *khaki*, «caqui»)
caqui[2] *n.m.* [Brasil] BOTÂNICA ⇒ **dióspiro** (Do jap. *kaki*, «id.»)
caquizeiro *n.m.* [Brasil] BOTÂNICA ⇒ **diospireiro 1** (De *caqui+z+-eiro*)
cara *n.f.* **1** parte anterior da cabeça **2** rosto; face **3** semblante; fisionomia **4** aspeto; aparência **5** presença **6** lado da moeda onde está a efígie, oposto ao cunho **7** BOTÂNICA alga de água doce, filamentosa e de cor esverdeada **8** [fig.] atrevimento ■ *n.m.* [Brasil] indivíduo; sujeito; *~ a ~* frente a frente; *~ de enterro* semblante tristonho;

~ de réu aspecto de pessoa comprometida; **à má ~** à força; **com ~ de caso** apreensivo, preocupado; **custar os olhos da ~** ser muito caro; **dar a ~** enfrentar a situação, assumir a responsabilidade; **dar de caras com** encontrar-se subitamente com; **de caras** à primeira vista, facilmente; **estar com ~ de poucos amigos** estar mal-humorado; **ficar de ~ à banda** ficar surpreendido; **quem vê caras não vê corações** a aparência pode ser enganosa, as aparências iludem (Do gr. *kára*, «rosto», pelo lat. *cara-*, «id.»)

cará[1] *n.m.* 1 BOTÂNICA nome comum a algumas plantas do Brasil 2 inhame do Brasil

cará[2] *n.m.* 1 [Angola] designação da batata-doce 2 ICTIOLOGIA peixe de água doce do Brasil (Do tupi *ka'ra*, «id.»)

Carábidas *n.m.pl.* ZOOLOGIA ⇒ **Carabídeos** (Do gr. *kárabos*, «escaravelho», pelo lat. *carabu-*, «id.» +-*idas*)

carabídeo *n.m.* ZOOLOGIA espécime dos Carabídeos ■ *adj.* ZOOLOGIA relativo aos Carabídeos

Carabídeos *n.m.pl.* ZOOLOGIA grupo de insetos coleópteros, carnívoros, cujo género-tipo se designa *Carabus* (Do gr. *kárabos*, «escaravelho», pelo lat. *carabu-*, «id.» +-*ídeos*)

carabina *n.f.* arma de fogo parecida com a espingarda, mas de comprimento menor (Do fr. *carabine*, «espingarda de cano curto»)

carabinada *n.f.* 1 tiro ou série de tiros de carabina 2 pancada com carabina (De *carabina*+-*ada*)

carabineiro *n.m.* 1 soldado armado de carabina 2 fabricante de carabinas 3 guarda de alfândega espanhola (De *carabina*+-*eiro*)

cárabo *n.m.* 1 ZOOLOGIA nome dado à carocha, inseto coleóptero 2 NÁUTICA antiga embarcação asiática (Do gr. *kárabos*, «escaravelho»)

caraça *n.f.* 1 máscara 2 fisionomia 3 [fig.] cara desproporcionadamente grande ■ *adj.* (boi ou cavalo) que apresenta a fronte branca ou com mancha desta cor (De *cara*+-*aça*)

caracal *n.m.* ZOOLOGIA mamífero carnívoro, felídeo (afim do lince), domesticável, que existe no Norte de África e na Índia (Do turc. *karakulak*, «orelha negra», pelo cast. *caracal*, «caracal»)

caracará *n.m.* [Brasil] ORNITOLOGIA ave de rapina, muito voraz, da família dos Falconídeos, também conhecida por carancho e carrapateiro (Do tupi *karaka'ra*, «id.»)

caraças *interj.* [coloq.] exprime ironia, admiração ou impaciência; **do ~** [coloq.] muito grande, importante, impressionante, excelente; **o ~!** [coloq.] exclamação designativa de desacordo

carácea *n.f.* BOTÂNICA espécime das Caráceas

Caráceas *n.f.pl.* BOTÂNICA família de algas de água doce ou salobra (De *cara* [= alga] +-*áceas*, ou do fr. *characées*, «id.»)

caracol *n.m.* 1 ZOOLOGIA nome vulgar extensivo a uns moluscos gastrópodes, pulmonados, da família dos Helicídeos, nocivos à agricultura 2 espiral; hélice 3 madeixa de cabelo enrolado em espiral ou hélice 4 ziguezague 5 BOTÂNICA flor do caracoleiro 6 ANATOMIA parte do ouvido interno representada por um tubo enrolado em espiral; **a passo de ~** muito devagar; **não valer um ~** não ter valor nenhum

caracolar *v.intr.* 1 mover-se em espiral ou hélice 2 andar aos ziguezagues (De *caracol*+-*ar*)

caracolear *v.intr.* ⇒ **caracolar** (De *caracol*+-*ear*)

caracoleiro *n.m.* BOTÂNICA trepadeira, da família das Leguminosas, de flores aromáticas e variadas, helicoidais, cultivada para fins ornamentais (De *caracol*+-*eiro*)

caracoleta *n.f.* [regionalismo] caracol grande

carácter *n.m.* (plural **caracteres**) 1 marca 2 sinal gravado ou escrito 3 impressão 4 tipo de imprensa 5 sinal distintivo 6 aspeto 7 expressão 8 PSICOLOGIA maneira habitual e constante de reagir, própria de cada indivíduo 9 índole; temperamento 10 génio 11 firmeza; força de ânimo 12 energia 13 especificidade; cunho 14 *pl.* letras escritas; tipos de imprensa; **a ~** com propriedade (Do gr. *kharaktér*, «sinal distintivo», pelo lat. *character*, «carácter») ACORDO ORTOGRÁFICO também se pode escrever **caráter**

caracterial *adj.2g.* relativo ao carácter ■ *adj.2g.,n.2g.* que ou pessoa que apresenta perturbações de carácter (De *carácter*+-*ial*) ACORDO ORTOGRÁFICO também se pode escrever **caraterial**

característica *n.f.* 1 aquilo que caracteriza; propriedade específica de um ser ou de uma classe de seres 2 GRAMÁTICA fonema ou fonemas subsequentes ao tema verbal e que indicam o tempo do verbo; **~ de uma matriz** MATEMÁTICA a maior ordem possível para um determinante não nulo extraído da matriz, número máximo de filas (linhas ou colunas) que, na matriz, são linearmente independentes; **~ de um número** MATEMÁTICA o maior número inteiro não superior a esse número; **~ do logaritmo de um número (positivo)** MATEMÁTICA a parte inteira do logaritmo desse número (De *característico*) ACORDO ORTOGRÁFICO também se pode escrever **caraterística**

característico *adj.* 1 que caracteriza; particular; distintivo 2 típico ■ *n.m.* 1 traço ou qualidade que distingue um indivíduo ou grupo; característica 2 TEATRO ator ou atriz que representa papéis típicos; **radiação característica** FÍSICA riscas monocromáticas bem definidas que aparecem nos espetros de raios X dos elementos (Do gr. *kharakteristikós*, «id.», pelo fr. *caractéristique*, «id.») ACORDO ORTOGRÁFICO também se pode escrever **caraterístico**

caracterização *n.f.* 1 ato ou efeito de caracterizar 2 determinação do carácter 3 descrição dos traços principais 4 CINEMA, TEATRO utilização de cosméticos e outros acessórios para adequar a aparência de um ator ao papel que desempenha (De *caracterizar*+-*ção*) ACORDO ORTOGRÁFICO também se pode escrever **caraterização**

caracterizador *adj.,n.m.* que ou o que caracteriza (De *caracterizar*+-*dor*) ACORDO ORTOGRÁFICO também se pode escrever **caraterizador**

caracterizante *adj.2g.* 1 que caracteriza 2 característico (De *caracterizar*+-*ante*) ACORDO ORTOGRÁFICO também se pode escrever **caraterizante**

caracterizar *v.tr.* 1 determinar o carácter de 2 descrever com exatidão 3 distinguir 4 pôr em evidência o que é característico em 5 CINEMA, TEATRO fazer a caracterização de (Do gr. *kharakterízein*, «marcar profundamente», pelo fr. *caractériser*, «id.») ACORDO ORTOGRÁFICO também se pode escrever **caraterizar**

caracterologia *n.f.* PSICOLOGIA ramo da psicologia que estuda o carácter e a classificação dos seus tipos (Do gr. *kharaktér*, «carácter» +*lógos*, «estudo» +-*ia*, pelo fr. *caractérologie*, «id.») ACORDO ORTOGRÁFICO também se pode escrever **caraterologia**

caracterológico *adj.* relativo à caracterologia (De *caracterologia*+-*ico*) ACORDO ORTOGRÁFICO também se pode escrever **caraterológico**

caraçudo *adj.* 1 [regionalismo] (tempo) que ameaça borrasca 2 [regionalismo] carrancudo (De *caraça*+-*udo*)

caraculo *n.m.* raça de carneiros que se caracteriza pela lã encaracolada que têm ao nascer (De *Caracul*, cidade do Usbequistão, pelo fr. *caracul*, «cordeiro de lã preta, frisada», da Ásia central)

cara-de-nó-cego ver nova grafia **cara de nó cego**

cara de nó cego *n.m.* [pop.] pessoa antipática, com má cara

cara-de-pau ver nova grafia **cara de pau**

cara de pau *adj.,n.2g.* [Brasil] [coloq.] que ou pessoa que é cínica e descarada e que age com naturalidade excessiva ■ *n.f.* [Brasil] [coloq.] falta de vergonha; descaramento

cara-direita *n.2g.* pessoa leal

Caradríidas *n.m.pl.* ORNITOLOGIA ⇒ **Caradriídeos**

caradriídeo *n.m.* ORNITOLOGIA espécime dos Caradriídeos ■ *adj.* ORNITOLOGIA relativo aos Caradriídeos

Caradriídeos *n.m.pl.* ORNITOLOGIA família de aves pernaltas a que pertencem os borrelhos e as tarambolas (Do lat. cient. *Charadriidae*)

carafuzo *n.m.* [Brasil] (mestiço) ⇒ **cafuzo** ■ *adj.* 1 amulatado 2 fusco

carago[1] *n.m.* ICTIOLOGIA peixe seláquio, da família dos Lamnídeos, que aparece nas costas marítimas portuguesas, também conhecido por peixe-frade (Do lat. *caracŭlu-*, «pau pequeno»)

carago[2] *interj.* [pop.] exprime espanto ou impaciência e irritação (Do cast. *carajo!*, «caramba!»)

caraguatá *n.m.* 1 BOTÂNICA planta epífita e aromática do Brasil, pertencente à família das Bromeliáceas, espontânea principalmente no Amazonas 2 designação de outras plantas semelhantes (Do tupi *karawa'ta*, «id.»)

caraíba *adj.,n.2g.* indivíduo ou designativo do indivíduo pertencente aos Caraíbas ■ *n.m.* antigo idioma das Antilhas (Do tupi *kara'iwa*, «homem branco», pelo fr. *caraïbe*, «caraíba»)

Caraíbas *n.m.pl.* ETNOGRAFIA antigos habitantes antropófagos das Antilhas, Guianas e Venezuela (Do tupi *kara'iwa*, «homem branco», pelo fr. *caraibe*, «caraíba»)

carajuru *n.m.* BOTÂNICA planta do Brasil, da família das Bignoniáceas, cujas sementes são empregadas em tinturaria (Do tupi *karayu'ru*, «id.»)

caralete /ê/ *n.m.* 1 ICTIOLOGIA peixe teleósteo, da família dos Labrídeos, de cor escarlate, frequente nas costas marítimas portuguesas 2 pau pequeno (Do lat. *caracŭlu-*, «pau pequeno» +-*ete*)

caralhinho *n.m.* instrumento típico da ilha da Madeira, usado para misturar os ingredientes na preparação de bebidas alcoólicas, como o poncha, por alusão à sua forma fálica; mexelote (De *caralho*, «pénis»)

caralho *n.m.* [vulg.] pénis; **~!** [vulg.] exclamação que exprime espanto, admiração, impaciência ou indignação (Do lat. **caracŭlu-*, «pequena estaca»)

caramanchão *n.m.* construção ligeira de ripas, ferro ou pedra revestida de plantas trepadeiras, formando cobertura; camaranchão (De *camaranchão*, com met.)

caramanchel n.m. ⇒ **caramanchão** (Do cast. *caramanchel*, «caramanchão»)

caramba interj. [pop.] exprime espanto ou impaciência (Do cast. *caramba!*, «id.»)

carambano n.m. 1 bola de neve 2 guarnição de alguns arcos rústicos de jardins, fingindo caramelo (Do cast. *carámbano*, «caramelo de gelo»)

carambina n.f. [regionalismo] gelo pendente das árvores e dos telhados; sincelo (De *caramb [ano]+-ina*)

carambola¹ n.f. 1 a bola vermelha no jogo do bilhar 2 no bilhar, toque de uma bola noutras duas, conseguindo numa só tacada; ato de carambolar; *por ~* indiretamente (Do fr. *carambole*, «id.», pelo cast. *carambola*, «id.»)

carambola² n.f. 1 BOTÂNICA árvore tropical, da família das Oxalidáceas, que produz o fruto denominado carambola e é também conhecida por este nome; caramboleira 2 BOTÂNICA fruto dessa árvore 3 [fig.] trapaça; dolo (Do conc. *karambal*, deriv. do sânsc. *karmaranga*, «fruto da caramboleira»)

carambola³ n.f. ⇒ **tarambola** 1

carambolar v.intr. 1 (bilhar) fazer carambola 2 [fig.] intrujar 3 [fig.] intrigar (De *carambola+-ar*)

caramboleira n.f. BOTÂNICA árvore tropical, da família das Oxalidáceas, que produz o fruto denominado carambola e é também conhecida por este nome (De *carambola+-eira*)

caramboleiro n.m. 1 trapaceiro 2 BOTÂNICA ⇒ **caramboleira**

carambolice n.f. engano; trapaça (De *carambola+-ice*)

carambolim n.m. 1 perda, de uma só vez, de três paradas ao jogo do monte 2 [fig.] grande prejuízo (De *carambola+-im*)

caramelga n.f. ICTIOLOGIA ⇒ **tremelga** (De *taramelga, por *tremelga?*)

caramelização n.f. transformação do açúcar em caramelo; ato ou efeito de caramelizar (De *caramelizar+-ção*)

caramelizar v.tr. 1 reduzir o açúcar a caramelo, fervendo-o e deixando-o cozer com água lentamente até formar uma calda espessa e dourada 2 untar ou cobrir com esta calda (De *caramelo+-izar*)

caramelo n.m. 1 mistura de açúcar com água, que se deixa cozer lentamente até formar uma calda espessa e dourada 2 guloseima feita com açúcar nestas condições e outros ingredientes 3 canudilhos feitos desse açúcar 4 água gelada; gelo 5 BOTÂNICA planta trepadeira, da família das Cucurbitáceas, nativa de regiões tropicais, de bagas comestíveis e com aplicações medicinais 6 [coloq.] indivíduo; tipo 7 [regionalismo] jornaleiro da província portuguesa da Beira Litoral que vai trabalhar nas valas e arrozais do vale do Sado, e noutras atividades da região de Setúbal (Do lat. *calamellu-*, dim. de *calămu-*, «cana», pelo cast. *caramelo*, «confeito de açúcar em ponto»)

cara-metade n.2g. 1 pessoa com quem se namora ou se é casado 2 alma gémea

caramilho n.m. 1 questão de pouca importância 2 intriga (Do cast. *caramillo*, «flautinha de cana»)

caramilo n.m. espécie de caramelo perfumado de hortelã-pimenta (De *caramilho*)

caraminhola n.f. 1 cabelo em desordem; guedelha; trunfa 2 fantasia; invenção; utopia 3 mentira; patranha 4 enredo 5 tolice (De orig. obsc.)

caramoiço n.m. ⇒ **caramouço**

caramono n.m. [regionalismo] desenho grosseiro da cara ou da cabeça humana (De *cara+mono*)

caramouço n.m. [regionalismo] monte pequeno; montículo (De orig. obsc.)

carampão n.m. 1 TIPOGRAFIA peça que faz deslizar o prelo sobre as correntes 2 grampo (Do fr. *crampon*, «grampo»)

caramujeiro n.m. ORNITOLOGIA ave de rapina, da família dos Falconídeos, que se alimenta especialmente de moluscos (De *caramujo+-eiro*)

caramujo n.m. 1 ZOOLOGIA molusco gastrópode, marinho, de pequeno porte; burrié 2 a concha deste molusco; burrié 3 CULINÁRIA pastel com forma de concha típica de gastrópode 4 petrificação prejudicial das salinas provocada por moluscos 5 BOTÂNICA variedade de repolho que se cultiva em Portugal (Do cast. *carambujo*, forma paralela de *escaramujo*, «perceba»)

caramulano adj. da região portuguesa do Caramulo, serra da Beira Alta ■ n.m. habitante ou natural desta região (De *Caramulo*, top. +-ano)

caramuleiro adj. ⇒ **caramulano** (De *Caramulo*, top. +-eiro)

caramulo n.m. 1 montão 2 [regionalismo] eminência (De orig. obsc.)

caramunha n.f. 1 choradeira de crianças 2 cara que a criança faz quando chora 3 lamúria; *fazer o mal e a ~* fazer mal a alguém e queixar-se, como se fosse vítima, sem se revelar como autor do mal (Do lat. *querimonĭa-*, «queixa»)

caramunhado adj. que tem cara de choro (De *caramunhar+-ado*)

caramunhar v.intr. 1 fazer caramunha 2 lamentar-se (De *caramunha+-ar*)

caramunheiro adj. que faz caramunhas (De *caramunha+-eiro*)

caramuru n.m. termo por que os indígenas do Brasil designavam os primeiros europeus que lá se estabeleceram (Do tupi *karamu'ru*, «moreia; homem branco molhado»)

carancho n.m. ⇒ **caracará** (Do tupi *ka'rãi*, «rasgar com as unhas»)

caranchona n.f. [pop.] ⇒ **carantonha**

caranga¹ n.m. língua banta da África Oriental

caranga² n.f. ICTIOLOGIA peixe acantopterígio, esguio e comprido, muito vulgar no mar das Antilhas (De orig. obsc.)

Carângidas n.m.pl. ICTIOLOGIA ⇒ **Carangídeos** (De *caranga+-idas*)

carangídeo n.m. ICTIOLOGIA espécime dos Carangídeos ■ adj. ICTIOLOGIA relativo aos Carangídeos

Carangídeos n.m.pl. ICTIOLOGIA família de peixes teleósteos, marinhos, a que pertencem a anchova, o carapau, etc. (De *caranga+-ídeos*)

carango n.m. 1 ⇒ **chato** n.m. 1 2 [coloq., pej.] soldado de infantaria 3 prurido causado por parasitas 4 [gír.] ⇒ **cancro** 5 nome do amendoim, na África Oriental 6 [Brasil] automóvel (Do quích. *huarangu*, «roedor que arranha»)

carangueja /ê/ n.f. 1 NÁUTICA verga da vela latina quadrangular e da vela de mezena dos navios 2 BOTÂNICA variedade de ameixa também conhecida por caranguejeira e rainha-cláudia 3 antiga designação do cancro 4 ⇒ **caranguejola** 1 5 ⇒ **caranguejo** 1 (De *caranguejo*)

caranguejeira n.f. 1 BOTÂNICA variedade de ameixeira (ou o seu fruto) muito cultivada em Portugal, também conhecida por rainha-cláudia 2 [Brasil] nome vulgar extensivo a umas aranhas escuras, peludas, venenosas, algumas das quais muito grandes (De *caranguejo+-eira*)

caranguejeiro n.m. indivíduo que apanha ou vende caranguejos (De *caranguejo+-eiro*)

caranguejo n.m. 1 ZOOLOGIA nome vulgar dos crustáceos decápodes, braquiúros, alguns dos quais muito vulgares nas costas marítimas de Portugal, como o caranguejo-mouro, o pilado, etc. 2 espécie de plataforma móvel utilizada nos caminhos de ferro para deslocar vagões, denominada também carangueja 3 dispositivo constituído por ganchos, para segurar fardos em suspensão 4 [com maiúscula] ASTRONOMIA quarta constelação zodiacal situada no hemisfério norte e formada por várias estrelas e o cúmulo estelar Colmeia, também chamada Câncer 5 [com maiúscula] ASTROLOGIA quarto signo do zodíaco, de 21 de junho a 22 de julho; *andar como o ~* [fig.] deslocar-se para trás em vez de avançar, retroceder (Do lat. *cancricŭlu-*, «caranguejo pequeno», pelo cast. *cangrejo* ou *cranguejo*, «id.»)

caranguejola n.f. 1 ZOOLOGIA grande crustáceo da família dos Cancrídeos, de aspeto exterior semelhante ao do caranguejo, mas de dimensões muito maiores, comum em Portugal e muito apreciado em culinária; carangueja 2 [fig.] construção pouco sólida 3 [fig.] armação mal arquitetada 4 [fig.] veículo de fraca apresentação e desconjuntado 5 [fig.] sociedade ou empresa de pouco crédito (De *caranguejo+-ola*)

carano n.m. QUÍMICA hidrocarboneto terpénico existente nas terebintinas de origem nórdica (De *car[boneto]+-ano*)

carantonha /ô/ n.f. 1 cara muito feia; carranca 2 esgar; trejeito pouco agradável (Do cast. *carantoña*, «id.»)

carão¹ n.m. 1 cara grande; carantonha; cariz 2 [Brasil] repreensão, em geral dirigida a crianças (De *cara+-ão*)

carão² n.m. ORNITOLOGIA ave pernalta brasileira, de grande porte e plumagem geralmente parda, branca na cabeça, pescoço e peito, e esverdeada na cauda (De orig. onom.)

carapaça n.f. 1 proteção córnea do corpo de certos animais como o cágado, o tatu, a tartaruga 2 BOTÂNICA planta subarbustiva, da família das Ericáceas, espontânea em Portugal 3 [fig.] atitude de indiferença de algumas pessoas em face de influências externas que consideram agressivas (Do cast. *carapacho*, «carapaça», pelo fr. *carapace*, «id.»)

cara-pálida n.2g. o homem branco, segundo os índios norte-americanos

carapate n.m. [Cabo Verde] planta cujas fibras são utilizadas na indústria; sisal (Do crioulo cabo-verdiano *karapáti*, «id.»)

carapateiro n.m. ⇒ **carrapateiro**

carapau n.m. 1 ICTIOLOGIA peixe teleósteo, comestível, da família dos Carangídeos, muito abundante em Portugal, também conhecido por chicharro, carapau branco, etc. 2 [pop.] pessoa excessivamente magra; ~ **de corrida** [coloq.] pessoa que se gaba, pessoa convencida; ~ **preto** ICTIOLOGIA peixe de outra espécie, mas do mesmo género do anterior, também conhecido por charreu, churreu, chicharro, negrão, etc. (De orig. obsc.)

carapela n.f. folhelho do milho; carpela (De *carpela*)

carapeta /ê/ n.f. 1 pitorra ou pião pequeno que se faz girar com os dedos 2 espécie de maçaneta que remata certas partes de alguns móveis 3 mentira inofensiva (De orig. obsc.)

carapetal n.m. saco em que os negros do sertão levam os mantimentos para as jornadas das caravanas (De orig. obsc.)

carapetão n.m. mentira grande (De *carapeta*+-*ão*)

carapetar v.intr. dizer carapetas (De *carapeta*+-*ar*)

carapeteiro n.m. 1 indivíduo que mente 2 HERÁLDICA pereira brava que figura em brasões, também denominada carapeto ■ adj. mentiroso (De *carapeta*+-*eiro*)

carapeto /ê/ n.m. 1 BOTÂNICA espinho 2 espeto de gelo 3 caramelo 4 HERÁLDICA pereira brava que figura em brasões (De orig. obsc.)

carapim n.m. 1 sapatinho para bebé feito de malha de lã ou croché, para aquecer os pés 2 espécie de saquinho de liga com que se começa o fabrico dos chamados chinelos de liga 3 ⇒ **escarpim** (De *escarpim*)

carapinha n.f. 1 cabelo crespo muito frisado 2 tecido encrespado (De *carapuça* × *pinha* [=cabeça]?)

carapinhada n.f. refresco de limão ou laranja congelada lembrando flocos de neve (De *carapinha*+-*ada*)

carapinheira n.f. BOTÂNICA variedade de pereira cultivada em Portugal, cujos frutos são pequenos, numerosos e sumarentos (De *Carapinheira*, top., localidade portuguesa do concelho de Montemor-o-Velho, no distrito de Coimbra)

carapinho adj. encrespado; riço (De *carapinha*)

carapinhudo adj. 1 que tem carapinha 2 crespo; riço (De *carapinha*+-*udo*)

carapito n.m. ⇒ **carrapito**

carapuça n.f. 1 barrete de lã ou pano, de forma cónica 2 [fig.] censura indireta; **enfiar a ~** entender como pessoal uma censura que não é feita diretamente; **qual ~!** exclamação que exprime desacordo ou rejeição (Do cast. *caperuza*, «carapuça», com met.)

carapuçada n.f. conteúdo de uma carapuça (De *carapuça*+-*ada*)

carapução n.m. 1 carapuça grande 2 espécie de turbante dos Mouros (De *carapuça*+-*ão*)

carapuceiro n.m. fabricante ou vendedor de carapuços ou carapuças (De *carapuça*+-*eiro*)

carapuço n.m. 1 barrete de lã ou pano, de forma cónica; carapuça 2 pequeno saco, geralmente de flanela, que serve para filtrar café 3 ORNITOLOGIA picanço-barreteiro 4 ORNITOLOGIA ⇒ **toutinegra** (De *carapuça*)

carapula n.f. [regionalismo] bandeira do milho; caropa (Do cat. *caperull*, «capuz», com met.)

carapulo n.m. BOTÂNICA cápsula de certos frutos (Do cat. *caperull*, «capuz», com met.)

carássio n.m. ZOOLOGIA peixe colorido pertencente à família dos Ciprinídeos

carate n.m. ⇒ **quilate** (Do ár. *qirat*, «peso pequeno»)

caraté n.m. ⇒ **karaté**

caráter a grafia mais usada é caráctér

caraterial a grafia mais usada é caracterial

caraterística a grafia mais usada é característica

caraterístico a grafia mais usada é característico

caraterização a grafia mais usada é caracterização

caraterizador a grafia mais usada é caracterizador

caraterizante a grafia mais usada é caracterizante

caraterizar a grafia mais usada é caracterizar

caraterologia a grafia mais usada é caracterologia

caraterológico a grafia mais usada é caracterológico

cara-unhaca n.m. 1 indivíduo pronto para tudo 2 boa pessoa; pessoa leal 3 bom companheiro; bom amigo (De *caro*+*unhaca*)

carava n.f. [regionalismo] súcia; malta (Do ár. *karaba*, «aproximação»)

caravana n.f. 1 reboque destinado a circular atrelado a um veículo motorizado, concebido e apetrechado para servir de habitação (cozinha e alojamento); roulotte 2 reunião de indivíduos que se juntam para, com maior segurança, atravessar desertos ou sítios perigosos 3 grupo excursionista (Do pers. *karwân*, «séquito de camelos; companhia de viagem», pelo fr. *caravane*, «caravana»)

caravançarai n.m. 1 grande edifício onde podem repousar gratuitamente as caravanas, no Médio Oriente 2 [fig.] confusão (Do pers. *karwân-seráí*, «estalagem»)

caravancerai n.m. ⇒ **caravançarai**

caravaneiro n.m. 1 guia de caravana 2 condutor dos animais de uma caravana (De *caravana*+-*eiro*)

caravela n.f. 1 NÁUTICA embarcação de velas latinas 2 antiga moeda de prata 3 gorjeta 4 chocalho (Do gr. *kárabos*, «carocha», pelo b. lat. *carãbu-*, «canoa», pelo it. *caravella*, «caravela»)

caravelão n.m. 1 NÁUTICA antiga embarcação de vela, de porte inferior ao das vulgares desse tempo, e sem acabamento perfeito 2 [fig.] pessoa robusta, mas sem formas delicadas (De *caravela*+-*ão*)

caraveleiro n.m. tripulante de caravela (De *caravela*+-*eiro*)

caravelha /ê/ n.f. ⇒ **cravelha**

caravelho /ê/ n.m. ⇒ **cravelho**

cáravo n.m. NÁUTICA antiga embarcação asiática; cárabo (Do lat. *carãbu-*, «canoa»)

carbâmico adj. QUÍMICA designativo do ácido amidocarbónico (De carb [ónico]+am [ida]+-ico)

carbamida n.f. QUÍMICA ureia (De carb [ono]+amida)

cárbaso n.m. 1 tecido de linho próprio para velas de navios 2 vela do navio (Do lat. *carbãsu-*, «tecido de linho; vela de navio»)

carbilamina n.f. QUÍMICA designação genérica de compostos cujas fórmulas se podem obter das dos hidrocarbonetos, substituindo átomos de hidrogénio por grupos NC, pelo que são isómeros metâmeros de nitrilos (Do lat. *carb(ône-)*, «carvão»+gr. *hýle*, «matéria»+port. *amina*)

carbite n.f. QUÍMICA nome comercial do carboneto de cálcio que se emprega na produção do acetileno (De carb[ono]+-ite)

carbo- elemento de formação de palavras que exprime a ideia de carvão, carbono, ácido carbónico (Do lat. *carbo*, *-ônis*, «carvão»)

carboemoglobina n.f. QUÍMICA, FISIOLOGIA substância resultante da combinação do dióxido de carbono (anidrido carbónico) com a hemoglobina (De *carbo-*+*hemoglobina*)

carboidrato n.m. BIOQUÍMICA composto orgânico constituído por carbono, hidrogénio e oxigénio, indispensável para o metabolismo energético; hidrato de carbono (De *carbo*+*hidrato*)

carbonáceo adj. 1 GEOLOGIA carbonoso 2 diz-se das rochas que contêm percentagem elevada de matérias carbonosas (De *carbono*+-*áceo*)

carbonado adj. que tem carbono (De *carbono*+-*ado*, ou part. pass. de *carbonar*)

carbonador n.m. ⇒ **carburador** (De *carbonar*+-*dor*)

carbonar v.tr. ⇒ **carburar** (De *carbono*+-*ar*)

Carbonária n.f. HISTÓRIA sociedade secreta revolucionária fundada na Itália por volta de 1810 e em Portugal por volta de 1822 (De *carbonário*)

carbonário n.m. 1 membro da Carbonária 2 membro de uma sociedade política secreta (Do it. *carbonaro*, «carbonário»)

carbonarismo n.m. 1 doutrina que defendia as ideias liberais combatidas pela Santa Aliança 2 opiniões ou práticas dos carbonários (De *carbonária*+-*ismo*)

carbonatar v.tr. 1 transformar em carbonato 2 carregar de dióxido de carbono ou gás carbónico ■ v.pron. QUÍMICA (hidróxido de sódio) absorver dióxido de carbono do ar (De *carbonato*+-*ar*)

carbonato n.m. 1 QUÍMICA anião correspondente ao ácido carbónico 2 designação dos sais e dos ésteres do ácido carbónico (De *carbono*+-*ato*)

carbóneo adj. relativo ou pertencente ao carbono (De *carbono*+-*eo*)

carboneto /ê/ n.m. 1 QUÍMICA designação genérica dos compostos binários de carbono 2 nome vulgar do carboneto de cálcio (De *carbono*+-*eto*)

carbon(i)- ⇒ **carbo-** (Do lat. *carbône-*, «carvão»)

carbónico[1] adj. QUÍMICA designativo do ácido hipotético de fórmula H_2CO_3; **anidrido ~** designação obsoleta do dióxido de carbono (gás carbónico); **neve carbónica** designação comercial do dióxido de carbono solidificado (De *carbono*+-*ico*)

carbónico[2] adj. GEOLOGIA relativo ao Carbónico ■ n.m. [com maiúscula] GEOLOGIA período ou sistema da era paleozoica que sucede ao Devónico e é anterior ao Pérmico (Do fr. *carbonique*, «id.»)

carbonífero adj. 1 que encerra ou produz carvão 2 carbónico (De *carboni-*+-*fero*)

carbonite n.f. explosivo para uso nas minas de carvão, de baixa temperatura de deflagração, capaz de impedir a inflamação do grisu (De *carbono*+-*ite*)

carbonização n.f. ato ou efeito de carbonizar (De *carbonizar*+-*ção*)

carbonizador *adj.* que carboniza ■ *n.m.* aparelho que serve para transformar madeira em carvão (De *carbonizar+-dor*)
carbonizar *v.tr.* reduzir a carvão ■ *v.pron.* transformar-se em carvão (Do lat. *carbōne-*, «carvão» +*-izar*, ou do fr. *carboniser*, «id.»)
carbonizável *adj.2g.* que se pode carbonizar (De *carbonizar+-vel*)
carbono *n.m.* QUÍMICA elemento químico com o número atómico 6 e símbolo C, que constitui a base dos carvões e se encontra em todas as substâncias orgânicas, e que, puro e cristalizado, constitui o diamante (sistema cúbico) ou a grafite (sistema hexagonal) (Do lat. *carbōne-*, «carvão»)
carbonoso *adj.* que é da natureza do carvão (De *carbono+-oso*)
carborundo *n.m.* produto industrial, formado por carbono e silício, muito empregado como abrasivo, em virtude da sua elevada dureza (Do ing. *carborundum*, «id.»)
carboxiemoglobina /cs/ *n.f.* QUÍMICA, FISIOLOGIA substância resultante da combinação do monóxido de carbono com a hemoglobina (De *carboxi(lo)+hemoglobina*)
carboxílico /cs/ *adj.* QUÍMICA designativo dos ácidos orgânicos caracterizados pela presença, nas suas moléculas, de um ou mais carboxilos (De *carboxilo+-ico*)
carboxilo /cs/ *n.m.* QUÍMICA grupo característico ou funcional, de fórmula COOH, que confere propriedades ácidas (Do fr. *carboxyle*, «id.»)
carbuncular *adj.2g.* respeitante ao carbúnculo (De *carbúnculo+-ar*)
carbúnculo *n.m.* 1 MEDICINA, VETERINÁRIA grave doença infeciosa e muito contagiosa, que ataca o gado bovino e ovino, podendo ser transmitida ao homem 2 MINERALOGIA [ant.] qualquer gema vermelha ou granada vermelha lapidada em cabuchão (Do lat. *carbuncŭlu-*, «carvãozinho; carbúnculo»)
carbunculoso /ô/ *adj.* 1 da natureza do carbúnculo 2 que produz carbúnculo (De *carbúnculo+-oso*)
carburação *n.f.* 1 ato de carburar 2 operação de que resulta a mistura combustível, nos motores de explosão 3 ato de submeter o ferro à ação do carbono (Do fr. *carburation*, «id.»)
carburador *n.m.* aparelho no qual se faz a mistura explosiva, nos motores de combustão interna; carbonador (Do fr. *carburateur*, «id.»)
carburante *n.m.* 1 combustível para alimentar os motores de explosão 2 [fig.] alimento; *meter ~ na máquina* alimentar-se (Do fr. *carburant*, «id.»)
carburar *v.tr.* realizar a mistura explosiva de carburante com ar nas proporções convenientes; *~ bem* funcionar bem, dar resultado (Do fr. *carburer*, «id.»)
carbureto /ê/ *n.m.* designação incorreta da carbite, carboneto ou pedra de acetileno (Do fr. *carbure*, «carboneto» +*-eto*)
carcaça *n.f.* 1 armação interna que sustém a parte exterior de algo 2 esqueleto; arcabouço 3 casco velho de um navio 4 [fig., pej.] pessoa muito magra, velha e pouco atraente 5 tipo de pão de tamanho médio, oval, e com extremidades arredondadas (Do gr. *karkhásion* «cesto de gávea; vaso», pelo lat. *carchesĭu-*, «recipiente», pelo fr. *carcasse*, «carcaça»?)
carcaju *n.m.* ZOOLOGIA grande mamífero omnívoro da família dos Mustelídeos, com pernas, focinho e pescoço curtos, e pelagem acastanhada, densa e impermeável, encontrado nas regiões frias da América do Norte, Ásia e Norte da Europa; glutão
carcalhota *n.f.* ⇒ **codorniz** (De orig. onom.)
carcamano[1] *n.m.* [Angola] [depr.] natural da África do Sul, de raça branca (Do ing. *crack-man*, «homem eficiente»)
carcamano[2] *n.m.* 1 [Brasil] alcunha jocosa que se dá aos italianos em diversos estados brasileiros 2 [Brasil] alcunha que se atribui aos árabes em geral 3 [Brasil] vendedor ambulante de fazendas e objetos de armarinho (Do it. *carcare la mano*)
carcanel *n.m.* utensílio de calafate para assentar a estopa nas costuras do navio (De orig. obsc.)
carcanhol *n.m.* [coloq.] dinheiro (De orig. obsc.)
carcão *n.m.* 1 substância mineral, rochosa, que encerra um metal, especialmente veios de ouro 2 ganga (mineral) (De orig. obsc.)
Carcarídeos *n.m.pl.* ICTIOLOGIA família de peixes do grupo dos elasmobrânquios, a que pertence o cação
carcás *n.m.* 1 coldre ou aljava em que se metiam as setas 2 bomba de arremesso (Do pers. *tirkash*, «que lança flechas», pelo gr. biz. *tarkasíon*, «id.», pelo it. *carcasso*, «id.»)
cárcava *n.f.* fosso ao redor de uma praça
carcaveira *n.f.* cabouco de moinho
carcavelense *adj.2g.* de Carcavelos, localidade portuguesa do concelho de Cascais, distrito de Lisboa ■ *n.2g.* natural ou habitante de Carcavelos (De *Carcavelos*, top. +*-ense*)

carcel *n.m.* 1 candeeiro suspenso que se eleva ou baixa por meio de uma corrente ou corda que passa por uma roldana 2 FÍSICA antiga unidade de intensidade luminosa, hoje em desuso, que foi muito empregada em fotometria (Do fr. *carcel*, «candeeiro em que o azeite é puxado por um dispositivo de relojoaria», de *Carcel*, nome do relojoeiro fr., seu inventor)
carcela *n.f.* 1 tira de tecido, com casas, que se ajusta a um dos lados de uma peça de vestuário para se abotoar ao outro lado, onde estão os botões, para que estes não fiquem à vista 2 [regionalismo] abertura na parte da frente de calças, calções, etc., que se fecha com botões ou fecho; braguilha (Do lat. *carcella-*, por *carcerŭla-*, dim. de *carcĕre*, «prisão»; cárcere)
carceragem *n.f.* 1 ato de encarcerar 2 [ant.] imposto que o preso pagava ao carcereiro (De *cárcere+-agem*)
carcerário *adj.* relativo ao cárcere (Do lat. *carcerarĭu-*, «de prisão»)
cárcere *n.m.* 1 lugar de detenção 2 cadeia 3 sítio onde estão os cavalos antes de entrarem no circo 4 [fig.] sujeição (Do lat. *carcĕre-*, «cárcere»)
carcereiro *n.m.* guarda de cárcere (Do lat. *carcerarĭu-*, «de prisão»)
carcérula *n.f.* 1 BOTÂNICA designação dos frutos sincárpicos, indeiscentes e polispérmicos 2 ⇒ **tetraquénio** (Do lat. *carcerŭla-*, «pequena prisão»)
carcerular *adj.2g.* 1 em forma de carcérula 2 relativo à carcérula (De *carcérula+-ar*)
carcérulo *n.m.* ⇒ **carcérula**
carcinogéneo *adj.* MEDICINA que gera o cancro; cancerígeno (Do gr. *karkínos*, «caranguejo» +*génos*, «origem»)
carcinogénese *n.f.* MEDICINA geração de cancro; desenvolvimento de cancro (Do gr. *karkínos*, «cancro» +*génesis*, «geração»)
carcinoide *adj.2g.* 1 referente ou pertencente aos crustáceos 2 relativo ou semelhante ao cancro ■ *n.m.* MEDICINA tumor do tubo intestinal de evolução relativamente lenta (Do gr. *karkinoeidés*, «semelhante ao caranguejo»)
carcinóide ver nova grafia **carcinoide**
carcinologia *n.f.* ZOOLOGIA parte da zoologia que estuda os crustáceos (Do gr. *karkínos*, «caranguejo» +*lógos*, «estudo»)
carcinologista *n.2g.* pessoa que se dedica à carcinologia (De *carcinologia+-ista*)
carcinoma /ô/ *n.m.* MEDICINA tumor maligno que se desenvolve a partir de tecido epitelial; epitelioma (Do gr. *karkínoma, -atos*, «tumor canceroso», pelo lat. *carcinōma-*, «id.»)
carcinomatoso *adj.* 1 da natureza do carcinoma 2 canceroso (Do gr. *karkínoma, -atos*, «tumor canceroso» +*-oso*)
carcinose *n.f.* 1 MEDICINA doença cancerosa; carcinoma 2 MEDICINA disseminação de carcinomas num organismo (Do gr. *karkínos*, «caranguejo; cancro» +*-ose*)
carcolé *n.m.* [regionalismo] ⇒ **codorniz** (De orig. onom.)
carcoma /ô/ *n.m.* 1 ZOOLOGIA nome vulgar de uns insetos coleópteros que atacam a madeira, roendo-a; caruncho 2 pó da madeira carcomida 3 podridão 4 [fig.] o que aflige, consome, devora ou estraga (Deriv. regr. de *carcomer*)
carcomer *v.tr.* 1 roer, pulverizando 2 [fig.] corroer 3 [fig.] arruinar; destruir (De *car-*, pref. obscuro +*comer*)
carda *n.f.* 1 pequena prancha de madeira com pontas metálicas, usada para cardar 2 pregos miúdos 3 pastas de lama ou excremento que se pegam à lã dos animais 4 [ant.] instrumento de tortura (Deriv. regr. de *cardar*)
cardação *n.f.* 1 ato ou efeito de cardar 2 secção de uma fábrica, onde está a maquinaria de cardar (De *cardar+-ção*)
cardaço *n.m.* [regionalismo] bagaço de uvas (De orig. obsc.)
cardada *n.f.* 1 porção de lã que se carda de uma vez 2 pancada com a carda 3 [fig.] questão complicada; assunto de difícil solução (Part. pass. fem. subst. de *cardar*)
cardador *n.m.* indivíduo que carda por profissão (De *cardar+-dor*)
cardadura *n.f.* 1 ação ou efeito de cardar 2 filaça cardada (De *cardar+-dura*)
cardagem *n.f.* 1 trabalho do cardador 2 oficina de cardar (De *cardar+-agem*)
cardal *n.m.* 1 sítio onde abundam cardos 2 cemitério (De *cardo+-al*)
cardaleja /ê/ *n.f.* BOTÂNICA planta herbácea, da família das Compostas, espontânea no litoral português, mas pouco frequente (De *cardal+-ejas*)
cardamina *n.f.* BOTÂNICA planta da família das Brassicáceas, também conhecida por agrião-dos-prados (Do gr. *kardamín*)
cardamomo /ô/ *n.m.* 1 BOTÂNICA nome comum a várias plantas amomáceas ou aos seus frutos, que são aromáticos e de aplicação

terapêutica 2 (árvore) ⇒ **badiana** 1 (Do gr. *kardámomon*, «cardamomo», pelo lat. *cardamómu-*, «id.»)

cardanal *n.m.* argola da caldeira de cozer a cortiça (De orig. obsc.)

cardanha *n.f.* [regionalismo] casa térrea onde os jornaleiros dormem; cardenho (De *cardar*?)

cardanheiro *n.m.* [regionalismo] jornaleiro que pernoita na cardanha (De *cardanho*+-*eiro*)

cardanho *n.m.* 1 [regionalismo] ⇒ **cardanha** 2 [pop.] roubo 3 [pop.] unha (De *cardar*?)

cardão *adj.* 1 da cor da flor do cardo 2 azul-violáceo (De *cardo*+-*ão*)

cardápio *n.m.* [Brasil] relação dos pratos de uma refeição; ementa (Do lat. *charta-*, «papel» +*dape-*, «iguaria; manjar; refeição» +-*io*)

cardar *v.tr.* 1 desenriçar (lã ou qualquer filaça) com a carda 2 [pop.] roubar; extorquir 3 procurar; rebuscar 4 trabalhar intensamente 5 repreender (Do lat. *cardáre*, «id.», ou de *cardo*+-*ar*?)

cardazol *n.m.* BOTÂNICA planta herbácea da família das Compostas, espontânea em Portugal (De *cardo*+*z*+-*ol*)

cardazola *n.f.* ⇒ **cardazol**

cardeal *n.m.* 1 RELIGIÃO nome dado a cada um dos bispos que, investidos de privilégios e poderes especiais, constituem o sacro colégio e são os principais conselheiros e colaboradores do papa 2 ORNITOLOGIA nome vulgar extensivo a algumas espécies de pássaros da família dos Fringilídeos, com poupa vermelha, vulgares na América, especialmente no Brasil 3 ICTIOLOGIA peixe teleósteo, da família dos Berícídeos, comum nas costas marítimas portuguesas, também conhecido por imperador e melo 4 BOTÂNICA planta ornamental, de flores vermelhas, da família das Lamiáceas 5 ORNITOLOGIA ⇒ **peto** 1 6 ORNITOLOGIA ⇒ **pisco-chilreiro** ■ *adj.2g.* 1 GEOGRAFIA designativo de cada um dos quatro principais pontos de orientação geográfica 2 principal; fundamental; ~ *da Cúria* cardeal com funções na Cúria Romana (Do lat. *cardinále-*, «principal»)

cardealina *n.f.* BOTÂNICA ⇒ **cardeal** *n.m.* 4 (De *cardeal*+-*ina*)

cardear *v.tr.* [regionalismo] avergoar a pele do cavalo com pancadas de chicote (De *cardo*+-*ear*)

cardeiro *n.m.* indivíduo que faz ou vende cardas (De *carda*+-*eiro*)

cardenha *n.f.* ⇒ **cardanha**

cardenho /ê/ *n.m.* ⇒ **cardanha**

cardenilho *n.m.* verdete (Do cast. *cardenillo*, «id.»)

cárdeno *adj.,n.m.* azul-violeta (Do lat. **cardǐnu-*, «da cor do cardo; arroxeado»)

cárdeo *adj.,n.m.* ⇒ **cárdeno**

cardete /ê/ *n.f.* [regionalismo] BOTÂNICA planta da família das Umbelíferas, espontânea em Portugal (De *cardo*+-*ete*)

-cardia sufixo nominal de origem grega, que exprime a ideia de *coração, estômago* (Do gr. *kardía*, «coração; estômago»)

cárdia *n.f.* ANATOMIA orifício que estabelece a passagem do esôfago para o estômago (Do gr. *kardía*, «coração; estômago»)

cardíaco *adj.* 1 relativo ao coração 2 peitoral 3 que sofre do coração ■ *n.m.* aquele que sofre do coração (Do gr. *kardiakós*, «relativo ao coração», pelo lat. *cardiăcu-*, «do coração; do estômago», pelo fr. *cardiaque*, «cardíaco»)

cardial *adj.2g.* relativo à cárdia (De *cárdia*+-*al*)

cardialgia *n.f.* 1 MEDICINA dor de estômago localizada na cárdia 2 MEDICINA dor no coração (Do gr. *kardialgía*, «dor de estômago», pelo fr. *cardialgie*, «id.»)

cardialgíaco *adj.* ⇒ **cardiálgico**

cardiálgico *adj.* da cardialgia ou a ela relativo (De *cardialgia*+-*ico*)

cardiço *n.m.* carda de chapeleiro (De *carda*+-*iço*)

cárdico *n.m.* 1 camafeu com um coração em relevo 2 pedra com feitio de coração para aplicação em joia ■ *adj.* cardial (Do gr. *kardía*, «coração» +-*ico*)

cardido *adj.* diz-se da madeira que esteve muito tempo debaixo de água e apodreceu

cardiectasia *n.f.* MEDICINA dilatação do coração (Do gr. *kardía*, «coração» +*éktasis*, «dilatação» +-*ia*)

cardife *n.m.* designação da hulha proveniente de Cardiff, capital do País de Gales (De *Cardiff*, top.)

Cardíidas *n.m.pl.* ZOOLOGIA ⇒ **Cardíideos**

cardíideo *n.m.* ZOOLOGIA espécime dos Cardíideos ■ *adj.* ZOOLOGIA relativo aos Cardíideos

Cardíideos *n.m.pl.* ZOOLOGIA família de moluscos lamelibrânquios de muitas espécies, vulgares nas costas portuguesas (Do fr. *cardiides*, «id.»)

cardim *adj.2g.* diz-se do touro cuja pelagem, constituída por pelos brancos e pretos, não tem malhas (Do lat. *cardǐnu-*, «de cardo»)

cardina[1] *n.f.* 1 grumos de imundície agarrados à pele dos animais 2 sujidade na pele das pessoas (De *carda*+-*ina*)

cardina[2] *n.f.* [pop.] bebedeira (De orig. obsc.)

cardinal *adj.2g.* 1 designativo do número natural, como número de elementos de um conjunto finito (contrapõe-se a ordinal, número de ordem ou posição de um elemento do conjunto) 2 principal; cardeal 3 relativo a gonzo 4 (cor) vermelho apurpurado 5 designativo de uma variedade de uva 6 ANATOMIA diz-se da terceira vértebra cervical, também chamada quício 7 ZOOLOGIA diz-se da linha correspondente ao eixo de articulação das valvas da concha dos braquiópodes 8 ANATOMIA designativo de algumas importantes veias de alguns vertebrados nos seus embriões ■ *n.m.* 1 número natural 2 (cor) vermelho apurpurado (como as vestes dos cardeais) 3 INFORMÁTICA sinal (#) utilizado em determinadas linguagens como operador de divisão ou como sinal de comentário 4 o símbolo # no teclado de dispositivos informáticos e de telecomunicações (Do lat. *cardinále-*, «principal»)

cardinalado *n.m.* ⇒ **cardinalato**

cardinalato *n.m.* 1 RELIGIÃO dignidade ou função de cardeal 2 tempo durante o qual essa função é exercida (Do lat. *cardinále-*, «principal» +-*ato*)

cardinalício *adj.* de cardeal ou a ele relativo (Do lat. *cardinále-*, «principal» +-*ício*)

cardinalista *n.m.* adepto do cardeal Richelieu, estadista francês (1766-1822) (Do fr. *cardinaliste*, «id.»)

cardinífero *adj.* que possui charneira ou couceira (Do lat. *cardíne-*, «gonzo» +port. -*fero*)

cardi(o)- elemento de formação de palavras que exprime a ideia de *coração* (Do gr. *kardía*, «coração»)

cardiofitness *n.m.* DESPORTO modalidade de treino que visa melhorar o nível de resistência cardiovascular, através do uso de tapetes rolantes, remos, bicicletas, steps, pesos, etc. (De *cardio-*, «coração»+ ing. *fitness*, «boa condição física»)

cardiofrequencímetro *n.m.* aparelho geralmente utilizado no meio desportivo, que permite praticar exercício tirando o máximo proveito dos próprios recursos físicos, ao permitir o controlo da frequência cardíaca, da duração do treino ou das calorias gastas (De *cardio-*+*frequencímetro*)

cardiografia *n.f.* MEDICINA estudo e interpretação do registo gráfico dos movimentos do coração (De *cardio-*+-*grafia*)

cardiográfico *adj.* relativo a cardiografia (De *cardiografia*+-*ico*)

cardiógrafo *n.m.* MEDICINA aparelho que serve para registar os movimentos do coração (De *cardio-*+-*grafo*)

cardiograma *n.m.* MEDICINA gráfico obtido por meio do cardiógrafo (De *cardio-*+-*grama*)

cardioide *adj.2g.* em forma de coração ■ *n.m.* GEOMETRIA curva descrita por um ponto de uma circunferência que rola, sem escorregamento, ao longo de outra do mesmo plano e com raio igual ao da primeira (De *cardio-*+-*óide*)

cardióide ver nova grafia cardioide

cardiologia *n.f.* parte da medicina que trata das doenças do coração (De *cardio-*+-*logia*)

cardiologista *n.2g.* especialista em cardiologia (De *cardiologia*+-*ista*)

cardiómetro *n.m.* aparelho que se destina a determinar a força com que o coração põe o sangue em movimento, ou a pressão sanguínea nos vasos; hemodinamómetro (De *cardio-*+-*metro*)

cardiopata *n.2g.* pessoa que sofre de cardiopatia (Do gr. *kardía*, «coração» +*páthos*, «doença»)

cardiopatia *n.f.* MEDICINA doença do coração (Do gr. *kardía*, «coração» +*páthos*, «doença» +-*ia*)

cardiopétalo *adj.* BOTÂNICA que tem pétalas em forma de coração (De *cardio-*+-*pétalo*)

cardioplegia *n.f.* MEDICINA paralisia do coração (De *cardio-*+-*plegia*)

cardióptero *adj.* ZOOLOGIA que tem asas ou barbatanas em forma de coração (Do gr. *kardía*, «coração» +*pterón*, «asa»)

cardiopulmonar *adj.2g.* relativo ao coração e aos pulmões

cardiopunctura *n.f.* punção no coração (De *cardio-*+*punctura*) ACORDO ORTOGRÁFICO também se pode escrever **cardiopuntura**

cardiopuntura a grafia mais usada é **cardiopunctura**

cardiorrespiratório *adj.* relativo ao coração e ao aparelho respiratório

cardiosclerose *n.f.* MEDICINA esclerose do coração

cardioscopia *n.f.* MEDICINA exame direto dos movimentos do coração (Do gr. *kardía*, «coração» +*skopeîn*, «examinar; observar» +-*ia*)

cardioscópio *n.m.* aparelho utilizado no exame dos movimentos do coração (Do gr. *kardía*, «coração» +*skopeïn*, «examinar; observar»)

cardiospasmo *n.m.* 1 MEDICINA espasmo cardíaco 2 MEDICINA contração súbita e dolorosa do coração (De *cardio-*+*espasmo*)

cardiotomia *n.f.* MEDICINA incisão cirúrgica no coração (Do gr. *kardía*, «coração» +*tomé*, «corte» +*-ia*)

cardiotónico *adj.* FARMÁCIA diz-se do medicamento que tonifica o coração (Do gr. *kardía*, «coração» +*tonikós*, «força»)

cardiovascular *adj.2g.* relativo ao coração e aos vasos sanguíneos (De *cardio-*+*vascular*)

cardioversão *n.f.* MEDICINA restabelecimento do ritmo cardíaco normal através de choque elétrico

cardite *n.f.* MEDICINA inflamação do coração, em especial miocardite (Do gr. *kardía*, «coração» +*-ite*)

cardítico *adj.* relativo à cardite (De *cardite*+*-ico*)

cardo *n.m.* 1 BOTÂNICA nome vulgar extensivo a várias plantas, mais ou menos espinhosas (das famílias das Compostas, Cactáceas e Umbelíferas), frequentes em Portugal, como: cardo-asnil, cardo-azul, cardo-cardador, cardo-coroado, cardo-corredor, cardo-de-coalho, cardo-coalhador (ou alcachofra), cardo-de-ouro, cardo-estrelado (ou calca-tripa), cardo-morto, cardo-sanguinho, cardo-do-visco, etc. 2 BOTÂNICA a flor destas plantas (Do lat. *cardu-*, «cardo; alcachofra»)

cardo-ananás *n.m.* BOTÂNICA planta da família das Cactáceas, cujo fruto é comestível

cardo-corredor *n.m.* BOTÂNICA erva vivaz, da família das Umbelíferas, muito frequente em Portugal

cardo-estrelado *n.m.* BOTÂNICA variedade de cardo também conhecido cientificamente por *Centaurea calcitrapae*

cardómetro *n.m.* ⇒ **cardiómetro** (Do gr. *kardía*, «coração» +*métron*, «medida»)

carduça *n.f.* carda grosseira com que se começa a cardadura (De *carda-*+*uça*)

carduçador *n.m.* aquele que carduça (De *carduçar*+*-dor*)

carduçar *v.tr.* passar (a lã) pela carduça (De *carduça*+*-ar*)

cardume *n.m.* 1 conjunto de peixes 2 [fig.] montão; ajuntamento (De *carda*+*-ume*)

careação *n.f.* ⇒ **acareação** (De *carear*+*-ção*)

carear *v.tr.* 1 ⇒ **acarear** 2 confrontar (De *cara*+*-ear*)

careca *n.f.* calva; parte da cabeça que perdeu o cabelo ■ *n.2g.* pessoa com falta total ou parcial de cabelo na cabeça ■ *n.m.* TAUROMAQUIA o que abre a gaiola aos touros que vão ser lidados ■ *adj.2g.* 1 sem cabelo 2 sem pelo 3 BOTÂNICA (pêssego) sem penugem; calvo 4 (pneu) liso; gasto pelo uso 5 [fig.] mal disfarçado; *pôr a ~ à mostra a alguém* descobrir os defeitos de alguém (Do lat. *carēre*, «ter falta de» +*-eca*)

carecedor *adj.* ⇒ **carecente** (De *carecer*+*-dor*)

carecente *adj.2g.* que carece; precisado (Do lat. vulg. *carescente-*, part. pres. de *carescĕre*, «carecer; ter falta de»)

carecer *v.tr.* não ter o que é preciso; ter falta; precisar; necessitar (Do lat. *carescĕre*, freq. de *carēre*, «ter falta de»)

carecidamente *adv.* com carência; com falta (De *carecido*+*-mente*)

carecimento *n.m.* ato ou efeito de carecer; carência; falta (De *carecer*+*-mento*)

careiro *adj.* que vende caro (De *caro*+*-eiro*)

Careliano *n.m.* GEOLOGIA andar do Pré-Câmbrico (De *Carélia*, top., república russa, que confina com a Finlândia)

carena /ê/ *n.f.* 1 NÁUTICA ⇒ **querena** 2 BOTÂNICA naveta (em flor de corola papilionácea); quilha 3 ORNITOLOGIA quilha do esterno das aves voadoras; *dar ~ a* desfalcar, destruir (Do lat. *carīna*, «quilha», pelo it. *carena*, «id.»)

carenado *adj.* diz-se do animal ou do órgão provido de uma quilha ou saliência longitudinal no dorso (De *carena*+*-ado*)

carenagem *n.f.* (avião, mota, barco) revestimento exterior que protege certas peças, para reduzir a resistência do ar e o atrito resultante

carenar *v.tr.* 1 reparar ou melhorar a carena de 2 dar forma aerodinâmica a (De *carena*+*-ar*)

carência *n.f.* 1 falta daquilo que é preciso 2 necessidade 3 privação (Do lat. med. *carentĭa-*, «carência»)

carenciado *adj.* 1 com carências; com necessidades 2 carecente; precisado; falto (De *carência*+*-ado*)

careniforme *adj.2g.* em forma de quilha (De *carena*+*forma*)

carente *adj.2g.* 1 que precisa; que necessita 2 que tem grande necessidade de carinho (Do lat. *carente-*, part. pres. de *carēre*, «ter falta de»)

carepa *n.f.* 1 esfoliação escamosa da pele 2 faúlhas que saltam do ferro candente quando batido na bigorna 3 lanugem que se cria na fruta seca 4 aspereza cutânea 5 sarna 6 caspa 7 [regionalismo] chuva miúda (De orig. obsc.)

carepento *adj.* que tem carepa (De *carepa*+*-ento*)

careposo /ô/ *adj.* ⇒ **carepento** (De *carepa*+*-oso*)

carestia *n.f.* 1 preço superior ao valor real ou tabelado 2 [fig.] escassez; carência; falta (Do lat. med. *caristĭa-*, «carência; falta», pelo it. *carestia*, «id.»)

careta /ê/ *n.f.* 1 contração do rosto; esgar desagradável; visagem; momice 2 máscara; caraça ■ *n.2g.* [Brasil] [coloq.] pessoa muito convencional com grande apego aos padrões tradicionais ■ *adj.2g.* [Brasil] [coloq.] convencional; tradicional; conservador (De *cara*+*-eta*)

careteiro *adj.,n.m.* que ou aquele que faz caretas (De *careta*+*-eiro*)

caretice *n.f.* 1 [Brasil] característica do que está ultrapassado ou fora de moda 2 [Brasil] atitude de quem é bota de elástico (De *careta*+*-ice*)

careto /ê/ *n.m.* [regionalismo] indivíduo mascarado que, no Carnaval, faz de diabo ■ *adj.* [regionalismo] diz-se do burro que tem o focinho negro (De *careta*)

careza /ê/ *n.f.* ⇒ **carestia** (De *caro*+*-eza*)

carfologia *n.f.* 1 agitação contínua das mãos que parecem procurar ou apanhar objetos 2 automatismo, geralmente pré-agónico (Do gr. *karphología*, de *kárphos*, «floco; palha» +*légein*, «colher; apanhar»)

carga *n.f.* 1 tudo o que é ou pode ser transportado por pessoa, animal, veículo ou barco 2 ato de carregar 3 peso; fardo 4 grande quantidade 5 quantidade de pólvora e projéteis que se metem de uma vez numa arma de fogo 6 quantidade de explosivo utilizado em destruições 7 ELETRICIDADE excesso (carga negativa) ou falta (carga positiva) de eletrões num corpo 8 MILITAR ataque contra uma posição inimiga 9 [fig.] responsabilidade 10 [fig.] embaraço 11 [fig.] acusação; *~ cerrada* descarga simultânea de muitas armas; *~ de água* bátega de água; *~ de ossos* pessoa muito magra; *deitar a ~ ao mar* vomitar; *por que ~ de água?* por que razão?; *ser burro de ~* fazer os piores serviços; *voltar à ~* insistir (Deriv. regr. de *carregar*, através do ant. *cárrega*)

cargo *n.m.* 1 conjunto das funções exercidas 2 obrigação; responsabilidade 3 incumbência 4 cuidado 5 ocupação; ofício 6 encargo; *~ público* conjunto das atribuições de um funcionário público; *a ~ de* à responsabilidade de, por conta de (Deriv. regr. de *carregar*, pelo ant. *cárrego*)

cargueiro *adj.,n.m.* 1 que ou o que conduz animais de carga 2 que ou navio que apenas transporta mercadorias (De *carga*+*-eiro*)

carguejar *v.intr.* 1 conduzir animais de carga 2 transportar fardos ■ *v.tr.* transportar (De *carga*+*-ejar*)

cariando *n.m.* [Angola] namorado (Do quimb. *ku-ri-andala*, «querer-se (um ao outro)»)

cariar *v.intr.* 1 (dente) criar cárie 2 corromper-se ■ *v.tr.* produzir cárie em (De *cárie*+*-ar*)

cariátide *n.f.* figura humana feminina que sustenta uma cornija ou arquitrave (Do gr. *karyátides*, «donzelas de Cárias», cidade grega da Lacónia, pelo lat. *caryatídes*, «estátuas de mulher a servirem de colunas»)

caríbdis *n.f.2n.* grande perigo; *entre Cila e Caríbdis* entre a espada e a parede; *fugir de Cila para cair em Caríbdis* evitar um perigo e cair noutro maior (Do gr. *Kharýbdis*, «monstro fabuloso que destruía os navios no estreito de Messina», pelo lat. *Charibde-*, «abismo; monstro devorador»)

caribe *adj.,n.2g.* ⇒ **caraíba** (Do caraíba *caribe*, «id.»)

caribenho *adj.* relativo ou pertencente ao mar do Caribe ■ *n.m.* natural ou habitante dos países do Caribe

caribu *n.m.* ZOOLOGIA mamífero ruminante da família dos Cervídeos, que vive nas regiões setentrionais da América do Norte e é também conhecido por rena do Canadá (Do fr. canadiano *caribou*, «id.»)

carica *n.f.* 1 [pop.] tampa circular e metálica que veda uma garrafa 2 *pl.* [pop.] jogo em que se usam estas tampas (De orig. obsc.)

caricácea *n.f.* BOTÂNICA espécime das Caricáceas

Caricáceas *n.f.pl.* BOTÂNICA família de plantas dicotiledóneas, lenhosas, lactíferas, tropicais, a que pertence o mamoeiro (Do lat. *carīca-*, «figo» +*-áceas*)

caricato *adj.* 1 cómico; risível 2 burlesco; ridículo; grotesco (Do it. *caricato*, «afetado»)

caricatura *n.f.* 1 (desenho, descrição, etc.) retrato de pessoas ou acontecimentos que assenta no exagero cómico de alguns dos seus traços distintivos 2 [fig., pej.] tentativa falhada de imitação de pessoa,

coisa ou acontecimento 3 [fig., pej.] pessoa, coisa ou acontecimento ridículo (Do it. caricatura, «caricatura»)
caricatural adj.2g. referente a caricatura (De caricatura+-al)
caricaturar v.tr. 1 representar em caricatura 2 [fig.] tentar imitar sem grande sucesso (De caricatura+-ar)
caricaturista n.2g. artista que faz caricaturas (Do it. caricaturista, «id.»)
carícia n.f. demonstração de afeto; carinho; afago (Do b. lat. caritĭa-, «afago; carinho»)
cariciar v.tr. ⇒ **acariciar** (De carícia+-ar)
cariciável adj.2g. 1 agradável; suave 2 carinhoso; caricioso (De cariciar+-vel)
caricioso adj. que faz carícias; carinhoso (De carícia+-oso)
caridade n.f. 1 bondade; benevolência; generosidade 2 compaixão 3 ato de beneficência 4 esmola 5 RELIGIÃO virtude teologal que consiste em amar a Deus acima de todas as coisas e amar o próximo por amor de Deus 6 [irón.] ofensa; dano; *fazer as caridades a* ajustar contas com, repreender (Do lat. caritāte-, «ternura; amor; afeição»)
caridoso /ô/ adj. 1 RELIGIÃO que tem ou pratica a virtude da caridade 2 que revela bondade; generoso 3 que revela compaixão; compassivo 4 que dá muitas esmolas; esmoler (De caridade+-oso, com hapl.)
cárie n.f. 1 MEDICINA degradação localizada e progressiva dos dentes, podendo atingir apenas o esmalte, ou também a dentina e a polpa dentária 2 MEDICINA deterioração do tecido ósseo, que provoca o seu amolecimento e destruição 3 BOTÂNICA necrose dos tecidos vegetais provocada, em regra, por fungos parasitas 4 caruncho; gorgulho 5 [fig.] causa de destruição progressiva (Do lat. carĭe-, «cárie; podridão»)
cariengue n.m. [Angola] biscate (Do quimb. kadienge, com base em *kúri kuengi*, «comer de outro lugar»)
carifranzir v.intr. franzir a cara para manifestar surpresa ou mal-estar (De cara+franzir)
caril n.m. 1 condimento de origem indiana composto de várias especiarias, como açafrão, gengibre, malagueta, etc. 2 CULINÁRIA molho preparado com este condimento 3 CULINÁRIA prato temperado com este condimento 4 [Moçambique] CULINÁRIA molho feito com leite de amendoim, castanha ou coco (Do conc.-mar. kadhi ou do tâm. kari, «id.»)
carimbador n.m. máquina ou indivíduo encarregado de carimbar a correspondência postal (De carimbar+-dor)
carimbagem n.f. ato ou efeito de carimbar (De carimbar+-agem)
carimbar v.tr. 1 marcar com carimbo 2 [fig.] assinalar 3 [fig.] autenticar 4 [fig.] garantir; assegurar 5 [colóq.] reprovar num exame (De carimbo+-ar)
carimbo n.m. 1 peça de metal, madeira, borracha ou plástico, que serve para marcar ou autenticar papéis oficiais ou particulares, a tinta ou em relevo; sinete; selo 2 marca produzida por esta peça (Do quimb. ka'rima, «pequena marca»)
carimbó n.m. 1 [Brasil] dança regional maranhense, de origem africana, semelhante à capoeira baiana, na qual os dançarinos apresentam uma coreografia em que os pares dançam soltos 2 [Brasil] tambor de origem africana, feito de um tronco escavado com cerca de um metro de comprimento por trinta centímetros de diâmetro, coberto com couro de veado
carina n.f. ⇒ **carena** (Do lat. carīna-, «quilha de navio»)
carinado adj. 1 que tem carena; carenado 2 semelhante à carina (Do lat. carinātu-, «em forma de quilha»)
carinal adj.2g. BOTÂNICA diz-se da perfloração em que uma das peças anteriores é totalmente externa (De carina+-al)
carinho n.m. 1 demonstração de amor ou benevolência 2 carícia; mimo; afago 3 dedicação; cuidado extremo (Do cast. cariño, «ternura; afeição; nostalgia»)
carinhosa n.f. 1 [regionalismo] capuz de senhora 2 [regionalismo] dança de roda (De carinhoso)
carinhoso /ô/ adj. que trata com carinho; afetuoso; meigo (De carinho+-oso)
cario- elemento de formação de palavras que exprime a ideia de núcleo (Do gr. káryon, «núcleo»)
carioca adj.2g. 1 relativo à cidade do Rio de Janeiro 2 [Brasil] que tem pintas na pele ■ n.2g. natural ou habitante da cidade do Rio de Janeiro ■ n.m. (bebida) café enfraquecido com água fervente; *~ de limão* chá de casca de limão servido em chávena de café (Do tupi kari'oka, «casa de branco»)
Cariocaráceas n.f.pl. ⇒ **Rizoboláceas** (Do gr. káryon, «caroço; noz; núcleo» +kára, «rosto; aspeto» +-áceas)

cariocinese n.f. CITOLOGIA processo de divisão indireta do núcleo celular; mitose (Do gr. káryon, «núcleo» +kínesis, «movimento»)
cariodiérese n.f. CITOLOGIA divisão do núcleo celular (De cario-+ -diérese)
cariofilácea n.f. BOTÂNICA espécime das Cariofiláceas
Cariofiláceas n.f.pl. BOTÂNICA família de plantas dicotiledóneas, espontâneas e de cultura, atualmente distribuídas pelas Silenáceas e Alsináceas (Do gr. karyóphyllon, «craveiro-da-índia» +-áceas)
cariofilada n.f. BOTÂNICA planta herbácea da família das Rosáceas, espontânea em Portugal, também conhecida por erva-benta (Do gr. karyóphyllon, «craveiro-da-índia» +-ada)
cariogamia n.f. CITOLOGIA fenómeno da fusão de núcleos celulares (Do gr. káryon, «núcleo» +gámos, «casamento» +-ia)
cariogénico adj. que provoca cáries (Do ing. cariogenic, «id.»)
cariolinfa n.f. CITOLOGIA líquido incolor do núcleo celular; suco nuclear (Do gr. káryon, «núcleo»+ lat. lympha-, «água»)
cariologia n.f. estudo do núcleo dos cromossomas (Do gr. káryon, «núcleo» +lógos, «estudo» +-ia)
cariopse n.f. BOTÂNICA variedade de aquénio cujo pericarpo está soldado à semente, vulgarmente conhecido como grão (Do gr. káryon, «núcleo» +ópsis, «aparência»)
carioso /ô/ adj. 1 relativo à cárie 2 da natureza da cárie (Do lat. cariósu-, «cariado; apodrecido»)
cariossoma n.m. 1 cada uma das granulações de cromatina de um núcleo celular 2 basicromatina concentrada num núcleo (Do gr. káryon, «núcleo» +sõma, «corpo»)
cariossomo n.m. ⇒ **cariossoma**
carioteca n.f. membrana nuclear (Do gr. káryon, «núcleo» +théke, «caixa; estojo»)
cariótipo n.m. BIOLOGIA fórmula que expressa o número e a forma dos cromossomas de um determinado genótipo
carisma n.m. 1 capacidade de influenciar os outros 2 capacidade de inspirar entusiasmo e adesão 3 magnetismo 4 qualidade marcante 5 RELIGIÃO graça de origem divina que privilegia um ser humano, distinguindo-o dos outros (Do gr. kharísma, «favor», pelo lat. charisma-, «graça; dom de Deus»)
carismático adj. 1 que tem carisma 2 que tem um dom especial 3 diz-se de um dirigente que goza de prestígio invulgar (Do fr. charismatique, «id.»)
caritativo adj. ⇒ **caridoso** (Do lat. caritáte-, «amor do próximo» + -ivo)
carito¹ n.m. 1 [regionalismo] pequeno furo numa vasilha, ou espigão soldado na parte interna desta, para marcar determinada capacidade 2 BOTÂNICA feijão-frade (De cara+-ito)
carito² adj. que é um pouco caro (De caro+-ito)
cariz¹ n.m. 1 aparência; aspeto 2 semblante 3 natureza; carácter 4 aspeto da atmosfera 5 [pop.] carão (Do prov. caraitz, pelo cast. cariz, «aspeto; cariz»)
cariz² n.m. BOTÂNICA alcaravia ou a sua semente (De cara+-iz)
carjacking n.m. roubo de viatura em que o assaltante obriga o condutor, por meio da força ou ameaças, a sair do veículo ou a conduzi-lo durante atividades criminais (Do ing. carjacking, «id.»)
carlinga n.f. 1 NÁUTICA peça de madeira em que assenta o mastro grande do navio; sobrequilha 2 parte do avião destinada ao piloto e ao copiloto; cabina 3 viga transversal sobre a qual se apoiam as longarinas de uma ponte (Do escand. kerling, «id.», pelo fr. carlingue, «id.»)
carlíngio adj. ⇒ **carolíngio**
carlismo n.m. corrente política que apoiava D. Carlos de Borbón (1788-1855), pretendente ao trono de Espanha, e os seus descendentes (Do antr. cast. Carlos de Borbón +-ismo)
carlista n.2g. pessoa partidária de Carlos de Borbón, 1788-1855 (De Carlos, antr. +-ista)
carlos-quinto n.m. antiga capa curta
carlota n.f. BOTÂNICA casta de oliveira também denominada cerieira e ceriosa (De Carlota, antr.)
carlovíngio adj. ⇒ **carolíngio** (Do fr. carlovingien, «id.»)
carma n.m. 1 FILOSOFIA conjunto das ações do homem a que se atribuem consequências determinativas do seu destino 2 (budismo e hinduísmo) princípio de causalidade que afirma que qualquer ação (boa ou má) gera uma reação ou consequência, na vida presente ou numa encarnação futura 3 [colóq.] destino; fado (Do sânsc. karma, «ação»)
carmanhola n.f. 1 canção e dança dos revolucionários franceses do período de 1792 a 1795 2 indumentária dos mesmos revolucionários (Do fr. carmagnole, «id.»)
carme n.m. 1 poema 2 canto 3 poesia (Do lat. carmen, «canto; composição em verso»)

carmeador *n.m.* o que carmeia a lã (De *carmear*+*-dor*)

carmear *v.tr.* **1** desfazer os nós da lã para a cardar **2** [regionalismo] [fig.] espancar ■ *v.pron.* desfazer-se em farrapas (Do lat. *carmināre*, «cardar; desenredar»)

carmelina *n.f.* lã de vicunha, de qualidade inferior (Do cast. *carmelina*, «id.»)

carmelita *adj.2g.* relativo ao monte Carmelo (na antiga Judeia) ou à ordem religiosa com este nome ■ *n.2g.* religioso ou religiosa da Ordem do Carmo ou do Monte Carmelo (Do lat. *carmelītes*, «habitante do Carmelo»)

carmelitano *adj.* relativo ou pertencente aos carmelitas (De *carmelita*+*-ano*)

carmesim *adj.2g.,n.m.* vermelho muito vivo; vermelho-cravo (Do ár. *qirmezí*, «tinto de vermelho»)

carmesinado *adj.* da cor ou da natureza do carmesim (De *carmesim*+*-ado*)

carmim *n.m.* **1** substância corante (que contém carmina), de tonalidade vermelha característica, que se extrai da cochinilha (inseto) **2** designação de algumas substâncias tintoriais extraídas de plantas, e ainda de outras artificiais **3** cor vermelha, brilhante ■ *adj.2g.* vermelho-vivo (Do lat. med. *carminǐu-*, do cruzamento do ár. *qirmiz*, «vermelho», com o lat. *minǐu-*, «vermelhão»)

carmina *n.f.* princípio ativo de certas substâncias corantes, como o carmim (De *carmim*)

carminar *v.tr.* **1** tingir com carmim ou da cor do carmim **2** carmear (De *carmim*+*-ar*)

carminativo *adj.,n.m.* FARMÁCIA que ou medicamento que atua na expulsão de gases intestinais (Do b. lat. *carminatīvu-*, «que dissipa»)

carmíneo *adj.* da cor do carmim (De *carmim*+*-eo*)

carmona¹ /ô/ *n.f.* ferrolho que, colocado a toda a altura da porta ou da janela, fecha simultaneamente em cima e em baixo; cremona (Do fr. *crémone*, «fecho duplo»)

carmona² /ô/ *n.f.* casaquinho curto de senhora (De *Carmona*, antr.)

carnaça *n.f.* **1** proeminência carnosa **2** grande porção de carne (De *carne*+*-aça*)

carnação *n.f.* **1** cor da carne humana; carnadura **2** representação do corpo humano com a cor natural **3** carne (Do lat. *carnatiōne-*, «gordura»)

carnadura *n.f.* **1** aspeto exterior do corpo **2** área mais carnuda do corpo; musculatura **3** constituição física; compleição **4** cor da carne humana; carnação (De *carne*+*dura*)

carnagem *n.f.* **1** matança de animais; carniça **2** mortandade de gente **3** massacre **4** abastecimento de carne (Do it. *carnaggio*, «chacina», pelo fr. *carnage*, «id.»)

carnal *adj.2g.* **1** da carne; referente à carne **2** sexual; sensual **3** (parentesco) consanguíneo ■ *n.m.* [ant.] tempo em que a Igreja permitia o consumo de carne (Do lat. *carnāle-*, «relativo à carne»)

carnalidade *n.f.* sensualidade; concupiscência (Do lat. *carnalitāte-*, «fraqueza da carne»)

carnalite *n.f.* MINERALOGIA mineral que é, quimicamente, o cloreto hidratado de magnésio e potássio (De *R. von Carnall*, antr., engenheiro de minas al.)

carnalização *n.f.* ato ou efeito de carnalizar (De *carnalizar*+*-ção*)

carnalizar *v.tr.,intr.* tornar(-se) carnal (De *carnal*+*-izar*)

carnar *v.tr.* unir por parentesco consanguíneo (De *carne*+*-ar*)

carnaúba *n.f.* **1** [Brasil] BOTÂNICA palmeira da América do Sul que fornece uma cera apreciável (além de outros produtos) e é também conhecida por carnaubeira, coqueiro-carnaúba e coqueiro-carandaí **2** cera produzida por esta planta (Do tupi *karana'iwa*, «id.»)

carnaubeira *n.f.* ⇒ **carnaúba 1** (De *carnaúba*+*-eira*)

Carnaval *n.m.* **1** período de três dias de festejo que precedem o início da Quaresma; Entrudo **2** festa popular que acontece nesses dias, com desfiles e divertimentos típicos, nos quais os participantes usam máscaras e vestem trajes diversos **3** [com minúscula] [fig.] folia **4** [com minúscula] [fig.] excesso; orgia (Do latim *carne, vale!*, «adeus, carne!», pelo italiano *carnevale*, «terça-feira gorda», pelo francês *carneval*, «Carnaval»)

carnavalesco /ê/ *adj.* **1** do Carnaval ou a ele relativo **2** [fig.] excessivo **3** [fig.] grotesco (Do it. *carnavalesco*, «id.»)

carnaz *n.m.* **1** parte interna da pele, oposta ao pelo **2** avesso (De *carne*+*-az*)

carne *n.f.* **1** parte mole, entre a pele e os ossos, do ser humano e dos animais, principalmente o tecido muscular **2** tecido muscular de animais usado na alimentação **3** parte comestível de diversos frutos; polpa **4** a parte material do ser humano (por oposição ao espírito) **5** natureza sensual do ser humano; instinto sexual **6** relação de parentesco em que há um ascendente comum; consanguinidade; ~ *branca* carne que apresenta uma coloração clara (como a do frango, peru ou coelho); ~ *verde* carne fresca, que não sofreu qualquer processo de conservação; ~ *vermelha* carne que apresenta uma coloração avermelhada (como a do boi ou porco); *em* ~ *e osso* em pessoa; *em* ~ *viva* sem pele; *sentir na própria* ~ sentir intensamente os efeitos adversos de alguma coisa; *ser* ~ *para canhão* **1** ser usado como dispensável em cenário de guerra, tendo a morte como certa; **2** ser usado em algo que não tem sucesso; ser usado em vão; *ser de* ~ *e osso* ser uma pessoa com sentimentos e necessidades como qualquer ser humano; *ser unha e* ~ *com alguém* ser muito amigo de alguém (Do lat. *carne-*, «id.»)

carnear *v.tr.* [Brasil] matar e esquartejar (uma rês) ■ *v.intr.* [Brasil] abater o gado e preparar a carne para secar (De *carne*+*-ear*)

carnecoita *n.f.* variedade de ameixa também conhecida por reinol (De *carne*+*coita*, ant. part. pass. fem. de *cozer*)

carnegão *n.m.* ⇒ **carnicão**

carneira¹ *n.f.* **1** pele de carneiro (ou outra pele fina) depois de curtida **2** faixa de couro ou de outra substância, colocada na parte interna de um chapéu, boina, etc. **3** [Brasil] ovelha; fêmea do carneiro **4** [pop.] embriaguez (De *carneiro*)

carneira² *n.f.* **1** BOTÂNICA variedade de colondro cultivada em Portugal e também conhecida por abóbora-carneira **2** BOTÂNICA variedade de macieira, de frutos doces (Do lat. *carnarǐu-*, «semelhante à carne»)

carneirada *n.f.* **1** rebanho de carneiros **2** [fig.] conjunto de pessoas que obedecem ou seguem outras servilmente **3** febres endémicas de certas regiões tropicais **4** (mar) conjunto de pequenas ondas espumantes (De *carneiro*+*-ada*)

carneireiro *n.m.* dono ou pastor de carneiros (De *carneiro*+*-eiro*)

carneirinho *n.m.* **1** [coloq.] pessoa sem vontade própria, que se deixa influenciar facilmente **2** [coloq.] ⇒ **cirro-cúmulo** (De *carneiro*+*-inho*)

carneiro *n.m.* ZOOLOGIA nome vulgar comum a mamíferos ruminantes, da família dos Bovídeos, representados por muitas espécies e raças, algumas das quais, desde há muito domesticadas, úteis especialmente pela carne, pelo (lã) e leite que fornecem **2** carne destes animais **3** (mar) cada uma das pequenas ondas de uma carneirada **4** MILITAR bomba hidráulica de elevação, também denominada aríete **5** ossário; sepultura **6** [com maiúscula] ASTRONOMIA primeira constelação do zodíaco, situada no hemisfério norte e constituída por várias estrelas duplas, triplas e quádruplas, também chamada Áries **7** [com maiúscula] ASTROLOGIA primeiro signo do zodíaco, de 21 de março a 19 de abril **8** [fig.] pessoa que obedece servilmente a outra; *olhos de* ~ *mal morto* olhos mortiços ou amorosos (Do lat. **carnarǐu- [animale-]* «[animal] de boa carne»)

cárneo *adj.* **1** que tem cor da carne **2** relativo à carne (Do lat. *carnĕu-*, «feito de carne»)

carnéola *n.f.* MINERALOGIA ⇒ **cornalina** (De *cornéola*)

Carniano *n.m.* GEOLOGIA andar inferior do Triásico superior

carniça *n.f.* **1** carne de animais mortos **2** carnificina **3** morticínio; mortandade **4** [fig.] alvo de zombarias (Do lat. **carnitǐa-*, «carne de animais mortos»)

carniçal *adj.2g.* que se alimenta de carnes; carniceiro (De *carniça*+*-al*)

carnicão *n.m.* núcleo duro e purulento de alguns tumores; carnegão (De *carne*)

carniçaria *n.f.* **1** preparação de carne para venda **2** lugar onde se vende carne; açougue **3** carnificina (De *carniça*+*-aria*)

carniceiro *adj.* **1** carnívoro; que normalmente se alimenta de carne **2** [fig.] sanguinário; cruel ■ *n.m.* **1** negociante de carnes frescas **2** cortador; magarefe; açougueiro **3** dente molar, muito volumoso e munido de coroa cortante, característico dos mamíferos carnívoros **4** *pl.* ⇒ **carnívoro** *n.m.pl.* (De *carniça*+*-eiro*)

carnicento *adj.* ⇒ **encarniçado** (De *carniça*+*-ento*)

carnifazer *v.intr.* **1** fazer carnagem **2** cortar em postas ou pedaços (os animais mortos) ■ *v.pron.* prover-se de carne (De *carne*+*fazer*)

carnificação *n.f.* **1** ato ou efeito de se carnificar **2** transformação em carne (Do lat. *carnificatiōne-*, «id.»)

carnificar-se *v.pron.* **1** transformar-se em carne **2** tomar a aparência de carne (Do lat. *carnificāre*, «fazer em pedaços»)

carnífice *adj.2g.* sanguinário; cruel ■ *n.2g.* algoz; carrasco (Do lat. *carnifĭce-*, «carrasco»)

carnificina *n.f.* grande matança; mortandade; chacina (Do lat. *carnificīna-*, «lugar de tortura»)

carniforme *adj.2g.* semelhante à carne (Do lat. *carne-*, «carne» +*forma-*, «forma»)

carnismo n.m. 1 abuso da carne na alimentação 2 ⇒ **carnivorismo** (De carne+-ismo)

carnivorismo n.m. 1 sistema dos que preferem a alimentação de carne à de vegetais 2 condição do animal que se alimenta de carne (De carnívoro+-ismo)

carnívoro adj. 1 que utiliza carne na sua alimentação normal; carniceiro 2 BOTÂNICA (planta) que se alimenta de pequenos animais que captura ▪ n.m. ZOOLOGIA espécime dos carnívoros ▪ n.m.pl. 1 ZOOLOGIA ordem de mamíferos com dente carniceiro e caninos bem desenvolvidos 2 ZOOLOGIA grupo de animais que se alimentam de outros animais, que capturam (Do lat. carnivŏru-, «que se alimenta de carne»)

carnosidade n.f. 1 qualidade do que é carnoso 2 formação anormal de tecido carnoso (Do lat. carnositāte-, «parte carnuda»)

carnoso /ô/ adj. 1 coberto de carne 2 da consistência da carne 3 carnudo (Do lat. carnōsu-, «carnudo»)

carnotite n.f. MINERALOGIA mineral (vanadato de uranilo e potássio, hidratado) que é importante minério de urânio (De A. Carnot, matemático fr., 1753-1823 +-ite)

carnudo adj. 1 que tem muito tecido muscular 2 polposo 3 grosso (De carne+-udo)

caro adj. 1 de preço elevado 2 que excede o valor real 3 que implica despesas e sacrifícios 4 querido; estimado 5 desejado ▪ adv. por alto preço (Do lat. caru-, «de preço elevado; querido»)

caroável adj.2g. carinhoso; amável (De caro × amável?)

caroca n.f. 1 [regionalismo] patranha 2 [regionalismo] ideia falsa; fantasia 3 [regionalismo] biscate (Do cast. caroca, «patranha»)

caroça n.f. 1 cabeça do linho que encerra a semente; baganha 2 azeitona mirrada 3 [regionalismo] espiga de milho 4 [regionalismo] bebedeira (De caroço)

caroçame n.m. grande porção de caroços (De caroço+-ame)

carocar v.intr. fazer biscates (De caroca+-ar)

carocha n.f. 1 ZOOLOGIA inseto coleóptero de grande porte 2 HISTÓRIA mitra que era usada pelos condenados da Inquisição, quando eram levados para o suplício 3 [ant.] capuz que se colocava na cabeça das crianças que estavam de castigo 4 pequeno fogareiro portátil usado pelos funileiros 5 [pop.] ponta de cigarro 6 [pop.] mentira 7 [pop.] bruxa ▪ n.m. [coloq.] automóvel de marca Volkswagen, de 1200 ou 1300 cilindradas, em forma de concha (De orig. obsc.)

carocho /ô/ n.m. 1 ZOOLOGIA carocha pequena; besouro 2 ICTIOLOGIA peixe seláquio também conhecido por lixa e pailona (a fêmea) 3 [regionalismo] pequena meda de centeio ou trigo 4 [pop.] o Diabo ▪ adj. escuro; trigueiro; negro (De carocha)

caroço /ô/ n.m. 1 BOTÂNICA parte interna e endurecida do fruto que encerra a semente 2 porção dura e mais ou menos globosa que se destaca no seio das substâncias em que se encontra 3 peça que se coloca no interior de certos moldes de fundição 4 [pop.] dinheiro (Do gr. karýdion, «avelã; noz pequena», pelo lat. vulg. carudĭu-, «id.», pelo cast. carozo, «caroço»)

caroçudo adj. 1 que tem caroços 2 que tem ínguas (De caroço+-udo)

Carófitas n.f.pl. BOTÂNICA ⇒ **Caráceas** (Do lat. chara-, designação genérica de «alga»+gr. phýton, «planta»)

carola[1] n.m. indivíduo que tem coroa (tonsura circular no alto da cabeça) ▪ adj.,n.2g. 1 que ou pessoa que é muito devota 2 que ou pessoa que se dedica totalmente a qualquer obra, causa ou ideia; entusiasta ▪ n.f. [pop.] cabeça (Do lat. corolla-, dim. de corōna-, «coroa»)

carola[2] n.f. música e dança de roda medieval difundida na França e na Inglaterra (Do fr. carole, «id.»)

carolice n.f. 1 qualidade do ato de quem é carola; beatice 2 dedicação apaixonada a qualquer obra, causa ou ideia (De carola+-ice)

carolim n.m. recetáculo da espiga de alguns cereais (De carolo+-im)

carolíngio adj. relativo à segunda dinastia dos reis da França; carlovíngio; carlíngio (Do fr. carolingien, «id.», ou do it. carolíngio, «id.»)

carolino[1] adj. designativo de uma espécie de arroz que apresenta diversos formatos e um grande poder de absorção dos sabores, tendo geralmente aparência pastosa quando cozinhado (De Carolina (EUA), top.)

carolino[2] adj. relativo às ilhas Carolinas (arquipélago localizado no Oceano Pacífico ocidental) (De Carolinas, top.)

carolino[3] adj. ⇒ **carolíngio**; *Livros carolinos* obra do séc. VIII que criticava as decisões do VII concílio de Niceia sobre as imagens, e que foi erroneamente atribuída a Carlos Magno (742 - 814) (Do lat. Carŏlu-, «Carlos»+-ino)

carolismo n.m. ⇒ **carolice** (De carola+-ismo)

carolo /ô/ n.m. 1 farinha de milho grosseira 2 papas feitas com esta farinha 3 maçaroca da espiga do milho depois de debulhado; sabugo 4 película do grão do milho 5 pancada que se recebe na cabeça 6 inchação produzida na cabeça por um traumatismo; galo; tolontro 7 caroço 8 jogo de crianças (Do lat. *caryŏlu-, dim. de caryon, «núcleo; noz»)

carona /ô/ n.f. 1 [Brasil] peça de arreio 2 [Brasil] [pop.] boleia; transporte gratuito ▪ n.2g. [Brasil] pessoa que viaja sem pagar a viagem (Do cast. carona, «id.»)

caronada n.f. peça curta de grande calibre, de uso naval (Do ing. carronade, «id.», pelo fr. caronade, «id.»)

Caronte n.m. MITOLOGIA barqueiro do Inferno (Do lat. Charonte-, «id.»)

caropa n.f. 1 [regionalismo] bandeira do milho 2 [regionalismo] chuva miúda; carepa (De orig. obsc.)

caroteno /ê/ n.m. QUÍMICA hidrocarboneto não saturado, existente nas cenouras e na manteiga, que se converte em vitamina A no organismo dos animais (Do fr. carotène, «id.», de carotte, «cenoura»)

carotenoide n.m. QUÍMICA pigmento vermelho ou amarelo existente em algumas plantas como a cenoura (De caroteno+-óide)

carotenóide ver nova grafia carotenoide

carótico adj. relativo ao cárus ou à carótida (Do gr. karotikós, «soporífero», pelo lat. carotĭcu-, «id.», pelo fr. carotique, «id.»)

carótida n.f. ANATOMIA cada uma das artérias que, da aorta, levam o sangue à cabeça (Do gr. karótides, «as duas artérias caróticas», pelo fr. carotides, «id.»)

carótide n.f. ⇒ **carótida**

carotídeo adj. relativo às carótidas (De carótida+-ídeo)

carotidiano adj. ⇒ **carotídeo** (De carótide+-iano, ou do fr. carotidien, «id.»)

carotina n.f. matéria corante existente em plantas como a cenoura e o nabo (Do gr. karotón, «cenoura», pelo lat. carōta-, «id.», pelo fr. carotte, «id.»+-ina)

carotinemia n.f. presença de carotinoides no sangue (De carotina+-emia)

carpa n.f. ICTIOLOGIA peixe teleósteo, de água doce, da família dos Ciprinídeos, de coloração cinza prateada, que se alimenta de plantas e outras substâncias; robalo (Do lat. carpa, «id.»)

carpaccio n.m. CULINÁRIA prato de culinária geralmente servido como entrada, composto de fatias muito finas de carne ou peixe cruas, temperado com azeite, sumo de limão ou outros molhos, por vezes acompanhado de queijo ralado (Do it. carpaccio, «id.»)

carpal adj.2g. ⇒ **cárpico** (De carpo+-al)

carpanta n.f. [regionalismo] borracheira (De orig. obsc.)

carpeadura n.f. conjunto de fios tirados de um pano de linho e destinados a um curativo (De carpear+-dura)

carpear v.tr. ⇒ **carmear**

carpe diem loc. expressão usada para convidar a aproveitar o momento presente, sem preocupações com o futuro; a vida é curta, por isso devemos aproveitá-la enquanto pudermos (Do lat. *carpe diem*, «aproveita o dia presente»)

carpela n.f. ⇒ **carpelo** (Do lat. carpella, neut. pl. de carpellu-, dim. de carpu-, «fruto»)

carpelar adj.2g. 1 BOTÂNICA que diz respeito ao carpelo 2 que pertence ao carpelo 3 que constitui o carpelo ▪ v.intr. formar carpelo (De carpelo+-ar)

carpelo n.m. 1 BOTÂNICA folha floral, fértil, produtora dos óvulos 2 invólucro da espiga do milho; folhelho (Do gr. karpós, «fruto», pelo lat. carpellu-, dim. de carpu-, «fruto»)

cárpeo adj. ⇒ **cárpico** (De carpo+-eo)

carpete n.f. tapete grande usado para proteger e/ou adornar grande parte do chão de uma divisão (Do fr. carpette, «id.»)

carpiano adj. ⇒ **cárpico** (De carpo+-iano)

cárpico adj. BOTÂNICA relativo ou pertencente ao carpo (Do gr. karpós, «fruto»+-ico)

carpideira n.f. 1 pessoa a quem se paga para chorar os defuntos durante os funerais 2 [fig.] mulher que anda sempre a lastimar-se 3 [fig.] lamúria; choradeira (De carpir+-deira)

carpido n.m. 1 ato de carpir 2 pranto; lamento 3 barulho 4 ORNITOLOGIA ave pernalta, da família dos Caradriídeos, vulgar em Portugal e conhecida também por areeiro, borrelho, maçarico, etc. (Part. pass. subst. de carpir)

carpidor adj.,n.m. que ou aquele que carpe (De carpir+-dor)

carpidura n.f. ato de carpir (De carpir+-dura)

carpim n.m. [regionalismo] ⇒ **escarpim**

carpimento n.m. ⇒ **carpidura** (De carpir+-mento)

carpintaria n.f. oficina, trabalho ou ofício de carpinteiro (De carpint(eiro)+-aria)

carpinteirar v.tr.,intr. trabalhar como carpinteiro; carpintejar (De *carpinteiro+-ar*)
carpinteiro n.m. 1 pessoa que constrói ou repara estruturas ou equipamentos de madeira 2 ZOOLOGIA (inseto) verrumão (Do lat. *carpentarĭu-*, «fabricante de carros»)
carpintejar v.tr.,intr. ⇒ **carpinteirar** (De *carpint(eirar)+-ejar*)
carpir v.tr. 1 lamentar; chorar 2 arrancar; mondar (erva, ervas daninhas, etc.) ■ v.intr. manifestar de forma ostensiva a dor em relação a uma perda ■ v.pron. lastimar-se (Do lat. *carpĕre*, «arrancar»)
carpo n.m. 1 ANATOMIA região da mão (que corresponde ao pulso) cujo esqueleto é, no homem, constituído por oito pequenos ossos 2 ANATOMIA o conjunto destes ossos 3 pulso 4 BOTÂNICA fruto (Do gr. *karpós*, «punho; fruto»)
carpo- elemento de formação de palavras que exprime a ideia de *pulso* ou de *fruto* (Do gr. *karpós*, «pulso; fruto»)
-carpo sufixo nominal de origem grega, que exprime a ideia de *fruto* (*litocarpo, epicarpo*)
carpofagia n.f. qualidade de carpófago (De *carpo-+-fagia*)
carpófago adj.,n.m. que ou o que se alimenta de frutos (De *carpo-+-fago*)
carpofilo n.m. BOTÂNICA carpelo (especialmente nas gimnospérmicas) (Do gr. *karpós*, «fruto» +*phýllon*, «folha», pelo fr. *carpophylle*, «id.»)
carpófilo adj. que gosta de frutos (Do gr. *karpós*, «fruto» +*phýlos*, «amigo»)
carpóforo n.m. BOTÂNICA parte do recetáculo que, em algumas flores, se alonga a partir do cálice e suporta os carpelos (Do gr. *karpós*, «fruto» +*phorós*, «que sustenta»)
carpogénese n.f. BOTÂNICA conjunto de fenómenos que se passam no gineceu para a formação do fruto (Do gr. *karpós*, «fruto» +*génesis*, «origem»)
carpogónio n.m. BOTÂNICA conceptáculo (gametângio) feminino das algas vermelhas (Do gr. *karpós*, «fruto» +*gónos*, «geração»)
carpólito n.m. 1 BOTÂNICA concreção dura na polpa de certos frutos 2 fruto fóssil (De *carpo-+-lito*)
carpologia n.f. parte da botânica que trata dos frutos (De *carpo-+-logia*)
carpomorfo adj. que tem a forma de fruto (De *carpo-+-morfo*)
carpósporo n.m. BOTÂNICA esporo proveniente dos filamentos esporígenos das algas vermelhas (Do gr. *karpós*, «fruto» +*spóros*, «sementeira»)
carptor n.m. HISTÓRIA escravo romano encarregado de trinchar a carne para os banquetes (Do lat. *carptōre-*, «trinchador»)
carqueja /ê/ n.f. BOTÂNICA planta subarbustiva, sem folhas, da família das Leguminosas, espontânea em Portugal e muito usada como acendalha ou combustível (De orig. obsc.)
carquejal n.m. terreno onde cresce carqueja (De *carqueja+-al*)
carquejar v.intr. 1 criar nova casca 2 cicatrizar (De *carqueja+-ar*)
carquejeiro n.m. aquele que apanha ou vende carqueja (De *carqueja+-eiro*)
carquilha n.f. engelha; ruga; prega (De orig. obsc.)
carraca n.f. NÁUTICA antigo navio de longo curso, usado pelos Portugueses nas primeiras viagens à Ásia e ao Brasil (Do ár. *harrâqâ*, «navio incendiário; bomba»)
carraça n.f. 1 ZOOLOGIA acarídeo, da família dos Ixodídeos, parasita sugador de sangue de muitos animais e agente transmissor de várias doenças; carrapato 2 designação de outros acarídeos das farinhas, do queijo, dos frutos secos, etc. 3 ICTIOLOGIA cação 4 [fig.] pessoa importuna que não larga outra (De orig. obsc.)
carraçaria n.f. multidão de carraças (De *carraça+-aria*)
carracha n.f. [regionalismo] criança do sexo feminino; *às carrachas* às cavalitas (De *carracho*)
carrachinha n.f. ORNITOLOGIA ⇒ **alma-de-mestre** (De *carracho+-inha*)
carracho n.m. 1 [regionalismo] criança do sexo masculino 2 BOTÂNICA carrasco (De orig. obsc.)
carraço n.m. 1 ⇒ **carraça** 2 BOTÂNICA tojo (De *carraça*)
carrada n.f. 1 quantidade que um carro pode transportar de uma só vez; carga de um carro 2 grande porção 3 quarenta alqueires 4 [regionalismo] embriaguez; *carradas de* grande quantidade de, montes de; *às carradas* em grande quantidade (De *carro+-ada*)
carrajó n.m. BOTÂNICA ⇒ **corrijó**
carral adj.2g. 1 relativo a carros 2 (porta) por onde podem entrar carros (De *carro*)
carranca n.f. 1 cara feia 2 semblante carregado ou sombrio que revela mau humor, má disposição, raiva, etc.; cenho 3 máscara 4 ARQUITETURA ornato escultórico constituído por cara de feições grotescas, de pedra, madeira, metal, gesso ou cimento, usada em diferentes construções e também em chafarizes, argolas e batentes de porta (De *cara*, com duplicação do r +-*anca*)
carrança adj.,n.2g. [regionalismo] que ou aquele que é agarrado aos costumes antigos ou ao passado; pé de boi (De orig. obsc.)
carranchas elem.loc.adv. [regionalismo] *às ~* às cavalitas; encavalitado (De *carro?*)
carranchinhas elem.loc.adv. [regionalismo] *às ~* às cavalitas; encavalitado (De *carranchas+-inhas*)
carrancho n.m. [regionalismo] porco; suíno; marrancho (De orig. obsc.)
carrancholas elem.loc.adv. [regionalismo] *às ~* às cavalitas; encavalitado (De *carranchas+-olas*)
carrancudo adj. 1 com semblante carregado ou sombrio; cenhoso; trombudo 2 mal-humorado 3 (tempo) sombrio; escuro (De *carranca+-udo*)
carranha n.f. 1 [regionalismo] muco empastado no nariz; ranho 2 [regionalismo] remela (De orig. obsc.)
carranhoso /ô/ adj. 1 que tem carranhas; ranhoso 2 remeloso (De *carranha+-oso*)
carranquear v.intr. fazer carrancas (De *carranca+-ear*)
carrão n.m. 1 carro grande 2 utensílio usado pelos pescadores para puxar os barcos para terra 3 carambola defeituosa no jogo do bilhar 4 [coloq.] carro muito bom (De *carro+-ão*)
carrapata n.f. 1 ferida de cura demorada 2 carraça 3 [fig.] dificuldade; situação embaraçosa provocada por falta de perícia 4 [fig.] intriga; enredo 5 [pop.] bebedeira (Do cast. *garrapata*, «carraça»)
carrapate n.m. [Cabo Verde] ⇒ **carapate**
carrapateiro n.m. 1 BOTÂNICA planta arbustiva, da família das Euforbiáceas, de cujas sementes se extrai o purgativo óleo de rícino; rícino 2 ORNITOLOGIA ave de rapina da família dos Falconídeos; caracará 3 BOTÂNICA pereira brava; carapeteiro ■ adj. (ave) que come carrapatos (De *carrapato+-eiro*)
carrapato n.m. 1 ZOOLOGIA acarídeo, da família dos Ixodídeos, parasita sugador de sangue de muitos animais e agente transmissor de várias doenças; carraça 2 BOTÂNICA semente do carrapateiro ou do rícino 3 BOTÂNICA variedade de feijão 4 [fig.] homem baixo e gordo 5 [fig.] pessoa importuna e maçadora (De *carrapata*)
carrapeta /ê/ n.f. BOTÂNICA árvore ornamental brasileira da família das Meliáceas, também conhecida por bilreiro (De orig. obsc.)
carrapeto /ê/ n.m. BOTÂNICA planta herbácea, aquática, da família das Naiadáceas, existente em Portugal (De orig. obsc.)
carrapicheiro n.m. [Brasil] BOTÂNICA ⇒ **carrapicho** 4 (De *carrapicho+-eiro*)
carrapicho n.m. 1 pequena porção de cabelo preso no alto da cabeça 2 rebento novo de um carvalho 3 [pop.] capricho 4 [Brasil] BOTÂNICA nome vulgar de diversas plantas das famílias das Compostas, Malváceas, Leguminosas, etc. 5 frutos ou sementes ganchosas que se prendem ao vestuário do homem ou ao pelo dos animais (De orig. obsc.)
carrapiço n.m. 1 BOTÂNICA nome vulgar de uma planta, da família das Leguminosas, frequente em Portugal e utilizada como forragem 2 [regionalismo] pequeno cacho de uvas, especialmente quando permanece na videira depois da vindima; gaipo 3 ⇒ **carrapicho** (De orig. obsc.)
carrapitano adj. [regionalismo] que mora nos altos (De *carrapito+-ano*)
carrapitas elem.loc.adv. *às ~* às cavalitas; encarrapitado (De *carrapito*)
carrapito n.m. 1 pequena porção de cabelo presa no alto da cabeça; carrapicho 2 o alto da cabeça; cocuruto 3 chifre de cabrito 4 cornicho 5 ORNITOLOGIA trepadeira ou trepadeira-azul (pássaros) (De orig. obsc.)
carrara n.m. variedade de mármore italiano (De *Carrara*, top., cidade italiana da Toscana)
carrasca n.f. 1 BOTÂNICA variedade de oliveira temporã (ou os seus frutos) 2 casca seca (ritidoma) dos pinheiros 3 designação de algumas variedades de urze empregadas como combustível (De *carrasco*)
carrascal n.m. mata de carrascos ou carrasqueiras (De *carrasco+-al*)
carrascão adj.,n.m. 1 que ou vinho que é de cor carregada, taninoso, e que provoca adstringência na mucosa bucal 2 vinho que é ordinário, azedo ou aguardentado (De *carrasco+-ão*)
carrasco[1] n.m. BOTÂNICA ⇒ **carrasqueira** 1 (De orig. obsc.)
carrasco[2] n.m. 1 executor da pena de morte; algoz 2 [fig.] homem cruel (De *Belchior Carrasco*, que foi algoz em Lisboa)
carraspana n.f. [pop.] bebedeira (De orig. obsc.)

carraspeira n.f. [regionalismo] aspereza na garganta das pessoas constipadas (De orig. obsc.)
carraspuda adj. [regionalismo] diz-se da língua quando muito suja e áspera por efeito de doença (De *carrasp[eira]+-uda*)
carrasqueira n.f. 1 BOTÂNICA planta arbustiva, da família das Fagáceas (espécie de carvalho), espontânea em Portugal, também denominada carrasco 2 pau deste arbusto 3 cacete 4 variedade de laranja, também chamada valenciana (De *carrasco+-eira*)
carrasqueiral n.m. ⇒ **carrascal** (De *carrasqueira+-al*)
carrasquenha n.f. BOTÂNICA variedade de oliveira cujas azeitonas são excelentes para conserva (De *carrasco+-enha*)
carrasquinha n.f. 1 BOTÂNICA casta de videira (ou as suas uvas) cultivada em Portugal 2 BOTÂNICA variedade de oliveira 3 (cardo) ⇒ **tagarrina** (De *carrasco+-inha*?)
carrasquinho adj. diz-se do terreno onde crescem carrasqueiras e outros arbustos baixos e enfezados (De *carrasco+-inho*)
carreação n.f. 1 ato ou efeito de carrear 2 carreto (De *carrear+-ção*)
carreada n.f. [regionalismo] condução em carros a título gratuito (Part. pass. fem. subst. de *carrear*)
carreamento n.m. ato de carrear (De *carrear+-mento*)
carrear v.tr. 1 transportar em carro puxado por animais 2 acarretar; ocasionar; provocar 3 levar; transportar 4 juntar; acumular ■ v.intr. guiar um carro puxado por animais (De *carro+-ear*)
carrega n.f. BOTÂNICA planta poácea do Brasil (Deriv. regr. de *carregar*)
carrega-besta n.f. BOTÂNICA casta de videira, cultivado em Portugal, produtora de uvas brancas, também conhecida por camarate, baldoeira, rabigato, etc.
carregação n.f. 1 ato de carregar 2 carga; carrego 3 grande quantidade 4 [pop.] ⇒ **defluxo** (De *carregar+-ção*)
carregadeira n.f. 1 NÁUTICA cabo com que se colhem as velas dos navios 2 mulher que transporta fardos à cabeça 3 ZOOLOGIA formiga do Brasil, que carrega aos alimentos para o formigueiro 4 [regionalismo] forquilha com vários dentes 5 [regionalismo] sova; tareia 6 [pop.] ⇒ **defluxão** (De *carregar+-deira*)
carregado adj. 1 que tem ou transporta carga 2 cheio 3 que recebeu energia elétrica 4 que está pronto a disparar 5 (tempo) escuro; sombrio 6 (céu) coberto 7 (semblante) carrancudo; severo 8 (cor) forte 9 (atmosfera, ambiente) tenso; pesado 10 sobrecarregado; oprimido 11 atacado com ímpeto 12 lançado em conta (Part. pass. de *carregar*)
carregador n.m. 1 pessoa que entrega ou em nome da qual se entregam as mercadorias para transportar em navio 2 afretador 3 (estações de caminho de ferro, etc.) indivíduo que se encarrega do transporte de bagagens e outros volumes; moço de fretes 4 dispositivo que se liga à corrente e é utilizado para carregar baterias ou pilhas usadas em diversos aparelhos (telemóveis, por exemplo) 5 dispositivo que contém cartuchos e se adapta a uma arma para a carregar 6 militar que carrega as bocas de fogo (De *carregar+-dor*)
carregal n.m. lugar onde crescem carregas (De *carrega+-al*)
carregamento n.m. 1 ato ou efeito de carregar 2 quantidade de mercadoria transportada; carga 3 operação de embarque de mercadorias; carregamento 4 acumulação de eletricidade em (bateria, pilha) 5 operação de municiamento de uma arma 6 [fig.] opressão; ~ *a granel* embarque de mercadorias diretamente lançadas no porão (De *carregar+-mento*)
carregar v.tr. 1 meter carga em; pôr carga sobre 2 transportar; levar 3 tornar mais forte ou mais intenso 4 encher 5 atacar 6 pôr munição em (arma) 7 acumular eletricidade em 8 colocar em demasia; exagerar 9 transferir dinheiro para (cartão) 10 exercer pressão 11 fazer pesar sobre 12 insistir 13 INFORMÁTICA copiar para a memória do computador 14 INFORMÁTICA transferir (informação) de um computador para outro 15 (pouco usado) imputar; atribuir ■ v.intr. 1 (tempo) tornar-se mais sombrio 2 tornar-se mais forte 3 acumular-se; ~ *baterias* recuperar o ânimo/as energias; ~ *nos calos a* levar caro a (Do lat. *carricāre*, «carregar» de *carru-*, «carroça»)
carrego /ê/ n.m. 1 carga que uma pessoa transporta; peso 2 [pop.] encargo (Deriv. regr. de *carregar*)
carregoso /ô/ adj. 1 pesado 2 incómodo (De *carrego+-oso*)
carreira n.f. 1 caminho estreito; carreiro 2 corrida com velocidade 3 percurso 4 percurso profissional 5 esfera de atividade profissional 6 decurso da existência 7 fileira; alinhamento 8 ligação estabelecida por transportes coletivos que obedece a itinerário, horário e tarifas pré-fixadas 9 rota de navios 10 [regionalismo] veículo coletivo de transporte público; *em* ~ em linha (Do lat. med. *carrarĭa-* [via-], «estrada para carros»)
carreira-de-tiro ver nova grafia carreira de tiro

carreira de tiro n.f. conjunto de instalações onde se ministra a instrução de tiro
carreirão n.m. 1 atalho; vereda 2 carreiro muito estreito (da formiga) (De *carreiro+-ão*)
carreirismo n.m. procedimento ou carácter de indivíduo que, para subir rapidamente na vida, utiliza meios moralmente reprováveis (De *carreira+-ismo*)
carreiro n.m. 1 caminho estreito 2 espaço entre renques de plantas 3 caminho por onde seguem as formigas quando saem do ou regressam ao formigueiro 4 condutor de carro de bois 5 [fig.] via ■ adj. 1 relativo a carro (de bois) 2 diz-se do maço pesado de madeira com que se batem e ajustam as rodas do carro; *Carreiro de Santiago* Estrada de Santiago ou Via Láctea (De *carro+-eiro*)
carreirola n.f. 1 ORNITOLOGIA pássaro da família dos Alaudídeos, frequente em Portugal, também conhecido por calandra, laverca, etc. 2 ORNITOLOGIA pássaro da família dos Motacilídeos, também conhecido por petinha (De *carreira+-ola*)
carrejão n.m. 1 homem que, das estações do caminho de ferro, transporta bagagens para o lugar indicado pelo passageiro; carregador 2 moço de fretes 3 [Brasil] carro grande (De *carrejar+-ão*)
carrejar v.tr.,intr. ⇒ **carrear** (De *carro+-ejar*)
carrejo /ê/ n.m. 1 ato de carrejar 2 carreto (Deriv. regr. de *carrejar*)
carrela n.f. [regionalismo] padiola (De *carro+-ela*)
carreta /ê/ n.f. 1 carro ligeiro de duas rodas para transporte de objetos 2 jogo dianteiro da charrua e de outros utensílios agrícolas 3 viatura de artilharia 4 carro para transportar os mortos; *deixar passar carros e carretas* sofrer tudo com indiferença, não se ralar, não ser escrupuloso (De *carro+-eta*)
carretã n.f. [regionalismo] pequena roldana (De *carretão*)
carretagem n.f. 1 ato de carretar 2 condução ou transporte de carga; carreto 3 custo de um carreto (De *carretar+-agem*)
carretão n.m. 1 veículo que serve para levar vagões de uma linha para outra 2 carro de duas rodas que serve para transportar toros de madeira 3 ⇒ **carreteiro** n.m. 1 (De *carretar+-ão*)
carretar v.tr. ⇒ **acarretar** (De *carreta+-ar*)
carrete /ê/ n.m. 1 carro pequeno 2 carretel 3 peça cilíndrica ou roda dentada, em vários maquinismos 4 carrinho para o fio (De *carro+-ete*)
carretear v.tr. 1 transportar em carreta 2 acarretar (De *carreta+-ear*)
carreteira n.f. [regionalismo] rodeira de carro 2 [regionalismo] caminho por entre matos ou em quinta particular (De *carreta+-eira*)
carreteiro n.m. 1 o que conduz carro ou carreta 2 o que faz carretos ■ adj. (barco) que se emprega na carga e descarga de navios (De *carreto+-eiro*)
carretel n.m. 1 rolo de madeira que se coloca sob os corpos pesados para os fazer mover, rodando 2 pequeno objeto cilíndrico e com rebordos, de plástico, madeira, ou outro material, para enrolar fios de linha; carrinho de linhas 3 molinete 4 cilindro donde se desprende o fio da barquinha que mede a velocidade do navio (Do cast. *carretel*, «id.»)
carretilha n.f. 1 pequeno carro de uma roda 2 utensílio que serve para cortar a massa dos pastéis 3 broca de arco (Do cast. *carretilla*, «carrinho de mão»)
carreto /ê/ n.m. 1 condução ou transporte de carga; ato ou efeito de carretar ou carregar 2 carregamento 3 frete 4 preço de um frete 5 [fig.] encargo (Deriv. regr. de *carretar*)
carriagem n.f. série de carros ou carretas (Do prov. *carriatge*, «id.», ou do it. *carriaggio*, «id.»)
carrião n.m. utensílio de duas rodas e um eixo para apisoar a lã (De *carro*?)
carriça n.f. 1 ORNITOLOGIA pássaro muito pequeno, da família dos Trogloditídeos, frequente em Portugal, também conhecido por carricinha, carriço, esconderijeira, etc. 2 [Brasil] ORNITOLOGIA passarinho semelhante ao anteriormente referido, também denominado corruíra, garrincha, etc. (De *carriço*)
carriçal n.m. mata de carriços (De *carriço+-al*)
carricha n.f. ICTIOLOGIA espécie de peixe da costa portuguesa do Algarve (De orig. obsc.)
carricinha n.f. [regionalismo] ⇒ **carriça** 1
carricinha-de-rabo n.f. ⇒ **rabilongo**
carriço n.m. 1 BOTÂNICA planta da família das Ciperáceas, espontânea em Portugal 2 BOTÂNICA fruto ou semente com apêndices ganchosos 3 [regionalismo] indivíduo de cabelo crespo 4 ORNITOLOGIA ⇒ **carriça** 1 (Do lat. *caricĭu-*, de *carĭce-*, «carriço; junco»)
carrijó n.m. ⇒ **corrijó**
carril n.m. 1 sulco que fazem as rodas do carro 2 viga de ferro sobre a qual circulam as rodas de certos veículos (comboios, carros

carrilamento

elétricos, etc.); trilho **3** caminho estreito em que só pode passar um carro; carreiro **4** carro pequeno **5** BOTÂNICA variedade de pera minhota **6** espécie de roda para fiar a seda (De *carro+-il*)

carrilamento *n.m.* ato ou efeito de carrilar (De *carrilar+-mento*)

carrilar *v.tr.* colocar sobre os carris (um veículo) ▪ *v.intr.* **1** entrar nos carris **2** [fig.] entrar no bom caminho (De *carril+-ar*)

carrilhador *n.m.* ⇒ **carrilhonista** (De *carrilhanor*)

carrilhanista *n.m.* ⇒ **carrilhonista** (De *carrilhão+-ista*)

carrilhanor *n.m.* ⇒ **carrilhonista** (Do fr. *carillonneur*, «id.»)

carrilhão *n.m.* **1** conjunto de sinos afinados com que se tocam peças de música **2** engrenagem de alguns instrumentos de música **3** peça musical que imita o toque dos sinos **4** instrumento de física que repica sob a ação da eletricidade que se acumula na atmosfera (Do lat. *quatriniōne-*, «grupo de quatro sinos», pelo fr. *carillon*, «carrilhão»)

carrilheira[1] *n.f.* [regionalismo] caminho; carril (Por *carrileira, de *carril*)

carrilheira[2] *n.f.* maxila inferior do porco, a qual, depois de despojada dos tecidos, seca e partida, apresenta interiormente uma substância gordurosa, que se aplica em fricções (Do cast. *carrilera*, «maxila inferior do porco»)

carrilho *n.m.* **1** sabugo da espiga de milho; carolo **2** [fig.] bochecha; face **3** *pl.* queixos; *comer a dois carrilhos* exercer simultaneamente duas atividades lucrativas (Do cast. *carrillo*, «bochecha»)

carrilhonar *v.intr.* tocar carrilhão (Do fr. *carillonner*, «tocar carrilhão»)

carrilhoneiro *n.m.* ⇒ **carrilhonista** (De *carrilhonar+-eiro*)

carrilhonista *n.2g.* pessoa que toca o carrilhão (De *carrilhão+-ista*)

carrinha *n.f.* **1** veículo automóvel de média dimensão para transporte de pessoas e/ou carga **2** carroça usada nas províncias portuguesas do Algarve e do Alentejo para transporte de passageiros ou carga; **~ celular** veículo automóvel para transportar presos e detidos; **~ de caixa aberta** veículo automóvel com a traseira aberta para transportar mercadorias (De *carrinho*)

carrinho *n.m.* **1** carro pequeno **2** brinquedo para crianças que tem a forma de um pequeno automóvel **3** veículo de quatro rodas, que, empurrado por alguém, serve para transportar compras nos supermercados **4** pequeno veículo usado para transportar mercadorias ou bagagens **5** pequeno objeto cilíndrico e com rebordos, de plástico, madeira, ou outro material, para enrolar fios de linha; carretel **6** no futebol, movimento de um jogador em que se tenta tirar a bola ao adversário, atirando-se para o chão e deslizando com as pernas para a frente **7** [ant.] argola que se metia nas pernas dos soldados castigados; **~ de bebé** veículo, normalmente dobrável, com duas ou mais rodas, que se destina ao transporte de bebés e crianças pequenas, sendo empurrado por um adulto; **~ de bonecas** brinquedo imitando um carrinho de bebé, que é utilizado para transportar bonecas; **~ de choque** cada um dos veículos movidos a eletricidade que circulam numa pista, conduzidos por pessoas que, por divertimento, provocam ou evitam o choque entre eles; **~ de mão** veículo com uma roda dianteira e dois varais, utilizado para transportar areia, entulho, etc.; *vir de ~* agir ou abordar alguém com intenção de enganar (De *carro+-inho*)

carriola *n.f.* **1** {*diminutivo de* **carro**} carro pequeno **2** carroça **3** carro de má qualidade; carripana (Do it. *carriola*, «id.»)

carripana *n.f.* **1** carruagem velha e de má qualidade **2** [coloq.] carro velho ou fora de moda (De *carro*)

carro *n.m.* **1** veículo com rodas para transporte de pessoas ou coisas **2** automóvel; viatura **3** carruagem; vagão **4** ventre da lagosta **5** [regionalismo] medida de cereais correspondente a quarenta alqueires **6** TIPOGRAFIA registador das folhas no prelo; **~ alegórico** veículo enfeitado com figuras ou motivos simbólicos, frequente sobretudo em desfiles de Carnaval; **~ de combate** MILITAR viatura automóvel fortemente blindada, dotada de poderosos meios de fogo, capaz de se deslocar em terrenos acidentados, para o que utiliza um sistema de lagartas e cremalheiras; **~ de mão** veículo com uma roda dianteira e dois varais, utilizado para transportar areia, entulho, etc.; **~ de praça** [Brasil] ⇒ **táxi**; *andar/pôr o ~ à frente dos bois* trocar a ordem considerada natural ou razoável de qualquer coisa, precipitar-se (Do lat. *carru-*, «carroça»)

carro-bomba *n.m.* automóvel ao qual é adaptada uma carga explosiva preparada para detonar quando o automóvel é lançado contra um alvo

carroça *n.f.* **1** veículo puxado por animais, resguardado por grades e usado para transportar cargas ou pessoas **2** [fig.] pessoa muito vagarosa (Do it. *carrozza*, «carruagem; coche»)

carroçada *n.f.* carga da carroça (De *carroça+-ada*)

carroção *n.m.* grande carro de bois coberto, usado ainda na província portuguesa do Alentejo (De *carroça+-ão*)

carroçar *v.tr.* **1** pôr carroçaria a (automóvel, camião, etc.) **2** transportar em carroça ▪ *v.intr.* andar de carroça ou carruagem (De *carroça+-ar*)

carroçaria *n.f.* estrutura metálica do veículo (em especial, automóvel) que contém o habitáculo, o compartimento das bagagens e o do motor (Do fr. *carrosserie*, «id.»)

carroçável *adj.2g.* que serve para o trânsito de veículos (Do fr. *carrossable*, «id.»)

carroceiro *n.m.* **1** condutor de carroça **2** o que faz fretes com uma carroça **3** [fig., pej.] indivíduo malcriado, grosseiro (De *carroça+-eiro*)

carrocel *n.m.* ⇒ **carrossel**

carrocha *n.f.* **1** ⇒ **cabra-loura** **2** [pop.] embriaguez (Por *carocha*)

carrocim *n.m.* **1** carroça pequena **2** pequeno coche (De *carroça+-im*)

carro-de-vénus *n.m.* BOTÂNICA ⇒ **acónito**

carro-patrulha *n.m.* veículo automóvel utilizado pela polícia para operações de patrulha

carrossel *n.m.* engenho para divertimento, que põe em movimento, em torno de um eixo, veículos ou animais figurados em que se sentam ou apoiam pessoas; roda de cavalinhos (Do napolitano *carosello*, «torneio em que se combatia com bolas de barro», pelo fr. *carrousel*, «carrossel»)

carro-vassoura *n.m.* DESPORTO (ciclismo) carro que vai atrás do último corredor em prova

carruageiro *n.m.* o que faz ou conduz carruagens (De *carruagem+-eiro*)

carruagem *n.f.* **1** viatura de quatro rodas, com suspensão de molas, para transporte de pessoas e puxado por animais **2** vagão de comboio ou metropolitano para transporte de passageiros (Do prov. *carriatche*, «id.», pelo cast. *carruaje*, «id.»)

carruagem-bar *n.f.* carruagem de comboio com serviço de bar e refeições ligeiras

carruagem-cama *n.f.* carruagem de comboio cujos compartimentos têm camas

carruagem-restaurante *n.f.* carruagem de comboio onde são servidas refeições

carrulo *n.m.* [regionalismo] alto das costas, abaixo do pescoço (De orig. obsc.)

cársico *adj.* GEOLOGIA diz-se do relevo originado em regiões calcárias, produzido pelo trabalho de dissolução realizado pelas águas superficiais e subterrâneas (De *Carso*, top., montanha da Itália +-*ico*)

cárstico *adj.* ⇒ **cársico**

carta *n.f.* **1** escrito que se dirige a alguém; epístola; missiva **2** mapa **3** (jogo) cada um dos cartões que formam um baralho **4** diploma de um curso **5** documento oficial que contém despacho, provisão ou licença **6** contrato internacional **7** ICTIOLOGIA peixe teleósteo, da família dos Pleuronectídeos, pouco frequente em Portugal, também conhecido por areeiro; **~ circular** carta ou documento cuja cópia é dirigida a diferentes pessoas; **~ constitucional** constituição outorgada por um governante; **~ corográfica** representação gráfica de grande extensão de território, em escala geralmente inferior a 1/10 000; **~ de aviso** ECONOMIA participação de saque; **~ de crédito** ECONOMIA ordem de um banco a outro ou outros para que sejam entregues ao portador determinadas quantias até um total e dentro de um prazo indicados; **~ precatória** documento em que um tribunal solicita de outro do mesmo país a realização de atos de interesse para um processo que corre termos no tribunal requerente; **~ rogatória** documento em que a justiça de um país solicita à de outro a realização de atos do interesse da justiça requerente; *carta sinóptica* mapa que dá indicações, num instante particular, do vento, pressão barométrica, etc.; *dar ~ de alforria* a libertar; *dar cartas* pôr e dispor à sua vontade, ser mestre; *deitar cartas* predizer o futuro, utilizando cartas de jogar; *levar a ~ ao Garcia* desenrascar-se; *Magna Carta* carta constitucional concedida aos ingleses em 1213 pelo rei João, vulgarmente conhecido por João Sem-Terra, 1167-1216 (Do gr. *khártes*, «papel», pelo lat. *charta-*, «papel; escrito; documento»)

carta aberta *n.f.* carta que se dirige publicamente a alguém por meio de um jornal ou outra publicação

carta-bomba *n.f.* carta contendo uma substância explosiva que é enviada por correio e que geralmente explode ao ser aberta

carta-branca *n.f.* permissão; autorização plena; *dar ~ a alguém* permitir a alguém que proceda como quiser

cartabuxa *n.f.* escova de arame usada por ourives e impressores; catrabucha (De orig. obsc.)

cartabuxar v.tr. limpar com cartabuxa (De cartabuxa+-ar)
cartáceo adj. 1 BOTÂNICA (pericarpo) que tem a consistência do papel 2 flexível (Do lat. chartacĕu-, «de papel»)
cartada n.f. 1 jogada de uma carta 2 [fig.] lance arriscado (De carta+-ada)
carta de condução n.f. documento oficial que reconhece uma pessoa como capaz de conduzir um ou mais veículos, autorizando--a a fazê-lo
carta-de-prego ver nova grafia carta de prego
carta de prego n.f. carta fechada que contém instruções secretas que só deverão ser conhecidas em determinadas circunstâncias
cartaginense adj.,n.2g. ⇒ **cartaginês** (Do lat. Carthaginiense-, «id.», de Cartago, top., antiga cidade no Norte da África)
cartaginês adj. relativo ou pertencente a Cartago (Tunísia), antiga cidade costeira do Norte de África, ou que é seu natural ou habitante ■ n.m. natural ou habitante de Cartago (Do lat. Cartagine-+-ês)
cártamo n.m. BOTÂNICA planta herbácea da família das Compostas, utilizada no fabrico de corantes e cujas sementes têm propriedades medicinais (purgativas) (Do lat. carthămu-, «id.», pelo it. cartamo, «id.»)
cartão n.m. 1 papel muito grosso, constituído por várias folhas coladas e prensadas; papelão 2 pequeno retângulo de papel espesso com o nome e o endereço de uma pessoa ou de uma empresa, usado em contactos sociais ou profissionais; cartão de visita; bilhete de visita 3 pequeno retângulo de cartolina ou plástico com a identificação e, por vezes, a fotografia da pessoa que o possui 4 pequeno retângulo de plástico com uma banda magnética e emitido por uma instituição bancária, que permite ao seu titular realizar diversas operações financeiras (pagamentos, levantamentos, depósitos, consultas, transferências, etc.), podendo ser usado em várias máquinas, como as caixas multibanco ou os terminais de pagamento automático; ~ *de débito* cartão plástico emitido por uma instituição bancária, que permite ao seu titular realizar diversas operações financeiras (pagamentos, levantamentos, depósitos, consultas, transferências, etc.), sendo as despesas automaticamente debitadas na sua conta; ~ *de cidadão* cartão com a fotografia e os dados pessoais do seu portador (elementos de identificação civil e números de identificação relativos a diversos organismos), que lhe permite identificar-se presencialmente e perante serviços informatizados; ~ *de crédito* cartão plástico emitido por uma instituição bancária que permite ao utilizador fazer compras e aceder a serviços mediante a sua apresentação, sendo o valor da despesa cobrado mais tarde, por vezes com juros; ~ *perfurado* INFORMÁTICA cartão que armazena, sob a forma de perfurações, dados que são interpretados por um leitor especial; *não passar* ~ não dar importância a, não ligar (Do fr. carton, «cartão»)
cartão-de-visita ver nova grafia cartão de visita
cartão de visita n.f. pequeno cartão com o nome, o endereço, o telefone e, eventualmente, outros dados de uma pessoa, um casal ou de uma empresa, usado em contactos sociais ou profissionais
cartapácio n.m. 1 livro grande e antigo 2 coleção de manuscritos em forma de livro 3 alfarrábio (Do lat. med. chartapacĭa-, de charta pacis, «documento da paz»)
cartapaço n.m. ⇒ **cartapácio**
cartar v.tr. dividir um baralho em duas ou mais partes (De carta+-ar)
carta verde n.f. documento comprovativo do seguro obrigatório de responsabilidade civil automóvel, que prova a existência do seguro e permite a circulação em todos os países aderentes à Convenção Internacional de Seguro
cartaxeiro adj. relativo ou pertencente ao Cartaxo, no distrito de Santarém, ou que é seu natural ou habitante ■ n.m. natural ou habitante do Cartaxo (De Cartaxo, top. +-eiro)
cartaxense adj.,n.2g. ⇒ **cartaxeiro** (De Cartaxo, top. +-ense)
cartaxo n.m. ORNITOLOGIA ⇒ **chasco**[1]
cartaz n.m. 1 papel que se afixa em lugares públicos, com anúncios, propaganda, programas, etc. 2 HISTÓRIA licença de navegação que os Portugueses concediam, outrora, nos mares do Oriente, às nações amigas (Do gr. kártes, «papel», pelo ár. qirtās, «folha de papel»)
cartazeiro n.m. afixador de cartazes (De cartaz+-eiro)
cartazista n.2g. pessoa que pinta ou desenha cartazes (De cartaz+-ista)
carte n.m. ⇒ **kart**
carteado adj. diz-se do jogo de cartas quando é de vaza (Part. pass. de cartear)

carteamento n.m. ato de cartear ou cartear-se (De cartear+-mento)
cartear v.tr. jogar com cartas ■ v.intr. calcular numa carta geográfica (o ponto onde um navio se encontra) ■ v.pron. corresponder-se por meio de cartas (De carta+-ear)
carteio n.m. ⇒ **carteamento** (Deriv. regr. de cartear)
carteira n.f. 1 estojo com divisões para guardar papéis, dinheiro, cartões, etc., geralmente transportado no bolso ou dentro da bolsa 2 (acessório) bolsa; mala de mão 3 mesa inclinada para escrever ou estudar; escrivaninha 4 livrinho de lembranças; ~ *comercial* ECONOMIA conjunto de títulos (letras, extratos de fatura, warrants e recâmbios) que, em dado momento, um banco possui; ~ *de identidade* [Brasil] bilhete de identidade; ~ *de motorista* [Brasil] carta de condução; ~ *de títulos* ECONOMIA conjunto de títulos pertencentes a um investidor (De carta+-eira)
carteira profissional n.f. documento oficial para identificação e prova de habilitação profissional do seu portador
carteirista n.2g. ladrão ou gatuno de carteiras (De carteira+-ista)
carteiro n.m. 1 funcionário dos correios que distribui a correspondência pelos domicílios 2 condutor de malas postais (De carta+-eiro)
cartel n.m. 1 escrito ou mensagem que encerra provocação 2 anúncio; cartaz; dístico 3 coligação 4 ECONOMIA acordo entre várias empresas comerciais e industriais de um dado setor que tem por fim obter ou defender o monopólio em determinado mercado 5 MILITAR acordo entre chefes militares em guerra para um fim comum (por exemplo, troca de prisioneiros); *sem* ~ sem tréguas, até à morte (Do fr. cartel, «carta de desafio», do it. cartello, «anúncio», «cartaz»)
cartela n.f. superfície lisa, num pedestal, lápide ou friso, destinada a uma inscrição (Do it. cartello, «cartaz»)
cartelização n.f. ato ou efeito de se cartelizar (De cartelizar+-ção)
cartelizar-se v.pron. 1 agruparem-se os industriais do mesmo ramo para obterem uma produção remuneradora do seu trabalho ou do seu capital e depois combinarem com o comércio uma distribuição racionalizada dos produtos fabricados 2 formar cartel (De cartel+-izar)
cárter n.m. caixa ou invólucro que resguarda certos órgãos de um automóvel ou de uma máquina e permite a sua lubrificação por aspersão (Do ing. J. H. Carter, nome do inventor)
cartesianismo n.m. método e sistema filosófico idealista de Descartes, matemático, físico e filósofo racionalista francês (1596--1650), que se caracteriza pelo emprego da dúvida metódica, pela substituição do critério da autoridade pelo da evidência intelectual, por uma metafísica espiritualista da alma e uma ciência mecanicista da matéria (De cartesiano(-ismo)
cartesiano adj. de Descartes ou relativo ao seu sistema filosófico; *produto* ~ *de dois conjuntos (A e B)* MATEMÁTICA conjunto dos pares ordenados, obtidos, associando cada elemento de A, em primeiro lugar, a cada um dos elementos de B, tomados em segundo lugar (De Cartesìu-, forma latina do nome de Descartes+-ano, ou do fr. cartésien, «id.»)
cartilagem n.f. ANATOMIA tecido elástico e resistente que se encontra nas extremidades dos ossos e pode constituir o esqueleto de certos animais; tecido cartilagíneo (Do lat. cartilagĭne-, «id.»)
cartilagíneo adj. 1 que tem natureza de cartilagem; cartilaginoso 2 relativo a cartilagem 3 (peixe) que tem esqueleto interno quase exclusivamente formado por peças de cartilagem, como os seláquios; *tecido* ~ HISTOLOGIA variedade de tecido (animal) conjuntivo, duro, mas séctil, que entra na constituição do esqueleto interno de muitos animais (Do lat. cartilaginĕu-, «cartilaginoso»)
cartilaginoso /ô/ adj. 1 que tem cartilagens; cartilagíneo 2 que tem natureza de cartilagem (Do lat. cartilaginōsu-, «cartilaginoso»)
cartilha n.f. 1 livro para aprender a ler 2 compêndio elementar de determinada área 3 RELIGIÃO catecismo; *ler pela* ~ *de* imitar (alguém) no pensar ou no proceder; *não ler pela mesma* ~ não ser da mesma opinião; *ter uma boa* ~ saber muito, ser muito manhoso (Do cast. cartilla, «livro para aprender a ler»)
cartismo n.m. partido político dos defensores da Carta Constitucional, outorgada em 29 de abril de 1826 (De Carta+-ismo)
cartista adj.2g. referente à Carta Constitucional, outorgada pelo rei português D. Pedro IV em 1826 ■ n.2g. pessoa partidária da Carta Constitucional (De Carta+-ista)
cart(o)- elemento de formação de palavras que exprime a ideia de carta, mapa geográfico (Do gr. khártes, «papel»)
cartódromo n.m. ⇒ **kartódromo**

cartografar v.tr. **1** levantar ou delinear (cartas geográficas ou topográficas) **2** reduzir a uma carta geográfica (Do gr. *khártes*, «papel; carta geográfica» +*gráphein*, «escrever; desenhar»)

cartografia n.f. ciência e arte de desenhar, segundo determinados sistemas de projeção e uma escala, a totalidade ou parte da superfície terrestre num plano, isto é, de traçar cartas ou mapas geográficos em reprodução bidimensional e tridimensional (Do gr. *khártes*, «papel; carta geográfica» +*gráphein*, «escrever» +*-ia*)

cartográfico adj. relativo à cartografia (De *cartografia*+*-ico*)

cartógrafo n.m. o que traça cartas geográficas ou é versado em cartografia (Do gr. *khartógraphos*, «escriba; copista»)

cartola n.f. **1** chapéu alto, de copa cilíndrica **2** [pop.] recomendação; cunha **3** [pop.] empenho **4** [regionalismo] pequeno pipo **5** [regionalismo] bebedeira ■ n.m. [coloq.] indivíduo importante (De *quartola*, «medida de um quarto de tonel»)

cartolaço n.m. cartão em forma de tronco de cone, usado nas rocas (De *cartolar*+*-aço*)

cartolada n.f. **1** pancada na cartola ou com cartola **2** saudação que se faz, tirando a cartola ou o chapéu (De *cartola*+*-ada*)

cartolina n.f. espécie de cartão liso e fino, de cor variada (Do it. *cartolina*, «cartão»)

cartologia n.f. coleção de mapas ou cartas geográficas (De *carto-*+*-logia*)

cartólogo n.m. ⇒ **cartógrafo** (Do gr. *khártes*, «carta geográfica» +*lógos*, «estudo»)

cartomancia n.f. suposta adivinhação por meio de cartas de jogar (Do gr. *khártes*, «carta» +*manteía*, «adivinhação», pelo fr. *cartomancie*, «id.»)

cartomante adj.,n.2g. que ou pessoa que pretende adivinhar o futuro por meio das cartas de jogar (Do gr. *khártes*, «carta» +*mántis*, «adivinho»)

cartonado adj. (livro) encadernado com cartão (Part. pass. de *cartonar*)

cartonador n.m. aquele que trabalha em cartonagens (De *cartonar*+*-dor*)

cartonageiro n.m. ⇒ **cartonador** (De *cartonagem*+*-eiro*)

cartonagem n.f. **1** ato ou efeito de cartonar ou encadernar com cartão **2** livro cartonado **3** artefacto de cartão (Do fr. *cartonnage*, «id.»)

cartonar v.tr. encadernar com cartão (Do fr. *cartonner*, «id.»)

cartoon n.m. **1** desenho humorístico ou satírico publicado normalmente em revistas ou jornais; caricatura **2** banda desenhada **3** desenhos animados (Do ing. *cartoon*, «id.»)

cartoonista n.2g. **1** autor ou desenhador de cartoons; caricaturista **2** autor de banda desenhada (Do ing. *cartoonist*, «id.»)

cartorário adj. relativo a cartório ■ n.m. **1** empregado que está à frente de um cartório **2** escriturário **3** livro de registo de vendas, doações, etc. **4** arquivista (De *cartório*+*-ário*)

cartório n.m. **1** arquivo de documentos públicos **2** escritório de notário (De *carta*+*-ório*)

cartoteca n.f. coleção de cartas ou de mapas (De *carta*+*-o*+*teca*)

cartuchame n.m. provisão de cartuchos para armas de fogo (De *cartucho*+*-ame*)

cartucheira n.f. bolsa de couro ou cinto, com divisões para trazer os cartuchos (De *cartucho*+*-eira*)

cartucheiro n.m. o que fabrica cartuchos para armas de fogo (De *cartucho*+*-eiro*)

cartucho n.m. **1** saco de papel ou cartão para embrulhar mercadorias, nomeadamente produtos de mercearia **2** invólucro de papel de forma cónica, utilizado para colocar pequenas quantidades de vários produtos (castanhas, etc.) **3** INFORMÁTICA dispositivo removível que contém a tinta usada nas impressoras a jato de tinta; tinteiro **4** tubo que contém a carga para as armas de fogo **5** munição; *queimar os últimos cartuchos* fazer os últimos esforços (Do it. *cartoccio*, «envoltório de papel», pelo fr. *cartouche*, «cartucho»)

cártula n.f. parte de um monumento que imita uma folha de papel ou pergaminho semienrolado, com uma inscrição (Do lat. *chartŭla-*, «papelinho»)

cartulário n.m. registo dos títulos de uma corporação ou igreja (Do lat. *chartulariŭ-*, «registo de documentos antigos»)

cartum n.m. [Brasil] ⇒ **cartoon**

cartune n.m. ⇒ **cartoon**

cartunista n.2g. ⇒ **cartoonista**

cartusiano adj.,n.m. ⇒ **cartuxo** (Do lat. med. *Chartusia*, nome de um convento +*-ano*)

Cartuxa n.f. ordem religiosa contemplativa fundada no século XI, em Chartreuse, por S. Bruno (Do lat. *Carthusĭa-*, nome de um convento)

cartuxo adj. relativo ou pertencente à Cartuxa ■ n.m. religioso da Cartuxa (Do lat. *carthusĭŭ-*, frade da ordem de Chartreuse)

carugem n.f. ⇒ **caruja** (Do lat. *calugĭne-*, por *caligĭne-*, «fumo negro»)

caruja n.f. **1** [regionalismo] nevoeiro espesso **2** [regionalismo] chuva miudinha (Do lat. *calugĭne-* por *caligĭne-*, «fumo negro»)

carujar v.intr. **1** [regionalismo] chuviscar **2** [regionalismo] orvalhar (De *caruja*+*-ar*)

carujeira n.f. [regionalismo] ⇒ **caruja** (De *caruja*+*-eira*)

carujeiro n.m. [regionalismo] ⇒ **caruja** (De *caruja* ou *carujo*+*-eiro*)

carujo n.m. [regionalismo] ⇒ **caruja**

caruma n.f. **1** nome coletivo com que se designam as folhas (agulhas) dos pinheiros, depois de secas e caídas no solo; pruma **2** película que envolve as castanhas ainda imaturas (De orig. obsc.)

carumba n.f. ⇒ **caruma**

carumeira n.f. agulha (folha) seca de pinheiro (De *caruma*+*-eira*)

carunchar v.intr. **1** ganhar caruncho **2** apodrecer **3** [fig.] envelhecer (De *caruncho*+*-ar*)

carunchento adj. **1** que tem caruncho **2** carcomido (De *caruncho*+*-ento*)

caruncho n.m. **1** ZOOLOGIA nome vulgar extensivo, em especial, a insetos coleópteros que roem madeira; carcoma **2** pó proveniente da ação destruidora dos insetos na madeira **3** podridão **4** [fig.] velhice **5** [fig.] qualquer doença, dor, deformação, etc., própria de pessoas idosas (Do cast. ant. *caruncho*, hoje *caronjo*, «id.»)

carunchoso /ô/ adj. **1** roído de caruncho; carunchento **2** [fig.] velho (De *caruncho*+*-oso*)

carúncula n.f. **1** formação saliente, carnosa, como a carúncula lacrimal, situada no ângulo interno do olho **2** excrescência tegumentar de algumas sementes **3** certas formações carnosas na cabeça de algumas aves (Do lat. *caruncŭla-*, «bocadinho de carne»)

carunculoso /ô/ adj. pertencente ou relativo a carúncula (De *carúncula*+*-oso*)

carunha n.f. **1** [regionalismo] caroço de um fruto **2** (agulhas do pinheiro) ⇒ **caruma 1** (De orig. obsc.)

cárus n.m.2n. MEDICINA insensibilidade mórbida no último grau do estado comatoso (Do gr. *káros*, «sono profundo»)

carusma n.f. cinza que se levanta quando se sopra ao lume (De orig. obsc.)

carvalha n.f. **1** BOTÂNICA carvalho de copa estreita e alta **2** variedade de batateira ou as suas batatas **3** BOTÂNICA ⇒ **carvalheira** (De *carvalho*)

carvalhal n.m. mata de carvalhos ■ adj. designativo de uma variedade de uva, de pera, de cereja e de tangerina (De *carvalho*+*-al*)

carvalheira n.f. BOTÂNICA carvalho de pequeno porte (De *carvalho*+*-eira*)

carvalheiro n.m. **1** carvalho **2** bordão de carvalho (De *carvalho*+*-eiro*)

carvalhiça n.f. BOTÂNICA planta arbustiva, da família das Fagáceas, espontânea no Centro e Sul de Portugal, também conhecida por carvalho-anão (De *carvalho*+*-iça*)

carvalhinha n.f. BOTÂNICA planta subarbustiva, da família das Labiadas, que aparece em algumas regiões do litoral português (De *carvalha*+*-inha*)

carvalho n.m. BOTÂNICA árvore ou arbusto da família das Fagáceas, comum em Portugal, útil, especialmente pela madeira, pelo fruto e tanino que fornece, também conhecida por carvalho-alvarinho, carvalho-anão, carvalho-negral, carvalho-cerquinho, etc. **2** madeira destas árvores (De orig. obsc.)

carvalho-lusitano n.m. BOTÂNICA ⇒ **cerquinho**

carvalho-português n.m. BOTÂNICA ⇒ **cerquinho**

carvão n.m. **1** PETROLOGIA substância natural, aparentemente compacta, combustível, de cor castanha ou negra, formada pela decomposição parcial de matéria vegetal, geralmente ao abrigo do ar e, no geral, sob a ação da pressão e do calor (conforme o conteúdo de carbono fixo, os carvões fósseis classificam-se em lignite, carvão betuminoso e antracite) **2** pedaço de madeira mal queimada **3** [fig.] aquilo que está muito queimado **4** [fig.] coisa muito escura **5** ARTES PLÁSTICAS lápis feito daquela substância, geralmente usado para desenhar **6** ARTES PLÁSTICAS desenho feito com esse lápis; *~ de pedra* designação genérica dos carvões de grau médio (carvão betuminoso) e de grau superior (antracite) (Do lat. *carbōne-*, «carvão»)

carvoaria n.f. lugar ou estabelecimento onde se faz ou vende carvão (De *carvão*+*-aria*)

carvoeira n.f. 1 lugar onde se guarda o carvão para consumo, nas casas particulares 2 lugar onde se produz ou vende carvão; carvoaria 3 mulher que fabrica ou vende carvão (De *carvoeiro*)

carvoeiro n.m. 1 o que faz ou vende carvão 2 [fig.] pessoa suja 3 ORNITOLOGIA ⇒ **pisco-ferreiro**; *maré do* ~ ocasião propícia, oportunidade (Do lat. *carbonarĭu-*, «carvoeiro»)

carvoejar v.intr. 1 fabricar ou negociar em carvão 2 ARTES PLÁSTICAS desenhar a carvão (De *carvão*+*-ejar*)

carvoento adj. 1 que tem aspeto de carvão 2 abundante em carvão 3 carbonífero (De *carvão*+*-ento*)

carvoíço n.m. [regionalismo] resíduos dos fornos de cal que se empregam como adubo das terras (De *carvão*+*-iço*)

cãs n.f.pl. 1 cabelos brancos 2 [fig.] velhice (Do lat. *canas*, acusativo fem. pl. de *canus, -a, -um-*, «branco»)

casa n.f. 1 qualquer edifício destinado a habitação 2 construção destinada a habitação, por oposição a apartamento; moradia; vivenda 3 cada uma das divisões de uma habitação; compartimento; dependência 4 local onde se vive; domicílio; morada 5 família; lar 6 compartimento anexo a um edifício 7 estabelecimento comercial 8 empresa; firma 9 conjunto dos membros de uma família 10 conjunto dos bens de uma família 11 conjunto de despesas domésticas 12 abertura na roupa onde prende o botão 13 cada uma das divisões dos tabuleiros de jogos 14 cada uma das divisões da tabuada 15 lugar ocupado por um algarismo em relação a outros do mesmo número 16 período de tempo correspondente a dez anos, sobretudo na vida de alguém 17 designação de certas repartições ou serviços públicos 18 conjunto de pessoas que estão adstritas ao serviço particular de um chefe de Estado 19 conjunto de pessoas presentes num estabelecimento ou espetáculo; audiência; assistência 20 conjunto de móveis e outros objetos que constituem o recheio de uma habitação 21 espaço delimitado por linhas em formulários, questionários e outros impressos 22 [com maiúscula] família da realeza ou da nobreza 23 alvéolo dos favos das abelhas 24 ASTROLOGIA cada uma das 12 divisões em que os astrólogos dividem o céu, correspondentes a cada um dos signos do zodíaco 25 DESPORTO estádio, complexo desportivo ou cidade a que pertence um clube desportivo; ~ *da guarda* MILITAR dependência destinada ao alojamento das praças que se encontram de guarda a um quartel ou a qualquer outra instalação militar; *Casa da Moeda* estabelecimento do Estado onde se cunha e emite a moeda; ~ *das máquinas* compartimento onde se encontram os motores e aparelhos necessários ao funcionamento de um elevador; ~ *de banho* divisão de uma habitação ou de um espaço público destinado aos cuidados de higiene; quarto de banho; ~ *de despejo* pequena construção, coberta de telha ou cimento, utilizada para arrumos; ~ *de orates* hospital de doidos, manicómio; ~ *de passe* casa onde se praticam atividades de prostituição; *casa de pasto* estabelecimento onde se servem refeições geralmente a baixo preço; ~ *de prego* casa de penhores; ~ *de saúde* estabelecimento hospitalar, geralmente privado, que recebe doentes mediante pagamento; ~ *do rancho* alojamento destinado ao pessoal da equipagem dos navios mercantes; *Casa dos Vinte e Quatro* HISTÓRIA corpo administrativo dos interesses gerais das corporações medievais portuguesas de artes e ofícios formado por dois representantes de cada uma; *andar com a* ~ *às costas* transportar coisas de um lado para o outro, sobretudo em período de mudanças; ~ *roubada, trancas à porta* (provérbio) providências tomadas depois do mal ter sucedido; *de* ~ *e pucarinho* na maior intimidade; *montar* ~ mobilar a residência com todos os apetrechos necessários à sua habitação; *sentir-se em* ~ estar à vontade, proceder sem cerimónias; *ser da* ~ ser íntimo ou conhecido de alguém (Do lat. *casa-*, «cabana; choupana»)

casa-alugada n.m. ZOOLOGIA crustáceo que se aloja, em regra, em conchas de moluscos gastrópodes, protegendo assim o abdómen, que é mole, também conhecido por bernardo-eremita, casa-roubada, paguro, etc.

casabeque n.m. casaco curto de senhora (De orig. obsc.)

casaca n.f. 1 peça do vestuário masculino, de cerimónia, com abas que descem a partir da cintura, na parte de trás 2 [pop.] descompostura; repreensão ■ n.m. 1 homem encasacado, bem vestido 2 patrão; *cortar na* ~ *de alguém* dizer mal de alguém que está ausente; *virar a* ~ mudar de opinião, mudar de partido (Do pers. *kazagand*, «jaqueta», pelo fr. *casaque*, «casacão», ou pelo it. *casacca*, «casaca»)

casaca-amarela n.f. vespão (inseto)

casaca-de-couro n.m. [Brasil] ORNITOLOGIA ⇒ **japacanim**

casacão n.m. 1 casaco grande 2 casaco grande que se veste sobre outro; sobretudo (De *casaco*+*-ão*)

casaco n.m. 1 peça de vestuário com mangas que se usa como agasalho sobre a camisa, a camisola, o colete, o vestido, etc. 2 jaqueta (De *casaca*)

casada n.f. ⇒ **guimbarda** 2 (Part. pass. fem. subst. de *casar*)

casadeiro adj. ⇒ **casadouro** (De *casar*+*-deiro*)

casadinhos n.m.pl. BOTÂNICA planta herbácea, da família das Ranunculáceas, espontânea em Portugal, também conhecida por olho de perdiz, lágrima-de-sangue e gota-de-sangue (De *casado*+*-inho*)

casado adj. 1 que está ligado por casamento 2 [fig.] unido 3 [fig.] combinado ■ n.m.pl. cônjuges; ~ *de fresco* recém-casado (Part. pass. de *casar*)

casadoiro adj. ⇒ **casadouro**

casadouro adj. que está em idade de casar (De *casar*+*-douro*)

casa-forte n.f. compartimento de paredes espessas e porta segura para guardar valores

casal n.m. 1 conjunto de macho e fêmea 2 conjunto de duas pessoas de sexo diferente 3 conjunto de duas pessoas casadas ou que mantêm uma relação amorosa ou íntima, vivendo ou não juntas 4 par; parelha 5 pequeno povoado; lugarejo 6 propriedade rústica 7 conjunto de propriedades aforadas e descritas numa escritura de emprazamento; ~ *agrícola* unidade constituída por casa de habitação com dependências adequadas à exploração rural e por terrenos de área suficiente para a manutenção de uma família de cultivadores (Do lat. *casāle-*, «quinta; fazenda»)

casalar v.tr. ⇒ **acasalar** (De *casal*+*-ar*)

casaleiro adj. do casal ■ n.m. o que habita ou traz de renda um casal (De *casal*+*-eiro*)

casalejo /ê/ n.m. 1 pequeno casal 2 casebre (De *casal*+*-ejo*)

casamata n.f. construção subterrânea abobadada para abrigar dos projéteis pessoas, material e munições (Do it. *casamatta*, «casa doida; casa falsa»)

casamatar v.tr. 1 MILITAR prover de casamata 2 fortificar (De *casamata*+*-ar*)

casamentar v.tr. induzir (alguém) a casar (De *casamento*+*-ar*)

casamenteiro adj. 1 que arranja casamentos 2 relativo a casamento ■ n.m. pessoa que gosta de arranjar casamentos para os outros (De *casamento*+*-eiro*)

casamento n.m. 1 ato ou efeito de casar 2 DIREITO contrato civil celebrado entre duas pessoas segundo o qual se estabelecem deveres conjugais; matrimónio 3 cerimónia que celebra o estabelecimento desse contrato; boda 4 situação que resulta do ato de casar 5 estado de casado 6 [fig.] enlace; união 7 [fig.] combinação (De *casar*+*-mento*)

casa-mestra n.f. NÁUTICA a primeira baliza do esqueleto do navio

casa-militar n.f. oficiais adjuntos do chefe do Estado

casante n.2g. nubente (De *casar*+*-ante*)

casão n.m. 1 casa grande 2 casa de grandes rendimentos 3 grande afluência a um espetáculo 4 alfaiataria, sapataria ou secção de vendas num quartel 5 [pop.] casamento vantajoso (De *casa*+*-ão*)

casaquelho /ê/ n.m. casaco ordinário (De *casaco*+*-elho*)

casaquilha n.f. casaco curto de senhora (Do cast. *casaquilla*, «id.»)

casar v.tr. 1 ligar pelo casamento 2 [fig.] combinar; harmonizar ■ v.intr.,pron. 1 unir-se pelo casamento 2 [fig.] combinar-se; harmonizar-se 3 [fig.] adaptar-se (De *casa*+*-ar*)

casarão n.m. 1 casa grande 2 edifício de um só andar e sem divisões 3 barracão (De *casa*+*r*+*-ão*)

casaredo /ê/ n.m. ⇒ **casario** (De *casa*+*r*+*-edo*)

casaréu n.m. casarão sem conforto e arruinado (De *casa*+*r*+*-éu*)

casaria n.f. ⇒ **casario** (De *casa*+*-aria*)

casario n.m. série ou aglomerado de casas (De *casaria*)

casa-roubada n.m. ⇒ **casa-alugada**

casa-torre n.f. 1 torreão de um castelo 2 [regionalismo] casa de mais de um andar

casável adj.2g. que está em idade de casar; casadouro (De *casar*+*-vel*)

casca n.f. 1 BOTÂNICA conjunto das camadas periféricas do revestimento de caules, frutos, tubérculos, bolbos, sementes, etc. 2 BOTÂNICA toda a parte constituinte de uma raiz ou de um caule situada entre a epiderme e o cilindro central 3 ZOOLOGIA invólucro calcário de ovos de animais, como os das aves 4 revestimento externo; invólucro 5 ICTIOLOGIA ⇒ **bergela** 6 [fig.] aparência; exterioridade 7 [fig.] bêbedo 8 ⇒ **casula**²; *dar a* ~ agastar-se, afinar; *morrer na* ~ malograr-se, fracassar (Deriv. regr. de *cascar*)

cascabulhagem n.f. 1 grande quantidade de cascabulho 2 cascalhada (De *cascabulho*+*-agem*)

cascabulhar v.tr. 1 remover cascabulho a 2 [fig.] pesquisar (De *cascabulho*+*-ar*)

cascabulho n.m. 1 casca ou cúpula da lande e de outros frutos ou sementes 2 casca lenhosa e grossa 3 montão de cascas 4 ZOOLOGIA molusco lamelibrânquio 5 [Brasil] sabugo da espiga do milho; carolo 6 rapaz pequeno 7 caloiro (Do cast. cascabillo, «cascabulho»?)

casca-de-carvalho n.m. variedade de melão muito apreciada e cultivada em Portugal

casca-de-noz ver nova grafia casca de noz

casca de noz n.f. embarcação pequena e pouco resistente

casca-grossa n.2g. pessoa de trato rude

cascal n.m. 1 montão de cascas 2 restos de cozinha 3 casta de uva (De casca+-al)

cascalense adj.2g. relativo ou pertencente à vila portuguesa de Cascais, no distrito de Lisboa ■ n.2g. natural ou habitante de Cascais (De Cascais, top. +-ense)

cascalhada n.f. 1 monte de cascalho; cascalheira 2 ruído como o do cascalho quando se remexe 3 [fig.] gargalhada (De cascalho+-ada)

cascalhar v.intr. 1 fazer ruído como o do cascalho remexido 2 [fig.] dar risadas; gargalhar 3 [fig.] cachinar (De cascalho+-ar)

cascalheira n.f. 1 terreno onde se junta cascalho 2 ruído como o do cascalho quando se remexe; cascalhada 3 terreno de aluvião 4 conjunto ou acumulação natural de seixos rolados de rio ou mar 5 [fig.] respiração difícil e ruidosa; farfalheira (De cascalho+-eira)

cascalhento adj. ⇒ **cascalhoso** (De cascalho+-ento)

cascalhinho n.m. cascalho miúdo usado como material de construção (De cascalho+-inho)

cascalho n.m. 1 lascas de pedra 2 pedra britada 3 calhau de formas arredondadas 4 escórias de ferro forjado 5 [fig.] coisa sem grande utilidade 6 [fig.] restos 7 [fig.] escória 8 [coloq.] dinheiro miúdo, especialmente em moedas (De cascalho-alho)

cascalhoso /ô/ adj. cheio de cascalho (De cascalho+-oso)

cascalhudo adj. ⇒ **cascalhoso** (De cascalho+-udo)

cascalvo adj. diz-se do cavalo que tem cascos brancos ou claros ■ n.m. variedade de trigo (De casco+alvo)

cascão n.m. 1 casca dura e grossa; cascarrão 2 crosta; bostela 3 camada de sujidade aderente à pele (De casca+-ão)

cascar¹ v.tr. 1 descascar 2 censurar 3 desprezar 4 bater em ■ v.intr. 1 bater; dar pancadas 2 perder a casca (Do latim quassicăre, de quassăre, «quebrar»)

cascar² v.tr. [Cabo Verde] exercer (uma atividade) com afinco; prosseguir (uma ação) com empenho (Do crioulo cabo-verdiano cascá(r), «idem», de descascar)

cáscara n.f. cobre em bruto (Do cast. cáscara, «casca», com especialização de sentido)

cáscara-sagrada n.f. FARMÁCIA casca de uma planta americana, da família das Ramnáceas, que fornece substâncias empregadas em farmácia

cascaria n.f. 1 conjunto de cascos para vinho 2 muitas cascas 3 os cascos dos animais (De casca ou casco+-aria)

cascarina n.f. princípio ativo extraído da cáscara-sagrada (De cáscara (sagrada)+-ina)

cascarra n.f. 1 conjunto das treze cartas que ficam por distribuir em alguns jogos 2 ICTIOLOGIA cação, peixe vulgar no Norte de Portugal, também conhecido por chião, chona, chonão, dentudo, perna-de-moça, etc. (De casca+-arra)

cascarrão n.m. 1 casca grande 2 variedade de noz de casca grossa 3 [pop.] grande arrelia; dar o ~ zangar-se muito (De casca+-arrão)

cascarrilha n.f. 1 cascarra 2 casca de várias árvores euforbiáceas 3 quina branca (Do cast. cascarilla, «casquinha»)

cascarrolho /ô/ n.m. ORNITOLOGIA nome vulgar de um pássaro da família dos Laniídeos, pouco vulgar em Portugal; picanço-barreteiro (De orig. obsc.)

cascata n.f. 1 queda de água por entre rochedos; cachoeira 2 figuração de algumas cenas religiosas e profanas com imagens toscas de barro, com musgo, etc. 3 [fig., pej.] mulher velha e pretensiosa (Do it. cascata, «id.»)

cascatear v.intr. formar cascata (De cascata+-ear)

cascavel n.m. 1 guizo 2 [fig.] coisa de pouco valor ■ n.f. 1 ZOOLOGIA serpente venenosa, americana, da família das Viperídeos, que, ao deslocar-se, produz um ruído semelhante ao ruído de guizos; cobra-cascavel 2 [Brasil] [fig., pej.] pessoa de má língua e/ou mau génio ■ adj.2g. designativo daquela serpente (Do lat. cascabellu-, «guizo», pelo prov. cascavel, «id.»)

cascavelar v.intr. soar como cascavel ■ v.tr. acompanhar com som similar ao do cascavel; guizalhar (De cascavel+-ar)

casco n.m. 1 revestimento córneo de pé de animais como o cavalo, a vaca, o veado, etc. 2 unha de solípede ou ruminante 3 esqueleto de uma construção 4 carcaça de embarcação sem mastros, aparelhos acessórios, etc. 5 vasilha para vinho 6 antiga armadura para a cabeça 7 invólucro do crânio 8 casca 9 armação de chapéu de senhora 10 [fig.] inteligência; **cascos de rolha** [coloq.] lugar muito distante (Deriv. regr. de cascar)

cascoso /ô/ adj. que tem casca grossa, pele dura ou grandes cascos (De casca ou casco+-oso)

cascudo n.m. 1 pancada na cabeça com os nós dos dedos 2 carolo 3 ICTIOLOGIA ⇒ **uacari** ■ adj. que tem casca grossa; cascoso (De casco+-udo)

casculho n.m. 1 lenha seca e miúda que cai das árvores 2 casta de uva do Douro 3 [fig.] bagatela (De casco+-ulho)

caseação¹ n.f. ato ou efeito de abrir casas para botões (De casear+-ção)

caseação² n.f. conversão do leite em queijo (Do lat. casĕu-, «queijo»+-ção)

caseado n.m. ato ou efeito de casear (Part. pass. subst. de casear)

casear v.tr. abrir casas (para botões) em (De casa+-ear)

casease n.f. QUÍMICA fermento que dissolve a albumina e coagula a caseína (Do lat. casĕu-, «queijo»+-ase)

casebeque n.m. ⇒ **casabeque**

casebre n.m. 1 casa pequena e degradada; pardieiro 2 choupana (Do lat. med. casibŭla-, «casinha; cabana», pelo prov. casebre, «id.»)

caseificação n.f. 1 transformação do caseinogénio em caseína 2 formação do queijo (De caseificar+-ção)

caseificar v.tr. 1 transformar (leite) em queijo 2 realizar a caseificação de (Do lat. casĕu-, «queijo»+ficăre por facĕre, «fazer»)

caseiforme adj.2g. que tem aparência ou consistência de queijo (Do lat. casĕu-, «queijo»+forma-, «forma»)

caseína n.f. QUÍMICA prótido derivado do caseinogénio do leite, principal constituinte do queijo, empregado no fabrico de plásticos, colas, fibras têxteis, etc. (De lat. casĕu-, «queijo»+-ina)

caseínico adj. 1 referente à caseína 2 que tem caseína (De caseína+-ico)

caseinogénio n.m. QUÍMICA prótido, que é uma fosfoproteína, existente no leite e que dá origem à caseína (De caseína+-génio)

caseiro adj. 1 da casa; relativo a casa 2 que se usa ou cria em casa 3 doméstico 4 simples; modesto 5 que gosta de permanecer em casa ■ n.m. 1 aquele que explora uma propriedade agrícola, pagando uma renda ao respetivo proprietário 2 aquele que dirige os trabalhos agrícolas de quinta ou herdade mediante um ordenado; quinteiro; feitor 3 aquele que mora em casa arrendada; inquilino; arrendatário (Do lat. casarĭu-, «guarda de uma herdade»)

caseoso /ô/ adj. 1 da natureza do queijo 2 com aparência de queijo (Do lat. casĕu-, «queijo»+-oso)

caserna n.f. casa onde dormem os soldados dentro de um quartel (Do lat. quaterna-, «grupo de quatro pessoas», pelo prov. cazerna, «id.», pelo fr. caserne, «caserna»)

caserneiral adj.2g. próprio de caserna ou de caserneiro (De caserneiro+-al)

caserneiro n.m. militar que trata da conservação das casernas; faxina ■ adj. [pej.] diz-se do militar graduado proveniente dos postos inferiores e que revela hábitos rústicos (De caserna+-eiro)

cash-flow n.m. ECONOMIA (contabilidade) variação dos valores monetários resultante da exploração corrente, correspondente à diferença entre receitas correntes e despesas correntes; margem bruta de autofinanciamento (Do ing. cash flow, «id.»)

casibeque n.m. ⇒ **casabeque**

casimira n.f. tecido fino de lã (De Caxemira, top., região da Índia, pelo fr. casimir, «casimira»)

casinha n.f. 1 casa pequena 2 [coloq.] quarto de banho 3 [pop.] posto fiscal 4 [pop.] casa de despacho 5 [regionalismo] casa onde dormem os ganhões (De casa+-inha)

casinhola n.f. casa pequena e de construção ligeira (De casinha+-ola)

casinholo /ô/ n.m. ⇒ **casinhola**

casinhota n.f. ⇒ **casinhola** (De casinha+-ota)

casinhoto /ô/ n.m. ⇒ **casinhola** (De casinhota)

casino n.m. casa de reunião para jogar, dançar, assistir a espetáculos, etc. (Do it. casino, «casa de campo; clube; casino»)

casitéu n.m. casa pequena e pobre; casebre (De casita+-éu)

casmurrada n.f. 1 qualidade, teima ou dito de casmurro; casmurrice 2 grupo de casmurros (De casmurro+-ada)

casmurral adj.2g. que é próprio de casmurro (De casmurro+-al)

casmurrar v.intr. teimar como casmurro; persistir; insistir (De casmurro+-ar)

casmurrice n.f. qualidade, teima ou dito de casmurro (De *casmurro*+*-ice*)
casmurro adj.,n.m. **1** que ou aquele que é teimoso **2** que ou aquele que é taciturno ou sorumbático (De orig. obsc.)
caso n.m. **1** aquilo que acontece ou pode acontecer; acontecimento; ocorrência; facto **2** particularidade que acompanha um acontecimento; circunstância; condição **3** o que acontece ou se realiza de um modo inesperado; casualidade; acaso **4** o que é suscetível de produzir ou acarretar alguma coisa **5** conjunto de acontecimentos ou factos de uma determinada situação **6** conflito que pode ser objeto de um processo em tribunal; causa; demanda **7** relação amorosa passageira e geralmente extraconjugal; aventura **8** história; conto; anedota **9** GRAMÁTICA cada uma das formas que uma palavra toma para exprimir em algumas línguas a função sintática que desempenha (em português, apenas os pronomes pessoais variam em caso); **~ contrário** de outro modo, senão; **~ de consciência** dificuldade da consciência em situação de conflito de deveres, e de que se ocupa a casuística; **~ fortuito** acontecimento natural, imprevisível e por isso também inevitável; **~ omisso** lacuna da lei, situação da vida social que a lei não prevê e que, portanto, não regula; **~ sério 1** acontecimento ou problema grave; **2** pessoa ou coisa difícil de controlar; **3** pessoa ou coisa digna de atenção ou de admiração; **cara de ~** aspeto de quem está preocupado; **de ~ pensado** premeditadamente; **em todo o ~** ainda assim, mesmo assim; **fazer ~ de** interessar-se por; **vir ao ~** vir a propósito, ser pertinente (Do lat. *casu*-, «queda»)
casório n.m. [pop.] ⇒ **casamento** (De *casar*+*-ório*)
casota n.f. **1** pequena construção para abrigar um cão; guarita de cão **2** casinhola; casebre (De *casa*+*-ota*)
casoto /ô/ n.m. ⇒ **casota**
caspa n.f. escamas finas e brancas que se desprendem da pele, especialmente no couro cabeludo; carepa (De orig. obsc.)
caspacho n.m. ⇒ **gaspacho**
caspento adj. ⇒ **casposo** (De *caspa*+*-ento*)
cáspite interj. exprime espanto, admiração ou ironia (Do it. *caspita*, «apre!; bolas!»)
casposo /ô/ adj. que tem ou cria muita caspa (De *caspa*+*-oso*)
casquear v.tr. **1** [Guiné-Bissau] embriagar-se **2** [Guiné-Bissau] excitar-se (Do crioulo guineense *caskia*, «estar um pouco bêbedo», cruzamento do mandinga *cadki*, «id.», com *chasquear*, «troçar»)
casqueira n.f. tábua costaneira, de contorno e espessura irregulares (De *casca*+*-eira*)
casqueiro n.m. **1** sítio onde se descasca e falqueja a madeira para a serrar **2** casqueira **3** o que falqueja a madeira **4** tanque para tingir redes de pesca **5** naco de broa **6** pão de trigo para a ração dos soldados (De *casca*+*-eiro*)
casquejar v.intr. cicatrizar, formando novo casco (De *casco*+*-ejar*)
casquento adj. ⇒ **cascoso** (De *casca*+*-ento*)
casqueta /ê/ n.f. **1** espécie de boné de pala **2** casquete (Do fr. *casquette*, «boné»)
casquete n.f.,n.m. qualquer cobertura para a cabeça (Do fr. *casquette*, «boné»)
casquibrando adj. (animal) que tem os cascos moles; casquimole (De *casco*+*brando*)
casquilha n.f. **1** casca fina **2** fragmento de casca (De *casca*+*-ilha*)
casquilhada n.f. **1** porção de casquilhos **2** conjunto de casquilhos (De *casquilho*+*-ada*)
casquilhar v.intr. andar casquilho; janotar (De *casquilho*+*-ar*)
casquilharia n.f. **1** adornos de casquilho **2** [fig.] garridice (De *casquilho*+*-aria*)
casquilheira n.f. **1** mulher muito arranjada **2** alcoviteira (De *casquilho*+*-eira*)
casquilhice n.f. ⇒ **casquilharia** (De *casquilho*+*-ice*)
casquilho[1] adj.,n.m. que ou indivíduo que se veste e arranja com um esmero considerado excessivo; janota; garrido; taful (De *casca*+*-ilho*)
casquilho[2] n.m. **1** MECÂNICA peça destinada a abrandar o atrito sobre os eixos **2** terminal metálico de uma lâmpada, por onde se enrosca no encaixe **3** rosca exterior que segura a união de dois tubos, deixando lisa a superfície interior do encanamento (Do cast. *casquillo*, «id.»)
casquimole adj.2g. (animal) que tem cascos moles; casquibrando (De *casco*+*mole*)
casquinada n.f. gargalhada irónica (Part. pass. fem. subst. de *casquinar*)
casquinar v.tr.,intr. soltar (gargalhadas) ■ v.intr. rir com ironia (Do lat. *cachinnāre*, «rir às gargalhadas»)

casquinha n.f. **1** casca fina **2** madeira de pinho-de-flandres **3** camada muito fina de ouro ou prata que reveste objetos de metal ordinário **4** folha delgada de um metal precioso (De *casca*+*-inha*)
casquinheiro n.m. aquele que reveste de casquinha objetos de metal ordinário (De *casquinha*+*-eiro*)
cassa n.f. tecido de algodão ou linho muito transparente (Do mal. *kása*, «id.»)
cassação n.f. ato ou efeito de cassar; anulação (De *cassar*+*-ção*)
Cassangas n.m.pl. ETNOGRAFIA uma das etnias da Guiné-Bissau, de nome *Ihadjá* (Do mandinga *Kasanga* ou *Cassanga*, etn.)
cassanje adj.2g. relativo ou pertencente aos Cassanjes ou à sua língua ■ n.2g. pessoa pertencente aos Cassanjes, população da área étnica da cidade de Cassange (Angola) ■ n.m. dialeto, com marcas de português, falado na região que inclui Malanje
cassar v.tr. **1** anular; tornar sem efeito; revogar (licença, mandato, etc.) **2** NÁUTICA [ant.] ⇒ **cacear** (Do lat. *cassāre*, «anular»)
casse n.m. **1** peça de madeira do carro de bois **2** doença das vinhas (De orig. obsc.)
cassear v.intr. (navio) mudar de rumo; garrar (De orig. obsc.)
cassenje adj.,n.2g.,n.m. ⇒ **cassanje**
cassete n.f. **1** pequena caixa que contém fita magnética em que se regista analógica ou digitalmente informação que pode ser reproduzida num aparelho de leitura **2** pequena caixa que contém uma fita magnética na qual se pode registar uma emissão sonora (música, canto, leitura, teatro, etc.) destinada a ser ouvida num leitor de cassetes; audiocassete; cassete áudio; **~ vídeo** ⇒ **videocassete** (Do fr. *cassette*, «caixa pequena»)
cassetete n.m. **1** cacete curto, de madeira ou de borracha, com alça numa das extremidades **2** moca; cacheira (Do fr. *casse-tête*)
cássia n.f. BOTÂNICA ⇒ **canafístula** (Do gr. *kassía*, «falsa-caneleira; loureiro-cássia», pelo lat. *cassĭa*-, «caneleira»)
cássia-branca n.f. BOTÂNICA arbusto de pequeno porte, da família das Santaláceas, espontâneo em Portugal
cassiafístula n.f. BOTÂNICA ⇒ **canafístula** (Do lat. *cassĭa*-, «caneleiro» +*fistŭla*-, «tubo»)
cássida n.f. ZOOLOGIA género de insetos coleópteros, fitófagos, espalhados por todo o mundo (Do lat. *cassĭda*-, «capacete de metal»)
cassidário n.m. ZOOLOGIA espécime dos cassidários ■ n.m.pl. ZOOLOGIA grupo de insetos coleópteros, fitófagos, espalhados por todo o mundo (De *cássida*+*-ário*)
cassídida n.m. ZOOLOGIA espécime dos Cassidídeos
Cassídidas n.m.pl. ZOOLOGIA ⇒ **Cassidídeos**
cassidídeo n.m. ZOOLOGIA espécime dos Cassidídeos
Cassidídeos n.m.pl. ZOOLOGIA família de moluscos a cujo género-tipo, que se denomina *Cassis*, pertence o búzio (Do lat. *cassĭda*-, «capacete de metal» +*-ídeos*)
cassidónia n.f. variedade de pedra preciosa (De orig. obsc.)
cassina n.f. **1** espécie de azevinho **2** QUÍMICA princípio ativo da cássia (De *cássia*+*-ina*)
cassineta /ê/ n.f. tecido de lã fino e leve (Do fr. *cassinette*, «id.»)
cassino n.m. **1** jogo com baralho de 52 cartas **2** [Brasil] ⇒ **casino** (Do it. *casino*, «id.»)
Cassiopeia n.f. ASTRONOMIA constelação vizinha do Polo Norte, com cinco estrelas muito visíveis, em forma de W, e outras menos visíveis, algumas variáveis e múltiplas (Do lat. *Cassiopēa*-, «id.»)
cássis n.m.2n. **1** BOTÂNICA espécie de groselheira da Europa (*Rubes Nigrum*), de frutos negros e aromáticos **2** licor xaroposo de groselha dessa espécie (Do lat. *cassis*)
cassiterite n.f. MINERALOGIA mineral fundamentalmente constituído por dióxido de estanho, que cristaliza no sistema tetragonal e é minério de estanho, muito abundante no Norte de Portugal (Do gr. *kassíteros*, «estanho», pelo lat. *cassitĕru*-, «id.», pelo fr. *cassitérite*, «cassiterite»)
casso adj. nulo; sem efeito (Do lat. *cassu*-, «vazio»)
cassoa /ô/ n.f. BOTÂNICA planta herbácea, da família das Leguminosas, espontânea em algumas regiões de Portugal, também conhecida por luzerna-de-sequeiro (De orig. obsc.)
cassoiro n.m. ⇒ **cassouro**
cassouro n.m. [regionalismo] rodela de cortiça que forma o bojo da roca de fiar (De orig. obsc.)
cassumbular v.tr. **1** [Angola] levar **2** [Angola] conquistar (Do quimb. *kusumbula*, «id.»)
cassungo n.m. [Angola] missanga miúda, usada por vezes para negociar
casta n.f. **1** grupo social hereditário e fechado, em que os membros pertencem à mesma etnia, profissão ou religião **2** grupo social

fechado sobre si, gozando de privilégios especiais e caracterizando-se por um espírito de elite e de autoexclusão **3** género; qualidade; natureza **4** BIOLOGIA grupo de indivíduos (animais ou vegetais) que, por alguns caracteres, se distinguem de outros da mesma espécie e podem constituir uma raça ou variedade **5** (enologia) qualidade aromática que cada uma das variedades de uva transmitem ao vinho que originam (Do lat. *casta-*, «pura; sem mistura»)

castaneácea *n.f.* BOTÂNICA espécime das Castaneáceas

Castaneáceas *n.f.pl.* BOTÂNICA família de plantas lenhosas a que pertence o castanheiro (Do lat. *castaněa-*, «castanheiro» +*-áceas*)

castâneo *adj.* relativo ou semelhante ao castanheiro (Do lat. *castaněu-*, «de castanheiro»)

castanha *n.f.* **1** BOTÂNICA semente do ouriço (fruto do castanheiro), rica em amido, geralmente consumida assada ou cozida, sendo também usada no acompanhamento de pratos culinários e na confeção de doces **2** pancada na cabeça com os nós dos dedos; carolo **3** excremento de burro ou cavalo **4** rolo de cabelo; *~ pilada* castanha descascada e seca; *estalar a ~ na boca a* ficar espantado, surpreendido ou logrado, por ter sucedido o contrário daquilo que se esperava (Do lat. *castaněa-*, «castanha; castanheiro»)

castanha-do-maranhão *n.f.* BOTÂNICA semente comestível do cajueiro e de uma anacardiácea do Brasil

castanhal *n.m.* plantação de castanheiros mansos; souto (De *castanha*+*-al*)

castanhedo /ê/ *n.m.* ⇒ **castanhal** (De *castanha*+*-edo*)

castanheira *n.f.* **1** mulher que vende ou assa castanhas para vender **2** BOTÂNICA castanheiro destinado a produzir fruto **3** BOTÂNICA castanheiro bravo; castinceira (De *castanha*+*-eira*)

castanheiro *n.m.* **1** BOTÂNICA árvore de grande porte, da família das Castaneáceas (ou Fagáceas), espontânea e cultivada em Portugal, produtora de frutos comestíveis (castanhas) e preciosa madeira **2** homem que vende ou assa castanhas para vender **3** NÁUTICA peça metálica cavilhada na borda de um navio, que serve para encaminhamento dos cabos que saem dele (De *castanha*+*-eiro*)

castanheiro-da-índia *n.m.* BOTÂNICA árvore da família das Hipocastaneáceas (duas espécies), cultivada em Portugal com fins ornamentais

castanheta /ê/ *n.f.* **1** ICTIOLOGIA peixe teleósteo da família dos Serranídeos, também conhecido por imperador-do-alto e papagaio-do-mar **2** estalo produzido pelo dedo indicador ao bater no médio e no polegar, ou pelo dedo médio ao bater no anular **3** *pl.* MÚSICA ⇒ **castanholas** (Do cast. *castañeta*, «castanhola»)

castanho *n.m.* **1** madeira do castanheiro cor da casca da castanha madura **3** [regionalismo] tempo das castanhas ■ *adj.* que tem a cor da casca da castanha madura (Do lat. *castaněu-*, «de castanheiro»)

castanho-claro *adj.* que apresenta uma tonalidade clara de castanho ■ *n.m.* essa tonalidade

castanho-escuro *adj.* que apresenta uma tonalidade escura de castanho ■ *n.m.* essa tonalidade

castanhol *n.m.* BOTÂNICA planta da família das Ciperáceas, espontânea em Portugal (De *castanha*+*-ol*)

castanholar *v.intr.* tocar castanholas ■ *v.tr.,intr.* tocar à maneira de castanholas (De *castanholas*+*-ar*)

castanholas *n.f.pl.* **1** MÚSICA instrumento de percussão, composto de duas peças de madeira ou marfim em forma de concha, ligadas por cordel aos dedos que as fazem bater uma contra a outra **2** estalidos produzidos pelos dedos médio e polegar (Do cast. *castañuela*, «id.»)

castanhoso /ô/ *adj.* que tem castanhas ou castanhais (De *castanha*+*-oso*)

castão *n.m.* remate ornamental das bengalas e de outros utensílios (Do germ. *kasto, «caixa»*, pelo fr. ant. *caston*, hoje *chaton*, «engaste»)

castelã *n.f.* **1** dona ou habitante de um castelo **2** esposa ou filha de castelão **3** BOTÂNICA casta de videira (ou as suas uvas) também chamada trincadeira, casteloa e labrusca (Do lat. *castellāna-*, «id.»)

castelania *n.f.* jurisdição do senhor de um castelo (Do lat. *castellānu-*, «habitante de um castelo»+*-ia*)

castelão *n.m.* **1** senhor de um castelo **2** alcaide ■ *adj.* pertencente a castelo (Do lat. *castellānu-*, «id.»)

castelaria *n.f.* serviço de dirigir ou inspecionar fortalezas e castelos (De *castelo*+*-aria*)

casteleiro *adj.* relativo a castelo ■ *n.m.* ⇒ **castelão** *n.m.* (De *castelo*+*-eiro*)

castelejo /ê/ *n.m.* parte mais elevada do castelo (De *castelo*+*-ejo*)

casteleta /ê/ *n.f.* certa qualidade de tecido de fabrico português (De *Castelo*, antr.+*-eta*?)

castelhanismo *n.m.* palavra, expressão ou construção do castelhano integrada noutra língua; espanholismo (De *castelhano*+*-ismo*)

castelhanizar *v.tr.* **1** tornar castelhano **2** dar feição castelhana a (De *castelhano*+*-izar*)

castelhano *adj.* **1** relativo ou pertencente a Castela **2** espanhol ■ *n.m.* **1** natural ou habitante de Castela **2** língua românica falada em Espanha e em alguns países da América Latina (Do cast. *castellano*, «natural de Castela»)

castelo *n.m.* **1** construção em lugar elevado, com muralhas e torres, destinada à defesa de uma posição estratégica; fortaleza; praça-forte **2** residência senhorial fortificada **3** parte mais alta do convés do navio **4** [fig.] acumulação; amontoado **5** pessoa ou coisa muito alta; *castelos no ar* fantasias (Do lat. *castellu-*, «id.»)

casteloa /ô/ *n.f.* BOTÂNICA ⇒ **labrusca** (De *castelão*)

castelório *n.m.* castelo pequeno (De *castelo*+*-ório*)

castiçal *n.m.* utensílio de diversos materiais que serve de suporte para uma ou mais velas (De orig. obsc.)

castiçar *v.tr.* **1** tornar castiço **2** juntar o macho com a fêmea para a reprodução (De *castiço*+*-ar*)

casticidade *n.f.* ⇒ **casticismo** (De *castiço*+*-i-*+*-dade*)

casticismo *n.m.* qualidade do que é castiço (De *castiço*+*-ismo*)

castiço *adj.* **1** de boa casta **2** puro **3** (estilo) vernáculo **4** [coloq.] peculiar; que tem características únicas **5** [coloq.] engraçado (Do cast. *castizo*, «id.»)

castidade *n.f.* **1** abstenção de praticar atos sexuais **2** pureza (Do lat. *castitāte-*, «pureza; castidade»)

castificação *n.f.* ato ou efeito de castificar (De *castificar*+*-ção*)

castificar *v.tr.* tornar casto (Do lat. *castificāre*, «tornar puro»)

castigação *n.f.* **1** castigo **2** emenda; correção (Do lat. *castigatiōne-*, «repreensão; castigo»)

castigador *adj.* que castiga ■ *n.m.* **1** aquele que castiga **2** indivíduo que abusa da fraqueza dos outros (Do lat. *castigatōre-*, «id.»)

castigar *v.tr.* **1** aplicar castigo a; punir **2** repreender; admoestar **3** corrigir; emendar (Do lat. *castigāre*, «id.»)

castigável *adj.2g.* **1** que merece castigo **2** que pode ser castigado (Do lat. *castigabĭle-*, «punível»)

castigo *n.m.* **1** ato ou efeito de castigar **2** sofrimento corporal ou moral infligido a uma pessoa; punição; pena **3** admoestação **4** emenda (Deriv. regr. de *castigar*)

castigueira *n.f.* **1** [regionalismo] grande maçada **2** [regionalismo] castigo (De *castigo*+*-eira*)

castina *n.f.* calcário que se junta ao minério de ferro para lhe facilitar a fusão (Do al. *Kalkstein*, «calcário», pelo fr. *castine*, «id.»)

castinçal *n.m.* **1** mata de castinceiros **2** souto de castanheiros bravos (De *castinço*+*-al*)

castinceira *n.f.* ⇒ **castinceiro** (De *castinceiro*)

castinceiro *n.m.* castanheiro bravo (De *castinço*+*-eiro*)

castinço *n.m.* ⇒ **castinceiro** (Do lat. *castaniceu-*, «de castanheiro; semelhante ao castanheiro»)

casting *n.m.* **1** CINEMA, TEATRO, TELEVISÃO processo de escolha dos atores para um filme, uma peça ou um programa **2** (moda) processo de seleção de um modelo (Do ing. *casting*, «id.»)

casto *adj.* **1** que se abstém de prazeres sexuais **2** [fig.] puro **3** [fig.] inocente **4** [fig.] sem mancha (Do lat. *castu-*, «puro»)

castor *n.m.* **1** ZOOLOGIA mamífero roedor, anfíbio, com pelo castanho, da família dos Castorídeos (duas espécies), que habita especialmente o Norte da Europa e da América **2** pele deste animal **3** variedade de chapéu **4** chapéu preto, fino **5** [com maiúscula] ASTRONOMIA estrela de grandeza aparente 1,58, binária espetroscópica, α da constelação zodiacal dos Gémeos (Do gr. *kástor*, «castor», pelo lat. *castōre-*, «id.»)

castorenho /ê/ *adj.* feito de pelo de castor ■ *n.m.* chapéu de abas largas usado por picadores de touros (Do cast. *castoreño*, «id.»)

castóreo *n.m.* substância aromática e medicinal segregada por glândulas do castor (Do lat. med. *castorĕu-*, «do castor»)

castórida *adj.* ZOOLOGIA relativo aos Castorídeos ■ *n.m.* ZOOLOGIA espécime dos Castorídeos

Castóridas *n.m.pl.* ZOOLOGIA ⇒ **Castorídeos**

castorídeo *adj.* ZOOLOGIA relativo aos Castorídeos ■ *n.m.* ZOOLOGIA espécime dos Castorídeos

Castorídeos *n.m.pl.* ZOOLOGIA família de animais roedores, anfíbios, a que pertence o castor (De *castor*+*-ídeos*)

castorina *n.f.* pano de lã macio e lustroso (Do fr. *castorine*, «tecido de pelo de castor»)

castração *n.f.* **1** ato ou efeito de extrair os órgãos reprodutores; capadura **2** [fig.] ato ou efeito de limitar o desenvolvimento da personalidade de alguém ou as suas ideias, vontades, etc.; repressão (Do lat. *castratiōne-*, «castração»)

castrador *adj.,n.m.* **1** que ou aquele que castra; capador **2** [fig.] que ou aquele que impede o desenvolvimento da personalidade de alguém ou limita as suas ideias, vontades, opiniões, etc. (Do lat. *castratōre-*, «id.»)

castramento *n.m.* ⇒ **castração** (De *castrar+-mento*)

castrametação *n.f.* **1** ato ou efeito de castrametar **2** arte de escolher terrenos próprios para assentar acampamentos (De *castrametar+-ção*)

castrametar *v.tr.* **1** acampar em **2** escolher (terrenos) para acampar **3** fortificar (Do lat. *castrametāri*, «acampar»)

castrar *v.tr.* **1** extrair os órgãos reprodutores a; capar **2** [fig.] impedir o desenvolvimento ou a eficiência de **3** [fig.] impedir ou limitar o desenvolvimento da personalidade ou a iniciativa de alguém; atrofiar; reprimir (Do lat. *castrāre*, «id.»)

castrejo /ê/ *adj.* referente a castro (De *castro+-ejo*)

castrelo /ê/ *n.m.* {*diminutivo de* **castro**} castro pequeno (De *castro+-elo*)

castrense¹ *adj.2g.* **1** relativo a castro, acampamento ou serviço militar **2** relativo a classe militar **3** relativo ou pertencente a acampamento ou serviço militar **4** diz-se do latim que era falado pelos soldados romanos (Do latim *castrense-*, «idem»)

castrense² *adj.2g.* relativo ou pertencente a Castro Daire, no distrito de Viseu, ou que é seu natural ou habitante ▪ *n.2g.* natural ou habitante de Castro Daire (De *Castro [Daire]*, topónimo *+-ense*)

castrismo *n.m.* doutrina político-social baseada nos princípios e métodos de Fidel Castro (n.1926) e elaborada a partir da revolução cubana, em 1959, com elementos do marxismo-leninismo (Do antr. *Castro +-ismo*)

castro *n.m.* **1** lugar fortificado das épocas pré-romana e romana, na Península Ibérica, que era um povoado permanente ou apenas refúgio das populações circunvizinhas em caso de perigo, também designado crasto, castelo, citânia, cividade, cristelo, etc. **2** castelo antigo (Do lat. *castru-*, «fortaleza»)

casual *adj.2g.* que depende do acaso; fortuito; acidental; eventual (Do lat. *casuāle-*, «id.»)

casualidade *n.f.* **1** qualidade do que é casual **2** eventualidade **3** acaso (De *casual+-i-+-dade*)

casualismo *n.m.* doutrina que atribui ao acaso a sucessão dos fenómenos, em oposição ao determinismo (De *casual+-ismo*)

casualista *adj.2g.* referente ao casualismo ▪ *n.2g.* pessoa defensora do casualismo (De *casual+-ista*)

casualmente *adv.* por acaso (De *casual+-mente*)

casuar *n.m.* ORNITOLOGIA ave corredora, de grande porte, da família dos Casuarídeos, da Nova Guiné, Austrália, etc. (Do mal. *kasuwári*, «id.»)

Casuáridas *n.m.pl.* ORNITOLOGIA ⇒ **Casuarídeos**

casuarídeo *adj.* ORNITOLOGIA relativo aos Casuarídeos ▪ *n.m.* ORNITOLOGIA espécime dos Casuarídeos

Casuarídeos *n.m.pl.* ORNITOLOGIA família de aves corredoras a que pertence o casuar (De *casuar+-ídeos*)

casuarina *n.f.* BOTÂNICA árvore da família das Casuarináceas (várias espécies), do Sul da Ásia e da Austrália, cujas folhas se assemelham às penas do casuar, e que se cultiva em Portugal para aplicações ornamentais (De *casuar+-ina*)

casuarinácea *n.f.* BOTÂNICA espécime das Casuarináceas

Casuarináceas *n.f.pl.* BOTÂNICA família de plantas a que pertence a casuarina (De *casuarina+-áceas*)

casuísta *n.m.* **1** teólogo que se ocupa da resolução dos casos de consciência **2** aquele que estuda e explica a moral por meio de casos (Do lat. med. *casu-*, «caso de consciência», pelo fr. *casuiste*, «casuísta»)

casuística *n.f.* **1** parte da teologia moral que trata dos casos de consciência **2** sistema dos casuístas (De *casuístico*)

casuístico *adj.* **1** relativo à casuística **2** muito minucioso (De *casuísta+-ico*)

casula¹ *n.f.* veste litúrgica que o sacerdote usa sobre a alva e a estola na celebração da missa (Do lat. *casŭla*, «casinha», pelo b. lat. *casubla*, «manto com capuz»)

casula² *n.f.* **1** [regionalismo] vagem de feijão, colhida ainda verde e cortada em pequenos pedaços, que acaba de secar em cima de palha ou de uma manta; casca **2** [regionalismo] espécie de caldeirinha que os marnotos fazem nas salinas (De orig. obsc.)

casulo *n.m.* **1** invólucro filamentoso construído pela larva do bicho-da-seda ou de outros insetos **2** BOTÂNICA cápsula que envolve as sementes **3** tubo metálico por onde a chave entra na fechadura **4** BOTÂNICA brácteas escamosas que acompanham os frutos das gramíneas **5** [regionalismo] divisão de madeira onde as pombas chocam os ovos (De *casula*)

casuloso /ô/ *adj.* **1** que tem casulo **2** semelhante a casulo (De *casulo+-oso*)

cata *n.f.* **1** procura; busca **2** pesquisa; *andar à ~ de* procurar alguma coisa (Deriv. regr. de *catar*)

cata- elemento de formação de palavras que exprime a ideia de *em baixo, para baixo* (Do gr. *katá*, «para baixo»)

catabaptismo ver nova grafia *catabatismo*

catabaptista ver nova grafia *catabatista*

catabático *adj.* diz-se do vento originado num movimento descendente do ar, como o produzido pelo ar frio que desce das montanhas para o vale, comum também nas ravinas dos desertos, onde chega a atingir grandes velocidades (Do gr. *katabatikós*, «próprio para descida»)

catabatismo *n.m.* doutrina dos catabatistas (Do gr. *katabaptízein*, «submergir; afogar»)

catabatista *n.2g.* pessoa que nega a necessidade do batismo (Do gr. *katabaptistés*, «que submerge; que afoga»)

catabolismo *n.m.* BIOLOGIA série de fenómenos metabólicos que se dão nos seres vivos para transformar grandes moléculas noutras mais pequenas, com libertação de energia (Do gr. *katabolé*, «ação de atirar de cima para baixo» *+-ismo*)

catabolizar *v.tr.* BIOLOGIA submeter a catabolismo (Do ing. *catabolize*, «id.»)

catacáustica *n.f.* FÍSICA cáustica resultante da reflexão de um feixe luminoso, cónico ou paralelo, num espelho curvo (Do gr. *katakaustiké*, «que queima»)

catacego *adj.* ⇒ **catracego**

catáclase *n.f.* GEOLOGIA ação metamórfica, em geral originada por pressões tectónicas, que provoca o esmagamento e trituração de rochas preexistentes (Do gr. *katá*, «para baixo» *+klásis*, «quebra; rutura»)

cataclasia *n.f.* ⇒ **catáclase** (De *catáclase+-ia*)

cataclasito *n.m.* PETROLOGIA rocha metamórfica originada por catáclase (De *catáclase+-ito*)

cataclísmico *adj.* GEOLOGIA relativo a cataclismo

cataclismo *n.m.* **1** GEOLOGIA transformação de grandes proporções da crosta terrestre; revolução geológica **2** grande inundação **3** grande catástrofe; derrocada **4** [fig.] convulsão social (Do gr. *kataklysmós*, «inundação», pelo lat. *cataclysmos*, «dilúvio»)

catacrese *n.f.* figura de retórica que consiste no emprego de termos com significação diferente da usual, por falta de termos próprios na língua (ex.: as *pernas* da mesa) (Do gr. *katakhrésis*, «abuso», pelo lat. *catachrēse-*, «id.», pelo fr. *catachrèse*, «id.»)

catacumba *n.f.* **1** cemitério subterrâneo onde, nos primeiros séculos da Igreja, os cristãos enterravam os seus mortos, se reuniam para celebrar o culto e se escondiam em ocasião de perseguições **2** gruta com ossuário (Do gr. *katá*, «para baixo» e *túmbos*, «tumba; túmulo», pelo lat. *catacumba-*, alt. de *catatumba-*, «catacumba»)

catacus *n.m.2n.* [regionalismo] BOTÂNICA planta herbácea, da família das Poligonáceas, espontânea e frequente em Portugal (De orig. obsc.)

catacústica *n.f.* FÍSICA estudo da reflexão dos sons (De *cata-+acústica*)

catadióptrica *n.f.* FÍSICA parte da ótica que estuda os efeitos da reflexão e da refração da luz (Do gr. *katá*, «para baixo» *+dioptriké (tékhne)*, «a arte de medir alturas e distâncias»)

catadióptrico *adj.* FÍSICA diz-se de um sistema ótico em que a luz sofre reflexões (espelhos) e refrações (lentes ou prismas); *elemento ~* elemento em que a imagem é formada por reflexão e refração (Do gr. *katá*, «para baixo» *+dioptriké (tékhne)*, «a arte de medir alturas e distâncias» *+-ico*)

catadupa *n.f.* grande queda de água corrente; catarata; cachoeira; *em ~* em grande quantidade (Do gr. *katádoupa*, «coisa que faz ruído ao cair», pelo lat. *catadūpa-*, «catadupa»)

catadupejar *v.intr.* cair em catadupas (De *catadupa+-ejar*)

catadura *n.f.* **1** disposição; estado de ânimo **2** aspeto; aparência **3** cariz (De *catar+-dura*)

catafalco *n.m.* estrado em que se coloca o féretro; essa (Do it. *catafalco*, «essa; catafalco»)

catafasia *n.f.* MEDICINA perturbação psicológica em que um doente repete várias vezes uma resposta (Do gr. *katáphasis*, «afirmação», pelo lat. tard. *cataphāse-*, «afirmação» *+-ia*)

catafeder *v.intr.* [regionalismo] cheirar mal por causa do medo (De *cata-+feder*)

catafonia *n.f.* som produzido pelo eco (Do gr. *katá*, «contra» *+phoné*, «som» *+-ia*)

catafónica n.f. ⇒ **catacústica** (Do gr. *katá*, «contra» +*phoné*, «som» +-*ica*)
catáfora n.f. 1 MEDICINA letargia entrecortada por períodos de semi-consciência 2 LINGUÍSTICA processo através do qual um termo refere outro inserido posteriormente no mesmo texto
cataforese n.f. 1 FÍSICA movimento de partículas coloidais carregadas, num campo elétrico 2 movimento de partículas coloidais carregadas positivamente para o cátodo (Do gr. *katá*, «para baixo» +*phóresis*, «ação de levar», pelo fr. *cataphorèse*, «id.»)
catafracta n.f. armadura antiga feita de pano ou pele e coberta de escamas metálicas (Do lat. *cataphracta*-, «cota de malha de escamas de ferro»)
catafractário adj. coberto de pele dura e protetora ■ n.m. o que se cobre com catafracta (De *catafracta*+-*ário*)
cataglóssio n.m. MEDICINA ⇒ **cataglosso** (Do gr. *katá*, «para baixo» +*glōssa*, «língua» +-*io*)
cataglosso n.m. MEDICINA instrumento que se utiliza para fazer baixar a língua durante exames ou cirurgias (Do gr. *katá*, «para baixo» +*glōssa*, «língua»)
cataglotismo n.m. emprego de palavras rebuscadas (Do gr. *kataglottismós*, «id.»)
catalão adj. relativo à Catalunha ■ n.m. 1 indivíduo natural da Catalunha 2 idioma da Catalunha (Do prov. ou do cat. ant. *catalan*, «catalão»)
catálase n.f. BIOQUÍMICA fermento redutor que atua especialmente sobre a água-oxigenada, com libertação de oxigénio molecular (Do gr. *katálysis*, «dissolução; catálise»)
cataléctico a grafia mais usada é **catalético**
catalecto ver nova grafia **cataleto**
catalepsia n.f. MEDICINA perturbação psicomotriz caracterizada por imobilidade e inércia de todo o corpo, levando a que o paciente permaneça na posição em que foi colocado (Do gr. *katálepsis*, «ação de segurar ou imobilizar», pelo lat. *catalepse*-, «catalepsia», pelo fr. *catalepsie*, «id.»)
cataléptico adj. 1 relativo à catalepsia 2 atacado de catalepsia (Do gr. *kataleptikós*, «capaz de se apossar de»)
catalético adj. GRAMÁTICA diz-se do verso grego ou latino a cujo último pé propositadamente falta uma sílaba (Do gr. *katalektikós*, «incompleto; imperfeito», pelo lat. *catalectĭcu*-, «id.», pelo fr. *catalectique*, «id.») ACORDO ORTOGRÁFICO também se pode escrever **cataléctico**
cataleto n.m. antologia de textos clássicos (Do gr. *katalékta*, «[coisas] escolhidas», pelo lat. *catalecta*, «id.»)
catalisador n.m. QUÍMICA substância que modifica a velocidade das reações químicas, apresentando-se inalterada no fim da reação, e que tem grande valor industrial 2 [fig.] estímulo (De *catalisar*+-*dor*)
catalisar v.tr. 1 QUÍMICA alterar a velocidade de (reação química); operar a catálise em 2 [fig.] estimular; dinamizar 3 [fig.] desencadear (De *catálise*+-*ar*)
catálise n.f. 1 QUÍMICA alteração (geralmente, aumento) da velocidade de uma reação química por ação de uma substância própria (catalisador) 2 LITERATURA (texto narrativo) unidade funcional que corresponde a eventos circunstanciais e completivos da intriga não diretamente envolvidos com o avançar da ação 3 LITERATURA operação através da qual, numa cadeia sintagmática, são explicitados elementos elípticos, de modo a obter-se o sistema a partir do texto (Do gr. *katálysis*, «dissolução»)
catalítico adj. QUÍMICA relativo à catálise (Do gr. *katalytikós*, «próprio para dissolver»)
catalogação n.f. ato ou efeito de catalogar (De *catalogar*+-*ção*)
catalogador adj.,n.m. que ou aquele que cataloga (De *catalogar*+-*dor*)
catalogal adj.2g. que diz respeito a catálogo (De *catálogo*+-*al*)
catalogar v.tr. 1 inscrever, ordenar ou enumerar em catálogo 2 [fig.] classificar; etiquetar; rotular (De *catálogo*+-*ar*)
catálogo n.m. inventário ou lista ordenada de coisas ou pessoas, geralmente com alguma informação a respeito de cada uma (Do gr. *katálogos*, «lista; catálogo», pelo lat. *catalŏgu*-, «id.»)
catalografia n.f. conjunto dos métodos, regras e preceitos a adotar na catalogação (Do gr. *katálogos*, «lista; catálogo» +*gráphein*, «escrever» +-*ia*)
cataluna n.f. [pop.] cabeça
catamarã n.m. NÁUTICA barco formado por dois cascos unidos entre si por uma plataforma ao nível do convés (Do ing. *catamaran*, «id.»)
catamaran n.m. ⇒ **catamarã**
catamenial adj.2g. respeitante ao cataménio (De *cataménio*+-*al*)
cataménio n.m. FISIOLOGIA ⇒ **menstruação** (Do gr. *kataménios*, «mensal»)

catamento n.m. ⇒ **cata** (De *catar*+-*mento*)
catamito n.m. homem efeminado (Do lat. *Catamitus*, nome dado a Ganimedes)
catana n.f. 1 espada curta; terçado 2 faca comprida e larga 3 espécie de sabre de folha larga e curva 4 [pop.] sabre de polícia 5 [fig.] repreensão; censura (Do jap. *katana*, «espada»)
catanada n.f. 1 golpe de catana 2 golpe com a espada; espadeirada 3 [fig.] reprimenda violenta (De *catana*+-*ada*)
catano n.m. [vulg.] órgão sexual masculino; pénis; ~! [pop.] indica admiração ou contrariedade (De *catana*)
catão n.m. indivíduo austero, rígido, virtuoso (De *Catão*, o censor romano Marcius Cato, 234-149 a. C.)
catapereiro n.m. BOTÂNICA pereira brava, espinhosa, espontânea em Portugal, muitas vezes usada como porta-enxerto da pereira cultivada, também conhecida por escalheiro-preto, escambroeiro e pilriteiro-negro (De *cata*-+*pereiro*)
cataplana n.f. 1 recipiente culinário metálico, geralmente redondo, cujas duas metades são articuladas numa extremidade e se fecham na extremidade contrária 2 CULINÁRIA prato de carne, marisco ou peixe preparado neste recipiente
cataplasma n.f. 1 FARMÁCIA massa medicamentosa, rubefaciente, que se aplica sobre a pele 2 [fig., pej.] pessoa mole e indolente (Do gr. *katáplasma*, «emplastro», pelo lat. *cataplasma*, «id.»)
cataplasmado adj. 1 coberto de cataplasma 2 emplasmado (Do lat. *cataplasmātu*-, part. pass. de *cataplasmāre*, «cataplasmar»)
cataplasmar v.tr. cobrir com cataplasma (Do lat. *cataplasmāre*, «cobrir com cataplasma»)
catapléctico ver nova grafia **cataplético**
cataplético adj. 1 relativo a cataplexia 2 que sofre de cataplexia (Do gr. *kataplektikós*, «id.»)
cataplexia n.f. MEDICINA incapacidade temporária de movimento como reação a uma emoção forte (choque, medo, alegria intensa) (Do gr. *katáplexis*, «espanto; atordoamento», pelo lat. *cataplēxe*-, «id.» +-*ia*)
cataptose n.f. MEDICINA queda súbita provocada por doença (Do gr. *katáptosis*, «queda; ruína»)
catapúcia n.f. BOTÂNICA ⇒ **tártago** (Do fr. *catapuce*, «catapúcia»)
catapulta n.f. 1 antigo engenho de guerra usado para lançar projéteis 2 aparelho destinado a auxiliar o lançamento de aviões (Do gr. *katapéltes*, «catapulta», pelo lat. *catapulta*-, «id.»)
catapultar v.tr. 1 arremessar com catapulta 2 [fig.] impulsionar 3 [fig.] promover; elevar (De *catapulta*+-*ar*)
catapus interj. ⇒ **catrapus** interj.
catar¹ v.tr. 1 procurar parasitas em 2 pesquisar minuciosamente; espiolhar; buscar 3 estar à espreita de 4 examinar 5 escolher; selecionar 6 acatar 7 guardar ■ v.pron. acautelar-se; precaver-se (Do lat. *captāre*, «procurar; apanhar»)
catar² n.m. grupo ou récua de camelos, de mulas, etc. (Do pers.-ár. *qatār*, «id.»)
catarata n.f. 1 queda de água de um rio ou lago que se precipita de grande altura 2 MEDICINA opacidade parcial ou total do cristalino ocular 3 [fig.] cataduppa; *tirar as cataratas* [fig.] fazer ver a verdade (Do gr. *kataráktes*, «que se precipita», pelo lat. *cataracta*-, «catarata»)
catarina n.f. 1 uma das rodas mais pequenas do relógio 2 BOTÂNICA casta de videira de uva branca, cultivada em Portugal 3 pl. [joc.] seios de mulher muito desenvolvidos (De *Catarina*, antr.)
catarinas-queimadas n.f.pl. BOTÂNICA planta herbácea, da família das Fumariáceas, espontânea e frequente em Portugal, também conhecida por erva-pombinha
catarino adj.,n.m. variedade ou designativo de uma variedade de feijão vermelho, raiado (De *Catarina*, antr.)
cátaro adj.,n.m. adepto ou designação do adepto da seita religiosa que se apresenta como exemplar na pureza e moralidade (Do gr. *katharós*, «puro», pelo fr. *cathare*, «cátaro»)
catarral adj.2g. 1 de catarro 2 referente a catarro ■ n.m. angina ou bronquite aguda (De *catarro*+-*al*)
catarrão n.m. ⇒ **catarro 2** (De *catarro*+-*ão*)
catarrear v.intr. 1 tossir com catarro 2 pigarrear (De *catarro*+-*ear*)
catarréctico ver nova grafia **catarrético**
catarreira n.f. ⇒ **catarro 2 2** defluxo (De *catarro*+-*eira*)
catarrento adj. sujeito a catarro; catarroso (De *catarro*+-*ento*)
catarrético adj. que tem a propriedade de dissolver (Do gr. *katarrektikós*, «que faz evacuar», pelo fr. *catarrhectique*, «purgativo»)
catarrino n.m. ZOOLOGIA espécime dos catarríneos ■ n.m.pl. ZOOLOGIA grupo de macacos com as narinas muito próximas uma da outra e voltadas para baixo
catarrino n.m. ⇒ **catarríneo** (Do gr. *katá*, «para baixo» +*rhín*, *rhinós*, «nariz»)

catarro n.m. 1 FISIOLOGIA muco originado pela inflamação das mucosas 2 FISIOLOGIA constipação acompanhada de tosse e expetoração 3 FISIOLOGIA bronquite (Do gr. *katárrhous*, «que corre para baixo», pelo lat. *catarrhu-*, «catarro»)

catarroso /ô/ adj. que anda sempre com catarro (Do lat. *catarrhōsu-*, «id.», pelo fr. *catarrheux*, «constipado»)

catarse n.f. 1 purificação emocional 2 LITERATURA (Aristóteles) purgação das paixões do público em face das emoções fortes (horror, piedade, etc.) evocadas numa tragédia 3 (Antiguidade) cerimónias religiosas de purificação 4 PSICOLOGIA terapêutica psicanalítica que pretende o desaparecimento de sintomas pela exteriorização verbal, dramática, emocional de traumatismos recalcados 5 MEDICINA evacuação (Do gr. *kátharsis*, «purificação»)

catarsia n.f. ⇒ **catarse** (Do gr. *kátharsis*, «purificação» +*-ia*)

catártico adj. 1 que diz respeito à catarse 2 FARMÁCIA purgativo; laxante ■ n.m. FARMÁCIA medicamento purgativo ou laxante; laxativo (Do gr. *kathartikós*, «próprio para purificar», pelo lat. *cathartĭcu-*, «purgante»)

catartídeo adj. pertencente ou relativo aos Catartídeos ■ n.m. ORNITOLOGIA espécime dos Catartídeos

Catartídeos n.m.pl. ORNITOLOGIA família de aves, de cabeça e pescoço nus, com plumagem densa, a que pertencem os urubus e os condores

cata-sonhos n.m.2n. amuleto de origem indígena constituído por uma vara de salgueiro-chorão que se dobra em arco e onde se penduram vários fios, penas e/ou outros pequenos objetos, e que habitualmente se coloca por cima da cama para afastar os maus sonhos e proteger a pessoa enquanto dorme (De *catar*+*sonhos*)

catassol n.m. 1 cambiante 2 antigo tecido muito lustroso e fino (De *catar*+*sol*)

catasta n.f. 1 HISTÓRIA lugar em que os antigos Romanos expunham os escravos à venda 2 HISTÓRIA cadafalso em que se torturavam os mártires (Do lat. *catasta-*, «id.»)

catástase n.f. LITERATURA terceira parte de uma tragédia clássica, na qual culmina todo o desenrolar da ação (Do gr. *katástasis*, «estado; disposição»)

catástrofe n.f. 1 acontecimento desastroso que envolve morte e destruição 2 grande desgraça 3 fim desastroso 4 LITERATURA acontecimentos finais e dolorosos que constituem o desenlace da tragédia (Do gr. *katastrophé*, «ruína; morte», pelo lat. *catastrŏpha-*, «mudança da fortuna»)

catastrófico adj. 1 relativo a catástrofe 2 desastroso; calamitoso 3 dramático (De *catástrofe*+*-ico*)

catastrofismo n.m. 1 GEOLOGIA doutrina defendida por Georges Cuvier, zoólogo francês (1769-1832), que admite a existência, na história da Terra, de catástrofes bruscas e de grande amplitude, capazes de destruir animais e plantas 2 [fig.] anúncio ou previsão constante de catástrofes 3 [fig.] pessimismo radical (De *catástrofe*+*-ismo*)

catastrofista adj.,n.2g. que ou pessoa que antevê desgraças em qualquer situação; pessimista

catatau n.m. 1 [pop.] pancada; castigo 2 besta grande e magra 3 [pej.] pessoa velha e magra 4 [Brasil] indivíduo baixo (De orig. onom.)

catatermómetro n.m. METEOROLOGIA aparelho que serve para medir, na unidade de tempo, a perda de calor de um corpo que esteja à temperatura do corpo humano (Do gr. *katá*, «para baixo» +*thérme*, «calor» +*métron*, «medida»)

catatonia n.f. MEDICINA síndrome de esquizofrenia caracterizada por um estado de inércia motriz e psíquica que alterna com estados de excitação (Do gr. *katá*, «para baixo» +*tónos*, «tensão» +*-ia*, pelo fr. *catatonie*, «id.»)

catatónico adj. 1 relativo a catatonia 2 que sofre de catatonia 3 dependente de catatonia (De *catatonia*+*-ico*)

catatraz interj. imitativa do som produzido por queda ou pancadaria (De orig. onom.)

catatua n.f. ORNITOLOGIA ave da família dos Psitacídeos, de cabeça grande e curva, pescoço curto, mandíbula inferior forte e curva, e patas com dois dedos para a frente e dois para trás; cacatua 2 espécie de rodízio ou carrossel (De *cacatua*, com assimilação)

catau n.m. NÁUTICA nó que se usa nas adriças para levar ao topo dos mastros uma bandeira enrolada e que, com um puxão, se desfaz, e a bandeira desfralda (De orig. obsc.)

cata-vento n.m. 1 utensílio simples (por vezes uma bandeirinha ou uma manga de aeródromo), constituído, em geral, por uma lâmina metálica enfiada numa haste, que serve para indicar o sentido do vento, quando colocada em sítio alto 2 [fig.] pessoa volúvel, que muda muitas vezes de opinião (De *catar*+*vento*)

catazona /ô/ n.f. GEOLOGIA zona mais profunda do metamorfismo, caracterizada pelo predomínio de alta pressão e temperatura elevada (De *cata-*+*zona*)

catear v.intr. procurar minérios (De *cata*+*-ear*)

catechu n.m. 1 substância extraída das catechueiras e utilizada em tinturaria, farmácia, etc. 2 BOTÂNICA (árvore) ⇒ **catechueira** 3 ⇒ **cachu** (Do mal. *kachu*, «id.»)

catechueira n.f. BOTÂNICA nome vulgar extensivo a umas árvores indianas, da família das Leguminosas (ou Mimosáceas), algumas das quais fornecedoras de boa madeira e catechu (De *catechu*+*-eira*)

catechueiro n.m. ⇒ **catechueira**

catecismo n.m. 1 livro onde se expõem princípios elementares para instrução religiosa 2 [fig.] princípios básicos de qualquer ciência ou arte (Do gr. *katekhismós*, «instrução», pelo lat. *catechismu-*, «catecismo»)

catecumenato n.m. estado ou tempo de catecúmeno (De *catecúmeno*+*-ato*)

catecúmeno n.m. aquele que se prepara para receber o batismo (Do gr. *katekhoúmenos*, «o que é instruído de viva voz», pelo lat. *catechumĕnu-*, «id.»)

cátedra n.f. 1 RELIGIÃO cadeira pontifícia 2 cadeira de professor 3 cargo de professor catedrático de uma cadeira universitária 4 disciplina ou matéria ministrada por esse professor (Do gr. *kathédra*, «assento», pelo lat. *cathĕdra-*, «cadeira»)

catedral n.f. igreja principal de uma diocese onde está a cátedra do bispo; sé ■ adj.2g. diz-se da igreja principal de uma diocese (De *cátedra*+*-al*)

catedralesco adj. 1 monumental 2 grandioso (De *catedral*+*-esco*)

catedrático adj. 1 relativo à cátedra 2 que tem cátedra ■ n.m. 1 (ensino superior) grau cimeiro da carreira docente 2 (ensino superior) professor encarregado da orientação pedagógica e científica de uma disciplina, de um grupo de disciplinas ou de um departamento (De *cátedra*++*-ico*)

catedratizar v.tr. tornar catedrático (De *catedrático*+*-izar*)

categorema /ê/ n.m. cada um dos quatro atributos dialéticos, em lógica (Do gr. *kategórema*, «acusação; censura»)

categoria n.f. 1 classe 2 ordem 3 carácter; natureza 4 posição na hierarquia social ou administrativa 5 MATEMÁTICA estrutura algébrica definida por duas classes (cujos elementos são designados, respetivamente, por objetos e morfismos) e por uma operação binária sobre os próprios morfismos 6 FILOSOFIA conceito muito geral que exprime as diversas relações que podemos estabelecer entre as ideias e os factos; *de ~* de excelente qualidade; *ter ~* ter valor (Do gr. *kategoría*, «acusação», pelo lat. *categorĭa-*, «id.», pelo fr. *catégorie*, «categoria»)

categorial adj.2g. 1 relativo a categoria 2 conceptual 3 abstrato; *pensamento ~* pensamento que se caracteriza pela apreensão conceptual de relações, pela classificação de objetos de categoria geral, por oposição ao pensamento concreto, que os apreende na sua individualidade (De *categoria*+*-al*)

categórico adj. 1 relativo a categoria 2 decisivo 3 claro; explícito 4 terminante; *imperativo ~* FILOSOFIA o dever, porque obriga incondicionalmente; *juízo ~* LÓGICA juízo que anuncia uma relação independente de qualquer condição (Do gr. *kategorikós*, «relativo à acusação», pelo lat. *categorĭcu-*, «id.», pelo fr. *catégorique*, «categórico»)

categorização n.f. ato ou efeito de categorizar (De *categorizar*+*-ção*)

categorizado adj. que tem categoria; importante; abalizado (Part. pass. de *categorizar*)

categorizador adj.,n.m. que ou aquele que categoriza (De *categorizar*+*-dor*)

categorizar v.tr. 1 classificar ou dispor por categorias 2 dar categoria a; relevar; salientar (De *categoria*+*-izar*)

categorizável adj.2g. que pode ser categorizado

catembe n.f. [Moçambique] mistura de vinho e refrigerante (De *Catembe*, top.)

catena /ê/ n.f. GEOLOGIA sucessão de tipos de solo (Do lat. *catēna-*, «cadeia»)

catenação n.f. ⇒ **concatenação** (Do lat. *catenatiōne-*, «encadeamento; reunião»)

catenária n.f. 1 MATEMÁTICA curva plana segundo a qual se dispõe a posição de equilíbrio de um fio pesado, homogéneo, inextensível e suspenso pelas extremidades em virtude do seu próprio peso 2 cabo metálico condutor de eletricidade suspenso nas vias-férreas eletrificadas (Do lat. *catenarĭa-*, «relativo a cadeia»)

catenífero

catenífero *adj.* que tem cadeia ou traços em forma de cadeia (Do lat. *catēna-*, «cadeia» +*-fero*, de *ferre*, «trazer»)
cateniforme *adj.2g.* com feitio de cadeia (Do lat. *catēna-*, «cadeia» +*forma-*, «forma»)
catenoide *n.f.* GEOMETRIA superfície formada pela rotação de uma catenária em torno da sua diretriz (Do lat. *catēna-*, «corrente»+gr. *eĩdos*, «forma»)
catenóide ver nova grafia **catenoide**
caténula *n.f.* 1 cadeia pequena 2 risco em forma de cadeia (Do lat. *catenŭla-*, «cadeiazinha»)
catequese *n.f.* 1 RELIGIÃO ensino da doutrina da Igreja, feito em regime escolar próprio 2 [fig.] doutrinação 3 [fig.] ensino (Do gr. *katékhesis*, «ato de instruir de viva voz», pelo lat. *catechēse-*, «catequese», pelo fr. *catéchèse*, «id.»)
catequético *adj.* 1 relativo à catequese 2 diz-se do ensino ministrado por preleções (Do fr. *catéchétique*, «id.»)
catequista *n.2g.* 1 pessoa que catequiza 2 pessoa que ensina uma doutrina religiosa (Do gr. *katekhistés*, «o que ensina de viva voz», pelo lat. *catechista-*, «id.», pelo fr. *catéchiste*, «catequista»)
catequização *n.f.* 1 ato ou efeito de catequizar 2 instrução religiosa 3 [fig.] aliciação (Do lat. *catechizatiōne-*, «ato de catequizar»)
catequizador *n.m.* ⇒ **catequista** (De *catequizar*+*-dor*)
catequizante *adj.2g.* que catequiza (Do lat. *catechizante-*, «id.», part. pres. de *catechizāre*, «catequizar»)
catequizar *v.tr.* 1 instruir nos princípios de uma doutrina religiosa ou social 2 doutrinar 3 [fig.] convencer (Do gr. *katekhízein*, «ensinar», pelo lat. *catechizāre*, «catequizar»)
catering *n.m.* serviço de fornecimento de refeições e bebidas para ocasiões festivas, oficiais ou profissionais (Do ing. *catering*, «id.»)
caterva *n.f.* 1 multidão 2 grande número (Do lat. *caterva-*, «turba; corpo de tropas bárbaras»)
catete[1] *adj.* designativo de galinha pequena, de plumagem lisa e pernas nuas ■ *n.m.* 1 galinha pequena, de plumagem lisa e pernas nuas 2 [Brasil] variedade de milho miúdo (Do tupi *caa*, «mato» +*teté*, «verdadeiro»)
catete[2] *n.m.* [Angola] ORNITOLOGIA pássaro cinzento-claro, com peito e ventre brancos (Do quimbundo *katete*, de *kutetejeka*, «simular»)
cateter *n.m.* MEDICINA sonda que se introduz ao longo de um canal do organismo (artéria, veia, canal lacrimal, uretra, etc.) para extrair o seu conteúdo, introduzir substâncias medicamentosas ou corantes, servir de intermediário da determinação de pressões sanguíneas ou ainda para outros objetivos (Do gr. *kathetér*, «sonda de cirurgião»)
cateterismo *n.m.* MEDICINA sondagem com cateter (Do gr. *katheterismós*, «aplicação de sonda», pelo lat. *catheterismu-*, «id.», pelo fr. *cathétérisme*, «id.»)
cateto[1] *n.m.* 1 GEOMETRIA cada um dos lados do ângulo reto de um triângulo retângulo 2 [ant.] reta perpendicular a outra ou a uma superfície (Do gr. *káthetos*, «perpendicular», pelo lat. *cathētu-*, «id.»)
cateto[2] /ê/ *adj.* diz-se de uma variedade de milho e de uma variedade de arroz
catetómetro *n.m.* FÍSICA instrumento de física que serve para medir com bastante rigor pequenas diferenças de nível e que consta de uma escala vertical ao longo da qual se move uma luneta montada horizontalmente (Do gr. *káthetos*, «perpendicular» +*métron*, «medida»)
catiano *n.m.* GEOLOGIA andar do Oligocénico
catião *n.m.* FÍSICA ião de carga elétrica positiva que, durante uma eletrólise, se dirige para o cátodo (Do gr. *katión*, «que desce»)
catilinária *n.f.* 1 acusação violenta e eloquente 2 [fig.] descompostura (Do lat. *catilinarĭa-*, «discurso sobre Catilina», patrício romano, 109-62 a. C.)
catimba *n.f.* 1 [Brasil] manha; astúcia 2 [Brasil] DESPORTO recurso antidesportivo (por exemplo, gastar tempo desnecessariamente durante um jogo)
catimbau *n.m.* 1 homem ridículo 2 [Brasil] cachimbo ordinário (Do esp. amer. *catimbao*, «id.»)
catimbó *n.m.* [Brasil] feitiço; mau-olhado
catinga[1] *n.f.* 1 cheiro desagradável 2 suor malcheiroso (De orig. obsc.)
catinga[2] *n.f.* 1 [Brasil] BOTÂNICA ⇒ **caatinga** 2 BOTÂNICA nome vulgar de várias plantas das famílias das Leguminosas, Compostas, Caparidáceas, etc., como a catinga-branca e a catinga-de-bode
catinga[3] *adj.2g.* que é muito apegado ao dinheiro; avarento ■ *n.m.* [Brasil] apego exagerado ao dinheiro ou às riquezas (Do quimb. *kaxingi*, dim. de *muxingi*, «avarento»)
catinga-branca *n.f.* BOTÂNICA arbusto lauráceo, medicinal, com folhas aromáticas, nativo do Brasil

catinga-de-bode *n.f.* BOTÂNICA planta medicinal da família das Compostas, nativa de zonas tropicais
catingar[1] *v.intr.* cheirar a catinga (De *catinga* [= cheiro]+*-ar*)
catingar[2] *v.intr.* mostrar-se avarento (De *catinga* [= homem avarento]+*-ar*)
catingoso /ô/ *adj.* que cheira a catinga; malcheiroso (De *catinga*+*-oso*)
catingueiro *n.m.* 1 BOTÂNICA erva da família das Gramíneas, muito cultivada no Brasil e usada como forragem 2 ORNITOLOGIA ⇒ **cigana** 3 3 ZOOLOGIA veado de armação simples e pelagem castanho-acinzentada ■ *adj.* ⇒ **catingoso** (De *catinga*+*-eiro*)
catita *adj.2g.* 1 bem arranjado; bem vestido 2 airoso ■ *n.2g.* 1 pessoa elegante 2 indivíduo afetado; peralvilho 3 NÁUTICA pequena vela no extremo da popa de um navio 4 [Brasil] ZOOLOGIA ⇒ **camundongo** (De orig. obsc.)
catitar *v.intr.* 1 mostrar-se catita 2 vestir-se com demasiado apuro; janotar (De *catita*+*-ar*)
catitice *n.f.* 1 qualidade de catita 2 elegância 3 janotismo (De *catita*+*-ice*)
catitismo *n.m.* ⇒ **catitice** (De *catita*+*-ismo*)
cativa *n.f.* [pouco usado] dança mourisca; ~! exclamação que exprime nojo, desprezo (De *cativo*)
cativação *n.f.* 1 ato ou efeito de cativar 2 retenção (de fundos, verbas, títulos, etc.) (Do lat. *captivatiōne-*, «ação de prender; captura»)
cativante *adj.2g.* que cativa; sedutor (Do lat. *captivante-*, part. pres. de *captivāre*, «tornar cativo»)
cativar *v.tr.* 1 tornar cativo; prender 2 dominar 3 ganhar a amizade de; seduzir; conquistar 4 ganhar a simpatia ou a estima de 5 aliciar 6 guardar em seu poder; reter ■ *v.pron.* 1 ficar cativo; prender-se 2 afeiçoar-se; encantar-se (Do lat. *captivāre*, «tornar cativo»)
cativeiro *n.m.* 1 estado ou tempo de cativo 2 lugar onde se está cativo; prisão 3 escravidão; servidão 4 [fig.] opressão moral; domínio (De *cativo*+*-eiro*)
catividade *n.f.* 1 cativeiro 2 sujeição (De *cativo*+*-i-*+*-dade*)
cativo *adj.* 1 que perdeu a sua liberdade; preso; encarcerado 2 que foi feito prisioneiro de guerra 3 [fig.] seduzido; atraído 4 que desbota facilmente 5 ECONOMIA retido; hipotecado ■ *n.m.* 1 prisioneiro; preso 2 refém 3 escravo (Do lat. *captīvu-*, «prisioneiro»)
catixa *interj.* exprime nojo, desprezo
cato *n.m.* BOTÂNICA designação extensiva às plantas da família das Cactáceas, tipicamente espinhosas, muito cultivadas em Portugal para fins ornamentais; **~ candelábrico** BOTÂNICA planta tropical africana (Do gr. *káktos*, pelo lat. *cactu-*, «cato; cardo»)
catódico *adj.* FÍSICA do cátodo ou a ele relativo; **raios catódicos** corrente de eletrões emitidos perpendicularmente à superfície do cátodo, nos tubos de descarga elétrica a baixas pressões (De *cátodo*+*-ico*)
catódio *n.m.* ⇒ **cátodo** (De *cátodo*+*-io*)
catodioluminescência *n.f.* ⇒ **catodoluminescência** (De *cátodio*+*luminescência*)
cátodo *n.m.* 1 FÍSICA elétrodo negativo 2 FÍSICA elemento emissor de eletrões (no caso especial de uma lâmpada eletrónica) (Do gr. *káthodos*, «descida», de *katá*, «para baixo» +*odós*, «caminho», pelo fr. *cathode*, «id.»)
catodoluminescência *n.f.* FÍSICA luminescência produzida por raios catódicos (eletrões) quando bombardeiam certos fósforos cristalinos, fenómeno que é largamente utilizado nos oscilógrafos catódicos e nos tubos de televisão (De *cátodo*+*luminescência*)
catolicão *n.m.* antiga panaceia em que entrava o ruibarbo (Do gr. *katholikón*, «universal»)
catolicidade *n.f.* 1 RELIGIÃO conjunto de convicções e rituais da Igreja Católica 2 pertença à Igreja Católica; qualidade de católico 3 o conjunto dos católicos 4 universalidade (Do lat. *catholicitāte-*, «id.»)
catolicismo *n.m.* 1 RELIGIÃO religião cristã que reconhece o papa como chefe e professa a veneração dos santos 2 convicções e rituais da Igreja Católica 3 pertença à Igreja Católica; qualidade de católico; catolicidade 4 conjunto dos católicos (Do gr. *katholikós*, «universal» +*-ismo*)
catolicização *n.f.* ato ou efeito de catolicizar (De *catolicizar*+*-ção*)
catolicizar *v.tr.* tornar católico (De *católico*+*-izar*)
católico *adj.* 1 RELIGIÃO que professa o catolicismo 2 RELIGIÃO que é universal 3 [pop., fig.] bom de saúde 4 [pop., fig.] bem-disposto 5 [pop., fig.] que funciona bem ■ *n.m.* o que segue a religião que tem o papa como chefe (Do gr. *katholikós*, «universal», pelo lat. *catholĭcu-*, «id.»)

católito n.m. FÍSICA líquido que durante a eletrólise se encontra nas proximidades do cátodo (De *cát(odo)*+*(electr)ólito*)
catolização n.f. ⇒ **catolicização**
catolizar v.tr. ⇒ **catolicizar**
catoniano adj. 1 próprio de Catão, censor romano 2 [fig.] austero; rígido; inflexível (Do lat. *catoniānu-*, «de Catão», patrício romano, 109-62 a. C.)
catonismo n.m. carácter próprio de catão; austeridade; rigidez de carácter (De *catão*+*-ismo*)
catóptrica n.f. FÍSICA parte da ótica que estuda a reflexão dos raios luminosos nos espelhos (Do gr. *katoptriké*, «referente aos espelhos»)
catóptrico adj. relativo à catóptrica; *elemento* ~ nome dado a superfícies polidas de metal ou vidro ou a qualquer superfície capaz de atuar como um espelho (Do gr. *katoptrikós*, «dos espelhos»)
catoptrofobia n.f. horror mórbido aos espelhos (Do gr. *kátoptron*, «espelho» +*phóbos*, «medo» +*-ia*)
catoptromancia n.f. suposta adivinhação por meio de espelhos (Do gr. *kátoptron*, «espelho» +*manteía*, «adivinhação»)
catoptromante n.2g. pessoa que pratica a catoptromancia (Do gr. *kátoptron*, «espelho» +*mántis*, «adivinho»)
catorze /ô/ num.card. >quant.num. ᴰᵀ dez mais quatro ■ n.m. 1 o número 14 e a quantidade representada por esse número 2 o que, numa série, ocupa o décimo quarto lugar (Do lat. *quatuordĕcim*, «id.»)
catorzeno /ê/ adj. décimo quarto (De *catorze*+*-eno*)
catota n.f. [coloq.] secreção seca do nariz; macaco (Formação expressiva)
catra- elemento de formação de palavras que exprime a ideia de *próximo, parcial, quase* (De orig. obsc.)
catrabucha n.f. ⇒ **cartabuxa**
catracegar v.intr. ficar catracego (De *catra-+cegar*)
catracego adj. 1 [pop.] quase cego; catacego 2 [pop.] que vê com dificuldade (De *catra-+cego*)
catracegueira n.f. cegueira parcial (De *catra-+cegueira*)
catraeiro n.m. ⇒ **catraieiro**
catrafilar v.tr. [pop.] agarrar; prender (De *catra-+filar*)
catraia n.f. 1 [coloq.] criança do sexo feminino; rapariguita; garota 2 NÁUTICA embarcação pequena utilizada para diversos fins, nomeadamente a pesca 3 construção de pequena importância 4 [Brasil] prostituta 5 [regionalismo] égua velha e fraca 6 [regionalismo] baiuca; taberna (De orig. obsc.)
catraiar v.intr. tripular uma catraia (De *catraia+-ar*)
catraieiro n.m. dono ou tripulante de catraia; barqueiro (De *catraia+-eiro*)
catraio n.m. 1 [coloq.] criança do sexo masculino; rapazinho; garoto 2 NÁUTICA ⇒ **catraia** (De orig. obsc.)
catrâmbias n.f.pl. 1 [pop.] cambalhotas 2 [pop.] trambolhões; ~! exclamação que exprime deceção, enfado ou irritação, bolas!; *de* ~ de pernas para o ar, com má cara (De *quatro × gâmbias*)
catrameço /ê/ n.m. [regionalismo] pedaço grande; tracanaz; naco (De orig. obsc.)
catrapiscar v.tr. 1 [pop.] cortejar, piscando o olho 2 [pop.] perceber (De *catra-+piscar*)
catrapós interj.,n.m. ⇒ **catrapus** (De *quatro+pés*, de orig. onom.?)
catrapus n.m. (plural **catrapuses**) 1 o galopar do cavalo 2 queda repentina e ruidosa ■ interj. imita o som do galope do cavalo ou o som de uma queda repentina
catre n.m. 1 cama de viagem dobrável 2 cama tosca e pobre (Do malaiala *kattil*, «trono; cama com pés»)
catrefa n.f. [pop.] ⇒ **caterva** (Do lat. *caterva*, «corpo de tropas; multidão; magote»)
catrefada n.f. 1 multidão 2 grande número; magote (De *catrefa+-ada*)
catual n.m. 1 funcionário público 2 intendente de negócios com o estrangeiro em alguns povos do Oriente (Do pers. *kotual*, «comandante de fortaleza»)
catualia n.f. jurisdição do catual (Do hind. *katualí*, «id.», ou de *catual+-ia*?)
catucar v.tr. [Brasil] ⇒ **cutucar**
catulo n.m. 1 ORNITOLOGIA ave palmípede, da família dos Anatídeos (pato), que aparece em Portugal e é também conhecida por caturro, larro, tarrantana, etc. 2 [pop.] cabeça (De orig. obsc.)
caturra adj.2g. 1 teimoso 2 pouco recetivo a inovações ■ n.2g. 1 pessoa teimosa 2 pessoa apegada a pontos de vista ultrapassados (De orig. obsc.)
caturrada n.f. 1 ato ou efeito de caturrar 2 inclinação do navio quando caturra (Part. pass. fem. subst. de *caturrar*)

caturrar v.intr. 1 mostrar-se caturra; teimar 2 conversar demoradamente sobre coisas sem importância 3 NÁUTICA (navio) navegar devagar devido ao mar alteroso (De *caturra+-ar*)
caturreira n.f. 1 ⇒ **cotovia** 2 ⇒ **caturrice** (De *caturra+-eira*)
caturrice n.f. 1 qualidade, dito ou ato de caturra 2 teimosia 3 embirração (De *caturra+-ice*)
caturro n.m. ORNITOLOGIA ⇒ **catulo** 1
cauã n.m. ⇒ **uacauã**
caução n.f. 1 valor aceite como garantia do cumprimento de uma obrigação; fiança; penhor 2 meio pelo qual se garante o cumprimento de uma obrigação; garantia; ~ *carcerária* DIREITO caução que se destina a assegurar as obrigações do arguido que se encontra em liberdade provisória (Do lat. *cautiōne-*, «precaução»)
caucasiano adj. 1 do Cáucaso, cordilheira russa entre o mar Negro e o mar Cáspio 2 respeitante ao Cáucaso 3 (divisão étnica) branco ■ n.m. 1 indivíduo oriundo da região do Cáucaso 2 (divisão étnica) indivíduo branco (De *Cáucaso*, top. +*-iano*)
caucásico adj. ⇒ **caucasiano** (De *Cáucaso*, top. +*-ico*)
cauchal n.m. lugar onde há cauchos (De *caucho+-al*)
caucheiro n.m. aquele que extrai o látex das árvores da borracha; seringueiro (De *caucho+-eiro*)
caucho n.m. 1 [Brasil] BOTÂNICA árvore americana da família das Artocarpáceas, que produz látex (borracha) 2 [Brasil] esta borracha 3 ⇒ **seringueira** (Do índio peruano *kautchuk*, «id.», pelo cast. *caucho*, «id.»)
cauchu n.m. 1 [Brasil] BOTÂNICA árvore americana da família das Artocarpáceas, que produz látex (borracha) 2 [Brasil] esta borracha (Do índio peruano *kautchuk*, «id.», pelo fr. *caoutchouc*, «id.»)
cauchutar v.tr. revestir de cauchu (De *cauchu+t+-ar*)
caucionante adj.,n.2g. que ou a pessoa que presta caução (De *caucionar+-ante*)
caucionar v.tr. 1 assegurar por meio de caução 2 garantir 3 afiançar (Do lat. *cautiōne-*, «precaução» +*-ar*)
caucionário adj. relativo a caução ■ n.m. aquele que presta caução; caucionante (De *caucionar+-ário*)
cauda n.f. 1 apêndice posterior, mais ou menos longo, no corpo de alguns animais; rabo 2 parte traseira de um manto ou vestido que roça pelo chão 3 ASTRONOMIA rasto luminoso dos cometas 4 retaguarda de uma formação de pessoas em marcha 5 coice; *na* ~ no último lugar (Do lat. *cauda-*, «id.»)
caudal¹ adj.2g. relativo à cauda (De *cauda+-al*)
caudal² n.m. 1 volume de água que passa durante uma unidade de tempo numa dada secção de um rio e que se mede em metros cúbicos por segundo 2 torrente (Do lat. *capitāle-*, «principal», pelo cast. *caudal*, «id.»)
caudalosidade n.f. 1 qualidade de caudaloso 2 [fig.] verborreia (De *caudaloso+-i+-dade*)
caudaloso /ô/ adj. 1 que leva grande caudal 2 torrencial 3 [fig.] rico; abundante (De *caudal+-oso*)
caudatário n.m. 1 clérigo que, nas funções solenes, sustém a cauda da batina do bispo 2 aquele que em cerimónias sustém a cauda dos vestes de um alto dignitário 3 [fig.] pessoa servil (Do lat. med. *caudatarĭu-*, «id.»)
caudato adj. provido de cauda (Do lat. med. *caudātu-*, «id.»)
-caude sufixo nominal de origem latina, que ocorre na formação de adjetivos, e exprime a ideia de *cauda* (*acuticaude*)
caudel n.m. ⇒ **coudel**
caudelaria n.f. ⇒ **coudelaria**
caudi- elemento de formação de palavras que exprime a ideia de *cauda* (Do lat. *cauda-*, «id.»)
cáudice n.m. BOTÂNICA parte da árvore que não tem rama (Do lat. *caudĭce-*, «cepo; tronco de árvore»)
caudículo n.m. 1 BOTÂNICA parte basilar adelgaçada de uma polinídia 2 BOTÂNICA pequeno cáudice (Do lat. *caudīce-*, «cepo; tronco de árvore» +*-ulo*)
caudífero adj. que tem cauda (Do lat. *caudifĕru-*, de *cauda-*, «cauda» +*-fero*, de *ferre*, «trazer»)
caudilhamento n.m. ato de caudilhar ou comandar (De *caudilhar+-mento*)
caudilhar v.tr. ⇒ **acaudilhar**
caudilheiro adj. relativo a caudilho (De *caudilho+-eiro*)
caudilhismo n.m. 1 a chefia exercida por um caudilho 2 processos de caudilho 3 ⇒ **galopinagem** (De *caudilho+-ismo*)
caudilho n.m. 1 chefe político 2 indivíduo influente 3 MILITAR cabo de guerra; chefe militar (Do cast. *caudillo*, «chefe militar»)
caudímano adj. que se serve da cauda para apreender os objetos (Do lat. *cauda-*, «cauda» +*manu-*, «mão»)

caudinas *elem. expr.* *passar pelas forcas* ~ sofrer uma humilhação, transpor uma dificuldade (Do lat. *caudīnu-*, de *Caudĭum*, cidade samnita, onde os Romanos, vencidos, tiveram de passar sob o jugo)

caule *n.m.* BOTÂNICA parte do eixo de uma planta, que normalmente suporta as folhas (Do gr. *kaulós*, «caule», pelo lat. *caule-*, «talo das plantas»)

-caule sufixo nominal de origem grega, que exprime a ideia de *caule* (*nudicaule*)

cauleoso /ô/ *adj.* que tem caule (De *caule*+-*oso*)

caulescência *n.f.* qualidade do que é caulescente (Do lat. *caulescentĭa*, part. pres. neut. pl. de *caulescĕre*, «lançar hastes»)

caulescente *adj.2g.* BOTÂNICA diz-se da planta que possui caule evidente; caulífero (Do lat. *caulescente-*, part. pres. de *caulescĕre*, «lançar hastes»)

caul(i)- elemento de formação de palavras que exprime a ideia de *caule*, *haste* (Do gr. *kaulós*, «caule», pelo lat. *caule-*, «talo das plantas»)

caulícola *adj.2g.,n.m.* que ou vegetal que normalmente vive ou se desenvolve sobre o caule de outro (De *cauli-*+-*cola*)

caulículo *n.m.* 1 BOTÂNICA eixo do embrião contido na semente 2 caule rudimentar (Do lat. *caulicŭlu-*, «haste pequena»)

caulífero *adj.* BOTÂNICA que possui caule mais ou menos evidente; caulescente (De *cauli-*+-*fero*)

caulificação *n.f.* BOTÂNICA formação do caule (De *caulificar*+-*ção*)

caulificar *v.intr.* (caule) formar-se (Do lat. *caule-*, «caule» +*ficāre*, por *facĕre*, «fazer»)

caulifloro *adj.* diz-se do vegetal com flores inseridas no caule (Do lat. *caule-*, «caule» +*flore-*, «flor»)

cauliforme *adj.2g.* com a forma de um caule (De *cauli-*+-*forme*)

caulim *n.m.* ⇒ **caulino**¹

caulinar *adj.2g.* 1 que pertence ao caule 2 relativo ao caule 3 com aspeto de caule (De *caulino*+-*ar*)

caulinite *n.f.* MINERALOGIA mineral secundário (silicato hidratado de alumínio), branco ou quase branco, que cristaliza no sistema triclínico (De *caulino*+-*ite*)

caulinização *n.f.* 1 ação ou efeito de caulinizar 2 fenómeno que diz respeito à alteração de silicatos aluminosos (pela ação da água carregada de dióxido de carbono), originando a caulinite (De *caulinizar*+-*ção*)

caulinizar *v.tr.* efetuar caulinização em (De *caulino*+-*izar*)

caulino¹ *n.m.* substância terrosa (argila) com cheiro a barro, constituída por caulinite associada a outros minerais, também denominada caulim (Do chin. *kao-ling*, «monte alto»)

caulino² *adj.* 1 relativo ao caule 2 que nasce no caule (De *caule*+-*ino*)

caulocárpico *adj.* 1 que tem caulocarpo 2 relativo ao caulocarpo (De *caulocarpo*+-*ico*)

caulocarpo *n.m.* caule que produz frutos (Do gr. *kaulós*, «caule» +*kárpos*, «fruto»)

caúna *n.f.* [Brasil] planta arbustiva da família das Aquifoliáceas, com cujas folhas se pode fazer chá (Do tupi *kaa'una*, «id.»)

caurim *n.m.* 1 ZOOLOGIA molusco gastrópode de concha branca e transparente 2 concha deste molusco, que no século passado serviu de moeda em certos pontos da África e da Ásia 3 [pop.] calote; logro (Do hind. *kauri*, «id.»)

caurinar *v.tr.* [pop.] contrair dívida sem possibilidade ou intenção de pagar (De *caurim*+-*ar*)

caurineiro *adj.,n.m.* [pop.] que ou pessoa que contrai dívidas e não pode ou não tenciona pagá-las; caloteiro (De *caurinar*+-*eiro*)

causa *n.f.* 1 tudo o que determina a existência de uma coisa ou um acontecimento 2 antecedente constante de um fenómeno 3 motivo; razão; origem 4 agente 5 ação judicial; pleito judicial; demanda; processo; litígio; ~ *eficiente* causa que produz um efeito; ~ *final* fim que se tem em vista com a realização de determinada ação; ~ *primeira*/*última* FILOSOFIA Deus; *em* ~ em questão; *por* ~ *de* devido a (Do lat. *causa-*, «id.»)

causador *adj.,n.m.* que ou aquele que é causa de (Do lat. *causatōre-*, «id.»)

causal *adj.2g.* 1 que exprime causa 2 relativo a causa 3 GRAMÁTICA diz-se da conjunção subordinativa ou oração subordinada que exprime causa ou motivo ■ *n.f.* 1 motivo; razão 2 proveniência (Do lat. *causāle-*, «id.»)

causalidade *n.f.* 1 ligação entre causa e efeito 2 qualidade de produzir efeito; *princípio de* ~ um dos princípios racionais ou axiomas do pensamento: «todo o fenómeno tem uma causa, e, nas mesmas condições, a mesma causa produz o mesmo efeito» (Do lat. med. *causalitāte-*, «id.»)

causalizar *v.tr.* tornar-se a causa de (De *causal*+-*izar*)

causante *adj.* que é causa ■ *n.2g.* o que é causa; motivo; razão (Do lat. *causante-*, «id.», part. pres. de *causāre*, por *causāri*, «alegar um pretexto»)

causar *v.tr.* ser causa de; produzir; originar; motivar; provocar (Do lat. *causāre*, por *causāri*, «alegar»)

causativo *adj.* 1 causal; relativo a causa 2 causador 3 GRAMÁTICA que expressa a noção de causa (Do lat. *causatīvu-*, «que dá causa ou motivo»)

causídico *n.m.* 1 defensor de causas judiciais; advogado 2 jurisconsulto 3 rábula (Do lat. *causidĭcu-*, «advogado»)

cáustica *n.f.* FÍSICA superfície envolvente de um feixe de raios luminosos refletidos num espelho curvo (cáustica de reflexão ou catacáustica) ou refratados por dioptros curvos (cáustica por refração ou diacáustica) ou provenientes de um feixe luminoso incidente, cónico ou paralelo (Do gr. *kaustiké*, «que queima»)

causticação *n.f.* 1 ato ou efeito de causticar 2 [fig.] importunação (Do lat. *causticatiōne-*, «id.»)

causticante *adj.2g.* 1 que caustica 2 [fig.] importuno; maçador (Do lat. *causticante-*, part. pres. de *causticāre*, «causticar; queimar»)

causticar *v.tr.* 1 aplicar cáusticos a; cauterizar 2 queimar 3 [fig.] importunar; maçar; molestar (Do lat. *causticāre*, «id.»)

causticidade *n.f.* 1 qualidade do que é cáustico 2 [fig.] mordacidade; ironia (De *cáustico*+-*i*-+-*dade*)

cáustico *adj.* 1 (substância) que destrói ou cauteriza tecidos orgânicos; que queima; que cauteriza; corrosivo 2 [fig.] mordaz; sarcástico 3 [fig.] importuno ■ *n.m.* 1 FARMÁCIA substância que queima ou cauteriza tecidos orgânicos; vesicatório 2 ácido (Do gr. *kaustikós*, «que queima», pelo lat. *causticu-*, «id.»)

caustobiólito *n.m.* PETROLOGIA rocha sedimentar de origem orgânica, combustível (termo aplicado aos carvões e petróleos) (Do gr. *kausto*, de *kaustikós*, «que queima» +*bíos*, «vida» +*líthos*, «pedra»)

cautela *n.f.* 1 cuidado para evitar um mal; prevenção 2 senha de penhor; título representativo de um crédito e da constituição de penhor 3 título que garante ao portador interesses num bilhete de lotaria; ~! exclamação de advertência; *à* ~ como precaução (Do lat. *cautēla-*, «id.»)

cautelar¹ *adj.2g.* 1 que acautela 2 que serve para prevenir (De *cautela*+-*ar*, sufixo nominal)

cautelar² *v.tr.,intr.,pron.* ⇒ **acautelar** (De *cautela*+-*ar*, sufixo verbal)

cauteleiro *n.m.* vendedor de cautelas da lotaria (De *cautela*+-*eiro*)

cauteloso /ô/ *adj.* que usa de cautela; prudente; cuidadoso (De *cautela*+-*oso*)

cautério *n.m.* 1 MEDICINA agente que queima ou desorganiza os tecidos a que é aplicado, que serve para cauterizar 3 [fig.] correção violenta 4 [fig.] castigo forte (Do gr. *kautérion*, «ferro quente para queimar», pelo lat. *cauterĭu-*, «cautério»)

cauterização *n.f.* ato ou efeito de cauterizar (De *cauterizar*+-*ção*)

cauterizado *adj.* 1 que sofreu a ação do cautério 2 [fig.] calejado; endurecido (Part. pass. de *cauterizar*)

cauterizador *adj.,n.m.* que ou o que cauteriza (De *cauterizar*+-*dor*)

cauterizante *adj.2g.* que cauteriza (De *cauterizar*+-*ante*)

cauterizar *v.tr.* 1 aplicar cautério ou cáustico a 2 queimar 3 [fig.] corrigir por meios enérgicos 4 [fig.] sanificar (Do lat. *cauterizāre*, «id.»)

cauto *adj.* acautelado; prevenido; prudente (Do lat. *cautu-*, part. pass. de *cavēre*, «tomar cuidado»)

cava *n.f.* 1 ação ou efeito de cavar 2 terra cavada 3 jorna de um cavador 4 abertura no vestuário, onde se pregam as mangas 5 decote 6 cova 7 fosso ou vala de pequena profundidade em torno de uma fortificação rudimentar (Deriv. regr. de *cavar*)

cavaca *n.f.* 1 lasca de lenha; cavaco 2 CULINÁRIA biscoito revestido de calda de açúcar (De *cavaco*)

cavacão *n.m.* 1 arrelia 2 grande zanga (De *cavaco*+-*ão*)

cavação *n.f.* 1 ato ou efeito de cavar 2 trabalho 3 negócio 4 empenho (Do lat. *cavatiōne-*, «concavidade»)

cavacar *v.tr.* 1 partir em cavacos 2 escavacar (De *cavaco*+-*ar*)

cavacaria *n.f.* muitos cavacos (De *cavaco*+-*aria*)

cavaco *n.m.* 1 lasca de madeira; lenha miúda; acha 2 conversa amigável e despreocupada; cavaqueira 3 MÚSICA ⇒ **cavaquinho**; *dar o* ~ *com* irritar-se, zangar com ou por causa de; *dar o* ~ *por* adorar, gostar muito de; *estar um* ~ estar magro ou envelhecido; *não dar* ~ não responder, não prestar atenção (De orig. obsc.)

cavada *n.f.* 1 ato ou efeito de cavar 2 terra cavada; cava (Part. pass. fem. subst. de *cavar*)

cavadela *n.f.* 1 ato ou efeito de cavar à superfície 2 enxadada (De *cavar*+-*dela*)

cavadiço *adj.* 1 que pode ser cavado 2 em condições de ser cavado (De *cavar+-diço*)
cavado *adj.* 1 que se cavou ou revolveu; escavado 2 que tem profundidade; fundo 3 que forma ângulo ou curva para dentro; côncavo 4 em que se fez cava (decote); decotado ■ *n.m.* 1 lugar que se cavou; cavada 2 buraco; cova 3 abertura em peça de vestuário, onde se pregam (ou não) mangas; cava (Do lat. *cavātu-*, «id.», part. pass. de *cavāre*, «cavar»)
cavador *n.m.* 1 aquele que cava 2 trabalhador de enxada (Do lat. *cavatōre-*, «id.»)
cavadora /ô/ *n.f.* máquina agrícola de desterroar (De *cavador*)
cavadura *n.f.* 1 ⇒ **cavadela** 2 cova (Do lat. *ca-vatūra-*, «cavidade»)
cá-vai *n.m.* ORNITOLOGIA ⇒ **boa-noite** 2 (De orig. onom.)
cavala *n.f.* ICTIOLOGIA peixe teleósteo, comestível, da família dos Escombrídeos, comum em Portugal, também conhecido por sarda (Do lat. *caballa-*, «égua»)
cavalada *n.f.* [coloq.] asneira; tolice (De *cavalo+-ada*)
cavalagem *n.f.* 1 modo de andar a cavalo 2 padreação de éguas 3 preço da padreação (De *cavalar+-agem*)
cavalão *n.m.* 1 cavalo grande 2 [coloq.] indivíduo muito alto ou corpulento 3 [fig., ant.] mulher alta com modos considerados pouco femininos (De *cavalo+-ão*)
cavalar¹ *adj.2g.* 1 que diz respeito ao cavalo 2 próprio de cavalo 3 da raça do cavalo 4 [fig.] que apresenta tamanho ou intensidade acima da média; desmesurado; excessivo (Do lat. *caballāre-*, «id.»)
cavalar² *v.intr.* correr como os cavalos (De *cavalo+-ar*)
cavalaria *n.f.* 1 multidão de cavalos 2 conjunto de cavaleiros 3 força militar composta por soldados a cavalo 4 arte de montar a cavalo; equitação 5 MILITAR tropa que antigamente utilizava o cavalo e modernamente se serve de veículos motorizados e blindados 6 [fig.] proeza; façanha; *dar ~* deixar-se dominar; *meter-se em altas cavalarias* tentar empresas superiores às suas forças ou aos seus recursos intelectuais (De *cavalo+-aria*)
cavalariça *n.f.* 1 construção destinada a alojar cavalos e/ou outros equídeos; estrebaria 2 cocheira (Do cast. *caballeriza*, «cavalariça»)
cavalariço *n.m.* moço de cavalariça; estribeiro (De *cavalariça*, ou do cast. *caballerizo*, «id.»)
cavaleirado *n.m.* dignidade de cavaleiro (De *cavaleiro+-ado*)
cavaleirar *v.intr.* marchar a cavalo; cavalgar (De *cavaleiro+-ar*)
cavaleiras *elem.loc.adv. às ~* às costas; sobre os ombros; às cavalitas
cavaleirato *n.m.* ⇒ **cavaleirado** (De *cavaleiro+-ato*)
cavaleiro *adj.* 1 que anda a cavalo 2 relativo a cavalaria ■ *n.m.* 1 homem que sabe e costuma andar a cavalo 2 militar pertencente à arma de cavalaria 3 aquele que pertencia a uma ordem militar de cavalaria 4 indivíduo agraciado com o primeiro grau das atuais ordens honoríficas militares 5 homem nobre e esforçado 6 pequeno peso, em forma de arco, que se põe no braço das balanças, para medidas mínimas e exatas; *a ~ de* por cima de; *armar alguém ~* impor as insígnias de cavaleiro a alguém; *às cavaleiras* às costas, sobre os ombros; *de um arqueiro fazer um ~* exagerar um facto (Do lat. tard. *caballarĭu-*, «palafreneiro»)
cavaleiroso /ô/ *adj.* próprio de cavaleiro; corajoso; esforçado (De *cavaleiro+oso*)
cavaleta /ê/ *n.f.* [regionalismo] [depr.] alimária reles; azémola (De *cavalo+-eta*)
cavalete /ê/ *n.m.* 1 armação ou suporte que serve para sustentar objetos à altura requerida 2 ARTES PLÁSTICAS estrutura em madeira ou outro material, que serve de apoio a uma tela ou outra base de pintura e a desloca à altura pretendida 3 MÚSICA peça de madeira nos instrumentos de cordas, inserida entre o tampo harmónico e as cordas, que serve para as suportar e para transmitir as vibrações acústicas ao corpo do instrumento 4 tripé 5 mesa que sustenta caixotins de imprensa 6 antigo instrumento de tortura 7 peça que serve para transportar cabos a bordo 8 ZOOLOGIA ⇒ **bocas**; *ao ~* uns sobre os outros; *nariz de ~* nariz adunco (Do it. *cavalletto*, «id.»)
cavalgada *n.f.* 1 grupo de pessoas a cavalo 2 passeio a cavalo 3 antiga correria de cavaleiros (Part. pass. fem. subst. de *cavalgar*)
cavalgador *adj.,n.m.* que ou aquele que cavalga (De *cavalgar+-dor*)
cavalgadura *n.f.* 1 animal que se monta; besta 2 [fig.] pessoa muito estúpida (De *cavalgar+-dura*)
cavalgamento *n.m.* 1 ato ou efeito de cavalgar 2 posição de uma coisa sobre outra 3 LITERATURA ⇒ **encavalgamento** (De *cavalgar+-mento*)
cavalgante *adj.,n.2g.* que ou a pessoa que cavalga; cavalgador (De *cavalgar+-ante*)
cavalgar *v.intr.* montar a cavalo ■ *v.tr.* 1 montar 2 saltar por cima de; ir acima de; galgar 3 subir (Do lat. tard. *caballicāre*, «cavalgar»)
cavalgata *n.f.* ⇒ **cavalgada** (Do it. *cavalcata*, «id.»)
cavalhadas *n.f.pl.* HISTÓRIA torneio em que os concorrentes a cavalo obtinham prémios, tocando com paus ou canas em objetos suspensos de cordas (Do cast. *caballada*, «id.»)
cavalhariça *n.f.* ⇒ **cavalariça**
cavalheiresco /ê/ *adj.* 1 próprio de cavalheiro; que possui maneiras e comportamento nobres; distinto 2 relativo a cavaleiro 3 digno de um cavaleiro 4 relativo às novelas de cavalaria (Do cast. *caballeresco*, «id.»)
cavalheirismo *n.m.* 1 qualidade ou ação de cavalheiro 2 distinção de maneiras e comportamento 3 ato que demonstra generosidade e nobreza de sentimentos (De *cavalheiro+-ismo*)
cavalheiro *n.m.* 1 homem nobre 2 homem de boas ações e sentimentos nobres 3 indivíduo cortês 4 par de uma dama na dança 5 cavaleiro ■ *adj.* 1 cortês; delicado 2 fidalgo; *~ de indústria* embusteiro, burlão (Do cast. *caballero*, «id.»)
cavalheiroso /ô/ *adj.* ⇒ **cavalheiresco** (De *cavalheiro+-oso*)
cavalicoque *n.m.* cavalo pequeno e de pouco valor (De *cavalo+-ico+-oque*, -oco)
cavalidade *n.f.* 1 brutalidade 2 estupidez (De *cavalo+-i-+-dade*)
cavalinha *n.f.* 1 BOTÂNICA planta pteridófita da família das Equissetáceas, espontânea em Portugal, de espigas pontiagudas, que cresce em lugares húmidos; rabo de cavalo; equissepo; erva-canuda 2 ICTIOLOGIA cavala pequena; *às cavalinhas* às cavalitas (De *cavalo* ou *cavala+-inha*)
cavalinho *n.m.* 1 cavalo pequeno 2 ORNITOLOGIA ⇒ **peto** *n.m.* 1; *tirar o ~ da chuva* desistir de ideia ou pretensão, por não haver hipótese de êxito (De *cavalo+-inho*)
cavalitas *elem.loc.adv. às ~* às costas; sobre os ombros; às cavaleiras (De *cavalito*)
cavalo *n.m.* 1 ZOOLOGIA mamífero perissodáctilo (macho) da família dos Equídeos, ungulado, com crina, usado como animal de carga e de transporte, ou em desportos como a equitação, o polo e a tourada 2 DESPORTO aparelho constituído por uma parte cilíndrica forrada, assente em quatro pés, utilizado para exercícios de salto; plinto 3 peça do jogo de xadrez 4 ⇒ **cavalo-vapor** 5 AGRICULTURA tronco em que se faz a enxertia de garfo; porta-enxerto 6 banco de tanoeiro 7 [gír.] heroína 8 [pop.] cancro venéreo; *~ com arções* aparelho de ginástica com a forma de um cilindro assente em quatro pés e munido de alças, nas quais o ginasta se apoia para exercícios de impulso e volteio; *~ de cem moedas* coisa muito vistosa; *a ~ dado não se olha o dente* (provérbio) a coisa dada não se põe defeito; *passar/ir de ~ para burro* ficar numa situação pior; *remédio de ~* remédio muito enérgico (Do lat. vulg. *caballu-*, «cavalo de trabalho»)
cavalo-das-bruxas *n.m.* ⇒ **libélula**
cavalo-de-batalha ver nova grafia cavalo de batalha
cavalo de batalha *n.m.* 1 argumento a que se dá importância e no qual se insiste 2 assunto preferido 3 dificuldade; complicação
cavalo-de-frisa ver nova grafia cavalo de frisa
cavalo de frisa *n.m.* MILITAR obstáculo de natureza militar, constituído por arame farpado preso a vigas de madeira, utilizado para dificultar o movimento do inimigo
cavalo-marinho *n.m.* 1 ICTIOLOGIA pequeno peixe teleósteo que nada em posição vertical e cujo perfil se assemelha ao do cavalo 2 ZOOLOGIA hipopótamo 3 couro deste mamífero 4 tira ou bengala feita com este couro
cavalo-rinchão *n.m.* ORNITOLOGIA ⇒ **peto** *n.m.* 1
cavalório *n.m.* cavalo grande, mas de pouco préstimo (De *cavalo+-ório*)
cavalo-vapor *n.m.* FÍSICA unidade de medida de potência, de símbolo cv, equivalente a 735,5 watts (unidade muito utilizada para medir a potência de um motor (Do fr. *cheval-vapeur*, do ing. *horsepower*, «potência de cavalo»)
cavanejo /ê/ *n.m.* cesto alto de vimes para se coar o mosto no lagar
cavanhaque *n.m.* [Brasil] barba crescida e aparada em bico no queixo; pera (De L. E. *Cavaignac*, general fr., 1802-1857)
cavão *n.m.* ⇒ **cavador** (De *cavar+-ão*)
cavaqueador *adj.* que gosta de cavaquear; conversador (De *cavaquear+-dor*)
cavaquear *v.intr.* conversar familiarmente (De *cavaco+-ear*)
cavaqueio *n.m.* 1 ação de cavaquear 2 conversa amigável e despretensiosa; cavaco (Deriv. regr. de *cavaquear*)

cavaqueira[1] n.f. **1** conversa amena e prolongada **2** palestra despretensiosa (De *cavaco+-eira*)
cavaqueira[2] n.f. mulher que faz ou vende cavacas (doces) (De *cavaca+-eira*)
cavaquinho n.m. MÚSICA instrumento de cordas dedilhadas, com quatro cordas, de pequeno formato, tocado de rasgado e também denominado machete, braguinha, cavaco e rajão; *dar o ~ por* gostar muito de (De *cavaco+-inho*)
cavar v.tr. **1** abrir ou revolver (a terra) com enxada ou sacho; escavar; sachar **2** abrir a cava em (roupa) **3** tornar côncavo **4** [fig.] investigar ■ v.intr. **1** esforçar-se; lutar **2** [coloq.] ir-se embora; fugir; *mandar batatas* mandar bugiar; *pôr-se a ~* fugir (Do lat. *cavāre*, «abrir cova»)
cava-terra n.f. **1** ZOOLOGIA ⇒ **bocas 2** [regionalismo] ⇒ **toupeira 1** (De *cavar+terra*)
cavatina n.f. MÚSICA ária curta, composta ordinariamente de um recitativo, com andamento ora lento ora vivo (Do it. *cavatina*, «solo musical»)
cave n.f. **1** compartimento de uma casa abaixo do nível da rua **2** adega **3** frasqueira **4** subterrâneo (Do lat. *cava-*, «profunda», pelo fr. *cave*, «id.»)
cávea n.f. **1** gaiola; jaula **2** covil (Do lat. *cavěa-*, «id.»)
cavedal n.m. utensílio prismático de espingardeiro (De orig. obsc.)
caveira n.f. **1** o crânio e ossos da face descarnados **2** [fig.] rosto magro e pálido; *~ de burro* má sorte (Do lat. vulg. **calavaria-*, por *calvaria-*, «crânio», de *calvu*-, «calvo»)
caveira-da-noite n.f. ZOOLOGIA borboleta noturna da família dos Esfingídeos que deve o seu nome a um desenho no dorso semelhante à forma de caveira; esfinge-caveira
caveirado adj. [regionalismo] diz-se do soalho em que as tábuas, colocadas em direções diferentes, formam à volta do compartimento uma espécie de faixa, ou o dividem em retângulos (De *caveira+-ado*)
caveiroso /ô/ adj. **1** descarnado como caveira **2** muito magro e pálido (De *caveira+-oso*)
caverna n.f. **1** cavidade subterrânea; gruta; covil; antro **2** cavidade anormal nos pulmões e noutros órgãos **3** NÁUTICA cada uma das peças que assentam sobre a quilha e formam o arcaboiço do navio (Do lat. *caverna-*, «cavidade»)
cavernal adj.2g. **1** relativo a caverna **2** que cresce em caverna **3** próprio de caverna (De *caverna+-al*)
cavername n.m. **1** conjunto das cavernas do navio **2** [pop.] ossada; esqueleto (De *caverna+-ame*)
cavernar v.intr. emitir som cavernoso (De *caverna+-ar*)
cavernícola adj.,n.2g. que ou o que vive ou se refugia em cavernas (Do lat. *caverna-*, «cavidade» +*colěre*, «habitar», pelo fr. *cavernicole*, «id.»)
cavernoso /ô/ adj. **1** cheio de cavernas **2** semelhante a caverna **3** rouco **4** [som] cavo (Do lat. *cavernōsu-*, «id.»)
caveto /ê/ n.m. ARQUITETURA parte reentrante da cornija, em quarto de círculo (Do it. *cavetto*, «id.»)
cavi- elemento de formação de palavras que exprime a ideia de oco (Do lat. *cavu-*, «côncavo»)
cávia n.f. ⇒ **cobaia** (De orig. obsc.)
caviar n.m. iguaria composta de ovos salgados de esturjão (Do turc. *kháviár*, id., pelo fr. *caviar*, id.)
cavicórneo adj. (animal) que tem os cornos ocos ■ n.m. ZOOLOGIA membro do grupo dos cavicórneos ■ n.m.pl. ZOOLOGIA grupo de mamíferos artiodáctilos, ruminantes, a que pertencem o boi, os antílopes, os carneiros e a cabra (Do lat. *cavu-*, «oco» +*cornĕu-*, de *cornu-*, «chifre», pelo fr. *cavicorne*, «id.»)
cavidade n.f. **1** espaço cavado ou vazio de um corpo sólido **2** escavação em superfície; depressão; concavidade; cova; buraco; *~ abdominal* cavidade do abdómen forrada por membrana fixa que permite os movimentos dos órgãos nela contidos (Do lat. *cavitāte-*, «id.»)
Caviídas n.m.pl. ⇒ **Caviídeos**
Caviídeos n.m.pl. ZOOLOGIA família de roedores a que pertencem a cobaia, a paca, etc. (De *cávia+-ídeos*)
cavilação n.f. **1** ato ou efeito de cavilar **2** ato ou proposta destinados a enganar; maquinação dolosa; sofisma; embuste; ardil **3** razão falsa **4** dito irónico (Do lat. *cavillatiōne-*, «gracejo»)
cavilador adj.,n.m. que ou aquele que emprega cavilação; enganador; sofista (Do lat. *cavillatōre-*, «galhofeiro»)
cavilar v.intr. **1** usar de cavilação, de astúcia ou ardil **2** planear enganos **3** interpretar falsamente (Do lat. *cavillāri*, «zombar; escarnecer»)

cavilha n.f. **1** prego de madeira ou de metal usado para tapar um orifício ou ainda para juntar ou segurar peças **2** grande prego **3** peça, nos instrumentos de corda, onde se enrolam as cordas, e que, girando sobre si, permite maior ou menor tensão destas (Do lat. vulg. *cavicŭla-*, por *clavicŭla-*, «chave pequena»)
cavilhação n.f. ato ou efeito de cavilhar (De *cavilhar+-ção*)
cavilhador n.m. aquele que cavilha (De *cavilhar+-dor*)
cavilhame n.m. NÁUTICA cavilhas que unem duas ou mais peças (De *cavilha+-ame*)
cavilhar v.tr. **1** meter cavilhas em **2** segurar com cavilhas (De *cavilha+-ar*)
cavilosamente adv. fraudulentamente (De *cavilosa+-mente*)
caviloso /ô/ adj. em que há cavilação; sofístico; capcioso; fraudulento (Do lat. *cavillōsu-*, «irónico»)
cavirão n.m. NÁUTICA espécie de espicha grande, própria para costuras em cabos grossos
cavirrostro /ô/ adj. (ave) que tem o bico oco (Do lat. *cavu-*, «oco» +*rostru-*, «bico»)
cavitação n.f. **1** FÍSICA fenómeno de formação de cavidades cheias de gás ou vapor num líquido em movimento, que ocorre quando em qualquer ponto a velocidade se torna tão grande que a pressão diminui consideravelmente **2** MEDICINA formação de cavidades ou cavernas num organismo (Do lat. *cavitatiōne-*, «id.»)
cavitário adj. **1** (órgão) que está situado numa cavidade **2** relativo a cavidade **3** que tem cavidade (Do lat. *cavitariŭ-*, «id.»)
cavo adj. **1** côncavo; fundo **2** oco; vazio **3** (som) rouco; cavernoso (Do lat. *cavu-*, «oco»)
cavoucar v.tr.,intr. ⇒ **caboucar**
cavouco n.m. ⇒ **cabouco**
cavouqueiro n.m. ⇒ **cabouqueiro** (De *cavoucar+-eiro*)
cavumbular v.tr. [Angola] furtar; obter por meios fraudulentos (Do quimb. *kuvumbula*, «id.»)
caxa n.f. antiga moeda indiana (Do dravíd. *kasu*, do sânsc. *karsa*, «peso de prata ou ouro»)
caxamola n.f. [pop.] cabeça (De *cachimónia?*)
caxe n.m. CULINÁRIA iguaria africana feita de ovos, cevada e requeijão
caxemira n.f. tecido de lã muito fina e macia feita do pelo de um tipo de cabra da região de Caxemira (na Índia) (De *Caxemira*, top.)
caxeta /ê/ n.f. BOTÂNICA árvore brasileira, da família das Bignoniáceas, que fornece madeira de cor clara, rosada, própria para marcenaria
caxico n.m. [Angola] criado; moço de recados (Do quimb. *kuxikuna*, «desimpedir»)
caxinde n.m. [Angola] BOTÂNICA gramínea aromática cujas folhas e raízes têm várias aplicações medicinais; chá de Príncipe; belgata (Do quimb. ou do quioco *kaxinde*, «id.»)
caxo n.m. ⇒ **caxa**
caxumba n.f. [Brasil] [pop.] parotidite; trasorelho; papeira
cazucuta n.f. [Angola] indisciplina social; anarquia (Do quimb., a partir de *kazakuta*, «dança muito movimentada»)
cazumbi n.m. [Angola] alma do outro mundo (Do quimb. *kazumbi*)
CD n.m. objeto circular, metálico e não magnético, onde são armazenados dados digitais, em geral de áudio, e cuja leitura é feita por um mecanismo que utiliza o laser (Do inglês *CD*, acrónimo de *compact disc*, «disco compacto»)
CD-R n.m. disco compacto que permite gravar dados apenas uma única vez (Do inglês *CD-R*, acrónimo de *compact disc-recordable*, «disco compacto gravável»)
CD-ROM n.m. disco compacto com grande capacidade, usado para armazenamento e leitura de informação em formato digital (Do inglês *CD-ROM*, acrónimo de *compact disc-read-only memory*, «disco compacto-memória só de leitura»)
cê n.m. nome da letra c ou C; *~ cedilhado* cê em que se coloca cedilha
cear v.tr. comer à ceia ■ v.intr. comer a ceia (Do lat. *cenāre*, «jantar; cear»)
cearense adj.2g. **1** do Ceará, estado brasileiro **2** referente ao Ceará ■ n.2g. natural ou habitante do Ceará (De *Ceará*, top. +-ense)
ceata n.f. ceia abundante (Do lat. *cenāta-*, part. pass. de *cenāre*, «cear»)
Cebídeos n.m.pl. ZOOLOGIA família de primatas de tamanho médio e de cauda preênsil
cebo[1] /ê/ n.m. alimento; cibo (Do lat. *cibu-*, «id.»)
cebo[2] /ê/ n.m. ZOOLOGIA macaco da América (Do gr. *kebós*, «macaco»)
cebocefalia n.f. TERATOLOGIA anomalia caracterizada pela redução do espaço interorbitário e do nariz, dando ao animal que a apresenta semelhança com os macacos (Do gr. *kebós*, «macaco» +*kephalé*, «cabeça» +-*ia*)

cebocéfalo adj. TERATOLOGIA (animal) que apresenta cebocefalia (Do gr. kebós, «macaco» +kephalé, «cabeça»)
cebola /ô/ n.f. **1** BOTÂNICA planta herbácea, da família das Liliáceas, que produz um bulbo carnudo, comestível, de cheiro forte e picante **2** bulbo desta planta, utilizado em culinária **3** BOTÂNICA parte bulbosa da raiz de certas plantas **4** [pop.] relógio de bolso, antigo e grande **5** [coloq.] relógio que não é fiável, por não funcionar bem **6** [fig.] pessoa indolente; *chorar pelas cebolas do Egito* chorar por um bem perdido (Do lat. caepulla-, «cebolinha»)
cebola-albarrã n.f. **1** BOTÂNICA planta bulbosa da família das Liliáceas, utilizada em medicina, frequente no litoral de Portugal **2** bolbo desta planta
cebolada n.f. **1** CULINÁRIA molho feito de cebolas alouradas em gordura **2** grande quantidade de cebolas (De cebola+-ada)
cebolal n.m. plantação de cebolas (De cebola+-al)
coboleira n.f. **1** mulher que negoceia em cebolas **2** BOTÂNICA ⇒ **baionesa** (De cebola+-eira)
cebolinha n.f. cebola pequena de conserva (De cebola+-inha)
cebolinho n.m. BOTÂNICA planta da cebola, antes da formação do bolbo, também designada cebolo (De cebolo+-inho)
cebolo /ô/ n.m. ⇒ **cebolinho** (De cebola)
cebolório interj. [pop.] designativa de despeito ou descontentamento (De cebola+-ório)
Ceca elem. expr. *correr ~ e Meca* andar por muitas terras (Do hisp.--ár. sékka, abrev. de dâr as-sékka, «casa da moeda» e Meca, cidade da Arábia)
cecal adj.2g. do ceco ou a ele referente (De ceco+-al)
cecé n.f. ZOOLOGIA ⇒ **tsé-tsé**
ceceadura n.f. ato ou efeito de cecear (De cecear+-dura)
cecear v.intr. pronunciar as consoantes fricativas alveolares surda (saia, caça, nosso, máximo) e sonora (casa, azar, êxito) aproximando muito a língua dos dentes; falar com ceceio (Do cast. cecear, «id.»)
ceceio n.m. ação de cecear; pronúncia das consoantes fricativas alveolares surda e sonora aproximando muito a língua dos dentes (Do cast. ceceo, «id.»)
cecém n.f. [poét.] açucena (Do ár. susan, «lírio»)
ceceoso /ô/ adj. que fala com ceceio (Do cast. ceceoso, «id.»)
cecídia n.f. BOTÂNICA espécie de galha que se forma nos tecidos vegetais pela ação de um inseto ou de um fungo (Do gr. kekídion, «tintura de galha»)
ceco n.m. **1** ANATOMIA parte inicial, alargada, do intestino grosso, onde se liga, no homem, um apêndice (apêndice cecal), e que também se denomina cego **2** ANATOMIA cada um de certos divertículos (em especial do tubo digestivo) em diversos animais (Do lat. caecu-, «cego»)
ceco- elemento de formação de palavras que exprime a ideia de ceco, cego (Do lat. caecu-, «cego»)
cecocolostomia n.f. MEDICINA anastomose cirúrgica entre o cólon e o ceco (Do lat. caecu-, «cego»+gr. kólon, «intestino grosso; cólon»+gr. stóma, «boca» +-ia)
cecografia n.f. processo de escrever dos cegos, ou de os ensinar a escrever (Do lat. caecu-, «cego»+gr. gráphein, «escrever» +-ia)
cecógrafo n.m. **1** instrumento que os cegos usam para escrever **2** professor de cecografia (Do lat. caecu-, «cego»+gr. gráphein, «escrever»)
cecotomia n.f. MEDICINA abertura ou corte cirúrgico do ceco (Do lat. caecu-, «ceco»+gr. tomé, «corte» +-ia)
ceda n.f. ⇒ **cerda**
cedeiro adj. [regionalismo] diz-se das marés cuja preia-mar se realiza antes do nascer do Sol (De cedo+-eiro)
cedência n.f. **1** ato de ceder **2** concessão **3** transmissão (Do lat. cedentĭa, part. pres. neut. pl. de cedĕre, «ceder»)
cedente adj.2g. que cede (Do lat. cedente-, «id.», part. pres. de cedĕre, «ceder»)
ceder v.tr. **1** pôr (algo) à disposição de (alguém) **2** desistir de (um direito) em favor de outrem **3** não resistir (a) **4** renunciar a (cargo, função) **5** deixar **6** não usar ■ v.intr. **1** sujeitar-se **2** conceder; transigir **3** dar-se por vencido **4** diminuir de intensidade **5** não resistir a esforço, peso, etc. (Do lat. cedĕre, «ceder»)
cedi n.m. unidade monetária do Gana
cediço adj. **1** estagnado **2** podre **3** fermentado **4** corrupto **5** [fig.] que já todos sabem **6** [fig.] muito velho (Do lat. *ceditĭtĭu-, «id.», de cedĕre, «ceder; transformar-se», pelo cast. cedizo, «quase podre»)
cedilha n.f. sinal gráfico que, em português, se põe sob o c (ç), antes de a, o ou u, para pronunciar [s] (Do cast. cedilla, «id.»)
cedilhar v.tr. pôr cedilha a (De cedilha+-ar)
cedimento n.m. ⇒ **cessão** (De ceder+-mento)

cedinho adv. **1** muito cedo **2** depressa (De cedo+-inho)
cedível adj.2g. que se pode ceder (De ceder+-vel)
cedo /ê/ adv. **1** antes do tempo próprio **2** prematuramente **3** depressa **4** de madrugada; *mais ~ ou mais tarde* inevitavelmente (Do lat. cito, «depressa»)
cedo-vem[1] n.m. ORNITOLOGIA ⇒ **chapim**[2] (De orig. onom.)
cedo-vem[2] n.m. variedade de milho temporão (De cedo+vem)
cedrão n.m. [pop.] ⇒ **cedro**
Cedreláceas n.f.pl. BOTÂNICA ⇒ **Meliáceas** (Do gr. kédros, «cedro», pelo lat. *cedrella-, dim. de cedru-, «cedro» +-áceas)
cédria n.f. resina de cedro (Do lat. cedrĕa-, «do cedro»)
cedrino adj. relativo ao cedro (Do lat. cedrīnu-, «de madeira de cedro»)
cedrita n.m. vermífugo em que entra resina de cedro (De cedro+-ita)
cedro n.m. **1** BOTÂNICA árvore de grande porte, pertencente à família das Pináceas, de madeira aromática, como o cedro-do-buçaco, cultivado em Portugal **2** a madeira dessa árvore, utilizada em marcenaria (Do gr. kédros, «cedro», pelo lat. cedru-, «id.»)
cedro-bastardo n.m. BOTÂNICA variedade de cipreste
cedro-de-espanha n.m. ⇒ **oxicedro**
cedro-do-buçaco n.m. BOTÂNICA árvore da família das Pináceas, também chamada árvore da vida
cédula n.f. **1** documento escrito para ter efeitos legais **2** título de dívida pública **3** apólice **4** papel representativo de moeda corrente **5** declaração de dívida sem caráter legal **6** bilhete **7** apontamento; *~ pessoal* documento extraído do registo de nascimento, que contém o nome completo, naturalidade, filiação e data do nascimento do registado (Do lat. schedŭla-, dim. de scheda-, «folha de papel»)
cedular adj.2g. relativo a cédula (De cédula+-ar)
ceeiro n.m. trabalhador que recebia como ceia um pão caseiro (De ceia+-eiro)
cefalado adj. que possui cabeça distinta do resto do corpo, especialmente alguns moluscos (Do gr. kephalé, «cabeça» +-ado)
cefalalgia n.f. MEDICINA dor de cabeça; cefaleia (Do gr. kephalalgía, «dor de cabeça», pelo lat. cephalalgĭa-, «id.» e fr. céphalalgie, «id.»)
cefalálgico adj. relativo à cefalalgia (Do gr. kephalalgikós, «que sofre de dores de cabeça», pelo lat. cephalalgĭcu-, «id.» e fr. céphalalgique, «id.»)
cefalão n.m. **1** PALEONTOLOGIA região situada anteriormente ao abdómen nas trilobites e noutros artrópodes **2** ⇒ **cefalotórax** (Do gr. kephalé, «cabeça» +-ão)
cefaleia n.f. MEDICINA dor de cabeça; cefalalgia (Do gr. kephalaía, «dor de cabeça contínua», pelo lat. cephalaea-, «id.» e fr. céphalée, «id.»)
cefalgia n.f. MEDICINA dor de cabeça; cefalalgia (De cefal-+-algia, com hapl.)
cefálico adj. **1** da cabeça **2** relativo ao encéfalo; encefálico; *índice ~* razão entre os diâmetros máximos transverso e ântero--posterior da cabeça (Do gr. kephalikós, «relativo à cabeça», pelo lat. cephalĭcu-, «id.» e fr. céphalique, «id.»)
cefalite n.f. MEDICINA inflamação do cérebro (Do gr. kephalé, «cabeça», pelo lat. cient. cephalite-, «id.»)
cefal(o)- elemento de formação de palavras que exprime a ideia de cabeça (Do gr. kephalé, «cabeça»)
cefalocordado adj.,n.m.,n.m.pl. ZOOLOGIA ⇒ **acrânio** (De cefalo-+cordados, ou do fr. céphalocordés, «id.»)
cefaloide adj.2g. que tem forma de cabeça (Do gr. kephalé, «cabeça» +eîdos, «forma»)
cefalóide ver nova grafia cefaloide
cefalometria n.f. ANTROPOLOGIA medição da cabeça (em estudos de antropologia) (Do gr. kephalé, «cabeça» +métron, «medida» +-ia)
cefalómetro n.m. ANTROPOLOGIA instrumento usado em cefalometria (Do gr. kephalé, «cabeça» +métron, «medida»)
cefalópodes n.m.pl. ZOOLOGIA classe de moluscos superiores, de cabeça distinta, cujo pé origina uma coroa de tentáculos (braços) que circunda a boca (De cefalo-+-pode)
cefalorraquidiano adj. **1** relativo ao encéfalo e à coluna vertebral **2** ANATOMIA diz-se especialmente do líquido que banha todo o eixo cerebrospinal (De cefalo-+raquidiano)
cefalotomia n.f. ⇒ **craniotomia** (Do gr. kephalé, «cabeça» +tomé, «corte» +-ia)
cefalótomo n.m. CIRURGIA ⇒ **craniótomo** (Do gr. kephalé, «cabeça» +tomé, «corte»)
cefalotórax n.m.2n. ZOOLOGIA parte anterior do corpo de alguns animais, que corresponde à fusão, entre si, da cabeça e do tórax (De cefalo-+tórax)

cefo /ê/ n.m. ZOOLOGIA antílope corpulento e um dos maiores da África, também conhecido por gunga (De orig. obsc.)
cega n.f. pessoa do sexo feminino privada do sentido da visão; invisual; *às cegas* às apalpadelas, sem saber por onde, inconscientemente (De *cego*)
cegada n.f. 1 bando de mascarados que, no Carnaval, pedem pelas ruas à maneira de cegos 2 multidão de cegos 3 [pop.] trapalhada (De *cego+-ada*)
cegagem n.f. extração das gemas ou olhos das árvores (De *cegar+-agem*)
cegamente adv. 1 às cegas 2 inconscientemente 3 completamente (De *cego+-mente*)
cegar v.tr. 1 privar da vista 2 tirar o gume a; embotar 3 [fig.] alucinar 4 [fig.] deslumbrar ■ v.intr. ficar cego ■ v.pron. irar-se (Do lat. *caecāre*, «cegar»)
cegarrega n.f. 1 melodia sem tom nem som, aborrecida por ser repetida muitas vezes no mesmo tom 2 MÚSICA instrumento que imita o som da cigarra 3 [fig.] pessoa tagarela, de voz desagradável e impertinente 4 barulho; confusão (De orig. onom.)
cegas elem.ioc.adv. *às ~* às apalpadelas; sem saber por onde; inconscientemente
cego adj. 1 que não vê 2 [Brasil] que perdeu o gume 3 [fig.] deslumbrado 4 [fig.] ignorante ■ n.m. 1 pessoa privada do sentido da visão; invisual 2 ANATOMIA parte inicial do intestino grosso; ceco; *janela cega* janela falsa; *voo ~* voo sem visibilidade (Do lat. *caecu-*, «cego»)
cegonha /ô/ n.f. 1 ORNITOLOGIA ave pernalta de arribação, de grande porte, da família dos Ciconiídeos, de asas largas, plumagem branca ou negra, bico vermelho comprido e patas altas e esguias, representada em Portugal por duas espécies 2 engenho de tirar água a pouca profundidade, constituído por uma vara que tem um balde suspenso de uma extremidade e um peso na outra; picota; picanço 3 [fig., pej.] pessoa alta e magra 4 [fig., pej.] velhaco; cínico 5 [pop.] embriaguez (Do lat. *ciconia-*, «id.»)
cegonhão n.m. [pop.] susto (De *cegonha+-ão*)
cegonho /ô/ n.m. 1 macho da cegonha 2 (engenho) cegonha (De *cegonha*)
cegude n.f. BOTÂNICA [pop.] ⇒ **cicuta** (Do lat. *cicūta-*, «id.»)
cegueira n.f. 1 estado de quem é cego, ou privado do sentido da visão; ablepsia 2 [fig.] estado de uma pessoa com o raciocínio perturbado 3 [fig.] falta de lucidez; ilusão 4 [fig.] ignorância 5 [fig.] obstinação ou paixão extrema por algo ou alguma coisa; fanatismo; *~ cromática* acromatopsia; *~ diurna* hemeranopsia, nictalopia; *~ moral* falta de todo o sentimento moral; *~ noturna* hemeralopia; *~ psíquica* agnosia; *~ verbal* alexia (De *cego+-eira*)
cegueta adj., n.2g. que ou pessoa que vê mal; pitosga (De *cego+-eta*)
ceia n.f. 1 refeição tomada à noite e que é a última do dia 2 refeição leve depois da meia-noite 3 pl. [regionalismo] pão que se distribui aos trabalhadores em lugar da última refeição do dia; *Última Ceia* RELIGIÃO refeição de Cristo e dos Apóstolos durante a qual foi instituída a Eucaristia (Do lat. *cena-*, «ceia; jantar»)
ceifa n.f. 1 ato ou efeito de ceifar; colheita dos cereais; segada 2 época do ano em que se faz a colheita dos cereais 3 [fig.] grande desbaste 4 [fig.] mortandade (Do ár. *çaifâ*, «verão»)
ceifão n.m. ⇒ **ceifeiro** (De *ceifar+-ão*)
ceifar v.tr.,intr. cortar (cereais, plantas, etc.) com uma foice ou outro instrumento apropriado; segar ■ v.tr. [fig.] tirar a vida a ■ v.intr. (cavalo) andar anormalmente, com os membros anteriores desviados para fora (De *ceifa+-ar*)
ceifeira n.f. 1 mulher que ceifa 2 máquina para ceifar; segadeira (De *ceifeiro*)
ceifeiro n.m. homem que ceifa; segador ■ adj. 1 da ceifa 2 relativo a ceifa (De *ceifar+-eiro*)
ceiote n.m. 1 [regionalismo] ceia de pobre 2 [regionalismo] refeição dada à meia-noite aos lagareiros (De *ceia+-ote*)
ceita n.f. tributo antigo que algumas províncias do Norte de Portugal pagavam para isentar os seus moradores da prestação de serviço militar em Ceuta (Do ár. *Cebda*, «Ceuta»)
ceitil n.m. 1 moeda portuguesa que valia um sexto do real 2 [fig.] insignificância (Do ár. *sebti*, «de Ceuta»)
ceiva n.f. ato de ceivar (Deriv. regr. de *ceivar*)
ceivar v.tr. 1 soltar (os bois) do jugo 2 [regionalismo] destapar ou soltar (as águas) (De *ceiva+-ar*)
ceive n.m. [regionalismo] ato de ceivar ou abrir as águas (Do lat. *caelĭbe-*, «solteiro»)
cela n.f. 1 aposento de um religioso, no convento 2 quarto individual nas penitenciárias 3 cubículo 4 câmara 5 alvéolo do favo (Do lat. *cella-*, «cela; pequeno aposento»)

celacanto n.m. ICTIOLOGIA peixe teleósteo, de grande porte, existente nos mares de Madagáscar, considerado erroneamente extinto (Do gr. *koïlos*, «côncavo» +*ákantha*, «espinho»)
celação n.f. ato de ocultar uma deformação fisiológica (Do lat. *celatiōne-*, «ação de esconder»)
celada n.f. 1 antiga armadura defensiva da cabeça 2 moeda do tempo do rei português D. Fernando, 1345-1383 (Do lat. *[cassis] caelata-*, «capacete cinzelado», pelo it. *celata* «celada»)
celagem n.f. 1 aspeto do céu ao nascer ou pôr do Sol 2 cariz do céu (Do lat. *caelu-*, «céu» +*-agem*)
celamim n.m. antiga unidade de medida equivalente à décima sexta parte do alqueire (Do ár. *thamani*, pl. de *thumniiâ*, «oitava parte»)
celário n.m. 1 despensa 2 copa, entre os antigos Romanos 3 [regionalismo] aposento onde se velam os mortos (Do lat. *cellariŭ-*, «despensa»)
Celastráceas n.f.pl. BOTÂNICA família de plantas dicotiledóneas, arbustivas, representada em Portugal, provavelmente, apenas por uma espécie (De *celastro+-áceas*)
celastro n.m. BOTÂNICA género de plantas arbustivas espinhosas, dicotiledóneas, frequentes nas regiões tropicais (Do gr. *kélastros*, «abrunheiro»)
celebérrimo adj. {superlativo absoluto sintético de **célebre**} muito célebre (Do lat. *celeberrĭmo-*, «id.»)
celebração n.f. 1 ato ou efeito de celebrar 2 ação de comemorar um acontecimento ou data, através de uma cerimónia ou de uma festa; comemoração 3 concretização de um acordo ou contrato 4 RELIGIÃO realização de uma cerimónia religiosa (Do lat. *celebratiōne-*, «afluência»)
celebrado adj. 1 festejado; comemorado 2 que tem grande fama; célebre 3 solenizado 4 cantado; exaltado (Do lat. *celebrātu-*, «id.», part. pass. de *celebrāre*, «tornar célebre»)
celebrador n.m. 1 o que celebra 2 celebrante (Do lat. *celebratōre-*, «o que celebra»)
celebrante adj.2g. que celebra ■ n.2g. pessoa que celebra ■ n.m. RELIGIÃO sacerdote que celebra a missa (Do lat. *celebrante-*, «id.», part. pres. de *celebrāre*, «tornar célebre»)
celebrar v.tr. 1 realizar com solenidade 2 comemorar (data ou acontecimento) através de festa ou cerimónia 3 efetivar (acordo ou contrato) 4 exaltar publicamente os méritos de ■ v.tr.,intr. RELIGIÃO rezar (missa); oficiar (Do lat. *celebrāre*, «tornar célebre»)
celebrável adj.2g. digno de ser celebrado (Do lat. *celebrabĭle-*, «digno de ser celebrado»)
célebre adj.2g. 1 que tem grande fama; famoso; celebrado 2 notável; ilustre 3 singular 4 [pop.] extravagante (Do lat. *celĕbre-*, «célebre»)
celebreira n.f. 1 mania da celebridade 2 extravagância 3 singularidade (De *célebre+-eira*)
celebridade n.f. 1 qualidade do que é célebre; notabilidade; fama 2 pessoa famosa (Do lat. *celebritāte-*, «celebridade»)
celebrização n.f. ato ou efeito de celebrizar ou celebrizar-se (De *celebrizar+-ção*)
celebrizar v.tr. 1 tornar célebre 2 festejar 3 comemorar ■ v.pron. tornar-se célebre; notabilizar-se (De *célebre+-izar*)
celeireiro n.m. encarregado de um celeiro (De *celeiro+-eiro*)
celeiro n.m. 1 casa onde se juntam ou guardam cereais 2 depósito de provisões (Do lat. *cellariŭ-*, «despensa»)
celenterados n.m.pl. ZOOLOGIA grupo (tipo) de animais fitozoários acelômatas, em regra com dois folhetos nas paredes do corpo e portadores de células urticantes (Do gr. *koïlos*, «oco» +*énteron*, «intestino», pelo lat. cient. *coelenterāta*, «celenterados»)
celentério n.m. ⇒ **celêntero** (De *celêntero+-io*)
celêntero n.m. cavidade gastrovascular dos cnidários e dos ctenóforos (Do gr. *koïlos*, «oco» +*énteron*, «intestino»)
celeradamente adv. com perversão (De *celerado+-mente*)
celerado adj. capaz de cometer crimes ■ n.m. 1 aquele que é capaz de cometer crimes; facínora 2 malvado (Do lat. *scelerātu-*, «criminoso»)
célere adj.2g. que anda depressa; veloz; ligeiro (Do lat. *celĕre-*, «pronto; rápido»)
celeri- elemento de formação de palavras que exprime a ideia de veloz (Do lat. *celĕre-*, «pronto; rápido»)
celeridade n.f. 1 qualidade do que é célere 2 rapidez; velocidade 3 presteza 4 MECÂNICA grandeza de uma velocidade (Do lat. *celeritāte-*, «rapidez»)
celerígrado adj. (animal) de marcha veloz (Do lat. *celĕre-*, «rápido» +*gradu-*, «passo»)

celerímetro *n.m.* 1 instrumento de medir a extensão percorrida por um veículo num dado tempo 2 velocímetro 3 taxímetro (Do lat. *celĕre-*, «rápido»+gr. *métron*, «medida»)

celerípede *adj.2g.* (animal) que corre velozmente (Do lat. *celĕre-*, «rápido» +*pede-*, «pé»)

celérrimo *adj.* {superlativo absoluto sintético de **célere**} muito célere; rapidíssimo

celesta *n.f.* MÚSICA instrumento musical de teclado, semelhante a um pequeno piano, com lâminas metálicas em vez de cordas (Do fr. *célesta*, «id.»)

celeste *adj.* 1 do céu 2 do firmamento 3 que está no céu 4 da cor do céu 5 sobrenatural 6 divino 7 [fig.] excelente; perfeito ■ *n.m.* [Angola] ORNITOLOGIA pássaro canoro de tom cinzento, mas com plumagem azul-celeste no peito e na cauda, de voo furtivo e canto semelhante a riso; caxexe (Do lat. *caeleste-*, «do céu»)

celestial *adj.2g.* 1 do céu 2 divino; divinal (Do *celeste*+*-ial*)

celestina *n.f.* MINERALOGIA mineral (sulfato de estrôncio), de cor azul ou pardo-azulada, que é minério de estrôncio (Do lat. *caelestīna-*, «celeste»)

celestino *adj.* da cor do céu; azul-celeste (Do lat. *caelestīnu-*, «celeste»)

celeuma *n.f.* 1 vozearia de pessoas que trabalham 2 algazarra; barulho 3 debate aceso; discussão violenta (Do gr. *kéleusma*, «canto dos remadores», pelo lat. *celeusma-*, «id.»)

celeumar *v.intr.* ⇒ **celeumear** (De *celeuma*+*-ar*)

celeumear *v.intr.* fazer celeuma (De *celeuma*+*-ear*)

celga *n.f.* BOTÂNICA planta herbácea, da família das Quenopodiáceas, comestível e cultivada em Portugal, também conhecida por acelga (Do ár. *silqâ*, «id.»)

celha /ê/ *n.f.* 1 cada um dos pelos que guarnecem as pálpebras; cílio; pestana 2 sedas na margem de algumas folhas; *carregar a* ~ franzir a testa (Do lat. *cilĭa*, pl. de *cilĭum*, «pálpebra»)

celhado *adj.* 1 que tem celhas; ciliado 2 (cavalo) que tem sobrancelhas brancas (De *celha*+*-ado*)

celheado *adj.* ⇒ **celhado** (De *celha*+*-eado*)

celi- elemento de formação de palavras que exprime a ideia de céu (Do lat. *caelu-*, «céu»)

celíaco *adj.* relativo ou pertencente ao abdómen ■ *adj.,n.m.* que ou pessoa que sofre de intolerância alimentar ao glúten (doença celíaca) (Do gr. *koiliakós*, «relativo à cavidade abdominal», pelo lat. *caelĭăcu-*, «id.»)

celiadelfo *n.m.* TERATOLOGIA aquele que é formado por dois corpos unidos pelo abdómen (Do gr. *koilía*, «ventre» +*adelphós*, «irmão»)

celialgia *n.f.* dor abdominal, profunda, de origem nevrálgica (Do gr. *koilía*, «ventre» +*álgos*, «dor» +*-ia*)

celibatário *adj.* 1 que vive em celibato 2 próprio de solteirão ■ *n.m.* pessoa que vive em celibato; pessoa que permanece solteira (De *celibato*+*-ário*)

celibatarismo *n.m.* vida de celibatário (De *celibatário*+*-ismo*)

celibato *n.m.* estado da pessoa que, por opção, não contraiu matrimónio; ~ *eclesiástico* celibato que os clérigos prometem observar (Do lat. *caelibātu-*, «id.»)

célico *adj.* ⇒ **celestial** (Do lat. *caelĭcu-*, «do céu»)

celícola *n.2g.* habitante do céu (Do lat. *caelicŏla-*, «id.»)

celideia *n.f.* anémona cor-de-rosa (Do lat. *caelidea-*, «deusa do céu»)

celidografia *n.f.* descrição das manchas dos astros (Do gr. *kelís, -ídos*, «mancha» +*gráphein*, «escrever»)

celidográfico *adj.* relativo à celidografia (De *celidografia*+*-ico*)

celidónia *n.f.* BOTÂNICA ⇒ **quelidónia** 1

celidónia-menor *n.f.* ⇒ **quelidónia-menor**

celífero *adj.* (Hércules e Atlas) que sustenta o céu sobre si (Do lat. *caelifĕru-*, «que suporta o céu; que leva ao céu»)

celificar *v.tr.* colocar no céu, entre os astros (Do lat. *caelu-*, «céu» +*ficăre*, por *facĕre*, «fazer»)

celífluo *adj.* que provém do céu (Do lat. *caeliflŭu-*, «id.»)

celígena *adj.2g.* que provém do céu (Do lat. *caeligĕna-*, «id.»)

celígero *adj.* ⇒ **celífero** (De *caelu-*, «céu» +*gerĕre*, «suster»)

celi(o)- elemento de formação de palavras que exprime a ideia de abdómen (Do gr. *koilía*, «ventre; abdómen»)

celiotomia *n.f.* ⇒ **laparotomia** (Do gr. *koilía*, «ventre» +*tomé*, «corte» +*-ia*)

celipotente *adj.2g.* que tem poder no céu (Do lat. *caelipotente-*, «id.»)

celo *n.m.* forma reduzida de *violoncelo*

cel(o)- elemento de formação de palavras que exprime a ideia de oco, vazio (Do grego *koîlos*, «oco»)

celofanado *adj.* envolvido em celofane (Part. pass. de *celofanar*)

celofanar *v.tr.* envolver em celofane (De *celofane*+*-ar*)

celofane *n.m.* película celulósica (viscose prensada), que se emprega geralmente em folhas muito finas, de perfeita transparência, como invólucro impermeável e para outros fins (Do fr. *cellophane*, «id.», de *cellu[lose]* +*[dia]phane*)

celoma /ô/ *n.m.* BIOLOGIA cavidade (ou conjunto de cavidades) que se forma no seio da mesoderme e que existe na maioria dos metazoários; cavidade geral (Do gr. *koíloma, -atos*, «cavidade»)

celomado *adj.* diz-se do animal que tem celoma (De *celoma*+*-ado*)

celsitude *n.f.* 1 qualidade do que é celso 2 alteza; elevação 3 sublimidade (Do lat. *celsitudĭne-*, «elevação»)

Celsius *adj.inv.* FÍSICA diz-se da escala de temperatura em que 0 °C é a temperatura de fusão do gelo sob pressão de uma atmosfera, e 100 °C a temperatura de ebulição da água sob pressão de uma atmosfera (De *A. Celsius*, antr., astrónomo sueco)

celso *adj.* 1 alto 2 sublime (Do lat. *celsu-*, «excelso; elevado»)

celta *adj.2g.* referente aos Celtas ■ *n.2g.* pessoa pertencente aos Celtas (Do lat. *celta-*, «celta»)

Celtas *n.m.pl.* ETNOGRAFIA conjunto de tribos de origem indo-europeia, que ocuparam grande parte do território da Gália, designadamente a Bretanha, e das Ilhas Britânicas (Do lat. *Celtas*, «os Celtas»)

celtibérico *adj.* relativo aos Celtiberos (Do lat. *celtiberĭcu-*, «id.»)

celtibero *n.m.* indivíduo pertencente ao povo dos Celtiberos ■ *adj.* que pertence ao povo dos Celtiberos (De *celta*+*ibero*)

Celtiberos *n.m.pl.* ETNOGRAFIA povo da antiga Espanha formado pela junção dos Celtas com os Iberos (Do lat. *celtibĕru-*, «id.»)

céltico *adj.* relativo aos Celtas ■ *n.m.* língua dos Celtas (Do lat. *celtĭcu-*, «id.»)

celtismo *n.m.* estudo da língua e dos costumes dos Celtas (De *celta*+*-ismo*)

célula *n.f.* 1 pequena cela 2 pequeno compartimento onde se isola o condenado a pena maior 3 alvéolo dos favos de uma colmeia 4 pequena cavidade; cubículo 5 casulo da semente 6 espaço das asas dos insetos delimitado por nervuras 7 BIOLOGIA elemento anatómico microscópico que é a unidade estrutural e funcional dos seres vivos e cujo tamanho é variável 8 POLÍTICA pequeno grupo de indivíduos correligionários; ~ *fotoelétrica* FÍSICA válvula de vazio de dois elétrodos (cátodo e ânodo), na qual se libertam eletrões quando sobre o cátodo incide radiação eletromagnética de comprimento de onda apropriado, dando origem a uma pequena corrente; ~ *fotovoltaica* FÍSICA semicondutor que transforma a energia solar em eletricidade (Do lat. *cellŭla-*, «pequena cela»)

celulado *adj.* que tem células; celulífero (De *célula*+*-ado*)

célula-mãe *n.f.* BIOLOGIA célula que, por divisão nuclear, dá origem a outras células

celular *adj.2g.* 1 relativo ou pertencente à célula 2 formado por células ■ *n.m.* [Brasil] telemóvel; *prisão* ~ condenação que é cumprida numa célula prisional; *teoria* ~ BIOLOGIA princípio fundamental da constituição dos organismos que admite que um ser vivo é sempre constituído por uma ou mais células (De *célula*+*-ar*)

celuli- elemento de formação de palavras que exprime a ideia de célula (Do lat. *cellŭla-*, «pequena cela»)

celulífero *adj.* que tem células; que é celulado (De *celuli-*+*-fero*)

celuliforme *adj.2g.* que tem forma de célula (De *celuli-*+*-forme*)

celulífugo *adj.* HISTOLOGIA diz-se do prolongamento (único) do neurónio em que o influxo nervoso é conduzido para fora do corpo da célula (De *celuli-*+*-fugo*)

celulípeto *adj.* HISTOLOGIA diz-se do prolongamento do neurónio em que o influxo nervoso é conduzido para o corpo da célula (Do lat. *cellŭla-*, «pequena cela» +*petĕre*, «dirigir-se a»)

celulite *n.f.* 1 MEDICINA infeção do tecido subcutâneo, mais frequente nos membros inferiores 2 MEDICINA inflamação do tecido subcutâneo, que se manifesta pela formação de nódulos subcutâneos e por sensibilidade dolorosa à pressão (De *célula*+*-ite*)

celuloide *n.m./f.* QUÍMICA material plástico fabricado a partir da cânfora e da nitrocelulose (Do ing. *celluloid*, «id.»)

celulóide ver nova grafia *celuloide*

celulose *n.f.* BIOQUÍMICA nome genérico de variados glícidos constituintes das membranas das células vegetais e que são substâncias fundamentais de diversas indústrias químicas (Do fr. *cellulose*, «id.»)

celulósico *adj.* relativo à celulose; *túnica celulósica* zona de tecido conjuntivo (submucosa) em muitos órgãos animais (De *celulose*+*-ico*, ou do fr. *cellulosique*, «id.»)

celulosidade *n.f.* estado celuloso de um tecido (De *celuloso*+*-i-*+*-dade*)

celuloso /ô/ *adj.* **1** dividido em células **2** que tem células **3** diz-se do tecido ósseo esponjoso (De *célula*+*-oso*)

cem *num.card.* >*quant.num.* ᴅᴛ **1** noventa mais dez; cento; centena **2** [fig.] muitos ∎ *n.m.* **1** o número 100 ou a quantidade representada por esse número **2** o que, numa série, ocupa o centésimo lugar (Do lat. *centu-*, «cem», com apóc.)

cementação *n.f.* **1** ᴍᴇᴛᴀʟᴜʀɢɪᴀ operação industrial em que uma liga especial ferrocarbónica (aço) sofre uma incorporação superficial de carbono que lhe dá maior dureza **2** processo pelo qual se introduzem elementos químicos nas camadas exteriores dos objetos metálicos, por difusão a alta temperatura (De *cementar*+*-ção*)

cementador *n.m.* o que cementa (De *cementar*+*-dor*)

cementar *v.tr.* submeter à cementação (De *cemento*+*-ar*)

cementite *n.f.* ǫᴜÍᴍɪᴄᴀ carboneto de ferro (De *cemento*+*-ite*, ou do fr. *cémentite*, «id.»)

cemento *n.m.* substância com que se rodeia o corpo que se quer cementar (Do lat. *caementu-*, «argamassa; pedra de alvenaria»)

cemiterial *adj.2g.* de cemitério; referente a cemitério (De *cemitério*+*-al*)

cemitério *n.m.* recinto destinado à sepultura dos defuntos; campo-santo (Do gr. *koimetérion*, «dormitório», pelo lat. *coemeteriu-*, «cemitério»)

cena /ê/ *n.f.* **1** parte do teatro onde os atores representam para o público; palco **2** teatro; arte dramática **3** ᴛᴇᴀᴛʀᴏ decoração do palco **4** ᴛᴇᴀᴛʀᴏ lugar onde se situa a ação dramática **5** ᴛᴇᴀᴛʀᴏ divisão de um ato **6** acontecimento; situação **7** disputa; zanga; **entrar em ~** entrar em ação, intervir, interferir; **fazer cenas** praticar atos censuráveis, dar escândalo (Do gr. *skené*, «cena», pelo lat. *scena-*, «id.»)

cenáculo *n.m.* **1** compartimento onde os antigos comiam **2** refeitório **3** [com maiúscula] ʀᴇʟɪɢɪÃᴏ sala onde Cristo se reuniu com os Apóstolos na Última Ceia **4** reunião de indivíduos que trabalham para um fim comum (Do lat. *caenacŭlu-*, «sala de jantar»)

cenagal *n.m.* lodaçal (Do cast. *cenagal*, «atoleiro»)

cenagoso /ô/ *adj.* imundo; torpe; cenoso (Do cast. *cenagoso*, «lamacento»)

cenário¹ *n.m.* **1** decoração do espaço de representação numa peça de teatro, num filme, etc. **2** lugar onde se desenrola a ação (ou parte da ação) de uma peça teatral, de um filme ou de uma narrativa **3** ambiente que rodeia um acontecimento **4** situação; cena; panorama (Do lat. *scaenariŭ-*, «lugar da cena», no teatro)

cenário² *adj.* relativo a ceia; cenatório (Do lat. *cena-*, «ceia; jantar» +*ário*)

cenatório *adj.* que diz respeito à ceia; cenário (Do lat. *cenatoriŭ-*, «id.»)

cendal *n.m.* véu fino e transparente para o rosto ou para todo o corpo (Do lat. *sindon-*, «fazenda finíssima de seda», pelo prov. *sendal*, «id.»)

cendrado *adj.* da cor da cinza (Do cast. *cendrado*, «acinzentado»)

cendrar *v.tr.* ⇒ **acendrar** (Do cast. *cendrar*, «id.»)

cendrário *n.m.* recipiente para depósito de cinzas resultantes da cremação de cadáveres (De *cendrar*+*-ário*)

cenestesia *n.f.* **1** ғɪsɪᴏʟᴏɢɪᴀ sensibilidade orgânica independente dos órgãos dos sentidos **2** impressão geral resultante das funções vegetativas (Do gr. *koinós*, «comum; geral» +*aisthēsis*, «sensibilidade» +*-ia*)

cenestésico *adj.* relativo à cenestesia (De *cenestesia*+*-ico*)

cenestesiopatia *n.f.* ⇒ **cenestopatia** (Do gr. *koinós*, «comum; geral» +*aisthēsis*, «sensibilidade» +*páthos*, «doença» +*-ia*)

cenestopatia *n.f.* ᴍᴇᴅɪᴄɪɴᴀ perturbações da cenestesia, nomeadamente, perda da consciência do corpo (Do gr. *koinós*, «comum; geral» +*páthos*, «doença» +*-ia*)

cenho /ê/ *n.m.* **1** aspeto carregado **2** rosto severo **3** ᴠᴇᴛᴇʀɪɴÁʀɪᴀ doença entre o pelo e o casco das cavalgaduras **4** refego na taipa (Do cast. *ceño*, «semblante severo»)

cenhoso /ô/ *adj.* que tem cenho; carrancudo (De *cenho*+*-oso*)

cénico *adj.* da cena; relativo a cena (Do gr. *skenikós*, «da cena», pelo lat. *scenĭcu-*, «id.»)

cenismo *n.m.* vício de linguagem que consiste no emprego de palavras de várias línguas na mesma obra ou no mesmo discurso (Do gr. *koinismós*, «comunidade de vários dialetos»)

ceno¹ /ê/ *n.m.* lodaçal (Do lat. *caenu-*, «lama»)

ceno² /ê/ *n.m.* ⇒ **cenho** (Do cast. *ceño*, «semblante severo»)

cenobiarca *n.m.* prelado ou superior de um convento de cenobitas (Do gr. ecl. *koinobiárkhes*, «superior de convento»)

cenóbio *n.m.* **1** convento ou habitação de cenobitas **2** comunidade religiosa **3** ᴢᴏᴏʟᴏɢɪᴀ colónia de protozoários flagelados reunidos numa massa gelatinosa (Do gr. *koinóbion*, «vida comum», pelo lat. *coenobĭu-*, «convento»)

cenobiose *n.f.* vida em comum (Do gr. *koinóbion*, «id.», pelo lat. *coenobĭu-*, «convento» +*-ose*)

cenobismo *n.m.* vida religiosa em comunidade (De *cenóbio*+*-ismo*)

cenobita *n.2g.* **1** monge ou monja que vive em comunidade **2** [fig.] pessoa que tem vida austera e retirada (Do lat. *coenobĭta-*, «id.»)

cenobítico *adj.* relativo a cenobitas (De *cenobita*+*-ico*)

cenobitismo *n.m.* ⇒ **cenobismo** (De *cenobita*+*-ismo*)

cenofobia *n.f.* horror ao espaço; vertigem (Do gr. *kénos*, «vazio» +*phóbos*, «medo» +*-ia*)

cenografia *n.f.* **1** arte de conceber e/ou executar os cenários de um espetáculo, principalmente teatral **2** arte de pintar segundo as regras da perspetiva (Do gr. *skenographía*, «narrativa dramática; ornato de pintura para o teatro»)

cenográfico *adj.* relativo à cenografia (Do gr. *skenographikós*, «id.»)

cenógrafo *n.m.* **1** artista que se dedica à cenografia **2** pintor de cenários (Do gr. *skenográphos*, «o que pinta as decorações da cena»)

cenoira *n.f.* ⇒ **cenoura**

cenologia *n.f.* ғÍsɪᴄᴀ estudo do vácuo (Do gr. *kenós*, «vácuo» +*lógos*, «tratado» +*-ia*)

Cenomaniano *n.m.* ɢᴇᴏʟᴏɢɪᴀ andar do Cretácico médio

Cenopégia *n.f.* (heortónimo) festa dos Judeus comemorativa da sua estadia no deserto (Do gr. *skenopegía*, «construção das tendas», pelo lat. *scenopegĭa-*, «festa dos tabernáculos»)

cenosidade *n.f.* **1** qualidade do que é cenoso **2** vício nojento (Do lat. *caenositāte-*, «imundície»)

cenoso /ô/ *adj.* imundo; torpe (Do lat. *caenōsu-*, «lamacento; sujo»)

cenossarco *n.m.* ᴢᴏᴏʟᴏɢɪᴀ substância com canalículos envolvidos pelo perissarco, que põe em comunicação as cavidades gastrovasculares nos pólipos de uma colónia de celenterados ou briozoários (Do gr. *koinós*, «comum» +*sárx, sarkós*, «carne»)

cenotáfio *n.m.* monumento sepulcral erigido em memória de um morto sepultado noutra parte (Do gr. *kenotáphion*, «túmulo vazio», pelo lat. *cenotaphĭu-*, «id.»)

cenoura *n.f.* **1** ʙᴏᴛÂɴɪᴄᴀ planta herbácea da família das Umbelíferas, espontânea e frequente em Portugal, também cultivada especialmente pelo valor nutritivo da raiz **2** raiz desta planta, de forma alongada e estreita, cor alaranjada, utilizada na alimentação (Do ár. vulg. *isfanâriya*, «id.», pelo cast. ant. *zahanoria*, «id.»)

Cenozoico *n.m.* ɢᴇᴏʟᴏɢɪᴀ era atual da história da Terra, que sucede ao Mesozoico, caracterizada pelo grande desenvolvimento dos mamíferos e das plantas atuais, e abrange duas suberas: o Terciário e o Quaternário ∎ *adj.* [com minúscula] ɢᴇᴏʟᴏɢɪᴀ relativo ou pertencente ao Cenozoico (Do grego *kainós*, «novo» +*zoikós*, «referente a vida animal»)

Cenozóico ver nova grafia Cenozoico

cenrada *n.f.* barrela; lixívia (Do lat. *cinerāta*, «feita com cinza»)

cenreira *n.f.* [pop.] teima; embirração; birra (Do lat. *cinerarĭu-*, «de cinza»?)

censatário *adj.,n.m.* ⇒ **censitário**

censionário *adj.,n.m.* ⇒ **censitário**

censitário *n.m.* aquele ou aquele que paga censo (Do lat. *censitarĭu-*, «id.», pelo fr. *censitaire*, «id.»)

censítico *adj.* **1** relativo ao censo; censual **2** enfitêutico (De *censo*+*t*+*-ico*)

censo *n.m.* **1** enumeração estatística dos indivíduos, das empresas, das habitações ou de outras características de interesse de um país ou região; recenseamento **2** contrato antigo que podia revestir duas modalidades: censo consignativo ou renda e censo reservativo ou pensão (Do lat. *censu-*, «id.»)

censor *n.m.* **1** aquele que censura; crítico **2** (Roma antiga) magistrado que recenseava a população (Do lat. *censōre-*, «id.»)

censório *adj.* **1** relativo ao censor ou à censura **2** designativo de um antigo tribunal que exercia censura sobre livros e publicações (Do lat. *censoriŭ-*, «de censor»)

censual *adj.2g.* referente ao censo ∎ *n.m.* registo dos censos (Do lat. *censuāle-*, «do censo»)

censualista *n.m.* recebedor dos censos (De *censual*+*-ista*)

censuário *adj.* referente ao censo; censual ∎ *n.m.* aquele que recebe o capital no contrato de censo consignativo (De *censo*+*-ário*)

censuísta *n.2g.* pessoa que cede o capital no contrato de censo consignativo (De *censo*+*-ista*)

censura *n.f.* **1** condenação; crítica; reprovação social **2** exame crítico de obras, espetáculos ou publicações segundo critérios morais ou políticos e exercício do poder de autorizar ou não a sua exposição ou publicação **3** repreensão; admoestação **4** (psicanálise) recalcamento no inconsciente de elementos da vida psíquica considerados inaceitáveis pela sociedade **5** RELIGIÃO pena eclesiástica **6** tribunal encarregado de censurar; ~ **teológica** RELIGIÃO juízo negativo pronunciado pela Igreja acerca de um ponto de doutrina teológica; *moção de* ~ POLÍTICA sanção dirigida à política de um governo e apresentada a uma assembleia para votação (Do lat. *censūra-*, «id.»)

censurador *adj.,n.m.* que ou aquele que censura; crítico (De *censura*+*-dor*)

censurar *v.tr.* **1** avaliar negativamente; criticar; condenar **2** repreender; admoestar **3** examinar (obras, espetáculos, publicações, etc.) segundo critérios morais ou políticos e autorizar ou não a sua exposição ou publicação (De *censura*+*-ar*)

censurável *adj.2g.* **1** merecedor de censura **2** repreensível; condenável (De *censurar*+*-vel*)

cent *n.m.* ⇒ **cêntimo 1** (Do ing. *cent*, «id.»)

centafolho /ô/ *n.m.* **1** ANATOMIA mesentério **2** ZOOLOGIA ⇒ **folhoso** *n.m.* **3** [fig.] o âmago (Do lat. *centifolĭu-*, «que tem cem folhas»)

centão *n.m.* **1** manta de remendos ou retalhos **2** cobertura grosseira das peças de artilharia **3** composição poética ou musical feita com fragmentos de composições de outro autor ou de vários autores **4** obra que contém muitos pensamentos e frases de vários escritores (Do lat. *centōne-*, «manta de retalhos»)

centáurea *n.f.* BOTÂNICA género de plantas herbáceas, algumas com aplicações medicinais, pertencentes à família das Compostas e das quais muitas espécies crescem espontaneamente na Europa (Do gr. *kentáureion*, «de centauro», pelo lat. *centaurēa-*, «id.»)

centáurea-maior *n.f.* BOTÂNICA planta da família das Compostas, utilizada em medicina

centáurea-menor *n.f.* BOTÂNICA planta herbácea, medicinal, da família das Gencianáceas, espontânea em Portugal e também conhecida por fel-da-terra

centáurea-menor-perfolhada *n.f.* BOTÂNICA planta da família das Compostas, espontânea e frequente em Portugal

centáureo *adj.* **1** relativo a centauro **2** próprio de centauro (Do lat. *centaurĕu-*, «de centauro»)

centáurico *adj.* ⇒ **centáureo** (De *centauro*+*-ico*)

centaurina *n.f.* substância que se obtém de certas centáureas (De *centáurea*+*-ina*)

centauro *n.m.* **1** ser mitológico, metade homem e metade cavalo **2** [com maiúscula] ASTRONOMIA constelação austral (Do gr. *kéntauros*, «id.», pelo lat. *centauru-*, «id.»)

centavo *n.m.* centésima parte do escudo (antiga moeda portuguesa substituída pelo euro) e da unidade monetária de vários países (De *cento*+*-avo*)

centeal *n.m.* campo de centeio (De *centeio*+*-al*)

centeeira *n.f.* ⇒ **centeal** (De *centeio*+*-eira*)

centeeiro *adj.* **1** próprio para centeio **2** destinado à cultura deste cereal **3** (pão) feito de farinha de centeio (De *centeio*+*-eiro*)

centeio *n.m.* BOTÂNICA planta herbácea, da família das Gramíneas, muito cultivada em Portugal, em forma de espiga alongada, cujo grão se reduz a farinha panificável, de grande valor nutritivo ■ *adj.* designativo desta farinha e da palha (colmo) desta planta (Do lat. *centēnu-*, «o que produz cem por cada semente»)

centelha /ê/ *n.f.* **1** partícula luminosa que se desprende de um corpo incandescente **2** faísca **3** [fig.] fulgor; clarão **4** [fig.] inspiração **5** [fig.] talento (Do lat. **scintīcŭla-*, dim. de *scintilla-*, «centelha»)

centelhante *adj.2g.* que expede centelhas; cintilante (De *centelhar*+*-ante*)

centelhar *v.intr.* despedir centelhas; cintilar (De *centelha*+*-ar*)

centena /ê/ *n.f.* **1** MATEMÁTICA grupo de cem unidades **2** [fig.] grande quantidade (Do lat. *centēna*, neut. pl. de *centēnus*, «em número de cem»)

centenar *adj.2g.* secular ■ *n.m.* centena; cento (De *centena*+*-ar*)

centenário *adj.* **1** que tem cem anos **2** referente a cem anos **3** secular ■ *n.m.* **1** pessoa com cem ou mais anos **2** comemoração secular (Do lat. *centenarĭu-*, «que tem cem partes»)

centeninho *n.m.* [regionalismo] centeio lavado e moído no moinho alveiro (Do lat. *centēnu-*, «centeio» +*-inho*)

centénio *n.m.* período de cem anos (De *cento*+*-énio*)

centenoso /ô/ *adj.* **1** parecido com o centeio **2** que produz centeio (Do lat. *centenōsu-*, «que tem cem»)

centesimal *adj.2g.* **1** diz-se de uma divisão em cem partes iguais **2** (fração) cujo denominador é cem **3** relativo a centésimo **4** FÍSICA (temperaturas) da escala de Celsius (De *centésimo*+*-al*)

centésimo *num.ord.* >*adj.num.*^DT que, numa sequência, ocupa a posição imediatamente a seguir à nonagésima nona; que é o último numa série de cem ■ *num.frac.* >*quant.num.*^DT **1** que resulta da divisão de um todo por cem **2** que resulta da divisão de um todo por cem ■ *n.m.* **1** o que, numa série, ocupa o lugar correspondente ao número 100 **2** uma das cem partes em que se dividiu um todo; centésima parte **3** unidade em que se dividem algumas moedas **4** [fig.] espaço de tempo muito reduzido (Do lat. *centesĭmu-*, «centésimo»)

centi- prefixo do Sistema Internacional de Unidades, de símbolo c, que exprime a ideia de *cem vezes menor*, *centésima parte* e equivale a dividir por cem (10^{-2}) a unidade por ele afetada (Do lat. *centu-*, «cem»)

centiare *n.m.* FÍSICA unidade de medida de superfície, de símbolo ca, equivalente à centésima parte do are, ou seja, um metro quadrado (De *centi-*+*are*, ou do fr. *centiare*, «id.»)

centibar *n.m.* unidade de medida de pressão equivalente à centésima parte do bar, ou seja, 1000 pascais (De *centi-*+*bar*)

centicular *adj.2g.* **1** que tem cem séculos **2** que tem muitos séculos; multissecular; centissecular (De *centi-*+(*se*)*cular*)

centifólio *adj.* que tem cem folhas (Do lat. **centifolĭu-*, «id.»)

centigrado *n.m.* GEOMETRIA centésima parte do grado (De *centi-*+*grado*)

centígrado *adj.* **1** dividido em cem graus **2** que pertence a uma escala dividida em cem graus **3** [designação fora de uso] FÍSICA dizia-se da unidade de graduação da escala Celsius (de símbolo °C), também dita escala centígrada (Do lat. *centu-*, «cem» +*gradu-*, «passo; grau»)

centigrama *n.m.* centésima parte do grama (De *centi-*+*grama*, ou do fr. *centigramme*, «id.»)

centil *n.m.* ESTATÍSTICA ⇒ **percentil** (Do fr. *centile*, «id.»)

centilitro *n.m.* centésima parte do litro (Do fr. *centilitre*, «id.»)

centímano *adj.* que tem cem mãos (Do lat. *centimănu-*, «id.»)

centímetro *n.m.* medida de comprimento, de símbolo cm, equivalente à centésima parte do metro (Do fr. *centimètre*, «id.»)

cêntimo *n.m.* **1** cada uma das cem subunidades em que se divide o euro **2** centésima parte da unidade monetária de vários países (Do fr. *centime*, «centésima parte do franco»)

centineto *n.m.* descendente muito afastado (De *centi-*+*neto*)

centinormal *adj.2g.* QUÍMICA diz-se de uma solução cuja concentração é 100 vezes menor que a da solução normal (De *centi-*+*normal*)

centípeda *n.f.* (miriópode) ⇒ **centopeia** (Do lat. *centipĕda-*, «centopeia»)

centípede *adj.2g.* que tem cem pés ou patas (Do lat. **centipĕde-*, «id.»)

centissecular *adj.2g.* ⇒ **multissecular** (De *centi-*+*secular*)

cento *n.m.* grupo de cem unidades; cem; centena ■ *num.card.* >*quant.num.*^DT [ant.] ⇒ **cem**; *dizer de uma a um* ~ injuriar (Do lat. *centu-*, «cem»)

centóculo *adj.* que tem cem olhos (Do lat. *centocŭlu-*, «id.»)

centola *n.f.* ZOOLOGIA caranguejo grande, comestível, da família dos Cancrídeos, de carapaça muito áspera, guarnecida de picos, frequente em Portugal (Do lat. *centocŭla-*, «que tem cem olhos»)

centopeia *n.f.* **1** ZOOLOGIA animal artrópode, do grupo dos miriópodes, com o corpo dividido em segmentos a cada um dos quais corresponde um par de patas, sendo o primeiro par modificado para ser usado como órgão de defesa e ataque **2** [pej.] pessoa, sobretudo mulher, alta, magra, feia ou de aparência repugnante (Do lat. *centumpĕda-*, «que tem cem pés»)

centragem *n.f.* ato de centrar ou determinar o centro de um objeto (De *centrar*+*-agem*)

central *adj.2g.* **1** que fica no centro **2** que diz respeito ao centro **3** que é a base de funcionamento de órgão ou setor (por oposição a periférico, regional ou local) **4** LINGUÍSTICA (som vocálico) produzido com a parte do centro do dorso da língua que se aproxima da região palatal **5** [fig.] principal; fundamental; essencial ■ *n.f.* **1** local ou repartição que constitui o centro de uma organização **2** reunião de geradores (de eletricidade, de calor, de energia atómica, etc.) que alimenta grande número de consumidores; ~ *telefónica* local ou edifício e equipamento onde se dá a junção e distribuição de várias linhas telefónicas (Do lat. *centrāle-*, «central»)

centralidade *n.f.* qualidade ou situação de central (De *central*+*-i-*+*-dade*)

centralismo *n.m.* **1** POLÍTICA sistema político que centraliza todas as atividades **2** centralização (De *central*+*-ismo*)

centralista *adj.,n.2g.* POLÍTICA que ou a pessoa que é partidária da centralização dos poderes públicos (De *central*+*-ista*)

centralização *n.f.* **1** ato ou efeito de centralizar; reunião no centro **2** POLÍTICA concentração num poder central de todos os meios de ação ou de administração (De *centralizar*+*-ção*)

centralizador *adj.* 1 que centraliza 2 centralista 3 relativo à centralização ■ *n.m.* 1 aquele que centraliza 2 centralista (De *centralizar*+*dor*)

centralizar *v.tr.* reunir num centro comum; concentrar (De *central*+*izar*)

centrar *v.tr.* 1 determinar o centro de 2 atirar para o centro 3 reunir num centro comum; centralizar 4 colocar no centro (De *centro*+*-ar*)

centrífuga *n.f.* ⇒ **centrifugadora** (De *centrífugo*)

centrifugação *n.f.* processo de separação de partículas sólidas ou líquidas de densidade diferente de um corpo através de um forte movimento rotativo (De *centrifugar*+*-ção*)

centrifugador *n.m.* dispositivo para provocar a centrifugação ■ *adj.* que produz centrifugação (De *centrifugar*+*-dor*)

centrifugadora *n.f.* máquina que permite separar sólidos existentes em suspensão nos líquidos ou líquidos de densidades diferentes, por meio da aplicação da força centrífuga em rotação elevada (De *centrifugador*)

centrifugar *v.tr.* efetuar a centrifugação de; submeter à força centrífuga (De *centrífugo*+*-ar*)

centrífugo *adj.* FÍSICA que se afasta ou tende a afastar-se do centro; *bomba centrífuga* FÍSICA uma bomba sem êmbolo em que a água se eleva pela ação de uma roda com pás; *força centrífuga* FÍSICA força que tende a afastar do respetivo centro instantâneo um corpo que está em movimento curvilíneo (Do lat. *centru-*, «centro» +*fugãre*, «afugentar»)

centríolo *n.m.* CITOLOGIA grânulo que algumas vezes se diferencia na parte central do centrossoma e que também se designa microcentro e corpúsculo central (Do lat. *centriŏlu-*, dim. de *centrum*, «centro»)

centrípeto *adj.* que tende a aproximar-se do centro (Do lat. *centru-*, «centro» +*petĕre*, «dirigir-se a»)

centrista *n.2g.* POLÍTICA pessoa que adota uma posição intermédia entre os extremos políticos da direita e da esquerda ■ *adj.2g.* POLÍTICA que pertence ao centro (De *centro*+*-ista*)

centro *n.m.* 1 ponto que fica no meio 2 lugar de convergência ou de irradiação 3 clube 4 sociedade 5 núcleo 6 POLÍTICA designação dos agrupamentos políticos que têm, pelo seu ideário, uma posição intermédia entre a direita e a esquerda 7 POLÍTICA deputados que, numa assembleia, ocupam os lugares associados à orientação política situada entre a direita e a esquerda; ~ *ciclónico/anticiclónico* METEOROLOGIA região de convergência/divergência de ventos; ~ *de gravidade* FÍSICA ponto onde podemos supor aplicada a resultante das forças de gravidade incidentes em cada um dos pontos materiais de que supomos constituído o corpo; ~ *de gravidade de um triângulo* GEOMETRIA ponto de interseção das medianas do triângulo, baricentro do triângulo; ~ *de uma circunferência* GEOMETRIA ponto do plano de uma circunferência que é equidistante de todos os pontos dessa circunferência; ~ *de uma esfera* GEOMETRIA ponto equidistante de todos os pontos da superfície da esfera; ~ *nervoso* FISIOLOGIA sede de uma função nervosa determinada (reflexa, reguladora de atividades vegetativas, motriz, de receção sensorial, de coordenação de gnosias e de praxias, etc.) (Do gr. *kéntron*, «aguilhão; ponto central», pelo lat. *centru-*, «centro»)

centro- elemento de formação de palavras que exprime a ideia de *centro* (Do gr. *kéntron*, «centro»)

centro-africano *adj.* relativo ou pertencente à República Centro-Africana ■ *n.m.* natural ou habitante desse país

centro-americano *adj.* relativo ou pertencente à América Central ■ *n.m.* natural da América Central

centro comercial *n.m.* recinto coberto, geralmente de grandes proporções, onde se encontram reunidas diversas lojas e serviços (cinemas, agências bancárias, etc.) e que dispõe normalmente de parque de estacionamento

centro-europeu *adj.* relativo ou pertencente ao centro da Europa ■ *n.m.* natural ou habitante do centro da Europa

centrolecítico *adj.* BIOLOGIA ⇒ **centrolécito** (De *centrolécito*+*-ico*)

centrolécito *adj.* BIOLOGIA diz-se do óvulo (ou do ovo) animal cujas reservas nutritivas estão na parte central e cercadas pelo protolécito (Do gr. *kéntron* «centro» +*lékithos*, «gema de ovo»)

centrómero *n.m.* BIOLOGIA partícula minúscula existente no cromossoma com intervenção nos fenómenos da divisão (Do gr. *kéntron*, «centro» +*méros*, «parte»)

centrosfera *n.f.* 1 GEOLOGIA núcleo central da Terra 2 endosfera 3 barisfera (De *centro*+*esfera*)

centrossoma /ô/ *n.m.* CITOLOGIA corpúsculo que aparece nas proximidades do núcleo em quase todas as células animais (e só em algumas vegetais), ao qual se atribui intervenção nos fenómenos da cariocinese (Do gr. *kéntron*, «centro» +*sõma*, «corpo»)

centunvirado *n.m.* magistratura ou dignidade dos centúnviros (De *centúnviro*+*-ado*)

centunviral *adj.2g.* referente aos centúnviros (Do lat. *centumvirãle-*, «id.»)

centunvirato *n.m.* ⇒ **centunvirado** (De *centúnviro*+*-ato*)

centúnviro *n.m.* um dos cem magistrados da antiga Roma que julgavam as questões do Estado, da propriedade e da sucessão (Do lat. *centumvĭru-*, «id.»)

centuplicadamente *adv.* cem vezes outro tanto (De *centuplicado*+*-mente*)

centuplicar *v.tr.* 1 multiplicar por cem 2 [fig.] aumentar muito (Do lat. *centuplicãre*, «id.»)

cêntuplo *num.mult.* >*quant.num.* DT que contém cem vezes a mesma quantidade ■ *adj.* 1 que é cem vezes maior 2 que consta de cem partes ■ *n.m.* valor ou quantidade cem vezes maior (Do lat. *centŭplu-*, «id.»)

centúria *n.f.* 1 HISTÓRIA subdivisão da legião romana, constituída por cem homens 2 HISTÓRIA unidade política e administrativa da Roma antiga 3 centena 4 século 5 história dos acontecimentos verificados num período de cem anos (Do lat. *centurĭa-*, «id.»)

centurial *adj.2g.* referente à centúria ou a centurião (Do lat. *centuriãle-*, «id.»)

centurião *n.m.* chefe ou comandante de uma subdivisão da legião romana composta por cem homens, na antiga Roma (Do lat. *centuriõne-*, «id.»)

centuriato *n.m.* dignidade de centurião (Do lat. *centuriãtu-*, «id.»)

centúrio *n.m.* ⇒ **centurião** (De *centúria*)

centurionato *n.m.* ⇒ **centuriato** (Do lat. *centurionãtu-*, «id.»)

centuriónico *adj.* relativo a centurião ou à centúria; centurial (Do lat. *centurionĭcu-*, «de centurião»)

cenuro *n.m.* ZOOLOGIA género de helmintos que têm uma vesícula comum a muitos corpos

cenurose *n.f.* PATOLOGIA doença provocada pelo cenuro cerebral

ceote *n.m.* pequena refeição dada aos trabalhadores, no verão, depois da ceia (De *ceia*+*-ote*)

cepa /ê/ *n.f.* 1 tronco de videira 2 ⇒ **videira** 3 base do tronco de uma árvore com raízes grossas 4 BIOLOGIA grupo de seres vivos de mesma espécie e de características semelhantes, especialmente microrganismos 5 tronco de uma linhagem ou família 6 [fig.] origem 7 [fig.] geração 8 [fig.] raça; *não passar/sair da ~ torta* não progredir, não melhorar de situação; *ser de boa ~* pertencer a boa família (De *cepo*)

cepáceo *adj.* que tem cheiro ou forma de cebola (Do lat. *caepa-*, «cebola» +*-áceo*)

cepe *n.m.* variedade de cogumelos comestíveis (*Boletus edulis*), de chapéu acastanhado e pé amarelado, muito utilizada em culinária (Do fr. *cèpe*, «id.»)

cepeira *n.f.* ⇒ **cepa** (De *cepa*+*-eira*)

cepilhar *v.tr.* 1 aplainar com cepilho; acepilhar 2 aperfeiçoar (Do cast. *cepillar*, «id.»)

cepilho *n.m.* 1 pequena plaina de alisar madeira 2 lima de espingardeiro 3 HIPISMO parte dianteira e elevada da sela (Do cast. *cepillo*, «cepo»)

cepo /ê/ *n.m.* 1 pedaço de um tronco cortado de través; toro 2 parte que ficou de uma árvore depois de abatida 3 espécie de plaina 4 trambolho 5 armadilha para caçar 6 NÁUTICA parte superior das âncoras que atravessa a haste perpendicularmente ao plano dos braços 7 [fig., pej.] pessoa estúpida 8 [fig., pej.] pessoa pouco ágil (Do lat. *cippu-*, «coluna; tronco»)

cepticismo ver nova grafia **ceticismo**

céptico ver nova grafia **cético**

ceptrífero ver nova grafia **cetrífero**

ceptrígero ver nova grafia **cetrígero**

ceptro ver nova grafia **cetro**

cepudo *adj.* 1 que tem forma de cepo 2 grosso; tosco (De *cepo*+*-udo*)

cera /ê/ *n.f.* 1 substância gorda segregada pelas abelhas e com que elas constroem os favos de mel 2 resina extraída de alguns vegetais e semelhante à cera das abelhas 3 preparação à base de cera e essência de terebentina usada para dar lustro e conservar materiais como a madeira 4 preparado com que se fazem velas e outros produtos 5 membrana que envolve a base do bico das aves 6 ANATOMIA substância untuosa e amarela, segregada no ouvido externo dos mamíferos; cerume; cera dos ouvidos 7 [fig.] matéria moldável; pessoa dócil; *fazer ~* fingir que se trabalha, mandriar (Do gr. *kerós*, «cera», pelo lat. *cera-*, «id.»)

ceráceo *adj.* que tem aspeto ou consistência de cera (De *cera*+ *-áceo*)
Cerambícidas *n.m.pl.* ZOOLOGIA ⇒ **Cerambicídeos**
Cerambicídeos *n.m.pl.* ZOOLOGIA família de coleópteros de antenas compridas e corpo alongado (Do gr. *kerámbyx*, «capricórnio» [inseto], pelo lat. cient. *Cerambix*, «id.» +*-ídeos*)
cerame *n.m.* habitação asiática construída sobre quatro troncos e coberta de palmas (Do malaiala *xrambi*, «varanda»)
cerâmica *n.f.* 1 arte de fabricar louça de barro; olaria 2 designação comum a tijolos, telhas e outros objetos de barro cozido, bem como porcelanas, faianças e louça de grés (Do gr. *(tékhne) keramiké*, «arte de fazer vasos de barro»)
cerâmico *adj.* relativo à cerâmica ou à olaria (Do gr. *keramikós*, «de argila»)
ceramista *n.2g.* 1 artista que se ocupa de cerâmica 2 pintor de louça fina de barro (Do gr. *kéramos*, «argila», pelo fr. *céramiste*, «ceramista»)
céramo *n.m.* vaso de barro usado pelos Gregos às refeições (Do gr. *kéramos*, «argila»)
ceramografia *n.f.* descrição de louças antigas (Do gr. *kéramos*, «vaso de barro» +*gráphein*, «escrever» +*-ia*)
cerar *v.tr.* 1 fechar (carta ou escrito) com cera 2 lacrar (Do lat. *cerāre*, «encerar»)
cerasina¹ *n.f.* resina de cerejeira (Do gr. *kérasos*, «cerejeira», pelo lat. *cerăsu-*, «cerejeira» +*-ina*)
cerasina² *n.f.* substância extraída da cera (De *cera* × *resina*)
cerasta *n.f.* ZOOLOGIA víbora africana que apresenta sobre os olhos formações córneas que lembram chifres, por isso também conhecida por víbora-cornuda (Do gr. *kerástes*, «chifrudo», pelo lat. *cerasta-*, «serpente com chifres»)
ceratina *n.f.* ⇒ **queratina**
ceratite *n.f.* 1 MEDICINA inflamação da córnea; queratite 2 PALEONTOLOGIA amonoide com linha de sutura relativamente simples (apenas os lobos são subdivididos) (Do gr. *kéras, -atos*, «chifre» +*-ite*)
Ceratitídeos *n.m.pl.* PALEONTOLOGIA família de amonoides, com uma concha com planos e bordos externos planos, que têm por tipo o género *Ceratites* e que apareceram e tiveram grande desenvolvimento no Triásico (De *ceratite*+*-ídeos*)
cerato *n.m.* FARMÁCIA unguento em que entram óleo e cera; ceroto (Do lat. *cerātu-*, «untado de cera»)
cerat(o)- elemento de formação de palavras que exprime a ideia de *corno, córnea, ponta* (Do gr. *kéras, -atos*, «chifre»)
ceratodo *n.m.* ICTIOLOGIA nome comum a alguns peixes dipnoicos (com brânquias e um só pulmão), vulgares nos rios da Austrália (Do gr. *kéras, -atos*, «chifre; corno; ponta»)
ceratoma¹ *n.m.* MEDICINA tumor da córnea transparente
ceratoma² *n.m.* faca curva, usada pelos apicultores
ceratómetro *n.m.* MEDICINA instrumento clínico moderno que serve para medir o astigmatismo da superfície frontal da córnea (Do gr. *kéras, -atos*, «chifre; córnea» +*métron*, «medida»)
ceratopsídeo *adj.* relativo ou pertencente aos Ceratopsídeos ■ *n.m.* PALEONTOLOGIA espécime dos Ceratopsídeos (Do fr. *cératopsien*, «id.», com mud. de suf.?)
Ceratopsídeos *n.m.pl.* PALEONTOLOGIA família de dinossauros com um esqueleto craniano muito forte, em que se distinguiam chifres ou cornos robustos voltados para a frente (constituindo um forte órgão de defesa ou ataque), que viveram no Cretáceo
ceratoscópio *n.m.* MEDICINA instrumento que serve para examinar a curvatura da córnea (Do gr. *kéras, -atos*, «chifre» +*skopeîn*, «observar»)
ceratotomia *n.f.* CIRURGIA incisão na córnea transparente (Do gr. *kéras, -atos*, «chifre; córnea» +*tomé*, «corte» +*-ia*)
ceratótomo *n.m.* MEDICINA escalpelo especial para fazer ceratotomia (Do gr. *kéras, -atos*, «chifre; córnea» +*tomé*, «corte»)
ceráunia *n.f.* 1 pedra meteórica que os antigos julgavam cair com o raio 2 fulgurito (Do gr. *keraunós*, «raio»)
ceraunite *n.f.* ⇒ **ceráunia** (De *ceráunia*+*-ite*)
ceraunógrafo *n.m.* instrumento que serve para registar a existência de uma faísca elétrica que foi produzida muito longe e não pôde ser vista (Do gr. *keraunós*, «raio» +*gráphein*, «escrever»)
ceraunómetro *n.m.* instrumento que serve para medir a intensidade das faíscas elétricas (Do gr. *keraunós*, «raio» +*métron*, «medida»)
ceraunoscopia *n.f.* observação dos fenómenos do raio (Do gr. *keraunós*, «raio» +*skopeîn*, «observar» +*-ia*)
cerbatana *n.f.* MILITAR antiga boca de fogo de artilharia de pequenas dimensões e de calibre reduzido (De orig. obsc.)
Cérbero *n.m.* 1 MITOLOGIA cão tricéfalo que, segundo a fábula, guardava a porta dos infernos 2 ASTRONOMIA constelação boreal 3 [com minúscula] [fig.] porteiro muito atento, que não se deixa ludibriar 4 [com minúscula] [fig.] guarda severo e intratável; guarda brutal (Do grego *Kérberos*, «idem», pelo latim *Cerbĕru-*, «idem»)
cerca¹ /ê/ *n.f.* 1 demarcação que rodeia um terreno, geralmente feita de estacas; tapume 2 terreno vedado por muro ou sebe (Deriv. regr. de *cercar*)
cerca² /ê/ *adv.* 1 [pouco usado] perto; próximo 2 [pouco usado] quase; ~ *de* à volta de, aproximadamente, perto de (Do lat. *circa*, «à roda de»)
cercadeira *n.f.* maquinismo empregado em obras hidráulicas (De *cercar*+*-deira*)
cercado *adj.* 1 rodeado 2 sitiado 3 vedado ■ *n.m.* terreno rodeado de cerca ou sebes (Part. pass. de *cercar*)
cercador *n.m.* aquele que cerca (De *cercar*+*-dor*)
cercadura *n.f.* 1 guarnição à volta de um objeto; orla; bainha 2 demarcação que rodeia um terreno; cerca (De *cercar*+*-dura*)
cercal *n.m.* mata de carvalhos-cerquinhos (Do lat. **cerquāle-*, «id.», de *cerqŭus, por *quercus*, «carvalho»)
cercania *n.f.* 1 arredor; vizinhança 2 proximidade (Do cast. *cercanía*, «id.»)
cercano *adj.* ⇒ **cercão** (Do cast. *cercano*, «próximo»)
cercante *adj.2g.* que cerca; que está em redor de (De *cerca*+*-ante*)
cercão *adj.* que fica ou vive nas cercanias; vizinho; próximo (Do cast. *cercano*, «próximo»)
cercar¹ *v.tr.* 1 pôr cerca ou cerco a 2 colocar um muro em redor de; murar 3 colocar as tropas em redor de; sitiar 4 dispor em volta de; rodear 5 perseguir por todos os lados 6 [fig.] constranger 7 apertar (Do latim tardio *circāre*, «andar à volta de»)
cercar² *v.tr.* [Guiné-Bissau] correr com (alguém); expulsar (Do crioulo guineense *serka*, «idem»)
cerce *adj.2g.,adv.* pela raiz; rente (Do lat. *circĭnu-*, «em círculo; redondo», pelo cast. *cercén*, «cerce»)
cércea *n.f.* 1 aparelho que serve para determinar o máximo volume da carga de um comboio; gabarito 2 contorno transversal máximo para os veículos e sua carga; gabarito 3 molde para o corte das pedras 4 chapa para verificar as bocas dos canhões 5 curva de madeira para auxiliar o desenho 6 ARQUITETURA ⇒ **gabarito** 5 (De *cérceo*)
cerceador *n.m.* o que cerceia (De *cercear*+*-dor*)
cerceadura *n.f.* 1 ato ou efeito de cercear 2 cercadura 3 *pl.* aparas (De *cercear*+*-dura*)
cerceal *n.m.* 1 casta de videira muito apreciada em vinicultura, também conhecida por esgana-cão 2 uva dessa videira 3 espécie de vinho da Madeira 4 variedade de oliveira que produz a azeitona madural ou negral, apreciada para azeite (De *cercea*+*-al*)
cerceamento *n.m.* ⇒ **cerceadura** (De *cercear*+*-mento*)
cercear *v.tr.* 1 cortar rente 2 aparar em roda 3 reduzir; diminuir 4 cortar 5 resumir 6 [fig.] restringir; coartar (Do lat. *circināre*, «cortar em redondo; cortar cerce»)
cercefi *n.m.* BOTÂNICA ⇒ **barba-de-bode** (De orig. obsc.)
cerceio *n.m.* ⇒ **cerceadura** (Deriv. regr. de *cercear*)
cérceo *adj.* cortado rente; cerce (Do lat. *circĭnu-*, «em círculo; redondo»)
cerceta *n.f.* ORNITOLOGIA ⇒ **marreco** *n.m.* (Do lat. vulg. *cerquēta-*, do lat. cl. *quercĕtu-*, «carvalhal»)
cercilhar *v.tr.* 1 abrir o cercilho a 2 tonsurar (De *cercilho*+*-ar*)
cercilho *n.m.* 1 tonsura circular que os frades usavam 2 aparas ásperas do pergaminho (Do lat. *circellu-*, dim. de *circus*, «círculo»)
cerco¹ *n.m.* 1 ato de cercar 2 disposição de tropas em redor de uma posição inimiga; sítio 3 circuito 4 bloqueio 5 aparelho de pesca em que as redes formam círculo para apanhar o peixe 6 navio que emprega esse aparelho 7 formação dos caçadores em roda para apanhar a caça (Derivação regressiva de *cercar*)
cerco² *n.m.* [Guiné-Bissau] retrete 2 [Guiné-Bissau] casa de banho exterior (Do crioulo guineense *serku*, «idem»)
Cercopitécidas *n.m.pl.* ⇒ **Cercopitecídeos**
Cercopitecídeos *n.m.pl.* ZOOLOGIA família de mamíferos símios, catarrinos, africanos e asiáticos, cujo género-tipo se denomina *Cercopithecus* (Do gr. *kerkopíthekos*, «macaco de cauda comprida», pelo latim *cercopithĕcu-*, «id.» +*-ídeos*)
cerda /ê/ *n.f.* 1 pelo rijo, áspero, como o do porco, javali, etc. 2 (pelo) seda (Do lat. vulg. *cirra-*, «tufo de pelos»)
cerdão *n.m.* 1 fístula cervical do porco, também conhecida por mal das cerdas 2 [Brasil] ORNITOLOGIA espécie de cotovia (De *cerda*+*-ão*)
cerdeira *n.f.* BOTÂNICA ⇒ **cerejeira**
cerdo *n.m.* ZOOLOGIA porco (Do vasco *cherri, zerri*, «porco», pelo cast. *cerdo*, «id.»)
cerdoeiro *n.m.* [regionalismo] curral murado (De *cerdo*+*-eiro*)

cerdoso /ô/ *adj.* 1 que tem cerdas 2 áspero como cerdas (De *cerda*+*-oso*)

cereal *adj.2g.* 1 que produz pão 2 relativo às searas ■ *n.m.* 1 BOTÂNICA planta gramínea cujo fruto é um grão farináceo, panificável ou não 2 fruto das searas 3 *pl.* flocos preparados com grãos daquela planta, que se tomam geralmente acompanhados de leite ou iogurte (Do lat. *cereāle-*, «relativo ao trigo»)

cerealicultura *n.f.* cultura dos cereais (De *cereal+cultura*)

cerealífero *adj.* 1 que produz cereais 2 relativo aos cereais (Do lat. *cereāle-*, «cereal» +*-fero*, de *ferre*, «produzir»)

cerebelar *adj.2g.* 1 do cerebelo 2 relativo ao cerebelo (Do lat. tard. *cerebellāre*, «id.»)

cerebelite *n.f.* PATOLOGIA inflamação do cerebelo (De *cerebelo*+*-ite*)

cerebelo /bê/ *n.m.* ANATOMIA parte posterior, subterminal, do encéfalo, que é responsável pela coordenação muscular e pela manutenção do equilíbrio (Do lat. *cerebellu-*, «pequeno cérebro»)

cerebração *n.f.* 1 atividade intelectual 2 constituição do cérebro; *~ progressiva* ZOOLOGIA aumento, na série evolutiva dos vertebrados, da importância do cérebro relativamente ao conjunto do sistema nervoso (De *cérebro*+*-ção*)

cerebral *adj.2g.* 1 do cérebro ou a ele referente 2 intelectual (Do fr. *cérébral*, «id.»)

cerebralizar *v.tr.* 1 usar meios mais racionais; intelectualizar 2 ponderar; avaliar (De *cerebral*+*-izar*)

cerebrastenia *n.f.* esgotamento cerebral (Do lat. *cerĕbru-*, «cérebro» +*asthéneia*, «fraqueza»)

cerebrina *n.f.* QUÍMICA matéria lipoide que se encontra especialmente na substância branca do cérebro (De *cérebro*+*-ina*)

cerebrino *adj.* 1 [pouco usado] relativo ao cérebro; cerebral 2 [fig.] imaginoso; fantástico; extravagante (De *cérebro*+*-ino*)

cerebrite *n.f.* MEDICINA inflamação do cérebro (De *cérebro*+*-ite*)

cerebr(o)- elemento de formação de palavras que exprime a ideia de *cérebro* (Do lat. *cerĕbru-*, «id.»)

cérebro *n.m.* 1 ANATOMIA órgão situado na parte anterior e superior do encéfalo, e que é a sede das funções psíquicas e nervosas e da atividade intelectual 2 [fig.] pensamento 3 [fig.] juízo 4 [fig.] inteligência; cabeça 5 [fig.] órgão central de direção; centro; *~ eletrónico* 1 aparelho destinado ao tratamento de informação e que efetua a grande velocidade operações complexas de acordo com um programa; computador; 2 réplica artificial do modelo humano (Do lat. *cerĕbru-*, «id.»)

cerebroide *adj.2g.* que tem semelhanças com o cérebro (Do lat. *cerĕbru-*, «cérebro»+gr. *eîdos*, «semelhança»)

cerebróide ver nova grafia cerebroide

cerebropata *n.2g.* MEDICINA pessoa que sofre de cerebropatia (Do lat. *cerĕbru-*, «cérebro»+gr. *páthos*, «sofrimento»)

cerebropatia *n.f.* MEDICINA doença do cérebro (Do lat. *cerĕbru-*, «cérebro»+*páthos*, «sofrimento»+*-ia*)

cerebroscopia *n.f.* MEDICINA exame ao fundo do olho para estudo das doenças de alguns centros nervosos (Do lat. *cerĕbru-*, «cérebro»+gr. *skopeîn*, «observar»)

cerebrospinal *adj.2g.* MEDICINA que diz respeito ao cérebro e à medula espinal (De *cerebro-*+*espinal*)

cerefolho /ô/ *n.m.* BOTÂNICA planta herbácea da família das Umbelíferas, cujas pequenas folhas são utilizadas como condimento (Do gr. *khairéphyllon*, «cerefolho», pelo lat. *caerefolĭu-*, «id.»)

cerefólio *n.m.* ⇒ **cerefolho**

cereja /ê/ *n.f.* 1 fruto da cerejeira, redondo e liso, em vários tons de vermelho e por vezes amarelo, com caroço e uma parte carnuda comestível 2 fruto que se assemelha ao das cerejeiras 3 excrescência carnuda e vermelha no casco das cavalgaduras 4 cor de tom avermelhado característico daquele fruto (Do gr. *kerásion*, «cereja», pelo lat. pop. *ceresĭa*, pl. de *ceresĭum*, do lat. cl. *cerăsum*, «id.»)

cerejal *n.m.* pomar de cerejeiras (De *cereja*+*-al*)

cerejeira *n.f.* BOTÂNICA árvore de fruto da família das Rosáceas, de flores claras que se apresentam em pequenos ramos, e que produz a cereja, da qual existem várias espécies, uma espontânea (cerejeira brava), e outras produtoras de frutos maiores, como a cerejeira bical, a cerejeira molar, etc.; cerdeira 2 madeira destas árvores, usada em marcenaria e na confeção de instrumentos musicais (De *cereja*+*-eira*)

cerejo /ê/ *n.m.* 1 tempo das cerejas 2 BOTÂNICA ⇒ **loureiro-real** (De *cereja*)

céreo *adj.* 1 de cera 2 da cor da cera 3 [fig.] muito pálido (Do lat. *cerĕu-*, «de cera»)

Ceres *n.f.* ASTRONOMIA um dos planetas anões do Sistema Solar, que se encontra na cintura de asteroides, entre Marte e Júpiter (Do lat. *Cēres*, deusa romana das searas)

ceresina *n.f.* resina mineral semelhante à cera das abelhas (De *cera* × *resina*)

ceresitar *v.tr.* revestir de ceresite (De *ceresite*+*-ar*)

ceresite *n.f.* preparado que se junta ao cimento para tornar a argamassa hidrófuga

cerezina *n.f.* ORNITOLOGIA ⇒ **serzino**

cerezino *n.m.* ORNITOLOGIA ⇒ **serzino** (De *cerezina*)

ceri- elemento de formação de palavras que exprime a ideia de *cera* (Do lat. *cera-*, «cera»)

ceriato *adj.* designativo dos aniões que contêm cério (De *cério*+*-ato*)

cerieira *n.f.* 1 BOTÂNICA planta de que se extrai a cera vegetal 2 BOTÂNICA (azeitona) ⇒ **carlota** (De *cerieiro*)

cerieiro *n.m.* 1 indivíduo que trabalha ou negoceia em cera 2 BOTÂNICA ⇒ **cerieira** 1 (De *cera*+*-eiro*)

cerífero *adj.* que produz cera (De *ceri-*+*-fero*)

cerimónia *n.f.* 1 forma exterior do culto religioso 2 forma solene de assinalar um acontecimento ou um ato importante da vida social; solenidade 3 conjunto de formalidades convencionais usadas na vida social; protocolo; etiqueta 4 constrangimento; acanhamento; *fazer ~* demonstrar acanhamento, rejeitar alguma coisa mesmo quando é desejada; *sem ~* à vontade (Do lat. *caerimonĭa-*, «culto»)

cerimonial *adj.2g.* respeitante a cerimónias ■ *n.m.* 1 conjunto de formalidades e preceitos que se devem observar numa solenidade; protocolo 2 livro que contém esses preceitos 3 ritual 4 regras da polidez (Do lat. *caerimoniāle-*, «relativo a cerimónia»)

cerimoniar *v.tr.* 1 dirigir o cerimonial de 2 tratar com cerimónia 3 festejar com solenidade (Do lat. **caerimoniāre*, por *caerimoniāri*, «honrar com cerimónias religiosas»)

cerimoniático *adj.* que observa exatamente as cerimónias; cerimonioso (Do lat. ecl. *caerimoniatĭcu-*, «id.»)

cerimonioso *adj.* 1 que usa de cerimónias 2 mesureiro 3 educado; polido (Do lat. *caerimoniōsu-*, «id.»)

cerina *n.f.* princípio constitutivo da cera (De *cera*+*-ina*)

cério[1] *n.m.* QUÍMICA elemento com número atómico 58, de símbolo Ce e com características metálicas, que se encontra na cerite e em outros minerais pertencentes aos elementos raros, dos quais é o mais abundante (Do lat. *Ceres*, nome de planeta +*-io*)

cério[2] *n.m.* fruto da cerieira (De *cera*+*-io*)

ceriosa *n.f.* [regionalismo] ⇒ **carlota**

cerirrostro /ô/ *adj.* que tem o bico guarnecido de uma membrana cerosa (De lat. *cera* +*rostru-*, «bico»)

cerite *n.f.* MINERALOGIA mineral que é quimicamente um silicato hidratado de cálcio e cério, cristaliza no sistema trigonal e tem cor avermelhada (De *cério*+*-ite*)

Ceritídeos *n.m.pl.* PALEONTOLOGIA família de gastrópodes sifonóstomos (vulgares no Cenozoico), que tem por tipo o género *Cerithium* (De *Cerithìu-*+*-ídeos*)

cernar *v.tr.* 1 descobrir o cerne a 2 extrair o cerne a 3 (árvores) sangrar (De *cerne*+*-ar*)

cerne *n.m.* 1 parte central do lenho do caule das árvores, a mais rija e mais escura, também designada durame ou durâmen 2 parte central, essencial de algo; âmago 3 [fig.] rijeza (Do lat. *circĭnu-*, de *circu-*, «círculo», pelo fr. *cerne*, «cada um dos círculos concêntricos visíveis num corte de raiz, tronco ou ramo de árvore»)

cerneira *n.f.* 1 parte lenhosa do tronco ou do ramo que perdeu a casca e o alburno 2 madeira de cerne (De *cerneiro*)

cerneiro *adj.* que tem cerne (De *cerne*+*-eiro*)

cernelha /ê/ *n.f.* 1 parte do corpo do animal onde se juntam as espáduas 2 carne deste sítio; *pega de ~* TAUROMAQUIA pega feita por um forcado que se atira à cernelha do touro para o dominar com a ajuda do rabejador (Do lat. vulg. **cernicŭla*, pl. de **cernicŭlum*, «separação dos cabelos»)

cernideira *n.f.* espécie de caixilho ou grade em que a peneira trabalha (De *cernir*+*-deira*)

cernir *v.tr.,intr.,pron.* saracotear(-se); bambolear(-se) ■ *v.tr.* peneirar (Do lat. *cernĕre*, «peneirar»)

ceroferário *n.m.* o que, nas procissões, leva círio ou tocha; acólito (Do lat. *ceroferarĭu-*, «id.»)

ceroide *adj.2g.* que tem aspeto de cera (Do gr. *keroeidés*, «com aspeto de cera»)

ceróide ver nova grafia ceroide

cerol *n.m.* massa de cera, pez e sebo para encerar fio (De *cera*+*-ol*)

ceromancia *n.f.* suposta adivinhação por meio de figuras feitas de cera (Do gr. *kerós*, «cera»+*manteía*, «adivinhação»)
ceromante *n.2g.* pessoa que pratica a ceromancia (Do gr. *kéros*, «cera»+*manteía*, «adivinhação»)
ceromel *n.m.* unguento composto de cera e mel (Do gr. *kerós*, «cera»+*méli*, «mel»)
ceroplástica *n.f.* arte de fazer figuras de cera (Do gr. *keroplastiké (tékhne)*, «a arte de modelar em cera»)
ceroplástico *adj.* relativo à ceroplástica (De *ceroplástica*)
ceroso /ô/ *adj.* de cera; céreo (Do lat. *cerōsu-*, «cheio de cera»)
ceroto /ô/ *n.m.* FARMÁCIA ⇒ **cerato** (Do gr. *kerotós*, «misturado com cera», pelo lat. *cerōtu-*, «id.»)
ceroulas *n.f.pl.* [ant.] peça de vestuário interior masculino, até aos tornozelos, usada por baixo das calças (Do ár. vulg. *saraul*, pl. de *siroal*, «calça; calção»)
cerqueiro *adj.* que cerca ■ *n.m.* pessoa que cuida de uma cerca (de convento) (De *cerca*+*-eiro*)
cerquido *adj.* ⇒ **cercal** (Do lat. *querquētu-*, «carvalhal»)
cerquinho *n.m.* 1 BOTÂNICA variedade de carvalho (carvalho-cerquinho) espontânea em Portugal (centro litoral) e que é forma de transição entre o carvalho do Norte e o do Sul; carvalho-português; carvalho-lusitano 2 madeira deste carvalho (Do lat. *cerquīnu-*, por *quercīnu-*, «de carvalho»)
cerra-boca *n.m.* cabo usado a bordo das baleeiras (De *cerrar*+*boca*)
cerração *n.f.* 1 ato ou efeito de cerrar 2 nevoeiro denso 3 escuridão; trevas 4 [fig.] rouquidão (De *cerrar*+*-ção*)
cerrado *n.m.* terreno murado; tapada ■ *adj.* 1 fechado 2 denso; compacto 3 escuro 4 (pronúncia) difícil de perceber 5 vigoroso 6 implacável (Part. pass. de *cerrar*)
cerradoiro *adj.* ⇒ **cerradouro**
cerradouro *n.m.* cordão de abrir e fechar bolsas, sacos, etc. (De *cerrar*+*-douro*)
cerradura *n.f.* [ant.] cerca; muro (De *cerrar*+*-dura*)
cerra-fila *n.m.* último militar ou ginasta de cada fila de uma formatura (De *cerrar*+*fila*)
cerramento *n.m.* ato de cerrar (De *cerrar*+*-mento*)
cerrar *v.tr.* 1 fechar 2 vedar; tapar 3 unir fortemente; apertar; ajuntar 4 terminar; concluir 5 ocultar 6 pelejar com ■ *v.intr.* acumular-se ■ *v.pron.* 1 fechar-se; juntar-se 2 unir-se; apertar-se 3 cobrir-se de nuvens; escurecer 4 cicatrizar 5 concluir-se (Do lat. tard. *serāre*, «fechar», de *sera-*, «tranca; ferrolho»)
cerrilha *n.f.* borda dos incisivos das cavalgaduras, que se arrasa depois dos cinco anos de idade (Do cast. *cerrilla*, «serrilhador»)
cerro /ê/ *n.m.* 1 pequena elevação de terreno; outeiro 2 carne do lombo do porco junto ao couro (Do lat. *cirru-*, «penacho»)
cerrote *n.m.* {diminutivo de **cerro**} cerro pequeno; montículo (De *cerro*+*-ote*)
certa *n.f.* certeza; *à ~* justamente; *levar alguém à ~* iludir alguém calculadamente por meio de palavras e atitudes; *pela ~* com certeza (De *certo*)
certame *n.m.* 1 combate; desafio 2 discussão 3 concurso artístico em que os participantes competem para conseguir um prémio 4 exposição (Do lat. *certāmen*, «luta; porfia»)
certâmen *n.m.* ⇒ **certame**
certamente *adv.* 1 decerto 2 na verdade (De *certo*+*-mente*)
certar *v.intr.* 1 combater 2 discutir; pleitear 3 concorrer a certame 4 esforçar-se (Do lat. *certāre*, «debater»)
certeiro *adj.* 1 que acerta em cheio; que não falha; bem dirigido ao alvo 2 exato 3 adequado (De *certo*+*-eiro*)
certeza *n.f.* 1 qualidade do que é certo 2 firmeza no que se afirma; convicção 3 coisa certa; evidência 4 estado de espírito caracterizado pela crença de que se está na posse da verdade 5 estabilidade; *~ moral* FILOSOFIA certeza que é fundamentada nos ditames do coração e no testemunho da consciência; *com ~* certamente; *de ~* sem dúvida (De *certo*+*-eza*)
cértia *n.f.* ORNITOLOGIA pássaro tenuirrostro, trepador por excelência, de bico em forma de cunha, plumagem cinzenta e cauda castanho-clara, de vida solitária, também conhecido por trepadeira, engateadeira, carrapito, sube-sube, etc. (Do gr. *kérthios*, «passarinho; cértia»)
certidão *n.f.* 1 cópia extraída de documento avulso arquivado numa repartição pública, passada pelo respetivo serviço, que é documento autêntico destinado a comprovar os atos dele constantes 2 relação exata; *~ de óbito* documento que comprova a morte de alguém; *~ de teor* certidão que reproduz literal e integralmente o documento original; *~ narrativa* certidão que transcreve apenas uma parte do documento original ou resume o texto do mesmo (Do lat. tard. *certitudīne-*, «certeza»)

certificação *n.f.* 1 ato de certificar ou certificar-se 2 reconhecimento da verdade 3 atestação da exatidão de algo (Do lat. *certificatiōne-*, «id.»)
certificado *n.m.* documento passado por uma entidade oficial ou repartição pública para provar um facto ou uma situação pessoal ■ *adj.* dado como certo; asseverado; *~ de aforro* título destinado a conceder uma aplicação remunerada às pequenas economias de pessoas singulares; *~ de origem* fatura consular, documento comprovativo da origem das mercadorias para efeitos de importação ou exportação; *~ de seguro* documento, emitido pela entidade seguradora, que substitui a apólice e faz prova de seguro (Part. pass. de *certificar*)
certificador *adj.,n.m.* que ou aquele que certifica (De *certificar*+*-dor*)
certificante *adj.,n.2g.* certificador (De *certificar*+*-ante*)
certificar *v.tr.* 1 dar por certo 2 afirmar com segurança; asseverar; atestar 3 passar certidão de ■ *v.pron.* adquirir a certeza; convencer-se (Do lat. tard. *certificāre*, «assegurar»)
certificativo *adj.* que certifica (De *certificar*+*-tivo*)
certificatório *adj.* certificativo (De *certificar*+*-tório*)
Certiídas *n.m.pl.* ⇒ **Certiídeos**
Certiídeos *n.m.pl.* ORNITOLOGIA família de aves (pássaros) tenuirrostros cujo género-tipo é representado pela cértia (De *cértia*+*-ídeos*)
certo *adj.* 1 que não está errado; verdadeiro 2 exato 3 infalível; certeiro 4 que não pode ser posto em dúvida 5 compassado 6 convencido 7 ajustado; fixado 8 que é determinado ■ *det.indef.* não determinado; um; algum; qualquer ■ *n.m.* 1 o que não levanta dúvidas 2 o que oferece segurança 3 o que é correto 4 o que vai acontecer de certeza ■ *adv.* 1 certamente; com certeza 2 corretamente; de forma exata; *ao ~* com certeza; com exatidão; *bater ~* fazer sentido; *dar ~* resultar da forma prevista ou esperada, funcionar; *de ~* de correto; de verdadeiro; *por ~* sem dúvida (Do lat. *certu-*, «decidido»)
ceruda *n.f.* BOTÂNICA ⇒ **quelidónia** 1 (De *cera*+*-uda*)
cerude *n.f.* BOTÂNICA ⇒ **quelidónia** 1
cerúleo *adj.* 1 da cor do céu; azul-celeste 2 da cor do mar; verde-mar (Do lat. *caerulĕu-*, «azul»)
ceruli- elemento de formação de palavras que exprime a ideia de *cerúleo, azul-escuro* (Do lat. *caerŭlu-*, «a cor azul»)
cerulicrinito *adj.* que tem cabelos azuis (Do lat. *caerŭlu-*, «azul» +*crinĭtu-*, «que tem cabelo»)
cérulo *adj.* ⇒ **cerúleo** (Do lat. *caerŭlu-*, «azul»)
cerume *n.m.* ANATOMIA substância untuosa e amarela, semelhante à cera das abelhas, segregada no ouvido externo dos mamíferos, e que também se designa por cera dos ouvidos (Do lat. **cerŭmen*, «de cera»)
cerúmen *n.m.* ⇒ **cerume**
ceruminoso /ô/ *adj.* do cerume ou parecido com ele (De *cerúmen*+*-oso*)
cerusa *n.f.* 1 QUÍMICA carbonato básico de chumbo 2 QUÍMICA alvaiade; pigmento branco (substância tóxica) (Do lat. *cerussa*, «id.», pelo fr. *céruse*, «id.»)
cerusite *n.f.* MINERALOGIA mineral cuja composição química é o carbonato de chumbo, que cristaliza no sistema ortorrômbico e é minério de chumbo (Do lat. *cerussa-*, «carbonato de chumbo; alvaiade»+*-ite*)
cerva *n.f.* ZOOLOGIA fêmea do veado (Do lat. *cerva*, «corça»)
cerval *adj.2g.* 1 respeitante a cervo 2 designativo de uma casta de uva 3 [fig.] feroz (Do lat. *cervarĭu-*, «relativo ao veado», com troca de suf.)
cervantesco /ê/ *adj.* relativo ao escritor espanhol Miguel de Cervantes (1547-1616), aos seus heróis ou à sua escola literária (De *Cervantes*, antr. +*-esco*)
cervantino *adj.* ⇒ **cervantesco** (De *Cervantes*, antr. +*-ino*)
cervato *n.m.* cervo pequeno e novo (De *cervo*+*-ato*)
cerveja /ê/ *n.f.* bebida alcoólica obtida por fermentação da cevada germinada (malte) com flores de lúpulo, para dar sabor e aromatizar; *~ de pressão* cerveja mantida sob pressão dentro de recipiente próprio e consumida em copo; *~ preta* cerveja produzida com malte torrado (Do lat. *cervesĭa-*, «id.»)
cervejada *n.f.* [coloq.] copo ou caneca de cerveja (De *cerveja*+*-ada*)
cervejaria *n.f.* 1 fábrica ou estabelecimento de venda de cerveja 2 estabelecimento comercial onde se servem bebidas, especialmente cerveja, e comida (De *cerveja*+*-aria*)
cervejeiro *adj.* 1 de cerveja 2 relativo a cerveja ■ *n.m.* aquele que fabrica ou vende cerveja (De *cerveja*+*-eiro*)
cervical *adj.2g.* 1 relativo à cerviz; que diz respeito ao pescoço 2 relativo ao colo de um órgão 3 relativo ao colo do útero 4 que diz

cérvice

respeito à parte (colo) do dente situada entre a coroa e a raiz (Do lat. *cervicāle-*, «id.»)

cérvice *n.f.* ⇒ **cérvix**

cervicite *n.f.* MEDICINA inflamação do colo do útero

cervicórneo *adj.* diz-se, em especial, do inseto que apresenta apêndices cefálicos, mais ou menos ramificados, semelhantes aos cornos de um veado ■ *n.m.* espécime dos cervicórneos ■ *n.m.pl.* ZOOLOGIA grupo de mamíferos artiodáctilos, ruminantes, de cornos maciços e caducos (Do lat. *cervu-*, «cervo» +*cornĕu-*, «de chifre»)

cerviculado *adj.* semelhante a um pescoço pequeno (Do lat. *cervicŭla-*, «pescocinho» +*-ado*)

Cérvidas *n.m.pl.* ZOOLOGIA ⇒ **Cervídeos**

Cervídeos *n.m.pl.* ZOOLOGIA família de mamíferos artiodáctilos, ruminantes, de cornos maciços, caducos, mais ou menos ramificados (Do lat. *cervu-*, «cervo» +*-ídeos*)

cervigueira *n.f.* VETERINÁRIA doença nas gengivas dos porcos, que os impede de comer (Do lat. *cervicarĭa-*, «do pescoço»)

cervilheira *n.f.* 1 capacete de malha de aço que protegia a cabeça e a nuca 2 cervigueira (Do lat. *cervicularĭa-*, do lat. *cervicŭla-*, «pescocinho»)

cervino *adj.* do cervo ou relativo a cervo (Do lat. *cervīnu-*, «de veado»)

cérvix *n.f.* (plural **cérvices**) 1 ANATOMIA região inicial e estreita de um órgão 2 ANATOMIA colo uterino

cerviz *n.f.* 1 ANATOMIA parte posterior do pescoço; cachaço; nuca 2 cume do monte; *sacudir a* ~ revoltar-se para obter a liberdade (Do lat. *cervīce-*, «nuca»)

cervo *n.m.* ZOOLOGIA mamífero ruminante e ungulado, da família dos Cervídeos, de pelo castanho-claro, com ramificações no estado adulto; veado (Do lat. *cervu-*, «id.»)

cervum *n.m.* BOTÂNICA planta herbácea, da família das Gramíneas, espontânea nas regiões elevadas do centro de Portugal, também denominada nardo (Do lat. *cervūnu-*, «de veado», de *cervu-*, «veado»)

cerzideira *n.f.* 1 agulha de cerzir 2 mulher que cerze; costureira (De *cerzir*+*-deira*)

cerzido *n.m.* ato ou efeito de cerzir; conserto num pano com pontos tão miúdos que não se conhece a costura (Part. pass. subst. de *cerzir*)

cerzidura *n.f.* ato ou efeito de cerzir; cerzido

cerzir *v.tr.* coser sem deixar sinal da costura; passajar (Do lat. *sarcīre*, «remendar»)

césar *n.m.* 1 HISTÓRIA título dos imperadores romanos de Augusto (63 a.C.-14) a Adriano (76-138) 2 imperador 3 prémio de cinema atribuído anualmente no festival de Cannes (Do lat. *Caesăre-*, antr., nome comum aos primeiros onze imperadores romanos que governaram após o ditador Júlio César, 101-44 a. C.)

cesáreo *adj.* relativo aos césares romanos (Do lat. *caesarĕu-*, «de César»)

cesária *n.f.* espécie de guilhotina para aparar as folhas dos livros brochados (Por *cisalha*)

cesariana *n.f.* MEDICINA intervenção cirúrgica que consiste em retirar o feto e a placenta através da incisão das paredes abdominal e do útero (Do lat. *caesariāna-*, «de César»?, pelo fr. *césarienne*, «cesariana»)

cesariano *adj.* 1 de César 2 relativo ao cesarismo (Do lat. *caesariānu-*, «de César»)

cesarismo *n.m.* 1 governo dos césares romanos 2 governo despótico 3 poder pessoal 4 governo de um só, levado ao poder pelo povo, mas revestido de poder absoluto, como sucedeu com Júlio César, estadista romano, 101-44 a. C. (De *César*, antr. +*-ismo*)

cesarista *adj.,n.2g.* que ou o que é partidário do cesarismo (De *César*+*-ista*)

césio *n.m.* QUÍMICA elemento de número atómico 55, de símbolo Cs, com características acentuadamente metálicas, pertencente ao grupo dos metais alcalinos, e que foi o primeiro metal descoberto por análise espetroscópica (Do lat. *caesĭu-*, «cinzento-azulado»)

céspede *n.m.* 1 torrão de relva 2 pedaço de relva aderente a um torrão separado do solo 3 pilha de troncos nascidos da mesma raiz (Do lat. *caespĭte-*, «pedaço de relva»)

cespitoso *adj.* que cresce em moita de rebentos (Do lat. *caespĭte-*, «pedaço de relva» +*-oso*)

cessação *n.f.* 1 ato ou efeito de cessar 2 fim 3 interrupção; paragem; suspensão (Do lat. *cessatiōne-*, «inatividade»)

cessamento *n.m.* ⇒ **cessação** (De *cessar*+*-mento*)

cessante *adj.2g.* 1 que cessa 2 que deixa de exercer uma função para a qual foi nomeado ou eleito 3 que deixa de se verificar; que deixa de estar em vigor ■ *n.2g.* o que cessa (Do lat. *cessante-*, «id.», part. pres. de *cessāre*, «cessar; parar»)

cessão *n.f.* 1 ato ou efeito de ceder; cedência 2 transferência; transmissão (Do lat. *cessiōne-*, «ação de ceder»)

cessar *v.intr.* 1 acabar 2 parar 3 deixar de existir 4 desistir ■ *v.tr.* 1 deixar de fazer 2 parar 3 suspender; *sem* ~ continuamente (Do lat. *cessāre*, «cessar; parar»)

cessar-fogo *n.m.* 1 cor ou sinal determinante de suspensão da execução do tiro 2 interrupção ou fim das hostilidades entre nações ou partidos em guerra

cessibilidade *n.f.* qualidade de cessível (De *cessibilitāte-*, «id.»)

cessionário *n.m.* aquele a quem se fez cessão e que a aceitou (Do lat. *cessionarĭu-*, «id.»)

cessível *adj.2g.* que se pode ceder; cedível (Do lat. *cessibĭle-*, «id.»)

cesta /ê/ *n.f.* 1 recipiente de vime entrançado, com ou sem asa, destinado a conter ou transportar todo o tipo de pequenos objetos ou mantimentos 2 objeto semelhante a este recipiente mas de outro material 3 conteúdo deste recipiente (Do gr. *kíste*, «cesto», pelo lat. *cista-*, «id.»)

cestada *n.f.* conteúdo de uma cesta ou de um cesto (De *cesta* ou *cesto*+*-ada*)

cestão *n.m.* 1 cesto grande 2 jangada para passagem nos rios 3 invólucro, de ramos entrançados, cheio de terra ou cascalho, usado para contenção do terreno em obras de fortificação de campanha (De *cesto*+*-ão*)

cestaria *n.f.* 1 local onde se fazem ou vendem cestos 2 grande quantidade de cestos e cestas 3 indústria de cesteiro (De *cesto*+*-aria*)

cesta-rota *n.2g.* 1 [coloq.] pessoa que não sabe guardar segredos 2 [coloq.] pessoa que gasta muito

cesteiro *n.m.* indivíduo que faz ou vende cestos; ~ *que faz um cesto faz um cento, caso tenha verga e tempo* (provérbio) quem uma vez praticou falta ou delito é capaz de reincidir, se surgir a oportunidade (De *cesta*+*-eiro*)

cesto[1] /ê/ *n.m.* 1 cesta grande 2 canastra com asa ou sem ela 3 cabaz fundo, às vezes com tampa 4 DESPORTO (basquetebol) rede sem fundo fixa por um aro a uma estrutura 5 DESPORTO (basquetebol) ponto ou pontos marcados ao fazer passar a bola por esta rede; ~ *da gávea* NÁUTICA plataforma assente no alto do mastro para apoio das enxárcias dos mastaréus (De *cesta*)

cesto[2] /ê/ *n.m.* manopla de atleta (Do lat. *caestu-*, «guante»)

cesto[3] /ê/ *n.m.* cinto bordado (Do gr. *kestós*, «bordado; cinto bordado; fita»)

cestode *adj.2g.* referente aos cestoides ■ *n.m.* espécime dos cestoides ■ *n.m.pl.* ZOOLOGIA classe dos tipos dos platelmintes endoparasitas desprovidos de tubo digestivo (Do gr. *kestós*, «fita; cinto»)

cestoide *adj.2g.* que tem forma de fita (Do gr. *kestós*, «fita; cinto» +*eîdos*, «forma»)

cestóide ver nova grafia **cestoide**

cesto-roto *n.m.* [coloq.] ⇒ **cesta-rota**

cestro *n.m.* BOTÂNICA ⇒ **betónica** (Do gr. *késtron*, «betónica»)

cesura *n.f.* 1 incisão com lanceta; corte 2 cicatriz proveniente dessa incisão 3 LITERATURA pausa métrica no interior do verso que origina a segmentação deste em hemistíquios (Do lat. *caesūra-*, «corte»)

cesurar *v.tr.* praticar a cesura em; lancetar; golpear (De *cesura*+*-ar*)

cetáceo *adj.* relativo ou pertencente aos cetáceos ■ *n.m.* ZOOLOGIA espécime dos cetáceos ■ *n.m.pl.* ZOOLOGIA ordem dos mamíferos adaptados ao meio aquático, a que pertencem as baleias e os golfinhos, entre outros, e que possuem barbatanas anteriores e uma barbatana caudal horizontal (Do gr. *kêtos*, «monstro aquático; baleia», pelo lat. cient. *cetacĕu-*, «cetáceo»)

ceticismo *n.m.* 1 atitude ou doutrina que nega a possibilidade de alcançar a certeza num dado domínio do conhecimento ou em relação à verdade em geral 2 FILOSOFIA doutrina de Pírron que defendia a impossibilidade para o espírito humano de alcançar a verdade e que preconizava a suspensão do juízo em todos os domínios, fundamentando na ideia de que, sobre qualquer assunto, é possível defender, de modo igualmente válido e verdadeiro, duas teses opostas 3 dúvida provisória ou metódica, que, num primeiro momento, visa a busca da objetividade; recusa em aceitar algo sem um exame crítico 4 tendência para duvidar de tudo; incredulidade; descrença (De *céptico*+*-ismo*)

cético *adj.,n.m.* 1 FILOSOFIA que ou pessoa que é partidária do ceticismo; pirrónico 2 FILOSOFIA adepto da dúvida metódica 3 que ou pessoa que adota uma atitude incrédula em relação a um domínio do conhecimento ou a um dogma; incrédulo; descrente (Do gr. *skeptikós*, «que observa», pelo fr. *sceptique*, «cético»)

cetilha *n.f.* coroa dos dentes das rodas hidráulicas horizontais (De orig. obsc.)

cetim *n.m.* **1** tecido de seda ou algodão, macio e lustroso **2** [fig.] o que é macio e lustroso (Do ár. *zaituni*, «de Zaitun» cidade chinesa onde se fabrica este tecido, pelo fr. *satin*, «id.»)

cetina *n.f.* ⇒ **espermacete** (Do gr. *kētos*, «baleia» +*-ina*)

cetineta /ê/ *n.f.* tecido parecido com o cetim (Do fr. *satinette*, «id.»)

cetinoso /ô/ *adj.* macio como cetim (De *cetim*+*-oso*)

ceto- elemento de formação de palavras que exprime a ideia de *cetáceo* (Do gr. *kētos*, «baleia», pelo lat. *cetu-*, «id.»)

cetoácido *n.m.* QUÍMICA produto resultante da decomposição do ácido pirúvico, composto com dois carbonos, que é uma forma ativa do ácido acético

cetona /ô/ *n.f.* QUÍMICA composto orgânico que contém o grupo carbonilo ligado a dois grupos de alquilo; *função* ~ QUÍMICA função orgânica caracterizada pela existência de carbono secundário ligado a um átomo de oxigénio (Do gr. *kētos*, «baleia; gordura» +*-ona*)

cetonemia *n.f.* MEDICINA presença dos compostos cetónicos no sangue; acetonemia (De *cetona*+*-emia*)

cetónico *adj.* QUÍMICA designativo genérico de diversos compostos orgânicos em cujas moléculas existe a função cetona (De *cetona*+*-ico*)

cetonúria *n.f.* MEDICINA presença de compostos cetónicos na urina; acetonúria (De *cetona*+*-úria*)

cetose *n.f.* **1** MEDICINA doença caracterizada pela eliminação de compostos cetónicos com a urina, sonolência (por vezes coma), perturbações mentais e vómitos incoercíveis **2** QUÍMICA nome genérico dos glícidos não hidrolisáveis, em cujas moléculas existe a função cetona (Do gr. *kētos*, «baleia; gordura» +*-ose*)

cetra *n.f.* antigo escudo dos Lusitanos (Do lat. *cetra-* ou *caetra-*, «pequeno escudo de couro»)

cetraria[1] *n.f.* arte da caça de altanaria (De *cetreiro*+*-ia*)

cetraria[2] *n.f.* lavores em forma de cetras (De *cetra*+*-aria*)

cetras *n.f.pl.* **1** sinais que representam abreviadamente a expressão latina *et caetera* **2** rabiscos que costumam acrescentar-se à assinatura (Do lat. *et caetera*, «e as coisas restantes»)

cetreiro *n.m.* o que pratica a arte de cetraria ou citraria (Do lat. *acceptorarĭu-*, «falcoeiro»)

cetrífero *adj.* que tem ou usa cetro (Do lat. *sceptrifĕru-*, «id.»)

cetrígero *adj.* ⇒ **cetrífero** (Do lat. *sceptru-*, «cetro» +*gerĕre*, «suster»)

cetro *n.m.* **1** bastão que simboliza a autoridade real **2** poder supremo **3** realeza (Do gr. *skēptron*, «bastão», pelo lat. *sceptru-*, «cetro»)

céu *n.m.* **1** ASTRONOMIA superfície esférica onde os corpos celestes parecem projetados, limitada pela linha do horizonte; abóbada celeste; firmamento **2** [com maiúscula] RELIGIÃO morada dos bem-aventurados e dos justos; Paraíso **3** [com maiúscula] RELIGIÃO morada dos deuses e entidades sobrenaturais **4** [com maiúscula] RELIGIÃO suprema felicidade; bem-aventurança **5** [com maiúscula] RELIGIÃO Providência **6** lugar delicioso; sítio muito aprazível; paraíso **7** condições meteorológicas; tempo **8** ARQUITETURA parte superior de uma abóbada ou galeria subterrânea; ~ *velho* nesga do céu depois de chover; *céus!* exclamação que exprime dor, espanto ou surpresa; *cair do* ~ *aos trambolhões* ocorrer de forma inesperada; *de bradar aos céus* censurável, chocante, escandaloso; *estar no sétimo* ~ estar muito contente ou satisfeito; *prometer o* ~ *e a terra* comprometer-se a conseguir coisas impossíveis; *querer abranger o* ~ *com as mãos* tentar o impossível (Do lat. *caelu-*, «céu»)

céu-aberto *n.m.* prazer; felicidade

céu-da-boca ver nova grafia *céu da boca*

céu da boca *n.m.* ANATOMIA palato

ceva *n.f.* **1** ação de cevar **2** alimento para engordar animais **3** porco cevado para matar **4** [fig.] tudo que serve para alimentar paixões (Deriv. regr. de *cevar*)

cevada *n.f.* **1** BOTÂNICA planta herbácea monocotiledónea da família das Gramíneas, representadas por várias espécies, com flores em forma de espiga e cultivada como cereal **2** BOTÂNICA grão desta planta, utilizado no fabrico da cerveja e na alimentação de certos animais **3** infusão feita com este grão depois de torrado e moído, que se assemelha em algumas características ao café (Part. pass. fem. subst. de *cevar*)

cevadal *n.m.* campo de cevada (De *cevada*+*-al*)

cevadaria *n.f.* depósito de cevada ou de forragens para as cavalgaduras da casa real (De *cevada*+*-aria*)

cevadeira *n.f.* **1** saco com cereais em que se mete o focinho dos animais para eles poderem comer a ração, quando não há manjedoura **2** alforge; farnel **3** [pop.] emprego rendoso e de pouco trabalho **4** NÁUTICA tipo de vela pequena presa a uma verga sobre o gurupés (De *cevada*+*-eira*)

cevadeiro *n.m.* **1** pia ou lugar onde se faz a ceva **2** encarregado da cevadaria **3** cevador de falcões (De *cevar*+*-deiro*)

cevadiço *adj.* que é bom para cevar ou engordar (De *cevar*+*-diço*)

cevádico *adj.* designativo do ácido extraído da cevadilha (De *cevada*+*-ico*)

cevadilha *n.f.* **1** BOTÂNICA planta arbustiva, da família das Apocináceas, espontânea e cultivada em Portugal, também conhecida por espirradeira e loendro **2** BOTÂNICA semente desta planta, que tem propriedades esternutatórias e aplicação em farmácia (Do cast. *cebadilla*, «id.»)

cevadinha *n.f.* cevada pilada de que se faz sopa (De *cevada*+*-inha*)

cevado *n.m.* **1** porco que se cevou **2** [fig.] homem muito gordo ■ *adj.* **1** que se engordou **2** farto **3** lambuzado (Part. pass. de *cevar*)

cevadoiro *n.m.* ⇒ **cevadouro**

cevador *n.m.* o que trata da ceva de animais (De *cevar*+*-dor*)

cevadouro *n.m.* **1** lugar onde estão as cevas **2** mixórdia de urinas e outras substâncias para estrumação de hortas (De *cevar*+*-douro*)

cevadura *n.f.* **1** ceva **2** resto da ave em que se cevou o falcão **3** carnificina **4** pilhagem; saque **5** barro para purificação do açúcar (De *cevar*+*-dura*)

cevagem *n.f.* ato ou efeito de cevar (De *cevar*+*-agem*)

cevando *adj.* que está a ser preparado para a ceva (De *cevar*+*-ando*)

cevão *n.m.* porco grande que está na ceva (De *ceva*+*-ão*)

cevar *v.tr.* **1** dar ceva a **2** tornar gordo **3** nutrir **4** fartar **5** enriquecer **6** pôr a isca em (armadilha) ■ *v.pron.* saciar-se (Do lat. *cibāre*, «alimentar»)

cevatício *adj.* ⇒ **cevadiço**

ceveira *n.f.* cereal próprio para cevar (Do lat. *cibarĭa*, pl. de *cibarĭum*, «alimentação»)

cevo *n.m.* **1** alimento para engordar; ceva **2** pasto **3** isca; engodo (Do lat. *cibu-*, «comida»)

chá *n.m.* **1** BOTÂNICA planta da família das Teáceas originária do Extremo-Oriente, de flores brancas e folhas persistentes que contêm alcaloides; chazeiro **2** folhas secas desta planta **3** infusão dessas folhas **4** infusão de folhas, flores ou caule de qualquer planta **5** refeição em que se serve essa infusão **6** [fig.] repreensão; chega; motejo; ~ *à inglesa* chá servido com leite; ~ *de parreira* [coloq.] vinho; *apanhar um* ~ levar um raspanete, ser repreendido; *não ter tomado* ~ *em criança* não ser bem-educado; *ter falta de* ~ [coloq.] não ter educação, comportar-se sem maneiras (Do mandarim *chá*, «id.»)

chã *adj.* (masculino *chão*) ⇒ **chão** ■ *n.f.* **1** terreno plano **2** planície; planura; chapada; chada **3** planalto **4** carne da coxa do bovino; ~ *de dentro* parte interna e posterior da coxa do bovino; pojadouro; ~ *de fora* parte externa e posterior da coxa do bovino entre o ganso e chã de dentro (Do lat. *plana-*, fem. de *planu-*, «plano»)

chabeta /ê/ *n.f.* **1** [Cabo Verde] batimento das mãos nas coxas, onde as mulheres prendem um pedaço de tecido enrolado (e por vezes envolto em plástico para aumentar o som da batida) ao ritmo do batuque **2** [Cabo Verde] som produzido por essa percussão; compasso de batuque **3** [São Tomé e Príncipe] instrumento musical (Do banto *ku-beta*, «batuque»)

chabéu *n.m.* [Guiné-Bissau] infrutescência da palmeira dendém, de cor vermelha, que constitui a base da generalidade das especialidades culinárias (Do crioulo *cabéu* ou *cebén*, «id.»)

chabouco *adj.* [regionalismo] tosco; grosseiro

chabouqueiro *adj.* **1** que faz trabalho tosco **2** que tem feições grosseiras (De *chabouco*+*-eiro*)

chaça[1] *n.f.* **1** (jogo da pela) lugar onde a bola para **2** sinal com que se marca este lugar **3** [fig.] impressão moral; fama **4** [fig.] questiúncula (Do fr. *chasse*, «caça»)

chaça[2] *n.f.* ⇒ **chaço**

chacal *n.m.* **1** ZOOLOGIA mamífero carnívoro, voraz, selvagem, da família dos Canídeos, que se assemelha ao lobo **2** [fig.] pessoa que se aproveita da desgraça alheia (Do turc. *chaqal*, «id.», do pers. *sha-ghal*, «id.»)

chaçar *v.intr.* **1** fazer chaça **2** ganhar vantagem (De *chaça*+*-ar*)

chácara *n.f.* **1** [Brasil] quinta **2** [Brasil] habitação campestre, perto da cidade **3** [Brasil] pequena propriedade rural com casa de habitação (Do quích. *chacra*, «id.»)

chacareiro *n.m.* **1** [Brasil] feitor de uma chácara **2** [Brasil] pequeno criador de gado (De *chácara*+*-eiro*)

chacaréu *n.m.* ICTIOLOGIA ⇒ **biqueirão**

chacha n.f. [coloq.] treta; léria; *conversa de* ~ conversa banal, conversa de ocasião (De orig. onom.)

chachachá n.f. dança cubana influenciada pelos ritmos da rumba e do mambo (De orig. onom.)

chachada n.f. [coloq.] coisa sem valor; treta; léria (De orig. onom.)

chacim n.m. [ant.] porco (De *chacina*?)

chacina[1] n.f. 1 ato de chacinar; matança 2 carne de animais espostejada para alimentação (Do latim *caro* *siccina*, «carne de porco cortada»)

chacina[2] n.f. [Cabo Verde] carne de cabra salgada e seca ao sol (Do crioulo cabo-verdiano *tchacina*, «idem»)

chacinador n.m. o que faz chacina (De *chacinar*+-*dor*)

chacinar v.tr. 1 partir em postas (carne de animais) para servir de alimento 2 abater animais 3 caçar 4 assassinar; cometer uma chacina (De *chacina*+-*ar*)

chacineiro n.m. o que vende carne de porco (De *chacina*+-*eiro*)

chaço n.m. 1 pedaço de madeira com que o tanoeiro aperta os arcos, batendo-lhe com o maço; cunha 2 peça que fecha o círculo da roda do carro 3 [pop.] patranha; mentira 4 [pop.] casa de penhores 5 [pop.] objeto de qualidade inferior, velho ou fora de moda 6 [pop., pej.] mulher feia e desproporcionada 7 [regionalismo] pechincha; bom negócio; conveniência 8 [regionalismo] remendo numa meia (Do lat. *platěu*-, de *platu*-, «chato»)

chacoalhar v.tr.,intr. [Brasil] (fazer) sacudir; agitar; chocalhar (De *chocalhar*)

chacoina n.f. ⇒ **chacona**

chacóina ver nova grafia chacoina

chacona /ô/ n.f. 1 ária e bailado antigos 2 canção medieval com que os cantores ambulantes celebravam alguma façanha (Do cast. *chacona*, «id.»)

chacota n.f. 1 zombaria; troça; escárnio 2 antiga canção popular; trova satírica (Do cast. *chacota*, «id.»)

chacoteação n.f. ato de chacotear; zombaria; troça (De *chacotear*+-*ção*)

chacoteador n.m. o que chacoteia; zombador; trocista; o que faz chacota (De *chacotear*+-*dor*)

chacotear v.tr. fazer chacota de; zombar de; escarnecer ■ v.intr. compor ou cantar chacotas (Do cast. *chacotear*, «id.»)

chacra n.f.,n.m. ⇒ **chakra**

chada[1] n.f. achada; chã; planície (Do lat. **planăta*-, fem. de **planătu*-, «plano; chato»)

chada[2] n.f. [São Tomé e Príncipe] acampamento de pescadores deslocados para a pesca do voador (Do forro *xada*, «id.»)

chá-dançante n.m. baile que começa à tardinha e dura até alta noite, sem traje de cerimónia

chadeiro n.m. [regionalismo] ⇒ **chedeiro**

chafarica n.f. 1 loja maçónica 2 [pop.] baiuca; taberna

chafariqueiro n.m. 1 filiado em chafarica 2 dono de chafarica 3 mixordeiro (De *chafarica*+-*eiro*)

chafariz n.m. fontanário, por vezes com características ornamentais, com uma ou mais bicas para abastecimento público de água (Do ár. vulg. *çahrij*, por *çihrij*, «cisterna; bebedouro»)

chafarnica n.f. ⇒ **chafarica**

chafarrica n.f. ⇒ **chafarica**

chafundar v.tr. meter no fundo da água; mergulhar (Do lat. **suffundăre*, por **affundăre*, «afundar»)

chafurda n.f. 1 chiqueiro; lamaçal; pocilga 2 lugar imundo (Deriv. regr. de *chafurdar*)

chafurdar v.tr.,intr. 1 revolver(-se) na lama ou imundície 2 [fig.] envolver-se em (atividades imorais ou desonestas); perverter-se (Do lat. **suffundăre*, «afundar(-se)»)

chafurdeira n.f. ⇒ **chafurda** (De *chafurdar*+-*eira*)

chafurdeiro n.m. 1 o que gosta de chafurdar 2 chafurda 3 [fig.] devassidão 4 [fig.] homem devasso (De *chafurdar*+-*eiro*)

chafurdice n.f. 1 ato de chafurdar 2 chafurda (De *chafurdar*+-*ice*)

chafurdo n.m. ⇒ **chafurda**; *fonte de* ~ fonte em que se tira a água por imersão da própria vasilha, fonte de mergulho (Deriv. regr. de *chafurdar*)

chaga n.f. 1 ferida aberta 2 incisão na casca das árvores 3 [fig.] pessoa importuna 4 [fig.] aflição 5 [fig.] mágoa 6 [fig.] pecha; defeito 7 BOTÂNICA planta trepadeira ornamental da família das Tropeoláceas, com flores amarelas, laranja ou vermelhas, também conhecida por capuchinha 8 flor desta planta; ~ *viva* [fig.] desgosto profundo, grande miséria; *pôr o dedo na* ~ [fig.] indicar a causa do mal (Do lat. *plaga*-, «golpe»)

chagar v.tr. 1 fazer chagas em; ferir 2 [fig.] molestar; importunar; aborrecer 3 [fig.] ofender ■ v.pron. 1 cobrir-se de chagas 2 transformar-se em chaga (Do lat. *plagăre*, «ferir»)

chagaz n.m. ORNITOLOGIA gaivina, ave pouco frequente em Portugal, também conhecida por tagaz, tagarela, etc.

chagrém n.m. couro granuloso preparado com a pele de jumento ou cavalo (Do turc. *çagri*, «garupa de cavalo», pelo fr. *chagrin*, «id.»)

chagrim n.m. ⇒ **chagrém** (Do fr. *chagrin*, «id.»)

chaguarço n.m. 1 sargaço 2 urzibelha; charguaço (De *sargaço*)

chagueira n.f. 1 BOTÂNICA ⇒ **chaga** 7 2 [fig.] miséria moral (De *chaga*+-*eira*)

chaguento adj. coberto de chagas; ulcerado; lazarento (De *chaga*+-*ento*)

chá-inglês n.m. BOTÂNICA planta subarbustiva, da família das Malváceas, espontânea em Portugal

chaise-longue n.f. cadeira em que se pode reclinar o corpo e estender as pernas (Do fr. *chaise-longue*)

chakra n.m. no hinduísmo e no budismo, cada um dos centros energéticos do corpo humano, dispostos desde a base da coluna vertebral até ao alto da cabeça (acredita-se que estes possam ser ativados ou trabalhados através de meditação, mantras, etc.) ■ n.f. antiga arma de arremesso usada na Índia (Do sânsc. *chakra*, «roda; círculo»)

chalaça n.f. dito engraçado, malicioso ou mordaz; piada; gracejo (Por **charlaça*, de *charlar*+-*aça*)

chalaçar v.intr. ⇒ **chalacear** (De *chalaça*+-*ar*)

chalaceador adj.,n.m. que ou aquele que gosta de dizer chalaças; zombeteiro (De *chalacear*+-*dor*)

chalacear v.intr. dizer chalaças; gracejar (De *chalaça*+-*ear*)

chalaceiro adj.,n.m. ⇒ **chalaceador** (De *chalaça*+-*eiro*)

chalacista adj.,n.2g. ⇒ **chalaceador** (De *chalaça*+-*ista*)

chalaço n.m. ⇒ **chalão** (De *chalão*+-*aço*)

chalado adj. 1 [coloq.] amalucado; adoidado 2 [coloq.] sem graça; pouco interessante 3 (água) misturado com infusão de chá (Do al. *schal*, «insípido» +-*ado*)

chalana n.f. NÁUTICA embarcação frágil, de fundo chato, usada no transporte de pessoas e mercadorias ao longo de rios pequenos (Do gr. biz. *khelándion*, «id», pelo cast. *chalana*, «id.»)

chalandra n.f. NÁUTICA embarcação frágil (Do gr. biz. *khelándion*, «id.», pelo fr. *chaland*, «barco de fundo chato»)

chalão n.m. NÁUTICA barco empregado em serviços de obras marítimas ou fluviais (Do gr. biz. *khelándion*, «id.», pelo fr. *chaland*, «barco de fundo chato»)

chalar v.intr. [pop.] fugir (Do al. *schal*, «insípido» +-*ar*)

chalé n.m. casa de campo no estilo das aldeias suíças (Do fr. *chalet*, «casa de campo»)

chaleira n.f. 1 recipiente bojudo, com tampa, próprio para ferver água 2 [regionalismo] mulher da Beira que vai trabalhar no Alentejo ■ adj.,n.2g. [Brasil] bajulador; adulador (De *chá*+/+-*eira*)

chaleirar v.tr. [Brasil] [coloq.] bajular (De *chaleira*+-*ar*)

chaliço n.m. ICTIOLOGIA robalo, quando novo, também conhecido por robalinho e robalete (De orig. obsc.)

chalota[1] n.f. BOTÂNICA planta herbácea, da família das Liliáceas, de bolbo pequeno, cultivada em Portugal (Do lat. *Ascalonia- cepa-*, «cebola de Ascalão», [Ascalão, cidade portuária da Palestina antiga], pelo fr. *échalote*, «id.»)

chalota[2] n.f. [regionalismo] chinela; chinelo

chalotinhas-do-gerês n.f.pl. BOTÂNICA ⇒ **sevas**

chalrão n.m. ICTIOLOGIA bodião, peixe comum nas costas marítimas de Portugal (De orig. obsc.)

chalrar v.intr. 1 falar (muita gente) ao mesmo tempo 2 falar à toa; charlar 3 chilrear (Do it. *ciarlare*, «id.», com met.)

chalreada n.f. 1 ação de chalrear 2 ruído simultâneo de muitas vozes, sobretudo de crianças; falatório 3 chilreada (Part. pass. fem. subst. de *chalrear*)

chalreador n.m. aquele que chalreia; falador (De *chalrear*+-*dor*)

chalreadura n.f. ⇒ **chalreada** (De *chalrear*+-*dura*)

chalrear v.intr. ⇒ **chalrar**

chalreio n.m. ⇒ **chalreada** (Deriv. regr. de *chalrear*)

chalreta /ê/ n.f. ORNITOLOGIA maçarico, ave pernalta comum em Portugal, também conhecido por fuselo, perna-vermelha, etc. (De *chalrar*+-*eta*)

chalrote n.m. [regionalismo] casca do pinheiro (De orig. obsc.)

chalupa n.f. 1 NÁUTICA embarcação de um só mastro para cabotagem 2 NÁUTICA barco de velas e remos 3 *pl.* botas grosseiras ■ adj.,n.2g [coloq.] que ou pessoa que é tonta ou lorpa (Do fr. *chaloupe*, «id.»)

chama[1] n.f. 1 zona de combustão em fase gasosa, com emissão de luz 2 labareda que se eleva das matérias incandescentes 3 luz 4 [fig.] ardor; veemência; entusiasmo 5 [fig.] inspiração (Do lat. *flamma*-, «id.»)

chama[2] n.f. chamariz; chamada (Deriv. regr. de *chamar*)

chamada n.f. 1 chamamento 2 ato de chamar os alunos pelo nome, número, etc., para verificar a sua presença 3 conjunto de questões colocadas a um aluno por um professor, com o fim de testar os seus conhecimentos 4 época de exames 5 sinal de referência num livro ou escrito para chamar a atenção de quem lê 6 toque de reunir 7 convocação 8 apelo; pedido 9 comunicação telefónica 10 INFORMÁTICA emissão de sinais de seleção com o objetivo de estabelecer ligação entre duas estações de dados (Part. pass. fem. subst. de *chamar*)
chamadeira n.f. ⇒ **chamariz** (De *chamar+-deira*)
chamadoiro n.m. ⇒ **chamadouro**
chamador n.m. aquele que chama (Do lat. *clamatōre-*, «homem que grita muito»)
chamadouro n.m. 1 ação de chamar 2 nome; apelido 3 [regionalismo] taramela do moinho (De *chamar+-douro*)
chamalote n.m. tecido de lã de camelo ou de lã e seda (Do ár. *hamlat*, «peluche», pelo fr. ant. *chamelot*, hoje *camelot*, «tecido grosseiro de lã»)
chamamento n.m. 1 solicitação, através da voz ou de sinais, da atenção ou da aproximação de alguém; chamada 2 convocação; invocação 3 [fig.] aspiração; vocação (De *chamar+-mento*)
chamar v.tr. 1 solicitar, com palavras ou sinais, a aproximação ou a atenção de alguém ou de algum animal 2 gritar por alguém ou alguma coisa 3 convocar 4 invocar 5 atrair com chamariz 6 reclamar 7 mandar vir 8 dar nome a; denominar 9 escolher para um cargo; nomear 10 dizer o nome, número, etc., de um ou mais alunos para verificar a sua presença ■ v.intr. invocar auxílio ■ v.pron. ter por nome; apelidar-se; ~ *a contas/a capítulo/à pedra* pedir explicações ou responsabilidades; ~ *nomes a* insultar, injuriar; ~ *o gregório* vomitar (Do lat. *clamāre*, «gritar por; chamar por»)
chamariz n.m. 1 qualquer coisa que serve para chamar ou atirar 2 ave que serve de negaça 3 instrumento cujo som imita o canto de uma ave 4 reclamo (Alt. de *chamariço*, de *chamar+-iço*)
chamarra n.f. batina, sem mangas, de pano ordinário (Do cast. *chamarra*, «id.»)
chá-mate n.m. 1 chá de congonha 2 espécie de azevinho cujas folhas secas se usam em infusão (De *chá+mate*, arbusto da América do Sul cujas folhas contêm cafeína)
chamativo adj. que chama a atenção; vistoso ■ n.m. aquilo que chama a atenção; atrativo (De *chamar+-tivo*)
chambã n.f. ⇒ **chambão** 1 (De *chambão*)
chambajista n.2g. [Moçambique] intrujão; vigarista (Do changana *xambaji*, «id.»)
chambão n.m. 1 parte da carne da vaca ou vitela proveniente da perna, com nervos, tendões e matéria gelatinosa, sendo, por isso, considerada de menor qualidade; chambã 2 osso com pouca carne, utilizado como contrapeso na venda de uma peça de carne 3 presunto; pernil ■ adj.,n.m. 1 [pop.] que ou pessoa que é mal-educada, grosseira, rude 2 [pop.] que ou o que é desajeitado, deselegante (Do port. ant. *chamba*, «perna»)
chambaril n.m. haste de pau que se atravessa ou enfia nos jarretes do porco morto, quando se pendura para se abrir e amanhar (Do fr. *jambe*, «perna»?)
chambas n.m.2n. [regionalismo] homem desajeitado e lorpa; labrego (Do port. ant. *chamba*, «perna»)
chambo n.m. [Angola, Moçambique] ⇒ **cânhamo** (De *cânhamo*)
chamboado adj. ⇒ **achamboado** (De *chambão+-ado*)
chambocar v.tr. [Moçambique] espancar; bater com pau ou matraca (De *chamboco*, do niungue *xambo*, «pau»)
chamboíce n.f. 1 qualidade do que é chambão 2 trabalho mal feito 3 rudeza; grosseria (De *chambão+-ice*)
chamborgas n.m.2n. [pop.] fanfarrão (Formação expressiva)
chambre n.m. 1 roupão comprido para vestir ao levantar da cama 2 espécie de corpete curto e amplo que se aperta por cima ou por baixo da saia 3 blusa 4 peça de roupa interior de bebé (Do fr. *(robe) de) chambre*, «roupão próprio para o quarto»)
chambrière n.m. chicote comprido de picador (Do fr. *chambrière*, «chicote de picador»)
chamego n.m. 1 [Brasil] paixão intensa ou atração de natureza sexual 2 [Brasil] afeição; apego 3 [Brasil] [coloq.] troca de carícias íntimas (De orig. incerta)
chamejante adj.2g. que chameja; ardente; flamejante (De *chamejar+-ante*)
chamejar v.intr. 1 deitar chamas; arder 2 brilhar; cintilar; lampejar; dardejar 3 [fig.] estar encolerizado ■ v.tr. passar (um objeto) pelas chamas; chamuscar (De *chama+-ejar*)
chamelote n.m. ⇒ **chamalote**

chamiça n.f. 1 BOTÂNICA planta arbustiva, da família das Ericáceas, espontânea em Portugal, também conhecida por urgueira e urze-vermelha 2 caruma seca 3 [regionalismo] carqueja (De *chamiço*)
chamiceiro n.m. o que apanha chamiça ou chamiço para vender (De *chamiça+-eiro*)
chamiço n.m. 1 ramo seco usado para acender uma fogueira; acendalha 2 chamiça 3 [regionalismo] porco magro (De *chama+-iço*)
chaminé n.f. 1 conduta para dar tiragem ao ar ou saída ao fumo de um lume 2 lugar onde se acende esse lume; lareira; fogão de sala 3 tubo de candeeiro 4 calorífero 5 ventilador 6 parte do cachimbo onde se deita o tabaco 7 canal de um vulcão por onde sobem os produtos que este lança no exterior através da cratera (Do fr. *cheminée*, «id.»)
chamorro /ô/ n.m. HISTÓRIA [depr.] apelido que os espanhóis davam aos portugueses por usarem a cara rapada e o cabelo curto ■ adj. tosquiado (Do cast. *chamorro*, «tosquiado»)
chamotim n.m. pancadinhas com os dedos na cabeça de uma pessoa para a fazer adormecer (Do conc. *chimaté*, «beliscões»)
champanha n.m. ⇒ **champanhe**
champanhe n.m. 1 vinho espumante natural de Champagne (antiga província francesa) 2 qualquer vinho de tipo e sabor semelhante a esse (Do fr. *champagne*, «vinho da Champagne»)
champanhês adj. relativo a champanhe (De *champanhe+-ês*)
champanhizar v.tr. dar características de champanhe a (De *champanhe+-izar*)
champe n.m. [Índia] BOTÂNICA árvore da família das Magnoliáceas, de flores grandes e aromáticas (Do conc. *tçampém*, «id.»)
champil n.m. [regionalismo] pedaço de cortiça onde se coloca a ave que serve de chamariz, na caça aos pombos bravos
champó n.m. [Índia] BOTÂNICA ⇒ **champe** (Do conc. *tçampó*, «id.»)
champô n.m. líquido ou creme para lavar o cabelo e o couro cabeludo (Do hind. *chhámpná*, «massajar», pelo ing. *shampoo*, «champô»)
chamuar n.m. [Moçambique] amigo; companheiro inseparável (Do sena *xamwar*, «id.»)
chamuça n.f. CULINÁRIA pastel frito de origem indiana, de forma triangular, feito com massa tenra e recheado com picado de carne ou legumes refogados, geralmente bastante condimentado (Do hind. *samosa*, *samoosa* ou *samusa*, «id.»)
chamusca n.f. ato de chamuscar (Deriv. regr. de *chamuscar*)
chamuscada n.f. 1 broa pequena que se coze à porta do forno enquanto este aquece 2 queimadela ligeira (Part. pass. fem. subst. de *chamuscar*)
chamuscadela n.f. queimadela ligeira (De *chamuscar+-dela*)
chamuscadoiro n.m. lugar onde se chamusca (De *chamuscar+-doiro*)
chamuscadouro n.m. ⇒ **chamuscadoiro**
chamuscadura n.f. ⇒ **chamuscadela** (De *chamuscar+-dura*)
chamuscar v.tr. 1 queimar de leve com chama; crestar; passar pela chama 2 queimar as cerdas de (porco) após a matança (De *chama+-uscar*, alt. de *-iscar*)
chamusco n.m. 1 cheiro de coisa queimada 2 porção de palha (ou urze) própria para queimar 3 brasido 4 queimadela ligeira (Deriv. regr. de *chamuscar*)
chana n.f. [Angola] grande planície desprovida de arvoredo e alagada na época das chuvas (Do quioco *-ána*, «id.»)
chanato n.m. 1 [regionalismo] cigarro de má qualidade 2 [regionalismo] indivíduo atarracado 3 [regionalismo] sapato velho 4 [regionalismo] sapateiro reles (De orig. obsc.)
chanca n.f. 1 espécie de calçado com base de madeira 2 calçado grosseiro 3 pé grande e malfeito 4 passada larga (Do lat. *planca-*, «tábua»)
chança n.f. 1 presunção; vaidade 2 zombaria; troça (Do it. *ciancia*, «zombaria; mexerico»)
chancada n.f. 1 passo largo e pesado 2 agressão a pontapé (De *chanca+-ada*)
chançarina n.f. ICTIOLOGIA peixe da costa portuguesa, semelhante ao pargo
chançarona /ô/ n.f. ICTIOLOGIA ⇒ **chançarina**
chance n.f. 1 oportunidade; ocasião 2 possibilidade; probabilidade (Do fr. *chance*, «id.»)
chancear v.intr. dizer chanças; motejar (De *chança+-ear*)
chanceiro adj. que diz chanças; trocista (De *chança+-eiro*)
chancela n.f. 1 ato de chancelar 2 assinatura aberta em sinete 3 carimbo 4 selo 5 rubrica 6 marca (Deriv. regr. de *chancelar*)
chancelar v.tr. 1 autenticar com chancela 2 selar 3 assinar; firmar 4 confirmar; subscrever (Do lat. *cancellāre*, «riscar; apagar»)

chancelaria *n.f.* 1 repartição onde se põe a chancela ou o selo em documentos, diplomas, etc. 2 cargo de chanceler 3 repartição por onde correm negócios diplomáticos (Do fr. *chancellerie*, «id.»)

chanceler *n.m.* 1 funcionário encarregado de pôr a chancela em documentos oficiais 2 HISTÓRIA antigo magistrado encarregado do selo real ∎ *n.2g.* POLÍTICA chefe do governo em certos países (Do lat. *cancellarĭu-*, «guarda do imperador», pelo fr. *chancelier*, primitivamente «guarda do palácio»)

chanceler-mor *n.m.* chefe de chancelaria

chancudo *adj.* que tem chancas ou pés grandes (De *chanca+-udo*)

chançudo *adj.* presunçoso; vaidoso (De *chança+-udo*)

chaneza /ê/ *n.f.* 1 qualidade do que é chão ou plano; planura 2 [fig.] lhaneza; simplicidade; singeleza (De *chão+-eza*)

chanfalhada *n.f.* pancada ou golpe com chanfalho (De *chanfalho+-ada*)

chanfalhão *n.m.* chanfalho grande; facalhão ∎ *adj.* [pop.] jovial; brincalhão (De *chanfalho+-ão*)

chanfalhar *v.intr.* 1 esgrimir o chanfalho 2 [pop.] folgar 3 [regionalismo] tocar desafinadamente (De *chanfalho+-ar*)

chanfalho *n.m.* 1 espada velha e ferrugenta 2 faca que não corta 3 instrumento musical velho e desafinado

chanfana *n.f.* 1 CULINÁRIA prato típico de carne de cabra ou cabrito assada em vinho tinto dentro de uma caçarola de barro 2 CULINÁRIA fressura guisada; sarrabulho 3 comida mal feita 4 [regionalismo] carne da cabeça do porco 5 [pej.] aguardente de qualidade inferior (Do cast. *chanfaina*, «guisado de bofes»?)

chanfaneiro *n.m.* 1 o que vende chanfana 2 fressureiro 3 taberneiro; bodegueiro (De *chanfana+-eiro*)

chanfrado *adj.* 1 que tem chanfradura 2 [pop.] apalermado; amalucado (Part. pass. de *chanfrar*)

chanfrador *n.m.* utensílio que serve para chanfrar (De *chanfrar+-dor*)

chanfradura *n.f.* 1 ato ou efeito de chanfrar 2 recorte em forma de meia-cana; chanfro 3 bisel 4 corte; entalhe (De *chanfrar+-dura*)

chanfrar *v.tr.* 1 fazer chanfro em 2 cortar em ângulo ou de esguelha 3 aparar as arestas de (Do fr. ant. *chanfreindre*, hoje *chanfreiner*, «cortar em bisel»)

chanfro *n.m.* ⇒ **chanfradura** (Deriv. regr. de *chanfrar*)

changana *adj.2g.* relativo ou pertencente aos Changanas ou à sua língua ∎ *n.2g.* pessoa pertencente aos Changanas, etnia de matriz banta, que vive na província de Gaza, em Moçambique, e na de Gaza N'Kulu, na África do Sul ∎ *n.m.* língua falada pelos Changanas

changueiro *n.m.* [Brasil] cavalo que não sabe correr bem (Do esp. argentino *changuero*, «trocista»?)

chaníssimo *adj.* (superlativo absoluto sintético de **chão**) muito chão; muito plano

chanquear *v.tr.* [regionalismo] batizar em casa e à pressa uma criança que está em perigo de vida

chanqueiro *n.m.* o que faz ou vende chancas ∎ *adj.* [Brasil] diz-se do cavalo de mau aspeto ou que não emparelha bem (De *chanca+-eiro*)

chanqueta /ê/ *n.f.* sapato acalcanhado no sítio do tacão ∎ *n.2g.* [regionalismo] pessoa coxa (De *chanca+-eta*)

chanta *n.f.* 1 estaca ou ramo que se planta sem raiz; chantão; tanchão 2 [regionalismo] pata de animal (Deriv. regr. de *chantar*)

chantadura *n.f.* 1 ato de chantar 2 plantação de estacas para reprodução (De *chantar+-dura*)

chantagear *v.tr.,intr.* fazer chantagem (com/sobre)

chantagem[1] *n.f.* BOTÂNICA ⇒ **tanchagem** (Do lat. *plantagĭne-*, «tanchagem»)

chantagem[2] *n.f.* 1 crime que consiste em extorquir dinheiro, uma assinatura ou um documento, ou ainda obter uma situação vantajosa sob a ameaça de revelações comprometedoras, reais ou fictícias 2 meio de pressão utilizado para obter algo de alguém (Do fr. *chantage*, «id.»)

chantagem[3] *n.f.* ato ou efeito de chantar (De *chantar+-agem*)

chantagista *adj.2g.* que pratica chantagem ∎ *n.2g.* 1 pessoa que pretende extorquir dinheiro ou vantagens sob a ameaça de revelações comprometedoras 2 pessoa que pressiona alguém para obter algo (De *chantagem+-ista*)

chantajar *v.tr.,intr.* ⇒ **chantagear** (De *chantagem+-ar*)

chantão *n.m.* ⇒ **chanta** (De *chanta+-ão*)

chantar *v.tr.* tanchar; plantar de estaca ∎ *v.pron.* [pop.] colocar-se (Do lat. *plantāre*, «plantar»)

chantel *n.m.* última peça que o tanoeiro põe no fundo ou em cada tampo de vasilha (Do fr. ant. *chantel*, hoje *chanteau*, «pequena aduela do fundo dos tonéis»)

chantili *n.m.* ⇒ **chantilly**

chantilly *n.m.* CULINÁRIA creme de natas batidas com açúcar ou adoçante, usado para acompanhar frutos ou cobrir bolos (Do fr. *chantilly*, «id.»)

chantoeira *n.f.* tanchoal; chantadura (De *chantão+-eira*)

chantrado *n.m.* dignidade de chantre (De *chantre+-ado*)

chantre *n.m.* alto dignitário eclesiástico no cabido de uma catedral ou colegiada, que correspondia a diretor do coro (Do fr. *chantre*, «cantor de igreja»)

chantria *n.f.* ⇒ **chantrado** (De *chantre+-ia*)

chão *n.m.* 1 superfície que pisamos; solo 2 terreno liso 3 solo revestido ou face inferior de um edifício; pavimento 4 sobrado 5 [regionalismo] propriedade rústica 6 [Guiné-Bissau] terra de naturalidade; território; país ∎ *adj.* 1 que não tem saliências ou reentrâncias; plano; liso 2 que se eleva a pouca altura; raso; rasteiro 3 em que não há ornamentos; simples 4 [fig.] sem afetação; despretensioso 5 [fig.] que revela sinceridade; franco; *não cair no ~* [fig.] não passar despercebido (Do lat. *planu-*, «plano»)

chapa *n.f.* 1 peça chata, pouco espessa, feita de material consistente (metal, vidro, etc.), usada para cobrir, proteger ou adornar qualquer coisa; placa; lâmina 2 peça achatada de metal fundido, moldado ou batido, com configuração e espessura próprias para a produção de determinados objetos 3 destinada em metal para se transportar para telas 4 FOTOGRAFIA filme revelado que apresenta os tons (claros e escuros) do objeto fotografado invertidos; negativo 5 FOTOGRAFIA placa de vidro ou metal coberta de uma emulsão fotográfica onde, através da exposição à luz, se forma uma imagem 6 insígnia honorífica feita em metal 7 qualquer superfície lisa e plana 8 distintivo de certas profissões ou estados 9 forma; cunho 10 [fig.] palavra ou frase muito repetida 11 [fig.] dito banal; trivialidade; lugar-comum 12 jogo infantil 13 [Brasil] matrícula de automóvel 14 [Brasil] placa de dentes ∎ *n.2g.* [Brasil] amigo; companheiro; *~ ganha, ~ gasta* tudo o que se ganha, é gasto; *de ~* de frente, em cheio, diretamente; *notícia de ~* notícia que diversos jornais publicam com os mesmos dizeres; *tirar ~* [ant.] fotografar (Do lat. *cappa-*, «capa», pelo fr. *chappe*, «id.»)

chapaçal *n.m.* [regionalismo] atoleiro; lodaçal; paul (De *chapinheiro* × *lodaça*?)

chapaceiro *n.m.* [Brasil] ⇒ **chapaçal** (De *chapaçal*, com mud. de suf.?)

chapada *n.f.* 1 chã; planura; extensão plana 2 clareira 3 [pop.] bofetada; bofetão 4 pancada em cheio 5 porção de líquido que se atira de golpe 6 remendo de cor diferente (Part. pass. fem. subst. de *chapar*)

chapadinho[1] *n.m.* [pop.] homem com a roupa cheia de remendos (De *chapada+-inho*)

chapadinho[2] *adj.* exato; sem tirar nem pôr (De *chapado+-inho*)

chapado *adj.* 1 revestido de chapas 2 perfeito; completo 3 exato; tal qual (Part. pass. de *chapar*)

chapar *v.tr.* 1 pôr chapa em 2 pregar 3 segurar com chapa 4 estampar 5 reduzir a chapa ∎ *v.pron.* cair de chapa; estatelar-se (De *chapa+-ar*)

chaparia *n.f.* 1 conjunto de chapas 2 ornatos feitos de chapa (De *chapa+-aria*)

chaparral *n.m.* mata de chaparros (De *chaparro+-al*)

chaparreiro *n.m.* BOTÂNICA ⇒ **chaparro** (De *chaparro+-eiro*)

chaparro *n.m.* 1 BOTÂNICA sobreiro novo 2 árvore que apenas serve para lenha, por ser defeituosa (Do vasc. *txapar*, «roble novo»)

chapa-testa *n.f.* lâmina com ranhura onde entra a lingueta da fechadura

chape *n.m.* som semelhante ao de qualquer coisa que cai na água; *~!* exclamação que imita o som de algo a bater na água (De orig. onom.)

chapear[1] *v.tr.* 1 revestir de chapas 2 reduzir a chapa ou lâmina 3 achatar 4 remendar (peça de vestuário) (De *chapa+-ear*)

chapear[2] *v.intr.* 1 [regionalismo] (arma) errar fogo 2 (arma) não disparar depois de premido o gatilho (De orig. onom.)

chapeirada *n.f.* 1 quantidade de coisas que se podem levar num chapeirão; chapelada 2 grande quantidade (De *chapeirão+-ada*)

chapeirão *n.m.* 1 chapéu grande de abas 2 [Brasil] rochedo à flor da água (Do fr. *chaperon*, «capucha»)

chapeiro *n.m.* operário especializado em trabalhar com chapas de metal; bate-chapa (De *chapa+-eiro*)

chapejar *v.intr.* fazer chape; chapinar; esparrinhar (De *chape+-ejar*)

chapelada n.f. 1 conteúdo de um chapéu cheio 2 cumprimento com o chapéu 3 porção de listas introduzidas sub-repticiamente na urna eleitoral (Do fr. ant. *chapel*, «chapéu» +*-ada*)

chapelão n.m. chapéu grande; chapeirão (Do fr. ant. *chapel*, «chapéu» +*-ão*)

chapelaria n.f. 1 indústria ou comércio de chapéus 2 estabelecimento de chapeleiro (Do fr. ant. *chapel*, «chapéu» +*-aria*)

chapeleira n.f. 1 caixa própria para guardar ou transportar chapéus 2 cabide para pendurar chapéus, bonés, etc. 3 aquela que faz ou vende chapéus 4 [ant.] mulher do chapeleiro (Do fr. ant. *chapel*, «chapéu» +*-eira*)

chapeleiro n.m. aquele que faz ou vende chapéus (Do fr. ant. *chapel*, «chapéu» +*-eiro*)

chapeleta[1] n.f. {*diminutivo de* **chapéu**} chapéu pequeno; chapelete 2 pedaço de sola na válvula das bombas de bordo 3 ricochete 4 pancada na cabeça (Do fr. *chapelet*, dim. de *chapel*, «chapéu»)

chapeleta[2] n.f. roseta ou cores vermelhas na face (De *chapa*?)

chapelete n.m. {*diminutivo de* **chapéu**} chapéu pequeno; chapeleta (Do fr. *chapelet*, dim. de *chapel*, «chapéu»)

chapelina n.f. chapéu usado pelas mulheres do Douro e, no Brasil, pelas mulheres do sertão (Do fr. ant. *chapel*, «chapéu» +*-ina*)

chapelinha n.f. chapéu de senhora enfeitado de flores e plumas vistosas (Do fr. ant. *chapel*, «chapéu» +*-inha*)

chapelinho n.m. pequeno chapéu (Do fr. ant. *chapel*, «chapéu» +*-inho*)

chapelório n.m. chapéu de qualidade inferior, de abas grandes (Do fr. ant. *chapel*, «chapéu» +*-ório*)

chapéu n.m. 1 cobertura para a cabeça, geralmente formada de copa e aba 2 abrigo; resguardo 3 parte superior do cogumelo 4 DESPORTO (futebol, andebol) remate por cima do guarda-redes; *de se lhe tirar o* ~ assombroso, espetacular (Do lat. tard. *cappellu*-, dim. de *cappa*, «cobertura da cabeça», pelo fr. ant. *chapel*, «chapéu»)

chapéu-de-chuva ver nova grafia chapéu de chuva

chapéu de chuva n.m. ⇒ **guarda-chuva**

chapéu-de-sol ver nova grafia chapéu de sol

chapéu de sol n.m. ⇒ **guarda-sol**

chapiçada n.f. [regionalismo] borrifo de água (Part. pass. fem. subst. de *chapiçar*)

chapiçar v.tr. [regionalismo] borrifar (De *chape*+*-içar*)

chapim[1] n.m. 1 antigo calçado de senhora 2 patim 3 chapa que liga os carris de ferro às travessas 4 peça de madeira que fixa os balaústres às balaustradas; peanha (Do cast. *chapín*, «id.»)

chapim[2] n.m. 1 ORNITOLOGIA pequeno pássaro pertencente à ordem dos passeriformes, de bico curto e cónico como o dos pardais, também conhecido por cedo-vem, cazaprim, chapim-real, mejengra, malha-ferreiro, patachim, caldeirinha, chincharravelho, semeia-o-linho, semeia-o-milho, semimi, etc. 2 ORNITOLOGIA designação vulgar de outros pássaros da mesma família, como o chapim--azul, chapim-carvoeiro e chapim-de-poupa, vulgares em Portugal (De orig. onom.)

chapinar v.tr.,intr. ⇒ **chapinhar**

chapineiro[1] n.m. o que faz ou vende chapins (De *chapim*+*-eiro*)

chapineiro[2] n.m. ⇒ **chapinheiro**

chapinhada n.f. ato de chapinhar (Part. pass. fem. subst. de *chapinhar*)

chapinhar v.tr.,intr. 1 agitar (um líquido) dando-lhe de chapa com as mãos ou os pés 2 borrifar; esparrinhar (De *chape*+*-inhar*)

chapinheiro n.m. 1 lugar em que se chapinha 2 água entornada que empoçou (De *chapinhar*+*-eiro*)

chapiscar v.tr.,intr. ⇒ **chapinhar** (De *chape*+*-iscar*)

chapisco n.m. 1 ato de chapiscar 2 pequena quantidade de líquido que ressalta por efeito de pancada no mesmo (Deriv. regr. de *chapiscar*)

chapitéu n.m. NÁUTICA parte mais elevada da popa ou da proa do navio (Do lat. *capitellu*-, dim. de *caput*, «cabeça; elevação», pelo fr. ant. *chapitel*, «capitel»)

chapo n.m. [pop.] bofetada; bofetão ▪ adj. [Brasil] visto ou ouvido muitas vezes; que é muito conhecido; habitual; batido (De *chapado*)

chapoda n.f. ato ou efeito de chapodar; poda (Deriv. regr. de *chapodar*)

chapodar v.tr. cortar os ramos inúteis a; limpar (as árvores); podar (Do lat. *supputāre*, «podar por baixo», pelo fr. *chapoter*, «desbastar»)

chapoirada n.f. ⇒ **chapeirada**

chapota n.f. 1 ato de chapotar 2 lenha miúda proveniente dos ramos que se cortaram às árvores (Deriv. regr. de *chapotar*)

chapotamento n.m. ⇒ **poda** (De *chapotar*+*-mento*)

chapotar v.tr. ⇒ **podar** (De *chapodar*)

chaprão n.m. 1 pranchão 2 [Açores] pessoa deselegante (De *pranchão*, com met.)

chapuçada n.f. [regionalismo] quantidade de água que se atira a alguém; chapiçada (Part. pass. fem. subst. de *chapuçar*)

chapuçar v.tr. [regionalismo] atolar; molhar; inundar (Do lat. **subputeāre*, «meter debaixo de água»)

chapuz[1] n.m. ARQUITETURA peça de madeira que serve para fazer a ligação da madre à asna, numa cobertura (Do fr. ant. *chapuis*, «pedaço de madeira»)

chapuz[2] elem.loc.adv. *de* ~ de chofre; de cabeça para baixo (Deriv. regr. de *chapuzar*)

chapuzar v.tr. atirar de chapuz; lançar na água de cabeça para baixo (Do lat. **subputeāre*, «meter debaixo de água»)

chaquiça n.f. [regionalismo] lenha de urgueira; acendalhas (De *chamiça*, com infl. de *aquecer*?)

chaquiço n.m. [regionalismo] ⇒ **chaquiça**

chara n.f. costume; modo de proceder; estilo (Do mal. *chara*, do sânsc. *chara*, «andamento»)

charabã n.m. carruagem com assentos laterais para mais de quatro pessoas (Do fr. *char-à-bancs*, «id.»)

charabasca n.f. ⇒ **charavasca**

charabascal n.m. ⇒ **charavascal**

charabasco n.m. ⇒ **charavasco**

charabasqueiro n.m. ⇒ **charavasca**

charada n.f. 1 enigma cuja solução é uma palavra ou frase que se encontra sílaba a sílaba ou palavra a palavra 2 linguagem obscura; *matar a* ~ adivinhar (Do fr. *charade*, do prov. *charrado*, «palavrório confuso»)

charadear v.intr. fazer ou decifrar charadas (De *charada*+*-ear*)

charadicida adj.2g. que decifra charadas ▪ n.2g. pessoa que decifra charadas; charadista (De *charada*+*-cida*)

charadista n.2g. pessoa que faz ou decifra charadas (De *charada*+*-ista*)

charadístico adj. próprio de charadista (De *charadista*+*-ico*)

charadomaníaco adj.,n.m. que ou aquele que tem a mania das charadas (De *charada*+*maníaco*)

charamba n.f. dança açoriana (De orig. obsc.)

charamela n.f. 1 antigo instrumento musical de palheta coberta; espécie de gaita; flauta rústica 2 charanga (Do fr. ant. *chalemel*, hoje *chalumeau*, «cana; palha; flauta campestre»)

charameleiro n.m. o que toca charamela (De *charamela*+*-eiro*)

charanga n.f. banda de música composta somente de instrumentos de sopro e, por vezes, timbales; charamela (Do cast. *charanga*, «id.»)

charangueiro n.m. 1 músico que toca em charanga 2 MILITAR [gír.] aluno menos classificado de um curso militar (De *charanga*+*-eiro*)

charão n.m. 1 verniz de laca da China 2 objeto envernizado com laca da China e com desenhos orientais (Do chin. *chat-liáu*, de *chat*, «verniz» +*liáu*, «tinta; óleo»)

charavasca n.f. [regionalismo] terra estéril e de pouco valor (De orig. obsc.)

charavascal n.m. sítio em que há muitas charavascas; chavascal (De *charavasca*+*-al*)

charavasco n.m. ⇒ **charavasca**

charavasqueiro n.m. ⇒ **charavasca** (De *charavasca*+*-eiro*)

charca n.f. ⇒ **charco** (De *charco*)

charco n.m. 1 porção de água estagnada e pouco profunda 2 lamaçal; atoleiro (Do escand. *flark*, «pântano movediço»?)

charcoso /ô/ adj. 1 em que há muitos charcos 2 pantanoso (De *charco*+*-oso*)

charcutaria n.f. 1 estabelecimento onde se vendem essencialmente preparados de carne de porco, salgados e fumados, como presunto e enchidos; salsicharia 2 designação genérica desses alimentos 3 indústria e comércio de carnes de porco preparadas (Do fr. *charcuterie*, «salsicharia»)

charcuteiro n.m. dono ou empregado de uma charcutaria; salsicheiro (De *charcut(aria)*+*-eiro*)

charguaço n.m. ⇒ **chaguarço** (De *chaguarço*)

charivari n.m. desordem; balbúrdia; chinfrim (Do fr. *charivari*, «barulheira»)

charla n.f. conversa ou palavreado à-toa (Do cast. *charla*, «id.»)

charlador n.m. aquele que charla (De *charlar*+*-dor*)

charlar v.intr. conversar amigavelmente sobre determinado assunto; falar à toa (Do it. *ciarlare*, «tagarelar; palrar», pelo cast. *charlar*, «id.»)

charlatanaria n.f. 1 obra, linguagem ou modos de charlatão 2 intrujice; logro (De *charlatão*+*-aria*)

charlatanear v.intr. intrujar; falar ou proceder como charlatão (De charlatão+-ear)
charlatanesco /ê/ adj. próprio de charlatão (De charlatão+-esco)
charlatanice n.f. 1 comportamento de charlatão; impostura 2 vigarice (De charlatão+-ice)
charlatanismo n.m. ⇒ **charlatanice** (De charlatão+-ismo)
charlatão n.m. pessoa que, ostentando méritos ou qualidades que não possui, explora a credulidade pública; impostor; vigarista (Do it. ciarlatano, «intrujão; impostor», pelo fr. charlatan, «id.»)
charlataria n.f. ⇒ **charlatanaria** (De charlatão+-aria)
charlateira n.f. dragona de metal dourado, sem franja, usada por oficiais em uniforme de gala (Do fr. jarretière, «jarreteira», liga elástica que segura a meia acima do joelho)
charlota n.f. CULINÁRIA doce de colher revestido de biscoitos ou pão de forma e recheado com creme aromatizado, mousse, compota ou frutas ligadas com natas (Do fr. charlotte, «id.»)
charlote n.f. ⇒ **charlota** (Do fr. charlotte, «id.»)
charme n.m. 1 sedução; encanto 2 encantamento; sortilégio (Do lat. carmĕn, «fórmula mágica», pelo fr. charme, «id.»)
Charmontiano n.m. GEOLOGIA andar do Jurássico inferior
charmoso adj. que tem charme; encantador; sedutor (De charme+-oso)
charneca n.f. terreno inculto e árido onde há apenas vegetação rasteira (De orig. obsc.)
charneco n.m. 1 ORNITOLOGIA ⇒ **rabilongo** n.m. 2 [regionalismo] camponês da província portuguesa da Beira Baixa que se desloca para se empregar na extração da cortiça e na apanha da azeitona noutras zonas daquela região (De charneca)
charneira n.f. 1 juntura de peças que giram no mesmo eixo; dobradiça 2 união das valvas da concha 3 extremidade da correia que se dobra para coser a fivela 4 GEOLOGIA eixo de dobra (Do lat. pop. cardinarĭa-, de cardo, -ĭnis, «dobradiça; gonzo», pelo fr. charnière, «id.»)
charnequeiro adj. 1 relativo a charneca 2 que vive na charneca (De charneca+-eiro)
charnequenho adj. ⇒ **charnequeiro** (De charneca+-enho)
charoar v.tr. envernizar com charão; acharoar (De charão+-ar)
charola n.f. 1 andor de procissão 2 deambulatório; *andar de ~* [pop.] andar aos ombros de alguém (Do fr. char, «carro» +-ola?)
charoleiro n.m. o que faz charolas ou andores (De charola+-eiro)
charolês adj. diz-se de raça bovina francesa ■ n.m. animal dessa raça (De Charolles, top. + -ês)
charpa n.f. 1 banda larga de pano que serve de insígnia de certos cargos; cinta 2 tira de pano onde se apoia o braço doente (Do fr. écharpe, «fita; banda»)
charque n.m. 1 [Brasil] carne bovina, salgada e seca, cortada em tiras largas 2 [Brasil] CULINÁRIA prato preparado com essa carne (Do esp. argentino charqui ou charque, «carne salgada e seca»)
charqueação n.f. [Brasil] ato ou efeito de charquear (De charquear+-ção)
charqueada n.f. 1 [Brasil] grande estabelecimento onde os animais são abatidos e onde se prepara o charque 2 [Brasil] [fig.] chacina; massacre (Part. pass. fem. subst. de charquear)
charqueador n.m. 1 [Brasil] pessoa que prepara o charque 2 [Brasil] proprietário de uma charqueada (De charquear+-dor)
charquear v.intr. [Brasil] cortar (carne) em tiras largas, salgá-la e secá-la para produzir charque (De charque+-ar)
charqueio n.m. [Brasil] ⇒ **charqueação** (Deriv. regr. de charquear)
charramente adv. grosseiramente (De charro+-mente)
charrana n.f. ORNITOLOGIA gaivina, ave comum em Portugal, também denominada charreca, tagarela, etc. (De orig. obsc.)
charrano n.m. ⇒ **charrana**
charrasca n.f. ORNITOLOGIA ⇒ **amoreira** 2 (De orig. obsc.)
charrasco n.m. [regionalismo] indivíduo baixo e gordo (De orig. obsc.)
charrasqueira n.f. BOTÂNICA castanheiro bravo cuja madeira é usada para construções (Por carrasqueira)
charravascal n.m. ⇒ **chavascal** (De charrasqueira × chavascal)
charrela n.f. ORNITOLOGIA ave galinácea, da família dos Fasianídeos, espécie de perdiz pouco frequente em Portugal, também conhecida por perdiz-do-norte e perdiz-cinzenta (De orig. obsc.)
charrete n.f. carro ligeiro de duas rodas e varais (Do fr. charrette, «id.»)
charreu n.m. ICTIOLOGIA peixe teleósteo vulgar nas águas portuguesas; carapau preto (De charro+-eu)
charriscar v.intr. [regionalismo] dar estalidos (o lume); crepitar ■ v.tr. [regionalismo] acender friccionando; riscar (De chama × riscar?)
charro adj. 1 rude; grosseiro 2 desprezível ■ n.m. 1 ICTIOLOGIA nome vulgar de alguns peixes teleósteos, em especial de um carapau muito abundante no Sul de Portugal 2 [coloq.] cigarro de erva ou haxixe (Do vasc. txar, «mau; defeituoso», pelo cast. charro, «id.»)
charrua n.f. 1 arado grande com um jogo de rodas adiante e uma só aiveca 2 NÁUTICA antigo navio de três mastros, de grande porão, destinado ao transporte de tropas, víveres, munições, etc. 3 [fig.] agricultura 4 navio ou automóvel ronceiro (Do b. lat. carrūca-, «carro gaulês», pelo fr. charrue, «charrua»)
charruadeira n.f. charrua grande com mais de uma aiveca (De charruar+-deira)
charruar v.tr. lavrar com charrua (De charrua+-ar)
charrueco n.m. [regionalismo] charrua pequena e tosca (De charrua+-eco)
charter n.m. avião fretado em que geralmente se viaja a preços mais baixos (Do ing. charter, «id.»)
chárter n.m. ⇒ **charter**
chartreuse n.m. licor francês à base de plantas aromáticas, como a erva-cidreira, o açafrão, a canela, feito pelos monges cartuxos (Do fr. chartreuse, «licor feito pelos monges da *Grande Chartreuse*, convento francês perto de Grenoble)
charutaria n.f. 1 [Brasil] fábrica de charutos 2 [Brasil] lugar onde se vendem charutos; tabacaria (De charuto+-aria)
charuteira n.f. caixa portátil onde se trazem os charutos (De charuto+-eira)
charuteiro n.m. 1 operário que, na respetiva fábrica, manipula os charutos 2 ZOOLOGIA inseto coleóptero cuja fêmea enrola as folhas da videira em forma de charuto, pondo aí os seus ovos (De charuto+-eiro)
charuto n.m. 1 rolo de folhas de tabaco para fumar 2 biscoito com a forma desse rolo 3 rebuçado comprido, com a forma desse rolo 4 barco de recreio, esguio, de um só remo (Do tâm. churuttu, «envolver; enrolar», pelo ing. cheroot, «charuto de pontas cortadas»)
charuto-do-rei n.m. BOTÂNICA planta arbustiva da família das Solanáceas (afim do tabaco), espontânea em Portugal
chasca n.f. 1 ORNITOLOGIA pássaro pequeno e bonito; cartaxo 2 chasco; gracejo 3 pião pequeno 4 [fig.] rapariga leviana (De chasco)
chasco¹ n.m. ORNITOLOGIA pássaro da família dos Turdídeos, comum em Portugal (De orig. onom.)
chasco² n.m. gracejo; mofa; zombaria (Do cast. chasco, «burla; engano»)
chasco-branco n.m. ORNITOLOGIA pássaro da mesma família que o chasco, também conhecido por caiada, cualvo, rabalva, etc.
chasco-do-monte n.m. ORNITOLOGIA pássaro da família do chasco, mas de género diferente, também denominado cartaxo, tanjasno, tanjarro, etc.
chasco-do-rego n.m. ORNITOLOGIA ⇒ **chasco-do-monte**
chasco-preto n.m. ORNITOLOGIA ⇒ **chasco**¹
chaspa n.f. [regionalismo] tacho baixo e largo com tampa (De orig. obsc.)
chasqueador adj.,n.m. que ou aquele que chasqueia (De chasquear+-dor)
chasquear v.tr.,intr. zombar (de); dizer chascos (a) (De chasco+-ear)
chasqueio n.m. ato ou efeito de chasquear; zombaria (Deriv. regr. de chasquear)
chasquilho n.m. ORNITOLOGIA ⇒ **alma-de-mestre** (De chasco+-ilho)
chassi n.m. ⇒ **chassis** (Do fr. châssis, «id.»)
chassis n.m.2n. 1 estrutura de um automóvel; suporte metálico de um veículo 2 caixilho; quadro (Do fr. châssis, «id.»)
chat n.m. ferramenta de comunicação, disponível online, utilizada para comunicar em tempo real (Do ing. chat, «id.»)
chata¹ n.f. 1 barco ligeiro de fundo chato 2 barcaça larga e pouco profunda (Do lat. pop. *platta-, fem. de plattu-, «plano; chato»)
chata² n.f. jantar, em dia de enterro, entre os cristãos de São Tomé (Do malaiala chattam, «cerimónia fúnebre»)
chateação n.f. [coloq.] ato ou efeito de chatear (De chatear+-ção)
chateado adj. 1 [coloq.] aborrecido 2 [coloq.] zangado 3 [coloq.] triste (Part. pass. de chatear)
chateamento n.m. [coloq.] ⇒ **chateação** (De chatear+-mento)
chatear v.tr.,pron. [coloq.] maçar(-se); importunar(-se); aborrecer(-se) ■ v.intr. 1 agachar-se 2 (animal) correr rapidamente e rente ao chão (De chato [= piolho]+-ear)
chateza /ê/ n.f. 1 qualidade do que é chato 2 [fig.] vulgaridade; insipidez (De chato [= plano]+-eza)
chatice n.f. [coloq.] maçada; aborrecimento (De chato [= piolho]+-ice)
chatim n.m. negociante pouco escrupuloso; traficante; velhaco (Do dravíd. chetti, «mercador»)

chatinador n.m. ⇒ **chatim** (De chatinar+-dor)
chatinagem n.f. 1 traficância; negócio sem escrúpulo 2 os chatins (De chatinar+-agem)
chatinar v.intr. ser chatim; mercadejar sem escrúpulo; traficar (De chatim+-ar)
chato adj. 1 que não tem relevo; liso; plano 2 baixo; rasteiro 3 [pop.] vulgar 4 [pop.] maçador ■ n.m. 1 [coloq.] piolho que vive geralmente na região púbica e provoca prurido constante 2 [coloq.] pessoa ou coisa maçadora (Do gr. platýs, «largo; amplo», pelo lat. pop. plattu-, «plano»)
chau[1] interj. usada como cumprimento de despedida (Do it. ciao, «até logo; adeus; até breve»)
chau[2] n.m. (Oriente) saudação (Do anam. chao, «saudação»)
chau[3] n.m. (China) papel-moeda
chaudel n.m. tecido de Bengala de que se faziam colchas (Do pers. chadar, «id.»)
chauffage n.f. aquecimento interior de uma viatura (Do fr. chauffage, «id.»)
chauffeur n.2g. condutor de automóvel; motorista (Do fr. chauffeur, «id.»)
chauvinismo /cho/ n.m. 1 patriotismo exagerado 2 entusiasmo excessivo pelo que é nacional e menosprezo sistemático por aquilo que é estrangeiro 3 atitude ou expressão própria de chauvinista (Do fr. chauvinisme, de Nicolas Chauvin, soldado de Napoleão tomado como tipo de patriota fanático)
chauvinista /cho/ adj.2g. que revela ou manifesta sentimentos de nacionalismo exagerado e mesmo fanático ■ n.2g. pessoa que possui um sentimento exagerado de patriotismo ou de nacionalismo (Do fr. chauvin, «patriota exagerado» +-ista)
chavádego n.m. 1 [ant.] pensão que os foreiros pagavam aos senhorios 2 [ant.] refeição dada por ocasião do contrato entre os mosteiros e os novos enfiteutas (Do lat. *conclavatĭcu-, «id.»?)
chavalada n.f. [coloq.] conjunto de miúdos ou jovens (De chavalo+-ada)
chavalito n.m.,adj. [coloq.] ⇒ **chavalo**
chavalo n.m.,adj. [coloq.] miúdo; jovem (Do cast. chaval, pelo caló chavale, «id.»)
chavão n.m. 1 chave grande 2 molde para bolos 3 modelo; tipo 4 estribilho 5 autor ou obra de grande autoridade 6 imagem ou ideia estereotipada; frase feita; lugar-comum 7 sabedor (De chave+-ão)
chavaria n.f. grande quantidade de chaves (De chave+-aria)
chavascal n.m. 1 terra onde crescem plantas espinhosas 2 silvado; moitedo 3 lugar imundo; chiqueiro; atoleiro (Do cast. chavasca, «chamiço; lenha miúda» +-al)
chavascar v.tr. 1 fazer toscamente 2 trabalhar com imperfeição (De chavasco+-ar)
chavasco[1] adj. malfeito; atamancado; bronco (De orig. obsc.)
chavasco[2] n.m. chuveiro (De chuvasco)
chavasqueira n.f. terra imprópria para cultivar; chavascal (Do cast. chavasca, «chamiço; lenha miúda» +-eira)
chavasqueiro n.m. ⇒ **chavascal** (De chavasco+-eiro)
chavasquice n.f. 1 qualidade do que é chavasco 2 imundície; grosseria (De chavasco+-ice)
chave n.f. 1 instrumento que serve para fazer funcionar o mecanismo de uma fechadura 2 instrumento de apertar e desatarraxar 3 utensílio de dar corda aos relógios 4 cúpula 5 (sinal gráfico) chaveta 6 peça móvel dos instrumentos musicais de sopro para tapar e destapar os orifícios 7 ferramenta especial para afinar instrumentos musicais de cravelhas 8 torneira metálica para tonéis e pipas 9 DESPORTO (artes marciais) golpe através do qual se imobiliza o adversário, pressionando ou torcendo-lhe as articulações 10 [fig.] posição estratégica 11 [fig.] solução; explicação; decifração; **debaixo de ~** bem guardado; **fechar a sete chaves** acautelar bem (Do lat. clave-, «chave»)
chave-francesa n.f. ⇒ **chave-inglesa**
chave-inglesa n.f. utensílio que serve para apertar e desapertar porcas, segurando-as com uma parte móvel que, por meio de uma rosca, se ajusta a dimensões diferentes; chave-francesa
chaveira n.f. VETERINÁRIA [pop.] cisticercose frequente no porco e no boi; ladraria; grainha (De orig. obsc.)
chaveirão n.m. HERÁLDICA ⇒ **asna** 3 (De chaveiro+-ão)
chaveiro n.m. 1 o que tem a seu cargo a guarda das chaves; claviculário 2 carcereiro 3 despenseiro 4 lugar onde se guardam as chaves 5 rodeiro de carro (De chave+-eiro)
chavelha /ê/ n.f. 1 peça de madeira ou de ferro que se mete no cabeçalho do carro para o prender à canga 2 (arado) timão (Do lat. clavĭcŭla-, «chave pequena»)

chavelhal n.m. 1 buraco onde se mete a chavelha 2 fura (De chavelha+-al)
chavelhame n.m. armação dos animais cornígeros; cornadura (De chavelha+-ame)
chavelhano n.m. 1 [regionalismo] linguiça de Chaves, cidade portuguesa do distrito de Vila Real 2 [pej.] natural de Chaves (De Chaves, top. +-elho+-ano)
chavelhão n.m. barra de ferro a que se prende o cambão da segunda junta que se atrela ao carro quando este é puxado a quatro bois (De chavelha+-ão)
chavelho /ê/ n.m. 1 corno; chifre 2 defesa 3 antena dos insetos 4 tentáculos do caracol 5 chavelha (De chavelha)
chavelhudo adj. que tem chavelhos ■ n.m. [pop.] o Demónio (De chavelho+-udo)
chave-mestra n.f. chave ou gazua que serve para abrir várias fechaduras
chávena n.f. pequeno recipiente com asa, geralmente de louça, que serve para tomar bebidas, quentes ou frias; xícara (Do mal. chavan, ou do chin. cha-kvan, «id.»)
chaveta /ê/ n.f. 1 peça que se introduz na extremidade de um eixo para que a roda não salte 2 pequena chave 3 sinal gráfico, {, usado para organizar e sistematizar um tema de forma esquemática (De chave+-eta)
chavetar v.tr. segurar com chaveta ■ v.intr. enfiar a chaveta (De chaveta+-ar)
chaviano adj. 1 diz-se de um chouriço de Chaves, cidade portuguesa do distrito de Vila Real, feito de sangue e gorduras de porco, sêmea ou pão ralado 2 ⇒ **flaviense** (De Chaves, top. +-iano)
chavo n.m. moeda de valor mínimo; tostão; **não ter um ~** [coloq.] não ter dinheiro nenhum; **não valer um ~** [coloq.] não prestar (Do cast. ochavo, «moeda castelhana de dois maravedis»)
chazada n.f. 1 chá em abundância 2 refeição de chá (De chá+z+-ada)
chazeiro n.m. planta do chá; chá ■ adj. que gosta muito de chá (De chá+z+-eiro)
chazista adj.2g. ⇒ **chazeiro** adj. (De chá+z+-ista)
ché[1] interj. 1 exprime dúvida ou troça; qual! 2 usa-se para chamar a atenção de alguém (Do espanhol argentino che!, «idem»)
ché[2] interj. [São Tomé e Príncipe] designa espanto, ceticismo; não é possível!; não acredito!; o quê?! (Do forro ché, formação expressiva)
cheadas n.f.pl. ⇒ **chedas**
checheno adj.,n.m. ⇒ **tchetcheno**
check-in n.m. 1 verificação do bilhete e pesagem da bagagem à partida para uma viagem de avião; registo de embarque 2 registo de dados pessoais e outras formalidades à chegada a um hotel; registo de entrada (Do ing. check-in, «id.»)
checkout n.m. 1 pagamento da despesa e de outras formalidades à saída de um hotel; registo de saída 2 serviço de processamento de compras; registo de saída (Do ing. checkout, «id.»)
checkpoint n.m. posto de controlo (Do ing. checkpoint, «id.»)
check-up n.m. 1 MEDICINA exame clínico geral, para avaliação do estado de saúde de uma pessoa e para rastreio de eventuais doenças ainda não manifestadas 2 ECONOMIA verificação; controlo 3 [fig.] exame minucioso; análise detalhada (Do ing. check-up, «id.»)
checo adj. relativo à República Checa ■ n.m. 1 natural ou habitante da República Checa 2 língua eslava falada neste país (Do fr. tchèque, «id.»)
checoslovaco adj. relativo à antiga Checoslováquia ■ n.m. natural ou habitante da antiga Checoslováquia (De checo+eslovaco)
chedas /ê/ n.m.pl. pranchas laterais do leito do carro de bois onde se metem os fueiros (Do célt. *cleta, prov. cleda, «casca; caniçada»)
cheddar n.m. variedade de queijo originário da Inglaterra, fabricado com leite de vaca (Do ing. cheddar, «id.»)
chede /ê/ n.m. ORNITOLOGIA pássaro da família dos Silviídeos, comum em Portugal, também conhecido por felosa-do-mato, rosinha, flecha, passarinha-preta, etc. (De orig. onom.)
chedeiro n.m. leito do carro de bois (De chedas+-eiro)
chedite n.f. explosivo constituído por uma mistura de clorato de potássio com substâncias carbonosas (De Chedde, top., localidade francesa +-ite)
chedre /ê/ n.m. ⇒ **chede**
cheeseburger n.m. hambúrguer com queijo derretido, servido com pão ou no prato (Do ing. cheeseburger, «id.»)
cheesecake n.m. CULINÁRIA bolo ou tarte de queijo fresco, geralmente coberto(a) com compota (Do ing. cheesecake, «id.»)
chefatura n.f. ⇒ **chefia** (De chefe+-tura)
chefe n.2g. 1 pessoa que, entre outros, é a principal ou o que dirige; dirigente; líder 2 funcionário ou empregado que dirige um

chefia

serviço; diretor **3** pessoa responsável por uma empresa; patrão **4** cabeça; cabecilha **5** pessoa que orienta ou conduz uma organização política, religiosa, etc.; dirigente; líder **6** fundador de um grupo; representante **7** cozinheiro profissional, geralmente encarregado da direção da cozinha de um restaurante ou um hotel **8** MILITAR comandante militar; caudilho **9** [fig.] pessoa que sobressai entre outras, por alguma característica ou qualidade ▪ *n.m.* HERÁLDICA peça honrosa que fica no terço superior direito do escudo; **~ de Estado** pessoa que ocupa o cargo mais alto na hierarquia de uma nação; **~ de fila** líder de um grupo; cabecilha (Do lat. *caput*, «cabeça», pelo fr. *chef*, «chefe»)

chefia *n.f.* **1** ato ou efeito de chefiar; comando; direção **2** qualidade ou dignidade de chefe (De *chefe+-ia*)

chefiar *v.tr.* comandar; dirigir; governar (De *chefe+-iar*)

chega /ê/ *n.f.* [coloq.] censura; repreensão **2** luta de bois; **~!** exclamação usada para mandar parar aquilo que provoca irritação ou para fazer calar alguém, basta! (Deriv. regr. de *chegar*)

chegada *n.f.* **1** ato de chegar; vinda; regresso **2** ocasião em que se chega **3** aproximação **4** abordagem (Part. pass. fem. subst. de *chegar*)

chegadeira *n.f.* **1** utensílio com que o ferreiro chega o carvão para a forja **2** [pop.] mulher que protege amores ilícitos (De *chegar+-deira*)

chegadela *n.f.* **1** ato de aproximar dois objetos afastados **2** [fig.] descompostura; tosa (De *chegar+-dela*)

chegadiço *adj.* ⇒ **metediço** (De *chegar+-diço*)

chegado *adj.* **1** contíguo **2** próximo (Part. pass. de *chegar*)

chegador *n.m.* **1** o que chega **2** operário que chega o carvão para a fornalha; fogueiro (De *chegar+-dor*)

chegamento *n.m.* **1** ato de chegar; chegada **2** citação (De *chegar+-mento*)

cheganço *n.m.* **1** [pop.] chega; repreensão; censura **2** [pop.] sova (De *chegar+-anço*)

chegante *adj.,n.2g.* **1** que ou o que chega **2** imediato (De *chegar+-ante*)

chegar *v.tr.,intr.* **1** vir (de algum lugar) **2** colocar(-se) perto; aproximar(-se) **3** ser suficiente (para); bastar ▪ *v.intr.* **1** dar entrada em **2** regressar **3** ter início; começar ▪ *v.tr.* **1** atingir (determinado lugar ou ponto); alcançar **2** dar (algo) a; passar **3** pôr em contacto **4** igualar-se (a); comparar-se (a) **5** sovar; bater **6** levar a fêmea à cobrição ▪ *v.pron.* **1** aproximar-se **2** resolver-se; **~ a brasa à sua sardinha** zelar pelos seus interesses; **~ a mostarda ao nariz a** fazer perder a paciência a; **~ a roupa ao pelo a** bater em; **~ a vias de facto** lutar, agredir; **~ às boas** ceder, conformar-se; **não ~ aos calcanhares de** ser muito inferior a; **~-se à razão** atender, conformar-se; **~-se ao rego** conformar-se, meter-se na ordem; *chega e sobra!* é mais que suficiente (Do lat. *plicāre*, «dobrar; enrolar» as velas quando o navio chega)

cheia *n.f.* **1** GEOGRAFIA aumento do caudal de um rio para além do seu valor normal **2** inundação **3** [fig.] invasão (De *cheio*)

cheide *n.m.* ORNITOLOGIA ⇒ **chede**

cheio *adj.* **1** que contém tudo aquilo de que é capaz; repleto; completo **2** compacto **3** que tem algo em grande quantidade; carregado **4** que não aguenta comer mais; saciado **5** gordo; nutrido **6** que possui em grande volume ou em grande intensidade **7** que está sobrecarregado **8** que está farto; que não suporta mais **9** (traço) largo **10** compenetrado **11** coberto **12** rico ▪ *n.m.* **1** a maior grossura do traço das letras **2** a maior sonoridade de todas as vozes e instrumentos em execução; **~ de não presta** envaidecido, vaidoso; **~ de nove horas** envaidecido, emproado; **~ de si** convencido, presunçoso; **em ~** plenamente, de chapa, com precisão (Do lat. *plenu-*, «cheio»)

cheira *n.2g.* [pop.] pessoa metediça; pessoa intrometida (Deriv. regr. de *cheirar*)

cheirar *v.tr.* **1** aspirar o cheiro de **2** intrometer-se em; meter o nariz em **3** farejar **4** pesquisar **5** revelar **6** entender, compreender **7** [fig.] parecer ▪ *v.intr.* **1** captar por meio do olfato **2** exalar cheiro; **~ a chamusco/esturro** não inspirar confiança (Do lat. **flagrāre*, por *fragrāre*, «exalar cheiro forte»)

cheireta /ê/ *n.2g.* [Brasil] ⇒ **cheira** (De *cheira+-eta*)

cheirete /ê/ *n.m.* cheiro desagradável (De *cheira+-ete*)

cheiricar *v.tr.,intr.* **1** cheirar muitas vezes **2** meter o nariz em tudo; ser curioso (De *cheira+-icar*)

cheirinha *n.2g.* [Brasil] ⇒ **cheira** (De *cheira+-inha*)

cheirinho *n.m.* **1** cheiro agradável **2** produto preparado a partir de essências aromáticas; perfume **3** pequena quantidade de alguma coisa; amostra **4** [coloq.] pequena quantidade de aguardente de bagaço que se junta ao café (De *cheiro+-inho*)

cheiro *n.m.* **1** impressão produzida nos órgãos olfativos pelas partículas odoríferas emanadas dos corpos; odor **2** aroma; perfume **3** faro **4** impressão olfativa desagradável; fedor **5** [fig.] suspeita **6** [fig.] reputação **7** *pl.* essências aromáticas (Deriv. regr. de *cheirar*)

cheiroso /ô/ *adj.* que exala cheiro; perfumado; aromatizado (De *cheiro+-oso*)

cheirum *n.m.* cheiro desagradável; fedor (De *cheiro+-um*)

chela *n.f.* **1** noviço budista **2** discípulo de um guru ▪ *n.f.* tecido de algodão usado na África Oriental e na Índia (Do conc. *chêl*, do sânsc. *chela*, «id.»)

cheldra *n.f.* ORNITOLOGIA ⇒ **amoreira 2** (De orig. onom.)

cheleira *n.f.* NÁUTICA compartimento do navio onde se guardam as munições (De orig. obsc.)

chelpa *n.f.* [coloq.] dinheiro (De orig. obsc.)

chelpudo *adj.* [coloq.] que tem chelpa; ricaço (De *chelpa+-udo*)

cheminé *n.m.* ⇒ **chaminé** (Do fr. *cheminée*, «id.»)

chena /ê/ *n.f.* [regionalismo] cadeia (Do fr. *chaîne*, «id.»)

cheque[1] *n.m.* título de crédito que enuncia uma ordem de pagamento (à vista) da soma nele inscrita; **~ barrado/cruzado** cheque atravessado por barras oblíquas, que só pode ser cobrado por intermédio de um banco (Do ing. *cheque*, «id.», pelo fr. *chèque*, «id.»)

cheque[2] *n.m.* contrariedade; desaire (Do ár. *xáh*, «rei»)

cheque[3] *adj.,n.2g.,n.m.* ⇒ **checo** (Do fr. *tchèque*, «checo»)

cheque-ensino *n.m.* proposta de financiamento educativo em que o Estado entrega uma quantia às famílias que cumpram as condições preestabelecidas e que lhes permite optar por escolas do ensino particular e cooperativo

cheque-prenda *n.m.* documento em papel ou email que representa um valor em dinheiro e possui um prazo de validade, podendo ser trocado por um produto ou serviço pela pessoa que o recebeu

cheringalho *n.m.* **1** [pop.] indivíduo maltrapilho **2** pessoa pouco desenvolta para a idade (Formação expressiva)

cherivia *n.f.* BOTÂNICA ⇒ **pastinaga** (Do ár. *karawîya*, «alcaravia»)

cherne *n.m.* ICTIOLOGIA peixe teleósteo, da família dos Serranídeos, muito frequente em Portugal e também conhecido por pardilho (Do lat. *acernĭa-*, nome de peixe)

cherovia *n.f.* BOTÂNICA ⇒ **pastinaga**

cherte *n.m.* PETROLOGIA rocha siliciosa de origem orgânica e de precipitação; ftanito (De orig. obsc.)

cherulé *n.m.* [Moçambique] ZOOLOGIA ave de plumagem azul e bico comprido; variedade de pica-peixe (Do macua *shèrule*, «id.»)

cheruvia *n.f.* BOTÂNICA ⇒ **pastinaga**

cherva *n.f.* fibra têxtil própria para tapetes (Do ár. *kherúa*, «rícino»)

cheta /ê/ *n.f.* [coloq.] pequena quantia de dinheiro; chavo; tusto; *nem ~* absolutamente nada

cheviote *n.m.* tecido inglês de lã (Do ing. *cheviot*, «carneiro dos montes Cheviot», na Escócia, pelo fr. *cheviotte*, «cheviote»)

cheviotina *n.f.* tecido semelhante ao cheviote (De *cheviote+-ina*)

chi[1] *n.m.* [pop.] abraço (De origem onomatopeica)

chi[2] *interj.* [Moçambique] exprime desgosto, admiração ou desdém; não pode ser!; como é possível!; tinha que ser! (Do changana *chi!*, «idem»)

chia *n.f.* **1** [pop.] o facto de apanhar, no jogo, o sete de trunfo com o ás **2** chiada (Deriv. regr. de *chiar*)

chiada *n.f.* **1** ato de chiar **2** chiadeira; som agudo e desagradável **3** [fig.] ruído **4** [fig.] vozearia **5** [fig.] lamúria (Part. pass. fem. subst. de *chiar*)

chiadeira *n.f.* **1** som agudo e desagradável **2** ORNITOLOGIA pássaro da família dos Silvídeos, comum em Portugal, também conhecido por felosa, felocha, fura-balças, etc. (De *chiar+-deira*)

chiadoiro *n.m.* ⇒ **chiadouro**

chiador *adj.,n.m.* que ou o que chia (De *chiar+-dor*)

chiadouro *n.m.* **1** ação frequente de chiar **2** chiadeira; ruído; chinfrineira **3** rouquidão (De *chiar+-douro*)

chiadura *n.f.* ⇒ **chiada** (De *chiar+-dura*)

chiante *adj.2g.* que chia ▪ *n.m.* [pop.] porco; suíno (De *chiar+-ante*)

chião *n.m.* **1** o que faz chiadeira **2** ICTIOLOGIA ⇒ **cascarra 2 3** ORNITOLOGIA ⇒ **pedreiro 3** (De *chiar+-ão*)

chiar *v.intr.* **1** dar chios **2** fazer chiadeira; produzir som agudo e continuado **3** ranger **4** [fig.] lastimar-se; dar-se por sentido **5** [fig.] dar nas vistas (De *chio+-ar*)

chiasco *n.m.* [regionalismo] vento frio e cortante (De *chiar+-asco*)

chiba *n.f.* **1** cabra nova; cabrita **2** [regionalismo] empola em mão não calejada **3** [pop.] bebedeira **4** [pop.] indigestão **5** [pop.] corcunda; mareca (De *chibo*)

chibança *n.f.* presunção de valentia; jactância; prosápia (De *chibar*+*-ança*)

chibantaria *n.f.* chibança; chibantice; fanfarronice (De *chibante*+*-aria*)

chibante[1] *adj.2g.* que se arma em valente; fanfarrão (De *chibar*+*-ante*)

chibante[2] *adj.2g.* 1 [Moçambique] bonito 2 [Moçambique] elegante; bem arranjado ■ *n.f.* [Moçambique] beldade (Do ci-sena *cibanti*, «embelezamento»)

chibantear *v.intr.* mostrar-se fanfarrão, presunçoso (De *chibante*+*-ear*)

chibantice *n.f.* qualidade de chibante; fanfarronice (De *chibante*+*-ice*)

chibar *v.intr.* ⇒ **chibantear** ■ *v.tr.* [coloq.] denunciar (De *chibo*+*-ar*)

chibarra *n.f.* 1 fêmea do chibarro; cabra 2 [Madeira] mulher de mau porte (De *chibarro*)

chibarrada *n.f.* rebanho de chibarros (De *chibarro*+*-ada*)

chibarreiro *n.m.* pastor de chibarros; cabreiro (De *chibarro*+*-eiro*)

chibarro *n.m.* 1 bode novo, castrado; chibéu; chibato 2 [regionalismo] flor do vinagre (De *chibo*+*-arro*)

chibata *n.f.* varinha delgada para fustigar; junco; vergasta (De *chibato*)

chibatada *n.f.* vergastada com chibata (De *chibata*+*-ada*)

chibatão *n.m.* chibata grande; *trazer um ~* ir à caça e não trazer nada (De *chibata*+*-ão*)

chibatar *v.tr.* 1 fustigar com chibata; vergastar 2 castigar (De *chibata*+*-ar*)

chibato *n.m.* bode novo, quase adulto; chibarro; cabrito; chibo (De *chibo*+*-ato*)

chibeiro *n.m.* 1 pastor de chibos 2 cortador ou vendedor de carne de chibo (De *chibo*+*-eiro*)

chibéu *n.m.* ⇒ **chibarro** 1 (De *chibo*+*-éu*)

chibo *n.m.* 1 cabrito, em especial quando novo 2 cavalo de andar desajeitado 3 [coloq.] delator; o que denuncia (De orig. obsc.)

chica *n.f.* 1 dança de origem africana 2 bebida alcoólica da América do Sul 3 [pop.] porca 4 [pop.] menstruação (Do cast. *chica*, «id.»)

chiça *interj.* exprime repugnância, desprezo ou recusa (Do al. *Scheiße*, «porcaria; merda»?)

chicaba *n.f.* [Moçambique] pasta de milho e amendoim torrados (Do changana *xìkhàbá*, «id.»)

chicaca *n.f.* [Moçambique] molho; feixe (Do changana *xìcàcà*, «id.»)

chicana *n.f.* 1 (questões judiciais) subtileza falaciosa na argumentação 2 tramoia; trapaça 3 (automobilismo) passagem em ziguezague para obrigar a diminuir a velocidade (Do fr. *chicane*, «trapaça»)

chicanar *v.intr.* usar de chicanas; contestar sem fundamento (De *chicana*+*-ar*)

chicaneiro *adj.* 1 (questões judiciais) que usa de chicana 2 trapaceiro ■ *n.* 1 rábula 2 trapaceiro (De *chicanar*+*-eiro*)

chicanice *n.f.* uso de chicana (De *chicanar*+*-ice*)

chicante *adj.2g.* [Brasil] bem vestido; elegante; chique (De *chique*+*-ante*)

chicarola *n.f.* [regionalismo] variedade de chicória (De *chicória*+*-ola*)

chicha *n.f.* 1 [pop.] carne 2 [pop.] comida 3 [pop.] gulodice 4 [gír.] apontamento interlinear para ajudar a traduzir ou interpretar um texto (Do cast. *chicha*, «carne»)

chichar *v.tr.* pôr chicha em; usar uma cábula (De *chicha*+*-ar*)

chicharavelho *n.m.* ⇒ **chincharavelho**

chícharo *n.m.* 1 BOTÂNICA planta da família das Leguminosas, espontânea ou cultivada em Portugal 2 semente comestível e nutritiva desta planta, semelhante ao feijão seco, que é demolhada antes de ser consumida 3 designação do feijão-frade (Do lat. **cicĕru-*, por *cicĕre-*, «chícharo», pelo it. *cicciaro*, «id.»)

chicharro *n.m.* [pop.] carapau grande (De orig. obsc.)

chichi[1] *n.m.* caracol postiço em penteado feminino (De orig. obsc.)

chichi[2] *n.m.* [coloq.] urina (De orig. onom.)

chichisbéu *n.m.* galanteador importuno (Do it. *cicisbeo*, «galanteador; pajem»)

chichizinho *n.m.* um nadinha de qualquer coisa (De *chichi*+*z*+*-inho*)

chicho *n.m.* 1 [regionalismo] bocadinho de carne que se separa da que se está a ensacar, para se assar nas brasas e comer naquela ocasião 2 [pop.] porco; suíno (De *chicha*)

chichorrobiar *v.intr.* [regionalismo] assobiar (De orig. onom.)

chichorrobio *n.m.* [regionalismo] assobio ■ *adj.* diz-se do chapéu terminado em bico (Deriv. regr. de *chichorrobiar*)

chiclete *n.f.* ⇒ **pastilha elástica** (Do ing. *chicklet*, «id.»)

chico[1] *n.m.* 1 antiga moeda de ouro que valia quarenta centavos (cruzado) 2 [pop.] porco ■ *adj.* 1 pequeno 2 (mar) sem ondas (Do it. *cica*, «coisa de pouco valor»)

chico[2] *n.m.* [Brasil] macaco doméstico (De *Chico*, antr.)

chiço *n.m.* [ant.] rapariga que anda a aprender costura em modista ou estabelecimento de modas (De orig. obsc.)

chico-espertismo *n.m.* tendência para procurar o benefício ou a vantagem pessoal, mesmo em prejuízo de alguém

chico-esperto *n.m.* indivíduo que procura o benefício ou a vantagem pessoal, mesmo que para tal prejudique alguém

chico-preto *n.m.* ORNITOLOGIA ⇒ **graúna**

chi-coração *n.m.* [coloq.] abraço

chicória *n.f.* 1 BOTÂNICA planta herbácea, da família das Compostas, espontânea e cultivada em Portugal, usada em alimentação e em farmácia 2 folhas desta planta cultivada, usadas em salada 3 pó obtido da raiz torrificada desta planta, que se mistura com café ou cevada 4 [regionalismo] pessoa impertinente e egoísta (Do gr. *kikhóreia*, «chicória», pelo lat. *cichoriă*-, pl. de *cichorĭum*, «id.», pelo it. *cicoria*, «id.»)

chicória-brava *n.f.* BOTÂNICA ⇒ **endívia**

chicória-crespa *n.f.* BOTÂNICA ⇒ **endívia**

chicória-do-café *n.f.* BOTÂNICA ⇒ **almeirão**

chicotada *n.f.* 1 pancada com chicote 2 ruído seco e violento, distinto da detonação à boca da arma e do silvo, produzido por um projétil ao chocar com o ar 3 [fig.] estímulo 4 [fig.] reprimenda (Part. pass. fem. subst. de *chicotar*)

chicotar *v.tr.* ⇒ **chicotear** (De *chicote*+*-ar*)

chicote *n.m.* 1 corda entrançada ou tira de couro terminada em ponta e presa a um cabo, usada para fustigar ou castigar; azorrague 2 NÁUTICA extremidade de um cabo de amarração 3 [regionalismo] ramo do sobreiro (Do esp. argentino *chicote*, «id.»)

chicoteador *adj.,n.m.* que ou o que chicoteia; flagelador (De *chicotear*+*-dor*)

chicotear *v.tr.* fustigar com chicote (De *chicote*+*-ear*)

chieira *n.f.* 1 chiada; chiadeira 2 [pop.] vaidade; presunção (De *chiar*+*-eira*)

chieirento *adj.* 1 cheio de chieira 2 vaidoso (De *chieira*+*-ento*)

chifarote *n.m.* 1 espada curta e direita 2 dança popular (Por *chifrote, de *chifra*+*-ote*)

chiffon *n.m.* tecido fino de seda ou nylon quase transparente (Do fr. *chiffon*, «id.»)

chifom *n.m.* ⇒ **chiffon**

chifra *n.f.* instrumento que serve para raspar e adelgaçar o couro, usado pelos encadernadores e outros mecânicos (Do ár. *xifrâ*, «cutelo»)

chifrada *n.f.* pancada com os chifres; cornada; marrada (Part. pass. fem. subst. de *chifrar*)

chifragem *n.f.* ato ou efeito de chifrar (De *chifra*+*-agem*)

chifrar[1] *v.tr.* raspar e adelgaçar com a chifra (De *chifra*+*-ar*)

chifrar[2] *v.tr.* dar com os chifres em; marrar em (De *chifre*+*-ar*)

chifre *n.m.* 1 excrescência em osso na cabeça de alguns mamíferos; corno; chavelho 2 ponta (Do cast. *chifle*, «corno para assobiar; chamariz para caçar aves», de *chiflar*, «silvar»)

chifrudo *adj.* que tem chifres; cornudo ■ *n.m.* 1 diabo 2 [vulg.] indivíduo atraiçoado pela mulher (De *chifre*+*-udo*)

chigovia *n.f.* [Moçambique] instrumento musical de sopro feito a partir de um fruto seco; flauta feita de cuácua (Do changana *xìgòviya*, «ocarina»)

chigovio *n.m.* [Moçambique] ⇒ **chigovia**

chihuahua *n.f.* raça de cães muito pequenos, cabeça arredondada, pelo curto ou longo, orelhas grandes e rabo comprido, de origem mexicana; chiuaua (Do top. *Chihuahua*, cidade e estado do México)

chila *n.f.* BOTÂNICA abóbora pequena, fruto da chila-caiota, utilizada em doçaria e que fica com aspeto de fios quando preparada em compota ou doce (Red. de *chila-caiota*)

chila-caiota *n.f.* BOTÂNICA planta da família das Cucurbitáceas, cultivada em Portugal, cujo fruto é uma abóbora pequena utilizada em doçaria (Do nauat. *tsilakayútl*, «id.», pelo cast. *chilacayote*, «id.»)

chile *n.m.* pimento de Macau (De *Chile*, top.)

chilena /ê/ *n.f.* 1 mulher natural ou habitante do Chile 2 [Brasil] espora grande (De *chileno*)

chileno /ê/ *adj.* que diz respeito ao Chile ■ *n.m.* natural ou habitante do Chile (De *Chile*, top. +*-eno*)

chili *n.m.* 1 BOTÂNICA fruto pertencente ao género *Capsicum*, sendo uma variedade de pimenta de sabor muito picante 2 CULINÁRIA molho picante feito desse fruto, muito usado na culinária

chilido mexicana e macaense **3** CULINÁRIA prato picante feito com o molho desse fruto e carne, podendo levar outros ingredientes como feijões, cebola ou tomate (Do esp. *chile*, pelo nauatle *chilli*)

chilido *n.m.* chio; som agudo (Do cast. *chillido*, «chio»)

chilindra *n.f.* [regionalismo] porca grande e magra (De *cilindro*?)

chilique *n.m.* **1** [pop.] desmaio; fanico **2** [pop.] síncope (Formação expressiva)

chilondra *n.f.* ⇒ **chilindra**

chilrar *v.tr., intr.* ⇒ **chilrear**

chilre *n.m.* ⇒ **chilreio** (Deriv. regr. de *chilrar*)

chilreada *n.f.* ato de chilrear; chilreio (Part. pass. fem. subst. de *chilrear*)

chilreador *adj., n.m.* **1** que ou o que chilreia **2** [fig.] palrador (De *chilrear+-dor*)

chilreante *adj.2g.* que chilreia (De *chilrear+-ante*)

chilrear *v.tr., intr.* **1** produzir (a ave) os sons agudos característicos da sua espécie; pipilar; chilrar **2** [fig.] palrar; tagarelar ■ *n.m.* ⇒ **chilreio** (De orig. onom.)

chilreio *n.m.* **1** sons emitidos por um ou vários pássaros; chilreada **2** linguagem espontânea onomatopeica da criança; chilreada (Deriv. regr. de *chilrear*)

chilreta /ê/ *n.f.* ORNITOLOGIA ⇒ **gaivina** (De *chilrar+-eta*)

chilro¹ *n.m.* som agudo das aves; chilreio (Deriv. regr. de *chilrar*)

chilro² *adj.* diz-se de um alimento sem tempero (Do cast. *chirle*, «insípido»)

chim *n.2g.* **1** ⇒ **chinês** *n.m.* **1 2** natural da cidade chinesa de Ching ■ *adj.2g.* ⇒ **chinês** *adj.*

chima *n.f.* [Moçambique] prato à base de farinha de mandioca e de cereais que é a alimentação fundamental dos Macuas (Do macua *eshima*, «id.»)

chimarra *n.f.* batina de clérigo ou sacristão; sotaina; samarra (Do basco *zamar*, «pelo de gado lanar», pelo cast. *zamarra*, «samarra»)

chimarrão¹ *n.m.* [Brasil] gado que vive à solta nos campos (De orig. obsc.)

chimarrão² *n.m.* [Brasil] chá-mate verde sem açúcar ■ *adj.* [Brasil] diz-se de bebida sem açúcar (Do esp. argentino *cimarrón*, «id.»)

chimpanzé *n.m.* **1** ZOOLOGIA símio antropoide domesticável, de origem africana, com focinho alongado e braços muito compridos **2** [fig.] homem feio e desproporcionado (Do fr. *chimpanzé*, «id.»)

chimpar *v.tr.* **1** [pop.] pespegar; assentar **2** [pop.] pregar **3** [pop.] entornar (De orig. obsc.)

china¹ *n.2g.* pessoa natural da China (Do it. *Cina*, do ár. *çin*, do chin. *Sin*, nome de um soberano chin. do séc. III a. C.)

china² *n.f.* **1** [regionalismo] pedaço de caco ou pedrinha sobre que se doba para fazer um novelo **2** [regionalismo] pedra pequena com que se enchem os buracos dos muros **3** [regionalismo] calhau roliço (Do cast. *china*, «seixo; calhau»)

china³ *n.f.* espécie de raça bovina (De *China*, top.)

chinar *v.tr.* **1** [regionalismo] tapar com pedrinhas (chinas) e argamassa os buracos de uma parede **2** calcar **3** [pop.] delimitar terrenos **4** golpear o casaco para subtrair uma carteira (Do cast. *chinar*, «id.»)

chinca *n.f.* ato de chincar (Deriv. regr. de *chincar*)

chincada *n.f.* ⇒ **chinca** (Part. pass. fem. subst. de *chincar*)

chincadela *n.f.* ⇒ **chinca** (De *chincar+-dela*)

chincalhação *n.f.* ato de chincalhar; zombaria; caçoada (De *chincalhar+-ção*)

chincalhada *n.f.* ⇒ **chincalhação** (Part. pass. fem. subst. de *chincalhar*)

chincalhão *n.m.* **1** jogo de cartas **2** ORNITOLOGIA ⇒ **tentilhão 1** (De *chincalhar+-ão*)

chincalhar *v.tr.* **1** agitar como um chocalho **2** mexer; vascolejar **3** mexericar **4** achincalhar (De *chinquilho+-ar*)

chincar *v.tr.* **1** fruir; obter **2** desarmar (a armadilha) sem ficar preso **3** vigarizar **4** morder ■ *v.intr.* titubear (De orig. obsc.)

chincha *n.f.* pequena rede de arrastar (De orig. obsc.)

chincha-de-poupa *n.f.* ORNITOLOGIA ⇒ **chapim**²

chinchafóis *n.m.2n.* ORNITOLOGIA ⇒ **rouxinol-dos-pauis** (De orig. obsc.)

chinchafoles *n.m.2n.* ORNITOLOGIA ⇒ **rouxinol-dos-pauis**

chinchagem *n.f.* ⇒ **tanchagem**

chincha-la-raiz *n.f.* ORNITOLOGIA pequeno pássaro que, ao cantar, parece dizer o seu nome (De orig. onom.)

chinchalaré *n.m.* ORNITOLOGIA nome por que também são designados alguns chapins (pássaros) (De orig. onom.)

chinchão *n.m.* ORNITOLOGIA ⇒ **patachim** (De orig. onom.)

chincharavelho /ê/ *n.m.* **1** ORNITOLOGIA nome por que também é conhecido o chapim **2** [fig.] criança irrequieta; traquina (De orig. onom.)

chincharravelho *n.m.* ⇒ **chincharavelho**

chinchavarelho *n.m.* ⇒ **chincharavelho** (De *chincharavelho*, com met.)

chinche *n.m.* [regionalismo] ⇒ **percevejo 1** (Do lat. *cimĭce-*, «percevejo»)

chinchila *n.f.* **1** ZOOLOGIA mamífero roedor da América do Sul, cuja pele é utilizada em agasalhos **2** pele deste animal depois de preparada (Do cast. *chinchilla*, «id.»)

chincho *n.m.* ORNITOLOGIA ⇒ **tentilhão** (De orig. onom.)

chinchona /ô/ *n.f.* BOTÂNICA árvore de que se extraem os alcaloides quinina, quinidina e cinchonina; quina; quineira (Do cast. *marquesa de Chinchon*, vice-rainha do Peru, séc. XVII)

chinchorra /ô/ *n.f.* bateira com que se faz o lançamento da chincha (De *chincha+-orra*)

chinchorro /ô/ *n.m.* **1** pequena rede de arrastar; chincha **2** barco que leva esta rede (Do cast. *chinchorro*, «rede de arrastar»)

chinclopé *n.m.* (jogo) pé-coxinho; *a ~* a pé-coxinho

chincra *n.f.* ORNITOLOGIA boita (De orig. onom.)

chinela *n.f.* **1** peça de calçado feminino, típico de certos trajes regionais, com ou sem salto, que cobre a parte da frente do pé, deixando o calcanhar descoberto **2** peça de calçado sem salto ou de salto baixo, que apenas cobre a parte anterior do pé e é geralmente usada em casa; chinelo (Do it. dial. *cianella*, do it. *pianella*, «id.», dim. de *piano*, «plano»)

chinelada *n.f.* pancada com chinela (De *chinela+-ada*)

chineleiro *n.m.* **1** o que faz ou vende chinelas ou chinelos **2** [fig.] indivíduo reles ■ *adj.* semelhante a chinela (De *chinela+-eiro*)

chinelo *n.m.* peça de calçado sem salto ou de salto baixo, que apenas cobre a parte anterior do pé e é geralmente usada em casa; *meter num ~* envergonhar, suplantar, vencer (De *chinela*)

chinês *adj.* **1** da China **2** referente à China ■ *n.m.* **1** natural ou habitante da China **2** conjunto de línguas faladas na China; *isso para mim é ~* isso para mim é absolutamente incompreensível (De *China*, top. +*-ês*)

chinesada *n.f.* **1** modos, usos ou costumes próprios de chinês **2** objeto de origem chinesa **3** artefacto que revela ter sido feito com minúcia e muita paciência **4** modo de proceder complicado e inútil; complicação desnecessária; esquisitice **5** bugiganga; bagatela (De *chinês+-ada*)

chinesice *n.f.* ⇒ **chinesada** (De *chinês+-ice*)

chinesismo *n.m.* **1** ⇒ **chinesada 2** locução ou palavra própria da língua chinesa (De *chinês+-ismo*)

chinfra *n.f.* [Brasil] [coloq.] soberba; altivez

chinfrão *n.m.* antiga moeda portuguesa do tempo do rei D. João II (1455-1495), equivalente a catorze réis

chinfrim *n.m.* grande confusão; balbúrdia; banzé; desordem ■ *adj.2g.* **1** reles **2** barulhento

chinfrinada *n.f.* **1** ⇒ **chinfrim** *n.m.* **2** espetáculo ridículo **3** coisa ordinária (Part. pass. fem. subst. de *chinfrinar*)

chinfrinar *v.intr.* fazer chinfrim (De *chinfrim+-ar*)

chinfrineira *n.f.* ⇒ **chinfrinada** (De *chinfrineiro*)

chinfrineiro *adj.* amigo de fazer chinfrins; turbulento (De *chinfrim+-eiro*)

chingar *v.tr.* [coloq.] insultar; aborrecer (Do quimb. *kuxinga*, «id.»)

chingufo *n.m.* [Angola] grande tambor trapezoidal monobloco (Do quimb. *nguvo*, «hipopótamo», a cujo ronco o som do chingufo se assemelha)

chinguiço *n.m.* almofada semicircular que os carregadores põem no pescoço quando carregam a pau e corda

chino¹ *adj., n.m.* ⇒ **chinês**

chino² *n.m.* **1** jogo popular **2** pedrinha sobre que se doba **3** ZOOLOGIA cobaia **4** [pop.] porco; suíno (De *china*)

chinó *n.m.* cabeleira postiça (Do fr. *chignon*, primitivamente «nuca»)

chinoca *adj., n.2g.* [depr.] (pessoa, coisa) chinês (De *china+-oca*)

chinquilho *n.m.* [pop.] jogo da malha com cinco fitos (Do cast. *cinquillo*, «voltarete com cinco jogadores»)

chio *n.m.* **1** som agudo **2** voz aguda produzida por alguns animais **3** som produzido pelo atrito do eixo das rodas do carro contra a chumaceira (De orig. onom.)

chiola *n.f.* **1** [regionalismo] carro de bois muito velho **2** *pl.* botas grosseiras com lastro de madeira **3** *pl.* andas (De *chiar+-ola*)

chip *n.m.* INFORMÁTICA circuito integrado que tem como suporte uma pastilha de silício ou outro material semicondutor no qual são gravados ou inseridos componentes eletrónicos que, em conjunto, desempenham uma ou mais funções (Do ing. *chip*, «id.»)

chipante *n.m.* barco asiático empregado na pesca do chipe (De *chipe+-ante*)

chipe *n.m.* ostra perlífera (Do târn.-malaiala *chippi*, «concha»)

chipo n.m. ⇒ **chipe**
chique adj.2g. 1 elegante 2 formoso; catita ▪ n.m. 1 elegância 2 pouca coisa; *nem ~ nem mique* coisa nenhuma (Do fr. *chic*, «elegante»)
chiqueiro n.m. 1 curral de porcos; pocilga 2 [fig.] lugar imundo (De *chico* [= porco]+*-eiro*)
chiquel n.m. na Ásia, odre ou borracha para levar água em jornada
chiquismo n.m. qualidade de chique; elegância (De *chique*+*-ismo*)
chireta /ê/ n.f. ORNITOLOGIA ⇒ **fura-bucho**
chiria n.f. [regionalismo] ORNITOLOGIA ⇒ **lavandisca**
chirila¹ n.f. ⇒ **lavandisca**
chirila² n.f. 1 [Moçambique] sineta 2 [Moçambique] objeto de metal que se faz ressoar para marcar o começo e o termo do trabalho (Do changana *xìrìlo*, «apelo; choro; lamentação»)
chirimoia n.m. [regionalismo] indivíduo sem importância (De *cerimónia*?)
chirimóia ver nova grafia chirimoia
chirina n.f. [regionalismo] ORNITOLOGIA ⇒ **lavandisca**
chirinola n.f. 1 [pop.] armadilha 2 [pop.] balbúrdia; trapalhada 3 [pop.] léria (Do cast. *chirinola*, «disputa; peleja»)
chirivia n.f. BOTÂNICA ⇒ **pastinaga**
chirriante adj.2g. que chirria; agudo; estrídulo (De *chirriar*+*-ante*)
chirriar v.intr. emitir som agudo e prolongado (a coruja e outras aves) ▪ n.m. o cantar da coruja (De *chilrear*)
chirrobia n.f. ORNITOLOGIA ⇒ **trigueirão** n.m. (De orig. onom.)
chisca n.f. [pop.] ⇒ **chisco**
chiscar v.tr. comer ou tomar um chisco de; provar ▪ v.intr. 1 [regionalismo] brincar 2 (entre rapazes) discutir (De *chisco*+*-ar*)
chisco n.m. pequena porção; bocadinho (De *cisco*)
chisme n.m. 1 [regionalismo] mexerico; intriga 2 [regionalismo] ⇒ **percevejo** 1 3 pl. petrechos necessários para a caça 4 pl. petrechos precisos para se petiscar lume (Do lat. *cimĭce-*, «percevejo»)
chisnar v.tr. 1 esturrar; queimar 2 rijar (De orig. onom.)
chispa n.f. 1 faísca; faúlha 2 centelha; lampejo 3 [fig.] inteligência 4 [fig.] talento
chispalhada n.f. CULINÁRIA prato de chispe com feijão, orelheira, salpicão, etc. (De *chispe*+*-alho*+*-ada*)
chispante adj.2g. 1 que lança chispas; fulgurante 2 [fig.] genial (De *chispa*+*-ante*)
chispar v.tr.,intr. lançar ou soltar chispas ▪ v.intr. [coloq.] sentir raiva ou cólera ▪ v.intr.,pron. [coloq.] fugir; ir-se embora (De *chispa*+*-ar*)
chispe n.m. pé de porco (Do lat. *suispĕde-*, de *suis*, genitivo de *sus*, «porco» +*pede-*, «pé»)
chisquinho n.m. [pop.] porção muito diminuta (De *chisco*+*-inho*)
chisquito n.m. [pop.] ⇒ **chisquinho** (De *chisco*+*-ito*)
chisseque n.m. [Moçambique] cesto para pesca com arpão (Do macua *xi-seke*, «id.»)
chissila n.m. 1 [Moçambique] azar; maldição 2 [Moçambique] pouca sorte com o sexo oposto (Do changana *xixila*, «id.»)
chiste n.m. 1 graça; pilhéria; facécia 2 poesia ou canção picaresca (Do cast. *chiste*, «gracejo»)
chistoso /ô/ adj. que tem graça; engraçado; jocoso (De *chiste*+*-oso*)
chita¹ n.f. tecido de algodão de pouca qualidade, geralmente estampado a cores (Do neo-árico *chhit*, do sânsc. *chitra*, «matizado»)
chita² n.f. ZOOLOGIA felino afro-asiático, semelhante ao leopardo mas um pouco menor, de pernas longas, corpo esguio e pelagem castanho-clara com manchas pretas, considerado o animal terrestre mais veloz, por ser capaz de correr a mais de 100 km por hora; guepardo (Do hind. *cítá*, «tigre», pelo ing. *cheetah*, «chita»)
chita³ n.f. ⇒ **chitada** (Do cast. *chita*, «jogo do osso ou do fito»)
chita⁴ n.f. [Brasil] BOTÂNICA nome vulgar comum a várias plantas epífitas, da família das Orquidáceas, de flores geralmente amarelas, muito apreciadas como plantas ornamentais
chitada n.f. perda ao jogo de cartas, quando não se faz nenhuma vaza; chita (De *chita*+*-ada*)
chitão interj. designativa de ordem para fazer silêncio (Do cast. *chitón!*, «caluda!», ou do fr. *chut donc!*, «silêncio!»)
chitaria n.f. fábrica ou loja onde se vendem chitas (De *chita*+*-aria*)
chitelha /ê/ n.f. [pop.] chita ordinária (De *chita*+*-elha*)
chitom interj. ⇒ **chitão**
chiu interj. usada para impor ou pedir silêncio; xiu!; caluda! (De orig. onom.)
chiuaua n.m./f. ⇒ **chihuahua**

choca¹ n.f. 1 jogo de bola em que esta é batida com um pau grosso 2 pau ou pinha utilizados neste jogo (Do lat. med. *chuca-*, do pers. *changan*, «jogo do polo»)
choca² n.f. 1 MILITAR [gír.] documento que serve de guia para a elaboração de ordens, diretivas 2 chocalho grande 3 vaca que serve de guia aos touros bravos (Do lat. *clocca-*, «sino»)
choca³ n.f. [coloq.] salpico de lama na barra do vestido
choça n.f. 1 cabana feita de colmo ou de ramos de árvore 2 casebre ou habitação humilde; choupana 3 carvão vegetal; sobro 4 raiz de urze ou torga 5 [cal.] prisão (Do lat. castr. *plutĕa*, neut. pl. de *plutĕum*, «armação de tábuas; parapeito»?)
chocadeira n.f. 1 ave, especialmente a galinha, que choca os ovos 2 aparelho que mantém uma temperatura constante, sendo usado para chocar os ovos; incubadora (De *chocar*+*-deira*)
chocagem n.f. ato de chocar; incubação (De *chocar*+*-agem*)
chocalhada n.f. 1 ato de chocalhar 2 ruído de chocalhos (Part. pass. fem. subst. de *chocalhar*)
chocalhar v.tr.,intr. 1 (fazer) soar (o chocalho) 2 agitar (um líquido) dentro de um recipiente; vascolejar 3 agitar(-se) objetos que produzem ruído quando chocam uns com os outros ▪ v.tr. [fig.] divulgar ▪ v.intr. rir às gargalhadas (De *chocalho*+*-ar*)
chocalheiro adj. 1 que chocalha 2 que usa chocalho 3 [fig.] indiscreto; linguareiro (De *chocalho*+*-eiro*)
chocalhice n.f. qualidade daquele que é chocalheiro; bisbilhotice (De *chocalho*+*-ice*)
chocalho n.m. 1 espécie de campainha que se põe ao pescoço de alguns animais para denunciar a sua presença 2 cabaça ou vaso com pedras dentro para produzir som 3 [fig.] pessoa linguareira (De *choca*+*-alho*)
chocante adj.2g. 1 que produz choque; perturbante; impressionante 2 desagradável 3 inesperado 4 comovente (De *chocar*+*-ante*)
chocar¹ v.tr. 1 manter o ovo a temperatura conveniente para permitir o desenvolvimento do embrião; incubar 2 [fig.] planear 3 ser portador do germe de uma doença ▪ v.intr. 1 estar no choco 2 apodrecer 3 fermentar (Do lat. *cloccāre*, em vez de *clociāre*, evolução de *glocīre*, «cacarejar»)
chocar² v.tr. 1 esbarrar-se (contra); ter um choque (com); colidir (com) 2 entrar em conflito (com); ser incompatível (com) 3 ofender; escandalizar 4 perturbar; impressionar; transtornar; abalar ▪ v.pron. 1 esbarrar reciprocamente 2 ofender-se; melindrar-se (De *choque*+*-ar*)
chocarrear v.intr. dizer chocarrices; chalacear (Do cast. *chocarrear*, «id.»)
chocarreiro adj.,n.m. que ou o que diz chocarrices; que ou o que diz ditos jocosos ou atrevidos; chalaceador (Do cast. *chocarrero*, «id.»)
chocarrice n.f. dito jocoso ou atrevido; chalaça grosseira; graçola (De *chocarrear*+*-ice*)
chochar v.intr. 1 ficar chocho 2 secar prematuramente (De *chocho*+*-ar*)
chochice n.f. 1 qualidade do que é chocho 2 insipidez 3 pl. palermices (De *chocho*+*-ice*)
chochinho adj. 1 de má figura 2 insípido 3 palerma; pateta 4 tacanho (De *chocho*+*-inho*)
chocho¹ /ô/ adj. 1 seco e engelhado 2 sem miolo 3 (ovo) goro 4 insípido 5 estéril 6 sem interesse; vão; insignificante 7 sem entusiasmo; desanimado (Do lat. *fluxu-*, «fluido; que corre»)
chocho² /ô/ n.m. [coloq.] beijo rápido em que apenas os lábios se tocam (De orig. onom.)
choco¹ /ô/ adj. 1 diz-se do ovo, especialmente das aves, com embrião em desenvolvimento, e do estado febril destes animais durante a incubação 2 (ave) que está a chocar ovos 3 podre; estragado 4 (bebida) que perdeu a efervescência; fermentado 5 [coloq.] sem vontade fazer nada; inerte ▪ n.m. 1 ato ou efeito de chocar; incubação 2 período da incubação; *estar no ~* [pop.] estar ou ficar na cama (Deriv. regr. de *chocar*)
choco² /ô/ n.m. ZOOLOGIA molusco cefalópode, da família dos Sepiídeos, provido de uma bolsa que segrega sépia, uma tinta escura que expele quando se sente ameaçado (Do lat. *cucullu-*, «capa; capucho», através das formas *cuclu-* e *cluccu-*)
choço /ô/ n.m. [regionalismo] alpendrada onde se cevam os porcos com restos de comida
chocolate n.m. 1 substância alimentar em barra ou em pó, feita de cacau, açúcar ou adoçante e outras substâncias aromáticas 2 bebida preparada com essa substância dissolvida em leite ou em água 3 barra ou bombom preparado com aquela substância 4 cor castanha ▪ adj.inv. que apresenta cor castanha; castanho; marrom; *~ branco* tipo de chocolate fabricado com manteiga de cacau

(responsável pela cor clara), leite e açúcar; ~ *de leite* tipo de chocolate fabricado com pasta de cacau, leite e açúcar; ~ *preto* tipo de chocolate fabricado com pasta de cacau (responsável pela cor escura) e açúcar (Do nauat. *chocolatl*, «id.», pelo cast. *chocolate*, «id.»)

chocolateira n.f. 1 espécie de cafeteira onde se prepara ou serve o chocolate (bebida) 2 recipiente próprio para guardar chocolates e bombons 3 qualquer recipiente onde se aquecem líquidos; cafeteira; chaleira 4 [coloq.] automóvel velho e em mau estado; lata (De *chocolate*+-*eira*)

chocolateiro n.m. 1 o que fabrica ou vende chocolate 2 cultivador de cacau (De *chocolate*+-*eiro*)

chocolatoterapia n.f. método que utiliza as propriedades benéficas do cacau com fins estéticos e terapêuticos (De *chocolate*-+*terapia*)

chócue n.m. língua falada pelos povos do grupo étnico Chócues ou Quiocos, nomeadamente nas províncias de Luanda Sul e Moxico, em Angola

chofer n.2g. ⇒ **chauffeur** (Do fr. *chauffeur*, «id.»)

chofrada n.f. tiro, pancada ou dito de chofre (Part. pass. fem. subst. de *chofrar*)

chofrado adj. 1 estimulado 2 escandalizado (Part. pass. de *chofrar*)

chofrar v.tr. 1 dar de chofre 2 [fig.] ferir 3 [fig.] vexar ■ v.intr. 1 atirar de chofre 2 amuar 3 agastar-se (De *chofre*+-*ar*)

chofre /ô/ n.m. 1 choque ou pancada inesperada 2 pancada do taco na bola do bilhar; *de* ~ de repente (De orig. onom.?)

chofreiro adj. que faz as coisas de chofre; repentista (De *chofre*+-*eiro*)

chofrista adj.,n.m. que ou caçador que atira à queima-roupa (De *chofre*+-*ista*)

choi n.m. ORNITOLOGIA ⇒ **gralha** 1 (De orig. onom.)

choina n.f. 1 [regionalismo] faísca; chispa 2 [regionalismo] chona

chola n.f. [pop.] cabeça; cachola (Do fr. ant. dial. *cholle*, «bola»)

choldra n.f. 1 [pop.] salgalhada; mixórdia 2 [pop.] confusão de gente de má índole 3 [gír.] prisão; cadeia (Do fr. *gilda*, «reunião», pelo it. arc. *geldra*, «multidão»)

choldraboldra n.f. salgalhada; balbúrdia; choldra (Formação expressiva)

chona[1] /ô/ n.f. 1 [coloq.] noite 2 ICTIOLOGIA ⇒ **cascarra** 2 3 [coloq.] bilharda 4 pl. [coloq.] paleio; cantigas ■ n.m. homem adormecido

chona[2] /ô/ adj.2g. relativo ou pertencente aos Chonas ou à sua língua ■ n.2g. pessoa pertencente aos Chonas ■ n.m. língua banta falada por este grupo (Do banto, pelo ing. *shona*, «id.»)

chonão n.m. ICTIOLOGIA ⇒ **cascarra** 2 (De *chona*+-*ão*)

chonar v.intr. [coloq.] dormir (De *chona*+-*ar*)

choné adj.2g. [coloq.] que perdeu o juízo; tolo

choninha n.2g. 1 [pop.] pessoa acanhada, insípida, sem préstimo 2 [pop.] maricas (De *chona*+-*inha*)

choninhas n.2g.2n. [pop.] ⇒ **choninha**

chope[1] /ô/ n.m. [Brasil] cerveja de pressão servida fresca em caneca (Do fr. *chope*, «id.», do al. *Schoppen*, «caneca de cerveja de barril»)

chope[2] adj.2g. relativo ou pertencente aos Chopes ou à sua língua ■ n.2g. pessoa pertencente aos Chopes, etnia espalhada pelas províncias de Inhambane e Gaza, em Moçambique ■ n.m. língua de matriz banta falada pelos Chopes (De *Chopes*, etn.)

choperia n.f. [Brasil] local onde se bebe cerveja; cervejaria

chop-suey n.m. CULINÁRIA prato da cozinha internacional chinesa preparado com legumes, carne ou peixe, cortados finamente, salteados e temperados com molho de soja, geralmente servidos com arroz ou massa (Do chin. *shap sui*, «pedaços variados»)

choque n.m. 1 ato ou efeito de chocar 2 embate de dois corpos em movimento; colisão 3 encontrão 4 abalo; comoção 5 recontro de forças armadas; luta; conflito 6 estímulo repentino dos nervos, com contração muscular, provocado por uma descarga elétrica 7 MEDICINA situação muito grave, caracterizada por colapso da função circulatória e, consequentemente, das outras funções vitais, que pode ter como causa uma infeção, hemorragia ou reação alérgica graves ou uma trombose coronária ■ adj.inv. diz-se da cor muito viva ou luminosa; ~ *elástico* FÍSICA choque em que há conservação da energia cinética total (Do fr. *choc*, «id.»)

choqueiro n.m. sítio onde a galinha choca os ovos (De *chocar*+-*eiro*)

choquento[1] adj. choco; maldisposto; adoentado; mole (De *choco*+-*ento*)

choquento[2] adj. enlameado (De *choca*+-*ento*)

choquice n.f. 1 estado de choco 2 tempo em que a galinha está choca 3 [fig.] abatimento (De *choco*+-*ice*)

choquiço adj. choco; podre; estragado (De *choco*+-*iço*)

choquilha n.f. ⇒ **chocalho** (De *choca*+-*ilha*)

chora[1] n.f. 1 ato de chorar; choradeira 2 [regionalismo] flor de oliveira ou sobreiro ■ n.m. indivíduo que anda sempre a lastimar-se (Deriv. regr. de *chorar*)

chora[2] n.m. [ant.] carro de tração animal para transporte coletivo, usado em Lisboa a partir dos fins do séc. XIX (Do ing. *Shore*, antr., proprietário desses veículos)

choradeira n.f. 1 ato de chorar ou de chorar-se 2 choro continuado; lamúria 3 (pouco usado) mulher que chora; carpideira 4 ORNITOLOGIA ⇒ **galispo** 2 (De *chorar*+-*deira*)

choradinho adj. 1 diz-se da música ou do canto tocado ou recitado em tom plangente ■ n.m. 1 espécie de fado 2 [coloq.] pedincha; pedinchice 3 [Brasil] dança e canto populares ao som de viola (De *chorado*+-*inho*)

chorado adj. dado de má vontade (Part. pass. de *chorar*)

chora-lua n.m. [Brasil] ORNITOLOGIA ⇒ **urutau** (De *chorar*+*lua*)

choramigador adj.,n.m. ⇒ **choramingador** (De *choramigar*+-*dor*)

choramigar v.tr.,intr. ⇒ **choramingar** (De *chorão*+-*igar*)

choramigas n.2g.2n. ⇒ **choramingas**

choramigueiro n.m. ⇒ **choramingas** (De *choramigar*+-*eiro*)

choramingador adj.,n.m. que ou aquele que choraminga; chorão (De *choramingar*+-*dor*)

choramingar v.intr. 1 chorar baixinho 2 chorar repetidamente e sem motivo aparente 3 lamuriar-se; lamentar-se ■ v.tr. pedir com voz de choro; pedinchar

choramingas n.2g.2n. pessoa que chora por tudo e por nada; chorinhas; chorinca (Deriv. regr. de *choramigar*)

choramingueiro n.m. ⇒ **choramingas**

chorão n.m. 1 BOTÂNICA planta herbácea, dos jardins, da família das Amarantáceas, cultivada e subespontânea em Portugal, também denominada monco-de-peru 2 BOTÂNICA planta gorda rasteira, usada para fixar terrenos arenosos 3 BOTÂNICA salgueiro de ramos longos, finos e pendentes, cultivado especialmente para ornamentar as margens dos lagos, dos jardins e parques 4 BOTÂNICA nome vulgar extensivo a umas plantas carnosas, prostradas, de folhas alongadas e flores grandes, da família das Aizoáceas, subespontâneas e cultivadas em Portugal 5 [Brasil] ORNITOLOGIA ⇒ **cigarra** 2 6 ICTIOLOGIA pequeno peixe brasileiro que parece chorar quando é pescado 7 pessoa que chora por tudo e por nada; choramingas 8 boneco que imita a aparência do bebé e o seu choro (De *chorar*+-*ão*)

chorar v.tr. 1 verter lágrimas por; prantear 2 deplorar; lastimar 3 sentir remorsos de 4 destilar ■ v.intr. 1 verter lágrimas 2 afligir-se ■ v.pron. queixar-se; ~ *lágrimas de sangue* sentir grande dor ou arrependimento (Do lat. *plorāre*, «chorar»)

choricas n.2g.2n. ⇒ **choramingas** (De *choro*+-*icas*)

chorina[1] n.f. cabeleira postiça; peruca

chorina[2] n.f. BOTÂNICA planta ornamental da família das Umbelíferas (Do lat. *flore*-, «flor», pelo port. ant. *chor* [= flor], +-*ina*)

chorina[3] n.2g. 1 choramigas 2 avarento (De *chorar*+-*ina*)

chorinca n.2g. ⇒ **choramingas**

chorincar v.tr.,intr. ⇒ **choramingar** (De *chorar*+-*icar*)

chorincas n.2g.2n. ⇒ **choramingas** (Deriv. regr. de *chorincar*)

chorinco n.m. ⇒ **choro** (Deriv. regr. de *chorincar*)

chorinhas n.2g.2n. ⇒ **choramingas** (De *chora*+-*inhas*)

chorinquento adj. que chora com frequência; chorão (De *chorincar*+-*ento*)

choro /ô/ n.m. 1 ato de chorar; pranto 2 lamentação 3 saída da seiva bruta pelas superfícies cortadas nas plantas 4 [Brasil] música popular brasileira executada por um conjunto instrumental composto por flauta, violão, cavaquinho, pandeiro, clarinete, bandolim e trombone, destinada a festas populares e bailes familiares (Deriv. regr. de *chorar*)

choroso adj. 1 que está a chorar 2 que move ao choro 3 acompanhado de lágrimas 4 magoado (De *choro*+-*oso*)

chorreira n.f. enxurrada (Do cast. *chorrera*, «id.», de *chorro*, «água que salta em torrente; jorro»)

chorreiro n.m. [regionalismo] grande porção de asneiras; chorrilho (De *chorreira*)

chorrilhar v.tr. 1 proferir de chorrilho 2 juntar em chorrilho ■ v.intr. falar muito (De *chorrilho*+-*ar*)

chorrilho n.m. sucessão ininterrupta; série; enfiada (Do cast. *chorrillo*, «ação contínua de receber ou gastar uma coisa»)

chorriscar v.tr. [pop.] torrar; grelhar (De *torriscar*)

chorudo adj. 1 [pop.] gordo 2 [pop.] rendoso 3 [pop.] importante (De *florudo*, por *florido*)

chorume n.m. 1 gordura que ressuma da carne 2 suco 3 [fig.] substância; opulência; abundância (Do lat. *florūmen*, de *flore*-, «flor»?)

chorumento *adj.* que tem chorume (De *chorume*+*-ento*)
choucha *n.f.* [regionalismo] galinha (De *chocha*)
choupa¹ *n.f.* **1** ponta de ferro ou aço das garrochas **2** ferro de dois gumes para abater reses; *meter a ~ a* explorar
choupa² *n.f.* BOTÂNICA árvore semelhante ao choupo (De *choupo*)
choupa³ *n.f.* ICTIOLOGIA nome vulgar de uns peixes teleósteos, da família dos Esparídeos, especialmente de um que é também conhecido por alcorraz, mucharra, olho de boi, sargo, etc. (Do lat. *clupĕa-*, «sável»)
choupada *n.f.* golpe com a choupa (De *choupa*+*-ada*)
choupal *n.m.* **1** lugar onde há muitos choupos **2** plantação de choupos (De *choupo*+*-al*)
choupana *n.f.* **1** casa de uma só porta, coberta de ramos ou colmo **2** cabana; choça; casebre
choupaneiro *n.m.* o que mora em choupana (De *choupana*+*-eiro*)
choupar *v.tr.* matar (gado) com choupa (De *choupa*+*-ar*)
choupeiro *n.m.* magarefe que choupa o gado nos matadouros (De *choupar*+*-eiro*)
choupo *n.m.* BOTÂNICA árvore da família das Salicáceas, espontânea, subespontânea e cultivada, grande e de rápido crescimento, e que fornece madeira clara e leve; álamo (Do lat. *poplu-*, por *popŭlu-*, «choupo», com met.)
choura *n.f.* cada um dos dois cestos que os peixeiros trazem suspensos de um pau atravessado sobre o ombro
chouriça *n.f.* chouriço delgado (De *chouriço*)
chouriçada *n.f.* **1** grande quantidade de chouriças ou chouriços **2** fumeiro (De *chouriço*+*-ada*)
chouriceiro *n.m.* pessoa que faz ou vende chouriças (De *chouriço*+*-eiro*)
chouriço *n.m.* **1** pedaço de tripa cheio de bocados de carne de porco preparada com gordura, sangue e outros temperos, seco ao fumo **2** saco comprido e cilíndrico, cheio de areia, para tapar as fendas das janelas e impedir a entrada do frio e da humidade **3** rolo de cabelo postiço para alterar o penteado (Do cast. *chorizo*, «id.»)
chousa *n.f.* **1** pequena herdade rodeada de muro; tapada; cerrado **2** chousal (Do lat. *clausa-*, de *clausus*, «fechado»)
chousal *n.m.* redil que os pastores armam no campo, no verão, para o gado pernoitar (De *chousa*+*-al*)
chousar *v.tr.* vedar ou fechar (um montado) (De *chousa* ou *chousa*+*-ar*)
chouseira *n.f.* tapada; chousa (De *chousa*+*-eira*)
chouso *n.m.* ⇒ **chousal** (Do lat. *clausu-*, «fechado»)
choussa *n.f.* ⇒ **chousa**
choussar *v.tr.* ⇒ **chousar**
chousseira *n.f.* ⇒ **chouseira**
chousura *n.f.* ⇒ **chouseira** (Do lat. *clausūra-*, «fechadura»)
choutador *adj.* diz-se da besta que anda a chouto (De *choutar*+*-dor*)
choutão *adj.* choutador (De *choutar*+*-ão*)
choutar *v.intr.* **1** andar a chouto **2** pisar com os pés (Do lat. *tlutāre*, de *tolutāre*, «andar a trote»?)
choutear *v.intr.* ⇒ **choutar** (De *chouto*+*-ear*)
chouteiro *adj.* choutador (De *choutar*+*-eiro*)
chouto *n.m.* trote miúdo das bestas que causa solavancos e incómoda quem monta (Deriv. regr. de *choutar*)
chovar *v.tr.* [Moçambique] empurrar (Do changana *chovha*, do ing. *(to) shove*)
chovediço *adj.* **1** que provém da chuva; pluvial **2** que ameaça chuva **3** em que chove frequentemente (De *chover*+*-diço*)
chovedio *adj.* ⇒ **chovediço** (De *chover*+*-dio*)
chovedor *adj.* **1** que faz chover **2** chovediço (De *chover*+*-dor*)
chover *v.intr.* **1** cair água da atmosfera, dividida em gotas **2** [fig.] vir em abundância ■ *v.tr.* **1** fazer cair em gotas **2** derramar; lançar [fig.] causar; produzir; *~ a cântaros/a potes* chover muito; *~ no molhado* não obter resultado, perder o seu tempo (Do lat. pop. *plovĕre*, por *pluĕre*, «chover»)
chovido *adj.* **1** caído do alto como a chuva **2** [fig.] caído ou vindo em abundância (Part. pass. de *chover*)
chuabo *n.m.* língua falada pelos povos do grupo étnico Chuabos, nomeadamente na zona de Quelimane, em Moçambique
chuanga *n.m.* **1** [Moçambique] medianeiro entre contendores **2** [Moçambique] intérprete **3** [Moçambique] escravo de enfiteuta
chuca *n.f.* ORNITOLOGIA pássaro da família dos Corvídeos, raro em Portugal (Do fr. *choucas*, «id.»)
chuçada *n.f.* **1** ação de chuçar **2** golpe de chuço (Part. pass. fem. subst. de *chuçar*)
chuçar *v.tr.* **1** ferir com chuço **2** espetar **3** impelir com chuço (De *chuço*+*-ar*)
chucha *n.f.* **1** ato ou efeito de chuchar **2** [coloq.] seio ou teta que amamenta **3** ⇒ **chupeta** I **4** [ant.] boneca de pano com açúcar, que se dava às crianças em substituição da mama **5** alimento; comida **6** [fig.] desfrute; mangação; *à ~ calada* sem ninguém perceber; em silêncio (Deriv. regr. de *chuchar*)
chuchadeira *n.f.* **1** ato de chuchar **2** [fig.] bom negócio; pechincha **3** [pop.] mangação; caçoada (De *chuchar*+*-deira*)
chuchado *adj.* **1** seco; mirrado **2** [pop.] avarento (Part. pass. de *chuchar*)
chucha-pitos *n.m.2n.* **1** [regionalismo] inseto a que se atribui a morte de pintainhos **2** BOTÂNICA planta da família das Labiadas, espontânea e frequente em Portugal (De *chuchar*+*pitos*)
chuchar *v.tr.* **1** fazer movimentos de sucção em (algo que se leva à boca); chupar **2** mamar **3** [pop.] ter de aguentar (coisa desagradável); apanhar **4** [pop.] fazer troça de; gozar com; zombar de; *chucha!* exclamação que exprime satisfação ou congratulação ou ainda contentamento por alguém ter recebido o castigo merecido; *ficar a ~ no dedo* ficar desapontado (Do lat. *suctiāre*, «sugar», pelo it. *succiare*, «id.»)
chucharrão *adj.,n.m.* que ou aquele que chucha muito (De *chuchar*+*-arro*+*-ão*)
chucho *n.m.* **1** [Brasil] calafrio **2** [Brasil] sezão; febre (Deriv. regr. de *chuchar*)
chuchu *n.m.* **1** BOTÂNICA planta herbácea, trepadeira, da família das Cucurbitáceas, produtora de um fruto carnudo comestível, de cor esverdeada, revestido de pequenos espinhos **2** BOTÂNICA fruto dessa planta (Do fr. *chouchou*, de *chou*, «couve»)
chuchurreado *adj.* diz-se de um beijo muito prolongado e ruidoso (Part. pass. de *chuchurrear*)
chuchurrear *v.tr.* beberricar, sorvendo e fazendo ruído (De *chuchar*)
chuchurreio *n.m.* ato de chuchurrear (Deriv. regr. de *chuchurrear*)
chuchurrubiado *adj.* ⇒ **chuchurreado**
chuchuzeiro *n.m.* BOTÂNICA ⇒ **caiota** I (De *chuchu*+*z*+*-eiro*)
chuço *n.m.* **1** pau armado de aguilhão ou choupa **2** [coloq.] guarda-chuva **3** *pl.* tamancos (Do cast. *chuzo*, «id.»)
chucrute *n.m.* CULINÁRIA couve branca cortada em lâminas finas e fermentada em salmoura (Do al. *Sauerkraut*, «erva amarga», pelo fr. *choucroute*, «id.»)
chué *adj.2g.* **1** esguio **2** mal vestido **3** mesquinho; reles; ordinário **4** [Brasil] simples; banal (Do ár. hisp. *xui*, «pouco; um pouco»)
chufa *n.f.* **1** ação de chufar **2** remoque; motejo; zombaria; gracejo impertinente **3** rizoma açucarado de certa junça **4** refresco feito de junça (De *chufar*)
chufar *v.tr.* dirigir chufas a; mofar de; troçar de (Do lat. vulg. *sufilāre*, do lat. cl. *sibilāre*, «assobiar»)
chufista *n.2g.* pessoa que diz chufas; trocista (De *chufar*+*-ista*)
chui *n.m.* [coloq.] agente de polícia (De orig. obsc.)
chuinho *n.m.* ORNITOLOGIA pássaro da família dos Silvíideos, comum em Portugal e também conhecido por felosa-das-couves, fuleca, etc. (De orig. onom.)
chula¹ *n.f.* **1** dança popular, originária do norte de Portugal (Minho e Douro), de andamento ligeiro e ritmo bastante marcado **2** canção que acompanha esta dança (De *chulo*)
chula² *n.f.* enxó (Corrup. de *sula*)
chular *v.tr.,intr.* **1** [pop.] viver à custa de (alguém) **2** [pop.] conseguir (algo) sem pagar **3** [pop.] vender acima do preço devido; explorar (De *chulo*+*-ar*)
chularia *n.f.* ⇒ **chulice** (De *chulo*+*-aria*)
chulé *n.m.* **1** [coloq.] cheiro desagradável característico do suor dos pés **2** [coloq.] sujidade fétida formada entre os dedos dos pés **3** [coloq.] bedum; *fazer/armar ~* fazer gritaria, armar barulho (Do cig. *chulló* ou *chullí*, «gordura de porco», com infl. de *pé*?)
chulear *v.tr.* coser a ponto largo e envolvente para que não se desfie (orla de um tecido) (Do lat. *subligāre*, «ligar; atar»)
chuleio *n.m.* ato ou efeito de chulear (Deriv. regr. de *chulear*)
chulice *n.f.* **1** ato de chulo; má-criação; grosseria **2** [pop.] atitude de quem vive à custa de alguém **3** [pop.] venda acima do preço devido; exploração (De *chulo*+*-ice*)
chulipa¹ *n.f.* cada uma das travessas em que assentam os carris do caminho de ferro (Do ing. *sleeper*, «id.»)
chulipa² *n.f.* **1** chinelo; chinela **2** pancada com o lado exterior do pé nas nádegas de outrem (Do ing. *slipper*, «chinelo»)
chulismo *n.m.* expressão ou modos chulos (De *chulo*+*-ismo*)
chulista¹ *n.2g.* pessoa que dança ou toca a chula (De *chula*+*-ista*)

chulista[2] *adj.2g.* que pratica ou diz chulices (grosserias) (De *chulo*+ *-ista*)

chulo *adj.* grosseiro; rústico; rude ■ *n.m.* 1 [pop., depr.] indivíduo que vive à custa de uma ou várias prostitutas 2 [pop., depr.] indivíduo grosseiro 3 [coloq.] indivíduo que vive à custa de alguém ou que se aproveita economicamente de outra pessoa (Do cast. *chulo*, «id.», do it. *ciullo*, «menino»)

chumaçar *v.tr.* 1 meter chumaço em; enchumaçar 2 estofar (De *chumaço*+*-ar*)

chumaceira *n.f.* 1 peça metálica para abrandar o atrito de um eixo ou de um veio 2 concavidade na borda do barco onde se coloca o tolete 3 peça de ferro com que se reforça o dente do arado quando este está gasto (De *chumaço*+*-eira*)

chumacete /ê/ *n.m.* {*diminutivo de* **chumaço**} almofadinha (De *chumaço*+*-ete*)

chumaço *n.m.* 1 matéria têxtil com que se acolchoa interiormente os ombros de uma peça de vestuário 2 almofada 3 compressa 4 volume 5 inchaço 6 [gír.] importunação; maçada; chatice 7 [regionalismo] caruma seca (Do lat. *plumacīu-*, «leito de penas»)

chumbada *n.f.* 1 tiro de chumbo 2 porção de chumbo para um tiro 3 peças de chumbo aplicadas às redes e linhas de pesca 4 [acad.] reprovação 5 [pop.] maçada (Part. pass. fem. subst. de *chumbar*)

chumbado *adj.* 1 fixado com chumbo 2 tapado 3 (dente) obturado 4 [acad.] reprovado no exame 5 [pop.] embriagado (Part. pass. de *chumbar*)

chumbadoiro *n.m.* ⇒ **chumbadouro**

chumbador *n.m.* aquele que chumba (De *chumbar*+*-dor*)

chumbadouro *n.m.* 1 lugar onde se faz a chumbagem 2 parte do gonzo de uma porta que fica presa à parede (De *chumbar*+*-douro*)

chumbagem *n.f.* ato ou efeito de chumbar (De *chumbar*+*-agem*)

chumbar *v.tr.* 1 soldar ou tapar com chumbo 2 guarnecer de chumbo 3 ferir com chumbo 4 obturar (dente) com chumbo ou outra substância 5 pôr selo de chumbo em 6 [acad.] reprovar em exame 7 [pop.] embriagar 8 pedir dinheiro emprestado a 9 encalacrar ■ *v.intr.* [acad.] ficar reprovado em exame ■ *v.pron.* 1 prender-se 2 ficar pegado ao chão (Do lat. *plumbāre*, «chumbar»)

chumbear[1] *v.tr.* prender com chúmbeas (De *chúmbea[s]*+*-ar*)

chumbear[2] *v.tr.* espingardear (De *chumbo*+*-ear*)

chúmbeas *n.f.pl.* peças com que se ligam os mastros estalados para não partirem; chúmeas (Do ár. *jam'â*, «algemas»?)

chumbeira *n.f.* rede de pesca em forma de cone, com um peso de chumbo no vértice; tarrafa (De *chumbo*+*-eira*)

chumbeiro *n.m.* 1 operário que trabalha em chumbo 2 bolsa de couro onde o caçador leva o chumbo 3 grão de chumbo (Do lat. *plumbarĭu-*, «de chumbo»)

chumbo *n.m.* 1 QUÍMICA elemento de número atómico 82, de símbolo Pb, com características metálicas, muito denso, maleável e pouco dúctil, oxidável, absorvente das radiações eletromagnéticas penetrantes (raios X e raios gama) 2 grão de uma liga que contém essa substância e se usa nos cartuchos de caça 3 [Brasil] tiro 4 peso nas redes de pesca 5 [acad.] reprovação 6 [fig.] coisa muito pesada (Do lat. *plumbu-*, «chumbo»)

chumbutar *v.tr.* [Moçambique] provar (comida, bebida) (Do ronga *ku-txhumbuta*, «id.»)

chumear *v.tr.* ⇒ **chumbear**[1]

chúmeas *n.f.pl.* ⇒ **chúmbeas**

chumeco *n.m.* [depr.] sapateiro remendão (Do ing. *shoemaker*, «sapateiro»)

chumela *n.f.* 1 [regionalismo] almofada; travesseirinha; chumacete 2 [regionalismo] compressa que se colocava na cesura de uma sangria 3 [regionalismo] faixa de recém-nascido (Do lat. *plumella-*, dim. de *pluma-*, «pena»)

chumiço *n.m.* 1 [regionalismo] maltrapilho 2 [regionalismo] troca-tintas (De orig. obsc.)

chuna[1] *n.f.* planície africana coberta de gramíneas (De orig. obsc.)

chuna[2] *n.f.* espécie de cal obtida com as conchas das ostras, usada na Índia para caiar (Do neo-árico *chuna*, «id.»)

chunambo *n.m.* ⇒ **chuna**[2] (Do malaiala *chunambu*, «id.»)

chuname *n.m.* ⇒ **chuna**[2] (De *chunambo*)

chunga *adj.2g.* 1 [coloq., depr.] de fraca qualidade; ordinário; reles 2 [coloq., depr.] com mau aspeto (De orig. obsc.)

chungoso *adj.* [coloq., depr.] ⇒ **chunga** (De *chunga*+*-oso*)

chupa[1] *n.m.* 1 mata-borrão 2 laranja descascada para se lhe sorver o sumo 3 [gír.] gatuno de carteiras (Deriv. regr. de *chupar*)

chupa[2] *n.m.* forma reduzida de *chupa-chupa*

chupa-chupa *n.m.* guloseima de açúcar caramelizado com sabores variados, fixa num palito próprio para a segurar (De *chupar*)

chupadeira *n.f.* 1 mamadeira 2 chupeta 3 orifício por onde se chupa (De *chupar*+*-deira*)

chupadela *n.f.* 1 ato de chupar 2 o que se chupa de uma só vez (De *chupar*+*-dela*)

chupado *adj.* 1 chuchado 2 magro 3 seco (Part. pass. de *chupar*)

chupadoiro *n.m.* ⇒ **chupadouro**

chupador *adj.2g.* 1 que chupa 2 chupista ■ *n.m.* 1 aquele que chupa 2 chupista 3 órgão sugador de alguns insetos (De *chupar*+*-dor*)

chupadouro *n.m.* 1 orifício por onde se chupa ou absorve um líquido 2 chupeta 3 ação continuada de chupar (De *chupar*+*-douro*)

chupadura *n.f.* 1 ato de chupar 2 o que se chupa de uma só vez (De *chupar*+*-dura*)

chupa-flor *n.m.* ORNITOLOGIA ⇒ **beija-flor** (De *chupar*+*flor*)

chupa-galhetas *n.m.* seminarista que ajuda à missa e bebe o vinho que sobra nas galhetas; acólito; sacristão

chupa-mel *n.m.* 1 BOTÂNICA planta herbácea, da família das Boragináceas, espontânea em Portugal, também denominada flor-mel 2 BOTÂNICA algumas plantas cujas flores têm néctar em abundância (De *chupar*+*mel*)

chupamento *n.m.* ⇒ **chupadura** (De *chupar*+*-mento*)

chupão *n.m.* 1 [pop.] ligeira equimose na pele quando é puxada por sucção 2 [pop.] beijo com sucção 3 [regionalismo] chaminé de cozinha ■ *adj.* que chupa (De *chupar*+*-ão*)

chupar *v.tr.* 1 fazer movimentos de sucção em (algo que se leva à boca); chuchar; sugar 2 [fig.] esgotar 3 [fig.] extorquir; apanhar 4 [fig.] aproveitar 5 [fig.] lograr 6 [fig.] comer ■ *v.pron.* 1 (a caça) furtar-se à vista do caçador, agachando-se 2 emagrecer; ***chupa!*** exclamação que exprime satisfação por alguém ter recebido o castigo merecido (De orig. onom.?)

chupa-tinta *n.m.* mata-borrão (De *chupar*+*tinta*)

chupeta /ê/ *n.f.* 1 pequeno objeto com um bico em forma de mamilo, normalmente de borracha ou silicone, que se dá aos bebés para chucharem a fim de os acalmar ou entreter; chucha 2 tubo por onde se absorve um líquido 3 sifão para tirar a prova do vinho; ***de ~*** excelente, magnífico (De *chupar*+*-eta*)

chupim *n.m.* 1 ORNITOLOGIA pássaro da família dos Fringilídeos, sedentário e muito frequente em Portugal 2 [Brasil] ORNITOLOGIA pássaro pertencente à ordem dos passeriformes, de plumagem preta e brilhante (De orig. onom.)

chupista *adj.,n.2g.* [depr.] que ou pessoa que procura viver à custa de outrem; parasita; explorador; oportunista (De *chupar*+*-ista*)

chupitar *v.tr.* 1 chupar devagarinho, repetidas vezes 2 obter; alcançar; abichar ■ *v.intr.* apanhar pancada (De *chupar*+*-itar*)

churdo *adj.* 1 diz-se da lã suja de suarda, tal como sai do corpo do animal; churro 2 ruim; miserável; sórdido ■ *n.m.* homem vil (Do lat. *sordĭdu-*, «sujo»)

chureta /ê/ *n.f.* ORNITOLOGIA ⇒ **gaivina** (De *chilreta*)

churrascada *n.f.* 1 refeição à base de alimentos grelhados na brasa 2 festa ou receção em que se serve churrasco (De *churrasco*+*-ada*)

churrascaria *n.f.* restaurante que serve churrasco (De *churrasco*+*-aria*)

churrasco *n.m.* 1 refeição ao ar livre que consta de carne e, eventualmente, peixe e legumes grelhados na brasa 2 [Brasil] carne assada nas brasas, num espeto ou grelha (Do cast. *churrasco*, «id.»)

churrasquear *v.intr.* 1 preparar churrasco para comer 2 preparar qualquer alimento na grelha (De *churrasco*+*-ear*)

churrasqueira *n.f.* 1 restaurante especializado em grelhados; churrascaria 2 [Brasil] grelha de ferro ou aparelho elétrico que serve para fazer churrasco (De *churrasco*+*-eira*)

churreca *n.f.* ORNITOLOGIA ⇒ **gaivina** (De *chilreta*)

churreu *n.m.* ⇒ **charreu** (De *charreu*)

churrião *n.m.* carruagem grande e pesada 2 carrão (Do cast. *chirrión*, «carro pesado»)

churro *adj.* 1 ⇒ **churdo** *adj.* 2 tostado, queimado ■ *n.m.* 1 sujidade da pele 2 CULINÁRIA espécie de filhó feita de farinha e água, cuja massa é frita em espiral e depois cortada em pedaços e polvilhada com açúcar e canela (Do lat. *sordĭdu-*, «sujo»)

chus *adv.* [ant.] mais; ***nem ~ nem bus*** nem uma só palavra (Do lat. *plus*, «mais»)

chusma *n.f.* 1 gente que trabalha a bordo; tripulação 2 conjunto de vozes de um coro 3 multidão; rancho 4 amontoado; montão (Do lat. vulg. **clusma-*, do lat. cl. *celeusma-*, «canto dos remadores», pelo genovês *ciüsma*, it. *ciurma*, «chusma; populacho»)

chusmar *v.tr.* prover (um barco) de tripulação; tripular (De *chusma*+*-ar*)

chuta *interj.* designativa de ordem para se fazer silêncio (De orig. onom.)
chutar *v.tr.* **1** movimentar (a bola) com um pontapé; pontapear **2** [coloq.] passar a alguém (o que é difícil de resolver) **3** [coloq.] mandar embora; expulsar ■ *v.pron.* [coloq.] injetar estupefaciente(s) em si próprio (De *chuto*+*-ar*)
chuteira *n.f.* calçado próprio para jogar futebol; bota de futebolista (De *chutar*+*-eira*)
chuto *n.m.* **1** impulso forte que se dá na bola com o pé para a movimentar **2** pancada dada com o pé; pontapé **3** [coloq.] injeção endovenosa de estupefaciente em si próprio **4** [Brasil] [coloq.] tentativa de responder certo sobre algo de que se sabe pouco ou nada; *casa/sala de ~* local apetrechado com as condições necessárias para os toxicodependentes se injetarem em segurança, obedecendo aos padrões de higiene e saúde pública (Do ing. *shoot*, «tiro; arremesso»)
chuva *n.f.* **1** METEOROLOGIA forma de precipitação de água no estado líquido sob a forma de gotas, provenientes da condensação do vapor de água existente na atmosfera **2** [fig.] tudo o que vem ou cai em grande abundância **3** [Brasil] embriaguez; *~ ácida* chuva contaminada por dissolução de elementos gasosos (gás sulfúrico e nítrico) que poluem a atmosfera; *chuvas convectivas* METEOROLOGIA chuvas provenientes da ascensão do ar em contacto com a superfície aquecida da terra; *chuvas de convergência* METEOROLOGIA chuvas provenientes da ascensão do ar na zona de convergência intertropical; *chuvas frontais* METEOROLOGIA chuvas associadas à ascensão do ar nas superfícies frontais das depressões das latitudes médias; *chuvas orográficas* METEOROLOGIA chuvas originadas pela ascensão do ar ao longo de uma vertente; *estar na ~* estar embriagado (Do lat. *pluvĭa-*, «chuva»)
chuvada *n.f.* bátega forte de chuva; aguaceiro (De *chuva*+*-ada*)
chuva-de-ouro *n.f.* planta ornamental, brasileira
chuvarada *n.f.* ⇒ **chuvada** (De *chuvada*)
chuvasco *n.m.* **1** queda de chuva pouco intensa; chuva fraca **2** aguaceiro (Do cast. *chubasco*, «id.»)
chuveiro *n.m.* **1** dispositivo com orifícios que permite lançar água em jato para tomar banho **2** banho tomado com a água em jato que sai desse dispositivo; duche **3** instalação sanitária para tomar duche **4** chuva abundante mas passageira **5** [fig.] grande quantidade (De *chuva*+*-eiro*)
chuvinha *n.f.* chuva miúda (De *chuva*+*-inha*)
chuvinhar *v.intr.* ⇒ **chuviscar** (De *chuvinha*+*-ar*)
chuviscar *v.intr.* chover pouco e a intervalos (De *chuvisco*+*-ar*)
chuvisco *n.m.* gotas miúdas e espaçadas de chuva (De *chuva*+*-isco*)
chuviscoso /ô/ *adj.* abundante em chuviscos ou em aguaceiros (De *chuvisco*+*-oso*)
chuvisqueiro *n.m.* ⇒ **chuvisco** (De *chuvisco*+*-eiro*)
chuvoso /ô/ *adj.* **1** em que chove muito **2** que ameaça chuva; pluvioso (Do lat. *pluviōsu-*, «chuvoso»)
cia *n.f.* ORNITOLOGIA nome vulgar extensivo a alguns pássaros comuns em Portugal, como a sombria, a escrevedeira, a lavandisca e a petinha (De orig. onom.)
cia- elemento de formação de palavras que traduz a ideia de *sombra* (Do gr. *skiá*, «sombra»)
ciado *adj.* ⇒ **ciumento** *adj.* (Part. pass. de *ciar*)
cia-dos-caniços *n.f.* ORNITOLOGIA ⇒ **emberiza-dos-juncos**
cíamo *n.m.* **1** BOTÂNICA planta rizomatosa, da família das Aráceas, conhecida também por fava-do-egito **2** ZOOLOGIA animal crustáceo, parasita, que vive sobre a baleia (Do gr. *kýamos*, «fava», pelo lat. *cyămos*, «fava-do-egipto»)
ciamoide *adj.2g.* semelhante à fava (Do gr. *kýamos*, «fava» +*eîdos*, «semelhança»)
ciamóide ver nova grafia **ciamoide**
cianamida *n.f.* **1** QUÍMICA nome vulgar da cianamida cálcica, adubo azotado cujo principal constituinte é o cianamideto de cálcio, Ca(NCN) **2** QUÍMICA designação da carbodiamida, HNCNH (De *cian*[*ogénio*]+*amida*)
cianato *n.m.* QUÍMICA anião monovalente, exclusivamente formado por carbono, oxigénio e azoto, CNO⁻ (De *cian*[*ogénio*]+*-ato*)
cianeto /ê/ *n.m.* QUÍMICA sal inorgânico que tenha o ião CN⁻, altamente venenoso; prussiato (Do gr. *kyanós*, «azul» +*-eto*)
ciani- ⇒ **ciano-** (Do gr. *kyanós*, «azul», pelo lat. *cyanĕu-*, «azul-escuro»)
ciânico *adj.* QUÍMICA designativo do ácido correspondente ao anião cianato (Do gr. *kyanós*, «azul» +*-ico*)

cianídrico *adj.* QUÍMICA designativo antiquado do ácido HCN, atualmente chamado cianeto de hidrogénio e altamente venenoso; prússico (De *ciani-*+*hídrico*)
cianina *n.f.* substância corante azul que se extrai das violetas e outras flores (De *ciani-*+*-ina*)
cianípede *adj.2g.* que tem patas azuis; cianópode (De *ciani-*+*-pede*)
cianipene *adj.2g.* que tem as asas ou as barbatanas azuis (Do gr. *kyanós*, «azul»+lat. *penna-*, «asa; barbatana»)
cianirrostro /ô/ *adj.* que tem bico azul (De *ciani-*+*-rostro*)
cianismo *n.m.* intensidade do azul-celeste (Do gr. *kyanós*, «azul» +*-ismo*)
cianite *n.f.* MINERALOGIA mineral que é um silicato de alumínio e constitui um polimorfo da andaluzite (Do gr. *kyanós*, «azul» +*-ite*, ou do fr. *cyanite*, «id.»)
ciano *n.m.* cor azul semelhante ao azul-marinho
ciano- elemento de formação de palavras que exprime a ideia de *azul* (Do gr. *kyanós*, «azul»)
cíano *n.m.* ⇒ **ciano**
cianocéfalo *adj.* que tem a cabeça azul (Do gr. *kyanós*, «azul» +*kephalé*, «cabeça»)
cianodermia *n.f.* coloração azul da pele (Do gr. *kyanós*, «azul» +*derma*, «pele» +*-ia*)
cianofíceas *n.f.pl.* BOTÂNICA grupo de algas unicelulares ou filamentosas, caracterizadas por uma coloração azulada; algas azuis (Do gr. *kyanós*, «azul» +*phýkos*, «alga»)
cianófitas *n.f.pl.* BOTÂNICA grupo de talófitas, esquizófitas, sem núcleo, mas com corpo central (Do gr. *kyanós*, «azul» +*phytón*, «planta»)
cianogénio *n.m.* QUÍMICA gás (CN)₂, muito venenoso, cujas propriedades são semelhantes às do flúor e do cloro (Do gr. *kyanós*, «azul» +*génos*, «geração» +*-io*)
cianoide *adj.2g.* semelhante à centáurea (Do gr. *kyanoeidés*, «de cor azul-escura»)
cianóide ver nova grafia **cianoide**
cianómetro *n.m.* instrumento para medir a intensidade do azul do céu (De *ciano-*+*-metro*)
cianopatia *n.f.* MEDICINA ⇒ **cianose** (Do gr. *kyanós*, «azul» +*páthos*, «sofrimento» +*-ia*)
cianópode *adj.2g.* ⇒ **cianípede** (Do gr. *kyanós*, «azul» +*poús*, *podós*, «pé»)
cianóptero *adj.* que tem asas ou barbatanas azuis (Do gr. *kyanópteros*, «que tem asas azuis»)
cianose *n.f.* MEDICINA doença em que se verifica coloração azulada ou violácea da pele, especialmente na face e nas extremidades, devida a deficiente oxigenação do sangue; cianopatia (Do gr. *kyánosis*, «cor ou tintura azul»)
cianúria *n.f.* MEDICINA emissão anormal de urinas azuladas (Do gr. *kyanós*, «azul» +*oûron*, «urina» +*-ia*)
cião *n.m.* ORNITOLOGIA ⇒ **petinha** (De *cia*+*-ão*)
ciar¹ *v.intr.* remar em sentido contrário para retroceder (Do cast. *ciar*, «remar para trás»)
ciar² *v.tr.* [ant.] ter ciúmes de (De *cio* [= ciúme]+*-ar*)
ciática *n.f.* PATOLOGIA dor devida à compressão do nervo ciático (Do gr. *iskhiadikós*, de *iskhíon*, «anca», pelo lat. tard. *sciatĭcu-*, «relativo à ciática», pelo fr. *sciatique*, «ciática»)
ciático *adj.* **1** que diz respeito às ancas ou à parte posterior da coxa **2** ANATOMIA designativo de um grande nervo que sai da bacia e se estende ao longo da face posterior da coxa **3** diz-se da dor relacionada com este nervo (Do gr. *iskhiadikós*, de *iskhíon*, «anca», pelo lat. *sciatĭcu-*, «id.»)
ciatiforme *adj.2g.* em forma de cíato ou taça (Do gr. *kýathos*, «taça», pelo lat. *cyăthu-*, «id.» +*forma-*, «forma»)
cíato *n.m.* **1** taça antiga com asa **2** BOTÂNICA inflorescência especial, caracterizada por um invólucro que cerca flores incompletas, ficando uma flor feminina rodeada de flores masculinas (Do gr. *kýathos*, «taça», pelo lat. *cyăthu-*, «id.»)
ciatoide *adj.2g.* em forma de cíato; ciatiforme (Do gr. *kýathos*, «taça» +*eîdos*, «forma»)
ciatóide ver nova grafia **ciatoide**
cia-voga *n.f.* NÁUTICA movimento que o barco faz quando os remadores de um lado ciam e os do outro lado remam (De *ciar*+*vogar*)
cibalho *n.m.* alimento que as aves bravas procuram (Do lat. *cibu-*, «alimento»+*-alho*)
cíbalo *n.m.* pedaço de excremento muito duro (Do gr. *skýbalon*, «restos de refeição»)
cibar *v.tr.* alimentar (Do lat. *cibāre*, «id.»)

cibário *n.m.* farinha que fica na peneira depois de passada a farinha mais fina (Do lat. *cibariŭ-*, «relativo ao alimento»)
cibato *n.m.* ⇒ **cibalho** (De *cibo+-ato*)
ciberbullying *n.m.* ⇒ **cyberbullying**
cibercafé *n.m.* café ou bar onde os clientes têm à disposição, mediante pagamento, computadores com ligação à internet (Do ing. *cybercafé*, «id.»)
cibercrime *n.m.* crime cometido com o recurso aos sistemas eletrónicos e às novas tecnologias de informação (Do ing. *cybercrime*, «id.»)
cibercriminalidade *n.f.* infração ou conjunto de infrações cometidas com recurso às novas tecnologias de informação e de comunicação (De *ciber-+criminalidade*)
cibercultura *n.f.* INFORMÁTICA conjunto de culturas ou produtos culturais veiculados pela internet, assim como valores, linguagem e ícones partilhados pelos utilizadores da rede
ciberespaço *n.m.* INFORMÁTICA espaço virtual constituído por informação que circula nas redes de computadores e telecomunicações (Do ing. *cyberspace*, «id.»)
ciberguerra *n.f.* tipo de guerra em que são utilizados computadores ou redes informáticas (De *ciber-+guerra*)
ciberliteratura *n.f.* INFORMÁTICA literatura gerada por computador; escrita criativa produzida e difundida por meios eletrónicos
cibernauta *n.2g.* INFORMÁTICA pessoa que utiliza a internet regularmente
cibernética *n.f.* **1** ciência e técnica do funcionamento e do controlo dos comandos eletromagnéticos e das transmissões eletrónicas nas máquinas de calcular e nos autómatos modernos **2** estudo das conexões nervosas nos organismos vivos ou nos grupos humanos **3** ciência que estuda os mecanismos de comunicação e de controlo nas máquinas e nos seres vivos (Do gr. *kybernetiké*, «a arte de governar»)
cibernético *adj.* **1** relativo à cibernética **2** diz-se de uma arte que procura representar coisas em movimento, utilizando os recursos das técnicas modernas (De *cibernética*)
cibersexo *n.m.* (internet) situação em que o utilizador participa virtualmente em jogos sexuais com outro(s) utilizador(es) (Do ing. *cybersex*, «id.»)
ciberterrorismo *n.m.* atividade terrorista praticada com computadores, com o objetivo de sabotar ou controlar sistemas informáticos (Do ing. *cyberterrorism*, «id.»)
cibo *n.m.* **1** alimento (especialmente de aves) **2** [coloq.] pequena porção de qualquer coisa (Do lat. *cibu-*, «alimento»)
ciborgue *n.m.* ser humano fictício cujas funções fisiológicas vitais são comandadas por meio de dispositivos mecânicos (Do ing. *cyborg*, «id.»)
cibório *n.m.* **1** vaso em que se guardam as partículas consagradas; píxide **2** baldaquino (Do gr. *kibórion*, «fruto do nenúfar; taça com forma de fruto do nenúfar», pelo lat. *ciboriŭ-*, «copo»)
cica[1] *n.f.* BOTÂNICA designação extensiva a umas plantas gimnospérmicas, tropicais, da família das Cicadáceas, representadas em Portugal por plantas ornamentais (Do gr. *koîkas*, de *kóix*, «palmeira-do-egipto»)
cica[2] *n.f.* adstringência de certos frutos ainda verdes (Do tupi 'sika, «id.»)
Cicadáceas *n.f.pl.* BOTÂNICA família de plantas gimnospérmicas das regiões subtropicais e intertropicais, de grandes folhas pinuladas, e que, por si só, constitui a classe das cicadales; Aperiantáceas (Do lat. *cicăda-*, «cigarra»+-*áceas*)
cicadales *n.f.pl.* BOTÂNICA classe de gimnospérmicas, constituída apenas pela família das Cicadáceas (Do lat. bot. *Cicadăles*, «id.»)
cicadário *adj.* relativo à cigarra ■ *n.m.* espécime dos cicadários ■ *n.m.pl.* ZOOLOGIA grupo de insetos hemípteros a que pertence a cigarra (Do lat. *cicăda-*, «cigarra»+*ário*)
Cicádidas *n.m.pl.* ⇒ **Cicadídeos**
Cicadídeos *n.m.pl.* ZOOLOGIA família de insetos hemípteros a que pertence a cigarra (Do lat. *cicăda-*, «cigarra»+-*ídeos*)
cicate *n.m.* ⇒ **acicate** (De *acicate*, com aférese)
cicateiro *adj.* [regionalismo] que por nada arma barulho; desordeiro (De *cicate+-eiro*)
cicatice *n.f.* [regionalismo] dito ou ato de cicateiro; caturrice (De *cicate+-ice*)
cicatricial *adj.2g.* relativo a cicatriz (Do lat. *cicatrīce-*, «cicatriz» + -*ial*)
cicatrícula *n.f.* **1** {diminutivo de **cicatriz**} cicatriz pequena **2** BIOLOGIA parte do óvulo (ou ovo) telolecítico que representa a porção germinativa (protolécito) **3** ponto superficial numa semente, por onde se verifica o início da germinação (Do lat. *cicatricŭla-*, «cicatriz pequena»)
cicatriz *n.f.* **1** marca deixada por um golpe ou uma ferida **2** BOTÂNICA sinal que a folha caída deixa no caule **3** [fig.] lembrança de uma dor moral, desgraça ou ofensa **4** [fig.] ressentimento (Do lat. *cicatrīce-*, «id.»)
cicatrização *n.f.* **1** formação de cicatriz; cura **2** recuperação de uma mágoa ou um ressentimento (De *cicatrizar+-ção*)
cicatrizado *adj.* **1** assinalado por cicatriz **2** curado **3** [fig.] curado de algum sofrimento moral (Part. pass. de *cicatrizar*)
cicatrizante *adj.2g.* que cicatriza; que favorece a cicatrização (De *cicatrizar+-ante*)
cicatrizar *v.tr.,intr.* favorecer a formação de cicatriz (em) ■ *v.intr.* **1** (ferida) fechar-se ou secar **2** [fig.] desvanecer-se (De *cicatriz+-ar*)
cicatrizável *adj.2g.* suscetível de cicatrizar (De *cicatrizar+-vel*)
cicêndia *n.f.* planta herbácea da família das Gencianáceas (Do lat. *cicendŭla-*, «pequena lâmpada»?)
cícero *n.m.* **1** orador eloquente **2** TIPOGRAFIA unidade de medida tipográfica equivalente a 12 pontos (= 4,511 mm) **3** TIPOGRAFIA quadratim **4** tipo usado na primeira edição das obras de Cícero em 1458 (Do lat. *Cicĕro*, antr., político e orador romano, 106-43 a. C.)
cicerone *n.2g.* pessoa que mostra uma localidade ou um edifício aos visitantes, dando-lhes informações a respeito do que observam; guia (Do it. *cicerone*, «id.»)
ciceronianismo *n.m.* **1** expressão à maneira de Cícero **2** imitação do estilo de Cícero (De *ciceroniano+-ismo*)
ciceroniano *adj.* **1** relativo a Cícero, político e orador romano, 106-43 a. C. **2** eloquente como Cícero ou elevado como o seu estilo (Do lat. *ciceroniănu-*, «relativo a Cícero»)
cicia *n.f.* ORNITOLOGIA nome vulgar por que são também designadas algumas petinhas (De orig. onom.)
ciciamento *n.m.* cicio; ato de ciciar (De *ciciar+-mento*)
ciciante *adj.2g.* que cicia; murmurante (De *ciciar+-ante*)
ciciar *v.tr.,intr.* pronunciar em voz muito baixa; segredar; murmurar ■ *v.intr.* produzir um ruído suave e contínuo; sibilar (De orig. onom.)
cicio *n.m.* murmúrio de palavras produzido em tom muito brando; rumor brando (Deriv. regr. de *ciciar*)
cicioso /ô/ *adj.* que cicia (De *cicio+-oso*)
cíclade *n.f.* antigo vestido rastejante e arredondado que usavam as patrícias romanas (Do gr. *kyklás*, -*ádos*, «circular», pelo lat. *cyclăde-*, «cíclade»)
cíclame *n.m.* BOTÂNICA planta da família das Primuláceas, cultivada em Portugal, em estufa, pela beleza das suas flores; artanita (Do gr. *kyklamínos*, «cíclame», pelo lat. *cyclămen*, «id.»)
ciclâmen *n.m.* BOTÂNICA ⇒ **cíclame** (Do lat. *cyclămen*, «id.»)
ciclamíneas *n.f.pl.* BOTÂNICA tribo de Primuláceas a que pertence o cíclame (De *cíclame+-íneas*)
ciclamino *n.m.* ⇒ **cíclame** (Do lat. *cyclamīnu-*, «id.»)
ciclamor *n.m.* BOTÂNICA árvore da família das Leguminosas, de flores encarnadas e folhas cordiformes; olaia (Do gr. *sykómoron*, «sicómoro», pelo lat. *sycomŏru-*, «id.», pelo cast. *ciclamor*, «id.»)
ciclatão *n.m.* tela de seda fina e preciosa, de que se faziam ricos vestuários e paramentos (Do ár. *siqlâtûm*, «id.»)
cíclico *adj.* **1** relativo a um ciclo **2** que se repete num dado ritmo **3** designativo do poeta que celebrava em verso os feitos dos heróis gregos **4** BOTÂNICA diz-se da flor cujas folhas estão dispostas em verticilos **5** QUÍMICA relativo a compostos ou iões com cadeias fechadas de átomos, todos iguais (homocíclico) ou não (heterocíclico) (Do gr. *kyklikós*, «circular», pelo lat. *cyclĭcu-*, «id.»)
ciclismo *n.m.* DESPORTO atividade desportiva baseada em corridas de bicicleta; velocipedismo (Do gr. *kýklos*, «roda», pelo fr. *cyclisme*, «ciclismo»)
ciclista *n.2g.* **1** pessoa que anda de bicicleta **2** DESPORTO praticante do ciclismo; velocipedista (Do gr. *kýklos*, «roda», pelo fr. *cycliste*, «ciclista»)
ciclização *n.f.* QUÍMICA transformação de um composto (ou ião) acíclico num composto (ou ião) cíclico (De *ciclizar+-ção*)
ciclizar *v.tr.* transformar um composto (ou ião) acíclico num composto (ou ião) cíclico (De *ciclo+-izar*)
ciclo *n.m.* **1** sucessão de fenómenos sistematicamente reproduzidos em períodos regulares **2** cada um dos níveis em que se divide o ensino **3** ASTRONOMIA número de anos no fim dos quais se devem repetir pela mesma ordem os fenómenos astronómicos **4** FÍSICA conjunto de transformações por que pode passar um sistema material que, partindo de um dado estado inicial, volta ao mesmo estado (por exemplo, em termodinâmica, o ciclo de Carnot) **5** LITERATURA conjunto de poemas que celebravam lendas e feitos da antiga Grécia **6** LITERATURA conjunto de tradições épicas relativas a

determinada época ou de factos atribuídos a uma pessoa considerada herói **7** LITERATURA série de obras do mesmo autor ou de diversos autores que se encontram tematicamente inter-relacionadas; **~ económico** ECONOMIA flutuação recorrente da atividade económica, constituída por quatro fases: expansão, boom, recessão e depressão; **~ evolutivo** BIOLOGIA evolução de um ser vivo, considerando a série normal de estados diferentes por que passa (Do gr. *kýklos*, «círculo», pelo lat. *cyclu-*, «id.»)

cicl(o)- elemento de formação de palavras que exprime a ideia de *círculo, curva, órbita, roda, bicicleta* (Do grego *kýklos*, «círculo; roda»)

ciclocrosse *n.m.* DESPORTO corta-mato em bicicleta (Do ing. *cyclo-cross*, «id.»)

ciclofilia *n.f.* gosto pelo ciclismo e por tudo o que lhe diz respeito (Do gr. *kýklos*, «círculo; roda»+*phílos*, «amigo»+*-ia*)

ciclofrenia *n.f.* MEDICINA doença mental caracterizada pela alternância de períodos de excitação intelectual (mania) e de períodos de depressão (melancolia) (Do gr. *kýklos*, «círculo»+*phrén, phrenós*, «espírito; pensamento», pelo fr. *cyclophrénie*, «ciclofrenia»)

ciclogénese *n.f.* **1** sistema cosmológico que concebe a existência do universo como um conjunto de grandes ciclos ou períodos **2** [Brasil] METEOROLOGIA processo de desenvolvimento ou intensificação de um ciclone

cicloidal *adj.2g.* que descreve a cicloide ou lhe diz respeito (De *cicloide*+*-al*)

cicloide *n.f.* GEOMETRIA curva descrita pela revolução completa de um ponto pertencente a uma circunferência que rola, sem deslizar, sobre uma reta ■ *adj.,n.2g.* MEDICINA que ou pessoa que apresenta disposição para a cicloidia ■ *adj.2g.* de forma mais ou menos circular (Do fr. *cycloïde*, do gr. *kykloeidés*, «circular»)

cicloíde ver nova grafia cicloide

cicloidia *n.f.* MEDICINA forma de ciclotimia, que consiste na tendência patológica acentuada para oscilar entre a excitação eufórica e a depressão; variedade da psicose maníaco-depressiva (De *cicloide*+*-ia*)

ciclometria *n.f.* arte de medir ciclos ou círculos (Do gr. *kýklos*, «círculo»+*métron*, «medida»+*-ia*)

ciclómetro *n.m.* instrumento que serve para medir círculos (Do gr. *kýklos* «círculo»+*métron*, «medida»)

ciclomotor *n.m.* veículo de duas ou mais rodas com motor de cilindrada não superior a 50 cm³, ou que, por construção, não exceda em patamar a velocidade de 45 km/h (De *ciclo-*+*motor*)

ciclomotorista *n.2g.* pessoa que anda de ciclomotor (De *ciclomotor*+*-ista*)

ciclonal *adj.2g.* referente ou semelhante a ciclone; ciclónico (De *ciclone*+*-al*)

ciclone *n.m.* **1** METEOROLOGIA vento com rotação do ar forte e rápida e grande capacidade devastadora; furacão; tufão; tornado **2** máquina com que se obtém o pó da cortiça (Do gr. *kýklos*, «círculo», pelo fr. *cyclone*, «ciclone»)

ciclónico *adj.* relativo ou semelhante a ciclone; *movimento ~* torvelinho em espiral das linhas de fluxo do vento em torno de um centro de baixas pressões (De *ciclone*+*-ico*)

ciclope *n.m.* **1** MITOLOGIA gigante fabuloso com um olho na testa **2** ZOOLOGIA pequeno crustáceo de água doce do género *Cyclops* (Do gr. *kýklops*, «de olho redondo», pelo lat. *cyclōpe-*, «ciclope»)

ciclópeo *adj.* **1** dos ciclopes ou a eles relativo **2** [fig.] rude **3** [fig.] pesado **4** [fig.] gigantesco; enorme (De *ciclope*+*-eo*)

ciclópico *adj.* ⇒ **ciclópeo** (De *ciclope*+*-ico*)

ciclorama *n.m.* **1** TEATRO superfície côncava, constituída por um pano que ocupa a totalidade do fundo do palco, normalmente branco, utilizado para obter efeitos de espaço e iluminação **2** pintura feita numa parede côncava, de tal modo que, a uma distância calculada, cria a ilusão ótica de perspetiva natural (De *ciclo*+*-orama*)

cicloscópio *n.m.* aparelho que serve para medir a velocidade de rotação (Do gr. *kýklos*, «círculo»+*skopeīn*, «observar»+*-io*)

ciclose *n.f.* BIOLOGIA fenómeno biológico de movimento de substâncias em correntes intracelulares (Do gr. *kýklosis*, «circulação»)

ciclóstomo *adj.* relativo ou pertencente aos ciclóstomos ■ *n.m.* espécime dos ciclóstomos ■ *n.m.pl.* ZOOLOGIA classe de vertebrados pisciformes, desprovidos de maxilas móveis; ágnatos; agnatóstomos (Do gr. *kýklos*, «círculo»+*stóma*, «boca»)

ciclotimia *n.f.* PSICOLOGIA condição psicológica caracterizada por fases ou ciclos de excitação e euforia alternados com ciclos de depressão e apatia (Do gr. *kýklos*, «círculo»+*thymós*, «ânimo»+*-ia*)

ciclotímico *adj.* relativo ou pertencente à ciclotimia ■ *n.m.* segundo o psiquiatra alemão, E. Kretschmer (1888-1964), tipo psicológico caracterizado pela tendência para as mudanças periódicas de humor e de sentimentos, e pelo espírito aberto, sociável, expansivo (Do gr. *kýklos*, «círculo»+*thymós*, «ânimo»+*-ico*)

ciclotrão *n.m.* FÍSICA aparelho acelerador de partículas, no qual as partículas carregadas descrevem uma espiral de muitas voltas, perpendicularmente a um campo magnético, e recebem uma aceleração, sempre no mesmo sentido, de um campo elétrico alternado, no começo e no fim de cada meia volta da espiral (Do ing. *cyclotron*, «id.»)

cicloturismo *n.m.* atividade turística que se pratica utilizando uma bicicleta como meio de transporte (De *ciclo-*+*turismo*)

ciclovia *n.f.* pista que se destina à circulação de bicicletas (De *ciclo-*+*via*)

cicnoide *adj.2g.* parecido com o cisne (Do gr. *kýknos*, «cisne»+*eîdos*, «semelhança»)

cicnóide ver nova grafia cicnoide

Ciconíidas *n.f.pl.* ⇒ **Ciconiídeos**

Ciconíideas *n.f.pl.* ⇒ **Ciconiídeos**

Ciconiídeos *n.m.pl.* ORNITOLOGIA família de aves pernaltas, de bico forte e longo, a que pertencem as cegonhas (Do lat. *ciconĭa-*, «cegonha»+*-ídeos*)

ciconiiforme *adj.2g.* de aspeto semelhante ao da cegonha ■ *n.m.* espécime dos ciconiiformes ■ *n.m.pl.* ORNITOLOGIA ordem de aves pernaltas de grande porte e pescoço longo (flamingos, garças, etc.), que vivem perto da água e se alimentam sobretudo de peixes (Do lat. *ciconĭa-*, «cegonha»+*forma-*, «forma»)

cicuta *n.f.* BOTÂNICA planta venenosa, da família das Umbelíferas, espontânea em Portugal e também conhecida por cegude e ansarinha-malhada; embude (Do lat. *cicūta-*, «id.»)

cicutária *n.f.* BOTÂNICA planta da família das Umbelíferas, espontânea em Portugal (Do lat. tard. *cicutarĭa-*, «id.»)

cicutina *n.f.* FARMÁCIA alcaloide muito venenoso extraído da cicuta, também denominado conicina, conina, etc. (De *cicuta*+*-ina*)

cicutismo *n.m.* envenenamento pela cicuta (De *cicuta*+*-ismo*)

-cida sufixo nominal de origem latina, que ocorre em adjetivos e substantivos, exprimindo a ideia de *que mata, que extermina* (*raticida; inseticida*)

cidadania *n.f.* **1** qualidade de cidadão **2** vínculo jurídico-político que, traduzindo a pertinência de um indivíduo a um estado, o constitui, perante esse estado, num conjunto de direitos e obrigações (De *cidadão*+*-ia*)

cidadão *n.m.* **1** indivíduo pertencente a um estado livre, no gozo dos seus direitos civis e políticos, e sujeito a todas as obrigações inerentes a essa condição **2** HISTÓRIA habitante de uma cidade ■ *adj.* citadino (De *cidade*+*-ão*)

cidade *n.f.* **1** meio geográfico e social caracterizado por uma forte concentração populacional que cria uma rede orgânica de troca de serviços (administrativos, comerciais, profissionais, educacionais e culturais); metrópole **2** tipo de vida e de hábitos socioculturais do meio urbano, por oposição ao campo **3** conjunto de habitantes daquele meio; *Cidade Eterna* Roma; *Cidade Invicta* Porto; *Cidade Luz* Paris; *Cidade Santa* Jerusalém ou Meca (Do lat. *civitāte-*, «cidade»)

cidade-dormitório *n.f.* cidade utilizada essencialmente para habitação e cujos moradores trabalham na sua maior parte noutro lugar

cidade-estado *n.f.* **1** HISTÓRIA (Antiguidade Clássica) cidade autónoma que atuava como centro político, económico e cultural, exercendo a soberania sobre territórios circundantes; pólis **2** estado soberano e independente composto por uma cidade e áreas vizinhas

cidade-jardim *n.f.* zona residencial de uma cidade em que a área ocupada por edifícios não pode ultrapassar determinada percentagem da área total, sendo a restante destinada a parques e jardins

cidadela *n.f.* **1** fortaleza que domina uma cidade ou povoação **2** reduto; baluarte **3** lugar onde se reúnem os sequazes de uma doutrina política ou doutra natureza (Do it. *cittadella*, «id.»)

cidadelha /ê/ *n.f.* **1** cidade pequena **2** cidade de pouca importância (De *cidade*+*-elha*)

cidade-museu *n.f.* cidade assim chamada pela sua antiguidade e riqueza patrimonial

cidade-satélite *n.f.* cidade que se situa no subúrbio de outra maior, da qual depende economicamente

cidade-universitária *n.f.* aglomerado desenvolvido em redor de uma universidade, com infraestruturas próprias para os membros dessa universidade

cide *n.m.* **1** indivíduo valente; guerreiro **2** [com maiúscula] senhor ou príncipe (entre os Árabes) (Do ár. vulg. *sid*, por *said*, «chefe»)

-cídio sufixo nominal de origem latina, que ocorre em substantivos e exprime a ideia de *morte, extermínio* (*fratricídio; formicídio*)
cidra n.f. fruto da cidreira, verde e maior do que um limão (Do lat. *citrĕa-*, «cidreira»)
cidrada n.f. doce feito com cidra (De *cidra+-ada*)
cidral n.m. pomar de cidreiras (árvores) (De *cidra+-al*)
cidrão n.m. **1** cidra grande e de casca espessa **2** doce feito com este fruto **3** algumas doenças da pele, especialmente nos bovinos (De *cidra+-ão*)
cidreira n.f. **1** BOTÂNICA árvore da família das Rutáceas, espécie de limoeiro selvagem **2** BOTÂNICA planta da família das Labiadas muito utilizada para infusões; erva-cidreira (De *cidra+-eira*)
cieiro n.m. **1** pequenas fendas ou feridas na epiderme causadas pelo frio ou por irritantes químicos **2** [pop.] vento frio e seco de nordeste, que se faz sentir em Portugal continental (De orig. obsc.)
ciência n.f. **1** domínio do conhecimento com um objeto pré-determinado e um método próprio, fundamentado em relações demonstráveis objetivamente **2** conhecimento exato, racional e verificável que se expressa por leis **3** investigação metódica das leis que regem os fenómenos **4** arte ou prática baseada num corpo organizado de conhecimentos e regras; técnica **5** extensão de conhecimentos sobre uma determinada matéria; instrução **6** saber; erudição **7** pl. disciplinas baseadas no cálculo e na observação; ~ *infusa* dom sobrenatural pelo qual Deus comunica a uma inteligência criada a inteligibilidade das coisas sem o concurso dos sentidos (Do lat. *scientia-*, «conhecimento»)
ciente adj.2g. **1** que tem ciência **2** conhecedor de alguma coisa **3** informado (Do lat. *sciente-*, part. pres. de *scīre*, «saber»)
cientificamente adv. **1** de forma científica **2** por processos científicos (De *científico+-mente*)
cientificar v.tr. **1** tornar ciente **2** certificar (Do lat. *sciente-*, «ciente» +*facĕre*, «fazer»)
científico adj. **1** relativo à ciência **2** que revela ciência (Do lat. *scientĭfĭcu-*, «id.»)
cientismo n.m. FILOSOFIA tendência da filosofia positivista para reduzir todo o conhecimento válido ao conhecimento científico, capaz, inclusivamente, de vir a resolver problemas de natureza metafísica (Do fr. *scientisme*, «id.»)
cientista n.2g. **1** pessoa cuja atividade se desenvolve no domínio das ciências **2** investigador científico (Do fr. *scientiste*, «id.»)
cifa[1] n.f. areia de que os ourives se servem para moldar (Do ár. *saifâ*, «areia muito fina»)
cifa[2] n.f. untura de banha de peixe que se dava aos navios (Do pers. *sift*, «pez»)
cifar v.tr. untar com cifa (os navios) (De *cifa+-ar*)
cifistoma /ô/ n.m. ZOOLOGIA forma larvar de cifozoários, que se fixa e, por divisão, origina estróbilos (Do gr. *skýphos*, «taça» +*stóma*, «boca»)
cifonismo n.m. suplício que consistia em untar com mel um condenado, expondo-o depois ao sol e às moscas, amarrado a um pelourinho (Do gr. *kyphonismós*, «id.»)
cifose n.f. curvatura anormalmente acentuada da coluna vertebral com convexidade posterior; giba (Do gr. *kýphosis*, «curvatura para a frente»)
cifótico adj. **1** que diz respeito a cifose **2** que apresenta cifose (Do gr. *kyphós*, «encurvado para diante» +*t+-ico*)
cifozoário adj. relativo ou pertencente aos cifozoários ■ n.m. espécime dos cifozoários ■ n.m.pl. ZOOLOGIA classe de celenterados cuja cavidade gastrovascular está dividida por septos e cuja forma livre predominante é uma medusa sem véu em forma de campânula; acalefos; medusas-acalefas; acalefas (Do gr. *skýphos*, «taça» +*zoárion*, «animálculo»)
cifra n.f. **1** algarismo sem valor absoluto **2** número **3** quantidade **4** importe; quantia; cômputo total **5** sinal convencional; código **6** rubrica **7** zero **8** pl. contabilidade **9** pl. cálculo (Do lat. med. *cifra-*, «zero», do ár. *çifr*, «id.»)
cifrado adj. escrito em cifra (Part. pass. de *cifrar*)
cifrante n.m. livro que contém a cifra ou alfabeto secreto de uma escrita (De *cifra+-ante*)
cifrão n.m. sinal ($) que, no antigo sistema monetário português, se colocava à direita do algarismo que representava os escudos (De *cifra+-ão*)
cifrar v.tr. **1** escrever em cifra **2** [fig.] resumir; reduzir **3** compendiar ■ v.pron. **1** resumir-se **2** reduzir-se (Do it. *cifrare*, «id», ou de *cifra+-ar*?)
cigalho n.m. **1** [pop.] migalha **2** cibalho (Do lat. *cicu-*, por *ciccu-*, «coisa pequena» +*-alho*)

cigana n.f. **1** a que pertence aos Ciganos **2** brinco de orelha de um só pingente **3** [Brasil] ORNITOLOGIA ave da Amazónia, de bico alto e curto, dorso escuro e cauda longa e negra (De *cigano*)
ciganada n.f. ⇒ **ciganagem** (De *cigano+-ada*)
ciganagem n.f. **1** multidão de ciganos **2** [pej.] trapaça; logro; engano (De *cigano+-agem*)
ciganar v.intr. [depr.] trapacear; enganar; intrujar (De *cigano+-ar*)
ciganaria n.f. ⇒ **ciganagem** (De *cigano+-aria*)
ciganice n.f. **1** [depr.] trapaça em compras e vendas; negócio pouco claro; traficância **2** [depr.] lisonja astuta; impostura **3** [depr.] pedinchice (De *ciganar+-ice*)
cigano adj. **1** que diz respeito aos Ciganos **2** que pertence aos Ciganos **3** [pej.] trapaceiro ■ n.m. **1** o que pertence aos Ciganos **2** [pej.] aquele que tenta enganar nos negócios; trapaceiro **3** [pej.] indivíduo boémio (Do gr. biz. *athínganos*, «em que não se deve tocar», pelo húng. *cigány*, «cigano»)
Ciganos n.m.pl. ETNOGRAFIA povo provavelmente originário da Índia, que entrou na Europa por volta do século XIV, espalhando-se e dividindo-se em grupos, muitos dos quais preservam características como o nomadismo, a organização tribal e a língua români (De *cigano*)
cigarra n.f. **1** ZOOLOGIA inseto hemíptero, da família dos Cicadídeos, nocivo à agricultura e produtor de sons estridentes **2** [Brasil] ORNITOLOGIA pássaro de canto triste, também denominado chorão e papa-capim **3** [fig.] mulher cantadeira (Do lat. vulg. *cicāra-*, «cigarra», do lat. cl. *cicāda-*, «id.»)
cigarrada n.f. **1** ato de fumar um cigarro **2** porção de cigarros **3** pequena interrupção do trabalho para fumar um cigarro (De *cigarro+-ada*)
cigarrar v.intr. **1** fumar cigarros **2** fazer cigarros (De *cigarro+-ar*)
cigarrear v.intr. ⇒ **fretenir** (De *cigarra+-ear*)
cigarreira n.f. **1** operária de uma fábrica de tabacos **2** caixa ou estojo em que se trazem os cigarros (De *cigarro+-eira*)
cigarreiro n.m. **1** operário fabricante de cigarros **2** ORNITOLOGIA ⇒ **peneireiro**[2] (De *cigarro+-eiro*)
cigarrilha n.f. **1** cigarro com capa de folha do próprio tabaco **2** pequeno charuto **3** tubozinho que contém uma substância medicinal para se aspirar (Do cast. *cigarrillo*, «cigarro»)
cigarrista n.2g. pessoa que fuma cigarros (De *cigarro+-ista*)
cigarro[1] n.m. **1** porção de tabaco enrolado em papel fino (mortalha) para se fumar **2** o que tem a forma deste rolo de tabaco; *não valer um ~ fumado* não valer nada (Do cast. *cigarro*, «charuto»)
cigarro[2] n.m. [Madeira] gafanhoto (De *cigarra*)
cigerão n.m. BOTÂNICA ⇒ **cizirão**
cigude n.m. [pop.] ⇒ **cicuta** (Do lat. *cicūta-*, «cicuta»)
cila n.f. BOTÂNICA planta medicinal, de grande bolbo, da família das Liliáceas, espontânea e frequente em Portugal, também conhecida por cebola-albarrã (Do gr. *skílla*, «cebola-albarrã», pelo lat. *scilla-*, «id.»)
cilada n.f. **1** emboscada preparada para acometer ou atrair alguém; espera **2** traição; ardil; embuste (Do lat. *celāta-*, «coisa oculta» de *celāre*, «ocultar»)
ciladear v.tr. **1** armar ciladas a **2** surpreender (De *cilada+-ear*)
cilarca n.f. BOTÂNICA ⇒ **silarca**
cilaríneo n.m. espécime dos cilaríneos ■ n.m.pl. ZOOLOGIA grupo de crustáceos decápodes a cujo género-tipo pertence a lagosta-das-pedras (De *cílaro+-íneos*)
cílaro n.m. ZOOLOGIA crustáceo decápode macruro, que vive nos mares quentes e temperados, representado em Portugal (Do gr. *skýllaros*, «id.»)
cilha n.f. faixa de tecido ou correia larga que passa por baixo da barriga das cavalgaduras para segurar a sela ou a carga (Do lat. *cingŭla-*, «cinta»)
cilhado adj. diz-se do animal que tem, no sítio correspondente à cilha, uma faixa de pelo diferente do do resto do corpo (Part. pass. de *cilhar*)
cilhadoiro n.m. ⇒ **cilhadouro**
cilhadouro n.m. sítio do corpo das bestas onde se aperta a cilha (De *cilhar+-douro*)
cilhão n.m. cilha grande; cilha-mestra ■ adj. diz-se do cavalo que tem o dorso muito curvado, no local onde se coloca a sela; *dar ao ~* [regionalismo] responder com maus modos, recalcitrar (De *cilha+-ão*)
cilhar v.tr. **1** apertar com cilha **2** cintar; cingir (De *cilha+-ar*)
ciliado adj. que tem cílios; cilífero ■ n.m. espécime dos ciliados ■ n.m.pl. ZOOLOGIA classe de protozoários que possuem cílios locomotores, como as paramécias, as vorticelas, etc. (Part. pass. de *ciliar*)

ciliar *adj.2g.* relativo aos cílios ou às celhas; ***músculo ~*** ANATOMIA músculo do olho que permite a modificação da distância focal da lente cristalina (De *cílio+-ar*)

cílice¹ *adj.,n.2g.* ⇒ **ciliciense** (Do lat. *cilīce-*, «habitante da Cilícia», região da Ásia Menor)

ciliciar *v.tr.* mortificar com cilício ■ *v.pron.* 1 usar cilício 2 penitenciar-se (De *cilício+-ar*)

ciliciense *adj.2g.* relativo à Cilícia, antiga região da Ásia Menor, ou que é seu natural ou habitante ■ *n.2g.* natural ou habitante da Cilícia (Do lat. *ciliciense-*, «da Cilícia»)

cilício¹ *n.m.* 1 vestido tosco de pele de cabra proveniente da Cilícia 2 peça de vestuário incómoda 3 cinto áspero de corda ou arame outrora usado sobre a pele para mortificação e penitência 4 [fig.] mortificação voluntária (Do lat. *cilicĭu-*, «pano da Cilícia, fabricado com pelo de cabra»)

cilício² *adj.,n.m.* ⇒ **ciliciense**

Cílidas *n.m.pl.* ⇒ **Cilídeos**

Cilídeos *n.m.pl.* ICTIOLOGIA família de peixes seláquios a que pertence o cação (Do gr. *skýlion*, «cão-marinho» +*-ídeos*)

cilífero *adj.* que tem cílios; ciliado (Do lat. *cilĭu-*, «cílio» +*-fero*, de *ferre*, «trazer»)

ciliforme *adj.2g.* em forma de cílio ou pestana (Do lat. *cilĭu-*, «cílio» +*forma-*, «forma»)

cilígero *adj.* ⇒ **cilífero** (Do lat. *cilĭu-*, «cílio» +*gerĕre*, «suster»)

cilindrada *n.f.* 1 volume de gás ou vapor admitido por uma máquina de êmbolo, durante um ciclo completo 2 capacidade de um cilindro de motor de explosão (De *cilindro+-ada*)

cilindragem *n.f.* 1 ato ou efeito de cilindrar 2 pressão exercida pelo cilindro (De *cilindrar+-agem*)

cilindrar *v.tr.* 1 comprimir com o cilindro (o pavimento das estradas, etc.) 2 passar o cilindro por 3 esmagar (De *cilindro+-ar*)

cilindricidade *n.f.* qualidade daquilo que é cilíndrico (De *cilíndrico+-i-+-dade*)

cilíndrico *adj.* em forma de cilindro; ***superfície cilíndrica*** aquela que é gerada por uma reta que se move paralelamente a si mesma, apoiada constantemente numa circunferência (De *cilindro+-ico*)

cilindriforme *adj.2g.* que tem forma de cilindro (Do lat. *cylindru-*, «cilindro» +*forma-*, «forma»)

cilindro *n.m.* 1 GEOMETRIA sólido que se obtém, intersetando uma superfície cilíndrica fechada por dois planos, que, paralelos entre si, cortam as geratrizes da superfície 2 rolo 3 designação de alguns aparelhos cuja peça básica tem a forma de rolo 4 MECÂNICA recipiente em cujo interior se move o êmbolo das máquinas a vapor ou dos motores de explosão; ***~ das estradas*** máquina de terraplenagem usada na compactação dos solos; ***~ de revolução*** GEOMETRIA sólido gerado pela rotação completa de um retângulo em torno da reta que contém um dos lados (Do gr. *kýlindros*, «cilindro», pelo lat. *cylindru-*, «id.»)

cilindr(o)- elemento de formação de palavras que exprime a ideia de *cilindro* (Do gr. *kýlindros*, «cilindro», pelo lat. *cylindru-*, «id.»)

cilindrocéfalo *n.m.* TERATOLOGIA aquele que tem a cabeça em forma de cilindro (Do gr. *kýlindros*, «cilindro» +*kephalé*, «cabeça»)

cilindro-eixo *n.m.* HISTOLOGIA prolongamento (celulífugo) do neurónio, que é a parte essencial da fibra nervosa

cilindroide *adj.2g.* que tem forma de cilindro (Do gr. *kylindroeidés*, «de forma cilíndrica», pelo lat. *cylindroïde-*, «id.»)

cilindróide ver nova grafia cilindroide

cilindrómetro *n.m.* instrumento que serve para fabricar com precisão as rodas de relojoaria (De *cilindro-+-metro*)

cílio *n.m.* 1 HISTOLOGIA, ZOOLOGIA prolongamento filiforme, relativamente curto, que pertence a células ou microrganismos e serve na locomoção ou determina correntes alimentares 2 cada um dos pelos que orlam as pálpebras; celha; pestana 3 órgão filamentoso nos vegetais (Do lat. *cilĭu-*, «pestana»)

ciliobranquiado *adj.* ZOOLOGIA que possui brânquias em forma de cílios (Do lat. *cilĭu-*, «cílio» +*branchiae*, «brânquias» +*-ado*)

ciliógrado *adj.* que se move com o auxílio de cílios (Do lat. *cilĭu-*, «cílio» +*gradu-*, «passo»)

cilíolo *n.m.* {*diminutivo de cílio*} pequeno cílio (De *cílio+-olo*)

cilita *n.m.* vinho de cila preparado nas farmácias (De *cila+-ita*)

cilítico *adj.* extraído da cila (Do gr. *skillitikós*, «que foi preparado com sumo de cila», pelo lat. *scillitĭcu-*, «de cila»)

cima *n.f.* 1 a parte mais alta; cimo; cume 2 cumeeira 3 tipo de inflorescência; ***ainda por ~*** além de tudo; ***ao de ~*** à superfície; ***em ~ de*** sobre, na parte superior de; ***por ~ de*** sobre, acima de (Do gr. *kýma*, «rebento novo», pelo lat. vulg. *cyma-*, «a parte mais alta»)

cimácio *n.m.* ARQUITETURA moldura que remata a cornija (Do gr. *kymátion*, «id.» pelo lat. *cymatĭu-*, «cimalha»)

cimalha *n.f.* 1 ARQUITETURA a parte mais alta da cornija 2 parte superior da parede de um edifício, que serve para ocultar o telhado e dar apoio ao algeroz 3 *pl.* trema (Do lat. **cymacŭla-*, dim. de *cyma-*, «a parte mais alta; cimalha»)

cimbalino *n.m.* [regionalismo] café tirado em máquina própria e que fica com uma camada de espuma no topo; expresso (Do it. *Cimbalino*®)

címbalo *n.m.* MÚSICA antigo instrumento musical composto de dois discos côncavos de metal que se percutem, e que deu origem aos pratos (Do gr. *kýmbalon*, «címbalo», pelo lat. *cymbălu-*, «id.»)

cimboa /ô/ *n.f.* [Cabo Verde] MÚSICA instrumento de percussão, de uma só corda de crina, constituído por uma cabaça de coco com o tampo de pele de cabrito e um braço mais ou menos flexível (Do crioulo *simbuâ*, «id.»)

cimbre *n.m.* armação de madeira ou metal destinada a suportar os materiais dos arcos ou abóbadas durante a sua execução; simples; cambota (Do lat. vulg. *cinctūra*, «cintura», pelo fr. ant. e dial. *cindre*, hoje *cintre*, «arco de abóbada»)

címbrico *adj.* relativo aos Cimbros (De *cimbro+-ico*)

cimbro¹ *n.m.* molusco fluvial (De orig. obsc.)

cimbro² *n.m.* indivíduo pertencente aos Cimbros

Cimbros *n.m.pl.* ETNOGRAFIA antigo povo do Norte da Germânia que invadiu a Gália no séc. II a. C. (Do lat. *Cimbros*, «id.»)

cimeira *n.f.* 1 ponto mais alto; cume 2 conferência em que participam as autoridades máximas de Estados, para debater e decidir sobre temas de importância mundial; reunião de dirigentes; reunião de cúpula 3 ornamento do cimo do capacete 4 elmo 5 HERÁLDICA figura de animal no cimo do timbre, no escudo 6 BOTÂNICA inflorescência cujo eixo é formado sucessivamente de vários ramos que saem em posição oposta às brácteas (De *cimeiro*)

cimeiro *adj.* 1 que está no cimo; o mais alto 2 muito importante (De *cimo+-eiro*)

cimélio *n.m.* 1 preciosidade 2 alfaia preciosa de igreja (Do gr. *keimélion*, «joia»)

cimentação *n.f.* ato ou modo de cimentar (De *cimentar+-ção*)

cimentar *v.tr.* 1 unir ou cobrir com cimento 2 argamassar 3 [fig.] consolidar 4 [fig.] fundamentar (De *cimento+-ar*)

cimenteira *n.f.* 1 local onde é produzido cimento 2 local para coincineração de resíduos industriais que se transformam em cimento (De *cimento+-eira*)

cimento *n.m.* 1 mistura em pó de calcário e de argila cuja argamassa adquire muita dureza e resistência 2 massa que serve para ligar partes sólidas entre si 3 substância intersticial nos tecidos do organismo 4 [fig.] fundamento; alicerce (Do lat. *caementu-*, «pedra de alvenaria»)

cimério *adj.* tenebroso; obscuro; lúgubre ■ *n.m.* indivíduo pertencente aos Cimérios

Cimérios *n.m.pl.* ETNOGRAFIA antigo povo das margens do Ponto Euxino (mar Negro), que invadiu a Lídia no séc. VII a. C. (Do lat. *cimmerău-*, do pl. *cimmerăi*, «os Cimérios, povo da Cítia»)

Cimicídeos *n.m.pl.* ZOOLOGIA família de insetos hemípteros a que pertencem os percevejos (De *cīmice-+-ídeos*)

cimitarra *n.f.* espada de folha larga e curva; alfange (Do pers. *shimshir* ou *shemshir*, «espada», pelo cast. *cimitarra*, «id.»)

cimo *n.m.* parte mais elevada; o alto; cume; cima (De *cima*)

cimógrafo *n.m.* 1 aparelho que regista graficamente as variações de pressão ou movimento 2 aparelho que serve para medir as pulsações de um febricitante (Do gr. *kýma*, «pulsação» +*gráphein*, «escrever; registar»)

cinabre *n.m.* 1 [regionalismo] viga de reforço do madeiramento dos telhados 2 MINERALOGIA ⇒ **cinábrio**

cinabrino *adj.* 1 da cor do cinábrio; avermelhado 2 preparado com cinábrio (De *cinábrio+-ino*)

cinábrio *n.m.* MINERALOGIA mineral que é, quanto à composição química, o sulfureto de mercúrio (HgS), cristaliza no sistema trigonal, tem cor vermelha e é minério de mercúrio; cinabre (Do gr. *kinnábari*, «id.», pelo lat. *cinnabăre-*, «id.»)

cinacanta *n.f.* [ant.] roseira brava (Do gr. *kynákantha*, «roseira brava», pelo lat. *cynacantha-*, «id.»)

cinamomo /ô/ *n.m.* 1 BOTÂNICA género de plantas da família das Lauráceas (género *Cinnamomum*) a que pertencem também a caneleira e a canforeira 2 BOTÂNICA árvore exótica e ornamental da família das Meliáceas 3 MINERALOGIA mineral (silicato complexo) cor de canela, que cristaliza no sistema cúbico (Do gr. *kínnamon*, «caneleira», pelo lat. *cinnamōmu-*, «cinamomo»)

cinantropia *n.f.* MEDICINA estado patológico em que o doente se julga cão e procura imitá-lo (Do gr. *kýon, kynós*, «cão» +*ánthropos*, «homem» +*-ia*)

cinantropo /ô/ *n.m.* aquele que sofre de cinantropia (Do gr. *kýon, kynós*, «cão» +*ánthropos*, «homem»)

Cinaráceas *n.f.pl.* BOTÂNICA ⇒ **Compostas** (Do gr. *kinára*, «alcachofra», pelo lat. *cinăra-*, «id.» +*-áceas*)

cinarina *n.f.* princípio ativo extraído da alcachofra (Do gr. *kinára*, «alcachofra» +*-ina*)

cinca *n.f.* **1** perda de cinco pontos no jogo da bola **2** [fig.] erro; gralha (Do cast. *cinca*, «id.»)

cincada *n.f.* ação de cincar; falha (Part. pass. fem. subst. de *cincar*)

cincar *v.intr.* dar cincas; errar; falhar ■ *v.tr.* [regionalismo] esgotar (De *cinca*+*-ar*)

cinceiro *n.m.* [Brasil] nevoeiro espesso (De orig. obsc.)

cincerro /ê/ *n.m.* chocalho (Do vasc. *zinzerri*, «id.», pelo cast. *cencerro*, «id.»)

cincha *n.f.* [Brasil] cilha (Do lat. *cingŭla-*, «cilha»)

cinchar[1] *v.tr.* apertar (o queijo) nos cinchos (De *cincho*+*-ar*)

cinchar[2] *v.tr.* [Brasil] pôr cincha a (De *cincha*+*-ar*)

cincho *n.m.* **1** aro onde se aperta e espreme o queijo **2** grade ou crivo cilíndrico onde se deita o bagaço para ser prensado (Do lat. *cingŭlu-*, «cinto»)

cinchona /ô/ *n.f.* ⇒ **chinchona**

cinchónea *n.f.* BOTÂNICA espécime das cinchóneas ■ *n.f.pl.* BOTÂNICA grupo de plantas da família das Rubiáceas a que pertence a quineira (De *cinchona*+*-eas*)

cinchonina *n.f.* FARMÁCIA, QUÍMICA alcaloide extraído da casca da quina (De *cinchona*+*-ina*)

Cinclídeos *n.m.pl.* ORNITOLOGIA família de aves (pássaros) que vivem nas margens dos cursos de água, donde retiram os alimentos, são comuns em toda a Europa e a cujo género-tipo pertence o cinclo (De *cinclo*+*-ídeos*)

cínclise *n.f.* **1** piscadela; pestanejo **2** estado nervoso de quem pestaneja continuamente (Do gr. *kígklisis*, «agitação»)

cinclo *n.m.* ORNITOLOGIA pássaro da família dos Cinclídeos, mergulhador, de plumagem preta, mas branca no peito, que vive nas margens dos cursos de água e é comum em toda a Europa (Do gr. *kígklos*, «cinclo; melro-d'água», pelo fr. *cincle*, «id.»)

cinco *num.card.* >*quant.num.*^{DT} quatro mais um ■ *n.m.* **1** o número 5 e a quantidade representada por esse número **2** o que, numa série, ocupa o quinto lugar **3** carta de jogar, peça de dominó ou face de dado com cinco pintas (Do lat. vulg. *cinque*, «id.», por *quinque*, «id.»)

cinco-em-ramo *n.m.2n.* BOTÂNICA planta prostrada, da família das Rosáceas, espontânea em Portugal, também denominada potentilha

cinco-réis *n.m.2n.* **1** antiga moeda **2** [fig.] coisa sem importância; ~ *de gente* indivíduo sem importância, criançola, fedelho

cindir *v.tr.* **1** cortar; separar; dividir **2** [fig.] desavir (Do lat. *scindĕre*, «rasgar; fender»)

cindível *adj.2g.* **1** suscetível de ser cindido **2** FÍSICA diz-se dos materiais que contêm núcleos que dão lugar a cisão quando bombardeados com neutrões de qualquer energia (De *cindir*+*-vel*)

cine *n.m.* forma reduzida de *cinema*

cine- elemento de formação de palavras que exprime a ideia de *cinema* ou de *movimento* (Do gr. *kineîn*, «mover»)

cineasta *n.2g.* pessoa que se dedica ao cinema; realizador (Do fr. *cinéaste*, «id.»)

cineclube *n.m.* clube de amadores de cinema, em que se estuda as técnicas e a história do cinema, geralmente após a projeção de um filme (De *cine-*+*clube*)

cineclubismo *n.m.* série de atividades levadas a cabo por um cineclube (De *cineclube*+*-ismo*)

cineclubista *adj.,n.2g.* que ou o que é membro e/ou participa nas atividades de um cineclube (De *cineclube*+*-ista*)

cinefilia *n.f.* paixão do cinema (Do gr. *kíne(ma)*, «movimento» +*phílos*, «amigo» +*-ia*)

cinéfilo *adj.* **1** que é amador do cinema **2** [pop.] elegante; bem-parecido ■ *n.m.* aquele que é amador do cinema (Do gr. *kíne(ma)*, «movimento» +*phílos*, «amigo»)

cinegética *n.f.* **1** arte de caçar com o auxílio de cães **2** arte da caça (Do gr. *kynegetiké (tékhne)*, «(arte) de caçar», pelo lat. *cynegetĭca-*, «id.»)

cinegético *adj.* relativo à caça (Do gr. *kynegetikós*, «id.»)

cinema /ê/ *n.m.* **1** arte de fazer filmes para projeção **2** espetáculo de projeção de filmes **3** estabelecimento ou sala destinada à projeção de filmes **4** carreira profissional na arte cinematográfica **5** indústria que produz os filmes; ~ *de animação* técnica cinematográfica que se baseia em fotografar uma sequência de fotografias de desenhos ou bonecos, visando a sugestão de movimento, desenhos animados (Red. de *cinematógrafo*, do gr. *kínema, -atos,* «movimento»+*gráphein*, «descrever»)

cinemascópio *n.m.* sistema de projeção cinematográfica que utiliza lentes especiais para adaptar a imagem a um ecrã panorâmico e que acentua a sensação de se estar no próprio local da ação (Do gr. *kínema*, «movimento» +*skopeîn*, «observar»)

cinemateca *n.f.* **1** organismo criado para a conservação das obras cinematográficas que apresentam algum valor artístico, documental, técnico, científico ou histórico **2** lugar onde se projetam essas obras (De *cinema*+*-teca*)

cinemática *n.f.* FÍSICA capítulo da mecânica que estuda o movimento independentemente das forças que o produzem ou modificam (Do gr. *kínema, -atos*, «movimento» +*-ica*)

cinemático *adj.* relativo ao movimento (Do gr. *kinematikós*, «id.»)

cinemato- ⇒ **cine-** (Do gr. *kínema, -atos*, «movimento»)

cinematografar *v.tr.* **1** filmar **2** reproduzir pela cinematografia (De *kínema, -atos,* «movimento» +*gráphein*, «escrever; registar»)

cinematografia *n.f.* **1** processo de projetar na tela imagens em movimento **2** arte que utiliza esse processo como meio de expressão **3** indústria produtora de filmes (Do gr. *kínema, -atos,* «movimento» +*gráphein*, «escrever; registar» +*-ia*)

cinematográfico *adj.* relativo à cinematografia (De *cinematografia*+*-ico*)

cinematógrafo *n.m.* **1** aparelho pioneiro inventado no século XIX, que projetava sobre uma tela uma sequência de fotografias a um ritmo rápido dando a ilusão de imagens em movimento; animatógrafo **2** [ant.] cinema (Do gr. *kínema, -atos,* «movimento» +*gráphein*, «escrever; registar»)

cinematoscópio *n.m.* ⇒ **cinemascópio** (Do gr. *kínema, -atos,* «movimento» +*skopeîn*, «observar» +*-io*)

cineração *n.f.* ação de cinerar; redução a cinzas; incineração (De *cinerar*+*-ção*)

cinerama *n.m.* sistema cinematográfico em que a projeção é feita sobre um ecrã panorâmico semicircular com três projetores de ação sincrónica que reúnem as três imagens numa só, dando ao espectador a ilusão de relevo (Do ing. *cinerama*)

cinerar *v.tr.* reduzir a cinzas; incinerar (Do lat. *cinĕre-*, «cinza» +*-ar*)

cinerária *n.f.* **1** BOTÂNICA nome vulgar de algumas plantas ornamentais, especialmente da família das Compostas, de flores vistosas **2** BOTÂNICA flor destas plantas (De *cinerário*)

cinerário *adj.* **1** relativo a cinzas **2** que contém os restos mortais de alguém **3** mortuário; fúnebre (Do lat. *cinerarĭu-*, «de cinza»)

cinérea *n.f.* variedade de videira americana (De *cinéreo*)

cinéreo *adj.* ⇒ **cinzento** (Do lat. *cinerĕu-*, «id.»)

cinerício *adj.* ⇒ **cinzento** (Do lat. *cinericĭu-*, «semelhante a cinza»)

cineriforme *adj.2g.* semelhante a cinza (Do lat. *cinĕre-*, «cinza» +*forma-*, «forma»)

cinerito *n.m.* PETROLOGIA rocha constituída por cinzas vulcânicas consolidadas; tufo vulcânico (Do lat. *cinĕre-*, «cinza» +*-ito*)

cinescopia *n.f.* processo de determinar a refração ocular (Do gr. *kineîn*, «mover» +*skopeîn*, «ver» +*-ia*)

cinescópio *n.m.* ELETRÓNICA tubo em que se forma a imagem nos recetores de televisão (De *cine-*+*-scópio*)

cinesia *n.f.* MEDICINA designação geral dos métodos de tratamento médico que obrigam o organismo a executar movimentos ativos e passivos; cinesioterapia (Do gr. *kínesis*, «movimento; dança» +*-ia*)

cinésica *n.f.* disciplina que estuda o significado expressivo dos gestos e dos movimentos corporais que acompanham os atos linguísticos (posturas, expressões faciais, etc.); estudo da linguagem corporal (Fem. subst. de *cinésico*)

cinesiologia *n.f.* estudo da mecânica dos movimentos corporais (Do gr. *kínesis*, «movimento»+*logos*, «estudo»+*-ia*)

cinesioterapia *n.f.* MEDICINA designação geral dos métodos de tratamento médico que obrigam o organismo a executar movimentos ativos e passivos; cura pelo movimento (Do gr. *kínesis*, «movimento; dança» +*therapeía*, «terapêutica»)

cinesiterapia *n.f.* MEDICINA ⇒ **cinesioterapia**

cinestesia *n.f.* sentido pelo qual se tem a perceção dos membros e dos movimentos corporais (Do gr. *kineîn*, «mover» +*aísthesis*, «sensibilidade» +*-ia*)

cinestésico *adj.* relativo a cinestesia (De *cinestesia*+*-ico*)

cineteatro *n.m.* casa de espetáculos com capacidade para a representação de peças de teatro e para a projeção de filmes

cinética *n.f.* FÍSICA capítulo da mecânica que estuda o movimento independentemente das forças que o produzem ou modificam; cinemática (Do gr. *kinetiké (tékhne)*, «a arte de pôr em movimento»)

cinético *adj.* relativo ao movimento; *energia cinética* FÍSICA modalidade da energia mecânica inerente aos corpos materiais em movimento, igual a metade do produto da massa pelo quadrado da velocidade; *momento ~* FÍSICA momento em que a quantidade de movimento é igual a metade do produto da massa pelo quadrado da velocidade (Do gr. *kinetikós*, «que põe em movimento»)

cinetofone *n.m.* aparelho que realiza a combinação do cinematógrafo com o fonógrafo (Do gr. *kinetós*, «móvel» +*phoné*, «voz»)

cinetoscópio *n.m.* aparelho precursor do cinematógrafo, composto por uma caixa de madeira com um orifício na parte superior contendo uma lente, pela qual uma pessoa de cada vez podia ver imagens em movimento (Do gr. *kinetós*, «móvel» +*skopeîn*, «observar»)

cingalês *adj.* relativo ou pertencente ao Sri Lanca (antigo Ceilão) ■ *adj.,n.m.* que ou pessoa que é natural ou habitante do Sri Lanca ■ *n.m.* idioma do Sri Lanca (Do tâm. *cingalá*, «a língua de Ceilão» + -*ês*)

cingel *n.m.* junta de bois; jugo (Do lat. *cingellu*- por *cingŭlu*-, «cinto»)

cingelada *n.f.* ⇒ **cingel** (De *cingel*+-*ada*)

cingeleiro *n.m.* 1 dono ou condutor de cingel 2 boieiro que ajuda no arrasto das redes de pesca (De *cingel*+-*eiro*)

cingideira *n.f.* dedo médio, nas aves de rapina (De *cingir*+-*deira*)

cingidoiro *n.m.* ⇒ **cingidouro**

cingidouro *n.m.* 1 cinta 2 faixa de criança 3 lugar onde se aperta a cinta 4 cintura (De *cingir*+-*douro*)

cingir *v.tr.* 1 apertar ao peito; abraçar 2 apertar em volta; cercar 3 pôr à cinta 4 atar com cinto 5 ligar 6 reprimir; restringir 7 [fig.] pôr à volta da cabeça ■ *v.pron.* 1 andar rente a 2 apertar-se 3 limitar-se (Do lat. *cingĕre*, «cingir»)

cíngulo *n.m.* 1 (liturgia católica) cordão com que o sacerdote aperta a alva em volta da cintura, símbolo de continência e pureza 2 BIOLOGIA órgão ou estrutura semelhante a um cinto 3 ANATOMIA feixe de fibras associativas, na face interna dos hemisférios cerebrais, que circundam o corpo caloso 4 ZOOLOGIA ⇒ **clitelo** (Do lat. *cingŭlu*-, «cinto, cintura»)

cinianja *n.m.* língua banta falada pela etnia dos Nianjas; nianja (De *ci*-, ind. de língua, + vernáculo *Nianja*, etn.)

cínico *adj.* 1 FILOSOFIA adepto do cinismo 2 desavergonhado; descarado; impudente 3 sarcástico (Do gr. *kynikós*, «de cão; cínico», pelo lat. *cynĭcu*-, «id.»)

cínipe *n.m.* ZOOLOGIA pequeno inseto himenóptero cujas picadas produzem cecídias (Do gr. *sknĭps, -pós*, «verme da madeira»)

Cinipídas *n.m.pl.* ZOOLOGIA ⇒ **Cinipídeos**

cinipídeo *n.m.* ZOOLOGIA espécime dos Cinipídeos ■ *adj.* relativo ou pertencente aos Cinipídeos

Cinipídeos *n.m.pl.* ZOOLOGIA família de insetos himenópteros produtores de cecídias (De *cínipe*+-*ídeos*)

cinira *n.f.* MÚSICA harpa de dez cordas, de som plangente (Do gr. *kínyra*, «harpa de dez cordas», pelo lat. *cinyra*-, «instrumento de corda»)

cinismo *n.m.* 1 FILOSOFIA sistema filosófico de uma seita da Grécia antiga, que encarava a felicidade como decorrente da virtude, único bem, com total desprezo dos demais valores, convenções e opiniões geralmente aceites 2 impudência; descaramento 3 sarcasmo (Do gr. *kynismós*, «filosofia dos cínicos», pelo lat. *cynismu*-, «cinismo»)

cino- elemento de formação de palavras que exprime a ideia de cão (Do gr. *kýon, kinós*, «cão»)

cinocéfalo *adj.* que possui cabeça (ou focinho) parecida com a do cão ■ *n.m.pl.* ZOOLOGIA grupo de macacos catarrinos com o focinho relativamente comprido, semelhante ao do cão (Do gr. *kynoképhalos*, «com cabeça de cão», pelo lat. *cynocephăle*- id.»)

cinofagia *n.f.* costume de comer carne de cão (Do gr. *kýon*, «cão» +*phageîn*, «comer» +-*ia*)

cinófago *n.m.* aquele que come carne de cão (Do gr. *kýon*, «cão» +*phageîn*, «comer»)

cinofilia *n.f.* amizade aos cães (Do gr. *kýon*, «cão» +*philía*, «amizade»)

cinófilo *adj.* amigo dos cães (Do gr. *kýon*, «cão» +*phílos*, «amigo»)

cinofobia *n.f.* horror aos cães (Do gr. *kýon*, «cão» +*phóbos*, «horror» +-*ia*)

cinófobo *adj.* que tem horror aos cães (Do gr. *kýon*, «cão» +*phóbos*, «horror»)

cinoglossa *n.f.* BOTÂNICA nome vulgar de algumas plantas da família das Boragináceas, espontâneas, como a cinoglossa-de-folha--de-goivo, a cinoglossa-de-flor-fechada, etc. (Do gr. *kýon*, «cão» +*glôssa*, «língua» [= língua-de-cão, designação pop.])

cinografia *n.f.* estudo científico, descritivo, acerca dos cães (Do gr. *kýon*, «cão» +*gráphein*, «escrever» +-*ia*)

cinomorfo *adj.* semelhante ao cão (Do gr. *kýon*, «cão» +*morphé*, «forma»)

cinorexia /cs/ *n.f.* MEDICINA ⇒ **bulimia** (Do gr. *kýon*, «cão» +*órexis*, «apetite; fome» +*ia*)

Cinosura *n.f.* ASTRONOMIA constelação da Ursa Menor (Do lat. *Cynosūra*-, «Ursa Menor»)

cinosuro *adj.* que tem cauda semelhante à do cão (Do gr. *kýon, kynós*, «cão» +*ourá*, «cauda»)

cinotecnia *n.f.* estudo da anatomia, comportamento, psicologia, etc., de raças caninas, que tem por objetivo o treino e a criação de cães (De *cino*-+-*tecnia*)

cinotécnico *adj.* relativo a cinotecnia ■ *n.m.* especialista em cinotecnia (De *cinotecnia*+-*ico*)

cinqueiro *adj.* que é useiro e vezeiro em dar cincas (De *cincar*+ -*eiro*)

cinquenta /qu-en/ *num.card.* >*quant.num.* DT quarenta mais dez ■ *n.m.* 1 o número 50 e a quantidade representada por esse número 2 o que, numa série, ocupa o quinquagésimo lugar (Do lat. vulg. *cinquaginta*, por *quinquaginta*, «id.»)

cinquentão /qu-en/ *adj.,n.m.* que ou pessoa que tem entre 50 e 59 anos de idade (De *cinquenta*+-*ão*)

cinquentavo /qu-en/ *n.m.* quinquagésima parte da unidade (De *cinquenta*+-*avo*)

cinquentenário /qu-en/ *n.m.* celebração do quinquagésimo aniversário de uma pessoa ou de um acontecimento (Do lat. vulg. *cinquentenarĭu*-, «id.»)

cinquinho *n.m.* [pop.] antiga moeda de cinco réis (De *cinco*+-*inho*)

cinta *n.f.* 1 faixa comprida de pano ou couro para apertar ou cingir 2 cinto 3 tira de papel para envolver jornais e outros impressos 4 fita ou pequena faixa que cerca a copa do chapéu 5 parte inferior do busto; cintura 6 (vestuário) parte que marca a zona da cintura; cós 7 peça de vestuário interior feminino, de malha elástica, normalmente usada para adelgaçar a cintura 8 disposição em círculo 9 ARQUITETURA filete; anel 10 viga de betão armado existente ao longo das paredes dos edifícios 11 *pl.* pranchões que cingem o navio em todo o comprimento

cintado *adj.* 1 (vestuário) ajustado à cintura 2 (livro) que tem uma cinta (Part. pass. de *cintar*)

cintador *adj.,n.m.* que ou aquele que põe as cintas nos jornais, livros, etc., para expedir pelo correio (De *cintar*+-*dor*)

cintar *v.tr.* 1 pôr cinta em 2 cercar 3 cingir 4 guarnecer em roda com arcos de ferro, madeira, etc. 5 apertar (peça de vestuário) de forma a vincar a cintura (De *cinta*+-*ar*)

cinteiro *n.m.* 1 homem que faz ou vende cintas 2 fita de atar os cueiros 3 fita que guarnece a copa do chapéu junto à aba (De *cinta*+-*eiro*)

cintel *n.m.* 1 área circular onde gira o animal que faz mover a nora, engenho, etc. 2 instrumento de canteiro ou pedreiro que substitui o compasso, em círculos de grande raio 3 cincho 4 peça lateral, no fundo das vasilhas de madeira (De *cinto*+-*el*)

cintigrafia *n.f.* MEDICINA método de investigação clínica pelo qual se deteta num órgão ou tecido a presença de uma substância radioativa que se injetou (De *cintil(ação)*+-*o*-+-*grafia*)

cintigrama *n.m.* MEDICINA diagrama que mostra a distribuição no organismo de um marcador radioativo

cintila *n.f.* ⇒ **centelha** (Do lat. *scintilla*-, «centelha»)

cintilação *n.f.* 1 ato ou efeito de cintilar 2 ASTRONOMIA incessante e brusca mudança de intensidade de brilho e de cor das estrelas, devido à refração atmosférica 3 FÍSICA emissão localizada de luz, de curta duração, produzida num meio sólido ou líquido apropriado, pela absorção de um fotão ou de uma partícula ionizante 4 fulguração; tremulação 5 [fig.] esplendor (Do lat. *scintilatiōne*-, «id.»)

cintilador *adj.* FÍSICA diz-se de um material que converte a energia das partículas ionizantes em energia radiante visível ■ *n.m.* substância capaz de produzir luminescência (De *cintilar*+-*dor*)

cintilante *adj.2g.* 1 que cintila; fulgurante; luminoso 2 vivo 3 fascinante (Do lat. *scintillante*-, «id.», part. pres. de *scintillāre*, «cintilar»)

cintilar *v.intr.* brilhar como centelha; tremeluzir; fulgurar; faiscar; resplandecer ■ *v.tr.* irradiar (Do lat. *scintillāre*, «cintilar»)

cintilho *n.m.* 1 {*diminutivo de cinto*} pequeno cinto 2 cinto enriquecido de pedrarias 3 fita de chapéu (Do cast. *cintillo*, «fita de chapéu»)

cinto n.m. 1 faixa de couro ou de outro material com que se ajusta o vestuário à cintura; cinta 2 cós 3 cerca 4 zona; ~ *de castidade* dispositivo de ferro que as mulheres eram obrigadas a usar antigamente (sobretudo na Idade Média) para as impedir de ter relações sexuais; ~ *de segurança* dispositivo que, num avião ou num automóvel, prende o passageiro ao assento, como medida de segurança; *apertar o* ~ reduzir os gastos por necessidade; *fazer bom* ~ fazer boa caçada de perdizes e coelhos (Do lat. *cinctu*-, part. pass. de *cingĕre*, «cingir»)

cintradora n.f. MECÂNICA prensa de dobrar ou de curvar

cintura n.f. 1 região exterior do corpo humano, imediatamente acima dos quadris 2 parte do vestuário que rodeia e aperta essa região do corpo; cós 3 conjunto de peças esqueléticas que formam a região basilar dos membros dos vertebrados 4 cinta 5 cerca 6 zona que circunda um espaço; ~ *industrial* conjunto de instalações industriais que circundam normalmente uma grande cidade; ~ *pélvica* ANATOMIA estrutura óssea em forma de cintura, que é constituída pelos dois ossos ilíacos, articulados entre si e o sacro, e forma a base do tronco, à qual se ligam os membros inferiores; *linha de* ~ conjunto de fortes dispostos a certa distância uma fortificação ou povoação para a defender de bombardeamentos, linha de caminho de ferro que circunda uma cidade (Do lat. *cinctūra*-, «id.»)

cinturado adj. 1 que tem cintura 2 apertado na cintura (Part. pass. de *cinturar*)

cinturão n.m. 1 cinto largo 2 (militares, caçadores) cinto largo e forte para suportar material como cartucheiras e armas 3 (artes marciais) faixa de tecido usada para apertar o quimono, com cores diferentes de acordo com o nível do praticante (De *cintura*+-*ão*)

cinturar v.tr. 1 pôr cinto em 2 envolver 3 dar a forma de cintura a 4 adelgaçar (De *cintura*+-*ar*)

cinza n.f. 1 resíduo sólido, incombustível, que resulta das combustões de algumas substâncias 2 [fig.] dor; luto; mortificação 3 pl. restos mortais ■ adj.2g. cinzento ■ n.m. cor cinzenta (Do lat. *cinisĭa*-, de *cinis*, «cinza»)

cinzar v.tr.,intr. dar ou tomar a cor da cinza (De *cinza*+-*ar*)

cinzeiro n.m. 1 recipiente apropriado para os fumadores deitarem a cinza e as pontas dos cigarros 2 montão de cinza 3 lugar onde cai ou se junta cinza 4 doença provocada por certos fungos (oídios) nalgumas plantas, em especial na videira 5 esses fungos (De *cinza*+-*eiro*)

cinzel n.m. 1 instrumento cortante numa das extremidades, que serve para lavrar ou gravar pedras e metais 2 [fig.] a escultura; a gravura (Do lat. pop. *cisellu*-, alt. de *caesellu*-, de *caedĕre*, «cortar», pelo fr. ant. *cisel*, «cinzel; tesoura»)

cinzelado adj. lavrado a cinzel; esculpido ■ n.m. trabalho feito a cinzel (Part. pass. de *cinzelar*)

cinzelador n.m. aquele que cinzela; escultor; gravador (De *cinzelar*+-*dor*)

cinzeladura n.f. 1 ato ou efeito de cinzelar 2 trabalho feito a cinzel (De *cinzelar*+-*dura*)

cinzelagem n.f. 1 ato ou efeito de cinzelar 2 cinzeladura (De *cinzelar*+-*agem*)

cinzelamento n.m. ⇒ **cinzelagem** (De *cinzelar*+-*mento*)

cinzelar v.tr. 1 lavrar a cinzel; esculpir 2 [fig.] aprimorar; esmerar (De *cinzel*+-*ar*)

cinzento adj. da cor da cinza; pardacento (De *cinza*+-*ento*)

cinzento-claro adj. que apresenta uma tonalidade clara de cinzento ■ n.m. essa tonalidade

cinzento-escuro adj. que apresenta uma tonalidade escura de cinzento ■ n.m. essa tonalidade

cínzeo adj. que tem o aspeto ou a consistência da cinza (De *cinza*+-*eo*)

cio n.m. 1 BIOLOGIA estado cíclico das fêmeas de muitos mamíferos, caracterizado por uma série de alterações fisiológicas favoráveis à fecundação e à gestação 2 manifestação do apetite sexual, nos animais, nas épocas próprias da reprodução 3 [fig.] desejo sexual intenso (no ser humano); luxúria 4 [regionalismo] vigor das plantas (Do gr. *zêlos*, «fervor; zelo», pelo lat. *zelu*-, «zelo; ardor»)

ciocho /ô/ n.m. [regionalismo] ORNITOLOGIA nome por que, em algumas regiões, se designa a escrevedeira, que é uma cia (De *cia*+-*ocho*)

ciografia n.f. 1 corte vertical ou transversal de um edifício ou maquinismo para se ver a disposição interior 2 processo de conhecer as horas pelas sombras (Do gr. *skiographía*, «esboço»)

cióptico ver nova grafia ciótico

cioso /ô/ adj. 1 ciumento 2 zeloso; cuidadoso 3 que deseja conservar intacto o prestígio 4 invejoso (De *cio*+-*oso*)

ciótico adj. 1 relativo a ciótica 2 relativo à visão no escuro (Do gr. *skiá*, «sombra»+*óptico*, segundo o padrão grego)

Ciperáceas n.f.pl. BOTÂNICA família de plantas monocotiledóneas, herbáceas, com folhas invaginantes, a que pertencem as juncas (De *ciperáceo*)

ciperáceo adj. relativo ou pertencente às Ciperáceas ■ n.m. espécime das Ciperáceas (Do gr. *kypeirós*, «junça cheirosa», pelo lat. *cypīru*-, «id.»+-*áceo*)

cipo n.m. 1 coluna truncada que os antigos punham em cima das sepulturas 2 marco miliário 3 coluna com inscrições 4 pedra tumular 5 tronco de uma família (Do lat. *cippu*-, «poste; marco»)

cipó n.m. 1 [Brasil] BOTÂNICA designação de muitas plantas, de várias famílias, com os caules sarmentosos ou trepadores, muito vulgares nas florestas 2 cacete; pau 3 corda especial feita de ramos flexíveis de plantas (Do tupi *isi'po*, «id.»)

cipoada n.f. pancada com cipó; cacetada (De *cipó*+-*ada*)

cipoal n.m. mata de cipós (De *cipó*+-*al*)

cipó-de-chumbo n.m. BOTÂNICA ⇒ **xiriubeira**

cipó-de-reino n.m. BOTÂNICA planta de caule sarmentoso, da família das Ranunculáceas, espontânea em Portugal

cipolino n.m. 1 GEOLOGIA rocha metamórfica, cálcica, com xistosidade 2 variedade de mármore (Do it. *cipollino*, «cebolinha»)

ciprestal n.m. sítio onde crescem ciprestes (De *cipreste*+-*al*)

cipreste n.m. BOTÂNICA árvore gimnospérmica, da família das Pináceas, cultivada com fins ornamentais, também conhecida por acipreste 2 [fig.] tristeza 3 [fig.] morte; luto (Do gr. *kypárissos*, «cipreste», pelo lat. *cupressu*-, pelo b. lat. *cypressu*-, «id.»)

cíprico adj. relativo a Cipris (Vénus) (Do lat. *Cipris*, «Vénus»+-*ico*)

cipridofobia n.f. horror às doenças venéreas (Do gr. *Kýpris*, -*idos*, «Vénus de Chipre; moléstia venérea»+*phóbos*, «medo»+-*ia*)

cipridologia n.f. MEDICINA ⇒ **venereologia** (Do gr. *Kýpris*, -*idos*, «Vénus de Chipre; moléstia venérea»+*lógos*, «tratado»+-*ia*)

Ciprínidas n.m.pl. ICTIOLOGIA ⇒ **Ciprinídeos**

ciprinídeo adj. relativo ou pertencente aos Ciprinídeos ■ n.m. ZOOLOGIA, ICTIOLOGIA espécime dos Ciprinídeos

Ciprinídeos n.m.pl. 1 ICTIOLOGIA família de peixes teleósteos, de água doce, a que pertencem o barbo, a carpa, a tenca, etc. 2 ZOOLOGIA família de moluscos lamelibrânquios a que pertencem várias espécies frequentes em Portugal (Do gr. *kyprînos*, «carpa»+-*ídeos*)

ciprino n.m. óleo obtido da alfena (planta) (Do gr. *kýprinon*, «id.», pelo lat. *cyprīnu*-, «id.»)

cíprio adj.,n.m. ⇒ **cipriota** (Do gr. *kýprios*, «id.»)

cipriota adj.2g. referente a Chipre ■ n.2g. natural ou habitante de Chipre (Do it. *cipriota*, de *Cipro*, «ilha de Chipre»)

Cipsélidas n.m.pl. ORNITOLOGIA ⇒ **Cipselídeos**

cipselídeo adj. relativo ou pertencente aos Cipselídeos ■ n.m. ORNITOLOGIA espécime dos Cipselídeos

Cipselídeos n.m.pl. ORNITOLOGIA família de pássaros com todos os quatro dedos de cada membro voltados para diante (Do gr. *kýpselos*, «gavião», pelo lat. *cypsĕlu*-, «id.»+-*ídeos*)

ciranda n.f. 1 peneira grossa; crivo 2 cantiga e dança populares 3 tabuleiro de madeira usado na secagem das rolhas de cortiça (Do ár. *çârand*, de *sarda*, «peneirar; joeirar»)

cirandado adj. 1 peneirado 2 [fig.] saracoteado (Part. pass. de *cirandar*)

cirandagem n.f. 1 ato ou efeito de cirandar 2 porção de areia cirandada 3 corpos que não passam pelos orifícios da ciranda 4 [fig.] frioleira; futilidade; bagatela (De *ciranda*+-*agem*)

cirandar v.tr. limpar (os cereais) com ciranda; joeirar ■ v.intr. 1 cantar e dançar a ciranda 2 [fig.] dar voltas; andar de um lado para o outro (De *ciranda*+-*ar*)

cirandeira n.f. 1 [pop.] mulher que anda sempre de um lado para outro 2 [pop.] trabalhadeira (De *ciranda*+-*eira*)

cirandinha n.f. (dança) ⇒ **ciranda** 2 (De *ciranda*+-*inha*)

circassiano adj. relativo à região no Norte do Cáucaso ou aos seus habitantes ■ n.m. 1 natural ou habitante da Circássia, região no Norte do Cáucaso 2 uma das línguas caucásicas (De *Circássia*-, top. +-*ano*)

circatejano adj. situado nas margens do rio português Tejo ou referente às mesmas (Do lat. *circa*, «em volta de»+port. *Tejo*+-*ano*)

circense adj.2g. relativo ao circo ■ n.m.pl. espetáculos do circo, entre os Romanos (Do lat. *circenses*, «jogos do circo»)

circiadela n.f. ato ou efeito de circiar (De *circiar*+-*dela*)

circiar v.tr. passar com o círcio em (Do lat. *circināre*, «percorrer, formando círculo»)

circinado adj. BOTÂNICA diz-se da prefoliação em que as folhas juvenis aparecem enroladas em espiral, como no polipódio, feto-macho, etc. (Do lat. *circinātu-*, part. pass. de *circināre*, «formar círculo»)

circinal *adj.2g.* **1** enrolado em espiral ou sobre si mesmo **2** BOTÂNICA diz-se da cotilédone ou do verticilo disposto como as frondes dos fetos novos (Do lat. **circināle-*, de *circīnu-*, «círculo»)

círcio *n.m.* cilindro de madeira usado nas salinas (Do lat. *circĕu-*, «circular; redondo»)

circo *n.m.* **1** recinto circular para espetáculos e desportos; anfiteatro; arena **2** espetáculo de acrobacias, habilidades executadas por animais domesticados, cenas burlescas, etc., realizado numa pista circular **3** conjunto de artistas, animais e equipamento necessários para a realização desse espetáculo **4** empresa que realiza esse espetáculo **5** GEOLOGIA depressão de paredes abruptas numa montanha, em forma de anfiteatro, geralmente provocada por erosão glaciar **6** círculo **7** circuito; **~ lunar** ASTRONOMIA depressão em forma de círculo na superfície da Lua, com centenas de quilómetros de diâmetro (Do lat. *circu-*, «id.»)

circuição *n.f.* movimento circular; giro; revolução (Do lat. *circuitiōne-*, «id.»)

circuitar *v.tr.* **1** envolver **2** rodear; andar à roda ▪ *v.intr.* girar; circular (De *circuito+-ar*)

circuito *n.m.* **1** linha que limita inteiramente uma superfície; contorno **2** circunferência **3** trajeto complicado; volta **4** percurso organizado no fim do qual se volta ao ponto de partida **5** itinerário de uma corrida com um percurso circular; pista para competições automóveis **6** ELETRICIDADE cadeia de condutores que pode ser percorrida por uma corrente elétrica; **~ comercial** trajeto seguido por uma mercadoria entre o momento em que está apta a ser consumida e o momento em que o é; **~ de manutenção** percurso ao ar livre ao longo do qual se pode correr ou caminhar, parando ou não para praticar exercícios físicos, com ou sem aparelhos; **~ integrado** ELETRICIDADE circuito constituído por componentes eletrónicos montados numa placa semicondutora de pequena dimensão (Do lat. *circuĭtu-*, «ato de dar uma volta; marcha circular; circuito»)

circulação *n.f.* **1** movimento circular; giro **2** deslocação em circuito fechado de líquidos nutritivos nos organismos **3** deslocação de correntes, ar ou ventos **4** ECONOMIA movimentação de bens através do comércio e dos transportes; distribuição **5** movimento de propagação; difusão; lançamento; transmissão **6** facto ou possibilidade de se deslocar usando as vias de comunicação; tráfego **7** conjunto dos veículos que se deslocam; trânsito (Do lat. *circulatiōne-*, «órbita»)

circulado *adj.* **1** rodeado **2** abrangido **3** diz-se das moedas que têm lavores na periferia (Do lat. *circulātu-*, part. pass. de *circulāre*, «arredondar»)

circulador *n.m.* aparelho que faz circular a água na caldeira das máquinas a vapor (De *circular+-dor*)

circulante *adj.2g.* **1** que circula **2** que anda em movimento ou serviço (Do lat. *circulante-*, «id.», part. pres. de *circulāre*, «formar um círculo; arredondar»)

circular¹ *v.tr.* **1** guarnecer em volta **2** rodear ▪ *v.tr.,intr.* **1** passar de mão em mão ou de boca em boca **2** andar; transitar ▪ *v.intr.* girar (Do lat. *circulāre*, «circular; formar um círculo; arredondar»)

circular² *adj.2g.* **1** que tem forma de círculo; redondo **2** que volta ao ponto de partida ▪ *n.f.* **1** carta ou documento cuja cópia é dirigida a diferentes pessoas **2** [Brasil] rotunda; **~ de serviço** ordem de serviço que é transmitida por escrito a todos os funcionários; **movimento ~** movimento de um ponto material cuja trajetória é uma circunferência (De *círculo+-ar*)

circularidade *n.f.* qualidade do que é circular, do que volta ao ponto de partida (De *circular+-i-+-dade*)

circulatório *adj.* da circulação ou a ela relativo (De *circular+-tório*)

círculo *n.m.* **1** GEOMETRIA porção de plano limitada por uma circunferência **2** [uso indevido mas generalizado] GEOMETRIA circunferência **3** linha circular no globo terrestre **4** itinerário em forma circular **5** disco **6** objeto circular; anel; arco; aro **7** disposição de pessoas ou coisas em forma de circunferência **8** assembleia **9** circunscrição eleitoral **10** grupo de pessoas com os mesmos interesses; grémio; clube **11** circo **12** domínio; área; extensão; **~ judicial** circunscrição que abrange várias comarcas; **~ máximo de uma esfera** GEOMETRIA círculo resultante da interseção da esfera com um plano que lhe passa pelo centro; **~ máximo** GEOGRAFIA círculo da esfera terrestre cujo plano passa pelo centro da mesma esfera; **~ menor** GEOGRAFIA círculo da esfera terrestre cujo plano divide a esfera em duas partes desiguais; **~ vicioso 1** LÓGICA erro de raciocínio que consiste em provar A por B e B por A; **2** [fig.] processo no qual uma situação conduz a consequências que acabam por levar à situação inicial, reiniciando-se o processo; **~ virtuoso** [fig.] o mesmo que *círculo vicioso*, mas com conotação positiva, uma vez que as consequências beneficiam o processo; **círculos polares** GEOGRAFIA círculos menores da esfera terrestre, estando o Círculo Polar Ártico à latitude de 66° 33' norte e o Círculo Polar Antártico à latitude de 66° 33' sul (Do lat. *circŭlu-*, «círculo»)

circum- elemento de formação de palavras que exprime a ideia de *em volta de, em torno de, ao redor, em roda*, e é seguido de hífen quando o elemento seguinte começa por vogal, *h*, *m* ou *n* (Do lat. *circum*, «em volta de»)

circum-adjacente *adj.2g.* **1** situado em volta **2** circunvizinho

circum-ambiente *adj.2g.* diz-se de ar que está em volta

circum-escolar *adj.2g.* **1** relativo à escola **2** relacionado com a escola; **atividades circum-escolares** atividades que os alunos realizam para além do trabalho escolar propriamente dito (De *circum-+escolar*)

circum-murado *adj.* que tem muro em volta

circum-navegação *n.f.* ato de circum-navegar

circum-navegador *n.m.* aquele que faz viagem de circum-navegação

circum-navegar *v.tr.,intr.* navegar ao redor de (a Terra, ilha, continente, etc.) (Do lat. *circumnavigāre*, «id.»)

circumpolar *adj.2g.* que fica em volta do polo ou próximo dele (De *circum-+polar*)

circumpor *v.tr.* pôr à volta de (Do lat. *circum-ponĕre*, «pôr em volta»)

circun- ⇒ **circum-**

circuncentro *n.m.* centro de uma circunferência circunscrita a um triângulo (De *circun-+centro*)

circuncidado *adj.* que sofreu a circuncisão (Part. pass. de *circuncidar*)

circuncidar *v.tr.* praticar a circuncisão em (Do lat. *circumcidĕre*, «cortar em volta»)

circuncisão *n.f.* **1** MEDICINA ablação total ou parcial da membrana do prepúcio, pondo a glande a descoberto **2** RELIGIÃO ritual de ablação do prepúcio praticada em rapazes judaicos ou muçulmanos **3** entre alguns povos, corte do clítoris e dos lábios da vulva **4** [com maiúscula] RELIGIÃO festa litúrgica que comemora a cerimónia da circuncisão de Jesus Cristo (Do lat. *circumcisiōne-*, «circuncisão»)

circunciso *adj.* ⇒ **circuncidado** ▪ *n.m.* aquele em que se praticou a circuncisão (Do lat. *circumcīsu-*, «id.», part. pass. de *circumcidĕre*, «circuncidar»)

circundação *n.f.* **1** ato ou efeito de circundar **2** revolução em torno de um centro (Do lat. *circumdatiōne-*, «ação de rodear»)

circundante *adj.2g.* que circunda (De *circumdante-*, «id.», part. pres. de *circumdāre*, «rodear»)

circundar *v.tr.* **1** andar à volta de **2** rodear; cercar **3** cingir (Do lat. *circumdāre*, «id.»)

circundução *n.f.* **1** ato de se julgar nula ou circunduta uma citação **2** ⇒ **circundação** (Do lat. *circumductiōne-*, «ação de conduzir em volta»)

circundutar *v.tr.* anular (De *circunduto+-ar*)

circunduto *adj.* diz-se da ação julgada nula e que tem de se repetir (Do lat. *circumductu-*, part. pass. de *circumducĕre*, «conduzir em volta»)

circunferência *n.f.* **1** GEOMETRIA curva plana fechada cujos pontos são equidistantes do centro **2** limite exterior do círculo **3** periferia (Do lat. *circumferentĭa-*, «círculo; circunferência»)

circunferencial *adj.2g.* que diz respeito à circunferência (De *circunferência+-al*)

circunferente *adj.2g.* que anda à volta; que cerca (Do lat. *circumferente-*, part. pres. de *circumferre*, «levar em roda»)

circunflexão /cs/ *n.f.* ato ou efeito de dobrar em arco (De *circun-+flexão*)

circunflexo /cs/ *adj.* **1** arqueado **2** diz-se do sinal ortográfico (^) que serve para indicar que as vogais *a*, *e* e *o* são fechadas (Do lat. *circumflexu-*, part. pass. de *circumflectĕre*, «descrever em círculo»)

circunfluência *n.f.* movimento circular de um líquido ou fluido (De *circun-+fluência*)

circunfluente *adj.2g.* que corre à volta (Do lat. *circumfluente-*, «id.», part. pres. de *circumfluĕre*, «correr em volta de»)

circunfluir *v.tr.* correr em volta de ▪ *v.intr.* transbordar (Do lat. *circumfluĕre*, «id.»)

circunfundir *v.tr.* derramar em volta; espraiar (Do lat. *circumfundĕre*, «espalhar à volta de»)

circunfusão *n.f.* ato de circunfundir (De *circun-+fusão*)

circungirar *v.tr.,intr.* girar em volta (de) (Do lat. *circumgyrāre*, «id.»)

circunjacência *n.f.* qualidade do que está circunjacente; circunvizinhança (Do lat. *circumjacentĭa*, part. pres. neut. pl. de *circumjacēre*, «estar colocado em volta de»)

circunjacente *adj.2g.* que está colocado à volta; circunvizinho (Do lat. *circumjacente-*, «id.», part. pres. de *circumjacēre*, «estar colocado em volta de»)

circunjazer *v.intr.* estar à volta; ser circunvizinho (Do lat. *circumjacēre*, «estar colocado em volta de»)

circunlocução *n.f.* (figura de retórica) ⇒ **perífrase** (Do lat. *circumlocutiōne-*, «circunlóquio»)

circunloquial *adj.2g.* que usa circunlóquios (De *circunlóquio*+*-al*)

circunlóquio *n.m.* (figura de retórica) ⇒ **perífrase** (Do lat. *circumloquĭu-*, «rodeio de palavras»)

circunrodar *v.intr.* voltear; girar (Do lat. *circumrotāre*, «fazer andar à volta»)

circunscrever *v.tr.* 1 traçar em redor de 2 marcar limites a 3 abranger 4 localizar 5 traçar uma linha em volta de ■ *v.pron.* limitar-se (Do lat. *circumscribĕre*, «traçar (uma linha) em roda»)

circunscrição *n.f.* 1 ato de circunscrever 2 limite da extensão de um corpo ou de uma superfície 3 linha que limita uma área por todos os lados 4 divisão territorial (Do lat. *circumscriptiōne-*, «círculo traçado em volta; espaço limitado»)

circunscricional *adj.2g.* que se refere à circunscrição (Do lat. *circumscriptiōne-*, «circunscrição» +*-al*)

circunscritível *adj.2g.* que se pode circunscrever (De *circunscrito*+*-vel*)

circunscritivo *adj.* que circunscreve; que limita (De *circunscrito*+*-ivo*)

circunscrito *adj.* 1 descrito em volta 2 limitado por todos os lados por uma linha 3 localizado 4 restrito (Do lat. *circumscriptu-*, «id.», part. pass. de *circumscribĕre*, «rodear; limitar»)

circunsessão *n.f.* RELIGIÃO união íntima das três pessoas da Santíssima Trindade (Do lat. *circumsessiōne-*, «cerco»)

circunsonar *v.intr.* soar em volta (Do lat. *circumsonāre*, «id.»)

circunspeção *n.f.* 1 ação ou efeito de circunspecionar 2 qualidade de quem é circunspeto 3 análise de um objeto por todos os lados 4 ponderação; cautela; atenção prudente (Do lat. *circumspectiōne-*, «ação de olhar em volta»)

circunspecção ver nova grafia circunspeção

circunspeccionar ver nova grafia circunspecionar

circunspecionar *v.tr.* 1 olhar em volta 2 ponderar (Do lat. *circumspectiōne-*, «ação de olhar em volta» +*-ar*)

circunspecto *adj.* que olha em torno de si 2 prudente; ponderado; acautelado (Do lat. *circumspectu-*, «id.», part. pass. de *circumspicĕre*, «olhar em volta») ACORDO ORTOGRÁFICO também se pode escrever circunspeto

circunspeto a grafia mais usada é circunspecto

circunstância *n.f.* 1 particularidade, condição ou acidente que acompanha um acontecimento; motivo; caso 2 condição do momento presente; situação num determinado momento; conjuntura; contexto 3 acontecimento particular; ocasião 4 *pl.* estado de coisas; **circunstâncias agravantes** DIREITO factos ou motivações que agravam um caso; **circunstâncias atenuantes** DIREITO factos ou motivações que atenuam um caso; **discurso de ~** discurso redigido para uma ocasião particular, geralmente solene; **estar em más circunstâncias** estar em perigo ou má situação financeira (Do lat. *circumstantĭa-*, «situação»)

circunstancial *adj.2g.* 1 relativo a circunstância 2 que depende de ou está ligado a circunstância(s) 3 GRAMÁTICA que exprime a circunstância (lugar, modo, tempo, etc.) em que uma ação se realizou 4 DIREITO diz-se da prova que se baseia em indícios e deduções; formal (De *circunstância*+*-al*)

circunstanciar *v.tr.* descrever com circunstância; pormenorizar (De *circunstância*+*-ar*)

circunstante *adj.2g.* que está à volta ■ *n.2g.* 1 pessoa que está presente; assistente 2 *pl.* espectadores; auditório (Do lat. *circumstante-*, part. pres. de *circumstāre*, «estar em roda»)

circunstar *v.intr.* estar à volta, perto ou à vista de (Do lat. *circumstāre*, «estar em roda»)

circuntornar *v.tr.* ⇒ **circundar** (De *circun-*+*tornar*)

circunvagante *adj.2g.* 1 que vagueia em torno 2 que erra ao acaso (Do lat. *circumvagante-*, «id.», part. pres. de *circumvagāri*, «espalhar-se por todos os lados»)

circunvagar *v.tr.* 1 andar em torno de 2 fazer movimento circular com; circunvolver ■ *v.intr.* andar sem destino; errar (Do lat. *circumvagāri*, «espalhar-se por todos os lados»)

circunvalação *n.f.* 1 vala ou fosso em volta de uma praça para cortar as comunicações com o exterior 2 barreira em volta de uma cidade 3 estrada à volta de uma cidade 4 [Brasil] contorno (Do lat. *circumvallatiōne-*, «ato de envolver»)

circunvalar *v.tr.* cingir com valas, fossos ou barreiras (Do lat. *circumvallāre*, «cercar com linha de circunvalação»)

circunver *v.tr.* observar em torno (De *circun-*+*ver*)

circunvizinhança *n.f.* lugares vizinhos; arredores (De *circun-*+*vizinhança*)

circunvizinho *adj.* que está próximo; adjacente (De *circun-*+*vizinho*)

circunvoar *v.tr.* voar em torno de; circunvagar (Do lat. *circumvolāre*, «voar em volta de»)

circunvolução *n.f.* 1 movimento circulatório; circundação 2 ANATOMIA contorno sinuoso do intestino delgado 3 ANATOMIA cada uma das pregas sinuosas da superfície dos hemisférios cerebrais (Do fr. *circonvolution*, «id.»)

circunvolucionário *adj.* relativo às circunvoluções do cérebro (De *circunvolução*+*-ário*)

circunvolver *v.tr.* volver em roda (de) (Do lat. *circumvolvĕre*, «rolar em volta de»)

cirenaico *adj.* 1 ⇒ **cireneu** 2 FILOSOFIA pertencente ou relativo ao cirenaísmo (Do gr. *kyrenaïkós*, pelo lat. *cyrenaïcu-*, «de Cirene», cidade e colónia grega do Norte da África)

cirenaísmo *n.m.* doutrina filosófica de Aristipo de Cirene, discípulo de Sócrates, séc. V a. C., cujo tema principal é o hedonismo (Do gr. *Kyrenaîos*, «de Cirene», pelo lat. *Cyrenaeu-*, «id.» +*-ismo*)

cireneu *adj.* pertencente ou relativo a Cirene; cirenaico ■ *n.m.* 1 natural ou habitante de Cirene; cirenaico 2 [fig.] indivíduo que auxilia, principalmente num trabalho penoso

cirial *n.m.* 1 castiçal grande, terminado em lanterna, que acompanha a cruz 2 tocheira para o círio (De *círio*+*-al*)

cirieiro *n.m.* o que faz ou vende círios ou velas (De *círio*+*-eiro*)

cirílico *adj.* relacionado com ou pertencente ao antigo alfabeto derivado do Grego e atribuído a S. Cirilo; eslavo; **alfabeto ~** alfabeto usado em línguas eslavas como o russo e o búlgaro (De *Cirilo*, antr., monge biz. (827-869), apóstolo dos Eslavos, inventor deste alfabeto)

círio *n.m.* 1 vela grande de cera 2 festa de romagem a algum santuário 3 espécie de cato (Do lat. *cerēu-*, «de cera»)

círio-do-rei *n.m.* BOTÂNICA ⇒ **verbasco**

ciriologia *n.f.* emprego exclusivo de expressões próprias ou vernáculas (Do gr. *kyriología*, «linguagem correta», pelo lat. *cyriologĭa-*, «id.»)

cirpo *n.m.* ⇒ **junco**[2] (Do lat. *scirpu-*, «junco»)

cirri- elemento de formação de palavras que exprime a ideia de cirro, gavinha, verruma (Do lat. *cirru-*, «tufo; franja; filamentos»)

cirrípede *adj.2g.* relativo ou pertencente aos cirrípedes ■ *n.m.* espécime dos cirrípedes ■ *n.m.pl.* ZOOLOGIA ordem de crustáceos inferiores, fixos e hermafroditas, com seis pares de patas que constituem cirros (Do lat. *cirru-*, «tufo de pelos; filamentos» +*pede-*, «pé»)

cirro[1] *n.m.* 1 METEOROLOGIA nuvem (Ci, 1.º género da 1.ª família) filiforme, constituída por pequenos cristais de gelo finamente divididos, a 10 000 m de altitude 2 ZOOLOGIA órgão apendicular, filiforme, mais ou menos resistente, que desempenha, nos animais, funções de locomoção, fixação, tato, etc. 3 ZOOLOGIA órgão copulador de alguns animais 4 ZOOLOGIA barbilho de alguns peixes 5 BOTÂNICA gavinha das plantas (Do lat. *cirru-*, «tufo de pelos»)

cirro[2] *n.m.* MEDICINA tumor maligno, de consistência muito dura à palpação (Do gr. *skirrhós*, «tumor duro», pelo lat. *scirrhu-*, «id.»)

cirro-cúmulo *n.m.* METEOROLOGIA nuvem alta (de 6000 a 10 000 m) formada por cirros reunidos em pequenos amontoados (Ci-cu, 2.º género da 1.ª família)

cirro-estrato *n.m.* METEOROLOGIA nuvem alta (Ci-st, 3.º género da 1.ª família), de 6000 a 10 000 m, em camadas delgadas, onde se formam os halos solares e lunares

cirrose *n.f.* MEDICINA estado patológico de alguns órgãos (especialmente o fígado), com esclerose por formação de tecido fibroso (Do gr. *skirrhós*, «tumor duro» +*-ose*)

cirrosidade *n.f.* 1 qualidade do que é cirroso 2 tumor cirroso (De *cirroso*+*-i-*+*-dade*)

cirroso[1] /ô/ *adj.* 1 semelhante ao cirro 2 da natureza do cirro (De *cirro*+*-oso*)

cirroso[2] /ô/ *adj.* que tem gavinhas (De *cirro*+*-oso*)

cirrótico *adj.* relativo a cirrose ■ *adj.,n.m.* que ou o que apresenta cirrose (De *cirrose*+*-ico*)

cirsotomia *n.f.* extirpação das varizes (Do gr. *kirsós*, «variz» +*tomé*, «corte» +*-ia*)

cirtometria *n.f.* ANTROPOLOGIA medida do perímetro do tórax durante os movimentos respiratórios (Do gr. *kyrtós*, «convexo; tórax» +*métron*, «medida» +*-ia*)

cirtométrico *adj.* relativo à cirtometria ou ao cirtómetro (De *cirtometria*+*-ico*)

cirtómetro *n.m.* ANTROPOLOGIA aparelho que serve para medir o perímetro do tórax (Do gr. *kyrtós*, «convexo; tórax» +*métron*, «medida»)

cirurgia *n.f.* **1** MEDICINA especialidade que se dedica ao tratamento de doenças e de traumatismos por meio de uma intervenção manual ou instrumental no corpo do paciente **2** MEDICINA método de tratamento que utiliza esse processo; intervenção cirúrgica; operação; **~ estética** cirurgia que tem por objetivo o embelezamento do corpo; **~ plástica** ramo da cirurgia que se dedica à reconstrução ou correção de lesões ou deformações congénitas ou adquiridas; **~ reconstrutiva** cirurgia cuja finalidade é reconstituir uma parte do corpo humano, deformada por acidente, doença ou anomalia congénita (Do gr. *kheirourgía*, «trabalho manual», pelo lat. *chirurgĭa*-, «cirurgia»)

cirurgião *n.m.* MEDICINA especialista em cirurgia; **~ plástico** especialista em cirurgia plástica (De *cirurgia*+*-ão*)

cirúrgico *adj.* **1** de cirurgia **2** relativo a cirurgia (Do gr. *kheirourgikós*, «que se pode esticar com a mão (arco)», pelo lat. *chirurgĭcu*-, «de cirurgia»)

cis- prefixo de origem latina, que exprime a ideia de *aquém de, do lado de cá de, deste lado de* (Do lat. *cis*, «aquém de; do lado de cá de; deste lado de»)

cisalha *n.f.* **1** tesoura mecânica para cortar cartão **2** *pl.* fragmentos de folhas de metal (Do lat. **cisalĭa*, por **caesalĭa*, de *caedĕre*, «cortar»)

cisalhamento *n.m.* **1** ato ou efeito de cisalhar **2** GEOLOGIA deformação de uma rocha, com ou sem fratura, resultante da atuação de tensões tangenciais **3** FÍSICA fenómeno de deformação ao qual está sujeito um corpo quando as forças que atuam sobre ele provocam um deslocamento em planos diferentes, mantendo constante o volume; **~ do vento** METEOROLOGIA qualquer mudança na direção e/ou na velocidade do vento numa dada distância, tanto na horizontal como na vertical (De *cisalhar*+*-mento*)

cisalhar *v.tr.* cortar com cisalha (De *cisalha*+*-ar*)

cisalpino *adj.* que está aquém dos Alpes (Do lat. *cisalpīnu*-, «id.»)

cisão *n.f.* **1** ato ou efeito de cindir **2** separação; corte **3** [fig.] desinteligência; dissidência; **~ nuclear** FÍSICA desintegração do núcleo de um átomo, que se divide em dois ou mais fragmentos de massas comparáveis, normalmente por ação de um neutrão (Do lat. *scissiōne*-, «corte; divisão»)

cisão-dissolução *n.f.* ECONOMIA fracionamento de todo o património de uma sociedade comercial para que cada parcela possa constituir o património inicial de uma nova sociedade

cisão-fusão *n.f.* ECONOMIA fusão das partes resultantes da divisão de uma sociedade comercial com sociedades já existentes, ou com partes do património de outras sociedades cindidas com o mesmo objetivo

cisar *v.tr.* **1** cortar **2** separar **3** aparar (Do lat. *scissu*-, part. pass. de *scindĕre*, «cortar; separar» +*-ar*)

cisatlântico *adj.* que fica aquém do Atlântico (De *cis*-+*atlântico*)

cisbordo *n.m.* ⇒ **estibordo** (De *cis*-+*bordo*)

cisca *n.f.* ⇒ **cisco**

ciscador *n.m.* ancinho (De *ciscar*+*-dor*)

ciscalhada *n.f.* quantidade de ciscalho (De *ciscalho*+*-ada*)

ciscalhagem *n.f.* ⇒ **ciscalhada** (De *ciscalho*+*-agem*)

ciscalho *n.m.* **1** miudezas de carvão **2** aparas **3** cisco (De *cisco*+*-alho*)

ciscar *v.tr.* **1** juntar com o ciscador **2** limpar de ervas daninhas **3** tirar os ciscos a ■ *v.intr.* **1** revolver o cisco **2** [regionalismo] defecar aos poucos e em sítios diferentes (Do lat. **sciscicāre*, freq. de *scindĕre*, «cortar; separar»)

cisco *n.m.* **1** pó de carvão **2** aparas miúdas **3** lixo **4** miudezas arrastadas pelas enxurradas **5** corpúsculo que se introduz nos olhos; argueiro (Do lat. *ciniscŭlu*-, dim. de *cinis*, «cinza»)

cisdanubiano *adj.* que fica aquém do Danúbio, rio da Europa central (De *cis*-+*danubiano*)

cisel *n.m.* ⇒ **cinzel**

cisgangético *adj.* de aquém do Ganges, rio asiático do Indostão (De *cis*-+*gangético*)

cisjordânico *adj.* **1** de aquém do Jordão **2** da Cisjordânia (De *Cisjordânia*+*-ico*)

cisjurano *adj.* de aquém do Jura, montanha francesa (De *cis*-+*Jura*+*-ano*)

cisma *n.m.* dissidência religiosa, política ou literária ■ *n.f.* **1** ato de cismar **2** preocupação constante **3** ideia fixa; mania (Do gr. *skhísma*, «fenda; separação», pelo lat. *schisma*, «cisma»)

cismador *adj.,n.m.* **1** que ou aquele que cisma; cismático **2** alheado; devaneador (De *cismar*+*-dor*)

cismar *v.tr.* **1** pensar muito numa coisa **2** planear ■ *v.intr.* **1** andar preocupado **2** devanear **3** ensimesmar-se **4** meditar ■ *n.f.* preocupação (De *cisma*+*-ar*)

cismático *adj.* **1** relativo a cisma **2** que segue um cisma **3** pensativo **4** apreensivo; preocupado **5** que tem manias; maníaco ■ *n.m.* **1** aquele que segue um cisma **2** pessoa preocupada; apreensivo **3** pessoa que tem manias; maníaco (Do gr. *skhismatikós*, «id.» pelo lat. *schismatĭcu*-, «id.»)

cismontano *adj.* **1** que está aquém dos montes **2** que não pertence ao partido ultramontano; que se opõe ao poder temporal e exclusivismo espiritual dos Papas (De *cis*-+*monte*+*-ano*)

cisne *n.m.* **1** ORNITOLOGIA ave palmípede, gregária, da família dos Anatídeos, de pescoço longo e de plumagem branca (com exceção de uma espécie australiana), que vive em água doce **2** [com maiúscula] ASTRONOMIA constelação boreal **3** [fig.] poeta, orador ou músico muito célebre; **o ~ de Mântua** o poeta romano Virgílio (70 - 19 a. C.) (Do lat. cl. *cycnu*-, «cisne», pelo lat. pop. *cicīnu*-, pelo fr. ant. *cisne*, «id.»)

cispadano *adj.* de aquém do Pó, rio italiano (Do lat. *cispadānu*-, «id.»)

cisqueiro *n.m.* **1** aparador do lixo **2** lixeira **3** ciscalhagem **4** [pop.] argueiro; corpúsculo que se introduz nos olhos (De *cisco*+*-eiro*)

cisquinho *n.m.* bocadinho (De *cisco*+*-inho*)

cisrenano *adj.* de aquém do rio Reno (Alemanha) (De *cis*-+*renano*)

cissão *n.f.* ⇒ **cisão** (Do lat. *scissiōne*-, «separação»)

cissiparidade *n.f.* BIOLOGIA fenómeno biológico da divisão da célula (ou de um organismo) em duas partes sensivelmente iguais; bipartição igual; fissiparidade (Do lat. *scissu*-, part. pass. de *scindĕre*, «fender; separar» +*paritāte*-, de *parĕre*, «reproduzir; parir», pelo fr. *scissiparité*, «cissiparidade»)

cissíparo *adj.* BIOLOGIA que se multiplica pelo processo de cissiparidade; fissíparo (Do lat. *scissu*-, part. pass. de *scindĕre*, «fender; separar» +*-paro*, de *parĕre*, «reproduzir; parir», pelo fr. *scissipare*, «cissíparo»)

cissura *n.f.* **1** fenda; fissura **2** [fig.] quebra de relações amistosas; **~ de Sílvio** ANATOMIA fenda profunda do cérebro que começa na parte externa do espaço laceroposterior e se estende para a superfície lateral do hemisfério esquerdo, e que é também chamada aqueduto de Sílvio (Do lat. *scissūra*, «corte; separação»)

cista *n.f.* **1** urna **2** cofre **3** espécie de açafate **4** vaso funerário dos antigos (Do gr. *kíste*, «cesto», pelo lat. *cista*-, «cesta; caixa; cofre»)

cistácea *n.f.* BOTÂNICA espécime das Cistáceas

Cistáceas *n.f.pl.* BOTÂNICA família de plantas subarbustivas, herbáceas (Do gr. *kístos*, «esteva» +*-áceas*)

cistáceo *adj.* relativo ou pertencente às Cistáceas

cistagano *adj.* situado aquém do Tejo, rio português (Do lat. *cis*-, «aquém» +*Tagu*-, «Tejo» +*-ano*)

cistalgia *n.f.* MEDICINA dor na bexiga urinária (Do gr. *kýstis*, «bexiga» +*álgos*, «dor» +*-ia*)

cistálgico *adj.* relativo à cistalgia (De *cistalgia*+*-ico*)

cistectomia *n.f.* CIRURGIA ablação total ou parcial da bexiga urinária (Do gr. *kýstis*, «bexiga» +*ektomé*, «ablação» +*-ia*)

cisteína *n.f.* QUÍMICA aminoácido que entra na composição das proteínas e que dá origem à cistina

cisterciense *adj.2g.* da ordem de Cister, fundada por S. Roberto de Molesme, em 1098, e desenvolvida por S. Bernardo de Claraval a partir de 1113 ■ *n.2g.* membro desta ordem (Do lat. med. *cisterciense*-, «id.» de *Cister*, nome da abadia francesa de Cister [Cîteaux])

cisterna *n.f.* **1** reservatório de água pluvial **2** subterrâneo de água potável **3** poço estreito (Do lat. *cisterna*-, «id.»)

cist(i)-[1] elemento de formação de palavras que exprime a ideia de *bexiga* (Do grego *kústis*, «bexiga; vesícula»)

cist(i)-[2] elemento de formação de palavras que exprime a ideia de *cesto* (Do grego *kíste*, es, «idem»)

cisticerco /ê/ *n.m.* ZOOLOGIA forma embrionária, enquistada, no ciclo evolutivo das ténias (Do gr. *kýstis*, «bexiga; vesícula» +*kérkos*, «cauda»)

cisticercoide *adj.2g.* referente ou semelhante ao cisticerco (De *cisticerco*+*-óide*)

cisticercóide ver nova grafia **cisticercoide**

cisticercose n.f. MEDICINA, VETERINÁRIA doença causada por cisticercos, como a chaveira, também designada grainha ou ladraria (De *cisticerco+-ose*)

cístico adj. 1 da bexiga 2 relativo à bexiga (Do gr. *kýstis*, «bexiga; vesícula» +*-ico*)

cisticotomia n.f. CIRURGIA operação cirúrgica para abertura do canal cístico (Do gr. *kystikós*, «conduto biliar» +*tomé*, «corte» +*-ia*)

cistina n.f. BIOQUÍMICA aminoácido que entra na constituição de muitas proteínas, designadamente nas escleroproteínas dos cabelos, lã, etc. (Do gr. *kýstis*, «bexiga; vesícula» +*-ina*)

cistínea n.f. espécie das cistíneas ■ n.f.pl. BOTÂNICA grupo de plantas que inclui a família das Cistáceas (Do gr. *kístos*, «esteva» +*-íneas*)

cistite n.f. MEDICINA inflamação da bexiga; urocistite (Do gr. *kýstis*, «bexiga» +*-ite*, pelo lat. cient. *cystīte-*, «id.»)

cisto n.m. ⇒ **quisto**¹ (Do gr. *kýstis*, «bexiga»)

cistocarpo n.m. BOTÂNICA (algas vermelhas) formação (espécie de saco) que envolve os filamentos esporígenos (Do gr. *kýstis*, «bexiga» +*karpós*, «fruto»)

cistografia n.f. MEDICINA radiografia da bexiga (De *cisto-+(radio)grafia*)

cistoide adj.2g. semelhante a uma bexiga ■ n.2g. espécime dos cistoides ■ n.m.pl. PALEONTOLOGIA grupo de equinodermos exclusivamente paleozoicos (Do gr. *kýstis*, «bexiga» +*eîdos*, «semelhança»)

cistóide ver nova grafia cistoide

cistólito n.m. MEDICINA cálculo ou pedra na bexiga urinária (Do gr. *kýstis*, «bexiga» +*líthos*, «pedra; cálculo»)

cistometria n.f. MEDICINA técnicas de medição de capacidade e pressão da bexiga para estudar a sua função neuromuscular (De *cisto-+-metria*)

cistoplegia n.f. MEDICINA paralisia da bexiga (De *cisto-+*gr. *plegía*, «paralisia»)

cistoscopia n.f. MEDICINA exame endoscópico da bexiga (Do gr. *kýstis*, «bexiga»+*skopeîn*, «ver; examinar»+*-ia*)

cistoscópio n.m. MEDICINA instrumento ótico usado para o exame do interior da bexiga urinária, para o cateterismo dos ureteres e para certas operações da bexiga (Do gr. *kýstis*, «bexiga» +*skopeîn*, «examinar» +*-io*)

cistotomia n.f. CIRURGIA operação cirúrgica na bexiga urinária para criação de uma abertura temporária ou para extrair cálculos; vesicotomia; operação da talha (Do gr. *kýstis*, «bexiga» +*tomé*, «corte» +*ia*)

cistótomo n.m. instrumento utilizado na cistotomia (Do gr. *kýstis*, «bexiga» +*tomé*, «corte»)

cita¹ n.f. referência a um texto de autor célebre ou a uma opinião autorizada; citação (Deriv. regr. de *citar*)

cita² n.2g. natural ou habitante da Cítia, região da Rússia, a norte do mar Negro ■ adj.2g. referente aos Citas (Do lat. *scytha-*, «id.»)

citação n.f. 1 referência a um texto ou a um fragmento de um texto ou a uma opinião autorizada; ato ou efeito de citar 2 texto ou opinião citada 3 intimação judicial; convocação judicial 4 distinção honrosa constante de uma ordem de serviço (Do lat. *citatiōne-*, «proclamação»)

citadino adj. 1 que habita na cidade 2 da cidade 3 relativo à cidade ■ n.m. aquele que habita na cidade (Do lat. **civitatīnu*-, «id.»)

citador adj.,n.m. que ou aquele que cita (De *citar+-dor*)

citânia n.f. ruínas de antigas povoações romanas ou pré-romanas da Península Ibérica (Do lat. **civitatanía-*, de *civitatānu-*, «cidadão»)

citante adj.n.2g. citador judicial (De *citar+-ante*)

citar v.tr. 1 transcrever ou mencionar (texto, facto, opinião, etc.) como exemplo ou autoridade 2 DIREITO convocar para comparecer perante a autoridade ou para cumprir uma ordem judicial 3 TAUROMAQUIA chamar ou provocar o touro (Do lat. *citāre*, «chamar a juízo»)

citara n.f. espécie de xairel da sela (Do ár. *sitara*, «véu; cobertura de coiro»)

cítara n.f. 1 MÚSICA instrumento de cordas semelhante à lira 2 [fig.] símbolo do génio da harmonia e da poesia (Do gr. *kithára*, «id.», pelo lat. *cithăra-*, «cítara»)

citaredo /ê/ n.m. o que cantava com acompanhamento de cítara; citarista (Do gr. *kitharodós*, «tocador de cítara», pelo lat. *citharoedu-*, «cantor acompanhado de cítara»)

citarista adj.,n.2g. que ou pessoa que toca cítara (Do lat. *citharista-*, «tocador de cítara»)

Citas n.m.pl. ETNOGRAFIA antigo povo bárbaro da Cítia, região a norte do mar Negro (Do lat. *Scythas*, «Citas»)

citatório adj. 1 que encerra uma citação 2 destinado a citar (De *citar+-tório*)

citável adj.2g. 1 que merece ser citado 2 que pode citar-se (De *citar+-vel*)

cite n.m. (tourada) ato de citar o touro (Deriv. regr. de *citar*)

citéreo adj. 1 relativo a Citera ou Vénus 2 respeitante ao amor ou à beleza feminina (Do lat. *cytherĕu-*, «de Citera»)

citerior adj.2g. que está do lado de cá (Do lat. *citeriōre-*, comparativo de *citer*, «que fica do lado de cá»)

cítico adj. relativo aos Citas (Do lat. *scythĭcu-*, «da Cítia», região russa, a norte do mar Negro)

Citináceas n.f.pl. BOTÂNICA ⇒ **Rafflesiáceas** (Do gr. *kýtinos*, «flor ou fruto da romãzeira», pelo lat. *cytĭnos*, «cálice da flor da romãzeira»)

cito- elemento de formação de palavras que exprime a ideia de *célula, cavidade* (Do gr. *kýtos*, «oco; cavidade; célula»)

citocinese n.f. CITOLOGIA conjunto dos fenómenos que, na divisão da célula, dizem respeito, em especial, ao citoplasma; plasmodiérese (Do gr. *kýtos*, «célula» +*kínesis*, «movimento»)

citodiagnóstico n.m. MEDICINA processo de diagnóstico baseado no estudo de células existentes nos líquidos do organismo (Do gr. *kýtos*, «célula» +*diagnostikós*, «capaz de discernir»)

citodiérese n.f. CITOLOGIA divisão do citoplasma que se segue à divisão do núcleo celular (De *cito-+-diérese*)

citofaringe n.f. ZOOLOGIA pequeno canal que se segue à boca e se vai abrir no citoplasma de alguns protozoários (Do gr. *kýtos*, «célula» +*phárygx*, «faringe»)

citogénese n.f. CITOLOGIA conjunto dos fenómenos da formação das células e sua diferenciação (Do gr. *kýtos*, «célula» +*génesis*, «geração»)

citogenética n.f. BIOLOGIA ramo da genética que estuda os componentes celulares que desempenham uma função na transmissão de certos caracteres, particularmente as anomalias cromossómicas responsáveis pelas doenças

citogeneticista n.2g. BIOLOGIA especialista em citogenética

citogenético adj. BIOLOGIA pertencente ou relativo à citogenética

citogenia n.f. ⇒ **citogénese** (Do gr. *kýtos*, «célula» +*geneîa*, «formação»)

citoide adj.2g. com aspeto de célula (Do gr. *kýtos*, «célula» +*eîdos*, «semelhança»)

citóide ver nova grafia citoide

cítola n.f. 1 taramela do moinho 2 MÚSICA [ant.] cítara (Do lat. *cithăra-*, «cítara»)

citólise n.f. CITOLOGIA dissolução ou desintegração das células (De *cito-+-lise*)

citologia n.f. 1 BIOLOGIA parte da biologia que estuda a estrutura e a função das células 2 MEDICINA ⇒ **citodiagnóstico** (Do gr. *kýtos*, «célula» +*lógos*, «estudo» +*-ia*)

citológico adj. relativo à citologia (De *citologia+-ico*)

citologista n.2g. especialista em citologia (De *citologia+-ista*)

citomegalovírus n.m.2n. MEDICINA vírus responsável pela hipertrofia de células epiteliais, que causa infeções especialmente nocivas em recém-nascidos e seropositivos (De *cito-+megalo-+vírus*)

citoplasma n.m. CITOLOGIA parte protoplasmática de uma célula, que, em regra, circunda o núcleo (Do gr. *kýtos*, «célula» +*plásma*, «parte líquida do sangue», pelo fr. *cytoplasme*, «id.»)

citoplasmático adj. relativo ou pertencente ao citoplasma (Do fr. *cytoplasmatique*, id.)

citoquinina n.f. BIOQUÍMICA substância estimulante da divisão celular nas plantas (Do gr. *kýtos*, «oco; cavidade; célula»+*quinina*)

citosina n.f. BIOQUÍMICA base orgânica derivada da pirimidina, que, em conjunto com a guanina, é dos principais componentes da molécula de ácido desoxirribonucleico (ADN) (De *cito-+ose-+-ina*)

citóstoma n.m. ZOOLOGIA orifício que estabelece a comunicação entre o perístoma e a citofaringe, nalguns protozoários (Do gr. *kýtos*, «célula» +*stóma*, «boca»)

citote n.m. [ant., depr.] oficial de diligências (De *citar+-ote*)

Citráceas n.f.pl. BOTÂNICA família de plantas que tem por tipo a cidra; Rutáceas (Do lat. *citru-*, «cidreira; limoeiro» +*-áceas*)

citráceo adj. relativo ou pertencente às Citráceas

citraria n.f. arte da caça de altanaria; cetraria (De *cetraria*)

citrato n.m. QUÍMICA todo o sal, éster ou complexo derivado do ácido cítrico (Do lat. *citrātu-*, «id.»)

citreiro n.m. ⇒ **cetreiro** (De *cetreiro*)

cítreo adj. do limão ou do fruto das plantas congéneres do limoeiro (Do lat. *citrĕu-*, «do limão; do limoeiro»)

cítrico adj. 1 QUÍMICA diz-se do ácido antioxidante e acidulante que se pode extrair de frutos citrinos como o limão, a laranja, a toranja, a lima, a tangerina, etc. 2 diz-se do fruto das espécies botânicas do género *Citrus*, da família das Rutáceas (limoeiro, laranjeira, limeira, etc.) (Do lat. *citru-*, «limoeiro» +*-ico*)

citricultor n.m. o que se dedica à citricultura (Do lat. *citru-*, «limoeiro» +*cultōre*, «cultor»)

citricultura n.f. 1 cultura das árvores citrinas (laranjeira, limoeiro, tangerineira, etc.) 2 cultura das plantas citráceas (arruda, arrudão, etc.) (Do lat. *citru-*, «limão» +*cultūra-*, «cultura»)

citrina[1] n.f. essência do limão (Do lat. *citru-*, «limoeiro» +*-ina*)

citrina[2] n.f. MINERALOGIA variedade amarelada e transparente de quartzo, usada como pedra semipreciosa; citrino (Do lat. *citrīna [lapis]*, «quartzo amarelo»)

citrino adj. 1 da cor ou sabor da cidra ou do limão 2 diz-se dessa cor ou desse sabor ■ n.m. 1 BOTÂNICA qualquer espécie botânica (género *Citrus*), da família das Rutáceas, como a laranjeira, o limoeiro, etc. 2 [mais usado no plural] fruto de qualquer uma destas espécies botânicas (limão, laranja, lima, tangerina, toranja, bergamota, etc.); fruto cítrico 3 MINERALOGIA variedade amarelada e transparente de quartzo, usada como pedra semipreciosa; citrina (Do lat. *citrīnu-*, «do limão»)

citro n.m. BOTÂNICA ⇒ **limoeiro** (Do gr. *kítron*, «limão», do lat. *citru-*, «limoeiro»)

citronela n.f. BOTÂNICA ⇒ **erva-cidreira** (Do fr. *citronnelle*, «id.»)

ciumar v.intr. ter ciúmes (De *ciúme*+*-ar*)

ciumaria n.f. grande ciúme; ciumeira (De *ciúme*+*-aria*)

ciúme n.m. 1 inveja de alguém que usufrui de uma situação ou de algo que não se possui ou que se desejaria possuir em exclusividade 2 sentimento de possessividade em relação a algo ou alguém 3 sentimento gerado pelo desejo de conservar alguém junto de si ou por não conseguir partilhar afetivamente essa pessoa; sentimento gerado pela suspeita da infidelidade de um parceiro (Do lat. **zelūmen*, de *zelu-*, «inveja»)

ciumeira n.f. grande ciúme; acesso de ciúmes (De *ciúme*+*-eira*)

ciumento adj. que sente ciúmes em relação a alguém ■ n.m. aquele que sente ciúmes (De *ciúme*+*-ento*)

cível adj.2g. 1 do direito civil 2 referente ao direito civil ■ n.m. tribunal ou área de jurisdição do tribunal em que se julgam as causas do direito civil (Do lat. *cīvīle-*, «do cidadão»)

civeta /ê/ n.f. ZOOLOGIA mamífero carnívoro da família dos Viverrídeos, de pelo cinzento com manchas pretas, que segrega uma substância fortemente odorífera, o almíscar (De *zibeta*)

cívico adj. 1 de cada cidadão 2 relativo aos cidadãos, como membros da Nação 3 respeitante ao bem público; que diz respeito ao bem comum ■ n.m. guarda da polícia de segurança de um país (Do lat. *civĭcu-*, «relativo à cidade»)

cividade n.f. [ant.] ⇒ **cidade** (Do lat. *civitāte-*, «conjunto de cidadãos»)

civil adj.2g. 1 relativo às relações dos cidadãos de um país entre si 2 feito segundo lei não religiosa 3 que não pertence ao elemento militar 4 delicado 5 urbano ■ n.m. 1 jurisdição dos tribunais civis 2 indivíduo que não é militar (Do lat. *civīle-*, «do cidadão»)

civilidade n.f. conjunto de formalidades observadas num grupo social 2 observação de regras de urbanidade em sociedade; cortesia; polidez (Do lat. *civilitāte-*, «qualidade de cidadão»)

civilismo n.m. doutrina dos civilistas (De *civil*+*-ismo*)

civilista n.2g. 1 aquele que é versado em direito civil 2 aquele que se opõe ao predomínio da classe militar ou da classe eclesiástica no exercício da atividade política (Do lat. med. *civilista-*, «id.»)

civilização n.f. 1 conjunto das instituições, técnicas, costumes, crenças, etc., que caracterizam uma sociedade ou um grupo de sociedades determinadas 2 conjunto dos conhecimentos e realizações das sociedades humanas mais evoluídas, marcadas pelo desenvolvimento intelectual, económico e tecnológico (Do fr. *civilisation*, «id.»)

civilizacional adj.2g. relativo à civilização (De *civilização*, a partir do rad. erudito *civilização*-+*-al*)

civilizado adj. 1 que tem civilização; polido 2 adiantado em cultura, em progressos materiais, em formação cívica; progressivo; culto (Part. pass. de *civilizar*)

civilizador adj.,n.m. que ou aquele que civiliza (De *civilizar*+*-dor*)

civilizar v.tr. 1 difundir a civilização em 2 tornar civilizado; polir 3 instruir ■ v.pron. 1 adquirir civilização 2 polir-se (Do fr. *civiliser*, «id.»)

civilizável adj.2g. que se pode civilizar (De *civilizar*+*-vel*)

civilmente adv. 1 segundo o direito civil 2 delicadamente (De *civil*+*-mente*)

civismo n.m. 1 dedicação pelo interesse público 2 comportamento demonstrativo de respeito pelos valores da sociedade e pelas suas instituições (Do fr. *civisme*, «id.»)

cizânia n.f. 1 BOTÂNICA ⇒ **joio** 1 2 [fig.] discórdia (Do gr. *zizánion*, «joio», pelo lat. *zizanĭa-*, «id.»)

cizirão n.m. BOTÂNICA planta herbácea, da família das Leguminosas, espontânea em Portugal, também denominada cigerão (Do lat. **cicerōne-*, aum. de *cicĕra-*, «cizirão»)

clã n.m. conjunto de famílias com um antepassado comum, que se sentem solidarizadas por esse vínculo (Do galês *clann*, «família», pelo fr. *clan*, «id.»)

cladódio n.m. BOTÂNICA gomo que, quando dilatado, apresenta o aspeto de folha (Do gr. *kladódes*, «que tem ramo», pelo lat. *cladodĭu-*, «ramo achatado que simula folha»)

clamação n.f. 1 ato de clamar 2 grande ruído; barulheira (Do lat. *clamatiōne-*, «grito»)

clamador adj. que clama (Do lat. *clamatōre-*, «homem que grita muito»)

clamante adj.2g. ⇒ **clamador** (Do lat. *clamante-*, part. pres. de *clamāre*, «clamar; gritar»)

clamar v.intr. 1 proferir em voz alta; vociferar; bradar 2 protestar intensamente; reclamar ■ v.tr. implorar; exorar (Do lat. *clamāre*, «gritar»)

clâmide n.f. manto rico usado pelos antigos e preso no ombro por um broche (Do gr. *khlamýs, -ýdos*, «casaco militar», pelo lat. *chlamȳde-*, «capa militar»)

clamídia n.f. BIOLOGIA género de microrganismos patogénicos para diversos animais incluindo o homem (Do lat. cient. *Chlamydia*)

clamidomona n.f. BOTÂNICA termo usado para designar uma alga microscópica, clorofícea, frequente nos charcos, cujo género-tipo se designa *Chlamydomonas* (Do gr. *khlamýs, -ýdos*, «casaco militar» +*monás, -ádos*, «solitário»)

clamidomónade n.f. BOTÂNICA ⇒ **clamidomona**

clamor n.m. 1 ato de clamar 2 grito de queixa, protesto ou reclamação 3 conjunto de vozes; gritaria 4 súplica (Do lat. *clamōre-*, «grito»)

clamoroso adj. 1 dito com clamor 2 queixoso 3 gritante 4 escandaloso (Do lat. *clamorōsu-*, «id.»)

clampe n.f. CIRURGIA espécie de pinça usada para comprimir vasos sanguíneos ou canais, ou ainda para manter um órgão em determinada posição; pinça de compressão (Do ing. *clamp*, «id.»)

clandestinidade n.f. 1 carácter ou qualidade do que é clandestino 2 secretismo 3 qualidade do que é exercido ocultamente e em contravenção da lei (De *clandestino*+*-i-*+*-dade*)

clandestino adj. 1 feito às ocultas 2 ilegal 3 designativo do indivíduo que entra num país infringindo as leis de emigração ■ n.m. indivíduo que entra num país infringindo as leis de emigração (Do lat. *clandestīnu-*, «id.»)

clangor n.m. 1 som estridente de trombeta 2 o tinir das armas (Do lat. *clangōre-*, «som estridente»)

clangorar v.intr. 1 soar com clangor 2 anunciar um acontecimento (De *clangor*+*-ar*)

clangorejar v.intr. ⇒ **clangorar** (De *clangor*+*-ejar*)

clangoroso adj. semelhante ao clangor de trombeta (De *clangor*+*-oso*)

clanguista n.2g. 1 pessoa que faz profissão de aplaudir e bater palmas no teatro 2 claquista (Do lat. *clangĕre*, «aplaudir; fazer ecoar» +*-ista*)

claque n.f. 1 grupo de pessoas que aplaude ou apoia um espetáculo, uma causa, um partido, uma equipa ou uma pessoa 2 chapéu alto, de molas (Do fr. *claque*, «estalo; claque»)

claquete n.f. pequeno quadro negro com uma barra amovível onde se inscrevem informações técnicas de cada sequência de filmagens de modo a facilitar posteriormente a montagem do filme (Do fr. *claquette*, «id.», de orig. onom.)

claquista n.2g. pessoa que faz parte de uma claque (De *claque*+*-ista*)

clara[1] n.f. 1 substância albuminosa que envolve a gema do ovo 2 ANATOMIA esclerótica 3 clareira 4 abertura no navio por onde passa um cabo; **claras em castelo** CULINÁRIA claras que são batidas de forma a adquirirem uma consistência bem firme (De *claro*)

clara[2] n.f. freira da ordem de Santa Clara (De *Clara*, antr.)

clarabela n.f. caixa musical acionada por uma manivela, que produz sons de timbres diversos (Do lat. *claru-*, «sonoro» +*bellu-*, «combate»)

claraboia n.f. 1 estrutura envidraçada existente no alto de alguns edifícios e destinada a iluminar e ventilar o interior 2 janela ou fresta por onde entra a luz num aposento 3 óculo (Do fr. *claire-voie*, «id.»)

clarabóia ver nova grafia **claraboia**

claramente adv. 1 de modo claro 2 sem rodeios 3 sem dúvida 4 evidentemente (De *claro*+*-mente*)

clarão n.m. **1** luz intensa; luz viva ou forte **2** grande claridade **3** assomo de um sentimento ou curta duração de um estado de espírito **4** raio **5** [fig.] indício (De *claro*+-*ão*)

claravalense adj.2g. que se refere à abadia de Claraval, na França, berço da Ordem de Cister (De *Claraval*, top. +-*ense*)

clareação n.f. ato ou efeito de clarear (De *clarear*+-*ção*)

clarear v.tr.,intr. **1** tornar(-se) claro; aclarar(-se) **2** encher(-se) de clareiras ou lacunas **3** tornar(-se) inteligível; esclarecer(-se) ▪ v.intr. **1** limpar-se (o céu) de nuvens **2** romper a aurora **3** rarear **4** (SOM, VOZ) tornar-se límpido, nítido ▪ v.tr. **1** patentear **2** iluminar (De *claro*+-*ear*)

clareira n.f. espaço sem vegetação no meio de mata, bosque ou floresta (De *claro*+-*eira*)

clarejar v.tr.,intr. ⇒ **clarear** (De *claro*+-*ejar*)

clarete /ê/ adj. designativo do vinho de cor pouco carregada; palhete ▪ n.m. vinho de cor pouco carregada (Do fr. ant. *claret*, «vinho clarete»)

clareza /ê/ n.f. **1** qualidade do que é claro **2** transparência; limpidez **3** qualidade de inteligível; precisão **4** (VOZ) timbre distinto (De *claro*+-*eza*)

claridade n.f. **1** qualidade do que é claro **2** efeito da luz **3** brilho; esplendor **4** alvura (Do lat. *claritāte*-, «id.»)

clarificação n.f. **1** ato ou efeito de clarificar **2** esclarecimento (Do lat. *clarificatiōne*-, «id.»)

clarificador adj.,n.m. que ou o que clarifica (De *clarificar*+-*dor*)

clarificar v.tr. **1** tornar claro **2** esclarecer; não deixar lugar para dúvidas **3** tornar límpido (líquido) **4** aclarar ▪ v.pron. **1** tornar-se claro **2** tornar-se límpido (Do lat. *clarificāre*, «tornar ilustre»)

clarificativo adj. que clarifica (De *clarificar*+-*tivo*)

clarim n.m. **1** MÚSICA instrumento de sopro, com ou sem pistões, de som estridente **2** pessoa que toca este instrumento **3** registo de um órgão que imita o som deste instrumento (Do fr. ant. *clarin*, «guiso para gado»)

clarimostrar v.tr. mostrar claramente (De *claro*+*mostrar*)

clarinada n.f. toque de clarim (De *clarim*+-*ada*)

clarinete /ê/ n.m. **1** MÚSICA instrumento de sopro, com bocal de palheta simples e orifícios como os da flauta **2** pessoa que toca este instrumento (Do fr. *clarinette*, «id.»)

clarinetista n.2g. pessoa que toca clarinete

clariofone n.m. espécie de realejo com manivela (Do ing. *clarion*, «clarim»+gr. *phoné*, «som»)

clarissa n.f. religiosa da segunda ordem fundada por S. Francisco de Assis (1182-1226) e por Santa Clara de Assis (1194-1253) (De *Clara*, antr. +-*issa*)

claríssono adj. que soa claramente (Do lat. *clarisŏnu*-, «que soa claro»)

clarista adj.,n.2g. que ou pessoa que pertence à ordem de Santa Clara (De *Clara*, antr. +-*ista*)

clarividência n.f. **1** qualidade ou carácter de quem é clarividente **2** faculdade paranormal de previsão de conhecimentos presentes ou futuros (Do lat. *claru*-, «claro» +*vidēre*, «ver», pelo fr. *clairvoyance*, «clarividência»)

clarividente adj.2g. **1** que vê com clareza **2** prudente **3** penetrante; perscrutador (Do lat. *claru*-, «claro» +*vidente*, part. pres. de *vidēre*, «ver», pelo fr. *clairvoyant*, «clarividente»)

clarke n.m. GEOLOGIA concentração média de um elemento químico na crosta terrestre (De *E. D. Clarke* (1769-1822), antr., mineralogista ing.)

claro adj. **1** que se vê bem **2** em que há luz **3** iluminado; brilhante **4** que se percebe bem **5** evidente **6** límpido; transparente **7** certo **8** ilustre **9** de cor pouco carregada ▪ n.m. **1** espaço em branco **2** intervalo **3** clareira ▪ adv. com clareza; ~! exclamação usada para afirmar que algo é evidente e não provoca dúvidas; **às claras** diante de todos, abertamente, sem preconceitos; *em* ~ por cima, sem dormir, sem mencionar (Do lat. *claru*-, «claro»)

claro-escuro n.m. combinação de luz e sombras

-clase sufixo nominal de origem grega que exprime a ideia de *fenda, quebra* (*litoclase*)

classe n.f. **1** grupo de pessoas, animais ou coisas com atributos semelhantes **2** categoria de funções da mesma natureza **3** cargos de natureza idêntica **4** aula **5** os alunos de uma aula **6** grupo de militares graduados como prontos anualmente na Escola de Recrutas **7** secção **8** qualidade **9** distinção; requinte **10** BIOLOGIA designação da categoria utilizada na classificação dos organismos e que consiste num agrupamento de ordens muito semelhantes; ~ *social* conjunto de indivíduos, em determinada sociedade, entre os quais há uma afinidade de nível de vida, de cultura, de interesses económicos, de papel na produção, etc. (Do lat. *classe*-, «divisão; classe»)

classicismo n.m. **1** orientação estética que reflete padrões emergentes da antiguidade greco-latina **2** qualidade do que é clássico **3** admiração pelos clássicos **4** a literatura clássica (De *clássico*+-*ismo*)

classicista n.2g. pessoa que segue o classicismo (De *clássico*+-*ista*)

clássico adj. **1** que é considerado um modelo **2** que é ensinado na escola **3** relativo à Antiguidade greco-latina **4** LITERATURA relativo aos autores que seguem as opções estéticas da Antiguidade **5** que corresponde a padrões considerados perfeitos e intemporais numa determinada época **6** conforme aos usos; sóbrio **7** habitual ▪ n.m. **1** autor da Antiguidade grega ou latina **2** autor ou obra cujo valor é reconhecido por todos; ***física clássica*** parte da física que exclui a relatividade e as teorias quânticas; ***música clássica*** música da tradição ocidental dos séculos anteriores ao séc. XIX, música resultante de processos de composição elaborados, distinguindo-se do popular, do folclore e do jazz, música erudita (Do lat. *classĭcu*-, «de primeira classe»)

classificação n.f. **1** ato, efeito ou processo de classificar **2** distribuição por classes **3** apreciação do mérito de alguém; ~ *periódica* QUÍMICA classificação sistemática dos elementos químicos, por ordem crescente dos seus números atómicos, mas de forma a congregar os elementos para os quais se verifica certa periodicidade de propriedades químicas e físicas (De *classificar*+-*ção*)

classificado adj. **1** que se classificou **2** que obteve classificação ou nota suficiente em concurso, exame, etc. **3** diz-se de informação ou documento a que só podem aceder as pessoas autorizadas, por motivos de segurança; secreto; confidencial ▪ n.m. anúncio geralmente de pequeno formato, apresentado em secções específicas de jornais e revistas (Part. pass. de *classificar*)

classificador n.m. **1** aquele que classifica **2** móvel em que se guardam papéis ou objetos segundo determinada classificação **3** separador (De *classificar*+-*dor*)

classificar v.tr. **1** distribuir em classes ou grupos com características semelhantes **2** determinar a classe de algo dentro de um conjunto **3** colocar numa dada ordem; ordenar **4** atribuir uma nota a; qualificar **5** BIOLOGIA determinar o grupo taxonómico a que um animal ou planta pertence (Do lat. *classe*-, «classe» +*ficāre*, por *facĕre*, «fazer»)

classificativa n.f. prova que intervém na classificação; prova que entra no cômputo geral da classificação (De *classificativo*)

classificativo adj. que é tomado em consideração para a classificação; que intervém na classificação; significativo para a classificação (De *classificar*+-*tivo*)

classificável adj.2g. que se pode classificar (De *classificar*+-*vel*)

classista adj.,n.2g. [Brasil] que ou pessoa que representa uma classe ou defende os direitos dela

clástase n.f. substância que decompõe ou faz cindir as moléculas (Do gr. *klân*, «quebrar; fragmentar» +*stásis*, «estado; posição»)

clástica n.f. ANATOMIA cada uma das peças com que se representam, em conjunto, todos os órgãos do corpo humano para o estudo da anatomia (De *clástico*)

clástico adj. **1** ANATOMIA diz-se dos modelos de anatomia desmontáveis **2** GEOLOGIA diz-se das rochas sedimentares formadas por detritos de outras rochas que foram transportados desde o seu local de origem, como acontece, por exemplo, com as areias e as argilas; detrítico (Do gr. *klastós*, «quebrado; fragmentado» +-*ico*)

clasto n.m. PETROLOGIA elemento constituinte das rochas detríticas ou clásticas (Do gr. *klastós*, «quebrado; fragmentado»)

clasto- elemento de formação de palavras que exprime a ideia de *quebrar, destruir* (Do gr. *klastós*, «quebrado»)

clastomania n.f. tendência patológica para destruir todos os objetos; destrutividade (Do gr. *klastós*, «quebrado» +*manía*, «loucura»)

clastomaníaco adj.,n.m. que ou aquele que padece de clastomania (De *clasto*-+*maníaco*)

clastómano adj.,n.m. ⇒ **clastomaníaco** (De *clasto*-+-*mano*)

claudicação n.f. **1** ato ou facto de claudicar **2** coxeadura **3** [fig.] falta ao cumprimento dos deveres; erro (Do lat. *claudicatiōne*-, «ação de coxear»)

claudicante adj.2g. **1** que claudica **2** indeciso; hesitante; vacilante (Do lat. *claudicante*-, «id.», part. pres. de *claudicāre*, «coxear»)

claudicar v.intr. **1** coxear **2** [fig.] ser defeituoso **3** [fig.] fraquejar; vacilar **4** faltar um tanto ao cumprimento dos deveres (Do lat. *claudicāre*, «coxear»)

claustra n.f. ⇒ **claustro** (Do lat. *claustra*, neut. pl. de *claustrum*, «tudo que serve para fechar»)

claustral *adj.2g.* pertencente ou relativo ao claustro (Do lat. *claustrāle-*, «que fecha»)
claustralidade *n.f.* vida monástica (De *claustral+-i-+-dade*)
claustrar *v.tr.* 1 encerrar em claustro ou convento 2 enclausurar (De *claustro+-ar*)
claustro *n.m.* 1 pátio interior de um convento ou de outro edifício, rodeado de galerias 2 convento 3 vida monástica (Do lat. *claustru-*, «tudo o que serve para fechar; prisão; cerca»)
claustrofobia *n.f.* forma de neurose caracterizada pelo aparecimento de angústia quando o indivíduo se encontra num lugar fechado (Do lat. *claustru-*, «qualquer lugar fechado»+gr. *phóbos*, «horror»+-*ia*)
claustrofóbico *adj.* relativo à claustrofobia ■ *n.m.* indivíduo que sofre de claustrofobia (De *claustrofobia+-ico*)
claustromania *n.f.* tendência mórbida para ficar fechado em casa (Do lat. *claustru-*, «qualquer lugar fechado»+gr. *manía*, «loucura»)
cláusula *n.f.* 1 cada uma das disposições de um contrato, tratado, testamento ou qualquer outro documento análogo (público ou particular) 2 circunstância particular 3 artigo 4 fim 5 remate; conclusão; encerramento (Do lat. *clausŭla-*, «conclusão»)
clausulado *adj.* 1 proposto ou contido em cláusulas 2 encerrado ■ *n.m.* conjunto de cláusulas (De *cláusula+-ado*)
clausular *v.tr.* 1 estabelecer as cláusulas de 2 encerrar 3 limitar 4 ultimar ■ *adj.2g.* referente a cláusula (De *cláusula+-ar*)
clausura *n.f.* 1 lei eclesiástica que impõe aos membros de algumas comunidades religiosas, sob determinadas condições, a obrigação de não saírem da própria residência coletiva, e proíbe a estranhos a entrada nela 2 recinto ao qual se aplica esta lei 3 recinto fechado 4 [fig.] vida de quem não sai de casa; reclusão (Do lat. *clausūra-*, «fechadura»)
clausurar *v.tr.,pron.* ⇒ **enclausurar** (De *clausura+-ar*)
clava *n.f.* 1 pau curto terminado em pera; moca; maça 2 BOTÂNICA órgão intumescido na extremidade livre (Do lat. *clava-*, «bastão; maça»)
clavaria *n.f.* dignidade ou funções de clavário (Do lat. *clave-*, «chave»+-*aria*)
clavário *n.m.* guarda das chaves, em algumas ordens religiosas e militares (Do lat. *clave-*, «chave»+-*ário*)
clave *n.f.* 1 MÚSICA sinal gráfico que, colocado no início da pauta, em certas linhas, dá às figuras nelas escritas o nome que na escala dos sons lhes compete 2 chaveta 3 tecla 4 [fig.] tom que predomina nos sentimentos ou no estilo de uma composição, poema, etc. (Do lat. *clave-*, «chave»)
clavecinista *n.2g.* pessoa que toca clavecino (Do fr. *claveciniste*, «id.»)
clavecino *n.m.* MÚSICA instrumento semelhante ao cravo (Do fr. *clavecin*, «id.», do lat. med. *clavicymbălu-*, «címbalo com teclado»)
claveiro *n.m.* clavário; chaveiro (Do lat. *clave+-eiro*)
clavi-[1] elemento de formação de palavras que exprime a ideia de *chave* ou *clave* (Do lat. *clave-*, «chave»)
clavi-[2] elemento de formação de palavras que exprime a ideia de *maça* (Do lat. *clava-*, «bastão; maça»)
clavicímbalo *n.m.* ⇒ **clavicórdio** (De *clavi-+címbalo*)
clavicórdio *n.m.* MÚSICA instrumento de cordas, muito antigo, com teclado ou chaves; manicórdio (Do lat. med. *clavichordĭu-*, de *clavis*, «chave» +*chorda-*, «corda» +-*io*)
clavicordionista *n.2g.* pessoa que toca clavicórdio (De *clavicórdio+-n+-ista*)
clavicórneo *adj.* com antenas claviformes ■ *n.m.* ZOOLOGIA espécime dos clavicórneos ■ *n.m.pl.* ZOOLOGIA grupo de insetos coleópteros, pentâmeros (Do lat. cient. *clavicornĭu-*, de *clava-*, «maça» +*cornĕu-*, «de chifre»)
clavícula *n.f.* ANATOMIA osso par, com dupla curvatura, que entra na constituição da cintura escapular e que se articula com o esterno e com a omoplata (Do lat. *clavicŭla-*, «chavinha»)
claviculado *adj.* que tem clavículas ■ *n.m.pl.* ZOOLOGIA mamíferos roedores que têm clavículas perfeitas, como o rato e o castor (De *clavícula+-ado*)
clavicular *adj.2g.* 1 relativo a clavícula 2 designativo da peça endosquelética da cintura escapular de vertebrados inferiores (Do lat. *claviculā-*, «chave pequena» +-*ar*)
claviculário *n.m.* o que guarda as chaves de um cofre, arquivo, etc.; chaveiro (Do lat. *claviculariŭ-*, «chaveiro»)
clavifoliado *adj.* BOTÂNICA que tem folhas em forma de clava (Do lat. *clava-*, «bastão; maça» +*folĭu-*, «folha»)
claviforme *adj.2g.* em forma de maça ou clava (De *clavi-+-forme*)

clavígero *adj.* 1 que anda armado de clava 2 relativo ou pertencente aos clavígeros ■ *n.m.* ZOOLOGIA espécime dos clavígeros ■ *n.m.pl.* ZOOLOGIA grupo de insetos coleópteros a que pertencem algumas formas desprovidas de olhos funcionais (Do lat. *clavigĕru-*, «que usa chaves»)
clavija *n.f.* 1 cravelha 2 cavilha que liga o jogo dianteiro ao jogo traseiro do carro de bois 3 escápula em que os tintureiros penduram as meadas a secar (Do lat. *clavicŭla-*, «chave pequena», pelo cast. *clavija*, «cavilha»)
clavina *n.f.* [pop.] ⇒ **carabina** (De *clava+-ina*)
clavineiro *n.m.* [pop.] ⇒ **carabineiro** (De *clavina+-eiro*)
claviórgão *n.m.* MÚSICA instrumento com as características de piano e de órgão (Do it. *claviorgano*, «id.»)
cláxon /cs/ *n.m.* buzina de automóvel e outros veículos (Do ing. *Klaxon*, nome da firma que, pela primeira vez, fabricou este tipo de buzina)
clear *n.m.* INFORMÁTICA comando que leva o computador a apagar o que está armazenado na memória e a limpar o visor (Do ing. *(to) clear*, «apagar»)
clearing *n.m.* ECONOMIA processo de regularização de débitos e créditos entre bancos, por compensação (Do ing. *clearing*, «compensação»)
clefta *n.m.* montanhês grego da região do Olimpo, que praticava o banditismo e o latrocínio em terras gregas ocupadas pelos Turcos (Do gr. *kléptes*, «ladrão», pelo gr. mod. *kléphtes*, «id.»)
cleistogamia *n.f.* ⇒ **clistogamia**
cleistogâmico *adj.* ⇒ **clistogâmico**
clematite *n.f.* BOTÂNICA planta da família das Ranunculáceas (género *Clematis*), entre as quais algumas espontâneas e cultivadas em Portugal, especialmente uma trepadeira de flores brancas (Do gr. *klematĩtis*, «planta sarmentosa; clematite», pelo lat. *clematīte-*, «id.»)
clemência *n.f.* 1 virtude que modera o rigor da justiça 2 indulgência para as culpas alheias 3 brandura; amenidade (Do lat. *clementĭa-*, «id.»)
clemenciar *v.tr.* tratar com clemência (De *clemência+-ar*)
clemente *adj.2g.* 1 que usa de clemência; indulgente 2 compassivo; bondoso; brando (Do lat. *clemente-*, «que se dobra suavemente»)
clementina *n.f.* 1 fruto híbrido, resultante do cruzamento da tangerina com a laranja brava, muito semelhante à tangerina, mas de cor mais carregada e de casca fina 2 árvore que produz esse fruto (De *Clementina*, antr.)
Clementinas *n.f.pl.* decretais do pontífice Clemente V, que foi papa de 1305 a 1314 (De *Clemente*, antr.)
clepsidra *n.f.* relógio de água usado na Antiguidade, que media o tempo pela quantidade de água que se escoava de um vaso (Do gr. *klepsýdra*, «relógio de água», pelo lat. *clepsýdra-*, «id.»)
clepto- elemento de formação de palavras que exprime a ideia de *roubo* (Do gr. *kléptein*, «furtar»)
cleptofobia *n.f.* receio patológico de poder cometer algum roubo ou de não pagar o que se deve (De *clepto-+-fobia*)
cleptofobo *n.m.* o que padece de cleptofobia (De *clepto-+-fobo*)
cleptomania *n.f.* inclinação patológica para o roubo (De *clepto-+-mania*)
cleptomaníaco *adj.,n.m.* que ou indivíduo que sofre de cleptomania (De *clepto-+-maníaco*)
cleptómano *adj.,n.m.* ⇒ **cleptomaníaco** (De *clepto-+-mano*)
clerestório *n.m.* galeria superior ao trifório, nas igrejas ogivais (Do ing. *clerk-story*, «pavimento dos clérigos»)
clerezia *n.f.* classe clerical; clero (Do lat. med. **clericĭa-*, de *clerĭcu-*, «clérigo»)
clerical *adj.2g.* 1 do clero 2 referente ao clero ou ao clericalismo (Do lat. *clericāle-*, «relativo ao clero»)
clericalismo *n.m.* corrente de opinião que pretende submeter a vida social, para além do aspeto religioso, à influência do clero (Do fr. *cléricalisme*, «id.»)
clericalista *n.2g.* pessoa partidária do clericalismo (Do fr. *cléricaliste*, «id.»)
clericalizar *v.tr.* pôr sob a alçada ou influência do clero (De *clerical+-izar*)
clericato *n.m.* estado ou dignidade do clero; sacerdócio (Do lat. *clericātu-*, «dignidade de clérigo»)
clérigo *n.m.* 1 religioso que faz parte do clero 2 padre 3 ICTIOLOGIA ⇒ **rodovalho** 4 ORNITOLOGIA ⇒ **papa-figos**; *clérigos maiores* diáconos e subdiáconos; *clérigos menores* tonsurados, ostiários, exorcistas, acólitos e leitores; *clérigos regulares* religiosos que combinam o apostolado sacerdotal com a vida religiosa regular;

clérigos seculares clérigos que participam da vida civil; *cantar de* ~ blasonar, fanfarrear (Do lat. *clerĭcu-*, «id.»)
clero *n.m.* conjunto das pessoas com ordens sacras dedicadas ao culto divino; classe sacerdotal (Do gr. *klēros*, «clero», pelo lat. *cleru-*, «clero»)
clerocracia *n.f.* preponderância do clero nos negócios do Estado (Do gr. *klēros*, «clero» +*kratein*, «governar»)
clerodendro *n.m.* BOTÂNICA planta ornamental, da família das Verbenáceas
clerofobia *n.f.* ódio ao clero (Do gr. *klēros*, «clero» +*phóbos*, «horror» +-*ia*)
cleromancia *n.f.* suposta arte de adivinhar por meio dos dados (Do gr. *klēros*, «dado» +*manteía*, «adivinhação»)
cleromante *n.2g.* pessoa que pratica a cleromancia (Do gr. *klēros*, «dado» +*mántis*, «adivinho»)
clicar *v.tr.* 1 INFORMÁTICA premir o botão do rato sobre (elemento no ecrã) 2 pressionar uma tecla (de comando, aparelho, etc.) (Do ing. *to click*, «id.»)
clicável *adj.2g.* 1 INFORMÁTICA em que se pode clicar 2 INFORMÁTICA designativo do elemento de uma interface que, quando sobre ele se clica, desencadeia a execução de um comando ou de uma opção
cliché *n.m.* 1 folha estereotipada 2 FOTOGRAFIA prova negativa para reprodução de exemplares de fotografia; negativo 3 [fig.] imagem ou ideia muito repetida ou estereotipada; chavão (Do fr. *cliché*, «chapa»)
clido- elemento de formação de palavras que exprime a ideia de *chave, clavícula* (Do gr. *kleís, kleidós*, «tudo o que serve para fechar»)
clidomancia *n.f.* suposta adivinhação por meio de uma chave presa à Bíblia por um fio (Do gr. *kleís, kleidós*, «chave» +*manteía*, «adivinhação»)
clidonógrafo *n.m.* instrumento registador das características de uma descarga elétrica luminosa (Do gr. *klydónion*, «ondulação pequena» +*gráphein*, «escrever; registar»)
clidoscopia *n.f.* ⇒ **clidomancia** (Do gr. *kleís, kleidós*, «chave» +*skopein*, «ver; examinar»)
clidotomia *n.f.* MEDICINA secção cirúrgica da clavícula do feto para facilitar o parto (Do gr. *kleís, kleidós*, «clavícula» +*tomé*, «corte» +-*ia*)
cliente *n.2g.* 1 pessoa que requer serviços mediante pagamento 2 DIREITO constituinte 3 pessoa que compra algo; comprador; freguês 4 pessoa que frequenta habitualmente o mesmo local (Do lat. *cliente-*, «id.»)
clientela *n.f.* 1 conjunto dos clientes que recorrem, mediante pagamento, aos serviços de uma pessoa determinada 2 conjunto dos compradores; freguesia (Do lat. *clientēla-*, «os clientes; a clientela»)
clientelar *adj.2g.* relativo a clientelismo; *política* ~ política de favoritismo (De *clientela*+-*ar*)
clientelismo *n.m.* POLÍTICA atribuição de privilégios dispensados por um indivíduo ou grupo de poder aos seus apoiantes, em troca de favores políticos; favoritismo (De *clientela*+-*ismo*)
cliente-tipo *n.m.* conjunto de características que definem o cliente a quem determinado produto ou serviço é destinado
clima *n.m.* 1 GEOGRAFIA conjunto de fenómenos meteorológicos que caracterizam o estado médio da atmosfera em dada região 2 meio ou ambiente 3 [fig.] estado de coisas; ~ *de montanha* GEOGRAFIA clima modificado pela altitude independentemente da sua localização; ~ *frio* GEOGRAFIA clima com temperaturas médias negativas durante a maior parte do ano e que se localiza em áreas situadas a norte do círculo polar ártico, a sul do círculo polar antártico e nas zonas de grande altitude; ~ *quente* GEOGRAFIA clima correspondente às áreas que se localizam na zona quente intertropical, sem estação fria e chuvas de convergência durante todo o ano ou parte do ano; ~ *temperado* GEOGRAFIA clima que se localiza entre as zonas frias ártica e antártica e a zona quente intertropical e que não tem grandes excessos de calor ou frio, de humidade e de secura (Do gr. *klíma*, «clima», pelo lat. *clima*, «id.»)
climactérico *adj.* 1 MEDICINA relativo ao climatério 2 relativo a cada uma das épocas da vida em que se verificam mudanças consideráveis no organismo (Do gr. *klimakterikós*, «crítico», pelo lat. *climacterĭcu-*, «id.»)
climactério *n.m.* MEDICINA período que precede o fim da vida reprodutiva da mulher; menopausa (Do gr. *klimaktér*, «degrau»; ponto crítico da vida»)
climáctico *adj.* 1 referente a clímax 2 em que existe clímax (De *clímax*+-*ico*)
climatérico *adj.* relativo ao clima; climatológico (Do fr. *climatérique*, «id.»)
climático *adj.* ⇒ **climatérico** (Do gr. *klíma, -atos*, «clima» +-*ico*)
climatismo *n.m.* terapia baseada na estadia em locais cujo clima se considere benéfico para a saúde (Do fr. *climatisme*, «climatismo»)
climatização *n.f.* conjunto dos processos utilizados para manter, em determinado local e mediante aparelhagem, condições adequadas de temperatura, humidade e pureza do ar (De *climatizar*+-*ção*, ou do fr. *climatisation*, «id.»)
climatizar *v.tr.* criar e manter, em determinado local e mediante aparelhagem, condições adequadas de temperatura, humidade e pureza do ar (Do fr. *climatiser*, «id.»)
climat(o)- elemento de formação de palavras que exprime a ideia de *clima* (Do gr. *klíma, -atos*, «clima»)
climatologia *n.f.* estudo dos climas em função da sua influência na economia animal (Do gr. *klíma, -atos*, «clima» +*lógos*, «estudo» +-*ia*, ou do fr. *climatologie*, «id.»)
climatológico *adj.* 1 do clima 2 relativo ao clima (De *climatologia*+-*ico*, ou do fr. *climatologique*, «id.»)
climatologista *n.2g.* ⇒ **climatólogo**
climatólogo *n.m.* especialista em climatologia
climatoterapia *n.f.* processo de curar pela escolha de ares e climas especiais (Do gr. *klíma, -atos*, «clima» +*therapeía*, «tratamento; cura»)
clímax /cs/ *n.m.* 1 ponto culminante, máximo ou mais intenso de alguma coisa 2 BOTÂNICA estado final da adaptação dos vegetais a determinado meio 3 MEDICINA período crítico de uma doença 4 o mais elevado estado de equilíbrio biológico entre os indivíduos de uma associação em dada região 5 TEATRO momento determinante na ação a partir do qual se gera o desfecho ou esclarecimento dos acontecimentos 6 ⇒ **orgasmo** (Do gr. *klîmax*, «escada; gradação», pelo lat. *climax*, «id.»)
climenídeo *n.m.* PALEONTOLOGIA espécime dos climenídeos ■ *n.m.pl.* PALEONTOLOGIA família de amonoides que se distinguem por possuírem um canal sifonal em posição dorsal e que apareceram no Devónico superior (Do lat. *Climĕne-*, mitol. «Clímene», uma das ninfas +-*ídeos*)
clina *n.f.* [pop.] ⇒ **crina**
clínica *n.f.* 1 prática da medicina pela observação direta do paciente 2 estabelecimento público ou privado onde se administram tratamentos terapêuticos; casa de saúde 3 clientela de um médico; ~ *geral* especialidade médica que se dedica ao tratamento de doenças dos vários aparelhos e sistemas do organismo (Do gr. *kliniké (tékhne)*, «cuidados do médico para com o doente», pelo lat. *clinĭce-*, «id.»)
clinicar *v.intr.* exercer a clínica; medicar (De *clínica*+-*ar*)
clínico *adj.* relativo à clínica ■ *n.m.* pessoa que exerce a medicina; médico (Do gr. *klinikós*, «relativo ao leito», pelo lat. *clinĭcu-*, «clínico»)
clino- elemento de formação de palavras que exprime a ideia de *achatamento, inclinação, leito, repouso* (Do gr. *klíne*, «cama»)
clinocefalia *n.f.* TERATOLOGIA achatamento congénito da abóbada craniana (Do gr. *klíne*, «leito» +*kephalé*, «cabeça» +-*ia*)
clinodactilia *n.f.* desvio dos dedos do pé (De *clinodáctilo*+-*ia*) ACORDO ORTOGRÁFICO também se pode escrever **clinodatilia**
clinodáctilo *adj.,n.m.* que ou aquele que possui clinodactilia (Do gr. *klínein*, «afastar; inclinar» +*dáktylos*, «dedo» +-*ia*)
clinodatilia a grafia mais usada é **clinodactilia**
clinodiagonal *adj.2g.* CRISTALOGRAFIA designação obsoleta de um dos eixos oblíquos dos minerais do sistema monoclínico (De *clino-*+*diagonal*)
clinodoma *n.m.* CRISTALOGRAFIA designação obsoleta de uma forma cristalográfica monoclínica em que as quatro faces são paralelas ao eixo X (Do gr. *klínein*, «afastar; inclinar» +*dôma*, «casa»)
clinomania *n.f.* preocupação obsessiva de estar deitado (Do gr. *klíne*, «cama» +*manía*, «mania»)
clinómetro *n.m.* designação genérica dos instrumentos que servem para medir inclinações, espessura de camadas, a obliquidade da quilha dos navios, etc. (Do gr. *klínein*, «inclinar» +*métron*, «medida»)
clinopinacoide *n.m.* CRISTALOGRAFIA designação obsoleta da forma cristalográfica monoclínica constituída apenas por duas faces paralelas entre si e normais ao eixo Y (De *clino-*+*pinacóide*)
clinopinacóide ver nova grafia **clinopinacoide**
clinopódio *n.m.* BOTÂNICA planta herbácea, da família das Labiadas, espontânea em Portugal (Do gr. *klinopódion*, «id.» pelo lat. *clinopodĭon*, «id.»)
clinoterapia *n.f.* terapêutica por meio do repouso na cama (Do gr. *klíne*, «leito» +*therapeía*, «cura»)
clip *n.m.* ⇒ **clipe** (Do ing. *clip*, «id.»)

clipe n.m. 1 pequena peça de arame, fio metálico ou plástico que serve para prender folhas de papel 2 CINEMA, TELEVISÃO excerto de um filme ou de uma sequência televisiva, geralmente com fins promocionais (Do ing. *clip*, «id.»)

clíper n.m. NÁUTICA veleiro comprido e estreito, concebido para atingir grandes velocidades (Do ing. *clipper*, «navio veloz»)

clique[1] n.f. grupo de pessoas ligadas por interesses obscuros comuns; trupe; súcia (Do fr. *clique*, «id.»)

clique[2] n.m. 1 ruído curto e seco 2 INFORMÁTICA ato ou efeito de premir o botão do rato sobre um elemento no ecrã ■ interj. imitativa de um som breve e seco (Do ing. *click*, «id.», de orig. onom.)

clise n.f. aplicação de clister (De *eclipse*)

clister n.m. instilação, pelo ânus, de água ou líquido medicamentoso; lavagem intestinal; irrigação (Do gr. *klystér*, «lavagem; seringa», pelo lat. *clystēre-*, «clister»)

clisterização n.f. ato de clisterizar (De *clisterizar*+*-ção*)

clisterizar v.tr. dar clisteres a (Do lat. *clysterizāre*, «dar um clister a»)

clistogamia n.f. BOTÂNICA fenómeno verificado nas flores ou nas plantas clistogâmicas (Do gr. *kleistós*, «fechado» +*gámos*, «casamento» +*-ia*)

clistogâmico adj. BOTÂNICA diz-se da flor pouco aparente, fechada, em que se verifica autogamia (Do gr. *kleistós*, «fechado» +*gámos*, «casamento» +*-ico*)

clistrão n.m. ELETRICIDADE válvula eletrónica utilizada para a produção de oscilações de muito alta frequência (micro-ondas), baseada na utilização de feixes eletrónicos de velocidade modulada (Do gr. *klystér*, «seringa», pelo ing. *klistron*, «clistrão», pelo fr. *klystron*, «id.»)

clitelado adj. ZOOLOGIA diz-se do animal possuidor de clitelo ■ n.m. ZOOLOGIA membro da classe dos clitelados ■ n.m.pl. ZOOLOGIA classe de animais anelídeos, providos de clitelo, que compreende as ordens dos oligoquetas e hirudíneos (De *clitelo*+*-ado*)

clitelo n.m. ZOOLOGIA dilatação glandular do corpo de alguns anelídeos, responsável pela produção de muco para a cópula e pela secreção da parede do casulo (Do gr. *klitýs*, «pendente; encosta», pelo lat. cient. *clitellu-* de *clitellas*, «albarda»)

clítico adj. LINGUÍSTICA diz-se do pronome oblíquo átono

clitóride n.f. ANATOMIA ⇒ **clítoris** (Do gr. *kleitorís*, *-ídos*, «o que fecha»)

clitoridismo n.m. masturbação da mulher (De *clitóride*+*-ismo*)

clitóris n.m.2n. ANATOMIA pequeno órgão erétil do aparelho genital feminino, situado na junção dos pequenos lábios, na parte superior da vulva (Do gr. *kleitorís*, «o que fecha»)

clítris n.m.2n. ⇒ **clitóris**

clitoritomia n.f. CIRURGIA amputação do clítoris (Do gr. *kleitorís*, «clítoris» +*tomé*, «corte» +*-ia*)

clivagem n.f. 1 operação ou modo de clivar 2 MINERALOGIA propriedade que têm certos minerais de se dividirem mais facilmente segundo certos planos (Do neerl. *klieven*, «fender; rachar», pelo fr. *clivage*, «clivagem»)

clivar v.tr. MINERALOGIA dividir um mineral segundo os planos de clivagem (Do neerl. *klieven*, «fender; rachar», pelo fr. *cliver*, «id.»)

clivo n.m. 1 encosta; ladeira 2 pendor (Do lat. *clivu-*, «declive»)

clivoso /ô/ adj. escarpado; ladeirento (Do lat. *clivōsu-*, «que se ergue em declive»)

cloaca n.f. 1 fossa ou cano de esgoto; sentina 2 [fig.] lugar imundo 3 ZOOLOGIA cavidade terminal do intestino, em certos animais, onde se abrem os ductos urinário e genital (Do lat. *cloaca-*, «esgoto»)

cloacal adj.2g. referente a cloaca (Do lat. *cloacāle-*, «de esgoto»)

cloacário n.m. funcionário, entre os Romanos, encarregado das cloacas e dos canos de esgoto (Do lat. *cloacarĭu-*, «id.»)

cloacino adj. 1 relativo a cloaca 2 [fig.] indecente (Do lat. *cloacĭnu-*, «de esgoto»)

cloisonné n.m. técnica de esmaltar em que as cores dos elementos decorativos são separadas por um filete metálico (Do fr. *cloisonné*, «id.»)

clonagem n.f. 1 BIOLOGIA processo de obtenção de indivíduos ou populações por reprodução vegetativa ou assexual de um único indivíduo 2 BIOLOGIA introdução de informação genética numa célula de modo a repetir essa informação 3 [fig.] cópia de objetos, equipamentos, materiais, etc., tornando-os iguais a um original (De *clone*+*-agem*)

clonar v.tr. 1 BIOLOGIA reproduzir por clonagem 2 [fig.] reproduzir (objetos, equipamentos, materiais, etc.) de forma a obter uma cópia idêntica ao original (De *clone*+*-ar*)

clone n.m. 1 BOTÂNICA planta reproduzida por multiplicação vegetativa 2 BIOLOGIA indivíduo ou conjunto de células reproduzido por partenogénese tornando-se uma cópia física exata do dador 3 [fig.] objeto, equipamento ou material que resulta da cópia de um original, sendo idêntico a ele (Do gr. *klón*, «rebento»)

clorado adj. que tem cloro (Part. pass. de *clorar*)

cloragem n.f. purificação bacteriológica das águas por meio do cloro (De *clorar*+*-agem*)

cloral n.m. QUÍMICA derivado triclorado do aldeído acético (etanal triclorado), de propriedades anestésicas, que forma, por ação da água, o hidrato de cloral, também empregado como anestésico (De *cloro*+*ál[cool]*)

clorar v.tr. 1 tratar com cloro (água) 2 combinar cloro com (De *cloro*+*-ar*)

clorato n.m. 1 QUÍMICA anião correspondente ao ácido clórico 2 QUÍMICA sal e éster do ácido clórico (De *cloro*+*-ato*)

clorela n.f. BOTÂNICA alga unicelular de água doce (género *Chorella*), que contém um só cloroplasto e é muito rica em proteínas, hidratos de carbono e vitaminas

cloremia n.f. MEDICINA presença de cloro no sangue (Do gr. *khlorós*, «verde» +*haîma*, «sangue» +*-ia*)

cloreto /ê/ n.m. 1 QUÍMICA anião monatómico correspondente ao cloro 2 QUÍMICA sal e éster do ácido clorídrico 3 QUÍMICA cal clorada usada como descorante (De *cloro*+*-eto*)

clórico adj. 1 QUÍMICA relativo ao cloro 2 QUÍMICA designativo do ácido de fórmula $HClO_3$ (De *cloro*+*-ico*)

cloridrato n.m. FARMÁCIA designação de certos compostos clorados orgânicos (De *cloro*+*hidrato*)

clorídrico adj. QUÍMICA designativo do ácido formado exclusivamente por cloro e hidrogénio (De *cloro*+*hidr[ogénio]*+*-ico*)

cloro n.m. QUÍMICA elemento com o número atómico 17, de símbolo Cl, gasoso nas condições normais de temperatura e pressão, amarelo-esverdeado, oxidante indireto (em meio húmido), muito venenoso e descorante (Do gr. *khlorós*, «verde»)

clorofíceas n.f.pl. BOTÂNICA grupo de algas geralmente verdes, devido à presença de clorofila, e cujos ovos germinam fora da planta; algas verdes (Do gr. *khlorós*, «verde» +*phýkos*, «alga» +*-eas*)

clorofila n.f. BOTÂNICA pigmento que dá a cor verde aos vegetais (quase só excecionalmente existe em animais) e que intervém no importante fenómeno da fotossíntese (Do gr. *khlorós*, «verde» +*phýllon*, «folha»)

clorofilino adj. 1 da clorofila 2 relativo à clorofila; *função clorofilina* fotossíntese (De *clorofila*+*-ino*)

clorofluorcarboneto n.m. QUÍMICA nome genérico de qualquer hidrocarboneto em que dois ou mais átomos de hidrogénio foram substituídos por cloro e flúor (De *cloro*+*flúor*+*carboneto*)

clorofluorocarboneto n.m. QUÍMICA ⇒ **clorofluorcarboneto**

clorofórmico adj. relativo ao clorofórmio (De *clorofórmio*+*-ico*)

clorofórmio n.m. QUÍMICA líquido incolor, bastante denso, volátil, aromático e de propriedades anestésicas (Do fr. *chloroforme*, «id.»)

cloroformização n.f. ato ou efeito de cloroformizar (De *cloroformizar*+*-ção*)

cloroformizar v.tr. aplicar clorofórmio a; anestesiar com clorofórmio (De *clorofórmio*+*-izar*)

cloroleucito n.m. BOTÂNICA ⇒ **cloroplasto** (De *cloro*+*leucito*)

cloromicetina n.f. FARMÁCIA antibiótico muito ativo contra certas doenças, obtido de um microrganismo e também preparado sinteticamente (Do gr. *khlorós*, «verde» +*mýkes*, *-etos*, «cogumelo» +*-ina*)

cloroplastídio n.m. BOTÂNICA ⇒ **cloroplasto** (De *cloroplasto*+*-ídeo*)

cloroplasto n.m. BOTÂNICA plasta, tipicamente verde, que contém clorofila; cloroleucito; cloroplastídio (De *cloro*+*plasto*)

cloropreno n.m. QUÍMICA derivado clorado do butadieno, que, por polimerização, fornece borracha sintética mais resistente que a borracha natural (Do fr. *chloroprène*, «id.»)

clorose n.f. 1 BOTÂNICA amarelecimento das folhas seguido de degenerescência da planta 2 MEDICINA anemia característica das mulheres jovens, que apresentam uma tonalidade amarelo-esverdeada, devido à falta de ferro (Do lat. med. *chlorose-*, «id.», pelo fr. *chlorose*, «id.»)

clorótica n.f. mulher que sofre de clorose (Do fr. *chlorotique*, «atacado de clorose»)

clorótico adj. da clorose ou a ela relativo (Do fr. *chlorotique*, «id.»)

close-up n.m. CINEMA, FOTOGRAFIA, TELEVISÃO plano muito aproximado do objeto, pessoa ou pessoas filmados; grande plano

clube n.m. 1 local de reuniões de natureza cultural, política ou recreativa 2 associação criada para ajudar os seus membros na prática de atividades recreativas, desportivas ou culturais 3 DESPORTO grupo vocacionado para a prática de diversas modalidades desportivas; ~ *náutico* associação que cria as condições para a prática de desportos marítimos; ~ *noturno* lugar de divertimento noturno

clubismo

em que se bebe e dança, por vezes com atrações ou música ao vivo (Do ing. *club*, «associação»)

clubismo *n.m.* **1** grande dedicação dos associados ao clube a que pertencem, principalmente clube desportivo **2** tendência para formar clubes ou associações (De *clube*+*-ismo*)

clubista *n.2g.* membro de clube ■ *adj.2g.* relativo a clube (De *clube*+*-ista*)

cluniacense *adj.2g.* relativo à Ordem de Cluny ■ *n.m.* religioso dessa mesma Ordem

Clupeidas *n.m.pl.* ICTIOLOGIA ⇒ **Clupeídeos**

clupeídeo *adj.* relativo ou pertencente aos Clupeídeos ■ *n.m.* ICTIOLOGIA espécime dos Clupeídeos

Clupeídeos *n.m.pl.* ICTIOLOGIA família de peixes teleósteos, malacopterígios, muito bem representados em Portugal (Do lat. *clupĕa-*, «espécie de arenque» +*-ídeos*)

clusiácea *n.f.* BOTÂNICA espécime das Clusiáceas

Clusiáceas *n.f.pl.* BOTÂNICA família de plantas (gutíferas) intertropicais, muitas de aplicação medicinal, cujo género-tipo se designa Clusia (De *Clusius*, nome latino de *Ch. Lécluse*, 1526-1609, bot. fr. que introduziu a batata na Europa +*-áceas*)

clusiáceo *adj.* relativo ou pertencente às Clusiáceas

cnemalgia *n.f.* dor nas pernas (Do gr. *knéme*, «perna» +*álgos*, «dor» +*-ia*)

cnémide *n.f.* **1** espécie de greva metálica usada pelos hoplitas, antigos soldados da infantaria grega **2** canela da perna; tíbia (Do gr. *knemís, ídos*, «greva; polaina», pelo lat. *cnemĭde-*, «botina militar»)

cnidário *adj.* diz-se do celenterado possuidor de órgãos urticantes (cnidoblastos) ■ *n.m.* ZOOLOGIA espécime dos cnidários ■ *n.m.pl.* ZOOLOGIA grupo de celenterados possuidores de órgãos urticantes (cnidoblastos) (Do gr. *knĭde*, «urtiga», pelo lat. *cnide*-, «id.», pelo fr. *cnidaire*, «cnidário»)

cnidoblasto *n.m.* ZOOLOGIA órgão urticante existente na grande maioria dos celenterados (cnidários) (Do gr. *knĭde*, «urtiga» +*blastós*, «rebento»)

cnidocílio *n.m.* ZOOLOGIA prolongamento em ponta que existe no bordo dos cnidoblastos, nos celenterados (Do gr. *knĭde*, «urtiga»+lat. *cilĭu-*, «cílio»)

cnidose *n.f.* MEDICINA ⇒ **urticária** (Do gr. *knĭde*, «urtiga» +*-ose*)

co contração da preposição *com* + *o* artigo definido ou pronome demonstrativo *o*

co- forma reduzida do prefixo *com-*, que exprime a ideia de *união*, *companhia*, *contiguidade*, aglutinando sempre com o elemento seguinte, mesmo quando este começa por *o*

coa¹ *n.f.* ação de coar; coação

coa² *n.f.* **1** rede de pesca **2** cauda **3** [regionalismo] erário

coa³ contração da preposição *com* + *o* artigo definido ou pronome demonstrativo *a*

côa ver nova grafia coa¹,²

coabitação *n.f.* **1** situação das pessoas que vivem em comum **2** relações de convivência de duas ou mais pessoas que não são parceiros nem formam uma família **3** POLÍTICA coexistência, num governo, de tendências políticas opostas; *dever de* ~ DIREITO obrigação dos cônjuges de viverem em comum, sob o mesmo teto (Do lat. *cohabitatiōne-*, «id.»)

coabitador *n.m.* aquele que coabita (Do lat. *cohabitatōre-*, «o que mora com outrem»)

coabitante *adj.,n.2g.* que ou o que coabita (Do lat. *cohabitante-*, «id.», part. pres. de *cohabitāre*, «coabitar»)

coabitar *v.tr.,intr.* **1** morar juntamente (com); viver em comum (com) **2** conviver de forma pacífica (com); coexistir (com) (Do lat. *cohabitāre*, «morar com»)

coação¹ *n.f.* constrangimento que se impõe a alguém para que faça, deixe de fazer ou permita que se faça alguma coisa; imposição (Do lat. *coactiōne-*, «id.», de *coactu-*, part. pass. de *cogĕre*, «forçar; apertar»)

coação² *n.f.* ⇒ **coa**¹ (De *coar*+*-ção*)

coacção ver nova grafia coação¹

coacervação *n.f.* QUÍMICA transformação de uma solução coloidal estável em soluções não miscíveis de diferente concentração (Do lat. *coacervatiōne-*, «ação de amontoar; acumulação»)

coachee *n.2g.* cliente que utiliza os serviços de coaching (Do inglês *coachee*, «idem»)

coactar ver nova grafia coatar

coactivo ver nova grafia coativo

coacto ver nova grafia coato

coactor ver nova grafia coator

coacusado *n.m.* aquele que é acusado com outro do mesmo crime (De *co-*+*acusado*)

co-acusado ver nova grafia coacusado

coada *n.f.* **1** líquido ou suco de alimentos coados **2** barrela **3** coa; rede de pesca (Part. pass. fem. subst. de *coar*)

coadaptar *v.tr.* adaptar duas coisas uma à outra (De *co-*+*adaptar*)

coadjutor *n.m.* **1** pessoa que ajuda outra **2** eclesiástico nomeado para ajudar um bispo ou um pároco no exercício dos atos do culto **3** nas ordens religiosas, membro não sacerdote ou encarregado dos serviços manuais; *bispo* ~ bispo que ajuda o bispo residencial, tendo geralmente direito de sucessão (Do lat. *coadjutōre-*, «id.»)

coadjutoria *n.f.* funções ou cargo de coadjutor (De *coadjutor*+*-ia*)

coadjuvação *n.f.* ato de coadjuvar; ajuda; cooperação (Do lat. *coadjuvatiōne-*, «id.»)

coadjuvante *adj.,n.2g.* **1** que, aquele ou aquilo que coadjuva; coadjutor **2** que ou ator que interpreta um papel secundário (Do lat. *coadjuvante-*, part. pres. de *coadjuvāre*, «assistir»)

coadjuvar *v.tr.* ajudar; cooperar (Do lat. *coadjuvāre*, «assistir»)

coadministração *n.f.* ato ou efeito de coadministrar (De *co-*+*administrar*)

co-administração ver nova grafia coadministração

coadministrador *adj.,n.m.* que ou aquele que coadministra (De *co-*+*administrador*)

co-administrador ver nova grafia coadministrador

coadministrar *v.tr.* administrar com outrem (De *co-*+*administrar*)

co-administrar ver nova grafia coadministrar

coadoção *n.f.* DIREITO processo legal em que se estende o vínculo de parentalidade de um dos elementos do casal homossexual (pai ou mãe biológica ou adotante) ao cônjuge ou à pessoa com quem se vive em união de facto (De *co-*+*adopção*)

coadoiro *n.m.* ⇒ **coadouro**

co-adopção ver nova grafia coadoção

co-adoptante ver nova grafia coadotante

co-adoptar ver nova grafia coadotar

coador *adj.* que coa; que filtra ■ *n.m.* **1** utensílio com orifícios para separar líquidos dos sólidos contidos nesses líquidos **2** pano para separar sólidos contidos em líquidos **3** filtro (De *coar*+*-dor*)

coadotante *adj.,n.2g.* DIREITO que ou pessoa que coadota (De *co-*+*adoptante*)

coadotar *v.tr.* DIREITO adotar o filho do cônjuge ou da pessoa, do mesmo sexo, com quem se vive em união de facto (De *co-*+*adoptar*)

coadouro *n.m.* **1** ação de coar **2** lugar onde se coa **3** coada (De *coar*+*-douro*)

coadquirente *adj.,n.2g.* que ou a pessoa que adquire com outrem (De *coadquirir*+*-ente*)

coadquirição *n.f.* ato de coadquirir (De *coadquirir*+*-ção*)

coadquirir *v.tr.* adquirir em comum com outrem (De *co-*+*adquirir*)

coadunabilidade *n.f.* qualidade do que é coadunável (De *coadunável*+*-i-*+*-dade*)

coadunação *n.f.* ato de coadunar (Do lat. *coadunatiōne-*, «id.»)

coadunar *v.tr.* **1** juntar em um **2** aliar **3** harmonizar ■ *v.pron.* **1** conformar-se **2** ajustar-se (Do lat. *coadunāre*, «reunir»)

coadunável *adj.2g.* que se pode coadunar (De *coadunar*+*-vel*)

coadura *n.f.* ⇒ **coada** (De *coar*+*-dura*)

coagir *v.tr.* obrigar por coação; constranger a praticar ou a não praticar um ato (Do lat. **cogēre*, por *cogĕre*, «forçar; apertar»)

coagmentação *n.f.* ato de coagmentar (Do lat. *coagmentatiōne-*, «reunião»)

coagmentar *v.tr.* moldar, amassando ou aglutinando (Do lat. *coagmentāre*, «unir em conjunto»)

coagulabilidade *n.f.* propriedade de coagular que certos líquidos têm (Do lat. *coagulabĭle-*, «coagulável» +*-i-*+*-dade*)

coagulação *n.f.* **1** ato ou efeito de coagular **2** passagem de um líquido ao estado sólido **3** separação de substâncias, suspensas em certos líquidos, desses mesmos líquidos (Do lat. *coagulatiōne-*, «id.»)

coagulador *adj.* que faz coagular ■ *n.m.* última e principal cavidade do estômago dos ruminantes, também denominada abomaso e coalheira (Do lat. *coagulatōre-*, «id.»)

coagulante *adj.2g.* que coagula ■ *n.m.* produto que provoca coagulação (Do lat. *coagulante-*, «id.», part. pres. de *coagulāre*, «coagular»)

coagular *v.tr.* **1** transformar uma substância orgânica líquida numa massa sólida; coalhar **2** [fig.] atulhar; obstruir ■ *v.intr.* **1** formar coágulos **2** transformar-se em matéria sólida (Do lat. *coagulāre*, «id.»)

coagulável *adj.2g.* que se pode coagular (Do lat. *coagulabĭle-*, «id.»)

coágulo n.m. **1** massa sólida em que se transformou um líquido; coalho **2** porção de um líquido coagulado **3** porção de sangue separada do respetivo soro **4** substância que faz coagular (Do lat. *coagŭlu-*, «coalho»)

coala n.m. ZOOLOGIA mamífero australiano, marsupial, trepador, sem cauda, de pelagem cinzenta e orelhas grandes, semelhante a um urso pequeno (Do ing. *koala*, «id.»)

coalescência n.f. aderência de partes que se encontram separadas (Do lat. *coalescentĭa*, neut. pl. de *coalescente-*, part. pres. de *coalescĕre*, «crescer juntamente»)

coalescente adj.2g. aderente; aglutinante (Do lat. *coalescente-*, «id.», part. pres. de *coalescĕre*, «crescer juntamente»)

coalescer v.tr. fazer aderir; juntar; aglutinar (Do lat. *coalescĕre*, «crescer juntamente»)

coalhada n.f. **1** leite coalhado **2** pl. BOTÂNICA ⇒ **pútega** (Part. pass. fem. subst. de *coalhar*)

coalhadoiro n.m. ⇒ **coalhadouro**

coalhadouro n.m. **1** o que faz coalhar **2** lugar onde se faz a coalhada (De *coalhar*+*-douro*)

coalhadura n.f. efeito de coalhar; coagulação (De *coalhar*+*-dura*)

coalhamento n.m. ⇒ **coalhadura** (De *coalhar*+*-mento*)

coalhar v.tr. **1** transformar (uma substância orgânica líquida) numa massa sólida; transformar em coalho **2** solidificar ■ v.intr. ficar em coalho; coagular ■ v.pron. **1** solidificar-se **2** encher-se (Do lat. *coagulāre*, «coagular»)

coalheira[1] n.f. víscera de alguns animais usada para coalhar o leite de que se faz o queijo **2** ⇒ **coagulador** n.m. (De *coalhar*+*-eira*)

coalheira[2] n.f. [regionalismo] chumaço colocado à volta do pescoço do cavalo (De *coleira*)

coalho n.m. **1** efeito de coalhar **2** porção de um líquido coalhado **3** substância que faz coalhar **4** coalheira; *fermento do* ~ quimosina (Do lat. **coaglu-*, por *coagŭlu-*, «coalho»)

coalizão n.f. acordo momentâneo entre potências, partidos políticos ou pessoas na prossecução de um objetivo comum (Do lat. *coalescĕre*, «unir-se», pelo ing. *coalition*, «coligação», pelo fr. *coalition*, «id.»)

coalizar-se v.pron. fazer acordo para um fim comum; aliar-se; harmonizar-se (Do fr. *coaliser*, «coligar»)

coaluno n.m. ⇒ **condiscípulo**

co-aluno ver nova grafia coaluno

coanha n.f. [regionalismo] vassoura para limpar o palhiço do grão, na eira (De *coanho*)

coanhar v.tr. **1** [regionalismo] limpar com a coanha **2** [regionalismo] separar (o coanho) do grão (De *coanho*+*-ar*)

coanho n.m. [regionalismo] detritos da palha que ficam misturados com o grão, quando se malha o trigo ou o centeio (De orig. obsc.)

coanócito n.m. ZOOLOGIA célula de características especiais, com um colar protetor em torno do flagelo, de que estão providos os canais aferentes e as câmaras vibráteis dos espongiários (Do gr. *khoáne*, «funil» +*kýtos*, «célula»)

coaptação n.f. MEDICINA processo cirúrgico que consiste em reduzir os ossos deslocados e ajustar as extremidades dos fraturados (Do lat. *coaptatiōne-*, «ajustamentos das partes entre si»)

coaptar v.tr. MEDICINA fazer a coaptação de (Do lat. *coaptāre*, «adaptar»)

coaptidão n.f. identidade de aptidão ou aptidões (De *co-*+*aptidão*)

coaquisição n.f. ato ou efeito de coadquirir (De *co-*+*aquisição*)

coar v.tr. **1** passar pelo coador, filtro, peneira, etc.; filtrar **2** deixar passar através de **3** vazar (metais) **4** fundir ■ v.pron. [fig.] passar furtivamente, sorrateiramente (Do lat. *colāre*, «passar; filtrar»)

coarctação ver nova grafia coartação

coarctada ver nova grafia coartada

coarctar ver nova grafia coartar

coarrendador n.m. aquele que arrenda juntamente com outrem

co-arrendador ver nova grafia coarrendador

coarrendamento n.m. ato ou efeito de coarrendar

co-arrendamento ver nova grafia coarrendamento

coarrendar v.tr. arrendar juntamente com outrem

co-arrendar ver nova grafia coarrendar

coarrendatário n.m. ⇒ **coarrendador**

co-arrendatário ver nova grafia coarrendatário

coartação n.f. **1** ato de coartar **2** restrição **3** aperto **4** contração de uma cavidade ou canal (Do lat. *coarctatiōne-*, «ação de apertar»)

coartada n.f. **1** resposta pronta e convincente; réplica perentória **2** desmentido categórico (Part. pass. fem. subst. de *coartar*)

coartar v.tr. **1** restringir; limitar **2** reduzir **3** circunscrever (Do lat. *coarctāre*, «apertar»)

coassociado n.m. o que é associado com outrem

co-associado ver nova grafia coassociado

coatá n.m. ZOOLOGIA macaco da Amazónia, cujos membros e cauda são muito longos (Do tupi *kwai'ta*, «id.»)

coatar v.tr. exercer coação sobre; obrigar; coagir; constranger (Do lat. *coactāre*, «forçar»)

coati n.m. [Brasil] ZOOLOGIA ⇒ **quati**

coativo adj. que coage, constrange ou obriga (Do lat. *coactīvu-*, «que força; que obriga»)

coato adj. forçado; constrangido (Do lat. *coactu-*, «id.», part. pass. de *cogĕre*, «forçar»)

coator adj.,n.m. que ou aquele que coage ou força (Do lat. *coactōre-*, «o que obriga»)

coautor n.m. **1** aquele que é autor de uma obra, em colaboração com outro ou outros **2** o que, com outro, demanda uma ação judicial

co-autor ver nova grafia coautor

coautoria n.f. qualidade ou estado de coautor

co-autoria ver nova grafia coautoria

coaxação n.f. ato de coaxar (De *coaxar*+*-ção*)

coaxante adj.2g. que coaxa (De *coaxar*+*-ante*)

coaxar v.intr. grasnar (a rã ou o sapo) (Do lat. *coaxāre*, «id.»)

coaxial /cs/ adj.2g. que tem o mesmo eixo; *cabo* ~ forma especial de uma linha de transmissão de radiofrequência, que permite a transmissão simultânea de vários sinais elétricos de um ponto para outro (De *co-*+*axial*)

coaxo n.m. o grasnar da rã; coaxação (Deriv. regr. de *coaxar*)

cobaia n.f. **1** ZOOLOGIA mamífero roedor originário do Peru, muito utilizado como animal de laboratório, e também denominado rato-chino, chino e porquinho-da-índia **2** animal ou indivíduo utilizado numa experiência; *servir de* ~ ser usado numa experiência; sentir-se usado (Do caribe *kobiai*, «cobaia», pelo fr. *cobaye*, «id.»)

cobaio n.m. ZOOLOGIA ⇒ **cobaia** (De *cobaia*)

cobaltagem n.f. QUÍMICA ação de recobrir um corpo metálico com uma camada de cobalto mais ou menos delgada (De *cobalto*+*-agem*)

cobáltico adj. **1** de cobalto **2** relativo a cobalto (De *cobalto*+*-ico*)

cobaltífero adj. que tem cobalto (De *cobalto*+*-fero*)

cobaltite n.f. MINERALOGIA sulfarsenieto de cobalto, que cristaliza no sistema cúbico e é explorado como minério de cobalto (De *cobalto*+*-ite*)

cobaltizagem n.f. ato de cobaltizar (De *cobaltizar*+*-agem*)

cobaltizar v.tr. dar a um corpo a cor azul, chamada azul-cobalto, empregada na coloração de vidros e porcelanas (De *cobalto*+*-izar*)

cobalto n.m. QUÍMICA elemento com o número atómico 27, de símbolo Co, metálico, altamente magnético, que se emprega no fabrico de certos tipos de aços e de corantes, como o azul-cobalto, sendo o seu isótopo radioativo (^{60}Co), muito utilizado na radioterapia e na radiografia (Do al. *Kobold*, «génio mau da mitol. germânica», pelo fr. *cobalt*, «cobalto»)

cobaltoterapia n.f. MEDICINA tratamento pelas radiações do cobalto 60, especialmente de certos tumores malignos (De *cobalto*+*terapia*)

cobarde adj.,n.2g. **1** que ou a pessoa que não tem coragem; medroso; poltrão **2** que ou pessoa que age de forma desleal ou traiçoeira **3** acanhado; pusilânime (Do fr. *couard*, «que tem a cauda abaixada»)

cobardia n.f. **1** qualidade do que é cobarde **2** timidez; acanhamento **3** ação própria de cobarde; traição; deslealdade (De *cobarde*+*-ia*)

cobardice n.f. ⇒ **cobardia** (De *cobarde*+*-ice*)

coberta n.f. **1** o que serve para cobrir ou envolver **2** cobertura **3** colcha **4** cobertor **5** iguaria que se serve ao mesmo tempo **6** NÁUTICA pavimento inferior ao convés de um navio **7** [fig.] proteção **8** dissimulação (Do lat. *cooperta-*, «id.», part. pass. fem. subst. de *cooperīre*, «cobrir completamente»)

cobertalho n.m. qualquer peça de roupa que serve para cobrir (De *coberta*+*-alho*)

coberteira n.f. **1** cada uma das penas da cauda do falcão que cobrem as penas reais **2** chumaço que cobre a cabeça do boi quando puxa ao carro **3** aquilo que cobre; cobertura (De *coberta*+*-eira*)

coberto[1] adj. **1** que está abrigado ou resguardado **2** que está tapado **3** que possui tampa ou qualquer cobertura **4** que é defendido **5** que está disfarçado; encoberto **6** (céu) que se apresenta com nuvens **7** excedido (um lanço) **8** (fêmea) prenhe; *a* ~ a salvo; *a* ~ *de* protegido contra, defendido de; *pôr a* ~ proteger (Do lat. *coopertu-*, part. pass. de *cooperīre*, «cobrir completamente»)

coberto² /ê/ *n.m.* **1** espaço com telhado ou cobertura; alpendre; telheiro **2** abrigo **3** o que serve para cobrir ou resguardar; cobertura **4** MILITAR tudo o que confere proteção contra a observação terrestre, aérea ou eletrónica por parte do inimigo (Do lat. *coopertu-*, part. pass. subst. de *cooperīre*, «cobrir completamente»)

cobertor *n.m.* **1** peça encorpada, felpuda, de lã ou algodão, que se estende na cama, sobre os lençóis **2** qualquer objeto que cobre **3** parte superior de um degrau (Do lat. *coopertōriu-*, «cobertura»)

cobertoura *n.f.* [regionalismo] tampa; testo (De *coberto*+*-oura*)

cobertura *n.f.* **1** o que serve para cobrir; tampa; capa **2** elemento superior de uma construção; teto **3** o que reveste a superfície de algo (um bolo, por exemplo) **4** proteção **5** densidade do vinho **6** existência de dinheiro depositado em quantidade suficiente para assegurar uma operação financeira **7** MATEMÁTICA família de conjuntos cuja reunião é um conjunto dado **8** MILITAR dispositivo militar que, à frente das formações principais, aguenta o primeiro choque do inimigo, para as proteger **9** *pl.* penas pequenas e pouco resistentes que cobrem grandes superfícies do corpo das aves, e que são também denominadas tectrizes; *cheque sem ~* cheque que não pode ser pago por não haver dinheiro suficiente na conta do titular; *dar ~ a* consentir em, aprovar (Do lat. *coopertura-*, «id.»)

cobião *n.m.* [regionalismo] BOTÂNICA ⇒ **maleiteira** (De orig. obsc.)

cobiça *n.f.* desejo veemente de conseguir alguma coisa; ambição; avidez (Do lat. *cupidītia-*, por *cupiditāte-*, «desejo; inveja»)

cobiçador *adj.*,*n.m.* que ou aquele que cobiça (De *cobiçar*+*-dor*)

cobiçante *adj.2g.* que cobiça (De *cobiçar*+*-ante*)

cobiçar *v.tr.* desejar ardentemente; ambicionar (De *cobiça*+*-ar*)

cobiçável *adj.2g.* que causa cobiça; ambicioso; desejoso (De *cobiçar*+*-vel*)

cobiçoso /ô/ *adj.* cheio de cobiça; ambicioso; desejoso (De *cobiça*+*-oso*)

Coblenciano *n.m.* GEOLOGIA andar do Devónico inferior, considerado equivalente ao Siegeniano (De *Coblença*, top., cidade alemã da Renânia +*-iano*)

cobói *n.m.* ⇒ **cowboy**

coboiada *n.f.* **1** filme ou narrativa cujas personagens principais são cobóis **2** [fig., coloq.] situação caótica ou desgovernada caracterizada pela ausência de regras ou de leis (De *cobói*+*-ada*)

cobra¹ *n.f.* **1** ZOOLOGIA réptil da ordem dos ofídios, em especial da família dos Colubrídeos, de corpo comprido e em forma de cilindro, coberto de escamas e sem membros, que pode ser venenoso; serpente **2** corda para amarrar éguas ou vacas **3** quebreira **4** [fig.] pessoa má **5** [pop.] embriaguez; *dizer cobras e lagartos de* dizer muito mal de; *ser mau como as cobras* ser muito mau (Do lat. *colŏbra*, por *colŭbra-*, «id.»)

cobra² *n.f.* conjunto de versos; copla (Do lat. *copŭla-*, «tudo o que serve para ligar»)

cobra-capelo *n.f.* ZOOLOGIA serpente frequente na Ásia, terrivelmente venenosa, também conhecida por naja (De *cobra*+*capelo*, designação resultante do pescoço desta serpente, quando dilatado, fazer lembrar um capelo)

cobra-cascavel *n.f.* ZOOLOGIA ⇒ **cascavel** *n.f.* **1**

cobra-cega *n.f.* ZOOLOGIA sáurio ápode, de corpo revestido de escamas que formam anéis, e com os olhos cobertos pela pele, também conhecido por licanço, licranço, fura-mato, etc.

cobra-coral *n.f.* ZOOLOGIA cobra venenosa do Brasil que apresenta cor vermelha coralina em anéis

cobra-cuspideira *n.f.* ZOOLOGIA cobra venenosa da África e da Índia (do género *Naja*), que lança veneno, cuspindo

cobra-d'água *n.f.* ZOOLOGIA cobra da família dos Colubrídeos, frequente em Portugal, que tem por principal habitat os cursos de água; enídride

cobra-de-cabelo *n.f.* ZOOLOGIA nematelminte também conhecido por górdio

cobra-de-escada *n.f.* ZOOLOGIA ⇒ **riscadinha**

cobra-de-pernas *n.f.* ZOOLOGIA ⇒ **fura-panascos**

cobra-de-vidro *n.f.* ZOOLOGIA ⇒ **cobra-cega**

cobra-do-mar *n.f.* ICTIOLOGIA peixe teleósteo, de corpo cilíndrico, da família dos Murenídeos, raro em Portugal

cobrador *n.m.* aquele que cobra ou faz cobranças; recebedor ■ *adj.* (cão) que apanha bem a caça ferida (De *cobrar*+*-dor*)

cobradouro *n.m.* lugar onde se corta a água que se vai buscar para regar; talhadouro (De *cobrar*+*-douro*)

cobrança *n.f.* **1** ato ou efeito de cobrar **2** recebimento de um pagamento que é devido **3** quantias cobradas **4** série de operações efetuadas pelos bancos e casas bancárias, em nome dos seus clientes, com recibos, letras, extratos de fatura e outros valores, mediante uma comissão (De *cobrar*+*-ança*)

cobrancista *n.2g.* cobrador ou cobradora (De *cobrança*+*-ista*)

cobrão *n.m.* **1** cobra pequena; cobrelo **2** [pop.] erupção cutânea que a crença popular atribui à passagem de animais peçonhentos pela roupa que vestiu **3** [regionalismo] cobra macho (De *cobra*+*-ão*)

cobra-papagaio *n.f.* **1** [Brasil] ZOOLOGIA cobra venenosa mas mansa, que vive isolada, alimentando-se de roedores e pequenos animais **2** [Brasil] ZOOLOGIA cobra que vive nas árvores, de coloração verde com listas amarelas

cobrar *v.tr.* **1** proceder à cobrança de; pedir ou exigir que seja pago aquilo que é devido **2** receber; recuperar **3** ganhar ■ *v.pron.* pagar-se por suas mãos (De *recobrar*, do lat. *recuperāre*, «recuperar», com aférese da sílaba inicial)

cobrável *adj.2g.* que se pode cobrar (De *cobrar*+*-vel*)

cobre *n.m.* **1** QUÍMICA elemento com o número atómico 29, de símbolo Cu, metálico, avermelhado, muito maleável e dúctil, um dos melhores condutores do calor e da eletricidade **2** *pl.* moedas desse metal **3** *pl.* [pop.] dinheiro miúdo (Do gr. *Kýpros*, «ilha de Chipre», onde o cobre abunda, pelo lat. *cupru-*, «cobre»)

cobreagem *n.f.* ato ou efeito de cobrear (De *cobrear*+*-agem*)

cobrear *v.tr.* **1** dar aspeto ou cor de cobre a **2** revestir de cobre (De *cobre*+*-ear*)

cobreira *n.f.* [Brasil] grande quantidade de dinheiro (De *cobre*+*-eira*)

cobrejão *n.m.* **1** manta com que se cobre uma cavalgadura quando a desaparelham **2** xaile-manta (De *cobrir*+*j*+*-ão*)

cobrejar *v.intr.* serpear; andar aos ziguezagues como a cobra (De *cobre*+*-ejar*)

cobrelo /ê/ *n.m.* **1** cobra pequena; cobrão **2** [pop.] erupção cutânea que a crença popular atribui à passagem de animais peçonhentos pela roupa que se vestiu; herpes; brotoeja (De *cobra*+*-elo*)

cobre-nuca *n.f.* aba para proteger a nuca, vulgar em capacetes militares (De *cobrir*+*nuca*)

cobre-vermelho *n.m.* MINERALOGIA ⇒ **cuprite**

cobrição *n.f.* **1** ato de cobrir **2** (quadrúpedes) coito; padreação (De *cobrir*+*-ção*)

cobridor *n.m.* o que cobre (De *cobrir*+*-dor*)

cobril *n.m.* lugar onde estão ou se criam cobras para estudo; serpentário (De *cobra*+*-il*)

cobrilha *n.f.* ZOOLOGIA lagarta que aparece na cortiça (De *cobra*+*-ilha*)

cobrimento *n.m.* **1** ato de cobrir **2** aquilo que cobre; cobertura (De *cobrir*+*-mento*)

cobrir *v.tr.* **1** pôr cobertura a **2** tapar; ocultar **3** adornar **4** atapetar **5** abrigar; proteger **6** abafar **7** estar sobre, por cima de **8** encher **9** preencher **10** abranger **11** exceder **12** (animais) montar; padrear; copular **13** (jornal, televisão, rádio) fazer uma reportagem sobre (um facto), no próprio local onde ele ocorreu ■ *v.pron.* **1** pôr o chapéu na cabeça **2** envolver-se **3** encher-se **4** proteger-se; resguardar-se (Do lat. *cooperīre*, «cobrir completamente»)

cobro /ô/ *n.m.* **1** ação ou efeito de cobrar; cobrança **2** termo; fim **3** recuperação **4** HISTÓRIA foro antigo; *~ do porão* NÁUTICA forro de madeira que cobre o pavimento ou o chapeado do fundo interior dos porões de carga de um navio; *pôr ~ a* acabar com (Deriv. regr. de *cobrar*)

coca¹ *n.f.* **1** BOTÂNICA planta narcótica sul-americana, da família das Eritroxiláceas, da qual se extrai cocaína **2** cocaína (Do quích. *kuka*, «coca», pelo cast. *coca*, «id.»)

coca² *n.f.* **1** ato ou efeito de cocar **2** [regionalismo] pancada com a cabeça **3** embriaguez; *estar à/pôr-se à ~* observar sem ser visto, espreitar, estar à espera da melhor ocasião (Deriv. regr. de *cocar*)

coca³ /ô/ *n.f.* **1** capuz **2** [pop.] papão **3** espantalho **4** vegetação que cobre as pedras do leito dos rios, na estiagem **5** [regionalismo] axe; ferimento ou dor nas crianças (Do lat. *coccu-*, «manto ou capuz escarlate»)

coça *n.f.* **1** ato de coçar; coçadura **2** esfregadela **3** [fig.] tareia; sova; zurzidela (Deriv. regr. de *coçar*)

coca-bichinhos *adj.inv.*,*n.2g.2n.* que ou pessoa que é muito minuciosa ou se interessa por coisas insignificantes (De *cocar*+*bichinho*)

cocada *n.f.* doce de coco (De *coco*+*-ada*)

coçadela *n.f.* ⇒ **coçadura** (De *coçar*+*-dela*)

coçado *adj.* **1** gasto pelo uso ou atrito **2** [pop.] castigado; sovado (Part. pass. de *coçar*)

coçadoiro *n.m.* **1** ação de se coçar frequentemente **2** objeto em que os animais se coçam (De *coçar*+*-doiro*)

coçadouro *n.m.* ⇒ **coçadoiro**

coçadura *n.f.* ato de coçar (De *coçar*+*-dura*)

cocaína *n.f.* QUÍMICA alcaloide anestesiante e estupefaciente extraído das folhas da coca (Do fr. *cocaïne*, «id.»)

cocainismo *n.m.* intoxicação pela cocaína (De *cocaína*+-*ismo*)

cocainização *n.f.* ação ou efeito de cocainizar (De *cocainizar*+-*ção*)

cocainizar *v.tr.* administrar cocaína a ■ *v.pron.* intoxicar-se com cocaína (De *cocaína*+-*izar*)

cocainomania *n.f.* dependência da cocaína (De *cocaína*+*mania*)

cocainómano *n.m.* pessoa dependente de cocaína (De *cocaína*+-*mano*)

coca-minhocas *adj.inv.,n.2g.2n.* ⇒ **coca-bichinhos** (De *cocar*+*minhocas*)

cocanha *n.f.* mastro untado de sebo com prémios no topo para aquele que conseguir alcançá-los; mastro de cocanha (Do fr. *mât de cocagne*, «id.»)

cocão *n.m.* 1 cada uma das quatro peças verticais de madeira sob o tabuleiro do carro de bois, entre os quais gira o eixo; treitoura 2 primeiro ovo de perdiz posto fora do ninho (De orig. obsc.)

cocar¹ *v.tr.* observar sem ser visto; espreitar; espiar (Do al. ant. *guckan*, «ver; espreitar; observar»)

cocar² *n.m.* 1 penacho no chapéu 2 laço na cabeça 3 distintivo de um partido ou nação (Do fr. ant. *coquard*, «penacho; tufo de penas de galo»)

coçar *v.tr.* 1 esfregar com as unhas ou objeto áspero 2 [fig.] bater em; *não ter tempo para se ~* não ter um momento de descanso (Do lat. **coctiāre*, var. de **cocicāre*, freq. de *coquĕre*, «cozer; afligir»)

cócaras *n.f.pl.* ⇒ **cócoras**

cocarinhas *elem.loc.adv. de ~* sentado sobre os calcanhares; de cócoras (De *cócaras*+-*inhas*)

cocção *n.f.* 1 ação ou efeito de preparar um alimento ao fogo ou calor, geralmente dentro de um líquido fervente; cozedura; cozimento 2 FISIOLOGIA [ant.] digestão dos alimentos no estômago (Do lat. *coctiōne*, «ação de cozer»)

coccídeo *adj.* relativo ou pertencente aos coccídeos ■ *n.m.* ZOOLOGIA espécime dos coccídeos ■ *n.m.pl.* ZOOLOGIA ordem dos esporozoários que inclui importantes parasitas patogénicas, como os plasmódios e outros (Do gr. *kókkos*, «grânulo; baga» +-*ídeos*)

coccige *n.m.* ⇒ **cóccix** (Do gr. *kókkyx*, «(bico de) cuco», pelo lat. *coccȳge-*, «id.»)

coccigeano *adj.* ⇒ **cóccígeo** (Do lat. *coccȳge-*, «cuco» +-*ano*)

cóccígeo *adj.* 1 do cóccix (coccige) 2 relativo ao cóccix (Do lat. *coccȳge-*, «cuco» +-*eo*)

coccigodinia *n.f.* dor na região do cóccix (Do gr. *kókkyx, kókkygos*, «cóccix» +*odýne*, «dor» +-*ia*)

coccigotomia *n.f.* secção do cóccix para alargamento da bacia (Do gr. *kókkyx, kókkygos*, «cóccix» +*tomé*, «corte» +-*ia*)

coccinelídeo *adj.* relativo ou pertencente aos Coccinelídeos ■ *n.m.* ZOOLOGIA espécime dos Coccinelídeos

Coccinelídeos *n.m.pl.* ZOOLOGIA família de insetos coleópteros que inclui o género *Coccinela*, a que pertencem as joaninhas (Do lat. cient. *Coccinela*, de *coccĭnu-*, «escarlate» +-*ídeos*)

cóccix /csis/ *n.m.2n.* ANATOMIA pequeno osso (fusão de quatro a seis vértebras) que remata inferiormente a coluna vertebral do homem e de outros animais; parte terminal da coluna vertebral (Do gr. *kókkyx, kókkygos*, «cuco», pelo lat. *coccȳge-*, «id.», por fazer lembrar o bico do cuco)

cocegante *adj.2g.* 1 que faz cócegas 2 relativo a cócegas (De *cocegar*+-*ante*)

cocegar *v.tr.* fazer ou causar cócegas a (Do lat. **cocicāre*, freq. de *coquĕre*, «cozinhar; produzir calor; afligir»)

cócegas *n.f.pl.* 1 sensação de contração muscular produzida por toques leves e repetidos e que geralmente provoca riso convulsivo involuntário 2 [fig.] tentação 3 [fig.] desejo 4 [fig.] impaciência; *não ser para ~* não ter disposição para brincadeiras (Deriv. regr. de *cocegar*)

coceguento *adj.* muito sensível a cócegas (De *cócegas*+-*ento*)

coceira *n.f.* comichão intensa; prurido (De *coçar*+-*eira*)

cocha¹ *n.f.* 1 cada um dos cordões que formam um cabo (amarra) 2 [Brasil] empenho (De orig. obsc.)

cocha² /ô/ *n.f.* 1 gamela 2 cocho; tabuleiro para transportar argamassa 3 [regionalismo] espécie de canudo onde os corticeiros guardam a roupa ou os alimentos (Do lat. *cochlĕa-*, «tabuleiro»)

cochada *n.f.* 1 conjunto de pessoas que enche um cocho 2 carroçada (De *coche*+-*ada*)

cochado *adj.* 1 NÁUTICA o mais chegado possível ao vento 2 diz-se do cabo bem torcido 3 apertado 4 cerrado (Part. pass. de *cochar*)

cochar¹ *v.tr.* 1 acamar (sardinha) 2 torcer (cabo) 3 apertar (Do lat. *coplāre*, de *copulāre*, «ligar»)

cochar² *v.tr.* 1 encher 2 tirar (água) com cocha (De *cocha*+-*ar*)

cocharra *n.f.* colher (Do cast. *cuchara*, «colher»)

cocharrada *n.f.* porção de líquido que a cocharra comporta (De *cocharra* ou *cocharro*+-*ada*)

cocharro *n.m.* [regionalismo] escudela de cortiça usada nas províncias portuguesas do Alentejo e Algarve (Do cast. *cocharro*, «vaso ou taça de madeira ou de pedra»)

coche¹ /ô/ *n.m.* carruagem antiga e rica (Do húng. *kocsi*, «coche», pelo al. *Kutsche*, «id.», pelo fr. *coche*, «id.»)

coche² *interj.* usada para afugentar os porcos (De orig. obsc.)

cocheira *n.f.* lugar onde se recolhem carruagens, cavalos, arreios, etc., ou se alugam animais; cavalariça (De *coche*+-*eira*)

cocheiral *adj.2g.* que diz respeito a cocheiro (De *cocheiro*+-*al*)

cocheiro¹ *n.m.* 1 o que dirige os cavalos de uma carruagem (coche); boleeiro 2 [com maiúscula] ASTRONOMIA constelação boreal 3 [fig.] pessoa grosseira, mal-educada (De *coche*+-*eiro*)

cocheiro² *adj.* [Angola] muito pequeno; reduzido (De *côchi*, «pouco» +-*eiro*)

cochenilha *n.f.* ⇒ **cochinilha** (Do cast. *cochinilla*, «id.»)

cochicha *n.f.* ORNITOLOGIA ⇒ **boita** 1 (De *cochicho*)

cochichada *n.f.* 1 cochicho 2 pancada no chapéu para o amassar; gebada (Part. pass. fem. subst. de *cochichar*)

cochichador *n.m.* aquele que cochicha (De *cochichar*+-*dor*)

cochichar *v.tr.,intr.* 1 falar em voz baixa 2 dizer segredos (De orig. onom.)

cochicho¹ *n.m.* 1 ato de cochichar; segredinho 2 sussurro 3 ORNITOLOGIA pássaro da família dos Alaudídeos, vulgar em Portugal, também conhecido por calandra, calhandra, etc. 4 chapéu velho 5 brinquedo que imita o canto desse pássaro (Deriv. regr. de *cochichar*)

cochicho² *n.m.* casa ou compartimento pequeno; cochicholo (Do lat. *cubicŭlu-*, «quarto de dormir»?)

cochicholo /cho/ *n.m.* [pop.] casa ou aposento muito acanhado (De *cochicho*, «casa acanhada» +-*olo*)

cochilar *v.intr.* 1 [Brasil] cabecear com sono; toscanejar 2 [Brasil] [fig.] descuidar-se; errar 3 [Brasil] [coloq.] perder uma oportunidade (Do quimb. *koxila*, «dormitar»)

cochilo *n.m.* 1 [Brasil] ato de cochilar 2 [Brasil] descuido; engano (Deriv. regr. de *cochilar*)

cochinada *n.f.* 1 vara de porcos 2 porcaria 3 cacaborrada; coisa mal feita 4 barulho feito por gente grosseira (Part. pass. fem. subst. de *cochinar*)

cochinar *v.intr.* 1 grunhir como os cochinos 2 vozear como gente grosseira (De *cochino*+-*ar*)

cochinchino *adj.* relativo à Cochinchina, região do Vietname do Sul ■ *n.m.* natural ou habitante da Cochinchina (De *Cochinchina*, top.)

cochinilha *n.f.* ZOOLOGIA pequeno inseto hemíptero, da ordem dos coccídeos, parasita de muitas árvores frutíferas, do qual se extraía o carmim (Do cast. *cochinilla*, «id.»)

cochino *n.m.* 1 porco por cevar; cocho 2 [fig.] indivíduo imundo (Do cast. *cochino*, «porco»)

cochir /ô/ *v.tr.* [Cabo Verde] malhar; descascar (Do crioulo cabo-verdiano *kotxi*, a partir do mandinga *kócci*, «pilar para descascar»)

cocho¹ /ô/ *n.m.* 1 tabuleiro para transportar argamassa 2 caixa onde gira o rebolo dos amoladores 3 [Brasil] vasilha para dar água ao gado 4 [regionalismo] colher de cortiça para beber água (De *cocha*)

cocho² /ô/ *n.m.* porco (De *coche*)

cochonilha *n.f.* ⇒ **cochinilha**

cochovelho *n.m.* casa velha; cabana (De *cocho*+*velho*)

cociente *n.m.* ⇒ **quociente**

cockpit *n.m.* compartimento de avião, nave espacial ou automóvel de corrida destinado ao piloto e ao copiloto; habitáculo

cocktail *n.m.* 1 bebida resultante da mistura de outras bebidas em proporções variáveis, alcoólicas ou não 2 reunião social em que se servem bebidas e aperitivos 3 [fig.] mistura; miscelânea (Do ing. *cocktail*, «id.»)

cocktail molotov *n.m.* explosivo que consiste numa garrafa cheia de líquido inflamável, com um pano ou pavio nele embebido

cóclea *n.f.* 1 ANATOMIA parte do ouvido interno também conhecida por caracol 2 MECÂNICA parafuso de Arquimedes (Do gr. *kokhlías*, «caracol», pelo lat. *cochlĕa-*, «id.»)

coclear *adj.2g.* 1 em forma de caracol ou espiral 2 respeitante ao caracol do ouvido (Do lat. *cochleāre-*, «id.»)

coclearia *n.f.* BOTÂNICA planta crucífera, de propriedades medicinais, empregada contra o escorbuto (Do lat. bot. *cochlearĭa-*, «id.», por causa das folhas em forma de colher)

cocleariforme *adj.2g.* em forma de colher (Do lat. *cochleăre*, «colher» +*forma*-, «forma»)
cocleiforme *adj.2g.* ⇒ **coclear** (Do lat. *cochlĕa*-, «caracol» +*forma*-, «forma»)
coclospermácea *n.f.* BOTÂNICA espécime das Coclospermáceas
Coclospermáceas *n.f.pl.* BOTÂNICA família de árvores, arbustos ou ervas tropicais, com folhas palminérveas e lobadas, flores amarelas, e sementes cobertas de penugem
coclospermáceo *adj.* relativo ou pertencente às Coclospermáceas
coco[1] *n.m.* **1** BOTÂNICA fruto do coqueiro, grande e ovoide, com casca impermeável e polpa fibrosa que envolve um endocarpo duro com uma semente **2** miolo ralado desse fruto utilizado em doçaria **3** BOTÂNICA ⇒ **coqueiro** I **4** [regionalismo] vasilha de folha com asa; pucaro **5** dança popular **6** BIOLOGIA qualquer bactéria de forma arredondada que pode encontrar-se isolada, aos pares ou em grupos de quatro ou mais elementos, em associações cúbicas ou em forma de racimo **7** [pop.] máscara ou objeto com que se mete medo às crianças; papão; *chapéu de* ~ chapéu de aba estreita e copa redonda e endurecida; *comer do* ~ levar pancada; *partir o* ~ *a rir* rir muito (Do grego *kókkos*, «grão; pevide»?)
coco[2] *n.m.* BIOLOGIA bactéria em geral arredondada e de tamanho variável (Do latim científico *coccus*)
cocó *n.m.* **1** [infant.] excremento; fezes **2** anel do cabelo **3** raça de galos e galinhas ■ *adj.,n.2g.* **1** [coloq.] que ou pessoa que é muito suscetível ou vulnerável **2** [coloq.] que ou pessoa que é afetada, presumida
coconote *n.f.* semente da palmeira dendê ou dendém de que se extrai um óleo (Do ing. *cocoa-nut*, «id.»)
cócoras *elem.loc.adv. de* ~ agachado com os joelhos dobrados e as nádegas sobre os calcanhares (De *cucuricar*, de orig. onom., voz própria da galinha logo após a postura do ovo)
cocorocó *n.m.* canto do galo ou da galinha (De orig. onom.)
cocorote *n.m.* [Brasil] pancada na cabeça com o nó dos dedos (De orig. onom.)
cocote *n.f.* **1** mulher elegante e de costumes fáceis **2** boneca de Carnaval (Do fr. *cocotte*, «mundana»)
cocredor *n.m.* aquele que é credor com outrem
co-credor ver nova grafia cocredor
cocto *adj.* ⇒ **cozido** I (Do lat. *coctu*-, «id.», part. pass. de *coquĕre*, «cozer»)
cocuana *n.2g.* **1** [Moçambique] avô; avó **2** [Moçambique] tio (irmão da mãe) **3** [Moçambique] termo de respeito para com pessoas mais velhas (Do ronga *kokwana*, «id.»)
cocuruta *n.f.* [regionalismo] cabeça (De *cocuruto*)
cocuruto *n.m.* **1** alto da cabeça; coruto **2** [fig.] cume; cimo
coda *n.f.* **1** parte final de um trecho de música, na qual, em regra, se recordam os temas fundamentais **2** final (Do lat. vulg. *coda*-, por *cauda*-, «cauda»)
codamina *n.f.* QUÍMICA alcaloide existente no ópio (Do gr. *kódeia*, «papoila»+port. *amina*)
códão *n.m.* **1** congelação da humidade infiltrada no solo; geada **2** sincelo (De *codea*+-*ão*)
côdea *n.f.* **1** parte externa endurecida do pão, do queijo, das árvores, etc.; casca; crosta **2** [regionalismo] pequena refeição de ovos fritos com farinha, molhados em mel, entre o almoço e o jantar **3** pão **4** pão duro **5** [fig.] nódoa **6** [fig.] insignificância ■ *n.m.* **1** pobretão **2** [pej.] indivíduo grosseiro **3** [pop.] homem sujo (Do lat. *cutĭna*-, deriv. de *cutis*, «pele»)
codeão *n.m.* [regionalismo] terra endurecida pela geada; códão (De *côdea*+-*ão*)
codear *v.intr.* **1** comer côdea **2** debicar; petiscar ■ *v.tr.* ⇒ **escodear** I (De *côdea*+-*ar*)
códega *n.f.* casta de videira cultivada especialmente no Norte de Portugal, também conhecida por malvasia-grossa
codegueiro *adj.* coberto de côdeas (nódoas); sujo (De *códega*, por *côdea*+-*eiro*)
codeína *n.f.* FARMÁCIA, QUÍMICA alcaloide existente no ópio, do qual se pode extrair, mas que se obtém principalmente a partir da morfina (Do gr. *kódeia*, «papoila» +-*ina*, ou do fr. *codéine*, «id.»)
codejar *v.intr.* formar-se o códão; gelar (De *coda*+-*ejar*)
codelinquência *n.f.* **1** ato de codelinquir **2** estado de codelinquente
co-delinquência ver nova grafia codelinquência
codelinquente *n.2g.* o que é delinquente juntamente com outrem
co-delinquente ver nova grafia codelinquente
codelinquir *v.intr.* delinquir juntamente com outrem
co-delinquir ver nova grafia codelinquir
codemandante *n.2g.* DIREITO pessoa que, juntamente com outrem, demanda alguém em juízo
co-demandante ver nova grafia codemandante
codessal *n.m.* sítio onde crescem codessos (De *codesso*+-*al*)
codesseira *n.f.* ⇒ **codessal** (De *codesso*+-*eira*)
codesso /ê/ *n.m.* BOTÂNICA arbusto da família das Leguminosas, de flores amarelo-claras, espontâneo em Portugal (Do gr. *kýtisos*, «id.», pelo lat. *cutissu*-, de *cytĭsu*-, «id.»)
codetentor *n.m.* o que detém alguma coisa com outro
co-detentor ver nova grafia codetentor
codeúdo *adj.* que tem côdea grossa (De *côdea*+-*udo*)
codevedor *n.m.* o que deve ou é responsável com outrem pela mesma dívida
co-devedor ver nova grafia codevedor
códex *n.m.* (*plural* **códices**) manuscrito antigo que contém obras de autor clássico; códice (Do lat. *codex*, «código; registo»)
co-dialecto ver nova grafia codialeto
codialeto *n.m.* dialeto que proveio de uma língua juntamente com outro dialeto
códice *n.m.* ⇒ **códex** (Do lat. *codĭce*-, «código; registo»)
codicilar *adj.2g.* **1** que tem a forma de codicilo **2** que está firmado em codicilo **3** relativo a codicilo (Do lat. *codicillăre*-, «relativo a codicilo»)
codicilo *n.m.* **1** pequeno códice **2** escrito pelo qual o testador pode modificar, tirar ou acrescentar alguma parte do seu testamento ou declarar a sua vontade em tudo aquilo que não quer que faça parte do mesmo **3** aditamento; cláusula (Do lat. *codicillu*-, «id.»)
codificação *n.f.* **1** ato ou efeito de codificar **2** INFORMÁTICA operação que consiste em representar um conjunto de informações por meio de um código (De *codificar*+-*ção*, ou do fr. *codification*, «id.»)
codificador *n.m.* **1** aquele que codifica **2** INFORMÁTICA equipamento que recolhe, codifica e armazena a informação, de modo que esta se apresente sempre pronta para o seu processamento (De *codificar*+-*dor*)
codificar *v.tr.* **1** reunir em código **2** produzir uma mensagem em conformidade com determinado código **3** INFORMÁTICA expressar em sinais organizados e ligados a grupos de dados, atividades ou bens (Do fr. *codifier*, «id.»)
código *n.m.* **1** conjunto ordenado de disposições, normas, preceitos, que regulam uma matéria jurídica; recolha de leis **2** decreto ou lei que regula um domínio específico **3** conjunto de regras ou preceitos; regulamento **4** sistema de sinais convencionais destinados a representar e a transmitir uma informação **5** senha; palavra-chave **6** (processo de comunicação) sistema de transformação da forma de uma mensagem numa outra forma que permite a transmissão da mensagem **7** LINGUÍSTICA sistema de relações estruturadas entre signos ou conjuntos de signos; ~ *binário* INFORMÁTICA código em que existem só dois algarismos - o 0 e o 1; ~ *da estrada* conjunto das regras de condução e de sinalização rodoviária; ~ *deontológico* conjunto de regras de carácter ético que regulam o exercício de uma atividade profissional; ~ *genético* sequência de nucleótidos responsáveis pela transmissão de informação genética; ~ *Morse* sistema de comunicação que utiliza combinações de traços e pontos; *aplicar o* ~ *a* castigar (Do lat. *codĭcu*-, de *codĭce*-, «código»)
código de barras *n.m.* código constituído por linhas negras, verticais, de espessuras várias, colocado sobre produtos de consumo ou cartões magnéticos para os identificar por meio de leitura ótica
código postal *n.m.* número acrescentado a um endereço para facilitar a triagem e a distribuição da correspondência
codilhar *v.tr.* **1** dar codilho a **2** [fig.] lograr; prejudicar **3** desbancar; superar (De *codilho*+-*ar*)
codilho *n.m.* **1** perda ao jogo do voltarete **2** parte interna das coxas dos solípedes **3** [fig.] logro; prejuízo (Do cast. *codillo*, «perda ao jogo do voltarete»)
codinome *n.m.* [Brasil] nome falso; nome de código (Do ing. *code name*, «nome de código»)
codireção *n.f.* direção exercida conjuntamente com outra ou outras pessoas
co-direcção ver nova grafia codireção
co-director ver nova grafia codiretor
codiretor *n.m.* diretor conjuntamente com outrem
codo *n.m.* ⇒ **códão**
codonatário *n.m.* aquele que partilha com outro de uma doação que se lhes fez
co-donatário ver nova grafia codonatário

codonofone n.m. carrilhão tubular acionado por teclado, que não teve grande repercussão no meio artístico (Do gr. *kódon*, «sino»+*phoné*, «som»)

codório n.m. 1 pequena porção de bebida ou alimento 2 bebida ordinária 3 gole de bebida alcoólica (Do lat. *quod ore [sumpsimus]*, frase latina que o sacerdote pronunciava na missa, ao receber, no cálice, vinho e água)

codorniz n.f. ORNITOLOGIA pequena ave galinácea, da família dos Fasianídeos, de bico e unhas curtos, de cor amarelada no dorso e penas com manchas, comum em Portugal e de carne apreciada, também conhecida por calcaré, calquiré, calhota, cotorniz, cracolé, paspalhás (Do lat. *coturnīce-*, «íd.»)

codornizão n.m. ORNITOLOGIA ⇒ **pinto-bravo** (De *codorniz*+*-ão*)

codorno n.m. 1 variedade de pera e de pero grande 2 [pop.] pedaço ou canto de um pão 3 [regionalismo] geada (Do lat. **cotŏnu-*, por *cotonĕu-*, «marmelo»)

coeducação n.f. 1 educação em comum de rapazes e raparigas 2 educação simultânea (De *co-*+*educação*)

coeducar v.tr. educar simultaneamente ou em comum (De *co-*+*educar*)

coeducativo adj. relativo à coeducação (De *coeducar*+*-tivo*)

coeficiência n.f. 1 qualidade de coeficiente 2 auxílio proveitoso (De *co-*+*eficiência*)

coeficiente n.m. 1 condição ou circunstância que coopera para determinado fim 2 MATEMÁTICA cada um de dois fatores considerados num monómio, a uma ou mais variáveis; cofator 3 FÍSICA número que mede, para cada substância, determinados efeitos que são característicos da mesma substância (De *co-*+*eficiente*, ou do fr. *coefficient*, «íd.»)

coéfora n.f. mulher que, entre os antigos Gregos, era encarregada de levar oferendas aos mortos (Do gr. *khoephóros*, «portador de oferenda»)

coeleitor n.m. aquele que possui, com outro, o direito de eleitor (De *co-*+*eleitor*)

co-eleitor ver nova grafia coeleitor

coelhada n.f. porção de coelhos (De *coelho*+*-ada*)

coelheira¹ n.f. 1 sítio onde se criam coelhos 2 vaso de barro com forma de toca, onde os coelhos fazem criação 3 lura (De *coelho*+*-eira*)

coelheira² n.f. coleira dos cavalos de tiro (Do cast. *collera*, «coleira de cavalgadura»)

coelheiro n.m. caçador de coelhos ■ adj. (cão) bom para a caça do coelho (De *coelho*+*-eiro*)

coelho /ê/ n.m. 1 ZOOLOGIA mamífero roedor, da família dos Leporídeos, de orelhas grandes, cauda pequena e as patas de trás maiores do que as da frente, que existe no estado selvagem com muitas subespécies domesticadas em quase todo o globo 2 pele destes animais depois de preparada; *matar dois coelhos de uma cajadada* conseguir dois benefícios de uma só vez (Do lat. *cunicŭlu-*, «coelho»)

coempção n.f. 1 compra em comum 2 compra recíproca (Do lat. *coemptiōne-*, «íd.»)

coentrada n.f. CULINÁRIA molho condimentado com coentros (De *coentro*+*-ada*)

coentral n.m. plantação de coentros (De *coentro*+*-al*)

coentro n.m. BOTÂNICA planta herbácea mediterrânica, da família das Umbelíferas, utilizada como condimento (Do gr. *koríandron*, «coentro», pelo lat. *coriandru-*, «íd.»)

coenzima n.f. BIOQUÍMICA pequena molécula orgânica ou mineral associada a uma proteína enzimática e que é necessária à sua atividade; cofator; cofermento

coequação n.f. 1 distribuição proporcionada dos impostos 2 pl. MATEMÁTICA equações simultâneas (De *co-*+*equação*)

coerção n.f. 1 ato de coagir; coação 2 direito de coagir (Do lat. *coertiōne-*, de *coercitiōne-*, «ato de encerrar; coação», com sínc.)

coercibilidade n.f. qualidade do que é coercível (Do lat. **coercibĭle-*, «que se pode conter»+*-i-*+*-dade*)

coercímetro n.m. instrumento destinado a medir a força coerciva dos materiais magnéticos (Do lat. *coercēre*, «conter; reprimir»+gr. *métron*, «medida»)

coercitividade n.f. qualidade do que é coercitivo (De *coercitivo*+*-i-*+*-dade*)

coercitivo adj. 1 que exerce coerção 2 que impõe penalidade 3 que reprime 4 que se pode conter em menor espaço (Do lat. *coercitīvu-*, «íd.»)

coercível adj.2g. 1 que se pode conter, reprimir ou encerrar 2 suscetível de ser encerrado em menor espaço ou reduzido a menor volume (Do lat. **coercibĭle-*, «íd.»)

coercividade n.f. FÍSICA propriedade que têm alguns metais de conservarem as características magnéticas que lhes tenham sido induzidas

coercivo adj. 1 que exerce coerção; que obriga; compulsivo 2 que reprime ou coage; constrangedor ■ n.m. FÍSICA agente físico que remove os efeitos da coercividade; *força coerciva* campo magnético que remove o magnetismo remanescente (Do lat. *coercēre*, «conter; encerrar»+*-ivo*)

coerência n.f. 1 estado ou qualidade de ser coerente 2 nexo entre dois factos ou duas ideias; conexão 3 LINGUÍSTICA propriedade essencial de um texto que permite percebê-lo como um todo e que depende das relações de sentido que se estabelecem explicitamente entre as palavras e entre o texto e a situação em que é produzido (Do lat. *cohaerentĭa-*, «íd.»)

coerente adj.2g. 1 em que há coesão; de elementos bem ligados 2 que tem coerência; lógico 3 que age com coerência; conforme (Do lat. *cohaerente-*, «íd.»)

coerir v.intr. aderir reciprocamente (Do lat. *co-haerēre*, «estar ligado a; ser coerente»)

coesão n.f. 1 FÍSICA força com que se atraem mutuamente as moléculas de um corpo 2 coerência de um pensamento, teoria, discurso ou obra 3 solidariedade entre elementos de um todo; união 4 LINGUÍSTICA princípio de unidade semântica de um texto, assegurado por um conjunto de mecanismos linguísticos que articulam e sequenciam os diferentes elementos textuais 5 [fig.] harmonia (Do lat. *cohaesiōne-*, «íd.»)

coesivo adj. 1 em que há coesão 2 que liga 3 unido 4 [fig.] harmónico (Do lat. *cohaesīvu-*, «íd.»)

coeso /ê/ adj. 1 unido por coesão 2 conexo 3 intimamente ligado; fortemente unido 4 concorde; harmónico 5 coerente (Do lat. *cohaesu-*, «íd.», part. pass. de *cohaerēre*, «estar estreitamente unido; formar um todo; ser coerente»)

coesor n.m. FÍSICA dispositivo detetor de radiações eletromagnéticas cujo funcionamento se baseia na variação de condutibilidade elétrica da limalha metálica quando submetida a essas radiações (Do lat. *cohaesu-*, «ligado», part. pass. de *cohaerēre*, «estar estreitamente unido»+*-or*)

coesposa n.f. aquela que é, juntamente com outra ou outras, esposa do mesmo marido

co-esposa ver nova grafia coesposa

coessência n.f. essência coexistente em dois ou mais entes (De *co-*+*essência*)

coessencial adj.2g. que tem essência comum (De *coessência*+*-al*)

coestender v.tr. estender juntamente com outrem; estender um objeto com outro (De *co-*+*estender*)

coetaneidade n.f. qualidade de coetâneo (De *coetâneo*+*-i-*+*-dade*)

coetâneo adj. 1 que tem a mesma idade; coevo 2 contemporâneo (Do lat. *coaetanĕu-*, «íd.»)

coeternidade n.f. qualidade ou existência de coeterno

co-eternidade ver nova grafia coeternidade

coeterno adj. que existe com outro desde sempre

co-eterno ver nova grafia coeterno

coevidade n.f. qualidade de coevo (De *coevo*+*-i-*+*-dade*)

coevo /ê/ adj./n.m. 1 o aquele que tem a mesma idade 2 contemporâneo (Do lat. *coaevu-*, «íd.»)

coexistência n.f. existência simultânea; *~ pacífica* compromisso entre Estados de sistemas económicos e políticos opostos no sentido de, renunciando a impor um dos sistemas pela força, recorrer a formas pacíficas de competição (económica, científica, etc.) (De *co-*+*existência*)

coexistente adj.2g. que coexiste ou é simultâneo (Do lat. *coexistente-*, «íd.», part. pres. de *coexistĕre*, «coexistir»)

coexistir v.intr. existir juntamente ou ao mesmo tempo (Do lat. *coexistĕre*, «íd.»)

co-factor ver nova grafia cofator

cofator n.m. 1 MATEMÁTICA cada um de dois fatores de um monómio em relação ao outro 2 BIOQUÍMICA componente não proteico essencial para a atividade catalítica normal de uma enzima (De *co-*+*fator*)

cofermento n.m. BIOQUÍMICA substância indispensável para se realizar a fermentação; coenzima

coffret n.m. caixa ou estojo que contém um conjunto de artigos ou produtos, de valor inferior ao valor total dos artigos vendidos em separado (Do fr. *coffret*, «íd.»)

cofiador n.m. aquele que é fiador juntamente com outrem

co-fiador ver nova grafia cofiador

cofiar v.tr. 1 alisar com a mão (barba, cabelo) 2 afagar; amimar (Do lat. tard. *cofĭa*, «touca» +-*ar*)

cofinho n.m. espécie de cesto pequeno em que se mete o focinho do boi para que este não coma enquanto trabalha (Do gr. *kóphinos*, pelo lat. *cophĭnu*-, «cestinho»)

cofo /ô/ n.m. 1 ⇒ **cofinho** 2 cesto em que os pescadores guardam o peixe 3 cânhamo 4 escudo 5 pantufo 6 ⇒ **abacá** 1 (Do ár. *quffâ*, «cesto; saco de couro»)

cofose n.f. surdez completa (Do gr. *kóphosis*, «surdez»)

cofragem n.f. 1 dispositivo amovível destinado a conter as massas de betão fresco na forma projetada; forma para betão; molde 2 armação destinada a dissimular tubos ou fios elétricos 3 cimbre (Do fr. *coffrage*, «id.»)

cofre n.m. 1 caixa ou cubículo em que se guardam valores 2 conteúdo desta caixa 3 tesouro (Do lat. ecl. *coffru*-, «cofre», pelo fr. *cofre*, «id.»)

cofre-forte n.m. cofre à prova de roubo e fogo, utilizado para guardar documentos, joias e outros valores

cofundador n.m. aquele que funda juntamente com outrem

co-fundador ver nova grafia cofundador

cogeração n.f. processo de geração simultânea de eletricidade e calor através do uso eficiente de quantidades de energia de uma mesma fonte

co-geração ver nova grafia cogeração

cogerência n.f. gerência exercida com outrem

co-gerência ver nova grafia cogerência

cogerente n.2g. pessoa que é gerente com mais alguém

co-gerente ver nova grafia cogerente

cogestão n.f. participação institucionalizada dos trabalhadores na gestão de uma empresa

co-gestão ver nova grafia cogestão

cogitabundo adj. 1 pensativo; meditabundo 2 preocupado (Do lat. *cogitabundu*-, «que está pensativo»)

cogitação n.f. ato de cogitar; meditação; cisma (Do lat. *cogitatiōne*-, «pensamento»)

cogitar v.tr.,intr. 1 pensar muito; meditar; refletir 2 imaginar ▪ n.m. ⇒ **cogitação** (Do lat. *cogitāre*, «pensar»)

cogitativo adj. 1 pensativo 2 preocupado (Do lat. *cogitatīvu*-, «id.»)

cognação n.f. parentesco pelo lado feminino; qualidade de cognato (Do lat. *cognatiōne*-, «id.»)

cognado adj.,n.m. parente por cognação (Do lat. *cognātu*-, «id.»)

cognático adj. que diz respeito à cognação (De *cognato*+-*ico*)

cognato adj.,n.m. 1 que ou o que é parente por cognação 2 LINGUÍSTICA designativo das, ou as palavras que apresentam o mesmo radical, mas com funções diferentes (Do lat. *cognātu*-, «que tem relação com; parente»)

cognição n.f. 1 ato de adquirir um conhecimento 2 faculdade de conhecer (Do lat. *cognitiōne*-, «id.»)

cognitivo adj. 1 capaz de conhecer 2 que diz respeito à cognição ou ao conhecimento; **ciências cognitivas** conjunto das ciências que têm como objeto o conhecimento e os seus processos de aquisição (Do lat. **cognitīvu*-, de *cognĭtu*-, «conhecido»)

cógnito adj. ⇒ **conhecido** adj. (Do lat. *cognĭtu*-, «id.», part. pass. de *cognoscĕre*, «conhecer»)

cognome /ô/ n.m. 1 epíteto 2 apelido 3 alcunha 4 nome de família (Do lat. *cognōmen*, «id.»)

cognominação n.f. 1 ato ou efeito de cognominar 2 cognome (Do lat. *cognominatiōne*-, «sobrenome»)

cognominar v.tr. 1 dar cognome a 2 apelidar 3 alcunhar (Do lat. *cognomināre*, «id.»)

cognoscibilidade n.f. qualidade do que é cognoscível (De *cognoscibĭle*-, «que se pode conhecer» +-*i*-+-*dade*)

cognoscitivo adj. que tem a capacidade ou o poder de conhecer (Do lat. **cognoscitīvu*-, «id.»)

cognoscível adj.2g. que pode ser conhecido 2 fácil de conhecer (Do lat. *cognoscibĭle*-, «id.»)

cogoilo n.m. espécie de paquife com que se decoram cornijas (Do lat. *cucullu*-, «capa; capuz»)

cogombral n.m. plantação de cogombros (De *cogombro*+-*al*)

cogombro n.m. ⇒ **pepino** 1 (Do lat. **cucumĕru*- por *cucumĕre*-, «id.»)

cogote n.m. região occipital; nuca; cachaço (Do lat. *cucutĭu*-, «capuz», pelo prov. *cogot*, «cabeça», pelo cast. *cogote*, «região occipital»)

cogula n.f. 1 túnica de frade de mangas largas e compridas 2 casula (Do lat. *cuculla*-, «capuz; capa»)

cogular v.tr. 1 encher uma medida com cogulo 2 acogular (De *cogulo*+-*ar*)

cogulhado adj. decorado com cogulhos (De *cogulho*+-*ado*)

cogulho n.m. ⇒ **cogoilo**

cogulo n.m. o que fica acima das bordas de uma medida; demasia; **com ~** cheio, repleto (Do lat. *cucullu*-, «capuz; capa»)

cogumelo n.m. 1 BOTÂNICA vegetal formado geralmente por um pé e uma cabeça em forma de chapéu, com numerosas espécies, algumas comestíveis e outras venenosas ou mesmo alucinogénias, e que cresce sobretudo em lugares húmidos; fungo; tortulho 2 [fig.] o que aparece com rapidez e em grandes quantidades (Do lat. **cucumellu*-, dim. de *cucūma*-, «tacho», pela semelhança da forma)

co-herdar v.tr. herdar juntamente com outrem

co-herdeiro n.m. aquele que herda com outrem; aquele que foi chamado a uma herança e a aceita juntamente com outro ou outros

cói n.m. esconderijo de gente de má nota; coio (Do hol. *kooi*, «cama de bordo»)

coia n.f. ⇒ **croia**

cóia ver nova grafia coia

coibição n.f. 1 ato de coibir 2 repressão 3 abstenção (Do lat. *cohibitiōne*-, «ação de reter»)

coibir v.tr. 1 reprimir 2 obstar ▪ v.pron. 1 privar-se 2 abster-se (Do lat. *cohibēre*, «conter; reter»)

coice[1] n.m. 1 pancada dos equídeos com as patas traseiras 2 pancada para trás, com o calcanhar ou o pé 3 recuo brusco da arma de fogo, quando se dispara 4 parte inferior da coronha 5 retaguarda de um cortejo ou formatura 6 [fig.] tratamento agressivo; brutalidade 7 má paga de um benefício (Do latim *calce*-, «calcanhar»)

coice[2] n.m. espécie de traça (Do latim *culīce*-, «mosquito»)

coicear v.tr.,intr. 1 dar coices; escoicear 2 [fig.] cometer uma ingratidão (Do lat. *calceāre*, «calçar»)

coiceira n.f. faixa de madeira ou barra de ferro sobre que gira a porta e onde se pregam as dobradiças ou os gonzos (De *coice*+-*eira*)

coiçoeira n.f. ⇒ **coiceira** (De *coiceira*)

coifa n.f. 1 [ant.] pequena rede com que as mulheres amparavam o cabelo; touca 2 cobertura protetora da extremidade dos projéteis 3 chaminé em forma de sino que se usa nos fogões a gás e nas capelas dos laboratórios de química 4 membrana que, às vezes, envolve a cabeça do feto, ao nascer 5 BOTÂNICA órgão protetor da extremidade das raízes; pileorriza 6 cobertura da urna dos musgos, também denominada caliptra e trunfa (Do lat. tard. *cofĭa*-, «touca»)

coifar v.tr. cobrir com coifa ou objeto semelhante (De *coifa*+-*ar*)

coigual adj.2g. diz-se de cada uma das pessoas da Santíssima Trindade em relação às outras (Do lat. *coaequāle*-, «igual; semelhante»)

coim n.m. ORNITOLOGIA ⇒ **galispo** 2 (De orig. onom.)

coima n.f. 1 pena imposta ao dono de gados que invadem terreno alheio 2 castigo 3 multa; contravenção 4 transgressão 5 [ant.] multa criminal devida ao rei ou senhor da terra; **fazer ~** cometer erro (Do lat. *calumnĭa*-, «calúnia»)

coimar v.tr. 1 lançar coima a/sobre; multar 2 censurar (De *coima*+-*ar*)

coimável adj.2g. que está sujeito a coima (De *coimar*+-*vel*)

coimbrão adj. de Coimbra ou relativo a esta cidade portuguesa; conimbricense ▪ n.m. natural ou habitante de Coimbra; conimbricense (Do lat. tard. *conimbrĭgu*-, «id.»)

coimeiro adj. ⇒ **coimável** ▪ n.m. recebedor de coimas (De *coima*+-*eiro*)

coina n.f. [regionalismo] vassoura feita de hastes secas, para limpar o trigo do casulo e do palhiço; coanha (De orig. obsc.)

coinar v.tr. [regionalismo] limpar o trigo com a coina (De *coina*+-*ar*)

coincidência n.f. 1 ato ou efeito de coincidir; simultaneidade 2 estado de duas ou mais coisas que se ajustam perfeitamente 3 concomitância acidental de dois ou mais fenómenos; acaso (De *co*-+*incidência*)

coincidente adj.2g. que coincide; simultâneo (De *coincidir*+-*ente*)

coincidir v.tr.,intr. 1 ser idêntico (a) 2 concordar (com) 3 acontecer ao mesmo tempo ▪ v.intr. acontecer; suceder ▪ v.tr. ajustar-se exatamente a (Do lat. escol. *coincidĕre*, «cair juntamente», pelo fr. *coïncider*, «coincidir»)

coincidível adj.2g. que pode coincidir (De *coincidir*+-*vel*)

coincineração n.f. forma de tratamento de resíduos industriais perigosos em que estes são misturados para serem queimados

co-incineração ver nova grafia coincineração

coincineradora n.f. máquina ou instalações onde é feita a queima de resíduos industriais perigosos

co-incineradora ver nova grafia coincineradora

coincinerar v.tr. eliminar (resíduos industriais perigosos) misturando-os para serem queimados
co-incinerar ver nova grafia coincinerar
coindicação n.f. 1 ato de coindicar 2 concorrência de sinais ou sintomas coincidentes (De co-+indicação)
coindicante adj.2g. que coincida (De coindicar+-ante)
coindicar v.tr. 1 indicar conjuntamente 2 concorrer para indicar (De co-+indicar)
coinquilino n.m. inquilino conjuntamente com outros
co-inquilino ver nova grafia coinquilino
coinquinar v.tr. 1 manchar completamente 2 inquinar; contaminar (De co-+inquinar)
cointeressado adj. interessado com outrem
co-interessado ver nova grafia cointeressado
coio[1] n.m. esconderijo; lugar onde se ocultam malfeitores; valhacouto; alfurja; cói (De orig. obsc.)
coio[2] n.m. [regionalismo] seixo ■ adj. 1 ordinário; reles 2 coió (De orig. obsc.)
coió n.m. 1 namorador platónico; coio 2 [Brasil] peixe voador da família dos Cefalacântideos (De orig. obsc.)
cóio ver nova grafia coió[1]
coiote n.m. ZOOLOGIA mamífero carnívoro da América do Norte, semelhante ao chacal (Do nauat. koyotl, «id.», pelo cast. coyote, «id.»)
coipilo n.m. [regionalismo] ⇒ **conchelo** (De orig. obsc.)
coiquinho n.m. [regionalismo] ajuntamento de pessoas que murmuram da vida alheia; soalheiro (De orig. obsc.)
coira n.f. ⇒ **coura**
coiraça n.f. ⇒ **couraça**
coiraçado n.m. ⇒ **couraçado**
coiraçar v.tr.,pron. ⇒ **couraçar**
coiraceiro n.m. ⇒ **couraceiro**
coiracho n.m. ⇒ **couracho**
coirama n.f. ⇒ **courama**
coirão n.m. ⇒ **courão**
coirata n.f. ⇒ **courata**
coirato n.m. ⇒ **courato**
coireiro n.m. ⇒ **coureiro**
coirela n.f. ⇒ **courela**
coirelado adj. ⇒ **courelado**
coireleiro n.m. ⇒ **coureleiro**
coirmão adj.,n.m. pessoa em relação ao filho de irmão ou de irmã do pai ou da mãe; primo direito (De co-+irmão)
coiro n.m. ⇒ **couro**[1,2]
coisa n.f. 1 tudo o que existe ou pode existir real ou abstractamente 2 qualquer objeto inanimado 3 facto 4 negócio 5 circunstância 6 condição 7 assunto 8 mistério 9 pl. interesses 10 pl. obrigações 11 pl. valores 12 pl. tudo aquilo que, não sendo pessoa ou comportamento humano, pode ser objeto de relações jurídicas; ~ *corpórea* DIREITO coisa que pode ser apreendida pelos sentidos; ~ *imóvel* coisa que não pode transportar-se, sem destruição, de um lugar para outro; ~ *móvel* DIREITO coisa que é suscetível de transporte de um lugar para outro; *cá por coisas* por motivos que não se deseja revelar; *coisas do arco-da-velha* coisas extraordinárias; *coisas e loisas* assuntos vários (que não se mencionam); *não dizer ~ com ~* falar sem nexo (Do lat. causa-, «causa»)
coisada n.f. 1 multidão de coisas diferentes 2 coisa que não se quer declarar (De coisa+-ada)
coisa-ruim n.f. 1 feiticaria 2 o Diabo
coisica n.f. coisa pouca; coisa sem importância (De coisa+-ica)
coisificação n.f. ato ou efeito de coisificar (De coisificar+-ção)
coisificar v.tr. 1 dar forma de coisa a 2 reduzir o ser humano a um objeto 3 FILOSOFIA personificar (formações intelectuais) (De coisa+-ficar)
coisíssima elem. expr. ~ *nenhuma* absolutamente nada (De coisa+-íssima)
coiso n.m. palavra que é usada com muitos sentidos e em contextos diferentes (por exemplo, substitui várias vezes palavras como assunto, indivíduo, pénis, etc.) (Forma masculina de coisa)
coita n.f. [arc.] sofrimento; infelicidade; desgraça (De cocta, deriv. regr. do lat. vulg. coctāre)
coitada n.f. ⇒ **coutada**
coitadinho adj. muito infeliz ■ n.m. [pop., depr.] aquele que foi atraiçoado pela esposa (De coitado+-inho)
coitado adj. infeliz; miserável ■ n.m. 1 pessoa ou animal digno de dó; desgraçado 2 [coloq.] pessoa traída pelo cônjuge ou pela pessoa com quem mantém uma relação amorosa; ~! exclamação que exprime piedade ou dó (Part. pass. de coitar)

coitamento n.m. 1 ato de coitar ou coutar 2 proibição de caçar 3 apreensão de coisas de uso proibido (De coitar+-mento)
coitar[1] v.tr. proibir o ingresso numa propriedade; vedar (Por coutar)
coitar[2] v.tr. 1 [ant.] molestar; magoar 2 [ant.] desgraçar (Do lat. *coctāre, de *coctus, por coactus, «impelido»)
coitaria n.f. ⇒ **coutaria**
coiteiro n.m. ⇒ **couteiro**
coitelho /ê/ n.m. ⇒ **coutelho**
coito[1] n.m. relação sexual; cópula carnal (Do lat. coitu-, «união»)
coito[2] adj. [ant.] cozido (Do lat. coctu-, «id.», part. pass. de coquĕre, «cozer»)
coito[3] n.m. ⇒ **couto**
cola[1] n.f. 1 preparado glutinoso para fazer aderir papel, madeira ou outras substâncias; grude 2 visco 3 [coloq.] pessoa maçadora; pessoa importuna (Do gr. kólla, «cola», pelo lat. *cola-, «id.», pelo fr. colle, «id.»)
cola[2] n.f. cauda dos animais; *ir na* ~ ir na peugada, seguir o rasto (Do lat. vulg. coda-, por cauda-, «cauda»)
cola[3] n.f. BOTÂNICA fruto medicinal produzido pela coleira (árvore) 2 BOTÂNICA (árvore) coleira (Do sudanês 'kola, «id.»)
-cola sufixo nominal que exprime a ideia de *habitante* ou *cultivador* (arborícola; florícola; piscícola)
colabescente adj.2g. 1 que vacila 2 que ameaça ruína 3 que cai de fraqueza (Do lat. collabescente-, «id.», part. pres. de collabāscĕre, «vacilar; ameaçar ruína»)
colaboração n.f. 1 ação de colaborar com alguém; trabalho em conjunto; cooperação; participação 2 ajuda; auxílio (De colaborar+-ção)
colaboracionismo n.m. 1 política de colaboração com forças ocupantes de um determinado país 2 atitude dos apoiantes dessa colaboração (De colaboração+-ismo)
colaboracionista adj.,n.2g. 1 que ou pessoa que colabora com forças de ocupação do seu país 2 que ou pessoa que colabora com uma determinada situação política (De colaboração+-ista)
colaborador adj. que colabora; que participa ■ n.m. 1 pessoa que trabalha com uma ou mais pessoas para a realização de uma obra comum 2 pessoa que trabalha para uma publicação ou editora sem pertencer ao quadro efetivo dos seus redatores (De colaborar+-dor)
colaborar v.tr.,intr. trabalhar em comum com outrem; cooperar; participar ■ v.intr. escrever regularmente para (jornal, revista, editora) sem pertencer ao quadro efetivo dos redatores (Do lat. collaborāre, «trabalhar com»)
colação[1] n.f. 1 ato de colar 2 colagem 3 DIREITO restituição que, para igualação da partilha, devem fazer os descendentes que, à data da doação, eram presuntivos herdeiros legitimários do doador, em relação à massa da herança dos bens ou valores que lhes foram doados pelo ascendente, em cuja sucessão desejam entrar (De colar+-ção)
colação[2] n.f. 1 nomeação para um benefício eclesiástico 2 pequena refeição fora de horas 3 conferência 4 comparação 5 [Brasil] concessão de grau superior 6 [regionalismo] refeição dada ao pároco por ocasião de um funeral; *trazer à* ~ referir; *vir à* ~ vir a propósito (Do lat. collatiōne-, «comparação; reunião»)
colacia n.f. 1 relação entre colaços 2 [fig.] intimidade (De colaço+-ia)
colacionar v.tr. 1 conferir 2 confrontar 3 trazer à colação (Do lat. cient. collationāre, «id.»)
colaço adj. que é irmão de leite ■ n.m. pessoa que, não sendo irmã de outra, foi amamentada com o leite da mesma ama; irmão de leite (Do lat. collactĕu-, «id.»)
colada n.f. 1 passagem estreita entre montanhas 2 [regionalismo] miúdos da rês (De colo+-ada)
coladeira n.f. 1 música tradicional de Cabo Verde, de ritmo acelerado, dançada por pares 2 dança acompanhada por essa música 3 [Cabo Verde] mulher que, nas festas regionais, brinca ao som de tambores ou que bate palmas e canta (Do crioulo koladéra, «id.», de kolá, «exibição pop. com meneios e requebros»)
colado adj. 1 fixado com cola 2 [fig.] intimamente ligado; agarrado
colador n.m. 1 aquele que cola ou pode colar 2 aparelho para colar (De colar+-dor)
colagem n.f. 1 ato de colar 2 operação de clarear o vinho por meio de substâncias que levam à sedimentação das partículas que este contém 3 ARTES PLÁSTICAS obra de composição de elementos e texturas heterogéneos colados numa tela 4 LITERATURA técnica da pintura vanguardista, depois transferida para outras artes, que consiste em produzir um texto com elementos extraídos de outros textos (De colar+-agem, ou do fr. collage, «id.»)

colagénio *n.m.* 1 BIOQUÍMICA substância proteica, da classe das escleroproteínas, de estrutura fibrosa, que constitui o elemento essencial de qualquer tecido conjuntivo animal 2 proteína gelatinosa (Do gr. *kólla*, «cola»+*-génio*, ou do fr. *collagène*, «id.»)

colagogo /ô/ *adj.* FARMÁCIA que faz segregar bílis ■ *n.m.* FARMÁCIA medicamento que aumenta o fluxo de bílis para o intestino (Do gr. *kholagogós*, «condutor de bílis», pelo lat. *cholagōgu-*, «id.»)

colalgia *n.f.* MEDICINA dor no cólon (Do gr. *kólon*, «colo» [= cólon] +*álgos*, «dor» +*-ia*)

colapsar *v.intr.* 1 MEDICINA ter uma quebra de energia ou força vital por razões físicas e/ou psicológicas; sofrer um colapso; desfalecer 2 MEDICINA entrar em estado de choque por problemas cardiovasculares 3 ELETRICIDADE sofrer um corte de energia; interromper-se 4 [fig.] falhar de forma abrupta 5 [fig.] perder a coesão; desintegrar-se; desmoronar-se ■ *v.tr.* 1 causar um colapso 2 dobrar (algo) de forma a ficar mais pequeno ou a ocupar menos espaço (De *colapso*+*-ar*)

colapso *n.m.* 1 MEDICINA inibição repentina de uma função vital 2 [fig.] queda repentina (Do lat. cient. *collapsu-*, «paralisação», part. pass. subst. de *collābi*, «cair; desfalecer»)

colar[1] *v.tr.* 1 fazer aderir com cola 2 depurar (vinho) por meio de colagem 3 INFORMÁTICA inserir num documento ativo o conteúdo cortado ou copiado para a área de transferência 4 [Brasil] ⇒ **copiar**[1] *v.intr.* ■ *v.intr.* 1 aderir; pegar 2 adaptar-se 3 [coloq.] andar sempre atrás de alguém, por interesse e não sendo desejada a sua companhia (De *cola*+*-ar*)

colar[2] *v.tr.* 1 prover em benefício eclesiástico 2 [Brasil] receber (grau superior) (Do lat. *collātu-*, part. pass. de *conferre*, «conferir»)

colar[3] *n.m.* 1 ornato para o pescoço 2 gola; colarinho (Do lat. *collāre-*, «do pescoço»)

colar[4] *v.intr.* [Cabo Verde] festejar (Do crioulo cabo-verdiano *kolá(r)*, «brincar nas festas regionais»)

colareja /ê/ *n.f.* 1 [regionalismo] regateira dos mercados de Lisboa 2 [fig., pej.] mulher de má vida; rameira; meretriz; prostituta 3 [fig., pej.] amante (De *Colares*, top., região do concelho de Sintra, no distrito de Lisboa +*-eja*)

colarejo /ê/ *adj.* relativo ou pertencente a Colares ■ *n.m.* natural ou habitante de Colares (De *Colares*, top. +*-ejo*)

colares *n.m.2n.* vinho procedente das vinhas da região portuguesa de Colares, no distrito de Lisboa (De *Colares*, top.)

colareta /ê/ *n.f.* parte da camisa sobre a qual assenta o colarinho (De *colar*+*-eta*)

colargol *n.m.* FARMÁCIA prata coloidal de uso terapêutico (De *col(óide)*+gr. *árg(yros)*, «prata» +*-ol*)

colarinho *n.m.* parte da camisa que rodeia o pescoço; gola; colar (De *colar*+*-inho*)

colãs *n.m.pl.* ⇒ **meias-calças** (Do fr. *collants*, «id.»)

colatário *n.m.* DIREITO indivíduo a favor de quem se conferiu a colação; beneficiário (Do lat. *collatariu-*, de *collātu-*, part. pass. de *conferre*, «conferir; reunir»)

colateral *adj.2g.* 1 que está do mesmo lado 2 intermédio entre dois pontos cardeais consecutivos 3 diz-se da linha de parentesco existente entre um indivíduo e uma ou várias pessoas que procedem de um progenitor comum, mas não descendem uns dos outros (Do lat. *collaterāle-*, de *collaterāre*, «flanquear»)

colateralidade *n.f.* qualidade do que é colateral (De *colateral*+*-i-*+*-dade*)

colatitude *n.f.* ASTRONOMIA ângulo complementar da latitude celeste (distância angular entre um astro e o polo norte da eclíptica)

co-latitude ver nova grafia colatitude

colativo *adj.* 1 que diz respeito à colação 2 diz-se de um benefício eclesiástico suscetível de ser conferido (Do lat. *collatīvu-*, «oferecido por subscrição»)

colator *n.m.* aquele que confere ou tem o direito de conferir benefício eclesiástico (Do lat. *collatōre-*, «subscritor; doador»)

colatórios *n.m.pl.* designação comum a todos os órgãos de eliminação (Do b. lat. *colatoriu-*, de *colāre*, «coar; filtrar; purificar»)

cola-tudo *n.f.2n.* substância adesiva que permite colar objetos dos mais diversos materiais (De *colar*+*tudo*)

colcha *n.f.* 1 cobertura de cama, lavrada ou estampada 2 colgadura (Do lat. *culcīta-*, «colchão», pelo cast. *colcha*, «id.»)

colchão *n.m.* 1 peça onde se dorme, com revestimento de esponja ou de outra matéria flexível ou ainda de molas, e que se coloca geralmente em cima de um estrado 2 (praia, campismo) invólucro de tela impermeabilizada ou de matéria plástica insuflável (De *colcha*+*-ão*)

colcheia *n.f.* 1 MÚSICA figura de música com o valor de metade de uma semínima ou de duas semicolcheias 2 MÚSICA a quarta das sete figuras da música hoje mais usadas (Do franc. *krok*, «gancho», pelo fr. *croche*, «id.», pelo cast. *corchea*, «colcheia»)

colcheiro *n.m.* fabricante ou vendedor de colchas (De *colcha*+*-eiro*)

colcheta /ê/ *n.f.* argolinha onde prende o colchete (De *colchete*)

colchete /ê/ *n.m.* 1 pequeno gancho metálico usado no vestuário, para efeito semelhante ao de um botão, que prende na colcheta 2 gancho duplo em que os açougueiros penduram a carne para vender 3 chave ou parêntese formado de linhas retas (Do franc. *krok*, «gancho», pelo fr. *crochet*, «gancho pequeno»)

colchetear *v.tr.* 1 enfiar (o colchete) na colcheta 2 guarnecer de colchetes (De *colchete*+*-ear*)

colchoar *v.tr.* ⇒ **acolchoar** (De *colchão*+*-ar*)

colchoaria *n.f.* 1 estabelecimento onde se fazem ou vendem colchões 2 conjunto de colchão ou colchões e almofadas com que se guarnece a cama (De *colchão*+*-aria*)

colchoeiro *n.m.* 1 o que faz ou vende colchões 2 dono de colchoaria (De *colchão*+*-eiro*)

colcotar *n.m.* QUÍMICA peróxido de ferro, de cor avermelhada, outrora utilizado no polimento de vidro e como pigmento (Do fr. *colcotar*, «id.»)

coldre *n.m.* bolsa de couro utilizada para o transporte de arma de fogo (Do lat. *corȳtu-*, «aljava»?)

coleado *adj.* em forma de colo; sinuoso (Part. pass. de *colear*)

coleamento *n.m.* ato ou efeito de colear; coleio (De *colear*+*-mento*)

coleante *adj.2g.* que coleia; serpeante (De *colear*+*-ante*)

colear *v.intr.* 1 mover o colo 2 mover-se (a serpente); serpear ■ *v.pron.* [fig.] introduzir-se sorrateiramente (De *colo*+*-ear*)

coleção *n.f.* 1 reunião de objetos da mesma natureza; coletânea 2 conjunto; ajuntamento; *de* ~ raro, procurado por colecionadores (Do lat. *collectiōne-*, «ato de juntar»)

colecção ver nova grafia coleção

coleccionação ver nova grafia colecionação

coleccionador ver nova grafia colecionador

coleccionar ver nova grafia colecionar

coleccionável ver nova grafia colecionável

coleccionismo ver nova grafia colecionismo

coleccionista ver nova grafia colecionista

colecionação *n.f.* ato ou efeito de colecionar (De *coleccionar*+*-ção*)

colecionador *n.m.* 1 aquele que coleciona 2 compilador (De *coleccionar*+*-dor*)

colecionar *v.tr.* reunir em coleção; fazer coleção de; coligir (Do lat. *collectiōne-*, «coleção» +*-ar*)

colecionável *adj.2g.* que pode ser colecionado ■ *n.m.* conjunto de artigos publicados periodicamente e em separata por um jornal ou revista, com o objetivo de serem reunidos em coleção (De *coleccionar*+*-vel*)

colecionismo *n.m.* 1 atividade ou hábito de colecionar 2 conjunto dos colecionadores e as suas coleções organizadas 3 [pej.] hábito ou necessidade doentia de adquirir coisas inúteis (Do lat. *collectiōne-*, «coleção»+*-ismo*, ou do fr. *collectionisme*, «id.»)

colecionista *n.2g.* pessoa que coleciona; colecionador (De *coleccionar*+*-ista*)

coleciste *n.f.* ANATOMIA vesícula biliar (Do gr. *kholé*, «bílis» +*kýstis*, «vesícula»)

colecistiectomia *n.f.* MEDICINA ablação da vesícula biliar (Do gr. *kholé*, «bílis» +*kýstis*, «vesícula» +*ektomé*, «corte»)

colecistiografia *n.f.* MEDICINA radiografia na vesícula biliar (Do gr. *kholé*, «bílis» +*kýstis*, «vesícula» +*gráphein*, «registar»)

colecistiotomia *n.f.* MEDICINA incisão na vesícula biliar (Do gr. *kholé*, «bílis» +*kýstis*, «vesícula» +*tomé*, «corte»)

colecistite *n.f.* MEDICINA inflamação da vesícula biliar (Do gr. *kholé*, «bílis» +*kýstis*, «vesícula» +*-ite*)

colecta ver nova grafia coleta[1]

colectado ver nova grafia coletado

colectânea ver nova grafia coletânea

colectâneo ver nova grafia coletâneo

colectar ver nova grafia coletar

colectário ver nova grafia coletário

colectável ver nova grafia coletável

colectício ver nova grafia coletício

colectivamente ver nova grafia coletivamente

colectividade ver nova grafia coletividade

colectivismo ver nova grafia coletivismo

colectivista ver nova grafia coletivista

colectivização ver nova grafia coletivização

colectivizar ver nova grafia coletivizar
colectivo ver nova grafia coletivo
colectomia n.f. CIRURGIA extirpação cirúrgica, total ou parcial, do cólon (Do gr. kōlon, «cólon» +ektomé, «corte» +-ia)
colector ver nova grafia coletor
colectoria ver nova grafia coletoria
colédoco n.m. ANATOMIA canal que conduz a bílis ao duodeno (Do gr. kholedókhos, «que contém bílis»)
coledoquite n.f. MEDICINA inflamação do colédoco (De colédoco+-ite)
colega n.2g. 1 pessoa que pertence à mesma coletividade ou categoria 2 pessoa que exerce a mesma profissão ou tem as mesmas funções (Do lat. collēga-, «id.»)
colegar v.intr. [Cabo Verde] tornar-se colega (Do crioulo cabo-verdiano kòlegá, «id.»)
colegatário n.m. o que participa nos legados de um testamento conjuntamente com outrem
co-legatário ver nova grafia colegatário
colegiada n.f. 1 corporação (colégio) de eclesiásticos que, com a obrigação de ofício coral, se dedicam ao culto numa igreja, à qual foi concedido esse privilégio 2 igreja onde existe essa corporação (De colégio+-ada)
colegial adj.2g. que diz respeito a colégio ■ n.2g. aluno ou aluna de colégio (Do lat. tard. collegiāle-, «id.»)
colegiatura n.f. carácter ou qualidade do que é colegial (De colégio+-tura)
colégio n.m. 1 estabelecimento particular de ensino 2 os alunos deste estabelecimento 3 conjunto de indivíduos que pertencem a um círculo eleitoral 4 corporação de pessoas com igual categoria ou dignidade; **~ episcopal** o conjunto universal dos bispos, sob a orientação do papa; **sacro ~** o conjunto dos cardeais (Do lat. collegĭu-, «colégio de sacerdotes»)
colegislativo adj. diz-se das duas câmaras que formam o Parlamento em alguns países
co-legislativo ver nova grafia colegislativo
coleguismo n.m. lealdade ou procedimento próprio de colega (De collega+-ismo)
coleio n.m. ⇒ coleamento (Deriv. regr. de colear)
coleira¹ n.f. 1 tira de couro ou de outro material resistente, que se põe ao pescoço de alguns animais 2 conjunto de figos que se põem a secar, enfiados num cordel 3 ORNITOLOGIA borrelho (De colo [= pescoço]+-eira)
coleira² n.f. BOTÂNICA árvore intertropical cujo fruto é a cola; cola (De cola+-eira)
coleirado adj. 1 que tem coleira 2 diz-se do animal que tem no pescoço um círculo de cor diferente da do resto do corpo (De coleira+-ado)
coleirinha n.f. [Brasil] ORNITOLOGIA ⇒ coleiro (De coleira+-inha)
coleirinho adj. (criança) que ainda anda ao colo (De colo+-eiro+-inho)
coleiro n.m. [Brasil] ORNITOLOGIA pássaro da família dos Fringilídeos, também conhecido por coleirinha, papa-capim, etc. (De coleira)
coleitor n.m. leitor juntamente com outro ou outros
co-leitor ver nova grafia coleitor
colélito n.m. MEDICINA cálculo biliar (Do gr. kholé, «bílis» +líthos, «pedra; cálculo»)
colelitomia n.f. CIRURGIA incisão no canal biliar para extração de um cálculo (Do gr. kholé, «bílis» +líthos, «pedra» +tomé, «corte» +-ia)
colemia n.f. MEDICINA estado anormal caracterizado pela presença de elementos biliares no sangue (Do gr. kholé, «bílis» +haîma, «sangue» +-ia)
colênquima n.m. BOTÂNICA tecido vegetal, de resistência, com células vivas cujas membranas são desigualmente espessadas (De cola+(par)ênquima)
coleodermo adj. ZOOLOGIA diz-se do animal cujo corpo está envolvido numa espécie de saco (Do gr. koleós, «invólucro» +dérma, «pele»)
coleóptero adj. ZOOLOGIA que pertence à ordem dos coleópteros ■ n.m. ZOOLOGIA inseto da ordem dos coleópteros ■ n.m.pl. ZOOLOGIA ordem de insetos cujas asas anteriores são fortemente coriáceas (élitros) e que têm armadura bucal trituradora e metamorfoses completas (Do gr. koleós, «estojo» +pterón, «asa»)
coleorriza n.f. BOTÂNICA bainha membranosa que envolve as radículas do embrião de certas plantas (Do gr. koleós, «bainha» +rhíza, «raiz»)
cólera n.f. 1 acesso de fúria; ira; raiva 2 indignação 3 MEDICINA grave doença epidémica, contagiosa, que provoca diarreia, vómitos e cólicas, causada por um bacilo (vibrião) e também designada por cólera-morbo e cólera-asiática, mordexim ou mordixim (Do gr. kholéra, «cólera; doença», «id.»)
cólera-asiática n.f. MEDICINA ⇒ **cólera** 3
cólera-morbo n.f. MEDICINA ⇒ **cólera** 3
colerético adj. MEDICINA diz-se do medicamento que facilita o esvaziamento da vesícula biliar (Do gr. kholé, «bílis» +erethizeîn, «excitar»)
colérico adj. 1 cheio de cólera; indignado 2 propenso à cólera 3 atacado de cólera (doença) ■ n.m. PSICOLOGIA tipo ou designativo do tipo que na classificação caracterológica de Heymans-Le Senne tem por fórmula EAP (emotivo-ativo-primário): sensibilidade viva, reação vigorosa e imediata (Do gr. kholerikós, pelo lat. cholerĭcu-, «bilioso»)
coleriforme adj.2g. com aparência de cólera (Do lat. cholĕra-, «bílis» +forma-, «semelhança»)
colerina n.f. MEDICINA cólera mais benigna (De cólera+-ina)
colerínico adj. 1 MEDICINA que está atacado de colerina 2 relativo à colerina (De colerina+-ico)
colesterol n.m. BIOQUÍMICA composto orgânico cíclico, de função álcool secundário, muito importante na química fisiológica por constituir a presumível base de diversas hormonas (Do gr. kholé, «bílis» +stereós, «sólido» +-ol)
coleta¹ n.f. 1 quota com que cada pessoa contribui para um fundo comum 2 quantia que se paga de imposto 3 peditório para uma obra de beneficência ou despesa comum 4 RELIGIÃO oração que se reza, na missa, entre a Glória e a epístola (Do lat. collecta-, «id.»)
coleta² /ê/ n.f. trança postiça de cabelo que os toureiros espanhóis usam na parte posterior da cabeça (Do cast. coleta, «rabicho»)
coletado adj.,n.m. que ou aquele que está sujeito a pagamento de coleta; contribuinte (Part. pass. de colectar)
coletânea n.f. 1 recolha de excertos de diversos autores, geralmente subordinada a determinado tema, género ou época 2 antologia; compilação 3 coleção (Do lat. collectanĕa-, «id.»)
coletâneo adj. coligido de diversos autores (Do lat. collectanĕu-, «id.»)
coletar v.tr. impor contribuição ou quota a; tributar ■ v.pron. contribuir com a sua quota ou parte; cotizar-se (De colecta+-ar)
coletário n.m. livro de orações que contém todas as coletas do ano (Do lat. collectarĭu-, «recebedor»)
coletável adj.2g. que pode ou deve ser coletado (De colectar+-vel)
colete /ê/ n.m. 1 peça de vestuário sem mangas que se veste geralmente por cima da camisa 2 ⇒ espartilho; **~ de salvação** peça de material insuflável para usar no mar como medida de segurança ou em situações de perigo (Do it. ant. colletto, «vestimenta de couro», que cobria o peito e os ombros e se usava debaixo da couraça, pelo fr. collet, «cabeção; capinha»)
colete-de-forças ver nova grafia colete de forças
colete de forças n.m. peça em forma de casaco com mangas muito compridas que, ao serem atadas, paralisam os movimentos, utilizada para dominar pessoas consideradas perigosas
coleteiro n.m. fabricante de coletes (De colete+-eiro)
coletício adj. [ant.] dizia-se das pessoas recolhidas à pressa, sem escolha, para a guerra (Do lat. collecticĭu-)
coletivamente adv. juntamente; em grupo (De colectivo+-mente)
coletividade n.f. 1 grupo social; sociedade 2 conjunto de indivíduos reunidos para um fim comum; associação (De colectivo+-i-+-dade)
coletivismo n.m. 1 doutrina ou organização político-económica que reserva a propriedade dos meios de produção à coletividade, ordinariamente ao Estado 2 espírito de grupo (De colectivo+-ismo, ou do fr. collectivisme, «id.»)
coletivista adj.2g. referente ao coletivismo ■ n.2g. pessoa partidária do coletivismo (De colectivo+-ista, ou do fr. collectiviste, «id.»)
coletivização n.f. apropriação coletiva dos meios de produção (De coletivizar+-ção)
coletivizar v.tr. colocar os meios de produção nas mãos da coletividade
coletivo adj. 1 que abrange várias pessoas ou coisas 2 que pertence a vários 3 GRAMÁTICA diz-se do nome que, no singular, designa um conjunto de seres ou coisas do mesmo tipo (ex.: rebanho, turma) 4 GRAMÁTICA diz-se do numeral que designa um conjunto de seres com número exato (ex.: centena, dezena) ■ n.m. 1 conjunto de indivíduos reunidos para um fim comum 2 GRAMÁTICA nome que, no singular, designa um conjunto de seres ou coisas do mesmo tipo; **~ partitivo** coletivo que abrange apenas parte dos seres de uma coleção (Do lat. collectīvu-, «recolhido»)

coletor *n.m.* 1 o que recebe ou lança coletas 2 o que faz coleções 3 ELETRICIDADE dispositivo que recolhe corrente elétrica nos geradores rotativos 4 cano onde vão desembocar os canos secundários ■ *adj.* 1 que colige ou reúne em si muitas coisas ou matérias 2 diz-se de um povo que não cultiva e apenas se alimenta de frutos, raízes, tubérculos, etc., que colhe; ~ **solar** FÍSICA dispositivo destinado a captar a energia da radiação solar e a transferi-la, sob a forma de energia térmica, para um fluido (Do lat. *collectōre*-, «condiscípulo; colega; que reúne»)

coletoria *n.f.* 1 repartição pública onde se pagam os impostos 2 funções do coletor (De *colector+-ia*)

colgado *adj.* 1 pendente 2 [ant.] enforcado (Part. pass. de *colgar*)

colgadura *n.f.* peça de pano de seda lavrada, do tamanho de coberta, com que se adornam paredes ou janelas; tapeçaria (De *colgar+-dura*)

colgar *v.tr.* 1 ornar com colgaduras 2 pendurar 3 [ant.] enforcar (Do lat. *collocāre*, «arranjar; colocar»)

colha /ô/ *n.f.* ⇒ **colheita** (Deriv. regr. de *colher*)

colhada *n.f.* [regionalismo] fressura ou intestinos de animais; colada (De *colada*)

colhão *n.m.* [vulg.] testículo (Do lat. *colĕu*-, «testículo», pelo lat. vulg. *coleōne*-, «id.»)

colhedeira *n.f.* espátula com que os pintores juntam as tintas quando as moem (De *colher+-deira*)

colhedor *adj.* que colhe ■ *n.m.* 1 o que colhe 2 NÁUTICA cabo com que se estica um ovém de uma enxárcia ou um brandal (De *colher+-dor*)

colheita *n.f.* 1 ato ou efeito de colher os produtos agrícolas; apanha 2 arrecadação dos produtos agrícolas 3 conjunto dos produtos colhidos num determinado período; safra 4 o que se recolhe ou recebe (Do lat. *collecta*, «coisas recolhidas», part. pass. neut. pl. de *colligĕre*, «recolher; reunir»)

colher[1] /é/ *n.f.* 1 utensílio de uso doméstico, constituído por um cabo e uma parte arredondada e côncava, que serve para tirar ou levar à boca substâncias líquidas ou pouco consistentes, ou para mexer, misturar ou servir certas iguarias 2 utensílio com forma semelhante 3 utensílio utilizado pelos pedreiros ou trolhas 4 conteúdo daquele utensílio de uso doméstico; colherada 5 ORNITOLOGIA ⇒ **rabilongo** *n.m.*; **meter a ~** [coloq.] intrometer-se; **ser pau para toda a ~** estar disposto para todos os serviços, estar preparado para tudo (Do lat. *cochleāre*-, «colher», pelo fr. *cuillère*, «id.»)

colher[2] /ê/ *v.tr.* 1 tirar da planta (frutos, flores ou folhas); apanhar; recolher 2 receber 3 atropelar 4 atingir; alcançar 5 tomar; adquirir 6 surpreender 7 coligir 8 inferir; depreender ■ *v.intr.* ser concludente (Do lat. *colligĕre*, «recolher; reunir»)

colheraça *n.f.* colher grande; colherão (De *colher+-aça*)

colherada *n.f.* porção que uma colher contém ou pode conter; **meter a sua ~** [fig.] intrometer-se em conversa alheia, dar a sua opinião, mesmo sem lhe ter sido solicitada (De *colher+-ada*)

colherão *n.m.* colher grande (De *colher+-ão*)

colhereiro *n.m.* 1 o que faz ou vende colheres 2 ORNITOLOGIA ave pernalta da família dos Tresquiornitídeos, de bico grande em forma de colher, pouco frequente em Portugal 3 ORNITOLOGIA ave da família dos Anatídeos, também conhecida por pato-trombeteiro, etc. 4 [pop.] indivíduo que gosta de se intrometer na vida alheia (De *colher+-eiro*)

colherete *n.m.* pancada dada com a bola em qualquer pessoa da assistência durante uma partida de jogo da pela (De *colher+-ete*)

colheril *n.m.* colher pequena usada pelos estucadores e pintores (De *colher+-il*)

colherim *n.m.* ⇒ **colheril** (De *colher+-im*)

colhida *n.f.* ato de o touro atingir com as hastes o toureiro (Part. pass. fem. subst. de *colher*)

colhimento *n.m.* ato de colher (De *colher+-mento*)

coli-[1] elemento de formação de palavras que exprime a ideia de *intestino grosso* (Do gr. *kólon*, «intestino grosso», pelo lat. *colu*-, «cólon»)

coli-[2] elemento de formação de palavras que exprime a ideia de *pescoço* (Do lat. *collu*-, «pescoço»)

coliâmbico *adj.* relativo ao coliambo (De *coliambo+-ico*)

coliambo *n.m.* GRAMÁTICA verso jâmbico de três pés, terminado por um troqueu ou espondeu (Do gr. *kholíambos*, «verso jâmbico coxo», pelo lat. *choliambu*-, «id.»)

colibacilo *n.m.* bacilo que normalmente vive no tubo digestivo do homem e de outros animais, e que, em certas condições, pode produzir uma colibacilose que atinge diversos órgãos (De *coli-+bacilo*)

colibacilose *n.f.* MEDICINA qualquer das doenças causadas pelo colibacilo (De *coli-+bacilose*)

colibri *n.m.* ORNITOLOGIA ⇒ **beija-flor** (Do caraíba *kolibris*, pelo fr. *colibri*, pelo cast. *colibrí*, «id.»)

cólica *n.f.* 1 dor violenta no cólon ou em qualquer parte da cavidade abdominal 2 *pl.* [fig.] receio; aflição; medo (Do gr. *koliké (nósos)*, «(doença) intestinal», pelo fr. *colique*, «cólica»)

colicativo *adj.* relativo a cólica (De *cólica+-t+-ivo*)

colicitante *n.2g.* pessoa que licita com outra ou outras

co-licitante ver nova grafia *colicitante*

cólico[1] *adj.* relativo ao cólon (De *cólon+-ico*)

cólico[2] *adj.* diz-se de um ácido existente na bílis (Do gr. *kholikós*, «da bílis»)

colidir *v.tr.* 1 ir de encontro (a) 2 entrar em conflito (com); ser incompatível (com) ■ *v.intr.* embater; chocar ■ *v.pron.* contradizer-se (Do lat. *collidĕre*, «entrechocar; bater contra»)

colífero *adj.* BOTÂNICA diz-se do pedúnculo de certos cogumelos quando provido de colar (Do lat. *collu*-, «pescoço» +*-fero*, de *ferre*, «trazer»)

coliforme *adj.2g.* em forma de colo ou de colar ■ *n.m.* qualquer bacilo gram-negativo encontrado no trato intestinal dos seres humanos e dos animais e, por vezes, na água; ~ **fecal** matéria orgânica poluidora das águas dos mares, rios, lagoas e albufeiras (Do lat. *collu*-, «pescoço» +*forma*-, «semelhança»)

coligação *n.f.* 1 ato ou efeito de coligar 2 aliança de várias pessoas para o mesmo fim; liga; confederação 3 trama; ~ **eleitoral** POLÍTICA reunião de dois ou mais partidos para a apresentação conjunta de listas eleitorais (Do lat. *colligatiōne*-, «ligação»)

coligar *v.tr.* 1 formar coligação 2 confederar ■ *v.pron.* 1 unir-se por coligação 2 aliar-se para determinado fim (Do lat. *colligāre*, «ligar juntamente»)

coligativo *adj.* 1 que coliga 2 relativo à coligação 3 QUÍMICA diz-se das propriedades de uma solução que estão na dependência da sua concentração, isto é, do número de partículas nela existentes por unidade de volume (De *coligar+-tivo*)

coligir *v.tr.* 1 reunir em coleção; recolher 2 juntar 3 deduzir; inferir 4 concluir (Do lat. *colligĕre*, «reunir; juntar»)

colimação *n.f.* 1 ato de colimar 2 FÍSICA limitação de um feixe de radiação no interior de determinado ângulo sólido (De *colimar+-ção*)

colimador *n.m.* 1 FÍSICA dispositivo que serve para tornar paralelo um feixe luminoso divergente e que é constituído por uma fenda ou um objeto transparente colocado no plano focal de uma lente corrigida 2 instrumento ótico utilizado para fazer pontaria numa boca de fogo (De *colimar+-dor*)

colimar *v.tr.* 1 observar por meio de colimador 2 mirar; visar 3 FÍSICA tornar paralelos (os raios de um feixe luminoso) (Do lat. **collimāre*, por *collineāre*, «apontar»)

Colímbidas *n.m.pl.* ORNITOLOGIA ⇒ **Colimbídeos**

colimbídeo *adj.* relativo ou pertencente aos Colimbídeos ■ *n.m.* ORNITOLOGIA espécime dos Colimbídeos

Colimbídeos *n.m.pl.* ORNITOLOGIA família de aves palmípedes, de cauda rudimentar e dedos ligados entre si, em toda a extensão, por palmura (De *colimbo+-ídeos*)

colimbo *n.m.* ORNITOLOGIA ave aquática palmípede (espécie de mergulhão-de-crista) com penas de cor branca prateada, que são muito apreciadas (Do gr. *kólymbos*, «mergulho»)

colimitação *n.f.* ato de colimitar (De *colimitar+-ção*)

colimitar *v.tr.* dar limites comuns a (Do lat. *collimitāre*, «confinar»)

colina[1] *n.f.* pequena elevação de terreno; outeiro (Do lat. *collina*-, «id.»)

colina[2] *n.f.* BIOQUÍMICA substância que se encontra nas células do organismo com funções metabólicas, cuja fórmula é $C_5H_{15}O_2N$ (Do fr. *choline*, «id.»)

colineação *n.f.* GEOMETRIA ⇒ **homografia 2**

colinear *adj.2g.* GEOMETRIA situado numa linha reta; que tem uma linha reta em comum (como dois planos que se cortam) ■ *v.tr.* GEOMETRIA dispor em linha reta (De *co-+linear*)

colinérgico *adj.* MEDICINA diz-se das fibras nervosas que, sob o efeito de uma excitação, libertam acetilcolina (De *(acetil)colina+erg(o)-+-ico*, pelo ing. *cholinergic*, «id.»)

colinoso *adj.* cheio de colinas (De *colina+-oso*)

coliquação *n.f.* BIOLOGIA degenerescência das células em que há imbibição de água pelo protoplasma, que afeta principalmente as glândulas e as células nervosas (Do lat. cient. *colliquatiōne*-, «id.»)

coliquante *adj.2g.* que dissolve ou derrete (De *coliquar+-ante*)

coliquar *v.tr.* fundir; derreter (Do lat. **colliquāre* por *colliquescĕre*, «fundir-se»)

coliquativo *adj.* diz-se da degenerescência proveniente de coliquação (De *coliquar*+*-tivo*)

colírio *n.m.* FARMÁCIA medicamento aplicado nas inflamações dos olhos e especialmente da conjuntiva ocular (Do gr. *kollýrion*, «emplastro», pelo lat. *collyrĭu-*, «unguento para os olhos; colírio»)

colisão *n.f.* 1 ato ou efeito de colidir 2 embate entre dois corpos; choque 3 luta 4 dificuldade 5 indecisão 6 contrariedade (Do lat. *collisiōne-*, «choque»)

coliseu *n.m.* 1 o maior dos anfiteatros romanos 2 circo 3 casa de espetáculos (Do lat. *colossēu-*, «colossal; gigantesco», pelo it. *coliseo*, por *colosseo*, «coliseu»)

colisor *n.m.* FÍSICA acelerador em que dois feixes de partículas, movendo-se em direções opostas, se intercetam em vários pontos, provocando colisões a cada passagem; anel de colisão (Do lat. *collisus*, part. pass. de *collidere*, «colidir»+*-or*, por infl. do ing. *collider*)

colite *n.f.* MEDICINA inflamação no cólon (Do gr. *kōlon*, «cólon» +*-ite*)
colitigação *n.f.* ato ou efeito de colitigar (De *co-*+*litigação*)
co-litigação ver nova grafia colitigação
colitigante *adj.2g.* que demanda juntamente com outrem
co-litigante ver nova grafia colitigante
colitigar *v.intr.* litigar em comum contra outrem
co-litigar ver nova grafia colitigar
collants *n.m.pl.* ⇒ **meias-calças** (Do fr. *collants*, «id.»)
colmaça *adj.,n.f.* [regionalismo] que ou casa que é coberta de colmo (De *colmo*+*-aça*)
colmaçar *v.tr.* cobrir com colmaço (De *colmaço*+*-ar*)
colmaço *n.m.* cobertura de colmo (De *colmo*+*-aço*)
colmado *n.m.* casebre coberto de colmo (Part. pass. de *colmar*)
colmagem *n.f.* ato ou efeito de colmar (De *colmar*+*-agem*)
colmar[1] *v.tr.* cobrir de colmo (De *colmo*+*-ar*)
colmar[2] *v.tr.* 1 elevar ao ponto mais alto 2 sublimar 3 conceder em abundância 4 rematar (Do it. *colmare*, «acumular»)
colmar[3] *adj.* designativo de uma variedade de pera (De orig. obsc.)
colmatagem *n.f.* ato ou efeito de colmatar (Do fr. *colmatage*, «id.»)
colmatar *v.tr.* 1 tapar (brechas); aterrar; atulhar 2 suprir (falhas, faltas) 3 conduzir (águas ricas em detritos minerais e orgânicos) para terrenos baixos para aumentar a sua fertilidade (Do fr. *colmater*, «terraplenar»)
colmeal *n.m.* 1 lugar onde estão colmeias 2 conjunto de colmeias (De *colmeia*+*-al*)
colmeeiro *n.m.* o que trata de colmeias ou negoceia em colmeias (De *colmeia*+*-eiro*)
colmeia *n.f.* 1 habitação natural ou artificial de abelhas 2 colónia de abelhas; enxame 3 [fig.] grande agrupamento de pessoas (Do lat. *culmēna-*, fem. de *culmēnus*, «de colmo» - a colmeia de tipo primitivo era coberta de colmo)
colmeiforme *adj.2g.* que tem forma de colmeia (De *colmeia*+*-forme*)
colmeiro[1] *n.m.* molho de colmo ou palha (De *colmo*+*-eiro*)
colmeiro[2] *n.m.* indivíduo que colma casas (De *colmar*+*-eiro*)
colmífero *adj.* ⇒ **calamífero** (De *colmo*+*-fero*)
colmilho *n.m.* (animal) dente canino; presa (Do cast. *colmillo*, «dente canino.»)
colmilhoso /ô/ *adj.* que tem colmilhos grandes (De *colmilho*+*-oso*)
colmilhudo *adj.* ⇒ **colmilhoso** (De *colmilho*+*-udo*)
colmo /ô/ *n.m.* 1 BOTÂNICA caule de nós salientes e folhas invaginantes, como nas plantas gramíneas, juncáceas, etc. 2 palha com que se cobre algumas cabanas (Do lat. *culmu-*, «id.»)
colo[1] *n.m.* 1 ANATOMIA parte do corpo humano formada pelo pescoço e ombros 2 regaço 3 parte mais estreita e apertada de um órgão, de uma cavidade ou de um objeto 4 região mais delgada do cartucho de um projétil 5 gargalo 6 região de passagem de uma raiz para o caule, da raiz de um dente para a coroa, etc. 7 ⇒ **portela**; *ao* ~ nos braços, ao peito (Do lat. *collu-*, «pescoço»)
colo[2] *n.m.* ANATOMIA toda parte do intestino grosso compreendida entre o cego e o reto; cólon (Do gr. *kōlon*, «cólon», pelo lat. *colon* ou *colu-*, «id.»)
colo[3] /ô/ *n.m.* [Moçambique] pequeno símio da família dos Cercopitecídeos, de face negra e pelo castanho esverdeado, famoso por ser glutão; macaco-cão (Do sena *kolo*, «id.»)
colocação *n.f.* 1 ato ou efeito de colocar 2 emprego 3 posição social 4 disposição 5 venda 6 ato de pôr capitais a render (Do lat. *collocatiōne-*, «disposição»)
colocador *n.m.* 1 aquele que coloca ou instala 2 operário especializado no assentamento de materiais de revestimento (azulejos, ladrilhos, etc.) (De *colocar*+*-dor*)

colocar *v.tr.* 1 pôr num lugar 2 dispor 3 situar 4 pôr um capital a render 5 dar emprego a 6 [Angola] imobilizar; placar ■ *v.pron.* 1 situar-se 2 empregar-se (Do lat. *collocāre*, «id.»)
colocásia *n.f.* BOTÂNICA ⇒ **inhame** (Do lat. *colocasĭa-*, «colocásia; fava-do-egipto»)
colocíntida *n.f.* ⇒ **colocíntide**
colocíntide *n.f.* BOTÂNICA espécie de pepino amargo (Do gr. *kolokynthís, -ídos*, «colocíntide», pelo lat. *colocynthĭde-*, «id.»)
colocutor *n.m.* aquele que fala com outros (Do lat. *collocutōre-*, «interlocutor»)
colódio *n.m.* solução de nitrocelulose numa mistura de álcool e de éter (Do gr. *kollódes*, «viscoso» +*-io*)
colofanite *n.f.* MINERALOGIA substância criptocristalina que consta de fosfatos de cálcio hidratados e carbonatados, constituinte dos fosforitos (Do fr. *colophane*, «pez louro» +*-ite*)
colofão *n.m.* 1 dístico final, em manuscritos medievais, relativo ao autor ou escriba, ao lugar onde se escreveu a obra e à data dela 2 dizeres com que os primitivos tipógrafos indicavam, no final das obras, a data e o lugar da impressão (Do gr. *kolophón*, «remate», pelo lat. *colophonĭu-*, «id.»)
cólofon *n.m.* ⇒ **colofão**
colofónia *n.f.* 1 resíduo da destilação seca da resina das coníferas; pez louro 2 breu 3 QUÍMICA resíduo da destilação da terebintina (Do gr. *kolophonía*, «resina de Colofónia», antiga cidade grega da Ásia Menor, pelo lat. *colophonĭa-*, «id.»)
cologaritmo *n.m.* MATEMÁTICA logaritmo do inverso do número considerado
co-logaritmo ver nova grafia cologaritmo
coloidal *adj.2g.* que possui o aspeto e a transparência da cola; *estado* ~ QUÍMICA suspensão de partículas extremamente pequenas (micelas), cujo diâmetro varia entre 1 e 100 milimícrones, no seio de um líquido ou de um gás (De *colóide*+*-al*)
coloide *n.m.* 1 QUÍMICA substância no estado coloidal 2 substância que consiste num meio contínuo que tem no seu interior partículas dispersas, de tamanho ultramicroscópico ■ *adj.2g.* diz-se da substância que se difunde com dificuldade, como a cola, etc.; ~ *radioativo* agregado de átomos radioativos sob a forma coloidal (Do gr. *kólla*, «cola; gordura» +*eīdos*, «forma»)
colóide ver nova grafia coloide
colombiano[1] *adj.* relativo à pessoa, à época ou descobrimentos do navegador genovês Cristóvão Colombo, 1451-1506 (De *Colombo*, antr. +*-iano*)
colombiano[2] *adj.* da Colômbia ou a ela relativo ■ *n.m.* natural ou habitante da Colômbia (De *Colômbia*, top. +*-ano*)
colombino *adj.* 1 respeitante à Colômbia 2 relativo a Cristóvão Colombo, navegador genovês, 1451-1506 (De *Colômbia* ou de *Colombo*+*-ino*)
colômbio *n.m.* FÍSICA [ant.] ⇒ **coulomb**
colombo *n.m.* BOTÂNICA ⇒ **calumba**[1]
colombro *n.m.* BOTÂNICA ⇒ **colondro**
colón *n.m.* unidade monetária da Costa Rica e de El Salvador (Do cast. *Colón*, antr. «Colombo»)
cólon *n.m.* ANATOMIA toda a parte do intestino grosso compreendida entre o cego e o reto (Do gr. *kōlon*, «cólon», pelo lat. *colon* ou *colu-*, «id.»)
colonato *n.m.* 1 estado de colono 2 os colonos 3 extensão territorial explorada por colonos (Do lat. *colonātu-*, «id.»)
colondro *n.m.* 1 BOTÂNICA planta da família das Cucurbitáceas, de fruto comestível, cultivada em Portugal e também denominada calombro, calondro e colombro, com as variedades abóbora-cabaça e abóbora-carneira 2 BOTÂNICA fruto (pepónio) destas plantas (Do gr. *kýlindros*, «cilindro», pelo lat. *cylindru-*, «id.»)
colónia *n.f.* 1 conjunto de pessoas originárias do mesmo país estabelecidas em país estrangeiro 2 local onde essas pessoas se estabelecem 3 território situado fora das fronteiras geográficas de um país e que fica subordinado ao seu domínio político e económico 4 ZOOLOGIA agrupamento de seres vivos, da mesma espécie, intimamente ligados; ~ *de férias* local, geralmente situado no campo ou à beira-mar, onde um grupo de crianças ou de jovens reside durante um período de férias (Do lat. *colonĭa-*, «quinta; herdade»)
colonial *adj.2g.* 1 referente a colónia 2 proveniente de colónia ■ *n.2g.* pessoa que se dedica a estudos ou questões das colónias (De *colónia*+*-al*)
colonialismo *n.m.* 1 processo de estabelecimento de colónias 2 forma de domínio económico, político e social, exercido por um país sobre outro, separado geograficamente dele 3 condição de sujeição de um território ou de uma nação (De *colonial*+*-ismo*)

colonialista adj.2g. 1 colonial 2 que pratica o colonialismo ■ n.2g. pessoa que é partidária do colonialismo (De *colonial*+*-ista*)
colonista n.2g. ⇒ **colonialista** (De *colónia*+*-ista*)
colonização n.f. ato ou efeito de colonizar (De *colonizar*+*-ção*)
colonizador adj.,n.m. que ou aquele que coloniza (De *colonizar*+*-dor*)
colonizar v.tr. 1 estabelecer colónia(s) em; transformar em colónia; povoar de colonos 2 habitar como colono 3 [fig.] invadir; dominar (De *colono*+*-izar*)
colonizável adj.2g. que se pode colonizar (De *colonizar*+*-vel*)
colono n.m. 1 indivíduo que faz parte de uma colónia 2 cultivador de uma terra por sua conta, mas que paga uma renda ao dono 3 povoador (Do lat. *colōnu-*, «cultivador»)
colonoscopia n.f. MEDICINA exame visual do interior do cólon
colonoscópio n.m. MEDICINA instrumento que se introduz pelo ânus para examinar o interior do cólon (colonoscopia)
coloquial adj.2g. 1 referente a colóquio 2 informal; familiar (De *colóquio*+*-al*)
colóquio n.m. 1 palestra íntima entre duas ou mais pessoas; conversa 2 conferência (Do lat. *colloquĭu-*, «conferência»)
color n.m./f. [arc.] cor (Do lat. *colōre-*, «cor»)
coloração n.f. 1 ato ou efeito de colorar ou colorir 2 efeito produzido pelas cores (De *coloratiōne-*, «id.»)
colorado adj. 1 [Brasil] que recebeu cor 2 [Brasil] vermelho (Part. pass. de *colorar*)
colorante adj.2g. ⇒ **corante** (De *colorar*+*-ante*)
colorar v.tr. 1 colorir 2 corar (Do lat. *colorăre*, «dar cor a»)
coloratura n.f. MÚSICA ornamentação elaborada, ágil e virtuosística de uma melodia, associada à tradição operática italiana ■ adj. diz-se de voz de soprano muito aguda e ágil (Do it. *coloratura*, «coloração», pelo al. *Koloratur*, «id.»)
colorau n.m. pó vermelho preparado com pimentão seco, usado como condimento (Do cast. *colorao*, «corado; vermelho»)
colorear v.tr.,intr. ⇒ **colorir** (Do lat. *colōre-*, «cor» +*-ear*)
color(i)- elemento de formação de palavras que exprime a ideia de *cor*, *coloração* (Do latim *colōre-*, «cor»)
colorido n.m. 1 efeito das cores 2 combinação das cores 3 brilho ■ adj. 1 ornado a cores 2 (estilo) cheio de imagens 3 brilhante (Part. pass. de *colorir*)
colorífico adj. que produz cor (De *colori-*+*-fico*)
colorimetria n.f. QUÍMICA análise quantitativa de substâncias por comparação das suas próprias intensidades de cor ou das resultantes do seu tratamento por reagentes convenientes com as intensidades de cor de padrões (De *colorímetro*+*-ia*)
colorímetro n.m. aparelho usado em colorimetria (De *colori-*+*-metro*)
colorir v.tr. 1 dar cor a 2 pintar 3 adornar; enfeitar 4 animar (estilo); avivar 5 disfarçar; dissimular ■ v.intr. corar (Do it. *colorire*, «id.»)
coloriscópio n.m. instrumento para observar as cores (Do lat. *colōre-*, «cor»+gr. *skopeīn*, «ver»)
colorista n.2g. 1 ARTES PLÁSTICAS artista que se notabiliza no emprego e combinação das cores 2 especialista no uso da cor 3 [fig.] escritor que prima pelo colorido do seu estilo (Do fr. *coloriste*, «id.»)
colorização n.f. 1 manifestação de uma cor 2 [Brasil] técnica de coloração de um filme ou de uma película a preto e branco (De *colorizar*+*-ção*)
colorizar v.tr. 1 [Brasil] CINEMA dar cor a um filme ou película originalmente a preto e branco utilizando a técnica da colorização 2 [Brasil] FOTOGRAFIA colorir manualmente uma fotografia a preto e branco (Do lat. tard. *colorizāre*, «id.»)
colossal adj.2g. 1 que tem proporções de colosso 2 agigantado; titanesco 3 enorme 4 vastíssimo 5 [fig.] extraordinário (De *colosso*+*-al*)
colossalidade n.f. qualidade do que é colossal (De *colossal*+*-i*+*-dade*)
colosso n.m. 1 estátua de grandeza extraordinária 2 pessoa ou animal de grande força e estatura; gigante 3 pessoa ou instituição com muito poder (Do gr. *kolossós*, «id.», pelo lat. *colossu-*, «id.»)
colostomia n.f. CIRURGIA operação que consiste na abertura de uma comunicação entre o cólon e o meio exterior de modo a permitir a saída de fezes (Do gr. *kólon*, «intestino grosso»+*stóma*, «boca»+*-ia*, ou do fr. *colostomie*, «id.»)
colostomizar v.tr. praticar a colostomia em (De *colostomia*+*-izar*)
colostração n.f. MEDICINA doença dos recém-nascidos, que era atribuída ao colostro (Do lat. *colostratiōne-*, «id.»)
colostral adj.2g. que se refere ao colostro (De *colostro*+*-al*)
colostro n.m. líquido segregado pelas glândulas mamárias, após o parto, rico em proteínas, e que contém importantes fatores imunológicos para o recém-nascido; crosto (Do lat. *colostru-*, «id.»)
colotipia n.f. TIPOGRAFIA processo de imprimir em máquinas tipográficas que utilizam chapas revestidas de uma camada de cola ou gelatina (Do gr. *kólla*, «cola» +*týpos*, «tipo» +*-ia*)
colpite n.f. MEDICINA ⇒ **vaginite** (Do gr. *kólpos*, «cavidade; vagina» + *-ite*)
cólpode n.m. ZOOLOGIA protozoário da família dos Paramecídeos, com citóstoma ventral, ciliado, vulgar em certas infusões e nas águas estagnadas (Do gr. *kólpos*, «cavidade; seio; regaço»)
colporragia n.f. MEDICINA ⇒ **elitrorragia** (Do gr. *kólpos*, «vagina» +*rhagē*, «erupção» +*-ia*)
colposcopia n.f. MEDICINA exame que consiste na observação direta da superfície do colo do útero e da vagina utilizando um instrumento próprio (colposcópio); vaginoscopia (Do gr. *kólpos*, «vagina» +*skopeīn*, «ver» +*-ia*)
colposcópio n.m. instrumento com lente binocular exterior para observação da vagina e do colo do útero; vaginoscópio (Do gr. *kólpos*, «vagina» +*skopeīn*, «ver»)
colpotomia n.f. CIRURGIA ⇒ **vaginotomia** (Do gr. *kólpos*, «vagina» +*tomé*, «corte» +*-ia*)
colquicina n.f. FARMÁCIA, QUÍMICA alcaloide extraído dos cólquicos (semente) (De *cólquico*+*-ina*)
cólquico n.m. BOTÂNICA termo usado em referência a umas plantas bolbosas, medicinais, da família das Liliáceas (género *Colchicum*), algumas delas existentes em Portugal (Do gr. *kolkhikós*, «da Cólquida», antiga região da Ásia Menor, pelo lat. *colchĭcu-*, «narciso do outono»)
coltar n.m. 1 alcatrão extraído da hulha por destilação 2 borras do gás (Do ing. *coaltar*, de *coal*, «carvão» +*tar*, alcatrão»)
coltarização n.f. ato ou efeito de coltarizar (De *coltarizar*+*-ção*)
coltarizar v.tr. cobrir de coltar (De *coltar*+*-izar*)
colubreado adj. com forma de cobra; colubriforme (Part. pass. de *colubrear*)
colubreante adj.2g. coleante; serpeante (De *colubrear*+*-ante*)
colubrear v.intr. rastejar; colubrejar; colear; serpentear (Do lat. *colŭbra-*, «cobra» +*-ear*)
colubrejar v.intr. ⇒ **colubrear** (Do lat. *colŭbra-*, «cobra» +*-ejar*)
Colúbridas n.m.pl. ZOOLOGIA ⇒ **Colubrídeos**
colubrídeo adj. relativo ou pertencente aos Colubrídeos ■ n.m. ZOOLOGIA espécime dos Colubrídeos
Colubrídeos n.m.pl. ZOOLOGIA família de ofídios, de pupila circular e cauda aguçada lenta e progressivamente, a que pertencem as cobras (Do lat. *colŭbra-*, «cobra» +*-ídeos*)
colubrina n.f. 1 BOTÂNICA planta da família das Ramnáceas, cuja casca se emprega na fermentação de licores 2 briónia 3 [ant.] arma de fogo, portátil, que disparava apoiada no ombro do combatente e numa forquilha e cuja carga era inflamada por uma mecha (Do lat. *colubrína-*, «de cobra»)
colubrino adj. da cobra ou a ela relativo ou semelhante (Do lat. *colubrīnu-*, «de cobra»)
coludir v.intr. fazer colusão ou conluio; entender-se fraudulentamente (Do lat. *collūděre*, «jogar»)
columbário n.m. 1 pombal 2 sepulcro subterrâneo, entre os Romanos (Do lat. *columbarĭu-*, «pombal»)
Colúmbidas n.m.pl. ORNITOLOGIA ⇒ **Columbídeos**
columbídeo adj. relativo ou pertencente aos Columbídeos
Columbídeos n.m.pl. ORNITOLOGIA família de aves, da ordem das columbinas, a que pertencem as rolas e as pombas (Do lat. *columba-*, «pomba» +*-ídeos*)
columbina n.f. ORNITOLOGIA espécime das columbinas ■ n.f.pl. ORNITOLOGIA ordem de aves com calosidade sobre a base do bico, que comporta apenas a família dos Columbídeos (De *columbino*)
columbino[1] adj. 1 relativo ou pertencente às columbinas 2 da pomba ou a ela relativo 3 [fig.] inocente; cândido; puro (Do lat. *columbīnu-*, «de pomba»)
columbino[2] adj. da Colúmbia, capital do estado federal da Carolina do Sul, nos Estados Unidos da América do Norte, ou a ela relativo (De *Colúmbia*, top. +*-ino*)
colúmbio n.m. QUÍMICA designação proposta, mas não adotada, para o nióbio (Do lat. cient. *columbĭu-*, de *columbu-*, «pombo»)
columbite-tantalite n.f. MINERALOGIA mineral formado por niobiotantalato de ferro e manganésio
columbofilia n.f. arte de criar e adestrar pombos, especialmente pombos-correios (Do lat. *columbu-*, «pombo»+gr. *philía*, «amizade»)
columbófilo n.m. aquele que se dedica à columbofilia (Do lat. *columbu-*, «pombo»+gr. *phílos*, «amigo»)

columbograma n.m. comunicação transmitida por intermédio de pombos-correios (Do lat. *columbu-*, «pombo»+gr. *gramma*, «letra; palavra»)

coluna n.f. 1 ARQUITETURA pilar assente em base própria ou firmado diretamente no chão, que serve para sustentar abóbadas, entablamentos, ou como simples adorno 2 ARQUITETURA na arquitetura clássica, elemento constituído por base, fuste e capitel, com proporções e decoração variáveis segundo a época e o estilo, e cuja função é de sustentação 3 divisão vertical de publicações periódicas e de certos livros 4 MILITAR formação na qual os elementos apeados, hipomóveis, automóveis, navais ou aéreos se dispõem à retaguarda uns dos outros 5 altura de um líquido ou gás dentro de um vaso 6 série de objetos em linha vertical 7 [fig.] sustentáculo; apoio 8 ELETRICIDADE dispositivo que converte sinais de audiofrequência em ondas sonoras equivalentes; ~ *vertebral* ANATOMIA parte do esqueleto constituída pela associação de vértebras em disposição linear, articuladas e, nalgumas regiões, soldadas entre si, que representa o eixo do endosqueleto de quase todos os craniotas; espinha dorsal (Do lat. *columna-*, «id.»)

colunar adj.2g. 1 em forma de coluna 2 referente a coluna (Do lat. *columnāre*, «que se ergue em forma de coluna»)

colunário adj. que tem coluna ou colunas reais ou representadas (Do lat. *columnariu-*, «de coluna»)

colunata n.f. série de colunas (Do it. *colonnata*, «id.»)

colunável adj.2g. (personalidade pública) que pode ser assunto das colunas sociais de um jornal ou de uma revista ■ n.2g. pessoa que figura nessas colunas (De *coluna*+-*vel*)

colunelo n.m. 1 {*diminutivo de* **coluna**} pequena coluna 2 marco de pedra (Do lat. *columnella-*, «id.»)

coluneta /ê/ n.f. coluna pequena e estreita (Do it. *colonnetta*, «id.»)

colunista n.2g. 1 cronista ou crítico de jornal 2 jornalista que tem a seu cargo a redação de uma coluna de jornal (De *coluna*+-*ista*)

coluro n.m. ASTRONOMIA cada um dos dois grandes círculos que cortam o equador celeste em 4 partes iguais, um que passa pelos pontos equinociais e o outro pelos solsticiais (Do gr. *kólouros*, «que perdeu a cauda», pelo lat. *colūru-*, «cada um dos círculos da esfera celeste que se cruzam nos polos»)

colusão n.f. acordo entre duas partes em prejuízo de terceira (Do lat. *collusiōne-*, «conluio»)

colusório adj. 1 relativo a colusão 2 feito por meio de colusão (Do lat. **collusorĭu-*, de *collūsu-*, part. pass. de *colludĕre*, «jogar»)

colutório n.m. FARMÁCIA líquido medicamentoso para as mucosas da boca (Do lat. **collutorĭu-*, de *collūtu-*, part. pass. de *collŭĕre*, «lavar»)

coluvião n.f. 1 aluvião; inundação 2 GEOLOGIA depósito formado pela acumulação de fragmentos de rocha ou de solos, originado essencialmente pela ação da gravidade 3 [fig.] multidão (Do lat. *colluviōne-*, «mistura impura»)

colza /ô/ n.f. espécie de couve cultivada em Portugal, de cujas sementes se extrai um óleo (óleo de colza); couve-nabiça (Do neerl. *koolzaad*, «semente de couve», pelo fr. *kolza*, «colza»)

com prep. introduz expressões que designam: 1 companhia (*com os amigos*); 2 causa (*com o frio, tremia*); 3 tempo (*com o anoitecer, adormeceu*); 4 modo ou meio (*enriqueceu com o trabalho*); 5 entendimento, acordo (*dar-se com todos*); 6 oposição (*guerra com o mundo*); 7 simultaneidade (*levanta-se com o amanhecer*); 8 adição (*café com leite*); 9 conteúdo (*jarro com água*) (Do lat. *cum*, «com»)

com- prefixo de origem latina, que exprime a ideia de união, companhia, contiguidade (com o **m** mudado em **n** antes de consoante que não seja *b*, *p*, *l*, *m*, ou *n*, e em **r** antes de *r*; com a forma **co-** antes de *l*, *m* ou *n*) (Do lat. *cum-*, *cum*)

coma¹ /ô/ n.f. 1 cabelos compridos ou volumosos; cabeleira 2 juba (de leão) 3 crina (de animais) 4 ASTRONOMIA ⇒ **cabeleira** 4 5 penacho 6 copa de árvore 7 FÍSICA aberração de uma lente na qual a imagem de um ponto-objeto fora do eixo apresenta o aspeto de um cometa (Do gr. *kóme*, «cabeleira», pelo lat. *coma-*, «id.»)

coma² /ô/ n.m. MEDICINA estado de inconsciência que pode assumir diferentes graus de gravidade 2 [fig.] insensibilidade; imobilidade (Do gr. *kōma*, «sono profundo»)

coma³ /ô/ n.m. MÚSICA intervalo correspondente à nona parte de um tom (Do gr. *kómma*, «fragmento», pelo lat. *comma*, «membro dum período»)

comado adj. 1 que tem cabeleira ou coma 2 frondoso (Do lat. *comātu-*, part. pass. de *comāre*, «ter cabelos compridos»)

comadre n.f. (*masculino* **compadre**) 1 madrinha de um recém-nascido em relação aos pais e ao padrinho deste 2 mãe de um recém-nascido em relação aos padrinhos deste 3 parteira 4 vaso com água quente para aquecimento da cama 5 [pop.] mulher mexeriqueira 6 [coloq.] ⇒ **aparadeira**; *quinta-feira de comadres* quinta-feira que precede o dia de Entrudo (Do lat. ecl. *commatre-*, de *cum*, «com»+*matre-*, «mãe»)

comadresco /ê/ adj. 1 de comadre 2 relativo a comadre (De *comadre*+-*esco*)

comadrice n.f. 1 coisa de comadres 2 intriga; mexerico (De *comadre*+-*ice*)

comadrio n.m. 1 o facto de ser comadre 2 [pop.] parentesco 3 amizade (De *comadre*+-*io*)

com-aluno n.m. ⇒ **condiscípulo**

comanche adj.2g. relativo aos Comanches ou deles característico ■ n.2g. indivíduo do povo dos Comanches

Comanches n.m.pl. ETNOGRAFIA índios norte-americanos que habitam atualmente uma reserva de Oclaoma, um dos estados da América do Norte

comandante n.m. 1 aquele que comanda uma força 2 o que tem um comando militar ■ adj.2g. que comanda (Do fr. *commandant*, «id.»)

comandante-chefe n.m. supremo comandante

comandar v.tr. 1 dirigir, como superior, uma força militar, um navio, etc. 2 [fig.] dominar; mandar (Do fr. *commander*, «id.»)

comandita n.f. ECONOMIA forma de sociedade comercial em que há um ou mais sócios responsáveis, ilimitada e solidariamente, e um ou mais sócios capitalistas só responsáveis até à importância do capital que subscreveram (Do fr. *commandite*, «id.», do it. *accomandita*, «depósito; guarda»)

comanditado n.m. ECONOMIA sócio de uma sociedade em comandita que intervém na administração com responsabilidade ilimitada e solidária (Part. pass. de *comanditar*)

comanditar v.tr. ECONOMIA encarregar da administração dos fundos numa sociedade em comandita (Do fr. *commanditer*, «id.»)

comanditário n.m. ECONOMIA sócio de uma sociedade em comandita que é responsável apenas até ao limite do capital com que entrou para a sociedade, mas não intervém na administração (Do fr. *commanditaire*, «id.»)

comando n.m. 1 ato de comandar 2 direção e governo de uma força de exército ou da armada 3 MILITAR militar pertencente a forças terrestres de intervenção rápida e violenta em missões especiais 4 dispositivo que faz funcionar aparelhos à distância 5 INFORMÁTICA palavra ou expressão que o computador interpreta como uma ordem (Deriv. regr. de *comandar*)

comarca n.f. circunscrição territorial com julgado de primeira instância; *tribunal de* ~ tribunal de primeira instância que exerce a jurisdição em cada comarca (De *com-*+*marca*, do germ. *marka*, «país; fronteira»)

comarcão adj. 1 relativo a comarca 2 confinante; limítrofe (De *comarca*+-*ão*)

comarcar v.intr. ser comarcão; confinar (De *comarca*+-*ar*)

cômaro n.m. 1 ⇒ **cômoro** 2 [Brasil] BOTÂNICA planta da família das Rosáceas (Do lat. *cumūlu-*, «montão»)

comarqueiro n.m. administrador de comarca ■ adj. comarcão (De *comarca*+-*eiro*)

comas /ô/ n.f.pl. aspas; vírgulas dobradas («...») (Do gr. *kómma*, «fragmento», pelo lat. *comma*, «membro dum período»)

comatoso /ô/ adj. relativo ou pertencente a coma (estado de inconsciência) (Do gr. *kōma, -atos*, «sonolência»+-*oso*)

comátula n.f. ZOOLOGIA equinodermo crinoide, da família dos Comatulídeos (Do lat. *comatŭlu-*, «que tem os cabelos frisados; efeminado»)

Comatúlidas n.m.pl. ⇒ **Comatulídeos**

Comatulídeos n.m.pl. ZOOLOGIA família de crinoides a que pertencem as comátulas (De *comátula*+-*ídeos*)

comba¹ n.f. vale que se alonga entre as montanhas que o rodeiam (Do gaulês **cumba*, «vale», pelo francês *combe*, «idem»)

comba² n.m. [Angola] cerimónia fúnebre do sétimo dia (Do quimbundo (*ku*)*komba*, «varrer»)

combalir v.tr. 1 tornar fraco 2 abalar 3 abater 4 alterar; deteriorar ■ v.pron. 1 deteriorar-se 2 debilitar-se (Do lat. *convellĕre*, «arrancar; abalar; destruir»)

combataria n.f. série de combates (De *combate*+-*aria*)

combate n.m. 1 luta entre adversários armados ou entre exércitos 2 fase de uma batalha 3 encontro organizado de pugilismo ou outro tipo de luta corpo a corpo 4 [fig.] luta; oposição 5 [fig.] antagonismo (Deriv. regr. de *combater*)

combatente adj.2g. que combate ■ n.2g. pessoa que combate ■ n.m. ORNITOLOGIA ave pernalta, de arribação, da família dos

combater

Caradriídeos, pouco frequente em Portugal, denominada também pavão-do-mar (De *combater+-ente*)

combater *v.tr.,intr.* travar combate (contra); lutar (contra) ■ *v.tr.* **1** lutar contra uma dificuldade, um obstáculo, um perigo ou um mal; opor-se a **2** atacar; contestar (Do lat. **combattēre*, de *combattuēre*, «lutar com»)

combatível *adj.2g.* **1** que pode ser combatido **2** discutível (De *combater+-vel*)

combatividade *n.f.* **1** qualidade ou carácter de combativo **2** tendência para combater (De *combativo+-i-+-dade*)

combativo *adj.* **1** que tem tendência para combater ou que possui temperamento de combatente; belicoso **2** fogoso; arrebatado (De *combater+-ivo*)

combinação *n.f.* **1** ato ou efeito de combinar(-se); ligação **2** acordo para a realização de determinado objetivo; pacto **3** reunião de coisas dispostas por certa ordem; disposição **4** peça de roupa interior do vestuário feminino **5** QUÍMICA reação química em que substâncias diferentes originam outras com propriedades e características diversas das delas **6** QUÍMICA composto químico **7** MATEMÁTICA conjunto cujos elementos são alguns dos elementos de uma coleção dada (Do lat. *combinatiōne-*, «reunião de duas coisas»)

combinado *adj.* **1** que se combinou **2** ajustado **3** comparado **4** agrupado por certa ordem ■ *n.m.* **1** aquilo que se combinou; ajuste; acordo **2** agrupamento; conjunto **3** conjunto vertical de frigorífico e congelador em compartimentos separados **4** CULINÁRIA prato de hambúrguer, rissóis, salsichas ou outro ingrediente similar, servido com acompanhamento de batatas fritas e salada e, por vezes, ovo e fiambre (Part. pass. de *combinar*)

combinador *adj.,n.m.* que ou aquele que combina (De *combinar+-dor*)

combinar *v.tr.* **1** fazer combinação **2** juntar em certa ordem; agrupar **3** dispor **4** calcular **5** juntar um corpo com outro para resultar outro corpo diverso **6** comparar **7** formar planos para o êxito de algum empreendimento **8** pactuar **9** ajustar **10** arquitetar (plano) **11** QUÍMICA reagir ■ *v.pron.* **1** entrar em combinação **2** harmonizar-se **3** QUÍMICA reagir com (Do lat. *combināre*, «juntar duas coisas; reunir»)

combinatório *adj.* relativo a combinações (De *combinar+-tório*)

combinável *adj.2g.* que pode combinar-se (De *combinar+-ável*)

combo *n.m.* **1** [Moçambique] calamidade; desastre **2** [Moçambique] perigo (Do changana *khombo*, «id.»)

comboiamento *n.m.* **1** transporte sob escolta **2** transporte de mercadorias **3** transporte de pessoas, mercadorias ou material, em vários veículos ou navios, como num comboio (De *comboiar+-mento*)

comboiar *v.tr.* **1** transportar em comboio **2** acompanhar com o fim de proteger; escoltar (De *comboio+-ar*, ou do fr. *convoyer*, «id.»)

comboieiro *adj.* que guia ou escolta comboios ■ *n.m.* que comboia outros (De *comboio+-eiro*)

comboio /ói/ *n.m.* **1** série de carruagens atreladas umas às outras, movidas por locomotiva, em caminho de ferro **2** fila de navios carregados e escoltados por embarcações de guerra **3** coluna de viaturas que transportam pessoal e material, podendo ser escoltadas por forças militares **4** conjunto de carros de transporte, carregadores ou animais de carga que se dirigem ao mesmo destino, caminhando juntos; **~ pendular** comboio que tem suspensão oscilante como a de um pêndulo, para maior segurança, e que atinge grande velocidade; **ver passar os comboios** perder oportunidades, ficar para trás (Do fr. *convoi*, «id.»)

comboio-correio *n.m.* comboio que transporta correspondência postal

comborça *n.f.* amante de homem casado ou de homem com outra amante (Do célt. **comboṛtia*, «aquela que compartilha do leito», de **bertiu-*, «berço; cama»?)

comborçaria *n.f.* ⇒ **concubinato** (De *comborça+-aria*)

comborço /ô/ *n.m.* amante de mulher casada ou de mulher com outro amante (De *comborça*)

combretácea *n.f.* BOTÂNICA espécime das Combretáceas

Combretáceas *n.f.pl.* BOTÂNICA família de plantas lenhosas, dicotiledóneas, em regra trepadoras, próprias das regiões intertropicais, cujo género-tipo se designa *Combretum* (De *combreto+-áceas*)

combretáceo *adj.* relativo ou pertencente às Combretáceas

combreto /ê/ *n.m.* **1** BOTÂNICA planta da família das Combretáceas, própria das regiões tropicais, com propriedades medicinais **2** tintura preparada com extrato dessa planta (Do lat. *combrĕtu-*, «id.»)

combro *n.m.* [pop.] ⇒ **cômoro** (Do lat. *cumŭlu-*, «montão»)

comburência *n.f.* **1** qualidade daquilo que é comburente **2** possibilidade de comburir **3** faculdade de queimar, de fazer arder (Do lat. *comburentĭa*, part. pres. neut. pl. de *comburĕre*, «queimar; destruir pelo fogo; comburir»)

comburente *adj.2g.* QUÍMICA que permite a combustão no seu seio ■ *n.m.* elemento cuja combinação com uma substância combustível permite a combustão (Do lat. *comburente-*, part. pres. de *comburĕre*, «queimar»)

comburir *v.tr.* queimar; abrasar (Do lat. *comburĕre*, «queimar; fazer arder»)

combustão *n.f.* **1** ato de queimar ou de arder **2** QUÍMICA combinação de uma substância com oxigénio ou com outros elementos, como o cloro, com desenvolvimento de calor ou com produção simultânea de calor e luz **3** reação exotérmica de uma substância combustível com um comburente, geralmente acompanhada de uma emissão de chama, incandescência e emissão de fumo **4** efervescência **5** [fig.] conflagração; guerra; sobre-excitação (Do lat. *combustiōne-*, «id.»)

combustar *v.tr.* queimar (De *combusto+-ar*)

combustibilidade *n.f.* propriedade do que é combustível (Do fr. *combustibilité*, «id.»)

combustível *adj.2g.* **1** que arde **2** que serve de alimento ao fogo ■ *n.m.* **1** corpo utilizado para produzir calor; carburante **2** FÍSICA substância cindível que, numa pilha atómica, pode originar uma reação em cadeia, isto é, uma reação que se desenvolve por si mesma, porque os agentes necessários à reação são produzidos pela própria reação **3** [fig.] causa; origem; **~ nuclear** matéria que mantém a reação em cadeia num reator (Do fr. *combustible*, «id.»)

combustivo *adj.* que provoca combustão; combustível (De *combusto+-ivo*)

combusto *adj.* queimado; incendiado (Do lat. *combustu-*, part. pass. de *comburĕre*, «queimar»)

combustor *n.m.* [Brasil] poste de iluminação pública (De *combusto+-or*)

começador *adj.,n.m.* que ou o que começa; iniciador (De *começar+-dor*)

começante *adj.,n.2g.* principiante (De *começar+-ante*)

começar *v.tr.* **1** dar início a um processo, atividade, projeto, etc.; iniciar; principiar; encetar **2** estar no princípio de ■ *v.intr.* **1** ter começo **2** originar-se (Do lat. **cominitiāre*, «id.», do lat. *initiāre*, «iniciar»)

começo /ê/ *n.m.* **1** facto de começar **2** primeiro instante de existência ou execução de uma coisa **3** o que está no princípio; início **4** origem **5** causa **6** entrada; extremidade **7** *pl.* princípio **8** *pl.* primeiras tentativas ou experiências **9** *pl.* ensaio (Deriv. regr. de *começar*)

comedão *n.m.* MEDICINA (pele) pequena saliência com substância esbranquiçada com um ponto negro no meio, composta por secreções acumuladas numa glândula sebácea; ponto negro (Do lat. *comedōne-*, «comilão, lambão»)

comedeira *n.f.* ganho desonesto; comilança; ladroagem (De *comer+-deira*)

comedeiro *adj.* interesseiro; comedor (De *comer+-deiro*)

comedela *n.f.* roubo astucioso; extorsão; logro (De *comer+-dela*)

comedia *n.f.* **1** ⇒ **comedoria 2 2** [regionalismo] géneros dados aos criados de lavoura que não recebem refeições **3** *pl.* [ant.] pensão vitalícia que os soberanos davam aos militares dignos de louvor (De *comer+-dia*)

comédia *n.f.* **1** peça teatral em que se dramatizam, de forma cómica, os caracteres, costumes ou factos da vida social **2** CINEMA, TELEVISÃO obra de ficção cuja finalidade é fazer rir **3** género cómico **4** [fig.] acontecimento ridículo **5** [fig.] farsa **6** [fig.] fingimento; hipocrisia; **~ musical** espetáculo de teatro ou de cinema em que se conjugam diferentes artes como a música, a dança, o canto, para interpretar ou apoiar uma sequência narrativa (Do gr. *komoidía*, pelo lat. *comoedĭa-*, «id.»)

comediante *n.2g.* **1** ator ou atriz de comédias **2** pessoa que representa em teatro; ator ou atriz **3** [fig.] impostor (Do fr. *comédien*, «id.»)

comedido *adj.* **1** moderado; sóbrio; prudente **2** respeitoso (Part. pass. de *comedir*)

comedimento *n.m.* **1** ato ou efeito de comedir ou comedir-se **2** moderação; ponderação; sobriedade; prudência **3** modéstia (De *comedir+-mento*)

comediógrafo *n.m.* autor de comédias (Do gr. *komoidiográphos*, «autor de peças cómicas», pelo lat. *comoediogrăphu-*, «id.»)

comedir *v.tr.* **1** regular **2** moderar **3** adequar **4** tornar respeitoso ■ *v.pron.* ser comedido; moderar-se (Do lat. **commetīre* por *commetīri*, «medir»)

comedogénico *adj.* que obstrui os poros da pele

comedoiro *n.m.* ⇒ **comedouro**

comedor *n.m.* o que come ■ *adj.* **1** comilão **2** [fig.] chupista; parasita; perdulário **3** [fig.] concussionário (De *comer+-dor*)
comedoria *n.f.* **1** extorsão **2** *pl.* quantia destinada à compra de alimentos **3** *pl.* alimentos (De *comedor+-ia*)
comedouro *n.m.* **1** lugar ou vaso em que se dá comida aos animais; manjedoura **2** sítio onde só animais selvagens costumam ir comer ■ *adj.* em condições de ser comido (De *comer+-douro*)
come-e-cala *n.f.* BOTÂNICA variedade de pera muito apreciada (De *comer+e+calar*)
come-e-dorme *adj.inv.,n.2g.2n.* que ou pessoa que é indolente (De *comer+e+dormir*)
come-gente *n.m.* pequena plaina de desbastar madeira (De *comer+gente*)
comelinácea *n.f.* espécime das Comelináceas
Comelináceas *n.f.pl.* BOTÂNICA família de plantas monocotiledóneas, cujo género-tipo se denomina *Commelina*, a que pertence a tradescância (Do lat. bot. *Commelina+-áceas*)
comelináceo *adj.* relativo ou pertencente às Comelináceas
comemoração *n.f.* **1** ato de comemorar **2** cerimónia destinada a recordar uma pessoa ou um acontecimento; homenagem; memória; recordação; memoração (Do lat. *commemoratiõne-*, «recordação»)
comemorar *v.tr.* **1** fazer recordar; trazer à memória; lembrar **2** solenizar para recordar (Do lat. *commemorãre*, «recordar»)
comemorativo *adj.* que comemora (De *comemorar+-tivo*)
comemorável *adj.2g.* digno de comemoração; memorável (Do lat. *commemorabĭle-*, «memorável»)
comenda *n.f.* **1** [ant.] benefício concedido, com renda anexa, a eclesiásticos ou a cavaleiros de ordens militares **2** distinção honorífica correspondente a um dos graus das antigas ordens militares e das atuais ordens civis **3** insígnia dessa distinção (Do fr. *commende*, «id.», do lat. ecl. *commenda-*, de *commendãre*, «confiar»)
comendadeira *n.f.* religiosa de convento que tinha comenda (De *comendador*)
comendador *n.m.* indivíduo agraciado com uma comenda (Do lat. *commendatõre-*, «aquele que recomenda»)
comendadoria *n.f.* **1** dignidade de comendador **2** benefício ou usufruto de comenda (De *comendador+-ia*)
comendataria *n.f.* cargo de comendatário; comendadoria (De *comendatário+-ia*)
comendatário *adj.* **1** que frui uma comenda **2** encomendado **3** que administra um benefício eclesiástico ■ *n.m.* aquele que administra, por encomendação, um benefício eclesiástico (Do b. lat. *commendatarĭu-*, «id.»)
comendatício *adj.* **1** que se recomenda **2** que encerra uma recomendação (Do lat. *commendaticĭu-*, «de recomendação»)
comendativo *adj.* próprio para recomendar; laudativo (Do lat. *commendatĩvu-*, «id.»)
comendatório *adj.* ⇒ **comendatício** (Do lat. *commendatorĭu-*, «de recomendação»)
comenos *n.m.2n.* momento; ocasião; *neste ~* neste instante, entretanto (Do lat. *cum medĭu-*, pelo port. ant. *comeos*, que tem o mesmo sentido)
comensal *n.2g.* **1** pessoa que come habitualmente com outra ou outras à mesma mesa **2** BIOLOGIA ser que vive no estado de comensalismo (Do lat. med. *commensãle-*, «id.», de *cum*, «com» +*mensa-*, «mesa»)
comensalício *adj.* relativo a comensal (De *comensal+-ício*)
comensalidade *n.f.* **1** camaradagem de comensais **2** qualidade de quem é comensal (De *comensal+-i-+-dade*)
comensalismo *n.m.* BIOLOGIA associação de seres ou organismos de espécies diferentes, em que um deles tira proveito da associação e o outro não beneficia mas também não se prejudica com ela (De *comensal+-ismo*)
comensurabilidade *n.f.* qualidade do que é comensurável (Do b. lat. *commensurabĭle-*, «comensurável» +-*i-+-dade*)
comensuração *n.f.* **1** ato de comensurar **2** medida (Do lat. *commensuratiõne-*, «igualdade de medida»)
comensurar *v.tr.* medir com a mesma unidade duas ou mais grandezas ■ *v.pron.* **1** comparar-se **2** proporcionar-se (Do lat. *commensurãre*, «id.»)
comensurável *adj.2g.* **1** que admite medida comum; que se pode medir em comparação com outro **2** MATEMÁTICA dizem-se comensuráveis duas grandezas da mesma espécie que admitem uma unidade de medida comum a ambas (parte alíquota de uma, que também o é da outra) (Do b. lat. *commensurabĭle-*, «id.»)
comentação *n.f.* ato ou efeito de comentar; comentário (Do lat. *commentatiõne-*, «reflexão»)

comentador *adj.* que comenta ■ *n.m.* **1** aquele que faz comentários **2** autor de um comentário literário, histórico, filosófico, jurídico, etc. **3** (rádio, televisão) pessoa que comenta as notícias e as atualidades **4** crítico (Do lat. *commentatõre-*, «intérprete»)
comentar *v.tr.* **1** fazer comentários **2** explicar por meio de comentários **3** criticar; analisar (Do lat. *commentãre*, por *commentãri*, «explicar»)
comentário *n.m.* **1** série de notas explicativas de um texto **2** informação nova que, num enunciado ou num texto, é transmitida acerca do chamado tópico ou tema **3** observações ou explicações a propósito de um facto; análise **4** crítica mordaz **5** *pl.* memórias ou narrações históricas em que o autor tomou parte (Do lat. *commentarĭu-*, «livro de notas»)
comentarista *n.2g.* pessoa que comenta; comentador (De *comentário+-ista*)
comento *n.m.* **1** ⇒ **comentário** **2** tradução literal de um clássico para uso das escolas (Do lat. *commentu-*, «ficção»)
comer *v.tr.* **1** tomar como alimento **2** [fig.] dissipar; gastar em alimentação; defraudar; consumir **3** causar comichão a **4** roubar no jogo **5** acreditar facilmente **6** omitir **7** desfrutar **8** (xadrez, damas) eliminar uma pedra **9** [vulg.] ter relações sexuais com ■ *v.intr.* **1** alimentar-se **2** [pop.] apanhar (pancada) ■ *v.pron.* amofinar-se ■ *n.m.* alimento; refeição; *~ a dois carrilhos* obter dois proventos ao mesmo tempo; *~ as papas na cabeça a* ser mais alto que, sobrelevar, vigarizar, enganar, lograr; *~ à tripa-forra* comer muito; *come e cala!* [coloq.] expressão que é costume dizer-se a quem deve aproveitar os benefícios sem fazer comentários; *de ~ e chorar por mais* diz-se das coisas que são muito boas (Do lat. *comedĕre*, «id.»)
comercial *adj.2g.* **1** do comércio ou a ele referente **2** concebido para vender em grande escala e para agradar a um vasto público ■ *n.m.* **1** qualquer mensagem publicitária transmitida no intervalo da programação ou durante um programa na rádio ou na televisão **2** automóvel ligeiro destinado ao transporte de mercadorias; utilitário (Do lat. tard. *commerciãle*, «id.»)
comercialismo *n.m.* preponderância do comércio (De *comercial+-ismo*)
comercialista *n.2g.* indivíduo versado em direito comercial (De *comercial+-ista*)
comercialização *n.f.* ato de comercializar (De *comercializar+-ção*)
comercializar *v.tr.* **1** fazer entrar no circuito comercial **2** pôr à venda (De *comercial+-izar*)
comerciante *adj.,n.2g.* que ou a pessoa que exerce profissionalmente o comércio; negociante (De *comerciar+-ante*)
comerciar *v.intr.* **1** exercer o comércio **2** ter comércio ■ *v.tr.* negociar (Do lat. tard. *commerciãre*, por *commerciãri*, «id.»)
comerciável *adj.2g.* que se pode comerciar (De *comerciar+-ável*)
comércio *n.m.* **1** troca de produtos por dinheiro com intuito lucrativo **2** ECONOMIA atividade económica que se interpõe entre a produção e o consumo, colocando os bens à disposição dos consumidores em tempo útil **3** mercado **4** troca de valores; permuta **5** classe dos comerciantes **6** conjunto dos estabelecimentos que exercem a atividade comercial **7** tráfico **8** [fig.] relações ilícitas **9** convivência; trato social; convivência; contacto; relações; *~ de emissões* (ambiente) sistema pelo qual os países e as organizações podem comercializar quotas de emissão de dióxido de carbono e outros gases poluentes; *~ eletrónico* sistema em que as transações comerciais são realizadas através da internet; *~ justo* tipo de comércio que se baseia na inexistência de intermediários entre o produtor e o comprador final, procurando garantir que quem produz recebe uma quantia que reflete o valor real do seu trabalho (Do lat. *commercĭu-*, «id.»)
comerete *n.m.* refeição ligeira (De *comer+-ete*)
comes *n.m.pl.* aquilo que se come; *~ e bebes* comidas e bebidas (De *comer*)
comestibilidade *n.f.* qualidade do que é comestível (Do lat. tard. *comestibĭle-*, «id.» +-*i-+-dade*)
comestível *adj.2g.* que se pode comer ■ *n.m.pl.* géneros alimentícios; víveres (Do lat. tard. *comestibĭle-*, «id.»)
cometa /ê/ *n.m.* **1** ASTRONOMIA astro geralmente constituído por núcleo, cabeleira e cauda, que gravita em torno do Sol em órbita muito excêntrica **2** [fig.] pessoa ou coisa que aparece e desaparece de repente; *~ não periódico* ASTRONOMIA cometa que descreve uma órbita parabólica ou hiperbólica; *~ periódico* ASTRONOMIA cometa que descreve uma órbita elíptica de grande excentricidade (Do gr. *komḗtes*, «astro cabeludo», pelo lat. *comēta-*, «cometa»)
cometar *adj.2g.* de cometa ou a ele relativo (De *cometa+-ar*)
cometário *adj.* ⇒ **cometar** (De *cometa+-ário*)

cometedor *adj.,n.m.* 1 que ou o que comete 2 empreendedor (De *cometer+-dor*)

cometente *n.2g.* ⇒ **comitente** (De *cometer*)

cometer *v.tr.* 1 praticar (ato considerado condenável); perpetrar 2 confiar a alguém uma tarefa; encarregar; confiar; entregar 3 atacar; acometer 4 empreender 5 propor; oferecer ■ *v.pron.* aventurar-se (Do lat. *committĕre*, «confiar; cometer»)

cometida *n.f.* investida; ataque (Part. pass. fem. subst. de *cometer*)

cometimento¹ *n.m.* 1 ato ou efeito de cometer; acometimento 2 ato praticado 3 tentativa que envolve risco; aventura 4 ataque; assalto (De *cometer+-mento*)

cometimento² *n.m.* 1 [Moçambique] assunção de uma responsabilidade 2 [Moçambique] adesão a determinados objetivos; lealdade na ação (Do inglês *commitment*, «idem»)

come-todos *n.m.2n.* [pop.] o maior dos cinco dedos da mão (De *comer+todos*)

cometomancia *n.f.* suposta adivinhação por meio de cometas (Do gr. *komḗtes*, «cometa» +*manteía*, «adivinhação»)

comezaina *n.f.* refeição abundante; patuscada

comezana *n.f.* ⇒ **comezaina** (De *comer+z+-ana*)

comezinho *adj.* 1 fácil de comer 2 [fig.] bom de entender; trivial; simples 3 [fig.] despretensioso (De *comer+z+-inho*)

comichão *n.f.* 1 sensação que dá vontade de coçar; prurido 2 [fig.] desejo grande; tentação (Do lat. tard. *comestione-*, «ato de comer»)

comichar *v.tr.* causar comichão em ■ *v.intr.* sentir comichão (Deriv. regr. de *comichão*)

comichento *adj.* ⇒ **comichoso** (De *comichar+-ento*)

comichoso /ô/ *adj.* 1 sujeito a comichão 2 [fig.] que se melindra com pouco; suscétivel (De *comichão+-oso*)

comicial *adj.2g.* 1 de comício 2 relativo a comício; *doença ~* MEDICINA epilepsia (Do lat. *comitiāle-*, «relativo a comício»)

comicidade *n.f.* qualidade do que é cómico (De *cómico+-i-+-dade*)

comicieiro *adj.* 1 próprio de comício 2 que frequenta comícios 3 [fig.] arengador; que fala muito alto ■ *n.m.* aquele que frequenta comícios (De *comício+-eiro*)

comício *n.m.* 1 reunião de cidadãos para discutir assuntos eleitorais, políticos ou de interesse geral 2 assembleia dos antigos Romanos (Do lat. *comitĭu-*, «lugar de reunião»)

cómico *adj.* 1 de comédia ou a ela relativo 2 que faz rir 3 jocoso 4 ridículo ■ *n.m.* ator de comédias (Do gr. *komikós*, «relativo à comédia», pelo lat. *comĭcu-*, «id.»)

comida *n.f.* 1 aquilo que serve para comer; alimento; sustento 2 refeição; repasto (Part. pass. fem. subst. de *comer*)

comida-de-urso ver nova grafia **comida de urso**

comida de urso *n.f.* [pop.] sova; tareia; sopa de urso

comido *adj.* 1 ingerido 2 alimentado 3 [pop.] logrado; enganado 4 [fig.] roubado; espoliado 5 [fig.] carcomido, corroído 6 [fig.] gasto, esbanjado 7 [vulg.] sexualmente possuído (Part. pass. de *comer*)

comigo *pron.pess.* 1 com a minha pessoa (*conversaram comigo*) 2 em minha companhia (*fica comigo*) 3 ao mesmo tempo que eu (*cantem comigo*) 4 por minha causa (*assustou-se comigo*) 5 a meu respeito (*essa piada é comigo?*) 6 em meu benefício (*gastou tudo comigo*) 7 próprio para mim (*isso não é comigo*) 8 na minha posse (*o CD está comigo*) 9 à minha responsabilidade (*deixa o bebé comigo*) 10 de mim para mim (*pensei comigo*) (Do lat. *cum*, «com» +*mecum*, «comigo»)

comilança *n.f.* 1 comezaina 2 ladroeira (De *comilar+-ança*)

comilão *adj.* 1 que come muito 2 sôfrego ■ *n.m.* 1 aquele que come muito; glutão 2 [fig.] indivíduo sôfrego de lucros ou proventos 3 [fig.] interesseiro 4 [fig.] trapaceiro (De *comilar+-ão*)

comilar *v.intr.* defraudar no jogo (Do lat. *comillāre*, de *com(edĕre)*+suf. dim. *-illāre*, «comer; arruinar»)

cominação *n.f.* 1 ato de cominar 2 ameaça de pena ou castigo (Do lat. *comminatiōne-*, «ação de ameaçar»)

cominador *adj.,n.m.* 1 que ou aquele que comina 2 ameaçador (Do lat. *comminatōre-*, «ameaçador»)

cominar *v.tr.* 1 ameaçar com pena ou castigo 2 assinalar (a pena) 3 impor pena a (Do lat. *comminăre* por *comminări*, «ameaçar com força»)

cominativo *adj.* que encerra cominação (Do lat. *comminatīvu-*, «ameaçador»)

cominatório *adj.* ⇒ **cominativo** (De *cominar+-tório*)

cominheiro *n.m.* 1 vendedor de cominhos 2 [fig.] o que se preocupa com bagatelas (De *cominho+-eiro*)

cominho *n.m.* 1 BOTÂNICA planta da família das Umbelíferas, cultivada em Portugal; alcaravia 2 *pl.* sementes dessa planta usadas como condimento (Do gr. *kýminon*, «id.»)

cominuição *n.f.* 1 ato ou efeito de cominuir; fragmentação 2 processo mecânico de reduzir à forma pulverulenta diversos materiais (De *cominuir+-ção*)

cominuir *v.tr.* dividir em bocadinhos; fragmentar (Do lat. *comminuĕre*, «fazer em pedaços»)

cominutivo *adj.* reduzido a fragmentos; esmigalhado (De *cominuir+-tivo*)

comirar *v.tr.* 1 mirar; examinar 2 olhar por (De *com-+mirar*)

com-irmão *adj.,n.m.* ⇒ **coirmão**

comiscar *v.tr.* comer pouco e amiúde (De *comer+-iscar*)

comiseração *n.f.* sentimento de piedade para com a infelicidade alheia; compaixão (Do lat. *commiseratiōne-*, «apelo à piedade»)

comiserador *adj.* 1 que inspira compaixão 2 que tem comiseração (De *comiserar+-dor*)

comiserar *v.tr.* inspirar comiseração, dó, compaixão a ■ *v.pron.* sentir compaixão; compadecer-se (Do lat. *commiserāre* por *commiserāri*, «lamentar»)

comiserativo *adj.* que inspira comiseração; comiserador (De *comiserar+-tivo*)

comissão *n.f.* 1 incumbência ou encargo 2 desempenho de funções que constituem emprego temporário 3 cargo temporário, dentro das funções próprias, mas em lugar diferente 4 gratificação dada por certo serviço 5 conjunto de pessoas encarregadas de tratar em comum de um assunto 6 ECONOMIA percentagem cobrada (por vendedores, corretores, etc.) sobre o valor dos negócios realizados ou do serviço prestado; *~ de trabalhadores* órgão constituído por trabalhadores de uma empresa, eleitos em plenário por voto direto e secreto, que tem por função o controlo da gestão da empresa e a defesa dos interesses dos trabalhadores; *~ eleitoral* órgão de carácter transitório que tem por objetivo propor e apoiar um ou mais candidatos ao exercício de funções governativas; *~ parlamentar de inquérito* conjunto de membros de órgãos legislativos, ou de especialistas numa determinada área, incumbido por uma assembleia parlamentar de realizar um inquérito que esclareça denúncias ou ocorrências suspeitas (Do lat. *commissiōne-*, «ação de confiar os jogos a alguém; representação»)

comissariado *n.m.* 1 cargo de comissário 2 repartição do comissário (De *comissário+-ado*)

comissariaria *n.f.* 1 funções do comissário 2 repartição do comissário (De *comissário+-aria*)

comissário *n.m.* 1 membro de uma comissão 2 pessoa que exerce temporariamente funções especiais de administração ou organização de um evento cultural 3 chefe da polícia de um distrito 4 oficial de bordo que trata da atividade administrativa do navio (Do lat. med. *commissarĭu-*, «comissário», pelo fr. *commissaire*, «id.»)

comissionado *adj.,n.m.* que ou aquele que exerce um cargo por comissão (Part. pass. de *comissionar*)

comissionar *v.tr.* 1 dar comissão a 2 encarregar provisoriamente de um serviço (Do fr. *commissionner*, «id.»)

comissionista *n.2g.* 1 pessoa que vende à comissão 2 indivíduo encarregado de comissão (De *comissionar+-ista*)

comisso *n.m.* DIREITO pena ou multa imposta a quem falta ao cumprimento de uma cláusula ou condição imposta por lei (Do lat. *commissu-*, «falta; delito»)

comissório *adj.* DIREITO diz-se de um ato cuja inexecução envolve a anulação de um contrato (Do lat. *commissorĭu-*, «id.»)

comissura *n.f.* 1 ponto ou linha de junção 2 sutura; fenda 3 abertura (Do lat. *commissūra-*, «união»)

comissural *adj.2g.* 1 da comissura 2 referente a comissura (De *comissura+-al*)

comissurante *adj.2g.* 1 que forma comissura 2 comissural (De *comissura+-ante*)

comitativo *adj.* 1 que acompanha 2 GRAMÁTICA diz-se da preposição que precede sempre os pronomes pessoais *migo, tigo, sigo, nosco* e *vosco* (Do lat. *comitātu-*, part. pass. de *comitāre*, «acompanhar» +*-ivo*)

comité *n.m.* junta ou comissão que delibera ou dirige por mandado de muitos; delegação (Do fr. *comité*, «id.»)

comitente *n.2g.* 1 o que dá comissão ou encargo 2 constituinte (Do lat. *committente-*, part. pres. de *committĕre*, «confiar»)

comitiva *n.f.* conjunto de pessoas que, por homenagem, acompanham alguém; séquito (Do lat. med. *comitīva*, «acompanhantes», de *comitāre*, «acompanhar»)

comitre *n.m.* [ant.] oficial que superintendia nos forçados das galés (Do lat. *comĭte-*, «companheiro», pelo it. ant. *còmite*, «comandante de galé»)

comível *adj.2g.* ⇒ **comestível** (De *comer+-vel*)

comme il faut *loc.adv.* bem apresentado; como convém; elegante; perfeito; sem falhas (Do fr. *comme il faut*)

como *conj.* **1** visto que; uma vez que; porque **2** conforme; consoante; de acordo com **3** na qualidade de; enquanto **4** do mesmo modo que ■ *adv.interr.* **1** de que maneira **2** quanto; a que ponto ■ *n.m.* a maneira por que (Do lat. *quomŏdo*, «de que modo»)

comoção *n.f.* **1** emoção forte; abalo; perturbação **2** sentimento de enternecimento **3** pesar **4** motim **5** desordem (Do lat. *commotiōne-*, «comoção»)

comocional *adj.2g.* que se refere a comoção ou que a denota (Do lat. *commotiōne-*, «comoção» + *-al*)

comocionar *v.tr.* ⇒ **comover** (Do lat. *commotiōne-*, «comoção» + *-ar*)

cómoda *n.f.* móvel com gavetas para guardar roupa e acessórios (De *cómodo*)

comodante *n.2g.* DIREITO pessoa que empresta gratuitamente a outra certa coisa, móvel ou imóvel, para que se sirva dela, com a obrigação de a restituir na data combinada (Do lat. *commodante-*, «id.», part. pres. de *commodāre*, «emprestar»)

comodatário *n.m.* DIREITO o que contrai empréstimo por comodato (Do lat. tard. *commodatarĭu-*, «id.»)

comodato *n.m.* DIREITO contrato gratuito pelo qual uma das partes entrega à outra certa coisa, móvel ou imóvel, para que se sirva dela, com a obrigação de a restituir na data combinada (Do lat. *commodātu-*, part. pass. de *commodāre*, «emprestar»)

comodidade *n.f.* **1** qualidade do que é cómodo **2** objeto cómodo **3** bem-estar; conforto **4** oportunidade **5** *pl.* facilidades que tornam a vida agradável (Do lat. *commoditāte-*, «id.»)

comodismo *n.m.* **1** atitude de quem privilegia o próprio bem-estar e conforto **2** comportamento de quem foge das dificuldades **3** [pej.] egoísmo (De *cómodo+-ismo*)

comodista *adj.2g.* **1** que aprecia muito as suas comodidades **2** [pej.] egoísta ■ *n.2g.* **1** pessoa que preza acima de tudo o seu bem-estar e as suas comodidades **2** pessoa que foge das dificuldades **3** [pej.] pessoa egoísta (De *cómodo+-ista*)

cómodo *adj.* **1** que é de uso fácil **2** adequado; próprio **3** favorável ■ *n.m.* **1** comodidade **2** emprego; ocupação **3** acomodação **4** compartimento; quarto (Do lat. *commŏdu-*, «cómodo; adequado»)

comodoro *n.m.* MILITAR posto de oficial general da Marinha, superior ao de capitão de mar e guerra e inferior ao de contra-almirante, e cuja insígnia é constituída por um galão largo ■ *n.2g.* MILITAR oficial que ocupa esse posto (Do ing. *commodore*, «id.», do neerl. *kommandeur*, «id.»)

comoração *n.f.* recurso estilístico que consiste na insistência de um orador num ponto importante do seu discurso (Do lat. *commoratiōne-*, «perseverança»)

comorante *adj.2g.* **1** que comora **2** coabitante (Do lat. *commorante-*, part. pres. de *commorāre*, «deter-se; insistir»)

comorar *v.tr.* **1** fazer comoração **2** coabitar (Do lat. *commorāre* por *commorāri*, «deter-se; insistir»)

comoriente *adj.2g.* que morre juntamente com outrem (Do lat. *commoriente-*, part. pres. de *commŏri*, «morrer com»)

cômoro *n.m.* **1** pequena elevação isolada de terreno; montículo **2** [regionalismo] parede de suporte de terreno em socalco **3** canteiro; alegrete (Do lat. *cumŭlu-*, «montão»)

comoso /ô/ *adj.* que tem coma ou a forma de coma; comado (Do lat. *comōsu-*, «cabeludo»)

comovedor *adj.* que comove; comovente (De *comover+-dor*)

comovente *adj.2g.* comovedor; impressionante (Do lat. *commovente-*, «id.», part. pres. de *commovēre*, «comover; excitar»)

comover *v.tr.* **1** enternecer ou impressionar alguém através de uma emoção; emocionar **2** afetar, causando uma adesão profunda ■ *v.intr.* causar comoção ■ *v.pron.* **1** sentir comoção **2** enternecer-se (Do lat. *commovēre*, «comover; excitar»)

comovidamente *adv.* com comoção (De *comovido+-mente*)

comovido *adj.* **1** enternecido **2** impressionado; emocionado **3** abalado (Part. pass. de *comover*)

compacidade *n.f.* ⇒ **compactidade**

compactação *n.f.* **1** consolidação forçada por ações mecânicas **2** INFORMÁTICA compressão (de ficheiros ou dados) (De *compactar+-ção*)

compactador *n.m.* espécie de pilão utilizado para tornar compacta a massa de cimento usada nas construções (De *compactar+-dor*)

compactar *v.tr.* **1** tornar compacto; comprimir; apertar; adensar **2** consolidar por ação mecânica **3** INFORMÁTICA converter ficheiros para um formato reversível que ocupa menos espaço num suporte de informação (disco duro, CD, DVD, pen, etc.) (De *compacto+-ar*)

compactas *n.f.pl.* TIPOGRAFIA caracteres tipográficos estreitos que permitem incluir muita matéria em espaço pequeno (De *compacto*)

compactidade *n.f.* qualidade ou estado do que é compacto; densidade (Do fr. *compacité*, «id.»)

compacto *adj.* **1** que tem as suas partes componentes muito unidas; comprimido; que é condensado **2** denso; espesso **3** INFORMÁTICA, MÚSICA diz-se do disco de pequenas dimensões, mas de grande capacidade, cuja leitura se faz por sistema ótico ■ *n.m.* **1** (televisão, rádio) transmissão de um resumo contendo os melhores momentos de um conjunto de programas previamente difundidos **2** (televisão, rádio) transmissão em bloco de um conjunto de episódios previamente difundidos (Do lat. *compactu-*, «id.», part. pass. de *compingĕre*, «juntar; reunir»)

compactuar *v.tr.* pactuar juntamente com outrem (De *com-+pactuar*)

compadecedor *adj.* **1** que se compadece **2** que desperta a compaixão; sofredor ■ *n.m.* **1** aquele que se compadece **2** sofredor (De *compadecer+-dor*)

compadecer *v.tr.* **1** despertar a compaixão de; comover **2** suportar; tolerar ■ *v.pron.* **1** sentir compaixão ou pena de; apiedar-se **2** ser compatível; harmonizar-se (De *com-+padecer*)

compadecido *adj.* **1** que sente o sofrimento alheio **2** condoído; apiedado (Part. pass. de *compadecer*)

compadecimento *n.m.* ato de compadecer-se; compaixão (De *compadecer+-mento*)

compadrado *n.m.* **1** parentesco entre compadres; compadrio **2** aliança ■ *adj.* tornado compadre (Part. pass. de *compadrar*)

compadrar *v.tr.* tornar compadre ■ *v.intr.* **1** contrair compadrado **2** [fig.] relacionar-se intimamente (De *compadre+-ar*)

compadre *n.m.* (*feminino* **comadre**) **1** padrinho (em relação ao pai, à mãe e à madrinha de um recém-nascido) **2** pai do recém-nascido em relação aos padrinhos **3** amigo conivente **4** parceiro **5** principal protagonista de revista teatral, vulgarmente designado pelo francês *compère* (Do lat. *compatre-*, «o que é pai juntamente»)

compadrear *v.intr.* fazer o papel de compadre em revistas teatrais (De *compadre+-ear*)

compadresco /ê/ *adj.* relativo às relações entre compadres (De *compadre+-esco*)

compadrice *n.f.* ⇒ **compadrio** (De *compadre+-ice*)

compadrio *n.m.* **1** parentesco entre compadres **2** [fig.] intimidade; proteção exagerada; favoritismo **3** [fig.] conivência (De *compadre+-io*)

compaginação *n.f.* **1** ato de compaginar **2** formação da folha tipográfica **3** união; conexão (Do lat. *compaginatiōne-*, «id.»)

compaginador *n.m.* aquele que compagina (De *compaginar+-dor*)

compaginar *v.tr.* **1** meter em página (composição a granel) **2** [fig.] ligar intimamente; unir ■ *v.pron.* formar-se em camadas envolventes (Do lat. *compagināre*, «juntar; reunir»)

compaixão *n.f.* **1** dor que nos causa o mal alheio **2** comiseração; dó; pesar; piedade (Do lat. *compassiōne-*, «sofrimento comum»)

companha *n.f.* **1** tripulação de navio ou barco de pesca **2** associação de pescadores **3** companhia (Do lat. vulg. **companĭa-*, «id.», de *panis*, «pão» com o sentido de «ação de comer do mesmo pão»)

companheirão *n.m.* bom companheiro (De *companheiro+-ão*)

companheirismo *n.m.* lealdade entre companheiros; camaradagem (De *companheiro+-ismo*)

companheiro *adj.* que acompanha ■ *n.m.* **1** aquele que acompanha **2** camarada; parceiro **3** colega **4** sócio **5** pessoa com quem se vive maritalmente ou em união de facto **6** coisa que anda naturalmente ligada a outra (De *companha+-eiro*)

companhia *n.f.* **1** ato de acompanhar **2** grupo de indivíduos que convivem ou se reúnem para um fim comum **3** comitiva **4** convivência **5** trato íntimo **6** sociedade fundada por acionistas **7** pessoal artístico de um teatro **8** MILITAR subunidade de nível inferior ao batalhão, normalmente comandada por um capitão; *em boa companhia* junto com uma ou mais pessoas agradáveis, interessantes ou de quem se gosta (De *companha+-ia*)

cômpar *adj.2g.* **1** que está a par de outro **2** igual **3** semelhante (Do lat. *compăre-*, «igual; semelhante»)

comparabilidade *n.f.* qualidade do que é comparável (Do lat. *comparabĭle-*, «comparável» + *-i-+-dade*)

comparação *n.f.* **1** ato de examinar conjuntamente dois objetos, elementos, etc., para procurar as diferenças e semelhanças ou fazer um juízo de valor **2** confronto **3** figura de retórica que estabelece uma relação de analogia entre dois termos (Do lat. *comparatiōne-*, «id.»)

comparado

comparado *adj.* 1 confrontado 2 semelhante; parecido (Do lat. *comparātu-*, part. pass. de *comparāre*, «aprontar; preparar»)

comparador *n.m.* 1 o que compara 2 instrumento para comparar com elevada precisão as dimensões de um corpo com um padrão (Do lat. *comparatōre-*, «o que compara»)

comparança *n.f.* [pop.] ⇒ **comparação** (De *comparar+-ança*)

comparar *v.tr.* 1 examinar simultaneamente duas ou mais coisas para lhes determinar as semelhanças, as diferenças ou as relações; confrontar; cotejar 2 achar semelhante ou igual ■ *v.pron.* igualar-se; assemelhar-se (Do lat. *comparāre*, «id.»)

comparativamente *adv.* em comparação; de modo comparativo; analogamente (De *comparativo+-mente*)

comparativo *adj.* 1 que estabelece ou serve para estabelecer comparação 2 GRAMÁTICA diz-se da conjunção subordinativa ou oração subordinada que estabelece uma comparação ■ *n.m.* 1 GRAMÁTICA grau do adjetivo ou do advérbio usado para estabelecer uma comparação que pode indicar igualdade, superioridade ou inferioridade 2 GRAMÁTICA forma linguística que exprime esse grau (Do lat. *comparatīvu-*, «que serve para comparar»)

comparável *adj.2g.* que se pode comparar; semelhante; igual (Do lat. *comparabĭle-*, «id.»)

comparecência *n.f.* ⇒ **comparência** (De *comparecer+-ência*)

comparecente *adj.2g.* que comparece; presente (De *comparecer+-ente*)

comparecer *v.tr.,intr.* apresentar-se pessoalmente ou por procurador em lugar determinado ■ *v.intr.* estar presente (Do lat. vulg. *comparescĕre*, freq. de *comparēre*, «aparecer»)

comparecimento *n.m.* ato de comparecer; comparência (De *comparecer+-mento*)

comparência *n.f.* 1 ato de comparecer; comparecimento 2 presença em lugar aprazado (Do lat. *comparentĭa*, part. pres. neut. pl. de *comparēre*, «aparecer»)

comparoquiano *n.m.* aquele que, com outro ou outros, faz parte da mesma paróquia (De *com-+paroquiano*)

comparsa *n.2g.* 1 pessoa que, numa peça teatral, nada diz, ou representa um papel de pouca importância 2 indivíduo que toma parte insignificante em qualquer ato 3 pessoa que acompanha a atuação de outrem silenciosamente 4 [fig.] pessoa conivente num ato; cúmplice (Do it. *comparsa*, «ator que apenas comparece»)

comparsaria *n.f.* 1 conjunto dos comparsas 2 qualidade de comparsa (De *comparsa+-aria*)

comparte *adj.,n.2g.* que ou a pessoa que toma parte em algum ato; cúmplice; parceiro; participante (De *com-+parte*)

compartição *n.f.* ato ou efeito de compartir; repartição (De *compartir+-ção*)

comparticipação *n.f.* 1 ato de comparticipar 2 participação com outrem (Do lat. tard. *comparticipatiōne-*, «id.»)

comparticipado *adj.* que recebe ajuda financeira estatal (Part. pass. de *comparticipar*)

comparticipante *adj.2g.* que participa juntamente com outrem (De *comparticipar+-ante*)

comparticipar *v.tr.* 1 tomar parte juntamente com outros 2 compartilhar os custos ou lucros; quinhoar (Do lat. tard. *comparticipāre*, «id.»)

comparticipável *adj.2g.* que pode ser comparticipado

compartícipe *adj.2g.* que tem participação com outrem (Do lat. tard. *participĭpe-*, «id.»)

compartilha *n.f.* 1 partilha entre várias pessoas 2 comparticipação (Deriv. regr. de *compartilhar*)

compartilhador *adj.,n.m.* 1 que ou o que compartilha 2 comparticipante (De *compartilhar+-dor*)

compartilhante *adj.,n.2g.* ⇒ **compartilhador**

compartilhar *v.tr.* 1 tomar parte em 2 partilhar com; quinhoar (De *com-+partilhar*)

compartimentação *n.f.* ato de compartimentar; divisão em compartimentos (De *compartimentar+-ção*)

compartimentar *v.tr.* 1 dividir em compartimentos 2 juntar no mesmo compartimento 3 reunir para o mesmo fim (De *compartimento+-ar*)

compartimento *n.m.* 1 divisão criada num espaço para alojar pessoas ou guardar coisas 2 divisão fechada de uma carruagem de comboio 3 subdivisão de uma superfície em formas regulares (De *compartir+-mento*)

compartir *v.tr.* 1 dividir em compartimentos 2 dividir por si e por outros; compartilhar (Do lat. tard. *compartīre*, por *compartīri*, «dividir com»)

compáscuo *n.m.* 1 pasto comum 2 direito de utilizar um pasto comum (Do lat. *compascŭu-*, «relativo a pasto comum»)

compassadamente *adv.* de modo compassado; devagar (De *compassado+-mente*)

compassado *adj.* 1 feito ou medido a compasso 2 separado por intervalos iguais 3 executado a compasso; cadenciado (Part. pass. de *compassar*)

compassageiro *n.m.* pessoa que viaja com outra ou outras (De *com-+passageiro*)

compassar *v.tr.* 1 medir a compasso 2 calcular 3 regular o passo; espacejar; cadenciar 4 tornar lento ■ *v.pron.* moderar-se (De *compasso+-ar*)

compassível *adj.2g.* 1 que se compadece facilmente 2 sensível (Do lat. *compassibĭle-*, «que sofre com»)

compassividade *n.f.* qualidade de quem é compassivo (De *compassivo+-i-+-dade*)

compassivo *adj.* que tem compaixão; compadecido; bondoso (Do lat. *compassīvu-*, «id.», de *compăti*, «sofrer com»)

compasso *n.m.* 1 instrumento composto de duas hastes articuladas que serve para traçar circunferências, arcos de círculo e tomar medidas 2 MÚSICA divisão do tempo em duas, três ou quatro partes iguais, chamadas tempos 3 visita do padre às residências dos paroquianos, na Páscoa 4 [fig.] movimento regular ou cadenciado 5 [fig.] medida; regra 6 [pop.] bússola; ~ *de espera* pausa, intervalo; *a* ~ com ritmo certo, acertadamente (Do fr. *compas*, «id.»)

compaternidade *n.f.* parte que se tem com outrem numa autoria (De *com-+paternidade*)

compatibilidade *n.f.* 1 qualidade do que é compatível 2 possibilidade de acumular empregos ou funções (Do fr. *compatibilité*, «id.»)

compatibilizar *v.tr.* tornar compatível; conciliar (Do lat. *compatibĭle-*, de *sofrer com» +-izar*)

compatível *adj.2g.* 1 que pode existir conjuntamente com outro ou outros; conciliável 2 MATEMÁTICA diz-se de um sistema de equações que admite, pelo menos, uma solução comum (Do lat. *compatibĭle-*, de *compăti*, «sofrer com», pelo fr. *compatible*)

compatrício *n.m.* aquele que é da mesma pátria ou tem a mesma naturalidade; compatriota (De *com-+patrício*)

compatriota *adj.,n.2g.* que ou a pessoa que tem a mesma pátria (Do lat. *compatriōta-*, do lat. *cum*, «com» +gr. *patriótes*, «do mesmo país»)

compelação *n.f.* ato de chamar a juízo; acusação (Do lat. *compellatiōne-*, «repreensão»)

compelativo *adj.* diz-se da palavra ou frase com que, num discurso, o orador interpela ou chama a atenção de alguém (Do lat. *compellāre*, «dirigir a palavra a; acusar» +-*tivo*)

compelido *adj.* 1 que é obrigado; forçado 2 empurrado ■ *n.m.* indivíduo com menos de 45 anos, que, faltando à junta de recenseamento, esteja ou não recenseado militarmente, falta também ao ato de incorporação (Part. pass. subst. de *compelir*)

compelir *v.tr.* 1 constranger a fazer alguma coisa; forçar; obrigar 2 empurrar (Do lat. *compellĕre*, «impelir; obrigar; forçar»)

compendiador *n.m.* aquele que compendia (De *compendiar+-dor*)

compendiar *v.tr.* 1 reduzir a compêndio 2 consubstanciar 3 abreviar 4 compilar (Do lat. *compendiāre*, «abreviar»)

compêndio *n.m.* 1 resumo; síntese; epítome 2 sumário 3 livro de texto para as escolas (Do lat. *compendĭu-*, «id.»)

compendioso /ô/ *adj.* 1 reduzido ao indispensável; resumido; abreviado 2 em forma de compêndio (Do lat. *compendiōsu-*, «vantajoso»)

compenetração *n.f.* 1 ato de compenetrar 2 convicção íntima (De *compenetrar+-ção*)

compenetradamente *adv.* com convicção (De *compenetrado+-mente*)

compenetrado *adj.* 1 em que há compenetração 2 convencido; persuadido (Part. pass. de *compenetrar*)

compenetrar *v.tr.* 1 fazer penetrar bem 2 convencer profundamente 3 arreigar ■ *v.pron.* 1 compreender perfeitamente 2 convencer-se (De *com-+penetrar*)

compensação *n.f.* 1 ato ou efeito de compensar ou igualar; igualdade 2 neutralização dos efeitos de algo negativo com ação ou medida positiva 3 vantagem; ganho; lucro 4 reparação por um prejuízo ou uma perda; indemnização 5 ECONOMIA processo de regularização de dívidas recíprocas entre dois agentes económicos que consiste em anular a parte comum dos montantes em dívida, restringindo o pagamento ao valor líquido do saldo; *mecanismo de* ~ PSICOLOGIA processo psicológico que leva certos indivíduos a compensarem inferioridades físicas ou psíquicas pela procura de uma satisfação suplementar ou desenvolvendo, mediante grande persistência, a função deficitária (Do lat. *compensatiōne*-, «ação de compensar»)

compensacionismo *n.m.* sistema moral que considera lícito não observar uma lei duvidosa, mesmo contra uma opinião mais forte em favor da lei contrária (Do lat. *compensatiōne*-+-*ismo*)

compensador *adj.* 1 que compensa 2 que constitui uma recompensa ou satisfação que anula algo de penoso ou difícil 3 que traz vantagens ou benefícios ■ *n.m.* 1 o que compensa ou contrabalança 2 aparelho que serve para compensar, equilibrar ou anular ações, efeitos ou influências; ~ **óptico** FÍSICA instrumento que serve para medir a diferença de fase entre as componentes de luz polarizada elipticamente (De *compensar*+-*dor*)

compensar *v.tr.* 1 tornar neutros os efeitos de (algo negativo) com ação ou medida positiva; contrabalançar 2 constituir uma recompensa ou satisfação que anula algo de penoso ou difícil 3 reparar o mal ou prejuízo feito a (outrem); indemnizar 4 trazer vantagens; valer a pena ■ *v.pron.* contrabalançar-se; equilibrar-se (Do lat. *compensāre*, «pesar uma coisa com outra; compensar»)

compensativo *adj.* que serve de compensação (Do lat. *compensatīvu*-, «id.»)

compensatório *adj.* 1 que envolve compensação 2 que serve para compensar; compensativo (Do lat. *compensatorĭu-, «id.»)

compensável *adj.2g.* que pode ou deve ser compensado (Do lat. *compensabĭle-, «id.»)

competência *n.f.* 1 qualidade de quem é capaz de resolver determinados problemas ou de exercer determinadas funções; aptidão 2 capacidade que uma pessoa tem para avaliar (algo ou alguém); idoneidade 3 área de atividade; atribuição; alçada 4 [coloq.] pessoa competente; notabilidade 5 DIREITO conjunto de regras que estabelecem qual o tribunal que deve julgar uma causa 6 LINGUÍSTICA conhecimento adquirido e inconsciente das regras da língua, graças ao qual o sujeito falante é capaz de construir, reconhecer e compreender um número infinito de frases gramaticais; ~ *legislativa* poder de fazer leis; *ser da ~ de* ser da responsabilidade de (Do lat. *competentĭa*-, «proporção», pelo fr. *compétence*, «competência»)

competente *adj.2g.* 1 DIREITO que tem competência legal para tomar conhecimento de uma matéria e julgá-la 2 apto 3 capaz; qualificado 4 próprio 5 devido (Do lat. *competente*-, «id.», part. pres. de *competĕre*, «convir; coincidir»)

competição *n.f.* 1 disputa entre adversários pelo mesmo lugar, resultado, prémio ou vantagem 2 concorrência; rivalidade 3 luta; desafio 4 prova desportiva (Do lat. *competitiōne*-, «id.»)

competidor *adj.,n.m.* 1 que ou o que compete 2 antagonista 3 adversário; rival (Do lat. *competitōre*-, «concorrente»)

competir *v.intr.* concorrer com outrem na mesma pretensão; rivalizar; disputar ■ *v.tr.* ser de direito; ser das atribuições de alguém 2 cumprir (Do lat. *competĕre*, «encontrar-se no mesmo sítio; coincidir»)

competitividade *n.f.* 1 qualidade de competitivo 2 ECONOMIA capacidade de um produto, de uma empresa ou economia para manter ou aumentar as suas quotas de mercado (De *competitivo*+-*i*-+-*dade*)

competitivo *adj.* 1 relativo a competição 2 que compete 3 que faz competição 4 competidor 5 (preço, mercadoria) que suporta a competição (De *competir*+-*tivo*)

compilação *n.f.* 1 ato ou efeito de compilar 2 reunião de textos sobre um determinado assunto 3 INFORMÁTICA operação realizada por um compilador (Do lat. *compilatiōne*-, «id.»)

compilador *n.m.* 1 aquele que compila 2 INFORMÁTICA programa que transforma uma linguagem de alto nível em linguagem de máquina (Do ing. *compiler*, pelo lat. *compilatōre*-, «id.»)

compilar *v.tr.* 1 coligir 2 reunir documentos, leis, escritos de vária procedência, sobre o mesmo assunto 3 INFORMÁTICA traduzir uma linguagem de programação para uma linguagem máquina que o computador entende (Do lat. *compilāre*, «compilar; roubar»)

compilatório *adj.* relativo a compilação (De *compilar*+-*tório*)

compincha *n.2g.* [coloq.] pessoa com quem se tem amizade; companheiro; camarada (De orig. obsc.)

compita *n.f.* 1 rivalidade 2 competência; *à ~* à porfia (Do lat. *compĭta*, neut. pl. de *compĭtum*, «encruzilhada»)

cômpito¹ *n.m.* ponto de concorrência de vários caminhos; encruzilhada (Do lat. *compĭtu*-, «encruzilhada»)

cômpito² *n.m.* [regionalismo] medida (Por *cômputo*)

complacência *n.f.* 1 disposição do ato de comprazer 2 benignidade 3 benevolência; condescendência 4 agrado 5 apreciação lisonjeira (Do lat. *complacentĭa*-, «complacência; agrado»)

complacente *adj.2g.* 1 que tem ou usa de complacência; benévolo 2 obsequioso (Do lat. *complacente*-, part. pres. de *complacēre*, «agradar»)

complacentemente *adv.* com complacência; com agrado; com compreensão (De *complacente*+-*mente*)

complanação *n.f.* ato de complanar; nivelamento (Do lat. *complanatiōne*-, «ação de aplanar»)

complanar *v.tr.* 1 pôr ao nível de 2 nivelar 3 tornar plano; aplanar ■ *v.pron.* 1 nivelar-se 2 estender-se por uma superfície plana que existe com outras no mesmo plano (Do lat. *complanāre*, «aplanar»)

complectível *adj.2g.* que pode ser abrangido ou abraçado (Do lat. *complectibĭle-, «id.», de *complectĕre*, «abarcar; apanhar»)

complectivo *adj.* que abrange, cobre ou abraça o que lhe fica no interior (Do lat. *complectīvu-, «id.», de *complectĕre*, «abarcar»)

compleição *n.f.* 1 conjunto dos elementos que constituem o corpo humano; constituição física 2 disposição de ânimo; temperamento 3 organização (Do lat. *complexiōne*-, «combinação»)

compleicionado *adj.* que tem certa compleição (De *compleição*+-*ado*)

compleicional *adj.2g.* que diz respeito a compleição (De *compleição*+-*al*)

compleiçoado *adj.* ⇒ **compleicionado** (De *compleição*+-*ado*)

complementar¹ *adj.2g.* 1 que completa 2 que é ou serve de complemento 3 relativo a complemento 4 que se segue ao elementar; *ângulos complementares* GEOMETRIA dizem-se complementares (um do outro) dois ângulos cuja soma é um ângulo reto; *cores complementares* duas cores espetrais puras que, quando misturadas em proporções apropriadas, dão a cor branca (De *complemento*+-*ar*, suf. nominal)

complementar² *v.tr.,pron.* dar ou receber como complemento; tornar(-se) completo (De *complemento*+-*ar*, suf. verbal)

complementaridade *n.f.* 1 qualidade de complementar 2 subsidiariedade; reforço; apoio 3 corroboração (De *complementar*+-*i*-+-*dade*)

complementário *adj.* ⇒ **complementar**¹ (De *complemento*+-*ário*)

complementarmente *adv.* como complementar; de modo complementar (De *complementar*+-*mente*)

complemento *n.m.* 1 ato de completar 2 o que complementa ou completa; suplemento 3 acabamento; remate 4 GRAMÁTICA função sintática desempenhada por um palavra ou expressão que completa o sentido de outra; ~ *aritmético de um número* MATEMÁTICA diferença entre esse número e a unidade decimal imediatamente superior; ~ *circunstancial* segundo a gramática tradicional, palavra ou expressão que indica uma circunstância da ação (lugar, tempo, etc.) expressa pelo verbo (na nova terminologia, o complemento circunstancial passou a ser designado de outras formas); ~ *de um ângulo (agudo)* GEOMETRIA ângulo cuja amplitude é a diferença entre a amplitude desse ângulo e a amplitude do ângulo reto; ~ *direto* GRAMÁTICA função sintática desempenhada pelo constituinte que completa o sentido de um verbo e que pode ser um grupo nominal substituível pelo pronome pessoal «o», ou uma oração subordinada substantiva substituível pelo pronome demonstrativo «o»; ~ *do nome* LINGUÍSTICA função sintática desempenhada pelo constituinte exigido pelo nome e que surge à sua direita; ~ *indireto* GRAMÁTICA função sintática desempenhada pelo constituinte que completa o sentido de um verbo, sendo um grupo preposicional substituível pelo pronome pessoal «lhe/lhes»; ~ *oblíquo* LINGUÍSTICA função sintática desempenhada pelo constituinte que completa o sentido de um verbo e que pode ser um grupo preposicional não substituível pelo pronome pessoal «lhe/lhes», um grupo adverbial ou a coordenação destes dois grupos (Do lat. *complementu*-, «id.»)

complente *adj.2g.* 1 [ant.] dizia-se da maré cheia 2 [ant.] que enche; que enfarta

completação *n.f.* ato de completar (De *completar*+-*ção*)

completamente *adv.* 1 totalmente 2 absolutamente 3 na totalidade (De *completo*+-*mente*)

completamento *n.m.* ⇒ **completação** (De *completar*+-*mento*)

completar *v.tr.* 1 tornar completo 2 rematar; concluir; acabar 3 preencher (De *completo*+-*ar*)

completas *n.f.pl.* RELIGIÃO (catolicismo) hora canónica do breviário que termina o ofício do dia (Do lat. ecl. *completas (horas)*, «id.»)

completitude *n.f.* qualidade do que é completo (De *completo*+-*i*-+-*tude*)

completivo *adj.* 1 que completa 2 que serve de complemento 3 GRAMÁTICA diz-se da oração subordinada que completa o sentido de um verbo, nome ou adjetivo 4 GRAMÁTICA diz-se da conjunção

completo

subordinativa que introduz esta oração subordinada (Do lat. *completīvu-*, «id.»)

completo *adj.* 1 a que não falta nenhum dos seus elementos; integral 2 que não tem lacunas; inteiro; total; perfeito 3 que foi inteiramente realizado ou concluído; terminado 4 cumprido; satisfeito 5 que não tem mais espaço disponível; cheio; preenchido ■ *n.m.* 1 o total 2 fato inteiro (casaco, colete e calças) (Do lat. *complētu-*, «completo»)

completório *n.m.* 1 ⇒ **completas** 2 [pop.] fim; termo (De *completa(s)+-ório*)

completude *n.f.* qualidade ou estado do que é completo (De *completo+-ude*)

complexado *adj.* PSICOLOGIA que tem complexos; que tem exagerada falta de confiança em si mesmo; inibido ■ *n.m.* o que tem complexos (De *complexo+-ado*)

complexão *n.f.* 1 união; conjunto; encadeamento 2 conjunto dos elementos que constituem o corpo humano; constituição (Do lat. *complexiōne-*, «combinação»)

complexidade *n.f.* 1 qualidade do que é complexo 2 existência, numa determinada situação ou problema, de uma multiplicidade de dados ou elementos que estabelecem relações intrincadas (De *complexo+-i-+-dade*)

complexidão *n.f.* ⇒ **complexidade** (De *complexo+-idão*)

complexificação *n.f.* ato ou efeito de tornar (mais) complexo

complexificar *v.tr.* tornar (mais) complexo ■ *v.pron.* tornar-se (mais) complexo

complexo *adj.* 1 composto por diversos elementos inter-relacionados 2 que abrange ou encerra várias coisas ou ideias 3 que pode ser considerado de vários pontos de vista 4 complicado; intricado 5 confuso; obscuro 6 ANATOMIA designativo de qualquer dos músculos pares da região cervical, extensores da cabeça 7 MATEMÁTICA (número) que consta de uma parte real e de outra imaginária 8 LINGUÍSTICA diz-se da palavra formada por derivação ou por composição ■ *n.m.* 1 conjunto de coisas, factos, circunstâncias que têm relação entre si 2 construção formada por numerosos elementos interligados que funcionam como um todo 3 MATEMÁTICA elemento do conjunto dos pares ordenados de números reais, munido de duas leis operatórias, de modo a englobar o conjunto dos números reais de forma compatível 4 QUÍMICA composto no qual moléculas ou iões formam ligações de coordenação com um átomo ou ião de metal 5 PSICOLOGIA conjunto de sentimentos, ideias e impulsos interligados, geralmente inconscientes e adquiridos na infância, e que, fazendo parte da personalidade do indivíduo, determinam, por vezes, o seu comportamento; ~ *de culpa* sentimento pelo qual uma pessoa se sente culpada, quer o seja realmente ou não; ~ *de Édipo* PSICOLOGIA atração de um rapaz em relação à mãe que provoca uma rivalidade hostil em relação ao pai; ~ *de Electra* PSICOLOGIA atração de uma rapariga em relação ao pai que provoca uma rivalidade hostil em relação à mãe; ~ *de Golgi* CITOLOGIA sistema citoplasmático constituído por sáculos achatados, dispersos no hialoplasma, que desempenha diversas funções, entre as quais a secreção celular; ~ *de inferioridade* PSICOLOGIA complexo resultante do sentimento de inferioridade experimentado perante os outros ou em face de uma situação nova; ~ *de superioridade* PSICOLOGIA complexo que se funda na convicção exagerada da própria superioridade; ~ *verbal* GRAMÁTICA sequência de verbos em que apenas um é o principal e os outros são auxiliares; *ter complexos* ter exagerada falta de confiança em si mesmo (Do lat. *complexu-*, «entrelaçado»)

complexo desportivo *n.m.* conjunto de instalações para a prática de desporto que inclui recintos desportivos, balneários, piscinas, etc.

complexo industrial *n.m.* grande conjunto de instalações industriais em área restrita, tendo como centro de interesse uma indústria de base

complicação *n.f.* 1 ato ou efeito de complicar 2 dificuldade; impedimento 3 confusão; embaraço 4 MEDICINA facto ou processo patológico que se verifica durante a evolução de uma doença, agravando-a (Do lat. *complicatiōne-*, «ação de dobrar»)

complicado *adj.* 1 que encerra complicações; difícil de resolver 2 entrelaçado (Do lat. *complicātu-*, «enrolado»)

complicador *adj.* que complica (De *complicar+-dor*)

complicar *v.tr.* 1 tornar complexo ou difícil de entender; confundir 2 embaraçar; misturar 3 dificultar ■ *v.pron.* 1 tornar-se difícil ou confuso 2 agravar-se; piorar (Do lat. *complicāre*, «dobrar; multiplicar»)

complô *n.m.* 1 projeto secreto contra uma pessoa ou instituição; conspiração; conjuração 2 maquinação; trama (Do fr. *complot*, «id.»)

complot *n.m.* ⇒ **complô** (Do fr. *complot*, «id.»)

complúvio *n.m.* espécie de cisterna, no interior das habitações romanas, para receber as águas das chuvas (Do lat. *compluvĭu-*, «id.»)

componedor *n.m.* TIPOGRAFIA utensílio sobre o qual um tipógrafo dispõe os caracteres com que vai formando as linhas da composição (Do cast. *componedor*, «id.»)

componenda *n.f.* convenção com a Cúria Romana sobre o que se há de pagar por concessão de licenças ou provisões (Do lat. *componenda*, «aquilo que deve ser composto, fixado ou decidido», ger. neut. pl. de *componěre*, «compor; fixar; decidir»)

componente *adj.2g.* que compõe ou entra na composição de alguma coisa ■ *n.m./f.* 1 aquilo que compõe ou entra na composição de alguma coisa 2 QUÍMICA variável química independente que faz parte de um sistema 3 ELETRICIDADE dispositivo que integra um circuito eletrónico (Do lat. *componente-*, part. pres. de *componěre*, «compor; dispor»)

componível *adj.2g.* que se pode compor (Do lat. **componibĭle-*, «id.»)

compor *v.tr.* 1 formar de várias coisas uma só 2 formar; fazer parte de 3 fazer; produzir; escrever (obra) 4 MÚSICA criar (composição, peça) por meio de notação musical 5 coordenar 6 arranjar; consertar 7 [fig.] harmonizar; conciliar 8 TIPOGRAFIA dispor os caracteres tipográficos ■ *v.pron.* 1 ser formado de; constituir-se de 2 arranjar-se 3 conformar-se 4 harmonizar-se (Do lat. *componěre*, «compor; dispor»)

comporta *n.f.* 1 porta móvel que retém ou liberta a água de uma represa, barragem, dique ou canal 2 portinhola de lagar de vinho 3 porta corrediça na traseira dos carros rurais (Deriv. regr. de *comportar*)

comportado *adj.* 1 que tem bom comportamento ou procedimento 2 contido (Do lat. *comportātu-*, part. pass. de *comportāre*, «acumular; reunir»)

comportamental *adj.2g.* 1 do comportamento 2 relativo ao comportamento (De *comportamento+-al*)

comportamentalismo *n.m.* PSICOLOGIA ⇒ **behaviourismo** (De *comportamental+-ismo*)

comportamento *n.m.* 1 maneira de se comportar; atitude; procedimento 2 PSICOLOGIA reação de um indivíduo ou animal perante uma situação ou conjunto de estímulos (De *comportar+-mento*)

comportar *v.tr.* 1 permitir; suportar; admitir 2 conter em si 3 ser composto de; compreender; abranger 4 sofrer ■ *v.pron.* 1 proceder; portar-se 2 funcionar; reagir (De *comportāre*, «acumular; reunir»)

comportável *adj.2g.* 1 que pode ser comportado 2 admissível; tolerável 3 compatível (De *comportar+-vel*)

composição *n.f.* 1 ato ou efeito de compor 2 forma como os elementos de um todo se organizam; organização; disposição 3 todo resultante da disposição das partes componentes; combinação 4 aquilo de que uma coisa é constituída; estrutura 5 produção literária, artística ou científica 6 exercício escolar que consiste em escrever um texto sobre um tema proposto; redação 7 MÚSICA arte de compor 8 MÚSICA obra musical 9 TIPOGRAFIA ação de compor uma obra para impressão 10 TIPOGRAFIA processo de compor uma obra 11 GRAMÁTICA processo de formação de palavras em que se juntam duas ou mais palavras ou radicais 12 QUÍMICA proporção em que os elementos se combinam para formar um composto 13 MATEMÁTICA função que resulta da aplicação ordenada de uma outra função ao resultado da primeira; *lei de* ~ MATEMÁTICA designação genérica de qualquer processo que a cada par ordenado de elementos de um conjunto associa determinado elemento do mesmo ou de outro conjunto; ~ *morfológica* LINGUÍSTICA processo de formação de palavras em que se junta um radical a outro(s) radical(is) ou a uma ou mais palavras; ~ *morfossintática* LINGUÍSTICA processo de formação de palavras em que se juntam duas ou mais palavras (Do lat. *compositiōne-*, «ação de juntar; composição; arranjo»)

composicional *adj.2g.* LINGUÍSTICA diz-se da expressão complexa cujos constituintes são separáveis a nível de sentido e não formam uma unidade lexical

compositivo *adj.* 1 relativo à composição 2 próprio para compor (Do lat. **compositīvu-*, «id.»)

compósito *adj.* 1 mesclado; heterogéneo 2 que tem diversas utilidades 3 ARQUITETURA na arquitetura romana, designativo da ordem também denominada triunfal, constituída por elementos das ordens jónica e coríntia e caracterizada pela riqueza decorativa

■ *n.m.* [téc.] material constituído pela mistura de duas ou mais substâncias (Do lat. *composĭtu-*, «composto»)

compositor *n.m.* **1** aquele que compõe **2** MÚSICA pessoa que escreve música **3** TIPOGRAFIA pessoa que executa ou dirige as atividades de impressão **4** DIREITO árbitro de uma questão (Do lat. *compositōre-*, «o que põe em ordem; compositor», pelo it. *compositore*, «id.»)

compossessor *n.m.* aquele que possui alguma coisa ou tem algum direito juntamente com outrem (Do lat. *compossessōre-*, «coproprietário»)

compossuidor *n.m.* ⇒ **compossessor** (De *com-*+*possuidor*)

composta *n.f.* BOTÂNICA espécime das Compostas

compostagem *n.f.* BIOLOGIA processo biológico através do qual a matéria orgânica constituinte do lixo é transformada, pela ação de microrganismos existentes no próprio lixo, em material estável e utilizável na preparação de húmus (Do fr. *compostage*, «humificação», de *compost*, «humo»)

Compostas *n.f.pl.* BOTÂNICA família de plantas geralmente herbáceas ou arbustivas, com inflorescência em capítulo e folhas alternas, que inclui milhares de espécies espontâneas ou cultivadas; Asteráceas (De *composto*)

compostelano *adj.* relativo à cidade espanhola de Santiago de Compostela ■ *n.m.* natural ou habitante desta cidade (De *Compostela*, top. +*-ano*)

composto /ô/ *adj.* **1** formado por dois ou mais elementos; constituído **2** arrumado; ordenado **3** arranjado; consertado **4** [fig.] circunspecto; sóbrio **5** [fig.] modesto; recatado **6** [fig.] conciliado; ajeitado **7** GRAMÁTICA diz-se da palavra formada pela junção de radicais ou de um radical a uma ou mais palavras, ou ainda pela associação de duas ou mais palavras **8** GRAMÁTICA diz-se do tempo verbal formado por um verbo auxiliar flexionado e o particípio passado do verbo principal **9** GRAMÁTICA diz-se do período que é constituído por mais de uma oração **10** BOTÂNICA relativo às Compostas ■ *n.m.* **1** todo formado pela reunião de vários elementos heterogéneos; combinação **2** conjunto; todo **3** QUÍMICA substância homogénea formada pela combinação de vários elementos químicos em proporções fixas, e que não podem ser separados por meios físicos **4** GRAMÁTICA palavra formada pela junção de radicais ou de um radical a uma ou mais palavras, ou ainda pela associação de duas ou mais palavras (Do lat. *composĭtu-*, «id.», part. pass. de *componĕre*, «compor; reunir»)

compostura *n.f.* **1** arranjo; conserto **2** atitude; porte; comedimento **3** maneira de vestir; vestuário **4** composição; constituição **5** mistura (Do lat. *compositūra-*, «nexo»)

compota *n.f.* CULINÁRIA fruta cozida com um adoçante, frutose ou outro tipo de aditivo que ajuda à sua conservação (Do lat. *composĭta-*, part. pass. fem. de *componĕre*, «reunir; compor», pelo fr. *compote*, «compota»)

compoteira *n.f.* vaso em que se guarda ou serve a compota (De *compota*+*-eira*)

compra *n.f.* **1** aquisição de um bem ou serviço mediante pagamento; ato ou efeito de comprar **2** objeto adquirido mediante pagamento; aquisição **3** suborno (Deriv. regr. de *comprar*)

compradiço *adj.* que se deixa comprar ou subornar facilmente; venal (De *comprar*+*-diço*)

comprador *adj.,n.m.* que ou aquele que adquire um bem ou serviço mediante pagamento (De *comprar*+*-dor*)

comprar *v.tr.* **1** adquirir (bem, serviço) mediante pagamento **2** conseguir, alcançar (algo) como resultado de uma ação ou situação **3** dar dinheiro ou valores a (alguém) em troca de algo ilegal ou condenável; subornar **4** em certos jogos, tirar ou pedir (uma ou mais) cartas do baralho **5** acreditar em ou aceitar (desculpa, explicação, etc.); *quem desdenha quer ~* diz-se das pessoas que mostram desprezo por alguma coisa que, na realidade, gostariam de ter (Do lat. cl. *comparāre*, pelo lat. vulg. *comperāre*, «comparar; comprar»)

comprativo *adj.* **1** que serve para comprar **2** que tem poder de compra (De *comprar*+*-tivo*)

compratório *adj.* ⇒ **comprativo** (De *comprar*+*-tório*)

comprável *adj.2g.* que se pode comprar (De *comprar*+*-vel*)

comprazedor *adj.,n.m.* **1** que ou aquele que é amigo de comprazer **2** condescendente (De *comprazer*+*-dor*)

comprazer *v.intr.* tornar-se agradável ■ *v.tr.,intr.* fazer a vontade; condescender; transigir ■ *v.pron.* congratular-se; regozijar-se ■ *n.m.* complacência (Do lat. *complacēre*, «agradar a vários»)

comprazimento *n.m.* **1** ato de comprazer **2** agrado; satisfação **3** congratulação; regozijo (De *comprazer*+*-mento*)

compreender *v.tr.* **1** abranger; incluir **2** alcançar com a inteligência; perceber; entender **3** entender as atitudes de alguém ■ *v.pron.* estar incluído (Do lat. vulg. *comprehendĕre*, «apreender; alcançar com a inteligência»)

compreendido *adj.* **1** entendido **2** incluído; abrangido **3** implicado **4** comprometido (Part. pass. de *compreender*)

compreensão *n.f.* **1** ato ou efeito de compreender ou incluir **2** faculdade de entender; perceção **3** disposição para entender os sentimentos e as atitudes das outras pessoas; indulgência **4** FILOSOFIA conjunto de caracteres comuns a todos os indivíduos de uma classe (Do lat. *comprehensiōne-*, «id.»)

compreensibilidade *n.f.* qualidade do que é compreensível (Do lat. *comprehensibilitāte-*, «id.»)

compreensível *adj.2g.* que se pode compreender; inteligível (Do lat. *comprehensibĭle-*, «id.»)

compreensivo *adj.* **1** que compreende ou pode compreender, abranger ou conter **2** propenso à compreensão; indulgente (Do lat. *comprehensīvu-*, «que compreende»)

compreensor *n.m.* pessoa que compreende mistérios ou tem visões beatíficas (Do lat. tard. *comprehensōre-*, «id.»)

compressa *n.f.* **1** MEDICINA tira de pano ou gaze que pode ser embebida em água ou em medicamento e se utiliza em curativos e intervenções cirúrgicas **2** MEDICINA pano dobrado embebido em água que se coloca sobre uma região do corpo para aliviar uma sensação de dor **3** aquilo que faz pressão (Do lat. *compressa-*, part. pass. fem. de *comprimĕre*, «comprimir», pelo fr. *compresse*, «compressa»)

compressão *n.f.* **1** ato ou efeito de comprimir **2** redução de volume **3** INFORMÁTICA redução do tamanho de um ficheiro, sem alteração do seu conteúdo **4** [fig.] opressão; coação; repressão (Do lat. *compressiōne-*, «id.»)

compressibilidade *n.f.* FÍSICA propriedade geral da matéria que consiste em os corpos poderem ser reduzidos a menor volume por efeito de uma força de pressão externa; *módulo de ~* razão entre a variação de pressão e a respetiva deformação de volume (De *compressível*+*-i-*+*-dade*)

compressível *adj.2g.* ⇒ **comprimível** (Do lat. *compressu-*, part. pass. de *comprimĕre*, «comprimir; apertar» +*-vel*)

compressivo *adj.* **1** que comprime **2** [fig.] repressivo (Do lat. *compressu-*, «comprimido» +*-ivo*)

compresso *adj.* **1** reduzido a menor volume **2** apertado; estreitado **3** achatado (Do lat. *compressu-*, «id.», part. pass. de *comprimĕre*, «comprimir»)

compressor *n.m.* **1** aparelho próprio para exercer compressão **2** rolo pesado utilizado para compactar e alisar um terreno ou pavimento **3** MECÂNICA máquina de êmbolos ou rotativa que realiza a compressão de um gás, designadamente do ar ■ *adj.* que comprime (Do lat. *compressōre-*, «aquele que comprime»)

compressório *adj.* próprio para comprimir (De *compresso*+*-ório*)

compridão *n.f.* ⇒ **comprimento** (De *comprido*+*-ão*)

compridez /ê/ *n.f.* ⇒ **comprimento** (De *comprido*+*-ez*)

comprido *adj.* **1** extenso em sentido longitudinal; longo **2** alto **3** [fig.] extenso; cansativo; *ao ~* longitudinalmente (Part. pass. do port. ant. *comprir*, do lat. *complēre*, «encher inteiramente»)

comprimente *adj.2g.* que comprime; compressor (Do lat. *comprimente-*, part. pres. de *comprimĕre*, «comprimir»)

comprimento *n.m.* **1** FÍSICA grandeza de base que exprime a distância percorrida entre dois pontos e cuja unidade de medida é o metro **2** extensão longitudinal entre duas extremidades **3** distância **4** tamanho; grandeza (Do port. ant. *comprir*+*-mento*)

comprimido *adj.* **1** reduzido a menor volume; compactado **2** apertado; achatado; estreitado ■ *n.m.* FARMÁCIA pastilha sem revestimento, obtida por compressão de substâncias medicamentosas secas, própria para ser engolida ou mastigada (Part. pass. de *comprimir*)

comprimir *v.tr.* **1** sujeitar à compressão; reduzir de volume; apertar **2** [fig.] oprimir; reprimir **3** [fig.] afligir ■ *v.pron.* encolher-se; apertar-se (Do lat. *comprimĕre*, «id.»)

comprimível *adj.2g.* que pode comprimir-se (De *comprimir*+*-vel*)

comprobatório *adj.* ⇒ **comprovativo** (Do lat. *comprobatorĭu-*, «id.»)

comprometedor *adj.* **1** que compromete ou pode comprometer **2** traiçoeiro; que expõe a um perigo (De *comprometer*+*-dor*)

comprometer *v.tr.* **1** obrigar por compromisso **2** responsabilizar **3** sujeitar; expor a perigo, dano ou vergonha ■ *v.pron.* **1** assumir a responsabilidade **2** ficar noivo **3** obrigar-se **4** incriminar-se **5** revelar-se (Do lat. *compromittĕre*, «comprometer-se reciprocamente a»)

comprometido *adj.* 1 que assumiu compromisso 2 que está noivo 3 implicado 4 [fig.] embaraçado; envergonhado (Part. pass. de *comprometer*)

comprometimento *n.m.* 1 ato de comprometer ou comprometer-se 2 responsabilidade (De *comprometer+-mento*)

compromissário *adj.* 1 relativo a compromisso 2 diz-se de um juiz ou árbitro escolhido para decidir de uma questão (Do lat. **compromissarĭu-*, «id.»)

compromissivo *adj.* que encerra compromisso (Do lat. *compromissīvu-*, «que contém uma promessa»)

compromisso *n.m.* 1 ato de ficar obrigado por promessa ou acordo; contrato; ajuste 2 a própria promessa ou acordo 3 DIREITO obrigação contraída entre duas ou mais pessoas de sujeitar a um árbitro a decisão de um pleito 4 dívida a pagar em prazo determinado 5 DIREITO acordo do falido com os seus credores 6 escritura vincular; *tomar ~* obrigar-se (Do lat. *compromissu-*, «compromisso»)

compromissório *adj.* 1 que encerra compromisso 2 feito por compromisso (De *compromisso+-ório*)

compromitente *adj.,n.2g.* que ou a pessoa que tomou compromisso (Do lat. *compromittente-*, «id.», part. pres. de *compromittĕre*, «comprometer-se»)

compropriedade *n.f.* propriedade comum, quando duas ou mais pessoas são simultaneamente titulares do direito de propriedade sobre a mesma coisa (De *com-+propriedade*)

coproprietário *adj.,n.m.* que ou aquele que usufrui com outrem a mesma propriedade (De *com-+proprietário*)

comprotector ver nova grafia **comprotetor**

comprotetor *n.m.* aquele que protege juntamente com outrem (De *com-+protector*)

comprovação *n.f.* 1 ato de comprovar; confirmação; verificação 2 prova que se junta a outra (Do lat. *comprobatiōne-*, «aprovação»)

comprovadamente *adv.* de maneira comprovada; provadamente; com provas; com demonstração (De *comprovado+-mente*)

comprovador *adj.* que comprova; que serve para comprovar ■ *n.m.* (columbofilia) instrumento munido de um sistema de cronometragem em que se insere a anilha de um pombo-correio participante de um concurso, comprovando assim a sua hora de chegada (Do lat. *comprobatōre-*, «aprovador»)

comprovante *adj.2g.* que serve para comprovar ■ *n.m.* [Brasil] documento que comprova a realização de uma despesa; recibo (De *comprovar+-ante*)

comprovar *v.tr.* 1 verificar provas; atestar 2 mostrar; confirmar; corroborar 3 servir de prova; indicar 4 demonstrar; evidenciar 5 TIPOGRAFIA verificar nas provas tipográficas se foram feitas as emendas apontadas nas precedentes ■ *v.pron.* ter comprovação; ficar provado (Do lat. *comprobāre*, «aprovar inteiramente»)

comprovativo *adj.* que serve para comprovar ■ *n.m.* documento que comprova algo (Do lat. *comprobatīvu-*, «id.»)

comprovável *adj.2g.* que se pode comprovar (De *comprovar+-vel*)

comprovincial *adj.,n.2g.* que ou pessoa que é da mesma província que outra ou outras (Do lat. *comprovinciāle-*, «id.»)

comprovinciano *adj.,n.m.* ⇒ **comprovincial** (De *com-+provinciano*)

compugnar *v.intr.* pelejar juntamente com outro ou outros (Do lat. *compugnāre*, «bater-se juntamente»)

compulsação *n.f.* 1 ato de compulsar 2 leitura; exame (Do lat. *compulsatiōne-*, «debate»)

compulsador *adj.,n.m.* que ou aquele que compulsa (De *compulsar+-dor*)

compulsão *n.f.* 1 ato de compelir ou forçar 2 DIREITO ação de um tribunal superior que tem por objetivo obrigar um tribunal inferior a cumprir a sua decisão 3 PSICOLOGIA impulso irresistível que leva à repetição de um ato, independentemente da vontade do sujeito (Do lat. *compulsiōne-*, «constrangimento»)

compulsar *v.tr.* 1 obrigar a fazer; compelir 2 examinar, lendo 3 percorrer (um livro) em busca de determinado assunto; folhear (Do lat. *compulsāre*, «impelir»)

compulsável *adj.2g.* 1 que se pode compulsar 2 que é fácil de manusear (De *compulsar+-vel*)

compulsivamente *adv.* de modo compulsivo; à força (De *compulsivo+-mente*)

compulsivo *adj.* 1 que compele; destinado a compelir 2 PSICOLOGIA que leva à repetição de um ato, independentemente da vontade do sujeito (Do lat. *compulsīvu-*, «id.»)

compulsória *n.f.* 1 DIREITO mandado de juiz de tribunal superior para instância inferior 2 reforma forçada de militares e civis (Do lat. *compulsorĭa-*, fem. de *compulsorĭu-*, «que compele»)

compulsório *adj.* que compele ou obriga (Do lat. *compulsorĭu-*, «que compele»)

compunção *n.f.* 1 RELIGIÃO sentimento de pesar e arrependimento por parte do crente que se sente indigno; contrição 2 atitude solene de recolhimento e contrição (Do lat. *compunctiōne-*, «id.»)

compungido *adj.* 1 que tem ou em que há compunção 2 arrependido; pesaroso; triste (Part. pass. de *compungir*)

compungimento *n.m.* ⇒ **compunção** (De *compungir+-mento*)

compungir *v.tr.* 1 causar compunção a 2 afligir 3 enternecer ■ *v.pron.* 1 ter compunção 2 arrepender-se 3 enternecer-se; sentir dó (Do lat. *compungĕre*, «picar em vários pontos»)

compungitivo *adj.* que causa compunção (De *compungir+-tivo*)

compurgação *n.f.* ato ou efeito de compurgar (De *compurgar+-ção*)

compurgar *v.tr.* purificar por meio de ordálio (Do lat. *compurgāre*, «limpar-se; purificar»)

computação *n.f.* 1 ato ou efeito de computar; cálculo; contagem 2 cálculo orçamental 3 INFORMÁTICA tratamento de dados, de informação, através de um computador; *~ em nuvem* INFORMÁTICA sistema em que os recursos (informação, software, bases de dados, etc.) estão disponíveis em servidores remotos, podendo ser acedidos pelos utilizadores através da internet (Do lat. *computatiōne-*, «cálculo»)

computacional *adj.2g.* 1 relativo a computação ou a computador 2 que envolve o uso de computador (De *computação*, a partir do rad. erudito *computacion-+-al*)

computador *n.m.* 1 INFORMÁTICA aparelho eletrónico que é capaz de receber, armazenar e processar grande quantidade de informação em função de um conjunto de instruções com que é programado 2 aquele que faz cômputos ou cálculos; calculador; *~ pessoal* computador com um microprocessador, destinado a ser usado apenas por uma pessoa, em casa ou no local de trabalho (Do lat. *computatōre-*, «calculador»)

computadorizar *v.tr.* ⇒ **computorizar** (De *computador+-izar*)

computar *v.tr.* 1 avaliar por meio de cálculo; fazer o cômputo de; contar 2 calcular em; orçar em 3 INFORMÁTICA processar (dados) em computador (Do lat. *computāre*, «calcular»)

computável *adj.2g.* que pode ser computado (Do lat. *computabĭle-*, «id.»)

computista *n.2g.* 1 pessoa que faz o cômputo 2 calendarista 3 recebedor de rendas pertencentes à câmara apostólica (De *cômputo+-ista*)

cômputo *n.m.* contagem; cálculo; *~ eclesiástico* cálculo para determinar, para cada ano, o dia da Páscoa e de todas as outras festas móveis do calendário dos Cristãos (Do lat. *compŭtu*, «id.»)

computorizar *v.tr.* 1 INFORMÁTICA introduzir informação num computador ou sistema de computadores, de modo a poder estruturá-la e automatizar determinadas operações 2 INFORMÁTICA armazenar informação no computador; processar informação através do computador (De *computadorizar*, com sínc.)

comtesco /ê/ *adj.* ⇒ **comtista** (De *Comte*, antr. *+-esco*)

comtiano *adj.* ⇒ **comtista** (De *Comte*, antr. *+-iano*)

comtista *adj.* relativo a Augusto Comte, filósofo francês, 1798-1857 ■ *n.2g.* defensor da filosofia positivista de A. Comte (De *A.Comte*, antr. *+-ista*)

comum *adj.2g.* 1 que se aplica a várias pessoas ou coisas; semelhante; idêntico 2 que pertence a muitos ou a todos 3 que se faz conjuntamente 4 que interessa a um grande número de pessoas; geral 5 que é corrente ou habitual; usual 6 que é vulgar; ordinário 7 que se encontra frequentemente ou em grande quantidade; abundante 8 GRAMÁTICA diz-se do nome que designa um ser, um objeto, etc., sem o individualizar (por oposição a *próprio*) ■ *n.m.* generalidade; *~ de dois (géneros)* GRAMÁTICA nome que tem a mesma forma para o masculino e para o feminino (ex.: *o cliente, a cliente*); *de ~ acordo* com o consentimento de todos; *em ~* conjuntamente; *é voz ~* é opinião geral (Do lat. *commune-*, «id.»)

comumente *adv.* [Brasil] ⇒ **commumente**

commumente *adv.* vulgarmente (De *comum+-mente*)

comuna¹ *n.f.* 1 HISTÓRIA cidade medieval que adquiria uma certa autonomia em relação ao sistema feudal, com direitos próprios reconhecidos pelo seu senhor numa carta 2 HISTÓRIA insurreição que governou Paris de 18 de março de 1871 a 28 de maio do mesmo ano, após a derrota da França na Guerra de 1870, durante o governo de Thiers (estadista francês, 1797-1877), e que foi esmagada pelo marechal francês Mac-Mahon (1808-1893) 3 subdivisão do território francês correspondente ao concelho **4** antigo agrupamento de Judeus e Mouros que viviam em arruamentos especiais **5** [Índia] povoação autónoma (Do lat. pop. *communĭa*, neut. pl. de *communis*, «reunião de pessoas que têm vida comum»)

comuna² *n.2g.* [coloq., depr.] comunista (Red. de *comunista*)

comunal *adj.2g.* **1** da comuna **2** respeitante a comuna (Do fr. *communal*, «id.»)

comunalismo *n.m.* sistema ou doutrina social que preconiza a autonomia dos municípios; municipalismo (De *comunal*+*-ismo*)

comunalista *n.2g.* defensor do comunalismo (Do fr. *communaliste*, «id.»)

comuneiro *n.m.* **1** membro das comunidades que, em Espanha, se rebelaram contra Carlos V (1500-1558) **2** habitante de comuna ■ *adj.* comunal (Do cast. *comunero*, «id.»)

comungante *adj.2g.* que comunga ou pode comungar ■ *n.2g.* pessoa que comunga (De *comungar*+*-ante*)

comungar *v.tr.,intr.* **1** RELIGIÃO dar ou receber a comunhão eucarística **2** estar de acordo com; ter as mesmas crenças, ideias ou princípios de ■ *v.tr.* **1** RELIGIÃO receber em comunhão **2** partilhar de (Do lat. *communicāre*, «dividir alguma coisa com»)

comunhão *n.f.* **1** ato ou efeito de comungar **2** RELIGIÃO sacramento da Eucaristia **3** RELIGIÃO ato de receber o sacramento da Eucaristia **4** [fig.] participação das mesmas crenças, ideias e princípios **5** [fig.] harmonia; acordo **6** DIREITO comparticipação de bens entre esposos; *~ de adquiridos* DIREITO regime matrimonial que implica simultaneamente a comunhão de certos bens (a maior parte dos bens adquiridos depois do casamento) e a separação de outros bens, que ficam sendo próprios de cada cônjuge (os bens que cada um já tinha antes do casamento e os que lhe advieram por sucessão, doação, etc.); *~ geral de bens* DIREITO regime matrimonial em que o património é comum para todos os bens presentes (bens levados para o casamento) e futuros (bens adquiridos depois do matrimónio, exceto os que têm carácter estritamente pessoal) (Do lat. *communiōne-*, «participação mútua»)

comunicabilidade *n.f.* qualidade ou estado do que é comunicável (Do lat. *communicabilitāte-*, «id.»)

comunicação *n.f.* **1** ato ou efeito de comunicar **2** troca de informação entre indivíduos através da fala, da escrita, de um código comum ou do próprio comportamento **3** o facto de comunicar e de estabelecer uma relação com algo ou alguém; relação; correspondência **4** o que se comunica; mensagem; informação; aviso; anúncio **5** meio técnico usado para comunicar; transmissão **6** capacidade de entendimento entre as pessoas através do diálogo **7** passagem de um local a outro; acesso; via; *órgãos de ~ social* conjunto dos jornais, revistas e dos meios audiovisuais que têm como missão principal informar o público (Do lat. *communicatiōne-*, «ação de participar»)

comunicado *n.m.* **1** aviso ou informação por meio de jornal, radiodifusão ou afixação em lugar público **2** mensagem oficial (Do lat. *communicātu-*, part. pass. de *communicāre*, «comunicar»)

comunicador *adj.* **1** que comunica **2** transmissor ■ *n.m.* **1** aquele que comunica **2** profissional da comunicação ou pessoa especialmente dotada para se relacionar com o público (Do lat. *communicatōre-*, «id.»)

comunicante *adj.2g.* **1** que estabelece comunicação **2** comungante (Do lat. *communicante-*, part. pres. de *communicāre*, «comunicar»)

comunicar *v.tr.* **1** dar a conhecer; divulgar; anunciar; informar **2** pôr-se em comunicação ou em relação com; relacionar-se; exprimir-se; falar **3** transmitir algo; passar **4** (coisas) ter comunicação para; dar para; conduzir ■ *v.pron.* **1** estar em comunicação **2** propagar-se **3** entender-se; relacionar-se (Do lat. *communicāre*, «dividir alguma coisa com alguém»)

comunicativo *adj.* **1** que comunica facilmente; expansivo **2** contagioso **3** [fig.] afável (Do lat. *communicatīvu-*, «id.»)

comunicável *adj.2g.* **1** que pode comunicar-se **2** com quem pode comunicar-se franco; expansivo (Do lat. *communicabĭle-*, «id.»)

comunidade *n.f.* **1** qualidade do que é comum **2** participação em comum **3** qualquer grupo social cujos membros vivem numa determinada área, sob um governo comum e partilhando uma herança cultural e histórica; sociedade **4** lugar onde vivem estas pessoas **5** totalidade dos cidadãos de um país **6** o Estado **7** BIOLOGIA conjunto de organismos que habitam um meio ou ambiente comum e se inter-relacionam; **Comunidades Europeias** as três organizações (CECA, EURATOM e UE) que, embora distintas, possuíam um mesmo objetivo, dispondo de órgãos comuns e desenvolvendo a sua atividade para a realização de um mercado único, entre os países-membros, e para a integração das respetivas economias (Do lat. *communitāte-*, «id.»)

comunismo *n.m.* **1** regime político, económico e social caracterizado pela comunhão de todos os bens (meios de produção e bens de consumo) e pela ausência da propriedade privada **2** POLÍTICA doutrina política, económica e social que tem em vista a instauração daquele regime **3** conjunto dos adeptos desta doutrina (Do lat. *commūne-*, «comum» +*-ismo*, ou do fr. *communisme*, «id.»)

comuníssimo *adj.* {*superlativo absoluto sintético de* **comum**} muito comum; vulgaríssimo; trivial (Do lat. *communissĭmu-*, «id.»)

comunista *adj.2g.* relativo ou pertencente ao comunismo ■ *n.2g.* partidário do comunismo (Do lat. *commūne-*, «comum» +*-ista*, ou do fr. *communiste*, «id.»)

comunitário *adj.* **1** relativo a comunidade **2** relativo à União Europeia (Do fr. *communautaire*, «id.»)

comunitarismo *n.m.* doutrina que preconiza um regime de que esteja ausente a propriedade pessoal (distingue-se do comunismo pelo seu carácter personalista) (De *comunitário*+*-ismo*)

comunização *n.f.* **1** ato ou efeito de comunizar ou comunizar-se **2** adoção ou imposição da ideologia comunista (De *comunizar*+*-ção*)

comunizar *v.tr.,pron.* tornar(-se) comunista; converter(-se) ao comunismo (De *comun(ismo)*+*-izar*)

comuns *n.m.pl.* (Inglaterra) membros da Câmara dos Deputados (Do ing. *(House of) Commons*, «Câmara dos Comuns»)

comutabilidade *n.f.* qualidade ou estado do que pode sofrer comutação (Do lat. *commutabilitāte-*, «id.»)

comutação *n.f.* **1** ato de comutar; substituição de um elemento por outro **2** mudança; permutação **3** ELETRICIDADE operação que permite obter corrente elétrica contínua em geradores, a partir de corrente alternada **4** GRAMÁTICA ⇒ **metátese 3 5** MATEMÁTICA inversão da ordem com que se realiza uma operação entre dois elementos de um conjunto **6** LINGUÍSTICA operação realizável em qualquer nível de análise linguística, e que se baseia na substituição de uma unidade por outra, com o fim de se verificar a sua identidade paradigmática; *~ de pena* DIREITO substituição da primeira sentença por outra mais leve (Do lat. *commutatiōne-*, «mudança»)

comutador *adj.* que comuta ■ *n.m.* **1** ELETRICIDADE dispositivo que serve para inverter o sentido da corrente num circuito elétrico ou em parte desse circuito **2** ELETRICIDADE dispositivo que permite lançar a corrente elétrica seletivamente em um ou mais dos vários circuitos diferentes (Do lat. *commutatōre-*, «id.»)

comutar *v.tr.* **1** fazer comutação em **2** trocar; permutar; cambiar **3** substituir **4** DIREITO atenuar uma pena (Do lat. *commutāre*, «mudar inteiramente»)

comutativamente *adv.* de modo comutativo (De *comutativo*+*-mente*)

comutatividade *n.f.* **1** qualidade de comutativo **2** MATEMÁTICA propriedade de uma operação cujo resultado é independente da ordem dos fatores (De *comutativo*+*-i-*+*-dade*)

comutativo *adj.* **1** que comuta **2** que se pode trocar **3** MATEMÁTICA (operação) cujo resultado não depende da ordem dos fatores (Do lat. *commutatīvu-*, «id.»)

comutatriz *n.f.* ELETRICIDADE máquina elétrica cujo fim é transformar correntes alternadas, simples ou polifásicas, em corrente contínua, ou vice-versa (Do lat. *commutatrīce-*, fem. de *commutatōre-*, «comutador»)

comutável *adj.2g.* que se pode comutar (Do lat. *commutabĭle-*, «sujeito a mudança»)

cona *n.f.* [vulg.] órgão sexual feminino (Do lat. *cunnu-*)

conação *n.f.* PSICOLOGIA impulsão que dá lugar a um ato (Do lat. *conatiōne-*, «esforço»)

con allegrezza *loc.adv.* MÚSICA com alegria; com expressão jovial (Do it. *con allegrezza*)

con anima *loc.adv.* MÚSICA com alma; com entusiasmo (Do it. *con anima*)

conato¹ *n.m.* **1** tentativa de delito que não chega a praticar-se **2** esforço; tentativa (Do lat. *conātu-*, «que se esforçou»)

conato² *adj.* **1** nascido com outro; gémeo **2** inato (Do lat. *connātu-*, «id.», part. pass. de *connasci*, «nascer com»)

conatural *adj.2g.* **1** conforme à natureza de outro **2** congénito **3** FILOSOFIA inerente à natureza de um ser ou concordante com ela (Do lat. *connaturāle-*, «id.»)

conaturalidade *n.f.* facto de ter a mesma naturalidade que outro ou outros (De *con-*+*naturalidade*)

con brio *loc.adv.* MÚSICA com vivacidade (Do it. *con brio*, «id.»)

conca¹ *n.f.* **1** ANATOMIA concha ou pavilhão da orelha **2** BOTÂNICA variedade de macieira ou o seu fruto **3** [pop.] tigela **4** pedra (ou marca) em certos jogos **5** jogo da malha (Do grego *kógkhe*, «concha», pelo latim *concha-*, «idem»)

conca² *n.f.* [Angola] ZOOLOGIA ⇒ **cabra-das-pedras** (Do nhaneca *onkhonkha*, «idem»)

concameração *n.f.* **1** ARQUITETURA parte arqueada de uma edificação; abóbada; arcada **2** FÍSICA coluna de ar entre duas ondas sonoras **3** ANATOMIA cavidade relacionada com outra em certos órgãos vegetais ou animais (Do lat. tard. *concameratiōne-*, «abóbada»)

concani *n.m.* língua falada em Concão, antigo território indiano na costa do Malabar, onde se situa Goa (Do conc. *konkni*, de *Concão*, top.)

concanim *n.m.* ⇒ **concani**

concatenação *n.f.* **1** ato ou efeito de concatenar **2** ligação; encadeamento **3** nexo; relação (Do lat. *concatenatiōne-*, «encadeamento»)

concatenador *adj.,n.m.* que ou o que concatena (De *concatenar+-dor*)

concatenamento *n.m.* ⇒ **concatenação** (De *concatenar+-mento*)

concatenar *v.tr.* **1** prender com cadeia **2** ligar; encadear **3** relacionar ■ *v.pron.* ligar-se; encadear-se (Do lat. *concatenāre-*, «encadear»)

concavar *v.tr.* **1** tornar côncavo **2** tornar oco **3** escavar (Do lat. *concavāre*, «tornar côncavo»)

concavidade *n.f.* **1** forma ou disposição do que é côncavo **2** cavidade; depressão de terreno (Do lat. *concavitāte-*, «id.»)

côncavo *adj.* **1** que tem superfície curva reentrante **2** escavado ■ *n.m.* concavidade; *polígono ~* polígono que é separado em duas partes pela reta que contém algum dos lados do polígono (Do lat. *concăvu-*, «côncavo»)

côncavo-convexo /cs/ *adj.* que é côncavo de um lado e convexo do outro, com predominância da concavidade

conceber *v.tr.* **1** dar existência a (um novo ser); gerar **2** formar uma ideia; imaginar; inventar **3** criar através da reflexão; construir; elaborar **4** [fig.] perceber ■ *v.intr.* ficar grávida (Do lat. *concipĕre*, «id.»)

concebimento *n.m.* ato ou efeito de conceber; conceção (De *conceber+-mento*)

concebível *adj.2g.* **1** que se pode conceber **2** imaginável (De *conceber+-vel*)

conceção *n.f.* **1** BIOLOGIA fecundação do óvulo pelo espermatozoide; geração **2** faculdade de entender; entendimento; perceção **3** maneira de conceber ou julgar algo; ideia **4** conceito; noção **5** criação de um projeto ou de um plano originais; elaboração (Do lat. *conceptiōne-*, «conceção»)

concecional *adj.2g.* que diz respeito à conceção (Do lat. *conceptionāle-*, «id.»)

concecionário *adj.* RELIGIÃO defensor do dogma da Imaculada Conceição (De *conceção+-ário*)

concedente *adj.,n.2g.* que ou a pessoa que concede (Do lat. *concedente-*, part. pres. de *concedĕre*, «conceder»)

conceder *v.tr.* **1** fazer concessão de **2** dar; outorgar **3** permitir **4** admitir por hipótese **5** transigir; ceder (Do lat. cl. *concedĕre*, pelo lat. vulg. *concedĕre*, «ceder o lugar a»)

concedível *adj.2g.* que pode ou deve conceder-se (Do lat. *concedibĭle-*, «id.»)

conceição *n.f.* **1** ação de conceber; conceção **2** faculdade de formar ideias **3** [ant.] moeda portuguesa do tempo de D. João IV (1604-1656); *Imaculada Conceição* RELIGIÃO festa católica em honra da conceição da Virgem Maria, sem sujeição ao pecado original; *Ordem da Conceição* antiga ordem honorífica portuguesa (Do lat. *conceptiōne-*, «conceção; conceição»)

conceitista *n.2g.* pessoa que formula conceitos (De *conceito+-ista*)

conceito *n.m.* **1** FILOSOFIA representação mental, abstrata e geral, de um objeto; noção abstrata; ideia geral **2** compreensão que uma pessoa tem de uma palavra; noção; ideia **3** ponto de vista; opinião **4** apreciação; juízo **5** imagem que uma pessoa tem no grupo a que pertence; reputação **6** LINGUÍSTICA representação simbólica com um significado geral que abarca toda uma série de objetos que possuem propriedades comuns **7** dito que exprime uma regra moral; máxima; sentença (Do lat. *conceptu-*, «concebido», part. pass. de *concipĕre*, «conceber»)

conceituado *adj.* **1** tido em certo conceito; avaliado **2** que goza de boa reputação; afamado (Part. pass. de *conceituar*)

conceituar *v.tr.* **1** fazer conceito de; avaliar **2** formar opinião de **3** contribuir para a boa reputação (De *conceito+-ar*)

conceituosamente *adv.* **1** em forma de conceito **2** de modo conceituoso (De *conceituoso+-mente*)

conceituoso /ô/ *adj.* **1** que encerra um conceito **2** sentencioso **3** espirituoso (De *conceito+-oso*)

concelebração *n.f.* **1** ato ou efeito de concelebrar **2** RELIGIÃO missa celebrada por vários sacerdotes, ao mesmo tempo, no mesmo altar (De *concelebrar+-ção*)

concelebrante *adj.,n.2g.* que ou a pessoa que concelebra (Do lat. *concelebrante-*, «id.», part. pres. de *concelebrāre*, «concelebrar»)

concelebrar *v.tr.* **1** celebrar em comum **2** RELIGIÃO dizer missa ao mesmo tempo e no mesmo altar (vários sacerdotes) (Do lat. *concelebrāre*, «celebrar; festejar»)

concelheiro *n.m.* [regionalismo] terreno baldio ■ *adj.* concelhio (De *concelho+-eiro*)

concelhia *n.f.* órgão dirigente de um partido político que é responsável ao nível de um concelho (De *concelhio*)

concelhio *adj.* relativo ou pertencente a concelho (De *concelho+-io*)

concelho /ê/ *n.m.* **1** subdivisão do território sob administração de um presidente da câmara e das restantes entidades autárquicas; divisão administrativa imediatamente inferior à categoria de distrito; município **2** conjunto dos habitantes da área correspondente a essa subdivisão **3** conjunto das entidades autárquicas que administram essa subdivisão (Do lat. *concilĭu-*, «assembleia»)

concentração *n.f.* **1** ato ou efeito de concentrar(-se) **2** capacidade de dirigir a atenção e o pensamento para uma ideia, assunto ou tarefa em particular **3** reunião de pessoas ou objetos num determinado ponto; convergência **4** QUÍMICA quantidade relativa de uma substância numa mistura, expressa na forma mais conveniente para o fim em vista **5** DESPORTO reunião de atletas ou jogadores em local privado e isolado para se prepararem para uma competição; estágio **6** ECONOMIA junção de empresas numa só de forma a alcançar maior dimensão económica (De *concentrar+-ção*)

concentracionário *adj.* relativo aos campos de concentração (Do fr. *concentrationnaire*, «id.»)

concentrado *adj.* **1** (substância) cuja concentração é elevada **2** reunido num centro; centralizado **3** [fig.] que mostra concentração ou reflexão; atento ■ *n.m.* **1** QUÍMICA solução que tem uma concentração relativamente alta de um soluto **2** CULINÁRIA forma concentrada de um produto alimentar que geralmente se dissolve num líquido ou em outro alimento para se consumir (Part. pass. de *concentrar*)

concentrador *adj.,n.m.* que ou o que concentra; *~ de dados* INFORMÁTICA unidade funcional que torna possível que um meio de transmissão comum sirva fontes de dados em número superior ao número de canais de que dispõe (De *concentrar+-dor*)

concentralização *n.f.* centralização total (De *con-+centralização*)

concentrar *v.tr.,pron.* **1** (fazer) convergir para um centro; centralizar(-se); juntar(-se); reunir(-se) **2** tornar(-se) mais denso, mais espesso **3** DESPORTO reunir(-se) os atletas ou jogadores em local privado e isolado para se prepararem para uma competição ■ *v.tr.* **1** dedicar toda a atenção ou esforço a; focar **2** QUÍMICA aumentar a concentração de (uma solução) ■ *v.pron.* dirigir a atenção e o pensamento para uma ideia, assunto ou tarefa em particular; pensar ou refletir atentamente (De *com-+centro+-ar*)

concentrável *adj.2g.* que pode concentrar-se (De *concentrar+-vel*)

concentricidade *n.f.* qualidade do que é concêntrico (De *concêntrico+-i-+-dade*)

concêntrico *adj.* GEOMETRIA que tem o mesmo centro (De *con-+centro+-ico*)

concentrismo *n.m.* POLÍTICA sistema dos que advogam a concentração dos partidos políticos (De *concentrar+-ismo*)

concentrista *n.2g.* pessoa partidária do concentrismo (De *concentrar+-ista*)

concepção ver nova grafia **conceção**
concepcional ver nova grafia **concecional**
concepcionário ver nova grafia **concecionário**

conceptáculo *n.m.* **1** BOTÂNICA órgão ou cavidade de alguns vegetais onde se alojam os gérmenes da reprodução **2** recetáculo (Do lat. *conceptacŭlu-*, «lugar onde alguma coisa é concebida ou contida») ACORDO ORTOGRÁFICO também se pode escrever **concetáculo**

conceptibilidade *n.f.* qualidade do que é conceptível (De *ceptível+-i-+-dade*) ACORDO ORTOGRÁFICO também se pode escrever **concetibilidade**

conceptismo *n.m.* LITERATURA estilo caracterizado pelo emprego de conceitos muito elaborados (Do lat. *conceptu-*, «conceito» +-*ismo*) ACORDO ORTOGRÁFICO também se pode escrever **concetismo**

conceptista adj.,n.2g. 1 que ou a pessoa que segue o conceptismo 2 ⇒ **conceptualista** (Do lat. *conceptu-*, «conceito» +-*ista*) ACORDO ORTOGRÁFICO também se pode escrever conceptista

conceptiva ver nova grafia concetiva

conceptível adj.2g. 1 compreensível 2 concebível (Do lat. *conceptu-*, part. pass. de *concipĕre*, «conceber; compreender» +-*vel*) ACORDO ORTOGRÁFICO também se pode escrever concetível

conceptivo ver nova grafia concetivo

conceptual adj.2g. 1 que diz respeito à conceção 2 ARTES PLÁSTICAS que privilegia o conceito ou a ideia que subjaz à obra de arte (Do lat. *conceptuāle-*, «id.») ACORDO ORTOGRÁFICO também se pode escrever concetual

conceptualismo n.m. 1 FILOSOFIA doutrina segundo a qual os conceitos existem como ideias no nosso espírito (é uma das soluções propostas para o problema ou «questão dos universais» - saber qual a verdadeira natureza da realidade: se a ideia geral ou conceito, se o objeto particular) 2 gosto literário que consiste no emprego de conceitos subtis (De *conceptual*+-*ismo*) ACORDO ORTOGRÁFICO também se pode escrever concetualismo

conceptualista adj.2g. relativo ou pertencente ao conceptualismo ■ n.2g. aquele que segue o conceptualismo (De *conceptual*+-*ista*) ACORDO ORTOGRÁFICO também se pode escrever concetualista

conceptualização n.f. 1 ação de formar conceitos 2 ação de organizar em conceitos (De *conceptualizar*+-*ção*) ACORDO ORTOGRÁFICO também se pode escrever concetualização

conceptualizar v.tr. 1 elaborar conceitos a partir de 2 organizar em conceitos ou num sistema de conceitos ■ v.intr. elaborar um conceito (De *conceptual*+-*izar*) ACORDO ORTOGRÁFICO também se pode escrever concetualizar

concernência n.f. qualidade de concernente; relação (De *concernir*+-*ência*)

concernente adj.2g. que diz respeito; respeitante; referente; atinente (De *concernir*+-*ente*)

concernir v.tr. dizer respeito a; referir-se a (Do lat. *concernĕre*, «misturar juntamente»)

concertação n.f. 1 ato ou efeito de concertar 2 conciliação; ~ *social* acordo entre governo e parceiros sociais (sindicatos, associações profissionais, etc.) sobre medidas laborais (horários de trabalho, rendimentos, etc.) (De *concertar*+-*ção*)

concertadamente adv. de acordo (De *concertado*+-*mente*)

concertado adj. 1 preparado; arranjado devidamente 2 planeado 3 tratado 4 combinado 5 marcado; determinado 6 confrontado 7 composto 8 modesto 9 sereno 10 equilibrado; harmonioso 11 favorável (Do lat. *concertātu-*, part. pass. de *concertāre*, «combater; porfiar»)

concertador n.m. aquele que concerta; conciliador (De *concertar*+-*dor*)

concertante adj.2g. 1 que concerta 2 que entra em concerto 3 que disputa; combativo 4 que harmoniza; conciliador 5 MÚSICA diz-se de uma obra em estilo de concerto 6 MÚSICA diz-se de uma execução instrumental solística numa obra orquestral ■ n.2g. concertista (Do lat. *concertante-*, part. pres. de *concertāre*, «combater; porfiar»)

concertar v.tr. 1 preparar; arranjar 2 combinar; ajustar 3 harmonizar; conciliar 4 enfeitar; ornar 5 comparar 6 conferir ■ v.intr. 1 concordar 2 harmonizar-se ■ v.pron. 1 ajustar-se 2 harmonizar-se 3 formar concerto 4 compor-se 5 reconciliar-se (Do lat. *concertāre*, «combater; porfiar»)

concertina n.f. 1 MÚSICA instrumento musical de palhetas livres, com fole e caixa hexagonal, dotado de dois teclados de botões 2 MILITAR obstáculo defensivo formado por espirais de arame farpado (Do it. *concertina*, «id.»)

concertino n.m. 1 MÚSICA chefe de naipe dos primeiros violinos de uma orquestra 2 MÚSICA grupo de instrumentos solistas num concerto grosso barroco italiano (Do it. *concertino*, «id.»)

concertista n.2g. MÚSICA artista que toca em concertos 2 MÚSICA solista ■ adj.2g. que possui as condições indispensáveis para tocar em público (Do it. *concertista*, «id.»)

concerto /ê/ n.m. 1 ato de concertar 2 espetáculo musical 3 MÚSICA consonância de instrumentos ou vozes 4 combinação; pacto 5 ordem 6 harmonia 7 enfeite (Do it. *concerto*, «id.»)

concessão n.f. 1 ato ou efeito de conceder; cedência; transigência 2 permissão; autorização 3 privilégio 4 favor; mercê 5 DIREITO transferência temporária do direito de exploração de um serviço público, feita por uma pessoa de direito público (o Estado, por exemplo) para uma entidade privada, passando aquele exercício a correr por conta e risco da concessionária (Do lat. *concessiōne-*, «id.»)

concessionar v.tr. 1 outorgar (o Estado) uma concessão 2 conceder licença de exploração de (minas, termas, etc.) (Do lat. *concessiōne-*, «concessão» +-*ar*)

concessionário adj.,n.m. 1 que ou o que obteve uma concessão ou um privilégio 2 que ou pessoa ou entidade que obteve a concessão de um serviço ou de exploração comercial de um dado produto numa região ■ n.m. empresa que vende veículos de uma dada marca, por concessão da empresa que os produz (Do lat. *concessiōne-*, «concessão» +-*ário*, ou do fr. *concessionnaire*, «id.»)

concessível adj.2g. ⇒ **concedível** (Do lat. *concessu-*, part. pass. de *concedĕre*, «ceder; conceder; admitir» +-*vel*)

concessivo adj. 1 relativo à concessão 2 que envolve concessão 3 GRAMÁTICA diz-se da conjunção subordinativa ou oração subordinada que exprime uma oposição ou restrição (Do lat. *concessīvu-*, «id.»)

concessor n.m. aquele que concede ou faz concessão (Do lat. *concessu-*, part. pass. de *concedĕre*, «ceder; admitir; conceder» +-*or*)

concessório adj. ⇒ **concessivo** (Do lat. *concessu-*, part. pass. de *concedĕre*, «ceder; conceder; admitir» +-*ório*)

concetáculo a grafia mais usada é conceptáculo

concetibilidade a grafia mais usada é conceptibilidade

concetismo a grafia mais usada é conceptismo

concetista a grafia mais usada é conceptista

concetiva n.f. faculdade de conceber (De *conceptivo*)

concetível a grafia mais usada é conceptível

concetivo adj. 1 próprio para conceber 2 suscetível de conceção (Do lat. *conceptīvu-*, «id.»)

concetual a grafia mais usada é conceptual

concetualismo a grafia mais usada é conceptualismo

concetualista a grafia mais usada é conceptualista

concetualização a grafia mais usada é conceptualização

concetualizar a grafia mais usada é conceptualizar

concha n.f. 1 ZOOLOGIA formação mais ou menos resistente, muitas vezes calcária, que protege o corpo de certos animais (braquiópodes, moluscos, etc.) 2 couraça 3 concavidade 4 objeto côncavo semelhante a uma valva de concha 5 ANATOMIA pavilhão auricular 6 colher de tirar a sopa ou o açúcar 7 peça côncava empregada num puxador de gavetas 8 prato de balança 9 peça de lagar; *sair da* ~ [pop.] revelar-se (Do lat. *concha-*, «id.»)

conchada n.f. o que uma concha pode conter; conteúdo de uma concha (De *concha*+-*ada*)

conchado adj. em forma de concha; concheado; enconchado (Part. pass. de *conchar*)

conchar v.tr. ⇒ **conchear** (De *concha*+-*ar*)

concharia n.f. grande quantidade de conchas (De *concha*+-*aria*)

conchavar v.tr. 1 encaixar 2 ligar 3 ajustar ■ v.pron. conluiar-se (Do lat. *conclavāre*, «pregar; encaixar»)

conchavo n.m. 1 ato de conchavar ou conchavar-se 2 conluio 3 ajuste; acordo (Deriv. regr. de *conchavar*)

conchear v.tr. revestir de conchas ■ v.pron. meter-se na concha (De *concha*+-*ear*)

conchegar v.tr. 1 chegar uma coisa para junto de outra ou outras 2 chegar a si; aproximar 3 compor 4 aconchegar ■ v.pron. 1 procurar conchego 2 unir-se 3 apertar-se (Do lat. *complicāre*, «dobrar; enrolar»)

conchegativo adj. que proporciona conchego; confortável; cómodo (De *conchegar*+-*tivo*)

conchego /ê/ n.m. 1 ato ou efeito de conchegar ou conchegar-se 2 conforto 3 agasalho 4 amparo; proteção 5 acomodação discreta (Deriv. regr. de *conchegar*)

concheiro n.m. 1 depósito natural de valvas de moluscos 2 *pl.* ARQUEOLOGIA jazigos pré-históricos de conchas de moluscos, constituídos por restos da alimentação humana, misturados com ossos de animais, cinzas, carvões, utensílios de pedra, osso e chifre, que datam do Mesolítico, como os de Muge, povoação portuguesa do concelho de Salvaterra de Magos, no distrito de Santarém (De *concha*+-*eiro*)

conchelo n.m. BOTÂNICA planta carnosa, da família das Crassuláceas, espontânea e frequente em Portugal, também conhecida por cauxilho, couceli, inhame-de-lagartixa, sombreirinho-dos-telhados e umbigo-de-vénus (Do lat. *calicellu-*, «copo pequeno»)

conchífero adj. ⇒ **conquífero** (De *concha*+-*fero*)

concho[1] adj. protegido por concha ■ n.m. [regionalismo] vaso de folha ou de cortiça para tirar água dos poços (De *concha*)

concho[2] adj. 1 muito senhor de si 2 ufano da sua pessoa; vaidoso; orgulhoso; enfatuado (Do lat. *conscĭu-*, «cônscio»)

concho[3] n.m. [Moçambique] canoa; pequena embarcação (De *concha* ou *cocho*, «vasilha feita em tronco escavado; piroga»)

conchoide *adj.2g.* que tem forma de concha; conchudo; concoidal (De *concha+-óide*)
conchóide ver nova grafia **conchoide**
conchoso /ô/ *adj.* em que há muitas conchas (De *concha+-oso*)
conchudo *adj.* 1 ⇒ **conchoide** 2 [fig.] vaidoso (De *concha* e *concho+-udo*)
concidadania *n.f.* 1 qualidade de concidadão 2 relações entre pessoas da mesma cidade ou do mesmo país (De *con-+cidadania*)
concidadão *n.m.* aquele que, em relação a outrem, é da mesma terra ou nação; compatrício (De *con-+cidadão*)
conciliábulo *n.m.* 1 pequeno concílio 2 reunião secreta 3 conluio; conventículo (Do lat. *conciliabŭlu-*, «lugar de ajuntamento ou reunião»)
conciliação *n.f.* 1 ato ou efeito de conciliar ou conciliar-se 2 concordância 3 acordo de partes desavindas 4 resolução de um conflito de interesses de trabalho que consta de uma negociação assistida, na qual participa, além das duas partes, uma terceira entidade que auxilia os dois interlocutores a encontrar uma plataforma de acordo (Do lat. *conciliatiōne-*, «conexão; união»)
conciliador *adj.,n.m.* 1 que ou o que concilia 2 pacificador (Do lat. *conciliatōre-*, «aquele que procura; promotor»)
conciliante *adj.2g.* que concilia ou tende a conciliar (Do lat. *conciliante-*, part. pres. de *conciliāre*, «conciliar»)
conciliar¹ *v.tr.* 1 pôr de acordo (partes desavindas ou coisas contraditórias); harmonizar 2 combinar 3 captar; conseguir ▪ *v.pron.* 1 harmonizar-se 2 combinar 3 apaziguar-se (Do lat. *conciliāre*, «conciliar; unir»)
conciliar² *adj.2g.* 1 de concílio 2 referente a concílio (De *concílio+-ar*)
conciliário *adj.* ⇒ **conciliar**² (De *concílio+-ário*)
conciliativo *adj.* que envolve conciliação; conciliador (De *conciliar+-tivo*)
conciliatório *adj.* próprio para conciliar (De *conciliar+-tório*)
conciliável *adj.2g.* que se pode conciliar (Do lat. *conciliabĭle-*, «id.»)
concílio *n.m.* 1 RELIGIÃO (Igreja Católica) reunião de autoridades da Igreja, convocada ou autorizada pelo papa, com o fim de tratar de assuntos relativos à fé, à moral e à disciplina 2 *pl.* decretos e cânones votados nesta reunião; ~ *ecuménico, plenário, nacional, provincial ou diocesano* segundo a extensão da convocatória, concílio que pode abranger toda a Igreja ou apenas uma parte dela (Do lat. *concilĭu-*, «convocação»)
concional *adj.* das assembleias públicas ou a elas respeitantes (Do lat. *contionāle-*, «relativo às assembleias públicas»)
concionar *v.intr.* falar ao povo em auditórios públicos (Do lat. *contionāri*, «falar perante uma multidão»)
concionário *adj.* ⇒ **concional** (Do lat. *contionarĭu-*, «relativo às assembleias do povo»)
concionatório *adj.* ⇒ **concional** (Do lat. *con-tionatorĭu-*, «relativo às assembleias do povo»)
concisamente *adv.* em poucas palavras 2 resumidamente (De *conciso+-mente*)
concisão *n.f.* 1 qualidade do que é conciso 2 precisão; exatidão 3 brevidade no dizer e no escrever 4 laconismo (Do lat. *concisiōne-*, «ação de cortar»)
conciso *adj.* 1 que tem concisão 2 exposto em poucas palavras; sucinto 3 preciso 4 breve 5 lacónico (Do lat. *concīsu-*, «conciso; curto»)
concitação *n.f.* 1 ato ou efeito de concitar 2 instigação (Do lat. *concitatiōne-*, «incitação»)
concitador *adj.,n.m.* 1 que ou o que concita 2 instigador (Do lat. *concitatōre-*, «incitador»)
concitar *v.tr.* 1 instigar à desordem, ao tumulto; agitar 2 provocar 3 estimular 4 comover 5 perturbar (Do lat. *concitāre*, «excitar; incitar»)
concitativo *adj.* que concita, perturba ou estimula (De *concitar+-tivo*)
conclamação *n.f.* 1 ato ou efeito de conclamar 2 gritaria (De *conclamatiōne-*, «gritos; aplausos»)
conclamar *v.tr.,intr.* 1 bradar em comum 2 clamar tumultuariamente ▪ *v.intr.* vozear (Do lat. *conclamāre*, «gritar; aplaudir»)
conclave *n.m.* 1 reunião do colégio dos cardeais, com o fim de procederem à eleição de um novo papa 2 lugar, no Vaticano, onde se realiza essa reunião 3 [fig.] reunião para se discutir algo; congresso; seminário (Do lat. *conclāve-*, «compartimento que se fecha com chave»)
conclavista *adj.,n.2g.* 1 que ou cardeal que toma parte num conclave 2 que ou assistente de um cardeal que participa num conclave 3 [fig.] que ou pessoa que participa numa reunião (De *conclave+-ista*)
concludência *n.f.* qualidade do que é concludente (Do lat. *concludentĭa-*, «id.», part. pres. neut. pl. de *concludĕre-*, «concluir; fechar»)
concludente *adj.2g.* 1 que conclui 2 terminante 3 convincente 4 decisivo 5 procedente (Do lat. *concludente-*, «id.», part. pres. de *concludĕre*, «concluir; acabar»)
concluir *v.tr.* 1 pôr fim a; acabar; terminar 2 rematar 3 ajustar 4 tirar a conclusão de; deduzir (Do lat. *concludĕre*, «acabar; concluir»)
conclusão *n.f.* 1 ato ou efeito de concluir 2 acabamento 3 termo; fim 4 consequência 5 proposição final de um raciocínio; dedução 6 tese científica ou moral; *em* ~ finalmente (Do lat. *conclusiōne-*, «ação de acabar»)
conclusionista *n.2g.* estudante que defende ou vai defender, em ato, uma tese final (Do lat. *conclusiōne-+-ista*)
conclusivo *adj.* 1 que contém uma conclusão 2 que serve para concluir; final 3 GRAMÁTICA diz-se da conjunção coordenativa ou oração coordenada que exprime conclusão 4 GRAMÁTICA diz-se do aspeto verbal que indica uma ação completa ou terminada (ex.: *nascer, morrer*); perfetivo (Do lat. *conclusīvu-*, «id.»)
concluso *adj.* 1 que foi concluído; findo; ultimado 2 DIREITO (processo) que foi a despacho ou à sentença do juiz (Do lat. *conclūsu-*, «id.», part. pass. de *concludĕre*, «concluir; acabar»)
concoidal *adj.2g.* 1 semelhante a concha; concoide 2 referente a concha 3 MINERALOGIA diz-se de um tipo de fratura de certos minerais, caracterizado por convexidades e concavidades correspondentes (De *concóide+-al*)
concoide *adj.2g.* ⇒ **concoidal**; ~ *de uma curva em relação a um ponto fixo* GEOMETRIA lugar geométrico dos pontos tomados sobre as secantes saídas do ponto fixo, a igual distância para um e outro lado dos pontos de interseção com a curva dada (Do gr. *kogkhoeidés*, «concoide», de *kógkhe*, «concha» +*eĩdos*, «forma»)
concóide ver nova grafia **concoide**
concologia *n.f.* ⇒ **conquiliologia**
concolor *adj.2g.* que é da mesma cor (Do lat. *concolōre-*, «da mesma cor»)
concomitância *n.f.* existência simultânea de duas ou mais coisas; *por* ~ de companhia, acessoriamente (Do lat. tard. *concomitantĭa-*, «id.», part. pres. neut. pl. de *concomitāri*, «acompanhar»)
concomitante *adj.2g.* 1 que se verifica ao mesmo tempo 2 que acompanha 3 acessório; *variações concomitantes* variações dos fenómenos que constituem a base de um raciocínio de atribuição de uma causa comum ou de relações funcionais dessas variações, também chamadas variações relativas (Do lat. tard. *concomitante-*, «id.», part. pres. de *concomitāri*, «acompanhar»)
concomitantemente *adv.* simultaneamente (De *concomitante+-mente*)
concordância *n.f.* 1 ato ou efeito de concordar 2 harmonia; acordo 3 conformidade de sons nas palavras 4 GRAMÁTICA relação sintática que se exprime pela partilha de traços de flexão (pessoa, género ou número) entre duas ou mais palavras 5 ligação de um arco com outro ou com um elemento retilíneo sem apresentar quebra no ponto de ligação (Do lat. *concordantĭa-*, «id.»)
concordante *adj.2g.* 1 que concorda 2 harmónico 3 conforme 4 coincidente; *montanhas concordantes* montanhas paralelas à costa (Do lat. *concordante-*, «id.», part. pres. de *concordāre*, «estar de acordo»)
concordar *v.tr.* 1 conciliar 2 harmonizar 3 concertar 4 combinar 5 pôr de acordo ou em concordância 6 ajustar 7 pactuar ▪ *v.intr.* 1 estar de acordo 2 ter concordância 3 condizer (Do lat. *concordāre*, «estar de acordo»)
concordata *n.f.* 1 RELIGIÃO convenção entre um país católico e a Santa Sé sobre as relações entre o Estado e a Igreja 2 DIREITO acordo entre o falido e os seus credores (Do lat. med. *concordāta*, «id.», part. pass. neut. pl. de *concordāre*, «estar de acordo; acordar»)
concordatário *adj.* 1 DIREITO relativo a concordata 2 que aprova a concordata ▪ *n.m.* DIREITO negociante falido a quem foi aceite a concordata (De *concordata+-ário*)
concordável *adj.2g.* 1 com que se pode concordar 2 aceitável (Do lat. *concordabĭle-*, «fácil de pôr de acordo»)
concorde *adj.2g.* 1 que está de acordo; conforme 2 condizente; harmónico (Do lat. *concorde-*, «unido cordialmente»)
concórdia *n.f.* 1 união de vontades de que resulta harmonia 2 conformidade de pareceres 3 paz 4 acordo; contrato (Do lat. *concordĭa-*, «id.»)

concordismo n.m. teoria dos que pretendem harmonizar a ciência com a religião cristã (De *concordar*+-*ismo*)

concorpóreo adj. RELIGIÃO que, pela comunhão, participa da natureza de Cristo (Do lat. **concorporĭu-*, «que pertence ao mesmo corpo»)

concorrência n.f. **1** ato de concorrer **2** grande afluência de gente ao mesmo lugar **3** confluência **4** alegação de direitos comuns **5** relação de competição entre empresas ou setores económicos **6** conjunto de empresas ou comerciantes que se disputam um determinado setor do mercado ou da clientela com o mesmo tipo de produtos; **~ *vital*** espécie de «luta pela vida», geralmente inconsciente, que se trava entre os seres vivos e elimina os menos fortes ou os menos bem adaptados (segundo Charles Darwin, biólogo ingl., 1809-1882) (Do lat. *concurrentĭa*, «id.», part. pres. neut. pl. de *concurrĕre*, «concorrer»)

concorrencial adj.2g. relativo a concorrência; competitivo (De *concorrência*+-*al*)

concorrente adj.2g. **1** que concorre **2** em que há simultaneidade ▪ n.2g. **1** pessoa que tem a mesma pretensão que outros; candidato **2** pessoa que participa ou pretende participar num concurso ou competição; competidor; participante; rival **3** sociedade ou empresa que disputa o mesmo mercado ou o público-alvo com o mesmo tipo de produto (Do lat. *concurrente-*, «id.», part. pres. de *concurrĕre*, «concorrer»)

concorrer v.intr. **1** pretender o que outros pretendem **2** juntar-se a outros no mesmo local **3** ir a concurso; participar num concurso ou competição **4** estabelecer concorrência (no preço, na qualidade, etc.) **5** convergir; contribuir **6** intersetar-se (Do lat. *concurrĕre*, «concorrer»)

concorrido adj. **1** que tem concorrência **2** frequentado (Part. pass. de *concorrer*)

concotomia n.f. CIRURGIA ressecção dos cornetos (Do gr. *kógkhe*, «concha» +*tomé*, «corte»)

concreção n.f. **1** ação de tornar concreto **2** ação de solidificar; solidificação **3** condensação **4** corpo resultante da agregação dos sólidos contidos num líquido **5** PSICOLOGIA fenómeno psicológico mediante o qual uma imagem (lembrança) e uma sensação se apresentam imediatas, sob a forma de dependência simultânea (a lembrança do espetáculo musical constituído por uma ópera, à simples observação do libreto) **6** MEDICINA cálculo **7** ossificação anormal (Do lat. *concretiōne-*, «id.»)

concrecionado adj. em que há concreção (Part. pass. de *concrecionar*)

concrecionar v.tr. formar concreção em (Do lat. *concretiōne-*, «concreção» +-*ar*)

concrescência n.f. BOTÂNICA união de órgãos ou partes de órgãos contíguos (Do lat. *concrescentĭa-*, «condensação dum líquido»)

concrescibilidade n.f. qualidade do que é concrescível (Do lat. **concrescibilitāte-*, «id.»)

concrescível adj.2g. suscetível de concretizar-se (Do lat. **concrescibĭle-*, de *concrescĕre*, «condensar-se; endurecer»)

concretamente adv. **1** positivamente **2** objetivamente (De *concreto*+-*mente*)

concretismo n.m. **1** LITERATURA movimento de poesia vanguardista que elimina o verso, dissolve a sintaxe normal do discurso e concede grande relevância aos elementos espaciais, gráficos e pictóricos do poema **2** predomínio do que é concreto (De *concreto*+-*ismo*)

concretização n.f. ato ou efeito de concretizar ou concretizar-se **2** materialização (De *concretizar*+-*ção*)

concretizar v.tr. **1** tornar concreto; materializar; realizar **2** provar com factos ▪ v.pron. tornar-se concreto (De *concreto*+-*izar*)

concreto adj. **1** que existe na realidade; verdadeiro **2** que tem consistência; consistente; espesso **3** determinado; particular **4** claro; preciso **5** segundo a gramática tradicional, diz-se do nome que designa seres ou coisas materialmente existentes (por oposição a abstrato) **6** FILOSOFIA diz-se do que quer que seja, objeto ou representação, considerado na sua individualidade, na sua singularidade **7** relativo ao concretismo **8** que revela características do concretismo ▪ n.m. **1** aquilo que é real ou verdadeiro **2** ato de tornar concreta uma noção abstrata; concretização; concreção **3** [Brasil] argamassa de cimento; betão; ***grandeza concreta*** grandeza cujas dimensões físicas são diferentes de zero, grandeza não abstrata (Do lat. *concrētu-*, part. pass. de *concrescĕre*, «formar-se por condensação ou por agregação; endurecer»)

concriação n.f. ato ou efeito de concriar (De *concriar*+-*ção*)

concriar v.tr. criar simultaneamente (Do lat. *concreāre*, «criar ao mesmo tempo»)

concubina n.f. **1** pessoa que vive com outra sem estar casada **2** em certas sociedades, mulher que faz parte de um harém, com um estatuto legal diferente do de esposa; favorita (Do lat. *concubīna-*, «id.»)

concubinagem n.f. ⇒ **concubinato** (Do fr. *concubinage*, «id.»)

concubinal adj.2g. referente a concubinagem ou a concubinato (Do lat. *concubināle-*, «de concubina»)

concubinário adj.,n.m. que ou aquele que vive em concubinato (De *concubina*+-*ário*)

concubinar-se v.pron. **1** viver em concubinato **2** [fig.] conluiar-se (De *concubina*+-*ar*)

concubinato n.m. estado de duas pessoas que vivem como cônjuges sem serem casadas (Do lat. *concubinātu-*, «id.»)

concubino n.m. pessoa que vive com outra sem estar casada (Do lat. *concubīnu-*, «id.»)

concúbito n.m. **1** relação sexual; coito **2** coabitação (Do lat. *concubĭtu-*, «id.»)

conculcador adj.,n.m. **1** que ou aquele que conculca; espezinhador **2** desprezador **3** vilipendiador (Do lat. **conculcatōre-*, «id.»)

conculcar v.tr. **1** calcar com os pés; espezinhar **2** desprezar; postergar **3** aviltar (Do lat. *conculcāre*, «id.»)

conculuta n.f. [Cabo Verde] revoluteio de cabeça; movimento da cabeça para baixo e para cima (De *com*-+*cocuruto*)

concunhado n.m. cunhado de um dos cônjuges ou companheiros (em relação ao outro cônjuge ou companheiro) (De *con*-+*cunhado*)

concupiscência n.f. **1** atração pelos prazeres materiais e/ou sensuais **2** desejo sexual intenso **3** cobiça (Do lat. *concupiscentĭa-*, «id.»)

concupiscente adj.2g. **1** que tem concupiscência **2** sensual (Do lat. *concupiscente-*, «id.», part. pres. de *concupiscĕre*, «desejar ardentemente»)

concupiscível adj.2g. que produz ou pode despertar concupiscência (Do lat. *concupiscibĭle-*, «cobiçável»)

concursista n.2g. pessoa que participa num concurso (De *concurso*+-*ista*)

concurso n.m. **1** ato ou efeito de concorrer **2** afluência de pessoas ao mesmo lugar **3** prestação de provas ou apresentação de documentos exigidos para a admissão a uma escola ou a um emprego **4** admissão de propostas para uma adjudicação **5** conjunto de provas organizadas para testar os conhecimentos, habilidades ou avaliar o aspeto físico dos participantes e para apurar um ou mais vencedores, que recebem prémios; **~ *de circunstâncias*** conjunto de circunstâncias que agem em simultâneo, acaso (Do lat. *concursu-*, «ação de correr juntamente»)

concurvar v.tr. ⇒ **recurvar** (De *con*-+*curvar*)

concussão n.f. **1** ato ou efeito de concutir **2** choque violento originado por uma explosão **3** abalo; choque; comoção violenta **4** [fig.] peculato praticado por funcionário público; extorsão; ***espoleta de ~*** espoleta em que a inflamação é provocada pelo choque de uma substância existente dentro da mesma (Do lat. *concussiōne-*, «agitação; abalo»)

concussionário adj.,n.m. que ou aquele que, no uso das suas funções oficiais, exige indevidamente dinheiro ou outra coisa qualquer (Do lat. *concussiōne-*, «agitação» +-*ário*)

concussor adj.,n.m. ⇒ **concussionário** (Do lat. *concussōre-*, «aquele que sacode ou abala»)

concutir v.tr. **1** fazer tremer; abalar; sacudir **2** comover (Do lat. *concutĕre*, «sacudir violentamente»)

concutível adj.2g. que se pode concutir (De *concutir*+-*vel*)

concutor n.m. peça das espoletas de concussão (De *concutir*+-*or*)

condado n.m. **1** dignidade de conde **2** território sob a jurisdição de um conde **3** solar de conde (De *conde*+-*ado*)

condal adj.2g. que diz respeito a conde (De *conde*+-*al*)

condão n.m. **1** virtude ou qualidade especial **2** dom **3** qualidade **4** prerrogativa **5** poder misterioso; ***varinha de ~*** ⇒ **varinha** (Deriv. regr. de *condoar*, do lat. *condonāre*, «fazer entrega ou cessão de»)

conde n.m. (*feminino* **condessa**) **1** título de nobreza, no grau de simples distinção, entre visconde e marquês **2** (Idade Média) soberano de um condado **3** (baralho de cartas) valete **4** BOTÂNICA variedade de pera, grande e suculenta (Do lat. *comĭte-*, «companheiro; conde»)

condecoração n.f. **1** ato ou efeito de condecorar **2** distinção honrosa, insígnia de ordem honorífica ou militar (Do lat. **condecoratiōne-*, «id.»)

condecorado adj.,n.m. que ou o que tem condecoração (Do lat. *condecorātu-*, part. pass. de *condecorāre*, «honrar»)

condecorar v.tr. **1** conceder condecoração a **2** nobilitar **3** realçar (Do lat. *condecorāre*, «honrar»)

condecorativo *adj.* 1 relativo a condecoração 2 que serve para condecorar (De *condecorar*+-*tivo*)

condenação *n.f.* 1 decisão de justiça que condena alguém a uma pena ou obrigação; sentença 2 indício de crime 3 decisão que determina o desaparecimento de algo 4 ação de criticar alguém ou algo; ataque; reprovação; censura (Do lat. *condemnatiōne*-, «id.»)

condenado *adj.* 1 que foi julgado culpado e sentenciado 2 que não tem cura 3 obrigado ∎ *n.m.* 1 o que foi sentenciado com uma pena 2 facínora; réprobo 3 RELIGIÃO aquele que se encontra no Inferno a cumprir uma pena eterna (Do lat. *condemnātu*-, «id.»)

condenador *adj.* 1 que condena; condenatório 2 reprovador ∎ *n.m.* aquele que condena (Do lat. *condemnatōre*-, «id.»)

condenamento *n.m.* ⇒ **condenação** (De *condenar*+-*mento*)

condenar *v.tr.* 1 proferir sentença condenatória 2 castigar 3 obrigar; constranger 4 impedir formalmente; proibir 5 rejeitar 6 criticar; censurar; reprovar 7 anatematizar 8 considerar incurável (doente); desenganar ∎ *v.pron.* 1 dar a conhecer a própria culpa ou erro 2 obrigar-se 3 sujeitar-se (Do lat. *condemnāre*, «id.»)

condenatório *adj.* que encerra condenação (De *condenar*+-*tório*)

condenável *adj.2g.* 1 que merece ser condenado 2 repreensível 3 abominável (Do lat. *condemnabĭle*-, «id.»)

condensabilidade *n.f.* propriedade de se condensar (Do lat. *condensabĭle*-, «id.», de *condensāre*, «condensar» +-*i*-+-*dade*)

condensação *n.f.* 1 ato ou efeito de condensar ou condensar-se 2 FÍSICA passagem do estado de vapor ao estado líquido 3 QUÍMICA formação de um composto pela reação de duas ou mais substâncias orgânicas com eliminação de água ou de outra substância 4 [fig.] concisão 5 resumo; ~ **elétrica** acumulação de cargas elétricas por meio de um condensador; **cauda de** ~ nuvem que se forma na passagem de um avião de alta velocidade, a grande altitude (Do lat. *condensatiōne*-, «id.»)

condensado *adj.* 1 que se condensou ou concentrou 2 reduzido aos elementos essenciais; resumido 3 amontoado 4 englobado ∎ *n.m.* resumo (Do lat. *condensātu*-, part. pass. de *condensāre*, «tornar compacto»)

condensador *adj.* que condensa ∎ *n.m.* 1 o que condensa 2 ELETRICIDADE aparelho que permite acumular energia elétrica 3 FÍSICA aparelho que se destina a fazer passar um vapor ou um gás ao estado líquido; ~ **de luz** ÓTICA combinação de espelhos ou lentes utilizada em instrumentos óticos para fazer convergir a luz sobre um objeto; ~ **de uma máquina a vapor** órgão que recebe e condensa o vapor de água que sai do cilindro; ~ **elétrico** ELETRICIDADE sistema de dois condutores elétricos separados por um dielétrico e colocados, em geral, tão próximos um do outro que praticamente todas as linhas de força que saem de um terminam no outro, permitindo a acumulação de energia no dielétrico; **armadura condensadora** ELETRICIDADE armadura de um condensador elétrico que está ligada à terra ou ao neutro (Do ing. *condenser*, «condensador»)

condensante *adj.2g.* que condensa (Do lat. *condensante*-, «id.», part. pres. de *condensāre*)

condensar *v.tr.* 1 FÍSICA aumentar a densidade de uma substância (que passa do estado gasoso ao estado líquido) 2 espessar 3 liquefazer (vapor) 4 amontoar 5 provocar o aumento de capacidade de (condutor elétrico) 6 [fig.] resumir; sintetizar ∎ *v.pron.* 1 tornar-se denso 2 liquefazer-se (Do lat. *condensāre*, «tornar compacto»)

condensável *adj.2g.* 1 que se pode condensar 2 [fig.] que pode ser resumido (De *condensar*+-*vel*)

condescendência *n.f.* 1 ação de condescender; complacência; transigência 2 atitude de superioridade paternalista (Do lat. *condescendentia*-, «id.»)

condescendente *adj.2g.* 1 que usa ou denota condescendência 2 complacente 3 paternalista (Do lat. *condescendente*-, «id.», part. pres. de *condescendĕre*, «pôr-se ao mesmo nível; condescender»)

condescender *v.tr.,intr.* acabar por ceder ao desejo ou vontade de outra pessoa, com alguma relutância; transigir; consentir (Do lat. *condescendĕre*, «pôr-se ao mesmo nível; condescender»)

condescendimento *n.m.* ⇒ **condescendência** (De *condescender*+-*mento*)

condessa[1] /ê/ *n.f.* (*masculino* **conde**) 1 esposa de conde 2 [ant.] senhora de condado (Do b. lat. *comitissa*-, fem. de *comes*, «conde»)

condessa[2] /ê/ *n.f.* pequena cesta de verga ou vime, com tampa (Deriv. regr. do port. ant. *condessar*, do lat. *condensāre*, «reunir; guardar»)

condesseiro *n.m.* fabricante de cestas chamadas condessas (De *condessa*+-*eiro*)

condessinha *n.f.* 1 condessa jovem 2 jogo popular (De *condessa*+-*inha*)

condesso /ê/ *n.m.* 1 marido de condessa, mas sem título 2 [pej.] ⇒ **conde** (De *condessa*)

condestabre *n.m.* ⇒ **condestável**

condestável *n.m.* 1 MILITAR antigo comandante do exército 2 título do infante que, nas grandes solenidades, acompanhava o rei e se colocava à direita do trono real 3 estribeiro-mor (Do lat. tard. *comes stabŭli*, «estribeiro», pelo fr. ant. *connestable*, hoje *connétable*, «condestável», com infl. de *conde*)

condição *n.f.* 1 situação em que se encontra um ser humano; circunstância 2 estado; forma 3 situação ou facto indispensável; cláusula; imposição; exigência 4 [ant.] classe social a que uma pessoa pertence; lugar na sociedade 5 *pl.* conjunto de factos de que algo depende; circunstâncias; ~ **sine qua non** condição essencial, indispensável (Do lat. *condiciōne*-, «condição»)

condicente *adj.2g.* 1 que condiz; condizente 2 que está de acordo (Do lat. *condicente*-, part. pres. de *condicĕre*, «condizer; estar de acordo»)

condicionado *adj.* sujeito a condições ou a condicionamento (Part. pass. de *condicionar*)

condicionador *adj.* que condiciona ou impõe condições ∎ *n.m.* produto para amaciar ou tratar o cabelo; ~ **de ar** aparelho destinado a regular a temperatura de um compartimento (De *condicionar*+-*dor*)

condicional *adj.2g.* 1 que está sujeito a uma condição ou restrição; condicionado 2 que exprime ou envolve uma condição 3 GRAMÁTICA diz-se da conjunção subordinativa ou oração subordinada que exprime uma condição ∎ *adj.2g.,n.m.* GRAMÁTICA que ou modo verbal que apresenta a ação, o processo ou o estado como um facto dependente de uma condição, exprimindo valores de desejo, intenção, pedido, possibilidade, etc. (Do lat. *condicionāle*-, «id.»)

condicionalidade *n.f.* 1 estado do que é condicional 2 contingência (De *condicional*+-*i*-+-*dade*)

condicionalismo *n.m.* 1 dependência de condição ou condições 2 conjunto de condições 3 qualidade do que é condicional (De *condicional*+-*ismo*)

condicionamento *n.m.* 1 conjunto de circunstâncias ou condições em que um facto se realiza ou pode realizar-se 2 PSICOLOGIA processo de aquisição de um reflexo condicionado 3 ação de provocar hábitos de pensamento e de comportamento num contexto social (De *condicionar*+-*mento*)

condicionante *adj.2g.,n.m./f.* que ou o que condiciona ou restringe (De *condicionar*+-*ante*)

condicionar *v.tr.* 1 pôr condições a 2 tornar dependente de condição 3 regular 4 PSICOLOGIA provocar ou criar (reflexos condicionados) 5 determinar; influenciar (Do lat. *condiciōne*-, «condição» +-*ar*)

condignidade *n.f.* qualidade de condigno (Do lat. *condignitāte*-, «id.»)

condigno *adj.* proporcional ao mérito, valor, etc.; devido; merecido (Do lat. *condignu*-, «id.»)

côndilo *n.m.* ANATOMIA formação saliente, articular, num osso, tipicamente arredondada de um lado e achatada do outro (Do gr. *kóndylos*, «articulação», pelo lat. *condȳlu*-, «articulação dos dedos da mão»)

condiloide *adj.2g.* em forma de côndilo (Do gr. *kóndylos*, «articulação» +*eĩdos*, «forma»)

condilóide ver nova grafia **condiloide**

condiloma /ô/ *n.m.* MEDICINA espécie de verruga que se forma no ânus, no períneo e nas partes genitais do homem e da mulher (Do gr. *kondýloma*, «tumor duro», pelo lat. *condylōma*-, «id.»)

condimentação *n.f.* 1 ato ou efeito de condimentar 2 tempero (De *condimentar*+-*ção*)

condimentar *v.tr.* 1 temperar com condimentos 2 adubar 3 [fig.] dar sabor a 4 [fig.] tornar mais interessante 5 [fig.] tornar malicioso (De *condimento*+-*ar*)

condimentício *adj.* que serve para condimentar (De *condimentar*+-*ício*)

condimento *n.m.* 1 substância que realça o sabor dos alimentos; tempero 2 adubo 3 [fig.] aquilo que torna algo mais interessante (Do lat. *condimentu*-, «id.»)

condimentoso /ô/ *adj.* ⇒ **condimentício** (De *condimento*+-*oso*)

condir *v.tr.* preparar manualmente (preparados farmacêuticos); manipular (Do lat. *condīre*, «temperar»)

condiscípulo *n.m.* 1 companheiro de estudos; colega 2 o que frequenta a mesma escola ou aula (Do lat. *condiscipŭlu*-, «id.»)

condizente *adj.2g.* 1 que condiz; bem combinado 2 harmónico 3 ajustado (De *condizer*+-*ente*)

condizer v.intr. 1 estar em harmonia ou em proporção 2 concordar 3 quadrar 4 dizer 5 ficar bem ■ v.pron. 1 ajustar-se 2 harmonizar-se (Do lat. *condicĕre*, «condizer; estar de acordo»)

condoar v.tr. fazer doação (em conjunto) de (Do lat. *condonāre*, «id.»)

condoer v.tr. 1 inspirar dó, compaixão a 2 contristar ■ v.pron. compadecer-se (Do lat. *condolēre*, «sofrer muito»)

condoído adj. compadecido; apiedado (Part. pass. de *condoer*)

condoimento n.m. condolência; compaixão; pena; dó (De *condoer+-mento*)

condolência n.f. 1 sentimento do que se condói; compaixão 2 pl. expressão de pesar pelo falecimento ou infortúnio de alguém; pêsames (Do lat. *condolentĭa*, «id.», part. pres. neut. pl. de *condolēre*, «condoer-se; sofrer com»)

condolente adj.2g. que se condói (Do lat. *condolente-*, «id.», part. pres. de *condolēre*, «sofrer com; condoer-se»)

condominial adj.2g. relativo ou pertencente a condomínio (De *condomínio+-al*)

condomínio n.m. 1 domínio exercido simultaneamente por mais de uma pessoa ou nação 2 situação em que uma coisa indivisa (um prédio, por exemplo) pertence a vários titulares, tendo cada um deles direitos exclusivos sobre uma ou mais frações determinadas e sendo, ao mesmo tempo, comproprietário das partes do edifício que constituem a sua estrutura comum ou que estão afetas ao serviço das frações em que o prédio está dividido (Do lat. med. *condominĭu-*, «id.»)

condomínio fechado n.m. zona residencial de acesso controlado, com infraestruturas e áreas de lazer, como jardins, piscina, etc., que apenas podem ser utilizadas pelos moradores

condómino n.m. 1 coproprietário 2 dono de propriedade horizontal 3 titular de uma ou mais frações independentes em propriedade horizontal, que é também comproprietário das partes do edifício que constituem a sua estrutura comum ou estão afetas ao serviço das frações em que o prédio está dividido (Do lat. med. *condomĭnu-*, «id.»)

condonatário n.m. aquele que recebe doação com outrem (De *con-+donatário*)

condor n.m. ORNITOLOGIA ave de rapina, diurna, da família dos Catartídeos (abutre de grande porte), da América do Sul (Do quích. *kúntur*, «id.», pelo cast. *cóndor*, «id.»)

condoreirismo n.m. [Brasil] LITERATURA corrente ou tendência que marcou a poesia brasileira entre 1850 e 1870, caracterizada por uma retórica empolada e por uma temática social e política; condorismo

condral adj.2g. que diz respeito a cartilagem (Do gr. *khóndros*, «cartilagem» +-*al*)

condrificar-se v.pron. transformar-se em cartilagem (Do gr. *khóndros*, «cartilagem»+lat. *ficāre*, por *facĕre*, «fazer»)

condrina n.f. BIOLOGIA, QUÍMICA espécie de gelatina que se obtém por cocção das cartilagens (Do gr. *khóndros*, «cartilagem» +-*ina*)

condrioconto n.m. HISTOLOGIA condriossoma em forma de bastonete (Do gr. *khóndros*, «cartilagem» +*kontós*, «frecha; dardo»)

condrioma /ô/ n.m. HISTOLOGIA conjunto de condriossomas de uma célula (Do gr. *khóndros*, «cartilagem»+[*ogk*]*oma*, «tumor»)

condriomito n.m. ⇒ **condriómito**

condrimito n.m. HISTOLOGIA condriossoma granular, em rosário (Do gr. *khóndros*, «cartilagem» +*mítos*, «fio da teia»)

condriossoma n.m. HISTOLOGIA cada um dos corpúsculos vivos existentes no citoplasma de uma célula, que derivam uns dos outros por divisão e cujas funções ainda não estão bem esclarecidas (Do gr. *khóndros*, «cartilagem» +*sōma*, «corpo»)

condrite n.f. MEDICINA inflamação de uma cartilagem (Do gr. *khóndros*, «cartilagem» +-*ite*)

condrito n.m. GEOLOGIA meteorito lítico que contém côndrulos (Do gr. *khóndros*, «pequeno corpo duro e arredondado» +-*ito*)

condr(o)- elemento de formação de palavras que exprime a ideia de *cartilagem* e *pequeno corpo duro e arredondado* (Do gr. *khóndros*, «pequeno corpo duro e arredondado»)

condroide adj.2g. semelhante a cartilagem (Do gr. *khóndros*, «cartilagem» +*eîdos*, «forma»)

condróide ver nova grafia **condroide**

condrologia n.f. estudo das cartilagens (Do gr. *khóndros*, «cartilagem» +*lógos*, «estudo» +-*ia*)

condropterígios n.m.pl. ICTIOLOGIA [ant.] peixes que têm esqueleto cartilagíneo, hoje chamados elasmobrânquios (Do gr. *khóndros*, «cartilagem» +*ptéryx*, *ptérygos*, «asa; barbatana» +-*io*)

côndrulo n.m. GEOLOGIA pequeno corpo arredondado formado por olivina, enstatite ou outros minerais e elemento constituinte de alguns meteoritos líticos (Do gr. *khóndros*, «pequeno corpo duro e redondo; grão» +-*ulo*)

condução n.f. 1 ato ou efeito de conduzir ou guiar; orientação 2 ato de conduzir um veículo 3 ato de dirigir ou governar; governo 4 FÍSICA transferência de carga elétrica por movimento de partículas carregadas em determinado sentido, sob a ação de um campo elétrico aplicado 5 FÍSICA transferência de calor através de um meio por interação direta entre átomos ou moléculas próximas; **~ iónica** FÍSICA condução elétrica efetuada pelo movimento de iões positivos ou negativos; **banda de ~** FÍSICA conjunto de estados eletrónicos disponíveis para condução de corrente por eletrões, num sólido; **eletrão de ~** FÍSICA eletrão que é livre de mover-se sob a ação de um campo elétrico (Do lat. *conductiōne-*, «aluguer; condução»)

conducente adj.2g. 1 que conduz (a um fim) 2 tendente (Do lat. *conducente-*, part. pres. de *conducĕre*, «conduzir»)

conduito n.m. [pop.] ⇒ **conduto**

conduta[1] n.f. 1 ato ou efeito de conduzir 2 condução de pessoas para algum lugar 3 tubo condutor (De *conduto*)

conduta[2] n.f. procedimento; comportamento (Do fr. *conduite*, «comportamento»)

condutância n.f. ELETRICIDADE grandeza física relativa aos condutores elétricos, expressa pelo inverso da resistência elétrica desses condutores (Do lat. *conductu-*, part. pass. de *conducĕre*, «conduzir», pelo fr. *conductance*, «condutância»)

condutar[1] v.tr. 1 comer o pão com conduto 2 [ant.] poupar; economizar (De *conduto+-ar*)

condutar[2] v.tr. [Angola] conduzir; ndutar (Do inglês *conduct*, «idem»)

condutibilidade n.f. propriedade que os corpos têm de transmitir calor, eletricidade ou som (Do fr. *conductibilité*, «id.»)

condutício adj. 1 que arrenda ou dá de arrendamento 2 mercenário 3 assoldadado (Do lat. *conducticĭu-*, «contratado»)

condutismo n.m. ⇒ **behaviourismo** (De *conduta+-ismo*)

condutível adj.2g. 1 que pode ser conduzido 2 que goza de condutibilidade (Do fr. *conductible*, «id.»)

condutividade n.f. FÍSICA inverso da resistividade de material (Do fr. *conductivité*, «id.»)

condutivo adj. que conduz ou serve para conduzir (Do lat. *conductu-*, part. pass. de *conducĕre*, «conduzir» +-*ivo*)

conduto n.m. 1 cano ou tubo de condução 2 conduta 3 via 4 meio 5 [pop.] qualquer alimento que se come com o pão; presigo 6 pequena verba dada aos criados de lavoura para comprarem esse alimento (Do lat. *conductu-*, part. pass. de *conducĕre*, «conduzir»)

condutor adj. 1 que serve para conduzir 2 que permite a passagem de uma corrente elétrica ■ n.m. 1 pessoa que conduz um veículo 2 pessoa que guia ou lidera 3 meio de comunicação ou de transmissão 4 FÍSICA substância ou corpo que oferece uma resistência relativamente pequena à passagem de uma corrente elétrica, do calor, etc. (por exemplo, um metal) (Do lat. *conductōre-*, «o que conduz;»)

conduzir v.tr. 1 levar (alguém a alguma parte); acompanhar 2 dirigir 3 servir de condutor; transportar 4 dirigir (um veículo) 5 guiar (animais) 6 ir ter (a); ir dar (a) 7 fazer passar (notícia, informação); transmitir 8 transmitir; fazer passar (coisas) 9 gerir 10 comandar 11 MATEMÁTICA traçar uma linha, fazendo-a passar por um ponto ■ v.intr. dirigir um veículo ■ v.pron. agir; portar-se (Do lat. *conducĕre*, «id.»)

cone n.m. 1 GEOMETRIA sólido geométrico que se obtém intersetando uma das folhas de uma superfície cónica fechada por um plano que interseta todas as geratrizes da superfície 2 base cónica para gelado, feita de massa de biscoito 3 HISTOLOGIA designação de determinadas células da retina sensíveis à luz; **~ de revolução** GEOMETRIA cone resultante de uma superfície cónica de revolução, sólido gerado, numa revolução completa, pela rotação de um triângulo retângulo em torno de um dos catetos; **~ de sombra** zona de sombra originada por um corpo opaco, se colocado perante uma fonte luminosa pontual ou que com tal possa ser considerado (por exemplo, a situação de um planeta interposto entre o Sol e a Terra); **~ vulcânico** GEOGRAFIA relevo resultante da acumulação de materiais vulcânicos em torno da chaminé por onde foram expelidos (Do gr. *kōnos*, «cone», do lat. *conu-*, «id.», pelo fr. *cône*, «id.»)

conectar v.tr. 1 ELETRICIDADE estabelecer conexão entre (quaisquer elementos de um circuito elétrico) 2 relacionar 3 INFORMÁTICA estabelecer conexão entre (sistemas informáticos, computadores) (Do lat. cl. *conectĕre*, lat. vulg. *connectĕre*, «ligar»)

conectivo adj. 1 que une ou liga 2 ANATOMIA ⇒ **conjuntivo** 4 3 LINGUÍSTICA designativo do advérbio que estabelece conexão entre frases ou constituintes de frase (ex.: *seguidamente*, *depois*, *porém*)

conector

conector ▪ *n.m.* 1 ANATOMIA filamento nervoso que liga, entre si, os pares de gânglios de uma cadeia nervosa 2 BOTÂNICA região média de uma antera que une entre si as partes laterais salientes (tecas) (Do lat. *conectīvu-*, «id.» de *connectĕre*, «ligar») ACORDO ORTOGRÁFICO também se pode escrever **conetivo**

conector *adj.* que une ou liga ▪ *n.m.* o que funciona como elemento de ligação entre peças e componentes de um mecanismo ou estrutura (Do ing. *connector*, «id.») ACORDO ORTOGRÁFICO também se pode escrever **conetor**

cónego *n.m.* RELIGIÃO sacerdote membro de um cabido (Do gr. *kanonikós*, «submetido à regra», pelo lat. *canonĭcu-*, «id.»)

conetivo a grafia mais usada é **conectivo**

conetor a grafia mais usada é **conector**

conexão *n.f.* 1 estado de coisas ligadas; dependência 2 nexo 3 analogia 4 afinidade; ligação; relação 5 enlace 6 ELETRICIDADE ligação de condutores ou aparelhos num circuito elétrico; **~ de dados** INFORMÁTICA associação de unidades funcionais para encaminhar a informação (Do lat. *conexiōne-*, «ligação»)

conexidade *n.f.* qualidade do que é conexo (De *conexo+-i-+-dade*)

conexivo *adj.* 1 relativo a conexão 2 copulativo (Do lat. *conexīvu-*, «que liga»)

conexo *adj.* 1 que tem conexão 2 que tem nexo 3 ligado 4 dependente; **folhas conexas** BOTÂNICA folhas cujos pecíolos opostos estão unidos pela base (Do lat. *conexu-*, «id.», part. pass. de *conectĕre*, «ligar»)

conezia *n.f.* 1 ⇒ **canonicato** 2 rendimento do canonicato 3 [fig.] emprego rendoso e de pouco trabalho; sinecura (Do lat. *canonicĭa-*, «id.», de *canonĭcu-*, «canónico; regular»)

confabulação *n.f.* 1 ato ou efeito de confabular 2 troca de ideias 3 conversa sobre assuntos secretos ou suspeitos (Do lat. *confabulatiōne-*, «id.»)

confabulador *n.m.* 1 aquele que confabula 2 cavaqueador (Do lat. *confabulatōre-*, «id.»)

confabular *v.tr.,intr.* 1 conversar despreocupadamente; trocar ideias ou opiniões 2 conversar sobre assuntos misteriosos ou secretos; maquinar; tramar 3 contar histórias fantasiosas como se fossem verdadeiras; fantasiar; imaginar (Do lat. cl. *confabulāri*, «id.», pelo lat. vulg. *confabulāre*, «id.»)

confarreação *n.f.* HISTÓRIA modalidade do casamento entre os antigos Romanos com oferta do pão a Júpiter e na presença de dez testemunhas (Do lat. *confarreatiōne-*, «id.»)

confeção[1] *n.f.* 1 ato ou efeito de confecionar; preparação 2 obra feita 3 acabamento (Do lat. *confectiōne-*, «ação de fazer»)

confeção[2] *n.f.* 1 vestuário de senhora ou de homem 2 fabrico em série de vestuário; pronto-a-vestir (Do fr. *confection*, «trabalho de modista»)

confecção ver nova grafia **confeção**[1,2]

confeccionador ver nova grafia **confecionador**

confeccionar ver nova grafia **confecionar**

confecionador *n.m.* aquele que confeciona (De *confeccionar+-dor*)

confecionar *v.tr.* 1 preparar; fazer 2 manipular (medicamentos) 3 fazer (obra de costura) 4 fabricar em série (vestuário) 5 organizar (Do lat. *confectiōne-*, «ação de fazer»+-*ar*)

confederação *n.f.* 1 ato ou efeito de confederar 2 associação de Estados em que cada um conserva as prerrogativas estatais, salvo algumas da competência de um órgão comum 3 coligação; liga (Do lat. *confœderatiōne-*, «pacto; convenção»)

confederado *adj.* que faz parte de uma confederação ▪ *n.m.* membro de uma confederação (Do lat. *confœderātu-*, «id.», part. pass. de *confœderāre*, «unir por um tratado»)

confederal *adj.2g.* 1 relativo a confederação 2 que tem um carácter confederativo (Deriv. regr. de *confederação*, com infl. de *federal*)

confederar *v.tr.* reunir em confederação ▪ *v.pron.* coligar-se, geralmente para um fim político (Do lat. *confœderāre*, «unir por um tratado»)

confederativo *adj.* da confederação ou a ela relativo (De *confederar+-tivo*)

confeição *n.f.* ato ou efeito de confeiçoar (Do lat. *confectiōne-*, «ação de fazer»)

confeiçoar *v.tr.* 1 preparar com mistura de drogas 2 manipular (remédios) com vários ingredientes 3 fazer (bolos e outros produtos de confeitaria) 4 manipular (De *confeição+-ar*)

confeitada *n.f.* presente de amêndoas (Part. pass. fem. subst. de *confeitar*)

confeitado *adj.* 1 com cobertura de açúcar 2 diz-se de certas pastilhas doces (Part. pass. de *confeitar*)

confeitar *v.tr.* 1 cobrir com açúcar 2 [fig.] adoçar; suavizar 3 [fig.] dissimular (Do lat. *confectāre*, de *confectu-*, part. pass. de *conficĕre*, «fazer; acabar; concluir»)

confeitaria *n.f.* estabelecimento onde se fabricam ou vendem pastéis e outras doçarias, geralmente com serviço de cafetaria; pastelaria; salão de chá (De *confeito+-aria*)

confeiteira *n.f.* 1 prato em que se servem doces 2 mulher que faz ou vende doces (De *confeiteiro*)

confeiteiro *n.m.* fabricante ou vendedor de doces (De *confeito+-eiro*)

confeito *n.m.* 1 semente ou amêndoa coberta de calda de açúcar que se seca através de uma fonte de calor 2 grânulo confecionado à base de açúcar e usado na decoração de bolos (Do lat. *confectu-*, «confeção»)

conferência *n.f.* 1 ato de conferir; verificação 2 confronto; confrontação 3 reunião oficial 4 conversação entre duas ou mais pessoas sobre assuntos de interesse comum 5 reunião de representantes e altos dignitários de diferentes países sobre problemas de ordem internacional; congresso 6 discurso ou palestra sobre temas literários, artísticos, científicos, políticos ou religiosos 7 junta de médicos para estudo do diagnóstico e tratamento de uma doença grave; **~ de imprensa** entrevista dada por uma instituição ou pessoa a um grupo de jornalistas (Do lat. *conferentĭa*, part. pres. neut. pl. subst. de *conferre*, «conferir; reunir»)

conferencial *adj.2g.* 1 referente a conferência 2 em forma de conferência (De *conferência+-al*)

conferenciar *v.tr.,intr.* 1 discutir em conferência (com) 2 conversar (com) 3 dar uma conferência (sobre) (De *conferência+-ar*)

conferencista *n.2g.* pessoa que fala em público ou faz conferências (De *conferência+-ista*)

conferente *n.2g.* pessoa que faz conferência ou toma parte nela ▪ *adj.2g.* que confere (Do lat. *conferente-*, part. pres. de *conferre*, «reunir; conferir»)

conferidor *adj.,n.m.* que ou aquele que confere ou verifica (De *conferir+-dor*)

conferir *v.tr.* 1 proceder à verificação de 2 comparar; confrontar 3 conceder; outorgar 4 administrar ▪ *v.intr.* estar conforme; estar exato (Do lat. *conferĕre* por *conferre*, «pôr em paralelo; juntar»)

confessa *n.f.* monja ou freira que vive em mosteiro (De *confesso*)

confessado *adj.,n.m.* que ou aquele que se confessou (Part. pass. de *confessar*)

confessando *n.m.* aquele que se vai confessar (De *confessar+-ando*)

confessar *v.tr.* 1 declarar em confissão 2 revelar 3 ouvir a confissão de ▪ *v.pron.* 1 dizer os pecados em confissão 2 declarar 3 revelar (Do lat. cl. *confessāre*, freq. de *confitēri*, «confessar»)

confessável *adj.2g.* que se pode confessar ou dizer sem vergonha ou dano (De *confessar+-vel*)

confessional *adj.2g.* 1 relativo a confissão 2 que diz respeito a crença religiosa (Do lat. *confessiōne-*, «id.»)

confessionário *n.m.* lugar onde o sacerdote ouve as confissões (Do lat. *confessiōne+-ário*)

confesso[1] *adj.* 1 que confessou os seus erros 2 que aceita como verdadeiras as acusações que lhe dirigem 3 que se converteu à religião católica ▪ *n.m.* RELIGIÃO monge ou frade que vive em convento (Do lat. *confessu-*, part. pass. de *confitēri*, «confessar»)

confesso[2] /ê/ *n.m.* [pop.] ⇒ **confissão** (Deriv. regr. de *confessar*)

confessor *n.m.* sacerdote que tem jurisdição para ouvir alguém em confissão 2 pessoa que morreu, confessando a religião católica 3 mártir e confesso (Do lat. tard. *confessōre-*, «confessor da fé cristã»)

confessoral *adj.2g.* referente a confissão ▪ *n.m.* ⇒ **confessionário** (De *confessor+-al*)

confessório *adj.* 1 da confissão 2 relativo a confissão 3 diz-se da ação contra o réu confesso (De *confesso+-ório*)

confete *n.m.* cada um dos pedacinhos de papel de várias cores e formas que as pessoas atiram, em grandes quantidades, em desfiles ou festejos como o Carnaval (Do it. *confetti*, pl. de *confetto*, «confeito»)

confetti *n.m.pl.* ⇒ **confete**

confiadamente *adv.* com confiança (De *confiado+-mente*)

confiado[1] *adj.* 1 que tem confiança 2 esperançado 3 entregue 4 [pop.] atrevido 5 [Moçambique] em quem se confia; honesto (Particípio passado de *confiar*)

confiado[2] *n.m.* [São Tomé e Príncipe] atrevimento (Do forro *kunfiadu*, «idem»)

confiança *n.f.* 1 segurança íntima ou convicção do próprio valor 2 segurança de alguém que crê em alguém ou alguma coisa; certeza 3 crédito 4 ânimo 5 [pop.] ousadia; atrevimento 6 [pop.]

familiaridade; *abuso de* ~ atitude abusiva tomada em virtude da posição ou situação que se ocupa; *dar* ~ permitir certa familiaridade; *ir à* ~ ter segurança, ter certeza; *tomar/ganhar* ~ familiarizar-se, adquirir à-vontade (Do fr. *confiance*, «id.»)

confiante adj.2g. 1 que confia 2 otimista (De *confiar+-ante*)

confiar v.tr. 1 entregar ou comunicar (alguma coisa a alguém) sem receio a perder ou sofrer dano 2 revelar 3 transmitir ■ v.intr. ter confiança ■ v.tr.,intr. acreditar (em) ■ v.pron. 1 entregar-se 2 fiar-se 3 fazer confidências (Do lat. vulg. *confidāre* por *confidĕre*, «ter confiança»)

confiável adj.2g. 1 em que se pode acreditar; fidedigno 2 diz-se do objeto ou sistema em cuja segurança, resistência, ou precisão se pode confiar (De *confiar+-vel*)

confidência n.f. 1 comunicação de algo pessoal 2 segredo confiado 3 confiança; *em* ~ secretamente, em segredo (Do lat. *confidentĭa-*, «confiança»)

confidencial adj.2g. 1 que tem carácter de confidência 2 secreto ■ n.f. ordem ou comunicação sob sigilo (De *confidência+-al*)

confidencialidade n.f. 1 carácter do que é confidencial 2 manutenção do segredo de uma informação ou informações (De *confidencial+-i-+-dade*)

confidenciar v.tr. 1 dizer em confidência 2 segredar (De *confidência+-ar*)

confidencioso /ô/ adj. ⇒ **confidencial** (De *confidência+-oso*)

confidente adj.,n.2g. que ou a pessoa que faz ou recebe uma confidência (Do lat. *confidente-*, «id.», part. pres. de *confidĕre*, «confiar»)

configuração n.f. 1 forma externa de um corpo; aspeto geral; figura; feitio 2 INFORMÁTICA forma como um sistema é definido ou organizado, atendendo por vezes a necessidades específicas; ~ *planetária* ASTRONOMIA disposição aparente de um astro em relação a outro (Do lat. *configuratiōne-*, «semelhança»)

configurar v.tr. 1 dar uma forma a; representar a configuração de 2 caracterizar 3 INFORMÁTICA programar (um sistema ou um elemento de um sistema) para assumir uma determinada função de um modo determinado 4 definir opções para satisfazer necessidades específicas (Do lat. *configurāre*, «dar forma a»)

confim adj.2g. ⇒ **confinante** ■ n.m.pl. 1 parte de um território correspondente aos seus limites ou fronteiras 2 lugares remotos (Do lat. *confine-*, «limítrofe»)

confinal adj.2g. que confina; limítrofe (Do lat. *confināle-*, «id.»)

confinante adj.2g. que confina; fronteiro; limítrofe (De *confinar+-ante*)

confinar v.tr.,intr. 1 ter fronteiras comuns (com); ser limítrofe 2 aproximar-se (de); tocar(-se) ■ v.tr. 1 circunscrever; demarcar 2 restringir; limitar (Do lat. *confine-*, «limítrofe» +-*ar*)

confinidade n.f. 1 qualidade de ser confinante 2 circunvizinhança 3 relações de confim (De *confim+-i-+-dade*)

confirmação n.f. 1 ato ou efeito de confirmar; afirmação 2 ratificação, corroboração 3 apoio 4 RETÓRICA parte do discurso em que o orador apresenta e desenvolve as provas 5 RELIGIÃO sacramento da Igreja Católica, destinado a confirmar e reforçar os votos do batismo; crisma 6 aprovação pelo papa da nomeação de um bispo (Do lat. *confirmatiōne-*, «id.»)

confirmador adj.,n.m. que ou aquele que confirma (Do lat. *confirmatōre-*, «o que afiança»)

confirmante adj.,n.2g. ⇒ **confirmador** (Do lat. *confirmante-*, «id.», part. pres. de *confirmāre*, «confirmar»)

confirmar v.tr. 1 comprovar ou garantir a verdade ou existência de 2 afirmar categoricamente 3 [ant.] tornar mais firme 4 certificar 5 ratificar 6 adquirir a certeza de 7 RELIGIÃO proceder à confirmação de; crismar ■ v.pron. 1 realizar-se; cumprir-se 2 ter comprovação 3 certificar-se (Do lat. *confirmāre*, «id.»)

confirmativo adj. que confirma; confirmante (Do lat. *confirmatīvu-*, «afirmativo»)

confirmatório adj. que contém confirmação; confirmante (De *confirmar+-tório*)

confiscação n.f. ato ou efeito de confiscar; confisco (Do lat. *confiscatiōne-*, «id.»)

confiscar v.tr. 1 apreender por ordem judicial (algo que está na posse de alguém); arrestar 2 retirar (algo a alguém) como forma de castigo ou devido à existência de regras que proíbem o seu uso (Do lat. *confiscāre*, «id.»)

confiscável adj.2g. que pode ser confiscado (Do lat. *confiscabĭle-*, «id.»)

confisco n.m. ⇒ **confiscação** (Deriv. regr. de *confiscar*)

confissão n.f. 1 ato de confessar ou de se confessar 2 RELIGIÃO ato de reconhecer os pecados cometidos, na presença de um sacerdote da Igreja Católica, como expressão do sacramento da penitência 3 RELIGIÃO oração que se reza durante esse ato 4 declaração de faltas cometidas; reconhecimento de culpa 5 confidência 6 crença religiosa; fé 7 [ant.] qualquer profissão ou ofício 8 pl. narrativa autobiográfica de cunho confessional; ~ *de dívida* declaração escrita pelo devedor (Do lat. *confessiōne-*, «id.»)

confita elem.loc.adv. *a certa* ~ chegada a ocasião (De orig. obsc.)

confitente adj.,n.2g. que ou quem confessa ou se confessa; confesso (Do lat. *confitente-*, «id.», part. pres. de *confitēri*, «confessar»)

conflagração n.f. 1 ação de conflagrar 2 incêndio que tende a alastrar 3 [fig.] grande cataclismo político 4 [fig.] guerra generalizada 5 [fig.] veemência de um sentimento ou paixão (Do lat. *conflagratiōne-*, «incêndio»)

conflagrar v.tr. 1 incendiar totalmente 2 pôr em convulsão 3 agitar 4 abrasar ■ v.pron. revolucionar-se (Do lat. *conflagrāre*, «estar em chamas»)

conflito n.m. 1 choque de elementos contrários; discórdia; antagonismo; oposição 2 luta entre dois poderes com interesses antagónicos; guerra 3 altercação; desordem; disputa 4 momento crítico 5 estado de hesitação entre tendências ou impulsos antagónicos 6 confronto de princípios ou leis que se contradizem mutuamente e impossibilitam a sua aplicação (Do lat. *conflictu-*, «choque; embate; luta»)

conflitual adj.2g. que envolve conflito (De *conflito+-al*)

conflitualidade n.f. qualidade ou estado do que envolve conflito (De *conflitual+-i-+-dade*)

conflituosidade n.f. qualidade ou estado de conflituoso (De *conflituoso+-i-+-dade*)

conflituoso /ô/ adj. 1 que provoca conflitos 2 em que há conflito; em que há antagonismo 3 rixoso; desordeiro (De *conflito+-oso*)

confluência n.f. 1 qualidade do que se dirige para o mesmo ponto; qualidade do que é confluente; convergência 2 ponto de junção de duas correntes 3 MEDICINA exantema circunscrito (Do lat. *confluentĭa-*, «afluxo de sangue; confluência»)

confluente adj.2g. que conflui ■ n.m. GEOGRAFIA rio que vai desaguar num afluente (Do lat. *confluente-*, «id.», part. pres. de *confluĕre*, «confluir; afluir»)

confluir v.tr.,intr. 1 correr para o mesmo ponto; afluir 2 convergir (Do lat. *confluĕre*, «correr juntamente»)

conformação n.f. 1 ato ou efeito de dar ou adquirir uma dada forma ou configuração 2 disposição geral dos diferentes elementos de um corpo ou sistema; configuração; constituição; estrutura 3 [fig.] ato de se conformar com uma situação; resignação; submissão; *vício de conformação* deformidade congénita (Do lat. *conformatiōne-*, «id.»)

conformado adj. 1 que se conformou 2 que tem determinada forma ou conformação 3 que aceitou com resignação; resignado (Do lat. *conformātu-*, «id.», part. pass. de *conformāre*, «conformar; adaptar»)

conformador adj.,n.m. que ou o que conforma ■ n.m. aparelho articulado de chapeleiro para obter a conformação de uma cabeça (De *conformar+-dor*)

conformar v.tr.,pron. 1 dar ou adquirir uma determinada forma; formar(-se) 2 pôr(-se) em harmonia ou de acordo com; adaptar(-se); conciliar(-se) ■ v.pron. 1 aceitar com resignação; resignar-se 2 concordar com; identificar-se (Do lat. *conformāre*, «dar forma a»)

conformativo adj. próprio para conformar (De *conformar+-tivo*)

conformável adj.2g. que se pode conformar (De *conformar+-vel*)

conforme adj.2g. 1 que tem a mesma forma ou forma semelhante; idêntico; análogo; correspondente 2 que convém ao fim a que se destina; apropriado 3 que está nas devidas condições 4 [fig.] resignado ■ conj. 1 como; consoante; segundo; de acordo com 2 à medida que ■ prep. segundo; consoante; de acordo com (Do lat. *conforme-*, «exatamente igual»)

conformidade n.f. 1 qualidade do que é conforme; semelhança; analogia 2 facto de corresponder a certas normas; *em* ~ de harmonia; *nesta* ~ segundo o disposto, sendo assim (Do lat. *conformitāte-*, «id.»)

conformismo n.m. 1 aceitação das normas e dos costumes dominantes sem questionamento 2 [pej.] passividade 3 RELIGIÃO (Inglaterra) anglicanismo (De *conforme+-ismo*, ou do fr. *conformisme*, «id.»)

conformista adj.,n.2g. que ou pessoa que adota ou segue o conformismo (De *conforme+-ista*, ou do ing. *conformist*, «id.», pelo fr. *conformiste*, «id.»)

confortabilidade n.f. carácter ou qualidade do que é confortável (De *confortável+-i-+-dade*)

confortação n.f. 1 ato ou efeito de confortar 2 consolação 3 conforto (De *confortar+-ção*)

confortado

confortado *adj.* 1 fortalecido 2 aconchegado 3 agasalhado 4 consolado (Do lat. *confortātu-*, part. pass. de *confortāre*, «confortar»)

confortador *adj.* que conforta (Do lat. *confortatōre-*, «id.»)

confortamento *n.m.* ⇒ **conforto** (De *confortar+-mento*)

confortante *adj.2g.* ⇒ **confortador** (Do lat. *confortante-*, «id.», part. pres. de *confortāre*, «confortar; consolar»)

confortar *v.tr.* 1 tornar forte; fortificar 2 dar conforto a 3 [fig.] consolar; animar (Do lat. *confortāre*, «id.»)

confortativo *adj.* que serve para confortar ■ *n.m.* 1 medicamento fortificante; tónico 2 [fig.] consolação (Do lat. *confortatīvu-*, «id.»)

confortável *adj.2g.* 1 (coisa, situação) que conforta; que oferece comodidade; que assegura o bem-estar 2 aconchegado (De *confortar+-vel*)

conforto *n.m.* 1 ato ou efeito de confortar 2 comodidade 3 bem-estar 4 auxílio, consolo nas aflições (Deriv. regr. de *confortar*)

confrade *n.m.* (feminino **confreira**) 1 membro de uma confraria ou irmandade 2 o que exerce a mesma profissão, geralmente liberal; colega 3 camarada (Do lat. *confratre-*, «irmão»)

confragoso /ô/ *adj.* 1 cheio de fragas; escarpado 2 [fig.] difícil 3 [fig.] áspero (Do lat. *confragōsu-*, «pedregoso»)

confrangedor *adj.* 1 que confrange 2 angustioso 3 aflitivo (De *confranger+-dor*)

confrangente *adj.2g.* ⇒ **confrangedor** (De *confranger+-ente*)

confranger *v.tr.* 1 apertar 2 obrigar a contração 3 oprimir 4 afligir; atormentar; angustiar 5 vexar ■ *v.pron.* 1 apertar-se 2 contrair-se 3 contorcer-se 4 angustiar-se; atormentar-se (Do lat. vulg. *confrangĕre*, do lat. cl. *confringĕre*, «quebrar; despedaçar»)

confrangido *adj.* 1 contraído 2 apertado 3 [fig.] contrafeito; constrangido 4 [fig.] atormentado (Part. pass. de *confranger*)

confrangimento *n.m.* 1 ato ou efeito de confranger 2 contração dolorosa 3 estado de quem não se sente à vontade; constrangimento; inibição; embaraço 4 tormento (De *confranger+-mento*)

confraria *n.f.* 1 associação com fins religiosos 2 irmandade 3 conjunto de pessoas que exercem a mesma profissão ou têm as mesmas ideias ou sentimentos (Do fr. ant. *confrarie*, hoje *confrérie*, «id.»)

confraternal *adj.2g.* que é reciprocamente fraternal (De *confraterno+-al*)

confraternar *v.tr.* unir como irmãos (De *confraterno+-ar*)

confraternidade *n.f.* 1 relação amistosa que une membros da mesma companhia, sociedade ou pessoas que têm ocupações idênticas 2 amizade como de irmãos (Do lat. med. *confraternitāte-*, «id.»)

confraternização *n.f.* 1 ato de confraternizar 2 reunião de pessoas com os mesmos interesses ou ocupações; convívio (De *confraternizar+-ção*)

confraternizar *v.tr.,intr.* 1 conviver fraternalmente; tratar como irmão 2 professar as mesmas crenças e sentimentos que outrem 3 reunir-se em ambiente de convívio (De *confraterno+-izar*)

confraterno *adj.* ⇒ **confraternal** (De *con-+fraterno*)

confreira *n.f.* (masculino **confrade**) membro de uma confraria ou irmandade (De *con-+freira*)

confreire *n.m.* confrade (de ordem militar ou confraria) (De *con-+freire*)

confrontação *n.f.* 1 ato de confrontar; cotejo; comparação 2 oposição violenta; conflito; choque 3 acareação 4 *pl.* lugares, terrenos, etc., que cercam uma propriedade; estremas 5 *pl.* [fig.] caracteres; sinais particulares que dão a conhecer um indivíduo (De *confrontar+-ção*)

confrontador *adj.,n.m.* que ou o que confronta (De *confrontar+-dor*)

confrontante *adj.2g.* 1 que confronta 2 confinante (Do lat. *confrontante-*, «id.», part. pres. de *confrontāre*, «pôr defronte; confrontar»)

confrontar *v.tr.* 1 comparar sistematicamente 2 pôr defronte 3 estar defronte de; confinar com 4 colocar em presença (pessoas ou versões discordantes); acarear 5 defrontar; enfrentar ■ *v.pron.* 1 ficar frente a frente 2 defrontar-se (Do lat. med. *confrontāre*, «id.»)

confrontável *adj.2g.* que se pode confrontar (De *confrontar+-vel*)

confronte *adj.2g.* 1 que está defronte 2 confrontado (De *con-+fronte*)

confronto *n.m.* 1 ato ou efeito de confrontar 2 comparação; paralelo 3 oposição; conflito; disputa 4 acareação (Deriv. regr. de *confrontar*)

confucianismo *n.m.* doutrina filosófica, social e religiosa de Confúcio (filósofo e estadista chinês, 551 - 479 a. C.), baseada na formação de homens de virtude, aliando à retidão de propósitos e ações a valorização dos exemplos ancestrais (De *confuciano+-ismo*, de *Confucìus*, forma latinizada de *K'un-(fu-)tse*, «Confúcio»)

confucianista *n.2g.* pessoa que professa o confucianismo (De *confuciano+-ista*)

confuciano *adj.* relativo a Confúcio ou à sua doutrina (De *Confúcio*, antr. *+-ano*)

confucionismo *n.m.* ⇒ **confucianismo**

confucionista *n.2g.* ⇒ **confucianista**

confugir *v.tr.* buscar amparo; recorrer ■ *v.tr.,intr.* fugir com (outrem) (Do lat. *confugĕre*, «refugiar-se»)

confundido *adj.* 1 posto em confusão 2 misturado 3 trocado 4 perturbado 5 envergonhado; embaraçado 6 unido (Part. pass. de *confundir*)

confundir *v.tr.* 1 misturar (coisas diversas); unir sem ordem 2 tomar (uma coisa por outra); não distinguir 3 fazer (alguém) ficar confuso; baralhar 4 causar perturbação a; atrapalhar 5 [fig.] humilhar; envergonhar 6 [fig.] amaldiçoar ■ *v.pron.* 1 misturar-se 2 não se distinguir; ser muito parecido 3 ficar confuso ou atrapalhado 4 enganar-se (Do lat. *confundĕre*, «misturar; confundir»)

confundível *adj.2g.* que se pode confundir (De *confundir+-vel*)

confusamente *adv.* 1 de modo confuso 2 em confusão 3 em desordem (De *confuso+-mente*)

confusão *n.f.* 1 ato ou efeito de confundir 2 falta de ordem, de clareza 3 desordem; balbúrdia; tumulto 4 barulho 5 perturbação; perplexidade 6 vergonha; ~ *mental* afeção global das funções psíquicas caracterizada pela obtusão intelectual, por perturbações da perceção, da memória, da orientação no tempo e no espaço; *em* ~ desordenadamente (Do lat. *confusiōne-*, «id.»)

confuso *adj.* 1 misturado; desordenado 2 a que falta clareza; mal distinto; obscuro; indeterminado 3 perplexo; desconcertado; atrapalhado 4 envergonhado (Do lat. *confūsu-*, part. pass. de *confundĕre*, «misturar; confundir»)

confutação *n.f.* ato ou efeito de confutar; refutação (Do lat. *confutatiōne-*, «refutação»)

confutador *adj.,n.m.* que ou aquele que confuta ou refuta (Do lat. *confutatōre-*, «id.»)

confutar *v.tr.* 1 refutar; rebater 2 contrariar (Do lat. *confutāre*, «derrubar»)

confutável *adj.2g.* que se pode confutar (De *confutar+-vel*)

conga *n.f.* 1 MÚSICA dança afro-americana, com ritmo semelhante ao da rumba 2 MÚSICA instrumento musical de percussão, de origem africana, semelhante a um tambor (De *Congo*, top.)

congada *n.f.* [Brasil] dança folclórica de origem africana

congelabilidade *n.f.* qualidade do que é congelável (Do lat. *congelabĭle-*, «id.» *+-i-+-dade*)

congelação *n.f.* 1 ato ou efeito de congelar ou congelar-se 2 passagem do estado líquido ao sólido por arrefecimento 3 processo de conservação em que se submete um produto a temperaturas inferiores a -18 °C 4 imobilização 5 ECONOMIA embargo à transferência de capitais depositados (Do lat. *congelatiōne-*, «id.»)

congelado *adj.* 1 solidificado por ação do frio 2 frio como gelo 3 (preço, salário, bem) que não pode ser alterado temporariamente 4 (crédito) que não pode ser transferido ■ *n.m.* produto conservado pelo método de congelação (Part. pass. de *congelar*)

congelador *adj.* que congela ■ *n.m.* compartimento de um frigorífico ou parte de um combinado que permite a congelação e conservação dos alimentos (De *congelar+-dor*)

congelamento *n.m.* 1 passagem do estado líquido ao sólido por arrefecimento; congelação 2 método de conservação de um corpo ou alimento a temperaturas baixas 3 ECONOMIA (preços, salários) manutenção no mesmo valor ou nível 4 ECONOMIA embargo à transferência de capitais depositados 5 [fig.] estabilização (De *congelar+-mento*)

congelante *adj.2g.* ⇒ **congelador** (Do lat. *congelante-*, «id.», part. pres. de *congelāre*, «congelar»)

congelar *v.tr.* 1 fazer passar do estado líquido ao estado sólido através de um processo de arrefecimento 2 submeter a temperaturas baixas para conservar 3 solidificar 4 fixar (preços, salários) 5 embargar a transferência de (capitais depositados) ■ *v.intr.* 1 tornar-se gelo 2 formar gelo 3 tornar-se frio como gelo; regelar ■ *v.pron.* solidificar-se (Do lat. *congelāre*, «gelar; congelar»)

congelativo *adj.* que faz congelar; congelador (Do lat. *congelatīvu-*, «id.»)

congelável *adj.2g.* que se pode congelar (De *congelar+-vel*)

congelo /ê/ *n.m.* 1 ⇒ **congelação** 2 embargo (Deriv. regr. de *congelar*)

congeminação *n.f.* 1 ato de congeminar; cisma 2 formação dupla e simultânea (Do lat. *congeminatiōne-*, «reduplicação»)

congeminado adj. pensado; meditado; imaginado; arquitetado; cismado (Do lat. congeminātu-, «id.», part. pass. de congemināre, «redobrar; repetir»)

congeminante adj.2g. 1 que congemina 2 cismático (Do lat. congeminante-, «que redobra», part. pres. de congemināre, «redobrar»)

congeminar[1] v.tr.,intr. [pop.] pensar; arquitetar; imaginar (Alt. de imaginar)

congeminar[2] v.tr.,pron. 1 multiplicar(-se); redobrar(-se) 2 irmanar(-se); fraternizar(-se) (Do lat. congemināre, «redobrar»)

congeminativo adj. ⇒ **congeminante** (Do lat. *congeminatīvu-, «id.»)

congeminência n.f. [pop.] situação crítica; conjuntura (De congeminar+-ência)

congénere adj.2g. 1 do mesmo género 2 da mesma natureza 3 idêntico 4 (palavras) da mesma família ou origem ■ n.2g. aquele ou aquilo que tem o mesmo género, qualidade, posição, etc. (Do lat. congenĕre-, «que é de natureza semelhante»)

congeneridade n.f. qualidade ou estado de congénere (De congénere+-i-+-dade)

congenial adj.2g. 1 de génio semelhante 2 conforme ao génio ou à índole de alguém 3 inato (De con-+genial)

congenialidade n.f. 1 qualidade do que é congenial 2 identidade de génios (De congenial+-i-+-dade)

congénito adj. 1 que foi gerado ou nasceu com o indivíduo; inato 2 apropriado (Do lat. congenĭtu-, «nascido com»)

congérie n.f. 1 reunião de muitas coisas diferentes; acervo 2 montão (Do lat. congerĭe-, «montão»)

congestão n.f. 1 acumulação anormal de sangue nos vasos de um órgão ou de uma região 2 [fig.] afluxo 3 [fig.] aglomeração (Do lat. congestiōne-, «acumulação»)

congestionado adj. 1 (órgão, zona) que sofre congestão 2 apoplético 3 afogueado; muito corado 4 [fig.] acumulado 5 (trânsito) engarrafado (Part. pass. de congestionar)

congestionamento n.m. 1 congestão 2 (trânsito) lentidão ou paragem na circulação, por obstrução da via pública devido a acidente ou a aumento de tráfego; engarrafamento 3 acumulação 4 obstrução no acesso a um serviço ou sistema eletrónico (De congestionar+-mento)

congestionante adj.2g. que causa congestão (De congestionar+-ante)

congestionar v.tr. 1 causar congestão a 2 provocar o congestionamento de ■ v.pron. 1 sofrer congestão 2 (sangue) acumular-se 3 [fig.] enrubescer; ruborizar-se de cólera ou indignação 4 (trânsito) parar ou tornar-se anormalmente lento; engarrafar-se (Do lat. congestiōne-, «acumulação» +-ar, ou do fr. congestionner, «id.»)

congestivo adj. 1 acumulado por congestão 2 que indica possibilidade de congestão (Do fr. congestif, «id.»)

côngio n.m. antiga medida de capacidade, usada em Roma, que equivalia a três litros (Do lat. congĭu-, «id.»)

conglobação n.f. 1 ato ou efeito de conglobar 2 reunião em globo 3 acumulação 4 concentração (Do lat. conglobatiōne-, «acumulação»)

conglobar v.tr. 1 reunir em globo 2 acumular 3 concentrar 4 resumir ■ v.pron. 1 enrolar-se 2 tomar a forma de globo (Do lat. conglobāre, «reunir numa bola»)

conglomeração n.f. 1 ato ou efeito de conglomerar ou conglomerar-se 2 conglomerado (Do lat. *conglomeratiōne-, «id.»)

conglomerado adj. que se conglomerou; reunido; agregado ■ n.m. 1 PETROLOGIA rocha constituída por fragmentos arredondados de rochas preexistentes, em grande parte maiores do que os grãos de areia, ligados por cimento e material calcário, óxido de ferro ou argila endurecida 2 ECONOMIA grupo formado por várias empresas com atividades diversas 3 material para confeção de móveis ou construção civil, feito de madeira fragmentada e aglutinada convenientemente 4 aglomeração; conjunto 5 união íntima; fusão 6 pl. cascalhos cimentados pela sílica ou pelo calcário, abundantes nas águas de infiltração (Do lat. conglomerātu-, «id.», part. pass. de conglomerāre, «aglomerar; amontoar»)

conglomerar v.tr.,intr. reunir(-se) ou agregar(-se) num todo ■ v.intr. formar conglomerado ou conglomeração (Do lat. conglomerāre, «amontoar; aglomerar»)

conglomerativo adj. relativo à conglomeração (De conglomerar+-tivo)

conglutinação n.f. 1 ato ou efeito de conglutinar 2 aderência (Do lat. conglutinatiōne-, «ação de colar»)

conglutinante adj.2g. que conglutina (Do lat. conglutinante-, «id.», part. pres. de conglutināre, «colar; unir»)

conglutinar v.tr. 1 unir por meio de uma substância viscosa 2 aglutinar ■ v.pron. pegar-se; aderir (Do lat. conglutināre, «colar; unir»)

conglutinativo adj. que serve para conglutinar (Do lat. *conglutinatīvu-, «id.»)

conglutinoso adj. viscoso; pegajoso; glutinoso (Do lat. conglutinōsu-, «viscoso»)

congo[1] n.m. 1 indivíduo pertencente aos Bacongos, grupo étnico que abrange naturais do antigo Congo português, Cacongos, Congos e Muxicongos 2 língua banta falada pelos Bacongos 3 designação de diversas substâncias corantes (por exemplo, com que os cabindas se pintam) 4 BOTÂNICA variedade de feijão cultivada em Cabo Verde 5 dançador de conga (De Congo, top.)

congo[2] n.m. chá preto usado na China (Do chin. kung hu, «id.», pelo ing. congou, «id.»)

congolês adj.,n.m. ⇒ **conguês** (Do fr. congolais, «congolês»)

congolote n.f. [Moçambique] ZOOLOGIA pequeno animal invertebrado, de corpo segmentado e apêndices articulados que, como defesa, se enrola em esfera; maria-café (Do changana khongoloti, «id.»)

congonha n.f. 1 BOTÂNICA mate 2 infusão de chá-mate (Do tupi kõ'gõi, «erva-mate»)

congorsa n.f. BOTÂNICA nome vulgar extensivo a umas plantas da família das Apocináceas, uma das quais é frequente em Portugal e conhecida também por erva-da-inveja e pervinca (De orig. obsc.)

congossa n.f. BOTÂNICA ⇒ **congorsa**

congosta n.f. caminho estreito e comprido, mais ou menos declivoso; cangosta; quingosta (Do lat. hisp. congusta (via), por coangusta (via), «caminho estreito», de coangustāre, «apertar»)

congoxa n.f. 1 [ant.] aflição 2 pl. cócegas que sentem alguns cavalos quando se lhes aperta a cilha (Do lat. vulg. congustĭa-, «estreiteza», por coangustĭa-, de coangustāre, «apertar»)

congoxado adj. 1 que tem congoxas 2 aflito; angustiado (De congoxa+-ado)

congoxeiro adj. (cavalgadura) que tem congoxas (De congoxa+-eiro)

congraçador adj.,n.m. que ou aquele que congraça; pacificador (De congraçar+-dor)

congraçamento n.m. 1 ato ou efeito de congraçar ou congraçar-se; reconciliação 2 harmonia (De congraçar+-mento)

congraçar v.tr. 1 restituir à graça, à amizade 2 reconciliar 3 apaziguar ■ v.pron. 1 harmonizar-se 2 conciliar-se (De con-+graça+-ar)

congratulação n.f. 1 ação de congratular ou congratular-se 2 felicitação 3 prazer 4 pl. parabéns (Do lat. congratulatiōne-, «felicitação»)

congratulador adj.,n.m. que ou aquele que congratula ou se congratula (Do lat. *congratulatōre-, «id.»)

congratulante adj.2g. que congratula; congratulador (Do lat. *congratulante-, «id.», part. pres. de congratulāre, por congratulāri, «felicitar»)

congratular v.tr. apresentar congratulações a; felicitar ■ v.pron. regozijar-se com a felicidade de outrem (Do lat. vulg. *congratulāre por congratulāri, «felicitar»)

congratulatório adj. que encerra congratulação (Do lat. *congratulatorĭu-, «id.»)

congregação n.f. 1 ato ou efeito de congregar ou congregar-se 2 assembleia; reunião 3 confraria 4 ajuntamento; união 5 combinação 6 conselho de lentes de uma faculdade 7 RELIGIÃO instituto ou ordem religiosa 8 RELIGIÃO membros de um grupo religioso 9 RELIGIÃO comunidade local protestante 10 RELIGIÃO comissão de cardeais e de bispos que se ocupam de assuntos da Igreja na Cúria Romana (Do lat. congregatiōne-, «ação de reunir; assembleia»)

congregacional adj.2g. concernente a congregação (Do lat. *congregationāle-, «id.»)

congregacionalismo n.m. 1 RELIGIÃO defesa do direito das congregações de administrarem os seus assuntos, sem estarem sujeitas a uma instituição religiosa superior 2 RELIGIÃO conjunto das igrejas (protestantes) organizadas segundo esse princípio (De congregacional+-ismo)

congregacionalista n.2g. 1 partidário do congregacionalismo 2 membro de igreja congregacionalista ■ adj.2g. relativo ou pertencente ao congregacionalismo

congregacionismo n.m. RELIGIÃO forma de organização eclesiástica protestante que defende a autonomia das igrejas locais (De congregação+-ismo)

congregacionista adj.2g. relativo ao congregacionismo ■ n.2g. pessoa pertencente a uma congregação (De congregação+-ista)

congregado adj. 1 junto; unido 2 que faz parte de uma congregação ■ n.m. membro de uma congregação, especialmente da do Oratório (Part. pass. de congregar)

congreganista *adj.2g.* relativo a congregação religiosa ■ *n.2g.* membro de uma congregação (Do fr. *congréganiste*, «id.»)

congregante *adj.2g.* 1 que congrega 2 que convoca uma reunião de uma congregação ■ *n.2g.* congregado (De *congregar+-ante*)

congregar *v.tr.* 1 juntar; agregar 2 convocar ■ *v.pron.* 1 reunir-se em congresso 2 concorrer 3 conglutinar-se (Do lat. *congregāre*, «reunir; congregar»)

congressional *adj.2g.* pertencente a congresso (Do lat. *congressiōne-*, «encontro» +-*al*)

congressista *n.2g.* membro de congresso (De *congresso+-ista*)

congresso *n.m.* 1 reunião de chefes de Estado ou seus representantes para tratar de assuntos de carácter internacional; conferência 2 reunião de pessoas pertencentes a uma determinada área de estudo ou profissão para comunicação de trabalhos e troca de ideias; colóquio (Do lat. *congressu-*, «encontro; reunião»)

congressual *adj.2g.* ⇒ **congressional** (De *congresso+-al*)

congro *n.m.* ICTIOLOGIA peixe robusto e longo, de pele lisa, da família dos Murenídeos, comum em Portugal e denominado safio, quando juvenil (Do gr. *kóggros*, «enguia», pelo lat. *congru-*, «congro»)

côngrua *n.f.* [ant.] quantia concedida aos párocos para se sustentarem (Do lat. *congrŭa-*, fem. de *congrŭu-*, «conveniente; congruente»)

congruado *adj.* que recebe côngrua (De *côngrua+-ado*)

congruário *adj.* ⇒ **congruado** (De *côngrua+-ário*)

congruência *n.f.* 1 relação directa de um objecto ou facto com o fim a que se destina; adequação; conveniência 2 relação harmoniosa das partes de um todo; coerência 3 conformidade com alguma coisa; propriedade 4 MATEMÁTICA relação binária que se traduz pela sobreponibilidade de duas figuras geométricas 5 MATEMÁTICA relação binária (definida no conjunto dos números inteiros não negativos e generalizável a outros conjuntos), cujos elementos são os pares de números inteiros cuja diferença é um múltiplo de outro inteiro dado (módulo de congruência) (Do lat. *congruentĭa-*, «conveniência; acordo; conformidade»)

congruente *adj.2g.* 1 em que há congruência; coerente 2 conveniente 3 proporcionado; *números congruentes* MATEMÁTICA números que, divididos por um terceiro, dão restos iguais (Do lat. *congruente-*, «conveniente»)

congruidade *n.f.* ⇒ **congruência** (De *côngruo+-i-+-dade*)

congruísmo *n.m.* RELIGIÃO sistema teológico que trata do problema da eficácia da graça em relação com a liberdade humana (De *côngruo+-ismo*)

congruísta *n.2g.* pessoa que é partidária do congruísmo (De *côngruo+-ista*)

côngruo *adj.* 1 conveniente; adequado 2 suficiente 3 declarado em termos claros 4 proporcionado (Do lat. *congrŭu-*, «conveniente; conforme»)

conguês *adj.,n.m.* 1 relativo à República Democrática do Congo (antigo Zaire) ou o que é seu natural ou habitante 2 relativo à República do Congo, ou o que é seu natural ou habitante (De *Congo*, top. +-*ês*)

conha /ô/ *n.f.* BOTÂNICA excrescência na parte inferior de um tronco, de onde sai uma pernada (Do lat. **cunĕa-*, por *cunĕu-*, «cunha; cavilha»)

conhaque *n.m.* 1 bebida alcoólica que resulta da destilação de vinhos brancos da região de Conhaque (França) 2 bebida semelhante a esta produzida noutro lugar (Do fr. *cognac*, «id.», de *Cognac*, top.)

conhecedor *adj.* que conhece ■ *n.m.* pessoa versada em algum tema ou assunto; pessoa competente numa matéria; perito (De lat. *cognoscitōre-*, «id.»)

conhecença *n.f.* 1 [ant.] ato de conhecer ou reconhecer 2 [ant.] oferta voluntária feita a um pároco, em substituição dos rendimentos regidos por dízimos 3 [ant.] quantia devida a um senhorio por qualquer bom ofício feito ou por reconhecimento de vassalagem (Do lat. **cognoscentĭa-*, «id.»)

conhecer *v.tr.* 1 ter conhecimento de 2 fazer ideia ou ter noção de; saber 3 avaliar 4 sentir a ação de 5 encontrar (alguém) pela primeira vez; ser apresentado a (alguém) 6 manter relações sociais com 7 distinguir; ser capaz de reconhecer 8 apreciar ou compreender (alguém); julgar 9 [ant.] ter relações sexuais com ■ *v.pron.* 1 encontrar-se pela primeira vez 2 saber julgar-se ou avaliar-se (Do lat. *cognoscĕre*, «id.»)

conhecido *adj.* 1 de que se tem conhecimento; descoberto 2 que muitos conhecem; comum 3 com grande reputação; célebre 4 (local) frequentado ■ *n.m.* 1 aquilo que se conhece 2 pessoa com quem se tem relações sociais superficiais ou ocasionais 3 pessoa de quem se ouviu falar (Part. pass. de *conhecer*)

conhecimento *n.m.* 1 faculdade de conhecer 2 relação direta que se toma de alguma coisa 3 noção 4 informação 5 experiência 6 domínio teórico e/ou prático de determinada área 7 FILOSOFIA forma de entendimento que representa o ato de conhecer implicitamente contido na coisa conhecida 8 pessoa com quem se têm relações sociais 9 [pop.] pequena gratificação 10 recibo; documento que comprova a expedição de mercadorias por via marítima ou fluvial 11 *pl.* saber; instrução 12 *pl.* perícia 13 *pl.* pessoas conhecidas, relações; *dar ~ de* comunicar, participar (De *conhecer+-mento*)

conhecível *adj.2g.* que se pode conhecer; cognoscível (Do lat. *cognoscibĭle-*, «id.»)

conho¹ /ô/ *n.m.* [regionalismo] vassoura usada nas eiras para retirar alguns fragmentos de palha ou carolo quando se padeja o grão (De *coanho*)

conho² /ô/ *n.m.* penedo redondo e insulado no meio de um rio (Do lat. *cunĕu-*, «cunha»)

coniaciano *n.m.* GEOLOGIA andar do Cretáceo superior

cónica *n.f.* MATEMÁTICA curva (elipse, circunferência, hipérbole ou parábola) que se obtém intersetando uma superfície cónica de revolução por um plano (De *cónico*)

conicidade *n.f.* 1 qualidade de cónico 2 forma cónica (De *cónico+-i-+-dade*)

conicina *n.f.* FARMÁCIA ⇒ **cicutina** (Do gr. *kóneion*, «cicuta», pelo fr. *conicine*, «id.»)

cónico *adj.* em forma de cone; *superfície cónica* GEOMETRIA superfície gerada por uma reta que passa por um ponto fixo e se apoia continuamente numa curva; *superfície cónica de revolução* GEOMETRIA superfície gerada por uma reta numa revolução completa em torno de uma reta fixa (eixo de rotação) com a qual é concorrente (Do gr. *konikós*, «cónico», pelo fr. *conique*, «id.»)

cónida *n.m.* ZOOLOGIA ⇒ **conídeo**

Cónidas *n.m.pl.* ZOOLOGIA ⇒ **Conídeos**

conídeo *adj.* ZOOLOGIA relativo ou pertencente aos Conídeos ■ *n.m.* ZOOLOGIA espécime dos Conídeos

Conídeos *n.m.pl.* ZOOLOGIA família de moluscos gastrópodes, marinhos, tipicamente com concha cónica ou fusiforme (género-tipo *Conus*) (Do gr. *kōnos*, «cone» +-*ídeos*)

conídio *n.m.* BOTÂNICA esporo exógeno que tem origem num conidióforo (Do gr. *kónis*, «poeira», pelo lat. cient. *conidĭu-*, «conídio»)

conidióforo *n.m.* BOTÂNICA célula-mãe dos conídios que se formam por exogenia, ligados em rosário, como nalguns fungos (Do lat. *conidĭu-*, «conídio»+gr. *phorós*, «que traz; fecundo»)

conífera *n.f.* BOTÂNICA espécime das coníferas ■ *n.f.pl.* BOTÂNICA classe (ou ordem) de plantas gimnospérmicas, árvores ou arbustos em geral resinosos, de folhas em forma de agulhas ou espinhos e sementes que se apresentam reunidas em pinha (Do lat. *conifĕru-*, «que produz frutos de forma cónica»)

conífero *adj.* BOTÂNICA que produz fruto de forma cónica (Do lat. *conifĕru-*, «id.»)

conifloro *adj.* BOTÂNICA com flores dispostas em forma de cone (Do lat. *conu-*, «cone» +*flore-*, «flor»)

coniforme *adj.2g.* que tem forma de cone (Do lat. *conu-*, «cone»+*-forme*)

conimbricense *adj.2g.* relativo ou pertencente a Coimbra, capital de distrito, ou que é seu natural ou habitante; coimbrão ■ *n.2g.* natural ou habitante de Coimbra (Do lat. *conimbricense-*, «natural de Coimbra»)

conimbrigense *adj.2g.* ⇒ **conimbricense** (Do lat. *conimbrigense-*, «id.», de *Conimbriga*, top. +-*ensis*)

conina *n.f.* FARMÁCIA ⇒ **cicutina** (Do gr. *kóneion*, «cicuta» +-*ina*)

conirrostro /ô/ *adj.* 1 ORNITOLOGIA (ave) que tem o bico grosso e em forma cónica 2 relativo ou pertencente aos conirrostros ■ *n.m.* ORNITOLOGIA espécime dos conirrostros ■ *n.m.pl.* ORNITOLOGIA grupo de pássaros cujo bico é resistente, grosso e cónico (Do lat. *conu-*, «cone» +*rostru-*, «bico»)

conivalve *adj.2g.* ZOOLOGIA que tem concha cónica (Do lat. *conu-*, «cone» +*valvas*, «valvas»)

conivência *n.f.* 1 ato de ser conivente 2 colaboração material ou moral num delito 3 cumplicidade 4 acordo tácito (Do lat. *coniventĭa-*, «indulgência; conivência»)

conivente *adj.2g.* 1 cúmplice 2 conluiado 3 que se aproxima ou tende a aproximar-se 4 que tem conhecimento de algum mal por outrem se propõe praticar, mas não obsta à sua execução (Do lat. *conivente-*, part. pres. de *conivēre*, «ser indulgente; fazer que não vê»)

conjectânea ver nova grafia **conjetânea**

conjectura ver nova grafia **conjetura**

conjecturador ver nova grafia **conjeturador**

conjectural ver nova grafia conjetural
conjecturar ver nova grafia conjeturar
conjecturável ver nova grafia conjeturável
conjetânea *n.f.* **1** coleção de conjeturas **2** miscelânea de pequenos escritos (De *conject(ura)+-ânea*, com infl. de *colectânea*)
conjetura *n.f.* **1** juízo formado sobre aparências, indícios ou probabilidades; suposição; hipótese **2** opinião formada sobre uma hipótese não verificada; presunção **3** forma de previsão (Do lat. *conjectūra-*, «id.»)
conjeturador *adj.,n.m.* que ou aquele que conjetura (De *conjectura+-dor*)
conjetural *adj.2g.* que se funda em conjetura; hipotético (Do lat. *conjecturāle-*, «id.»)
conjeturar *v.tr.,intr.* fazer conjeturas ■ *v.tr.* julgar por conjetura; presumir; supor (Do lat. **conjecturāre*, «id.»)
conjeturável *adj.2g.* que se pode conjeturar; presumível (De *conjecturar+-vel*)
conjugação *n.f.* **1** ato de conjugar ou conjugar-se **2** ligação; junção; reunião **3** combinação; união **4** conexão; analogia; afinidade **5** BIOLOGIA processo de reprodução sexuada de alguns seres que se juntam (em pares) e, depois de trocarem substâncias nucleares, se separam **6** GRAMÁTICA conjunto das formas flexionadas de um verbo que podem exprimir categorias gramaticais como modo, tempo, número, pessoa, etc. **7** GRAMÁTICA cada um dos grupos em que se classificam os verbos, tendo em conta a vogal temática (identificada habitualmente a partir do infinitivo) (Do lat. *conjugatiōne-*, «id.»)
conjugado *adj.* **1** combinado; junto **2** relacionado **3** (verbo) flexionado; *algas conjugadas* BOTÂNICA grupo de algas clorofíceas, unicelulares, de água doce, que se reproduzem por copulação de aplanogâmetas; *focos conjugados* FÍSICA dois pontos, relativamente a um sistema ótico, tais que os raios luminosos emitidos de um deles convergem sobre o outro; *pontos conjugados* GEOMETRIA (cónica) dois pontos tais que cada um deles pertence à reta polar do outro (Do lat. *conjugātu-*, part. pass. de *conjugāre*, «unir»)
conjugal *adj.2g.* **1** relativo a cônjuge **2** relativo ao casamento (Do lat. *conjugāle-*, «id.»)
conjugalidade *n.f.* qualidade do que é conjugal (De *conjugal+-i-+-dade*)
conjugar *v.tr.* **1** estabelecer conjugação entre; unir; ligar; combinar **2** GRAMÁTICA expor ordenadamente todas as flexões de (um verbo) ■ *v.pron.* ligar-se para o mesmo fim (Do lat. *conjugāre*, «unir»)
conjugativo *adj.* respeitante à conjugação (De *conjugar+-tivo*)
conjugável *adj.2g.* que se pode conjugar (Do lat. *conjugabĭle-*, «id.»)
cônjuge *n.m.* cada um dos esposos em relação ao outro (Do lat. *conjŭge-*, «esposo; esposa»)
conjugicida *n.2g.* pessoa que mata o seu cônjuge (Do lat. *conjŭge-*, «cônjuge» *+caedere*, «matar»)
conjugicídio *n.m.* assassínio do próprio cônjuge (De *conjugicida+-io*)
conjúgio *n.m.* união conjugal; casamento (Do lat. *conjugĭu-*, «id.»)
conjunção *n.f.* **1** concurso simultâneo para um fim comum **2** união **3** reunião de circunstâncias favoráveis a determinado acontecimento; conjuntura; oportunidade **4** ASTRONOMIA configuração da Lua e do Sol quando têm a mesma longitude celeste **5** GRAMÁTICA palavra invariável que liga duas frases ou palavras com a mesma função, introduzindo orações e constituintes coordenados ou orações subordinadas; *cartilagem de* ~ ANATOMIA zona cartilagínea dos ossos longos em formação, que fica entre a diáfise e as epífises (Do lat. *conjunctiōne-*, «união»)
conjuncional *adj.2g.* **1** referente a conjunção **2** GRAMÁTICA introduzido por uma conjunção (Do lat. *conjunctiōne-*, «id.» *+-al*)
conjungir *v.tr.* **1** unir **2** casar **3** consorciar (Do lat. *conjungĕre*, «ligar; juntar»)
conjungo *n.m.* [pop.] casamento (Do lat. *conjungo*, «eu uno», pres. do ind. de *conjungĕre*, «ligar; unir; atrelar»)
conjuntamente *adv.* ⇒ **juntamente** (De *con-+juntamente*)
conjuntar *v.tr.* **1** formar conjunto **2** reunir (Do lat. **conjunctāre*, de *conjunctu-*, part. pass. de *conjungĕre*, «ligar»)
conjuntiva *n.f.* ANATOMIA membrana mucosa que forra a parte anterior do globo ocular e o une às pálpebras (De *conjuntivo*)
conjuntival *adj.2g.* que diz respeito à conjuntiva (De *conjuntiva+-al*)
conjuntivite *n.f.* MEDICINA inflamação da conjuntiva (De *conjuntiva+-ite*)
conjuntivo *adj.* **1** que junta ou une **2** GRAMÁTICA referente ou equivalente a conjunção **3** GRAMÁTICA relativo ao modo que exprime a ação como uma possibilidade, uma expectativa ou uma dúvida **4** ANATOMIA que une partes orgânicas ■ *n.m.* GRAMÁTICA modo que exprime a ação como uma possibilidade, uma eventualidade, uma expectativa ou dúvida, traduzindo a pouca responsabilidade assumida pelo falante relativamente ao que está a ser dito; *tecido* ~ ANATOMIA substância que desempenha funções de ligação, de proteção, de sustentação e de apoio (Do lat. *conjunctīvu-*, «que serve para ligar»)
conjunto *adj.* **1** junto; ligado **2** contíguo; próximo ■ *n.m.* **1** totalidade de elementos que formam um todo **2** grupo de coisas; coleção **3** grupo de pessoas; equipa **4** grupo musical; banda **5** peças de roupa que se combinam entre si e são feitas para serem vestidas juntas **6** MATEMÁTICA grupo de elementos, em número finito ou infinito, que têm, pelo menos, uma propriedade idêntica; ~ *contínuo* MATEMÁTICA conjunto que é limitado, perfeito e bem encadeado; ~ *determinado* MATEMÁTICA conjunto dos elementos de um dado universo que possuem certa propriedade característica comum; *teoria dos conjuntos* MATEMÁTICA teoria cujo objeto é o estudo dos conjuntos (propriedades dos seus elementos, relações e operações sobre os conjuntos num universo fixado) (Do lat. *conjunctu-*, part. pass. de *conjungĕre*, «juntar; unir»)
conjuntório *n.m.* BOTÂNICA peça foliácea que reveste a urna dos musgos (De *conjuntar+-ório*)
conjuntura *n.f.* **1** estado de coisas resultante do encontro mais ou menos fortuito de certos acontecimentos **2** situação embaraçosa **3** ocasião; oportunidade **4** sutura na cabeça **5** união dos ossos ou dos membros do corpo (Do fr. *conjoncture*, «id.»)
conjura *n.f.* ⇒ **conjuração** (Deriv. regr. de *conjurar*)
conjuração *n.f.* **1** ato de conjurar **2** conspiração contra a autoridade estabelecida planeada por um grupo de pessoas que prestam um juramento; complot **3** ação concertada de várias pessoas; liga **4** fórmula para lutar contra os espíritos maléficos; esconjuro (Do lat. *conjuratiōne-*, «id.»)
conjurado *adj.* **1** que toma parte numa conjuração **2** imprecado por conjuro ■ *n.m.* o que toma parte numa conjuração (Do lat. *conjurātu-*, part. pass. de *conjurāre*, «unir por um juramento»)
conjurador *n.m.* **1** aquele que toma parte numa conjuração **2** aquele que faz conjuros; esconjurador; exorcista (Do lat. *conjuratōre-*, «id.»)
conjurante *adj.2g.* que conjura (De *conjurar+-ante*)
conjurar *v.tr.* **1** planear (uma conjuração); conspirar; maquinar **2** desviar (uma ameaça); esconjurar ■ *v.intr.* promover uma conjuração; conspirar ■ *v.pron.* envolver-se em conjuração (Do lat. *conjurāre*, «unir por juramento»)
conjuratório *adj.* **1** relativo a conjuro **2** que encerra conjuro (De *conjurar+-tório*)
conjuro *n.m.* **1** imprecação mágica **2** esconjuro; exorcismo (Deriv. regr. de *conjurar*)
conluiado *adj.* combinado com outrem em conluio (Part. pass. de *conluiar*)
conluiar *v.tr.* **1** reunir em conluio **2** tramar; maquinar **3** enganar ■ *v.pron.* combinar-se por conluio; conjugar esforços para prejudicar alguém (De *conluio+-ar*)
conluio *n.m.* **1** combinação entre duas ou mais pessoas para prejudicar outrem **2** maquinação; trama (Do lat. *colludĭu-*, «jogo entre muitos; conluio»)
connosco *pron.pess.* **1** com as nossas pessoas (*falou connosco*) **2** em nossa companhia (*connosco ia o João*) **3** ao mesmo tempo que nós (*entraram connosco*) **4** por nossa causa (*riu-se connosco*) **5** a nosso respeito (*aquela observação era connosco*) **6** em nosso benefício (*gastaram muito connosco*) **7** próprio para nós (*trabalho é connosco*) **8** na nossa posse (*o livro está connosco*) **9** à nossa responsabilidade (*deixou o caso connosco*) (Do lat. *cum+noscum*, por *nobiscum*, «connosco»)
conoidal *adj.2g.* em forma de cone (De *conóide+-al*)
conoide *adj.2g.* que tem a forma de um cone ■ *n.m.* corpo semelhante ao cone (Do gr. *konoeidés*, «com a forma de cone»)
conóide ver nova grafia conoide
conosco *pron.pess.* [Brasil] ⇒ **connosco**
conotação *n.f.* **1** LINGUÍSTICA significado que uma palavra ou expressão adquire em contacto com outras expressões no texto (oral ou escrito) e que é diferente do seu sentido literal **2** aquilo que uma palavra ou expressão sugere **3** relação de dependência que se nota entre coisas que se comparam **4** FILOSOFIA ⇒ **compreensão 5** LÓGICA conjunto de atributos abrangidos pelo significado de um vocábulo (De *con-+notação*)
conotar *v.tr.* **1** atribuir uma conotação a **2** relacionar; aproximar
conotativo *adj.* LINGUÍSTICA que encerra ou exprime conotação (De *conotar+-tivo*)

conquanto *conj.* se bem que; embora; ainda que (De *con-* +*quanto*)

conquícola *adj.2g.* que vive numa concha (Do gr. *kógkhe*, «concha», pelo lat. *concha-*, «id.» +*-cola*, de *colĕre*, «habitar»)

conquífero *adj.* que tem conchas (Do gr. *kógkhe*, «concha», pelo lat. *concha-*, «id.» +*fero*, de *ferre*, «trazer»)

conquiforme *adj.2g.* em forma de concha (Do gr. *kógkhe*, «concha», pelo lat. *concha-*, «id.» +*forma-*, «forma»)

conquilha *n.f.* ZOOLOGIA molusco lamelibrânquio, da família dos Donacídeos, comestível e bastante comum nas costas marítimas do Sul de Portugal (Do lat. *conchylĭa-*, neut. pl. de *conchylium*, «marisco»)

conquiliano *adj.* GEOLOGIA (terreno) que tem conchinhas (Do gr. *kogkhýlion*, «concha», pelo lat. *conchylĭu-*, «marisco» +*-ano*)

conquilioide *adj.2g.* conquiforme; em forma de concha (Do gr. *kogkhýlion*, «concha» +*eīdos*, «forma»)

conquilióide ver nova grafia **conquilioide**

conquiliologia *n.f.* **1** parte da história natural que trata das conchas **2** tratado acerca das conchas (Do gr. *kogkhýlion*, «concha» +*lógos*, «tratado; estudo» +*-ia*)

conquiliologista *adj.2g.* versado em conquiliologia ▪ *n.2g.* especialista em conquiliologia

conquiologia *n.f.* ⇒ **conquiliologia**

conquir *v.intr.* [Cabo Verde] bater (a porta) (Do crioulo cabo-verdiano *conqui*, «id.»)

conquista *n.f.* **1** ato ou efeito de conquistar; tomada **2** o que é conquistado **3** HISTÓRIA terra, região senhoreada **4** ação de lutar para se obter o que se quer **5** o que se obtém através de esforço ou trabalho **6** [fig.] sedução **7** [fig.] pessoa seduzida ou conquistada (Deriv. regr. de *conquistar*)

conquistador *adj.* **1** que conquista **2** sedutor ▪ *n.m.* **1** aquele que faz uma conquista pelas armas; subjugador **2** vencedor **3** aventureiro **4** sedutor (De *conquistar*+*-dor*)

conquistar *v.tr.* **1** submeter pela força das armas; fazer uma conquista **2** adquirir uma forte influência sobre alguém; subjugar **3** [fig.] alcançar à força do trabalho **4** [fig.] seduzir (Do lat. **conquisītāre*, freq. de *conquirĕre*, «procurar; indagar; reunir»)

conquistável *adj.2g.* que se pode conquistar (De *conquistar*+*-vel*)

conquite *n.f.* **1** concreção semelhante a concha **2** concha fóssil (Do gr. *kógkhe*, «concha» +*-ite*)

conreário *n.m.* RELIGIÃO [ant.] cónego regrante encarregado do que pertence aos irmãos e à sua mesa em comum

consabedor *adj.,n.m.* que ou aquele que sabe juntamente com outrem (De *con-*+*sabedor*)

consabido *adj.* que é sabido ao mesmo tempo por muitos (De *con-*+*sabido*)

consagração *n.f.* **1** ato ou efeito de consagrar **2** RELIGIÃO ato pelo qual uma coisa deixa de ser profana para ser destinada ao serviço divino; sagração **3** RELIGIÃO (catolicismo) sacramento administrado por um bispo ou por um padre por meio do qual é fortalecida e aperfeiçoada a graça conferida pelo batismo; crisma **4** RELIGIÃO (catolicismo) cerimónia de administração desse sacramento **5** RELIGIÃO (protestantismo) profissão pública de fé diante dos membros da comunidade **6** reconhecimento público dos méritos de alguém; homenagem **7** dedicação total (de uma pessoa) a uma atividade, causa ou ideia; entrega **8** demonstração da verdade ou do rigor de uma afirmação, de um facto ou de uma crença; confirmação **9** ato ou efeito de garantir a validade um ato ou de um evento; validação; legitimação **10** aprovação formal; sanção; reconhecimento **11** atribuição (de espaço, recurso, etc.) para um fim específico; ~ *eucarística* RELIGIÃO (liturgia católica) ato pelo qual o sacerdote transubstancia o pão e o vinho no corpo e no sangue de Cristo (Do lat. *consecratiōne-*, «ação de consagrar»)

consagrado *adj.* **1** que recebeu consagração; sagrado **2** reconhecido como notável por quase toda a gente **3** ratificado **4** que é de regra; *fórmula consagrada* expressão usual em determinada circunstância (Part. pass. de *consagrar*)

consagrador *adj.,n.m.* que ou aquele que consagra (Do lat. *consecratōre-*, «aquele que consagra»)

consagrante *adj.2g.* que consagra; consagrador (Do lat. *consecrante-*, part. pres. de *consecrāre*, «consagrar»)

consagrar *v.tr.* **1** tornar sagrado; sagrar **2** dedicar a uma divindade por meio de voto ou promessa **3** RELIGIÃO (liturgia católica) converter (pão e vinho) no corpo e no sangue de Cristo **4** prestar homenagem a; aplaudir; aclamar **5** oferecer; dedicar **6** reconhecer como legítimo ou verdadeiro; sancionar; ratificar **7** destinar a um fim específico; reservar; votar ▪ *v.pron.* **1** alcançar fama ou glória; notabilizar-se **2** dedicar-se totalmente a; entregar-se (Do lat. *consecrāre*, «id.»)

consagrável *adj.2g.* que se pode consagrar (De *consagrar*+*-vel*)

consanguíneo /gu-i/ *adj.* **1** que é do mesmo sangue **2** que tem com outrem relação de parentesco por um ascendente em comum (e não por casamento) **3** que é filho do mesmo pai que outrem mas de mãe diferente **4** diz-se do casamento que acontece entre parentes que têm um ascendente comum (Do lat. *consanguinĕu-*, «nascido do mesmo sangue»)

consanguinidade /gu-i/ *n.f.* **1** parentesco entre os que procedem de um ascendente comum **2** relação de parentesco que se estabelece por linha paterna (Do lat. *consanguinitāte-*, «id.»)

consciência *n.f.* **1** conhecimento imediato da própria atividade psíquica **2** faculdade de se conhecer intuitivamente **3** sentimento de si mesmo **4** conhecimento espontâneo e mais ou menos vago; impressão **5** PSICOLOGIA parte da atividade psíquica de que o sujeito tem um conhecimento intuitivo **6** FILOSOFIA estado no qual o sujeito se conhece enquanto tal, e se distingue dos objetos que o rodeiam **7** faculdade de fazer juízos de valor sobre os próprios atos **8** honradez; retidão **9** cuidado; esmero; escrúpulo; ~ *moral* faculdade de avaliação ética dos atos humanos; ~ *profissional* honestidade e esmero postos na execução de um trabalho; *meter a mão na* ~ examinar atentamente os próprios atos ou sentimentos; *ter boa* ~ sentir que se agiu bem; *ter má* ~ sentir que se agiu mal (Do lat. *conscientĭa-*, «conhecimento»)

consciencial *adj.2g.* **1** relativo à consciência **2** consciente (De *consciência*+*-al*)

consciencialismo *n.m.* FILOSOFIA teoria psicofilosófica, para a qual os dados da consciência, as sensações e os sentimentos constituem o objeto das ciências reais (De *consciencial*+*-ismo*)

consciencialização *n.f.* ato ou efeito de consciencializar ou consciencializar-se; ato ou efeito de tomar consciência (De *consciencializar*+*-ção*)

consciencializar *v.tr.* **1** tornar consciente **2** fazer tomar consciência **3** fazer ter consciência política ou social ▪ *v.pron.* **1** tomar consciência; ter a perceção ou a noção de **2** adquirir consciência política ou social (De *consciencial*+*-izar*)

consciencioso /ô/ *adj.* **1** que tem consciência **2** conforme à consciência **3** feito com consciência; escrupuloso; probo; reto (De *consciência*+*-oso*)

consciente *adj.2g.* **1** que tem consciência da própria existência **2** que sabe o que faz **3** que sente **4** lúcido ▪ *n.m.* conjunto dos factos psíquicos de que se tem consciência (Do lat. *consciente-*, «id.», part. pres. de *conscīre*, «ter consciência de»)

conscientemente *adv.* **1** de modo consciente **2** com consciência **3** com conhecimento (De *consciente*+*-mente*)

conscientização *n.f.* ⇒ **consciencialização** (De *conscientizar*+*-ção*)

conscientizar *v.tr.,pron.* ⇒ **consciencializar** (De *consciente*+*-izar*)

cônscio *adj.* que tem conhecimento íntimo do que lhe cumpre fazer; ciente (Do lat. *conscĭu-*, «id.»)

conscrição *n.f.* alistamento de rapazes destinados ao serviço militar (Do lat. *conscriptiōne-*, «inscrição; alistamento; recrutamento»)

conscrito *adj.* alistado; recrutado ▪ *n.m.* senador romano (Do lat. *conscriptu-*, «id.»)

consecrante *adj.2g.* ⇒ **consagrante** (Do lat. *consecrante-*, «id.», part. pres. de *consecrāre*, «consagrar»)

consecratório *adj.* próprio da consagração (Do lat. *consecrātu-*, «consagrado» +*-ório*)

consectário *n.m.* **1** consequência **2** conclusão ▪ *adj.* **1** consequente **2** concludente (Do lat. *consectarĭu-*, «consequente; lógico»)

consecução *n.f.* **1** ato ou efeito de conseguir **2** êxito favorável **3** ASTRONOMIA espaço entre duas conjunções da Lua **4** FILOSOFIA série de representações puramente empíricas, sem a ligação lógica ou racional que caracteriza a consequência (Do lat. *consecutiōne-*, «consequência; efeito; conclusão»)

consecutivamente *adv.* seguidamente; logo a seguir; de modo consecutivo (De *consecutivo*+*-mente*)

consecutivo *adj.* **1** que se segue imediatamente; sucessivo; ininterrupto **2** que se segue (como consequência ou resultado); consequente; resultante **3** GRAMÁTICA diz-se da conjunção subordinativa ou oração subordinada que exprime uma consequência do que é dito na subordinante (Do lat. *consecutīvu-*, «id.»)

conseguidor *n.m.* aquele que consegue (De *conseguir*+*-dor*)

conseguimento *n.m.* **1** ato ou efeito de conseguir; obtenção **2** bom êxito **3** consecução (De *conseguir*+*-mento*)

conseguinte *adj.2g.* consecutivo; consequente; resultante; *por* ~ portanto, por consequência (De *con-*+*seguinte*)

conseguintemente *adv.* por isso; por essa razão (De *conseguinte+-mente*)

conseguir *v.tr.* **1** chegar a (uma determinada posição ou objetivo) **2** entrar na posse de; obter; alcançar (Do lat. vulg. **consequīre*, por *consĕqui*, «seguir»)

conseguível *adj.2g.* que se pode conseguir (De *conseguir+-vel*)

conseguro *n.m.* seguro em que dois ou mais seguradores participam de comum acordo da cobertura do mesmo risco, responsabilizando-se individualmente por uma quota-parte do valor seguro (De *con-+seguro*)

conselheiral *adj.2g.* próprio de conselheiro; conselheirático (De *conselheiro+-al*)

conselheiralmente *adv.* com ares importantes e graves como os de conselheiro (De *conselheiral+-mente*)

conselheirático *adj.* ⇒ **conselheiral** (De *conselheiro+-ático*)

conselheiresco /ê/ *adj.* ⇒ **conselheiral** (De *conselheiro+-esco*)

conselheirismo *n.m.* ares graves, próprios de conselheiro (De *conselheiro+-ismo*)

conselheiro *adj.* que aconselha ■ *n.m.* **1** aquele que aconselha **2** guia **3** pessoa habilitada a prestar aconselhamento em áreas psicológicas, relacionais ou de orientação profissional **4** membro de um conselho **5** título conferido aos juízes do Supremo Tribunal de Justiça e de outros supremos tribunais (Do lat. *consiliariŭ-*, «conselheiro; que dá conselhos»)

conselho /ê/ *n.m.* **1** opinião que se emite sobre o que convém fazer; parecer; sugestão **2** proposta **3** prudência; tino; juízo **4** resolução; determinação **5** incitação resultante de um acontecimento ou sentimento; impulso **6** corpo consultivo junto de certas repartições de administração pública **7** reunião de pessoas que deliberam sobre assuntos públicos ou particulares **8** corpo coletivo que dá parecer sobre determinados assuntos públicos **9** [ant.] pagamento ao advogado pelo serviço prestado; **~ científico** grupo de professores doutorados de uma faculdade ou universidade; **~ de administração** grupo de administradores de uma empresa, ou seus representantes, encarregados da gestão dos negócios; **~ de família** órgão de tutela e administração dos bens de um menor ou de um indivíduo declarado incapaz sujeito ao regime de tutela; **~ de ministros** reunião de ministros sob a presidência do primeiro-ministro; **~ disciplinar** reunião de professores, delegados de turma e representantes dos encarregados de educação para tratar de problemas de comportamento ou disciplina (Do lat. *consiliŭ-*, «deliberação; assembleia»)

consemelhança *n.f.* semelhança entre várias pessoas ou coisas (De *con-+semelhança*)

consenciente *adj.2g.* que consente (Do lat. *consentiente-*, part. pres. de *consentire*, «que está de acordo com»)

consensial *adj.2g.* referente a consenso; consensual

consenso *n.m.* **1** assentimento geral; consentimento; anuência **2** opinião generalizada **3** acordo de uma grande maioria da opinião pública (Do lat. *consensu-*, «acordo unânime»)

consensual *adj.2g.* **1** dependente de consenso; consensial **2** fundamentado num consenso (De *consenso+-al*)

consensualidade *n.f.* qualidade do que é consensual (De *consensual+-i-+-dade*)

consentaneidade *n.f.* qualidade do que é consentâneo (De *consentâneo+-i-+-dade*)

consentâneo *adj.* **1** conforme à razão **2** apropriado; adequado (Do lat. *consentanĕu-*, «conforme a»)

consentidor *adj.,n.m.* que ou aquele que consente (De *consentir+-dor*)

consentimento *n.m.* **1** ato ou efeito de consentir **2** permissão; autorização; licença **3** aceitação; aquiescência; anuência (De *consentir+-mento*)

consentir *v.tr.,intr.* dar consentimento (a); permitir ■ *v.tr.* **1** aprovar **2** deixar que aconteça; não impedir (Do lat. *consentire*, «estar de acordo; consentir»)

consequência /qu-en/ *n.f.* **1** resultado natural, provável ou forçoso de um facto; efeito **2** dedução tirada de um princípio por meio do raciocínio; ilação; conclusão **3** [fig.] importância; **por ~** por conseguinte, por essa razão, por isso (Do lat. *consequentĭa-*, «id.»)

consequencial /qu-en/ *adj.2g.* que diz respeito a consequência (De *consequência+-al*)

consequente /qu-en/ *adj.2g.* **1** que se deduz **2** que segue naturalmente **3** que raciocina bem **4** coerente ■ *n.m.* MATEMÁTICA segundo termo de uma razão (Do lat. *consequente-*, part. pres. de *consĕqui*, «seguir; conseguir»)

consequentemente /qu-en/ *adv.* por consequência; por conseguinte; por isso (De *consequente+-mente*)

consertador *adj.,n.m.* que ou aquele que conserta (De *consertar+-dor*)

consertar *v.tr.* **1** pôr em bom estado (o que estava estragado ou avariado); arranjar; reparar **2** compor (uma peça de roupa); remendar **3** corrigir; emendar **4** remediar (Do lat. **consertāre*, de *consertu-*, part. pass. de *conserĕre*, «ligar; juntar»)

conserto /ê/ *n.m.* **1** ato ou efeito de consertar **2** arranjo; reparação **3** remendo **4** remédio (Do lat. *consertu-*, part. pass. de *conserĕre*, «juntar; ligar»)

conserva *n.f.* **1** substância alimentar esterilizada e guardada em lata; enlatado **2** substância alimentícia preparada de modo que possa durar sem deterioração **3** FARMÁCIA preparado farmacêutico feito com flores aromáticas **4** *pl.* indústria conserveira; **navio de ~** navio que acompanha outro para o proteger (Deriv. regr. de *conservar*)

conservabilidade *n.f.* qualidade do que é conservável (Do lat. *conservabĭle-* «que se pode conservar» +-i-+-dade)

conservação *n.f.* **1** ato de conservar, de manter intacto ou não deixar deteriorar; preservação **2** estado do que é conservado ou preservado **3** preparação de um alimento de modo a poder ser guardado sem se deteriorar **4** RELIGIÃO continuação do ato criador pela qual Deus sustenta o ser das criaturas, removendo as causas que provocariam a sua destruição (Do lat. *conservatiōne-*, «conservação»)

conservacionista *adj.2g.* referente à conservação do meio ambiente ■ *n.2g.* aquele que defende princípios ambientalistas (Do lat. *conservatiōne-*, «conservação»+*-ista*)

conservador *adj.* **1** que conserva **2** favorável à manutenção de uma determinada situação **3** que se opõe a mudanças radicais ■ *n.m.* **1** aquilo que conserva **2** adepto do conservadorismo político **3** pessoa que se opõe a mudanças radicais **4** funcionário público encarregado do registo predial ou do registo civil **5** funcionário superior de museu ou biblioteca (Do lat. *conservatōre-*, «id.»)

conservadorismo *n.m.* **1** POLÍTICA sistema que advoga reformas não radicais **2** posição moral e intelectual dos que defendem a manutenção de uma determinada estrutura, um sistema ou uma situação **3** hostilidade às mudanças (De *conservador+-ismo*)

conservante *adj.2g.* **1** que conserva **2** que mantém os alimentos em bom estado de conservação ■ *n.m.* aditivo que impede ou retarda a deterioração de um alimento (Do lat. *conservante-*, «id.», part. pres. de *conservāre*, «conservar»)

conservantismo *n.m.* POLÍTICA sistema político que advoga a execução de prudentes reformas graduais e se opõe ao radicalismo daqueles que preferem profundas e repentinas mudanças políticas **2** atitude dos que defendem a manutenção de uma determinada situação ou estrutura; conservadorismo (De *conservante+-ismo*)

conservantista *adj.2g.* referente ao conservantismo ■ *n.2g.* pessoa partidária do conservantismo (De *conservante+-ista*)

conservar *v.tr.* **1** manter em bom estado; preservar **2** manter presente; fazer durar **3** reter na memória **4** guardar **5** manter consigo; não perder; não deitar fora ■ *v.pron.* **1** durar **2** permanecer; subsistir (Do lat. *conservāre*, «id.»)

conservaria *n.f.* fábrica ou estabelecimento de venda de conservas (De *conserva+-aria*)

conservativo *adj.* que conserva; que tem a propriedade de conservar (Do lat. *conservatīvu-*, «id.»)

conservatória *n.f.* repartição encarregada do registo predial ou do registo civil (De *conservatório*)

conservatório *n.m.* estabelecimento público destinado ao ensino de música, teatro e bailado ■ *adj.* ⇒ **conservativo** (Do it. *conservatorio*, «id.»)

conservável *adj.2g.* que se pode conservar (Do lat. *conservabĭle-*, «id.»)

conserveiro *adj.* relativo a conservas ■ *n.m.* o que fabrica ou vende conservas (De *conserva+-eiro*)

conservidor *n.m.* aquele que é servidor juntamente com outrem (De *con-+servidor*)

conservo *n.m.* servo juntamente com outrem (Do lat. *conservu-*, «companheiro na escravidão»)

consideração *n.f.* **1** ato de considerar **2** ato de examinar atentamente; reflexão; ponderação **3** raciocínio **4** razão para agir; motivo **5** estima que se sente por alguém; deferência; respeito **6** atenção **7** valimento; importância; monta **8** *pl.* observações sobre um tema; comentários (Do lat. *consideratiōne-*, «id.»)

considerando *n.m.* **1** cada uma das razões em que se apoia uma sentença, decreto, etc., e que começa pela palavra *considerando* **2** motivo; razão; argumento (Do lat. *considerandu-*, «que deve ser considerado», ger. subst. de *considerāre*, «examinar; considerar»)

considerar *v.tr.* 1 olhar atentamente; observar 2 apreciar através de um estudo crítico; estudar; examinar 3 ponderar; calcular 4 ter em consideração; fazer caso de; respeitar 5 tomar (como) 6 estimar ■ *v.intr.* 1 meditar; pensar 2 atentar ■ *v.pron.* 1 reputar-se; julgar-se 2 olhar para si mesmo com atenção (Do lat. *considerāre*, «considerar; examinar»)

considerativo *adj.* 1 que considera 2 prudente (De *considerar+-tivo*)

considerável *adj.2g.* 1 digno de ser considerado 2 notável 3 muito grande 4 importante (De *considerar+-vel*)

consideravelmente *adv.* de modo considerável; muito; bastante (De *considerável+-mente*)

consignação *n.f.* 1 ato ou efeito de consignar 2 depósito de valores em cofre oficial para pagamento de despesas obrigatórias 3 entrega de mercadorias que o produtor faz ao negociante para este as vender por conta daquele 4 contrato pelo qual uma das partes entrega à outra determinada quantidade de bens para que esta os venda, reservando para si uma percentagem previamente combinada do preço da venda e podendo devolver os bens que porventura não tenha conseguido vender 5 mercadoria consignada (Do lat. *consignatiōne-*, «verificação»)

consignador *adj.,n.m.* que ou aquele que consigna (Do lat. *consignatōre-*, «id.»)

consignante *adj.2g.* que consigna; consignador (Do lat. *consignante-*, «id.», part. pres. de *consignāre*, «marcar com um sinal; selar»)

consignar *v.tr.* 1 determinar uma quantia para certa despesa 2 confiar mercadorias a um comissário 3 entregar à comissão 4 notar 5 afirmar 6 declarar (Do lat. *consignāre*, «marcar com um sinal; selar»)

consignatário *n.m.* 1 aquele que recebe mercadorias à consignação 2 vendedor por conta de outrem 3 credor em favor do qual se consigna rendimento 4 depositário de valores litigiosos ou destinados a certas despesas 5 agente de navegação (Do lat. *consignatarĭu-*, «id.»)

consignativo *adj.* diz-se de uma quantia que se deposita para dela se pagar, anualmente e por tempo determinado, uma pensão (De *consignar+-tivo*)

consignável *adj.2g.* 1 que se pode consignar 2 para consignar (De *consignar+-vel*)

consigo *pron.pess.* 1 com ele(s) ou com você (*trouxeram consigo as prendas; conto consigo*) 2 em companhia dele(s) ou de você (*tinham o primo consigo; vou consigo lá fora*) 3 por causa de si próprio ou de você (*riu-se consigo; assustei-me consigo*) 4 a respeito dele(s) ou de você (*não sabiam que a observação era consigo; a piada foi consigo?*) 5 dentro dele(s) ou de você (*traz consigo boas recordações; leve consigo esta ideia*) 6 em benefício dele(s) ou de você (*usou tudo consigo; não gastamos mais consigo*) 7 próprio para ele(s) ou para você (*música é consigo*) 8 na posse dele(s) ou de você (*têm o dinheiro consigo; o livro está consigo*) 9 à responsabilidade dele(s) ou de você (*tinha consigo documentos importantes; a criança está consigo?*) 10 de si para si (*pensava consigo; pense consigo*) (Do lat. *cum+secum*, «id.»)

consílio *n.m.* assembleia; reunião; conselho (Do lat. *consilĭu-*, «lugar onde se delibera»)

consistência *n.f.* 1 estado do que é sólido; solidez; firmeza; rijeza 2 estado de um líquido que se torna pastoso ou se torna espesso; espessura; corpo 3 [fig.] característica do que tem uma estrutura ou coerência interna 4 [fig.] realidade 5 [fig.] crédito; credibilidade; fundamento (Do lat. *consistentĭa*, «id.», part. pres. neut. pl. de *consistĕre*, «manter-se; consistir em»)

consistente *adj.2g.* 1 que tem consistência; firme; sólido 2 (líquido) espesso 3 [coloq.] que alimenta; substancial 4 [fig.] constante; estável 5 [fig.] coerente 6 [fig.] credível 7 MATEMÁTICA isento de contradição interna (Do lat. *consistente-*, «id.», part. pres. de *consistĕre*, «manter-se; consistir em»)

consistir *v.tr.* 1 ser constituído (por); compor-se (por) 2 residir (em); fundar-se (em); basear-se (em) 3 equivaler (a); resumir-se (a) (Do lat. *consistĕre*, «manter-se; consistir em»)

consistorial *adj.2g.* do consistório ou a ele referente ■ *n.m.* antiga congregação da Cúria Romana que tratava da criação e supressão das dioceses, nomeação dos bispos, etc. (De *consistório+-al*)

consistório *n.m.* 1 assembleia pública ou secreta de cardeais sob a presidência do papa 2 lugar onde se realiza esta assembleia 3 qualquer assembleia em que se tratam assuntos graves ou religiosos (Do lat. *consistorĭu-*, «lugar da reunião»)

consoada *n.f.* 1 ceia em família, na noite do Natal 2 presente que se dá pelo Natal 3 pequena refeição que se toma à noite, nos dias de jejum (Part. pass. fem. subst. de *consoar*)

consoante *adj.2g.* 1 que soa conjuntamente 2 diz-se da rima em que são iguais todos os sons a partir da vogal da última sílaba tónica do verso ■ *n.f.* 1 LINGUÍSTICA som produzido através de uma obstrução ou de um estreitamento do trato vocal, que impede total ou parcialmente a passagem do ar 2 GRAMÁTICA letra representativa dos sons consonânticos de uma língua ■ *prep.,conj.* conforme; segundo; de acordo com (Do lat. *consonante-*, «consoante»)

consoar[1] *v.tr.,intr.* 1 soar conjuntamente (com) 2 rimar (com) (Do lat. *consonāre*, «ressoar juntamente»)

consoar[2] *v.intr.* celebrar a consoada ■ *v.tr.* comer por consoada (Do lat. *consolāre*, por *consolāri*, «reconfortar»)

consobrinho *n.m.* filho de irmão ou irmã de uma pessoa em relação ao cônjuge ou companheiro(a) desta (Do lat. *consobrīnu-*, «primo direito»)

consociar *v.tr.* 1 unir em sociedade; associar 2 unir 3 conciliar (Do lat. *consociāre*, «juntar; unir»)

consociável *adj.2g.* 1 que se pode consociar 2 conciliável (Do lat. *consociabĭle-*, «compatível»)

consócio *n.m.* 1 membro de uma sociedade em relação aos outros sócios 2 companheiro numa empresa; colega 3 [fig.] amigo; aliado (Do lat. *consocĭu-*, «companheiro»)

consogra *n.f.* mãe de um dos cônjuges em relação aos pais do outro (De *consogro*)

consogro *n.m.* pai de um dos cônjuges em relação aos pais do outro (Do lat. *consocru-*, «id.»)

consola *n.f.* 1 peça arquitetónica saliente para sustentar estatuetas, vasos, etc.; mísula 2 pequena mesa comprida e estreita, que se encosta a uma parede e sobre a qual se colocam objetos de decoração 3 viga com um só apoio (de encastramento) 4 INFORMÁTICA parte do computador que contém os seus componentes principais; conjunto de visor e teclado ligado ao computador 5 aparelho eletrónico concebido para videojogos 6 no automóvel, acessório constituído pelo painel de instrumentos e pelo espaço entre os bancos dianteiros, envolvendo a alavanca das mudanças (Do fr. *console*, «id.»)

consolação *n.f.* 1 ato ou efeito de consolar 2 alívio 3 conforto 4 motivo de alívio; lenitivo 5 prazer 6 contentamento (Do lat. *consolatiōne-*, «id.»)

consolador *adj.,n.m.* que ou o que consola ■ *n.m.* [com maiúscula] RELIGIÃO Espírito Santo (Do lat. *consolatōre-*, «id.»)

consolar *v.tr.* 1 aliviar a aflição ou a dor de; confortar; reconfortar 2 dar gosto a; satisfazer ■ *v.pron.* 1 receber consolação; aliviar-se 2 [coloq.] sentir satisfação; regalar-se 3 conformar-se; resignar-se (Do lat. *consolāre*, por *consolāri*, «reconfortar»)

consolativo *adj.* que serve para consolar; consolador (Do lat. *consolatīvu-*, «consolador»)

consolatório *adj.* que dá consolo (Do lat. *consolatorĭu-*, «id.»)

consolável *adj.2g.* que se pode consolar (Do lat. *consolabĭle-*, «id.»)

consolda *n.f.* BOTÂNICA planta herbácea com propriedades medicinais, espontânea em Portugal (Do lat. **consolĭda-*, «id.»)

consolidação *n.f.* 1 ato ou efeito de consolidar; ato ou efeito de tornar mais sólido ou firme 2 estabilização 3 MEDICINA formação de calo nos ossos fraturados 4 união dos lábios de uma ferida 5 diminuição progressiva da porosidade de um terreno (Do lat. **consolidatiōne-*, «id.»)

consolidado *adj.* 1 consistente 2 firme 3 seguro 4 garantido ■ *n.m.* ECONOMIA título da dívida pública que tem o pagamento dos juros garantido a longo prazo por determinadas receitas ou que foi transformado em renda perpétua em benefício dos credores (Do lat. *consolidātu-*, «id.», part. pass. de *consolidāre*, «consolidar»)

consolidante *adj.2g.* que consolida (De *consolidar+-ante*)

consolidar *v.tr.* 1 tornar sólido, consistente 2 fortalecer; cimentar 3 fazer aderir (ossos fraturados) 4 corroborar 5 tornar estável 6 tornar duradouro 7 tornar permanente (o rendimento de um título da dívida pública) ■ *v.pron.* 1 firmar-se 2 tornar-se sólido, estável (Do lat. *consolidāre*, «id.»)

consolidativo *adj.* que serve para consolidar (De *consolidar+-tivo*)

consolidável *adj.2g.* que se pode consolidar (Do lat. **consolidabĭle-*, «id.»)

consolo *n.m.* 1 consolação 2 lenitivo; alívio 3 prazer (Deriv. regr. de *consolar*)

consomê *n.m.* 1 CULINÁRIA caldo concentrado de carne ou galinha 2 CULINÁRIA sopa muito apurada, por vezes em creme (de carne, legumes, peixe) (Do fr. *consommé*, «id.»)

consonância *n.f.* 1 reunião de sons harmónicos 2 acordo 3 conformidade de sons na terminação de duas ou mais palavras assonância; rima 4 harmonia; concordância 5 conjunto de sons (Do lat. *consonantĭa-*, «ressonância»)

consonantal *adj.2g.* 1 que diz respeito às consoantes 2 formado de consoantes (Do lat. *consonante-*, «consoante» +*-al*)

consonante *adj.2g.* que tem ou produz consonância (Do lat. *consonante-*, part. pres. de *consonāre*, «o que soa juntamente»)

consonântico *adj.* 1 que diz respeito às consoantes 2 formado de consoantes 3 que tem consonância (Do lat. *consonante-*, «consoante» +*-ico*, ou do fr. *consonantique*, «id.»)

consonantismo *n.m.* conjunto de factos que dizem respeito à fonologia das consoantes (Do lat. *consonante-*, «consoante» +*-ismo*)

consonantização *n.f.* ato ou efeito de consonantizar (De *consonantizar*+*-ção*)

consonantizar *v.tr.* transformar (o som de uma vogal ou semivogal) em consoante (Do lat. *consonante-*, «consoante» +*-izar*)

consonar *v.tr.,intr.* apresentar consonância (com) ▪ *v.intr.* 1 soar conjuntamente 2 rimar; consoar (Do lat. *consonāre*, «ressoar juntamente»)

cônsono *adj.* 1 que tem consonância; consoante 2 harmónico (Do lat. *consŏnu-*, «que soa com; harmonioso»)

consorciar *v.tr.* 1 associar; unir 2 ligar por casamento ▪ *v.pron.* 1 formar consórcio 2 casar-se (De *consórcio*+*-ar*)

consórcio *n.m.* 1 associação de várias empresas com a finalidade de realizar, em conjunto, uma operação financeira ou económica 2 companhia 3 casamento (Do lat. *consortĭu-*, «associação»)

consoror *n.f.* ⇒ **consóror**

consóror *n.f.* (*masculino* **confrade**) confreira (De *con-*+*sóror*)

consorte *n.2g.* 1 companheiro ou companheira na sorte 2 cônjuge 3 pessoa que, com outra ou outras, participa dos mesmos direitos ou coisas (Do lat. *consorte-*, «que compartilha com; comum»)

conspeção *n.f.* 1 ato de ver; visão 2 aspeto 3 vista 4 seriedade (Do lat. *conspectiōne-*, «id.»)

conspecção ver nova grafia **conspeção**

conspecto *n.m.* 1 ato de ver; observação 2 exame 3 aspeto 4 presença (Do lat. *conspectu-*, «id.»)

conspeito *n.m.* ⇒ **conspecto**

conspicuidade *n.f.* 1 qualidade de conspícuo 2 distinção; ilustração; nobreza 3 fama (Do lat. **conspicuitāte-*, «id.»)

conspícuo *adj.* 1 que dá nas vistas 2 notável; distinto 3 sério; respeitável 4 profundo (Do lat. *conspicŭu-*, «que está à vista»)

conspiração *n.f.* 1 ato de conspirar 2 plano secreto de tomada do poder 3 ação concertada de várias pessoas contra algo ou alguém; conluio; conjuração; intriga; cabala 4 concorrência de circunstâncias (Do lat. *conspiratiōne-*, «id.»)

conspirador *adj.,n.m.* que ou aquele que conspira (Do lat. **conspiratōre-*, «id.»)

conspirante *adj.,n.2g.* que ou pessoa que conspira; conspirador (Do lat. *conspirante-*, «id.», part. pres. de *conspirāre*, «conspirar»)

conspirar *v.tr.,intr.* 1 planear uma conspiração para derrubar (um chefe ou o poder) 2 entrar em conluio contra (alguém); unir-se contra ▪ *v.tr.* concorrer (para) (Do lat. *conspirāre*, «id.»)

conspirata *n.f.* conspiração de pequena importância (De *conspirar*+*-ata*)

conspirativo *adj.* que conspira ou concorre para certo fim (De *conspirar*+*-tivo*)

conspiratório *adj.* relativo a conspiração (De *conspirar*+*-tório*)

conspurcação *n.f.* 1 ato ou efeito de conspurcar 2 sujidade 3 [fig.] desonra; aviltamento 4 [fig.] insulto aviltante (Do lat. **conspurcatiōne-*, «id.»)

conspurcar *v.tr.* 1 cobrir de imundície; sujar 2 macular 3 aviltar 4 corromper (Do lat. *conspurcāre-*, «id.»)

conspurcável *adj.2g.* suscetível de se conspurcar (De *conspurcar*+*-vel*)

constância *n.f.* 1 perseverança; tenacidade; firmeza de ânimo 2 paciência 3 estado do que permanece ou continua; continuidade; regularidade (Do lat. *constantĭa-*, «id.»)

constantan *n.m.* ELETRICIDADE liga de cobre e níquel muito usada como resistência elétrica e na formação de termopares de força eletromotriz relativamente grande (Do fr. *constantan*, «id.»)

constante *adj.2g.* 1 que é persistente; perseverante 2 que permanece no estado em que se encontra; contínuo; incessante 3 invariável 4 que consta; mencionado 5 que consiste 6 que não se desloca ▪ *n.f.* MATEMÁTICA fator invariável numa fórmula ou expressão algébrica; **~ de Planck** FÍSICA constante de proporcionalidade entre a energia de uma partícula e a frequência de onda associada a essa partícula, com o símbolo h e utilizada em mecânica quântica; **~ radioativa** FÍSICA probabilidade de um átomo se desintegrar na unidade de tempo (Do lat. *constante-*, «firme; constante»)

constantiniano *adj.* HISTÓRIA relativo ao imperador romano Constantino, o Grande (274-337), ou ao seu tempo (Do lat. *constantiniānu-*, «relativo a Constantino»)

constantinopolitano *adj.* de Constantinopla (Istambul) ou relativo a esta cidade da Turquia ▪ *n.m.* natural ou habitante de Constantinopla (Do lat. *constantinopolitānu-*, «id.»)

constar *v.tr.* 1 ser dado como certo 2 ser do conhecimento geral; dizer-se 3 estar escrito; estar mencionado 4 fazer parte 5 consistir (em); ser formado (por) (Do lat. *constāre*, «estar firme»)

constatação *n.f.* 1 ato de constatar 2 verificação 3 comprovação (De *constatar*+*-ção*)

constatar *v.tr.* 1 estabelecer por observação ou experiência direta a verdade de (um facto); atestar; verificar; averiguar; notar 2 comprovar (o que foi observado); certificar; reconhecer; apurar (Do fr. *constater*, «verificar»)

constativo *adj.* LINGUÍSTICA (enunciado) que apenas descreve um acontecimento, não implicando o cumprimento simultâneo, pelo locutor, da ação descrita nesse enunciado

constelação *n.f.* 1 ASTRONOMIA agrupamento de estrelas convencionalmente unidas por linhas imaginárias, permitindo assim imaginar uma dada figura na esfera celeste; asterismo 2 ASTRONOMIA cada uma das regiões delimitadas da esfera celeste, contendo corpos celestes, como as estrelas 3 conjunto de adornos ou outros objetos brilhantes 4 [fig.] grupo de pessoas notáveis (Do lat. *constellatiōne-*, «posição dos astros»)

constelado *adj.* 1 (céu) coberto de estrelas; estrelado 2 que tem forma de estrela 3 coberto (de objetos ou de brilhantes); cravejado (Do lat. *constellātu-*, «semeado de estrelas»)

constelar *v.tr.* 1 dispor em constelação 2 cobrir de estrelas 3 adornar com objetos brilhantes 4 esmaltar 5 elevar aos céus; divinizar ▪ *v.pron.* 1 encher-se de estrelas 2 apresentar-se em forma de pontos brilhantes (Do lat. tard. *constellāre*, «estar semeado de estrelas»)

consternação *n.f.* 1 ato ou efeito de consternar ou consternar-se 2 profundo abatimento de ânimo; grande desalento; angústia; tristeza; dor (Do lat. *consternatiōne-*, «id.»)

consternado *adj.* abatido; prostrado; muito triste (Do lat. *consternātu-*, «id.», part. pass. de *consternāre*, «apavorar»)

consternador *adj.* que causa consternação (De *consternar*+*-dor*)

consternar *v.tr.* 1 causar consternação a; desalentar 2 afligir 3 surpreender negativamente 4 entristecer ▪ *v.pron.* 1 sentir consternação 2 ficar prostrado pela dor (Do lat. *consternāre*, «apavorar»)

constipação *n.f.* 1 estado inflamatório das vias respiratórias causado por vírus ou resfriamento e acompanhado por calafrios, cansaço e mal-estar geral 2 MEDICINA prisão de ventre (Do lat. *constipatiōne-*, «acumulação»)

constipado *adj.* atacado de constipação (Part. pass. de *constipar*)

constipar *v.tr.* produzir constipação em ▪ *v.pron.* apanhar uma constipação (Do lat. *constipāre*, «apertar; acumular»)

constipativo *adj.* que produz constipação (De *constipar*+*-tivo*)

constitucional *adj.2g.* 1 referente ou conforme à constituição 2 que tem uma constituição política 3 inerente à constituição do indivíduo ▪ POLÍTICA partidário da Carta Constitucional (Do lat. *constitutionāle-*, «id.»)

constitucionalidade *n.f.* qualidade do que é constitucional; conformidade das leis e demais atos do Estado, das regiões autónomas e do poder local com a constituição (De *constitucional*+*-i-*+*-dade*)

constitucionalismo *n.m.* doutrina, partido ou regime constitucional (De *constitucional*+*-ismo*)

constitucionalista *adj.,n.2g.* 1 que ou pessoa que segue o constitucionalismo 2 que ou pessoa que é especialista em direito constitucional (De *constitucional*+*-ista*)

constitucionalizar *v.tr.* 1 tornar constitucional 2 converter em regime constitucional (De *constitucional*+*-izar*)

constituição *n.f.* 1 maneira como algo é composto; composição; disposição; organização; estrutura 2 ato de formar algo; criação; fundação; construção; elaboração; composição 3 conjunto de caracteres congénitos, morfológicos, fisiológicos e mentais de um indivíduo 4 compleição física 5 DIREITO ato de estabelecer legalmente; instituição 6 POLÍTICA texto fundamental que regula os direitos e garantias dos cidadãos e a organização política de um Estado 7 estatuto (Do lat. *constitutiōne-*, «id.»)

constituidor *adj.,n.m.* ⇒ **constituinte** (De *constituir*+*-dor*)

constituinte *adj.2g.* 1 que constitui algo 2 relativo à constituição 3 diz-se de assembleia ou deputado que tem o poder de elaborar, votar ou alterar a constituição de um Estado ▪ *n.2g.* 1 pessoa que constitui outra seu procurador ou representante; outorgante 2 POLÍTICA membro de assembleia encarregada de elaborar, votar ou alterar a sua constituição 3 HISTÓRIA membro das cortes

constituintes ■ *n.m.* LINGUÍSTICA elemento que funciona como unidade numa construção maior; **~ temático** LINGUÍSTICA sufixo que especifica a classe morfológica a que um determinado radical pertence; **~ morfológico** LINGUÍSTICA elemento integrante das palavras, como é o caso dos radicais e dos afixos (De *constituir*+*-inte*)

constituir *v.tr.* 1 reunir vários elementos para formar um todo; compor 2 formar a essência de; fazer consistir 3 organizar algo; edificar; estabelecer; fundar 4 DIREITO estabelecer legalmente ■ *v.pron.* 1 assumir a qualidade ou as atribuições de 2 tornar-se (Do lat. *constituĕre*, «estabelecer; instituir; criar»)

constituível *adj.2g.* que se pode constituir (De *constituir*+*-vel*)

constitutivo *adj.* 1 que entra na constituição de algo; que compõe 2 essencial; indispensável 3 característico; distintivo 4 DIREITO designativo do ato que cria, modifica ou extingue direitos ou situações jurídicas (Do lat. *constitutīvu-*, «id.»)

constrangedor *adj.* que constrange (De *constranger*+*-dor*)

constranger *v.tr.* 1 obrigar (alguém) a fazer algo contra vontade; coagir; compelir; forçar 2 impedir os movimentos de; apertar 3 deixar pouco à vontade; inibir ■ *v.pron.* 1 sentir constrangimento 2 obrigar-se; sujeitar-se (Do lat. vulg. *constrangĕre*, por *constringĕre*, «ligar; apertar»)

constrangido *adj.* 1 pesaroso; entristecido 2 obrigado; forçado; contrafeito 3 que se sente pouco à vontade; inibido; acanhado 4 sufocado (Part. pass. de *constranger*)

constrangimento *n.m.* 1 pressão exercida sobre alguém; coação; coerção 2 obrigação 3 insatisfação; desagrado 4 estado de quem não se sente à vontade; acanhamento; inibição; embaraço (De *constranger*+*-mento*)

constrição *n.f.* 1 ato ou efeito de constringir 2 pressão em torno de um objeto cujo diâmetro fica diminuído 3 aperto 4 compressão (Do lat. *constrictiōne-*, «ação de apertar»)

constringente *adj.2g.* que constringe; constritivo; constritor (Do lat. *constringente-*, «id.», part. pres. de *constringĕre*, «apertar»)

constringir *v.tr.* apertar em volta ■ *v.pron.* 1 contrair-se 2 apertar-se (Do lat. *constringĕre*, «ligar; apertar»)

constritiva *n.f.* LINGUÍSTICA consoante cuja articulação implica uma constrição num ponto ou noutro do conduto vocal, de forma que o ar, sem ser detido por completo, soa com um ruído de atrito; fricativa

constritivo *adj.* 1 que constringe 2 LINGUÍSTICA diz-se das consoantes cuja articulação implica uma constrição num ponto do canal vocal (Do lat. *constrictīvu-*, «adstringente; que aperta»)

constrito *adj.* 1 que está apertado 2 que se sente constrangido (Do lat. *constrictu-*, «id.», part. pass. de *constringĕre*, «apertar»)

constritor *adj.* que constringe ■ *n.m.* ZOOLOGIA espécie de jiboia das Guianas; *anel* ~ esfíncter (Do lat. *constrictōre-*, «que aperta»)

construção *n.f.* 1 ato ou efeito de construir 2 atividade de organização e criação de algo 3 conjunto de técnicas que permitem construir edifícios 4 indústria que constrói certos objetos ou edifícios 5 obra construída ou edificada; edifício; estrutura 6 ação de compor algo estruturado; composição; elaboração; formação 7 forma como algo é composto; constituição; estrutura 8 GRAMÁTICA disposição das palavras que formam uma unidade sintática 9 GEOMETRIA traçado metódico de figuras geométricas; **~ civil** atividade relacionada com a construção de edifícios (casas, prédios, etc.) ou infraestruturas (estradas, pontes, etc.) (Do lat. *constructiōne-*, «id.»)

constructo *n.m.* 1 PSICOLOGIA modelo idealizado na observação, criado para relacionar essa observação com um enquadramento teórico 2 PSICOLOGIA ideia ou conceito complexo resultante da síntese de um conjunto de ideias simples (Do ing. *construct*, «id.»)

construir *v.tr.* 1 edificar ou fabricar com materiais diversos e de acordo com um plano ou estrutura; erigir 2 reunir e dispor metodicamente (as partes de um todo); organizar; compor; elaborar; formar 3 arquitetar 4 traçar figuras segundo os princípios geométricos 5 GRAMÁTICA dispor as palavras (de uma frase) segundo as regras da sintaxe (Do lat. *construĕre*, «construir»)

construtivismo *n.m.* 1 ARTES PLÁSTICAS movimento artístico do primeiro quartel do séc. XX, com origem na Rússia, que preconizava a construção geométrica das formas, recorrendo a aspetos não figurativos e valorizando os elementos técnicos da obra 2 PSICOLOGIA corrente baseada nos trabalhos do suíço Jean Piaget (1896-1980) que explica a estrutura da inteligência humana como um produto, não só do inatismo, mas igualmente da ação do indivíduo sobre o meio (De *construtivo*+*-ismo*, ou do fr. *constructivisme*, «id.»)

construtivista *adj.2g.* relativo ao construtivismo ■ *n.2g.* 1 ARTES PLÁSTICAS artista que segue o construtivismo 2 PSICOLOGIA pessoa que defende os princípios do construtivismo (De *construtivo*+*-ista*)

construtivo *adj.* 1 que serve para construir 2 capaz de construir; criativo 3 que permite avançar ou melhorar; positivo (Do fr. *constructif*, «id.»)

construtor *adj.* que constrói ou organiza ■ *n.m.* 1 pessoa que constrói edifícios; empreiteiro 2 [fig.] pessoa que organiza ou estabelece (Do lat. *constructōre-*, «id.»)

construtora *n.f.* empresa que se dedica à construção de prédios, pontes, estradas, etc.

construtura *n.f.* 1 plano de construção 2 forma; estrutura (Do lat. *constructūra-*, «id.»)

consubstanciação *n.f.* 1 união de dois ou mais corpos numa só substância 2 união íntima 3 identificação de opiniões, de ideias 4 RELIGIÃO (teologia cristã) doutrina da presença do corpo e do sangue de Cristo no pão e vinho depois de consagrados na Eucaristia (Do lat. ecl. *consubstantiatiōne-*, «id.»)

consubstancial *adj.2g.* 1 que tem uma só substância 2 RELIGIÃO diz-se da unidade substancial das três pessoas da Santíssima Trindade (Do lat. ecl. *consubstantiāle-*, «id.»)

consubstancialidade *n.f.* 1 identidade substancial de dois ou mais elementos 2 RELIGIÃO (teologia cristã) identidade das três pessoas da Santíssima Trindade, que possuem todas a mesma natureza, que é numericamente una (Do lat. ecl. *consubstantialitāte-*, «id.»)

consubstanciar *v.tr.* unir numa única substância ■ *v.pron.* 1 identificar-se 2 unificar-se (De *con-*+*substância*+*-ar*)

consueto *adj.* costumado; habitual (Do lat. *consuētu-*, «id.»)

consuetudinário *adj.* 1 fundado no costume 2 costumado; habitual (Do lat. *consuetudinarĭu-*, «id.»)

cônsul *n.m.* (feminino **consulesa**, plural **cônsules**) 1 funcionário do ministério dos Negócios Estrangeiros de um país que exerce a sua atividade em país estrangeiro e tem a seu cargo a defesa dos interesses dos seus compatriotas e das boas relações comerciais, culturais, etc., entre os dois países 2 HISTÓRIA delegado da antiga Roma nas suas diversas províncias 3 HISTÓRIA cada um dos dois magistrados que governavam a antiga República Romana 4 HISTÓRIA um dos três magistrados supremos da França, de 1799 a 1804 (Do lat. *consŭle-*, «id.»)

consulado *n.m.* 1 dignidade de cônsul 2 serviço dirigido por um cônsul 3 HISTÓRIA forma de governo que vigorou na França de 10 de novembro de 1799 a 18 de maio de 1804, data em que o primeiro cônsul, Napoleão Bonaparte, se fez proclamar imperador (Do lat. *consulātu-*, «id.»)

consulagem *n.f.* direitos ou emolumentos consulares (De *cônsul*+*-agem*)

consular *adj.2g.* relativo a cônsul ou a consulado (Do lat. *consulāre-*, «id.»)

consulente *adj.,n.2g.* que ou pessoa que consulta (Do lat. *consulente-*, «id.», part. pres. de *consulĕre*, «consultar»)

consulesa /ê/ *n.f.* (masculino **cônsul**) 1 funcionária do ministério dos Negócios Estrangeiros de um país que exerce a sua atividade em país estrangeiro e tem a seu cargo a defesa dos interesses dos seus compatriotas e das boas relações comerciais entre os dois países 2 esposa do cônsul (De *cônsul*+*-esa*)

consulta *n.f.* 1 ação de pedir uma opinião; referendo 2 ação de consultar um especialista para pedir conselho ou parecer 3 parecer dado pelo consultado; conselho 4 exame de um paciente feito por um médico 5 ação de ler ou examinar uma obra para procura de informação ou elucidação de dúvidas 6 reflexão (Deriv. regr. de *consultar*)

consultação *n.f.* ⇒ **consulta** (Do lat. *consultatiōne-*, «consulta; pergunta»)

consultador *adj.,n.m.* que ou aquele que consulta (Do lat. *consultatōre-*, «consulente»)

consultadoria *n.f.* 1 lugar onde se dão ou fazem consultas 2 repartição onde se procuram informações ou esclarecimentos 3 lugar de trabalho ou atividade de consultador ou consultor (De *consultador*+*-aria*)

consultante *adj.,n.2g.* que ou pessoa que consulta; consultador (Do lat. *consultante-*, «id.», part. pres. de *consultāre*, «consultar; perguntar»)

consultar *v.tr.* 1 pedir conselho, opinião, instruções a; sondar 2 ler ou examinar (um texto ou uma obra) para procura de informação, explicações ou esclarecimento de dúvidas 3 deixar-se guiar; seguir 4 procurar esclarecer-se (em, sobre) ■ *v.intr.* dar consultas ■ *v.pron.* refletir; **~ o travesseiro** deixar uma resolução para o dia seguinte ou para mais tarde (Do lat. *consultāre*, «id.»)

consultável *adj.2g.* que pode ser consultado (De *consultar*+*-vel*)

consultivo *adj.* 1 relativo a consulta 2 que emite parecer ou conselho (Do lat. *consultīvu-*, «id.»)

consulto *n.m.* aquele que, pelo seu saber ou experiência, é consultado (Do lat. *consultu-*, part. pass. de *consulĕre*, «consultar»)

consultor *n.m.* 1 conselheiro 2 perito em determinado assunto adstrito a algum organismo ou empresa, para proporcionar consultas sempre que se levante alguma dúvida sobre matéria da sua especialidade; ~ *jurídico* jurista que é chamado a dar o seu parecer sobre questões de Direito (Do lat. *consultōre-*, «id.»)

consultoria *n.f.* ⇒ **consultadoria** (De *consultor*+*-ia*)

consultório *n.m.* 1 lugar onde se dão ou fazem consultas 2 conjunto da clientela, do local de trabalho e dos respetivos apetrechos, que permitem o exercício de uma determinada profissão liberal 3 secção de um jornal ou revista em que um especialista responde a questões relacionadas com a sua área (Do lat. *consultorĭu-*, «id.»)

consumação *n.f.* 1 ato ou efeito de consumar ou consumar-se 2 conclusão; fim (Do lat. *consummatiōne-*, «id.»)

consumado *adj.* 1 que está concluído; acabado; realizado 2 que está completo; perfeito 3 profundo num ramo do saber; abalizado; distinto (Do lat. *consummātu-*, «id.», part. pass. de *consummāre*, «acabar; completar»)

consumador *n.m.* aquele que consuma ou aperfeiçoa (Do lat. *consummatōre-*, «aquele que completa»)

consumar *v.tr.* 1 conduzir (algo) à parte final do seu desenvolvimento; completar; terminar 2 realizar; praticar 3 aperfeiçoar 4 levar ao apogeu; coroar ■ *v.pron.* 1 completar-se 2 terminar 3 realizar-se 4 aperfeiçoar-se; tornar-se exímio; ~ *o casamento* realizar a união sexual (Do lat. *consummāre*, «acabar; completar»)

consumição *n.f.* 1 ato de (se) consumir 2 apreensão; inquietação; mortificação; ralação 3 desgosto (De *consumir*+*-ição*)

consumido *adj.* 1 que se consumiu 2 que se gastou 3 [fig.] preocupado 4 [fig.] abatido; debilitado (Part. pass. de *consumir*)

consumidor *adj.* que causa consumição ■ *n.m.* 1 aquele que compra para gasto próprio 2 [pop.] gastador; dissipador 3 ZOOLOGIA ser vivo heterotrófico que integra uma cadeia alimentar, sustentando-se de outros organismos ou de partículas de matéria orgânica (De *consumir*+*-dor*)

consumir *v.tr.* 1 fazer desaparecer pelo uso ou pelo gasto 2 usar; utilizar 3 corroer 4 destruir 5 fazer esquecer 6 absorver; ingerir 7 comprar 8 despender 9 [fig.] mortificar; afligir ■ *v.pron.* 1 destruir-se totalmente 2 [fig.] preocupar-se; ralar-se (Do lat. *consumĕre*, «id.»)

consumismo *n.m.* 1 sistema económico e social que favorece o consumo exagerado 2 tendência para consumir exageradamente 3 procedimento resultante desta tendência (De *consumir*+*-ismo*)

consumista *adj.2g.* 1 relativo ao consumismo 2 que favorece o consumismo ■ *n.2g.* pessoa que pratica o consumismo (De *consumir*+*-ista*)

consumível *adj.2g.* que se pode consumir (De *consumir*+*-vel*)

consumo *n.m.* 1 utilização das coisas de uma forma que as gasta ou as inutiliza; gasto; dispêndio 2 ato de ingerir; absorção 3 o que se consome 4 ECONOMIA aquisição de bens e serviços para uso pessoal 5 setor da ciência económica que se ocupa da aquisição de bens e serviços; ~ *obrigatório* valor exigido como despesa mínima aos clientes de bares ou discotecas (Deriv. regr. de *consumir*)

consumpção *n.f.* 1 ato ou efeito de consumir 2 enfraquecimento lento e progressivo do organismo, produzido por doença; definhamento; ~ *da hóstia* comunhão (Do lat. *consumptiōne-*, «dissipação») ACORDO ORTOGRÁFICO também se pode escrever **consunção**

consumptibilidade *n.f.* qualidade do que é consumptível (Do lat. *consumptibilitāte-*, «id.») ACORDO ORTOGRÁFICO também se pode escrever **consuntibilidade**

consumptível *adj.2g.* que se pode consumir (Do lat. *consumptibĭle-*, «id.») ACORDO ORTOGRÁFICO também se pode escrever **consuntível**

consumptivo *adj.* que tem a propriedade de consumir, de destruir (Do lat. *consumptīvu-*, «id.») ACORDO ORTOGRÁFICO também se pode escrever **consuntivo**

consumpto *adj.* ⇒ **consumido** (Do lat. *consumptu-*, «id.», part. pass. de *consumĕre*, «consumir») ACORDO ORTOGRÁFICO também se pode escrever **consunto**

consunção a grafia mais usada é **consumpção**
consuntibilidade a grafia mais usada é **consumptibilidade**
consuntível a grafia mais usada é **consumptível**
consuntivo a grafia mais usada é **consumptivo**
consunto a grafia mais usada é **consumpto**

consútil *adj.* que tem costura (Do lat. *consutīle-*, «feito de pedaços cosidos uns aos outros»)

conta *n.f.* 1 ato ou efeito de avaliar uma quantidade; cálculo 2 quantidade avaliada; enumeração 3 valor de uma despesa 4 documento que comprova essa despesa; fatura 5 operação aritmética elementar (adição, subtração, multiplicação ou divisão) 6 transcrição do cálculo de despesas e receitas 7 ECONOMIA acordo entre um cliente e uma entidade financeira para depósito e levantamento de dinheiro segundo determinadas condições 8 ECONOMIA registo das operações realizadas entre um cliente e um banco 9 INFORMÁTICA registo da informação relativa a um utilizador que lhe possibilita o acesso a um serviço ou sistema mediante um método de identificação 10 relação de acontecimentos; explicação; justificação 11 atribuição; responsabilidade 12 conceito; estima 13 pequena peça arredondada, de madeira, vidro, plástico ou outro material, com que se fazem rosários, colares e outros adereços; ~ *conjunta* conta bancária com vários titulares; ~ *de capitão* conta exagerada, conta avultada; ~ *redonda* conta em que se desprezam as frações; *contas à moda do Porto* contas em que cada um paga a sua parte da despesa comum; *à ~ de* por causa de; *ajustar contas com* castigar; *apanhar à sua ~* apanhar uma sova; *chamar a contas* pedir responsabilidades a; *dar ~* aperceber-se, descobrir; *dar por ~* fazer um pagamento parcial; *fazer ~ a* ser útil a, servir; *fazer ~ de* supor, esperar, tencionar; *fazer de ~* não querer saber; *por ~, peso e medida* com todas as condições necessárias, à justa; *tomar ~* tomar sentido, guardar, tomar posse (Deriv. regr. de *contar*)

contabescência *n.f.* emagrecimento por efeito de doença; definhamento; consumpção

contabescente *adj.2g.* que definha; que emagrece muito por efeito de doença

contabescer *v.intr.* emagrecer muito por efeito de doença; definhar; consumir-se (Do lat. *contabescĕre*, «mirrar-se»)

contabilidade *n.f.* 1 técnica do cálculo e do registo das operações comerciais ou financeiras realizadas por uma pessoa, sociedade, empresa ou repartição do Estado 2 conjunto dos registos assim efetuados 3 serviço que se ocupa do registo de todas as transações e operações financeiras 4 cálculo; computação (Do fr. *comptabilité*, «id.»)

contabilista *n.2g.* 1 pessoa versada em contabilidade 2 guarda-livros perito (Do lat. **contabĭle-*, «contável»+*-ista*)

contabilístico *adj.* relativo a contabilidade

contabilização *n.f.* ato ou efeito de contabilizar (De *contabilizar*+*-ção*)

contabilizar *v.tr.* 1 registar (as operações comerciais ou financeiras) 2 registar numa conta 3 fazer o cálculo de (Do fr. *comptabiliser*, «id.»)

conta-corrente *n.f.* escrituração do crédito e do débito de alguém

conta-correntista *n.m.* empregado comercial que escritura o livro das contas-correntes (De *conta-corrente*+*-ista*)

contactar *v.tr.* pôr em contacto; pôr-se em contacto com ■ *v.pron.* 1 pôr-se em contacto 2 [fig.] entender-se diretamente (De *contacto*+*-ar*)

contactável *adj.2g.* suscetível de ser contactado (De *contactar*+*-vel*)

contacto *n.m.* 1 estado de dois corpos que se tocam; toque 2 relação de proximidade; ato de influência 3 convívio; relações pessoais; relacionamento 4 semelhança; caráter comum 5 pessoa pertencente ou infiltrada num determinado meio e de quem se podem obter informações ou serviços (Do lat. *contactu-*, «id.»)

contactual *adj.2g.* que diz respeito a contacto (Do lat. *contactu-*, «contacto»+*-al*)

contado *adj.* 1 de que se verificou a quantidade ou o valor; calculado 2 atribuído; dado por conta 3 narrado; relatado; referido; *de ~* à vista, no ato da compra; *favas contadas* coisa certa; *ter os dias contados* ter pouco tempo de vida ou duração (Part. pass. de *contar*)

contador *adj.* que conta ■ *n.m.* 1 aquele ou aquilo que conta 2 aquele que narra (uma história) 3 funcionário da repartição de contabilidade que verifica as contas 4 aparelho que serve para verificar o consumo de água, gás, eletricidade, etc. 5 móvel em forma de armário e com gavetas; ~ *de Geiger* FÍSICA instrumento que serve para detetar radiações ionizantes, quer corpusculares, quer eletromagnéticas (De *contar*+*-dor*)

contadoria *n.f.* repartição onde se verificam, recebem e pagam as contas; pagadoria; tesouraria (De *contador*+*-ia*)

conta-fios *n.m.2n.* pequena lupa de grande aumento, desdobrável, montada sobre uma peça dobradiça, bastante usada na indústria têxtil para observar os fios de um tecido e em tipografia para verificar detalhes de impressão (De *contar*+*fio*)

contagem *n.f.* 1 ato ou efeito de contar; enumeração 2 salário de contador judicial (De *contar*+*-agem*)

contagiante *adj.2g.* 1 que contagia 2 que se propaga 3 epidémico 4 [fig.] que se comunica facilmente (De *contagiar*+*-ante*)

contagião *n.m.* ⇒ **contágio** (Do lat. *contagiōne*, «contágio»)
contagiar *v.tr.* 1 transmitir doença a (alguém) através de contacto direto ou indireto; contaminar; pegar 2 [fig.] transmitir ideia, sentimento, sensação a; espalhar 3 [fig.] exercer influência negativa sobre; corromper ■ *v.pron.* 1 apanhar doença depois de ter contacto direto ou indireto com alguém ou algo infetado; contaminar-se 2 [fig.] ser afetado por ideia, sentimento, sensação que se espalhou (De *contágio*+-*ar*)
contágio *n.m.* 1 transmissão de doença por contacto mediato ou imediato 2 transmissão de vícios 3 qualquer doença contagiosa 4 epidemia; andaço 5 [fig.] coisa má que se propaga 6 [fig.] corrupção; ~ *mental* participação de um ou mais indivíduos no delírio de um doente (Do lat. *contagĭu*-, «id.»)
contagional *adj.2g.* referente a contágio; contagioso (Do lat. *contagiōne*-, «contágio»+-*al*)
contagiosidade *n.f.* qualidade daquilo que é contagioso (De *contagioso*+-*i*-+-*dade*)
contagioso /ô/ *adj.* 1 que se transmite por contágio 2 epidémico (Do lat. *contagiōsu*-, «id.»)
conta-gotas *n.m.2n.* instrumento, tubo ou frasco com dispositivo para deitar um líquido em gotas; *a* ~ em quantidades pequenas, gradualmente, lentamente (De *contar*+*gotas*)
contaminabilidade *n.f.* qualidade do que é contaminável (Do lat. *contaminabĭle*-, «contaminável»+-*i*-+-*dade*)
contaminação *n.f.* 1 transmissão de uma doença; contágio; infeção 2 invasão de um determinado meio por elementos poluidores ou radioativos 3 poluição 4 LINGUÍSTICA influência por analogia entre duas unidades linguísticas 5 [fig.] corrupção 6 [fig.] invasão (Do lat. *contaminatiōne*-, «id.»)
contaminador *adj.,n.m.* que ou o que contamina (Do lat. *contaminatōre*-, «id.»)
contaminar *v.tr.* 1 transmitir uma doença a; contagiar 2 fazer alastrar uma infeção por; infecionar 3 poluir 4 poluir através de elementos radioativos 5 sujar 6 [fig.] ter uma má influência sobre; corromper 7 [fig.] invadir (Do lat. *contamināre*, «id.»)
contaminável *adj.2g.* suscetível de se contaminar (Do lat. *contaminabĭle*-, «suscetível de mancha»)
contanto *elem.loc.conj.* ~ *que* com a condição de; uma vez que; se (De *con*-+*tanto*)
conta-passos *n.m.2n.* aparelho com que se contam os passos de quem marcha; podómetro; pedómetro (De *contar*+*passo*)
conta-quilómetros *n.m.2n.* aparelho que indica a velocidade e o número de quilómetros percorridos por um veículo (De *contar*+*quilómetro*)
contar *v.tr.* 1 determinar a quantidade ou o valor de; calcular 2 fazer contas 3 medir; marcar (tempo) 4 prever 5 incluir num todo; englobar 6 compreender; comportar 7 ter em consideração; considerar 8 levar em conta 9 esperar 10 narrar (história, anedota) ■ *v.intr.* 1 fazer contas; calcular 2 importar; ter importância 3 valer; custar 4 figurar ■ *v.pron.* 1 incluir-se 2 entrar em conta; ~ *as horas/ os minutos* aguardar com impaciência; ~ *carneiros* fazer uma contagem mental para adormecer; ~ *os tostões* não ter muito dinheiro para gastar; ~-*se pelos dedos* ser em pouca quantidade (Do lat. *computāre*, «contar»)
contarelo *n.m.* 1 pequeno conto 2 história inventada; mentira; peta (De *conto*+-*ar*+-*elo*)
contaria *n.f.* 1 estabelecimento onde se fazem ou vendem contas 2 enfiada de contas (De *conta*+-*aria*)
conta-rotações *n.m.2n.* aparelho que determina a velocidade de rotação do motor
contável *adj.2g.* 1 que se pode contar 2 que pode ser narrado 3 GRAMÁTICA diz-se do nome que designa um conjunto que se pode decompor em partes singulares que se podem enumerar (De *contar*+-*vel*)
conta-voltas *n.m.2n.* 1 aparelho que serve para contar as voltas ou rotações de uma máquina 2 DESPORTO (corridas) o que conta as voltas (De *contar*+*volta*)
conteco *n.m.* 1 pequeno conto; contarelo 2 [ant., coloq.] um conto de réis; mil escudos (4,99 euros) (De *conto*+-*eco*)
conteira¹ *n.f.* 1 peça de metal com que se reforça a ponta da bainha das espadas 2 parte posterior da peça de artilharia, que se crava no terreno (De *conto*+-*eira*)
conteira² *n.f.* 1 a que faz ou vende contas de rosário, colar, etc. 2 mulher de conteiro 3 BOTÂNICA árvore ornamental da família das Meliáceas, cultivada em Portugal, também conhecida por amargoseira e mélia 4 BOTÂNICA variedade de cana-de-açúcar (De *conta*+-*eira*)

conteirar *v.tr.* MILITAR mudar a direção do plano de tiro de uma peça ou obus de artilharia por deslocação lateral da conteira (De *conteira*+-*ar*)
conteiro *n.m.* o que faz ou vende contas de rosário, colar, etc. (De *conta*+-*eiro*)
contemplação *n.f.* 1 observação atenta (de algo ou alguém) 2 concentração mental num assunto de natureza intelectual, filosófica ou espiritual; estado meditativo 3 RELIGIÃO estado de comunhão com Deus ou o divino; recolhimento interior 4 [fig.] consideração 5 benevolência 6 donativo; *por* ~ em consideração a (Do lat. *contemplatiōne*-, «id.»)
contemplador *adj.,n.m.* que ou aquele que contempla (Do lat. *contemplatōre*-, «id.»)
contemplante *adj.,n.2g.* ⇒ **contemplador** (De *contemplante*-, part. pres. de *comtemplar*, «contemplar»)
contemplar *v.tr.* 1 observar atentamente; absorver-se no exame ou observação de 2 olhar com admiração 3 considerar seriamente; meditar sobre 4 imaginar 5 conferir; dar como prémio ou como prova de estima 6 tratar com benevolência ■ *v.pron.* 1 mirar-se longamente 2 rever-se (Do lat. *contemplāre*, «id.»)
contemplativa *n.f.* faculdade de contemplar (De *contemplativo*)
contemplatividade *n.f.* 1 qualidade de quem é dado à contemplação 2 estado de recolhimento profundo (De *contemplativo*+ -*i*-+-*dade*)
contemplativo *adj.* 1 relativo à contemplação 2 meditativo ■ *n.m.* 1 aquele que é dado à contemplação 2 devoto (Do lat. *contemplatīvu*-, «id.»)
contemplável *adj.2g.* 1 digno de ser contemplado 2 considerável (Do lat. *contemplabĭle*-, «visível»)
contemporaneamente *adv.* ao mesmo tempo; simultaneamente (De *contemporâneo*+-*mente*)
contemporaneidade *n.f.* qualidade ou circunstância de ser contemporâneo (De *contemporâneo*+-*i*-+-*dade*)
contemporâneo *adj.* 1 que é do mesmo tempo 2 que é do nosso tempo; hodierno ■ *n.m.* 1 o que é do mesmo tempo 2 o que tem a mesma idade; coevo (Do lat. *contemporanĕu*-, «contemporâneo»)
contemporização *n.f.* 1 ação ou efeito de contemporizar 2 acomodação aos tempos ou às circunstâncias; transigência (De *contemporizar*+-*ção*)
contemporizador *adj.,n.m.* 1 que ou aquele que contemporiza 2 condescendente (De *contemporizar*+-*dor*)
contemporizante *adj.2g.* que contemporiza; contemporizador (De *contemporizar*+-*ante*)
contemporizar *v.tr.,intr.* transigir (com); condescender (com) ■ *v.tr.* entreter para ganhar tempo ■ *v.intr.* acomodar-se às circunstâncias e usos do tempo (De *con*-+*temporizar*)
contemptível *adj.2g.* desprezível (Do lat. *contemptibĭle*-, «id.»)
contempto *n.m.* desprezo (Do lat. *contemptu*-, «id.»)
contemptor *adj.,n.m.* desprezador (Do lat. *contemptōre*-, «id.»)
contenção¹ *n.f.* 1 ato de contender; contenda 2 rivalidade 3 litígio 4 esforço demorado 5 grande esforço do espírito para adquirir um conhecimento ou remover uma dificuldade
contenção² *n.f.* 1 ação ou resultado de conter ou de se conter 2 meios empregados para manter na devida posição as partes fraturadas, luxações, hérnias, etc. (Do lat. *contentiōne*-, «esforço; luta»)
contenças *n.f.pl.* móveis miúdos (Do lat. *continentĭa*-, «conteúdo; domínio»)
contencioso /ô/ *adj.* 1 em que há conflito ou litígio 2 duvidoso; incerto 3 em que pode haver reclamação ■ *n.m.* 1 jurisdição contenciosa 2 DIREITO secção de uma empresa que trata de assuntos litigiosos 3 DIREITO relação conflituosa entre duas ou mais partes (Do lat. *contentiōsu*-, «id.»)
contenda *n.f.* 1 ato de contender 2 debate; disputa; altercação 3 briga; combate 4 [fig.] esforço para obter algo (Deriv. regr. de *contender*)
contendedor *adj.,n.m.* 1 que ou aquele que contende; contendor 2 adversário; rival (De *contender*+-*dor*)
contendente *adj.,n.2g.* ⇒ **contendedor** (Do lat. *contendente*-, «id.», part. pres. de *contendĕre*, «esforçar-se; lutar»)
contender *v.tr.* 1 disputar 2 ter contenda com 3 dirigir provocação a 4 atacar ■ *v.intr.* 1 altercar; discutir 2 litigar; pleitear com outrem em juízo (Do lat. *contendĕre*, «lutar»)
contendível *adj.2g.* suscetível de ser discutido; contestável (Do lat. *contendibĭle-, «id.»)
contendor *n.m.* 1 aquele que contende; contendedor 2 adversário; rival (De *contendedor*, com hapl.)

contenho /ê/ *n.m.* 1 feição; aspeto 2 garbo; porte (Do it. *contegno*, «id.»)

contensão *n.f.* grande esforço do espírito para adquirir um conhecimento ou remover uma dificuldade (De *con-*+*tensão*)

contentadiço *adj.* fácil de contentar (De *contentar*+*-diço*)

contentamento *n.m.* 1 estado de quem está contente; satisfação; alegria 2 prazer (De *contentar*+*-mento*)

contentar *v.tr.* 1 tornar contente 2 satisfazer ▪ *v.intr.* agradar ▪ *v.pron.* 1 ficar contente 2 satisfazer-se 3 limitar-se (Do lat. tard. *contentāre*, de *contentus*, part. pass. de *continēre*, «conter»)

contentável *adj.2g.* que se pode contentar (De *contentar*+*-vel*)

contente *adj.2g.* 1 que manifesta contentamento 2 que se sente feliz com uma situação; alegre; satisfeito (Do lat. *contentu-*, «contente», part. pass. de *continēre*, «conter; unir»)

contentivo *adj.* 1 que faz a contenção 2 que reduz uma fratura, etc. (Do fr. *contentif*, «id.»)

contento *n.m.* 1 contentamento 2 agrado 3 conteúdo; *a ~* à experiência, a ver se agrada; *a ~ de* conforme os desejos de (Do lat. *contentu-*, «contente», part. pass. de *continēre*, «conter; unir»)

contentor *n.m.* 1 aquilo que contém 2 grande caixa hermeticamente fechada, destinada a transportar mercadorias por via terrestre, fluvial, marítima ou aérea 3 depósito para lixo ou para resíduos sólidos (vidro, papel, etc.) (Do ing. *container*, «id.»)

contentorização *n.f.* ato ou efeito de meter dentro do contentor (De *contentorizar*+*-ção*)

contentorizar *v.tr.* meter e dispor de forma conveniente (as mercadorias) dentro do contentor (De *contentor*+*-izar*)

conter *v.tr.* 1 ter dentro de si; encerrar 2 ter uma capacidade de 3 possuir (um certo número de elementos) 4 incluir; abranger 5 mencionar 6 impedir o avanço ou a demonstração de; reter; refrear; dominar ▪ *v.pron.* não exprimir o que se pensa ou sente; reprimir-se; dominar-se (Do lat. *continēre*, «conter»)

contérmino *adj.* que tem limite comum; que confina; adjacente ▪ *n.m.* fronteira; confim; limite (Do lat. *contermĭnu-*, «id.»)

conterrâneo *adj.,n.m.* que ou pessoa que é da mesma terra; compatrício; compatriota (Do lat. **conterranĕu-*, «id.»)

contérrito *adj.* aterrorizado, apavorado (Do lat. *conterrĭtu-*, «id.», part. pass. de *conterrēre*, «apavorar; aterrorizar»)

contestabilidade *n.f.* qualidade do que é contestável (Do lat. **contestabĭle-*+*-i-*+*-dade*)

contestação *n.f.* 1 ato de contestar alguma coisa; objeção 2 disputa sobre o que é contestado; discussão; controvérsia 3 resposta que refuta, contradiz ou se opõe a um libelo ou opinião 4 atitude de rebeldia ativa contra uma situação ou ideologia 5 oposição marcada; polémica 6 DIREITO denegação; impugnação (Do lat. *contestatiōne-*, «atestação; prova»)

contestador *adj.,n.m.* que ou pessoa que contesta (Do lat. *contestatōre-*, «id.»)

contestante *adj.,n.2g.* ⇒ **contestador** (De *contestar*+*-ante*)

contestar *v.tr.* 1 sujeitar a discussão por não se estar de acordo; pôr em dúvida; contradizer 2 negar; refutar 3 recusar os direitos ou pretensões de 4 impugnar; denegar ▪ *v.intr.* 1 discutir; altercar 2 confirmar; dizer a mesma coisa 3 afirmar o contrário; opor-se 4 questionar (Do lat. vulg. **contestāre*, do lat. cl. *contestāri*, «contestar»)

contestatário *adj.* relativo a contestação ▪ *n.m.* 1 indivíduo que contesta, que contraria, que contradiz 2 opositor; adversário (Do fr. *contestataire*, «id.»)

contestável *adj.2g.* que se pode contestar (Do lat. **contestabĭle-*, «id.»)

conteste *adj.2g.* 1 que depõe o mesmo que outro 2 comprovante (Do lat. vulg. **conteste-*, de *cum-*, «com» +*-teste-*, «testemunha»)

conteúdo *n.m.* 1 aquilo que está contido ou encerrado num recipiente 2 volume interior de um recipiente; capacidade 3 aquilo de que algo é constituído 4 aquilo que é expresso por um discurso ou texto; assunto; matéria 5 LINGUÍSTICA significado de um signo; sentido; significação 6 LINGUÍSTICA face do signo linguístico que corresponde ao conceito ▪ *adj.* contido (Do port. arc. *conteer*+*-udo*, ant. suf. do part. pass.)

contexto *n.m.* 1 conjunto de circunstâncias que rodeiam um acontecimento; situação; conjuntura 2 LINGUÍSTICA conjunto de elementos linguísticos e não linguísticos que rodeiam um texto ou discurso; *~ extraverbal* LINGUÍSTICA totalidade das circunstâncias exteriores à língua (ambiente físico da enunciação, fatores históricos, sociais, culturais, etc.) que possibilitam, condicionam ou determinam um ato de enunciação e respetiva interpretação; *~ verbal* LINGUÍSTICA conjunto de palavras, frases, ou texto que precede ou segue outra palavra, frase ou texto, esclarecendo o seu significado; cotexto; *estar fora do ~* não estar por dentro de uma determinada situação, não vir a propósito (Do lat. *contextu-*, «tecido», part. pass. de *contexĕre*, «tecer; entrelaçar»)

contextuação *n.f.* ato ou efeito de contextuar (De *contextuar*+*-ção*)

contextual *adj.2g.* relativo ao contexto (De *contexto*+*-al*)

contextualização *n.f.* 1 ato ou efeito de contextualizar 2 definição do contexto de um acontecimento (De *contextualizar*+*-ção*)

contextualizar *v.tr.* 1 inserir num determinado contexto 2 referir as circunstâncias em que um acontecimento se produz 3 definir o ambiente de 4 condicionar (De *contextual*+*-izar*)

contextuar *v.tr.* LITERATURA integrar, para fins de compreensão e interpretação, um fragmento textual no seu texto ou um texto no seu contexto (De *contexto*+*-ar*)

contextura *n.f.* 1 ligação entre as partes de um todo; constituição; composição 2 tecido; trama (De *contexto*+*-ura*)

contigo *pron.pess.* 1 com a tua pessoa (*conversou contigo?*) 2 em tua companhia (*jantarei contigo*) 3 ao mesmo tempo que tu (*canto contigo*) 4 por tua causa (*ri-me contigo*) 5 a teu respeito (*isso não era contigo*) 6 em teu benefício (*perdi tudo contigo*) 7 próprio para ti (*dança é contigo*) 8 na tua posse (*o rádio está contigo*) 9 à tua responsabilidade (*deixo o caso contigo*) 10 de ti para ti (*pensas lá contigo*) (Do lat. *cum-*, «com» +*tecum*, «contigo»)

contiguamente *adv.* 1 de modo contíguo; com contiguidade 2 proximamente (De *contíguo*+*-mente*)

contiguar *v.tr.* tornar contíguo; avizinhar (De *contíguo*+*-ar*)

contiguidade /gu-i/ *n.f.* estado do que é contíguo; proximidade absoluta; contacto; vizinhança (Do lat. **contiguitāte-*, «id.»)

contíguo *adj.* 1 que toca ou está nas proximidades; vizinho; limítrofe 2 imediato (Do lat. *contigŭu-*, «que toca em»)

contilheira *n.f.* [pop.] mulher que conta histórias; mexeriqueira (De *conto*+*-ilho*+*-eira*)

continência *n.f.* 1 privação de certos prazeres, especialmente sexuais; castidade 2 moderação nas palavras e nos gestos 3 MILITAR saudação que consiste em tocar as têmporas à extremidade do boné, boina ou capacete, com a ponta dos dedos da mão direita, aberta 4 atitude 5 capacidade (Do lat. *continentĭa-*, «id.»)

continental *adj.2g.* 1 do continente 2 respeitante a continente 3 metropolitano (De *continente*+*-al*)

continentalidade *n.f.* 1 qualidade ou estado de ser continental 2 relação entre a superfície de um continente e o comprimento da linha de costa 3 o maior ou menor afastamento das terras em relação ao mar (De *continental*+*-i-*+*-dade*)

continente *n.m.* 1 cada uma das maiores extensões ininterruptas da superfície sólida do globo terrestre limitada por um ou mais oceanos (África, América, Antártida, Ásia, Europa e Oceânia) 2 parte continental de um país com território além-mar 3 a terra em relação a uma ilha 4 massa de terra que constitui a parte principal da Europa, em relação à Grã-Bretanha ▪ *adj.2g.* 1 que contém 2 que observa continência; que se abstém de prazeres sexuais; casto 3 que revela moderação ou sobriedade; comedido; prudente (Do lat. *continente-*, «id.», part. pres. de *continēre*, «conter»)

contingência *n.f.* 1 qualidade do que é contingente; eventualidade 2 facto possível mas incerto 3 o que não tem uma importância fundamental (Do lat. *contingentĭa-*, «id.»)

contingencial *adj.2g.* 1 que pode suceder ou não; eventual 2 que não é essencial (De *contingência*+*-al*)

contingentação *n.f.* ECONOMIA prática protecionista que consiste na restrição das importações de determinados produtos ou de produtos de determinadas origens pelo estabelecimento de quotas (De *contingente*+*-ção*)

contingente *adj.2g.* 1 que é incerto suceder ou não; duvidoso; eventual 2 que não é essencial; secundário ▪ *n.m.* 1 o que é contingente 2 quinhão 3 quota 4 MILITAR quantidade de tropas destinadas ao cumprimento de uma missão específica 5 conjunto de indivíduos incorporáveis que em cada ano se apresentam efetivamente nas unidades para prestar o serviço militar 6 quantidade máxima de mercadorias que podem ser trocadas entre países (Do lat. *contingente-*, part. pres. de *contingĕre*, «tocar; chegar a ser»)

contingentemente *adv.* casualmente; fortuitamente; acidentalmente (De *contingente*+*-mente*)

contingentismo *n.m.* doutrina dos que atribuem à contingência a maior ou menor parte dos acontecimentos; casualismo (De *contingente*+*-ismo*)

continuação *n.f.* 1 ato ou efeito de continuar; prosseguimento; sequência 2 sucessão de acontecimentos da mesma natureza 3 o facto de (algo) ser continuado; duração; prolongamento 4 uso prolongado; habituação 5 renque (Do lat. *continuatiōne-*, «id.»)

continuado

continuado *adj.* ininterrupto; contínuo ■ *n.m.* (gramática tradicional) ⇒ **aposto** (Do lat. *continuātu-*, «id.», part. pass. de *continuāre*, «continuar»)

continuador *adj.,n.m.* que ou aquele que continua (Do lat. *continuatōre-*, «id.»)

continuamente *adv.* sem interrupção; incessantemente (De *contínuo+-mente*)

continuar *v.tr.* 1 dar seguimento a 2 prosseguir 3 prolongar ■ *v.intr.* 1 não parar; não sofrer interrupção; persistir 2 seguir 3 prosseguir até mais longe; prolongar-se ■ *v.pron.* 1 estar a seguir 2 prolongar-se ■ *v.cop.* liga o predicativo ao sujeito, indicando: conservar-se, manter-se, permanecer ⟨*ele continuou sentado*⟩ (Do lat. *continuāre*, «id.»)

continuativo *adj.* 1 que tende a continuar 2 GRAMÁTICA (verbo) que expressa continuidade (Do lat. *continuatīvu-*, «que indica continuação»)

continuidade *n.f.* 1 qualidade de contínuo 2 ligação não interrompida 3 duração contínua 4 repetição incessante 5 contiguidade 6 MATEMÁTICA propriedade que caracteriza uma função contínua; *solução de* ~ interrupção, lacuna (Do lat. *continuitāte-*, «id.»)

contínuo *adj.* 1 que não comporta intervalos ou elementos realmente distintos; seguido; ininterrupto 2 que não é dividido na sua extensão; constante; homogéneo 3 que se repete consecutivamente; repetido; sucessivo 4 que não apresenta lapsos ou falhas; consistente 5 GRAMÁTICA diz-se do aspeto verbal que indica uma ação prolongada; durativo 6 LINGUÍSTICA diz-se do som (fonema) produzido com um escoamento ininterrupto de ar laríngeo 7 ELETRICIDADE diz-se da corrente elétrica cujo sentido é sempre o mesmo ■ *adv.* ininterruptamente ■ *n.m.* 1 empregado auxiliar de uma repartição ou estabelecimento público 2 máquina de fiar usada na indústria mecânica de tecelagem 3 ⇒ **continuum**; *ato* ~ imediatamente; *conjunto* ~ MATEMÁTICA conjunto que é limitado, perfeito e bem encadeado; *de* ~ imediatamente, continuamente (Do lat. *continŭu-*, «ininterrupto»)

continuum *n.m.* 1 sequência; sucessão; continuidade 2 conjunto de partes unidas entre si 3 meio que enche um espaço sem intervalos (Do lat. *continuum*)

contista¹ *n.2g.* pessoa que é autora de contos (De *conto+-ista*)
contista² *adj.2g.* relativo a contas (De *conta+-ista*)

contitularidade *n.f.* situação em que dois ou mais indivíduos são simultaneamente titulares de determinado direito ou privilégio (De *con+titularidade*)

conto¹ *n.m.* 1 LITERATURA narrativa breve e fictícia em que a ação geralmente se concentra sobre um único tema ou episódio 2 historieta; fábula 3 mentira; peta 4 *pl.* enredos; ~ *de fadas* história infantil que narra acontecimentos em que participam fadas e outras figuras imaginárias; *contos largos* história complicada; *quem conta um* ~ *acrescenta um ponto* expressão que se utiliza para indicar que cada pessoa relata um mesmo acontecimento ou facto acrescentando pormenores da sua autoria; *sem* ~ sem fim (Deriv. regr. de *contar*)

conto² *n.m.* [ant.] mil escudos (4,99 euros) (Do lat. *compŭtu-*, «cálculo»)

conto³ *n.m.* 1 extremidade inferior de lança ou bastão 2 remate em esfera da parte posterior dos antigos canhões (Do lat. *contu-*, «bastão comprido»)

contoada *n.f.* golpe com o conto da lança ou do bastão (Do lat. *contu-*, «bastão comprido» +*-ada*)

conto-da-carochinha ver nova grafia conto da carochinha
conto da carochinha *n.m.* [coloq.] mentira
conto-do-vigário ver nova grafia conto do vigário
conto do vigário *n.m.* 1 [coloq.] história contada a pessoa crédula e ambiciosa com o objetivo de a enganar 2 [coloq.] qualquer manobra de má-fé para ludibriar uma pessoa crédula e ambiciosa

contorção *n.f.* 1 ato ou efeito de torcer ou contorcer-se 2 movimento acrobático que força e até torce a posição de certas partes do corpo 3 movimento forçado dos membros 4 posição incómoda 5 torção (Do lat. *contortiōne-*, «ação de se torcer»)

contorcer *v.tr.* 1 torcer violentamente 2 dobrar sobre si ■ *v.pron.* 1 fazer contorções 2 dobrar-se 3 ter contorções de dor; torcer-se 4 contrair-se (Do lat. **contorcēre*, do lat. cl. *contorquēre*, «torcer; virar»)

contorcionar *v.tr.* fazer ou imprimir contorções a ■ *v.pron.* fazer contorções (Do lat. *contortiōne-*, «ação de se voltar» +*-ar*)

contorcionismo *n.m.* 1 exibição de contorções 2 arte de contorcionista (Do lat. *contortiōne-*, «ação de se voltar» +*-ismo*)

contorcionista *n.2g.* acrobata que faz contorções (Do lat. *contortiōne-*, «ação de se voltar» +*-ista*)

contornar *v.tr.* 1 traçar o contorno de 2 andar em volta de; dar a volta a; ladear 3 [fig.] solucionar incompletamente; esquivar-se a (dificuldade, situação) 4 [fig.] aperfeiçoar 5 HERÁLDICA voltar para o lado esquerdo do escudo (Do lat. **contornāre*, «id.»)

contornear *v.tr.* contornar; andar à roda de (De *contorno+-ear*)

contorno *n.m.* 1 linha ou superfície que limita exteriormente uma figura ou um corpo 2 delineamento 3 volta; perímetro; limite 4 borda 5 traçado de um relevo 6 aspeto do que é contornado; sinuosidade 7 [fig.] elegância da frase (Deriv. regr. de *contornar*)

contra *prep.* 1 em oposição a ⟨*contra o invasor*⟩ 2 contrariamente a; em desacordo com ⟨*contra a moral*⟩ 3 de encontro a ⟨*contra a parede*⟩ 4 junto de ⟨*contra o peito*⟩ 5 em frente de; defronte de ⟨*um contra o outro*⟩ 6 em troca de ⟨*contra recibo*⟩ ■ *adv.* desfavoravelmente ■ *n.m.* o que é desfavorável; aspeto negativo; inconveniente; defeito; *os prós e os contras* as vantagens e as desvantagens; *ser do* ~ contrariar os outros constantemente (Do lat. *contra*, «id.»)

contra- elemento de formação de palavras que exprime a ideia de *contrário, oposto* (Do lat. *contra*, «face a face; defronte; contra; contrariamente a»)

contra-abertura *n.f.* abertura ou incisão praticada em ponto oposto a outra

contra-alisado *n.m.* METEOROLOGIA vento que sopra em sentido contrário ao dos ventos alisados, mas por cima destes

contra-alísio *n.m.* ⇒ **contra-alisado**

contra-almirante *n.m.* MILITAR posto de oficial general da Marinha, superior ao de comodoro e inferior ao de vice-almirante, e cuja insígnia é constituída por galões paralelos, sendo um largo e um estreito ■ *n.2g.* MILITAR oficial que ocupa esse posto

contra-argumento *n.m.* argumento apresentado para combater ou anular outro (De *contra-+argumento*)

contra-arrestar *v.tr.* 1 opor obstáculo a 2 estorvar 3 contrariar
contra-arresto *n.m.* ação de contra-arrestar
contra-asa *n.f.* peça que reforça a parte superior de um regador
contra-assalto *n.m.* MILITAR ataque rápido e decisivo para anular os movimentos de avanço do inimigo

contra-atacante *adj.,n.2g.* que ou quem contra-ataca
contra-atacar *v.tr.* 1 atacar depois de ter sido atacado 2 DESPORTO reagir a um ataque de (adversário), recuperando rapidamente a posse da bola

contra-ataque *n.m.* 1 ataque para ripostar a outro 2 MILITAR ação ofensiva desencadeada em resposta a um ataque anterior 3 baluarte construído atrás de outro 4 DESPORTO reação súbita de uma equipa que recupera a posse da bola, impedindo o adversário de se defender

contra-aviso *n.m.* aviso que anula outro dado anteriormente
contrabaixista *n.2g.* MÚSICA pessoa que toca contrabaixo (De *contrabaixo+-ista*)

contrabaixo *n.m.* 1 MÚSICA o maior e mais grave instrumento de cordas friccionadas da família do violino, que possui quatro ou cinco cordas afinadas em quartas perfeitas e toca num registo uma oitava abaixo do violoncelo; rabecão 2 MÚSICA voz mais grave do que a do baixo; *tuba* ~ MÚSICA instrumento de sopro de metal que é o elemento de tessitura mais grave da família dos saxhorns, vulgarmente conhecido apenas por tuba (Do it. *contrabasso*, «id.»)

contrabalançar *v.tr.* 1 igualar em peso 2 equilibrar 3 [fig.] compensar ■ *v.pron.* 1 opor-se 2 anular-se (De *contra-+balançar*)

contrabalanço *n.m.* 1 equilíbrio 2 compensação
contrabaluarte *n.m.* baluarte construído detrás de outro que pode ser expugnado e abatido (De *contra-+baluarte*)

contrabanda *n.f.* HERÁLDICA peça do escudo colocada ao contrário da banda ou da direita para a esquerda (De *contra-+banda*)

contrabandar *v.tr.* HERÁLDICA contrabandear (uma peça no escudo) (De *contrabanda+-ar*)

contrabandear¹ *v.tr.,intr.* fazer contrabando (de) (De *contrabando+-ear*)

contrabandear² *v.tr.* HERÁLDICA colocar ao contrário da banda do escudo (De *contrabanda+-ear*)

contrabandismo *n.m.* ato de contrabandear (De *contrabando+-ismo*)

contrabandista *n.2g.* pessoa que faz contrabando (De *contrabando+-ista*)

contrabando¹ *n.m.* 1 introdução, num país, de mercadorias interditas por lei ou de que se não pagaram os direitos alfandegários 2 produtos introduzidos clandestinamente 3 comércio proibido; tráfico (Do it. *contrabbando*, «id.»)

contrabando² *n.m.* bando de indivíduos de opinião contrária à de outro bando (De *contra-+bando*)

contrabater v.tr. 1 atacar com a contrabateria 2 [fig.] exercer uma ação em contrário a; rebater (De *contra-+bater*)

contrabateria n.f. 1 conjunto de fogos executados sobre sistemas de tiro indireto do inimigo (artilharia, foguetes, mísseis) e seus órgãos de comando, observação e referenciação, com o fim de os destruir ou neutralizar 2 [fig.] disposição tomada para inutilizar as intrigas de alguém (De *contra-+bateria*)

contrabordo n.m. NÁUTICA forro de madeira ou de metal que resguarda a querena do navio (De *contra-+bordo*)

contracadaste n.m. NÁUTICA peça do navio que reforça interiormente o cadaste (De *contra-+cadaste*)

contracaixilho n.m. caixilho com pano ou com vidro, colocado por dentro ou por fora de outro, e que serve, respetivamente, para atenuar a luz ou para preservar o outro dos estragos do tempo (De *contra-+caixilho*)

contracambiar v.tr. 1 remunerar mal (um favor) 2 trocar (De *contra-+cambiar*)

contracâmbio n.m. ato de contracambiar (De *contra-+câmbio*)

contracampanha n.f. campanha levantada em oposição a outra (De *contra-+campanha*)

contracanto n.m. canto acessório que serve de acompanhamento ao canto principal (De *contra-+canto*)

contração n.f. 1 ato ou efeito de contrair 2 encolhimento de um músculo ou órgão 3 MEDICINA movimento que aperta o útero à volta do feto empurrando-o gradualmente para a posição de parto 4 FÍSICA redução do volume de um corpo por aproximação mútua das partículas que o constituem 5 GRAMÁTICA fusão de duas formas linguísticas numa só, como acontece, por exemplo, quando algumas preposições se juntam a artigos ou pronomes 6 ECONOMIA fase de flutuação económica caracterizada pelo predomínio dos movimentos descendentes dos preços, dos lucros, da produção, do emprego, do consumo e dos investimentos (Do lat. *contractiōne-*, «id.»)

contracapa n.f. face posterior de livro ou revista (De *contra-+capa*)

contracarril n.m. carril que, nas vias-férreas, se assenta ao lado dos carris ordinários para resguardar e para evitar descarrilamentos (De *contra-+carril*)

contracava n.f. cava feita entre uma praça de armas e outra cava, ou em oposição a outra que o inimigo abriu (De *contra-+cava*)

contracção ver nova grafia contração

contraceção n.f. utilização de meios com o objetivo de evitar que as relações sexuais possam provocar a gravidez (Do ing. *contraception*, «id.»)

contracédula n.f. cédula que substitui outra anterior (De *contra-+cédula*)

contracena n.f. 1 TEATRO ato de contracenar 2 TEATRO cena que se desenvolve paralelamente à cena principal em segundo plano ou no fundo do cenário (Deriv. regr. de *contracenar*)

contracenar v.intr. TEATRO (ator) fingir que se está a dialogar no fundo da cena enquanto os outros atores dialogam de facto à boca do palco; marcar ou formar contracena ■ v.tr. TELEVISÃO representar; interpretar (De *contra-+cena+-ar*)

contracepção ver nova grafia contraceção

contraceptivo ver nova grafia contracetivo

contracetivo adj. 1 relativo à contraceção 2 que evita a conceção ■ n.m. medicamento, dispositivo ou método utilizado para evitar a fecundação (Do ing. *contraceptive*, «id.»)

contrachaveta n.f. cunha de ferro ou aço que se introduz na fenda da chaveta para evitar que esta recue

contracifra n.f. chave para decifrar uma escrita enigmática (De *contra-+cifra*)

contracorrente n.f. corrente contrária a outra (De *contra-+corrente*)

contracosta n.f. costa marítima do lado oposto a outra no mesmo continente ou na mesma ilha (De *contra-+costa*)

contracrítica n.f. crítica a outra crítica (De *contra-+crítica*)

contráctil adj.2g. suscetível de contração (Do lat. *contractīle-*, «id.») ACORDO ORTOGRÁFICO também se pode escrever contrátil

contractilidade n.f. qualidade do que é contráctil (De *contráctil+-i-+dade*) ACORDO ORTOGRÁFICO também se pode escrever contratilidade

contractível adj.2g. ⇒ **contráctil** (De *contractu-*, part. pass. de *contrahère*, «contrair; apertar» +*-vel*) ACORDO ORTOGRÁFICO também se pode escrever contratível

contractivo adj. que produz contração (Do lat. *contractu-*, part. pass. de *contrahère*, «contrair» +*-ivo*) ACORDO ORTOGRÁFICO também se pode escrever contrativo

contracto adj. que sofreu contração; contraído (Do lat. *contractu-*, part. pass. de *contrahère*, «contrair») ACORDO ORTOGRÁFICO também se pode escrever contrato[2]

contractura n.f. MEDICINA estado de contração permanente e involuntária de um músculo (Do lat. *contractūra-*, «id.») ACORDO ORTOGRÁFICO também se pode escrever contratura

contracturante adj.2g. que produz contractura (De *contractura+-ante*) ACORDO ORTOGRÁFICO também se pode escrever contraturante

contracultura n.f. conjunto de ideias e comportamentos que se opõem ou se diferenciam das instituições e dos valores dominantes de uma sociedade (De *contra-+cultura*, ou do fr. *contre-culture*, «id.»)

contracultural adj.2g. relativo ou pertencente a contracultura (De *contracultura+-al*)

contracunhar[1] v.tr. cunhar novamente por cima de outro cunho (De *contra-+cunhar*)

contracunhar[2] v.tr. pôr segunda cunha em (De *contra-+cunhar*)

contracunho n.m. impressão gravada em sentido contrário ao do cunho (De *contra-+cunho*)

contracurva n.f. curva que faz com outra uma inflexão (De *contra-+curva*)

contradança n.f. 1 dança de quatro ou mais pares uns defronte dos outros; quadrilha 2 [fig.] mudanças sucessivas; vicissitudes; vaivém (Do ing. *country-dance*, «dança do campo», pelo fr. *contredanse*, «id.»)

contradançar v.intr. dançar a contradança (De *contra-+dançar*)

contradeclaração n.f. ato ou efeito de contradeclarar; declaração em sentido contrário ao de outra declaração já feita (De *contra-+declaração*)

contradeclarar v.tr. declarar o contrário do que se tinha declarado; contradizer (De *contra-+declarar*)

contradição n.f. 1 ação ou efeito de contradizer ou contradizer-se 2 afirmação em contrário do que se disse 3 incoerência entre atos ou ditos sucessivos 4 oposição de opiniões, sentimentos, ideias ou palavras 5 objeção; *espírito de* ~ espírito da pessoa que sistematicamente contradiz os outros; *princípio de* ~ LÓGICA uma proposição não pode ter simultaneamente o valor lógico verdade e o valor lógico falsidade; *sem* ~ incontestavelmente (Do lat. *contradictiōne-*, «objeção; réplica»)

contradimento n.m. [Angola] discordância

contradique n.m. dique para reforçar outro (De *contra-+dique*)

contradistinguir v.tr. mostrar ou fazer a diferença entre (várias coisas) (De *contra-+distinguir*)

contradita n.f. 1 ato ou efeito de contraditar 2 DIREITO alegação que impugna a alegação da parte contrária; contestação; impugnação 3 DIREITO faculdade de a parte contra quem é apresentada uma testemunha poder reagir contra a credibilidade desta, invocando qualquer facto que possa pôr em dúvida a fé do seu depoimento (Do lat. *contradicta*, neut. pl. de *contradictum*, part. pass. de *contradicĕre*, «contradizer»)

contraditado adj. 1 contestado 2 impugnado (Part. pass. de *contraditar*)

contraditar v.tr. alegar contra; contestar; impugnar (De *contradita+-ar*)

contraditável adj.2g. que se pode contraditar (De *contraditar+-vel*)

contradito adj. ⇒ **contraditado** (Do lat. *contradictu-*, part. pass. de *contradicĕre*, «contradizer; objetar»)

contraditor adj.,n.m. que ou aquele que contradiz ou opõe contradita (Do lat. *contradictōre-*, «id.»)

contraditória n.f. 1 proposição oposta a outra; contradita 2 oposição (Do lat. *contradictoria [propositio]* «[proposição] oposta a outra»)

contraditório adj. 1 que implica contradição 2 oposto 3 incompatível (Do lat. *contradictoriu-*, «id.»)

contradizer v.tr. 1 dizer o contrário de 2 contrariar 3 contestar ■ v.pron. dizer o contrário do que tinha afirmado (Do lat. *contradicĕre*, «id.»)

contradomínio n.m. MATEMÁTICA conjunto a que pertencem os valores da variável dependente de uma função (De *contra-+domínio*)

contradormentes n.m.pl. NÁUTICA pranchões ou dormentes que reforçam outros prolongando-se com eles da popa à proa do navio

contraédito n.m. édito contrário a outro

contra-édito ver nova grafia contraédito

contraemboscada n.f. operação cujo objetivo é combater e/ou neutralizar uma emboscada do inimigo

contra-emboscada ver nova grafia contraemboscada

contraente *adj.,n.2g.* 1 que ou pessoa que contrai matrimónio 2 que ou pessoa que celebra um contrato (Do lat. *contrahente-*, «id.», part. pres. de *contrahĕre*, «contrair»)

contraerva *n.f.* BOTÂNICA nome vulgar extensivo a algumas plantas (em especial uma existente no Brasil) cujas raízes são utilizadas em medicina popular, também conhecida por caapiá, caiapiá, capiá, etc. 2 BOTÂNICA raiz destas plantas

contra-erva ver nova grafia contraerva

contraescarpa *n.f.* talude do fosso do lado oposto à escarpa

contra-escarpa ver nova grafia contraescarpa

contraescritura *n.f.* escritura secreta que revoga total ou parcialmente a escritura pública

contra-escritura ver nova grafia contraescritura

contraespionagem *n.f.* 1 modalidade de contrainformação cujo fim consiste na deteção e neutralização da espionagem adversa 2 organização de carácter secreto encarregada da vigilância do serviço de espionagem do campo adversário, de lançar falsas informações e de destruir as redes de espionagem inimigas

contra-espionagem ver nova grafia contraespionagem

contraestai *n.m.* NÁUTICA cabo que serve para reforçar os estais

contra-estai ver nova grafia contraestai

contraestimulante *adj.,n.2g.* que ou aquilo que contraestimula

contra-estimulante ver nova grafia contraestimulante

contraestimular *v.tr.* combater ou atenuar certos estados ou excessos de estimulação

contra-estimular ver nova grafia contraestimular

contraestímulo *n.m.* estado oposto ao de estímulo

contra-estímulo ver nova grafia contraestímulo

contrafação *n.f.* 1 ato ou efeito de contrafazer 2 imitação fraudulenta 3 falsificação 4 [fig.] fingimento; disfarce (Do lat. *contrafactiōne-*, «comparação»)

contrafacção ver nova grafia contrafação

contrafactor ver nova grafia contrafator

contrafagote *n.m.* MÚSICA instrumento musical de palheta dupla, da família do fagote, mas de maiores dimensões e som mais grave

contrafaixa *n.f.* HERÁLDICA faixa do escudo com dois esmaltes diferentes (De *contra-*+*faixa*)

contrafator *n.m.* o que faz contrafação (De *contra-*+*factor*)

contrafazer *v.tr.* 1 reproduzir por contrafação; imitar fraudulentamente 2 reproduzir por imitação; copiar 3 tornar disforme; alterar 4 constranger 5 reprimir 6 [ant.] disfarçar (um sentimento ou estado); dissimular ■ *v.pron.* 1 disfarçar-se 2 forçar-se a ir contra a própria vontade (Do lat. tard. *contrafacĕre*, «id.»)

contrafé *n.f.* cópia autêntica de intimação judicial para ser entregue à pessoa intimada (De *contra-*+*fé*)

contrafecho /ê/ *n.m.* fecho que reforça outro (De *contra-*+*fecho*)

contrafeição *n.f.* ⇒ **contrafação** (De *contra-*+*feição*)

contrafeitiço *n.m.* feitiço que se opõe a outro (De *contra-*+*feitiço*)

contrafeito *adj.* 1 que não está à vontade 2 forçado 3 falsificado 4 fingido ■ *n.m.* viga pregada na extremidade inferior dos cairbos para suavizar a inclinação do telhado (Part. pass. de *contrafazer*)

contraferro *n.m.* [Brasil] chapa sobre o ferro de uma plaina, que facilita o escoamento das fitas

contrafigura *n.2g.* CINEMA, TEATRO artista que é encarregado de representar o papel que outro vinha até ali desempenhando (De *contra-*+*figura*)

contrafila *n.f.* ARQUITETURA peça que, colocada obliquamente, segura a fileira do telhado (De *contra-*+*fila*)

contrafileira *n.f.* ARQUITETURA ⇒ **contrafila** (De *contra-*+*fileira*)

contrafio *n.m.* fio destinado a reforçar outro (De *contra-*+*fio*)

contraflanco *n.m.* flanco esquerdo (De *contra-*+*flanco*)

contrafogo *n.m.* fogo controlado que se provoca à frente de um grande incêndio, de modo a causar a interação entre ambos e a alterar a direção da propagação ou a extinção desse incêndio (De *contra-*+*fogo*)

contrafolheado *n.m.* ⇒ **contraplacado** (De *contra-*+*folheado*)

contrafortar *v.tr.* 1 prover de contraforte 2 servir de contraforte a (De *contraforte-*+-*ar*)

contraforte *n.m.* 1 forro que reforça a parte do calçado que cobre o calcanhar 2 edificação com que se reforça uma muralha 3 GEOGRAFIA área marginal acidentada de um maciço montanhoso principal 4 [fig.] tudo o que fortalece, anima ou incita (Do it. *contrafforte*, «id.»)

contrafosso /ô/ *n.m.* fosso a par de outro (De *contra-*+*fosso*)

contrafuga *n.f.* MÚSICA espécie de fuga em que o tema é executado em sentido inverso (De *contra-*+*fuga*)

contrafundo *adv.* para baixo (De *contra-*+*fundo*)

contragolpe *n.m.* 1 comoção ou choque experimentado por um órgão quando o choque se deu noutro 2 reação forte e provocada 3 golpe de resposta a outro (De *contra-*+*golpe*)

contragosto /ô/ *n.m.* 1 oposição feita ao gosto ou à vontade 2 constrangimento; *a ~* constrangidamente; contra vontade (De *contra-*+*gosto*)

contra-habitual *adj.2g.* que se opõe ao que é habitual

contra-harmónico *adj.* contrário à harmonia

contra-haste *n.f.* prolongamento da haste do êmbolo da máquina a vapor

contraído *adj.* 1 que sofreu contração 2 que diminuiu de tamanho; que foi reduzido; encolhido 3 que não se sente à vontade; rígido; crispado; tenso 4 (dívida) que se assumiu 5 (casamento) celebrado 6 (doença, hábito) adquirido

contraindicação *n.f.* 1 indicação contrária a outra 2 circunstância que desaconselha o emprego de qualquer coisa

contra-indicação ver nova grafia contraindicação

contraindicado *adj.* 1 que é desaconselhado 2 que não serve para determinado fim

contra-indicado ver nova grafia contraindicado

contraindicar *v.tr.* 1 indicar ao contrário 2 desaprovar 3 desaconselhar o uso de 4 opor-se ao uso de

contra-indicar ver nova grafia contraindicar

contrainformação *n.f.* conjunto de recursos que visam observar e neutralizar os serviços de informação do campo inimigo

contra-informação ver nova grafia contrainformação

contrainformar *v.tr.* impedir ou evitar que o adversário aceda a informação própria, permitindo, por exemplo, o acesso a falsas informações (De *contra-*+*informar*)

contra-informar ver nova grafia contrainformar

contrainterrogatório *n.m.* interrogatório de um réu ou de uma testemunha pela parte contrária

contra-interrogatório ver nova grafia contrainterrogatório

contrair *v.tr.* 1 reduzir o volume de; encolher; reduzir; apertar 2 causar contração a (músculos) 3 fazer; assumir (dívida) 4 celebrar (casamento) 5 apanhar (infeção, doença) 6 adquirir; ganhar (hábito) ■ *v.pron.* 1 diminuir de volume ou extensão; estreitar-se 2 encolher-se 3 limitar-se 4 endurecer-se (Do lat. *contrahĕre*, «contrair; reunir; encurtar»)

contraível *adj.2g.* que se pode contrair (De *contrair*+-*vel*)

contraliga *n.f.* liga formada em oposição a outra (De *contra-*+*liga*)

contralto *n.m.* 1 MÚSICA o registo mais grave da voz feminina 2 MÚSICA voz intermédia entre a de soprano e a de tenor ■ *n.2g.* MÚSICA cantora que tem essa voz (Do it. *contralto*, «voz alta, comparativamente à do baixo»)

contraluz *n.f.* 1 lugar oposto àquele em que a luz dá em cheio 2 fotografia, desenho ou pintura de objetos representados pela face sombreada 3 luz que desfavorece um quadro por ser contrária àquela em que o artista o pintou (De *contra-*+*luz*)

contramalha *n.f.* malha sotoposta a outra para a reforçar (De *contra-*+*malha*)

contramandado *n.m.* mandado que anula ou ordena o contrário de outro mandado anterior (De *contra-*+*mandado*)

contramandar *v.tr.* dar uma ordem contrária a outra anterior (De *contra-*+*mandar*)

contramanga *n.f.* segunda manga na mesma peça de vestuário, larga e comprida (De *contra-*+*manga*)

contramanifestação *n.f.* manifestação cujo objetivo é anular ou neutralizar os efeitos de outra

contramanifestante *n.2g.* pessoa que participa numa contramanifestação

contramanifestar-se *v.pron.* fazer parte de uma contramanifestação

contramanobra *n.f.* manobra que se opõe a outra do inimigo para lhe diminuir ou atenuar os efeitos (De *contra-*+*manobra*)

contramanobrar *v.intr.* fazer contramanobra (De *contra-*+*manobrar*)

contramão *n.f.* sentido contrário àquele em que um veículo deve obrigatoriamente circular

contramarca *n.f.* 1 segunda marca que substitui, reforça ou autentica outra 2 senha de teatro (De *contra-*+*marca*)

contramarcação *n.f.* ato de contramarcar (De *contramarcar*+-*ção*)

contramarcar *v.tr.* pôr contramarca em (De *contra-*+*marcar*)

contramarcha *n.f.* marcha em sentido oposto ao que se levava (De *contra-*+*marcha*)

contramarchar *v.intr.* fazer contramarcha (De *contramarcha*+-*ar*)

contramaré *n.f.* corrente oposta à maré ordinária (De *contra-+maré*)
contramargem *n.f.* faixa de terreno junto à margem (De *contra-+margem*)
contramestre *n.m.* 1 o imediato ao mestre 2 substituto do mestre (De *contra-+mestre*)
contrametade *n.f.* a metade complementar da outra metade (De *contra-+metade*)
contramezena *n.f.* NÁUTICA mastro do navio oposto ao mastro da mezena (De *contra-+mezena*)
contramina *n.f.* 1 mina que se destina a destruir a mina do inimigo ou a anular o seu efeito 2 [fig.] artimanha para desfazer uma intriga (De *contra-+mina*)
contraminar *v.tr.* 1 destruir as minas inimigas (engenhos explosivos) pela explosão de cargas colocadas nas suas proximidades 2 frustrar por meio de contramina 3 [fig.] debelar (De *contramina+-ar*)
contramoldagem *n.f.* reprodução de uma escultura por meio de moldagem (De *contra-+moldagem*)
contramoldar *v.tr.* reproduzir por moldagem (De *contra-+moldar*)
contramolde *n.m.* 1 molde que é o inverso de outro para reproduzir este 2 desenho invertido do objeto que se deseja obter (De *contra-+molde*)
contramonção *n.f.* 1 METEOROLOGIA monção contrária 2 época desfavorável à navegação por causa dos ventos contrários (De *contra-+monção*)
contramovimento *n.m.* movimento em sentido contrário ao de outro (De *contra-+movimento*)
contramuralha *n.f.* ⇒ **contramuro** (De *contra-+muralha*)
contramurar *v.tr.* fortificar com contramuro (De *contra-+murar*)
contramuro *n.m.* muro construído paralelamente a outro para o reforçar; contramuralha (De *contra-+muro*)
contranatura *adv.* contra as leis da natureza ■ *adj.inv.* ⇒ **contranatural** (De *contra-+natura*)
contranatural *adj.2g.* contrário às leis da natureza; contranatura; antinatural (De *contra-+natural*)
contranaturalidade *n.f.* qualidade ou condição de contranatural (De *contra-+naturalidade*)
contranota *n.f.* nota diplomática redigida em sentido oposto ao de outra (De *contra-+nota*)
contraofensiva *n.f.* ofensiva em reação a outra ofensiva e com a qual se pretende anular o poder de ataque do inimigo
contra-ofensiva ver nova grafia contraofensiva
contraoferta *n.f.* oferta que substitui outra que não foi aceite (De *contra-+oferta*)
contra-oferta ver nova grafia contraoferta
contraordem *n.f.* ordem em sentido contrário ao de outra já dada; contramandado
contra-ordem ver nova grafia contraordem
contraordenação *n.f.* DIREITO infração, de gravidade menor que a de um crime, à qual corresponde uma coima na lei portuguesa (De *contra-+ordenação*)
contra-ordenação ver nova grafia contraordenação
contraordenar *v.tr.* dar contraordem de
contra-ordenar ver nova grafia contraordenar
contraparente *n.2g.* 1 parente por afinidade 2 parente afastado (De *contra-+parente*)
contraparte *n.f.* 1 a outra parte 2 DIREITO a parte contrária numa relação jurídica
contrapartida *n.f.* 1 coisa oposta ou complementar de outra 2 compensação 3 coisa que equivale outra; equivalência; *em* ~ em compensação (De *contra-+partida*)
contrapasso *n.m.* 1 passo dado em oposição ao que se dera antes 2 meio passo para acertar o passo por outrem (De *contra-+passo*)
contrapé *n.m.* apoio; esteio (De *contra-+pé*)
contrapeçonha /ô/ *n.f.* 1 contraveneno; antídoto 2 BOTÂNICA ⇒ **contraveneno** 2 (De *contra-+peçonha*)
contrapelo /ê/ *n.m.* direção contrária à direção natural do pelo; *a* ~ 1 ao arrepio; 2 [fig.] contra a vontade (De *contra-+pêlo*)
contrapesar *v.tr.* 1 verificar o peso noutra balança ou no outro prato da mesma balança 2 equilibrar por meio de contrapeso 3 comparar; cotejar ■ *v.intr.* 1 servir de contrapeso 2 [fig.] igualar em mérito (De *contrapeso+-ar*)
contrapeso /ê/ *n.m.* 1 porção suplementar que perfaz o peso que se pretende 2 [fig.] compensação 3 desconto 4 [pop.] empecilho (Do it. *contrappeso*, «id.»)

contrapilastra *n.f.* ARQUITETURA pilastra fronteira a outra, numa galeria ou num pórtico (De *contra-+pilastra*)
contrapinázio *n.m.* travessa em cima ou por baixo da porta, igual e paralela ao pinázio (De *contra-+pinázio*)
contrapisa *n.f.* forro na parte inferior dos vestidos (De *contra-+pisa*)
contraplacado *n.m.* 1 placa de madeira que se aplica sobre outra madeira de pior qualidade, para dar melhor aparência aos móveis 2 conjunto de folhas de madeira, coladas com os fios cruzados, para dar mais resistência ao todo; contrafolheado (Do fr. *contre-plaqué*, «id.»)
contraplacar *v.tr.* revestir de contraplacado (Do fr. *contre-plaquer*, «id.»)
contrapoder *n.m.* POLÍTICA poder que se opõe ou equilibra outro (De *contra-+poder*)
contrapontear *v.tr.* 1 pôr em contraponto 2 instrumentar 3 [fig.] contraditar; contrariar (De *contraponto+-ear*)
contrapontista *n.2g.* pessoa que sabe contrapontear (De *contraponto+-ista*)
contraponto *n.m.* 1 MÚSICA arte de combinar duas linhas musicais em simultâneo 2 MÚSICA combinação de vozes em simultâneo numa textura coerente; polifonia 3 [fig.] elemento que estabelece contraste; *em* ~ *a* paralelamente a (Do lat. *contra-*, «contra» +*punctu-*, «ponto», pelo it. *contrappunto*, «contraponto»)
contrapor *v.tr.* 1 pôr em frente de 2 opor 3 contrariar ■ *v.pron.* opor-se (Do lat. *contraponĕre*, «id.»)
contraposição *n.f.* 1 ato ou efeito de contrapor 2 oposição 3 confronto 4 resistência; *em* ~ pelo contrário, por outro lado (De *contra-+posição*)
contraposta *n.f.* ⇒ **contraposição** (Part. pass. fem. subst. de *contrapor*)
contrapreparação *n.f.* MILITAR conjunto de fogos intensos incluídos nos planos de fogos de forças na defensiva, desencadeados quando se revele iminente o ataque inimigo (De *contra-+preparação*)
contrapressão *n.f.* pressão exercida em sentido contrário ao de outra pressão (De *contra-+pressão*)
contraprestação *n.f.* DIREITO nos contratos bilaterais, cumprimento de obrigações por uma parte em correspondência às de outra parte (De *contra-+prestação*)
contraproducente *adj.2g.* 1 que produz efeitos contrários 2 que prova o contrário do que se queria demonstrar 3 cujas vantagens são menores que as desvantagens (De *contra-+producente*)
contraproduzir *v.intr.* produzir efeito contrário ao que se pretendia (De *contra-+produzir*)
contraprograma *n.m.* programa que se opõe a outro ou o substitui (De *contra-+programa*)
contraprojecto ver nova grafia contraprojeto
contraprojeto *n.m.* segundo projeto que anula ou modifica o primeiro (De *contra-+projecto*)
contrapropaganda *n.f.* propaganda contrária a outra (De *contra-+propaganda*)
contrapropor *v.tr.* fazer contraproposta de (De *contra-+propor*)
contraproposta *n.f.* proposta feita em oposição a outra já apresentada (De *contra-+proposta*)
contraprotesto *n.m.* protesto oposto a outro
contraprova *n.f.* 1 DIREITO impugnação do libelo do autor 2 TIPOGRAFIA prova feita depois de introduzidas as emendas da prova anterior; segunda prova 3 desenho obtido por meio de um papel assente sobre outro desenho a lápis ou sobre uma prova recente 4 verificação, mediante outro processo, se a primeira prova foi eficiente ou está bem feita 5 DIREITO conjunto de dados com que se pretende lançar no espírito do julgador dúvida séria acerca da veracidade dos factos que foram objeto de prova (De *contra-+prova*)
contraprovar *v.tr.* 1 fazer a contraprova de 2 impugnar 3 TIPOGRAFIA verificar as emendas da primeira prova tipográfica (De *contraprova+-ar*)
contrapunçoar *v.tr.* abrir uma cavidade cónica na madeira ou no metal para entrar a cabeça do parafuso e ficar ao nível da peça (De *contra-+punçoar*)
contrapunho *n.m.* NÁUTICA cabo fixo na ponta da vela e do traquete para auxiliar a manobra (De *contra-+punho*)
contraquarteado *adj.* HERÁLDICA (escudo) cujos quartéis se dividem em quatro partes, formando dezasseis contraquartéis (De *contra-+quartel+-ado*)
contraquartel *n.m.* HERÁLDICA cada uma das quatro divisões de um quartel do escudo contraquarteado (De *contra-+quartel*)

contraquilha *n.f.* NÁUTICA peça de madeira que reveste interiormente a quilha do navio (De *contra-+quilha*)
contra-rancho ver nova grafia contrarrancho
contra-rapante ver nova grafia contrarrapante
contra-reacção ver nova grafia contrarreação
Contra-Reforma ver nova grafia Contrarreforma
contra-regra ver nova grafia contrarregra
contra-relógio ver nova grafia contrarrelógio
contra-reparo ver nova grafia contrarreparo
contra-réplica ver nova grafia contrarréplica
contra-retábulo ver nova grafia contrarretábulo
contra-revolta ver nova grafia contrarrevolta
contra-revolução ver nova grafia contrarrevolução
contra-revolucionar ver nova grafia contrarrevolucionar
contra-revolucionário ver nova grafia contrarrevolucionário
contrariador *adj.,n.m.* que ou aquele que contraria; contraditor (De *contrariar+-dor*)
contrariamente *adv.* 1 ao contrário 2 de modo contrário (De *contrário+-mente*)
contrariante *adj.2g.* que contraria (De *contrariar+-ante*)
contrariar *v.tr.* 1 querer, fazer ou dizer o contrário de 2 estar em contradição com 3 fazer oposição a; opor-se a; combater 4 estorvar; impedir 5 causar descontentamento a; desagradar a ■ *v.intr.* 1 contestar 2 responder não 3 contravir ■ *v.pron.* 1 ficar contrariado 2 contradizer-se 3 opor-se (De *contrário-+-ar*)
contrariável *adj.2g.* 1 que se pode contrariar 2 discutível (De *contrariar+-vel*)
contrariedade *n.f.* 1 coisa que se opõe; obstáculo; dificuldade; contratempo; incómodo 2 coisa que causa desgosto; aflição 3 sentimento causado por algo que se opõe ou que causa um desgosto 4 [ant.] oposição de duas coisas contrárias (Do lat. *contrarietāte-*, «oposição»)
contrário *adj.* 1 que é muito diferente; inverso; oposto; incompatível 2 que implica resistência; antagónico; desfavorável; adverso 3 que prejudica; contraindicado ■ *n.m.* 1 o que é oposto; oposição 2 o que tem sentido oposto; antónimo 3 o lado oposto; o reverso; *pelo ~* ao invés (Do lat. *contrarĭu-*, «que está do lado oposto»)
contra-roda ver nova grafia contrarroda
contra-rotura ver nova grafia contrarrotura
contrarrancho *n.m.* rancho formado em oposição a outro
contrarrapante *adj.* HERÁLDICA diz-se de cada um dos animais rapantes que, no escudo, estão voltados um para o outro
contrarreação *n.f.* reação contrária a outra
Contrarreforma *n.f.* HISTÓRIA movimento doutrinário, intelectual e político, de combate aos efeitos da Reforma protestante, levado a cabo pela Igreja Católica, iniciado no fim da primeira metade do século XVI e continuado até à primeira metade do século seguinte
contrarregra *n.2g.* CINEMA, TEATRO, TELEVISÃO pessoa que marca as entradas dos atores em cena ou numa filmagem
contrarrelógio *n.m.* 1 DESPORTO corrida em que é cronometrado o tempo que cada concorrente leva para fazer um determinado percurso 2 [fig.] corrida contra o tempo
contrarreparo *n.m.* MILITAR segunda trincheira em redor de uma praça de guerra
contrarréplica *n.f.* resposta a uma réplica; tréplica
contrarretábulo *n.m.* fundo, na decoração de um altar, onde se encosta o retábulo ou se mete um baixo-relevo
contrarrevolta *n.f.* revolta feita em sentido contrário ao da revolta anterior
contrarrevolução *n.f.* movimento político e social de combate a uma revolução
contrarrevolucionar *v.tr.* provocar a contrarrevolução de
contrarrevolucionário *adj.* relativo a contrarrevolução ■ *n.m.* aquele que toma parte numa contrarrevolução
contrarroda *n.f.* roda interna ou roda falsa (da proa)
contrarrotura *adj.2g.,n.f.* ⇒ **contrarrutura**
contrarrutura *adj.2g.* que previne ou impede as ruturas ■ *n.f.* rutura em lugar ou sentido oposto ao de outra
contra-ruptura ver nova grafia contrarrutura
contra-safra ver nova grafia contrassafra
contra-seguro ver nova grafia contrasseguro
contra-selar ver nova grafia contrasselar
contra-selo ver nova grafia contrasselo
contra-senha ver nova grafia contrassenha
contra-senso ver nova grafia contrassenso
contra-significação ver nova grafia contrassignificação
contra-sinal ver nova grafia contrassinal
contrassafra *n.f.* ano de intervalo em que não houve safra ou em que a colheita foi má
contrasseguro *n.m.* ⇒ **resseguro** (De *contra-+seguro*)
contrasselar *v.tr.* pôr contrasselo em
contrasselo *n.m.* 1 selo que se põe ao lado ou por cima de outro 2 carimbo de inutilizar selos
contrassenha *n.f.* palavra com que um indivíduo encarregado da vigilância responde à senha
contrassenso *n.m.* afirmação contrária ao senso comum; absurdo; disparate; sem-razão
contrassignificação *n.f.* significação contrária a outra
contrassinal *n.m.* 1 ⇒ **contrassenha** 2 [fig.] disfarce
contrastação *n.f.* 1 ato ou efeito de contrastar 2 oposição (De *contrastar+-ção*)
contrastador *adj.* 1 que contrasta; contrastante 2 que põe o contraste ■ *n.m.* aquele que põe o contraste (De *contrastar+-dor*)
contrastante *adj.2g.* 1 que contrasta 2 que se evidencia (De *contrastar+-ante*)
contrastar *v.tr.* 1 pôr em contraste 2 conhecer o quilate de 3 marcar o contraste de 4 lutar contra; fazer oposição a 5 afrontar; arrostar 6 desafiar 7 examinar; avaliar ■ *v.intr.* 1 fazer contraste 2 estar em oposição; opor-se 3 revelar-se por oposição; sobressair (Do it. *contrastare*, «id.»)
contrastaria *n.f.* oficina do contraste (De *contraste+-aria*)
contrastável *adj.2g.* que se pode contrastar (De *contrastar+-vel*)
contraste *n.m.* 1 diferença profunda entre coisas ou pessoas; oposição 2 ARTES PLÁSTICAS oposição de tons, luz e sombra numa obra artística 3 FOTOGRAFIA diferenças de tons ou de luz numa imagem 4 (ourivesaria) verificação do quilate do ouro e da prata 5 (ourivesaria) avaliador de metais preciosos e de joias 6 (ourivesaria) sinal posto por aquele avaliador e que atesta a qualidade de metais preciosos e de joias 7 LINGUÍSTICA relação entre uma unidade linguística e outras unidades linguísticas no plano sintagmático 8 crítico literário ou artístico; *em ~ com* em oposição a (Do fr. *contraste*, «id.», do it. *contrasto*, «contraste»)
contrastear *v.tr.* avaliar o quilate de; contrastar (De *contraste+-ear*)
contrastivo *adj.* 1 relativo a contraste 2 que contrasta ou compara (De *contraste+-ivo*)
contratação *n.f.* 1 ato de contratar 2 [ant.] contrato estabelecido no tempo da expansão colonial, em que o Estado cedia um privilégio comercial ou um serviço público a um particular, contra determinada quantia (De *contratar+-ção*)
contratado *adj.* 1 diz-se daquele que trabalha sob contrato 2 recrutado ■ *n.m.* empregado (Part. pass. de *contratar*)
contratador *adj.* que contrata ■ *n.m.* 1 pessoa ou empresa que contrata alguém para um trabalho 2 pessoa ou empresa que negoceia; negociante 3 revendedor de bilhetes de espetáculo 4 arrematante (De *contratar+-dor*)
contratante *adj.2g.* 1 que contrata; contratador 2 contraente ■ *n.2g.* aquele que celebra contratos (Do lat. *contractante-*, part. pres. de *contractāre*, «ter comércio com»)
contratar *v.tr.* 1 fazer contrato de 2 empregar; assalariar 3 ajustar; combinar ■ *v.tr.,intr.* negociar ■ *v.pron.* 1 ajustar-se sob contrato 2 assalariar-se (Do lat. *contractāre*, «ter comércio com»)
contratável *adj.2g.* que se pode contratar (De *contratar+-vel*)
contratela *n.f.* tela que reforça outra (De *contra-+tela*)
contratelar *v.tr.* aplicar contratela em (De *contratela+-ar*)
contratempo *n.m.* 1 acidente ou circunstância imprevista que altera os projetos de alguém; contrariedade; impedimento; obstáculo 2 MÚSICA pulsação musical apoiada nos tempos fracos; *a ~* fora de tempo, de forma inoportuna (Do it. *contrattempo*, «contrariedade»)
contratenor *n.m.* 1 MÚSICA voz masculina mais alta do que a de tenor, de timbre feminino 2 MÚSICA cantor que possui essa voz
contratestemunhar *v.tr.* 1 rebater o testemunho de 2 testemunhar em contrário (De *contra-+testemunhar*)
contrátil a grafia mais usada é contráctil
contratilidade a grafia mais usada é contractilidade
contratista *n.2g.* pessoa que contrata, com entidades oficiais, trabalhos de construção ou de viação, por empreitada; empreiteiro (De *contratar+-ista*)
contratível a grafia mais usada é contractível
contrativo a grafia mais usada é contractivo
contrato¹ *n.m.* 1 ato ou efeito de contratar 2 acordo pelo qual duas ou mais pessoas se obrigam a cumprir os vários pontos estabelecidos por esse acordo, que podem incluir a cedência de poderes ou a observância de certas obrigações 3 documento que estabelece um acordo 4 promessa aceite 5 combinação; ajuste; *~ a prazo/a termo* DIREITO contrato que está subordinado a um prazo de duração específico ou ao cumprimento de um determinado objetivo; *~ de adesão* DIREITO contrato em que uma das partes

estabelece as cláusulas, que a outra não pode discutir, restando-lhe apenas aceitar ou recusar o conteúdo global da proposta; **~ de trabalho** DIREITO contrato através do qual uma entidade patronal toma ao seu serviço um trabalhador; **~ social** FILOSOFIA (Hobbes, Rousseau, etc.) convenção pela qual os homens se teriam organizado em sociedade política (Do lat. *contractu-*, «contrato; transação»)

contrato² a grafia mais usada é contracto

contrato-programa *n.m.* protocolo estabelecido entre duas ou mais entidades que visa a cooperação para o desenvolvimento de um setor ou atividade

contrato-promessa *n.m.* acordo preliminar em que as partes envolvidas se comprometem a celebrar, em data posterior, um contrato definitivo

contratorpedeiro *n.m.* navio muito rápido, para destruir os barcos torpedeiros, equipado com aparelhagem especial para dar caça a submarinos (De *contra-*+*torpedeiro*)

contratual *adj.2g.* 1 referente a contrato 2 tomado ou feito por contrato (Do fr. *contractuel*, «id.»)

contratualismo *n.m.* FILOSOFIA, POLÍTICA doutrina segundo a qual a sociedade ou o Estado resultam de um acordo ou contrato entre os cidadãos livres, ou entre estes e a entidade soberana ou governante (De *contratual*+*-ismo*)

contratualização *n.f.* ato ou efeito de contratualizar (De *contratualizar*+*-ção*)

contratualizar *v.tr.* fazer contrato de; pôr em contrato (De *contratual*+*-izar*)

contratura a grafia mais usada é contractura

contraturante a grafia mais usada é contracturante

contravalação *n.f.* fosso guarnecido de parapeito com que os sitiantes se cobrem das surtidas dos sitiados (De *contravalar*+*-ção*)

contravalar *v.tr.* abrir contravalação em (De *contra-*+*valar*)

contravapor *n.m.* 1 ato de dirigir o vapor das locomotivas em sentido contrário ao habitual para as fazer parar de repente 2 movimento de recuo pela ação do vapor 3 [fig.] oposição 4 [fig.] reação 5 [fig.] moderação nos arrebatamentos (De *contra-*+*vapor*)

contravenção *n.f.* 1 transgressão da lei, do regulamento, da ordem ou das cláusulas de um contrato 2 infração (Do fr. *contravention*, «id.»)

contraveneno *n.m.* 1 remédio para anular a ação de um veneno; antídoto 2 BOTÂNICA planta da família das Asclepiadáceas, espontânea no Norte de Portugal, também denominada contrapeçonha (De *contra-*+*veneno*)

contravento *n.m.* 1 vento contrário 2 guarda-vento 3 [fig.] contratempo (De *contra-*+*vento*)

contraventor *adj.,n.m.* que ou o que faz contravenção; infrator; transgressor (Do lat. **contraventōre-*, de **contraventu-*, part. pass. de *contravenīre*, «opor-se»)

contraverdade *n.f.* afirmação contrária à verdade; falsidade (De *contra-*+*verdade*)

contraversão *n.f.* 1 versão contrária 2 inversão 3 contravenção (De *contra-*+*versão*)

contraverter *v.tr.* voltar em sentido contrário; inverter (De *contra-*+*verter*)

contravir *v.tr.* 1 fazer contravenção de; transgredir 2 retorquir; replicar 3 discordar ■ *v.intr.* 1 intervir 2 acudir (Do lat. *contravenīre*, «opor-se»)

contravolta *n.f.* volta em sentido contrário ao de outra (De *contra-*+*volta*)

contravoto *n.m.* voto oposto a outro (De *contra-*+*voto*)

contribuição *n.f.* 1 ato ou efeito de contribuir 2 coisa com que se contribui 3 contributo para uma despesa comum 4 colaboração prestada a uma causa comum; ajuda; participação 5 quota que cada cidadão paga para as despesas do Estado ou para uma despesa comum 6 imposto 7 tributo; **~ industrial** imposto direto lançado sobre o rendimento de atividades de natureza industrial ou comercial; **~ predial** imposto que incide sobre o rendimento de um prédio urbano ou rústico (Do lat. *contributiōne-*, «id.», com infl. de *contribuir*)

contribuidor /uídô/ *adj.,n.m.* que ou aquele que contribui; contribuinte (De *contribuir*+*-dor*)

contribuinte *adj.2g.* 1 que contribui 2 que paga contribuições e impostos ■ *n.2g.* pessoa que paga contribuições e impostos (De *contribuir*+*-inte*)

contribuir *v.tr.,intr.* 1 concorrer para uma despesa comum 2 pagar contribuição 3 1 ajudar ou participar na execução de (algo); cooperar; colaborar 2 ter parte em (um dado resultado) (Do lat. *contribuĕre*, «contribuir»)

contributário *adj.* que é tributário juntamente com outro ou outros; contribuinte (Do lat. tard. *contributarĭu-*, «id.»)

contributivo *adj.* relativo a contribuição (Do lat. *contribūtu-*, part. pass. de *contribuĕre*, «contribuir» +*-ivo*)

contributo *n.m.* 1 aquilo com que se contribui; contribuição 2 participação 3 cooperação 4 auxílio (Do lat. *contribūtu-*, «id.», part. pass. subst. de *contribuĕre*, «contribuir»)

contrição *n.f.* 1 RELIGIÃO dor sincera por ter ofendido a Deus, acompanhada do propósito firme de não mais pecar 2 [fig.] arrependimento; remorso (Do lat. ecl. *contritiōne-*, «id.»)

contristação *n.f.* 1 ato ou efeito de contristar 2 aflição; desgosto (Do lat. *contristatiōne-*, «aflição»)

contristador *adj.* que contrista (De *contristar*+*-dor*)

contristar *v.tr.* 1 tornar triste; penalizar; desgostar 2 mortificar (Do lat. *contristāre*, «entristecer»)

contrito *adj.* 1 que tem contrição 2 arrependido 3 pesaroso (Do lat. *contrītu-*, part. pass. de *conterĕre*, «esmagar; consumir»)

contro *interj.* NÁUTICA voz de comando para um navio arribar (De *contra*)

controlador *adj.* que controla ■ *n.m.* aquele ou aquilo que controla; **~ aéreo** pessoa que dirige o tráfego aéreo (De *controlar*+*-dor*)

controlar *v.tr.* 1 fazer o controlo de; submeter ao controlo; examinar 2 fiscalizar; inspecionar 3 conferir; verificar 4 ter sob controlo; dominar; conter (reações, movimentos) 5 ter sob seu poder; ter debaixo do seu domínio; dominar 6 superintender em 7 orientar 8 conduzir; guiar ■ *v.pron.* ser senhor de si; dominar-se; conter-se (Do fr. *contrôler*, «verificar»)

controlável *adj.2g.* 1 que se pode controlar 2 que se pode verificar 3 que se pode orientar (De *controlar*+*-vel*, ou do fr. *contrôlable*, «id.»)

controle /ô/ *n.m.* ⇒ **controlo**

controller *n.2g.* profissional que é responsável por uma organização ou por determinada área de uma organização industrial ou comercial (Do ing. *controller*, «id.»)

controlo /ô/ *n.m.* 1 ação de controlar ou de dominar; domínio 2 ato ou efeito de se dominar; autodomínio 3 inspeção; fiscalização 4 verificação de documentos ou serviços 5 verificação do bom funcionamento (de máquina ou sistema) 6 teste escrito ou oral para verificação de conhecimentos 7 vigilância exercida sobre o comportamento de alguém; **~ remoto** dispositivo que controla aparelhos ou equipamentos à distância (Do fr. *contrôle*, «verificação»)

controvérsia *n.f.* 1 discussão sobre um tema ou uma opinião, em que são debatidos argumentos opostos e geralmente acalorados; debate; polémica 2 contestação (Do lat. *controversĭa-*, «id.»)

controversista *n.2g.* pessoa que entra numa controvérsia; polemista (De *controversia*+*-ista*)

controverso *adj.* 1 que gera controvérsia; que gera discussão acalorada 2 duvidoso 3 discutido; debatido 4 contestado (Do lat. *controversu-*, «discutido; posto em dúvida»)

controverter *v.tr.* 1 pôr em dúvida 2 discutir 3 rebater 4 objetar a ■ *v.pron.* 1 opor-se 2 contradizer-se (Do lat. **controvertĕre*, «discutir»)

controvertível *adj.2g.* 1 sujeito a controvérsia; discutível 2 duvidoso (De *controverter*+*-vel*)

contubernal *adj.2g.* que vive em contubérnio ■ *n.2g.* 1 pessoa que vive em contubérnio 2 companheiro 3 comensal (Do lat. *contubernāle-*, «companheiro de tenda; camarada»)

contubernar-se *v.pron.* 1 fazer vida comum 2 amancebar-se (Por *contuberniar*, de *contubérnio*+*-ar*)

contubérnio *n.m.* 1 vida em comum 2 convivência; camaradagem; familiaridade 3 concubinato (Do lat. *contubernĭu-*, «comunidade de tenda»)

contudo *conj. >adv.* ᴅᵀ mas; porém; todavia; no entanto (De *con-*+*tudo*)

contumácia *n.f.* 1 obstinação; teimosia extrema 2 desobediência a ordens judiciais (Do lat. *contumacĭa-*, «id.»)

contumaz *adj.2g.* 1 que revela contumácia; teimoso; obstinado; pertinaz 2 DIREITO diz-se da pessoa que, intencionalmente, se recusa a comparecer perante o juiz que a citou; revel (Do lat. *contumāce-*, «id.»)

contumélia *n.f.* 1 afronta injuriosa 2 [pop.] cumprimento (Do lat. *contumelĭa-*, «afronta; injúria»)

contumelioso /ô/ *adj.* que encerra contumélia; que injuria; insultante (Do lat. *contumeliōsu-*, «ultrajante»)

contundência *n.f.* 1 qualidade do que é contundente 2 violência 3 poder de contundir (Do lat. **contundentĭa*, part. pres. neut. pl. subst. de *contundĕre*, «esmagar»)

contundente *adj.2g.* 1 que contunde, pisa ou tritura 2 [fig.] fortemente agressivo (Do lat. **contundente-*, part. pres. de *contundĕre*, «esmagar»)

contundentemente

contundentemente *adv.* 1 de modo contundente 2 de modo agressivo, ofensivo 3 violentamente (De *contundente+-mente*)

contundir *v.tr.* 1 fazer contusão em 2 pisar 3 moer 4 causar ofensa a ■ *v.intr.* 1 ser contundente 2 [fig.] afligir 3 [fig.] ofender (Do lat. *contundĕre*, «esmagar»)

conturbação *n.f.* 1 ato de conturbar ou conturbar-se 2 perturbação de ânimo 3 alteração 4 motim; tumulto; desordem (Do lat. *conturbatiōne-*, «perturbação»)

conturbadamente *adv.* 1 de modo conturbado 2 com perturbação 3 desordenadamente (De *conturbado+-mente*)

conturbador *adj.,n.m.* que ou aquele que conturba (Do lat. *conturbatōre-*, «perturbador»)

conturbar *v.tr.* 1 causar conturbação a 2 perturbar 3 alterar 4 amotinar; sublevar (Do lat. *conturbāre*, «perturbar»)

conturbativo *adj.* que conturba (Do lat. **conturbatīvu-*, «id.»)

contusão *n.f.* 1 ato ou efeito de contundir 2 lesão produzida por um embate ou impacto, sem dar origem ao rompimento da pele; pisadura; equimose 3 trituração 4 [fig.] impressão 5 [fig.] ressentimento (Do lat. *contusiōne-*, «id.»)

contuso *adj.* que sofreu contusão; pisado (Do lat. *contūsu-*, «id.», part. pass. de *contundĕre*, «esmagar»)

conubial *adj.2g.* nupcial; matrimonial (Do lat. *connubiăle-*, «id.»)

conúbio *n.m.* 1 matrimónio; núpcias 2 [fig.] união; ligação (Do lat. *connubĭu-*, «id.»)

conumerar *v.tr.* contar ou referir ao mesmo tempo (Do lat. *connumerāre*, «enumerar com»)

conurbação *n.f.* área urbana que engloba uma cidade e as cidades satélites em desenvolvimento que a rodeiam (como a Grande Lisboa ou o Grande Porto) (De *con-+urba(niza)ção*)

convalária *n.f.* BOTÂNICA planta venenosa, da família das Liliáceas, também cultivada para fins ornamentais, de onde se extrai a convalarina (Do lat. *convalle-*, «lírio branco» +-*ária*)

convalarina *n.f.* FARMÁCIA substância de aplicações medicinais extraída da convalária (planta) (De *convalária+-ina*)

convale *adj.* designativo de um lírio branco que dá flor em maio ■ *adj.2g.* que cresce nos vales ■ *n.m.* planície entre colinas (Do lat. *convalle-*, «planície entre colinas; vale fechado»)

convalescença *n.f.* 1 período de recuperação, após uma doença ou intervenção cirúrgica, que antecede o restabelecimento total da saúde 2 [fig.] estado de fragilidade após um período difícil (Do lat. *convalescentĭa-*, «id.»)

convalescente *adj.,n.2g.* que ou pessoa que está em convalescença (Do lat. *convalescente-*, «id.», part. pres. de *convalescĕre*, «ganhar forças»)

convalescer *v.tr.,intr.* estar em convalescença (de); recuperar as forças perdidas pela doença; restabelecer(-se); fortalecer(-se) (Do lat. *convalescĕre*, «id.»)

convecção *n.f.* FÍSICA transferência da energia calorífica através de um líquido ou de um gás, efetuada à custa do movimento do próprio fluido (Do lat. *convectiōne-*, «transporte»)

convector ver nova grafia **convetor**

convelir *v.tr.* 1 abalar 2 arrancar 3 deslocar (o que estava firme) 4 destruir 5 subverter ■ *v.intr.* ter convulsões ou espasmos (Do lat. *convellĕre*, «abalar; destruir»)

convenção *n.f.* 1 acordo entre partes interessadas; ajuste; pacto 2 princípio ou procedimento admitido por um acordo tácito 3 o que está geralmente admitido ou tacitamente convencionado nas relações sociais 4 tratado entre fações ou países beligerantes; convénio; ~ *antenupcial* convenção celebrada por escritura pública, antes do casamento, pela qual os futuros cônjuges estabelecem o regime de bens do casamento (comunhão geral de bens, comunhão de adquiridos, separação de bens); ~ *dos direitos humanos* convenção internacional que tem por objetivo a proteção e o desenvolvimento dos direitos e das liberdades fundamentais do ser humano (Do lat. *conventiōne-*, «pacto; convenção»)

convencedor *adj.* ⇒ **convincente** (De *convencer+-dor*)

convencer *v.tr.* 1 levar (alguém) a aceitar algo ou a acreditar nalguma coisa; persuadir 2 provar ■ *v.pron.* ficar persuadido (Do lat. *convincĕre*, «vencer»)

convencido *adj.* 1 que se convenceu; persuadido 2 que se comporta com demasiada segurança 3 presunçoso; presumido

convencimento *n.m.* 1 ato ou efeito de convencer ou de se convencer 2 convicção 3 presunção; vaidade (De *convencer+-mento*)

convencionado *adj.* ajustado; combinado ■ *n.m.* 1 aquilo que se convencionou 2 HISTÓRIA o que foi incluído na Convenção de Évora Monte (26 de maio de 1834) ou amnistiado por ela (Part. pass. de *convencionar*)

convencional *adj.2g.* 1 referente a convenção 2 resultante de convenção 3 admitido geralmente 4 combinado; assente; concertado 5 (pessoa) muito apegado às convenções sociais 6 pouco natural; insincero 7 demasiado formal 8 comum; pouco original (Do lat. *conventionāle-*, «id.»)

convencionalidade *n.f.* qualidade do que é convencional (De *convencional+-i-+-dade*)

convencionalismo *n.m.* 1 sistema ou conjunto de convenções 2 obediência às convenções (De *convencional+-ismo*)

convencionalista *adj.,n.2g.* que ou pessoa que é partidária do convencionalismo (De *convencional+-ista*)

convencionar *v.tr.* 1 estabelecer por convenção 2 pactuar; combinar (Do lat. *conventiōne-*, «convenção» +-*ar*)

convencível *adj.2g.* que se pode convencer (De *convencer+-i-+-vel*)

conveniência *n.f.* 1 o que convém a alguém 2 qualidade do que é apropriado ao fim a que se destina; adequação; conformidade; pertinência 3 vantagem; interesse; proveito 4 *pl.* usos em conformidade às regras sociais (Do lat. *convenientĭa-*, «acordo perfeito; harmonia»)

conveniente *adj.2g.* 1 que convém; que torna as coisas mais fáceis ou cómodas; vantajoso; útil 2 adequado 3 preciso; necessário 4 conforme às conveniências; decente; apropriado (Do lat. *conveniente-*, «id.», part. pres. de *convenīre*, «convir; estar de acordo»)

convénio *n.m.* 1 convenção política 2 pacto internacional 3 ajuste; acordo (Do lat. **convenĭu-*, «id.»)

conventicular *adj.2g.* 1 referente a conventículo 2 clandestino; secreto (De *conventículo+-ar*)

conventículo *n.m.* 1 assembleia secreta 2 conluio 3 ajuntamento sedicioso e clandestino 4 reunião de feiticeiros 5 casa de prostituição (Do lat. *conventicŭlu-*, «pequena reunião de pessoas; lugar de reunião»)

convento *n.m.* 1 casa onde os religiosos fazem vida em comunidade; mosteiro 2 [fig.] reclusão; recolhimento 3 [fig.] casarão (Do lat. *conventu-*, «reunião; assembleia», part. pass. de *convenīre*, «reunir-se»)

conventual *adj.2g.* 1 referente a convento 2 (missa) que se realiza aos domingos e dias santificados 3 que pertence a um dos ramos da Ordem Franciscana ■ *n.m.* religioso de um dos ramos da Ordem Franciscana (Do lat. ecl. *conventuāle-*, «id.»)

conventualidade *n.f.* 1 morada fixa em convento 2 vida monástica sob determinada regra (De *conventual+-i-+-dade*)

conventualmente *adv.* em comunidade (De *conventual+-mente*)

convergência *n.f.* 1 ato de convergir 2 junção num ponto 3 semelhança, por analogia, entre organismos ou seus órgãos 4 tendência para um mesmo resultado 5 MATEMÁTICA qualidade do que converge 6 qualidade do que tende para um limite finito; ~ *de uma lente* FÍSICA inverso da sua distância focal (exprime-se em dioptrias) (Do lat. **convergentĭa*, part. pres. neut. pl. subst. de *convergĕre*, «convergir»)

convergente *adj.2g.* 1 que se dirige para um ponto comum a um outro 2 que tende para um mesmo fim 3 que se identifica com outro 4 GRAMÁTICA diz-se das palavras que apresentam a mesma forma, embora tenham uma origem diferente, como *são* (forma verbal) e *são* (sinónimo de *santo*); *lente* ~ FÍSICA lente em que um feixe incidente de raios luminosos paralelos vai convergir, depois de refratado, num ponto, formando uma imagem real; *sucessão/série* ~ MATEMÁTICA sucessão ou série que tem limite (Do lat. *convergente-*, part. pres. de *convergĕre*, «convergir»)

convergir *v.tr.* 1 dirigir-se para (um ponto comum); afluir para 2 agrupar-se em; reunir-se em 3 [fig.] tender para (o mesmo fim); encaminhar-se para 4 MATEMÁTICA tender para (um limite finito) ■ *v.intr.* coincidir (Do lat. *convergĕre*, «id.»)

conversa[1] *n.f.* 1 troca de palavras; conversação; diálogo 2 [fig.] palavreado 3 [fig.] intrujice; ~ *fiada* conversa sem importância; tagarelice; ~ *de surdos* conversa em que um dos interlocutores não presta atenção ao que o outro diz; *dar dois dedos de* ~ conversar durante um bocado; *o resto é* ~ expressão que se usa para chamar a atenção para o que realmente interessa (Deriv. regr. de *conversar*)

conversa[2] *n.f.* mulher que vive num convento, mas que não fez votos (Do lat. *conversa-*, «convertida», part. pass. fem. subst. de *convertĕre*, «voltar-se»)

conversação *n.f.* 1 ato de conversar 2 palestra 3 familiaridade (Do lat. *conversatiōne-*, «trato; intimidade», pelo fr. *conversation*, «id.»)

conversacional *adj.2g.* 1 relativo ou pertencente a conversação 2 usado em conversa 3 diz-se do tom característico da linguagem informal 4 LINGUÍSTICA diz-se do texto em que participam dois ou mais interlocutores em interação comunicativa (De *conversação*, a partir do rad. erudito *conversacion-+-al*)

conversada *n.f.* [pop.] namorada (Part. pass. fem. subst. de *conversar*)

conversadeira *n.f.* 1 cadeira dupla com assentos opostos 2 mulher que gosta de conversar 3 namoradeira (De *conversar+-deira*)

conversado *n.m.* [pop.] namorado ■ *adj.* 1 que sabe conversar 2 que foi objeto de conversa; *estamos conversados* expressão que se usa quando se considera não existir mais nada a dizer sobre um dado assunto (Part. pass. de *conversar*)

conversador *adj.,n.m.* que ou aquele que gosta de conversar (De *conversar+-dor*)

conversalhar *v.intr.* conversar por entretimento; cavaquear (De *conversa+-alha+-al*)

conversão *n.f.* 1 ato ou efeito de converter ou converter-se 2 mudança de forma ou qualidade sem mudança de substância; transformação 3 redução 4 LINGUÍSTICA processo de alteração da categoria gramatical de uma palavra cuja forma se mantém; derivação imprópria 5 PSICOLOGIA expressão de uma motivação recalcada na forma de um sintoma somático; *neurose/histeria de* ~ MEDICINA aparecimento de perturbações físicas (paralisias, anestesias, desordens orgânicas), substituindo-se a um estado de angústia, de uma perturbação psicológica (Do lat. *conversiōne-*, «conversão religiosa»)

conversar *v.tr.,intr.* falar com (alguém); cavaquear ■ *v.tr.* 1 discorrer sobre (algo) em conversa 2 [pop.] tentar seduzir 3 tratar com intimidade; ~ *alguém* sondar as intenções de alguém; ~ *com o travesseiro* pensar durante a noite numa resolução a tomar (Do lat. vulg. *conversāre*, por *conversāri*, «viver junto; trocar palavras»)

conversável *adj.2g.* 1 cuja conversação é agradável 2 que tem bom trato; sociável; afável (De *conversar+-vel*)

conversibilidade *n.f.* qualidade de conversível (Do lat. *conversibīle-*, «que pode mudar»)

conversível *adj.2g.* 1 suscetível de conversão; convertível 2 transmutável ■ *adj.2g.,n.m.* ⇒ **descapotável** (Do lat. *conversibīle-*, «que se pode mudar»)

conversivo *adj.* que tem a propriedade ou a força de converter (Do lat. **conversīvu-*, «id.»)

converso[1] *adj.* ⇒ **convertido** *adj.* ■ *n.m.* serventuário de convento, não professo (Do lat. *converso-*, «convertido», part. pass. de *convertĕre*, «mudar; voltar-se»)

converso[2] *n.m.* 1 [pop.] lugar onde se conversa 2 locutório (De *conversa*)

conversor *adj.* que transforma ou converte ■ *n.m.* 1 ELETRICIDADE dispositivo que transforma uma corrente de uma espécie numa corrente de outra espécie 2 INFORMÁTICA dispositivo que transforma a linguagem ou o sistema em que determinados valores ou informações estão codificadas noutra linguagem ou noutro sistema (Do lat. *conversu-*, «mudado», part. pass. de *convertĕre*, «mudar» +-*or*)

convertedor *adj.* que converte ■ *n.m.* 1 aquele que converte 2 METALURGIA aparelho que converte minérios ou metais impuros em produtos industriais (De *converter+-dor*)

converter *v.tr.* 1 levar (alguém) a mudar de crença ou de opinião 2 transformar (uma coisa em outra); substituir; mudar 3 expressar (uma unidade ou quantidade) noutra forma ■ *v.pron.* 1 abraçar novo credo religioso ou político 2 transformar-se; mudar (Do lat. *convertĕre*, «mudar; voltar-se»)

convertibilidade *n.f.* 1 qualidade de convertível 2 ECONOMIA possibilidade de converter papel-moeda em ouro 3 ECONOMIA possibilidade de converter moeda de um país em moeda de outro país (Do lat. *convertibilitāte-*, «mutabilidade»)

convertido *n.m.* pessoa que se converteu ■ *adj.* 1 que mudou de crença ou religião; converso 2 mudado; transformado (Part. pass. de *converter*)

convertimento *n.f.* 1 ato ou efeito de converter ou converter-se 2 mudança de forma ou qualidade; conversão 3 transformação; mudança (De *converter+-mento*)

convertível *adj.2g.* que se pode converter; conversível (Do lat. *convertibīle-*, «que se pode mudar»)

convés *n.m.* NÁUTICA pavimento superior do navio, da popa à proa, na altura da borda (Do lat. *converso-*, «voltado», part. pass. de *convertĕre*, «mudar», pelo cat. *combês*, «convés»)

convetor *n.m.* calorífero que transmite por convecção (Do lat. *convectōre-*, «que leva»)

convexidade *n.f.* qualidade de convexo (Do lat. *convexitāte-*, «id.»)

convexirrostro /csirrô/ *adj.* diz-se da ave que tem o bico convexo (Do lat. *convexu-*, «convexo» +*rostru-*, «bico»)

convolar

convexo /cs/ *adj.* que tem saliência curva, como a superfície exterior de uma calote esférica; bojudo; *polígono* ~ GEOMETRIA aquele que não é atravessado pelo prolongamento de qualquer dos seus lados (Do lat. *convexu-*, «id.»)

convexo-côncavo *adj.* que é convexo de um lado e côncavo do outro, com predominância da convexidade

convicção *n.f.* 1 efeito de convencer 2 certeza fundamentada em provas evidentes 3 crença; opinião firme 4 reconhecimento da própria culpa (Do lat. *convictiōne-*, «ação de convencer»)

convício *n.m.* afronta; insulto; doesto (Do lat. *conviciu-*, «injúria»)

convicioso /ô/ *adj.* que usa ou encerra convício ou injúria (Do lat. *conviciōsu-*, «injurioso»)

convicto *adj.* que possui convicção; convencido; certo (Do lat. *convictu-*, «id.», part. pass. de *convincĕre*, «convencer»)

convidado *adj.,n.m.* que ou pessoa que recebeu um convite (Part. pass. de *convidar*)

convidador *adj.,n.m.* 1 que ou aquele que gosta de convidar 2 obsequiador (De *convidar+-dor*)

convidante *adj.2g.* que convida; convidativo (De *convidar+-ante*)

convidar *v.tr.* 1 pedir (a alguém) que compareça, que tome parte em algum ato 2 fazer um pedido a; rogar; solicitar 3 levar a; provocar 4 [fig.] despertar o apetite de ■ *v.pron.* 1 oferecer-se 2 dar-se por convidado sem o ter sido 3 [regionalismo] gratificar (Do lat. vulg. **convitāre*, do lat. cl. *invitāre*, «convidar», com troca de pref. por infl. de *conviviu-*, «banquete»)

convidativo *adj.* 1 que convida 2 que atrai; apetecível (De *convidar+-tivo*)

convide *n.m.* [regionalismo] gratificação; gorjeta (De *convite*)

convincente *adj.2g.* 1 que convence; persuasivo 2 evidente (Do lat. *convincente-*, «id.», part. pres. de *convincĕre*, «convencer»)

convinhável *adj.2g.* conveniente; oportuno (Do lat. **conveniabīle-*, «conveniente»)

convir *v.tr.,intr.* 1 trazer conveniência ou proveito; ser útil ou proveitoso (a) 2 ficar bem (a); ser apropriado (a) ■ *v.intr.* 1 ser conforme 2 estar de acordo 3 conformar-se; aceitar ■ *v.tr.* 1 dizer bem com 2 servir 3 concordar com; admitir; aceitar (Do lat. *convenīre*, «convir; adaptar-se»)

convite *n.m.* 1 ato de convidar 2 carta ou cartão por meio do qual se convida 3 [fig.] incitação; exortação 4 [ant.] festim (Do lat. **convitāre*, pelo lat. *invitāre*, «convidar», pelo cat. *convit*, «convite»)

conviva *n.2g.* pessoa que assiste com outras a uma festa, banquete, etc., para que foi convidada; comensal (Do lat. *convīva-*, «conviva»)

convival *adj.2g.* referente a banquete (Do lat. *convivāle-*, «id.»)

convivência *n.f.* 1 ato ou efeito de conviver; vida em comum; convívio 2 familiaridade; intimidade 3 conjunto de pessoas que convivem (De *conviver+-ência*)

convivente *adj.,n.2g.* que ou pessoa que convive (Do lat. *conviventes*, «id.», part. pres. de *convivĕre*, «viver com; conviver»)

conviver *v.tr.,intr.* 1 viver em comum; viver com outrem; ter convivência 2 viver proximamente; ter familiaridade ■ *v.tr.* habituar-se (a algo encarado como um mal) (Do lat. *convivĕre*, «viver com»)

convívio *n.m.* 1 ato de conviver; convivência; familiaridade 2 reunião social que tem como objetivo o estabelecimento ou desenvolvimento de relações amigáveis entre as pessoas de um grupo, comunidade ou associação 3 estabelecimento de laços de cordialidade; camaradagem (Do lat. *conviviu-*, «refeição em comum»)

convizinhança *n.f.* situação recíproca de vizinhos (De *con-+vizinhança*)

convizinhar *v.tr.* ser convizinho de ■ *v.tr.,intr.* [fig.] ter analogia (com) (De *con-+vizinhar*)

convizinho *adj.* 1 que é vizinho com outrem 2 adjacente; contíguo 3 [fig.] semelhante ■ *n.m.* aquele ou aquilo que é vizinho com outrem (Do lat. med. *convicīnu-*, «id.»)

convocação *n.f.* 1 ato de convocar; chamada 2 convite 3 papel ou documento em que se convoca 4 chamada para a prestação do serviço militar (Do lat. *convocatiōne-*, «id.»)

convocador *adj.,n.m.* que ou aquele que convoca (Do lat. *convocatōre-*, «o que convida»)

convocar *v.tr.* 1 chamar para reunião de forma oficial ou imperativa 2 solicitar a presença de (alguém), geralmente de forma imperativa 3 pedir; solicitar (Do lat. *convocāre*, «id.»)

convocatória *n.f.* 1 aviso de convocação 2 convocação (De *convocatório*)

convocatório *adj.* que convoca ou serve para convocar (Do lat. **convocatoriu-*, «id.»)

convolar *v.tr.* mudar (de partido, de estado, de cônjuge, de sentimentos ou de ideias) (Do lat. *convolāre*, «acorrer»)

convolução

convolução n.f. ato de enrolar ou de se enrolar (Do lat. vulg. *convolutiōne-, por *convolutatiōne-, do lat. convolutāri, «enrolar-se»)

convoluto adj. 1 enrolado à volta de si mesmo 2 enrolado à volta de um objeto (Do lat. convolūtu-, «enrolado», part. pass. de convolvĕre, «enrolar-se»)

convolver-se v.pron. volver sobre si; revolver-se (Do lat. convolvĕre, «volver; enrolar-se»)

convolvulácea n.f. BOTÂNICA espécime das Convolvuláceas

Convolvuláceas n.f.pl. BOTÂNICA família de plantas dicotiledóneas, herbáceas ou subarbustivas, cujo género-tipo se denomina Convolvulus (Do lat. convolvŭlu-, «campainha», uma trepadeira que se enrosca +-áceas)

convolvuláceo adj. BOTÂNICA relativo ou pertencente à família das Convolvuláceas (Do lat. convolvŭlu-, «campainha» +-áceo)

convólvulo n.m. BOTÂNICA planta trepadeira, pertencente à família das Convolvuláceas, que tem flores semelhantes às do lírio, e é também conhecida por bons-dias, campainhas ou corriola (Do lat. convolvŭlu-, «campainha»)

convosco pron.pess. 1 com você(s) ⟨falaram convosco?⟩ 2 em vossa companhia ⟨fico convosco⟩ 3 ao mesmo tempo que você(s) ⟨entramos convosco⟩ 4 por vossa causa ⟨assustou-se convosco⟩ 5 a vosso respeito ⟨a chalaça foi convosco?⟩ 6 em vosso benefício ⟨gastou tudo convosco⟩ 7 próprio para você(s) ⟨cinema é convosco⟩ 8 na vossa posse ⟨o colar está convosco?⟩ 9 à vossa responsabilidade ⟨deixo a casa convosco⟩ (Do lat. vulg. cum, «com» +voscum, «convosco», do lat. cl. vobiscum, «convosco»)

convulsão n.f. 1 ato ou efeito de convulsar ou convulsionar 2 MEDICINA contração violenta, involuntária e repetida dos músculos 3 movimento espasmódico causado por uma emoção forte 4 [fig.] perturbação social; forte agitação social (Do lat. convulsiōne-, «id.»)

convulsar v.tr. pôr em convulsão ■ v.intr. agitar-se em convulsão ■ v.pron. ter convulsões (Do lat. convulsu-, part. pass. de convellĕre, «abalar; destruir» +-ar)

convulsibilidade n.f. disposição para convulsões mórbidas (Do lat. *convulsibĭle-, «agitável» +-i-+-dade)

convulsionante adj.2g. que convulsiona (De convulsionar+-ante)

convulsionar v.tr. 1 pôr em convulsão 2 [fig.] revolucionar; agitar (Do lat. convulsiōne-, «convulsão» +-ar)

convulsionário adj.,n.m. que ou aquele que padece de convulsões (Do lat. convulsiōne-, «convulsão» +-ário)

convulsível adj.2g. 1 relativo a convulsão 2 [fig.] revolucionário; turbulento; subversivo (Do lat. *convulsibĭle-, «agitável»)

convulsivo adj. 1 relativo a convulsão ou da sua natureza 2 que provoca convulsão 3 trémulo; agitado 4 espasmódico (Do lat. convulsu-, part. pass. de convellĕre, «abalar; destruir» +-ivo)

convulso adj. 1 que manifesta convulsão 2 trémulo 3 agitado (Do lat. convulsu-, part. pass. de convellĕre, «abalar; destruir»)

coobação n.f. FARMÁCIA ação ou efeito de coobar (De coobar+-ção)

coobador adj.,n.m. que ou o que faz a coobação (De coobar+-dor)

coobar v.tr. FARMÁCIA destilar várias vezes, deitando o líquido destilado sobre o resíduo para que aquele fique mais rico em princípios voláteis (Do lat. med. cohobāre, «coobar», pelo fr. cohober, «id.»)

coobrigação n.f. obrigação comum a duas ou mais pessoas (De coobrigar+-ção)

coobrigado adj. obrigado juntamente com outrem (Part. pass. de coobrigar)

coobrigar v.tr. obrigar juntamente (De co-+obrigar)

coocorrência n.f. 1 ocorrência simultânea 2 LINGUÍSTICA princípio distribucional que diz respeito à possibilidade de unidades linguísticas distintas ocorrerem uma(s) em combinação com outra(s)

co-ocorrência ver nova grafia coocorrência

coocorrer v.tr.,intr. 1 ocorrer simultaneamente 2 LINGUÍSTICA (unidade linguística) ocorrer em combinação com outra(s) (De co-+ocorrer)

co-ocorrer ver nova grafia coocorrer

coocupante n.2g. pessoa que ocupa simultaneamente com outrem

co-ocupante ver nova grafia coocupante

cookie n.m. INFORMÁTICA ficheiro com informação sobre um utilizador que é gravado por um servidor de cada vez que é feito um pedido de pesquisa na internet (Do ing. cookie, «id.»)

coonestação n.f. ato de coonestar (De coonestar+-ção)

coonestador adj.,n.m. que ou o que coonesta (De coonestar+-dor)

coonestar v.tr. 1 fazer aparentar honestidade 2 reabilitar (Do lat. cohonestāre, «honrar»)

cooperação n.f. 1 ato de colaborar para a realização de um projeto comum ou para o desenvolvimento de um campo do conhecimento 2 ato de unir esforços para a resolução de um assunto ou problema, facilitando o acesso aos meios práticos para o conseguir 3 política de ajuda económica e cultural a países menos desenvolvidos (Do lat. cooperatiōne-, «id.»)

cooperador adj.,n.m. que ou aquele que coopera; colaborador (Do lat. cooperatōre-, «id.»)

cooperante adj.2g. 1 que coopera; que colabora 2 que oferece ajuda ■ n.2g. 1 aquele que coopera; colaborador 2 pessoa que participa num programa de cooperação internacional (Do lat. cooperante-, «id.», part. pres. do lat. vulg. *cooperāre, «cooperar»)

cooperar v.tr.,intr. prestar cooperação; trabalhar juntamente (com); colaborar (com) (Do lat. cl. cooperāri, «cooperar», pelo lat. vulg. cooperāre, «id.»)

cooperativa n.f. associação que presta serviços aos seus membros e atua em nome deles, visando a criação de condições favoráveis ao desenvolvimento de determinada área ou atividade económica, nomeadamente criando um circuito direto entre produtores e consumidores com o fim de libertar os seus associados dos encargos respeitantes a lucros de intermediários ou capitalistas; **~ de habitação** associação que tem como objetivo a construção de habitações a custos controlados destinadas aos seus membros (De cooperativo)

cooperativismo n.m. 1 sistema que defende o movimento cooperativo 2 sistema associativo com base em cooperativas, para combater o capitalismo (De cooperativa+-ismo)

cooperativista adj.2g. referente ao cooperativismo ■ n.2g. pessoa partidária do cooperativismo (De cooperativa+-ista)

cooperativo adj. 1 que coopera 2 em que há cooperação 3 que tem as características de uma cooperativa (De cooperar+-tivo)

coopositor n.m. 1 aquele que é opositor juntamente com outrem 2 concorrente

co-opositor ver nova grafia coopositor

cooptação n.f. ato de cooptar (Do lat. cooptatiōne-, «id.»)

cooptar v.tr. admitir numa corporação com dispensa das formalidades da praxe; agregar (Do lat. cooptāre, «agregar»)

coordenação n.f. 1 disposição metódica que estabelece relação recíproca entre as coisas em que ela se exerce; composição; arranjo 2 ato de organizar e orientar um projeto ou o trabalho de uma equipa 3 organismo que dirige a atividade de vários grupos ou serviços 4 combinação da contração dos músculos que permite o movimento e o equilíbrio 5 GRAMÁTICA ligação de orações ou grupos de palavras que desempenham a mesma função sintática, através de uma conjunção coordenativa (coordenação sindética) ou de uma vírgula (coordenação assindética) 6 QUÍMICA tipo de ligação química entre átomos; **número de ~** QUÍMICA numa estrutura cristalina, o número de átomos mais próximos de um dado átomo (Do lat. coordinatiōne-, «id.»)

coordenada n.f. 1 GEOMETRIA cada um dos números reais que determinam a posição de cada ponto de uma reta, de um plano ou do espaço, em relação a um referencial cartesiano instituído previamente nessa reta, nesse plano ou no espaço 2 GRAMÁTICA oração que não depende sintaticamente de outra com a qual se combina, distinguindo-se da subordinada por não poder ser anteposta 3 [mais usado no plural] [coloq.] informação sobre a forma de encontrar uma pessoa ou um lugar; orientação; diretriz; **coordenadas astronómicas** ASTRONOMIA medidas angulares que determinam a posição de um astro na esfera celeste; **coordenadas geográficas** GEOGRAFIA grandezas angulares ou lineares que determinam a posição de um lugar à superfície da Terra (latitude, longitude e altitude) (De coordenado)

coordenado adj. 1 disposto segundo certas normas e métodos 2 GRAMÁTICA ligado por coordenação (Do lat. coordinātu-, part. pass. de coordināre, «coordenar»)

coordenador adj. que coordena ■ n.m. pessoa que organiza e orienta um projeto ou atividade de grupo (De coordenar+-dor)

coordenar v.tr. 1 dispor obedecendo a determinadas relações com vista a um determinado fim 2 organizar e orientar (um projeto ou atividade de grupo) 3 arranjar ou dispor de uma forma harmoniosa; combinar 4 GRAMÁTICA relacionar (duas unidades linguísticas) através de conjunções coordenativas (Do lat. tard. coordināre, «id.»)

coordenativo adj. 1 que estabelece coordenação 2 relativo a coordenação 3 GRAMÁTICA diz-se da conjunção que liga orações da mesma natureza ou grupos de palavras que desempenham a mesma função sintática (De coordenar+-tivo)

coorte n.f. 1 corpo de infantaria entre os Romanos 2 bando de gente armada 3 subunidade em que se articulava a antiga legião romana, correspondente aproximadamente, em volume de tropas, ao atual batalhão 4 [fig.] magote; grupo de pessoas (Do lat. cohorte-, «coorte», décima parte da legião)

coossificação n.f. reunião pela ossificação (De co-+ossificação)

copa *n.f.* **1** divisão adjacente à cozinha que pode ser usada para refeições e onde geralmente se guardam louças, roupa de mesa e certos géneros alimentícios **2** baixela **3** parte do chapéu que cobre a cabeça **4** parte superior da ramagem das árvores **5** cada uma das bolsas do sutiã que cobrem diretamente os seios **6** flor da oliveira **7** [ant.] taça **8** [Brasil] torneio de competição para disputa de uma taça **9** *pl.* um dos naipes das cartas de jogar, de cor vermelha e com um desenho em forma de coração; *fechar-se em copas* ficar calado (Do lat. *cupa-*, «cuba; taça»)

copada *n.f.* copo cheio (De *copo+-ada*)

copado *adj.* **1** que tem copa **2** encimado (Part. pass. de *copar*)

copagem *n.f.* **1** qualidade ou estado de copado **2** frondosidade (De *copar+-agem*)

copaíba *n.f.* **1** [Brasil] BOTÂNICA árvore da família das Leguminosas, que fornece o chamado óleo de copaíba, também conhecida por copaibeira ou copaibeiro, copaúba, etc. **2** [Brasil] oleorresina extraída desta árvore (Do tupi *kopa'iwa*, «árvore de depósito»)

copaibeira *n.f.* BOTÂNICA ⇒ **copaíba 1** (De *copaíba+-eira*)

copaibeiro *n.m.* BOTÂNICA (árvore) ⇒ **copaíba 1** (De *copaíba+-eiro*)

copaína *n.f.* princípio estimulante das mucosas, extraído da copaíba (De *copa[íba]+-ina*)

copal *adj.2g.,n.m.* diz-se de ou resina extraída de algumas leguminosas tropicais, usada no fabrico de vernizes e colas ■ *n.f.* designação comum a diversas árvores, da família das Leguminosas, de frutos comestíveis e de que se extrai essa resina (Do nauat. *copalli*, «resina»)

copalino *adj.* que é semelhante ao copal ou da mesma natureza (De *copal+-ino*)

copar *v.tr.* **1** formar a copa de (cortando à roda) **2** dar forma de copa a ■ *v.intr.* formar copa (a árvore, o arbusto, etc.) (De *copa+-ar*)

coparceiro *n.m.* aquele que é parceiro com outrem

co-parceiro ver nova grafia coparceiro

coparticipação *n.f.* ato de coparticipar

co-participação ver nova grafia coparticipação

coparticipante *adj.,n.2g.* que ou pessoa que participa juntamente com outrem

co-participante ver nova grafia coparticipante

coparticipar *v.tr.* **1** participar juntamente com outrem **2** compartilhar

co-participar ver nova grafia coparticipar

copázio *n.m.* {aumentativo de copo} copo grande (De *copo+-ázio*)

copé *n.m.* [Brasil] choupana; palhota (Do tupi *ko'pe*, «na roça»)

copeira *n.f.* **1** lugar onde se guardam louças de mesa; copa **2** mulher que cuida da copa (De *copeiro*)

copeiro *n.m.* **1** indivíduo encarregado da copa **2** armário para copos **3** preparador de doces e licores (De *copa+-eiro*)

copeiro-mor *n.m.* chefe dos copeiros no paço

copejada *n.f.* parte da rede do cerco ou da traineira onde se reúne o peixe para ser copejado (Part. pass. fem. subst. de *copejar*)

copejador *n.m.* pescador que copeja (De *copejar+-dor*)

copejadura *n.f.* ⇒ **copejada** (De *copejar+-dura*)

copejar *v.tr.* **1** pescar com arpão; arpoar **2** tirar da rede (o peixe que lá caiu) **3** (Algarve) pescar (o atum) (De orig. obsc.)

copejo /ê/ *n.m.* ato ou efeito de copejar (Deriv. regr. de *copejar*)

copel *n.m.* saco de malha miúda das redes de arrastar (De orig. obsc.)

copela *n.f.* cadinho poroso empregado na copelação (Do lat. *cuppella-*, dim. de *cuppa-*, «taça», pelo it. *coppella*, «id.»)

copelação *n.f.* METALURGIA separação do ouro e da prata de outros metais por meio do fogo, na copela (De *copelar+-ção*)

copelar *v.tr.* praticar a copelação de (De *copela+-ar*)

copépode *adj.2g.* ZOOLOGIA relativo ou pertencente aos copépodes ■ *n.m.* ZOOLOGIA espécime dos copépodes ■ *n.m.pl.* ZOOLOGIA grupo de crustáceos inferiores, livres nas águas, ou parasitas, por vezes transmissores de doenças (Do gr. *kópe*, «remo» +*poús, podós*, «pé»)

copeque *n.m.* moeda russa que vale um centésimo do rublo (Do russo *kopeika*, «id.», pelo fr. *kopeck*, «id.»)

copernício *n.m.* QUÍMICA elemento químico, transuraniano, com o número atómico 112 e símbolo Cn, obtido artificialmente (De *Copérnico*, antr.+-*ício*)

copérnico *n.m.* aparelho que representa o movimento dos corpos celestes segundo o sistema de Nicolau Copérnico, astrónomo polaco, 1473-1543 (De *Copérnico*, antr.)

cópia *n.f.* **1** ato ou efeito de copiar **2** reprodução de um texto escrito; transcrição **3** reprodução de um documento ou trabalho original **4** fotocópia **5** reprodução fiel de uma obra de arte; imitação; plagiato **6** imitação fiel; reprodução **7** [fig.] pessoa muito parecida com outra; sósia; retrato **8** abundância; grande quantidade; *~ de segurança* INFORMÁTICA cópia de um ficheiro guardada como reserva para o caso de danificação ou perda do ficheiro original, backup; *~ pirata* plágio ou cópia de uma obra original, com infração deliberada à legislação que protege a propriedade artística ou intelectual (Do lat. *copĭa-*, «abundância»)

copiador *n.m.* **1** aquele que copia **2** copista **3** livro onde se copia a correspondência expedida **4** copiógrafo (De *copiar+-dor*)

copianço *n.m.* **1** [coloq.] ação de copiar **2** [coloq.] apontamento que se destina a ser usado fraudulentamente num exame; cábula

copiar[1] *v.tr.* **1** fazer a cópia de **2** reproduzir fraudulentamente; plagiar **3** reproduzir (uma obra); imitar **4** imitar alguém ou as suas maneiras **5** reproduzir (um original) **6** consultar dissimuladamente (respostas, soluções, etc.) de outra pessoa durante um exame escrito **7** INFORMÁTICA transcrever (texto selecionado ou imagem) para a área de transferência, permitindo a sua posterior inserção noutro sítio, através da operação colar ■ *v.intr.* [coloq.] servir-se de cábula ou meio fraudulento para responder num exame (De *cópia+-ar*)

copiar[2] *n.m.* [Brasil] alpendre (Do tupi *copi'ara*, «id.»)

copiara *n.f.* [Brasil] ⇒ **copiar**[2]

copiloto *n.2g.* **1** (avião) piloto auxiliar **2** DESPORTO pessoa que auxilia o condutor numa prova de rali, com informações relativas ao trajeto

co-piloto ver nova grafia copiloto

copio *n.m.* rede miúda de arrastar (De orig. obsc.)

copiografar *v.tr.* reproduzir por meio do copiógrafo (De *copiógrafo+-ar*)

copiografia *n.f.* **1** reprodução por meio de copiógrafo **2** arte de copiografar (De *copiografar+-ia*)

copiográfico *adj.* relativo ao copiógrafo ou à copiografia (De *copiógrafo+-ico*)

copiógrafo *n.m.* aparelho ou utensílio que serve para tirar grande número de cópias de um texto datilografado ou manuscrito em folha encerada especial (Do lat. *copĭa-*, «cópia»+gr. *gráphein*, «escrever»)

copiosidade *n.f.* qualidade do que é copioso; abundância (Do lat. **copiositāte-*, «id.»)

copioso /ô/ *adj.* **1** em grande quantidade; numeroso; abundante; farto **2** que é prolixo (Do lat. *copiōsu-*, «abundante»)

copista[1] *n.2g.* **1** pessoa que copia **2** escrevente **3** plagiário **4** aquele que tinha por profissão copiar manuscritos, antes da invenção da imprensa (De *copiar+-ista*)

copista[2] *n.2g.* pessoa que bebe muito; amigo do vinho; beberrão (De *copo+-ista*)

copla *n.f.* MÚSICA cada estrofe de uma canção, musicada, alternada com o refrão ou ritornelo (Do lat. *copŭla-*, «laço; cadeia»)

coplista *n.2g.* pessoa que escreve coplas (De *copla+-ista*)

copo *n.m.* **1** pequeno recipiente sem asa e geralmente de vidro, cristal ou plástico, pelo qual se bebe **2** conteúdo deste recipiente **3** pessoa que bebe **4** bebida alcoólica **5** porção de lã que se põe de uma vez na roca de fiar **6** manelo **7** parte da rede onde se reúne o peixe **8** armação algarvia para a pesca do atum **9** concha de balança **10** parte componente da granada de artilharia na qual se aloja a carga explosiva **11** *pl.* guarda da mão, na espada; *~ menstrual* dispositivo intravaginal feito de silicone macio, hipoalergénico e antibacteriano, que se ajusta à anatomia interna feminina, permitindo a recolha do fluxo menstrual; *andar nos copos* beber muito; *bom ~* apreciador de bebidas alcoólicas (Do lat. vulg. **cuppu-*, «copo», de *cuppa-*, «taça»)

copo-d'água *n.m.* **1** refeição oferecida nos casamentos ou batizados ou outras ocasiões festivas **2** BOTÂNICA planta do Brasil

copofone *n.m.* **1** instrumento musical constituído por uma série de copos com água, escalonados segundo a sua capacidade e cujos bordos são friccionados pelos dedos ou tangidos por baqueta **2** pessoa que bebe muito (bebidas alcoólicas); *tocar ~* [pop.] embriagar-se (De *copo+-fone*)

copra *n.f.* amêndoa do coqueiro cultivado em várias regiões tropicais, que fornece um óleo, o óleo de copra, utilizado na indústria (Do hind. *khopra*, «id.»)

copracrasia *n.f.* MEDICINA incontinência no defecar; soltura (Do gr. *kópros*, «excremento» +*akrasía*, «incontinência»)

copraol *n.m.* gordura extraída da copra, com várias aplicações medicinais (supositórios, velas, etc.) (De *copra+-ol [de óleo]*)

copremia *n.f.* MEDICINA perturbações causadas pela intoxicação proveniente de matérias fecais anormalmente mantidas no intestino; estercoremia (Do gr. *kópros*, «excremento» +*haĩma*, «sangue» +-*ia*)

copr(o)- elemento de formação de palavras que exprime a ideia de *excremento, obscenidade* (Do gr. *kópros*, «excremento; sujidade»)

coprodução *n.f.* 1 produção de um filme ou de um espetáculo por vários produtores, em geral de nacionalidades diferentes 2 espetáculo ou filme assim produzido
co-produção ver nova grafia coprodução
coprodutor *n.m.* produtor ou sociedade produtora interveniente numa coprodução
co-produtor ver nova grafia coprodutor
coproduzir *v.tr.* realizar ou produzir conjuntamente com outro produtor, companhia ou estúdio
co-produzir ver nova grafia coproduzir
coprofagia *n.f.* 1 PSICOLOGIA modo de alimentação de certos animais (insetos, aves etc.) que comem excrementos 2 PSICOLOGIA tendência patológica para comer excrementos; escatofagia (Do gr. *kópros*, «excremento» +*phageīn*, «comer» +*-ia*)
coprófago *adj.,n.m.* que ou aquele que come excrementos; escatófago; ontófago (De *copro-*+*-fago*)
coprófilo *adj.,n.m.* que ou o que vive nos excrementos; escatófilo; ontófilo (De *copro-*+*-filo*)
coprolalia *n.f.* PSICOLOGIA tendência compulsiva para usar uma linguagem obscena (Do gr. *kópros*, «obscenidade» +*lalía*, «tagarelice»)
coprólito *n.m.* PALEONTOLOGIA excremento fossilizado de animal (Do gr. *kópros*, «excremento» +*líthos*, «pedra»)
coprologia *n.f.* estudo das matérias fecais e dos estrumes (Do gr. *kópros*, «excremento» +*lógos*, «tratado» +*-ia*)
copropriedade *n.f.* posse de uma propriedade em comum com outrem
co-propriedade ver nova grafia copropriedade
coproprietário *n.m.* aquele que é proprietário juntamente com outrem
co-proprietário ver nova grafia coproprietário
coprostasia *n.f.* MEDICINA retenção das fezes; prisão de ventre (Do gr. *kópros*, «excremento» +*stásis*, «parada» +*-ia*)
copta *adj.2g.* 1 da raça cóptica 2 pertencente aos Coptas ∎ *n.2g.* indivíduo pertencente aos Coptas ∎ *n.m.* língua do período do império Saíta, no Egito, cujos caracteres são tirados do alfabeto demótico e do grego, e que subsiste como língua litúrgica; copto; língua dos Coptas; *Igreja* ~ denominação dada quer a um grupo de cristãos, com rito próprio, dissidentes das igrejas romana e bizantina, quer a um pequeno grupo de católicos que mantêm o antigo rito copta (Do lat. med. *coptu-*, do gr. *Aígyptos*, «Egito»)
Coptas *n.m.pl.* 1 ETNOGRAFIA povo de raça egípcia que conservou os caracteres dos antigos habitantes do Egito 2 RELIGIÃO cristãos jacobitas do Egito
cóptico *adj.* relativo aos Coptas (De *copta*+*-ico*)
copto *adj.,n.m.* ⇒ **copta**
coptografia *n.f.* arte de recortar pedaços de cartão de maneira que se desenhem figuras pela sombra que deles se projeta (Do gr. *kóptein*, «cortar» +*gráphein*, «desenhar; escrever» +*-ia*)
Coptas *n.m.pl.* ETNOGRAFIA ⇒ **Coptas**
cópula *n.f.* 1 ato ou efeito de copular; relação sexual; coito 2 GRAMÁTICA verbo que liga ao sujeito o (nome) predicativo (Do lat. *copŭla-*, «união»)
copulação *n.f.* 1 cópula 2 junção 3 ZOOLOGIA reprodução sexuada de alguns protozoários, em que se verifica a fusão completa dos dois indivíduos que nela têm intervenção (Do lat. *copulatiōne-*, «ajuntamento»)
copulador *adj.,n.m.* que ou o que copula ou que intervém na copulação (Do lat. *copulatōre-*, «aquele que une»)
copular *v.tr.* 1 ter relações sexuais com; acasalar 2 juntar; irmanar ∎ *v.intr.* ter cópula (Do lat. *copulāre*, «ligar; reunir»)
copulativamente *adv.* conjuntamente (De *copulativo*+*-mente*)
copulativo *adj.* 1 que liga ou serve para ligar 2 GRAMÁTICA diz-se do verbo que estabelece a ligação entre o sujeito e o predicativo do sujeito (ex.: eu fiquei assustado) 3 GRAMÁTICA diz-se da conjunção coordenativa ou oração coordenada que exprime adição ou sequência temporal (Do lat. *copulatīvu-*, «id.»)
copyright *n.m.* reserva do direito de propriedade sobre uma obra impressa; propriedade literária ou artística; direitos de autor (Do ing. *copyright*, «id.»)
coque[1] *n.m.* pancada na cabeça com os nós dos dedos; carolo (De orig. onom.)
coque[2] *n.m.* QUÍMICA carvão poroso que se obtém como resíduo da destilação da hulha na produção do gás da hulha (Do ing. *coke*, «id.»)
coque[3] *n.m.* cozinheiro (Do ing. *cook*, «id.»)
coque[4] *n.f.* cadeira para transportar um bebé desde o nascimento até atingir cerca de dez, ou no máximo treze, quilos de peso; ovo (Do fr. *baby coque*, «id.»)
coque[5] *n.m.* cabelo apanhado atrás da cabeça, enrolado em espiral e preso com ganchos, elásticos, rede, etc. (Do fr. *coque*, «id.»)
coqueiral *n.m.* mata ou plantação de coqueiros (De *coqueiro*+*-al*)
coqueiro *n.m.* 1 BOTÂNICA designação que se refere, em especial, a uma palmeira muito útil, cujo fruto é o coco, que fornece importantes produtos (seiva, água de coco, fibras, copra, etc.) 2 [Brasil] designação de várias palmeiras de diversas utilidades (De *coco*+*-eiro*)
coqueiro-carandaí *n.f.* BOTÂNICA ⇒ **carnaúba**
coqueiro-carnaúba *n.m.* BOTÂNICA ⇒ **carnaúba**
coqueluche *n.f.* 1 MEDICINA ⇒ **tosse convulsa** 2 [coloq.] personalidade ou tendência que é alvo de interesse ou culto por parte da população em geral; *ser a ~ de* ser o ídolo de, ser muito admirado por (Do fr. *coqueluche*, «tosse epidémica»)
coqueluchoide *adj.2g.* semelhante à coqueluche ∎ *n.f.* tosse análoga à da coqueluche (Do fr. *coqueluche*, «id.»+gr. *eĩdos*, «forma»)
coqueluchóide ver nova grafia coqueluchoide
coquetaria *n.f.* ⇒ **coquetismo** (Do fr. *coquetterie*, «galantaria»)
coquete *adj.2g.* 1 que tem muitos cuidados com a aparência com o fim de agradar 2 vaidoso 3 que procura atrair ou seduzir 4 inconstante; volúvel ∎ *n.2g.* pessoa que tem muitos cuidados com a aparência com o fim de agradar ou seduzir (Do fr. *coquette*, «mulher galante»)
coquetear *v.intr.* ter modos de coquete (De *coquete*+*-ear*)
coquetel *n.m.* ⇒ **cocktail**
coqueteria *n.f.* [Brasil] ⇒ **coquetismo** (Do fr. *coquetterie*, «id.»)
coquetismo *n.m.* 1 comportamento de coquete 2 elegância afetada (De *coquete*+*-ismo*)
coquilha *n.f.* 1 MECÂNICA molde de ferro fundido, aço ou cobre, para a fundição de blocos de metal de secção transversal redonda, retangular ou poligonal, dos quais depois se forja ou lamina a peça desejada 2 DESPORTO proteção de material resistente, utilizada para resguardar os órgãos genitais
coquilheiro *n.m.* [Brasil] árvore da família das Burseráceas; coquilho (De *coquilho*+*-eiro*)
coquilho *n.m.* 1 BOTÂNICA pequeno coco produzido pelo coquilheiro, que fornece um material com que se fazem contas para rosários, etc. 2 ⇒ **coquilheiro** 1 (De *coco*+*-ilho*)
cor[1] /ô/ *n.f.* 1 impressão que a luz difundida ou transmitida pelos corpos produz no órgão da visão 2 coloração natural da epiderme humana; rubor das faces 3 coloração exterior que simboliza uma pessoa ou um organismo, sobretudo no desporto 4 zona colorida de uma bandeira 5 substância para pintar; pigmento; tinta 6 [fig.] aspeto particular e variável; aparência; atmosfera 7 [fig.] caráter 8 [fig.] opinião política 9 [fig.] discurso; pretexto; ~ *fria* tonalidade que ocupa o espetro dos tons entre o verde e o violeta, incluindo os azuis; ~ *primária* pigmento de base (amarelo, vermelho e azul) que, quando misturado a outro, resulta em uma das cores ditas secundárias; ~ *quente* tonalidade que ocupa o espetro dos tons entre o vermelho e o amarelo, abrangendo assim os castanhos e os ocres; ~ *secundária* cor obtida pela mistura de duas ou mais cores primárias; *ficar de todas as cores* sofrer uma emoção muito forte (Do lat. *colōre-*, «cor»)
cor[2] /ó/ *n.m.* [ant.] coração (órgão); *de* ~ de memória; *de* ~ *e salteado* muito bem (Do lat. *cor*, «coração»)
cora *n.f.* ação de corar a roupa, a cera, etc. (Deriv. regr. de *corar*)
corá *n.m.* [Guiné-Bissau] MÚSICA instrumento africano, com uma caixa de ressonância constituída por meia cabaça coberta com pele de cabra e um longo cabo cilíndrico com cordas sobrepostas em grupos (Do crioulo *korá*, «id.»)
coração[1] *n.m.* 1 ANATOMIA órgão central da circulação sanguínea, que, no homem e nos outros vertebrados superiores, está localizado entre os pulmões, é formado por tecido muscular, e contém duas aurículas que recebem o sangue trazido pelas veias e o passa aos dois ventrículos correspondentes através de movimentos de contração (sístole) e dilatação (diástole) 2 órgão que movimenta o sangue ou outro líquido vital no corpo de certos animais 3 zona em que este órgão se situa; peito 4 o que tem a forma deste órgão ou se lhe assemelha 5 [fig.] parte central; centro; núcleo 6 parte central da melancia 7 [fig.] centro das sensações, perceções e emoções 8 [fig.] amor 9 [fig.] sentimento de altruísmo; generosidade; piedade; compaixão 10 [fig.] pessoa considerada sob o ponto de vista afetivo 11 [fig.] sensibilidade 12 [fig.] vida interior; *cair o ~ aos pés a* sentir grande desapontamento; *do ~* de boa vontade; *falar com o ~ nas mãos* usar de franqueza; *fazer das tripas ~* suportar com paciência; *ler no ~* adivinhar os sentimentos de alguém; *meter no ~* captar a simpatia de; *não ter ~* ser insensível; *ser um ~ lavado* ser franco, mostrar-se bondoso; *ter ~* ser compassivo,

benevolente; *ter pelos no ~* ter maus instintos (Do lat. *coratiōne-, «coração», aum. de *cor*, «id.»)
coração² /có/ *n.f.* ato ou efeito de corar; cora (De *corar*+-*ção*)
coração-de-boi *n.m.* BOTÂNICA variedade de repolho
coração-de-galo *n.m.* BOTÂNICA ⇒ **galicentro**
coracíida *n.f.* ORNITOLOGIA ⇒ **coracíideo**
Coracíidas *n.m.pl.* ORNITOLOGIA ⇒ **Coracíideos**
coracíideo *adj.* ORNITOLOGIA relativo ou pertencente aos Coracíideos ■ *n.m.* ORNITOLOGIA espécime dos Coracíideos
Coracíideos *n.m.pl.* ORNITOLOGIA família de aves coraciiformes, de bico resistente, cujo género-tipo se designa *Coracias* (Do gr. *kórax, -akos*, «corvo» +-*ídeos*)
coraciiforme *adj.2g.* ORNITOLOGIA relativo ou pertencente aos coraciiformes ■ *n.m.* ORNITOLOGIA espécime dos coraciiformes ■ *n.m.pl.* ORNITOLOGIA ordem de aves que pode ser constituída pelas famílias dos Coracíideos, Alcenídeos, Meropídeos, Upupídeos, Caprimulgídeos e Cipselídeos (Do gr. *kórax, -akos*, «corvo»+lat. *forma-*, «semelhança»)
coracoide *adj.2g.* recurvado como o bico do corvo ■ *n.m.* ANATOMIA osso da cintura escapular que, nos mamíferos superiores, se reduz a uma apófise da omoplata (apófise coracóidea) (Do gr. *korakoeidés*, «semelhante a corvo; como o bico do corvo»)
coracóide ver nova grafia coracoide
coracóideo *adj.,n.m.* ANATOMIA ⇒ **coracoide** (De *coracóide*+-*eo*)
coracomancia *n.f.* suposta arte de adivinhar pelo crocitar dos corvos (Do gr. *kórax, -akos*, «corvo» +*manteía*, «adivinhação»)
corado *adj.* 1 que tem cor 2 que tem boas cores no rosto; rosado 3 ruborizado; vermelho 4 [fig.] envergonhado 5 tostado a uma fonte de calor; dourado 6 posto ao sol para branquear (Do lat. *colorātu-*, «id.», part. pass. de *colorāre*, «colorir»)
coradoiro *n.m.* ⇒ **coradouro**
coradouro *n.m.* lugar onde se põe a roupa a corar (De *corar*+-*douro*)
coragem¹ *n.f.* 1 bravura face a um perigo; intrepidez; ousadia 2 força moral ante um sofrimento ou revés 3 [fig.] energia na execução de uma tarefa difícil; perseverança; *~!* exclamação usada para incitar ou dar ânimo (Do lat. *coratīcum*, pelo prov. *coratge*, «id.», pelo fr. *courage*, «id.»)
coragem² /có/ *n.f.* 1 ação de corar a roupa, a cera, etc.; cora 2 [regionalismo] cores do rosto (De *corar*+-*agem*)
coraixita *n.2g.* membro de uma tribo árabe a que pertencia Maomé (Do ár. *quraixii*, «relativo a tribo quraix» +-*ita*)
corajoso /ô/ *adj.* 1 que tem coragem; destemido; bravo; intrépido 2 que demonstra coragem; ousado (De *coragem*+-*oso*)
coral¹ *n.m.* 1 ZOOLOGIA celenterado coralíneo, com formações tentaculares e esqueleto calcário, que vive em colónias nos mares equatoriais 2 substância calcária, em regra vermelha, que entra na constituição do polipeiro de uns celenterados marinhos e que é usada em joalharia 3 cor vermelha coralina 4 NÁUTICA peça curva no prolongamento da sobrequilha à vante e à ré, para ligação da quilha ao cadaste e à roda da proa ■ *n.f.* ZOOLOGIA ⇒ **cobra-coral**; *fino como um ~* muito esperto (Do gr. *korállion*, pelo lat. *corallīu-*, «coral»)
coral² *adj.2g.* referente a coro ■ *n.m.* 1 canto em coro 2 grupo de cantores (Do lat. ecl. *chorāle-*, «que diz respeito ao coro»)
coraleira *n.f.* 1 NÁUTICA barco empregado na pesca do coral 2 BOTÂNICA árvore da família das Leguminosas, cujas flores são grandes e vermelhas (De *coral*+-*eira*)
coraleiro *adj.* que diz respeito à pesca do coral ■ *n.m.* 1 pescador de corais 2 NÁUTICA, BOTÂNICA coraleira (De *coral*+-*eiro*)
coraliário *adj.* ZOOLOGIA relativo ou pertencente aos coraliários ■ *n.m.* ZOOLOGIA espécime dos coraliários ■ *n.m.pl.* ZOOLOGIA celenterados cifozoários, imóveis e, muitas vezes, fixados, formando recifes, como os corais; antozoários (Do lat. *corallīu-*, «coral» +-*ário*)
coralífero *adj.* que tem coral; coralígero (Do lat. *corallīu-*, «coral» +*fero*, de *ferre*, «trazer»)
coraliforme *adj.2g.* que tem forma de coral (Do lat. *corallīu-*, «coral» +*forma-*, «forma»)
coralígeno *adj.* diz-se das ilhas formadas por acumulação de corais (Do lat. *corallīu-*, «coral»+gr. *génos*, «origem»)
coralígero *adj.* ⇒ **coralífero** (Do lat. *corallīu-*, «coral» +*gerĕre*, «trazer»)
coralina *n.f.* 1 BOTÂNICA alga vermelha, do género *Corallina*, cujo talo é mais ou menos calcificado 2 MINERALOGIA mineral (variedade de calcedónia) de tons vermelhos, também denominado cornéola e cornalina (De *coral*+-*ina*)
Coralináceas *n.f.pl.* BOTÂNICA família de algas marinhas cujo tipo é a coralina (De *coralina*+-*áceas*)
coralino *adj.* 1 relativo ao coral 2 da cor do coral (De *coral*+-*ino*)

coralista *n.2g.* ⇒ **corista** *n.2g.* (De *coral*+-*ista*)
coraloide *adj.2g.* semelhante ao coral (De *coral*+-*óide*)
coralóide ver nova grafia coraloide
corandel *n.m.* TIPOGRAFIA composição tipográfica mais estreita do que a do texto, a ladear ou cercar uma gravura (De orig. obsc.)
corandelar *v.tr.* fazer corandel em (De *corandel*+-*ar*)
corânico *adj.* respeitante ao Alcorão ou à sua doutrina (De *Alcorão-*+-*ico*)
corante *adj.2g.* que cora ou tinge ■ *n.m.* substância que serve para corar ou tingir (Do lat. *colorante-*, part. pres. de *colorāre-*, «dar cor a; colorir»)
Corão *n.m.* ⇒ **alcorão**¹ I
corar *v.tr.* 1 dar cor a; colorir 2 tingir 3 branquear ao sol (roupa) 4 fazer assomar as cores ao rosto de 5 [fig.] disfarçar ■ *v.intr.* 1 ruborizar-se 2 [fig.] envergonhar-se (Do lat. *colorāre*, «dar cor a; colorir»)
corbelha /ê/ *n.f.* 1 cestinho para doces, frutas, flores, brindes, etc. 2 lugar onde se colocam e expõem os presentes de núpcias (Do lat. tard. *corbicŭla-*, dim. de *corbis*, «cesto», pelo fr. *corbeille*, «id.»)
corca *n.f.* [regionalismo] ⇒ **corga**
corça /ô/ *n.f.* ZOOLOGIA fêmea do corço (De *corço*)
corcar *v.intr.* (madeira) empenar (De orig. obsc.)
corcel *n.m.* 1 cavalo de batalha 2 cavalo veloz (Do fr. *coursier*, «id.», de *cours*, «corrida»)
corcha /ô/ *n.f.* 1 casca da árvore 2 cortiça 3 rolha 4 rodela de madeira com que se tapam as bocas das peças de artilharia (Do cast. *corcha*, «casca de árvore»)
corcho /ô/ *n.m.* 1 conjunto das boias que sustêm a rede de pesca 2 [regionalismo] vaso de cortiça por onde os camponeses da província portuguesa do Alentejo bebem água 3 [regionalismo] (Algarve) habitação de abelhas; cortiço 4 [regionalismo] (Algarve) tábua para transportar argamassa 5 [regionalismo] (Douro) cardume de peixes; *cabo do ~* corda que liga as boias que sustêm a rede da pesca (Do lat. *cortĭce-*, «cortiça», pelo cast. *corcha*, «casca; cortiça»)
corço /ô/ *n.m.* ZOOLOGIA mamífero ruminante, da família dos Cervídeos, semelhante a um veado pequeno, também conhecido por cabrito-montês (Do lat. *curtĭu-*, deriv. regr. de *curtiāre*, do lat. cl. *curtāre*, «encurtar», por causa do rabo curto)
córcoro *n.m.* BOTÂNICA planta da família das Tiliáceas, que tem folhas grandes e flores amarelas
corcova *n.f.* 1 corcunda 2 caminho tortuoso 3 nome de certa embarcação 4 parte da coronha da espingarda, para apoio na mão (Deriv. regr. de *corcovar*)
corcovado¹ *adj.* 1 que tem corcova; corcunda 2 [fig.] curvo (De *corcova*+-*ado*)
corcovado² *n.m.* [Cabo Verde] ICTIOLOGIA espécie de peixe chato, que apresenta uma corcova; pampo (Do crioulo cabo-verdiano *corcobada* ou *corcovada*, «idem»)
corcovar *v.tr.* 1 curvar 2 arquear 3 fazer tomar a posição arqueada ■ *v.intr.* 1 ganhar corcova 2 (cavalo) dar corcovos (Do lat. *concurvāre*, de *cum-*, «com» +*curvāre*, «curvar»)
corcovear *v.intr.* 1 dar corcovos 2 curvetear (De *corcovo*+-*ear*)
corcovo *n.m.* 1 salto que o cavalo dá, arqueando o dorso para cuspir o cavaleiro 2 cerro; montículo (Deriv. regr. de *corcovar*)
córculo *n.m.* BOTÂNICA embrião em estado de vida latente (Do lat. *corcŭlu-*, «coração pequeno», dim. de *cor*, «coração»)
corcunda *n.f.* curvatura anormal da coluna, com saliência nas costas ou no peito; corcova; giba; geba; gibosidade; bossa ■ *adj.,n.2g.* que ou pessoa que tem esta curvatura ■ *n.m.* ICTIOLOGIA capatão (De orig. obsc.)
corda¹ *n.f.* 1 porção de fios de qualquer matéria filamentosa, torcidos uns sobre os outros, para prender ou apertar 2 MÚSICA fio de tripa, seda, nylon ou metal para produzir sons em alguns instrumentos 3 fio ou lâmina, enrolado em espiral, que produz movimento em certos maquinismos 4 fio ou arame, estendido horizontalmente, onde se pendura roupa para secar 5 cordão; cabo 6 série 7 GEOMETRIA segmento de reta que une dois pontos da circunferência ou de qualquer outra curva 8 *pl.* MÚSICA conjunto dos instrumentos de corda de uma orquestra; *~ bamba* situação instável, dilema; *~ dorsal* ZOOLOGIA órgão de natureza conjuntiva que é o eixo primordial do endosqueleto nos cordados, também denominado notocórdio; *~ sensível* lado fraco do caráter de alguém, ponto fraco; *~ vocais* ANATOMIA cada uma das duas pregas situadas de um e outro lado da laringe, cujas vibrações produzem a voz, prega vocal; *andar à ~* andar às ordens de alguém; *dançar na ~ bamba* não se decidir, meter-se em trabalhos, estar em risco iminente; *dar ~ a* incitar alguém a falar muito, estimular; *estar com a ~ na garganta* estar em grandes dificuldades (sobretudo financeiras); *estar com a ~ toda* falar muito, falar sem pausas; *mosquitos por cordas* barulho, confusão, pancadaria; *roer a ~* faltar ao prometido; *ser da ~*

corda

corda ser do mesmo tipo; *ter* ~ falar muito, ser tagarela (Do grego *khordé*, «corda de tripa», pelo latim *chorda-*, «corda»)
corda² *n.f.* [Cabo Verde] ETNOLOGIA prática mágica como proteção ou como malefício de outrem (Do crioulo cabo-verdiano *korda*, «conjunto de fios»)
corda-d'água *n.f.* aguaceiro tocado a vento
cordado *adj.* 1 ZOOLOGIA relativo ou pertencente aos cordados 2 diz-se do animal que tem corda dorsal (temporária ou permanente) ▪ *n.m.* ZOOLOGIA espécime dos cordados ▪ *n.m.pi.* ZOOLOGIA grupo (tipo) de animais com corda dorsal e com parte anterior do tubo digestivo adaptado à respiração, que compreende os protocordados e os craniotas (vertebrados) (Do lat. cient. *chordátu-*, «que tem corda»)
cordaíte *n.f.* PALEONTOLOGIA gimnospérmica arbórea, fóssil, com folhas muito compridas, do Permocarbónico (De *corda+-ite*)
cordaitíneas *n.f.pl.* PALEONTOLOGIA grupo de plantas fósseis que tem por tipo o género *Cordaites* (De *cordaíte+-íneas*)
cordame *n.m.* NÁUTICA conjunto de todos os cabos que pertencem ao aparelho de um navio; cordoalha (De *corda+-ame*)
cordão *n.m.* 1 corda delgada 2 fio de ouro de trazer ao pescoço 3 corda com que certos religiosos cingem o hábito 4 fileira 5 correnteza 6 [fig.] qualquer coisa que une, prende ou liga; ~ *de São Francisco* 1 cordão, com nós, usado antigamente como sinal de luto; 2 HERÁLDICA peça em forma de cordão, com nós, que figura em alguns brasões; ~ *sanitário* série de postos guarnecidos de tropas para evitar a propagação de uma doença contagiosa; ~ *umbilical* cordão que une o feto à placenta; *abrir os cordões à bolsa* desembolsar dinheiro (Do fr. *cordon*, «corda pequena»)
cordão-de-frade *n.m.* BOTÂNICA ⇒ **cordão-de-são-francisco 2**
cordão-de-são-francisco *n.m.* BOTÂNICA planta da família das Labiadas, de flores vermelhas ou roxas e com propriedades medicinais, também conhecida por cordão-de-frade, pau-de-praga, leonuro, etc.
cordato *adj.* 1 que tende para a concórdia; pacato 2 que é sensato; prudente 3 circunspecto; sisudo (Do lat. *cordátu-*, «prudente; cordato»)
cordeação *n.f.* ato de cordear; medição ou alinhamento por meio de corda (De *cordear+-ção*)
cordear *v.tr.* medir ou alinhar por meio de corda ou cordel (De *corda+-ear*)
cordeiro¹ *n.m.* 1 cria, ainda muito nova, da ovelha; anho; borrego 2 [fig.] pessoa mansa, bondosa, inocente (Do latim *chordarŭ-*, de *chordu-*, «tardio em nascer»)
cordeiro² *n.m.* [Cabo Verde] mestre curandeiro que exerce ações mágicas de feitiço ou de sortilégio (De *corda* [=prática mágica] + *-eiro*)
cordel *n.m.* corda muito fina; baraço; guita; cordão (Do prov. *cordel*, «id.»)
cor-de-laranja ver nova grafia cor de laranja
cor de laranja *adj.inv.* que é da cor característica das laranjas maduras ▪ *n.m.* cor resultante da adição de vermelho e amarelo (De *cor-de+laranja*)
cordelinho *n.m.* cordel pequeno; *mexer os cordelinhos* usar de meios ocultos para conduzir um negócio ou atingir determinado fim, ser diligente (De *cordel+-inho*)
cor-de-rosa *adj.inv.* 1 que é da cor característica das rosas 2 [fig.] feliz ▪ *n.m.* tonalidade, muito ténue ou diluída em branco, do vermelho ou da cor avermelhada; *sonhos* ~ sonhos felizes; *ver tudo* ~ ser otimista ACORDO ORTOGRÁFICO também se pode escrever cor de rosa
cor de rosa a grafia mais usada é cor-de-rosa
cor de tijolo *n.m.* cor entre o vermelho e o castanho, semelhante à cor do tijolo ▪ *adj.inv.* que apresenta essa cor
cor de vinho *adj.inv.,n.m.* cor que é púrpura ou vermelho-escura, próxima do roxo, característica do vinho tinto
cordi- elemento de formação de palavras que exprime a ideia de *coração* (Do lat. *cor, cordis*, «coração»)
cordial *adj.2g.* 1 referente ao coração 2 [fig.] que se mostra afetuoso; amistoso 3 [fig.] franco, sincero 4 [fig.] íntimo ▪ *n.m.* 1 remédio ou bebida fortificante 2 [fig.] conforto (Do lat. *cordiãle-*, «id.», de *corde-*, «coração»)
cordialidade *n.f.* 1 modo amistoso e aberto de tratar com os outros; afabilidade 2 franqueza de trato (Do lat. *cordialitãte-*, «id.»)
cordialmente *adv.* 1 afetuosamente 2 francamente; sinceramente (De *cordial+-mente*)
cordierite *n.f.* MINERALOGIA mineral que é, quimicamente, um silicato de alumínio com magnésio e ferro, que cristaliza no sistema ortorrômbico e é frequente em rochas metamórficas de contacto (Do fr. *cordiérite*, «id.»)

cordifoliado *adj.* BOTÂNICA com folhas cordiformes (De *cordi-+foliado*)
cordifólio *adj.* BOTÂNICA ⇒ **cordifoliado** (Do lat. *cor, -dis*, «coração» +*folĭu-*, «folha»)
cordiforme *adj.2g.* em forma de coração (De *cordi-+-forme*)
cordilha *n.f.* ICTIOLOGIA atum ao sair do ovo (Do lat. *cordýla-*, «atum novo»)
cordilheira *n.f.* cadeia de montanhas contíguas (Do cast. *cordillera*, «cordilheira»)
cordite¹ *n.f.* QUÍMICA pólvora obtida a partir da nitrocelulose e da nitroglicerina (Do ing. *cordite*, «id.»)
cordite² *n.f.* inflamação das cordas vocais (De *corda+-ite*)
cordo /ô/ *adj.* [ant.] ⇒ **cordato** (Deriv. regr. de *cordato*)
cord(o)- elemento de formação de palavras que exprime a ideia de *corda*
cordoada *n.f.* 1 pancada com corda 2 cordame (De *cordão+-ada*)
cordoagem *n.f.* ⇒ **cordame** (De *cordão+-agem*)
cordoalha *n.f.* ⇒ **cordame** (De *cordão+-alha*)
cordoame *n.m.* NÁUTICA ⇒ **cordame** (De *cordão+-ame*)
cordoar *v.tr.* 1 cercar de corda ou cordão; encordoar 2 serrilhar (De *cordão+-ar*)
cordoaria *n.f.* lugar onde se fabricam ou vendem cordas (De *cordão+-aria*)
córdoba *n.m.* unidade monetária da Nicarágua (De *Córdoba*, top.)
cordoeiro *n.m.* fabricante ou vendedor de cordas (De *cordão+-eiro*)
cordofone *n.m.* MÚSICA instrumento cujo som é produzido pela vibração de uma ou mais cordas esticadas (violino, guitarra, harpa, etc.) (De *cord(o)-+-fone*)
cordómetro *n.m.* instrumento para avaliar a grossura das cordas, também chamado calibrador (Do gr. *khordé*, «corda» +*métron*, «medida»)
cordon-bleu *adj.inv.,n.m.2n.* CULINÁRIA que ou prato que é constituído por um bife, geralmente de vitela ou vaca, panado e recheado com fiambre e queijo (Do fr. *cordon-bleu*, «id.»)
cordovaneiro *n.m.* aquele que prepara ou vende cordovão (De *cordovão+-eiro*)
cordovão *n.m.* couro de cabra preparado para fazer calçado (Do cast. *cordobán*, «id.», de *Córdova*, cidade espanhola notável pela preparação destas peles)
cordoveado *adj.* que possui cordoveias (De *cordoveia+-ado*)
cordoveias *n.f.pl.* [pop.] veias e tendões salientes, sobretudo do pescoço (De *corda+veia*)
cordovês *adj.* da cidade espanhola de Córdova ▪ *n.m.* natural ou habitante de Córdova (De *Córdova*, top. +*-ês*)
cordovesa /ê/ *adj.* BOTÂNICA ⇒ **cordovil** (De *cordovês*)
cordovil *adj.* BOTÂNICA diz-se de uma oliveira (ou da sua azeitona) vulgar em Portugal, também conhecida por cordovesa (De *Córdova*, cidade espanhola +*-il*)
cordura *n.f.* 1 qualidade de cordato 2 sisudez 3 bom senso; sensatez 4 prudência (Do lat. *cordu-* por *cordátu-*, «sensato; prudente» +*-ura*)
co-ré ver nova grafia corré
coreano *adj.* relativo ou pertencente à Coreia do Norte ou à Coreia do Sul ▪ *n.m.* 1 natural ou habitante da Coreia do Norte ou da Coreia do Sul 2 língua falada na Coreia do Norte e na Coreia do Sul (De *Coreia*, top. +*-ano*)
co-redactor ver nova grafia corredator
co-redenção ver nova grafia corredenção
co-redentor ver nova grafia corredentor
Co-Redentora ver nova grafia Corredentora
co-referência ver nova grafia correferência
co-referente ver nova grafia correferente
co-regência ver nova grafia corregência
co-regente ver nova grafia corregente
corégrafo *n.m.* ⇒ **coreógrafo** (Do gr. *khorós*, «coro de dança» +*gráphein*, «escrever»)
coreia *n.f.* 1 (Grécia antiga) dança acompanhada de cantos 2 dança; baile 3 MEDICINA afeção do sistema nervoso, em regra nas crianças, que provoca sobretudo movimentos convulsivos, involuntários, dos músculos; dança de São Vito (Do gr. *khoreía*, «dança do coro», pelo lat. *chorea-*, «dança nem coro»)
coreico *adj.* relativo à coreia (dança) (De *coreia+-ico*)
coreiforme *adj.2g.* semelhante à coreia (afeção nervosa) (De *coreia+-forme*)
coreiro *n.m.* clérigo que tem obrigação de rezar no coro (De *coro+-eiro*)

core(o)- elemento de formação de palavras que exprime a ideia de *dança* (Do gr. *khorós*, «coro de dança» ou *khoreía*, «dança de coro»)
coreografar *v.tr.* conceber a coreografia de
coreografia *n.f.* **1** arte de compor bailados **2** arte de dançar **3** conceção de um bailado, em particular, determinação dos passos, atitudes e poses dos bailarinos (Do gr. *khoreía*, «dança» +*gráphein*, «escrever», pelo it. *coreografia*)
coreográfico *adj.* **1** relativo à coreografia **2** relativo ou pertencente à dança (De *coreografia*+*-ico*)
coreógrafo *n.m.* **1** especialista em coreografia **2** aquele que concebe um bailado, determinando os passos, atitudes e poses dos bailarinos (Do gr. *khoreía*, «dança» +*gráphein*, «escrever», pelo it. *coreografia*)
coreomania *n.f.* mania da dança (Do gr. *khoreía*, «dança» +*manía*, «loucura»)
co-responsabilidade ver nova grafia corresponsabilidade
co-responsabilizar ver nova grafia corresponsabilizar
co-responsável ver nova grafia corresponsável
coreto /ê/ *n.m.* **1** pequeno coro **2** estrado ou edificação apropriada, erguida em praça ou jardim público para concertos de bandas musicais (De *coro*+*-eto*)
coreu *n.m.* pé de verso grego ou latino formado de uma sílaba longa seguida de outra breve (Do gr. *khoreîos*, «próprio para a dança», pelo lat. *chorēu-*, «verso coreu ou troqueu»)
co-réu ver nova grafia corréu
coreuta *n.m.* no teatro antigo, cada um dos membros do coro
corfebol *n.m.* DESPORTO desporto praticado por equipas mistas e cuja finalidade consiste em enviar uma bola para dentro de um cesto colocado a 3,5 metros do chão (Do ing. *korfball*, «id.»)
corga *n.f.* **1** caminho estreito; sulco **2** canal aberto pelas águas; regueiro (Do lat. *currūga*, «canais de água»)
corgo *n.m.* caminho apertado entre montes; córrego (Do lat. *currūgu-*, «canal de água»)
cori *n.m.* **1** ZOOLOGIA morcego das Antilhas, da família dos Filostomídeos **2** ZOOLOGIA roedor originário de Cuba, semelhante à cobaia (Do cast. *corí*, roedor semelhante ao porquinho-da-Índia)
coriáceo *adj.* **1** duro como coiro **2** semelhante a coiro (Do lat. *coriacěu-*, «de coiro»)
coriâmbico *adj.* relativo ao coriambo (De *coriambo*+*-ico*)
coriambo *n.m.* pé de verso grego ou latino formado de duas sílabas breves entre duas longas (Do gr. *khoríambos*, «id.», pelo lat. *choriambu-*, «id.»)
coriária *n.f.* BOTÂNICA arbusto, da família das Coriariáceas, que fornece uma substância empregada em curtumes (Do lat. *coriarĭu-*, «de couro»)
coriariácea *n.f.* BOTÂNICA espécime das Coriariáceas
Coriariáceas *n.f.pl.* BOTÂNICA família de plantas, em regra arbustivas, que tem por tipo o género *Coriaria* (De *Coriária*+*-áceas*)
coribantes *n.m.pl.* MITOLOGIA sacerdotes da deusa Cíbele que cantavam e bailavam desordenadamente durante a celebração dos seus mistérios (Do gr. *korýbantes*, pl. de *korýbas*, *-antos*, «sacerdote de Cíbele», pelo lat. *corybantes*, «id.»)
coricida *n.m.* substância medicamentosa para amolecer a pele ou destruir os calos; calicida (Do lat. *corǐu-*, «coiro» +*caedĕre*, «matar»)
corifena /ê/ *n.f.* ICTIOLOGIA peixe acantopterígio da família dos Corifenídeos (Do gr. *koriphaína*, «id.»)
corifenídeo *adj.* ICTIOLOGIA relativo ou pertencente aos Corifenídeos ■ *n.m.* ICTIOLOGIA espécime dos Corifenídeos
Corifenídeos *n.m.pl.* ICTIOLOGIA família de peixes teleósteos cujo género-tipo se designa *Corifena* (De *corifena*+*-ídeos*)
corifeu *n.m.* **1** chefe ou regente de coros, nas tragédias gregas **2** indivíduo principal de um partido, classe ou profissão (Do gr. *koryphaîos*, «que está no cume», pelo lat. *coryphaeu-*, «chefe»)
corilácea *n.f.* BOTÂNICA espécime das Coriláceas
Coriláceas *n.f.pl.* BOTÂNICA família de plantas cujo género-tipo se designa *Corylus* (Do lat. *corȳlu-*, «avelaneira» +*-áceas*)
corimbíferas *n.f.pl.* BOTÂNICA grupo de plantas caracterizadas por flores dispostas em corimbo (De *corimbífero*)
corimbífero *adj.* BOTÂNICA que tem flores em corimbo; corimboso (Do lat. *corymbifěru-*, «coroado com cachos de hera»)
corimbiforme *adj.2g.* em forma de corimbo (Do lat. *corymbu-*, «corimbo» +*forma-*, «forma»)
corimbo *n.m.* BOTÂNICA modalidade de inflorescência em que os pedúnculos florais, nascendo a diversos níveis da haste, se elevam todos à mesma altura (Do gr. *kórymbos*, «cacho de frutos ou de flores», pelo lat. *corymbu-*, «cacho de hera»)
corimboso /ô/ *adj.* BOTÂNICA ⇒ **corimbífero** (De *corimbo*+*-oso*)

corina *n.f.* ZOOLOGIA espécie de gazela, frequente no Norte de África (De orig. obsc.)
corindo *n.m.* MINERALOGIA mineral constituído pelo sesquióxido de alumínio, que é muito duro (9.º termo da escala de dureza de Mohs), cristaliza no sistema trigonal e é muito utilizado como pedra preciosa e como abrasivo; coríndon; corundo (Do târn. *kurundam*, «rubi», pelo fr. *corindon*, «corindo»)
coríndon *n.m.* MINERALOGIA ⇒ **corindo**
coringa *n.m.* **1** [Brasil] moço de barcaça **2** [Brasil] NÁUTICA pequena vela triangular **3** [Brasil] [pej.] pessoa feia e raquítica
coríntio *adj.* **1** relativo à cidade grega de Corinto **2** ARQUITETURA diz-se de uma das três ordens da arquitetura grega, caracterizada por uma coluna com base, fuste com caneluras, e capitel com duas filas de folhas de acanto estilizadas ■ *n.m.* natural ou habitante de Corinto (Do gr. *korínthios*, «de Corinto», pelo lat. *corinthǐu-*, «id.»)
corinto *n.m.* **1** variedade de uva própria para secar **2** passa desta variedade de uva **3** casta de videira (De *Corinto*, top., cidade grega)
cório *n.m.* **1** BIOLOGIA membrana exterior do feto (embrião) ou do ovo **2** BIOLOGIA porção conjuntiva da túnica mucosa **3** HISTOLOGIA derme (Do gr. *khórion*, «membrana»)
corioide *n.f.* ANATOMIA membrana da parte posterior do globo ocular entre a esclerótica e a retina; coroide (Do gr. *khórion*, «membrana» +*eîdos*, «forma»)
corióide ver nova grafia corioide
corioidite *n.f.* MEDICINA inflamação da corioide
córion *n.m.* ⇒ **cório**
coriónico *adj.* BIOLOGIA relativo ou pertencente ao cório (De *córion*+*-ico*)
corioplastia *n.f.* arte de trabalhar o couro, fazendo com ele objetos artísticos (Do lat. *corǐu-*, «coiro»+gr. *plastiké*, «plástico», de *plássein*, «modelar» +*-ia*)
coriscação *n.f.* ato de coriscar (De *coriscar*+*-ção*)
coriscada *n.f.* grande número de coriscos (De *corisco*+*-ada*)
coriscante *adj.2g.* que corisca; coruscante (De *coriscar*+*-ante*)
coriscar *v.intr.* **1** lançar coriscos; relampejar; faiscar **2** brilhar instantaneamente; fulgurar **3** [fig.] ferir com coisa ardente (Do lat. *coruscāre*, pelo lat. tard. **coriscāre*, «brilhar; faiscar»)
corisco *n.m.* **1** faísca elétrica; *raios e coriscos* [fig.] palavras violentas, injúrias, ralhos e descomposturas (Deriv. regr. de *coriscar*)
corista *n.2g.* **1** pessoa que faz parte dos coros em teatro ou igreja **2** [coloq.] pessoa que inventa ou mente muito ■ *n.f.* artista de teatro de variedades (De *coro*+*-ista*)
coriza *n.f.* MEDICINA inflamação da mucosa das fossas nasais; rinite; defluxo (Do gr. *kóryza*, «catarro», pelo lat. *corȳza-*, «coriza»)
corizonte *n.m.* nome que, na antiga Grécia, se dava aos gramáticos que sustentavam que a Ilíada e a Odisseia não eram do mesmo autor (Do gr. *khorízontes*, «separatistas», part. pres. de *khorízein*, «separar»)
corja *n.f.* bando de pessoas desprezíveis; súcia; canalha; malta (Do mal. *kórchchu*, «enfiada; ramada»)
cormo *n.m.* **1** BOTÂNICA corpo da planta mais ou menos diferenciado, desenvolvido segundo, pelo menos, um eixo com folhas **2** BOTÂNICA ramo floroso (Do gr. *kormós*, «caule; tronco»)
cormófita *n.f.* BOTÂNICA espécime das cormófitas ■ *n.f.pl.* BOTÂNICA grupo de plantas que apresentam cormo (Do gr. *kormós*, «caule» +*phýton*, «planta»)
corna *n.f.* **1** espécie de meio bastião **2** colher feita de chifre de cabra **3** [regionalismo] chavelho de boi usado para conter líquidos **4** cornadura (De *corno*)
cornaca *n.m.* condutor e tratador de elefantes, na Índia (Do cing. *kuruneka*, «chefe de manada de elefantes»)
cornácea *n.f.* BOTÂNICA espécime das Cornáceas
Cornáceas *n.f.pl.* BOTÂNICA família de plantas dicotiledóneas, quase sempre lenhosas, de folhas caducas, representada em Portugal pelo sanguinho (Do lat. *cornu-*, «corno; chifre» +*-áceas*)
cornacha *n.f.* penacho com que se enfeita a testeira das cavalgaduras (De *corno*+*-acha*)
cornada *n.f.* pancada ou golpe com os cornos; marrada (Part. pass. fem. subst. de *cornar*)
cornado *adj.* que tem cornos; cornígero (De *corno*+*-ado*)
cornadura *n.f.* conjunto dos cornos dos animais cornígeros (De *cornado*+*-ura*)
cornal *n.m.* [regionalismo] correia para prender os cornos do boi ao jugo; soga (De *corno*+*-al*)
cornalão *adj.* (touro) que tem hastes muito desenvolvidas (Do cast. *cornalón*, «id.»)
cornalheira *n.f.* BOTÂNICA arbusto lenhoso, da família das Anacardiáceas, espontâneo em Portugal, cujos frutos se assemelham a

cornalina

pequenos cornos, também conhecido por terebinto (De *corno+ -alha+-eira*)
cornalina *n.f.* MINERALOGIA variedade de calcedónia de tom vermelho-claro, translúcida; cornéola (Do fr. *cornaline*, «id.»)
cornamenta *n.f.* ⇒ **cornadura** (De *corno+-mento*)
cornamusa *n.f.* MÚSICA gaita de foles (Do fr. *cornemuse*, «id.»)
cornar *v.tr.* ferir com os cornos (De *corno+-ar*)
corne *n.m.* MÚSICA ⇒ **trompa** (Do ing. *horn*, «id.»)
-corne sufixo nominal de origem latina, que entra na formação de adjetivos e exprime a ideia de *córneo, semelhante a corno* (*filicorne, unicorne*)
córnea *n.f.* ANATOMIA membrana espessa e transparente situada na parte anterior do olho, por diante da pupila; **~ opaca** ANATOMIA esclerótica (De *córneo*)
corneação *n.f.* ato de cornear (De *cornear+-ção*)
corneador *adj.* (animal) que corneia ou marra (De *cornear+-dor*)
corneal *adj.2g.* relativo à córnea (De *córnea+-al*)
corneana *n.f.* PETROLOGIA rocha de metamorfismo de contacto, compacta, dura, não orientada, de aspeto córneo quando fraturada (De *córneo+-ano*)
cornear *v.tr.* **1** ferir com os cornos **2** [vulg.] ser infiel a (pessoa) (De *corno+-ear*)
cornecha *n.f.* **1** casta de uva **2** [regionalismo] cravagem do centeio (De *corno+-echo*)
cornecho *n.m.* [regionalismo] ⇒ **cornecha**
corne-inglês *n.m.* MÚSICA espécie de oboé curvo
corneira *n.f.* ⇒ **cornal** (De *corno+-eira*)
cornejar *v.intr.* (caracol) mover os tentáculos (De *corno+-ejar*)
córneo *adj.* **1** relativo a corno **2** que é feito com corno **3** que tem o aspeto ou a consistência do corno; duro (Do lat. *corněu-*, «de corno»)
cornéola *n.f.* MINERALOGIA ⇒ **cornalina** (Do lat. *corneŏla-*, «córneo»)
corneta[1] /ê/ *n.f.* **1** MÚSICA instrumento de sopro da família dos metais, semelhante ao trompete, muito utilizado nas bandas de música e na sinalização militar **2** qualquer instrumento de corno, metal ou marfim, semelhante a uma trombeta; buzina **3** instrumento de sopro metálico usado por certas forças militares para execução dos toques de ordenança **4** [pop.] nariz ■ *n.m.* aquele que toca a corneta; corneteiro (Do it. *cornetta*, «cornetim»)
corneta[2] /ê/ *adj.2g.* (boi, vaca) a que falta um dos cornos (De *corno*)
cornetada *n.f.* toque de corneta (De *corneta+-ada*)
cornetão *n.m.* corneta grande; buzina grande (De *corneta+-ão*)
cornetear *v.intr.* **1** tocar corneta; trombetear **2** buzinar ■ *v.tr.* [fig.] proclamar (De *corneta+-ear*)
corneteiro *n.m.* o que toca corneta (De *corneta+-eiro*)
cornetim *n.m.* **1** MÚSICA corneta pequena; corneta em si bemol **2** músico que toca este instrumento (Do cast. *cornetin*, «id.»)
corneto /ê/ *n.m.* ANATOMIA cada uma das pequenas lâminas ósseas situadas no interior das fossas nasais (De *corno+-eto*)
cornflakes *n.m.pl.* flocos de cereais que geralmente se comem com leite, iogurte ou sumo (Do ing. *cornflakes*, «id.»)
corn(i)- elemento de formação de palavras que exprime a ideia de *corno, haste, antena* (Do lat. *cornu-*, «corno; haste; antena»)
corniaberto *adj.* (touro) ⇒ **cornilargo** (De *corni-+aberto*)
cornialto *adj.* (touro) que tem os cornos mais altos que o vulgar (De *corni-+alto*)
cornibaixo *adj.* (touro) que tem os cornos inclinados para baixo (De *corni-+baixo*)
cornicabra *n.f.* **1** BOTÂNICA arbusto da família das Efedráceas, espontâneo no litoral de Portugal, também designado gestrela **2** BOTÂNICA variedade de oliveira (De *corni-+cabra*)
cornição *n.m.* BOTÂNICA ⇒ **cravagem 2** (De *cornico+-ão*)
cornicho *n.m.* **1** pequeno corno **2** saliência semelhante a um corno pequeno **3** tentáculo de caracol **4** antena dos insetos **5** ponta ou canto do saco **6** [regionalismo] pão com o feitio de corno **7** [regionalismo] prega de malhas ao começar o calcanhar da meia (De *corno+-icho*)
cornichoso /ô/ *adj.* que tem cornichos (De *cornicho+-oso*)
cornico *n.m.* ⇒ **cornicho** (De *corno+-ico*)
corniculado *adj.* que possui ou forma cornículos (De *cornículo+ -ado*)
cornículo *n.m.* **1** insígnia em forma de corno que se concedia antigamente ao soldado que tivesse dado provas de valor **2** cornicho **3** antena (Do lat. *corniculu-*, «corno pequeno»)
cornicurto *adj.* (touro) que tem hastes pouco desenvolvidas (De *corni-+curto*)
cornífero *adj.* (animal) que tem hastes, tentáculos, antenas ou excrescências em forma de corno; cornígero (Do lat. *cornifěru-*, «que tem cornos»)

cornificar *v.intr.* tornar-se duro como corno (Do lat. *cornu-*, «corno» +*ficāre*, por *facěre*, «tornar»)
corniforme *adj.2g.* que tem forma de corno (De *corni-+-forme*)
cornígero *adj.* ⇒ **cornífero** (De *corni-+-gero*)
cornija *n.f.* **1** ARQUITETURA remate na parte superior de uma parede, que a protege das águas pluviais **2** adorno do reforço das peças de artilharia (Do it. *cornice*, «moldura; cornija»)
cornilargo *adj.* (touro) que tem as pontas muito afastadas entre si; corniaberto (De *corni-+largo*)
cornilhão *n.m.* BOTÂNICA planta forraginosa, da família das Leguminosas, espontânea no centro e no Sul de Portugal (De orig. obsc.)
cornimboque *n.m.* [Brasil] caixa de corno para rapé (Do ing. *horn box*, «caixa de corno»)
corninho *n.m.* ⇒ **cornicho**; *deitar os corninhos de fora/pôr os corninhos ao sol* [fig.] perder o acanhamento e mostrar ousadia (De *corno+-inho*)
corníola *n.f.* MINERALOGIA ⇒ **cornalina** (De *corni-+-ola*)
corníolo *n.m.* BOTÂNICA ⇒ **pilriteiro** (De *corni-+-olo*)
cornípede *adj.2g.* cujas patas são de matéria córnea (Do lat. *cornipěde-*, «que tem pés córneos»)
cornípeto *adj.* que dá cornadas; que marra; cornúpeto ■ *n.m.* touro (Do lat. *cornu-*, «corno» +*petěre*, «atacar; acometer; desejar»)
cornipo *n.m.* corno pequeno; cornicho
cornizo *n.m.* BOTÂNICA espécie de abrunheiro bravo cujos abrunhos se denominam cornizolos (Do cast. *cornizo*, «sanguinho», árvore)
cornizolo *n.m.* fruto drupáceo do cornizo (De *cornizo+-olo*)
corno /ô/ *n.m.* **1** cada um dos apêndices duros e recurvados que certos animais têm na cabeça; chifre **2** antena de alguns animais que se assemelha na forma a um destes apêndices em tamanho pequeno **3** material feito a partir dos chifres dos animais **4** MÚSICA instrumento de sopro feito a partir de um certo tipo de chifre; trompa **5** ponta semelhante a um chifre **6** ANATOMIA formação ou estrutura anatómica alongada e saliente, com forma recurvada **7** cada uma das pontas do crescente da Lua **8** flanco dos exércitos **9** [vulg.] indivíduo traído pela mulher com quem é casado ou mantém uma relação amorosa; *pôr nos cornos da Lua* exaltar, gabar exageradamente; *pôr os cornos a* [vulg.] enganar praticando o adultério (Do lat. *cornu-*, «id.»)
cornofone *n.m.* MÚSICA espécie de trompa (De *corno+-fone*)
cornogodinho *n.m.* BOTÂNICA planta da família das Rosáceas, de frutos vermelhos, espontânea nas regiões elevadas de Portugal, também conhecida por tramaga, tramagueira, tramazeira, etc. (De orig. obsc.)
cornozelo /ê/ *n.m.* ferradura (De *corno+z+-elo*)
cornucópia *n.f.* **1** vaso em forma de corno, cheio de frutos e flores, que, antigamente, era símbolo da abundância e agora é símbolo da agricultura e do comércio **2** elemento decorativo com a forma deste vaso **3** CULINÁRIA bolo com a forma deste vaso recheado de creme (Do lat. *cornucopĭa*, «corno da abundância»)
cornuda *n.f.* ICTIOLOGIA peixe seláquio da família dos Carcarídeos, raro em Portugal, também conhecido por cornudo e peixe-martelo (Do lat. *cornūta-*, «que tem cornos»)
cornudo *adj.* **1** que tem cornos; cornuto **2** [fig.] difícil de resolver; bicudo ■ *n.m.* **1** Diabo **2** [vulg.] indivíduo traído pela mulher com quem é casado ou mantém uma relação amorosa **3** ICTIOLOGIA ⇒ **cornuda** (Do lat. *cornūtu-*, «que tem cornos»)
cornúpeto *adj., n.m.* ⇒ **cornípeto** (Do lat. *cornupětu-*, «que fere com os cornos»)
cornuto *adj., n.m.* ⇒ **cornudo** (Do lat. *cornūtu-*, «que tem cornos»)
coro[1] *n.m.* **1** agrupamento de pessoas que atuam juntas, cantando em uníssono ou a várias vozes **2** composição musical para ser cantada por este conjunto de pessoas **3** MÚSICA ⇒ **refrão 3 4** TEATRO grupo de atores que declamam (e/ou cantam) em conjunto **5** [fig.] conjunto de vozes ou sons **6** conjunto de pessoas que executam danças **7** ARQUITETURA nas igrejas, local destinado aos ofícios divinos e aos cânticos, situado em diversos lugares consoante a época (à frente do altar, sobre a porta de entrada principal, etc.) **8** [coloq.] mentira **9** RELIGIÃO cada uma das nove hierarquias dos anjos; **~ a capella/à capela** MÚSICA trecho executado a várias vozes, sem instrumentos a acompanhar; **~ alto** nas igrejas, local destinado aos ofícios divinos e aos cânticos, situado em balcão por cima da porta de entrada principal; *bater ~* [coloq.] tentar conquistar (amorosamente) alguém; atirar-se a alguém; *em ~* todos juntos, a uma voz; *fazer ~ com* repetir o que (alguém) diz; concordar com (Do gr. *khorós*, «coro de dança», pelo lat. *choru-*, «dança em coro»)
coro[2] *n.m.* [ant.] vento do noroeste (Do lat. *coru-*, «id.»)
coro- elemento de formação de palavras que exprime a ideia de *região, país, território* (Do gr. *khôros*, «região; campo»)

coroa /ô/ *n.f.* **1** adorno circular feito de metal precioso e pedrarias para colocar na cabeça dos reis, como símbolo de soberania; diadema **2** [fig.] poder real; realeza; monarquia **3** círculo de flores ou folhas que se coloca à volta da cabeça de alguém como adereço ou como sinal de mérito **4** [fig.] recompensa **5** [fig.] honra; glória **6** objeto circular; conjunto de coisas dispostas em anel **7** grinalda de flores oferecida aquando de um funeral **8** unidade monetária da Dinamarca, Faroé, Gronelândia, Islândia, Noruega, República Checa e Suécia **9** antiga unidade monetária da Eslováquia e da Estónia, substituída pelo euro **10** dente artificial, de metal ou porcelana, diretamente adaptado à raiz por meio de cimento especial **11** camada da atmosfera solar pouco luminosa, esbranquiçada, só visível nos eclipses totais do Sol e constituída por gases e partículas muito rarefeitas **12** cume; remate **13** reverso da moeda **14** tonsura circular na parte superior da cabeça outrora usada pelos eclesiásticos **15** antiga moeda de ouro **16** antiga moeda de prata **17** [pop.] moeda ou importância de cinquenta centavos **18** rosário com sete dezenas de ave-marias separadas por um pai-nosso ■ *n.2g.* **1** [Brasil] [coloq.] pessoa mais velha **2** [Brasil] [coloq.] pessoa que está a ficar velha; **~ circular** GEOMETRIA superfície compreendida entre duas circunferências concêntricas e complanares; **~ de laranjeira** ramo de flores e folhas de laranjeira com que as noivas adornavam a cabeça quando iam casar-se em primeiras núpcias (Do lat. *corōna-*, «id.»)

coroá *n.f.* BOTÂNICA ⇒ **caraguatá** (Do tupi *kara'wa*, «talo de espinho»)

coroação *n.f.* **1** ato de coroar **2** [fig.] glorificação **3** [fig.] remate; fecho (Do lat. *coronatiōne-*, «id.»)

coroamento *n.m.* **1** ornato que remata o alto de um edifício **2** parte superior de uma barragem **3** coroação (De *coroar*+*-mento*)

coroar *v.tr.* **1** pôr coroa em **2** proceder à coroação de (um monarca que sobe ao trono) **3** [fig.] premiar **4** [fig.] rematar **5** [fig.] encimar ■ *v.pron.* **1** cingir a coroa a si mesmo **2** cercar-se na parte superior **3** [fig.] receber uma recompensa (Do lat. *coronāre*, «id.»)

coroca *adj.2g.* [Brasil] decrépito; caduco ■ *n.2g.* [Brasil] pessoa considerada velha e feia (Do tupi *ku'ruka*, «resmungão»)

coroça *n.f.* ⇒ **croça**¹

Corocas *n.m.pl.* ETNOGRAFIA grupo populacional instalado nas margens do baixo Curoca, em Angola, e que comunica por cliques (De *Curoca*, top.)

coroço *n.m.* BOTÂNICA ⇒ **marfim-vegetal**

coró-coró *n.m.* [Brasil] ORNITOLOGIA ⇒ **tapicuru** (De orig. onom.)

corodidáscalo *n.m.* diretor e ensaiador de coros e de dança, na antiga Grécia (Do gr. *khorodidáskalos*, «id.»)

corografia *n.f.* **1** GEOGRAFIA estudo geográfico particular de uma região ou de um país **2** compêndio que trata do estudo geográfico de uma região ou de um país (Do gr. *khorographía*, «descrição de um país», pelo lat. *chorographĭa-*, «id.»)

corográfico *adj.* relativo à corografia (De *corografia*+*-ico*)

corógrafo *n.m.* **1** especialista em corografia **2** autor de corografia (Do gr. *khorográphos*, «geógrafo que faz a descrição de um território»)

coroide *n.f.* ANATOMIA ⇒ **corioide**

coróide ver nova grafia coroide

coroidite *n.f.* MEDICINA inflamação da coroide (De *coróide*+*-ite*)

corola *n.f.* BOTÂNICA conjunto das pétalas de uma flor (Do lat. *corolla-*, «pequena coroa; corola»)

coroláceo *adj.* que tem aspeto de corola (De *corola*+*-áceo*)

corolado *adj.* que tem corola (De *corola*+*-ado*)

corolário *n.m.* **1** LÓGICA, MATEMÁTICA afirmação deduzida de uma proposição já demonstrada **2** consequência (Do lat. *corollarĭu-*, «pequena coroa; corolário»)

corol(i)- elemento de formação de palavras que exprime a ideia de corola (Do latim *corolla-*, «coroa pequena; corola»)

corolífero *adj.* que serve de sustentáculo à corola (De *coroli*-+*-fero*)

coroliforme *adj.2g.* BOTÂNICA que tem as características morfológicas da corola; corolino (De *coroli*-+*-forme*)

corolino *adj.* BOTÂNICA ⇒ **coroliforme** ■ *n.m.* nectário aderente à corola (De *corola*+*-ino*)

corolítico *adj.* ARQUITETURA (coluna) que tem ornamentos de grinaldas de folhagem e flores colocadas em espiral (De *coroli*-+*+*-ico*)

corona *n.f.* **1** descarga luminosa que aparece em volta da superfície de um condutor, quando o campo elétrico excede dado valor e produz ionização do ar **2** BOTÂNICA conjunto de apêndices dispostos em círculo entre a corola e os estames de certas flores (Do lat. *corōna-*, «coroa»)

coronado *adj.* BOTÂNICA (flor) encimado por corona (Do lat. *coronātu-*, «id.», part. pass. de *coronāre*, «coroar»)

coronal *adj.2g.* **1** relativo a coroa **2** circular **3** maioral **4** principal **5** relativo à coroa ou parte frontal da língua **6** LINGUÍSTICA (consoante) que se produz com a elevação da parte frontal da língua em direção ao palato duro ■ *n.m.* **1** ANATOMIA ⇒ **frontal 2** ponto culminante; apogeu (Do lat. *coronāle-*, «de coroa»)

coronária *n.f.* **1** ANATOMIA vaso sanguíneo que irriga o coração **2** tipo de crista de galo em forma de coroa

coronário *adj.* **1** semelhante a coroa **2** [fig.] flexuoso; *artérias e veias coronárias* ANATOMIA vasos sanguíneos que irrigam o coração (Do lat. *coronarĭu-*, «em forma de coroa»)

coronavírus *n.m.2n.* MEDICINA grupo de vírus que apresentam um halo ou uma coroa (corona) quando vistos ao microscópio, e que podem causar doenças respiratórias graves e gastroenterites (entre estes vírus encontra-se o causador da síndrome respiratória aguda grave) (De *corona*-+*vírus*)

coronel¹ *n.m.* **1** MILITAR posto de oficial superior do Exército e da Força Aérea, acima do de tenente-coronel e inferior ao de brigadeiro-general, e cuja insígnia é constituída por galões paralelos, sendo um largo e três estreitos **2** [Brasil] chefe político, geralmente dono de plantações, do interior do Brasil **3** [Brasil] pessoa com posição de influência, normalmente exercida de forma autoritária, num grupo ou atividade **4** [Brasil] [coloq.] pessoa que paga a despesa numa roda de pessoas ■ *n.2g.* MILITAR oficial que ocupa o posto de coronel (Do it. *colonnello*, «comandante de coluna militar», pelo fr. *colonel*, «coronel»)

coronel² *n.m.* HERÁLDICA coroa que encima um escudo (Do esp. *coronel*, «coroa heráldica»)

coronha /ô/ *n.f.* parte de certas armas de fogo portáteis na qual se encaixam o cano e os mecanismos de alimentação e disparo (Do lat. **coronĭa-*, de *corōna-*, no sentido de «extremidade, remate»)

coronhada *n.f.* pancada com a coronha (De *coronha*+*-ada*)

coronheiro *n.m.* o que faz coronhas (De *coronha*+*-eiro*)

coronho /ô/ *n.m.* [regionalismo] carga que se leva à cabeça (De *coronha*)

corónide *n.f.* **1** coroa **2** cornija **3** [fig.] remate **4** [fig.] complemento (Do gr. *koronís, -idos*, «curvo», pelo lat. *coronīde-*, «marca de fim de livro»)

coroniforme *adj.2g.* que tem forma de coroa (Do lat. **corōna-*, «coroa»+*forma-*, «forma»)

coronilha *n.f.* **1** BOTÂNICA arbusto brasileiro, da família das Ramnáceas, que fornece madeira de excelente qualidade e muito dura **2** antiga cabeleira curta de clérigo (Do cast. *coronilla*, «parte superior da cabeça»)

coronoide *adj.2g.* que tem a forma de bico de gralha (Do gr. *koróne-*, «gralha»+*eîdos*, «forma»)

coronóide ver nova grafia coronoide

coronóideo *adj.* ⇒ **coronoide**

corónula *n.f.* pequena coroa (Do lat. *coronŭla-*, «id.»)

coroplastia *n.f.* arte de modelar pequenas figuras em barro (Do gr. *kóre*, «boneca»+*plastiké*, de *plássein*, «modelar»+*-ia*)

corozo *n.m.* BOTÂNICA ⇒ **marfim-vegetal** (Do cast. *corozo*, nome de palmeira)

corpaço *n.m.* ⇒ **corpanzil** (De *corpo*+*-aço*)

corpanço *n.m.* ⇒ **corpanzil** (De *corpo*+*-anço*)

corpanzil *n.m.* **1** [coloq.] corpo grande e forte **2** [coloq.] pessoa corpulenta (De *corpanço*+*-il*)

corpanzudo *adj.* ⇒ **corpulento** (De *corpanço*+*-udo*)

corpete /ê/ *n.m.* peça de vestuário feminino que se ajusta ao peito (De *corpo*+*-ete*)

corpié *n.m.* [pop.] coberta de pelo que se usa sobre a colcha da cama (Do fr. *couvre-pieds*, «manta de cama»)

corpinheira *n.f.* mulher que faz corpinhos ou corpetes (De *corpinho*+*-eira*)

corpinho *n.m.* ⇒ **corpete**; *de/em ~ bem feito* com vestuário leve (De *corpo*+*-inho*)

corpo /ô/ *n.m.* **1** parte física dos seres animados **2** organismo humano no seu aspeto físico **3** cadáver **4** parte do organismo humano correspondente ao tronco **5** parte do vestuário que cobre o tronco **6** [fig.] parte física do ser humano enquanto fonte de desejo e sensualidade **7** parte central de algo; parte principal ou mais volumosa de um organismo, órgão, objeto, edifício, etc. **8** TIPOGRAFIA altura do tipo de impressa **9** objeto material determinado pelas suas características físicas ou químicas **10** parte anatómica passível de ser estudada individualmente **11** grupo que funciona como um todo organizado; grupo; corporação; órgão **12** MILITAR grande unidade que faz parte de um exército **13** consistência; grossura; densidade **14** classe de indivíduos da mesma profissão; *~ a ~* (luta) em que há confrontação física direta; *~ de delito* DIREITO facto material em que se baseia a prova de um crime; *~ diplomático* conjunto de diplomatas acreditados junto de um governo estrangeiro; *~ diretivo* grupo de pessoas eleito para dirigir uma instituição; *~ discente* conjunto dos alunos de uma escola; **~ docente** conjunto dos professores de uma escola; **~ lúteo** ANATOMIA massa em que estão presentes células amarelas com luteína (progesterona), que prepara a mucosa do útero para a implantação do óvulo fecundado ou que favorece a reconstituição desta mucosa caso o óvulo não seja fecundado; **~ negro** FÍSICA radiador integral, substância que absorve completamente qualquer radiação calorífica ou luminosa que nele incida; **~ simples** QUÍMICA corpo que não se pode decompor quimicamente; ***dar o ~ ao manifesto*** fazer todos os esforços para conseguir algo, esforçar-se; ***de ~ e alma*** totalmente, inteiramente; ***furtar o ~ a*** desviar-se de uma pancada, etc.; ***tomar ~*** adquirir consistência ou densidade, desenvolver-se, difundir-se, espalhar-se (Do lat. *corpu-*, «corpo»)

corporação n.f. 1 conjunto de pessoas sujeitas à mesma regra ou que dirigem assuntos de interesse público 2 associação (Do lat. *corporatiōne-*, «natureza corpórea», pelo fr. *corporation*, «corporação»)

corporal adj.2g. 1 relativo ou pertencente ao corpo 2 que tem corpo; material ■ n.m. RELIGIÃO pano de linho sobre o qual o sacerdote coloca o cálice e a hóstia no altar para a consagração (Do lat. *corporāle-*, «relativo ao corpo»)

corporalidade n.f. qualidade do que é corporal ou corpóreo (Do lat. tard. *corporalitāte-*, «id.»)

corporalização n.f. ato ou efeito de corporalizar (De *corporalizar+-ção*)

corporalizar v.tr. 1 dar corpo a 2 materializar 3 [fig.] tornar palpável (De *corporal+-izar*)

corporativismo n.m. sistema político-económico baseado no agrupamento em corporações e que funciona como elemento de governação (De *corporativo+-ismo*)

corporativista adj.,n.2g. que ou pessoa que é adepta do corporativismo (De *corporativo+-ista*)

corporativo adj. organizado ou baseado em corporações (Do lat. *corporatīvu-*, «fortificante», pelo fr. *corporatif*, «corporativo»)

corporatura n.f. 1 configuração externa de um corpo 2 estatura (Do lat. *corporatūra-*, «corpulência»)

corporeidade n.f. ⇒ **corporalidade** (De *corpóreo+-i-+-dade*)

corpóreo adj. 1 relativo ou pertencente ao corpo 2 que tem corpo; material (Do lat. *corporěu-*, «corporal»)

corporificação n.f. ato de corporificar (De *corporificar+-ção*)

corporificar v.tr. 1 atribuir corpo ao que não o tem 2 dar forma corpórea a; materializar ■ v.pron. tomar consistência de sólido (Do lat. *corpus, -ōris*, «corpo» +*ficāre*, de *facěre*, «fazer»)

corporiforme adj.2g. 1 com forma de corpo 2 corpóreo (De *corpus, -ōris*, «corpo» +*forma-*, «forma»)

corporização n.f. 1 ato ou efeito de corporizar 2 ação de dar forma corpórea a; ação de materializar (De *corporizar+-ção*)

corporizar v.tr. 1 atribuir corpo ao que não o tem 2 dar forma corpórea a; materializar ■ v.pron. tomar consistência de sólido (Do lat. *corpus, -ōris*, «corpo» +*-izar*)

corpulência n.f. 1 característica de uma pessoa forte e de grande estatura 2 volume considerável de um corpo 3 obesidade 4 grandeza (Do lat. *corpulentĭa-*, «id.»)

corpulento adj. 1 que tem grande corpo; encorpado 2 que é muito grande 3 grosso; volumoso (Do lat. *corpulentu-*, «id.»)

corpus n.m. (*plural* **corpora**) 1 compilação de documentos ou informações relativos a uma disciplina ou um tema 2 LINGUÍSTICA conjunto finito de enunciados representativos de uma determinada estrutura (Do lat. *corpus*, «corpo; conjunto; matéria»)

corpus Christi n.m. 1 RELIGIÃO nome litúrgico da festa do "Corpo de Deus" 2 RELIGIÃO o corpo místico de Cristo, formado pelos fiéis (Do lat. *corpus Christi*, «corpo de Cristo»)

corpuscular adj.2g. relativo a corpúsculo (De *corpúsculo+-ar*)

corpúsculo n.m. 1 {*diminutivo de* **corpo**} corpo muito pequeno 2 ANATOMIA, HISTOLOGIA pequeno corpo individualizado num órgão, numa célula, etc. 3 FÍSICA designação genérica de uma partícula elementar (eletrão, protão, etc.) ou de um complexo de partículas (átomo, ião, etc.); **~ central** centríolo (De *corpuscŭlu-*, «corpo pequeno»)

corra /ô/ n.f. 1 ato de correr 2 [regionalismo] corda de esparto; correia 3 [regionalismo] cadeia metálica que segura alcatruzes de uma nora 4 [regionalismo] fasquia de castiçal (Deriv. regr. de *correr*)

corrasão n.f. GEOLOGIA ação erosiva exercida sobre as rochas pelas partículas sólidas transportadas pelo vento (ou pela água) e projetadas contra essas rochas (Do lat. *corrāsu-*, part. pass. de *corraděre*, «raspar; levar, raspando» +*-ão*)

corré n.f. ré juntamente com outrem

correada n.f. pancada com correia (De *correia+-ada*)

correagem n.f. conjunto de correias, em especial as do equipamento de um militar (De *correia+-agem*)

correame n.m. ⇒ **correagem** (De *correia+-ame*)

correão n.m. 1 correia larga e grossa 2 cinta de couro para apetrechos de caça (De *correia+-ão*)

correar v.tr. 1 prender com correia 2 cingir (De *correia+-ar*)

correaria n.f. estabelecimento de correeiro (De *correia+-aria*)

correção n.f. 1 ação ou efeito de corrigir 2 alteração que se faz a um texto ou a uma obra para mudar o que se considera errado; retificação; emenda 3 sugestão de emenda 4 operação para tornar algo exato 5 valor a acrescentar ou a retirar de uma operação 6 castigo corporal 7 qualidade do que está correto; exatidão; conformidade 8 qualidade de quem tem um comportamento correto; boas maneiras; honestidade; ***casa de ~*** estabelecimento para detenção e recuperação social de menores delinquentes, (Do lat. *correctiōne-*, «id.»)

correcção ver nova grafia **correção**

correccional ver nova grafia **correcional**

correccionalmente ver nova grafia **correcionalmente**

correcional adj.2g. 1 referente à correção 2 que tem por fim corrigir 3 DIREITO (tribunal) que funciona sem júri e onde são julgados pequenos delitos 4 designativo da pena imposta por esse tribunal ■ n.m. DIREITO jurisdição do tribunal que funciona sem júri e onde são julgados pequenos delitos (Do lat. med. *correctionāle-*, «id.»)

correcionalmente adv. segundo o processo dos tribunais correcionais (De *correccional+-mente*)

corre-corre n.m. 1 correria 2 grande pressa 3 debandada (De *correr*)

correctivo ver nova grafia **corretivo**

correcto ver nova grafia **correto**

corrector ver nova grafia **corretor**[1]

correctoria ver nova grafia **corretoria**

correctório ver nova grafia **corretório**

correctriz ver nova grafia **corretriz**

corredator n.m. aquele que redige com outrem

corredela n.f. [pop.] ⇒ **corrida** (De *correr+-dela*)

corredenção n.f. RELIGIÃO ação de Maria, Mãe de Deus, como redentora da Humanidade

corredentor n.m. aquele que coopera na redenção

Corredentora n.f. RELIGIÃO a Virgem Maria, pelo seu papel no processo de redenção e salvação

corrediça n.f. 1 peça que corre num encaixe 2 encaixe por onde deslizam os batentes de portas e janelas de correr 3 estore (De *corrediço*)

corrediço adj. 1 corredio 2 que se move sobre corrediças 3 que se propaga (De *correr+-diço*)

corredio adj. 1 que corre ou se move facilmente 2 que desliza facilmente; corrediço 3 que faz escorregar 4 que é liso 5 que é fácil; sem obstáculos 6 que flui facilmente; fluente (De *correr+-dio*)

corredoira n.f. ⇒ **corredoura**

corredoiro n.m. ⇒ **corredouro**

corredor n.m. 1 aquele que corre 2 indivíduo que participa em corridas 3 passagem estreita no interior de uma casa ou de um edifício 4 caminho estreito; galeria 5 corrente rápida e estreita na foz de um rio 6 via de acesso; passagem reservada a certo tipo de utentes ou veículos 7 viela que separa os tabuleiros nas salinas ■ adj. 1 que corre 2 que é ligeiro para correr (De *correr+-dor*)

corredoras n.f.pl. ORNITOLOGIA ordem de aves de esterno raso, pernas robustas e asas curtas ou atrofiadas, a que pertence a avestruz (De *corredor*)

corredor-mestre n.m. vala que rodeia as salinas e distribui a água pelas poças ou a lança nas escoadeiras

corredoura n.f. 1 peça que fica sob a mó do moinho 2 corrida 3 rua larga e direita, própria para a corrida 4 caminho declivoso 5 ⇒ **corredouro**; ***às corredouras*** às corridas (De *correr+-doura*)

corredouro n.m. 1 lugar de corridas 2 trilho 3 ação continuada de correr (De *correr+-douro*)

corredura n.f. 1 líquido que fica aderente à medida em que se mede, com prejuízo do comprador 2 corrida (De *correr+-dura*)

correeiro n.m. 1 o que faz ou vende objetos de couro 2 [fig., pej.] pessoa grosseira, mal-educada (De *correia+-eiro*)

correento adj. 1 semelhante à correia 2 duro como couro (De *correia+-ento*)

correferência n.f. LINGUÍSTICA relação existente entre dois ou mais termos que referem a mesma entidade (correferente)

correferente adj.,n.2g. LINGUÍSTICA que ou palavra ou expressão que remete para a mesma entidade que outra palavra ou expressão

corregedor n.m. 1 juiz presidente de um círculo judicial 2 título que tinha antigamente o representante do rei em cada circunscrição administrativa (comarca) do País; **~ do cível** presidente da vara cível; **~ do crime** presidente do juízo criminal (De *correger+-dor*)

corregedoria n.f. cargo ou área de jurisdição do corregedor (De *corregedor*+-*ia*)
corregência n.f. ato ou efeito de reger juntamente com outrem
corregente n.2g. pessoa que é regente juntamente com outra ou outras
correger v.tr. 1 [ant.] corrigir 2 [ant.] consertar; arranjar ■ v.intr. andar em correição (Do lat. *corrigĕre*, «id.»)
corregimento n.m. 1 ato ou efeito de corrigir; correção 2 reparação do dano; conserto; arranjo 3 multa 4 ornamento; adorno 5 preparo (De *corrigir*+-*mento*)
córrego n.m. 1 caminho apertado entre montes; corgo 2 rego por onde corre bastante água; regueiro; riacho (Do lat. vulg. **corrĕgu-*, do lat. cl. *corrŭgu-*, «canal de água»)
correia n.f. 1 tira estreita de couro usada para ligar ou atar 2 MECÂNICA banda circular feita com uma tira de material flexível, que transmite um movimento de rotação a certos maquinismos 3 soga 4 loro 5 fasquia vegetal muito fina para fazer cestos (Do lat. *corrigĭa-*, «correia»)
correição n.f. 1 ato ou efeito de corrigir; correção 2 visita do corregedor aos julgados da sua alçada 3 exame feito aos serviços dos juízes de comarca 4 área de jurisdição do corregedor (Do lat. *correctiōne-*, «id.»)
correio n.m. 1 serviço de transporte e distribuição de correspondência 2 pessoa que transporta ou distribui a correspondência; carteiro 3 estação postal 4 conjunto de cartas e outro tipo de correspondência postal que se envia ou se recebe; correspondência 5 rubrica de um jornal ou revista em que se publicam as cartas dos leitores 6 indivíduo enviado a alguém com um despacho, notícia, recado, etc. 7 [fig.] anunciador; precursor 8 [fig.] pessoa linguaruda, indiscreta; ~ *azul* sistema de distribuição de correspondência mais rápido que o serviço normal, correio prioritário; ~ *eletrónico* sistema de transmissão de mensagens escritas de um computador para outro computador via Internet ou outras redes de computadores, email, e-mail; ~ *expresso* serviço de entrega de correspondência e/ou encomendas postais pessoalmente ao destinatário e normalmente em menor tempo do que o correio normal; ~ *pneumático* sistema constituído por uma rede de tubos onde circulam pequenas cápsulas cilíndricas impulsionadas por vácuo ou ar comprimido, e que permite o transporte de diversos materiais ou objetos entre localizações diferentes geralmente dentro do mesmo edifício; ~ *sentimental* parte de jornal, revista, programa televisivo, etc., onde se dão conselhos sobre problemas sentimentais colocados pelos leitores ou espectadores; *na volta do* ~ logo que se recebe uma carta, rapidamente, imediatamente (Do prov. *correu*, «mensageiro; correio», do fr. ant. *corlieu*, «id.»)
correio-mor n.m. [ant.] o mais alto funcionário dos Correios, Telégrafos e Telefones (CTT)
correjola n.f. BOTÂNICA ⇒ **corrijola** (Do lat. **corrigiŏla-*, dim. de *corrigĭa-*, «correia»)
correlação n.f. 1 carácter próprio de dois termos correlativos 2 relação de duas ou mais coisas cujas variações são mais ou menos concomitantes 3 relação mútua entre duas pessoas ou coisas 4 ESTATÍSTICA expressão da ligação entre duas variáveis, numericamente estimada pelo cálculo de diversos coeficientes; *coeficiente de* ~ índice que exprime em que medida duas variáveis variam de maneira concomitante (Do lat. tard. *correlatiōne-*, «id.»)
correlacionante adj.2g. que estabelece correlação (De *correlacionar*+-*ante*)
correlacionar v.tr. estabelecer relação entre ■ v.pron. ter correlação (Do lat. tard. *correlatiōne-*, «correlação» +-*ar*)
correlatar v.tr. 1 pôr em mútua relação; correlacionar 2 relatar conjuntamente (De *co-*+*relatar*)
correlatividade n.f. qualidade ou estado de correlativo (De *co-*+*relatividade*)
correlativo adj. 1 que tem dependência mútua 2 GRAMÁTICA designativo das conjunções e locuções coordenativas compostas por dois elementos, cada um constituído por uma ou mais palavras que antecedem cada um dos elementos coordenados ■ n.m. palavra ou coisa em que há correlação (Do lat. med. *correlatīvu-*, «id.»)
correlato adj. em que há correlação; correlativo (Do lat. **correlātu-*, de *cum*, «com» +*relātu-*, «narrado», part. pass. de *referre*, «relatar; referir; narrar»)
correlator n.m. aquele que é relator de colaboração com outro ou outros (De *co-*+*relator*)
correligionário adj.,n.m. que ou aquele que partilha da mesma posição ou doutrina (religiosa, política, filosófica, etc.) de outra pessoa, grupo ou partido (De *co-*+*religionário*)
corrença n.f. [ant.] ⇒ **diarreia** (De *correr*+-*ença*)

corrente adj.2g. 1 que corre 2 que se desenrola no momento presente; atual 3 que decorre de uma forma habitual; normal; banal; comum 4 vulgar 5 fácil 6 expedito 7 fluente ■ n.f. 1 movimento da água ou de um líquido que segue uma determinada direção 2 curso de água 3 METEOROLOGIA movimento de uma massa de ar produzido por variações térmicas 4 ELETRICIDADE movimento ordenado de cargas elétricas 5 deslocação ou movimento com uma determinada direção 6 movimento de opiniões ou ideias; tendência 7 decurso; duração 8 cadeia metálica ■ n.m. 1 aquilo que se passa no momento atual 2 ano ou mês que decorre; ~ *contínua* ELETRICIDADE corrente elétrica cujo sentido é sempre o mesmo; ~ *de ar* movimento do ar numa dada direção; ~ *de deslocamento* ELETRICIDADE corrente devida a uma variação do campo elétrico num dielétrico; *andar/estar ao* ~ andar/estar informado; *pôr ao* ~ informar (Do lat. *currente-*, part. pres. de *currĕre*, «correr»)
correnteza /ê/ n.f. 1 curso de água de um rio ou riacho 2 corrente de ar 3 série de casas ou edifícios alinhados 4 fileira 5 qualidade do que é corrente, do que está conforme com os usos 6 [fig.] decurso 7 [fig.] desembaraço (De *corrente*+-*eza*)
correntio adj. 1 que corre com facilidade 2 [fig.] geralmente admitido 3 [fig.] vulgar (De *corrente*+-*io*)
correntoso /ô/ adj. que tem corrente forte; torrentoso (De *corrente*+-*oso*)
correpção n.f. ato de tornar breve uma sílaba longa (Do lat. *correptiōne-*, «pronúncia breve»)
correpto adj. que sofreu correpção (Do lat. *correptu-*, «id.», part. pass. de *corripĕre*, «pronunciar como breve»)
correr v.intr. 1 deslocar-se rapidamente, a uma velocidade maior do que a de marcha 2 DESPORTO disputar uma prova de corrida 3 ir depressa; despachar-se 4 precipitar-se para ajudar 5 (lágrimas) sair em forma de corrente 6 (coisas) deslizar 7 circular; divulgar-se; propagar-se 8 (tempo) passar; ir passando; decorrer ■ v.tr. 1 percorrer; visitar 2 afugentar 3 mover, fazendo deslizar 4 estar sujeito a (risco) 5 fazer entrar (ferrolho) 6 INFORMÁTICA pôr (um programa) a funcionar 7 lidar (touros); ~ *a toque de caixa* expulsar com pancadas ou ameaças; ~ *atrás de foguetes* cansar-se por coisa vã; ~ *Ceca e Meca* viajar por muitas terras; ~ *com alguém* despedir, mandar embora, expulsar; ~ *parelhas* igualar, ombrear; ~ *sobre rodas* desenrolar-se ou progredir de forma muito satisfatória, correr muito bem; *ao* ~ *da pena* diz-se quando se escreve sem pensar muito (Do lat. *currĕre*, «correr»)
correria n.f. 1 corrida desordenada 2 grande pressa 3 assalto inopinado a um campo inimigo; surtida 4 roubo ou ataque à mão armada (De *correr*+-*ia*)
correspectivo ver nova grafia **correspetivo**
correspetivo adj. correspondente (a) ■ n.m. aquilo que se dá como contrapartida; compensação (De *co-*+*respectivo*)
correspondência n.f. 1 relação lógica entre duas ou mais coisas; relação; ligação 2 relação de similitude; semelhança; afinidade 3 troca de mensagens escritas, geralmente em forma de carta ou postais, entre duas pessoas 4 conjunto de cartas, postais, telegramas, etc., que se recebem ou se enviam 5 rubrica de um jornal ou revista em que se publicam as cartas dos leitores 6 ligação entre dois meios de transporte 7 meio de transporte que assegura uma ligação (Do lat. med. *correspondentĭa-*, «id.», part. pres. neut. pl. subst. de *correspondēre*, «corresponder»)
correspondente adj.2g. 1 que corresponde 2 que tem uma relação de simetria; simétrico; homólogo; equivalente 3 adequado 4 oportuno 5 efetivo 6 diz-se de um sócio que não é efetivo ■ n.2g. 1 aquele que se corresponde com alguém 2 jornalista ao serviço de uma empresa de comunicação (jornal, estação de televisão, etc.) que assegura a cobertura noticiosa dos acontecimentos de determinada região 3 procurador de outrem, fora do sítio onde este se encontra (Do lat. med. *correspondente-*, part. pres. de *correspondēre*, «corresponder»)
corresponder v.intr. 1 estar em correspondência 2 quadrar uma coisa com outra ■ v.tr.,intr. 1 ser próprio, adequado ou simétrico 2 equivaler 3 retribuir ■ v.pron. 1 estar em correlação 2 trocar correspondência ou cartas; cartear-se (Do lat. med. *correspondēre*, «id.»)
corresponsabilidade n.f. qualidade de quem é responsável juntamente com outra ou outras pessoas
corresponsabilizar v.tr. tornar ou considerar corresponsável
corresponsável adj.2g.,n.2g. que ou pessoa que é responsável juntamente com outrem
corretã n.f. roldana (De *correr*)
corretagem n.f. 1 trabalho, comissão, salário ou agência do corretor 2 contrato, orientado por um corretor, que é celebrado entre duas ou mais pessoas ou entidades que desejam levar a efeito uma operação comercial (De *corretar*+-*agem*)

corretar *v.intr.* fazer trabalhos ou serviços de corretagem (De *corret(or)+-ar*)
corretivo *adj.* 1 que modifica 2 que corrige; que é próprio para corrigir 3 que tempera ■ *n.m.* 1 correção 2 repreensão 3 castigo (Do lat. *correctīvu-*, «id.»)
correto *adj.* 1 que está isento de erros; certo 2 que respeita as regras 3 conforme aos usos; conveniente 4 de acordo com os padrões morais; honesto; escrupuloso; decente 5 adaptado para o fim a que se destina (Do lat. *correctu-*, «id.», part. pass. de *corrigĕre*, «corrigir»)
corretor[1] /é/ *adj.* 1 que corrige 2 que castiga ■ *n.m.* 1 o que corrige 2 revisor de provas tipográficas 3 superior de convento 4 aquele que castiga 5 tinta ou fita, geralmente de cor branca, aplicada em cima de algo que se escreveu e se pretende emendar, podendo escrever-se sobre ela; **~ ortográfico** programa informático que faz parte de um processador de texto, permitindo detetar erros ortográficos, sugerindo a sua correção (Do lat. *correctōre-*, «id.»)
corretor[2] *n.m.* 1 ECONOMIA mediador entre um comprador e um vendedor que recebe uma comissão (corretagem) pelos serviços prestados; agente comercial 2 ECONOMIA operador na bolsa de valores que executa ordens de compra e venda de títulos 3 [pop.] indivíduo que vive à custa de prostitutas; proxeneta (Do italiano *correttore*, «corretor»)
corretora *n.f.* agência que opera no mercado financeiro, designadamente nas transações da bolsa de valores (De *corretor*)
corretoria *n.f.* 1 cargo de corretor 2 corregedoria (De *corrector+-ia*)
corretório *n.m.* livro de registo dos castigos e das correções ■ *adj.* que corrige (Do lat. med. *correctoriŭ-*, de *corrigĕre*, «corrigir»)
corretriz *n.f.* (*masculino* **corretor**) superiora de convento, sobretudo de um convento da Ordem Terceira de São Francisco de Paula (De *corrector*)
corréu *n.m.* réu com outro no mesmo crime
corre-vai-di-lo *n.m.* [regionalismo] indivíduo mexeriqueiro
corrica *n.f.* 1 pequena roda 2 rodela 3 patim 4 prega; ruga 5 jogo infantil; ***pesca de ~*** pesca à linha, indo o pescador num barco em movimento (Deriv. regr. de *corricar*)
corricão *n.m.* ORNITOLOGIA pequena ave da família dos Caradriídeos, vulgar em Portugal, também conhecida por curre-curre e borrelho; ***caçar a ~*** fazer levantar a caça por meio de cães (De *corricar+-ão*)
corricar *v.intr.* 1 andar ligeiramente e a passo miúdo; corricar 2 deslocar brandamente os dispositivos de pesca (De *correr+-icar*)
corrichar *v.intr.* [regionalismo] andar apressadamente de um lado para o outro; corricar (De *corricar*)
corrida *n.f.* 1 ato ou efeito de correr; modo de andar rápido, a uma maior do que a marcha 2 DESPORTO prova de velocidade em pistas ou percursos com distâncias preestabelecidas, em várias modalidades desportivas 3 percurso de um táxi ou carro de praça entre dois pontos 4 preço de um trajeto de táxi 5 TAUROMAQUIA tourada 6 [coloq.] sucessão precipitada de tarefas a realizar; correria 7 [coloq.] repreenda; repreensão 8 afluência de pessoas a determinado lugar para realizar determinado objetivo 9 [fig.] progressão rápida numa luta entre rivais; **~ ao armamento** aquisição apressada de material bélico por parte de um país, para garantir a superioridade numa situação de conflito com outro país; **~ de cavalos** carreira de cavalos ao desafio; **~ de fundo** DESPORTO prova de atletismo em distâncias compreendidas entre os 5000 e os 42195 metros; **~ de meio-fundo** DESPORTO prova de atletismo em pistas ou percursos com distâncias compreendidas entre os 800 e os 3000 metros; **~ de obstáculos** DESPORTO prova de atletismo em que o atleta tem de saltar por cima de barreiras colocadas na pista, sem parar de correr; **~ de orientação** DESPORTO modalidade desportiva de ar livre cujo objetivo é realizar, em contrarrelógio, um percurso, o qual é definido por uma série de pontos de controlo marcados no mapa; **~ de touros** tourada; **~ de velocidade** prova de atletismo realizada normalmente em pistas curtas (100, 200 e 400 m) e em que o corredor deve percorrer a distância até à meta no menor tempo possível; ***de ~*** à pressa, por alto (Part. pass. fem. subst. de *correr*)
corridinho *n.m.* dança oriunda da Europa central, adotada em Portugal, principalmente no Alentejo e no Algarve, onde se tornou dança típica ■ *adj.* (fado) de andamento ligeiro (De *corrido+-inho*)
corrido *adj.* 1 que correu 2 passado 3 gasto 4 que se puxou; que deslizou ou se fez deslizar 5 que se prolonga 6 que foi expulso 7 perseguido 8 vexado; ***fado ~*** fado de andamento ligeiro (Part. pass. de *correr*)
corriento *adj.* 1 macio 2 escorregadio (De *correr+-ento*)
corrigenda *n.f.* 1 ⇒ **errata** 2 admoestação (Do lat. *corrigenda*, «coisas que devem ser corrigidas», ger. neut. pl. subst. de *corrigĕre*, «corrigir»)

corrigíola *n.f.* BOTÂNICA ⇒ **corrijola** (Do lat. *corrigiŏla-*, dim. de *corrigia-*, «correia»)
corrigir *v.tr.* 1 fazer a correção de; emendar 2 tornar exato ou mais exato; retificar 3 melhorar 4 endireitar; compor 5 atenuar os exageros ou inconvenientes de; temperar; suavizar; compensar 6 modificar 7 infligir um castigo a; castigar ■ *v.pron.* 1 emendar os próprios erros 2 lutar contra os próprios defeitos ou comportamentos considerados incorretos (Do lat. *corrigĕre*, «corrigir»)
corrigível *adj.2g.* suscetível de se corrigir (Do lat. *corrigibĭle-*, «corrigível»)
corrijó *n.f.* BOTÂNICA planta herbácea, da família das Plantagináceas, espontânea em Portugal, também conhecida por carrajó, língua-de-ovelha, tanchagem, etc. (De orig. obsc.)
corrijola *n.f.* BOTÂNICA nome vulgar extensivo a duas espécies de plantas do género *Corrigiola*, da família das Portulacáceas, espontâneas em Portugal (Do lat. vulg. *corrigiŏla-*, dim. de *corrigia*, «correia»)
corrilheiro *n.m.* autor ou frequentador de corrilhos (De *corrilho+-eiro*)
corrilho *n.m.* 1 conciliábulo 2 reunião sediciosa 3 conluio 4 mexerico (Do cast. *corrillo*, «pequena roda de pessoas»)
corrimaça *n.f.* 1 arruaça; assuada; vaia 2 correria (De *correr* × *arruaça*?)
corrimão *n.m.* (*plural* **corrimãos** ou **corrimões**) 1 apoio existente ao lado de uma escada para auxiliar as pessoas que sobem ou descem 2 barra que serve de encosto ou parapeito em qualquer varanda 3 latada; parreira (De *correr+mão*)
corrimento *n.m.* 1 ato ou efeito de correr 2 secreção que corre de determinada parte do corpo 3 assuada; apupada; corrimaça 4 vexame (De *correr+-mento*)
corriola *n.f.* BOTÂNICA planta herbácea, volúvel ou prostrada, da família das Convolvuláceas, espontânea e frequente em Portugal, também conhecida por bracilonga e verdizela (Do lat. vulg. *corrigiŏla-*, dim. de *corrigia-*, «correia», ou de *correia+-ola*?)
corriola-bastarda *n.f.* BOTÂNICA ⇒ **erva-da-muda**
corripar *v.tr.* pescar com corripo (De *corripo+-ar*)
corripo *n.m.* processo de pescar em que o anzol tem preso um objeto brilhante para atrair o peixe (De orig. obsc.)
corriqueirice *n.f.* 1 qualidade do que é corriqueiro 2 coisa corriqueira (De *corriqueiro+-ice*)
corriqueiro *adj.* 1 que corre ou circula habitualmente; trivial; vulgar 2 [regionalismo] que leva e traz novidades (De *corricar+-eiro*)
corro /ô/ *n.m.* 1 reunião de pessoas em forma de círculo 2 assembleia 3 lugar onde antigamente se corriam touros ou se davam outros espetáculos 4 circo 5 arena (Do cast. *corro*, «ajuntamento de pessoas que formam roda»)
corroboração *n.f.* ato ou efeito de corroborar; confirmação (Do lat. *corroboratiōne-*, «fortalecimento»)
corroborante *adj.2g.* 1 que corrobora; confirmativo 2 fortificante (Do lat. *corroborante-*, «id.», part. pres. de *corroborāre*, «corroborar; reforçar»)
corroborar *v.tr.* 1 dar força a; fortificar 2 comprovar; confirmar ■ *v.pron.* fortalecer-se (Do lat. *corroborāre*, «id.»)
corroborativo *adj.* ⇒ **corroborante** (De *corroborar+-tivo*)
corroer *v.tr.* 1 consumir pouco a pouco 2 carcomer; roer 3 danificar 4 destruir 5 [fig.] perverter 6 [fig.] viciar ■ *v.pron.* 1 consumir-se 2 depravar-se (Do lat. *corrodĕre*, «id.»)
corrompedor *adj.,n.m.* que ou aquele que corrompe; corruptor (De *corromper+-dor*)
corromper *v.tr.* 1 estragar 2 infetar 3 desnaturar 4 tornar podre 5 [fig.] alterar o que é são e honesto; depravar; perverter 6 [fig.] levar (alguém) a agir contra os seus princípios 7 [fig.] subornar ■ *v.pron.* 1 alterar-se 2 estragar-se 3 apodrecer 4 viciar-se (Do lat. *corrumpĕre*, «id.»)
corrompimento *n.m.* ⇒ **corrupção** (De *corromper+-mento*)
corrosão *n.f.* 1 ato ou efeito de corroer 2 alteração na superfície de uma substância devida a uma reação química com as substâncias em contacto com ela (Do fr. *corrosion*, «id.»)
corrosibilidade *n.f.* qualidade do que é corrosível (Do lat. *corrosibĭle-*, «corrosível»+-i+-dade)
corrosível *adj.2g.* que pode ser corroído (Do lat. med. *corrosibĭle-*, «id.»)
corrosividade *n.f.* qualidade do que corrói
corrosivo *adj.,n.m.* que ou aquilo que corrói; ***sublimado ~*** QUÍMICA nome vulgar do cloreto mercúrico (Do fr. *corrosif*, «id.»)
corruda *n.f.* BOTÂNICA nome vulgar comum a plantas de duas espécies da família das Liliáceas, espontâneas em Portugal (corruda-maior e corruda-menor) (Do lat. *corrūda-*, «espargo bravo»)

corruíra n.f. [Brasil] ORNITOLOGIA pássaro de plumagem avermelhada, listrada de negro nas asas, na cauda e no dorso, de canto agradável, que vive nas ruínas e muros velhos e se alimenta de aranhas e insetos (Do tupi *kuru'ira*, «id.»)

corrume n.m. **1** entalhe em que uma peça se ajusta com outra **2** caminho; rumo **3** [fig.] ordem regular; trâmite; procedimento (De *correr+-ume*)

corrupção n.f. **1** ato ou efeito de corromper ou corromper-se **2** estado do que se vai corrompendo; decomposição; putrefação **3** ato de corromper moralmente; perversão **4** adulteração **5** estado do que é corrompido **6** uso de meios ilícitos para obter algo de alguém; suborno (Do lat. *corruptiōne-*, «id.»)

corrupia n.f. [regionalismo] criança traquina (De *corrupio*)

corrupião n.m. ORNITOLOGIA pássaro da família dos Icterídeos, de plumagem geral preta, com manchas vermelhas no dorso e na barriga, vulgar no Norte do Brasil, também designado joão-pinto e sofrê (De orig. onom.)

corrupiar v.tr.,intr. (fazer) andar à maneira de corrupio; rodopiar (Do lat. *corripĕre*, «apressar o passo»)

corrupio n.m. **1** jogo de crianças em que se anda à roda velozmente **2** espécie de cata-vento de papel; vira-vento **3** rodopio **4** redemoinho **5** [fig.] roda-viva; afã (Deriv. regr. de *corrupiar*)

corrupixel n.m. [Brasil] vara comprida com uma saquinha na ponta para apanhar fruta (De orig. obsc.)

corruptela n.f. **1** forma errada de pronunciar ou escrever uma palavra **2** alteração ou perda das características que identificam alguma coisa; abuso **3** ⇒ **corrupção** (Do lat. *corruptēla-*, «corrupção»)

corruptibilidade n.f. qualidade ou estado do que é corruptível (Do lat. *corruptibilitāte-*, «id.»)

corruptível adj.2g. **1** sujeito a corrupção; venal **2** que se deixa subornar (Do lat. *corruptibĭle-*, «id.»)

corruptivo adj. capaz de se corromper; corruptível (Do lat. *corruptīvu-*, «id.»)

corrupto adj. **1** estragado **2** podre **3** [fig.] que corrompe ou está corrompido moralmente; depravado **4** [fig.] que aceita suborno (Do lat. *corruptu-*, «id.», part. pass. de *corrumpĕre*, «corromper; estragar»)

corruptor adj.,n.m. que ou o que corrompe ou suborna (Do lat. *corruptōre-*, «id.»)

corsa /ô/ n.f. [Madeira] carrinho sem rodas puxado por uma ou mais pessoas, que transporta gente (Deriv. regr. de *cursar*, ou do it. *corsa*, «corrida»?)

corsário n.m. **1** navio particular autorizado a atacar e pilhar as embarcações doutra nação com que se está em guerra **2** comandante desse navio **3** navio armado por piratas **4** pirata **5** pl. calça, em geral justa, que desce até meio da perna ■ adj. relativo a corso (Do lat. med. *cursarĭu-*, «de curso», pelo it. *corsaro*, «corsário», de *corsa*, «corrida»)

corsear v.intr. andar a corso (De *corso+-ear*)

corselete n.m. **1** antiga armadura para proteger o peito **2** corpete (Do fr. *corselet*, «corpete»)

córsico adj. relativo à Córsega, ilha francesa do Mediterrâneo ■ n.m. **1** natural ou habitante da Córsega **2** dialeto falado na Córsega (Do lat. *corsĭcu-*, «id.»)

corso¹ /ô/ n.m. **1** [ant.] perseguição e pilhagem feita por navios particulares aos navios mercantes de um país inimigo com autorização do Estado **2** vida errante de pilhagem; pirataria **3** onda grande, que se forma e passa muito rapidamente; vagalhão **4** cardume de sardinha (Do lat. *cursu-*, «corrida»)

corso² /ô/ n.m. natural ou habitante da Córsega ■ adj. relativo à Córsega ou aos Corsos (Do lat. *corsu-*, «id.»)

corso³ /ô/ n.m. desfile de carros alegóricos, típico no Carnaval (Do it. *corso*, «id.»)

corta n.f. **1** ato de cortar; corte **2** talho (Deriv. regr. de *cortar*)

corta-arame n.m. tesoura ou alicate próprio para cortar arame (De *cortar+arame*)

corta-bolsos n.m.2n. gatuno que, para roubar, costuma cortar os bolsos aos incautos (De *cortar+bolso*)

corta-charutos n.m.2n. utensílio que serve para cortar as pontas dos charutos (De *cortar+charuto*)

cortada n.f. caminho que corta a direito para se ir a determinado sítio (Part. pass. fem. subst. de *cortar*)

cortadeira n.f. **1** instrumento de cortar massa **2** talhadeira (De *cortar+-deira*)

cortadela n.f. golpe com instrumento cortante; incisão (De *cortar+-dela*)

cortador adj. que corta ou fende ■ n.m. **1** o que corta a carne nos talhos **2** vindimador **3** máquina de cortar (De *cortar+-dor*)

cortadura n.f. **1** golpe com instrumento cortante; cortadela; incisão **2** rego para escoamento de águas **3** fosso à volta de um acampamento **4** abertura entre montes **5** escavação transversal efetuada numa estrada para dificultar a passagem ao inimigo (De *cortar+-dura*)

corta-fogo n.m. **1** barreira para precaver ou impedir a propagação de um incêndio **2** atalhada; aceiro ■ adj. que constitui barreira contra a propagação do fogo (De *cortar+fogo*, com apóc.)

cortagem n.f. ato de cortar; corte (De *cortar+-agem*)

corta-mão n.m. **1** esquadro **2** esquadria (Do lat. *quartabo*, de *quartu-*, «quarto», pelo it. *quartabuono*, «esquadro; esquadria»?)

corta-mar n.m. **1** peça angulosa que se coloca no convés dos navios, a certa distância da proa, para evitar a entrada da água; quebra-mar **2** prolongamento anguloso dos pegões das pontes, para maior segurança da construção **3** [Brasil] ORNITOLOGIA ⇒ **taiataia** (De *cortar+mar*)

corta-mato n.m. DESPORTO exercício ou competição desportiva que consiste em marchar ou correr a direito sem utilizar estradas ou caminhos, através de todo o terreno que se apresentar; *a ~ a direito* (De *cortar+mato*)

cortamento n.m. **1** corte **2** amputação **3** mutilação (De *cortar+-mento*)

cortante adj.2g. **1** que corta **2** (vento, frio) que parece cortar a pele; gélido **3** (som) agudo; lancinante **4** (tom, modo) ríspido; incisivo; autoritário (Do lat. *curtante-*, «id.», part. pres. de *curtāre*, «encurtar; cortar»)

corta-palha n.m. serrote fixo em que se corta a palha para penso do gado (De *cortar+palha*)

corta-papéis n.m.2n. espécie de faca para cortar papel que esteja dobrado (De *cortar+papel*)

corta-pau n.m. ORNITOLOGIA peto; pica-pau (De *cortar+pau*)

cortar¹ v.tr. **1** separar ou dividir por meio de corte; fender; serrar **2** dar um golpe ou fazer um corte em; talhar **3** ferir **4** talhar (peça de vestuário) de acordo com um molde **5** dividir em várias porções; fracionar **6** (vento, temperatura) gelar **7** passar no meio de; atravessar; intercetar **8** encurtar (caminho) **9** suprimir algumas partes de (texto); riscar **10** roubar **11** interromper (uma ação ou um discurso) **12** interromper a passagem de; parar **13** suprimir; eliminar **14** misturar com outro líquido **15** INFORMÁTICA passar (parte selecionada de texto/imagem) para a área de transferência, removendo-a do documento ativo ■ v.intr. **1** fazer incisão; dar golpe **2** ter gume **3** (jogos de cartas) dividir um baralho ■ v.pron. **1** ferir-se com instrumento cortante **2** [coloq.] temer; recuar; desistir; *~ a direito* proceder com retidão; *~ as asas a alguém* tirar a liberdade de ação a alguém; *~ às despesas* reduzir as despesas; *~ com* acabar com, pôr fim a, eliminar; *~ na casaca de alguém* dizer mal de alguém que está ausente; *~ o coração* meter dó (Do latim *curtāre*, «cortar; encurtar»)

cortar² v.tr. **1** [Moçambique] passar (o ano) **2** [Moçambique] festejar (o Ano Novo) (Decalque do xichangana *kutsema*, «cortar o ano para dar lugar a outro»)

corta-tubos n.m.2n. **1** ferramenta ou máquina para cortar tubos de ferro **2** ferramenta manual com três rodas que forçadas para dentro por pressão, cortam o tubo à medida que se gira a ferramenta

corta-unhas n.m.2n. espécie de alicate ou pinça dupla com duas lâminas afiadas e recurvadas para dentro, que serve para cortar unhas

corta-vento n.m. **1** dispositivo colocado à frente dos veículos de grande velocidade, para atenuar a pressão do ar **2** espécie de cata-vento usado no topo dos mastros de embarcações de pesca **3** ORNITOLOGIA estorninho **4** blusão fabricado com tecido ou material resistente à chuva e ao vento, usado sobretudo em desportos de montanha (De *cortar+vento*)

corte¹ /ó/ n.m. **1** ato ou efeito de cortar **2** diminuição da quantidade ou da dimensão de algo **3** interrupção na continuidade de algo; supressão **4** gume de instrumento cortante **5** golpe com instrumento cortante; incisão; talho **6** ferimento na pele resultante da ação de um instrumento cortante **7** rompimento de uma relação **8** forma do cabelo segundo o modo como foi tratado **9** operação que consiste em talhar o tecido segundo determinados moldes **10** forma duma peça de roupa segundo o modo que foi talhada **11** porção de pano necessária para fazer um fato ou qualquer peça de vestuário **12** representação gráfica de uma secção plana **13** [coloq.] indivíduo que estraga o prazer dos outros; desmancha-prazeres; *andar no ~* [coloq.] falar mal de alguém (Deriv. regr. de *cortar*)

corte² /ó/ n.f. **1** recinto onde se recolhe o gado; curral **2** divisão de uma pocilga (Do lat. *cohorte-*, «pátio; curral»)
corte³ /ó/ n.m. campo de ténis; court (Do ing. *(tennis) court*, «id.»)
corteira n.f. MEDICINA [pop.] ⇒ **azia**
cortejador adj.,n.m. que ou aquele que é amigo de cortejar; cumprimentador; galanteador (De *cortejar+-dor*)
cortejar v.tr. **1** fazer cortesias a **2** cumprimentar **3** adular **4** fazer a corte a (De *corte+-ejar*)
cortejo¹ /ê/ n.m. **1** ato de cortejar **2** cumprimento **3** cortesia (Deriv. regr. de *cortejar*)
cortejo² /ê/ n.m. **1** acompanhamento que se faz a alguém por cerimónia **2** séquito **3** procissão **4** desfile **5** comitiva pomposa; **~ fúnebre** enterro (Do it. *corteggio*, «escolta de honra»)
cortelha /ê/ n.f. ⇒ **cortelho**
cortelho /ê/ n.m. pocilga; curral (Do lat. *cohortĭcŭlu-*, dim. de *cohorte-*, «curral»)
cortês adj.2g. **1** que usa de cortesia; próprio de pessoa bem-educada; polido; fino **2** afável; delicado; atencioso; amável (De *corte+-ês*)
cortesã n.f. **1** dama da corte **2** favorita de um rei **3** prostituta com clientela de estrato social elevado (Do fr. *courtisane*, «id.»)
cortesanesco /ê/ adj. **1** semelhante a cortesão **2** com modos de cortesão (De *cortesão+-esco*)
cortesania n.f. maneiras de cortesão (De *cortesão+-ia*)
cortesanice n.f. **1** cortesania afetada ou interesseira **2** intriga de cortesão (De *cortesão+-ice*)
cortesão n.m. **1** homem que vive na corte **2** indivíduo cortês ■ adj. **1** da corte; palaciano **2** [fig.] polido; delicado **3** [fig.] adulador (Do it. *cortigiano*, «cortesão» pelo fr. *courtisan*, «id.»)
cortesia n.f. **1** qualidade do que é cortês; boa educação; polidez; amabilidade **2** cumprimento; mesura **3** *pl.* saudações ao público feitas pelos lidadores de touros, antes e depois das corridas (De *cortês+-ia*)
córtex /cs/ n.m. (*plural* **córtices**) **1** ANATOMIA camada periférica ou externa de muitos órgãos (rim, ovário, cérebro, etc.) **2** ANATOMIA substância cinzenta dos hemisférios cerebrais **3** BOTÂNICA zona cortical ou casca, na faixa parenquimatosa subjacente à epiderme, na raiz e no caule **4** casca de árvore; cortiça (Do lat. *cortex, -ĭcis*, «casca»)
cortiça n.f. **1** casca do sobreiro e de outras árvores, que tem muitas aplicações industriais **2** tecido vegetal constituído por células mortas de paredes suberificadas; súber **3** BOTÂNICA zona circular suberosa, derivada do felogénio, na raiz ou no caule; **aglomerado de ~** material constituído por serradura de cortiça aglutinada, com que se preparam chapas de espessura e dimensões várias, de frequente aplicação no revestimento de superfícies (tetos, paredes) pelas suas qualidades isoladoras (Do lat. *corticĕa-*, «de cortiça; de casca»)
cortiçada¹ n.f. grande quantidade de peças de cortiça (De *cortiça+-ada*)
cortiçada² n.f. **1** grupo de cortiços **2** [regionalismo] [ant.] assuada que se faz à pessoa viúva que vai casar novamente (De *cortiço+-ada*)
cortiçado adj. coberto ou forrado de cortiça (De *cortiço+-ado*)
cortical adj.2g. referente à cortiça, ao córtice (casca) ou ao córtex cerebral ■ n.m. cimento dos dentes (Do fr. *cortical*, «id.»)
córtice n.m. ⇒ **córtex** (Do lat. *cortĭce-*, «casca»)
corticeira n.f. lugar onde se junta a cortiça para venda (De *cortiça+-eira*)
corticeiro adj. **1** relativo à cortiça **2** que produz cortiça ■ n.m. **1** homem que trabalha em cortiça **2** negociante de cortiça (De *cortiça+-eiro*)
corticento adj. **1** que tem a aparência ou a natureza da cortiça **2** que tem a casca ou a pele grossa e cinzenta (De *cortiça+-ento*)
cortíceo adj. feito de cortiça ou semelhante à cortiça (Do lat. *cortĭcĕu-*, «de cortiça»)
cortic(i)- elemento de formação de palavras que exprime a ideia de cortiça ou de casca (Do lat. *cortex, -ĭcis*, «cortiça; casca»)
corticícola adj.2g. (animal) que vive por baixo da casca das árvores; cortícola (Do lat. *cortĭce-*, «casca»+*colēre*, «habitar; morar»)
corticiforme adj.2g. que tem aparência de cortiça (De *cortici-+-forme*)
corticite n.f. designação vulgar, mas pouco apropriada, do aglomerado de cortiça (De *cortiça+-ite*)
cortico- ⇒ **cortic(i)-**
cortiço n.m. **1** caixa cilíndrica feita de cortiça, dentro da qual as abelhas fabricam cera e mel **2** [fig.] casa pequena e habitada por muitas pessoas **3** [pop.] corpo; canastro (De *cortiça*)

cortiçó n.m. ORNITOLOGIA nome vulgar extensivo a aves galináceas, pertencentes a duas espécies da família dos Pteroclídeos (Do lat. **corticeŏla*-, dim. de *cortiçа-*, «de cortiça»)
corticoide n.m. **1** FISIOLOGIA hormona segregada pelo córtex das glândulas suprarrenais **2** FISIOLOGIA substância sintética cuja ação é semelhante à das hormonas segregadas pelo córtex das glândulas suprarrenais (Do lat. *cortex, -ĭcis*, «casca»+gr. *eîdos*, «forma»)
corticóide ver nova grafia corticoide
cortiçol n.m. ORNITOLOGIA ⇒ **cortiçó**
cortícola adj.2g. ⇒ **corticícola** (De *corticícola*)
corticoso /ô/ adj. **1** que tem a casca muito grossa **2** corticento (Do lat. *corticōsu-*, «id.»)
cortiçoso /ô/ adj. que produz cortiça (De *cortiça+-oso*)
corticossupra-renal ver nova grafia corticossuprarrenal
corticossuprarrenal adj.2g. ANATOMIA relativo ao córtex das glândulas suprarrenais (De *cortico-+supra-renal*)
corticosteroide n.m. FISIOLOGIA ⇒ **corticoide** (De *cortico-+esteróide*)
corticosteróide ver nova grafia corticosteroide
corticotrofina n.f. FISIOLOGIA hormona segregada pela hipófise e também obtida por síntese, que favorece a secreção das hormonas corticossuprarrenais (à exceção da aldosterona)
cortilha n.f. instrumento com que os doceiros recortam as massas; cortadeira (De *cortar+-ilha*)
cortilhar v.tr. **1** cortar com a cortilha **2** cortar em bocadinhos (De *cortilha+-ar*)
cortina n.f. **1** peça de tecido que se suspende num varão ou através de outro sistema, permitindo regular a luz num compartimento, ou ainda, decorar, resguardar, proteger ou esconder alguma coisa **2** TEATRO tecido drapeado ou tela que separa o palco da plateia **3** muro entre dois baluartes **4** renque; fileira **5** correnteza; **Cortina de Ferro** separação política e militar que, na Europa, opôs os países comunistas aos países não comunistas; **~ de fogo** MILITAR linha contínua de fogo para impedir o avanço de tropas; **~ de fumo** MILITAR cobertura de fumo para ocultar uma posição militar, coisa feita para desviar a atenção do verdadeiro objetivo; **correr a ~ sobre** cobrir, encobrir; **estar por trás da ~** dirigir um negócio ou manobrar uma intriga sem se mostrar (Do lat. *cortīna-*, «cortina; véu»)
cortinado n.m. **1** conjunto de cortinas com a respetiva armação **2** cortina (De *cortina+-ado*)
cortinar v.tr. **1** guarnecer de cortinas **2** [fig.] ocultar (De *cortina+-ar*)
cortinha n.f. **1** terreno tapado, próximo da habitação **2** courela lavradia, comprida e estreita (De *corte-+inha*)
cortinhal n.m. **1** propriedade dividida em cortinhas **2** cortinha vedada com rede ou parede **3** almuinha (De *cortinha+-al*)
cortinheiro n.m. [regionalismo] terreno cercado, nas vizinhanças de uma povoação, mas não contíguo às habitações (De *cortinha+-eiro*)
cortisona n.f. FISIOLOGIA hormona segregada pelo córtex suprarrenal, pertencente aos glicocorticoides, sendo produzida sinteticamente e utilizada como anti-inflamatório e antialérgico (Do ing. *cortisone*, «id.»)
cortonomia n.f. arte de organizar herbários (Do gr. *khórtos*, «erva»+*nómos*, «uso»+*-ia*)
coruchéu n.m. **1** ARQUITETURA parte mais elevada de uma torre; remate pontiagudo; zimbório; minarete **2** barrete cónico de cartão que levavam na cabeça os penitentes da Inquisição (Do fr. *clocher*, «campanário»)
corucho n.m. [regionalismo] croça com capuz **2** parte mais alta das árvores; coruto **3** buraco por onde as abelhas entram e saem do cortiço **4** (penteado) puxo (De *coruto*)
coruja n.f. **1** ORNITOLOGIA ave de rapina noturna, da família dos Titonídeos, também conhecida por coruja-das-torres e bebe-azeite **2** designação extensiva a outras aves de rapina, como a coruja-de-arribação, a coruja-do-mato, o toupeirão, etc. **3** [fig., pej.] mulher velha e feia ■ adj.2g. **1** que só anda de noite; notívago **2** [coloq.] (pai, mãe) que protege muito o(s) filho(s); que elogia exageradamente as qualidades do(s) filho(s) (De orig. obsc.)
corujão n.m. ORNITOLOGIA ⇒ **bufo**² **1** (De *coruja+-ão*)
corujar v.intr. emitir (a coruja) o som próprio da sua espécie (De *coruja+-ar*)
corujeira n.f. pequena povoação, em lugar fragoso, própria para criação de corujas (De *coruja+-eira*)
corujeiro n.m. ⇒ **corujeira** (De *coruja+-eiro*)
corujento adj. relativo a coruja ou próprio dela (De *coruja+-ento*)
corujo n.m. macho da coruja (De *coruja*)
corundo n.m. MINERALOGIA ⇒ **corindo** (Do tâm. *kurundam*, «rubi»)
corunha n.f. [regionalismo] ⇒ **caroço** (De orig. obsc.)

coruscação *n.f.* ato de coruscar; fulgor súbito e breve (Do lat. *coruscatiōne-*, «brilho; clarão»)

coruscante *adj.2g.* que corusca; fulgurante (Do lat. *coruscante-*, «id.», part. pres. de *coruscāre*, «brilhar»)

coruscar *v.intr.* fulgurar como corusco; relampaguear; reluzir (Do lat. *coruscāre*, «brilhar; luzir»)

corusco *n.m.* relâmpago (Do lat. *coruscu-*, «id.»)

coruta *n.f.* 1 ponto mais alto; pináculo; coruto; cocuruto; cume 2 BOTÂNICA bandeira do milho (De *cocuruta*, com hapl.)

corutilho *n.m.* pragana ou barbilha que guarnece algumas sementes (De *coruto*+*-ilho*)

coruto *n.m.* ⇒ **coruta** (De *cocuruto*, com hapl.)

corva /ô/ *n.f.* 1 ORNITOLOGIA fêmea do corvo 2 ICTIOLOGIA peixe seláquio da costa algarvia 3 [fig., pej.] mulher má e que grita muito (De *corvo*)

corvacho *n.m.* 1 ORNITOLOGIA [pop.] pássaro comum em Portugal, corvo pequeno 2 ⇒ **gralha-de-bico-vermelho** (De *corvo*+*-acho*)

corveia *n.f.* HISTÓRIA trabalho gratuito que era devido pelo camponês ao seu senhor ou ao estado (Do fr. *corvée*, «trabalho gratuito»)

corveira *n.f.* caminho ladeado de barreiras para corridas de cavalos (De orig. obsc.)

corveiro *n.m.* [regionalismo] curral de gado cabrum onde se recolhem os cabritos enquanto se ordenham as mães (Por *coveiro*)

corvejar *v.intr.* 1 ⇒ **crocitar** 2 [fig.] fazer mau agouro ■ *v.tr.* remoer (uma ideia) (De *corvo*+*-ejar*)

corvelo¹ *n.m.* designação por que também são conhecidos o milhafre e a gralha (Do latim vulgar *corvellu-*, diminutivo de *corvu-*, «corvo»)

corvelo² *adj.,n.m.* ⇒ **corvense** (De *Corvo*, topónimo +*-elo*)

corvense *adj.2g.* da ilha do Corvo (Açores) ■ *n.2g.* natural ou habitante desta ilha (De *Corvo*, top. +*-ense*)

corveta /ê/ *n.f.* 1 antigo navio de guerra com três mastros 2 moderno navio de guerra dotado de armas antiaéreas e antissubmarinas (Do fr. *corvette*, «id.»)

corvéu *n.m.* ICTIOLOGIA ⇒ **tainha** (De *corvo*+*-éu*)

córvida *n.m.* ORNITOLOGIA ⇒ **corvídeo**

Córvidas *n.m.pl.* ORNITOLOGIA ⇒ **Corvídeos**

corvídeo *adj.* ORNITOLOGIA relativo ou pertencente aos Corvídeos ■ *n.m.* ORNITOLOGIA espécime dos Corvídeos

Corvídeos *n.m.pl.* ORNITOLOGIA família de pássaros de bico muito forte e quase direito, a que pertencem os corvos, os gaios, as pegas, etc. (De *corvo*+*-ídeos*)

corvina *n.f.* 1 ICTIOLOGIA peixe teleósteo, acantopterígio, frequente nos mares de Portugal 2 ICTIOLOGIA peixe de outra espécie afim, também conhecido por viúva (Do lat. *corvīna-*, fem. de *corvīnu-*, «de corvo», talvez por causa da cor)

corvineira *n.f.* rede usada na pesca da corvina (De *corvina*+*-eira*)

corvino¹ *adj.* relativo a corvo (Do latim *corvīnu-*, «de corvo»)

corvino² *adj.,n.m.* ⇒ **corvense** (De *Corvo*, topónimo +*-ino*)

corvo /ô/ *n.m.* 1 ORNITOLOGIA nome vulgar extensivo a uns pássaros da família dos Corvídeos, de bico e plumagem pretos, comuns em Portugal, alguns dos quais também conhecidos por gralha e grelha 2 ARQUITETURA modilhão 3 [com maiúscula] ASTRONOMIA constelação austral (Do lat. *corvu-*, «id.»)

corvo-marinho *n.m.* ORNITOLOGIA ave palmípede, da família dos Falacrocoracídeos, de coloração escura e também conhecida por calilanga, galheta, induro, etc.

cós *n.m.2n.* 1 tira do vestido ou da calça, que rodeia a cinta 2 tira de pano que reforça os punhos e o colarinho 3 [pop.] mealheiro (Do prov. *cors*, «corpo», do lat. *corpu-*, «id.»)

coscinomancia *n.f.* suposta adivinhação por meio de uma peneira (Do gr. *kóskinon*, «crivo; peneira» +*manteía*, «adivinhação»)

coscinoscopia *n.f.* ⇒ **coscinomancia** (Do gr. *kóskinon*, «crivo; peneira» +*skopeîn*, «observar» +*-ia*)

cosco /ô/ *n.m.* 1 ⇒ **coscorão** I 2 [regionalismo] casca do grão de trigo ou centeio 3 *pl.* dinheiro miúdo; vinténs 4 *pl.* palhiço (Deriv. regr. de *coscorão*)

coscorado *adj.* 1 que tem coscoro ou crosta 2 endurecido (Part. pass. de *coscorar*)

coscorão *n.m.* 1 CULINÁRIA filhó feita de farinha e ovos 2 ⇒ **coscoro** I (Do lat. *cuscoliu-*, «grão de alquermes»)

coscorar *v.tr.,intr.* 1 formar crosta; encrostar 2 endurecer (De *coscoro*+*-ar*)

coscoro *n.m.* 1 endurecimento 2 engelhamento da pele 3 crosta 4 endurecimento ou aspereza de um tecido metido em goma e seco ao sol (Deriv. regr. de *coscorar*)

cóscoro *n.m.* 1 ⇒ **coscoro** I 2 casta de uva branca ■ *adj.* 1 que tem coscoro 2 semelhante a coscoro 3 endurecido 4 engelhado 5 diz-se do pão bem cozido e cuja côdea estala (Deriv. regr. de *coscorar*)

coscorrão *n.m.* 1 pancada com a mão 2 carolo (Do cast. *coscorrón*, «pancada na cabeça»)

coscorrinho *n.m.* [regionalismo] pecúlio que se juntou aos poucos; pé-de-meia; mealheiro (De *coscos*+*r*+*-inho*)

coscuvilhar *v.tr.,intr.* fazer mexericos (sobre); bisbilhotar (Formação expressiva)

coscuvilheiro *adj.,n.m.* que ou indivíduo que é mexeriqueiro, bisbilhoteiro (De *coscuvilhar*+*-eiro*)

coscuvilhice *n.f.* bisbilhotice; mexerico; intriga (De *coscuvilhar*+*-ice*)

co-secante ver nova grafia **cossecante**

cosedela *n.f.* ⇒ **cosedura** (De *coser*+*-dela*)

cosedor *n.m.* 1 o que cose 2 espécie de bastidor em que os encadernadores cosem os livros (De *coser*+*-dor*)

cosedora /ô/ *n.f.* [regionalismo] [ant.] mulher que cose velas, seiras de figos, etc. (De *cosedor*)

cosedura *n.f.* ato ou efeito de coser (De *coser*+*-dura*)

co-seno ver nova grafia **cosseno**

coser *v.tr.* 1 unir por meio de pontos dados com agulha enfiada em linha 2 (ferida, operação) fechar uma ferida ou um corte através de uma sutura 3 chegar muito uma coisa a outra; encostar a 4 [fig.] encher; crivar ■ *v.intr.* 1 costurar 2 remendar 3 consertar ■ *v.pron.* encostar-se; **~-se com alguma coisa** guardar só para si (Do lat. vulg. **cosĕre*, do lat. cl. *consuĕre*, «coser uma coisa a outra»)

cosicar *v.tr.,intr.* coser aos bocados; costurar ligeiramente (De *coser*+*-icar*)

cosido *adj.* 1 que se coseu 2 [fig.] metido consigo 3 [fig.] muito junto ■ *n.m.* costura (Part. pass. de *coser*)

co-signatário ver nova grafia **cossignatário**

cosipanço *n.m.* [pop.] pontos de costura mal dados (De *cosipar*+*-anço*)

cosipar *v.tr.,intr.* ⇒ **cosicar** (De *cosicar*)

cosmética *n.f.* 1 indústria de fabricação de cosméticos 2 conjunto dos produtos utilizados em estética corporal 3 disciplina que trata da valorização estética do corpo humano; **operação de ~** [fig.] ação de fachada que não resolve os verdadeiros problemas (Do gr. *kosmetiké (tékhne)*, «a arte dos atavios»)

cosmético *adj.* 1 próprio para cuidar da aparência física 2 que melhora a aparência de algo; de superfície ■ *n.m.* produto de higiene ou beleza usado principalmente sobre a pele (Do gr. *kosmetikós*, «relativo aos cuidados do vestuário»)

cosmetologia *n.f.* estudo da composição, fabrico e utilização dos cosméticos (Do gr. *kosmetés*, «servo para as ocupações de limpeza» +*lógos*, «tratado» +*-ia*)

cósmico *adj.* 1 do cosmos 2 do Universo ou a ele relativo; universal 3 (astro) que nasce e se põe ao mesmo tempo que o Sol (Do gr. *kosmikós*, «do mundo», pelo lat. *cosmĭcu-*, «id.»)

cosmo *n.m.* 1 universo 2 mundo 3 FILOSOFIA o universo enquanto sistema bem ordenado e coeso 4 BOTÂNICA planta da família das Compostas, com algumas espécies muito cultivadas pela beleza e aroma das suas flores 5 flor desta planta (Do gr. *kósmos*, «universo», pelo lat. tard. *cosmos*, «mundo»)

cosm(o)- elemento de formação de palavras que exprime a ideia de *mundo* (Do grego *kósmos*, «mundo; universo»)

cosmódromo *n.m.* gare para naves espaciais

cosmognosia *n.f.* conhecimento do mundo, das suas terras e dos seus climas (Do gr. *kósmos*, «mundo» +*gnôsis*, «conhecimento» +*-ia*)

cosmogonia *n.f.* designação dada às teorias que têm por objeto explicar a formação do Universo (Do gr. *kosmogonía*, «criação do mundo»)

cosmogónico *adj.* relativo à cosmogonia (De *cosmogonia*+*-ico*)

cosmogonista *n.2g.* pessoa que trata da cosmogonia (De *cosmogonia*+*-ista*)

cosmografia *n.f.* 1 estudo elementar dos corpos celestes, dos seus movimentos relativos, distâncias mútuas e constituição física e química 2 livro que trata desta ciência (Do gr. *kosmographía*, «descrição do mundo»)

cosmográfico *adj.* que diz respeito à cosmografia (De *cosmografia*+*-ico*)

cosmógrafo *n.m.* o que se ocupa ou trata da cosmografia (Do gr. *kósmos*, «universo» +*gráphein*, «escrever», pelo lat. *cosmográphu-*, «id.»)

cosmolábio *n.m.* instrumento com que se media a altura dos astros (Do gr. *kósmos*, «universo» +*labé*, «ação de apanhar; segurar» +*-io*)

cosmologia *n.f.* 1 estudo das leis gerais do Universo e da sua constituição de conjunto, tanto do ponto de vista positivo (cosmologia científica) como metafísico (cosmologia racional) 2 ASTRONOMIA

cosmológico

ramo da astronomia que se ocupa das características físicas globais do Universo **3** conceção que os membros de uma comunidade têm do universo; cosmovisão (Do gr. *kosmología*, «tratado das leis finais que regem o mundo»)
cosmológico *adj.* **1** da cosmologia **2** relativo a cosmologia (De *cosmologia*+*-ico*)
cosmólogo *n.m.* especialista em cosmologia (Do gr. *kósmos*, «universo» +*lógos*, «estudo»)
cosmometria *n.f.* ciência da medida das distâncias cósmicas (De *cosmo-*+*-metria*)
cosmométrico *adj.* relativo à cosmometria (De *cosmometria*+ *-ico*)
cosmonauta *n.2g.* navegador ou viajante do espaço cósmico (De *cosmo-*+*nauta*)
cosmonáutica *n.f.* ⇒ **astronáutica** (De *cosmo-*+*náutica*)
cosmonomia *n.f.* ASTRONOMIA conjunto das leis gerais do Universo (De *cosmo-*+*-nomia*)
cosmopolita *n.2g.* **1** pessoa que viaja por muitos países, adaptando-se a muitas culturas e maneiras de estar **2** indivíduo que se considera cidadão do mundo ■ *adj.2g.* **1** de todas as nações **2** que se adapta e convive com muitas culturas **3** que é influenciado por uma cultura internacional **4** BOTÂNICA, ZOOLOGIA (ser vivo) que se encontra disperso por todo o mundo (Do gr. *kosmopolítes*, «cidadão do mundo»)
cosmopolítico *adj.* **1** que tem carácter cosmopolita **2** que anda por todo o mundo **3** que cerca o mundo (De *cosmopolita*+*-ico*)
cosmopolitismo *n.m.* **1** carácter ou qualidade de cosmopolita **2** interesse por uma cultura internacional (De *cosmopolita*+*-ismo*)
cosmopolitização *n.f.* ⇒ **cosmopolização** (De *cosmopolitizar*+*-ção*)
cosmopolitizar *v.tr.* ⇒ **cosmopolizar** (De *cosmopolita*+*-izar*)
cosmopolização *n.f.* ato ou efeito de cosmopolizar (De *cosmopolizar*+*-ção*)
cosmopolizar *v.tr.* **1** tornar cosmopolita **2** tornar comum a todas as nações; internacionalizar; universalizar (De *cosmopolitizar*, com hapl.)
cosmorama *n.m.* **1** série de quadros representativos de vistas de vários países **2** instrumento ótico para ver estes quadros **3** lugar onde estes quadros são expostos (Do gr. *kósmos*, «universo» +*hórama*, «espetáculo»)
cosmos *n.m.2n.* ⇒ **cosmo** (Do gr. *kósmos*, «universo», pelo lat. tard. *cosmos*, «mundo»)
cosmosofia *n.f.* estudo místico do Universo (Do gr. *kósmos*, «universo» +*sophía*, «sabedoria»)
cosmotrão *n.m.* FÍSICA nome dado ao sincrotrão de protões existente em Brookhaven (EUA), capaz de fornecer protões com energia de três gigaeletrões-volt (Do ing. *cosmotron*, «id.», de *cosm[ic rays*+*synchr]otron*)
cosmovisão *n.f.* visão do mundo; conceção do mundo; mundividência (De *cosmo-*+*visão*)
cossa[1] *n.f.* [pop.] ⇒ **acossa** (De *acossa*)
cossa[2] *n.f.* **1** espécie de canoa **2** embarcação de Bengala (Do beng. *koxa*, «id.»)
cossaco *n.m.* cavaleiro russo recrutado em certas regiões do Sudoeste da Rússia ■ *adj.* relativo aos Cossacos, povos guerreiros da Ucrânia e das margens do Don, que gozavam de certa autonomia administrativa (Do turc. *kazak*, «vagabundo; nómada», pelo russo *kosak*, «cavaleiro», pelo fr. *cosaque*, «id.»)
cossecante *n.f.* MATEMÁTICA secante do complemento de um ângulo (De *co[mplemento]*+*secante*)
cosseno /ê/ *n.m.* MATEMÁTICA seno do ângulo (ou arco) complementar de outro (De *co[mplemento]*+*seno*)
cossignatário *n.m.* aquele que assina juntamente com outro ou outros
cosso /ô/ *n.m.* **1** ⇒ **corso**[1] **2** [regionalismo] lugar onde abundam flores ou plantas melíferas (Do lat. *cursu-*, «corrida»)
cossoiro *n.m.* NÁUTICA bola de ferro, com um orifício ao centro, onde se metia o mastro (Do lat. *cursorĭu-*, «barco ao serviço do Estado»)
cossolete /ê/ *n.m.* ⇒ **corselete** (Do fr. *corselet*, «corselete»)
cossoleto /ê/ *n.m.* ⇒ **corselete**
cossouro *n.m.* ⇒ **cossoiro**
costa *n.f.* **1** parte das terras emersas em contacto com o mar **2** região de contacto entre o mar e a terra; litoral **3** zona do mar próxima da terra **4** encosta; declive **5** costela **6** variedade de maçã **7** *pl.* parte posterior do tronco humano **8** *pl.* lombo **9** *pl.* [fig.] parte posterior de qualquer objeto **10** *pl.* DESPORTO estilo de natação em que o nadador se move com a barriga para cima sobre a água, com saída alternada dos braços para trás até às ancas e batimento,

também alternado, das pernas; *andar mouro na* ~ andar alguém a espiar, desconfiar-se de que uma rapariga tem namorado; *dar à* ~ naufragar nos baixios da costa; *de costas ao alto* sem fazer nada; *ter as costas largas* aguentar com as responsabilidades; *ter as costas quentes* ter ou contar com a proteção de alguém; *voltar as costas a* manifestar desprezo por (alguém) (Do lat. *costa-*, «costela; lado; flanco»)
costabaixo *n.m.* **1** [Brasil] declive **2** [Brasil] descida de um morro (De *costa*+*abaixo*)
costabdominal *adj.2g.* que diz respeito às costelas e ao abdómen (De *costa*+*abdominal*)
costada *n.f.* sinuosidade no curso de um rio (De *costa*+*-ada*)
costado *n.m.* **1** zona posterior do corpo humano; costas **2** parte lateral; flanco **3** NÁUTICA forro externo de um navio acima da linha de flutuação **4** cada um dos avôs e avós de um indivíduo **5** [fig.] responsabilidade; consciência ■ *adj.* que tem costas; *dar com os costados em* ir a algum sítio; *ser dos quatro costados* ser completo, ser legítimo (De *costa*+*-ado*)
costal *adj.2g.* **1** pertencente ou relativo às costas ou costelas **2** dorsal ■ *n.m.* **1** peso equivalente a quatro arrobas **2** carga que um homem pode levar às costas **3** fios com que se ata a meada para que se não emaranhe **4** [regionalismo] fardo de cortiça (Do lat. *costāle-*, «id.»)
costaleira *n.f.* ⇒ **costaneira** (De *costal*+*-eira*)
costalgia *n.f.* dor nas costelas (Do lat. *costa-*, «costela; flanco»+gr. *álgos*, «dor» +*-ia*)
costálgico *adj.* relativo à costalgia (De *costalgia*+*-ico*)
costa-marfinense *adj.2g.* **1** relativo ou pertencente à República da Costa do Marfim (África Ocidental) **2** que é seu natural ou habitante ■ *n.2g.* natural ou habitante da Costa do Marfim (De *Costa do Marfim*, topónimo +*-ense*)
costaneira *n.f.* **1** tábua que se tira de cada lado do tronco que se serra **2** casqueira **3** papel de qualidade inferior que se põe de um e de outro lado da resma para resguardar o papel bom **4** papel para embrulhos ou para apontamentos (Do lat. **costanarĭa-*, de **costānu-*, de *costa-*, «lado; flanco»)
costaneiro *adj.* de costaneira ■ *n.m.* cada um dos lados do lombo de uma rês (Do lat. **costanarĭu-*, de *costānu-*, de *costa-*, «lado; flanco»)
costa-riquenho *adj.* respeitante à Costa Rica ■ *n.m.* natural ou habitante da Costa Rica (Do cast. *costarriqueño*, «id.»)
costa-riquense *adj.*,*n.2g.* ⇒ **costa-riquenho** (De *Costa Rica*, top. +*-ense*)
costeagem *n.f.* ato de costear; cabotagem (De *costear*+*-agem*)
costeamento *n.m.* ⇒ **costeagem** (De *costear*+*-mento*)
costear *v.intr.* **1** navegar próximo da costa **2** fazer cabotagem ■ *v.tr.* **1** seguir de perto a direção (do litoral ou das margens de um rio ou lago) **2** rodear (De *costa*+*-ear*)
costeio *n.m.* ⇒ **costeagem** (Deriv. regr. de *costear*)
costeira *n.f.* **1** serra íngreme, à beira-mar **2** [regionalismo] encosta **3** *pl.* NÁUTICA peças que reforçam o mastro do navio, ligando-se-lhe aos lados (De *costeiro*)
costeiro *adj.* **1** relativo à costa **2** (navio) que navega junto à costa (De *costa*+*-eiro*)
costela *n.f.* **1** ANATOMIA peça endoesquelética, longa e curva, cuja extremidade dorsal se articula com a coluna vertebral e que entra na constituição da caixa torácica dos vertebrados superiores **2** BOTÂNICA nervura média de algumas folhas **3** linha saliente em alguns frutos **4** ICTIOLOGIA aresta óssea de alguns peixes, por cima dos arcos hemais **5** caverna de navio **6** armadilha para pássaros **7** [fig.] origem **8** [fig.] origem; *apalpar as costelas a* espancar; *ter* ~ *de* ser da raça de (De *costa*+*-ela*)
costelame *n.m.* **1** [pop.] o conjunto das costelas **2** [pop.] as costas (De *costela*+*-ame*)
costeleta *n.f.* **1** costela de animais de abate cortada com carne e usada na alimentação humana **2** *pl.* [pop.] suíças (De *costela*+*-eta*)
costiforme *adj.2g.* em forma de costela (Do lat. *costa-*, «costela» +*forma-*, «forma»)
costilha *n.f.* **1** armadilha para pássaros; costela **2** MÚSICA os lados da caixa de ressonância dos instrumentos de corda (Do cast. *costilla*, «costela»)
costo /ô/ *n.m.* **1** BOTÂNICA designação extensiva a várias plantas herbáceas, tropicais, algumas muito cultivadas para fins ornamentais **2** perfume extraído de algumas destas plantas (Do gr. *kóstos*, «costo», pelo lat. *costu-*, «id.»)
costo- elemento de formação de palavras que exprime a ideia de *costas* (Do lat. *costa-*, «costela; flanco»)
costoclavicular *adj.2g.* pertencente às costelas e à clavícula (De *costo-*+*clavicular*)

costoscapular *adj.2g.* 1 ANATOMIA relativo às costelas e à omoplata 2 ANATOMIA designativo de um músculo também denominado grande-dentado (De *costo-+escapular*)

costosternal *adj.2g.* pertencente às costelas e ao esterno (De *costo-+esternal*)

costotomia *n.f.* corte cirúrgico de costelas (Do lat. *costa-*, «costela»+gr. *tomé*, «corte» +-*ia*)

costótomo *n.m.* instrumento cirúrgico para corte de costelas (Do lat. *costa-*, «costela»+gr. *tomé*, «corte»)

costovertebral *adj.2g.* relativo às costelas e às vértebras (De *costo-+vertebral*)

costumado *adj.* 1 do costume; habitual; usual 2 acostumado ■ *n.m.* o que é de costume (Part. pass. de *costumar*)

costumagem *n.f.* 1 coisa habitual; costume 2 direito consuetudinário 3 tributo que se pagava por antigo costume e não por lei (De *costume+-agem*)

costumança *n.f.* 1 [pop.] ⇒ **costumagem** 2 costumeira (De *costume+-ança*)

costumar *v.tr.* ter costume ou hábito de ■ *v.intr.* ser habitual; ser (um acontecimento) comum ■ *v.tr.,pron.* habituar(-se) a; adaptar(-se) a (De *costume+-ar*)

costumário *adj.* feito por costume; consuetudinário (De *costume+-ário*)

costume[1] *n.m.* 1 modo de proceder habitual; hábito 2 prática antiga e geral; uso 3 regra implícita que resulta do uso generalizado e prolongado 4 traje 5 *pl.* modo de pensar e de agir característico de determinada pessoa ou época (Do lat. vulg. *cosuetumĭne-*, por *consuetudĭne-*, «costume»)

costume[2] *n.m.* [Brasil] conjunto de saia e casaco (Do ing. *costume*, «id.»)

costumeira *n.f.* 1 mau costume 2 rotina; usança (De *costume+-eira*)

costumeiro *adj.* usual (De *costume+-eiro*)

costura *n.f.* 1 ato ou efeito de coser 2 profissão de costureira, modista ou alfaiate 3 arte de coser 4 obra de costura 5 bainha 6 união de duas peças de pano ou de cabedal cosidas pelas bordas 7 conjunto de pontos dados para suturar uma ferida ou uma incisão 8 [fig.] cicatriz profunda 9 juntura 10 intervalo; *assentar as costuras a* [fig.] bater (a alguém) sobre um fato novo, sovar, tosar (Do lat. vulg. *consutūra-*, de *cum*, «com» +*sutūra-*, «costura», pelo fr. ant. *costure*, «id.»)

costurado *adj.* 1 cosido 2 passajado 3 consertado; remendado (Part. pass. de *costurar*)

costurão *n.m.* grande cicatriz (De *costura+-ão*)

costurar *v.tr.,intr.* coser ■ *v.intr.* trabalhar em costura ■ *v.tr.* [fig.] ligar (De *costura+-ar*)

costureira *n.f.* mulher que costura por profissão; mulher que confeciona vestuário (De *costurar+-eira*)

costureiro *n.m.* 1 homem que costura por profissão; homem que confeciona vestuário 2 (moda) homem que dirige uma casa de alta costura, criando novas coleções, frequentemente apresentadas em desfiles, e fazendo-as executar no seus ateliers sob encomenda 3 ANATOMIA músculo longo e estreito situado na parte anterior e interna da coxa ■ *adj.* ANATOMIA designativo do músculo longo da parte anterior da coxa (De *costurar+-eiro*)

cota[1] *n.f.* 1 porção determinada de algo 2 parcela com que cada pessoa contribui para determinado fim 3 quinhão; quota 4 nota ou citação na margem de um texto 5 sinal, número ou letra que serve para classificar uma publicação ou um documento de um processo 6 ECONOMIA limite ou percentagem acordado oficialmente na importação ou exportação de certos produtos, recrutamento de pessoas ou exploração de um recurso natural 7 GEOMETRIA diferença de nível entre qualquer ponto e aquele que se toma para referência 8 TOPOGRAFIA distância de um ponto a um plano horizontal de projeções 9 ARQUITETURA medida (apontada em desenhos técnicos); *~ piezométrica* FÍSICA soma da altura piezométrica com a cota do ponto considerado (Do lat. *quota (parte)*, «a parte que toca a cada um»)

cota[2] *n.f.* 1 peça da armadura usada antigamente por cavaleiros para os defender dos golpes dos adversários 2 espécie de gibão (Do frânc. **kotta*, «pano espesso de lã», pelo fr. ant. *cotte*, «id.»)

cota[3] *n.f.* lado oposto ao gume de um utensílio cortante (Do lat. *costa-*, «lado»?)

cota[4] *n.2g.* 1 [Angola] pessoa muito velha e respeitável 2 [coloq.] designação dada por adolescentes a uma pessoa mais velha 3 [coloq.] pai; mãe (Do quimb. *díkota*, «id.»)

cota[5] *n.f.* antiga unidade de medida da Índia (Do tâm. *kottei*, «id.»)

cotação *n.f.* 1 ato ou efeito de cotar 2 indicação dos preços correntes de mercadorias, títulos, etc. 3 ECONOMIA diferença entre o valor nominal e o valor de realização de uma ação 4 avaliação 5 (desenho técnico) indicação de medidas 6 [acad.] valorização em pontos de cada uma das respostas certas num questionário escrito 7 conceito 8 [fig.] importância (De *cotar+-ção*)

cotada *n.f.* 1 pancada com a cota de um utensílio cortante 2 ECONOMIA empresa cujas ações são transacionadas na bolsa de valores (De *cota+-ada*)

cotado *adj.* 1 que tem um valor fixado; que tem cotação 2 ECONOMIA diz-se de título, ação, moeda ou mercadoria que tem um dado valor ou preço na bolsa de valores 3 ECONOMIA diz-se de empresa cujas ações são transacionadas na bolsa de valores 4 que tem fama ou prestígio; apreciado; conceituado 5 (desenho técnico) com cotas marcadas (Part. pass. de *cotar*)

cotador *adj.,n.m.* que ou aquele que cota (De *cotar+-dor*)

cotamento *n.m.* ato de cotar os processos (De *cotar+-mento*)

cotangente *n.f.* MATEMÁTICA tangente do complemento de um ângulo (De *co[mplemento]+tangente*)

co-tangente ver nova grafia cotangente

cotanilho *n.m.* indumento de pelos finos que reveste alguns órgãos vegetais; tomento (De *cotão+-ilho*)

cotanilhoso /ô/ *adj.* 1 que tem cotanilho 2 da natureza do cotanilho (De *cotanilho+-oso*)

cotão[1] *n.m.* 1 lanugem de alguns frutos 2 pelo que se desprende do pano pelo uso 3 desperdício da lã 4 partículas que se juntam às paredes e debaixo dos móveis, quando não há limpeza (Do ár. *qu Tun*, «algodão», pelo fr. *coton*, «id.»)

cotão[2] *n.m.* 1 cota grande 2 vestimento dos antigos cavaleiros (De *cota+-ão*)

cota-parte *n.f.* ⇒ **quota-parte**

cotar *v.tr.* 1 fixar o preço, o valor de 2 marcar a altura de; marcar a cota, a diferença de nível de 3 apreciar; avaliar 4 assinalar com cota (nota, apontamento) 5 ECONOMIA atribuir um valor a (título, ação, moeda, mercadoria) na bolsa de valores, tendo em conta a lei da oferta e da procura (De *cota+-ar*)

cotável *adj.2g.* 1 que se pode cotar 2 digno de cotação (De *cotar+-vel*)

cote[1] *n.m.* pedra de amolar (Do lat. *cote-*, «pedra de amolar»)

cote[2] *n.m.* 1 NÁUTICA nó falso que se dá num cabo de embarcação 2 nó na mangueira de uma bomba 3 tortuosidade de um mastro 4 [regionalismo] [ant.] peças de roupa ou quantia que o patrão lavrador dá anualmente aos criados, além do ordenado (De orig. obsc.)

cote[3] *n.m.* uso quotidiano; *a/de ~* (roupa) de uso quotidiano; diário (Deriv. regr. de *cotio*)

cotejador *adj.,n.m.* que ou aquele que coteja (De *cotejar+-dor*)

cotejar *v.tr.* 1 examinar cotas, comparando-as 2 confrontar; comparar (De *cota+-ejar*, «examinar cotas; confrontar»)

cotejo /ê/ *n.m.* 1 ato de cotejar 2 comparação; confronto (Deriv. regr. de *cotejar*)

coteto /ê/ *n.m.* [pop.] homem muito baixo (De *coto+-eto*)

cotexto *n.m.* LINGUÍSTICA conjunto de sequências linguísticas que precedem ou que se seguem a uma palavra ou um enunciado na linearidade textual; contexto verbal

co-texto ver nova grafia cotexto

cotia[1] *n.f.* NÁUTICA antiga embarcação asiática (Do guz. *cotiyum*, «id.»)

cotia[2] *n.f.* [regionalismo] casta de figueira algarvia

cotiado *adj.* usado a cotio ou quotidianamente; roçado; coçado; puído; usado (Part. pass. de *cotiar*)

cotiar *v.tr.* 1 trazer a cotio ou quotidianamente 2 gastar com o uso 3 [regionalismo] motejar ■ *v.pron.* 1 usar-se muito frequentemente 2 repetir-se (De *cotio+-ar*)

cotiara *n.f.* [Brasil] ZOOLOGIA ⇒ **urutu** (Do tupi *kwati'ara*, «pintada»)

cotica *n.f.* HERÁLDICA peça estreita que atravessa o escudo nos brasões (De *cota+-ica*)

coticado *adj.* HERÁLDICA (escudo) que possui cotica (De *cotica+-ado*)

cotícula *n.f.* pedra de toque do ouro e da prata (Do lat. *coticŭla-*, dim. de *cos*, *cotis*, «pedra-de-toque»)

cótida *n.m.* ICTIOLOGIA ⇒ **cotídeo** *n.m.*

Cótidas *n.m.pl.* ICTIOLOGIA ⇒ **Cotídeos**

cotídeo *adj.* ICTIOLOGIA relativo ou pertencente aos Cotídeos ■ *n.m.* ICTIOLOGIA espécime dos Cotídeos

Cotídeos *n.m.pl.* ICTIOLOGIA família de pequenos peixes teleósteos, da água salgada ou salobra, a cujo género-tipo, que se denomina *Cottus*, pertencem os xarrocos, etc. (Do frânc. *kotta*, «caboz», pelo lat. cient. *cottu-*, «id.», pelo fr. *cotte*, «id.» +-*ídeos*)

cótila *n.f.* ANATOMIA ⇒ **cótilo**

cotiledonar *adj.2g.* referente às cotilédones (De *cotilédone+-ar*)

cotilédone *n.m.* 1 BOTÂNICA apêndice foliar do embrião que, nas sementes desprovidas de albúmen, está carregado de reservas nutritivas 2 ZOOLOGIA cada tubérculo vascular do útero dos

cotiledóneo

ruminantes, onde se liga a placenta (Do gr. *kotyledón*, «concavidade; parte oca» [de uma taça], pelo lat. *cotyledóne-*, «conchelo»)
cotiledóneo *adj.* que tem cotilédone ou cotilédones (De *cotilédone+-eo*)
cotilhão *n.m.* espécie de contradança em passo de polca ou valsa em que a dança é interrompida por breves manifestações mímicas e grotescas e até por distribuição de brindes (Do fr. *cotillon*, «id.»)
cótilo *n.m.* ANATOMIA cavidade de um osso onde se articula a extremidade de outro (Do gr. *kotýle*, «cavidade; concavidade»)
cotiloide *adj.2g.* ANATOMIA diz-se da cavidade óssea do osso ilíaco, onde se articula o fémur (Do gr. *kotyloeidés*, «semelhante a escudela; oco»)
cotilóide ver nova grafia cotiloide
cotim¹ *n.m.* tipo especial de tecido de linho ou de algodão (Do fr. *coutil*, «id.»)
cotim² *n.m.* [Açores] nó dos dedos (De *coto*, «conchelo» [= nó de dedo] +-*im*)
cotinga *n.f.* ORNITOLOGIA designação extensiva a alguns pássaros do Brasil, da família dos Cotingídeos, de plumagem vistosa (Do cast. *cotinga*, «id.»)
cotíngida *n.m.* ORNITOLOGIA ⇒ **cotingídeo**
Cotingídeos *n.m.pl.* ORNITOLOGIA ⇒ **Cotingídeos**
cotingídeo *adj.* ORNITOLOGIA relativo ou pertencente aos Cotingídeos ■ *n.m.* ORNITOLOGIA espécime dos Cotingídeos
Cotingídeos *n.m.pl.* ORNITOLOGIA família de pássaros frugívoros ou insetívoros, da América (De *cotinga+-ídeos*)
cotio¹ *adj.* de todos os dias ■ *n.m.* uso quotidiano; *a ~* quotidianamente, a cote (Do lat. tard. *cottidīo*, por *cottidīe*, «todos os dias»)
cotio² *adj.* que coze facilmente (Do lat. *coctĭvu-*, «que coze»)
cotização *n.f.* 1 ato de cotizar; quotização 2 contribuição; tributo (De *cotizar+-ção*)
cotizar *v.tr.* 1 distribuir a cada um a sua quota-parte de despesa 2 repartir por causa duma despesa 3 reunir fundos por meio de quota-parte ou donativos 4 quotizar ■ *v.pron.* 1 subscrever-se 2 pagar a sua parte 3 quotizar-se (De *cota+-izar*)
cotizável *adj.2g.* que se pode cotizar (De *cotizar+-vel*)
coto /ô/ *n.m.* 1 pedaço no resto de uma vela de cera 2 parte que resta de um membro que foi parcialmente amputado 3 parte das asas onde se inserem penas 4 *pl.* nós dos dedos (Do lat. *cubĭtu-*, «cotovelo»)
cotó *n.m.* 1 homem de pequena estatura 2 facalhão; cutelo (Do fr. *couteau*, «faca»)
cotoco *n.m.* 1 [Brasil] toco 2 faca pequena 3 pedaço de membro ou cauda que ficou depois de cortado (De *coto × toco*)
cotonar *v.tr.* dar aspeto de algodão (Do fr. *cotonner*, «id.»)
cotonaria *n.f.* 1 plantação de algodoeiros 2 fábrica de tecidos de algodão (Do fr. *cotonnerie*, «id.»)
cotonária *n.f.* BOTÂNICA planta herbácea, lanosa e macia, da família das Compostas, espontânea em Portugal (Do fr. *cotonnière*, «id.»)
cotonário *adj.* BOTÂNICA (planta) que tem a cor e a maciez do algodão (Do fr. *cotonnier*, «id.»)
cotoneira *n.f.* BOTÂNICA ⇒ **cotonária**
cotonete *n.f.* pequena haste com algodão enrolado nas extremidades, usada essencialmente para fins higiénicos (Do fr. *cotonner*, «forrar de algodão»?)
cotoni- elemento de formação de palavras que exprime a ideia de *algodão* (Do fr. *coton*, «algodão»)
cotonicultor *n.m.* o que cultiva algodão (De *cotoni-+cultor*)
cotonicultura *n.f.* cultura de algodão (De *cotoni-+cultura*)
cotonígero *adj.* que tem cotão ou lanugem semelhante ao cotão (De *cotoni-+-gero*)
cotonoso *adj.* 1 que tem algodão 2 feito de algodão (Do fr. *coton*, «algodão»+-*oso*)
cotovelada *n.f.* pancada com o cotovelo (De *cotovelo+-ada*)
cotovelão *n.m.* cotovelada forte (De *cotovelo+-ão*)
cotovelar *v.tr.* ⇒ **acotovelar** (De *cotovelo+-ar*)
cotoveleira *n.f.* 1 peça, elástica ou almofadada, usada por certos desportistas para proteger o cotovelo 2 parte da armadura que protegia o cotovelo 3 reforço, em tecido ou outro material, aplicado na manga de um casaco ou camisola, na zona do cotovelo 4 deformação feita na manga pelo cotovelo (De *cotovelo+-eira*)
cotovelo /ê/ *n.m.* 1 ANATOMIA ângulo saliente na articulação do braço com o antebraço 2 dobra ou encurvamento pronunciado 3 ângulo 4 esquina; *dor de ~* ciúme, despeito; *falar pelos cotovelos* falar muito e sem desembaraço (Do lat. **cubitellu-*, dim. de *cubĭtu-*, «cotovelo», com met.)
cotovia *n.f.* ORNITOLOGIA ave passeriforme da família dos Alaudídeos, de tons cinzentos ou castanhos, comum em Portugal (Do gr. *kóttyphos*, «melro»?)

cotovia-de-poupa *n.f.* ORNITOLOGIA ⇒ **cotovia**
cotra /ô/ *n.f.* [regionalismo] crosta de imundície que se forma no vestuário das pessoas pouco limpas, sobretudo das crianças mal cuidadas (De *crosta*, com met.)
cotrim *n.m.* antiga moeda portuguesa de ouro e prata do tempo de D. Afonso V, 1432-1481 (Do cast. *cuatrín*, «quatrim; ceitil»)
cotroso /ô/ *adj.* [regionalismo] que tem cotra nas vestes; imundo; sebento (De *cotra+-oso*)
coturnado *adj.* 1 com feitio de coturno 2 que tem coturno (De *coturno+-ado*)
coturno *n.m.* 1 espécie de borzeguim que chega até ao meio da perna 2 peúga; *de alto ~* de linhagem nobre; *de ~* importante, elevado (Do gr. *kóthornos*, «calçado alto», pelo lat. *cothurnu-*, «id.»)
cotutela *n.f.* tutela de que se está encarregado com outra pessoa
co-tutela ver nova grafia cotutela
cotutor *n.m.* tutor juntamente com outrem
co-tutor ver nova grafia cotutor
coucão *n.m.* ⇒ **cocão**
couce *n.m.* ⇒ **coice**¹,²
coucear *v.tr., intr.* ⇒ **coicear**
couceira *n.f.* ⇒ **coiceira**
couceirista *n.2g.* HISTÓRIA designação dada aos partidários do comandante Paiva Couceiro, militar português (1861-1944), nas tentativas deste para restaurar a monarquia em Portugal (De *Couceiro*, antr. +-*ista*)
couceiro *adj.* o que vai no couce, à retaguarda (De *couce+-eiro*)
coucelo *n.m.* BOTÂNICA ⇒ **conchelo** (Do lat. *calicellu-*, «taça pequena»)
couché *n.m.* papel recoberto de uma fina camada de substâncias minerais que lhe dão uma aparência compacta e lisa, próprio para impressão de ilustrações (Do fr. *couché*, «id.»)
couçoeira *n.f.* ⇒ **coiçoeira**
coudel *n.m.* 1 antigo capitão de cavalaria 2 administrador de coudelaria (Do lat. med. *capitellu-*, dim. de *caput*, «chefe; comandante»)
coudelaria *n.f.* 1 cargo de coudel 2 estabelecimento de procriação e aperfeiçoamento das raças cavalares (De *coudel+-aria*)
coudélico *adj.* 1 da coudelaria 2 relativo a coudelaria (De *coudel+-ico*)
coudilho *n.m.* [regionalismo] linhol dos sapateiros (De orig. obsc.)
coulomb *n.m.* FÍSICA unidade SI de quantidade de eletricidade, equivalente à quantidade de eletricidade transferida pela corrente constante de um ampere durante um segundo (De *Charles Coulomb*, físico fr., 1736-1806)
coulomb-metro *n.m.* FÍSICA unidade de medida de momento de dipolo elétrico do Sistema Internacional, de símbolo C/m
country *n.m.* estilo musical popular norte-americano, originário das regiões rurais do Sul e do Oeste (Do ing. *country music*, «id.»)
coupé *n.m.* 1 carro desportivo, geralmente de duas portas, com teto não recolhível e a parte traseira em declive 2 [ant.] carruagem fechada de tração animal, com dois lugares no interior e um no exterior para o cocheiro (Do fr. *coupé*, «id.»)
coura *n.f.* 1 antigo gibão militar 2 couro protetor dos joelhos 3 ⇒ **couraça** (Do lat. *coria*, pl. de *corĭu-*, «couro»)
couraça *n.f.* 1 armadura para proteger o tronco 2 blindagem 3 revestimento resistente que protege o corpo de alguns animais 4 [fig.] tudo o que serve de defesa contra qualquer coisa (Do lat. *coriacĕa-*, de *coriacĕu-*, «de coiro»)
couraçado *adj.* 1 revestido de couraça 2 [fig.] protegido 3 [fig.] endurecido 4 [fig.] que não se deixa comover; endurecido ■ *n.m.* MILITAR navio de guerra de elevada tonelagem, blindado e poderosamente artilhado, hoje em desuso (Part. pass. de *couraçar*)
couraçar *v.tr.* 1 pôr couraça a 2 blindar ■ *v.pron.* 1 tornar-se invulnerável 2 proteger-se 3 endurecer-se (De *couraça+-ar*)
couraceiro *n.m.* 1 [ant.] soldado de cavalaria armado de couraça 2 [ant.] fabricante de couraças (De *couraça+-eiro*)
couracho *n.m.* couro; pele (De *couro+-acho*)
courama *n.f.* grande quantidade de couros crus ou curtidos (De *couro+-ama*)
courão *n.m.* 1 casta de uva minhota 2 [vulg.] mulher muito feia 3 [vulg.] prostituta velha (De *couro+-ão*)
courata *n.f.* grande coura (De *couro+-ata*)
courato *n.m.* pele espessa e dura do porco, utilizada, por vezes, na alimentação (De *couro+-ato*)
coureiro *n.m.* negociante de couros (De *couro+-eiro*)
courela *n.f.* 1 parcela de terra cultivada, comprida e estreita 2 antiga unidade de medida agrária 3 montado de sobreiros (Do lat. tard. *quadrella-*, dim. de *quadra-*, «um quarto; uma quarta parte»)
courelado *adj.* dividido em courelas (Part. pass. de *courelar*)
courelar *v.tr.* dividir (um terreno) em pequenas porções, em courelas (De *courela+-ar*)

coureleiro *n.m.* antigo sesmeiro repartidor das courelas (De *courela*+*-eiro*)

couro[1] *n.m.* **1** pele espessa e dura de alguns animais **2** pele curtida para usos industriais **3** [pop.] pele; derme **4** [vulg.] mulher considerada muito feia **5** [vulg.] prostituta velha; **~ cabeludo** pele coberta de cabelos que reveste a cabeça humana; **levar ~ e cabelo** [coloq.] cobrar muito dinheiro, vender muito caro (Do latim *coriu-*, «idem»)

couro[2] *n.m.* **1** [Guiné-Bissau] pessoa com boa posição social ou com bens **2** [Guiné-Bissau] pessoa honrada ou estimada (Do crioulo guineense *kûru*, «idem», de *couro*, alusão à resistência)

court *n.m.* campo de ténis (Do ing. *(tennis) court*, «id.»)

cousa *n.f.* ⇒ **coisa**

cousada *n.f.* ⇒ **coisada**

cousica *n.f.* ⇒ **coisica**

cousíssima *n.f.* ⇒ **coisíssima**

couso *n.m.* ⇒ **coiso** (De *cousa*)

cousso *n.m.* BOTÂNICA árvore da África tropical, pertencente à família das Rosáceas, cujas flores têm aplicações terapêuticas, também denominada cusso (Do copta *kusso*, «id.»)

coutada *n.f.* **1** terra defesa **2** mata onde se criava caça para os reis e senhores ou seus convidados (Part. pass. fem. subst. de *coutar*)

coutamento *n.m.* ato ou efeito de coutar; coitamento (De *coutar*+*-mento*)

coutar *v.tr.* tornar defeso; vedar; proibir o acesso a ■ *v.pron.* refugiar-se; acoitar-se (De *couto*+*-ar*)

coutaria *n.f.* ofício de couteiro (De *couto*+*-aria*)

couteiro *n.m.* guardador de coutos (De *couto*+*-eiro*)

coutelho /ê/ *n.m.* **1** couto pequeno, cercado **2** logradouro cerrado (De *couto*+*-elho*)

coutente *adj.,n.2g.* que ou pessoa que usa simultaneamente com outra ou outras

co-utente ver nova grafia **coutente**

couto *n.m.* **1** terra coutada, defesa, privilegiada **2** terra que não pagava impostos por pertencer a um nobre **3** [fig.] refúgio; abrigo (Do lat. *cautu-*, «acautelado; defendido», part. pass. de *cavēre*, «acautelar»)

couval *n.m.* terreno plantado de couves (De *couve*+*-al*)

couve *n.f.* BOTÂNICA planta da família das Crucíferas, com diversas variedades cultivadas em todo o País e apreciadas na alimentação (Do lat. *caule-*, «couve»)

couve-chinesa *n.f.* BOTÂNICA variedade de couve com talo largo e folhas tenras de cor verde-clara

couve-de-bruxelas *n.f.* **1** BOTÂNICA variedade de couve com o aspeto de pequenos rebentos arredondados **2** pequeno rebento comestível desta couve

couve-flor *n.f.* BOTÂNICA variedade de couve muito cultivada, cuja inflorescência, que se torna compacta e branca, é comestível

couve-galega *n.f.* BOTÂNICA variedade de couve, de folhas grandes, verde-escuras, usadas especialmente na preparação da sopa vulgarmente conhecida por caldo-verde

couveira *n.f.* pé de couve (De *couve*+*-eira*)

couveiro *adj.* **1** próprio para plantar couves **2** [fig.] diz-se do tempo próprio para plantar couves ■ *n.m.* vendedor de couves (De *couve*+*-eiro*)

couve-lombarda *n.f.* BOTÂNICA planta hortícola comestível, de folhas frisadas, as exteriores com coloração verde-escura e as interiores com coloração verde-clara

couve-marinha *n.f.* BOTÂNICA ⇒ **soldanela**

couve-nabiça *n.f.* BOTÂNICA espécie de couve muito cultivada, também denominada colza

couve-roxa *n.f.* BOTÂNICA couve de tonalidades arroxeadas

Couviniano *n.m.* GEOLOGIA andar do Devónico médio-inferior, equivalente ao Eifeliano (De *Couvin*, top., cidade belga na província de Namur, +*-iano*)

cova *n.f.* **1** abertura na terra **2** escavação **3** cavidade **4** alvéolo do dente **5** sepultura; **estar com os pés para a ~** estar prestes a morrer, ser muito velho (Do lat. vulg. **cova-*, «oca», fem. do adj. *covus*, var. do lat. *cavus*, «oco»)

covacho *n.m.* pequena cova em que se deitam sementes (De *cova*+*-acho*)

côvado *n.m.* antiga unidade de medida de comprimento, equivalente a 0,66 m (Do lat. *cubĭtu-*, «cotovelo»; distância que vai do punho ao cotovelo»)

cova-do-ladrão ver nova grafia **cova do ladrão**

cova do ladrão *n.f.* [coloq.] depressão entre o pescoço e a nuca

covagem *n.f.* **1** ato de abrir covas em cemitério **2** preço desse serviço (De *cova*+*-agem*)

coval *n.m.* **1** secção de um cemitério na qual se podem abrir sepulturas **2** cova **3** divisão de terra para sementeira **4** celeiro subterrâneo, entre os Mouros (De *cova*+*-al*)

covalência *n.f.* **1** QUÍMICA processo de ligação química por partilha de eletrões entre os átomos **2** número de pares de eletrões que um átomo partilha com os seus vizinhos (De *co-*+*valência*)

co-valência ver nova grafia **covalência**

covalente *adj.2g.* QUÍMICA diz-se da ligação química entre dois átomos que partilham um ou mais pares de eletrões (De *co-*+*valente*)

co-valente ver nova grafia **covalente**

covão *n.m.* cova grande (De *cova*+*-ão*)

côvão *n.m.* (plural **côvãos**) ⇒ **covo**[2] **1** (Do gr. *kóphinos*, «arca», pelo lat. *cophĭnu-*, «cesto»)

covarde *adj.,n.2g.* ⇒ **cobarde**

covardia *n.f.* ⇒ **cobardia**

covato *n.m.* **1** ofício de coveiro **2** coval **3** buraco fundo na terra onde se mete bacelo para ganhar raízes (De *cova*+*-ato*)

coveiro[1] *n.m.* indivíduo que abre as covas no cemitério e dá sepultura aos cadáveres (De *cova*+*-eiro*)

coveiro[2] *n.m.* [regionalismo] espécie de cabana, junto da malhada, onde se retêm os cabritos enquanto se ordenham as mães (De *covo*+*-eiro*)

covellina *n.f.* MINERALOGIA mineral de origem secundária, formado por sulfureto de cobre, que cristaliza no sistema hexagonal (De *Nicola Covelli*, mineralogista it., 1790-1829 +*-ina*)

covellite *n.f.* MINERALOGIA ⇒ **covellina** (De *Covelli*, antr. +*-ite*)

covendedor *n.m.* aquele que vende, juntamente com outrem, uma coisa que é pertença de ambos

co-vendedor ver nova grafia **covendedor**

cover *n.m.* regravação de uma música previamente gravada (Do ing. *cover*, «id.»)

covil *n.m.* **1** cova de feras; toca **2** lugar onde se acolhem malfeitores **3** casebre escuro **4** alcouce (Do lat. *cubīle-*, «covil; toca; antro»)

covilhete /ê/ *n.m.* **1** pequeno prato, malga ou tigela, para guardar doce **2** copo de prestidigitador **3** púcaro de folha ou de barro com duas asas (Do cast. *cubilete*, «copo de jogar os dados»?)

covinha *n.f.* **1** [pop.] pequena depressão que algumas pessoas têm no queixo ou nas faces **2** *pl.* jogo de crianças (De *cova*+*-inha*)

covo[1] /ô/ *adj.* **1** côncavo **2** fundo (Do lat. *covu-*, var. de *cavus*, «oco»)

covo[2] /ô/ *n.m.* **1** espécie de cesto de vime usado para pescar nos rios **2** cesto onde a galinha choca pôr os ovos **3** espécie de gaiola para recolher a criação (De *côvão*)

covoada *n.f.* série de covas num terreno (De *covão*+*-ada*)

cowboy *n.m.* vaqueiro (Do ing. *cowboy*, «id.»)

coxa *n.f.* **1** ANATOMIA parte do membro inferior cujo esqueleto é o fémur **2** parte do membro de um inseto entre o trocânter e a tíbia ou perna **3** fémur **4** variedade de pera também conhecida por coxa-de-dama, coxa-de-freira, etc. (Do lat. *coxa-*, «quadril; coxa»)

coxa-de-dama *n.f.* variedade de pera muito sumarenta e doce

coxa-de-freira *n.f.* **1** variedade de pera **2** ⇒ **figueiroa**

coxal /cs/ *adj.2g.* relativo à coxa ■ *n.m.* ANATOMIA osso da bacia (Do lat. *coxa-*+*-al*)

coxalgia /cs/ *n.f.* MEDICINA dor na articulação superior da coxa (De *coxa-*+*-algia*)

coxálgico /cs/ *adj.* relativo a coxalgia (De *coxalgia*+*-ico*)

coxão *n.m.* **1** coxa grande e gorda **2** coxa de ave de capoeira (De *coxa*+*-ão*)

coxeadura *n.f.* ato de coxear (De *coxear*+*-dura*)

coxeante *adj.2g.* que coxeia; claudicante (De *coxear*+*-ante*)

coxear *v.tr.,intr.* andar, inclinando-se para um dos lados, por doença ou defeito numa perna; claudicar; mancar ■ *v.intr.* **1** [fig.] hesitar **2** [fig.] ser imperfeito (De *coxo*+*-ear*)

coxeio *n.m.* ⇒ **coxeadura** (Deriv. regr. de *coxear*)

coxeira *n.f.* **1** coxeadura **2** manqueira de animal (De *coxo*+*-eira*)

coxêndico /cs/ *adj.* ANATOMIA designativo dos ossos da bacia (Do lat. **coxendĭcu-*, «id.», de *coxendix, -ĭcis*, «quadril; anca»)

coxete /ê/ *n.m.* ⇒ **coxote** (De *coxote*)

coxia *n.f.* **1** passagem estreita entre duas fileiras de objetos **2** espaço entre duas divisórias, ocupado por um cavalo na cavalariça **3** NÁUTICA prancha para dar passagem da proa à popa do navio **4** assento suplementar e móvel, com dobradiça, nas camionetas de carreira **5** lugar, junto das passadeiras, nas casas de espetáculos; **correr a ~** andar sem destino (Do it. *corsia*, «parte que fica livre para se poder passar; coxia»)

coxim *n.m.* **1** espécie de sofá sem costas **2** (dourador) almofada sobre a qual se corta a folha de ouro **3** ELETRICIDADE almofada de máquina eletrostática **4** parte da sela em que se senta o cavaleiro **5** suporte de ferro em que assentam os carris da via-férrea (Do fr. *coussin*, «almofada»)

coxinilho *n.m.* [Brasil] pano de lã que se coloca sobre a sela do cavalo (De *coxim*+*-ilho*)

coxo /ô/ adj. 1 que coxeia 2 a que falta pé ou perna 3 que tem uma perna mais curta do que a outra 4 (verso) metricamente errado 5 [fig.] incompleto ■ n.m. 1 pessoa que coxeia 2 erupção cutânea produzida por animal peçonhento (Do lat. vulg. *coxu-*, «id.»)

cox(o)- /cs/ elemento de formação de palavras que exprime a ideia de *coxa* (Do latim *coxa-*, «quadril»)

coxofemoral /cs/ adj.2g. que diz respeito ao coxal e ao fémur (De *coxo-+femoral*)

coxote n.m. 1 parte da armadura que defendia as coxas 2 [pop.] coxa de animal pequeno (Do fr. *cuissot*, «pernil de animal de caça»)

coxovertebral /cs/ adj.2g. referente ao coxal e às vértebras (De *coxo-+vertebral*)

cozedeira n.f. peça de barro em que se leva comida ao fogo (De *cozer+-deira*)

cozedor adj.,n.m. que ou quem coze (De *cozer+-dor*)

cozedura n.f. 1 ato ou efeito de cozer; cocção 2 substância cozida 3 quantidade que se coze de uma vez 4 concentração de um xarope 5 estado de um objeto que está cozido (De *cozer+-dura*)

cozer v.tr. 1 preparar ao fogo ou ao calor, geralmente dentro de um líquido 2 cozinhar 3 submeter à ação do lume 4 [fig.] digerir 5 [fig.] suportar; **~ uma bebedeira** dormir até a bebedeira passar (Do lat. vulg. *cocēre*, do lat. cl. *coquĕre*, «cozer; cozinhar»)

cozido adj. 1 preparado pela cozedura 2 (vinho) que já fermentou ■ n.m. CULINÁRIA prato composto de carne ou peixe e legumes cozidos; **~ à portuguesa** prato típico da cozinha portuguesa composto por vários tipos de carne e fumados, batatas, cenouras, couves, e acompanhado com arroz (Part. pass. de *cozer*)

cozimento n.m. 1 ato de cozer; cocção 2 decoto 3 digestão 4 pele que se forma sobre o pavimento dos talhões das salinas (De *cozer-+-i-+-mento*)

cozinha n.f. 1 compartimento onde se preparam os alimentos e as refeições 2 arte de preparar os alimentos 3 ato de cozinhar (Do lat. cl. *coquīna-*, «cozinha», pelo lat. vulg. *cocīna-*, «id.»)

cozinhada n.f. comida preparada ao lume (Part. pass. fem. subst. de *cozinhar*)

cozinhado adj. 1 que se cozinhou 2 [fig.] tramado; arquitetado ■ n.m. iguaria preparada ao lume ou no fogão (Part. pass. de *cozinhar*)

cozinhar v.tr.,intr. preparar (os alimentos) ao lume ou no fogão ■ v.tr. 1 [fig.] manipular 2 [fig.] tramar; urdir (Do lat. cl. *coquināre*, «cozinhar», pelo lat. vulg. *cocināre*, «id.»)

cozinhável adj.2g. que se pode cozinhar (De *cozinhar+-vel*)

cozinheira n.f. 1 mulher que cozinha, sobretudo quando o faz como profissão 2 NÁUTICA vela do estai da gávea (De *cozinheiro*)

cozinheiro n.m. pessoa que cozinha, sobretudo quando o faz como profissão (De *cozinha+-eiro*)

CPU n.m./f. principal componente de um computador, onde se realiza o processamento da informação, e que controla e coordena a atividade de outros componentes (Do inglês *CPU*, acrónimo de *central processing unit*, «unidade central de processamento»)

crabro n.m. ZOOLOGIA inseto himenóptero que vive na madeira velha (Do lat. *crabro*, «vespão»)

craca[1] n.f. BOTÂNICA planta leguminosa (Do lat. *cracca-*, «grão de ervilhaca silvestre»)

craca[2] n.f. ZOOLOGIA crustáceo com concha calcária, que constitui marisco muito apreciado e vive agarrado aos rochedos ou ao costado dos navios (De orig. obsc.)

craca[3] n.f. ARQUITETURA parte côncava de uma estria (De orig. obsc.)

crachá n.m. 1 insígnia honorífica 2 condecoração 3 chapa identificativa (Do fr. *crachat*, «condecoração»)

crack n.m. narcótico produzido a partir da pasta-base da cocaína, bicarbonato de sódio e outras substâncias, apresentado em forma de pedras, que são fumadas em cachimbos improvisados (Do ing. *crack*, «id.»)

cracolé n.m. ORNITOLOGIA ⇒ **codorniz** (De orig. onom.)

cracoviana n.f. dança polaca, viva e ligeira, executada por pares (Do fr. (*danse*) *cracovienne*, «id.», de *Cracóvia*, cidade polaca)

cracoviano adj. relativo à cidade polaca de Cracóvia ■ n.m. natural ou habitante dessa cidade (De *Cracóvia*, top. +-*ano*)

crancelim n.m. HERÁLDICA porção de coroa com flores colocada em banda no meio do escudo (Do al. *Kränzlein*, «coroa pequena»)

craniado adj. ⇒ **craniota** (De *crânio+-ado*)

craniano adj. relativo ao crânio (De *crânio+-ano*)

crani(o)- elemento de formação de palavras que exprime a ideia de *crânio* (Do gr. *kraníon*, «id.», pelo lat. tard. *craniū-*, «id.»)

crânio n.m. 1 ANATOMIA caixa óssea que encerra e protege o encéfalo 2 conjunto dos ossos que formam a cabeça de um vertebrado, especialmente quando morto 3 cabeça; cérebro 4 [fig.] pessoa muito inteligente (Do gr. *kraníon*, «id.», pelo lat. tard. *craniū-*, «id.»)

cranioclasia n.f. esmagamento da cabeça de feto morto, na cavidade uterina (Do gr. *kraníon*, «crânio» +*klásis*, «ação de quebrar» +-*ia*)

cranioencefálico adj. que afeta simultaneamente o crânio e o encéfalo (De *cranio-+encefálico*)

craniofacial adj.2g. relativo simultaneamente ao crânio e à face (De *cranio-+facial*)

cranioide adj.2g. que tem forma de crânio; craniolar (Do gr. *kraníon*, «crânio» +*eîdos*, «semelhante»)

cranióide ver nova grafia **cranioide**

craniolar adj.2g. ⇒ **cranioide** (De *crânio+l+-ar*)

craniologia n.f. 1 estudo dos crânios, em correlação com a ocorrência de aptidões e instintos dos indivíduos 2 frenologia (De *crânio+-logia*)

craniológico adj. relativo à craniologia (De *craniologia+-ico*)

craniologista n.2g. ⇒ **craniólogo** (De *craniólogo+-ista*)

craniólogo n.m. aquele que se ocupa de craniologia ou é versado nesta ciência (De *crânio-+-logo*)

craniomancia n.f. suposta arte de conhecer as tendências morais e intelectuais de um indivíduo pela observação do respetivo crânio (Do gr. *kraníon*, «crânio» +*manteía*, «adivinhação»)

craniomante n.2g. pessoa que pratica a craniomancia (Do gr. *kraníon*, «crânio» +*mántis*, «adivinho»)

craniometria n.f. medição do crânio (Do gr. *kraníon*, «crânio» +*métron*, «medida» +-*ia*)

craniométrico adj. relativo à craniometria (De *craniometria+-ico*)

craniómetro n.m. instrumento com que se medem os diâmetros do crânio (Do gr. *kraníon*, «crânio» +*métron*, «medida»)

cranioplastia n.f. MEDICINA operação plástica praticada sobre o crânio (Do gr. *kraníon*, «crânio» +*plastós*, «modelado» +-*ia*)

cranioscopia n.f. determinação das qualidades intelectuais e morais de um indivíduo pelo exame feito ao respetivo crânio (Do gr. *kraníon*, «crânio» +*skopeîn*, «observar» +-*ia*)

cranioscópico adj. relativo à cranioscopia (De *cranioscopia+-ico*)

cranioscópio n.m. aparelho que serve para examinar o crânio (Do gr. *kraníon*, «crânio» +*skopeîn*, «ver»)

craniota adj.2g. ZOOLOGIA (animal) provido de crânio; craniado ■ n.m.pl. ZOOLOGIA subtipo de animais cordados; vertebrados (De *crânio+-ota*)

craniotomia n.f. CIRURGIA operação para ressecção de uma zona do crânio; cefalotomia (De *cranio-+-tomia*)

craniótomo n.m. CIRURGIA aparelho com que se faz a ressecção da cabeça do feto para facilitar a sua extração; cefalótomo (Do gr. *kraníon*, «crânio» +*tomé*, «corte»)

cranque n.m. eixo mecânico em forma de cotovelo (Do ing. *crank*, «manivela»)

crápula n.2g. pessoa desonesta ■ n.f. 1 desregramento abjeto; devassidão grosseira 2 libertinagem (Do gr. *kraipále*, «bebedeira; indigestão», pelo lat. *crapŭla-*, «id.»)

crapulear v.intr. levar vida de crápula (De *crápula+-ear*)

crapuloso /ô/ adj. 1 relativo ou dado à crápula 2 devasso (Do lat. *crapulōsu-*, «bêbedo»)

craque[1] n.m. 1 som imitativo de um desmoronamento 2 série de falências bancárias; insolvência (Do al. *Krach*, «estrondo; bancarrota»)

craque[2] n.m. 1 indivíduo ou coisa digna de elogio; ás 2 [Brasil] indivíduo famoso, sobretudo em desporto; ídolo (Do ing. *crack*, «jogador notável; cavalo famoso»)

craque[3] n.m. (narcótico) ⇒ **crack** (Do ing. *crack*, «id.»)

crás-crás n.m.2n. o crocitar do corvo (De orig. onom.)

crase n.f. 1 temperamento 2 constituição 3 equilíbrio das partes que constituem os fluidos da economia animal 4 GRAMÁTICA contração ou fusão de duas vogais numa só, como em *à*, *àquilo*, etc. (Do gr. *krásis*, «mistura; contração»)

crash n.m. 1 ECONOMIA descida acentuada das cotações na bolsa de valores 2 INFORMÁTICA falha que ocorre quando o computador deixa de responder ao utilizador ou o programa informático se interrompe de modo imprevisto (Do ing. *crash*, «id.»)

crasio- elemento de formação de palavras que exprime a ideia de *temperamento*

crasiografia n.f. descrição das diferentes crases ou temperamentos; crasiologia (De *crasio-+-grafia*)

crasiologia n.f. tratado das crases; crasiografia (De *crasio-+-logia*)

crass(i)- elemento de formação de palavras que exprime a ideia de *grosso* (Do lat. *crassu-*, «gordo»)

crassicaude adj.2g. (animal) que tem a cauda grossa (De *crassi+-caude*)

crassicaule adj.2g. que tem caule grosso (De *crassi-+-caule*)

crassidade n.f. qualidade do que é crasso (Do lat. *crassitāte-*, «espessura»)

crassidão *n.f.* ⇒ **crassidade** (Do lat. *crassitudine-*, «espessura»)
crassilingue *adj.2g.* que tem língua grossa (De *crassi-*+*lingue*)
crassilíngue /gu-e/ *adj.2g.* ⇒ **crassilingue**
crassipene *adj.2g.* que tem penas espessas ou asas fortes (Do lat. *crassu-*, «espesso» +*penna-*, «pena»)
crassirrostro /ô/ *adj.* que tem bico grosso (De *crassi-*+*rostro*)
crassitude *n.f.* ⇒ **crassidade** (Do lat. *crassitudĭne-*, «espessura»)
crasso *adj.* **1** grosso; espesso **2** cerrado; denso **3** opaco **4** [fig.] grosseiro; *erro* ~ erro grosseiro; *ignorância crassa* suma ignorância (Do lat. *crassu-*, «grosso»)
crassulácea *n.f.* BOTÂNICA espécime das Crassuláceas
Crassuláceas *n.f.pl.* BOTÂNICA família de plantas dicotiledóneas, de folhas carnosas, a que pertencem o arroz-dos-telhados, o conchelo, etc. (Do lat. cient. *crassŭla-*, de *crassu-*, «grosso» +*-áceas*)
crasta *n.f.* ⇒ **claustro** (Do lat. *claustra*, pl. de *claustrum*, «lugar fechado»)
crasteiro *adj.* relativo a crasta (De *crasta*+*-eiro*)
crastejo /ê/ *n.m.* **1** pequeno crasto **2** castelejo (De *crasto*, por *castro*+*-ejo*)
crástino *adj.* do dia seguinte (Do lat. *crastĭnu-*, «de amanhã»)
crasto *n.m.* ⇒ **castro** (De *castro*, com met.)
cratão *n.m.* GEOLOGIA região da Terra, rígida e estável, no geral de grande extensão (Do fr. *craton*, «id.»)
cratego /ê/ *n.m.* **1** género de planta rosácea **2** pilriteiro **3** semente de buxo (Do gr. *krátaigos*, «nespereira»)
cratera *n.f.* **1** GEOGRAFIA abertura da chaminé do vulcão por onde são expelidas lavas e outros materiais que se vão dispondo em torno dela **2** abertura no solo produzida pelo rebentamento de um projétil, bomba ou carga explosiva **3** vaso grego, com duas asas, com que se servia o vinho ou a água, às refeições **4** [fig.] origem de desgraças (Do gr. *kratér*, «taça grande em que se mistura o vinho com a água», pelo lat. *cratēra-*, «abertura vulcânica da terra»)
crateriforme *adj.2g.* que tem forma de cratera (Do lat. *cratēra-*, «cratera» +*forma-*, «forma»)
cratícula *n.f.* **1** pequena grade **2** quadradinho (Do lat. *craticŭla-*, «grade pequena»)
craticulação *n.f.* divisão de um desenho em quadrados, para ser reproduzido por partes; quadriculação (Do fr. *craticulation*, «id.»)
craticular *v.tr.* dividir em cratículas para desenhar ▪ *adj.2g.* em forma de cratícula (Do fr. *craticuler*, «quadricular»)
crato *n.m.* casta de uva, especialmente do Sul de Portugal (De *Crato*, top., vila portuguesa do distrito de Portalegre)
cratogénico *adj.* GEOLOGIA formado em relação com um cratão (Do fr. *craton*, «cratão»+gr. *genos*, «origem; formação» +*-ico*)
cratónico *adj.* GEOLOGIA que diz respeito ao cratão (Do fr. *craton*, «cratão» +*-ico*)
craúna *n.f.* ORNITOLOGIA ⇒ **graúna**
crava *n.2g.* [coloq.] aquele que frequentemente pede dinheiro ou favores (Deriv. regr. de *cravar*)
cravação *n.f.* **1** ato ou efeito de cravar **2** trabalho de engastar pedras preciosas **3** conjunto dos objetos cravados **4** ordem de pregos dispostos simetricamente para ornato **5** estacaria **6** relevo produzido no papel, pela impressão tipográfica, no lado oposto àquele em que se imprime (De *cravar*+*-ção*)
cravadeira *n.f.* máquina de cravar rebites por meio de ar comprimido (De *cravar*+*-deira*)
cravador *n.m.* **1** quem ou aquilo que crava **2** furador de sapateiro (De *cravar*+*-dor*)
cravadura *n.f.* **1** ato ou efeito de cravar **2** ferimento produzido pela introdução de um cravo nos tecidos moles da extremidade da pata dos solípedes **3** ferragem para um navio **4** cravação (De *cravar*+*-dura*)
cravagem *n.f.* **1** ato de cravar; cravação **2** BOTÂNICA doença das gramíneas produzida por um fungo ascomicete; fungão; morrão; cornição; cornecho (De *cravar*+*-agem*)
cravagem-do-centeio ver nova grafia cravagem do centeio
cravagem do centeio *n.f.* BOTÂNICA fungão de centeio, com propriedades abortivas e hemostáticas
cravanço *n.m.* [coloq.] ação de cravar, de pedir dinheiro (De *cravar*+*-anço*)
cravar *v.tr.* **1** fazer entrar, batendo; enterrar **2** pregar **3** (pedrarias) engastar; cravejar **4** [fig.] fixar (os olhos) **5** [coloq.] pedir dinheiro ou favores a ▪ *v.pron.* **1** introduzir-se **2** agarrar-se **3** enterrar-se (Do lat. tard. *clavāre*, «pregar»)
cravaria *n.f.* lugar onde se fabricam cravos (De *cravo*+*-aria*)
craveira *n.f.* **1** medida para determinar a altura das pessoas **2** régua metálica graduada em milímetros, terminada por uma espera fixa, ao longo da qual desliza outra espera móvel ou curva, que serve para medir comprimentos, espessuras, diâmetros exteriores e interiores de tubos, etc. **3** compasso de corrediça **4** utensílio de sapateiro para tomar a medida do pé **5** bitola **6** buraco da ferradura para o cravo **7** instrumento para fazer cabeças de cravos e de pregos; *não chegar à* ~ [fig.] ser de pequena estatura, não prestar para nada; *ter* ~ ter nível, ter superior (De *cravo*+*-eira*)
craveiro *n.m.* BOTÂNICA nome vulgar extensivo a algumas plantas da família das Silenáceas, muito cultivadas nos jardins em virtude da beleza e do aroma das suas flores (cravos) (De *cravo*+*-eiro*)
craveiro-da-índia *n.m.* BOTÂNICA árvore perene, da família das Mirtáceas, de copa cilíndrica e cujos botões ao amadurecerem adquirem um tom róseo-avermelhado
cravejador *n.m.* **1** o que craveja **2** aquele que faz cravos para ferraduras (De *cravejar*+*-dor*)
cravejamento *n.m.* ato ou efeito de cravejar (De *cravejar*+*-mento*)
cravejar *v.tr.* **1** segurar com cravos **2** engastar (pedras preciosas) **3** utilizar intercaladamente; entremear; interpor (De *cravar*+*-ejar*)
cravelha /ê/ *n.f.* **1** peça com que se retesam as cordas de certos instrumentos musicais para afinação **2** obturador do ouvido dos canhões quando se carregam **3** cravelho (Do lat. *clavicŭla-*, «pequena chave»)
cravelhame *n.m.* **1** o conjunto das cravelhas **2** a parte do instrumento musical onde se encontram as cravelhas (De *cravelha*+*-ame*)
cravelho /ê/ *n.m.* peça de madeira que gira em torno de um prego ou desliza por uma calha, para fechar portas, cancelas, etc. (De *cravelha*)
cravelina *n.f.* BOTÂNICA ⇒ **cravina**[1] (Do lat. *clavellina-*, «id.»)
cravelo *n.m.* [regionalismo] refeição de queijo, pão e vinho que se dá aos malhadores entre o almoço e o jantar; merenda (De orig. obsc.)
cravete /ê/ *n.m.* cada uma das pontas metálicas da fivela que prendem a correia, etc. (Do fr. *clavette*, «presilha»)
cravija *n.f.* **1** barra de ferro que une a lança com os varais do carro **2** barra que fixa o carro no eixo dianteiro, facilitando-lhe os movimentos para os lados (Do lat. *clavicŭla*, «chave pequena», do cast. *clavija*, «cavilha»)
cravina[1] *n.f.* **1** BOTÂNICA planta ornamental da família das Cariofiláceas semelhante ao craveiro, mas de flores mais pequenas; cravelina **2** flor desta planta (De *cravo*+*-ina*)
cravina[2] *n.f.* [pop.] ⇒ **carabina** (Do fr. *carabine*, «carabina»)
cravineiro *n.m.* fabricante de cravos (instrumentos musicais) (De *cravina*+*-eiro*)
cravineta /ê/ *n.f.* variedade de cravo, de tipo pequeno (De *cravina*+*-eta*)
cravinho *n.m.* **1** cravo muito pequeno **2** craveiro **3** variedade de prego miúdo **4** ⇒ **cravo-da-índia** (De *cravo*+*-inho*)
cravinhos-da-china *n.m.pl.* **1** BOTÂNICA planta da família das Silenáceas, apreciada em Portugal pela beleza e pelo aroma das suas flores e muito cultivada em jardins **2** flor desta planta
cravinoso /ô/ *adj.* que tem forma de cravo ou de cravina (De *cravina*+*-oso*)
craviorganista *n.2g.* pessoa que toca craviórgão (De *craviórgão*+*-ista*)
craviórgão *n.m.* MÚSICA espécie de cravo com um ou mais registos de órgão; claviórgão (Do it. *claviorgano*, «id.»)
cravista *n.2g.* pessoa que toca cravo (De *cravo*+*-ista*)
cravo[1] *n.m.* **1** BOTÂNICA flor do craveiro, solitária com pétalas recortadas, geralmente de cor vermelha ou branca **2** BOTÂNICA craveiro **3** prego de ferradura **4** prego com que se fixavam as mãos e os pés dos supliciados na cruz ou no potro **5** pequena verruga cutânea, geralmente dolorosa e em forma de cone **6** tumor duro nos cascos dos equídeos **7** [Brasil] ⇒ **comedão**; *dar uma no* ~ *e outra na ferradura* acertar umas respostas e outras não, responder atabalhoadamente, não dizer toda a verdade (Do lat. *clavu-*, «prego»)
cravo[2] *n.m.* MÚSICA instrumento de cordas e teclado, muito usado desde o séc. XV até fins do séc. XVIII, altura em que cedeu o lugar ao piano (Do lat. med. *clavicymbălu-*, «id.», pelo it. *clavicembalo*, «id.», pelo al. *Klavier*, «piano»?)
cravo-aromático *n.m.* BOTÂNICA ⇒ **cravo-da-índia**
cravo-da-índia *n.m.* **1** BOTÂNICA árvore perene, da família das Mirtáceas, de copa cilíndrica e cujos botões ao amadurecerem adquirem um tom róseo-avermelhado **2** BOTÂNICA botão desta planta, que escurece ao ser posto a secar e adquire um sabor acre e picante, usado como especiaria ou em perfumaria
cravo-de-amor *n.m.* BOTÂNICA ⇒ **gipsófila**
cravo-de-cabecinha *n.m.* BOTÂNICA ⇒ **cravo-da-índia**

cravo-do-monte *n.m.* BOTÂNICA ⇒ **ouropeso**
cravo-romano *n.m.* 1 BOTÂNICA planta herbácea, da família das Plumbagináceas, espontânea em Portugal 2 flor desta planta
crawl *n.m.* DESPORTO estilo de natação em que o nadador se move com o peito sobre a água, dando braçadas acima do ombro e para a frente; estilo livre (Do ing. *crawl*, «id.»)
cré *n.m.* PETROLOGIA calcário orgânico tenro, formado de grãos de natureza diversa, designadamente fragmentos de foraminíferos; **lé com lé, ~ com ~** cada qual com seu igual (Do lat. *creta*-, «greda», pelo fr. *craie*, «giz; greda branca»)
creatina *n.f.* BIOQUÍMICA aminoácido que existe especialmente no tecido muscular dos vertebrados (Do gr. *kréas, -atos*, «carne» +*-ina*)
creatinina *n.f.* BIOQUÍMICA produto de desassimilação que resulta da creatina por desidratação (De *creatina+-ina*)
creatófago *adj.,n.m.* que ou aquele que come carne; carnívoro (Do gr. *kréas, -atos*, «carne» +*phageīn*, «comer»)
creatóforo *adj.* que tem ou produz carne (Do gr. *kréas, -atos*, «carne» +*phorós*, «que produz»)
crebro *adj.* 1 [poét.] frequente; amiudado 2 repetido (Do lat. *crebru*-, «frequente»)
creche *n.f.* estabelecimento de educação destinado a crianças com idades compreendidas entre os 3 meses e os 3 anos de idade (Do fr. *crèche*, «infantário»)
crecheu *n.2g.* [Cabo Verde] ⇒ **cretcheu**
credência *n.f.* 1 RELIGIÃO mesa junto ao altar, onde se colocam os aprestos da missa 2 espécie de aparador (Do lat. *credentĭa*, part. pres. neut. pl. de *credēre*, «crer», pelo it. *credenza*, «crença; confiança; credência»)
credenciação *n.f.* 1 ato de conferir a uma pessoa ou entidade poderes para representar oficialmente algo ou alguém 2 habilitação ou qualificação para determinado cargo ou função (De *credenciar+-ção*)
credencial *adj.2g.* designativo de documento que dá crédito ou poderes ■ *n.f.* 1 documento que dá crédito ou poderes; carta credencial 2 *pl.* documento que dá crédito e poderes para representar um país perante o governo de outro, ou uma entidade perante outra (Do it. *credenziale*, «id.»)
credenciar *v.tr.* 1 conceder procuração ou carta credencial a; acreditar 2 conceder crédito a; abonar 3 tornar apto; habilitar 4 reconhecer; qualificar ■ *v.pron.* tornar-se apto; habilitar-se (De *credência+-ar*)
credenciário *n.m.* 1 aquele que cuida da credência ou do altar-mor 2 sacristão (Do it. *credenziario*, «id.»)
credibilidade *n.f.* 1 qualidade do que é credível 2 o que faz com que alguém mereça ser acreditado (Do lat. escol. *credibilitāte*-, «id.», pelo fr. *crédibilité*, «id.»)
credibilizar *v.tr.* tornar credível
credifone *n.m.* cartão cuja memória armazena determinado número de impulsos de chamadas telefónicas e é usado para telefonar em cabines públicas (De *crédi(to)+(tele)fone*)
creditar *v.tr.* 1 dar crédito a; garantir 2 pôr (quantia) à disposição de (pessoa ou instituição) 3 lançar (quantia) em conta-corrente; depositar ■ *v.pron.* constituir-se credor (De *crédito+-ar*)
creditável *adj.2g.* que pode ser creditado
creditício *adj.* relativo ao crédito público (Do lat. **credititīu*-, «id.»)
crédito *n.m.* 1 confiança que nos inspira alguém ou alguma coisa 2 boa reputação 3 autoridade profissional 4 aquilo que, na sua escrita, o comerciante tem a haver 5 facilidade de adquirir dinheiro por empréstimo 6 autorização para fazer despesas; **~ bancário** operação pela qual um banco põe determinada soma à disposição do beneficiário, com a garantia de este lhe pagar os juros convencionados e de lhe restituir, na data fixada para o reembolso, importância correspondente à que havia sido emprestada; ***a ~*** pago ou recebido posteriormente, em uma ou mais prestações, e não no momento da compra (Do lat. *credĭtu*-, «empréstimo», pelo it. *credĭto*, «confiança; crédito»)
creditório *adj.* relativo a crédito (De *crédito+-ório*)
credível *adj.2g.* 1 digno de crédito 2 verosímil (Do lat. *credibĭle*-, «id.»)
credo *n.m.* 1 RELIGIÃO profissão de fé dos cristãos católicos, chamada também símbolo dos apóstolos, e que começa, em latim, pela palavra *credo* (que significa creio) 2 profissão de fé 3 crença política 4 opinião arreigada 5 sistema de normas e crenças de uma pessoa ou grupo 6 programa de um partido; **~!** exclamação que exprime espanto ou repulsa; ***com o ~ na boca*** na iminência de um perigo, em permanente susto; ***como Pilatos no ~*** sem interesse no assunto de que se está a tratar, fora de propósito; ***num ~*** rapidamente, num instante (Do lat. *credo*, de *credĕre*)

credor *n.m.* 1 pessoa a quem se deve dinheiro (em relação ao devedor) 2 [fig.] aquele que tem direito à consideração de outrem ■ *adj.* merecedor (Do lat. *creditōre*-, «id.»)
credulidade *n.f.* 1 qualidade de quem é crédulo 2 ingenuidade 3 simplicidade (Do lat. *credulitāte*-, «id.»)
crédulo *adj.* 1 que crê facilmente 2 ingénuo 3 simples ■ *n.m.* pessoa ingénua (Do lat. *credŭlu*-, «id.»)
cremação *n.f.* ato ou efeito de cremar; redução dos cadáveres a cinzas; incineração (Do lat. *crematiōne*-, «id.»)
cremadeiro *n.m.* 1 lugar onde se incineravam os cadáveres 2 fogueira em que se queimavam as viúvas na Índia 3 pira (De *cremar+-deiro*)
cremado[1] *adj.* que tem cor de creme (De *creme+-ado*)
cremado[2] *adj.* que se cremou; incinerado (Do latim *cremātu*-, «queimado; consumido pelo fogo»)
cremadoiro *n.m.* ⇒ **cremadouro** (Do lat. **cremātorĭu*-, «id.»)
cremador *adj.,n.m.* 1 que ou aquele que queima 2 que destrói (Do lat. *cremātōre*-, «id.»)
cremadouro *n.m.* ⇒ **cremadeiro** (Do lat. **cremātorĭu*-, «id.»)
cremalheira *n.f.* 1 peça dentada para levantar ou baixar uma peça móvel 2 régua dentada que engrena num cilindro ou numa roda também dentada para transformar o movimento de rotação em movimento retilíneo e vice-versa (Do fr. *crémaillère*, «id.»)
cremar *v.tr.* proceder à cremação de; incinerar (Do lat. *cremāre*, «id.»)
crematística *n.f.* ciência da produção das riquezas (Do gr. *khrematistikós*, «financeiro; relativo a riqueza»)
crematório *adj.* diz-se do forno onde se faz a cremação (Do lat. **crematorĭu*-, «id.»)
creme *n.m.* 1 substância gordurosa e amarelada do leite, da qual se extrai a manteiga; nata 2 CULINÁRIA preparado culinário, doce ou salgado, menos espesso do que o puré 3 doce feito de leite, farinha, ovos e açúcar, também chamado leite-creme 4 licor espesso 5 (cosmética) produto consistente, utilizado na higiene pessoal ou no embelezamento físico 6 cor branco-amarelada como a da nata do leite 7 [fig.] o melhor de alguma coisa; nata; escol ■ *adj.2g.* que tem a cor da nata do leite; amarelado; **~ *de barbear*** substância que se aplica no rosto para fazer a barba, espuma de barbear; **~ *de leite*** [Brasil] nata (Do fr. *crème*, «id.»)
cremnofobia *n.f.* horror patológico aos precipícios (Do gr. *kremnós*, «precipício» +*phóbos*, «medo» +*-ia*)
cremómetro *n.m.* aparelho que serve para avaliar a quantidade de nata contida no leite (De *creme+-o-+-metro*)
cremona /ô/ *n.f.* ferrolho duplo, comprido, da altura da porta ou da janela, que fecha simultaneamente em cima e em baixo; carmona (Do fr. *crémone*, «id.»)
cremor *n.m.* parte mais substancial e melhor de uma planta, fruto ou grão, obtida por meio de cocção lenta e prolongada; **~ *de tártaro*** bitartarato de potássio extraído do sarro e das borras do vinho (Do lat. *cremōre*-, «decocção espessa»)
cremorizar *v.tr.* temperar ou misturar com cremor (De *cremor+-izar*)
cremoso *adj.* 1 que tem a consistência de um creme 2 macio (De *creme+-oso*)
crena[1] /ê/ *n.f.* 1 entalhe; encaixe 2 espaço entre cada dois dentes de uma roda dentada 3 *pl.* BOTÂNICA dentes arredondados dos bordos das folhas de alguns vegetais (Do lat. tard. *crena*-, «entalhe»)
crena[2] /ê/ *n.f.* NÁUTICA ⇒ **querena**
crenado *adj.* que tem crenas; denteado (Part. pass. de *crenar*)
crenar[1] *v.tr.* TIPOGRAFIA raspar com uma faca especial os caracteres tipográficos que apresentam saliências e não se podem passar no esmeril (De *crena+-ar*)
crenar[2] *v.tr.,intr.* NÁUTICA ⇒ **querenar**
crença *n.f.* 1 ato de crer 2 atitude de espírito que admite, em grau variável (certeza, convicção, opinião), uma coisa como verdadeira 3 confiança 4 opinião adotada com fé e convicção 5 fé religiosa 6 [pop.] crendice, birra; ***carta de ~*** carta credencial (Do lat. *credentĭa*, part. pres. neut. pl. de *credēre*, «crer; confiar»)
crendeirice *n.f.* ⇒ **crendice** (De *crendeiro+-ice*)
crendeiro *adj.,n.m.* 1 que ou aquele que acredita em absurdos e bruxedos 2 simplório (Do lat. tard. **credendarĭu*-, «id.»)
crendice *n.f.* 1 qualidade de crendeiro 2 crença considerada absurda ou ridícula; crendeirice (De *crend(eiro)+-ice*)
crenoterapia *n.f.* MEDICINA tratamento à base de águas minerais (Do gr. *kréne*, «fonte»+*therapeía*, «tratamento»)
crente *adj.2g.* 1 que crê; que tem fé religiosa 2 convencido; persuadido ■ *n.2g.* 1 pessoa que crê; pessoa que acredita numa religião 2 designação que os muçulmanos se atribuem a si próprios (Do lat. ecl. *credente*-, «id.», part. pres. de *credēre*, «crer; confiar»)

crénula *n.f.* crena pequena (De *crena*, «entalhe» +*-ula*)
crenulado *adj.* que tem crénulas; serrilhado (De *crénula*+*-ado*)
creo- elemento de formação de palavras que exprime a ideia de carne (Do gr. *kréas, -atos*, «carne»)
creofagia *n.f.* hábito de comer carne; sarcofagia (Do gr. *kreophagía*, «ato de comer carne»)
creófago *adj.,n.m.* que ou aquele que manifesta creofagia; carnívoro; sarcófago (Do gr. *kreophágos*, «carnívoro»)
creófilo *adj.,n.m.* que ou o que gosta de carne ▪ *n.m.pl.* ZOOLOGIA insetos dípteros que põem os ovos sobre substâncias animais, principalmente cadáveres (De *creo-*+*-filo*)
creogenia *n.f.* produção de carne nos corpos vivos (De *creo-*+*-genia*)
creografia *n.f.* descrição das carnes ou dos tecidos moles dos animais (De *creo-*+*-grafia*)
creolina *n.f.* FARMÁCIA substância antisséptica extraída do alcatrão da hulha (De *Creolina*®)
creosotagem *n.f.* 1 ato de creosotar 2 tratamento de creosoto dado à madeira para a proteger (De *creosotar*+*-agem*)
creosotar *v.tr.* impregnar de creosoto (Do fr. *créosoter*, «id.»)
creosote *n.m.* FARMÁCIA ⇒ **creosoto**
creosoto *n.m.* FARMÁCIA líquido antisséptico e cáustico, extraído dos alcatrões de madeira por destilação (Do fr. *créosote*, «id.», do gr. *kréas*, «carne» +*sózein*, «salvar; conservar»)
crepe *n.m.* 1 tecido um tanto rugoso, transparente, de seda ou de lã fina 2 qualidade de borracha crespa 3 fita ou tecido negro que se usa em sinal de luto 4 [fig.] luto 5 CULINÁRIA espécie de panqueca fina composta de leite, farinha e ovos (Do lat. *crispu-*, «crespo», pelo fr. *crêpe*, «crepe»)
creperia *n.f.* estabelecimento onde se confecionam e servem crepes (De *crepe*+*-eria*)
crépido *adj.* ⇒ **crespo** (Do fr. *crépu*, «frisado; crespo»)
crepitação *n.f.* 1 ato ou efeito de crepitar 2 ruído produzido por um combustível que lança faúlhas, ou pelo sal marinho quando atirado ao fogo 3 MEDICINA rumor que se nota em determinados estados patológicos das vias respiratórias ou dos tecidos pulmonares, nos ossos fraturados, etc. (Do lat. *crepitatiōne-*, «id.»)
crepitáculo *n.m.* 1 fruto que, ao abrir-se, produz um estalido 2 crepitação 3 estalido (Do lat. *crepitacŭlu-*, «pandeiro; guizo»)
crepitante *adj.2g.* que crepita (Do lat. *crepitante-*, «id.», part. pres. de *crepitar*, «crepitar»)
crepitar *v.intr.* dar estalidos (a lenha ou o sal deitado ao lume); estralejar; fazer crepitação (Do lat. *crepitāre*, «id.»)
crepitoso /ô/ *adj.* ⇒ **crepitante**
crepuscular *adj.2g.* 1 do crepúsculo; crepusculino 2 diz-se dos animais, especialmente insetos, que só aparecem ao crepúsculo 3 [fig.] sombrio 4 [fig.] indeterminado; esbatido 5 [fig.] esboçado 6 [fig.] indeciso; *estado* ~ estado de semiconsciência que precede a perda absoluta de consciência e que lhe sucede nas crises epiléticas (De *crepúsculo*+*-ar*)
crepusculários *n.m.pl.* ZOOLOGIA designação de uns insetos lepidópteros pertencentes a várias famílias, que aparecem à hora do crepúsculo (De *crepúsculo*+*-ário*)
crepusculino *adj.* ⇒ **crepuscular** (De *crepúsculo*+*-ino*)
crepusculizar *v.tr.* 1 tornar crepuscular 2 empardecer (De *crepúsculo*+*-izar*)
crepúsculo *n.m.* 1 claridade frouxa que persiste algum tempo depois do sol-posto; lusco-fusco 2 claridade idêntica que precede o raiar do dia 3 [fig.] declinação; decadência 4 [fig.] ocaso; ~ *da vida* velhice (Do lat. *crepuscŭlu-*, «obscuridade; crepúsculo»)
crer *v.tr.* 1 dar crédito a 2 acreditar 3 julgar; supor ▪ *v.intr.* ter fé ▪ *v.pron.* julgar-se (Do lat. *credĕre*, «id.»)
crescença *n.f.* ato ou efeito de crescer; crescimento 2 cogulo (Do lat. *crescentĭa*, «id.», part. pres. neut. pl. de *crescĕre*, «crescer; aumentar»)
crescendo *n.m.* 1 progressão 2 MÚSICA aumento gradual da intensidade dos sons 3 MÚSICA símbolo que, na pauta musical, indica o aumento gradual da intensidade dos sons (Do it. *crescendo*, «id.»)
crescentada *n.f.* 1 fermento 2 crescente (De *crescente*+*-ada*)
crescente *adj.2g.* 1 que cresce 2 que vai crescendo; progressivo; gradual 3 GRAMÁTICA diz-se do ditongo em que a semivogal antecede a vogal (ex.: ig*ua*l, q*ua*dro) ▪ *n.m.* 1 ASTRONOMIA tempo entre o novilúnio e o plenilúnio e durante o qual se verifica um crescimento aparente da Lua 2 sabre de folha larga e curva, em forma de meia-lua; alfange 3 divisa dos muçulmanos 4 conjunto dos países muçulmanos 5 aquilo que cresce ou sobra; excesso; demasia 6 cabeleira postiça masculina; chinó 7 fermento que se deita na massa do pão para ela levedar ▪ *n.f.* inundação de rio ou de mar; enchente; cheia; *quarto* ~ ASTRONOMIA aspeto da parte da Lua iluminada, em forma de D, quando vista da Terra e com a idade de 9 horas e 15 minutos (Do lat. *crescente-*, «que cresce», part. pres. de *crescĕre*, «crescer»)
crescer *v.intr.* 1 (seres) desenvolver-se progressivamente desde o nascimento até ao termo do seu crescimento normal; criar-se; medrar 2 (coisas) aumentar em número, grandeza ou intensidade 3 aumentar de volume; subir 4 prosperar 5 avançar para alguém com propósitos agressivos 6 ficar como resto; sobejar ▪ *v.cop.* liga o predicativo ao sujeito, indicando: desenvolver-se (*ela cresceu alegre*); ~ *água na boca a* ficar com apetite de alguma coisa (Do lat. *crescĕre*, «crescer»)
crescido *adj.* 1 que cresceu; desenvolvido 2 grande; considerável; avultado 3 avançado ▪ *n.m.* 1 pessoa adulta 2 tumor, ferida inchada 3 *pl.* sobejos 4 *pl.* malhas com que se aumentam os pontos de meia ou nos trabalhos de lã (Part. pass. de *crescer*)
crescidote *adj.2g.* [pop.] um tanto crescido (De *crescido*+*-ote*)
crescimento *n.m.* 1 ato ou efeito de crescer 2 desenvolvimento progressivo 3 aumento 4 expansão (De *crescer*+*-i-*+*-mento*)
créscimo *n.m.* 1 o que sobeja; demasia 2 *pl.* resíduos (De *crescer*+*-imo*)
cresol *n.m.* QUÍMICA fenol derivado do tolueno (Do fr. *crésol*, «id.»)
crespão *n.m.* variedade de tecido de lã, crespa e leve (De *crespo*+*-ão*)
crespar *v.tr.* tornar crespo; encrespar (Do lat. *crispāre*, «encrespar»)
crespidão *n.f.* qualidade do que é crespo; aspereza (Do lat. *crispitudĭne-*, «movimento trémulo»)
crespido *n.m.* camada de argamassa aplicada a uma parede com vassourinha e que fica com consistência crespa (Part. pass. subst. de *crespir*)
crespina *n.f.* 1 ZOOLOGIA segunda cavidade do estômago dos ruminantes, também denominada barrete 2 rede para o cabelo (De *crespo*+*-ina*)
crespir *v.tr.* 1 encrespar 2 eriçar 3 enrugar 4 salpicar com broxa para imitar pedra de várias cores 5 revestir de crespido (Do fr. *crépir*, «rebocar; caiar»)
crespo /ê/ *adj.* 1 que tem superfície rugosa; áspero 2 (cabelo) eriçado; encrespado; riçado 3 (mar, rio) agitado; encapelado 4 [fig.] arrogante 5 [fig.] ameaçador ▪ *n.m.pl.* rugas; franzidos (Do lat. *crispu-*, «crespo»)
cresta[1] *n.f.* ato ou efeito de crestar; queima superficial (Deriv. regr. de *crestar* [=tostar])
cresta[2] *n.f.* 1 ato ou efeito de crestar; colheita do mel, nos cortiços 2 saque; devastação; roubo; desfalque 3 desbaste; desgaste; corte 4 [regionalismo] sova (Deriv. regr. de *crestar* [=colher])
crestadeira *n.f.* 1 instrumento com que se tiram os favos do cortiço 2 utensílio de cozinha para dar a cor de queimado ou tostado a certas iguarias (De *crestar*+*-deira*)
crestadura *n.f.* queimadela superficial (De *crestar*+*-dura*)
crestamento *n.m.* ⇒ **crestadura** (De *crestar*+*-mento*)
crestante *adj.2g.* 1 que cresta 2 ardente (De *crestar*+*-ante*)
crestão *n.m.* ⇒ **cresto** (De *cresto*+*-ão*)
crestar[1] *v.tr.,intr.* queimar(-se) superficialmente; tostar(-se) ▪ *v.tr.* secar por efeito do calor ou do frio (plantas) (Do lat. *crustāre*, «revestir; incrustar»)
crestar[2] *v.tr.* 1 colher (o mel) da colmeia 2 despojar; saquear; desfalcar (Do lat. *castrāre*, «castrar», com met.)
cresto /ê/ *n.m.* chibo castrado, também denominado crestão ou capado (Deriv. regr. de *crestar*)
crestomatia *n.f.* ⇒ **antologia** (Do gr. *khrestomátheia*, «estudo das coisas úteis», pelo fr. *chrestomathie*, «coleção de textos de autores clássicos»)
creta /ê/ *n.f.* ponto de partida dos carros, no circo romano (Do lat. *creta-*, «greda; giz; sinal feito com giz para marcar o início e o fim da carreira»)
cretáceo *adj.* 1 da natureza da greda ou a esta relativo 2 GEOLOGIA relativo ao Cretáceo ▪ *n.m.* [com maiúscula] GEOLOGIA último período do Mesozoico, a seguir ao Jurássico (Do lat. *cretacĕu-*, «misturado com argila»)
cretácico *adj.,n.m.* ⇒ **cretáceo** (De *cretáceo*+*-ico*)
cretaico *adj.* (terreno) que tem grande percentagem de greda; cretáceo (Do lat. *creta-*, «greda; barro branco» +*-ico*)
cretcheu *n.2g.* [Cabo Verde] pessoa muito querida; bem-amado; namorado; namorada (Do crioulo cabo-verdiano *crê*, «querer» +*txeu*, «cheio»)
cretense *adj.2g.* de Creta ▪ *n.2g.* natural ou habitante de Creta (Do lat. *cretense-*, «de Creta»)
crético *adj.* (pé de verso latino) composto de uma sílaba breve entre duas longas; anfímacro (Do lat. *cretĭcu-*, «id.»)

cretinice *n.f.* 1 ação, qualidade ou jeitos de cretino 2 cretinismo (De *cretino*+*-ice*)

cretinismo *n.m.* 1 estado de cretino 2 imbecilidade 3 MEDICINA forma de atraso intelectual e de degenerescência física que se associa a insuficiência da tiroide (De *cretino*+*-ismo*, ou do fr. *crétinisme*, «cretinismo»)

cretinização *n.f.* ato ou efeito de cretinizar (De *cretinizar*+*-ção*)

cretinizar *v.tr.* 1 tornar cretino 2 imbecilizar (De *cretino*+*-izar*)

cretino *adj.* 1 MEDICINA que sofre de cretinismo 2 imbecil ■ *n.m.* 1 MEDICINA indivíduo dotado de debilidade mental por deficiência da tiroide 2 idiota; imbecil (Do fr. *crétin*, «id.»)

cretinoide *adj.2g.* 1 MEDICINA que sofre de uma forma atenuada de cretinismo 2 um tanto cretino (De *cretino*+*-óide*, ou do fr. *crétinoïde*, «cretinoide»)

cretinóide ver nova grafia **cretinoide**

cretinoso *adj.* 1 próprio de cretino 2 que sofre de cretinismo (De *cretino*+*-oso*)

cretone *n.m.* tecido de linho ou de algodão, com urdidura de cânhamo (Do fr. *cretonne*, «id.», de *Creton*, top., localidade francesa da Alta Normandia onde se fabricava esse tecido)

cria *n.f.* animal de mama; filhote (Deriv. regr. de *criar*)

criação *n.f.* 1 ato ou efeito de criar; ato de fazer nascer do nada 2 ação de planear e produzir algo; conceção; invenção 3 o que é criado; obra 4 conjunto dos seres e das coisas criadas; natureza 5 interpretação original de um papel dramático 6 amamentação 7 educação 8 conjunto das aves de capoeira (Do lat. *creatiōne-*, «id.»)

criacionismo *n.m.* 1 RELIGIÃO teoria dos que acreditam na criação do Universo de acordo com a interpretação literal do Génesis 2 doutrina da Igreja Católica segundo a qual a alma de cada pessoa é criada por Deus e infundida no corpo no momento da conceção ou no estado embrionário 3 crença dos que acreditam que o Universo e toda a existência têm origem numa energia ou entidade criadora (Do lat. *creatiōne-*, «criação» +*-ismo*)

criacionista *adj.,n.2g.* 1 relativo ao criacionismo 2 que ou aquele que é partidário do criacionismo (Do lat. *creatiōne-*, «criação» +*-ista*)

criada *n.f.* empregada doméstica (Do lat. *creāta-*, «id.», part. pass. fem. de *creāre*, «criar»)

criadagem *n.f.* conjunto dos criados ou das criadas (De *criado*+*-agem*)

criadeira *adj.* que cria bem; fecunda ■ *n.f.* 1 ama de leite 2 aparelho de incubação onde se recolhem os pintainhos algum tempo depois de nascerem 3 aparelho usado em pediatria para manter um recém-nascido prematuro em condições de temperatura e humidade convenientes; incubadora (De *criar*+*-deira*)

criado *n.m.* 1 empregado doméstico 2 [ant.] empregado de mesa (Do lat. *creātu-*, «id.», part. pass. de *creāre*, «criar»)

criadoiro *n.m.* ⇒ **criadouro**

criado-mudo *n.m.* [Brasil] mesa de cabeceira

criador *n.m.* 1 aquele que cria, que dá o ser 2 autor de algo novo ou original 3 desenhador de moda; estilista 4 inventor 5 fundador 6 o que trata da criação de gado 7 [com maiúscula] RELIGIÃO Deus ■ *adj.* 1 que cria 2 que inventa 3 fecundo (Do lat. *creatōre-*, «id.»)

criadouro *n.m.* 1 viveiro de plantas 2 [pop.] creche ■ *adj.* que dá esperanças de se desenvolver (De *criar*+*-douro*)

criamoso /ô/ *adj.* 1 [regionalismo] criador 2 [regionalismo] (tempo) favorável, propício (para a criação) (De *criar*+*m*+*-oso*)

criança *n.f.* 1 ser humano de pouca idade; pessoa muito jovem; menino ou menina 2 filho(a); rebento; cria 3 [fig.] pessoa com comportamento que revela imaturidade; pessoa que se comporta de modo ingénuo ou infantil (Do lat. *creantĭa*, part. pres. neut. pl. de *creāre*, «criar; fazer crescer»)

criançada *n.f.* 1 conjunto de crianças 2 criancice (De *criança*+*-ada*)

criançalho *n.m.* [pop.] indivíduo acriançado, leviano (De *criança*+*-alho*)

criancelho /ê/ *n.m.* [pop.] ⇒ **criançalho** (De *criança*+*-elho*)

criancice *n.f.* 1 modos ou atos de criança 2 infantilidade; puerilidade 3 leviandade (De *criança*+*-ice*)

crianço *n.m.* 1 menino de pouca idade 2 [pej.] criançola (De *criança*)

criançola *n.2g.* pessoa que, apesar de já não ser criança, se comporta como se o fosse (De *criança*+*-ola*)

criar *v.tr.* 1 dar existência a 2 tirar do nada 3 gerar 4 produzir 5 promover a procriação de 6 amamentar 7 alimentar para desenvolver 8 inventar 9 fundar 10 educar ■ *v.intr.* (ferida) infetar-se ■ *v.pron.* 1 alimentar-se; sustentar-se 2 nascer 3 originar-se 4 produzir-se; *de ~ bicho* (pancada) em grande quantidade (Do lat. *creāre*, «id.»)

criatividade *n.f.* 1 PSICOLOGIA capacidade de produção do artista, do descobridor e do inventor que se manifesta pela originalidade inventiva 2 faculdade de encontrar soluções diferentes e originais face a novas situações (De *criativo*+*-i-*+*-dade*)

criativo *adj.* 1 que é capaz de criar; que tem espírito inventivo; criador 2 que favorece a criação ■ *n.m.* pessoa cuja profissão é criar conceitos, objetos, modas, etc.; criador (De *criar*+*-tivo*)

criatura *n.f.* 1 todo o ser criado 2 pessoa; homem; indivíduo 3 pessoa que depende de outra; protegido (Do lat. *creatūra-*, «id.»)

criaturinha *n.f.* 1 pessoa bondosa, ingénua 2 [pej.] pessoa insignificante (De *criatura*+*-inha*)

criável *adj.2g.* que se pode criar (Do lat. *creabĭle-*, «que pode ser criado»)

cribriforme *adj.2g.* 1 com forma de crivo 2 MEDICINA designativo do osso etmoide (Do lat. *cribru-*, «crivo» +*forma-*, «forma»)

crica *n.f.* 1 ameixa seca 2 pêssego seco 3 espécie de berbigão 4 [vulg.] órgão sexual feminino (Do gr. *kríkos*, «círculo; anel»)

cricalha *n.f.* [regionalismo] [vulg.] lambisgoia; serigaita (De orig. obsc.)

criceto /ê/ *n.m.* ZOOLOGIA mamífero roedor, da Europa do Norte, espécie de rato de rabo curto e peludo, com bochechas providas de papos onde transporta os grãos de trigo, seu alimento preferido (De orig. obsc.)

cricket *n.m.* DESPORTO ⇒ **críquete** (Do ing. *cricket*, «id.»)

cricoide *n.f.* ANATOMIA cartilagem anelar, ímpar, da parte inferior da laringe ■ *adj.2g.* referente à cricoide (Do gr. *krikoeidés*, «em forma de círculo»)

cricóide ver nova grafia **cricoide**

cricri *n.m.* 1 canto do grilo 2 brinquedo que imita o canto do grilo (De orig. onom.)

cricrilar *v.intr.* emitir (o grilo) o som próprio da sua espécie (De orig. onom.)

crime *n.m.* 1 DIREITO todo o delito previsto e punido por lei penal 2 infração de um dever 3 ato repreensível ■ *adj.2g.* criminal; *~ de lesa-majestade* crime contra o rei ou contra algum membro da família real; *~ de lesa-pátria* crime contra o poder soberano de um Estado; *~ particular* crime que só pode ser investigado e julgado se houver queixa e acusação feitas pelo lesado; *~ público* crime que é investigado logo que o Ministério Público tenha conhecimento dele por qualquer meio (Do lat. *crimen, -ĭnis*, «id.»)

criminação *n.f.* 1 imputação de crime 2 acusação (Do lat. *criminatiōne-*, «id.»)

criminador *n.m.* aquele que crimina; acusador (Do lat. *criminatōre-*, «acusador malévolo»)

criminal *adj.2g.* relativo ao crime ■ *n.m.* 1 tribunal criminal 2 processo criminal (Do lat. *criminăle-*, «id.»)

criminalidade *n.f.* 1 qualidade ou estado de criminoso 2 o conjunto ou o grau dos crimes num determinado meio 3 perpetração de um crime (Do lat. tard. *criminalitāte-*, «id.»)

criminalista *n.2g.* jurisconsulto que se ocupa principalmente de assuntos criminais (De *criminal*+*-ista*)

criminalística *n.f.* DIREITO ciência do Direito Penal que se dedica à investigação do crime (De *criminal*+*-ística*)

criminalização *n.f.* ato ou efeito de considerar crime um dado ato (De *criminalizar*+*-ção*)

criminalizar *v.tr.* considerar crime (um ato); tornar criminal (De *criminal*+*-izar*)

criminar *v.tr.* 1 imputar crime a 2 acusar ■ *v.pron.* 1 declarar-se autor de crime; acusar-se 2 trair-se (Do lat. *crimināre*, «acusar; incriminar»)

criminável *adj.2g.* que se pode criminar ou considerar criminoso (De *criminar*+*-vel*)

crimin(o)- elemento de formação de palavras que exprime a ideia de crime (Do latim *crimen, -ĭnis*, «crime»)

criminologia *n.f.* 1 conjunto complexo de disciplinas médicas, genéticas, psicológicas, sociológicas, que consideram a criminalidade nos seus diversos aspetos 2 filosofia do direito penal (De *crimino-*+*-logia*)

criminologista *n.2g.* especialista em criminologia (De *criminologia*+*-ista*)

criminosamente *adv.* 1 de modo ou por processo criminoso 2 culposamente (De *criminoso*+*-mente*)

criminoso /ô/ *adj.* 1 que praticou uma grave infração à lei 2 em que há crime 3 [fig.] considerado extremamente reprovável ■ *n.m.* aquele que praticou um crime (Do lat. *criminōsu-*, «id.»)

crimófilo *adj.* que se dá bem nas regiões frias (Do gr. *krymós*, «frio» +*phílos*, «amigo»)

crimófobo *adj.* que não se dá bem nas regiões frias (Do gr. *krymós*, «frio» +*phóbos*, «horror»)

crimoterapia *n.f.* terapêutica por aplicação do frio; crioterapia (Do gr. *krymós*, «frio» +*therapeía*, «tratamento»)

crimoterápico *adj.* relativo à crimoterapia; crioterápico (De *crimoterapia+-ico*)
crina *n.f.* **1** pelo longo que se desenvolve ao longo do pescoço e na cauda de alguns animais **2** [fig.] cabeleira abundante **3** tecido áspero de fibras vegetais; crinolina (Do lat. vulg. **crina-*, do lat. cl. *crine-*, «cabelo; cabeleira», pelo cast. *crina*, «id.»)
crinal *adj.2g.* **1** de crina **2** referente a crina ■ *n.m.* crineira (Do lat. *crināle-*, «relativo aos cabelos»)
crinalvo *adj.* (animal) que tem crina branca ou muito mais clara que a pelagem do resto do corpo (Do lat. *crine-*, «crina» +*albu-*, «branco»)
crináureo *adj.* que tem crina dourada ou amarela (Do lat. *crine-*, «crina» +*aurĕu-*, «dourado»)
crineira *n.f.* **1** conjunto de crinas ou pelos que se formam no pescoço do cavalo; crinal **2** (leão, etc.) juba **3** MILITAR conjunto de pelos que, da cúpula do capacete, caem para trás (De *crina+-eira*)
crin(i)- elemento de formação de palavras que exprime a ideia de *crina, cabelo, pelo* (Do lat. *crine-*, «crina; cabelo; cabeleira»)
crinicórneo *adj.* que tem as antenas com crina ou aveludadas (Do lat. *crine-*, «cabelo; pelo» +*cornĕu-*, «córneo»)
crinífero *adj.* que tem crina; crinígero; crinito (De *crini-+-fero*)
criniforme *adj.2g.* que tem forma de crina ou de cabelo (De *crini-+-forme*)
crinígero *adj.* ⇒ **crinífero** (Do lat. *crinigĕru-*, «cabeludo»)
crinipreto *adj.* que tem crina preta (De *crini-+preto*)
crinisparso *adj.* de cabelos soltos, desgrenhados (Do lat. *crine-*, «cabelo» +*sparsu-*, part. pass. de *spargĕre*, «espalhar»)
crinito *adj.* **1** que tem crina; crinífero **2** comado **3** que tem muitos pelos (Do lat. *crinītu-*, «que tem muitos cabelos»)
crino *n.m.* BOTÂNICA termo que tem sido usado para designar as plantas tropicais do género *Crinum* (família das Amarilidáceas), algumas delas cultivadas em Portugal (Do gr. *krínon*, «lírio», pelo lat. *crinon*, id.»)
crinoide *adj.2g.* **1** ZOOLOGIA que se assemelha morfologicamente ao crino **2** relativo ou pertencente aos crinoides ■ *n.m.* ZOOLOGIA espécime dos crinoides ■ *n.m.pl.* ZOOLOGIA classe de equinodermes, de corpo caliciforme, que vivem fixados temporária ou permanentemente (Do gr. *krinoeidés*, «semelhante ao lírio»)
crinóide ver nova grafia **crinoide**
crinolina *n.f.* **1** tecido de crina **2** espécie de saia feita de crina para arquear os vestidos (Do it. *crinolino*, «crinolina», pelo fr. *crinoline*, «id.»)
crio-¹ elemento de formação de palavras que exprime a ideia de *frio, gelo* (Do gr. *krýos*, «frio; gelo»)
crio-² elemento de formação de palavras que exprime a ideia de *carneiro* (Do gr. *kriós*, «carneiro»)
criobiologia *n.f.* ciência que estuda os efeitos das temperaturas muito baixas sobre os organismos, os tecidos e as células (De *crio-+biologia*)
criocéfalo *adj.* que tem cabeça semelhante à do carneiro (Do gr. *krioképhalos*, «id.»)
criocirurgia *n.f.* cirurgia pelo emprego de baixas temperaturas (De *crio-+cirurgia*)
criodecapagem *n.f.* decapagem pelo frio (De *crio-+decapagem*)
criogenia *n.f.* FÍSICA parte da física que estuda os fenómenos a baixas temperaturas (Do gr. *krýos*, «gelo» +*génos*, «origem» +-*ia*)
criogénico *adj.* **1** FÍSICA relativo ou pertencente à criogenia **2** que produz frio; *líquido* ~ líquido que se mantém a temperaturas muito baixas (ar líquido, hidrogénio líquido, hélio líquido)
criogenização *n.f.* processo de congelamento de corpos que desce até aos -196 °C (Do gr. *krýos*, «gelo»+*génos*, «origem»+-*izar-ção*)
crioídrico *adj.* **1** QUÍMICA próprio de um eutéctico aquoso **2** diz-se da temperatura a que uma mistura eutéctica solidifica (Do gr. *krýos*, «frio» +*hýdor*, «água» +*-ico*)
crioilo *n.m.* ⇒ **crioulo**
criolite *n.f.* MINERALOGIA mineral, branco de neve, que é, quanto à composição, um fluoreto de alumínio e sódio, e que cristaliza no sistema monoclínico (Do gr. *krýos*, «gelo» +*líthos*, «pedra»)
criometria *n.f.* FÍSICA medição de baixas temperaturas
criómetro *n.m.* termómetro utilizado para temperaturas muito baixas (Do gr. *krýos*, «frio» +*métron*, «medida»)
criopreservar *v.tr.* conservar (material biológico, como células estaminais, sangue, etc.) através do congelamento a temperaturas muito baixas (geralmente 196 °C negativos) (De *crio-+preservar*)
crioscopia *n.f.* FÍSICA, QUÍMICA estudo do abaixamento do ponto de solidificação dos líquidos quando contêm substâncias dissolvidas (Do gr. *krýos*, «frio» +*skopeīn*, «observar» +*-ia*)
crioscópico *adj.* relativo à crioscopia

crioscópio *n.m.* FÍSICA, QUÍMICA aparelho usado para medidas crioscópicas (Do gr. *krýos*, «frio» +*skopeīn*, «observar» +*-io*)
criosfera *n.f.* GEOLOGIA camada da superfície terrestre, descontínua, formada pela água permanentemente no estado sólido (Do gr. *krýos*, «gelo» +*sphaīra*, «esfera»)
crióstato *n.m.* aparelho no qual se consegue manter constante uma temperatura baixa, que pode ser inferior a 1 kelvin (Do gr. *krýos*, «frio» +*statós*, «estacionário»)
criotecnia *n.f.* FÍSICA conjunto das técnicas de produção de baixas temperaturas (De *crio-+tecnia*)
crioterapia *n.f.* MEDICINA terapêutica por aplicação do frio (De *crio-+terapia*)
crioterápico *adj.* relativo à crioterapia; crimoterápico (De *crioterapia+-ico*)
crioulada *n.f.* grupo de crioulos (De *crioulo+-ada*)
crioulística *n.f.* LINGUÍSTICA estudo dos crioulos (De *crioulo+-ística*)
crioulização *n.f.* **1** LINGUÍSTICA processo de formação de crioulos **2** adopção de uma língua estrangeira por uma comunidade, que é a mescla com o seu próprio idioma, criando um léxico e uma gramática mais ou menos distintos dos originais (De *crioulo+-izar+-ção*)
crioulo *adj.* **1** que provém de países em que houve escravatura negra **2** diz-se do dialeto ou língua que resulta da evolução de uma língua de contacto entre colonizadores e povos autóctones **3** diz-se do dialeto falado em Cabo Verde ■ *n.m.* **1** indivíduo que, embora descendente de europeus, nasceu em país originário da colonização europeia **2** LINGUÍSTICA língua natural que resulta da mistura da língua autóctone com uma outra língua e que se torna língua materna **3** [ant.] negro nascido no Brasil; *~ de base lexical portuguesa* LINGUÍSTICA cada um dos crioulos resultantes do contacto linguístico entre falantes portugueses e falantes de línguas não europeias, durante a época dos Descobrimentos (De *cria+-olo*, ou do cast. *criollo*, «id.»)
cripta *n.f.* **1** galeria subterrânea; catacumba **2** gruta; caverna **3** jazigo onde se enterravam os mortos, em algumas igrejas **4** ANATOMIA depressão na superfície das mucosas (Do gr. *krýpte*, «abóbada subterrânea», pelo lat. *crypta-*, «cripta; gruta»)
críptico *adj.* **1** relativo a cripta **2** codificado; cifrado **3** [fig.] que tem um significado oculto; hermético (Do lat. *cryptĭcu-*, «subterrâneo»)
cripto *n.m.* QUÍMICA ⇒ **crípton** (Do gr. *kryptós*, «secreto»)
cripto- elemento de formação de palavras que exprime a ideia de *oculto* (Do gr. *kryptós*, «oculto; secreto»)
criptobiose *n.f.* BIOLOGIA estado latente em que há uma redução extrema do metabolismo e que pode ser induzido por diversos fatores ambientais (temperaturas muito baixas, alterações de pressão, falta de oxigénio, etc.) (De *cripto-+-biose*)
criptobrânquio *adj.* ZOOLOGIA (animal) que respira por brânquias ocultas (Do gr. *kryptós*, «oculto» +*brágkhia*, «brânquia»)
criptocarpo *adj.* BOTÂNICA que tem o fruto oculto (Do gr. *kryptós*, «oculto» +*karpós*, «fruto»)
criptocefalia *n.f.* TERATOLOGIA anomalia caracterizada pela ausência de cabeça ou pela apresentação de cabeça mais ou menos oculta (Do gr. *kryptós*, «oculto» +*kephalé*, «cabeça» +*-ia*)
criptocéfalo *adj.* TERATOLOGIA que apresenta criptocefalia (Do gr. *kryptós*, «oculto» +*kephalé*, «cabeça»)
criptocristalino *adj.* PETROLOGIA diz-se da pasta de certas rochas vulcânicas que só revela a sua estrutura cristalina ao microscópio polarizante (De *cripto-+cristalino*)
criptogamia *n.f.* **1** facto de ter os órgãos de reprodução ocultos **2** qualidade das plantas que não dão flores (Do gr. *kryptós*, «oculto» +*gámos*, «casamento» +*-ia*)
criptogâmicas *n.f.pl.* **1** BOTÂNICA antiga divisão do reino vegetal, que compreendia as plantas que não dão flores **2** atualmente, na generalidade, as plantas com esse carácter; *~ vasculares* grupo de plantas que compreende as atuais pteridófitas (De *criptogâmico*)
criptogâmico *adj.* **1** que tem os órgãos de reprodução ocultos **2** BOTÂNICA diz-se de um vegetal que não produz flores, opondo-se a fanerogâmico (Do gr. *kryptós*, «oculto» +*gámos*, «casamento» +*-ico*)
criptogénese *n.f.* **1** formação cujo produto tem ocultos os caracteres que podiam atestar a sua origem **2** estado daquilo cuja origem se mantém oculta ou desconhecida (Do gr. *kryptós*, «oculto» +*génesis*, «geração»)
criptogenético *adj.* ⇒ **críptógeno** (Do gr. *kryptós*, «oculto» +*genetikós*, «capaz de procriar»)
criptógeno *adj.* **1** relativo à criptogénese **2** diz-se daquilo cuja causa se mantém oculta ou desconhecida (Do gr. *kryptós*, «oculto» +*génos*, «geração; origem»)
criptografar *v.tr.* cifrar um texto ou documento, de acordo com normas prescritas num código, tornando-o incompreensível para aqueles que desconhecem essas normas (De *criptógrafo+-ar*)

criptografia *n.f.* escrita codificada ou cifrada por meio de abreviaturas ou sinais convencionais (Do gr. *kryptós*, «secreto» +*graphé*, «escrita» +*-ia*)
criptográfico *adj.* 1 relativo à criptografia 2 que utiliza a criptografia (De *criptografia*+*-ico*)
criptógrafo *n.m.* 1 especialista em criptografia 2 o que escreve em cifra (Do gr. *kryptós*, «secreto» +*gráphein*, «escrever»)
criptograma *n.m.* 1 texto ou documento escrito em linguagem cifrada 2 representação de sentido oculto (Do gr. *kryptós*, «secreto» +*grámma*, «escrita»)
criptogramista *n.2g.* pessoa que escreve em cifra; criptógrafo (De *criptograma*+*-ista*)
criptologia *n.f.* 1 ocultismo 2 ⇒ **criptografia** (Do gr. *kryptós*, «oculto» +*lógos*, «tratado» +*-ia*)
crípton *n.m.* QUÍMICA elemento químico com o número atómico 36, de símbolo Kr, pertencente à família dos gases nobres, e existente no ar em percentagem diminuta (Do gr. *kryptón*, «oculto»)
criptonímia *n.f.* 1 ocultação do nome 2 pseudonímia (De *criptónimo*+*-ia*)
criptónimo *adj.* que oculta ou substitui o nome ■ *n.m.* 1 o que oculta ou substitui o nome 2 nome suposto 3 pseudónimo (Do gr. *kryptós*, «oculto» +*ónyma*, por *ónoma*, «nome»)
criptópode *adj.2g.* ZOOLOGIA (animal) que tem as patas ocultas (Do gr. *kryptós* «oculto» +*poús*, *podós*, «pé»)
criptorquia *n.f.* MEDICINA ausência de um ou dos dois testículos do escroto (por retenção no canal inguinal ou na cavidade abdominal) (Do gr. *kryptós* «oculto» +*órkhis*, «testículo»)
criptorquidia *n.f.* MEDICINA ⇒ **criptorquia** (Do fr. *chryptorchidie*, «id.»)
Criptozoico *n.m.* GEOLOGIA era que abrange os tempos antecâmbricos, em que a vida é ainda mal conhecida ■ *adj.* [com minúscula] GEOLOGIA relativo ao Criptozoico (Do grego *kryptós*, «oculto» +*zoikós*, «relativo à vida»)
Criptozóico ver nova grafia Criptozoico
críquete *n.m.* DESPORTO modalidade que se pratica com bastão e bola, com equipas de onze jogadores, e que é muito popular no Reino Unido e várias das suas antigas colónias (Do ing. *cricket*, «id.»)
cris¹ *adj.2g.* 1 pardacento 2 obscuro (Por *gris*)
cris² *n.m.* punhal usado pelos Malaios (Do mal.-jav. *krís*, «punhal; adaga»)
crisálida *n.f.* 1 ZOOLOGIA ninfa dos lepidópteros 2 [fig.] coisa latente ou em preparação (Do gr. *khrysallís, -ídos*, «crisálida de borboleta», pelo lat. *chrysallīde-*, «id.»)
crisalidação *n.f.* transformação em crisálida (De *crisalidar*+*-ção*)
crisalidar *v.intr.* (lagarta) converter-se em crisálida (De *crisálida*+*-ar*)
crisálide *n.f.* ⇒ **crisálida**
crisântemo *n.m.* BOTÂNICA nome vulgar de algumas variedades e formas de plantas (ou as suas flores) da família das Compostas, muito cultivadas em Portugal pela beleza das flores que produzem; crisanto (Do gr. *khrysánthemon*, «id.», pelo lat. *chrysanthĕmon*, «id.»)
crisanto *n.m.* [ant.] ⇒ **crisântemo** (Do gr. *khrysanthés*, «com flores de ouro»)
crise *n.f.* 1 alteração que sobrevém no curso de uma doença 2 momento perigoso e decisivo 3 falta de trabalho 4 ataque 5 acesso 6 situação difícil do Governo, que o obriga a recompor-se ou a demitir-se 7 falta 8 tecido antigo 9 ECONOMIA rápida descida dos preços, do volume de produção ou dos rendimentos; ~ **de nervos**/~ **emotiva** descarga emotiva brusca que, na sua forma mais grave, é caracterizada por um sentimento de angústia seguido de tremores ou de rigidez muscular, de gritos ou de gemidos, e que termina por um acesso de soluços espasmódicos (Do gr. *krísis*, «id.», pelo lat. *crise-*, «fase decisiva de doença»)
criselefantino *adj.* feito de ouro e marfim (Do gr. *khryselephántinos*, «de ouro e marfim»)
crisma *n.m.* 1 óleo perfumado que se usa na imposição de alguns sacramentos 2 RELIGIÃO sacramento da Igreja Católica, destinado a confirmar e reforçar os votos do batismo; confirmação 3 mudança de nome (Do gr. *khrísma*, «óleo de ungir», pelo lat. *chrisma-*, «unção»)
crismador *adj.,n.m.* que ou aquele que crisma (De *crismar*+*-dor*)
crismal *n.m.* pano de linho usado no crisma (De *crisma*+*-al*)
crismar *v.tr.* 1 conferir o crisma a 2 mudar o nome de 3 [fig.] alcunhar (Do lat. *chrismāre*, «ungir»)
cris(o)- elemento de formação de palavras que exprime a ideia de *ouro* ou de *amarelo-dourado* (Do gr. *khrysós*, «ouro»)
crisoberilo *n.m.* MINERALOGIA mineral muito duro, verde-amarelado, transparente, que é, quimicamente, óxido de alumínio e berilo, cristaliza no sistema ortorrômbico e é usado como gema (Do gr.

khrysobéryllos, «berilo de reflexos dourados», pelo lat. *chrysoberyllu-*, «id.»)
crisocarpo *adj.* que dá ou tem frutos amarelos, dourados (Do gr. *khrysókarpos*, «que tem frutos de ouro»)
crisocéfalo *adj.* que possui cabeça dourada, amarela (Do gr. *khrysoképhalos*, «cabeça dourada»)
crisofilia *n.f.* amor ao ouro, às riquezas (De *criso-*+*-filia*)
crisofilo *adj.* que tem folhas de ouro ou douradas (Do gr. *khrysós*, «ouro» +*phýllon*, «folha»)
crisófilo *adj.* amigo do ouro (Do gr. *khrysós*, «ouro» +*phílos*, «amigo»)
crisofobia *n.f.* horror ao ouro, às riquezas (De *criso-*+*-fobia*)
crisografia *n.f.* arte de escrever com letras de ouro (De *criso-*+*-grafia*)
crisógrafo *n.m.* 1 aquele que se dedica à crisografia 2 nome dado aos copistas que escreviam com letras de ouro 3 desenho ou escrito em ouro (De *criso-*+*-grafo*)
crisol *n.m.* 1 cadinho em que se fundem ou purificam metais preciosos 2 [fig.] aquilo que serve para pôr à prova os sentimentos de alguém 3 [fig.] provação (Do cast. *crisol*, «id.»)
crisólito *n.m.* 1 nome comum a algumas gemas da cor do ouro 2 variedade de olivina (Do gr. *khrysólithos*, «pedra de ouro», pelo lat. *chrysolĭthu-*, «topázio»)
crisologia *n.f.* ⇒ **crematística** (Do gr. *khrysólogos*, «que diz palavras de ouro» +*-ia*)
crisólogo *adj.* 1 que tem palavras de ouro 2 elegante no falar; de grande eloquência 3 perito em crisologia (Do gr. *khrysólogos*, «que diz palavras de ouro; eloquente», pelo lat. *chrysolŏgu-*, «id.»)
crisopeia *n.f.* suposta arte de fabricar ouro (Do gr. *khrysopoiía*, «fabrico de ouro»)
crisoprásio *n.m.* MINERALOGIA ⇒ **crisópraso** (De *crisópraso*+*-io*)
crisópraso *n.m.* MINERALOGIA mineral que é uma variedade esverdeada de calcedónia apreciada em joalharia (Do gr. *khrysóprasos*, «id.», de *khrysós*, «ouro» +*práson*, «alho-porro», por causa da sua cor verde)
crisóptero *adj.* que tem asas douradas (Do gr. *khrysópteros*, «que tem asas de ouro»)
crisóstomo *adj.* 1 que tem boca de ouro 2 elegante no falar (Do gr. *khrysóstomos*, «que tem boca de ouro; eloquente»)
crisoterapia *n.f.* MEDICINA terapêutica pelos sais de ouro (Do gr. *khrysós*, «ouro» +*therapeía*, «cura»)
crispação *n.f.* 1 ato ou efeito de crispar 2 enrugamento 3 contração espasmódica nervosa ou muscular 4 [fig.] tensão (Do lat. med. *crispatiōne-*, «id.»)
crispado *adj.* 1 que tem crispação 2 enrugado 3 contraído 4 [fig.] que mostra tensão 5 [fig.] contrafeito (Part. pass. de *crispar*)
crispadura *n.f.* ⇒ **crispação** (De *crispar*+*-dura*)
crispamento *n.m.* ⇒ **crispadura** (De *crispar*+*-mento*)
crispante *adj.2g.* que crispa ou faz crispar (Do lat. *crispante-*, «id.», part. pres. de *crispāre*, «encrespar»)
crispar *v.tr.* 1 contrair enrugando a face ou fazendo trejeitos 2 contrair os músculos de 3 enrugar 4 encrespar 5 franzir ■ *v.pron.* 1 contrair-se 2 enrugar-se 3 ficar tenso (Do lat. *crispāre*, «encrespar»)
crispifloro *adj.* BOTÂNICA que tem pétalas frisadas ou onduladas (Do lat. *crispu-*, «crespo» +*flōre-*, «flor»)
crispifoliado *adj.* que tem folhas frisadas (Do lat. *crispu-*, «crespo» +*folĭu-*, «folha» +*-ado*)
crista *n.f.* 1 excrescência carnosa na cabeça do galo, bem como na de outras aves e certos répteis 2 protuberância no alto da cabeça ou no dorso de determinados peixes e répteis 3 conjunto de penas no cimo da cabeça de algumas aves; penacho 4 cimo 5 aresta superior de uma elevação 6 bordo ou eminência óssea estreita e pontiaguda 7 parte mais alta de uma onda; *abaixar a* ~ desistir, submeter-se; *erguer a* ~ tomar atitude arrogante; *estar na* ~ *da onda* estar em evidência, estar na mó de cima; *jogar as cristas* bulhar (Do lat. *crista-*, «id.»)
crista-de-galo *n.f.* 1 BOTÂNICA planta da família das Amarantáceas, com flores escarlates, muito cultivada em Portugal como ornamento 2 BOTÂNICA planta monocotiledónea da família das Iridáceas, de flores com perianto róseo, espontânea no Centro e Sul de Portugal 3 ZOOLOGIA crustáceo decápode
cristado *adj.* que tem crista (Do lat. *cristātu-*, «id.»)
cristal *n.m.* 1 MINERALOGIA porção homogénea de matéria cristalina 2 forma cristalográfica, poliédrica, natural 3 variedade de quartzo hialino 4 vidro de muito boa qualidade 5 [fig.] limpidez; transparência (Do gr. *krýstallos*, «gelo; cristal», pelo lat. *crystallu-*, «id.»)

cristalaria *n.f.* 1 oficina onde se fabricam ou gravam objetos de cristal 2 estabelecimento onde se vendem cristais (Do fr. *cristallerie*, «fábrica de cristais»)

cristaleira *n.f.* móvel ou prateleira que serve para guardar cristais e todos os vidros do serviço de mesa (De *cristal*+*-eira*)

cristal(i)- elemento de formação de palavras que exprime a ideia de *cristal, vidro* (Do gr. *krýstallos*, «gelo; cristal», pelo lat. *crystallu-*, «id.»)

cristalífero *adj.* que contém cristais (De *cristali-*+*-fero*)

cristalinidade *n.f.* qualidade do que é cristalino (De *cristalino*+*-i-*+*-dade*)

cristalino *adj.* 1 de cristal ou a ele relativo 2 transparente como cristal 3 límpido; claro ■ *n.m.* ANATOMIA órgão lenticular, biconvexo, transparente, situado na parte anterior do globo ocular; *voz cristalina* voz muito clara, pura (Do lat. *crystallīnu-*, «de cristal»)

cristalização *n.f.* ato ou efeito de cristalizar (De *cristalizar*+*-ção*)

cristalizado *adj.* 1 que se cristalizou 2 que se apresenta em estado de cristais 3 solidificado 4 CULINÁRIA (fruto) conservado em calda de açúcar que solidifica após o arrefecimento 5 [fig.] incapaz de se transformar ou de evoluir; estagnado; imobilizado (Part. pass. de *cristalizar*)

cristalizador *n.m.* 1 compartimento das marinhas, onde se cristaliza o sal 2 pequeno prato de vidro usado nos laboratórios para obtenção de cristais por evaporação de soluções (De *cristalizar*+*-dor*)

cristalizar *v.tr.* 1 converter em cristal 2 tornar cristalino ■ *v.intr.* 1 converter-se em cristal 2 [fig.] permanecer em certa forma ou estado 3 [fig.] não progredir (De *cristal*+*-izar*)

cristalizável *adj.2g.* que se pode cristalizar (De *cristalizar*+*-vel*)

cristal(o)- elemento de formação de palavras que exprime a ideia de *cristal, vidro*

cristalofílico *adj.* PETROLOGIA ⇒ **xistocristalino** (Do gr. *krýstallos*, «cristal» +*phýllon*, «folha» +*-ico*)

cristalofobia *n.f.* horror patológico aos objetos de vidro ou aos seus fragmentos (Do gr. *krýstallos*, «cristal» +*phóbos*, «horror» +*-ia*)

cristalografia *n.f.* ciência que estuda a matéria cristalina, em especial os cristais (Do gr. *krýstallos*, «cristal» +*gráphein*, «escrever» +*-ia*)

cristalográfico *adj.* relativo à cristalografia (De *cristalografia*+*-ico*)

cristalógrafo *n.m.* 1 especialista em cristalografia 2 aquele que se dedica à cristalografia (Do gr. *krýstallos*, «cristal» +*gráphein*, «escrever»)

cristaloide *adj.2g.* que se parece com cristal ■ *n.m.* 1 BIOQUÍMICA substância que usualmente não forma soluções coloidais, designação apenas de interesse histórico, pois sabe-se hoje que muitos «cristaloides» podem ser preparados na forma coloidal e que muitas substâncias não dialisáveis (como a albumina) podem ser cristalizadas 2 BOTÂNICA substância albuminosa, em forma de cristal, que faz parte dos grânulos de aleurona (nas plantas) 3 ANATOMIA cápsula envolvente do cristalino (do globo ocular) (Do gr. *krystalloeidés*, «semelhante ao gelo ou ao cristal», pelo lat. *crystalloides*, «id.»)

cristalóide ver nova grafia **cristaloide**

cristalologia *n.f.* tratado dos cristais (De *cristalo-*+*-logia*)

cristalometria *n.f.* medição da forma geométrica dos cristais (De *cristalo-*+*-metria*)

cristalotomia *n.f.* arte de cortar cristais (Do gr. *krýstallos*, «cristal» +*tomé*, «corte» +*-ia*)

cristãmente *adv.* de modo cristão

cristandade *n.f.* 1 conjunto de todos os cristãos 2 qualidade de cristão (Do lat. *christianitāte-*, «id.»)

cristão *adj.* 1 pertencente ao cristianismo 2 que crê em Jesus Cristo 3 [fig.] (ato, gesto) que obedece aos princípios do cristianismo 4 [fig.] razoável; conveniente ■ *n.m.* aquele que professa religião cristã (Do lat. *christiānu-*, «id.»)

cristão-novo *n.m.* HISTÓRIA judeu convertido à fé cristã

cristão-velho *n.m.* HISTÓRIA cristão que não descende de judeus

cristel *n.m.* [pop.] ⇒ **clister** (De *clister*, com met.)

cristelo *n.m.* ⇒ **castro** (De *castrelo*, com met.)

cristianicida *n.2g.* pessoa que mata cristãos ou os persegue (Do lat. *christiānu-*, «cristão» +*-cida* de *caedĕre*, «matar»)

cristianismo *n.m.* conjunto das religiões cristãs monoteístas que seguem os ensinamentos de Jesus Cristo 2 cada uma dessas religiões (Do lat. *christianismu-*, «id.»)

cristianíssimo *adj.* 1 {*superlativo absoluto sintético de* **cristão**} extremamente cristão 2 título honorífico dos reis da França (Do lat. *christianissĭmu-*, «id.»)

cristianização *n.f.* ato ou efeito de cristianizar (Do lat. ecl. *christianizatiōne-*, «id.»)

cristianizar *v.tr.* 1 tornar cristão 2 difundir o cristianismo em ■ *v.pron.* abraçar a religião cristã (Do lat. ecl. *christianizāre*, «id.»)

Cristo *n.m.* 1 nome dado a Jesus no Novo Testamento 2 [com minúscula] imagem ou figura que representa Jesus crucificado; crucifixo 3 [com minúscula] [fig.] pessoa perseguida ou maltratada 4 [com minúscula] DESPORTO posição de um ginasta nas argolas, em que este se pendura pelas mãos, ficando com os braços abertos na horizontal e à altura do ombros, e o resto do corpo na vertical; *cristo!* exclamação que exprime susto ou espanto; *pôr alguém num ~* martirizar alguém (Do grego *Khristós*, «ungido», pelo latim *Christu-*, «idem»)

cristofle *n.m.* metal coberto por uma camada de ouro ou de prata depositada por galvanoplastia (Do fr. *Charles Christofle*, industrial fr., 1805-1863)

cristologia *n.f.* parte da teologia que se ocupa da pessoa e doutrina de Cristo (Do gr. *Khristós*, «Cristo» +*lógos*, «estudo» +*-ia*)

cristológico *adj.* relativo a cristologia (De *cristologia*+*-ico*)

critério *n.m.* 1 sinal que permite distinguir com segurança uma coisa entre outras 2 o que serve para fazer distinções ou escolhas; o que serve para distinguir valores 3 o que serve de base a um julgamento; razão; raciocínio 4 condição necessária e suficiente 5 capacidade; discernimento 6 autoridade para criticar 7 certas competições desportivas, particularmente do ciclismo (Do gr. *kritérion*, «o que serve para julgar», pelo lat. *criterĭu-*, «raciocínio; julgamento»)

criteriosamente *adv.* 1 com critério 2 com espírito crítico 3 com bom senso 4 ponderadamente; ajuizadamente (De *criterioso*+*-mente*)

criterioso /ô/ *adj.* 1 que tem bom critério 2 em que há bom critério 3 ajuizado; ponderado 4 consciente do que faz (De *critério*+*-oso*)

crítica *n.f.* 1 arte de julgar uma obra de carácter intelectual, artístico ou literário 2 apreciação de uma criação intelectual, artística ou literária; julgamento; análise 3 conjunto das pessoas que exercem a atividade de crítico 4 juízo moral ou intelectual 5 ato de censurar 6 julgamento desfavorável; *espírito de ~* tendência para sublinhar defeitos dos outros (Do gr. *kritiké*, «juízo», pelo lat. *critĭca*, pl. neut., «crítica; filologia»)

criticador *n.m.* 1 aquele que é amigo de criticar ou comentar o procedimento de alguém ou de alguma coisa 2 crítico (De *criticar*+*-dor*)

criticamente *adv.* 1 com espírito crítico; criteriosamente 2 do ponto de vista crítico 3 censuravelmente (De *crítico*+*-mente*)

criticante *n.2g.* pessoa que critica; crítico (De *criticar*+*-ante*)

criticar *v.tr.* 1 fazer a análise de; examinar 2 apreciar, observando o que existe de bom e de mau numa obra 3 emitir um julgamento desfavorável em relação a 4 dizer mal de; pôr defeitos a (De *crítica*+*-ar*)

criticastro *n.m.* [depr.] crítico desprezível (De *crítico*+*-astro*)

criticável *adj.2g.* 1 digno de crítica 2 censurável (De *criticar*+*-vel*)

criticismo *n.m.* 1 FILOSOFIA doutrina de Kant, filósofo alemão (1724-1804) que, sustentando a impossibilidade de a razão ultrapassar o domínio da experiência, considera como problema nuclear da filosofia, não o ontológico ou do ser, mas o crítico ou das condições e valor do conhecer 2 por extensão, toda a doutrina que adota uma atitude crítica, isto é, que põe sistematicamente em dúvida o que parece verdadeiro 3 relativismo (De *crítica*+*-ismo*)

criticista *adj.2g.* 1 relativo ao criticismo 2 kantista ■ *n.2g.* pessoa adepta do criticismo (De *crítica*+*-ista*)

crítico *adj.* 1 relativo ou pertencente à crítica 2 que critica; negativo 3 em que há crise; difícil 4 arriscado 5 embaraçoso ■ *n.m.* 1 pessoa que exerce a atividade de crítica de criações intelectuais, artísticas e literárias 2 aquele que critica ou censura; *espírito ~* atitude intelectual que consiste na tendência para não admitir nenhuma asserção sem reconhecer a sua legitimidade; *temperatura crítica* temperatura acima da qual não é possível liquefazer um gás por aumento de pressão (Do gr. *kritikós*, «capaz de julgar», pelo lat. *critĭcu-*, «julgador das obras do espírito»)

critiqueiro *n.m.* [depr.] crítico incompetente; criticastro (De *crítico*+*-eiro*)

critiquice *n.f.* [depr.] crítica de pouco valor, sem base (De *crítica*+*-ice*)

critófago *adj.* que se nutre de cevada (Do gr. *krithophágos*, «que come cevada»)

criva *n.f.* crivo de orifícios largos (De *crivo*)

crivação *n.f.* 1 ato ou efeito de crivar 2 conjunto de furos em qualquer superfície (De *crivar*+*-ção*)

crivado *adj.* 1 com muitos buracos 2 atravessado 3 [fig.] cheio (Part. pass. de *crivar*).
crivagem *n.f.* 1 ato ou efeito de crivar; crivação 2 limpa (de cereais) por meio de crivo (De *crivar*+*-agem*)
crivar *v.tr.* 1 passar pelo crivo; joeirar 2 furar em muitos pontos 3 encher de pintas 4 esburacar 5 [fig.] encher; cobrir 6 [fig.] satirizar 7 [fig.] criticar 8 [fig.] ferir (De *crivo*+*-ar*)
criveiro *n.m.* fabricante de crivos e peneiras (De *crivo*+*-eiro*)
crível *adj.2g.* digno de crédito; verosímil (Do lat. *credibĭle-*, «id.»)
criviforme *adj.2g.* com forma de crivo; cribriforme (De *crivo*+*-forme*)
crivo *n.m.* 1 peneira com rede de malhas largas 2 coisa que tem muitos buracos 3 espécie de bordado com orifícios 4 ralo do confessionário 5 coador 6 ENGENHARIA peneiro de malha circular 7 [fig.] aquilo que serve para pôr à prova; forma de seleção; *~ de Eratóstenes* MATEMÁTICA processo de determinar todos os números primos até certo limite (Do lat. *cribru-*, «id.»)
crivoso /ô/ *adj.* BOTÂNICA diz-se do tecido vegetal constituído por células vivas, que forma os vasos crivosos encarregados da circulação da seiva elaborada (De *crivo*+*-oso*)
crivotraqueano *adj.* BOTÂNICA ⇒ **líbero-lenhoso**
cró *n.m.* jogo de cartas em que, por passagem, ganha aquele que juntar todas as cartas de um naipe (De orig. obsc.)
croácio *adj.,n.m.* ⇒ **croata** (De *Croácia*, top.)
croata *adj.2g.* referente à Croácia, país localizado na península balcânica, no Sul da Europa ■ *n.2g.* natural da Croácia ■ *n.m.* um dos dois dialetos do servo-croata, falado na Croácia (Do sérvio *hrvat*, «id.», pelo fr. *croate*, «id.»)
croca *n.f.* 1 pau da charrua 2 [regionalismo] castanha assada no forno, por golpear 3 porca que trata mal os leitões 4 [pej.] mulher que trata mal os filhos (De orig. obsc.)
croça¹ *n.f.* capa feita de colmo que os camponeses usam para se resguardarem da chuva; palhoça (Do lat. *crocĕa-*, de *crocĕu-*, «da cor do açafrão; amarelo»)
croça² *n.f.* 1 bastão episcopal 2 ANATOMIA parte recurvada da artéria aorta (Do germ. *krukkja*, «curvo»)
crocálide *n.f.* pedra preciosa da cor da cereja (Do lat. *crocallĭde-*, «id.», pedra preciosa)
crocante *adj.2g.* 1 que produz um ruído seco ao ser mordido; estaladiço 2 (guloseimas) preparado com frutos secos ou açúcar caramelizado (Do fr. *croquant*, «estaladiço»)
cróceo *adj.* da cor do açafrão; amarelo (Do lat. *crocĕu-*, «id.»)
croché *n.m.* renda feita com uma agulha apropriada com bico em forma de gancho (Do fr. *crochet*, «ganchinho»)
crocidismo *n.m.* modalidade de carfologia (Do gr. *krokydismós*, «ação de apanhar felpas», pelo lat. *crocidismu-*, «ato de arrancar fios ou flocos de lã»)
crócino *adj.* ⇒ **cróceo** (Do gr. *krókinos*, «tinto com açafrão», pelo lat. *crocĭnu-*, «id.»)
crocípede *adj.2g.* que tem os pés da cor do açafrão (Do lat. *crocu-*, «açafrão»+*pĕde-*, «pé»)
crocitante *adj.2g.* que crocita (Do lat. *crocitante-*, «id.», part. pres. de *crocitāre*)
crocitar *v.intr.* soltar a voz (o corvo); corvejar (Do lat. *crocitāre*, «crocitar», freq. de *crocīre*, «id.»)
crocito *n.m.* voz do corvo e de alguns abutres (Deriv. regr. de *crocitar*)
croco *n.m.* BOTÂNICA termo que tem sido usado para designar plantas do género *Crocus*, da família das Iridáceas (Do gr. *krókos*, «açafrão», pelo lat. *crocu-*, «id.»)
crocodílida *n.m.* ZOOLOGIA ⇒ **crocodilídeo**
Crocodílidas *n.m.pl.* ZOOLOGIA ⇒ **Crocodilídeos**
crocodilídeo *adj.* ZOOLOGIA relativo ou pertencente aos Crocodilídeos ■ *n.m.* ZOOLOGIA espécime dos Crocodilídeos
Crocodilídeos *n.m.pl.* ZOOLOGIA família de répteis superiores, frequentes nos rios das regiões quentes, a que pertencem os crocodilos (De *crocodilo*+*-ídeos*)
crocodilino *adj.* ZOOLOGIA relativo ao crocodilo ■ *n.m.* ZOOLOGIA espécime dos crocodilinos ■ *n.m.pl.* ZOOLOGIA ordem de répteis, quase todos fósseis, que tem por tipo o crocodilo (De *crocodilo*+*-ino*)
crocodilo *n.m.* 1 ZOOLOGIA grande réptil anfíbio da família dos Crocodilídeos, de focinho largo e longo, que habita os rios equatoriais e tropicais 2 [fig.] traidor; *lágrimas de ~* queixa ou choradeira fingida e traiçoeira (Do gr. *krokódeilos*, «id.», pelo lat. *crocodīlu-*, «id.»)
croia *n.f.* 1 [depr.] mulher com comportamento considerado promíscuo 2 [depr.] prostituta; rameira (De orig. obsc.)
cróia ver nova grafia *croia*
croissã *n.m.* CULINÁRIA ⇒ **croissant**

croissant *n.m.* CULINÁRIA pãozinho de massa folhada ou massa de brioche, em forma de crescente (Do fr. *croissant*)
crol *n.m.* DESPORTO ⇒ **crawl**
croma /ô/ *n.m.* MÚSICA intervalo de meio tom (Do gr. *khrôma*, «cor; tom»)
cromado *adj.* 1 que tem crómio 2 revestido por uma camada de crómio ■ *n.m.* 1 revestimento de crómio 2 objeto de metal com revestimento de crómio, geralmente com superfície brilhante e frequentemente usado como acessório em automóveis (Part. pass. de *cromar*)
cromagem *n.f.* 1 QUÍMICA ação de cromar 2 aplicação de uma camada de crómio, por via eletrolítica, sobre um metal 3 oficina onde se faz cromagem (De *cromar*+*-agem*)
cromar *v.tr.* 1 revestir de uma camada de crómio 2 curtir por meio de crómio (De *cromo* por *crómio*+*-ar*)
cromatia *n.f.* aberração na convergência dos raios luminosos que formam a luz branca (Do gr. *khrôma*, *-atos*, «cor»+*-ia*)
cromática *n.f.* arte de combinar as cores ou os sons (De *cromático*)
cromático *adj.* 1 relativo a cores 2 MÚSICA composto de semitons; *escala cromática* MÚSICA escala musical que procede por meios tons sucessivos, subindo ou descendo; *sensação cromática* sensação que dá a impressão da cor; *sensibilidade cromática (do olho)* a mais pequena variação de comprimento de onda (de radiações luminosas) que produz uma diferença detetável de cor (Do gr. *khrōmatikós*, «colorido», pelo lat. *chromatĭcu-*, «id.»)
cromatídio *n.m.* BIOLOGIA banda filiforme que constitui o cromossoma durante as primeiras fases da divisão celular e que corresponde a cada uma das duas metades que resultam da divisão longitudinal desse cromossoma; cromossoma univalente (Do fr. *chromatide*, «id.»)
cromatina *n.f.* BIOLOGIA substância nuclear que se cora intensamente por corantes básicos e que representa a parte mais importante de um núcleo; nucleína (Do gr. *khrôma*, *-atos*, «cor»+*-ina*, pelo fr. *chromatine*, «id.»)
cromatismo *n.m.* 1 qualidade do que é cromático 2 FÍSICA coloração ou irisação resultante da decomposição e dispersão da luz que atravessou um corpo transparente (Do gr. *khrōmatismós*, «ação de colorir», pelo fr. *chromatisme*, «conjunto de cores»)
cromatizar *v.tr.* 1 dar cores irisadas a 2 tornar cromático; colorir (Do gr. *khrôma*, *-atos*, «cor»+*-izar*)
cromato *n.m.* 1 QUÍMICA anião correspondente ao ácido crómico 2 designação dos sais e dos ésteres do ácido crómico 3 designação genérica dos aniões que contêm crómio (De *cromo*, por *crómio*+*-ato*, ou do fr. *chromate*, «cromato»)
cromat(o)- elemento de formação de palavras que exprime a ideia de *cor, pigmento* (Do gr. *khrôma*, *-atos*, «cor»)
cromatoblasto *n.m.* BIOLOGIA em especial, célula pigmentar que elabora o pigmento de que está carregada; cromoblasto (De *cromato*+*blasto*)
cromatócito *n.m.* BIOLOGIA célula pigmentar cujo citoplasma está carregado de pigmento que não é elaboração sua (Do gr. *khrôma*, *-atos*, «cor»+*kýtos*, «célula»)
cromatóforo *n.m.* 1 BIOLOGIA célula carregada com grânulos de pigmento que dá a cor a um organismo 2 BIOLOGIA designação dada por alguns autores ao cloroplastídio e ao cromoplastídio (Do gr. *khrôma*, *-atos*, «cor»+*phorós*, «produtor»)
cromatografia *n.f.* QUÍMICA método de separação química de mistura que se fundamenta na distribuição seletiva dos seus constituintes entre uma fase móvel e uma fase estacionária, podendo a mistura estar numa ou na outra destas fases, conforme o caso (Do gr. *khrôma*, *-atos*, «cor»+*graphé*, «escrita»+*-ia*)
cromatoscopia *n.f.* exame da cor dos corpos (Do gr. *khrôma*, *-atos*, «cor»+*skopeîn*, «observar»+*-ia*)
cromatoscópio *n.m.* aparelho para avaliar o efeito produzido por várias cores sobrepostas, por comparação com determinada cor (Do gr. *khrôma*, *-atos*, «cor»+*skopeîn*, «observar»+*-io*)
cromel *n.m.* METALURGIA liga de crómio e níquel utilizada no fabrico de elementos de aquecimento elétrico, como as resistências (De *cróm[io]*+*[níqu]el*)
cromeleque *n.m.* monumento megalítico que consiste num conjunto de pedras ou menires normalmente colocadas em círculo ou elipse (Do bret. *crom*, «redondo»+*lech*, «pedra»)
cromia *n.f.* 1 conjunto de cores bem combinadas 2 colorido (Do gr. *khrôma*, *-atos*, «cor»+*-ia*)
crómico *adj.* diz-se de certos compostos do crómio (Do gr. *khrôma*, *-atos*, «cor»+*-ico*)
cromídia *n.f.* CITOLOGIA conjunto de cromídios de uma célula (Do gr. *khrôma*, *-atos*, «cor»+*-ídia*)

cromídio *n.m.* CITOLOGIA cada uma das partículas de cromatina existentes no citoplasma de certas células, que, no conjunto, formam a cromídia (Do gr. *khrõma, -atos,* «cor» +*-ídio*)

crómio *n.m.* QUÍMICA elemento químico com o número atómico 24 e símbolo Cr, metálico, muito duro e muito pouco fusível, utilizado para endurecer o aço, na produção de aços especiais e na cromagem; cromo (Do gr. *khrõma, -atos,* «cor» +*-io*)

cromite *n.f.* MINERALOGIA mineral constituído por óxido de crómio e ferro, que cristaliza no sistema cúbico e é minério de crómio (De *crómio*+*-ite*)

cromlech *n.m.* ⇒ **cromeleque** (Do ing. *cromlech,* «id.»)

cromo¹ *n.m.* 1 gravura a cores, que se coleciona e/ou se cola em caderneta própria 2 [coloq.] pessoa que se comporta de uma forma excêntrica ou pouco comum (De *cromolitografia*)

cromo² *n.m.* QUÍMICA ⇒ **crómio** (Do gr. *khrõma, -atos,* «cor»)

cromo- elemento de formação de palavras que exprime a ideia de *cor, pigmento* (Do gr. *khrõma, -atos,* «cor»)

cromoblasto *n.m.* BIOLOGIA (célula) ⇒ **cromatoblasto** (De *cromo*-+*blasto*)

cromofilia *n.f.* predileção pelas cores vivas (Do gr. *khrõma, -atos,* «cor»+*philía,* «amor»)

cromófilo *adj.* 1 que gosta de cores vivas 2 designativo dos organismos que fixam os pigmentos nas células orgânicas (Do gr. *khrõma, -atos,* «cor»+*phílos,* «amigo»)

cromofobia *n.f.* horror às cores garridas (Do gr. *khrõma, -atos,* «cor»+*phóbos,* «horror»+*-ia*)

cromófobo *adj.* 1 que tem horror às cores garridas 2 que não se tinge com facilidade (Do gr. *khrõma, -atos,* «cor»+*phóbos,* «horror»)

cromóforo *n.m.* 1 ZOOLOGIA nome comum de certos órgãos fosforescentes de alguns animais marinhos 2 QUÍMICA grupo de átomos num composto orgânico capaz de originar a absorção de radiação característica, qualquer que seja a natureza do resto do composto (Do gr. *khrõma, -atos,* «cor»+*phorós,* «portador; produtor»)

cromofotografia *n.f.* fotografia que reproduz fielmente as cores do original (De *cromo-*+*fotografia*)

cromogéneo *adj.* que produz cores (Do gr. *khrõma, -atos,* «cor»+*génos,* «geração»+*-eo*)

cromoleucito *n.m.* BOTÂNICA ⇒ **cromoplasta** (Do gr. *khrõma, -atos,* «cor»+*leukós,* «branco»+*-ito*)

cromolitografia *n.f.* litografia a cores (De *cromo-*+*litografia*)

cromolitográfico *adj.* relativo à cromolitografia (De *cromolitografia*+*-ico*)

cromómero *n.m.* CITOLOGIA cada uma das formações granulares que correspondem a porções de cromatina mais ou menos distintas num cromossoma (Do gr. *khrõma, -atos,* «cor»+*méros,* «princípio vital»)

cromonema /ê/ *n.m.* CITOLOGIA filamento helicoidal, intensamente corável, que faz parte de um cromossoma (Do gr. *khrõma, -atos,* «cor»+*nẽma,* «fio de teia»)

cromoplasta *n.m.* BOTÂNICA plasta portador de qualquer pigmento corado, mas que não é clorofila; cromoleucito; cromoplastídio (De *cromo-*+*plasta*)

cromoplastídio *n.m.* BOTÂNICA ⇒ **cromoplasta** (De *cromo-*+*plastídio*)

cromoproteína *n.f.* QUÍMICA heteroproteína contida numa substância corada (De *cromo-*+*proteína*)

cromosfera *n.f.* ASTRONOMIA camada da atmosfera do Sol, formada por hidrogénio, vapores metálicos, hélio e cálcio, só visível em eclipse total do Sol, e donde se escapam continuamente imensos jatos com idêntica constituição (protuberâncias) (Do gr. *khrõma, -atos,* «cor»+*sphaîra,* «esfera»)

cromossoma /ô/ *n.m.* CITOLOGIA estrutura celular muito corável por corantes básicos, que é suporte de informação genética, sendo constituído por nucleofilamentos condensados, que se tornam visíveis durante a mitose e a meiose; **~ univalente** CITOLOGIA cromatídio (Do gr. *khrõma, -atos,* «cor»+*sõma,* «corpo»)

cromossomático *adj.* 1 relativo a cromossoma 2 do cromossoma (De *cromossoma*+*-tico*)

cromossomo /ô/ *n.m.* ⇒ **cromossoma**

cromoterapia *n.f.* MEDICINA terapia que se baseia na aplicação de cores (luzes, cristais ou água) (De *cromo-*+*terapia*)

cromotipia *n.f.* 1 gravura obtida por cromotipografia 2 ⇒ **cromotipografia** (Do gr. *khrõma, -atos,* «cor»+*týpos,* «tipo»+*-ia*)

cromotipografia *n.f.* impressão tipográfica a cores (De *cromo-*+*tipografia*)

cronha /ô/ *n.f.* 1 [pop.] coronha 2 [regionalismo] cara; focinho (De *coronha*)

cronhada *n.f.* [pop.] pancada com a cronha (De *cronha*+*-ada*)

-cronia elemento de formação de palavras que exprime a ideia de *temporalidade* (Do gr. *khrónos, ou,* «tempo»+suf. *-ia*)

crónica *n.f.* 1 narração histórica pela ordem do tempo em que se deram os factos 2 texto de timbre jornalístico, concebido de forma livre e pessoal, que tem como assunto um facto ou uma ideia de atualidade 3 artigo de periódico ou programa televisivo ou radiofónico destinado a um assunto ou tema particular; rubrica 4 história da vida de um rei 5 [fig.] biografia escandalosa (Do gr. *khroniká,* «crónica», neut. pl. de *khronikón,* «relativo ao tempo», pelo lat. neut. pl. *chronĭca,* «crónica; narrativa cronológica»)

cronicão *n.m.* 1 designação das primeiras tentativas de crónicas 2 crónica medieval muito volumosa 3 coleção de crónicas medievais (Do lat. med. *chronĭcon,* sing. do pl. *chronĭca,* «crónica»)

cronicar *v.intr.* escrever crónicas (De *crónica*+*-ar*)

cronicidade *n.f.* qualidade ou estado do que é crónico (De *crónico*+*-i-*+*-dade*)

crónico *adj.* 1 que dura há muito tempo 2 inveterado 3 permanente 4 MEDICINA (doença) de longa duração (Do gr. *khronikós,* «relativo ao tempo», pelo lat. *chronĭcu-,* «relativo à cronologia»)

croniqueiro *n.m.* 1 noticiarista de periódico 2 [pej.] cronista reles (De *crónica*+*-eiro*)

croniquizar *v.tr.* 1 fazer a crónica de 2 narrar em crónica (De *crónica*+*-izar*)

cronista *n.2g.* 1 autor de crónicas históricas; historiador 2 (jornalismo) autor de crónicas (De *crónica*+*-ista*)

cronista-mor *n.m.* 1 cronista principal 2 [ant.] historiador encarregado por nomeação régia de escrever a história de um reinado

crono /ô/ *n.m.* GEOLOGIA lapso de tempo correspondente a uma das subdivisões das séries em que se divide o conjunto dos terrenos sedimentares 2 aparelho que, nas máquinas de projeção, tem por função movimentar a película, entre o feixe luminoso e a objetiva, em velocidade e tempo determinados (Do gr. *khrónos,* «tempo»)

crono- elemento de formação de palavras que exprime a ideia de *tempo* (Do gr. *khrónos,* «tempo»)

cronografia *n.f.* 1 tratado das datas históricas e sucessão dos acontecimentos 2 descrição das circunstâncias temporais (Do gr. *khronographía,* «anais; cronologia»)

cronógrafo *n.m.* 1 aparelho que regista o tempo em que se dá certo fenómeno, ou o tempo que ele dura 2 ⇒ **cronista** (Do gr. *khronográphos,* «historiador», pelo lat. *chronográphu-,* «cronista»)

cronograma *n.m.* data apresentada enigmaticamente, em numeração romana, cujas letras numerais surgem inseridas em palavras (Do gr. *krónos,* «tempo»+*gramma,* «escrita»)

cronologia *n.f.* 1 ciência que se ocupa do estudo dos períodos de tempo e da fixação temporal de eventos ou factos 2 registo em tabela, lista ou outra forma da sucessão de eventos ou factos 3 sucessão temporal de eventos ou factos (Do gr. *khronología,* «ciência do tempo»)

cronologicamente *adv.* segundo a ordem do tempo (De *cronológico*+*-mente*)

cronológico *adj.* relativo a cronologia (De *cronologia*+*-ico*)

cronologista *n.2g.* pessoa versada em cronologia (De *cronologia*+*-ista*)

cronólogo *n.m.* ⇒ **cronologista** (De *crono-*+*-logo*)

cronometragem *n.f.* ato ou efeito de cronometrar (De *cronometrar*+*-agem*)

cronometrar *v.tr.* medir com o cronómetro (a duração de um ato, especialmente corrida desportiva) (De *cronómetro*+*-ar*)

cronometria *n.f.* medida do tempo (De *crono-*+*-metria*)

cronométrico *adj.* relativo a cronometria (De *cronometria*+*-ico*)

cronometrista *n.2g.* 1 pessoa que regista a duração de uma prova desportiva 2 fabricante de cronómetros (De *cronómetro*+*-ista*)

cronómetro *n.m.* 1 instrumento de precisão, dotado de pêndulo, que serve para medir o tempo em frações de segundo; cronoscópio 2 relógio de alta precisão 3 MÚSICA ⇒ **metrónomo** (Do gr. *khrónos,* «tempo»+*métron,* «medida»)

crononímia *n.f.* parte da onomástica que estuda os crononímos (De *crononímo*+*-ia*)

crononímo *n.m.* 1 nome de eras ou épocas históricas 2 calendário (Do gr. *khrónos,* «tempo»+*ónyma,* por *ónoma,* «nome»)

cronoscópio *n.m.* ⇒ **cronómetro** (Do gr. *khrónos,* «tempo»+*skopeîn,* «observar»+*-io*)

cronotrão *n.m.* instrumento destinado à medida de um intervalo de tempo (De *crono-*+*[elec]trão*)

croque¹ *n.m.* NÁUTICA vara com um gancho na ponta para atracar barcos (Do franc. *krók,* «gancho», pelo fr. *croc,* «id.»)

croque² *n.m.* pancada na cabeça com os nós dos dedos; carolo (De orig. onom.)

croquete n.m. CULINÁRIA bolo cilíndrico feito de picado de carne, peixe ou marisco, envolvido em pão ralado e frito (Do fr. *croquette*, «id.»)
croqui n.m. ⇒ **esquisso** (Do fr. *croquis*, «id.»)
croquis n.m.2n. ⇒ **esquisso** (Do fr. *croquis*, «id.»)
cross n.m. DESPORTO corrida em terreno irregular; corta-mato (Do ing. *cross(-country)*, «id.»)
crosse n.m. DESPORTO ⇒ **cross**
crossódromo n.m. pista ou circuito em terra destinada a provas de corta-mato em bicicleta ou motocicleta (Do ing. *cross(-country)*, «corta-mato»+*-dromo*)
crosta n.f. 1 camada mais ou menos consistente e espessa que se forma sobre a superfície de um corpo ou à volta dele; crusta 2 superfície endurecida que se forma sobre uma ferida; bostela 3 o que envolve alguma coisa; casca; invólucro 4 casca do pão; côdea; ~ **terrestre** GEOLOGIA camada externa, consolidada, da Terra, com cerca de 35 km de espessura sob os continentes e de 10 km de espessura sob os oceanos, cujo limite inferior (fronteira do manto) é a descontinuidade de Mohorovicic (geógrafo jugoslavo, 1857--1936), que constitui a parte exterior da litosfera, zona cortical (Do lat. *crusta-*, «id.»)
crosto /ô/ n.m. ⇒ **colostro** (Do lat. *colostru-*, «id.»)
crotálida n.m. ZOOLOGIA ⇒ **crotalídeo**
Crotálidas n.m.pl. ZOOLOGIA ⇒ **Crotalídeos**
crotalídeo adj. ZOOLOGIA relativo ou pertencente aos Crotalídeos ■ n.m. ZOOLOGIA espécime dos Crotalídeos
Crotalídeos n.m.pl. ZOOLOGIA família de répteis, ofídios, cujo género-tipo se denomina *Crotalus*, a que pertence a cobra-cascavel (Do gr. *krótalon*, «castanhola», pelo lat. *crotalu-*, «id.»+*-ídeos*)
crótalo n.m. 1 termo que tem sido empregado para designar a cobra-cascavel 2 antigo instrumento musical semelhante às castanholas (Do gr. *krótalon*, «castanhola», pelo lat. *crotalu-*, «id.»)
crotalóide adj.2g. semelhante ao crótalo (Do gr. *krótalon*, «castanhola»+*eîdos*, «semelhança»)
crotalóide ver nova grafia **crotaloide**
croupier n.m. empregado de casino que dirige uma mesa de jogo, tratando da recolha e do pagamento do dinheiro das apostas (Do fr. *croupier*, «id.»)
cru adj. 1 que não passou por nenhuma modificação; que se apresenta no estado natural; bruto 2 que não está cozido 3 [fig.] que se exprime sem rodeios; direto; rude 4 [fig.] cruel 5 [fig.] pouco desenvolvido; incipiente (Do lat. *crudu-*, «id.»)
cruamente adv. 1 com crueza 2 cruelmente (De *crua*+*-mente*)
cruci- elemento de formação de palavras que exprime a ideia de *cruz* (Do lat. *cruce-*, «id.»)
cruciação n.f. ato ou efeito de cruciar (Do lat. *cruciatiōne-*, «tormento»)
cruciador adj.,n.m. que ou aquele que crucia (Do lat. *cruciatōre-*, «carrasco»)
crucial adj.2g. 1 que tem feitio de cruz 2 [fig.] decisivo; importante para um destino; capital; essencial 3 [fig.] crítico; *experiência* ~ FILOSOFIA (Francis Bacon) experiência que permitiria optar por uma de duas hipóteses explicativas de um fenómeno (Do lat. *cruciāle-*, «relativo à cruz»)
cruciante adj.2g. que crucia; lancinante; aflitivo (Do lat. *cruciante-*, «id.», part. pres. de *cruciāre*, «torturar»)
cruciar v.tr. 1 crucificar 2 [fig.] torturar; mortificar; afligir muito (Do lat. *cruciāre*, «id.»)
cruciário adj. ⇒ **cruciante** (Do lat. *cruciariu-*, «da cruz»; crucificado»)
crucífera n.f. BOTÂNICA espécime das Crucíferas
cruciferário n.m. o que leva a cruz em procissões; crucífero (Do lat. **cruciferariu-*, de *crucífer*, «que leva a cruz»)
Crucíferas n.f.pl. BOTÂNICA família de plantas dicotiledóneas, de flores de corola cruciforme, representada em Portugal por plantas espontâneas e muitas outras cultivadas, também denominada Brassicáceas (De *crucífero*)
crucífero adj. 1 que tem uma cruz por distintivo 2 BOTÂNICA (planta) que pertence à família das Crucíferas 3 BOTÂNICA diz-se da corola cruciforme ■ n.m. ⇒ **cruciferário** (Do lat. *crucifĕru-*, «que leva a cruz»)
crucificação n.f. 1 ato ou efeito de crucificar 2 suplício da cruz 3 [fig.] martírio; mortificação (Do lat. ecl. *crucificatiōne-*, «id.»)
crucificado adj.,n.m. 1 que ou pessoa que foi pregada numa cruz 2 que ou pessoa que sofreu muito; martirizado 3 que ou pessoa que sofreu críticas violentas ■ n.m. [com maiúscula] RELIGIÃO Jesus Cristo (Part. pass. de *crucificar*)
crucificador adj.,n.m. 1 que ou aquele que crucifica 2 [fig.] atormentador (De *crucificar*+*-dor*)

crucificar v.tr. 1 pregar na cruz 2 aplicar o suplício da cruz a 3 [fig.] martirizar; atormentar; mortificar (Do lat. cl. *crucigĕre*, «pregar na cruz», pelo lat. ecl. *crucificāre*, «id.»)
crucifixão /cs/ n.f. ⇒ **crucificação** (Do lat. *crucifixiōne-*, «id.»)
crucifixo /cs/ n.m. imagem de Cristo na cruz (Do lat. *crucifixu-*, «crucificado», part. pass. subst. de *crucigĕre*, «pregar na cruz»)
cruciforme adj.2g. 1 em forma de cruz 2 BOTÂNICA diz-se da corola dialipétala, regular, constituída por quatro pétalas de unha comprida e dispostas em cruz, que também tem sido designada crucífera (De *cruci-*+*-forme*)
crucígero adj. 1 que tem cruz; crucífero 2 marcado com cruz (De *cruci-*+*-gero*)
crucigiar v.tr. 1 dar a forma de cruz a 2 traçar em forma de cruz (De *cruci-*+*g*+*-iar*)
crucirrostro /ô/ adj. 1 que tem o bico cruzado 2 relativo ou pertencente aos crucirrostros ■ n.m. ORNITOLOGIA espécime dos crucirrostros ■ n.m.pl. ORNITOLOGIA grupo de aves cujas mandíbulas se cruzam, em vez de se ajustarem (De *cruci-*+*-rostro*)
crude n.m. petróleo bruto (Do ing. *crude*, «id.»)
crudelíssimo adj. {superlativo absoluto sintético de **cruel**} muito cruel (Do lat. *crudelissĭmu-*, superl. de *crudēlis*, «cruel»)
crudívoro adj. que se alimenta de carne crua; omófago (Do lat. *crudu-*, «cru»+*-voro*, de *vorāre*, «devorar»)
crueira n.f. resíduos do fabrico de farinha de mandioca (Do tupi *kuru'era*, «troços; fragmentos»)
cruel adj.2g. 1 que demonstra crueldade; feroz 2 que tem prazer em fazer mal 3 bárbaro; sanguinário; desumano 4 severo; implacável 5 pungente; doloroso 6 atroz (Do lat. *crudēle-*, «id.»)
crueldade n.f. 1 carácter do que é cruel; maldade; desumanidade; barbaridade 2 ato cruel 3 rigor; severidade; inclemência (Do lat. *crudelitāte-*, «id.»)
cruentação n.f. 1 ato de cruentar 2 derramamento de sangue das feridas de um cadáver (Do lat. *cruentatiōne-*, «aspersão feita com sangue»)
cruentar v.tr. ensanguentar (Do lat. *cruentāre*, «id.»)
cruento adj. 1 em que há sangue derramado; sanguinolento 2 que gosta de fazer derramar sangue; sanguinário; cruel 3 pungente (Do lat. *cruentu-*, «sangrento»)
crueza /ê/ n.f. 1 qualidade ou estado do que está cru 2 crueldade 3 carácter de quem se exprime sem rodeios; impiedade 4 castigo terrível 5 digestão difícil (De *crua*+*-eza*)
crumble n.m. 1 CULINÁRIA doce feito com fruta coberta com uma mistura de farinha, açúcar e manteiga, que, depois de ir ao forno, apresenta uma textura crocante 2 CULINÁRIA prato salgado à base de legumes cobertos com uma mistura de farinha, manteiga e outros ingredientes (queijo, especiarias, etc.), que, depois de ir ao forno, apresenta uma textura crocante 3 CULINÁRIA cobertura crocante para sobremesa (Do ing. *crumble*, «id.»)
cruor n.m. 1 sangue que corre 2 porção de sangue coagulado 3 cruorina (Do lat. *cruōre-*, «id.»)
cruorina n.f. 1 elemento corante do sangue; hemoglobina 2 cruor (Do lat. *cruōre-*, «sangue»+*-ina*)
crupe n.m. MEDICINA angina diftérica; garrotilho (Do fr. *croup*, «laringite diftérica»)
crupião n.m. (OSSO) ⇒ **pigostilo** (Do fr. *croupion*, «uropígio»)
crupiê n.m. ⇒ **croupier** (Do fr. *croupier*)
crural adj.2g. 1 da coxa 2 referente a coxa (Do lat. *crurāle-*, «da perna»)
crurifrágio n.m. suplício em que se quebravam as pernas aos condenados (Do lat. *crurifragĭu-*, «id.»)
crusta n.f. camada mais ou menos consistente e espessa que se forma sobre a superfície de um corpo ou à volta dele; crosta; ~ **terrestre** GEOLOGIA camada externa, consolidada, da Terra, com cerca de 35 km de espessura sob os continentes e de 10 km de espessura sob os oceanos, cujo limite inferior (fronteira do manto) é a descontinuidade de Mohorovicic (geógrafo jugoslavo, 1857--1936), que constitui a parte exterior da litosfera, zona cortical (Do lat. *crusta-*, «crosta»)
crustáceo adj. 1 que tem ou cria crusta 2 que pertence à classe dos crustáceos ■ n.m. ZOOLOGIA membro da classe dos crustáceos ■ n.m.pl. ZOOLOGIA classe de artrópodes com exosqueleto endurecido e respiração branquial, a que pertencem a lagosta, o lavagante, a centola, a sapateira, o caranguejo, etc. (Do lat. *crusta-*, «crusta»+*-áceo*)
crustaceologia n.f. tratado acerca dos crustáceos (De *crustáceo*+*-logia*)
crustaceólogo n.m. especialista em crustaceologia (De *crustáceo*+*-logo*)

cruz *n.f.* **1** figura formada por duas hastes ou dois traços atravessados um sobre o outro **2** instrumento da crucifixão, suplício pelo qual os condenados eram fixados à cruz com os braços abertos **3** cruzeiro **4** [com maiúscula] símbolo da religião cristã por ter sido o instrumento do suplício e morte de Cristo **5** [fig.] tormento; aflição **6** [fig.] trabalhos **7** *pl.* [pop.] região renal; quadris; ~ *axial* MINERALOGIA conjunto dos eixos cristalográficos; ~ *de Santo André* aspa, cruz em forma de X; ~ *grega* cruz de quatro braços iguais; ~ *peitoral* aquela que os bispos usam sobre o peito, como insígnia da sua autoridade; ~ *potentada* cruz grega que tem os braços em forma de T; *cruzes!* exclamação que exprime espanto, admiração ou repulsa, sendo usada para lançar uma praga ou um esconjuro; *assinar de* ~ **1** pôr uma cruz em vez da assinatura; **2** [fig.] assinar sem ler; *entre a* ~ *e a caldeirinha* em situação perigosa, às portas da morte; *fazer cruzes na boca* ficar sem comer, não conseguir uma coisa; *levar a* ~ *ao calvário* concluir com resignação alguma empresa difícil; *sinal da* ~ sinal em forma de cruz, feito com o intuito de abençoar pessoas ou coisas (Do lat. *cruce-*, «cruz»)

cruza-bico *n.m.* ORNITOLOGIA pássaro da família dos Fringilídeos, com mandíbulas cruzadas, que aparece em Portugal com frequência e é também conhecido por bico-cruzado, trinca-pinhas, trinca-nozes, etc. (De *cruzar+bico*)

cruzada *n.f.* **1** HISTÓRIA expedição empreendida pelos cristãos, na Idade Média, que tinha como objetivo libertar os lugares santos, e designadamente Jerusalém, do poder islâmico **2** [fig.] tentativa de propagação de uma ideia ou defesa de um interesse **3** [fig.] passagem; travessia (De *cruz+-ada*)

cruzadinho *n.m.* cruzado (moeda) de ouro que o rei português D. João VI (1767-1826) mandou cunhar quando esteve no Brasil (De *cruzado+-inho*)

cruzadismo *n.m.* **1** gosto por palavras cruzadas **2** hábito de fazer palavras cruzadas (De *cruzado+-ismo*)

cruzado *adj.* **1** disposto em forma de cruz **2** BOTÂNICA (polinização) que se efetua de uma planta para outra flor, em oposição à polinização direta **3** (raça) resultante de cruzamento; mestiço **4** (cheque) marcado com riscos transversais para impedir que seja levantado; traçado; barrado ■ *n.m.* **1** HISTÓRIA expedicionário que fazia parte das cruzadas **2** antiga moeda portuguesa que valia 400 réis e, mais tarde, 40 centavos **3** antiga unidade monetária do Brasil; real **4** outras moedas antigas (De *cruz+-ado*, ou part. pass. de *cruzar*)

cruzador *adj.* que cruza ■ *n.m.* **1** o que cruza **2** navio de guerra de tonelagem inferior à de um couraçado, poderosamente armado e dotado de grande autonomia (De *cruzar+-dor*)

cruzamento *n.m.* **1** ato ou efeito de cruzar **2** facto de duas coisas vindas de sentido contrário se cruzarem **3** ponto onde várias vias convergem ao mesmo nível; interseção **4** BIOLOGIA ato de reprodução sexuada ou produto dessa reprodução **5** BIOLOGIA método de reprodução de indivíduos de variedades ou espécies diferentes **6** gilvazes em forma de cruz; ~ *de nível* zona comum às pistas de rodagem de duas ou mais estradas que se intersetam de nível (De *cruzar+-mento*)

cruzante *adj.2g.* diz-se da raça que, pelo cruzamento, melhora outra (De *cruzar+-ante*)

cruzar *v.tr.* **1** dispor em forma de cruz **2** passar através de; atravessar; intersetar; cortar **3** praticar a reprodução por cruzamento **4** marcar (cheque) com riscos transversais para impedir que seja levantado; barrar; traçar ■ *v.intr.* **1** formar cruz **2** andar em cruzeiro ■ *v.pron.* **1** intersetar-se; atravessar-se **2** passar um ao lado do outro; encontrar-se **3** pôr-se em cruz **4** reproduzir-se por cruzamento; ~ *os braços* [fig.] ficar ocioso ou indiferente; ~ *os joanetes* [fig.] estar embriagado, cambalear de bêbado (De *cruz+-ar*)

cruzável *adj.2g.* que se pode cruzar (De *cruzar+-vel*)

cruzeira *n.f.* TIPOGRAFIA claro no meio da folha de impressão (De *cruz+-eira*)

cruzeiro *n.m.* **1** cruz grande de pedra, em caminhos, adros, cemitérios, etc. **2** parte da igreja entre a capela-mor e a nave principal **3** viagem de recreio em navio ou iate **4** porção de mar policiado pelos cruzadores **5** antiga unidade monetária do Brasil **6** [Brasil] (serpente) ⇒ **urutu** ■ *adj.* que cruza; *chegar ao arco* ~ [fig.] casar, casar-se (De *cruz+-eiro*)

Cruzeiro do Sul *n.m.* ASTRONOMIA constelação austral utilizada na orientação, formada por quatro estrelas, das quais a que fica mais próximo do polo é tripla e de grandeza aparente 1 e as restantes menos brilhantes

cruzeta /ê/ *n.f.* **1** cruz pequena **2** cabide móvel para pendurar roupa nos guarda-fatos **3** peça de madeira em forma de T, para guiar um nivelamento (De *cruz+-eta*)

cruzetado *adj.* em forma de cruzeta (De *cruzeta+-ado*)

crúzio *adj.* relativo aos frades crúzios ■ *n.m.* frade do convento de Santa Cruz de Coimbra (De *cruz+-io*)

csi *n.m.* nome da décima quarta letra do alfabeto grego (ξ, Ξ), correspondente a **x** ou **cs**

ctenócero *adj.* ZOOLOGIA que tem as extremidades das antenas em forma de pente (Do gr. *kteís*, *ktenós*, «pente» +*kéras*, «chifre»)

ctenodonte *adj.2g.* com dentes em forma de pente (Do gr. *kteís*, *ktenós*, «pente» +*odoús*, *odóntos*, «dente»)

ctenóforo *adj.* ZOOLOGIA relativo ou pertencente aos ctenóforos ■ *n.m.* ZOOLOGIA animal pertencente à classe dos ctenóforos ■ *n.m.pl.* ZOOLOGIA grupo de animais que tem sido considerado uma classe de celenterados desprovidos de células urticantes (Do gr. *kteís*, *ktenós*, «pente» +*phorós*, «portador»)

ctónico *adj.* **1** relativo ao globo terrestre **2** designativo dos deuses da mitologia que habitavam as cavidades da Terra (Do gr. *khthón*, *-onós*, «terra» +*-ico*)

ctónio *adj.* ⇒ **ctónico** (Do gr. *khthón*, «terra» +*-io*)

cu *n.m.* **1** [cal.] extremidade do intestino grosso; ânus **2** [cal.] nádegas; rabo **3** [pop.] fundo da agulha de coser **4** [pop.] assento (Do lat. *culu-*, «id.»)

cuácua *n.f.* [Moçambique] fruto silvestre do tamanho de uma laranja, pesado e de casca dura (Do changana *kwàkwa*, «id.»)

cuada *n.f.* [pop.] pancada no chão com o cu **2** parte do vestuário que cobre as nádegas **3** saracoteio (De *cu+-ada*)

cualvo *n.m.* ORNITOLOGIA ⇒ **chasco-branco** (De *cu+alvo*)

cuamata *adj.2g.* relativo ou pertencente aos Cuamatas ■ *n.2g.* indivíduo desta tribo

Cuamatas *n.m.pl.* ETNOGRAFIA grupo populacional que habita a região do baixo Cunene, no Sul de Angola (Do ovambo *ova-kwa-matwi*, «homens das orelhas», por estarem de ouvido atento às ovelhas)

cuandu *n.m.* [Brasil] ZOOLOGIA ⇒ **ouriço-cacheiro** (Do tupi *kua'nu*, «id.»)

cuanhama *adj.2g.* relativo ou pertencente aos Cuanhamas ■ *n.2g.* pessoa pertencente aos Cuanhamas ■ *n.m.* dialeto falado pelos Cuanhamas

Cuanhamas *n.m.pl.* ETNOGRAFIA povo banto do Baixo Cunene, no sul de Angola, de grande robustez e independência moral, possuidor de gado bovino (Do ovambo *ova-kwa-nyama*, «homens de carne; homens que gostam de carne»)

cuanza *n.m.* ⇒ **kwanza**

cuapada *n.f.* ⇒ **culapada** (De *culapada*)

cuati *n.m.* [Brasil] ZOOLOGIA ⇒ **quati**

cuba[1] *n.f.* **1** vasilha grande de aduelas, para nela se deitar vinho ou pisarem uvas; balseiro; dorna; tonel **2** (termómetro) reservatório do mercúrio **3** variedade de tabaco **4** pequeno recipiente, cilíndrico ou paralelepipédico, de material transparente, usado em análise química (Do lat. *cupa-*, «cuba; tonel»)

cuba[2] *n.f.* **1** [Brasil] homem influente **2** [Brasil] feiticeiro

cubagem *n.f.* **1** ato ou processo de cubar **2** avaliação do volume em medidas cúbicas **3** capacidade (Do fr. *cubage*, «id.»)

cubano *adj.* relativo ou pertencente à República de Cuba, país das Caraíbas ■ *n.m.* natural ou habitante da República de Cuba (De *Cuba*, top. +*-ano*)

cubar[1] *v.tr.* **1** fazer a cubagem de; cubicar **2** MATEMÁTICA multiplicar três vezes um número por si mesmo (De *cubo+-ar*)

cubar[2] *v.intr.* **1** [Angola] rogar pragas **2** [Angola] amaldiçoar (Do quimbundo *(ku)kuba*, «idem»)

cubata *n.f.* habitação de algumas aldeias africanas, feita de cana e folhas e coberta de capim seco em camadas (Do quimb. *kubata*, «casa»)

cubatura *n.f.* MATEMÁTICA determinação de um cubo de volume igual ao de um sólido qualquer dado (Do fr. *cubature*, «id.»)

cubeba /ê/ *n.f.* **1** BOTÂNICA fruto (baga) da cubebeira, que fornece um óleo de aplicações terapêuticas **2** (planta) cubebeira (Do ár. *kubabâ*, «certo tipo de pimenta»)

cubebeira *n.f.* BOTÂNICA planta da Malásia, da família das Piperáceas, que produz cubebas (frutos); cubeba (De *cubeba+-eira*)

cubelo[1] /ê/ *n.m.* torreão das antigas fortalezas, em forma de cubo (De *cubo+-elo*)

cubelo[2] /ê/ *n.m.* [ant.] pequeno vaso para líquidos (Do lat. *cupella-*, «cuba pequena»)

cubicagem *n.f.* ato de cubicar; cubagem (De *cubicar+-agem*)

cubicar *v.tr.* achar o volume de; cubar (De *cúbico+-ar*)

cúbico *adj.* **1** relativo ao cubo **2** em forma de cubo (Do gr. *kubikós*, «id.», pelo lat. *cubĭcu-*, «id.»)

cubicular *adj.2g.* em forma ou do tamanho de um cubículo (Do lat. *cubiculāre-*, «do quarto de dormir»)

cubiculário *n.m.* [ant.] criado de quarto (Do lat. *cubiculariu-*, «id.»)

cubículo n.m. 1 compartimento acanhado 2 cela de convento (Do lat. *cubicŭlu-*, «quarto de cama»)

cubiforme adj.2g. ⇒ **cuboide** (Do lat. *cubu-*, «cubo» +*forma-*, «forma»)

cubismo n.m. ARTES PLÁSTICAS movimento do século XX, caracterizado pelo abandono de formas essenciais (poliedros, cilindros, cones), fragmentando os volumes, despersonalizando o ato de pintar através de grafismos simplificados e utilizando, por vezes, a colagem (cartão, papel, espelhos) para quebrar a dureza da representação sem perspetiva (Do fr. *cubisme*, «id.»)

cubista adj.2g. 1 do cubismo 2 relativo ao cubismo ■ n.2g. adepto do cubismo (Do fr. *cubiste*, «id.»)

cubital adj.2g. 1 ANATOMIA do cúbito ou a ele referente; ulnar 2 que mede um côvado (Do lat. *cubitāle-*, «id.»)

cúbito n.m. ANATOMIA osso do antebraço, que articula superiormente com o úmero, e, inferiormente, com o rádio e o piramidal, e que também se denomina ulna (Do lat. *cubĭtu-*, «cotovelo»)

cubo n.m. 1 GEOMETRIA sólido limitado por seis faces quadradas e iguais entre si; hexaedro regular 2 produto de um número pelo seu quadrado; terceira potência de uma quantidade 3 calha que leva a água ao rodízio do moinho 4 peça em que encaixa a extremidade do eixo dos carros 5 unidade de medida para sólidos, equivalente a um alqueire e meio 6 medida de madeira, com um metro cúbico de capacidade, para areia e cascalho (Do gr. *kúbos*, «cubo», pelo lat. *cubu-*, «id.»)

cuboide adj.2g. que tem forma de cubo ■ n.m. ANATOMIA osso do tarso que articula com o calcâneo (Do gr. *kuboeidés*, «em forma de cubo»)

cubóide ver nova grafia **cuboide**

cubomancia n.f. suposta arte de adivinhar por meio de cubos ou dados (Do lat. *cubu-*, «cubo; dado»+gr. *manteía*, «adivinhação»)

cubomania n.f. tendência mórbida para o jogo (Do lat. *cubu-*, «dado»+gr. *manía*, «mania»)

cubomante n.2g. praticante da cubomancia (Do lat. *cubu-*, «cubo; dado»+gr. *mántis*, «adivinho»)

cuca¹ n.f. 1 pedra basáltica com que se calçam cantarias 2 [regionalismo] pedra rolada 3 [Brasil] cabeça 4 [Brasil] mulher velha e feia (De *coca*?)

cuca² n.2g. [Moçambique] cozinheiro; cozinheira (Do changana *kukà*, «id.», a partir do ing. *cook*)

cucar¹ v.tr. ⇒ **cocar**¹

cucar² v.intr. (CUCO) cantar; cucular (De *cuco*+*-ar*)

cucharra n.f. 1 colher com que se media a pólvora para as peças 2 colher feita de chifre 3 colher grosseira feita de madeira (Do cast. *cuchara*, «colher»)

cuche interj. usada para afugentar porcos

cuchilha n.f. espécie de faca (Do cast. *cuchilla*, «faca»)

cuchilho n.m. ⇒ **cuchilha**

cuci n.m. BOTÂNICA fruto da cuciófera, muito saboroso e semelhante à laranja (Do gr. *koũki*, pelo lat. *cuci*, espécie de palmeira)

cuciófera n.f. BOTÂNICA espécie de palmeira indiana que produz o cuci (Do lat. *cuci*, «cuci» +-*o*-+-*fero*, de *ferre*, «produzir»)

cuco n.m. 1 ORNITOLOGIA ave trepadora da família dos Cuculídeos, frequente em Portugal na primavera 2 relógio de parede que, quando dá as horas, imita o canto desta ave; *armar aos cucos* armar ao efeito, fingir-se o que não se é (Do lat. *cucŭlu-*, ou *cucūlu-*, «id.»)

cu-cosido n.m. [Brasil] ORNITOLOGIA ⇒ **tuim**

cucular v.intr. ⇒ **cucar**² (Do lat. *cucŭlu-* ou *cucūlu-*, «cuco» +-*ar*)

cucúlida n.m. ORNITOLOGIA ⇒ **cuculídeo**

Cuculídas n.f.pl. ORNITOLOGIA ⇒ **Cuculídeos**

cuculídeo adj. ORNITOLOGIA relativo ou pertencente aos Cuculídeos ■ n.m. ORNITOLOGIA espécime dos Cuculídeos

Cuculídeos n.m.pl. ORNITOLOGIA família de aves trepadoras, insetívoras, a que pertence o cuco (Do lat. *cucŭlu-*, ou *cucūlu-*, «cuco» + -*ídeos*)

cuculífero adj. que possui apêndices em forma de capuz (Do lat. *cucullu-*, «capuz» +-*fero*, de *ferre*, «ter»)

cuculifólio adj. que possui folhas em forma de capuz (Do lat. *cucullu-*, «capuz» +*folĭu-*, «folha»)

cuculo n.m. 1 capuz; capelo 2 [pop.] cogulo (Do lat. *cucullu-*, «capuz»)

cucumela n.f. 1 BOTÂNICA variedade de cogumelo, da família das Agariceas, de pé e chapéu grandes e brancos, muito comum nas regiões mediterrâneas 2 espécie de caçarola utilizada antigamente (Do lat. *cucumella-*, «caçarola»)

cucumiforme adj.2g. em forma de pepino (Do lat. *cucŭme-*, «pepino» +*forma-*, «forma»)

cucúrbita n.f. 1 abóbora 2 chila 3 parte do alambique onde se deita a substância que se quer destilar (Do lat. *cucurbĭta-*, «abóbora»)

cucurbitácea n.f. BOTÂNICA espécime das Cucurbitáceas

Cucurbitáceas n.f.pl. BOTÂNICA família de plantas dicotiledóneas, herbáceas, a que pertencem, em Portugal, poucas espécies espontâneas, mas muitas de cultura, que tem por tipo a abóbora; Zanoniáceas (De *cucurbita*+-*áceas*)

cucurbitáceo adj. 1 BOTÂNICA relativo ou pertencente às Cucurbitáceas 2 relativo ou semelhante à abóbora (De *cucúrbita*+-*áceo*)

cucurbitino adj. que se assemelha às sementes da abóbora (Do lat. *cucurbitīnu-*, «com a forma de abóbora»)

cucuricar v.intr. (galo) cantar (De orig. onom.)

cucuritar v.intr. ⇒ **cucuricar**

cucurucu¹ n.m. ZOOLOGIA serpente venenosa do Brasil

cucurucu² n.m. 1 indivíduo palrador 2 canto do galo (De orig. onom.)

cu-de-judas ver nova grafia **cu de Judas**

cu de Judas n.m. [pop.] local muito afastado

cudo n.m. ZOOLOGIA antílope africano da espécie *Tregelphus strepsiceros*, de chifres retorcidos em espiral e corpo listrado de branco, vulgar na África do Sul (Do ing. *koodoo*, «id.»)

cuecas n.f.pl. 1 peça interior de vestuário, inteira e sem pernas, que vai da cinta ou das ancas até às virilhas ou às coxas 2 [Brasil] calções curtos e largos (De *cu*+-*eca*)

cueiro n.m. faixa ou pano com que se envolviam as pernas e nádegas dos bebés; *cheirar a cueiros* ser muito novo; *deixar os cueiros* acabar com as brincadeiras de criança para se entregar a ocupações de adulto (De *cu*+-*eiro*)

cúfico adj. diz-se dos caracteres árabes empregados em certas inscrições (De *Cufa*, cidade iraquiana onde foram inventados esses caracteres +-*ico*, ou do fr. *cufique*, «id.»)

cuguar n.m. ZOOLOGIA ⇒ **puma**

cuguardo n.m. ZOOLOGIA ⇒ **puma**

cuí n.m. 1 escória pulverulenta do tabaco 2 farinha muito fina 3 [Brasil] ZOOLOGIA ouriço-cacheiro; cuim (Do tupi *ku'i*, «id.»)

cuia n.f. 1 tufo de cabelos postiços 2 fruto da cuieira 3 vasilha feita com a casca seca deste fruto 4 concha ou prato da balança (Do tupi *'kuia*, «id.»)

cuiada n.f. [Brasil] porção que pode caber numa cuia (De *cuia*+-*ada*)

cuiambuca n.f. [Brasil] vaso feito de cabaça para conter água (Do tupi *kuyá'buka*, «id.»)

cuíca n.f. 1 ZOOLOGIA pequeno mamífero marsupial, do Brasil, da família dos Didelfídeos 2 [Brasil] MÚSICA instrumento constituído por uma pele bem esticada na boca de um barril e que produz um ronco quando se passa a mão por uma pequena vara encerada que tem ao centro; ronca (De orig. onom.)

cuidadeira n.f. mulher que tem alguma coisa a seu cuidado; zeladora (De *cuidar*+-*deira*)

cuidado n.m. 1 atenção 2 cautela; precaução 3 solicitude; diligência; desvelo 4 encargo 5 inquietação 6 objeto de inquietação ■ adj. 1 meditado 2 imaginado 3 propositado 4 perfeito 5 bem trabalhado 6 preocupado 7 presumido; ~! exclamação de advertência; *dar-se ao ~ de* ter preocupação ou atenção em (alguma coisa); *de ~* grave, sério, perigoso; *estar em cuidados* estar inquieto (Do lat. *cogitātu-*, «reflexão; pensamento»)

cuidador adj.,n.m. 1 que ou aquele que cuida 2 que ou o que é zeloso, diligente (Do lat. *cogitatōre-*, «id.»)

cuidadoso /ô/ adj. 1 que procede com muito cuidado 2 desvelado; solícito 3 diligente 4 preocupado; ansioso 5 pensativo (De *cuidado*+-*oso*)

cuidar v.tr. 1 tratar de; tomar conta de 2 ocupar-se de; responsabilizar-se por 3 prestar atenção a 4 supor; imaginar; julgar 5 interessar-se por ■ v.pron. 1 ter cuidado consigo mesmo; tratar de si 2 imaginar-se; julgar-se 3 acautelar-se; *dar que ~* causar inquietação, dar muito trabalho (Do lat. *cogitāre*, «pensar; refletir»)

cuidoso /ô/ adj. ⇒ **cuidadoso** (De *cuidado*+-*oso*, com hapl.)

cuieira n.f. BOTÂNICA planta bignoniácea da América que produz a cuia e é também conhecida por cuité e cuitezeira (De *cuia*+-*eira*)

cuilar v.tr. 1 [Angola] dar um brinde ao comprador 2 [Angola] dar acréscimo de peso a (Do quimb. *kukuila*, «id.»)

cuim¹ n.m. ZOOLOGIA ⇒ **cuí**

cuim² n.m. [pop.] grunhido do porco (De orig. onom.)

cuincar v.intr. 1 grunhir 2 ganir (De orig. onom.)

cuinchar v.intr. ⇒ **cuincar** (De orig. onom.)

cuinha n.f. ORNITOLOGIA ⇒ **galispo** 2 (De orig. onom., ou de *becuinha*, com afér.?)

Cuisiano n.m. GEOLOGIA andar do Eocénico inferior

cuité n.f. BOTÂNICA ⇒ **cuitezeira** (Do tupi *kui'te*, «cuia verdadeira»)

cuitezeira n.f. BOTÂNICA ⇒ **cuieira** (De cuité+z+-eira)
cujo pron.rel. >det.rel. ᴰᵀ de que; de quem; do qual; da qual; dos quais; das quais (*o João, cuja mala se perdeu, chegou hoje*) (Do lat. *cuju-*, «de que; de quem; do qual»)
culapada n.f. **1** ato de cair de nádegas; cuzapada; cuapada; cuada **2** [regionalismo] movimento brusco revelador de agastamento; maus modos (Part. pass. fem. subst. de *culapar*)
culapar v.intr. cair de nádegas; fazer uma culapada (Do lat. *cūlu-*, «nádegas»)
culatra n.f. **1** parte móvel do mecanismo de carregamento das armas de fogo de retrocarga, destinada a introduzir a munição na câmara, travá-la, obturá-la e a extrair o invólucro após a explosão da carga propulsora **2** [coloq.] nádegas; *sair o tiro pela ~ (a alguém)* acontecer tudo ao contrário do que se esperava ou pretendia (Do it. *culatta*, «parte posterior da arma; culatra»)
culatral adj.2g. referente à culatra ou às nádegas (De *culatra*+-*al*)
culatrão n.m. **1** [vulg.] pessoa com nádegas grandes **2** [vulg.] prostituta **3** [vulg.] mulher muito gorda (De *culatra*+-*ão*)
culatrar v.intr. semelhante ao mosquito (Do lat. *culĭce-*, «mosquito»+*forma*, «semelhança») **1** ganhar uma partida, vencendo quatro jogos **2** ganhar o quarto e último jogo de uma partida (De *culatra*+-*ar*)
culatrona /ô/ n.f. [vulg.] ⇒ **culatrão** (De *culatra*+-*ona*)
culícida n.m. ZOOLOGIA ⇒ **culicídeo**
Culícidas n.m.pl. ZOOLOGIA ⇒ **Culicídeos**
culicídeo adj. ZOOLOGIA relativo ou pertencente aos Culicídeos ■ n.m. ZOOLOGIA espécime dos Culicídeos
Culicídeos n.m.pl. ZOOLOGIA família de insetos dípteros a que pertencem o mosquito-trombeteiro e outros, transmissores de doenças (Do lat. *culīce-*, «mosquito»+-*ídeos*)
culicídio n.m. extermínio dos mosquitos (Do lat. *culīce-*, «mosquito»+*caedĕre*, «matar»+-*io*)
culiciforme adj.2g. semelhante ao mosquito (Do lat. *culīce-*, «mosquito»+*forma*, «semelhança»)
culicívoro adj. que se alimenta de mosquitos (Do lat. *culicivŏru-*, de *culīce-*, «mosquito»+*voro*, de *vorāre*, «comer»)
culimar v.tr. [Moçambique] cultivar a terra **2** [Moçambique] preparar ou limpar um terreno (Do cinianja *kulima*, «cultivar»)
culinária n.f. **1** arte de cozinhar **2** conjunto dos pratos característicos de determinada região (De *culinário*)
culinário adj. da cozinha ou a ela relativo (Do lat. *culinarĭu-*, «de cozinha»)
culminação n.f. **1** ato ou efeito de culminar **2** ASTRONOMIA passagem de um astro pelo semimeridiano superior do lugar de observação, momento em que atinge a sua altura máxima; passagem meridiana superior **3** apogeu; auge; culminância (De *culminar*+-*ção*)
culminância n.f. ponto mais elevado; auge; culminação (De *culminar*+-*ância*)
culminante adj.2g. **1** que é o mais elevado **2** que é o mais intenso (Do lat. med. *culminante-*, «id.», part. pres. de *culmināre*, «pôr no cimo; coroar»)
culminar v.tr. atingir um ponto máximo; chegar ao auge ■ v.intr. (astro) atingir o ponto culminante (Do lat. med. *culmināre*, «pôr no cimo; coroar», pelo fr. *culminer*, «id.»)
-culo sufixo nominal de origem latina com sentido diminutivo, por vezes pejorativo (*animálculo, quadrícula, tacícula*)
culômbio n.m. FÍSICA [ant.] ⇒ **coulomb**
culpa n.f. **1** estado de culpado **2** responsabilidade por um ato ou por uma omissão repreensível ou criminosa **3** causa de um mal ou dano **4** ato repreensível ou criminoso; delito; falta **5** consciência de ter cometido um ato repreensível; arrependimento; remorso **6** imputação de um ato ilícito ao seu autor; inculpação; *ter culpas no cartório* estar implicado em algum ato menos digno, ser culpado (Do lat. *culpa-*, «id.»)
culpabilidade n.f. qualidade ou estado do que é culpável; *sentimento de ~* PSICOLOGIA estado patológico caracterizado pelo facto de o indivíduo se sentir culpado e manifestar disposições autopunitivas independentemente da falta cometida (Do lat. *culpabĭle-*, «culpável»+-*i*-+-*dade*)
culpabilização n.f. **1** ato ou efeito de culpabilizar ou culpabilizar-se **2** incriminação; acusação (De *culpabilizar*+-*ção*)
culpabilizar v.tr. transmitir um sentimento de culpabilidade a ■ v.pron. sentir-se culpado (Do lat. *culpabĭle-*, «culpável»+-*izar*)
culpado adj. **1** que tem culpa **2** comprometido ■ n.m. **1** responsável por falta ou delito **2** criminoso (Do lat. *culpātu-*, part. pass. de *culpāre*, «culpar; incriminar»)
culpando adj. que deve ser culpado (Do lat. *culpandu-*, ger. de *culpāre*, «culpar; incriminar»)

culpar v.tr. **1** lançar culpa sobre; acusar **2** atribuir a responsabilidade de falta ou delito a **3** incriminar ■ v.pron. confessar-se culpado (Do lat. *culpāre*, «culpar; incriminar»)
culpável adj.2g. **1** a quem se pode atribuir culpa **2** censurável; repreensível (Do lat. *culpabĭle-*, «id.»)
culposo /ô/ adj. cheio de culpas; em que há culpas; culpado (De *culpa*+-*oso*)
culteranismo n.m. **1** escola literária do século XVII, caracterizada pelo extremo rigor no emprego das palavras e pelo estilo afetado e conceituoso **2** demasiado purismo na dicção e no estilo **3** estilo afetado **4** preciosismo (Do cast. *culteranismo*, «id.»)
culteranista adj.,n.2g. que ou o que cultiva o culteranismo (De *culterano*+-*ista*)
culterano adj.,n.m. ⇒ **culteranista** (Do cast. *culterano*, «id.»)
cultiparla adj. que fala bem, com erudição (De *culto*+*parlar*)
cultismo n.m. **1** estado do que é culto **2** atitude de um escritor que procura brilhar pelo seu estilo erudito e subtil **3** civilização **4** culteranismo (Do cast. *cultismo*, «id.»)
cultista adj.,n.2g. ⇒ **culteranista** (De *culto*+-*ista*)
cultivação n.f. ato ou efeito de cultivar; cultivo (De *cultivar*+-*ção*)
cultivado adj. **1** amanhado **2** fertilizado **3** obtido por cultura **4** (vegetal) que nasce e se desenvolve em determinado lugar, sob os cuidados do homem **5** que tem cultura intelectual **6** que foi obtido ou desenvolvido com algum esforço (Part. pass. de *cultivar*)
cultivador n.m. **1** o que cultiva; cultor **2** agricultor **3** utensílio agrícola para desterroar e nivelar (De *cultivar*+-*dor*)
cultivar¹ v.tr. **1** preparar (a terra) para que ela produza; amanhar **2** fazer a cultura de (determinada espécie vegetal) **3** criar (algo) artificialmente, através de técnicas próprias **4** formar através da educação; tornar culto; educar; instruir **5** procurar manter; desenvolver; conservar **6** interessar-se por ■ v.pron. adquirir educação, cultura; educar-se; instruir-se; aperfeiçoar-se (Do lat. med. *cultivāre*, «id.»)
cultivar² n.m. BOTÂNICA variedade de planta cultivada que, a partir de uma espécie natural, é submetida a melhoramento genético, apresentando características perfeitamente identificáveis que a distinguem de outras variedades (Do ing. *cultivar*, «id.», de *culti(vated)*+*var(iety)*)
cultivável adj.2g. que se pode cultivar (De *cultivar*+-*vel*)
cultivo n.m. ato, efeito ou modo de cultivar; cultura; cultivação (Deriv. regr. de *cultivar*)
culto adj. **1** cultivado **2** esmerado **3** instruído **4** civilizado ■ n.m. **1** conjunto das práticas religiosas usadas para prestar homenagem ao divino; liturgia **2** respeito ou veneração que se dedica a alguém; adoração **3** amor intenso **4** pagamento semanal, mensal ou anual ao pároco; *~ de dulia* o que é prestado aos santos; *~ de hiperdulia* o que é prestado à Virgem Maria; *~ de latria* o que é prestado a Deus (Do lat. *cultu-*, «cultivado», part. pass. de *colĕre*, «cultivar; cuidar»)
cultomania n.f. **1** mania do que é culto **2** exagero de estilo **3** preciosismo (Do lat. *cultu-*, «culto»+gr. *manía*, «mania»)
cultor n.m. **1** o que cultiva **2** que se dedica ao estudo ou à prática de uma arte **3** adorador **4** amante **5** [fig.] sectário; sequaz (Do lat. *cultōre-*, «cultivador»)
cultri- elemento de formação de palavras que exprime a ideia de faca, cutelo (Do lat. *culter, cultri*, «faca; cutelo»)
cultridentado adj. (mamífero) que tem dentes (em especial caninos) muito compridos e quase com gume como uma faca (De *cultri-*+*dentado*)
cultrifoliado adj. BOTÂNICA que tem folhas em forma de lâmina de faca (De *cultri-*+*foliado*)
cultriforme adj.2g. em forma de lâmina de faca (De *cultri-*+-*forme*)
cultrirrostro /ô/ adj. (ave) cujo bico, muito comprido e com bordos cortantes, tem a forma de faca (De *cultri-*+-*rostro*)
cultual adj. do culto ou a ele referente ■ n.f. associação que tem por objeto tratar do culto (Do fr. *cultuel*, «id.»)
cultuar v.tr. **1** render culto a **2** tornar objeto de culto (Do lat. *cultu-*, «culto»+-*ar*)
cultura n.f. **1** ação de cultivar a terra **2** produto do cultivo da terra **3** conjunto das técnicas necessárias para obter do solo produtos vegetais para consumo; agricultura **4** BIOLOGIA método para fazer crescer microrganismos num meio favorável ao seu desenvolvimento **5** BIOLOGIA os microrganismos assim obtidos **6** desenvolvimento de certas faculdades através da aquisição de conhecimentos; educação **7** conjunto dos conhecimentos adquiridos que contribuem para a formação do indivíduo enquanto ser social; saber **8** conjunto de costumes, de instituições e de obras que constituem a herança de uma comunidade ou grupo de comunidades

cultural

9 sistema complexo de códigos e padrões partilhados por uma sociedade ou um grupo social e que se manifesta nas normas, crenças, valores, criações e instituições que fazem parte da vida individual e coletiva dessa sociedade ou grupo; ~ *especializada* desenvolvimento dos conhecimentos e das capacidades intelectuais num domínio particular (literário, artístico, matemático, filosófico); ~ *física* desenvolvimento metódico do corpo humano através de exercícios adequados; ~ *geral* desenvolvimento dos conhecimentos e das capacidades em domínios considerados necessários para todos (Do lat. *cultūra-*, «cultura» (da terra ou do espírito))

cultural *adj.2g.* relativo à cultura (De *cultura+-al*)

culturalmente *adv.* **1** do ponto de vista cultural **2** em referência à cultura **3** no aspeto cultural (De *cultural+-mente*)

culturismo *n.m.* prática de exercícios físicos que tem como objetivo trabalhar os músculos, tornando-os mais volumosos e definidos, de forma que o corpo adquira formas harmoniosas; musculação; fisiculturismo; fisioculturismo (De *cultura+-ismo*)

culturista *adj.2g.* relativo ao culturismo ▪ *n.2g.* pessoa que pratica culturismo (De *cultura+-ista*)

cumano *adj.* de Cumas, cidade da Campânia (Itália) ▪ *n.m.* natural ou habitante dessa cidade (Do lat. *cumānu-*, «de Cumas»)

cumari *n.m.* BOTÂNICA pequeno arbusto da família das Solanáceas, cujo fruto, de sabor picante e também conhecido por pimentinha, é utilizado como condimento (Do tupi *kūba'ri*, «id.»)

cumarim *n.m.* BOTÂNICA ⇒ **cumari**

cumbarim *n.m.* BOTÂNICA ⇒ **cumari**

cumbeba /ê/ *n.f.* BOTÂNICA ⇒ **figueira-da-índia** (De orig. obsc.)

cumbeca *n.f.* BOTÂNICA trepadeira frequente no Norte do Brasil, conhecida pela beleza das suas flores (De orig. obsc.)

cúmbia *n.f.* nome genérico pelo qual é conhecida internacionalmente a música tropical colombiana; música e dança de origem africana (De *cumbé*, dança pop. da zona de Batá, na Guiné Equatorial)

cumbo[1] *n.m.* medida indiana equivalente a 32 hectolitros (Do conc. *kumbh*, «id.»)

cumbo[2] *n.m.* ICTIOLOGIA variedade de barbo (peixe de água doce) (De orig. obsc.)

cumbuca *n.f.* [Brasil] ⇒ **cuiambuca**

cume *n.m.* **1** cimo de uma elevação de terreno; topo **2** parte mais alta ou mais elevada; cimo; alto **3** cocuruto **4** aresta superior do telhado **5** [fig.] auge; apogeu (Do lat. *culmen*, «cimo; cume»)

cumeada *n.f.* **1** linha formada por uma série de cumes **2** cumeeira (De *cume+-ada*)

cumeado *adj.* **1** colocado no cume **2** encimado (De *cume+-ado*)

cumeeira *n.f.* parte mais elevada da montanha ou do telhado de uma casa; cume; espigão (De *cume+-eira*)

cúmel *n.m.* licor alcoólico de cominhos, vulgar sobretudo na Alemanha e na Rússia (Do al. *Kümmel*, «cominho»)

cuminal *adj.2g.* ⇒ **culminante** (Do lat. *culmine-*, «cume»+*-al*)

cum laude *loc.* com louvor; grau superior de avaliação em algumas universidades (Do lat. *cum laude*, «com louvor»)

cúmplice *adj.2g.* **1** DIREITO que teve parte com outrem num delito ou crime; conivente **2** que facilita a realização de algo; que ajuda ou colabora **3** que demonstra um entendimento secreto entre duas ou várias pessoas ▪ *n.2g.* **1** DIREITO pessoa que auxilia ou facilita a realização de um crime, sem tomar parte ativa na sua execução **2** pessoa que colabora com outra(s) na realização de alguma coisa; parceiro (Do lat. *complĭce-*, «id.»)

cumpliciar *v.tr.* tornar cúmplice ▪ *v.pron.* fazer-se cúmplice (De *cúmplice+-iar*)

cumplicidade *n.f.* **1** qualidade de quem é cúmplice **2** auxílio prestado à realização de um crime, que não envolve uma participação ativa no mesmo **3** conivência **4** compreensão profunda, por vezes não expressa, entre duas ou mais pessoas (De *cúmplice+-i-+-dade*)

cumpridor *adj.,n.m.* **1** que ou o que cumpre as suas obrigações ou os seus deveres; observante **2** que ou o que paga as suas dívidas (De *cumprir+-dor*)

cumprimentador *adj.* que cumprimenta; mesureiro (De *cumprimentar+-dor*)

cumprimentar *v.tr.,intr.,pron.* dirigir ou apresentar cumprimentos (a alguém ou reciprocamente); saudar(-se) ▪ *v.tr.* felicitar (De *cumprimento+-ar*)

cumprimenteiro *adj.* amigo de cumprimentar; cumprimentador (De *cumprimento+-eiro*)

cumprimento *n.m.* **1** ato ou efeito de cumprir; observância; execução completa **2** gesto ou palavra de saudação **3** elogio **4** lisonja **5** *pl.* felicitações; saudações (De *cumprir+-mento*)

cumprir *v.tr.* **1** executar pontualmente **2** satisfazer **3** sujeitar-se a **4** completar **5** desempenhar; observar; levar a efeito ▪ *v.intr.* **1** ser preciso **2** caber; pertencer **3** convir **4** corresponder ao prometido **5** desempenhar a sua obrigação ▪ *v.pron.* realizar-se (Do lat. *complēre*, «completar; preencher»)

cumulação *n.f.* ⇒ **acumulação** (Do lat. *cumulatiōne-*, «id.»)

cumular *v.tr.* **1** encher de **2** ⇒ **acumular** (Do lat. *cumulāre*, «id.»)

cumulativamente *adv.* **1** por forma acumulativa **2** conjuntamente (De *cumulativo+-mente*)

cumulativo *adj.* que se faz ou se exerce por acumulação (Do lat. **cumulatīvu-*, «id.»)

cúmulo *n.m.* **1** reunião de muitas coisas sobrepostas; amontoamento **2** acréscimo **3** o ponto mais alto; auge; máximo **4** o que é absurdo; o que excede aquilo que se pode admitir **5** METEOROLOGIA nuvem (*Cu*, da 4.ª família, 9.º género) com a superfície inferior plana, semelhante na parte superior a grandes flocos de algodão; *altos cúmulos* METEOROLOGIA nuvens semelhantes a flocos de algodão (*Ac*, da 2.ª família, 4.º género) que se encontram entre 2000 e 6000 m de altitude; *cúmulos estelares* ASTRONOMIA agregados de muitas estrelas, a grandes distâncias da Terra e relativamente próximas umas das outras, de tal modo que parecem nebulosas, mas que a observação telescópica decompõe em estrelas (falsas nebulosas ou nebulosas resolúveis); *para* ~ ainda por cima, a acrescentar ao resto (Do lat. *cumŭlu-*, «id.»)

cúmulo-nimbo *n.m.* METEOROLOGIA nuvem escura, espessa, em forma de torre ou montanha, que anuncia muita chuva (*Cb*, 4.ª família, 10.º género)

cunca *n.f.* **1** vaso de madeira para guardar alimentos; gamela **2** tigela; malga; conca **3** colher de pau **4** [regionalismo] rótula **5** queijo pequeno **6** jogo do fito (Var. de *conca*)

cunco *n.m.* [regionalismo] caçoula; escudela (De *cunca*)

cunctatório *adj.* **1** que envolve delonga ou adiamento **2** lento; vagaroso **3** contemporizador (Do lat. **cunctatorĭu-*, de *cunctatōre-*, «contemporizador»)

cuneano *adj.* **1** em forma de cunha **2** semelhante a cunha (Do lat. *cunĕu-*, «cunha»+*-ano*)

cunei- elemento de formação de palavras que exprime a ideia de cunha (Do lat. *cunĕu-*, «cunha»)

cuneifoliado *adj.* com folhas em forma de cunha (De *cunei-+foliado*)

cuneiforme *adj.2g.* **1** em forma de cunha **2** designativo da escrita criada pelos Sumérios, cujos caracteres eram produzidos com o auxílio de objetos com a forma de cunha **3** designativo dos caracteres em forma de cunha ▪ *n.m.pl.* ossos do tarso, em número variável, em diferentes grupos de animais (De *cunei-+-forme*)

cuneirrostro /ô/ *adj.* ORNITOLOGIA que tem o bico em forma de cunha ▪ *n.m.* ORNITOLOGIA espécime dos cuneirrostros ▪ *n.m.pl.* ORNITOLOGIA grupo de aves com bico cuneiforme (De *cunei-+rostro*)

cúneo *n.m.* **1** espécie de escrínio para guardar joias **2** MILITAR [ant.] formação ofensiva de soldados em cunha para facilitar a penetração na formação defensiva adversa (Do lat. *cunĕu-*, «cunha»)

cunha *n.f.* **1** peça de ferro ou madeira, com duas faces em ângulo bastante agudo, que serve para rachar lenha, fender pedras, etc. **2** tacão de sapato com a forma desta peça de ferro, que cobre toda a sola ou parte dela **3** objeto que se coloca sob ou ao lado de um outro maior, para o elevar ou imobilizar em determinada posição; calço **4** variedade de maçã **5** [fig.] pedido especial realizado por alguém a favor de outra pessoa; recomendação; empenho; *à* ~ repleto; *meter* ~ *por* recomendar (alguém), interceder por (alguém) (Do lat. **cunĕa-*, por *cunĕu-*, «cunha»)

cunhada[1] *n.f.* **1** irmã de um dos cônjuges ou companheiros (em relação ao outro cônjuge ou companheiro) **2** esposa ou companheira do irmão ou da irmã de alguém **3** pessoa que está casada ou mantém um relacionamento com o irmão ou a irmã do cônjuge ou companheiro(a) de alguém (Do lat. *cognāta-*, «aparentada»)

cunhada[2] *n.f.* golpe ou pancada com cunha (De *cunha+-ada*)

cunhadia *n.f.* ⇒ **cunhadio** (De *cunhado+-ia*)

cunhadio *n.m.* parentesco entre cunhados (De *cunhado+-io*)

cunhado[1] *n.m.* **1** irmão de um dos cônjuges ou companheiros (em relação ao outro cônjuge ou companheiro) **2** marido da companheira do irmão ou da irmã de alguém **3** pessoa que está casada ou mantém um relacionamento com a irmã ou o irmão do cônjuge ou companheiro(a) de alguém (Do lat. *cognātu-*, «aparentado»)

cunhado[2] *adj.* **1** amoedado **2** [fig.] criado ▪ *n.m.* aquele por quem se intercedeu ou meteu cunha (Part. pass. de *cunhar*)

cunhador *adj.,n.m.* que ou o que cunha moeda (De *cunhar+-dor*)

cunhagem n.f. ato ou efeito de cunhar moeda (De cunhar+-agem)

cunhal n.m. ângulo saliente formado por duas paredes de um edifício; esquina (De cunha+-al)

cunhar v.tr. 1 imprimir o cunho em 2 transformar em moeda; amoedar 3 meter cunha em 4 [fig.] criar 5 [fig.] recomendar alguém a; interceder junto de alguém por; meter cunha (empenho) a (Do lat. cuneāre, «formar em cunha»)

cunheira n.f. fenda aberta numa pedra para meter a cunha que a há de rachar (De cunha+-eira)

cunhete /ê/ n.m. caixote de madeira ou de outro material para acondicionamento e transporte de munições e explosivos (De cunho+-ete)

cunho n.m. 1 peça de ferro gravada que serve para marcar moedas, medalhas, etc. 2 sinal impresso pelo cunho 3 reverso da moeda 4 impressão 5 [fig.] selo 6 [fig.] marca; sinal distintivo 7 [fig.] carácter 8 [fig.] qualidade (Do lat. cuneŭ-, «cunha»)

cunículo n.m. 1 [pop.] passagem subterrânea 2 escavação extensa e profunda (Do lat. cunicŭlu-, «galeria subterrânea; túnel»)

cunicultor n.m. criador de coelhos (Do lat. cuni[cŭlu-], «coelho» +cultōre-, «criador»)

cunicultura n.f. criação de coelhos (Do lat. cuni[cŭlu-], «coelho» +cultūra-, «criação»)

cunilíngua n.f. prática sexual que consiste na estimulação oral da vulva e/ou clitóris (Do lat. cunnu-, «vulva» + lingere, «lamber»)

cunquate n.m. 1 BOTÂNICA fruto do tamanho e forma da ameixa, da família dos citrinos, de cor alaranjada, de casca doce e polpa ácida, usado essencialmente em compotas 2 BOTÂNICA arbusto que produz este fruto, oriundo da China (Do chin. kin ku, «id.»)

cununo adj. [Angola] com dentes salientes (Do quimb. kununo, «id.»)

cupão n.m. 1 pequeno papel impresso, destacável ou não, que dá direito a participar num concurso, ter acesso a descontos em compras, receber um convite, assistir a espetáculos, etc. 2 ECONOMIA cada uma das partes destacáveis de uma obrigação ou ação, que corresponde a juros a receber em datas previamente estabelecidas 3 ECONOMIA valor periódico correspondente a juros de uma obrigação pago pelo emitente (Do fr. coupon, «id.»)

cupé n.m. ⇒ **coupé**

cupidez /ê/ n.f. ambição desmedida; cobiça; qualidade de cúpido (Do lat. cupĭdu-, «desejoso» +-ez)

cupidíneo adj. 1 relativo a Cupido, deus do amor 2 relativo ao amor; amoroso (Do lat. cupidinĕu-, «de Cupido» +-íneo)

cupidinoso /ô/ adj. 1 amoroso 2 que deseja ardentemente (Do lat. cupidīne-, «amor violento; desejo ardente» +-oso)

cupido n.m. 1 [com maiúscula] MITOLOGIA deus do amor, representado por um menino alado munido de arco e flechas 2 personificação do amor 3 pessoa casamenteira 4 homem que, pretendendo ser bonito, se torna ridículo (Do lat. Cupīdo, -īnis, mitol., «Cupido, filho de Vénus; deus do amor»)

cúpido adj. 1 ávido; cobiçoso; desejoso 2 extremamente ambicioso (Do lat. cupĭdu-, «desejoso»)

cupim n.m. [Brasil] ⇒ **térmita** (Do tupi kupi'i, «id.»)

cupinzeiro n.m. montículo de terra ou árvore quase morta onde habitam os cupins ou térmites (De cupim+z+-eiro)

cupon n.m. antiga unidade monetária da Geórgia, substituída pelo lari

Cupressáceas n.f.pl. BOTÂNICA ⇒ **Juniperáceas** (Do lat. cupressu-, «cipreste» +-áceas)

cupréssea n.f. BOTÂNICA espécime das cuprésseas ■ n.f.pl. BOTÂNICA tribo da família das Pináceas, a que pertencem os cedros, os ciprestes, os zimbros, etc. (Do lat. cupressu-, «cipreste» +-eas)

cupressifoliado adj. BOTÂNICA que tem folhas escamosas semelhantes às do cipreste (Do lat. cupressu-, «cipreste» +folĭu-, «folha» +-ado)

cupressiforme adj.2g. semelhante ao cipreste (Do lat. cupressu-, «cipreste» +forma-, «forma»)

cupressínea n.f. BOTÂNICA espécime das cupressíneas ■ n.f.pl. BOTÂNICA grupo de plantas gimnospérmicas, coníferas, a cujo género-tipo (Cupressus) pertence o cipreste (Do lat. cupressu-, «cipreste» +-íneas)

cupressíneo adj. 1 relativo ou semelhante ao cipreste 2 feito de madeira de cipreste (Do lat. cupressīnu-, «de cipreste» +-eo)

cupressino adj. ⇒ **cupressíneo** (Do lat. cupressīnu-, «id.»)

cupri- elemento de formação de palavras que exprime a ideia de cobre (Do lat. cupru-, «cobre»)

cúprico adj. 1 de cobre 2 em que há cobre 3 QUÍMICA [ant.] diz-se do composto de cobre em que este figura como bivalente (Do lat. cupru-, «cobre» +-ico, ou do fr. cuprique, «id.»)

cuprífero adj. que tem cobre (De cupri-+-fero, ou do fr. cuprifère, «id.»)

cupripene adj.2g. que tem as asas acobreadas (Do lat. cupru-, «cobre» +penna-, «asa»)

cuprirrostro /ô/ adj. que tem o bico cor de cobre (De cupri-+-rostro)

cuprite n.f. MINERALOGIA mineral (óxido de cobre) que cristaliza no sistema cúbico, também chamado cobre-vermelho (Do lat. cupru-, «cobre» +-ite)

cupro- elemento de formação de palavras que exprime a ideia de cobre (Do lat. cupru-, «cobre»)

cuproníquel n.m. liga de cobre e níquel (De cupro-+níquel)

cuproso /ô/ adj. QUÍMICA [ant.] diz-se do composto de cobre em que este figura como monovalente (Do lat. cupru-, «cobre» +-oso)

cúpula n.f. 1 ARQUITETURA parte superior de certos edifícios com a forma de semiesfera 2 parte côncava de um zimbório; zimbório 3 abóbada 4 objeto em forma de cúpula 5 peça de dupla curvatura sujeita principalmente a esforços de compressão 6 órgão caliciforme que envolve parcialmente certos frutos, como a bolota 7 [fig.] céu 8 [fig.] direção; chefia 9 BOTÂNICA ⇒ **carapulo** (Do lat. cuppa-, «taça», pelo it. cupola, «abóbada; cúpula»)

cupulado adj. que tem cúpula (De cúpula+-ado)

cupuli- elemento de formação de palavras que exprime a ideia de cúpula

Cupulíferas n.f.pl. BOTÂNICA antiga designação da família de plantas atualmente denominada Fagáceas (De cupuli-+-feras)

cupuliforme adj.2g. em forma de cúpula (De cupuli+-forme)

cupulim n.m. 1 lanternim que dá luz a uma entrada ou a uma escadaria 2 claraboia (De cúpula+-im)

cuquiada n.f. 1 vozes com que, na Índia, se chamava o povo às armas 2 vozearia da marinhagem à aproximação de terra (Do malaiala kúkkuka, «bradar; dar rebate»)

cura n.f. 1 ato ou efeito de curar 2 restabelecimento da saúde 3 processo terapêutico; tratamento 4 uso quase exclusivo de um determinado alimento ou terapia durante um período de tempo, como medida de higiene ou por razões de saúde 5 processo de maturação dos queijos que lhes apura o sabor e os torna mais consistentes 6 curtimento 7 [fig.] remédio ■ n.m. 1 sacerdote católico que tem a seu cargo uma pequena povoação 2 coadjutor do pároco 3 padre 4 encarregado do cuidado ou cura de almas (Do lat. cura-, «cuidado»)

curabilidade n.f. qualidade daquilo que é curável (Do lat. curabĭle-, «curável» +-i-+-dade)

curaçau n.m. licor feito com casca de laranja azeda, originário da ilha holandesa com o mesmo nome (De Curaçau, top., ilha das Antilhas)

curadia n.f. ⇒ **curadoria** (De curado+-ia)

curado adj. 1 restabelecido de uma doença; sarado 2 (queijo) que sofreu um processo de maturação que endureceu a sua consistência e apurou o seu sabor 3 que foi seco ao sol ou a uma fonte de calor 4 [fig.] livre de algum mal 5 [Brasil] [pop.] supostamente preservado do veneno das cobras e de outros males ■ n.m. curato (Do lat. curātu-, «id.», part. pass. de curāre, «tratar; cuidar de»)

curador n.m. 1 DIREITO administrador de bens por encargo judicial 2 DIREITO representante de incapazes, nomeado pelo tribunal para determinado processo judicial ou ato jurídico 3 profissional responsável pelas obras que constituem o património de uma instituição (museu, galeria, biblioteca) e pela conceção e supervisão de exposições 4 [regionalismo] tratador de cavalos 5 [Brasil] curandeiro; ~ *de órfãos* magistrado que vela pelos direitos e interesses dos órfãos menores (Do lat. curatōre-, «id.»)

curadoria n.f. 1 cargo ou funções de curador 2 gabinete de curador 3 DIREITO administração, por determinação judicial, dos bens de um incapacitado ou de um desaparecido que não tenha deixado representante voluntário ou procurador (De curador+-ia)

curandeirismo n.m. processos de curandeiro (De curandeiro+-ismo)

curandeiro n.m. pessoa que pretende curar sem diploma legal nem conhecimentos de medicina científica; benzedeiro; abençoadeiro (Do lat. *curandarĭu-, «id.», de curandu-, ger. de curāre, «curar; tratar» +-eiro)

curandice n.f. profissão ou ato de curandeiro (De curandu-, «que está a ser curado», de curāre+-ice)

curar v.tr.,intr. 1 restabelecer a saúde de 2 livrar ou livrar-se de doença ou mau hábito 3 secar ao calor; defumar 4 salgar 5 (queijos) fazer passar por um processo de maturação ■ v.tr. 1 tratar de; ter cuidado com 2 proceder ao curativo de; pensar ■ v.pron. 1 recuperar a saúde 2 emendar-se; corrigir-se (Do lat. curāre, «cuidar de; tratar»)

curare *n.m.* veneno vegetal usado pelos Índios da América para ervar as flechas (Do cast. *curare*, «id.», de um dial. das Caraíbas)
curarina *n.f.* princípio ativo do curare (De *curare*+*-ina*)
curarização *n.f.* ato ou efeito de curarizar (De *curarizar*+*-ção*)
curarizar *v.tr.* envenenar com curare (De *curare*+*-izar*)
curatela *n.f.* curadoria (Do lat. *curatella-*, «id.»)
curativo *adj.* 1 relativo à cura 2 que cura ■ *n.m.* 1 ato ou meio de curar 2 penso 3 aplicação de remédios ou de penso num ferimento (Do lat. cient. *curatīvu-*, «id.»)
curato *n.m.* 1 cargo ou habitação do cura 2 povoação pastoreada por um cura (Do lat. med. *curātu-*, «id.»)
curável *adj.2g.* suscetível de cura (Do lat. *curabĭle-*, «id.»)
curculiónida *n.m.* ZOOLOGIA ⇒ **curculionídeo**
Curculiónidas *n.m.pl.* ZOOLOGIA ⇒ **Curculionídeos**
curculionídeo *adj.* ZOOLOGIA relativo ou pertencente aos Curculionídeos ■ *n.m.* ZOOLOGIA espécime dos Curculionídeos
Curculionídeos *n.m.pl.* ZOOLOGIA família de coleópteros que tem por tipo o gorgulho (Do lat. *curculiōne-*, «gorgulho» +*-ídeos*)
curcuma *n.f.* BOTÂNICA planta da família das Zingiberáceas, oriunda do Oriente, cujo rizoma é conhecido por açafrão-da-índia (Do ár. *kurkum*, «id.», do sânsc. *kunkuma*, «id.»)
curcumina *n.f.* matéria corante da curcuma (De *curcuma*+*-ina*)
curdo *n.m.* 1 natural ou habitante do Curdistão, território montanhoso situado entre a Turquia e o Irão 2 língua do Curdistão ■ *adj.* relativo ao Curdistão (Do fr. *kurde*, «id.»)
cureta *n.f.* CIRURGIA instrumento em forma de colher com os bordos cortantes, que serve para raspar e limpar cavidades do organismo ou para escavar um osso ou uma cartilagem (Do fr. *curette*, «id.»)
curetagem *n.f.* CIRURGIA raspagem, com auxílio de uma cureta, de uma cavidade natural (útero, canal auditivo, etc.), de uma ferida ou de uma cavidade patológica (De *curetar*+*-agem*, ou do fr. *curetage*, «id.»)
curetar *v.tr.* CIRURGIA raspar com cureta (cavidade natural, ferida ou cavidade patológica) (De *cureta*+*-ar*, ou do fr. *cureter*, «id.»)
curgete *n.f.* BOTÂNICA pequena abóbora alongada que é colhida e consumida no início do seu desenvolvimento (Do fr. *courgette*, «id.»)
curi *n.m.* [Brasil] espécie de argila vermelha (De *tupi ku'ri*, «id.»)
cúria[1] *n.f.* 1 corte pontifícia 2 tribunal eclesiástico de um bispado 3 lugar onde se reunia o senado romano 4 o próprio senado romano 5 divisão política do povo romano 6 décima parte de uma antiga tribo romana; ~ *diocesana* o conjunto de pessoas que no campo administrativo e judicial auxiliam o bispo no governo da diocese; ~ *generalícia* as pessoas que constituem o gabinete do superior-geral de uma ordem religiosa; ~ *régia* HISTÓRIA organismo assessor da realeza, vigente na monarquia portuguesa até meados do século XIII, composto de altos dignitários da corte, supremo órgão administrativo, judicial e político, com função consultiva, do qual derivaram as cortes; ~ *romana* RELIGIÃO (Igreja Católica) o conjunto das instituições que auxiliam o papa no governo da Igreja (Do latim *curĭa-*, «idem»)
cúria[2] *n.f.* 1 [Angola] comida 2 [Angola] refeição (Do quimbundo *kudia*, «idem»)
curial *adj.2g.* 1 referente à cúria 2 [fig.] próprio; adequado; conveniente ■ *n.m.* 1 senador dos antigos municípios romanos 2 encarregado dos negócios da cúria pontifícia (Do lat. *curiāli-*, «da cúria»)
curialidade *n.f.* qualidade de curial (De *curial*+*-i-*+*-dade*)
curialismo *n.m.* 1 conjunto dos oficiais da cúria 2 procedimento da cúria (De *curial*+*-ismo*)
curião *n.m.* 1 chefe de uma cúria, entre os Romanos 2 sacerdote que presidia às festas e aos sacrifícios nas cúrias (Do lat. *curiōne-*, «id.»)
curibandar *v.intr.* [Angola] comer à farta; saciar-se de alimentos (Do quimb. *kuribanda*, «id.»)
curibeca *n.f.* 1 [Brasil] conluio de pessoas com fins aparentemente honestos, mas com intenções pouco escrupulosas 2 maçonaria (De orig. obsc.)
curibotar *v.tr.* [Angola] maldizer (Do quimb. *kudibota*, «id.»)
curica *n.m./f.* ZOOLOGIA denominação do leão numa região do interior do sul de Angola (Do cuanhama *onkhulika*, «id.»)
curicaca *n.f.* [Brasil] ORNITOLOGIA ⇒ **tapicuru** (De orig. onom.)
curie *n.m.* FÍSICA unidade de medida de radioatividade, de símbolo Ci, correspondente a $3,7 \times 10^{10}$ desintegrações por segundo (De *Curie*, antropónimo, apelido de Maria Sklodowska, cientista polaca, esposa do físico fr. Pierre Curie, descobridora do rádio, 1867-1934)
curieterapia *n.f.* MEDICINA ⇒ **radioterapia** (Do fr. *curiethérapie*, «irradiação terapêutica pelo rádio»)

curinga *n.m.* 1 o sete de ouros ou o dois de paus, no jogo do sete-e-meio 2 a carta muda do póquer 3 homem magro ou raquítico (Do quimb. *kuringa*, «matar»?)
cúrio *n.m.* QUÍMICA elemento químico com o número atómico 96, de símbolo Cm, radioativo, metálico e artificial (De *Maria Curie*, antr., física francesa de orig. polaca, descobridora do rádio, 1867-1934)
curiosa *n.f.* parteira não diplomada (Do lat. *curiōsa-*, «cuidadosa»)
curiosamente *adv.* 1 de modo curioso 2 por curiosidade 3 zelosamente 4 por sinal (De *curioso*+*-mente*)
curiosidade *n.f.* 1 qualidade do que é curioso 2 desejo de saber ou ver 3 indiscrição 4 objeto raro e interessante 5 informação interessante e pouco conhecida 6 trabalho ligeiro e recreativo (Do lat. *curiositāte-*, «id.»)
curioso /ô/ *adj.* 1 que revela curiosidade 2 zeloso 3 amador de curiosidades 4 feito por curiosidade 5 que chama a atenção; que desperta o interesse ■ *n.m.* 1 pessoa com desejo de adquirir conhecimento(s) 2 profissional sem preparação adequada; amador (Do lat. *curiōsu-*, «id.»)
curiúva *n.f.* 1 BOTÂNICA pinheiro do Brasil 2 araucária (Do tupi *kuri'iwa*, «pinheiro»)
curral *n.m.* 1 recinto onde se recolhe o gado; corte; cercado 2 residência de régulo africano 3 [fig.] casa imunda 4 [Cabo Verde] espaço cercado em que é tratada a cana-de-açúcar, incluindo o equipamento e o material complementar de esmagamento, fermentação e destilação (Do lat. vulg. **currāle-*, «lugar onde se guardam os veículos», do lat. *curru-*, «carro»)
curralada *n.f.* 1 conjunto de currais 2 recinto para recolher pastos secos para o gado 3 curral grande (De *curral*+*-ada*)
curralagem *n.f.* quantia que se pagava por ter o gado em curral alheio ou do concelho (De *curral*+*-agem*)
curraleiro *adj.* (gado) criado ou recolhido em curral ■ *n.m.* 1 guarda do curral de animais encontrados a pastar em propriedade alheia 2 guarda de porcos (De *curral*+*-eiro*)
curre-curre *n.m.* 1 [pop.] espécie de jogo utilizado na debulha do milho verde 2 ORNITOLOGIA ⇒ **corrição** (De *correr*)
curriça *n.f.* 1 curro pequeno 2 curral de campo 3 curralada 4 curro destinado, geralmente, à recolha de gado ovino ou caprino (De *curro*+*-iça*)
curricular *adj.2g.* relativo ao currículo, à carreira escolar (De *currículo*+*-ar*)
currículo *n.m.* 1 atalho 2 curso 3 pequena carreira 4 informação completa sobre os factos que marcam cultural e profissionalmente a carreira de uma pessoa, com referência a habilitações, cargos desempenhados, obras produzidas, etc.; curriculum vitae 5 relato sumário escrito desses factos (Do lat. *curricŭlu-*, «carreira»)
curro *n.m.* 1 lugar onde se guardam os touros, na praça, antes e depois de serem lidados 2 curral 3 [Brasil] cavalo de cobrição (Do lat. vulg. **curru-*, «corrida; curso», ou deriv. regr. de *curral*)
cursado *adj.* 1 acostumado 2 calhado 3 versado 4 frequentado (Part. pass. de *cursar*)
cursar *v.tr.* 1 seguir o curso de 2 percorrer (espaços) 3 frequentar 4 alcançar 5 suportar ■ *v.intr.* 1 (vento) soprar 2 (sangue) escorrer (Do lat. *cursāre*, «correr; percorrer»)
cursável *adj.2g.* 1 que se pode cursar 2 que pode ter curso 3 que pode correr (De *cursar*+*-vel*)
cursear *v.intr.* andar muito; correr terras (De *curso*+*-ear*)
cúrsio *n.m.* carro sem rodas, usado na ilha da Madeira para as descidas; corsa (Do lat. *cursu-*, «corrida»)
cursista *n.2g.* 1 pessoa que cursa ou frequenta um curso 2 estudante 3 participante em curso de cristandade (De *curso*+*-ista*)
cursivinho *n.m.* TIPOGRAFIA forma de letra manuscrita mais pequena que o cursivo (De *cursivo*+*-inho*)
cursivo *n.m.* 1 TIPOGRAFIA forma de letra manuscrita, ligeira e mais miúda que o bastardinho 2 caligrafia um pouco inclinada para diante ■ *adj.* diz-se da letra que se faz, correndo a caneta sobre o papel (Do lat. med. *cursīvu-*, pelo fr. *cursif*, «id.»)
curso *n.m.* 1 corrente de água 2 trajeto da água de um ribeiro, riacho ou rio 3 comprimento e extensão de um rio 4 distância; duração 5 ASTRONOMIA movimento real ou aparente de um astro 6 desenrolar do tempo; decurso 7 [fig.] evolução de um determinado acontecimento; rumo; caminho 8 série de lições sobre uma matéria 9 matérias tratadas numa aula 10 conjunto de disciplinas que habilitam para um diploma profissional 11 conjunto de estudantes que frequentam a mesma aula; *estar em* ~ (moeda) ter valor facial (Do lat. *cursu-*, «corrida»)
cursor *adj.* que corre ao longo de ■ *n.m.* 1 peça móvel que corre ao longo de outra, em certos instrumentos 2 mensageiro do papa 3 andarilho 4 ASTRONOMIA fio que atravessa o campo de um micrómetro para medir o diâmetro aparente de um astro 5 INFORMÁTICA sinal

móvel, por vezes em forma de flecha, indicativo do lugar do visor (do computador) onde vai ser efetuada uma operação (Do lat. *cursōre-*, «corredor; mensageiro»)

curtamente *adv.* com acanhamento; timidamente (De *curto+-mente*)

curta-metragem *n.f.* CINEMA filme de duração geralmente inferior a trinta minutos (Do fr. *court métrage*, «id.»)

curteza /ê/ *n.f.* 1 qualidade do que é curto 2 [fig.] rudeza 3 [fig.] timidez 4 [fig.] escassez (De *curto+-eza*)

curtição *n.f.* 1 ato ou efeito de curtir; curtimento 2 [coloq.] prazer intenso a nível intelectual ou material 3 [coloq.] coisa ou pessoa divertida ou interessante; *que ~!* [coloq.] que giro!, que espetáculo!

curtido *adj.* 1 que se curtiu 2 endurecido 3 calejado 4 [coloq.] divertido; interessante (Part. pass. de *curtir*)

curtidoiro *n.m.* ⇒ **curtidouro**

curtidor *adj.,n.m.* que ou aquele que curte (De *curtir+-dor*)

curtidouro *n.m.* 1 lugar onde se curtem as peles 2 lugar onde se afoga e macera o linho (De *curtir+-douro*)

curtidura *n.f.* ⇒ **curtimento** (De *curtir+-dura*)

curtimenta *n.f.* 1 ato ou efeito de curtir 2 curtimento de peles 3 curtidouro 4 putrefação das matérias lenhosas do linho (De *curtir+-menta*)

curtimento *n.m.* ato ou efeito de curtir (De *curtir+-mento*)

curtir *v.tr.* 1 preparar (couros ou peles) para os conservar 2 demolhar 3 calejar; endurecer 4 [fig.] ter em si 5 [fig.] padecer de 6 [fig.] suportar 7 [fig.] alimentar 8 [coloq.] gozar; desfrutar com grande prazer de ▪ *v.intr.* [coloq.] gozar; desfrutar ▪ *v.pron.* 1 tornar-se insensível 2 (bebedeira) curar; *estar a curti-las* passar maus bocados, sofrer (Do lat. *conterĕre*, por *conterĕre*, «malhar; esmagar; macerar»?)

curto *adj.* 1 de pequeno comprimento 2 em pequeno número 3 de pouca duração 4 que é breve; conciso; lacónico 5 resumido 6 que é rápido 7 ELETRICIDADE diz-se das ondas hertzianas cujo comprimento está compreendido entre 10 e 100 m 8 [fig.] pouco atilado; *de ~* de pronto, com firmeza; *ter vistas curtas* ser tacanho, ser pouco inteligente (Do lat. *curtu-*, «id.»)

curto-circuito *n.m.* 1 ELETRICIDADE fenómeno produzido pelo contacto acidental de dois condutores a tensões diferentes, com produção de corrente de intensidade muito elevada 2 [fig.] colapso súbito

curtume *n.m.* 1 ato ou processo de curtir ou preparar couros e peles para os conservar; curtimento 2 substância empregada nesse processo (De *curtir+-ume*)

curuba *n.f.* [Brasil] ⇒ **sarna** (Do tupi *ku'ruba*, «id.»)

curul *adj.2g.* 1 pertencente a determinada classe de magistrados romanos 2 dizia-se de uma cadeira de marfim onde só podiam sentar-se certos magistrados romanos ▪ *n.f.* essa cadeira (Do lat. *curūle-*, «id.»)

curumba *n.m.* [Brasil] maltrapilho ▪ *n.f.* [Brasil] [depr.] mulher velha (De orig. obsc.)

curva *n.f.* 1 todo o lugar geométrico de pontos do espaço, cujas coordenadas cartesianas, em determinado referencial cartesiano, são funções contínuas de um parâmetro real, definidas num intervalo 2 linha arredondada; volta 3 arco 4 alinhamento não retilíneo do traçado de uma via de comunicação; traçado sinuoso de uma estrada 5 linha que representa a evolução gráfica de um fenómeno; *~ da perna* parte posterior da perna à altura do joelho; *~ de nível* lugar geométrico dos pontos de cota igual; *estar aí para as curvas* estar preparado ou pronto para realizar alguma coisa (De *curvo*)

curvar *v.tr.* 1 tornar curvo 2 dobrar em arco 3 inclinar para diante 4 flexionar 5 derrear 6 abaixar 7 [fig.] submeter 8 [fig.] humilhar ▪ *v.intr.* 1 tornar-se curvo 2 descrever uma curva ▪ *v.pron.* 1 inclinar-se para diante 2 apresentar forma curva 3 tornar-se curvo 4 [fig.] humilhar-se 5 [fig.] obedecer (Do lat. *curvāre*, «id.»)

curvativo *adj.* BOTÂNICA (folha) que se enrola quase insensivelmente (De *curvar+-tivo*)

curvatura *n.f.* 1 forma ou estado de um corpo que é curvo 2 arqueamento 3 inclinação 4 GEOMETRIA derivada do ângulo formado por duas tangentes a uma curva em relação ao comprimento do arco da curva compreendido entre os dois pontos de tangência 5 ato de reverenciar, baixando a cabeça e curvando o corpo (Do lat. *curvatūra-*, «id.»)

curvejão *n.m.* jarrete do cavalo (Do cast. *corvejón*, «esporão»)

curvejar *v.intr.* 1 fazer curvas 2 andar à volta (De *curvo+-ejar*)

curveta[1] /ê/ *n.f.* 1 movimento do cavalo quando levanta e dobra as patas dianteiras e baixa a garupa (Do fr. *courbette*, «id.»)

curveta[2] /ê/ *n.f.* 1 pequena curva 2 volta de caminho (De *curva+-eta*)

curvetear *v.intr.* fazer curvetas (o cavalo) (De *curveta+-ear*)

curv(i)- elemento de formação de palavras que exprime a ideia de *curvo, curvatura* (Do lat. *curvu-*, «curvo»)

curvicaude *adj.2g.* que tem cauda curva (De *curvi-+-caude*)

curvicórneo *adj.* que tem cornos curvos (De *curvi-+córneo*)

curvidade *n.f.* ⇒ **curvatura** (Do lat. *curvitāte-*, «id.»)

curvifloro *adj.* BOTÂNICA que possui corola curva (De *curvi-+-floro*)

curvifoliado *adj.* BOTÂNICA que tem as folhas recurvadas (De *curvi-+foliado*)

curvifronte *adj.2g.* que tem a fronte arqueada (De *curvi-+-fronte*)

curvígrafo *n.m.* instrumento que traça curvas (De *curvi-+-grafo*)

curvilhão *n.m.* ⇒ **jarrete** (Do lat. vulg. *curviliānu-*, «id.»)

curvilíneo *adj.* 1 formado de linhas curvas 2 curvo (De *curvi-+-líneo*)

curvímetro *n.m.* instrumento que serve para medir os comprimentos das linhas curvas (De *curvi-+-metro*)

curvinervado *adj.* BOTÂNICA (folha) que tem nervação paralelinérvea com nervuras arqueadas (De *curvi-+nervado*)

curvinérveo *adj.* BOTÂNICA ⇒ **curvinervado** (De *curvi-+nérveo*)

curvípede *adj.2g.* de pés curvos (Do lat. *curvipĕde-*, «id.»)

curvirrostro /ô/ *adj.* de bico curvo (De *curvi-+-rostro*)

curvo *adj.* 1 que não é reto nem formado de linhas retas 2 em forma de arco 3 que não é plano 4 dobrado; inclinado para diante 5 sinuoso (Do lat. *curvu-*, «curvo»)

cusca *n.2g.* [coloq.] pessoa que gosta de cuscar; pessoa bisbilhoteira

cuscar *v.tr.,intr.* 1 [coloq.] ver ou pesquisar sorrateiramente 2 [coloq.] falar da vida alheia; bisbilhotar

cuscúcio *n.m.* [regionalismo] cordeiro nascido no outono (De orig. obsc.)

cuscuta *n.f.* BOTÂNICA ⇒ **linho-de-cuco** (Do ár. *kuchût*, «id.», pelo lat. med. *cuscūta-*, «id.»)

cuscutácea *n.f.* BOTÂNICA espécime das Cuscutáceas

Cuscutáceas *n.f.pl.* BOTÂNICA família de plantas dicotiledóneas reduzidas a filamentos afilos, desprovidas de clorofila e parasitas de outras plantas (Do lat. med. *cuscuta-*, «linho-de-cuco» +-*áceas*)

cuscuz[1] *n.m.* 1 sêmola de trigo 2 CULINÁRIA prato de origem árabe preparado com sêmola de trigo, carne e legumes com um molho picante 3 [Brasil] CULINÁRIA bolo feito de farinha de milho ou de arroz, cozido a vapor ou grelhado 4 massa brasileira de arroz, milho ou mandioca com que se preparam fatias que se comem com manteiga, como se fosse pão (Do árabe *kuskus*, «alimento preparado com sêmola»)

cuscuz[2] *adj.inv.* [Cabo Verde] diz-se do cabelo crespo; encarapinhado (Do crioulo cabo-verdiano *(cabel) cus-cus*, «idem»)

cuscuzeira *n.f.* [Brasil] recipiente ou forma especial para fazer cuscuz (De *cuscuz+-eira*)

cuscuzeiro *n.m.* indivíduo que fabrica ou vende cuscuz (De *cuscuz+-eiro*)

cusparada *n.f.* 1 porção de cuspo 2 cuspinheira (De *cuspo+r+-ada*)

cuspe *n.m.* ⇒ **cuspo**

cuspidado *adj.* 1 diz-se de um órgão que apresenta uma extremidade resistente e aguçada em ponta 2 terminado em cúspide (Do lat. *cuspidātu-*, «id.», part. pass. de *aguçar*)

cuspidária *n.f.* [Brasil] BOTÂNICA planta trepadeira da família das Bignoniáceas (Do lat. *cuspĭde-*, «ponta de lança» +-*ária*)

cuspido *adj.* ⇒ **cuspidado** (Do lat. *cuspidātu-*, «id.», part. pass. de *cuspidāre*, «aguçar»)

cúspide *n.f.* 1 ápice; extremidade aguda e dura 2 ponta acerada das folhas de algumas plantas 3 ferrão de alguns insetos 4 cume; píncaro (Do lat. *cuspĭde-*, «ponta da lança»)

cuspideira *n.f.* 1 recipiente onde se cospe; escarrador 2 ZOOLOGIA ⇒ **cobra-cuspideira** (De *cuspir+-deira*)

cuspidela *n.f.* 1 ato de cuspir 2 expulsão de cuspo (De *cuspir+-dela*)

cuspidiforme *adj.2g.* em forma de cúspide (Do lat. *cuspĭde-*, «ponta da lança» +*forma-*, «forma»)

cuspido *adj.* 1 em que se cuspiu 2 conspurcado 3 arremessado 4 [fig.] difamado (Part. pass. de *cuspir*)

cuspidor *adj.* que cospe muito ▪ *n.m.* escarrador (De *cuspir+-dor*)

cuspidouro *n.m.* sítio ou objeto para onde se cospe (De *cuspir+-douro*)

cuspidura *n.f.* 1 ato ou efeito de cuspir 2 cuspinheira (De *cuspir+-dura*)

cuspilhar *v.tr.,intr.* cuspir com frequência (De *cuspir+-ilhar*)

cuspinha *n.f.* cuspo; saliva (De *cuspe+-inha*)

cuspinhada *n.f.* ⇒ **cuspinheira** (Part. pass. fem. subst. de *cuspinhar*)

cuspinhador *adj.,n.m.* que ou aquele que cuspinha (De *cuspinhar+-dor*)

cuspinhadura *n.f.* ato ou efeito de cuspinhar; cuspinheira (De *cuspinhar+-dura*)
cuspinhar *v.tr.,intr.* ⇒ **cuspilhar** (De *cuspir+-inhar*)
cuspinheira *n.f.* **1** ato de cuspir frequentemente **2** cuspinhada (De *cuspinhar+-eira*)
cuspir *v.tr.,intr.* expelir cuspo (sobre); salivar ▪ *v.tr.* **1** lançar; expelir **2** lançar para longe **3** [fig.] dirigir ultrajes a; insultar; ~ *para o ar* vangloriar-se (Do lat. *conspuĕre*, «cuspir; conspurcar»)
cuspira *n.f.* BOTÂNICA árvore da família das Leguminosas, de São Tomé
cuspo *n.m.* líquido segregado pelas glândulas salivares; saliva (Deriv. regr. de *cuspir*)
cusquice *n.f.* [coloq.] bisbilhotice; mexerico
cusso *n.m.* BOTÂNICA ⇒ **cousso**
custa *n.f.* **1** despesa; custo **2** esforço; trabalho **3** *pl.* despesas feitas em processo judicial; *custas de parte* DIREITO quantia que a parte vencedora numa ação judicial tem o direito de receber da parte vencida a título de despesas de processo; *à ~ de* através do trabalho ou esforço de, com sacrifício de, com o dinheiro de, por conta de; *aprender à sua ~* aprender por experiência própria (Deriv. regr. de *custar*)
custar *v.tr.* **1** ser adquirido pelo preço de **2** importar em **3** valer **4** demandar **5** ser necessário **6** causar a despesa de **7** sentir pena de; confranger **8** [fig.] causar grande sacrifício a ▪ *v.tr.,intr.* ser difícil; ~ *a vida* ser causa de morte; ~ *os olhos da cara* ser muito caro ou difícil; *custe o que* ~ qualquer que seja o sacrifício que ocasione (Do lat. *constāre*, «estar firme; custar»)
custeamento *n.m.* **1** ato ou efeito de custear **2** conjunto das despesas feitas com alguém ou alguma coisa; custo **3** relação de despesas (De *custear+-mento*)
custear *v.tr.* **1** prover às despesas feitas com **2** subsidiar; subvencionar (De *custo+-ear*)
custeio *n.m.* ⇒ **custeamento** (Deriv. regr. de *custear*)
custo *n.m.* **1** preço por que se compra uma coisa **2** valor em dinheiro **3** trabalho com que se consegue alguma coisa **4** valor dos esforços e despesas feitos com a fabricação de um produto **5** [fig.] dificuldade; esforço; ~ *de vida* ECONOMIA índice de variação do preço de bens e serviços consumidos por uma parte significativa da população em determinado período, cujo valor permite avaliar o poder de compra dos consumidores em relação aos salários; *a ~* dificilmente; *a todo o ~* sem medir custos ou esforços, de qualquer forma (Deriv. regr. de *custar*)
custódia *n.f.* **1** lugar onde se guarda com segurança alguém ou alguma coisa **2** proteção; guarda; escolta **3** prisão; detenção **4** RELIGIÃO objeto do culto católico no qual se expõe à adoração dos fiéis a hóstia consagrada (Do lat. *custodĭa-*, «guarda»)
custodiar *v.tr.* **1** pôr em custódia **2** reter sob custódia **3** guardar com muito cuidado (De *custódia+-ar*)
custódio *adj.* que guarda ou defende ▪ *n.m.* **1** religioso franciscano que assume as funções do provincial, na ausência deste **2** [regionalismo] nome dado à criança antes de batizada (De *custódia*)
customização *n.f.* adaptação de produtos, configurações ou serviços a gosto ou às necessidades do utilizador; personalização (De *costumizar+-ção*)
customizar *v.tr.* adaptar (produtos, configurações, processos) de acordo com a preferência ou gosto do utilizador; personalizar
custoso /ô/ *adj.* **1** que exige muito dinheiro; caro; dispendioso **2** [fig.] árduo; difícil (De *custo+-oso*)
cutâneo *adj.* relativo ou pertencente à pele; epidérmico; *sentidos cutâneos* sentidos cujos recetores se encontram situados na pele (do tato, do quente, do frio, da dor) (Do lat. *cute-*, «pele», pelo fr. *cutané*, «cutâneo; da pele»)
cute *n.f.* ⇒ **cútis** (Do lat. *cute-*, «pele»)
cutela *n.f.* **1** faca grande para cortar carne na cozinha ou no açougue **2** cutelo sem peta usado pelos podadores (De *cutelo*)
cutelão *n.m.* cutelo grande (De *cutelo+-ão*)
cutelaria *n.f.* arte, oficina ou obra de cuteleiro (De *cutelo+-aria*)
cuteleiro *n.m.* fabricante de cutelos e outros objetos cortantes (De *cutelo+-eiro*)
cutelo[1] *n.m.* **1** instrumento cortante, de forma curva, com o gume na parte convexa **2** podoa com peta **3** faca de tijoleiro **4** cada uma das peças prismáticas sobre cujas arestas se efetuam os movimentos oscilatórios das balanças **5** [fig.] meio violento de cortar ou oprimir **6** *pl.* penas da ponta das asas do falcão **7** *pl.* NÁUTICA velas auxiliares que se armam no prolongamento das velas redondas; *de ~ transversalmente*, com as costas da faca (Do latim *cultellu-*, «faca pequena»)
cutelo[2] *n.m.* [Cabo Verde] lugar elevado; cimo do monte; miradouro (Do crioulo cabo-verdiano *kutelo*, «idem»)

cúter *n.m.* **1** NÁUTICA embarcação de um só mastro, leve e rápida, com vela grande e gafetope **2** NÁUTICA barco largo de proa, utilizado pela marinha de guerra para o transporte de passageiros e provisões (Do ing. *cutter*, «id.»)
cuti- elemento de formação de palavras que exprime a ideia de *cútis, pele* (Do lat. *cute-*, «pele»)
cutia *n.f.* [Brasil] ZOOLOGIA nome vulgar de uns mamíferos roedores, da família dos Caviídeos, de carne saborosa (Do tupi *aku'ti*, «o que come de pé»)
cutícola *n.f.* parasita que vive debaixo da pele de um animal (De *cuti-+-cola*)
cutícula *n.f.* **1** ANATOMIA epiderme **2** ANATOMIA camada fina de pele endurecida que reveste ou circunda uma estrutura anatómica (como acontece no contorno das unhas) **3** película **4** BOTÂNICA formação impermeável, cutinizada, que reveste órgãos vegetais (Do lat. *cuticŭla-*, «pelezinha»)
cuticular *adj.2g.* **1** relativo à cútis **2** da cutícula (De *cutícula+-ar*)
cuticuloso /ô/ *adj.* que tem a forma de cutícula ou de pequena membrana (De *cutícula+-oso*)
cutilada *n.f.* golpe de cutelo ou arma branca (Por *cutelada, de *cutelo+-ada*)
cutilão *n.m.* ⇒ **cutelão**
cutilaria *n.f.* ⇒ **cutelaria**
cutileiro *n.m.* ⇒ **cuteleiro**
cutina *n.f.* BOTÂNICA substância que impregna a membrana celulósica de células de alguns órgãos vegetais, tornando-a resistente e impermeável (De lat. *cute-*, «pele»+*-ina*)
cutinização *n.f.* ação de cutinizar (De *cutinizar+-ção*)
cutinizar *v.tr.* alterar a membrana celulósica da célula vegetal, formando-se cutina (De *cutina+-izar*)
cutirreação *n.f.* reação alérgica provocada na pele pela injeção intradérmica de uma substância para a qual o organismo está sensibilizado (De *cuti-+reacção*)
cutirreacção ver nova grafia **cutirreação**
cútis *n.f.2n.* camada externa da pele do corpo humano; cute; epiderme (Do lat. *cutis*, «pele»)
cutisação *n.f.* **1** ato de cutisar **2** passagem de uma mucosa a estado análogo ao da pele (De *cutisar+-ção*)
cutisar *v.tr.* converter (uma mucosa) em estado semelhante ao da pele (De *cútis+-ar*)
cutisável *adj.2g.* que se pode cutisar (De *cutisar+-vel*)
cutite *n.f.* ⇒ **dermatite** (De *cute+-ite*)
cutrelha /ê/ *elem. expr.* [regionalismo] *de ~* de escantilhão; aos tombos (De orig. obsc.)
cutuca *n.f.* [Brasil] espécie de selim de arções altos (De orig. obsc.)
cutucada *n.f.* ação de cutucar (Part. pass. fem. subst. de *cutucar*)
cutucão *n.m.* **1** [Brasil] cotovelada **2** cutilada; facada (De *cutucar+-ão*)
cutucar *v.tr.* **1** [Brasil] [coloq.] tocar levemente com o cotovelo ou com o dedo para chamar a atenção **2** [Brasil] [coloq.] magoar levemente (De orig. obsc.)
cuva *n.f.* ICTIOLOGIA ⇒ **barbo** (De orig. obsc.)
cuvete *n.f.* recipiente que se coloca no congelador para formar cubos de gelo (Do fr. *cuvette*, «tina; recipiente»)
cuvilheiro *n.m.* **1** indivíduo encarregado do serviço particular de uma pessoa real ou nobre; camareiro **2** [pop.] alcoviteiro; bisbilhoteiro (Do lat. *cubiculariu-*, «criado de quarto»)
cuwaitiano *adj.,n.m.* ⇒ **koweitiano**
cuzada *n.f.* [pop.] ⇒ **culapada** (De *cu+z+-ada*)
cuzapada *n.f.* [pop.] ⇒ **culapada** (De *cuzada* × *culapada*)
cyberbullying *n.m.* conjunto de comportamentos agressivos, intencionais e repetidos, adotados por alguém contra pessoas física ou psicologicamente mais vulneráveis, através do uso das novas tecnologias (e-mail, websites, salas de chat, mensagens instantâneas) (Do ing. *cyberbullying*, «id.»)
czar *n.m.* (*feminino* **czarina**) título do soberano da Rússia, no tempo do Império (Do pol. *czar*, «rei», pelo fr. *czar*, «id.»)
czardas *n.f.pl.* dança nacional húngara, muito característica, geralmente executada por ciganos; xardas (Do húng. *csárda*, «hospedaria»)
czarina *n.f.* (*masculino* **czar**) título da imperatriz da Rússia, no tempo do Império (Do fr. *czarine*, «id.»)
czarismo *n.m.* sistema político da Rússia, de tendência despótica, que se caracterizava pela aceitação da origem divina do monarca (De *czar+-ismo*)
czarista *adj.2g.* **1** relativo ou pertencente ao czarismo **2** que é partidário do czarismo ▪ *n.2g.* pessoa partidária do czarismo (De *czar+-ista*)

D

d *n.m.* **1** quarta letra e terceira consoante do alfabeto **2** letra que representa a consoante oclusiva linguodental sonora (ex. *d*ar) **3** quarto lugar numa série indicada pelas letras do alfabeto **4** (numeração romana) número 500 (com maiúscula) **5** MÚSICA (países germânicos e anglo-saxões) símbolo da nota ré (também com maiúscula) **6** QUÍMICA símbolo de *deutério* (com maiúscula) **7** FÍSICA símbolo de *debye* (com maiúscula); *riscas* **D** *do sódio* FÍSICA duas riscas amarelas, muito próximas uma da outra, nos espetros de emissão dos sais de sódio: a risca D_1 e a risca D_2

3D *n.m.* formato tridimensional, com profundidade ou a ilusão de profundidade ■ *adj.inv.* **1** diz-se do que apresenta ou aparenta ter três dimensões (imagem, foto, modelo, etc.) **2** diz-se da impressão ou da impressora que imprime modelos com três dimensões **3** designativo do filme em que é simulado o efeito de profundidade através de tecnologia digital (Abreviação de *três dimensões*)

dâblio *n.m.* nome da vigésima terceira letra do alfabeto (w, W) (Do ing. *double u*)

dabua *n.f.* ZOOLOGIA designação africana extensiva a algumas víboras a que certas tribos prestam culto

dação *n.f.* **1** ação de dar **2** pagamento **3** restituição (Do lat. *datiōne-*, «id.»)

da capo *loc.adv.* MÚSICA expressão empregada para indicar que se deve repetir, desde o princípio, o trecho, ou parte do trecho, que acabou de se executar (Do it. *da capo*, «desde o princípio»)

dácio *adj.* relativo ou pertencente à antiga Dácia, que abrangia o território hoje ocupado pela Roménia e pela Hungria meridional ■ *n.m.* natural ou habitante da Dácia (Do lat. *dacīu-*, «relativo aos Dácios; relativo à Dácia»)

dacito *n.m.* PETROLOGIA rocha ígnea extrusiva com a composição de um diorito quartzífero (De *Dácia*, top. +-*ito*)

dacnomania *n.f.* MEDICINA mania de certos doentes que os leva a morder-se a si próprios ou a morder as pessoas que os rodeiam (Do gr. *dáknein*, «morder» + *manía*, «mania; loucura»)

daco *adj., n.m.* ⇒ **dácio** ■ *n.m.* ZOOLOGIA inseto díptero, nocivo, que ataca as azeitonas, também conhecido por mosca-da-azeitona (Do lat. *dacu-*, «id.»)

dacolá contração da preposição *de* + o advérbio *acolá*

dacomas /ô/ *n.f.pl.* grandes brincos de missanga usados pelas raparigas da África oriental

dacriadenite *n.f.* MEDICINA inflamação da glândula lacrimal (De *dacri-*+*adenite*)

dacri(o)- elemento de formação de palavras que exprime a ideia de *lágrima* (Do gr. *dákryon*, «lágrima»)

dacrioblenorreia *n.f.* MEDICINA purgação do saco lacrimal (De *dacrio-*+*blenorreia*)

dacriocistectomia *n.f.* incisão do canal lacrimal (De *dacrio-*+*cistectomia*)

dacriocistite *n.f.* MEDICINA inflamação do saco lacrimal (De *dacrio-*+*cistite*)

dacrioide *adj.2g.* que tem forma de lágrima (De *dacrio-*+-*óide*)

dacrióide ver nova grafia **dacrioide**

dacriúria *n.f.* MEDICINA derramamento involuntário e simultâneo de lágrimas e de urina, em situações de histeria, medo ou nervosismo (De *dacri-*+-*úria*)

dactilado *adj.* **1** que se prolonga em forma de dedo **2** da cor das tâmaras (Do gr. *dáktylos*, «dedo» +-*ado*) ACORDO ORTOGRÁFICO também se pode escrever **datilado**²

dactílico *adj.* GRAMÁTICA que pertence ao dáctilo ou é constituído por pés dáctilos (Do gr. *daktylikós*, «id.», pelo lat. *dactylĭcu-*, «id.»)

dactilífero *adj.* que possui dedos ou órgãos morfologicamente semelhantes a dedos (Do gr. *dáktylos*, «dedo»+-*fero*, do lat. *ferre*, «ter»)

dactilino *adj.* semelhante a um dedo (Do gr. *dáktylos*, «dedo» + -*ino*)

dactiliografia *n.f.* descrição das pedras preciosas ou de anéis gravados (Do gr. *daktýlios*, «anel» + *gráphein*, «escrever») ACORDO ORTOGRÁFICO também se pode escrever **datiliografia**

dactiliomancia *n.f.* pretensa arte de adivinhar por meio de anéis, em que estão gravados sinais cabalísticos, deixando-os cair ao acaso sobre uma tábua com letras gravadas nas extremidades (Do gr. *daktýlios*, «anel» + *manteía*, «adivinhação») ACORDO ORTOGRÁFICO também se pode escrever **datiliomancia**

dactiliomante *n.2g.* pessoa que pratica a dactiliomancia (Do gr. *daktýlios*, «anel» + *mántis*, «adivinho») ACORDO ORTOGRÁFICO também se pode escrever **datiliomante**

dactilioteca *n.f.* **1** coleção de pedras preciosas, anéis e joias antigas **2** lugar onde se guardam estes objetos (Do gr. *daktyliothēke*, «coleção de anéis; estojo para anéis», pelo lat. *dactyliothēca-*, «id.») ACORDO ORTOGRÁFICO também se pode escrever **datilioteca**

dactil(o)- elemento de formação de palavras que exprime a ideia de *dedo* (Do gr. *dáktylos*, «dedo») ACORDO ORTOGRÁFICO também se pode escrever **datil(o)-**

dáctilo *n.m.* GRAMÁTICA pé de verso grego ou latino formado de uma sílaba longa seguida de duas breves (Do gr. *dáktylos*, «dedo», pelo lat. *dactỹlu-*, «id.»)

-dáctilo sufixo nominal, de origem grega, que ocorre na formação de adjetivos exprimindo a ideia de *dedo(s)*

dactilofasia *n.f.* ⇒ **dactilologia** (Do gr. *dáktylos*, «dedo» + *phásis*, «fala» +-*ia*) ACORDO ORTOGRÁFICO também se pode escrever **datilofasia**

dactilografar a grafia mais usada é **datilografar**

dactilografia a grafia mais usada é **datilografia**

dactilográfico a grafia mais usada é **datilográfico**

dactilógrafo a grafia mais usada é **datilógrafo**

dactilograma a grafia mais usada é **datilograma**

dactilologia *n.f.* técnica de comunicação por meio de sinais feitos com os dedos ou com as mãos, usado por surdos e inventado pelo abade de L'Epée (1712-1789) (Do gr. *dáktylos*, «dedo» + *lógos*, «palavra»+-*ia*) ACORDO ORTOGRÁFICO também se pode escrever **datilologia**

dactilonomia *n.f.* processo de exprimir números, mostrando os dedos, levantando uns e encolhendo outros (Do gr. *dáktylos*, «dedo» + *nómos*, «uso» +-*ia*) ACORDO ORTOGRÁFICO também se pode escrever **datilonomia**

dactiloscopia *n.f.* processo de identificação por meio das impressões digitais (Do gr. *dáktylos*, «dedo» + *skopeīn*, «observar» + -*ia*) ACORDO ORTOGRÁFICO também se pode escrever **datiloscopia**

dactiloscrito *n.m.* original datilografado (Do gr. *dáktylos*, «dedo» +*escrito*) ACORDO ORTOGRÁFICO também se pode escrever **datiloscrito**

dactilozoário *n.m.* ZOOLOGIA apêndice do pólipo hidráceo cuja função é a apreensão dos alimentos (Do gr. *dáktylos*, «dedo» + *zoárion*, «animalzinho») ACORDO ORTOGRÁFICO também se pode escrever **datilozoário**

dada *n.f.* **1** [ant.] ato ou efeito de dar; presente **2** [regionalismo] abcesso em seio de mulher **3** [regionalismo] intumescência no úbere de vaca (Part. pass. fem. subst. de *dar*)

dadá *n.m.* ⇒ **dadaísmo** (Do fr. *dada*, «id.»)

dadaísmo *n.m.* movimento literário e artístico que surgiu em 1916, em Zurique e em Nova Iorque, como reação contra a guerra, e que pretendia abolir a literatura e a arte tradicionais, preconizando a máxima liberdade na relação do pensamento com a expressão literária ou artística, pelo que, neste aspeto, foi o antecessor do surrealismo (Do fr. *dadaïsme*, «id.»)

dadaísta *adj.2g.* referente ao dadaísmo ■ *n.2g.* adepto do dadaísmo (Do fr. *dadaïste*, «id.»)

dadane *n.m.* nome dado à doença do sono, em algumas regiões da África

-dade sufixo nominal, de origem latina, que ocorre em substantivos femininos abstratos, derivados de adjetivos, e designa *qualidade* ou *estado* (*desigualdade*, *fogosidade*)

dadeira *n.f.* **1** [pop.] mulher propensa a chiliques **2** [pop.] prostituta (De *dar*+-*deira*)

dádiva

dádiva *n.f.* 1 coisa que se dá 2 presente 3 oferta; donativo (Do lat. *datīva-*, «id.»)
dadivar *v.tr.* 1 fazer dádivas a 2 presentear (De *dádiva+-ar*)
dadivoso /ô/ *adj.* 1 que é amigo de dar; presenteador 2 generoso (De *dádiva+-oso*)
dado¹ *n.m.* 1 pequeno cubo, usado em certos jogos, cujas faces estão marcadas com pontos ou pintas – de um a seis 2 ARQUITETURA ⇒ **plinto** 1 (Do ár. *dad*, «jogo»)
dado² *adj.* 1 que se deu; oferecido 2 que se deu de graça; gratuito 3 (pessoa) afável; amistoso 4 (pessoa) propenso 5 determinado; particular 6 PSICOLOGIA imediatamente presente à consciência antes de qualquer laboração ■ *n.m.* 1 cada um dos elementos conhecidos de um problema 2 base para a formação de um juízo ou cálculo 3 informação 4 INFORMÁTICA informação que pode ser aceite, armazenada, tratada ou fornecida pelo computador; ~ *e arregaçado* oferecido com generosidade; ~ *que* uma vez que, visto que (Do lat. *datu-*, «dado», part. pass. de *dāre*, «dar»)
dador *adj.,n.m.* 1 que ou pessoa que dá; concessor 2 que ou pessoa que concede certo direito ou outorga alguma coisa 3 que ou pessoa que autoriza que seja retirado do seu corpo sangue, órgãos, tecidos, etc., para realização de transplante ou transfusão em outra pessoa; doador; ~ *de esperma* MEDICINA indivíduo que doa o seu esperma para inseminação artificial; ~ *universal* MEDICINA pessoa que pertence ao grupo sanguíneo O, cujo sangue pode, teoricamente, ser transfundido para os indivíduos de todos os grupos ABO, porque possui muito pouco ou nenhum aglutinogénio A ou B; *átomo* ~ ELETRICIDADE átomo de impureza num semicondutor, capaz de fornecer eletrões, como, por exemplo, um átomo de elemento pentavalente (fósforo, arsénio, antimónio) introduzido num cristal de germânio ou de silício; *centro* ~ ELETRICIDADE impureza ou imperfeição num semicondutor, que origina níveis discretos de energia na banda proibida (Do lat. *datōre-*, «id.»)
dafnácea *n.f.* BOTÂNICA espécime das Dafnáceas
Dafnáceas *n.f.pl.* BOTÂNICA família de plantas, a que o trovisco pertence, em regra lenhosas, com espécies espontâneas em Portugal, também denominada Timeleáceas e Aquilariáceas (Do gr. *dáphne*, «loureiro», pelo lat. *daphne-*, «id.» +-*áceas*)
dafnáceo *adj.* relativo ao trovisco (planta da família das Dafnáceas) ou parecido com ele (Do gr. *dáphne*, «loureiro», pelo lat. *daphne-*, «id.» +-*áceo*)
dafne *n.f.* BOTÂNICA designação comum dos arbustos do género *Daphne*, da família das Timeleáceas (Do lat. cient. *Daphne*)
dafnéforo *adj.* que é portador de ramo de louro (Do gr. *daphnephóros*, «portador de loureiro»)
dáfnia *n.f.* ZOOLOGIA designação extensiva a um grupo de crustáceos de água doce, da família dos Dafniídeos (Do gr. *daphné*, «loureiro», pelo lat. *daphnĭa-*, «id.», pelo fr. *daphnie*, «id.»)
Dafniidas *n.m.pl.* ZOOLOGIA ⇒ **Dafniídeos**
Dafniídeos *n.m.pl.* ZOOLOGIA família de crustáceos inferiores cujo género-tipo se denomina *Daphnia* (Do lat. cient. *Daphnia-+-ídeos*)
dafnite *n.f.* BOTÂNICA espécie de loureiro; espirradeira (Do gr. *daphnῖtis*, «id.»)
dafnomancia *n.f.* adivinhação através da queima de folhas de loureiro (Do gr. *dáphnē*, «loureiro» +-*mancia*)
daguerreotipar *v.tr.* 1 retratar ou copiar pelo processo de daguerreótipo 2 [fig.] reproduzir fielmente 3 [fig.] descrever de forma exata ■ *v.pron.* 1 obter imagem fotográfica de si próprio através de daguerreótipo 2 [fig.] revelar-se (Do fr. *daguerréotyper*, «id.»)
daguerreotipia *n.f.* arte de daguerreotipar (De *daguerreótipo+-ia*)
daguerreótipo *n.m.* 1 FOTOGRAFIA antigo processo fotográfico para fixar numa chapa sensibilizada as imagens obtidas na câmara escura 2 reprodução fiel 3 descrição exata (Do fr. *daguerréotype*, «id.», de *Daguerre*, antr., inventor fr., 1787-1851)
daí *contração da preposição* de + *o advérbio* aí
daimiado *n.m.* cargo ou jurisdição de dáimio (De *dáimio+-ado*)
daimiato *n.m.* ⇒ **daimiado** (De *dáimio+-ato*)
dáimio *n.m.* antigo senhor feudal, no Japão, que dominava o governo (Do jap. *daimyo*, de *dai*, «grande» + *myo*, «excelente»)
daimoso /ô/ *adj.* [regionalismo] que gosta de dar; generoso; caritativo (De orig. obsc.)
dala¹ *n.f.* espécie de calha que dá vazão à água e a outros despejos do navio (Do germ. ant. *dal*, «fossa»)
dala² *n.f.* [Angola] cobra muito perigosa, que vive nas ramarias (Do umbundo *ondala*, «id.»)
dalai-lama *n.m.* chefe de estado e líder espiritual do Tibete (Do mongol *talai*, «mar de sabedoria» + tibet. *blama*, «superior», pelo ing. *Dalai-Lama*, «id.»)

dalasi *n.m.* unidade monetária da Gâmbia
dalém *contração da preposição* de + *o advérbio* além
dalgo *contração da preposição* de + *o pronome indefinido* algo
dalguém *contração da preposição* de + *o pronome indefinido* alguém
dalgum *contração da preposição* de + *o pronome indefinido* algum
dalgures *contração da preposição* de + *o advérbio* algures
dalhures *contração da preposição* de + *o advérbio* alhures
dali *contração da preposição* de + *o advérbio* ali
dália *n.f.* 1 BOTÂNICA planta ornamental, da família das Compostas, cultivada pela beleza das suas flores 2 a flor desta planta (Do lat. cient. *dahlĭa-*, «id.», pelo fr. *dahlia*, «id.»)
dalina *n.f.* ⇒ **inulina** (De *dália+-ina*)
dalmanites *n.f.pl.* PALEONTOLOGIA trilobites, do género *Dalmania*, vulgares no Ordovícico português (Do lat. cient. *Dalmanĭa-+-ite*)
dálmata *adj.2g.* relativo à Dalmácia, região da Croácia ■ *n.2g.* natural ou habitante da Dalmácia ■ *n.m.* variedade de cão grande, elegante, branco e pintalgado de preto ou castanho; *costa* ~ GEOGRAFIA costa de submersão, alta, com montanhas concordantes e ilhas longas e paralelas à costa (anticlinais emersos), separadas por canais (sinclinais submersos) (Do lat. *dalmăta-*, de *Dalmātae*, «os habitantes da Dalmácia»)
dalmática *n.f.* 1 veste litúrgica própria do diácono 2 túnica branca de seda, larga e de mangas compridas, que se fabricava antigamente na Dalmácia (Do lat. *dalmatĭca-* (*veste-*), «túnica dalmática»)
daltónico *adj.* 1 que sofre de daltonismo 2 relativo ao daltonismo ■ *n.m.* MEDICINA indivíduo que sofre de daltonismo (De *John Dalton*, químico e físico ing., 1766-1844 +-*ico*)
daltonismo *n.m.* 1 MEDICINA incapacidade de distinguir certas cores umas das outras, principalmente o vermelho e o verde 2 característica de um observador com a faculdade de discriminação de cores muito reduzida, em comparação com o número total de cores que um observador normal pode distinguir; discromatopsia 3 [fig.] falta de capacidade para compreender certos assuntos (De *John Dalton*, químico e físico ing., 1766-1844 +-*ismo*, ou de *daltonisme*, «id.»)
dama *n.f.* 1 mulher adulta; senhora 2 mulher nobre 3 mulher que faz par com um cavalheiro, num baile 4 carta do baralho com figura feminina 5 (jogo de xadrez) peça que se coloca entre o rei e um dos bispos e que se pode mover em qualquer direção 6 (jogo de damas) peça com que um jogador atinge a linha de quadrados mais distante de si e que pode ser deslocada em qualquer sentido no tabuleiro 7 *pl.* jogo realizado num tabuleiro dividido em 64 quadrados, alternadamente pretos e brancos, em que cada jogador movimenta 12 peças (pretas para um e brancas para outro), ganhando quem tomar todas as peças do adversário 8 [raramente usado] forma atenciosa de tratamento dado às senhoras; ~ *de honor* 1 dama que assistia, junto da rainha ou princesa, a certas solenidades e receções da corte 2 menina ou mulher que acompanha a noiva na cerimónia do casamento 3 num concurso de beleza, a que fica classificada em segundo ou terceiro lugar (Do lat. *domĭna-*, «senhora», pelo fr. *dame*, «id.»)
damaísmo *n.m.* 1 conjunto de damas 2 trato de damas 3 modos galanteadores 4 [fig.] modos efeminados (De *dama+-ismo*)
damanense *adj.2g.* referente a Damão, território do antigo Estado Português da Índia ■ *n.2g.* natural ou habitante de Damão (De *Damão*, top. +-*ense*)
dâmar *n.m.* oleorresina extraído de umas plantas coníferas exóticas, como as do género *Dammara* (Do mal.-jav. *damar*, «id.»)
damaria *n.f.* melindre próprio de dama (De *dama+-aria*)
damasceno /ê/ *adj.* de Damasco, capital da Síria ■ *n.m.* natural ou habitante de Damasco (Do gr. *damaskēnós*, «de Damasco», pelo lat. *damascēnu-*, «id.»)
damasco *n.m.* 1 BOTÂNICA fruto do damasqueiro, que é uma saborosa drupa amarela, com pele aveludada e polpa carnuda, também conhecida por alperce 2 tecido de seda com desenhos em relevo (De *Damasco*, top., capital da Síria)
damasqueiro *n.m.* BOTÂNICA árvore da família das Rosáceas, muito cultivada e produtora de frutos saborosos (damascos); alperceiro; alpercheiro (De *Damasco*, top. +-*eiro*)
damasquilho *n.m.* tecido adamascado (Do cast. *damasquilho*, «id.»)
damasquinagem *n.f.* 1 ato de damasquinar 2 arte ou trabalho de embutir ouro ou prata num metal menos brilhante (Do fr. *damasquinage*, «id.»)
damasquinar *v.tr.* 1 guarnecer com damasco (tecido) 2 trabalhar em damasquinaria 3 tauxiar; embutir (Do fr. *damasquiner*, «id.»)
damasquinaria *n.f.* ⇒ **damasquinagem** (Do fr. *damasquinerie*, «id.»)

damasquino *adj.* 1 relativo a Damasco 2 diz-se das armas brancas com lavores à maneira das de Damasco (De *Damasco*, top., capital da Síria +-*ino*)

damba *n.f.* [Angola] depressão de terreno onde corre um riacho ou onde há um pântano; vale (Do umbundo *ondamba*, «id.»)

damejar *v.tr.* 1 servir (a sua dama) 2 cortejar; galantear ▪ *v.intr.* fazer de dama (De *dama*+-*ejar*)

damianista *adj.,n.2g.* que ou a pessoa que professa a heresia do patriarca Damião, de Alexandria (séc. VII), que negava a divindade às três pessoas da Santíssima Trindade, embora as reconhecesse como distintas (De *Damião*, antr. +-*ista*)

damice *n.f.* afetação própria de dama; efeminação; denguice (De *dama*+-*ice*)

damismo *n.m.* ⇒ **damaísmo** (De *dama*+-*ismo*)

damo *n.m.* [pop.] namorado; amante (De *dama*)

dânaca *n.f.* moeda que os antigos metiam na boca dos defuntos para pagar a Caronte, barqueiro dos Infernos, a passagem do rio Estige (Do gr. *danáke*, «id.»)

danação *n.f.* 1 ato ou efeito de um animal ou pessoa se danar 2 hidrofobia; raiva 3 fúria 4 maldição; danamento 5 [fig.] condenação 6 [fig.] perversão 7 [fig.] estrago (Do lat. *damnatiōne*-, «id.»)

danado *adj.* 1 hidrófobo; raivoso 2 [fig.] perverso; malévolo 3 [pop.] muito esperto; expedito 4 [pop.] atrevido (Do lat. *damnātu*-, part. pass. de *damnāre*, «condenar»)

danador *adj.,n.m.* 1 que ou aquele que dana 2 instigador (Do lat. *damnatōre*-, «o que condena»)

danaide *n.f.* 1 espécie de roda hidráulica 2 MITOLOGIA mulher fabulosa condenada com as irmãs a levar água para um tonel sem fundo existente nos Infernos (Do gr. *Danaídes*, «id.», pelo lat. *Danaïdes*, «id.»)

danamento *n.m.* ⇒ **danação** (De *danar*+-*mento*)

danar *v.tr.* 1 tornar hidrófobo 2 causar dano a 3 perverter 4 condenar 5 estragar 6 irritar ▪ *v.pron.* 1 ser atacado de hidrofobia 2 [fig.] desesperar-se; irritar-se (Do lat. *damnāre*, «prejudicar; condenar»)

dança *n.f.* 1 série de movimentos corporais cadenciados, geralmente ao som de música; ato de dançar 2 forma particular de se dançar 3 baile 4 [fig.] movimento incessante; agitação; correria; ~ *de salão* dança executada por pares em recinto fechado; *entrar na ~* participar numa determinada ação; *siga a ~* expressão com a qual se pede ou ordena que algo continue (Deriv. regr. de *dançar*, ou do fr. *danse*, «id.»)

dançadeiro *adj.,n.m.* ⇒ **dançador** (De *dançar*+-*deiro*)

dança-de-são-vito ver nova grafia dança de São Vito

dança de São Vito *n.f.* MEDICINA afeção do sistema nervoso, em regra nas crianças, que provoca sobretudo movimentos convulsivos, involuntários, dos músculos; coreia

dançador *adj.,n.m.* 1 que ou o que dança 2 que ou o que gosta de dançar ou dança bem 3 que ou o que tem como profissão dançar; dançarino (De *dançar*+-*dor*)

dançante *adj.2g.* 1 que dança 2 em que se dança 3 que serve para dançar; *chá ~* baile que começa ao meio da tarde e se prolonga pela noite (De *dançar*+-*ante*)

dançar *v.intr.* 1 mover o corpo de maneira ritmada, geralmente ao som da música 2 oscilar; balançar 3 ficar largo (peça de roupa ou calçado) 4 [Brasil] sair-se mal; falhar ▪ *v.tr.* executar determinada dança (Do frânc. **dintjan*, «mover-se», pelo fr. *danser*, «id.»)

dançaricar *v.tr.,intr.* executar danças ligeiras, de brincadeira (De *dançar*+-*icar*)

dançarino *n.m.* 1 o que tem como profissão dançar; bailarino 2 o que gosta de dançar ou dança bem ▪ *adj.* 1 que tem como profissão dançar 2 que gosta de dançar ou dança bem 3 relativo a dança (De *dançar*+-*ino*)

dançata *n.f.* festa em que houve dança (De *dançar*+-*ata*)

dançatriz *n.f.* mulher que dança; dançarina (De *dançar*+-*triz*)

danceteria *n.f.* [Brasil] estabelecimento dotado de instalações adequadas para dançar

danço congo *n.m.* [São Tomé e Príncipe] manifestação artística, exibida nas festas religiosas e populares, assente num grupo de cerca de duas dezenas de participantes, todos hábeis bailarinos, entre os quais uma pessoa que comanda e dirige (De *dança do Capitão do Congo*)

dandão *n.m.* pesadelo durante o sono (De *duendão*, aum. de *duende*)

dândi *n.m.* homem que veste com extremo apuro; janota (Do ing. *dandy*, «elegante»)

dandinar *v.intr.* 1 baloiçar o corpo ao caminhar 2 fazer de dândi ▪ *v.tr.* ostentar (Do fr. *dandiner*, «id.»)

dandismo *n.m.* afetação de dândi; janotismo (De *dândi*+-*ismo*)

dandy *n.m.* ⇒ **dândi**

danês *adj.,n.m.* ⇒ **dinamarquês** (Do fr. *danois*, ««id.»»)

Daniano *n.m.* GEOLOGIA andar correspondente à base do Terciário (Do lat. *Dani*, «Dinamarqueses» +-*iano*)

danificação *n.f.* 1 ato ou efeito de danificar 2 ruína; estrago (De *danificar*+-*ção*)

danificador *adj.,n.m.* que ou aquele que danifica (De *danificar*+-*dor*)

danificar *v.tr.* 1 causar dano a 2 deteriorar 3 prejudicar ▪ *v.pron.* estragar-se (Do lat. *damnificāre*, «id.»)

danífico *adj.* ⇒ **daninho** (Do lat. *damnifĭcu*-, «id.»)

daninhar *v.tr.* [Brasil] causar dano a ▪ *v.intr.* traquinar (De *daninho*+-*ar*)

daninho *adj.* 1 que causa dano 2 prejudicial 3 nocivo (De *dano*+-*inho*)

dano *n.m.* 1 qualquer mal ou ofensa pessoal 2 prejuízo material causado a alguém 3 estrago; deterioração 4 DIREITO prejuízo patrimonial ou moral sofrido por uma pessoa por ação ou culpa de outra 5 DIREITO ofensa de bens ou interesses alheios protegidos pela ordem jurídica; *danos colaterais* prejuízo involuntário causado a populações civis durante operações militares (Do lat. *damnu*-, «dano»)

danoso /ô/ *adj.* 1 que causa dano 2 nocivo (Do lat. *damnōsu*-, «id.»)

dantes *adv.* 1 antigamente 2 outrora (De *de*+*antes*)

dantesco /ê/ *adj.* 1 relativo ao poeta italiano Dante (1265-1321) ou à sua obra 2 que lembra a grandeza e o horror das descrições de Dante (Do it. *dantesco*, «id.»)

dântico *adj.* ⇒ **dantesco** (De *Dante*, antr. +-*ico*)

danubiano *adj.* relativo ao rio Danúbio ou aos povos das suas margens (De *Danúbio*+-*ano*)

danzón *n.m.* dança cubana do século XIX, derivada da dança crioula, que evoluiu das antigas danças rurais europeias e danças de corte combinadas com instrumentos de corda clássicos

dão-dão *n.m.* ⇒ **dandão**

daomeano *adj.* relativo ao antigo Daomé (atual Benim) ▪ *n.m.* 1 natural ou habitante do antigo Daomé 2 língua falada no antigo Daomé (De *Daomé*, top. +-*ano*)

dapiferato *n.m.* funções de dapífero (De *dapífero*+-*ato*)

dapífero *n.m.* [ant.] aquele que servia à mesa dos ricos, dos nobres ou do rei (Do lat. *dapĭferu*-, «escudeiro trinchante»)

daquele /ê/ *contração da preposição* de + *o pronome demonstrativo* aquele

daqueloutro *contração da preposição* de + *o pronome demonstrativo* aqueloutro

daquém *contração da preposição* de + *o advérbio* aquém

daqui *contração da preposição* de + *o advérbio* aqui

daquilo *contração da preposição* de + *o pronome demonstrativo* aquilo

dar *v.tr.* 1 colocar (algo) na posse de alguém; entregar; transferir 2 entregar (algo) como presente; oferecer 3 deixar a alguém; legar 4 fazer dom de; consagrar 5 ceder (algo) em troca de; permutar 6 confiar algo a alguém; remeter 7 colocar à disposição de; apresentar 8 realizar para convidados ou para o público; organizar 9 transmitir; apresentar 10 conceder 11 administrar; ministrar 12 ser a causa de; provocar 13 produzir 14 atribuir; conferir 15 considerar (algo) como pertencente a; atribuir; supor 16 conferir (a alguém ou a algo) um carácter novo; imprimir 17 bater; embater 18 encontrar-se; deparar-se 19 pagar 20 considerar 21 perfazer 22 estar voltado 23 ir ter 24 incidir 25 suscitar; sugerir 26 numa operação aritmética, obter determinado resultado 27 fazer sentir (a alguém) o efeito de; aplicar; bater 28 lecionar 29 soar; bater ▪ *v.intr.* 1 bastar; ser suficiente 2 servir 3 transmitir 4 soar; bater 5 manifestar-se 6 descobrir ▪ *v.pron.* 1 relacionar-se 2 adaptar-se 3 acontecer; ocorrer; realizar-se; *~ a alma ao Criador* morrer; *~ água pela barba* oferecer grande dificuldade; *~ à língua* taramelar, denunciar alguém ou alguma coisa; *~ à luz* parir; *~ a mão* ajudar, proteger; *~ a mão à palmatória* reconhecer um erro; *~ andamento* despachar; *~ ao dente* comer, mastigar; *~ ares a* parecer-se com; *~ à vida-diogo/ ~ à sola* fugir; *~ a vida* morrer; *~ com a língua nos dentes* revelar um segredo; *~ conta de* responder por; *~ de si* ceder (a uma força, ao uso continuado ou um esforço); ter como consequência; resultar; *~ gás* apressar; acelerar; *~ graxa a* lisonjear; *~ nas vistas* chamar a atenção; *~ o berro* deixar de funcionar, morrer; *~ o nó* casar-se; *~ para trás* fazer recuar, não consentir abusos; *a ~, a ~* bamboleando-se, a abanar, agitando-se; *~-se ares de importância* mostrar-se com arrogância; *~-se conta de* notar, aperceber-se de; *de mãos a ~,*
a ~ de mãos vazias, de mãos a abanar; *não ~ uma para a caixa*

darandina

dizer ou fazer tudo ao contrário; *não se ~ por achado* fingir não perceber; *ter a barriga a ~ horas* ter fome (Do lat. *dăre*, «dar»)

darandina *n.f.* azáfama; lufa-lufa (Formação expressiva)

darbismo *n.m.* doutrina de uma seita protestante que contesta a validade das funções eclesiásticas e advoga o sacerdócio universal (Do ing. *darbyism*, «id.», de *J. Darby*, teólogo ing., 1800-1882 +-*ismo*)

darbista *n.2g.* pessoa sectária do darbismo (De *Darby*, antr. +-*ista*)

dardada *n.f.* 1 golpe de dardo 2 ferimento provocado por golpe de dardo 3 arremesso violento de algo (Part. pass. fem. subst. de *dardar*)

dardânio *adj.,n.m.* da antiga Dardânia, hoje Tróade, região da Ásia Menor; troiano (Do lat. *dardanĭu-*, «id.»)

dardar *v.tr.* 1 ferir com dardo 2 [fig.] afligir (De *dardo*+-*ar*)

dardejamento *n.m.* ato de dardejar (De *dardejar*+-*mento*)

dardejante *adj.2g.* 1 que dardeja 2 cintilante 3 [fig.] colérico 4 [fig.] chamejante (De *dardejar*+-*ante*)

dardejar *v.intr.* 1 lançar dardos 2 [fig.] cintilar; faiscar; irradiar ■ *v.tr.* 1 expelir; arremessar 2 vibrar (De *dardo*+-*ejar*)

dardo *n.m.* 1 arma de arremesso em forma de lança utilizada a pequenas distâncias; venábulo 2 haste de madeira terminada em lança de ferro 3 aguilhão de insetos, como o das vespas 4 DESPORTO haste de madeira de dimensões determinadas e ponta de ferro aguçada, para lançamento em corrida, segundo regras estabelecidas na prática do atletismo 5 ZOOLOGIA peça calcária que existe numa bolsa do aparelho genital de alguns moluscos hermafroditas 6 língua de serpente 7 [fig.] coisa ou dito que magoa (Do frânc. **darodh*, «id.», pelo fr. *dard*, «id.»)

dares *elem. expr.* *~ e tomares* desavença; rixa; altercação (De *dar*)

darmadeira *n.f.* chapa com buracos para medir o calibre das balas (Por **adarmadeira*, de *adarme*?)

darmstácio *n.m.* ⇒ **darmstádio**

darmstádio *n.m.* QUÍMICA elemento químico, transuraniano, com o número atómico 110 e símbolo Ds, obtido artificialmente; darmstácio (De *Darmstadt*, top., cidade alemã onde foi descoberto)

daroeira *n.f.* BOTÂNICA ⇒ **aroeira** (Do ár. *darú*, «lentisco» +-*eira*)

dartro *n.m.* 1 erupção cutânea; impigem 2 herpes (Do fr. *dartre*, «id.»)

dartroso /ô/ *adj.* 1 relativo a dartro 2 que sofre de dartro; herpético (De *dartro*+-*oso*)

darwiniano *adj.* relativo ao naturalista inglês Charles Darwin (1731-1802) ou à sua obra (De *Darwin*, antr. +-*iano*)

darwinismo *n.m.* BIOLOGIA doutrina estabelecida por Darwin, que tenta explicar a evolução das espécies (evolucionismo ou transformismo) pela seleção natural, consequência da luta pela vida (Do ing. *Darwin*, biólogo ing. (1809-1882), antr. +-*ismo*)

darwinista *n.2g.* pessoa que defende o darwinismo (Do ing. *Darwin*, antr. +-*ista*)

dasípode *n.m.* ZOOLOGIA espécime dos dasípodes ■ *n.m.pl.* ZOOLOGIA grupo de insetos himenópteros (abelhas do género *Dasypoda*) com os membros posteriores peludos (Do gr. *dasýpous*, -*podos*, «lebre de pés felpudos»)

Dasipódidas *n.f.pl.* ⇒ **Dasipodídeos**

Dasipodídeos *n.m.pl.* ZOOLOGIA família de mamíferos, desdentados, a que pertencem os tatus, cujo género-tipo se denomina *Dasypus* (De *dasípode*+-*ídeos*)

Dasiúridas *n.m.pl.* ⇒ **Dasiurídeos**

Dasiurídeos *n.m.pl.* família de mamíferos marsupiais da Austrália e da Tasmânia (ilha ao sul da Austrália), cujo género-tipo se designa *Dasyurus* (De *dasiúro*+-*ídeos*)

dasiúro *n.m.* ZOOLOGIA mamífero marsupial da Austrália e da Tasmânia, que vive nas árvores (De gr. *dasýs* «peludo» + *oūra*, «cauda»)

data *n.f.* 1 época precisa em que um facto acontece 2 indicação dessa época precisa 3 ato de dar 4 [fig.] dose 5 [fig.] grande porção 6 [fig.] sova 7 [regionalismo] bebida de água-pé, vinho ou aguardente que se dá aos trabalhadores em serviço nos lagares (Do lat. *data-*, «dada», part. pass. fem. de *dăre*, «dar»)

datação *n.f.* 1 ato de datar 2 processo de atribuição de uma data 3 identificação de um objeto, documento ou facto a partir da determinação da data da sua criação ou da sua ocorrência (De *datar*+-*ção*)

data-chave *n.f.* data relevante no desenrolar de um determinado acontecimento

datador *n.m.* aparelho ou carimbo que serve para pôr a data (De *datar*+-*dor*)

datal *adj.2g.* que diz respeito a data (De *data*+-*al*)

data-limite *n.f.* momento em que expira um prazo

datar *v.tr.* 1 pôr a data em 2 indicar a data de 3 ter princípio em 4 ter sucedido em (De *data*+-*ar*)

Dataria *n.f.* secção da Cúria Romana, presentemente extinta, que, sob a direção de um cardeal, se ocupava da atribuição de certos privilégios e dispensas (Do it. *dateria* ou *dataria*, «id.»)

datário *n.m.* título do cardeal que presidia à Dataria Apostólica (Do lat. ecl. *datarĭu-*, «id.»)

data-valor *n.f.* data a partir da qual um documento datado tem o seu valor completo

datável *adj.2g.* 1 que pode ser datado 2 identificável (De *datar*+-*vel*)

dátil *n.m.* ⇒ **tâmara** (Do lat. *dactўlu-*, «id.»)

datilado[1] *adj.* da cor da tâmara (De *dátil*+-*ado*)

datilado[2] *a grafia mais usada é* dactilado

datileira *n.m.* (palmeira) ⇒ **tamareira** (De *dátil*+-*eira*)

datiliografia *a grafia mais usada é* dactiliografia

datiliomancia *a grafia mais usada é* dactiliomancia

datiliomante *a grafia mais usada é* dactiliomante

datilioteca *a grafia mais usada é* dactilioteca

datil(o)- *a grafia mais usada é* dactil(o)-

datilofasia *a grafia mais usada é* dactilofasia

datilografar *v.tr.* escrever à máquina (Do gr. *dáktylos*, «dedo» + *gráphein*, «escrever» +-*ar*) ACORDO ORTOGRÁFICO também se pode escrever **dactilografar**

datilografia *n.f.* arte de escrever à máquina (Do gr. *dáktylos*, «dedo» + *gráphein*, «escrever» +-*ia*) ACORDO ORTOGRÁFICO também se pode escrever **dactilografia**

datilográfico *adj.* relativo à datilografia (De *dactilografia*+-*ico*) ACORDO ORTOGRÁFICO também se pode escrever **dactilográfico**

datilógrafo *n.m.* aquele que escreve à máquina (Do gr. *dáktylos*, «dedo» + *gráphein*, «escrever») ACORDO ORTOGRÁFICO também se pode escrever **dactilógrafo**

datilograma *n.m.* impressão digital empregada na identificação; dermopapilograma (Do gr. *dáktylos*, «dedo» + *grámma*, «sinal; letra») ACORDO ORTOGRÁFICO também se pode escrever **dactilograma**

datilologia *a grafia mais usada é* dactilologia

datilonomia *a grafia mais usada é* dactilonomia

datiloscopia *a grafia mais usada é* dactiloscopia

datiloscrito *a grafia mais usada é* dactiloscrito

datilozoário *a grafia mais usada é* dactilozoário

datisca *n.f.* BOTÂNICA árvore medicinal dicotiledónea que representa o género-tipo da família das Datiscáceas (De orig. obsc.)

Datiscáceas *n.f.pl.* BOTÂNICA família de plantas dicotiledóneas, de fruto capsular, cujo género-tipo se denomina *Datisca* (De *datisca*+-*áceas*)

Datísceas *n.f.pl.* ⇒ **Datiscáceas** (De *datísceo*)

datísceo *adj.* relativo às plantas da família das Datiscáceas ou Datísceas (De *datisca*+-*eo*)

datiscina *n.f.* espécie de anilina, chamada cânhamo-de-creta, extraída de plantas da família das Datiscáceas (De *datisca*+-*ina*)

datismo *n.m.* emprego exagerado de sinónimos para exprimir uma ideia muito simples, só com o intuito de alardear sabedoria (Do gr. *datismós*, de *Dātis*, antr., general pers., séc. V a. C., que, ao falar, empregava muitos sinónimos)

dativo *adj.* dado ou nomeado pelo juiz e não por lei ■ *n.m.* 1 GRAMÁTICA nas línguas que têm declinação, caso que exprime a função de complemento indireto 2 LINGUÍSTICA forma dos pronomes pessoais quando desempenham a função sintática de complemento indireto (Do lat. *datīvu-*, «que é dado»)

datolite *n.f.* MINERALOGIA mineral (borossilicato de cálcio hidratado) que cristaliza no sistema monoclínico (Do fr. *datolite*, «id.»)

datura *n.f.* 1 planta solanácea do género *Datura* 2 nome genérico do estramónio (Do sânsc. *dhattura*, «id.»)

datúreas *n.f.pl.* BOTÂNICA tribo de plantas da família das Solanáceas, que inclui o género *Datura*, a que pertence o estramónio (Do sânsc. *dhattura*, «datura»)

daturismo *n.m.* intoxicação pelo estramónio (De *datura*+-*ismo*)

dauciforme *adj.2g.* BOTÂNICA que tem declinação de cenoura (Do lat. *daucu-*, «cenoura» + *forma-*, «forma»)

daucíneas *n.f.pl.* BOTÂNICA subtribo de plantas da família das Umbelíferas a que pertence a cenoura (Do gr. *daūkos*, «planta umbelífera», pelo lat. *daucu-*, «cenoura» +-*íneas*)

davídico *adj.* 1 relativo ao rei hebreu David, séc. XI-X a. C. 2 nobre e inspirado como o estilo deste rei (Do lat. *davidĭcu-*, «de David»)

de *prep.* introduz expressões que designam: 1 origem ou ponto de partida (*veio de Évora*); 2 lugar donde (*via o rio da janela*); 3 meio (*vive dos rendimentos*); 4 tempo (*de madrugada*); 5 causa (*chorou de alegria*); 6 modo (*engoliu de uma só vez*); 7 pertença (*caneta da Joana*); 8 conteúdo (*copo de água*); 9 continente (*sumo do jarro*); 10 matéria (*estátua de ouro*); 11 autoria (*poema da escritora*);

12 assunto (*obra de literatura*); 13 composição (*bolo de chocolate*); 14 valor (*saia de trinta euros*); 15 fim (*roupa de limpeza*); 16 destino (*metro de Matosinhos*) (Do lat. *de*, «id.»)

de- prefixo que exprime a ideia de *ablação, ação contrária, movimento de cima para baixo, intensidade* (Do lat. *de-*, «id.»)

dê *n.m.* nome da letra *d* ou *D*

deã *n.f.* (masculino **deão**) a mais velha de determinadas mulheres (De *deão*)

deadjectival ver nova grafia **deadjetival**

deadjetival *adj.2g.* GRAMÁTICA derivado de adjetivo (De *de-*+*adjectival*)

deado *n.m.* cargo ou funções de deão (De *deão*+*-ado*)

dealbação *n.f.* 1 ato de dealbar 2 branqueamento (Do lat. *dealbatiōne-*, «brancura»)

dealbar *v.tr.* 1 tornar branco 2 [fig.] purificar ■ *v.intr.* mostrar-se branco ■ 1 começo; início 2 aparecimento (Do lat. *dealbāre*, «branquear»)

dealbo *n.m.* ⇒ **dealbação** (Deriv. regr. de *dealbar*)

dealer *n.m.* passador; traficante (Do ing. *dealer*, «id.»)

deambulação *n.f.* 1 ato ou efeito de deambular 2 passeio 3 digressão (Do lat. *deambulatiōne-*, «id.»)

deambulante *adj.2g.* 1 que deambula 2 itinerante (Do lat. *deambulante-*, «id.», part. pres. de *deambulāre*, «passear»)

deambular *v.intr.* 1 vaguear 2 passear (Do lat. *deambulāre*, «passear»)

deambulatório *adj.* 1 relativo a passeio 2 [fig.] erradio; desnorteado ■ *n.m.* 1 nave de igreja que rodeia o coro e o altar-mor 2 galeria coberta para nela se passear (Do lat. *deambulatoriŭ-*, «galeria»)

deambulismo *n.m.* 1 hábito de deambular 2 vida errante (De *deambular*+*-ismo*)

deão *n.m.* (feminino **deã**) 1 dignidade capitular que preside a um cabido 2 ⇒ **decano**¹ (Do lat. *decānu-*, «comandante de dez soldados; deão», pelo fr. ant. *deien*, «id.»)

dearticulação *n.f.* ato ou efeito de dearticular (De *dearticular*+*-ção*)

dearticular *v.tr.* pronunciar (as palavras) com clareza (De *de-*+*articular*)

debacar *v.intr.*,*pron.* 1 comportar-se como bêbedo 2 agitar-se furiosamente; enfurecer-se (Do lat. vulg. *debacchāre*, por *debacchāri*, «enfurecer-se»)

debaga *n.f.* ato ou efeito de debagar (Deriv. regr. de *debagar*)

debagar *v.tr.* [regionalismo] tirar os bagos a; esbagoar ■ *v.intr.* chover muito (De *de-*+*bago* ou *baga*+*-ar*)

debaixo *adv.* inferiormente; ~ *de* em lugar inferior a, na dependência de (De *de*+*baixo*)

debalde *adv.* em vão (Do ár. *batil*, «em vão; por nada»)

debandada *n.f.* 1 ato ou efeito de debandar 2 saída da ordem 3 fuga desordenada; confusão 4 desarranjo (Part. pass. fem. subst. de *debandar*)

debandar *v.tr.*,*intr.* pôr(-se) em fuga de forma desordenada ■ *v.intr.* 1 MILITAR sair das fileiras; desfazer a formatura 2 sair da ordem; dispersar (De *de*+*bando*+*-ar*)

debangar *v.tr.* [regionalismo] expor com abundância de palavras ■ *v.intr.* 1 deixar cair a castanha (o ouriço) 2 deixar cair a semente (a vagem) (Do lat. *debanicāre*, «dizer palavras vãs»?)

debate *n.m.* 1 ato ou efeito de debater 2 troca de opiniões sobre determinado assunto; discussão 3 altercação; contenda; peleja; ~ *instrutório* DIREITO debate oral realizado perante o juiz, no âmbito de um processo-crime e durante a fase de instrução, com a finalidade de se discutir se subsistem ou não elementos no processo que justifiquem a submissão do arguido a julgamento; ~ *na especialidade* discussão na Assembleia da República de cada artigo do texto de um projeto de lei ou de uma proposta de lei; ~ *na generalidade* discussão na Assembleia da República dos princípios ou do sistema do texto de um projeto de lei ou de uma proposta de lei (Deriv. regr. de *debater*, ou do fr. *débat*, «id.»)

debatediço *adj.* que se debate muito (De *debater*+*-diço*)

debatedura *n.f.* ato de se debater para fugir, ficando em liberdade (De *debater*+*-dura*)

debater¹ *v.tr.* 1 discutir 2 contestar ■ *v.intr.* 1 disputar; altercar 2 brigar; pelejar ■ *v.pron.* agitar-se com violência, procurando resistir ou desprender-se (Do latim *debattĕre*, de *debattuĕre*, «bater; lutar»)

debater² *v.tr.* [Cabo Verde] diminuir a saúde; emagrecer; enfraquecer (Do crioulo cabo-verdiano *debatê(r)*, «idem»)

debatido *adj.* discutido; ventilado (Part. pass. de *debater*)

debelação *n.f.* 1 ato ou efeito de debelar 2 destruição (Do lat. *debellatiōne-*, «id.»)

debelador *adj.*,*n.m.* 1 que ou aquele que debela 2 dominador (Do lat. *debellatōre-*, «conquistador»)

debelar *v.tr.* 1 vencer; dominar 2 fazer desaparecer; extinguir 3 reprimir (Do lat. *debellāre*, «terminar vitoriosamente a guerra»)

debelatório *adj.* que debela (De *debelar*+*-tório*)

debicador *adj.* que debica (De *debicar*+*-dor*)

debicar *v.tr.* tirar com o bico uma pequena porção de alguma coisa ■ *v.tr.*,*intr.* 1 comer pouco de cada vez (de); provar 2 [pop.] fazer troça (de); caçoar; motejar (De *de-*+*bico*+*-ar*)

débil *adj.2g.* 1 que é fraco 2 frouxo 3 quase imperceptível 4 que não opõe resistência suficiente; frágil 5 diminuto 6 atrasado; ~ *mental* indivíduo que sofre de debilidade mental, indivíduo atrasado no seu desenvolvimento mental (Do lat. *debīle-*, «id.»)

debilidade *n.f.* 1 qualidade ou estado do que é débil 2 diminuição considerável de forças; fraqueza 3 frouxidão 4 [pop.] vontade de comer; ~ *mental* PSICOLOGIA estado de pobreza e de fraqueza congénitas do psiquismo no seu conjunto, e mais particularmente da inteligência, que coloca os indivíduos em estado de inferioridade social (Do lat. *debilitāte-*, «fraqueza»)

debilitação *n.f.* 1 ato ou efeito de debilitar 2 perda contínua e gradual das forças; enfraquecimento (De *debilitar*+*-ção*)

debilitador *adj.* 1 que debilita 2 debilitante (De *debilitar*+*-dor*)

debilitamento *n.m.* ⇒ **debilitação** (De *debilitar*+*-mento*)

debilitante *adj.2g.* 1 que debilita 2 debilitador (De *debilitar*+*-ante*)

debilitar *v.tr.* 1 tornar débil; enfraquecer 2 abater (Do lat. *debilitāre*, «enfraquecer»)

debilitável *adj.2g.* que se pode debilitar (De *debilitar*+*-vel*)

debique *n.m.* 1 ato de debicar 2 [fig.] desfrute 3 troça (Deriv. regr. de *debicar*)

debiqueiro *adj.*,*n.m.* que ou o que debica; que ou que come pouco de cada vez (De *debicar*+*-eiro*)

debitar *v.tr.* 1 registar no débito 2 inscrever como devedor 3 lançar no livro dos devedores 4 [coloq.] falar durante muito tempo, de modo automático e monocórdico, causando tédio no ouvinte ■ *v.pron.* constituir-se devedor (De *débito*+*-ar*)

débito *n.m.* 1 aquilo que se deve 2 dívida 3 registo do que se fornece ou se paga 4 volume de água que corre na unidade de tempo 5 caudal (Do lat. *debĭtu-*, «id.»)

deblateração *n.f.* ato ou efeito de deblaterar (De *deblaterar*+*-ção*)

deblaterar *v.tr.*,*intr.* 1 barafustar contra alguém 2 gritar; imprecar (Do lat. *deblaterāre*, «id.»)

debloquear *v.tr.* 1 levantar o bloqueio de 2 desbloquear (De *de-*+*bloquear*)

debochado *adj.* 1 devasso; corrupto; libertino 2 [Brasil] trocista; gozador (Part. pass. de *debochar*)

debochar *v.tr.*,*pron.* tornar(-se) devasso; corromper(-se); viciar(-se) ■ *v.tr.* [Brasil] troçar de; zombar de; escarnecer (De *deboche*+*-ar*)

deboche *n.m.* 1 libertinagem; devassidão 2 estroinice 3 [Brasil] troça; zombaria (Do fr. *débauche*, «id.»)

deboiçar *v.tr.* ⇒ **debouçar**

deborcar *v.tr.* virar de borco (De *de-*+*borco*+*-ar*)

debotar *v.tr.*,*intr.* 1 ⇒ **desbotar** 2 [pop.] ganhar ou produzir aspereza (nos dentes)

debouçar *v.tr.* 1 desbravar; deboiçar 2 dar a primeira espadelada ao linho (De *de-*+*bouça*+*-ar*)

debruadeira *n.f.* 1 mulher que debrua 2 máquina para indústria de fiação e tecelagem (De *debruar*+*-deira*)

debruagem *n.f.* [Guiné-Bissau] desembaraço; desenrascanço (Do fr. *débrouillage*, «id.»)

debruar *v.tr.* 1 guarnecer com debrum 2 pôr orla em 3 [fig.] ornar 4 [fig.] apurar (De *debrum*+*-ar*)

debruçado *adj.* 1 posto de bruços 2 inclinado para a frente 3 diz-se do cavalo que não tem aprumadas as patas anteriores (Part. pass. de *debruçar*)

debruçar *v.tr.*,*pron.* 1 pôr(-se) de bruços 2 dobrar(-se) para a frente; inclinar(-se) 3 [fig.] pôr(-se) em posição de respeito; curvar(-se) ■ *v.pron.* estudar com cuidado; analisar (De *de*+*bruços*+*-ar*)

debrum *n.m.* 1 fita ou cairel com que se guarnece a borda de um tecido 2 orla 3 bainha (Por *dobrum*, de *dobrar*?)

debulha *n.f.* ato ou operação de debulhar (Deriv. regr. de *debulhar*)

debulhada *n.f.* ⇒ **debulha** (Part. pass. fem. subst. de *debulhar*)

debulhadeira *n.f.* ⇒ **debulhadora** (De *debulhar*+*-deira*)

debulhador *adj.* que debulha ■ *n.m.* ⇒ **debulhadora** (De *debulhar*+*-dor*)

debulhadora

debulhadora /ô/ *n.f.* máquina de debulhar cereais (De *debulhar*+*-dora*)

debulhar *v.tr.* **1** separar do casulo ou invólucro os grãos dos cereais; descascar **2** debangar **3** esbagoar; **~-se em lágrimas** chorar muito (Do lat. **depoliāre*, por *despoliāre*, «despojar»)

debulho *n.m.* **1** ato ou efeito de debulhar **2** resíduo dos cereais depois de debulhados (Deriv. regr. de *debulhar*)

debutante *n.2g.* **1** o que se inicia em qualquer ato ou ciência **2** jovem que é apresentada formalmente à sociedade em baile ou festa de gala ■ *adj.2g.* que se inicia; que se estreia (Do fr. *débutant*, «principiante»)

debutar *v.intr.* estrear-se; fazer o debute (Do fr. *débuter*, «estrear-se»)

debute *n.m.* **1** ato ou efeito de debutar **2** estreia na vida social (Do fr. *début*, «estreia»)

debuxador *adj.,n.m.* que ou aquele que debuxa (De *debuxar*+*-dor*)

debuxante *adj.,n.2g.* ⇒ **debuxador** (De *debuxar*+*-ante*)

debuxar *v.tr.* **1** fazer ou traçar o esboço de; esboçar; delinear **2** dar uma leve ideia de; descrever em traços gerais **3** representar; figurar **4** planear; delinear **5** retratar; reproduzir ■ *v.pron.* representar-se (Do cat. *dibuixar*, «talhar em buxo; fazer figuras»)

debuxo *n.m.* **1** representação gráfica de um objeto pelos seus contornos ou linhas gerais; esboço; risco **2** projeto inicial de algo **3** chapa para estampar tecidos (Deriv. regr. de *debuxar*)

debye *n.m.* FÍSICA unidade de medida de momento de dipolo elétrico, de símbolo D, equivalente a $3,335 \times 10^{-30}$ coulombs-metro (De *Peter Debye*, antr., físico hol., 1884-1966)

deca- **1** elemento numeral de formação de palavras que exprime a ideia de *dez*, *dez vezes maior que* **2** prefixo do Sistema Internacional de Unidades, de símbolo *da*, que exprime a ideia de *dez vezes maior* e que equivale a multiplicar por dez (10^1) a unidade por ele afetada (Do gr. *déka*, «dez»)

década *n.f.* **1** série de dez **2** história dos acontecimentos verificados num período de dez anos **3** espaço de dez dias ou de dez anos **4** conjunto de dez livros (Do gr. *dekás, -ádos*, «grupo de dez», pelo lat. *decăda-*, «id.»)

decadáctilo *adj.* diz-se do animal que tem dez dedos ou apêndices digitiformes ■ *n.m.* ICTIOLOGIA espécime dos decadáctilos ■ *n.m.pl.* ICTIOLOGIA grupo de peixes que têm dez raios livres, digitiformes, em cada barbatana peitoral (Do gr. *dekadáktylos*, «que tem dez dedos»)

decadência *n.f.* **1** ato ou efeito de decair **2** estado do que decai **3** declinação **4** enfraquecimento; abatimento **5** humilhação **6** caducidade (Do lat. med. *decadentĭa-*, «id,», part. pres. neut. pl. de *decadēre*, «decair», pelo fr. *décadence*, «decadência»)

decadente *adj.2g.* que está em decadência (Do lat. med. *decadente-*, «id.», part. pres. de *decadēre*, «decair», pelo fr. *décadent*, «id.»)

decadentismo *n.m.* escola literária que se comprazia com os extremos do simbolismo; nefelibatismo (De *decadente*+*-ismo*)

decadentista *adj.2g.* referente ao decadentismo ou decadismo ■ *n.2g.* seguidor desta escola; nefelibata (De *decadente*+*-ista*)

decadismo *n.m.* ⇒ **decadentismo**

decadista *adj.,n.2g.* ⇒ **decadentista**

decaédrico *adj.* **1** relativo ao decaedro **2** que tem forma de decaedro (De *decaedro*+*-ico*)

decaedro *n.m.* GEOMETRIA poliedro limitado por dez faces (Do gr. *déka*, «dez» + *hédra*, «base; face»)

decagonal *adj.2g.* **1** referente ao decágono **2** que tem dez ângulos; decangular (De *decágono*+*-al*)

decágono *n.m.* GEOMETRIA polígono de dez ângulos (Do gr. *dekágonos*, «que tem dez ângulos», pelo lat. *decagŏnu-*, «id.»)

decagrama *n.m.* peso ou massa de dez gramas (Do gr. *déka*, «dez» + *grámma*, «escrópulo», pelo fr. *décagramme*, «decagrama»)

decaída *n.f.* **1** efeito de decair **2** decadência (Part. pass. fem. subst. de *decair*)

decaído *adj.* **1** que decaiu **2** decrépito **3** arruinado; empobrecido (Part. pass. de *decair*)

decaimento *n.m.* ⇒ **decadência** (De *decair*+*-mento*)

decair *v.intr.* **1** estar em decadência **2** baixar **3** pender; declinar **4** [fig.] perder o vigor **5** [fig.] empobrecer **6** [fig.] estragar-se (Do lat. med. **decadēre*, «decair»)

decalátero *n.m.* GEOMETRIA polígono de dez lados (Do gr. *deka*, «dez» + lat. *latĕre-*, «lado»)

decalcar *v.tr.* **1** reproduzir (um desenho) mediante cópia feita em papel transparente sobreposto ao original **2** [fig.] imitar servilmente; copiar (Do fr. *décalquer*, «id.»)

decalcomania *n.f.* arte de reproduzir certos quadros, calcando com a mão contra um papel, porcelana, madeira, etc., pequenos desenhos ou figuras já estampados noutro papel (Do fr. *décalcomanie*, «id.»)

decalescência *n.f.* FÍSICA fenómeno que pode ser exibido por certos metais aquecidos e que consiste numa diminuição brusca do aumento de temperatura devida a uma variação endotérmica na estrutura do metal (Do lat. *decalescentĭa*, part. pres. neut. pl. subst. de *decalescĕre*, «arrefecer»)

decalitro *n.m.* medida de dez litros (De *deca-*+*litro*)

decálogo *n.m.* **1** conjunto de dez preceitos ou mandamentos **2** [com maiúscula] RELIGIÃO preceitos religiosos e morais dados por Deus à Humanidade por intermédio de Moisés (Do gr. *dekálogos*, «dez preceitos; dez mandamentos», pelo lat. *decalŏgu-*, «id.»)

decalque *n.m.* **1** ato ou efeito de decalcar **2** processo de transferência de imagens de uma superfície para outra **3** imagem obtida por esse processo **4** [fig.] imitação; cópia (Do fr. *décalque*, «id.»)

decalvação *n.f.* ato ou efeito de decalvar (Do lat. *decalvatiōne-*, «id.»)

decalvante *adj.2g.* que torna calvo (De *decalvar*+*-ante*)

decalvar *v.tr.* **1** escalvar **2** rapar o cabelo a (Do lat. *decalvāre*, «rapar, tosquiar»)

decamerónico *adj.* relativo à obra *Decâmeron*, de G. Boccaccio, escritor italiano (1313-1375), ou à feição literária deste escritor (De *Decâmeron*+*-ico*)

decâmetro *n.m.* medida de comprimento equivalente a dez metros, de símbolo dam; **~ quadrado** quadrado com um decâmetro de lado (De *deca-*+*metro*, ou do fr. *décamètre*, «decâmetro»)

decampamento *n.m.* ato ou efeito de decampar (De *decampar*+*-mento*)

decampar *v.intr.* **1** mudar de campo ou de acampamento **2** [fig.] retirar-se precipitadamente (De *de-*+*campo*+*-ar*)

decanado *n.m.* ⇒ **decanato** (De *decano*+*-ado*)

decanal *adj.2g.* relativo ao decanato (De *decano*+*-al*)

decanato *n.m.* **1** dignidade de decano ou de deão **2** qualidade de decano ou de deão **3** duração da dignidade de decano ou de deão **4** comissão religiosa presidida por um deão (De *decano*+*-ato*)

decandria *n.f.* qualidade de decandro (De *decandro*+*-ia*)

decândria *n.f.* BOTÂNICA classe das plantas decandras (Do lat. cient. *decandria*, pl. subst. de *decandriu-*)

decandro *adj.* BOTÂNICA que tem dez estames (Do gr. *déka*, «dez» + *anér, andrós*, «estame»)

decangular *adj.2g.* que tem dez ângulos; decagonal (De *deca-*+*angular*)

decania *n.f.* **1** dignidade ou funções de decano **2** grupo de dez pessoas (De *decano*+*-ia*)

decânico *adj.* **1** do Decão, parte peninsular da Índia **2** diz-se de um grupo de línguas da Índia (De *Decan*, top., «Decão»+*-ico*)

decano[1] *n.m.* o mais velho (ou o mais antigo em anos de serviço) dos membros de uma corporação ou classe; deão (Do lat. *decānu-*, «comandante de dez soldados»)

decano[2] *n.m.* QUÍMICA hidrocarboneto saturado (alcano) com dez átomos de carbono (Do gr. *deca*, «dez»+*-ano*)

decantação *n.f.* ato ou efeito de decantar (um líquido) (Do fr. *décantation*, «id.»)

decantado *adj.* **1** que se decantou; trasfegado **2** [fig.] muito falado; famoso; celebrado; exaltado (Part. pass. de *decantar*)

decantar[1] *v.tr.* transvasar um líquido a fim de o separar das fezes ou do sedimento; trasfegar (Do fr. *décanter*, «id.»)

decantar[2] *v.tr.* celebrar em verso; exaltar (Do lat. *decantāre*, «cantar; elogiar»)

decanter *n.m.* **1** recipiente de fundo largo e abertura estreita, utilizado para decantar ou guardar líquidos decantados; decantador; decantadeira **2** jarro com esta forma, usado para servir bebidas alcoólicas; decantador; decantadeira (Do ing. *decanter*, «id.»)

decapagem *n.f.* ato de decapar (Do fr. *décapage*, «desoxidação»)

decapante *adj.2g.* que decapa ■ *n.m.* substância utilizada para remover a tinta antiga antes de nova pintura (De *decapar*+*-ante*)

decapar *v.tr.* **1** tirar a camada de óxido, carbonato, ou outra substância de (um metal) **2** retirar a camada superficial de (um terreno) (Do fr. *décaper*, «id.»)

decapetaleado *adj.* BOTÂNICA ⇒ **decapétalo** (De *decapétalo*+*-eado*)

decapétalo *adj.* BOTÂNICA diz-se da corola composta por dez pétalas (De *deca-*+*pétala*)

decapitação *n.f.* ato de decapitar; degolação (De *decapitar*+*-ção*)

decapitar v.tr. 1 cortar a cabeça a; degolar 2 [fig.] tirar a parte superior de 3 [fig.] privar de um chefe (Do lat. med. *decapitāre*, «id.»)
decápode adj.2g. que tem dez pés ou dez patas ■ n.m. ZOOLOGIA espécime dos decápodes ■ n.m.pl. 1 ZOOLOGIA ordem de crustáceos com cinco pares de patas locomotoras 2 ZOOLOGIA ordem de moluscos cefalópodes com cinco pares de tentáculos (Do gr. *dekápous, dekápodos*, «que tem dez pés»)
decassilábico adj. que tem dez sílabas (De *decassílabo*+*-ico*)
decassílabo n.m. verso ou palavra de dez sílabas ■ adj. que tem dez sílabas (Do gr. *déka*, «dez» + *syllabé*, «sílaba»)
decastere n.m. unidade de medida de volume, equivalente a dez esteres, ou seja, dez metros cúbicos (De *deca-*+*estere*)
decastéreo n.m. ⇒ **decastere** (De *deca-*+*estéreo*)
decastilo n.m. edifício com dez colunas na fachada (Do gr. *dekástylos*, «que tem dez colunas», pelo lat. *decastȳlos*, «id.»)
decatlo n.m. DESPORTO prova de atletismo combinado que compreende dez provas, incluindo corrida, salto e lançamento (Do gr. *déka*, «dez» + *áthlon*, «combate; luta»)
decatlonista n.2g. DESPORTO atleta que compete num decatlo (De *decatlo*+*-ista*)
deceção n.f. 1 ato ou efeito de enganar 2 logro 3 desilusão 4 desapontamento 5 surpresa desagradável de que resultou grande contrariedade ou desengano (Do lat. *deceptiōne-*, «id.»)
dececionante adj.2g. que causa deceção (De *dececionar*+*-nte*)
dececionar v.tr. causar deceção a; desiludir (Do lat. *deceptiōne-*, «deceção» +*-ar*)
deceinar v.tr. [regionalismo] lavar as meadas para lhes tirar a cinza da barrela (Do lat. *de-*+*cinis*, «cinza» +*-ar*?)
dece(m)- elemento de formação de palavras que exprime a ideia de *dez* (Do lat. *decem*, «dez»)
decemestral adj.2g. 1 referente a decemestre 2 que se faz ou acontece de dez em dez meses (De *decemestre*+*-al*)
decemestre n.m. período de dez meses (Do lat. *decemestre-*, «que dura dez meses»)
decempartir v.tr. partir em dez partes (Do lat. *decem*, «dez» + *partīre*, «dividir em dez partes»)
decêmpeda n.f. medida romana de dez pés de comprimento (Do lat. *decempĕda*, «que tem dez pés»)
decenal adj.2g. 1 que dura dez anos 2 que se realiza de dez em dez anos (Do lat. *decennāle-*, «que dura dez anos»)
decenário adj. dividido em grupos de dez ■ n.m. decénio (Do lat. **decena-*, «dezena» +*-ário*)
decência n.f. 1 (comportamento, atitude) conformidade com aquilo que é considerado respeitável e moral 2 compostura; decoro 3 dignidade (Do lat. *decentĭa-*, «id.»)
decendial adj.2g. referente ao decêndio (De *decêndio*+*-al*)
decêndio n.m. período de dez dias (Do lat. *decendĭu-*, «período de dez dias»)
decénio n.m. período de dez anos (Do lat. *decennĭu-*, «período de dez anos»)
decente adj.2g. 1 conforme com a decência 2 conveniente 3 limpo; asseado 4 honesto 5 decoroso 6 digno (Do lat. *decente-*, «que convém»)
decentralização n.f. ⇒ **descentralização**
decentralizador adj.,n.m. ⇒ **descentralizador**
decentralizar v.tr. ⇒ **descentralizar**
decentralizável adj.2g. ⇒ **descentralizável**
decenviral adj.2g. respeitante aos decênviros (Do lat. *decemvirāle-*, «id.»)
decenvirato n.m. 1 magistratura dos decênviros 2 dignidade ou autoridade dos decênviros 3 período em que se exercia essa autoridade (Do lat. *decemvirātu-*, «id.»)
decênviro n.m. cada um dos dez magistrados da República Romana encarregados de codificar as leis (Do lat. *decemvĭru-*, «id.»)
decepador adj.,n.m. que ou aquele que decepa (De *decepar*+*-dor*)
decepagem n.f. 1 ação de decepar 2 corte (de árvores) (De *decepar*+*-agem*)
decepamento n.m. ato ou efeito de decepar (De *decepar*+*-mento*)
decepar v.tr. 1 separar do todo por meio de instrumento cortante 2 amputar; mutilar 3 decapitar 4 cortar cerce 5 derrubar 6 [fig.] interromper 7 [fig.] desunir 8 [fig.] abater (De *de-*+*cepo-*+*-ar*)
decepção ver nova grafia **deceção**
decepcionante ver nova grafia **dececionante**
decepcionar ver nova grafia **dececionar**
deceptivo ver nova grafia **decetivo**
decertar v.intr. pelejar; contender (Do lat. *decertāre*, «id.»)

decerto adv. com certeza (De *de*+*certo*)
decesso n.m. óbito; morte (Do lat. *decessu-*, «partida; morte»)
decetivo adj. que causa deceção (Do lat. *deceptīvu-*, «id.»)
deci- 1 elemento de formação de palavras que exprime a ideia de *décima parte* 2 prefixo do Sistema Internacional de Unidades, de símbolo *d*, que exprime a ideia de *dez vezes menor*, *décima parte* e equivale a dividir por dez (10^{-1}) a unidade por ele afetada (Do lat. *decĭmu-*, «décimo»)
decibel n.m. FÍSICA (acústica) unidade de símbolo dB, utilizada para comparar ou indicar variações dos níveis de intensidade de sinais, especialmente sonoros (De *deci-*+*bel*, ou do fr. *décibel*, «decibel»)
decididamente adv. 1 de forma decidida 2 terminantemente (De *decidido*+*-mente*)
decidido adj. 1 que se decidiu 2 inabalável nos seus propósitos; resoluto 3 arrojado (Part. pass. de *decidir*)
decidir v.tr.,intr. determinar o que deve ser feito; tomar uma decisão (sobre); resolver; deliberar ■ v.tr. 1 estabelecer como regra; determinar; dispor 2 exercer influência decisiva em ■ v.pron. 1 resolver-se 2 dar a preferência (Do lat. *decidĕre*, «resolver»)
decídua n.f. ANATOMIA ⇒ **caduca** (Do lat. *decidŭa-*, «que cai»)
deciduado adj. diz-se do mamífero que tem decídua ou caduca (De *decídua*+*-ado*)
decíduo adj. 1 BIOLOGIA que cai ou se desprende numa dada fase do desenvolvimento 2 BOTÂNICA ⇒ **caducifólio** 3 que passa rapidamente; transitório; efémero (Do lat. *decidŭu-*, «que cai; caído»)
deciduoma /ô/ n.m. MEDICINA tumor do útero que contém células da decídua (Do lat. *decidŭa-*, «que cai» + gr. *(ógk)oma*, «tumor»)
decifração n.f. 1 ato ou efeito de decifrar 2 explicação de uma coisa obscura ou intrincada 3 compreensão (De *decifrar*+*-ção*)
decifrador adj.,n.m. que ou aquele que decifra (De *decifrar*+*-dor*)
deciframento n.m. ⇒ **decifração** (De *decifrar*+*-mento*)
decifrar v.tr. 1 ler ou compreender uma coisa obscura ou escrita em cifra; interpretar 2 perceber 3 adivinhar 4 conhecer o génio de 5 executar à primeira vista (uma peça de música) (De *de-*+*cifrar*)
decifrável adj.2g. que se pode decifrar (De *decifrar*+*-vel*)
decigrado n.m. décima parte do grado (De *deci-*+*grado*)
decigrama n.m. décima parte do grama (De *deci-*+*grama*, ou do fr. *décigramme*, «decigrama»)
decil n.m. ESTATÍSTICA denominam-se decis 0, 1, 2, ... 10 os valores da variável estatística, tais que 0%, 10%, 20% ... 100% das observações lhe são inferiores (De *deci-*+*-il*)
decilitragem n.f. ato ou efeito de decilitrar (De *decilitrar*+*-agem*)
decilitrar v.intr. [pop.] andar a beber aos decilitros; beber muito e amiúde; bebericar (De *decilitro*+*-ar*)
decilitreiro n.m. 1 que gosta de decilitrar 2 beberricador; bêbedo (De *decilitrar*+*-eiro*)
decilitro n.m. 1 décima parte do litro 2 medida com essa capacidade (De *deci-*+*litro*)
décima n.f. 1 cada uma das dez partes iguais em que se pode dividir uma grandeza tomada como unidade 2 imposto equivalente à décima parte de um rendimento 3 contribuição indireta 4 tributo 5 estrofe de dez versos (Do lat. *decĭma-*, «décima parte»)
decimal adj.2g. 1 relativo a dez ou à décima parte 2 que tem por base o número dez 3 que se conta de dez em dez 4 diz-se de um número que não é inteiro, ou de uma fração que tem por denominador o número 10 5 diz-se de cada um dos algarismos à direita da vírgula, num número decimal (De *décimo*+*-al*)
decimalidade n.f. qualidade do que é decimal (De *decimal*+*-i-*+*-dade*)
decimalização n.f. redução a decimal (De *decimalizar*+*-ção*)
decimalizar v.tr. reduzir a decimal (De *decimal*+*-izar*)
decimar v.tr. 1 matar um em dez 2 dizimar (Do lat. *decimāre*, «id.»)
decimável adj.2g. 1 que se pode decimar 2 sujeito a décima 3 tributável (De *decimar*+*-vel*)
decímetro n.m. FÍSICA unidade de medida de comprimento, de símbolo dm, que equivale à décima parte do metro 2 extensão com essa medida; **~ cúbico** unidade de medida de volume, de símbolo dm^3, equivalente à milésima parte do metro cúbico; **~ quadrado** unidade de medida de superfície, de símbolo dm^2, equivalente à centésima parte do metro quadrado (De *deci-*+*metro*, ou do fr. *décimètre*, «decímetro»)
décimo num.ord. >adj.num. ᴰᵀ que, numa série, ocupa a posição imediatamente a seguir à nona; que é o último numa série de dez ■ num.frac. >quant.num. ᴰᵀ que resulta da divisão de um todo por dez ■ n.m. 1 o que, numa série, ocupa o lugar correspondente ao número 10 2 uma das dez partes iguais em que se dividiu um todo; décima parte (Do lat. *decĭmu-*, «id.»)

decisão *n.f.* **1** ato ou efeito de decidir ou de decidir-se **2** resolução após discussão ou exame prévio; deliberação **3** sentença **4** [fig.] coragem (Do lat. *decisiōne-*, «id.»)

decisivamente *adv.* **1** definitivamente **2** na verdade **3** de modo decisivo; com decisão (De *decisivo*+*-mente*)

decisivo *adj.* **1** que decide **2** que faz cessar toda a dúvida **3** terminante **4** perentório (Do lat. med. *decisīvu-*, «id.», pop fr. *décisif*, «id.»)

decisor *adj.,n.m.* que ou aquele que decide (De *decisão*+*-or*)

decisório *adj.* que tem o poder de decidir (falando-se de prova ou facto de que depende a decisão de um processo judicial) (Do lat. *decīsu-*, part. pass. de *decidĕre*, «decidir» +*-ório*)

decissecular *adj.2g.* que tem dez séculos (De *dece-*+*secular*)

decistere *n.m.* décima parte do estere (De *deci-*+*estere*)

decistéreo *n.m.* ⇒ **decistere** (De *deci-*+*estéreo*)

declamação *n.f.* **1** ato, modo ou arte de declamar **2** pronúncia e gesto de quem declama **3** modo pomposo de discursar **4** [fig.] palavreado banal (Do lat. *declamatiōne-*, «id.»)

declamador *adj.,n.m.* que ou aquele que declama; orador (Do lat. *declamatōre-*, «id.»)

declamante *adj.2g.* que declama; declamador (Do lat. *declamante-*, «id.», part. pres. de *declamāre*, «declamar»)

declamar *v.tr.,intr.* **1** recitar em voz alta, com gesto e entoação próprios **2** discursar com afetação **3** falar em tom solene **4** invetivar (Do lat. *declamāre*, «id.»)

declamativo *adj.* ⇒ **declamatório** (De *declamar*+*-tivo*)

declamatório *adj.* **1** em que há declamação ou ênfase **2** relativo a declamação **3** pomposo; enfático **4** (estilo) empolado (Do lat. *declamatoriu-*, «id.»)

declaração *n.f.* **1** ato ou efeito de declarar **2** o que se declara **3** afirmação de um facto **4** depoimento **5** manifesto **6** confissão de amor **7** DIREITO expressão, juridicamente válida, da vontade de uma pessoa; ~ *de falência* sentença judicial que declara o estado de falência de um comerciante; ~ *de guerra* ato pelo qual um Estado declara guerra a outro (Do lat. *declaratiōne-*, «id.»)

declaradas *elem.loc.adv.* *às* ~ às claras; publicamente (Part. pass. fem. pl. subst. de *declarar*)

declarado *adj.* **1** patenteado **2** confessado **3** claro; evidente (Do lat. *declarātu-*, part. pass. de *declarāre*, «tornar conhecido; declarar»)

declarador *adj.,n.m.* ⇒ **declarante** (Do lat. *declaratōre-*, «id.»)

declarante *adj.2g.* **1** que ou quem declara **2** declarador (Do lat. *declarante-*, part. pres. de *declarāre*; «manifestar; declarar»)

declarar *v.tr.* **1** manifestar de modo claro e terminante; afirmar **2** notificar solenemente; decretar **3** anunciar **4** dar ao manifesto **5** prestar contas dos rendimentos pessoais ao Estado **6** submeter objetos ou valores à apreciação das autoridades alfandegárias ■ *v.pron.* **1** tomar partido por **2** manifestar-se; aparecer **3** confessar a outrem os seus sentimentos (Do lat. *declarāre*, «manifestar; declarar»)

declarativo *adj.* **1** que tem por fim declarar; declaratório **2** GRAMÁTICA diz-se da frase que exprime uma asserção (Do lat. *declaratīvu-*, «id.»)

declaratório *adj.* que encerra declaração; declarativo (De *declarar*+*-tório*)

declarável *adj.2g.* que se pode declarar (De *declarar*+*-vel*)

declina *n.f.* régua com duas pínulas, que gira circularmente e mostra os graus no astrolábio (Deriv. regr. de *declinar*)

declinação *n.f.* **1** ato ou efeito de declinar **2** [raramente usado] inclinação; declive; descida **3** diminuição de intensidade; enfraquecimento **4** rejeição; recusa **5** decadência; declínio **6** GRAMÁTICA conjunto das flexões dos nomes e de outras classes de palavras correspondentes aos diversos casos, em algumas línguas, de acordo com a sua função sintática na frase (sujeito, complemento, etc.) **7** GRAMÁTICA cada um dos grupos de palavras que se declinam da mesma forma **8** GRAMÁTICA enunciação de todos os casos de uma palavra; ~ *de um astro* ASTRONOMIA coordenada celeste equatorial definida pelo ângulo formado pelo equador celeste e o raio visual dirigido para o astro, cujo valor varia entre 0° no equador, 90° norte no polo norte e 90° sul no polo sul; ~ *magnética de um lugar* FÍSICA ângulo formado pelo meridiano magnético com o meridiano geográfico desse lugar (Do lat. *declinatiōne-*, «id.»)

declinador *n.m.* instrumento que indica a declinação do plano de um quadrante ■ *adj.* que declina (Do lat. *declinatōre-*, «id.»)

declinante *adj.2g.* que declina (Do lat. *declinante-*, part. pres. de *declināre*, «declinar»)

declinar *v.intr.* **1** afastar-se de um ponto fixo; desviar-se **2** inclinar-se **3** diminuir; enfraquecer **4** decair **5** ir-se perdendo ■ *v.tr.* **1** não aceitar; recusar; rejeitar **2** afastar; desviar **3** evitar **4** enunciar; enumerar **5** abater **6** rebaixar **7** [regionalismo] ver ao longe; divisar **8** GRAMÁTICA flexionar (uma palavra) de acordo com a função sintática que desempenha na frase (Do lat. *declināre*, «id.»)

declinativo *adj.* **1** diz-se das línguas em que há declinações **2** que se declina (De *declinar*+*-tivo*)

declinatória *n.f.* **1** ato pelo qual se declina ou recusa a jurisdição de um tribunal ou de um juiz **2** instrumento semelhante à bússola, empregado nos levantamentos topográficos (De *declinatório*)

declinatório *adj.* que declina (De *declinar*+*-tório*)

declinável *adj.2g.* que se pode declinar (Do lat. *declinabĭle-*, «id.»)

declínio *n.m.* **1** ato ou efeito de declinar **2** decadência **3** enfraquecimento **4** empobrecimento **5** aproximação do fim (De *declinar*+*-io*, ou do fr. *déclin*, «id.»)

declinómetro *n.m.* FÍSICA instrumento que serve para determinar a declinação magnética (Do fr. *déclinomètre*, «id.»)

declivar *v.intr.* **1** ir em declive **2** formar declive ■ *v.tr.* tornar íngreme ou declivoso (De *declive*+*-ar*)

declive *n.m.* **1** inclinação de um terreno; pendor **2** trainel que desce no sentido do movimento **3** descida **4** [fig.] propensão ■ *adj.2g.* **1** inclinado **2** [fig.] decadente (Do lat. *declīve-*, «inclinado; que desce»)

declividade *n.f.* **1** qualidade do que tem declive **2** inclinação do terreno; pendor (Do lat. *declivitāte-*, «id.»)

declívio *n.m.* ⇒ **declive** (Do lat. tard. *declivĭu-*, «id.»)

declivoso /ô/ *adj.* em que há declive; ladeirento (De *declive*+*-oso*)

decoada *n.f.* **1** ato de coar a lixívia **2** água de barrela **3** água em que se ferveu cinza e serve para lavar roupa **4** cinzas fervidas para limpar metais (Part. pass. fem. subst. de *decoar*)

decoar *v.tr.* **1** meter em decoada **2** pôr em barrela (Do lat. *decolāre*, «sair pela peneira»)

decocção *n.f.* **1** ato de ferver substâncias para lhes extrair os princípios ativos; cocção; cozimento **2** decocto (Do lat. *decoctiōne-*, «id.»)

decocto *n.m.* **1** produto de decocção **2** cozimento ■ *adj.* feito em decocção (Do lat. *decoctu-*, «id.», part. pass. de *decoquĕre*, «cozer; fazer ferver»)

decolagem *n.f.* [Brasil] ⇒ **descolagem** (Do fr. *décollage*, «id.»)

decolar *v.intr.* [Brasil] ⇒ **descolar** *v.intr.* (Do fr. *décoller*, «id.»)

decomponente *adj.,n.2g.* que ou aquilo que decompõe (Do lat. **decomponente-*, «id.», part. pres. de **decomponĕre*, «decompor»)

decomponibilidade *n.f.* qualidade de decomponível (Do lat. **decomponibĭle-*, «id.» +*-i-*+*-dade*)

decomponível *adj.2g.* que se pode decompor (Do lat. **decomponibĭle-*, «id.»)

decompor *v.tr.* **1** separar os elementos ou partes constitutivas de um corpo **2** modificar **3** analisar por partes **4** corromper; apodrecer ■ *v.pron.* **1** separar-se nos elementos componentes **2** modificar-se; alterar-se (Do lat. **decomponĕre*, «id.»)

decomposição *n.f.* **1** ato ou efeito de decompor **2** desintegração progressiva de materiais orgânicos mortos; apodrecimento; putrefação **3** divisão de alguma coisa nos elementos que a constituem; análise **4** [fig.] deterioração (Do lat. *de-*+*compositiōne-*, «composição»)

decoração[1] *n.f.* **1** ato ou efeito de decorar ou ornamentar **2** atividade que consiste em organizar um espaço (geralmente interior) combinando os diversos elementos de forma harmoniosa e/ou funcional, de acordo com o fim a que o espaço se destina **3** ornamentação; enfeite (Do lat. *decoratiōne-*, «id.»)

decoração[2] *n.f.* ato de decorar ou reter na memória; memorização (De *decorar*+*-ção*)

decorador[1] *adj.,n.m.* que ou aquele que decora ou ornamenta (De *decorar* [=ornamentar]+*-dor*)

decorador[2] *adj.,n.m.* que ou aquele que aprende de cor (De *decorar* [=memorizar]+*-dor*)

decorar[1] *v.tr.* **1** arranjar, combinando diversos elementos de forma a criar um ambiente adequado ao fim a que se destina **2** pôr decorações em **3** ornamentar; enfeitar (Do lat. *decorāre*, «id.»)

decorar[2] *v.tr.* aprender de cor (De *de-*+*cor* [= coração]+*-ar*)

decorativo *adj.* que enfeita; ornamental (De *decorar* [=ornamentar]+*-tivo*)

decorável *adj.2g.* que se pode decorar (De *decorar*+*-vel*)

decoreba *n.f.* [Brasil] hábito de decorar sem assimilar

decoro /ô/ *n.m.* **1** respeito de si mesmo e dos outros **2** decência **3** compostura **4** dignidade **5** honestidade **6** vergonha; pundonor **7** nobreza **8** LITERATURA norma ou convenção da poética clássica que proibia a representação de ações, sentimentos, etc., considerados como moralmente impróprios ou reprováveis (Do lat. *decōru-*, «que convém; que fica bem»)

decoroação n.f. [São Tomé e Príncipe] limpeza do terreno em torno dos pés de cacaueiros (De de-, «negação», +coroação)
decoroso adj. 1 conforme ao decoro; decente 2 honroso 3 modesto 4 digno 5 honesto (Do lat. decorōsu-, «elegante; formoso»)
decorrência n.f. 1 aquilo que decorre 2 decurso 3 resultado; consequência (Do lat. decurrentĭa, «coisas que decorrem», part. pres. pl. neut. de decurrĕre, «decorrer; descer, correndo»)
decorrente adj.2g. 1 que decorre 2 consequente 3 subsequente 4 BOTÂNICA diz-se de um órgão vegetal (em especial, a folha) que se estende e adere abaixo do seu ponto de inserção (Do lat. decurrente-, «id.», part. pres. de decurrĕre, «descer, correndo; decorrer»)
decorrer v.intr. 1 passar (o tempo) 2 dar-se 3 seguir a sua evolução 4 suceder ■ v.tr. resultar (de); inferir-se (de) (Do lat. decurrĕre, «descer, correndo; decorrer»)
decorrido adj. 1 que decorreu 2 passado; sucedido (Part. pass. de decorrer)
decorticação n.f. ato ou efeito de decorticar (Do lat. decorticatiōne-, «id.»)
decorticar v.tr. 1 tirar o córtice ou a cortiça a 2 descascar (Do lat. decorticāre, «id.»)
decotado adj. que tem decote ■ n.m. parte exposta pelo decote (Part. pass. de decotar)
decotador adj.,n.m. que ou aquele que decota (De decotar+-dor)
decotar v.tr. 1 fazer um corte ou uma abertura na parte de cima de (peça de roupa); fazer decote em 2 cortar por cima ou em volta de; aparar; podar 3 [fig.] eliminar; cortar ■ v.pron. usar peça de roupa com abertura em cima que deixa a descoberto uma ou várias zonas do corpo (pescoço, ombros, costas, parte do peito) (De de-+cortar)
decote n.m. 1 ato ou efeito de decotar 2 abertura na parte de cima de uma peça de roupa que deixa a descoberto uma ou várias zonas do corpo (pescoço, ombros, costas, parte do peito) (Deriv. regr. de decotar)
decremento n.m. diminuição gradual (de tamanho, quantidade ou intensidade); ~ **logarítmico** FÍSICA logaritmo natural da razão de duas amplitudes sucessivas do mesmo sinal, numa oscilação amortecida (Do lat. decrementu-, «id.»)
decrepidez /ê/ n.f. 1 estado de decrépito; decrepitude 2 caducidade (De *decrépido, por decrépito+-ez)
decrepitação n.f. ato de decrepitar (os cristais) (De decrepitar+-ção)
decrepitar¹ v.intr. 1 tornar-se decrépito 2 envelhecer 3 [fig.] decair (De decrépito+-ar)
decrepitar² v.intr. dar estalidos (os cristais) quando lançados sobre o fogo (Do fr. décrépiter, «crepitar»)
decrépito adj. 1 que é muito velho; caduco 2 arruinado (Do lat. decrepĭtu-, «id.»)
decrepitude n.f. 1 estado de decrépito; caducidade 2 envelhecimento (De decrépito+-ude)
decrescença n.f. ⇒ **decrescimento** (De decrescer+-ença)
decrescendo n.m. 1 MÚSICA anotação para indicar que a intensidade do som diminui gradualmente 2 MÚSICA sinal que, na pauta musical, indica a diminuição da intensidade do som (Do it. decrescendo)
decrescente adj.2g. 1 que decresce; que diminui de tamanho, quantidade ou intensidade 2 que se encontra em declínio; decadente 3 GRAMÁTICA diz-se do ditongo em que a vogal antecede a semivogal (ex.: pai, rei) (Do lat. decrescente-, «id.», part. pres. de decrescĕre, «decrescer; diminuir»)
decrescer v.intr. 1 tornar-se menor; diminuir 2 baixar (Do lat. decrescĕre, «id.»)
decrescimento n.m. ato ou efeito de decrescer; diminuição 2 estado do que decresce (De decrescer+-i-+-mento)
decréscimo n.m. 1 ato ou efeito de decrescer; diminuição 2 MEDICINA fase em que se verifica a diminuição dos efeitos de uma doença (De decrescer+-imo)
decretação n.f. 1 ato ou efeito de decretar 2 promulgação de um decreto (De decretar+-ção)
decretal n.f. antigo documento pontifício em resposta a alguma consulta sobre matéria moral ou jurídica ■ adj.2g. relativo a Direito Canónico (Do lat. decretāle-, «de decreto»)
decretalista n.m. 1 jurisconsulto versado em decretais 2 doutor em Direito Canónico (Do lat. med. decretalista-, «id.»)
decretar v.tr. 1 ordenar por meio de decreto 2 [fig.] ordenar que se faça; determinar 3 [fig.] estabelecer; decidir (Do lat. *decretāre, «id.»)

decreto n.m. 1 disposição com força de lei, dimanada do Governo, do chefe do Estado ou da autoridade competente 2 [fig.] desígnio; vontade; intenção (Do lat. decrētu-, «id.»)
decreto-lei n.m. DIREITO lei emanada do órgão executivo (Governo) em determinadas situações previstas legalmente
decretoriamente adv. 1 por forma decretória 2 imperativamente (De decretório+-mente)
decretório adj. 1 que inclui decreto 2 terminante; decisivo; **dias decretórios** dias críticos em que se pode ajuizar do bom ou mau resultado de uma doença (Do lat. decretoriŭ-, «decisivo»)
decrua n.f. 1 ato de decruar 2 primeiro amanho da terra para a sementeira (Deriv. regr. de decruar)
decruagem n.f. ⇒ **decrua** (De decruar+-agem)
decruar¹ v.tr. dar a primeira lavra ou cava à terra
decruar² v.tr. 1 lavar (a seda crua) 2 cozer ligeiramente certos alimentos para que se não estraguem (De de-+cru+-ar)
decubitário adj. relativo a decúbito (Do lat. tard. decubitarĭu-, «id.»)
decúbito n.m. posição de quem está deitado (Do lat. tard. decubĭtu-, «id.», part. pass. de decumbĕre, «deitar-se»)
decumano adj. décimo ■ n.m.pl. soldados da décima Legião Romana (Do lat. decumānu-, por decimānu-, «da décima legião»)
decumbente adj.2g. 1 deitado; inclinado 2 BOTÂNICA diz-se do caule que, depois de se elevar um tanto, se torna pendente sobre o solo, onde alastra (Do lat. decumbente-, «id.», part. pres. de decumbĕre, «deitar-se»)
decuplar v.tr.,intr. ⇒ **decuplicar** (Do lat. decuplāre, «id.»)
decuplicar v.tr. multiplicar por dez ■ v.tr.,intr. tornar(-se) dez vezes maior (De décuplo+-icar)
décuplo num.mult. >quant.num. ᴰᵀ que contém dez vezes mais a mesma quantidade ■ adj. 1 que é dez vezes maior 2 que contém dez vezes ■ n.m. valor ou quantidade dez vezes maior (Do lat. decŭplu-, «id.»)
decúria n.f. 1 grupo de dez 2 classe de alunos mais adiantados, numa escola dirigida por um decurião 3 a décima parte de uma cúria militar ou civil (Do lat. decurĭa-, «id.»)
decuriado n.m. cargo de decurião; decuriato (Do lat. decuriātu-, «id.»)
decurião n.m. 1 aluno mais adiantado de uma classe, que dirige essa classe por incumbência do professor 2 chefe ou diretor de uma decúria (Do lat. decuriōne-, «id.»)
decuriato n.m. ⇒ **decuriado** (Do lat. decuriātu-, «id.»)
decursivo adj. decorrente (Do fr. décursif, «id.»)
decurso n.m. 1 ato de decorrer 2 passagem de tempo 3 duração 4 curso; percurso 5 giro ■ adj. decorrido; passado (Do lat. decursu-, part. pass. de decurrĕre, «decorrer»)
decussado adj. 1 disposto em cruz 2 cruzado em X (feixe nervoso) (Part. pass. de decussar)
decussar v.tr. dispor em forma de X (Do lat. decussāre, «id.»)
dedada n.f. 1 sinal deixado por um dedo quando toca numa coisa 2 porção de substância que adere a um dedo quando este lhe toca 3 toque ou pancada com o dedo (De dedo+-ada)
dedal n.m. 1 utensílio que se mete no dedo médio para empurrar a agulha, quando se cose 2 [fig.] pequena porção de líquido (Do lat. digitāle-, «dedeira; dedal»)
dedaleira n.f. 1 estojo de dedal 2 BOTÂNICA planta venenosa, da família das Escrofulariáceas, com flores de corola apurpurada, em forma de dedal, que se dispõem em cacho terminal, e de que se extrai a digitalina, também conhecida por abeloira, digital, erva--dedal e tróculos (De dedal+-eira)
dedáleo adj. 1 relativo a dédalo 2 engenhoso; hábil 3 complicado; intrincado; labiríntico 4 artificioso (Do lat. daedalĕu-, «de Dédalo», antr.)
dedálica n.f. conjunto das artes de carpintaria, marcenaria e entalhe, quando aplicadas a obras sumptuárias (De dedálico)
dedálico adj. ⇒ **dedáleo** (De dédalo+-ico)
dédalo¹ n.m. 1 lugar em que os caminhos estão dispostos de modo que é fácil alguém perder-se; labirinto 2 coisa intrincada (Do gr. Daídalos, mitol. «Dédalo», construtor do labirinto de Creta, pelo lat. Daedalu-, «id.»)
dédalo² adj. adornado de flores (Do lat. daedălu-, «engenhoso; artisticamente feito»)
dedão n.m. dedo polegar do pé (De dedo+-ão)
dedecorar v.tr. tornar indecoroso; deslustrar (Do lat. dedecorāre, «difamar»)
dedeira n.f. 1 peça de silicone, borracha ou outro material, que envolve o dedo para o revestir ou resguardar 2 peça de silicone que encaixa no dedo e se usa para lavar os dentes dos bebés e

dedicação

crianças pequenas **3** peça de borracha com a forma de um dedal, que permite folhear ou contar folhas de papel mais facilmente **4** MÚSICA espécie de dedal colocado no polegar para fazer vibrar as cordas de alguns instrumentos **5** recorte feito na zona de corte das folhas de um livro para permitir o acesso rápido ao capítulo ou tema pretendido (De *dedo+-eira*)

dedicação *n.f.* **1** ato ou efeito de dedicar ou dedicar-se **2** qualidade de quem se dedica; abnegação; devoção **3** consagração; entrega **4** afeto extremo **5** adesão **6** dedicatória (Do lat. *dedicatiōne-*, «consagração»)

dedicado *adj.* **1** que se dedica **2** que se dedicou **3** afeiçoado **4** destinado **5** oferecido **6** sacrificado; abnegado; devotado (Do lat. *dedicātu-*, «id.», part. pass. de *dedicāre*, «consagrar; dedicar»)

dedicador *adj.,n.m.* que ou aquele que dedica (Do lat. *dedicatōre-*, «o que inaugura»)

dedicar *v.tr.* **1** oferecer; destinar; consagrar **2** devotar; tributar **3** pôr sob a proteção de **4** aplicar; empregar ■ *v.pron.* **1** empenhar-se; aplicar-se **2** consagrar-se; entregar-se (Do lat. *dedicāre*, «id.»)

dedicatória *n.f.* inscrição ou palavras com que se dedica ou oferece a alguém uma produção literária ou artística (De *dedicatório*)

dedicatório *adj.* que diz respeito a dedicação ou consagração (De *dedicar+-tório*)

dedignação *n.f.* **1** ato ou efeito de dedignar-se **2** desprezo (Do lat. *dedignatiōne-*, «desdém»)

dedignar-se *v.pron.* **1** não se dignar **2** julgar indigno de si **3** ter desprezo por **4** rebaixar-se (Do lat. *dedignāre*, por *dedignāri*, «repelir como indigno»)

dedilhação *n.f.* **1** ato de dedilhar **2** movimento dos dedos **3** MÚSICA modo de colocar os dedos num instrumento de teclas, de cordas ou de sopro **4** MÚSICA indicação, por meio de algarismos, do(s) dedo(s) que o executante deve usar para cada nota; dedilhado (De *dedilhar+-ção*)

dedilhar *v.tr.* **1** MÚSICA fazer vibrar as cordas de um instrumento, puxando levemente, uma a uma, com a ponta dos dedos **2** MÚSICA executar (trecho musical) com os dedos **3** MÚSICA indicar, por meio de algarismo(s), os dedos com que se deve executar uma nota **4** bater com os dedos; tamborilar **5** fazer vibrar; tocar (Do cast. *dedillo*, «dedo pequeno» +-*ar*)

dedo /ê/ *n.m.* **1** ANATOMIA cada uma das partes articuladas com que terminam as mãos e os pés **2** parte de uma luva correspondente a cada uma destas partes **3** medida equivalente à grossura de uma destas partes **4** [fig.] pequena quantidade **5** [fig.] aptidão; habilidade; *a ~* com muito cuidado; com critério; *apontar o ~ a* acusar alguém diretamente; *cheio de dedos* [Brasil] atrapalhado, embaraçado; *dar dois dedos de conversa* conversar um pouco; *estar a dois dedos de* estar muito perto de; *ficar a chuchar no ~* ficar desapontado, sofrer uma deceção; *meter os dedos pelos olhos de alguém* obrigar alguém a ver e a julgar de certa maneira; *pôr o ~ na ferida* mostrar o ponto fraco, tocar no ponto fraco; *ter ~ para alguma coisa* ter habilidade, ter jeito (Do lat. *digĭtu-*, «dedo»)

dedo-de-dama *n.m.* variedade de uva de mesa
dedo-de-preta *n.m.* variedade de uva de mesa

dedução *n.f.* **1** ato ou efeito de deduzir **2** subtração **3** modo ou processo de raciocinar em que se parte da causa para o efeito, do princípio para as consequências, do geral para o particular; ilação; consequência; conclusão **4** exposição fundamentada **5** operação intelectual que permite concluir de uma ou mais proposições dadas outra proposição que decorre daquelas necessariamente (Do lat. *deductiōne*, «id.»)

deducente *adj.2g.* que deduz; dedutivo (Do lat. *deducente-*, «id.», part. pres. de *deducĕre*, «trazer de cima»)

deducional *adj.2g.* que se faz por dedução (Do lat. *deductiōne-*, «dedução» +-*al*)

dedurar *v.tr.* [Brasil] [coloq.] denunciar; delatar (De *de(do)-duro+-ar*)

dedutibilidade *n.f.* carácter do que é dedutível (De *dedutível+-i-+-dade*)

dedutível *adj.2g.* **1** que se pode deduzir **2** que é passível de dedução (Do lat. *deductum+-ibĭle*)

dedutivo *adj.* **1** que procede por dedução **2** que parte do geral para o particular, da causa para o efeito, em oposição a indutivo (Do lat. *deductīvu-*, «id.»)

deduzir *v.tr.* **1** fazer dedução de **2** tirar conclusão de; concluir **3** subtrair; descontar; abater **4** enumerar circunstanciadamente (Do lat. *deducĕre*, «tirar de»)

defecação *n.f.* ação de defecar **2** [fig.] depuração (Do lat. *defaecatiōne-*, «purificação»)

defecador *n.m.* vaso em que se defeca (De *defecar+-dor*)

defecção *n.f.* **1** deserção **2** desaparecimento **3** abandono; desistência **4** apostasia **5** rebelião (Do lat. *defectiōne-*, «id.»)

defecar *v.intr.* expelir naturalmente os excrementos pelo ânus; evacuar ■ *v.tr.* depurar; acrisolar ■ *v.pron.* emagrecer; definhar (Do lat. *defaecāre*, «libertar fezes»)

defecatório *adj.* **1** que faz defecar **2** purgativo (De *defecar+-tório*)

defecção ver nova grafia defeção
defectibilidade ver nova grafia defetibilidade
defectível ver nova grafia defetível
defectividade ver nova grafia defetividade
defectivo ver nova grafia defetivo

defeito *n.m.* **1** falta de alguma coisa; falha **2** marca, mancha ou outra imperfeição que estraga objeto ou substância **3** aspeto negativo de uma obra ou atividade **4** falha ou fraqueza no carácter de uma pessoa **5** imperfeição física; deficiência; *por ~* **1** definido previamente; por norma; **2** diz-se de um valor ou número aproximado e menor do que aquele que é tomado como referência (Do lat. *defectu-*, «falta»)

defeituoso /ô/ *adj.* que tem defeito; imperfeito (De *defeito+-oso*)

defendente *adj.,n.2g.* que ou aquele que defende; defensor (Do lat. *defendente-*, «id.», part. pres. de *defendĕre*, «defender»)

defender *v.tr.* **1** prestar socorro ou auxílio a; proteger **2** desculpar **3** proibir; impedir **4** falar a favor de **5** lutar por; propugnar ■ *v.pron.* **1** repelir ou evitar ataques **2** pôr-se a coberto; abrigar-se **3** justificar-se (Do lat. *defendĕre*, «id.»)

defendimento *n.m.* ⇒ **defesa** (De *defender+-i-+-mento*)

defendível *adj.2g.* (pouco usado) ⇒ **defensável** (De *defender+-i-+-vel*)

defenestração *n.f.* ato ou efeito de defenestrar (Do lat. mod. *defenestratiōne-*, «id.»)

defenestrar *v.tr.* lançar violentamente de uma janela ou varanda para a rua (Do lat. mod. *defenestrāre*, «id.»)

defensa *n.f.* **1** NÁUTICA almofada de sola em forma de palmatória para proteção do costado de uma embarcação durante as atracações **2** ⇒ **defesa** (Do lat. *defensa-*, «defesa»)

defensão *n.f.* ⇒ **defesa** (Do lat. *defensiōne-*, «id.»)

defensar *v.tr.* ⇒ **defender** (Do lat. *defensāre*, «defender»)

defensável *adj.2g.* que se pode defender; defensível (Do lat. *defensabĭle-*, «id.»)

defensiva *n.f.* **1** atitude de quem se defende **2** ação militar que visa a resistência ou proteção contra qualquer ou todas as formas de ataque inimigo (De *defensivo*)

defensível *adj.2g.* (raramente usado) ⇒ **defensável** (Do lat. *defensibĭle-*, «defensável»)

defensivo *adj.* **1** próprio para defesa **2** que visa resistir ao ataque do inimigo **3** cujo objetivo é preservar (Do lat. med. *defensīvu-*, «id.», pelo fr. *défensif*, «id.»)

defensor *adj.* que defende ■ *n.m.* **1** aquele que defende **2** advogado; *~ oficioso* profissional do foro que exerce as suas funções numa causa por nomeação oficiosa do juiz ou da Ordem dos Advogados (Do lat. *defensōre-*, «id.»)

defensório *adj.* **1** que serve para defender **2** relativo a defesa (Do lat. *defensorĭu-*, «id.»)

deferência *n.f.* **1** atenção respeitosa **2** condescendência respeitosa **3** acatamento (Do lat. *deferentĭa*, part. pres. neut. pl. subst. de *deferre*, «levar; concordar»)

deferencial *adj.2g.* que diz respeito ao canal deferente ■ *n.m.* ANATOMIA ramo da artéria vesical em relação ao canal deferente (De *deferência+-al*)

deferente *adj.2g.* **1** que defere **2** atencioso **3** condescendente **4** acatador **5** ANATOMIA diz-se especialmente do canal que dá saída ao líquido seminal (Do lat. *deferente-*, part. pres. de *deferre*, «levar; concordar»)

deferentemente *adv.* **1** com deferência **2** atenciosamente (De *deferente+-mente*)

deferentite *n.f.* inflamação do canal deferente (De *deferente+-ite*)

deferido *adj.* **1** que recebeu despacho favorável **2** outorgado; concedido (Part. pass. de *deferir*)

deferimento *n.m.* **1** ato ou efeito de deferir **2** anuência; aprovação (De *deferir+-mento*)

deferir *v.tr.* **1** despachar favoravelmente **2** conceder; outorgar **3** condescender; concordar com (Do lat. **deferĕre*, por *deferre*, «conceder»)

deferível *adj.2g.* que merece ou pode ser deferido (De *deferir+-vel*)

defervescência *n.f.* cessação ou decrescimento da febre (De de-+efervescência)

defervescente *adj.2g.* que apresenta defervescência (Do lat. *defervescente-*, «id.», part. pres. de *defervescĕre*, «deixar de ferver»)

defesa *n.f.* **1** ato de defender ou de se defender; defensa **2** tudo o que serve para defender **3** contestação **4** justificação; alegação **5** sustentação de uma tese ou proposição **6** proibição **7** abrigo; anteparo; vedação **8** advogado do réu **9** DESPORTO conjunto dos jogadores que, em certos desportos, estão encarregados de se opor ao ataque adversário **10** FISIOLOGIA resistência natural do organismo contra agressões exteriores **11** recursos militares destinados a proteger um país **12** *pl.* dentes caninos de alguns animais **13** *pl.* chifres ▪ *n.2g.* DESPORTO jogador que, em certos desportos, está encarregado de travar o ataque do adversário; **legítima ~** DIREITO reação violenta justificada pela necessidade de uma pessoa se proteger de uma agressão ou de proteger outrem (Do lat. *defensa-*, «id.»)

defeso *adj.* proibido para efeito de entrada ▪ *n.m.* época do ano em que é proibido caçar ou pescar (Do lat. *defensu-*, part. pass. de *defendĕre*, «defender; proteger»)

defesso *adj.* cansado (Do lat. *defessu-*, part. pass. de *defetisci*, «estar cansado»)

defetibilidade *n.f.* qualidade do que é defetível (Do lat. *defectibilitāte-*, «id.»)

defetível *adj.2g.* **1** incompleto; imperfeito **2** falível (Do lat. *defectibĭle-*, «sujeito a desfalecimento»)

defetividade *n.f.* qualidade do que é defetivo (De *defectivo+-i-+-dade*)

defetivo *adj.* **1** a que falta alguma coisa; defeituoso; imperfeito **2** GRAMÁTICA diz-se do verbo que não se conjuga em todas as formas do paradigma a que pertence (ex.: *banir, falir, reaver*) (Do lat. *defectīvu-*, «defeituoso»)

défice *n.m.* **1** aquilo que falta para completar uma quantidade prevista ou necessária **2** situação provocada por essa falta **3** ECONOMIA excesso das despesas sobre as receitas; saldo negativo **4** MEDICINA insuficiência total ou parcial de um órgão; deficiência; **~ orçamental** ECONOMIA situação em que as despesas do orçamento do Estado são superiores às suas receitas (Do lat. *deficit*, 3.ª pess. do sing. do pres. do ind. de *deficĕre*, «faltar»)

deficiência *n.f.* **1** perda de algo; falta; lacuna **2** imperfeição **3** insuficiência ou ausência de funcionamento de um órgão (Do lat. *deficientĭa-*, «enfraquecimento»)

deficiente *adj.2g.* **1** em que há deficiência **2** incompleto; falho **3** imperfeito ▪ *n.2g.* pessoa que apresenta insuficiências a nível físico ou mental (Do lat. *deficiente-*, «id.», part. pres. de *deficĕre*, «fazer falta»)

deficientemente *adv.* **1** com deficiência **2** insuficientemente **3** com falhas (De *deficiente+-mente*)

deficit *n.m.* ⇒ **défice**

deficitário *adj.* em que há défice (De *deficit+-ário*)

definhado *adj.* **1** ralado; mortificado **2** magro **3** debilitado

definhador *adj.,n.m.* que ou o que faz definhar (De *definhar+-dor*)

definhamento *n.m.* **1** ato ou efeito de definhar **2** extenuação **3** decadência; declinação (De *definhar+-mento*)

definhar *v.tr.* **1** causar magreza a **2** extenuar **3** ralar ▪ *v.intr.* **1** enfraquecer gradualmente **2** decair (Do lat. **defināre*, «enfraquecer; murchar»?)

definibilidade *n.f.* qualidade do que é definível (De *definível+-i-+-dade*)

definição *n.f.* **1** indicação das características específicas de (alguém ou algo); explicação do significado de; ato ou efeito de definir **2** decisão; resolução **3** clarificação **4** precisão na reprodução de um som **5** nitidez de contornos (de imagem) **6** LINGUÍSTICA enunciado que descreve ou explica os diversos sentidos de uma entrada de uma obra lexicográfica **7** FILOSOFIA determinação clara da compreensão de um ser, objeto ou ideia **8** LÓGICA operação mental que delimita um objeto de pensamento **9** LÓGICA proposição que explicita os caracteres essenciais de um ser (Do lat. *definitiōne-*, «definição»)

definido *adj.* **1** determinado; fixo; delimitado **2** exato; preciso **3** em que há clareza; nítido **4** explicado por definição **5** GRAMÁTICA diz-se da palavra que se coloca antes de um nome, individualizando a sua referência (*o, a, os, as*) **6** *pl.* BOTÂNICA diz-se dos estames que, numa flor, não são em número superior a dez, ou dos órgãos que normalmente são em quantidade fixa ▪ *n.m.* **1** o que se definiu **2** a coisa definida (Do lat. *definītu-*, «id.», part. pass. de *definīre*, «limitar; delimitar»)

definidor *adj.* que define ▪ *n.m.* **1** aquele que define **2** conselheiro, em certas ordens religiosas **3** mesário de confraria que explica o sentido dos estatutos, regras, compromissos (Do lat. *definitōre-*, «aquele que determina ou define»)

definir *v.tr.* **1** indicar as características específicas de (alguém ou algo); explicar o significado de; dar a definição de **2** determinar a extensão ou os limites de **3** manifestar claramente; revelar **4** dar como assente; fixar; estabelecer **5** FILOSOFIA reunir numa proposição os caracteres essenciais de um ser, objeto ou ideia ▪ *v.pron.* **1** tomar uma posição **2** tornar-se claro; revelar-se **3** caracterizar-se; descrever-se **4** ganhar forma; tornar-se nítido, claro (Do lat. *definīre*, «id.»)

definitivamente *adv.* **1** de modo definitivo **2** decididamente (De *definitivo+-mente*)

definitivo *adj.* **1** que define **2** terminante **3** que se apresenta na sua versão final; ultimado **4** que não volta a repetir-se **5** final **6** BOTÂNICA diz-se do tecido vegetal cujas células já não estão em divisão (Do lat. *definitīvu-*, «id.»)

definitório *n.m.* **1** assembleia dos definidores, numa ordem religiosa **2** lugar onde se reúnem os definidores (De *definir+-tório*)

definível *adj.2g.* que se pode definir (De *definir+-vel*)

deflação *n.f.* **1** ECONOMIA situação em que ocorre uma baixa sensível do nível geral dos preços, acompanhada de quebra do ritmo das atividades económicas, como consequência da diminuição da procura em relação à oferta (por oposição a *reflação*) **2** súbita diminuição da velocidade do vento **3** ação do vento que consiste em desnudar as rochas, limpando-as dos destroços mais pequenos (Do ing. *deflation*, «id.»)

deflacionário *adj.* **1** relativo a deflação **2** que provoca deflação

deflacionismo *n.m.* norma de economia política que favorece a deflação (Do ing. *deflationism*, «id.»)

deflacionista *adj.2g.* relativo a deflação ▪ *n.2g.* pessoa partidária do deflacionismo (Do ing. *deflationist*, «id.»)

deflagração *n.f.* **1** combustão ativa com chama, ruído mais ou menos intenso e grande desenvolvimento de calor **2** fenómeno explosivo que se propaga a velocidade inferior à do som; estouro; explosão; rebentamento **3** ato de estender-se e comunicar-se; propagação **4** ocorrência súbita **5** surgimento de uma perturbação social (De *deflagrāre-*, «combustão»)

deflagrador *n.m.* **1** instrumento para incendiar, à distância, substâncias explosivas **2** aquilo que faz rebentar ou manifestar-se subitamente (De *deflagrar+-dor*)

deflagrante *adj.2g.* que deflagra (Do lat. *deflagrante-*, «id.», part. pres. de *deflagrāre*, «ser devorado pelas chamas»)

deflagrar *v.intr.* inflamar-se com explosão (Do lat. *deflagrāre*, «ser devorado pelas chamas»)

deflectir a grafia mais usada é **defletir**

deflector a grafia mais usada é **defletor**

deflegmação *n.f.* ato de deflegmar (Do fr. *déflegmation*)

deflegmador *n.m.* parte do alambique onde se opera a deflegmação ▪ *adj.* que deflegma (Do fr. *déflegmateur*, «id.»)

deflegmar *v.tr.* extrair totalmente a parte aquosa de uma substância (Do fr. *déflegmer*, «id.»)

defletir *v.tr.* **1** mudar a posição natural de; desviar **2** inclinar (Do lat. *deflectĕre*, «desviar») ACORDO ORTOGRÁFICO também se pode escrever **deflectir**

defletor *adj.* que faz defletir ▪ *n.m.* MILITAR peça existente nas armas de fogo destinada, após a extração do invólucro já percutido, a encaminhar o trajeto do mesmo durante a ejeção (Do ing. *deflector*, «id.») ACORDO ORTOGRÁFICO também se pode escrever **deflector**

deflexão /cs/ *n.f.* **1** ação de defletir **2** movimento com que se abandona uma linha que se descrevia, para seguir outra (Do lat. *deflexiōne-*, «declinação; afastamento»)

defloração *n.f.* ⇒ **desfloração** (Do lat. *defloratiōne-*, «ação de colher flores»)

deflorador *adj.,n.m.* ⇒ **desflorador** (Do lat. *defloratōre-*, «id.»)

defloramento *n.m.* ⇒ **desfloração** (De *deflorar+-mento*)

deflorar *v.tr.* ⇒ **desflorar** (Do lat. *deflorāre*, «desflorar»)

defluência *n.f.* ato ou efeito de defluir (Do lat. *defluentĭa-*, part. pres. neut. pl. de *defluĕre*, «escorrer»)

defluir *v.tr.* provir (de); manar (de) ▪ *v.intr.* ir correndo; derivar (Do lat. *defluĕre*, «escorrer»)

deflúvio *n.m.* **1** ato de defluir; escoamento de um líquido; defluxão (Do lat. *defluvĭu-*, «escoamento»)

defluxão /cs/ *n.f.* **1** ato de defluir; escoamento de líquidos; deflúvio **2** ⇒ **defluxo** (Do lat. *defluxiōne-*, «escoamento»)

defluxeira /cs/ *n.f.* ⇒ **coriza** (De *defluxo+-eira*)

defluxo

defluxo /cs/ n.m. 1 MEDICINA inflamação da mucosa das fossas nasais; rinite 2 MEDICINA corrimento abundante proveniente dessa inflamação (Do lat. *defluxu-*, «escoamento»)

deformação n.f. 1 ato ou efeito de deformar 2 modificação de forma 3 variação relativa de volume de um corpo sob a ação de forças aplicadas; ~ *profissional* visão unilateral de um caso, por motivo da própria profissão (Do lat. *deformatiōne-*, «id.»)

deformador adj.,n.m. que, aquilo ou aquele que deforma (De *deformar+-dor*)

deformar v.tr. 1 alterar a forma de 2 desfigurar; afear; desformar ■ v.pron. perder a forma primitiva (Do lat. *deformāre*, «id.»)

deformatório adj. que produz deformação ou deformidade (De *deformar+-tório*)

deformável adj.2g. que se pode deformar (De *deformar+-vel*)

deforme adj.2g. 1 que perdeu a forma própria 2 repelente; disforme (Do lat. *deforme-*, «id.»)

deformidade n.f. 1 irregularidade desagradável de forma ou conformação 2 [fig.] imperfeição moral (Do lat. *deformitāte-*, «id.»)

defraudação n.f. 1 ato ou efeito de defraudar 2 usurpação fraudulenta; espoliação; dolo (Do lat. *defraudatiōne-*, «privação»)

defraudador adj.,n.m. que ou aquele que defrauda (Do lat. *defraudatōre-*, «id.»)

defraudamento n.m. ⇒ **defraudação** (De *defraudar+-mento*)

defraudar v.tr. 1 espoliar por meio de fraude 2 contrariar, iludindo (Do lat. *defraudāre*, «id.»)

defraudável adj.2g. que se pode defraudar (De *defraudar+-vel*)

defrontação n.f. 1 ato ou efeito de defrontar 2 posição em frente de (De *defrontar+-ção*)

defrontante adj.2g. que defronta (De *defrontar+-ante*)

defrontar v.intr. estar situado defronte ■ v.tr. encarar; arrostar ■ v.pron. pôr-se defronte (De *de-+fronte+-ar*)

defronte adv. 1 em frente; diante 2 em face (De *de-+fronte*)

defumação n.f. ato de defumar (De *defumar+-ção*)

defumadela n.f. defumação ligeira (De *defumar+-dela*)

defumadoiro n.m. ⇒ **defumadouro**

defumador adj. que defuma ■ n.m. 1 aquele que defuma 2 vaso onde se queimam substâncias para defumar ou aromatizar (De *defumar+-dor*)

defumadouro n.m. 1 fumeiro; lugar onde se defuma 2 substância com que se defuma (De *defumar+-douro*)

defumadura n.f. 1 ato de defumar 2 defumação (De *defumar+-dura*)

defumar v.tr. 1 expor ao fumo 2 encher de fumo 3 curar ou secar ao fumo (carne, peixe) 4 perfumar (De *de-+fumo+-ar*)

defunção n.f. falecimento; óbito (Do lat. *defunctiōne-*, «id.»)

defunteiro adj. relativo a defunto ■ n.m. aquele que trata de enterros (De *defunto+-eiro*)

defunto adj. 1 que faleceu; morto 2 [fig.] esquecido ■ n.m. pessoa que morreu (Do lat. *defunctu-*, «id.», part. pass. de *defungi*, «morrer»)

degastador adj.,n.m. 1 que ou o que degasta 2 esbanjador; perdulário (De *degastar+-dor*)

degastar v.tr. 1 devastar 2 dissipar; esbanjar (De *de-+gastar*)

degelador adj.,n.m. que ou o que degela ou faz degelar (De *degelar+-dor*)

degelar v.tr. 1 derreter o gelo de 2 [fig.] aquecer; dar ânimo a ■ v.intr.,pron. derreter-se (De *de-+gelo+-ar*)

degelo /ê/ n.m. 1 ato ou efeito de degelar 2 fusão; descongelação (Deriv. regr. de *degelar*)

degeneração n.f. 1 ato ou efeito de degenerar 2 degenerescência 3 [fig.] corrupção; depravação 4 [fig.] abastardamento (Do lat. *degeneratiōne-*, «id.»)

degenerado adj. 1 que degenerou 2 estragado; alterado 3 corrompido; depravado 4 abastardado (Do lat. *degenerātu-*, «id.»)

degenerar v.intr. 1 adulterar-se; perder mais ou menos as qualidades primitivas 2 passar para pior; depravar-se ■ v.tr. 1 causar a degeneração de 2 corromper (Do lat. *degenerāre*, «id.»)

degenerativo adj. 1 que revela degeneração 2 que provoca degeneração (De *degenerar+-tivo*)

degenerescência n.f. 1 ato ou efeito de degenerar 2 transformação de caracteres, em regra, com prejuízo das qualidades; degeneração 3 diminuição ou perda de vitalidade ou atividade; declínio 4 modificação regressiva da estrutura ou da forma de um elemento, órgão ou organismo 5 FÍSICA existência de dois ou mais estados com a mesma energia; ~ *de uma cónica* MATEMÁTICA duas retas, um segmento de reta ou um ponto como casos extremos de deformação (Do fr. *dégénérescence*, «id.»)

degenerescente adj.2g. em que há degenerescência (Do fr. *dégénérescent*, «id.»)

deglabração n.f. VETERINÁRIA ausência de pelos em regiões do corpo de um animal (Do fr. *déglabration*, «id.»)

deglobulização n.f. diminuição da quantidade de glóbulos sanguíneos (De *deglobulizar+-ção*)

deglobulizar v.tr. provocar a diminuição da quantidade de glóbulos sanguíneos em (De *de-+glóbulo+-izar*)

deglutição n.f. 1 ato ou efeito de deglutir 2 FISIOLOGIA passagem do bolo alimentar da boca para o estômago (De *deglutir+-ção*)

deglutir v.tr. ⇒ **engolir** (Do lat. *degluttīre*, «id.»)

degola n.f. ⇒ **degolação** (Deriv. regr. de *degolar*)

degolação n.f. ato ou efeito de degolar ou decapitar; degola (Do lat. *decollatiōne-*, «id.»)

degoladoiro n.m. ⇒ **degoladouro**

degolador adj.,n.m. que ou aquele que degola (De *degolar+-dor*)

degoladouro n.m. lugar onde se abatem reses; matadouro (De *degolar+-douro*)

degoladura n.f. ⇒ **degolação** (De *degolar+-dura*)

degolar v.tr. 1 cortar o pescoço a 2 separar a cabeça do corpo a; decapitar 3 matar 4 [fig.] decotar (Do lat. *decollāre*, «id.»)

degradação n.f. 1 ato ou efeito de degradar(-se) 2 perda de qualidades; desgaste; deterioração 3 destituição desonrosa de um cargo ou dignidade 4 [fig.] depravação moral; corrupção; aviltamento 5 GEOGRAFIA desgaste geral da superfície da Terra por ação dos processos erosivos; erosão 6 diminuição gradual de tons, luz ou sombras 7 QUÍMICA reação química orgânica em que um composto é convertido num composto mais simples por fases; ~ *da energia* FÍSICA transformação da energia em formas cada vez menos utilizáveis (Do lat. *degradatiōne-*, «id.»)

degradado adj. 1 que foi destituído do seu cargo 2 estragado; danificado 3 aviltado 4 diminuído ■ n.m. aquele que foi destituído do seu cargo (Part. pass. de *degradar*)

degradador adj. que degrada; degradante ■ n.m. 1 o que degrada 2 FOTOGRAFIA utensílio que serve para esbater a luz (De *degradar+-dor*)

degradamento n.m. infâmia; baixeza; degradação (De *degradar+-mento*)

degradante adj.2g. 1 que degrada 2 aviltante (Do lat. tard. *degradante-*, part. pres. de *degradāre*, «privar do grau; rebaixar»)

degradar v.tr. 1 privar alguém do seu cargo ou dignidade; exautorar 2 diminuir gradualmente a luz, cores ou sombras de 3 QUÍMICA converter um composto noutro mais simples 4 [fig.] danificar 5 [fig.] rebaixar; aviltar ■ v.pron. 1 danificar-se 2 corromper-se 3 aviltar-se (Do lat. tard. *degradāre*, «privar do grau; rebaixar»)

degradê adj.2g. diz-se de cor ou tom que vai gradualmente perdendo intensidade ou adquirindo tonalidades menos vivas ■ n.m. 1 ARTES PLÁSTICAS, FOTOGRAFIA enfraquecimento ou alteração gradual de uma cor ou iluminação 2 técnica de corte através da qual se diminui a espessura dos cabelos (Do fr. *dégradé*, «id.»)

degranadeira n.f. ciranda de desengaçar ou desbagar uvas (De *degranar+-deira*)

degranar v.tr. 1 tirar o grão ou a grainha a 2 debulhar (De *de-+* lat. *granu-*, «grão» +*-ar*)

degrau n.m. 1 cada uma das partes de uma escada em que se põe o pé quando se sobe ou desce 2 grau 3 [fig.] meio de se elevar ou de conseguir certo fim (Do lat. vulg. **degradu-*, de *degradāre*, «descer»)

degredado adj. 1 que é condenado a pena de degredo 2 desterrado; exilado ■ n.m. 1 aquele que é condenado a pena de degredo 2 indivíduo desterrado (Part. pass. de *degredar*)

degredar v.tr. 1 impor degredo a 2 desterrar; expatriar (De *degredo+-ar*)

degredo /ê/ n.m. 1 efeito de degradar 2 pena de desterro imposta por certos crimes 3 terra onde se cumpre o degredo 4 desterro; exílio (Do lat. *decrētu-*, «decisão; decreto»)

degressivo adj. que vai diminuindo gradualmente (Do lat. *degressu-*, «que desceu» +*-ivo*)

degustação n.f. 1 ato de degustar 2 prova (Do lat. *degustatiōne-*, «id.»)

degustar v.tr. tomar o gosto a; provar; saborear (Do lat. *degustāre*, «id.»)

deia n.f. deusa (Do lat. *dea-*, «id.»)

deicida adj.,n.2g. que ou aquele que mata um deus (Do lat. *deicīda-*, «id.»)

deicídio n.m. 1 morte de um deus 2 RELIGIÃO morte de Jesus Cristo 3 [fig.] contestação da existência de Deus ou de um deus (De *deicida+-io*)

deícola adj.2g. que adora uma divindade (Do lat. *deicŏla-*, «id.»)

deíctico a grafia mais usada é **deítico**
dêictico a grafia mais usada é **dêitico**
deidade *n.f.* 1 divindade; númen 2 [fig.] mulher muito formosa (Do lat. ecl. *deitāte-*, «divindade»)
deificação *n.f.* ato de deificar; divinização; apoteose (Do lat. *deificatiōne-*, «id.»)
deificador *adj.,n.m.* que ou o que deifica (De *deificar+-dor*)
deificar *v.tr.* 1 incluir no número dos deuses; divinizar 2 [fig.] exaltar; sublimar (Do lat. *deificāre*, «id.»)
deífico *adj.* 1 que pertence a Deus 2 que deifica; divinizador (Do lat. *deifĭcu-*, «id.»)
deiforme *adj.2g.* semelhante a um deus ou a uma deidade (Do lat. *deu-*, «deus» + *forma-*, «forma»)
deípara *n.f.* 1 mulher ou divindade feminina que dá à luz um deus 2 [com maiúscula] RELIGIÃO designativo de Nossa Senhora, mãe de Jesus Cristo (Do lat. *deipăra-*, «que dá à luz um deus»)
-deiro sufixo nominal, de origem latina, que ocorre sobretudo em substantivos que designam *agente* (*bailadeiro; rendeiro; bordadeira; lavadeira*)
deiscência *n.f.* BIOLOGIA abertura espontânea e natural de um órgão vegetal ou animal, que põe em liberdade o seu conteúdo (Do lat. *dehiscentĭa*, part. pres. neut. pl. de *dehiscĕre*, «abrir-se»)
deiscente *adj.2g.* diz-se dos órgãos em que se verifica deiscência (Do lat. *dehiscente-*, part. pres. de *dehiscĕre*, «abrir-se»)
deísmo *n.m.* conceção filosófico-religiosa, muito divulgada no período iluminista, que admite a existência de Deus como criador de todas as coisas, mas nega a Sua intervenção no mundo, regulado por leis inalteráveis, e rejeita a revelação religiosa, aceitando, todavia, a imortalidade da alma (Do fr. *déisme*, «id.»)
deísta *adj.,n.2g.* que ou a pessoa que segue o deísmo (Do fr. *déiste*, «id.»)
deita *n.f.* [coloq.] ato de deitar ou deitar-se para dormir (Deriv. regr. de *deitar*)
deitada *n.f.* ⇒ **deita** (Part. pass. fem. subst. de *deitar*)
deitadura *n.f.* ato de deitar (De *deitar+-dura*)
deita-gatos *n.m.2n.* aquele que conserta louça quebrada por meio de gatos de arame (De *deitar+gato*)
deitar *v.tr.* 1 estender horizontalmente 2 meter na cama 3 fazer cair; atirar 4 exalar 5 vomitar 6 verter 7 começar a usar 8 atribuir (culpa ou responsabilidade) 9 colocar 10 dar 11 lançar; arremessar 12 expelir 13 cobrir 14 misturar; adicionar 15 aplicar 16 lançar 17 estar virado para 18 começar por ■ *v.aux.* pôr-se; começar ■ *v.pron.* 1 estender-se na cama ou no chão 2 ir dormir 3 lançar-se com violência 4 abalançar-se; lançar-se; ~ *a carga ao mar* vomitar; ~ *a casa abaixo* fazer muito barulho; ~ *água na fervura* apaziguar, fazer abrandar a ira a alguém; ~ *a luva/mão a* agarrar, prender; ~ *contas* orçamentar, calcular; ~ *foguetes* regozijar-se pelo bom êxito de uma empresa; ~ *lume pelos olhos* estar extremamente irado; ~ *o rabo do olho* olhar de relance; ~ *para* dar para, comunicar com; ~ *pérolas a porcos* oferecer uma coisa boa a quem não sabe apreciá-la; ~ *por fora* transbordar; ~ *sortes* ver a quem toca; ~ *veneno em* julgar com malícia os atos ou palavras de alguém (Do lat. *dejectāre*, «derrubar»)
deítico *adj.,n.m.* LINGUÍSTICA que ou elemento linguístico que não tem sentido por si só, pelo que a sua função é fazer referência, num enunciado, à situação, ao momento de enunciação ou aos interlocutores (Do gr. *deiktikós*, «que mostra ou demonstra») ACORDO ORTOGRÁFICO também se pode escrever **deíctico**
dêitico *adj.,n.m.* ⇒ **deítico** ACORDO ORTOGRÁFICO também se pode escrever **dêictico**
deixa¹ *n.f.* 1 ato ou efeito de deixar 2 legado 3 palavra que, nos papéis de ator, indica que um acabou de falar e que vai começar outro 4 última palavra ou frase de um dos cantadores, num desafio, a qual serve de motivo para a cantiga do outro; *aproveitar a ~* servir-se da oportunidade (Deriv. regr. de *deixar*)
deixa² *n.f.* [São Tomé e Príncipe] festa e dança popular da ilha do Príncipe (Do lunguiê *dexa*, «id.»)
deixado *adj.* 1 que não se importa 2 que se deixou ficar 3 desprendido 4 desacostumado 5 abandonado (Part. pass. de *deixar*)
deixar *v.tr.* 1 separar-se de 2 soltar de si; largar 3 abandonar 4 desistir de 5 desviar-se de 6 consentir 7 abster-se de 8 legar em testamento 9 omitir ■ *v.intr.* desistir ■ *v.pron.* 1 consentir 2 não obstar ■ *v.aux.* não continuar; ~ *a desejar* ficar longe do que se esperava, frustrar, dececionar; ~ *correr* não se importar; ~ *em silêncio* omitir, não se referir a; *deixá-lo!* exclamação que exprime renúncia, desinteresse ou indiferença (Do lat. *laxāre*, «soltar»)
deixis *n.f.* LINGUÍSTICA ⇒ **dêixis**

dêixis *n.f.2n.* LINGUÍSTICA propriedade de certos elementos linguísticos que não têm significado por si só, pelo que sua função é fazer referência, num enunciado, à situação, ao momento de enunciação ou aos interlocutores (Do gr. *deixis*, «ação de mostrar»)
dejarretar *v.tr.* cortar pelo jarrete (De *de-+jarrete+-ar*)
déjà-vu *n.m.* impressão ou sensação intensa de ter vivido no passado uma situação atual (Do fr. *déjà vu*, «id.»)
dejeção *n.f.* 1 ato ou efeito de dejetar 2 evacuação de matérias fecais 3 estas matérias 4 matérias expelidas pelos vulcões 5 [fig.] abatimento moral; *cone de ~* GEOGRAFIA detritos transportados e acumulados por uma torrente na base de uma vertente ou na desembocadura de um vale, apresentando a forma quase triangular de um segmento de cone abatido (Do lat. *dejectiōne-*, «id.»)
dejecção ver nova grafia **dejeção**
dejectar ver nova grafia **dejetar**
dejecto ver nova grafia **dejeto**
dejectório ver nova grafia **dejetório**
dejejua *n.f.* ⇒ **dejejum** (Deriv. regr. de *dejejuar*)
dejejuadoiro *n.m.* ⇒ **dejejuadouro**
dejejuadouro *n.m.* pequena refeição antes do almoço; mata-bicho (De *dejejuar+-douro*)
dejejuar *v.intr.* quebrar o jejum (De *de-+jejuar*)
dejejum *n.m.* ato de dejejuar; dejejuadoiro; dejejua (De *de-+jejum*)
dejetar *v.tr.* fazer dejeção de; expelir ■ *v.intr.* defecar (Do lat. *dejectāre*, «deitar abaixo; derrubar»)
dejeto *n.m.* 1 ato ou efeito de dejetar 2 matérias fecais expelidas de uma vez (Do lat. *dejectu-*, part. pass. de *dejicĕre*, «deitar abaixo»)
dejetório *n.m.* lugar onde se dejeta; sentina (De *dejectar+-ório*)
dejungir *v.tr.* desprender do jugo; desjungir (Do lat. *dejungĕre*, «desatrelar»)
d'el contração da preposição *de* + *o artigo arcaico* el
-dela sufixo nominal, de origem latina, que ocorre em substantivos derivados de verbos e exprime a ideia de *ação* (*pintadela*)
delação *n.f.* 1 ação de delatar 2 revelação de crime com o fim de tirar proveito; denúncia 3 devolução (Do lat. *delatiōne-*, «id.»)
delamber-se *v.pron.* 1 lamber-se muito 2 [fig.] afetar-se; requebrar-se 3 [fig.] regozijar-se (Do lat. *delambĕre*, «lamber»)
delambido *adj.,n.m.* que ou indivíduo que é afetado, presumido (Part. pass. de *delamber*)
delapidar *v.tr.* 1 provocar estragos; destruir; arruinar 2 gastar sem regra; dissipar; esbanjar (Do lat. *delapidāre*, «tirar as pedras a»)
delatar *v.tr.* fazer delação de; denunciar (Do lat. *delātu-*, part. pass. de *deferre*, «denunciar; revelar», +-*ar*)
delatável *adj.2g.* que se deve ou pode delatar (De *delatar+-vel*)
delator *adj.,n.m.* que ou aquele que delata; denunciante (Do lat. *delatōre-*, «id.»)
delatório *adj.* 1 que respeita a delação 2 que acusa; que denuncia (Do lat. *delatorĭu-*, «id.»)
dele /ê/ contração da preposição *de* + *o pronome pessoal* ele
deleção *n.f.* 1 destruição; eliminação 2 BIOLOGIA eliminação de um fragmento e consequente encurtamento do braço do cromossoma (Do lat. *deletiōne-*, «destruição», pelo fr. *délétion*, «id.»)
delegação *n.f.* 1 ato ou efeito de delegar; transmissão de poder através da qual uma pessoa ou instituição permite que alguém a represente e resolva questões em seu nome; cedência; cessão 2 conjunto de pessoas encarregadas de representar os interesses políticos, administrativos, comerciais, etc., de uma pessoa ou uma instituição 3 repartição em que um delegado exerce as suas funções 4 filial; sucursal; ~ *legislativa* autorização para fazer leis dada pelo poder legislativo ao poder executivo (Do lat. *delegatiōne-*, «id.»)
delegacia *n.f.* 1 função exercida por um funcionário que tem a seu cargo um serviço público dependente de autoridade superior 2 repartição em que este funcionário exerce as suas funções 3 [Brasil] esquadra de polícia (De *delegação+-ia*)
delegado *adj.* que ou pessoa que recebeu o poder ou a tarefa de representar alguém ou uma instituição ou organização; representante ■ *n.m.* 1 pessoa que tem a seu cargo um serviço público dependente de autoridade superior 2 [Brasil] chefe da polícia de uma determinada localidade ■ *adj.* que foi transmitido para alguém (Do lat. *delegātu-*, «id.», part. pass. de *delegāre*, «delegar; confiar»)
delegante *adj.,n.2g.* que ou quem delega (Do lat. *delegante-*, «id.», part. pres. de *delegāre*, «delegar»)
delegar *v.tr.* 1 atribuir a alguém o poder ou a tarefa de representar outrem ou uma instituição ou organização; transmitir poder, tarefa, função a 2 enviar alguém com poder para resolver questões

delegatário

ou assuntos em seu nome **3** encarregar de; incumbir (Do lat. *delegāre*, «id.»)
delegatário *n.m.* aquele que está investido de uma delegação (Do lat. *delegātu-*, part. pass. de *delegāre*, «delegar; confiar» +*-ário*)
delegatório *adj.* que encerra delegação (Do lat. *delegatorĭu-*, «id.»)
delegável *adj.2g.* que se pode delegar (De *delegar*+*-vel*)
deleitação *n.f.* **1** ação de deleitar ou deleitar-se **2** deleite; regalo; prazer (Do lat. *delectatiōne-*, «id.»)
deleitamento *n.m.* ⇒ **deleitação** (Do lat. *delectamentu-*, «encanto; divertimento»)
deleitante *adj.2g.* que deleita; deleitável (Do lat. *delectante-*, part. pres. de *delectāre*, «encantar; deleitar»)
deleitar *v.tr.* **1** causar deleite a; causar prazer a; deliciar **2** dar gosto a ■ *v.pron.* sentir prazer; deliciar-se (Do lat. *delectāre*, «id.»)
deleitável *adj.2g.* ⇒ **deleitante** (Do lat. *delectabĭle-*, «agradável»)
deleite *n.m.* **1** prazer suave e demorado; voluptuosidade; delícia **2** gosto (Deriv. regr. de *deleitar*)
deleitoso /ô/ *adj.* que causa deleite; deleitável (De *deleite*+*-oso*)
deletério *adj.* **1** que provoca perigo de vida; que destrói **2** nocivo à saúde **3** [fig.] que corrompe ou desmoraliza (Do gr. *deletérios*, «destruidor»)
deletrear *v.tr.,intr.* **1** ler letra por letra; soletrar **2** ler mal (De *de-*+*letra*+*-ear*)
delével *adj.2g.* que se pode delir ou apagar; expungível (Do lat. *delebĭle-*, «que se pode destruir»)
délfico *adj.* relativo a Delfos, cidade grega antiga ■ *n.m.* espécie de aparador onde se expõem baixelas (Do gr. *delphikós*, «de Delfos», pelo lat. *delphīcu-*, «id.»)
delfim[1] *n.m.* **1** HISTÓRIA título usado antigamente pelo herdeiro do trono da França **2** [fig.] presumível herdeiro político **3** ZOOLOGIA ⇒ **golfinho 4** [com maiúscula] ASTRONOMIA constelação boreal (Do lat. *delphīnu-*, «golfinho», pelo fr. *dauphin*, «delfim»)
delfim[2] *n.m.* [ant.] peça do jogo do xadrez, que atualmente se designa bispo (Do ár. *alfil*)
delfina[1] *n.f.* (*masculino* **delfim**) esposa do delfim (De *delfim*)
delfina[2] *n.f.* BOTÂNICA ⇒ **delfinina**
delfinado *n.m.* porção de território que pertencia ao delfim da França (Do lat. *delphīnu-*, «delfim»+*-ado*)
delfinário *n.m.* aquário de grandes dimensões, destinado à exibição de golfinhos treinados; golfinário (De *delfim*+*ário*)
delfinês *adj.* **1** do Delfinado, região da França que tinha por capital a cidade de Grenoble **2** relativo ao Delfinado ■ *n.m.* **1** natural ou habitante do Delfinado **2** dialeto falado no Delfinado (Do lat. *delphīnu-*, «delfim»+*-ês*)
Delfínidas *n.m.pl.* ZOOLOGIA ⇒ **Delfinídeos**
Delfinídeos *n.m.pl.* ZOOLOGIA família de cetáceos providos de dentes e com cabeça relativamente pequena, a que pertencem os golfinhos (Do lat. *delphīnu-*, «golfinho»+*-ídeos*)
delfinina *n.f.* BOTÂNICA (planta) alcaloide que se extrai do paparraz (Do lat. cient. *Delphinĭu-*, nome de um género bot. +*-ina*)
delgadeza *n.f.* **1** qualidade do que ou de quem é delgado **2** pouca grossura **3** [fig.] delicadeza (De *delgado*+*-eza*)
delgado *adj.* **1** que tem pouca espessura; fino **2** pouco encorpado; magro ■ *n.m.* a parte mais delgada da coronha da arma (Do lat. *delicātu-*, «delicado; delgado»)
delibação *n.f.* ato de delibar; prova (Do lat. *delibatiōne-*, «ação de provar»)
delibar *v.tr.* tocar levemente com os lábios; provar; libar (Do lat. *delibāre*, «id.»)
deliberação *n.f.* **1** ato ou efeito de deliberar **2** resolução; decisão; ~ *social* decisão tomada pelos sócios (de uma sociedade) em assembleia geral (Do lat. *deliberatiōne-*, «id.»)
deliberadamente *adv.* **1** com deliberação **2** de caso pensado (De *deliberado*+*-mente*)
deliberado *adj.* **1** intencional; propositado **2** discutido **3** resolvido; assente (Part. pass. de *deliberar*)
deliberante *adj.,n.2g.* que ou quem delibera (Do lat. *deliberante-*, part. pres. de *deliberāre*, «deliberar; ponderar»)
deliberar *v.tr.* **1** resolver ou decidir mediante exame ou discussão; opinar **2** votar ■ *v.intr.* ponderar ■ *v.pron.* determinar-se (Do lat. *deliberāre*, «id.»)
deliberativo *adj.* **1** relativo à deliberação **2** que delibera (Do lat. *deliberatīvu-*, «id.»)
delicadeza *n.f.* **1** qualidade de quem ou daquilo que é delicado **2** fragilidade **3** suavidade **4** manjar fino **5** perfeição **6** suscetibilidade **7** gesto de atenção ou carinho; mimo **8** cortesia; boa educação **9** atenção minuciosa; cuidado (De *delicado*+*-eza*)

delicado *adj.* **1** que usa de delicadeza **2** frágil; débil **3** melindroso **4** feito com esmero; primoroso **5** atencioso; cortês **6** cuidadoso **7** espinhoso **8** irritável (Do lat. *delicātu-*, «delicado»)
delícia *n.f.* **1** sensação agradável ou deleitosa; voluptuosidade; prazer **2** encanto (Do lat. *delicĭa-*, «id.»)
deliciar *v.tr.* causar delícia a ■ *v.pron.* **1** sentir delícia; gozar **2** encantar-se (Do lat. *deliciāri-*, «id.»)
delicioso /ô/ *adj.* **1** que causa delícia **2** agradável; aprazível **3** saboroso; excelente (Do lat. *deliciōsu-*, «id.»)
delicodoce *adj.2g.* **1** muito saboroso **2** [pej.] demasiado sentimental; piegas **3** [pej.] que não é natural; afetado (De *delic[ad]o*+*doce*)
delico-doce ver nova grafia **delicodoce**
delido *adj.* **1** desfeito; roto **2** arruinado **3** puído; gasto (Part. pass. de *delir*)
deligação *n.f.* **1** aplicação de ligaduras **2** ligadura (Do lat. *deligatiōne-*, «id.»)
deligar *v.tr.* **1** pôr ligaduras em **2** ligar (Do lat. *deligāre*, «ligar»)
delimitação *n.f.* **1** ato ou efeito de delimitar **2** determinação dos limites; demarcação **3** fixação **4** restrição (Do lat. *delimitatiōne-*, «id.»)
delimitador *adj.* **1** que delimita **2** demarcador ■ *n.m.* **1** o que delimita **2** INFORMÁTICA carácter que assinala o fim de uma cadeia de caracteres (De *delimitar*+*-dor*)
delimitar *v.tr.* **1** fixar os limites de; demarcar **2** circunscrever; restringir (Do lat. *delimitāre*, «id.»)
delimitativo *adj.* que delimita (De *delimitar*+*-tivo*)
delineação *n.f.* **1** ato ou efeito de delinear **2** demarcação; limitação **3** obra delineada; esboço (Do lat. *delineatiōne-*, «esboço»)
delineador *adj.,n.m.* que ou aquele que delineia ■ *n.m.* (COSMÉTICA) produto usado para marcar com uma linha colorida o contorno dos olhos ou dos lábios (De *delinear*+*-dor*)
delineamento *n.m.* ⇒ **delineação** (De *delinear*+*-mento*)
delinear *v.tr.* **1** fazer a delineação de **2** delimitar **3** traçar o plano de; esboçar **4** projetar; planear **5** [fig.] dar uma ideia sucinta de **6** [fig.] idear ■ *v.pron.* **1** projetar-se **2** ganhar contornos (Do lat. *delineāre*, «esboçar»)
delineativo *adj.* **1** que diz respeito à delineação **2** que serve para delinear (De *delinear*+*-tivo*)
delingar *v.tr.* **1** [regionalismo] pôr pendente **2** [regionalismo] soltar (os cabelos) (Do lat. *delenicāre, de *lene-*, «brando; suave»)
delinquência /qu-en/ *n.f.* **1** qualidade ou estado de delinquente **2** ato de cometer delitos, desobedecer a leis ou a padrões morais **3** conjunto de infrações penais cometidas numa sociedade, durante determinado período (Do lat. *delinquentĭa-*, «delito»)
delinquente /qu-en/ *n.2g.* pessoa que cometeu falta(s) ou delito(s) ■ *adj.2g.* que cometeu delito ou falta (Do lat. *delinquente-*, part. pres. de *delinquĕre*, «cometer falta»)
delinquir /qu-i/ *v.intr.* cometer um delito ou falta (Do lat. *delinquĕre*, «delinquir; cometer falta»)
deliquar *v.tr.* **1** derreter **2** decantar ■ *v.pron.* tornar-se líquido (Do lat. *deliquāre*, «trasfegar; trasvasar»)
deliquescência /qu-e/ *n.f.* QUÍMICA propriedade que alguns corpos têm de absorver a humidade do ar e nela se dissolverem (Do lat. *deliquescentĭa-*, part. pres. neut. pl. de *deliquescĕre*, «liquefazer-se»)
deliquescente /qu-e/ *adj.2g.* **1** que absorve a humidade do ar e nela se dissolve **2** que se derrete **3** próprio para derreter (Do lat. *deliquescente-*, part. pres. de *deliquescĕre*, «liquefazer-se»)
deliquescer /qu-e/ *v.intr.* **1** tornar-se líquido com a simples humidade do ar; derreter **2** [fig.] amolentar; desfazer-se (Do lat. *deliquescĕre*, «liquefazer-se»)
delíquio *n.m.* **1** ação de se liquefazer por efeito da humidade **2** [fig.] perda temporária de consciência; desmaio; síncope (Do lat. *deliquĭu-*, «id.»)
delir *v.tr.* **1** dissolver num líquido **2** desfazer; desgastar; derreter **3** [fig.] apagar; desvanecer ■ *v.pron.* derreter-se (Do lat. *diluĕre*, «diluir; dissolver; enfraquecer»)
delirante *adj.2g.* **1** que delira **2** que faz delirar **3** [fig.] arrebatado **4** [fig.] extravagante; insensato (Do lat. *delirante-*, part. pres. de *delirāre*, «afastar-se do bom caminho; delirar»)
delirantemente *adv.* **1** com delírio **2** entusiasticamente (De *delirante*+*-mente*)
delirar *v.intr.* **1** PATOLOGIA estar com delírio **2** [fig.] desvairar; exaltar-se **3** [fig.] estar muito apaixonado ■ *v.tr.* [coloq.] gostar muito de (Do lat. *delirāre*, «id.»)
delírio *n.m.* **1** crença patológica em factos irreais ou conceções imaginativas desprovidas de base (temas mais habituais: ideias de grandeza, de perseguição, de ciúme, de culpabilidade, etc.)

2 grande entusiasmo **3** [fig.] exaltação de espírito **4** alucinação; ~ *agudo* confusão mental grave, ligada ao estado tóxico ou infecioso do encéfalo, acompanhada de afeção profunda do estado geral, de febre, de agitação, de alucinações, etc. (Do lat. *delirĭu-*, «id.»)

delirium tremens *expr.* MEDICINA quadro patológico caracterizado por tremores, suores, agitação e alucinações, geralmente resultante do consumo de álcool prolongado e excessivo (Do lat. *delirium tremens*, «delírio trémulo»)

delito *n.m.* **1** qualquer facto ofensivo das leis ou dos preceitos da moral **2** violação voluntária de regras jurídicas; transgressão das leis; crime; infração (Do lat. *delictu-*, «id.»)

delituoso /ô/ *adj.* que tem carácter de delito (Do lat. *delictuosu-*, «id.»)

delivração *n.f.* ⇒ **delivramento** (De *delivrar+-ção*)

delivramento *n.m.* **1** ato ou efeito de delivrar-se **2** expulsão das secundinas após o parto; dequitação (De *delivrar+-mento*)

delivrar-se *v.pron.* **1** [ant.] dar à luz **2** [ant.] expelir as secundinas; dequitar-se (Do lat. tard. *deliberāre*, «soltar»)

delonga *n.f.* **1** ação de delongar **2** prazo para execução de alguma coisa **3** dilação; demora (Deriv. regr. de *delongar*)

delongador *adj.,n.m.* que ou aquele que delonga (De *delongar+-dor*)

delongar *v.tr.* **1** retardar **2** demorar; adiar ■ *v.pron.* demorar-se (De *de-+longo+-ar*)

delta *n.m.* **1** nome da quarta letra do alfabeto grego (δ, Δ), correspondente ao **d 2** GEOGRAFIA planície aluvial, geralmente de forma triangular (forma de delta), situada na parte terminal de um rio e resultante da acumulação de sedimentos (Do gr. *délta*, quarta letra do alfabeto gr., pelo lat. *delta*, «id.»)

deltacismo *n.m.* pronúncia viciosa dos *dd* e dos *tt* (De *delta*, letra grega correspondente ao *d+c+-ismo*, com infl. de *lambdacismo*)

deltaico *adj.* relativo a delta (de um rio) (De *delta+-ico*, ou do fr. *deltaïque*, «id.»)

deltoedro *n.m.* CRISTALOGRAFIA icositetraedro deltoide (Do gr. *délta*, «delta»+ *hédra*, «face»)

deltoidal *adj.2g.* **1** que tem uma forma aproximadamente triangular, como a letra grega delta maiúscula; deltoide **2** ANATOMIA relativo ao deltoide (De *deltóide+-al*)

deltoide *adj.2g.* ⇒ **deltoidal** ■ *n.m.* **1** ANATOMIA músculo espesso da espádua, de configuração triangular, que é elevador do braço **2** ZOOLOGIA espécime dos deltoides ■ *n.m.pl.* ZOOLOGIA grupo de borboletas, em regra noturnas, cujas asas, em repouso, formam um conjunto triangular (Do gr. *deltoeidés*, «id.», de *délta*, «delta»+ *eîdos*, «forma»)

deltóide ver nova grafia **deltoide**

deltóideo *adj.* ANATOMIA relativo ao deltoide (De *deltóide+-eo*)

Deltoto *n.m.* ASTRONOMIA grupo de estrelas em forma de triângulo, junto da constelação Andrómeda (Do gr. *deltotón*, «triangular», pelo lat. *deltōton*, «Triângulo», constelação)

delubro *n.m.* **1** local, templo ou altar consagrado ao culto de uma divindade **2** [poét.] templo pagão (Do lat. *delūbru-*, «templo»)

deludir *v.tr.* enganar; iludir (Do lat. *deludĕre*, «enganar»)

delusão *n.f.* engano; ilusão (Do lat. *delusiōne-*, «ilusão»)

deluso *adj.* que foi enganado; iludido (Do lat. *delūsu-*, part. pass. de *deludĕre*, «enganar; iludir»)

delusório *adj.* que engana; ilusório (Do lat. *delusorĭu-*, «id.»)

deluzir-se *v.pron.* **1** perder o brilho; apagar-se **2** [fig.] deslustrar-se (De *de-+luzir*)

demagogia *n.f.* **1** submissão excessiva da atuação política ao agrado das massas populares **2** atuação política que se serve do apoio popular para conquistar o poder **3** abuso da democracia (Do gr. *demagogía*, «direção do povo»)

demagogice *n.f.* ato próprio de demagogo (De *demagogia+-ice*)

demagógico *adj.* relativo à demagogia (Do gr. *demagogikós*, «id.»)

demagogismo *n.m.* **1** mania da demagogia **2** doutrina que defende a demagogia (De *demagogia+-ismo*)

demagogista *n.2g.* pessoa que faz uso de demagogismo (De *demagogia+-ista*)

demagogo *n.m.* **1** chefe de fação popular **2** indivíduo que excita as paixões do povo, mostrando-se defensor dos seus interesses, mas tendo em vista a prossecução dos seus próprios pontos de vista (Do gr. *demagogós*, «condutor do povo»)

demais *adv.* além disso; de resto ■ *det.,pron.dem.* outros; outras; restantes; ~ *a mais* ainda por cima (De *de+mais*)

demanda *n.f.* **1** ato de demandar **2** busca; procura **3** ação judicial; litígio **4** disputa; *em ~ de* à procura de (Do fr. *demande*, «id.»)

demandado *adj.,n.m.* que ou aquele que é objeto de uma demanda (Part. pass. de *demandar*)

demandador *adj.,n.m.* ⇒ **demandante** (De *demandar+-dor*, ou do fr. *demandeur*, «id.»)

demandante *adj.,n.2g.* **1** que ou o que demanda; demandador **2** autor em processo judicial (De *demandar+-ante*)

demandão *n.m.* ⇒ **demandista** (De *demandar+-ão*)

demandar *v.tr.* **1** intentar demanda contra **2** ir à procura de; dirigir o rumo para **3** pedir; reclamar; requerer **4** perguntar ■ *v.intr.* **1** propor demanda **2** disputar (Do lat. *demandāre*, «confiar», pelo fr. *demander*, «pedir»)

demandista *n.2g.* pessoa que intenta frequentemente demandas; demandador (De *demandar+-ista*)

demão *n.f.* **1** camada de tinta, cal, etc., que se aplica numa superfície **2** cada uma das vezes em que se retoma um trabalho ou um assunto; retoque **3** ajuda (De *de-+mão*)

demarcação *n.f.* **1** ato ou efeito de demarcar ou demarcar-se **2** indicação dos extremos de dois prédios contíguos por meio da colocação ou implantação de marcos ou outros sinais visíveis; delimitação **3** limites; termo **4** separação (De *demarcar+-ção*)

demarcador *adj.,n.m.* que, aquele ou aquilo que demarca (De *demarcar+-dor*)

demarcar *v.tr.* **1** traçar os limites de; delimitar **2** assinalar **3** definir **4** distinguir; separar **5** determinar; fixar ■ *v.pron.* **1** distanciar-se de alguém **2** distinguir-se vantajosamente de alguém **3** afastar-se; separar-se (De *de-+marcar*)

demarcativo *adj.* que serve de demarcação (De *demarcar+-tivo*)

demarcatório *adj.* referente a demarcação (De *demarcar+-tório*)

demarcável *adj.2g.* que se pode demarcar (De *demarcar+-vel*)

demasia *n.f.* **1** aquilo que é de mais; excesso **2** troco **3** [fig.] desregramento; abuso; *em ~* em excesso (Do cast. *demasía*, «id.»)

demasiado *adj.* **1** que é de mais **2** supérfluo; excedente **3** [fig.] imoderado; desregrado ■ *adv.* muito; excessivamente (De *demasia+-ado*)

demasiar *v.tr.,pron.* exceder(-se); ultrapassar(-se); superar(-se) (De *demasia+-ar*)

dembado *n.m.* área de território governada por um dembo (De *dembo+-ado*)

dembe *n.m.* ⇒ **dembo**

dembo *adj.* relativo aos Dembos ■ *n.m.* **1** chefe de tribo no Norte de Angola **2** tambor dos negros de Lubango **3** indivíduo pertencente à tribo dos Dembos

Dembos *n.m.pl.* ETNOGRAFIA grupo populacional instalado a norte do rio Cuanza, no norte de Angola (De *dembo*, denominação do seu chefe)

demear *v.tr.* **1** partir em duas metades; mear **2** encher até ao meio **3** ocupar metade de (Do lat. *dimidiāre*, «dividir em dois»)

demência *n.f.* **1** MEDICINA enfraquecimento mais ou menos grave das faculdades intelectuais sob a influência de lesões do cérebro **2** anomalia psíquica ou mental que torna um indivíduo incapaz de governar a sua pessoa e de dirigir os seus bens; alienação mental **3** [fig.] ato insensato; loucura; cegueira (Do lat. *dementĭa-*, «id.»)

demencial *adj.2g.* que diz respeito a demência (De *demência+-al*)

dementação *n.f.* ato ou efeito de dementar ou dementar-se; enlouquecimento; demência (De *dementar+-ção*)

dementado *adj.* ⇒ **demente** (Part. pass. de *dementar*)

dementar *v.tr.* tornar demente; enlouquecer (Do lat. *dementāre*, «id.»)

demente *adj.2g.* **1** que sofre de demência; louco; dementado **2** insensato; imbecil ■ *n.2g.* pessoa que sofre de demência; louco (Do lat. *demente-*, «id.»)

demérito *n.m.* desmerecimento ■ *adj.* carecido de mérito (De *de-+mérito*)

demeritório *adj.* **1** relativo a demérito **2** que não tem merecimento **3** que implica desmerecimento (De *demérito+-ório*)

démico *adj.* **1** relativo ao povo **2** populacional (De *demo-+-ico*)

demissão *n.f.* **1** ato ou efeito de demitir ou de se demitir **2** renúncia e cessação voluntária de funções de um emprego ou de um cargo ocupado **3** imposição de cessação do serviço de um funcionário; exoneração (Do lat. *demissiōne-*, «abaixamento»)

demissibilidade *n.f.* qualidade ou estado do que é demissível (De *demissível+-i-+-dade*)

demissionário *adj.* que pediu a demissão ou foi demitido e, quer num caso quer noutro, aguarda o despacho (Do lat. *demissiōne-*, «abaixamento»+ *ár¹o*)

demissível *adj.2g.* **1** que se pode demitir **2** sujeito a demissão (Do lat. *demissu-*, part. pass. de *demittĕre*, «fazer cair; abaixar»+ *-vel*)

demisso *adj.* ⇒ **demitido** (Do lat. *demissu-*, part. pass. de *demittĕre*, «fazer cair; abaixar»)

demissor *n.m.* indivíduo que demite ∎ *adj.* que demite; demissório (Do lat. *demissu-*, «abaixado» +*-or*)

demissório *adj.* 1 que encerra demissão 2 relativo a demissão (Do lat. *demissu-*, «abaixado» +*-ório*)

demitente *adj.2g.* ⇒ **demissionário** (Do lat. *demittente-*, part. pres. de *demittĕre*, «fazer cair; abaixar»)

demitido *adj.* que teve demissão (Part. pass. de *demitir*)

demitir *v.tr.* destituir de um emprego, cargo ou dignidade; exonerar ∎ *v.pron.* 1 pedir a demissão 2 renunciar a (Do lat. *demittĕre*, «fazer cair; abaixar»)

demiúrgico *adj.* 1 relativo a demiurgo 2 de demiurgo (De *demiurgo*+*-ico*)

demiurgo *n.m.* 1 FILOSOFIA nos filósofos gregos, particularmente em Platão: o deus ou o princípio organizador do Universo, autor e gerador de tudo quanto existe 2 FILOSOFIA nos sucessores de Platão: divindade submissa a um Deus supremo e medianeira entre este e a criação 3 [fig.] criador (Do lat. *demiurgu-*, derivado do gr. *dēmiourgós*, «artesão, artífice»)

demo¹ /ê/ *n.m.* circunscrição administrativa na antiga Grécia (Do gr. *dêmos*, «cantão; subdivisão da tribo»)

demo² *n.f.* gravação realizada para demonstração de produto de áudio ou vídeo, ou do programa de computador, com fins promocionais (Do ing. *demo*, «id.», red. de *demonstration*, «demonstração»)

demo³ *n.m.* ⇒ **demónio** (Do gr. *daímon*, «génio bom ou mau», pelo lat. *daemon, ŏnis*, «demónio»)

demo- elemento de formação de palavras que exprime a ideia de *povo* (Do gr. *dêmos*, «povo»)

democracia *n.f.* 1 sistema político em que a autoridade emana do conjunto dos cidadãos, baseando-se nos princípios de igualdade e liberdade 2 nação democrata; ~ **cristã** interpretação do conceito de democracia à luz da doutrina cristã e, principalmente, da doutrina social da Igreja Católica; ~ **direta** situação político-administrativa em que o poder é exercido diretamente pelo povo; ~ **representativa** situação político-administrativa em que o povo governa através de representantes seus, periodicamente eleitos (Do gr. *demokratía*, «governo popular», pelo lat. *democratĭa-*, «id.»)

democrata *n.2g.* pessoa partidária da democracia ∎ *adj.2g.* 1 relativo ou pertencente a democracia 2 popular (Do gr. *dêmos*, «povo» + *krátos*, «domínio»)

democraticidade *n.f.* 1 qualidade de democrático 2 espírito democrático (De *democrático*+*-i-*+*-dade*)

democrático *adj.* 1 pertencente ou relativo à democracia 2 que serve os interesses do povo (Do gr. *demokratikós*, «id.»)

democratismo *n.m.* ⇒ **democracia** (De *democrata*+*-ismo*)

democratização *n.f.* ato ou efeito de democratizar (De *democratizar*+*-ção*, ou do fr. *démocratisation*, «id.»)

democratizar *v.tr.* 1 converter às doutrinas democráticas 2 dar constituição democrática a 3 tornar acessível a toda a gente; popularizar (De *democrata*+*-izar*, ou do fr. *démocratiser*, «id.»)

démodé *adj.2g.* 1 fora de moda; que já não se usa 2 ultrapassado (Do fr. *démodé*, «id.»)

demofilia *n.f.* simpatia pelo povo (Do gr. *dêmos*, «povo» + *philía*, «amizade»)

demófilo *adj.,n.m.* amigo do povo; democrata (Do gr. *dêmos*, «povo» + *phílos*, «amigo»)

demófobo *n.m.* aquele que é inimigo do povo; antidemocrata (Do gr. *dêmos*, «povo» + *phóbos*, «horror»)

demografar *v.tr.* fazer a demografia de (Do gr. *dêmos*, «povo» + *gráphein*, «escrever» +*-ar*)

demografia *n.f.* estudo das populações humanas, particularmente a sua densidade, volume, distribuição e estatísticas básicas (nascimentos, casamentos, doenças, mortes, etc.) ao longo de um dado período (Do gr. *dêmos*, «povo» + *gráphein*, «escrever» +*-ia*)

demográfico *adj.* referente à demografia (De *demografia*+*-ico*)

demógrafo *n.m.* aquele que se entrega a estudos demográficos (Do gr. *dêmos*, «povo» + *gráphein*, «escrever»)

demolha *n.f.* processo pelo qual se mergulha um alimento em água de forma a eliminar o excesso de sal, açúcar ou para o reidratar (Deriv. regr. de *demolhar*)

demolhar *v.tr.* cobrir (alimento) com água de forma a eliminar o excesso de sal, açúcar ou para o reidratar; pôr de molho (De *de-*+*molho*+*-ar*)

demoliberalismo *n.m.* liberalismo popular (De *demo-*+*liberalismo*)

demo-liberalismo ver nova grafia *demoliberalismo*

demolição *n.f.* 1 ato ou efeito de demolir 2 destruição (Do lat. *demolitiōne-*, «id.»)

demolidor *adj.* 1 que opera a demolição; que deita abaixo 2 que arrasa; destruidor 3 indiscutível ∎ *n.m.* aquele ou aquilo que opera a demolição (Do lat. *demolitōre-*, «id.»)

demolir *v.tr.* 1 deitar por terra; derribar; destruir; arrasar 2 aniquilar 3 [fig.] desacreditar (Do lat. *demolīre*, «id.»)

demolitório *adj.* 1 que contém ordem de demolição 2 próprio para demolir (De *demolir*+*-tório*)

demonarca *n.m.* príncipe dos demónios (Do gr. *daímon*, «demónio» + *árkhein*, «governar»)

demonete *n.m.* 1 {*diminutivo de* **demónio**} demónio pequeno 2 [fig., coloq.] pessoa travessa; diabrete (De *demónio*+*-ete*)

demonetização *n.f.* ato ou efeito de demonetizar (De *demonetizar*+*-ção*)

demonetizar *v.tr.* depreciar a moeda; desamoedar (Do lat. *de-*+*moneta-*, «moeda» +*-izar*, ou do fr. *démonétiser*, «id.»)

demoni- elemento de formação de palavras que exprime a ideia de *demónio* (Do gr. *daimónion*, «génio mau», pelo lat. *daemŏne-*, «demónio»)

demoníaco *adj.* do Demónio; diabólico ∎ *n.m.* pessoa possuída pelo Demónio; possesso (Do lat. *daemoniăcu-*, «id.»)

demónico *n.m.* ⇒ **demonete** (De *demónio*+*-ico*)

demónico *adj.* 1 relativo a demónio 2 possesso do demónio (Do gr. *daimonikós*, «possuído de um deus», pelo lat. *daemonĭcu-*, «relativo a demónio»)

demonifúgio *n.m.* qualquer ato a que se atribui a virtude de afugentar o Demónio; exorcismo (De *demoni-*+*-fúgio*)

demonífugo *adj.* que afugenta o demónio ou as más tentações (De *demoni-*+*fugo*)

demoninharia *n.f.* ato demoníaco (De *demónio*+*-aria*)

demonio- ⇒ **demoni-**

demónio *n.m.* 1 [com maiúscula] RELIGIÃO espírito maléfico que, segundo a doutrina cristã, procura atrair a humanidade para o mal; Diabo; Satanás 2 [fig.] espírito maligno 3 [fig.] pessoa má ou turbulenta; **cos demónios!** exclamação que exprime espanto, aborrecimento, irritação (Do gr. *daimónion*, «génio mau», pelo lat. *daemonĭu-*, «demónio»)

demoniomania *n.f.* estado mórbido mental em que o doente se julga possesso do Demónio; demonomania; demonopatia (De *demonio-*+*-mania*)

demoniomaníaco *adj.,n.m.* que ou aquele que sofre de demoniomania (De *demonio-*+*maníaco*)

demonismo *n.m.* crença nos demónios (De *demónio*+*-ismo*, ou do fr. *démonisme*, «id.»)

demonista *n.2g.* pessoa que crê no demonismo (De *demónio*+*-ista*)

demon(o)- ⇒ **demoni-**

demonocracia *n.f.* poder dos demónios (Do gr. *daímon*, «demónio» + *krateía*, «força»)

demonografia *n.f.* tratado sobre a natureza e influência dos demónios (Do gr. *daímon*, «demónio» + *gráphein*, «escrever» +*-ia*)

demonográfico *adj.* relativo à demonografia (De *demonografia*+*-ico*)

demonógrafo *n.m.* o que é versado em demonografia (Do gr. *daímon*, «demónio» + *gráphein*, «escrever»)

demonólatra *n.2g.* pessoa que presta culto ao Demónio (De *demono-*+*-latra*)

demonolatria *n.f.* culto prestado ao Demónio (De *demono-*+*-latria*)

demonologia *n.f.* ⇒ **demonografia** (Do gr. *daímon*, «demónio» + *lógos*, «tratado» +*-ia*)

demonológico *adj.* relativo à demonologia (De *demonologia*+*-ico*)

demonólogo *n.m.* aquele que se ocupa de demonologia (Do gr. *daímon*, «demónio» + *lógos*, «estudo»)

demonomancia *n.f.* suposta arte de adivinhar pela invocação dos demónios (Do gr. *daímon*, «demónio» + *manteía*, «adivinhação»)

demonomania *n.f.* estado mórbido mental em que o doente se julga possesso do Demónio (De *demono-*+*mania*)

demonomaníaco *adj.,n.m.* ⇒ **demonómano** (De *demono-*+*-maníaco*)

demonómano *adj.,n.m.* que ou quem apresenta demonomania (De *demono-*+*mano*)

demonopata *n.2g.* pessoa que sofre de demonopatia (Do gr. *daímon*, «génio mau» + *páthos*, «doença; infortúnio»)

demonopatia *n.f.* ⇒ **demoniomania** (Do gr. *daímon*, «génio mau» + *páthos*, «doença» +*-ia*)

demonstrabilidade *n.f.* qualidade do que é demonstrável (Do lat. *demonstrabĭle-*, «demonstrável» +-*i*-+-*dade*)

demonstração *n.f.* **1** ato ou efeito de demonstrar **2** operação mental que alicerça dedutivamente a verdade de uma proposição; prova **3** lição prática e experimental **4** exemplificação do funcionamento de algo a partir da sua utilização **5** manifestação; indício **6** estratagema **7** simulação; engano **8** MATEMÁTICA encadeamento de relações pelo qual se passa de axiomas ou de teoremas já estabelecidos a um teorema dado (Do lat. *demonstratiōne-*, «id.»)

demonstrador *adj.* que demonstra ∎ *n.m.* **1** aquele que demonstra **2** pessoa que exemplifica o funcionamento de algo a partir da sua utilização **3** o que ensina a parte prática de uma ciência (Do lat. *demonstratōre-*, «id.»)

demonstrante *adj.,n.2g.* que ou aquele que demonstra (Do lat. *demonstrante-*, part. pres. de *demonstrāre*, «demonstrar»)

demonstrar *v.tr.* **1** fazer a demonstração de **2** provar com um raciocínio convincente **3** explicar pormenorizadamente e exemplificar o funcionamento de algo; ensinar praticamente **4** fazer ver; mostrar **5** revelar ∎ *v.pron.* dar-se a conhecer (Do lat. *demonstrāre*, «demonstrar»)

demonstrativo *adj.* **1** que demonstra **2** que serve para demonstrar **3** convincente **4** GRAMÁTICA diz-se do determinante ou pronome que situa uma pessoa, animal ou objeto em referência ao locutor (Do lat. *demonstratīvu-*, «id.»)

demonstrável *adj.2g.* que pode ou deve ser demonstrado (Do lat. *demonstrabĭle-*, «id.»)

demopsicologia *n.f.* **1** estudo psicológico de um povo **2** ⇒ **folclore** (De *demo-*+*psicologia*)

demopsicológico *adj.* relativo à demopsicologia (De *demopsicologia*+-*ico*)

demopsicólogo *n.m.* aquele que se dedica a demopsicologia (De *demo-*+*psicólogo*)

demora *n.f.* **1** ato ou efeito de demorar **2** atraso; delonga **3** dilação; *sem ~* imediatamente (Deriv. regr. de *demorar*)

demoradamente *adv.* **1** com demora; com atraso **2** lentamente; detidamente (De *demorado*+-*mente*)

demorado *adj.* **1** que se demorou; atrasado **2** que dura bastante tempo; lento (Part. pass. de *demorar*)

demorar *v.tr.* **1** fazer esperar; retardar **2** deter **3** ficar muito tempo (em); permanecer (em) **4** estar situado (em) **5** habitar (em); residir (em) ∎ *v.intr.,pron.* levar tempo; atrasar-se (Do lat. *demorāre, por *demorāri*, «ficar»)

demoroso *adj.* demorado; moroso (De *demora*+-*oso*)

demosténico *adj.* **1** relativo a Demóstenes, político e orador da Grécia antiga, 384-322 a. C. **2** parecido com o estilo ou a eloquência de Demóstenes (Do lat. *demostheniču-*, «id.»)

demostração *n.f.* ⇒ **demonstração**
demostrador *adj.,n.m.* ⇒ **demonstrador**
demostrar *v.tr.* ⇒ **demonstrar**
demostrativo *adj.* ⇒ **demonstrativo**

demótico *adj.* **1** designativo da língua grega moderna, falada na atualidade **2** diz-se de um tipo de escrita que sucedeu à escrita hierática na simplificação da hieroglífica **3** popular (Do gr. *demotikós*, «popular»)

demover *v.tr.* **1** fazer (alguém) renunciar a (ideia, projeto, etc.); fazer (alguém) mudar de ideias; dissuadir **2** deslocar do seu lugar; remover; afastar; desviar ∎ *v.pron.* deslocar-se (Do lat. *demovēre*, «desviar»)

demovimento *n.m.* ato ou efeito de demover (De *demover*+-*mento*)

demovível *adj.2g.* **1** que pode demover-se **2** que pode ser demovido (De *demover*+-*i*-+-*vel*)

demudança *n.f.* **1** ato ou efeito de demudar **2** mudança (De *demudar*+-*ança*)

demudar *v.tr.* **1** tornar diferente do que era; modificar **2** transformar **3** desfigurar ∎ *v.pron.* mudar de cor, de aspeto; transformar-se (Do lat. *demutāre*, «mudar»)

demulcente *adj.2g.* que abranda, adoça ou afaga; emoliente (Do lat. *demulcente-*, part. pres. de *demulcēre*, «afagar»)

demulcir *v.tr.* **1** amolecer **2** adoçar; abrandar (Do lat. *demulcēre*, «afagar»)

denar *n.m.* unidade monetária da antiga República jugoslava da Macedónia

denário *adj.* que se compõe de dez ∎ *n.m.* antiga moeda romana (Do lat. *denarĭu-*, «denário», moeda romana)

dendê *n.m.* **1** [Brasil] BOTÂNICA fruto (coco) do dendezeiro de cujo pericarpo se extrai o óleo ou azeite de palma, e cuja amêndoa é conhecida por coconote e fornece o óleo de coconote **2** BOTÂNICA dendezeiro (Do quimb. *nhende*, «palmeira»)

dendezeiro *n.m.* BOTÂNICA palmeira útil, de origem africana e aclimatada no Brasil, cujo fruto é o dendê, também conhecida por palmeira-do-azeite e dendê (De *dendê*+-*z*-+-*eiro*)

dendo *n.m.* espécie de diospireiro comum na África Ocidental

dendrícola *adj.2g.* que vive numa árvore; arborícola (Do gr. *déndron*, «árvore» + lat. *colĕre*, «habitar»)

dendriforme *adj.2g.* **1** que tem forma semelhante à de uma árvore; que parece uma árvore; arboriforme **2** frondoso (Do gr. *déndron*, «árvore» + lat. *forma-*, «forma»)

dendrite *n.f.* **1** GEOLOGIA incrustação arborescente, originada pela precipitação de óxidos de ferro ou manganésio, que aparece nas paredes das diáclases das rochas e lembra, por vezes, vegetais fósseis; dendrólito **2** HISTOLOGIA prolongamento ramificado, celulípeto, do neurónio (Do gr. *dendrítes*, «arborescente», de *déndron*, «árvore»)

dendrítico *adj.* **1** relativo a dendrite **2** que tem ramificações semelhantes às de uma árvore (De *dendrite*+-*ico*)

dendrito *n.m.* ⇒ **dendrite**

dendro- elemento de formação de palavras que exprime a ideia de *árvore* (Do gr. *déndron*, «árvore»)

dendróbata *adj.,n.2g.* **1** que ou aquele que vive habitualmente nas árvores **2** arborícola (Do gr. *dendrobateín*, «subir a árvores»)

dendroclasta *adj.,n.2g.* que ou a pessoa que não respeita as árvores (Do gr. *déndron*, «árvore» + *klastes*, de *klãn*, «quebrar»)

dendroclastia *n.f.* qualidade de dendroclasta (De *dendroclasta*+-*ia*)

dendrocronologia *n.f.* método científico pelo qual se define a idade de uma árvore com base no crescimento dos anéis do seu tronco (De *dendro-*+*cronologia*)

dendrofagia *n.f.* qualidade de dendrófago (Do gr. *déndron*, «árvore» + *phageín*, «comer» +-*ia*)

dendrófago *adj.* que come ou rói madeira (Do gr. *déndron*, «árvore» + *phageín*, «comer»)

dendrofilia *n.f.* qualidade de dendrófilo (Do gr. *déndron*, «árvore» + *philía*, «amizade»)

dendrófilo *adj.* que gosta das árvores (Do gr. *déndron*, «árvore» + *phílos*, «amigo»)

dendrofobia *n.f.* qualidade de dendrófobo (Do gr. *déndron*, «árvore» + *phóbos*, «horror» +-*ia*)

dendrófobo *adj.* que não gosta das árvores (Do gr. *déndron*, «árvore» + *phóbos*, «horror»)

dendrografia *n.f.* tratado descritivo das árvores (Do gr. *déndron*, «árvore» + *gráphein*, «descrever» +-*ia*)

dendrógrafo *n.m.* aquele que se dedica à dendrografia (Do gr. *déndron*, «árvore» + *gráphein*, «descrever»)

dendrograma *n.m.* diagrama esquematizado, em forma de árvore, que se ramifica conforme os diferentes indivíduos se vão diferenciando (De *dendro-*+-*grama*)

dendrólatra *adj.,n.2g.* que ou a pessoa que adora as árvores (De *dendro-*+-*latra*)

dendrolatria *n.f.* **1** culto ou adoração das árvores **2** amor pelas árvores (De *dendro-*+-*latria*)

dendrólito *n.m.* PALEONTOLOGIA antiga designação generalizada aos fósseis vegetais, especialmente aos de aspeto arborescente; dendrite (Do gr. *déndron*, «árvore» + *líthos*, «pedra»)

dendrologia *n.f.* ⇒ **dendrografia** (Do gr. *déndron*, «árvore» + *lógos*, «estudo» +-*ia*)

dendrologista *n.2g.* ⇒ **dendrólogo** (De *dendrologia*+-*ista*)

dendrólogo *n.m.* pessoa que se dedica à dendrologia (Do gr. *déndron*, «árvore» + *lógos*, «estudo»)

dendromancia *n.f.* suposta adivinhação pelo exame das árvores derrubadas ou pela orientação dos seus troncos (Do gr. *déndron*, «árvore» + *manteía*, «adivinhação»)

dendrometria *n.f.* medição da altura das árvores ou do seu diâmetro, quando em pé, por meio de um dendrómetro (De *dendrómetro*+-*ia*)

dendrómetro *n.m.* instrumento que serve para medir a altura das árvores, sendo conhecida a sua distância a partir do observador, ou para avaliar o seu diâmetro, quando em pé, e a quantidade de lenha que podem fornecer (Do gr. *déndron*, «árvore» + *métron*, «medida»)

denegação *n.f.* **1** ato ou efeito de denegar **2** indeferimento; recusa **3** contestação (Do lat. *denegatiōne-*, «id.»)

denegar *v.tr.* **1** negar **2** recusar; indeferir **3** [pop.] desmentir (Do lat. *denegāre*, «id.»)

denegrecer *v.tr.* ⇒ **denegrir** (De *de-*+*enegrecer*)

denegrir *v.tr.* 1 tornar negro; escurecer 2 [fig.] fazer cair em descrédito; infamar (Do lat. *denigrāre*, «denegrir», com mud. de conjug.)

dengo *n.m.* 1 [Brasil] carícia 2 [Brasil] birra de criança

dengosamente *adv.* 1 afetadamente 2 impertinentemente 3 amaneiradamente (De *dengoso+-mente*)

dengoso /ô/ *adj.* 1 muito afetado; requebrado; delambido 2 manhoso; astuto 3 efeminado; adamado (De *dengue+-oso*)

dengue *adj.2g.* ⇒ **dengoso** ■ *n.f.* MEDICINA doença, em geral epidémica, comum nas regiões quentes, cujo vírus é transmitido pela picada de um mosquito, e que se manifesta por febre alta de curta duração, dores musculares, erupções cutâneas e fadiga; febre dos três dias ■ *n.m.* [Brasil] ⇒ **denguice** (Do quimb. *ndengue*, «menino; manha de menino», pelo cast. *dengue*, «denguice; requebro»)

denguice *n.f.* 1 qualidade de quem é dengue 2 maneiras afetadas com o fim de agradar; requebro 3 capricho; birra (De *dengue+-ice*)

denguim *n.m.* 1 almadia 2 barco asiático de passageiros (Do beng. *dingi*, «canoa»)

denigração *n.f.* ato ou efeito de denegrir (Do lat. *denigratiōne-*, «id.»)

denigrativo *adj.* 1 que torna negro; que escurece 2 que mancha moralmente (Do lat. *denigrātu-*, part. pass. de *denigrāre*, «denegrir» +-*ivo*)

denodado *adj.* que tem denodo; destemido; corajoso (Do lat. *denotātu-*, «conhecido pela bravura»)

denodar *v.tr.* 1 cortar o nó ou os nós a; desnodar 2 desembaraçar (Do lat. *denodāre*, «tirar o nó (ou os nós) a; desatar»)

denodo /ô/ *n.m.* 1 desenvoltura; desembaraço 2 intrepidez; ousadia; bravura; coragem 3 valor (Deriv. regr. de *denodar*)

denominação *n.f.* ato ou efeito de denominar; designação; nome (Do lat. *denominatiōne-*, «designação»)

denominador *n.m.* 1 o que ou quem denomina 2 MATEMÁTICA número por baixo do traço de uma fração, que indica em quantas partes se dividiu a unidade ■ *adj.* que denomina; **~ comum** 1 MATEMÁTICA múltiplo de todos os números por baixo do traço (denominadores) de um conjunto de frações; 2 [fig.] característica partilhada por duas ou mais pessoas, coisas ou animais (Do lat. *denominatōre-*, «id.»)

denominal *adj.2g.* GRAMÁTICA derivado de nome (De *de-+nominal*)

denominar *v.tr.* pôr nome a; nomear; chamar; designar ■ *v.pron.* 1 chamar-se; intitular-se 2 ter apelido (Do lat. *denomināre*, «designar»)

denominativo *adj.* que serve para denominar (Do lat. *denominatīvu-*, «id.»)

denotação *n.f.* 1 ato ou efeito de denotar 2 indicação por meio de sinal ou símbolo; designação 3 LÓGICA indicação de todos os indivíduos ou objetos que constituem a classe que um conceito define 4 LINGUÍSTICA significado literal ou básico de uma palavra ou expressão (por oposição a conotação) (Do lat. *denotatiōne-*, «indicação»)

denotador *adj.,n.m.* que ou aquele que denota (Do lat. *denotatōre*, «id.»)

denotar *v.tr.* 1 significar por meio de certos sinais; indicar; mostrar 2 anunciar 3 referir-se a (Do lat. *denotāre*, «indicar por um sinal»)

denotativo *adj.* 1 que denota; indicativo; designativo 2 LINGUÍSTICA que remete para o referente; referencial

densamente *adv.* 1 com densidade 2 pesadamente 3 abundantemente (De *denso+-mente*)

densar *v.tr.* 1 tornar denso 2 adensar (Do lat. *densāre*, «id.»)

densi- elemento de formação de palavras que exprime a ideia de denso, densidade, espessura (Do lat. *densu*, «denso»)

densidade *n.f.* 1 qualidade do que é denso 2 quantidade por unidade de comprimento, de superfície ou de volume 3 [fig.] consistência; espessura; profundidade; **~ absoluta** FÍSICA massa da unidade de volume de uma substância; **~ de tráfego** número de veículos que em dado momento ocupa uma unidade de comprimento (geralmente o quilómetro) de uma via de tráfego; **~ populacional** número médio de indivíduos por unidade de superfície de um país; **~ relativa** razão entre a massa de certo volume de uma substância e a do volume igual de outra substância tomada para referência (geralmente a água, para líquidos e sólidos, e o ar para substâncias gasosas) (Do lat. *densitāte-*, «espessura»)

densificar *v.tr.* tornar denso; compactar (De *densi-+-ficar*)

densifloro *adj.* BOTÂNICA diz-se da inflorescência com densa distribuição das flores (De *densi-+-floro*)

densifoliado *adj.* BOTÂNICA que tem as folhas muito juntas (De *densi-+-foliado*)

densimetria *n.f.* FÍSICA determinação da densidade (De *densi-+-metria*)

densímetro *n.m.* FÍSICA areómetro que serve para avaliar a densidade dos líquidos (De *densi-+-metro*)

densitometria *n.f.* medição da densidade ótica em chapas fotográficas; **~ óssea** exame que permite diagnosticar a presença (ou não) de osteoporose através da avaliação do conteúdo mineral dos ossos (Do lat. *densit-+-o-+-metria*)

densitómetro *n.m.* 1 fotómetro que serve para medir a densidade ótica 2 aparelho destinado a medir a densidade ótica de chapas ou películas fotográficas impressionadas, assim como a densidade de impressão no papel (Do fr. *densitomètre*, «id.»)

denso *adj.* 1 que tem densidade elevada 2 espesso; cerrado 3 [fig.] intenso; profundo (Do lat. *densu-*, «id.»)

dentada *n.f.* 1 ferimento ou golpe feito com os dentes; mordedura; ferradela 2 bocado de alimento que se tira de uma só vez com os dentes 3 [fig.] dito mordaz (De *dente+-ada*)

dentado *adj.* 1 guarnecido de dentes 2 mordido ou cortado com os dentes 3 recortado em dentes 4 ANATOMIA designativo de alguns músculos do tronco (grande-dentado ou costoscapular, pequenos dentados), ligamentos, suturas, etc. (Do lat. *dentātu-*, «id.»)

dentadura *n.f.* 1 conjunto dos dentes das pessoas e dos animais 2 aparelho onde são implantados dentes artificiais; placa (De *dentado+-ura*)

dental *adj.2g.* relativo ou pertencente aos dentes ■ *n.m.* dente do arado ■ *adj.2g.,n.f.* LINGUÍSTICA que ou consoante que se articula através do contacto da parte anterior da língua com os dentes do maxilar superior (De *dente+-al*)

dentalgia *n.f.* dor de dentes (Do lat. *dente-*, «dente» + gr. *álgos*, «dor» +-*ia*)

dentálio *n.m.* ZOOLOGIA designação extensiva a uns moluscos marinhos, escafópodes, de concha tubular e em forma típica de dente canino (Do lat. cient. *dentalĭu-*, «id.»)

dentão *n.m.* ICTIOLOGIA designação extensiva a uns peixes teleósteos da família dos Esparídeos, que aparecem em Portugal e são também conhecidos por pargo, dentelha, roncador, etc. (De *dente+-ão*)

dentar *v.tr.* 1 dar dentadas em; ferrar 2 guarnecer de dentes; dentear 3 recortar formando pontas ■ *v.intr.* começar a ter dentes (De *dente+-ar*)

dentário *adj.* relativo a dentes; ***fórmula dentária*** expressão fracionária que indica por números a quantidade e a qualidade dos dentes de cada maxila (Do lat. *dentarĭu-*, «id.»)

dente *n.m.* 1 ANATOMIA cada uma das estruturas de origem óssea cuja função é cortar, rasgar e moer os alimentos, sendo também importantes na articulação dos sons e das palavras 2 defesa do elefante e de vários outros animais 3 cada um dos recortes, saliências ou pontas de várias peças, órgãos ou instrumentos 4 peça do arado que assenta no leito do rego da lavoura 5 saliência, recorte ou prolongamento de alguns órgãos vegetais 6 cada uma das partes (bolbilho) componentes de um bolbo composto, como o do alho; **~ do siso** o último dente molar, no ser humano; ***dentes de leite*** os primeiros dentes (temporários), em especial do ser humano, que são depois substituídos normalmente pelos dentes definitivos; ***aguçar os dentes*** dispor-se para comer ou desfrutar de coisa boa; ***caber na cova de um ~*** ser coisa muito pequena; ***com unhas e dentes*** com todas as forças; ***custar os dentes da boca*** custar muito caro; ***dar ao ~*** comer; ***dar com a língua nos dentes*** revelar um segredo; ***falar por entre dentes*** resmungar, rosnar; ***mostrar/arreganhar os dentes*** rir-se, ameaçar; ***não meter o ~ em*** não provar, não vencer uma dificuldade; ***olho por olho, ~ por ~*** (provérbio) com desforra igual à ofensa; ***quando as galinhas tiverem dentes*** nunca (Do lat. *dente-*, «dente»)

denteação *n.f.* ato ou efeito de dentear (De *dentear+-ção*)

dentear *v.tr.* 1 abrir dentes em 2 guarnecer de dentes 3 recortar; dentelar; chanfrar (De *dente+-ear*)

dentebrum *n.m.* BOTÂNICA ⇒ **feto-macho** (Do ár. *dhant abrun*, «id.»)

dentebrura *n.f.* BOTÂNICA ⇒ **feto-macho** (De *dentebrum+-ura*)

dente-de-cão *n.m.* BOTÂNICA planta bolbosa, da família das Liliáceas, espontânea em alguns sítios montanhosos de Portugal

dente-de-coelho ver nova grafia dente de coelho

dente de coelho *n.m.* dificuldade; obstáculo; embaraço

dente-de-leão *n.m.* BOTÂNICA ⇒ **taráxaco**

denteira *n.f.* 1 [pop.] dentuça 2 embotamento dos dentes (De *dente+-eira*)

dentel *n.m.* entalhe para regular a altura das prateleiras (Do it. *dentello*, «dentículo»)

dentelar *v.tr.* ⇒ **dentear** (De *dentel+-ar*)

dentelária n.f. BOTÂNICA ⇒ **dentilária** (Do lat. cient. *dentellaria-*, «id.»)
dentelete n.m. quadrado em cima do qual se recortam os dentículos (De *dentel*+*-ete*)
dentelha /ê/ n.f. ⇒ **dentão** (De *dente*+*-elha*)
dentelo /ê/ n.m. ⇒ **dentículo 2** (Do lat. *denticŭlu-*, «dente pequeno»)
dent(i)- elemento de formação de palavras que exprime a ideia de *dente* (Do lat. *dente-*, «id.»)
dentição n.f. **1** formação e erupção natural dos dentes; dentadura **2** conjunto dos dentes de um animal, apresentado em relação às suas características e funções (Do lat. *dentitiōne-*, «id.»)
denticórneo adj. ZOOLOGIA diz-se do animal cujas antenas ou cornos são denteados (De *denti-*+*córneo*)
denticulado adj. guarnecido de entalhes ou saliências em forma de dentes ou dentículos (Do lat. *denticulātu-*, «que tem dentes pequenos»)
denticular adj.2g. que tem recortes em forma de pequenos dentes; denticulado ■ v.tr. recortar formando dentículos (De *dentículo*+*-ar*)
dentículo n.m. **1** pequeno dente **2** cada um dos entalhes em forma de dente, numa cornija **3** recorte no bordo de uma folha vegetal (Do lat. *denticŭlu-*, «dente pequeno»)
dentiforme adj.2g. com forma de dente (De *denti-*+*-forme*)
dentifrício n.m. ⇒ **dentífrico** n.m. (Do lat. *dentifricĭu-*, «id.»)
dentífrico adj. que serve para limpar os dentes ■ n.m. produto usado para lavar os dentes; pasta dos dentes (Do lat. *dentifrĭcu-*, «id.», pelo fr. *dentifrice*, «id.»)
dentígero adj. que tem dentes naturais (De *denti-*+*-gero*)
dentilabial adj.2g.,n.f. ⇒ **dentolabial** (De *denti-*+*labial*)
dentilária n.f. BOTÂNICA planta herbácea, ereta, da família das Plumbagináceas, espontânea em Portugal, no Algarve, também conhecida por erva-das-feridas (Do lat. cient. *dentellaria-*, «id.»)
dentilha n.f. ICTIOLOGIA designação comum a uns peixes teleósteos, também conhecidos por bodião e canário-do-mar (De *dente*+*-ilha*)
dentilhão n.m. **1** dente grande **2** ARQUITETURA pedra saliente numa construção, para continuação de obras (De *dente*+*-ilha*+*-ão*)
dentina n.f. material ósseo que forma a parte principal dos dentes (De *dente*+*-ina*)
dentípode adj.2g. que tem as patas denteadas (Do lat. *dente-*, «dente» + gr. *poús*, *podós*, «pata»)
dentirrostro /ô/ adj. que tem o bico denteado (De *denti-*+*-rostro*)
dentista n.2g. designação vulgar de qualquer profissional de saúde oral (De *dente*+*-ista*)
dento- ⇒ **dent(i)-**
dentola n.f. [pop.] dente grande; dentuça (De *dente*+*-ola*)
dentolabial adj.2g. LINGUÍSTICA que se produz encostando o lábio inferior aos dentes incisivos superiores; labiodental ■ n.f. LINGUÍSTICA consoante produzida encostando o lábio inferior aos dentes incisivos superiores (De *dento-*+*labial*)
dentolas n.2g.2n. [coloq.] pessoa que tem os dentes grandes e salientes (De *dente*+*-olas*)
dentolingual adj.2g. **1** referente aos dentes e à língua **2** LINGUÍSTICA que se produz encostando a ponta da língua aos dentes incisivos superiores ■ n.f. LINGUÍSTICA consoante que se produz encostando a ponta da língua aos dentes incisivos superiores (De *dento-*+*lingual*)
dentoneira n.f. antigo barco de pesca algarvio, tripulado geralmente por dez homens (De *dentão*+*-eira*)
dentre contração da preposição *de* + a preposição *entre*
dentro adv. na parte interior; **~ de** no espaço de; **~ em/de pouco** brevemente; *criada de ~* empregada doméstica que só trabalha dentro de casa, sem, todavia, cozinhar (Do lat. *de*, «de» + *intro*, «dentro; para dentro»)
dentuça n.f. dentes da frente, quando grandes e salientes ■ n.2g. [pop.] pessoa que tem dentes grandes e salientes; dentolas (De *dente*+*-uça*)
dentudo adj.,n.m. que ou pessoa que tem dentes grandes e salientes; dentolas ■ n.m. ICTIOLOGIA ⇒ **cascarra** (De *dente*+*-udo*)
denudação n.f. ato ou efeito de denudar; desnudação (Do lat. *denudatiōne-*, «ação de pôr nu»)
denudar v.tr. **1** tornar nu; despir; desnudar **2** pôr a descoberto (Do lat. *denudāre*, «id.»)
denúncia n.f. **1** ato ou efeito de denunciar; denunciação **2** DIREITO participação de um crime feita às autoridades **3** DIREITO forma de pôr termo a um contrato, impedindo que o mesmo se renove, mediante comunicação efetuada com a antecedência prevista na lei ou no próprio contrato **4** acusação anónima **5** pregão de casamento **6** declaração **7** renegação (de um acordo ou tratado) **8** indício ou sinal de alguma coisa oculta (Deriv. regr. de *denunciar*)

denunciação n.f. **1** ⇒ **denúncia 2** publicação **3** pregão de casamento (Do lat. *denuntiatiōne-*, «declaração»)
denunciador adj.,n.m. **1** que denuncia **2** revelador ■ n.m. **1** aquele que denuncia; denunciante; delator **2** revelador (De *denunciar*+*-dor*)
denunciante adj.,n.2g. ⇒ **denunciador** (Do lat. *denuntiante-*, «id.», part. pres. de *denuntiāre*, «anunciar»)
denunciar v.tr. **1** acusar em segredo; delatar **2** dar a conhecer **3** participar a rutura de (um tratado ou acordo) **4** indicar; revelar ■ v.pron. **1** dar-se a conhecer **2** trair-se (Do lat. *denuntiāre*, «anunciar»)
denunciativo adj. **1** que denuncia **2** revelador (Do lat. *denuntiatīvu-*, «sintomático»)
denunciatório adj. que contém denúncia; denunciativo (De *denunciar*+*-tório*)
denunciável adj.2g. que se pode denunciar (De *denunciar*+*-vel*)
denutrição n.f. ⇒ **desnutrição** (De *denutrir*+*-ção*)
denutriente adj.2g. ⇒ **desnutriente** (De *denutrir*+*-ente*)
denutrir v.tr. ⇒ **desnutrir** (De *de-*, por *des-*+*nutrir*)
deodáctilo adj. ORNITOLOGIA diz-se do pássaro cujos dedos são todos inteiramente livres ■ n.m. ORNITOLOGIA espécime dos deodáctilos ■ n.m.pl. grupo de aves cujos dedos são todos inteiramente livres, não fundidos entre si, ou só fundidos na base, a que pertence a grande maioria dos pássaros (Do gr. *daíomai*, «dividir; separar» + *dáktylos*, «dedo»)
Deo gratias loc. usa-se para exprimir o alívio que se sente ao acabar uma tarefa aborrecida ou cansativa (Do lat. *Deo gratias*, «graças a Deus»)
deôntico adj. **1** ⇒ **deontológico 2** diz-se da modalidade que exprime um valor de obrigação ou de permissão (Do gr. *déontos*, «o que é obrigatório», +*-ico*)
deontologia n.f. estudo dos deveres especiais de uma situação, particularmente dos deveres das diversas profissões (Do gr. *déon*, *déontos*, «o dever» + *lógos*, «tratado» + *-ia*)
deontológico adj. relativo a deontologia (De *deontologia*+*-ico*)
deontologismo n.m. sistema moral fundado na noção do dever (De *deontologia*+*-ismo*)
deoperculado adj. que não tem opérculos (De *de-*, por *des-*+*operculado*)
deparador adj.,n.m. **1** que ou aquele que depara **2** descobridor (De *deparar*+*-dor*)
deparar v.tr.,pron. encontrar ou avistar inesperadamente; achar por acaso; ser surpreendido com ■ v.tr. fazer aparecer subitamente ■ v.pron. aparecer subitamente; vir inesperadamente ao encontro de (Do lat. *de-*+*parāre*, «preparar»)
deparável adj.2g. que se pode deparar (De *deparar*+*-vel*)
departamental adj.2g. pertencente ou respeitante a um departamento (Do fr. *départemental*, «id.»)
departamento n.m. **1** circunscrição marítima dividida em capitanias de porto **2** divisão administrativa (em alguns países) **3** setor de um organismo, estatal ou particular, destinado a um fim específico **4** setor ou divisão correspondente a um grande ramo do saber na estrutura de uma universidade **5** [fig., coloq.] responsabilidades ou funções de alguém **6** [fig., coloq.] campo de interesses (Do fr. *département*, «id.»)
departição n.f. ⇒ **departimento** (De *departir*+*-ção*)
departimento n.m. **1** ato ou efeito de departir **2** demarcação; divisão **3** [fig.] divergência; desarmonia (De *departir*+*-mento*)
departir v.tr. dividir; repartir (Do fr. *départir*, «repartir»)
depascente adj.2g. **1** que alastra **2** que corrói (Do lat. *depascente-*, part. pres. de *depascěre*, «devorar»)
depauperação n.f. **1** ato ou efeito de depauperar; depauperamento **2** enfraquecimento; extenuação (De *depauperar*+*-ção*)
depauperado adj. **1** enfraquecido **2** empobrecido (De *depauperar*+*-ado*)
depauperador adj.,n.m. que, aquele ou aquilo que depaupera (De *depauperar*+*-dor*)
depauperamento n.m. ⇒ **depauperação** (De *depauperar*+*-mento*)
depauperante adj.2g. que depaupera (De *depauperar*+*-ante*)
depauperar v.tr. **1** tornar pobre **2** fazer perder as forças; esgotar; exaurir ■ v.pron. debilitar-se (Do lat. *depauperāre*, «empobrecer»)
depenado adj. **1** a que tiraram as penas **2** que perdeu as penas **3** [fig.] sem dinheiro (Part. pass. de *depenar*)
depenar v.tr. **1** tirar as penas a; deplumar; desemplumar **2** [fig.] arrancar aos poucos **3** [fig.] extorquir dinheiro astuciosamente a; espoliar ■ v.pron. ir perdendo as penas (De *de-*+*pena*+*-ar*)
dependência n.f. **1** estado de dependente; sujeição; subordinação **2** falta de autonomia, maturidade e independência **3** necessidade

dependente

física e/ou psicológica de determinada substância ou atividade **4** conexão; ligação próxima **5** parte acessória **6** compartimento de uma casa **7** anexo de um edifício **8** (firma) filial **9** POLÍTICA colónia (Do lat. *dependentĭa*, part. pres. neut. pl. de *dependēre*, «pender de»)

dependente *adj.2g.* **1** que depende **2** subordinado; sujeito **3** que não pode viver sem algo ou alguém **4** que tem necessidade absoluta de **5** que tem conexão ou relação imediata ■ *n.2g.* **1** pessoa que não dispõe de recursos próprios de subsistência, vivendo a expensas de outrem **2** pessoa que tem necessidade física e/ou psicológica de determinada substância ou atividade (Do lat. *dependente-*, part. pres. de *dependēre*, «pender de»)

depender *v.tr.* **1** estar na dependência de **2** estar sujeito a **3** ser dominado por **4** ser consequência de; ter relação imediata com; resultar de; provir de **5** fazer parte de (Do lat. *dependēre*, «pender de»)

dependura *n.f.* **1** ato ou efeito de dependurar **2** conjunto de objetos dependurados ■ *n.2g.* aquele que vive à custa dos outros; pendura; parasita (Deriv. regr. de *dependurar*)

dependurar *v.tr.* ⇒ **pendurar** (De *de-+pendurar*)

depenicar *v.tr.* **1** arrancar as penas com o bico a **2** tirar com o bico, com a boca ou com os dedos (coisas pequenas ou pequenas porções); debicar (De *depenar+-icar*)

depenomania *n.f.* hábito de comer as penas, que as galinhas adquirem sobretudo quando em cativeiro (De *depenar+mania*)

deperder *v.tr.* **1** perder gradualmente **2** dissipar (De *de-+perder*)

deperecer *v.intr.* perecer pouco a pouco; definhar (De *de-+perecer*)

deperecimento *n.m.* **1** ato ou efeito de deperecer **2** desfalecimento gradual; consumpção (De *deperecer+-mento*)

depilação *n.f.* ato ou efeito de depilar(-se); remoção de pelos (De *depilar+-ção*)

depilador *adj.* que depila ■ *n.m.* pessoa cuja atividade profissional consiste em remover os pelos do corpo de outras pessoas (De *depilar+-dor*)

depiladora *n.f.* utensílio elétrico usado para extrair os pelos pela raiz (De *depilar+-dora*)

depilar *v.tr.,pron.* remover os pelos ou os cabelos a (Do lat. *depilāre*, «tirar o pelo a», pelo fr. *dépiler*, «id.»)

depilatório *adj.* que depila ■ *n.m.* produto cosmético usado para remover os pelos (Do fr. *dépilatoire*, «id.»)

depleção *n.f.* diminuição de um líquido num órgão (Do lat. *depletiōne-*, «ato de esvaziar»)

depletivo *adj.* **1** que se refere à depleção **2** que causa depleção (Do lat. *deplētu-*, part. pass. de *deplēre*, «esvaziar» +-*ivo*)

deploração *n.f.* **1** ato de deplorar; lamentação **2** pranto **3** palavras com que se deplora (Do lat. *deploratiōne-*, «lamentação»)

deplorador *adj.,n.m.* que ou a pessoa que deplora ou lamenta (De *deplorar+-dor*)

deplorando *adj.* que deve ser deplorado; deplorável (De lat. *deplorandu-*, «id.», ger. de *deplorāre*, «deplorar»)

deplorar *v.tr.* lamentar com pranto ou profundo sentimento de piedade; prantear ■ *v.pron.* lamentar-se; queixar-se (Do lat. *deplorāre*, «lamentar; deplorar»)

deplorativo *adj.* lastimoso; deploratório (De *deplorar+-tivo*)

deploratório *adj.* que exprime ou encerra deploração (De *deplorar+-tório*)

deplorável *adj.2g.* **1** que merece ser deplorado **2** que inspira dó; lastimável **3** precário **4** funesto **5** detestável (Do lat. *deplorabĭle-*, «id.»)

deplumar *v.tr.* ⇒ **depenar** (Do lat. *deplumāre*, «id.»)

depoência *n.f.* GRAMÁTICA carácter das formas verbais latinas que, na passiva, têm significação ativa (Do lat. *deponentĭa*, part. pres. neut. pl. de *deponēre*, «depor»)

depoente *adj.2g.* **1** que depõe **2** GRAMÁTICA diz-se do verbo latino que tem conjugação passiva e significação ativa ■ *n.2g.* pessoa que depõe (Do lat. *deponente-*, «id.», part. pres. de *deponēre*, «depor»)

depoimento *n.m.* **1** ato ou efeito de depor **2** narração ou declaração feita pelo depoente **3** afirmação autorizada (Do port. ant. *depoer* [= depor] +-*mento*)

depois *adv.* **1** em seguida **2** posteriormente **3** mais tarde **4** mais além **5** em lugar secundário ou inferior; ~ *de* (tempo, espaço) a seguir a; ~ *que* logo que, assim que, mal (Do lat. *de-*, «de» + *post*, «depois; atrás»)

depolarização *n.f.* ⇒ **despolarização** (Do fr. *dépolarisation*, «id.»)

depolarizar *v.tr.* ⇒ **despolarizar** (Do fr. *dépolariser*, «id.»)

deponência *n.f.* ⇒ **depoência**

deponente *adj.2g.* que depõe; depoente (Do lat. *deponente-*, «id.», part. pres. de *deponēre*, «depor»)

depopulação *n.f.* **1** ato ou efeito de depopular **2** perda crescente da população **3** devastação; ruína (Do lat. *depopulatiōne-*, «devastação»)

depopular *v.tr.* **1** despovoar **2** assolar; devastar (Do lat. *depopulāre*, «devastar»)

depor *v.tr.* **1** pôr de parte **2** deixar uma coisa que se trazia **3** renunciar a **4** destituir **5** pôr em depósito **6** colocar **7** soltar **8** tirar de alta posição; pôr mais abaixo ■ *v.intr.* **1** fazer depoimento **2** declarar como testemunha ■ *v.pron.* ficar no fundo; depositar-se; assentar (Do lat. *deponēre*, «id.»)

deportação *n.f.* **1** ato ou efeito de deportar **2** condenação a desterro; degredo (Do lat. *deportatiōne-*, «desterro»)

deportado *adj.* que foi condenado a desterro; degredado ■ *n.m.* **1** indivíduo condenado a desterro; degredado **2** exilado (Do lat. *deportātu-*, «id.», part. pass. de *deportāre*, «deportar; desterrar»)

deportar *v.tr.* **1** condenar a deportação **2** desterrar; expatriar; exilar (Do lat. *deportāre*, «desterrar»)

depós *prep.* **1** (pouco usado) após; depois de **2** (pouco usado) atrás de (Do lat. *de-*, «de» + *post*, «depois; atrás»)

deposição *n.f.* **1** ato ou efeito de depor **2** destituição; exoneração **3** abdicação **4** depoimento (Do lat. *depositiōne-*, «depoimento»)

depositador *n.m.* ⇒ **depositante** (De *depositar+-dor*)

depositante *adj.2g.* que deposita ■ *n.2g.* **1** pessoa que deposita **2** pessoa ou entidade que entrega um bem a outra (De *depositar+-ante*)

depositar *v.tr.* **1** pôr em depósito; dar a guardar **2** confiar **3** colocar ■ *v.pron.* assentar no fundo (substância em suspensão num líquido); ~ *confiança em alguém* ter alguém em bom conceito (De *depósito+-ar*)

depositário *n.m.* **1** pessoa ou entidade que recebe um depósito e se responsabiliza pela sua guarda **2** pessoa a quem se confia um segredo; confidente (Do lat. *depositarĭu-*, «id.»)

depósito *n.m.* **1** ato ou efeito de depositar **2** o que se guarda ou dá a guardar **3** lugar onde se guarda; armazém; reservatório **4** o que se deposita no fundo de alguma coisa; sedimento **5** contrato em que uma das partes entrega à outra uma coisa, móvel ou imóvel, para que a guarde e a restitua quando for exigida **6** (num veículo) reservatório de combustível **7** quantia paga pelo valor do vasilhame (garrafa, garrafão), que é reembolsável se este for devolvido **8** quantia em dinheiro confiada a um banco; ~ *a prazo* ECONOMIA quantia depositada em instituição de crédito e que não pode ser levantada pelo depositante durante um período de tempo previamente combinado; ~ *à ordem* ECONOMIA depósito em conta bancária de cujo saldo o proprietário pode dispor em qualquer momento (Do lat. *depositu-*, «depósito»)

deposto *adj.* **1** posto de parte **2** destituído (Part. pass. de *depor*)

depravação *n.f.* **1** ato ou efeito de depravar **2** estado de depravado **3** corrupção; perversão **4** alteração mórbida (Do lat. *depravatiōne-*, «id.»)

depravado *adj.* **1** corrupto; estragado **2** perverso **3** licencioso (Do lat. *depravātu-*, «id.», part. pass. de *depravāre*, «perverter; corromper»)

depravador *adj.,n.m.* que ou aquele que deprava; corruptor (De *depravar+-dor*)

depravar *v.tr.* **1** corromper **2** perverter física ou moralmente **3** estragar **4** alterar (Do lat. *depravāre*, «perverter; corromper»)

deprecação *n.f.* **1** ato ou efeito de deprecar **2** súplica para obter o perdão de uma culpa; pedido **3** DIREITO ⇒ **deprecada** (Do lat. *deprecatiōne-*, «id.»)

deprecada *n.f.* DIREITO pedido que um juiz faz a um colega para que lhe cumpra algum mandado ou ordene alguma diligência judicial (Part. pass. fem. subst. de *deprecar*)

deprecado *adj.* DIREITO diz-se do juiz a quem se enviou deprecada (Do lat. *deprecātu-*, part. pass. de *deprecāri*, «pedir; solicitar»)

deprecante *adj.2g.* que ou a pessoa que deprecа (Do lat. *deprecante-*, part. pres. de *deprecāre*, «pedir; solicitar»)

deprecar *v.tr.* **1** suplicar; rogar; implorar **2** DIREITO dirigir deprecada ou deprecação a (Do lat. cl. *deprecāri*, pelo lat. vulg. *deprecāre*, «suplicar; solicitar»)

deprecativo *adj.* que deprecа ou em que há deprecação (Do lat. *deprecatīvu-*, «id.»)

deprecatório *adj.* **1** relativo a deprecação **2** que contém deprecação ou deprecada (Do lat. *deprecatorĭu-*, «suplicante»)

depreciação *n.f.* **1** diminuição de valor; desvalorização **2** [fig.] rebaixamento; menosprezo (De *depreciar+-ção*)

depreciador *adj.,n.m.* que ou aquele que deprecia (Do lat. *depretiatōre-*, «id.»)
depreciar *v.tr.* 1 rebaixar o valor de; desvalorizar 2 [fig.] desdenhar; desprezar ■ *v.pron.* perder o valor ou a consideração (Do lat. *depretiāre*, «id.»)
depreciativo *adj.* 1 que reduz o valor de; que rebaixa 2 (palavra) que exprime um sentido negativo (De *depreciar*+*-tivo*)
depreciável *adj.2g.* sujeito a depreciação (De *depreciar*+*-vel*)
depredação *n.f.* 1 ato ou efeito de depredar 2 pilhagem; espoliação 3 devastação (Do lat. *depraedatiōne-*, «id.»)
depredador *adj.,n.m.* que ou aquele que depreda (Do lat. *depraedatōre-*, «o que faz pilhagem»)
depredar *v.tr.* 1 fazer depredações em 2 saquear; espoliar 3 devastar (Do lat. cl. *depraedāri*, pelo lat. vulg. *depraedāre*, «saquear; devastar»)
depredativo *adj.* ⇒ **depredatório** (De *depredar*+*-tivo*)
depredatório *adj.* que envolve depredação ou que tem por fim depredar (De *depredar*+*-tório*)
depreender *v.tr.* 1 chegar ao conhecimento de alguma coisa; perceber 2 deduzir; concluir (Do lat. *deprehendĕre*, «id.»)
depreensão *n.f.* 1 ato ou efeito de depreender 2 conhecimento adquirido por quem depreende 3 dedução 4 reconhecimento (Do lat. *deprehensiōne*, «ação de apanhar em flagrante ou de improviso»)
depressa *adv.* 1 em pouco tempo 2 com rapidez (De *de-*+*pressa*)
depressão *n.f.* 1 abaixamento de nível 2 diminuição de pressão 3 achatamento 4 cavidade pouco funda 5 zona baixa entre montanhas 6 ECONOMIA perturbação económica, caracterizada pela quebra da produção e pelo desemprego 7 ECONOMIA fase de viragem do ciclo económico que antecede a fase de expansão 8 PSICOLOGIA estado mental caracterizado pela persistência de sintomas como apatia, desânimo, melancolia, cansaço e ansiedade 9 [fig.] abatimento físico, intelectual ou moral; enfraquecimento; ~ *barométrica* METEOROLOGIA centro de baixa pressão atmosférica, limitado por isóbaras, curvas e fechadas, com valores decrescentes da periferia para o interior, e onde o ar converge e ascende; ~ *barométrica de origem dinâmica* METEOROLOGIA depressão que se deve à ascensão do ar por processos mecânicos, como por exemplo, o da convergência dos ventos; ~ *barométrica de origem térmica* METEOROLOGIA depressão que resulta do aquecimento do ar quando em contacto com a superfície do solo, muito aquecida; ~ *pós-parto* MEDICINA estado de instabilidade emocional e melancolia que algumas mães experimentam a seguir ao parto (Do lat. *depressiōne-*, «id.»)
depressionário *adj.* METEOROLOGIA relativo a depressão (Do fr. *dépressionaire*, «id.»)
depressível *adj.2g.* que se pode ou se deixa deprimir (o pulso) (Do lat. *depressu-*, «deprimido», part. pass. de *deprimĕre*, «deprimir; abater»+*-vel*)
depressivo *adj.* 1 que revela ou provoca depressão 2 diz-se da substância ou do agente que enfraquece uma atividade fisiológica ■ *n.m.* indivíduo com tendência para a depressão (Do lat. *depressu-*, «deprimido»+*-ivo*)
depresso *adj.* ⇒ **depressivo** *adj.* (Do lat. *depressu-*, part. pass. de *deprimĕre*, «abater; deprimir»)
depressor *adj.* 1 que deprime 2 que humilha; humilhante 3 FARMÁCIA que enfraquece uma atividade fisiológica ■ *n.m.* 1 pessoa que deprime 2 pessoa que humilha 3 FARMÁCIA substância que enfraquece uma atividade fisiológica (Do lat. *depressu-*, «deprimido»+*-or*)
deprimência *n.f.* 1 ato ou efeito de deprimir 2 depressão 3 ato deprimente (Do lat. *deprimentĭa*, part. pres. neut. pl. de *deprimĕre*, «deprimir»)
deprimente *adj.2g.* que deprime; depressivo (Do lat. *deprimente-*, «id.», part. pres. de *deprimĕre*, «deprimir»)
deprimir *v.tr.* 1 causar depressão a; fazer baixar; abater 2 provocar a diminuição de; reduzir 3 provocar o enfraquecimento (físico ou moral) de; desencorajar; desanimar 4 humilhar; menosprezar ■ *v.pron.* 1 sofrer depressão 2 ficar abatido (física ou moralmente) 3 humilhar-se; menosprezar-se (Do lat. *deprimĕre*, «deprimir; abater»)
depuração *n.f.* 1 ato ou efeito de depurar 2 purificação de um corpo que contém fezes ou elementos heterogéneos; limpeza 3 série de demissões compulsivas de cargos de responsabilidade após uma convulsão ou mutação política (Do lat. med. *depuratiōne-*, «id.»)
depurador *adj.,n.m.* que, aquilo ou quem depura ou purifica (De *depurar*+*-dor*)

depurante *adj.2g.* que depura; depurador (Do lat. tard. *depurante-*, «id.», part. pres. de *depurāre*, «depurar»)
depurar *v.tr.,pron.* tornar(-se) puro; purificar(-se); limpar(-se) (Do lat. tard. *depurāre*, «depurar»)
depurativo *adj.,n.m.* 1 que ou aquilo que serve para depurar 2 (substância, ato fisiológico) que ou o que promove a eliminação de substâncias inúteis ou prejudiciais ao organismo (De *depurar*+*-tivo*)
depuratório *adj.* que depura; depurativo (De *depurar*+*-tório*)
deputação *n.f.* 1 ato ou efeito de deputar 2 delegação de poderes 3 pessoas delegadas, com comissão especial 4 conjunto dos deputados (Do lat. *deputatiōne-*, «id.»)
deputado *n.m.* membro de uma deputação ou de uma assembleia legislativa ■ *adj.* enviado para tratar de certos negócios alheios (Do lat. *deputātu-*, «id.», part. pass. de *deputāre*, «enviar em missão»)
deputar *v.tr.* 1 encarregar de uma missão; delegar; designar 2 incumbir (Do lat. *deputāre*, «enviar em missão»)
dequitação *n.f.* 1 ação ou efeito de dequitar-se 2 período terminal de um parto normal, durante o qual são expulsas as secundinas 3 parto (De *dequitar*+*-ção*)
dequitadura *n.f.* ⇒ **dequitação** (De *dequitar*+*-dura*)
dequitar-se *v.pron.* 1 completar o parto expelindo as secundinas 2 dar à luz (De *de-*+*quitar*)
dequite *n.m.* ⇒ **dequitação** (Deriv. regr. de *dequitar*)
deradelfia *n.f.* TERATOLOGIA estado ou qualidade de deradelfo (De *deradelfo*+*-ia*)
deradelfo *n.m.* TERATOLOGIA ser monocefálico, mas duplo na parte posterior do corpo (Do gr. *dére*, «pescoço» + *adelphós*, «irmão»)
dérbi *n.m.* ⇒ **derby** (Do ing. *derby*, «id.»)
derby *n.m.* encontro desportivo, principalmente de futebol, entre clubes da mesma área geográfica (Do ing. *derby*, «id.»)
derisão *n.f.* irrisão; mofa; escárnio; derrisão (Do lat. *derisiōne-*, «id.»)
derisório *adj.* 1 que encerra derisão; ridículo; escarninho; derrisório 2 irrisório (Do lat. *derisorĭu-*, «id.»)
deriva *n.f.* 1 ⇒ **abatimento** 2 empenagem vertical de um avião, colocada na extremidade posterior da fuselagem, que exerce as funções de leme de direção 3 estabilizador de projéteis de armas de tubo não estriado ou de bombas de avião; *à* ~ ao sabor das ondas, ao sabor da corrente, à sorte, sem modo de vida, sem governo (Do fr. *dérive*, «id.»)
derivação *n.f.* 1 ato ou efeito de derivar 2 desvio de águas do curso que seguiam 3 movimento por meio do qual algo ou alguém se afasta do seu curso normal; desvio; afastamento 4 ramificação de uma via rodoviária ou ferroviária; ramal 5 prolongamento do corpo principal 6 proveniência; origem 7 MATEMÁTICA operação por meio da qual se encontra a derivada de uma função 8 MEDICINA transferência de inflamação ou humores (substâncias orgânicas fluidas) para parte menos perigosa do organismo 9 ELETRICIDADE ramal condutor conectado entre dois pontos de um circuito elétrico preexistente 10 GRAMÁTICA processo de formação de palavras que pode implicar a adição de constituintes morfológicos a uma forma de base (prefixação, sufixação) ou não (conversão, derivação não afixal) 11 LINGUÍSTICA processo através do qual, em gramática generativa, se geram frases mediante a aplicação de regras 12 (balística) desvio lateral de um projétil resultante do movimento de rotação de que vai animado 13 [fig.] proveniência de um antepassado ou de um ramo familiar comum; descendência; ~ *imprópria* (gramática tradicional) ⇒ **conversão** 4; ~ *não afixal* LINGUÍSTICA processo de formação de palavras em que um nome se forma a partir do radical verbal (na gramática tradicional, designa-se derivação regressiva) (Do lat. *derivatiōne-*, «id.»)
derivacional *adj.2g.* GRAMÁTICA da derivação ou a ela referente (Do lat. *derivatiōne-*, «derivação»+*-al*)
derivada *n.f.* MATEMÁTICA limite da razão entre o acréscimo de uma função e o acréscimo dado à variável quando esta tende para zero (Part. pass. fem. subst. de *derivar*)
derivado *adj.* 1 que deriva ou derivou 2 que tem origem em; originado 3 deduzido 4 diz-se do produto ou substância que se obtém por transformação material 5 GRAMÁTICA diz-se da palavra em que se adicionam constituintes morfológicos a uma forma de base (prefixação, sufixação) ou não (conversão, derivação não afixal) ■ *n.m.* 1 GRAMÁTICA palavra que deriva de outra 2 substância proveniente de outra; ~ *de um conjunto* MATEMÁTICA conjunto dos pontos de acumulação do primeiro conjunto (Part. pass. de *derivar*)
derivante *adj.2g.* que deriva (Do lat. *derivante-*, «id.», part. pres. de *derivāre*, «fazer desviar»)
derivar *v.tr.* 1 ser proveniente de; ter origem em; proceder de 2 desviar do curso normal 3 GRAMÁTICA formar uma palavra pelo

derivativo

processo da derivação **4** MATEMÁTICA calcular a derivada de ▪ *v.intr.* **1** ir correndo (o tempo) **2** afastar-se do seu curso normal **3** (navio) afastar-se do seu rumo **4** (rio, regato) correr; fluir ▪ *v.pron.* originar-se (em) (Do lat. *derivāre*, «fazer desviar; afastar»)

derivativo *adj.* **1** relativo à derivação de palavras **2** que serve para operar uma derivação **3** revulsivo ▪ *n.m.* **1** coisa que faz operar uma derivação **2** ocupação que substitui outra mais penosa **3** entretenimento (Do lat. *derivatĭvu-*, «id.»)

derivatório *adj.* derivativo (Do lat. *derivatorĭu-*, «id.»)

derivável *adj.2g.* **1** que tem derivação **2** que se pode derivar (Do lat. *derivabĭle-*, «id.»)

derma *n.m.* ⇒ **derme** (Do gr. *dérma*, *-atos*, «pele»)

dermalgia *n.f.* MEDICINA dor localizada na pele (Do gr. *dérma*, *-atos*, «pele» + *álgos*, «dor» + *-ia*)

dermápteros *n.m.pl.* ZOOLOGIA ⇒ **dermatópteros** (Do gr. *dérma*, *-atos*, «pele» + *pterón*, «asa»)

dermático *adj.* relativo à derme ou à pele; dérmico (De *dermat(o)-+-ico*)

dermatite *n.f.* inflamação da pele, denominada, em alguns casos, cutite; dermite (Do gr. *dérma*, *-atos*, «pele» +*-ite*)

dermat(o)- elemento de formação de palavras que exprime a ideia de *pele* (Do gr. *dérma*, *-atos*, «pele»)

dermatofobia *n.f.* terror mórbido às lesões cutâneas (Do gr. *dérma*, *-atos*, «pele» + *phóbos*, «horror» +*-ia*)

dermatóglifo *n.m.* impressão das rugas cutâneas das palmas e dos dedos das mãos e das plantas e dos dedos dos pés (Do gr. *dérma*, *-atos*, «pele»; cútis + *glýphein*, «gravar»)

dermatografia *n.f.* ⇒ **dermografismo** (Do gr. *dérma*, *-atos*, «pele» + *gráphein*, «descrever» +*-ia*)

dermatoide *adj.2g.* semelhante à pele ou ao couro (Do gr. *dérma*, *-atos*, «pele» +*-eîdos*, «forma»)

dermatóide ver nova grafia dermatoide

dermatologia *n.f.* parte da medicina que se ocupa do estudo e tratamento das doenças da pele (Do gr. *dérma*, *-atos*, «pele» + *lógos*, «estudo» +*-ia*)

dermatológico *adj.* pertencente ou relativo à dermatologia (De *dermatologia+-ico*)

dermatologista *n.2g.* especialista em doenças da pele (De *dermatologia+-ista*)

dermatólogo *n.m.* ⇒ **dermatologista**

dermatoplastia *n.f.* cirurgia plástica da pele (Do gr. *dérma*, *-atos*, «pele» + *plastós*, «modelado» +*-ia*)

dermatópteros *n.m.pl.* **1** ZOOLOGIA ordem de insetos com o primeiro par de asas curto e abdómen munido de apêndices que formam pinça; dermápteros; dermópteros **2** subordem de mamíferos insetívoros (Do gr. *dérma*, *-atos*, «pele» + *pterón*, «asa»)

dermatose *n.f.* MEDICINA nome genérico das doenças da pele (De *dermat(o)-+-ose*)

dermatoterapia *n.f.* MEDICINA tratamento das doenças da pele; dermoterapia (De *dermato-+terapia*)

dermatotomia *n.f.* CIRURGIA incisão na pele (Do gr. *dérma*, *-atos*, «pele» + *tomé*, «corte» +*-ia*)

dermatozoário *n.m.* parasita da pele (Do gr. *dérma*, *-atos*, «pele» + *zoárion*, «animalzinho»)

derme *n.f.* HISTOLOGIA parte conjuntiva da pele subadjacente à epiderme; derma; pele (Do gr. *dérma*, *-atos*, «pele»)

-derme elemento de formação de palavras, de origem grega, que exprime a ideia de *pele* (Do gr. *dérma*, «id.»)

dermesta *n.m.* ZOOLOGIA pequeno inseto coleóptero da família dos Dermestídeos, cuja larva rói o vestuário, o couro, etc. (Do gr. *dérmestes*, «bicho que rói o coiro»)

Dermestídeos *n.m.pl.* ZOOLOGIA família de insetos coleópteros, cavicórneos, de pequenas dimensões, geralmente necrófagos, que se alimentam de peles, couros, lãs, pergaminhos, etc., e cujas larvas são extremamente vorazes e nocivas (De *dermesta+-ídeos*)

dérmico *adj.* ⇒ **dermático** (Do gr. *dérma*, *(-atos)*, «pele» +*-ico*)

dermite *n.f.* MEDICINA inflamação da derme; dermatite (Do gr. *dérma*, *(-atos)*, «pele» +*-ite*)

derm(o)- ⇒ **dermat(o)-**

dermografismo *n.m.* **1** FISIOLOGIA distúrbio na pele caracterizado pelo aparecimento de edemas vermelhos, inchaço e comichão intensa no local que se comprime ou esfrega **2** descrição da pele (De *dermograf-+-ismo*)

dermoide *adj.2g.* da natureza ou estrutura da pele (Do gr. *dérma*, *(-atos)*, «pele» + *eîdos*, «forma»)

dermóide ver nova grafia dermoide

dermopapilograma *n.m.* ⇒ **datilograma** (Do gr. *dérma*, *(-atos)*, «pele» + lat. *papilla-*, «polpa de dedo» + gr. *grámma*, «letra»)

dermópteros *n.m.pl.* ZOOLOGIA ⇒ **dermatópteros** (Do gr. *dérma*, *(-atos)*, «pele» + *pterón*, «asa»)

dermoterapia *n.f.* ⇒ **dermatoterapia** (De *dermo-+terapia*)

derrabado *adj.* **1** que vai na cauda **2** atrasado **3** de rabo cortado **4** diz-se do barco que, por má distribuição da carga, mergulha a popa mais do que seria normal (Part. pass. de *derrabar*)

derrabanho *n.m.* [regionalismo] ORNITOLOGIA ⇒ **peneireiro** (De orig. obsc.)

derrabar *v.tr.* **1** cortar o rabo ou a cauda a **2** aparar as abas a um vestido (De *de-+rabo+-ar*)

derradeiro *adj.* **1** que fica ou vem atrás de todos **2** último; final (Do lat. **derretrarĭu-*, «id.»)

derraigar *v.tr.* ⇒ **derreigar**

derrama *n.f.* **1** imposto local (municipal ou paroquial) repartido pelos habitantes em proporção com os seus rendimentos **2** lançamento de côngrua paroquial **3** corte dos ramos (Deriv. regr. de *derramar*)

derramação *n.f.* ato de derramar (De *derramar+-ção*)

derramado *adj.* **1** com a rama cortada **2** coletado **3** vertido; espalhado; perdido **4** [pop.] atacado de hidrofobia (Part. pass. de *derramar*)

derramador *adj.,n.m.* que ou aquele que derrama (De *derramar+-dor*)

derramamento *n.m.* **1** ato ou efeito de derramar **2** difusão; propagação **3** derrame **4** [pop.] hidrofobia (De *derramar+-mento*)

derramar *v.tr.* **1** deixar correr para fora **2** entornar; verter **3** espalhar **4** cortar os ramos a **5** repartir um imposto **6** produzir em abundância **7** exalar ▪ *v.pron.* enfurecer-se; danar-se (Do lat. **derramāre*, «tirar os ramos a»)

derrame *n.m.* **1** ⇒ **derramamento** **2** perda **3** GEOLOGIA escoada de lava **4** a própria lava solidificada **5** MEDICINA hemorragia interna, geralmente cerebral **6** presença de um líquido do organismo no espaço compreendido entre duas membranas serosas (Deriv. regr. de *derramar*)

derrancado *adj.* **1** corrompido **2** arruinado **3** hidrófobo; raivoso **4** furioso (Part. pass. de *derrancar*)

derrancamento *n.m.* **1** ato ou efeito de derrancar; derranco **2** alteração dos alimentos ou dos líquidos por estarem expostos ao ar (De *derrancar+-mento*)

derrancar[1] *v.tr.* **1** tornar rançoso **2** alterar; corromper **3** tornar manco **4** [fig.] perverter ▪ *v.pron.* **1** ganhar ranço **2** estragar-se **3** danar-se (Do lat. *de-+rancu-*, por *rancĭdu-*, «rançoso» +*-āre*?)

derrancar[2] *v.tr.* **1** desarraigar **2** deslocar **3** arrancar (De *de-+arrancar*)

derranco *n.m.* ⇒ **derrancamento** (Deriv. regr. de *derrancar*)

derranque *n.m.* ⇒ **derrancamento** (Deriv. regr. de *derrancar*)

derrapagem *n.f.* **1** deslizamento descontrolado das rodas de um veículo por falta de aderência ao piso **2** situação em que se ultrapassa aquilo que estava previsto inicialmente (Do fr. *dérapage*, «id.»)

derrapar *v.intr.* **1** deslizar (a roda de um veículo em andamento) de forma descontrolada por falta de aderência ao piso; resvalar **2** ultrapassar o que estava previsto inicialmente (orçamento, prazo, etc.) (Do fr. *déraper*, «id.»)

derreadela *n.f.* ⇒ **derreamento** (De *derrear+-dela*)

derreado *adj.* **1** que não pode endireitar as costas por efeito de fadiga, pancada ou peso demasiado **2** curvado **3** alquebrado; ajoujado (Part. pass. de *derrear*)

derreador *adj.,n.m.* que, aquilo ou aquele que derreia (De *derrear+-dor*)

derreamento *n.m.* estado do que ou de quem está derreado (De *derrear+-mento*)

derrear *v.tr.* **1** fazer vergar as costas com peso, pancada, etc. **2** curvar **3** extenuar; prostrar **4** [fig.] desacreditar ▪ *v.pron.* **1** ficar derreado **2** curvar-se (Do lat. **disrenāre*, «molestar os rins a», de *renes*, «rins»)

derredor *adv.* à volta; em redor (De *de-+redor*)

derregar *v.tr.* [regionalismo] abrir novos sulcos no terreno para desviar as águas das chuvas (Do lat. *de-+rigāre*, «regar»)

derreia *n.f.* prostração de forças; derreamento (Deriv. regr. de *derrear*)

derreigar *v.tr.* **1** [regionalismo] escavar a terra; decruar (um terreno); surribar **2** [regionalismo] arrancar (planta) (Do lat. *de-+radicāre*, «criar raízes»)

derreio *n.m.* ato ou efeito de derrear; derreamento (Deriv. regr. de *derrear*)

derrelicção *n.f.* **1** abandono; desamparo **2** RELIGIÃO situação de Cristo na Paixão **3** FILOSOFIA para o existencialismo, particularmente

derrelicto adj. 1 abandonado 2 sem dono (Do lat. *derelictu-*, part. pass. de *derelinquĕre*, «abandonar»)
derrengar v.tr. [regionalismo] desancar; derrear ■ v.pron. requebrar-se (Do lat. vulg. **derenicāre*, «molestar os rins a», de *renes*, «rins»)
derrengo n.m. 1 efeito de derrengar 2 requebro; dengue (Deriv. regr. de *derrengar*)
derrengue n.m. ⇒ **derrengo** (Deriv. regr. de *derrengar*)
derrete n.m. 1 [pop.] namoro; galanteio 2 derrengo; meiguice (Deriv. regr. de *derreter*)
derretedura n.f. ⇒ **derretimento** (De *derreter*+*-mento*)
derreter v.tr. 1 tornar líquido; liquefazer 2 fundir 3 dissolver 4 [fig.] consumir 5 [fig.] comover ■ v.pron. 1 liquefazer-se 2 [fig.] dissipar-se; desfazer-se 3 [fig.] comover-se; enternecer-se 4 [fig.] apaixonar-se; ~ *dinheiro* esbanjar, gastar de mais (Do lat. cl. *deterĕre*, pelo lat. vulg. *deretēre*, de *deterĕre*, «gastar; puir», com met.)
derretimento n.m. 1 ato ou efeito de derreter ou derreter-se; derretedura 2 [fig.] afetação nas maneiras e nas palavras 3 [fig.] comoção; ternura (De *derreter*+*-i-*+*-mento*)
derriba n.f. ⇒ **derribamento** (Deriv. regr. de *derribar*)
derribador adj.,n.m. que ou o que derriba (De *derribar*+*-dor*)
derribamento n.m. 1 ato de derribar 2 queda 3 [fig.] ruína (De *derribar*+*-mento*)
derribar v.tr. 1 deitar abaixo; demolir; desmantelar 2 fazer cair; derrubar; abater 3 aniquilar; destruir 4 prostrar 5 [fig.] arruinar 6 [fig.] destituir 7 [fig.] subjugar (Do b. lat. *derripāre*, «fazer cair da margem»)
derriça n.f. [pop.] ato de derriçar; disputa; caçoada (Deriv. regr. de *derriçar*)
derriçador adj.,n.m. que ou aquele que derriça; namorador (De *derriçar*+*-dor*)
derriçar v.tr. 1 puxar por qualquer coisa com o fim de a arrancar ou dilacerar 2 desenredar; desenriçar; desemaranhar 3 troçar de; zombar de 4 [pop.] namoriscar (com) ■ v.pron. desfazer-se em ternuras e denguices; derreter-se (De *de-*+*riço*+*-ar*)
derriço n.m. 1 maçada 2 impertinência 3 [pop.] chacota 4 [pop.] namoro 5 [pop.] pessoa que se namora (Deriv. regr. de *derriçar*)
derrisão n.f. 1 riso de escárnio 2 ⇒ **irrisão** (Do lat. *derisiōne-*, «escárnio»)
derrisca n.f. ato de derriscar; desobriga (Deriv. regr. de *derriscar*)
derriscar v.tr. ⇒ **desarriscar** (De *de-*+*riscar*)
derrisório adj. em que há derrisão; escarnecedor; derisório; trocista; escarninho (De *derrisão*+*-ório*)
derrocada n.f. 1 ato ou efeito de derrocar 2 desabamento com estrondo; esbarrondamento 3 [fig.] destruição; ruína (Part. pass. fem. subst. de *derrocar*)
derrocador adj.,n.m. que ou aquele que derroca (De *derrocar*+*-dor*)
derrocamento n.m. ação de derrocar; derrocada (De *derrocar*+*-mento*)
derrocar v.tr. 1 deitar abaixo; demolir; desmoronar 2 abater; destruir 3 arrasar 4 [fig.] humilhar (De *de-*+*roca* [= *rocha*]+*-ar*)
derrogação n.f. 1 ato ou efeito de derrogar 2 revogação parcial de uma lei; abolição (Do lat. *derogatiōne-*, «id.»)
derrogador adj.,n.m. que ou aquele que derroga (Do lat. *derogatōre-*, «detrator»)
derrogamento n.m. ⇒ **derrogação** (De *derrogar*+*-mento*)
derrogante adj.2g. que derroga (Do lat. *derogante-*, part. pres. de *derogāre*, «revogar; abolir»)
derrogar v.tr. 1 revogar parcialmente 2 alterar na essência 3 anular 4 abolir (Do lat. *derogāre*, «revogar; abolir»)
derrogatório adj. que encerra derrogação (Do lat. *derogatoriŭ-*, «id.»)
derrota[1] n.f. 1 ato ou efeito de derrotar ou ser derrotado 2 insucesso 3 desastre 4 perda 5 destroço 6 desbaratamento de um exército; revés militar (Deriv. regr. de *derrotar*, ou do fr. *déroute*, «debandada»)
derrota[2] n.f. 1 NÁUTICA rumo que o navio leva; rota; roteiro 2 modo de proceder na vida (Do lat. *dirupta [via]*, «[caminho] aberto»)
derrotado adj. 1 vencido 2 desbaratado 3 [fig.] prostrado 4 [fig.] arruinado ■ n.m. aquele que perdeu (Part. pass. de *derrotar*)
derrotador adj. 1 que derrota 2 que se afasta do rumo ■ n.m. aquele que derrota (De *derrotar*+*-dor*)
derrotar[1] v.tr. 1 vencer 2 destruir 3 vencer e pôr em desordem; destroçar; desbaratar (exército) 4 abater a esmo (árvores) 5 [fig.] cansar 6 [fig.] convencer 7 [fig.] destruir ■ v.intr. (touro) fazer derrote ■ v.pron. arruinar-se (Do fr. *dérouter*, «desencaminhar»)
derrotar[2] v.tr. fazer sair da rota (um navio) (De *de-*+*rota*+*-ar*)
derrotável adj.2g. que se pode derrotar (De *derrotar*+*-vel*)
derrote n.m. 1 TAUROMAQUIA levantamento brusco e violento da cabeça depois de marrar 2 [pop.] derrota; destruição 3 [pop.] ato ou efeito de derrubar árvores 4 [pop.] destruição de grande parte de uma plantação (Deriv. regr. de *derrotar*)
derroteiro n.m. ⇒ **roteiro** (De *derrota*+*-eiro*)
derrotismo n.m. 1 estado de espírito daquele que não tem confiança na vitória ou no bom êxito de uma empresa 2 pessimismo; negativismo (De *derrota*+*-ismo*)
derrotista adj.,n.2g. que ou pessoa que não acredita na vitória; pessimista (De *derrota*+*-ista*)
derruba n.f. [Brasil] ato de abater grandes árvores para aproveitar o terreno para a cultura; derrube (Deriv. regr. de *derrubar*)
derrubada n.f. [Brasil] ⇒ **derruba** (Part. pass. fem. subst. de *derrubar*)
derrubado adj. 1 caído 2 [fig.] abatido; enfraquecido 3 [fig.] destruído 4 (chapéu) com a aba virada para baixo (Part. pass. de *derrubar*)
derrubador adj.,n.m. que ou o que derruba (De *derrubar*+*-dor*)
derrubamento n.m. ato ou efeito de derrubar (De *derrubar*+*-mento*)
derrubar v.tr. 1 deitar por terra; derribar 2 voltar para baixo 3 [fig.] destruir; arruinar 4 [fig.] enfraquecer 5 [fig.] destituir (Do lat. tard. *derupāre*, «atirar do alto de uma rocha; despenhar»)
derrube n.m. 1 ato de derrubar 2 [Brasil] derrubada (Deriv. regr. de *derrubar*)
derruição n.f. ⇒ **derruimento** (De *derruir*+*-ção*)
derruidor adj. que provoca derruimento (De *derruir*+*-dor*)
derruimento n.m. ato ou efeito de derruir; desmoronamento (De *derruir*+*-mento*)
derruir v.tr. deitar abaixo; derribar ■ v.intr. desmoronar-se; cair; derrocar (Do lat. *deruĕre*, «fazer cair»)
dervis n.m. (plural **dervises**) religioso maometano pobre (Do pers. *darwich*, «pobre; frade mendicante», pelo fr. *derviche*, «id.»)
dervixe n.m. ⇒ **dervis**
des- prefixo que exprime a ideia de *separação, afastamento, ablação, ação contrária, de cima para baixo, intensidade, reforço* (Do lat. *de*+*ex* ou *dis-*, «id.»)
dês prep. [pop.] ⇒ **desde** (Do lat. *de-*+*ex*, «id.»)
desabado adj. (chapéu) de abas largas e caídas (Part. pass. de *desabar*)
desabafado adj. 1 desembaraçado 2 desafogado 3 exposto ao ar livre; não confinado 4 destapado (Part. pass. de *desabafar*)
desabafamento n.m. ⇒ **desabafo** (De *desabafar*+*-mento*)
desabafar v.tr.,v.intr. dar a conhecer (emoções ou sentimentos); exteriorizar; abrir-se ■ v.tr. destapar; descobrir 2 arejar 3 permitir respirar livremente (De *des-*+*abafar*)
desabafo n.m. 1 ato ou efeito de desabafar 2 desafogo; alívio 3 expansão 4 exteriorização de sentimentos penosos e reprimidos (Deriv. regr. de *desabafar*)
desabalada n.f. 1 abalada; fuga 2 correria (Part. pass. fem. subst. de *desabalar*)
desabalado adj. 1 excessivo; desmedido 2 arrebatado 3 precipitado (Part. pass. de *desabalar*)
desabalar v.intr. fugir precipitadamente (De *des-*+*abalar*)
desabalroar v.tr. desatracar; desaferrar (De *des-*+*abalroar*)
desabamento n.m. ato ou efeito de desabar; derrocada; desmoronamento (De *desabar*+*-mento*)
desabar v.tr. 1 abaixar a aba de 2 deitar abaixo ■ v.intr. 1 cair 2 desmoronar-se; ruir (De *des-*+*aba*+*-ar*)
desabastado adj. que não é abastado (De *des-*+*abastado*)
desabastecido adj. desabastado; carecido; desprovido (De *des-*+*abastecido*)
desabe n.m. ⇒ **desabamento** (Deriv. regr. de *desabar*)
desabeirar v.tr. 1 afastar da beira 2 derivar (De *des-*+*abeirar*)
desabelhamento n.m. ⇒ **desabelho** (De *desabelhar*+*-mento*)
desabelhar v.intr. fugir em bando (como um enxame de abelhas) ■ v.tr. tirar as abelhas de (cortiço, colmeia, etc.) (De *des-*+*abelhar*)
desabelho /ê/ n.m. 1 ação ou efeito de desabelhar; desabelhamento 2 fuga em bando; desavoramento 3 recolha de mais de um enxame no mesmo cortiço ■ adj. designativo destes enxames (Deriv. regr. de *desabelhar*)
desabilitar v.tr. tornar inábil ■ v.pron. perder a habilitação (De *des-*+*habilitar*)

desabitado

desabitado[1] *adj.* 1 sem habitantes ou moradores; desocupado 2 devoluto 3 deserto (Part. pass. de *desabitar*, «deixar sem habitantes»)

desabitado[2] *adj.* com as voltas da amarra soltas da abita (Part. pass. de *desabitar*, «tirar a amarra da abita»)

desabitar[1] *v.tr.* 1 deixar sem habitantes 2 abandonar (uma casa que se habitava); desocupar (De *des-*+*habitar*)

desabitar[2] *v.tr.* NÁUTICA desfazer as voltas que fixam a amarra à abita (De *des-*+*abita*+*-ar*)

desábito *n.m.* 1 falta de hábito; descostume 2 ⇒ **desabituação** (Deriv. regr. de *desabituar*)

desabituação *n.f.* 1 ato ou efeito de desabituar(-se); perda de um hábito 2 libertação da dependência de uma substância (droga, álcool, etc.) (De *desabituar*+*-ção*)

desabituar *v.tr.,pron.* fazer perder ou perder o hábito; desacostumar(-se) (De *des-*+*habituar*)

desabonado *adj.* 1 que não tem abono 2 desacreditado 3 sem meios (Part. pass. de *desabonar*)

desabonador *adj.,n.m.* que ou aquele que desabona (De *des-*+*abonador*)

desabonar *v.tr.* desacreditar; depreciar; desautorizar (De *des-*+*abonar*)

desabono /ô/ *n.m.* 1 ato ou efeito de desabonar 2 descrédito 3 detrimento da honra ou do crédito 4 desfavor (Deriv. regr. de *desabonar*)

desabordar *v.tr.* 1 soltar uma embarcação de outra a que estava abordada; desabalroar 2 desatracar ■ *v.intr.* desencostar-se (a embarcação que estava abordada) (De *des-*+*abordar*)

desaborrecer *v.tr.,pron.* fazer perder ou perder o aborrecimento; distrair(-se) (De *des-*+*aborrecer*)

desabotoadura *n.f.* 1 ato ou efeito de desabotoar 2 o desabrochar da flor (De *desabotoar*+*-dura*)

desabotoamento *n.m.* ⇒ **desabotoadura** (De *desabotoar*+*-mento*)

desabotoar *v.tr.* tirar os botões das respetivas casas de (peça de roupa); desapertar; abrir ■ *v.intr.* (flor) desabrochar ■ *v.pron.* 1 pôr-se à vontade 2 desprender-se do botão 3 [fig.] desabafar (De *des-*+*abotoar*)

desabraçar *v.tr.* 1 desprender dos braços 2 cessar de abraçar (De *des-*+*abraçar*)

desabrido *adj.* 1 rude; áspero 2 violento 3 desagradável 4 tempestuoso (Part. pass. de *desabrir*)

desabrigar *v.tr.* 1 tirar do abrigo 2 descobrir 3 desamparar ■ *v.pron.* sair do abrigo (De *des-*+*abrigar*)

desabrigo *n.m.* 1 exposição à intempérie 2 [fig.] desamparo; abandono (Deriv. regr. de *desabrigar*)

desabrimento *n.m.* 1 ação de desabrir ou desabrir-se 2 aspereza de modos; rudeza 3 insolência 4 rigor do tempo (De *desabrir*+*-mento*)

desabrir *v.tr.* 1 abrir mão de 2 abandonar ■ *v.pron.* 1 irritar-se 2 agastar-se (De *des-*+*abrir*)

desabrochamento *n.m.* ato ou efeito de desabrochar (De *desabrochar*+*-mento*)

desabrochar *v.tr.* 1 desabotoar; desapertar 2 descerrar ■ *v.intr.* (flor) abrir-se ■ *v.pron.* 1 atingir certo desenvolvimento 2 principiar a manifestar-se 3 [fig.] soltar-se (De *des-*+*abrochar*)

desabrolhar *v.tr.,intr.* 1 (fazer) desabrochar (flores, gomos) 2 (fazer) crescer; desenvolver(-se) (De *des-*+*abrolhar*)

desabusado *adj.* 1 sem preconceitos 2 petulante 3 inconveniente; atrevido 4 desenganado (Part. pass. de *desabusar*)

desabusar *v.tr.* 1 isentar de preconceitos 2 esclarecer 3 desenganar ■ *v.pron.* 1 desiludir-se 2 portar-se de forma insolente (De *des-*+*abusar*)

desabuso *n.m.* 1 ato ou efeito de desabusar 2 esclarecimento 3 atrevimento; ato insolente (Deriv. regr. de *desabusar*)

desaçaimar *v.tr.* 1 tirar o açaimo a 2 açular (De *des-*+*açaimar*)

desacamar *v.tr.* 1 desabituar da cama; levantar 2 desacomodar 3 desfazer as camadas de (De *des-*+*acamar*)

desacamar *v.tr.* ⇒ **desaçaimar** (De *des-*+*açamar*)

desacamaradar *v.tr.* 1 fazer perder a camaradagem a 2 desaparelhar; separar (De *des-*+*acamaradar*)

desacampar *v.intr.* 1 sair do acampamento 2 levantar o arraial (De *des-*+*acampar*)

desacanalhar *v.tr.* fazer perder os modos de canalha ■ *v.pron.* deixar os modos de canalha (De *des-*+*acanalhar*)

desacanhamento *n.m.* 1 ação de desacanhar ou desacanhar-se 2 perda do acanhamento (De *desacanhar*+*-mento*)

desacanhar *v.tr.* 1 tirar o acanhamento a 2 tornar desembaraçado ■ *v.pron.* 1 perder o acanhamento 2 fazer-se desembaraçado (De *des-*+*acanhar*)

desacasalar *v.tr.* separar (animais que estavam acasalados); descasalar (De *des-*+*acasalar*)

desacatamento *n.m.* 1 ato de desacatar 2 desacato (De *desacatar*+*-mento*)

desacatar *v.tr.* 1 desrespeitar 2 não cumprir; não acatar 3 ser irreverente; provocar (De *des-*+*acatar*)

desacato *n.m.* 1 desrespeito; irreverência 2 insubordinação 3 maldade (Deriv. regr. de *desacatar*)

desacaudilhar *v.tr.* 1 privar de caudilho; privar de chefe 2 deixar de acaudilhar (De *des-*+*acaudilhar*)

desacautelado *adj.* que não tem cautela; imprevidente ■ *n.m.* aquele que não é cauteloso (Part. pass. de *desacautelar*)

desacautelar *v.tr.* não ter cautela com; descuidar-se de; não guardar ■ *v.pron.* não usar de cautela; ser imprevidente (De *des-*+*acautelar*)

desacavalar *v.tr.* tirar (o que estava acavalado ou sobreposto) (De *des-*+*acavalar*)

desaceitar *v.tr.* não aceitar; rejeitar (De *des-*+*aceitar*)

desaceleração *n.f.* 1 redução de velocidade 2 [fig.] abrandamento de ritmo (De *desacelerar*+*-ção*)

desacelerar *v.tr.* 1 reduzir a velocidade (de); afrouxar; abrandar 2 diminuir o ritmo ou o desenvolvimento (de) (De *des-*+*acelerar*)

desacentuar *v.tr.* 1 tirar a acentuação a 2 simplificar (De *des-*+*acentuar*)

desacepilhado *adj.* que não está acepilhado; em bruto (De *des-*+*acepilhado*)

desacerbar *v.tr.* 1 tirar o acerbo a; tirar o amargor a; adoçar 2 mitigar (De *des-*+*acerbar*)

desacertadamente *adv.* 1 erradamente 2 desatinadamente; desconcertadamente (De *desacertado*+*-mente*)

desacertado *adj.* 1 errado 2 despropositado; inconveniente 3 desatinado (Part. pass. de *desacertar*)

desacertar *v.tr.* 1 fazer com desacerto 2 não atingir; falhar 3 desordenar ■ *v.intr.* proceder com desacerto ■ *v.pron.* 1 sair da ordem 2 deixar de funcionar bem (De *des-*+*acertar*)

desacerto /ê/ *n.m.* 1 falta de acerto 2 erro por ignorância ou inadvertência 3 tolice (Deriv. regr. de *desacertar*)

desachegar *v.tr.* desunir; afastar (De *des-*+*achegar*)

desacidificar *v.tr.* tirar a acidez a (De *des-*+*acidificar*)

desaclimar *v.tr.* 1 desabituar do clima 2 colocar fora do clima próprio 3 desacostumar (De *des-*+*aclimar*)

desaclimatar *v.tr.* ⇒ **desaclimar** (De *des-*+*aclimatar*)

desacobardar *v.tr.* tirar a cobardia a; incutir coragem a; animar ■ *v.pron.* perder a timidez (De *des-*+*acobardar*)

desacoimar *v.tr.* 1 perdoar a coima a; absolver 2 reabilitar (De *des-*+*acoimar*)

desacoitar *v.tr.* fazer sair do esconderijo (De *des-*+*acoitar*)

desacolchetar *v.tr.* 1 desprender dos colchetes; abrir, desprendendo os colchetes 2 desapertar (De *des-*+*acolchetar*)

desacolchoar *v.tr.* desfazer o acolchoamento de (De *des-*+*acolchoar*)

desacolher *v.tr.* 1 negar acolhimento a 2 receber mal; repelir (De *des-*+*acolher*)

desacolhimento *n.m.* ato de desacolher; mau acolhimento; repulsa (De *desacolher*+*-mento*)

desacomodado *adj.* 1 que está fora do seu lugar; desarrumado; desordenado 2 impróprio; despropositado (Part. pass. de *desacomodar*)

desacomodar *v.tr.* 1 privar da acomodação 2 deslocar 3 privar de emprego 4 incomodar; inquietar ■ *v.pron.* 1 perder o lugar, colocação ou emprego 2 incomodar-se (De *des-*+*acomodar*)

desacompanhado *adj.* 1 sem companhia 2 desprotegido 3 sozinho (Part. pass. de *desacompanhar*)

desacompanhar *v.tr.* 1 sair da companhia de 2 deixar de acompanhar 3 desamparar 4 deixar de estar a par de 5 discordar de (De *des-*+*acompanhar*)

desacompassado *adj.* sem compasso; descompassado; sem ritmo (De *des-*+*acompassado*)

desaconchegar *v.tr.* 1 privar do aconchego; desconchegar 2 desacomodar (De *des-*+*aconchegar*)

desaconselhado *adj.* não recomendado; contraindicado (Part. pass. de *desaconselhar*)

desaconselhar *v.tr.* dissuadir de uma resolução tomada; contraindicar (De *des-*+*aconselhar*)

desaconselhável *adj.2g.* que não é aconselhável; que não é recomendável (De *desaconselhar*+-*ável*)

desacoplar *v.tr.* 1 separar; desligar 2 FÍSICA interromper o acoplamento (Do fr. *désaccoupler*)

desacorçoar *v.tr.,intr.* ⇒ **descoroçoar** (De *des-*+*acorçoar*)

desacordado *adj.* 1 sem dar acordo de si; desmaiado 2 esquecido; inconsiderado 3 em desacordo; discordante (Part. pass. de *desacordar*)

desacordante *adj.2g.* que desacorda; discordante (De *desacordar*+-*ante*)

desacordar *v.tr.* 1 pôr em desacordo 2 fazer perder a concordância ou a harmonia; desafinar ▪ *v.intr.* 1 pôr-se em desacordo; discordar 2 MÚSICA perder a afinação; desafinar 3 [pop.] perder os sentidos (De *des-*+*acordar*)

desacorde *adj.2g.* 1 dissonante; desarmónico 2 discorde ▪ *n.m.* dissonância (De *des-*+*acorde*)

desacordo /ô/ *n.m.* 1 falta de acordo; discórdia; divergência 2 desafinação; desarmonia 3 desmaio (Deriv. regr. de *desacordar*)

desacoroçoar *v.tr.,intr.* ⇒ **descoroçoar** (De *des-*+*acoroçoar*)

desacorrentar *v.tr.* desprender da corrente; soltar (De *des-*+*acorrentar*)

desacostar *v.tr.* desviar o que estava acostado (De *des-*+*acostar*)

desacostumar *v.tr.* fazer perder o costume; desabituar ▪ *v.pron.* perder o costume (De *des-*+*acostumar*)

desacoutar *v.tr.* ⇒ **desacoitar** (De *des-*+*acoutar*)

desacreditado *adj.* 1 sem crédito; mal conceituado 2 depreciado (Part. pass. de *desacreditar*)

desacreditador *adj.,n.m.* 1 que ou aquele que desacredita 2 depreciador (De *desacreditar*+-*dor*)

desacreditar *v.tr.* 1 fazer perder o crédito ou a reputação; difamar 2 depreciar ▪ *v.pron.* perder o crédito (De *des-*+*acreditar*)

desactivação ver nova grafia desativação
desactivar ver nova grafia desativar
desactualização ver nova grafia desatualização
desactualizar ver nova grafia desatualizar

desacuar *v.tr.* fazer com que um animal deixe de estar acuado ou empacado (De *des-*+*acuar*)

desacumulação *n.f.* ato ou efeito de desacumular (De *desacumular*+-*ção*)

desacumular *v.tr.* 1 separar o que está acumulado 2 desamontoar; desatravancar (De *des-*+*acumular*)

desacunhar *v.tr.* tirar as cunhas a; tirar os calços a; descalçar (De *des-*+*acunhar*)

desadaptar *v.tr.* fazer perder a adaptação ou a capacidade de adaptação ▪ *v.pron.* 1 deixar de estar adaptado 2 tornar-se estranho (De *des-*+*adaptar*)

desadequado *adj.* que não é adequado; que não está adequado

desadmoestar *v.tr.* desaconselhar (De *des-*+*admoestar*)

desadoração *n.f.* 1 ato ou efeito de desadorar 2 falta de adoração 3 denegação do culto religioso 4 abominação (De *desadorar*+-*ção*)

desadorar *v.tr.* 1 não prestar a adoração devida a 2 recusar-se a adorar 3 menosprezar 4 detestar ▪ *v.intr.* 1 indignar-se revoltar-se 3 vociferar (De *des-*+*adorar*)

desadormecer *v.tr.,intr.* interromper o sono (a); acordar (De *des-*+*adormecer*)

desadormentar *v.tr.* desentorpecer (De *des-*+*adormentar*)

desadornar *v.tr.* 1 tirar os adornos a 2 não pôr adornos a (discurso) (De *des-*+*adornar*)

desadorno /ô/ *n.m.* 1 falta de adorno; simplicidade 2 desalinho (Deriv. regr. de *desadornar*)

desadunar *v.tr.* desunir; afastar (De *des-*+*adunar*)

desadvertido *adj.* que não reflete; inadvertido; impensado (De *des-*+*advertido*)

desafabilidade *n.f.* falta de afabilidade; rudeza; grosseria (De *des-*+*afabilidade*)

desafaimar *v.tr.* tirar a fome a; saciar (De *des-*+*afaimar*)

desafamar *v.tr.* tirar a fama a; desacreditar; difamar (De *des-*+*afamar*)

desafável *adj.2g.* que não é afável; ríspido; brusco (De *des-*+*afável*)

desafazer *v.tr.* desacostumar; desabituar; desavezar (De *des-*+*afazer*)

desafear *v.tr.* tirar a fealdade a (De *des-*+*afear*)

desafectação ver nova grafia desafetação
desafectado ver nova grafia desafetado
desafectar ver nova grafia desafetar
desafecto ver nova grafia desafeto

desafeição *n.f.* falta de afeição; desamor; indiferença (De *des-*+*afeição*)

desafeiçoamento *n.m.* ⇒ **desafeição** (De *desafeiçoar*+-*mento*)

desafeiçoar *v.tr.* 1 fazer perder as afeições 2 desacostumar 3 desfigurar 4 alterar ▪ *v.pron.* 1 perder a afeição a alguém 2 separar-se (De *des-*+*afeiçoar*)

desafeitar *v.tr.* tirar os enfeites a; desenfeitar (De *des-*+*afeitar*)

desafeito *adj.* desacostumado; desabituado (De *des-*+*afeito*)

desafenado *adj.* 1 [Cabo Verde] valente 2 [Cabo Verde] terrível (De *desafinado*)

desaferrar *v.tr.* 1 desprender o que estava aferrado ou preso com ferro 2 largar 3 soltar 4 arrancar à força 5 fazer desistir; dissuadir ▪ *v.intr.* NÁUTICA (navio) levantar ferro ▪ *v.pron.* 1 soltar-se 2 desapegar-se; mostrar desapego (De *des-*+*aferrar*)

desaferro /ê/ *n.m.* 1 ato de desaferrar 2 [fig.] desapego (Deriv. regr. de *desaferrar*)

desaferroar *v.tr.* deixar de aferroar ▪ *v.intr.* perder o aferro (De *des-*+*aferroar*)

desaferrolhar *v.tr.* 1 correr o ferrolho para abrir 2 tirar o que estava aferrolhado; soltar ▪ *v.pron.* 1 desprender-se 2 livrar-se (De *des-*+*aferrolhar*)

desafervorar *v.tr.* afrouxar o fervor de; abrandar os ímpetos de; entibiar (De *des-*+*afervorar*)

desafetação *n.f.* 1 ausência de afetação; naturalidade; simplicidade 2 ato ou efeito de deixar de destinar algo a um dado fim (De *des-*+*afectação*)

desafetado *adj.* sem afetação; natural; despretensioso; sincero (De *des-*+*afectado*)

desafetar *v.tr.* 1 tornar natural, despretensioso 2 deixar de destinar a 3 desligar ▪ *v.pron.* adquirir naturalidade, simplicidade (De *des-*+*afectar*)

desafeto *adj.* 1 que não tem afeto 2 hostil; contrário; adverso ▪ *n.m.* 1 falta de afeto 2 [Brasil] adversário; inimigo (De *des-*+*afecto*)

desafiador *adj.,n.m.* que ou aquele que desafia; provocador (De *desafiar*+-*dor*)

desafiante *adj.,n.2g.* que ou quem desafia (De *desafiar*+-*ante*)

desafiar[1] *v.tr.* 1 lançar uma provocação a 2 provocar para desafio 3 espicaçar; incitar; estimular 4 convidar 5 enfrentar; afrontar 6 questionar (De *des-*+lat. **afidāre*, de *fides*, «fé», «deixar de confiar; provocar para o combate»)

desafiar[2] *v.tr.* tirar o fio a; tirar o gume a (De *des-*+*afiar*)

desafilhar *v.tr.* apartar das crias (os filhos dos animais) ▪ *v.pron.* separarem-se da mãe (os filhos) (De *des-*+*afilhar*)

desafinação *n.f.* 1 ato ou efeito de desafinar; desafinamento 2 MÚSICA falta de concordância perfeita de frequências entre dois ou mais sons; dissonância 3 [fig.] oposição de interesses ou de opiniões; desarmonia 4 desarranjo; desequilíbrio (De *desafinar*+-*ção*)

desafinado *adj.* 1 sem afinação 2 que está fora do tom 3 dissonante; desarmónico 4 em desacordo 5 desregulado; desequilibrado (Part. pass. de *desafinar*)

desafinamento *n.m.* ⇒ **desafinação** (De *desafinar*+-*mento*)

desafinar *v.tr.* 1 fazer sair do tom; fazer perder a afinação 2 desregular; desarranjar ▪ *v.intr.* 1 não apresentar concordância de frequência entre dois ou mais sons 2 perder a afinação 3 destoar; não condizer 4 [fig.] zangar-se 5 [fig.] disparatar (De *des-*+*afinar*)

desafio *n.m.* 1 ato ou efeito de desafiar ou chamar alguém para combate; provocação 2 incitação; estímulo 3 despique entre dois cantadores 4 duelo; luta 5 DESPORTO competição desportiva; jogo 6 situação em que os cantadores respondem um ao outro, improvisando; *cantar ao ~* cantar à desgarrada (Deriv. regr. de *desafiar*)

desafivelar *v.tr.* abrir ou soltar, despertando a fivela; *~ a máscara* mostrar as verdadeiras intenções ou sentimentos (De *des-*+*afivelar*)

desafixar /cs/ *v.tr.* 1 despregar (o que está afixado) 2 despegar; descolar (De *des-*+*afixar*)

desafligir *v.tr.* tirar a aflição a; sossegar; consolar (De *des-*+*afligir*)

desafogadamente *adv.* 1 com desafogo 2 com independência 3 sem constrangimento (De *desafogado*+-*mente*)

desafogado *adj.* 1 desembaraçado 2 amplo 3 aliviado 4 que não tem dificuldades financeiras 5 livre de cuidados (Part. pass. de *desafogar*)

desafogar *v.tr.* 1 libertar daquilo que afoga, sufoca ou oprime; aliviar; desembaraçar 2 desabafar ▪ *v.tr.,intr.* abrir o coração; desabafar ▪ *v.pron.* 1 pôr-se à vontade 2 aliviar-se; desoprimir-se (De *des-*+*afogar*)

desafogo /ô/ *n.m.* 1 desabafo 2 alívio 3 desembaraço 4 largueza de meios; independência (Deriv. regr. de *desafogar*)

desafoguear *v.tr.* 1 abrandar o calor ou o rubor das faces de 2 refrescar (De des-+afoguear)
desaforadamente *adv.* com desaforo; atrevidamente (De desaforado+-mente)
desaforado *adj.* 1 isento de foro 2 libertino 3 atrevido; desavergonhado; petulante; insolente (Part. pass. de desaforar)
desaforamento *n.m.* 1 atrevimento; insolência 2 DIREITO deslocação de uma causa do tribunal competente para outro (De desaforar+-mento)
desaforar¹ *v.tr.* 1 isentar do pagamento do foro 2 fazer julgar em foro diverso do do delito (De des-+aforar)
desaforar² *v.intr.,pron.* praticar desaforos; desatinar ■ *v.tr.* tornar atrevido, desavergonhado (De desaforo+-ar)
desaforido *adj.* 1 desenfreado 2 desaforado (De desaforo+-ido)
desaforo /ô/ *n.m.* 1 escândalo 2 insolência; infâmia; atrevimento (Deriv. regr. de desaforar)
desafortunado *adj.* que não tem sorte; desfavorecido; infeliz (De des-+afortunado)
desafreguesar *v.tr.* tirar ou desviar os fregueses a (um estabelecimento) ■ *v.pron.* 1 deixar de ser freguês; não frequentar 2 perder a freguesia (De des-+afreguesar)
desafreimar *v.tr.* tirar a freima a; sossegar (De des-+afreimar)
desafronta *n.f.* satisfação que se tira de uma afronta; desagravo (Deriv. regr. de desafrontar)
desafrontado *adj.* 1 livre de calor, de opressão 2 aliviado; desoprimido 3 desagravado; vingado 4 livre; desembaraçado (Part. pass. de desafrontar)
desafrontador *adj.,n.m.* 1 que ou aquele que desafronta 2 vingador (De desafrontar+-dor)
desafrontamento *n.m.* ato ou efeito de desafrontar (De desafrontar+-mento)
desafrontar *v.tr.* 1 obter reparação de (uma afronta ou injúria); desagravar; vingar 2 fazer respirar livremente 3 aliviar 4 arejar ■ *v.pron.* 1 desoprimir-se 2 desagravar-se (De des-+afrontar)
desafumar *v.tr.* 1 livrar do fumo 2 [fig.] tirar a vaidade a (De des-+afumar)
desafundar *v.tr.* tirar do fundo das águas (De des-+afundar)
desagaloar *v.tr.* tirar os galões a; desguarnecer (De des-+agaloar)
desagarrar *v.tr.* despegar; soltar; desunir (De des-+agarrar)
desagasalhar *v.tr.* 1 privar de agasalho 2 deixar sem abrigo ou conforto 3 descobrir; destapar 4 não fazer bom acolhimento a ■ *v.pron.* 1 desabrigar-se 2 descobrir-se (De des-+agasalhar)
desagasalho *n.m.* 1 falta de agasalho 2 desabrigo 3 mau acolhimento (Deriv. regr. de desagasalhar)
desagastado *adj.* que já não está agastado; tranquilizado; aliviado (Part. pass. de desagastar)
desagastamento *n.m.* ato ou efeito de desagastar; desenfado; alívio (De desagastar+-mento)
desagastar *v.tr.* 1 fazer passar o agastamento a 2 desenfadar 3 tranquilizar 4 reconciliar ■ *v.pron.* desenfadar-se (De des-+agastar)
desaglomerar *v.tr.* separar o que estava aglomerado; desacumular; desamontoar (De des-+aglomerar)
desagoirar *v.tr.* livrar de mau agoiro (De des-+agoirar)
desagoniar *v.tr.* fazer passar a agonia a; tranquilizar; desagastar (De des-+agoniar)
desagradado *adj.* descontente; insatisfeito (Part. pass. de desagradar)
desagradar *v.tr.* não agradar a; aborrecer; descontentar; desgostar (De des-+agradar)
desagradável *adj.2g.* 1 que desagrada 2 (indivíduo) antipático; rude 3 repugnante 4 feio (De des-+agradável)
desagradavelmente *adv.* de modo desagradável; com desagrado; com aspereza (De desagradável+-mente)
desagradecer *v.tr.* 1 não agradecer 2 corresponder mal a ■ *v.intr.* ser ingrato (De des-+agradecer)
desagradecido *adj.* mal-agradecido; ingrato (Part. pass. de desagradecer)
desagradecimento *n.m.* ato ou efeito de desagradecer; ingratidão (De desagradecer+-mento)
desagrado *n.m.* 1 falta de agrado; desprazer; desgosto; repugnância 2 rudeza de trato (Deriv. regr. de desagradar)
desagravador *adj.,n.m.* que ou aquele que desagrava (De desagravar+-dor)
desagravamento *n.m.* atenuação; diminuição do valor ou da intensidade; ~ *fiscal* ECONOMIA redução dos impostos a pagar ao Estado (De des-+agravamento)
desagravante *adj.2g.* que desagrava; desagravador (De desagravar+-ante)

desagravar *v.tr.* 1 reparar o agravo feito a; desafrontar; vingar 2 atenuar; suavizar ■ *v.pron.* 1 vingar-se 2 ressarcir-se (De des-+agravar)
desagravo *n.m.* reparação de um agravo; desafronta (Deriv. regr. de desagravar)
desagregação *n.f.* separação das partes agregadas; fragmentação; desunião; ~ *vegetativa* BIOLOGIA reprodução assexuada (multiplicação) em que se separa uma parte do aparelho vegetativo, fragmentação (De des-+agregação)
desagregador *adj.,n.m.* que ou aquele que desagrega (De desagregar+-dor)
desagregante *adj.,n.2g.* ⇒ **desagregador** (De desagregar+-ante)
desagregar *v.tr.* 1 separar (o agregado) 2 decompor (o corpo) nas suas partes constitutivas; fragmentar 3 desunir ■ *v.pron.* separar-se (o que estava agregado); decompor-se (De des-+agregar)
desagregável *adj.2g.* que se pode desagregar (De desagregar+-vel)
desagrilhoamento *n.m.* ato ou efeito de desagrilhoar (De desagrilhoar+-mento)
desagrilhoar *v.tr.* libertar dos grilhões; desacorrentar; soltar (De des-+agrilhoar)
desagrupar *v.tr.* desfazer um grupo; separar os elementos de um grupo (De des-+agrupar)
desaguado *adj.* 1 que desaguou ou se desaguou 2 que perdeu o aguamento (Part. pass. de desaguar)
desaguadoiro *n.m.* ⇒ **desaguadouro** (De desaguar+-doiro)
desaguador *adj.* que desagua (De desaguar+-dor)
desaguadouro *n.m.* vala ou rego para escoamento de águas; sanja; sarjeta; vazadouro (De desaguar+-douro)
desaguamento *n.m.* ato ou efeito de desaguar; escoadouro (De desaguar+-mento)
desaguar *v.tr.* 1 (rio) lançar as águas em; desembocar 2 escoar a água de; enxugar 3 dar uma pequena porção de alimento a (um animal) para lhe impedir o aguamento (De des-+aguar)
desaguçar *v.tr.* tornar rombo; fazer perder o gume (De des-+aguçar)
desaguisado *n.m.* desavença entre pessoas; mal-entendido; discórdia; rixa (Part. pass. subst. de desaguisar)
desaguisar *v.tr.* 1 provocar conflito entre; pôr em contenda 2 desconcertar ■ *v.pron.* agastar-se; desavir-se (De des-+aguisar)
desainar *v.tr.* 1 tirar a gordura ou a substância a 2 fazer emagrecer ■ *v.intr.* 1 gritar enraivecido 2 agastar-se (Do lat. *desaginãre, «fazer emagrecer»)
desairar *v.tr.* 1 causar desaire a 2 tirar o mérito a 3 humilhar; depreciar (Do cast. desairar, «id.»)
desaire *n.m.* 1 falta de elegância, de aprumo, de distinção 2 desgraça; mau êxito; revés de fortuna 3 vergonha 4 inconveniência (Do cast. desaire, «falta de garbo ou gentileza»)
desairoso /ô/ *adj.* 1 que não é airoso; em que há desaire 2 que fica mal; deselegante 3 indecoroso; inconveniente (De desaire+-oso)
desajeitado *adj.* 1 que não tem jeito 2 desastrado; bronco (Part. pass. de desajeitar)
desajeitar *v.tr.* 1 tirar o jeito a 2 desmanchar (o que estava ajeitado) 3 deformar ■ *v.pron.* 1 perder o jeito 2 perder-se o ensejo (De des-+ajeitar)
desajoujar *v.tr.* 1 soltar de ajoujo 2 [fig.] desoprimir; aliviar ■ *v.pron.* desunir-se; desprender-se (De des-+ajoujar)
desajudar *v.tr.* 1 não ajudar 2 desauxiliar; estorvar; sobrecarregar em vez de ajudar (De des-+ajudar)
desajuizado *adj.* que não tem juízo; insensato (De des-+ajuizado)
desajuizar *v.tr.* tirar o juízo a; endoidar; entontecer (De des-+ajuizar)
desajuntar *v.tr.* separar o que estava junto; desunir; desagregar (De des-+ajuntar)
desajustado *adj.* 1 que se desajustou 2 pouco apropriado 3 inadequado; que não cumpre a função que lhe foi atribuída 4 desarranjado 5 que manifesta inadaptação ■ *n.m.* PSICOLOGIA pessoa que manifesta inadaptação à comunidade em que se insere
desajustamento *n.m.* 1 desencaixe 2 desnivelamento 3 PSICOLOGIA inadaptação, no que diz respeito a ideias e formas de agir, do indivíduo à comunidade em que se insere (De desajustar+-mento)
desajustar *v.tr.* 1 desfazer o ajuste de 2 desordenar; desarranjar 3 despegar; desligar 4 desencaixar (De des-+ajustar)
desajuste *n.m.* 1 ato de desajustar 2 quebra de ajuste, pacto ou convenção (Deriv. regr. de desajustar)

desalagar v.tr. 1 livrar da água (aquilo que estava alagado por ela); enxugar 2 [fig.] desobstruir; desembaraçar (De des-+alagar)
desalapar v.tr. tirar ou fazer sair da lapa, da toca ou da lura ■ v.pron. sair do lugar onde se estava há muito tempo (De des-+alapar)
desalastrar v.tr. 1 diminuir o alastramento de 2 tirar o lastro a (um navio, etc.) (De des-+alastrar)
desalbardar v.tr. 1 tirar a albarda a 2 [fig.] tirar uma peça de vestuário a ■ v.pron. [ant.] despir o casaco ou o sobretudo (De des-+albardar)
desalcatroar v.tr. tirar o alcatrão ou o alcatroamento a; desprover de pavimento alcatroado; despavimentar (De des-+alcatroar)
desalegrar v.tr. tirar a alegria a; entristecer (De des-+alegrar)
desaleitar v.tr. ⇒ **desmamar** 1 (De des-+aleitar)
desalentador adj.,n.m. que ou o que desalenta; desanimador (De desalentar+-dor)
desalentar v.tr. tirar o alento a; desanimar ■ v.intr. esmorecer (De des-+alentar)
desalento n.m. falta de alento; desânimo; prostração; esmorecimento (Deriv. regr. de desalentar)
desalfaiar v.tr. privar de alfaias (De des-+alfaiar)
desalfandegagem n.f. 1 ato ou efeito de desalfandegar 2 formalidades e pagamentos necessários e suficientes para retirar da alfândega qualquer mercadoria sujeita a despacho (De desalfandegar+-agem)
desalfandegamento n.m. ⇒ **desalfandegagem** (De desalfandegar+-mento)
desalfandegar v.tr. tomar as providências e fazer os pagamentos necessários e suficientes para retirar da alfândega uma mercadoria sujeita a despacho aduaneiro (De des-+alfandegar)
desalforjar v.tr. 1 tirar do alforje 2 despejar 3 [fig.] tirar dos bolsos (De des-+alforjar)
desalgemar v.tr. tirar as algemas a; soltar (De des-+algemar)
desaliança n.f. quebra de aliança; rutura de relações (De des-+aliança)
desaliar v.tr. 1 separar (aliados) 2 desligar (os unidos por aliança) (De des-+aliar)
desalijar v.tr. aliviar da carga ou do lastro; alijar (De des-+alijar)
desalinhado adj. 1 que não está no alinhamento 2 sem alinho; desarranjado 3 [fig.] descuidado (Part. pass. de desalinhar)
desalinhar v.tr. 1 tirar do alinhamento 2 [fig.] desarranjar 3 [fig.] desadornar (De des-+alinhar)
desalinhavar v.tr. tirar os alinhavos a (De des-+alinhavar)
desalinho n.m. 1 falta de alinho ou alinhamento 2 descuido no trajo; desarranjo 3 perturbação de ânimo (Deriv. regr. de desalinhar)
desalistar v.tr. 1 suprimir da lista 2 dar baixa a ■ v.pron. pedir ou conseguir baixa (De des-+alistar)
desalmadamente adv. ferozmente (De desalmado+-mente)
desalmado adj. 1 perverso; desumano; celerado 2 que não tem consciência (Part. pass. de desalmar)
desalmamento n.m. desumanidade; malvadez (De desalmar+-mento)
desalmar v.tr. tornar desalmado, desumano, perverso (De des-+alma,-ar)
desalojamento n.m. ato ou efeito de desalojar ou desalojar-se (De desalojar+-mento)
desalojar v.tr. 1 fazer sair do alojamento; expulsar 2 obrigar (o inimigo) a abandonar uma posição ■ v.pron. 1 abandonar o posto 2 levantar o acampamento (De des-+alojar)
desalterar¹ v.tr. 1 fazer cessar a alteração de 2 repor na ordem; acalmar (De des-+alterar)
desalterar² v.tr. mitigar a sede a; dessedentar ■ v.pron. dessedentar-se; mitigar a sede (Do fr. désaltérer, «id.»)
desalugar v.tr. suspender o aluguer de ■ v.pron. deixar de alugar-se (De des-+alugar)
desalumiado adj. 1 sem luz; escuro 2 [fig.] ignorante (De des-+alumiado)
desalvorado adj. ⇒ **desarvorado** (Part. pass. de desalvorar)
desalvorar v.tr.,intr. ⇒ **desarvorar** (De des-+alvorar)
desamabilidade n.f. falta de amabilidade; descortesia; indelicadeza (De des-+amabilidade)
desamador adj.,n.m. que ou aquele que desama (De desamar+-dor)
desamalgamar v.tr. desunir (aquilo que estava unido ou amalgamado) (De des-+amalgamar)
desamamentar v.tr. ⇒ **desmamar** (De des-+amamentar)
desamanhar v.tr. desarranjar; descompor; desalinhar (De des-+amanhar)

desamanho n.m. ato ou efeito de desamanhar; desalinho (Deriv. regr. de desamanhar)
desamantilhar v.tr. 1 NÁUTICA inclinar as vergas em sinal de luto ou para passar em sítio estreito 2 NÁUTICA retirar os amantilhos (De des-+amantilhar)
desamão elem.loc.adv. à ~ fora de jeito; fora de caminho (De des-+à+mão)
desamar v.tr. 1 deixar de amar 2 detestar; odiar (De des-+amar)
desamarrar v.tr. 1 soltar o que estava amarrado; desprender 2 [fig.] dissuadir ■ v.intr. levantar ferro; soltar-se da amarra (De des-+amarrar)
desamarrotar v.tr. 1 alisar (o que estava amarrotado) 2 endireitar; desamolgar (De des-+amarrotar)
desamassar v.tr. 1 desamolgar; alisar 2 desfazer a amassadura do pão para que não levede depressa (De des-+amassar)
desamável adj.2g. 1 que não é amável; indelicado; descortês 2 que não merece ser amado (De des-+amável)
desambição n.f. 1 falta de ambição 2 desinteresse 3 desprendimento (De des-+ambição)
desambicioso /ô/ adj. 1 que não tem ambição; desinteressado 2 modesto (De des-+ambicioso)
desambientado adj. 1 que está fora do seu ambiente natural 2 que está pouco à vontade 3 que ainda não se adaptou a novas condições (Part. pass. de desambientar)
desambiguação n.f. ato ou efeito de tornar claro; eliminação da ambiguidade (De desambiguar+-ção)
desambiguar v.tr. eliminar a ambiguidade de; esclarecer; tornar claro (De des-+ambíguo+-ar)
desamear v.tr. tirar as ameias a (De des-+amear)
desamedrontar v.tr. 1 tirar o medo a; desassustar; tranquilizar; sossegar 2 animar (De des-+amedrontar)
desameno adj. que não é ameno; que não é aprazível
desamigar v.tr. quebrar a amizade de; inimizar ■ v.pron. cessar relações consideradas ilícitas com (De des-+amigar)
desamimar v.tr. privar do mimo; tratar com aspereza (De des-+amimar)
desamistar v.tr. fazer perder a amizade; inimizar ■ v.pron. zangar-se (De des-+amistar)
desamizade n.f. falta de amizade (De des-+amizade)
desamodorrar v.tr. fazer sair da modorra; animar; excitar (De des-+amodorrar)
desamoedação n.f. ato ou efeito de desamoedar (De desamoedar+-ção)
desamoedar v.tr. anular o valor legal de uma moeda; desmonetizar (De des-+amoedar)
desamolgar v.tr. tirar as amolgaduras; desamassar; alisar; endireitar (De des-+amolgar)
desamontoar v.tr. desfazer um montão de; desacumular (De des-+amontoar)
desamor n.m. 1 falta de amor 2 desdém; indiferença 3 aborrecimento (De des-+amor)
desamorável adj.2g. que não é amorável; que trata com desamor; rude; áspero; grosseiro (De des-+amorável)
desamoravelmente adv. 1 com desamor 2 cruelmente (De desamorável+-mente)
desamoroso adj. ⇒ **desamorável** (De des-+amoroso)
desamortalhar v.tr. 1 tirar a mortalha a 2 desembrulhar da mortalha (cigarro) ■ v.pron. livrar-se de uma coisa semelhante a mortalha (De des-+amortalhar)
desamortização n.f. ato ou efeito de desamortizar (De desamortizar+-ção)
desamortizar v.tr. fazer entrar no direito comum (os bens de mão-morta) (De des-+amortizar)
desamortizável adj.2g. que se pode desamortizar (De desamortizar+-ável)
desamotinar v.tr. serenar (os amotinados); pacificar; aquietar (De des-+amotinar)
desamparadamente adv. 1 sem amparo; isoladamente; sem ajuda; sem proteção 2 em cheio (De desamparado+-mente)
desamparado adj. 1 carecido de amparo, auxílio ou socorro 2 abandonado 3 isolado; ermo; solitário 4 desagasalhado (Part. pass. de desamparar)
desamparar v.tr. 1 faltar com o auxílio, socorro ou proteção a 2 deixar de segurar 3 abandonar ■ v.pron. 1 desagarrar-se; desapoiar-se 2 desequilibrar-se (De des-+amparar)
desamparo n.m. 1 falta de amparo 2 abandono 3 falta de meios; penúria; *ao* ~ sem auxílio, sem proteção (Deriv. regr. de desamparar)

desamuar v.tr. fazer perder o amuo; restabelecer o bom humor de (De des-+amuar)

desanalfabetizar v.tr. fazer sair do estado de analfabeto; alfabetizar (De des-+analfabeto+-izar)

desancador adj.,n.m. que ou aquele que desanca; espancador (De desancar+-dor)

desancar v.tr. 1 quebrar ou derrear com pancada; maltratar 2 [fig.] vencer em discussão 3 [fig.] criticar acerbamente (De des-+anca+-ar)

desancorar v.tr.,intr. NÁUTICA levantar ferro; desamarrar (De des-+ancorar)

desanda n.f. 1 [pop.] descompostura; repreensão 2 [pop.] sova (Deriv. regr. de desandar)

desandadeira n.f. ⇒ **desandador** n.m. (De desandar+-deira)

desandadela n.f. 1 ação de desandar um pouco 2 ⇒ **desanda** (De desandar+-dela)

desandador n.m. instrumento para aparafusar e desaparafusar; chave de fendas; chave de parafusos ■ adj. que desanda (De desandar+-dor)

desandar v.tr.,intr. 1 mover(-se) em sentido contrário 2 (fazer) andar para trás ■ v.tr. 1 começar de repente a 2 desatarraxar ■ v.intr. 1 correr mal; piorar 2 [coloq.] pôr-se a andar (De des-+andar)

desanelar v.tr. 1 desmanchar os anéis de 2 desencaracolar (De des-+anelar)

desanexação n.f. ato ou efeito de desanexar; desunião (De desanexar+-ção)

desanexar v.tr. proceder à desanexação de; desunir; desmembrar (De des-+anexar)

desanexo n.m. 1 o que não está anexo 2 conjunto de coisas sem ligação ■ adj. desligado; desunido (De des-+anexo)

desanichar v.tr. tirar do nicho 2 desalojar 3 desempregar 4 [fig.] descobrir (De des-+anichar)

desanimação n.f. falta de animação ou de ânimo; desalento; desânimo; frieza (De des-+animação)

desanimado adj. 1 que não tem ânimo; que não tem vontade para nada; desalentado 2 medroso; sem coragem (Part. pass. de desanimar)

desanimador adj.,n.m. que, aquilo que desanima; desalentador (De desanimar+-dor)

desanimar v.tr. tirar o ânimo a; desencorajar; deprimir ■ v.pron. perder o ânimo; desalentar-se (De des-+animar)

desânimo n.m. falta de ânimo; desalento; abatimento; esmorecimento (Deriv. regr. de desanimar)

desaninhar v.tr. 1 tirar do ninho 2 desalojar; desanichar ■ v.pron. 1 sair do ninho 2 desacocorar-se (De des-+aninhar)

desanojamento n.m. ⇒ **desanojo** (De desanojar+-mento)

desanojar v.tr. 1 tirar o nojo a; fazer cessar o luto de 2 dar os pêsames a 3 desenfadar; desagastar (De des-+anojar)

desanojo /ô/ n.m. ato ou efeito de desanojar (Deriv. regr. de desanojar)

desanuviado adj. 1 sem nuvens 2 liso 3 desafogado 4 [fig.] livre de preocupações (Part. pass. de desanuviar)

desanuviamento n.m. ato ou efeito de desanuviar (De desanuviar+-mento)

desanuviar v.tr.,intr. 1 limpar(-se) de nuvens 2 desassombrar(-se); tranquilizar(-se); serenar (De des-+anuviar)

desapacientar v.tr. fazer perder a paciência; impacientar; irritar; desassossegar (De des-+a-+pacientar)

desapadrinhar v.tr. 1 retirar a proteção a 2 abandonar (De des-+apadrinhar)

desapaixonar v.tr. 1 fazer perder ou esquecer uma paixão 2 distrair 3 confortar 4 sossegar o ânimo de ■ v.pron. 1 vencer as próprias paixões 2 curar-se de uma paixão 3 tranquilizar-se (De des-+apaixonar)

desaparafusado adj. 1 a que se tiraram os parafusos 2 [fig., coloq.] pouco ajuizado; insensato (Part. pass. de desaparafusar)

desaparafusamento n.m. ato ou efeito de desaparafusar (De desaparafusar+-mento)

desaparafusar v.tr. desandar os parafusos de; desatarraxar ■ v.pron. (o que estava aparafusado) tornar-se lasso; soltar-se (De des-+aparafusar)

desaparatoso /ô/ adj. sem aparato; simples; modesto (De des-+aparatoso)

desaparecer v.intr. 1 deixar de aparecer ou de ser visto 2 apagar-se 3 retirar-se 4 ocultar-se 5 não poder ser encontrado 6 morrer (De des-+aparecer)

desaparecido adj.,n.m. 1 que ou aquele que desapareceu 2 perdido 3 roubado 4 morto 5 fugitivo (Part. pass. de desaparecer)

desaparecimento n.m. 1 ato ou efeito de desaparecer 2 descaminho; sumiço (De desaparecer+-mento)

desaparelhamento n.m. ato de desaparelhar; desaparelho (De desaparelhar+-mento)

desaparelhar v.tr. 1 tirar o aparelho ou os aparelhos a 2 desguarnecer 3 NÁUTICA desarmar (o navio) 4 desemparceirar (De des-+aparelhar)

desaparelho /ê/ n.m. ato ou efeito de desaparelhar (Deriv. regr. de desaparelhar)

desaparentado adj. 1 sem parentes 2 que não tem parentesco ou afinidade (De des-+aparentado)

desaparição n.f. ⇒ **desaparecimento** (De des-+aparição)

desapartar v.tr. [pop.] apartar; separar; ~ **para a esquerda** esgueirar-se, retirar-se a tempo, contrariar (De des-+apartar)

desapavorar v.tr. fazer perder o pavor; tranquilizar (De des-+apavorar)

desapaziguar v.tr. tirar a paz a; desassossegar; inquietar (De des-+apaziguar)

desapear v.tr. 1 tirar as peias a; despear 2 [pop.] apear (De des-+apear)

desapeçonhentar v.tr. tirar a peçonha a (De des-+apeçonhentar)

desapegamento n.m. ato ou efeito de desapegar; desapego (De desapegar+-mento)

desapegar v.tr. 1 separar (o que está pegado) 2 tornar menos afeiçoado ■ v.pron. 1 soltar-se 2 [fig.] perder a afeição (De des-+apegar)

desapego n.m. 1 indiferença; desinteresse 2 desamor 3 abandono (Deriv. regr. de desapegar)

desapeirar v.tr. 1 livrar do apeiro; desapor 2 soltar (De des-+apeirar)

desaperceber v.tr. 1 tirar os apercebimentos ou provisões a 2 deixar de aperceber ■ v.pron. 1 ficar sem provisões 2 desprevenir-se; descuidar-se (De des-+aperceber)

desapercebido adj. desprevenido; desacautelado (Part. pass. de desaperceber)

desapercebimento n.m. 1 falta de apercebimento 2 estado do que se acha desapercebido, desprevenido ou desacautelado (De desaperceber+-i-+-mento)

desaperrar v.tr. pôr no descanso o cão de (arma); desengatilhar (De des-+aperrar)

desapertar v.tr. 1 afrouxar o que estava apertado; desabotoar; desafivelar 2 abrir 3 soltar 4 aliviar ■ v.pron. 1 desunir-se 2 livrar-se de pressões; desoprimir-se; aliviar-se (De des-+apertar)

desaperto /ê/ n.m. 1 ato ou efeito de desapertar 2 folga 3 desafogo (Deriv. regr. de desapertar)

desapiedadamente adv. sem piedade; cruelmente (De desapiedado+-mente)

desapiedado adj. que não tem piedade; desumano; cruel (Part. pass. de desapiedar)

desapiedar v.tr. tornar cruel; endurecer o coração de; insensibilizar ■ v.pron. perder a piedade; deixar de ter piedade (De des-+apiedar)

desaplaudir v.tr. 1 não aplaudir 2 desaprovar; reprovar; censurar (De des-+aplaudir)

desaplauso n.m. falta de aplauso ou aprovação; reprovação; sinal de desagrado (De des-+aplauso)

desaplicação n.f. falta de aplicação, de cuidado; negligência 2 ato de tirar o que estava aplicado (De desaplicar+-ção)

desaplicar v.tr. 1 desviar a aplicação ou a atenção de 2 tirar (o que estava aplicado) ■ v.pron. deixar de se aplicar (De des-+aplicar)

desapoderar v.tr. 1 tirar o poder ou a posse a 2 retirar a procuração a 3 desapossar ■ v.pron. 1 desapossar-se 2 desfazer-se (De des-+apoderar)

desapoiar v.tr. 1 retirar o apoio a 2 desencostar 3 não apoiar; discordar de; reprovar (De des-+apoiar)

desapoio n.m. falta de apoio; desamparo (Deriv. regr. de desapoiar)

desapolvilhar v.tr. limpar dos polvilhos ou dos pós (De des-+apolvilhar)

desapontado adj. 1 desiludido; decepcionado 2 enganado 3 contrariado (Part. pass. de desapontar)

desapontamento n.m. 1 sensação desagradável em face de algo ou alguém que não cumpriu as expectativas; deceção 2 frustração dos desejos ou das esperanças de alguém; desilusão (Do ing. disappointment, «id.»)

desapontar[1] v.tr. causar desapontamento a ■ v.pron. ficar desapontado (Do ing. to disappoint, «id.»)

desapontar² *v.tr.* **1** tirar a ponta a (um objeto pontiagudo) **2** tirar da pontaria **3** apontar mal (De *des-+apontar*)

desapoquentar *v.tr.* aliviar de apoquentação; sossegar; tranquilizar (De *des-+apoquentar*)

desapor *v.tr.* **1** tirar o jugo a; desjungir; desapeirar **2** soltar (De *des-+apor*)

desaportuguesar *v.tr.* tirar a feição portuguesa a ■ *v.pron.* perder a feição portuguesa (De *des-+aportuguesar*)

desaposentar *v.tr.* **1** tirar do aposento; desalojar **2** retirar a aposentação a (De *des-+aposentar*)

desapossar *v.tr.* privar da posse; expropriar; despojar ■ *v.pron.* renunciar à posse de; desfazer-se de (De *des-+apossar*)

desaprazer *v.tr.* não aprazer a; causar desagrado a; enfadar; desgostar (De *des-+aprazer*)

desaprazível *adj.2g.* que não apraz; desagradável; inóspito (De *des-+aprazível*)

desapreciar *v.tr.* **1** não apreciar **2** depreciar; amesquinhar (De *des-+apreciar*)

desapreço /ê/ *n.m.* falta de apreço, de consideração, de estima; desdém (De *des-+apreço*)

desaprender *v.tr.* esquecer aquilo que se aprendeu (De *des-+aprender*)

desapressar *v.tr.* **1** tirar a pressa a **2** aliviar; livrar ■ *v.pron.* **1** deixar de ter pressa **2** tornar-se vagaroso (De *des-+apressar*)

desaprestar *v.tr.* tirar os aprestos a; desaparelhar (De *des-+aprestar*)

desaprimorado *adj.* que não tem primor; sem enfeites; desataviado (Part. pass. de *desaprimorar*)

desaprimorar *v.tr.* **1** afear **2** fazer alguma coisa mal **3** fazer sem elegância (De *des-+aprimorar*)

desapropositado *adj.* ⇒ **despropositado** (De *des-+apropositado*)

desapropriação *n.f.* **1** privação de propriedade **2** renúncia **3** [fig.] desapego; desinteresse; abnegação (De *desapropriar+-ção*)

desapropriado *adj.* **1** que não condiz **2** inadequado **3** desapossado; expropriado (Part. pass. de *desapropriar*)

desapropriador *adj.,n.m.* que ou aquele que desapropria; expropriador (De *desapropriar+-dor*)

desapropriamento *n.m.* ⇒ **desapropriação** (De *desapropriar+-mento*)

desapropriar *v.tr.* **1** tirar ou fazer perder a propriedade; desapossar **2** usar impropriamente ■ *v.pron.* **1** renunciar por abnegação **2** privar-se (De *des-+apropriar*)

desaprovação *n.f.* atitude de condenação; reprovação; censura (De *des-+aprovação*)

desaprovador *adj.,n.m.* que ou pessoa que desaprova, discorda (De *des-+aprovador*)

desaprovar *v.tr.* **1** não aprovar; não concordar com **2** censurar; condenar (De *des-+aprovar*)

desaproveitado *adj.* **1** não aproveitado; esbanjado **2** abandonado ■ *n.m.* esbanjador; perdulário (Part. pass. de *desaproveitar*)

desaproveitamento *n.m.* **1** falta de aproveitamento **2** desperdício **3** falta de adiantamento nos estudos (De *desaproveitar+-mento*)

desaproveitar *v.tr.* **1** não aproveitar; não tirar proveito de **2** desperdiçar; malbaratar (De *des-+aproveitar*)

desaproximar *v.tr.* afastar; separar; pôr à distância (De *des-+aproximar*)

desaprumar *v.tr.* tirar do prumo; fazer inclinar ou pender ■ *v.pron.* **1** desviar-se do prumo; inclinar-se **2** [fig.] perder o aprumo; perder a dignidade (De *des-+aprumar*)

desaprumo *n.m.* **1** desvio do prumo; inclinação **2** [fig.] falta de correção; falta de dignidade; falta de aprumo (Deriv. regr. de *desaprumar*)

desapurado *adj.* **1** com falta de apuro **2** sem primor; descuidado (De *des-+apurado*)

desapuro *n.m.* **1** falta de apuro; pouco cuidado; desprimor; desalinho **2** prejuízo (De *des-+apuro*)

desaquartelar *v.tr.* **1** tirar do quartel **2** desalojar (De *des-+aquartelar*)

desaquecer *v.tr.* fazer esfriar ■ *v.intr.* resfriar (De *des-+aquecer*)

desaquinhoar *v.tr.* privar do quinhão ■ *v.pron.* **1** ceder o quinhão; prescindir do que lhe compete **2** repartir (De *des-+aquinhoar*)

desar *n.m.* **1** desgraça; revés de fortuna; desgosto **2** defeito físico ou moral **3** ato indecoroso (De *des-+ar* [= aparência; elegância])

desaranhar *v.tr.* **1** [pop.] limpar das teias de aranha **2** [fig.] esclarecer (De *des-+aranha+-ar*)

desarar *v.intr.* despegar-se (o casco das bestas) ■ *v.tr.* **1** tirar os aros a (pipa) **2** [fig.] pôr em desordem; desmanchar (De *des-+aro+-ar*)

desarborização *n.f.* **1** eliminação das árvores **2** falta de árvores (De *des-+arborização*)

desarborizar *v.tr.* cortar as árvores de (um terreno) (De *des-+arborizar*)

desarcado *adj.* com falta de arcos (Part. pass. de *desarcar*)

desarcar *v.tr.* tirar os arcos a; desarar (De *des-+arcar*)

desareador *n.m.* caixa que se intercala numa tubagem para provocar o depósito de areias ou outras partículas sólidas (De *desarear+-dor*)

desarear *v.tr.* limpar da areia; tirar a areia a; desassorear (De *des-+arear*)

desarestar *v.tr.* **1** limpar das arestas; desbastar **2** espadelar (o linho) (De *des-+aresta+-ar*)

desaristado *adj.* diz-se de certos órgãos vegetais desprovidos de arestas ou praganas (Part. pass. de *desaristar*)

desaristar *v.tr.* **1** tirar as arestas a **2** espadelar (o linho) (De *des-+arista*, [= aresta] +*-ar*)

desarmação *n.f.* ⇒ **desarmamento** (De *desarmar+-ção*)

desarmado *adj.* **1** que não tem arma; a que tiraram a arma **2** sem armação **3** NÁUTICA (navio) sem guarnição **4** sem possibilidade de ataque **5** [fig.] sem argumentos (Part. pass. de *desarmar*)

desarmador *adj.,n.m.* que ou aquele que desarma (De *desarmar+-dor*)

desarmamento *n.m.* **1** ato ou efeito de desarmar **2** redução de tropas, armamento e equipamento das forças armadas **3** ação de desapetrechar (De *desarmar+-mento*)

desarmante *adj.2g.* **1** que desarma **2** convincente **3** enternecedor (De *desarmar+-ante*)

desarmar *v.tr.* **1** tirar as armas a **2** fazer depor as armas **3** desfazer (o que estava armado) **4** tirar a armação a **5** NÁUTICA reduzir ou tirar a guarnição de (um navio) **6** desaparelhar **7** pôr no descanso (o cão da arma) **8** tirar os meios de ataque ou defesa a (adversário) **9** aplacar **10** frustrar ■ *v.intr.* **1** deixar-se convencer **2** deixar-se enternecer **3** desistir; desanimar ■ *v.pron.* **1** despir armadura **2** depor as armas (De *des-+armar*)

desarme *n.m.* **1** ação de desarmar **2** TAUROMAQUIA ato de o touro tirar com as hastes a muleta ou o capote das mãos do toureiro **3** DESPORTO ato de tirar a bola ao adversário (Deriv. regr. de *desarmar*)

desarmonia *n.f.* **1** falta de harmonia; dissonância **2** discordância; desacordo; discórdia **3** má disposição das partes componentes de um todo (De *des-+harmonia*)

desarmónico *adj.* carecido de harmonia; dissonante (De *des-+harmónico*)

desarmonioso /ô/ *adj.* que não tem harmonia; desarmónico; desequilibrado (De *des-+harmonioso*)

desarmonização *n.f.* falta de harmonia; desarmonia (De *desarmonizar+-ção*)

desarmonizador *adj.,n.m.* que ou aquele que produz desarmonia (De *desarmonizar+-dor*)

desarmonizar *v.tr.* **1** produzir desarmonia em; fazer destoar **2** desafinar **3** [fig.] perturbar; indispor ■ *v.pron.* **1** discordar **2** desavir-se (De *des-+harmonizar*)

desaromatizar *v.tr.* tirar o aroma a (De *des-+aromatizar*)

desarquear *v.tr.* tirar os arcos ou a forma de arco a (De *des-+arquear*)

desarquitectar ver nova grafia **desarquitetar**

desarquitetar *v.tr.* destruir (o que está arquitetado); desmanchar (De *des-+arquitectar*)

desarraigamento *n.m.* ⇒ **desarreigamento** (De *desarraigar+-mento*)

desarraigar *v.tr.* ⇒ **desarreigar** (De *des-+arraigar*)

desarrancar *v.tr.* **1** [pop.] investir com ímpeto **2** [pop.] arrancar com força (De *des-+arrancar*)

desarranchar *v.tr.* tirar do rancho ■ *v.pron.* **1** deixar de comer do rancho do quartel **2** separar-se do rancho ou bando (De *des-+arranchar*)

desarranjador *adj.,n.m.* que ou aquele que desarranja (De *desarranjar+-dor*)

desarranjamento *n.m.* ato ou efeito de desarranjar; desarranjo (De *desarranjar+-mento*)

desarranjar *v.tr.* **1** pôr em desordem; perturbar **2** desconcertar; avariar **3** desmanchar **4** embaraçar ■ *v.pron.* **1** transtornar-se **2** desacomodar-se **3** desavir-se **4** desconcertar-se; avariar(-se) (De *des-+arranjar*)

desarranjo *n.m.* **1** falta de arranjo **2** desalinho **3** transtorno; perturbação **4** avaria **5** desperdício; esbanjamento **6** [pop.] desmancho; aborto (Deriv. regr. de *desarranjar*)

desarrazoado adj. 1 que não tem razão ou fundamento 2 que não é razoável; despropositado ■ n.m. ⇒ **desarrazoamento** (Part. pass. de desarrazoar)

desarrazoamento n.m. aquilo que é contrário à razão; despropósito; raciocínio errado (De desarrazoar+-mento)

desarrazoar v.intr. ir, proceder ou falar contra a razão; disparatar; destemperar (De des-+arrazoar)

desarrear v.tr. tirar os arreios a; desaparelhar ■ v.pron. desataviar--se (De des-+arrear)

desarreatar v.tr. tirar a arreata a; desfazer as arreataduras de (De des-+arreatar)

desarrebitar v.tr. 1 tirar os arrebites a 2 deixar cair (as orelhas) ■ v.intr. 1 deixar de estar arrebitado 2 [fig.] deixar de estar espevitado 3 [fig.] desentusiasmar-se (De des-+arrebitar)

desarredar v.tr. [regionalismo] arredar; afastar (De des-+arredar)

desarredondar v.tr. tirar a forma redonda a (De des-+arredondar)

desarregaçar v.tr. deitar para baixo (o que estava arregaçado) (De des-+arregaçar)

desarreigamento n.m. ato ou efeito de desarreigar (De desarreigar+-mento)

desarreigar v.tr. 1 arrancar pela raiz; extirpar; desarraigar 2 destruir (De des-+arreigar)

desarrenegar-se v.pron. deixar de estar arrenegado; fazer as pazes; desagastar-se (De des-+arrenegar-se)

desarrimar v.tr. 1 desencostar 2 abandonar; desamparar (De des-+arrimar)

desarrimo n.m. falta de arrimo; desapoio; abandono (Deriv. regr. de desarrimar)

desarrisca n.f. 1 ato ou efeito de desarriscar 2 RELIGIÃO nota de desobriga quaresmal (Deriv. regr. de desarriscar)

desarriscar v.tr. 1 desobrigar 2 assinalar o cumprimento de 3 apagar o risco a ou a nota de 4 passar um risco sobre (o nome ou dívida), no livro de assentos (Por desriscar)

desarrochar v.tr. despertar (o que estava arrochado ou apertado) (De des-+arrochar)

desarrolhamento n.m. ato ou efeito de desarrolhar (De desarrolhar+-mento)

desarrolhar v.tr. 1 tirar a rolha a; destapar; abrir 2 [Brasil] espalhar (o gado) (De des-+arrolhar)

desarruar v.tr. 1 desfazer 2 dispersar o arruamento de 3 tirar o arruamento a (De des-+arruar)

desarrufar v.tr. tirar os arrufos a; reconciliar; pôr de bom humor (De des-+arrufar)

desarrufo n.m. ato ou efeito de desarrufar; reconciliação (Deriv. regr. de desarrufar)

desarrumação n.f. desordem; desalinho; confusão (De desarrumar+-ção)

desarrumar v.tr. 1 tirar do lugar, da ordem ou disposição conveniente 2 desarranjar 3 [fig.] privar do emprego ou ocupação (De des-+arrumar)

desarrumo n.m. ⇒ **desarrumação** (Deriv. regr. de desarrumar)

desarterialização n.f. transformação do sangue arterial em venoso (De des-+arterialização)

desarterializado adj. diz-se do sangue arterial que se transformou em venoso (De des-+arterializado)

desarticulação n.f. falta de articulação; desconjuntamento (De desarticular+-ção)

desarticuladamente adv. 1 de modo desarticulado; sem articulação 2 desordenadamente (De desarticulado+-mente)

desarticular v.tr. desunir (peças que estão articuladas entre si); desconjuntar ■ v.pron. sair da articulação (De des-+articular)

desartificioso /ô/ adj. sem artifício; natural; simples; modesto (De des-+artificioso)

desartilhar v.tr. tirar a artilharia a (De des-+artilhar)

desarvorado adj. 1 desaparelhado, sem mastros; desmantelado 2 que fugiu precipitadamente (Part. pass. de desarvorar)

desarvoramento n.m. ato ou efeito de desarvorar (De desarvorar+-mento)

desarvorar v.tr. 1 abater ou arriar (o que estava arvorado) 2 NÁUTICA tirar os mastros e as enxárcias a (uma embarcação) 3 desaparelhar ■ v.intr. 1 fugir precipitadamente 2 desaparecer 3 NÁUTICA (embarcação) perder a mastreação por efeito do temporal ou de combate (De des-+arvorar)

desasadamente adv. de modo desasado; sem jeito (De desasado+-mente)

desasado adj. 1 sem asas 2 de asas caídas 3 derreado 4 [fig.] desajeitado; desastrado 5 [fig.] impróprio (Part. pass. de desasar)

desasar v.tr. 1 partir ou abater as asas a 2 derrear (De des-+asa+-ar)

desasir v.tr. soltar da mão; largar (De des-+asir)

desasnamento n.m. ato ou efeito de desasnar (De desasnar+-mento)

desasnar v.tr. tirar a ignorância a; desemburrar; dar tino a (De des-+asno+-ar)

desassanhar v.tr. acalmar a sanha a; tranquilizar (De des-+assanhar)

desassazonado adj. 1 fora da sazão ou do tempo próprio; verde 2 [fig.] inoportuno (De des-+assazonado)

desassear v.tr. fazer perder o asseio a; sujar; conspurcar (De des-+assear)

desasseio n.m. falta de asseio; porcaria (Deriv. regr. de desassear)

desasselvajar v.tr. fazer perder o estado de selvagem a; civilizar (De des-+asselvajar)

desassemelhar v.tr. tornar dissemelhante (De des-+assemelhar)

desassenhorear v.tr. tirar a qualidade de senhor a; desapossar (De des-+assenhorear)

desassestar v.tr. tirar da direção para onde estava assestado (De des-+assestar)

desassimilação n.f. 1 interrupção da assimilação de uma substância 2 BIOQUÍMICA série de reações que acontecem nos seres vivos, em que substâncias complexas são decompostas em produtos mais simples, que são expelidos (De desassimilar+-ção)

desassimilador adj.,n.m. que ou o que desassimila (De desassimilar+-dor)

desassimilar v.tr. 1 interromper a assimilação de (substância) 2 BIOQUÍMICA decompor (molécula ou substância complexa) em produtos mais simples 3 fazer perder a analogia (De des-+assimilar)

desassisadamente adv. 1 inconsideradamente 2 sem tino; sem juízo (De desassisado+-mente)

desassisado adj. que não tem siso; desajuizado; louco (Part. pass. de desassisar)

desassisar v.tr. tirar o siso a ■ v.intr.,pron. perder o juízo; entontecer (De des-+assisar)

desassiso n.m. falta de tino; disparate; desatino (Deriv. regr. de desassisar)

desassistência n.f. falta ou perda de assistência ou proteção (De des-+assistência)

desassistir v.tr. deixar de assistir ou prestar assistência a; desamparar (De des-+assistir)

desassociação n.f. ato ou efeito de desassociar ou desassociar--se (De desassociar+-ção)

desassociar v.tr. 1 desligar de uma sociedade 2 separar (aquilo que estava associado) ■ v.pron. 1 deixar de ser sócio 2 deixar de fazer parte (De des-+associar)

desassombradamente adv. 1 com desassombro 2 resolutamente (De desassombrado+-mente)

desassombrado adj. 1 que não é sombrio 2 exposto ao sol 3 vasto; extenso 4 [fig.] franco; aberto 5 [fig.] corajoso; ousado (Part. pass. de desassombrar)

desassombramento n.m. ⇒ **desassombro** (De desassombrar+-mento)

desassombrar v.tr. 1 desembaraçar do que faz sombra 2 desanuviar 3 iluminar 4 [fig.] tranquilizar; acalmar o medo de (De des-+assombrar)

desassombro n.m. 1 coragem; intrepidez 2 resolução 3 franqueza 4 confiança (Deriv. regr. de desassombrar)

desassoreamento n.m. ato ou efeito de desassorear (De desassorear+-mento)

desassorear v.tr. 1 remover areia, sedimentos ou detritos acumulados em vias de navegação ou portos, para permitir a passagem ou o acesso 2 desimpedir (De des-+assorear)

desassossegado adj. 1 que está em desassossego 2 inquieto; sobressaltado; receoso 3 perturbado (Part. pass. de desassossegar)

desassossegador adj.,n.m. que ou o que desassossega; perturbador (De desassossegar+-dor)

desassossegar v.tr. tirar o sossego a; perturbar; inquietar; alvoroçar ■ v.pron. inquietar-se (De des-+assossegar)

desassossego /ê/ n.m. 1 falta de sossego 2 inquietação; ansiedade; receio; sobressalto 3 agitação; alvoroço (Deriv. regr. de desassossegar)

desassustar v.tr. tirar o susto a; sossegar; desassombrar (De des-+assustar)

desastrado adj. 1 que resultou em desastre 2 resultante de desastre 3 que não tem elegância 4 desajeitado 5 inepto (De desastre+-ado)

desastre *n.m.* 1 acidente com más consequências 2 desgraça; revés 3 falhanço; fiasco (Do fr. *désastre*, «id.», do it. *disastro*, «id.»)

desastroso /ô/ *adj.* 1 em que há desastre 2 que produz desastre, ruína, perda ou desgraça 3 que tem consequências funestas (De *desastre*+-*oso*, ou do fr. *désastreux*, «id.»)

desatabafar *v.intr.* dizer livremente; desabafar ■ *v.tr.* 1 desafogar; desoprimir 2 aliviar de excesso de roupa (De *des*-+*atabafar*)

desatacar *v.tr.* 1 soltar os atacadores de; desatar 2 desabotoar; desafivelar 3 retirar a carga a um dispositivo de fogo; descarregar 4 despejar (De *des*-+*atacar*)

desatador *adj.,n.m.* que, aquele ou aquilo que desata (De *desatar*+-*dor*)

desatadura *n.f.* ⇒ **desatamento** (De *desatar*+-*dura*)

desatafulhar *v.tr.* desobstruir; desimpedir (o que está muito cheio ou apertado) (De *des*-+*atafulhar*)

desatamento *n.m.* ato ou efeito de desatar ou desatar-se (De *desatar*+-*mento*)

desatapetar *v.tr.* tirar o tapete ou os enfeites a (De *des*-+*atapetar*)

desatapulhar *v.tr.* tirar o tapulho a (De *des*-+*atapulhar*)

desatar *v.tr.* 1 desfazer (um nó ou um laço); deslaçar 2 desprender; libertar 3 começar de repente 4 [fig.] decidir ■ *v.pron.* soltar-se; desprender-se (De *des*-+*atar*)

desatarraxamento *n.m.* ato ou efeito de desatarraxar; desaparafusamento (De *desatarraxar*+-*mento*)

desatarraxar *v.tr.* 1 tirar a tarraxa a; desaparafusar 2 desligar 3 desandar (De *des*-+*atarraxar*)

desatascar *v.tr.* 1 tirar do atascadeiro 2 [fig.] regenerar (De *des*-+*atascar*)

desataviar *v.tr.* despir dos atavios; desenfeitar (De *des*-+*ataviar*)

desatavio *n.m.* falta de atavio; simplicidade (Deriv. regr. de *desataviar*)

desate *n.m.* 1 desatamento 2 desfecho; desenlace (Deriv. regr. de *desatar*)

desatemorizar *v.tr.* livrar do temor; encorajar; animar (De *des*-+*atemorizar*)

desatenção *n.f.* 1 falta de atenção 2 desconsideração; descortesia (De *des*-+*atenção*)

desatencioso /ô/ *adj.* que não tem atenções; descortês; indelicado (De *des*-+*atencioso*)

desatender *v.tr.* 1 não atender a; indeferir 2 desconsiderar; faltar ao respeito a (De *des*-+*atender*)

desatendível *adj.2g.* 1 que não é atendível 2 que não merece ser atendido (De *des*-+*atendível*)

desatentamente *adv.* 1 com desatenção 2 descortesmente (De *desatento*+-*mente*)

desatentar *v.tr.* 1 não prestar atenção a 2 não olhar; desviar os olhos 3 distrair-se (De *des*-+*atentar*)

desatento *adj.* 1 sem atenção; abstrato; distraído 2 pouco atencioso (De *des*-+*atento*)

desaterramento *n.m.* ⇒ **desaterro** (De *desaterrar*+-*mento*)

desaterrar *v.tr.* 1 desfazer um aterro em; aplanar (um terreno) 2 escavar; abrir trincheira em (De *des*-+*aterrar*)

desaterro *n.m.* obra de terraplenagem 2 escavação (Deriv. regr. de *desaterrar*)

desatestar *v.tr.* 1 aliviar ou desembaraçar (o que estava atestado) 2 não atestar 3 negar (De *des*-+*atestar*)

desatilado *adj.* 1 desajuizado 2 pouco esperto 3 que não tem apuro; desprimoroso (De *des*-+*atilado*)

desatilhar *v.tr.* tirar os atilhos a; desatar (De *des*-+*atilho*+-*ar*)

desatinação *n.f.* ato ou efeito de desatinar; desatino (De *desatinar*+-*ção*)

desatinado *adj.* que não tem tino; louco; estouvado (Part. pass. de *desatinar*)

desatinar *v.tr.* 1 fazer perder o tino ou o juízo 2 não acertar em ■ *v.intr.* 1 perder o tino ou o juízo 2 agir insensatamente 3 não acertar 4 [coloq.] não colaborar (De *des*-+*atinar*)

desatino *n.m.* 1 falta ou perda do tino 2 desvario; loucura; disparate (Deriv. regr. de *desatinar*)

desativação *n.f.* ato ou efeito de desativar; supressão da atividade (De *desactivar*+-*ção*)

desativar *v.tr.* 1 suprimir a atividade de; tornar inativo 2 interromper a atividade de (De *des*-+*activar*)

desatolar *v.tr.* 1 tirar do atoleiro 2 [fig.] regenerar (De *des*-+*atolar*)

desatordoar *v.tr.* livrar do atordoamento; fazer recuperar os sentidos (De *des*-+*atordoar*)

desatracação *n.f.* ato ou efeito de desatracar (De *desatracar*+-*ção*)

desatracar *v.tr.* 1 soltar (a embarcação atracada); desferrar 2 desprender ■ *v.intr.* 1 desamarrar-se 2 desprender-se; afastar-se (De *des*-+*atracar*)

desatrancar *v.tr.* 1 tirar a tranca a 2 desatravancar (De *des*-+*atrancar*)

desatravancamento *n.m.* desobstrução; desimpedimento (De *desatravancar*+-*mento*)

desatravancar *v.tr.* remover o que está a impedir a passagem; desobstruir; desembaraçar (De *des*-+*atravancar*)

desatravessar *v.tr.* 1 tirar o que está atravessado; desatravancar; desimpedir 2 tirar as travessas a (De *des*-+*atravessar*)

desatrelar *v.tr.* 1 desprender da trela 2 soltar ■ *v.pron.* 1 desligar-se 2 desprender-se (De *des*-+*atrelar*)

desatremar *v.tr.,intr.* (fazer) perder o tino ■ *v.tr.,pron.* desviar(-se) do bom caminho (De *des*-+*atremar*)

desatribular *v.tr.* aliviar da tribulação (De *des*-+*atribular*)

desatualização *n.f.* 1 perda de atualidade 2 falta de atualização (De *desactualizar*+-*ção*)

desatualizar *v.tr.* tirar a atualidade a; pôr fora de moda ■ *v.pron.* perder a atualidade (De *des*-+*actualizar*)

desaturdir *v.tr.* ⇒ **desatordoar** (De *des*-+*aturdir*)

desaugar *v.tr.* [pop.] dar uma pequena porção de alimento a uma criança ou animal para lhe impedir o aguamento; tirar o aguamento a (De *des*-+*augar*)

desaurido *adj.* 1 alucinado; estonteado 2 desconsolado 3 abandonado (Part. pass. de *desaurir*)

desaurir *v.intr.* [regionalismo] fugir (De *des*-+*aurir*)

desaustinado *adj.* 1 sem tino; desnorteado 2 precipitado 3 turbulento (De *des*-+*austinado*)

desautoração *n.f.* 1 exautoração 2 degradação (De *desautorar*+-*ção*)

desautorar *v.tr.* 1 tirar o prestígio a 2 privar de um cargo, dignidade, etc.; exautorar ■ *v.pron.* rebaixar-se (Do lat. *dis*-+*exauctorāre*, «destituir»)

desautorização *n.f.* ato ou efeito de desautorizar 2 desprestígio (De *desautorizar*+-*ção*)

desautorizar *v.tr.* 1 privar de autoridade 2 desprestigiar; desacreditar ■ *v.pron.* rebaixar-se; desprestigiar-se (De *des*-+*autorizar*)

desauxiliado /si/ *adj.* carecido de auxílio; desprotegido (Part. pass. de *desauxiliar*)

desauxiliar /si/ *v.tr.* privar de auxílio; desamparar; desajudar; abandonar (De *des*-+*auxiliar*)

desauxílio /si/ *n.m.* efeito de desauxiliar; falta de auxílio; desamparo (Deriv. regr. de *desauxiliar*)

desavença *n.f.* 1 rixa ou discórdia entre pessoas que eram amigas ou estavam de acordo; quebra de relações 2 inimizade; dissensão; contenda (De *des*-+*avença*)

desaverbar *v.tr.* 1 anular o averbamento de 2 riscar 3 cancelar (De *des*-+*averbar*)

desavergonhado *adj.* 1 sem vergonha 2 descarado; insolente 3 malcriado (Part. pass. de *desavergonhar*)

desavergonhamento *n.m.* 1 falta de vergonha; impudor 2 atrevimento; descaro (De *desavergonhar*+-*mento*)

desavergonhar-se *v.pron.* perder a vergonha; tornar-se descarado (De *des*-+*avergonhar*)

desaveriguado *adj.* não averiguado; incerto; duvidoso (De *des*-+*averiguado*)

desavesso *elem. expr.* [regionalismo] **não ser ~** não ser mau de todo; ter alguma utilidade (De *des*-+*avesso*)

desavezar *v.tr.* 1 fazer perder o hábito a; desacostumar 2 tirar a manha a ■ *v.pron.* perder o hábito; desabituar-se (De *des*-+*avezar*)

desavezo *n.m.* perda de costume (Deriv. regr. de *desavezar*)

desaviar *v.tr.* 1 não aviar 2 impedir; frustrar 3 desencaminhar (De *des*-+*aviar*)

desavindo *adj.* que está em desavença (com); que está em conflito (com); que se desentendeu com alguém (De *des*-+*avindo*)

desavinhado *adj.* 1 em que se verifica desavinho 2 que não cheira ou não sabe a vinho (Part. pass. de *desavinhar*)

desavinhar *v.intr.* sofrer desavinho (De *des*-+*avinhar*)

desavinho *n.m.* abortamento das flores das videiras ou dos bagos, que impede a formação completa destes frutos (Deriv. regr. de *desavinhar*)

desavir *v.tr.* pôr em desavença; incompatibilizar ■ *v.pron.* 1 indispor-se; desentender-se 2 não chegar a acordo (De *des*-+*avir*)

desavisadamente *adv.* imprudentemente; levianamente (De *desavisado*+-*mente*)

desavisado *adj.* 1 imprudente; precipitado 2 que não tem juízo 3 indiscreto 4 insensato; leviano (De *des*-+*avisado*)

desavisamento *n.m.* 1 ato ou efeito de desavisar 2 qualidade daquele ou daquilo que é desavisado (De *desavisar*+*-mento*)
desavisar *v.tr.* 1 dar um contra-aviso a 2 tornar leviano; tornar imprudente (De *des-*+*avisar*)
desaviso *n.m.* 1 contra-aviso 2 imprudência; precipitação (Deriv. regr. de *desavisar*)
desavistar *v.tr.* perder de vista; deixar de ver (De *des-*+*avistar*)
desavolumar *v.tr.* 1 reduzir o volume de; diminuir 2 desinchar; adelgaçar (De *des-*+*avolumar*)
desazadamente *adv.* sem jeito (De *desazado*+*-mente*)
desazado *adj.* 1 sem azo; despropositado 2 inábil; maljeitoso (De *des-*+*azado*)
desazo *n.m.* 1 falta de azo, de ensejo, de oportunidade 2 falta de jeito; inaptidão 3 desleixo; negligência (De *des-*+*azo*)
desazotar *v.tr.* tirar o azoto a (uma substância) (De *des-*+*azotar*)
desbabar *v.tr.* limpar a baba a ∎ *v.pron.* 1 perder a fé que se deposita em alguém 2 desenganar-se (De *des-*+*babar*)
desbagamento *n.m.* 1 extração de bagos 2 (salinas) passagem da água de um compartimento de nível inferior para outro de nível imediatamente superior (De *desbagar*+*-mento*)
desbagar *v.tr.* tirar os bagos a; esbagoar (De *des-*+*bagar*)
desbagoar *v.tr.* tirar os bagos ou os grãos a; esbagoar (De *des-*+*bago*+*-ar*)
desbagulhar *v.tr.* tirar o bagulho a (De *des-*+*bagulho*+*-ar*)
desbalizar *v.tr.* tirar as balizas ou os marcos a (De *des-*+*balizar*)
desbambar *v.tr.* tirar o estado de bambo a; retesar; esticar (De *des-*+*bambar*)
desbanalizar *v.tr.* 1 desprover de banalidade 2 tornar digno de atenção (De *des-*+*banalizar*)
desbancar *v.tr.* 1 ganhar todo o dinheiro a (banca) 2 [fig.] vencer 3 [fig.] levar vantagem sobre; exceder; suplantar (De *des-*+*banca*+*-ar*)
desbanda *n.f.* o que fica à banda, ao lado; *à* ~ de lado, ao pé (De *des-*+*banda*)
desbandar¹ *v.tr.* tirar as bandas a (De *des-*+*banda*+*-ar*)
desbandar² *v.intr.* desfazer o bando; dispersar; debandar (De *des-*+*bando*+*-ar*)
desbandeira *n.f.* ato de cortar a bandeira ao milho (Deriv. regr. de *desbandeirar*)
desbandeirar *v.tr.* 1 desguarnecer de bandeiras 2 cortar a bandeira a (milho) (De *des-*+*bandeirar*)
desbanque *n.m.* ato de desbancar (Deriv. regr. de *desbancar*)
desbaratador *adj.,n.m.* que ou aquele que desbarata; dissipador; perdulário (De *desbaratar*+*-dor*)
desbaratamento *n.m.* 1 dissipação; esbanjamento 2 derrota (De *desbaratar*+*-mento*)
desbaratar *v.tr.* 1 esbanjar; dissipar 2 vender por preço baixo 3 derrotar 4 destruir ∎ *v.pron.* 1 arruinar-se 2 desordenar-se (De *des-*+*baratar*)
desbarate *n.m.* ⇒ **desbarato**
desbarato *n.m.* 1 desperdício; dissipação 2 derrota 3 ruína; *ao* ~ por preço insignificante, com grande prejuízo (Deriv. regr. de *desbaratar*)
desbarbado *adj.* 1 sem barba(s) 2 imberbe 3 sem rebarbas (Part. pass. de *desbarbar*)
desbarbador *n.m.* instrumento agrícola para desbarbar o trigo (De *desbarbar*+*-dor*)
desbarbamento *n.m.* ato ou efeito de desbarbar (De *desbarbar*+*-mento*)
desbarbar *v.tr.* 1 tirar as barbas a 2 cortar as pontas a (grão de trigo) com o desbarbador (De *des-*+*barba*+*-ar*)
desbarbarizar *v.tr.* fazer perder a qualidade de bárbaro; desasselvajar; civilizar (De *des-*+*barbarizar*)
desbarbedo /ê/ *n.m.* ato de cortar os pelos ou os nós a um tecido, bordado, etc. (De *desbarbar*+*-edo*)
desbarrancamento *n.m.* desaterro (De *desbarrancar*+*-mento*)
desbarrancar *v.tr.* 1 escavar profundamente 2 desaterrar (De *des-*+*barranco*+*-ar*)
desbarranco *n.m.* 1 efeito de desbarrancar 2 desentulho 3 desaterro (Deriv. regr. de *desbarrancar*)
desbarrar *v.tr.* 1 tirar a barra ou o barro a 2 abrir o que está tapado com barro 3 desatrancar (De *des-*+*barrar*)
desbarretar *v.tr.* tirar o barrete ou o chapéu da cabeça a ∎ *v.pron.* 1 tirar o barrete ou o chapéu da cabeça 2 cumprimentar com esse gesto (De *des-*+*barrete*+*-ar*)
desbarrigado *adj.* 1 [pop.] que tem a barriga muito achatada 2 que traz as calças ou o colete desapertados na barriga, deixando ver a camisa na cintura (Part. pass. de *desbarrigar*)
desbarrigar *v.tr.* tirar a barriga ou a forma bojuda a ∎ *v.pron.* desapertar a roupa na barriga (De *des-*+*barriga*+*-ar*)
desbastação *n.f.* ⇒ **desbaste** (De *desbastar*+*-ção*)
desbastador *n.m.* 1 aquilo ou quem desbasta 2 plaina grande ∎ *adj.* que desbasta (De *desbastar*+*-dor*)
desbastamento *n.m.* ⇒ **desbaste** (De *desbastar*+*-mento*)
desbastar *v.tr.* 1 tornar menos basto; tornar menos denso; desengrossar 2 desbravar 3 polir; aperfeiçoar (De *des-*+*basto*+*-ar*)
desbastardar *v.tr.* legitimar (um filho) (De *des-*+*bastardo*+*-ar*)
desbaste *n.m.* 1 corte; aparamento 2 ação de tornar menos basto 3 monda (Deriv. regr. de *desbastar*)
desbastecer *v.tr.* ⇒ **desbastar** (De *des-*+*basto*+*-ecer*)
desbatocar *v.tr.* tirar o batoque a; destapar (De *des-*+*batocar*)
desbeiçar *v.tr.* 1 mutilar o beiço ou os beiços a 2 quebrar as bordas de; esborcinar (De *des-*+*beiço*+*-ar*)
desbicar *v.tr.* tirar os bicos a (De *des-*+*bico*+*-ar*)
desblindagem *n.f.* ECONOMIA alteração dos estatutos de uma empresa no sentido de anular o limite de acesso à tomada de decisão por parte dos acionistas (De *des-*+*blindagem*)
desblindar *v.tr.* ECONOMIA alterar (estatutos de uma empresa) no sentido de anular os limites de acesso à tomada de decisão por parte dos acionistas (De *des-*+*blindar*)
desbloqueamento *n.m.* desimpedimento; desobstrução; desbloqueio (De *desbloquear*+*-mento*)
desbloquear *v.tr.* 1 levantar o bloqueio a 2 romper o cerco a 3 permitir o prosseguimento ou o avanço de 4 resolver (uma dificuldade ou uma situação) 5 libertar; soltar (De *des-*+*bloquear*)
desbloqueio *n.m.* 1 ato ou efeito de desbloquear; levantamento do cerco a 2 resolução de uma situação difícil ou complicada (Deriv. regr. de *desbloquear*)
desbocado *adj.* 1 que não obedece ao freio 2 desenfreado 3 [fig.] que usa linguagem obscena; destravado; inconveniente (Part. pass. de *desbocar*)
desbocamento *n.m.* emprego de linguagem indecorosa (De *desbocar*+*-mento*)
desbocar *v.tr.* endurecer a boca de (o cavalo) ∎ *v.pron.* 1 (cavalo) tomar o freio nos dentes 2 [fig.] usar linguagem obscena (De *des-*+*boca*+*-ar*)
desbolado *adj.* desassisado; desatinado (De *des-*+*bola* [= cabeça]+*-ado*)
desbolinar *v.tr.* 1 NÁUTICA tirar (a um cabo) as torções causadas pelo uso 2 NÁUTICA abandonar a navegação à bolina (De *des-*+*bolinar*)
desborcar *v.tr.* virar de borco; despejar ∎ *v.pron.* entornar-se (De *des-*+*borcar*)
desborcinar *v.tr.* quebrar a borda a; esborcinar (De *des-*+*esborcinar*)
desbordamento *n.m.* ato ou efeito de desbordar (De *desbordar*+*-mento*)
desbordante *adj.2g.* que desborda (De *desbordar*+*-ante*)
desbordar *v.intr.* (rio) sair do leito; transbordar ∎ *v.tr.,intr.* 1 (fazer) saltar as bordas 2 estar cheio (de); encher-se (de) ∎ *v.tr.* ir além de; ultrapassar (De *des-*+*borda*+*-ar*)
desbordo /ô/ *n.m.* 1 transbordamento 2 extravasamento (Deriv. regr. de *desbordar*)
desboroar *v.tr.* ⇒ **esboroar** ∎ *v.pron.* pulverizar-se (De *des-*+*boroa*+*-ar*)
desborrar *v.tr.* limpar das borras (De *des-*+*borrar*)
desbotado *adj.* 1 que perdeu a cor; descorado 2 pálido 3 desvanecido; apagado (Part. pass. de *desbotar*)
desbotadura *n.f.* 1 perda ou alteração da cor 2 desmaio (De *desbotar*+*-dura*)
desbotamento *n.m.* ⇒ **desbotadura** (De *desbotar*+*-mento*)
desbotar *v.tr.* 1 fazer perder ou alterar a cor ou o brilho 2 [fig.] amortecer ∎ *v.intr.* 1 perder a viveza da cor 2 empalidecer 3 desvanecer (De orig. obsc.)
desbotoar *v.tr.,intr.,pron.* ⇒ **desabotoar** (De *des-*+*botão*+*-ar*)
desbragadamente *adv.* indecorosamente (De *desbragado*+*-mente*)
desbragado *adj.* 1 descomedido; desbocado 2 indecoroso 3 dissoluto (Part. pass. de *desbragar*)
desbragamento *n.m.* 1 emprego de linguagem obscena 2 descomedimento 3 atrevimento (De *desbragar*+*-mento*)
desbragar *v.tr.* 1 soltar da braga 2 [fig.] tornar desbragado ou dissoluto ∎ *v.pron.* tornar-se libertino, descarado (De *des-*+*braga*+*-ar*)
desbrasileirar *v.tr.* fazer perder os modos, o sotaque ou as características brasileiras ∎ *v.pron.* perder o carácter brasileiro (De *des-*+*brasileiro*+*-ar*)

desbravado *adj.* 1 (terreno) arroteado 2 explorado 3 [fig.] domado; amansado 4 civilizado (Part. pass. de *desbravar*)
desbravador *adj.,n.m.* 1 que ou aquele que desbrava 2 arroteador (De *desbravar+-dor*)
desbravamento *n.m.* ato ou efeito de desbravar (De *desbravar+-mento*)
desbravar *v.tr.* 1 destruir a braveza de 2 preparar (um terreno) para ser cultivado; arrotear 3 explorar 4 [fig.] domar; amansar 5 civilizar (De *des-+bravo+-ar*)
desbriar *v.tr.* 1 tirar o brio a 2 desmoralizar (De *des-+brio+-ar*)
desbridação *n.f.* ato ou efeito de desbridar (De *desbridar+-ção*)
desbridamento *n.m.* ⇒ **desbridação** (De *desbridar+-mento*)
desbridar *v.tr.* 1 tirar a brida a 2 CIRURGIA cortar certas membranas, ligamentos, aderências, etc. que prendem ou envolvem os órgãos 3 CIRURGIA aumentar uma abertura em (órgão), diminuindo ou afastando, por corte, certos elementos ■ *v.pron.* soltar-se da brida (De *des-+brida+-ar*)
desbrilho *n.m.* 1 falta de brilho 2 deslustre (De *des-+brilho*)
desbrio *n.m.* ausência de brio, de pundonor (De *des-+brio*)
desbrioso /ô/ *adj.* que não tem brio (De *des-+brioso*)
desbuchar *v.tr.* ⇒ **desembuchar** (De *des-+bucha+-ar*)
desbulha *n.f.* ⇒ **debulha** (Deriv. regr. de *desbulhar*)
desbulhar *v.tr.* ⇒ **debulhar** (Do lat. *despoliãre*, «despojar»)
desbunda *n.f.* 1 [coloq.] grande divertimento; farra 2 descomedimento; excesso 3 loucura (Deriv. regr. de *desbundar*)
desbundar *v.intr.* 1 [coloq.] divertir-se muito; armar uma grande farra 2 [coloq.] praticar excessos; descomedir-se
desbunde *n.m.* [Brasil] [coloq.] ⇒ **desbunda** (Deriv. regr. de *desbundar*)
desburocratização *n.f.* ato de desburocratizar (De *des-+burocratização*)
desburocratizar *v.tr.* 1 retirar carga burocrática a 2 simplificar 3 tornar mais rápido e eficiente (De *des-+burocratizar*)
descabeçado *adj.* 1 que não tem cabeça; degolado 2 [fig.] desajuizado; insensato 3 [fig.] sem chefe (Part. pass. de *descabeçar*)
descabeçador *n.m.* aquele que tira a cabeça a (De *descabeçar+-dor*)
descabeçamento *n.m.* ação ou efeito de cortar a cabeça a; decapitação (De *descabeçar+-mento*)
descabeçar *v.tr.* 1 cortar a cabeça a; decapitar 2 cortar uma das pontas a 3 [fig.] privar de chefe ■ *v.intr.* diminuir na altura; encolher; baixar (De *des-+cabeça+-ar*)
descabelada *n.f.* disparate; despautério (Part. pass. fem. subst. de *descabelar*)
descabeladamente *adv.* 1 de modo descabelado 2 violentamente 3 descaradamente (De *descabelado+-mente*)
descabelado *adj.* 1 sem cabelo ou com pouco cabelo; calvo 2 desgrenhado 3 [fig.] furioso 4 [fig.] excessivo; extravagante 5 [fig.] despropositado; ofensivo (Part. pass. de *descabelar*)
descabelamento *n.m.* ato descabelado; disparate; coisa absurda (De *descabelar+-mento*)
descabelar *v.tr.* 1 tirar os cabelos a 2 tirar os pelos a (peles) 3 desmanchar o penteado a ■ *v.pron.* 1 arrancar os próprios cabelos 2 desgrenhar-se; arrepelar-se 3 fazer ou dizer coisas disparatadas 4 fazer descabelo (De *des-+cabelo+-ar*)
descabelo /ê/ *n.m.* ato de o toureiro picar com o estoque a medula espinal do touro para o matar rapidamente (Deriv. regr. de *descabelar*)
descaber *v.intr.* 1 não caber 2 não vir a propósito; ser impróprio (De *des-+caber*)
descabidamente *adv.* fora de propósito (De *descabido+-mente*)
descabido *adj.* 1 despropositado; inoportuno 2 imerecido (Part. pass. de *descabir*)
descabrear *v.tr.,intr.,pron.* ⇒ **escabrear** (De *des-+cabrear*)
descaçar-se *v.pron.* perder o costume; desabituar-se (De *des-+caçar*)
descadeirado *adj.* 1 sem nádegas 2 derreado com pancada 3 esguio (Part. pass. de *descadeirar*)
descadeirar *v.tr.* 1 derrear com pancada 2 desnalgar 3 desconjuntar 4 [Brasil] bater nas nádegas a ■ *v.pron.* saracotear-se (De *des-+cadeira* [= quadril; anca]+-*ar*)
descafeinado *adj.* 1 sem cafeína 2 a que foi extraída a cafeína ■ *n.m.* café sem cafeína (Part. pass. de *descafeinar*)
descafeinar *v.tr.* 1 extrair a cafeína a 2 tratar (o café) para lhe extrair a cafeína (De *des-+cafeína+-ar*)
descaída *n.f.* 1 ato ou efeito de descair 2 decadência 3 declinação 4 miúdos de galinha 5 [pop.] degeneração 6 dito impensado; lapso; indiscrição (Part. pass. fem. subst. de *descair*)

descaidela *n.f.* [pop.] dito impensado; lapso; indiscrição (De *descair+-dela*)
descaimento *n.m.* 1 ato ou efeito de descair 2 declinação 3 decadência (De *descair+-mento*)
descair *v.tr.,intr.* 1 (deixar) pender 2 (fazer) cair um tanto para o lado; inclinar(-se) ■ *v.intr.* 1 baixar 2 vergar ou curvar por falta de força 3 abrandar 4 afrouxar 5 desfalecer 6 mudar pouco a pouco 7 ser mal sucedido ■ *v.pron.* revelar um segredo por descuido ou sem pensar; descoser-se (De *des-+cair*)
descalabrado *adj.* que sofreu descalabro; arruinado; abatido (De *descalabro+-ado*)
descalabro *n.m.* 1 grande desgraça ou prejuízo 2 ruína; derrocada; queda; derrota (Do cast. *descalabro*, «id.»)
descalçadeira *n.f.* utensílio para ajudar a descalçar (De *descalçar+-deira*)
descalçadela *n.f.* [pop.] descompostura; reprimenda (De *descalçar+-dela*)
descalçador *n.m.* ⇒ **descalçadeira** (De *descalçar+-dor*)
descalçadura *n.f.* ato ou efeito de descalçar (De *descalçar+-dura*)
descalçar *v.tr.,pron.* tirar (meias, calçado, luvas) ■ *v.tr.* 1 desempedrar (rua, estrada, etc.) 2 tirar o calço a 3 [fig.] privar de auxílio; ~ *a bota* [pop.] livrar-se de uma situação embaraçosa, difícil (Do lat. *discalceãre*, «descalçar»)
descalcetar *v.tr.* 1 tirar o calcetamento a; desprover de calçada; tirar o pavimento a 2 desempedrar (De *des-+calcetar*)
descalcificação *n.f.* ato ou efeito de descalcificar ou descalcificar-se (De *descalcificar+-ção*)
descalcificador *adj.,n.m.* que ou aquilo que produz descalcificação (De *descalcificar+-dor*)
descalcificante *adj.2g.* que descalcifica (De *descalcificar+-ante*)
descalcificar *v.tr.* diminuir ou eliminar o cálcio de ■ *v.pron.* perder cálcio (De *des-+calcificar*)
descalço *adj.* 1 não calçado 2 que não está empedrado 3 [fig.] desprevenido (Do lat. *discalceu-*, por *discalceãtu-*, «id.»)
descalhoar *v.tr.* limpar dos calhaus (De *des-+calhoar*)
descaliçar *v.tr.* tirar a caliça a (De *des-+caliça+-ar*)
descalvar *v.tr.* ⇒ **escalvar** (De *des-+calvar*)
descamação *n.f.* 1 extração das escamas 2 queda de elementos da epiderme em forma de escamas 3 GEOLOGIA fragmentação das rochas, através da separação (disjunção) de sucessivas capas superficiais, frequentemente laminares ou esferoidais (De *descamar+-ção*)
descamar[1] *v.tr.,intr.* tirar ou perder as escamas (De *des-+escamar*)
descamar[2] *v.tr.* ⇒ **desacamar** (De *des-+acamar*)
descamativo *adj.* 1 que provoca descamação 2 que se acompanha de descamação
descambação *n.f.* 1 ato ou efeito de descambar 2 despropósito 3 descaída (De *descambar+-ção*)
descambadela *n.f.* 1 ⇒ **descambação** 2 [pop.] indiscrição (De *descambar+-dela*)
descambado *adj.* 1 que descambou 2 chapado; consumado (Part. pass. de *descambar*)
descambar *v.intr.* 1 pender ou cair para um lado 2 ter resultado contrário do que se esperava 3 [fig.] degradar-se; degenerar (De *des-+cambar*)
descaminhar *v.tr.* ⇒ **desencaminhar** (De *des-+caminho+-ar*)
descaminho *n.m.* 1 extravio 2 sumiço 3 introdução fraudulenta, numa localidade, de coisas sujeitas a direitos aduaneiros 4 desvio de dinheiro ou de bens alheios 5 procedimento condenável (Deriv. regr. de *descaminhar*)
descamisa *n.f.* ⇒ **esfolhada** (Deriv. regr. de *descamisar*)
descamisada *n.f.* ⇒ **esfolhada** (Part. pass. fem. subst. de *descamisar*)
descamisador *n.m.* aparelho para descamisar as espigas do milho, etc. (De *descamisar+-dor*)
descamisar *v.tr.* 1 tirar a camisa a 2 tirar o folhelho a (espigas de milho); desfolhar; descapelar (De *des-+camisa+-ar*)
descampado *n.m.* campo extenso, inculto e deserto ■ *adj.* desabitado e sem árvores (Part. pass. de *descampar*)
descampar *v.intr.* 1 correr pelo campo 2 (pessoa) desaparecer; sumir 3 NÁUTICA conduzir (uma embarcação) para o mar alto (De *des-+campo+-ar*)
descanar *v.tr.* [regionalismo] cortar as canas sem maçaroca (a milho) (De *des-+cana+-ar*)
descancelar *v.tr.* 1 abrir a cancela de; franquear a entrada de; desaferrolhar 2 libertar do cancelamento (uma escritura de hipoteca) (De *des-+cancelar*)

descangar v.tr. tirar a canga a; desjungir; desapeirar (De *des-+cangar*)

descangotar v.intr. 1 ficar com a cabeça pendida 2 ficar sem sentidos (De *des-+cangote+-ar*)

descansadão n.m. [coloq.] pessoa muito pachorrenta, que nunca tem pressa (De *descansado+-ão*)

descansadeiro n.m. lugar ou assento para descansar (De *descansar+-deiro*)

descansado adj. 1 que está em descanso 2 folgado; vagaroso 3 sem inquietações nem cuidados (Part. pass. de *descansar*)

descansar v.tr. 1 pôr em descanso; livrar de fadigas e cuidados; tranquilizar 2 apoiar-se em 3 confiar em ■ v.intr. 1 repousar 2 sossegar 3 dormir; *~!* voz de comando dirigida às tropas em formatura, para que estas tomem a posição de descansar; *~ em alguém* deixar confiadamente ao cuidado de alguém

descanso n.m. 1 cessação do movimento ou do trabalho 2 repouso; sossego; paz 3 vagar 4 sono 5 sítio onde se descansa 6 peça das armas de fogo onde o cão descansa 7 apoio; peça em que outra se apoia ou descansa; *eterno ~* morte (Deriv. regr. de *descansar*)

descantar v.tr.,intr. cantar descantes ou cantigas ao desafio (De *des-+cantar*)

descante n.m. 1 voz que se associa à parte alta de uma canção 2 modo de cantar em dueto (em desgarrada ou desafio) (Deriv. regr. de *descantar*)

descantear v.tr. tirar os cantos a (De *des-+canto+-ear*)

descapacitar-se v.pron. despersuadir-se (De *des-+capacitar-se*)

descapelada n.f. ⇒ **desfolhada** (Part. pass. fem. subst. de *descapelar*)

descapelar v.tr. desfolhar (a espiga do milho, etc.); descamisar (De *des-+capelo+-ar*)

descapitalização n.f. 1 ECONOMIA diminuição do capital de uma empresa 2 ECONOMIA falta de liquidez financeira (De *descapitalizar+-ção*)

descapitalizar v.tr. 1 diminuir o capital de 2 pôr a circular valores capitalizados de 3 provocar a falta de liquidez financeira de (De *des-+capitalizar*)

descapotável adj.2g. diz-se do veículo automóvel a que se pode fazer descair a capota ■ n.m. automóvel com capota móvel, que se pode baixar (Do fr. *décapotable*, «de capota móvel»)

descapsulação n.f. 1 ato ou efeito de descapsular 2 CIRURGIA eliminação cirúrgica da cápsula renal (De *descapsular+-ção*)

descapsular v.tr. 1 eliminar a cápsula de 2 CIRURGIA remover cirurgicamente a cápsula de (um órgão) (De *des-+capsular*)

descaracterização n.f. ato ou efeito de descaracterizar (De *descaracterizar+-ção*) ACORDO ORTOGRÁFICO também se pode escrever descaterização

descaracterizar v.tr. 1 tirar o verdadeiro carácter a 2 disfarçar 3 desfazer a caracterização de 4 fazer perder a personalidade a 5 banalizar (De *des-+caracterizar*) ACORDO ORTOGRÁFICO também se pode escrever descaterizar

descarado adj. desavergonhado; atrevido; insolente (Part. pass. de *descarar*)

descaramento n.m. atrevimento; desfaçatez; desaforo; insolência (De *descarar+-mento*)

descarapuçar v.tr. 1 tirar a carapuça a; desbarretar 2 destapar 3 descapsular (De *des-+carapuça+-ar*)

descarar v.tr.,pron. tornar(-se) descarado; fazer perder ou perder a vergonha (De *des-+cara* [= vergonha]*+-ar*)

descaraterização a grafia mais usada é **descaracterização**

descaraterizar a grafia mais usada é **descaracterizar**

descarbonar v.tr. tirar o carbono a (De *des-+carbonar*)

descarbonatar v.tr. QUÍMICA remover o dióxido de carbono ou anidrido carbónico a (De *des-+carbonatar*)

descarbonização n.f. ato ou efeito de tirar o carbono a

descarbonizar v.tr. ⇒ **descarbonar** (De *des-+carbonizar*)

descarecer v.intr. não carecer (De *des-+carecer*)

descarga n.f. 1 remoção de carga 2 coisa despejada de jato 3 tiro de arma de fogo 4 conjunto de tiros disparados ao mesmo tempo 5 conjunto de foguetes lançados ao mesmo tempo 6 ação de dar baixa aos itens de uma lista; desarrisca 7 MEDICINA evacuação 8 [Brasil] dispositivo que regula o jato da água que limpa a sanita; *~ elétrica* ELETRICIDADE passagem de eletricidade através de um dielétrico (sólido, líquido ou gasoso), acompanhada de efeitos luminosos (Deriv. regr. de *descarregar*)

descargo n.m. 1 desobrigação de um cargo 2 pagamento de um encargo 3 satisfação de uma obrigação 4 desculpa ou defesa de uma culpa imputada; *por ~ de consciência* para tranquilidade de espírito (Deriv. regr. de *descarregar*)

descaridade n.f. falta de caridade (De *des-+caridade*)

descaridoso /ô/ adj. que não possui caridade; insensível; duro (De *des-+caridoso*)

descarinho n.m. 1 falta de carinho 2 maus tratos; crueldade (De *des-+carinho*)

descarinhoso /ô/ adj. 1 que não tem carinhos 2 ríspido; intratável (De *des-+carinhoso*)

descaritativo adj. ⇒ **descaridoso** (De *des-+caritativo*)

descarnado adj. 1 privado ou separado da carne 2 muito magro 3 (dentes) com as gengivas retraídas (Part. pass. de *descarnar*)

descarnador adj. que descarna ■ n.m. instrumento com que se descarnam os dentes (De *descarnar+-dor*)

descarnadura n.f. ação ou efeito de descarnar; descarnamento (De *descarnar+-dura*)

descarnamento n.m. estado de descarnado; descarnadura (De *descarnar+-mento*)

descarnar v.tr. 1 separar a carne dos ossos 2 separar do caroço (a polpa de um fruto) 3 escavar 4 [fig.] fazer emagrecer 5 ressequir ■ v.pron. 1 perder a carne e emagrecer (De *des-+carne+-ar*)

descaro n.m. ⇒ **descaramento** (Deriv. regr. de *descarar*)

descaroável adj.2g. 1 que não tem carinho; descaridoso 2 inclemente 3 rude (De *des-+caroável*)

descaroçador n.m. aparelho que serve para tirar o caroço (De *descaroçar+-dor*)

descaroçamento n.m. ato ou efeito de descaroçar (De *descaroçar+-mento*)

descaroçar[1] v.tr. 1 extrair os caroços ou a semente a 2 [fig.] remover certas dificuldades 3 explicar; deslindar 4 [regionalismo] contar minuciosamente (De *des-+caroço+-ar*)

descaroçar[2] v.tr. tirar a caroça a (linho) (De *des-+caroça+-ar*)

descarolador adj. que descarola ■ n.m. máquina que serve para debulhar o milho (De *descarolar+-dor*)

descarolar v.tr. 1 tirar a crosta a 2 escarolar; debulhar; esbagoar (De *des-+carolo+-ar*)

descarrega n.f. ato de descarregar; descarga (Deriv. regr. de *descarregar*)

descarregador n.m. 1 aquele que descarrega 2 instrumento para descarregar 3 abertura existente numa barragem que permite a saída das águas ■ adj. que descarrega (De *descarregar+-dor*)

descarregadouro n.m. lugar onde habitualmente se descarrega (De *descarregar+-douro*)

descarregamento n.m. 1 ato ou efeito de descarregar; descarga 2 INFORMÁTICA transferência de ficheiros de um computador remoto para outro computador, através de um modem ou rede e utilizando qualquer protocolo de comunicações; download (De *descarregar+-mento*)

descarregar v.tr. 1 proceder à descarga de; desembaraçar 2 aliviar; desoprimir 3 tratar (alguém) com rispidez ou impetuosidade como consequência de mau humor, tensão, frustração, etc. 4 INFORMÁTICA copiar (dados, informação) de uma máquina remota ou central para outra local 5 dar com força 6 despejar; desaguar 7 evacuar 8 disparar (arma) 9 tirar a carga a (uma arma) 10 riscar num rol ou assento (De *des-+carregar*)

descarrego /ê/ n.m. ⇒ **descargo** (Deriv. regr. de *descarregar*)

descarreirar v.tr. descaminhar; desencarreirar (De *des-+carreiro+-ar*)

descarretar v.tr. tirar os carretos a (De *des-+carreto+-ar*)

descarrilamento n.m. ato ou efeito de descarrilar (De *descarrilar+-mento*)

descarrilar v.tr. 1 tirar do carril 2 desencaminhar ■ v.intr. 1 sair do carril 2 [fig.] desviar-se do bom caminho 3 [fig.] fazer ou dizer disparates (De *des-+carrilar*)

descartar v.tr.,pron. 1 rejeitar (carta de baralho), por não ter utilidade para o jogo 2 livrar-se (de pessoa, coisa ou tarefa desagradável) ■ v.tr. 1 obrigar (o adversário) a jogar certas cartas 2 deitar fora, depois de se ter usado 3 desconsiderar; rejeitar (De *des-+carta+-ar*)

descartável adj.2g. (lentes de contacto, lenços, embalagens) que se deita fora após a utilização (De *descartar+-vel*)

descarte n.m. 1 ato de descartar-se 2 rejeição 3 [fig.] evasiva (Deriv. regr. de *descartar*)

descasalar v.tr. ⇒ **desacasalar** (De *des-+casalar*)

descasamento n.m. ato ou efeito de descasar ou descasar-se; divórcio (De *descasar+-mento*)

descasar v.tr. 1 desfazer ou anular o casamento de 2 separar (os animais acasalados) 3 desemparelhar ■ v.pron. divorciar-se (De *des-+casar*)

descasca n.f. 1 extração da casca 2 [fig.] descompostura; repri menda 3 [regionalismo] esfolhada (Deriv. regr. de *descascar*)

descascadeira n.f. 1 aquilo que descasca 2 descascador (De *descascar+-deira*)
descascadela n.f. ⇒ **descasca** (De *descascar+-dela*)
descascador adj.,n.m. 1 que, aquele ou aquilo que descasca 2 máquina de descascar cereais; debulhadora (De *descascar+-dor*)
descascadura n.f. ⇒ **descasca** (De *descascar+-dura*)
descascamento n.m. ⇒ **descasca** (De *descascar+-mento*)
descascar¹ v.tr. 1 tirar a casca a 2 [fig.] repreender 3 [fig.] limpar 4 [fig.] polir 5 [fig.] sovar ▪ v.intr. 1 largar a casca 2 soltar a pele; descamar (De *des-+casca+-ar*)
descascar² v.intr. (besta) largar o casco (De *des-+casco+-ar*)
descaspar v.tr. tirar a caspa a (De *des-+caspa+-ar*)
descasque n.m. ⇒ **descasca** (Deriv. regr. de *descascar*)
descasquear v.tr. limpar as crostas ou a imundície de; desencardir (De *descasque+-ear*)
descasquejar v.tr. ⇒ **descasquear** (De *descasque+-ejar*)
descativação n.f. libertação (de fundos, verbas, etc.) (De *descativar+-ção*)
descativar v.tr. 1 libertar do cativeiro; resgatar 2 desprender; soltar 3 libertar (verbas, fundos, etc.) (De *des-+cativar*)
descatolização n.f. ato ou efeito de descatolizar ou descatolizar-se; perda ou apostasia da fé católica (De *descatolizar+-ção*)
descatolizar v.tr. fazer perder a fé católica a; desviar do catolicismo ▪ v.pron. perder a fé católica (De *des-+catolizar*)
descaudar v.tr. tirar a cauda a; derrabar (De *des-+cauda+-ar*)
descautela n.f. 1 falta de cautela; imprevidência 2 negligência; desmazelo (De *des-+cautela*)
descautelado adj. que não é cauteloso; imprevidente (De *des-+cautela+-ado*)
descauteloso /ô/ adj. ⇒ **descautelado** (De *des-+cauteloso*)
descavalgar v.tr. fazer desmontar; apear ▪ v.intr. descer da cavalgadura; desmontar; apear-se (De *des-+cavalgar*)
descedeira n.f. ORNITOLOGIA ⇒ **trepadeira-azul** (De *descer+-deira*)
descegar v.tr. restituir a vista a (De *des-+cegar*)
descelular v.tr. desfazer ou tirar as células de (De *des-+célula+-ar*)
descendência n.f. 1 série de indivíduos que procedem de um tronco comum; filhos 2 filiação (Do lat. *descendentĭa*, part. pres. neut. pl. subst. de *descendĕre*, «descender; descer»)
descendente adj.2g. 1 que desce 2 que descende 3 (maré) vazante 4 diz-se de uma progressão cujos termos vão decrescendo ▪ n.2g. 1 pessoa que descende de outra 2 pl. conjunto de indivíduos que formam uma descendência 3 pl. posteridade (Do lat. *descendente-*, part. pres. de *descendĕre*, «descer; descender»)
descender v.tr. 1 proceder; ter origem; derivar 2 provir por geração ▪ v.tr. descer (Do lat. *descendĕre*, «descer; descender»)
descendimento n.m. ⇒ **descida** (De *descender+-mento*)
descensão n.f. movimento descensional; descida (Do lat. *descensiōne-*, «descida»)
descensional adj.2g. que se dirige de cima para baixo (Do lat. *descensiōne-*, «descida» +-*al*)
descenso n.m. ⇒ **descensão** (Do lat. *descensu-*, «descida»)
descente adj.2g. 1 que desce; descendente 2 com inclinação (Do lat. *descente-*, part. pres. de *descĕre*, «descer»)
descentração n.f. 1 afastamento do centro; descentralização 2 situação fora do centro (De *descentrar+-ção*)
descentralismo n.m. POLÍTICA regime político favorável à descentralização (De *des-+centralismo*)
descentralista adj.2g. relativo ao descentralismo ▪ n.2g. partidário do descentralismo (De *des-+centralista*)
descentralização n.f. 1 ato ou efeito de descentralizar 2 POLÍTICA processo político que visa a transferência de poderes e competências do poder central para o poder local (De *descentralizar+-ção*)
descentralizador adj.,n.m. que ou o que descentraliza (De *descentralizar+-dor*)
descentralizar v.tr. 1 desviar do centro 2 proceder à descentralização de (distribuindo pelas localidades ou entidades locais as atribuições do poder central) (De *des-+centralizar*)
descentralizável adj.2g. que se pode descentralizar (De *descentralizar+-vel*)
descentrar v.tr. 1 desviar do centro geométrico 2 afastar do centro (De *des-+centrar*)
descer v.tr. 1 passar de cima para baixo 2 abaixar; diminuir 3 inclinar 4 sair (de meio de transporte); apear; desmontar ▪ v.intr. 1 vir de cima em direção a um nível inferior; decair 2 rebaixar-se 3 declinar 4 proceder 5 apear-se 6 diminuir 7 baixar de preço; ~ *a minúcias* pormenorizar (Do lat. *descendĕre*, «descer»)
descercador adj.,n.m. que ou aquele que descerca (De *descercar+-dor*)

descercar v.tr. 1 tirar a alguma coisa o que a cerca 2 descingir 3 levantar o cerco a ▪ v.pron. libertar-se (De *des-+cercar*)
descerco /ê/ n.m. ato ou efeito de descercar (Deriv. regr. de *descercar*)
descerebração n.f. 1 ato de descerebrar 2 CIRURGIA intervenção da cirurgia experimental nos hemisférios cerebrais (De *descerebrar+-ção*)
descerebrar v.tr. 1 MEDICINA remover o cérebro de 2 MEDICINA interromper as comunicações do cérebro com 3 [fig.] tirar o juízo a; tornar idiota, cretino (De *des-+cérebro+-ar*)
descerimonioso adj. 1 que não tem cerimónias 2 em que não há cerimónias (De *des-+cerimonioso*)
descerramento n.m. ato ou efeito de descerrar ou descerrar-se (De *descerrar+-mento*)
descerrar v.tr. 1 abrir o que estava cerrado ou unido; destapar 2 patentear 3 [fig.] inaugurar (De *des-+cerrar*)
deschancelar v.tr. tirar a chancela a; abrir o que estava fechado com chancela (De *des-+chancelar*)
deschumbar v.tr. 1 tirar o chumbo a 2 arrancar uma coisa que estava presa com chumbo (De *des-+chumbar*)
descida n.f. 1 ato de descer 2 descensão; descimento 3 chão inclinado para onde se desce 4 declive descendente 5 abaixamento 6 diminuição 7 trainel que desce em relação ao sentido da marcha 8 ANATOMIA progressão normal dos testículos para dentro das bolsas respetivas 9 [pop.] prolapso; hérnia 10 [fig.] desvalorização 11 [fig.] decadência (Part. pass. fem. subst. de *descer*)
descimbramento n.m. ato ou efeito de descimbrar (uma abóbada) (De *descimbrar+-mento*)
descimbrar v.tr. tirar os cimbres a (um arco ou a uma abóbada) (De *des-+cimbre+-ar*)
descimentação n.f. ato de descimentar (De *descimentar+-ção*)
descimentar v.tr. 1 tirar o cimento a 2 [fig.] desfazer a solidez de 3 desunir 4 arruinar (De *des-+cimentar*)
descimento n.m. ⇒ **descida** (De *descer+-mento*)
descingir v.tr. 1 tirar ou desapertar aquilo que cinge 2 alargar 3 desencarar ▪ v.pron. 1 desapertar-se 2 desoprimir-se (De *des-+cingir*)
descintar v.tr. tirar o cinto ou a cinta a; descingir (De *des-+cintar*)
descivilizar v.tr. fazer perder ou prejudicar a civilização de; barbarizar (De *des-+civilizar*)
desclaridade n.f. falta de claridade (De *des-+claridade*)
desclassificação n.f. 1 ato ou efeito de desclassificar 2 desautorização (De *desclassificar+-ção*)
desclassificado adj. 1 que não obteve classificação 2 excluído de concurso ou competição 3 que não tem consideração social; desacreditado (Part. pass. de *desclassificar*)
desclassificar v.tr. 1 tirar ou deslocar de uma classe 2 não atribuir classificação a 3 desqualificar 4 excluir 5 desacreditar; menosprezar; rebaixar (De *des-+classificar*)
descloretar v.tr. 1 tirar ou separar o cloreto de 2 suprimir o sal em (alimentação) (De *des-+cloreto+-ar*)
descloridrização n.f. QUÍMICA reação provocada pela libertação do ácido clorídrico (De *des-+clorídr(ico)+-izar+-ção*)
descoagulação n.f. ato ou efeito de descoagular (De *descoagular+-ção*)
descoagulamento n.m. ⇒ **descoagulação** (De *descoagular+-mento*)
descoagulante adj.2g. que descoagula ▪ n.m. 1 aquilo que provoca descoagulação 2 anticoagulante (De *descoagular+-ante*)
descoagular v.tr. 1 dissolver ou liquefazer o que estava coagulado 2 derreter (De *des-+coagular*)
descoalhar v.tr. ⇒ **descoagular** (De *des-+coalhar*)
descoalho n.m. 1 ato ou efeito de descoalhar 2 líquido descoalhado 3 degelo (Deriv. regr. de *descoalhar*)
descoberta n.f. 1 ato ou efeito de achar algo desconhecido, ignorado ou escondido 2 criação; invenção 3 solução; achado; *à ~ de* à procura de, na pista de (Part. pass. fem. subst. de *descobrir*)
descoberto adj. 1 que não está coberto; destapado 2 sabido; divulgado; exposto 3 achado 4 inventado 5 ECONOMIA diz-se da situação devedora de uma conta-corrente ▪ n.m. ECONOMIA saldo negativo resultante do levantamento de um montante que não existe na conta; *~ bancário* ECONOMIA empréstimo de curto prazo concedido por um banco a um cliente, que lhe permite fazer levantamentos de uma conta bancária num montante superior ao saldo disponível; *a ~* claramente, sem garantia, sem caução, debaixo das vistas e do fogo inimigo (Part. pass. de *descobrir*)
descobridor adj.,n.m. 1 que ou aquele que descobre 2 explorador 3 revelador (De *descobrir+-dor*)

descobrimento *n.m.* 1 ato ou efeito de achar algo desconhecido, ignorado ou escondido; descoberta 2 [com maiúscula] *pl.* período histórico de expansão marítima, sobretudo nos séculos XV e XVI (De *descobrir+-mento*)

descobrir *v.tr.* 1 achar o que se ignorava, desconhecia ou estava oculto; fazer a descoberta ou descobrimento de 2 pôr à vista; mostrar 3 avistar 4 denunciar 5 reconhecer ■ *v.intr.* 1 (atmosfera) clarear 2 (sol) romper ■ *v.pron.* 1 tirar o chapéu 2 dar-se a conhecer; *~ a careca a* desmascarar; *~ os podres a alguém* divulgar-lhe os defeitos (Do lat. *discooperīre*, «descobrir»)

descocar-se *v.pron.* 1 proceder com descoco 2 perder a vergonha (De *des-+coca [= capuz]+-ar*)

descochar *v.tr.* NÁUTICA destorcer um cabo náutico para se lhe utilizarem separadamente as cochas (De *des-+cochar*)

descoco /ô/ *n.m.* 1 desplante; descaro; pouca-vergonha 2 audácia 3 disparate (Deriv. regr. de *descocar*)

descodear *v.tr.* tirar a côdea a (De *des-+côdea+-ar*)

descodificação *n.f.* 1 ato ou efeito de descodificar 2 INFORMÁTICA operação em que um computador determina o código de uma instrução, estabelecendo nas rotinas de interpretação o significado de determinados parâmetros (De *descodificar+-ção*)

descodificador *adj.,n.m.* 1 que ou aquele que descodifica 2 que ou dispositivo que, numa transmissão, processa os sinais codificados, de forma a poderem ser percebidos pelo recetor 3 LINGUÍSTICA que ou pessoa que, num ato de comunicação, recebe uma mensagem e a descodifica; recetor (De *descodificar+-dor*)

descodificar *v.tr.* 1 fazer a leitura de (uma informação registada em código) 2 decifrar (uma mensagem) pela identificação dos sinais que a constituem (De *des-+codificar*)

descofrar *v.tr.* 1 retirar a cofragem a; desmoldar 2 descimbrar (De *des-+cofre+-ar*)

descoifar *v.tr.* tirar a coifa a (De *des-+coifar*)

descoimar *v.tr.* libertar da coima; isentar do pagamento de multa (De *des-+coimar*)

descoincidência *n.f.* 1 falta de coincidência; desencontro 2 falta de concordância; discordância (De *des-+coincidência*)

descoincidente *adj.2g.* 1 que não coincide; desencontrado 2 que não concorda; discordante (De *des-+coincidente*)

descolagem *n.f.* (avião) ato ou efeito de levantar voo 2 separação do que estava colado (De *descolar+-agem*)

descolamento *n.m.* 1 ato ou efeito de descolar, arrancar ou separar (o que estava colado) 2 MEDICINA separação anormal de órgãos ou partes destes, das regiões adjacentes (De *descolar+-mento*)

descolar *v.tr.* 1 despegar (o que está colado) 2 desunir 3 [Brasil] obter; dar; arranjar ■ *v.intr.* (avião) levantar voo (De *des-+colar*)

descolmar *v.tr.* 1 tirar o teto de colmo a (uma casa) 2 destelhar (De *des-+colmar*)

descolonização *n.f.* 1 processo através do qual um país (colonizador) concede a independência a um território (colónia) que estava subordinado ao seu domínio político e económico 2 aquisição progressiva de autonomia política por parte de antiga(s) colónia(s) (De *descolonizar+-ção*)

descolonizar *v.tr.* 1 retirar de um determinado território a colónia aí instalada 2 conceder a autonomia política a uma colónia 3 tornar independente (De *des-+colonizar*)

descoloração *n.f.* 1 perda da cor 2 privação do princípio corante (De *descolorar+-ção*)

descolorante *adj.2g.* que faz perder a cor ■ *n.m.* 1 aquilo que faz perder a cor 2 substância utilizada para fazer perder a cor (De *descolorar+-ante*)

descolorar *v.tr.* fazer perder a cor ■ *v.intr.* 1 perder a cor 2 desbotar (De *des-+colorar*)

descolorir *v.tr.* 1 fazer perder a cor 2 tornar menos interessante; empobrecer (De *des-+colorir*)

descolorizar *v.tr.* ⇒ **descolorir** (De *des-+colorizar*)

descomandar *v.tr.* 1 tirar o comando a 2 fazer perder o comando 3 desorientar ■ *v.pron.* exceder-se (De *des-+comandar*)

descomedido *adj.* 1 sem medida 2 demasiado; excessivo 3 descontrolado 4 disparatado (De *des-+comedido*)

descomedimento *n.m.* 1 falta de comedimento; excesso 2 descontrolo 3 insolência; grosseria (De *descomedir+-mento*)

descomedir-se *v.pron.* 1 proceder com descomedimento; praticar excessos 2 disparatar (De *des-+comedir*)

descomer *v.intr.* [pop.] defecar (De *des-+comer*)

descometer *v.tr.* livrar do encargo; desobrigar; exonerar (De *des-+cometer*)

descomodidade *n.f.* falta de comodidade; incómodo (De *des-+comodidade*)

descómodo *n.m.* ⇒ **descomodidade** (De *des-+cómodo*)

descomover *v.tr.* tirar a comoção a; restituir a serenidade a (De *des-+comover*)

descompactar *v.tr.* INFORMÁTICA descomprimir ou expandir um ficheiro que foi comprimido, restabelecendo o seu tamanho original (De *des-+compactar*)

descompadecer-se *v.pron.* deixar de compadecer-se; perder a compaixão (De *des-+compadecer*)

descompadrar *v.tr.* [pop.] indispor (pessoas que eram amigas); inimizar (De *des-+compadrar*)

descompaginar *v.tr.* desligar; desunir (De *des-+compaginar*)

descompaixão *n.f.* falta de compaixão; dureza de coração (De *des-+compaixão*)

descomparticipado *adj.* diz-se do medicamento cujo custo não é compartilhado pelo Estado (De *descomparticipar+-ado*)

descompassadamente *adv.* 1 de modo descompassado 2 extraordinariamente 3 enormemente (De *descompassada+-mente*)

descompassado *adj.* 1 que foge ao compasso 2 sem ritmo 3 desordenado 4 enorme; desmedido

descompassar *v.tr.* 1 executar sem medida 2 estender muito e sem limites 3 desproporcionar 4 libertar de compasso 5 [fig.] desviar das conveniências ■ *v.intr.* descomedir-se (De *des-+compassar*)

descompassivo *adj.* que não tem compaixão (De *des-+compassivo*)

descompasso *n.m.* 1 falta de compasso, de medida, de acordo, ordem ou regularidade 2 desordem; desconcerto (De *des-+compasso*, ou deriv. regr. de *descompassar*)

descompensação *n.f.* 1 ato ou efeito de descompensar ou descompensar-se 2 MEDICINA insuficiência funcional de um órgão que o organismo não é capaz de compensar (De *descompensar+-ção*)

descompensado *adj.* 1 que não tem compensação 2 MEDICINA que entrou em descompensação (Part. pass. de *descompensar*)

descompensar *v.tr.* descontar para restabelecer o equilíbrio ■ *v.pron.* MEDICINA (função de um órgão) entrar em descompensação (De *des-+compensar*)

descomplicar *v.tr.* fazer cessar a complicação de; simplificar (De *des-+complicar*)

descomponenda *n.f.* [pop.] ⇒ **descompostura** (De *des-* + lat. *componenda*, ger. neut. pl. de *componĕre*, «compor»)

descompor *v.tr.* 1 pôr fora do seu lugar 2 desordenar 3 desarranjar 4 alterar 5 desfigurar 6 dar uma descompostura a 7 injuriar; insultar ■ *v.pron.* 1 desarranjar-se 2 perturbar-se; transtornar-se 3 exceder-se (De *des-+compor*)

descomposição *n.f.* 1 descompostura 2 discórdia 3 decomposição 4 desarranjo (De *des-+composição*)

descompostura *n.f.* 1 falta de compostura 2 desalinho 3 indecência 4 censura áspera; repreenda (De *des-+compostura*)

descomprazer *v.tr.* 1 não comprazer 2 não satisfazer a vontade de outrem; não condescender (De *des-+comprazer*)

descompressão *n.f.* 1 diminuição de pressão 2 INFORMÁTICA expansão de um ficheiro compactado (De *des-+compressão*)

descompressivo *adj.* que descomprime (De *des-+compressivo*)

descomprimir *v.tr.* 1 suprimir ou aliviar a compressão de 2 INFORMÁTICA descompactar ou expandir um ficheiro que foi compactado, restabelecendo o seu tamanho original (De *des-+comprimir*)

descomprometer *v.tr.,pron.* libertar(-se) de um compromisso assumido (De *des-+comprometer*)

descomprometido *adj.* que não tem nenhum compromisso; livre (Part. pass. de *descomprometer*)

descomunal *adj.2g.* 1 que está fora do comum 2 enorme; excessivo; desproporcional (De *des-+comunal*)

descomunalidade *n.f.* 1 qualidade de descomunal 2 anormalidade (De *descomunal+-i-+-dade*)

desconceito *n.m.* mau conceito; descrédito; desconsideração (De *des-+conceito*)

desconceituar *v.tr.* desacreditar; difamar ■ *v.pron.* perder a reputação; desacreditar-se (De *des-+conceituar*)

desconcentração *n.f.* 1 ato ou efeito de desconcentrar; descentralização 2 [fig.] falta de concentração 3 POLÍTICA processo administrativo em que se distribui pelas localidades ou entidades locais as atribuições do poder central (De *desconcentrar+-ção*)

desconcentrar *v.tr.* 1 proceder à descentralização de 2 tornar mais diluído 3 espalhar 4 aliviar 5 distrair ■ *v.pron.* distrair-se; perder a concentração (De *des-+concentrar*)

desconcertado adj. 1 descomposto 2 desregrado 3 disparatado 4 perturbado 5 embaraçado (Part. pass. de *desconcertar*)

desconcertador adj.,n.m. que ou o que desconcerta ou põe em desordem (De *desconcertar+-dor*)

desconcertante adj.2g. que desconcerta; que embaraça; que atrapalha (De *desconcertar+-ante*)

desconcertar v.tr. 1 destruir a ordem ou a harmonia de 2 desarranjar; desmanchar; alterar 3 descompor; desalinhar 4 desafinar 5 estabelecer discórdia entre 6 causar perplexidade a 7 atrapalhar; estorvar; transtornar 8 não condizer; discordar ■ v.intr. disparatar ■ v.pron. pôr-se em desacordo; desavir-se (De *des-+concertar*)

desconcerto /ê/ n.m. 1 falta de concerto 2 desarranjo 3 desordem; confusão; transtorno 4 dissonância 5 desafinação 6 desconchavo 7 discórdia (Deriv. regr. de *desconcertar*)

desconchavar v.tr. 1 desligar; desarticular 2 desmontar; desmanchar 3 [fig.] malquistar ■ v.tr.,intr.,pron. (fazer) perder a harmonia ■ v.intr.,pron. 1 desmanchar-se; desarticular-se 2 dizer disparates 3 desavir-se (De *des-+conchavar*)

desconchavo n.m. 1 ato ou efeito de desconchavar ou desconchavar-se 2 disparate 3 desconcordância; desconcerto (Deriv. regr. de *desconchavar*)

desconchegar v.tr. 1 separar (o que estava aconchegado); desaconchegar 2 desacomodar 3 afastar (De *des-+conchegar*)

desconchego /ê/ n.m. 1 falta de conchego; desaconchego; incomodidade; desconforto 2 desabrigo (Deriv. regr. de *desconchegar*)

desconciliação n.f. discórdia; desavença (De *desconciliar+-ção*)

desconciliar v.tr. quebrar a conciliação de; estabelecer desavença entre; desarmonizar; desavir (De *des-+conciliar*)

desconcordância n.f. falta de concordância; discrepância; desarmonia (De *des-+concordância*)

desconcordante adj.2g. que não tem concordância; que não está de acordo; discrepante; dissonante; incoerente (De *des-+concordante*)

desconcordar v.tr. 1 pôr em discordância ou desacordo 2 desavir ■ v.intr. não concordar; ser divergente; ser desarmónico (De *des-+concordar*)

desconcorde adj.2g. ⇒ **discordante** (De *des-+concorde*)

desconcórdia n.f. falta de concórdia; discórdia; desarmonia; desinteligência (De *des-+concórdia*)

descondensação n.f. 1 ação ou efeito de descondensar ou dissolução (De *descondensar+-ção*)

descondensar v.tr. 1 tornar menos denso; dissolver 2 tornar ténue; dissipar (De *des-+condensar*)

descondizente adj.2g. 1 que não condiz; diferente 2 discordante 3 desproporcionado (De *descondizer+-ente*)

descondizer v.intr. ser diferente, desproporcionado ou discorde (De *des-+condizer*)

desconectar v.tr. desfazer a conexão ou ligação de; desligar; desunir (De *des-+conectar*)

desconexão /cs/ n.f. 1 falta de conexão; desunião 2 incoerência (De *des-+conexão*)

desconexo /cs/ adj. 1 que não tem conexão; desunido 2 incoerente (De *des-+conexo*)

desconfeito adj. 1 desconjuntado; desfeito 2 quase a desfazer-se (De *des-+com+feito*)

desconfessar v.tr. dar por não confessados; desdizer-se de; renegar (De *des-+confessar*)

desconfiado adj. 1 que desconfia; que não tem confiança; receoso 2 que se melindra facilmente 3 tímido (Part. pass. de *desconfiar*)

desconfiança n.f. 1 falta de confiança; suspeita 2 temor de ser enganado; ciúme (De *desconfiar+-ança*)

desconfiante adj.2g. que tem desconfiança (De *desconfiar+-ante*)

desconfiar v.tr. 1 ter desconfiança; suspeitar de; duvidar de 2 conjeturar ■ v.intr. 1 melindrar-se 2 perder a confiança 3 duvidar da sinceridade ou da honestidade de alguém; suspeitar (De *des-+confiar*)

desconformar v.tr. não ser conforme; diferir; discordar (De *des-+conformar*)

desconforme adj.2g. 1 não conforme; diverso; desigual 2 desproporcionado 3 grandioso (De *des-+conforme*)

desconformidade n.f. 1 falta de conformidade; divergência; discordância 2 desproporção (De *des-+conformidade*)

desconfortante adj.2g. 1 que tira o conforto 2 que desassossega; inquietante 3 desanimador (De *desconfortar+-ante*)

desconfortar v.tr. 1 tirar o conforto a 2 desassossegar 3 desconsolar; desanimar (De *des-+confortar*)

desconfortável adj.2g. 1 que provoca sensação de desconforto; que não oferece conforto; incómodo; desaconchegado 2 desalentador (De *des-+confortável*)

desconfortavelmente adv. de modo desconfortável; sem conforto (De *desconfortável+-mente*)

desconforto n.m. 1 falta de conforto, de comodidade 2 desconsolo; desânimo (De *des-+conforto*, ou deriv. regr. de *desconfortar*)

desconfranger v.tr. 1 tirar o confrangimento a 2 desenrugar; descontrair (De *des-+confranger*)

desconfrangimento n.m. ato ou efeito de desconfranger (De *desconfranger+-i-+-mento*)

desconfundir v.tr. acabar com a confusão de (De *des-+confundir*)

desconfusão n.f. ato ou efeito de desconfundir (De *des-+confusão*)

descongelação n.f. ato ou efeito de descongelar ou descongelar-se; degelo (De *des-+congelação*)

descongelador adj.,n.m. que ou o que descongela (De *descongelar+-dor*)

descongelamento n.m. 1 ⇒ **descongelação** 2 ECONOMIA [fig.] desbloqueamento de capitais (De *des-+congelamento*)

descongelar v.tr. 1 fazer passar (um corpo) do estado sólido ao líquido, diminuindo a ação do frio a que está sujeito 2 fazer (alimento sólido congelado) regressar à temperatura ambiente 3 livrar do gelo 4 ECONOMIA desembargar; desbloquear (capitais) ■ v.intr.,pron. 1 deixar de estar congelado; derreter-se; fundir-se 2 regressar (alimento sólido congelado) à temperatura ambiente (De *des-+congelar*)

descongestionamento n.m. ato ou efeito de descongestionar (De *descongestionar+-mento*)

descongestionante adj.2g. que descongestiona (De *descongestionar+-ante*)

descongestionar v.tr. 1 livrar de congestão 2 desintumescer 3 aliviar; desoprimir 4 desembaraçar 5 desimpedir; desobstruir (De *des-+congestionar*)

descongestivo adj. ⇒ **descongestionante** (De *des-+congestivo*)

desconhecedor adj.,n.m. 1 que ou aquele que desconhece; ignorante 2 desagradecido; ingrato (De *desconhecer+-dor*)

desconhecer v.tr. 1 não conhecer; ignorar 2 não reconhecer 3 não se lembrar de 4 não admitir; não aceitar como tal 5 não agradecer 6 não ser grato a ■ v.pron. estranhar-se; não se reconhecer (De *des-+conhecer*)

desconhecido adj. 1 que não é conhecido; ignorado; incógnito 2 ingrato ■ n.m. pessoa cuja identidade se desconhece; estranho (Part. pass. de *desconhecer*)

desconhecimento n.m. 1 falta de conhecimento; ignorância 2 ingratidão (De *desconhecer+-i-+-mento*)

desconhecível adj.2g. que não se pode conhecer; irreconhecível (De *desconhecer+-i-+-vel*)

desconjugar v.tr. separar; desunir; desligar (De *des-+conjugar*)

desconjunção n.f. desunião; fenda (De *des-+conjunção*)

desconjuntado adj. 1 desarticulado 2 desmontado; desmanchado 3 [fig.] mal estruturado; desorganizado 4 [fig.] desajeitado; desastrado (Part. pass. de *desconjuntar*)

desconjuntamento n.m. 1 saída dos encaixes ou das articulações 2 falta de articulação (De *desconjuntar+-mento*)

desconjuntar v.tr. 1 tirar as junturas ou as articulações a 2 deslocar 3 desmanchar; separar ■ v.pron. 1 desmanchar-se; desunir-se; descompor-se 2 arruinar-se (De *des-+conjuntar*)

desconjuntura n.f. ⇒ **desconjuntamento** (De *des-+conjuntura*)

desconjurar v.tr. esconjurar; ofender; desacatar (De *des-+conjurar*)

desconsagração n.f. ato ou efeito de desconsagrar (De *desconsagrar+-ção*)

desconsagrar v.tr. tirar o carácter sagrado a; profanar (De *des-+consagrar*)

desconsciência n.f. falta de consciência; inconsciência (De *des-+consciência*)

desconseguir v.tr. [Angola, Moçambique, São Tomé e Príncipe] não conseguir (De *des-+conseguir*)

desconsentimento n.m. falta de consentimento; recusa (De *desconsentir+-mento*)

desconsentir v.tr. 1 não consentir; recusar 2 anular o consentimento de (De *des-+consentir*)

desconsertador adj. que desconserta; que desarranja (De *desconsertar+-dor*)

desconsertar *v.tr.* 1 desfazer o conserto de 2 desarranjar; estragar 3 descoser (De *des-+consertar*)

desconserto /ê/ *n.m.* falta de conserto; desarranjo; desordem (Deriv. regr. de *desconsertar*)

desconsideração *n.f.* falta de consideração; desrespeito; desprezo (De *desconsiderar+-ção*)

desconsiderar *v.tr.* 1 não considerar 2 tratar mal; não dar atenção suficiente a 3 desrespeitar ▪ *v.pron.* perder a consideração dos outros (De *des-+considerar*)

desconsolação *n.f.* 1 falta de consolação 2 tristeza; mágoa; desgosto 3 mal-estar (De *desconsolar+-ção*)

desconsolado *adj.* 1 que não tem consolação 2 triste; desanimado 3 que não satisfaz 4 insípido; mal temperado (Part. pass. de *desconsolar*)

desconsolador *adj.,n.m.* que ou o que desconsola ou aflige (De *desconsolar+-dor*)

desconsolar *v.tr.* causar desconsolação a; magoar; entristecer; afligir (De *des-+consolar*)

desconsolativo *adj.* que desconsola; desconsolador (De *desconsolar+-tivo*)

desconsolável *adj.2g.* ⇒ **inconsolável** (De *des-+consolável*)

desconsolo *n.m.* 1 tristeza; mágoa; desgosto 2 insatisfação (Deriv. regr. de *desconsolar*)

desconstitucionalizar *v.tr.* tirar a constitucionalidade a; inconstitucionalizar (De *des-+constitucionalizar*)

desconstranger *v.tr.* 1 tirar o constrangimento a; pôr à vontade 2 desenrugar (De *des-+constranger*)

desconstruir *v.tr.* 1 desfazer (o que foi construído) 2 jogar com os elementos de algo, analisando-o ou reconstruindo-o a partir de princípios diferentes ou não tradicionais (De *des-+construir*)

desconstrutivismo *n.m.* LITERATURA ramo da crítica literária, com aplicações na Filosofia e na Psicologia, que afirma que toda a linguagem é metafórica e não pode garantir o sentido absoluto de nenhuma forma ou discurso tentando analisar os textos pela decifração dos seus múltiplos sentidos, dando primazia à interpretação do leitor (De *desconstutivo+-ismo*)

desconstrutivista *adj.2g.* relativo ao desconstrutivismo ▪ *n.2g.* pessoa que segue o desconstrutivismo (De *desconstrutivo+-ista*)

descontagiar *v.tr.* 1 interromper o contágio de 2 libertar do contágio (De *des-+contagiar*)

descontaminação *n.f.* remoção ou neutralização de agentes contaminantes; desinfeção; purificação; despoluição (De *descontaminar+-ção*)

descontaminar *v.tr.* 1 retirar ou neutralizar qualquer substância que ponha em perigo as condições de higiene ou salubridade a; desinfetar; limpar; purificar; despoluir 2 retirar ou neutralizar qualquer substância radioativa (De *des-+contaminar*)

descontar *v.tr.* 1 subtrair a uma quantidade ou a um todo; deduzir 2 abater 3 [fig.] não levar em conta 4 [fig.] prescindir de (De *des-+contar*)

descontável *adj.2g.* suscetível de desconto (De *descontar+-vel*)

descontentadiço *adj.* 1 que se descontenta facilmente 2 difícil de contentar (De *descontentar+-diço*)

descontentamento *n.m.* falta de contentamento; desprazer; dissabor; tristeza (De *descontentar+-mento*)

descontentar *v.tr.* causar descontentamento a; desgostar; desagradar a ▪ *v.pron.* sentir desgosto (De *des-+contentar*)

descontente *adj.2g.* 1 que não está contente 2 triste; desgostoso 3 contrariado 4 aborrecido (De *des-+contente*)

descontentorizar *v.tr.* retirar do contentor (as mercadorias que nele foram transportadas) (De *des-+contentorizar*)

descontextualização *n.f.* ato ou efeito de retirar algo de um determinado contexto (De *descontextualizar+-ção*)

descontextualizar *v.tr.* retirar de um determinado contexto (De *des-+contextualizar*)

descontinuação *n.f.* ato ou efeito de descontinuar; interrupção (De *descontinuar-+ção*)

descontinuado *adj.* 1 que não tem ou teve continuação; suspenso; interrompido 2 cujo desenvolvimento foi interrompido; que deixou de ser produzido (Part. pass. de *descontinuar*)

descontinuador *adj.,n.m.* que ou aquele que descontinua (De *descontinuar+-dor*)

descontinuar *v.tr.* 1 interromper; suspender; cessar 2 interromper o desenvolvimento de; deixar de produzir ▪ *v.intr.* ser interrompido; cessar; parar (De *des-+continuar*)

descontinuidade *n.f.* 1 falta de continuidade; interrupção 2 GEOLOGIA superfície caracterizada pela ocorrência de modificações bruscas da velocidade de propagação das ondas sísmicas na direção do interior da Terra (De *des-+continuidade*)

descontínuo *adj.* 1 que não é contínuo; interrompido; intermitente 2 formado de elementos distintos; **quantidade descontínua/ discreta** quantidade que varia por passagem súbita de um valor a outro (De *des-+contínuo*)

desconto *n.m.* 1 redução no total de um preço ou de uma quantia; abatimento 2 dedução numa quantia a receber 3 ágio; juro 4 ECONOMIA operação bancária por meio da qual o detentor de um título de crédito recebe a respetiva importância antes da data do vencimento, mediante o pagamento de um juro (prémio de desconto) 5 DESPORTO acréscimo de tempo concedido pelo árbitro no fim de cada parte de um jogo de futebol, de forma a compensar o tempo em que o jogo esteve parado (por marcação de faltas, assistência médica aos jogadores, etc.) 6 ECONOMIA perda de capital e/ou juros que decorre de uma renegociação de dívida ou do incumprimento no pagamento dos seus juros ou reembolsos; **dar um ~ a** não atribuir importância a um comportamento ou comentário que se considera negativo ou desajustado (Deriv. regr. de *descontar*)

descontração *n.f.* 1 relaxamento dos músculos após uma contração 2 descanso físico 3 relaxamento 4 à-vontade; desembaraço (De *des-+contracção*)

descontracção ver nova grafia *descontração*

descontraído *adj.* 1 que não está sob qualquer tipo de tensão ou pressão 2 que não se sente ansioso, tenso ou pressionado 3 diz-se de atmosfera ou ambiente informal (Part. pass. de *descontrair*)

descontrair *v.tr.* 1 fazer cessar a contração de; diminuir a tensão de; relaxar 2 tornar frouxo 3 pôr à vontade ▪ *v.intr.,pron.* 1 relaxar-se; deixar de estar contraído 2 pôr-se à vontade (De *des-+contrair*)

descontratar *v.tr.* anular o contrato com (De *des-+contratar*)

descontrolado *adj.* 1 sem controlo 2 que não tem domínio em si mesmo 3 desgovernado 4 não verificado 5 sem fiscalização (Part. pass. de *descontrolar*)

descontrolar *v.tr.* fazer perder o controlo a ▪ *v.pron.* perder o domínio de si mesmo; desequilibrar-se (De *des-+controlar*)

descontrole *n.m.* ⇒ **descontrolo**

descontrolo *n.m.* 1 falta de controlo 2 desequilíbrio; desorientação 3 desgoverno

desconvencer *v.tr.* fazer perder a convicção; despersuadir; dissuadir (De *des-+convencer*)

desconveniência *n.f.* 1 falta de conveniência; inconveniência 2 discrepância 3 [fig.] desproporção; desconformidade (Do lat. *disconvenientĭa-*, «desacordo»)

desconveniente *adj.2g.* que não convém; inconveniente; desvantajoso (Do lat. *disconveniente-*, part. pres. de *disconvenīre*, «discordar»)

desconversação *n.f.* 1 ato ou efeito de desconversar 2 falta de conversação 3 desentendimento (De *desconversar+-ção*)

desconversão *n.f.* ato ou efeito de desconverter (De *des-+conversão*)

desconversar *v.tr.,intr.* 1 deixar de conversar 2 encaminhar a conversa para outro assunto 3 [regionalismo] descambar na chocarrice ou no gracejo (De *des-+conversar*)

desconversável *adj.2g.* 1 que não é conversável; insociável; solitário 2 intratável (De *des-+conversável*)

desconverter *v.tr.* 1 desfazer a conversão de 2 tornar irreligioso (De *des-+converter*)

desconvidar *v.tr.* revogar um convite a ▪ *v.tr.,intr.* não despertar interesse (De *des-+convidar*)

desconvidativo *adj.* que não atrai ou não seduz (De *des-+convidativo*)

desconvir *v.tr.,intr.* não convir (a); ser inconveniente (a) ▪ *v.tr.* não estar de acordo com (Do lat. *disconvenīre*, «discordar»)

desconvivência *n.f.* falta de convivência (De *des-+convivência*)

desconvizinho *adj.* que não é vizinho; afastado; distante (De *des-+convizinho*)

desconvocar *v.tr.* suspender ou anular a convocação de; desmarcar (De *des-+convocar*)

descoordenação *n.f.* falta de coordenação; desorganização; desordem (De *descoordenar+-ção*)

descoordenadamente *adv.* sem coordenação; desordenadamente (De *descoordenado+-mente*)

descoordenar *v.tr.* desfazer a coordenação de; desarranjar; desorganizar (De *des-+coordenar*)

descor *n.f.* falta de cor (De *des-+cor*)

descorado[1] *adj.* 1 que não se sabe de cor 2 esquecido (De *des-+cor (=coração)+-ado*)

descorado² *adj.* que não tem cor; desbotado; pálido (De *des-+corado*)
descoragem *n.f.* **1** falta de coragem; cobardia; pusilanimidade **2** desânimo (De *des-+coragem*)
descoramento *n.m.* ato ou efeito de descorar(-se); desbotamento (De *descorar+-mento*)
descorante *adj.2g.* que descora (De *descorar+-ante*)
descorar¹ *v.tr.* esquecer (De *des-+cor+-ar*)
descorar² *v.tr.,intr.* **1** (fazer) perder total ou parcialmente a cor **2** empalidecer (De *des-+corar*)
descorçoamento *n.m.* ⇒ **descoroçoamento** (De *descorçoar+-mento*)
descorçoar *v.tr.,intr.* ⇒ **descoroçoar** (De *des-+coração+-ar*)
descordar *v.tr.* TAUROMAQUIA cortar a medula espinal a (touro) (De *des-+corda+-ar*)
descordo /ô/ *n.m.* LITERATURA poesia trovadoresca, na qual o trovador, variando a estrutura das estrofes e o tipo de rimas, pretende dar a entender a perturbação em que o amor o lançou (Do prov. *descort*, «id.»)
descornar *v.tr.* cortar ou partir os cornos a (De *des-+corno+-ar*)
descoroar *v.tr.* **1** tirar a coroa a; destronar **2** derribar a parte superior de (De *des-+coroar*)
descoroçoador *adj.,n.m.* que, aquele ou aquilo que descoroçoa; desanimador (De *descoroçoar+-dor*)
descoroçoamento *n.m.* desencorajamento; desânimo (De *descoroçoar+-mento*)
descoroçoante *adj.2g.* que faz descoroçoar; desanimador (De *descoroçoar+-ante*)
descoroçoar *v.tr.,intr.* **1** tirar ou perder a coragem **2** tirar ou perder o ânimo; desanimar (De *des-+coração+-ar*)
descorolado *adj.* BOTÂNICA que não tem corola (De *des-+corolado*)
descorrelação *n.f.* falta de correlação (De *des-+correlação*)
descorrelacionar *v.tr.* tirar a correlação a (De *des-+correlacionar*)
descorrentar *v.tr.* tirar a(s) corrente(s) a (De *des-+corrente+-ar*)
descortejar *v.tr.* **1** não cortejar **2** desconsiderar (De *des-+cortejar*)
descortês *adj.2g.* que não é cortês; indelicado; grosseiro; malcriado (De *des-+cortês*)
descortesia *n.f.* **1** falta de cortesia **2** ação descortês; grosseria; indelicadeza (De *des-+cortesia*)
descorticação *n.f.* **1** ato ou efeito de retirar a casca **2** tiragem da cortiça **3** MEDICINA extração da camada cortical de um órgão; descapsulação (De *descorticar+-ção*)
descortiçada *n.f.* tiragem da cortiça (Part. pass. fem. subst. de *descortiçar*)
descorticador *adj.* que descortica ▪ *n.m.* **1** aquele que descortica **2** instrumento para descorticar (De *descorticar+-dor*)
descortiçamento *n.m.* **1** ato de descortiçar, de descascar **2** tiragem da cortiça (De *descortiçar+-mento*)
descorticar *v.tr.* **1** tirar o córtice ou a cortiça a **2** macerar a casca para a tirar **3** [fig.] analisar minuciosamente as várias camadas de; tentar chegar ao cerne de (De *descorticāre*, «tirar a casca a»)
descortiçar *v.tr.* tirar a casca ou cortiça a (uma árvore); descorticar (De *des-+cortiça+-ar*)
descortinar *v.tr.* **1** tirar ou abrir as cortinas a **2** [fig.] patentear; mostrar; revelar **3** descobrir ao longe; avistar **4** chegar a compreender **5** abater a cortina de (uma fortificação) (De *des-+cortinar*)
descortinável *adj.2g.* **1** que se pode descortinar; visível **2** compreensível (De *descortinar+-vel*)
descortino *n.m.* **1** ato de descortinar ou avistar **2** argúcia; perspicácia (Deriv. regr. de *descortinar*)
descoruchar *v.tr.* cortar o corucho a (árvores); podar (De *des-+corucho+-ar*)
descosedura *n.f.* **1** ato ou efeito de descoser **2** porção descosida (De *descoser+-dura*)
descoser *v.tr.* **1** desfazer uma costura a **2** desmanchar; desconjuntar **3** desunir **4** [pop.] divulgar ▪ *v.pron.* **1** confessar **2** dizer **3** [fig.] repreender severamente **4** desfazer-se **5** revelar um segredo (De *des-+coser*)
descosido *adj.* **1** cuja costura se desfez **2** [fig.] mal estruturado; desorganizado **3** [fig.] sem sequência lógica ou coesão interna (Part. pass. de *descoser*)
descostumar *v.tr.* desacostumar; desabituar (De *descostumar*)
descostume *n.m.* **1** perda ou falta de costume **2** desuso (De *des-+costume*)
descotado *adj.* que não tem cotação (De *des-+cotado*)
descotoar *v.tr.* limpar do cotão (De *des-+cotão+-ar*)

descoutar *v.tr.* tirar o privilégio de couto a (uma propriedade) (De *des-+coutar*)
descrasear *v.tr.* **1** fazer perder a crase, em especial ao sangue **2** dessorar ▪ *v.pron.* dessorar-se (De *des-+crase+-ar*)
descravar *v.tr.* **1** tirar os cravos a **2** desengastar (pedras preciosas) **3** desfitar (olhos) ▪ *v.pron.* desengastar-se; soltar-se (De *des-+cravar*)
descravejar *v.tr.* tirar os cravos a; desmanchar aquilo que estava cravejado; desengastar (De *des-+cravejar*)
descravizar *v.tr.* libertar da condição de escravo; alforriar; libertar (De *des-+escravizar*)
descredibilizar *v.tr.* **1** retirar credibilidade a alguma coisa ou a alguém **2** fazer perder crédito ou credibilidade (De *des-+credibilizar*)
descrédito *n.m.* perda de crédito; má fama; desonra; desautorização (De *des-+crédito*)
descrença *n.f.* **1** falta de crença ou de fé; irreligiosidade; impiedade **2** ceticismo (De *des-+crença*)
descrente *adj.2g.* **1** que não crê; incrédulo; irreligioso **2** cético ▪ *n.2g.* pessoa que perdeu a crença; ateu (De *des-+crente*)
descrer *v.intr.* perder a crença; apostatar; renegar ▪ *v.tr.* não crer em; negar (De *des-+crer*)
descrever *v.tr.* **1** fazer a descrição de **2** contar pormenorizadamente **3** traçar; percorrer (linhas, curvas, etc.) ▪ *v.pron.* representar-se (Do lat. *describĕre*, «id.»)
descriado *adj.* **1** que já não é criança; crescido **2** [Cabo Verde] pequeno; fraco (De *des-+criado*, part. pass. de *criar*)
descrição *n.f.* **1** relato (escrito ou oral) das características ou traços distintivos de um facto, lugar, paisagem, pessoa, etc. **2** citação ordenada dos caracteres de um ser vivo, que se designa diagnose quando limitada a uma categoria sistemática **3** enumeração **4** relação **5** identificação física, económica e fiscal do prédio objeto de registo a que respeitam os factos inscritos (Do lat. *descriptiōne-*, «id.»)
descrido *adj.* incrédulo; cético (Part. pass. de *descrer*)
descriminação *n.f.* **1** ato ou efeito de absolver de crime, de inocentar **2** DIREITO ato jurídico através do qual um crime deixa de ser considerado como tal (De *des-+criminação*)
descriminalização *n.f.* ato de excluir o carácter criminal de um facto (antes considerado crime)
descriminalizar *v.tr.* **1** absolver do crime imputado **2** tirar a culpa a **3** justificar **4** legalizar (ato, comportamento, substância, etc., anteriormente considerado suscetível de penalização)
descriminar *v.tr.* ⇒ **descriminalizar** (De *des-+criminar*)
descristianização *n.f.* ato ou efeito de descristianizar (De *descristianizar+-ção*)
descristianizar *v.tr.* **1** tirar a qualidade de cristão a **2** destruir o cristianismo em (região ou país) (De *des-+cristianizar*)
descritível *adj.2g.* que se pode descrever (Do fr. *descriptible*, «id.»)
descritivo *adj.* **1** que descreve **2** que serve para descrever **3** GEOMETRIA que representa corpos por projeções **4** MÚSICA que evoca estruturas sonoras características do mundo exterior **5** ANATOMIA que se ocupa especialmente em descrever a configuração de cada órgão **6** que descreve um determinado fenómeno, sem preocupações normativas ou históricas **7** LINGUÍSTICA designativo do texto em que se expõem as características ou traços distintivos de um objeto (pessoa, personagem, espaço, coisa, etc.) (Do lat. *descriptīvu-*, «id.»)
descrito *adj.* **1** escrito **2** narrado; exposto **3** enumerado (Do lat. *descriptu-*, part. pass. de *describĕre*, «transcrever; copiar»)
descritor *adj.,n.m.* que ou aquele que descreve (Do lat. *descriptōre-*, «id.»)
descruzamento *n.m.* ato ou efeito de descruzar (De *descruzar+-mento*)
descruzar *v.tr.* desfazer a cruz formada por ▪ *v.intr.* deslocar ou separar objetos que estavam cruzados (De *des-+cruzar*)
descuidado *adj.* **1** que não tem cuidado **2** desleixado; negligente **3** irrefletido **4** desprevenido (Part. pass. de *descuidar*)
descuidadoso /ô/ *adj.* descuidado; descuidoso (De *des-+cuidadoso*)
descuidar *v.tr.* não ter cuidado com; descurar; desatender ▪ *v.pron.* **1** distrair-se; relaxar-se **2** esquecer-se (De *des-+cuidar*)
descuido *n.m.* **1** falta de cuidado **2** desleixo; negligência **3** esquecimento **4** erro; lapso (Deriv. regr. de *descuidar*)
descuidoso /ô/ *adj.* **1** descuidado **2** despreocupado; sereno; impassível (De *descuidado+-oso*, com hapl.)
desculpa *n.f.* **1** alegação atenuante ou justificativa de culpa **2** expressão de arrependimento **3** pretexto; escusa **4** absolvição;

desculpabilização

~ esfarrapada/de mau pagador desculpa pouco convincente (Deriv. regr. de *desculpar*)
desculpabilização *n.f.* ato ou efeito de desculpabilizar (De *des-+culpabilização*)
desculpabilizar *v.tr.* 1 tornar desculpável 2 fazer perder o carácter de culpável 3 libertar de um sentimento de culpa (De *des-+culpabilizar*)
desculpador *adj.,n.m.* que ou aquele que desculpa (De *desculpar+-dor*)
desculpar *v.tr.* 1 atenuar ou livrar de culpa; perdoar 2 justificar 3 não fazer caso de ■ *v.pron.* 1 apresentar desculpas 2 justificar-se; pretextar (De *des-+culpar*)
desculpável *adj.2g.* 1 que se pode desculpar 2 que merece desculpa (De *desculpar+-vel*)
descultivar *v.tr.* deixar de cultivar (De *des-+cultivar*)
descultivo *n.m.* 1 ato ou efeito de descultivar 2 falta de cultivo (Deriv. regr. de *descultivar*)
descultura *n.f.* falta de cultura (De *des-+cultura*)
descumprir *v.tr.* faltar ao cumprimento de; infringir; transgredir (De *des-+cumprir*)
descunhar *v.tr.* tirar a(s) cunha(s) a (De *des-+cunhar*)
descuradamente *adv.* sem cuidado; com desleixo (De *descurado+-mente*)
descuramento *n.m.* descuido; desmazelo; negligência (De *descurar+-mento*)
descurar *v.tr.* negligenciar; descuidar; desprezar ■ *v.pron.* descuidar-se; desmazelar-se; desleixar-se (De *des-+curar*)
descuriosidade *n.f.* 1 falta da necessária curiosidade 2 incúria (De *des-+curiosidade*)
descurioso /ô/ *adj.* 1 que não tem curiosidade 2 descuidado; negligente 3 desaplicado (De *des-+curioso*)
descurvar *v.tr.* desencurvar; endireitar (De *des-+curvar*)
desdar *v.tr.* 1 declarar que já não se dá (coisa que se tinha prometido) 2 desfazer (um nó); desatar (De *des-+dar*)
desde /ê/ *prep.* a partir de; a começar em; a contar de; **~ que** a partir do momento em que, uma vez que (Do lat. *de-+ex-+de-*, «id.»)
desdeixar *v.tr.* ⇒ **desleixar** (De *des-+deixar*)
desdém *n.m.* 1 sentimento ou atitude orgulhosa de desprezo 2 sobranceria; arrogância; *ao* **~** sem arranjo ou afetação (Do prov. ant. *desdeing* ou *desdenh*, «id.»)
desdenhador *adj.,n.m.* que ou aquele que desdenha; escarnecedor (De *desdenhar+-dor*)
desdenhar *v.tr.* 1 mostrar ou ter desdém (por); desprezar 2 não fazer caso (de); ignorar 3 fazer troça (de) (Do lat. *dedignāri*, «desdenhar», pelo prov. ant. *desdegnar*, «id.»)
desdenhativo *adj.* que envolve desdém; depreciativo (De *desdenhar+-tivo*)
desdenhável *adj.2g.* que merece ser desdenhado (De *desdenhar+-vel*)
desdenho *n.m.* ⇒ **desdém** (Deriv. regr. de *desdenhar*)
desdenhoso /ô/ *adj.* que mostra desdém; altivo; soberbo (De *desdenho+-oso*)
desdentado *adj.* 1 privado de dentes 2 ZOOLOGIA relativo aos desdentados ■ *n.m.* ZOOLOGIA espécime dos desdentados ■ *n.m.pl.* ZOOLOGIA ordem de mamíferos eutérios cujos dentes faltam total ou parcialmente, ou são simples e semelhantes entre si (Part. pass. de *desdentar*)
desdentar *v.tr.* tirar os dentes a ■ *v.pron.* perder os dentes (De *des-+dentar*)
desdita *n.f.* 1 falta de sorte; infortúnio 2 desventura; infelicidade (De *des-+dita*)
desditoso /ô/ *adj.* que não é ditoso; desventurado; infeliz (De *desdita+-oso*)
desdizer *v.tr.* 1 contradizer alguém no que afirma 2 desmentir ■ *v.intr.* 1 estar em contradição 2 não convir ■ *v.pron.* 1 dar o dito por não dito 2 dizer o contrário ou negar o que se tinha afirmado 3 contradizer-se (De *des-+dizer*)
desdobar *v.tr.* desenrolar (o que estava dobado); desenovelar; deslindar (De *des-+dobar*)
desdobramento *n.m.* ato ou efeito de desdobrar (De *desdobrar+-mento*)
desdobrar *v.tr.* 1 estender ou abrir (o que estava dobrado) 2 desenrolar 3 separar (um conjunto) em frações, turmas, etc. 4 explicar ■ *v.pron.* 1 desenvolver-se 2 manifestar-se 3 prolongar-se 4 desfazer-se das dobras 5 dividir-se em duas ou mais partes 6 suceder-se 7 [fig.] intensificar a atividade (De *des-+dobrar*)

desdobrável *adj.2g.* que se pode desdobrar; decomponível; extensível ■ *n.m.* impresso (folheto, panfleto, mapa, etc.) que é dobrado para facilidade de transporte e acomodação e que se desdobra para utilização ou consulta (De *desdobrar+-vel*)
desdobre *n.m.* ⇒ **desdobramento** (Deriv. regr. de *desdobrar*)
desdobro /ô/ *n.m.* máquina própria para desdobrar (Deriv. regr. de *desdobrar*)
desdoirar *v.tr.* ⇒ **desdourar**
desdoiro *n.m.* ⇒ **desdouro**
desdourar *v.tr.* 1 tirar o dourado a 2 [fig.] deslustrar ■ *v.pron.* 1 perder o brilho 2 [fig.] deslustrar-se (De *des-+dourar*)
desdouro *n.m.* 1 ato ou efeito de desdourar 2 [fig.] deslustre; vergonha; mancha (Deriv. regr. de *desdourar*)
desdoutrinação *n.f.* ato ou efeito de desdoutrinar (De *desdoutrinar+-ção*)
desdoutrinar *v.tr.* 1 fazer esquecer a doutrina 2 tornar ignorante (De *des-+doutrinar*)
desdramatizar *v.tr.* 1 tirar o carácter dramático a 2 acalmar; suavizar (De *des-+dramatizar*)
deseclipsar *v.tr.* descobrir; desvendar ■ *v.pron.* 1 reaparecer 2 recuperar a claridade (De *des-+eclipsar*)
deseconomia *n.f.* ECONOMIA falta de eficiência na utilização dos recursos produtivos, que se traduz num aumento do custo médio de produção (De *des-+economia*)
desedificação *n.f.* 1 mau exemplo ou conselho 2 desmoralização 3 escândalo (De *desedificar+-ção*)
desedificador *adj.,n.m.* que ou aquele que desedifica (De *desedificar+-dor*)
desedificante *adj.2g.* 1 que desedifica; desedificativo; desmoralizador 2 que tira a crença religiosa (De *desedificar+-ante*)
desedificar *v.tr.* 1 desviar da virtude pelo mau exemplo 2 desmoralizar 3 escandalizar (De *des-+edificar*)
desedificativo *adj.* ⇒ **desedificante** (De *desedificar+-tivo*)
deseducação *n.f.* 1 perda ou falta de educação 2 falta de conhecimentos (De *deseducar+-ção*)
deseducador *adj.,n.m.* 1 que ou o que deseduca 2 desmoralizador (De *deseducar+-dor*)
deseducar *v.tr.* 1 fazer perder a educação 2 prejudicar a educação de (De *des-+educar*)
deseducativo *adj.* que deseduca; que leva à perda da educação (De *deseducar+-tivo*)
deseixar *v.tr.* tirar do eixo ■ *v.pron.* sair do eixo (De *des-+eixar*)
desejador *adj.,n.m.* que ou aquele que deseja (De *desejar+-dor*)
desejar *v.tr.* 1 ter desejo de; apetecer; querer 2 cobiçar 3 pretender; aspirar a ■ *v.intr.* sentir desejos; *deixar a* **~** não corresponder à expectativa (De *desejo+-ar*)
desejável *adj.2g.* que é digno de ser desejado; apetecível; atraente (De *desejar+-vel*)
desejo /ê/ *n.m.* 1 vontade; apetite; anseio 2 aspiração 3 intenção (Do lat. vulg. *desidĭu-*, «desejo erótico», do lat. cl. *desidĭa-*, «indolência; preguiça»)
desejoso /ô/ *adj.* que deseja; cobiçoso (De *desejo+-oso*)
deselectrizar ver nova grafia **deseletrizar**
deselegância *n.f.* 1 falta de elegância 2 falta de delicadeza 3 inconveniência 4 incorreção (De *des-+elegância*)
deselegante *adj.2g.* carecido de elegância; desajeitado; desairoso; desgracioso (De *des-+elegante*)
deselegantemente *adv.* sem elegância; de modo deselegante (De *deselegante+-mente*)
deseletrizar *v.tr.* descarregar de eletricidade (um corpo eletrizado) (De *des-+electrizar*)
deseliminar *v.tr.* 1 restituir ao estado primitivo 2 restabelecer 3 reabilitar (De *des-+eliminar*)
desemaçar *v.tr.* separar (o que estava em maço) (De *des-+emaçar*)
desemadeirar *v.tr.* tirar o madeiramento a (De *des-+emadeirar*)
desemalar *v.tr.* tirar da mala; desfazer o que estava emalado (De *des-+emalar*)
desemalhar *v.tr.* tirar ou desfazer as malhas de (De *des-+emalhar*)
desemalhetar *v.tr.* destravar, despregar, desunir o que está emalhetado (De *des-+emalhetar*)
desemaranhar *v.tr.* 1 desfazer o emaranhado de; destrinçar 2 [fig.] esclarecer (De *des-+emaranhar*)
desembaçar *v.tr.* 1 tirar a cor baça a 2 [fig.] fazer voltar ao estado natural (quem estava embaçado) (De *des-+embaçar*)
desembaciador *n.m.* 1 produto ou sistema para desembaciar 2 (em automóvel) sistema elétrico adaptado ao vidro ou aos espelhos

retrovisores para impedir ou evitar que embaciem (De *des-+embaciar+-dor*)

desembaciamento *n.m.* ato ou efeito de desembaciar (De *desembaciar+-mento*)

desembaciar *v.tr.* **1** limpar (o que estava embaciado) **2** restituir o brilho a (De *des-+embaciar*)

desembainhar *v.tr.* **1** tirar da bainha **2** descoser a bainha de **3** desprender (De *des-+embainhar*)

desembalar *v.tr.* tirar da embalagem; desencaixotar; desembrulhar; desenfardar (De *des-+embalar*)

desembalsar *v.tr.* tirar (o vinho) da balsa (De *des-+embalsar*)

desembandeirar *v.tr.* tirar a bandeira ou as bandeiras de (De *des-+embandeirar*)

desembaraçado *adj.* **1** livre de embaraços **2** desimpedido **3** desobrigado **4** expedito (Part. pass. de *desembaraçar*)

desembaraçar *v.tr.* **1** livrar de embaraços **2** desimpedir **3** desenredar **4** livrar ▪ *v.pron.* **1** soltar-se; livrar-se **2** trabalhar depressa (De *des-+embaraçar*)

desembaraço *n.m.* **1** agilidade; desenvoltura **2** facilidade; expediente **3** coragem (Deriv. regr. de *desembaraçar*)

desembaralhar *v.tr.* **1** pôr em ordem (o que estava embaralhado) **2** desembaraçar; desenredar (De *des-+embaralhar*)

desembarcadoiro *n.m.* ⇒ **desembarcadouro**

desembarcadouro *n.m.* lugar de desembarque (De *desembarcar+-douro*)

desembarcar *v.tr.,intr.* tirar ou sair do barco, comboio ou avião; apear(-se) (De *des-+embarcar*)

desembargado *adj.* livre de embargo; desimpedido; livre; desatravancado (Part. pass. de *desembargar*)

desembargador *n.m.* **1** aquele que desembarga **2** juiz do tribunal da Relação ▪ *adj.* que desembarga (De *desembargar+-dor*)

desembargar *v.tr.* **1** levantar o embargo a **2** despachar **3** [fig.] desembaraçar; desimpedir (De *des-+embargar*)

desembargatório *adj.* relativo ao embargo ou ao desembargador (De *desembargar+-tório*)

desembargo *n.m.* **1** levantamento do embargo **2** sentença (Deriv. regr. de *desembargar*)

desembarque *n.m.* **1** ato ou efeito de desembarcar **2** MILITAR operação de colocação de forças em terra a partir de meios navais (Deriv. regr. de *desembarcar*)

desembarrancar *v.tr.* **1** tirar de um barranco **2** tirar do atoleiro **3** desobstruir **4** [regionalismo] dar uma resposta decisiva ▪ *v.intr.* tomar uma resolução (De *des-+embarrancar*)

desembarrilar *v.tr.* **1** tirar do barril **2** [fig.] desimpedir **3** [fig.] desenganar **4** [fig.] desabafar (De *des-+embarrilar*)

desembebedar *v.tr.* fazer passar a bebedeira a (De *des-+embebedar*)

desembestadamente *adv.* à rédea solta; desenfreadamente (De *desembestado+-mente*)

desembestado *adj.* **1** desenfreado **2** devasso (Part. pass. de *desembestar*)

desembestar *v.tr.* arremessar (com besta) ▪ *v.intr.* **1** partir ou correr impetuosamente **2** perder a calma ▪ *v.pron.* perder a calma; irritar-se (De *des-+embestar*)

desembezerrar *v.tr.,intr.,pron.* (fazer) perder o amuo; desamuar (De *des-+embezerrar*)

desembirrar *v.tr.* tirar a birra a ▪ *v.intr.* perder a birra (De *des-+embirrar*)

desembocadura *n.f.* lugar onde um rio entra no mar, num lago ou noutro rio; foz; confluência (De *des-+embocadura*)

desembocar *v.tr.* **1** sair (como por uma boca) **2** desaguar; ir dar a **3** terminar **4** lançar-se (De *des-+embocar*)

desembolado *adj.* diz-se do touro (nas corridas) e do florete (na esgrima) que não estão embolados (Part. pass. de *desembolar*)

desembolar *v.tr.* tirar as bolas das hastes (ao touro) ou da ponta do florete ▪ *v.pron.* livrar-se das bolas (o touro) (De *des-+embolar*)

desembolsar *v.tr.* tirar do bolso ou da bolsa; despender (De *des-+embolsar*)

desembolso /ô/ *n.m.* **1** aquilo que se gastou ou pagou; despesa **2** dinheiro que se adiantou com a condição de se reaver (Deriv. regr. de *desembolsar*)

desemborcar *v.tr.* virar para cima o que estava emborcado (De *des-+emborcar*)

desemborrachar *v.tr.* desembriagar (De *des-+emborrachar*)

desemborradela *n.f.* ato ou efeito de desemborrar (De *desemborrar+-dela*)

desemborrar *v.tr.* tirar a cinza às meadas ou à roupa, quando sai da barrela (De *des-+emborrar*)

desemborrascar *v.tr.* serenar (o que estava borrascoso); apaziguar; desassombrar (De *des-+emborrascar*)

desemborro /ô/ *n.m.* barrela (Deriv. regr. de *desemborrar*)

desemboscar *v.tr.* fazer sair do bosque ou da emboscada ▪ *v.pron.* sair do bosque ou da emboscada (De *des-+emboscar*)

desembotar *v.tr.* **1** tornar cortante aquilo que estava embotado; afiar; aguçar **2** fazer com que os dentes deixem de estar botos **3** espertar; desentorpecer (De *des-+embotar*)

desembraçar *v.tr.* largar o que estava embraçado (De *des-+embraçar*)

desembraiar *v.tr.* soltar a embraiagem de um veículo (Do fr. *désembrayer*, «id.»)

desembramar *v.tr.* desenovelar; desenroscar (De *des-+embramar*)

desembravecer *v.tr.,intr.* acalmar(-se); amansar; serenar (De *des-+embravecer*)

desembrear[1] *v.tr.* tirar o breu a (De *des-+embrear*)

desembrear[2] *v.tr.* [Brasil] ⇒ **desembraiar** (De *des-+embrear*)

desembrechar *v.tr.* tirar o embrechado a (De *des-+embrechar*)

desembrenhar *v.tr.* **1** fazer sair das brenhas **2** [fig.] tirar de grande embaraço (De *des-+embrenhar*)

desembriagar *v.tr.* desembebedar (De *des-+embriagar*)

desembridar *v.tr.* ⇒ **desbridar** (De *des-+embridar*)

desembrulhar *v.tr.* **1** tirar do embrulho; desfazer o embrulho de **2** desdobrar **3** desenredar **4** [fig.] esclarecer ▪ *v.pron.* (atmosfera) desanuviar-se (De *des-+embrulhar*)

desembrulho *n.m.* **1** ato de desembrulhar **2** [fig.] esclarecimento (Deriv. regr. de *desembrulhar*)

desembrumar *v.tr.* desanuviar; aclarar (De *des-+embrumar*)

desembrutecer *v.tr.* fazer perder a rudeza; instruir; civilizar (De *des-+embrutecer*)

desembruxar *v.tr.* livrar de bruxarias; desenfeitiçar (De *des-+embruxar*)

desembuçadamente *adv.* sem rebuço; com franqueza (De *desembuçado+-mente*)

desembuçar *v.tr.* **1** tirar o embuço a; destapar a cara a **2** mostrar; revelar ▪ *v.pron.* descobrir-se; mostrar-se (De *des-+embuçar*)

desembuchar *v.tr.* **1** que tem embucha; desimpedir **2** tirar a bucha a ▪ *v.tr.,intr.* [coloq.] desabafar; confessar (De *des-+embuchar*)

desembuço *n.m.* ato de desembuçar ou destraçar a capa, pondo a cara a descoberto (Deriv. regr. de *desembuçar*)

desemburradela *n.f.* ato ou efeito de desemburrar (De *desemburrar+-dela*)

desemburrar *v.tr.* **1** instruir (dando as primeiras noções) **2** tirar o acanhamento a **3** desbastar **4** polir (De *des-+emburrar*)

desembutir *v.tr.* **1** tirar o embutido a **2** desencaixar (De *des-+embutir*)

desemedar *v.tr.* tirar da meda (cereal) (De *des-+emedar*)

desemoinhar *v.tr.* limpar da moinha, das praganas (os cereais) (De *des-+em+moinha+-ar*)

desemoldurar *v.tr.* **1** tirar a moldura a **2** tirar da moldura; desencaixilhar (De *des-+emoldurar*)

desempachar *v.tr.* livrar de empacho; desimpedir; desobstruir; aliviar (De *des-+empachar*)

desempacho *n.m.* ato ou efeito de desempachar; desobstrução (Deriv. regr. de *desempachar*)

desempacotamento *n.m.* ato ou efeito de desempacotar (De *desempacotar+-mento*)

desempacotar *v.tr.* **1** tirar do pacote; desembrulhar **2** desfazer os pacotes de **3** desembalar (De *des-+empacotar*)

desempalar *v.tr.* **1** livrar de empalação **2** fazer sair da pala (coelho) (De *des-+empalar*)

desempalhar *v.tr.* **1** tirar de dentro da palha **2** tirar a palha a (De *des-+empalhar*)

desempalmar *v.tr.* largar ou mostrar (o que estava empalmado) (De *des-+empalmar*)

desempanado[1] *adj.* **1** que já não está empanado **2** que já tem brilho **3** que diz abertamente o que pensa; franco; sincero (De *des-+empanado*, «envolvido em panos»)

desempanado[2] *adj.* (automóvel) que já não tem pane; que já não está avariado (De *des-+empanado*, «avariado»)

desempanagem *n.f.* reparação de uma avaria num veículo (De *desempanar*, «reparar» +*-agem*)

desempanar[1] *v.tr.* **1** tirar os panos a **2** [fig.] restituir o brilho a (um objeto empanado ou embaciado) (De *des-+empanar*, «envolver em panos»)

desempanar[2] *v.tr.* tirar pane a; resolver a avaria de; reparar (De *des-+empanar*, «avariar»)

desempanturrar *v.tr.* 1 fazer cessar o empanturramento de 2 desobstruir (De des-+empanturrar)
desempapar *v.tr.* 1 desfazer os papos ou folipos de (roupa) 2 enxugar (um corpo) do líquido em que estava embebido (De des-+empapar)
desempapelar *v.tr.* 1 tirar ou descobrir uma coisa envolvida em papel; desembrulhar 2 desforrar (as paredes cobertas de papel) (De des-+empapelar)
desempar *v.tr.* tirar a empa (estaca) a (videira) (De des-+empar)
desemparceirar *v.tr.* desunir coisas ou pessoas que estavam emparceiradas (De des-+emparceirar)
desemparedar *v.tr.* 1 desfazer o emparedamento de 2 libertar (o que estava emparedado) (De des-+emparedar)
desemparelhamento *n.m.* ato ou efeito de desemparelhar (De desemparelhar+-mento)
desemparelhar *v.tr.* separar ou desunir (o que estava emparelhado); desirmanar (De des-+emparelhar)
desempastar *v.tr.* 1 desprender (o que estava empastado) 2 desenredar (De des-+empastar)
desempastelar *v.tr.* 1 desfazer (o que estava empastelado) 2 TIPOGRAFIA pôr no respetivo caixotim (os tipos que estavam empastelados) (De des-+empastelar)
desempatar *v.tr.* 1 tirar o empate a; alterar um resultado de igualdade 2 decidir (o que estava empatado) (De des-+empatar)
desempate *n.m.* 1 ato ou efeito de desempatar 2 decisão; resolução (Deriv. regr. de desempatar)
desempavesar *v.tr.* tirar os paveses a ▪ *v.pron.* [fig.] deixar-se de prosápias, de bazófias (De des-+empavesar)
desempeçar *v.tr.* ⇒ **desempecer** (De des-+empeçar)
desempecer *v.tr.* 1 deixar de empecer 2 não importunar mais 3 desimpedir 4 desembaraçar; desenredar (De des-+empecer)
desempecilhar *v.tr.* livrar do empecilho; desembaraçar; desatravancar; desobstruir (De des-+empecilhar)
desempeço *n.m.* 1 ato ou efeito de desempecer 2 remoção do que estorva; desimpedimento 3 alívio; descargo (Deriv. regr. de desempeçar)
desempeçonhar *v.tr.* tirar a peçonha a (De des-+empeçonhar)
desempedernir *v.tr.* 1 tornar mole 2 [fig.] abrandar 3 [fig.] enternecer (De des-+empedernir)
desempedrar *v.tr.* 1 tirar o empedramento de 2 limpar das pedras 3 desempedernir (De des-+empedrar)
desempegar *v.tr.* tirar do pego; desatolar (De des-+empegar)
desempenadeira *n.f.* régua de madeira que serve para estender e nivelar o reboco nas paredes (De desempenar+-deira)
desempenado *adj.* 1 que não tem empeno; direito 2 [fig.] desembaraçado 3 esbelto (Part. pass. de desempenar)
desempenar *v.tr.* tirar o empeno a; endireitar ▪ *v.pron.* endireitar-se; aprumar-se (De des-+empenar)
desempenhar *v.tr.* 1 recuperar ou resgatar (o que estava empenhado) 2 livrar de dívidas 3 CINEMA, TEATRO, TELEVISÃO (atores) representar; interpretar (um papel) 4 cumprir (obrigação, tarefa) 5 exercer (cargo, função) ▪ *v.pron.* pagar as dívidas; ~ *alguém da sua palavra* desobrigar alguém do que tinha prometido (De des-+empenhar)
desempenho *n.m.* 1 recuperação daquilo que estava empenhado; resgate 2 cumprimento de obrigação ou tarefa; execução 3 modo de agir ou de se comportar; atuação; comportamento 4 grau de eficiência no cumprimento de determinada função 5 funcionamento de uma máquina, motor ou veículo 6 CINEMA, TEATRO, TELEVISÃO (atores) modo de representar; interpretação 7 LINGUÍSTICA manifestação da competência linguística de um falante (Deriv. regr. de desempenhar)
desempeno *n.m.* 1 ato ou efeito de desempenar 2 régua para verificar a lisura de uma peça 3 [fig.] aprumo 4 [fig.] elegância 5 [fig.] agilidade (Deriv. regr. de desempenar)
desemperramento *n.m.* ⇒ **desemperro** (De desemperrar+-mento)
desemperrar *v.tr.* desfazer o emperramento de; tirar a perrice a; alargar (o que estava perro) ▪ *v.pron.* tornar-se lasso (De des-+emperrar)
desemperro *n.m.* ato ou efeito de desemperrar (Deriv. regr. de desemperrar)
desempertigar *v.tr.* tirar o empertigamento a ▪ *v.pron.* 1 deixar de estar empertigado 2 abrandar 3 tornar-se flexível (De des-+empertigar)
desempestar *v.tr.* 1 livrar da peste; desinfetar 2 tirar o mau cheiro a (De des-+empestar)
desempilhar *v.tr.* separar o que estava empilhado; desamontoar 2 desarrumar (De des-+empilhar)

desempinar *v.tr.* desviar do pino; desaprumar (De des-+empinar)
desemplastrar *v.tr.* tirar o emplastro a (De des-+emplastrar)
desemplumar *v.tr.* arrancar as penas ou plumas a; depenar (De des-+emplumar)
desempoado *adj.* 1 limpo do pó 2 [fig.] sem preconceitos 3 [fig.] despretensioso (Part. pass. de desempoar)
desempoar *v.tr.* 1 limpar do pó 2 sacudir 3 [fig.] fazer perder preconceitos 4 [fig.] tornar menos pretensioso (De des-+empoar)
desempobrecer *v.tr.* tirar da pobreza ▪ *v.intr.* sair da pobreza; enriquecer (De des-+empobrecer)
desempoçar *v.tr.* 1 tirar da poça ou do poço 2 desentulhar 3 esgotar (De des-+empoçar)
desempoeirado *adj.* 1 limpo do pó 2 [fig.] sem vaidade 3 [fig.] sem preconceitos 4 [fig.] sem acanhamento (Part. pass. de desempoeirar)
desempoeirar *v.tr.* 1 livrar de poeira 2 [fig.] fazer perder preconceitos 3 [fig.] tornar menos pretensioso (De des-+empoeirar)
desempolar *v.tr.* 1 tirar as empolas a 2 aplanar; alisar 3 [fig.] tirar a forma empolada (ao discurso) (De des-+empolar)
desempoleirar *v.tr.* 1 tirar do poleiro 2 [fig.] destituir de um emprego ou cargo 3 [fig.] fazer descer de uma situação elevada ou importante (De des-+empoleirar)
desempolgar *v.tr.* 1 largar das mãos ou das garras 2 tirar das garras 3 [fig.] desentusiasmar (De des-+empolgar)
desempolhar *v.tr.* ⇒ **desincubar** (De des-+empolhar)
desempossar *v.tr.* 1 privar da posse de; desapossar 2 destituir de determinado cargo ou função (De des-+empossar)
desempregado *adj.* que não tem emprego ▪ *n.m.* indivíduo em idade ativa que se encontra sem trabalho remunerado (De desempregar+-ado)
desempregar *v.tr.* tirar do emprego; exonerar ▪ *v.pron.* sair do emprego (De des-+empregar)
desemprego *n.m.* 1 estado de quem não tem emprego 2 quantidade de pessoas profissionalmente inativas em determinada área 3 falta de emprego (Deriv. regr. de desempregar)
desemprenhar *v.intr.* 1 dar à luz 2 abortar 3 [fig.] desabafar; desembuchar (De des-+emprenhar)
desemproar *v.tr.* abater a proa ou o orgulho; humilhar (De des-+emproar)
desempunhar *v.tr.* largar do punho ou da mão (De des-+empunhar)
desemudecer *v.intr.* 1 recobrar a fala 2 deixar de estar calado ▪ *v.tr.* fazer falar (De des-+emudecer)
desenamorar *v.tr.* fazer perder o amor ▪ *v.pron.* deixar de estar enamorado (De des-+enamorar)
desenastrar *v.tr.* 1 soltar do nastro; desatar 2 desentrançar (De des-+enastrar)
desencabar *v.tr.* tirar o cabo a ▪ *v.pron.* sair do cabo (De des-+encabar)
desencabeçar *v.tr.* 1 fazer mudar de opinião; dissuadir 2 afastar do que é considerado o comportamento correto; fazer sair do bom caminho (De des-+encabeçar)
desencabelar *v.tr.* ⇒ **descabelar** (De des-+encabelar)
desencabrestado *adj.* 1 sem cabresto 2 [fig.] desenfreado; arrebatado; impetuoso (Part. pass. de desencabrestar)
desencabrestar *v.tr.* tirar o cabresto a ▪ *v.pron.* [fig.] desenfrear-se (De des-+encabrestar)
desencachar *v.tr.* tirar o encacho ou a tanga a (De des-+encachar)
desencadeamento *n.m.* começo; aparecimento (De desencadear+-mento)
desencadear *v.tr.* 1 desprender (o que estava encadeado) 2 soltar; desunir 3 provocar; suscitar; dar origem a ▪ *v.pron.* 1 sobrevir; ocorrer; suceder 2 (chuva) cair com força 3 (trovoada, tempestade) romper com ímpeto (De des-+encadear)
desencadernação *n.f.* ato ou efeito de desencadernar (De desencadernar+-ção)
desencadernar *v.tr.* tirar a encadernação a ▪ *v.pron.* 1 soltar-se a encadernação 2 [fig.] desataviar-se (De des-+encadernar)
desencaixar *v.tr.* 1 tirar do encaixe ou da caixa; desempacotar 2 deslocar 3 desarticular; desmanchar 4 [fig.] dizer despropositadamente (De des-+encaixar)
desencaixe *n.m.* 1 ato ou efeito de desencaixar 2 ECONOMIA aplicação de verbas que estavam em caixa (Deriv. regr. de desencaixar)
desencaixilhar *v.tr.* 1 tirar o caixilho a; desenquadrar 2 tirar do caixilho (De des-+encaixilhar)
desencaixotar *v.tr.* tirar de um caixote, de uma caixa ou mala (De des-+encaixotar)

desencalacração n.f. ato ou efeito de desencalacrar ou de se desencalacrar (De desencalacrar+-ção)
desencalacrar v.tr. 1 livrar de apuros, de uma encalacração 2 desentalar ■ v.pron. livrar-se de dívidas ou de apuros; desenrascar-se (De des-+encalacrar)
desencalhar v.tr.,intr. 1 tirar ou sair do encalhe 2 vencer (uma dificuldade); resolver ■ v.tr. 1 NÁUTICA tornar a pôr a flutuar (navio ou barco) 2 desimpedir ■ v.intr. [coloq.] arranjar namorado(a) ou casar após longo período sem um relacionamento (De des-+encalhar)
desencalhe n.m. ato ou efeito de desencalhar (Deriv. regr. de desencalhar)
desencalmar v.tr. 1 tirar a calma a 2 aliviar do calor; refrescar 3 [fig.] serenar ■ v.pron. 1 desafrontar-se da calma (calor forte) 2 [fig.] desagastar-se; serenar; apaziguar-se (De des-+encalmar)
desencaminhado adj. 1 que se desviou do caminho estabelecido 2 que se extraviou ou perdeu 3 que se desvirtuou; pervertido (Part. pass. de desencaminhar)
desencaminhador adj.,n.m. que ou pessoa que desencaminha, que faz sair do caminho considerado correto (De desencaminhar+-dor)
desencaminhamento n.m. 1 afastamento do caminho correto 2 desvio; extravio (De desencaminhar+-mento)
desencaminhar v.tr.,pron. 1 desviar(-se) do caminho ou rumo certo; extraviar(-se); perder(-se) 2 afastar(-se) do que é considerado o comportamento correto; (fazer) sair do bom caminho ■ v.tr. subtrair ao pagamento de direitos aduaneiros (De des-+encaminhar)
desencamisar v.tr. ⇒ **descamisar** (De des-+encamisar)
desencampar v.tr. 1 obrigar a restituir alguma coisa a alguém 2 desfazer a encampação de 3 reaver; retomar; recuperar (De des-+encampar)
desencanar v.tr. 1 desviar do cano 2 tirar o cano a (um líquido encanado) 3 MEDICINA tirar a alguém o dispositivo que firma uma fratura ■ v.intr. 1 perder o canal 2 [fig.] errar (De des-+encanar)
desencanastrar v.tr. 1 tirar da canastra 2 desfazer um tecido encanastrado (De des-+encanastrar)
desencantação n.f. ato ou efeito de desencantar; desencantamento (De desencantar+-ção)
desencantado adj. 1 que perdeu o encanto ou o feitiço 2 que deixou de achar encanto em determinada pessoa, coisa ou situação 3 desiludido 4 achado; descoberto (Part. pass. de desencantar)
desencantamento n.m. 1 ato ou efeito de desencantar 2 falta de entusiasmo 3 desengano 4 desilusão (De desencantar+-mento)
desencantar v.tr. 1 quebrar o encanto a 2 achar (uma coisa que era difícil de encontrar) 3 [fig.] tirar a ilusão a ■ v.pron. 1 perder os encantos 2 perder o entusiasmo 3 desiludir-se (De des-+encantar)
desencanto n.m. 1 falta de entusiasmo 2 desilusão 3 desengano (Deriv. regr. de desencantar)
desencantoar v.tr. 1 tirar ou fazer sair do canto 2 descobrir 3 [fig.] tirar do isolamento (De des-+encantoar)
desencanudar v.tr. desdobrar ou alisar (o que estava encanudado) (De des-+encanudar)
desencapar v.tr. 1 tirar a capa (a um livro, a um invólucro) 2 desembrulhar (De des-+encapar)
desencapelar v.tr. 1 tirar o capelo a 2 eliminar o invólucro ou proteção (de órgãos vegetais) 3 NÁUTICA tirar do calcês de um mastro (os cabos que nele estavam encapelados) ■ v.intr. (mar) deixar de estar encapelado (De des-+encapelar)
desencapoeirar v.tr. 1 tirar da capoeira 2 trazer para fora (De des-+encapoeirar)
desencapotar v.tr. 1 descobrir, tirando o capote 2 [fig.] desvendar 3 [fig.] revelar; mostrar ■ v.pron. 1 tirar o capote 2 [fig.] revelar o carácter ou o modo de sentir ou pensar (De des-+encapotar)
desencaracolar v.tr. 1 desfazer os caracóis de (cabelo) 2 desenrolar 3 desenriçar (De des-+encaracolar)
desencarapelar v.tr. descrespar; desenredar ■ v.intr. perder as carapelas (uma ferida) (De des-+encarapelar)
desencarapinhar v.tr. 1 desfazer a carapinha de 2 desencrespar; desenriçar (De des-+encarapinhar)
desencarapuçar v.tr. 1 tirar a carapuça a 2 destapar (De des-+encarapuçar)
desencarceramento n.m. ato ou efeito de desencarcerar; libertação
desencarcerar v.tr. 1 tirar do cárcere 2 libertar (os ocupantes) de viatura sinistrada 3 soltar ■ v.pron. 1 soltar-se 2 desprender-se do corpo (a alma) (De des-+encarcerar)
desencardideira n.f. máquina empregada nas fábricas de tecidos para desencardir o pano (De desencardir+-deira)
desencardir v.tr. 1 limpar das cardinas 2 lavar o que estava encardido 3 branquear (De des-+encardir)
desencarecer v.tr. 1 diminuir o preço de 2 [fig.] fazer baixar a reputação de; depreciar (De des-+encarecer)
desencarnação n.f. 1 separação entre o espírito e a matéria 2 morte (De des-+encarnação)
desencarnar v.tr. separar a carne dos ossos ■ v.intr. (alma) abandonar o corpo (De des-+encarnar)
desencarquilhar v.tr. alisar (o que está encarquilhado); desengelhar (De des-+encarquilhar)
desencarrancar v.tr. desfazer a carranca de (De des-+encarrancar)
desencarrapitar v.tr. fazer descer de um lugar alto (De des-+encarrapitar)
desencarregar v.tr. livrar de encargo; desobrigar; exonerar; aliviar (De des-+encarregar)
desencarreirar v.tr. desencaminhar (De des-+encarreirar)
desencarretar v.tr. tirar da carreta (a peça de artilharia) (De des-+encarretar)
desencarrilar v.tr. ⇒ **descarrilar** (De des-+encarrilar)
desencartar v.tr. 1 tirar o encarte a 2 destituir de carta, diploma ou licença (De des-+encartar)
desencasacar-se v.pron. 1 tirar o casaco ou a casaca 2 despir o fato de cerimónia 3 pôr-se à vontade (De des-+encasacar-se)
desencasar v.tr. tirar da casa, do encaixe, etc. (De des-+encasar)
desencascado adj. 1 sem casca 2 tirado do casco 3 [pop.] diz-se do indivíduo bem vestido (Part. pass. de desencascar)
desencascar v.tr. 1 extrair do casco, da pipa ou do tonel 2 desencardir (De des-+encascar)
desencasquetar v.tr. tirar da cabeça (teima, mania); dissuadir (De des-+encasquetar)
desencastelar v.tr. 1 desmanchar um castelo ou empilhamento de 2 desalojar do castelo (De des-+encastelar)
desencastoar v.tr. tirar o castão a; desengastar (De des-+encastoar)
desencatarrar v.tr. curar ou eliminar o catarro a (De des-+encatarrar)
desencavacar v.tr. fazer perder a encavacação; pôr à vontade (De des-+encavacar)
desencavalgar v.tr. ⇒ **descavalgar** (De des-+encavalgar)
desencavernar v.tr. tirar da caverna; desencovilar (De des-+encavernar)
desencavilhar v.tr. 1 tirar a cavilha a 2 desunir (o que estava encavilhado) (De des-+encavilhar)
desencerar v.tr. tirar a cera a (o que estava encerado) (De des-+encerar)
desencerramento n.m. ato ou efeito de desencerrar (De desencerrar+-mento)
desencerrar v.tr. 1 abrir (o que estava encerrado) 2 soltar 3 pôr a descoberto 4 [fig.] manifestar (De des-+encerrar)
desencharcar v.tr. 1 tirar do charco; desatascar; desatolar 2 enxugar 3 [fig.] regenerar (De des-+encharcar)
desencilhar v.tr. tirar a cilha ou os arreios a (De des-+encilhar)
desenclaustrar v.tr. 1 tirar do claustro 2 fazer cessar a clausura de (De des-+enclaustrar)
desenclavinhar v.tr. destravar (o que estava enclavinhado) (De des-+enclavinhar)
desencobrir v.tr. descobrir (o que estava encoberto) (De des-+encobrir)
desencodear v.tr. 1 tirar a côdea a 2 limpar o surro a (De des-+encodear)
desencoifar v.tr. tirar a coifa a (De des-+encoifar)
desencolerizar v.tr. aplacar a cólera a alguém; serenar; amansar (De des-+encolerizar)
desencolher v.tr. 1 estender (o que estava encolhido); esticar; desdobrar 2 [fig.] fazer perder o acanhamento (De des-+encolher)
desencolhimento n.m. ato ou efeito de desencolher (De desencolher+-i-+-mento)
desencomendar v.tr. anular a encomenda de (De des-+encomendar)
desenconchar v.tr. 1 tirar da concha; fazer sair (o que estava enconchado) 2 soltar 3 alisar (uma coisa enconchada) ■ v.pron. 1 sair da concha 2 [fig.] soltar-se (De des-+enconchar)
desencontrado adj. 1 que vai em direção oposta 2 que não está conforme; discordante (Part. pass. de desencontrar)
desencontrar v.tr. fazer com que duas ou mais pessoas ou coisas não se encontrem ou que sigam caminhos ou direções diversas

desencontro

■ *v.intr.* não estar conforme ■ *v.pron.* **1** não se encontrar **2** não coincidir; divergir (De *des-+encontrar*)
desencontro *n.m.* **1** ato ou efeito de desencontrar ou desencontrar-se **2** falta de coincidência **3** discrepância; divergência; oposição (Deriv. regr. de *desencontrar*)
desencorajador *adj.* **1** que desencoraja **2** que faz perder a coragem; que amedronta **3** que desanima; que faz perder o entusiasmo (De *desencorajar+-dor*)
desencorajamento *n.m.* ato ou efeito de desencorajar; desânimo (De *desencorajar+-mento*)
desencorajar *v.tr.* fazer perder a coragem; desanimar (De *des-+encorajar*)
desencordoar *v.tr.* tirar as cordas a ■ *v.pron.* [pop.] perder o amuo (De *des-+encordoar*)
desencorpar *v.tr.* fazer diminuir o volume de; adelgaçar (De *des-+encorpar*)
desencorrear *v.tr.* desprender (o que estava ligado com correia); soltar ■ *v.intr.* perder a rijeza própria da correia ou do couro (De *des-+encorrear*)
desencortiçar *v.tr.* **1** tirar do cortiço **2** desfazer a aspereza da cortiça em **3** desenrugar; alisar (De *des-+encortiçar*)
desencostar *v.tr.* separar do encosto; desarrimar ■ *v.pron.* **1** desviar-se do encosto **2** endireitar-se (De *des-+encostar*)
desencovar *v.tr.* **1** tirar ou fazer sair da cova; desenterrar **2** [fig.] desencantar **3** [fig.] revelar (De *des-+encovar*)
desencovilar *v.tr.* fazer sair ou tirar do covil; desentocar (De *des-+encovilar*)
desencravar *v.tr.* **1** arrancar (o que estava encravado) **2** arrancar um cravo ou prego a **3** separar da carne (a unha nela encravada) **4** despregar **5** [fig.] tirar de apuros; desencalacrar; desenrascar (De *des-+encravar*)
desencravelhar *v.tr.* **1** desapertar ou desentalar **2** [fig.] livrar de dificuldades; desencalacrar; desenrascar (De *des-+encravelhar*)
desencrencar *v.tr.* fazer sair da encrenca; tirar de dificuldades ■ *v.pron.* sair de embaraços; desenrascar-se; desencalacrar-se (De *des-+encrencar*)
desencrespar *v.tr.* tirar o encrespado a; alisar ■ *v.pron.* **1** acalmar-se; serenar **2** (mar) desencapelar-se (De *des-+encrespar*)
desencrostar *v.tr.* tirar a crosta a (De *des-+encrostar*)
desencruar *v.tr.* fazer perder o encruamento (De *des-+encruar*)
desencruzar *v.tr.* ⇒ **descruzar** (De *des-+encruzar*)
desencubagem *n.f.* ato de desencubar (De *desencubar+-agem*)
desencubar *v.tr.* tirar das cubas (o mosto) (De *des-+encubar*)
desenculatrar *v.tr.* **1** desapertar **2** desmanchar (De *des-+enculatra+-ar*)
desencurralar *v.tr.* **1** tirar ou fazer sair do curral **2** desalojar **3** desencantoar (De *des-+encurralar*)
desencurvar *v.tr.* **1** desfazer a curvatura de **2** endireitar (o que era curvo); retificar (De *des-+encurvar*)
desendemoninhar *v.tr.* **1** esconjurar o Demónio do corpo de; exorcismar **2** [fig.] desencolerizar (De *des-+endemoninhar*)
desendeusar *v.tr.* **1** privar do carácter divino **2** rebaixar (De *des-+endeusar*)
desendividar *v.tr.* **1** pagar a dívida de **2** desquitar da dívida; desobrigar; desonerar ■ *v.pron.* pagar as próprias dívidas; desobrigar-se (De *des-+endividar*)
desenegrecer *v.tr.* clarear; branquear (De *des-+enegrecer*)
desenervação *n.f.* ato de desenervar; desaparecimento do estado de enervação (De *desenervar+-ção*)
desenervar *v.tr.* **1** tirar a enervação a; acalmar um estado de agitação nervosa **2** tonificar (De *des-+enervar*)
desenevoar *v.tr.* **1** limpar de névoa ou de nuvens; desanuviar; aclarar **2** tirar de preocupações; alegrar (De *des-+enevoar*)
desenfadadiço *adj.* que serve para desenfadar; recreativo (De *desenfadar+-diço*)
desenfadamento *n.m.* ⇒ **desenfado** (De *desenfadar+-mento*)
desenfadar *v.tr.* tirar o enfado a; alegrar; distrair ■ *v.pron.* **1** divertir-se; recrear-se **2** descansar (De *des-+enfadar*)
desenfado *n.m.* **1** alívio do enfado; distração; divertimento **2** serenidade do espírito (Deriv. regr. de *desenfadar*)
desenfaixar *v.tr.* tirar a faixa ou o invólucro a ■ *v.pron.* **1** soltar, tirar ou desenrolar de si a faixa **2** desapertar-se (De *des-+enfaixar*)
desenfardamento *n.m.* ato de desenfardar (De *desenfardar+-mento*)
desenfardar *v.tr.* **1** tirar do fardo **2** [fig.] revelar; mostrar (De *des-+enfardar*)
desenfardelar *v.tr.* tirar do fardel ou saco; desenfardar (De *des-+enfardelar*)
desenfarpelar *v.tr.* [pop.] tirar a farpela a ■ *v.pron.* despir-se (De *des-+enfarpelar*)
desenfarruscar *v.tr.* **1** tirar as farruscas a; limpar **2** (céu) desenegrecer; desenevoar (De *des-+enfarruscar*)
desenfartar *v.tr.* tirar o enfarte a; desempanturrar (De *des-+enfartar*)
desenfastiadamente *adv.* com desfastio; de bom humor (De *desenfastiado+-mente*)
desenfastiadiço *adj.* ⇒ **desenfastiador** (De *desenfastiar+-diço*)
desenfastiador *adj.* **1** que desenfastia; que desperta o apetite **2** [fig.] que distrai ou diverte (De *desenfastiar+-dor*)
desenfastiar *v.tr.* **1** tirar o fastio a **2** excitar o apetite a **3** [fig.] divertir; distrair (De *des-+enfastiar*)
desenfastioso /ô/ *adj.* **1** que desenfastia **2** desenjoativo **3** [fig.] recreativo; alegre (De *des-+enfastioso*)
desenfeitar *v.tr.* tirar os enfeites a; desadornar (De *des-+enfeitar*)
desenfeite *n.m.* desadorno; desatavio (Deriv. regr. de *desenfeitar*)
desenfeitiçar *v.tr.* livrar de feitiço; desembruxar; desencantar ■ *v.pron.* livrar-se de uma paixão amorosa (De *des-+enfeitiçar*)
desenfeixar *v.tr.* tirar do feixe; desunir; desmanchar (o que estava enfeixado) (De *des-+enfeixar*)
desenfermar *v.intr.* **1** deixar de estar doente **2** melhorar da doença (De *des-+enfermar*)
desenferrujado *adj.* **1** que foi limpo de ferrugem **2** [fig.] que readquiriu mobilidade nas articulações **3** [fig.] que recuperou a capacidade anterior (De *des-+enferrujado*)
desenferrujar *v.tr.* **1** limpar da ferrugem **2** [fig.] dar uso a; desentorpecer **3** [fig.] instruir; polir ■ *v.pron.* **1** perder a ferrugem **2** [fig.] desembaraçar-se; ~ *a língua* falar muito (De *des-+enferrujar*)
desenfestar *v.tr.* tirar o festo a; alisar (De *des-+enfestar*)
desenfeudar *v.tr.* **1** tirar o feudo a; tornar livre **2** tirar do feudo (De *des-+enfeudar*)
desenfezar *v.tr.* tirar o enfezamento a; dar vigor a; robustecer; fazer crescer (De *des-+enfezar*)
desenfiar *v.tr.* **1** tirar do fio ou da linha (o que estava enfiado) **2** tirar da enfiada ou do alinhamento **3** dispor (as peças) para tiros de enfiada **4** despir ■ *v.pron.* desprender-se do fio; soltar-se (De *des-+enfiar*)
desenfileirar *v.tr.* tirar da fileira (De *des-+enfileirar*)
desenflorar *v.tr.* tirar as flores de ■ *v.pron.* perder as flores (De *des-+enflorar*)
desenforcar *v.tr.* tirar da forca (De *des-+enforcar*)
desenforjar *v.tr.* tirar da forja (De *des-+enforjar*)
desenformar *v.tr.* tirar da forma; desformar (De *des-+enformar*)
desenfornar *v.tr.* tirar do forno (De *des-+enfornar*)
desenfrascar *v.tr.* tirar do frasco ■ *v.pron.* [pop.] desembebedar-se (De *des-+enfrascar*)
desenfreadamente *adv.* **1** à solta; sem freio **2** em grande velocidade **3** com arrebatamento **4** de forma descontrolada (De *desenfreado+-mente*)
desenfreado *adj.* **1** sem freio **2** diz-se do animal que tomou o freio nos dentes **3** que ocorre ou evolui de forma descontrolada **4** [fig.] que não se contém; arrebatado **5** [fig.] sem limites; descomedido **6** [fig.] enfurecido; raivoso (Part. pass. de *desenfrear*)
desenfreamento *n.m.* **1** ato ou efeito de desenfrear ou desenfrear-se **2** [fig.] desregramento; libertinagem (De *desenfrear+-mento*)
desenfrear *v.tr.* **1** tirar o freio a **2** [fig.] fazer perder o comedimento ■ *v.pron.* **1** tomar o freio nos dentes **2** [fig.] tornar-se libertino **3** [fig.] descomedir-se; exceder-se (De *des-+enfrear*)
desenfrechar *v.tr.* despedir como frecha (De *des-+enfrechar*)
desenfronhar *v.tr.* **1** tirar da fronha **2** tirar a fronha a **3** despir **4** [fig.] revelar; dizer (De *des-+enfronhar*)
desenfueirar *v.tr.* tirar os fueiros a (De *des-+enfueirar*)
desenfunar-se *v.pron.* **1** deixar de estar enfunado **2** [fig.] perder a vaidade (De *des-+enfunar*)
desenfurecer *v.tr.* acalmar a fúria a; desencolerizar; serenar (De *des-+enfurecer*)
desenfurnar *v.tr.* **1** tirar da furna **2** NÁUTICA tirar (os mastros) dos seus lugares (De *des-+enfurnar*)
desenfuscar *v.tr.* limpar (o que está fusco); aclarar (De *des-+enfuscar*)
desengaçadeira *n.f.* ⇒ **desengaçador** (De *desengaçar+-deira*)
desengaçador *n.m.* instrumento para desengaçar; desengaçadeira; ripadeira (De *desengaçar+-dor*)
desengaçar *v.tr.* **1** separar (as uvas) do engaço **2** [pop.] comer a tripa-forra (De *des-+engaçar*)

desengace n.m. ato de desengaçar (Deriv. regr. de *desengaçar*)
desengaço n.m. ⇒ **desengace**
desengaiolar v.tr. **1** tirar da gaiola **2** pôr em liberdade; soltar (De *des-+engaiolar*)
desengajar v.tr. anular o engajamento de; descontratar ▪ v.pron. **1** separar-se **2** libertar-se; soltar-se (De *des-+engajar*)
desengalfinhar v.tr. separar (os que estão engalfinhados) (De *des-+engalfinhar*)
desenganado adj. **1** que sofreu desengano **2** desiludido; desencantado **3** sincero; verdadeiro **4** (doente) sem esperanças de salvamento (Part. pass. de *desenganar*)
desenganador adj.,n.m. que ou aquele que desengana (De *desenganar+-dor*)
desenganar v.tr. **1** tirar do engano **2** desiludir **3** falar com franqueza **4** não dar esperanças de recuperação a (um doente) ▪ v.pron. **1** sair do engano **2** reconhecer a verdade **3** desiludir-se (De *des-+enganar*)
desenganchar v.tr. tirar do gancho; desprender (De *des-+enganchar*)
desengano n.m. **1** ato ou efeito de desenganar ou desenganar-se **2** desilusão **3** franqueza (Deriv. regr. de *desenganar*)
desengarrafar v.tr. **1** tirar da garrafa **2** [fig.] desobstruir; desimpedir (De *des-+engarrafar*)
desengasgar v.tr. tirar o engasgamento a ▪ v.pron. **1** perder o engasgamento **2** [fig.] falar claro (De *des-+engasgar*)
desengasgue n.m. ato ou efeito de desengasgar ou desengasgar-se (Deriv. regr. de *desengasgar*)
desengastar v.tr. tirar do engaste; descravar (De *des-+engastar*)
desengatar v.tr. **1** soltar (o que estava engatado) **2** desatrelar (cavalos) de uma viatura (De *des-+engatar*)
desengate n.m. ato ou efeito de desengatar (Deriv. regr. de *desengatar*)
desengatilhar v.tr. desarmar o gatilho de (De *des-+engatilhar*)
desengavetar v.tr. **1** tirar da gaveta **2** [fig.] soltar da prisão (De *des-+engavetar*)
desengelhar v.tr. tirar as engelhas a; desenrugar; desencarquilhar; alisar (De *des-+engelhar*)
desengenhoso /ô/ adj. **1** carecido de engenho; desajeitado; inábil **2** estúpido (De *des-+engenhoso*)
desenglobar v.tr. separar (o que estava englobado); desaglomerar (De *des-+englobar*)
desengodar v.tr. **1** fazer desaparecer o engodo a **2** [fig.] desenganar; desiludir (De *des-+engodar*)
desengolfar v.tr. **1** tirar ou fazer sair do golfo **2** desentranhar; desencovar **3** [fig.] tirar do abismo **4** [fig.] livrar do vício (De *des-+engolfar*)
desengolir v.tr. bolçar (o que se tinha engolido); vomitar (De *des-+engolir*)
desengomar v.tr. **1** tirar a goma de **2** decruar (a seda) (De *des-+engomar*)
desengonçado adj. **1** saído dos gonzos ou dos engonços **2** desarticulado; desconjuntado **3** que tem grande flexibilidade **4** desajeitado (Part. pass. de *desengonçar*)
desengonçar v.tr. **1** tirar dos engonços **2** desconjuntar; desarticular **3** fazer luxação ▪ v.pron. **1** sair dos gonzos **2** desconjuntar-se **3** [fig.] andar como se estivesse desconjuntado (De *des-+engonçar*)
desengonço n.m. **1** desarticulação; desmancho **2** luxação (Deriv. regr. de *desengonçar*)
desengordar v.tr. tirar ou diminuir a gordura a ▪ v.intr. perder a gordura; emagrecer (De *des-+engordar*)
desengordurador adj. próprio para desengordurar; que desengordura (De *desengordurar+-dor*)
desengordurante adj.2g. ⇒ **desengordurador** (De *desengordurar+-ante*)
desengordurar v.tr. **1** tirar a camada gordurosa a **2** tirar as nódoas de gordura de (De *des-+engordurar*)
desengorgitamento n.m. ⇒ **desingurgitamento** (De *desengorgitar+-mento*)
desengorgitar v.tr. ⇒ **desingurgitar** (De *des-+engorgitar*)
desengraçado adj. que não tem graça, elegância ou animação; feio; insípido (De *des-+engraçado*)
desengraçar v.tr. tirar a graça a ▪ v.intr. não gostar de; antipatizar com (De *des-+engraçar*)
desengrainhar v.tr. tirar as grainhas a (De *des-+em-+grainha+-ar*)
desengrandecer v.tr. amesquinhar; depreciar; diminuir (De *des-+engrandecer*)
desengranzar v.tr. desenfiar; desfiar; soltar (De *des-+engranzar*)

desengravatado adj. **1** que não tem gravata **2** sem gravata; informal
desengravecer v.tr. diminuir ou atenuar a gravidade de; tornar menos grave (De *des-+engravecer*)
desengraxar v.tr. **1** tirar a graxa ou o lustro de **2** fazer perder o brilho (De *des-+engraxar*)
desengrenar v.tr. **1** fazer sair da engrenagem **2** desengranzar (De *des-+engrenar*)
desengrilar-se v.pron. [pop.] desenfurecer-se; perder o arrufo (De *des-+engrilar*)
desengrimpar-se v.pron. **1** descer de onde estava engrimpado **2** humilhar-se **3** ceder (De *des-+engrimpar-se*)
desengrinaldar v.tr. **1** tirar a grinalda a **2** desadornar (De *des-+engrinaldar*)
desengrossadeira n.f. máquina ou peça de ferramenta para desbastar madeiras (De *desengrossar+-deira*)
desengrossamento n.m. ato ou efeito de desengrossar (De *desengrossar+-mento*)
desengrossar v.tr.,intr. tornar(-se) menos grosso; adelgaçar(-se); desinchar (De *des-+engrossar*)
desengrosso /ô/ n.m. ato ou efeito de desengrossar; desbaste (Deriv. regr. de *desengrossar*)
desengrumar v.tr. ⇒ **desgrumar** (De *des-+engrumar*)
desengrunhir v.tr. [pop.] desentorpecer; tirar a preguiça a (De *des-+engrunhir*)
desenguiçar v.tr. tirar o enguiço a ▪ v.pron. **1** deixar de ter azar **2** [regionalismo] desenriçar o cabelo com o desenguiço (De *des-+enguiçar*)
desenguiço n.m. pente graúdo de desenguiçar ou desenriçar o cabelo (Deriv. regr. de *desenguiçar*)
desengulhar v.tr. livrar de engulho; desenjoar (De *des-+engulhar*)
desenhador adj. que desenha ▪ n.m. **1** aquele que desenha bem ou que gosta de desenhar **2** indivíduo cuja profissão consiste em fazer desenhos; desenhista (De *desenhar+-dor*)
desenhar v.tr. **1** traçar o desenho de **2** delinear **3** [fig.] descrever **4** [fig.] conceber; idear **5** [fig.] deixar entrever ▪ v.pron. **1** destacar-se **2** aparecer na frente **4** esboçar-se (Do lat. *designāre*, «traçar»)
desenhista n.2g. pessoa que se dedica ao desenho; desenhador ou desenhadora (De *desenhar+-ista*)
desenho n.m. **1** representação das coisas e dos seres, ou até mesmo das ideias, por meio de linhas e de manchas, a lápis, a tinta, etc. **2** objeto desenhado **3** traçado; plano **4** [fig.] intento; desígnio; *~(s) animado(s)* filme baseado num conjunto de imagens (de desenhos ou bonecos), ligeiramente diferentes umas das outras, que, ao serem vistas sequencialmente, dão a ilusão de movimento (Deriv. regr. de *desenhar*)
desenjaular v.tr. tirar da jaula; soltar (De *des-+enjaular*)
desenjoar v.tr. **1** tirar o enjoo a **2** distrair ▪ v.pron. **1** livrar-se do enjoo **2** distrair-se (De *des-+enjoar*)
desenjoativo adj. que desenjoa ▪ n.m. **1** iguaria que estimula o apetite **2** aperitivo (De *desenjoar+-tivo*)
desenjoo /ô/ n.m. ato ou efeito de desenjoar ou desenjoar-se (Deriv. regr. de *desenjoar*)
desenlaçamento n.m. ato ou efeito de soltar o que está preso por laços ou nós; desenlace (De *desenlaçar+-mento*)
desenlaçar v.tr.,pron. **1** soltar(-se) (o que está preso por laços ou nós); desprender(-se) **2** soltar(-se), deixando de abraçar **3** dar ou ser o desfecho; concluir(-se); acabar ▪ v.tr. dar solução a (uma questão complicada); desenredar; resolver (De *des-+enlaçar*)
desenlace n.m. **1** ato ou efeito de soltar o que está preso por laços ou nós **2** parte final de um acontecimento; desfecho; epílogo **3** [fig.] morte (Deriv. regr. de *desenlaçar*)
desenlamear v.tr. **1** limpar da lama **2** [fig.] refazer o crédito (De *des-+enlamear*)
desenlapar v.tr. tirar ou fazer sair da lapa ou esconderijo; desentocar (De *des-+enlapar*)
desenleado adj. **1** livre de enleios; solto **2** franco **3** ágil; expedito (Part. pass. de *desenlear*)
desenlear v.tr. **1** desfazer o enleio de; desenredar **2** [fig.] livrar de apuros ▪ v.pron. **1** desembaraçar-se de incómodos **2** soltar-se (De *des-+enlear*)
desenleio n.m. ato ou efeito de desenlear ou desenlear-se; desembaraço (Deriv. regr. de *desenlear*)
desenlevar v.tr. tirar o enlevo a; desencantar; desiludir (De *des-+enlevar*)
desenliçar v.tr. destrinçar; destramar; destecer; desenredar (De *des-+enliçar*)

desenlodar v.tr. tirar o lodo de; desenlamear (De des-+enlodar)

desenlouquecer v.tr. curar da loucura ■ v.intr. recuperar ou tomar juízo (De des-+enlouquecer)

desenlutar v.tr. 1 [fig.] alegrar; consolar quem está de luto 2 tirar o luto a ■ v.pron. 1 despir o luto 2 desanuviar-se; iluminar-se (De des-+enlutar)

desenluvar v.tr.,pron. descalçar a luva ou as luvas (De des-+enluvar)

desenobrecer v.tr. 1 privar dos títulos de nobreza 2 [fig.] aviltar ■ v.pron. perder a nobreza (De des-+enobrecer)

desenodoar v.tr. 1 tirar as nódoas a; limpar 2 [fig.] restabelecer a honra (De des-+enodoar)

desenojar v.tr. fazer cessar o nojo ou as náuseas e; desanojar (De des-+enojar)

desenovelar v.tr. 1 desenrolar o que está enovelado 2 [fig.] achar ou seguir o fio de uma intriga; desenredar (De des-+enovelar)

desenquadrar v.tr. tirar do enquadramento; desencaixilhar (De des-+enquadrar)

desenraiar v.tr. tirar os raios a (uma roda de bicicleta) (De des-+enraiar)

desenraivar v.tr. acalmar a raiva ou a ira de; sossegar ■ v.pron. abrandar-se; serenar (De des-+enraivar)

desenraivecer v.tr. ⇒ **desenraivar** (De des-+enraivecer)

desenraizamento n.m. ato ou efeito de desenraizar ou desenraizar-se (De des-+enraizamento)

desenraizar v.tr. 1 arrancar com a raiz 2 [fig.] afastar das suas origens ■ v.pron. 1 perder as raízes 2 [fig.] afastar-se da suas origens (De des-+enraizar)

desenramar v.tr. tirar os ramos a (De des-+enramar)

desenrascado adj. 1 livre de dificuldades 2 despachado; expedito; desembaraçado (Part. pass. de desenrascar)

desenrascanço n.m. [coloq.] capacidade de resolver problemas rapidamente e com poucos meios; desembaraço (De desenrascar+-anço)

desenrascar v.tr. 1 desembaraçar (o que estava enrascado) 2 [fig.] livrar de apuros 3 [fig.] resolver rapidamente; remediar ■ v.pron. sair de dificuldades (De des-+enrascar)

desenredador adj.,n.m. que ou aquele que desenreda (De desenredar+-dor)

desenredar v.tr. 1 desfazer o enredo de 2 resolver; dar solução a (uma questão complicada) 3 explicar 4 tirar de apuros (De des-+enredar)

desenredo n.m. 1 ato ou efeito de desenredar 2 desenlace 3 solução (Deriv. regr. de desenredar)

desenregelamento n.m. ato ou efeito de desenregelar (De desenregelar+-mento)

desenregelar v.tr.,intr.,pron. 1 desentorpecer(-se) (do frio) 2 desgelar; derreter 3 [fig.] aquecer(-se) (De des-+enregelar)

desenriçar v.tr. 1 desemaranhar 2 desencrespar 3 alisar (o que estava enriçado) (De des-+enriçar)

desenrijar v.tr. 1 tirar a rijeza a; tornar mole 2 abrandar (De des-+enrijar)

desenriquecer v.tr. tirar a riqueza a ■ v.intr. deixar de ser rico; empobrecer (De des-+enriquecer)

desenristar v.tr. tirar do riste; deixar de apontar (lança) (De des-+enristar)

desenrizar v.tr. NÁUTICA [ant.] tirar dos rizes (velas) (De des-+enrizar)

desenrodilhar v.tr. 1 desenrolar; estender (o que estava enrodilhado) ■ v.pron. desenrolar-se (De des-+enrodilhar)

desenrolador adj.,n.m. que, aquilo ou aquele que desenrola (De desenrolar+-dor)

desenrolamento n.m. 1 ato ou efeito de desenrolar ou desenrolar-se 2 desenvolvimento (De desenrolar+-mento)

desenrolar v.tr. 1 estender (o que estava enrolado) 2 [fig.] expor minuciosamente ■ v.pron. 1 desdobrar-se 2 prolongar-se (De des-+enrolar)

desenrolhar v.tr. ⇒ **desarrolhar** (De des-+enrolhar)

desenrolo /ô/ n.m. ato ou efeito de desenrolar; desenrolamento (Deriv. regr. de desenrolar)

desenroscar v.tr. 1 estender (o que estava enroscado) 2 desfazer as roscas de 3 desenrolar 4 desaparafusar ■ v.pron. 1 estender-se; estirar-se 2 desenrodilhar-se (De des-+enroscar)

desenroupar v.tr. tirar a roupa ou parte dela a; despir ■ v.pron. descobrir-se (De des-+enroupar)

desenrouquecer v.tr. curar a rouquidão de ■ v.intr. perder a rouquidão (De des-+enrouquecer)

desenrubescer v.tr. fazer perder a cor rubra ■ v.intr. empalidecer; desmaiar (De des-+enrubescer)

desenrugar v.tr. 1 tirar as rugas a 2 desencarquilhar; alisar ■ v.intr.,pron. perder as rugas (De des-+enrugar)

desensaboar v.tr. tirar o sabão de (De des-+ensaboar)

desensaburrar v.tr. tirar a saburra a (De des-+ensaburrar)

desensacar v.tr. 1 tirar do saco 2 [fig.] expor falando (De des-+ensacar)

desensandecer v.tr. desenlouquecer (De des-+ensandecer)

desensanguentar /gu-en/ v.tr. limpar do sangue (De des-+ensanguentar)

desensarilhar v.tr. 1 separar o que estava ensarilhado 2 [fig.] desenredar; destrinçar (De des-+ensarilhar)

desensebar v.tr. tirar o sebo ou as manchas de gordura a; desengordurar (De des-+ensebar)

desensilar v.tr. tirar do silo (forragem, cereais) (De des-+ensilar)

desensinador adj.,n.m. 1 que ou aquele que desensina 2 desencaminhador (De desensinar+-dor)

desensinar v.tr. fazer esquecer o que tinha sido ensinado; fazer desaprender (De des-+ensinar)

desensino n.m. ato ou efeito de desensinar (Deriv. regr. de desensinar)

desensoberbecer v.tr. abater a soberba a; humilhar ■ v.pron. perder a soberba (De des-+ensoberbecer)

desensombrar v.tr. 1 desembaraçar do que faz sombra; desassombrar 2 desenevoar 3 [fig.] tornar alegre (De des-+ensombrar)

desensopar v.tr. enxugar; secar (De des-+ensopar)

desensurdecer v.tr.,intr. curar(-se) da surdez (De des-+ensurdecer)

desensurrar v.tr. tirar o surro a; limpar (De des-+en-+surro+-ar)

desentabuar v.tr. tirar as tábuas a (De des-+entabuar)

desentabular v.tr. 1 desmanchar o entabulamento de 2 [fig.] interromper; cessar (conversa, negociação, etc.) (De des-+entabular)

desentaipar v.tr. 1 tirar as taipas ou os taipais a 2 mostrar; patentear 3 [fig.] desembaraçar 4 [fig.] libertar 5 desafrontar (De des-+entaipar)

desentalar v.tr. 1 desprender (o que está entalado) 2 desengasgar 3 [fig.] livrar de dificuldades; desencrencar (De des-+entalar)

desentaliscar v.tr. 1 tirar de entre taliscas 2 desentalar (De des-+entaliscar)

desentaramelar v.tr.,intr. soltar a (taramela); dar à língua (De des-+entaramelar)

desentarraxar v.tr. ⇒ **desatarraxar** (De des-+entarraxar)

desentediar v.tr. tirar o tédio a; desenfadar; distrair (De des-+entediar)

desentender v.tr. 1 não entender 2 fingir que não entende ■ v.pron. inimistar-se; desavir-se (De des-+entender)

desentendido adj.,n.m. 1 que ou o que não percebeu ou fingiu não perceber 2 que ou o que foi mal interpretado, gerando conflito (Part. pass. de desentender)

desentendimento n.m. 1 falta de entendimento 2 estupidez 3 desinteligência; desavença (De desentender+-i-+-mento)

desentenebrecer v.tr. dissipar as trevas de; tornar menos escuro; aclarar (De des-+entenebrecer)

desenternecer v.tr. 1 fazer perder a ternura 2 empedernir (De des-+enternecer)

desenterrado adj. 1 que se desenterrou; retirado da terra 2 (cadáver) retirado da sepultura; exumado 3 [pop.] (pessoa) com aspeto pálido ou doentio 4 [fig.] (assunto, tema) tirado do esquecimento; recuperado (Part. pass. de desenterrar)

desenterrador adj. 1 que desenterra 2 [fig.] que diz mal de tudo e de todos ■ n.m. 1 aquele que desenterra 2 esquadrinhador (De desenterrar+-dor)

desenterramento n.m. ato ou efeito de desenterrar; exumação (De desenterrar+-mento)

desenterrar v.tr. 1 tirar de debaixo da terra 2 exumar 3 [fig.] trazer à luz (o que estava esquecido); revelar 4 [fig.] descobrir (De des-+enterrar)

desenterro n.m. ⇒ **desenterramento** (Deriv. regr. de desenterrar)

desenterroar v.tr. desfazer os torrões de; esterroar; pulverizar (De des-+enterroar)

desentesar v.tr. 1 tornar lasso; afrouxar 2 amolecer 3 [fig.] humilhar (De des-+entesar)

desentesoirar v.tr. ⇒ **desentesourar**

desentesourar v.tr. 1 tirar do tesouro 2 [fig.] desentranhar; desencantar (De des-+entesourar)

desentibiar v.tr. tirar a tibieza a; aumentar o entusiasmo de; reanimar (De des-+entibiar)

desentoação n.f. ato ou efeito de desentoar; desarmonia; desafinação; desentoamento (De *desentoar*+-*ção*)
desentoamento n.m. ⇒ **desentoação** (De *desentoar*+-*mento*)
desentoar v.tr.,intr. sair do tom; desafinar ∎ v.intr.,pron. ser inconveniente; descomedir-se; exceder-se (De *des*-+*entoar*)
desentocar v.tr. tirar da toca; desencovilar (De *des*-+*entocar*)
desentolher v.tr. tirar o torpor a; desentorpecer; destolher (De *des*-+*en*-+*tolher*)
desentonar v.tr. 1 abater o entono ou a altivez a; humilhar; desensoberbecer 2 ⇒ **desentoar** (De *des*-+*entonar*)
desentorpecer v.tr. tirar o entorpecimento a; desentolher; reanimar ∎ v.pron. readquirir o vigor (De *des*-+*entorpecer*)
desentorpecimento n.m. 1 ato ou efeito de desentorpecer 2 alento (De *desentorpecer*+-*i*-+-*mento*)
desentortar v.tr. endireitar (De *des*-+*entortar*)
desentralhar v.tr. 1 NÁUTICA tirar das tralhas 2 desembaraçar (o que está travado com alguma coisa) 3 [fig.] desenredar 4 desentalar (De *des*-+*entralhar*)
desentrançar v.tr. desfazer as tranças de; soltar (o que está entrançado); desmanchar (De *des*-+*entrançar*)
desentranhar v.tr. 1 arrancar as entranhas a 2 tirar das entranhas 3 [fig.] tirar de lugar recôndito ∎ v.pron. 1 patentear o que se sente no coração 2 esforçar-se ao máximo 3 ser abundante em frutos ou dádivas (De *des*-+*entranhar*)
desentrapar v.tr. 1 tirar os trapos a 2 desemplastrar 3 despir (De *des*-+*entrapar*)
desentravar v.tr. 1 tirar os entraves a; livrar; soltar 2 desembaraçar 3 destravar (De *des*-+*entravar*)
desentrecho n.m. desenlace; desfecho (De *des*-+*entrecho*)
desentrelaçar v.tr. desfazer ou soltar o que está entrelaçado; desnodar (De *des*-+*entrelaçar*)
desentrelinhado adj. que não tem entrelinhas; compacto (Part. pass. de *desentrelinhar*)
desentrelinhar v.tr. TIPOGRAFIA levantar as entrelinhas a (composição tipográfica); retirar da entrelinha (De *des*-+*entrelinhar*)
desentrevar v.tr. fazer que deixe de estar entrevado; curar da entrevação (De *des*-+*entrevar*)
desentrincheirar v.tr. 1 fazer sair das trincheiras 2 desalojar 3 destruir as trincheiras a (De *des*-+*entrincheirar*)
desentristecer v.tr. distrair da tristeza; alegrar ∎ v.pron. 1 recuperar a alegria 2 distrair-se; espairecer (De *des*-+*entristecer*)
desentroixar v.tr. ⇒ **desentrouxar**
desentronizar v.tr. ⇒ **destronar** (De *des*-+*entronizar*)
desentrouxar v.tr. 1 tirar a trouxa a 2 desfazer a trouxa de 3 desembrulhar (De *des*-+*entrouxar*)
desentulhador adj.,n.m. que ou o que desentulha (De *desentulhar*+-*dor*)
desentulhar v.tr. 1 tirar o entulho de 2 desobstruir 3 tirar da tulha (De *des*-+*entulhar*)
desentulho n.m. 1 ato ou efeito de desentulhar 2 entulho tirado de alguma parte (Deriv. regr. de *desentulhar*)
desentumecer v.tr.,intr. ⇒ **desintumescer** (De *des*-+*entumecer*)
desentupidor adj.,n.m. que ou aquilo que serve para desentupir (De *desentupir*+-*dor*)
desentupimento n.m. ato ou efeito de desentupir; desobstrução (De *des*-+*entupimento*)
desentupir v.tr. desimpedir o que está entupido; desobstruir ∎ v.intr. [pop.] falar; desembuchar (De *des*-+*entupir*)
desenturvar v.tr. tornar claro ou transparente (o que está turvo) (De *des*-+*enturvar*)
desenublar v.tr.,intr. limpar(-se) das nuvens; desanuviar (De *des*-+*enublar*)
desenvasar v.tr. 1 tirar da vasa ou do lodo 2 limpar do lodo 3 pôr a flutuar 4 tirar do vaso ∎ v.pron. desatolar-se (De *des*-+*envasar*)
desenvasilhar v.tr. tirar da vasilha (De *des*-+*envasilhar*)
desenvencilhar v.tr. 1 soltar do vencilho 2 desprender; separar 3 descobrir; deslindar ∎ v.pron. livrar-se; desembaraçar-se (de um importuno) (De *des*-+*envencilhar*)
desenvenenar v.tr. 1 tirar as qualidades venenosas a 2 destruir os efeitos do veneno em (De *des*-+*envenenar*)
desenveredar v.intr. 1 sair da vereda 2 [fig.] afastar-se do bom caminho (De *des*-+*enveredar*)
desenvergar v.tr. 1 tirar das vergas 2 [pop.] despir (De *des*-+*envergar*)
desenvergonhado adj. ⇒ **desavergonhado** (Part. pass. de *desenvergonhar*)
desenvernizar v.tr. 1 tirar o verniz a 2 despolir; deslustrar (De *des*-+*envernizar*)

desenviesar v.tr. 1 tirar o viés a 2 pôr direito; endireitar (De *des*-+*enviesar*)
desenviolar v.tr. restituir aos usos honestos ou sagrados (o que estava violado ou profanado); purificar (De *des*-+*en*-+*violar*)
desenviscar v.tr. tirar o visco a (De *des*-+*enviscar*)
desenvoltamente adv. 1 com desenvoltura 2 galhardamente 3 de maneira licenciosa (De *desenvolto*+-*mente*)
desenvolto /ô/ adj. 1 desembaraçado; despachado 2 vivo; desinibido 3 travesso 4 que usa de linguagem depravada (Do it. *disinvolto*, «id.»)
desenvoltura n.f. 1 desembaraço 2 agilidade 3 desinibição 4 desplante; atrevimento (Do it. *disinvoltura*, «id.»)
desenvolução n.f. ⇒ **desenvolvimento** (De *des*-+*involução*, com infl. de *desenvolvimento*)
desenvolvente adj.2g. que desenvolve (De *desenvolver*+-*ente*)
desenvolver v.tr. 1 fazer crescer; fazer medrar 2 aumentar; ampliar 3 incrementar 4 melhorar 5 propagar 6 expor minuciosamente 7 tirar consequências de 8 tirar do invólucro; desembrulhar 9 tirar o acanhamento a 10 MATEMÁTICA fazer os cálculos indicados a respeito de (problema) 11 MATEMÁTICA executar todas as operações exigidas por (um cálculo) ∎ v.intr. (motor) trabalhar bem ∎ v.pron. 1 crescer; aumentar 2 progredir 3 aumentar; ampliar-se 4 perder o acanhamento (De *des*-+*envolver*)
desenvolvido adj. 1 aumentado 2 crescido 3 adiantado 4 que tem progredido 5 instruído; culto 6 (estudo) aprofundado; investigado a fundo 7 (país) que tem nível de vida elevado e é avançado do ponto de vista tecnológico (Part. pass. de *desenvolver*)
desenvolvimento n.m. 1 ato ou efeito de (se) desenvolver 2 passagem de um estado a outro, de tal modo que o seguinte é sempre mais perfeito do que o anterior; progresso; evolução 3 aumento das capacidades físicas ou intelectuais; crescimento 4 aumento por meio de reprodução; propagação 5 (estudo, investigação) tratamento em profundidade da questão proposta como tema principal; abordagem detalhada 6 exposição lógica de ideias, oralmente ou por escrito; elaboração 7 estado do país que apresenta um alto nível de produtividade e um nível de vida elevado; avanço tecnológico 8 MÚSICA parte de uma peça musical em que o tema inicial é executado com modificações e em pormenor; **~ sustentável** processo de desenvolvimento económico que procura assegurar a preservação do meio ambiente e dos recursos naturais, na dupla perspetiva espacial e temporal, ecodesenvolvimento (De *desenvolver*+-*i*-+-*mento*)
desenxabidez n.f. qualidade de desenxabido; insipidez (De *desenxabido*+-*ez*)
desenxabido adj. 1 sem graça; sensaborão 2 insípido; insosso (De *des*-+*enxabido*)
desenxabir v.tr. tornar desenxabido, sem animação, desgracioso (De *des*-+**enxabir*, de *enxabido*)
desenxamear v.tr. 1 destruir um enxame em 2 desinçar 3 dispersar 4 limpar (De *des*-+*enxamear*)
desenxofrar v.tr. 1 limpar do enxofre 2 [fig.] desamuar; desagastar; desenfunar (De *des*-+*enxofrar*)
desenxovalhar v.tr. 1 tornar asseado; limpar 2 [fig.] reabilitar; desafrontar (De *des*-+*enxovalhar*)
desenxovalho n.m. 1 ato ou efeito de desenxovalhar 2 [fig.] reabilitação; desafronta 3 [ant.] coisa ou pessoa digna de se ver; coisa linda (Deriv. regr. de *desenxovalhar*)
desenxovar v.tr. tirar da enxovia (De *des*-+*enxova*+-*ar*)
desequilibrado adj. 1 que não está em equilíbrio 2 irrefletido 3 PSICOLOGIA instável do ponto de vista emocional ∎ n.m. PSICOLOGIA indivíduo instável do ponto de vista emocional (Part. pass. de *desequilibrar*)
desequilibrar v.tr. 1 fazer perder o equilíbrio 2 instabilizar 3 enlouquecer ∎ v.pron. 1 perder o equilíbrio 2 [fig.] perder o juízo (De *des*-+*equilibrar*)
desequilíbrio n.m. 1 falta ou perda de equilíbrio 2 PSICOLOGIA instabilidade emocional (De *des*-+*equilíbrio*)
desequipar v.tr. desembaraçar ou desprover do equipamento (De *des*-+*equipar*)
desequivocar v.tr. desfazer um equívoco entre; esclarecer (De *des*-+*equivocar*)
deserção n.f. 1 MILITAR abandono da unidade militar a que se pertence 2 abandono; desistência (Do lat. *desertiōne*-, «abandono»)
deserdação n.f. 1 privação de herança ou benefício 2 abandono; desamparo (De *deserdar*+-*ção*)
deserdar v.tr. 1 privar de uma herança 2 [fig.] privar de um benefício concedido a outros; desfavorecer 3 desamparar (De *des*-+*herdar*)

desertar v.tr. 1 tornar deserto 2 despovoar 3 desamparar ■ v.intr. 1 MILITAR abandonar o serviço militar sem licença e permanecer nessa situação certo tempo 2 fugir 3 desistir de um recurso 4 faltar ao cumprimento de uma obrigação (Do lat. tard. *desertāre*, «abandonar», pelo fr. *déserter*, «id.»)

desértico adj. 1 que se parece com um deserto; árido 2 despovoado (De *deserto+-ico*)

desertícola adj.,n.2g. que ou o que habita o deserto (Do lat. *desertu-*, «deserto» + *colĕre*, «habitar»)

desertificação n.f. GEOGRAFIA processo de expansão das características desérticas para as áreas adjacentes resultante do empobrecimento do solo por causas naturais e/ou humanas; **~ humana** despovoamento (De *desertificar+-ção*)

desertificar v.tr. 1 tornar desértico; transformar em deserto; desarborizar 2 despovoar (De *deserto+-ficar*)

deserto adj. 1 em que não vive gente; despovoado 2 inóspito 3 abandonado ■ n.m. 1 região extremamente seca, com vegetação xerófila, rudimentar e reduzida 2 região desabitada 3 lugar despovoado ou pouco frequentado; ermo 4 [fig.] solidão; *estar ~ de* estar desejoso de, estar morto por; *pregar no ~* não ser escutado, pregar em vão (Do lat. *desertu-*, «id.»)

desertor n.m. 1 militar que abandona a unidade a que pertence sem licença 2 pessoa que falta ao cumprimento das suas obrigações 3 trânsfuga 4 [pop.] botão que se despregou ■ adj. que deserta (Do lat. *desertōre-*, «id.»)

desespartilhar v.tr. 1 tirar o espartilho a 2 descintar 3 desapertar (De *des-+espartilhar*)

desesperação n.f. 1 aflição; desespero 2 desesperança 3 grande contrariedade 4 coisa insuportável 5 cólera (De *desesperar+-ção*)

desesperado adj. 1 que perdeu a esperança 2 que não dá esperanças 3 dominado pelo desespero 4 muito zangado; fora de si 5 encarniçado; renhido 6 obstinado ■ n.m. pessoa furiosa ou fora de si (Part. pass. de *desesperar*)

desesperador adj.,n.m. 1 que ou o que causa desespero 2 desanimador (De *desesperar+-dor*)

desesperança n.f. 1 falta de esperança 2 desconsolação 3 desespero (De *des-+esperança*)

desesperançar v.tr.,pron. (fazer) perder a esperança; desanimar(-se) (De *des-+esperançar*)

desesperante adj.2g. que causa desespero; desesperador (De *desesperar+-ante*)

desesperar v.tr. 1 tirar a esperança a; desanimar 2 afligir 3 encolerizar 4 não ter esperança ■ v.intr. perder a esperança ■ v.pron. 1 encolerizar-se 2 afligir-se (De *des-+esperar*)

desesperativo adj. ⇒ **desesperante** (De *desesperar+-tivo*)

desespero n.m. 1 falta de esperança acompanhada de sentimentos violentos de mágoa e/ou revolta 2 sensação de impotência 3 aflição (Deriv. regr. de *desesperar*)

desespinhar v.tr. tirar os espinhos ou as espinhas a (De *des-+espinho+-ar*)

desestabilização n.f. 1 ato ou efeito de desestabilizar 2 instabilidade; desequilíbrio 3 perturbação; desordem 4 desassossego; desarmonia (De *desestabilizar+-ção*)

desestabilizador adj. que desestabiliza; que provoca instabilidade; que faz perder a estabilidade

desestabilizar v.tr. 1 provocar a desestabilização de; causar a instabilidade de; fazer perder a estabilidade; instabilizar; desequilibrar 2 perturbar a ordem de; desassossegar; desarmonizar (De *des-+estabilizar*)

desestagnação n.f. ato ou efeito de desestagnar (De *desestagnar+-ção*)

desestagnar v.tr. 1 soltar as águas estagnadas 2 [fig.] fazer perder a inércia 3 ativar; dinamizar (De *des-+estagnar*)

desesteirar v.tr. tirar as esteiras de (De *des-+esteirar*)

desestima n.f. 1 ato ou efeito de desestimar 2 falta de estima; desafeição 3 menosprezo (Deriv. regr. de *desestimar*)

desestimação n.f. ⇒ **desestima** (De *desestimar+-ção*)

desestimador adj.,n.m. 1 que ou aquele que desestima 2 depreciador (De *desestimar+-dor*)

desestimar v.tr. 1 deixar de estimar 2 desprezar; depreciar ■ v.pron. ter-se em pouca conta (De *des-+estimar*)

desestimável adj.2g. suscetível de desestimar (De *desestimar+-vel*)

desestorvar v.tr. tirar o estorvo a; desimpedir (De *des-+estorvar*)

desestorvo /ô/ n.m. ato ou efeito de desestorvar (Deriv. regr. de *desestorvar*)

desestribar-se v.pron. 1 tirar os pés dos estribos; destribar-se 2 [fig.] desequilibrar-se (De *des-+estribar-se*)

desestudar v.tr. 1 deixar de estudar 2 desaprender; esquecer o que estudou (De *des-+estudar*)

desevangelização n.f. ato ou efeito de desevangelizar (De *desevangelizar+-ção*)

desevangelizador adj.,n.m. que ou aquele que desevangeliza (De *desevangelizar+-dor*)

desevangelizar v.tr. 1 tirar a doutrina evangélica a 2 destruir a propaganda de (certas ideias ou doutrinas) (De *des-+evangelizar*)

desexcomungar v.tr. levantar a excomunhão a (De *des-+excomungar*)

desexcomunhão n.f. ato ou efeito de desexcomungar; levantamento da excomunhão (De *des-+excomunhão*)

desfabricar v.tr. destruir (produtos já fabricados); desfazer (De *des-+fabricar*)

desfabular v.tr. 1 desfazer a fábula, a lenda de 2 mostrar a verdade de uma coisa (De *des-+fabular*)

desfaçado adj. descarado; atrevido; insolente (Part. pass. de *desfaçar*)

desfaçamento n.m. ato ou efeito de desfaçar; desfaçatez (De *desfaçar+-mento*)

desfaçar-se v.pron. tornar-se descarado, atrevido, insolente, cínico (De *des-+face+-ar*)

desfaçatez n.f. 1 falta de vergonha; descaramento; atrevimento; impudência 2 cinismo (Do cast. *desfachatez*, «id.»)

desfadiga n.f. 1 ato ou efeito de desfadigar ou desfadigar-se 2 alívio; descanso; sossego (Deriv. regr. de *desfadigar*)

desfadigar v.tr. tirar a fadiga a; aliviar o cansaço de ■ v.pron. descansar; repousar (De *des-+fadigar*)

desfaiar v.tr. TIPOGRAFIA tirar as faias tipográficas a (uma composição) ■ v.pron. [regionalismo] (penedo) soltar-se de lugar alcantilado (De *des-+faiar*)

desfalcaçar v.tr. NÁUTICA tirar a falcaça a (cabo) (De *des-+falcaçar*)

desfalcamento n.m. ato ou efeito de desfalcar; desfalque (De *desfalcar+-mento*)

desfalcar v.tr. 1 tirar parte de uma quantia ou porção de 2 apropriar-se indevidamente de (quantia ou bens de outros) para uso pessoal; defraudar 3 dissipar 4 [fig.] prejudicar ■ v.pron. 1 privar-se 2 prejudicar-se (Do it. *defalcare* ou *diffalcare*, «id.»)

desfalcável adj.2g. que se pode desfalcar (De *desfalcar+-vel*)

desfalecência n.f. desfalecimento (De *desfalecer+-ência*)

desfalecente adj.2g. que desfalece (De *desfalecer+-ente*)

desfalecer v.intr. 1 desmaiar 2 perder as forças; enfraquecer 3 diminuir de intensidade, de atividade, de brilho 4 esmorecer; desalentar-se; decair ■ v.tr. 1 fazer perder as forças 2 desalentar (De *des-+falecer*)

desfalecimento n.m. 1 ato ou efeito de desfalecer 2 desmaio 3 fraqueza; esvaecimento (De *desfalecer+-i-+-mento*)

desfalque n.m. 1 redução, abatimento ou falta de parte de uma quantia 2 apropriação indevida de quantia ou de bens de outros para uso pessoal 3 desvio 4 diminuição (Deriv. regr. de *desfalcar*)

desfanatizar v.tr. tirar o fanatismo a (De *des-+fanatizar*)

desfantasiar v.tr. 1 desfazer a fantasia de 2 desiludir (De *des-+fantasiar*)

desfardar v.tr. tirar a farda a ■ v.pron. despir a farda (De *des-+fardar*)

desfarelar v.tr. 1 reduzir a farelo; esfarelar 2 separar o farelo da farinha; peneirar (De *des-+farelar*)

desfasado adj. em que se observa desfasamento (Part. pass. de *desfasar*)

desfasagem n.f. ⇒ **desfasamento** (De *desfasar+-agem*)

desfasamento n.m. 1 discrepância; disparidade 2 desencontro 3 divergência 4 FÍSICA diferença de fase entre dois fenómenos periódicos da mesma espécie 5 discordância de fase entre os valores das intensidades ou das tensões que duas ou mais correntes alternadas polifásicas apresentam no mesmo instante (De *desfasar+-mento*)

desfasar v.tr.,intr.,pron. provocar ou sofrer um desfasamento (De *des-+fase+-ar*)

desfastio n.m. 1 ausência de fastio; apetite 2 [fig.] distração 3 [fig.] bom humor; graça; *por ~* para entreter (De *des-+fastio*)

desfavor n.m. 1 perda do favor ou valimento 2 malquerença; desprezo 3 mau serviço que se presta a alguém (De *des-+favor*)

desfavorável adj.2g. não favorável; adverso; prejudicial (De *des-+favorável*)

desfavorecedor adj.,n.m. que ou o que desfavorece (De *desfavorecer+-dor*)

desfavorecer v.tr. 1 não favorecer 2 ser desfavorável a 3 desajudar 4 deixar de estimar ou proteger 5 contrariar (De des-+favorecer)

desfavorecido n.m. 1 indivíduo em situação de desvantagem social e económica 2 indivíduo que a sorte não favoreceu ▪ adj. 1 que não tem ajudas 2 que perdeu regalias 3 que está em desvantagem (Part. pass. de desfavorecer)

desfazedor adj.,n.m. 1 que ou aquele que desfaz 2 [fig.] depreciador (De desfazer+-dor)

desfazer v.tr. 1 destruir (o que está feito) 2 desmanchar; alterar a forma de 3 desorganizar 4 quebrar; despedaçar 5 desunir 6 dispersar 7 revogar; anular 8 dissolver 9 dissipar; desvanecer 10 explicar 11 refutar (um argumento) ▪ v.intr. 1 amesquinhar; depreciar 2 terminar ▪ v.pron. 1 reduzir-se a fragmentos 2 desmanchar-se 3 dissipar-se 4 terminar 5 transformar-se 6 produzir-se em abundância; ~-se de livrar-se de (vendendo, dando ou deitando fora); ~-se em produzir em grande abundância, ser pródigo em, ser exagerado em (De des-+fazer)

desfear v.tr. 1 tornar feio 2 deformar 3 deturpar ▪ v.intr. destoar (De des-+feio+-ar)

desfechar v.tr. 1 tirar o fecho ou o selo a 2 disparar 3 desferir 4 proferir atrevidamente 5 abrir 6 soltar 7 concluir 8 vibrar ▪ v.pron. disparar-se (De des-+fechar)

desfecho /ê/ n.m. 1 conclusão; remate 2 desenlace; resultado (Deriv. regr. de desfechar)

desfeita n.f. insulto; ofensa; desconsideração (Part. pass. fem. subst. de desfazer)

desfeiteador adj.,n.m. que ou aquele que desfeiteia (De desfeitear+-dor)

desfeitear v.tr. fazer desfeita a; desconsiderar; ofender; ultrajar (De desfeita+-ear)

desfeito adj. 1 que se desfez; desmanchado 2 desfigurado 3 anulado 4 derrotado 5 (temporal) impetuoso; violento (Part. pass. de desfazer)

desferido adj. 1 que se desferiu 2 (golpe, pancada) vibrado 3 solto ao vento (Part. pass. de desferir)

desferimento n.m. ato ou efeito de desferir (De desferir+-mento)

desferir v.tr. 1 aplicar (golpe ou pancada); atirar 2 levantar; alçar 3 NÁUTICA [ant.] soltar (as velas); largar 4 [pouco usado] MÚSICA fazer vibrar (as cordas de um instrumento) ▪ v.intr. NÁUTICA [ant.] fazer-se à vela (Do lat. *disferĕre, de deferre, «levar»)

desferrar¹ v.tr. tirar a ferradura a ▪ v.pron. 1 perder a(s) ferradura(s) 2 (peixe) libertar-se do anzol (De des-+ferrar)

desferrar² v.tr. NÁUTICA soltar (a vela enrizada) (Do fr. déferler, «desfraldar; soltar»)

desferrolhar v.tr. ⇒ **desaferrolhar** (De des-+ferrolhar)

desfertilizar v.tr. tirar a fertilidade a (De des-+fertilizar)

desfervoroso adj. que não tem fervor; frio (De des-+fervoroso)

desfiado adj. 1 desfeito em fios; esfiado 2 esmiuçado ▪ n.m. 1 aquilo que se desfia 2 trabalho de tirar fios contados ao tecido 3 pl. espécie de franjas

desfiadura n.f. ato ou efeito de desfiar (De desfiar+-dura)

desfiar v.tr. 1 desfazer em fios 2 CULINÁRIA desfazer alimento em pedaços ou lascas 3 [fig.] relatar minuciosamente 4 [fig.] esmiuçar ▪ v.intr. correr em fio ▪ v.pron. (tecido) ir-se desfazendo (De des-+fiar)

desfia-trapos n.m.2n. nome comum a vários maquinismos que desfiam bocados de velha (De desfiar+trapo)

desfibrador adj. que desfibra ▪ n.m. máquina para desfibrar (De desfibrar+-dor)

desfibramento n.m. ato ou efeito de desfibrar (De desfibrar+-mento)

desfibrante adj.2g. que desfibra (De desfibrar+-ante)

desfibrar v.tr. 1 tirar ou separar as fibras a 2 desfiar 3 [fig.] esmiuçar (De des-+fibra+-ar)

desfibrilação n.f. MEDICINA processo cujo objetivo é fazer cessar uma fibrilação cardíaca mediante descarga elétrica através do tórax, com a ajuda do desfibrilador ou pela administração de drogas

desfibrilador n.m. MEDICINA aparelho com o qual se aplica uma descarga elétrica através do tórax, de forma a reverter ao ritmo normal uma fibrilação ventricular ou auricular

desfibrilar v.tr. MEDICINA cessar uma fibrilação ventricular ou auricular

desfibrilhação n.f. MEDICINA ⇒ **desfibrilação**
desfibrilhador n.m. MEDICINA ⇒ **desfibrilador**
desfibrilhar v.tr. MEDICINA ⇒ **desfibrilar**

desfibrinação n.f. MEDICINA eliminação do fibrinogénio existente no sangue ou noutro líquido orgânico (De desfibrinar+-ção)

desfibrinar v.tr. MEDICINA eliminar o fibrinogénio que existe numa substância que é, geralmente, o sangue (De des-+fibrina+-ar)

desfiguração n.f. 1 ato ou efeito de desfigurar 2 mudança ou alteração da figura ou da forma 3 deformação; deturpação (De desfigurar+-ção)

desfigurador adj.,n.m. que ou aquele que desfigura (De desfigurar+-dor)

desfigurar v.tr. 1 alterar a figura, as feições ou a forma de 2 afear 3 deturpar; adulterar; desconceituar ▪ v.pron. alterar-se relativamente ao aspeto (De des-+figurar)

desfigurável adj.2g. que se pode desfigurar (De desfigurar+-vel)

desfilada n.f. 1 ato ou efeito de desfilar (passar em filas) 2 série de coisas ou pessoas que se sucedem umas após outras, em filas; à ~ a galope, sem parar (Part. pass. fem. subst. de desfilar)

desfiladeiro n.m. 1 GEOGRAFIA passagem estreita entre montanhas ou vale em garganta resultante do predomínio da ação erosiva vertical dos rios e glaciares em rochas duras 2 [fig.] situação embaraçosa, de solução difícil (De desfilar+-deiro)

desfiladora /ô/ n.f. (fábricas de papel) máquina para destramar tecidos (De desfilar+-dora)

desfilar¹ v.intr. 1 marchar ou passar em filas 2 suceder-se (De des-+fila+-ar)

desfilar² v.tr. (cão) largar dos dentes (De des-+filar)

desfile n.m. 1 ato ou efeito de desfilar (passar em filas) 2 série de coisas ou pessoas que se sucedem umas após outras, em filas; desfilada 3 marcha; cortejo; ~ de moda mostra de modelos de artigos de vestuário, apresentados por manequins que se sucedem numa passarela (Deriv. regr. de desfilar)

desfilhar v.tr. 1 desembaraçar (uma planta) da superabundância de filhos ou rebentos 2 separar (parte das abelhas) de uma colmeia ▪ v.pron. ficar sem filhos (De des-+filhar)

desfiliação n.f. ato de se desfiliar de um grupo ou partido político; desvinculação (De des-+filiação)

desfiliar-se v.pron. rescindir a filiação num partido ou associação (De des-+filiar)

desfitar v.tr. 1 não fitar 2 desviar a vista de (De des-+fitar)

desfivelar v.tr. ⇒ **desafivelar** (De des-+fivelar)

desfloração n.f. 1 ato ou efeito de desflorar 2 ação de despojar uma planta das suas flores 3 queda das flores 4 MEDICINA rotura do hímen 5 perda da virgindade; desvirginamento (de mulher) (De desflorar+-ção)

desflorador adj.,n.m. que ou aquele que desflora (De desflorar+-dor)

desfloramento n.m. ⇒ **desfloração** (De desflorar+-mento)

desflorar v.tr. 1 tirar as flores a 2 tratar (de um assunto) pela primeira vez 3 pôr a uso um objeto que ainda não tinha sido usado 4 retirar o que é mais valioso num todo 5 iniciar; encetar 6 provar 7 [fig.] tirar a virgindade a (mulher) ▪ v.intr. perder as flores (De des-+flor+-ar)

desflorescer v.intr. 1 perder as flores 2 perder o viço; murchar; fanar-se (De des-+florescer)

desflorescimento n.m. ato ou efeito de desflorescer (De desflorescer+-i-+-mento)

desflorestação n.f. processo de abate intensivo e constante de árvores de floresta ou bosque (De des-+florestação)

desflorestamento n.m. ⇒ **desflorestação** (De desflorestar+-mento)

desflorestar v.tr. cortar uma grande quantidade de árvores; destruir as florestas; desarborizar (De des-+florestar)

desflorir v.intr. ⇒ **desflorescer** (De des-+florir)

desfocagem n.f. ato ou efeito de desfocar (De desfocar+-agem)

desfocar v.tr. 1 pôr fora do foco 2 retirar a nitidez ou clareza a (De des-+focar)

desfolha n.f. 1 ato ou efeito de desfolhar; desfolhação; desfolhamento; desfolhadura; desfoliação 2 queda das folhas 3 época em que caem as folhas (Deriv. regr. de desfolhar)

desfolhação n.f. ⇒ **desfolha** (De desfolhar+-ção)

desfolhada n.f. ⇒ **esfolhada** (Part. pass. fem. subst. de desfolhar)

desfolhador adj.,n.m. que ou aquele que desfolha (De desfolhar+-dor)

desfolhadouro n.m. 1 [regionalismo] coberto; alpendre 2 época da desfolha (De desfolhar+-douro)

desfolhadura n.f. ⇒ **desfolha** (De desfolhar+-dura)

desfolhamento n.m. ⇒ **desfolha** (De desfolhar+-mento)

desfolhar v.tr. 1 tirar as folhas ou as pétalas a 2 descamisar (espiga de milho) 3 [fig.] extinguir pouco a pouco 4 [fig.] expor sucessivamente ▪ v.pron. perder as folhas (De des-+folhar)

desfolho /ô/ n.m. ⇒ **esfolhada** (Deriv. regr. de desfolhar)

desfoliação

desfoliação n.f. ⇒ **desfolha** (De des-+foliação)
desforçado adj. 1 que tirou desforço; vingado 2 reparado; ressarcido 3 [fig.] esforçado; corajoso (Part. pass. de desforçar)
desforçador adj.,n.m. que ou aquele que desforça ou se desforça; vingador (De desforçar+-dor)
desforçamento n.m. ato ou efeito de desforçar ou desforçar-se; desforço (De desforçar+-mento)
desforçar v.tr. vingar uma ofensa pela força ▪ v.pron. desagravar-se; tirar desforra (De des-+forçar)
desforço /ô/ n.m. ato ou efeito de desforçar ou de se desforçar; desforra; vingança (Deriv. regr. de desforçar)
desformar v.tr. 1 fazer sair da forma 2 alterar a forma de; deformar (De des-+formar)
desformosear v.tr. tirar a formosura a; afear; desfear (De des-+formosear)
desforra n.f. 1 ato ou efeito de desforrar ou desforrar-se; vingança; desforço 2 recuperação do que se havia perdido; *tirar a ~* vingar-se (Deriv. regr. de desforrar)
desforrar¹ v.tr. tirar ou arrancar o forro a (De des-+forro+-ar)
desforrar² v.tr. vingar ▪ v.pron. 1 tirar desforra de; vingar-se 2 recuperar o perdido (De des-+forrar)
desfortalecer v.tr. 1 tirar a força a; enfraquecer 2 desguarnecer 3 desmantelar (De des-+fortalecer)
desfortificar v.tr. privar da respetiva fortificação (De des-+fortificar)
desfortuna n.f. má fortuna; infelicidade; desventura; azar (De des-+fortuna)
desfortúnio n.m. ⇒ **infortúnio** (Do lat. dis-+*fortuniu-, «ventura»)
desfradar v.tr. tirar o carácter de frade a; secularizar (De des-+frade+-ar)
desfragmentação n.f. INFORMÁTICA processo de agrupamento dos ficheiros dentro de um disco, o que torna a sua leitura mais rápida (De desfragmentar+-ção)
desfragmentar v.tr. INFORMÁTICA agrupar os ficheiros e o espaço livre num só local dentro do disco, o que permite que o computador faça uma leitura mais rápida dos dados (De des-+fragmentar)
desfraldar v.tr. 1 soltar ao vento (velas, bandeira) 2 desenrolar; desdobrar 3 divulgar; espalhar ▪ v.pron. agitar-se (De des-+fraldar)
desfranjar v.tr. tirar as franjas a ▪ v.intr.,pron. perder as franjas (De des-+franjar)
desfranzir v.tr. 1 desfazer o franzido de 2 desenrugar (testa, sobrolho) (De des-+franzir)
desfrear v.tr. ⇒ **desenfrear** (De des-+frear)
desfrechar v.tr. 1 atirar frechas a 2 arremessar (De des-+frechar)
desfrequentado /qu-en/ adj. 1 sem frequência 2 sem fregueses 3 deserto (Part. pass. de desfrequentar)
desfrequentar /qu-en/ v.tr. deixar de frequentar (De des-+frequentar)
desfrisante adj.2g. 1 que desfrisa 2 que não é frisante 3 que não quadra bem; que destoa (De desfrisar+-ante)
desfrisar v.tr. 1 desfazer o frisado de; alisar o que está frisado 2 despentear 3 não quadrar; destoar (De des-+frisar)
desfruir v.tr. gozar; desfrutar (De des-+fruir)
desfrutação n.f. ato ou efeito de desfrutar; desfrute (De desfrutar+-ção)
desfrutador adj.,n.m. 1 que ou aquele que desfruta 2 usufrutuário 3 parasita 4 trocista (De desfrutar+-dor)
desfrutar v.tr. 1 gozar dos frutos ou rendimentos de; usufruir 2 colher os frutos de (lugar, terra) 3 viver à custa de (alguém) 4 [fig.] apreciar; deliciar-se com 5 [fig.] gozar; troçar (De des-+fruto+-ar)
desfrutável adj.2g. 1 que se pode desfrutar 2 que se presta a troça (De desfrutar+-vel)
desfrute n.m. 1 ato ou efeito de desfrutar 2 usufruto 3 gozo; zombaria; *dar-se ao ~* praticar atos ridículos, prestar-se a chacota (Deriv. regr. de desfrutar)
desfrutescer v.intr. deixar de dar frutos (De des-+frutescer)
desfruto n.m. ⇒ **desfrute** (Deriv. regr. de desfrutar)
desfundar v.tr. tirar o fundo a (De des-+fundar)
desgabador adj.,n.m. que ou aquele que desgaba; depreciador (De desgabar+-dor)
desgabar v.tr. dizer mal de; depreciar; murmurar de; vilipendiar (De des-+gabar)
desgabo n.m. ato ou efeito de desgabar; depreciação; maledicência (Deriv. regr. de desgabar)
desgadelhar v.tr. ⇒ **desguedelhar** (De des-+gadelha+-ar)
desgalante adj.2g. que não é galante; descortês (De des-+galante)
desgalgar v.tr. atirar por uma ladeira abaixo ▪ v.intr. descer à pressa; precipitar-se (De des-+galgar)
desgalhar v.tr. cortar os galhos a; desramar (De des-+galho+-ar)
desgalvanização n.f. ato ou efeito de desgalvanizar (De desgalvanizar+-ção)
desgalvanizar v.tr. tirar a galvanização a (De des-+galvanizar)
desgarantir v.tr. deixar sem garantia; retirar a garantia a (De des-+garantir)
desgargalado adj. 1 sem gargalo 2 [fig.] decotado (Part. pass. de desgargalar)
desgargalar v.tr. 1 decotar em demasia 2 desagasalhar o pescoço (De des-+gargalo+-ar)
desgarrada n.f. cantiga popular em que os cantadores respondem um ao outro, improvisando; *à ~* ao desafio (Part. pass. subst. de desgarrar)
desgarrado adj. 1 que se desgarrou 2 extraviado 3 solto 4 sozinho 5 [fig.] libertino; devasso (Part. pass. de desgarrar)
desgarrão adj. diz-se do vento que faz desgarrar ▪ n.m. impulso violento (De desgarrar+-ão)
desgarrar v.tr. 1 desviar (navio) do rumo 2 apartar 3 extraviar; perverter ▪ v.pron. 1 (navio) desviar-se do rumo 2 afastar-se 3 extraviar-se (De des-+garrar)
desgarre n.m. 1 ato ou efeito de desgarrar ou desgarrar-se 2 desplante; audácia; desembaraço 3 elegância (Deriv. regr. de desgarrar)
desgarro n.m. ⇒ **desgarre**
desgastante adj.2g. 1 que desgasta 2 muito cansativo; arrasante (De desgastar+-ante)
desgastar v.tr. 1 consumir pouco a pouco (corroendo ou friccionando) 2 destruir lentamente 3 cansar; debilitar 4 [pop.] digerir ▪ v.pron. 1 gastar-se lentamente 2 estragar-se; arruinar-se (De des-+gastar)
desgaste n.m. 1 ato ou efeito de desgastar ou desgastar-se 2 consumição lenta (Deriv. regr. de desgastar)
desgasto n.m. ⇒ **desgaste** (Deriv. regr. de desgastar)
desgelar v.tr. ⇒ **degelar** (De des-+gelar)
desgelo /ê/ n.m. ⇒ **degelo** (Deriv. regr. de desgelar)
desgentilizar v.tr. converter (o gentio) à fé judaica ou à fé cristã (De des-+gentilizar)
desglabração n.f. 1 ato de desglabrar 2 o facto de se tornar calvo (De desglabrar+-ção)
desglabrar v.tr. rapar o cabelo a ▪ v.pron. ficar calvo (De des-+glabro+-ar)
desglobulização n.f. ato ou efeito de desglobulizar (De desglobulizar-+-ção)
desglobulizar v.tr. diminuir a quantidade de glóbulos no sangue (De des-+globulizar)
desgoelar-se v.pron. berrar muito; esbravejar (De des-+goelar)
desgorgomilado adj. 1 que não tem gorgomilos 2 glutão 3 gastador (De des-+gorgomilo+-ado)
desgorjado adj. com a gorja (pescoço) muito decotada (De des-+gorja+-ado)
desgornir v.tr. 1 NÁUTICA fazer sair do gorne 2 (toalhas) retirar do gorne (De des-+gornir)
desgostar v.tr. 1 causar desgosto a; descontentar; penalizar 2 aborrecer 3 não gostar ▪ v.pron. 1 perder o gosto 2 aborrecer-se 3 melindrar-se 4 desesperar de (De des-+gostar)
desgosto /ô/ n.m. 1 ausência de gosto; desprazer 2 mágoa; pesar 3 desagrado; aversão (De des-+gosto)
desgostoso adj. 1 que sente desgosto; triste; penalizado 2 aborrecido 3 que tem mau gosto 4 insípido (De desgosto+-oso)
desgovernação n.f. 1 mau governo; má administração 2 desordem 3 desperdício (De desgovernar+-ção)
desgovernado adj. 1 que tem mau governo 2 que administra mal 3 gastador; perdulário 4 NÁUTICA (navio) que não obedece ao leme ou que tem avaria nas máquinas (Part. pass. de desgovernar)
desgovernar v.tr. 1 governar ou administrar mal; dar má direção a 2 desencaminhar; transviar 3 desperdiçar; esbanjar ▪ v.intr. navegar sem governo ▪ v.pron. 1 não saber administrar os seus negócios 2 portar-se mal; desregrar-se (De des-+governar)
desgoverno /ê/ n.m. 1 falta de governo 2 mau governo; má administração 3 desordem; desregramento 4 desperdício; esbanjamento (Deriv. regr. de desgovernar)
desgraça n.f. 1 acontecimento funesto; revés; desastre; infortúnio 2 calamidade 3 coisa deplorável ou detestável 4 desfavor; malquerença 5 pessoa miserável; *cair em ~* perder a consideração ou o favor de alguém; *ser uma ~* ser incapaz, ser inábil, ser deplorável (De des-+graça)

desgraçadamente *adv.* infelizmente (De *desgraçado+-mente*)
desgraçado *adj.* 1 que caiu em desgraça 2 infeliz; desventurado 3 muito pobre; miserável 4 mal sucedido 5 lastimável; deplorável 6 que anuncia desgraça; funesto ■ *n.m.* 1 indivíduo miserável ou desprezível 2 indivíduo infeliz (Part. pass. de *desgraçar*)
desgraçar *v.tr.* 1 causar a desgraça de 2 deitar a perder; arruinar 3 prejudicar ■ *v.pron.* 1 tornar-se desgraçado 2 perder-se; arruinar-se (De *des-+graça+-ar*)
desgraceira *n.f.* 1 grande desgraça 2 desgraça contínua (De *desgraça+-eira*)
desgraciar *v.tr.* 1 fazer perder a graça, o favor, o conceito 2 causar a desgraça de; desgraçar ■ *v.pron.* lamentar-se (De **desgrácia* [=desgraça] +-*ar*)
desgracioso /ô/ *adj.* que não tem graça; desairoso; deselegante; desajeitado (De *des-+gracioso*)
desgradear *v.tr.* tirar as grades a (De *des-+gradear*)
desgraduar *v.tr.* 1 tirar a graduação a 2 degradar (De *des-+graduar*)
desgranar *v.tr.* 1 separar os grãos de 2 tirar as rugosidades a (um objeto que se vai dourar) 3 alisar (De *des-* + lat. *granu-*, «grão»+-*ar*)
desgravar *v.tr.* 1 apagar a gravação de (disco, cassete, etc.) 2 passar a texto escrito (um discurso oral gravado) (De *des-+gravar*)
desgravidação *n.f.* 1 cessação da gravidez; aborto 2 parto (De *desgravidar+-ção*)
desgravidar *v.tr.* tirar a gravidez a; provocar aborto em ■ *v.pron.* dar à luz (De *des-+gravidar*)
desgravitado *adj.* 1 que anda fora dos eixos 2 desequilibrado (De *des-+gravitado*)
desgraxar *v.tr.* ⇒ **desengraxar** (De *des-+graxa+-ar*)
desgrenhado *adj.* 1 (cabelo) despenteado; revolto 2 (tempo) tempestuoso; desagradável (Part. pass. de *desgrenhar*)
desgrenhar *v.tr.* emaranhar os cabelos a; despentear (De *des-+grenha+-ar*)
desgrilhoar *v.tr.* ⇒ **desagrilhoar** (De *des-+grilhão+-ar*)
desgrinaldar *v.tr.* ⇒ **desengrinaldar** (De *des-+grinaldar*)
desgrudar *v.tr.* despegar (o que estava grudado); descolar (De *des-+grudar*)
desgrumar *v.tr.* desfazer os grumos de (De *des-+grumar*)
desguardar *v.tr.* guardar mal; desacautelar (De *des-+guardar*)
desguarnecer *v.tr.* 1 despojar do que guarnece 2 privar de guarnição 3 desprover de forças militares ou munições 4 desmobilar 5 desadornar; desenfeitar 6 desativar (De *des-+guarnecer*)
desguedelhado *adj.* 1 mal penteado; despenteado 2 [fig.] desalinhado (Part. pass. de *desguedelhar*)
desguedelhar *v.tr.* despentear os cabelos a; desgrenhar (De *des-+guedelha+-ar*)
desiderando *n.m.* ⇒ **desiderato** (Do lat. *desiderandum*, «id.», ger. de *desiderāre*, «desejar»)
desiderativo *adj.* que exprime desejo (Do lat. *desideratīvu-*, «id.»)
desiderato *n.m.* aquilo que se deseja; desejo; aspiração (Do lat. *desiderātu-*, «id.», part. pass. de *desiderāre*, «desejar»)
desídia *n.f.* 1 indolência; preguiça 2 incúria; negligência; desleixo (Do lat. *desidĭa-*, «preguiça»)
desidioso /ô/ *adj.* 1 preguiçoso 2 desleixado (Do lat. *desidiōsu-*, «ocioso»)
desidratação *n.f.* 1 ato ou efeito de desidratar ou desidratar-se 2 QUÍMICA eliminação de água de uma substância 3 MEDICINA perda excessiva de água no organismo resultante de ingestão insuficiente de líquidos, sudação exagerada, diarreia ou vómitos (De *desidratar+-ção*)
desidratar *v.tr.* 1 extrair a água de 2 fazer perder água ■ *v.intr.,pron.* 1 perder a água 2 MEDICINA sofrer ou apresentar desidratação (De *des-+hidratar*)
desidrogenação *n.f.* QUÍMICA ato ou efeito de desidrogenar; processo de remoção do hidrogénio dos compostos (De *desidrogenar+-ção*)
desidrogenar *v.tr.* QUÍMICA tirar hidrogénio a (composto) (De *des-+hidrogenar*)
design *n.m.* 1 método que serve de base à criação de objetos e mensagens tendo em conta aspetos técnicos, comerciais e estéticos 2 aspeto exterior de um objeto; configuração física 3 plano; projeto; criação; ~ *de comunicação* design que está na base da divulgação de mensagens publicitárias ou informativas, nos mais diversos suportes (por exemplo, cartazes, publicações, logótipos, sinalética, interfaces multimédia e audiovisuais); ~ *industrial* design que está na base da produção em série de objetos de uso comum aliando a forma à função (por exemplo, mobiliário, embalagens, iluminação) (Do ing. *design*, «id.»)

designação *n.f.* 1 ato ou efeito de designar 2 indicação 3 denominação; nome 4 significação 5 nomeação; escolha (Do lat. *designatiōne-*, «id.»)
designadamente *adv.* 1 de modo especial; particularmente 2 nomeadamente (De *designado+-mente*)
designador *adj.* que designa; significativo ■ *n.m.* aquele que designa (Do lat. *designatōre-*, «o que designa os lugares no teatro»)
designar *v.tr.* 1 apontar; assinalar 2 significar 3 nomear; escolher 4 determinar (Do lat. *designāre*, «id.»)
designativo *adj.* que serve para designar; que indica; significativo (Do lat. *designatīvu-*, «id.»)
designer *n.2g.* pessoa que planeia ou concebe objetos em que se conjugam a utilidade prática e a estética; desenhador (Do ing. *designer*, «id.»)
desígnio *n.m.* 1 intento; intenção; propósito 2 projeto; *os desígnios da Providência* a vontade de Deus (Do lat. tard. *designĭu-*, «id.»)
desigual *adj.2g.* 1 que não é igual 2 variável; inconstante; volúvel 3 irregular 4 diverso 5 desproporcionado 6 injusto (De *des-+igual*)
desigualar *v.tr.* 1 tornar desigual; estabelecer diferença ou distinção entre 2 variar 3 distinguir; estremar ■ *v.pron.* distinguir-se; diferençar-se (De *des-+igualar*)
desigualdade *n.f.* 1 falta de igualdade 2 diferença 3 irregularidade 4 aspereza 5 escabrosidade (de um terreno) 6 injustiça 7 MATEMÁTICA expressão algébrica em que se comparam duas quantidades de diferente valor e separadas pelo sinal < (menor que), > (maior que) ou ≠ (diferente de) (De *des-+igualdade*)
desigualmente *adv.* 1 de modo desigual 2 desequilibradamente 3 parcialmente (De *desigual+-mente*)
desiludir *v.tr.* 1 tirar a ilusão a; desenganar 2 causar deceção a; dececionar ■ *v.pron.* 1 perder a ilusão 2 sofrer uma deceção (De *des-+iludir*)
desiluminado *adj.* sem iluminação; escuro (De *des-+iluminado*)
desilusão *n.f.* 1 perda da ilusão; desengano 2 deceção (De *des-+ilusão*)
desilusivo *adj.* que causa desilusão (De *des-+ilusivo*)
desiluso *adj.* que sofreu desilusão (De *des-+iluso*)
desilustrar *v.tr.* tirar a ilustração ou as ilustrações a ■ *v.pron.* perder o bom nome, a fama de ilustre; desmerecer (De *des-+ilustrar*)
desimaginar *v.tr.* 1 varrer da imaginação 2 dissuadir ■ *v.pron.* dissuadir-se (De *des-+imaginar*)
desimaginoso /ô/ *adj.* que não tem imaginação (De *des-+imaginoso*)
desimanação *n.f.* ⇒ **desmagnetização** (De *desimanar+-ção*)
desimanar *v.tr.* ⇒ **desmagnetizar** (De *des-+íman+-ar*)
desimbuir *v.tr.* fazer com que alguém ou alguma coisa perca aquilo de que está imbuída (De *des-+imbuir*)
desimpedimento *n.m.* 1 ato ou efeito de desimpedir 2 remoção do impedimento; desobstrução (De *desimpedir+-mento*)
desimpedir *v.tr.* 1 tirar ou remover um impedimento a 2 desembaraçar; desobstruir; desatravancar 3 facilitar, removendo o que embaraça (De *des-+impedir*)
desimplicar *v.tr.* 1 separar (o que estava implicado); desenredar 2 simplificar ■ *v.intr.* desembirrar (De *des-+implicar*)
desimpregnar *v.tr.* fazer que deixe de estar impregnado (De *des-+impregnar*)
desimprensar *v.tr.* 1 tirar da prensa 2 desentalar 3 tirar (aos tecidos) o lustre dado pela prensa (De *des-+imprensar*)
desimpressionar *v.tr.* fazer desvanecer uma impressão moral em (De *des-+impressionar*)
desinçar *v.tr.* 1 limpar ou desembaraçar de coisas, pessoas ou animais que prejudicam ou incomodam 2 desinfetar; expurgar; extinguir a praga de sevandijas em (De *des-+inçar*)
desincentivar *v.tr.* desencorajar; desanimar; não dar incentivo a (De *des-+incentivar*)
desincentivo *n.m.* desencorajamento; perda de interesse
desinchação *n.f.* ato ou efeito de desinchar; diminuição de inchaço (De *desinchar+-ção*)
desinchar *v.tr.* 1 desfazer a inchação de 2 desinflamar 3 [fig.] abater o orgulho de ■ *v.intr.* 1 desaparecer a inchação 2 desinflamar 3 [fig.] perder o orgulho (De *des-+inchar*)
desinclinação *n.f.* ato ou efeito de desinclinar (De *desinclinar+-ção*)
desinclinar *v.tr.* tirar a inclinação a; endireitar (De *des-+inclinar*)
desinço *n.m.* 1 ato ou efeito de desinçar 2 pente miúdo para desinçar a cabeça de piolhos (Deriv. regr. de *desinçar*)
desincompatibilizar *v.tr.* desfazer a incompatibilidade entre; harmonizar (De *des-+incompatibilizar*)

desincorporação *n.f.* ato ou efeito de desincorporar; desagregação; separação (De *desincorporar*+-*ção*)
desincorporar *v.tr.* 1 separar daquilo em que estava incorporado; desanexar 2 MILITAR tirar de uma corporação ▪ *v.pron.* 1 desmembrar-se 2 separar-se; desligar-se (De *des-*+*incorporar*)
desincrustação *n.f.* ato de desincrustar (De *desincrustar*+-*ção*)
desincrustar *v.tr.* 1 tirar a crusta a 2 desembutir (De *des-*+*incrustar*)
desincubação *n.f.* ato ou efeito de desincubar (De *desincubar*+-*ção*)
desincubar *v.tr.* fazer que deixe de estar incubado; desempolhar (De *des-*+*incubar*)
desincumbir *v.tr.* tirar a incumbência a; desobrigar (De *des-*+*incumbir*)
desindexar *v.tr.* 1 retirar de um índice 2 ECONOMIA retirar a afetação a um índice corretivo (De *des-*+*indexar*)
desindiciar *v.tr.* 1 DIREITO declarar que uma pessoa não pode ser processada criminalmente 2 apagar os indícios de (De *des-*+*indiciar*)
desindustrialização *n.f.* ECONOMIA processo em que se verifica a diminuição do peso do setor industrial na economia a nível regional ou nacional (De *des-*+*industrialização*)
desindustrializar-se *v.pron.* [Brasil] perder indústrias, por falta de eficiência e competitividade ou falência de empresas (De *des-*+*industrializar*)
desinência *n.f.* 1 segundo a gramática tradicional, designação dos afixos flexionais, ou seja, os que indicam noções de género, número, pessoa e tempo 2 GRAMÁTICA sufixo flexional usado nas línguas que têm declinação 3 [pouco usado] extremidade; termo; fim (Do lat. med. *desinentĭa*, part. pres. neut. pl. de *desinĕre*, «acabar; terminar»)
desinencial *adj.2g.* referente a desinência (De *desinência*+-*al*)
desinfamar *v.tr.* limpar da infâmia; reabilitar (De *des-*+*infamar*)
desinfeção *n.f.* ato ou efeito de desinfetar ou desinfetar-se; destruição de todos os agentes (germes, vírus, bactérias) que provocam infeções (De *des-*+*infecção*)
desinfecção ver nova grafia desinfeção
desinfeccionar ver nova grafia desinfecionar
desinfecionar *v.tr.* ⇒ **desinfetar** *v.tr.* (De *des-*+*infeccionar*)
desinfectador ver nova grafia desinfetador
desinfectante ver nova grafia desinfetante
desinfectar ver nova grafia desinfetar
desinfectório ver nova grafia desinfetório
desinfelicidade *n.f.* [pop.] ⇒ **infelicidade** (De *des-*+*infelicidade*)
desinfeliz *adj.2g.* ⇒ **infeliz** (De *des-*+*infeliz*)
desinfestação *n.f.* ato ou efeito de desinfestar 2 destruição de animais que podem ser portadores de infeção ou doenças transmissíveis ao homem, e que se encontram neste ou no seu ambiente (De *des-*+*infestação*)
desinfestar *v.tr.* livrar do que infesta; desinçar (De *des-*+*infestar*)
desinfetador *n.m.* 1 aparelho que serve para desinfetar 2 coisa ou pessoa que desinfeta (De *desinfectar*+-*dor*)
desinfetante *adj.2g.* 1 que previne a infeção ou torna difícil o seu desenvolvimento 2 que serve para desinfetar ▪ *n.m.* substância que previne ou inibe o desenvolvimento de uma infeção (De *desinfectar*+-*ante*)
desinfetar *v.tr.* 1 destruir os germes patogénicos para fazer cessar a infeção em 2 purificar; sanear ▪ *v.intr.* 1 destruir os agentes causadores de infeções 2 [pop.] retirar-se; sair; ir-se embora ▪ *v.pron.* 1 purificar-se 2 livrar-se da infeção (De *des-*+*infectar*)
desinfetório *n.m.* [Brasil] lugar onde se fazem as desinfeções (De *desinfectar*+-*ório*)
desinficionar *v.tr.* ⇒ **desinfetar** *v.tr.* (De *des-*+*inficionar*)
desinflação *n.f.* ECONOMIA processo de abrandamento do ritmo de subida dos preços, em que a taxa de inflação diminui (De *des-*+*inflação*)
desinflacionar *v.tr.* ECONOMIA pôr termo à inflação de; conter a inflação de (De *des-*+*inflacionar*)
desinflacionário *adj.* que promove a desinflação; que faz baixar a inflação de
desinflamação *n.f.* 1 ato ou efeito de desinflamar 2 desaparecimento gradual da inflamação (De *desinflamar*+-*ção*)
desinflamar *v.tr.* 1 fazer desaparecer ou diminuir a inflamação de 2 [fig.] suavizar ▪ *v.pron.* perder a inflamação (De *des-*+*inflamar*)
desinfluir *v.tr.* 1 fazer cessar a influência em 2 desanimar (De *des-*+*influir*)
desinformação *n.f.* 1 ato ou efeito de desinformar 2 utilização das técnicas de informação para induzir em erro ou esconder um facto ou factos 3 desconhecimento de informação (De *desinformar*+-*ção*)
desinformado *adj.* 1 que não recebeu informação sobre determinado assunto 2 que recebeu informação errada
desinformar *v.tr.* 1 informar de modo a esconder ou falsear certos factos 2 informar erradamente; enganar (De *des-*+*informar*)
desingurgitamento *n.m.* ato ou efeito de desingurgitar (De *desingurgitar*+-*mento*)
desingurgitar *v.tr.* 1 desfazer o ingurgitamento de 2 desobstruir (um vaso ou ducto excretor) 3 desintumescer (De *des-*+*ingurgitar*)
desinibição *n.f.* 1 ato ou efeito de desinibir ou desinibir-se 2 perda da inibição; perda do acanhamento 3 encorajamento; animação 4 incitamento; estímulo (De *desinibir*+-*ção*)
desinibido *adj.* 1 que não tem inibições 2 que não é tímido 3 desenvolto; despachado (Part. pass. de *desinibir*)
desinibir *v.tr.* 1 fazer perder a inibição; tornar desinibido 2 animar; encorajar ▪ *v.pron.* 1 tornar-se desembaraçado 2 perder o acanhamento 3 animar-se (De *des-*+*inibir*)
desinjuriar *v.tr.* desafrontar (De *des-*+*injuriar*)
desinquietação *n.f.* [pop.] ato ou efeito de desinquietar; inquietação; ansiedade; desassossego (De *desinquietar*+-*ção*)
desinquietador *adj.,n.m.* [pop.] que ou aquele que desinquieta (De *des-*+*inquietador*)
desinquietante *adj.2g.* [pop.] que provoca desinquietação (De *desinquietar*+-*ante*)
desinquietar *v.tr.* 1 perturbar a tranquilidade de; inquietar; importunar 2 [pop.] desafiar para o mal; induzir 3 fazer zangar (De *des-*+*inquietar*)
desinquieto *adj.* 1 muito inquieto 2 turbulento; traquinas; buliçoso 3 desassossegado (De *des-*+*inquieto*)
desinserção *n.f.* estado ou carácter do que ou de quem não está inserido (De *des-*+*inserção*)
desinsofrido *adj.* ⇒ **insofrido** (De *des-*+*insofrido*)
desinstalação *n.f.* 1 ato ou efeito de remover o que estava instalado 2 INFORMÁTICA processo de remoção de toda a informação de um determinado programa (software) ou componentes (hardware) de um computador (De *des-*+*instalação*)
desinstalar *v.tr.* 1 remover (o que está instalado) 2 INFORMÁTICA remover toda a informação de um determinado programa (software) ou componentes (hardware) de um computador (De *des-*+*instalar*)
desinstruído *adj.* que não possui instrução; ignorante (De *des-*+*instruído*)
desintegração *n.f.* 1 ato ou efeito de desintegrar 2 FÍSICA processo de transformação nuclear caracterizado pela emissão de uma ou mais partículas ou fotões pelo núcleo de um átomo (De *desintegrar*+-*ção*)
desintegrar *v.tr.* separar de um todo ▪ *v.pron.* desagregar-se (De *des-*+*integrar*)
desinteiriçar *v.tr.* 1 desfazer (o que estava inteiriçado) 2 desenregelar (De *des-*+*inteiriçar*)
desinteligência *n.f.* 1 discrepância entre pessoas; desentendimento; desacordo; dissensão 2 inimizade (De *des-*+*inteligência*)
desintencionado *adj.* ⇒ **desintencional** (De *des-*+*intencionado*)
desintencional *adj.2g.* que não é intencional; involuntário (De *des-*+*intencional*)
desinteressado *adj.* 1 que não mostra interesse; que não tem interesse 2 que não age por interesse 3 imparcial 4 desapaixonado 5 generoso (Part. pass. de *desinteressar*)
desinteressante *adj.2g.* 1 que não é interessante 2 que não merece atenção ou consideração (De *des-*+*interessante*)
desinteressar *v.tr.* tirar o interesse a; privar de interesse ▪ *v.pron.* não ter ou não mostrar interesse por; ser indiferente (De *des-*+*interessar*)
desinteresse *n.m.* 1 ausência de interesse 2 desapego; abnegação 3 generosidade (De *des-*+*interesse*)
desinteresseiro *adj.* que não é interesseiro; generoso; liberal (De *des-*+*interesseiro*)
desinternar *v.tr.* fazer sair do internato ou do interior; passar para externo (De *des-*+*internar*)
desintoxicação *n.f.* 1 ato ou efeito de desintoxicar(-se) 2 MEDICINA transformação e eliminação de toxinas ou venenos presentes no organismo 3 tratamento que se aplica a um toxicodependente ou a um alcoólico de forma a acabar com a sua dependência; **~ digital** privação do uso de dispositivos eletrónicos, como smartphones ou computadores, por parte de uma pessoa que está viciada na sua utilização, procurando, em substituição, realizar

atividades que privilegiem a interação social no meio físico (De *desintoxicar*+-*ção*)

desintoxicar *v.tr.* **1** fazer cessar a intoxicação de; destruir os efeitos tóxicos de; desenvenenar **2** libertar dos efeitos da ingestão ou da aspiração de produtos ou de emanações tóxicas **3** submeter a tratamento destinado a libertar de dependência de drogas ou álcool (De *des*-+*intoxicar*)

desintricar *v.tr.* desenredar; esclarecer; tornar claro (De *des*-+*intricar*)

desintrincar *v.tr.* simplificar, aclarar o que estava intrincado; desemaranhar; desenredar (De *des*-+*intrincar*)

desintumescer *v.tr.,intr.* fazer cessar ou perder a intumescência; desinchar (De *des*-+*intumescer*)

desinvernar *v.intr.* (tempo invernoso) melhorar (De *des*-+*invernar*)

desinvestimento *n.m.* ECONOMIA operação de estratégia económica que consiste na supressão de investimento em estruturas parciais ou totais de uma empresa (De *des*-+*investimento*)

desinvestir *v.tr.* tirar a investidura a; destituir; exonerar ▪ *v.intr.* ECONOMIA reduzir ou eliminar o investimento ▪ *v.pron.* renunciar a um cargo, direito ou autoridade (De *des*-+*investir*)

desionizar *v.tr.* QUÍMICA eliminar iões de uma solução

desipotecar *v.tr.* levantar ou resgatar a hipoteca de (De *des*-+*hipotecar*)

desirmanado *adj.* **1** desemparelhado; avulso; solto **2** que está em desavença ou conflito com alguém **3** diferente; divergente (Part. pass. de *desirmanar*)

desirmanar *v.tr.* **1** separar (coisas, animais ou pessoas que estavam emparelhadas) **2** quebrar relações de amizade ou de fraternidade ▪ *v.pron.* quebrar os laços em relação a alguém (De *des*-+*irmanar*)

desirmão *adj.* **1** desirmanado **2** desigual (De *des*-+*irmão*)

desiscar *v.tr.* tirar a isca a (anzol) (De *des*-+*iscar*)

desistência *n.f.* ato ou efeito de desistir; renúncia (Do lat. *desistentĭa*, part. pres. neut. pl. de *desistĕre*, «desistir»)

desistente *adj.2g.* que desiste ou desistiu (Do lat. *desistente*-, part. pres. de *desistĕre*, «desistir»)

desistir *v.tr.* renunciar a; abrir mão de ▪ *v.intr.* **1** não querer continuar **2** renunciar **3** abster-se (Do lat. *desistĕre*, «desistir»)

desitivo *adj.* GRAMÁTICA (verbo) que denota cessação de ação (Do lat. *desĭtu*-, part. pass. de *desinĕre*, «acabar com; pôr termo a» +-*ivo*)

desjarretar *v.tr.* cortar o jarrete a (De *des*-+*jarretar*)

desjeito *n.m.* falta de jeito (De *des*-+*jeito*)

desjeitoso /ô/ *adj.* ⇒ **desajeitado** (De *des*-+*jeitoso*)

desjejua *n.f.* ato de desjejuar; desjejum (Deriv. regr. de *desjejuar*)

desjejuar *v.intr.* ⇒ **dejejuar** (De *des*-+*jejuar*)

desjejum *n.m.* ⇒ **dejejum** (De *des*-+*jejum*)

desjuizar *v.tr.* ⇒ **desajuizar** (De *des*-+*juizar*)

desjungir *v.tr.* desprender do jugo (De *des*-+*jungir*)

desjuntar *v.tr.* separar (o que estava junto); desunir; disjuntar (De *des*-+*juntar*)

desktop *n.m.* **1** INFORMÁTICA área de trabalho correspondente ao ecrã do computador, que simula uma secretária de escritório, com ícones para rápido acesso a ficheiros, programas, aplicações, etc.; ambiente de trabalho **2** INFORMÁTICA computador.de secretária (Do ing. *desktop*, «tampo de secretária»)

deslaçamento *n.m.* ato ou efeito de tirar o laço ou a laçada a (De *deslaçar*+-*mento*)

deslaçar *v.tr.* **1** desfazer a laçada de; desatar **2** desprender ▪ *v.pron.* soltar-se (De *des*-+*laçar*)

deslacrar *v.tr.* quebrar ou tirar o lacre que fecha ou sela; descerrar; desselar (De *des*-+*lacrar*)

deslado *n.m.* [regionalismo] orla; lado (De *des*-+*lado*)

desladrilhar *v.tr.* arrancar os ladrilhos ou azulejos a (um pavimento) (De *des*-+*ladrilhar*)

desladrilho *n.m.* ato ou efeito de desladrilhar (Deriv. regr. de *desladrilhar*)

desladroamento *n.m.* [São Tomé e Príncipe] corte de rebentos no cacaueiro, para melhorar a produção (De *des*-+*ladroamento*, alusão ao efeito dos rebentos)

deslajeamento *n.m.* ato ou efeito de deslajear (De *deslajear*+-*mento*)

deslajear *v.tr.* **1** tirar as lajes a **2** deixar térreo (De *des*-+*lajear*)

deslanar *v.tr.* cortar ou tosquiar a lã a (De *des*-+*lã*-*ar*)

deslapar *v.tr.* fazer sair da lapa; desencovar (De *des*-+*lapa*+-*ar*)

deslapidado *adj.* que perdeu o brilho da lapidação (Part. pass. de *deslapidar*)

deslapidar *v.tr.* **1** fazer perder a lapidação **2** fazer perder o lustre, o brilho (De *des*-+*lapidar*)

deslarado *adj.* **1** sem lar **2** [regionalismo] atrevido; descarado (De *des*-+*lar*+-*ado*)

deslassar *v.tr.* tornar lasso; afrouxar ▪ *v.intr.* **1** amolecer; desfazer-se **2** (leite) formar grumos (De *des*-+*lassar*)

deslastrador *adj.,n.m.* que ou o que deslastra (De *deslastrar*+-*dor*)

deslastrar *v.tr.* tirar o lastro a (De *des*-+*lastrar*)

deslastre *n.m.* ato ou efeito de deslastrar; remoção do lastro (Deriv. regr. de *deslastrar*)

deslastro *n.m.* ⇒ **deslastre**

deslaudativo *adj.* que deslouva; desabonatório (De *des*-+*laudativo*)

deslavado *adj.* **1** que perdeu a cor ou o brilho; desbotado; desmaiado **2** [fig.] descarado; petulante **3** insípido; sem sabor (Part. pass. de *deslavar*)

deslavamento *n.m.* **1** ato ou efeito de deslavar; desbotamento **2** [fig.] descaramento (De *deslavar*+-*mento*)

deslavar *v.tr.* **1** fazer perder a cor; desbotar **2** [fig.] tornar descarado **3** tornar insípido (De *des*-+*lavar*)

deslavra *n.f.* **1** AGRICULTURA ato de deslavrar **2** AGRICULTURA segunda lavra feita perpendicularmente à primeira; revolta (Deriv. regr. de *deslavrar*)

deslavrar *v.tr.* dar segunda lavra a (com sulcos que cortem os da primeira) (De *des*-+*lavrar*)

desleal *adj.2g.* **1** que não tem lealdade; infiel; traidor **2** falso (De *des*-+*leal*)

deslealdade *n.f.* **1** falta de lealdade **2** ato desleal; infidelidade; traição (De *des*-+*lealdade*)

deslealdar *v.tr.* tratar com deslealdade; trair (De *deslealdade*+-*ar*, com hapl.)

deslegitimar *v.tr.* tirar a qualidade de legítimo a (De *des*-+*legitimar*)

desleitagem *n.f.* **1** ação de desleitar **2** separação do leite da manteiga (De *desleitar*+-*agem*)

desleitar *v.tr.* **1** tirar o leite a; desmamar **2** [Brasil] ordenhar (De *des*-+*leitar*)

desleixação *n.f.* ⇒ **desleixo** (De *desleixar*+-*ção*)

desleixamento *n.m.* ⇒ **desleixo** (De *desleixar*+-*mento*)

desleixar *v.tr.,pron.* descuidar(-se); desmazelar(-se); negligenciar(-se) (De *des*- + port. ant. *leixar* [= deixar])

desleixo *n.m.* **1** ação de desleixar ou desleixar-se **2** falta de cuidado; negligência; incúria **3** abandono **4** moleza; indolência (Deriv. regr. de *desleixar*)

deslembrança *n.f.* **1** falta de lembrança; esquecimento **2** descuido (De *des*-+*lembrança*)

deslembrar *v.tr.* não lembrar; esquecer; não mencionar por esquecimento ▪ *v.pron.* esquecer-se (De *des*-+*lembrar*)

deslendear *v.tr.* tirar as lêndeas a (De *des*-+*lêndea*+-*ar*)

desliar *v.tr.* desligar; desatar; separar (De *des*-+*liar*)

desligação *n.f.* ⇒ **desligadura** (De *desligar*+-*ção*)

desligado *adj.* **1** que se desligou **2** que não se ligou **3** separado; desunido **4** aéreo; distraído; que tem tendência para se abstrair

desligadura *n.f.* **1** ato ou efeito de desligar; desligamento **2** falta de nexo (De *desligar*+-*dura*)

desligamento *n.m.* **1** ato ou efeito de desligar **2** falta de ligação ou de nexo (De *desligar*+-*mento*)

desligar *v.tr.* **1** desunir o que estava ligado; desatar **2** separar **3** parar o funcionamento de (aparelho elétrico, automóvel, etc.) **4** [fig.] desobrigar; eximir ▪ *v.intr.* alhear-se; distrair-se ▪ *v.pron.* **1** desatar-se; libertar-se **2** separar-se **3** deixar de funcionar **4** [fig.] desobrigar-se; livrar-se (De *des*-+*ligar*)

deslindação *n.f.* ato ou efeito de deslindar; deslindamento (De *deslindar*+-*ção*)

deslindador *adj.,n.m.* que ou aquele que deslinda (De *deslindar*+-*dor*)

deslindamento *n.m.* ⇒ **deslindação** (De *deslindar*+-*mento*)

deslindar *v.tr.* **1** desenredar; desemaranhar **2** desintrincar **3** investigar; averiguar **4** esclarecer **5** discriminar **6** demarcar; estremar (De *des*-+*lindar*)

deslinguado *adj.* **1** sem língua **2** [fig.] malcriado; desbocado (Part. pass. de *deslinguar*)

deslinguamento *n.m.* **1** ação de deslinguar **2** desbocamento **3** desenfreamento (De *deslinguar*+-*mento*)

deslinguar *v.tr.* tirar a língua a ▪ *v.pron.* [fig.] falar muito e desbocadamente (De *des*-+*língua*+-*ar*)

deslisura *n.f.* **1** falta de lisura **2** hipocrisia; falsidade (De *des*-+*lisura*)

deslizadeiro *n.m.* resvaladouro (De *deslizar*+-*deiro*)

deslizamento n.m. 1 ato de deslizar 2 escorregamento 3 circulação subterrânea de correntes de terra (De *deslizar*+*-mento*)

deslizante adj.2g. 1 que desliza 2 escorregadio (De *deslizar*+*-ante*)

deslizar v.intr. 1 escorregar suavemente; resvalar 2 ir correndo 3 passar 4 ir embora 5 [fig.] cometer uma falta; ser inconveniente (De orig. obsc.)

deslize n.m. 1 ato ou efeito de deslizar 2 escorregamento 3 [fig.] ato ou comportamento inconveniente ou irrefletido 4 [fig.] lapso; equívoco; engano (Deriv. regr. de *deslizar*)

deslocação n.f. 1 ato ou efeito de deslocar(-se) 2 mudança de lugar; remoção 3 afastamento; desvio 4 MEDICINA luxação (de osso ou articulação); desarticulação 5 FÍSICA imperfeição estrutural de um cristal, em que é afetada a regularidade do arranjo dos seus átomos (De *deslocar*+*-ção*)

deslocado adj. 1 fora do seu lugar habitual 2 transferido 3 impróprio; desajustado 4 (articulação, osso) que tem luxação 5 [fig.] que se sente fora do seu ambiente normal (Part. pass. de *deslocar*)

deslocador adj.,n.m. que ou aquele que desloca (De *deslocar*+*-dor*)

deslocalização n.f. ECONOMIA deslocação estratégica das atividades de uma empresa de um lugar para outro com o fim de obter ganhos através da diminuição dos custos de produção

deslocalizar v.tr. ECONOMIA transferir as atividades de uma empresa de um lugar para outro com o objetivo de obter ganhos através da diminuição dos custos de produção

deslocamento n.m. 1 ato ou efeito de deslocar 2 mudança de lugar 3 afastamento 4 desvio 5 MEDICINA luxação; desarticulação 6 GEOGRAFIA movimento da crusta terrestre que altera a estrutura original dos terrenos sedimentares e provoca novas formas topográficas 7 NÁUTICA número de toneladas métricas de água deslocada por um navio; valor do peso de um navio 8 MATEMÁTICA movimento que consiste em uma translação seguida de uma rotação, ou esta seguida daquela 9 MILITAR ação de levar as tropas ao seu destino em tempo oportuno, em segurança, em formações e nas condições mais adequadas ao seu emprego futuro (De *deslocar*+*-mento*)

deslocar v.tr. 1 mudar ou tirar do lugar 2 desviar 3 fazer mover 4 luxar; desarticular ■ v.pron. 1 mudar de lugar 2 mover-se 3 desmanchar-se; desarticular-se (De *des-* + lat. *locāre*, «colocar»)

deslocável adj.2g. 1 que se pode deslocar; mutável 2 que se pode desviar (De *deslocar*+*-vel*)

deslograr v.tr. deixar de lograr (De *des-*+*lograr*)

deslombar v.tr. 1 [pop.] derrear com pancada 2 [fig.] vencer (De *des-*+*lombo*+*-ar*)

deslouvar v.tr. depreciar; desgabar (De *des-*+*louvar*)

deslouvor n.m. depreciação; desaplauso; censura (De *des-*+*louvor*)

deslumbrador adj.,n.m. que, aquilo ou aquele que deslumbra (Do cast. *deslumbrador*, «id.»)

deslumbramento n.m. 1 ato ou efeito de deslumbrar 2 ofuscação momentânea causada por muita luz 3 [fig.] assombro; maravilha; fascinação (Do cast. *deslumbramiento*, «id.»)

deslumbrante adj.2g. 1 que deslumbra; ofuscante 2 fascinante; maravilhoso 3 sumptuoso; luxuoso (Do cast. *deslumbrante*, «id.»)

deslumbrar v.tr. 1 ofuscar (a vista) por demasiada luz 2 [fig.] assombrar 3 [fig.] fascinar; seduzir ■ v.pron. deixar-se fascinar ou seduzir (Do cast. *deslumbrar*, «id.»)

deslumbrativo adj. capaz de deslumbrar; deslumbrante (De *deslumbrar*+*-tivo*)

deslumbre n.m. ⇒ **deslumbramento** (Deriv. regr. de *deslumbrar*)

deslumbroso /ô/ adj. ⇒ **deslumbrante** (De *deslumbre*+*-oso*)

deslustrador adj. 1 que tira o lustre 2 que desdoura 3 desonroso (De *deslustrar*+*-dor*)

deslustral adj.2g. 1 que não é lustral 2 que deslustra (De *des-*+*lustral*)

deslustrar v.tr. 1 tirar o lustre a; embaciar; empanar 2 [fig.] manchar; desonrar; conspurcar ■ v.pron. 1 perder o lustre 2 manchar a própria reputação; desacreditar-se (De *des-*+*lustrar*)

deslustre n.m. 1 ato ou efeito de deslustrar; perda de brilho ou de polimento 2 [fig.] desonra; mancha; desdouro (Deriv. regr. de *deslustrar*)

deslustro n.m. ⇒ **deslustre**

deslustroso /ô/ adj. 1 que não tem lustre 2 que tira o brilho 3 [fig.] que mancha; que desonra (De *deslustre*+*-oso*)

desluzidor adj.,n.m. que ou o que desluz (De *desluzir*+*-dor*)

desluzimento n.m. 1 efeito de desluzir; falta de brilho 2 [fig.] vergonha; opróbrio; deslustre (De *desluzir*+*-mento*)

desluzir v.tr. 1 deslustrar; tirar o brilho a 2 [fig.] diminuir o mérito de alguém; depreciar; desvirtuar ■ v.pron. 1 perder a luz ou o brilho 2 [fig.] sair-se mal (De *des-*+*luzir*)

desmadeirar v.tr. 1 tirar a madeira a; desemadeirar 2 [regionalismo] tirar os esteios a (De *des-*+*madeirar*)

desmaginar v.tr.,pron. ⇒ **desimaginar** (De *des-* + port. ant. *maginar*)

desmagnetização n.f. 1 ato ou efeito de desmagnetizar 2 FÍSICA anulação da magnetização de uma substância (De *desmagnetizar*+*-ção*)

desmagnetizador adj.,n.m. que ou aquilo que desmagnetiza (De *desmagnetizar*+*-dor*)

desmagnetizante adj.2g. 1 que desmagnetiza; que torna nula a formação de um campo magnético 2 FÍSICA (campo, corrente) que contraria a magnetização de um corpo; *campo* ~ FÍSICA campo magnético devido aos polos livres desenvolvidos num espécime de material ferromagnético durante o processo de magnetização (De *desmagnetizar*+*-ante*)

desmagnetizar v.tr. fazer desaparecer o estado magnético de ■ v.pron. perder o estado magnético (De *des-*+*magnetizar*)

desmaiado adj. 1 que desmaiou ou perdeu os sentidos; desfalecido 2 (pessoa) pálido; descorado 3 (cor) desbotado 4 (som) sumido; quase imperceptível 5 que perdeu a força; esmorecido (Part. pass. de *desmaiar*)

desmaiar[1] v.tr. fazer descorar; fazer perder a cor ■ v.intr. 1 perder a cor ou o brilho; desbotar 2 perder os sentidos; desfalecer 3 desanimar; esmorecer (Do latim vulgar *exmagāre*, «perder as forças»)

desmaiar[2] v.intr. [regionalismo] festejar a entrada do mês de maio (De *des-*+*maia* [=festa popular] +*-ar*)

desmaio n.m. 1 ato ou efeito de desmaiar; perda dos sentidos; desfalecimento; síncope 2 perda gradual da cor 3 abatimento; desânimo 4 variedade de amendoeira (Deriv. regr. de *desmaiar*)

desmalhar v.tr. 1 tirar as malhas a 2 desenredar ■ v.pron. soltarem-se as malhas de (De *des-*+*malha*+*-ar*)

desmalhetar v.tr. separar peças unidas por meio de malhetes; desencaixar

desmalicioso /ô/ adj. que não tem malícia (De *des-*+*malicioso*)

desmama n.f. ⇒ **desmame** (Deriv. regr. de *desmamar*)

desmamação n.f. ⇒ **desmame** (De *desmamar*+*-ção*)

desmamadeira n.f. [ant.] chupeta de trapos embebida numa substância amarga, que era dada a chupar às crianças por ocasião do desmame (De *desmamar*+*-deira*)

desmamar v.tr. 1 suspender a amamentação de; deixar de dar de mamar a; tirar a mama a; desleitar 2 [fig.] fazer perder (dependência, hábito, vício) 3 [fig.] tornar adulto; emancipar 4 AGRICULTURA separar da planta mãe (mergulhios com raízes para subsistirem por si) ■ v.intr. deixar de mamar (De *des-*+*mamar*)

desmame n.m. 1 desabituação gradual de um bebé ou de uma cria em relação ao leite materno 2 desabituação gradual de uma dependência, um hábito ou um vício (Deriv. regr. de *desmamar*)

desmamentar v.tr. [Cabo Verde] ⇒ **desmamar** 1 (De *des-*+*amamentar*)

desmamo n.m. ⇒ **desmame**

desmanar v.tr. separar da manada ■ v.pron. desgarrar-se, tresmalhar-se da manada (Por *desmanadar*, de *des-*+*manada*+*-ar*)

desmancha n.f. ato de desmanchar (Deriv. regr. de *desmanchar*)

desmanchadão adj. [pop.] desmazelado ■ n.m. [pop.] homem desajeitado (De *desmanchado*+*-ão*)

desmanchadiço adj. fácil de desmanchar (De *desmanchar*+*-diço*)

desmancha-prazeres n.2g.2n. [coloq.] pessoa que discorda de tudo e estraga o divertimento de outras (De *desmanchar*+*prazer*)

desmanchar v.tr. 1 desfazer 2 desarranjar 3 deslocar 4 revogar 5 transformar 6 destruir; inutilizar 7 provocar aborto em 8 esquartejar (animais domésticos) para lhes aproveitar a carne ■ v.pron. 1 desconjuntar-se 2 desfazer-se 3 descomedir-se (Do fr. *démancher*, «tirar o cabo do instrumento»)

desmancho n.m. 1 ato ou efeito de desmanchar ou desmanchar-se 2 desarranjo; desordem 3 perda de controlo de uma situação 4 [pop.] aborto (Deriv. regr. de *desmanchar*)

desmandado adj. 1 desregrado 2 devasso; dissoluto 3 desviado; extraviado 4 (projétil) perdido (Part. pass. de *desmandar*)

desmandamento n.m. ⇒ **desmando** (De *desmandar*+*-mento*)

desmandar v.tr. dar contraordem a ■ v.pron. exceder-se; exorbitar; descomedir-se (De *des-*+*mandar*)

desmando n.m. 1 ato ou efeito de desmandar 2 infração de ordens; desobediência 3 desregramento; excesso (Deriv. regr. de *desmandar*)

desmaninhar v.tr. cultivar (terrenos maninhos); arrotear (De des-+maninhar)
desmantadela n.f. [regionalismo] ato de descamisar o milho; desfolhada (De desmantar+-dela)
desmantar v.tr. 1 tirar a manta a 2 [regionalismo] tirar o folhelho a (De des-+mantar)
desmantelado adj. 1 desconjuntado; desarranjado 2 (navio) sem mastro 3 desmoronado 4 arruinado (Part. pass. de desmantelar)
desmantelador adj.,n.m. que ou o que desmantela (De desmantelar+-dor)
desmantelamento n.m. 1 ato ou efeito de desmantelar 2 desalinho; desarranjo 3 derrocada (De desmantelar+-mento)
desmantelar v.tr. 1 demolir (muralhas, paredes) 2 desaparelhar (navios) 3 desmanchar; desconjuntar 4 abater 5 arrasar ■ v.pron. 1 desmoronar-se 2 desconjuntar-se (Do fr. démanteler, «demolir»)
desmantelo /ê/ n.m. ⇒ **desmantelamento** (Deriv. regr. de desmantelar)
desmaquilhante adj.2g.,n.m. que ou produto que se utiliza para retirar a maquilhagem do rosto (De desmaquilhar+-ante)
desmaquilhar v.tr.,pron. retirar a maquilhagem do rosto (De des-+maquilhar)
desmaranhar v.tr. ⇒ **desemaranhar** (De des-+maranhar)
desmaranho n.m. [regionalismo] ato ou efeito de desmaranhar; desordem; desalinho; desarranjo (Deriv. regr. de desmaranhar)
desmarcação n.f. ato ou efeito de desmarcar(-se) (De desmarcar+-ção)
desmarcado adj. 1 fora das marcas 2 enorme; excessivo 3 descompassado 4 (compromisso, encontro) cancelado; anulado 5 DESPORTO que não está a ser marcado pelo adversário (Part. pass. de desmarcar)
desmarcar v.tr. 1 tirar as marcas ou os marcos a 2 tornar excessivo; tornar desmedido 3 cancelar a marcação de (compromisso, encontro, etc.) ■ v.pron. 1 exceder-se; descomedir-se 2 DESPORTO (jogador) furtar-se à marcação do adversário (De des-+marcar)
desmarear v.tr. 1 tirar as nódoas a 2 [fig.] fazer perder a má fama ■ v.intr. NÁUTICA (embarcação) perder o governo por falta de mareação (De des-+marear)
desmarelecer v.intr. 1 deixar de ser amarelo; perder a cor amarela 2 recuperar a cor de saúde (De des-+amarelecer)
desmascaramento n.m. 1 ato ou efeito de desmascarar ou desmascarar-se 2 revelação; descoberta (De desmascarar+-mento)
desmascarar v.tr. 1 tirar a máscara a 2 pôr a descoberto; dar a conhecer ■ v.pron. 1 tirar a máscara 2 mostrar as suas intenções ou os seus sentimentos; revelar-se (De des-+mascarar)
desmastrar v.tr.,pron. ⇒ **desmastrear** (De des-+mastro+-ar)
desmastreamento n.m. ato ou efeito de desmastrear (De desmastrear+-mento)
desmastrear v.tr. NÁUTICA tirar os mastros e as enxárcias a (uma embarcação) ■ v.pron. NÁUTICA perder os mastros; desarvorar-se (De des-+mastrear)
desmaterialização n.f. 1 ato ou efeito de desmaterializar ou desmaterializar-se 2 FÍSICA processo pelo qual uma partícula e a sua antipartícula se aniquilam mutuamente com criação de fotões; aniquilação da matéria (De desmaterializar+-ção)
desmaterializar v.tr. tornar imaterial ■ v.pron. 1 perder a forma material 2 espiritualizar-se (De des-+materializar)
desmazelado adj. que revela falta de cuidado; desleixado; negligente (De des- + hebr. mazzal, «estrela; destino; sorte» +-ado, ou de des-+mazela+-ado?)
desmazelamento n.m. falta de cuidado; desleixo; negligência (De desmazelar+-mento)
desmazelar v.tr. 1 não cuidar de 2 maltratar ■ v.pron. desleixar-se; tornar-se desmazelado (De desmazelado)
desmazelo /ê/ n.m. ato ou efeito de desmazelar ou desmazelar-se; descuido; desleixo; incúria; negligência (Deriv. regr. de desmazelar)
desmedida n.f. 1 falta de medida 2 [fig.] excesso; descomedimento (De des-+medida)
desmedido adj. 1 que excede as medidas 2 extraordinário; excessivo 3 imenso (Part. pass. de desmedir)
desmedir-se v.pron. sair fora das medidas; exorbitar; desregrar-se (De des-+medir-se)
desmedra n.f. ⇒ **desmedrança** (Deriv. regr. de desmedrar)
desmedrança n.f. 1 ação de desmedrar 2 falta de medrança, de aumento; desmedra 3 [fig.] definhamento (De desmedrar+-medrança)
desmedrar v.intr. 1 não medrar; enfezar 2 decrescer; baixar (De des-+medrar)
desmedro /ê/ n.m. ⇒ **desmedrança** (Deriv. regr. de desmedrar)

desmedroso /ô/ adj. que não tem medo; intrépido; audacioso (De des-+medroso)
desmedular v.tr. tirar a medula ou o miolo a (De des-+medula+-ar)
desmelancolizar v.tr. fazer perder a melancolia; alegrar (De des-+melancolizar)
desmelenado adj. desgrenhado (De des-+melena+-ado)
desmelhorar v.tr. 1 impedir o melhoramento de 2 estragar; arruinar ■ v.intr. piorar quando se ia melhorando (De des-+melhorar)
desmelindrar v.tr. tirar o melindre a; desagravar (De des-+melindrar)
desmembração n.f. ⇒ **desmembramento** (De desmembrar+-ção)
desmembrado adj. separado; desarreigado; desagregado; desunido (Part. pass. de desmembrar)
desmembrador adj.,n.m. que ou aquele que desmembra (De desmembrar+-dor)
desmembramento n.m. 1 ato ou efeito de desmembrar ou desmembrar-se 2 separação; desagregação 3 divisão (De desmembrar+-mento)
desmembrar v.tr. 1 cortar os membros (de um corpo) 2 separar uma parte de um todo 3 desarticular; dividir ■ v.pron. separar-se; desconjuntar-se; desunir-se (De des-+membro+-ar)
desmemória n.f. falta de memória; esquecimento; deslembrança (De des-+memória)
desmemoriado adj. com lapsos de memória; esquecido (De desmemoriar+-ado)
desmemoriar v.tr. fazer perder a memória; fazer esquecer ■ v.pron. perder a memória; esquecer-se (De des-+memoriar)
desmentido adj. 1 falso 2 contraditado 3 perjuro 4 que foi evitado ■ n.m. 1 ação de desmentir 2 negação de algo que se disse 3 contradita 4 retratação (Part. pass. de desmentir)
desmentidor adj.,n.m. que ou aquele que desmente (De desmentir+-dor)
desmentir v.tr. 1 declarar (a alguém) que não diz a verdade 2 negar (o que alguém disse); contradizer 3 negar a evidência de (um facto) 4 não corresponder à expectativa 5 [fig.] não condizer com; destoar de ■ v.pron. desdizer-se; contradizer-se (De des-+mentir)
desmerecedor adj. que desmerece (De desmerecer+-dor)
desmerecer v.tr. não merecer; ser indigno de ■ v.intr. 1 perder o merecimento 2 perder a cor; desbotar (De des-+merecer)
desmerecido adj. 1 que desmereceu; indigno 2 enfraquecido 3 desbotado (Part. pass. de desmerecer)
desmerecimento n.m. 1 ato ou efeito de desmerecer; desmérito 2 falta de merecimento 3 perda de crédito ou de estima (De desmerecer+-i-+-mento)
desmérito n.m. falta de mérito; demérito (De des-+mérito)
desmesura n.f. falta de cortesia; indelicadeza; incivilidade (De des-+mesura)
desmesuradamente adv. excessivamente (De desmesurado+-mente)
desmesurado adj. desmedido; enorme; excessivo (Part. pass. de desmesurar)
desmesurar v.tr. 1 estender demasiadamente 2 tornar desmedido, excessivo ■ v.pron. [fig.] descomedir-se; exceder-se (De des-+mesurar)
desmesurável adj.2g. que não se pode medir; incomensurável; imenso (De des-+mesurável)
desmidiácea n.f. BOTÂNICA espécime das Desmidiáceas
Desmidiáceas n.f.pl. BOTÂNICA família de algas conjugadas, unicelulares, que formam, por vezes, associações coloniais (Do gr. desmídion, «ramalhete» +-áceas)
desmidiáceo adj. relativo ou pertencente às Desmidiáceas
desmilitarização n.f. ato ou efeito de desmilitarizar (De desmilitarizar+-ção)
desmilitarizar v.tr. 1 tirar a qualidade de militar a 2 retirar as forças militares de (uma zona) (De des-+militarizar)
desminagem n.f. operação de remoção de minas de uma zona terrestre ou marítima (De desminar+-agem)
desminar v.tr. retirar as minas de (De des-+minar)
desmineralização n.f. ato ou efeito de desmineralizar ou desmineralizar-se (De desmineralizar+-ção)
desmineralizar v.tr. fazer perder os sais minerais ■ v.pron. (organismo) perder os sais minerais (De des-+mineralizar)
desmiolado adj. 1 sem miolo 2 [fig.] desmemoriado 3 [fig.] que não tem juízo ■ n.m. 1 indivíduo esquecido 2 indivíduo sem juízo (Part. pass. de desmiolar)

desmiolar v.tr. 1 tirar o miolo ou os miolos a 2 [fig.] tirar o juízo a; enlouquecer (De des-+miolo+-ar)

desmistificação n.f. 1 ato ou efeito de desmistificar 2 processo pelo qual uma mistificação é desvendada (De des-+mistificação)

desmistificador adj.,n.m. que ou aquele que desmistifica (De des-+mistificador)

desmistificar v.tr. 1 desfazer o carácter místico de 2 tirar do engano; desenganar 3 informar acerca de (um assunto) por forma a acabar com ideias erradas (De des-+mistificar)

desmitificar v.tr. 1 desfazer (um mito) 2 retirar o carácter mítico ou sagrado a (De des-+mitificar)

desmiudar v.tr. 1 converter em miúdos; esmiuçar 2 pormenorizar (De des-+miudar)

desmobilado adj. que não tem mobília (Part. pass. de desmobilar)

desmobilar v.tr. desguarnecer de mobília (De des-+mobilar)

desmobilização n.f. ato ou efeito de desmobilizar (De desmobilizar+-ção)

desmobilizado adj. que deixou de estar mobilizado; (militar) que regressou à situação de disponibilidade ■ n.m. militar que regressa ou regressou à vida civil

desmobilizar v.tr. 1 fazer cessar a mobilização de 2 fazer regressar (os militares) à situação de disponibilidade (De des-+mobilizar)

desmobilizável adj.2g. que se pode desmobilizar (De desmobilizar+-vel)

desmochar v.tr. 1 tornar mocho 2 cortar ou quebrar as pontas a 3 decotar (as árvores) 4 [fig.] estragar (De des-+mochar)

desmoda n.f. estado do que não está em moda (De des-+moda)

desmodado adj. fora da moda (De des-+moda+-ado, ou do fr. démodé, «id.»)

desmoderado adj. imoderado; desmedido (Part. pass. de desmoderar)

desmoderar v.tr.,pron. (fazer) perder a moderação; exceder(-se) (De des-+moderar)

desmoita n.f. ato de desmoitar (Deriv. regr. de desmoitar)

desmoitador adj.,n.m. que ou aquele que desmoita (De desmoitar+-dor)

desmoitar v.tr. 1 arrancar as moitas ou o mato a (um terreno); desbravar 2 [fig.] tornar culto; civilizar; instruir (De des-+moita+-ar)

desmoldar v.tr. 1 tirar o molde a 2 tirar do molde (De des-+moldar)

desmonetização n.f. ato ou efeito de desmonetizar; demonetização (De desmonetizar+-ção)

desmonetizar v.tr. tirar a qualidade de moeda a; desamoedar; demonetizar (Do fr. démonétiser «id.»)

desmonopolização n.f. ato ou efeito de desmonopolizar (De desmonopolizar+-ção)

desmonopolizar v.tr. libertar do monopólio; pôr em curso livre (De des-+monopolizar)

desmontada n.f. ato ou efeito de desmontar; desmonte (Part. pass. fem. subst. de desmontar)

desmontagem n.f. ato ou efeito de desmontar; decomposição nos seus elementos (De desmontar+-agem, ou do fr. démontage, «id.»)

desmontar v.tr. 1 fazer descer de uma cavalgadura; descavalgar 2 decompor nos seus elementos 3 desarmar (máquina) 4 desengastar (pedra preciosa) 5 abater; pôr abaixo 6 desfazer (intriga) 7 demitir ■ v.intr. apear-se (De des-+montar, ou do fr. démonter, «id.»)

desmontável adj.2g. que se pode desmontar ou desarmar (De desmontar+-vel)

desmonte n.m. 1 ato ou efeito de desmontar; apeamento 2 desmoronamento 3 decomposição; desagregação 4 ação de tirar os minérios dos jazigos 5 operação de destruir uma pedreira para aproveitar a pedra 6 escavação de rochas ou solos muito consistentes (Deriv. regr. de desmontar)

desmoralização n.f. 1 ação de desmoralizar 2 perda de ânimo; enfraquecimento da vontade 3 ausência de moralidade; perversão (De desmoralizar+-ção)

desmoralizador adj.,n.m. 1 que, aquele ou aquilo que desmoraliza 2 desanimador (De desmoralizar+-dor)

desmoralizar v.tr. 1 tornar imoral; corromper; perverter 2 fazer perder a coragem ou a confiança; desanimar; desencorajar ■ v.intr.,pron. 1 perder o moral; desanimar 2 depravar-se (De des-+moralizar)

desmoronadiço adj. que se desmorona facilmente (Do cast. desmoronadizo, «id.», de desmoronar+-diço)

desmoronamento n.m. ato ou efeito de desmoronar ou desmoronar-se; desabamento 2 derrube; demolição (De desmoronar+-mento, ou do cast. desmoronamiento, «id.»)

desmoronar v.tr. 1 deitar abaixo (muros ou paredes) 2 abater 3 demolir; derrubar; arrasar ■ v.pron. vir abaixo; cair; aluir (Do cast. desmoronar, «id.»)

desmortificar v.tr. tirar a mortificação a; aliviar; alegrar (De des-+mortificar)

desmotivação n.f. 1 ato ou efeito de desmotivar ou desmotivar-se 2 conjunto de fatores que impedem a realização de um ato ou uma tomada de atitude 3 desinteresse; indiferença 4 estado de espírito em que não se vê motivo para agir ou tomar atitude; falta de espírito de iniciativa (De desmotivar+-ção)

desmotivado adj. 1 que não tem motivo 2 que não sente motivo para agir; desinteressado; indiferente; desprendido 3 que não tem justificação 4 não solicitado (Part. pass. de desmotivar)

desmotivante adj.2g. que faz perder o interesse; que desmotiva (De desmotivar+-ante)

desmotivar v.tr. 1 tirar o motivo ou os motivos a 2 tornar infundado 3 fazer perder o interesse; tornar indiferente; desinteressar 4 fazer perder o espírito de iniciativa ■ v.pron. perder a motivação; desinteressar-se (De des-+motivar)

desmudar v.tr.,pron. ⇒ **demudar** (De des-+mudar)

desmultiplicação n.f. 1 MECÂNICA ato ou efeito de desmultiplicar 2 MECÂNICA conjunto de dispositivos para desmultiplicar (De desmultiplicar+-ção)

desmultiplicador adj. 1 que desmultiplica ou que se desmultiplica 2 MECÂNICA relativo ao dispositivo que reduz a velocidade do motor ■ n.m. MECÂNICA dispositivo que reduz a velocidade transmitida por um motor a outro da mesma engrenagem, aumentando ao mesmo tempo o binário motor

desmultiplicar v.tr. MECÂNICA reduzir, por meio de dispositivo desmultiplicador, a velocidade de ■ v.pron. fazer várias coisas ao mesmo tempo com um determinado objetivo (De des-+multiplicar)

desmunhecado adj. [Brasil] [coloq.] efeminado; amaricado

desmuniciar v.tr. ⇒ **desmunicionar** (De des-+municiar)

desmunicionar v.tr. privar de munições (De des-+municionar)

desmurar v.tr. destruir ou deitar abaixo os muros de (De des-+murar)

desnacional adj.2g. 1 que não tem carácter nacional 2 antipatriótico (De des-+nacional)

desnacionalização n.f. 1 ato ou efeito de desnacionalizar 2 revogação dos atos de nacionalização 3 alienação de uma empresa nacionalizada (De desnacionalizar+-ção)

desnacionalizador adj.,n.m. que ou aquele que desnacionaliza (De desnacionalizar+-dor)

desnacionalizar v.tr. 1 retirar o carácter nacional a 2 restituir a uma entidade privada (De des-+nacionalizar)

desnalgado adj. 1 de ancas pequenas e magras 2 mexido das ancas (nalgas) 3 bamboleado; saracoteado (De des-+nalga+-ado)

desnalgar-se v.pron. 1 mostrar as nalgas, levantando os vestidos 2 saracotear-se; bambolear-se (De des-+nalga+-ar)

desnarigar v.tr. cortar ou destruir o nariz a (De des- + lat. naricae, «nariz; ventas» +-ar)

desnasalação n.f. 1 ato ou efeito de desnasalar 2 GRAMÁTICA transformação de um som nasal em som oral (De desnasalar+-ção)

desnasalar v.tr. tirar a nasalidade a ■ v.intr. perder a nasalidade (De des-+nasalar)

desnasalização n.f. ⇒ **desnasalação** (De desnasalizar+-ção)

desnasalizar v.tr.,intr. ⇒ **desnasalar** (De des-+nasalizar)

desnastrar v.tr. 1 tirar os nastros a; desenastrar 2 desentrançar (De des-+nastrar)

desnatação n.f. ato ou efeito de desnatar (De desnatar+-ção)

desnatadeira n.f. máquina que serve para retirar a nata ao leite (De desnatar+-deira)

desnatar v.tr. 1 tirar a nata (ao leite) 2 tirar o nateiro (da terra) (De des-+nata+-ar)

desnaturação n.f. ato ou efeito de desnaturar (De desnaturar+-ção)

desnaturado adj. 1 que não é conforme aos sentimentos naturais 2 cruel; desumano 3 degenerado 4 QUÍMICA tornado impróprio para determinados usos pela adição de outra ou outras substâncias ■ n.m. indivíduo desumano ou cruel (Part. pass. de desnaturar)

desnatural adj.2g. 1 não natural; contra a natureza 2 desconforme 3 inverosímil 4 extraordinário (De des-+natural)

desnaturalidade n.f. 1 qualidade de desnatural 2 falta de naturalidade (De des-+naturalidade)

desnaturalização n.f. 1 ato ou efeito de desnaturalizar ou desnaturalizar-se 2 alteração da natureza de alguma coisa (De desnaturalizar+-ção)

desnaturalizar v.tr. privar da nacionalidade ▪ v.pron. perder ou renunciar à sua nacionalidade (De des-+naturalizar)

desnaturar v.tr. 1 mudar, alterar a natureza de; alterar 2 interpretar diferentemente; deturpar 3 tornar oposto aos sentimentos humanos naturais; tornar desumano; depravar 4 QUÍMICA tornar impróprio para certos usos pela adição de outra ou outras substâncias (álcool, açúcar) ▪ v.intr.,pron. desumanizar-se; depravar-se (De des-+natura+-ar)

desnavegável adj.2g. em que não se pode navegar; inavegável (De des-+navegável)

desnecessário adj. 1 não necessário; inútil; supérfluo 2 dispensável; escusado (De des-+necessário)

desnecessidade n.f. 1 falta de necessidade 2 inutilidade (De des-+necessidade)

desnecessitar v.tr. não ter necessidade de (De des-+necessitar)

desnegociar v.tr. desfazer um negócio ou contrato relativo a (De des-+negociar)

desnervamento n.m. ação de desnervar (De desnervar+-mento)

desnervar v.tr. tirar os nervos a; acalmar uma ação nervosa de (De des-+nervo+-ar)

desnevada n.f. 1 ato ou efeito de desnevar 2 época do degelo (Part. pass. fem. subst. de desnevar)

desnevar v.tr. fazer derreter a neve de ▪ v.intr. degelar (De des-+nevar)

desninhar v.tr.,pron. ⇒ **desaninhar** (De des-+ninhar)

desniquelagem n.f. operação de desniquelar (De desniquelar+-agem)

desniquelar v.tr. retirar a camada de níquel a (um objeto niquelado) (De des-+niquelar)

desnitrificação n.f. 1 empobrecimento do solo 2 QUÍMICA processo químico provocado por uma bactéria que utiliza nitratos como fonte de energia (De des-+nitrificação)

desnível n.m. diferença de nível; desnivelamento (De des-+nível)

desnivelado adj. 1 fora do nivelamento; inclinado 2 desalinhado (Part. pass. de desnivelar)

desnivelamento n.m. 1 ato ou efeito de desnivelar 2 diferença de nível ou de altura entre dois pontos (De desnivelar+-mento)

desnivelar v.tr. 1 tirar do nível 2 diferençar; distinguir (De des-+nivelar)

desnobrecer v.tr.,pron. ⇒ **desenobrecer** (De des-+nobrecer)

desnocar v.tr. [pop.] desarticular (dedo, braço ou perna) (De des-+noca+-ar, ou de deslocar?)

desnodoar v.tr. ⇒ **desenodoar** (De des-+nodoar)

desnodoso adj. sem nós (De des-+nodoso)

desnoitar v.intr. deixar de ser noite; deixar de fazer escuro ▪ v.tr. [fig.] desentristecer (De des-+noite+-ar)

desnoivar v.tr. apartar (os noivos); dissolver os esponsais de; separar (De des-+noivar)

desnorteado adj. 1 que anda sem norte, sem rumo; desorientado 2 [fig.] desequilibrado; maluco (Part. pass. de desnortear)

desnorteador adj.,n.m. que ou o que desnorteia (De desnortear+-dor)

desnorteamento n.m. ato ou efeito de desnortear ou desnortear-se; desorientação (De desnortear+-mento)

desnorteante adj.2g. 1 que desnorteia; desnorteador 2 perturbador (De desnortear+-ante)

desnortear v.tr. 1 fazer perder o norte, o rumo; desviar do rumo; desorientar 2 [fig.] perturbar; atrapalhar ▪ v.pron. 1 desorientar-se 2 [fig.] atrapalhar-se (De des-+nortear)

desnovelar v.tr. ⇒ **desenovelar** (De des-+novelar)

desnublado adj. limpo de nuvens; desanuviado (Part. pass. de desnublar)

desnublar v.tr. tirar as nuvens de; aclarar ▪ v.pron. limpar-se de nuvens; desanuviar-se; tornar-se claro (De des-+nublar)

desnucar v.tr. 1 matar (a rês) pela nuca 2 desarticular as vértebras do pescoço a (De des-+nuca+-ar)

desnudação n.f. 1 ato ou efeito de desnudar ou desnudar-se; desnudamento 2 GEOLOGIA desgaste do terreno pelos agentes erosivos (De desnudar+-ção)

desnudamento n.m. ato de desnudar ou desnudar-se; desnudação (De desnudar+-mento)

desnudar v.tr. 1 pôr nu; despir 2 descobrir; mostrar 3 escalvar ▪ v.pron. 1 pôr-se nu; despir-se 2 [fig.] abrir-se; mostrar os seus sentimentos (Do lat. *disnudāre, por denudāre, «pôr nu»)

desnudez /ê/ n.f. estado de nu; nudez (De desnudo+-ez)

desnudo adj. nu; despido (Deriv. regr. de desnudar)

desnutrição n.f. 1 ação ou efeito de desnutrir; perturbação causada por nutrição deficiente 2 emagrecimento (De des-+nutrição)

desnutriente adj.2g. 1 que prejudica a nutrição 2 que faz emagrecer (De des-+nutriente)

desnutrir v.tr. 1 prejudicar a nutrição de; nutrir mal; não nutrir 2 fazer emagrecer (De des-+nutrir)

desobedecer v.tr.,intr. fazer o que alguém mandou que não fosse feito; não obedecer; faltar à obediência; transgredir; infringir (De des-+obedecer)

desobediência n.f. 1 falta de obediência; recalcitração 2 transgressão de uma ordem; infração (De des-+obediência)

desobediente adj.,n.2g. que ou aquele que desobedece; insubmisso (De des-+obediente)

desobriga n.f. 1 ato ou efeito de desobrigar ou desobrigar-se 2 quitação de uma conta 3 RELIGIÃO cumprimento do preceito da confissão anual (Deriv. regr. de desobrigar)

desobrigação n.f. 1 ato ou efeito de desobrigar ou desobrigar-se 2 isenção do cumprimento de um dever (De desobrigar+-ção)

desobrigar v.tr. livrar de uma obrigação; isentar de uma obrigação; exonerar; quitar; absolver ▪ v.pron. 1 livrar-se de obrigação; desencarregar-se 2 cumprir obrigação ou compromisso 3 RELIGIÃO cumprir o preceito quaresmal (De des-+obrigar)

desobrigatório adj. que isenta de obrigação (De des-+obrigatório)

desobscurecer v.tr. dissipar a escuridão de; desentenebrecer; aclarar (De des-+obscurecer)

desobstinado adj. ⇒ **desaustinado** (De des-+obstinado)

desobstrução n.f. ato ou efeito de desobstruir; cessação de uma obstrução; desempacho; desimpedimento (De des-+obstrução)

desobstruente adj.2g. 1 que desobstrui 2 diz-se do medicamento para resolver uma obstrução (De desobstruir+-ente)

desobstruir v.tr. 1 desimpedir; desatravancar; desopilar 2 desentupir 3 desentulhar; limpar (De des-+obstruir)

desobstrutivo adj. que desobstrui (De desobstruir+-tivo)

desocasionado adj. fora da ocasião; extemporâneo (De des-+ocasionado)

desocupação n.f. 1 ato ou efeito de desocupar 2 falta de ocupação; desemprego 3 estado ou condição do que não está ocupado 4 estado de quem não está ocupado; ociosidade (De desocupar+-ção)

desocupado adj. 1 que não está ocupado; vazio; vago 2 que não tem em que se ocupar; ocioso 3 desempregado (Part. pass. de desocupar)

desocupar v.tr. 1 tirar a ocupação a; livrar de uma ocupação 2 deixar de ocupar; deixar vazio 3 despejar ▪ v.pron. 1 desembaraçar-se 2 livrar-se de um trabalho (De des-+ocupar)

desodorante adj.2g. ⇒ **desodorizante** (De des-+odorante)

desodorização n.f. ação ou efeito de desodorizar 2 eliminação de odores desagradáveis (De desodorizar+-ção)

desodorizante adj.2g. que desodoriza; que disfarça ou elimina odores desagradáveis ▪ n.m. 1 substância aplicada na pele para disfarçar ou eliminar odores resultantes da transpiração 2 produto de limpeza utilizado para eliminar cheiros desagradáveis ou para perfumar o ar (De desodorizar+-ante)

desodorizar v.tr. 1 tirar o odor a 2 disfarçar ou eliminar odores desagradáveis (De des-+odorizar)

desoficialização n.f. ato ou efeito de desoficializar (De desoficializar+-ção)

desoficializar v.tr. tirar o carácter oficial a (De des-+oficializar)

desofuscar v.tr. 1 fazer com que deixe de ofuscar 2 tornar claro; desanuviar (De des-+ofuscar)

desolação n.f. 1 ato ou efeito de desolar ou desolar-se 2 estrago 3 ruína; devastação 4 isolamento; desamparo 5 grande aflição; extrema tristeza; consternação (Do lat. desolatiōne-, «id.»)

desolado adj. 1 muito triste; consternado 2 solitário (Part. pass. de desolar)

desolador adj.,n.m. que, aquilo ou aquele que causa desolação (Do lat. desolatōre-, «devastador»)

desolar v.tr. 1 causar desolação a 2 assolar; devastar 3 tornar triste e solitário 4 despovoar ▪ v.pron. afligir-se muito (Do lat. desolāre, «devastar»)

desoleificar v.tr. tirar o óleo a (De des-+oleificar)

desolhado adj. 1 a que tiraram os olhos 2 com os olhos pisados; com grandes olheiras (Part. pass. de desolhar)

desolhar v.tr. 1 tirar os olhos a alguém 2 tirar gomos ou olhos (às plantas) ▪ v.pron. 1 olhar com muita atenção 2 esbugalhar os olhos 3 criar olheiras (De des-+olho+-ar)

desoneração *n.f.* ato ou efeito de desonerar; isenção; exoneração; desobrigação (De *desonerar*+*-ção*)
desonerar *v.tr.* **1** desobrigar do cumprimento de um dever ou de uma função; exonerar; dispensar **2** isentar de pagamento ou de custos **3** aliviar (De *des-*+*onerar*)
desonestar *v.tr.* **1** privar da honestidade, da honra, do decoro **2** convidar outrem para uma ação desonesta **3** desonrar; infamar ■ *v.pron.* infamar-se; desacreditar-se (De *des-*+*honestar*)
desonestidade *n.f.* **1** falta de honestidade **2** impudência; obscenidade (De *des-*+*honestidade*)
desonesto *adj.* **1** que não revela honestidade **2** contrário à honestidade, ao decoro, ao pudor **3** obsceno; indecoroso **4** indigno **5** que prevaricou; infiel (De *des-*+*honesto*)
desonra *n.f.* **1** perda da honra; descrédito; vergonha **2** ação desonrosa **3** ofensa grave (De *des-*+*honra*)
desonrar *v.tr.* **1** causar a desonra de; infamar; desacreditar **2** tirar a honra a **3** [pop.] tirar a virgindade a (mulher); desflorar (De *des-*+*honrar*)
desonroso *adj.* **1** que desonra; aviltante; degradante **2** indecente; indigno (De *des-*+*honroso*)
desopilação *n.f.* **1** desobstrução **2** alívio; desopressão (De *desopilar*+*-ção*)
desopilante *adj.2g.* **1** que desopila; que desobstrui **2** que diverte; que distrai (De *desopilar*+*-ante*)
desopilar *v.tr.* **1** desobstruir **2** desabafar; aliviar; **~ o fígado** [pop.] rir-se à vontade (De *des-*+*opilar*)
desopilativo *adj.* ⇒ **desopilante** (De *desopilar*+*-tivo*)
desopressão *n.f.* ato ou efeito de desoprimir ou desoprimir-se; alívio; desafogo (De *des-*+*opressão*)
desopressor *adj.,n.m.* que ou o que desoprime (De *des-*+*opressor*)
desoprimir *v.tr.* **1** livrar de opressão **2** aliviar; desafogar **3** libertar ■ *v.pron.* aliviar-se; desafogar-se (De *des-*+*oprimir*)
desoras *elem.loc.adv.* *a ~* fora de horas; muito tarde; inoportunamente (De *des-*+*horas*)
desorbitar *v.tr.* fazer sair da órbita; exorbitar ■ *v.intr.* sair da trajetória (De *des-*+*órbita*+*-ar*)
desordeiro *adj.,n.m.* que ou aquele que promove desordens; rixoso; arruaceiro; turbulento; revolucionário (De *des-*+*ordeiro*)
desordem *n.f.* **1** falta de ordem; desarrumação **2** desalinho **3** confusão; balbúrdia; briga **4** desregramento (De *des-*+*ordem*)
desordenação *n.f.* ação de desordenar ou desordenar-se; falta de ordenação; desordem (De *desordenar*+*-ção*)
desordenadamente *adv.* **1** de modo desordenado; sem ordem **2** irregularmente (De *desordenado*+*-mente*)
desordenado *adj.* **1** que se desordenou; sem ordem **2** desarrumado; desarranjado **3** irregular **4** desconexo; confuso (Part. pass. de *desordenar*)
desordenador *adj.,n.m.* que ou aquele que desordena (De *des-*+*ordenador*)
desordenar *v.tr.* **1** pôr em desordem **2** tirar da ordem; confundir; baralhar **3** desarranjar **4** desorganizar **5** amotinar; sublevar ■ *v.pron.* **1** sair da ordem; desarranjar-se **2** desenfrear-se (De *des-*+*ordenar*)
desorelhar *v.tr.* **1** cortar as orelhas a **2** tirar os brincos das orelhas a ■ *v.pron.* (orelha) pender; murchar; cair (De *des-*+*orelha*+*-ar*)
desorganização *n.f.* falta de organização; desordem; confusão (De *desorganizar*+*-ção*)
desorganizadamente *adv.* sem organização; desordenadamente; à toa (De *desorganizado*+*-mente*)
desorganizador *adj.,n.m.* que ou aquele que desorganiza (De *desorganizar*+*-dor*)
desorganizar *v.tr.* **1** destruir a organização de **2** alterar essencialmente (um órgão ou um tecido orgânico) **3** desordenar **4** desarranjar **5** dissolver ■ *v.pron.* descompor-se (De *des-*+*organizar*)
desorientação *n.f.* **1** ato ou efeito de desorientar ou desorientar-se; atrapalhação **2** insensatez (De *desorientar*+*-ção*)
desorientado *adj.* **1** desnorteado **2** desvairado; alucinado; desequilibrado (Part. pass. de *desorientar*)
desorientador *adj.,n.m.* **1** que ou aquele que desorienta **2** perturbador **3** [fig.] mau conselheiro **4** [fig.] corruptor (De *desorientar*+*-dor*)
desorientar *v.tr.* **1** fazer perder o rumo; desnortear **2** [fig.] atrapalhar **3** [fig.] desvairar ■ *v.pron.* **1** perder o rumo; desnortear-se **2** atrapalhar-se (De *des-*+*orientar*)
desornar *v.tr.* tirar os adornos a; desenfeitar (De *des-*+*ornar*)
desorvalhado *adj.* que deixou de estar orvalhado (De *des-*+*orvalhado*)

desossamento *n.m.* ação ou efeito de desossar (De *desossar*+*-mento*)
desossar *v.tr.* **1** separar os ossos da carne de **2** [pop.] espancar (De *des-*+*osso*+*-ar*)
desossificação *n.f.* MEDICINA descalcificação dos ossos, num organismo (De *des-*+*ossificação*)
desougar *v.tr.* [pop.] ⇒ **desaugar** (De *des-*+*ougar*)
desova *n.f.* **1** ato ou época de desovar **2** (peixes) postura de ovos **3** [Brasil] escoamento (de mercadorias) (Deriv. regr. de *desovar*)
desovadouro *n.m.* lugar onde um animal desova (De *desovar*+*-douro*)
desovamento *n.m.* ⇒ **desova** (De *desovar*+*-mento*)
desovar *v.intr.* **1** (especialmente peixes) pôr ovos **2** [fig., pop.] ter um filho; dar à luz **3** [Brasil] [fig.] esvaziar; escoar (mercadorias) (De *des-*+*ovar*)
desoxi- QUÍMICA elemento de formação de palavras que indica a remoção de oxigénio ou a substituição de um grupo OH por um átomo de H
desoxidação /ócs/ *n.f.* ato ou efeito de desoxidar (De *desoxidar*+*-ção*)
desoxidante /ócs/ *adj.2g.* que desoxida; que elimina a ferrugem ■ *n.m.* QUÍMICA substância que serve para remover o óxido ou a ferrugem de um metal (De *desoxidar*+*-ante*)
desoxidar /ócs/ *v.tr.* tirar o óxido ou a ferrugem a (De *des-*+*oxidar*)
desoxigenação /ócs/ *n.f.* QUÍMICA ato ou efeito de desoxigenar; eliminação do oxigénio presente num corpo ou numa substância (De *desoxigenar*+*-ção*)
desoxigenar /ócs/ *v.tr.* QUÍMICA eliminar o oxigénio de um corpo ou de uma substância (De *des-*+*oxigenar*)
desoxirribonucleico /ócs/ *adj.* BIOQUÍMICA diz-se do ácido que é o principal constituinte dos cromossomas e tem um papel fundamental na determinação das características hereditárias, dado que armazena a informação genética transmitida na divisão celular (De *desoxi-*+*ribonucleico*)
despachado *adj.* **1** que obteve despacho **2** resolvido; concluído **3** deferido **4** expedido; desembaraçado **5** diligente **6** [pop.] morto; assassinado (Part. pass. de *despachar*)
despachador *adj.* que despacha ■ *n.m.* aquele que despacha; despachante (De *despachar*+*-dor*)
despachante *n.2g.* **1** pessoa que despacha mercadorias **2** pessoa ou entidade que desembaraça as mercadorias nas alfândegas e resolve as questões legais com elas relacionadas; funcionário aduaneiro (De *despachar*+*-ante*)
despachar *v.tr.* **1** dar despacho a; resolver; dar andamento a **2** definir **3** nomear **4** expedir; mandar; enviar **5** [pop.] desfechar **6** [pop.] aviar; atender **7** [pop.] mandar embora **8** [pop.] matar ■ *v.intr.* lavrar um despacho ■ *v.pron.* aviar-se; apressar-se (Do fr. ant. *despechier*, hoje *dépêcher*, pelo prov. *despachar*, «id.»)
despacho *n.m.* **1** ato ou efeito de despachar **2** DIREITO resolução de uma autoridade relativamente a requerimento (ou petição) em que este é deferido ou indeferido **3** nomeação para emprego ou cargo público **4** apresentação de mercadorias para pagamento de direitos aduaneiros **5** carta ou ofício relativo a negócios públicos **6** rapidez na execução de um negócio **7** telegrama (Deriv. regr. de *despachar*)
despadrar *v.tr.* fazer perder o carácter de padre ■ *v.pron.* deixar de exercer o múnus sacerdotal para seguir a vida secular (De *des-*+*padre*+*-ar*)
despaganizar *v.tr.* tirar do paganismo; fazer perder o carácter pagão (De *des-*+*paganizar*)
despalhar *v.tr.* **1** separar da palha (o grão) **2** desempalhar (De *des-*+*palha*+*-ar*)
despalmar *v.tr.* aparar (o casco ao cavalo) para assentar a ferradura (De *des-*+*palma*+*-ar*)
despalmilhar *v.tr.* tirar as palmilhas a (De *des-*+*palmilhar*)
despampanar *v.tr.* tirar os pâmpanos a (De *des-*+*pâmpano*+*-ar*)
despampar *v.tr.* ⇒ **despampanar**
despapar *v.intr.* (cavalo) erguer muito o focinho ao andar (De *des-*+*papo*+*-ar*)
desparafinar *v.tr.* **1** extrair a parafina de **2** tirar da parafina (De *des-*+*parafinar*)
desparafusar *v.tr.,pron.* ⇒ **desaparafusar** (De *des-*+*parafusar*)
desparamentar *v.tr.* ajudar a despir os paramentos ■ *v.pron.* despir os paramentos (De *des-*+*paramentar*)
desparasitar *v.tr.* extrair os parasitas de; limpar; desinfetar (De *des-*+*parasita*+*-ar*)
desparecer *v.intr.* ⇒ **desaparecer** (De *des-*+*[a]parecer*)

despargir v.tr. ⇒ **espargir** (Do lat. *dispergĕre*, «espalhar para todos os lados»)
desparra n.f. ato ou efeito de desparrar; desfolha da vinha (Deriv. regr. de *desparrar*)
desparrar v.tr. tirar as folhas ou parras a (vinha) antes da maturação das uvas (De *des-+parra+-ar*)
despartidarização n.f. POLÍTICA supressão da influência ou controlo de um partido político sobre uma instituição, associação, etc. (De *des-+partidarização*)
despartidarizar v.tr. POLÍTICA retirar a influência ou controlo de um partido político sobre
desparzir v.tr. ⇒ **espargir** (Por *despargir*)
despassar v.tr. 1 ultrapassar; transpor 2 desdar as voltas a (um cabo ou uma corda) (De *des-+passar*)
despassarado adj. [coloq.] que se distrai com facilidade; distraído ▪ n.m. [coloq.] indivíduo que se distrai facilmente; cabeça no ar
despasse n.m. ato ou efeito de despassar (Deriv. regr. de *despassar*)
despatriado adj. 1 que não tem pátria; apátrida 2 expatriado (Part. pass. de *despatriar*)
despatriar v.tr. expatriar (De *des-+pátria+-ar*)
despatriota adj.2g. ⇒ **antipatriótico** (De *des-+patriota*)
despatriótico adj. ⇒ **antipatriótico** (De *des-+patriótico*)
despatriotismo n.m. falta de patriotismo (De *des-+patriotismo*)
despautério n.m. grande tolice; disparate enorme; desconchavo; despropósito (Do fr. *Despautère*, antr., afrancesamento de J. van Pauteren, gramático flam., 1480-1520)
despavimentar v.tr. 1 tirar o pavimento a; desprover de pavimento 2 desempedrar 3 desalcatroar (De *des-+pavimentar*)
despavorir v.tr.,pron. ⇒ **espavorecer** (De *des-+espavorir*)
despear¹ v.tr. tirar as peias a ▪ v.pron. soltar-se das peias (De *des-+pear*)
despear² v.pron. 1 cansar os pés 2 gastar os cascos (De *des-+pé+-ar*)
despecuniar v.tr. 1 obrigar a despesas demasiadas 2 privar de dinheiro (De *des-+pecúnia+-ar*)
despedaçador adj.,n.m. 1 que ou aquele que despedaça 2 [fig.] lancinante; pungente (De *despedaçar+-dor*)
despedaçamento n.m. ato ou efeito de despedaçar; dilaceração (De *despedaçar+-mento*)
despedaçar v.tr. 1 fazer em pedaços; partir; dilacerar; quebrar 2 [fig.] confranger; lancinar; pungir ▪ v.pron. 1 partir-se 2 desfazer-se (De *des-+espedaçar*)
despedida n.f. 1 ato de despedir ou despedir-se 2 [fig.] conclusão; termo 3 *pl.* expressões de cortesia utilizadas quando as pessoas se separam e vão embora; *à ~ por fim*; *dar as despedidas* despedir-se, acabar; *por ~* por último (Part. pass. fem. subst. de *despedir*)
despedidas-de-verão n.f.pl. BOTÂNICA plantas ornamentais (ou as suas flores) da família das Compostas, que florescem no fim do verão e que são muito cultivadas
despedimento n.m. 1 ato de despedir ou despedir-se; despedida 2 forma de extinção unilateral de um contrato de trabalho pela entidade patronal; demissão 3 arremesso (De *despedir+-mento*)
despedir v.tr. 1 dispensar os serviços de 2 mandar sair 3 licenciar; isentar de serviço 4 lançar; arremessar 5 enviar; expedir 6 aviar; despachar 7 soltar; exalar ▪ v.intr. 1 partir; retirar-se 2 estar a morrer ▪ v.pron. 1 separar-se cumprimentando; retirar-se dizendo adeus; fazer as despedidas 2 ir-se embora 3 demitir-se; largar um emprego; *~-se à francesa* retirar-se sem dar satisfações ou sem se despedir (Do lat. *de-+expetĕre*, «reclamar; reivindicar»)
despedrado adj. 1 [regionalismo] ríspido 2 [regionalismo] estridente; áspero 3 [regionalismo] sem pedras (Part. pass. de *despedrar*)
despedrar v.tr. 1 tirar, arrancar pedras a 2 [fig.] agir de modo áspero para com (De *des-+pedra+-ar*)
despegamento n.m. ato ou efeito de despegar; despego (De *despegar+-mento*)
despegar v.tr. 1 separar (o que está pegado); desapegar; descolar 2 suspender (trabalho); largar ▪ v.pron. 1 desprender-se; descolar-se; desgrudar-se 2 perder o apego; desafeiçoar-se; *sem ~* sem interrupção (De *des-+pegar*)
despego /ê/ n.m. 1 ato ou efeito de despegar 2 falta de apego, de afeição; desapego; desinteresse (Deriv. regr. de *despegar*)
despeitado adj. melindrado; ressentido (Part. pass. de *despeitar*)
despeitador adj.,n.m. que ou aquele que despeita (Do lat. *despectatōre-*, «desprezador»)

despeitar v.tr. 1 tratar com despeito 2 causar despeito a 3 irritar ▪ v.pron. 1 melindrar-se; ressentir-se 2 zangar-se (Do lat. *despectāre*, «desprezar»)
despeito n.m. ressentimento por ofensa ou desconsideração; *a ~ de* apesar de (Do lat. *despectu-*, «desprezo»)
despeitorar v.tr. 1 descobrir demasiadamente o peito de; decotar excessivamente 2 desabafar ▪ v.pron. 1 decotar-se 2 expandir-se (Do lat. *de-+expectorāre*, «limpar o peito»)
despeitoso /ô/ adj. que causa ou revela despeito; despeitado (De *despeito+-oso*)
despejadamente adv. sem pejo; com impudor (De *despejado+-mente*)
despejado adj. 1 vazio 2 desocupado 3 [pop.] impudente; descarado; sem pejo (Part. pass. de *despejar*)
despejador adj.,n.m. que ou aquele que despeja (De *despejar+-dor*)
despejadouro n.m. lugar onde se fazem despejos; vazadouro; vertedouro (De *despejar+-douro*)
despejamento n.m. 1 ato ou efeito de despejar ou despejar-se 2 esvaziamento; despejo 3 desocupação (De *despejar+-mento*)
despejar v.tr. 1 tirar (o que peja ou estorva) 2 esvaziar 3 desocupar; evacuar 4 DIREITO forçar (arrendatário) a desocupar local arrendado por ordem judicial 5 tirar o pejo ou a 6 largar; soltar 7 atirar ▪ v.intr. 1 fazer despejo; sair 2 dar passagem para; abrir ▪ v.pron. perder o pejo ou o pudor (De *des-+pejar*)
despejo /ê/ n.m. 1 ato ou efeito de despejar ou despejar-se 2 esvaziamento 3 coisa que se despeja 4 dejetos; lixo 5 DIREITO desalojamento forçado de um arrendatário por ordem judicial 6 falta de pejo; descaramento; insolência 7 desenvoltura; facilidade; naturalidade; *ordem de ~* mandato judicial para um arrendatário abandonar o prédio que ocupa (Deriv. regr. de *despejar*)
despela n.f. ato ou efeito de despelar (Deriv. regr. de *despelar*)
despelar v.tr. 1 tirar a pele ou o pelo a; esfolar; pelar 2 descascar ▪ v.intr. largar a pele ou o pelo (De *des-+pele* ou *pêlo+-ar*)
despenado¹ adj. que se despenou; que se livrou de trabalhos, de aflições, de sofrimento, de penas (Part. pass. de *despenar*, «aliviar da pena»)
despenado² adj. a que tiraram as penas; depenado (Part. pass. de *despenar*, «tirar as penas a»)
despenalização n.f. 1 isenção de pena 2 DIREITO abolição de sanções previstas pela lei (para determinado ato, comportamento, substância, etc.) (De *despenalizar+-ção*)
despenalizar v.tr. 1 isentar de pena 2 DIREITO abolir as sanções previstas pela lei para (ato, comportamento, substância, etc.) (De *des-+penalizar*)
despenar¹ v.tr. aliviar da pena; consolar ▪ v.pron. livrar-se de dores (De *des-+penar*)
despenar² v.tr.,pron. ⇒ **depenar** (De *des-+pena+-ar*)
despencar v.tr. tirar (de uma infrutescência, em especial do cacho) grupos de frutos (pencas) ▪ v.intr. [Brasil] cair de grande altura (De *des-+penca+-ar*)
despendedor adj.,n.m. que ou aquele que despende muito; gastador; perdulário (De *despender+-dor*)
despender v.tr. 1 fazer dispêndio ou despesa de; gastar 2 empregar 3 [fig.] dar 4 [fig.] espalhar (Do lat. *dispendĕre*, «id.»)
despendurar v.tr. tirar do lugar onde estava pendurado (De *des-+pendurar*)
despenhadeiro n.m. 1 lugar alto e escarpado; precipício 2 [fig.] perigo (De *despenhar+-deiro*)
despenhamento n.m. ato ou efeito de despenhar ou despenhar-se; despenho (De *despenhar+-mento*)
despenhão n.m. queda num despenhadeiro; despenho (De *despenhar+-ão*)
despenhar v.tr. 1 precipitar por um despenhadeiro 2 deitar abaixo de grande altura 3 derrubar; prostrar 4 [fig.] arruinar ▪ v.pron. cair de grande altura; precipitar-se (Do cast. *despeñar*, «id.»)
despenho /ê/ n.m. 1 ato de despenhar ou despenhar-se; despenhamento; queda num precipício 2 despenhadeiro 3 [fig.] ruína; perdição (Do cast. *despeño*, «id.»)
despenhoso /ô/ adj. cortado de despenhadeiros, de acidentes perigosos; alcantilado; fragoso; penhascoso (De *despenho+-oso*)
despenitenciar v.tr. isentar de penitência; perdoar; absolver (De *des-+penitenciar*)
despensa n.f. pequeno compartimento onde se guardam maioritariamente produtos alimentares (Do lat. *dispensa*, part. pass. neut. pl. de *dispendĕre*, «despender»)
despenseiro n.m. 1 indivíduo encarregado da despensa 2 aquele que faz caridade com a generosidade alheia (De *despensa+-eiro*)

despentear v.tr. desfazer o penteado a; desgrenhar (De des-+pentear)
desperceber v.tr. não perceber; não notar; não dar por (De des-+perceber)
despercebidamente adv. sem ser percebido; sorrateiramente (De despercebido+-mente)
despercebido adj. 1 que não se viu ou ouviu 2 sem ser notado 3 a que não se prestou atenção; ignorado (Part. pass. de desperceber)
despercebimento n.m. ato ou efeito de desperceber (De desperceber+-i-+-mento)
desperdiçado adj. gasto sem proveito; malbaratado ■ n.m. esbanjador; perdulário (Part. pass. de desperdiçar)
desperdiçador adj.,n.m. que ou aquele que desperdiça, esbanjador; perdulário (De desperdiçar+-dor)
desperdiçar v.tr. 1 gastar muito e sem proveito; esbanjar; malbaratar 2 perder; desaproveitar (De desperdício+-ar)
desperdício n.m. 1 ato ou efeito de desperdiçar; esbanjamento 2 despesa inútil 3 perda; desaproveitamento 4 pl. restos de coisas manipuladas ou fabricadas (Do b. lat. disperditĭo, -onis, «ação de perder», pelo cast. desperdicio, «desperdício»)
desperecer v.intr. 1 deperecer; perecer pouco a pouco; morrer 2 falhar 3 perder-se (De des-+perecer)
desperfilar v.tr. tirar do alinhamento ■ v.pron. sair do alinhamento (De des-+perfilar)
despersonalização n.f. 1 ato ou efeito de despersonalizar ou despersonalizar-se 2 PSICOLOGIA estado caracterizado pela perda da consciência da própria identidade e da realidade exterior (De despersonalizar+-ção)
despersonalizar v.tr. tirar a personalidade a ■ v.pron. 1 perder a noção da própria personalidade 2 agir contrariamente ao seu carácter (De des-+personalizar)
despersuadir v.tr. fazer mudar de opinião; dissuadir ■ v.pron. 1 mudar de parecer ou de resolução 2 persuadir-se de erro ou engano em que estava (De des-+persuadir)
despersuasão n.f. 1 ato ou efeito de despersuadir; dissuasão 2 mudança de opinião ou de resolução (De des-+persuasão)
despertador adj. 1 que desperta; que acorda 2 [fig.] que estimula 3 [fig.] que provoca ■ n.m. relógio provido com um dispositivo que é regulado para soar a hora previamente marcada, geralmente com o objetivo de acordar alguém (De despertar+-dor)
despertar v.tr. 1 tirar do sono; acordar 2 [fig.] tirar do estado de inércia 3 [fig.] estimular 4 [fig.] ativar 5 [fig.] dar origem a 6 [fig.] provocar ■ v.intr. 1 acordar 2 [fig.] avivar-se; reanimar-se ■ v.pron. 1 [fig.] tomar consciência 2 [fig.] aparecer; manifestar-se ■ n.m. 1 ato de acordar; ato de sair do sono 2 ato de tomar consciência 3 ato ou efeito de estimular, provocar (De desperto+-ar)
despertativo adj. que desperta; despertador ■ n.m. pancada na cabeça; carolo (De despertar+-tivo)
desperto adj. 1 acordado 2 vigilante; atento (Do lat. de-+experrectu-, part. pass. de expergisci, «despertar; acordar»)
despesa n.f. 1 ato ou efeito de despender 2 dispêndio; gasto 3 consumo; *arcar com a/uma ~* assumir um encargo/pagamento; *fazer a ~ da conversa* assumir protagonismo num diálogo; *meter-se em despesas* assumir um encargo económico de valor elevado; *não olhar a despesas* gastar o que é necessário, gastar sem se preocupar (Do lat. dispensa, «coisas gastas», part. pass. neut. pl. de dispendĕre, «distribuir; repartir»)
despesão n.m. grande despesa (De despesa+-ão)
despesismo n.m. 1 realização de gastos excessivos e desnecessários 2 realização de despesas excessivas ou pouco úteis por parte do Estado ou de outras entidades (De despesa+-ismo)
despesista adj.2g. que se refere ou envolve a prática de despesas exageradas e desnecessárias ou pouco úteis (De despesa+-ista)
despetalar v.tr. tirar as pétalas a ■ v.pron. perder as pétalas (De des-+pétala+-ar)
despetalear v.tr.,pron. ⇒ **despetalar** (De des-+pétala+-ear)
despetrechar v.tr. privar de petrechos; desapetrechar (De des-+petrechar)
despicado adj. 1 que envolve grande competição ou despique; renhido 2 em desavença; inimizado 3 agitado (Part. pass. de despicar)
despicador adj.,n.m. que ou aquele que despica (De despicar+-dor)
despicar v.tr. desforrar; desagravar; vingar; desafrontar ■ v.pron. vingar-se; desafrontar-se (De des-+picar)
despiciendo adj. que merece desprezo (Do lat. despiciendu-, «id.», ger. de despicĕre, «desprezar»)

despiciente adj.2g. que despreza ou desdenha (Do lat. despiciente-, part. pres. de despicĕre, «desprezar»)
despido adj. 1 que não tem roupa; nu 2 (árvore) que não tem folhas 3 (lugar) desocupado; vazio 4 (estilo) sem ornamentos; simples (Part. pass. de despir)
despiedade n.f. falta de piedade; desumanidade; crueldade (De des-+piedade)
despiedado adj. que não tem piedade; desapiedado; cruel; inexorável (De des-+apiedado)
despiedar-se v.pron. desapiedar-se (De des-+apiedar-se)
despiedoso /ô/ adj. ⇒ **despiedado** (De des-+piedoso)
despigmentação n.f. 1 ato ou efeito de despigmentar 2 falta ou perda do pigmento (De despigmentar+-ção)
despigmentar v.tr. tirar o pigmento a ■ v.intr.,pron. perder o pigmento (De des-+pigmentar)
despimento n.m. ato ou efeito de despir ou despojar-se de alguma coisa (De despir+-mento)
despinçar v.tr. tirar com pinça (De des-+pinça+-ar)
despintar v.tr. 1 (pintura) desfazer, apagar ou borrar 2 descolorir 3 [fig.] desfigurar (De des-+pintar)
despiolhação n.f. ⇒ **despiolhamento** (De despiolhar+-ção)
despiolhamento n.m. ato ou efeito de despiolhar; despiolhação (De despiolhar+-mento)
despiolhar v.tr. limpar dos piolhos; espiolhar (De des-+piolho+-ar)
despique n.m. 1 ato ou efeito de despicar ou despicar-se 2 desafio 3 desforra; vingança 4 situação em que os cantadores respondem um ao outro, improvisando (Deriv. regr. de despicar)
despir v.tr. 1 tirar (vestuário) do corpo 2 tirar o vestuário a alguém 3 tirar o que cobre ou reveste; desguarnecer 4 descalçar 5 despojar de 6 largar 7 abandonar (um cargo ou dignidade que envolve uso de trajo característico) ■ v.pron. 1 tirar a própria roupa; ficar nu 2 despojar-se (Do lat. de-+expedīre, «desembaraçar»)
despirocado adj. [Brasil] [coloq.] enlouquecido; amalucado; pirado
despistado adj. [coloq.] que se distrai com muita facilidade; que tem dificuldade em se concentrar ■ n.m. [coloq.] indivíduo muito distraído; cabeça no ar
despistagem n.f. 1 ato ou efeito de despistar ou despistar-se; despiste 2 MEDICINA realização de testes para encontrar sinais de doença ainda não detetada 3 descoberta de alguém ou de alguma coisa, seguindo uma pista (De despistar+-agem, ou do fr. dépistage, «despistagem»)
despistamento n.m. 1 ato ou efeito de despistar ou despistar-se 2 [fig.] desnorteamento; desorientação (De despistar+-mento)
despistar v.tr. 1 fazer perder a pista 2 iludir a vigilância de 3 [fig.] desnortear; desorientar 4 descobrir a pista de 5 descobrir, seguindo a pista de ■ v.pron. 1 sair da pista 2 perder a pista 3 [fig.] desorientar-se; desnortear-se 4 (veículo) sair da faixa de rodagem devido à perda de controlo (De des-+pista+-ar ou do fr. dépister, «id.»)
despiste n.m. 1 ato ou efeito de despistar ou despistar-se 2 [fig.] desorientação 3 (veículo) saída da faixa de rodagem (Deriv. regr. de despistar)
desplantar v.tr. arrancar o que estava plantado (De des-+plantar)
desplante n.m. 1 DESPORTO (esgrima) posição em que o peso do corpo está sobre o pé esquerdo, encontrando-se a arma na mão direita, ou vice-versa 2 descaramento; ousadia (Deriv. regr. de desplantar)
desplumar v.tr. tirar as plumas a; depenar (De des-+plumar+-ar)
despoético adj. que não é poético; prosaico (De des-+poético)
despoetização n.f. ato ou efeito de despoetizar ou despoetizar-se (De despoetizar+-ção)
despoetizado adj. que não tem poesia, graça, encanto; prosaico (Part. pass. de despoetizar)
despoetizador adj.,n.m. que, aquele ou aquilo que despoetiza (De despoetizar+-dor)
despoetizar v.tr. 1 tirar a feição poética a 2 tornar prosaico ■ v.pron. perder a graça, o encanto (De des-+poetizar)
despojador adj.,n.m. que, aquele ou aquilo que despoja (De despojar+-dor)
despojamento n.m. 1 ato ou efeito de despojar ou despojar-se 2 renúncia (De despojar+-mento)
despojar v.tr. 1 privar da posse de; desapossar 2 tirar; despir 3 roubar ■ v.pron. 1 deixar; largar; renunciar 2 despir-se (Do lat. despoliāre, «id.», pelo cast. despojar, «despojar»)
despojo /ô/ n.m. 1 ato ou efeito de despojar 2 espólio 3 presa 4 o que se desprende ou se arranca depois de ter servido de adorno 5 pl. restos 6 pl. restos mortais (Deriv. regr. de despojar)
despolarização n.f. FÍSICA diminuição ou eliminação da polarização dos elementos de pilha elétrica (De despolarizar+-ção)

despolarizador adj.,n.m. FÍSICA que ou substância que se coloca numa pilha elétrica para eliminar ou diminuir a polarização (De *despolarizar*+*-dor*)

despolarizante adj.2g.,n.m. ⇒ **despolarizador** (Ant. part. pres. de *despolarizar*)

despolarizar v.tr. I FÍSICA fazer cessar ou evitar a polarização de 2 [fig.] desnortear; desorientar (De *des-*+*polarizar*)

despoletar v.tr. I [sentido original] tirar a espoleta a; tornar impossível o disparo ou a explosão de 2 [fig.] anular algo; travar o desencadeamento de 3 [uso generalizado] [fig.] fazer surgir repentinamente; desencadear uma ação (De *des-*+*espoletar*)

despolidez /ê/ n.f. falta de polidez; indelicadeza (De *des-*+*polidez*)

despolimento n.m. ato ou efeito de despolir (De *despolir*+*-mento*)

despolimerização n.f. QUÍMICA ação química cujo resultado é a transformação de um polímero em moléculas da mesma composição quantitativa mas de massa molecular menor (monómero); degradação

despolimerizar v.tr. QUÍMICA submeter a despolimerização; degradar

despolir v.tr. tirar o polimento a; tornar fosco (De *des-*+*polir*)

despolitização n.f. I ato ou efeito de despolitizar 2 ação de retirar ou perder o carácter político (De *despolitizar*+*-ção*)

despolitizar v.tr. retirar o envolvimento político a (De *des-*+*politizar*)

despolpa n.f. ato ou efeito de despolpar (Deriv. regr. de *despolpar*)

despolpador adj.,n.m. que, aquele ou aquilo que despolpa (De *despolpar*+*-dor*)

despolpar v.tr. I tirar a polpa a 2 descascar (grão do café) (De *des-*+*polpa*+*-ar*)

despoluição n.f. I ato ou efeito de despoluir 2 descontaminação; desinfeção 3 purificação; limpeza (De *despoluir*+*-ção*)

despoluir v.tr. I fazer desaparecer a poluição de (um ambiente) 2 descontaminar; desinfetar 3 limpar 4 retirar qualquer substância que ponha em perigo as condições de higiene ou salubridade de (um lugar) (De *des-*+*poluir*)

desponsório n.m. esponsais (Do lat. *desponsu-*, part. pass. de *despondēre*, «prometer em casamento» +*-ório*)

despontador adj.,n.m. que ou aquele que desponta (De *despontar*+*-dor*)

despontante adj.2g. que desponta (De *despontar*+*-ante*)

despontar v.tr. I quebrar, tirar ou gastar a ponta de 2 começar a aparecer; surgir ■ v.intr. começar a aparecer; surgir; nascer (De *des-*+*ponta*+*-ar*)

desponte n.m. ato de despontar ou cortar a bandeira ao milho (Deriv. regr. de *despontar*)

despontuar v.tr. suprimir ou alterar a pontuação de (De *des-*+*pontuar*)

despopularização n.f. ato ou efeito de despopularizar (De *despopularizar*+*-ção*)

despopularizar v.tr. fazer perder a popularidade; impopularizar (De *des-*+*popularizar*)

despor v.tr. depor; demitir (De *des-*+*pôr*)

desporte n.m. ⇒ **desporto** (Do fr. ant. *desport*, «divertimento; jogo»)

desportilhar v.tr. I derrubar as portas de 2 desfazer o bordo inferior das tapas (do casco do cavalo) com os gaviões das turqueses (De *des-*+*portilha*+*-ar*)

desportismo n.m. I prática do desporto 2 gosto pelo desporto (De *desporto*+*-ismo*)

desportista adj.,n.2g. I que ou pessoa que pratica ou se interessa por desporto 2 que ou pessoa que aceita e obedece às regras do jogo 3 que ou pessoa que manifesta desportivismo (De *desporto*+*-ista*)

desportivamente adv. I com espírito desportivo; com desportivismo 2 com lealdade (De *desportivo*+*-mente*)

desportividade n.f. I qualidade do que é desportivo 2 conjunto de características que levam um veículo a ser considerado desportivo (De *desportivo*+*-i-*+*-dade*)

desportivismo n.m. I procedimento desportivo ou respeito pelas regras estabelecidas em práticas desportivas; ética desportiva; espírito desportivo; jogo limpo; fair play 2 capacidade de aceitar com serenidade um resultado ou uma situação adversa; jogo limpo; fair play (De *desportivo*+*-ismo*)

desportivo adj. I relativo a desporto 2 próprio para praticar desporto ou para atividades de lazer; informal 3 que aceita com serenidade um resultado ou uma situação adversa 4 diz-se do veículo com características mecânicas e estéticas específicas, concebido para atingir velocidades elevadas (De *desporto*+*-ivo*)

desporto /ô/ n.m. I exercício físico praticado de forma metódica, individualmente ou em grupo, e com diversos objetivos (competição, recreação, terapia, etc.) 2 divertimento; recreio; ~ **radical** prática desportiva que envolve algum risco; **por** ~ sem obrigação, para se distrair (Do fr. ant. *desport*, «divertimento; jogo»)

desporto-rei n.m. futebol

desposar v.tr. casar com ■ v.pron. casar-se (Do lat. *desponsāre*, «desposar»)

desposório n.m. esponsais (De *desposar*+*-ório*)

despossar v.tr.,pron. ⇒ **desapossar** (De *des-*+*(a)possar*)

despossessão n.f. ato ou efeito de ser desapossado; privação da posse (De *des-*+*possessão*)

déspota adj.,n.2g. que ou pessoa que exerce a autoridade de modo absoluto e arbitrário; tirano; opressor; autocrata (Do gr. *despótes*, «senhor da casa»)

despótico adj. I próprio de déspota 2 tirânico; prepotente (Do gr. *despotikós*, «relativo ao senhor»)

despotismo n.m. I forma de governo absoluto e discricionário, em que o poder é exercido por alguém cuja vontade não é regulada por lei 2 mando absoluto e arbitrário 3 ação própria de um déspota 4 prepotência (De *déspota*+*-ismo*)

despovoação n.f. ato ou efeito de despovoar ou de se despovoar (De *despovoar*+*-ção*)

despovoado adj. não povoado; que não é habitado ■ n.m. lugar ermo (Part. pass. de *despovoar*)

despovoador adj.,n.m. que ou aquele que despovoa (De *despovoar*+*-dor*)

despovoamento n.m. ⇒ **despovoação** (De *despovoar*+*-mento*)

despovoar v.tr. I privar de habitantes; tornar desabitado 2 [fig.] desguarnecer ■ v.pron. I ir perdendo os habitantes 2 [fig.] desguarnecer-se (De *des-*+*povoar*)

despratear v.tr. retirar a camada de prata a (um objeto prateado) (De *des-*+*pratear*)

desprazer v.tr.,intr. desagradar (a) ■ n.m. I falta de prazer 2 dissabor; desgosto (De *des-*+*prazer*)

desprazimento n.m. ação de desprazer, de desagradar (De *des-*+*prazimento*)

desprazível adj.2g. que não apraz; desagradável (De *des-*+*prazível*)

desprecatadamente adv. sem cautela; sem cuidado (De *desprecatado*+*-mente*)

desprecatado adj. incauto; desprevenido (De *des-*+*precatado*)

desprecatar-se v.pron. desacautelar-se; descuidar-se; distrair-se (De *des-*+*precatar-se*)

desprecaução n.f. falta de precaução; imprevidência (De *des-*+*precaução*)

desprecaver v.tr. desprevenir; desacautelar ■ v.pron. desprecatar-se; desprevenir-se (De *des-*+*precaver*)

despreconceito n.m. ausência de preconceito (De *des-*+*preconceito*)

despregado adj. solto; *rir-se a bandeiras despregadas* rir-se expansivamente (Part. pass. de *despregar*)

despregadura n.f. ato ou efeito de despregar ou despregar-se (De *despregar*+*-dura*)

despregar v.tr. I arrancar ou separar o que estava pregado 2 descravar 3 arrancar os pregos de 4 desfazer as pregas de 5 estender; desenrolar 6 desenvolver 7 soltar ao vento; desfraldar 8 [fig.] desviar (os olhos) ■ v.pron. I soltar-se 2 desunir-se 3 desfraldar-se (De *des-*+*pregar*)

despremiar v.tr. I não dar prémios a 2 não pagar condignamente 3 não dar o devido apreço a (De *des-*+*premiar*)

desprendado adj. que não tem prendas; que não possui talento ou habilidade (De *des-*+*prendado*)

desprender v.tr. I soltar (o que estava preso) 2 desatar 3 desligar 4 desferir (o voo) ■ v.pron. I soltar-se 2 desunir-se 3 desafeiçoar-se (De *des-*+*prender*)

desprendido adj. I solto 2 [fig.] que tem desprendimento; abnegado; altruísta 3 [fig.] alheio; desinteressado 4 [fig.] independente (Part. pass. de *desprender*)

desprendimento n.m. I ato ou efeito de desprender ou desprender-se 2 desabamento (de terras) 3 [fig.] alheamento; desinteresse; desapego 4 [fig.] abnegação; generosidade 5 [fig.] independência (De *desprender*+*-i-*+*-mento*)

despreocupação n.f. estado de quem se acha despreocupado (De *des-*+*preocupação*)

despreocupado *adj.* que não tem ou não revela preocupação
despreocupar *v.tr.* livrar de preocupações ■ *v.pron.* **1** não se preocupar **2** deixar de se preocupar (De *des-+preocupar*)
despreparo *n.m.* **1** desarranjo; desordem **2** [fig.] dito ou atitude despropositada; despropósito (De *des-+preparo*)
despressurização *n.f.* ação ou efeito de interromper a pressurização de (De *despressurizar+-ção*)
despressurizar *v.tr.* interromper a pressurização ■ *v.pron.* perder a pressurização (De *des-+pressurizar*)
desprestigiador *adj.,n.m.* que ou o que desprestigia; difamador; detrator (De *desprestigiar+-dor*)
desprestigiante *adj.2g.* que desprestigia; que desacredita; infamante (De *desprestigiar+-ante*)
desprestigiar *v.tr.* **1** tirar o prestígio a; desacreditar; desvirtuar **2** exautorar ■ *v.pron.* perder o prestígio; desacreditar-se (De *des-+prestigiar*)
desprestígio *n.m.* perda de prestígio; descrédito (De *des-+prestígio*)
despretensão *n.f.* falta de pretensão; desafetação; modéstia (De *des-+pretensão*)
despretensiosamente *adv.* sem pretensão; com simplicidade; singelamente (De *despretensioso+-mente*)
despretensioso *adj.* sem pretensões; desafetado; modesto; franco (De *des-+pretensioso*)
desprevenção *n.f.* **1** ato ou efeito de desprevenir ou desprevenir-se **2** falta de prevenção; imprevidência (De *des-+prevenção*)
desprevenido *adj.* **1** desacautelado; descuidado **2** que não está prevenido para ou contra **3** sem o necessário; desprovido **4** sem preocupações (Part. pass. de *desprevenir*)
desprevenir *v.tr.* **1** não prevenir **2** desacautelar **3** desavisar ■ *v.pron.* não se prevenir; descuidar-se; desprecaver-se; desprecatar-se; desaperceber-se (De *des-+prevenir*)
desprezador *adj.,n.m.* que ou aquele que despreza (De *desprezar+-dor*)
desprezar *v.tr.* **1** não prezar **2** votar ao desprezo **3** não fazer caso de; não ter em conta; desconsiderar; desatender; rejeitar ■ *v.pron.* **1** rebaixar-se **2** envergonhar-se (De *des-+prezar*)
desprezativo *adj.* **1** em que há desprezo **2** depreciativo (De *desprezar+-tivo*)
desprezável *adj.2g.* **1** que se pode desprezar **2** que não tem valor; que não merece ser considerado (De *desprezar+-vel*)
desprezível *adj.2g.* que merece desprezo; vil; miserável (De *desprezar+-í-+-vel*)
desprezo /ê/ *n.m.* **1** ato ou efeito de desprezar **2** falta de estima ou apreço **3** desconsideração por alguém ou por alguma coisa; desdém; *dar ~/votar ao ~* desprezar, não ligar importância a; *dar-se ao ~* ser objeto de desprezo, perder o brio (Deriv. regr. de *desprezar*)
desprimor *n.m.* **1** falta de primor, de delicadeza, de perfeição **2** indelicadeza; descortesia (De *des-+primor*)
desprimorar *v.tr.* **1** tirar o primor a **2** deslustrar; depreciar ■ *v.pron.* desonrar-se; aviltar-se (De *des-+primor+-ar*)
desprimoroso /ô/ *adj.* **1** falto de primor **2** imperfeito **3** incivil; descortês (De *des-+primoroso*)
desprivar *v.tr.* tirar a privança ou o valimento a (De *des-+privar*)
desprivilegiar *v.tr.* **1** tirar o privilégio a **2** generalizar (De *des-+privilegiar*)
desprofanar *v.tr.* anular a profanação de; sagrar; sacralizar (De *des-+profanar*)
despromoção *n.f.* **1** ato ou efeito de reduzir (pessoa, instituição, etc.) a situação, cargo ou categoria inferior **2** regressão na carreira **3** depreciação (De *des-+promoção*)
despromover *v.tr.* **1** reduzir (pessoa, instituição, etc.) a situação, cargo ou categoria inferior **2** fazer regredir na carreira **3** depreciar; rebaixar (De *des-+promover*)
despromovido *adj.* reduzido a situação, categoria ou cargo inferior (Part. pass. de *despromover*)
despronúncia *n.f.* ato ou efeito de despronunciar; anulação de pronúncia (Deriv. regr. de *despronunciar*)
despronunciar *v.tr.* declarar nula a pronúncia de (um réu) (De *des-+pronunciar*)
desproporção *n.f.* **1** falta de proporção **2** desconformidade **3** desigualdade (De *des-+proporção*)
desproporcionado *adj.* que não é proporcionado ou proporcional; desigual; desconforme (Part. pass. de *desproporcionar*)
desproporcional *adj.2g.* ⇒ **desproporcionado** (De *des-+proporcional*)

desproporcionalidade *n.f.* falta de proporcionalidade (De *des-+proporcionalidade*)
desproporcionar *v.tr.* **1** alterar a proporção de; tornar desconforme **2** afear ■ *v.pron.* sair das devidas proporções; descomedir-se (De *des-+proporcionar*)
despropositado *adj.* **1** que não vem a propósito; inoportuno **2** que não tem propósito **3** que fala ou procede sem tino; imprudente; disparatado (Part. pass. de *despropositar*)
despropositar *v.intr.* dizer ou fazer despropósitos; disparatar; desatinar ■ *v.pron.* irar-se; zangar-se (De *des-+propósito+-ar*)
despropósito *n.m.* dito ou ato sem propósito; disparate; desatino; descomedimento (De *des-+propósito*)
desproteção *n.f.* **1** ato ou efeito de desproteger ou desproteger-se **2** falta de proteção **3** desamparo; abandono (De *des-+protecção*)
desprotecção ver nova grafia **desproteção**
desproteger *v.tr.* retirar a proteção a; não proteger; abandonar; desamparar ■ *v.pron.* descobrir-se; desguarnecer-se (De *des-+proteger*)
desproveito *n.m.* **1** desaproveitamento; desperdício **2** dano (De *des-+proveito*)
desprover *v.tr.* **1** não prover **2** tirar as provisões a **3** privar de uma coisa necessária (De *des-+prover*)
desprovido *adj.* **1** carecido de recursos, provisões **2** desprevenido **3** sem auxílio (Part. pass. de *desprover*)
desprovimento *n.m.* **1** ato ou efeito de desprover **2** falta de provimento ou de provisões **3** carência de coisas necessárias (De *desprover+-i-+-mento*)
despublicar *v.tr.* retirar (texto, foto) da internet, onde estava acessível a quem quisesse ver (De *des-+publicar*)
despudor *n.m.* falta de pudor; descaramento; desfaçatez (De *des-+pudor*)
despudorado *adj.* **1** obsceno **2** sem pudor; descarado (Part. pass. de *despudorar*)
despudorar *v.tr.* fazer perder o pudor ■ *v.pron.* perder o pudor (De *despudor+-ar*)
despundonor *n.m.* falta de pundonor (De *des-+pundonor*)
despundonoroso *adj.* que revela despundonor; falto de pundonor (De *despundonor+-oso*)
desquadrar *v.tr.,pron.* não quadrar com; divergir de (De *des-+quadrar*)
desquadrilhar *v.tr.* **1** torcer os quadris a **2** derrengar; sovar (De *des-+quadrilha+-ar*)
desqualificação *n.f.* **1** ato ou efeito de desqualificar ou desqualificar-se **2** exclusão de prova, concurso, torneio, etc., devido a infração cometida; desclassificação **3** descrédito; desprestígio (De *desqualificar+-ção*)
desqualificado *adj.* **1** desclassificado **2** desconceituado; que perdeu a reputação (Part. pass. de *desqualificar*)
desqualificador *adj.,n.m.* que ou aquele que desqualifica (De *desqualificar+-dor*)
desqualificar *v.tr.* **1** excluir de prova, concurso, torneio, etc., devido a infração cometida; desclassificar **2** tirar a qualidade ou a qualificação a **3** declarar indigno; desconceituar **4** inabilitar ■ *v.pron.* tornar-se indigno; desconceituar-se (De *des-+qualificar*)
desqualificativo *adj.* que desqualifica (De *desqualificar+-tivo*)
desquebrar *v.intr.* **1** [regionalismo] arrefecer um pouco **2** [regionalismo] enfraquecer **3** [regionalismo] deteriorar-se (De *des-+quebrar*)
desqueixador *adj.,n.m.* que ou aquele que retira uma queixa (De *desqueixar+-dor*)
desqueixar[1] *v.tr.* partir ou deslocar os queixos a; abrir pelas queixadas (De *des-+queixo+-ar*)
desqueixar[2] *v.pron.* retirar uma queixa apresentada (De *des-+queixar*)
desqueixolado *adj.* **1** de queixo caído **2** [fig.] admirado; embasbacado (De *des-+queixola*, dim. de *queixo+-ado*)
desquerer *v.tr.* não querer bem a; já não querer; não amar (De *des-+querer*)
desquiar *v.tr.* ⇒ **tosquiar**
desquiciar *v.tr.* arrancar os quícios a ■ *v.pron.* sair dos quícios; desengonçar-se (De *des-+quício+-ar*)
desquieto *adj.* [Angola] irrequieto
desquitação *n.f.* ato ou efeito de desquitar ou desquitar-se; desquite; separação judicial de cônjuges (De *desquitar+-ção*)
desquitar *v.tr.* **1** separar (os cônjuges) por desquite **2** livrar de obrigação **3** compensar **4** [fig.] deixar; abandonar **5** [regionalismo] [pop.] desmamar ■ *v.pron.* **1** (cônjuges) separar-se por desquite **2** livrar-se de obrigação **3** renunciar; afastar-se (De *des-+quitar*)

desquite n.m. **1** ato ou efeito de desquitar ou desquitar-se **2** [Brasil] DIREITO separação judicial dos cônjuges e respetivos bens, sem anulação do vínculo matrimonial **3** renúncia   (Deriv. regr. de *desquitar*)

desrabar v.tr. ⇒ **derrabar**   (De *des-+rabo+-ar*)

desraigar v.tr. ⇒ **desarreigar**   (De *des-+arraigar*)

desraizar v.tr. **1** desenraizar; desraigar **2** arrancar   (De *des-+raiz+-ar*)

desrama n.f. ato ou efeito de desramar   (Deriv. regr. de *desramar*)

desramação n.f. ⇒ **desrama**   (De *desramar+-ção*)

desramar v.tr. cortar os ramos a   (De *des-+ramo+-ar*)

desratar v.tr. ⇒ **desratizar**   (De *des-+rato+-ar*)

desratização n.f. ato ou efeito de desratizar   (De *desratizar+-ção*)

desratizar v.tr. destruir os ratos que infestam (um local)   (De *des-+rato+-izar*)

desrazão n.f. falta de razão; sem-razão   (De *des-+razão*)

desrealização n.f. **1** FILOSOFIA tendência para situar a realidade autêntica além ou fora deste mundo **2** PSICOLOGIA perturbação caracterizada por uma impressão de irrealidade das coisas e das pessoas presentes e pela impossibilidade de evocar a imagem das pessoas e das coisas ausentes   (De *des-+realização*)

desrebuçado adj. em que não há rebuço; descoberto   (De *des-+rebuçado*)

desrefolhar v.tr. devassar os refolhos ou a intimidade de alguém ou de alguma coisa   (De *des-+refolhar*)

desrefolho /ô/ n.m. ato de desrefolhar; indagação minuciosa   (Deriv. regr. de *desrefolhar*)

desregrado adj. **1** que não tem regra **2** que não é conforme à regra **3** fora do comum; irregular **4** descomedido **5** desordenado **6** esbanjador **7** dissoluto   (De *des-+regrado*)

desregramento n.m. **1** ato ou efeito de desregrar ou desregrar-se **2** falta de regra, de regularidade, de método **3** excesso; abuso **4** libertinagem   (De *desregrar+-mento*)

desregrar v.tr. **1** tirar da regra ou da ordem estabelecida **2** tornar descomedido ■ v.pron. **1** sair da regra **2** exceder-se; exorbitar; desmandar-se   (De *des-+regrar*)

desrelvar v.tr. cortar a relva a; privar da relva   (De *des-+relvar*)

desremediado adj. **1** carecido de remédio ou de recursos **2** pobre; necessitado   (Part. pass. de *desremediar*)

desremediar v.tr. privar alguém daquilo que lhe servia de remédio ou remedeio   (De *des-+remediar*)

desrepublicanizar v.tr. tirar a qualidade de republicano a ■ v.pron. perder essa qualidade   (De *des-+republicanizar*)

desrespeitador adj.,n.m. que ou aquele que desrespeita   (De *desrespeitar+-dor*)

desrespeitar v.tr. faltar ao respeito a; desacatar   (De *des-+respeitar*)

desrespeito n.m. **1** ato ou efeito de desrespeitar; falta de respeito **2** desacato; irreverência **3** desprezo   (Deriv. regr. de *desrespeitar*)

desrespeitoso /ô/ adj. que falta ao respeito; desrespeitador   (De *des-+respeitoso*)

desresponsabilização n.f. ato ou efeito de desresponsabilizar ou de se desresponsabilizar   (De *des-+responsabilizar+-ção*)

desresponsabilizar v.tr. **1** livrar de responsabilidade **2** tornar não responsável ■ v.pron. livrar-se de responsabilidade(s)   (De *des-+responsabilizar*)

desrevestir-se v.pron. despir as vestes sacerdotais com que se celebrou missa   (De *des-+revestir-se*)

desriçar v.tr. ⇒ **desenriçar**   (De *des-+riçar*)

desriscar v.tr. ⇒ **desarriscar**   (De *des-+riscar*)

desriso n.m. jeito fisionómico ao esquivar-se ao riso ou ao sorriso   (De *des-+riso*)

desrolhamento n.m. ato ou efeito de desrolhar   (De *desrolhar+-mento*)

desrolhar v.tr. ⇒ **desarrolhar** I   (De *des-+rolhar*)

desroscar v.tr.,pron. ⇒ **desenroscar**   (De *des-+roscar*)

desrugar v.tr.,pron. ⇒ **desenrugar**   (De *des-+rugar*)

dessaber v.tr. esquecer (o que sabia); desaprender ■ v.intr. **1** proceder como ignorante **2** deixar de ter sabor **3** desagradar   (De *des-+saber*)

dessabor n.m. falta de sabor; insipidez   (De *des-+sabor*)

dessaborar v.tr. tirar o sabor a; tornar insípido ■ v.pron. perder o sabor   (De *des-+sabor+-ar*)

dessaborear v.tr.,pron. ⇒ **dessaborar**   (De *des-+saborear*)

dessaborido adj. que não tem sabor; insípido   (De *des-+saborido*)

dessaboroso adj. de mau sabor   (De *des-+saboroso*)

dessaburrar v.tr. tirar a saburra a   (De *des-+saburrar*)

dessacralização n.f. ato ou efeito de dessacralizar; profanação   (De *dessacralizar+-ção*)

dessacralizar v.tr. desprover do carácter sagrado; profanar   (De *des-+sacralizar*)

dessagrar v.tr. tirar ordens sacras ou a qualidade de sagrado a; secularizar; profanar   (De *des-+sagrar*)

dessaibrar v.tr. **1** tirar o saibro a **2** desaterrar   (De *des-+saibrar*)

dessalar v.tr. ⇒ **dessalgar**   (De *des-+sal+-ar*)

dessalgação n.f. ato ou efeito de dessalgar   (De *dessalgar+-ção*)

dessalgar v.tr. **1** tirar o sal ou sabor salgado a **2** [fig.] tornar desengraçado   (De *des-+salgar*)

dessalificar v.tr. fazer perder o carácter de sal ■ v.pron. perder o carácter de sal   (De *des-+salificar*)

dessalinização n.f. ato, efeito ou processo de remoção de sal ou sais da água   (De *dessalinizar+-ção*)

dessalinizar v.tr. **1** tirar o sal a **2** separar o sal de (água do mar); tornar potável (água salgada) ■ v.pron. **1** perder o sal **2** tornar-se potável   (De *des-+salinizar*)

dessangramento n.m. ato ou efeito de dessangrar ou dessangrar-se   (De *dessangrar+-mento*)

dessangrar v.tr. **1** tirar todo o sangue a **2** [fig.] privar de recursos ■ v.intr. verter muito sangue ■ v.pron. **1** esvair-se em sangue **2** escorrer; ressumar   (De *des-+sangrar*)

dessar v.tr. tirar o sal a (alguma coisa), pondo-a de molho; demolhar; dessalgar   (De *des-+salar*)

dessarroar v.tr. tirar o sarro a (vasilhas do vinho)   (De *des-+sarro+-ar*)

dessaudoso adj. que não é saudoso   (De *des-+saudoso*)

dessazonado adj. **1** que não está maduro; verde **2** que não tem gosto (fruto)   (Part. pass. de *dessazonar*)

dessazonar v.tr. **1** tirar a sazão, o sabor a; dessaborar **2** destemperar   (De *des-+sazonar*)

desse /ê/ contração da preposição *de* + *o pronome demonstrativo* **esse**

dessecação n.f. **1** ato ou efeito de dessecar, de tirar a humidade a **2** enxugo **3** perda da água contida num corpo; desidratação   (De *dessecar+-ção*)

dessecador adj. que desseca ■ n.m. **1** aquele que desseca **2** aparelho para dessecar   (De *dessecar+-dor*)

dessecamento n.m. ⇒ **dessecação**   (De *dessecar+-mento*)

dessecar v.tr. **1** secar completamente; enxugar **2** reduzir a pó seco **3** tornar árido e improdutivo; mirrar **4** tornar insensível   (Do lat. *desiccāre*, «secar»)

dessecativo adj. **1** que faz dessecar **2** diz-se do medicamento cicatrizante   (Do lat. *desiccatīvu-*, «id.»)

dessedentar v.tr. **1** matar a sede a; levar a beber; saciar **2** refrescar ■ v.pron. matar a sede   (De *des-+sedento+-ar*)

dessegredo n.m. falta de segredo; publicidade   (De *des-+segredo*)

desseguir v.tr. não seguir; desacompanhar; abandonar   (De *des-+seguir*)

dessegurar v.tr. **1** diminuir ou tirar a segurança a **2** deixar de segurar   (De *des-+segurar*)

desseivar v.intr. perder a seiva; secar ■ v.tr. [regionalismo] lavar e bater (as meadas) antes de as embarrelar   (De *des-+seiva+-ar*)

desselar¹ v.tr. tirar a sela a   (De *des-+selar*)

desselar² v.tr. tirar o selo a   (De *des-+selar*)

desseleccionar ver nova grafia **desselecionar**

desselecionar v.tr. INFORMÁTICA anular a seleção prévia de dados ou elementos no ecrã do computador   (De *des-+seleccionar*)

dessemelhança n.f. [Brasil] ⇒ **dissemelhança**   (De *des-+semelhança*)

dessemelhante adj.2g. [Brasil] ⇒ **dissemelhante**   (De *des-+semelhante*)

dessemelhar v.tr.,intr. [Brasil] ⇒ **dissemelhar**   (De *des-+semelhar*)

dessensibilização n.f. **1** ato ou efeito de dessensibilizar **2** MEDICINA método terapêutico para combater a hipersensibilidade de indivíduos alérgicos a certas substâncias   (De *dessensibilizar+-ção*)

dessensibilizador adj. que provoca dessensibilização; que dessensibiliza; dessensibilizante   (De *dessensibilizar+-dor*)

dessensibilizante adj.2g. que atua dessensibilizando; dessensibilizador   (De *dessensibilizar+-ante*)

dessensibilizar v.tr. **1** tornar insensível ou menos sensível a; insensibilizar **2** MEDICINA diminuir a sensibilidade ou a intolerância (do organismo) a certos agentes alergénicos; provocar dessensibilização em ■ v.pron. tornar-se insensível   (De *des-+sensibilizar*)

dessentir v.tr. **1** deixar de sentir **2** perder o sentido de   (De *des-+sentir*)

dessepultar v.tr. **1** tirar da sepultura; exumar **2** [fig.] descobrir **3** patentear   (De *des-+sepultar*)

desserviçal *adj.2g.* que não é serviçal (De *des-+serviçal*)
desserviço *n.m.* mau serviço (embora feito com boas intenções); desfavor; prejuízo (De *des-+serviço*)
desservir *v.tr.* fazer um desserviço a; prejudicar ■ *v.intr.* não servir (De *des-+servir*)
dessesmar *v.tr.* juntar (as sesmas ou sesmarias que estavam divididas) (De *des-+sesmar*)
dessexuado /cs/ *adj.* 1 que não tem sexo 2 [fig.] isento de apetites sexuais 3 castrado (De *des-+sexuado*)
dessinalado *adj.* que não tem sinal (De *des-+sinal+-ado*)
dessincronizado *adj.* que não é coincidente no tempo; que não se realiza simultaneamente; sem sincronismo (Part. pass. de *dessincronizar*)
dessincronizar *v.tr.* fazer perder o sincronismo ■ *v.intr.,pron.* deixar de estar sincronizado (De *des-+sincronizar*)
dessiso *n.m.* falta de siso (De *des-+siso*)
dessistema *n.m.* desorganização; falta de sistema ou método (De *des-+sistema*)
dessisudo *adj.* 1 que não é sisudo; prazenteiro; jovial 2 a quem falta o siso; estouvado (De *des-+sisudo*)
dessitiar *v.tr.* levantar o sítio a; descercar (De *des-+sitiar*)
dessoante *adj.2g.* ⇒ **dissonante** (De *dessoar+-ante*)
dessoar *v.tr.,intr.* não soar bem; destoar (De *des-+soar*)
dessobraçar *v.tr.* tirar de debaixo do braço (De *des-+sobraçar*)
dessociável *adj.2g.* não sociável; intratável (De *des-+sociável*)
dessoçobrar *v.tr.,intr.* tirar ou sair do fundo ou de dentro da água; desafundar(-se) (De *des-+soçobrar*)
dessoçobro *n.m.* ato ou efeito de dessoçobrar (Deriv. regr. de *dessoçobrar*)
dessocorrer *v.tr.* não socorrer; abandonar; desprezar (De *des-+socorrer*)
dessolar *v.tr.* tirar a sola a (De *des-+solar*)
dessoldar *v.tr.* tirar a solda a; separar; desunir ■ *v.intr.,pron.* despegar-se (o que estava soldado); separar-se (De *des-+soldar*)
dessolhar *v.tr.* arrancar o soalho a (De *des-+solhar*)
dessoramento *n.m.* 1 ato ou efeito de dessorar ou dessorar-se 2 abatimento; fraqueza (De *dessorar+-mento*)
dessorar *v.tr.* 1 converter em soro 2 aguar 3 tirar a substância a; enfraquecer 4 estragar; corromper ■ *v.pron.* 1 perder a substância 2 corromper-se 3 esvair-se (De *des-+sorar*)
dessossegar *v.tr.,pron.* ⇒ **desassossegar** (De *des-+sossegar*)
dessossego *n.m.* ⇒ **desassossego** (Deriv. regr. de *dessossegar*)
dessoterrar *v.tr.* desenterrar (De *des-+soterrar*)
dessoutro contração da preposição de + o pronome demonstrativo *essoutro*
dessuar *v.intr.* deixar de suar ■ *v.tr.* enxugar o suor (De *des-+suar*)
dessubjugar *v.tr.* livrar do jugo ou da sujeição (De *des-+subjugar*)
dessubstanciar *v.tr.* 1 tirar a substância de 2 espremer (De *des-+substanciar*)
dessudação *n.f.* sudação muito intensa (De *des-+sudação*)
dessuetude *n.f.* falta de costume; desábito (Do lat. *desuetudine-*, «falta de hábito; desuso»)
dessujar *v.tr.* limpar a sujidade a (De *des-+sujar*)
dessujeito *adj.* que não está sujeito; independente (De *des-+sujeito*)
dessulfuração *n.f.* ato de dessulfurar (De *dessulfurar+-ção*)
dessulfurar *v.tr.* tirar ou separar o enxofre de (De *des-+sulfurar*)
dessultor *n.m.* 1 cavaleiro romano que, nos jogos públicos, saltava de um cavalo para outro 2 volteador (Do lat. *desultōre-*, «id.»)
dessultório *adj.* 1 que salta de um lado para outro 2 de volteio; volteador (Do lat. *desultoriŭ-*, «id.»)
dessumir *v.tr.* tirar por dedução; inferir (Do lat. *desumĕre*, «escolher»)
dessuspeitoso /ô/ *adj.* em que não há suspeita (De *des-+suspeitoso*)
destabilização *n.f.* ⇒ **desestabilização** (De *destabilizar+-ção*)
destabilizar *v.tr.* ⇒ **desestabilizar** (De *des-+estabilizar*)
destacado *adj.* 1 que se destacou 2 que não está unido ou agrupado; solto; isolado 3 que está em evidência; saliente 4 diz-se de um profissional colocado provisoriamente em departamento ou local diferente daquele onde normalmente exerce as suas funções ■ *n.m.* 1 MÚSICA modo de execução dos sons correspondentes a cada nota de forma a ficarem separados entre si, indicado por meio de um acento colocado sobre as notas ou por baixo delas 2 MÚSICA nos instrumentos de cordas friccionadas, designa uma técnica de arco conhecida como staccato (Part. pass. de *destacar*)
destacamento *n.m.* 1 ato ou efeito de destacar 2 força militar no cumprimento de uma missão, isolada da unidade a que pertence 3 seleção de um grupo ou de elementos de um grupo para exercer uma atividade em determinado local 4 situação provisória de um profissional que exerce funções em departamento ou local diferente daquele onde normalmente trabalha (De *destacar+-mento*, ou do fr. *détachement*, «id.»)
destacar *v.tr.* 1 enviar (grupo de soldados) para fazer serviço fora do corpo a que pertence 2 escolher um grupo ou um elemento para exercer uma atividade em determinado local 3 pôr fora 4 separar 5 sublinhar; salientar ■ *v.pron.* 1 separar-se 2 distinguir-se; salientar-se; sobrelevar (Do lat. **destaccāre*, «id.», pelo fr. *détacher*, «id.», pelo cast. *destacar*, «destacar»)
destacável *adj.2g.* 1 que se pode destacar 2 separável ■ *n.m.* parte separável de uma publicação (De *destacar+-vel*)
destalar *v.tr.* 1 tirar os rebentos a (árvores) 2 tirar os grelos a (batatas) (De *des-+talo+-ar*)
destampado *adj.* 1 sem tampa; destapado 2 [fig.] descomedido; disparatado (Part. pass. de *destampar*)
destampar *v.tr.* 1 tirar o tampo ou a tampa a; destapar 2 [fig.] disparatar; despropositar (De *des-+tampar*)
destampatório *n.m.* 1 [pop.] gritaria; discussão violenta 2 [pop.] disparate; despropósito (De *destampar+-tório*)
destaninizar *v.tr.* tirar o tanino a (De *des-+tanino+-izar*)
destanizar *v.tr.* ⇒ **destaninizar** (De *destanizar*, com hapl.)
destapamento *n.m.* ato ou efeito de destapar (De *destapar+-mento*)
destapar *v.tr.* 1 descobrir ou abrir (o que estava tapado) 2 tirar o tampo ou a tampa de (De *des-+tapar*)
destaque *n.m.* 1 qualidade ou estado do que sobressai 2 (esgrima) golpe que consiste em fazer passar o florete por baixo do florete contrário; *de ~* de vulto, distinto, importante; *em ~* saliente (Deriv. regr. de *destacar*)
destartarização *n.f.* remoção de placa bacteriana, tártaro e manchas da borda dos dentes ou da parte superior das gengivas, realizada com aparelhos ultrassónicos e jatos de bicarbonato, seguida de polimento dos dentes e aplicação de flúor (De *destartarizar+-ção*)
destartarizar *v.tr.* remover placa bacteriana, tártaro e manchas da borda dos dentes ou da parte superior das gengivas (De *des-+tartarizar*)
destarte *adv.* deste modo; desta forma; assim (De *desta+arte*)
deste /ê/ contração da preposição *de* + o pronome demonstrativo *este*
destecedura *n.f.* ato ou efeito de destecer (De *destecer+-dura*)
destecer *v.tr.* 1 desmanchar ou desfazer o tecido de 2 [fig.] desenredar; destramar (De *des-+tecer*)
destelar *v.intr.* [regionalismo] cair (o fruto) da árvore, acidentalmente ou após a maturação (Do lat. *destillāre*, «cair gota a gota»)
destelhamento *n.m.* ato ou efeito de destelhar (De *destelhar+-mento*)
destelhar *v.tr.* 1 tirar as telhas a 2 [fig.] descobrir (De *des-+telhar*)
destelo *n.m.* 1 [regionalismo] ato, efeito ou época de destelar 2 [regionalismo] azeitona que cai da árvore (Deriv. regr. de *destelar*)
destemer *v.tr.* não temer (De *des-+temer*)
destemeroso /ô/ *adj.* destemido; valente; corajoso (De *des-+temeroso*)
destemidez *n.f.* qualidade de destemido; ânimo; coragem; intrepidez (De *destemido+-ez*)
destemido *adj.* que não tem temor; corajoso; arrojado; intrépido (Part. pass. de *destemer*)
destemor *n.m.* falta de temor; audácia; intrepidez (De *des-+temor*)
destêmpera *n.f.* 1 operação de fazer perder a têmpera ao aço 2 [fig.] descomedimento 3 [fig.] briga (De *des-+têmpera*)
destemperadamente *adv.* 1 disparatadamente 2 desafinadamente (De *destemperado+-mente*)
destemperado *adj.* 1 sem tempero; insulso; desenxabido 2 (aço) sem têmpera 3 que baixou de temperatura 4 (instrumento musical) desafinado 5 (tinta, vinho, molho) aguado 6 [pop.] com diarreia 7 [fig.] disparatado 8 [fig.] desregrado; insensato (De *des-+temperado*)
destemperança *n.f.* ⇒ **intemperança** (De *des-+temperança*)
destemperar *v.tr.* 1 proceder à destêmpera de (aço, ferro) 2 atenuar o sabor de; aguar 3 provocar o abaixamento de temperatura de (um líquido) pela adição de uma porção fria do mesmo ou de outro líquido 4 diminuir a consistência de (uma tinta), misturando-lhe água 5 desafinar (instrumento musical) 6 desentoar 7 desorganizar 8 desarranjar (intestinos) ■ *v.intr.* 1 (aço) perder a têmpera 2 disparatar; despropositar ■ *v.pron.* 1 desafinar-se 2 descomedir-se (De *des-+temperar*)

destempero n.m. 1 ato ou efeito de destemperar 2 falta de tempero 3 desafinação 4 descomedimento 5 disparate; despropósito 6 [pop.] diarreia (Deriv. regr. de *destemperar*)

destempo elem.loc.adv. *a ~* fora de horas; despropositadamente (De *des-+tempo*)

desteridade n.f. ⇒ **destreza** (Do lat. *dexteritāte-*, «destreza»)

desterrar v.tr. 1 expulsar da pátria ou da localidade onde vive; expatriar; exilar; banir; proscrever 2 afastar; afugentar 3 fazer cessar 4 libertar (qualquer coisa) da terra que cobre ou obstrui ■ v.pron. 1 sair da pátria 2 [fig.] afastar-se para local distante ou ermo (De *des-+terra+-ar*)

desterro n.m. 1 ação ou efeito de desterrar ou desterrar-se 2 expulsão da pátria ou da terra onde reside; expatriação 3 lugar onde vive pessoa que foi obrigada a abandonar a sua terra 4 degredo; exílio 5 [fig.] sítio ermo (Deriv. regr. de *desterrar*)

desterroador adj. que desterroa ■ n.m. 1 aquilo que desterroa 2 máquina para desterroar (De *desterroar+-dor*)

desterroamento n.m. ato ou efeito de desterroar; desterroamento (De *desterroar+-mento*)

desterroar v.tr. 1 desfazer os torrões de; esterroar; destorroar 2 tirar terra de (De *des-+terrão+-ar*)

destetar v.tr. privar da teta; desmamar (De *des-+teta+-ar*)

destilação n.f. 1 ato ou efeito de destilar 2 QUÍMICA processo de separação, concentração e purificação de um líquido, em que este é levado à ebulição e o vapor resultante é condensado 3 exsudação; gotejamento (Do lat. *destillatiōne-*, «de fluxo»)

destilado adj. 1 que sofreu destilação 2 QUÍMICA diz-se da água isenta de sais minerais ■ n.m. QUÍMICA líquido recolhido no processo de condensação de vapores (Part. pass. de *destilar*)

destilador adj. que destila ■ n.m. aparelho para destilação; alambique (De *destilar+-dor*)

destilar v.tr. 1 QUÍMICA fazer a destilação de 2 exsudar; transpirar 3 deixar cair gota a gota 4 [fig.] insinuar; infundir pouco a pouco ■ v.intr. cair ou escorrer em gotas (Do lat. *destillāre*, «id.»)

destilaria n.f. instalação fabril para destilação (De *destilar+-aria*)

destilatório adj. que serve para destilar (De *destilar+-tório*)

destimidez /ê/ n.f. 1 qualidade ou estado de quem não é tímido 2 ausência ou perda de timidez; destemor; ousadia (De *des-+timidez*)

destímido adj. que não é tímido; desembaraçado; expedito (De *des-+tímido*)

destinação n.f. 1 ato ou efeito de destinar 2 destino; fim 3 aplicação 4 marcação (Do lat. *destinatiōne-*, «resolução»)

destinador adj.,n.m. que ou aquele que destina (De *destinar+-dor*)

destinar v.tr. 1 determinar com antecipação o fim ou aplicação de; reservar; designar 2 resolver; decidir ■ v.pron. 1 dirigir-se 2 dedicar-se 3 propor-se 4 preparar-se para (Do lat. *destināre*, «id.»)

destinatário n.m. 1 pessoa a quem se destina ou endereça alguma coisa 2 GRAMÁTICA entidade à qual é dirigida, num processo de comunicação, uma mensagem; recetor (Do fr. *destinataire*, «id.»)

destingir v.tr. fazer perder a tinta ou a cor ■ v.intr.,pron. perder a cor; desbotar (De *des-+tingir*)

destino n.m. 1 poder superior à vontade do homem que se supõe fixar de maneira irrevogável o curso dos acontecimentos; fatalidade 2 sucessão de factos que constituem a vida de alguém e que se crê serem independentes da sua vontade; fado 3 fim para que se reserva alguma coisa; uso; emprego; aplicação 4 lugar a que se dirige alguém ou alguma coisa; rumo; direção; *sem ~* ao acaso (Deriv. regr. de *destinar*)

destinto adj. que perdeu a tinta; destingido (Part. pass. irreg. de *destingir*)

destituição n.f. 1 ato ou efeito de destituir ou ser destituído; demissão 2 deposição 3 privação de dignidade ou cargo (Do lat. *destitutiōne-*, «abandono»)

destituído adj. 1 demitido; exonerado 2 carecido; pobre (Part. pass. de *destituir*)

destituir v.tr. 1 privar de um emprego, autoridade ou dignidade; exonerar; depor 2 privar (Do lat. *destituĕre*, «abandonar»)

destoante adj.2g. 1 que destoa; que não condiz 2 desafinado (De *destoar+-ante*)

destoar v.intr. 1 sair do tom; desafinar 2 soar mal 3 [fig.] desagradar ■ v.tr. não condizer com; não se conformar com (De *des-+tom+-ar*)

destocador n.m. aparelho para arrancar tocos (De *destocar+-dor*)

destocar[1] v.tr. 1 arrancar os tocos ou cepos em 2 [Brasil] escanhoar (a barba) (De *des-+toco+-ar*)

destocar[2] v.tr. fazer sair da toca (De *des-+toca+-ar*)

destocar[3] v.tr. fender; separar (De *des-+tocar*)

destoldar v.tr. 1 tirar o toldo ou a tolda a 2 [fig.] tornar límpido; aclarar 3 [fig.] alegrar ■ v.pron. [fig.] desanuviar-se; clarificar-se (De *des-+toldar*)

destolher v.tr. desentorpecer (De *des-+tolher*)

destom n.m. dissonância; desarmonia (De *des-+tom*)

destonar v.tr. tirar a tona a; descascar (De *des-+tona+-ar*)

destorar v.tr. 1 cortar os toros a (um tronco) 2 dividir em toros (De *des-+torar*)

destorcer v.tr. 1 endireitar (o que estava torcido) 2 torcer para o lado oposto 3 [fig.] mudar de assunto; disfarçar ■ v.intr. dar voltas em sentido contrário a outras ■ v.pron. 1 desfazer-se a torção 2 endireitar-se (De *des-+torcer*)

destorcimento n.m. ato ou efeito de destorcer (De *destorcer+-mento*)

destorpecer v.tr.,pron. ⇒ **desentorpecer** (De *des-+torpecer*)

destorroador adj.,n.m. ⇒ **desterroador** (De *destorroar+-dor*)

destorroamento n.m. ato ou efeito de destorroar; desterroamento (De *destorroar+-mento*)

destorroar v.tr. ⇒ **desterroar** (De *des-+torrão+-ar*)

destoucar v.tr. 1 tirar a touca a 2 desmanchar o toucado a; despentear; desguedelhar 3 [fig.] desornar (De *des-+toucar*)

destouticado adj. sem toutiço; estouvado; leviano (De *des-+toutiço+-ado*)

destoutro contração da preposição *de* + *o* pronome demonstrativo *estoutro*

destra n.f. ⇒ **dextra** (Do lat. *dextra-*, «mão direita»)

destraçar v.tr. ⇒ **descruzar** (De *des-+traçar*)

destramar v.tr. 1 desfazer a trama de; destecer 2 [fig.] deslindar; descobrir e frustrar (uma trama) (De *des-+tramar*)

destrambelhado adj. 1 [pop.] desorganizado 2 [pop.] disparatado; descomedido 3 [pop.] desnorteado 4 [pop.] amalucado ■ n.m. [pop.] indivíduo amalucado (Part. pass. de *destrambelhar*)

destrambelhamento n.m. 1 ato ou efeito de destrambelhar ou destrambelhar-se 2 desnorteamento 3 maluqueira (De *destrambelhar+-mento*)

destrambelhar v.tr. fazer perder a calma, o bom senso ■ v.intr.,pron. 1 disparatar 2 desarranjar-se; desorganizar-se (De *des-+trambelho+-ar*)

destrambelho /ê/ n.m. 1 [pop.] desarranjo; desordem 2 [pop.] disparate 3 [pop.] desnorteamento 4 [pop.] maluqueira (Deriv. regr. de *destrambelhar*)

destramente adv. 1 com destreza; habilmente 2 prontamente (De *destro+-mente*)

destrancar v.tr. tirar a tranca a (De *des-+trancar*)

destrançar v.tr. desfazer a trança a; desentrançar (De *des-+trança+-ar*)

destratar[1] v.tr. tratar mal; insultar (De *des-+tratar*)

destratar[2] v.tr.,pron. [Cabo Verde] despachar(-se) (Do crioulo cabo-verdiano *distrata(r)*, «idem», de *tratar*, como reforço)

destravado adj. 1 que não está travado 2 sem travão 3 livre de peias 4 [fig.] desbocado; insolente 5 [fig.] desvairado; maluco (Part. pass. de *destravar*)

destravar v.tr. 1 alargar, desapertar o travão de 2 desprender as peias a ■ v.tr.,pron. [pop.] soltar(-se); libertar(-se) ■ v.intr. 1 [pop.] desvairar; alucinar 2 [pop.] (animais) defecar (De *des-+travar*)

destreinado adj. 1 que não tem treino; desacostumado de certos exercícios 2 que não está em boa forma física (Part. pass. de *destreinar*)

destreinar v.tr. fazer perder o treino; desadestrar ■ v.pron. 1 perder o treino 2 desacostumar-se (De *des-+treinar*)

destrelar v.intr. (céu) ficar sem estrelas (De *des-+estrelar*)

destreza n.f. 1 qualidade de destro 2 agilidade; jeito 3 sagacidade 4 habilidade manual, particularmente nos movimentos delicados, que se manifesta pela precisão e pela rapidez (De *destro+-eza*)

destribalizar v.tr. tirar (alguém) do ambiente original de carácter tribal e conformá-lo pela influência de uma educação estranha a esse ambiente (De *des-+tribalizar*)

destribar-se v.pron. perder os estribos ou o apoio (De *des-+estribar*)

destrímano adj.,n.m. que ou aquele que, de preferência, se serve da mão direita (Do lat. *dextrimănu-*, «id.», de *dextra-*, «direita» + *manu-*, «mão»)

destrinça n.f. 1 ato ou efeito de destrinçar 2 separação minuciosa; discriminação 3 esclarecimento 4 [regionalismo] distribuição proporcional de um foro ou de águas de rega (Deriv. regr. de *destrinçar*)

destrinçador adj.,n.m. que ou aquele que destrinça (De *destrinçar+-dor*)

destrincar v.tr. 1 tirar as trincas (cabos) a 2 desconsertar 3 desaparelhar (De *des-+trinca+-ar*)

destrinçar v.tr. 1 desenredar; desenlear 2 expor minuciosamente 3 individualizar; discriminar 4 diferençar ao longe (Do lat. *districtiāre*, «apartar; partir»)

destrinçável adj.2g. que se pode destrinçar (De *destrinçar+-vel*)

destripar v.tr. ⇒ **estripar** (De *des-+tripa+-ar*)

destripular v.tr. tirar a tripulação a (De *des-+tripular*)

destro /é/ adj. 1 que usa preferencialmente a mão direita 2 do lado direito 3 ágil; desembaraçado 4 perito; hábil 5 astuto (Do lat. *dextru-*, «direito»)

destroca n.f. 1 ato ou efeito de destrocar 2 anulação de uma troca (Deriv. regr. de *destrocar*)

destroçador adj.,n.m. 1 que ou o que destroça; destruidor 2 que ou o que cresta as colmeias (De *destroçar+-dor*)

destrocar v.tr. 1 desfazer a troca de 2 [pop.] (dinheiro) trocar uma quantia de dinheiro por valor igual em moedas ou notas de valores mais baixos (De *des-+trocar*)

destroçar v.tr. 1 dividir em troços (por meio da força) 2 dispersar 3 desbaratar 4 derrotar 5 arruinar; devastar 6 [fig.] causar grande dor moral a; dilacerar; atormentar ▪ v.intr. MILITAR desfazer uma formatura devido a uma voz de comando; dispersar (De *des-+troço+-ar*)

destroço /ô/ n.m. 1 ato ou efeito de destroçar 2 desbarate; destruição 3 ruína; devastação 4 pl. restos de algo que foi destruído; escombros (Deriv. regr. de *destroçar*)

destronação n.f. 1 ato ou efeito de destronar 2 perda ou deposição do trono 3 [fig.] descrédito; desprestígio (De *destronar+-ção*)

destronamento n.m. perda ou deposição do trono (De *destronar+-mento*)

destronar v.tr. 1 tirar do trono 2 destituir de um cargo muito elevado 3 fazer perder a primazia, a superioridade 4 substituir (na preferência) 5 [fig.] humilhar; abater (De *des-+trono+-ar*)

destroncar v.tr. separar do tronco; desmembrar; decepar (De *des-+tronco+-ar*)

destronização n.f. ⇒ **destronação** (De *destronizar+-ção*)

destronizar v.tr. ⇒ **destronar** (De *des-+trono+-izar*)

destruição n.f. 1 ato ou efeito de destruir 2 extermínação; eliminação 3 ruína; estrago 4 grande perda 5 aniquilação (Do lat. *destructiōne-*, «id.»)

destruidor adj. que destrói; demolidor; assolador ▪ n.m. 1 o que destrói 2 navio de guerra destinado a destruir torpedos; contratorpedeiro (Do lat. *destructōre-*, «id.»)

destruir v.tr. 1 proceder à destruição de; causar a destruição de; arruinar; devastar; assolar 2 desfazer 3 demolir 4 aniquilar; exterminar 5 extinguir; fazer desaparecer 6 [fig.] transtornar; perturbar ▪ v.intr. reduzir a nada; arrasar (Do lat. *destruĕre*, «id.»)

destruível adj.2g. que se pode destruir (De *destruir+-vel*)

destrunfar¹ v.tr. (jogo de cartas) tirar os trunfos a; obrigar a trunfar (De *des-+trunfo+-ar*)

destrunfar² v.tr. desfazer a trunfa a (De *des-+trunfa+-ar*)

destrutibilidade n.f. qualidade do que é destrutível (Do lat. *destructibilitāte-*, «id.»)

destrutível adj.2g. que pode ser destruído (Do lat. *destructibĭle-*, «id.»)

destrutividade n.f. ⇒ **clastomania** (De *destrutivo+-i-+-dade*)

destrutivismo n.m. teoria que defende a capacidade de destruição (De *destrutivo+-ismo*)

destrutivo adj. 1 que destrói 2 que causa danos irreparáveis (Do lat. *destructīvu-*, «id.»)

destrutor adj.,n.m. ⇒ **destruidor** (Do lat. *destructōre-*, «id.»)

desturvar v.tr. tirar a turvação a ▪ v.intr. ficar claro (o que estava turvo) (De *des-+turvar*)

desultrajar desagravar; desforçar (De *des-+ultrajar*)

desumanidade n.f. 1 falta de humanidade; crueldade 2 ato cruel; barbaridade (De *des-+humanidade*)

desumanização n.f. ato ou efeito de desumanizar ou desumanizar-se; perda das características do ser humano (De *des-+humanização*)

desumanizar v.tr.,pron. fazer perder ou perder o carácter humano; tornar(-se) desumano (De *des-+humanizar*)

desumano adj. que não tem humanidade; cruel; feroz (De *des-+humano*)

desumidificação n.f. eliminação da humidade do ar num espaço fechado através da condensação do vapor de água (De *desumidificar+-ção*)

desumidificador n.m. aparelho que serve para eliminar a humidade do ar ou outro gás num espaço fechado ▪ adj. que elimina a humidade (De *desumidificar+-dor*)

desumidificar v.tr. eliminar a humidade (de ar ou gás) num espaço fechado através da condensação do vapor de água (De *des-+humidificar*)

desumilde adj.2g. que não é humilde (De *des-+humilde*)

desunhar v.tr. 1 arrancar as unhas a 2 fatigar ▪ v.pron. 1 cansar-se 2 desembaraçar-se 3 açodar-se no trabalho (De *des-+unha+-ar*)

desunião n.f. 1 ato ou efeito de desunir 2 falta de união 3 estado do que está desunido 4 separação; divisão 5 [fig.] discórdia; desinteligência (De *des-+união*)

desunido adj. 1 não unido 2 separado 3 em desacordo; desarmonizado (Part. pass. de *desunir*)

desunificação n.f. ato ou efeito de desunificar; separação (De *desunificar+-ção*)

desunificar v.tr. desfazer a unificação de; separar (De *des-+unificar*)

desunir v.tr. 1 separar (o que estava unido) 2 desligar 3 afastar 4 desmembrar 5 [fig.] causar discórdia em; desarmonizar (De *des-+unir*)

desunível adj.2g. que se pode desunir; separável (De *desunir+-vel*)

desurdir v.tr. desfazer a urdidura de; destramar (De *des-+urdir*)

desusado adj. 1 que caiu em desuso; que já não é usado; antiquado 2 que não é vulgar; extraordinário; insólito (De *des-+usado*)

desusar v.tr. 1 não usar 2 deixar de usar ▪ v.pron. 1 não estar em uso 2 cair em desuso; prescrever (De *des-+usar*)

desuso n.m. falta de uso; ausência de aplicação; *cair em ~* deixar de ser usado (De *des-+uso*)

desusual adj.2g. 1 não usual; raro; inusitado 2 não empregado (De *des-+usual*)

desvaecer v.tr.,intr.,pron. ⇒ **desvanecer**

desvaidade n.f. ausência de vaidade; modéstia (De *des-+vaidade*)

desvaidoso /ô/ adj. sem vaidade; modesto (De *des-+vaidoso*)

desvair v.tr.,pron. ⇒ **esvair** (De *des-+esvair-se*)

desvairado adj. 1 que perdeu o juízo; louco; alucinado 2 exaltado 3 desorientado ▪ n.m. valdevinos; estroina (Part. pass. de *desvairar*)

desvairamento n.m. 1 ato ou efeito de desvairar 2 estado de exaltação; delírio; alucinação 3 desorientação (De *desvairar+-mento*)

desvairar v.tr. 1 fazer enlouquecer; alucinar 2 fazer perder a calma; irritar 3 dar maus conselhos a; iludir ▪ v.intr. 1 enfurecer-se 2 perder a cabeça; endoidecer ▪ v.pron. fazer desatinos; disparatar (Do cast. *desvariar*, «id.»)

desvairo n.m. 1 ato ou efeito de desvairar 2 estado de exaltação 3 alucinação; loucura (Deriv. regr. de *desvairar*)

desvaler v.tr. não valer a; não acudir a; desamparar ▪ v.intr. não ter valor (De *des-+valer*)

desvalia n.f. falta de valia; desvalimento (De *des-+valia*)

desvaliação n.f. ato ou efeito de desvaliar; depreciação (De *desvaliar+-ção*)

desvaliar v.tr. tirar ou diminuir a valia de; avaliar mal; desmerecer; depreciar (De *des-+valia+-ar*)

desvalidar v.tr. ⇒ **invalidar** (De *des-+validar*)

desvalido adj. 1 sem valimento, amparo ou proteção 2 miserável ▪ n.m. indivíduo pobre e desgraçado (De *des-+valido*)

desvalijar v.tr. 1 despojar 2 roubar a mala ou o alforge a (Do cast. *desvalijar*, «roubar o conteúdo de uma maleta»)

desvalimento n.m. 1 ato ou efeito de desvaler 2 falta ou perda de valimento ou proteção (De *des-+valimento*)

desvalioso /ô/ adj. não valioso; sem valia (De *des-+valioso*)

desvalor n.m. 1 perda ou diminuição de valor 2 perda da consideração ou do merecimento; descrédito 3 perda de coragem; cobardia (De *des-+valor*)

desvalorar v.tr.,intr.,pron. ⇒ **desvalorizar** (De *des-+valor+-ar*)

desvalorização n.f. 1 ato ou efeito de desvalorizar(-se) 2 perda ou diminuição de valor 3 ECONOMIA diminuição do valor da moeda de um país, em relação ao ouro ou a moedas estrangeiras 4 ECONOMIA perda do poder de compra de uma moeda, resultante da inflação 5 depreciação (De *desvalorizar+-ção*)

desvalorizador adj.,n.m. que ou aquele que desvaloriza; depreciador (De *desvalorizar+-dor*)

desvalorizar v.tr. tirar ou diminuir o valor a; depreciar ▪ v.intr.,pron. perder o valor; depreciar-se (De *des-+valorizar*)

desvalvulado adj. desprovido de válvulas (De *des-+valvulado*)

desvanecedor *adj.,n.m.* que, aquilo ou aquele que desvanece (De *desvanecer*+*-dor*)
desvanecer *v.tr.* **1** fazer passar; fazer desaparecer; dissipar **2** frustrar **3** envaidecer ■ *v.intr.* esmorecer ■ *v.pron.* **1** desaparecer; dissipar-se **2** desbotar; desmaiar **3** envaidecer-se; vangloriar-se (Do lat. *disvanescěre*, por *evanescěre*, «desaparecer»)
desvanecidamente *adv.* **1** com desvanecimento **2** vaidosamente (De *desvanecido*+*-mente*)
desvanecido *adj.* **1** dissipado; desfeito; apagado **2** desmaiado; desbotado **3** orgulhoso (Part. pass. de *desvanecer*)
desvanecimento *n.m.* **1** ato ou efeito de desvanecer ou desvanecer-se **2** esmorecimento; desaparecimento **3** vaidade; orgulho; presunção (De *desvanecer*+*-i-*+*-mento*)
desvanecível *adj.2g.* suscetível de se desvanecer (De *desvanecer*+*-i-*+*-vel*)
desvantagem *n.f.* **1** (assunto, competição) falta de vantagem; inferioridade **2** atraso **3** prejuízo; inconveniente (De *des-*+*vantagem*)
desvantajoso /ô/ *adj.* que oferece desvantagem; inconveniente; prejudicial (De *des-*+*vantajoso*)
desvão *n.m.* **1** espaço entre o telhado e o forro do último andar de uma casa **2** último andar de uma casa; águas-furtadas **3** lugar escondido; recanto; esconderijo (De *des-*+*vão*)
desvariar *v.tr.* causar desvario a; alucinar; endoidecer ■ *v.intr.* **1** perder a cabeça; desvairar; delirar **2** disparatar (De *des-*+*variar*)
desvario *n.m.* **1** ato ou efeito de desvariar **2** ato de loucura; desatino **3** extravagância **4** grande disparate (Deriv. regr. de *desvariar*)
desvelado[1] *adj.* **1** vigilante **2** extremoso **3** desperto; acordado **4** que está ou esteve a velar **5** arrasado por falta de sono (Part. pass. de *desvelar*, «não dormir»)
desvelado[2] *adj.* **1** sem véu **2** manifesto; claro **3** revelado (Part. pass. de *desvelar*, «tirar o véu a»)
desvelar[1] *v.tr.* não deixar dormir; provocar vigília a ■ *v.intr.* velar; passar sem dormir ■ *v.pron.* **1** ter muito cuidado **2** esforçar-se; esmerar-se (De *des-*+*velar*)
desvelar[2] *v.tr.* **1** tirar o véu a; descobrir **2** limpar; desembaciar **3** clarificar; tornar claro **4** manifestar **5** revelar (De *des-*+*velar*)
desvelejar *v.intr.* **1** fazer vela ou seguir rumo em direção diversa daquela em que ia navegando **2** amainar as velas (De *des-*+*velejar*)
desvelo *n.m.* **1** cuidado carinhoso **2** vigilância **3** zelo; atenção **4** extremo carinho **5** objeto ou pessoa por quem se têm esses sentimentos (Deriv. regr. de *desvelar*)
desvencelhar *v.tr.,pron.* ⇒ **desvencilhar** (De *des-*+*vencelho*+*-ar*)
desvencilhar *v.tr.,pron.* ⇒ **desenvencilhar** (De *des-*+*vencilho*+*-ar*)
desvendamento *n.m.* **1** ato ou efeito de desvendar ou desvendar-se **2** descoberta; revelação (De *desvendar*+*-mento*)
desvendar *v.tr.* **1** tirar a venda dos olhos a **2** patentear; mostrar **3** descobrir; solucionar **4** revelar ■ *v.pron.* **1** descobrir-se **2** manifestar-se **3** dar-se a conhecer (De *des-*+*vendar*)
desvendável *adj.2g.* que se pode desvendar (De *desvendar*+*-vel*)
desveneração *n.f.* ato ou efeito de desvenerar; falta de veneração; desrespeito; desacatamento (De *desvenerar*+*-ção*)
desvenerar *v.tr.* desacatar; desrespeitar (De *des-*+*venerar*)
desventração *n.f.* ato ou efeito de desventrar; estripação (De *desventrar*+*-ção*)
desventrar *v.tr.* rasgar o ventre a; estripar; desviscerar (De *des-*+*ventre*+*-ar*)
desventura *n.f.* falta de ventura; infelicidade; desdita (De *des-*+*ventura*)
desventurado *adj.,n.m.* que ou aquele que não tem ventura; desgraçado; desdituoso; infeliz (Part. pass. de *desventurar*)
desventurar *v.tr.* tornar desventuroso; desgraçar (De *des-*+*ventura*+*-ar*)
desventuroso /ô/ *adj.* que não é venturoso; inditoso; infeliz; infausto (De *des-*+*venturoso*)
desverdecer *v.intr.* **1** perder a cor verde **2** murchar (De *des-*+*verdecer*)
desvergonha /ô/ *n.f.* falta de vergonha; descaramento; atrevimento; petulância; desfaçatez (De *des-*+*vergonha*)
desvergonhado *adj.* ⇒ **desaverganhado** (Part. pass. de *desvergonhar*)
desvergonhamento *n.m.* ⇒ **desvergonha** (De *desvergonhar*+*-mento*)
desvergonhar *v.tr.* fazer perder a vergonha; tornar descarado ■ *v.pron.* perder a vergonha (De *des-*+*vergonha*+*-ar*)
desvertebrar *v.tr.* **1** tirar as vértebras a **2** [fig.] tirar a firmeza a; amolecer (De *des-*+*vértebra*+*-ar*)
desvestir *v.tr.,pron.* ⇒ **despir** (De *des-*+*vestir*)

desvezar *v.tr.* fazer perder o vezo; desacostumar (De *des-*+*vezar*)
desviado *adj.* **1** que fica longe; remoto **2** que se afastou do rumo certo **3** separado **4** que se afastou do caminho considerado certo; desencaminhado (Part. pass. de *desviar*)
desviador *adj.,n.m.* **1** que ou aquele que desvia **2** defletor (De *desviar*+*-dor*)
desviância *n.f.* (sociologia) comportamento considerado não conforme às expectativas, normas ou valores dos membros de um grupo (Do ing. *deviance*, «id.»)
desviante *adj.2g.* **1** que provoca desvio; que se desvia **2** que se afasta daquilo que é considerado aceitável; extravagante **3** perverso; corrompido (De *desviar*+*-ante*)
desviar *v.tr.* **1** tirar do caminho, rumo ou destino **2** afastar do ponto em que estava; mudar a direção de **3** mover num sentido diferente **4** alterar o fim ou o emprego de **5** subtrair fraudulentamente **6** fazer renunciar a um propósito ou a um objetivo; dissuadir ■ *v.pron.* **1** afastar-se **2** evitar **3** divergir; discordar (Do lat. *deviāre*, «desviar-se»)
desvidraçado *adj.* **1** a que tiraram ou partiram as vidraças **2** sem vidraças (Part. pass. de *desvidraçar*)
desvidraçar *v.tr.* tirar ou partir as vidraças a (De *des-*+*vidraça*+*-ar*)
desvidrado *adj.* que perdeu o vidrado ou o lustro; baço (Part. pass. de *desvidrar*)
desvidrar *v.tr.* retirar o brilho ou a transparência de uma superfície vidrada ■ *v.pron.* **1** perder o vidrado **2** perder a transparência **3** [fig.] deslustrar-se (De *des-*+*vidrar*)
desvigar *v.tr.* tirar as vigas ou o vigamento a (De *des-*+*vigar*)
desvigiar *v.tr.* **1** deixar de vigiar **2** não ter cuidado com; desatender (De *des-*+*vigiar*)
desvigorar *v.tr.* tirar o vigor a ■ *v.pron.* enfraquecer (De *des-*+*vigorar*)
desvigorizar *v.tr.,pron.* ⇒ **desvigorar** (De *des-*+*vigorizar*)
desvincar *v.tr.* tirar os vincos a; desenrugar; alisar (De *des-*+*vincar*)
desvinculação *n.f.* **1** ato ou efeito de desvincular **2** perda ou alienação dos vínculos **3** libertação de obrigações formais assumidas (De *desvincular*+*-ção*)
desvincular *v.tr.* **1** tornar alienáveis bens que representam vínculos **2** desligar; desatar **3** libertar de obrigação formal assumida ■ *v.pron.* **1** desligar-se **2** libertar-se de obrigação formal assumida (De *des-*+*vincular*)
desvio *n.m.* **1** ato ou efeito de desviar **2** mudança de direção **3** afastamento da posição normal **4** inclinação **5** volta; sinuosidade **6** via secundária, em geral mais longa do que a via direta, que serve de percurso alternativo **7** (dinheiro, bens alheios) extravio; descaminho; roubo **8** (documentos) desaparecimento; sumiço **9** afastamento de um padrão de comportamento considerado apropriado **10** evasiva; subterfúgio **11** lugar que se distancia da via principal; desvão **12** (caminho de ferro) linha secundária ligada à principal que se destina ao estacionamento de carruagens e vagões **13** mecanismo ferroviário que permite passar de uma linha a outra adjacente; ~ *da coluna vertebral* convexidade para a frente (lordose), convexidade para trás (cifose) ou convexidade lateral (escoliose) (Deriv. regr. de *desviar*)
desvio-padrão *n.m.* ESTATÍSTICA medida de dispersão dos valores de uma variável em torno da sua média
desvirar *v.tr.* virar do avesso (De *des-*+*virar*)
desvirginamento *n.m.* ato ou efeito de desvirginar (De *desvirginar*+*-mento*)
desvirginar *v.tr.* tirar a virgindade a; desflorar (De *des-* + lat. *virgĭne-*, «virgem»+*-ar*)
desvirgular *v.tr.* tirar ou não pôr as vírgulas em (De *des-*+*virgular*)
desvirilizar *v.tr.* destruir a virilidade de (De *des-*+*virilizar*)
desvirtuação *n.f.* **1** ato ou efeito de desvirtuar **2** redução ou eliminação do valor de algo ou de alguém **3** alteração das características que identificam alguma coisa; deturpação (De *desvirtuar*+*-ção*)
desvirtuamento *n.m.* ⇒ **desvirtuação** (De *desvirtuar*+*-mento*)
desvirtuar *v.tr.* **1** tirar a virtude, o merecimento a **2** julgar desfavoravelmente; desprestigiar; desprezar **3** tomar em mau sentido; deturpar **4** tirar a virgindade a (mulher); desflorar **5** desonrar; manchar; macular ■ *v.pron.* perder a virtude; depravar-se (De *des-* + lat. *virtus*, «virtude»+*-ar*)
desvirtude *n.f.* **1** falta de virtude **2** pecado; erro; defeito (De *des-*+*virtude*)
desvirtuoso /ô/ *adj.* que não possui virtude (De *des-*+*virtuoso*)
desviscerar *v.tr.* tirar as vísceras a; desventrar (De *des-*+*víscera*+*-ar*)
desvisgar *v.tr.* tirar o visgo a (De *des-*+*visgo*+*-ar*)

desvitalização

desvitalização *n.f.* **1** ação ou efeito de tirar a vitalidade a **2** MEDICINA destruição da polpa dentária
desvitalizar *v.tr.* **1** fazer perder a vitalidade; enfraquecer **2** MEDICINA extrair a polpa dentária (De *des-*+*vitalizar*)
desvitaminar *v.tr.* tirar as vitaminas a (De *des-*+*vitaminar*)
desvitrificação *n.f.* **1** PETROLOGIA passagem de uma rocha vítrea ao estado cristalino, após a solidificação **2** PETROLOGIA cristalização, em geral incipiente, de material vítreo presente na pasta de uma rocha eruptiva **3** QUÍMICA perda da transparência do vidro por ter sido submetido a temperaturas elevadas, embora inferiores ao seu ponto de fusão **4** processo através do qual o vidro passa do estado amorfo ao estado cristalino (De *des-*+*vitrificação*)
desvitrificar *v.tr.* **1** passar (um vidro) do estado amorfo ao cristalino **2** impedir a vitrificação de **3** tirar a aparência de vidro a; tornar baço (De *des-*+*vitrificar*)
desviver *v.intr.* deixar de viver; morrer ■ *v.tr.* fazer mudar de vida (De *des-*+*viver*)
desvizinhança *n.f.* **1** estado do que não é vizinho **2** afastamento (De *des-*+*vizinhança*)
desvizinhar *v.tr.* deixar de ser vizinho de; afastar-se para longe (De *des-*+*vizinhar*)
desvocalização *n.f.* ato ou efeito de desvocalizar (De *desvocalizar*+*-ção*)
desvocalizar *v.tr.* fazer que deixe de ser vocalizado ■ *v.pron.* **1** deixar de ser vocalizado **2** perder a qualidade de vogal (som) (De *des-*+*vocalizar*)
desvolumar *v.tr.* ⇒ **desavolumar** (De *des-*+*volumar*)
desvolvido *adj.* desprovido de volva (De *des-*+*volvado*)
desxadrezar *v.tr.* desmanchar o xadrez de; tirar a forma de xadrez a (De *des-*+*xadrezar*)
deszelar *v.tr.* não ter zelo por; descurar; desvigiar (De *des-*+*zelar*)
deszincagem *n.f.* operação de retirar o zinco (De *des-*+*zincagem*)
detalhar *v.tr.* **1** expor com minúcia; pormenorizar **2** distribuir (os contingentes militares) para cada serviço **3** ARQUITETURA desenhar com pormenor e exatidão **4** planear; delinear (Do fr. *détailler*, «particularizar; pormenorizar»)
detalhe *n.m.* **1** pormenor; minúcia; particularidade **2** distribuição de serviços militares **3** desenho de parte de uma obra feito a uma escala grande (Do fr. *détail*, «pormenor»)
deteção *n.f.* ato de detetar (Do lat. *detectiōne*-, «revelação», pelo ing. *detection*, ou pelo fr. *détection*, «id.»)
detecção ver nova grafia **deteção**
detectar ver nova grafia **detetar**
detectiva ver nova grafia **detetiva**
detective ver nova grafia **detetive**
detector ver nova grafia **detetor**
detença *n.f.* **1** ação ou efeito de deter **2** demora; dilação (Do lat. *detinentĭa*, part. pres. neut. pl. subst. de *detinēre*, «deter»)
detenção *n.f.* **1** ato ou efeito de deter(-se) **2** detença; demora **3** DIREITO posse **4** DIREITO prisão; aprisionamento **5** MILITAR pena disciplinar que se aplica a militares, impedindo-os de sair do quartel durante um número variável de dias (Do lat. *detentiōne*-, «id.»)
detentor *adj.* que detém, que possui ■ *n.m.* **1** aquele que detém, que possui **2** depositário **3** peça que impede a saída da culatra da respetiva caixa nas armas de fogo (Do lat. *detentōre*-, «id.»)
deter *v.tr.* **1** fazer parar; sustar **2** suspender; conter; refrear (sentimento, opinião) **3** demorar **4** reter em seu poder **5** proceder à prisão preventiva de; ter em prisão ■ *v.pron.* **1** parar; não avançar; não continuar **2** demorar-se **3** reprimir-se; conter-se **4** concentrar-se (Do lat. *detinēre*, «deter»)
detergente *adj.2g.* que deterge ou limpa ■ *n.m.* **1** substância química, em pó ou líquida, adicionada à água para limpar objetos, superfícies sólidas, fibras, tecidos, etc. **2** MEDICINA substância utilizada para limpar uma lesão que evolui lentamente, favorecendo a sua cicatrização (Do lat. *detergente*-, «id.», part. pres. de *detergēre*, «enxugar; limpar»)
detergir *v.tr.* **1** limpar por meio de substâncias químicas **2** MEDICINA limpar (ferida, lesão) (Do lat. *detergēre*, «enxugar; limpar»)
deterioração *n.f.* **1** ato ou efeito de deteriorar ou deteriorar-se **2** estrago; ruína; dano **3** agravamento; degeneração (Do lat. *deterioratiōne*-, «id.»)
deterioramento *n.m.* ⇒ **deterioração** (De *deteriorar*+*-mento*)
deteriorante *adj.2g.* que deteriora (Do lat. *deteriorante*-, «id.», part. pres. de *deteriorāre*, «deteriorar»)
deteriorar *v.tr.* **1** estragar; danificar **2** tornar pior em qualidade, aspeto ou valor **3** adulterar; alterar (alimentos, produtos) **4** complicar; fazer piorar (relações humanas) ■ *v.pron.* **1** estragar-se; corromper-se **2** complicar-se; tornar-se pior (Do lat. *deteriorāre*, «id.»)
deteriorável *adj.2g.* que se pode deteriorar (De *deteriorar*+*-vel*)
determinação *n.f.* **1** ato ou efeito de determinar ou determinar-se **2** resolução; decisão **3** segurança; firmeza **4** ordem superior; prescrição **5** fixação; demarcação **6** coragem; afoiteza **7** FILOSOFIA o que especifica ou individualiza um ser (Do lat. *determinatiōne*-, «limite»)
determinado *adj.* **1** demarcado; delimitado **2** definido **3** decidido; perseverante; resoluto ■ *det.indef.* >*quant. exist.* ᴰᵀ certo; dado (De *determinar*+*-ado*)
determinador *adj.,n.m.* que ou o que determina (Do lat. *determinatōre*-, «o que determina»)
determinante *adj.2g.* **1** que determina; determinador **2** que decide; decisivo ■ *n.f.* aquilo que provoca ou determina algo; causa; motivo ■ *n.m.* GRAMÁTICA palavra que precede e modifica um nome, delimitando a sua referência e indicando o seu género e número; *~ de uma matriz quadrada* MATEMÁTICA soma algébrica de todos os produtos de vários fatores afetados de coeficientes de paridade, formados tomando-se um só elemento de cada coluna e de cada linha (Do lat. *determinante*-, «id.», part. pres. de *determināre*, «determinar»)
determinar *v.tr.* **1** demarcar os termos ou os limites a; delimitar **2** indicar com exatidão **3** fixar **4** diferençar **5** resolver; decidir **6** ordenar **7** ocasionar; causar **8** persuadir; convencer **9** FILOSOFIA condicionar de modo necessário e suficiente **10** MATEMÁTICA encontrar; achar (a solução) ■ *v.pron.* **1** decidir-se **2** assentar (Do lat. *determināre*, «id.»)
determinativo *adj.* **1** que determina **2** definitivo **3** GRAMÁTICA que limita a extensão do significado de uma palavra, particularizando o seu conteúdo (Do lat. tard. *determinatīvu*-, «id.»)
determinável *adj.2g.* que pode ser determinado (Do lat. *determinabĭle*-, «id.»)
determinismo *n.m.* **1** conceção segundo a qual todos os acontecimentos são determinados por um conjunto de circunstâncias anteriores **2** FILOSOFIA teoria segundo a qual existem relações de causa e efeito (leis) entre fenómenos do Universo, de tal maneira que cada fenómeno é causado pelos seus antecedentes ou concomitantes e que, conhecidos estes, é possível prever aquele; *~ psicológico* doutrina que implica a negação do livre arbítrio e segundo a qual a vida psíquica é rigorosamente determinada (Do al. *Determinismus*, «id.», pelo fr. *déterminisme*, «id.»)
determinista *n.2g.* pessoa partidária do determinismo ■ *adj.2g.* relativo ao determinismo (Do fr. *déterministe*, «id.»)
detersão *n.f.* **1** ato ou efeito de detergir; limpeza **2** MEDICINA limpeza da superfície de uma ferida (Do lat. *detersiōne*-, «ação de limpar»)
detersivo *adj.* que deterge; detergente (Do lat. *detersu*-, part. pass. de *detergĕre*, «limpar», pelo fr. *détersif*, «detergente»)
detersório *adj.* ⇒ **detersivo** (Do lat. *detersu*-, «limpo» +*-ório*)
detestabilidade *n.f.* qualidade do que é detestável
detestação *n.f.* **1** ato ou efeito de detestar **2** sentimento de ódio ou de repulsa; abominação; antipatia; aversão (Do lat. *detestatiōne*-, «id.»)
detestando *adj.* ⇒ **detestável** (Do lat. *detestandu*-, «id.», ger. de *detestāri*, «abominar»)
detestar *v.tr.* **1** ter aversão a; não suportar **2** abominar; ter horror a; odiar **3** antipatizar com; aborrecer (Do lat. *detestāri*, «id.»)
detestável *adj.2g.* **1** digno de detestação; abominável **2** péssimo **3** antipático **4** insuportável (Do lat. *detestabĭle*-, «id.»)
detetar *v.tr.* **1** revelar a existência de (aquilo que se encontra oculto) **2** tornar percetível **3** encontrar (Do lat. *detectu*-, part. pass. de *detegĕre*, «descobrir; desvendar», pelo ing. *to detect*, «id.» +*-ar*)
detetiva *n.f.* **1** aparelho fotográfico especial **2** ⇒ **detetive** (De *detective*)
detetive *n.2g.* agente policial ou investigador privado que se dedica à obtenção de informação e provas sobre possíveis crimes (Do ing. *detective*, «que descobre»)
detetor *adj.* que deteta; que revela a existência ■ *n.m.* dispositivo destinado a revelar a existência de alguma coisa (radiações, partículas ionizantes, gases, minas explosivas, etc.); *~ de incêndios* dispositivo que faz soar um alarme sempre que a alteração das condições ambientais (aumento da temperatura, do fumo, etc.) possa ser sinal de incêndio; *~ de mentiras* aparelho que, através do registo de alterações a nível fisiológico, se destina a determinar se as afirmações de alguém são verdadeiras ou não; *~ de metais*

aparelho usado para revelar a existência de objetos metálicos (Do lat. *detectŏre*-, «o que descobre»)

detidamente *adv.* 1 vagarosamente 2 minuciosamente (De *detido*+*-mente*)

detido *adj.* 1 retardado; demorado 2 parado 3 preso provisoriamente 4 intercetado 5 MILITAR diz-se do militar a quem foi aplicada a pena de detenção ■ *n.m.* o que está preso; prisioneiro (Part. pass. de *deter*)

detonação *n.f.* 1 ato ou efeito de detonar 2 ruído causado por explosão 3 explosão extremamente rápida e de grande violência 4 fenómeno explosivo que se propaga a velocidade superior à do som e é acompanhado por uma onda de choque (De *detonar*+*-ção*)

detonador *adj.* que detona ■ *n.m.* 1 aquilo que detona 2 dispositivo que provoca a detonação de cargas explosivas (De *detonar*+*-dor*)

detonante *adj.2g.* que detona ou é suscetível de detonar (De *detonar*+*-ante*)

detonar *v.intr.* 1 fazer estrondo por efeito de explosão; explodir 2 ribombar; estrondear ■ *v.tr.* fazer explodir, acionando um mecanismo próprio (Do lat. *detonāre*, «trovejar»)

detração *n.f.* 1 ato ou efeito de detrair 2 difamação; depreciação; maledicência 3 murmuração (Do lat. *detractiōne*-, «maledicência»)

detracção ver nova grafia detração

detractivo ver nova grafia detrativo

detractor ver nova grafia detrator

detraente *adj.2g.* que detrai; infamante (Do lat. *detrahente*-, part. pres. de *detrahĕre*, «desconsiderar»)

detraidor *adj.,n.m.* ⇒ **detrator** (De *detrair*+*-dor*)

detrair *v.tr.* diminuir ou abater o crédito de; dizer mal de; difamar; depreciar (Do lat. *detrahĕre*, «desconsiderar»)

detrás *adv.* 1 na parte posterior 2 depois; ~ *de* na parte posterior de; *por* ~ 1 pela retaguarda; 2 pelas costas; 3 na origem (Do lat. *de*-+*trans*, «além de»)

detrativo *adj.* que detrai; depreciativo (De *detractu*-, part. pass. de *detrahĕre*, «puxar para baixo; depreciar» +*-ivo*)

detrator *adj.,n.m.* que ou aquele que detrai; difamador; maldizente (Do lat. *detractōre*-, «id.»)

detrição *n.f.* 1 ato de desfazer ou gastar por atrito 2 produção de detritos (Do lat. *detrītu*-, part. pass. de *deterĕre*, «gastar por atrito; desgastar»)

detrimento *n.m.* prejuízo; dano; *em* ~ *de* em desfavor de, com prejuízo de (Do lat. *detrimentu*-, «diminuição pelo atrito»)

detrítico *adj.* GEOLOGIA diz-se da rocha sedimentar constituída predominantemente por fragmentos de outras rochas; clástico (De *detrito*+*-ico*)

detritícola *adj.2g.* diz-se do animal que vive nos detritos; coprófilo (De *detrito*+*-cola*)

detrito *n.m.* 1 resíduo de uma substância que se desorganizou por atrito ou por qualquer outro motivo 2 resto de substância orgânica ou inorgânica que se decompôs 3 GEOLOGIA produto de qualquer erosão, em transporte ou depositado (Do lat. *detrītu*-, part. pass. de *deterĕre*, «gastar por atrito»)

detumescência *n.f.* 1 resolução de um tumor 2 desinchação (Do lat. *detumescentĭa*, part. pres. neut. pl. subst. de *detumescĕre*, «desinchar»)

detumescente *adj.2g.* 1 resolvido (tumor) 2 desinchado (Do lat. *detumescente*-, part. pres. de *detumescĕre*, «desinchar»)

deturbação *n.f.* ato ou efeito de deturbar; perturbação (De *deturbar*+*-ção*)

deturbar *v.tr.* ⇒ **perturbar** (Do lat. *deturbāre*, «deitar abaixo»)

deturpação *n.f.* 1 ato ou efeito de deturpar 2 desfiguração 3 alteração; modificação 4 desvirtuação (De *deturpar*+*-ção*)

deturpador *adj.,n.m.* que ou aquele que deturpa (De *deturpar*+*-dor*)

deturpar *v.tr.* 1 desfigurar; afear; tornar feio 2 mudar para pior; adulterar 3 alterar o sentido de; tomar em mau sentido; desvirtuar 4 viciar; corromper (Do lat. *deturpāre*, «desfigurar»)

déu *elem. expr.* **andar de ~ em ~** andar de casa em casa, de porta em porta, à procura de alguma coisa (De orig. obsc.)

deucaliano *adj.* 1 relativo a Deucalião, figura da mitologia grega 2 antediluviano (De *Deucalião*+*-ano*)

deus *n.m.* 1 [com maiúscula] FILOSOFIA princípio ou origem de todos os seres e origem e garantia de tudo o que de excelente existe no mundo 2 [com maiúscula] RELIGIÃO nas religiões monoteístas, ser absoluto e único, criador do Universo, infinitamente perfeito, necessário e eterno 3 RELIGIÃO nas religiões politeístas, ser superior que tem poder sobre o ser humano e ao qual é prestada veneração 4 [fig.] pessoa a quem se vota uma dedicação extrema 5 [fig.] o que é objeto de adoração e a que se sacrifica tudo o resto; **meu Deus!/ Santo Deus!** exclamação que exprime surpresa, espanto, admiração ou receio; **nem à mão de Deus Pai** por forma nenhuma (Do lat. *Deus*, «id.»)

deusa *n.f.* 1 RELIGIÃO divindade feminina 2 mulher adorada 3 [fig.] mulher extremamente bonita

deus-dará *elem.loc.adv.* **ao** ~ ao acaso; à aventura; à toa

deuterão *n.m.* QUÍMICA núcleo do átomo de deutério, ou hidrogénio pesado, formado por um protão e um neutrão (De *deutér[io]*+*[prot]ão*)

deutérico *adj.* GEOLOGIA diz-se das alterações que se dão numa rocha magmática durante as últimas fases da consolidação e em ligação com ela (Do lat. *deuterĭu*-, «secundário» +*-ico*)

deutério *n.m.* QUÍMICA isótopo do hidrogénio, de número de massa igual a dois e símbolo D (Do gr. *deúteros*, «segundo», pelo lat. *deuterĭu*-, «secundário», em referência à segunda forma do hidrogénio)

deutero- elemento de formação de palavras que exprime a ideia de *segunda vez* (Do gr. *deúteros*, «segundo»)

deuterocanónico *adj.,n.m.* que ou livro da Sagrada Escritura que foi incluído só num segundo elenco dos livros que são considerados inspirados por Deus (De *deutero*-+*canónico*)

deuterogamia *n.f.* situação de deuterógamo (Do gr. *deuterogamía*, «segundo casamento»)

deuterógamo *adj.,n.m.* que ou aquele que casa pela segunda vez (Do gr. *deuterógamos*, «casado pela segunda vez»)

deuterologia *n.f.* discurso com que o advogado replicava, nos antigos tribunais gregos (Do gr. *deuterología*, «discurso do orador que fala em segundo lugar»)

Deuteronómio *n.m.* RELIGIÃO quinto e último livro do Pentateuco (Do gr. *deuteronómion*, «segunda lei», pelo lat. *Deuteronomĭu*-, «id.»)

deuteropirâmide *n.f.* CRISTALOGRAFIA designação obsoleta da bipirâmide de 2.ª ordem, ocorrente em algumas classes dos sistemas hexagonal e tetragonal (De *deutero*-+*pirâmide*)

deuteroprisma *n.m.* CRISTALOGRAFIA designação obsoleta do prisma de 2.ª ordem, forma cristalográfica ocorrente nas classes dos sistemas hexagonal e trigonal (De *deutero*-+*prisma*)

deuteroscopia *n.f.* ⇒ **autoscopia** (Do gr. *deúteros*, «segundo» + *skopeĩn*, «olhar» +*-ia*)

deuterose *n.f.* 1 reprodução ou representação de uma coisa 2 segunda lei dos Judeus (Do gr. *deutérosis*, «ação de recomeçar»)

deuto- ⇒ **deutero-**

deutolécito *n.m.* BIOLOGIA parte do óvulo ou do ovo animal que contém as reservas nutritivas; vitelo de nutrição; deutoplasma (De *deuto*-+*lécito*)

deutoplasma *n.m.* ⇒ **deutolécito** (De *deuto*-+*plasma*)

devagar *adv.* 1 sem pressa; com pouca velocidade 2 pouco a pouco 3 lentamente (De *de*-+*vagar*)

devagarinho *adv.* muito devagar (De *devagar*+*-inho*)

devaneação *n.f.* ato ou efeito de devanear; meditação vaga; devaneio (De *devanear*+*-ção*)

devaneador *adj.,n.m.* que ou aquele que devaneia; sonhador; utopista (De *devanear*+*-dor*)

devanear *v.tr.* 1 fantasiar; sonhar 2 meditar ■ *v.intr.* 1 pensar em coisas vãs; divagar 2 dizer coisas sem sentido; delirar; desvairar (De *de*- + lat. *vanu*-, «coisa vã» +*-ear*)

devaneio *n.m.* 1 ato ou efeito de devanear 2 fantasia; sonho; quimera 3 desvario; delírio (Deriv. regr. de *devanear*)

devassa *n.f.* [ant.] inquirição de testemunhas para a elaboração de um processo criminal; sindicância; *tirar* ~ [ant.] instaurar processo criminal (Deriv. regr. de *devassar*)

devassado *adj.* 1 que foi objeto de devassa; investigado 2 franqueado à vista de todos 3 a que se acede facilmente (Part. pass. de *devassar*)

devassador *adj.,n.m.* 1 que ou o que devassa 2 que ou o que torna público; divulgador (De *devassar*+*-dor*)

devassamento *n.m.* 1 ato ou efeito de devassar 2 franqueamento de uma coisa que era defesa (De *devassar*+*-mento*)

devassar *v.tr.* 1 invadir o que é defeso 2 ter vista para dentro de 3 publicar; divulgar 4 descobrir, invadindo o que é privado 5 tornar devasso; corromper 6 averiguar; investigar ■ *v.pron.* 1 tornar-se devasso; prostituir-se; relaxar-se 2 tornar-se comum (Do lat. *divexāre*, «devastar»)

devassável *adj.2g.* que se pode devassar (De *devassar*+*-vel*)

devassidão *n.f.* qualidade de devasso; depravação de costumes; libertinagem; corrupção; dissolução (De *devasso*+*-idão*)

devasso *adj.* dissoluto; libertino; licencioso ■ *n.m.* indivíduo desregrado, depravado (Deriv. regr. de *devassar*)

devastação *n.f.* ato ou efeito de devastar; ruína; assolação; destruição (De *devastar*+-*ção*)

devastador *adj.,n.m.* que ou aquele que devasta; assolador (Do lat. *devastatōre*-, «id.»)

devastar *v.tr.* **1** destruir; assolar; arrasar **2** despovoar (Do lat. *devastāre*, «id.»)

deve *n.m.* **1** ECONOMIA (contabilidade) débito ou despesa que se lança nos livros contabilísticos **2** ECONOMIA (contabilidade) coluna do livro contabilístico onde se lançam as importâncias em dívida ou os valores existentes (De *dever*)

devedor *adj.,n.m.* que ou aquele que deve (Do lat. *debitōre*-, «id.»)

deve-haver *n.m.* **1** ECONOMIA (comércio) o débito e o crédito **2** ECONOMIA (comércio) contabilidade **3** ECONOMIA (comércio) livro das receitas e das despesas

deventrar *v.tr.* ⇒ **desventrar** (De *de-+ventre+-ar*)

deventre *n.m.* **1** ato ou efeito de deventrar **2** vísceras dos animais (Deriv. regr. de *deventrar*)

dever *v.tr.* **1** estar obrigado a **2** ter de dar ou prestar **3** ter de pagar **4** estar reconhecido a **5** ter de; precisar **6** ter dívidas ou compromissos **7** tencionar ∎ *v.pron.* **1** ter-se obrigação mútua **2** ter como causa; ser resultado de ∎ *v.aux.* **1** ser provável **2** ser necessário ∎ *n.m.* **1** obrigação moral **2** o que se é obrigado a fazer ou a evitar **3** o que impõem a consciência moral, as leis ou os costumes **4** *pl.* (escola) trabalhos por escrito que o professor manda fazer após uma aula (Do lat. *debēre*, «id.»)

deveras *adv.* verdadeiramente; a valer; realmente (De *de-+veras*)

deverbal *adj.2g.* LINGUÍSTICA derivado do radical de um verbo (De *de-+verbal*)

devesa *n.f.* **1** mata ou arvoredo em quinta ou cerrado; tapada; souto **2** campo fértil na margem de um rio (Do lat. *defensa*-, part. pass. fem. de *defendĕre*, «proibir»)

deviação *n.f.* desvio de rumo em viagem (Do lat. *deviatiōne*-, de *deviāre*, «sair da via»)

devidamente *adv.* **1** conforme o que deve ser **2** convenientemente (De *devido*+-*mente*)

devido *adj.* **1** que se deve **2** necessário; indispensável; obrigatório **3** merecido ∎ *n.m.* **1** o que se deve **2** o que é de direito **3** o justo; ~ *a* **1** por causa de; **2** graças a; *o prometido é* ~ deve-se cumprir o que se prometeu (Part. pass. de *dever*)

dévio *adj.* **1** tresmalhado; desviado **2** intransitável (Do lat. *devĭu*-, «desviado»)

devir *v.intr.* **1** vir a ser; transformar-se **2** suceder; acontecer ∎ *n.m.* **1** FILOSOFIA passagem de um estado a outro; mudança constante **2** FILOSOFIA (filosofia escolástica) passagem da potência ao ato (Do lat. *devenīre*, «chegar a»)

devitrificação *n.f.* ato ou efeito de devitrificar (De *devitrificar*+-*ção*)

devitrificar *v.tr.* tirar a aparência de vidro a (De *de*-+*vitrificar*)

devoção *n.f.* **1** RELIGIÃO sentimento religioso de dedicação e veneração **2** RELIGIÃO dedicação ao culto divino **3** RELIGIÃO prática religiosa **4** veneração **5** afeição; afeto (Do lat. *devotiōne*-, «id.»)

devocionário *n.m.* livro de orações (Do lat. *devotiōne*-, «devoção»+-*ário*)

devocioneiro *adj.* dado a devoções (De *devocionário*)

devocionismo *n.m.* devoção exagerada; beatério (Do lat. *devotiōne*-, «devoção»+-*ismo*)

devocionista *adj.,n.2g.* que ou aquele que exagera na sua devoção (Do lat. *devotiōne*-, «devoção»+-*ista*)

devolução *n.f.* **1** ato ou efeito de devolver **2** aquilo que é devolvido **3** restituição ao primeiro dono ou ao estado primitivo **4** DIREITO transferência de direito ou de propriedade (Do lat. med. *devolutiōne*-, «id.»)

devolutivo *adj.* que estabelece ou determina devolução (Do lat. *devolūtu*-, part. pass. de *devolvĕre*, «arrastar, rolando; precipitar» + -*ivo*)

devoluto *adj.* **1** vago; desocupado **2** não cultivado **3** DIREITO adquirido por devolução (Do lat. *devolūtu*-, part. pass. de *devolvĕre*, «arrastar, rolando; precipitar»)

devolutório *adj.* ⇒ **devolutivo** (De *devoluto*+-*ório*)

devolver *v.tr.* **1** enviar ou mandar de volta (o que tinha sido entregue, dado, emprestado, etc.); restituir; reenviar; recambiar **2** voltar a colocar em dado local **3** retribuir; dizer ou fazer em resposta **4** conceder; dar **5** não aceitar; rejeitar **6** transferir (direito, propriedade) **7** fazer rolar **8** [pop.] vomitar; bolçar ∎ *v.pron.* **1** desenvolver-se **2** decorrer (Do lat. *devolvĕre*, «arrastar, rolando; precipitar»)

devolvido *adj.* **1** que se devolveu; restituído; reenviado **2** decorrido; volvido (Part. pass. de *devolver*)

Devoniano *n.m.* GEOLOGIA ⇒ **Devónico** ∎ *adj.* [com minúscula] GEOLOGIA relativo ao Devoniano (De *Devon*, condado inglês +-*iano*)

Devónico *n.m.* GEOLOGIA período do Paleozoico posterior ao Silúrico e anterior ao Carbónico, em que surgem os primeiros anfíbios ∎ *adj.* [com minúscula] GEOLOGIA relativo ao Devónico (De *Devon*, condado inglês +-*ico*)

devorador *adj.,n.m.* **1** que, aquele ou aquilo que devora **2** que ou que consome **3** insaciável (Do lat. *devoratōre*-, «id.»)

devorante *adj.2g.* **1** que devora **2** que consome rapidamente ∎ *n.f.* fome extrema; grande apetite (Do lat. *devorante*-, part. pres. de *devorāre*, «engolir»)

devorar *v.tr.* **1** comer com sofreguidão; tragar; engolir de uma só vez **2** consumir; fazer desaparecer depressa; destruir **3** roer; corroer **4** fazer (ler, ouvir, olhar, etc.) com avidez, com interesse **5** cobiçar **6** percorrer rapidamente **7** afligir **8** sofrer a custo; suportar (afronta, dor moral, etc.) ∎ *v.pron.* consumir-se (Do lat. *devorāre*, «tragar; devorar»)

devorismo *n.m.* **1** [pop.] gasto exagerado **2** dissipação da fazenda pública em proveito próprio ou de alguém (De *devorar*+-*ismo*)

devorista *n.2g.* pessoa que pratica o devorismo (De *devorar*+-*ista*)

devotação *n.f.* ato ou efeito de devotar ou devotar-se; devotamento (Do lat. *devotatiōne*-, «dedicação; devoção»)

devotamento *n.m.* ⇒ **devotação** (De *devotar*+-*mento*)

devotar *v.tr.* **1** oferecer em voto **2** consagrar; dedicar; tributar; destinar ∎ *v.pron.* votar-se; dedicar-se (Do lat. *devotāre*, «dedicar; consagrar»)

devoto *adj.* **1** que tem devoção; religioso **2** que inspira devoção **3** que é objeto de culto especial **4** dedicado ∎ *n.m.* **1** indivíduo que tem devoção; indivíduo religioso **2** admirador **3** amigo dedicado (Do lat. *devōtu*-, «id.», part. pass. de *devovēre*, «dedicar; consagrar»)

dexteridade *n.f.* qualidade de destro; destreza (Do lat. *dexteritāte*-, «destreza»)

dextra *n.f.* mão direita; destra (Do lat. *dextra*- «mão direita»)

dextralidade *n.f.* tendência espontânea para utilizar a mão direita (dextralidade manual) ou o olho direito na visão monocular (dextralidade ocular) (Do fr. *dextralité*, «dextralidade», do lat. *dextra*-, «mão direita»)

dextri- ⇒ **dextro-**

dextrímano *adj.,n.m.* que ou aquele que se serve de preferência com a mão direita (De *dextri*-+-*mano*)

dextrina *n.f.* QUÍMICA substância gomosa, solúvel na água, obtida por hidrólise parcial do amido (Do fr. *dextrine*, «id.», porque desvia para a direita o plano da luz polarizada)

dextrivolúvel *adj.2g.* (tronco, gavinhas) que se enrola da esquerda para a direita (De *dextri*-+*volúvel*)

dextro- elemento de formação de palavras que exprime a ideia de direito (Do lat. *dextru*-, «direito»)

dextrocardia *n.f.* MEDICINA desvio do coração para o lado direito do tórax (Do lat. *dextru*-, «direito» + gr. *kardía*, «coração»)

dextrocardíaco *adj.* **1** relativo à dextrocardia **2** que possui dextrocardia (De *dextrocardia*+-*aco*)

dextrogiro *adj.* QUÍMICA diz-se das substâncias que têm a propriedade de fazer rodar o plano da polarização da luz no sentido do movimento dos ponteiros de um relógio (quando se olha para a luz através da substância) (Do fr. *dextrogyre*, «id.»)

dextrorso *adj.* que se desenvolve, desloca, gira, torce, da esquerda para a direita, no sentido em que observamos o movimento dos ponteiros de um relógio (Do lat. *dextrorsu*-, «do lado direito»)

dextrose *n.f.* QUÍMICA ⇒ **glicose** (Do fr. *dextrose*, «id.»)

dextrossinistro *adj.* que se estende da direita para a esquerda (Do lat. *dextru*-, «direito» + *sinistru*-, «esquerdo»)

dextrosúria *n.f.* ⇒ **glicosúria** (De *dextrose*+-*úria*)

dez *num.card.* >*quant.num.* ^{DT} nove mais um; uma dezena ∎ *n.m.2n.* **1** o número 10 e a quantidade representada por esse número **2** o que, numa série, ocupa o décimo lugar **3** carta de jogar com dez pintas (Do lat. *dece*-, «id.»)

dezanove *num.card.* >*quant.num.* ^{DT} dez mais nove ∎ *n.m.* **1** o número 19 e a quantidade representada por esse número **2** o que, numa série, ocupa o décimo nono lugar (Do lat. *decem ac novem*, «dez e nove»)

dezasseis *num.card.* >*quant.num.* ^{DT} dez mais seis ∎ *n.m.2n.* **1** o número 16 e a quantidade representada por esse número **2** o que, numa série, ocupa o décimo sexto lugar (Do lat. *decem ac sex*, «dez e seis»)

dezassete *num.card.* >*quant.num.* ^{DT} dez mais sete ∎ *n.m.* **1** o número 17 e a quantidade representada por esse número **2** o que, numa série, ocupa o décimo sétimo lugar (Do lat. *decem ac septem*, «dez e sete»)

dezembrino *adj.* relativo a dezembro (De *Dezembro+-ino*)

dezembrismo *n.m.* POLÍTICA designação do movimento político iniciado por Sidónio Pais, estadista português (1872-1918), em 5 de dezembro de 1917 (De *Dezembro+-ismo*)

dezembro *n.m.* último mês do ano civil, com trinta e um dias (Do lat. *Decembre-*, «décimo mês» do ano do calendário romano)

dezena *n.f.* **1** grupo de dez **2** período de dez dias **3** MATEMÁTICA unidade de primeira ordem, na representação de números inteiros no sistema decimal (Do lat. *decēna-*, «dezena»)

dezoito /zói, zôi/ *num.card.* >*quant.num.* DT dez mais oito ■ *n.m.* **1** o número 18 e a quantidade representada por esse número **2** o que, numa série, ocupa o décimo oitavo lugar (Do lat. *decem ac octo*, «dez e oito»)

dez-réis *n.m.2n.* **1** moeda antiga equivalente a um centavo **2** [pop.] coisa muito pequena; coisa pouco importante; **~ de gente** criança, pessoa magra e de baixa estatura; **~ de mel coado** pequena quantia, bagatela

di-[1] prefixo que exprime a ideia de *dois, duplicidade* (Do grego *dís*, «duas vezes»)

di-[2] elemento de formação de palavras que exprime a ideia de *afastamento, dispersão* (Do latim *di-*, «idem»)

dia *n.m.* **1** período durante o qual a Terra dá uma volta sobre o seu próprio eixo **2** unidade de medida de tempo, equivalente a um período de vinte e quatro horas **3** período em que a Terra recebe claridade solar **4** estado atmosférico **5** momento presente; período atual **6** pagamento correspondente a um dia de trabalho **7** *pl.* vida; existência **8** *pl.* época; período de tempo; **~ civil** tempo que decorre entre duas passagens inferiores do Sol médio no mesmo meridiano (começa 12 h antes da passagem superior do Sol e termina 12 h depois); **~ de comadres** quinta-feira anterior à terça-feira de Carnaval; **~ de compadres** quarta-feira anterior à quinta-feira de comadres; **~ de São Nunca (à tarde)** nunca; **~ natural** tempo que decorre entre o nascer e o pôr do Sol; **~ santo** RELIGIÃO dia consagrado ao culto e no qual a Igreja proíbe o trabalho; **~ sideral convencional** tempo que decorre entre duas passagens superiores do ponto vernal no mesmo semimeridiano; **~ sideral natural** período de cada rotação da Terra; **~ solar médio** tempo que decorre entre duas passagens superiores consecutivas do Sol médio no mesmo semimeridiano; **~ solar verdadeiro** tempo que decorre entre duas passagens superiores consecutivas do Sol no mesmo semimeridiano; **~ útil** dia geralmente destinado ao exercício de atividades profissionais; **andar/estar em ~** trazer as suas contas ou os seus negócios bem regulados; **bom ~!** saudação feita geralmente ao longo da manhã; **como do ~ para a noite** diz-se quando se deu uma mudança radical em algo ou alguém; **de um ~ para o outro** em pouco tempo; **estar nos seus dias** estar bem-disposto; **hoje em ~** atualmente; **pôr em ~** pôr em ordem, atualizar; **Roma e Pavia não se fizeram num ~** (provérbio) nada se faz num tempo; **ter os dias contados** estar prestes a morrer, estar prestes a desaparecer; **um ~ de juízo** um dia desastroso, dia de uma coisa que demorou muito tempo a realizar (Do lat. cl. *die-*, pelo lat. vulg. **dia-*, «id.»)

dia- prefixo que exprime a ideia de *através de, por meio de, entre* (Do gr. *diá*, «através de; entre; no meio de»)

dia-a-dia ver nova grafia **dia a dia**

dia a dia *n.m.* **1** sucessão dos dias **2** a vida diária

diaba *n.f.* **1** [pop.] mulher do Diabo **2** [fig.] mulher má, astuta, maliciosa **3** (Lunda) caixa cilíndrica, de fibras vegetais

diábase *n.f.* PETROLOGIA ⇒ **dolerito** (Do gr. *diábasis*, «passagem»)

diabásio *n.m.* PETROLOGIA ⇒ **dolerito** (De *diábase+-io*)

diabelha /ê/ *n.f.* planta medicinal, da família das Plantagináceas, espontânea em Portugal (De orig. obsc.)

diabete *n.m./f.* ⇒ **diabetes** (De *diabetes*)

diabetes *n.m./f.2n.* MEDICINA doença caracterizada por excesso de glicose no sangue, devido a perturbação do metabolismo do açúcar, e cujos sintomas principais são sede, secreção excessiva de urina e emagrecimento (Do gr. *diabétes*, «sifão; compasso aberto», semelhante à posição das pernas para urinar, pelo lat. med. *diabētes*, «diabetes»)

diabético *adj.* **1** relativo à diabetes **2** que sofre de diabetes ■ *n.m.* aquele que sofre de diabetes (De *diabete+-ico*)

diabetologia *n.f.* MEDICINA ramo da medicina que estuda a diabetes

diabetólogo *n.m.* MEDICINA especialista em diabetes

diabo *n.m.* **1** [com maiúscula] segundo as crenças da Antiguidade, génio inspirador que presidia ao destino de cada pessoa; espírito; alma **2** [com maiúscula] RELIGIÃO na tradição judaico-cristã, anjo rebelde (Satanás) que foi expulso do céu e precipitado no abismo (Inferno); espírito ou génio do mal; Demónio; Satanás **3** [com maiúscula] RELIGIÃO cada um dos anjos maus, como Satanás **4** pessoa má, perversa **5** pessoa astuta **6** [coloq.] pessoa irrequieta; criança turbulenta; **~!** exclamação que exprime contrariedade ou raiva; **andar o ~ à solta** sucederem vários casos desastrosos ou funestos; **como o ~** [coloq.] muito, extremamente; **c'os diabos!** [pop.] maldita coisa!, maldita hora!; **dar ao ~** maldizer, desprezar; **em casa do ~** em Cascos de Rolha, em local longínquo; **levado dos diabos** mau, cruel, traquinas; **não lembrar ao ~** diz-se de ideia inédita, extraordinária ou absurda; **o ~ a quatro** conjunto de coisas extraordinárias, confusão; **pintar o ~** fazer ou dizer coisas espantosas, causar distúrbios; **ser da pele do ~** ser muito resistente, ter mau génio; **ser da raça do ~** ser muito resistente, ter mau génio; **ter o ~ no corpo** [coloq.] ser turbulento, ser insuportável; **trazer o ~ no ventre** ser origem de desgraças; **vender a alma ao ~** perder-se, prejudicar-se conscientemente, prejudicar o futuro por um bem incerto (Do gr. *diábolos*, «caluniador», pelo lat. *diabŏlu-*, «diabo»)

diabólico *adj.* **1** próprio do Diabo **2** malvado; perverso **3** infernal; insuportável **4** terrível; funesto **5** intolerável **6** travesso (Do lat. *diabolĭcu-*, «id.»)

diabolismo *n.m.* **1** culto prestado ao Diabo **2** ato diabólico; malvadez (De *diabolŭ-*, «diabo»+-*ismo*)

diabolizar *v.tr.* transformar em diabo; transformar em algo nefasto; considerar diabólico (De *diaból(ico)+-izar*)

diabrete /ê/ *n.m.* **1** diabo pequeno **2** [coloq.] criança travessa, turbulenta **3** jogo de cartas infantil (De *diabro*, forma arc. de *diabo+-ete*)

diabril *adj.2g.* próprio de diabrete; travesso (De *diabro*, forma arc. de *diabo+-il*)

diabrino *adj.* ⇒ **diabólico** (De *diabro*, forma arc. de *diabo+-ino*)

diabrura *n.f.* **1** coisa própria do Diabo **2** travessura de criança; maldade pouco importante **3** [gír.] gralha tipográfica (De *diabro*, forma arc. de *diabo+-ura*)

diacético *adj.* QUÍMICA designativo de um ácido que se encontra na urina de alguns diabéticos, também chamado acetilacético (De *di-+acético*)

diacetina *n.f.* QUÍMICA éster diacético da glicerina (De *di-+acetina*)

diacho *n.m.* [pop.] ⇒ **diabo** (Euf. de *diabo*)

diacidrão *n.m.* doce de casca de cidrão (De *dia-+cidrão*)

diáclase *n.f.* GEOLOGIA fratura natural num bloco rochoso, sem que tenha havido deslocamento ao longo dela; junta (Do gr. *diáklasis*, «quebra; fratura»)

diacomática *n.f.* MÚSICA transição harmónica de um tom maior para um tom menor, e vice-versa (Do gr. *diá*, «através» + *kómma*, *-atos*, «vírgula»+-*ico*)

diaconado *n.m.* ordem sacra imediatamente anterior à do presbiterado (Do lat. *diaconātu-*, «id.»)

diaconal *adj.2g.* referente a diácono (Do lat. *diaconāle-*, «id.»)

diaconato *n.m.* ⇒ **diaconado** (Do lat. *diaconātu-*, «id.»)

diaconia *n.f.* igreja titular de um cardeal diácono (Do gr. *diakonía*, «serviço», pelo lat. ecl. *diaconĭa-*, «id.»)

diaconisa *n.f.* (masculino **diácono**) (Igreja primitiva) mulher virgem ou viúva que, por encargo oficial, se dedicava a obras de assistência e de caridade (Do lat. *diaconissa-*, «id.»)

diácono *n.m.* (feminino **diaconisa**) clérigo que recebeu o diaconado, isto é, a segunda ordem sacra inferior à de presbítero (Do gr. *diákonos*, «servidor», pelo lat. *diacŏnu-*, «id.»)

diácope *n.f.* **1** recurso estilístico em que se repete a mesma palavra, colocando outra(s) de permeio (ex.: *alegres caras, alegres corações*) **2** ⇒ **tmese** (Do gr. *diakopé*, «corte»)

diacrítico *adj.,n.m.* GRAMÁTICA diz-se de ou sinal gráfico (acento gráfico, cedilha, til, trema) destinado a distinguir a modulação das vogais e a pronúncia de certas palavras (Do gr. *diakritikós*, «capaz de distinguir»)

diacritismo *n.m.* emprego dos sinais diacríticos (De *diacrít[ico]+-ismo*)

diacronia *n.f.* **1** perspetiva na linha do tempo **2** LINGUÍSTICA estudo dos fenómenos da evolução linguística ao longo do tempo (Do gr. *diá*, «através» + *khrónos*, «tempo» + -*ia*)

diacrónico *adj.* considerado do ponto de vista dinâmico da sucessão no tempo (De *diacronia+-ico*)

diacústica *n.f.* FÍSICA parte da acústica que estuda a refração e as propriedades dos sons quando passam de um fluido a outro (De *dia-+acústica*)

diacústico *adj.* relativo à diacústica (De *dia-+acústico*)

díada *n.f.* ⇒ **díade**

díade n.f. 1 par; grupo de dois 2 CITOLOGIA cada um dos cromossomas duplos na divisão reducional do núcleo celular (Do gr. *dyás, -ádos*, «par», pelo lat. *dyade-*, «o número dois»)

diadelfia n.f. BOTÂNICA união dos estames, na flor, formando dois feixes (De *diadelfo+-ia*)

diadelfo adj. BOTÂNICA designativo dos estames (ou da planta, da flor, etc., a que estes pertencem) que estão unidos, pelos filetes, em dois grupos ou num só grupo, ficando em separado (Do gr. *di*, por *dis*, «duas vezes» + *adelphós*, «irmão»)

diadema /ê/ n.m. 1 adorno de metal com que os soberanos cingiam a testa 2 joia ou ornato semicircular ou circular com que as senhoras cingem a fronte; coroa 3 penteado em forma circular 4 símbolo de autoridade soberana; símbolo de realeza (Do gr. *diádema*, «id.», pelo lat. *diadēma*, «id.»)

diademado adj. HERÁLDICA diz-se do animal que, no escudo, tem diadema ou outro ornato semelhante na cabeça (Do lat. *diademātu-*, «que traz diadema»)

diademar v.tr. cingir ou adornar com diadema (De *diadema+-ar*)

diadexia /cs/ n.f. MEDICINA transformação de uma doença noutra diferente e em diferente órgão do mesmo indivíduo (Do gr. jónico *diádexis*, «sucessão»)

diafa n.f. [regionalismo] gratificação ou beberete que se dá aos trabalhadores, após a conclusão de um serviço (Do ár. *ad-diafâ*, «hospitalidade»)

diafaneidade n.f. ⇒ **diafanidade**

diafanidade n.f. 1 qualidade ou estado do que é diáfano 2 limpidez; transparência (De *diáfano+-i-+-dade*)

diafanização n.f. 1 ato ou efeito de diafanizar ou diafanizar-se 2 operação da técnica de preparações histológicas, por meio da qual as peças adquirem diafanidade 3 clarificação (De *diafanizar+-ção*)

diafanizar v.tr. 1 tornar diáfano 2 executar a diafanização de ■ v.pron. tornar-se diáfano (De *diáfano+-izar*)

diáfano adj. 1 diz-se de um corpo que é parcialmente atravessado pela luz, mas que não permite que se vejam nitidamente os contornos dos objetos luminosos ou iluminados; translúcido 2 límpido; transparente 3 delicado; fino (Do gr. *diaphanés*, «transparente», pelo lat. med. *diaphănu*, «id.»)

diafanógeno adj. que produz diafanidade (Do gr. *diaphanés*, «transparente» + *génos*, «origem»)

diafanometria n.f. medição do grau de diafanidade dos corpos (Do gr. *diaphanés*, «transparente» + *métron*, «medida» +-ia)

diafanómetro n.m. instrumento que indica as variações de diafanidade atmosférica (Do gr. *diaphanés*, «transparente» + *métron*, «medida»)

diafanorama n.f. 1 representação de figuras e situações à transparência de uma tela, que é iluminada por trás 2 essa mesma tela (Do gr. *diaphanés*, «transparente» +-orama)

diafanoscopia n.f. observação, por translucidez, de cavidades internas do corpo (Do gr. *diaphanés*, «transparente» + *skopeîn*, «observar» +-ia)

diafanoscópio n.m. aparelho empregado em diafanoscopia (Do gr. *diaphanés*, «transparente» + *skopeîn*, «observar» +-io)

diafásico adj. LINGUÍSTICA relativo às diferenças entre os tipos de modalidade expressiva (poesia, prosa)

diafilme n.m. sequência organizada de diapositivos para projeção

diafisário adj. ANATOMIA relativo à diáfise

diáfise n.f. ANATOMIA parte de um osso alongado, situada entre as suas extremidades (epífises) 2 ANATOMIA parte de um órgão situada entre as duas outras partes consideradas, separando estas uma da outra (Do gr. *diáphysis*, «separação»)

diafísico adj. [Brasil] ANATOMIA ⇒ **diafisário**

diafonia n.f. MÚSICA ⇒ **difonia** 2 (Do gr. *diaphonía*, «discordância; desacordo», pelo lat. *diaphonĭa-*, «dissonância»)

diáfora n.f. recurso estilístico que consiste na repetição de palavras de som ou grafia igual, mas de sentido diferente (ex.: *estava no banco sentado num banco*); antanáclase; dialogia (Do gr. *diaphorá*, «diferença»)

diaforese n.f. transpiração anormal, excessiva (Do gr. *diaphóresis*, «secreção», pelo lat. cient. *diaphorēse-*, «transpiração; diaforese»)

diaforético adj. 1 relativo à diaforese 2 que produz suor; sudorífico (Do gr. *diaphoretikós*, «que facilita a transpiração», pelo lat. *diaphoretĭcu-*, «que provoca a transpiração»)

diafragma n.m. 1 ANATOMIA grande músculo largo, convexo para cima ou para a frente, que, nos mamíferos, separa a cavidade torácica da abdominal, intervindo ativamente no mecanismo da função respiratória 2 FOTOGRAFIA dispositivo que, por variação de abertura, regula a intensidade luminosa das imagens fornecidas por muitos aparelhos de ótica, corrige mais ou menos os defeitos de aberração, etc., ou interceta raios caloríficos 3 FÍSICA membrana vibratória de alguns aparelhos acústicos 4 BOTÂNICA septo membranoso de alguns órgãos vegetais 5 dispositivo contracetivo, em borracha ou matéria plástica, destinado a cobrir o colo do útero impedindo a entrada de espermatozoides (Do gr. *diáphragma*, «separação; divisória», pelo lat. *diaphragma-*, «diafragma»)

diafragmar v.tr. 1 FÍSICA equipar com diafragma (um sistema ótico ou um aparelho acústico) 2 FOTOGRAFIA regular a abertura de (um diafragma), em especial, no sentido de diminuir o seu diâmetro (De *diafragma+-ar*)

diafragmático adj. relativo a diafragma (Do gr. *diáphragma, -atos*, «separação; divisória» +-ico)

diafragmite n.f. inflamação do diafragma; frenite (De *diafragma+-ite*)

diagal adj.2g. ⇒ **diagalves** (De *diagalves*)

diagalves adj.inv. diz-se de uma videira, ou das apreciáveis uvas brancas de mesa que produz, muito cultivada em Portugal (De Diogo Alves, antr.)

diagénese n.f. GEOLOGIA conjunto de modificações químicas e físicas sofridas pelos sedimentos desde a deposição até à consolidação e transformação em rochas (Do gr. *diá*, «através de» + *génesis*, «origem; formação»)

diagnose n.f. 1 MEDICINA conhecimento das doenças pela observação dos seus sintomas 2 BIOLOGIA descrição sucinta de um ser vivo, destacando características próprias da categoria sistemática a que pertence (Do gr. *diágnosis*, «discernimento; exame»)

diagnosticar v.tr. 1 MEDICINA determinar a existência de uma doença pela observação dos sintomas e através da análise de diversos exames (análises, radiografias, etc.); fazer o diagnóstico 2 determinar a origem de (situação) (De *diagnóstico+-ar*)

diagnóstico n.m. 1 MEDICINA determinação e conhecimento de uma doença pelo estudo dos seus sintomas e pela análise dos vários exames efetuados 2 MEDICINA conjunto de elementos que permite determinar a existência de uma doença 3 conhecimento de alguma coisa através de certos sinais ■ adj. (escola) diz-se do teste que serve para determinar o grau de conhecimento dos alunos; ~ pré-natal estudo efetuado durante a gravidez com o objetivo de detetar anomalias genéticas ou outras no feto (Do gr. *diagnostikós*, «capaz de discernir»)

diagonal n.f. 1 GEOMETRIA segmento de reta definido por dois vértices não consecutivos de um polígono plano ou por dois vértices não pertencentes a uma mesma face de um poliedro 2 direção oblíqua ■ adj.2g. oblíquo; inclinado (Do lat. *diagonāle-*, «id.»)

diagonalmente adv. em diagonal; obliquamente (De *diagonal+-mente*)

diagrafia n.f. calcomania aplicada à litografia (De *diá*, «por meio de» + *gráphein*, «escrever» +-ia)

diágrafo n.m. 1 instrumento que permite reproduzir, por movimento contínuo, os objetos que temos à vista 2 esboço; delineação (Do gr. *diá*, «por meio de» + *gráphein*, «escrever»)

diagrama n.m. 1 representação gráfica das relações entre as partes de um todo 2 representação gráfica das variações de determinado fenómeno 3 MÚSICA quadro que mostra a extensão máxima de toda a variedade de sons do sistema musical 4 bosquejo; delineamento (Do gr. *diágramma*, «desenho», pelo lat. *diagramma*, «traçado; desenho»)

dial adj.2g. de cada dia; quotidiano (Do lat. *diāle-*, «relativo a dia»)

diálage n.f. MINERALOGIA variedade de piroxena, monoclínica, de estrutura lamelar (Do gr. *diallagé*, «confederação»)

dialectal ver nova grafia **dialetal**

dialéctica ver nova grafia **dialética**

dialéctico ver nova grafia **dialético**

dialecto ver nova grafia **dialeto**

dialectologia ver nova grafia **dialetologia**

dialectológico ver nova grafia **dialetológico**

dialectólogo ver nova grafia **dialetólogo**

dialelo n.m. 1 recurso estilístico que consiste na inversão de palavras dentro um grupo sintático (ex.: *o mais rico dos sábios e o mais sábio dos ricos*); 2 FILOSOFIA argumento dos céticos da Antiguidade, segundo o qual todos os nossos conhecimentos são falazes por se demonstrarem uns pelos outros; círculo vicioso (Do gr. *diállelos*, «recíproco», pelo fr. *diallèle*, «círculo vicioso»)

dialetal adj.2g. referente a dialeto (De *dialecto+-al*)

dialética n.f. 1 arte de argumentar ou discutir, através do raciocínio e com o objetivo de demonstrar algo 2 [pej.] argumentação enganosa e subtil 3 FILOSOFIA processo de um pensamento que toma consciência de si mesmo e se exprime por afirmações antitéticas que uma síntese englobante procura reduzir **4** FILOSOFIA processo de um pensamento ou de um devir que progride por uma alternância de movimentos de sentido inverso ou por um jogo de causalidade recíproca **5** FILOSOFIA método para compreender o objeto de um estudo, que consiste em colocá-lo de novo na realidade movente, histórica, concreta **6** FILOSOFIA (Aristóteles) dedução a partir de proposições simplesmente prováveis **7** FILOSOFIA (Escolásticos) lógica formal **8** FILOSOFIA (Kant) lógica de aparência **9** FILOSOFIA (Hegel, Marx) processo pelo qual o pensamento (que se confunde com o ser) se desenvolve segundo um ritmo ternário: tese, antítese, síntese (Do gr. *dialektiké (tékhne)*, «a arte de discutir», pelo lat. *dialectĭca-*, «dialética»)

dialético *adj.* **1** relativo à dialética **2** FILOSOFIA relativo à arte de argumentar ou discutir, através do raciocínio **3** FILOSOFIA que progride por meio da alternância de movimentos de sentido inverso ou do reconhecimento das antíteses como condição de uma síntese ▪ *n.m.* pessoa que argumenta bem (Do gr. *dialektikós*, «que diz respeito à discussão», pelo lat. *dialectĭcu-*, «id.»)

dialeto *n.m.* LINGUÍSTICA variante local ou regional de uma língua, que se distingue pelas especificidades a nível da pronúncia (fonética), do vocabulário (léxico), etc.; variedade geográfica (Do gr. *diálektos*, «conversa; linguagem», pelo lat. *dialectu-*, «linguagem própria de uma região»)

dialetologia *n.f.* LINGUÍSTICA estudo e descrição dos dialetos (Do gr. *diálektos*, «linguagem» + *lógos*, «tratado» +*-ia*)

dialetológico *adj.* referente à dialetologia (De *dialectologia*+*-ico*)

dialetólogo *n.m.* indivíduo versado em dialetologia (Do gr. *diálektos*, «linguagem» + *lógos*, «estudo»)

dialho *n.m.* [pop.] ⇒ **diabo** (Do gr. *diábolos*, «id.», pelo lat. *diabŏlu-*, «id.»)

diali(o)- elemento de formação de palavras que exprime a ideia de *separação* (Do grego *dialúein*, «separar»)

dialipétalo *adj.* BOTÂNICA diz-se da corola constituída por pétalas inteiramente livres, não ligadas entre si (De *diali-*+*pétala*)

dialisador *adj.* QUÍMICA que serve para fazer a separação das substâncias coloides e cristaloides contidas na mesma solução ▪ *n.m.* **1** aparelho que serve para fazer a diálise **2** espécie de filtro que serve para separar as substâncias coloides e cristaloides existentes numa solução (De *dialisar*+*-dor*)

dialisar *v.tr.* QUÍMICA proceder à separação das substâncias coloides e cristaloides contidas numa solução (De *diálise*+*-ar*)

diálise *n.f.* **1** QUÍMICA separação de substâncias coloides e cristaloides contidas na mesma solução, por difusão através de certas membranas porosas, semipermeáveis **2** MEDICINA técnica de filtração para suprir a função renal em situações em que a sua insuficiência não permite a eliminação de substâncias tóxicas do organismo (Do gr. *diálysis*, «separação; dissolução»)

dialissépalo *adj.* BOTÂNICA diz-se do cálice da flor que é constituído por sépalas inteiramente livres, não ligadas entre si (De *diali-*+*sépala*)

dialitépalo *adj.* BOTÂNICA diz-se do perianto constituído por tépalas inteiramente livres, não ligadas entre si (De *diali-*+*tépala*)

dialogação *n.f.* ato ou efeito de dialogar (De *dialogar*+*-ção*)

dialogal *adj.2g.* **1** referente ao diálogo **2** em forma de diálogo (De *diálogo*+*-al*)

dialogante *adj.2g.* **1** que dialoga **2** recetivo às opiniões de outras pessoas (De *dialogar*+*-ante*)

dialogar *v.tr.* pôr em diálogo ▪ *v.intr.* falar, alternadamente, cada um dos interlocutores; conversar (De *diálogo*+*-ar*)

dialogia *n.f.* ⇒ **diáfora** (Por *dilogia*, do gr. *dilogía*, «repetição», pelo lat. *dilogĭa-*, «ambiguidade»)

dialógico *adj.* ⇒ **dialogal** (De *diálogo*+*-ico*)

dialogismo *n.m.* **1** arte de dialogar **2** género de diálogo **3** recurso estilístico que consiste em apresentar as ideias das personagens em forma de diálogo **4** FILOSOFIA método socrático de estudo, por meio de diálogos **5** LINGUÍSTICA característica presente em qualquer fenómeno comunicativo pois este envolve sempre a existência de um ou mais sujeitos virtualmente destinatários (o destinatário pode ser o próprio locutor, por exemplo na escrita de diários) (Do gr. *dialogismós*, «id.»)

dialogista *n.2g.* **1** pessoa que escreve diálogos **2** pessoa que argumenta bem (Do gr. *dialogistés*, «id.»)

dialogístico *adj.* ⇒ **dialogal** (De *dialogista*+*-ico*)

diálogo *n.m.* **1** conversa entre duas ou mais pessoas **2** troca de ideias para se chegar a um entendimento **3** obra literária ou científica em forma de conversação **4** alternância de dois fatores complementares um do outro (Do gr. *diálogos*, «conversa», pelo lat. *dialŏgu-*, «diálogo»)

dial-up *adj.inv.* diz-se da ligação de um computador à internet através de um modem e linha telefónica (Do ing. *dial-up*, «id.»)

diamagnético *adj.* FÍSICA designativo das substâncias cuja susceptibilidade magnética é negativa (De *dia-*+*magnético*)

diamagnetismo *n.m.* FÍSICA propriedade geral da matéria, devida à presença de eletrões com spins emparelhados, que se caracteriza pelo facto de a substância ser repelida por um campo magnético não uniforme, embora essa propriedade possa não ser observada se a substância contiver centros de paramagnetismo (De *dia-*+*magnetismo*)

diamante *adj.* **1** duro; rijo **2** diz-se das edições ou impressões de formato pequeno, feitas com caracteres minúsculos, mas muito nítidos e de aparência elegante ▪ *n.m.* **1** MINERALOGIA mineral (carbono puro) muito brilhante, que cristaliza no sistema cúbico e corresponde ao último termo da escala de dureza de Mohs **2** utensílio munido de um fragmento deste mineral, que serve para cortar vidro **3** TIPOGRAFIA o menor carácter tipográfico **4** [fig.] coisa muito preciosa **5** [fig.] pessoa cheia de qualidades (Do gr. *adámos, -antos*, «o ferro mais duro», pelo lat. cl. *adamante-*, «aço; diamante», e pelo lat. vulg. *diamante-*, «diamante»)

diamantífero *adj.* diz-se do terreno em que há diamantes (De *diamante*+*-i-*+*-fero*)

diamantino *adj.* **1** relativo ou semelhante ao diamante; adamantino **2** duro ou brilhante como o diamante **3** [fig.] precioso; magnífico **4** [fig.] puro; nobre (De *diamante*+*-ino*)

diamantista *n.2g.* **1** negociante de diamantes **2** lapidário **3** joalheiro (De *diamante*+*-ista*)

diamantizar *v.tr.* [fig.] tornar precioso; valorizar muito (De *diamante*+*-izar*)

diamantoide *n.m.* pedra com as propriedades do diamante, à exceção do brilho, que serve para os polir (De *diamante*+*-óide*)

diamantóide ver nova grafia **diamantoide**

diamático *adj.* relativo ao diamatismo (Do al. *Diamat*, «materialismo dialético» +*-ico*)

diamatismo *n.m.* designação moderna do materialismo dialético de K. Marx, filósofo e economista alemão, 1818-1883 (Do al. *Diamat*, «materialismo dialético», da expr. *dia[lektischer] Mat[erialismus]* +*-ismo*)

diamba *n.f.* BOTÂNICA ⇒ **soruma** (Do quimb. *riamba*, «cânhamo»)

diametral *adj.2g.* **1** do diâmetro ou a ele referente **2** transversal (De *diâmetro*+*-al*)

diametralmente *adv.* **1** de modo análogo ao da posição dos pontos extremos do diâmetro **2** [fig.] absolutamente; completamente (De *diametral*+*-mente*)

diâmetro *n.m.* **1** GEOMETRIA segmento de reta que une dois pontos de uma circunferência e que, ao passar pelo centro, a divide em duas partes iguais **2** calibre (Do gr. *diámetros (grammé)*, «linha que mede a distância através do círculo», pelo lat. *diamĕtru-*, «id.»)

diamina *n.f.* QUÍMICA substância que contém duas vezes o grupo funcional amina (De *di-*+*amina*)

diaminúria *n.f.* presença de diamina na urina (De *diamina*+*-úria*)

Diana *n.f.* **1** deusa da caça **2** designação poética da Lua (Do lat. *Diana-*, «Diana», mitol.)

diandria *n.f.* BOTÂNICA carácter dos vegetais diandros (De *diandro*+*-ia*)

diândria *n.f.* BOTÂNICA classe dos vegetais diandros (De *diandro*+*-ia*)

diandro *adj.* BOTÂNICA que tem dois estames livres (Do gr. *di*, por *dis*, «duas vezes» + *anér, andrós*, «elemento masculino»)

dianegativo *n.m.* FOTOGRAFIA imagem fotográfica em suporte transparente que constitui a fase anterior ao diapositivo (De *dia-*+*negativo*)

dianética *n.f.* estudos dos efeitos da ação do espírito sobre o corpo

dianético *adj.* relativo à dianética

dianho *n.m.* [pop.] ⇒ **diabo** (Euf. de *diabo*)

diante *adv.* **1** na frente; defronte **2** à vista **3** em primeiro lugar; *~ de* em frente de, perante; *ir por ~* prosseguir; *para ~* no futuro (Do lat. *de*, «de» + *in*, «em» + *ante*, «antes», pelo cast. *delante*, «diante; adiante»)

dianteira *n.f.* **1** frente; parte anterior **2** ponto mais avançado; vanguarda; *na ~* à frente (De *diante*+*-eira*)

dianteiro *adj.* **1** que vai adiante ou na frente **2** (carro carregado) que pesa mais na frente do que atrás ▪ *n.m.* DESPORTO ⇒ **avançado** *n.m.* **1** (De *diante*+*-eiro*)

dianto *adj.* que possui, produz ou é constituído por duas flores; bifloro (Do gr. *di*, por *dis*, «duas vezes» + *ánthos*, «flor»)

diapasão *n.m.* **1** MÚSICA extensão do registo da voz humana ou de um instrumento musical **2** MÚSICA posição relativa que um som

diapedese

ocupa na escala geral; tom **3** MÚSICA pequeno instrumento metálico que, posto em vibração, produz o som fixado como padrão para afinar vozes e instrumentos musicais (está geralmente afinado no Lá$_3$-440 Hz); lamiré; afinador; tipótono **4** MÚSICA número inalterável de vibrações hertzianas (ciclos por segundo) fixado como padrão a fim de regular a altura absoluta dos sons musicais (Lá$_3$-440Hz) **5** FÍSICA instrumento gerador de frequências formado por uma barra metálica em forma de U, montada sobre um suporte, e cuja dinâmica própria de vibração pode ser excitada por um impulso ou por um sistema oscilante acoplado à barra **6** [fig.] nível que serve de referência; medida; padrão (Do gr. *dia pasón (khordōn)*, «através de todas as cordas», pelo lat. *diapāson*, «oitava», pelo fr. *diapason*, «diapasão»)

diapedese *n.f.* MEDICINA fenómeno da migração de glóbulos brancos no sangue, passando normalmente através das paredes capilares (Do gr. *diapédesis*, «derramamento (de sangue) através dos tecidos»)

diápiro *n.m.* GEOLOGIA intrusão vertical de material muito viscoso, pouco denso (sal-gema, magmas ricos em sílica, etc.), cilíndrica a bulbiforme, que irrompeu através das camadas de cobertura, frequentemente sem a intervenção de forças tectónicas (Do gr. *diápyros*, «ardente; inflamado»)

diapnoico *adj.* que provoca uma ligeira transpiração ■ *n.m.* medicamento diapnoico (Do gr. *diapnoé*, «transpiração» +-*ico*)

diapnóico ver nova grafia **diapnoico**

diaporama *n.m.* projeção de uma sequência de diapositivos com som sincronizado (De *diap[ositivo]*+-*orama*)

diaporese *n.f.* figura de retórica pela qual o orador se interrompe a si mesmo, questionando-se sobre o que dizer (Do gr. *diapóresis*, «dúvida»)

diapositivo *n.m.* FOTOGRAFIA imagem fotográfica positiva, em vidro ou em película, para ser observada por transparência ou em projeção (Do fr. *diapositive*, «id.»)

diaquénio *n.m.* BOTÂNICA fruto (esquizocarpo) decomponível em dois aquénios (De *di-*+*aquénio*)

diaquilão *n.m.* FARMÁCIA espécie de emplastro formado por cera, terebintina e pez (Do gr. *diakhýlon*, «por meio de sucos (de plantas)», pelo lat. *diachýlon*, «espécie de emplastro»)

diária *n.f.* **1** ganho ou despesa de cada dia **2** ração de cada dia **3** o que se paga por dia por hospedagem ou internamento **4** quantia paga a funcionários quando em serviço fora da empresa, para suportar despesas de transporte, estadia, alimentação, etc. (Do lat. neut. pl. *diariã*, «ração diária; salário diário»)

diariamente *adv.* em cada dia; todos os dias (De *diário*+-*mente*)

diário *adj.* de todos os dias; quotidiano ■ *n.m.* **1** relação do que se faz ou sucede em cada dia **2** livro onde, todos os dias, são registadas observações e experiências pessoais **3** jornal que se publica todos os dias **4** ECONOMIA (contabilidade) livro em que se registam, por ordem, as transações quotidianas **5** livro onde se lavram as notas de apresentação de todos os requerimentos ou títulos para registos de prédios (Do lat. *diariŭ-*, «diário»)

diarista *n.2g.* **1** jornalista que trabalha num jornal diário **2** pessoa que escreve num diário (livro de registo de experiências pessoais) **3** trabalhador que ganha ao dia (De *diário*+-*ista*)

diarreia *n.f.* MEDICINA evacuação intestinal que se repete, em regra, com frequência maior do que a normal, e em que as fezes são pastosas, semilíquidas ou líquidas (Do gr. *diárrhoia*, «fluxo do ventre», pelo lat. *diarrhoea-*, «diarreia»)

diarreico *adj.* relativo à diarreia ■ *n.m.* indivíduo que sofre de diarreia (Do gr. *diarrhoikós*, «id.»)

diartrose *n.f.* ANATOMIA articulação com grande extensão de movimentos; articulação móvel (Do gr. *diárthrosis*, «articulação móvel»)

dia-santo *n.m.* buraco em meia ou coturno

diascópio *n.m.* projetor de diapositivos (Do gr. *diá*, «através de» + *skopeîn*, «ver», pelo fr. *diascope*, «diascópio»)

diáspora *n.f.* **1** [com maiúscula] dispersão dos Judeus que deu origem à formação de comunidades judaicas fora da Palestina **2** conjunto das comunidades judaicas ou de outras comunidades radicadas fora da própria pátria **3** dispersão de um povo por motivos políticos, religiosos ou étnicos **4** emigração ou saída forçada da pátria (Do grego *diasporá*, «dispersão»)

diaspório *n.m.* MINERALOGIA mineral, quimicamente um óxido de alumínio, que cristaliza no sistema ortorrômbico em cristais lamelares (Do gr. *diasporá*, «dispersão»)

diásporo *n.m.* MINERALOGIA ⇒ **diaspório** (De *Diáspora*)

diaspro *n.m.* MINERALOGIA ⇒ **diaspório** (De *diásporo*)

diástase *n.f.* **1** ANATOMIA afastamento anormal de duas superfícies articulares adjacentes, sem luxação **2** BIOQUÍMICA fermento hidrolisante que transforma o amido em maltose; amílase **3** BIOQUÍMICA substância orgânica, produzida por células vivas, que atua como catalisador em transformações químicas (Do gr. *diástasis*, «separação; distância»)

diastema /ê/ *n.m.* **1** ZOOLOGIA espaço compreendido entre os dentes incisivos laterais e os caninos superiores, onde encaixam os caninos inferiores quando as arcadas estão fechadas e que é normal em alguns animais; barra **2** MÚSICA intervalo simples entre notas musicais (Do gr. *diástema*, «intervalo», pelo lat. *diastēma-*, «id.»)

diáster *n.m.* BIOLOGIA disposição dos cromossomas em dois grupos, cada um dos quais à volta de um centrossoma, na divisão indireta do núcleo celular (Do gr. *di*, por *dis*, «duas vezes» + *astér*, «estrela; luz»)

diástole *n.f.* **1** FISIOLOGIA período de descontração das paredes musculares do coração, em que estas se dilatam e se enchem de sangue **2** GRAMÁTICA transformação de uma sílaba breve em longa **3** GRAMÁTICA deslocação do acento tónico de uma palavra para a sílaba seguinte (Do gr. *diastolé*, «dilatação; expansão», pelo lat. *diastŏle-*, «diástole»)

diastólico *adj.* que diz respeito à diástole; da diástole (De *diástole*+-*ico*)

diastrático *adj.* LINGUÍSTICA relativo às diferenças entre as camadas socioculturais (linguagem culta, linguagem padrão, linguagem popular) (De *dia-*+*estrato*+-*ico*)

diastrofia *n.f.* **1** MEDICINA luxação dos ossos **2** MEDICINA deslocamento de músculos (Do gr. *diastrophé*, «distorção» +-*ia*)

diastrofismo *n.m.* GEOLOGIA conjunto de fenómenos ou ações orogénicas e epirogénicas responsáveis pelo aparecimento de grandes deformações nas rochas, originando enrugamentos, fraturas, levantamentos e afundimentos (De *diastrofia*+-*ismo*)

diatermância *n.f.* propriedade de transmitir calor radiante (Do gr. *diáthermos*, «quente» +-*ância*)

diatérmano *adj.* que se deixa atravessar facilmente pelo calor; transparente ao calor; diatérmico (Do gr. *diá*, «através de» + *thermós*, «quente», pelo fr. *diathermane*, «que deixa passar o calor»)

diatermia *n.f.* MEDICINA processo de tratamento que consiste em produzir calor local nos tecidos do organismo por meio de uma corrente elétrica de alta frequência; eletrotermia (De *dia-*+*termia*)

diatérmico *adj.* **1** MEDICINA relativo à diatermia; em que se aplica a diatermia; eletrotérmico **2** FÍSICA que se deixa atravessar facilmente pelo calor (De *diatermia*+*ico*)

diátese *n.f.* MEDICINA predisposição do organismo ou tendência hereditária para determinadas doenças (Do gr. *diáthesis*, «disposição», pelo lat. *diathĕse-*, «id.»)

diatésico *adj.* respeitante a diátese (De *diátese*+-*ico*)

diatomáceas *n.f.pl.* BOTÂNICA grupo de algas da classe das bacilariófitas (Do gr. *diatomé*, «ato de cortar em dois» +-*áceas*)

diatómico *adj.* QUÍMICA diz-se de um elemento cujas moléculas são formadas por dois átomos; biatómico (De *di-*+*atómico*)

diatomito *n.m.* PETROLOGIA rocha clara, leve e porosa, consolidada ou não, constituída, quase exclusivamente, por frústulos de diatomáceas (De *diatom[ácea]*+-*ito*)

diatónico *adj.* MÚSICA que procede segundo a sucessão natural de tons e semitons (Do gr. *diatonikós*, «id.», pelo lat. *diatonĭcu-*, «id.», pelo fr. *diatonique*, «diatónico»)

diatópico *adj.* LINGUÍSTICA relativo às diferenças de natureza geográfica (variantes locais, regionais, etc.)

diatribe *n.f.* escrito ou discurso violento que critica ou acusa alguém; crítica severa; catilinária; injúria (Do gr. *diatribé*, «discussão», pelo fr. *diatribe*, «crítica violenta»)

dibala *n.f.* [Angola] calvície; calva (Do quimb. *dibala*, «id.», a partir de *(ku)dibala*, «cair»)

dibranquiado *adj.* que tem duas brânquias ■ *n.m.* ZOOLOGIA espécime dos dibranquiados ■ *n.m.pl.* ZOOLOGIA grupo de cefalópodes, sem concha ou com esta interna, em regra reduzida, e com duas brânquias (De *di-*+*brânquia*+-*ado*)

dibranquial *adj.2g.,n.m.,n.m.pl.* ⇒ **dibranquiado** (De *di-*+*branquial*)

dibrânquio *adj.,n.m.,n.m.pl.* ⇒ **dibranquiado** (De *di-*+*brânquia*)

dica *n.f.* **1** [coloq.] informação nova **2** [coloq.] indicação sobre assunto pouco conhecido **3** [coloq.] achega; *à ~* à espreita, perto; *dar à ~* denunciar (Deriv. regr. de *dicar*)

dicacidade *n.f.* **1** qualidade daquilo ou de quem é mordaz **2** severidade crítica **3** mordacidade; causticidade **4** má-língua (Do lat. *dicacitāte-*, «causticidade»)

dicção *n.f.* [ant.] ⇒ **domínio 2** (Do lat. *ditiōne-*, «domínio; autoridade»)

dicar *v.tr.* dedicar; consagrar (Do lat. *dicāre*, «mostrar; proclamar»)

dicarpelar adj.2g. BOTÂNICA que possui dois carpelos (De di-+carpelar)
dicarpo adj. 1 BOTÂNICA que tem dois frutos 2 BOTÂNICA que frutifica duas vezes (Do gr. di, por dis, «duas vezes» + karpós, «fruto»)
dicasta n.m. 1 juiz no antigo e importante tribunal de Atenas 2 cidadão ateniense que era incumbido da dupla função de juiz e jurado (Do gr. dikastes, «juiz»)
dicastério n.m. 1 antigo e importante tribunal de Atenas 2 qualquer tribunal 3 designação dos organismos de governo da Igreja Católica que compõem a Cúria Romana, como as congregações, os tribunais eclesiásticos e os vários ofícios (Do gr. dikastérion, «tribunal»)
dicaz adj.2g. 1 satírico; mordaz 2 severo na crítica (Do lat. dicace-, «mordaz»)
dicção n.f. 1 maneira de dizer ou de pronunciar 2 RETÓRICA escolha e combinação das palavras do ponto de vista da sua boa utilização e da sua expressividade 3 expressão; vocábulo (Do lat. dictiōne-, «id.»)
dicefalia n.f. TERATOLOGIA estado daquele que apresenta duas cabeças (De dicéfalo+-ia)
dicéfalo adj. que possui duas cabeças; bicípite (Do gr. diképhalos, «de duas cabeças»)
Dicélias n.f.pl. representações licenciosas, na antiga Grécia (Do gr. deíkelon, «espetáculo»)
Diceratídeos n.m.pl. PALEONTOLOGIA família de lamelibrânquios do grupo dos Rudistas (De di-+ceratídeo)
dichote n.m. dito jocoso; motejo (Do cast. dicho, «dito» +-ote)
dicionário n.m. obra de referência onde se encontram listadas palavras e expressões de uma língua, por ordem alfabética, com informação linguística sobre cada uma delas, como a respetiva significação ou tradução para outra língua, a classe a que pertencem, informação fonética, etimológica, etc.; ~ **bilingue** dicionário que apresenta as palavras e as suas aceções traduzidas para outra língua; ~ **eletrónico** dicionário cuja informação existe em formato digital e pode apresentar-se em diversos tipos de suportes informáticos: em CD ou DVD, como aplicação para smartphones, tablets ou outros, como produto online, etc.; ~ **monolingue** dicionário que descreve o léxico de uma só língua; ~ **vivo** [fig.] pessoa muito instruída ou de grande memória (Do lat. med. dictionarĭŭ-, «id.»)
dicionarista n.2g. pessoa que elabora dicionários; autor de dicionário(s); lexicógrafo (De dicionário+-ista)
dicionarística n.f. disciplina linguística que se ocupa da elaboração e apreciação de dicionários; lexicografia
dicionarização n.f. ato ou efeito de registar e organizar em dicionário os vocábulos e expressões de uma língua (De dicionarizar+-ção)
dicionarizar v.tr. 1 registar em dicionário 2 organizar em forma de dicionário (De dicionário+-izar)
diclinal adj.2g. GEOLOGIA diz-se da dobra que é constituída por uma parte em que os flancos divergem para baixo (anticlinal) e outra em que os flancos divergem para cima (sinclinal) (Do gr. di, por dis, «duas vezes» + klínein, «inclinar»)
diclinismo n.m. BOTÂNICA separação de sexos ou órgãos sexuais na mesma planta (Do gr. di, por dis, «duas vezes» + klinē, «leito» +-ismo)
-diço sufixo nominal de origem latina que ocorre sobretudo em adjetivos derivados de verbos, traduzindo a ideia de suscetível de, com tendência para (corrediço; movediço)
dicogamia n.f. BOTÂNICA fenómeno da maturação não simultânea dos gâmetas masculinos e femininos, no mesmo órgão ou organismo hermafrodita (Do gr. díkha, «separadamente; em dois» + gámos, «casamento»)
dicogâmico adj. que representa dicogamia (De dicogamia+-ico)
dicongo n.m. banquete entre certas tribos negras da África ocidental, composto de carne humana, de boi e de cabra
dicórdio n.m. MÚSICA antigo instrumento de duas cordas (Do gr. di, por dis, «duas vezes» + khordé, «corda» +-io)
dicotílea n.f. BOTÂNICA ⇒ **dicotiledónea** n.f. (Do gr. di, por dis, «duas vezes» + kotýle, «cavidade»)
dicotiledónea n.f. espécime das dicotiledóneas ■ n.f.pl. BOTÂNICA classe de angiospérmicas, com embrião de duas ou mais cotilédones, raiz aprumada e, em regra, folhas lateralinérveas (Do lat. cient. dicotyledoneae)
dicotiledóneo adj. 1 BOTÂNICA com duas cotilédones 2 BOTÂNICA diz-se de qualquer planta pertencente ao grupo das dicotiledóneas (De di-+cotilédone+-eo)
dicotomia n.f. 1 divisão de uma coisa em duas, e assim sucessivamente 2 partilha dos honorários pagos pelo doente entre o médico assistente e outro chamado por este ASTRONOMIA momento em que um planeta ou satélite aparece exatamente semi-iluminado 4 LÓGICA divisão de um conceito em dois, normalmente opostos, que compreendem toda a sua extensão 5 organização de uma tabela de classificação de seres vivos em que, dentro da mesma chave, são consideradas duas condições opostas entre si 6 BOTÂNICA tipo de ramificação (nas plantas) em que os eixos se sucedem, bifurcando-se (Do gr. dikhotomía, «id.»)
dicotómico adj. 1 que se divide de dois em dois 2 BOTÂNICA bifurcado (De dicotomia+-ico)
dicotomismo n.m. teoria que admite que o Homem, quanto à sua natureza, é composto de duas partes – corpo e alma (De dicotomia+-ismo)
dicótomo adj. ⇒ **dicotómico** (Do gr. dikhótomos, «cortado em dois», pelo lat. dichotŏmu-, «id.»)
dicroico adj. diz-se do que apresenta dicroísmo (Do gr. di, por dis, «duas vezes» + khróa, «cor» +-ico)
dicróico adj. ver nova grafia dicroico
dicroísmo n.m. 1 BOTÂNICA fenómeno verificado em alguns vegetais que apresentam flores ou frutos de coloração anormal 2 MINERALOGIA propriedade que têm certos cristais de absorver seletivamente as vibrações luminosas num plano e permitir a passagem de vibrações normais a esse plano, originando colorações diferentes (por exemplo, a turmalina) (Do gr. di, por dis, «duas vezes» + khroismós, «coloração»)
dicromático adj. que apresenta duas colorações (Do gr. di, por dis, «duas vezes» + khrōma, -atos, «cor» +-ico)
dicromatismo n.m. tipo de cegueira de cor na qual o olho pode apenas distinguir duas cores (De di-+cromatismo)
dictafone n.m. aparelho para registo e reprodução de mensagens faladas, pelo sistema do magnetofone (Do lat. dictāre, «ditar» + phonē, «voz»)
díctico adj.,n.m. ⇒ **deítico**
didacta ver nova grafia didata
didáctica ver nova grafia didática
didáctico ver nova grafia didático
didáctilo adj. 1 ZOOLOGIA diz-se do animal que tem, normalmente, dois dedos em cada membro, ou de membros nestas condições 2 diz-se de um órgão terminado por duas formações alongadas, que por vezes funcionam como pinça (Do gr. didáktylos, «que tem dois dedos») ACORDO ORTOGRÁFICO também se pode escrever **didátilo**
didactismo ver nova grafia didatismo
didactizar ver nova grafia didatizar
didact(o)- elemento de formação de palavras que exprime a ideia de ensino, instrução (Do grego didaktós, «ensinado», de didáskein, «ensinar») ACORDO ORTOGRÁFICO também se pode escrever **didat(o)-**
didactologia n.f. 1 teoria do ensino; pedagogia 2 o género didático (Do gr. didaktós, «ensinado», de didáskein, «ensinar» + lógos, «estudo» +-ia) ACORDO ORTOGRÁFICO também se pode escrever **didatologia**
didactológico adj. relativo à didactologia (De didactologia+-ico) ACORDO ORTOGRÁFICO também se pode escrever **didatológico**
Didaqué n.f. livro também chamado Doutrina dos Doze Apóstolos, com instruções litúrgicas e disposições disciplinares (Do gr. didakhé, «ensino»)
didascália n.f. 1 LITERATURA crítica das peças teatrais, entre os Latinos 2 nota preliminar sobre determinadas obras 3 conjunto de preceitos e regras que os poetas dramáticos davam aos atores gregos 4 conjunto de indicações cénicas que constituem o texto secundário de um texto dramático (Do gr. didaskalía, «id.»)
didascálica n.f. 1 conjunto metódico de regras, preceitos, etc. 2 o género didático (De didascálico)
didascálico adj. ⇒ **didático** (Do gr. didaskalikós, «relativo ao ensino», pelo lat. didascalĭcu-, «didático»)
didáscalo adj. ⇒ **didático**
didata n.2g. pessoa que ensina ou é autor de uma obra de ensino (Do gr. didaktós, «instruído»)
didática n.f. 1 ciência auxiliar da pedagogia, que se dedica ao estudo dos métodos e técnicas utilizados no ensino em geral 2 série de métodos e técnicas que dizem respeito ao ensino de uma disciplina 3 arte e ciência de fazer aprender (Do gr. didaktiké [tékhne], «arte do ensino»)
didático adj. 1 relativo à didática ou ao ensino 2 que serve para instruir 3 que facilita a aprendizagem 4 típico de quem ensina (Do gr. didaktikós, «id.»)
didátilo a grafia mais usada é **didáctilo**
didatismo n.m. qualidade do que é didático (Do gr. didaktós, «ensinado», de didáskein, «ensinar» +-ismo)

didatizar *v.tr.* tornar didático (De *didáctico+-izar*)
didat(o)- a grafia mais usada é didact(o)-
didatologia a grafia mais usada é didactologia
didatológico a grafia mais usada é didactológico
didélfido *adj.,n.m.* ⇒ **didelfo** (De *didelfo+-ido*)
Didelfíidas *n.m.pl.* ZOOLOGIA ⇒ **Didelfíideos**
didelfíideo *adj.* relativo ou pertencente aos Didelfíideos ■ *n.m.* ZOOLOGIA espécime dos Didelfíideos
Didelfíideos *n.m.pl.* ZOOLOGIA família de marsupiais, em regra americanos, com dois úteros (De *didelfo+-ídeos*)
didelfo *adj.* que tem dois úteros ■ *n.* ZOOLOGIA espécime dos didelfos ■ *n.m.pl.* ZOOLOGIA ordem de mamíferos vivíparos providos, em geral, de uma bolsa ventral ou marsúpio, onde as mães colocam os filhos quando nascem, para aí completarem o seu desenvolvimento; marsupiais; metatérios (Do gr. *di*, por *dis*, «duas vezes» + *delphýs*, «útero»)
didímio *n.m.* 1 nome comercial de misturas de óxidos de metais das terras raras, extraídos das monazites 2 nome originalmente usado para a mistura de praseodímio e neodímio, que se supunha ser um só elemento (Do gr. *dídymos*, «gémeo»)
dídimo *adj.* diz-se dos órgãos vegetais compostos de duas partes arredondadas e ligadas tangencialmente ■ *n.m.* gémeo (Do gr. *dídymos*, «gémeo»)
didinâmicos *adj.* BOTÂNICA diz-se dos quatro estames de uma flor em que dois deles são maiores (Do gr. *di*, por *dis*, «duas vezes» + *dýnamis*, «força» +-*ico*)
didjeridu *n.m.* instrumento aborígene de sopro, que consiste num tubo oco de comprimento variável que pode ser feito a partir de diferentes materiais (geralmente madeira, bambu, plástico, etc.), cujo som é produzido pela contínua vibração dos lábios através de uma técnica especial denominada respiração circular (De orig. onom.)
didodecaedro *n.m.* CRISTALOGRAFIA forma cristalográfica da classe hemiédrica do sistema cúbico, constituída por 24 faces; diploedro (De *di-+dodecaedro*)
didrogesterona *n.f.* FISIOLOGIA substância hormonal sintética com as mesmas propriedades da progesterona, que não inibe a ovulação e é utilizada para tratar diversas perturbações menstruais
diédrico *adj.* relativo aos ângulos diedros (De *diedro+-ico*)
diedro *adj.* que tem duas faces ■ *n.m.* 1 GEOMETRIA ângulo formado por dois semiplanos com reta original comum 2 GEOMETRIA ângulo sólido de duas faces (Do gr. *di*, por *dis*, «duas vezes» + *hédra*, «plano»)
diegese *n.f.* 1 narração; história 2 representação 3 relatório 4 discussão; debate 5 LITERATURA texto narrativo; história narrada (Do gr. *diégesis*, «narração; conto», pelo al. *Diegese*, «id.»)
diegético *adj.* relativo à diegese; narrativo (Do al. *diegetisch*, «id.»)
dieléctrico ver nova grafia **dielétrico**
dielétrico *adj.* que conduz mal a eletricidade ■ *n.m.* ELETRICIDADE objeto ou substância isoladora de eletricidade, isto é, que não contém cargas livres de se moverem sob a ação de um campo elétrico (dielétrico ideal); *constante dielétrica* razão entre a capacidade de um condensador, cujo dielétrico é o material, e a capacidade que teria se o dielétrico fosse o vazio (também chamada permitividade relativa); *rigidez dielétrica* campo elétrico máximo que um dielétrico pode suportar sem perder as suas qualidades de isolador; *substância dielétrica* em geral, é a substância má condutora de eletricidade (De *dia-+eléctrico*)
diencéfalo *n.m.* ANATOMIA um dos centros nervosos cefálicos que compreende o tálamo e o hipotálamo (Do gr. *di*, por *dis*, «duas vezes» + *egképhalos*, «encéfalo»)
diense *adj.2g.* referente a Diu, na Índia ■ *n.2g.* natural ou habitante de Diu (De *Diu*, top. +-*ense*)
diérese *n.f.* 1 CIRURGIA separação cirúrgica de tecidos orgânicos ou de partes cuja contiguidade é prejudicial 2 GRAMÁTICA separação de um ditongo em duas vogais 3 GRAMÁTICA sinal ortográfico dessa divisão; trema (Do gr. *diaíresis*, «divisão», pelo lat. *diaerĕse-*, «id.»)
díese *n.f.* MÚSICA elevação de meio tom; sustenido (Do gr. *díesis*, «intervalo; separação», pelo fr. *dièse*, «díese»)
diesel *n.m.* 1 motor de combustão interna que funciona por autoinflamação do combustível que é injetado no ar muito comprimido dentro dos cilindros 2 combustível usado nesse motor 3 bebida composta por uma mistura de cerveja com refrigerante de cola ■ *adj.inv.* 1 diz-se do motor com aquelas características 2 diz-se de uma viatura provida de motor deste tipo (Do ing. *diesel*, «id.», de R. *Diesel*, engenheiro al., 1858-1913)
dieta[1] *n.f.* 1 regime alimentar que satisfaz as necessidades particulares de uma pessoa 2 regime especial de alimentação que restringe a ingestão de certos alimentos e/ou reduz a sua quantidade, com o objetivo de perder peso ou por razões de saúde 3 privação total ou parcial de certos alimentos por motivos religiosos; jejum 4 prato em que a comida é, em geral, pouco temperada, pobre em gorduras e em calorias e de digestão fácil (Do gr. *díaita*, «dieta; regime alimentar»)
dieta[2] *n.f.* 1 assembleia legislativa, em certos países 2 assembleia dos capítulos de certas ordens religiosas, para tratar de assuntos disciplinares (Do lat. *diaeta-*, «dieta; dia marcado»)
dietário *n.m.* 1 pessoa que se ocupa de dietas 2 descrição ou receita de uma dieta (De *dieta*[1]+-*ário*)
dietética *n.f.* parte da medicina que trata das regras da alimentação que devem ser respeitadas para se manter ou recuperar a saúde (Do lat. tard. *diaetetĭca-*, «id.»)
dietético *adj.* 1 referente aos regimes alimentares 2 relativo às regras de higiene alimentar (Do lat. tard. *diaetetĭcu-*, «id.»)
dietista *n.2g.* pessoa especializada em dietética (De *dieta+-ista*)
dietoterapia *n.f.* tratamento dietético (De *dieta+terapia*)
difamação *n.f.* 1 ato ou efeito de difamar; ato ou efeito de desacreditar alguém publicamente; calúnia; detração 2 perda da boa fama (Do lat. *diffamatiōne-*, «id.»)
difamador *adj.,n.m.* que ou aquele que difama (De *difamar+-dor*)
difamante *adj.2g.* que difama; difamatório; injurioso (Do lat. *diffamante-*, part. pres. de *diffamāre*, «difamar»)
difamar *v.tr.* dizer algo contra a boa fama ou reputação de; desonrar ou desacreditar (alguém) publicamente; infamar; caluniar ■ *v.pron.* desacreditar-se (Do lat. *diffamāre*, «difamar»)
difamatório *adj.* ⇒ **difamante** (Do lat. vulg. *diffamatoriu-*, «id.»)
difarreação *n.f.* dissolução do casamento, entre os Romanos, para tirar ao marido o poder sobre a mulher, no caso de haverem casado por confarreação (Do lat. *diffarreatiōne-*, «id.»)
difásico *adj.* ELETRICIDADE que tem duas fases (Do gr. *di*, por *dis*, «duas vezes» + *phásis*, «fase» +-*ico*)
diferença *n.f.* 1 carácter que distingue uma coisa da outra 2 falta de igualdade ou de semelhança 3 divergência; disparidade 4 diversidade 5 FILOSOFIA relação de alteridade entre duas coisas que têm elementos idênticos 6 transformação; alteração 7 transtorno; incómodo 8 MATEMÁTICA o que fica de um número ao qual se subtrai outro número menor; resto 9 excesso 10 troco; *~ específica* carácter pelo qual uma espécie se distingue das outras espécies do mesmo género; *fazer ~* ser diferente, diferir, causar transtorno (Do lat. *differentĭa-*, «id.»)
diferençar *v.tr.* 1 estabelecer diferença entre; distinguir 2 discernir 3 discriminar 4 notar ■ *v.pron.* 1 não ser semelhante; distinguir-se 2 fazer diferença (De *diferença+-ar*)
diferençável *adj.2g.* que se pode diferençar; distinguível (De *diferençar+-vel*)
diferenciação *n.f.* 1 ato ou efeito de estabelecer ou estabelecer-se diferença entre duas coisas; distinção entre dois ou mais elementos 2 processo pelo qual duas coisas semelhantes se tornam diferentes 3 BIOLOGIA processo através do qual as células, originalmente semelhantes, assumem formas e funções específicas de um tecido ou órgão 4 MATEMÁTICA operação para calcular a diferencial ou a derivada de uma função (De *diferenciar+-ção*)
diferenciado *adj.* 1 diz-se do que apresenta diferenciação; que se diferenciou 2 distinto 3 BIOLOGIA que possui características e funções específicas (Part. pass. de *diferenciar*)
diferencial *adj.2g.* 1 relativo a diferença 2 que constitui ou estabelece diferença 3 MATEMÁTICA (quantidade, cálculo) que procede por diferenças infinitamente pequenas 4 diz-se da taxa aduaneira de importação que varia segundo os países da procedência das mercadorias ■ *n.m.* MECÂNICA dispositivo que transmite às rodas o movimento do motor e lhes imprime, nas curvas, velocidade de rotação diferente ■ *n.f.* MATEMÁTICA produto da derivada de uma função pelo incremento da variável independente; *~ de uma função* produto da derivada de uma função pelo incremento da variável independente (Do lat. *differentĭa-*, «diferença» +-*al*)
diferenciar *v.tr.* 1 estabelecer diferença ou distinção entre; distinguir 2 tornar diferente o que era semelhante 3 gerar ou aumentar a diversidade entre as partes de um todo 4 MATEMÁTICA calcular a diferencial ou a derivada de ■ *v.pron.* tornar-se distinto (Do lat. *differentĭa-*+-*ar*)
diferendo *n.m.* 1 desacordo; desentendimento 2 oposição; antagonismo (Do lat. *differendu-*, ger. de *differre*, «ser diferente; diferir; adiar», pelo fr. *différend*, «diferendo»)
diferente *adj.2g.* 1 com características não comuns a outro; que difere 2 diverso 3 desigual 4 variado 5 [Brasil] [pop.] desavindo (Do lat. *differente-*, «id.», part. pres. de *differre*, «dispersar; ser diferente»)

diferentemente adv. de modo diferente; diversamente (De diferente+-mente)

diferido adj. 1 adiado 2 demorado; *em ~* diz-se da emissão televisiva ou radiofónica transmitida algum tempo após ter ocorrido ou ter sido registada (Part. pass. de diferir)

diferimento n.m. ato ou efeito de diferir (De diferir+-mento)

diferir v.tr. 1 deixar para ocasião futura; adiar 2 demorar ■ v.tr.,intr. 1 ser diferente (de) 2 divergir (de); discordar (de) (Do lat. *differĕre, por diferre, «dispersar»)

dificerco /ê/ adj. ICTIOLOGIA diz-se da barbatana caudal, simétrica, tanto externa como internamente (Do gr. diphyés, «de dupla natureza» + kérkos, «cauda de animal»)

difícil adj.2g. 1 que não é fácil; custoso; trabalhoso; árduo 2 que custa a compreender; complicado; intricado 3 arriscado; perigoso 4 embaraçoso; incómodo 5 que custa a suportar; doloroso; penoso 6 exigente 7 pouco provável 8 intransitável ■ n.m. o que apresenta dificuldade; dificuldade (Do lat. difficile-, «id.»)

dificílimo adj. {superlativo absoluto sintético de **difícil**} muito difícil (Do lat. difficilĭmu-, «id.»)

dificuldade n.f. 1 qualidade do que é difícil 2 o que torna alguma coisa difícil 3 o que é penoso 4 o que custa a compreender 5 obstáculo; impedimento; objeção 6 situação crítica; aperto 7 transtorno 8 repugnância (Do lat. difficultāte-, «id.»)

dificultação n.f. 1 ato ou efeito de dificultar ou dificultar-se 2 criação de dificuldades (De dificultar+-ção)

dificultar v.tr. 1 tornar difícil 2 levantar dificuldades a 3 embaraçar 4 complicar ■ v.pron. 1 tornar-se difícil 2 recusar-se; não aceder (Do lat. difficultāre, «id.»)

dificultoso /ô/ adj. que tem ou causa dificuldades; difícil; custoso (De dificult[ar]+-oso)

difiodonte adj.2g. 1 ZOOLOGIA diz-se do mamífero que apresenta primeiro uma dentição primitiva, e depois a definitiva 2 diz-se da dentição com essas características (Do gr. *di*, por *dis*, «duas vezes» + *phýomai*, «nascer» + *odoús, -óntos*, «dente»)

difluência n.f. qualidade ou estado do que é difluente (Do lat. diffluentĭa, part. pres. neut. pl. subst. de difflŭĕre, «correr como líquido»)

difluente adj.2g. 1 que diflui; que se derrama ou se liquefaz; que se espalha como um fluido 2 diz-se, por oposição à imaginação criadora, de uma forma de imaginação que emprega imagens de contornos vagos (abstrações emocionais), e que se encontra em todas as formas de arte, mas sobretudo na música (Do lat. diffluente-, part. pres. de difflŭĕre, «correr como líquido»)

difluir v.intr. correr como um líquido; espalhar-se; derramar-se; difundir-se (Do lat. difflŭĕre, «correr para diferentes partes»)

difonia n.f. 1 perturbação da perceção auditiva, ao telefone, por intervenção de sons parasitas 2 MÚSICA intervalos dissonantes; diafonia 3 dissonância (Do gr. *di*, por *dís*, «duas vezes» + *phoné*, «voz; som» +-ia)

difosfato n.m. QUÍMICA designação dos sais que contêm o anião difosfato $P_2O_7^{4-}$, anteriormente designado pirofosfato (De di-+fosfato)

difração n.f. FÍSICA fenómeno observado quando a luz passa através de uma abertura muito estreita ou próximo do contorno de um obstáculo opaco e que é devido à interferência da luz direta consigo própria; *~ acústica* distorção de uma onda acústica, devido à presença de um obstáculo situado na direção de propagação dessa onda; *rede de ~* qualquer arranjo periódico de objetos difrativos, como um cristal (rede tridimensional), apropriado para a difração de raios X, ou uma série de riscas paralelas efetuadas por diamante numa superfície de vidro, ou uma reprodução de tais riscas em plástico (rede ótica a uma dimensão) (Do lat. cient. diffractiōne-, «id.», de diffringĕre, «quebrar em pedaços»)

difracção ver nova grafia difração

difractar ver nova grafia difratar

difractivo ver nova grafia difrativo

difractómetro n.m. FÍSICA instrumento usado no estudo da estrutura atómica da matéria por difração de raios X, eletrões ou neutrões (Do lat. diffractu-, part. pass. de diffringĕre, «quebrar em pedaços» + gr. métron, «medida») ACORDO ORTOGRÁFICO também se pode escrever difratómetro

difratar v.tr. efetuar a difração de ■ v.pron. 1 sofrer difração 2 desviar-se (Do lat. diffractu-, part. pass. de diffringĕre, «quebrar em pedaços» +-ar)

difrativo adj. que pode causar difração (Do lat. *diffractīvu-, «id.»)

difratómetro a grafia mais usada é difractómetro

difringente adj.2g. que difrata; que opera a difração (Do lat. diffringente-, «id.», part. pres. de diffringĕre, «quebrar em pedaços»)

difteria n.f. MEDICINA doença infetocontagiosa, provocada pelo bacilo de Loeffler e caracterizada pela produção de falsas membranas ao nível das mucosas da boca e da garganta (Do gr. diphthéra, «membrana» +-ia)

diftérico adj. relativo à difteria ■ n.m. indivíduo atacado de difteria (De difteria+-ico)

difundir v.tr. 1 espalhar em todas as direções; estender a toda a volta 2 disseminar 3 irradiar 4 divulgar; propagar 5 transmitir pela rádio ■ v.pron. 1 derramar-se 2 espalhar-se; disseminar-se 3 divulgar-se (Do lat. diffundĕre, «id.»)

difusamente adv. 1 de modo difuso 2 vagamente (De difuso+-mente)

difusão n.f. 1 ato ou efeito de difundir ou difundir-se; espalhamento; disseminação 2 derramamento de um líquido 3 divulgação; propagação 4 prolixidade; redundância 5 FÍSICA, QUÍMICA processo através do qual gases, líquidos ou sólidos diferentes se misturam, como consequência de movimentos desordenados dos átomos, moléculas ou iões que os constituem; *~ acústica* reflexões ou difrações irregulares de uma onda acústica em várias direções; *~ da luz* processo pelo qual a luz incidente é redistribuída em todas as direções (Do lat. diffusiōne-, «id.»)

difusibilidade n.f. qualidade do que é difusível (Do lat. *diffusibĭle-, «difusível» +-i-+-dade)

difusível adj.2g. que se pode difundir (Do lat. *diffusibĭle-, «id.»)

difusivo adj. 1 que se pode difundir 2 pouco conciso; redundante 3 MEDICINA que excita, enérgica mas fugazmente, o organismo, atuando rapidamente sobre o encéfalo (De difuso+-ivo)

difuso adj. 1 difundido; espalhado em todas as direções 2 em que há difusão 3 pouco conciso; redundante; prolixo 4 MEDICINA não circunscrito; não delimitado 5 FÍSICA diz-se da luz refletida irregularmente em diferentes direções (Do lat. diffūsu-, part. pass. de diffundĕre, «difundir»)

difusor adj. que difunde ■ n.m. 1 o que difunde 2 dispositivo destinado a provocar a difusão (da luz, do calor, etc.) 3 (AUTOMÓVEL) tubo utilizado no carburador para acelerar a passagem do ar, permitindo a vaporização da gasolina 4 CINEMA placa de cristal ou gaze usada pelos iluminadores para atenuar a luz (Do lat. diffūsu-, part. pass. de diffundĕre, «difundir» +-or)

digama n.m. letra do alfabeto do grego arcaico, que representa dois gamas sobrepostos e deu origem ao F (Do fr. digamma, pelo gr. digamma)

digamia n.f. ⇒ **bigamia** (Do gr. dígamos, «casado segunda vez» + -ia)

dígamo adj. 1 BOTÂNICA que participa dos dois sexos; hermafrodita 2 que é casado duas vezes (Do gr. dígamos, «casado segunda vez»)

digástrico adj. ANATOMIA diz-se dos músculos compostos por duas partes carnosas, ligadas entre si por um tendão (Do gr. *di*, por *dís*, «duas vezes» + *gastér, gastrós*, «estômago», pelo fr. digastrique, «id.»)

digénese n.f. 1 BIOLOGIA fenómeno que, no ciclo evolutivo completo de um ser vivo, se verifica pela presença de duas formas distintas de reprodução 2 digénie; digenia; alternância de gerações (Do gr. *di*, por *dis*, «duas vezes» + *génesis*, «geração»)

digenético adj. relativo à digénese (De di-+genético)

digenia n.f. BIOLOGIA ⇒ **digénie** (Do gr. *di*, por *dis*, «duas vezes» + *génos*, «geração»; orig.»+-ia)

digénie n.f. BIOLOGIA reprodução sexuada na qual se verifica o concurso de dois indivíduos (Do gr. *di*, por *dís*, «duas vezes» + *génos*, «origem; raça»)

digerido adj. 1 que se digeriu; transformado pela digestão 2 percebido; assimilado 3 tolerado; aceite (Part. pass. de digerir)

digerir v.tr. 1 FISIOLOGIA transformar alimentos no tubo digestivo até poderem ser assimilados pelas células ou eliminados; fazer a digestão de 2 compreender; assimilar; absorver (após estudo e reflexão) 3 suportar; tolerar 4 FARMÁCIA macerar em líquido aquecido (Do lat. digerĕre, «id.»)

digerível adj.2g. 1 que se pode digerir; que é facilmente digerido 2 que se pode assimilar; compreensível 3 suportável; tolerável (De digerir+-vel)

digestão n.f. 1 FISIOLOGIA processo pelo qual os alimentos ingeridos sofrem diversas transformações ao longo do tubo digestivo e são convertidos em substâncias mais simples que podem ser absorvidas e assimiladas pelas células 2 reflexão; meditação 3 aceitação; sujeição 4 QUÍMICA maceração (Do lat. digestiōne-, «id.»)

digestibilidade n.f. qualidade do que é digestível ou digerível (Do lat. *digestibĭle-, «digerível» +-i-+-dade)

digestível adj.2g. ⇒ **digerível** (Do lat. *digestibĭle-, «id.»)

digestivo *adj.* da digestão ou a ela relativo ▪ *n.m.* 1 MEDICINA substância que ajuda a digestão 2 bebida muito alcoólica que estimula a digestão (Do lat. *digestīvu-*, «id.»)

digesto *adj.* 1 que se digeriu; transformado pela digestão 2 percebido; assimilado 3 tolerado; aceite ▪ *n.m.* 1 [com maiúscula] DIREITO, HISTÓRIA compilação de textos dos jurisconsultos romanos mais famosos, feita por ordem do imperador Justiniano (482 - 565), com o objetivo de legislar; Pandectas 2 coleção de regras ou decisões jurídicas (Do lat. *digestu-*, part. pass. de *digerĕre*, «dissolver; digerir; pôr em ordem; classificar»)

digestor *adj.* ⇒ **digestivo** ▪ *n.m.* aparelho para cocção de certas substâncias medicamentosas (Do lat. *digestōre-*, «o que digere»)

digestório *adj.* que tem a propriedade de digerir (Do lat. *digestorĭu-*, «id.»)

diginia *n.f.* BOTÂNICA qualidade de dígino (De *dígino+-ia*)

dígino *adj.* diz-se da flor que tem dois pistilos distintos (Do gr. *di*, por *dís*, «duas vezes» + *gyné*, «mulher; elemento feminino»)

digitação *n.f.* 1 qualidade do que tem a forma dos dedos da mão humana 2 ANATOMIA ramificação de fibras musculares, semelhando, na sua configuração, a disposição dos dedos da mão humana 3 MÚSICA movimento dos dedos; dedilhação 4 ato de pressionar as teclas de um teclado de uma máquina para inserir dados 5 BOTÂNICA recorte profundo de uma folha em lóbulos divergentes, semelhantes aos dedos de uma mão aberta (De *digitar+-ção*)

digitado *adj.* 1 que tem a forma dos dedos da mão humana 2 introduzido no computador por meio do teclado 3 BOTÂNICA diz-se da folha vegetal composta, foliada, com mais de três folíolos que se inserem à mesma altura (Do lat. cient. *digitātu-*, «em forma de dedo»)

digital *adj.2g.* 1 referente aos dedos 2 relativo aos algarismos de 0 a 9 3 que procede ou se manifesta por unidades discretas 4 (aparelho, dispositivo) que apresenta a informação sob forma numérica num mostrador ou ecrã ▪ *n.f.* BOTÂNICA planta venenosa, da família das Escrofulariáceas, frequente em Portugal, de onde se extrai a digitalina; *computador* ~ máquina calculadora que opera sobre informação representada sob a forma de dígitos associados a impulsos elétricos; *impressão* ~ marca do(s) dedo(s) deixada em qualquer superfície (Do lat. *digitāle-*, «do dedo; da grossura de um dedo»)

digitaliforme *adj.2g.* em forma de dedal (Do lat. *digitāle-*, «do dedo» + *forma-*, «forma»)

digitalina *n.f.* FARMÁCIA substância venenosa extraída da dedaleira (planta), usada em medicina como tónico cardíaco (De *digital+-ina*)

digitalização *n.f.* INFORMÁTICA conversão de informação analógica para o código digital (dados numéricos), com o auxílio de um scanner (De *digitalizar+-ção*)

digitalizador *n.m.* INFORMÁTICA aparelho que faz a conversão de dados analógicos em informação digital (dados numéricos)

digitalizar *v.tr.* INFORMÁTICA converter dados analógicos em informação digital (dados numéricos), com o auxílio de um scanner (De *digital+-izar*, «id.»)

digitar *v.tr.* 1 dar forma de dedo a 2 guarnecer de dedos 3 pressionar (tecla) com os dedos 4 INFORMÁTICA inserir (dados) num computador através do teclado (Do lat. *digĭtu-*, «dedo» +-*ar*)

digitifoliado *adj.* BOTÂNICA que tem folhas digitadas (Do lat. *digĭtu-*, «dedo» + *folĭu*, «folha» +-*ado*)

digitiforme *adj.2g.* em forma de dedo; digitado (Do lat. *digĭtu-*, «dedo» + *forma-*, «forma»)

digitígrado *adj.* que anda sobre as pontas dos dedos ▪ *n.m.* ZOOLOGIA espécime dos digitígrados ▪ *n.m.pl.* ZOOLOGIA grupo da ordem dos mamíferos carnívoros que, ao andar, se apoiam nas pontas dos dedos (Do lat. *digĭtu-*, «dedo» + *gradu-*, «passo; marcha»)

digit(o)- elemento de formação de palavras que exprime a ideia de *dedo* (Do lat. *digĭtu-*, «dedo»)

dígito *n.m.* 1 cada um dos números de um até nove 2 INFORMÁTICA elemento numa série de caracteres numéricos que se usa para representar informação 3 ASTRONOMIA cada uma das doze partes em que se divide o diâmetro aparente da Lua e do Sol para se calcularem os eclipses ▪ *adj.* diz-se dos números formados por um só algarismo (Do lat. *digĭtu-*, «dedo»)

digladiação *n.f.* 1 ato ou efeito de digladiar 2 luta; combate (De *digladiar+-ção*)

digladiador *n.m.* 1 aquele que digladia 2 esgrimista; combatente 3 [fig.] contendor ▪ *adj.* que digladia (De *digladiar+-dor*)

digladiar *v.intr.,pron.* 1 bater-se à espada 2 discutir com violência; disputar; contender (Do lat. *digladiāri*, «combater com espada»)

díglifo *n.m.* espécie de modilhão com duas gravuras ou duas estrias (Do gr. *díglyphos*, «gravado duas vezes»)

diglossia *n.f.* 1 GRAMÁTICA forma de bilinguismo, num indivíduo ou numa comunidade, em que as duas línguas (ou dialetos) se utilizam com objetivos ou em contextos diferentes 2 TERATOLOGIA estado caracterizado pela presença de língua dupla (Do gr. mod. *diglossía*, de *di*, por *dís*, «dois» + *glõssa*, «língua» +-*ia*)

dignação *n.f.* 1 ato ou efeito de se dignar 2 mercê; complacência (Do lat. *dignatiōne-*, «dignidade»)

dignamente *adv.* com dignidade; com honra; honestamente (De *digno+-mente*)

dignar-se *v.pron.* ter a bondade de; condescender; fazer o favor de; haver por bem (Do lat. *dignāre*, «id.»)

dignidade *n.f.* 1 título ou cargo que confere a alguém uma posição elevada; cargo honorífico; honraria 2 qualidade moral que infunde respeito; respeitabilidade; autoridade moral 3 decência; gravidade 4 modo digno de proceder; atitude nobre; nobreza 5 grandeza 6 consciência do próprio valor; pundonor; ~ *humana* valor particular que tem todo o homem como homem, isto é, como ser racional e livre, como pessoa; *moral da* ~ *humana* doutrina segundo a qual o princípio ético fundamental é o respeito da pessoa humana em si mesma e nos outros (Do lat. *dignitāte-*, «id.»)

dignificação *n.f.* ato ou efeito de dignificar ou dignificar-se (De *dignificar+-ção*)

dignificador *adj.,n.m.* que ou o que dignifica (De *dignificar+-dor*)

dignificante *adj.2g.* que dignifica (De *dignificar+-ante*)

dignificar *v.tr.* 1 tornar digno 2 elevar a uma dignidade ▪ *v.pron.* 1 tornar-se digno 2 nobilitar-se (Do lat. *dignificāre*, «tornar digno»)

digníssimo *adj.* 1 {*superlativo absoluto sintético de* **digno**} que é muito digno 2 forma de tratamento que indica grande respeito e deferência

dignitário *n.m.* pessoa que exerce um alto cargo, que tem um título honorífico ou foi investida de uma dignidade (Do fr. *dignitaire*, «id.»)

digno *adj.* 1 merecedor; credor 2 honrado; respeitável; nobre 3 conforme; apropriado 4 apto; habilitado; capaz 5 que vale a pena (Do lat. *dignu-*, «id.»)

dígono *adj.* que tem dois ângulos (Do gr. *digonós*, «que tem dois ângulos»)

dígrafo *n.m.* MATEMÁTICA representação gráfica constituída por um conjunto finito de pontos ligados dois a dois por segmentos orientados que podem ou não ligar todos os pontos (De *di-+grafo*)

dígrafo *adj.* diz-se daquilo que é escrito com dois tipos de letra diferentes ▪ *n.m.* GRAMÁTICA conjunto de duas letras que representam um único som; digrama (Do gr. *di*, por *dis*, «duas vezes» + *gráphein*, «escrever»)

digrama *n.m.* GRAMÁTICA ⇒ **dígrafo** (Do gr. *di*, por *dís*, «duas vezes» + *grámma*, «letra»)

digramático *adj.* relativo a digrama (Do gr. *di* por *dís*, «duas vezes» + *grámma*, -*atos*, «letra» +-*ico*)

digressão *n.f.* 1 ação de se afastar temporariamente do local onde se estava 2 viagem que demora algum tempo e é geralmente de natureza lúdica ou cultural; passeio 3 desvio do assunto de conversa; divagação 4 parte de um texto em que o autor, afastando-se do tema ou do argumento tratado, divaga sobre outros temas ou argumentos relacionados com aqueles (Do lat. *digressiōne-*, «id.»)

digressionar *v.intr.* 1 fazer digressão 2 discorrer; divagar; devanear (De *digressiōne-*, «digressão» +-*ar*)

digressionista *adj.,n.2g.* 1 que ou a pessoa que faz digressões 2 excursionista 3 divagador (Do lat. *digressiōne-*, «digressão» +-*ista*)

digressivo *adj.* 1 em que há digressão 2 que se afasta; que se desvia 3 que divaga (Do lat. *digressīvu-*, «relativo à digressão»)

digresso *n.m.* digressão; desvio; afastamento ▪ *adj.* que se afastou (Do lat. *digressu-*, part. pass. de *digrĕdi*, «afastar-se»)

dilação *n.f.* 1 ato ou efeito de dilatar 2 adiamento; prorrogação; prolongamento; novo prazo 3 tempo de espera (Do lat. *dilatiōne-*, «id.»)

dilaceração *n.f.* 1 ato ou efeito de rasgar com violência 2 tortura; aflição (Do lat. *dilaceratiōne-*, «id.»)

dilacerador *adj.,n.m.* que ou o que dilacera (De *dilacerar+-dor*)

dilaceramento *n.m.* ⇒ **dilaceração** (De *dilacerar+-mento*)

dilacerante *adj.2g.* 1 que dilacera; que despedaça 2 que tortura; que magoa profundamente; pungente (De *dilacerar+-ante*)

dilacerar *v.tr.* 1 despedaçar; rasgar com violência 2 pungir; afligir; mortificar (Do lat. *dilacerāre*, «rasgar»)

dilacerável *adj.2g.* que se pode dilacerar (De *dilacerar+-vel*)

dilapidação *n.f.* 1 ato ou efeito de dilapidar 2 esbanjamento (Do lat. *dilapidatiōne-*, «id.»)

dilapidador *adj.,n.m.* que ou aquele que dilapida (De *dilapidar*+*-dor*)
dilapidar *v.tr.* ⇒ **delapidar** (Do lat. *dilapidāre*, «id.»)
dilapidatário *adj.* relativo a dilapidação (De *dilapidar*+*-t-*+*-ário*)
dilatabilidade *n.f.* propriedade daquilo que é dilatável (Do lat. **dilatabĭle-*, «dilatável» +*-i-*+*-dade*)
dilatação *n.f.* **1** ato ou efeito de dilatar ou dilatar-se **2** FÍSICA aumento de volume ou das dimensões de um corpo devido à elevação da temperatura **3** ampliação **4** alargamento; expansão **5** incremento **6** distensão **7** FISIOLOGIA, MEDICINA aumento, espontâneo ou provocado, das dimensões de um órgão oco, canal ou orifício **8** prorrogação; prolongamento (Do lat. *dilatatiōne-*, «id.»)
dilatado *adj.* **1** aumentado **2** largo; amplo **3** distendido **4** adiado (Part. pass. de *dilatar*)
dilatador *adj.* que dilata ■ *n.m.* **1** ANATOMIA músculo que permite o alargamento de um órgão ao contrair-se **2** MEDICINA instrumento utilizado para fazer a distensão de um canal ou orifício (Do lat. *dilatatōre-*, «dilatador»)
dilatante *adj.2g.* que dilata; dilatador (De *dilatar*+*-ante*)
dilatar *v.tr.* **1** aumentar o volume de **2** ampliar; estender **3** distender **4** difundir; propagar **5** prolongar no tempo **6** prorrogar; demorar; retardar ■ *v.pron.* **1** aumentar de volume; crescer **2** distender-se **3** demorar-se (Do lat. *dilatāre*, «id.»)
dilatável *adj.2g.* suscetível de se dilatar (De *dilatar*+*-vel*)
dilato- elemento de formação de palavras que exprime a ideia de *dilatação, volume* (Do lat. *dilatāre*, «dilatar; alargar»)
dilatometria *n.f.* FÍSICA medição da variação das dimensões de um corpo por efeito de fenómenos tais como dilatação térmica, transformações alotrópicas, compressão, magnetostrição, etc. (De *dilato-*+*-metria*)
dilatómetro *n.m.* FÍSICA instrumento para medir a dilatação dos corpos sólidos, líquidos ou gasosos, produzida pela ação do calor (De *dilato-*+*-metro*)
dilatório *adj.* que retarda ou demora; que faz adiar (Do lat. tard. *dilatorĭu-*, «que demora»)
dileção *n.f.* afeição muito especial; preferência (Do lat. *dilectiōne-*, «amor»)
dilecção ver nova grafia **dileção**
dilecto ver nova grafia **dileto**
dilema /ê/ *n.m.* **1** situação em que se é obrigado a escolher entre duas alternativas que se excluem mutuamente **2** FILOSOFIA raciocínio em que, posta uma alternativa ou disjunção, qualquer dos termos das alternativas leva à mesma conclusão (Do gr. *dílemma*, «proposição dupla», pelo lat. *dilemma*, «id.»)
dilemático *adj.* **1** relativo a dilema **2** que encerra dilema (Do gr. *dílemma*, *-atos*, «proposição dupla»+*-ico*)
diletante *adj.,n.m.* **1** que ou o que cultiva as letras ou uma arte por puro prazer **2** apreciador de arte, especialmente da música **3** que ou o que se dedica a alguma coisa por prazer e não por obrigação ou profissão **4** que ou o que se diverte e procura o prazer sem levar nada a sério (Do it. *dilettante*, «amador; diletante»)
diletantismo *n.m.* **1** qualidade de quem é diletante **2** gosto pela arte (De *diletante*+*-ismo*)
dileto *adj.* preferido na estima ou na afeição; muito querido (Do lat. *dilectu-*, «querido», part. pass. de *diligĕre*, «amar»)
diligência *n.f.* **1** esmero, solicitude com que se quer fazer alguma coisa; cuidado; zelo **2** urgência em fazer alguma coisa; prontidão **3** DIREITO serviço judicial efetuado dentro ou fora dos tribunais ou cartórios **4** MILITAR serviço extraordinário, fora do quartel **5** investigação oficial; busca **6** carruagem de quatro rodas e puxada por cavalos, destinada antigamente ao transporte de pessoas ou correio; *a toda a ~* a toda a pressa; *fazer diligências* esforçar-se; *oficial de diligências* funcionário de tribunal incumbido de executar diligências (Do lat. *diligentia-*, «id.»)
diligenciador *n.m.* **1** aquele que diligencia **2** indivíduo ativo (De *diligenciar*+*-dor*)
diligenciar *v.tr.* esforçar-se por; empenhar-se em; empregar com empenho os meios necessários para; procurar com diligência (De *diligência*+*-ar*)
diligente *adj.2g.* **1** que tem ou emprega diligência, cuidado, zelo no que faz; cuidadoso **2** ativo; aplicado **3** atento **4** pronto (Do lat. *diligente-*, «id.»)
dilobulado *adj.* que possui dois lóbulos (De *di-*+*lobulado*)
dilucidação *n.f.* ato ou efeito de tornar claro; explicação; esclarecimento (Do lat. *dilucidatiōne-*, «esclarecimento»)
dilucidamento *n.m.* ato ou efeito de dilucidar; elucidação (De *dilucidar*+*-mento*)

dilucidar *v.tr.* esclarecer; tornar claro; elucidar (Do lat. *dilucidāre*, «esclarecer»)
dilúcido *adj.* ⇒ **lúcido** (Do lat. *dilucĭdu-*, «claro»)
dilucular *adj.2g.* referente a dilúculo (De *dilúculo*+*-ar*)
dilúculo *n.m.* crepúsculo matutino; alva; madrugada; aurora (Do lat. *dilucŭlu-*, «o romper do dia»)
diluente *adj.2g.* que dilui ■ *n.m.* **1** aquilo que dilui **2** QUÍMICA substância que se adiciona a outra para diminuir a sua concentração ou para alterar as suas propriedades físicas (Do lat. *diluente-*, «que dilui», part. pres. de *diluĕre*, «diluir»)
diluição *n.f.* **1** ato ou efeito de diluir ou diluir-se **2** diminuição da concentração de uma substância, obtida pela junção de outra substância **3** substância diluída (De *diluir*+*-ção*)
diluidor *adj.* que dilui ■ *n.m.* líquido que dilui; dissolvente (De *diluir*+*-dor*)
diluimento *n.m.* ⇒ **diluição** (De *diluir*+*-mento*)
diluir *v.tr.* **1** diminuir a intensidade ou a concentração de; misturar (uma substância) com um líquido para a dissolver ou enfraquecer **2** abrandar; suavizar ■ *v.pron.* **1** desfazer-se num líquido; dissolver-se **2** esbater-se **3** suavizar-se (Do lat. *diluĕre*, «diluir»)
diluto *adj.* dissolvido; diluído (Do lat. *dilūtu-*, part. pass. de *diluĕre*, «diluir; dissolver»)
diluvial *adj.2g.* **1** RELIGIÃO relativo ao dilúvio; do tempo do dilúvio **2** [fig.] muito abundante; torrencial (De *dilúvio*+*-al*)
diluviano *adj.* ⇒ **diluvial** (De *dilúvio*+*-ano*)
diluvião *n.m.* terreno em que há aluviões anteriores aos tempos históricos (De *dilúvio*+*-ão*)
diluviar *v.intr.* chover copiosamente ■ *v.tr.* inundar de água (Do lat. *diluviāre*, «inundar»)
dilúvio *n.m.* **1** RELIGIÃO (Bíblia) inundação universal que submergiu toda a superfície da Terra **2** grande abundância de chuva; chuva intensa **3** grande número de pessoas ou coisas (Do lat. *diluvĭu-*, «id.»)
diluvioso /ô/ *adj.* que causa inundações; torrencial (De *dilúvio*+*-oso*)
dimanação *n.f.* **1** ato ou efeito de dimanar **2** ato ou efeito de correr suavemente **3** procedência; derivação (De *dimanar*+*-ção*)
dimanante *adj.2g.* **1** que dimana **2** procedente; resultante (Do lat. *dimanante-*, «id.», part. pres. de *dimanāre*, «espalhar-se»)
dimanar *v.tr.,intr.* correr suavemente (de); brotar; fluir; manar ■ *v.tr.* provir (de); originar-se (de) (Do lat. *dimanāre*, «espalhar-se»)
dimensão *n.f.* **1** extensão em qualquer sentido **2** grandeza que, associada a outras, define um espaço **3** medida; tamanho; volume **4** grandeza **5** importância; valor **6** [fig.] componente particular do real ou do pensamento **7** sistema de referências; *~ de um espaço vetorial* MATEMÁTICA número máximo de vetores linearmente independentes que nesse espaço possam considerar-se, número de vetores de qualquer base (Do lat. *dimensiōne-*, «id.»)
dimensional *adj.2g.* **1** que diz respeito a uma dimensão ou medida **2** FÍSICA diz-se da grandeza que apresenta dimensão (Do lat. *dimensiōne-*, «dimensão»+*-al*)
dimensionamento *n.m.* ato ou efeito de dimensionar (De *dimensionar*+*-mento*)
dimensionar *v.tr.* **1** calcular as dimensões de; fixar as dimensões de **2** conceber; projetar (Do lat. *dimensiōne-*, «dimensão»+*-ar*)
dimensível *adj.2g.* que se pode medir (Do lat. *dimensu-*, «medido», part. pass. de *dimetīri*, «medir»+*-vel*)
dimensório *adj.* relativo a qualquer dimensão (Do lat. *dimensu-*, «medido», part. pass. de *dimetīri*, «medir»+*-ório*)
dímere *adj.2g.* formado por duas partes ou dois segmentos (Do gr. *di*, por *dís*, «duas vezes» + *méros*, «parte»)
dímero *n.m.* **1** QUÍMICA composto resultante da união de duas moléculas de monómero **2** QUÍMICA substância composta de tais moléculas duplas (Do gr. *di*, por *dís*, «duas vezes» + *méros*, «parte»)
dimetilcetona *n.f.* QUÍMICA ⇒ **acetona** (De *dimetil*+*acetona*)
dímetro *n.m.* verso grego ou latino formado de dois pés (Do gr. *di*, por *dís*, «duas vezes» + *métron*, «medida»)
dimidiação *n.f.* ato ou efeito de dimidiar; divisão pelo meio; partilha igual entre dois (Do lat. *dimidiatiōne-*, «separação»)
dimidiar *v.tr.* dividir ao meio; mear (Do lat. *dimidiāre*, «dividir em dois»)
diminuendo *n.m.* **1** MATEMÁTICA número de que se subtrai outro; aditivo **2** diminuição gradual de intensidade (Do lat. *deminuendu-*, ger. de *deminuĕre*, «diminuir»)
diminuição *n.f.* **1** ato ou efeito de diminuir; alteração para menos **2** abatimento **3** quebra **4** MATEMÁTICA operação aritmética pela qual se subtrai um número (subtrativo) a outro (aditivo),

diminuído

sendo o resultado a diferença entre os dois; subtração (Do lat. *deminutiōne-*, «id.»)

diminuído *adj.* **1** minguado; pequeno **2** abreviado ▪ *n.m.* pessoa com insuficiências a nível físico ou mental (De *diminuir*+*-ido*)

diminuidor *n.m.* MATEMÁTICA número que se subtrai de outro; subtrativo (De *diminuir*+*-dor*)

diminuir *v.tr.* **1** tornar menor; encurtar; reduzir **2** MATEMÁTICA subtrair (um número) de outro; achar a diferença entre dois números; deduzir **3** enfraquecer **4** abrandar **5** rebaixar; deprimir ▪ *v.intr.* **1** tornar-se menor **2** abrandar **3** abater **4** rarear **5** gastar-se **6** amortecer **7** emagrecer (Do lat. *deminuĕre*, «diminuir; fazer em pedaços»)

diminutivo *adj.* **1** que diminui **2** GRAMÁTICA que expressa a ideia de pequenez ou valores afetivos ▪ *n.m.* GRAMÁTICA palavra formada com um sufixo que expressa a ideia de pequenez ou valores afetivos (carinho, intensidade, etc.) (Do lat. *deminutīvu-*, «id.»)

diminuto *adj.* **1** pequeno; reduzido; diminuído **2** escasso; raro **3** muito pouco **4** breve (Do lat. *deminūtu-*, «id.», part. pass. de *deminuĕre*, «diminuir»)

dimissórias *n.f.pl.* carta dada por um bispo a um seu diocesano, com recomendação a outro bispo para lhe dar ordens sacras (Do lat. ecl. *[littĕras] dimissorĭas*, «id.»)

dimorfia *n.f.* propriedade daquilo que pode ter duas formas diferentes; qualidade do que é dimorfo (De *dimorfo*+*-ia*)

dimorfismo *n.m.* **1** propriedade daquilo que pode ter duas formas diferentes; qualidade do que é dimorfo **2** MINERALOGIA, QUÍMICA propriedade que certas substâncias possuem de apresentar duas formas cristalinas; **~ sexual** ZOOLOGIA presença de caracteres sexuais secundários que permitem distinguir o macho da fêmea correspondente (De *dimorfo*+*-ismo*)

dimorfo *adj.* que tem ou pode tomar duas formas diferentes (Do gr. *dímorphos*, «com duas formas»)

dina *n.m.* [Moçambique] meio-dia; interrupção do trabalho para o almoço (Do changana *dinà*, «hora do almoço; meio-dia»)

dinamarquês *adj.* relativo ou pertencente à Dinamarca ▪ *n.m.* **1** natural ou habitante da Dinamarca **2** idioma da Dinamarca (De *Dinamarca*, top. +*-ês*)

dinâmica *n.f.* **1** FÍSICA parte da mecânica que estuda as relações entre as forças e os movimentos por elas produzidos **2** PSICOLOGIA estudo da ação dos fenómenos inconscientes sobre o comportamento humano (Do gr. *dýnamis*, «força»)

dinâmico *adj.* **1** relativo às forças ou ao movimento **2** ativo; enérgico; empreendedor (Do gr. *dynamikós*, «poderoso; forte»)

dinamismo *n.m.* **1** atividade; energia **2** espírito empreendedor **3** FILOSOFIA doutrina segundo a qual a realidade material não se reduz à massa e ao movimento que lhe é comunicado do exterior, mas comporta essencialmente forças (Do gr. *dýnamis*, «força» + *-ismo*)

dinamista *n.2g.* pessoa partidária do dinamismo (Do gr. *dýnamis*, «força» +*-ista*)

dinamitação *n.f.* ato ou efeito de dinamitar; destruição por meio de dinamite (De *dinamitar*+*-ção*)

dinamitar *v.tr.* destruir por meio de dinamite; aplicar dinamite a (De *dinamite*+*-ar*)

dinamite *n.f.* QUÍMICA mistura explosiva de nitroglicerina e areia quartzosa ou outra substância inerte, que detona de modo violento pelo choque ou pela ação do calor (Do gr. *dýnamis*, «força» + *-ite*)

dinamiteiro *adj.* relativo a dinamite ▪ *n.m.* dinamitista (De *dinamitar*+*-eiro*)

dinamitista *n.2g.* **1** fabricante de dinamite **2** pessoa que faz uso da dinamite (De *dinamitar*+*-ista*)

dinamização *n.f.* ato ou efeito de dinamizar (De *dinamizar*+*-ção*)

dinamizador *adj.,n.m.* que ou aquele que dinamiza (De *dinamizar*+*-ção*)

dinamizar *v.tr.* dar carácter dinâmico a; pôr em ação; ativar (Do gr. *dýnamis*, «força» +*-izar*)

dinam(o)- elemento de formação de palavras que exprime a ideia de *força, movimento* (Do gr. *dýnamis*, «força»)

dínamo *n.m.* ELETRICIDADE máquina geradora de corrente contínua que transforma a energia mecânica em energia elétrica (Do gr. *dýnamis*, «força»)

dinamoeléctrico ver nova grafia **dinamoelétrico**

dinamoelétrico *adj.* (aparelho, máquina) que transforma energia mecânica em energia elétrica (De *dinamo-*+*elétrico*)

dinamogenia *n.f.* ativação funcional de um órgão pela ação de um excitante qualquer (Do gr. *dýnamis*, «força» + *génos*, «nascimento» +*-ia*)

dinamogénico *adj.* **1** relativo à dinamogenia **2** que gera energia **3** que eleva o tono físico ou psíquico (Do gr. *dýnamis*, «força» + *génos*, «nascimento») +*-ico*)

dinamógrafo *n.m.* aparelho que serve para medir a força muscular (De *dinamo-*+*-grafo*)

dinamometamorfismo *n.m.* GEOLOGIA metamorfismo produzido por pressões orientadas que provocam a deformação das rochas (De *dinamo-*+*metamorfismo*)

dinamometria *n.f.* medição da intensidade das forças por meio do dinamómetro (De *dinamómetro*+*-ia*)

dinamométrico *adj.* relativo à dinamometria (De *dinamometria*+*-ico*)

dinamómetro *n.m.* **1** FÍSICA instrumento usado para medir a intensidade das forças **2** aparelho que serve para medir a força muscular (Do gr. *dýnamis*, «força» + *métron*, «medida»)

dinamoscopia *n.f.* MEDICINA [ant.] auscultação por meio do dinamoscópio (De *dinamoscópio*+*-ia*)

dinamoscópio *n.m.* MEDICINA [ant.] aparelho simples de auscultação, atualmente em desuso (Do gr. *dýnamis*, «força» + *skopeĩn*, «olhar» +*-io*)

Dinanciano *n.m.* GEOLOGIA subperíodo correspondente à parte inferior do Carbónico (De *Dinant*, cidade belga +*-iano*)

dinar *n.m.* unidade monetária da Argélia, Barém, Iraque, Jordânia, Koweit, Líbia, Sérvia e Tunísia (Do lat. *denarĭu-*, «denário»)

dinasta *n.2g.* **1** pessoa partidária de uma dinastia **2** soberano (Do gr. *dynástes*, «homem poderoso», pelo lat. *dynasta-*, «soberano»)

dinastia *n.f.* **1** HISTÓRIA, POLÍTICA série de soberanos pertencentes ao mesmo tronco genealógico **2** série de pessoas célebres da mesma família (Do gr. *dynasteía*, «domínio»)

dinástico *adj.* relativo a dinastia (De *dinastia*+*-ico*)

dinatrão *n.m.* **1** ELETRICIDADE oscilador baseado na resistência negativa **2** característica obtida nos tétrodos em determinadas condições (De *dina[mo]-*+*[elec]trão*)

díndia *n.f.* [pop.] batata (De+*Índia*)

dine *n.m.* FÍSICA unidade de força do antigo sistema de unidades CGS (centímetro, grama, segundo), de símbolo dyn, equivalente à força que imprime à massa de um grama a aceleração de um centímetro por segundo quadrado (10^{-5} newtons) (Do gr. *dýnamis*, «força»)

dinheirada *n.f.* ⇒ **dinheirama** (De *dinheiro*+*-ada*)

dinheirama *n.f.* [coloq.] grande quantidade de dinheiro (De *dinheiro*+*-ama*)

dinheirame *n.m.* ⇒ **dinheirama** (De *dinheiro*+*-ame*)

dinheirão *n.m.* **1** muito dinheiro **2** preço exagerado (De *dinheiro*+*-ão*)

dinheiro *n.m.* **1** qualquer moeda de metal ou papel que representa um valor fixado por lei **2** valor representativo de qualquer quantia **3** numerário; quantia **4** riqueza; posses; **~ como milho** [coloq.] muito dinheiro; **~ de sardinhas** [pop.] pequenas quantias que se vão recebendo por conta de quantia maior, sujeitas a serem gastas facilmente (Do lat. *denarĭu-*, «moeda de prata que valia dez asses»)

dinheiroso /ô/ *adj.* endinheirado; rico (De *dinheiro*+*-oso*)

dino *adj.* [ant.] digno (Do lat. *dignu-*, «digno»)

dino- elemento de formação de palavras que exprime a ideia de *terrível, medonho* (Do gr. *deinós*, «malfazejo; terrível»)

dinoceras *n.m.2n.* PALEONTOLOGIA mamífero de grande tamanho que viveu no Eocénico, e teria o aspeto de um rinoceronte (Do gr. *deinós*, «terrível» + *kéras*, «chifre»)

dínodo *n.m.* ELETRICIDADE elétrodo especialmente construído para emissão de eletrões secundários, quando bombardeado por uma corrente de eletrões primários (De *din[amo]-*+*[eléctr]odo*)

dinoflagelados *n.m.pl.* ZOOLOGIA flagelados com teca celulósica ou quitinosa (De *dino-*+*flagelado*)

dinossáurio *n.m.* ⇒ **dinossauro**

dinossauro *n.m.* PALEONTOLOGIA réptil fóssil, da era mesozoica, herbívoro ou carnívoro, geralmente com cabeça pequena, cauda longa, pescoço comprido e extremidades posteriores maiores que as anteriores, notável pela variedade de formas e pelo tamanho enorme (Do gr. *deinós*, «terrível» + *saũros*, «lagarto»)

dinotério *n.m.* PALEONTOLOGIA proboscídeo fóssil, essencialmente miocénico, com o tamanho de um elefante (Do gr. *deinós*, «terrível» + *theríon*, «fera»)

dintel *n.m.* **1** ARQUITETURA padieira da parte superior das portas ou das janelas; lintel **2** travessa em que se firmam as extremidades das prateleiras (Do cast. *dintel*, «id.»)

dintorno /ô/ *n.m.* delineamento de uma figura, contidos no contorno (Do it. *dintorno*, «contorno»)

dinumerar v.tr. 1 contar, um a um, os elementos de uma série ou coleção 2 enumerar 3 especificar (Do lat. *dinumerāre*, «enumerar»)

-dio sufixo nominal de origem latina, que ocorre especialmente em adjetivos derivados de verbos, exprimindo a ideia de *suscetível de, com tendência para, com possibilidade de* (*escorregadio; corredio; luzidio*)

diocesano adj. relativo ou pertencente à diocese ■ n.m. que ou aquele que é habitante de uma diocese; que ou o que faz parte da comunidade correspondente a determinada diocese (Do lat. *diocesānu-*, «id.»)

diocese n.f. 1 circunscrição administrativa em algumas antigas províncias romanas 2 divisão territorial eclesiástica sujeita à jurisdição de um bispo ou de quem legitimamente o substitui (Do gr. *dioíkesis*, «província», pelo lat. *diocēse-*, «id.»)

díodo n.m. ELETRICIDADE válvula termiónica muito usada como retificador de corrente, constituída por dois elétrodos (cátodo e ânodo) em gás nobre muito rarefeito (Do gr. *di*, por *dís*, «duas; duas vezes» + *hodós*, «via»)

dioico adj. 1 unissexuado 2 BIOLOGIA diz-se do animal ou da planta em que os gâmetas (funcionais) masculinos e os gâmetas femininos são produzidos separadamente, em indivíduos distintos 3 BOTÂNICA diz-se da planta (ou espécie vegetal) que tem flores unissexuadas, estando as masculinas e as femininas em pés diferentes (Do gr. *di*, por *dís*, «duas vezes» + *oîkos*, «casa»)

dióico ver nova grafia dioico

diomedeídeo adj. pertencente ou relativo aos Diomedeídeos ■ n.m. ORNITOLOGIA espécime dos Diomedeídeos

Diomedeídeos n.m.pl. ORNITOLOGIA família de aves procelariiformes, oceânicas, de grande porte, narinas distantes entre si, asas estreitas e longas e voo planado, a que pertence o albatroz

Dionisíacas n.f.pl. ⇒ **Dionísias** (De *dionisíaco*)

dionisíaco adj. 1 relativo a Dioniso (deus Baco) 2 relativo ao rei português D. Dinis (1261-1325) ou à sua época 3 FILOSOFIA (em Nietzsche, filósofo alemão, 1844-1900) ligado ao princípio da exaltação trágica e patética da vida (Do gr. *dionysiakós*, «relativo a Dioniso», pelo lat. *dionysiăcu-*, «id.»)

dionisiarca n.m. sacerdote de Dioniso (deus Baco) (Do gr. *Diónysios*, «Dioniso» + *árkhein*, «ser o chefe; mandar»)

Dionísias n.f.pl. festas em honra de Dioniso (Baco) (Do gr. *dionýsia*, «id.», pelo lat. *dionysīa*, «id.»)

diópsido n.m. MINERALOGIA variedade de piroxena que cristaliza no sistema monoclínico, de cor branca a verde-clara e brilho vítreo, sendo as variedades transparentes utilizadas no fabrico de joias (Do gr. *di*, por *dis*, «duas vezes» + *ópsis*, «aspeto»)

dioptase n.f. MINERALOGIA mineral cuprífero (silicato hidratado de cobre), que cristaliza no sistema trigonal (Do gr. *diá*, «através de» + *optós*, «visível» +*-ase*)

dioptria n.f. FÍSICA unidade que exprime a potência (convergência) de uma lente (ou de um espelho curvo), equivalente ao inverso da sua distância focal em metros (Do gr. *dioptreía*, «o que serve para ver através»)

dióptrica n.f. FÍSICA parte da física que estuda os fenómenos produzidos pela luz refratada ao atravessar meios de densidades diferentes (Do gr. *dioptriké [tékhne]*, «arte relativa à refração da luz»)

dióptrico adj. FÍSICA relativo à dióptrica; *elemento ~* lente ou outro componente no qual se utiliza só a refração (não a reflexão) para a formação de imagens; *sistema ~* sistema ótico formado só por elementos refratores (Do gr. *dioptrikós*, «relativo à dióptrica»)

dioptro n.m. 1 FÍSICA superfície (plana ou curva) de separação entre dois meios de diferente refrangibilidade 2 MEDICINA instrumento com que se observam certas cavidades do corpo; espéculo (Do gr. *dióptron*, «espelho»)

diorama n.m. 1 PINTURA quadro plano e transparente que, quando visto de certa distância e de um sítio escuro, produz um efeito de ilusão ótica devido à direção e à intensidade dos raios de luz que o iluminam 2 espetáculo que se obtém desta forma (Do gr. *diá*, «através de» + *hórama, -atos*, «espetáculo»)

dioramático adj. ⇒ **dorâmico** (Do gr. *diá*, «através de» + *hórama, -atos*, «espetáculo» + *-ico*)

diorâmico adj. relativo ao diorama (De *diorama*+*-ico*)

diorítico adj. relativo ao diorito (De *diorito*+*-ico*)

diorito n.m. PETROLOGIA rocha eruptiva, de textura granular, formada essencialmente por uma plagióclase pouco básica (oligóclase ou andesina), horneblenda ou piroxena, e que pode conter algum quartzo (Do gr. *diorízein*, «distinguir; definir», pelo fr. *diorite*, «diorito»)

dioscoreácea n.f. BOTÂNICA espécime das Dioscoreáceas

Dioscoreáceas n.f.pl. BOTÂNICA família de plantas monocotiledóneas, herbáceas, de rizoma tuberoso, alimentício, próprias das regiões tropicais ou temperadas (Do lat. *Dioscorea-*, nome cient. do inhame +*-áceas*)

dioscoreáceo adj. relativo ou pertencente às Dioscoreáceas

diospireiro n.m. 1 BOTÂNICA árvore da família das Ebenáceas, produtora dos diospiros, muito cultivada em Portugal e também muito conhecida por caqui, diospiro e alperceiro-do-japão 2 BOTÂNICA planta ornamental, e também cultivada, de uma espécie afim da descrita anteriormente (De *dióspiro*+*-eiro*)

diospiro n.m. BOTÂNICA ⇒ **dióspiro**

dióspiro n.m. 1 BOTÂNICA fruto produzido pelo diospireiro, grande e comestível, em forma de baga, de cor alaranjada e apreciado pela sua doçura 2 BOTÂNICA (árvore) ⇒ **diospireiro** 1 (Do gr. *dióspyros*, «id.», pelo lat. *diospyru-*, «id.»)

diostilo n.m. fachada de duas colunas (Do gr. *dýo*, «dois» + *stýlos*, «coluna»)

diotia n.f. sensação biauricular correspondente a excitação idêntica para os dois ouvidos (Do gr. *di*, por *dís*, «duas vezes» + *oũs, otós*, «ouvido» +*-ia*)

dióxido n.m. QUÍMICA óxido com dois átomos de oxigénio e um átomo de outro elemento; *dióxido de carbono* QUÍMICA gás incolor e inodoro, de fórmula CO_2, que se encontra na atmosfera e surge em todos os processos de combustão, sendo importante na fotossíntese e usado na carbonatação de bebidas, como extintor de incêndios, etc., gás carbónico (De *di-*+*óxido*)

dioxina n.f. QUÍMICA subproduto do fabrico de certos herbicidas e bactericidas, de carácter tóxico

dipétalo adj. BOTÂNICA ⇒ **bipétalo** (Do gr. *di*, por *dís*, «duas vezes» + *pétalon*, «pétala»)

diplacusia n.f. acusia dupla; surdez completa motivada por perturbação dos centros nervosos (De *diplo-*+*acusia*)

diplasiasmo n.m. duplicação escusada de letras, na escrita de uma palavra (Do gr. *diplasiasmós*, «duplicação»)

diplegia n.f. MEDICINA paralisia extensa que atinge simetricamente os dois lados do corpo (Do gr. *di*, por *dís*, «duas vezes» + *plegé*, «ferida» +*-ia*)

dipleiscópio n.m. aparelho usado para determinar com precisão o meio-dia (Do gr. *diplóos*, «duplo» + *eîdos*, «aspeto exterior» + *skopeîn*, «olhar»)

diplidoscópio n.m. ⇒ **dipleiscópio**

dipl(o)- elemento de formação de palavras que exprime a ideia de *duplo* (Do gr. *diplóos*, «duplo»)

diplobionte n.m. BIOLOGIA organismo cujo ciclo evolutivo completo apresenta dois indivíduos distintos (Do gr. *diplóos*, «duplo» + *bíon, -ontos*, «ser vivo»)

diplocardíaco adj. que tem dois corações (Do gr. *diplóos*, «duplo» + *kardía*, «coração» +*-ico*)

diplocéfalo n.m. TERATOLOGIA o que tem duas cabeças; ser dicéfalo (Do gr. *diplóos*, «duplo» + *kephalé*, «cabeça»)

diplococo n.m. MEDICINA bactéria que causa as meningites cerebrospinais (Do gr. *diplóos*, «duplo» + *kokkos*, «grão; pevide»)

diplodoco n.m. PALEONTOLOGIA dinossauro herbívoro do Jurássico americano, de grande corpulência (atingia 25 m de comprimento e mais de 25 toneladas de peso), de cabeça pequena, pescoço e cauda muito longos (Do gr. *diplóos*, «duplo» + *dokós*, «viga»)

díploe n.f. ANATOMIA tecido esponjoso que se situa entre as duas lâminas de tecido compacto que formam os ossos do crânio

diploedro n.m. CRISTALOGRAFIA ⇒ **didodecaedro** (Do gr. *diplóos*, «duplo» + *hédra*, «base; face»)

diplófase n.f. BIOLOGIA fase diploide durante a qual o indivíduo apresenta diploidia (Do gr. *diplóos*, «duplo» + gr. *phásis*, «fase»)

diplofonia n.f. MEDICINA perturbação da voz pela formação de dois sons simultâneos na laringe (Do gr. *diplóos*, «duplo» + *phoné*, «voz» +*-ia*)

diplogastria n.f. qualidade do que tem estômago duplo (Do gr. *diplóos*, «duplo» + *gastér, -trós*, «estômago» +*-ia*)

diplogénese n.f. anomalia física originada pela fusão de dois embriões (Do gr. *diplóos*, «duplo» + *génesis*, «geração»)

diploide[1] n.m. antigo vestido ou manto oriental que circundava duas vezes o corpo (Do gr. *diplóos*, «duplo» +*eîdos*, «forma», pelo lat. *diploïde-*, «manto duplo»)

diploide[2] adj.2g. BIOLOGIA diz-se de um núcleo celular (célula, organismo, etc.) na fase em que apresenta duas séries de cromossomas (2n cromossomas) (Do gr. *diplóos*, «duplo» +*eîdos*, «forma», pelo fr. *diploïde*, «id.»)

diplóide ver nova grafia diploide[1,2]

diploidia n.f. estado do que é diploide (De *diplóide*+*-ia*)

diploma /ô/ *n.m.* **1** documento oficial que atesta as habilitações de alguém e lhe confere um grau académico **2** título ou documento oficial confirmativo de um cargo, dignidade, mercê ou privilégio **3** título de contrato **4** texto legislativo (Do gr. *díploma*, «papel dobrado em dois», pelo lat. *diplōma*-, «diploma»)

diplomacia *n.f.* **1** ciência e arte da representação dos interesses de um país no estrangeiro ou da promoção do direito e das relações internacionais **2** conjunto de pessoas que representam um país no estrangeiro; pessoal diplomático **3** circunspeção; discrição **4** finura de trato **5** astúcia; habilidade (Do fr. *diplomatie*, «id.»)

diplomado *adj.* habilitado com um título literário ou científico; que possui diploma ■ *n.m.* indivíduo que possui diploma (Part. pass. de *diplomar*)

diplomar *v.tr.* conceder um diploma a ■ *v.pron.* obter diploma (De *diploma*+-*ar*)

diplomata *n.2g.* **1** pessoa que representa os interesses de um país junto de outro, promovendo e zelando pelas relações internacionais; pessoa que faz parte do corpo diplomático de uma nação **2** pessoa hábil e com um tato especial para resolver situações complicadas (Do fr. *diplomate*, «id.»)

diplomática *n.f.* ciência auxiliar da história, que se ocupa dos documentos antigos, em especial dos diplomas (Do fr. *diplomatique*, «id.»)

diplomaticamente *adv.* **1** com diplomacia **2** habilidosamente (De *diplomático*+-*mente*)

diplomático *adj.* **1** da diplomacia ou a ela relativo **2** discreto; cortês **3** relativo a diploma; *corpo ~* conjunto de diplomatas acreditados junto de um governo estrangeiro (Do fr. *diplomatique*, «id.»)

diplomatista *n.2g.* pessoa versada em diplomática (Do lat. *diplōma*, -*ătis*, «diploma»+-*ista*)

diplonema /ê/ *n.m.* CITOLOGIA estado do mecanismo da redução cromática numa célula em que há divisão longitudinal dos cromossomas agrupados aos pares; diploteno (Do gr. *diplóos*, «duplo» + *nēma*, «fio»)

diplonte *n.m.* BIOLOGIA organismo cujas células vegetativas têm os núcleos diploides (Do gr. *diplóos*, «duplo» + *ōn*, *ontós*, «ser»)

diplopia *n.f.* MEDICINA perturbação da visão que se caracteriza pela perceção de duas imagens de um só objeto; ambiopia (Do gr. *diplóos*, «duplo» + *óps*, *opós*, «olho» +-*ia*)

diplópodes *n.m.pl.* ZOOLOGIA ⇒ **quilógnato** *n.m.pl.* (Do gr. *diplóos*, «duplo» + *poús*, *podós*, «pé»)

diplóptero *adj.* ZOOLOGIA (inseto) que tem asas duplas (Do gr. *diplóos*, «duplo» + *pterón*, «asa»)

diploscópio *n.m.* MEDICINA aparelho usado para avaliar o grau de estrabismo e para desmascarar os simuladores de cegueira (Do gr. *diplóos*, «duplo» + *skopeīn*, «ver»)

diplostémone *adj.2g.* BOTÂNICA diz-se da flor em que o número dos estames é o dobro do das pétalas (Do gr. *diplóos*, «duplo» + *stémon*, «estame»)

diploteno /ê/ *n.m.* ⇒ **diplonema** (Do gr. *diplóos*, «duplo» + *tainía*, «cinta; língua de terra»)

dipnêumone *adj.* ZOOLOGIA que tem dois pulmões ou sacos pulmonares ■ *n.m.* ZOOLOGIA, ICTIOLOGIA espécime dos dipnêumones ■ *n.m.pl.* **1** ZOOLOGIA grupo de aracnídeos (aranhas) cujo aparelho respiratório inclui dois sacos pulmonares **2** ICTIOLOGIA ordem de peixes de pulmão duplo, escamas pequenas e barbatanas filamentosas (Do gr. *di*, por *dís*, «duas vezes» + *pneúmon*, «pulmão»)

dipneumóneo *adj.* que tem dois pulmões ou sacos pulmonares (Do gr. *di*, por *dís*, «duas vezes» + *pneúmon*, «pulmão» +-*eo*)

dipneus *n.m.pl.* ICTIOLOGIA ⇒ **dipnoico** *n.m.pl.*

dipneustas *n.m.pl.* ICTIOLOGIA ⇒ **dipnoico** *n.m.pl.* (Do gr. *dí*, por *dís*, «duas vezes» + *pneúein*, «respirar», pelo fr. *dipneustes*, «id.»)

dipnoico *adj.* ICTIOLOGIA (peixe) que apresenta órgãos funcionais para as respirações branquial e pulmonar ■ *n.m.* ICTIOLOGIA espécime dos dipnoicos ■ *n.m.pl.* ICTIOLOGIA ordem de peixes que respiram por guelras e pulmões, e que geralmente têm cabeça pequena, corpo alongado, dois pares de barbatanas escamosas e cauda pontiaguda (Do gr. *di*, por *dís*, «duas vezes» + *pneúein*, «respirar» +-*ico*)

dipnóico ver nova grafia dipnoico

dípode *adj.2g.* que tem dois pés ou dois órgãos análogos; bípede (Do gr. *dípous*, -*odós*, «de dois pés»)

dipodia *n.f.* reunião de dois pés do verso grego ou latino a formarem um só metro (Do gr. *dipodía*, «conjunto de dois pés»)

dipolar *adj.2g.* **1** que tem dois polos **2** FÍSICA diz-se da molécula que tem um momento elétrico de dipolo permanente (por exemplo, a água) (De *di*-+*polar*)

dipolo *n.m.* FÍSICA (elétrico) sistema de duas cargas iguais e de sinais contrários colocadas a uma distância muito pequena uma da outra; *momento do ~ elétrico* produto da grandeza de cada uma das cargas elétricas pela sua distância (De *di*-+*pólo*)

diprótico *adj.* QUÍMICA diz-se do ácido que pode libertar dois protões por molécula (De *di*-+*protão*+-*ico*)

dipsacácea *n.f.* BOTÂNICA espécime das Dipsacáceas

Dipsacáceas *n.f.pl.* BOTÂNICA família de plantas dicotiledóneas, com flores dispostas em capítulos, a que pertencem algumas espécies espontâneas e outras cultivadas (Do gr. *dípsakos*, «cardo», pelo lat. *dipsăcu*-, «id.» +-*áceas*)

dipsacáceo *adj.* relativo ou referente às Dipsacáceas

Dipsáceas *n.f.pl.* BOTÂNICA ⇒ **Dipsacáceas** (Do fr. *dipsacées*, «id.»)

dipsético *adj.* que produz sede (Do gr. *dipsetikós*, «que dá sede»)

dipso- elemento de formação de palavras que exprime a ideia de sede (Do gr. *dípsa*, «sede»)

dipsomania *n.f.* MEDICINA estado patológico caracterizado por impulsão insaciável para a ingestão de bebidas alcoólicas (De *dipso*-+*mania*)

dipsomaníaco *adj.* relativo à dipsomania ■ *n.m.* indivíduo atacado de dipsomania (De *dipso*-+*maníaco*)

dipsómano *adj.* ⇒ **dipsomaníaco** (De *dipso*-+-*mano*)

dipteráceo *adj.* BOTÂNICA diz-se do vegetal cujas sementes possuem duas asas (Do gr. *dípteros*, «de duas asas» +-*áceo*)

diptérico *adj.* relativo a díptero (De *díptero*+-*ico*)

dipterígio *adj.* ZOOLOGIA diz-se do animal que tem duas barbatanas (Do gr. *di*, por *dís*, «duas vezes» + *ptéryx*, *ptérygos*, «barbatana»)

díptero *adj.* **1** (inseto) que tem duas asas **2** (edifício) que tem duas alas ■ *n.m.* **1** ARQUITETURA, HISTÓRIA edifício antigo com duas ordens de colunas **2** ZOOLOGIA espécime dos dípteros ■ *n.m.pl.* ZOOLOGIA ordem de insetos, tipicamente com um par de asas desenvolvidas e as do outro par transformadas em órgãos rudimentares, possuindo um aparelho bucal adaptado para sugar e, por vezes, picar (Do gr. *dípteros*, «de duas asas»)

dipterologia *n.f.* estudo sobre insetos dípteros (Do gr. *dípteros*, «de duas asas» + *lógos*, «estudo» +-*ia*)

díptico *n.m.* **1** ARTES PLÁSTICAS quadro pintado ou esculpido em dois painéis ligados por dobradiça **2** conjunto de duas tábuas que se dobravam em forma de livro e onde se escrevia **3** conjunto de duas obras da mesma natureza e que se completam **4** *pl.* listas de nomes das pessoas por quem se rezava na missa, a que corresponde atualmente o memento **5** impresso de natureza informativa, promocional ou publicitária, que consiste numa folha dobrada a meio (Do gr. *díptykhos*, «dobrado em dois», pelo lat. *diptўchu*-, por *diptўcha*-, «díptico»)

dique *n.m.* **1** construção destinada a represar águas correntes **2** reservatório com comporta que comunica com o mar ou o rio e se destina à receção de navios para reparação; doca seca **3** GEOLOGIA filão de rocha eruptiva, quase vertical e de forma tubular **4** [fig.] obstáculo; estorvo; impedimento; *pôr ~ a* impedir, obstar (Do hol. *dijk*, «id.»)

diquende *n.m.* [Angola] broa de milho cozida em folhas de bananeira, de milho ou de palmeira (Do quimb. *dikende*, «compacto», alusão à textura)

direção *n.f.* **1** lado para onde alguém ou alguma coisa se volta ou aponta **2** orientação; rumo **3** indicações que identificam o local onde alguém mora ou está; endereço **4** MECÂNICA dispositivo destinado ao comando de um veículo e que permite orientar as respetivas rodas **5** função ou cargo de quem dirige ou coordena; administração; gerência; governo **6** conjunto de pessoas que administram, gerem ou dirigem uma instituição **7** serviço de uma administração ao cargo de um diretor, de que dependem diversas repartições **8** critério; norma; *~ assistida* MECÂNICA sistema de direção de automóveis em que o esforço de girar as rodas, por meio da rotação do volante, é auxiliado por um sistema complementar, hidráulico ou elétrico; *em ~ a* para o lado de, rumo a (Do lat. *directiōne*-, «id.»)

direção-geral *n.f.* sede a partir da qual são dirigidos os diversos órgãos de uma mesma área de administração pública, a nível nacional

direcção ver nova grafia direção

direcção-geral ver nova grafia direção-geral

direccional ver nova grafia direcional

direccionamento ver nova grafia direcionamento

direccionar ver nova grafia direcionar

direcional *adj.2g.* **1** relativo a direção; diretorial **2** orientado ou emitido em determinada direção (Do lat. *directiōne*-+-*al*)

direcionamento *n.m.* ato ou efeito de direcionar; encaminhamento; orientação (De *direccionar*+*-mento*)
direcionar *v.tr.* dirigir (algo) para; encaminhar numa direção
directa ver nova grafia **direta**
directiva ver nova grafia **diretiva**
directivo ver nova grafia **diretivo**
directo ver nova grafia **direto**
director ver nova grafia **diretor**
directorado ver nova grafia **diretorado**
director-geral ver nova grafia **diretor-geral**
directoria ver nova grafia **diretoria**
directorial ver nova grafia **diretorial**
directório ver nova grafia **diretório**
directriz ver nova grafia **diretriz**
direita *n.f.* **1** mão que está no lado oposto ao do coração; destra **2** lado direito **3** HISTÓRIA, POLÍTICA grupo que, numa assembleia parlamentar, representa as correntes conservadoras; *às direitas* do lado direito, como deve ser, reto, íntegro, justo (De *direito*)
direito *adj.* **1** que segue no mesma direção; reto; direto **2** que não é torto ou curvo; liso; plano **3** aprumado; vertical **4** que está no lado oposto ao do coração **5** íntegro; justo; imparcial **6** leal; franco; sincero ▪ *n.m.* **1** aquilo que é reto, justo e conforme à lei **2** poder moral ou legal de fazer, de possuir ou de exigir alguma coisa **3** poder legítimo; faculdade **4** prerrogativa **5** conjunto de normas gerais, abstratas, dotadas de coercitividade, que regem os comportamentos e as relações numa sociedade **6** ciência que trata do estudo das leis e das instituições jurídicas **7** imposto; contribuição; taxa **8** lado principal, em geral mais perfeito, de um tecido ou objeto ▪ *adv.* **1** diretamente **2** sem rodeios **3** [Brasil] bem; de forma correta; *~ canónico* conjunto dos cânones ou normas que regulam alguns aspetos da vida da Igreja Católica; *~ civil* conjunto de leis e princípios que regem as relações de ordem privada entre os indivíduos, os aspetos relativos à propriedade, aos bens e aos direitos e obrigações daí decorrentes; *~ comercial* ramo do direito privado que regula as transações de natureza comercial; *~ comunitário* conjunto de princípios que regulam as relações entre os estados-membros da União Europeia e entre os respetivos cidadãos; *~ internacional* conjunto de princípios que regulam as relações entre os diversos Estados, direito das gentes; *~ natural* direito respeitante ao homem pelo facto de ser homem, independentemente de qualquer convenção ou legislação; *~ penal/criminal* parte da ciência do direito que estabelece as penas aplicar em função dos crimes praticados; *direitos de autor* poder do autor ou dos seus descendentes sobre a publicação, tradução e comercialização da sua obra, verba que o autor recebe pela publicação, tradução, venda, etc., da sua obra; *direitos humanos* direitos considerados inerentes ao ser humano, independentemente da sua raça, sexo, idade e religião; *a ~* sempre em frente; *a torto e a ~* à toa, irrefletidamente; *de ~* com justiça; *em bom ~* conforme as regras do direito ou da justiça (Do lat. *dirĕctu-*, «id.»)
direito de antena *n.m.* direito que o Governo, os partidos políticos, as associações sindicais, as associações profissionais, etc., têm de ocupar, com programas próprios, certos períodos da programação geral da televisão e da rádio
direitura *n.f.* **1** qualidade do que é direito ou reto **2** direção retilínea **3** [fig.] inteireza; retidão (Do lat. *directūra-*, «alinhamento»)
direta *n.f.* **1** [coloq.] noite em que não se dorme e que geralmente se dedica a uma atividade recreativa ou profissional; noitada **2** [coloq.] comentário explícito **3** *pl.* eleições em que os membros de um partido votam diretamente no seu candidato
diretiva *n.f.* instrução ou indicação fornecida por uma autoridade sobre a maneira de proceder em determinada situação ou tarefa; diretriz (Do fr. *directive*, «id.»)
diretivo *adj.* **1** que dirige **2** relativo a direção **3** LINGUÍSTICA ⇒ **instrucional 3** (Do lat. *directu-*, «direto»+*-ivo*)
direto *adj.* **1** que está ou vai em linha reta; direito; reto **2** que se faz sem intermediários; imediato **3** que se faz ou diz sem rodeios **4** (comboio) sem ou com o mínimo de paragens entre a partida e a chegada **5** diz-se do que não efetua escala **6** relativo ao grau de parentesco por via materna ou paterna **7** ECONOMIA diz-se do imposto que incide sobre as pessoas singulares ou coletivas e que não é repercutido **8** GEOGRAFIA diz-se do sentido contrário ao movimento de rotação da Terra, isto é, do sentido contrário ao movimento dos ponteiros do relógio, ou ocidente para oriente **9** GRAMÁTICA diz-se do complemento (palavra ou expressão) que completa o sentido de um verbo sem o auxílio de preposição **10** GRAMÁTICA diz-se do discurso em que se reproduz literalmente, na primeira pessoa, os diálogos e discursos das personagens **11** POLÍTICA diz-se de eleição em que o eleitor vota diretamente no seu candidato **12** [fig.] evidente; claro **13** [fig.] formal; absoluto ▪ *n.m.* DESPORTO (boxe) golpe dado pela distensão violenta do antebraço para a frente; *em ~* diz-se da emissão televisiva ou radiofónica que é transmitida no momento em que ocorre ou está a ser registada (Do lat. *directu-*, «colocado em linha reta»)
diretor *adj.* que dirige ▪ *n.m.* **1** indivíduo que tem a seu cargo a direção de uma empresa ou organização; administrador **2** membro de uma direção ou de um diretório **3** indivíduo que organiza um tarefa ou orienta um conjunto de pessoas que trabalham juntas **4** mentor; guia (Do lat. *directōre-*, «id.»)
diretorado *n.m.* **1** funções de diretor **2** tempo que duram estas funções (De *director*+*-ado*)
diretor-geral *n.m.* **1** o que chefia uma direção-geral **2** (empresa privada) presidente da direção
diretoria *n.f.* **1** cargo de diretor **2** conjunto de pessoas que gerem uma instituição ou empresa; direção (De *director*+*-ia*)
diretorial *adj.2g.* referente a diretório ou a direção (De *directoria*+*-al*)
diretório *adj.* que dirige ▪ *n.m.* **1** conselho encarregado da gerência de instituição, empresa, partido, etc.; comissão diretora **2** livro com indicações necessárias para a execução de determinada tarefa **3** INFORMÁTICA área do disco (ou de outro meio) que contém os nomes e a localização dos ficheiros constantes desse disco **4** [com maiúscula] regime que governou a França desde 26 de outubro de 1795 até 9 de novembro de 1799 e que foi derrubado por Napoleão (Do lat. *directorĭu-*, «diretório»)
diretriz *adj.* (masculino **diretor**) que dirige ▪ *n.f.* **1** linha que regula o traçado de um caminho ou de uma estrada **2** instrução ou orientação que deve ser seguida para levar a bom termo determinada tarefa; norma de procedimento **3** GEOMETRIA linha em que se apoia a geratriz de uma superfície (De *director*, ou do fr. *directrice*, «id.»)
dirham *n.m.* unidade monetária de Marrocos e Sara Ocidental e dos Emirados Árabes Unidos (Do gr. *drakhmé*, «dracma», pelo fr. *dirham*, «id.»)
diribitor *n.m.* indivíduo encarregado, entre os Romanos, de distribuir pelo povo as listas eleitorais (Do lat. *diribitōre-*, «escrutinador»)
diribitório *n.m.* lugar onde os diribitores distribuíam ao povo as listas eleitorais (Do lat. *diribitorĭu-*, «lugar onde se fazia o recenseamento militar e onde se pagava aos soldados»)
dirigente *adj.,n.2g.* que ou a pessoa que dirige; que ou pessoa que exerce funções de chefia ou direção (Do lat. *dirigente-*, part. pres. de *dirigĕre*, «dirigir»)
dirigibilidade *n.f.* qualidade de ser dirigível (Do lat. **dirigibĭle-*, «dirigível»+*-i-*+*-dade*)
dirigir *v.tr.* **1** dar direção a; orientar **2** encaminhar **3** enviar para um dado lugar **4** ensinar; endereçar **5** ter a direção de; administrar; governar **6** dizer; proferir **7** dar orientação a; ser responsável por (músicos, atores, etc.) **8** guiar **9** voltar; virar **10** [Brasil] conduzir ▪ *v.pron.* **1** encaminhar-se em certa direção **2** ir ter com **3** consagrar-se a **4** virar-se; volver-se **5** ter como destinatário ou alvo **6** convergir (Do lat. *dirigĕre*, «id.»)
dirigismo *n.m.* POLÍTICA doutrina e política em que o Estado gere e controla a economia do país (De *dirigir*+*-ismo*, ou do fr. *dirigisme*, «id.»)
dirigista *adj.,n.2g.* ECONOMIA que ou aquele que defende a teoria económica do dirigismo (De *dirigir*+*-ista*)
dirigível *adj.2g.* que se pode dirigir ▪ *n.m.* veículo fusiforme que, elevando-se na atmosfera por estar cheio de gás menos denso do que o ar, se movimenta através de mecanismos de propulsão e de direção de voo (De *dirigir*+*-vel*)
dirimente *adj.2g.* **1** que dirime; que anula sem remédio **2** que impede absolutamente **3** decisivo **4** que é atenuante (Do lat. *dirimente-*, part. pres. de *dirimĕre*, «anular»)
dirimir *v.tr.* **1** anular irremediavelmente; extinguir **2** obstar de modo absoluto **3** decidir terminantemente; resolver **4** esclarecer (Do lat. *dirimĕre*, «anular»)
dirito *adv.* **1** [Guiné-Bissau] bem; retamente **2** [Guiné-Bissau] para a frente (Do crioulo guineense *diritu*, «id.», a partir de *direito*)
diruir *v.tr.,intr.* ⇒ **derruir** (Do lat. *diruĕre*, «demolir»)
dis-[1] prefixo que exprime a ideia de *separação, dispersão, negação, contrário* (Do lat. *dis-*, «afastamento»)
dis-[2] prefixo que exprime a ideia de *dificuldade, mau estado, desgraça, contrariedade, privação* (Do gr. *dýs*, «mal; dificuldade»)
dis-[3] prefixo que exprime a ideia de *dois* (Do gr. *dís-*, «duas vezes»)
disartria *n.f.* MEDICINA (neurologia) dificuldade na articulação das palavras (Do gr. *dýs*, «mal» + *árthron*, «articulação» +*-ia*)

disbasia n.f. MEDICINA perturbações na marcha causadas por distúrbios no sistema nervoso (Do gr. *dýs*, «mal» + *básis*, «marcha» +-*ia*)

disbulia n.f. PATOLOGIA ⇒ **abulia** (Do gr. *dýs*, «dificuldade» + *boulé*, «vontade» +-*ia*)

disbúlico adj. **1** relativo à disbulia **2** que padece de disbulia (De *disbulia*+-*ico*)

discal adj.2g. relativo a disco; *hérnia* ~ MEDICINA hérnia de um disco intervertebral (De *disco*+-*al*, ou do fr. *discal*, «id.»)

discalculia n.f. PATOLOGIA dificuldade na realização de cálculos aritméticos, mesmo muito simples, motivada por perturbações cerebrais (De *dis*-+*calcular*+-*ia*)

discar v.tr. marcar (um número) no telefone ■ v.intr. fazer girar o disco do aparelho telefónico, para estabelecer ligação (De *disco*+-*ar*)

discência n.f. ato de aprender; aprendizagem (Do lat. *discentĭa*-, «id.»)

discente adj.,n.2g. que ou pessoa que recebe educação e formação geralmente em estabelecimento de ensino; aluno ■ adj.2g. relativo aos alunos; *corpo* ~ conjunto dos alunos de uma escola; *Igreja* ~ os membros da Igreja que recebem o ensino da Igreja docente (clero) (Do lat. *discente*-, part. pres. de *discĕre*, «aprender»)

disceptação n.f. disputa; controvérsia (Do lat. *disceptatiōne*-, «id.»)

discernente adj.2g. que discerne; que distingue (Do lat. *discernente*-, part. pres. de *discernĕre*, «distinguir»)

discernimento n.m. **1** ato ou efeito de discernir **2** faculdade de discernir; capacidade de perceber e julgar sobre as diferenças entre as coisas **3** juízo; critério **4** apreciação **5** distinção (De *discernir*+-*mento*)

discernir v.tr. **1** conseguir distinguir de modo claro através dos sentidos **2** perceber claramente; conhecer distintamente **3** distinguir; discriminar; diferençar **4** avaliar; apreciar; medir ■ v.intr. julgar; decidir (Do lat. *discernĕre*, «id.»)

discernível adj.2g. que se pode discernir (Do lat. *discernibĭle*-, «discernível»)

discífero adj. que tem disco ou discos (Do lat. *discu*-, «disco» + *fero*, de *ferre*, «ter»)

discifloro adj. que tem flores em forma de disco ou com uma formação disciforme (Do lat. *discu*-, «disco» + *flore*-, «flor»)

disciforme adj.2g. em forma de disco (Do lat. *discu*-, «disco» + *forma*-, «forma»)

discinesia n.f. MEDICINA perturbação dos movimentos voluntários (Do gr. *dýs*, «mau estado» + *kínesis*, «movimento» +-*ia*)

disciplina n.f. **1** conjunto de regras ou ordens que regem o comportamento de uma pessoa ou coletividade **2** observância das regras; obediência **3** capacidade de controlar um determinado comportamento de forma a respeitar regras ou conseguir resultados **4** conjunto de conhecimentos específicos que se ensinam em cada cadeira de um estabelecimento escolar **5** autoridade **6** castigo; mortificação **7** pl. correias para açoitar (Do lat. *disciplina*-, «id.»)

disciplinação n.f. **1** ato ou efeito de disciplinar **2** flagelação com disciplinas (De *disciplinar*+-*ção*)

disciplinador adj.,n.m. que ou o que mantém a disciplina; que ou o que faz respeitar um conjunto de regras (De *disciplinar*+-*dor*)

disciplinante adj.2g. que disciplina ■ n.2g. penitente que se disciplina (De *disciplinar*+-*ante*)

disciplinar v.tr. **1** sujeitar à disciplina; fazer obedecer a regras **2** corrigir **3** castigar com disciplinas ■ v.pron. **1** sujeitar-se à disciplina; cumprir as regras **2** flagelar-se; penitenciar-se ■ adj.2g. referente a disciplina (De *disciplina*+-*ar*)

disciplinável adj.2g. suscetível de disciplina ou de ensino (Do lat. *disciplinar*+-*vel*)

discipulado n.m. **1** conjunto de alunos de uma escola **2** estado de discípulo **3** aprendizado; tirocínio (Do lat. *discipulātu*-, «conjunto de estudantes»)

discipulato n.m. ⇒ **discipulado**

discípulo n.m. **1** o que recebe instrução ou ensino de alguém; aluno **2** o que segue os conselhos, ideias ou doutrinas de outrem; sectário **3** RELIGIÃO cada um dos doze Apóstolos que receberam e propagaram a doutrina de Cristo (Do lat. *discipŭlu*-, «id.»)

discissão n.f. CIRURGIA operação que consiste em abrir a cápsula do cristalino, para extirpação da catarata (Do lat. *discissiōne*-, «separação»)

disc jockey n.2g. ⇒ **disco-jóquei** (Do ing. *disc jockey*, «id.»)

discman n.m. pequeno aparelho portátil com leitor de CD e, por vezes, rádio, que se usa com auscultadores (Do ing. *Discman*®, «id.»)

disco n.m. **1** peça ou objeto chato e circular **2** placa circular de material rígido, em que se gravam sons que se reproduzem por meio de um sistema próprio **3** ASTRONOMIA superfície aparente de um astro **4** DESPORTO (atletismo) chapa circular, com o peso de 2 kg e diâmetro máximo de 21,9 cm, para ser utilizada numa das modalidades de lançamento (lançamento do disco) **5** ANATOMIA cartilagem fibrosa intercalada entre as superfícies articulares das vértebras **6** [ant.] peça circular de aparelho telefónico através da qual se marca o número desejado **7** círculo graduado de um instrumento de observação **8** placa circular de sinalização nos caminhos de ferro **9** [coloq.] pessoa que fala muito **10** [coloq.] frase ou opinião muito repetida; ~ *compacto* INFORMÁTICA objeto circular, metálico e não magnético, onde são armazenados dados digitais, em geral de áudio, e cuja leitura é feita por um mecanismo que utiliza o laser; ~ *de vídeo* videodisco; ~ *flexível* INFORMÁTICA disquete; *mudar/trocar de* ~ [coloq.] parar de repetir um assunto, mudar de conversa (Do gr. *dískos*, «id.», pelo lat. *discu*-, «disco»)

disc(o)- elemento de formação de palavras que exprime a ideia de *disco* (Do grego *dískos*, «disco», pelo latim *discu*-, «idem»)

discóbolo n.m. atleta que arremessava o disco, nos jogos da antiga Grécia (Do gr. *diskóbolos*, «lançador de disco», pelo lat. *discobŏlu*-, «id.»)

discófilo adj.,n.m. colecionador de discos musicais (De *disco*+-*filo*)

discografia n.f. inventário catalogado de discos de um determinado músico, época ou estilo musical (De *disco*+-*grafia*, ou do fr. *discographie*, «id.»)

discográfico adj. **1** relativo ao registo de som em disco **2** relativo à discografia (De *disco*+*grafia*+-*ico*)

discoide adj.2g. em forma de disco; disciforme (Do gr. *diskoeidés*, «em forma de disco»)

discóide ver nova grafia **discoide**

disco-jóquei n.2g. **1** profissional que seleciona e põe música em discotecas, bares ou outros estabelecimentos, misturando, por vezes, diferentes composições musicais no momento da apresentação **2** pessoa que faz a seleção musical numa emissora de rádio (Do ing. *disc jockey*, «id.»)

díscolo adj. **1** desordeiro **2** rebelde **3** de trato áspero **4** revoltado ■ n.m. indivíduo brigão (Do gr. *dýskolos*, «de convívio difícil», pelo lat. *dyscŏlu*-, «intratável»)

disco magnético n.m. INFORMÁTICA dispositivo de armazenamento de dados constituído por uma placa ou uma camada de placas circulares delgadas com revestimento magnético

discordância n.f. **1** falta de acordo **2** divergência; diferença de opinião **3** contradição **4** disparidade **5** MÚSICA desafinação **6** GEOLOGIA falta de paralelismo entre estratos contíguos (Do lat. *discordantĭa*, part. pres. neut. pl. subst. de *discordāre*, «discordar»)

discordante adj.2g. **1** que discorda; que não está de acordo **2** divergente **3** incongruente **4** oposto **5** desproporcionado **6** MÚSICA dissonante; desarmónico; desafinado; *montanhas discordantes* GEOGRAFIA montanhas oblíquas ou perpendiculares à linha da costa (Do lat. *discordante*-, part. pres. de *discordāre*, «discordar»)

discordar v.tr.,intr. **1** não concordar (com); divergir (de) **2** não estar em proporção **3** ser incompatível (com) ■ v.intr. MÚSICA desafinar (Do lat. *discordāre*, «id.»)

discorde adj.2g. ⇒ **discordante** (Do lat. *discorde*-, «id.»)

discórdia n.f. **1** falta de concórdia; desacordo **2** desinteligência; desarmonia; desavença **3** desordem; luta **4** oposição; *pomo de* ~ circunstância ou assunto que dá origem a um desentendimento (Do lat. *discordĭa*-, «id.»)

discordo /ô/ n.m. divergência; desacordo (Deriv. regr. de *discordar*)

disco rígido n.m. INFORMÁTICA placa circular rígida revestida de material magnético, situada no interior do computador, com capacidade para armazenar uma grande quantidade de dados e de acesso muito rápido

discorrência n.f. ato ou efeito de discorrer (De *discorrer*+-*ência*)

discorrer v.tr. **1** correr para (diversos lados ou por diferentes partes); difundir-se; derramar-se **2** errar por; vaguear; divagar **3** pensar sobre; meditar sobre **4** discursar sobre; expor ■ v.intr. (tempo) decorrer (Do lat. *discurrĕre*, «correr para diferentes lados»)

discoteca n.f. **1** estabelecimento onde se vendem maioritariamente discos compactos ou cassetes de áudio e também discos fonográficos **2** local de recreio onde se pode ouvir música, dançar e tomar bebidas **3** coleção de discos fonográficos **4** lugar ou móvel onde se guardam esses discos (De *disco*+-*teca*)

disco voador n.m. designação de qualquer objeto que voa e cuja origem é desconhecida

discrasia n.f. **1** má constituição física **2** alteração de humores **3** empobrecimento do sangue (Do gr. *dyskrasía*, «má constituição»)

discrásico adj. relativo à discrasia ■ n.m. aquele que padece de discrasia (De *discrasia*+-*ico*)

discrepância *n.f.* **1** diferença entre coisas que deveriam ser iguais; disparidade **2** diversidade de opiniões; ausência de acordo; divergência; *sem ~* unanimemente (Do lat. *discrepantĭa-*, «discordância»)

discrepante *adj.2g.* **1** que é desigual; que apresenta diferenças; diverso **2** divergente; discordante (Do lat. *discrepante-*, part. pres. de *discrepāre*, «discordar»)

discrepar *v.tr.* **1** ser desigual; diferir **2** divergir; discordar (Do lat. *discrepāre*, «id.»)

discreta *n.f.* religiosa que assiste à superiora (De *discreto*)

discretamente *adv.* **1** com discrição **2** prudentemente **3** levemente (De *discreto+-mente*)

discreteador *n.m.* aquele que discreteia (De *discretear+-dor*)

discretear *v.tr.,intr.* falar ou discorrer com discrição (sobre) (De *discreto+-ear*)

discretivo *adj.* próprio para discernir; discernente (Do lat. *discretīvu-*, «id.»)

discreto *adj.* **1** que tem ou revela discrição **2** circunspecto; reservado **3** modesto; recatado **4** que sabe guardar um segredo; confiável **5** pouco intenso; leve **6** independente; distinto **7** MATEMÁTICA desconexo **8** MEDICINA diz-se da doença que se manifesta por sinais externos separados e distintos ■ *n.m.* religioso de uma ordem que a representa no capítulo geral; *valor ~* MATEMÁTICA valor enumerável (Do lat. *discrētu-*, «que sabe distinguir»)

discretório *n.m.* **1** lugar onde se reúnem os discretos de uma ordem religiosa **2** assembleia dos discretos sob a presidência do superior, para resolverem assuntos relativos à comunidade (Do lat. *discretorĭu-*, «id.»)

discrição *n.f.* **1** estado ou qualidade de quem é reservado e não dá nas vistas; reserva **2** circunspeção **3** modéstia; recato **4** discernimento; prudência; sensatez **5** capacidade de guardar segredo; *à ~* à vontade, sem restrições; *à ~ de* sob a autoridade, vontade ou alçada de, ao dispor de (Do lat. *discretiōne-*, «id.»)

discricional *adj.2g.* ⇒ **discricionário** (Do lat. *discretiōne-*, «discrição» +-*al*)

discricionariamente *adv.* arbitrariamente (De *discricionário+-mente*)

discricionariedade *n.f.* **1** qualidade de discricionário; arbitrariedade **2** DIREITO liberdade de apreciação concedida a um órgão administrativo, permitindo que este escolha, numa série de comportamentos possíveis, aquele que lhe pareça mais adequado à satisfação da necessidade pública específica prevista na lei (De *discricionário+-edade*)

discricionário *adj.* **1** deixado à discrição; livre de condições; ilimitado **2** arbitrário **3** caprichoso **4** DIREITO (poder) exercido com uma certa liberdade de decisão face a situações concretas que não se encontram regulamentadas, de modo a satisfazer o interesse público da melhor forma (De lat. *discretiōne-*, «discrição» +-*ário*)

discrime *n.m.* **1** linha divisória **2** diferença **3** discriminação **4** aperto **5** conflito; combate; lide **6** perigo (Do lat. *discrīmen*, «o que separa; separação»)

discrímen *n.m.* ⇒ **discrime**

discriminação *n.f.* **1** ato ou efeito de discriminar; separação; destrinça **2** capacidade de estabelecer diferenças claramente; discernimento; distinção **3** ação de tratar pessoas ou grupos de pessoas de forma injusta ou desigual, com base em argumentos de sexo, raça, religião, etc.; segregação; *~ positiva* medida ou conjunto de medidas de exceção destinadas a prevenir ou eliminar formas de discriminação e/ou a compensar desvantagens resultantes de atitudes e estruturas discriminatórias vigentes, promovendo assim a igualdade de oportunidades; *~ racial* atitude de segregação relativamente a uma raça ou etnia (Do lat. *discriminatiōne-*, «id.»)

discriminadamente *adv.* **1** separadamente **2** minuciosamente **3** distintamente (De *discriminado+-mente*)

discriminador *adj.,n.m.* que ou aquele que discrimina; discriminativo (Do lat. *discriminatōre-*, «id.»)

discriminante *adj.2g.* que discrimina ou serve para discriminar, separar ou dividir (Do lat. *discriminante-*, «id.», part. pres. de *discrimināre*, «distinguir; discriminar»)

discriminar *v.tr.* **1** diferenciar; distinguir; destrinçar; discernir **2** separar; especificar **3** tratar de forma desigual e injusta (pessoa ou grupo de pessoas); segregar ■ *v.pron.* separar-se; apartar-se (Do lat. *discrimināre*, «id.»)

discriminativo *adj.* **1** relativo à discriminação **2** que discrimina ou distingue (De *discriminar+-tivo*)

discriminatório *adj.* **1** que discrimina ou distingue **2** que trata de forma desigual e/ou injusta uma pessoa ou várias, em comparação com a maneira como as restantes são tratadas (De *discriminar+-tório*)

discriminável *adj.2g.* que se pode discriminar (De *discriminar+-vel*)

discromático *adj.* **1** que altera as cores **2** que não tem boa cor (Do gr. *dýs*, «mal» + *khrōma, -atos*, «cor» +-*ico*)

discromatismo *n.m.* alteração das cores (Do gr. *dýs*, «mal» + *khrōma, -atos*, «cor» +-*ismo*)

discromatopsia *n.f.* MEDICINA perturbação da visão das cores; daltonismo (Do gr. *dýs*, «mal» + *khrōma, -atos*, «cor» + *ópsis*, «visão» +-*ia*)

discromia *n.f.* designação comum a todas as perturbações da pigmentação da pele (Do gr. *dýs*, «mal» + *khrōma*, «cor» +-*ia*)

discursador *adj.,n.m.* que ou aquele que discursa (Do lat. *discursatōre-*, «o que corre em todos os sentidos»)

discursar *v.tr.,intr.* expor um texto escrito sobre um ou vários assuntos, em geral oralmente e em público; fazer discurso ■ *v.tr.* **1** discorrer **2** raciocinar **3** expor com método; tratar; explicar (Do lat. *discursāre*, «andar a correr; correr de um lado para o outro»)

discursata *n.f.* discurso longo e de pouco valor (De *discurso+-ata*)

discursista *n.2g.* pessoa que discursa (De *discurso+-ista*)

discursivo *adj.* **1** FILOSOFIA que procede por meio de raciocínio, dedução e demonstração; que não é intuitivo **2** que gosta de discursar; palrador (Do lat. *discursu-*, «discurso; colóquio» +-*ivo*)

discurso *n.m.* **1** exposição oral de um texto escrito que trata um ou mais assuntos e que é normalmente preparado e organizado com antecedência para ser proferido em público **2** exposição ordenada sobre um dado assunto; dissertação; arrazoado **3** LINGUÍSTICA realização concreta e irrepetível da linguagem verbal, escrita ou oral, e em qualquer registo (formal, informal, etc.) **4** [coloq.] conjunto de palavras vãs e sem sentido; palavreado **5** [coloq.] repreensão; descompostura **6** oração; fala oratória; *~ direto* GRAMÁTICA reprodução (ou citação) na primeira pessoa, do discurso de um locutor, mantendo no discurso reproduzido a forma do discurso original; *~ indireto* GRAMÁTICA reprodução do discurso de um locutor no discurso do mesmo ou de outro locutor, não se mantendo a forma original no discurso reproduzido; *~ indireto livre* GRAMÁTICA modalidade de discurso entre o discurso direto e o indireto em que se fundem o relato da enunciação e a enunciação original (Do lat. *discursu-*, «id.»)

discussão *n.f.* **1** ato ou efeito de discutir **2** análise e troca de ideias sobre um assunto entre duas ou mais pessoas com o objetivo de chegar a um consenso **3** debate sobre um tema ou uma opinião, em que cada pessoa defende argumentos opostos; polémica; controvérsia **4** troca de palavras ásperas e por vezes injuriosas, geralmente em voz alta e de modo agressivo; altercação; briga (Do lat. *discussiōne-*, «id.»)

discutidor *adj.,n.m.* **1** que ou aquele que discute; questionador **2** que ou pessoa que gosta de discutir (De *discutir+-dor*)

discutir *v.tr.* analisar e trocar ideias sobre um assunto com uma ou mais pessoas de maneira a chegar a conclusões **2** examinar (um assunto), questionando **3** contestar; impugnar **4** defender ou atacar (um ponto controverso) ■ *v.intr.* **1** trocar palavras ásperas e por vezes injuriosas, geralmente em voz alta e de modo agressivo; tomar parte numa discussão **2** questionar (Do lat. *discutĕre*, «abater, sacudindo»)

discutível *adj.2g.* **1** suscetível de discussão **2** não evidente **3** questionável; problemático (De *discutir+-vel*)

disemia *n.f.* MEDICINA alteração do sangue (Do gr. *dýs*, «mal» + *haîma*, «sangue» +-*ia*)

disenteria *n.f.* MEDICINA infeção dos intestinos que, em regra, produz dores abdominais, evacuações frequentes com presença de sangue, e ulceração da mucosa (Do gr. *dysentería*, «doença intestinal», pelo lat. *dysenterĭa-*, «disenteria»)

disentérico *adj.* relativo a disenteria ■ *n.m.* aquele que sofre de disenteria (De *disenteria+-ico*)

diserto *adj.* eloquente; facundo (Do lat. *disertu-*, «hábil; eloquente»)

disestesia *n.f.* perturbação da sensibilidade, em particular da sensibilidade táctil (Do gr. *dýs*, «mal» + *aísthesis*, «sensação» +-*ia*)

disfagia *n.f.* dificuldade de engolir (Do gr. *dýs*, «mal» + *phageîn*, «comer» +-*ia*)

disfarçado *adj.* **1** que tem disfarce; mascarado **2** encoberto **3** falso; dissimulado; fingido **4** reservado (Part. pass. de *disfarçar*)

disfarçar *v.tr.* **1** vestir de modo que pareça ser outro; mascarar **2** encobrir; conservar oculto; tapar **3** dissimular **4** fingir o contrário ■ *v.intr.* usar de fingimento ■ *v.pron.* vestir-se de modo diferente para

não ser conhecido (Do cast. *disfrazar*, «mascarar; disfarçar; encobrir»?)
disfarce *n.m.* 1 ato ou efeito de disfarçar ou de disfarçar-se 2 aquilo que serve para mascarar de forma a parecer outro 3 dissimulação; fingimento 4 engano; artifício 5 aparência enganadora; máscara (Deriv. regr. de *disfarçar*)
disfasia *n.f.* qualquer dificuldade ou perturbação na fala (Do gr. *dýs*, «mal» + *phásis*, «palavra» +-*ia*)
disferir *v.tr.* 1 dilatar 2 [fig.] engrandecer (Do lat. *disferĕre*, por *deferre*, «transportar»)
disfonia *n.f.* alteração da voz e da palavra (Do gr. *dýs*, «mal» + *phoné*, «voz» +-*ia*)
disfónico *adj.* que sofre de disfonia (De *disfonia*+-*ico*)
dísfono *adj.* ⇒ **disfónico** (De *dis*-+-*fono*)
disforia *n.f.* 1 sensação de mal-estar 2 LINGUÍSTICA valorização negativa dos termos de uma estrutura semântica (Do gr. *dysphoría*, «impaciência»)
disformar *v.tr.* tornar disforme; deformar (De *dis*-+*formar*)
disforme *adj.2g.* 1 muito grande; desproporcionado 2 deformado; monstruoso (De *dis*-+*forme*)
disformidade *n.f.* 1 qualidade do que é disforme; grandeza excessiva 2 monstruosidade (De *disforme*+-*i*-+-*dade*)
disfunção *n.f.* 1 MEDICINA anomalia no funcionamento de um órgão 2 alteração de função 3 exercício indevido de uma função (De *dis*-+*função*)
disfuncional *adj.2g.* que apresenta disfunção; que funciona incorretamente; que não funciona de forma normal (De *dis*-+*funcional*)
disgenesia *n.f.* 1 MEDICINA perturbação da função reprodutora 2 BIOLOGIA cruzamento de que resultam indivíduos estéreis entre si, mas fecundos com indivíduos de raça diferente (Do gr. *dýs*, «mal» + *génesis*, «geração» +-*ia*)
disgenético *adj.* relativo à disgenesia (De *dis*-+*genético*)
disgnosia *n.f.* 1 interpretação falsa 2 perturbação da perceção 3 perceção incompleta (Do gr. *dysgnosía*, «dificuldade de reconhecer»)
disgrafia *n.f.* MEDICINA impossibilidade de escrever normalmente por tremor, ataxia ou psiconeurose (Do gr. *dýs*, «mal» + *gráphein*, «escrever» +-*ia*)
disidria *n.f.* MEDICINA dificuldade na transpiração (Do gr. *dýs*, «dificuldade» + *hidrós*, «suor» +-*ia*)
disidrose *n.f.* MEDICINA erupção cutânea caracterizada pelo aparecimento de bolhas, com sensação de queimadura (Do gr. *dýs*, «mal» + *hídrosis*, «suor»)
disjunção *n.f.* 1 ato ou efeito de disjungir; separação; desunião 2 GRAMÁTICA supressão da conjunção copulativa entre duas ou mais frases 3 GRAMÁTICA período constituído por duas orações coordenadas ligadas pela conjunção conjuntiva *ou* 4 GEOLOGIA divisão das rochas em porções geométricas, mais ou menos regulares, colunares, esferoidais, etc., que está relacionada com a meteorização, estrutura e consolidação magmática 5 LÓGICA sistema proposicional que tem o valor lógico verdade, se – e só se – uma, pelo menos, das proposições dadas tem esse valor (Do lat. *disjunctiōne*-, «id.»)
disjungir *v.tr.* separar; desunir (Do lat. *disjungĕre*, «desunir»)
disjuntar *v.tr.* tornar disjunto; separar (De *disjunto*+-*ar*)
disjuntivo *adj.* 1 que desune ou separa 2 GRAMÁTICA diz-se da conjunção coordenativa ou oração coordenada que exprime alternativa 3 LÓGICA diz-se da proposição que exprime alternativa através do conectivo *ou* (Do lat. *disjunctivu*-, «id.»)
disjunto *adj.* 1 separado; desunido 2 distinto 3 *pl.* MATEMÁTICA diz-se de dois conjuntos sem elemento comum, ou cuja interseção é vazia (Do lat. *disjunctu*-, «id.», part. pass. de *disjungĕre*, «desunir»)
disjuntor *n.m.* 1 ELETRICIDADE interruptor automático para quando a corrente elétrica ultrapassa certa intensidade 2 dispositivo em alguns morteiros que, atuando como freio, impede que o suporte seja arrastado pelo tubo durante o recuo deste 3 MATEMÁTICA diz-se de dois conjuntos sem elemento comum, ou cuja interseção é vazia (De *disjuntar*+-*or*)
dislalia *n.f.* perturbação da articulação verbal, de origem periférica (Do gr. *dýs*, «mal» + *laleîn*, «falar» +-*ia*)
dislate *n.m.* disparate; desconchavo; despautério; asneira (Do cast. *dislate*, «id.»)
dislexia /cs/ *n.f.* 1 MEDICINA perturbação na capacidade de leitura que se manifesta por erros, omissões e inversão de letras, sílabas ou números 2 toda a perturbação na identificação, compreensão e reprodução de símbolos escritos (Do gr. *dýs*, «mal» + *léxis*, «ação de falar» +-*ia*)
disléxico *adj.* 1 relativo a dislexia 2 que apresenta dislexia ■ *n.m.* indivíduo que revela incapacidade na aprendizagem da leitura ou dificuldades na identificação e reprodução da linguagem escrita (De *dislexia*+-*ico*)
dismenia *n.f.* ⇒ **dismenorreia** (Do gr. *dýs*, «dificuldade» + *mén*, «mês» +-*ia*)
dismenorreia *n.f.* MEDICINA perturbação do catamério; menstruação dolorosa; dismenia (De *dis*-+*menorreia*)
dismenorreico *adj.* relativo à dismenorreia (De *dismenorreia*+-*ico*)
dismetria *n.f.* MEDICINA perturbação da mobilidade motivada por lesão do cerebelo (Do gr. *dýs*, «mal» + *métron*, «medida» +-*ia*)
dismnésia *n.f.* MEDICINA amnésia para certas recordações, como nomes, números e figuras (Do gr. *dýs*, «mal» + *mnêsis*, «memória» +-*ia*)
dismorfia *n.f.* 1 má configuração 2 forma viciosa de um aparelho ou órgão (Do gr. *dysmorphía*, «deformidade»)
dismorfo *adj.* que apresenta dismorfia (Do gr. *dýsmorphos*, «disforme»)
dismorfopsia *n.f.* MEDICINA deformação aparente dos objetos no campo visual, resultante de afeção cerebral; metamorfopsia (Do gr. *dýsmorphos*, «disforme» + *ópsis*, «vista» +-*ia*)
dismorfose *n.f.* deformação (Do gr. *dýsmorphos*, «deformação» + -*ose*)
disna *n.f.* casa africana, circular e de teto cónico
disnervado *adj.* diz-se do órgão que não possui inervação normal (De *dis*-+*nervado*)
disnusia *n.f.* MEDICINA diminuição ou perda da faculdade de pensar (Do gr. *dýs*, «mal» + *noûs*, «faculdade de pensar» +-*ia*)
disodia *n.f.* MEDICINA exalação fétida das secreções (Do gr. *dysodía*, «mau cheiro»)
disopia *n.f.* MEDICINA enfraquecimento da visão (Do gr. *dýs*, «mal» + *óps*, *opós*, «vista» +-*ia*)
disorexia /cs/ *n.f.* MEDICINA falta de apetite (Do gr. *dýs*, «mal» + *órexis*, «apetite» +-*ia*)
disortografia *n.f.* ⇒ **disgrafia** (De *dis*-+*ortografia*)
disosmia *n.f.* MEDICINA perturbação na sensibilidade olfativa (Do gr. *dysosmía*, «mau odor»)
disosteose *n.f.* MEDICINA ⇒ **disostose**
disostose *n.f.* MEDICINA ossificação incompleta que gera deformação
díspar *adj.2g.* desigual; dissemelhante; diferente (Do lat. *dispăre*-, «desigual»)
disparador *adj.* que dispara ■ *n.m.* 1 aquele ou aquilo que dispara 2 componente de uma espoleta de tempos 3 mecanismo que põe em ação uma máquina ou sistema (De *disparar*+-*dor*)
disparar *v.tr.* 1 arremessar com violência; arrojar 2 dar tiro com; desfechar (arma) 3 soltar subitamente e com força ■ *v.intr.* 1 fazer fogo; desfechar arma de fogo 2 entrar em atividade 3 começar a fazer alguma coisa de repente 4 partir apressadamente 5 (gado) tresmalhar-se; dispersar-se ■ *v.pron.* 1 desfechar-se 2 estourar (Do lat. *disparāre*, «separar»)
disparatado *adj.* 1 que diz ou faz disparates 2 em que há disparate; despropositado (Part. pass. de *disparatar*)
disparatar *v.intr.* dizer ou fazer coisas sem sentido ou inoportunas; despropositar (Do lat. *disparatāre*, freq. de *disparāre*, «separar; diversificar»)
disparate *n.m.* 1 ato ou efeito de disparatar; ato irrefletido, insensato ou inadequado à situação; falta de propósito; tolice; absurdo; desatino 2 quantidade excessiva (Deriv. regr. de *disparatar*)
dispareunia *n.f.* MEDICINA perturbação das relações sexuais; relação sexual difícil e dolorosa para a mulher (Do gr. *dýs*, «dificuldade» + *páreunos*, «companheira de cama» +-*ia*)
disparidade *n.f.* 1 qualidade do que é díspar; dissemelhança; desigualdade 2 falta de acordo; divergência (De *díspar*+-*i*-+-*dade*)
disparo *n.m.* ato ou efeito de disparar; tiro; estoiro (Deriv. regr. de *disparar*)
dispartir *v.tr.* separar para diversas partes; distribuir ■ *v.pron.* apartar-se (partindo para diversos destinos) (Do lat. *dispertīri*, «repartir; dividir»)
dispêndio *n.m.* 1 despesa 2 gasto; consumo 3 prejuízo (Do lat. *dispendĭu*-, «id.»)
dispendioso /ô/ *adj.* que exige grande despesa; caro; custoso (Do lat. *dispendiōsu*-, «oneroso»)
dispensa *n.f.* 1 ato ou efeito de dispensar ou de ser dispensado 2 licença para não se fazer algo a que se está obrigado; permissão para não cumprir o que está estabelecido; isenção; escusa; desobriga 3 requerimento em que se pede esta licença 4 documento em que se concede esta licença (Deriv. regr. de *dispensar*)
dispensabilidade *n.f.* qualidade do que é dispensável (Do lat. *dispensabĭle*-, «dispensável» +-*i*-+-*dade*)

dispensação *n.f.* ato ou efeito de dispensar; dispensa; licença (Do lat. *dispensatiōne-*, «administração»)

dispensado *adj.* **1** que se dispensou; isento; desobrigado **2** despedido **3** concedido (Part. pass. de *dispensar*)

dispensador *n.m.* **1** aquele que dispensa, dá ou distribui **2** pequeno utensílio que serve para desenrolar fita-cola e cortá-la na quantidade desejada **3** dispositivo composto por um recipiente onde se coloca uma solução recarregável e com uma abertura para a sua aplicação com o intuito de desinfetar e lavar as mãos (Do lat. *dispensatōre-*, «despenseiro»)

dispensar *v.tr.* **1** conceder dispensa a; desobrigar **2** isentar da regra geral **3** dar; conceder **4** distribuir **5** ceder **6** emprestar ■ *v.pron.* **1** não se julgar obrigado; eximir-se **2** abster-se (Do lat. *dispensāre*, «pagar; distribuir»)

dispensário *n.m.* estabelecimento de beneficência, para tratamento de doentes com dificuldades económicas, dando-lhes acesso a consultas e medicamentos gratuitos (Do fr. *dispensaire*, «id.»)

dispensatário *n.m.* aquele que concede dispensas (De *dispensar*+*-tário*)

dispensativo *adj.* que dispensa; que contém dispensa (Do lat. *dispensatīvu-*, «relativo à economia doméstica»)

dispensatório *adj.* que encerra dispensa ■ *n.m.* **1** designação que se dava ao laboratório anexo às aulas de farmácia, para demonstrações práticas **2** dispensário (Do lat. *dispensatoriŭ-*, «relativo à gerência dum negócio»)

dispensável *adj.2g.* **1** que se pode dispensar; não totalmente necessário **2** escusado (De *dispensar*+*-vel*)

dispepsia *n.f.* MEDICINA dificuldade em digerir, com dor e sintomas de desconforto; indigestão (Do gr. *dyspepsía*, «digestão difícil», pelo lat. *dyspepsĭa-*, «id.», pelo fr. *dispepsie*, «id.»)

dispéptico *adj.* relativo a dispepsia ■ *n.m.* o que sofre de dispepsia (Do fr. *dyspeptique*, «id.»)

disperder *v.tr.* destruir; arruinar (Do lat. *disperdĕre*, «destruir»)

dispermático *adj.* BOTÂNICA ⇒ **dispermo** (Do gr. *di*, por *dís*, «duas vezes» + *spérma*, *-atos*, «semente» +*-ico*)

dispermia[1] *n.f.* BIOLOGIA fecundação com intervenção de dois espermatozoides (Do gr. *di*, por *dís*, «duas vezes» +*spérma*, *-atos*, «semente» +*-ia*)

dispermia[2] *n.f.* MEDICINA alteração da constituição normal do esperma (Do gr. *dýs*, «dificuldade» +*spérma*, «esperma» +*-ia*)

dispérmico *adj.* BOTÂNICA ⇒ **dispermo** (De *dispermo*+*-ico*)

dispermo *adj.* BOTÂNICA diz-se do fruto que tem duas sementes; dispermático; dispérmico (Do gr. *di*, por *dís*, «duas vezes» + *spérma*, «semente»)

dispersado *adj.* **1** debandado; disperso; tresmalhado **2** afugentado (Part. pass. de *dispersar*)

dispersante *adj.2g.* QUÍMICA (solução, suspensão) em que se dá a dispersão ■ *n.m.* QUÍMICA substância na qual é possível a dispersão

dispersão *n.f.* **1** ato ou efeito de dispersar ou dispersar-se; afastamento de pessoas ou coisas em várias direções; disseminação **2** estado do que está disperso **3** debandada **4** desbarato **5** FÍSICA separação de uma radiação heterocromática nas radiações simples que a compõem **6** FÍSICA variação do índice de refração de uma substância com o comprimento de onda da radiação **7** QUÍMICA mistura das partículas de uma substância no todo de outra; **~ média** FÍSICA diferença entre os índices de refração para as radiações F (azul) e C (vermelha) do hidrogénio (Do lat. *dispersiōne-*, «id.»)

dispersar *v.tr.* **1** fazer ir para diferentes partes; causar a dispersão de **2** pôr em debandada **3** afugentar **4** destroçar **5** desbaratar **6** dissipar; desfazer ■ *v.intr.* **1** espalhar-se; debandar **2** MILITAR abandonar a formatura ■ *v.pron.* **1** espalhar-se **2** (luz) decompor-se (De *disperso*+*-ar*)

dispersivamente *adv.* por forma dispersiva (De *dispersivo*+*-mente*)

dispersivo *adj.* **1** que produz dispersão; que leva coisas ou pessoas a afastarem-se **2** que tem dificuldade em se concentrar (De *disperso*+*-ivo*)

disperso *adj.* **1** espalhado; disseminado **2** separado; dividido **3** destroçado **4** posto em debandada **5** tresmalhado **6** que se ocupa de várias coisas simultaneamente (Do lat. *dispersu-*, «id.», part. pass. de *dispergĕre*, «espalhar; dispersar»)

displasia *n.f.* MEDICINA desenvolvimento anormal de um órgão ou de um tecido, de que podem resultar deformações graves; malformação (Do gr. *dýs*, «desgraça; mal» + *plásis*, «modelação; configuração» +*-ia*)

displicência *n.f.* **1** estado de quem se acha triste ou aborrecido **2** desprazer; desgosto **3** tédio; sensaboria **4** indiferença **5** indolência (Do lat. *displicentĭa-*, «desprazer; desgosto»)

displicente *adj.2g.* **1** que causa displicência; que produz desagrado ou aborrecimento; desagradável **2** que revela indiferença, desinteresse ou indolência (Do lat. *displicente-*, «id.», part. pres. de *displicēre*, «desagradar»)

displicentemente *adv.* **1** de modo displicente; com displicência **2** desagradavelmente (De *displicente*+*-mente*)

dispneia *n.f.* MEDICINA dificuldade de respirar (Do gr. *dýspnoia*, «dificuldade de respiração», pelo lat. *dyspnoea-*, «id.»)

disponente *adj.2g.* **1** que dispõe **2** que prepara ■ *n.2g.* DIREITO pessoa que dispõe dos seus bens a favor de alguém (Do lat. *disponente-*, «id.», part. pres. de *disponĕre*, «dispor; distribuir»)

disponibilidade *n.f.* **1** qualidade do que é ou está disponível **2** estado de quem está disposto a **3** tempo não ocupado **4** situação de um funcionário público, juiz de direito ou militar que não se encontra temporariamente no exercício ativo das suas funções **5** situação de pessoa desempregada ou sem qualquer ocupação **6** ECONOMIA situação dos bens para cuja negociação não há qualquer impedimento **7** DIREITO faculdade de dispor do que é seu **8** *pl.* coisas ou dinheiro de que se pode dispor (Do lat. **disponibĭle-*, «disponível» +*-i-*+*-dade*)

disponibilização *n.f.* **1** ato ou efeito de colocar à disposição **2** ato ou efeito de revelar disposição para

disponibilizar *v.tr.* colocar à disposição ■ *v.pron.* mostrar-se disponível; revelar disposição para (Do lat. **disponibile-*, «disponível» + *-izar*)

disponível *adj.2g.* **1** de que se pode dispor; que está à disposição **2** livre; desocupado **3** que revela disposição para fazer alguma coisa **4** ECONOMIA diz-se dos valores que se podem converter em dinheiro de forma imediata; **saldo ~** ECONOMIA saldo livre de uma conta-corrente (Do lat. **disponibĭle-*, «id.»)

dispor *v.tr.* **1** conciliar; harmonizar **2** resolver; estabelecer **3** (lei) regulamentar; determinar **4** mandar **5** persuadir; induzir **6** aplicar; empregar **7** plantar; transplantar **8** pôr em ordem; arrumar **9** colocar de determinada forma **10** planear; traçar; preparar **11** ter; possuir **12** alienar (bens) **13** desfazer-se (de alguma coisa) ■ *v.tr.,intr.* utilizar livremente; servir-se (de) ■ *v.pron.* **1** propor-se **2** estar pronto **3** resolver-se; decidir-se **4** dedicar-se ■ *n.m.* disposição; **~ bem** fazer sentir bem; **~ mal** fazer sentir mal; **ao ~ de** às ordens de, à disposição de (Do lat. *disponĕre*, «id.»)

disposição *n.f.* **1** colocação ordenada; distribuição metódica; arranjo; arrumação **2** estado de saúde ou de espírito; temperamento **3** tendência; inclinação; vocação **4** intenção; vontade **5** utilização **6** prescrição legal; preceito **7** DIREITO concessão de bens por título oneroso ou gratuito; **à ~ de** às ordens de, à vontade de; **na ~ de** pronto para, com a intenção de (Do lat. *dispositiōne-*, «id.»)

dispositivo *adj.* que encerra disposição, ordem ou preceito ■ *n.m.* **1** mecanismo ou arranjo adaptado para um determinado fim **2** MILITAR disposição, no terreno, das frações em que uma unidade militar se articula, de acordo com a sua utilização prevista; **~ intrauterino** MEDICINA (ginecologia) dispositivo metálico ou plástico que é introduzido na cavidade uterina a fim de evitar a conceção, funcionando como uma barreira aos espermatozoides (Do lat. *dispositu-*, «id.», part. pass. de *disponĕre*, «dispor; distribuir» +*-ivo*)

dispositor *adj.,n.m.* que ou aquele que dispõe ou ordena (Do lat. *dispositōre-*, «o que dispõe»)

disposto *adj.* **1** colocado de certa forma; arranjado **2** preparado; organizado **3** pronto; com intenção de **4** propenso; inclinado **5** determinado; decidido **6** apto **7** sujeito **8** plantado ■ *n.m.* determinação; regra; preceito (Do lat. *dispositu-*, «id.», part. pass. de *disponĕre*, «dispor»)

disprósio *n.m.* QUÍMICA elemento metálico com o número atómico 66 e símbolo Dy, pertencente ao grupo das terras raras (Do gr. *dysprósitos*, «de acesso difícil», pelo lat. cient. *dysprosium*, «disprósio»)

disputa *n.f.* **1** ato ou efeito de disputar **2** discussão acalorada; altercação; contenda **3** luta; competição; desafio **4** contestação; debate (Deriv. regr. de *disputar*)

disputado *adj.* **1** que se disputou **2** pretendido **3** que foi causa de rivalidade **4** cortejado (Part. pass. de *disputar*)

disputador *adj.,n.m.* **1** que ou aquele que disputa **2** que gosta de disputar **3** competidor; rival (Do lat. *disputatōre-*, «argumentador»)

disputante *adj.2g.* que disputa; que litiga (Do lat. *disputante-*, «id.», part. pres. de *disputāre*, «discutir; disputar»)

disputar v.tr. 1 lutar por; competir por 2 sustentar, discutindo 3 contestar ■ v.tr.,intr. discutir; altercar; contender (Do lat. *disputāre*, «discutir, disputar»)

disputativo adj. 1 que disputa 2 que é objeto de disputa (Do lat. *disputatīvu-*, «que disputa»)

disputatório adj. relativo a disputa (Do lat. *disputatorĭu-*, «que discute»)

disputável adj.2g. 1 que pode ser disputado 2 contestável (Do lat. *disputabĭle-*, «id.»)

disquete n.f. INFORMÁTICA disco de material plástico flexível revestido de material magnético, utilizado para armazenamento de dados (Do fr. *disquette*, «id.»)

disquisição n.f. exame de uma questão; investigação; pesquisa (Do lat. *disquisitiōne-*, «investigação»)

disrupção n.f. ELETRICIDADE salto de uma faísca entre dois corpos carregados de eletricidade (Do lat. **disruptiōne-*, por *diruptiōne-*, «rotura»)

dissabor n.m. 1 desgosto; mágoa; descontentamento 2 contrariedade; contratempo (De *dis-+sabor*)

dissaborear v.tr. causar dissabor a; desgostar (De *dissabor+-ear*)

dissaborido adj. triste (De *dis-+saborido*, part. pass. de *saborir*, arc.)

dissaboroso adj. 1 que não tem sabor 2 desgostoso (De *dis-+saboroso*)

dissacárido n.m. BIOQUÍMICA tipo de açúcar formado pela união de duas moléculas de monossacáridos, como é o caso da sacarose (De *di-+sacárido*)

dissecação n.f. 1 ato ou efeito de dissecar ANATOMIA operação pela qual se separam as partes de um organismo morto para ser estudado 3 CIRURGIA ato de isolar os elementos que vão ser submetidos a intervenção cirúrgica 4 análise minuciosa; exame rigoroso (De *dissecar+-ção*)

dissecador adj.,n.m. que ou aquele que disseca (De *dissecar+-dor*)

dissecante adj.2g. que disseca (De *dissecar+-ante*)

dissecar v.tr. 1 cortar ou separar (órgãos ou partes de órgãos) com instrumentos cirúrgicos; fazer a dissecação de 2 cortar; dividir em partes 3 analisar; examinar minuciosamente (Do lat. *dissecāre*, «cortar em dois»)

dissecção n.f. ⇒ **dissecação** (Do lat. *dissectiōne-*, «id.»)

dissectivo adj. relativo à dissecção (De *dissectu-*, «cortado em dois», part. pass. de *dissecāre*, «cortar» +-*tivo*)

dissector n.m. 1 ANATOMIA, CIRURGIA aquele que disseca 2 ANATOMIA, CIRURGIA instrumento de dissecar; escalpelo; bisturi (Do lat. *dissectu-*, «cortado em dois», part. pass. de *dissecāre*, «cortar» +-*or*)

dissemelhança n.f. falta de semelhança; desigualdade; diferença (De *dis-+semelhança*)

dissemelhante adj.2g. que não é semelhante; diferente; dissímil (De *dis-+semelhante*)

dissemelhar v.tr. tornar dissemelhante; estabelecer diferença entre ■ v.intr. ser diferente (De *dis-+semelhar*)

dissemia[1] n.f. MEDICINA perturbação no uso dos símbolos da linguagem (Do gr. *dýs*, «dificuldade» +*sêma*, «sinal» +-*ia*)

dissemia[2] n.f. GRAMÁTICA significação dupla (Do gr. *di*, por *dís*, «duas vezes»+*sêma*, «sinal»)

disseminação n.f. 1 ato ou efeito de espalhar ou espalhar-se 2 separação em diversas partes ou por diversos lugares 3 BOTÂNICA dispersão natural das sementes 4 derramamento; propagação; divulgação (Do lat. *disseminatiōne-*, «id.»)

disseminador adj.,n.m. que ou aquele que dissemina (De *disseminatōre-*, «id.»)

disseminar v.tr. 1 espalhar por muitas partes; dispersar 2 derramar; propagar 3 dar a conhecer; divulgar ■ v.pron. difundir-se; propagar-se (Do lat. *dissemināre*, «id.»)

dissensão n.f. 1 ato ou efeito de dissentir 2 diversidade de opiniões 3 divergência; desavença 4 contraste; discrepância (Do lat. *dissensiōne-*, «divergência; discordância»)

dissenso n.m. ⇒ **dissensão**

dissentâneo adj. que dissente; que está em divergência (Do lat. *dissentaněu-*, «oposto»)

dissentimento n.m. desacordo; dissensão (De *dissentir+-mento*)

dissentir v.tr. 1 estar em desacordo com (a posição de alguém); discordar de; divergir de 2 sentir de modo diferente de alguém 3 não combinar (com) (Do lat. *disentīre*, «ser de opinião diferente»)

dissépalo adj. BOTÂNICA que possui ou é formado por duas sépalas (De *dis-+sépala*)

dissertação n.f. 1 ato ou efeito de dissertar 2 exposição oral ou escrita desenvolvida sobre matéria científica, filosófica ou artística; discurso 3 trabalho escrito apresentado a instituição de ensino superior para obtenção de um grau académico e defendido publicamente; tese (Do lat. *dissertatiōne-*, «id.»)

dissertador adj.,n.m. que ou aquele que disserta ou gosta de fazer dissertações (Do lat. *dissertatōre-*, «id.»)

dissertar v.tr.,intr. 1 apresentar um tema oralmente ou por escrito e de forma sistemática e abrangente 2 discursar sobre determinado assunto (Do lat. *dissertāre*, «discutir»)

dissidência n.f. 1 divergência de interesses ou de opiniões 2 desacordo; discordância 3 (matéria religiosa ou política) separação; cisão 4 RELIGIÃO cisma (Do lat. *dissidentĭa-*, «oposição»)

dissidente adj.2g. 1 que não se conforma ou que não concorda com as ideias de um grupo ou de uma organização 2 que se separa de um grupo por discordância com as posições da maioria ■ n.2g. pessoa que se separa de um grupo ou de uma organização por divergência com a maioria (Do lat. *dissidente-*, part. pres. de *dissidĕre*, «divergir; estar em desacordo»)

dissidiar v.tr.,intr. ⇒ **dissidir** ■ v.tr. tornar dissidente; desunir; separar (De *dissídio+-ar*)

dissídio n.m. 1 dissidência 2 dissensão (Do lat. *dissidĭu-*, «discórdia»)

dissidir v.tr.,intr. divergir; não concordar; discrepar (De *dissídio+-ir*)

dissilábico adj. 1 GRAMÁTICA diz-se da palavra que tem duas sílabas 2 LITERATURA diz-se do verso que é composto de duas sílabas métricas 3 LINGUÍSTICA diz-se da língua em que as palavras têm predominantemente duas sílabas (De *dissílabo+-ico*)

dissilabismo n.m. 1 GRAMÁTICA característica das palavras dissilábicas 2 LINGUÍSTICA propriedade das línguas que têm predominantemente radicais dissilábicos (De *dissílabo+-ismo*)

dissílabo adj.,n.m. 1 GRAMÁTICA que ou palavra que tem duas sílabas 2 LITERATURA que ou verso que é composto de duas sílabas métricas (Do gr. *dissýllabos*, «dissilábico», pelo lat. *dissyllăbu-*, «id.»)

dissimetria n.f. 1 falta de simetria 2 ausência de semelhança entre as partes de um todo (Do gr. *dýs*, «mal» + *symmetría*, «justa proporção»)

dissimétrico adj. 1 que não tem simetria 2 dissemelhante; diferente 3 QUÍMICA cuja fórmula estereoquímica está para a de outro composto isómero como o objeto para a imagem num espelho plano (De *dissimetria+-ico*)

dissímil adj.2g. dissemelhante (Do lat. *dissimĭle-*, «dissemelhante; diferente»)

dissimilação n.f. 1 ato pelo qual duas coisas semelhantes se tornam diferentes; diferenciação 2 LINGUÍSTICA processo fonológico em que um segmento fonológico perde um ou mais traços fonéticos que tinha em comum com um segmento vizinho, diferenciando-se dele (De *dis-+similação*)

dissimilante adj.2g. que dissimila (De *dissimilar+-ante*)

dissimilar v.tr. fazer a dissimilação de ■ adj.2g. 1 que é de natureza diferente 2 que pertence a outro género; heterogéneo (De *dis-+similar*)

dissimilitude n.f. ⇒ **dissemelhança**

dissimulação n.f. 1 ato ou efeito de dissimular 2 fingimento; disfarce 3 ocultação (Do lat. *dissimulatiōne-*, «id.»)

dissimuladamente adv. sub-repticiamente; com dissimulação; fingidamente (De *dissimulado+-mente*)

dissimulado adj. 1 encoberto 2 fingido 3 disfarçado 4 astuto; manhoso (Do lat. *dissimulātu-*, «id.», part. pass. de *dissimulāre*, «dissimular»)

dissimulador adj.,n.m. que ou aquele que dissimula (Do lat. *dissimulatōre-*, «id.»)

dissimular v.tr. 1 ocultar com astúcia 2 fingir 3 encobrir 4 fazer parecer diferente 5 calar 6 atenuar o efeito de ■ v.intr. 1 proceder com dissimulação 2 disfarçar 3 ser reservado (Do lat. *dissimulāre*, «id.»)

dissimulatório adj. que dissimula (De *dissimular+-tório*)

dissimulável adj.2g. 1 que se pode dissimular 2 que se pode disfarçar para não ser reconhecido (De *dissimular+-vel*)

dissipação n.f. 1 ato ou efeito de dissipar ou dissipar-se 2 desaparecimento; desvanecimento 3 desperdício de meios; gasto exagerado de dinheiro 4 devassidão (Do lat. *dissipatiōne-*, «id.»)

dissipador adj.,n.m. 1 que ou aquele que dissipa 2 que ou aquele que gasta demasiado dinheiro; esbanjador (Do lat. *dissipatōre-*, «destruidor»)

dissipar v.tr. 1 espalhar; dispersar; derramar 2 fazer desaparecer; destruir; desfazer 3 esbanjar; desperdiçar ■ v.pron. 1 espalhar-se; evaporar-se 2 desvanecer-se; desaparecer (Do lat. *dissipāre*, «id.»)

dissipável adj.2g. suscetível ou fácil de dissipar (Do lat. *dissipabĭle-*, «id.»)

disso contração da preposição **de** + *o pronome demonstrativo* **isso**

dissociabilidade *n.f.* **1** qualidade do que pode ser decomposto ou separado **2** tendência para se dissociar (Do lat. *dissociabĭle-*, «dissociável»+-*i*-+-*dade*)

dissociação *n.f.* **1** ato ou efeito de dissociar ou dissociar-se **2** desagregação **3** separação **4** operação laboratorial que consiste em separar de um conjunto elementos que, uma vez isolados, podem ser observados em melhores condições **5** MEDICINA sintoma de esquizofrenia, que consiste na coexistência de manifestações mórbidas e de reações normais, e discordância entre o pensamento e a sua expressão; ~ *eletrolítica/iónica* QUÍMICA separação reversível de certas substâncias (eletrólitos) em iões de cargas opostas, por ação de um dissolvente ou de fusão (Do lat. *dissociatiōne-*, «id.»)

dissocial *adj.2g.* diz-se do comportamento delituoso ou criminoso (De *dis*-+*social*)

dissociar *v.tr.* **1** executar a dissociação de **2** desagregar **3** QUÍMICA decompor; dissolver ■ *v.pron.* **1** desunir-se **2** desagregar-se **3** sofrer dissociação (Do lat. *dissociāre*, «separar»)

dissociativo *adj.* **1** que dissocia; que separa **2** que desagrega (De *dissociar*+-*tivo*)

dissociável *adj.2g.* **1** que não se pode ou não se deve associar **2** fácil de dissociar (Do lat. *dissociabĭle-*, «id.»)

dissolubilidade *n.f.* qualidade do que é dissolúvel (Do lat. *dissolubĭle-*, «separável»+-*i*-+-*dade*)

dissolução *n.f.* **1** ato ou efeito de dissolver ou dissolver-se **2** (organização, sociedade) extinção; fim **3** (acordo, contrato) anulação; cessação **4** (domínio, poder) enfraquecimento gradual **5** devassidão; perversão de costumes **6** ruína (Do lat. *dissolutiōne-*, «id.»)

dissolutivo *adj.* **1** que dissolve **2** que desliga ou desata o que estava unido (Do lat. *dissolutīvu-*, «que dissolve»)

dissoluto *adj.* **1** dissolvido; desfeito **2** libertino; devasso; corrupto (Do lat. *dissolūtu-*, «id.», part. pass. de *dissolvĕre*, «dissolver; separar»)

dissolúvel *adj.2g.* **1** que se pode dissolver **2** que pode ser desagregado num líquido (Do lat. *dissolubĭle-*, «separável»)

dissolvência *n.f.* **1** dissolução **2** qualidade de dissolvente (Do lat. *dissolventĭa-*, part. pres. neut. pl. subst. de *dissolvĕre*, «dissolver»)

dissolvente *adj.2g.* **1** que dissolve **2** que pode transformar um corpo sólido, líquido ou gasoso numa solução homogénea **3** que provoca degradação; que corrompe ■ *n.m.* substância líquida que tem a propriedade de transformar um corpo sólido, líquido ou gasoso numa solução homogénea (Do lat. *dissolvente-*, part. pres. de *dissolvĕre*, «dissolver; separar»)

dissolver *v.tr.* **1** transformar (um sólido, um líquido ou um gás) numa solução homogénea; liquefazer **2** desfazer; desagregar; desligar **3** anular (pacto, contrato) **4** corromper **5** dispersar; desmembrar ■ *v.pron.* **1** sofrer dissolução **2** desfazer-se **3** deixar de ter existência **4** dissipar-se (Do lat. *dissolvĕre*, «id.»)

dissonância *n.f.* **1** conjunto de sons desagradáveis; desafinação **2** falta de harmonia; discordância **3** MÚSICA efeito provocado por conjunto de duas ou mais notas que, soando em simultâneo, formam um intervalo ou acorde que, no sistema tonal, é instável, necessitando de ser resolvido para uma consonância **4** desproporção; incoerência (Do lat. *dissonantĭa-*, «id.»)

dissonante *adj.2g.* **1** que não soa bem **2** discordante; desarmonioso **3** que não condiz; que destoa (Do lat. *dissonante-*, part. pres. de *dissonāre*, «produzir sons discordantes; diferir»)

dissonar *v.intr.* **1** fazer dissonância **2** desentoar **3** não condizer (Do lat. *dissonāre*, «produzir sons discordantes; diferir»)

díssono *adj.* ⇒ **dissonante** (Do lat. *dissŏnu-*, «id.»)

dissonoro *adj.* ⇒ **dissonante** (Do lat. *dissonōru-*, «id.»)

dissuadir *v.tr.* **1** fazer mudar de opinião **2** desaconselhar ■ *v.pron.* mudar de opinião (Do lat. *dissuadēre*, «dissuadir; desviar de»)

dissuasão *n.f.* ato ou efeito de dissuadir; despersuasão (Do lat. *dissuasiōne-*, «id.»)

dissuasivo *adj.* próprio para dissuadir (Do lat. *dissuāsu-*, part. pass. de *dissuadēre*, «dissuadir»+-*ivo*)

dissuasor *adj.,n.m.* que ou aquele que dissuade (Do lat. *dissuasōre-*, «o que dissuade»)

dissuasório *adj.* ⇒ **dissuasivo** (Do lat. *dissuāsu-*, part. pass. de *dissuadēre*, «dissuadir»+-*ório*)

dissulfato *n.m.* QUÍMICA designação atual dos sais que contêm o anião dissulfato $S_2O_7^{2-}$ (De *di*-+*sulfato*)

dissulfúrico *adj.* QUÍMICA designativo do ácido com a fórmula $H_2S_2O_7$ (De *di*-+*sulfúrico*)

distal *adj.2g.* ANATOMIA diz-se da parte mais afastada de um órgão, em relação à sua base ou ponto de inserção (Do ing. *distal*, «id.»)

distanásia *n.f.* morte dolorosa; agonia lenta (Do gr. *dýs*, «mal» + *thanasía*, «morte»)

distância *n.f.* **1** espaço existente entre dois pontos, dois lugares ou dois objetos **2** lapso de tempo entre dois momentos; intervalo **3** separação; afastamento **4** desprendimento; desapego **5** longitude; ~ *entre dois pontos* MATEMÁTICA comprimento de uma linha privilegiada, em geral o segmento de reta, definida pelos dois pontos; ~ *focal* FÍSICA distância do centro de uma lente delgada ao foco, distância do foco de um espelho esférico ao vértice de um espelho, distância entre dois focos de uma cónica (elipse ou hipérbole); *à* ~ ao longe; *manter a(s)* ~*(s)* comportar-se com cerimónia, mantendo o respeito pelas hierarquias (Do lat. *distantĭa-*, «id.»)

distanciamento *n.m.* **1** ato ou efeito de distanciar ou de se distanciar **2** afastamento; separação **3** atitude de reserva; frieza (De *distanciar*+-*mento*)

distanciar *v.tr.* **1** pôr distante; afastar **2** colocar (algo) a certa distância; espaçar; intercalar **3** [fig.] fazer perder o interesse por ■ *v.pron.* **1** afastar-se **2** [fig.] perder o interesse por; desinteressar-se de (De *distância*+-*ar*)

distanciómetro *n.m.* instrumento que permite a determinação indireta de distâncias com o auxílio de miras (De *distância*+-*metro*)

distante *adj.2g.* **1** que está afastado no tempo ou no espaço; longínquo; remoto **2** [fig.] distraído; absorto **3** [fig.] indiferente (Do lat. *distante-*, «que está afastado», part. pres. de *distāre*, «ficar distante»)

distar *v.tr.,intr.* **1** estar distante **2** ficar a certa distância **3** apresentar diferenças; divergir (Do lat. *distāre*, «estar afastado»)

distelazia *n.f.* MEDICINA inaptidão para amamentar (Do gr. *dýs*, «mal» + *thelázein*, «amamentar»+-*ia*)

disteleologia *n.f.* MEDICINA estudo de qualquer facto biológico que não apresente uma finalidade inteligente na formação dos organismos **2** falta de finalidade (Do gr. *dýs*, «mal» + *téleios*, «causa final» + *lógos*, «tratado»+-*ia*)

distena /é/ *n.f.* MINERALOGIA silicato de alumínio (um dos silicatos de metamorfismo); cianite (Do gr. *dis*, «duas vezes» + *sthenos*, «força»)

distender *v.tr.* **1** estender para vários lados **2** estirar; esticar **3** desenvolver **4** dilatar (Do lat. *distendĕre*, «id.»)

distensão *n.f.* **1** ato ou efeito de distender ou distender-se **2** MEDICINA torção ou extensão violenta (dos ligamentos de uma articulação, etc.) **3** afrouxamento; relaxamento; ~ *muscular* MEDICINA deslocamento violento de um músculo que provoca uma dor intensa (Do lat. tard. *distentiōne-*, «tensão»)

distensibilidade *n.f.* qualidade do que é distensível (Do lat. *distensibĭle-*, «distensível»+-*i*-+-*dade*)

distensível *adj.2g.* que se pode distender (Do lat. *distensibĭle-*, «id.»)

distensivo *n.m.* que se faz por distensão

distenso *adj.* **1** que sofreu distensão **2** dilatado **3** estirado **4** inchado (Do lat. *distensu-*, part. pass. de *distendĕre*, «distender»)

distensor *adj.,n.m.* que ou aquilo que distende (Do lat. *distensu-*, part. pass. de *distendĕre*, «distender»+-*or*)

disticado *adj.* BOTÂNICA diz-se de órgãos vegetais, como folhas e ramos, que estão dispostos ao longo de um eixo comum, no mesmo plano, mas em duas séries de posições opostas (De *dístico*+-*ado*)

dístico *n.m.* **1** estância de dois versos que formam sentido completo **2** letreiro; rótulo **3** HERÁLDICA divisa de um escudo ■ *adj.* BOTÂNICA diz-se de órgãos vegetais, como folhas e ramos, que estão dispostos ao longo de um eixo comum, no mesmo plano, mas em duas séries de posições opostas (Do gr. *dístichos*, «de dois versos», pelo lat. *distĭchon*, «dístico»)

distilo *adj.* BOTÂNICA que tem dois estiletes (Do gr. *dís*, «duas vezes» + *stýlos*, «estilete»)

distimia *n.f.* PSICOLOGIA, MEDICINA perturbação depressiva persistente, diagnosticada geralmente após persistência de humor deprimido por mais de 24 meses, e associado a outros sintomas, tais como apetite diminuído ou aumentado, insónia ou hipersónia, baixa energia ou fadiga, baixa autoestima, etc. (Do gr. *dýs*, «dificuldade» + *thymós*, «ânimo»+-*ia*)

distinção *n.f.* **1** ato ou efeito de distinguir **2** estabelecimento de diferença entre duas ou mais coisas; diferenciação **3** característica que permite reconhecer diferenças entre pessoas ou coisas **4** prerrogativa; exceção **5** honra; mérito **6** classificação de nível excelente em prova ou exame **7** elegância; nobreza de porte **8** superioridade; *pessoa de* ~ pessoa notável pelos seus merecimentos, pessoa de porte elegante (Do lat. *distinctiōne-*, «id.»)

distinguir *v.tr.* **1** perceber por meio dos sentidos; identificar; reconhecer **2** estabelecer ou reconhecer diferenças entre coisas ou pessoas; perceber; notar **3** dar preferência a **4** separar; discriminar; especificar; marcar **5** caracterizar **6** classificar com distinção; tornar

distinguível

notável; enobrecer **7** tratar de forma privilegiada ■ *v.pron.* **1** tornar-se notável **2** assinalar-se **3** diferençar-se (Do lat. *distinguĕre*, «id.»)

distinguível *adj.2g.* que se pode distinguir (De *distinguir+-vel*)

distintamente *adv.* **1** de forma clara; com nitidez **2** de maneira elegante

distintivo *adj.* que serve para distinguir; que marca a diferença ■ *n.m.* **1** sinal característico que identifica uma instituição, organização, etc. **2** emblema; insígnia (De *distinto+-ivo*, ou do fr. *distinctif*, «id.»)

distinto *adj.* **1** que se não confunde com outrem ou com outra coisa **2** separado **3** claro; percetível; nítido **4** notável; eminente **5** elegante; educado (Do lat. *distinctu-*, «id.», part. pass. de *distinguĕre*, «distinguir; diferençar»)

disto *contração da preposição* de + *o pronome demonstrativo* isto

distocia *n.f.* MEDICINA parto difícil (Do gr. *dýs*, «mal» + *tókos*, «parto» *+-ia*)

distocíaco *adj.* **1** relativo a distocia **2** com distocia (De *distocia+-aco*)

distócico *adj.* ⇒ **distocíaco** (De *distoc[ia]+-ico*)

distomatose *n.f.* MEDICINA doença causada pela presença de dístomos nas vias hepáticas; distomíase; gapeira; amarilha (Do gr. *dís*, «duas vezes» + *stóma, -atos*, «boca» *+-ose*)

distomíase *n.f.* MEDICINA ⇒ **distomatose** (Do gr. *dís*, «duas vezes» + *stóma*, «boca» *+-ase*)

dístomo *adj.* ZOOLOGIA que tem duas bocas ou ventosas ■ *n.m.* espécime dos dístomos ■ *n.m.pl.* ZOOLOGIA grupo de trematodes endoparasitas providos de duas ventosas (Do gr. *dístomos*, «de duas bocas»)

distonia *n.f.* **1** MEDICINA perturbação do estado de vigor ou atividade de um órgão ou de um sistema **2** MEDICINA contração involuntária dos músculos de uma ou mais partes do corpo (De *dis-+-tonia*)

distopia¹ *n.f.* ⇒ **antiutopia** (Do ing. *dystopia*, «id.»)

distopia² *n.f.* PATOLOGIA posição anómala de um órgão (De *dis-+-topia*)

distópico *adj.* **1** relativo a distopia **2** que se caracteriza pela distopia (antiutopia) **3** PATOLOGIA que apresenta distopia (posição anómala) (De *distopia+-ico*)

distorção *n.f.* **1** ato ou efeito de distorcer ou distorcer-se **2** FÍSICA, ÓTICA aberração de um sistema ótico centrado, pela qual a imagem de um quadrado apresenta o aspeto ou de um barril ou de uma almofada **3** deformação de imagens ou sons por certos aparelhos óticos, radiofónicos ou audiovisuais **4** alteração de um sinal elétrico **5** alteração, geralmente intencional, do significado ou das circunstâncias de um facto **6** PSICOLOGIA deformação da perceção dos objetos, em certas psicopatias (Do lat. *distortiōne-*, «contorção»)

distorcer *v.tr.* **1** alterar **2** deformar **3** alterar o sentido das palavras de alguém; não reproduzir um facto exatamente como ele ocorreu **4** FÍSICA, PSICOLOGIA provocar distorção em (Do lat. cl. *distorquĕre*, pelo lat. vulg. *distorcĕre*, «voltar para um e outro lado»)

distorcido *adj.* que sofreu distorção; deformado

distração *n.f.* **1** ato ou efeito de distrair ou distrair-se **2** falta de atenção; alheamento; abstração **3** digressão; desvio **4** esquecimento; irreflexão **5** diversão; entretenimento; divertimento **6** separação (Do lat. *distractiōne-*, «divisão»)

distracção ver nova grafia **distração**

distráctil ver nova grafia **distrátil**

distractivo ver nova grafia **distrativo**

distraído *adj.* **1** sujeito a distração **2** abstrato **3** esquecido; descuidado **4** entretido (Part. pass. de *distrair*)

distraidor *adj.,n.m.* que ou o que distrai (De *distrair+-dor*)

distraimento *n.m.* ⇒ **distração** (De *distrair+-mento*)

distrair *v.tr.* **1** causar distração a **2** entreter; divertir **3** separar ■ *v.pron.* **1** ficar abstrato; descuidar-se **2** divertir-se (Do lat. *distrahĕre*, «separar; dividir; partir»)

distratar *v.tr.* desfazer ou anular (contrato, acordo, etc.) (Do lat. *distrāctu-*, part. pass. de *distrahĕre*, «separar; dividir; partir» *+-ar*)

distrate *n.m.* **1** ato ou efeito de distratar **2** dissolução ou rescisão de um contrato (Deriv. regr. de *distratar*)

distrátil *adj.2g.* **1** que se afasta normalmente **2** BOTÂNICA diz-se do conectivo que se estende pelas tecas (Do lat. *distractu-*, part. pass. de *distrahĕre*, «separar; dividir; partir» *+-il*)

distrativo *adj.* **1** que distrai **2** recreativo; divertido (Do lat. *distractu-*, part. pass. de *distrahĕre*, «separar; dividir; partir» *+-ivo*)

distrato *n.m.* ⇒ **distrate**

distribuição *n.f.* **1** ato ou efeito de distribuir; repartição **2** disposição; arranjo **3** ordem segundo a qual uma coisa está disposta; classificação **4** serviço de entrega de bens ou serviços **5** ESTATÍSTICA tabela ou gráfico que mostra as frequências de ocorrência dos diferentes valores de uma variável **6** MECÂNICA inflamação das velas de um motor de explosão **7** ECONOMIA conjunto de operações destinadas a colocar produtos e serviços à disposição dos consumidores **8** TIPOGRAFIA colocação dos caracteres tipográficos nos diversos caixotins **9** TIPOGRAFIA tintagem dos rolos de um prelo ou de uma máquina de impressão (Do lat. *distributiōne-*, «id.»)

distribuidor *n.m.* **1** aquele ou aquilo que distribui **2** carteiro **3** MECÂNICA dispositivo das máquinas a vapor que distribui o vapor alternadamente nas duas faces do êmbolo **4** MECÂNICA dispositivo que distribui a corrente elétrica, nos devidos tempos, pelas diferentes velas, em certos motores **5** TIPOGRAFIA rolo das máquinas de impressão que se destina à distribuição da tinta ■ *adj.* que distribui (Do lat. *distributōre-*, «id.»)

distribuir *v.tr.* **1** dar ou entregar a diversas pessoas **2** repartir **3** espalhar **4** pôr por ordem **5** dispor **6** destinar uma causa judicial ao escrivão ou ao juiz para a processar ou examinar (Do lat. *distribuĕre*, «distribuir; repartir»)

distribuível *adj.2g.* **1** que se pode distribuir **2** divisível (De *distribuir+-vel*)

distributivamente *adv.* por distribuição (De *distributivo+-mente*)

distributividade *n.f.* qualidade do que é distributivo; ~ *da multiplicação de números reais, em relação à adição* MATEMÁTICA propriedade traduzida pela expressão (a + b) c = c (a + b) = ac + bc, quaisquer que sejam os números reais a, b, c (De *distributivo+-i-+-dade*)

distributivo *adj.* **1** que se faz por distribuição **2** que reparte um todo **3** que revela igualdade; equitativo (Do lat. tard. *distributīvu-*, «id.»)

distrital *adj.2g.* referente a um distrito (De *distrito+-al*)

distrito *n.m.* **1** divisão administrativa ou judicial, imediatamente superior à categoria de concelho **2** DIREITO área de uma jurisdição **3** competência; alçada; ~ *da guarda* área contígua ao corpo da guarda e cujos limites não podem ser ultrapassados pelas praças de guarda a um quartel ou estabelecimento militar (Do lat. med. *districtu-*, «território com a mesma jurisdição»)

distrofia *n.f.* MEDICINA desenvolvimento anormal de um órgão ou região do corpo, originado por perturbações da nutrição (Do gr. *dýs*, «mal» + *trophé*, «alimento» *+-ia*)

distrófico *adj.* relativo à distrofia (De *distrofia+-ico*)

disturbar *v.tr.* causar distúrbio a; alterar a ordem ou a tranquilidade de; perturbar (Do lat. *disturbāre*, «destruir; perturbar»)

distúrbio *n.m.* **1** perturbação do sossego; alteração da tranquilidade **2** perturbação da ordem; desordem; motim **3** MEDICINA mau funcionamento (de órgão); perturbação **4** MEDICINA doença de origem psíquica que se manifesta por alterações afetivas e de comportamento (Do b. lat. *disturbĭu-*, «id.»)

disúria *n.f.* MEDICINA dificuldade de urinar (Do gr. *dysouría*, «id.» pelo lat. *dysurĭa-*, «id.»)

disúrico *adj.* **1** relativo à disúria **2** que sofre de disúria ■ *n.m.* aquele que sofre de disúria (De *disúria+-ico*)

dita *n.f.* boa fortuna; felicidade (Do lat. *dicta*, part. pass. neut. pl. de *dicĕre*, «coisas ditas»)

ditado *adj.* **1** pronunciado em voz alta, para ser escrito **2** prescrito **3** inspirado **4** sugerido ■ *n.m.* **1** texto dito em voz alta para ser escrito por alguém **2** exercício que consiste na reprodução de um texto para avaliar a capacidade de escrever sem erros **3** sentença popular; provérbio; adágio (Part. pass. de *ditar*)

ditador *n.m.* **1** magistrado que, em circunstâncias excecionais, concentra em si todos os poderes públicos **2** indivíduo que reúne temporariamente em si todos os poderes do Estado **3** pessoa que usa de prepotência (Do lat. *dictatōre-*, «id.»)

ditadura *n.f.* **1** POLÍTICA concentração dos poderes do Estado numa só pessoa, num partido único, num grupo ou numa classe que o exerce com autoridade absoluta **2** POLÍTICA Estado com esse regime; ~ *militar* regime em que o poder político absoluto é exercido pelas forças armadas (Do lat. *dictatūra-*, «id.»)

ditame *n.m.* **1** aquilo que a consciência e a razão ditam; imperativo **2** impulso; inspiração **3** ordem; doutrina **4** chamada de atenção; aviso (Do lat. *dictāmen*, «id.»)

ditar *v.tr.* **1** dizer em voz alta para que alguém escreva o que está a ser dito **2** impor; prescrever **3** [fig.] inspirar; sugerir (Do lat. *dictāre*, «id.»)

ditatorial *adj.2g.* **1** POLÍTICA relativo a um sistema em que o poder é exercido de forma autoritária por uma pessoa **2** que assume poder absoluto **3** prepotente; autoritário (Do lat. *dictatorĭu-*, «de ditador» *+-al*)

ditatorialmente *adv.* de modo ditatorial (De *ditatorial*+*-mente*)
diteísmo *n.m.* sistema religioso que admite dois deuses que representam dois princípios: o Bem e o Mal (Do gr. *di*, por *dís*, «duas vezes» + *theós*, «deus» +*-ismo*)
ditério *n.m.* dito jocoso; motejo; chufa (Do gr. *deiktérion*, «id.», pelo lat. *dicterĭu-*, «dito picante; sarcasmo»)
ditinho *n.m.* mexerico; intriga (De *dito*+*-inho*)
ditionato *n.m.* QUÍMICA sal derivado do ácido ditiónico (De *di*-+*tionato*)
ditiónico *adj.* QUÍMICA diz-se do ácido da série tiónica, de fórmula $H_2S_2O_5$, também chamado ácido hipossulfúrico (De *di*-+*tiónico*)
ditirâmbico *adj.* relativo a ditirambo (Do gr. *dithyrambikós*, «id.», pelo lat. *dithyrambĭcu-*, «id.»)
ditirambo *n.m.* 1 LITERATURA composição poética que exprime entusiasmo ou delírio 2 exaltação das qualidades de uma pessoa ou coisa; elogio (Do gr. *dithýrambos*, «id.», pelo lat. *dithyrambu-*, «ditirambo»)
dito *n.m.* 1 expressão que se diz; declaração verbal 2 palavra ou expressão, geralmente de carácter moral ou sentencioso, cujo uso se generalizou; máxima 3 mexerico; boato ▪ *adj.* 1 já pronunciado 2 mencionado; *foi ~ e feito* foi rápido, não demorou nada; *meu ~*, *meu feito* assim como eu disse, assim sucedeu (Do lat. *dictu-*, «dito», part. pass. de *dicĕre*, «dizer»)
dito-cujo *n.m.* [coloq.] pessoa de quem não se quer mencionar o nome; sujeito; fulano
ditologia *n.f.* LINGUÍSTICA grupo, com forte efeito rítmico e semântico, constituído por duas palavras ligadas em geral pela conjunção *e* (Do gr. *dittología*, «palavra dupla»)
ditongação *n.f.* GRAMÁTICA formação de ditongo através do desdobramento de uma vogal (De *ditongar*+*-ção*)
ditongal *adj.2g.* 1 que se refere a ditongo 2 que forma ditongo (De *ditongo*+*-al*)
ditongar *v.tr.* converter em ditongo; formar ditongo (De *ditongo*+*-ar*)
ditongo *n.m.* GRAMÁTICA sequência, numa sílaba, formada por uma vogal e uma semivogal; *~ crescente* GRAMÁTICA aquele em que a semivogal soa antes da vogal (como em *ária*, *gémeo*, *nódoa*); *~ decrescente* GRAMÁTICA aquele em que a vogal soa antes da semivogal (como em b*oi*, p*au*, f*ui*, t*eu*) (Do gr. *díphthoggos*, «que tem dois sons», pelo lat. *diphthongu-*, «id.»)
dítono *n.m.* MÚSICA intervalo de dois tons musicais (Do gr. *dítonos*, «que tem dois tons»)
ditosamente *adv.* com felicidade; afortunadamente (De *ditoso*+*-mente*)
ditoso /ô/ *adj.* 1 que tem sorte 2 feliz; afortunado 3 fértil (De *dita*+*-oso*)
ditote *n.m.* ⇒ **dichote** (De *dito*+*-ote*)
ditríglifo *n.m.* ARQUITETURA espaço entre dois tríglifos (na ordem dórica) (De *di*-+*tríglifo*)
ditroqueu *n.m.* LITERATURA pé de verso grego ou latino, formado de dois troqueus (Do gr. *ditrókhaios*, «duplo troqueu», pelo lat. *ditrochoeu-*, «id.»)
DIU *n.m.* dispositivo metálico ou plástico que é introduzido na cavidade uterina a fim de evitar a conceção, funcionando como uma barreira aos espermatozoides (Acrónimo de *dispositivo intra-uterino*)
diuense *adj.2g.* referente a Diu, na Índia ▪ *n.2g.* natural ou habitante de Diu (De *Diu*+*-ense*)
diurese *n.f.* MEDICINA eliminação da urina pelo organismo; secreção abundante de urina (Do gr. *diá*, «através de» + *oúresis*, «ato de urinar»)
diurético *adj.* que ativa ou facilita a excreção urinária ▪ *n.m.* substância (em regra medicamentosa) que facilita a excreção da urina (Do gr. *diouretikós*, «id.», pelo lat. *diuretĭcu-*, «id.»)
diurnal *adj.2g.* quotidiano; diário ▪ *n.m.* livro que contém orações para todos os dias (Do lat. *diurnāle-*, «id.»)
diurno *adj.* 1 que se faz ou sucede de dia ou num dia 2 BOTÂNICA diz-se das flores que só abrem durante o dia 3 ZOOLOGIA diz-se dos animais em que só se verifica atividade durante o dia ▪ *n.m.* RELIGIÃO livro que contém orações para todos os dias; *movimento ~* ASTRONOMIA movimento aparente de um astro à volta da Terra (Do lat. *diurnu-*, «de dia»)
diuturnidade *n.f.* 1 qualidade de diuturno 2 longa duração 3 período longo 4 número de anos de serviço que confere direito a aumento de vencimento numa função pública 5 aumento de vencimento resultante do facto de um funcionário ter completado certo número de anos de serviço (Do lat. *diuturnitāte-*, «período longo»)

diuturno *adj.* de longa duração; vivaz (Do lat. *diuturnu-*, «id.»)
diva *n.f.* 1 deusa 2 [fig.] mulher formosa 3 [fig.] cantora ou atriz notável (Do lat. *diva-*, «deusa»)
divã *n.m.* 1 espécie de sofá sem encosto nem braços, em geral coberto de almofadas 2 cama baixa e estreita, geralmente de ferro ou madeira 3 HISTÓRIA (império otomano) Conselho de Estado presidido pelo sultão; sala de reunião do Conselho de Estado 4 compilação de poemas islâmicos; cancioneiro oriental (Do turc. *diwán*, «sala de receção, rodeada de almofadões»)
divagação *n.f.* 1 ato ou efeito de divagar 2 diversão 3 desvio do assunto principal; digressão 4 episódio (De *divagar*+*-ção*)
divagador *adj.,n.m.* que ou aquele que divaga (De *divagar*+*-dor*)
divagante *adj.2g.* que divaga; errante (Do lat. *divagante*, «id.», part. pres. de *divagāri*, «divagar»)
divagar *v.intr.* 1 andar sem rumo; caminhar ao acaso; vaguear 2 afastar-se do assunto principal 3 devanear; fantasiar (Do lat. *divagāri*, «errar por diferentes pontos»)
divaricação *n.f.* ato ou efeito de divaricar (De *divaricar*+*-ção*)
divaricar *v.intr.* 1 formar ângulo obtuso 2 afastar-se (Do lat. *divaricāre*, «abrir-se; afastar-se; afastar as pernas»)
divergência *n.f.* 1 ato ou efeito de divergir 2 posição de duas linhas ou raios que se afastam progressivamente 3 afastamento 4 discordância; desacordo 5 BOTÂNICA (fitotaxia) ângulo diedro formado pelos planos médios de duas folhas consecutivas; *~ de um campo vetorial* MATEMÁTICA somatório das derivadas parciais de 1.ª ordem das componentes do vetor característico do campo, em ordem à variável independente com o mesmo índice (Do lat. **divergentĭa-*, part. pres. neut. pl. subst. de **divergĕre*, «dobrar para diversos lados»)
divergente *adj.2g.* 1 que diverge 2 discordante 3 em que há divergência 4 GRAMÁTICA diz-se das palavras que, embora apresentem forma diferente, têm origem comum, como *mancha*, *mácula*, *mágoa*, *malha*, que provieram todas do latim *macula*; *espelhos divergentes* FÍSICA espelhos que provocam a divergência dos raios luminosos correspondentes a feixes incidentes paralelos; *lentes divergentes* FÍSICA lentes que transformam um feixe luminoso incidente de raios paralelos num feixe de raios refratados divergentes (Do lat. **divergente-*, part. pres. de **divergĕre*, «dobrar para diversos lados»)
divergir *v.intr.* afastar-se cada vez mais; desviar-se ▪ *v.tr.,intr.* discordar (de); divergir (de) (Do lat. **divergĕre*, «dobrar para diversos lados»)
diversamente *adv.* de diferente modo (De *diverso*+*-mente*)
diversão *n.f.* 1 ato ou efeito de divergir 2 mudança de direção 3 desvio 4 [fig.] distração 5 recreio 6 MILITAR operação de objetivo limitado destinada a, durante o ataque, iludir o inimigo, desviando a sua atenção e as suas forças do ataque principal 7 finta (Do lat. med. *diversiōne-*, «id.», de *divertĕre*, «desviar; distrair»)
diversidade *n.f.* 1 qualidade do que é diverso 2 variedade 3 dissemelhança; diferença (Do lat. *diversitāte-*, «diferença»)
diversificação *n.f.* ato ou efeito de diversificar (De *diversificar*+*-ção*)
diversificadamente *adv.* 1 de modo diversificado 2 variadamente (De *diversificado*+*-mente*)
diversificante *adj.2g.* que diversifica (De *diversificar*+*-ante*)
diversificar *v.tr.* tornar diverso, variado; fazer variar ▪ *v.intr.* ser diferente; variar; diferençar-se (Do lat. *diversu-*, part. pass. de *divertĕre*, «ser diferente» + *ficāre*, por *facĕre*, «fazer»)
diversificável *adj.2g.* que se pode diversificar (De *diversificar*+*-vel*)
diversiforme *adj.2g.* que tem forma variável (Do lat. *diversu-*, part. pass. de *divertĕre*, «ser diferente» + *forma-*, «forma»)
diversivo *adj.* 1 em que há diversão 2 variável 3 revulsivo (De *diverso*+*-ivo*)
diverso *adj.* 1 que não é igual; diferente 2 que apresenta variedade; variado 3 que diverge; discordante 4 que sofreu alteração; mudado 5 que apresenta vários aspetos ou características (Do lat. *diversu-*, «id.», part. pass. de *divertĕre*, «ser diferente»)
diversório *adj.* ⇒ **diversivo** ▪ *n.m.* aquilo que diverte; diversão (De *diverso*+*-ório*)
diversos *det.indef. >quant. exist.* ᴅᴛ muitos; vários; alguns (De *diverso*)
diverticulite *n.f.* MEDICINA inflamação em um ou mais divertículos (De *divertículo*+*-ite*)
divertículo *n.m.* ANATOMIA apêndice oco de uma cavidade ou tubo, em forma de bolsa ou dedo (Do lat. *diverticŭlu-*, «pequeno desvio»)
divertido *adj.* 1 alegre 2 recreativo 3 distraído 4 desviado (Part. pass. de *divertir*)

divertimento n.m. 1 ato ou efeito de divertir ou divertir-se 2 recreação; entretenimento 3 distração (De *divertir*+*-mento*)

divertir v.tr. 1 servir de divertimento a 2 distrair; desviar a atenção de 3 recrear 4 fazer tomar rumo diverso ■ v.pron. 1 entreter-se 2 folgar 3 desviar-se (Do lat. *divertĕre*, «desviar; distrair; ser diferente»)

divícia n.f. [poét.] riqueza (Do lat. *divitĭas*, «riquezas»)

divicioso /ô/ adj. rico (De *divícia*+*-oso*)

dívida n.f. 1 aquilo que se deve 2 obrigação; dever 3 dever moral ou material em relação a alguém que foi prejudicado 4 reconhecimento; gratidão 5 [fig.] pecado; culpa; ~ **consolidada** ECONOMIA a que tem o pagamento dos juros garantido por certos rendimentos; ~ **de gratidão** obrigação moral que se cumpre como forma de reconhecimento por um favor recebido; ~ **externa** ECONOMIA valor total dos débitos de um Estado, resultante de empréstimos contraídos no estrangeiro; ~ **flutuante** ECONOMIA dívida pública a curto prazo, constituída por emissão de títulos do Estado; ~ **pública** ECONOMIA conjunto das obrigações de qualquer natureza contraídas pelo Estado, a curto ou a longo prazo (dívida fundada); *estar em* ~ não ter ainda cumprido, dever (Do lat. *debĭta*, pl. de *debĭtu*-, «dívida; débito»)

dividendo adj. que se deve dividir ■ n.m. 1 número que se divide 2 pl. ECONOMIA quantia que recebe cada sócio na divisão dos lucros de uma empresa, sociedade anónima ou comandita por ações (Do lat. *dividendu*-, «que vai ser dividido», ger. de *dividĕre*, «dividir; separar»)

dividir v.tr. 1 partir em determinado número de partes iguais 2 repartir; distribuir 3 demarcar; limitar 4 separar 5 retalhar 6 [fig.] pôr em discórdia 7 MATEMÁTICA fazer a operação aritmética da divisão ■ v.pron. 1 ramificar-se; separar-se 2 divergir; ~ *o mal pelas aldeias* partilhar tarefas difíceis ou responsabilidades com outras pessoas; ~ *para reinar* introduzir ou fomentar discordância entre os elementos de um grupo para os controlar (Do lat. *dividĕre*, «id.»)

divíduo adj. 1 divisível 2 GRAMÁTICA diz-se da articulação de um som produzida pela expulsão do ar, após a separação dos órgãos intervenientes (Do lat. *dividŭu*-, «divisível»)

divina elem. expr. *andar à* ~ andar sem um centavo, sem cheta, sem nada (Do lat. ecl. *a divinis*, «longe das coisas divinas»)

divinação n.f. ⇒ **adivinhação** (Do lat. *divinatiōne*-, «id.»)

divinal adj.2g. ⇒ **divino** (Do lat. *divināle*-, «id.»)

divinatório adj. que é capaz de prever o futuro; relativo à adivinhação (Do lat. *divināre*, «adivinhar» +*-tório*, ou do fr. *divinatoire*, «id.»)

divinatriz adj.,n.f. que ou aquela que adivinha (Do lat. *divinatrīce*-, «adivinha; bruxa»)

divindade n.f. 1 qualidade de divino 2 natureza divina 3 ser divino; Deus 4 pessoa ou coisa que se adora 5 [fig.] mulher muito bela (Do lat. *divinitāte*-, «id.»)

divinização n.f. ato ou efeito de divinizar (De *divinizar*+*-ção*)

divinizador adj.,n.m. que ou aquele que diviniza (De *divinizar*+*-dor*)

divinizante adj.2g. que diviniza (De *divinizar*+*-ante*)

divinizar v.tr. 1 considerar como divino; deificar 2 [fig.] exaltar 3 tornar adorável ■ v.pron. 1 engrandecer-se 2 tornar-se intratável, insociável (De *divino*+*-izar*)

divinizável adj.2g. suscetível de divinização (De *divinizar*+*-vel*)

divino adj. 1 referente a uma divindade; sobrenatural 2 relativo a Deus 3 [fig.] sublime; perfeito; encantador ■ n.m. 1 divindade 2 coisas sagradas (Do lat. *divīnu*-, «id.»)

divisa¹ n.f. 1 frase simbólica que se toma como norma de procedimento; lema 2 marca 3 distintivo; emblema 4 ECONOMIA moeda estrangeira 5 MILITAR tira de tecido usada como distintivo na manga ou nos ombros dos sargentos e praças do exército, da marinha e da força aérea (Do fr. *devise*, «id.»)

divisa² n.f. raia; demarcação (Deriv. regr. de *divisar*)

divisão n.f. 1 ato ou efeito de dividir ou dividir-se 2 repartição; partilha 3 linha de separação 4 compartimento 5 discórdia 6 operação lógica que consiste em distinguir as espécies de um género dado 7 categoria sistemática 8 MILITAR fração de um exército ou de uma armada, que constitui uma grande unidade de combate 9 BIOLOGIA conjunto de fenómenos que dizem respeito à multiplicação de microrganismos, células, núcleos ou outros corpúsculos 10 MATEMÁTICA operação aritmética pela qual se conhece quantas vezes uma quantidade está contida noutra 11 MATEMÁTICA operação aritmética pela qual se conhece o número (quociente) que, multiplicado por um segundo (divisor) produz um terceiro (dividendo) 12 DESPORTO conjunto de clubes ou de equipas que disputam entre si um campeonato 13 NÁUTICA conjunto de navios de guerra destinados ao cumprimento de uma missão especial; ~ *atípica* CITOLOGIA cariocinese em que há mais de um fuso acromático; segmentação atípica (Do lat. *divisiōne*-, «id.»)

divisar v.tr. 1 avistar; ver ao longe 2 descobrir; perceber 3 distinguir claramente 4 demarcar (Do lat. *divīsu*-, «id.», part. pass. de *dividĕre*, «dividir» +*-ar*)

divisibilidade n.f. 1 qualidade do que é divisível 2 FÍSICA propriedade que a matéria tem de se dividir em partes extremamente pequenas 3 MATEMÁTICA propriedade que um valor tem de poder ser objeto de uma divisão exata por determinado divisor (Do lat. *divisibĭle*-, «divisível» +*-i-*+*-dade*)

divisional adj.2g. da divisão ou a ela referente (Do lat. *divisiōne*-, «divisão» +*-al*)

divisionário adj. 1 relativo a uma divisão militar 2 diz-se da moeda destinada a trocos (Do lat. *divisiōne*-, «divisão» +*-ário*)

divisionismo n.m. PINTURA princípio em que se apoia o neoimpressionismo e que consiste na procura da reconstituição da luz, utilizando para isso a mistura ótica de cores puras justapostas, aplicadas diretamente na tela (Signac, H.-E. Cross, Courtauld, G. Previati) (De fr. *divisionnisme*, «id.»)

divisionista adj.2g. 1 do divisionismo 2 que adota a técnica do divisionismo ■ n.2g. adepto do divisionismo (Do fr. *divisionniste*, «id.»)

divisível adj.2g. que se pode dividir exatamente (Do lat. *divisibĭle*-, «id.»)

diviso adj. dividido (Do lat. *divīsu*-, part. pass. de *dividĕre*, «separar; dividir»)

divisor adj. que divide ■ n.m. número pelo qual se divide outro chamado dividendo; *máximo* ~ *comum de dois ou mais números inteiros positivos* MATEMÁTICA o maior dos números congéneres que é divisor simultâneo de todos eles (Do lat. *divisōre*-, «o que divide»)

divisória n.f. 1 qualquer objeto que serve para separar 2 linha de separação 3 parede de pequena espessura; tabique; tapume 4 parede ou objeto (biombo, cortina, etc.) que divide um compartimento (De *divisório*)

divisório adj. que divide; separador ■ n.m. TIPOGRAFIA instrumento usado pelos compositores tipográficos para a fixação dos originais que estão a compor (Do lat. *divīsu*-, part. pass. de *dividĕre*, «dividir» +*-ório*)

divo adj. divino ■ n.m. 1 deus 2 homem divinizado 3 cantor notável (Do lat. *divu*-, «divino»)

Divodignos n.m.pl. sociedade secreta formada por estudantes que assassinaram alguns lentes próximo de Condeixa, vila portuguesa do distrito de Coimbra, quando estes iam apresentar-se ao rei D. Miguel, 1802-1866 (Do lat. *divu*-, «divino» + *dignu*-, «digno»)

divorciado adj. 1 desunido 2 que obteve a dissolução legal do casamento; separado ■ n.m. indivíduo separado por divórcio (De *divorciar*+*-ado*)

divorciar v.tr. 1 decretar o divórcio de 2 descasar 3 [fig.] desunir; separar ■ v.pron. dissolver ou anular o casamento; descasar-se (De *divórcio*+*-ar*)

divórcio n.m. 1 DIREITO dissolução do casamento, em vida dos cônjuges, por decisão judicial proferida na sequência de requerimento de apenas um dos cônjuges (sem consentimento do outro), ou por declaração do Conservador do Registo Civil em processo de separação por mútuo consentimento 2 separação; afastamento; rutura (Do lat. *divortĭu*-, «id.»)

divulgação n.f. 1 ato ou efeito de divulgar ou divulgar-se 2 difusão; propagação 3 vulgarização (Do lat. *divulgatiōne*-, «id.»)

divulgador adj.,n.m. que ou aquele que divulga (Do lat. *divulgatōre*-, «id.»)

divulgar v.tr. tornar público; dar a saber; espalhar; vulgarizar ■ v.pron. tornar-se conhecido (Do lat. *divulgāre*, «id.»)

divulsão n.f. 1 arranque 2 dilaceração ou separação violenta 3 CIRURGIA operação cirúrgica para desfazer estreitamentos anormais de alguns canais do organismo (Do lat. *divulsiōne*-, «ação de arrancar»)

dixe n.m. 1 ornamento de ouro ou pedrarias 2 enfeite; adorno feminino 3 brinquedo (Do cast. *dije*, «joia»)

díxis /cs/ n.f.2n. LINGUÍSTICA ⇒ **dêixis**

dixissa n.f. [Angola] esteira (Do quimb. *dixisa*, «id.»)

dizanga n.f. [Angola] lago; charco (Do quimb. *dizanga*, «id.», «corromper-se», por alusão à água estagnada)

dizedela n.f. dito popular; máxima (De *dizer*+*-dela*)

dizedor adj.,n.m. que fala com graça e facilidade; gracejador; anedotista (De *dizer*+*-dor*)

dizer v.tr. 1 exprimir por palavras, por escrito ou por sinais 2 expor; afirmar; declarar 3 proferir 4 garantir; assegurar 5 recitar; declamar 6 aconselhar 7 ordenar 8 celebrar (missa) 9 repreender 10 condizer;

combinar 11 **interessar** ■ *v.intr.* 1 falar 2 fazer alegações ■ *v.pron.* 1 intitular-se; chamar-se 2 considerar-se ■ *n.m.* maneira de exprimir; ~ *adeus* despedir-se; ~ *consigo/com os seus botões* falar a sós; ~ *respeito a* ser relativo a (Do lat. *dicĕre*, «dizer»)

dize-tu-direi-eu *n.m.* altercação em que os dois contendores falam quase ao mesmo tempo

dizigótico *adj.* BIOLOGIA diz-se do par de gémeos nascidos de ovos diferentes (Do gr. *di*, por *dís*, «duas vezes» + *zygós*, «par»)

dízima *n.f.* 1 contribuição equivalente à décima parte de um rendimento 2 MATEMÁTICA décima parte 3 MATEMÁTICA numeral decimal com vírgula (sequência de algarismos com uma vírgula entre dois deles); ~ *finita* dízima que apresenta um número finito de algarismos; ~ *infinita* dízima que apresenta um número infinito de algarismos; ~ *periódica* representação decimal de um número, no qual um conjunto de um ou mais algarismos se repete indefinidamente; ~ *periódica composta* dízima periódica cujo período não começa logo após a vírgula decimal; ~ *periódica simples* dízima periódica cujo período começa logo após a vírgula decimal (Do lat. *decĭma-*, «décima; dízima»)

dizimação *n.f.* 1 ato ou efeito de dizimar 2 redução drástica 3 destruição total (Do lat. *decimatiōne-*, «ação de dizimar»)

dizimador *adj.,n.m.* que ou aquele que dizima (De *dizimar+-dor*)

dizimar *v.tr.* 1 matar um (soldado) em cada grupo de dez 2 destruir; exterminar 3 desbaratar; dissipar 4 lançar dízima a 5 [fig.] reduzir muito o número to; tornar raro (Do lat. *decimāre*, «dizimar; matar uma pessoa em cada dez»)

dizimaria *n.f.* lugar onde se depositavam os dízimos (De *dízimo+-aria*)

dizimeiro *n.m.* cobrador de dízimos (De *dízimo+-eiro*)

dízimo *adj.* décimo ■ *n.m.* 1 a décima parte 2 *pl.* HISTÓRIA contributo dos católicos para o culto e para o clero (Do lat. *decĭmu-*, «décimo; dízimo»)

dizível *adj.2g.* que se pode dizer (De *dizer+-i-+-vel*)

diz-que-diz-que *n.m.* mexerico; boato; intriga; enredo (De *dizer* e *que*)

DJ *n.2g.* ⇒ **disco-jóquei** (Acrónimo de *disco-jóquei*)

dlim *interj.* imitativa do som da campainha e de outros instrumentos (De orig. onom.)

do contração da preposição *de* + *o artigo definido* o ■ contração da preposição *de* + *o pronome demonstrativo* o

dó¹ *n.m.* 1 compaixão; piedade 2 luto; ~ *de alma* sentimento de pesar, angústia, infelicidade; *sem* ~ *nem piedade* de maneira cruel (Do lat. tard. *dolu-*, «dor»)

dó² *n.m.* 1 MÚSICA primeira nota da escala musical natural 2 sinal representativo dessa nota 3 corda que reproduz o som correspondente a essa nota (Do it. *do*, «id.»)

doação *n.f.* 1 ato ou efeito de doar 2 DIREITO contrato pelo qual uma pessoa, por espírito de liberalidade e à custa do seu património, dispõe gratuitamente de uma coisa ou de um direito, ou assume uma obrigação, em benefício do outro contraente 3 coisa doada (Do lat. *donatiōne-*, «dádiva»)

doador *adj.,n.m.* 1 que ou aquele que faz doação 2 ⇒ **dador** 2 (Do lat. *donatōre-*, «id.»)

doaire *n.m.* [regionalismo] [arc.] ⇒ **donaire**

doar *v.tr.* dispor gratuitamente de uma coisa ou de um direito, ou assumir uma obrigação, em benefício de outra pessoa; fazer doação de (Do lat. *donāre*, «id.»)

dobadeira *n.f.* mulher que doba; dobadoira (De *dobar+-deira*)

dobadoira *n.f.* 1 aparelho giratório para dobar as meadas 2 [pop.] afã; azáfama 3 mulher que doba; *andar numa* ~ andar em grande azáfama (De *dobar+-doira*)

dobadoura *n.f.* ⇒ **dobadoira** (De *dobar+-doura*)

dobagem *n.f.* 1 ato ou efeito de dobar 2 oficina onde se doba (De *dobar+-agem*)

dobar *v.tr.* 1 enovelar o fio de uma meada 2 [pop.] dar voltas a ■ *v.intr.* fazer novelos (De orig. obsc.)

dobermane *n.m.* ⇒ **dobermann**

dobermann *n.m.* cão de guarda, de origem alemã, com o focinho alongado, patas esguias, orelhas pontudas e pelo curto e espesso, geralmente de cor negra ou de tom castanho-avermelhado (Do al. *Dobermann Pinscher*, «raça de cães»)

doble *adj.2g.* 1 dobrado; duplicado 2 [fig.] hipócrita ■ *n.m.* pedra de dominó, com número igual de pintas nas duas metades (Do lat. *duplu-*, «duplo», pelo cast. *doble*, «id.»)

doblete /ê/ *n.m.* porção de vidro talhado e moldado (e por vezes corado), de modo a imitar pedra preciosa (Do cast. *doblete*, «pedra falsa»)

doblez /ê/ *n.f.* 1 qualidade de doble 2 duplicidade 3 fingimento; falsidade (Do cast. *doblez*, «fingimento»)

dobra¹ *n.f.* 1 parte de um objeto que se sobrepõe a outra parte 2 prega; vinco 3 GEOLOGIA deformação sofrida pelos estratos das rochas sedimentares e devida a movimentos tectónicos (Deriv. regr. de *dobrar*)

dobra² *n.f.* 1 unidade monetária de S. Tomé e Príncipe 2 antiga moeda portuguesa (Do lat. *dupla-*, «o dobro»)

dobrada *n.f.* 1 vísceras de rês CULINÁRIA iguaria cozinhada com vísceras de boi; dobradinha; tripas 3 ondulação num terreno (Part. pass. fem. subst. de *dobrar*)

dobradeira *n.f.* 1 lâmina para dobrar, usada pelos encadernadores e nas fábricas de fiação e tecidos 2 TIPOGRAFIA mulher que dobra as folhas de impressão na encadernação (De *dobrar+-deira*)

dobradiça *n.f.* 1 gonzo de porta, de janela ou de abas de mesa 2 charneira 3 assento suplementar na coxia das plateias 4 *pl.* [joc.] articulações humanas (De *dobrar+-diça*)

dobradiço *adj.* que se dobra com facilidade; flexível (De *dobrar+-diço*)

dobrado *adj.* 1 não estendido 2 que tem dobras de reforço 3 duplicado 4 curvado 5 diz-se da flor em que as pétalas são mais numerosas do que na forma singela 6 diz-se de terreno acidentado 7 [fig.] dissimulado; hipócrita ■ *n.m.* 1 MÚSICA marcha militar, de cadência rápida 2 alteração no cantar dos pássaros (Part. pass. de *dobrar*)

dobrador *adj.* que dobra ■ *n.m.* 1 aquele que dobra 2 TIPOGRAFIA aquele que faz a dobragem das folhas, nas oficinas de encadernação (De *dobrar+-dor*)

dobradura *n.f.* 1 ato ou efeito de dobrar 2 curvatura 3 vinco; prega (De *dobrar+-dura*)

dobragem *n.f.* 1 ato ou efeito de dobrar 2 inclinação 3 CINEMA, TELEVISÃO substituição das partes faladas ou cantadas de um filme, ou da locução de um programa, por outras em língua diferente (De *dobrar+-agem*)

dobramento *n.m.* GEOLOGIA tipo de deformação dúctil de uma rocha, geralmente por ação de forças orientadas compressivas (De *dobrar+-mento*)

dobrão *n.m.* antiga moeda portuguesa de ouro (De *dobra+-ão*)

dobrar *v.tr.,intr.* multiplicar(-se) por dois; duplicar(-se) ■ *v.tr.* 1 virar, de modo que uma ou mais partes de um objeto fiquem sobrepostas a outra ou outras 2 fazer curvar 3 dar voltas a 4 enrolar 5 voltar 6 passar além de 7 tornar mais ativo 8 demover; induzir; coagir 9 CINEMA, TELEVISÃO substituir a parte falada ou cantada de um filme ou a locução de um programa por uma versão equivalente em língua diferente 10 modificar ■ *v.intr.* 1 crescer outro tanto 2 (sinos) tocar ■ *v.pron.* 1 ceder 2 aumentar 3 humilhar-se; ~ *a cerviz* submeter-se à vontade de outrem; ~ *a finados* tocar o sino pelo falecimento de alguém; ~ *a língua* falar com respeito (Do lat. tard. *duplāre*, «id.», de *duplum*, «o dobro»)

dobrável *adj.2g.* que se pode dobrar (De *dobrar+-vel*)

dobre¹ *n.m.* toque de sinos a finados (Deriv. regr. de *dobrar*)

dobre² *adj.2g.* 1 dobrado 2 fingido (De *doble*)

dobrez /ê/ *n.f.* ⇒ **doblez** (De *dobrar+-ez*)

dobro *num.mult.* >*quant.num.* DT que equivale a duas vezes a mesma quantidade; que é duas vezes maior ■ *n.m.* valor ou quantidade duas vezes maior (Do lat. *duplu-*, «o dobro»)

doca *n.f.* 1 obra portuária dotada de cais acostáveis para embarcações; estaleiro 2 dique (Do hol. *doke*, «bacia», pelo ing. *dock*, «doca; estaleiro»)

doçagem *n.f.* ato ou efeito de doçar ou adoçar (De *doçar+-agem*)

doçaina¹ *n.f.* MÚSICA espécie de flauta antiga, também conhecida por dulçaina (Do fr. ant. *douçaine*, de *doux*, «doce»)

doçaina² *n.f.* 1 grande quantidade de doce 2 guloseima (De *doce*, com infl. de *comezaina*)

doçal *n.f.* 1 variedade de videira (ou os seus frutos) produtora de uva utilizada em vinicultura, também conhecida por *doçar* 2 variedade de pereira e macieira, ou os seus frutos (De *doce+-al*)

docar¹ *v.tr.,v.intr.* pôr(-se) (embarcação) na doca (De *doca+-ar*)

docar² *n.m.* carruagem especial para transporte de cães de caça (Do ing. *dog-cart*, carruagem puxada por um cavalo (inicialmente para transporte de cães de caça), de *dog*, «cão» + *cart*, «carro; carroça»)

doçar *n.f.* ⇒ **doçal** ■ *v.tr.* ⇒ **adoçar** ■ *v.intr.* fazer doces (De *doce+-ar*)

doçaria *n.f.* 1 grande quantidade de doces 2 conjunto dos doces característicos de um local ou de uma época 3 arte de confecionar doces 4 lugar onde se fazem e/ou vendem doces; confeitaria (De *doce+-aria*)

doce *adj.2g.* 1 que tem sabor agradável como o do mel e o do açúcar 2 temperado com açúcar ou mel 3 meigo; suave; afetuoso 4 encantador 5 (água) que não é salgado 6 diz-se do vinho que contém mais de 45 gramas por litro de açúcar residual ■ *n.m.* 1 o que tem sabor agradável como o do mel ou o do açúcar 2 qualquer confeção culinária em que entra açúcar ou outros adoçantes; *fazer boca ~ a* ameigar (Do lat. *dulce-*, «doce»)

doce-amarga *n.f.* 1 BOTÂNICA planta da família das Solanáceas, produtora de bagas vermelhas, venenosas, espontânea de norte a sul de Portugal, também conhecida por dulcamara, erva-de-cão e uva-de-cão 2 BOTÂNICA fruto desta planta

doce-amargo *n.m.* sensação física ou moral que é ao mesmo tempo agradável e dolorosa

doceira *n.f.* 1 mulher que fabrica ou vende doces 2 recipiente onde se guardam doces (De *doce+-eira*)

doceiro *n.m.* 1 aquele que fabrica ou vende doces; confeiteiro 2 livro de receitas para fazer doces (De *doce+-eiro*)

doce-lima *n.f.* BOTÂNICA ⇒ **limonete**

docência *n.f.* profissão, atividade ou trabalho de docente; ensino; magistério (Do lat. *docentĭa*, part. pres. neut. pl. subst. de *docēre*, «ensinar»)

docente *adj.2g.* 1 que ensina 2 relativo a ensino ou a professor ■ *n.2g.* pessoa que se dedica ao ensino; professor; *corpo ~* conjunto dos professores de um estabelecimento de ensino; *Igreja ~* membros da Igreja que têm a missão de ensinar, o clero (Do lat. *docente-*, part. pres. de *docēre*, «ensinar»)

docente-livre *n.m.,n.2g.* ⇒ **livre-docente**

docetismo *n.m.* doutrina religiosa dos primeiros séculos do cristianismo, condenada no concílio ecuménico de Calcedónia, que admitia que Cristo tinha apenas corpo aparente (Do gr. *doketismós*, «id.», pelo lat. *docetismu-*, «id.»)

dócil *adj.2g.* 1 submisso; obediente 2 que se guia, se ensina ou se curva facilmente; flexível (Do lat. *docĭle-*, «que aprende facilmente»)

docilidade *n.f.* qualidade do que é dócil; mansidão; afabilidade (Do lat. *docilitāte-*, «id.»)

docílimo *adj.* {superlativo absoluto sintético de **dócil**} muito dócil (Do lat. *docilĭmu-*, «id.»)

docilizar *v.tr.* tornar dócil (De *dócil+-izar*)

docilmente *adv.* 1 de maneira dócil; com docilidade 2 obedientemente (De *dócil+-mente*)

docimasia *n.f.* 1 (medicina legal) diversas análises que se fazem às vísceras de cadáveres 2 QUÍMICA análise para a determinação das proporções em que entram metais na constituição dos minérios correspondentes (Do gr. *dokimasía*, «ensaio»)

docimásico *adj.* relativo à docimasia (Do gr. *dokimastikós*, «id.»)

docimologia *n.f.* estudo sistemático dos exames (Do gr. *dokimé*, «prova; exame» + *lógos*, «estudo» +-*ia*)

doctiloquia *n.f.* qualidade de quem é doctíloquo; eloquência (De *doctíloquo+-ia*)

doctíloquo *adj.* que fala douta ou eloquentemente (Do lat. *doctilŏqu-*, «que fala bem»)

docudrama *n.m.* CINEMA, TELEVISÃO filme ou série televisiva baseada em factos reais (Do ing. *docudrama*, de *docu(mentary)+drama*)

documentação *n.f.* 1 ato ou efeito de documentar 2 conjunto de documentos ou de informações (Do lat. *documentatiōne-*, «id.»)

documentado *adj.* 1 comprovado por meio de documentos; fundado em documentos 2 explicado; justificado (Part. pass. de *documentar*)

documental *adj.2g.* 1 referente a documento 2 fundado em documentos (De *documento+-al*)

documentalista *n.2g.* técnico especialista no tratamento da documentação (De *documental+-ista*)

documentar *v.tr.* 1 juntar os documentos necessários a; reunir informações ou documentos relativos a (determinado assunto) 2 comprovar por meio de documentos 3 explicar ■ *v.pron.* informar-se sobre determinado assunto (De *documento+-ar*)

documentário *adj.* 1 relativo a documentos 2 que tem o valor de documento ■ *n.m.* 1 documentação 2 CINEMA, TELEVISÃO filme, geralmente de curta duração, de carácter informativo (De *documento+-ário*)

documentarista *n.2g.* autor ou realizador de obras de carácter informativo e documental (De *documentário+-ista*)

documentativo *adj.* que serve para documentar (De *documentar+-tivo*)

documentável *adj.2g.* que se pode documentar (De *documentar+-vel*)

documento *n.m.* 1 qualquer objeto elaborado com o fim de reproduzir ou representar uma pessoa, um facto, um dito ou um acontecimento 2 escrito que serve de prova; atestado 3 INFORMÁTICA ficheiro que contém dados gerados por uma aplicação (processador de texto, folha de cálculo, base de dados, etc.) (Do lat. *documentu-*, «id.»)

doçura *n.f.* 1 qualidade do que é doce 2 [fig.] brandura; suavidade; meiguice 3 [fig.] amenidade 4 [fig.] prazer 5 *pl.* doces; doçaria 6 *pl.* [fig.] regalos; prazeres (De *doce+-ura*)

dodeca- /ó/ elemento de formação de palavras que exprime a ideia de *doze* (Do gr. *dódeka*, «doze»)

dodecaédrico *adj.* 1 relativo ao dodecaedro 2 que tem forma de dodecaedro

dodecaedro *n.m.* 1 poliedro que tem doze faces 2 CRISTALOGRAFIA formas cristalográficas do sistema cúbico (dodecaedros rômbico, deltoide e pentagonal) (Do gr. *dodekáedros*, «de doze faces»)

dodecafonia *n.f.* MÚSICA ⇒ **dodecafonismo**

dodecafónico *adj.* MÚSICA relativo ou pertencente ao dodecafonismo

dodecafonismo *n.m.* MÚSICA sistema de composição atonal, criado pelo compositor austríaco Arnold Schönberg (1874 -1951), em que se empregam com idêntico valor hierárquico os doze meios-tons contidos numa escala cromática

dodecaginia *n.f.* BOTÂNICA qualidade das plantas ou das flores dodecáginas (De *dodecágino+-ia*)

dodecágino *adj.* 1 BOTÂNICA diz-se da flor que apresenta carpelos, estiletes ou estigmas sésseis, em número de doze 2 BOTÂNICA (planta) que produz esta flor (Do gr. *dódeka*, «doze» + *gyné*, «mulher; elemento feminino»)

dodecagonal *adj.2g.* relativo ao dodecágono (De *dodecágono+-al*)

dodecágono *n.m.* polígono de doze lados (Do gr. *dodekágonos*, «de doze ângulos»)

dodecandria *n.f.* 1 BOTÂNICA qualidade das plantas ou das flores dodecandras 2 BOTÂNICA classe do sistema sexual de Lineu, que inclui as plantas cujas flores têm de doze a dezanove estames (De *dodecandro+-ia*)

dodecandro *adj.* 1 BOTÂNICA diz-se da flor que tem de doze a dezanove estames 2 BOTÂNICA (planta) que produz esta flor (Do gr. *dódeka*, «doze» + *anér, andrós*, «homem; elemento masculino»)

dodecassílabo *n.m.* palavra com doze sílabas ■ *adj.* que tem doze sílabas (Do gr. *dódeka*, «doze» + *syllabé*, «sílaba»)

dodó *n.m.* ORNITOLOGIA grande ave palmípede das ilhas Maurícias, hoje extinta (Do port. *doudo*, pelo ing. *dodo*, «id.»)

dodrantal *adj.2g.* dizia-se do castelo cuja defesa ficava a três quartos de um tiro de mosquete (Do lat. *dodrantāle-*, «que tem nove polegadas»)

dodrante *n.m.* quantidade equivalente a três quartos da unidade dos pesos, das medidas e das moedas, entre os Romanos (Do lat. *dodrante-*, «id.»)

doença *n.f.* 1 alteração do estado normal de saúde de um ser, que se manifesta por sinais ou sintomas, que podem ser percetíveis ou não; enfermidade; mal 2 [fig.] dedicação excessiva; obsessão; mania; *~ autoimune/autoimunitária* MEDICINA doença que ocorre devido a perturbação dos mecanismos de defesa do organismo, que não reconhecem os seus próprios constituintes; *~ crónica* MEDICINA doença prolongada e de evolução lenta, que conduz geralmente à morte; *~ das vacas loucas* VETERINÁRIA encefalopatia espongiforme do gado bovino, de evolução progressiva e fatal, que pode ser transmitida ao homem através da ingestão de carne contaminada; *~ de Alzheimer* MEDICINA doença de origem desconhecida, que se caracteriza por lapsos de memória, desorientação temporal e espacial e perda gradual das capacidades intelectuais e que normalmente se manifesta na meia-idade; *~ de Chagas* MEDICINA tripanossomíase americana, descoberta e estudada pelo cientista brasileiro Carlos Chagas (1879-1934), veiculada por um inseto hemíptero conhecido no Brasil geralmente pelo nome de barbeiro; *~ de Creutzfeldt-Jakob* MEDICINA encefalopatia espongiforme rara, de evolução fatal em não mais de um ano, que se caracteriza por demência progressiva, disartria e rigidez muscular, e que se supõe ser causada por um prião; *~ de Parkinson* MEDICINA doença nervosa degenerativa, cujos sintomas mais evidentes são tremor, rigidez muscular, lentidão de movimentos e instabilidade postural; *~ do sono* MEDICINA doença infeciosa progressiva, de evolução fatal se não for tratada, que ocorre na África tropical, transmitida pela picada da mosca tsé-tsé e caracterizada por febre, cefaleias, sonolência e letargia; *~ dos pezinhos* MEDICINA ⇒ **paramiloidose**; *~ infeciosa* MEDICINA doença causada pela penetração, desenvolvimento e multiplicação de agentes microbianos (bactérias, fungos, vírus) no organismo; *~ sexualmente transmissível* MEDICINA doença infeciosa que se transmite através do

contacto sexual (Do lat. *dolentĭa*, part. pres. neut. pl. subst. de *dolēre*, «sentir dor»)
doençaria *n.f.* porção de doenças (De *doença*+*-aria*)
doente *adj.2g.* **1** que tem doença **2** fraco **3** desanimado; triste **4** [fig.] fanático por alguma coisa; apaixonado ■ *n.2g.* **1** pessoa que tem doença **2** [coloq.] pessoa que é fanática por alguma coisa; *dar parte de ~* declarar-se doente através de atestado médico (Do lat. *dolente-*, «que sofre dores», part. pres. de *dolēre*, «sentir dor»)
doentio *adj.* **1** que causa doenças **2** que adoece facilmente; débil **3** mórbido **4** [fig.] mau; condenável (De *doente*+*-io*)
doer *v.tr.,intr.* causar dor; magoar ■ *v.intr.* ter ou sentir dor ■ *v.pron.* **1** sentir dó **2** queixar-se **3** arrepender-se **4** dar-se por ofendido (Do lat. *dolēre*, «sentir dor»)
doesa *v.tr.,intr.* ⇒ **doesta** (De *doestar*+*-dor*)
doestador *adj.,n.m.* que ou aquele que doesta (De *doestar*+*-dor*)
doestar *v.tr.* dirigir doestos a; insultar (Do lat. *dehonestāre*, «desonrar»)
doesto /ê/ *n.m.* insulto; injúria; acusação injuriosa; vitupério (Deriv. regr. de *doestar*)
dogado *n.m.* **1** dignidade do doge **2** tempo de exercício das funções do doge (De *doge*+*-ado*)
dogal *adj.2g.* **1** do doge **2** referente a doge (Do lat. *ducāle-*, «de chefe», pelo it. *dogale*, «dogal; de doge»)
doge *n.m.* (*feminino* **dogesa**) magistrado superior das antigas repúblicas de Veneza e Génova (Do lat. *dūce-*, «chefe», pelo it. *doge*, soberano de Veneza ou de Génova»)
dogesa *n.f.* (*masculino* **doge**) esposa do doge (De *doge*+*-esa*)
dogma *n.m.* **1** RELIGIÃO doutrina proclamada como fundamental e incontestável **2** FILOSOFIA ponto fundamental de doutrina **3** opinião imposta pela autoridade e aceite sem crítica nem exame **4** proposição apresentada como irrefutável (Do gr. *dógma*, *-atos*, «decisão; decreto», pelo lat. *dogma-*, «dogma»)
dogmática *n.f.* **1** parte da teologia que trata dos dogmas **2** conjunto dos dogmas de uma religião (De *dogmático*)
dogmaticamente *adv.* **1** indiscutivelmente **2** autoritariamente (De *dogmático*+*-mente*)
dogmático *adj.* **1** relativo ao dogma **2** que pretende impor-se, não admitindo discussão **3** sentencioso; imperativo **4** autoritário; perentório; categórico; *em tom ~* de forma que não admite contradição, perentoriamente (Do gr. *dogmatikós*, «id.», pelo lat. *dogmatĭcu-*, «id.»)
dogmatismo *n.m.* **1** atitude de quem afirma com intransigência, de quem afirma sem prova, nem crítica prévia **2** FILOSOFIA doutrina que admite a possibilidade de o homem alcançar a verdade, e a possibilidade e a validade do conhecimento absoluto **3** [fig.] afirmação autoritária (Do gr. *dógma*, *-atos*, «decisão; decreto», pelo lat. *dogma*, *-atis*, «id.» +*-ismo*, ou do fr. *dogmatisme*, «dogmatismo»)
dogmatista *n.2g.* **1** pessoa que defende o dogmatismo **2** [fig.] pessoa que pretende impor as suas ideias como certas e incontestáveis sem admitir discussão (Do gr. *dogmatistés*, «o que expõe uma doutrina», pelo lat. *dogmatiste-*, «id.», pelo fr. *dogmatiste*, «dogmatista»)
dogmatização *n.f.* ato ou efeito de dogmatizar (De *dogmatizar*+*-ção*)
dogmatizador *adj.,n.m.* que ou aquele que dogmatiza ou fala em tom dogmático (De *dogmatizar*+*-dor*)
dogmatizante *adj.2g.* que dogmatiza (De *dogmatizar*+*-ante*)
dogmatizar *v.tr.* **1** proclamar como dogma **2** ensinar como certo e sem admitir contradição ■ *v.intr.* **1** estabelecer dogmas **2** não admitir que uma afirmação seja discutida **3** [fig.] preconizar (Do gr. *dogmatízein*, «estabelecer um dogma», pelo lat. *dogmatizāre*, «id.», pelo fr. *dogmatiser*, «id.»)
dogmatologia *n.f.* **1** tratado dos dogmas **2** dogmática (Do gr. *dogmatología*, «exposição de doutrina»)
dogue *n.m.* raça de cão de guarda, de cabeça volumosa, focinho achatado e enrugado, e pelo curto (Do ing. *dog*, «cão»)
dói *n.m.* [infant.] ferida; dor (De *doer*)
doida *n.f.* **1** doença cerebral do gado lanígero **2** mulher atacada de loucura **3** [pop.] caça **4** [fig.] imaginação; *à ~* estouvadamente; *bexigas doidas* varicela (De *doido*)
doidaria *n.f.* **1** multidão de doidos **2** doidice (De *doido*+*-aria*)
doidarrão *adj.* {*aumentativo* de **doido**} muito doido; pateta (De *doido*+*-arrão*)
doidarraz *adj.2g.* ⇒ **doidarrão** (De *doido*+*-arraz*)
doideira *n.f.* ⇒ **doidice** (De *doido*+*-eira*)
doidejante *adj.2g.* que doideja (De *doidejar*+*-ante*)
doidejar *v.intr.* **1** fazer doidices ou loucuras **2** brincar; foliar (De *doido*+*-ejar*)
doidejo /ê/ *n.m.* ato de doidejar (Deriv. regr. de *doidejar*)

doidice *n.f.* **1** falta de juízo **2** ato ou palavras próprias de doido; loucura **3** disparate; tolice **4** exagero (De *doido*+*-ice*)
doidinha *n.f.* ORNITOLOGIA ⇒ **papa-formigas 1** (De *doida*+*-inha*)
doidivanar *v.intr.* cometer leviandades (De *doidivanas*+*-ar*)
doidivanas *n.2g.2n.* **1** pessoa leviana ou estouvada **2** pessoa gastadora (De *doido*)
doido *adj.* **1** que perdeu o juízo; louco; demente; alienado **2** muito alegre **3** muito caro; exagerado ■ *n.m.* **1** indivíduo que perdeu o uso da razão **2** indivíduo audacioso; *ser ~ por* [coloq.] gostar muito de uma coisa, ter paixão por (De orig. obsc.)
doído *adj.* **1** que sente dor **2** dolorido; magoado **3** ofendido **4** queixoso (Part. pass. de *doer*)
dói-dói *n.m.* [infant.] ferida; dor (De *doer*)
doirada *n.f.* ⇒ **dourada**
doiradilho *adj.* ⇒ **douradilho**
doiradinha *n.f.* ⇒ **douradinha**
doirado *adj.,n.m.* ⇒ **dourado**
doirador *adj.,n.m.* ⇒ **dourador**
doiradura *n.f.* ⇒ **douradura**
doiramento *n.m.* ⇒ **douramento**
doirar *v.tr.,pron.* ⇒ **dourar**
-doiro ⇒ **-douro**[1,2]
dois *num.card.* >*quant.num.* ᴰᵀ um mais um ■ *n.m.2n.* **1** o número 2 e a quantidade representada por esse número **2** o que, numa série, ocupa o segundo lugar **3** carta de jogar, peça de dominó ou face de dado com duas pintas; *~ a ~* aos pares; *~ em um* diz-se de produto que concentra duas funcionalidades geralmente apresentadas em dois produtos distintos; *tão certo como ~ e ~ serem quatro* ser totalmente certo, ser inevitável (Do lat. *duos*, «dois»)
dois-pontos *n.m.2n.* sinal de pontuação (:) que representa, na escrita, uma pausa breve da linguagem oral e que, geralmente, precede uma fala, uma citação, uma enumeração, um esclarecimento, etc.
dojo *n.m.* escola ou sala onde se praticam artes marciais, sobretudo judo e karaté (Do jap. *dōjō*)
dólar *n.m.* unidade monetária de Anguila, Antígua e Barbuda, Austrália, Baamas, Barbados, Belize, Bermudas, Brunei, Canadá, Domínica, Equador, Estados Federados da Micronésia, Estados Unidos da América, Fiji, Granada, Guiana, Ilhas Marshall, Ilhas Salomão, Jamaica, Libéria, Namíbia, Nova Zelândia, Palau, Porto Rico, Quiribáti, Santa Lúcia, São Cristóvão e Neves, São Domingos, São Vicente e Granadinas, Singapura, Suriname, Taiwan, Timor-Leste, Trindade e Tobago, Tuvalu e Zimbabué (Do ing. *dollar*, «id.»)
dolce *adv.* MÚSICA docemente; suavemente (Do it. *dolce*)
dolcissimo *adv.* MÚSICA com muita suavidade (Do it. *dolcissimo*, «id.»)
dolência *n.f.* qualidade ou estado de dolente (Do lat. *dolentĭa*, part. pres. neut. pl. subst. de *dolēre*, «sentir dor»)
dolente *adj.2g.* **1** magoado; triste **2** doloroso; aflitivo; lastimoso (Do lat. *dolente-*, part. pres. de *dolēre*, «sentir dor»)
dolerito *n.m.* PETROLOGIA rocha de composição basáltica, formada essencialmente de plagióclase básica e piroxena, e caracterizada por textura microgranular; diábase (Do gr. *dolerós*, «enganador» + *-ito*)
dolico- elemento de formação de palavras que exprime a ideia de *comprido, longo* (Do gr. *dolikhós*, «comprido»)
dólico *n.m.* medida de comprimento entre os Gregos, do valor de doze estádios (Do gr. *dolikhós*, «o grande estádio»)
dolicocefalia *n.f.* estado de dolicocéfalo (De *dolicocéfalo*+*-ia*)
dolicocéfalo *adj.* **1** diz-se do crânio (ou da cabeça) alongado cujo diâmetro ântero-posterior é sensivelmente maior que o transversal **2** diz-se do indivíduo (ou raça) que apresenta esses caracteres (Do gr. *dolikhós*, «comprido» + *kephalé*, «cabeça»)
dolicócero *adj.* ZOOLOGIA diz-se do inseto portador de antenas longas (Do gr. *dolikhós*, «comprido» + *kéras*, «chifre»)
dolicoenteria *n.f.* comprimento demasiado do tubo digestivo (Do gr. *dolikhós*, «comprido» + *énteron*, «intestino» +*-ia*)
dolicoide *adj.2g.* de forma comprida (Do gr. *dolikhós*, «comprido» + *eîdos*, «forma»)
dolicóide ver nova grafia dolicoide
dolina *n.f.* GEOLOGIA cavidade afunilada originada por efeitos da erosão provocada nos calcários pelas águas carregadas de dióxido de carbono (Do esl. *dolina*, «id.»)
dólman *n.m.* casaco curto usado pelos oficiais do exército (Do turc. *dhólama*, manto vermelho usado pelos janíçaros, pelo fr. *dolman*, «dólman»)

dólmen n.m. ARQUEOLOGIA monumento megalítico composto por pedras dispostas em forma de mesa gigantesca; anta (Do fr. *dolmen*, «id.»)

dolménico adj. relativo a dólmen (De *dólmen*+-*ico*)

dólmin n.m. ⇒ **dólmen**

dolo n.m. 1 atitude conscientemente tomada no sentido de se vir a cometer um ato criminoso ou uma infração 2 qualquer sugestão ou artifício com a intenção ou consciência de introduzir ou manter em erro o autor da declaração 3 má-fé 4 fraude; embuste 5 astúcia 6 engano; traição (Do gr. *dólos*, «astúcia», pelo lat. *dolu*-, «astúcia; fraude; ardil»)

dolomia n.f. PETROLOGIA ⇒ **dolomito** (Do fr. *dolomie*, «id.»)

dolomite n.f. MINERALOGIA mineral (carbonato de cálcio e de magnésio) que cristaliza no sistema trigonal, usado como fundente e minério de magnésio (Do fr. *dolomite*, «id.», do mineralogista fr. Déodat de Dolomieu, 1750-1801)

dolomítico adj. que encerra dolomite (De *dolomite*+-*ico*)

dolomito n.m. PETROLOGIA rocha sedimentar formada essencialmente por dolomite (Do fr. *dolomite*, «id.»)

dolorido adj. 1 que revela dor 2 dorido; magoado 3 ressentido; pesaroso (Do lat. *dolōre*-, «dor» +-*ido*)

dolorismo n.m. doutrina moral que faz a apologia da dor (Do lat. *dolōre*-, «dor» +-*ismo*)

dolorosa n.f. [coloq.] conta a pagar (De *doloroso*)

doloroso adj. 1 que exprime dor 2 que causa dor 3 amargurado; angustiado; pungente (Do lat. *dolorōsu*-, «id.»)

doloso adj. 1 que encerra dolo 2 fraudulento; enganoso 3 que procede com dolo (Do lat. *dolōsu*-, «astucioso; fraudulento»)

dom¹ n.m. 1 donativo; dádiva 2 aptidão inata; qualidade (Do lat. *donu*-, «oferta feita aos deuses»)

dom² n.m. (feminino **dona**) [geralmente com maiúscula] título honorífico que precede o nome próprio (Do lat. *domĭnu*-, «senhor»)

doma¹ /ô/ n.m. CRISTALOGRAFIA forma cristalográfica constituída por quatro faces paralelas a um dos eixos secundários e oblíquas ao eixo principal (Do gr. *dôma*, «casa»)

doma² /ô/ n.f. ato ou efeito de domar; domação (Deriv. regr. de *domar*)

domabilidade n.f. qualidade de domável (Do lat. *domabĭle*-, «domável» +-*i*-+-*dade*)

domação n.f. ato ou efeito de domar; doma (De *domar*+-*ção*)

domador adj., n.m. que ou aquele que doma; domesticador (Do lat. *domatōre*-, «id.»)

domar v.tr. 1 amansar ou vencer a resistência de; domesticar 2 dominar; subjugar; sujeitar 3 exercer domínio sobre os impulsos ou instintos de; refrear (Do lat. *domāre*, «id.»)

domável adj.2g. que se pode domar (Do lat. *domabĭle*-, «id.»)

domba n.f. [Moçambique] casa dos espíritos; templo (Do ronga *djumba*, a partir do chope *nhumba*, «palhota, casa»)

dombo n.m. [Angola] estação húmida (Do quimb. *ndombo*, «id.»)

dombó n.m. [Moçambique] ramo verde da andala, usado por vezes com fins medicinais ou mágicos (Do forro *dombo*, «id.»)

doméstica n.f. mulher que se ocupa da administração da casa; dona de casa (De *doméstico*)

domesticação n.f. 1 ato ou efeito de domesticar 2 sujeição; dominação (De *domesticar*+-*ção*)

domesticado adj. 1 domado; amansado 2 civilizado (Part. pass. de *domesticar*)

domesticador adj., n.m. que ou aquele que domestica (De *domesticar*+-*dor*)

domesticar v.tr. 1 tornar doméstico 2 amansar; domar 3 docilizar 4 tornar culto; civilizar ■ v.pron. 1 amansar-se 2 sujeitar-se (De *doméstico*+-*ar*)

domesticável adj.2g. suscetível de se domesticar (De *domesticar*+-*vel*)

domesticidade n.f. estado do que é doméstico (De *doméstico*+-*i*-+-*dade*)

doméstico adj. 1 relativo a casa ou à vida da família 2 (animal) que é criado ou que vive dentro de casa 3 caseiro; familiar 4 que executa as tarefas da casa mediante pagamento 5 relativo aos assuntos internos de um país ■ n.m. aquele que, mediante pagamento, presta serviços (geralmente diários) de limpeza e manutenção de uma habitação; empregado (Do lat. *domestĭcu*-, «id.»)

dom-fafe n.m. ORNITOLOGIA ⇒ **pisco-chilreiro** (Do al. *Dompfaff*, «toutinegra; pisco»)

domiciliação n.f. ato ou efeito de domiciliar ou domiciliar-se (De *domiciliar*+-*ção*)

domiciliado adj. residente com carácter de permanência (Part. pass. de *domiciliar*)

domiciliar v.tr. dar domicílio a ■ v.pron. 1 estabelecer o seu domicílio 2 habitar ■ adj.2g. [Brasil] relativo ao domicílio (De *domicílio*+-*ar*)

domiciliário adj. 1 relativo ao domicílio 2 feito no domicílio (De *domicílio*+-*ário*)

domicílio n.m. 1 lugar onde alguém tem a sua residência permanente; residência; habitação 2 localidade onde se tem a residência 3 lugar onde se exerce qualquer direito ou função; *entrega ao ~* tipo de serviço que leva ao endereço fornecido pelo cliente ou comprador a sua encomenda ou o seu pedido (Do lat. *domicilĭu*-, «id.»)

dominação n.f. 1 ato ou efeito de dominar 2 exercício de domínio 3 império; soberania 4 domínio; predomínio 5 pl. quarta ordem dos anjos (anjos, arcanjos, potestades, dominações) (Do lat. *dominatiōne*-, «id.»)

dominador adj., n.m. que ou aquele que domina (Do lat. *dominatōre*-, «senhor»)

dominância n.f. 1 qualidade de dominante 2 BIOLOGIA fenómeno verificado no mendelismo, quando há caracteres dominantes 3 BOTÂNICA desenvolvimento de uma ou mais espécies de plantas que passam a constituir a parte principal de uma associação de vegetais (Do lat. *dominantĭa*, part. pres. neut. pl. subst. de *domināre*, «dominar»)

dominante adj.2g. 1 que domina 2 principal 3 predominante 4 BIOLOGIA diz-se, no mendelismo, de um carácter que se manifesta prevalecendo sobre outro, sendo este o recessivo correspondente 5 BOTÂNICA diz-se da espécie vegetal que entra na constituição da parte principal de uma associação de plantas 6 (prédio) que beneficia de servidão ■ n.f. 1 nota musical que ocupa o quinto grau no sistema tonal clássico 2 LINGUÍSTICA fator que, num texto artístico, subordina os restantes fatores (Do lat. *dominante*-, part. pres. de *domināri*, «dominar; mandar»)

dominar v.tr. 1 exercer autoridade sobre 2 ter conhecimentos de (língua, tecnologia, etc.) e usá-los de forma competente 3 preponderar; prevalecer 4 refrear; conter; controlar 5 estar sobranceiro a; elevar-se sobre 6 ocupar na totalidade ■ v.intr. ter a primazia; preponderar ■ v.pron. controlar-se; conter-se (Do lat. cl. *domināri*, «id.», pelo lat. vulg. *domināre*, «dominar; mandar»)

dominativo adj. que tem predomínio; dominante (De *dominar*+-*tivo*)

dominável adj.2g. que pode ser dominado (De *dominar*+-*vel*)

dominga n.f. ⇒ **domingo** (Do lat. ecl. [*dies*] *domĭnĭca*, «o dia do Senhor»)

domingal adj.2g. do domingo ou a ele referente; dominical (De *domingo*+-*al*)

domingas n.f.2n. variedade de pera (De *Domingos*, antr.)

domingo n.m. dia da semana, imediatamente posterior ao sábado, em regra destinado ao descanso e, entre os católicos e outros cristãos, ao culto religioso; *Domingo de Páscoa* festa anual cristã em que se celebra a ressurreição de Jesus Cristo, no primeiro domingo depois da lua cheia do equinócio de março; *Domingo de Ramos* último domingo da Quaresma, que dá início à Semana Santa; *Domingo Gordo* domingo que antecede imediatamente o início da Quaresma (Do lat. [*dies*] *domĭnĭcus*, «dia do Senhor»)

domingueiro adj. 1 próprio de domingo 2 alegre; festivo ■ n.m. [coloq., pej.] pessoa que geralmente conduz aos domingos a uma velocidade considerada lenta pelos outros condutores (De *domingo*+-*eiro*)

dominial adj.2g. que diz respeito a domínio (De *domínio*+-*al*)

dominical adj.2g. 1 referente ao domingo; domingal 2 RELIGIÃO relativo a Deus 3 diz-se da letra que, no calendário, representa o domingo (Do lat. *dominicāle*-, «id.»)

dominicano adj. 1 RELIGIÃO relativo à ordem de S. Domingos 2 relativo ou pertencente à República Dominicana, nas Antilhas ■ n.m. 1 frade da ordem de S. Domingos 2 natural ou habitante da República Dominicana (Do lat. *Dominĭcus*, «Domingos» +-*ano*)

domínico adj., n.m. ⇒ **dominicano** (Do lat. *dominĭcu*-, «do Senhor»)

domínio n.m. 1 direito de propriedade; dominação 2 território ou territórios pertencentes a um Estado ou senhorio; propriedade 3 vasta extensão geográfica que constitui um meio da mesma natureza, com condições de vida semelhantes, habitada por seres com adaptações análogas 4 império; poder 5 área do conhecimento que uma pessoa domina; especialidade 6 esfera de ação; influência 7 FÍSICA região limitada de um material ferromagnético em que é uniforme a magnetização (pondo de parte ligeiras flutuações na intensidade ou na direção) 8 MATEMÁTICA parte aberta e conexa, num espaço topológico 9 MATEMÁTICA (função) totalidade dos pontos onde uma função é definida 10 INFORMÁTICA (internet) parte final de um endereço eletrónico que identifica a rede local e a instituição que dá acesso ao servidor **11** designação das antigas colónias inglesas que se governam a si próprias, mas que continuam ligadas à Inglaterra por laços espirituais e económicos; *~ de uma função* MATEMÁTICA conjunto de todos os elementos do conjunto de partida que a função transforma (isto é, sobre os quais atua) (Do lat. *domĭnĭu-*, «propriedade; domínio»)

dominó *n.m.* **1** disfarce carnavalesco formado de túnica com capuz **2** pessoa mascarada com este disfarce **3** jogo de 28 peças retangulares com diversos pontos marcados; *fazer ~ para os dois lados* estar com gregos e troianos, estar com uns e com outros (Do fr. *domino*, «id.»)

Domiriano *n.m.* GEOLOGIA andar do Jurássico inferior (De *Domira [Bay]*, localidade do Malawi, junto do lago Niassa +*-iano*)

domisteco *interj.* [pop.] Deus te salve! (Do lat. *Domĭnus tecum!*, «o Senhor esteja contigo!»)

dom-joanesco /ê/ *adj.* relativo a dom-joão ou aos seus hábitos de conquistador (De *D. Juan*, personagem criada por Tirso de Molina, dramaturgo esp., 1583-1648 +*-esco*)

dom-joanismo *n.m.* maneira de ser e de agir de um dom-joão (De *Don Juan*, personagem criada por Tirso de Molina, dramaturgo esp., 1583-1648 +*-ismo*)

dom-joão *n.m.* homem sedutor; conquistador de mulheres (De *Don Juan*, personagem criada por Tirso de Molina, dramaturgo esp., 1583-1648)

domo /ô/ *n.m.* **1** ARQUITETURA parte superior e exterior da cúpula de um edifício; zimbório **2** GEOLOGIA dobra anticlinal em que a superfície dobrada se inclina igualmente - ou quase - em todas as direções (Do it. *duomo*, «catedral»)

domótica *n.f.* **1** sistema integrado que permite, de uma forma simples, controlar, com um só equipamento, tudo o que diz respeito a uma habitação; sistema em que as tecnologias da informação são utilizadas em ambiente doméstico **2** casa eletrónica; casa inteligente (Do fr. *domotique*, «id.»)

domótico *adj.* relativo a domótica

dom-quixote *n.m.* **1** indivíduo aventureiro e desprendido **2** fanfarrão (De *Don Quijote*, personagem criada por Miguel de Cervantes, escritor esp., 1547-1616)

dom-quixotismo *n.m.* **1** ações ou modos como os de D. Quixote **2** [fig.] altivez exagerada, acompanhada de desequilíbrio mental (De *Don Quijote*, personagem criada por Miguel de Cervantes, escritor esp., 1547-1616 +*-ismo*)

dom-rodrigo *n.m.* CULINÁRIA pequeno bolo algarvio, feito de amêndoa e fios de ovos (De *D. Rodrigo*, antr.)

dona /ô/ *n.f.* (*masculino* **dom**) **1** título honorífico que precede o nome próprio **2** proprietária **3** dama **4** governanta **5** [ant.] senhora da nobreza; *~ de honor* [ant.] senhora viúva, da nobreza, que servia a rainha (Do lat. *domĭna*, «senhora»)

dona-branca *n.f.* BOTÂNICA apreciável casta de videira (ou os seus frutos), muito cultivada, que produz uvas brancas muito doces utilizadas para mesa e para vinho

Donácidas *n.m.pl.* ZOOLOGIA ⇒ **Donacídeos**

donacídeo *adj.* relativo ou pertencente aos Donacídeos ■ *n.m.* espécime dos Donacídeos

Donacídeos *n.m.pl.* ZOOLOGIA família de moluscos lamelibrânquios, com espécies muito comuns em Portugal, cujo género-tipo se denomina *Donax* (Do lat. cient. *Donax*+*-ídeos*)

donaire *n.m.* garbo; gentileza; elegância; graça (Do lat. tard. *donarĭu-*, «donativo», pelo cast. *donaire*, «donaire; gentileza; galhardia»)

donairear *v.intr.* apresentar-se com donaire; mostrar gentileza; dizer donaires (De *donaire*+*-ear*)

donairoso *adj.* que tem donaire; gentil; garboso (Do cast. *donairoso*, «id.»)

dona-joaquina *n.f.* **1** BOTÂNICA variedade de pereira muito cultivada, que produz peras pequenas, bastante saborosas, de maturação temporã **2** BOTÂNICA fruto daquela árvore (De *Dona Joaquina*, antr.)

donatário *n.m.* **1** DIREITO pessoa que aceita ou recebeu uma doação **2** HISTÓRIA aquele que recebia, na época da colonização do Brasil, um terreno para povoar, explorar e administrar (Do lat. *donatarĭu-*, «aquele que recebeu uma doação»)

donatismo *n.m.* HISTÓRIA, RELIGIÃO heresia que surgiu no início do séc. IV e foi condenada no concílio de Arles, em 314, na qual estiveram implicados dois bispos africanos, ambos de nome Donato: Donato, bispo de Cartago, e Donato, bispo da Numídia (Do fr. *donatisme*, «id.», de *Donato*, antr.)

donatista *adj.2g.* referente ao donatismo ■ *n.2g.* pessoa partidária do donatismo (Do fr. *donatiste*, «id.», de *Donato*, antr.)

donativo *n.m.* contribuição que se dá gratuitamente; oferta; presente; dádiva; esmola (Do lat. *donatīvu-*, «donativo feito pelo imperador aos soldados»)

donato *n.m.* leigo que servia em convento de frades e que trazia o respetivo hábito (Do lat. *donātu-*, «doado»)

donde *adv.interr.* de que lugar (*donde vieste?*) ■ *pron.rel.* >*adv.rel.*^{DT} **1** do que; do qual; da qual (*a cidade donde é do Norte*) **2** do que se conclui; daí (*esteve doente, donde não ter aparecido*) (De *de*+*onde*)

dondo¹ *adj.* **1** [regionalismo] brando **2** [regionalismo] que não tem consistência **3** [regionalismo] nédio; lustroso **4** [regionalismo] (pão) mal cozido (Do lat. *domĭtu-*, part. pass. de *domāre*, «domar; domesticar»)

dondo² *adj.* relativo aos Dondos ■ *n.m.* indivíduo da tribo dos Dondos

dondoca *n.f.* [Brasil] [coloq.] mulher de boa situação social, ociosa e fútil

Dondos *n.m.pl.* ETNOGRAFIA grupo populacional banto da região de Malanje, em Angola (Do quimb. *Ndondo*, «id.»)

donear¹ *v.tr.* ser amável, procurando agradar ou seduzir; galantear; cortejar (De *dona*+*-ear*)

donear² *v.tr.* atrair com dons (De *dom*+*-ear*)

dong *n.m.* unidade monetária do Vietname

dongo¹ *n.m.* [Angola] embarcação tradicional africana, constituída por um tronco de árvore comprido, inteiriço e escavado, manobrado com pás (excecionalmente com velas) e usado na pesca e no transporte de pessoas e mercadorias (Do quimbundo *ndongo*, «idem»)

dongo² *n.m.* [Angola] BOTÂNICA pimento usado como condimento no Congo (Do quimbundo *ndongo iá kongo*, «idem»)

doninha *n.f.* **1** ZOOLOGIA pequeno mamífero carnívoro da família dos Mustelídeos, de corpo esguio, frequente em Portugal **2** [pop.] embriaguez (De *dona*+*-inha*)

don juan *n.m.* ⇒ **dom-joão**

dono /ô/ *n.m.* **1** senhor; amo **2** proprietário; senhorio; *pôr (alguém ou algo) com ~* desligar-se de (alguém ou algo), despachar (alguém ou algo); *ser ~ da verdade* [irón.] achar que sabe tudo, achar que tem sempre razão; *ser ~ do seu nariz* não depender de ninguém, saber o que se quer, ser senhor de si (Do lat. *domĭnu-*, «senhor»)

donoso *adj.* donairoso (Do cast. *donoso*, «id.»)

donut® *n.m.* CULINÁRIA bolo em forma de argola, frito e envolvido em açúcar ou recheado de creme, chocolate ou compota (Do ing. *donut*®, «id.»)

dónute *n.m.* CULINÁRIA ⇒ **donut**® (Do ing. *donut*®, «id.»)

donzel *n.m.* (*feminino* **donzela**) **1** HISTÓRIA filho de reis e fidalgos, na época medieval **2** HISTÓRIA rapaz nobre antes de ser armado cavaleiro **3** rapaz novo e galante ■ *adj.* **1** ingénuo; simples; dócil **2** puro; virginal (Do lat. vulg. *dominicellu-*, «senhorzinho»)

donzela *n.f.* (*masculino* **donzel**) **1** HISTÓRIA título dado às filhas de reis e fidalgos antes de casarem **2** HISTÓRIA dama da corte **3** [ant.] senhora solteira; virgem **4** mesa de cabeceira **5** ICTIOLOGIA peixe teleósteo da família dos Gadídeos, que aparece em Portugal, especialmente nas costas algarvias **6** *pl.* BOTÂNICA plantas bolbosas, espontâneas de norte a sul de Portugal (Do lat. vulg. *dominicella-*, «senhorinha»)

donzelaria *n.f.* comitiva ou conjunto de donzelas (De *donzela*+*-aria*)

donzela-verde *n.f.* ORNITOLOGIA ⇒ **galispo 2**

donzelesco *adj.* que se refere a donzel ou a donzela (De *donzel* ou *donzela*+*-esco*)

donzelia *n.f.* ⇒ **donzelice** (De *donzela*+*-ia*)

donzelice *n.f.* estado de donzela (De *donzela*+*-ice*)

donzelinha *n.f.* ZOOLOGIA nome vulgar extensivo a algumas espécies de insetos da ordem dos arquípteros (ortoneurópteros), muito frequentes em Portugal; libelinha; libélula (De *donzela*+*-inha*)

donzelona *n.f.* [depr.] solteirona (De *donzela*+*-ona*)

dopagem *n.f.* DESPORTO administração ou uso ilícito de substâncias químicas que melhoram artificialmente o desempenho de um atleta ou animal em competições desportivas; doping

dopamina *n.f.* BIOQUÍMICA mediador químico sintetizado por certas células nervosas, presente nos sistemas nervosos central e periférico, essencial para a atividade normal do cérebro (a sua ausência explica em parte os sintomas da doença de Parkinson) (Do ing. *dopamine*, «id.»)

dopante *adj.2g.* que dopa ■ *n.m.* substância que atua como um estimulante (De *dopar*+*-ante*)

dopar *v.tr.* **1** narcotizar; administrar anfetaminas **2** aplicar (a uma pessoa ou a um animal), especialmente em competições desportivas, uma droga que aumenta a destreza, a agilidade, o vigor ou a resistência (Do ing. *to dope*, «narcotizar»)

doping *n.m.* 1 DESPORTO substância química que melhora artificialmente o desempenho de um atleta ou animal de competição 2 DESPORTO administração ou uso deste tipo de substâncias, proibidas em competições desportivas (Do ing. *doping*, «id.»)

doppler *n.m.* MEDICINA técnica de diagnóstico que se baseia no registo das alterações de ultrassons emitidos sobre uma superfície em movimento (De Christian J. Doppler, antr.)

dor *n.f.* 1 sensação penosa ou desagradável; sofrimento; pesar 2 condolência; dó 3 mágoa 4 arrependimento 5 *pl.* [pop.] os sofrimentos do parto; *~ de barriga* cólicas; *~ de cabeça* aflição, problema; *~ de cotovelo* ciúme, despeito; *tomar as dores por alguém* tomar parte na defesa de uma pessoa ofendida (Do lat. *dolōre-*, «dor»)

-dor sufixo nominal de origem latina, que ocorre especialmente em substantivos e adjetivos derivados de verbos e exprime a ideia de *agente* (*conquistador, merecedor*)

dora *n.f.* BOTÂNICA espécie de sorgo ou de milho da Índia (Do ár. *dhurra*, «id.»)

doravante *adv.* daqui em diante; de hoje para o futuro; de ora avante (De *de-+ora+avante*)

dóri *n.m.* NÁUTICA pequeno barco de fundo chato, empregado na pesca do bacalhau (Do ing. *dory*, «id.»)

dorial *adj.2g.* referente a dor; doloroso

dórico *adj.* 1 relativo aos Dórios 2 ARQUITETURA relativo à mais antiga e sóbria das três ordens da arquitetura clássica, caracterizada por coluna sem base, fuste liso ou provido de caneluras, capitel com ábaco liso e quadrado, arquitrave lisa, friso com tríglifos e métopas em alternância, e cornija com ressalto e ornada com mútulos e golas ■ *n.m.* 1 dialeto falado pelos Dórios 2 ARQUITETURA estilo de arquitetura fundado pelos Dórios 3 ARTES PLÁSTICAS denominação usual que abarca o conjunto da produção artística dos Dórios (Do gr. *dōrikós*, «id.», pelo lat. *dorǐcu-*, «id.»)

dorido *adj.* 1 que tem ou exprime dor 2 [fig.] dolorido; magoado; consternado ■ *n.m.* pessoa a quem morreu uma pessoa da família (Do lat. **dolorǐtu-*, «que sofre dor»)

dorífora *n.f.* ZOOLOGIA inseto coleóptero fitófago que ataca os batatais (De *dorífero*)

doríforo *adj.* que possui lança; armado de lança (Do gr. *doryphóros*, «lanceiro», pelo lat. *doryphŏru-*, «id.», pelo fr. *doryphore*, «doriífero»)

dório *adj.* ⇒ **dórico** ■ *n.m.* indivíduo natural da Dória, na antiga Grécia (Do gr. *dórios*, «id.», pelo lat. *dorǐu-*, «id.»)

Dórios *n.m.pl.* ETNOGRAFIA povo da Dória, na antiga Grécia (Do gr. *dórios*, «id.», pelo lat. *dorǐu-*, «id.»)

dormência *n.f.* 1 estado de quem dorme; sonolência; modorra 2 estado de inércia, causado por desânimo ou debilidade; entorpecimento 3 insensibilidade parcial ou total, especialmente nas extremidades do corpo 4 [fig.] estado de repouso absoluto; quietude 5 [fig.] insensibilidade; apatia 6 BIOLOGIA ⇒ **estivação** 2 (De *dormir+-ência*)

dormente *adj.2g.* 1 que dorme; adormecido 2 que não se sente; entorpecido 3 fixo; quieto 4 sereno 5 BOTÂNICA diz-se das folhas vegetais que se enrolam de noite ■ *n.m.* 1 peça fixa de marcenaria ou de serralharia 2 peça da atafona (instrumento de moagem de grãos) 3 trave em que assenta o soalho 4 (via-férrea) cada uma das travessas em que assentam os carris (Do lat. *dormiente-*, part. pres. de *dormīre*, «dormir»)

dormião *n.m.* ORNITOLOGIA ⇒ **jacuru** 1 (De *dormir+-ão*?)

dormida *n.f.* 1 estado de sono 2 tempo em que se dorme 3 pousada para pernoitar; alojamento (Part. pass. fem. subst. de *dormir*)

dormideira *n.f.* 1 BOTÂNICA planta herbácea, lactescente, da família das Papaveráceas, espontânea em Portugal, que tem propriedades sedativas e narcóticas, e da qual se extrai ópio 2 sonolência 3 sono leve (De *dormir+-deira*)

dormido *adj.* 1 adormecido 2 descansado 3 [Moçambique] de data anterior; de dia anterior 4 [Moçambique] refletido (Part. pass. de *dormir*, «repousar»)

dormidor *adj.,n.m.* que ou aquele que dorme muito; dorminhoco (Do lat. *dormitōre-*, «id.»)

dormidouro *n.m.* lugar onde se dorme; dormitório (Do lat. *dormitorǔ-*, «id.»)

dorminhão /ô/ *adj.* ⇒ **dorminhoco** (De *dormir*, por processo obscuro de deriv.)

dorminhoco *adj.* que dorme muito (De *dormir*, por processo obscuro de deriv.)

dormir *v.intr.* 1 estar entregue ao sono 2 repousar; descansar 3 conservar-se imóvel 4 [coloq.] não atuar quando preciso ■ *v.tr.* 1 dedicar ao sono 2 partilhar a mesma cama ou o mesmo quarto com 3 passar a noite em 4 [coloq.] ter relações sexuais com ■ *n.m.* estado de quem dorme; sono; *~ a sono solto* dormir profundamente; *~ à sombra da bananeira* ficar à sombra de êxitos passados, não progredir; *~ na forma* [coloq.] estar distraído; *~ o sono eterno* estar morto; *~ o sono dos justos* descansar muito e bem; *andar a ~* estar desatento ou distraído (Do lat. *dormīre*, «id.»)

dormitação *n.f.* ato ou efeito de dormitar (Do lat. *dormitatiōne-*, «id.»)

dormitar *v.intr.* 1 dormir com um sono leve; estar meio adormecido 2 estar entorpecido 3 [fig.] descansar (Do lat. *dormitāre*, «adormecer; ter vontade de dormir»)

dormitivo *adj.* que provoca o sono; narcótico; soporífero (Do lat. *dormitīvu-*, «id.»)

dormitório *n.m.* aposento onde dormem muitas pessoas; camarata (Do lat. *dormitorǔ-*, «id.»)

dorna *n.f.* 1 vasilha formada de aduelas, de boca mais larga do que o fundo, onde se pisam as uvas e se conserva o mosto 2 [pop.] pessoa que está sempre a beber 3 [pop.] mulher baixa e gorda (Do prov. *dorna*, «jarro; panela de barro»)

dornacho *n.m.* dorna pequena (De *dorna+-acho*)

dornada *n.f.* aquilo que uma dorna comporta (De *dorna+-ada*)

dorneira *n.f.* tremonha; canoura (De *dorna+-eira*)

doroteia *n.f.* religiosa das irmãs de Santa Doroteia (De Doroteia, antr.)

dorsal *adj.2g.* do dorso ou a ele referente ■ *n.f.* GEOGRAFIA cordilheira oceânica submarina que se estende longitudinalmente nos grandes oceanos e cujos picos podem emergir como ilhas vulcânicas (Do lat. *dorsuāle-*, «id.»)

dorsalgia *n.f.* dor no dorso; dorsodinia (Do lat. *dorsu-*, «costas» + gr. *álgos*, «dor» +-*ia*)

dorsífero *adj.* 1 que tem dorso ou traz alguma coisa sobre o dorso 2 BOTÂNICA diz-se das folhas vegetais que têm órgãos de frutificação no dorso (Do lat. *dorsifěru-*, «id.»)

dorsifixo /cs/ *adj.* 1 fixo no dorso 2 BOTÂNICA diz-se da antera que está presa pelo dorso ao filete (Do lat. *dorsu-*, «dorso» + *fixu-*, «fixo»)

dorso /ô/ *n.m.* 1 ANATOMIA parte posterior do tronco humano, compreendida na extensão das regiões dorsal e lombar da coluna vertebral; costas 2 parte superior ou posterior do corpo de muitos animais; lombo 3 face superior ou posterior de órgãos (língua, mão, etc.) e de alguns objetos (como faca, livro, etc.) 4 BOTÂNICA página da folha vegetal em que as nervuras são mais evidentes ou salientes 5 BOTÂNICA parte de uma semente que fica oposta ao seu ponto de inserção (Do lat. *dorsu-*, «id.»)

dors(o)- /ô/ elemento de formação de palavras que exprime a ideia de *dorso* (Do lat. *dorsu-*, «dorso»)

dorsodinia *n.f.* ⇒ **dorsalgia** (Do lat. *dorsu-*, «dorso» + gr. *odýne*, «dor» +-*ia*)

dosa *n.f.* [regionalismo] tunda; sova; tareia (De *tosa*)

dosagem *n.f.* operação de dosar; doseamento (De *dosar+-agem*)

dosar *v.tr.* 1 combinar nas proporções devidas 2 regular as doses de 3 determinar a quantidade de princípio ativo de (um composto ou uma mistura) (De *dose+-ar*)

dose *n.f.* 1 quantidade fixa de cada substância que entra numa composição química ou farmacêutica 2 porção de medicamento que se deve tomar de cada vez 3 FÍSICA quantidade de energia absorvida por tecidos expostos a um feixe de raios X, raios gama, ou neutrões 4 porção; quinhão; *ser ~* [coloq.] ser demasiado, incomodar (Do gr. *dósis*, «ato de dar; dádiva»)

doseador *adj.* que serve para dosear ■ *n.m.* dispositivo que permite regular a quantidade de uma determinada substância (De *dosear+-dor*)

doseamento *n.m.* ⇒ **dosagem** (De *dosear+-mento*)

dosear *v.tr.* ⇒ **dosar** (De *dose+-ear*)

dosificar *v.tr.* dividir em doses; reduzir a doses (Do gr. *dósis*, «dose» + *ficáre*, por *facěre*, «fazer» +-*ia*)

dosimetria *n.f.* 1 FARMÁCIA determinação das doses que entram na composição dos medicamentos 2 FARMÁCIA sistema farmacológico que consiste em compor os medicamentos apenas com os princípios ativos das substâncias medicamentosas 3 FÍSICA determinação da intensidade de um feixe de radiações (Do gr. *dósis*, «dose» + *métron*, «medida» +-*ia*)

dosimétrico *adj.* que diz respeito à dosimetria (De *dosimetria+-ico*)

dosímetro *n.m.* MEDICINA instrumento utilizado para medir a dose de radiação recebida durante um tratamento (Do gr. *dósis*, «dose» + *métron*, «medida»)

dosologia *n.f.* ⇒ **posologia** (Do gr. *dósis*, «dose» + *lógos*, «estudo» +-*ia*)

dossel *n.m.* **1** armação de madeira, forrada de damasco ou seda, que se coloca sobre os altares, trono real, etc.; sobrecéu **2** [fig.] cobertura (Do cast. *dosel*, «sobrecéu; dossel»)

dosselado *adj.* coberto com dossel (De *dossel*+-*ado*)

dosselar *v.tr.* prover de dossel (De *dossel*+-*ar*)

dossiê *n.m.* ⇒ **dossier** (Do fr. *dossier*)

dossier *n.m.* **1** arquivo ou coleção de documentos sobre o mesmo assunto **2** coleção de documentos que contém informações sobre um acontecimento de particular interesse ou sobre determinada pessoa, que merece especial atenção **3** pasta; arquivador (Do fr. *dossier*, «id.»)

dotação *n.f.* **1** ato ou efeito de dotar **2** renda vitalícia atribuída a alguém **3** verba destinada a cobrir determinada despesa **4** MILITAR quantidade de munições, víveres e outros artigos existentes numa unidade militar na previsão de uma operação a realizar e para dado período de campanha (De *dotar*+-*ção*)

dotado *adj.* **1** que possui dote ou dotes **2** que revela talento (Do lat. *dotātu*-, «id.», part. pass. de *dotāre*, «dotar; prover de»)

dotador *adj.,n.m.* que ou aquele que dota (De *dotar*+-*dor*)

dotal *adj.2g.* referente a dote (Do lat. *dotāle*-, «id.»)

dotar *v.tr.* **1** dar dote a **2** atribuir uma verba a (alguma coisa ou a alguém) **3** munir de; fornecer **4** favorecer ■ *v.pron.* **1** munir-se de **2** constituir dote para si (Do lat. *dotāre*, «dotar; dar em dote»)

dote *n.m.* **1** [ant.] bens ou dinheiro que a mulher levava para o casamento **2** [ant.] bens que a freira levava para o convento **3** [fig.] dom natural; qualidade física ou moral (Do lat. *dote*-, «id.»)

double play *n.m.* pacote fornecido por um mesmo operador, que inclui dois dos seguintes serviços: telefone móvel e/ou fixo, televisão ou acesso à internet de banda larga (Do ing. *double play*, «id.»)

douda *n.f.* ⇒ **doida**

doudeira *n.f.* ⇒ **doidice**

doudejar *v.intr.* ⇒ **doidejar**

doudice *n.f.* ⇒ **doidice**

doudinha *n.f.* ORNITOLOGIA ⇒ **papa-formigas 1** (De *doudo*+-*inha*)

doudivanas *n.2g.2n.* ⇒ **doidivanas**

doudo *adj.,n.m.* ⇒ **doido**

doula *n.f.* mulher que já foi mãe e que aconselha, acompanha e assiste mulheres grávidas antes, durante e após o parto (Do ing. *doula*, «id.», do gr. *doulē*, «escrava»)

dourada *n.f.* **1** BOTÂNICA variedade de videira produtora de uva para vinho, também conhecida por loureira **2** ICTIOLOGIA nome vulgar extensivo a uns peixes teleósteos, um da família dos Carangídeos, raro, também conhecido por palmeta, e dois outros da família dos Esparídeos, que aparecem em Portugal com certa frequência, também designados bica, breca, douradinha e safata **3** ORNITOLOGIA ⇒ **douradinha 5** (De *dourado*)

douradilho *adj.* **1** diz-se dos cavalos de cor avermelhada **2** [Brasil] diz-se do pelo cor de pinhão desmaiado do gado cavalar (De *dourado*+-*ilho*, ou do cast. *doradillo*, «[cavalo] cor de avermelhada»)

douradinha *n.f.* **1** variedade de jogo de cartas **2** BOTÂNICA pequena planta pteridófita, da família das Polipodiáceas, espontânea em Portugal **3** BOTÂNICA casta de videira também conhecida por alfrocheira **4** BOTÂNICA variedade de pereira cultivada em Portugal **5** ORNITOLOGIA ave pernalta, da família dos Caradriídeos, comum em Portugal, no inverno, também conhecida por dourada, marinho, tarambola, tordeira-do-mar **6** ICTIOLOGIA ⇒ **dourada 2** (De *dourada*+-*inha*)

dourado *adj.* **1** da cor do ouro **2** coberto com camada de ouro **3** ligeiramente queimado; tostado ■ *n.m.* **1** cor do ouro **2** camada de ouro que reveste a superfície de um objeto **3** ICTIOLOGIA ⇒ **pimpão 5** (Do lat. *deaurātu*-, «dourado», ou part. pass. de *dourar*)

dourador *adj.,n.m.* que ou aquele que doura (De *dourar*+-*dor*)

douradura *n.f.* **1** camada de ouro que reveste um objeto; dourado **2** arte de dourar (De *dourar*+-*dura*)

douramento *n.m.* ato ou operação de dourar; douradura (De *dourar*+-*mento*)

dourar *v.tr.* **1** revestir de uma camada de ouro **2** dar a cor do ouro a **3** realçar; tornar brilhante **4** fazer feliz **5** [fig.] disfarçar ■ *v.pron.* **1** iluminar-se **2** tornar-se brilhante **3** embelezar-se; ~ *a pílula a alguém* encobrir defeitos, disfarçar (Do lat. *deaurāre*, «dourar»)

-douro[1] sufixo nominal, de origem latina, que ocorre sobretudo em adjetivos e substantivos derivados de verbos, traduzindo a ideia de *suscetível de, com possibilidade de* ou de *lugar onde se realiza uma ação*

-douro[2] sufixo nominal, de origem latina, que exprime a ideia de *efetivação no futuro, futuridade*

dous *num.card.* >*quant.num.* DT *n.m.2n.* [ant.] ⇒ **dois** (Do lat. *duos*, «dois»)

doutamente *adv.* de modo erudito (De *douto*+-*mente*)

doutíloquo *adj.* ⇒ **doctíloquo** (Do lat. *doctilŏqu*-, «que fala bem»)

douto *adj.* muito instruído; sábio; erudito (Do lat. *doctu*-, «douto», part. pass. de *docēre*, «instruir»)

doutor *n.m.* **1** indivíduo que exerce ou pode exercer a medicina; médico **2** título obtido por quem possui o grau académico de licenciatura em certas áreas do conhecimento; licenciado **3** título obtido por quem possui o grau académico de doutoramento; doutorado **4** pessoa que possui um (ou mais do que um) desses títulos **5** [pop.] indivíduo que se acha muito esperto ou com presunções de sábio **6** RELIGIÃO indivíduo que recebeu o estatuto mais elevado pela sua obra teológica **7** [coloq.] bacio; penico; **Doutor da Igreja** designação dada a certos teólogos cujos escritos são reputados como repositório da verdadeira doutrina cristã; ~ *da mula ruça* [pej.] indivíduo que tem o diploma ou o título, mas a quem faltam os conhecimentos e a erudição que diz ter; ~ *de lareira* pessoa inculta, mas opiniosa; **Doutor Honoris Causa** personalidade a quem, a título honorífico, foi concedido o grau de doutor por uma universidade do próprio país ou de país estrangeiro (Do lat. *doctōre*-, «mestre; aquele que ensina»)

doutoraço *n.m.* homem que se tornou ridículo pelas suas pretensões de sábio; sabichão (De *doutor*+-*aço*)

doutorado *adj.* (universidade) qualificativo da pessoa que obteve doutoramento; que recebeu o grau de doutor ■ *n.m.* **1** aquele que obteve o grau de doutor **2** [Brasil] ⇒ **doutoramento** (Part. pass. de *doutorar*)

doutoral *adj.2g.* **1** de doutor ou a ele referente **2** [fig.] sentencioso ■ *n.m.pl.* bancadas em que se sentam os doutores na sala dos Capelos, na Universidade de Coimbra (De *doutor*+-*al*)

doutoralmente *adv.* **1** de modo doutoral **2** magistralmente (De *doutoral*+-*mente*)

doutoramento *n.m.* **1** grau académico mais elevado do ensino superior, atualmente conferido a quem concluí o terceiro ciclo de estudos **2** cerimónia em que se confere esse grau **3** curso exigido para obtenção desse grau (De *doutorar*+-*mento*)

doutorando *n.m.* aluno de um curso de doutoramento (De *doutorar*+-*ando*)

doutorar *v.tr.* conferir o grau de doutor a ■ *v.pron.* receber o grau de doutor (De *doutor*+-*ar*)

doutoreco *n.m.* [depr.] doutor sem valor (De *doutor*+-*eco*)

doutorice *n.f.* [depr.] modos de doutor; ditos pretensiosos (De *doutor*+-*ice*)

doutrem contração da preposição *de* + *o* pronome indefinido **outrem**

doutrina *n.f.* **1** conjunto de princípios em que se baseia uma religião, um sistema político ou filosófico **2** conhecimento vasto; saber; erudição **3** norma; disciplina **4** instrução **5** modo de pensar **6** RELIGIÃO ensino dos dogmas, mistérios e preceitos do catolicismo; catequese (Do lat. *doctrina*-, «id.»)

doutrinação *n.f.* ato ou efeito de doutrinar (De *doutrinar*+-*ção*)

doutrinador *adj.,n.m.* **1** que ou aquele que doutrina **2** catequista (De *doutrinar*+-*dor*)

doutrinal *adj.2g.* **1** referente a doutrina **2** que encerra instrução (Do lat. *doctrināle*-, «científico»)

doutrinamento *n.m.* ensino; doutrinação (De *doutrinar*+-*mento*)

doutrinando *n.m.* aquele que anda a aprender uma doutrina (De *doutrinar*+-*ando*)

doutrinante *adj.2g.* que ensina a doutrina ■ *n.2g.* pessoa que explica e ensina a doutrina aos doutrinandos (De *doutrinar*+-*ante*)

doutrinar *v.tr.* **1** instruir em uma doutrina **2** ensinar; instruir **3** catequizar (De *doutrina*+-*ar*)

doutrinário *adj.* que encerra doutrina; doutrinal ■ *n.m.* conteúdo de uma doutrina; conjunto de princípios de uma religião, de um sistema político ou filosófico (De *doutrina*+-*ário*)

doutrinarismo *n.m.* sistema político, liberal, que, em França, ocupava o meio termo entre a democracia e o direito divino dos reis (De *doutrinário*+-*ismo*)

doutrinarista *n.2g.* pessoa partidária do doutrinarismo (De *doutrinário*+-*ista*)

doutrinável *adj.2g.* que se pode doutrinar (De *doutrinar*+-*vel*)

doutrineiro *adj.* que ensina e procura espalhar as ideias a que está aferrado (De *doutrina*+-*eiro*)

doutro contração da preposição de + o pronome demonstrativo outro
doutrora contração da preposição de + o advérbio outrora
downhill n.m. DESPORTO atividade desportiva que consiste em descer encostas abruptas em bicicleta todo-o-terreno (BTT), a grande velocidade (Do ing. *downhill*)
download n.m. INFORMÁTICA transferência de ficheiros de um computador remoto para outro computador, através de um modem ou rede e utilizando qualquer protocolo de comunicações (Do ing. *download*, «id.»)
downsizing n.m. ECONOMIA estratégia de uma firma que consiste em reduzir a atividade, o leque de produtos e/ou o conjunto de recursos utilizados, com o fim de aumentar os lucros (Do ing. *downsizing*, «id.»)
Downtoniano n.m. GEOLOGIA última época do Silúrico (De *Downton*, cidade do condado ing. designado Wiltshire +*-iano*)
dóxico /cs/ adj. referente à crença (Do gr. *dóxa*, «crença» +*-ico*)
doxografia /cs/ n.f. reunião e classificação escrita das doutrinas, princípios e ideias dos filósofos antigos (Do gr. *dóxa*, «opinião» + *gráphein*, «escrever» +*-ia*)
doxologia /cs/ n.f. breve hino de louvor à divindade (Do gr. *doxología*, «glorificação»)
doxomania /cs/ n.f. mania da glória (Do gr. *doxomanía*, «paixão louca da glória»)
doxometria /cs/ n.f. avaliação da distribuição das opiniões pelo método das sondagens (Do gr. *dóxa*, «opinião» + *métron*, «medida» +*-ia*)
dozão n.m. 1 antiga unidade de medida de capacidade correspondente à duodécima parte do almude 2 medida de secos equivalente à duodécima parte do moio (De *doze*+*-ão*)
doze /ô/ num.card. >quant.num. DT dez mais dois ▪ n.m. 1 o número 12 e a quantidade representada por esse número 2 o que, numa série, ocupa o duodécimo lugar (Do lat. *duodĕcim*, «doze»)
dozena /ê/ n.f. 1 MÚSICA intervalo de dupla quinta 2 MÚSICA registo de órgão representado por um intervalo de dupla quinta 3 dúzia (Do lat. vulg. *dodecenna-, «id.»)
dracina n.f. FARMÁCIA substância resinosa, vermelha, que faz parte do sangue de drago, e que é usada como corante (Do gr. *drákaina*, «dragão-fêmea», pelo lat. *dracaena-*, «id.»)
dracma n.f. 1 antiga unidade monetária da Grécia, substituída pelo euro 2 moeda de prata da antiga Grécia 3 (unidade de peso) oitava parte de uma onça (Do gr. *drakmé*, «id.», pelo lat. *drachma-*, «id.»)
draconiano adj. excessivamente severo, como as leis de Drácon (De *Drácon*, legislador de Atenas, séc. VII a. C., pelo it. *draconiano* ou pelo fr. *draconien*, «id.»)
dracontíase n.f. (doença) ⇒ **dracunculose** (Do gr. *drakóntion*, «dragãozinho» +*-ase*)
dracúnculo n.m. 1 ZOOLOGIA termo usado para designar um nematelmine parasita (em especial, do homem) espalhado em muitas regiões tropicais do Globo e bastante conhecido por filária-de-medina, que causa a doença denominada dracunculose 2 BOTÂNICA ⇒ **serpentária** (Do lat. *dracuncŭlu-*, «dragão pequeno»)
dracunculose n.f. MEDICINA filariose que se manifesta essencialmente por um abcesso subcutâneo causado pela filária-de-medina (dracúnculo), que é transmitida ao homem por um pequeno crustáceo de água doce; dracontíase (Do lat. *dracuncŭlu-*, «pequeno dragão» +*-ose*)
draga n.f. 1 aparelhagem flutuante destinada a escavar o fundo do mar ou dos rios 2 pl. escoras que sustentam a embarcação em seco (Do ing. *drag*, «id.», pelo it. *draga*, «id.»)
dragador n.m. 1 aquele que trabalha com draga 2 barco onde se arma a draga ▪ adj. que serve para dragar (De *dragar*+*-dor*)
dragagem n.f. ato ou operação de dragar (Do fr. *dragage*, «id.»)
dragalina n.f. máquina destinada a escavar terrenos pouco consistentes e submersos (De *draga*+*-l-*+*-ina*)
draga-minas n.m.2n. NÁUTICA navio com aparelhagem especial para localizar e destruir minas submarinas lançadas pelo inimigo (De *dragar*+*mina*)
drag and drop n.m. INFORMÁTICA operação que consiste em selecionar um item ou ícone e em arrastá-lo para outro ícone, de forma a transferir ou copiar os ficheiros ou documentos que representa (Do ing. *drag and drop*, «id.»)
dragão n.m. 1 monstro imaginário normalmente representado por uma espécie de lagarto enorme, com o corpo coberto de escamas, língua extensa e bífida, cauda de serpente, asas e garras, e que lança fogo pela boca; drago 2 pequeno sáurio da zona tropical do continente asiático, caracterizado essencialmente pelas pregas cutâneas laterais que lhe permitem saltar 3 insígnia; emblema 4 catarata (no cavalo) 5 [fig.] pessoa que tem mau génio 6 [com maiúscula] ASTRONOMIA constelação boreal 7 antiga peça de artilharia 8 antigo soldado de cavalaria, que também combatia a pé (Do gr. *drákon*, «id.», pelo lat. *dracōne-*, «id.»)
dragar v.tr. 1 limpar com draga 2 arrastar um cabo no fundo do mar ou a certa profundidade para localizar objetos (De *draga*+*-ar*)
drageia n.f. FARMÁCIA comprimido ou medicamento revestido (Do fr. *dragée*, «id.»)
drago n.m. 1 ⇒ **dragão** 1 2 BOTÂNICA ⇒ **dragoeiro** (Do lat. *draco*, «dragão»)
dragoeiro n.m. BOTÂNICA planta arbórea da família das Liliáceas, ornamental, que produz uma resina vermelha (sangue de drago) e é também denominada drago (De *drago*+*-eiro*)
dragomano n.m. intérprete nos portos e consulados do Oriente; turgimão; drogomano (Do b. lat. *dragomānu-*, «tradutor»)
dragona /ô/ n.f. pala ou galão de lã ou metal dourado, com franjas, que os oficiais trazem sobre os ombros do uniforme de gala (Do fr. *dragonne*, peça de equipamento dos dragões)
dragonada n.f. HISTÓRIA perseguição religiosa movida pelo rei francês Luís XIV (1638-1715) contra os protestantes, em que se empregou a cavalaria dos dragões (Do fr. *dragonnade*, «id.»)
dragonado adj. HERÁLDICA diz-se do animal a que se acrescentaram, no escudo, asas ou cauda de dragão (De *dragão*+*-ado*)
dragonete /ê/ n.m. HERÁLDICA símbolo figurado por uma cabeça de dragão com uma presa na boca (Do prov. *dragonnet*, «id.»)
dragonteia n.f. BOTÂNICA ⇒ **serpentária** (Do gr. *drakóntion*, «serpentária»)
dragontino adj. relativo a dragão (Do lat. *draconte-*, «dragão» + *-ino*)
drag queen n.f. artista do sexo masculino que atua com roupa feminina vistosa e extravagante, exagerando nos gestos e na maquilhagem para efeitos cómicos (Do ing. *drag queen*, «id.»)
draiva n.f. NÁUTICA vela que enverga na carangueja do mastro; uma das velas da ré (Do lat. *tragŭla-*, «rede de arrasto», pelo genovês *draia*, «id.», pelo it. *draglia*, «id.»)
dram n.m. unidade monetária da Arménia
drama n.m. 1 qualquer peça ou composição teatral 2 peça teatral de assunto sério (meio-termo entre tragédia e comédia) 3 acontecimento comovente; cena pungente 4 narrativa viva e animada de acontecimentos notáveis em que há agitação ou tumulto 5 desgraça (Do gr. *drãma*, «ação», pelo lat. *drama-*, «id.»)
dramadeira n.f. escantilhão com buracos proporcionados aos calibres das balas (Por *darmadeira*)
dramalhão n.m. [depr.] drama de pouco valor artístico, abundante em efeitos trágicos (De *drama*+*-alhão*)
dramática n.f. o género dramático (De *dramático*)
dramaticamente adv. 1 de modo dramático 2 pateticamente 3 teatralmente (De *dramático*+*-mente*)
dramático adj. 1 relativo a drama 2 que representa dramas 3 diz-se do género literário em que são escritas as obras de teatro 4 teatral 5 [fig.] comovente ▪ n.m. autor ou ator de obras dramáticas (Do gr. *dramatikós*, «id.»)
dramatismo n.m. 1 qualidade do que é dramático; carácter comovente ou trágico 2 reação excessiva perante determinada situação (Do gr. *drãma*, *dramatikós*+*-ismo*)
dramatização n.f. 1 ato ou efeito de dramatizar 2 transformação de um texto em peça de teatro 3 apresentação excessiva ou comovente de uma situação; importância exagerada atribuída a uma situação (De *dramatizar*+*-ção*)
dramatizar v.tr. 1 dar a forma de drama a 2 adaptar à representação dramática; levar à cena 3 tornar dramático ou comovente; exagerar os aspetos negativos de uma situação (Do gr. *dramatízein*, «id.»)
dramatologia n.f. arte dramática; arte de compor peças para o teatro (Do gr. *drãma*, *-atos*, «ação» + *lógos*, «estudo» +*-ia*)
dramatológico adj. relativo à dramatologia (De *dramatologia*+*-ico*)
dramaturgia n.f. arte dramática; arte de compor peças para o teatro; dramatologia (Do gr. *dramatourgía*, «composição de um drama»)
dramaturgo n.m. autor de peças teatrais (Do gr. *dramatourgós*, «o que faz dramas»)
drapejar v.intr. oscilar ao vento; esvoaçar (Do it. *drappeggiare*, «id.»)
drástico adj. 1 que tem propriedades enérgicas; enérgico 2 violento; radical ▪ n.m. FARMÁCIA medicamento usado como purgante que provoca evacuações violentas (Do gr. *drastikós*, «id.»)

draubaque *n.m.* restituição, quando se exportam produtos fabricados, dos direitos aduaneiros cobrados pelas matérias-primas empregadas no seu fabrico (Do ing. *drawback*, «reembolso de direitos de importação»)

Drávidas *n.m.pl.* ETNOGRAFIA indígenas do Sul da Índia e do Norte do Sri Lanka (Ceilão) (Do sânsc. *dravida*, «id.»)

dravídico *adj.* relativo às línguas faladas no Sul da Índia e no Norte do Sri Lanka ▪ *n.m.* grupo de línguas indianas diferentes do sânscrito, faladas especialmente no Sul da Índia (como o tâmil, por exemplo) (De *drávida*+-*ico*)

dravidista *n.2g.* pessoa que estuda as línguas dravídicas (De *drávida*+-*ista*)

drenador *n.m.* aquele que trabalha em drenagem (De *drenar*+-*dor*)

drenagem *n.f.* 1 ato ou efeito de drenar 2 escoamento de águas de um terreno encharcado, por meio de valas, tubos ou fossas 3 escoamento de líquidos patológicos do organismo (Do fr. *drainage*, «drenagem»)

drenar *v.tr.* proceder à drenagem de (Do fr. *drainer*, «drenar»)

drenável *adj.2g.* que se pode drenar (Do fr. *drainable*, «drenável»)

dreno /ê/ *n.m.* 1 vala ou tubo para drenar 2 tubo especial destinado à drenagem, no organismo (Deriv. regr. de *drenar*)

dríada *n.f.* ⇒ **dríade**

dríade *n.f.* MITOLOGIA antiga divindade dos bosques e das selvas (Do gr. *dryás*, -*ádos*, «ninfa dos bosques», pelo lat. *dryăde*-, «id.»)

driblagem *n.f.* DESPORTO ato de driblar; finta (De *driblar*+-*agem*)

driblar *v.tr.* 1 DESPORTO enganar o adversário com movimentos do corpo para o ultrapassar, sem perder o domínio da bola; fintar 2 [fig.] enganar com astúcia ▪ *v.intr.* 1 DESPORTO fazer fintas 2 [fig.] negacear; fazer negaças (Do ing. *to dribble*, «id.»)

drible *n.m.* DESPORTO manobra feita com a bola para evitar que o adversário a apanhe (Do ing. *to dribble*, «driblar»)

dribo *n.m.* ZOOLOGIA grande macaco africano, de cabeça preta

driça *n.f.* ⇒ **adriça** (Do it. *drizza*, «id.», de *dirizza*, de *dirizzare*, «dirigir»)

dril *n.m.* tecido branco de linho inglês, usado no Brasil, para fatos de homem (Do ing. *drill*, «id.»)

drinque *n.m.* [Brasil] (bebida) aperitivo (Do ing. *drink*, «id»)

drive *n.f.* 1 INFORMÁTICA unidade de disco destinada a armazenar dados que podem posteriormente ser recuperados; leitor 2 DESPORTO pancada forte na bola 3 DESPORTO (golfe) pancada inicial para lançar a bola para um ponto distante (Do ing. *drive*, «id.»)

drive-in *n.m.* estabelecimento comercial (cinema, bar, etc.) em que o cliente tem acesso ao produto ou serviço sem sair do carro (Do ing. *drive-in*, «id.»)

droga *n.f.* 1 nome comum a todas as substâncias ou ingredientes aplicados em farmácia ou nas indústrias 2 substância alucinogénia e que pode causar dependência; estupefaciente; narcótico 3 fazenda leve de seda ou lã 4 coisa de má qualidade 5 bagatela; *dar em* ~ arruinar-se, não surtir efeito, abandalhar-se, malograr-se (Do hol. *droog*, «seco», pelo fr. *drogue*, «droga»)

drogado *adj.* que depende física e/ou psicologicamente do consumo de estupefacientes; toxicodependente ▪ *n.m.* pessoa dependente do consumo frequente de estupefacientes; toxicodependente (Part. pass. subst. de *drogar*)

drogar *v.tr.* 1 administrar narcóticos, estupefacientes a 2 administrar medicamentos; medicar ▪ *v.pron.* 1 consumir estupefacientes ou substâncias tóxicas que provocam dependência física e/ou psicológica 2 tomar medicamentos; automedicar-se (De *droga*+-*ar*)

drogaria *n.f.* 1 estabelecimento onde se vendem drogas 2 estabelecimento onde se vendem produtos químicos e farmacêuticos de uso corrente, artigos de higiene, cosméticos, etc. 3 porção de drogas (Do fr. *droguerie*, «id.»)

drogomano *n.m.* ⇒ **dragomano**

droguear *v.tr.* dar drogas a; medicar (De *droga*+-*ear*)

droguete /ê/ *n.m.* pano de lã de má qualidade (De *droguet*, «id.»)

droguista *n.2g.* 1 pessoa que negoceia em drogas 2 dono ou dona de drogaria (Do fr. *droguiste*, «id.»)

dromedário *n.m.* ZOOLOGIA mamífero camelídeo, com uma única corcova no dorso, muito utilizado como animal de carga na Arábia e na África (Do lat. *dromedarĭu*-, «id.»)

Dromicéideos *n.m.pl.* ORNITOLOGIA família a que pertence a ema (na Austrália)

dromo /ô/ *n.m.* nome dado pelos Gregos a terrenos destinados a corridas e a vários exercícios olímpicos, bem como a certas avenidas em frente de templos (Do gr. *drómos*, «lugar de corridas», pelo lat. *dromos*, «estádio»)

dromo- elemento de formação de palavras que exprime a ideia de andamento, corrida (Do gr. *drómos*, «corrida»)

-dromo sufixo nominal de origem grega, que exprime a ideia de corrida, pista, lugar onde se corre (*autódromo; hipódromo*)

dromógrafo *n.m.* aparelho para registar a velocidade da marcha (Do gr. *drómos*, «corrida» + *gráphein*, «registar»)

dromomania *n.f.* PSICOLOGIA tendência patológica para andar; dromopatia; automatismo ambulatório (De *dromo*-+-*mania*)

dromomaníaco *adj.* que sofre de dromomania (De *dromo*+-*maníaco*)

dromómetro *n.m.* aparelho que serve para medir as distâncias percorridas (De *dromo*-+-*metro*)

dromopatia *n.f.* ⇒ **dromomania** (Do gr. *drómos*, «corrida» + *páthos*, «doença» +-*ia*)

dromórnito *n.m.* nome comum a todas as aves que não voam e só correm; ave corredora (Do gr. *drómos*, «corrida» + *órnis*, -*ithos*, «ave»)

dromoscópio *n.m.* aparelho que, à distância, indica a velocidade de um veículo entre dois pontos de referência (Do gr. *drómos*, «corrida» + *skopeīn*, «ver» +-*io*)

dromoterapia *n.f.* terapêutica por meio de corridas e marchas, para ativar a circulação (Do gr. *drómos*, «corrida» + *therapeía*, «tratamento»)

drone *n.m.* 1 qualquer tipo de aeronave não tripulada e controlada remotamente, sobretudo usada em missões de reconhecimento ou em operações militares 2 qualquer veículo controlado remotamente (Do ing. *drone*, «zângão»)

dropes *n.m.2n.* [Brasil] rebuçado

drósera *n.f.* BOTÂNICA planta carnívora da família das Droseráceas, cujo género tipo se designa *Drosera*; rorela; orvalhinha (Do gr. *droserá*, «humedecida pelo orvalho»)

Droseráceas *n.f.pl.* BOTÂNICA família de plantas dicotiledóneas, herbáceas, carnívoras, com as folhas providas de celhas glandulosas irritáveis (Do gr. *droserá*, «humedecida pelo orvalho» +-*áceas*)

drosometria *n.f.* emprego do drosómetro; medição do orvalho (Do gr. *drósos*, «orvalho» + *métron*, «medida» +-*ia*)

drosométrico *adj.* relativo a drosometria (De *drosometria*+-*ico*)

drosómetro *n.m.* instrumento para avaliar a quantidade de orvalho que se forma diariamente (Do gr. *drósos*, «orvalho» + *métron*, «medida»)

druida *n.m.* nome dos antigos sacerdotes gauleses e celtas que exerciam ainda funções pedagógicas e judiciais (Do lat. *druĭda*-, «id.»)

druídico *adj.* relativo aos druidas ou ao druidismo (De *druida*+-*ico*)

druidismo *n.m.* religião dos druidas (De *druida*+-*ismo*)

drunfar *v.tr.,pron.* [coloq.] administrar ou consumir substâncias sedativas (De *drunfo*+-*ar*)

drunfo *n.m.* [coloq.] qualquer substância hipnótica; sedativo

drupa *n.f.* BOTÂNICA fruto de mesocarpo carnudo e endocarpo duro (caroço) (Do gr. *drupetés*, «azeitona madura», pelo lat. *drupa*-, «polpa»)

drupáceo *adj.* BOTÂNICA diz-se do fruto que se assemelha ou tem a mesma natureza da drupa (De *drupa*+-*áceo*)

drupéola *n.f.* pequena drupa (De *drupa*+-*ola*)

drupeolado *adj.* semelhante a drupéola (De *drupéola*+-*ado*)

drupífero *adj.* que possui drupas (Do lat. *drupa*-, «caroço» + *fero*, de *ferre*, «trazer»)

drusa *n.f.* 1 MINERALOGIA cavidade de uma rocha revestida de cristais 2 MINERALOGIA grupo de cristais, ligados entre si num conjunto asteriforme, no interior de algumas células vegetais (Do al. *Drüse*, «glândula»)

drusiforme *adj.2g.* que tem forma de drusa (De *drusa*+-*forme*)

druso *adj.* referente aos Drusos ▪ *n.m.* indivíduo pertencente aos Drusos (Do ár. *duruz*, «id.»)

Drusos *n.m.pl.* ETNOGRAFIA povo da Ásia Menor, vizinho da Síria (Do ár. *duruz*, pl. *durazi*, «id.»)

dual *adj.2g.* 1 relativo a dois 2 que designa duas pessoas ou coisas ▪ *n.m.* GRAMÁTICA número gramatical existente em algumas línguas, que indica duas pessoas ou duas coisas; ~ *de um espaço vetorial E/*~ *de E* MATEMÁTICA conjunto das formas lineares sobre E (Do lat. *duāle*-, «id.»)

dualidade *n.f.* 1 carácter do que é dual ou duplo 2 MATEMÁTICA estudo de certas relações entre um espaço vetorial e o seu dual 3 GRAMÁTICA propriedade da categoria número existente em algumas línguas (indo-europeu, sânscrito, árabe, etc.), que indica duas entidades isoláveis, por oposição a "um" (singularidade) e a "mais de um" (pluralidade) (Do lat. *dualitāte*-, «id.»)

dualismo *n.m.* **1** carácter do que comporta duas realidades ou dois elementos independentes; dualidade **2** reunião de dois estados autónomos sob a mesma autoridade **3** FILOSOFIA doutrina que admite, no domínio considerado, dois elementos irredutíveis e independentes (a natureza e a graça, a matéria e a energia, a alma e o corpo, o bem e o mal, etc.) **4** doutrina metafísica que admite, no Universo, duas substâncias ou dois mundos irredutíveis (De *dual+-ismo*)

dualista *adj.2g.* que contém dois princípios opostos ▪ *n.2g.* pessoa partidária do dualismo (De *dual+-ista*)

dualístico *adj.* do dualismo ou a ele relativo (De *dualista+-ico*)

dualizador *adj.* que dualiza (De *dualizar+-dor*)

dualizar *v.tr.* tornar dual; referir duas coisas conjuntamente (De *dual+-izar*)

duas *num.card. >quant.num.* DT ⇒ **dois** *quant.num.*; *às ~ por três* [fig.] inesperadamente; *não há ~ sem três* o que ocorreu duas vezes certamente acontecerá uma terceira vez (Do lat. *duas*, «id.»)

duatlo *n.m.* DESPORTO conjunto de duas provas ou modalidades atléticas

dubiamente *adv.* de modo dúbio; indecisamente; vagamente (De *dúbio+-mente*)

dubiedade *n.f.* qualidade de dúbio; dúvida; incerteza; hesitação (Do lat. *dubietāte-*, «dúvida»)

dubiez /ê/ *n.f.* ⇒ **dubiedade** (De *dúbio+-ez*)

dúbio *adj.* **1** duvidoso; incerto **2** difícil de definir; ambíguo; vago **3** indeciso (Do lat. *dubĭu-*, «id.»)

dubitabilidade *n.f.* qualidade do que é dubitável (De *dubitabĭle-*, «dubitável» *+-i-+-dade*)

dubitação *n.f.* **1** [ant.] ⇒ **dúvida 2** recurso estilístico em que o orador manifesta intencionalmente dúvida acerca do que vai dizer

dubitativo *adj.* que exprime dúvida (Do lat. *dubitatīvu-*, «id.»)

dubitável *adj.2g.* de que se pode duvidar; duvidoso; incerto (Do lat. *dubitabĭle-*, «id.»)

dublado *adj.* [Brasil] CINEMA, TELEVISÃO (programa) traduzido para uma língua diferente da original; dobrado

Dublás *n.m.pl.* ETNOGRAFIA uma das castas indígenas de Damão (Do mar. *dublá*, «id.»)

dúbnio *n.m.* QUÍMICA elemento transuraniano, com o número atómico 105 e símbolo Db (De *Dubna*, top.)

dubúria *n.f.* [Guiné-Bissau] safa; desembaraço (Do crioulo guineense *dúbria*, «id.»)

ducado¹ *n.m.* **1** dignidade de duque **2** território sob o domínio de um duque (Do lat. *ducātu-*, «comando militar»)

ducado² *n.m.* moeda de ouro de certos países (Do it. *ducato*, «id.»)

ducal *adj.2g.* de duque ou a ele referente (Do lat. *ducāle-*, «de comandante»)

ducatão *n.m.* moeda de ouro antiga (Do it. *ducatone*, «id.»)

ducentésimo *num.ord. >adj.num.* DT que, numa série, ocupa a posição imediatamente a seguir à centésima nonagésima nona; que é o último numa série de duzentos ▪ *num.frac. >quant.num.* DT que resulta da divisão de um todo por duzentos ▪ *n.m.* **1** o que, numa série, ocupa o lugar correspondente ao número 200 **2** uma das duzentas partes iguais em que se dividiu um todo (Do lat. *ducentesĭmu-*, «id.»)

ducha *n.f.* [Brasil] ⇒ **duche** (Do fr. *douche*, «id.»)

duchar *v.tr.* [Brasil] aplicar duches a (Do fr. *doucher*, «id.»)

duche *n.m.* **1** jato ou chuveiro de água que se aplica ao corpo de alguém, com fins higiénicos ou terapêuticos **2** banho de chuveiro (Do fr. *douche*, «id.»)

duchista *n.2g.* pessoa que aplica duches (De *duche+-ista*)

ducina *n.f.* moldura de cornija, meio convexa em cima e meio côncava em baixo (Do fr. *doucine*, «id.»)

dúctil *adj.2g.* **1** que pode ser estendido, comprimido ou batido, sem se partir; flexível; elástico **2** diz-se dos metais que se podem reduzir a fios **3** [fig.] fácil de moldar; dócil (Do lat. *ductĭle-*, «id.»)

ductilidade *n.f.* qualidade de dúctil (De *dúctil+-i-+-dade*)

ductilizar *v.tr.* **1** tornar dúctil **2** afeiçoar (De *dúctil+-izar*)

ducto *n.m.* **1** canal; meato **2** meio **3** cada uma das oscilações que se imprimem ao turíbulo, para incensar (Do lat. *ductu-*, part. pass. de *ducĕre*, «conduzir; guiar»)

duelar¹ *adj.2g.* referente a duelo (De *duelo+-ar*)

duelar² *v.intr.* travar duelo (Do lat. *duelāre*, «lutar; combater»)

duelista *n.2g.* pessoa que se bate em duelo **2** aquele que provoca duelo **3** espadachim (De *duelo+-ista*)

duelo *n.m.* **1** combate entre duas pessoas por questão de honra **2** luta entre dois corpos de exército ou entre dois grupos **3** contenda entre dois estados **4** situação de conflito ou concorrência entre duas pessoas ou dois grupos (Do lat. *duellu-*, «combate de duas pessoas»)

duende *n.m.* MITOLOGIA ser fantástico de aspeto humano, orelhas pontiagudas e baixa estatura que, segundo a crença popular, aparece durante a noite para fazer travessuras (Do cast. *duende*, «id.»)

duerno *n.m.* duas folhas de papel de impressão metidas uma na outra (Do lat. *duo*, «dois» *+-ernu-*, terminação de *quaternu-*, «quatro a quatro»)

duetista *n.2g.* MÚSICA pessoa que canta ou toca em dueto (Do it. *duettista*, «id.»)

dueto /ê/ *n.m.* **1** MÚSICA composição musical executada por dois instrumentos ou por duas vozes **2** par de executantes de uma composição a duas vozes (Do it. *duetto*, «canto a duas vozes»)

dugão *n.m.* ZOOLOGIA ⇒ **dugongo**

dugongo *n.m.* ZOOLOGIA nome que se refere a uns mamíferos pisciformes, marinhos, da ordem dos Sirénios, do oceano Índico, Austrália e mar Vermelho (Do mal. *duyong*, «id.»)

duidade *n.f.* união de dois (Do lat. *duitāte-*, «id.»)

dulçaina *n.f.* MÚSICA ⇒ **doçaina**¹

dulcamara *n.f.* BOTÂNICA ⇒ **doce-amarga 1** (Do lat. *dulcamăra-*, «id.»)

dulcamarina *n.f.* princípio alcalino extraído da dulcamara (De *dulcamara+-ina*)

dulçaquícola *adj.2g.* que vive em água doce (Do lat. *dulce-*, «doce» *+ aqŭa-*, «água» *+ colĕre*, «habitar», pelo fr. *dulçaquicole*, «id.»)

dulc(i)- elemento de formação de palavras que exprime a ideia de *doce* (Do latim *dulce-*, «doce; agradável; suave»)

dúlcido *adj.* ⇒ **doce** *adj.2g.* (Do lat. *dulce-*, «doce» *+-ido*)

dulcífero *adj.* **1** que torna doce **2** que encerra doçura (Do lat. *dulcifĕru-*, «doce»)

dulcificação *n.f.* ato ou efeito de dulcificar ou dulcificar-se; adoçamento (De *dulcificar+-ção*)

dulcificador *adj.,n.m.* **1** que ou o que dulcifica; dulcificante **2** [fig.] consolador (De *dulcificar+-dor*)

dulcificante *adj.,n.2g.* ⇒ **dulcificador** (Do lat. *dulcificante-*, «id.», part. pres. de *dulcificāre*, «adoçar»)

dulcificar *v.tr.* **1** tornar doce; adoçar **2** [fig.] mitigar; consolar **3** [fig.] suavizar (Do lat. *dulcificāre*, «tornar doce»)

dulcífico *adj.* **1** que deixa a boca doce; açucarado **2** [fig.] suavizador; ameno (De *dulci-+-fico*)

dulcífluo *adj.* **1** que corre suavemente **2** que destila doçura **3** melífluo (Do lat. *dulcifflŭu-*, «id.»)

dulcíloquo *adj.* que tem falas meigas (Do lat. *dulcilŏquu-*, «que tem som harmonioso»)

dulcilucente *adj.2g.* que derrama luz suave (Do lat. *dulce-*, «doce» *+ lucente-*, «luminoso», part. pres. de *lucēre*, «luzir»)

dulcineia *n.f.* **1** namorada **2** mulher idealizada **3** amada distante (De *Dulcinea*, dama de D. Quixote, do romance *Don Quijote de la Mancha*, do escritor esp. Miguel de Cervantes, 1547-1616)

dulciolente *adj.2g.* que tem um aroma suave (Do lat. *dulce-*, «doce» *+ olente-*, «perfumado», part. pres. de *olēre*, «cheirar bem»)

dulcíssimo *adj.* {*superlativo absoluto sintético de* **doce**} muito doce (Do lat. *dulcissĭmu-*, «id.»)

dulcissonante *adj.2g.* ⇒ **dulcíssono** (De *dulci-+sonante*)

dulcíssono *adj.* que soa docemente; melodioso (Do lat. *dulcisŏnu-*, «cujo som é doce»)

dulçor *n.m.* ⇒ **doçura** (Do lat. *dulce-*, «doce» *+-or*)

dulçoroso *adj.* que tem dulçor; doce (De *dulçor+-oso*)

dulia *n.f.* culto de veneração prestado aos anjos e santos (Do gr. *douleía*, «escravidão»)

dulocracia *n.f.* preponderância dos escravos (Do gr. *doulokratía*, «predomínio de escravos»)

dum contração da preposição *de* + *o artigo indefinido* um ▪ contração da preposição *de* + *o pronome indefinido* um

duma contração da preposição *de* + *o artigo indefinido* uma ▪ contração da preposição *de* + *o pronome indefinido* uma

dumba *n.m.* [Angola] leão; curica (Do ganguela *ondumba*, «id.»)

dumba-nengue *n.m.* [Moçambique] mercado ambulante espontâneo (Do ronga *dumba nengue*, «confia no teu pé», alusão à fuga à polícia)

dumbphone *n.m.* telemóvel com funcionalidades simples, como realizar e receber chamadas e mensagens escritas, não apresentando as características típicas de um smartphone (como o ecrã táctil, a câmara fotográfica, etc.) (Do ing. *dumbphone*, «id.», de *dumb*, «pateta» *+phone*, «telefone»)

dumo n.m. 1 [São Tomé e Príncipe] BOTÂNICA árvore que fornece madeira avermelhada 2 [São Tomé e Príncipe] madeira desta árvore 3 mata de espinhos 4 bosque; floresta (Do lat. *dūmu-*, «silvado»)

dumping n.m. ECONOMIA venda de produtos no estrangeiro a preços mais baixos que os praticados no mercado interno com o objetivo de dominar o mercado e afastar a concorrência (Do ing. *dumping*, «id.»)

duna n.f. acumulação ou monte de areia nas regiões desérticas e nas regiões litorais, sob a ação do vento de direção quase constante, e que, por vezes, alcança (no deserto) alturas de 400 m; médão (Do hol. *dunen*, «id.», pelo fr. *dune*, «id.»)

dundum adj.2g. designativo de uma bala de arma portátil, inventada na Inglaterra no fim do século XIX, que se fragmentava no momento do impacto, provocando feridas graves (De *Dum-dum*, top., cidade indiana perto de Calcutá)

duneta /ê/ n.f. o ponto mais elevado da popa do navio (Do fr. *dunette*, «pequena duna»)

dunfa n.f. 1 lundum da ilha de São Tomé 2 espécie de tambor usado nesta ilha

dunito n.m. PETROLOGIA variedade de peridotito, cujo mineral essencial é a olivina, e que contém como acessórios piroxena, cromite, etc. (De *Dun*, top., localidade da Nova Zelândia +*-ito*)

duo n.m. 1 MÚSICA composição musical para dois instrumentos ou para duas vozes 2 grupo de dois cantores ou dois músicos que atuam juntos 3 grupo formado por duas pessoas que desenvolvem uma atividade juntas (Do it. *duo*, «id.»)

duodecenal adj.2g. 1 que dura doze anos 2 que se realiza de doze em doze anos (Do lat. *duodecennāle-*, «id.»)

duodecénio n.m. espaço de doze anos (Do lat. *duodecennĭu-*, «id.»)

duodecimal adj.2g. 1 que se conta por séries de doze 2 que está na relação de um para doze 3 que tem por base o número doze (De *duodécimo*+*-al*)

duodécimo num.ord. >adj.num. DT 1 que, numa série, ocupa a posição imediatamente a seguir à décima primeira; décimo segundo 2 que é o último numa série de doze ■ num.frac. >quant.num. DT que resulta da divisão de um todo por doze ■ n.m. 1 o que, numa série, ocupa o lugar correspondente ao número 12 2 uma das doze partes iguais em que se dividiu um todo; a duodécima parte 3 ECONOMIA fração de um orçamento relativa a um mês (Do lat. *duodecĭmu-*, «id.»)

duodécuplo num.mult. >quant.num. DT que contém doze vezes a mesma quantidade ■ adj. 1 que é doze vezes maior 2 que consta de doze partes ■ n.m. valor ou quantidade doze vezes maior (Do lat. *duo*, «dois» + *decŭplu-*, «décuplo»)

duodenal adj.2g. relativo ao duodeno (De *duodeno*+*-al*)

duodenário adj. 1 disposto em séries de doze 2 que se compõe de doze (De lat. *duodenarĭu-*, «que contém doze»)

duodenite n.f. MEDICINA inflamação no duodeno (De *duodeno*+*-ite*)

duodeno /ê/ n.m. ANATOMIA parte inicial do intestino delgado, que se segue ao estômago e termina na região do jejuno (Do lat. *duodēnu-*, «de doze em doze»)

duodenoscopia n.f. exame médico ao duodeno (Do lat. *duodēnu-* + gr. *skopeīn*, «examinar» +*-ia*)

duopólio n.m. ECONOMIA situação de mercado em que existem apenas duas empresas vendedoras, face a um grande número de compradores (De *duo*-+[*mono*]*pólio*)

dupla n.f. 1 conjunto de duas pessoas 2 MATEMÁTICA conjunto, geralmente ordenado, de dois elementos (De *duplo*)

duplamente adv. em duplo; duplicadamente (De *duplo*+*-mente*)

dupleto /ê/ n.m. FÍSICA conjunto de dois eletrões, com spins antiparalelos, de uma mesma orbital (De *duplo*+*-eto*, ou do fr. *doublet*, «id.»)

dúplex /cs/ adj.2g. 1 que serve para dois fins 2 duplo 3 indica a categoria de algumas festividades do rito católico latino 4 diz-se dos programas radiofónicos em que duas emissoras trabalham em emissão simultânea, com dois diálogos e programas originários ora de uma, ora de outra estação 5 construído em dois pisos ■ n.m. apartamento de dois pisos (Do lat. *duplex*, «duplo»)

duplicação n.f. 1 ato ou efeito de duplicar 2 repetição 3 dobro (Do lat. *duplicatiōne-*, «id.»)

duplicadamente adv. 1 em duplicado; em duplicação 2 duplamente (De *duplicado*+*-mente*)

duplicado adj. dobrado; repetido ■ n.m. reprodução; cópia; traslado (Do lat. *duplicātu-*, part. pass. de *duplicāre*, «duplicar»)

duplicador adj. que duplica ■ n.m. 1 aquele que duplica 2 aparelho que serve para fazer duplicados (Do lat. *duplicatōre-*, «aquele que duplica»)

duplicante adj.2g. que duplica (Do lat. *duplicante-*, part. pres. de *duplicāre*, «duplicar»)

duplicar v.tr. 1 repetir 2 multiplicar por dois; dobrar 3 tornar maior; aumentar (Do lat. *duplicāre*, «id.»)

duplicata n.f. duplicado; cópia; traslado (Do lat. *duplicāta-*, «duplicada», part. pass. fem. subst. de *duplicāre*, «duplicar»)

duplicativo adj. que duplica (De *duplicar*+*-tivo*)

duplicatura n.f. estado daquilo que se dobra ou está dobrado sobre si mesmo (De *duplicātu-*, «duplicado» +*-ura*)

duplicável adj.2g. suscetível de se duplicar (De *duplicar*+*-vel*)

dúplice adj.2g. 1 duplo 2 que serve dois fins 3 que procura parecer aquilo que não é; fingido; falso (Do lat. *duplĭce-*, «id.»)

duplicidade n.f. 1 qualidade daquilo ou daquele que é duplo 2 [fig.] falsidade; hipocrisia; má-fé; velhacaria (Do lat. *duplicitāte-*, «id.»)

duplo num.mult. >quant.num. DT que contém duas vezes a mesma quantidade ■ adj. 1 que é duas vezes maior 2 que consta de duas partes 3 dobrado ■ n.m. 1 valor ou quantidade duas vezes maior; dobro 2 CINEMA, TELEVISÃO pessoa que substitui um ator ou uma atriz em cenas arriscadas; substituto 3 pessoa muito parecida com outra; sósia (Do lat. *duplu-*, «id.»)

duque n.m. (feminino **duquesa**) 1 soberano de um ducado 2 título nobiliárquico, imediatamente superior ao de marquês 3 carta de jogar, peça de dominó ou face de dado que tem duas pintas 4 variedade de videira; *só me saem duques!* exclamação que exprime desagrado relativamente a uma situação (Do lat. *dux*, *ducis*, «chefe; condutor», pelo fr. *duc*, «duque»)

duquesa /ê/ n.f. (masculino **duque**) 1 senhora que tem o título correspondente ao de duque 2 soberana de um ducado 3 esposa de duque 4 poltrona para duas pessoas 5 estofo antigo (De *duque*+*-esa*)

dura n.f. durabilidade; duração (Deriv. regr. de *durar*)

-dura sufixo nominal de origem latina, que ocorre em substantivos derivados de verbos, exprimindo a ideia de *ação* ou *resultado de ação* (*cozedura*; *mordedura*)

durabilidade n.f. qualidade daquilo que é durável (Do lat. *durabilitāte-*, «id.»)

duração n.f. 1 espaço de tempo durante o qual tem lugar um acontecimento; tempo de existência de alguma coisa 2 qualidade do que resiste à passagem do tempo; durabilidade 3 tempo vivido, por oposição ao tempo passado dos matemáticos ou ao tempo objetivo dos relógios 4 LINGUÍSTICA intervalo de tempo durante o qual se produz uma unidade linguística 5 FILOSOFIA em Bergson, qualidade própria dos estados psicológicos que se sucedem sem justaposição, fundindo-se uns nos outros (De *durar*+*-ção*)

duradoiro adj. ⇒ **duradouro**

duradouro adj. que dura ou pode durar muito (De *durar*+*-douro*)

duralumínio n.m. MINERALOGIA liga metálica composta de alumínio com pequenas percentagens de cobre, magnésio e manganésio, muito leve, resistente à corrosão pelos ácidos e pela água do mar, e de grande resistência mecânica (Do fr. *duralumin*, «id.», ou de *Düren*, nome da cidade alemã onde esta liga foi inventada + port. *alumínio*)

dura-máter n.f. ANATOMIA membrana fibrosa, resistente, que envolve o encéfalo e a medula espinal, constituindo a meninge externa (Do lat. *dura mater*, «mãe robusta»)

durame n.m. ⇒ **cerne** 1 (Do lat. *durāmen*, «firmeza, solidez»)

durâmen n.m. ⇒ **cerne** 1

duramente adv. 1 com dureza; severamente 2 com rudeza; cruelmente (De *duro-*+*-mente*)

durante prep. no espaço de; no tempo de; no decorrer de ■ adj.2g. 1 duradouro 2 designativo de uma variedade de pera ■ n.m. tecido de lã lustroso (Do lat. *durante-*, part. pres. de *durāre*, «durar; endurecer»)

duraque n.m. espécie de sarja resistente, empregada em calçado de senhora (De *durar*)

durar v.tr. ter a duração de ■ v.intr. 1 não se gastar; conservar-se no mesmo estado 2 resistir; persistir 3 viver (Do lat. *durāre*, «id.»)

duras elem.loc.adv. **às ~** custosamente; dificilmente (De *duro*)

durativo adj. 1 que dura; duradouro 2 GRAMÁTICA diz-se de um verbo ou de um adjetivo que exprime a noção de duração (De *durar*+*-tivo*)

durável adj.2g. ⇒ **duradouro** (Do lat. *durabĭle-*, «id.»)

duraz adj.2g. ⇒ **durázio** (De *duro*+*-az*)

durázia n.f. BOTÂNICA variedade de oliveira (ou a sua azeitona), cultivada em Portugal, também denominada lentisca e salgueiro (De *durázio*)

durázio *adj.* **1** de polpa dura **2** de casca rija **3** rijo **4** que está na idade madura (Do lat. *duracĭnu-*, «de bago duro»)

durez /ê/ *n.f.* ⇒ **dureza** (De *duro+-ez*)

dureza /ê/ *n.f.* **1** qualidade do que é duro **2** MINERALOGIA maior ou menor resistência que um mineral oferece ao ser riscado por outro **3** QUÍMICA parâmetro indicativo da capacidade de uma água para formar incrustações e para precipitar mais ou menos intensamente os sabões, devido essencialmente à presença de sais de cálcio e de magnésio na sua composição **4** consistência; firmeza **5** insensibilidade; falta de delicadeza **6** vigor (Do lat. *duritĭa-*, «dureza»)

duríade *n.f.* MITOLOGIA ninfa do rio Douro (Do lat. *Durĭu-*, «Douro» + *-ade*)

duriango *n.m.* [Brasil] BOTÂNICA árvore da família das Bombacáceas, que produz um fruto comestível, de sabor agradável, mas de mau cheiro, também conhecida por dúrio (Do mal. *duriang*, «id.»)

durião *n.m.* [Brasil] BOTÂNICA ⇒ **duriango**

duriense *adj.2g.* relativo ao rio Douro ou à região do Douro ■ *n.2g.* natural ou habitante da região do Douro (Do lat. *Durĭu-*, «Douro» + *-ense*)

durimínio *adj.* relativo ao Douro e ao Minho; interamnense (Do lat. *Durĭu-*, «Douro» + *Minĭu-*, «Minho»)

durindana *n.f.* [pop.] espada (Do it. *durindana*, nome da espada de Roldão, um dos doze pares de Carlos Magno, séc. IX)

dúrio *n.m.* ⇒ **duriango** (De *duriango*)

duro *adj.* **1** que não se deixa riscar facilmente; que não quebra **2** rijo **3** sólido **4** consistente **5** [fig.] áspero **6** [fig.] penoso; molesto **7** [fig.] rigoroso; severo **8** [fig.] desagradável ao ouvido **9** [fig.] forte **10** [fig.] cruel; violento **11** [Brasil] [pop.] sem dinheiro; teso ■ *n.m.* antiga moeda espanhola que valia cinco pesetas ■ *adv.* intensamente; **~ de cabeça** casmurro, teimoso, estúpido; **~ de ouvido** que não ouve bem; **~ de roer** difícil de suportar; **água mole em pedra dura tanto bate até que fura** (provérbio) a tenacidade vence todas as dificuldades (Do lat. *duru-*, «id.»)

duroplástico *adj.* QUÍMICA diz-se do polímero que endurece irreversivelmente

duunvirado *n.m.* ⇒ **duunvirato**

duunviral *adj.2g.* referente ao duúnviro (Do lat. *duumvirāle-*, «id.»)

duunvirato *n.m.* **1** HISTÓRIA (civilização romana) funções supremas exercidas por dois magistrados **2** tempo de duração dessas funções **3** poder exercido por duas pessoas conjuntamente; governo de duas pessoas em conjunto (Do lat. *duumvirātu-*, «id.»)

duúnviro *n.m.* **1** HISTÓRIA (civilização romana) cada um dos dois magistrados que participavam do poder supremo **2** pessoa que, em conjunto com outra, exerce um governo autoritário (Do lat. *duumvĭru-*, «id.»)

dúvida *n.f.* **1** estado de espírito de quem se interroga sobre se um facto é real ou não, sobre se uma proposição é verdadeira ou falsa **2** incerteza **3** hesitação; irresolução; indecisão; perplexidade **4** receio **5** suspeita **6** objeção **7** dificuldade **8** escrúpulo; **~ cética** FILOSOFIA atitude de dúvida definitiva, descrente da possibilidade de chegar à certeza; **~ metódica** FILOSOFIA atitude de dúvida adotada como meio de chegar à certeza; **mania da ~** perturbação mental caracterizada por obsessões na forma de verificações e interrogações constantes; **por causa das dúvidas** por cautela; **sem ~** certamente (Deriv. regr. de *duvidar*)

duvidador *n.m.* aquele que duvida (Do lat. *dubitatōre-*, «id.»)

duvidar *v.tr.* **1** ter dúvida acerca de; pôr dúvidas a **2** estar na dúvida; hesitar ■ *v.tr.,intr.* não ter confiança em; não acreditar; desconfiar (Do lat. *dubitāre*, «id.»)

duvidável *adj.2g.* de que se pode duvidar (Do lat. *dubitabĭle-*, «id.»)

duvidoso /ô/ *adj.* **1** que provoca dúvida **2** incerto **3** hesitante **4** arriscado; perigoso **5** impróprio; inconveniente (De *dúvida+-oso*)

duzentos *num.card.* >*quant.num.* DT cem mais cem ■ *n.m.2n.* **1** o número 200 e a quantidade representada por esse número **2** o que, numa série, ocupa o ducentésimo lugar (Do lat. *ducentos*, «id.»)

dúzia *n.f.* **1** conjunto de doze unidades da mesma natureza **2** grande quantidade; **~ de frade** treze; **às dúzias** em grande quantidade; **das dúzias** [pop.] sem valor, insignificante; **figurão das dúzias** indivíduo sem merecimento, patife (Do b. lat. *ducēna-*, «dozena»)

DVD *n.m.* disco ótico com uma grande capacidade de armazenamento (muito maior do que a do CD-ROM), sendo por isso utilizado em multimédia, para aplicações informáticas e jogos (Do inglês *DVD*, acrónimo de *digital video/versatile disc*, «disco versátil digital»)

dzeta /ê/ *n.m.* ⇒ **zeta**

e¹ /é/ *n.m.* **1** quinta letra e segunda vogal do alfabeto **2** letra que representa a vogal anterior semiaberta (ex. *pé*), a vogal anterior semifechada (ex. *dedo*), a vogal central fechada (ex. *dedal*) e a vogal anterior fechada (ex. *examinar*) **3** quinto lugar numa série designada pelas letras do alfabeto **4** GEOGRAFIA símbolo de *este* (com maiúscula) **5** MÚSICA (países germânicos e anglo-saxões) símbolo da nota *mi* (também com maiúscula) **6** FÍSICA símbolo de *eletrão* **7** FÍSICA símbolo de *energia* (com maiúscula) **8** LÓGICA símbolo de *proposição universal negativa* (com maiúscula)

e² /i/ *conj.* **1** liga duas ou mais palavras, orações ou frases, com a ideia de: **1** enumeração (*um lápis e uma caneta*); **2** adição (*dois e um são três*); **3** restrição, tendo como equivalentes *mas, porém, contudo* (*tão bonito e antipático*) **2** usa-se com valor enfático (*e eles a darem-lhe!*) (Do lat. *et*, «e»)

e- prefixo que exprime a ideia de *movimento para fora* (Do lat. *ex*, «id.»)

-ear sufixo verbal, de origem latina, que ocorre sobretudo em verbos de sentido frequentativo, derivados de substantivos ou adjetivos (*golpear; sapatear; senhorear*)

eau de toilette *n.f.* solução preparada com álcool, água e diversas essências aromáticas, de concentração superior à da água-de-colónia e inferior à do perfume (Do fr. *eau de toilette*, «id.»)

ebanista *n.m.* **1** marceneiro que trabalha em ébano **2** entalhador **3** ensamblador (De *ébano*+-*ista*)

ebanite *n.f.* QUÍMICA ⇒ **ebonite** (De *ébano*+-*ite*)

ebanizar *v.tr.* **1** dar a cor do ébano a **2** escurecer (De *ébano*+-*izar*)

ébano *n.m.* **1** BOTÂNICA árvore do Sri Lanka e Malaca, da família das Ebenáceas, que produz madeira valiosa, muito rija e de cor negra; ébeno **2** madeira desta árvore **3** várias outras árvores (ou as suas madeiras) desta mesma família e ainda da família das Leguminosas e outras **4** [fig.] o que apresenta coloração negra semelhante à da madeira daquela árvore (Do gr. *ébenos*, «ébano», pelo lat. *ebĕnu*-, «id.»)

ebenácea *n.f.* BOTÂNICA espécime das Ebenáceas

Ebenáceas *n.f.pl.* BOTÂNICA família de plantas dicotiledóneas, árvores ou arbustos das regiões quentes, representada em Portugal pelo diospireiro (Do lat. *ebĕnu*-)

ébeno *n.m.* ⇒ **ébano**

ebionismo *n.m.* RELIGIÃO heresia do século VI, que, embora reconhecesse Jesus como Messias, lhe negava a divindade (De *Ebion*, antr., suposto heresiarca do séc. I)

ebionita *adj.2g.* relativo ao ebionismo ■ *n.2g.* sectário do ebionismo (De *Ebion*, antr., suposto heresiarca do séc. I+-*itas*)

ébola *n.m.* **1** MEDICINA virose, altamente contagiosa, que provoca febres, hemorragias graves e, frequentemente, a morte **2** vírus causador dessa doença

ebonite *n.f.* QUÍMICA substância dura, negra, obtida por vulcanização da borracha, com 30 a 50% de enxofre, utilizada na indústria elétrica e na confeção de vários objetos; ebanite; vulcanite (Do ing. *ebonite*, «id.»)

ebook *n.m.* versão digital de um livro impresso que pode ser lido num computador ou num dispositivo portátil próprio para esse efeito; livro eletrónico (Do ing. *e(lectronic)-book*, «id.»)

e-book *n.m.* ⇒ **ebook**

eborária *n.f.* arte de esculpir o marfim (De *eborário*)

eborário *n.m.* indivíduo que trabalha o marfim (Do lat. *eborarĭu*-, «id.»)

eborense *adj.2g.* relativo à cidade portuguesa de Évora ou aos seus habitantes ■ *n.2g.* natural ou habitante de Évora (Do lat. *eborense*-, «id.»)

ebóreo *adj.* feito de marfim; ebúrneo (Do lat. *eborĕu*-, «de marfim»)

ebriático *adj.* que embriaga; inebriante (De *ébrio*+-*ático*)

ebriativo *adj.* ⇒ **ebriático**

ebriedade *n.f.* estado de ébrio; embriaguez (Do lat. *ebrietāte*-, «embriaguez»)

ebriez *n.f.* ⇒ **ebriedade** (De *ébrio*+-*ez*)

ébrio *adj.,n.m.* **1** que ou o que ingeriu bebidas alcoólicas em excesso; embriagado; bêbedo **2** [fig.] exaltado; arrebatado; inebriado **3** [fig.] apaixonado (Do lat. *ebrĭu*-, «embriagado»)

ebrioso /ó/ *adj.* **1** que se embriaga frequentemente **2** resultante de embriaguez (Do lat. *ebriōsu*-, «bêbedo»)

ebrirridente *adj.2g.* que se ri quando embriagado (Do lat. *ebrĭu*-, «ébrio» +*ridente*-, «que ri»)

ebulição *n.f.* **1** ato de ferver **2** transformação de um líquido em vapor, que ocorre dentro da própria massa líquida **3** vaporização rápida e tumultuosa, a determinada temperatura e pressão exterior, em toda a massa do líquido **4** [fig.] efervescência; agitação; excitação (Do lat. *ebullitiōne*-, «id.»)

ebulidor *n.m.* órgão anexo a algumas caldeiras de vapor (De *ebulir*+-*dor*)

ebuliente *adj.2g.* que ferve; fervente (Do lat. *ebullĭente*-, «que ferve», part. pres. de *ebullīre*, «ferver»)

ebulio- elemento de formação de palavras que exprime a ideia de *ebulição* (Do lat. *ebullīre*, «ferver»)

ebuliometria *n.f.* QUÍMICA medida da elevação do ponto de ebulição dos líquidos quando contêm substâncias dissolvidas não voláteis (De *ebulio*-+-*metria*)

ebuliómetro *n.m.* aparelho usado em ebuliometria para determinar a temperatura de ebulição dos corpos (De *ebulio*-+-*metro*)

ebulioscopia *n.f.* ⇒ **ebuliometria** (Do lat. *ebullīre*, «ferver»+gr. *skopeîn*, «olhar» +-*ia*)

ebulioscópico *adj.* respeitante ao ponto de ebulição (De *ebulioscópio*+-*ico*)

ebulioscópio *n.m.* ⇒ **ebuliómetro** (Do lat. *ebullīre*, «ferver»+gr. *skopeîn*, «olhar» +-*io*)

e-bullying *n.m.* ⇒ **ciberbullying** (Do ing. *e-bullying*, «id.»)

ébulo *n.m.* BOTÂNICA planta herbácea, da família das Loniceráceas, robusta, de flores odoríferas muito pequenas, espontânea no centro e no Sul de Portugal, também conhecida por *engos* e *sabugueirinho* (Do lat. *ebŭlu*-, «ébulo; engos»)

eburina *n.f.* produto industrial composto de marfim e ossos em pó, que se mete em moldes para adquirir consistência e homogeneidade (Do lat. *ebur*, «marfim» +-*ina*)

eburnação *n.f.* endurecimento de partes de um vegetal, normalmente moles, por efeito de formações lenhosas (Do lat. *eburnĕu*-, «de marfim» +-*ção*)

ebúrneo *adj.* **1** de marfim ou semelhante a ele **2** relativo à Costa do Marfim ■ *n.m.* natural ou habitante da Costa do Marfim (Do lat. *eburnĕu*-, «de marfim»)

eburnite *n.f.* endurecimento anormal do esmalte dos dentes (Do lat. *eburnu*-, «de marfim» +-*ite*)

ecapa *n.f.* [Angola] batata-doce

ecaudado *adj.* (batráquio) destituído da cauda (Do lat. *ecaude*-, «sem cauda» +-*ado*)

ecceidade *n.f.* FILOSOFIA (escolástica) o que faz que uma essência se individualize e esteja presente no mundo (Do lat. escol. *ecceitāte*-, «id.», de *ecce*, «eis»)

ecdémico *adj.* MEDICINA (doença) cuja causa está fora do local geográfico onde se manifesta (Do gr. *ékdemos*, «que está fora do seu país» +-*ico*)

ecdótica *n.f.* arte de descobrir e corrigir os erros que um texto sofreu após várias edições, com o objetivo de restabelecer o texto original ou de preparar a sua edição crítica

ecfonema *n.m.* elevação súbita da voz, motivada por surpresa ou comoção violenta (Do gr. *ekphónema*, «grito»)

écfora *n.f.* ARQUITETURA saliência numa peça arquitetónica (Do gr. *ekphorá*, «saliente», pelo lat. *ecphŏra*-, «saliência»)

ecfráctico ver nova grafia **ecfrático**

ecfrático *adj.* aperitivo (Do gr. *ekphraktikós*, «aperitivo»)

écharpe *n.f.* tira larga de tecido, geralmente comprida e leve, usada sobre os ombros ou ao pescoço (Do fr. *écharpe*, «id.»)

éclair *n.m.* CULINÁRIA pequeno bolo de forma alongada, feito de massa de fartos e recheado com um creme aromatizado (Do fr. *éclair*, «id.»)

eclampse *n.f.* MEDICINA ⇒ **eclampsia**

eclampsia *n.f.* MEDICINA ataque convulsivo, grave, relacionado com a gravidez ou com o parto (Do gr. *éklampsis*, «explosão», pelo fr. *éclampsie*, «id.»)

eclâmptico *adj.* que diz respeito à eclampsia (Do fr. *éclamptique*, «id.»)

eclecticismo ver nova grafia ecleticismo

ecléctico ver nova grafia eclético

eclectismo ver nova grafia ecletismo

ecler *n.m.* CULINÁRIA ⇒ **éclair** (Do fr. *éclair*, «id.»)

eclésia *n.f.* **1** antiga assembleia legislativa, em Atenas, formada por todos os atenienses de mais de dezoito anos; assembleia do povo **2** conjunto ideal dos cristãos (Do gr. *ekklesía*, «id.», pelo lat. *ecclesĭa-*, «assembleia de cristãos; igreja»)

eclesiarca *n.m.* sacristão, na antiga Igreja grega (Do gr. *ekklesía*, «igreja» +*árkhein*, «ser o chefe de»)

Eclesiastes *n.m.* RELIGIÃO (Bíblia) um dos livros do Antigo Testamento (Do gr. *ekklesiastés*, «orador numa assembleia popular»)

eclesiástico *adj.* relativo à Igreja ou ao clero ▪ *n.m.* **1** sacerdote; clérigo **2** [com maiúscula] RELIGIÃO (Bíblia) um dos livros do Antigo Testamento (Do lat. *ecclesiastĭcu-*, «id.»)

eclesiofobia *n.f.* ódio ou horror às Igrejas (Do gr. *ekklesía*, «igreja» +*phóbos*, «horror» +*-ia*)

eclesiófobo *adj.,n.m.* que ou aquele que tem eclesiofobia (Do gr. *ekklesía*, «igreja» +*phóbos*, «horror»)

ecleticismo *n.m.* ⇒ **ecletismo**

eclético *adj.* **1** do ecletismo ou a ele relativo **2** formado por elementos de várias origens **3** [fig.] variado **4** [fig.] versátil ▪ *n.m.* partidário do ecletismo (Do gr. *eklektikós*, «que escolhe», pelo fr. *éclectique*, «eclético»)

ecletismo *n.m.* **1** FILOSOFIA atitude dos filósofos que pretendem elaborar doutrina própria, fundindo num todo, que desejam coerente, o que se lhes afigura mais valioso de entre as teses de diversos sistemas **2** hábito ou liberdade de tirar proveito do que se considera mais útil em qualquer cultura ou corrente política, sem aderir exclusivamente a um sistema **3** [fig.] versatilidade (Do gr. *eklektismós*, «sistema filosófico dos ecléticos», pelo fr. *éclectisme*, «ecletismo»)

eclímetro *n.m.* TOPOGRAFIA aparelho que serve para medir ângulos verticais e avaliar as diferenças de nível (Do gr. *ekklínein*, «desviar» +*métron*, «medida», pelo fr. *éclimètre*, «eclímetro»)

eclinómetro *n.m.* TOPOGRAFIA ⇒ **eclímetro**

eclipsar *v.tr.* **1** intercetar a luz de **2** encobrir **3** [fig.] ofuscar; diminuir o valor ou importância de; apoucar **4** [fig.] vencer claramente; superar; exceder ▪ *v.pron.* **1** esconder-se **2** ASTRONOMIA (astro) ocultar-se **3** desaparecer (De *eclipse*+*-ar*)

eclipse *n.m.* **1** ato ou efeito de eclipsar **2** ASTRONOMIA ocultação total ou parcial de um astro pela interposição de outro entre ele e o observador ou pela entrada daquele astro na sombra de outro **3** [fig.] obscurecimento **4** [fig.] desaparecimento **5** [fig.] ausência; **~ da Lua** ASTRONOMIA ocultação total ou parcial da Lua; **~ do Sol** ASTRONOMIA ocultação total ou parcial do Sol pela Lua; **~ mental** PSICOLOGIA desaparecimento extremamente breve da consciência ou, pelo menos, do domínio do pensamento, psicolepsia (Do gr. *ékleipsis*, «eclipse; ocultação», pelo lat. *eclipse-*, «id.»)

eclíptica *n.f.* ASTRONOMIA trajetória que o Sol parece descrever na esfera celeste, em sentido direto, durante um ano, e cujo plano forma com o plano do equador celeste um ângulo de 23°, 27' e 30'' (Do gr. *ekleiptiké*, «relativa aos eclipses», pelo lat. *eclipti̯ca (linĕa-)*, «linha dos eclipses») ACORDO ORTOGRÁFICO também se pode escrever **eclítica**

eclíptico *adj.* respeitante à eclíptica ou a eclipse (Do gr. *ekleiptikós*, «relativo aos eclipses», pelo lat. *eclipti̯cu-*, «sujeito aos eclipses») ACORDO ORTOGRÁFICO também se pode escrever **eclítico**

eclítica a grafia mais usada é **eclíptica**

eclítico a grafia mais usada é **eclíptico**

eclodir *v.intr.* **1** aparecer; surgir **2** rebentar; desabrochar (Do lat. cl. *excludĕre*, pelo lat. vulg. **excladĕre*, «fazer sair»)

écloga *n.f.* LITERATURA composição pastoril em verso e geralmente dialogada; égloga (Do gr. *eklogé*, «escolha», pelo lat. *eclŏga-*, «escolha; écloga»)

eclogal *adj.2g.* referente a écloga (De *écloga*+*-al*)

eclogito *n.m.* PETROLOGIA rocha metamórfica formada especialmente por piroxena e granada

ecloguista *n.2g.* LITERATURA autor de églogas (De *écloga*+*-ista*)

eclosão *n.f.* **1** aparecimento **2** saída do animal, do ovo ou do invólucro **3** ato ou efeito de eclodir (Do fr. *éclosion*, «id.»)

eclusa *n.f.* sistema de comportas que permite aos navios vencer a diferença de nível existente num troço de rio, canal ou entre dois lagos ou oceanos (Do fr. *écluse*, «eclusa; comporta»)

ecmnésia *n.f.* MEDICINA revivescência muito forte e geralmente breve de factos passados que pareciam esquecidos (na epilepsia, na histeria e em certos estados emocionais intensos) (Do gr. *ek*, «desde» +*mnēsis*, «memória» +*-ia*)

ecmofobia *n.f.* MEDICINA horror a tudo quanto possa picar (De *ecmofobo*+*-ia*)

ecmófobo *n.m.* aquele que padece de ecmofobia (Do gr. *aikhmé*, «ponta» +*phobeīn*, «ter horror a»)

eco[1] *n.m.* **1** FÍSICA repetição de um som refletido por uma superfície de grande área situada a uma distância do emissor do tal que o intervalo de tempo entre a emissão e o retorno da onda refletida seja superior a um décimo de segundo; ressonância **2** som produzido por essa reflexão **3** repetição de sons ou de palavras **4** [fig.] divulgação de palavras ou expressões atribuídas a uma pessoa **5** [fig.] notícia infundada; boato; rumor **6** [fig.] repercussão; consequência **7** [fig.] bom acolhimento; aceitação; simpatia **8** [fig.] fama; celebridade; glória **9** [fig.] marca deixada por alguém devido aos seus feitos ou às suas qualidades; memória; recordação; **eco múltiplo** sucessão de ecos distintos produzidos pela mesma fonte; **encontrar/ter eco** encontrar/ter apoio, ser bem recebido (Do grego *ekhó*, «eco», pelo latim *echo*, «idem»)

eco[2] *n.f.* forma reduzida de *ecografia*

eco-[1] elemento de formação que exprime a ideia de *eco, repetição* (Do gr. *ekhó*, «eco», pelo lat. *echo*, «id.»)

eco-[2] elemento de formação que exprime a ideia de *casa, ambiente* (Do gr. *oîkos*, «id.»)

-eco /é/ sufixo nominal que tem sentido diminutivo e depreciativo (*jornaleco; livreco; senhoreca; soneca*)

ecoador *adj.,n.m.* **1** que ou aquilo que ecoa **2** que ou o que repercute (De *ecoar*+*-dor*)

ecoar *v.intr.* **1** fazer eco **2** repetir-se **3** repercutir-se; ressoar **4** refletir-se **5** ter aceitação; fazer-se sentir ▪ *v.tr.* repetir; repercutir (De *eco*+*-ar*)

ecocardiograma *n.m.* registo da estrutura do coração através da ecografia (De *eco-*+*cardio-*+*-grama*, ou do fr. *échocardiogramme*, «id.»)

ecocatástrofe *n.f.* ECOLOGIA acontecimento, geralmente causado por ação humana, que resulta em graves danos ambientais; catástrofe ecológica (De *eco-*+*catástrofe*, sob infl. do ing. *ecocatastrophe*, «id.»)

ecocentro *n.m.* ECOLOGIA local destinado à receção e recolha seletiva de materiais a reciclar de maiores dimensões e mais diversificados do que os que são depositados nos ecopontos, ou seja, papel, cartão, vidro, madeira, plástico, eletrodomésticos, móveis, pilhas e baterias (De *eco-*+*centro*)

ecocida *adj.,n.2g.* ECOLOGIA que ou o que é agente ou causador de ecocídio (De *eco-*+*-cida*)

ecocídio *n.m.* ECOLOGIA destruição intencional de um ecossistema ou de uma comunidade (De *eco-*+*-cídio*)

ecoconsumidor *n.m.* consumidor que se preocupa com o impacto negativo que os produtos que compra podem ter no ambiente (De *eco-*+*consumidor*)

ecodesenvolvimento *n.m.* ECOLOGIA, ECONOMIA processo de desenvolvimento económico que tenta garantir a preservação do meio ambiente e dos recursos naturais; desenvolvimento sustentável (De *eco-*+*desenvolvimento*)

ecoeficiência *n.f.* estratégia de gestão que combina eficiência económica e ecológica, no sentido de produzir mais com menos recursos, menos resíduos e menos riscos (De *eco-*+*eficiência*)

ecoempresa *n.f.* empresa que colabora na defesa e promoção da qualidade do ambiente, tornando-o um fator sempre presente em todas as atividades, negócios, departamentos e projetos (De *eco-*+*empresa*)

ecoencefalograma *n.m.* MEDICINA registo da estrutura do encéfalo através da ecografia (De *eco-*+*encéfalo*+*-grama*, ou do fr. *échoencéphalogramme*, «id.»)

ecoescola *n.f.* escola que desenvolve diversas atividades relacionadas com o ambiente, visando estimular nos alunos a responsabilidade ambiental e a adoção de comportamentos sustentáveis no dia a dia (De *eco-*+*escola*)

ecografia n.f. 1 MEDICINA método de estudo e diagnóstico que se serve da reflexão (eco) produzida pelos ultrassons para ver em tempo real estruturas e órgãos do corpo humano; ultrassonografia; ultrassom 2 MEDICINA exame realizado através deste método; ultrassonografia; ultrassom (De eco-+-grafia, ou do fr. échographie, «id.»)

ecográfico adj. 1 relativo à ecografia 2 onde se realizam ecografias 3 diz-se do exame, estudo, etc., realizado através da ecografia (De ecografia+-ico)

ecógrafo n.m. MEDICINA aparelho que utiliza a reflexão (eco) produzida pelos ultrassons para produzir em tempo real imagens de estruturas e órgãos do corpo humano (De eco-+-grafo)

ecograma n.m. MEDICINA registo visual das ondas de ultrassons refletidas por ecografia (De eco-+-grama, ou do fr. échogramme, «id.»)

ecoico adj. 1 que faz eco 2 que repete 3 GRAMÁTICA (verso latino) cuja última sílaba é a reprodução da penúltima (Do lat. echoïcu-, «que produz eco»)

ecóico ver nova grafia ecoico

ecolalia n.f. PSICOLOGIA repetição automática por indivíduos hipnotizados ou por pessoas doentes, das palavras ou dos fins das frases do interlocutor (Do lat. cient. echolalïa-, «id.», pelo fr. écholalie, «loquacidade»)

E. coli n.f. bactéria bacilar (Escherichia coli) que vive nos intestinos dos animais e dos humanos, e que provoca intoxicações alimentares quando presente em determinados alimentos ingeridos, como é o caso de leite estragado, alguns sumos e carne de vaca crua ou mal cozinhada (Abrev. de Escherichia coli, em homenagem ao bacteriologista austro-alemão, Theodor Escherich (1857-1911), seu descobridor)

ecologia n.f. parte da biologia que estuda as relações dos seres vivos com o ambiente; ~ humana estudo da interdependência entre as instituições e o agrupamento dos homens no espaço por eles explorado (Do gr. oîkos, «casa» +lógos, «estudo» +-ia)

ecológico adj. 1 relativo à ecologia; relativo à proteção do ambiente 2 que protege ou não prejudica o ambiente (De ecologia+-ico)

ecologista adj.,n.2g. 1 que ou pessoa que se dedica ao estudo da ecologia; especialista em ecologia; ecólogo 2 que ou pessoa que luta pela defesa e proteção do ambiente; ambientalista (De ecologia+-ista)

ecologização n.f. ato ou efeito de ecologizar (De ecologizar+-ção)

ecologizar v.tr. consciencializar para a importância dos princípios ecológicos (De ecolog(ia)+-izar)

ecólogo n.m. especialista em ecologia; ecologista (Do gr. oîkos, «casa» +lógos, «estudo»)

ecometria n.f. arte de calcular a reflexão de sons por meio do ecómetro (De ecómetro+-ia)

ecométrico adj. relativo à ecometria (De ecometria+-ico)

ecómetro n.m. aparelho que mede a duração e os intervalos dos sons (De eco-+-metro)

ecomimia n.f. MEDICINA repetição automática, em estados de demência e de confusão mental, da mímica do interlocutor (Do gr. ekhó, «eco» +mîmos, «imitação» +-ia)

economato n.m. 1 cargo de ecónomo 2 repartição do ecónomo (Do fr. économat, «id.»)

econometria n.f. 1 ECONOMIA estudo quantitativo e verificação empírica dos fenómenos económicos, a partir de dados estatísticos 2 ECONOMIA técnica estatística e matemática aplicada na análise económica (Do gr. oikono[mía], «direção de uma casa» +métron, «medida», pelo fr. économétrie, «id.»)

econométrico adj. relativo à econometria (De econometria+-ico)

economia n.f. 1 ciência que estuda a produção, distribuição e consumo de bens e serviços, e a repartição de rendimentos 2 conjunto de atividades desenvolvidas pelo homem para obter os bens e serviços indispensáveis à satisfação das suas necessidades 3 aproveitamento eficiente de recursos 4 equilíbrio harmonioso entre as partes e o todo 5 moderação nas despesas; poupança 6 [ant.] boa administração ou ordem da casa, de estabelecimento, bens particulares ou públicos 7 pl. dinheiro acumulado e posto de reserva; pé-de-meia; ~ de escala sistema de produção de bens em grandes quantidades, possível pela racionalização da atividade produtiva, que permite uma redução dos custos; ~ de mercado sistema económico que confia ao mecanismo dos preços a função ordenadora de todo o processo económico; ~ de subsistência regime de produção de bens para consumo exclusivo dos próprios produtores; ~ paralela atividade económica que não é avaliada pela contabilidade nacional, ou seja, que não paga impostos; ~ planificada sistema económico regulado por um plano organizado e orientado pelo Estado; ~ política ciência económica; ~ social conjunto das atividades de carácter económico que, numa economia de mercado, não têm como objetivo principal o lucro, sendo geralmente desenvolvidas por associações, cooperativas, etc. (Do gr. oikonomía, «direção de uma casa», pelo lat. oeconomïa-, «disposição; arranjo»)

economicismo n.m. 1 ECONOMIA valorização excessiva dos aspetos económicos 2 [pej.] tendência apresentada por determinadas teorias, em ciências sociais, para circunscrever a explicação dos comportamentos sociais às motivações económicas (De económico+-ismo)

economicista adj.2g. 1 relativo ao economicismo 2 ECONOMIA que sobrevaloriza os aspetos económicos (De económico+-ista)

económico adj. 1 relativo à economia 2 que gasta o menos possível 3 poupado 4 barato 5 (ano) de gerência administrativa (Do gr. oikonomikós, «relativo à direção de uma casa», pelo lat. oeconomïcu-, «bem ordenado»)

economismo n.m. 1 ciência económica 2 ciência que estuda os problemas relativos à produção e consumo de riquezas 3 problemática da economia (política, social, etc.) 4 movimento e influência dos economistas (De economia+-ismo)

economista n.2g. 1 título obtido por quem possui o grau académico de licenciatura em ciências económicas 2 pessoa que possui esse título e está inscrito na Ordem dos Economistas como membro efetivo (De economia+-ista, ou do fr. économiste, «economista»)

economizador adj.,n.m. que ou aquele que economiza (De economizar+-dor)

economizar v.tr.,intr. gastar ou utilizar com moderação; administrar com aproveitamento eficiente de recursos ■ v.tr. poupar; amealhar (De económico+-izar)

ecónomo n.m. 1 o que está encarregado da administração de uma casa 2 despenseiro 3 mordomo (Do gr. oikonómos, «que administra a sua casa», pelo lat. oeconómu-, «ecónomo de uma casa»)

ecopista n.f. corredor destinado à circulação a pé, de bicicleta ou a cavalo, ou a outras formas não motorizadas (De eco-+pista)

ecoponto n.m. ECOLOGIA conjunto de contentores para recolha seletiva de diversos materiais a reciclar, tais como vidro, papel e, por vezes, pilhas, e onde são depositados apenas objetos de pequeno volume

ecopraxia /cs/ n.f. MEDICINA imitação de gestos, que se observa, em regra, nos doentes que sofrem de idiotia (Do gr. ekhó, «eco» +prâxis, «execução» +-ia)

ecoproduto n.m. ECOLOGIA produto que respeita princípios ecológicos, e cujo impacto sobre o ambiente é mínimo

ecosfera n.f. ECOLOGIA porção da Terra que compreende a biosfera e todos os fatores ecológicos que exercem influência nos organismos vivos nela existentes; conjunto de todos os ecossistemas da Terra

ecossistema n.m. BIOLOGIA conjunto formado por um meio ambiente e os seres vivos que, em relacionamento mútuo normal, ocupam esse meio; sistema ecológico (De eco-+sistema)

ecotonal adj.2g. BIOLOGIA relativo ou pertencente a um ecótono

ecótono n.m. BIOLOGIA área de contacto e de transição funcional entre duas comunidades ecológicas adjacentes, como resultado da competição mútua entre organismos comuns às duas

ecotoxicidade n.f. qualidade do que é tóxico para o ambiente

ecotóxico adj. diz-se daquilo que é tóxico para o ambiente

ecotoxicologia n.f. BIOLOGIA ramo da ecologia que estuda os efeitos dos agentes químicos tóxicos sobre o meio ambiente

ecotoxicológico adj. BIOLOGIA relativo ou pertencente à ecotoxicologia

ecoturismo n.m. tipo de turismo que se apoia nos recursos naturais de valor ecológico e cultural de um local, sem comprometer a sua conservação e renovação (De eco-+turismo)

ecplexia /cs/ n.f. MEDICINA delírio causado por susto repentino (Do gr. ékplexis, «susto» +-ia)

ecrã n.m. 1 superfície, geralmente branca, sobre a qual se projetam imagens fixas ou em movimento 2 superfície fluorescente em que se forma a imagem nos tubos catódicos 3 tela de cinema 4 chapa de vidro de várias cores utilizada na seleção dos raios luminosos das fotografias coloridas 5 INFORMÁTICA aparelho em que se visualiza a informação; monitor 6 [fig.] arte cinematográfica; ~ táctil INFORMÁTICA ecrã sensível ao toque, que é ativado pelo dedo ou por uma caneta própria, permitindo ao utilizador interagir com dispositivos como o computador ou o telemóvel (Do fr. écran, «id.»)

écran n.m. ⇒ **ecrã**

ecstasy n.m. droga constituída por metilenodioximetanfetamina (MDMA) que, consistindo numa mistura de estimulantes e alucinogénios, atua no sistema nervoso central, provocando efeitos como sensação de euforia e perda de inibição (Do ing. *ecstasy*, «id.»)

éctase n.f. GRAMÁTICA transformação de uma sílaba breve em longa, para completar a medida de um verso; diástole (Do gr. *éktasis*, «alongamento», pelo lat. *ectăse-*, «id.»)

ectasia n.f. MEDICINA doença caracterizada por inchação ou dilatação (Do gr. *éktasis*, «alongamento» +*-ia*)

ectásico adj. relativo à ectasia (De *ectasia*+*-ico*)

ectático adj. ⇒ **ectásico**

ectilótico¹ adj.,n.m. depilatório (Do gr. *ektíllein*, «arrancar cabelo» +*t*+*-ico*)

ectilótico² adj. que é próprio para destruir os calos (Do gr. *ek*, «para fora» +*týlos*, «calo» +*t*+*-ico*)

ectinito n.m. PETROLOGIA rocha metamórfica resultante de uma rocha sedimentar preexistente, sem que tenha havido acarreio apreciável de minerais estranhos durante o metamorfismo (Do gr. *ektós*, «por fora», pelo fr. *ectinite*, «ectinito»)

éctipo n.m. **1** reprodução de medalha **2** cunho (Do gr. *éktypon*, «cópia dum modelo»)

ectipografia n.f. impressão de caracteres em relevo, para leitura dos cegos (Do gr. *ek*, «fora» +*týpos*, «tipo» +*gráphein*, «escrever» +*-ia*)

ectlipse n.f. GRAMÁTICA elisão do *m* final de uma palavra antes de outra começada por vogal (Do gr. *ékthlipsis*, «ação de esmagar», pelo lat. *ecthlipse-*, «id.»)

ecto- elemento de formação de palavras que exprime a ideia de *exterior, externo* (Do gr. *ektós*, «por fora»)

ectoblasto n.m. HISTOLOGIA ⇒ **ectoderma** (Do gr. *ektós*, «por fora» +*blastós*, «germe»)

ectoderma n.f. **1** HISTOLOGIA folheto germinal que constitui a parte externa da parede do embrião (animal), logo que este se diferencia em gástrula, e que também se denomina ectoblasto e exoderma **2** camada celular externa da parede do corpo de alguns animais, como os celenterados e os espongiários (Do gr. *ektós*, «por fora» +*dérma*, «pele»)

ectoderme n.f. HISTOLOGIA ⇒ **ectoderma**

ectoparasita n.m. ZOOLOGIA ⇒ **ectozoário** (Do gr. *ektós*, «por fora» +*parásitos*, «parasita»)

ectoparasito n.m. ZOOLOGIA ⇒ **ectozoário**

ectopia n.f. MEDICINA anomalia de um órgão que não ocupa a sua posição normal (Do gr. *ek*, «fora» +*tópos*, «lugar» +*-ia*)

ectópico adj. **1** relativo a ectopia **2** que ocorre ou funciona em posição anormal

ectoplasma n.m. **1** BIOLOGIA parte periférica do citoplasma celular **2** (parapsicologia) substância de origem psíquica que, segundo os espiritistas, alguns médiuns exsudam (Do gr. *ektós*, «por fora» +*plásma*, «coisa modelada»)

ectozoário n.m. ZOOLOGIA animal parasita que vive na parte externa do corpo do seu hospedeiro; ectoparasita; epizoário (Do gr. *ektós*, «por fora» +*zoárion*, «animalzinho»)

ectrodactilia n.f. MEDICINA anomalia caracterizada pela falta de um ou mais dedos (Do gr. *éktrosis*, «aborto» +*dáktylos*, «dedo» +*-ia*)

ectrópio n.m. MEDICINA estado anómalo das pálpebras que se apresentam reviradas para fora (Do gr. *ektrópion*, «reviramento»)

ectrótico adj. ⇒ **abortivo** (Do gr. *ektrotikós*, «abortivo»)

ecu n.m. antiga unidade monetária europeia, substituída pelo euro (Do ing. ECU, sigla de *European Currency Unit*, «unidade monetária europeia»)

ecúleo n.m. **1** instrumento de tortura em forma de cavalo; potro **2** [fig.] flagelo; tormento (Do lat. *ecŭlĕu-*, por *equŭlĕu-*, «cavalete»)

ecúmena n.f. área da superfície terrestre habitada permanentemente pelo homem (Do gr. *oikoumén̄e*, «a terra habitada»)

ecumenicamente adv. de maneira ecuménica; universalmente (De *ecuménico*+*-mente*)

ecumenicidade n.f. qualidade de ecuménico (De *ecuménico*+*-i-*+*-dade*)

ecuménico adj. **1** relativo à área terrestre que é habitada pelo homem; de âmbito geral; universal **2** RELIGIÃO diz-se de concílio, geralmente presidido pelo papa, em que toda a Igreja católica está representada **3** RELIGIÃO diz-se do movimento que tende para o ecumenismo, para a união de todas as igrejas cristãs numa só **4** que congrega pessoas de diferentes ideologias ou credos (Do gr. *oikoumenikós*, «da terra habitada», pelo lat. *oecumenĭcu-*, «ecuménico»)

ecumenismo n.m. **1** tendência para formar uma única família em todo o Mundo **2** RELIGIÃO movimento tendente a unir todas as igrejas cristãs (De *ecúmena*+*-ismo*)

eczema n.m. MEDICINA doença cutânea manifestada por um processo inflamatório, superficial, com características e causas diversas, muitas vezes com formações vesiculosas; dermatite (Do gr. *ékzema*, «irritação»)

eczematiforme adj.2g. semelhante a eczema (Do gr. *ékzema*, *-atos*, «irritação»+lat. *forma-*, «forma»)

eczematoso /ô/ adj. **1** que tem o carácter de eczema **2** afetado de eczema (Do gr. *ékzema*, *-atos*, «irritação» +*-oso*)

edace adj.2g. que consome; devorador; voraz (Do lat. *edāce-*, «devorador»)

edacidade n.f. qualidade de edace; voracidade; glutonaria (Do lat. *edacitāte-*, «voracidade»)

edáfico adj. relativo à constituição físico-química dos solos e sua importância para a alimentação das plantas (Do gr. *édaphos*, «solo» +*-ico*)

edafologia n.f. estudo dos solos (Do gr. *édaphos*, «solo» +*lógos*, «estudo» +*-ia*)

edaz adj.2g. ⇒ **edace** (Do lat. *edāce-*, «devorador»)

edelvaisse n.f. BOTÂNICA planta da família das Asteráceas, de pequeno porte, herbácea, com flores de um branco-amarelado, muito conhecida pela lanugem branca e espessa que a cobre em toda a sua extensão, vulgar nos Alpes, nos Pirenéus e nos Cárpatos acima dos 1700 m de altitude (Do al. *Edelweiß*, «id.», de *edel*, «nobre» +*weiß*, «branco»)

edema n.m. MEDICINA infiltração de serosidade nos tecidos do organismo, que produz inchação (Do gr. *oídema*, «inchação»)

edemaciar v.tr. produzir edema em (De *edema*+*c*+*-iar*)

edemático adj. **1** de edema ou a ele relativo **2** da natureza do edema **3** que tem edemas (Do gr. *oídema*, *-atos*, «inchaço» +*-ico*)

edematoso /ô/ adj. ⇒ **edemático**

éden n.m. (plural **édenes**) **1** [com maiúscula] RELIGIÃO (Bíblia) nome da região em que viveram Adão e Eva; Paraíso Terrestre **2** sítio muito aprazível; paraíso (Do hebr. *edhen*, «deleite», pelo lat. ecl. *Eden*, «paraíso»)

edénico adj. **1** relativo ao Éden **2** [fig.] paradisíaco (De *éden*+*-ico*)

edenismo n.m. vida edénica (De *éden*+*-ismo*)

edenite n.f. MINERALOGIA variedade de hornebIenda, pobre em ferro, de cor clara (De *éden*+*-ite*)

ede(o)- elemento de formação de palavras que exprime a ideia de *órgãos genitais* (Do grego *aidoîon*, «partes genitais»)

edeoblenorragia n.f. corrimento purulento dos órgãos sexuais (De *edeo-*+*blenorragia*)

edeoblenorreia n.f. ⇒ **edeoblenorragia** (De *edeo-*+*blenorreia*)

edeografia n.f. descrição dos órgãos genitais (De *edeo-*+*-grafia*)

edeologia n.f. estudo dos órgãos genitais (Do gr. *aidoîon*, «partes genitais» +*lógos*, «tratado» +*-ia*)

edeomania n.f. desejo sexual considerado patológico (Do gr. *aidoîon*, «partes genitais» +*manía*, «loucura»)

edeoscopia n.f. exame dos órgãos genitais (Do gr. *aidoîon*, «partes genitais» +*skopeîn*, «olhar» +*-ia*)

edeotomia n.f. dissecação dos órgãos genitais (Do gr. *aidoîon*, «partes genitais» +*tomé*, «corte» +*-ia*)

edição n.f. **1** impressão e publicação de uma obra **2** reprodução e difusão de material como software, discos, gravuras, moedas, etc. **3** conjunto de todos os exemplares de uma obra, impressos na mesma ocasião **4** RÁDIO, TELEVISÃO cada emissão de um programa **5** CINEMA, RÁDIO, TELEVISÃO seleção e montagem de materiais gravados e filmados com vista à constituição de um todo coerente **6** (concurso, festival, exposição) repetição de um evento **7** INFORMÁTICA conjunto de atividades realizadas por meio de programas e equipamentos informáticos com vista à montagem de um produto final; **~ comemorativa** edição produzida especificamente para comemorar uma data ou um acontecimento; **~ crítica** edição que procura reconstituir o texto autêntico; **~ definitiva** edição em que se publica um texto numa versão que o autor considera ser a última; **~ diplomática** edição que reproduz, sem alterações, um texto manuscrito ou impresso; **~ limitada** edição constituída por um reduzido número de exemplares de uma obra, geralmente numerados (Do lat. *editiōne-*, «publicação de livros»)

edictal ver nova grafia **edital**¹

edicto ver nova grafia **edito**

edícula n.f. **1** casa pequena **2** nicho (para imagens) (Do lat. *aedicŭla-*, «casa pequena; nicho»)

edificação n.f. **1** ato ou efeito de edificar **2** construção de edifício **3** obra **4** edifício **5** [fig.] aperfeiçoamento moral **6** [fig.] sentimentos piedosos (Do lat. *aedificatiōne-*, «id.»)

edificador *adj.,n.m.* que ou aquele que edifica; edificante (Do lat. *aedificatōre-*, «construtor»)

edificante *adj.2g.* 1 que edifica 2 que produz elevação moral; moralizador 3 instrutivo; esclarecedor 4 construtivo (Do lat. *aedificante-*, part. pres. de *aedificāre*, «edificar»)

edificar *v.tr.* 1 construir (edifício) 2 [fig.] fundar; instituir 3 [fig.] induzir ao bem e à virtude; doutrinar 4 [fig.] instruir (Do lat. *aedificāre*, «id.»)

edificativo *adj.* ⇒ **edificante** (De *edificar+-tivo*)

edifício *n.m.* 1 construção de carácter permanente, em geral com paredes e teto e de dimensões médias ou grandes 2 prédio de muitos andares 3 [fig.] resultado de um conjunto de ideias, de combinações; ~ *inteligente* instalações dotadas de sistemas informáticos programados para responderem a estímulos do ambiente e automatizarem a gestão de energia e as formas de vigilância, de segurança e até de comunicação (Do lat. *aedificĭu-*, «id.»)

edil *n.m.* 1 vereador 2 HISTÓRIA magistrado romano encarregado da inspeção e manutenção dos edifícios públicos (Do lat. *aedīle-*, «edil; magistrado»)

edílico *adj.* relativo a edil (De *edil+-ico*)

edilidade *n.f.* 1 cargo de edil 2 vereação 3 corporação de indivíduos que têm a seu cargo os interesses de um município (Do lat. *aedilitāte-*, «id.»)

edipiano *adj.* pertencente ou relativo ao complexo de Édipo ■ *n.m.* indivíduo que tem o complexo de Édipo (De *Édipo+-ano*)

edípico *adj.* 1 relativo a édipo 2 relativo a Édipo (De *Édipo+-ico*)

édipo *n.m.* 1 decifrador de enigmas 2 PSICOLOGIA indivíduo que manifesta o complexo de Édipo (Do gr. *Oidípous*, «Édipo», antr., filho de Laio, rei de Tebas, pelo lat. *Oedĭpu-*, «id.»)

edital¹ *adj.2g.* referente a edito (Do lat. *edictāle-*, «id.»)

edital² *n.m.* ordem oficial afixada em lugares públicos ou publicada nos jornais ■ *adj.2g.* 1 relativo a édito 2 publicado em editais (De *édito+-al*)

editar *v.tr.* 1 fazer a edição de 2 preparar para publicação 3 publicar 4 reproduzir e divulgar (software, discos, gravuras, etc.) 5 CINEMA, RÁDIO, TELEVISÃO selecionar e combinar (materiais gravados e filmados) com vista à obtenção de um produto final 6 INFORMÁTICA escrever ou montar (texto) utilizando um programa de processamento (Do lat. *edĭtu-*, «publicado» +*-ar*)

edito *n.m.* DIREITO qualquer preceito emanado de autoridade superior ou instituição; decreto; sentença (Do lat. *edictu-*, part. pass. de *edicĕre*, «proclamar»)

édito *n.m.* DIREITO ordem de autoridade superior ou judicial tornada pública através de editais ou por meio de anúncios na imprensa; edital (Do lat. *edītu-*, part. pass. de *edĕre*, «publicar; fazer sair»)

editor *adj.* que edita ■ *n.m.* 1 aquele que edita 2 aquele que publica a obra de um autor e assume as despesas de composição, impressão e difusão que essa publicação ocasionar; ~ *de texto* INFORMÁTICA programa de computador que dispõe um texto numa página ou no monitor, ao mesmo tempo que se escreve e se fazem as alterações necessárias; ~ *literário* pessoa que tem a seu cargo reunir, coordenar e, em regra, apreciar em prefácio os textos de um ou vários autores, preparando-os, assim, para serem publicados; ~ *responsável* coordenador de uma publicação periódica, pessoa que, para fins jurídicos, é responsável pelo conteúdo de uma publicação (Do lat. *editōre-*, «id.»)

editora /ô/ *n.f.* 1 empresa que se dedica à edição de discos, textos, gravuras, etc.; editor 2 empresa que tem por função a edição de livros e outras publicações 3 estabelecimento que se encarrega da publicação de obras, assumindo a responsabilidade e as despesas de composição, impressão, encadernação e distribuição (Forma fem. subst. do adj. *editor*)

editoração *n.f.* ato de editorar (De *editorar+-ção*)

editorar *v.tr.* ⇒ **editar** (De *editor+-ar*)

editorial *adj.2g.* 1 relativo a editor ou a edição 2 (jornalismo) relativo a artigo da responsabilidade da direção de uma publicação que exprime a sua opinião em relação a determinada questão da atualidade ■ *n.m.* esse artigo ■ *n.f.* empresa editora (Do ing. *editorial*, «artigo de fundo»)

editorialista *n.2g.* pessoa que tem a seu cargo escrever o editorial ou artigo de fundo de uma publicação (De *editorial+-ista*)

edível *adj.2g.* que se pode comer; comestível; edule (Do lat. *edĕre*, «comer» +*-vel*)

-edo sufixo nominal, de origem latina, que ocorre geralmente em substantivos derivados de outros substantivos e exprime a ideia de conjunto, reunião (*robledo*; *vinhedo*)

edredão *n.m.* coberta acolchoada para a cama, cheia de penas, sumaúma, algodão ou lã (Do isl. *aedardun*, «penugem do êider», espécie de papagaio-do-mar, pelo fr. *édredon*, «id.»)

edrioasteroides *n.m.pl.* PALEONTOLOGIA classe de equinodermos discoides exclusivamente paleozoicos (Do gr. *edraîos*, «firme; séssil» +*áster*, «astro» +*eîdos*, «forma»)

edrioasteróides ver nova grafia edrioasteroides

educabilidade *n.f.* 1 qualidade do que é educável 2 aptidão para se educar (Do lat. **educabilitāte-*, «id.»)

educação *n.f.* 1 processo que visa o desenvolvimento harmónico do ser humano nos seus aspetos intelectual, moral e físico e a sua inserção na sociedade 2 processo de aquisição de conhecimentos e aptidões 3 instrução 4 adoção de comportamentos e atitudes correspondentes aos usos socialmente tidos como corretos e adequados; cortesia; polidez; ~ *especial* educação dirigida a alunos portadores de necessidades educativas especiais; ~ *física* disciplina escolar que ensina ginástica, atletismo e outras práticas desportivas, visando o desenvolvimento das capacidades motoras do indivíduo; ~ *inclusiva* sistema segundo o qual as escolas devem ajustar-se a todas as crianças, independentemente das suas condições físicas, sociais, intelectuais, emocionais, etc.; ~ *permanente* formação contínua que visa a atualização dos conhecimentos de indivíduos integrados no mercado de trabalho (Do lat. *educatiōne-*, «id.»)

educacional *adj.2g.* relativo à educação (Do lat. *educatiōne-*, «educação» +*-al*)

educacionista *n.2g.* pessoa que educa; pedagogo (Do lat. *educatiōne-*, «educação» +*-ista*)

educadamente *adv.* 1 de maneira educada 2 com educação; com cortesia (De *educado+-mente*)

educado *adj.* 1 que recebeu educação; instruído 2 cortês; delicado; polido

educador *adj.,n.m.* que ou aquele que educa; ~(*a*) *de infância* profissional que orienta e é responsável por crianças do ensino pré-escolar (entre os quatro meses e os cinco anos de idade), sendo da sua competência organizar e aplicar os meios educativos adequados ao desenvolvimento integral da criança (Do lat. *educatōre-*, «precetor»)

educando *n.m.* pessoa que está ser formada, a receber educação (Do lat. *educandu-*, «que deve ser educado», ger. de *educāre*, «criar; educar»)

edução *n.f.* ato ou efeito de eduzir (Do lat. *eductiōne-*, «saída»)

educar *v.tr.* 1 fazer adquirir conhecimentos e/ou competências 2 ensinar boas maneiras a; ensinar a adotar um comportamento tido como socialmente correto 3 adestrar (animais) 4 robustecer (o organismo) por meio de exercícios físicos 5 aclimatar ■ *v.pron.* adquirir conhecimentos e/ou competências (Do lat. *educāre*, «id.»)

educativo *adj.* 1 relativo a educação 2 que educa; instrutivo (Do lat. *educāre*, «criar; educar; instruir», pelo fr. *éducatif*, «educativo»)

educável *adj.2g.* suscetível de educação (De *educar+-vel*)

edulcoração *n.f.* ato ou efeito de edulcorar; adoçamento (De *edulcorar+-ção*)

edulcorante *adj.2g.,n.m.* que ou substância natural ou sintética que é utilizada para adoçar alimentos, bebidas, medicamentos, etc.; adoçante (Do lat. *edulcorante-*, «id.», part. pres. de *edulcorāre-*, «adoçar»)

edulcorar *v.tr.* 1 adoçar 2 [fig.] suavizar; amenizar (Do b. lat. *edulcorāre*, «adoçar», pelo fr. *édulcorer*, «id.»)

edule *adj.2g.* ⇒ **edível** (Do lat. *edūle-*, «comestível»)

eduzir *v.tr.* 1 deduzir 2 derivar 3 extrair (Do lat. *educĕre*, «tirar; fazer sair»)

efabulação *n.f.* disposição dos factos que constituem a trama de um romance; fabulação (De *efabular+-ção*)

efabular *v.tr.* proceder à efabulação de; fabular

efe *n.m.* nome da letra *f* ou *F*; fê

efebismo *n.m.* modos de efebo (De *efebo+-ismo*)

efebo *n.m.* rapaz na puberdade; adolescente (Do gr. *éphebos*, «adolescente», pelo lat. *ephēbu-*, «jovem» dos 16 aos 20 anos)

efectivação ver nova grafia efetivação
efectivamente ver nova grafia efetivamente
efectivar ver nova grafia efetivar
efectível ver nova grafia efetível
efectividade ver nova grafia efetividade
efectivo ver nova grafia efetivo
efector ver nova grafia efetor
efectuação ver nova grafia efetuação
efectuador ver nova grafia efetuador
efectuar ver nova grafia efetuar

Efedráceas n.f.pl. BOTÂNICA ⇒ **Gnetáceas** (Do gr. *ephédra*, «cavalinha», pelo lat. *ephĕdra-*, «id.» +*-áceas*)

efedrina n.f. FARMÁCIA alcaloide extraído de uma efedrácea, com propriedades vasoconstritoras, hipertensoras e espasmolíticas (Do gr. *ephédra*, «cavalinha», pelo lat. *ephĕdra*, «id.» +*-ina*)

efeitarrão n.m. 1 efeito extraordinário 2 sucesso espantoso (De *efeito*+*-arrão*)

efeito n.m. 1 resultado necessário ou acidental de uma causa; consequência 2 realização 3 intenção; intuito 4 objetivo; finalidade; destino 5 aplicação 6 sensação 7 dano; prejuízo 8 FÍSICA fenómeno de particular importância produzido por uma causa bem determinada; ~ *de halo* PSICOLOGIA tendência para fazer uma apreciação positiva global de uma pessoa, a partir das primeiras impressões gerais que se tem dela; ~ *de Horn* PSICOLOGIA tendência para fazer uma apreciação negativa global de uma pessoa, a partir das primeiras impressões gerais que se tem dela; ~ *dominó* sucessão inevitável de factos, geralmente negativos, desencadeados por um facto inicial; ~ *Edison* FÍSICA emissão de eletrões por superfícies metálicas aquecidas; ~ *fotoelétrico* FÍSICA libertação de eletrões da superfície de um sólido por ação de radiação eletromagnética de determinado comprimento de onda; *efeitos especiais* CINEMA, TELEVISÃO simulação de imagens ou sons através de recursos técnicos (óticos, digitais ou mecânicos); *efeitos secundários* FARMÁCIA consequências indesejadas do uso de determinado medicamento; *armar ao* ~ tentar, por meios artificiais, produzir sensação nas outras pessoas; *com* ~ efetivamente, realmente (Do lat. *effectu-*, «efeito; sucesso»)

efeituador adj.,n.m. que ou aquele que efeitua; efetuador (De *efeituar*+*-dor*)

efeituar v.tr. ⇒ **efetuar** (De *efeito*+*-ar*)

efélide n.f. ⇒ **sarda**¹ (Do gr. *éphelis*, «sarda», pelo lat. *ephelĭde-*, «id.»)

efémera n.f. ZOOLOGIA ⇒ **efémero** n.m. (De *efémero*)

efemérida adj.,n.m. ZOOLOGIA ⇒ **efemerídeo**

efemeridade n.f. qualidade do que é efémero; transitoriedade (De *efémero*+*-i-*+*-dade*)

Efeméridas n.m.pl. ZOOLOGIA ⇒ **Efemerídeos**

efeméride n.f. 1 registo dos acontecimentos memoráveis que ocorreram em determinado dia em diferentes épocas e lugares 2 relação dos factos de cada dia 3 diário ou agenda 4 pl. ASTRONOMIA tábuas que indicam a posição relativa dos astros em cada dia do ano (Do gr. *ephemerís, -ídos*, «de cada dia», pelo lat. *ephemerĭde-*, «diário»)

efemerídeo adj. ZOOLOGIA relativo ou pertencente aos Efemerídeos ■ n.m. ZOOLOGIA espécime dos Efemerídeos

Efemerídeos n.m.pl. ZOOLOGIA família de insetos da ordem dos arquípteros, a que pertencem os efémeros (Do gr. *ephemerís, -ídos*, «de cada dia», pelo lat. *ephemerĭde-*, «diário»)

efemerizar v.tr. 1 tornar efémero 2 narrar à maneira de efemérides (De *efémero*+*-izar*)

efémero adj. 1 que dura só um dia 2 de curta duração; passageiro; transitório ■ n.m. ZOOLOGIA inseto da família dos Efemerídeos, que, depois de atingir o estado adulto, vive apenas algumas horas, não se alimentando, e morrendo após a postura (Do gr. *ephemerós*, «que dura um dia»)

efeminação n.f. 1 ato ou efeito de efeminar ou de efeminar-se 2 (homem) comportamento ou aparência tradicionalmente associados ao sexo feminino 3 [fig.] falta de força; falta de energia (Do lat. *effeminatiōne-*, «fraqueza»)

efeminado adj. 1 (homem) que tem comportamento ou aparência tradicionalmente associados ao sexo feminino 2 [fig.] a que falta força ou energia (Do lat. *effeminātu-*, «id.», part. pass. de *effemināre*, «tornar efeminado»)

efeminar v.tr. 1 fazer adotar um comportamento, aparência ou atitudes tradicionalmente associados ao sexo feminino 2 [fig.] tornar fraco e delicado ■ v.pron. 1 [depr.] (homem) adotar um comportamento ou aparência tradicionalmente associados ao sexo feminino 2 [depr.] perder força; enfraquecer (Do lat. *effeminare*, «id.»)

efeminizar v.tr.,pron. ⇒ **efeminar** (De *efeminar*+*-izar*)

eferente adj.2g. 1 que executa funções de condução ou transporte 2 que conduz de dentro para fora ou do centro para a periferia 3 FISIOLOGIA (vaso, canal) que transporta líquido para fora de um órgão 4 FISIOLOGIA (nervo) que conduz um impulso de um centro nervoso para a periferia (Do lat. *efferente-*, «id.», part. pres. de *efferre*, «levar para fora; tirar para fora»)

efervescência n.f. 1 ato ou efeito de efervescer 2 desenvolvimento de um gás em bolhas, no seio de um líquido 3 [fig.] excitação; agitação 4 [fig.] movimento (Do lat. *effervescentĭa*, part. pres. neut. pl. subst. de *effervescĕre*, «ferver»)

efervescente adj.2g. 1 que está em efervescência ou suscetível de entrar em efervescência 2 [fig.] agitado 3 [fig.] animado 4 [fig.] exaltado 5 [fig.] irascível (Do lat. *effervescente-*, part. pres. de *effervescĕre*, «ferver»)

efervescer v.intr. 1 desenvolver bolhas de gás 2 [fig.] agitar-se (Do lat. *effervescĕre*, «ferver»)

efes-e-erres elem. expr. *com todos os* ~ com todas as minúcias

efesíaco adj. relativo a Éfeso; efésio (De *efésio*+*-aco*)

efésio adj. de Éfeso, cidade da Grécia antiga ■ n.m. natural ou habitante de Éfeso (Do lat. *ephesĭu-*, «id.»)

efetivação n.f. ato ou efeito de efetivar ou efetivar-se (De *efectivar*+*-ção*)

efetivamente adv. 1 com efeito 2 realmente (De *efectivo*+*-mente*)

efetivar v.tr. 1 tornar efetivo 2 realizar; levar a efeito 3 nomear para cargo ou função com carácter permanente ■ v.pron. 1 tornar-se efetivo 2 ser integrado com carácter permanente em cargo ou função (De *efectivo*+*-ar*)

efetível adj.2g. que se pode efetuar (Do lat. *effectu-*, «feito», part. pass. de *efficĕre*, «fazer; efetuar» +*-vel*)

efetividade n.f. 1 qualidade ou situação do que é efetivo 2 permanência no serviço ativo, por parte de funcionários ou militares 3 atividade (De *efectivo*+*-i-*+*-dade*)

efetivo adj. 1 que tem efeito; que produz efeitos 2 que existe 3 que se realiza 4 que é permanente 5 (profissional) que pertence a um quadro de nomeação definitiva ■ n.m. 1 MILITAR totalidade dos militares que estão ao serviço de uma unidade 2 funcionário permanente de um serviço ou instituição; ~ *da população* número de indivíduos que compõem a população sujeita a tratamento estatístico (Do lat. *effectīvu-*, «ativo; que produz»)

efetor adj. BIOLOGIA, MEDICINA diz-se de célula, tecido ou órgão que exerce uma ação ou uma atividade como resposta a um estímulo ■ n.m. MEDICINA nervo ou terminação nervosa que transmite o impulso nervoso que vai provocar uma contração muscular ou secreção glandular (Do lat. *effector*, «o que faz»)

efetuação n.f. ato ou efeito de efetuar ou de se efetuar; realização; execução (De *efectuar*+*-ção*)

efetuador adj.,n.m. que ou aquele que efetua; realizador; executor (De *efectuar*+*-dor*)

efetuar v.tr. levar a efeito; pôr em prática; realizar (Do lat. *effectu-*, «feito», part. pass. de *efficĕre*, «fazer; executar» +*-ar*)

eficácia n.f. 1 qualidade do que é eficaz 2 capacidade de cumprir os objetivos pretendidos; eficiência 3 força para produzir determinados efeitos (Do lat. *efficacĭa-*, «força»)

eficaz adj.2g. 1 que cumpre os objetivos pretendidos; eficiente 2 que tem capacidade para produzir alguma coisa (Do lat. *efficāce-*, «id.»)

eficiência n.f. 1 força ou virtude de produzir o efeito pretendido; eficácia 2 poder de realizar (algo) convenientemente, despendendo de um mínimo de esforço, tempo e outros recursos; competência (Do lat. *efficientĭa-*, «id.»)

eficiente adj.2g. 1 que cumpre os objetivos pretendidos 2 que efetua com competência e rapidez o trabalho de que é encarregado (Do lat. *efficiente-*, «id.»)

efidrose n.f. MEDICINA doença caracterizada por sudação excessiva na parte superior do corpo (Do gr. *ephídrosis*, «suor abundante»)

efígie n.f. 1 representação ou imagem de uma pessoa 2 figura de personagem importante representada em moeda ou medalha 3 retrato (Do lat. *effigĭe-*, «id.»)

efípio n.m. 1 sela de cavalo 2 xairel (Do gr. *ephíppion*, «sela», pelo lat. *ephippĭu-*, «id.»)

eflorescência n.f. 1 BOTÂNICA princípio da floração ou formação de rebentos, nas plantas 2 BOTÂNICA espécie de pulverização que aparece sobre alguns órgãos vegetais 3 MEDICINA erupção cutânea; exantema 4 QUÍMICA propriedade de certas substâncias perderem total ou parcialmente a sua água de cristalização; inverso da deliquescência 5 [fig.] aparecimento (Do lat. *efflorescentĭa*, part. pres. neut. pl. subst. de *efflorescĕre*, «florescer»)

eflorescente adj.2g. 1 que está na eflorescência 2 que tem o aspeto ou a propriedade da eflorescência (Do lat. *efflorescente-*, «id.», part. pres. de *efflorescĕre*, «florescer»)

eflorescer v.intr. 1 começar a florescer 2 estar em eflorescência (Do lat. *efflorescĕre*, «florescer»)

efluência n.f. 1 ato ou efeito de efluir 2 emanação invisível (Do lat. *effluentĭa*, part. pres. neut. pl. subst. de *effluĕre*, «derramar-se»)

efluente *adj.2g.* que irradia ou emana de um ponto ■ *n.m.* **1** (esgotos, gases, etc.) fluido residual lançado para o ambiente e que constitui um agente poluidor **2** curso de água que deriva de outro de maiores dimensões (Do lat. *effluente-*, part. pres. de *effluĕre*, «derramar-se; correr»)

efluir *v.intr.* **1** emanar de um ponto **2** irradiar **3** proceder (Do lat. *effluĕre*, «derramar-se; correr»)

eflúvio *n.m.* **1** fluido subtil **2** exalação **3** emissão de aroma **4** emanação; **~ elétrico** FÍSICA descarga elétrica silenciosa acompanhada de fraca luminescência (Do lat. *effluvĭu-*, «id.»)

efluvioso /ô/ *adj.* que exala eflúvios (De *eflúvio+-oso*)

efluxão /cs/ *n.f.* **1** ato ou efeito de efluir; efluxo **2** MEDICINA expulsão do embrião, nos primeiros dias da gravidez (Do lat. *effluxiōne-*, «id.»)

efluxo /cs/ *n.m.* **1** (líquido) ação de correr para fora de uma cavidade; efluxão **2** emanação (Do lat. *effluxu-*, «derramado»)

efodiofobia *n.f.* horror aos preparativos de viagem (Do gr. *ephódion*, «provisões de viagem» +*phobeīn*, «ter horror» +-*ia*)

eforado *n.m.* ⇒ **eforato**

eforato *n.m.* dignidade ou cargo de éforo (De *éforo+-ato*)

eforia *n.f.* ⇒ **eforato** (De *éforo+-ia*)

éforo *n.m.* HISTÓRIA cada um dos cinco magistrados espartanos que, durante um ano, governavam a cidade (Do gr. *éphoros*, «inspetor», pelo lat. *ephŏru-*, «id.»)

efração *n.f.* ⇒ **efratura**

efracção ver nova grafia **efração**

efractura ver nova grafia **efratura**

efratura *n.f.* **1** arrombamento **2** rutura (Do lat. *effractūra-*, «roubo com arrombamento»)

efúgio *n.m.* **1** meio de escapar ou de se desculpar; escapatória; subterfúgio **2** refúgio (Do lat. *effugĭu-*, «evasão»)

efundir *v.tr.* **1** tirar para fora **2** entornar **3** verter (Do lat. *effundĕre*, «verter»)

efusão *n.f.* **1** ato ou efeito de efundir **2** derramamento **3** escoamento de um fluido por um orifício muito estreito **4** separação de gases diferentes pela sua desigual velocidade através de certas substâncias mais ou menos porosas **5** [fig.] expansão de sentimentos **6** [fig.] fervor; entusiasmo (Do lat. *effusiōne-*, «id.»)

efusivamente *adv.* **1** com efusão **2** expansivamente (De *efusivo+-mente*)

efusivo *adj.* **1** que exprime os seus sentimentos com facilidade; comunicativo; expansivo **2** que revela entusiasmo; fervoroso; veemente **3** GEOLOGIA diz-se do produto originado por uma efusão vulcânica (De *efuso+-ivo*)

efuso *adj.* **1** que corre por fora dos canais próprios **2** derramado; espalhado (Do lat. *effusu-*, part. pass. de *effundĕre*, «verter; derramar»)

efusor *n.m.* dispositivo para converter pressão em velocidade (Do lat. *effusōre-*, «o que espalha»)

egéria *n.f.* **1** mulher que inspira **2** conselheira secreta **3** [fig.] a inspiração personificada (Do lat. *Egerĭa*, mitol., «Egéria», conselheira secreta de Numa Pompílio, rei de Roma, 714-671 a. C.)

egeu *adj.* relativo ao mar Egeu ou aos povos que viviam nas suas costas ■ *n.m.* indivíduo pertencente aos povos que habitavam as costas do mar Egeu (Do lat. *aegaeu-*, «mar Egeu»)

égide *n.f.* **1** escudo **2** couraça **3** [fig.] defesa **4** [fig.] proteção; amparo **5** [fig.] salvaguarda (Do gr. *aigís, -ídos*, «escudo de Zeus», pelo lat. *aegĭde-*, «escudo de Júpiter; escudo de Minerva»)

egipcíaco *adj.,n.m.* ⇒ **egípcio** (Do lat. *aegyptiăcu-*, «egípcio»)

egipciano *adj.,n.m.* ⇒ **egípcio** (De *egípcio+-ano*)

egípcio *adj.* relativo ou pertencente ao Egito ■ *n.m.* natural ou habitante do Egito (Do lat. *aegyptĭu-*, «egípcio»)

egiptano *adj.,n.m.* ⇒ **egípcio** (De *Egipto*, top. +*-ano*)

egiptologia *n.f.* estudo da antiga civilização do Egito (De *Egipto+-logia*)

egiptólogo *n.m.* especialista em egiptologia (De *Egipto+-logo*)

egirina *n.f.* MINERALOGIA silicato natural de ferro e sódio (Do fr. *aegirine*, «id.»)

egirínico *adj.* **1** relativo à egirina **2** da natureza da egirina

egitaniense *adj.2g.* relativo à vila de Idanha ou à cidade da Guarda, povoações portuguesas ■ *n.2g.* natural ou habitante de qualquer dessas localidades (Do lat. *egitaniense-*, «id.», de *Egitanĭa-*, top., «Egitânia; Idanha»)

eglefim *n.m.* ICTIOLOGIA peixe teleósteo, semelhante ao bacalhau, muito apreciado em culinária (Do neerl. *schelvisch*, «bacalhau», pelo fr. *églefin*, «id.»)

égloga *n.f.* LITERATURA ⇒ **écloga**

ego *n.m.* **1** o ser enquanto entidade consciente **2** autoestima **3** PSICANÁLISE parte da psique que tem como funções a regulação das tendências instintivas e a comprovação da realidade (Do lat. *ego*, «eu»)

ego-[1] elemento de formação de palavras que exprime a ideia de *eu* (Do lat. *ego*, «eu»)

ego-[2] elemento de formação de palavras que exprime a ideia de *cabra* (Do gr. *aíx, aigós*, «cabra»)

-ego sufixo nominal, de origem ibérica, que exprime uma relação e tem sentido pejorativo (*patego, ninhego, tardego*)

egocêntrico *adj.* **1** que se preocupa exclusivamente com a sua própria pessoa e os seus próprios interesses **2** que é individualista ao extremo **3** relativo ao egocentrismo (Do lat. *ego*, «eu» +*centru-*, «centro» +-*ico*)

egocentrismo *n.m.* **1** tendência para referir tudo a si mesmo **2** preocupação exclusiva consigo e com os seus próprios interesses **3** individualismo extremo **4** PSICOLOGIA atitude psicológica, normal na segunda infância (3 a 6 anos), caracterizada pela ausência de distinção entre a realidade pessoal e a realidade objetiva (Do lat. *ego*, «eu» +*centru-*, «centro» +-*ismo*)

egocentrista *adj.2g.* relativo ao egocentrismo ■ *n.2g.* pessoa possuidora ou partidária do egocentrismo (Do lat. *ego*, «eu» +*centru-*, «centro» +-*ista*)

egofagia *n.f.* hábito de comer carne de cabra (Do gr. *aíx, aigós*, «cabra» +*phageīn*, «comer» +-*ia*)

egofonia *n.f.* (pneumologia) ressonância da voz que, num doente auscultado, tem som semelhante ao balido da cabra (Do gr. *aíx, aigós*, «cabra» +*phoné*, «voz» +-*ia*)

egoísmo *n.m.* qualidade de egoísta; amor exclusivo da sua pessoa ou dos seus interesses (Do fr. *égoisme*, «id.»)

egoísta *adj.,n.2g.* que ou pessoa que apenas trata de si ou dos seus interesses (Do fr. *égoiste*, «id.»)

egoístico *adj.* em que há egoísmo; egoísta (De *egoísta+-ico*)

ególatra *n.2g.* **1** pessoa que tem o culto de si próprio **2** egoísta (De *ego+-latra*)

egolatria *n.f.* **1** culto do eu **2** adoração de si próprio (Do lat. *ego*, «eu»+gr. *latreía*, «adoração»)

egotismo *n.m.* **1** sentimento exagerado da própria personalidade **2** mania de falar de si, de se vangloriar **3** subjetivismo (Do fr. *égotisme*, «egoísmo»)

egotista *adj.2g.* relativo a egotismo ■ *n.2g.* aquele que tem um sentimento exagerado da sua personalidade (Do fr. *égotiste*, «egoísta»)

egrégio *adj.* **1** distinto; nobre **2** ilustre; insigne (Do lat. *egregĭu-*, «distinto»)

egressão *n.f.* saída repentina e forçada (Do lat. *egressiōne-*, «saída»)

egresso *adj.* **1** que saiu de alguma comunidade, especialmente religiosa **2** que se afastou de um grupo ■ *n.m.* **1** indivíduo que abandonou o convento; ex-frade **2** afastamento de um grupo ou de uma comunidade; saída; retirada (Do lat. *egressu-*, part. pass. de *egrĕdi*, «sair»)

égrio *n.m.* [Brasil] BOTÂNICA planta herbácea, da família das Crucíferas, afim do agrião e, como este, utilizada especialmente em saladas (De orig. obsc.)

égua *n.f.* **1** fêmea do cavalo **2** [pop.] embriaguez (Do lat. *eqūa*, «id.»)

eguada *n.f.* manada de éguas (De *égua+-ada*)

eguariço *adj.* **1** relativo às éguas **2** (muar) que é produto híbrido do burro e da égua ■ *n.m.* indivíduo que trata do gado cavalar, em especial de éguas (Do lat. **equaritĭu-*, «id.»)

eh *interj.* **1** exprime surpresa ou admiração **2** usada para chamamento (Do lat. *ehe*, «id.»)

eia *interj.* **1** exprime surpresa **2** usada para animar **3** usada para mandar parar (Do gr. *eía*, «id.», pelo lat. *eia*, «id.»)

-eia ⇒ -**eu**

êider *n.m.* ORNITOLOGIA ave da família dos Anatídeos, palmípede, robusta, do Norte, cuja penugem é muito usada para enchimento de edredões (Do isl. *oedr*, «êider», pelo fr. *eider*, «id.»)

eidética *n.f.* FILOSOFIA (fenomenologia) ciência das essências (De *eidético*)

eidético *adj.* FILOSOFIA (fenomenologia) que respeita às essências obtidas por abstração ou redução, e não às coisas existentes; *imagem eidética* PSICOLOGIA representação nítida de objeto ausente, que difere da alucinação, por ser tida por subjetiva, e da imagem vulgar, pelo facto de o indivíduo afirmar vê-la realmente (Do gr. *eidetikós*, «que tem conhecimento»)

eidetismo *n.m.* PSICOLOGIA anomalia apresentada por certos indivíduos, principalmente crianças, caracterizada pela capacidade de rever em espírito, com grande nitidez, objetos anteriormente examinados (Do gr. *eĭdos*, «forma; imagem» +*t*+-*ismo*)

eido *n.m.* **1** pátio **2** quinteiro **3** sítio **4** quintal junto a uma casa; aido (Do lat. *adĭtu-*, «entrada»)

Eifeliano *n.m.* GEOLOGIA andar do Devónico médio (De *Eifel*, nome de uma região do Ocidente da Alemanha +-*iano*)

-eima sufixo nominal, de origem latina, que ocorre geralmente em substantivos femininos abstratos derivados de adjetivos (*guloseima; toleima*)

einsteiniano *adj.* relativo a Einstein, físico alemão (1879-1955), autor da teoria da relatividade, ou à sua obra (De *Einstein*, antr. + -*iano*)

einstéinio *n.m.* QUÍMICA elemento químico com o número atómico 99, de símbolo Es, radioativo, obtido artificialmente; einsténio (De *A. Einstein*, antr., físico al., 1879-1955 +-*io*)

einsténio *n.m.* QUÍMICA ⇒ **einstéinio**

eira *n.f.* **1** terreno liso e duro ou lajeado, onde se desgranam e secam os cereais e os legumes **2** terreiro onde se junta o sal que se tira das marinhas **3** lugar onde se seca a cana-de-açúcar **4** ZOOLOGIA espécie de gato-bravo; *não ter ~ nem beira* ser muito pobre (Do lat. *arĕa-*, «espaço livre; eira»)

eirada *n.f.* **1** porção de cereais que se malham ou secam de uma vez na eira **2** festa popular, nas eiras, por ocasião das desfolhadas e linharadas (De *eira*+-*ada*)

eirado *n.m.* lugar descoberto e saliente sobre uma casa, ao nível de um andar; terraço; açoteia (De *eira*+-*ado*)

eiró[1] *n.f.* ICTIOLOGIA ⇒ **enguia** (Do lat. *hydreŏla-*, dim. de *hydra-*, «cobra-d'água»)

eiró[2] *n.m.* [regionalismo] eira de piso térreo (Do lat. *areŏla-*, «pátio pequeno»)

eiroga *n.f.* ICTIOLOGIA peixe seláquio, da família dos Raiídeos (espécie de raia), que aparece em Portugal e é também designado airoga, oirega, raia, etc. (De orig. obsc.)

eis *adv.* aqui está; vede; *~ senão quando* de repente (Do lat. *ex*, preposição que exprime a ideia de movimento de dentro para fora)

eito *n.m.* seguimento ou série de coisas que estão na mesma linha ou direção; *a ~* a fio, de seguida, sem interrupção (Do lat. *ictu-*, «golpe; choque»)

eiva *n.f.* **1** (metal) falha **2** (vidro, vaso) racha **3** pequena mancha num fruto que começa a apodrecer **4** [fig.] defeito (físico ou moral) (Deriv. regr. de *eivar*)

eivão *n.m.* ORNITOLOGIA ⇒ **papa-figos** 1 (De orig. obsc.)

eivar *v.tr.* **1** contaminar (no sentido físico ou moral) **2** impregnar ■ *v.pron.* **1** decair **2** começar a apodrecer **3** contaminar-se (Do lat. *elibāre*, por *delibāre*, «diminuir; perturbar»?)

eixa *n.f.* BOTÂNICA planta herbácea, da família das Crucíferas, semelhante à leituga, espontânea em grande extensão de Portugal (De orig. obsc.)

eixar *v.tr.* **1** pôr eixo em **2** meter no eixo (De *eixo*+-*ar*)

eixe *interj.* usada para incitar os bois a andar (Do lat. *exi*, «sai», imp. de *exīre*, «sair»)

eixo *n.m.* **1** peça cilíndrica em torno da qual um corpo (ou um sistema de corpos) pode ter um movimento giratório, chamado movimento de rotação **2** MECÂNICA barra, quase sempre metálica, em cujas extremidades estão fixadas as rodas de um veículo **3** jogo de crianças em que cada uma salta por cima das outras que estão colocadas a distâncias iguais **4** BOTÂNICA órgão central dos vegetais, em torno do qual se desenvolvem os órgãos apendiculares **5** [fig.] ponto principal **6** [fig.] apoio; sustentáculo **7** [fig.] essência; *~ de revolução* MATEMÁTICA reta fixa em torno da qual uma linha ou um domínio plano, numa rotação completa, geram, respetivamente, uma superfície ou um sólido (de revolução); *~ de simetria* MATEMÁTICA reta que bisseta as cordas de uma curva plana que são perpendiculares a essa reta; *eixo ~* FÍSICA direção em que os raios ordinário e extraordinário são transmitidos com a mesma velocidade, num cristal que apresenta dupla refração; *andar fora dos eixos* ser malcomportado, viver desregradamente; *pôr as coisas nos eixos* pôr as coisas em ordem (Do gr. *áxon*, «eixo», pelo lat. *axu-*, por *axe-*, «eixo»)

ejaculação *n.f.* **1** ato ou efeito de ejacular **2** FISIOLOGIA emissão do esperma pela uretra no momento do orgasmo **3** derramamento com força; expulsão de qualquer líquido; jato **4** [fig.] abundância de palavras; arrazoado (De *ejacular*+-*ção*)

ejaculador *adj.* que ejacula ■ *n.m.* aquilo que serve para ejaculação (De *ejacular*+-*dor*)

ejacular *v.tr.* **1** lançar de si **2** emitir com força **3** proferir subitamente ■ *v.intr.* lançar o esperma no momento do orgasmo (Do lat. *ejaculāre*, por *ejaculāri*, «projetar»)

ejaculatório *adj.* **1** que contribui para a ejaculação **2** por onde se faz a ejaculação (De *ejacular*+-*tório*)

-ejar sufixo verbal, de origem latina, que ocorre sobretudo em verbos de sentido frequentativo, derivados de substantivos e adjetivos (*gaguejar; gotejar*)

ejeção *n.f.* **1** ato ou efeito de ejetar **2** evacuação de matérias fecais **3** projeção de lava **4** expulsão do invólucro, nas armas de retrocarga, depois de disparado o tiro (Do lat. *ejectiōne-*, «ação de lançar fora»)

ejecção ver nova grafia **ejeção**

ejectar ver nova grafia **ejetar**

ejectável ver nova grafia **ejetável**

ejectólito ver nova grafia **ejetólito**

ejector ver nova grafia **ejetor**

ejetar *v.tr.* **1** fazer ejeção de; lançar com força; projetar **2** expulsar; expelir; dejetar ■ *v.pron.* abandonar um veículo em situação de emergência acionando um mecanismo que expulsa o condutor ou piloto para fora desse veículo (Do lat. *ejectāre*, «expelir»)

ejetável *adj.2g.* que pode ser ejetado ou arremessado (De *ejectar*+-*vel*)

ejetólito *n.m.* GEOLOGIA fragmento de rocha projetado por um vulcão (Do lat. *ejectu-*, part. pass. de *ejactāre*, «expelir»+gr. *líthos*, «pedra»)

ejetor /ô/ *n.m.* **1** peça pela qual se alivia a pressão de uma máquina de vapor **2** peça das armas de fogo que, após a extração do invólucro de um cartucho detonado, o faz saltar para o exterior **3** aparelho para esvaziar a água de um reservatório (Do lat. *ejectōre-*, pelo fr. *éjecteur*, «id.»)

-ejo sufixo nominal, de origem latina, que tem sentido diminutivo e, por vezes, pejorativo (*lugarejo; sertanejo*)

el *art.def.* [arc.] ⇒ **o**[2] *art. def.* (Do lat. *illu-*, «aquele»)

-el sufixo nominal, de origem latina, que ocorre em topónimos e, por vezes, em substantivos comuns com sentido diminutivo (*Portel; Pinhel; tornel*)

ela *pron.pess.* designa a terceira pessoa do singular e indica a pessoa de que se fala ou escreve (*ela chegou; falei com ela*); *~ por ~* mais ou menos igual; *agora é que são elas!* agora é que começam os problemas, aí é que a coisa fia fino; *andar na boa vai ~* passar o tempo sem se preocupar com nada (Do lat. *illa-*, «aquela»)

-ela sufixo nominal, de origem latina, com sentido diminutivo (*rodela; patela; vilela; Pascoela*)

elã *n.m.* [Brasil] ⇒ **élan**

elaboração *n.f.* **1** ato ou efeito de elaborar **2** preparação e produção de um trabalho, obra ou substância **3** composição **4** trabalho **5** atividade ou resultado do trabalho executado por alguns órgãos num organismo (Do lat. *elaboratiōne-*, «id.»)

elaborador *adj.,n.m.* que ou aquele que elabora; organizador (De *elaborar*+-*dor*)

elaborar *v.tr.* **1** preparar gradualmente **2** compor; organizar **3** ordenar mediante operações mentais **4** produzir **5** formar **6** conceber; idear **7** tornar assimilável (alimentos) ■ *v.pron.* **1** formar-se **2** operar-se (Do lat. *elaborāre*, «id.»)

elaborável *adj.2g.* que pode ser elaborado (De *elaborar*+-*vel*)

elação *n.f.* **1** altivez; arrogância **2** elevação; exaltação (Do lat. *elatiōne-*, «elevação»)

élan *n.m.* **1** impulso; ímpeto **2** entusiasmo **3** inspiração (Do fr. *élan*, «id.»)

elanguescência *n.f.* qualidade de elanguescente (Do lat. *elanguescentĭa*, «id.», part. pres. neut. pl. subst. de *elanguescĕre*, «tornar-se lânguido»)

elanguescente *adj.2g.* **1** que perde as forças; que elanguesce; fraco; debilitado **2** lânguido; voluptuoso (Do lat. *elanguescente-*, «id.», part. pres. de *elanguescĕre*, «elanguescer»)

elanguescer *v.intr.* **1** enfraquecer; debilitar-se **2** tornar-se lânguido (Do lat. *elanguescĕre*, «id.»)

elar *v.intr.,pron.* (vide) prender-se com elos; agarrar-se com gavinhas (De *elo*+-*ar*)

elasm(o)- elemento de formação de palavras que exprime a ideia de *lâmina metálica* (Do grego *elasmós*, «lâmina metálica»)

elasmobranquiado *adj.* relativo ou pertencente aos elasmobranquios ■ *n.m.* ICTIOLOGIA espécime dos elasmobranquiados ■ *n.m.pl.* ICTIOLOGIA subclasse dos peixes sem opérculo e com endosqueleto inteiramente cartilagíneo (De *elasmo-*+*branquiado*)

elasmobrânquio *adj.,n.m.,n.m.pl.* ICTIOLOGIA ⇒ **elasmobranquiado**

elastano *n.m.* QUÍMICA fibra química polimérica e sintética, obtida a partir de etano, cuja função é conferir elasticidade aos tecidos convencionais (Do ing. *elastane*, «id.»)

elasticidade n.f. 1 propriedade que os corpos têm de retomar a sua forma e dimensões primitivas depois de terem sido submetidos a forças deformadoras 2 flexibilidade 3 agilidade 4 [fig., pej.] ausência de escrúpulos; duplicidade; falsidade; *módulo de ~* razão entre a tensão e a deformação, dentro dos limites de proporcionalidade (De *elástico*+-*i*-+-*dade*, ou do fr. *élasticité*, «elasticidade»)
elasticimetria n.f. medição dos esforços sofridos por um corpo e das deformações resultantes desses esforços (Do fr. *élasticimetrie*, «id.»)
elasticina n.f. BIOQUÍMICA ⇒ **elastina** (De *elástico*+-*ina*)
elástico adj. 1 que é capaz de retomar a sua forma primitiva depois de ser comprimido ou esticado 2 flexível 3 [fig.] que é capaz de aumentar ou crescer ▪ n.m. cordão, fita ou tecido de material capaz de retomar a forma primitiva depois de ser esticado; *deformação elástica* variação, nas posições relativas, de pontos num corpo sólido, que desaparece quando a tensão deformadora é suprimida; *fluidos elásticos* os gases (Do gr. *elastés*, «o que impele», pelo lat. cient. *elasticŭ*-, «id.», pelo fr. *élastique*, «id.»)
elastina n.f. BIOQUÍMICA substância proteica existente em tecidos conjuntivos elásticos; elasticina (Do gr. *elastés*, «o que impele» + -*ina*)
elast(o)- elemento de formação de palavras que exprime a ideia de *elástico* (Do grego tardio *élastos*, «que empurra»)
elastodinâmica n.f. parte da elasticidade que descreve o estudo das propriedades mecânicas das ondas elásticas (De *elasto*-+*dinâmica*)
elastómero n.m. QUÍMICA substância elástica natural ou obtida sinteticamente com propriedades análogas às da borracha (Do fr. *élastomère*, «id.»)
elastorresistência n.f. variação na resistência elétrica dos materiais quando são deformados dentro dos limites de elasticidade
elatérida n.m. ZOOLOGIA ⇒ **elaterídeo**
Elatéridas n.m.pl. ZOOLOGIA ⇒ **Elaterídeos**
elaterídeo adj. ZOOLOGIA relativo ou pertencente aos Elaterídeos ▪ n.m. ZOOLOGIA espécime dos Elaterídeos
Elaterídeos n.m.pl. ZOOLOGIA família de insetos coleópteros, frequentes em Portugal, cujo género-tipo *Elater* compreende espécies que saltam bruscamente, como se fossem atiradas por uma mola (Do gr. *elatér*, «que impele», pelo fr. *élatéridés*, «Elaterídeos»)
elaterina n.f. QUÍMICA substância de forte ação purgativa que é o princípio ativo da droga elatério e é também denominada elatina (De *elatério*+-*ina*)
elatério[1] n.m. 1 BOTÂNICA fruto capsular que se abre na maturação, lançando as sementes 2 BOTÂNICA célula das hepáticas (plantas) ou prolongamento dos esporos de algumas pteridófitas que atua na disseminação dos esporos (Do gr. *elatér*, «o que impele»+-*io*)
elatério[2] n.m. droga purgativa obtida do pepino-de-são-gregório (Do gr. *elatérion*, «pepino bravo», pelo lat. *elaterĭu*-, «id.»)
elatina n.f. QUÍMICA ⇒ **elaterina** (Do gr. *elatíne*, «verónica dos campos»)
elatinácea n.f. BOTÂNICA espécime das Elatináceas
Elatináceas n.f.pl. BOTÂNICA família de plantas dicotiledóneas, herbáceas, representada em Portugal por espécies espontâneas do género *Elatine* (De *elatina*+-*áceas*)
eldorado n.m. 1 país imaginário de delícias e riquezas, que se supunha existir na América do Sul 2 [fig.] sítio de delícias e abundância 3 casta de uva (Do cast. *El Dorado*, «país do ouro», país imaginário onde os conquistadores espanhóis supunham ir encontrar abundância de ouro e pedras preciosas)
ele[1] pron.pess. designa a terceira pessoa do singular e indica a pessoa de que se fala ou escreve (*ele entrou; comprei isto para ele*) (Do lat. *ille*-, «aquele»)
ele[2] n.m. nome da letra *l* ou *L*; lê
eleagnácea n.f. BOTÂNICA espécime das Eleagnáceas
Eleagnáceas n.f.pl. BOTÂNICA família de plantas dicotiledóneas, exóticas, cujo género-tipo *Elaeagnus* compreende pequenas árvores, entre as quais algumas ornamentais (Do gr. *elaíagnos*, «eleagno» + -*áceas*)
eleágnea n.f. BOTÂNICA ⇒ **eleagnácea**
Eleágneas n.f.pl. BOTÂNICA ⇒ **Eleagnáceas**
eleagno n.m. BOTÂNICA planta exótica, ornamental, da família das Eleagnáceas (género *Elaeagnus*), como a oliveira-do-paraíso (Do gr. *elaíagnos*, «id.»)
e-learning n.m. modalidade de aprendizagem interativa e a distância que faz uso das novas tecnologias multimédia e da internet, cujos recursos didáticos são apresentados em diferentes suportes, e em que, no caso de existir um formador, a comunicação com o formando se efetua de forma síncrona (em tempo real) ou assíncrona (com escolha flexível do horário de estudo) (Do ing. *e-learning*, «id.»)
eleata n.2g. seguidor das doutrinas de Parménides, filósofo grego (504 - 450 a. C.), e de Zenão de Éleia, filósofo grego (séc. V a. C.), que defendiam, contra os Pitagóricos, a unidade, continuidade, indivisibilidade e imobilidade do ser (Zenão criou a dialética, arte de discutir, que, partindo dos princípios aceites pelo adversário, mostra que conduzem a um absurdo) (Do gr. *eleátes*, «originário ou habitante de Éleia», cidade da Lucânia (Itália), pelo lat. *eleātes*, «habitantes de Éleia»)
eleático adj. 1 relativo às doutrinas de Zenão de Éleia 2 cético (Do gr. *eleatikós*, «de Éleia», pelo lat. *eleatĭcu*-, «id.»)
eleatismo n.m. FILOSOFIA doutrina filosófica da escola de Éleia, fundada por Parménides, segundo a qual existiam duas espécies de conhecimento: o de origem sensorial e o racional, sendo este o único conhecimento verdadeiro (De *eleata*+-*ismo*)

eletividade ver nova grafia eletividade
electivo ver nova grafia eletivo
electrão ver nova grafia eletrão
electrão-volt ver nova grafia eletrão-volt
electrargol ver nova grafia eletrargol
electrencefalografia ver nova grafia eletrencefalografia
electrencefalograma ver nova grafia eletrencefalograma
electrete ver nova grafia eletrete
electrexecução ver nova grafia eletrexecução
electricidade ver nova grafia eletricidade
electricismo ver nova grafia eletricismo
electricista ver nova grafia eletricista
eléctrico ver nova grafia elétrico
electrificação ver nova grafia eletrificação
electrificar ver nova grafia eletrificar
electrização ver nova grafia eletrização
electrizador ver nova grafia eletrizador
electrizante ver nova grafia eletrizante
electrizar ver nova grafia eletrizar
electrizável ver nova grafia eletrizável
electr(o)- ver nova grafia eletr(o)-
electrobalística ver nova grafia eletrobalística
electrobiologia ver nova grafia eletrobiologia
electrobomba ver nova grafia eletrobomba
electrocardiografia ver nova grafia eletrocardiografia
electrocardiógrafo ver nova grafia eletrocardiógrafo
electrocardiograma ver nova grafia eletrocardiograma
electrochoque ver nova grafia eletrochoque
electrocinética ver nova grafia eletrocinética
electrocirurgia ver nova grafia eletrocirurgia
electrocoagulação ver nova grafia eletrocoagulação
electrocussão ver nova grafia eletrocussão
electrocutado ver nova grafia eletrocutado
electrocutar ver nova grafia eletrocutar
electrocutor ver nova grafia eletrocutor
electrodeposição ver nova grafia eletrodeposição
electrodiagnóstico ver nova grafia eletrodiagnóstico
electrodiálise ver nova grafia eletrodiálise
electrodinâmica ver nova grafia eletrodinâmica
electrodinâmico ver nova grafia eletrodinâmico
electrodinamismo ver nova grafia eletrodinamismo
electrodinamómetro ver nova grafia eletrodinamómetro
electródio ver nova grafia eletródio
eléctrodo ver nova grafia elétrodo
electrodoméstico ver nova grafia eletrodoméstico
electroencefalografia ver nova grafia eletroencefalografia
electroencefalógrafo ver nova grafia eletroencefalógrafo
electroencefalograma ver nova grafia eletroencefalograma
electrofisiologia ver nova grafia eletrofisiologia
electrofone ver nova grafia eletrofone
electroforese ver nova grafia eletroforese
electroformação ver nova grafia eletroformação
electróforo ver nova grafia eletróforo
electrogalvânico ver nova grafia eletrogalvânico
electrogalvanismo ver nova grafia eletrogalvanismo
electrogéneo ver nova grafia eletrogéneo
electrogerador ver nova grafia eletrogerador
electrografia ver nova grafia eletrografia
electrógrafo ver nova grafia eletrógrafo

electroíman ver nova grafia eletroíman
electrolisação ver nova grafia eletrolisação
electrolisar ver nova grafia eletrolisar
electrólise ver nova grafia eletrólise
electrolítico ver nova grafia eletrolítico
electrólito ver nova grafia eletrólito
electrologia ver nova grafia eletrologia
electroluminescência ver nova grafia eletroluminescência
electromagnete ver nova grafia eletromagnete
electromagnético ver nova grafia eletromagnético
electromagnetismo ver nova grafia eletromagnetismo
electromecânica ver nova grafia eletromecânica
electromecânico ver nova grafia eletromecânico
electromeopatia ver nova grafia eletromeopatia
electrometalurgia ver nova grafia eletrometalurgia
electrometria ver nova grafia eletrometria
electrómetro ver nova grafia eletrómetro
electromotor ver nova grafia eletromotor
electromotriz ver nova grafia eletromotriz
electromóvel ver nova grafia eletromóvel
electronegatividade ver nova grafia eletronegatividade
electronegativo ver nova grafia eletronegativo
electrónica ver nova grafia eletrónica
electrónico ver nova grafia eletrónico
electropexia ver nova grafia eletropexia
electropositividade ver nova grafia eletropositividade
electropositivo ver nova grafia eletropositivo
electróptica ver nova grafia eletrótica
electropunctura ver nova grafia eletropunctura
electroquímica ver nova grafia eletroquímica
electroquímico ver nova grafia eletroquímico
electroscópio ver nova grafia eletroscópio
electrossemáforo ver nova grafia eletrossemáforo
electrossiderurgia ver nova grafia eletrossiderurgia
electrossoldadura ver nova grafia eletrossoldadura
electrostática ver nova grafia eletrostática
electrostático ver nova grafia eletrostático
electrostricção ver nova grafia eletrostrição
electrotecnia ver nova grafia eletrotecnia
electrotécnico ver nova grafia eletrotécnico
electroterapêutica ver nova grafia eletroterapêutica
electroterapia ver nova grafia eletroterapia
electrotermia ver nova grafia eletrotermia
electrotérmico ver nova grafia eletrotérmico
electrotipia ver nova grafia eletrotipia
electrotónico ver nova grafia eletrotónico
electrotropismo ver nova grafia eletrotropismo
electrovalência ver nova grafia eletrovalência
electrovalente ver nova grafia eletrovalente
electuário *n.m.* FARMÁCIA medicamento composto de várias drogas misturadas com mel ou açúcar (Do b. lat. *electuarĭu-*, «id.», pelo fr. *électuaire*,»)
elefanta *n.f.* fêmea do elefante (De *elefante*)
elefante *n.m.* ZOOLOGIA o mais corpulento mamífero terrestre da atualidade, proboscídeo, domesticável, portador de uma longa tromba móvel e de dois grandes incisivos inferiores (defesas) que fornecem marfim (Do gr. *eléphas, -antos*, «id.», pelo lat. *elephante-*, «id.»)
elefante branco *n.m.* objeto, propriedade ou negócio cuja conservação é muito dispendiosa, sendo o seu rendimento de pequena ou nenhuma utilidade
elefante-do-mar *n.m.* ZOOLOGIA designação extensiva à morsa e a algumas focas (pinípedes)
elefantíaco *adj.* 1 atacado de elefantíase 2 [fig., pej.] corpulento (Do lat. *elephantiăcu-*, «id.»)
elefantíase *n.f.* MEDICINA doença crónica caracterizada por um aumento anormal de volume de uma parte do corpo (membros inferiores, órgãos genitais externos e face) provocado pela obstrução do sistema linfático por, por sua vez, se deve a uma infeção parasitária (Do gr. *elephantíasis*, «id.», pelo lat. *elephantiăse-*, «id.»)
elefântico *adj.* 1 do elefante ou a ele relativo 2 relativo à elefantíase; *mal* ~ elefantíase (Do lat. *elephantĭcu-*, «id.»)
elefântida *n.m.* ZOOLOGIA ⇒ **elefantídeo**
Elefântidas *n.m.pl.* ZOOLOGIA ⇒ **Elefantídeos**
elefantídeo *adj.* ZOOLOGIA relativo ou pertencente aos Elefantídeos ■ *n.m.* ZOOLOGIA espécime dos Elefantídeos

Elefantídeos *n.m.pl.* ZOOLOGIA família de mamíferos proboscídeos a que pertencem os elefantes (Do gr. *eléphas, -antos*, «elefante» + *-ídeos*)
elefantino *adj.* 1 do elefante ou a ele relativo 2 relativo à elefantíase 3 de marfim; ebúrneo 4 designativo de uma espécie de tartaruga terrestre (Do gr. *elephántinos*, «de marfim», pelo lat. *elephantīnu-*, «id.»)
elefantoide *adj.2g.* 1 que se assemelha ao elefante 2 [fig.] corpulento (Do gr. *eléphas, -antos*, «elefante» +*eĩdos*, «forma»)
elefantóide ver nova grafia elefantoide
elegância *n.f.* 1 boa proporção ou harmonia de formas 2 graça 3 requinte; refinamento; subtileza 4 bom gosto no vestir, no falar, etc. 5 delicadeza; boas maneiras (Do lat. *elegantĭa-*, «distinção; bom gosto»)
elegante *adj.2g.* 1 que tem elegância 2 bem proporcionado; formalmente harmonioso 3 esbelto 4 que mostra bom gosto através de comportamento ou aparência 5 requintado; chique 6 delicado; cortês 7 (estilo) conciso; preciso; desprovido de enfeites desnecessários ■ *n.2g.* pessoa que se apresenta e age com requinte (Do lat. *elegante-*, «distinto; de bom gosto»)
elegantismo *n.m.* elegância considerada excessiva ou afetada; dandismo (De *elegante+-ismo*)
elegendo *n.m.* pessoa que vai ser eleita ou que deve ser eleita (Do lat. *eligendu-*, «id.», ger. de *eligĕre*, «eleger»)
eleger *v.tr.* 1 nomear por eleição 2 escolher por meio de voto 3 preferir 4 adotar (Do lat. *eligĕre*, «id.»)
elegia *n.f.* 1 LITERATURA poema de assunto triste ou doloroso 2 LITERATURA poema com versos hexâmetros e pentâmetros alternados 3 [fig.] lamentação (Do gr. *elegeía (óde)*, «canto lúgubre», pelo lat. *elegia-*, «elegia»)
elegíaco *adj.* 1 próprio da elegia ou a ela relativo 2 (poeta) que é autor de elegias 3 triste; lamentoso; plangente 4 [fig.] que chora muito (Do lat. *elegiăcu-*, «id.»)
elegíada *n.f.* LITERATURA poema elegíaco (De *elegia+-íada*)
elegiambo *n.m.* 1 jambo métrico 2 verso de três pés iâmbicos (Do gr. *elegíambos*, «id.»)
elegibilidade *n.f.* aptidão para ser eleito ou selecionado (Do lat. **elegibilitāte-*, «id.»)
elegiógrafo *n.m.* aquele que escreve elegias (Do gr. *elegeiográphos*, «id.»)
elegista[1] *n.2g.* ⇒ **eleitor** (De *eleger+-ista*)
elegista[2] *n.2g.* ⇒ **elegiógrafo** (De *elegia+-ista*)
elegível *adj.2g.* 1 que pode ser eleito 2 que pode ser selecionado (Do lat. *elegibĭle-*, «id.»)
eleição *n.f.* 1 ato ou efeito de escolher 2 escolha ou nomeação por votos; sufrágio 3 preferência; predileção 4 deliberação; arbítrio; ~ *direta* aquela em que o eleitor vota diretamente no candidato; ~ *indireta* aquela em que o candidato é eleito por um colégio eleitoral; *de* ~ preferido (Do lat. *electiōne-*, «id.»)
eleiçoeiro *adj.* 1 que se ocupa de eleições 2 referente a eleição 3 que visa captar votos ■ *n.m.* o que se ocupa de eleições (De *eleição+-eiro*)
eleidina *n.f.* BIOLOGIA, QUÍMICA substância de que se encontra impregnado o citoplasma das células de algumas zonas da epiderme dos mamíferos (Do gr. *élaion*, «azeite»)
eleídrico *adj.* (pintura) feito a óleo e água (Do gr. *élaion*, «azeite» +*hýdor*, «água» +*-ico*)
eleito *adj.* 1 escolhido por eleição 2 preferido ■ *n.m.* 1 pessoa escolhida por votação 2 pessoa de quem se gosta mais (Do lat. *electu-*, «id.», part. pass. de *eligĕre*, «eleger; escolher»)
eleitor *n.m.* 1 o que elege ou tem direito de eleger 2 HISTÓRIA príncipe ou bispo alemão que elegia o imperador (Do lat. *electōre-*, «id.»)
eleitorado *n.m.* 1 conjunto dos eleitores 2 direito de eleger 3 HISTÓRIA (Alemanha) dignidade de eleitor (De *eleitor+-ado*)
eleitoral *adj.2g.* 1 referente a eleições ou ao direito de eleger 2 dos eleitores (De *eleitor+-al*)
eleitoralismo *n.m.* atitude tomada pelos partidos políticos que consiste em fazer promessas de agrado público visando o sucesso eleitoral (De *eleitoral+-ismo*)
eleitoralista *adj.2g.* relativo ao eleitoralismo (De *eleitoral+-ista*)
eleitorite *n.f.* 1 excesso de zelo pelas eleições 2 caciquismo (De *eleitor+-ite*)
elementar *adj.2g.* 1 que é da natureza do elemento 2 que serve de elemento 3 rudimentar; simples 4 que diz respeito aos princípios de uma arte ou ciência 5 fundamental (De *elemento+-ar*)
elementaridade *n.f.* qualidade de elementar (De *elementar+-i-+-dade*)
elementário *adj.* ⇒ **elementar** (Do lat. *elementarĭu-*, «do alfabeto»)

elementarmente adv. 1 de modo elementar 2 simplesmente 3 de modo rudimentar (De *elementar+-mente*)

elemento n.m. 1 o que é simples 2 o que se julga não decomponível 3 o que entra num todo como um dos seus componentes 4 matéria-prima 5 meio natural ou favorito 6 pessoa ou indivíduo, quando parte de um grupo ou de um conjunto social 7 QUÍMICA toda a substância simples de número atómico bem determinado 8 FÍSICA cada uma das pilhas eletroquímicas que fazem parte de uma bateria 9 LINGUÍSTICA parte de um todo linguístico (sílaba, palavra, sujeito, frase) que se pode apreciar em separado através de uma análise 10 na ciência antiga, cada um dos componentes do Universo (o fogo, o ar, a água e a terra) 11 pl. conhecimentos essenciais introdutórios de um ramo do saber; rudimentos; princípios; dados; **estar no seu ~** estar no meio que lhe convém, sentir-se à vontade (Do lat. *elementu-*, «id.»)

elemi n.m. substância resinosa que se extrai da elemieira (e de outras árvores) e que tem aplicações industriais e terapêuticas (Do ár. *al-lami*, pelo al. dial. *al-lemi*, «id.»)

elemicina n.f. QUÍMICA composto orgânico da série aromática, principal constituinte da essência de elemi (De *elémico+-ina*)

elémico adj. QUÍMICA que se refere ao elemi (De *elemi+-ico*)

elemieira n.f. BOTÂNICA árvore da família das Anacardiáceas (em especial, do Brasil), de que se extrai o elemi, e que é afim da aroeira ou lentisco (De *elemi+-eira*)

elemina n.f. resina cristalizável do elemi (De *elemi+-ina*)

elencar v.tr. listar; catalogar; enumerar (De *elenco+-ar*)

elenco n.m. 1 relação dos artistas que participam numa peça, num filme ou noutro espetáculo 2 relação dos indivíduos componentes de um grupo restrito com a mesma atividade 3 lista; catálogo 4 índice 5 súmula (Do gr. *élegkhos*, «índice do livro», pelo lat. *elenchu-*, «apêndice de um livro»)

eleo- elemento de formação de palavras que exprime a ideia de azeite, óleo, azeitona (Do gr. *élaion*, «azeite»)

eleoceróleo n.m. emplastro em que entram a cera e o óleo (Do gr. *élaion*, «azeite» *+kerós*, «cera»+lat. *olĕu-*, «óleo»)

eleodendro n.m. BOTÂNICA planta arbustiva tropical, do género *Elaeodendron*, da família das Celastráceas, cujos frutos fornecem um óleo utilizado em medicina (Do gr. *élaion*, «azeite» *+déndron*, «árvore»)

eleófago adj. que se alimenta de azeitonas (Do gr. *elaía*, «azeitona» *+phageīn*, «comer»)

eleóleo n.m. FARMÁCIA medicamento em que o óleo é excipiente (Do gr. *élaion*, «azeite»+lat. *olĕu-*, «óleo»)

eleólico n.m. FARMÁCIA ⇒ **eleóleo** ■ adj. relativo ao eleóleo (De *eleóleo+-ico*)

eleólito n.m. MINERALOGIA variedade de nefelina de cor castanho-escura e brilho gorduroso (De *eleóleo+-ito*)

eleómetro n.m. espécie de areómetro com que se avalia a densidade dos óleos (De *eleo-+-metro*)

eletividade n.f. 1 qualidade do que é eletivo 2 facto de um medicamento atuar num órgão, ficando os outros apáticos (De *electivo+-i-+-dade*)

eletivo adj. 1 relativo à eleição 2 que é nomeado por eleição 3 FARMÁCIA (agente, substância) que atua brandamente 4 (coloração) em que o corante só atua sobre determinadas partes de uma célula ou de um tecido (Do lat. *electīvu-*, «que escolhe»)

eletrão n.m. FÍSICA partícula fundamental carregada de eletricidade negativa (carga elementar) que entra na constituição de todos os átomos na natureza e é responsável pelas forças de ligação entre átomos nas moléculas (Do gr. *élektron*, «âmbar-amarelo», pelo ing. *electron*, «eletrão»)

eletrão-volt n.m. FÍSICA unidade de medida de energia, largamente utilizada em física atómica, equivalente à energia adquirida por um eletrão quando acelerado por uma diferença de potencial de um volt num campo elétrico

eletrargol n.m. QUÍMICA suspensão coloidal de prata, obtida por processos elétricos (Do gr. *élektron*, «eletrão» *+árgyros*, «prata» *+-ol*)

eletrencefalografia n.f. MEDICINA ⇒ **eletroencefalografia**

eletrencefalograma n.m. MEDICINA ⇒ **eletroencefalograma**

eletrete n.m. ELETRICIDADE dielétrico permanentemente eletrificado, com cargas iguais e opostas nas extremidades, que se orienta sob a ação de um campo elétrico, como um íman se orienta sob a ação de um campo magnético (De *electro+-ete*)

eletrexecução n.f. ⇒ **eletrocussão** (De *electro-+execução*)

eletricidade n.f. 1 FÍSICA parte da física que estuda os fenómenos que têm origem na carga elétrica que aparece na natureza sob duas manifestações: positiva e negativa 2 causa dos fenómenos elétricos 3 [fig.] dinamismo; energia 4 [fig.] tensão (Do lat. cient. *electricitāte-*, pelo fr. *électricité*, «id.»)

eletricismo n.m. conjunto de fenómenos produzidos pela eletricidade (De *eléctrico+-ismo*)

eletricista adj., n.2g. que ou pessoa que se dedica à montagem e reparação de instalações elétricas (De *eléctrico+-ista*)

elétrico adj. 1 relativo à eletricidade 2 que produz eletricidade 3 que conduz ou utiliza eletricidade 4 (fenómeno) em que intervêm as partículas elementares que compõem a matéria, em especial os eletrões 5 [fig.] agitado 6 [fig.] vertiginoso; muito rápido ■ n.m. veículo de transporte urbano de passageiros movido a eletricidade, sobre carris de ferro; **blindagem elétrica** dispositivo para reduzir a interação entre dois elementos de um circuito elétrico ou entre dois circuitos elétricos próximos; **campo ~** região do espaço na qual se exerce força percetível, diferente da força gravitacional, sobre uma carga elétrica; **carga elétrica** quantidade de eletricidade num corpo, adquirida pela adição (carga negativa) ou extração (carga positiva) de eletrões; **ciclo ~** conjunto completo de valores instantâneos numa repetição de acontecimentos; **corrente elétrica** movimento ordenado de cargas elétricas, quantidade de eletricidade que atravessa, por segundo, uma secção de um condutor; **gerador ~** máquina que converte energia mecânica em energia elétrica; **intensidade elétrica/intensidade de campo ~** força exercida numa carga elétrica estacionária de valor unitário, colocada num campo eletromagnético; **inversor ~** dispositivo que converte uma tensão contínua em tensão alternada; **potencial ~ (num dado ponto de um campo eletrostático)** trabalho efetuado para transportar a unidade de carga elétrica positiva do infinito até ao ponto (Do lat. cient. *electrĭcu-*, pelo fr. *électrique*, «id.»)

eletrificação n.f. ato ou efeito de eletrificar (De *electrificar+-ção*)

eletrificar v.tr. adaptar ou aplicar a eletricidade a (motores, casas, lugares, etc.) (Do lat. *electru-*, «eletricidade» *+ficăre*, por *facĕre*, «fazer; tornar»)

eletrização n.f. ato ou efeito de eletrizar (De *electrizar+-ção*)

eletrizador adj., n.m. que, aquele ou aquilo que eletriza; eletrizante (De *electrizar+-dor*)

eletrizante adj.2g. 1 que eletriza; eletrizador 2 [fig.] excitante 3 [fig.] entusiasmante (De *electrizar+-ante*)

eletrizar v.tr. 1 provocar propriedades elétricas em 2 carregar de eletricidade 3 [fig.] entusiasmar; excitar ■ v.pron. 1 carregar-se de eletricidade 2 [fig.] entusiasmar-se (De *electro-+-izar*)

eletrizável adj.2g. que se pode eletrizar (De *electrizar+-vel*)

eletr(o)- elemento de formação de palavras que exprime a ideia de eletricidade, âmbar-amarelo (Do grego *élektron*, «âmbar-amarelo», pelo latim *electru-*, «idem»)

eletrobalística n.f. ciência que tem por fim determinar a velocidade dos projéteis por meio de instrumentos elétricos (De *electro-+balística*)

eletrobiologia n.f. ⇒ **eletrofisiologia** (De *electro-+biologia*)

eletrobomba n.f. bomba rotativa acionada por um motor elétrico (De *electro-+bomba*)

eletrocardiografia n.f. MEDICINA processo de exame médico do coração, baseado no eletrocardiograma (De *electro-+cardiografia*)

eletrocardiógrafo n.m. aparelho com que se fazem eletrocardiogramas (De *electro-+cardiógrafo*)

eletrocardiograma n.m. representação gráfica do funcionamento do coração, baseada nas variações do potencial elétrico, nas contrações e descontrações do miocárdio (De *electro-+cardiograma*)

eletrochoque n.m. MEDICINA forma de tratamento de algumas doenças psiquiátricas graves que consiste na passagem de uma corrente elétrica através da caixa craniana, provocando perda de consciência seguida de convulsões; eletropexia (De *electro-+choque*)

eletrocinética n.f. FÍSICA parte da eletricidade que estuda a corrente elétrica e os fenómenos com ela relacionados (De *electro-+cinética*)

eletrocirurgia n.f. forma de diatermia em que os tecidos do corpo são cortados por meio de um elétrodo que transporta correntes de alta frequência (De *electro-+cirurgia*)

eletrocoagulação n.f. MEDICINA técnica que consiste na utilização de uma corrente elétrica de alta frequência para coagulação de tecidos celulares (De *electro-+coagulação*)

eletrocussão n.f. passagem de uma corrente elétrica pelo corpo, podendo provocar a morte instantânea, a perda dos sentidos, convulsões e queimaduras no ponto de contacto, etc. (Do ing. *electrocution*, «id.»)

eletrocutado adj. morto por eletrocussão; que morreu fulminado por corrente elétrica (Part. pass. de *electrocutar*)

eletrocutar *v.tr.* matar por meio de corrente elétrica (Do ing. *to electrocute*, «id.», pelo fr. *électrocuter*, «id.»)
eletrocutor *adj.,n.m.* que ou o que mata por meio de eletrocussão (Do fr. *électrocuteur*, «id.»)
eletrodeposição *n.f.* QUÍMICA processo de deposição de um metal sobre outro por eletrólise
eletrodiagnóstico *n.m.* MEDICINA método de investigação, por meio de eletricidade (De *electro-+diagnóstico*)
eletrodiálise *n.f.* QUÍMICA separação de eletrólitos existentes numa solução coloidal por aplicação de uma diferença de potencial através de uma membrana semipermeável (De *electro-+diálise*)
eletrodinâmica *n.f.* FÍSICA parte da física que estuda as forças geradas entre circuitos condutores próximos, quando percorridos por correntes elétricas (De *electro-+dinâmica*)
eletrodinâmico *adj.* 1 que produz corrente elétrica 2 que diz respeito à eletrodinâmica (De *electro-+dinâmico*)
eletrodinamismo *n.m.* conjunto dos efeitos das forças eletrodinâmicas (De *electro-+dinamismo*)
eletrodinamómetro *n.m.* instrumento de medida da intensidade de uma corrente elétrica cujo funcionamento se fundamenta nas ações mútuas das correntes elétricas (De *electro-+dinamómetro*)
eletródio *n.m.* FÍSICA ⇒ **elétrodo**
elétrodo *n.m.* FÍSICA condutor por onde a corrente elétrica entra ou sai quando se trata de eletrólitos, arcos elétricos ou tubos de vácuo (Do ing. *electrode*, «id.», pelo fr. *électrode*, «id.»)
eletrodoméstico *adj.* diz-se da aparelhagem ou do utensílio elétrico usado nas tarefas domésticas ■ *n.m.* cada um desses utensílios (De *electro-+doméstico*)
eletroencefalografia *n.f.* MEDICINA processo que permite o registo das ondas cerebrais, por meio de eléctrodos aplicados à superfície do crânio, possibilitando a deteção e localização de certas anomalias (tumores, hemorragias, etc.) (De *electro-+encefalografia*)
eletroencefalógrafo *n.m.* aparelho destinado a registar as ondas cerebrais geradas pela atividade das células nervosas, por meio de eléctrodos colocados na superfície do crânio (De *electro-+encefalógrafo*)
eletroencefalograma *n.m.* MEDICINA registo gráfico que se obtém através da eletroencefalografia (De *electro-+encefalograma*)
eletrofisiologia *n.f.* estudo da maneira como se comportam as funções vitais sob a ação de correntes elétricas; eletrobiologia (De *electro-+fisiologia*)
eletrofone *n.m.* aparelho telefónico destinado a reforçar os sons (De *electro-+fone*)
eletroforese *n.f.* FÍSICA migração de partículas eletrizadas no seio de soluções coloidais, sob a ação de um campo elétrico aplicado (De *electro-+gr. phorésis*, «transporte», pelo fr. *électrophorèse*, «id.»)
eletroformação *n.f.* QUÍMICA método para obter artigos de metal através de processo eletrolítico (eletrodeposição)
eletróforo *n.m.* FÍSICA disco de resina destinado a mostrar a produção de eletricidade estática por fricção (De *electro-+-foro*)
eletrogalvânico *adj.* 1 relativo a pilha elétrica 2 produzido por pilha elétrica (De *electro-+galvânico*)
eletrogalvanismo *n.m.* conjunto dos fenómenos eletrogalvânicos (De *electro-+galvanismo*)
eletrogéneo *adj.* que produz eletricidade (Do fr. *électrogène*, «eletrogéneo»)
eletrogerador *n.m.* gerador elétrico; dínamo (De *electro-+gerador*)
eletrografia *n.f.* 1 processo de estudo das superfícies metálicas no qual uma folha de papel absorvente humedecida com um eletrólito é colocada entre uma placa metálica (cátodo) e a superfície a ser estudada (ânodo) 2 conjunto de técnicas que permitem observar e registar os fenómenos elétricos correlativos da atividade de diversos sistemas excitáveis (coração, pele, cérebro, músculo, nervo, etc.) (De *electro-+-grafia*)
eletrógrafo *n.m.* instrumento para a reprodução da escrita e de desenhos por meio de corrente elétrica (De *electro-+-grafo*)
eletroíman *n.m.* magnete temporário formado por um núcleo de ferro macio ou outro material ferromagnético adequado, em volta do qual se enrola uma bobina de fio que é percorrido por uma corrente elétrica (De *electro-+íman*)
eletrolisação *n.f.* ⇒ **eletrólise** (De *electrolisar+-ção*)
eletrolisar *v.tr.* efetuar a eletrólise de (De *electrólise+-ar*)
eletrólise *n.f.* QUÍMICA decomposição de um composto químico por ação da corrente elétrica (De *electro-+-lise*, ou do fr. *électrolise*, «id.»)

eletrolítico *adj.* 1 relativo à eletrólise 2 efetuado por meio de eletrólise (De *electrólito+-ico*)
eletrólito *n.m.* 1 QUÍMICA substância que, por dissolução, aumenta a condutibilidade elétrica do solvente 2 QUÍMICA solução que contém essa substância (De *electro-+-lito*)
eletrologia *n.f.* estudo da eletricidade (De *electro-+-logia*)
eletroluminescência *n.f.* FÍSICA emissão de luz por certas substâncias quando sob a ação de um campo elétrico variável (De *electro-+luminescência*)
eletromagnete *n.m.* ⇒ **eletroíman** (De *electro-+magnete*)
eletromagnético *adj.* relativo ao eletromagnetismo; **indução eletromagnética** ELETRICIDADE produção de uma força eletromotriz num condutor, quando este se move num campo magnético ou está em repouso num campo magnético de intensidade variável; **sistema ~ CGS** sistema de unidades para medir as grandezas elétricas e magnéticas, cujas unidades fundamentais são o centímetro, o grama e o segundo, e no qual a permeabilidade magnética do vazio é considerada igual à unidade (De *electro-+magnético*, ou do fr. *électromagnétique*, «id.»)
eletromagnetismo *n.m.* conjunto dos fenómenos que resultam da interação dos campos elétricos e magnéticos (De *electro-+magnetismo*)
eletromecânica *n.f.* ramo da ciência que se dedica ao estudo e ao desenvolvimento de sistemas e dispositivos que incluem componentes elétricos e mecânicos (De *electro-+mecânica*)
eletromecânico *adj.* diz-se de um dispositivo mecânico que é acionado ou controlado eletricamente ■ *n.m.* pessoa que exerce a sua profissão na área da eletromecânica, lidando com máquinas e dispositivos mecânicos que funcionam eletricamente (De *electro-+mecânico*)
eletromeopatia *n.f.* utilização da eletricidade na homeopatia (De *electro-+homeopatia*)
eletrometalurgia *n.f.* aplicação da eletrometalurgia à extração e purificação dos metais (De *electro-+metalurgia*)
eletrometria *n.f.* ELETRICIDADE parte da física que estuda a medição das grandezas elétricas (De *electrómetro+-ia*)
eletrómetro *n.m.* ELETRICIDADE aparelho que serve para detetar ou medir diferenças de potencial e, indiretamente, correntes elétricas (De *electro-+-metro*, ou do fr. *électromètre*, «eletrómetro»)
eletromotor *adj.,n.m.* ELETRICIDADE que ou aparelho que transforma a energia elétrica em energia mecânica (De *electro-+motor*)
eletromotriz *adj.* ELETRICIDADE diz-se da característica de um gerador elétrico que é medida em volts pelo número de watts que o gerador fornece ao circuito quando neste faz passar a corrente de 1 ampere (De *electro-+motriz*)
eletromóvel *adj.2g.* que se move por eletricidade (De *electro-+-móvel*)
eletronegatividade *n.f.* FÍSICA, QUÍMICA tendência, mais ou menos pronunciada, que os átomos de um elemento têm para atrair eletrões que lhes são estranhos (De *electro-+negatividade*)
eletronegativo *adj.* QUÍMICA diz-se dos elementos químicos ou dos radicais que originam iões negativos (De *electro-+negativo*)
eletrónica *n.f.* 1 ciência que estuda o comportamento dos eletrões sob a ação de campos elétricos, ou campos magnéticos, ou de uma combinação de uns e outros, bem como as suas aplicações 2 ciência que trata dos aspetos físicos fundamentais da emissão de eletrões, dinâmica dos eletrões e fenómenos correlacionados 3 ciência que trata das aplicações das válvulas eletrónicas à engenharia (rádio, radar, etc.) (De *electrónico*)
eletrónico *adj.* que diz respeito aos eletrões; **carga eletrónica** carga do eletrão, que é a menor carga existente; **computador ~** calculador em que as operações fundamentais de adição, subtração, multiplicação, bem como diferenciação e integração, são inteiramente efetuadas por circuitos elétricos; **condutividade eletrónica** condutividade associada com o movimento de eletrões; **configuração eletrónica** representação esquemática dos eletrões de um átomo ou uma molécula numa série de orbitais, por ordem crescente de energia; **contador ~** instrumento para enumerar acontecimentos ionizantes; **fenómenos eletrónicos** fenómenos em que a condução elétrica é efetuada por partículas livres carregadas eletricamente, geralmente eletrões, por vezes iões; **lente eletrónica** dispositivo com campos eletrostáticos ou magnéticos capazes de focalizar, por deflexão gradual, um feixe de eletrões; **microscopia eletrónica** processo de obter e interpretar imagens muito ampliadas produzidas por eletrões; **ótica eletrónica** ciência que estuda o comando do movimento de eletrões por campos elétricos e magnéticos (Do gr. *élektron*, «âmbar-amarelo», pelo fr. *électronique*, «eletrónico; eletrónica»)

eletropexia /cs/ n.f. ⇒ **eletrochoque** (De *electro-*+gr. *pễxis*, «ação de ajustar» +*-ia*)
eletropositividade n.f. FÍSICA, QUÍMICA tendência que os átomos de um elemento têm para libertar eletrões, originando iões positivos (De *electro-*+*positividade*)
eletropositivo adj. QUÍMICA diz-se dos elementos químicos ou radicais que originam iões positivos (De *electro-*+*positivo*)
eletropunctura n.f. terapêutica que consiste em picar a pele em lugares bem determinados com uma agulha onde passa corrente elétrica (De *electro-*+*punctura*) ACORDO ORTOGRÁFICO também se pode escrever eletropuntura
eletropuntura a grafia mais usada é eletropunctura
eletroquímica n.f. parte da química que estuda os fenómenos químicos nas suas relações com a eletricidade (De *electro-*+*química*)
eletroquímico adj. relativo a eletroquímica; *equivalente ~* QUÍMICA massa de um elemento libertada, num processo eletrolítico, pela carga de um coulomb (De *electro-*+*químico*)
eletroscópio n.m. ELETRICIDADE instrumento eletrostático usado para a deteção de cargas elétricas e sua natureza, diferenças de potencial elétrico, radiações ionizantes, etc. (Do fr. *électroscope*, «eletroscópio»)
eletrossemáforo n.m. 1 aparelho elétrico que estabelece comunicação entre a costa marítima e os navios que passam 2 aparelho de sinalização nas vias-férreas, movido a eletricidade (De *electro-*+*semáforo*)
eletrossiderurgia n.f. conjunto dos processos siderúrgicos em que as fontes de calor são alimentadas a energia elétrica (De *electro-*+*siderurgia*)
eletrossoldadura n.f. soldadura por meio de eletricidade (De *electro-*+*soldadura*)
eletrostática n.f. estudo das propriedades das cargas elétricas em repouso (De *electrostático*)
eletrostático adj. relativo à eletrostática; *gerador ~* máquina para produzir cargas elétricas por ação eletrostática (De *electro-*+*estático*)
eletrostrição n.f. ELETRICIDADE fenómeno verificado em alguns materiais que experimentam uma deformação elástica por ação de um campo elétrico aplicado, deformação que é independente da polaridade do campo (Do fr. *électrostriction*, «id.»)
eletrotecnia n.f. ciência das aplicações práticas da eletricidade (De *electro-*+-*tecnia*)
eletrotécnico adj. 1 relativo à eletrotecnia 2 versado em técnica de eletricidade ■ n.m. (raramente usado) pessoa versada em técnica de eletricidade (De *electro-*+*técnico*)
eletroterapêutica n.f. aplicação da eletricidade no tratamento das doenças; eletroterapia (De *electro-*+*terapêutica*)
eletroterapia n.f. ⇒ **eletroterapêutica** (De *electro-*+*terapia*)
eletrotermia n.f. ⇒ **diatermia** (Do fr. *électrotermie*, «id.»)
eletrotérmico adj. relativo à eletrotermia; diatérmico (De *electro-*+*térmico*)
eletrótica n.f. FÍSICA estudo das variações das propriedades óticas de um dielétrico, produzidas pela aplicação de um campo elétrico (De *electro-*+*óptica*)
eletrotipia n.f. reprodução tipográfica por meio da eletrólise; galvanotipia (Do fr. *électrotypie*, «id.»)
eletrotónico adj. FISIOLOGIA diz-se do estado de um nervo e, em particular, da variação da sua excitabilidade, em consequência da aplicação sobre ele de uma diferença de potencial elétrico (De *electro-*+*tónico*)
eletrotropismo n.m. BIOLOGIA tropismo cujo estímulo é a eletricidade; galvanotropismo (De *electro-*+*tropismo*)
eletrovalência n.f. tipo de ligação química em compostos constituídos por iões; ligação iónica (De *electro-*+*valência*)
eletrovalente adj.2g. relativo à eletrovalência (De *electro-*+*valente*)
eleúria n.f. MEDICINA aspeto da alteração da urina que se apresenta oleaginosa (Do gr. *élaion*, «azeite» +*oũron*, «urina»)
eleúrico adj. 1 relativo a eleúria 2 doente de eleúria (De *eleúria*+*-ico*)
Eleusinas n.f.pl. ⇒ **Eleusínias**
Eleusínias n.f.pl. festas em honra de Ceres, deusa da agricultura, na cidade de Elêusis, na Grécia (De gr. *Eleusínia*, «Eleusíneas», festas em honra de Ceres, pelo lat. *eleusinĭa*, «id.»)
eleusino adj. relativo a Elêusis ■ n.m. natural ou habitante desta cidade da Grécia (Do lat. *eleusīnu-*, «id.»)

Eleutérias n.f.pl. festas em honra de Júpiter libertador, para comemorar uma vitória ou a expulsão de um tirano (Do gr. *eleuthéria*, «id.», pelo lat. *Eleutherĭa*, «Eleutérias»)
eleuterodáctilo adj. ZOOLOGIA (animal) que apresenta dedos livres entre si (Do gr. *eleútheros*, «livre» +*dáktylos*, «dedo»)
eleuteroginia n.f. qualidade de eleuterógino (De *eleuterógino*+*-ia*)
eleuterógino adj. BOTÂNICA (flor) que não tem o ovário aderente ao cálice (Do gr. *eleútheros*, «livre» +*gyné*, «mulher; ovário»)
eleuterozoários n.m.pl. PALEONTOLOGIA, ZOOLOGIA divisão dos equinodermes que agrupa as formas livres ou móveis (Do gr. *eleútheros*, «livre» +*zoárion*, «animalzinho»)
elevação n.f. 1 ato de elevar ou de levantar; ascensão 2 altura 3 lugar cuja altura se destaca em relação ao plano em que se situa 4 (preço, temperatura, etc.) aumento 5 RELIGIÃO parte da missa em que o sacerdote levanta a hóstia e o cálice, após a consagração 6 MILITAR valor do ângulo compreendido entre a linha de fogo e o horizonte 7 [fig.] grandeza; nobreza 8 [fig.] alta posição social (Do lat. *elevatiōne-*, «id.»)
elevado adj. 1 que tem elevação 2 alto 3 nobre 4 sublime 5 forte 6 excessivo 7 subido (Part. pass. de *elevar*)
elevador n.m. 1 aquilo ou aquele que eleva 2 aparelho mecânico que transporta as pessoas para andar superior ou inferior; ascensor 3 monta-cargas 4 peça do depósito de uma arma que leva o cartucho à posição de apresentação para introdução pela culatra na câmara (Do lat. *elevatōre-*, «o que eleva»)
elevar v.tr. 1 pôr mais alto 2 dar maior altura a 3 fazer subir 4 levantar 5 pôr em plano superior 6 encarecer 7 construir; edificar ■ v.pron. 1 subir 2 crescer 3 alcançar uma posição elevada 4 estar elevado (Do lat. *elevāre*, «elevar; erguer»)
elevatório adj. 1 relativo à elevação 2 próprio para elevar (De *elevar*+*-tório*)
elfa n.f. [regionalismo] cova para plantação de videiras (De orig. obsc.)
elfo n.m. MITOLOGIA (países nórdicos) génio que simboliza o ar, representado como um anão com poderes mágicos
-elho sufixo nominal, de origem latina, que tem sentido diminutivo e, por vezes, depreciativo (*principelho, rapazelho, teatrelho*)
eliciação n.f. ato ou efeito de eliciar; expulsão (De *eliciar*+*-ção*)
eliciar v.tr. 1 fazer sair; expulsar 2 esconjurar (Do lat. *eliciăre*, por *elicĕre*, «fazer sair; atrair»)
elícito adj. atraído; *ato ~* FILOSOFIA (escolástica) o que é próprio da vontade (querer, consentir) (Do lat. *elicĭtu-*, part. pass. de *elicĕre*, «fazer sair; atrair»)
elidir v.tr. 1 fazer a elisão de; eliminar 2 omitir (Do lat. *elidĕre*, «omitir; elidir»)
elidível adj.2g. que se pode elidir (De *elidir*+*-vel*)
eliminação n.f. 1 ato ou efeito de eliminar; supressão 2 omissão (De *eliminar*+*-ção*)
eliminador adj.,n.m. que ou aquele que elimina (De *eliminar*+*-dor*)
eliminar v.tr. 1 fazer sair 2 suprimir 3 excluir 4 expulsar 5 excretar (substâncias nocivas) 6 banir 7 escolher; selecionar 8 vencer; suplantar (Do lat. *elimināre*, «pôr fora do limiar da porta; expulsar»)
eliminatória n.f. prova que, num concurso, tem por fim eliminar os concorrentes menos habilitados, para aproveitar os mais qualificados; prova de seleção (Do fr. *éliminatoire*, «id.»)
eliminatório adj. 1 que elimina 2 que seleciona (De *eliminar*+*-tório*, ou do fr. *éliminatoire*, «id.»)
eliminável adj.2g. que se pode eliminar (De *eliminar*+*-vel*)
elipanto adj. BOTÂNICA (vegetal) cujas flores são unissexuadas (Do gr. *elleípein*, «ser insuficiente» +*ánthos*, «flor»)
elipse n.f. 1 GEOMETRIA curva de interseção de uma superfície cónica (ou cilíndrica) de revolução por um plano que corta todas as geratrizes, que tem a propriedade de ser constante a soma das distâncias de cada ponto a dois pontos fixos (focos da elipse) 2 GRAMÁTICA supressão de parte de uma frase facilmente subentendida pelo contexto linguístico ou pela situação (ex.: - *onde vais logo? - [vou] ao cinema*) 3 recurso estilístico que consiste na omissão de uma ou mais palavras subentendidas pelo contexto semântico e sintático da frase, e cujo objetivo é tornar a frase mais viva ou sincopada (ex.: *Tal pai, tal filho*) (Do gr. *élleipsis*, «omissão», pelo lat. *ellipse-*, «id.»)
elipsígrafo n.m. instrumento que serve para traçar elipses (Do gr. *élleipsis*, «elipse» +*gráphein*, «escrever»)
elipso- elemento de formação de palavras que exprime a ideia de *elipse* (Do gr. *élleipsis*, «elipse»)
elipsógrafo n.m. ⇒ **elipsígrafo** (De *elipso-*+*-grafo*)
elipsoidal adj.2g. que tem a forma de elipse (De *elipsóide*+*-al*)

elipsoide *n.m.* 1 MATEMÁTICA sólido cuja superfície é gerada pela revolução de uma elipse em volta de um dos seus eixos 2 GEOMETRIA superfície quádrica cujas secções planas são elípticas, ou então circulares no caso de a superfície ser esférica ■ *adj.2g.* que tem forma de elipse; elipsoidal (Do gr. *élleipsis*, «elipse» +*eĩdos*, «forma»)

elipsóide ver nova grafia **elipsoide**

elipsómetro *n.m.* instrumento destinado à medição da polarização elíptica da luz (De *elipso-*+*-metro*)

elipsospermo *adj.* BOTÂNICA que possui sementes elípticas (Do gr. *élleipsis*, «elipse» +*spérma*, «semente»)

elipsóstomo *adj.* ZOOLOGIA que tem a abertura bucal elíptica (Do gr. *élleipsis*, «elipse» +*stóma*, «boca»)

elipticidade *n.f.* qualidade do que é elíptico (De *elíptico*+*-i-*+*-dade*)

elíptico *adj.* 1 relativo a elipse 2 em que há elipse 3 em forma de elipse (Do gr. *elleiptikós*, «incompleto»)

elisão *n.f.* 1 ato ou efeito de elidir; eliminação 2 GRAMÁTICA supressão de um ou mais fonemas num vocábulo (Do lat. *elisiōne-*, «elisão», pelo fr. *élision*, «id.»)

elísio *n.m.* 1 [com maiúscula] MITOLOGIA lugar de delícias ocupado pelos heróis e homens virtuosos após a morte, segundo a crença dos Antigos Gregos e Romanos 2 bem-aventurança ■ *adj.* 1 relativo ao Elísio 2 delicioso 3 feliz (Do gr. *Elýsion pedíon*, «os Campos Elísios», pelo lat. *Elysĭu-*, «id.»)

elite *n.f.* 1 minoria prestigiada constituída por aqueles que são considerados superiores 2 o que há de melhor numa sociedade ou num determinado grupo (Do fr. *élite*, «id.»)

elitismo *n.m.* sistema político ou social que favorece a elite, em prejuízo dos restantes membros do grupo ou da população (Do fr. *élitisme*, «id.»)

elitista *adj.2g.* 1 relativo ao elitismo 2 que favorece o elitismo ■ *n.2g.* partidário do elitismo (Do fr. *élitiste*, «id.»)

élitro *n.m.* 1 ZOOLOGIA cada uma das asas anteriores, mais ou menos coriáceas, de alguns insetos, que, tipicamente, não são funcionais no voo, como nos coleópteros 2 cada um dos órgãos laterais laminares de alguns poliquetas, que são cirros modificados (Do gr. *élytron*, «aquilo que envolve; estojo; bainha», pelo fr. *élytre*, «élitro»)

elitrópteros *n.m.pl.* ZOOLOGIA grupo de insetos que compreende os ortópteros e os hemípteros, cujas asas anteriores se apresentam mais ou menos endurecidas e mostram tendência para o desaparecimento das nervuras respetivas (Do gr. *élytron*, «estojo» +*pterón*, «asa»)

elitrorragia *n.f.* MEDICINA hemorragia vaginal; colporragia (Do gr. *élytron*, «vagina» +*-ragia*)

elitrorreia *n.f.* MEDICINA corrimento vaginal purulento (Do gr. *élytron*, «vagina» +*rheĩn*, «correr; fluir»)

elixar /cs/ *v.tr.* cozer (uma substância) em água, a fim de se obter um produto líquido e outro sólido (Do lat. *elixāre*, «cozer em água»)

elixir *n.m.* 1 FARMÁCIA preparado farmacêutico composto de várias substâncias dissolvidas em álcool 2 filtro 3 [fig.] bebida deliciosa 4 [fig.] remédio infalível; panaceia (Do ár. *al-iksir*, «a pedra filosofal dos antigos», pelo fr. *élixir*, «elixir»)

elmanismo *n.m.* LITERATURA escola poética de Elmano, o poeta português M. M. Barbosa du Bocage, 1765-1805 (De *Elmano*, antr. [= Bocage] +*-ismo*)

elmanista *n.2g.* poeta ou poetisa que segue o elmanismo (De *Elmano*, antr. [= Bocage] +*-ista*)

elmo *n.m.* 1 espécie de capacete com viseira e crista usado até ao séc. XVI 2 [fig.] crosta escura que se forma no couro cabeludo das crianças por falta de higiene; ermo (Do germ. *helm*, «helmo», pelo b. lat. *helmu-*, «id.»)

elo *n.m.* 1 cada um dos anéis de uma cadeia 2 pequena argola 3 BOTÂNICA gavinha 4 [fig.] ligação; laço (Do lat. *anellu-*, «anel»)

-elo /é/ sufixo nominal, de origem latina, com sentido diminutivo (*portelo, tarrelo, tomentelo*)

elocução *n.f.* 1 forma da enunciação do pensamento através de palavras 2 estilo 3 parte da retórica que ensina a maneira de expressar os pensamentos com ordem e elegância (Do lat. *elocutiōne-*, «id.»)

elocutivo *adj.* ⇒ **elocutório**

elocutório *adj.* relativo à elocução (Do lat. *elocutorĭu-*, «relativo à elocução»)

eloendro *n.m.* BOTÂNICA ⇒ **loendro** (Do gr. *rhodódendron*, «loureiro-rosa», pelo lat. *lorandru-*, «id.»)

elogiador *adj.,n.m.* que ou aquele que elogia (De *elogiar*+*-dor*)

elogiar *v.tr.* manifestar opinião favorável em relação a; fazer o elogio de; gabar; aplaudir (Do lat. *elogiāre*, «id.»)

elogio *n.m.* 1 ato ou efeito de elogiar; expressão de opinião favorável ou admiração por algo ou alguém 2 panegírico; encómio 3 louvor 4 aplauso (Do lat. *elogĭu-*, «epitáfio»)

elogioso /ô/ *adj.* que encerra elogio; lisonjeiro (De *elogio*+*-oso*)

eloísta *adj.2g.* diz-se de certos passos do Pentateuco em que Deus é chamado Elohim (Do hebr. *Elohim*, «Deus»+*-ista*)

elongação *n.f.* 1 ASTRONOMIA distância angular entre um planeta e um raio visual de quem observa dirigido ao Sol 2 FÍSICA variação de comprimento segundo a direção de aplicação de uma força tensora ou compressora 3 FÍSICA afastamento de cada ponto de um meio elástico, sede de uma vibração transversal, em relação à posição de repouso 4 BIOQUÍMICA fase da síntese proteica em que os aminoácidos se juntam formando ligações peptídicas até constituir uma cadeia proteica (Do lat. *elongatiōne-*, «id.»)

eloquência /qu-en/ *n.f.* 1 arte de bem falar 2 faculdade de convencer ou deleitar por meio da palavra (Do lat. *eloquentĭa-*, «id.»)

eloquente /qu-en/ *adj.2g.* 1 dotado de grande capacidade de expressão; expressivo 2 bem dito 3 convincente (Do lat. *eloquente-*, «id.»)

elóquio *n.m.* 1 discurso 2 fala 3 conversação (Do lat. *eloquĭu-*, «id.»)

elpiniano *adj.* relativo a Elpino, o poeta português António Dinis da Cruz e Silva, 1731-1799 (De *Elpino*, antr. +*-iano*)

el-rei *n.m.* [ant.] ⇒ **rei** 1

elucidação *n.f.* ato ou efeito de elucidar; explicação de coisa obscura; esclarecimento (De *elucidar*+*-ção*)

elucidar *v.tr.* 1 tornar claro; esclarecer; explicar 2 comentar 3 ilustrar (Do lat. *elucidāre*, «revelar»)

elucidário *n.m.* 1 livro em que se explicam termos ou coisas obscuras 2 comentário (Do lat. med. *elucidarĭu-*, «id.»)

elucidativo *adj.* que elucida; esclarecedor; explicativo (De *elucidar*+*-tivo*)

elucubração *n.f.* ⇒ **lucubração** (Do lat. *elucubratiōne-*, «trabalho que se faz durante a vigília»)

elucubrador *adj.,n.m.* que ou aquele que se entrega a elucubrações (De *elucubrar*+*-dor*)

elucubrar *v.tr.* realizar à força de vigílias; lucubrar (Do lat. *elucubrāre*, «fazer à custa de vigílias»)

eludir *v.tr.* evitar com destreza (Do lat. *eludĕre*, «escapar»)

eluição *n.f.* QUÍMICA processo utilizado para lavar componentes de uma mistura através de uma coluna de cromatografia, consistindo na remoção de um material adsorvido existente num adsorvente lavando-o num líquido (De *eluir*+*-ção*)

elutriação *n.f.* GEOLOGIA processo de separação de areias e outros materiais soltos, utilizando correntes de água de velocidade conhecida e regulável (Do lat. **elutriatiōne-*, de *elutriāre*, «lavar»)

eluvial *adj.2g.* GEOLOGIA que diz respeito a eluvião (De *eluvião*+*-al*)

eluvião *n.f.* GEOLOGIA material detrítico originado por desagregação das rochas, acumulado no próprio local, isto é, em que não houve transporte (Do lat. *eluviōne-*, «inundação»)

elvense *adj.2g.* da cidade portuguesa de Elvas, no distrito de Portalegre ■ *n.2g.* natural ou habitante de Elvas (De *Elvas*, top. +*-ense*)

elzevir *n.m.* obra impressa por qualquer dos impressores holandeses de apelido Elzevir ■ *adj.2g.* diz-se dos caracteres tipográficos ou edições semelhantes às dos Elzevires (De *L. Elzevir*, 1540-1617, pelo fr. *elzévir*, «id.»)

elzeviriano *adj.* designativo dos caracteres elzevires e das edições compostas com esses caracteres (Do fr. *elzévirien*, «id.»)

em *prep.* introduz expressões que designam: 1 lugar ⟨*em casa*⟩; 2 tempo ⟨*em julho; em poucas horas*⟩; 3 modo ou meio ⟨*em silêncio; em dinheiro*⟩; 4 estado ⟨*em lágrimas*⟩; 5 proporção ⟨*três em cinco*⟩; 6 matéria ⟨*anel em ouro*⟩ (Do lat. *in*, «em»)

em- prefixo que exprime a ideia de *introdução, mudança de estado, revestimento*, etc., e que muda o **m** em **n** antes de qualquer consoante que não seja **b**, **m** ou **p** (Do lat. *in*, «em»)

ema /ê/ *n.f.* ORNITOLOGIA grande ave corredora sul-americana, da família dos Reídeos, de membros inferiores compridos e robustos, com três dedos em cada pata; *estar montado na ~* [Brasil] estar embriagado (Do ár. *na'āmã*, «avestruz»?)

emaçamento *n.m.* ato de emaçar (De *emaçar*+*-mento*)

emaçar *v.tr.* reunir em maço (De *em-*+*maço*+*-ar*)

emaçarocar *v.tr.,intr.* dar ou tomar a forma de maçaroca (De *em-*+*maçaroca*+*-ar*)

emaciação *n.f.* emagrecimento extremo (De *emaciar*+*-ção*)

emaciar *v.tr.,intr.* tornar(-se) muito magro; emagrecer em demasia (Do lat. *emaciāre*, «id.»)

emadeiramento *n.m.* ato ou efeito de emadeirar (De *emadeirar*+*-mento*)

emadeirar v.tr. guarnecer de madeira (De *em-+madeira+-ar*)
emadeixar v.tr. **1** fazer madeixas com **2** dispor em madeixas (De *em-+madeixa+-ar*)
emagrecer v.tr.,intr. tornar(-se) (mais) magro; adelgaçar(-se) (Do lat. *emacrescĕre*, «id.»)
emagrecimento n.m. ato ou efeito de emagrecer (De *emagrecer+-mento*)
email n.m. **1** sistema de transmissão de mensagens escritas de um computador para outro computador via Internet ou outras redes de computadores; correio eletrónico **2** mensagem enviada através deste sistema **3** local, no computador, onde chegam e são mantidas as mensagens que alguém recebe por este sistema; caixa de correio eletrónico **4** expressão que identifica um utilizador numa rede de computadores, permitindo o envio e a receção de mensagens por este sistema; endereço eletrónico (Do ing. *e(lectronic) mail*, «id.»)
e-mail n.m. ⇒ **email** (Do ing. *e(lectronic) mail*, «id.»)
emalar v.tr. **1** colocar em mala **2** [pop.] comer à pressa (De *em-+mala+-ar*)
emalhar v.tr. **1** prender nas malhas da rede **2** fazer as malhas de (rede) ▪ v.tr.,pron. enredar(-se) ▪ v.intr.,pron. transformar-se em malhas (De *em-+malha+-ar*)
emalhetar v.tr. unir por meio de malhetes (De *em-+malhete+-ar*)
emanação n.f. **1** ato ou efeito de emanar **2** emissão de partículas voláteis de certos corpos **3** exalação **4** derivação **5** procedência **6** FILOSOFIA em certas doutrinas panteístas, processo pelo qual os seres particulares dimanam ou fluem de Deus; ~ ***radioativa*** QUÍMICA cada um dos elementos gasosos formados por transmutações radioativas de certos elementos; ***emanações vulcânicas*** GEOGRAFIA gases expelidos pelos vulcões (Do lat. *emanatiōne-*, «id.»)
emanante adj.2g. que emana (Do lat. *emanante-*, «id.», part. pres. de *emanāre*, «manar; emanar»)
emanar v.tr. **1** provir (de); sair (de); nascer (de) **2** disseminar-se na forma de partículas; exalar (de) (Do lat. *emanāre*, «id.»)
emanatismo n.m. FILOSOFIA doutrina panteísta segundo a qual o Universo é uma emanação de Deus (opõe-se à doutrina da Criação) (De *emanante+-ismo*)
emancipação n.f. **1** ato ou efeito de emancipar ou de se emancipar **2** libertação do jugo de uma autoridade, de uma sujeição ou de um preconceito; soberania **3** autonomização; independência **4** DIREITO aquisição pelo menor de capacidade para o exercício de determinados direitos, deixando de depender do consentimento dos representantes legais (Do lat. *emancipatiōne-*, «id.»)
emancipado adj. que se emancipou; independente; livre (Do lat. *emancipātu-*, «id.», part. pass. de *emancipāre*, «emancipar»)
emancipador adj.,n.m. que ou aquele que emancipa; libertador (Do lat. *emancipatōre-*, «o que emancipa»)
emancipar v.tr. **1** libertar do jugo de uma autoridade, de uma sujeição ou de preconceito(s) **2** tornar independente; autonomizar ▪ v.pron. **1** receber a emancipação **2** tornar-se livre ou independente (Do lat. *emancipāre*, «id.»)
emancipatório adj. que emancipa (De *emancipar+-tório*)
emanquecer v.tr.,intr. tornar ou ficar manco (De *em-+manco+-ecer*)
emantar v.tr. cobrir com manta (De *em-+manta+-ar*)
emantilhar v.tr. **1** cobrir com mantilha **2** envolver **3** disfarçar (De *em-+mantilha+-ar*)
e-manual n.m. manual escolar publicado em formato digital, contendo ao longo das páginas diversos recursos multimédia que permitem explorar os conteúdos de uma forma dinâmica, sendo geralmente um complemento da versão em papel (Do ing. *e(lectronic)+manual*, palavra portuguesa)
emaranhamento n.m. ato ou efeito de emaranhar ou emaranhar-se (De *emaranhar+-mento*)
emaranhar v.tr. **1** prender desordenadamente entre si; misturar; enredar **2** tornar confuso; confundir; complicar ▪ v.pron. **1** misturar-se; enredar-se **2** tornar-se confuso; complicar-se **3** [fig.] meter-se em embaraços ou dificuldades (De *em-+maranha+-ar*)
emarear v.intr. enjoar no mar (De *em-+marear*)
emarelecer v.tr.,intr. ⇒ **amarelecer** (De *em-+amarelecer*)
emasculação n.f. **1** CIRURGIA ablação cirúrgica dos testículos **2** castração **3** perda do carácter masculino (De *emascular+-ção*)
emascular v.tr. **1** praticar a emasculação em **2** castrar **3** privar do carácter masculino **4** tornar eunuco **5** efeminar (Do lat. *emasculāre*, «tornar impotente»)
emassar v.tr. **1** converter em massa **2** aplicar massa em **3** empastar (De *em-+massa+-ar*)
emastrar v.tr. ⇒ **mastrear** (De *em-+mastro+-ar*)

emastrear v.tr. ⇒ **mastrear** (De *em-+mastrear*)
embaçadela n.f. **1** ato ou efeito de embaçar **2** logro; engano **3** desorientação; embaraço (De *embaçar+-dela*)
embaçado adj. **1** embaciado; baço **2** enganado; logrado **3** envergonhado; encavacado **4** pálido; sem cor **5** assombrado; estupefacto (Part. pass. de *embaçar*)
embaçante adj.2g. que embaça, envergonha ou vexa (De *embaçar+-ante*)
embaçar v.tr. **1** tornar baço; embaciar; ofuscar **2** [fig.] fazer perder o brilho ou a graça **3** deixar perplexo; desorientar **4** [pop.] enganar; confundir **5** [pop.] envergonhar ▪ v.intr. **1** parar; estacar **2** perder os sentidos, por efeito do susto; ficar paralisado **3** ficar envergonhado (De *em-+baço+-ar*)
embacelar v.tr. plantar bacelo em (De *em-+bacelo+-ar*)
embaciado adj. **1** baço **2** (superfície) coberto de vapor de água (Part. pass. de *embaciar*)
embaciamento n.m. ato ou efeito de embaciar (De *embaciar+-mento*)
embaciar v.tr.,intr.,pron. **1** tornar(-se) baço; cobrir(-se) de vapor de água; tirar ou perder o brilho ou a transparência **2** [fig.] retirar ou perder prestígio; ofuscar(-se) (De *em-+baço+-iar*)
embaidor adj.,n.m. **1** embusteiro; intrujão **2** sedutor (De *embair+-dor*)
embaimento n.m. **1** ato ou efeito de embair **2** impostura; logro **3** sedução (De *embair+-mento*)
embainhar v.tr. **1** guarnecer com bainha **2** meter na bainha (De *em-+bainha+-ar*)
embair v.tr. **1** enganar; embaçar **2** seduzir (Do lat. *invadĕre*, «invadir; apoderar-se de»)
embaixada n.f. **1** cargo de embaixador **2** missão junto de um governo estrangeiro **3** residência do embaixador **4** [fig.] incumbência; missão; comissão **5** [fig.] mensagem (Do prov. *ambaissada*, pelo it. *ambasciata*, «id.»)
embaixador n.m. **1** representante diplomático do grau mais elevado de um Estado junto de outro; chefe do corpo diplomático de um país junto de outro **2** [fig.] emissário; enviado; mensageiro (Do prov. *ambaissador*, pelo it. *ambasciatore*, «id.»)
embaixatriz n.f. esposa do embaixador (Do it. *ambasciatrice*, «id.»)
embala n.f. **1** senzala **2** antiga aldeia indígena em Angola, organizada defensivamente (Do quimb. *mbala*, «id.»)
embaladeira n.f. **1** mulher que embala **2** pl. peças curvas na parte inferior de um berço, para lhe facilitar o balanço (De *embalar+-deira*)
embalado[1] adj. **1** baloiçado **2** acalentado (Part. pass. de *embalar*)
embalado[2] adj. **1** carregado com bala ou projétil **2** com grande velocidade; acelerado **3** [Brasil] embriagado (De *em-+bala+-ado*)
embalador adj.,n.m. **1** que ou aquele que embala **2** que ou o que ilude; enganador (De *embalar+-dor*)
embalagem n.f. **1** ato ou efeito de embalar (proteger em pacote); empacotamento; acondicionamento **2** invólucro usado para conter, proteger, transportar e/ou apresentar mercadorias **3** [fig., coloq.] aparência; aspeto exterior (Do fr. *emballage*, «id.»)
embalançar v.tr. dar balanços a; balançar (De *em-+balanço+-ar*)
embalão n.m. depósito público para recolha de sacos ou embalagens de plástico, latas e aerossóis, que serão posteriormente reciclados; plasticão (De *embal(agem)+-ão*)
embalar[1] v.tr. **1** balançar (criança) no colo ou no berço para a adormecer; acalentar **2** mover alternadamente de um lado para outro; balançar **3** [fig.] encantar **4** [fig.] iludir; entreter ▪ v.tr.,intr. (fazer) ganhar velocidade; acelerar(-se) (De *em-*+lat. tard. *ballāre*, «jogar; dançar»)
embalar[2] v.tr. acondicionar (objeto, mercadoria) em pacote; empacotar; encaixotar (Do fr. *emballer*, «enfardar»)
embalar[3] v.tr. [Brasil] carregar (arma) com bala (De *em-+bala+-ar*)
embalçar v.tr. embrenhar na balça ou no matagal ▪ v.intr. criar matagal (De *em-+balça+-ar*)
embalde adv. debalde; inutilmente; em vão (Do ár. *bátil*, «em vão»)
embalete n.m. braço de bomba (De *embalar+-ete*)
embalhestado adj. (solípede) que se inclina para diante por ter curtas ou tortas as patas dianteiras (Do cast. *emballestado*, «id.»)
embalo[1] n.m. **1** movimento oscilatório; balanço; baloiço **2** agitação da água que faz baloiçar o navio ou o barco **3** [fig.] motivação; capacidade de ação **4** [Brasil] ímpeto **5** [Brasil] [coloq.] euforia associada ao consumo de drogas (Deriv. regr. de *embalar*)
embalo[2] adj.,n.m. **1** [Angola] fugido **2** [Angola] bravo; indisciplinado (Do quimb. *mbâlu*, «id.»)

embalsamação

embalsamação *n.f.* ato ou efeito de embalsamar; embalsamamento (De *embalsamar*+*-ção*)
embalsamador *adj.,n.m.* que ou aquele que embalsama (De *embalsamar*+*-dor*)
embalsamamento *n.m.* ⇒ **embalsamação** (De *embalsamar*+*-mento*)
embalsamante *adj.2g.* 1 que embalsama 2 que aromatiza (De *embalsamar*+*-ante*)
embalsamar *v.tr.* 1 preparar um cadáver para resistir à putrefação 2 perfumar (De *em-*+*bálsamo*+*-ar*)
embalsamento *n.m.* ato de embalsar (o mosto do vinho) (De *embalsar*+*-mento*)
embalsar *v.tr.* 1 meter (vinho ou mosto) em balsas ou dornas 2 pôr no charco (De *em-*+*balsa*+*-ar*)
embanar *v.tr.* 1 [regionalismo] sacudir; agitar 2 [regionalismo] embalar (De *embalar* × *abanar*)
embandar¹ *v.tr.* pôr bandas em (De *em-*+*banda*+*-ar*)
embandar² *v.tr.* pôr em bando (De *em-*+*bando*+*-ar*)
embandeiramento *n.m.* ato ou efeito de embandeirar (De *embandeirar*+*-mento*)
embandeirar *v.tr.,pron.* ornamentar(-se) com bandeiras ▪ *v.tr.* 1 registar (um navio) na respetiva capitania 2 [Brasil] [fig.] festejar 3 [Brasil] [fig.] enaltecer ▪ *v.intr.,pron.* 1 (milho) deitar bandeira 2 [fig.] melhorar de estado de espírito; **~ em arco** ficar muito contente, sentir-se feliz ou vitorioso (De *em-*+*bandeira*+*-ar*)
embaraçador *adj.* ⇒ **embaraçante** (De *embaraçar*+*-dor*)
embaraçante *adj.2g.* que embaraça (De *embaraçar*+*-ante*)
embaraçar *v.tr.* 1 fazer sentir pouco à vontade 2 perturbar 3 estorvar; obstruir 4 complicar; dificultar 5 pôr a baraça ou o baraço a (pião) ▪ *v.pron.* 1 sentir embaraço 2 atrapalhar-se 3 [pop.] engravidar (De *em-*+*baraço* ou *baraça*+*-ar*)
embaraço *n.m.* 1 facto ou circunstância que impede ou dificulta algo; impedimento; estorvo 2 perturbação de espírito; atrapalhação 3 hesitação; constrangimento 4 [pop.] gravidez 5 [pop.] menstruação; **~ gástrico** perturbação no funcionamento do aparelho digestivo (Deriv. regr. de *embaraçar*)
embaraçoso /ô/ *adj.* 1 que causa embaraço; que estorva 2 em que há dificuldade; dificultoso (De *embaraço*+*-oso*)
embaralhação *n.f.* ⇒ **baralhada** (De *embaralhar*+*-ção*)
embaralhar *v.tr.* 1 baralhar; confundir 2 misturar (De *em-*+*baralhar*)
embaratecer *v.tr.,intr.* tornar(-se) (mais) barato (De *em-*+*barato*+*-ecer*)
embaratecimento *n.m.* ato ou efeito de embaratecer (De *embaratecer*+*-mento*)
embarbascar *v.tr.* deitar barbasco na água dos rios para fazer entontecer o peixe (De *em-*+*barbasco*+*-ar*)
embarbecer *v.intr.* criar barba (De *em-*+*barba*+*-ecer*)
embarbelar *v.tr.* 1 pôr barbela a 2 açaimar (De *em-*+*barbela*+*-ar*)
embarbilhado *adj.* que tem barbilho (De *em-*+*barbilho*+*-ado*)
embarcação *n.f.* 1 qualquer construção destinada a viajar sobre a água; barco 2 ato de embarcar; embarque (De *embarcar*+*-ção*)
embarcadiço *adj.* que anda habitualmente embarcado ▪ *n.m.* marinheiro (De *embarcar*+*-diço*)
embarcadoiro *n.m.* ⇒ **embarcadouro**
embarcadouro *n.m.* lugar onde se embarca; cais; porto; gare (De *embarcar*+*-doiro*)
embarcamento *n.m.* ⇒ **embarque** (De *embarcar*+*-mento*)
embarcar *v.tr.,intr.* meter ou entrar a bordo de embarcação, comboio, avião, etc., para seguir viagem ▪ *v.tr.* [fig.] ser logrado; deixar-se enganar (De *em-*+*barco*+*-ar*)
embardar *v.tr.* dispor (vinha) em bardos (De *em-*+*bardo*+*-ar*)
embargador *adj.,n.m.* que ou aquele que embarga, embaraça, detém ou estorva (De *embargar*+*-dor*)
embargamento *n.m.* ato ou efeito de embargar ou embargar-se; embargo (De *embargar*+*-mento*)
embargante *adj.,n.2g.* ⇒ **embargador** (De *embargar*+*-ante*)
embargar *v.tr.* 1 pôr embargo a 2 estorvar; embaraçar; dificultar 3 impedir 4 reprimir 5 impedir, por decisão judicial, o uso de alguma coisa 6 suspender (algum ato) 7 sequestrar 8 reter; arrestar ▪ *v.pron.* 1 dificultar-se 2 velar-se 3 (voz) tornar-se pouco nítida (Do lat. *imbracāre, «pôr bragas a»)
embargável *adj.2g.* que se pode embargar (De *embargar*+*-vel*)
embargo *n.m.* 1 suspensão de uma sentença ou despacho 2 impedimento de continuar uma obra 3 obstáculo; estorvo 4 detenção por ordem da autoridade 5 sequestro 6 *pl.* razões com que se pretende obstar à execução de uma sentença ou de um despacho; **sem ~** não obstante (Deriv. regr. de *embargar*)

embarque *n.m.* 1 ato ou efeito de embarcar 2 entrada de pessoas em embarcação, comboio, avião, etc. 3 carregamento de mercadorias em embarcação, comboio, avião, etc. 4 lugar onde se embarca (Deriv. regr. de *embarcar*)
embarração *n.f.* ato de embarrar; encontrão (De *embarrar*+*-ção*)
embarracar *v.tr.* alojar numa barraca (De *em-*+*barraca*+*-ar*)
embarrado *n.m.* [regionalismo] videira plantada junto de uma árvore, para trepar por ela (Part. pass. de *embarrar*)
embarrador *adj.,n.m.* que ou aquele que embarra (De *embarrar*+*-dor*)
embarrancar *v.tr.* 1 precipitar num barranco 2 meter num barranco 3 atravancar ▪ *v.intr.* chocar com um barranco; esbarrar-se ▪ *v.pron.* atolar-se (De *em-*+*barranco*+*-ar*)
embarrar¹ *v.tr.* cobrir com barro; rebocar (De *em-*+*barro*+*-ar*)
embarrar² *v.tr.* 1 bater contra; esbarrar; topar 2 meter-se com; implicar 3 [regionalismo] pendurar 4 [regionalismo] tocar de leve (De *em-*+*barra*+*-ar*)
embarreirar *v.tr.* 1 meter em barreira 2 colocar entre barreiras ▪ *v.intr.,pron.* 1 colocar-se entre barreiras 2 subir a uma encosta 3 abrigar-se em lugar elevado (De *em-*+*barreira*+*-ar*)
embarrelar *v.tr.* meter em barrela (De *em-*+*barrela*+*-ar*)
embarretar *v.tr.* 1 cobrir com o barrete 2 [pop.] enganar; ludibriar (De *em-*+*barrete*+*-ar*)
embarricamento *n.m.* ato de embarricar (De *embarricar*+*-mento*)
embarricar *v.tr.* 1 meter em barrica 2 pôr barricadas em ▪ *v.pron.* defender-se com barricadas (De *em-*+*barrica*+*-ar*)
embarrilação *n.f.* ⇒ **embarrilamento** (De *embarrilar*+*-ção*)
embarrilado *adj.* 1 metido em barril 2 envasilhado 3 [pop.] embaraçado 4 [pop.] enganado; ludibriado 5 suplantado 6 (trânsito) com problemas de escoamento; congestionado; engarrafado (Part. pass. de *embarrilar*)
embarrilagem *n.f.* ato de embarrilar (De *embarrilar*+*-agem*)
embarrilamento *n.m.* ato ou efeito de embarrilar ou de ser embarrilado; embarrilação (De *embarrilar*+*-mento*)
embarrilar *v.tr.* 1 meter em barril 2 [pop.] enganar 3 [pop.] atrapalhar 4 [pop.] confundir 5 dificultar o escoamento de; congestionar (trânsito) (De *em-*+*barril*+*-ar*)
embasamento *n.m.* 1 ARQUITETURA base de um edifício 2 base que sustenta um pedestal 3 parte inferior de uma parede 4 distância entre os eixos de uma viatura (De *embasar*+*-mento*)
embasar *v.tr.* fazer o embasamento de ▪ *v.pron.* basear-se (De *em-*+*base*+*-ar*)
embasbacação *n.f.* ⇒ **embasbacamento** (De *embasbacar*+*-ção*)
embasbacamento *n.m.* ato ou efeito de embasbacar; pasmo (De *embasbacar*+*-mento*)
embasbacar *v.tr.* 1 tornar basbaque 2 causar pasmo a ▪ *v.intr.,pron.* 1 tornar-se basbaque 2 ficar estupefacto; pasmar (De *em-*+*basbaque*+*-ar*)
embastar *v.tr.* segurar com bastas; acolchoar (De *em-*+*basta*+*-ar*)
embastecer *v.tr.* tornar basto, espesso ou grosso (De *em-*+*basto*+*-ecer*)
embate *n.m.* 1 ato de embater; choque; colisão; impacto 2 percussão violenta 3 contratempo; dificuldade 4 [fig.] conflito; oposição (Deriv. regr. de *embater*)
embater *v.tr.,intr.* produzir ou sofrer embate; esbarrar; colidir ▪ *v.pron.* chocar-se (De *em-*+*bater*)
embatocado *adj.* 1 tapado com batoque 2 [fig.] atrapalhado 3 [fig.] sem fala (Part. pass. de *embatocar*)
embatocar *v.tr.* 1 tapar com batoque; arrolhar 2 [fig.] atrapalhar 3 [fig.] fazer perder a fala (De *em-*+*batoque*+*-ar*)
embatucado *adj.* 1 calado 2 [fig.] atrapalhado 3 [fig.] sem fala (Part. pass. de *embatucar*)
embatucar *v.tr.* 1 fazer calar 2 [fig.] enlear; confundir ▪ *v.intr.* 1 ficar atrapalhado 2 calar-se; embuchar (De *em-*+*batuque*+*-ar*)
embaucador *adj.,n.m.* que ou aquele que embaúca; enganador; embaidor; aliciador (De *embaucar*+*-dor*)
embaucar *v.tr.* atrair, enganar com artifício; embair; aliciar (Do cast. *embaucar*, «enganar; iludir»)
embaulamento *n.m.* ato ou efeito de embaular (De *embaular*+*-mento*)
embaular *v.tr.* 1 meter em baú 2 guardar 3 esconder (De *em-*+port. ant. *baul* [= baú] +*-ar*)
embebecer *v.tr.,pron.* ⇒ **embevecer** (Freq. de *embeber*, de *em-*+*beber*+*-ecer*)

embebedamento *n.m.* **1** ato ou efeito de embebedar ou de se embebedar; embriaguez **2** [fig.] embevecimento (De *embebedar+-mento*)

embebedar *v.tr.* **1** produzir bebedeira em; embriagar; emborrachar **2** [fig.] inebriar; atordoar; estontear ▪ *v.pron.* embriagar-se (De *em-+bêbedo+-ar*)

embeber *v.tr.* **1** fazer penetrar um líquido através de **2** saturar de um líquido; ensopar **3** infiltrar **4** absorver **5** inebriar **6** cravar ▪ *v.pron.* **1** saturar-se de um líquido; ensopar-se **2** introduzir-se; penetrar **3** engolfar-se **4** [fig.] deixar-se arrebatar; enlevar-se (Do lat. *imbibĕre*, «beber; absorver»)

embeberar *v.tr.* **1** dar de beber a; aberberar **2** embeber; impregnar; saturar (De *em-+beber+-ar*)

embebição *n.f.* **1** ato de embeber ou de embeber-se **2** absorção (De *embeber+-ção*)

embebido *adj.* **1** saturado de um líquido; ensopado; impregnado **2** [fig.] absorto **3** [fig.] enlevado (Part. pass. de *embeber*)

embeiçamento *n.m.* **1** ato ou efeito de embeiçar ou de estar embeiçado **2** enlevo (De *embeiçar+-mento*)

embeiçar *v.tr.* **1** [pop.] prender pelo beiço; cativar; encantar **2** tocar; unir-se ▪ *v.pron.* [pop.] apaixonar-se (De *em-+beiço+-ar*)

embelecador *adj.,n.m.* que ou aquele que embeleca; embaucador; enganador (De *embelecar+-dor*)

embelecar *v.tr.* enganar com artifícios; engodar; aliciar (De orig. obsc.)

embelecer *v.tr.* ⇒ **embelezar** (De *em-+belo+-ecer*)

embeleco *n.m.* engano por meio de boas palavras; embaimento; embuste; engodo (Deriv. regr. de *embelecar*)

embelezador *adj.,n.m.* que ou aquele que embeleza (De *embelezar+-dor*)

embelezamento *n.m.* **1** ato ou efeito de embelezar ou embelezar-se; aformoseamento; alindamento **2** adorno (De *embelezar+-mento*)

embelezante *adj.2g.* que embeleza (De *embelezar+-ante*)

embelezar *v.tr.* **1** tornar belo; alindar; aformosear **2** tornar mais bonito **3** enfeitar; adornar (De *em-+beleza+-ar*)

embelgação *n.f.* [regionalismo] ato e o efeito de embelgar (De *embelgar+-ção*)

embelgar *v.tr.* **1** [regionalismo] dividir (um terreno) em belgas ou secções, por meio de regos paralelos que servem para nortear o semeador na distribuição da semente **2** [regionalismo] dispor (o mato cortado) em fieiras paralelas (De *em-+belga+-ar*)

emberiza *n.f.* ORNITOLOGIA ave passeriforme da família dos Emberizídeos, bastante pequena, com bico curto e grosso com pontas curvas, cujo macho tem, com a plumagem de verão, manchas pretas e brancas na cabeça; verdelhão (Do suíço-al. *Emmeritz*, do al. *Ammer*, «verdelhão»?)

emberiza-das-neves *n.f.* ORNITOLOGIA pássaro da família dos Emberizídeos, com franjas amarelas nas penas das partes superiores e da cabeça no outono e no inverno

emberiza-dos-caniços *n.f.* ⇒ **emberiza-dos-juncos**

emberiza-dos-juncos *n.f.* ORNITOLOGIA pássaro da família dos Emberizídeos, pouco frequente em Portugal, também conhecido por emberiza-dos-caniços e cia-dos-caniços

emberizídeo *adj.* relativo ou pertencente aos Emberizídeos ▪ *n.m.* espécime dos Emberizídeos

Emberizídeos *n.m.pl.* ORNITOLOGIA grande família de aves, com numerosas espécies de cores vivas, que se caracterizam pelo seu bico adaptado ao regime alimentar

embesoirado *adj.* **1** carrancudo **2** amuado (Part. pass. de *embesoirar*)

embesoirar *v.intr.* **1** pôr-se carrancudo **2** amuar (De *em-+besoiro+-ar*)

embesourado *adj.* ⇒ **embesoirado**

embesourar *v.intr.* ⇒ **embesoirar**

embespinhar *v.tr.,pron.* ⇒ **abespinhar** (De *em-+bespinha*, dim. de *bespa* [= vespa] +*-ar*)

embestar[1] *v.tr.* ⇒ **bestificar** ▪ *v.intr.* obstinar-se (De *em-+besta+-ar*)

embestar[2] *v.tr.* armar com besta (De *em-+besta+-ar*)

embetesgar *v.tr.* **1** meter em betesga **2** encurralar (De *em-+betesga+-ar*)

embetumar *v.tr.* ⇒ **betumar** (De *em-+betume+-ar*)

embevecer *v.tr.* **1** enlevar; extasiar **2** cativar ▪ *v.pron.* ficar extasiado, enlevado (De *embebecer*)

embevecido *adj.* **1** encantado; deliciado **2** enlevado; transportado **3** absorto em alguma coisa (Part. pass. de *embevecer*)

embevecimento *n.m.* **1** ato ou efeito de embevecer **2** êxtase; enlevo (De *embevecer+-mento*)

embezerrar *v.intr.* **1** [pop.] amuar **2** [pop.] embirrar; obstinar-se (De *em-+bezerro+-ar*)

embiara *n.f.* [Brasil] presa que se apanhou na caça, na pesca ou na guerra (Do tupi *mi'ara*, «id.»)

embicado *adj.* que forma bico (Part. pass. de *embicar*)

embicador *adj.* **1** que embica **2** que tropeça frequentemente **3** [pop.] importuno (De *embicar+-dor*)

embicadura *n.f.* aproximação da amarra (navio) (De *embicar+-dura*)

embicar *v.tr.* **1** dar a forma de bico a **2** esbarrar em **3** encaminhar-se para **4** estacar; hesitar **5** [pop.] embirrar com; implicar com ▪ *v.intr.* **1** tropeçar (a cavalgadura) **2** (navio) aproximar-se da amarra; abicar (De *em-+bico+-ar*)

embida *n.f.* ⇒ **embiga**

embiga *n.f.* parte do cordão umbilical que fica presa ao ventre do recém-nascido e depois cai; embida; envide (De *umbigo*)

embigada *n.f.* [pop.] ⇒ **umbigada** (De *embigo+-ada*)

embigo *n.m.* [pop.] ⇒ **umbigo**

embilhar *v.tr.* **1** meter em bilha **2** [regionalismo] hesitar em resolver ▪ *v.intr.* **1** [regionalismo] dar encontrões **2** [regionalismo] brigar (De *em-+bilha+-ar*)

embiocar *v.tr.* **1** tapar com bioco **2** cobrir com capa, xaile, etc. ▪ *v.pron.* **1** cobrir o rosto **2** meter-se em **3** entocar-se **4** recolher-se **5** retrair-se (De *em-+bioco+-ar*)

embira *n.f.* **1** [Brasil] BOTÂNICA designação extensiva a várias plantas, em especial, árvores da família das Anonáceas, de que existem várias espécies **2** corda feita de fibras de cipó (Do tupi *mbira*, «id.»)

embira-branca *n.f.* BOTÂNICA planta arbustiva da família das Timeliáceas, de cuja casca se extrai fibra própria para o fabrico de cordas

embira-de-caçador *n.f.* BOTÂNICA árvore da família das Anonáceas, muito útil pelas fibras que se extraem da sua entrecasca

embirra *n.f.* ⇒ **embirração** (Deriv. regr. de *embirrar*)

embirração *n.f.* **1** ato de embirrar **2** teima **3** mania **4** birra **5** antipatia (De *embirrar+-ção*)

embirrança *n.f.* ⇒ **embirração** (De *embirrar+-ança*)

embirrante *adj.2g.* **1** que embirra; embirrento **2** teimoso (De *embirrar+-ante*)

embirrar *v.tr.* **1** teimar com vigor **2** ter aversão; antipatizar **3** implicar; demonstrar antipatia (De *em-+birra+-ar*)

embirrativo *adj.* ⇒ **embirrento** (De *embirrar+-tivo*)

embirrento *adj.* **1** que causa embirração **2** que implica frequentemente com coisas insignificantes **3** que faz birra **4** teimoso (De *embirrar+-ento*)

emblema /ê/ *n.m.* **1** figura simbólica **2** alegoria **3** insígnia; divisa; marca exterior de alguma dignidade ou poder **4** atributo **5** LITERATURA composição artística, com significado alegórico, constituída por uma gravura encimada por um mote e seguida de um texto, em geral em verso, de cunho epigramático (Do gr. *émblema*, «ornamento sobre vasos», pelo lat. *emblēma*, «obra de relevo»)

emblemar *v.tr.* representar, mostrar ou designar (alguma coisa) por meio de emblema (De *emblema+-ar*)

emblemaria *n.f.* **1** parte da heráldica que se ocupa dos emblemas **2** conjunto de emblemas (De *emblema+-aria*)

emblemático *adj.* **1** relativo a emblema **2** que serve de emblema **3** representativo; exemplar **4** simbólico (Do lat. tard. *emblematĭcu-*, «id.», pelo fr. *emblematique*, «id.»)

embobar *v.tr.,pron.* tornar(-se) bobo, ingénuo, lorpa (De *em-+bobo+-ar*)

embobinador *adj.,n.m.* que ou aquele que embobina (De *embobinar+-dor*)

embobinadora *n.f.* máquina para embobinar ou envolver o filme (De *embobinar+-dora*)

embobinar *v.tr.* **1** pôr em bobina **2** enrolar (a película do filme) (De *em-+bobina+-ar*)

emboçador *adj.* que emboça ▪ *n.m.* **1** aquele que emboça **2** operário que reboca (De *emboçar+-dor*)

embocadura *n.f.* **1** extremidade de um instrumento de sopro que se adapta à boca; bocal **2** parte do freio que entra na boca da besta **3** entrada de uma rua **4** foz de um rio **5** [fig.] propensão; tendência (De *embocar+-dura*)

embocamento *n.m.* ⇒ **embocadura** (De *embocar+-mento*)

emboçamento *n.m.* ato ou efeito de emboçar; emboço (De *emboçar+-mento*)

embocar

embocar v.tr. 1 pôr na boca (o bocal do instrumento) 2 chegar à boca 3 enfrear (o cavalo) 4 entrar na foz de (um rio) (De em-+boca+-ar)

emboçar v.tr. pôr emboço em (De emboço+-ar)

embocetamento n.m. ato ou efeito de embocetar (De embocetar+-mento)

embocetar v.tr. meter em boceta (De em-+boceta+-ar)

emboço /ô/ n.m. primeira camada de argamassa que se aplica na parede antes do reboco (Do cast. embozo, «disfarce; dissimulação»)

embodalhar v.tr. ⇒ **embodegar** (De em-+bodalho+-ar)

embodegar v.tr. 1 sujar; emporcalhar 2 lambuzar (De em-+bodega+-ar)

embófia n.f. 1 soberba; vaidade; bazófia 2 patranha; impostura ▪ n.2g. pessoa presumida (De empáfia × basófia)

emboitar v.tr. 1 fazer penetrar (uma peça) noutra 2 encaixar; encastrar; incrustar 3 reunir, ajustando (De emboîter, «id.»)

embolação n.f. ato de embolar (De embolar+-ção)

embolado adj. 1 (touro) a que se pôs uma armação de couro nas hastes para que não firam o toureiro 2 empolado 3 em forma de bola 4 (couve) que tem folhas enroladas, como as do repolho 5 engalfinhado 6 [regionalismo] embostado; emporcalhado (Part. pass. de embolar)

embolar[1] v.tr. pôr bolas ou almofadas em (chifres dos touros) ▪ v.intr. 1 formar bola 2 empolar (De em-+bola+-ar)

embolar[2] v.tr. reduzir a bolo (De em-+bolo+-ar)

emboldregar-se v.pron. [regionalismo] manchar-se; sujar-se; lambuzar-se (De orig. obsc.)

emboldriar-se v.pron. ⇒ **emboldregar-se**

embolia n.f. 1 MEDICINA perturbação na circulação sanguínea, provocada pela presença, dentro do vaso, de um corpo estranho (êmbolo) que pode ser um coágulo, células, bolhas gasosas, etc. 2 BIOLOGIA (raramente usado) processo de gastrulação em que se verifica a invaginação progressiva da parede da blástula, por isso também denominado invaginação (Do gr. embolé, «ataque; carga; choque» +-ia, pelo fr. embolie, «embolia»)

embolismal adj.2g. 1 diz-se do ano que tem treze lunações 2 designativo do mês que os Atenienses intercalavam no ano para ajustar o ano lunar ao ano solar (Do lat. embolismāle-, «intercalar»)

embolísmico adj. ⇒ **embolismal** (De embolism+-ico)

embolismo n.m. intercalação de dias ao ano lunar para o fazer coincidir com o ano solar 2 MEDICINA obstrução de uma artéria por um êmbolo (Do gr. embolismós, «intercalado», pelo lat. embolismu-, «intercalação», pelo fr. embolisme, «embolismo»)

êmbolo n.m. 1 disco ou cilindro com movimento de vaivém em cavidade cilíndrica de certos maquinismos, seringas, etc. 2 MEDICINA corpo estranho que, no interior de um vaso sanguíneo, provoca embolia (Do gr. émbolos, «alavanca», pelo lat. embŏlu-, «esporão de navio»)

embolorecer v.tr.,intr.,pron. ⇒ **abolorecer**

embolsar v.tr. 1 meter no bolso 2 receber 3 pagar a ▪ v.pron. pagar-se por suas próprias mãos (De em-+bolso+-ar)

embolso /ô/ n.m. 1 ato de embolsar 2 pagamento 3 recebimento (Deriv. regr. de embolsar)

embonada n.f. conserto feito no casco de um navio (Part. pass. fem. subst. de embonar)

embonar v.tr. 1 consertar (o casco de um navio) 2 reforçar (o costado do navio) para que fique com mais bojo (De em-+bom+-ar)

embondeiro n.m. BOTÂNICA ⇒ **baobá** (Do quimb. mbondo, «baobá» +-eiro)

embonecar v.tr. 1 enfeitar como a uma boneca 2 tornar vistoso ▪ v.pron. enfeitar-se muito (De em-+boneca+-ar)

embono /ô/ n.m. 1 ato de embonar; embonada 2 peças de madeira que escoram o navio em seco 3 plataforma saliente sobre o costado do navio onde se montam peças de artilharia (Deriv. regr. de embonar)

emboquilhar v.tr. fazer encaixes em forma de boquilha (em portas, janelas, etc.) (De em-+boquilha+-ar)

embora conj. ainda que; não obstante; se bem que; conquanto ▪ adv. [ant.] em boa hora; afortunadamente ▪ n.m.pl. (pouco usado) felicitações, parabéns; ~! exclamação usada para mostrar que não se atribui importância a algo; *ir-se* ~ partir, despedir-se; *mandar* ~ expulsar, despedir (Contr. de em boa hora)

emborcação n.f. 1 ato ou efeito de emborcar 2 irrigação de qualquer parte doente do corpo com um líquido medicamentoso 3 este líquido (De emborcar+-ção)

emborcar v.tr. 1 virar de fundo para o ar 2 vazar 3 derramar o líquido de um recipiente, virando-o com a boca para baixo 4 [pop.] beber com sofreguidão ▪ v.intr. cair de borco (De em-+borco+-ar)

emborco /ô/ n.m. ⇒ **emborcação** (Deriv. regr. de emborcar)

embornal n.m. 1 saco em que se dá a ração às bestas e que se lhes prende ao pescoço; cevadeira 2 NÁUTICA abertura no costado de um navio para saída das águas (De em-+bornal)

embornalar v.tr. 1 meter no bornal 2 guardar 3 economizar (De em-+bornal+-ar)

emborque n.m. ato de emborcar (Deriv. regr. de emborcar)

emborrachar v.tr. tornar borracho ou bêbedo; embriagar ▪ v.pron. embebedar-se (De em-+borracho+-ar)

emborrado adj. que emborrou ▪ n.m. porção de lã emborrada (Part. pass. de emborrar)

emborrador n.m. aquele que emborra; cardador (De emborrar+-dor)

emborradura n.f. ato ou efeito de emborrar (De emborrar+-dura)

emborralhar v.tr. 1 cobrir com borralho 2 enfarruscar (De em-+borralho+-ar)

emborrar v.tr. 1 dar a primeira carda à lã 2 esfregar com borras ou bagaço uma vasilha que vai servir para nela se deitar vinho (De em-+borra+-ar)

emborrascar v.tr. 1 tornar borrascoso ou agitado 2 [fig.] irritar; enfurecer ▪ v.pron. ameaçar borrasca ou tempestade (De em-+borrasca+-ar)

emboscada n.f. 1 espera de uma pessoa às escondidas para a agredir ou ofender 2 espera para atrair alguém de surpresa 3 ardil; cilada; traição 4 MILITAR pequena operação ofensiva realizada de surpresa por uma força instalada contra elementos inimigos em movimento (Part. pass. fem. subst. de emboscar)

emboscado adj. 1 escondido para ataque surpresa 2 oculto em bosque (Part. pass. de emboscar)

emboscar v.tr. 1 pôr de emboscada 2 esconder ▪ v.pron. 1 pôr-se de emboscada 2 armar cilada (Do prov. emboscar, «id.»)

embostar v.tr. 1 sujar com bosta 2 cobrir de bosta 3 emporcalhar (De em-+bosta+-ar)

embostear v.tr. ⇒ **embostar** (De em-+bosta+-ear)

embostelar v.tr. 1 encher de bostelas 2 sujar ▪ v.pron. encher-se de bostelas (De em-+bostela+-ar)

embotadeira n.f. 1 espécie de meia forte e comprida 2 peça de agasalho que se veste por debaixo do cangão da bota e que cobre a perna até acima do joelho (De embotar+-deira)

embotado adj. 1 (instrumento cortante) cujo gume se embotou; rombo 2 [fig.] que perdeu a sensibilidade; anestesiado (Part. pass. de embotar)

embotador adj. que embota; que causa embotamento (De embotar+-dor)

embotadura n.f. ⇒ **embotamento** (De embotar+-dura)

embotamento n.m. 1 ato ou efeito de embotar 2 (instrumento cortante) perda do gume 3 perda parcial ou total da sensibilidade de certos órgãos ou da energia de certas funções 4 [fig.] insensibilização (De embotar+-mento)

embotar v.tr. 1 tornar boto, grosso ou rombo 2 [fig.] fazer perder a capacidade de sentir ou reagir; tornar insensível ou apático ▪ v.pron. 1 perder o gume; ficar menos afiado ou cortante 2 [fig.] perder a energia 3 [fig.] tornar-se insensível ou apático (De em-+boto+-ar)

embotelhar v.tr. meter em botelha; engarrafar (De em-+botelha+-ar)

embotijamento n.m. ato de embotijar (De embotijar+-mento)

embotijar v.tr. 1 meter em botija 2 engarrafar (De em-+botija+-ar)

embraçadeira n.f. ⇒ **braçadeira** (De embraçar+-deira)

embraçadura n.f. ato de enfiar o braço esquerdo nas braçadeiras do escudo (De embraçar+-dura)

embraçamento n.m. ⇒ **embraçadura** (De embraçar+-mento)

embraçar v.tr. 1 segurar (o escudo) pelas braçadeiras 2 suster com o braço (De em-+braço+-ar)

embrace n.m. 1 ato de embraçar 2 cordão ou faixa com que se prende um reposteiro, cortina de porta ou janela, etc. (Deriv. regr. de embraçar)

embraceirar v.tr.,intr. formar as braceiras de um telhado (De em-+braceira+-ar)

embraiagem n.f. 1 ato de embraiar 2 dispositivo que permite ligar ou desligar o motor em relação à caixa das velocidades, facilitando assim o arranque suave do veículo, bem como as mudanças de velocidade (Do fr. embrayage, «id.»)

embraiar v.tr. 1 encaixar a engrenagem de um mecanismo noutra engrenagem 2 (automóvel) utilizar a embraiagem para ligar o motor à caixa das velocidades (Do fr. embrayer, «id.»)

embramar v.tr. 1 enroscar; enovelar 2 [fig.] iludir 3 [fig.] prejudicar (De em-+bramar)

embrancar v.tr.,intr. ⇒ **branquear** (De em-+branco+-ar)
embrandecer v.tr.,pron. 1 tornar(-se) brando 2 [fig.] enternecer(-se) (De em-+brando+-ecer)
embranquecer v.tr.,intr.,pron. tornar(-se) branco (De em-+branco+-ecer)
embranquecimento n.m. ato ou efeito de embranquecer (De embranquecer+-mento)
embravecer v.tr. 1 tornar bravo 2 irritar ■ v.pron. 1 enfurecer-se 2 (mar) encapelar-se; tornar-se muito agitado (De em-+bravo+-ecer)
embravecimento n.m. 1 ato de embravecer 2 cólera; fúria (De embravecer+-mento)
embreadura n.f. ato ou efeito de embrear (De embrear+-dura)
embreagem n.f. [Brasil] ⇒ **embraiagem** (De embrear+-agem)
embrear¹ v.tr. cobrir de breu; brear; alcatroar (De em-+breu+-ar)
embrear² v.tr. [Brasil] ⇒ **embraiar** (Do fr. embrayer, «id.»)
embrechada n.f. 1 empecilho 2 dificuldade 3 enrascadela (Part. pass. fem. subst. de embrechar)
embrechado adj. 1 metido em brecha 2 incrustado ■ n.m. 1 conjunto de incrustações de conchas, fragmentos de vidro, etc., com que se guarnecem as paredes das cascatas de jardins 2 embutido 3 [pop.] pessoa importuna 4 [fig.] estorvo 5 [fig.] dificuldade 6 [fig.] entremez; entreato (Part. pass. de embrechar)
embrechar v.tr. 1 colocar em brecha 2 ornamentar com embrechado (De em-+brecha+-ar)
embrenhar v.tr. 1 esconder entre brenhas ou moitas 2 [fig.] envolver em ■ v.pron. 1 meter-se pelos matos 2 [fig.] absorver-se; concentrar-se; dedicar toda a atenção (a) 3 avançar para o interior (de determinado lugar) 4 [fig.] meter-se em negócios difíceis (De em-+brenha+-ar)
embriagado adj. 1 que consumiu álcool em excesso; alcoolizado 2 [fig.] tonto; atordoado 3 [fig.] extasiado; maravilhado (Part. pass. de embriagar)
embriagador adj. 1 que embriaga 2 inebriante 3 estonteante (De embriagar+-dor)
embriagamento n.m. ⇒ **embriaguez** (De embriagar+-mento)
embriagante adj.2g. 1 que embriaga; embriagador 2 que delicia; que inebria (De embriagar+-ante)
embriagar v.tr. 1 causar embriaguez a; embebedar 2 [fig.] atordoar 3 [fig.] entusiasmar 4 [fig.] maravilhar; deliciar; extasiar ■ v.pron. 1 embebedar-se 2 [fig.] enlevar-se (Do lat. vulg. *embriacāre, por *ebriacāre, de ebriācu-, «ébrio; bêbado»)
embriaguez /ê/ n.f. 1 estado de excitação e de descoordenação dos movimentos provocado pelo consumo exagerado de bebidas alcoólicas ou de outras substâncias tóxicas; bebedeira; embriagamento; borracheira; ebriedade 2 [fig.] entusiasmo 3 [fig.] enlevo; êxtase (Do lat. ebriācu-, «ébrio», pelo port. ant. embriago [= embriagado]+-ez)
embrião n.m. 1 BIOLOGIA qualquer ser vivo no estado primitivo de desenvolvimento, até atingir forma definitiva, nascer ou eclodir de um ovo 2 BIOLOGIA ser humano nas primeiras oito semanas de gestação 3 BOTÂNICA plântula no estado de vida latente, contida na semente 4 [fig.] forma inicial 5 [fig.] princípio informe ou esboçado de qualquer coisa 6 [fig.] origem (Do gr. émbryon, «id.»)
embridar v.tr. 1 pôr a brida a (cavalo) 2 refrear; suster; reprimir ■ v.intr. (cavalo) erguer a cabeça ou estender o pescoço com garbo ■ v.pron. tornar-se arrogante, insolente (De em-+brida+-ar)
embrincar v.tr. 1 adornar 2 agaloar (De em-+brinco+-ar)
embrio- elemento de formação de palavras que exprime a ideia de embrião, feto (Do gr. émbryon, «id.»)
embriogénese n.f. BIOLOGIA ⇒ **embriogenia** (De embrio-+génese)
embriogenia n.f. BIOLOGIA evolução do desenvolvimento dos seres vivos durante o seu estado embrionário (Do gr. émbryon, «embrião» +geneía, «formação»)
embriolado adj. bêbedo (De em-+briol [= vinho]+-ado)
embriologia n.f. ciência que estuda a formação e desenvolvimento do embrião (Do gr. émbryon, «embrião» +lógos, «tratado» +-ia)
embriológico adj. que se refere à embriologia (De embriologia+-ico)
embriologista n.2g. ⇒ **embriólogo** (De embriologia+-ista)
embriólogo n.m. pessoa que se dedica à embriologia (Do gr. émbryon, «embrião» +lógos, «estudo»)
embrionado adj. que tem embrião ou embriões (De embrião+-ado)
embrionário adj. 1 que está em embrião 2 relativo ao embrião 3 que começa a desenvolver-se; rudimentar (De embrião+-ário)
embrionífero adj. que encerra um ou mais embriões (Do gr. émbryon, «embrião»+lat. fero, de ferre, «trazer»)

embriopatia n.f. MEDICINA afeção fetal devida a certas doenças contraídas pela mãe no decurso da gravidez (Do gr. émbryon, «embrião» +páthos, «doença» +-ia)
embriotomia n.f. intervenção cirúrgica por meio da qual se secciona um embrião dentro do organismo gerador, quando é impossível a extração total e de uma só vez (Do gr. émbryon, «embrião» +tomé, «corte»+-ia)
embriótomo n.m. instrumento com que se pratica a embriotomia (Do gr. émbryon, «embrião» +tomé, «corte»)
embriulco n.m. instrumento usado em obstetrícia para extrair o feto morto do útero (Do gr. embryoulkós, «que puxa o feto»)
embrolho /ô/ n.m. confusão; imbróglio (Do it. imbròglio, «id.»)
embromação n.f. 1 [Brasil] uso de astúcia e outros artifícios para adiar ou evitar a realização de algo 2 [Brasil] embuste; ardil; mentira (De embromar+-ção)
embromador adj.,n.m. [Brasil] que ou aquele que embroma; enganador (De embromar+-dor)
embromar v.tr. 1 [Brasil] usar astúcia e outros artifícios para adiar ou evitar a realização de algo 2 [Brasil] enganar 3 [Brasil] troçar de ■ v.intr. [Brasil] exibir as suas qualidades; gabar-se (Do cast. embromar, «gracejar; iludir com trapaças»)
embrulhada n.f. 1 trapalhada; confusão 2 intriga 3 logro; aldrabice 4 desordem de palavras (Part. pass. fem. subst. de embrulhar)
embrulhador adj.,n.m. 1 que ou aquele que embrulha 2 que ou aquele que faz embrulhadas 3 trapalhão (De embrulhar+-dor)
embrulhamento n.m. 1 ato de embrulhar 2 embrulhada; ~ de estômago náusea, engulho (De embrulhar+-mento)
embrulhar¹ v.tr. 1 envolver em material protetor e/ou decorativo 2 dobrar 3 agasalhar ■ v.pron. 1 envolver-se 2 toldar-se (Do lat. *involucrāre, «id.», de involucru-, «invólucro»)
embrulhar² v.tr. 1 fazer embrulhada 2 misturar 3 complicar 4 perturbar 5 causar náuseas a (Do fr. embrouiller, «id.»)
embrulho n.m. 1 objeto envolvido em material protetor e/ou decorativo 2 pacote 3 trouxa 4 [fig.] complicação; trapalhada; *ir no* ~ [pop.] deixar-se enganar (Deriv. regr. de embrulhar)
embrumar v.tr.,pron. cobrir(-se) de bruma; enevoar(-se); toldar(-se) (De em-+bruma+-ar)
embrutar v.tr.,intr. ⇒ **embrutecer** (De em-+bruto+-ar)
embrutecedor adj. que embrutece (De embrutecer+-dor)
embrutecer v.tr. 1 tornar bruto 2 estupidificar ■ v.intr. 1 tornar-se bruto 2 perder a capacidade de refletir sobre as coisas; insensibilizar-se (De em-+bruto+-ecer)
embrutecimento n.m. 1 ato de embrutecer 2 estado do que embruteceu 3 estupidez (De embrutecer+-mento)
embruxador adj.,n.m. que ou aquele que embruxa; bruxo; feiticeiro (De embruxar+-dor)
embruxar v.tr. fazer bruxarias a; enfeitiçar (De em-+bruxa+-ar)
embuçar v.tr. 1 cobrir o rosto com embuço 2 disfarçar 3 esconder; encobrir ■ v.pron. 1 envolver-se em capa 2 disfarçar-se (De em-+buço+-ar)
embuchar v.tr. 1 meter no bucho 2 engolir 3 encher o estômago de 4 fartar ■ v.intr. 1 sentir opressão por excesso de comida 2 [fig.] não poder ou não conseguir dizer o que se pensa 3 [fig.] amuar (De em-+bucho+-ar)
embuço n.m. 1 parte da capa ou do manto com que se cobre o rosto; rebuço; bioco 2 [fig.] disfarce; dissimulação 3 [fig.] ardil (Deriv. regr. de embuçar)
embudar v.tr. atordoar (os peixes), lançando embude nas águas ■ v.intr. 1 (peixes) fixar a boca nas pedras 2 [regionalismo] ficar imóvel por efeito de um susto; embatucar (De embude+-ar)
embude¹ n.m. BOTÂNICA planta herbácea, venenosa, da família das Umbelíferas, espontânea e frequente em Portugal, aplicada na pesca criminosa para atordoar os peixes na água, também denominada timbó (De orig. obsc.)
embude² n.m. 1 ferrolho; aloquete 2 funil grande 3 [regionalismo] criança pouco saudável (Do lat. imbūtu-, part. pass. de imbuěre, «embeber»)
embudo n.m. ⇒ **embude**² 2
emburrar v.tr. 1 embrutecer ou estupidificar 2 enganar; lograr ■ v.intr. 1 ficar parado (como um burro que teima em não andar) 2 amuar (De em-+burro+-ar)
emburrecer v.tr.,intr. tornar(-se) burro; estupidificar(-se) (De em-+burro+-ecer)
emburricar v.tr. 1 dar uma beberagem a (alguém) para lhe inspirar afeto; embruxar 2 iludir; lograr (De em-+burrico+-ar)
embuste n.m. mentira artificiosa; ardil; patranha; logro (Deriv. regr. de embusteiro)
embustear v.tr. enganar com embuste (De embuste+-ear)

embusteiro *adj., n.m.* que ou aquele que usa de embuste; intrujão (Do fr. ant. *empousteur*, hoje *imposteur*, «impostor»)

embustice *n.f.* ⇒ **embuste** (De *embuste*+*-ice*)

embutideira *n.f.* 1 utensílio de ourives para relevar as peças pelo interior 2 instrumento com que se faz a cabeça dos rebites (De *embutir*+*-deira*)

embutido *adj.* 1 inserido; encaixado como parte integrante 2 que tem contrastes ou desenhos formados a partir de pedaços de outra peça; marchetado 3 metido à força ■ *n.m.* peça incrustada ou encaixada noutra de natureza diferente (por exemplo, um móvel numa parede) (Part. pass. subst. de *embutir*)

embutidor *adj.* que embute ■ *n.m.* aquele que faz embutidos (De *embutir*+*-dor*)

embutidura *n.f.* 1 ato de embutir 2 trabalho de embutidor (De *embutir*+*-dura*)

embutir *v.tr.* 1 inserir (peça) em; encaixar em 2 introduzir numa peça pedaços de outra, para formar contraste ou desenhos; marchetar; tauxiar 3 meter à força 4 [fig.] impingir (Do fr. *emboutir*, «id.»)

embuzinar *v.intr.* 1 emitir som como o da buzina 2 amuar ■ *v.pron.* empanturrar-se; empanzinar-se (De *em*-+*buzina*+*-ar*)

eme *n.m.* nome da letra *m* ou *M*; mê

emechar *v.tr.* 1 queimar mechas de enxofre dentro das vasilhas do vinho 2 pôr a mecha em 3 encaixar por meio de mecha (De *em*-+*mecha*+*-ar*)

emedar *v.tr.* 1 pôr em meda ou medas 2 amontoar (De *em*-+*meda*+*-ar*)

emelar *v.tr.* barrar com mel (De *em*-+*mel*+*-ar*)

emenagogo *adj.* que provoca ou favorece a menstruação ■ *n.m.* 1 substância medicamentosa com essa propriedade 2 substância que atua como abortiva, purgativa, etc. (Do gr. *émmena*, «mênstruo» +*agogós*, «que conduz»)

emenda *n.f.* 1 ato ou efeito de emendar ou emendar-se 2 correção de erro, falta ou defeito 3 acrescento 4 lugar onde se ligam duas peças 5 remendo 6 [fig.] regeneração moral; ***tomar*** *~* corrigir-se (Deriv. regr. de *emendar*)

emendador *adj.* que emenda ■ *n.m.* 1 aquele que emenda 2 TIPOGRAFIA tipógrafo encarregado de fazer emendas no serviço de composição (Do lat. *emendatōre-*, «aquele que corrige»)

emendar *v.tr.* 1 corrigir 2 mudar para melhor 3 modificar 4 acrescentar 5 tornar mais comprido ■ *v.pron.* 1 corrigir-se 2 regenerar-se; *~ a mão* mudar de procedimento, corrigir-se (Do lat. *emendāre*, «corrigir»)

emendável *adj.2g.* capaz de se emendar (Do lat. *emendabĭle-*, «que se pode corrigir»)

emeninecer *v.intr.* voltar ao estado de menino; rejuvenescer (De *em*-+*menino*+*-ecer*)

ementa *n.f.* 1 ato ou efeito de ementar 2 apontamento para lembrança 3 resumo; sumário 4 rol 5 (restaurante) lista de pratos disponíveis para escolha de refeição (Deriv. regr. de *ementar*)

emental *n.m.* queijo de leite de vaca originário da Suíça, de massa cozida e compacta, de textura com diversos buracos, sabor suave e casca amarela (Do fr. *emment(h)al*, «id.»)

ementar *v.tr.* 1 fazer a ementa de 2 relembrar 3 apontar 4 rezar pelos mortos mencionados num rol (De *em*-+*mente*+*-ar*, isto é, «pôr na mente; lembrar»)

ementário *n.m.* 1 livro de ementas 2 agenda (De *ementa*+*-ário*)

emergência *n.f.* 1 ato de emergir 2 aparecimento 3 nascimento 4 acontecimento inesperado ou de gravidade excecional que requer (re)ação imediata ou urgente 5 BOTÂNICA excrescência na camada superficial do tecido vegetal, como o espinho de uma rosa, por exemplo 6 PSICOLOGIA passagem de uma fórmula de comportamento a outra, na linha de crescimento normal de um organismo vivo; ***teoria da*** *~* FILOSOFIA aparecimento de propriedades novas e superiores àquelas de que emergem (o pensamento como emergência da vida) (Do lat. *emergentĭa*, «id.», part. pres. neut. pl. subst. de *emergĕre*, «emergir»)

emergente *adj.2g.* 1 que emerge; que vem à superfície 2 que surge ou advém inesperadamente 3 FÍSICA (raio luminoso) que sai de um meio ótico, depois de o ter atravessado (Do lat. *emergente-*, part. pres. de *emergĕre*, «emergir»)

emergir *v.tr.,intr.* sair de onde estava mergulhado ■ *v.intr.* 1 manifestar-se 2 despontar; assomar; elevar-se 3 acontecer; ocorrer 4 destacar-se; sobressair (Do lat. *emergĕre*, «emergir; sair da água»)

emeritense *adj.2g.* referente à cidade espanhola de Mérida, na Estremadura ■ *n.2g.* natural ou habitante de Mérida (Do lat. *emeritense-*, «id.», de *Emerĭta-*, top., «Mérida»)

emérito *adj.* 1 jubilado 2 [fig.] muito versado em ciência, arte ou outro ramo do saber 3 insigne; distinto (Do lat. *emerĭtu-*, «veterano; reformado; vitorioso»)

emersão *n.f.* 1 ato de emergir; saída de uma superfície líquida; subida à superfície 2 ASTRONOMIA aparecimento de um astro (Do lat. *emersiōne-*, «id.»)

emerso *adj.* 1 que emergiu; que saiu do líquido onde estava mergulhado 2 que se eleva acima de uma superfície (Do lat. *emersu-*, «id.», part. pass. de *emergĕre*, «emergir»)

emeticidade *n.f.* propriedade emética ou vomitiva (De *emético*+*-i-*+*-dade*)

emético *adj.* que provoca o vómito; emetizante ■ *n.m.* substância que provoca o vómito; vomitório (Do gr. *emetikós*, «vomitório», pelo lat. *emetĭcu-*, «id.»)

emetina *n.f.* FARMÁCIA alcaloide obtido das raízes de algumas ipecas, que é aplicado, em medicina, como emético (Do gr. *émetos*, «vómito» +*-ina*)

emetizante *adj.2g.* ⇒ **emético** *adj.* (De *emetizar*+*-ante*)

emetizar *v.tr.* 1 aplicar um emético a 2 misturar com emético (De *emét[ico]*+*-izar*)

emetrope *adj.2g.* diz-se dos olhos ou dos indivíduos que têm olhos normalmente constituídos, do ponto de vista do poder de refração ocular (Do gr. *émmetros*, «que observa a medida» +*óps, ópos*, «olho»)

emetropia *n.f.* estado de emetrope; normalidade do olho relativamente à refração (De *emetrope*+*-ia*)

-emia sufixo nominal, de origem grega, que exprime a ideia de sangue (*uricemia; septicemia*)

emigração *n.f.* 1 ato ou efeito de emigrar 2 saída voluntária do local onde se vive para se estabelecer noutro 3 conjunto de pessoas que emigram 4 ⇒ **migração** 3 (Do lat. *emigratiōne-*, «id.»)

emigrado *adj.* que emigrou ■ *n.m.* 1 emigrante 2 pessoa que saiu da sua pátria para evitar perseguições políticas (Part. pass. de *emigrar*)

emigrador *adj.* que emigra (De *emigrar*+*-dor*)

emigrante *adj.,n.2g.* que ou pessoa que sai voluntariamente do local onde vive para se estabelecer noutro (Do lat. *emigrante-*, part. pres. de *emigrāre*, «emigrar»)

emigrar *v.intr.* 1 sair voluntariamente do local onde se vive para se estabelecer noutro 2 mudar periodicamente de região (certas espécies animais) (Do lat. *emigrāre*, «id.»)

emigratório *adj.* 1 relativo à emigração 2 migratório (De *emigrar*+*-tório*)

eminência *n.f.* 1 ponto elevado 2 altura 3 [fig.] superioridade 4 [fig.] excelência 5 [fig.] elevação moral 6 RELIGIÃO título dos cardeais; *~ parda* conselheiro de uma alta personalidade que ocultamente toma todas as decisões (Do lat. *eminentĭa-*, «eminência; relevo»)

eminenciar *v.tr.* 1 estar eminente a 2 estar acima de (De *eminência*+*-ar*)

eminente *adj.2g.* 1 elevado 2 alto 3 muito grande 4 que sobreleva os outros 5 [fig.] notável; excelente 6 [fig.] superior (Do lat. *eminente-*, «id.», part. pres. de *eminēre*, «elevar-se; sobressair»)

eminentemente *adv.* 1 no mais alto grau 2 muito; sobremaneira (De *eminente*+*-mente*)

eminentíssimo *adj.* 1 {superlativo absoluto sintético de **eminente**} que é muito eminente 2 forma de tratamento que indica grande respeito e deferência 3 qualificativo dado aos cardeais

emir *n.m.* 1 governador de província ou chefe de tribo, entre os Árabes 2 título dos descendentes de Mafoma (Maomé) (Do ár. *amir*, «chefe»)

emirado *n.m.* ⇒ **emirato**

emirato *n.m.* 1 cargo do emir 2 território governado por um emir (De *emir*+*-ato*)

emissão *n.f.* 1 ato ou efeito de projetar ou lançar 2 ato de expelir de si 3 produção de sons 4 ECONOMIA ação de pôr em circulação novas moedas, títulos ou papel de crédito, ou o quantitativo dessas moedas ou papel 5 FÍSICA produção num dado ponto e radiação no espaço de ondas eletromagnéticas, calor, vibrações mecânicas, partículas elementares, etc. 6 ELETRÓNICA transmissão de sons e/ou imagens por meio de ondas eletromagnéticas 7 RÁDIO, TELEVISÃO aquilo que é transmitido; *~ abaixo do par* ECONOMIA emissão de títulos por preço inferior ao valor nominal; *~ acima do par* ECONOMIA emissão de títulos por preço superior ao valor nominal; *espetro de ~* FÍSICA espetro da luz produzida por uma fonte luminosa (Do lat. *emissiōne-*, «ação de lançar»)

emissário *adj.* que serve para emitir ■ *n.m.* 1 aquele que é enviado em missão; mensageiro; enviado 2 canalização para esgoto ou escoamento de águas ou detritos (Do lat. *emissarĭu-*, «id.»)

emissionismo n.m. 1 emissão excessiva de papel-moeda 2 inflação (Do lat. *emissiōne-*, «emissão» +*-ismo*)

emissível adj.2g. que se pode emitir (Do lat. **emissibĭle-*, «id.»)

emissividade n.f. FÍSICA razão entre o poder emissivo de uma superfície e o do corpo negro, para dado comprimento de onda e à mesma temperatura (De *emissivo*+*-i-*+*-dade*)

emissivo adj. 1 que tem a propriedade de emitir 2 que pode emitir (Do lat. *emissu-*, part. pass. de *emittĕre*, «emitir» +*-ivo*)

emissor adj. 1 que emite 2 ECONOMIA (banco, estabelecimento de crédito) que emite moeda em papel ou fiduciária 3 (posto de TSF) que emite ondas hertzianas ■ n.m. 1 LINGUÍSTICA pessoa que, num dado contexto, produz um enunciado, oral ou escrito 2 ELETRICIDADE, ELETRÓNICA conjunto de dispositivos capazes de transmitir mensagens, sons e/ou imagens (Do lat. *emissōre-*, «o que envia»)

emissora /ô/ n.f. 1 posto que emite ondas hertzianas para telecomunicações 2 estação que transmite programas radiofónicos ou televisivos (De *emissor*)

emissório adj. relativo a emissão (De *emissu-*, part. pass. de *emittĕre*, «emitir») +*-ório*)

emitância n.f. FÍSICA resultado da divisão do poder de irradiação (expresso em watts) de uma superfície emissora de luz pela área desta superfície (expressa em m²) (Do lat. *emittĕre*, «emitir; mandar para fora», pelo fr. *émotion*, «emitância»)

emitente n.2g. pessoa ou entidade que emite ■ adj.2g. emissor (Do lat. *emittente-*, «id.», part. pres. de *emittĕre*, «emitir; lançar»)

emitir v.tr. 1 mandar 2 expedir 3 lançar de si 4 pôr em circulação 5 irradiar (calor, luz, ondas hertzianas, etc.) 6 produzir (sons) 7 expressar; manifestar; expor por escrito (opinião) 8 ELETRÓNICA transmitir (sons e/ou imagens) por meio de ondas eletromagnéticas (Do lat. *emittĕre*, «emitir; lançar»)

emmeio n.m. ocasião; momento; *nesse ~* nesse instante (De *em-*+*meio*)

emmentes adv. entretanto; entrementes (De *em-*+*mentes*)

emoção n.f. 1 reação psíquica e física (agradável ou desagradável) em face de determinada circunstância ou objeto, por vezes traduzindo-se em modificações da respiração, da circulação e até das secreções 2 alteração de ordem ou estabilidade 3 agitação; alvoroço 4 comoção 5 ato de deslocar (Do fr. *émotion*, «id.»)

emocional adj.2g. 1 relativo a emoção 2 que emociona 3 (indivíduo) que é muito sensível às emoções (Do fr. *émotionnel*, «id.»)

emocionalmente adv. 1 com emoção 2 do ponto de vista emocional (De *emocional*+*-mente*)

emocionante adj.2g. 1 que causa emoção 2 capaz de suscitar sensações fortes de entusiasmo ou de medo e tensão (De *emocionar*+*-ante*)

emocionar v.tr. causar emoção a; abalar; comover ■ v.pron. sentir emoção; comover-se (Do fr. *émotionner*, «id.»)

emocionável adj.2g. que se emociona facilmente; impressionável (Do fr. *émotionnable*, «id.»)

emoldar v.tr. 1 ⇒ **amoldar** 2 emoldurar (De *em-*+*molde*+*-ar*)

emoldurar v.tr. 1 meter em moldura; encaixilhar; emoldar 2 estar em volta de; rodear 3 adornar (De *em-*+*moldura*+*-ar*)

emoleirar v.tr. cobrir de farinha; enfarinhar (De *em-*+*moleiro*+*-ar*)

emoliente adj.2g. que tem a propriedade de amolecer, de abrandar ■ n.m. MEDICINA substância, aplicada externa ou internamente, que produz a tonicidade e a sensibilidade dos tecidos, e diminui a dor e a inflamação (Do lat. *emolliente-*, «id.», part. pres. de *emollīre*, «amolecer»)

emolir v.tr. tornar mole ou brando (Do lat. *emollīre*, «amolecer»)

emolumento n.m. 1 ganho; lucro 2 retribuição; gratificação 3 pl. lucros eventuais para além do rendimento habitual (Do lat. *emolumentu-*, «id.»)

emonar-se v.pron. tornar-se mono; amuar (De *em-*+*mono*+*-ar*)

emordaçar v.tr. ⇒ **amordaçar** (De *em-*+*mordaça*+*-ar*)

emorear v.tr. pôr (os cereais) em moreia ou meda; emedar (De *em-*+*moreia*+*-ar*)

emormado adj. que tem mormo (De *em-*+*mormo*+*-ado*)

emorrinhar v.intr. adoecer com morrinha (De *em-*+*morrinha* [=doença]+*-ar*)

emostar v.tr. 1 tornar doce (a uva) 2 fazer sazonar (as uvas) 3 meter em mosto (De *em-*+*mosto*+*-ar*)

emoticon n.m. ⇒ **smiley**

emotivamente adv. 1 de modo emotivo 2 de modo comovente 3 com comoção (De *emotivo*+*-mente*)

emotividade n.f. 1 qualidade de emotivo 2 predisposição para emoções ou excitação (De *emotivo*+*-i-*+*-dade*)

emotivo adj. 1 que provoca emoção 2 sensível a emoções 3 comovente ■ n.m. indivíduo predisposto a experimentar emoções vivas e frequentes (Do lat. *emōtu-*, part. pass. de *emovēre*, «sacudir; abalar» +*-ivo*)

emouquecer v.tr.,intr. ensurdecer (De *em-*+*mouco*+*-ecer*)

emouquecimento n.m. ato ou efeito de emouquecer; ensurdecimento (De *emouquecer*+*-mento*)

empa n.f. 1 ato ou efeito de empar 2 estaca que serve de suporte às videiras e a outras plantas sarmentosas ou trepadeiras 3 operação de viticultura, que consiste em fixar vergada a vara da videira, depois da poda; evidilha; baixa; erguida (Deriv. regr. de *empar*)

empaca n.f. ação de empacar (Deriv. regr. de *empacar*)

empacar¹ v.tr. embrulhar; enfardar; empacotar; emalar (Do cast. *empacar*, «empacotar»)

empacar² v.intr. parar no meio de algum ato; não prosseguir (Do esp. sul-americano *empacar*, «parar; emperrar»)

empachamento n.m. ⇒ **empacho** (De *empachar*+*-mento*)

empachar v.tr. 1 encher em demasia 2 encher muito de comida (o estômago); empanturrar 3 obstruir; impedir 4 estorvar 5 perturbar 6 embaraçar; enlear 7 embatucar ■ v.intr. 1 sobrecarregar-se 2 ficar embaraçado ou sem palavras (Do prov. *empachar*, «id.», pelo fr. *empêcher*, «obstruir; perturbar»)

empache n.m. ⇒ **empacho**

empacho n.m. 1 ação ou efeito de empachar; sobrecarregamento 2 grande mal-estar, com a sensação de grande peso no estômago, por motivo de ingestão excessiva de alimentos 3 estorvo, obstrução 4 embaraço; pejo (Deriv. regr. de *empachar*)

empachoso /ô/ adj. 1 que provoca empacho ou embaraço 2 [fig.] maçador 3 [fig.] envergonhado; acanhado; tímido (De *empacho*+*-oso*)

empacotadeira n.f. máquina agrícola para enfardar palha ou feno (De *empacotar*+*-deira*)

empacotador adj.,n.m. que ou aquele que empacota (De *empacotar*+*-dor*)

empacotamento n.m. ato de empacotar (De *empacotar*+*-mento*)

empacotar v.tr. reunir ou colocar em pacotes; enfardar ■ v.intr. [pop.] morrer (De *em-*+*pacote*+*-ar*)

empada n.f. CULINÁRIA pastel de massa, com recheio de carne, peixe, marisco, etc., levado ao forno em formas pequenas 2 [fig., depr.] pessoa maçadora (Do lat. **impanāta-*, «empanada», pelo cast. *empanada*, «empada»)

empadão n.m. 1 CULINÁRIA prato de puré de batata ou de arroz com recheio cremoso (geralmente de carne) que vai ao forno 2 CULINÁRIA empada grande (De *empada*+*-ão*)

empadroar v.tr. 1 registar (os contribuintes) 2 alistar 3 escrever em padrão ou escritura autêntica ■ v.pron. alistar-se; recensear-se; incluir-se (De *em-*+*padrão*+*-ar*)

empáfia n.f. 1 atitude de superioridade injustificada; soberba 2 vaidade 3 atrevimento ■ n.2g. pessoa soberba, vaidosa, enfatuada (De orig. onom.)

empáfio adj. 1 que tem empáfia; soberbo; enfatuado 2 impostor (De *empáfia*)

empalação n.f. 1 ato ou efeito de empalar 2 antigo suplício que consistia em meter uma estaca pelo ânus do condenado, e expô-lo assim até morrer (De *empalar*+*-ção*)

empalagoso /ô/ adj. [regionalismo] importuno; rabugento; impertinente (Do cast. *empalagoso*, «enjoativo; maçador»)

empalamado adj. 1 coberto de emplastros 2 cheio de mazelas (De orig. obsc.)

empalar¹ v.tr. aplicar a empalação a (Do cast. *empalar*, «id.», do lat. *palus*, «pau»)

empalar² v.pron. [regionalismo] esconder-se na pala (toca) (De *em-*+*pala*+*-ar*)

empaleador adj. [Brasil] que está ocioso enquanto os outros trabalham (De *empalear*+*-dor*)

empalear v.tr. 1 [regionalismo] fazer render qualquer serviço, trabalhando pouco 2 [coloq.] não despachar (uma tarefa); demorar muito tempo a fazer (alguma coisa) (De *em-*+*paleio*+*-ar*)

empalecer v.tr.,intr. ⇒ **empalidecer** (Do lat. *impallescĕre*, «id.»)

empalhação n.f. 1 ato de empalhar 2 [fig.] pretexto para ganhar tempo (De *empalhar*+*-ção*)

empalhada n.f. mistura de palha e erva, para alimento do gado; palhada (Part. pass. fem. subst. de *empalhar*)

empalhadeira n.f. (*masculino* **empalhador**) mulher que empalha (garrafões, cadeiras, etc.) (De *empalhar*+*-deira*)

empalhado adj. revestido ou forrado de palha (Part. pass. de *empalhar*)

empalhador n.m. (*feminino* **empalhadeira**) aquele que empalha (De *empalhar*+*-dor*)

empalhamento n.m. ⇒ **empalhação** (De *empalhar*+*-mento*)
empalhar v.tr. 1 forrar, cobrir, encher ou revestir de palha ou palhinha; empalheirar 2 revestir um objeto com malha feita de vimes ou de outras varas; encanastrar 3 embalsamar (animais), fazendo enchimento com palha, estopa, etc. 4 [fig.] entreter; empatar (De *em-*+*palha*+*-ar*)
empalheirar v.tr. 1 recolher em palheiro 2 pôr palhinha em (assentos ou cadeiras) (De *em-*+*palheiro*+*-ar*)
empalidecer v.tr. 1 tornar pálido 2 [fig.] fazer perder o viço 3 [fig.] fazer parecer menos importante ■ v.intr. 1 ficar pálido 2 amarelecer 3 [fig.] perder importância 4 [fig.] perder qualidade (De *em-*+*pálido*+*-ecer*)
empalmação n.f. 1 ato de empalmar 2 furto; escamoteação 3 habilidade de mãos (De *empalmar*+*-ção*)
empalmadela n.f. ⇒ **empalmação** (De *empalmar*+*-dela*)
empalmador adj.,n.m. que ou aquele que empalma (De *empalmar*+*-dor*)
empalmar v.tr. 1 fazer desaparecer na palma da mão, na manga 2 apropriar-se (indevidamente) de; escamotear; furtar 3 ludibriar; enganar (De *em-*+*palma*+*-ar*)
empampanar v.tr.,pron. cobrir(-se) de pâmpanos (De *em-*+*pâmpano*+*-ar*)
empanada[1] n.f. CULINÁRIA grande empada (Do cast. *empanada*, «id.»)
empanada[2] n.f. 1 caixilho de janela tapado com pano ou papel 2 taipal de vitrina 3 cada um dos taipais que se colocam nas bordas do leito do carro de bois para formar caixa (Part. pass. fem. subst. de *empanar*)
empanadilha n.f. CULINÁRIA empanada pequena (Do cast. *empanadilla*, «id.»)
empanado[1] adj. embrulhado em panos; encoberto (Part. pass. de *empanar*, «encobrir, esconder»)
empanado[2] adj. que sofreu avaria (Part. pass. de *empanar*, «sofrer avaria»)
empanamento n.m. ato ou efeito de empanar (De *empanar*+*-mento*)
empanar[1] v.tr. 1 envolver em panos 2 encobrir; esconder 3 impedir 4 [fig.] ofuscar; deslustrar (De *em-*+*pano*+*-ar*)
empanar[2] v.intr. (veículo automóvel) ter uma avaria (De *em-*+fr. *panne*, «avaria»+*-ar*)
empancamento n.m. ato ou efeito de empancar (De *empancar*+*-mento*)
empancar v.tr. 1 segurar com panca 2 suster; vedar 3 encher muito; enfartar; empachar 4 tapar com empanque ■ v.intr. 1 [coloq.] não poder andar para diante 2 [coloq.] estar bloqueado (De *em-*+*panca*+*-ar*)
empandeirado adj. 1 empachado 2 enganado; ludibriado; logrado 3 [fig.] desfeito 4 [fig.] despedido (Part. pass. de *empandeirar*)
empandeiramento n.m. 1 ato ou efeito de empandeirar 2 engano; logro (De *empandeirar*+*-mento*)
empandeirar v.tr. 1 NÁUTICA enfunar (as velas do navio) 2 empanturrar 3 [fig.] ludibriar; enganar 4 enviar para longe 5 descartar-se de (alguém) 6 causar a morte a (De *em-*+*pandeiro*+*-ar*)
empandilhar v.tr. 1 tornar pandilha 2 defraudar, de combinação com outrem 3 reunir em pandilha 4 enganar ao jogo 5 roubar com destreza ■ v.pron. 1 tornar-se pandilha 2 conluiar-se com os parceiros do jogo para roubar os outros jogadores (De *em-*+*pandilha*+*-ar*)
empandinar v.tr. tornar pando ou inchado; enfunar ■ v.pron. empandeirar-se; enfunar-se (De *em-*+*pando*+*-ino*+*-ar*)
empanque n.m. qualquer substância usada para vedar as juntas das máquinas (Deriv. regr. de *empancar*)
empantanar v.tr. 1 tornar pantanoso; apaular 2 encher de água; encharcar; alagar 3 meter em atoleiro, atascar (De *em-*+*pântano*+*-ar*)
empantufado adj. 1 calçado com pantufas 2 [fig.] vaidoso 3 [fig.] orgulhoso (Part. pass. de *empantufar*)
empantufar v.tr. calçar pantufas a ■ v.pron. 1 calçar pantufas 2 [fig.] empavonar-se; ensoberbecer-se (De *em-*+*pantufa*+*-ar*)
empanturramento n.m. ato ou efeito de empanturrar ou empanturrar-se; enfartamento; empanzinamento (De *empanturrar*+*-mento*)
empanturrar v.tr. encher (alguém) demasiadamente de comida; enfartar; empanzinar; empachar ■ v.pron. 1 encher-se de comida 2 [fig.] ensoberbecer-se (De *em-*+*panturra*+*-ar*)
empanzinadela n.f. ⇒ **empanzinamento** (De *empanzinar*+*-dela*)

empanzinamento n.m. ato ou efeito de empanzinar ou empanzinar-se (De *empanzinar*+*-mento*)
empanzinar v.tr. 1 alimentar em excesso; empanturrar 2 [pop.] causar surpresa desagradável a 3 [pop.] enganar ■ v.pron. alimentar-se em excesso; empanturrar-se (De *em-*+cast. *panza*, «pança»+*-ina*+*-ar*?)
empapagem n.f. 1 ato ou efeito de empapar 2 uma das operações do fabrico da cerveja, que consiste na caldeação do malte em água quente (De *empapar*+*-agem*)
empapar[1] v.tr. 1 embeber (algo), tornando-o mole como papas 2 ensopar 3 cobrir de papas 4 amortecer o choque de 5 fazer a empapagem de ■ v.pron. 1 tornar-se mole; converter-se em papas 2 ensopar-se (De *em-*+*papa*+*-ar*)
empapar[2] v.tr. meter no papo (De *em-*+*papo*+*-ar*)
empapelamento n.m. operação de empapelar (De *empapelar*+*-mento*)
empapelar v.tr. 1 forrar com papel 2 embrulhar em papel 3 [pop.] guardar com cuidado ■ v.pron. agasalhar-se (De *em-*+*papel*+*-ar*)
empapelo /ê/ n.m. 1 ato de empapelar (nomeadamente tabaco, nas fábricas de cigarros) 2 invólucro de papel (Deriv. regr. de *empapelar*)
empapoilar v.tr.,pron. [regionalismo] vestir(-se) garridamente (De *em-*+*papoila*+*-ar*)
empapoular v.tr.,pron. [regionalismo] ⇒ **empapoilar**
empapuçar v.tr. fazer papos ou pregas em ■ v.intr. não assentar bem ■ v.pron. inchar (De *em-*+**papuço*, por *papudo*+*-ar*)
empar v.tr. 1 suster com estacas, ou ligar a estacas (as varas das videiras) 2 [regionalismo] baixar ou erguer (videiras) (De *em-*+*pau*+*-ar*)
emparar v.tr. [ant.] ⇒ **amparar**
emparceirar v.tr. 1 tornar parceiro 2 emparelhar 3 associar 4 [fig.] igualar (De *em-*+*parceiro*+*-ar*)
emparcelamento n.m. 1 ato ou efeito de emparcelar 2 AGRICULTURA conversão de propriedades agrícolas dispersas numa só (De *emparcelar*+*-mento*)
emparcelar v.tr. 1 AGRICULTURA juntar numa só várias parcelas de terreno a fim de melhorar a produção agrícola 2 dividir em partes ou parcelas (De *em-*+*parcela*+*-ar*)
empardecer v.tr.,intr. tornar(-se) pardo; escurecer (De *em-*+*pardo*+*-ecer*)
empardecimento n.m. ato ou efeito de empardecer (De *empardecer*+*-mento*)
emparedamento n.m. ato ou efeito de encerrar entre paredes; enclausura
emparedar v.tr. 1 encerrar entre paredes; fechar entre paredes; enclausurar 2 segurar ou tapar com parede ■ v.pron. 1 fechar-se entre paredes 2 endireitar-se como uma parede (De *em-*+*parede*+*-ar*)
emparelhamento n.m. ato ou efeito de emparelhar (De *emparelhar*+*-mento*)
emparelhar v.tr. 1 pôr a par 2 igualar; colocar ao mesmo nível 3 juntar; associar 4 completar o par ou a parelha 5 condizer com ■ v.intr. 1 ficar igual 2 LITERATURA (versos) rimar dois a dois ■ v.pron. equiparar-se (De *em-*+*parelha*+*-ar*)
emparrar v.tr. cobrir de parras ■ v.pron. 1 criar parras 2 empampanar-se (De *em-*+*parra*+*-ar*)
emparreirar v.tr. 1 cobrir de parreiras ou de videiras 2 suspender em estacas em forma de parreira ■ v.pron. cobrir-se de parreiras (De *em-*+*parreira*+*-ar*)
emparvecer v.tr.,intr. tornar(-se) parvo (De *em-*+*parvo*+*-ecer*)
emparvoar v.tr.,intr. ⇒ **emparvecer**
emparvoecer v.tr.,intr. ⇒ **emparvecer**
empasma n.m. pó aromático para enxugar o suor ou atenuar-lhe o cheiro (Do gr. tard. *émpasma*, «o que se espalha», pelo lat. cient. *empasma*, «id.»)
empastamento n.m. 1 ato ou efeito de empastar ou empastar-se 2 redução a pasta 3 ingurgitação (De *empastar*+*-mento*)
empastar v.tr. 1 reduzir a pasta 2 ligar com pasta 3 unir (um livro) às pastas (cartões das capas) 4 PINTURA aplicar tintas primárias para preparação do suporte (madeira, tela, papel, etc.) 5 [fig.] tornar (fala, voz) pouco claro ■ v.pron. 1 formar pasta 2 cobrir-se de pasta 3 [fig.] (fala, voz) tornar-se pouco claro (De *em-*+*pasta*+*-ar*)
empaste n.m. ⇒ **empastamento** (Deriv. regr. de *empastar*)
empastelador adj.,n.m. que ou aquele que empastela (De *empastelar*+*-dor*)
empastelamento n.m. ato ou efeito de empastelar (De *empastelar*+*-mento*)
empastelar v.tr. 1 reduzir a uma massa informe 2 TIPOGRAFIA amontoar confusamente (caracteres tipográficos); misturar (tipos)

3 assaltar tipografia (em geral de um jornal) danificando o material e amontoando, ao acaso, os caracteres **4** MILITAR irradiar ou refletir deliberadamente energia eletromagnética com o fim de impedir a utilização, pelo inimigo, dos seus sistemas de telecomunicação (De *em-+pastel+-ar*)

empata *n.2g.* [depr.] pessoa que embaraça, retarda ou dificulta a ação de alguém (Deriv. regr. de *empatar*)

empatado *adj.* **1** suspenso **2** embaraçado **3** interrompido **4** retardado **5** (jogo, competição) igualado em número de pontos **6** (eleição) igualado em número de votos (Part. pass. de *empatar*)

empatador *adj.,n.m.* que ou aquele que empata (De *empatar+-dor*)

empatar *v.tr.* **1** causar empate a **2** igualar em votos a favor e contra **3** acabar (jogo, competição) sem vencedor **4** aplicar (dinheiro) sem possibilidade de lucro imediato **5** [fig.] tolher o seguimento de; impedir o avanço de **6** [fig.] ocupar improdutivamente ■ *v.intr.* **1** (jogo, competição, eleição) obter o mesmo resultado numérico **2** não conseguir avançar (Do cast. *empatar*, «empatar; tornar igual; ficar empatado»)

empate *n.m.* **1** igualdade de votos ou de pontos **2** indecisão **3** retardamento proposital **4** (dinheiro) paralisação de capital (Deriv. regr. de *empatar*)

empatia *n.f.* **1** faculdade de compreender emocionalmente (pessoa, objeto) **2** capacidade de se identificar com outra pessoa; entendimento **3** PSICOLOGIA identificação emocional com o eu de outro (De *em-+gr. páthos*, «estado de alma» *+-ia*)

empausadamente *adv.* [Angola] vagarosamente; com pausas (De *em-+pausada+-mente*)

empavear *v.tr.* dispor em paveias (o mato que se roça) (De *em-+paveia+-ar*)

empavesamento *n.m.* ato ou efeito de empavesar; embandeiramento (De *empavesar+-mento*)

empavesar *v.tr.* **1** embandeirar (um navio) **2** [fig.] tornar vaidoso ■ *v.pron.* **1** enfeitar-se **2** [fig.] ensoberbecer-se (De *em-+pavês+-ar*)

empavoar *v.tr.,pron.* ⇒ **empavonar**

empavonar *v.tr.* encher de vaidade ■ *v.pron.* pavonear-se; exibir-se (De *em-+pavão+-ar*)

empecadado *adj.* **1** que está em pecado **2** infeliz (Part. pass. de *empecadar*)

empecadar *v.tr.* **1** fazer (alguém) incorrer em pecado **2** contaminar pelo pecado (De *em-+pecado+-ar*)

empecado *adj.* **1** embaralhado **2** enredado **3** diz-se daquele que anda sempre doente ou a quem não correm as coisas favoravelmente (Part. pass. de *empeçar*)

empeçar *v.tr.* **1** pôr obstáculos a **2** dificultar os movimentos a; estorvar ■ *v.intr.* **1** tropeçar **2** não conseguir avançar ■ *v.pron.* **1** emaranhar-se **2** (cabelo) empastar-se (Do lat. **impeditiāre*, «id.», de *impedītu-*, «impedido»)

empecer *v.tr.* **1** dificultar os movimentos de; causar obstáculo; estorvar; encravar **2** causar dano a (Do lat. vulg. **impediscĕre*, inc. de *impedīre*, «impedir»)

empecilhar *v.tr.* **1** causar empecilho a; estorvar; empecer **2** embaraçar **3** impedir (De *empecilho+-ar*)

empecilho *n.m.* **1** coisa que estorva; embaraço **2** obstáculo; impedimento (Do cast. *impecillo*, «id.»)

empecimento *n.m.* ato de empecer (De *empecer+-mento*)

empecível *adj.2g.* que empece ou pode ser empecido (De *empecer+-vel*)

empecivo *adj.* que empece (De *empecer+-ivo*)

empeço /ê/ *n.m.* **1** estorvo **2** obstáculo (Deriv. regr. de *empeçar*)

empeçonhamento *n.m.* **1** ato ou efeito de empeçonhar **2** envenenamento (De *empeçonhar+-mento*)

empeçonhar *v.tr.* **1** dar peçonha a; envenenar **2** [fig.] interpretar em mau sentido **3** [fig.] deturpar o significado de (De *em-+peçonha+-ar*)

empeçonhentar *v.tr.* ⇒ **empeçonhar** (De *em-+peçonhento+-ar*)

empedernecer *v.tr.,intr.* ⇒ **empedernir** (Do cast. *empedernecer*, «id.»)

empedernido *adj.* **1** duro como pedra **2** [fig.] inflexível; insensível

empedernimento *n.m.* ato ou efeito de empedernir (De *empedernir+-mento*)

empedernir *v.tr.,intr.,pron.* **1** converter(-se) em pedra; petrificar **2** tornar ou ficar duro como pedra; endurecer **3** [fig.] tornar(-se) insensível (Do lat. **impetrinīre*, «empedernir», de *petrīnu-*, «de pedra»)

empedrado *adj.* **1** revestido de pedras **2** macadamizado **3** que tem concreções calcárias ■ *n.m.* **1** porção de estrada pavimentada com pedra britada **2** calçada (Part. pass. de *empedrar*)

empedrador *n.m.* **1** o que empedra **2** calceteiro (De *empedrar+-dor*)

empedramento *n.m.* ato ou efeito de empedrar; calcetamento (De *empedrar+-mento*)

empedrar *v.tr.* calçar com pedras; calcetar ■ *v.intr.* tornar-se duro como pedra (De *em-+pedra+-ar*)

empegar *v.tr.* **1** meter no pego **2** engolfar ■ *v.pron.* fazer-se ao mar (De *em-+pego+-ar*)

empeladoiro *n.m.* ⇒ **empeladouro**

empeladouro *n.m.* pedra polida sobre a qual se examina a argila, nas olarias (De *empelar+-douro*)

empelamar *v.tr.* lançar (os couros) no pelame, para largarem o pelo (De *em-+pelame+-ar*)

empelar *v.tr.* [regionalismo] examinar (o barro), no empeladouro, para lhe extrair as substâncias estranhas (De orig. obsc.)

empelicar *v.tr.* **1** preparar (as peles finas) **2** cobrir de pelica (De *em-+pelica+-ar*)

empelotado *adj.* que formou pelota (Part. pass. de *empelotar*)

empelotar *v.tr.* (trabalhos de cerieiro) reduzir (a cera) a pelotas ou pequenas bolas (De *em-+pelota+-ar*)

empena /ê/ *n.f.* **1** parede lateral de um edifício, normalmente terminada em triângulo; outão **2** peça de madeira que vai do frechal ao pau de fileira (Deriv. regr. de *empenar*?)

empenachar *v.tr.* **1** ornar com penachos **2** arranjar de modo vistoso; enfeitar (De *em-+penacho+-ar*)

empenado *adj.* **1** torcido pela ação do tempo **2** vergado **3** emperrado (Part. pass. de *empenar*)

empenagem *n.f.* **1** estrutura plana, fixa ou móvel, destinada a manter a estabilidade de um avião em profundidade e em direção **2** MILITAR superfície plana ou curva fixada nos flancos ou na retaguarda de um avião, de um míssil, de uma granada, etc., destinada a manter a estabilidade dos mesmos, em profundidade e direção, ao longo da trajetória (Do fr. *empennage*, «id.»)

empenamento *n.m.* ato ou efeito de empenar; empeno (De *empenar+-mento*)

empenar[1] *v.tr.* fazer ganhar empeno; torcer; deformar ■ *v.intr.* **1** torcer ou curvar por efeito da humidade ou do calor; ganhar empeno **2** desviar-se da linha de prumo ■ *v.pron.* curvar-se (De *empinar*)

empenar[2] *v.tr.* cobrir ou enfeitar com penas ■ *v.intr.* **1** criar penas **2** cobrir-se de penas; emplumar-se **3** enfeitar-se (De *em-+pena+-ar*)

empenhador *adj.,n.m.* que ou aquele que empenha (De *empenhar+-dor*)

empenhamento *n.m.* **1** ato de empenhar **2** penhora **3** hipoteca **4** dedicação; esforço **5** MILITAR fase do combate ofensivo ulterior à tomada de contacto que tem por fim reconhecer a resistência inimiga e ocupar posições donde possa ser lançado o ataque (De *empenhar+-mento*)

empenhar *v.tr.* **1** dar em penhor **2** fazer contrair dívidas **3** comprometer **4** interessar **5** obrigar **6** arriscar **7** expor **8** empregar toda a diligência em ■ *v.pron.* **1** endividar-se **2** esforçar-se **3** pôr empenho ou interesse **4** assumir interesses e obrigações resultantes de uma inserção em dada situação social **5** comprometer-se **6** alistar-se (Do lat. **impignāre*, de *pignu-*, «penhor»)

empenhável *adj.2g.* que se pode empenhar (De *empenhar+-vel*)

empenho *n.m.* **1** ato de dar ou de receber em penhor **2** promessa **3** compromisso; obrigação **4** interesse **5** dedicação; esforço; ardor **6** proteção **7** mediação **8** influência que se move a favor de alguém; recomendação **9** pessoa que intercede por outra (Deriv. regr. de *empenhar*)

empenhoca *n.f.* [coloq.] influência que se move em favor de alguém; recomendação; cunha (De *empenho+-oca*)

empenhorar *v.tr.* dar em penhor; penhorar (De *em-+penhor+-ar*)

empeno *n.m.* **1** ato de empenar; empenamento **2** torcedura causada na madeira pela humidade ou pelo calor **3** [fig.] estorvo **4** [fig.] dificuldade **5** [fig.] diferença de contas; inexatidão (Deriv. regr. de *empenar*)

empepinar *v.tr.* tornar semelhante ao pepino (De *em-+pepino+-ar*)

empequenecer *v.tr.* **1** tornar pequeno **2** fazer decrescer ■ *v.intr.* minguar (De *em-+pequeno+-ecer*)

empequenitar *v.tr.* **1** tornar pequeno **2** encurtar (De *em-+pequenito+-ar*)

emperlar v.tr. 1 pôr pérolas em 2 dar forma ou aparência de pérola a ■ v.pron. converter-se em pérola(s) (De em-+perla [= pérola]+-ar)

empernamento n.m. 1 ato de empernar ou cruzar as pernas com as de outrem 2 cruzamento 3 entrelaçamento (De empernar+-mento)

empernar v.intr. 1 cruzar as pernas 2 enganchar as pernas nas de outrem 3 (caça) empernicar ■ v.pron. [pop.] ter relações sexuais (De em-+perna+-ar)

empernicar v.tr. prender pelas patas (a caça morta), para suspender do cinto do caçador; empernar; empeugar; empesgar (De em-+perna+-icar)

emperramento n.m. 1 ato ou efeito de emperrar; emperro; entravamento; encravamento 2 impossibilidade de movimento ou de articulação 3 [fig.] teimosia; obstinação (De emperrar+-mento)

emperrar v.tr. 1 tornar perro 2 dificultar ou impossibilitar o movimento ou a articulação de 3 obstar a ■ v.intr. 1 ficar parado, não podendo ou não querendo mover-se 2 [fig.] não saber o que fazer ou dizer ■ v.pron. [fig.] obstinar-se; teimar (De em-+perro+-ar)

emperro n.m. ⇒ **emperramento** (Deriv. regr. de emperrar)

empertigar v.tr. 1 pôr direito e teso 2 [fig.] ensoberbecer ■ v.pron. 1 endireitar-se 2 [fig.] mostrar-se altivo 3 [fig.] encher-se de vaidade (De em-+pértiga+-ar)

empesa n.f. ato de empesar (Deriv. regr. de empesar)

empesadura n.f. ⇒ **empesa** (De empesar+-dura)

empesar v.tr. [regionalismo] espremer (o bagaço das uvas) (De empeso+-ar)

empesgar¹ v.tr. ⇒ **empernicar**

empesgar² v.tr. cobrir com camada de pez (De em-+lat. *picicăre, «id.», de pice-, «pez»)

empeso /ê/ n.m. [regionalismo] peso que o fuso do lagar sustenta para espremer o bagaço (De em-+peso)

empestador adj. que empesta; pestilento (De empestar+-dor)

empestamento n.m. ato ou efeito de empestar (De empestar+-mento)

empestar v.tr. 1 infetar com peste 2 comunicar mau cheiro a 3 [fig.] corromper 4 [fig.] contaminar ■ v.intr. cheirar mal (De em-+peste+-ar)

empetrácea n.f. BOTÂNICA espécime das Empetráceas

Empetráceas n.f.pl. BOTÂNICA família de plantas dicotiledóneas, arbustivas, de frutos carnosos, próprias das regiões temperadas ou frias, representada em Portugal por uma espécie da beira-mar, denominada camarinha ou camarinheira (Do gr. émpetron, «saxífraga»+-ácea)

empeugar v.tr. ⇒ **empernicar** (De em-+peúga+-ar)

empezar v.tr. 1 untar, defumar ou cobrir com pez 2 [regionalismo] colocar no fumeiro (De em-+pez+-ar)

empezinhar v.tr. untar ou sujar com pez; empesgar (De em-+pez+-inhar)

empicotamento n.m. ato de empicotar (De empicotar+-mento)

empicotar v.tr. 1 pôr no bico ou no cume 2 expor na picota ou no pelourinho 3 [fig.] expor à irrisão, à vergonha (De em-+picota+-ar)

empiema /ê/ n.m. MEDICINA aglomerado de pus numa cavidade do corpo; ~ **pleural** MEDICINA derramamento purulento na cavidade das pleuras (Do gr. empýema, «abcesso», pelo fr. empyème, «id.»)

empilhadora /ô/ n.f. máquina automóvel com que se empilham e arrumam as mercadorias em armazéns, depósitos ferroviários, portos, arrecadações (De empilha+-dora)

empilhamento n.m. 1 ato ou efeito de empilhar 2 amontoação (De empilhar+-mento)

empilhar v.tr.,pron. dispor(-se) em pilhas; amontoar(-se); acumular(-se); apinhar(-se) (De em-+pilha+-ar)

empinadela n.f. 1 ato de empinar 2 empino (De empinar+-dela)

empinado adj. 1 erguido a pino 2 que tem grande declive; alcantilado 3 [fig.] elevado; guindado 4 [acad.] decorado; aprendido de cor (Part. pass. de empinar)

empinanço n.m. 1 ação de empinar 2 [acad.] aprendizagem de cor; memorização apressada (De empinar+-anço)

empinar v.tr. 1 pôr a pino ou em posição vertical 2 erguer 3 aprumar 4 [pop.] emborcar 5 [acad.] aprender de cor ■ v.pron. 1 pôr-se a pino ou em posição vertical 2 (cavalo) erguer-se sobre as patas traseiras (De em-+pino+-ar)

empinhocar v.tr. 1 reunir em pinhoca 2 agrupar em pinha ou cacho ■ v.pron. 1 agarrar-se a outro 2 empinar-se (De em-+pinhoca+-ar)

empino n.m. 1 ato ou efeito de empinar ou de se empinar 2 levantamento 3 [fig.] soberba; orgulho (Deriv. regr. de empinar)

empinocar v.tr. colocar em sítio alto ■ v.pron. empoleirar-se (De em-+pinoco+-ar)

empiorar v.tr.,intr. tornar(-se) pior; agravar(-se) (De em-+pior+-ar)

empipar v.tr. meter em pipa ou pipo (De em-+pipa ou pipo+-ar)

empíreo n.m. 1 MITOLOGIA habitação de deuses 2 RELIGIÃO lugar dos bem-aventurados 3 [fig.] lugar de delícias 4 a mais elevada das esferas em que a antiga astronomia considerava fixados os astros ■ adj. 1 relativo ao céu; celeste 2 [fig.] superior; supremo (Do gr. émpyros, «ardente; que está em fogo», pelo lat. empyrĭu-, «do empíreo; do fogo»)

empireuma n.m. sabor ou cheiro desagradável, proveniente de substâncias orgânicas submetidas à ação de fogo violento (Do gr. empýreuma, -atos, «cheiro de coisa queimada», pelo fr. empyreume, com o mesmo sentido)

empireumático adj. que tem os caracteres de empireuma (Do gr. empýreuma, -atos, «cheiro a queimado»+-ico)

empiricamente adv. 1 de modo empírico 2 praticamente (De empírico+-mente)

empírico adj. 1 relativo ao empirismo 2 baseado na experiência vulgar ou imediata, não metódica nem racionalmente interpretada e organizada ■ n.m. curandeiro (Do gr. empeirikós, «experimental», pelo lat. empirĭcu-, «médico empírico»)

empiriocriticismo n.m. FILOSOFIA corrente filosófica do séc. XIX que defende que a experiência pura é anterior à distinção entre o físico e o psíquico (De empir(ismo)+criticismo, ou do fr. empiriocriticisme, «id.»)

empirismo n.m. 1 conjunto de conhecimentos colhidos apenas na prática 2 rotina 3 charlatanismo 4 FILOSOFIA doutrina filosófica, segundo a qual todo o conhecimento humano deriva, direta ou indiretamente, da experiência (Do gr. empeiría, «experiência», pelo fr. empirisme, «id.»)

empirista adj.2g. relativo ou pertencente ao empirismo ■ n.2g. pessoa partidária do empirismo (Do gr. empeiría, «experiência», pelo fr. empiriste, «id.»)

empiscar v.tr.,intr. ⇒ **piscar** (De em-+piscar)

empiteirar v.tr. embriagar ■ v.pron. embebedar-se (De em-+piteira+-ar)

empitosgado adj. [regionalismo] embriagado (De em-+pitosga+-ado)

emplasmado adj. 1 coberto de emplastros 2 que tem chagas; chaguento 3 achacadiço (Por encataplasmado)

emplasmar v.tr. 1 cobrir de emplastros 2 tornar achacadiço (Por encataplasmar)

emplastação n.f. ⇒ **emplastração** (De emplastar+-ção)

emplastado adj. ⇒ **emplastrado** (Part. pass. de emplastar)

emplastagem n.f. ⇒ **emplastração** (De emplastar+-agem)

emplastar v.tr. ⇒ **emplastrar** (De emplastrar)

emplasto n.m. ⇒ **emplastro** (De emplastro)

emplastração n.f. ato de emplastrar (De emplastrar+-ção)

emplastrado adj. 1 coberto de emplastros 2 [fig.] rebocado (Part. pass. de emplastrar)

emplastragem n.f. ⇒ **emplastração** (De emplastrar+-agem)

emplastramento n.m. ⇒ **emplastração** (De emplastrar+-mento)

emplastrar v.tr. 1 pôr emplastros em 2 rebocar 3 estender, a camadas, como se fosse um emplastro 4 revestir 5 [fig.] pôr adornos postiços em (De emplastro+-ar)

emplástrico adj. da natureza do emplastro (De emplastro+-ico)

emplastro n.m. FARMÁCIA medicamento sólido que adere à parte externa do corpo, por efeito do calor 2 [fig.] pessoa achacadiça, importuna ou parasita (Do gr. émplastron, «emplastro», pelo lat. emplastru-, «id.»)

emplumação n.f. ato ou efeito de emplumar ou emplumar-se (De emplumar+-ção)

emplumar v.tr. guarnecer de plumas ou penas ■ v.intr. (ave) criar penas ■ v.pron. 1 (ave) cobrir-se de penas 2 [fig.] enfeitar-se 3 [fig.] vangloriar-se (De em-+pluma+-ar)

emplumescer v.intr. (ave) ir-se cobrindo de plumas ou penas (De em-+pluma+-escer)

empoadela n.f. ⇒ **empoamento** (De empoar+-dela)

empoamento n.m. ato ou efeito de empoar (De empoar+-mento)

empoar v.tr. 1 cobrir(-se) de pó ou poeira 2 (maquilhagem) espalhar pó em (De em-+pó+-ar)

empobrecer v.tr. 1 tornar pobre 2 arruinar 3 [fig.] enfraquecer 4 [fig.] diminuir a qualidade de ■ v.intr. 1 cair na pobreza 2 [fig.] perder força ou vigor 3 [fig.] perder qualidade (De em-+pobre+-ecer)

empobrecimento *n.m.* 1 ato ou efeito de empobrecer 2 ECONOMIA (contabilidade) diminuição do ativo; aumento do passivo (De *empobrecer+-mento*)

empoçamento *n.m.* ato ou efeito de empoçar (De *empoçar+-mento*)

empoçar *v.tr.* meter em poço ou em poça ∎ *v.intr.* 1 formar poça ou atoleiro 2 estagnar (De *em-+poça+-ar*)

empocilgar *v.tr.* 1 meter em pocilga 2 encurralar ∎ *v.pron.* transformar-se em pocilga (De *em-+pocilga+-ar*)

empoeirado *adj.* 1 cheio de poeira 2 [fig.] vaidoso; presumido (Part. pass. de *empoeirar*)

empoeirar *v.tr.* cobrir ou encher de poeira (De *em-+poeira+-ar*)

empola /ó/ *n.f.* 1 formação vesiculosa, cheia de líquido seroso, na pele; bolha; ampola 2 BOTÂNICA corpúsculo globoso, em certos órgãos vegetais 3 coisa globosa (Do lat. *ampŭlla-*, «frasco»)

empolado *adj.* 1 coberto de empolas 2 inchado 3 cheio de elevações 4 (mar) encapelado; agitado 5 (estilo) pomposo; afetado 6 orgulhoso; soberbo (Part. pass. de *empolar*)

empolamento *n.m.* 1 ato ou efeito de empolar 2 aumento da porosidade de um terreno (De *empolar+-mento*)

empolar *v.tr.* 1 fazer empolas em 2 [fig.] (estilo) tornar pomposo e afetado 3 fazer parecer mais importante do que na realidade é; exagerar ∎ *v.intr.,pron.* 1 criar empolas 2 intumescer 3 (mar) encapelar-se 4 ensoberbecer-se ∎ *adj.2g.* que tem forma de empola (Do lat. **ampollăre* por *ampullāri*, «usar de linguagem empolada»)

empoleação *n.f.* ato ou efeito de empolear ou empolear-se (De *empolear+-ção*)

empolear¹ *v.tr.* arrebatar pelos ares (De *em-+poleia+-ar*)

empolear² *v.pron.* [Índia] poluir-se, por tocar em pessoa de casta diferente (De *em-+poleá+-ar*)

empoleirar *v.tr.* 1 pôr no poleiro 2 [fig.] elevar a uma posição de destaque 3 [fig.] exaltar ∎ *v.pron.* 1 subir ao poleiro 2 encarrapitar-se 3 [fig.] ascender a posição elevada (De *em-+poleiro+-ar*)

empolgadeira *n.f.* buraco em que se enfia a corda, em cada uma das extremidades do arco da besta (arma) (De *empolgar+-deira*)

empolgado *adj.* 1 agarrado 2 tirado violentamente 3 [fig.] entusiasmado; arrebatado (Part. pass. de *empolgar*)

empolgadura *n.f.* ato de empolgar; empolgamento (De *empolgar+-dura*)

empolgamento *n.m.* 1 ato ou efeito de empolgar ou empolgar-se 2 [fig.] entusiasmo; vibração (De *empolgar+-mento*)

empolgante *adj.2g.* 1 que empolga 2 que domina 3 que arrasta (De *empolgar+-ante*)

empolgar *v.tr.* 1 esticar (a corda) para armar a besta (arma) 2 deitar a garra a 3 apoderar-se violentamente de 4 [fig.] entusiasmar ∎ *v.pron.* [fig.] entusiasmar-se (Do lat. **empollicăre*, de *pollēre*, «ter força; ter valor»)

empolha /ó/ *n.f.* ato de empolhar (Deriv. regr. de *empolhar*)

empolhar *v.tr.* incubar; chocar (ovos) ∎ *v.intr.* (ovo) criar pinto (Do cast. *empollar*, «chocar»)

empolmar *v.tr.* reduzir a polme (De *em-+polme+-ar*)

emporcalhar *v.tr.* 1 tornar porco; sujar 2 manchar (De *em-+porcalhão+-ar*)

emporcar *v.tr.* ⇒ **emporcalhar** (De *em-+porco+-ar*)

emporético *adj.* diz-se do papel pardo que serve para embrulhar mercadorias (Do gr. *emporeutikós*, «relativo a mercadorias», pelo lat. *emporetĭcu-*, «id.»)

empório *n.m.* 1 praça ou porto comercial de grande importância 2 cidade onde concorrem muitos estrangeiros para comerciar 3 grande centro artístico ou comercial 4 bazar 5 grande armazém (Do gr. *empórion*, «mercado», pelo lat. *emporĭu-*, «id.»)

empós *prep.* [ant.] ⇒ **após** *prep.*; **~ de** [ant.] depois de, atrás de (De lat. *in post*, «depois»)

empossamento *n.m.* 1 ato ou efeito de empossar ou empossar-se 2 tomada de posse (De *empossar+-mento*)

empossar *v.tr.* dar posse a; investir ∎ *v.pron.* 1 tomar posse 2 apoderar-se (De *em-+posse+-ar*)

emposse *n.m.* ato ou efeito de empossar; posse (Deriv. regr. de *empossar*)

emposta *n.f.* 1 ARQUITETURA última pedra do pilar sobre a qual se apoia o arco 2 encosta 3 [regionalismo] pequena refeição entre o jantar e a ceia; merenda (Do lat. *imposĭta-*, «colocada entre»)

empostar¹ *v.tr.* situar (a voz) no lugar conveniente para os órgãos fonadores poderem dar boa emissão (Do it. *impostáre*, «colocar em»)

empostar² *v.tr.* pôr (o mato) em paveias (De *em-+posta+-ar*)

empranchado *adj.* DESPORTO diz-se do salto em que o corpo forma uma linha reta (Part. pass. de *empranchar*)

empratado *adj.* CULINÁRIA diz-se da comida que foi disposta num prato individual de forma a ter um aspeto agradável e apetecível ∎ *adj.,n.m.* diz-se de ou serviço de restaurante em que a comida é servida num prato individual (Part. pass. de *empratar*)

empratamento *n.m.* CULINÁRIA ato ou efeito de dispor alimentos num prato individual, de forma a tornar a sua aparência agradável e apetecível (De *empratar+-mento*)

empratar *v.tr.,intr.* CULINÁRIA dispor (os alimentos) num prato individual, de forma a tornar a sua aparência agradável e apetecível (De *em-+prato+-ar*)

emprazado *adj.* 1 constituído em prazo 2 aforado 3 a que se marcou prazo 4 desafiado 5 intimado (Part. pass. de *emprazar*)

emprazador *adj.* que empraza ∎ *n.m.* 1 aquele que empraza 2 indivíduo que descobre, pelo rasto, o sítio onde está uma peça de caça (De *emprazar+-dor*)

emprazamento *n.m.* 1 ato ou efeito de emprazar 2 citação para comparecer em prazo certo; convocação 3 enfiteuse; aforamento (De *emprazar+-mento*)

emprazar *v.tr.* 1 citar (alguém) para comparecer em prazo certo 2 marcar o dia de 3 intimar 4 empatar 5 cercar (a caça) 6 ceder por enfiteuse 7 [fig.] desafiar (De *em-+prazo+-ar*)

empreendedor *adj.* 1 que é cheio de iniciativa e vontade para iniciar novos projetos 2 ativo; enérgico; dinâmico 3 arrojado ∎ *n.m.* 1 aquele que empreende 2 indivíduo cheio de iniciativa e vontade para iniciar projetos novos, mesmo quando são arriscados (De *empreender+-dor*)

empreendedorismo *n.m.* processo dinâmico realizado pelo indivíduo que, por iniciativa ou vontade própria, procura identificar e implementar ideias inovadoras, consideradas como oportunidades de negócio (De *empreendedor-+-ismo*)

empreender *v.tr.* 1 dar princípio a (uma empresa) 2 intentar 3 decidir-se a ∎ *v.intr.* ter apreensões; cismar (Do lat. **imprehendĕre*, de *prehendĕre*, «apreender»)

empreendimento *n.m.* 1 ato ou efeito de empreender 2 projeto de execução exigente 3 obra importante 4 empresa 5 realização 6 tentativa 7 cisma 8 organização formada para explorar um negócio (De *empreender+-mento*)

empregado¹ *adj.* 1 aplicado 2 ocupado ∎ *n.m.* aquele que exerce um emprego; **empregado de mesa** funcionário de café, restaurante ou hotel que serve os clientes (Part. pass. de *empregar*)

empregado² *adj.* 1 pregueado 2 [regionalismo] entrevado (Part. pass. de *empregar*)

empregador *adj.* que emprega; que dá emprego ∎ *n.m.* 1 aquele que emprega 2 diretor de uma empresa (em relação aos empregados); patrão (De *empregar+-dor*)

empregar¹ *v.tr.* 1 dar emprego a 2 aplicar 3 fazer uso de; utilizar 4 ocupar; gastar ∎ *v.pron.* 1 passar a ter emprego 2 dedicar-se (Do lat. *implicāre*, «envolver»)

empregar² *v.tr.* ⇒ **preguear**¹ ∎ *v.pron.* [regionalismo] ficar entrevado (De *em-+prega+-ar*)

emprego /ê/ *n.m.* 1 ato ou efeito de empregar ou empregar-se 2 ocupação remunerada 3 funções de empregado 4 aplicação ou exercício de faculdades 5 colocação 6 uso; utilização 7 função (Deriv. regr. de *empregar*)

empregomania /ê/ *n.f.* mania dos que preferem um emprego público a qualquer outro modo de vida (De *emprego+mania*)

empreguiçar *v.tr.* tornar preguiçoso (De *em-+preguiça+-ar*)

empreita¹ *n.f.* 1 tecido ou obra de esparto 2 cincho (Do lat. *implicta*, por *implicĭta*, «entrançada»)

empreita² *n.f.* ⇒ **empreitada** (Deriv. regr. de *empreitar*)

empreitada *n.f.* 1 obra que um ou mais indivíduos se encarregam de fazer para outrem, mediante retribuição estabelecida no ato do ajuste 2 contrato pelo qual uma das partes se obriga em relação à outra a realizar certa obra, mediante um preço 3 trabalho remunerado por pagamento global e não diário 4 [fig., coloq.] tarefa difícil e demorada (Part. pass. fem. subst. de *empreitar*)

empreitar *v.tr.* fazer trabalho por empreitada (De *em-+preito+-ar*)

empreiteiro *n.m.* 1 o que ajusta obra de empreitada 2 responsável por uma empresa de construções (De *empreitar+-eiro*)

emprenhador *adj.,n.m.* que ou aquele que torna (a fêmea) prenhe ∎ *n.m.* ICTIOLOGIA ⇒ **bacamarte** 4 (De *emprenhar+-dor*)

emprenhar *v.tr.* tornar prenhe ∎ *v.intr.* 1 ficar prenhe 2 engravidar 3 [pop.] alcançar (Do lat. *impraegnāre*, «id.»)

empresa *n.f.* 1 tarefa ou empreendimento de execução difícil e/ ou laboriosa 2 realização; empreendimento; projeto 3 ECONOMIA organização individual ou coletiva, pública ou privada, que visa a

empresador

obtenção de lucros através da produção de bens ou serviços; firma; **~ multinacional** ECONOMIA empresa que possui ou controla outras empresas implantadas em vários países, o que lhe permite elaborar uma estratégia à escala internacional, empresa transnacional; **~ privada** ECONOMIA empresa cuja posse pertence a um ou a vários particulares; **~ pública** ECONOMIA empresa que é propriedade do Estado (Do lat. *imprehensa-, «empreendida», pelo it. *impresa*, «empresa»)

empresador *adj.,n.m.* que ou aquele que empresa (De *empresar+-dor*)

empresar *v.tr.* 1 represar 2 apresar 3 reter 4 emprazar (caça) (De *em-+presa+-ar*)

empresariado *n.m.* conjunto dos empresários (De *empresário+-ado*)

empresarial *adj.2g.* relativo a empresa ou a empresário

empresário *n.m.* 1 gerente de uma empresa 2 responsável pela organização e rendibilização da atividade artística de pessoa(s) ou estabelecimento 3 aquele que empreende um negócio, indústria, etc. (Do it. *impresario*, «id.»)

emprestadar *v.tr.* [pop.] emprestar (algo) sabendo à partida que não vai ser devolvido (De *emprestar+dar*)

emprestadio *adj.* que se pode emprestar (De *emprestar+-dio*)

emprestador *adj.,n.m.* que ou aquele que empresta (De *emprestar+-dor*)

emprestar *v.tr.* 1 confiar (uma coisa) a outrem, com a condição de ser restituída 2 ceder temporariamente 3 conceder (Do lat. *in-+praestāre*, «emprestar»)

empréstimo *n.m.* 1 ato ou efeito de emprestar 2 cedência gratuita de uma coisa a alguém, com a condição de este a restituir 3 contrato pelo qual, sob condições definidas, uma pessoa entrega temporariamente a outra dinheiro ou artigos de valor 4 coisa emprestada 5 LINGUÍSTICA fenómeno de incorporação de uma palavra de uma língua noutra língua 6 LINGUÍSTICA vocábulo proveniente de uma língua e que é incorporado noutra (Do port. arc. *emprêstido*, do lat. *in-+praestĭtu-*, part. pass. de *praestāre*, «pôr à disposição; emprestar», com infl. de *préstimo*)

empretecer *v.tr.* tornar preto; anegrar ■ *v.intr.* ficar negro (De *em-+preto+-ecer*)

emproado *adj.* 1 (embarcação) que tem a proa voltada para determinada direção 2 [fig.] soberbo; desdenhoso 3 [fig.] insolente (Part. pass. de *emproar*)

emproar *v.tr.* 1 (embarcação) voltar a proa para; aproar 2 (embarcação) abalroar de proa ■ *v.pron.* ensoberbecer-se (De *em-+proa+-ar*)

empubescer *v.intr.* 1 entrar na puberdade 2 criar pelos 3 crescer; desenvolver-se (Do lat. *impubescĕre*, «id.»)

empulhação *n.f.* 1 ato ou efeito de empulhar 2 engano; logro (De *empulhar+-ção*)

empulhar *v.tr.* 1 [pop.] dizer pulhas a 2 enganar, gracejando 3 injuriar 4 afrontar 5 zombar de (De *em-+pulha+-ar*)

empulmonização *n.f.* robustecimento pulmonar (De *em-+pulmão+-izar+-ção*)

empunhadura *n.f.* 1 lugar por onde se empunha a arma 2 punho de arma branca (De *empunhar+-dura*)

empunhar *v.tr.* 1 segurar pelo punho ou cabo 2 pegar em; **~ o cetro** reinar, governar (De *em-+punho+-ar*)

empunidoiros *n.m.pl.* NÁUTICA ⇒ **empunidouros**

empunidouros *n.m.pl.* NÁUTICA garrunchos de cabo, localizados na testa das gáveas, pelos quais passam as empuniduras quando as velas entram nos rizes

empunidura *n.f.* NÁUTICA cabo com que se amarra a vela, quando esta se introduz nos rizes

empunir *v.tr.* NÁUTICA amarrar (cabos) aos laises das vergas

empurpurar *v.tr.* tornar cor de púrpura (De *em-+púrpura+-ar*)

empurpurecer *v.intr.* 1 tornar-se da cor da púrpura 2 enrubescer (De *em-+púrpura+-ecer*)

empurra *n.m.* ato de empurrar; **jogo do ~** [coloq.] ação de mandar fazer a outrem, fuga à responsabilidade (Deriv. regr. de *empurrar*)

empurração *n.f.* ato de empurrar (De *empurrar+-ção*)

empurrador *adj.,n.m.* que ou o que empurra (De *empurrar+-dor*)

empurrão *n.m.* 1 ato de empurrar 2 impulso forte que faz mover a pessoa ou o objeto afetados; encontrão 3 [fig.] estímulo; incentivo; **dar um ~ a** [fig.] ajudar alguém a conseguir o que pretende (De *empurrar+-ão*)

empurrar *v.tr.* 1 dar um ou mais empurrões a 2 impelir com violência 3 tentar mover por meio de força 4 [pop.] fazer aceitar ou receber; impingir (Do lat. tard. *impulsāre*, «id.», freq. de *impellĕre*, «impelir», pelo cast. *empujar*, «id.»)

empurro *n.m.* ⇒ **empurrão** (Deriv. regr. de *empurrar*)

empuxador *adj.,n.m.* que ou aquele que empuxa (De *empuxar+-dor*)

empuxão *n.m.* 1 ato de empuxar 2 empurrão; sacudidela; abanão; repelão (De *empuxar+-ão*, ou do lat. *impulsiōne-*, «embate»)

empuxar *v.tr.* 1 atrair com força 2 impelir; empurrar 3 [fig.] arrastar; induzir (Do lat. tard. *impulsāre*, «id.», freq. de *impellĕre*, «impelir»)

empuxo *n.m.* ato de empuxar; empurrão (Deriv. regr. de *empuxar*)

Emscheriano *n.m.* GEOLOGIA andar do Cretácico superior (De *Emscher*, nome de um afluente do Reno, no noroeste da Alemanha +-*iano*)

Emsiano *n.m.* GEOLOGIA andar do Devónico inferior (De *Ems* [= Bad Ems], cidade alemã do Estado de Hessen +-*iano*)

emudecer *v.tr.,intr.* 1 tornar(-se) mudo 2 calar(-se) 3 extinguir(-se) (De *em-+mudo+-ecer*)

emudecimento *n.m.* 1 ato ou efeito de emudecer 2 silêncio (De *emudecer+-mento*)

emulação *n.f.* 1 sentimento que estimula alguém a igualar ou exceder outrem 2 competitividade 3 rivalidade 4 brio; competência 5 INFORMÁTICA simulação do comportamento de outro tipo de equipamento (Do lat. *aemulatiōne-*, «id.»)

emulador *n.m.* 1 rival; adversário 2 concorrente 3 INFORMÁTICA aplicação que permite simular o ambiente ou o comportamento de outro tipo de equipamento ■ *adj.* 1 que procura igualar 2 que procura rivalizar (com) (Do lat. *aemulatōre-*, «id.»)

emular *v.tr.* 1 imitar por emulação 2 rivalizar com 3 competir com 4 INFORMÁTICA simular o comportamento de (outro tipo de equipamento) (Do lat. *aemulāre*, por *aemulāri*, «id.»)

emulativo *adj.* que produz emulação (De *emular+-tivo*)

emulgente *adj.2g.* 1 (líquido) em que se faz emulsão 2 ANATOMIA (vasos sanguíneos) que leva o sangue de e para os rins 3 MEDICINA que estimula a secreção urinária e biliar 4 purificador (Do lat. *emulgente-*, part. pres. de *emulgēre*, «ordenhar; esgotar»)

êmulo *n.m.* 1 imitador 2 concorrente 3 adversário; rival ■ *adj.* que sente estímulo para igualar ou suplantar alguém (Do lat. *aemŭlu-*, «id.»)

emulsão *n.f.* 1 FARMÁCIA preparado de aspeto leitoso constituído por um líquido que tem em suspensão finíssimos glóbulos de gorduras, resinas ou outras substâncias 2 FOTOGRAFIA película gelatinosa que tem em suspensão finas partículas de sais de prata sensíveis à luz 3 QUÍMICA sistema constituído por dois líquidos essencialmente não miscíveis, um dos quais (fase dispersa) está subdividido em pequeníssimas gotas no seio do outro (fase contínua) (Do lat. *emulsiōne-*, «id.», de *emulsu-*, part. pass. de *emulgēre*, «ordenhar; esgotar»)

emulsificação *n.f.* arte de dispersar um líquido no seio de outro para fazer uma emulsão (Do lat. *emulsu-*, part. pass. de *emulgēre*, «esgotar» +*ficāre*, por *facĕre*, «fazer» +-*ção*)

emulsina *n.f.* QUÍMICA enzima que atua como fermento hidrolisante e que se encontra, em especial, nas amêndoas amargas ou doces (Do lat. *emulsu-*, part. pass. de *emulgēre*, «esgotar» +-*ina*)

emulsionante *adj.2g.* que emulsiona ■ *n.m.* agente que cria ou mantém a emulsão (De *emulsionar+-ante*)

emulsionar *v.tr.* 1 fazer emulsão de 2 FOTOGRAFIA cobrir de emulsão sensível (um suporte fotográfico) (Do lat. *emulsiōne-*, «emulsão» +-*ar*)

emulsivo *adj.* 1 de que se pode extrair óleo por meio de pressão 2 (substância) que se usa como estabilizante das emulsões (Do lat. *emulsu-*, part. pass. de *emulgēre*, «esgotar» +-*ivo*)

emunctório *n.m.* ANATOMIA designativo de qualquer órgão, abertura ou canal excretor (Do lat. *emunctoriŭ-*, por *emunctoria*, «espevitador»)

emundação *n.f.* 1 purificação 2 expurgação 3 limpeza (Do lat. *emundatiōne-*, «purificação»)

emundar *v.tr.* 1 purificar 2 limpar (Do lat. *emundāre*, «purificar»)

emurchecer *v.intr.* 1 (órgãos vegetais) perder a turgidez, tornando-se murcho; murchar 2 [fig.] perder o vigor ou a frescura 3 [fig.] entristecer ■ *v.tr.* fazer murchar ou fazer perder o vigor (De *em-+murcho+-ecer*)

emurchecimento *n.m.* 1 ato ou efeito de emurchecer 2 estiolamento (De *emurchecer+-mento*)

en-[1] prefixo que exprime a ideia de *introdução, mudança de estado, revestimento*, etc., e que é a forma do prefixo **em-** usada antes de vogal e consoante exceto *b, m* ou *p*

en-[2] prefixo culto, de origem grega, que exprime a ideia de *interioridade, frontalidade, um pouco, dentro dos limites*

ena *interj.* exprime alegria, surpresa ou admiração

enágua *n.f.* ⇒ **anágua** (Do cast. *enagua*, «id.»)

enaipar v.tr. 1 juntar ou separar por naipes (um baralho de cartas) 2 acamarador (De en-+naipe+-ar)

enálage n.f. 1 GRAMÁTICA mudança da regência ou concordância dos constituintes de uma frase 2 recurso estilístico que consiste no emprego irregular (em relação à norma sintática corrente) de um modo, tempo ou género, em correspondência com outro (ex.: *no fim de semana vamos até lá, por iremos*) (Do gr. *enallagé*, «troca»)

enaltecedor adj.,n.m. que ou aquele que enaltece, que exalta (De enaltecer+-dor)

enaltecer v.tr. 1 tornar alto 2 exaltar; enobrecer 3 elogiar em excesso (De en-+alto+-ecer)

enaltecimento n.m. ato de enaltecer; elogio; glorificação (De enaltecer+-mento)

enamorado adj. 1 apaixonado 2 enfeitiçado 3 encantado (Part. pass. de *enamorar*)

enamoramento n.m. ato ou efeito de enamorar-se ou apaixonar-se

enamorar v.tr. 1 apaixonar 2 encantar 3 cativar 4 enfeitiçar ■ v.pron. apaixonar-se (De en-+amor+-ar)

enantal n.m. QUÍMICA essência obtida pela destilação do óleo de rícino (De enanto+-al)

enantema n.m. MEDICINA presença de manchas vermelhas nas mucosas de alguns órgãos, em diversas doenças (Do lat. cient. *enanthēma*, «inflorescência; erupção da mucosa», pelo fr. *énanthème*, «id.»)

enântico adj. relativo ao aroma dos vinhos (De enanto+-ico)

enantina n.f. substância a que se atribui o aroma dos vinhos de Bordéus (De enanto+-ina)

enantiomórfico adj. relativo ao enantiomorfismo (Do gr. *enántios*, «contrário» +*morphé*, «forma» +-ico)

enantiomorfismo n.m. QUÍMICA propriedade de certas substâncias cristalizarem segundo duas formas, ou poderem ter duas fórmulas estereoquímicas das quais qualquer delas está para a outra como um objeto para a sua imagem num espelho plano (Do gr. *enántios*, «contrário» +*morphé*, «forma» +-ismo)

enantiotrópico adj. QUÍMICA diz-se das substâncias que podem ocorrer em duas formas distintas, convertíveis uma na outra por efeito de suficiente variação de temperatura (por exemplo, o enxofre) (Do gr. *enántios*, «contrário» +*trópos*, «mudança» +-ico)

enanto n.m. 1 BOTÂNICA nome de várias plantas umbelíferas 2 florescência da videira brava 3 videira brava 4 filipêndula (Do gr. *oinánthe*, «flor da vinha»)

enargia n.f. RETÓRICA representação tão viva de um objeto, no discurso, que parece que o leitor, ou o ouvinte, está a ver o objeto descrito (Do gr. *enárgeia*, «clareza», pelo lat. *energīa*, «descrição pitoresca»)

enarmonia n.f. MÚSICA substituição de uma ou várias notas de um acorde, ou mesmo de todas, por outras que, apesar de terem nome diferente, correspondem aos mesmos sons (Do gr. *en-*, «em» +*harmonía*, «harmonia», pelo fr. *enharmonie*, «id.»)

enarração n.f. ⇒ **narração** (Do lat. *enarratiōne-*, «discurso»)

enarrar v.tr. ⇒ **narrar** (Do lat. *enarrāre*, «contar miudamente»)

enartrose n.f. ANATOMIA tipo de articulação óssea, móvel, cujas superfícies articulares são esféricas (Do gr. *enárthrosis*, «articulação»)

enastrado adj. entrançado ■ n.m. obra de nastro (Part. pass. de *enastrar*)

enastrar v.tr. 1 ornar com fitas ou nastros 2 entretecer; entrançar (De en-+nastro+-ar)

enatar v.tr. cobrir de nateiros ou de nata (De en-+nata+-ar)

enateiramento n.m. ato ou efeito de enateirar (De enateirar+-mento)

enateirar v.tr. transformar em nateiro (De en-+nateiro+-ar)

-ença sufixo nominal, de origem latina, que ocorre geralmente em substantivos abstratos que designam *ação* ou *resultado de ação* (*mantença, parecença*)

encabadela n.f. 1 ato de encabar 2 [pop.] engano; embaçadela (De encabar+-dela)

encabadoiro n.m. ⇒ **encabadouro**

encabadouro n.m. abertura onde entra o cabo de qualquer utensílio (De encabar+-douro)

encabar v.tr. 1 meter o cabo em 2 prover de cabo 3 [pop.] enganar; lograr (De en-+cabo+-ar)

encabeçado adj. 1 que tem cabeça 2 colocado à cabeça 3 liderado 4 metido; encaixado (Part. pass. de *encabeçar*)

encabeçadura n.f. NÁUTICA panos para encabeçar as velas (De encabeçar+-dura)

encabeçamento n.m. 1 ato ou efeito de encabeçar 2 começo 3 ⇒ **exórdio** 4 quota que cada um deve pagar 5 gravura(s) no começo das páginas ou dos capítulos (De encabeçar+-mento)

encabeçar v.tr. 1 situar à cabeça ou à frente de 2 liderar; dirigir 3 dar a um proprietário de um prédio indiviso a sua posse (posseiro), com o direito de os outros coproprietários (quinhoeiros) receberem uma quota-parte da renda 4 tornar (um prédio) cabeça de morgadio 5 pôr os encabeçamentos em (escrito) 6 unir (duas coisas) pelo topo 7 remendar na extremidade 8 fazer as matrizes de 9 recensear (os contribuintes) 10 unir num domínio útil (duas ou mais pessoas) 11 convencer de ■ v.intr. NÁUTICA colocar panos novos nas velas ■ v.pron. 1 convencer-se 2 inscrever-se como contribuinte (De en-+cabeça+-ar)

encabeço /ê/ n.m. NÁUTICA ⇒ **encabeçadura** (Deriv. regr. de *encabeçar*)

encabeira n.f. tábua assente ao longo de uma parede, onde vão encabeçar as tábuas transversais (De encabar+-eira)

encabeirar v.tr. 1 assentar as encabeiras de 2 ⇒ **encabar** (De encabeira+-ar)

encabelado adj. 1 coberto de cabelo 2 que criou cabelo novo (Part. pass. de *encabelar*)

encabelador n.m. o que encabela (De encabelar+-dor)

encabeladura n.f. 1 ato de encabelar 2 cabelo 3 cabeleira (De encabelar+-dura)

encabelar v.intr. criar cabelo novo ■ v.tr. pôr cabelo em (De en-+cabelo+-ar)

encabrestadura n.f. ferida causada nas cavalgaduras pelo atrito do cabresto (De encabrestar+-dura)

encabrestamento n.m. ato de encabrestar (De encabrestar+-mento)

encabrestar v.tr. 1 pôr cabresto a 2 [fig.] sujeitar; subjugar ■ v.pron. embaraçar-se no cabresto (De en-+cabresto+-ar)

encabritar-se v.pron. 1 empinar-se 2 empoleirar-se 3 alçar-se 4 [fig.] enfurecer-se; abespinhar-se (De en-+cabrito+-ar)

encabulação n.f. ato ou efeito de encabular; embaraço; atrapalhação (De encabular+-ção)

encabulado adj. 1 acanhado; tímido 2 envergonhado; embaraçado; vexado (Part. pass. de *encabular*)

encabular v.tr.,intr.,pron. provocar ou sentir vergonha; acanhar(-se) (De orig. incerta)

encachaçado adj. [Brasil] embriagado com cachaça (De en-+cachaça+-ado)

encachar v.tr. cobrir com encacho (De encacho+-ar)

encachiar-se v.pron. 1 (peru) fazer roda com a cauda 2 encrespar-se (De orig. obsc.)

encacho n.m. ⇒ **tanga**[1] (De en-+cacha)

encachoeiramento n.m. 1 formação de cachoeira 2 cachoeira (De encachoeirar+-mento)

encachoeirar v.tr.,intr. converter(-se) em cachoeira ■ v.intr. formar cachão (De en-+cachoeira+-ar)

encacholar v.tr. 1 [pop.] meter na cachola ou cabeça 2 decorar (De en-+cachola+-ar)

encadeação n.f. 1 ato ou efeito de encadear; encadeamento 2 conexão 3 ordem 4 sucessão (De encadear+-ção)

encadeado adj. 1 preso com cadeia(s) 2 que se sucede em cadeia 3 ligado; relacionado; *rima encadeada* LITERATURA rima em que o final de um verso rima com uma palavra que está no meio do verso seguinte (Part. pass. de *encadear*)

encadeamento n.m. 1 ato ou efeito de encadear 2 ordenação lógica e sequencial de coisas relacionadas; conexão; sucessão 3 LITERATURA processo poético através do qual se coloca no verso seguinte uma ou mais palavras que completam o sentido do verso anterior (De encadear+-mento)

encadear v.tr. 1 prender ou ligar com cadeia; agrilhoar 2 meter em cadeia; prender 3 ligar de forma lógica; relacionar; concatenar ■ v.pron. 1 ter conexão; ligar-se 2 suceder-se; seguir-se (De en-+cadeia+-ar)

encadeirado n.m. fila de cadeiras (Part. pass. subst. de *encadeirar*)

encadeirar v.tr. 1 pôr ou fazer sentar em cadeira 2 guarnecer de cadeiras (De en-+cadeira+-ar)

encadernação n.f. 1 ato ou efeito de encadernar 2 processo de coser ou colar as folhas de um livro, sobrepondo-lhes uma capa resistente 3 capa de livro encadernado 4 secção ou oficina onde se fazem encadernações 5 [coloq.] traje; vestimenta (De encadernar+-ção)

encadernado *adj.* diz-se do livro cuja capa, geralmente de papelão, é forrada a couro, plástico ou percalina e cujos cadernos são cosidos ou colados (Part. pass. de *encadernar*)

encadernador *adj.,n.m.* que ou aquele que encaderna (De *encadernar+-dor*)

encadernar *v.tr.* 1 unir os cadernos de um livro, cosendo-os ou colando-os a uma capa, geralmente de material resistente 2 [fig.] vestir (alguém) com roupa nova ■ *v.pron.* [fig.] vestir fato ou vestido novo (De *en-+caderno+-ar*)

encafifado *adj.* 1 [Brasil] embaraçado; envergonhado 2 [Brasil] pensativo; meditabundo 3 [Brasil] aborrecido (Part. pass. de *encafifar*)

encafuar *v.tr.,pron.* 1 meter ou entrar em lugar escondido ou isolado; meter(-se) em cafua 2 esconder(-se); ocultar(-se) 3 meter(-se) na cabeça de; persuadir(-se) (De *en-+cafua+-ar*)

encafurnar *v.tr.,pron.* ⇒ **encafuar** (De *en-+cafurna+-ar*)

encaibrar *v.tr.* assentar os caibros em (um edifício) (De *en-+caibro+-ar*)

encaiporar *v.tr.,pron.* [Brasil] tornar(-se) caipora ou infeliz; dar ou ter azar ■ *v.pron.* [Brasil] aborrecer-se (De *en-+caipora+-ar*)

encaixamento *n.m.* ato ou efeito de encaixar; encaixe (De *encaixar+-mento*)

encaixar *v.tr.* 1 meter em caixa ou em encaixe 2 inserir em 3 colocar entre 4 embutir 5 [fig., coloq.] meter na cabeça ■ *v.intr.* 1 vir a propósito; convir 2 ficar bem; quadrar ■ *v.pron.* 1 meter-se; colocar-se 2 introduzir-se 3 adaptar-se bem 4 arranjar emprego 5 encasquetar-se (De *en-+caixa+-ar*)

encaixe *n.m.* 1 ato ou efeito de encaixar ou encaixar-se 2 inserção de uma coisa noutra 3 cavidade destinada a receber peça saliente e talhada da mesma forma 4 juntura 5 ECONOMIA quantidade de moeda detida por uma unidade económica (Deriv. regr. de *encaixar*)

encaixilhar *v.tr.* meter em caixilho; emoldurar (De *en-+caixilho+-ar*)

encaixo *n.m.* ⇒ **encaixe**

encaixotador *adj.,n.m.* que ou aquele que encaixota (De *encaixotar+-dor*)

encaixotamento *n.m.* ato ou efeito de encaixotar (De *encaixotar+-mento*)

encaixotar *v.tr.* 1 meter em caixote ou em caixas 2 [pop.] enterrar (De *en-+caixote+-ar*)

encalacração *n.f.* 1 ato ou efeito de encalacrar ou de encalacrar-se 2 situação difícil; entaladela; aperto (De *encalacrar+-ção*)

encalacradela *n.f.* ⇒ **encalacração** (De *encalacrar+-dela*)

encalacrador *adj.,n.m.* que ou aquele que encalacra, que coloca em dificuldades (De *encalacrar+-dor*)

encalacrar *v.tr.* 1 meter em dificuldades 2 comprometer 3 entalar ■ *v.pron.* 1 embaraçar-se em negócios ruinosos 2 endividar-se 3 empenhar-se 4 colocar-se numa situação difícil (De *en-+calacre+-ar*)

encalamistrar *v.tr.* 1 encrespar 2 frisar 3 encaracolar (De *en-+calamistro+-ar*)

encalamoucar *v.tr.* 1 [pop.] encalacrar 2 enganar em contrato 3 calotear (De *en-+calamocar*?)

encalar¹ *v.tr.* dar uma ligeira cozedura a (carne ou peixe) para que se não estrague; encalir (De *en-+calo+-ar*)

encalar² *v.tr.,intr.* dirigir(-se) por cale (De *en-+cale+-ar*)

encalçar *v.tr.* 1 ir no encalço de 2 seguir as peugadas de (Do lat. *incalceāre*, «pisar os calcanhares de»)

encalço *n.m.* rasto; pista; peugada; *ir no* ~ *de* seguir de perto, seguir a pista de (Deriv. regr. de *encalçar*)

encaldeiração *n.f.* ato ou efeito de encaldeirar (De *encaldeirar+-ção*)

encaldeirar *v.tr.* 1 AGRICULTURA rodear com uma cova (o pé de uma árvore) para juntar água 2 meter em caldeira (De *en-+caldeira+-ar*)

encalecer *v.intr.* criar calos (De *en-+calo+-ecer*)

encaleirar *v.tr.* dirigir por meio de caleira (De *en-+caleira+-ar*)

encalhação *n.f.* ⇒ **encalhamento** (De *encalhar+-ção*)

encalhado *adj.* 1 NÁUTICA preso no fundo ou em algum obstáculo 2 [fig.] imobilizado; parado; *estar/ficar* ~ [coloq.] estar/ficar solteiro (Part. pass. de *encalhar*)

encalhamento *n.m.* ato ou efeito de encalhar; encalhe (De *encalhar+-mento*)

encalhar *v.tr.* fazer (embarcação) dar em seco ou prender em algum obstáculo ■ *v.intr.* 1 (embarcação) dar em seco ou ficar preso em algum obstáculo 2 [fig.] encontrar obstáculos 3 [fig.] não conseguir continuar 4 [fig.] imobilizar-se 5 [coloq.] ficar solteiro (Do cast. *encallar*, «id.»)

encalhe *n.m.* 1 (embarcação) ato ou efeito de dar em seco; encalhação 2 [fig.] paralisação; imobilização 3 [fig.] estagnação 4 [fig.] impedimento; empate (Deriv. regr. de *encalhar*)

encalho *n.m.* 1 lugar em que o navio encalha 2 encalhe (Deriv. regr. de *encalhar*)

encaliçar *v.tr.* revestir de caliça (De *en-+caliça+-ar*)

encalidela *n.f.* ato de encalir (De *encalir+-dela*)

encalir *v.tr.* 1 [pop.] dar uma leve fervura a; entalir 2 [pop.] assar ligeiramente (De *en-+calo+-ir*)

encalistação *n.f.* ato ou efeito de encalistar (De *encalistar+-ção*)

encalistar *v.tr.* 1 comunicar azar; agourar 2 fazer perder ao jogo 3 vexar; envergonhar (De *en-+calisto+-ar*)

encalistrar *v.tr.* ⇒ **encalistar**

encalmadiço *adj.* que se encalma com facilidade; calorento (De *encalmar+-diço*)

encalmamento *n.m.* 1 ato ou efeito de encalmar 2 afrontamento por efeito de calor 3 sensação de calor excessivo (De *encalmar+-mento*)

encalmar *v.tr.* 1 fazer calor a; tornar calmoso; aquecer 2 [fig.] afrontar 3 [fig.] irritar ■ *v.intr.* acalmar-se ■ *v.pron.* sentir calma; acalmar-se (De *en-+calma+-ar*)

encalvecer *v.intr.* 1 tornar-se calvo 2 [fig.] (terreno) perder a vegetação (De *en-+calvo+-ecer*)

encamar *v.intr.* cair de cama por doença ■ *v.tr.* dispor em camadas (De *en-+cama+-ar*)

encamarotar *v.tr.* 1 meter em camarote 2 instalar em camarote (De *en-+camarote+-ar*)

encambar *v.tr.* 1 enfiar num cambo 2 juntar (muitas coisas) por meio de atilhos 3 entrançar 4 entortar para um lado; tornar cambo (De *en-+cambo+-ar*)

encambeirar *v.tr.* (Carnaval) atirar cambeiras a; enfarinhar (De *en-+cambeira+-ar*)

encamboar *v.tr.* amarrar (animal de tração) ao cambão; encangar; jungir (De *en-+cambão+-ar*)

encambulhada *n.f.* ⇒ **cambulhada** (Part. pass. fem. subst. de *encambulhar*)

encambulhar *v.tr.* 1 juntar de cambulhada 2 encambar 3 unir 4 travar 5 enfiar ■ *v.pron.* 1 enredar-se 2 travar-se (De *en-+cambulha+-ar*)

encame *n.m.* 1 malhada onde se recolhe o javali 2 covil de feras (Deriv. regr. de *encamar*)

encaminhador *adj.,n.m.* que ou aquele que encaminha, guia ou conduz (De *encaminhar+-dor*)

encaminhamento *n.m.* 1 ato de encaminhar 2 direção 3 andamento (De *encaminhar+-mento*)

encaminhar *v.tr.* 1 indicar o caminho a 2 abrir caminho a 3 fazer seguir os trâmites estabelecidos 4 guiar; dirigir 5 [fig.] dar bons conselhos a; orientar ■ *v.pron.* 1 dirigir-se 2 [fig.] desenvolver-se; resolver-se (De *en-+caminho+-ar*)

encamisada *n.f.* 1 mascarada 2 embrulhada; dificuldade 3 [fig.] assalto noturno em que os assaltantes, por disfarce, vestem camisões (Part. pass. fem. subst. de *encamisar*)

encamisado *adj.* que se veste com camisa ■ *n.m.* [Guiné-Bissau] muçulmano (De *camisa*, alusão ao traje tradicional)

encamisar *v.tr.* 1 vestir camisa a 2 revestir interiormente (os cilindros de um motor de explosão) 3 [fig.] cobrir; tapar ■ *v.pron.* vestir-se para uma encamisada (De *en-+camisa+-ar*)

encampação *n.f.* 1 ato de encampar 2 direito o foreiro exigir, dentro do prazo de um ano, que o senhorio lhe reduza o foro ou encampe o prazo, quando este se sponha à redução, ou o prédio enfitêutico, por caso fortuito, se deteriorar ou inutilizar só em parte, de modo que o seu valor atual passe a ser inferior ao que era na época do emprazamento (De *encampar+-ção*)

encampador *n.m.* aquele que encampa (De *encampar+-dor*)

encampanar *v.intr.* (touro) levantar de repente a cabeça para fitar um objeto (Do cast. *encampanar*, «id.»)

encampar *v.tr.* restituir, ceder por rescisão, desistência, renúncia ou abandono do contrato ou compromisso, por motivo de lesão de interesses (De *en-+lat. campu-*, «campo de batalha»*+-ar*)

encamurçar *v.tr.* revestir de camurça (os martelos do piano) (De *en-+camurça+-ar*)

encanação *n.f.* 1 ato ou efeito de encanar 2 canalização (De *encanar+-ção*)

encanado *adj.* 1 [Brasil] canalizado 2 [Brasil] [coloq.] preso; aprisionado 3 [Brasil] [coloq.] preocupado; obcecado

encanador *n.m.* [Brasil] ⇒ **canalizador**

encanamento *n.m.* 1 ato ou efeito de encanar 2 conjunto ou disposição de canos ou canais que formam um sistema ou rede

3 condução de fluidos por canais, canos ou tubos (De *encanar*+ *-mento*)

encanar¹ *v.tr.* **1** conduzir (um líquido) por canos, canais ou aquedutos **2** meter por **3** [pop.] beber (muito vinho) (De *en-*+*cano*+*-ar*)

encanar² *v.tr.* imobilizar (os ossos fraturados) com suportes adequados ■ *v.intr.* criar cana (De *en-*+*cana*+*-ar*)

encanastrado *n.m.* tecido análogo ao entrançado de canastra ■ *adj.* entrançado como as vergas de uma canastra (Part. pass. de *encanastrar*)

encanastrar *v.tr.* **1** meter em canastra **2** entrelaçar (a verga) para formar canastras **3** entrançar (De *en-*+*canastra*+*-ar*)

encancerar *v.tr.,intr.,pron.* tornar(-se) canceroso; cancerar; gangrenar (De *en-*+lat. *cancer*, «cancro» +*-ar*)

encandeamento *n.m.* **1** ato ou efeito de encandear ou ser encandeado **2** [fig.] ofuscação (De *encandear*+*-mento*)

encandear *v.tr.* **1** cegar momentaneamente devido a luz muito intensa **2** (pesca noturna) ofuscar (o peixe) com o candeio **3** [fig.] deslumbrar; fascinar ■ *v.intr.* **1** sofrer perda de visão momentânea devido a luz muito intensa **2** [fig.] ficar deslumbrado (De *en-*+*candeio*+*-ar*)

encandecer *v.tr.,intr.* ⇒ **incandescer**

encandilar *v.tr.* **1** tornar cândi (o açúcar) **2** converter em açúcar cândi; cristalizar ■ *v.pron.* **1** encarecer-se **2** apurar-se (De *en-*+*cândil* [= cândi]+*-ar*)

encanecer *v.tr.* **1** tornar branco, pouco a pouco **2** fazer criar cãs ■ *v.intr.* **1** criar cãs **2** [fig.] envelhecer **3** [fig.] adquirir experiência (Do lat. *incanescĕre*, «id.»)

encanecido *adj.* **1** que tem cãs **2** alvo **3** envelhecido **4** [fig.] experiente (Part. pass. de *encanecer*)

encanelar *v.tr.* **1** dobrar (o fio) em canelas **2** meter canelas em (De *en-*+*canela*+*-ar*)

encangalhar *v.tr.* **1** pôr cangalhas em **2** colocar em cangalhas **3** encambulhar **4** prender com outro de modo que se não separem (De *en-*+*cangalha*+*-ar*)

encangar *v.tr.,pron.* **1** sujeitar(-se) à canga; jungir **2** submeter(-se) (De *en-*+*canga*+*-ar*)

encangotar *v.intr.* [Brasil] (cavalo) encurvar o pescoço; encapotar-se (De *en-*+*cangote*+*-ar*)

encaniçar *v.tr.* cercar com caniçado ou com canas ■ *v.pron.* tornar-se magro (De *en-*+*caniço*+*-ar*)

encantação *n.f.* ⇒ **encantamento** (Do lat. *incantatiōne-*, «id.»)

encantado *adj.* **1** que foi objeto de encantamento ou feitiço **2** mágico **3** fascinado; maravilhado **4** muito contente ■ *n.m.* [Brasil] divindade que mistura cultos de origem africana e trajes de cerimoniais tupis, também chamada caboclo ou orixá (Part. pass. de *encantar*)

encantador *adj.* **1** que encanta **2** que seduz **3** deslumbrante **4** maravilhoso ■ *n.m.* indivíduo capaz de fazer encantamentos; feiticeiro (Do lat. *incantatōre-*, «id.»)

encantamento *n.m.* **1** ato ou efeito de encantar **2** feitiço; bruxaria **3** maravilha **4** tentação (Do lat. *incantamentu-*, «id.»)

encantar *v.tr.* **1** impressionar muito favoravelmente; causar encanto; maravilhar **2** seduzir **3** enfeitiçar; proceder ao encantamento de ■ *v.pron.* maravilhar-se (Do lat. *incantāre*, «encantar»)

encantatório *adj.* **1** mágico **2** maravilhoso; fascinante

encanteirar *v.tr.* **1** pôr em canteiros **2** dividir em canteiros **3** pôr nos canteiros (as pipas, etc.) **4** [pop.] amontoar (achas, etc.) (De *en-*+*canteiro*+*-ar*)

encanto *n.m.* **1** pessoa ou coisa que agrada muito **2** fascinação **3** maravilha **4** feitiço (Deriv. regr. de *encantar*)

encantoar *v.tr.* **1** meter a um canto **2** [fig.] separar da convivência; isolar; retirar (De *en-*+*canto* ou *cantão*+*-ar*)

encantonar *v.tr.* ⇒ **encantoar**

encanudar *v.tr.* **1** dar a forma de canudo a **2** meter em canudo **3** encaracolar (De *en-*+*canudo*+*-ar*)

encanzinamento *n.m.* **1** ato ou efeito de encanzinar ou encanzinar-se **2** raiva **3** obstinação (De *encanzinar*+*-mento*)

encanzinar *v.tr.,pron.* arreliar(-se); irritar(-se); zangar(-se) (De *en-*+*cão*+*z*+*-inar*)

encanzoar *v.tr.* ⇒ **encanzinar**

encapachar *v.tr.* **1** meter em capacho **2** cobrir com capacho (De *en-*+*capacho*+*-ar*)

encapar *v.tr.* **1** cobrir com capa **2** revestir **3** [fig.] encobrir **4** [fig.] disfarçar (De *en-*+*capa*+*-ar*)

encapelado *adj.* **1** (mar) agitado; alteroso **2** [acad.] que tem capelo (insígnia de doutor) **3** [fig.] amontoado (Part. pass. de *encapelar*)

encapeladura *n.f.* **1** ato de encapelar **2** estado do mar encapelado **3** revestimento dos martelos do piano com camurça **4** NÁUTICA cabo dobrado a meio para abraçar o calcês de um mastro (De *encapelar*+*-dura*)

encapelar¹ *v.tr.* **1** encrespar; encarapelar **2** agitar, levantando **3** dar o encargo de capela a **4** NÁUTICA introduzir no calcês a enxárcia, etc. ■ *v.pron.* (mar) elevar-se e dobrar-se em ondas; encarneirar-se (De *en-*+*capela*+*-ar*)

encapelar² *v.tr.* dar capelo a; doutorar; formar (De *en-*+*capelo*+*-ar*)

encapoeirar *v.tr.* meter em capoeira (De *en-*+*capoeira*+*-ar*)

encapotar *v.tr.* **1** cobrir com capote **2** encapar **3** [fig.] esconder **4** [fig.] disfarçar ■ *v.intr.* **1** cobrir-se **2** anuviar-se (De *en-*+*capote*+*-ar*)

encaprichar-se *v.pron.* encher-se de capricho, de brio (De *en-*+*capricho*+*-ar*)

encapsular *v.tr.* ⇒ **capsular**²

encapuchar *v.tr.* **1** vestir com capucho; encapuzar **2** pôr capucho em (De *en-*+*capucho*+*-ar*)

encapuzar *v.tr.* cobrir com capuz (De *en-*+*capuz*+*-ar*)

encaracolar *v.tr.* **1** dar forma de caracol a; enrolar em espiral ■ *v.pron.* enrolar-se em espiral (De *en-*+*caracol*+*-ar*)

encarado *adj.* **1** visto **2** enfrentado **3** considerado; examinado **4** com bom ou mau aspeto (Part. pass. de *encarar*)

encaramanchar *v.tr.* dar forma de caramanchão a (De *en-*+*caramanchão*+*-ar*)

encaramelar *v.tr.,intr.,pron.* **1** tornar(-se) gelatinoso e pegajoso como caramelo **2** congelar **3** coagular (De *en-*+*caramelo*+*-ar*)

encaramonar *v.tr.,intr.,pron.* [pop.] tornar(-se) tristonho; (fazer) amuar (De *en-*+*caramono*+*-ar*)

encaramujar *v.intr.* recolher-se, como o caramujo na concha; encaracolar-se (De *en-*+*caramujo*+*-ar*)

encarangado *adj.* **1** tolhido **2** adoentado; achacado; emplasmado (Part. pass. de *encarangar*)

encarangar *v.tr.,intr.* (fazer) perder o movimento pela ação do frio ou de doença ■ *v.intr.* mostrar-se adoentado (De *en-*+*carango*+*-ar*)

encaranguejar *v.tr.,intr.* [pop.] ⇒ **encarangar** (De *en-*+*caranguejo*+*-ar*)

encarapelar *v.tr.,intr.,pron.* encarapinhar (De *en-*+*carapela*+*-ar*)

encarapinhar *v.tr.* **1** fazer carapinha em **2** encrespar como carapinha **3** fazer congelar ■ *v.intr.,pron.* encaracolar-se como carapinha; tornar-se crespo (De *en-*+*carapinha*+*-ar*)

encarapuçar *v.tr.* pôr carapuça em ■ *v.pron.* **1** cobrir-se com carapuça **2** (leite) formar grumos (De *en-*+*carapuça*+*-ar*)

encarar *v.tr.* **1** olhar de frente ou de cara; olhar a direito; fixar a vista em **2** enfrentar; arrostar com **3** deparar com; encontrar inesperadamente **4** considerar; perspetivar; examinar (De *en-*+*cara*+*-ar*)

encaravelhar *v.tr.* meter alguém em dificuldades; comprometer; entalar; encalacrar ■ *v.pron.* ficar em situação crítica; entalar-se (De *en-*+*caravelha*+*-ar*)

encarceração *n.f.* ⇒ **encarceramento** (De *encarcerar*+*-ção*)

encarceramento *n.m.* **1** ato de encarcerar **2** prisão **3** reclusão (De *encarcerar*+*-mento*)

encarcerar *v.tr.* **1** meter em cárcere ou cadeia; prender **2** [fig.] afastar do convívio social; enclausurar; isolar ■ *v.pron.* **1** encerrar-se **2** afastar-se do convívio social **3** ocultar-se (De *en-*+*cárcere*+*-ar*)

encardimento *n.m.* **1** ato ou efeito de encardir **2** estado de encardido **3** crosta de sujidade (De *encardir*+*-mento*)

encardir *v.tr.* **1** encher de cardina **2** sujar ■ *v.intr.* **1** criar cardina **2** penetrar-se de sujidade a ponto de ser difícil lavar-se bem (De *en-*+*cárdeo*+*-ir*)

encarecedor *adj.,n.m.* que ou aquele que encarece, que exagera (De *encarecer*+*-dor*)

encarecer *v.tr.* **1** tornar caro; aumentar o preço de **2** louvar as qualidades de **3** [fig.] exagerar o mérito de ■ *v.intr.* subir de preço ■ *v.pron.* **1** fazer-se valer **2** fazer-se rogado (De *en-*+*caro*+*-ecer*)

encarecidamente *adv.* com empenho (De *encarecido*+*-mente*)

encarecido *adj.* **1** tornado caro **2** louvado **3** exagerado; excessivo (Part. pass. de *encarecer*)

encarecimento *n.m.* **1** ato ou efeito de encarecer **2** subida de preço; carestia **3** empenho; dedicação; interesse moral **4** louvor **5** exagero (De *encarecer*+*-mento*)

encaretar-se *v.pron.* mascarar-se (De *en-*+*careta*+*-ar*)

encargar *v.tr.* encarregar (De *en-*+*cargo*+*-ar*)

encargo *n.m.* **1** responsabilidade; dever; obrigação **2** cargo; emprego **3** má consequência **4** ónus **5** imposto **6** [fig.] remorso; *encargos sociais* ECONOMIA despesas das empresas relativas a direitos sociais (contribuições para o sistema da Segurança Social, décimo terceiro mês, etc.) (Deriv. regr. de *encargar*)

encarna n.f. 1 engaste; encarne 2 encaixe (em obra de ourives) (Deriv. regr. de *encarnar*)

encarnação n.f. 1 ato ou efeito de encarnar 2 (estátuas, imagens) imitação da cor de carne 3 cicatrização de uma ferida 4 RELIGIÃO mistério pelo qual Deus se fez homem 5 [fig.] manifestação exterior e visível de um espírito 6 [fig.] corporização; materialização (Do lat. *incarnatiōne-*, «encarnação»)

encarnado adj. 1 que encarnou 2 da cor da carne; vermelho 3 que adquiriu corpo 4 que se materializou 5 RELIGIÃO (Deus) que tomou forma humana ■ n.m. cor vermelha (Do lat. *incarnātu-*, «cor de carne»)

encarnador n.m. o que dá a cor de carne a imagens, esculturas, etc. (De *encarnar+-dor*)

encarnar v.intr. 1 criar carne 2 cicatrizar 3 RELIGIÃO (divindade) tomar forma humana 4 (espírito) entrar num corpo 5 [fig.] tomar vulto ou forma ■ v.tr. 1 dar cor de carne a 2 avermelhar 3 dar vulto ou figura de ser vivo a 4 [fig.] parecer-se em tudo com (outrem) (Do lat. *incarnāre*, «tornar carne»)

encarne n.m. 1 ato ou efeito de encarnar 2 ⇒ **encarna** (Deriv. regr. de *encarnar*)

encarneirar v.intr.,pron. 1 (mar) formar pequenas ondas semelhantes a carneiros brancos em movimento 2 (céu) cobrir-se de muitas nuvens pequenas e brancas (De *en-+carneiro+-ar*)

encarniçadamente adv. 1 com encarniçamento 2 cruelmente (De *encarniçado+-mente*)

encarniçado adj. 1 que se alimenta de carniça 2 da cor da carniça 3 [fig.] assanhado 4 [fig.] forte; intenso 5 [fig.] feroz 6 [fig.] sanguinário (Part. pass. de *encarniçar*)

encarniçamento n.m. 1 ato ou efeito de encarniçar-se o animal sobre a presa 2 crueldade 3 [fig.] intensidade 4 [fig.] insistência 5 [fig.] obstinação (De *encarniçar+-mento*)

encarniçar v.tr. 1 deitar a carniça (aos cães) 2 assanhar (os que brigam) 3 açular 4 tornar feroz ■ v.pron. 1 enfurecer-se 2 persistir em fazer mal (De *en-+carniça+-ar*)

encaroçar v.intr. 1 formar caroços 2 tornar-se duro como caroço 3 intumescer (De *en-+caroço+-ar*)

encarochar¹ v.tr. 1 pôr carocha na cabeça de (condenado) 2 embruxar (De *en-+carocha+-ar*)

encarochar² v.tr. [pop.] dispor (os molhos de centeio ou trigo) em carochos (medas) (De *en-+carocho+-ar*)

encarolar v.tr. encarapuçar ■ v.pron. formar carolos (De *en-+carolo+-ar*)

encarpado adj. DESPORTO diz-se do salto em que as pernas estão juntas e esticadas e o corpo se dobra pela cintura (Part. pass. de *encarpar*)

encarquilhamento n.m. 1 ato ou efeito de encarquilhar 2 enrugamento 3 BOTÂNICA doença dos pessegueiros, caracterizada pelo enrugamento das folhas (De *encarquilhar+-mento*)

encarquilhar v.tr.,intr. formar pregas (em); enrugar(-se) (De *en-+carquilha+-ar*)

encarradoiro n.m. ⇒ **encarradouro**

encarradouro n.m. lugar onde se carrega o carro (De *encarrar+-douro*)

encarrancar v.tr. tornar carrancudo ■ v.intr. 1 mostrar má cara 2 ter mau aspeto 3 (tempo) toldar-se; anuviar-se (De *en-+carranca+-ar*)

encarrapitar v.tr. 1 pôr no carrapito ou em lugar alto 2 empoleirar 3 apanhar (cabelo) em carrapito ■ v.pron. 1 subir a lugar alto; alcandorar-se 2 empoleirar-se (De *en-+carrapito+-ar*)

encarrar v.tr. pôr ou carregar em carro (De *en-+carro+-ar*)

encarrascar v.tr. tornar carrascão (vinho) ■ v.pron. 1 [pop.] embriagar-se com vinho carrascão 2 embebedar-se (De *en-+carrascão+-ar*)

encarraspanar-se v.pron. [pop.] apanhar uma carraspana; embebedar-se (De *en-+carraspana+-ar*)

encarregado n.m. 1 indivíduo responsável por determinado serviço 2 pessoa que dirige um serviço ou exploração, na ausência do patrão 3 fiscal dos operários numa obra ■ adj. 1 que tem uma tarefa ou um serviço a cumprir 2 incumbido 3 que tem algum encargo; ~ *de educação* pessoa que acompanha, orienta e participa na vida escolar de um menor, sendo responsável por ele e promovendo a articulação entre a educação na família e o ensino escolar; ~ *de negócios* representante que, na ausência do embaixador, assume a chefia provisória de uma missão diplomática (Part. pass. de *encarregar*)

encarregar v.tr. 1 dar encargo a 2 incumbir ■ v.pron. 1 tomar encargo 2 responsabilizar-se (De *en-+carregar*)

encarrego /ê/ n.m. 1 incumbência 2 remorso; peso de consciência 3 ⇒ **encargo** (Deriv. regr. de *encarregar*)

encarreiramento n.m. 1 ato ou efeito de encarreirar 2 enfileiramento (De *encarreirar+-mento*)

encarreirar v.tr. 1 abrir caminho para 2 ensinar o caminho a 3 dirigir 4 pôr em seguimento 5 [fig.] fazer enveredar por bom caminho ■ v.intr. 1 abrir caminho 2 [fig.] enveredar por bom caminho (De *en-+carreira+-ar*)

encarretadeira n.f. maquinismo das fábricas de fiação, próprio para encarretar (De *encarretar+-deira*)

encarretar v.tr. pôr em carreta (De *en-+carreta+-ar*)

encarrilar v.tr.,intr. 1 pôr ou entrar nos carris 2 pôr(-se) no bom caminho; encarreirar ■ v.tr. acertar (com); atinar (com) (De *en-+carril+-ar*)

encarrilhador n.m. aparelho para repor nos trilhos os carros descarrilados (De *encarrilhar+-dor*)

encarrilhar v.tr.,intr. ⇒ **encarrilar** (De *en-+carrilho+-ar*)

encartação n.f. 1 ato de encartar; encartamento 2 concessão 3 licença (De *encartar+-ção*)

encartadeira n.f. aparelho usado nas fábricas de fiação e em oficinas de retorce (De *encartar+-deira*)

encartado adj. 1 que tem diploma do ofício ou da profissão que exerce 2 que possui carta de condução 3 [fig.] de mérito comprovado (Part. pass. de *encartar*)

encartamento n.m. ⇒ **encartação** (De *encartar+-mento*)

encartar v.tr. 1 conceder carta a 2 dar cargo ou diploma de emprego a 3 (artes gráficas) fazer o encarte de ■ v.intr. (jogo) fazer vaza com carta do mesmo naipe ■ v.pron. tirar carta ou diploma para exercer determinada atividade (De *en-+carta+-ar*)

encarte n.m. 1 ato de encartar(-se) 2 concessão de diploma, carta ou licença de habilitação 3 (jogo) ato de fazer vaza com carta do mesmo naipe 4 (artes gráficas) folha, simples ou dupla, geralmente de papel e cor diferentes, intercalada entre os cadernos de uma publicação (Deriv. regr. de *encartar*)

encartolar v.tr. 1 pôr cartola ou chapéu alto a 2 [pop.] meter cunha por ■ v.pron. 1 pôr cartola na cabeça 2 [pop.] embriagar-se (De *en-+cartola+-ar*)

encartuchar v.tr. 1 meter em cartucho 2 dar forma de cartucho a (De *en-+cartucho+-ar*)

encarvoador adj. 1 que suja com carvão 2 que mascarra (De *encarvoar+-dor*)

encarvoar v.tr. ⇒ **encarvoejar** (De *en-+carvão+-ar*)

encarvoejar v.tr. 1 sujar de carvão 2 [fig.] mascarrar 3 [fig.] escurecer 4 [fig.] denegrir (De *en-+carvão+-ejar*)

encarvoiçar v.tr. ⇒ **encarvoejar**

encasacado adj. 1 vestido de casaca 2 [fig.] que vestiu roupa quente; bem agasalhado (Part. pass. de *encasacar*)

encasacar v.tr. vestir com casaca ou casaco ■ v.pron. 1 vestir casaca ou casaco 2 vestir traje de cerimónia (De *en-+casaca+-ar*)

encasamento n.m. 1 ato de encasar 2 encaixe; engaste; entalhe (De *encasar+-mento*)

encasar v.tr. 1 meter no encasamento 2 encaixar 3 (artes gráficas) meter (folhas) umas dentro de outras, para formar caderno 4 pôr no seu lugar (De *en-+casar*)

encascalhamento n.m. ato de encascalhar (De *encascalhar+-mento*)

encascalhar v.tr. 1 pôr cascalho em 2 encher ou cobrir de cascalho 3 empedrar (De *en-+cascalho+-ar*)

encascar v.tr. meter em casco ■ v.intr. 1 criar casco ou casca 2 endurecer à superfície (De *en-+casco+-ar*)

encasmurrar v.tr.,pron. tornar(-se) casmurro (De *en-+casmurro+-ar*)

encasque n.m. 1 ato ou efeito de encascar 2 consistência 3 preenchimento das irregularidades de uma parede com pequenas lascas de pedra ou tijolo, antes da aplicação do reboco (Deriv. regr. de *encascar*)

encasquetar v.tr. 1 cobrir com casquete 2 [fig.] meter na cabeça de; persuadir de ■ v.pron. 1 cobrir-se de casquete 2 [fig.] persuadir-se; convencer-se (De *en-+casquete+-ar*)

encasquilhar v.tr. 1 cobrir com casquilho 2 cravar ou engastar em casquilho 3 ajanotar ■ v.pron. tornar-se casquilho (De *en-+casquilho+-ar*)

encastalhar v.tr. ⇒ **engastalhar**

encastalho n.m. rebaixe ou friso numa peça, para se adaptar à saliência de outra (Deriv. regr. de *encastalhar*)

encastelamento n.m. 1 ato ou efeito de encastelar 2 acumulação (De *encastelar+-mento*)

encastelar v.tr. 1 fortificar com castelos 2 meter em castelo 3 dar forma de castelo a 4 amontoar ■ v.pron. 1 amontoar-se 2 refugiar-se

em lugar seguro ■ *v.intr.* elevar-se (a ave ferida mortalmente) (De *en-+castelo+-ar*)
encastoar *v.tr.* **1** pôr castão a **2** engastar **3** embutir (De *en-+castão+-ar*)
encastramento *n.m.* ARQUITETURA ligação que impede o movimento da secção de apoio de um elemento de uma estrutura (De *encastrar+-mento*)
encastrar *v.tr.* **1** ligar com encastramento **2** engastar **3** embutir **4** encaixar (Do lat. *incastrāre*, «engastar»)
encasular *v.tr.,pron.* **1** meter(-se) em casulo **2** isolar(-se) ■ *v.intr.* formar casulo (De *en-+casulo+-ar*)
encataplasmar *v.tr.* **1** cobrir de cataplasmas **2** tornar achacadiço (De *en-+cataplasma+-ar*)
encatarrado *adj.* **1** que tem catarro; acatarroado **2** constipado; defluxado (Part. pass. de *encatarrar*)
encatarrar-se *v.pron.* **1** encher-se de catarro **2** constipar-se (De *en-+catarro+-ar*)
encatrafiar *v.tr.* **1** enfiar em **2** meter por (De *en-+catrafiar*)
encatramonar-se *v.pron.* [regionalismo] pôr-se macambúzio; embezerrar; pôr-se de trombas (Formação expressiva)
encausta *n.m.* pessoa que trabalha em encáustica (Do gr. *egkaustés*, «que pinta com encáustica»)
encáustica *n.f.* **1** pintura sobre cera **2** tinta de púrpura misturada com cera **3** preparado de cera para polir móveis (Do gr. *egkaustiké*, «arte de pintar com encáustica», pelo lat. *encaustĭca-*, «id.», pelo fr. *encaustique*, «id.»)
encausticar *v.tr.* deitar encáustica em (De *encáustica+-ar*)
encava *n.f.* ARQUITETURA peça em que se unem dois corpos (Deriv. regr. de *encavar*)
encavacação *n.f.* ⇒ **encavacadela** (De *encavacar+-ção*)
encavacadela *n.f.* **1** ato ou efeito de encavacar **2** logro; engano **3** desorientação; embaraço (De *encavacar+-dela*)
encavacar *v.intr.* **1** amuar; zangar-se; dar o cavaco **2** envergonhar-se; ficar embaraçado (De *en-+cavaco+-ar*)
encavadela *n.f.* **1** grande burla **2** prejuízo grande (De *encavar+-dela*)
encavalar *v.tr.* **1** acavalar **2** sobrepor (De *en-+cavalo+-ar*)
encavaleirar *v.tr.,pron.* sobrepor(-se) (De *en-+cavaleiro+-ar*)
encavalgamento *n.m.* LITERATURA processo poético de divisão do sentido de um verso, completado no verso seguinte; encadeamento sintático de dois versos (De *encavalgar+-mento*)
encavalgar *v.tr.* ⇒ **cavalgar** (De *en-+cavalgar*)
encavalitar *v.tr.,pron.* pôr(-se) às cavalitas (De *en-+cavalitas+-ar*)
encavar *v.tr.* **1** meter em cava ou cavidade **2** abrir cava em; escavar **3** encaixar (De *en-+cava+-ar*)
encavernar *v.tr.* meter em caverna (De *en-+caverna+-ar*)
encavilhar *v.tr.* **1** meter a cavilha no furo de **2** ligar com cavilhas **3** juntar **4** embutir (De *en-+cavilha+-ar*)
encavo *n.m.* **1** cavidade **2** encaixe (Deriv. regr. de *encavar*)
encefalalgia *n.f.* MEDICINA dor no encéfalo; forte dor de cabeça (Do gr. *egképhalos*, «cérebro» +*álgos*, «dor» +*-ia*)
encefalálgico *adj.* da natureza da encefalalgia (De *encefalalgia+-ico*)
encefalia *n.f.* qualquer enfermidade do encéfalo; encefalopatia (Do gr. *egképhalos*, «cérebro» +*-ia*)
encefálico *adj.* relativo ao encéfalo (De *encefalia+-ico*)
encefalite *n.f.* inflamação do encéfalo (De *encéfalo+-ite*)
encefalo- elemento de formação de palavras que exprime a ideia de *encéfalo* (Do gr. *egképhalos*, «cérebro»)
encéfalo *n.m.* ANATOMIA conjunto de todas as partes do sistema nervoso central que estão alojadas no crânio (Do gr. *egképhalos*, «cérebro»)
encefalocele *n.f.* MEDICINA hérnia do cérebro ou do cerebelo, através da caixa craniana (Do gr. *egképhalos*, «cérebro» +*kéle*, «tumor», pelo fr. *encéphalocèle*, «id.»)
encefalografia *n.f.* MEDICINA processo radiográfico para diagnóstico de algumas doenças do encéfalo (De *encéfalo+-grafia*)
encefalograma *n.m.* MEDICINA imagem radiográfica das cavidades que contêm líquido cefalorraquidiano obtida após remoção desse líquido e introdução de ar ou outro meio de contraste (De *encéfalo+-grama*)
encefaloide *adj.2g.* **1** que apresenta sinuosidades num conjunto que assemelha o encéfalo (ou o cérebro) **2** que se parece morfologicamente com o encéfalo; que tem o aspeto de substância encefálica (Do gr. *egképhalos*, «cérebro» +*eîdos*, «forma»)
encefalóide ver nova grafia encefaloide
encefalólito *n.m.* MEDICINA cálculo cerebral (Do gr. *egképhalos*, «cérebro» +*líthos*, «pedra»)

encefalologia *n.f.* tratado ou conjunto de conhecimentos acerca do encéfalo (Do gr. *egképhalos*, «cérebro» +*lógos*, «estudo» +*-ia*)
encefalólogo *n.m.* especialista em encefalologia (Do gr. *egképhalos*, «cérebro» +*lógos*, «estudo»)
encefalopatia *n.f.* MEDICINA qualquer situação patológica com sinais de irritação encefálica, sem lesões relacionadas; encefalia (Do gr. *egképhalos*, «cérebro» +*páthos*, «enfermidade» +*-ia*)
encefalorragia *n.f.* MEDICINA hemorragia encefálica; derrame cerebral (De *encéfalo-+-ragia*)
enceguecer *v.intr.* tornar-se cego; cegar (De *en-+cego+-ecer*)
encegueirar *v.tr.,pron.* **1** cegar **2** [fig.] aferrar-se a; afincar-se a (De *en-+cegueira+-ar*)
encelar *v.tr.* **1** meter em cela **2** emparedar (De *en-+cela+-ar*)
enceleiramento *n.m.* ato ou efeito de enceleirar (De *enceleirar+-mento*)
enceleirar *v.tr.* **1** recolher em celeiro **2** [fig.] armazenar; acumular; entesourar (De *en-+celeiro+-ar*)
encenação *n.f.* **1** ato ou efeito de encenar **2** CINEMA, TEATRO, TELEVISÃO organização, coordenação e direção das componentes que permitem a adaptação de um texto dramático a uma representação teatral ou cinematográfica **3** TEATRO espetáculo teatral; interpretação teatral de uma peça dramática **4** TEATRO realização de um espetáculo; montagem **5** [fig.] simulação de comportamento ou de situação com vista a impressionar ou enganar alguém (De *encenar+-ção*)
encenador *adj.,n.m.* que ou aquele que põe em cena ou faz a encenação de um espetáculo (De *encenar+-dor*)
encenar *v.tr.* **1** TEATRO organizar e montar (todas as componentes de um espetáculo) **2** TEATRO preparar o cenário para **3** TEATRO pôr em cena **4** [fig.] dispor as coisas com o fim de iludir **5** [fig.] simular (De *en-+cena+-ar*)
encender *v.tr.* **1** inflamar; acender **2** [fig.] exacerbar **3** [fig.] entusiasmar; estimular (Do lat. *incendĕre*, «incendiar; inflamar; excitar»)
enceração *n.f.* **1** ato de encerar **2** ato de revestir (uma substância) com cera **3** ato de amolecer (uma substância seca) pela adição de um líquido (De *encerar+-ção*)
enceradeira *n.f.* **1** mulher que encera **2** [Brasil] ⇒ **enceradora** (De *encerar+-deira*)
encerado *adj.* **1** coberto ou untado de cera **2** polido com cera **3** da cor da cera ■ *n.m.* oleado; tecido impermeabilizado (Part. pass. de *encerar*)
encerador *adj.,n.m.* (feminino **enceradeira**) que ou o que encera (De *encerar+-dor*)
enceradora /ô/ *n.f.* aparelho eletrodoméstico usado para encerar e dar lustro aos soalhos (De *encerador*)
enceradura *n.f.* ato ou efeito de encerar (De *encerar+-dura*)
enceramento *n.m.* ⇒ **enceradura** (De *encerar+-mento*)
encerar *v.tr.* **1** cobrir ou untar de cera **2** dar a cor da cera **3** alcatroar (lonas) (Do lat. *incerāre*, «encerar»)
encerebração *n.f.* **1** ato ou efeito de encerebrar **2** desenvolvimento intelectual **3** orientação do pensamento ou do raciocínio (De *encerebrar+-ção*)
encerebrar *v.tr.* **1** meter no cérebro ou na cabeça, decorando ou aprendendo; memorizar **2** dar orientação às faculdades intelectuais de (De *en-+cérebro+-ar*)
encerra *n.f.* [Brasil] curral ao ar livre; malhada (Deriv. regr. de *encerrar*)
encerramento *n.m.* **1** ato ou efeito de encerrar **2** clausura **3** conclusão **4** remate **5** fecho (De *encerrar+-mento*)
encerrar *v.tr.* **1** fechar em algum sítio ou dentro de alguma coisa; prender; enclausurar **2** ter em si; conter; incluir **3** ocultar **4** proibir a utilização ou o funcionamento de **5** limitar; estreitar **6** pôr fim a; terminar ■ *v.pron.* **1** fechar-se dentro de; enclausurar-se **2** não ir além de; limitar-se (De *en-+cerrar*)
encerro *n.m.* **1** ato de encerrar **2** lugar onde se encerra (Deriv. regr. de *encerrar*)
encestar *v.tr.* meter em cesto ■ *v.intr.* DESPORTO (basquetebol) marcar pontos, introduzindo a bola no cesto (De *en-+cesto+-ar*)
encetadura *n.f.* **1** ato ou efeito de encetar **2** parte que se tira, ao encetar **3** início (De *encetar+-dura*)
encetamento *n.m.* ⇒ **encetadura** (De *encetar+-mento*)
encetar *v.tr.* **1** tirar o primeiro pedaço de (uma coisa que está inteira) **2** começar a gastar ou a cortar **3** iniciar **4** fazer (algo) pela primeira vez; estrear (Do lat. *inceptāre*, «começar»)
encetativo *adj.* que começa; que está no princípio (De *encetar+-tivo*)

enchacotar *v.tr.* dar a primeira cozedura à louça, antes de a vidrar e pintar (De orig. obsc.)
enchafurdar *v.tr.,intr.,pron.* atolar(-se) em (lama ou imundície); chafurdar (De *en-+chafurdar*)
enchamboado *adj.* desajeitado (De *en-+chambão+-ado*)
enchamejar *v.tr.,intr.* ⇒ **chamejar** (De *en-+chamejar*)
enchapelado *adj.* coberto com chapéu (De *en-+*fr. ant. *chapel*, «chapéu» +-*ado*)
encharcadela *n.f.* ato de encharcar ou de se encharcar; molhadela; banho (De *encharcar+-dela*)
encharcadiço *adj.* 1 que faz charco 2 alagadiço 3 estagnado (De *encharcar+-diço*)
encharcado *adj.* 1 completamente molhado; ensopado 2 cheio de água; alagado 3 [pop.] embriagado (Part. pass. de *encharcar*)
encharcar *v.tr.* 1 transformar em charco 2 molhar muito; ensopar 3 inundar 4 empantanar ■ *v.pron.* 1 ficar alagado 2 molhar-se muito 3 estagnar-se 4 embriagar-se (De *en-+charco+-ar*)
encharolar *v.tr.* colocar em charola (De *en-+charola+-ar*)
encheção *n.f.* [Brasil] [coloq.] amolação; maçada
enchedeira *n.f.* 1 espécie de funil para encher chouriços 2 mulher que enche chouriços (De *encher+-deira*)
enchedela *n.f.* ato de encher ou encher-se; fartadela (De *encher+-dela*)
enchedor *adj.,n.m.* que ou aquele que enche (Do lat. *impletōre-*, «aquele que enche; cumpridor»)
enchedura *n.f.* ⇒ **enchedela** (De *encher+-dura*)
enche-mão *elem.loc.adj. de ~* avultado; excelente; perfeito; às direitas
enchente *n.f.* 1 transbordamento das águas de um rio ou de um lago 2 acumulação anormal e excessiva de água em terreno 3 abundância; grande número 4 excesso 5 grande afluência de pessoas a determinado local 6 maré alta 7 subida das águas do mar ■ *adj.2g.* que enche ou está a encher (Do lat. *implente-*, «id.», part. pres. de *implēre*, «encher»)
encher *v.tr.* 1 tornar cheio ou pleno 2 ocupar o espaço disponível; preencher 3 saciar a fome ou a sede; fartar 4 consumir totalmente; ocupar 5 impor carga ou esforço excessivo; sobrecarregar 6 existir em grande quantidade; cobrir 7 espalhar-se por ■ *v.pron.* 1 ficar cheio ou repleto 2 saciar-se; fartar-se 3 [coloq.] perder a paciência; aborrecer-se; chatear-se; *~ as medidas* satisfazer completamente (Do lat. *implēre*, «encher»)
enchido *n.m.* 1 CULINÁRIA alimento constituído por carne muito condimentada, picada ou desmanchada em pedaços, inserida em tripa ou outro invólucro flexível em forma de tubo, como, por exemplo, o chouriço ou a salsicha 2 chumaço (Part. pass. subst. de *encher*)
enchimarrar *v.tr.,pron.* vestir(-se) de chimarra (De *en-+chimarra+-ar*)
enchimento *n.m.* 1 ato ou efeito de encher 2 coisa com que se enche; recheio (De *encher+-mento*)
enchiqueirar *v.tr.,intr.* meter(-se) em chiqueiro (De *en-+chiqueiro+-ar*)
enchó *n.f.* ⇒ **ichó** (Por *ichó*)
enchocalhar *v.tr.* pôr chocalho a (De *en-+chocalho+-ar*)
enchoçar *v.tr.,pron.* meter ou abrigar-se em choça (De *en-+choça+-ar*)
enchoiriçar *v.tr.,pron.* ⇒ **enchouriçar**
enchouriçar *v.tr.,pron.* 1 dar ou tomar forma de chouriço 2 tornar(-se) espesso ou grosso 3 encrespar(-se); irritar(-se) 4 envaidecer(-se) (De *en-+chouriço+-ar*)
enchousar *v.tr.* 1 enfezar 2 encolher 3 fechar 4 vedar (montado) 5 [pop.] dar pancada em (De *en-+chousa+-ar*)
enchova *n.f.* 1 tipo especial de conserva de biqueirões 2 ICTIOLOGIA ⇒ **anchova** (De *anchova*)
enchumaçar *v.tr.* 1 pôr enchumaço em; chumaçar 2 almofadar 3 estofar (De *enchumaço+-ar*)
enchumaço *n.m.* ⇒ **chumaço** (De *en-+chumaço*)
enchumbar *v.intr.* pôr-se muito pesado por estar muito molhado (De *en-+chumbo+-ar*)
enchusmar *v.tr.* encher de gente (De *en-+chusma+-ar*)
-ência sufixo nominal, de origem latina, que entra na formação de substantivos abstratos que designam ações, qualidades ou estados correspondentes ao sentido da palavra primitiva (*bolorência, escorrência, vivência*)
enciclia *n.f.* ondulação circular produzida na água pela queda de um corpo (Do gr. *egkýklios*, «circular», pelo lat. tard. *encyclĭa-*, «id.»)
encíclica *n.f.* RELIGIÃO carta que o papa envia a todos os bispos, ou aos bispos de determinada região, para dar conhecimento do seu pensamento sobre pontos de fé, de moral, do culto e da disciplina, ou sobre outros aspetos relativos ao governo da Igreja (Do gr. *egkýklios*, «circular» +-*ica*)
encíclico *adj.* 1 circular 2 designativo das cartas circulares do papa (Do gr. *egkýklios*, «circular» +-*ico*)
enciclopédia *n.f.* 1 obra de referência que consiste numa lista de palavras ou expressões, nem sempre organizada por ordem alfabética, incluindo informação geral sobre todos os ramos do saber humano 2 LINGUÍSTICA conhecimentos sobre o mundo, partilhados, num dado tempo e meio social, pelos interlocutores que participam na produção e interpretação de atos discursivos 3 [fig.] pessoa de vastos conhecimentos 4 [com maiúscula] célebre obra publicada no século XVIII por escritores e filósofos avançados, e que contribuiu muito para o desencadear da Revolução Francesa (Do gr. *egkyklíos paideía*, «o conjunto das ciências»)
enciclopédico *adj.* 1 (obra, escritor, etc.) que abrange todos os ramos do saber humano ou todos os conhecimentos de determinada ciência 2 que possui vastos e variados conhecimentos ■ *n.m.* indivíduo que sabe de tudo (De *enciclopédia+-ico*)
enciclopedismo *n.m.* 1 conhecimento vasto extensivo a todos os domínios do saber 2 sistema doutrinário dos enciclopedistas que defende a cultura geral contra a especialização (De *enciclopédia+-ismo*)
enciclopedista *n.2g.* 1 autor de uma enciclopédia 2 autor ou seguidor da Enciclopédia do século XVIII (De *enciclopédia+-ista*)
encieirar *v.tr.* produzir cieiro em ■ *v.intr.* criar cieiro (De *en-+cieiro+-ar*)
encilhamento *n.m.* ato ou efeito de encilhar (De *encilhar+-mento*)
encilhar *v.tr.* 1 apertar com cilha 2 arrear (um animal) (De *en-+cilha+-ar*)
encimado *adj.* 1 posto em cima 2 que tem por cima 3 elevado 4 encabeçado ■ *n.m.* HERÁLDICA remate sobre o escudo de armas (Part. pass. de *encimar*)
encimar *v.tr.* 1 pôr em cima de 2 estar à cabeça de; coroar; rematar 3 concluir (contrato) (De *en-+cimo+-ar*)
encinchamento *n.m.* ato ou efeito de encinchar (De *encinchar+-mento*)
encinchar *v.tr.* 1 pôr no cincho (a massa de azeitona) para a espremer 2 pôr no cincho (o coalho) para fabricar queijo (De *en-+cincho+-ar*)
encinhar *v.tr.* [pop.] ⇒ **ancinhar**
encinho *n.m.* [pop.] ⇒ **ancinho**
encintar *v.tr.* 1 guarnecer ou reforçar com cintas 2 cingir (De *en-+cinta+-ar*)
encinzar *v.tr.* cobrir de cinza (De *en-+cinza+-ar*)
encinzentado *adj.* diz-se do céu enevoado ou escuro (De *en-+cinzento+-ado*)
enciumar *v.tr.* causar ciúmes a ■ *v.pron.* encher-se de ciúmes (De *en-+ciúme+-ar*)
enclaustramento *n.m.* 1 ato de enclaustrar 2 clausura (De *enclaustrar+-mento*)
enclaustrar *v.tr.* 1 meter em convento 2 fazer professar 3 enclausurar (De *en-+claustro+-ar*)
enclausura *n.f.* 1 ato ou efeito de enclausurar 2 clausura 3 lugar fechado 4 recolhimento (Deriv. regr. de *enclausurar*)
enclausurar *v.tr.* 1 pôr em clausura; enclaustrar; prender 2 afastar do convívio social ■ *v.pron.* 1 isolar-se 2 encerrar-se (De *en-+clausura+-ar*)
enclave *n.m.* 1 território de um país encaixado em território de um país estranho 2 pequeno estado autónomo envolvido por outro (Do fr. *enclave*, «id.»)
enclavinhar *v.tr.* 1 meter (os dedos) uns pelos outros 2 travar 3 apertar (De *en-+*lat. *clavināre, de *clavīnu-*, dim. de *clavu-*, «cravo»)
ênclise *n.f.* LINGUÍSTICA posição ou emprego de enclítica (Do gr. *égklisis*, «inclinação»)
enclítica *n.f.* LINGUÍSTICA palavra ou partícula átona que, posposta ou anteposta a outra palavra e subordinada ao acento tónico desta, forma com ela um todo fonético (De *enclítico*)
encliticamente *adv.* de modo enclítico (De *enclítico+-mente*)
enclítico *adj.* GRAMÁTICA que está subordinado ao acento tónico da palavra antecedente ou seguinte, e não tem acento próprio (Do gr. *egklitikós*, «id.», pelo lat. *enclitĭco-*, «de enclítica»)
encoberta *n.f.* 1 abrigo; refúgio 2 esconderijo 3 disfarce 4 pretexto; subterfúgio 5 ardil 6 fraude; *às encobertas* às ocultas (Part. pass. fem. subst. de *encobrir*)
encobertamente *adv.* às ocultas (De *encoberto+-mente*)
encobertar *v.tr.,pron.* ⇒ **acobertar**

encoberto *adj.* 1 que está oculto; escondido 2 incógnito; disfarçado; dissimulado 3 diz-se do céu coberto de nuvens ou de névoa; diz-se do tempo enevoado (Part. pass. de *encobrir*)

encobridor *adj.,n.m.* (feminino **encobridora** ou **encobrideira**) que ou aquele que encobre; recetador (De *encobrir+-dor*)

encobridouro *n.m.* lugar onde alguém ou alguma coisa se encobre (De *encobrir+-douro*)

encobrimento *n.m.* 1 ato ou efeito de encobrir 2 ocultação 3 DIREITO auxílio prestado ao criminoso para este se subtrair à ação da justiça (De *encobrir+-mento*)

encobrir *v.tr.* 1 não deixar ver; ocultar; esconder 2 não revelar; manter em segredo 3 dissimular; disfarçar 4 guardar (objetos roubados); recetar ■ *v.intr.* (céu) encher-se de nuvens; toldar-se ■ *v.pron.* esconder-se; ocultar-se (De *en-+cobrir*)

encocurutar *v.tr.* pôr no cocuruto ■ *v.pron.* encarrapitar-se (De *en-+cocuruto+-ar*)

encodar-se *v.pron.* 1 (navio) inclinar a popa 2 (navio) meter a popa debaixo de água (De *en-+coda* [= cauda]+-ar)

encodeamento *n.m.* ato de encodear (De *encodear+-mento*)

encodear *v.tr.* cobrir de côdeas ■ *v.intr.* ganhar côdea (De *en-+côdea+-ar*)

encofrar *v.tr.* meter em cofre (De *en-+cofre+-ar*)

encoifar *v.tr.* pôr coifa a; toucar (De *en-+coifa+-ar*)

encoimar *v.tr.,pron.* ⇒ **acoimar** (De *en-+coima+-ar*)

encoiraçar *v.tr.* ⇒ **encouraçar** (De *en-+coiraça+-ar*)

encoirado *adj.* ⇒ **encourado**

encoirar *v.tr.,intr.* ⇒ **encourar** (De *en-+coiro+-ar*)

encolamento *n.m.* ato ou efeito de encolar (De *encolar+-mento*)

encolar¹ *v.tr.* pôr cola em (De *en-+cola+-ar*)

encolar² *v.tr.* trazer ao colo (De *en-+colo+-ar*)

encolarinhado *adj.* 1 que tem ou traz colarinho 2 [fig.] bem vestido (De *en-+colarinho+-ado*)

encoleirar *v.tr.* pôr coleira a 2 prender (De *en-+coleira+-ar*)

encolerizar *v.tr.* causar cólera a; enraivecer; enfurecer ■ *v.pron.* irar-se; zangar-se (De *en-+cólera+-izar*)

encolha /ô/ *n.f.* 1 encolhimento 2 retraimento; timidez; **meter-se nas encolhas** retrair-se, ficar-se, não corresponder à expectativa (Deriv. regr. de *encolher*)

encolhedela *n.f.* ⇒ **encolhimento** (De *encolher+-dela*)

encolher *v.tr.* 1 tornar mais pequeno; reduzir 2 encurtar 3 contrair 4 refrear ■ *v.intr.* diminuir de tamanho ■ *v.pron.* 1 retrair-se; mostrar-se tímido ou reservado 2 esconder-se 3 aceitar (algo com que não se concorda) sem protestar; resignar-se; ~ **os ombros** [fig.] mostrar-se indiferente (De *en-+colher*)

encolhido *adj.* 1 que encolheu; que diminuiu 2 tímido; acanhado ■ *n.m.* 1 indivíduo sem energia 2 indivíduo submisso (Part. pass. de *encolher*)

encolhimento *n.m.* 1 diminuição de tamanho 2 contração 3 encurtamento 4 [fig.] timidez; acanhamento 5 [fig.] submissão (De *encolher+-mento*)

encomenda *n.f.* 1 ato de encomendar 2 pedido de mercadoria a fornecedor ou fabricante 3 mercadoria, objeto ou serviço encomendado 4 pedido 5 incumbência (Deriv. regr. de *encomendar*)

encomendação *n.f.* 1 ato de encomendar; encomenda 2 recomendação 3 RELIGIÃO oração fúnebre junto do morto 4 administração interina de uma paróquia (De *encomendar+-ção*)

encomendado *adj.* 1 mandado fazer de encomenda 2 RELIGIÃO (padre) que rege interinamente uma paróquia (em oposição a colado) (Part. pass. de *encomendar*)

encomendar *v.tr.* 1 fazer encomenda de 2 mandar fazer 3 proceder à encomendação de 4 nomear provisoriamente (pároco) ■ *v.pron.* entregar-se à proteção de alguém (Do lat. *incommendāre*, do adj. *incommendātu-*, «exposto à mercê de alguém»)

encomendeiro *n.m.* 1 pessoa por quem se fazem encomendas; comissário 2 recoveiro (De *encomendar+-eiro*)

encomiador *n.m.* aquele que encomia; encomiasta (De *encomiar+-dor*)

encomiar *v.tr.* tecer o encómio de; louvar; elogiar (De *encómio+-ar*)

encomiasta *adj.,n.2g.* que ou pessoa que faz encómios; panegirista (Do gr. *egkomiastés*, «panegirista»)

encomiástico *adj.* que encerra encómios ou grandes elogios; laudatório (Do gr. *egkomiastikós*, «laudatório»)

encómio *n.m.* 1 elogio rasgado 2 louvor público 3 aplauso (Do gr. *egkómion*, «elogio»)

encomissar *v.intr.* cair em comisso (De *en-+comisso+-ar*)

encompridar *v.tr.* 1 tornar mais comprido; alongar 2 procrastinar (De *en-+comprido+-ar*)

enconcar *v.intr.,pron.* 1 tornar-se côncavo 2 encurvar-se 3 empenar ■ *v.tr.* dar forma côncava a (De *en-+conca+-ar*)

enconchar *v.tr.* 1 meter em concha 2 cobrir com concha ■ *v.intr.* formar concha ■ *v.pron.* 1 recolher-se na concha 2 encolher-se 3 [fig.] afastar-se do convívio (De *en-+concha+-ar*)

encontradiço *adj.* que se encontra frequentemente (De *encontrar+-diço*)

encontrado *adj.* 1 que se encontra com outro 2 oposto; contrário (Part. pass. de *encontrar*)

encontrão *n.m.* 1 embate de pessoas ou coisas que se encontram; colisão 2 impulso forte que faz mover a pessoa ou o objeto afetados 3 [fig.] percalço; mau sucesso; desastre (De *encontrar+-ão*)

encontrar *v.tr.* 1 localizar (algo ou alguém que se tinha perdido de vista) 2 descobrir (algo ou alguém); achar 3 deparar com; topar com 4 ir de encontro a; chocar com 5 obter; alcançar ■ *v.pron.* 1 estar (em determinado estado ou lugar); localizar-se; situar-se 2 ter um encontro; reunir-se 3 ser da mesma opinião 4 embater; colidir 5 defrontar-se com; enfrentar (Do lat. tard. *incontrāre*, «ir ao encontro de»)

encontro *n.m.* 1 ato ou efeito de encontrar 2 reunião; agrupamento de duas ou mais pessoas 3 ligação; junção; união 4 choque 5 briga; disputa 6 DESPORTO (futebol, voleibol, etc.) desafio desportivo 7 compensação 8 peça que mantém firme escrita à direita *pl.* elementos que dão apoio às extremidades de uma ponte e sustêm as terras do seu aterro de acesso 10 *pl.* ombros; **ser largo dos encontros** [fig.] ser generoso (Deriv. regr. de *encontrar*)

encontroar *v.tr.* dar encontrões a ■ *v.pron.* andar aos encontrões (De *encontrão+-ar*)

encopar *v.tr.* 1 ⇒ **copar** *v.tr.* 2 enfunar ■ *v.intr.* criar copa (De *en-+copar*)

encoprose *n.f.* incontinência das matérias fecais (geralmente noturna) (De *en-+gr. kópros*, «excremento» +-*ose*)

encoquinar *v.tr.* 1 meter ou esconder na cozinha 2 ocultar em esconderijo (Do lat. **incoquināre*, de *coquīna-*, «cozinha»)

encoquinhar *v.tr.* ⇒ **encoquinar**

encorajador *adj.* 1 que encoraja 2 que anima 3 estimulante 4 otimista (De *encorajar+-dor*)

encorajamento *n.m.* ato de encorajar (De *encorajar+-mento*)

encorajar *v.tr.* 1 incutir coragem a 2 alentar; animar 3 estimular 4 apoiar (De *en-+coragem+-ar*)

encoramento *n.m.* 1 ato ou efeito de encorar 2 represa; açude

encorar *v.tr.* represar (água)

encórdio *n.m.* MEDICINA bubão (Do b. lat. **antecordĭu-*, de *corde-*, «coração»)

encordoação *n.f.* ⇒ **encordoamento** (De *encordoar+-ção*)

encordoamento *n.m.* ato ou efeito de encordoar (De *encordoar+-mento*)

encordoar *v.tr.* 1 colocar cordas em (instrumento musical, raquete, etc.); pôr cordões em 2 endurecer ■ *v.intr.* 1 formar cordões ou filas 2 enfiar 3 [fig.] zangar-se; amuar (De *en-+cordão+-ar*)

encore *n.m.* repetição de um número artístico ou regresso de um artista ao palco, geralmente no final do espetáculo, como resposta ao pedido do público (Do fr. *encore*, «ainda; outra vez», pelo ing. *encore*, «id.»)

encornanço *n.m.* 1 [acad.] ⇒ **empinanço** 2 2 [vulg.] traição; infidelidade (De *encornar+-anço*)

encornar *v.tr.* 1 [acad.] decorar sem entender 2 [vulg.] trair; ser infiel a ■ *v.intr.* esbarrar; colidir ■ *v.pron.* ser colhido entre as hastes de um animal cornígero (De *en-+corno-+ar*)

encornetar *v.tr.* dar forma de corneta a (De *en-+corneta+-ar*)

encoronhado *adj.* 1 que tem defeito na coroa do casco 2 (cavalo) doente dos cascos (Part. pass. de *encoronhar*)

encoronhar *v.tr.* 1 adaptar (o cano, os fechos, etc.) à coronha da espingarda 2 colocar coronha em (De *en-+coronha+-ar*)

encorpado *adj.* 1 que tem muito corpo; corpulento; forte 2 (vinho) que tem consistência; espesso 3 (pano) grosso e resistente (Part. pass. de *encorpar*)

encorpadura *n.f.* ⇒ **encorpamento** (De *encorpar+-dura*)

encorpamento *n.m.* 1 corpulência 2 espessura 3 grossura 4 densidade 5 consistência (De *encorpar+-mento*)

encorpar *v.tr.* 1 engrossar 2 tornar mais espesso 3 tornar maior ■ *v.intr.* tomar corpo (De *en-+corpo+-ar*)

encorreadura *n.f.* 1 armadura de couro ou de correias 2 conjunto de correias aplicadas a um determinado fim (De *encorrear+-dura*)

encorreamento *n.m.* ato ou efeito de encorrear ou de encorrear-se (De *encorrear+-mento*)

encorrear v.tr. ligar com correia ■ v.intr.,pron. 1 tomar aparência ou consistência de couro 2 enrugar-se (De en-+correia+-ar)
encorricar v.intr. 1 enrugar-se 2 engelhar-se (De en-+corrica+-ar)
encorrilha n.f. 1 dobra 2 engelha 3 vinco (Deriv. regr. de encorrilhar)
encorrilhar[1] v.tr.,pron. incluir(-se) em corrilho (De en-+corrilho+-ar)
encorrilhar[2] v.tr.,intr. encarquilhar; engelhar (De orig. duvidosa)
encortelhar v.tr. meter em cortelho; encurralar (De en-+cortelho+-ar)
encortiçar[1] v.tr. meter em cortiço (De en-+cortiço+-ar)
encortiçar[2] v.tr. revestir de cortiça ■ v.intr.,pron. 1 tomar o aspeto ou a estrutura da cortiça 2 criar cortiça; encascar (De en-+cortiça+-ar)
encortinar v.tr. pôr cortinas ou cortinados em (De en-+cortina+-ar)
encorujar-se v.pron. [Brasil] desviar-se das vistas do público; embiocar-se (De en-+coruja+-ar)
encosamentos n.m.pl. peças que atravessam o navio para o fortalecer (De orig. obsc.)
encoscoramento n.m. ato de encoscorar (De encoscorar+-mento)
encoscorar v.tr. 1 tornar rijo como coscorão 2 tornar crespo 3 encarquilhar ■ v.intr.,pron. 1 criar côdea 2 enrugar-se (De en-+coscoro+-ar)
encospas n.f.pl. ⇒ **encóspias**
encospiar v.tr. meter o calçado nas encóspias ou encospas (De encóspias+-ar)
encóspias n.f.pl. peças com que os sapateiros alargam o calçado; encospas; **meter-se nas ~** não dar satisfações, esquivar-se (De orig. obsc.)
encosta n.f. 1 declive de um monte 2 rampa; ladeira 3 vertente do lado do inimigo (De en-+costa)
encostadela n.f. 1 importunação para obter um favor ou um empréstimo 2 maçada (De encostar+-dela)
encostadiço adj. 1 que gosta de viver encostado a outrem 2 que não gosta de trabalhar 3 que não se esforça 4 mandrião (De encostar+-diço)
encostador adj.,n.m. que ou aquele que tem o hábito de pedir um favor ou dinheiro, com habilidades (De encostar+-dor)
encostalar v.tr. 1 meter em costal 2 enfardelar (De en-+costal+-ar)
encostamento n.m. ato ou efeito de encostar (De encostar+-mento)
encostar v.tr. 1 colocar lado a lado 2 apoiar (alguém ou alguma coisa) contra um objeto, para que não caia 3 fechar (porta, janela) deixando-a fora do trinco 4 pôr de parte; abandonar ■ v.pron. 1 apoiar-se 2 deitar-se 3 [fig.] procurar a proteção de alguém; **~ alguém à parede** colocar alguém perante um dilema, não dar alternativa a alguém (De en-+costa+-ar)
encostes n.m.pl. 1 sustentáculos de um arco; suportes; avançamentos 2 [fig.] proteção (Deriv. regr. de encostar)
encosto /ô/ n.m. 1 coisa a que alguém ou outra coisa se encosta 2 costas de um assento 3 [fig.] proteção; apoio 4 tipo de enxerto (Deriv. regr. de encostar)
encouchar v.tr. 1 tornar encolhido 2 acanhar 3 [fig.] humilhar ■ v.pron. 1 deprimir-se 2 humilhar-se (De orig. obsc.)
encouraçar v.tr. 1 revestir de couro 2 pôr couraça em 3 blindar (De en-+couraça+-ar)
encourado adj. revestido de couro; *arcas encouradas* segredos (Part. pass. de encourar)
encourar v.tr. revestir de couro ■ v.intr. (ferida) criar pele nova; cicatrizar (De en-+couro+-ar)
encovado adj. 1 metido em cova 2 (olho) metido para dentro das órbitas; com olheiras 3 [fig.] escondido (Part. pass. de encovar)
encovar v.tr. 1 meter em cova 2 enterrar 3 obrigar a entrar em cova ou toca ■ v.pron. 1 ficar sem palavras; embatucar ■ v.intr. 1 esconder-se 2 encovilar-se 3 [fig.] fugir da discussão 4 (olhos) sumir-se; meter-se para dentro das órbitas (De en-+cova+-ar)
encovilar v.tr.,pron. meter(-se) em covil; entocar(-se) (De en-+covil+-ar)
encratismo n.m. doutrina herética dos primeiros tempos do cristianismo, segundo a qual, para a salvação, seria necessário um ascetismo rigoroso (Do gr. *egkratēs*, «forte; casto», pelo fr. *encratisme*, «encratismo»)
encratita n.2g. herege adepto do encratismo (Do fr. *encratite*, «id.»)
encrava n.f. ⇒ **encravamento** (Deriv. regr. de encravar)
encravação n.f. 1 ⇒ **encravamento** 2 [fig.] entaladela (De encravar+-ção)

encravadura n.f. 1 encravamento; encravo 2 conjunto dos cravos com que se seguram as ferraduras dos cavalos ou dos bois (De encravar+-dura)
encravamento n.m. 1 ato ou efeito de encravar; encravação 2 estado do que se encravou (De encravar+-mento)
encravar v.tr. 1 pregar com cravos 2 fixar 3 engastar 4 encaixar 5 obstruir (o ouvido de uma peça de artilharia) 6 bloquear; fazer com que fique preso 7 colocar em situação difícil; comprometer 8 enganar ■ v.intr. 1 bloquear; ficar preso ou travado 2 (arma de fogo) não disparar ■ v.pron. 1 bloquear; ficar preso ou travado 2 meter-se em dificuldades (De en-+cravo+-ar)
encrave n.m. 1 ⇒ **enclave** 2 ⇒ **encravo** (Deriv. regr. de encravar)
encravelhação n.f. ato ou efeito de encravelhar ou de se encravelhar (De encravelhar+-ção)
encravelhar v.tr. 1 pôr cravelhas em 2 [fig.] colocar em situação embaraçosa ■ v.pron. comprometer-se (De em-+cravelha+-ar)
encravilhar v.tr.,pron. ⇒ **encravelhar**
encravo n.m. ferimento produzido pelo cravo da ferradura no casco do cavalo; encrave; encravadura (Deriv. regr. de encravar)
encrenca n.f. 1 [pop.] dificuldade; problema 2 [Brasil] conflito; desordem ■ n.2g. indivíduo que complica tudo (Deriv. regr. de encrencar)
encrencar v.tr. 1 trazer problemas ou encrencas a 2 tornar mais complicado 3 dificultar (De encrenque+-ar, ou do lat. *intricāre*, «enredar; embaraçar»)
encrenque n.2g. pessoa inútil ou desleixada (Do fr. ant. dial. *enclenc*, «esquerdo», pelo cast. *enclenque*, «falto de saúde»)
encrenqueiro adj.,n.m. que ou aquele que causa encrenca (De encrenca+-eiro)
encrespador adj.,n.m. 1 que ou o que encrespa 2 frisador (De encrespar+-dor)
encrespadura n.f. ato ou efeito de encrespar ou encrespar-se (De encrespar+-dura)
encrespamento n.m. ⇒ **encrespadura** (De encrespar+-mento)
encrespar v.tr. 1 tornar crespo 2 tornar riço; frisar 3 agitar ■ v.intr. enrugar ■ v.pron. 1 tornar-se crespo 2 irritar-se; ouriçar-se 3 enfatuar-se (De en-+crespo+-ar)
encriptação n.f. INFORMÁTICA codificação de dados informáticos de modo a que apenas o destinatário os possa reconhecer (De encriptar+-ção)
encriptar v.tr. converter (dados informáticos e mensagens) com um código especial, tornando-os incompreensíveis para quem não tem acesso a esse código
encristado adj. 1 que se encristou 2 provido de crista 3 [fig.] arrogante; altivo (De encristar+-ado)
encristar-se v.pron. 1 começar a ter crista 2 levantar a crista 3 encrespar-se 4 [fig.] tornar-se arrogante (De en-+crista+-ar)
encrostar v.intr. ganhar crosta (Do lat. *incrustāre*, «id.»)
encruado adj. 1 quase cru 2 endurecido 3 indigesto 4 indisposto do estômago 5 [fig.] irritado (Part. pass. de encruar)
encruamento n.m. ato ou efeito de encruar (De encruar+-mento)
encruar v.tr.,intr. 1 deixar ou ficar cru; enrijar (o que estava quase cozido); endurecer 2 [fig.] tornar(-se) cruel, insensível ■ v.intr. 1 perturbar a digestão de 2 irritar; exasperar ■ v.intr. não progredir (De en-+cru+-ar)
encrudelecer v.tr.,pron. ⇒ **encrudescer** (Do lat. *in-+crudēle-*, «cruel» +-ecer)
encrudescer v.tr. tornar cruel ■ v.pron. enfurecer-se (Do lat. *incrudēscere*, «id.»)
encruecer v.tr.,intr. ⇒ **encruar** (Do lat. *incrudēscere*, «id.»)
encruentar v.tr. tornar cruento ou cruel; encrudelecer; encruar (Do lat. *incruentu-*, «incruento»+-ar)
encruzamento n.m. 1 ato ou efeito de encruzar 2 ponto onde as coisas se cruzam (De encruzar+-mento)
encruzar v.tr. 1 pôr em forma de cruz; cruzar 2 atravessar (De en-+cruz+-ar)
encruzilhada n.f. ponto onde se cruzam vários caminhos; *estar numa ~* não saber que atitude tomar; estar perante um dilema (Part. pass. fem. subst. de encruzilhar)
encruzilhar v.tr. ⇒ **encruzar** (Do lat. **incruciculāre*, de *cruciculă-*, «pequena cruz»)
encubação n.f. ato ou efeito de encubar (De encubar+-ção)
encubar v.tr. 1 meter em cuba 2 envasilhar 3 [fig.] ocultar (De en-+cuba+-ar)
encueirar v.tr. 1 envolver em cueiros 2 enfaixar (De en-+cueiro+-ar)
encumear v.tr. 1 pôr no cume 2 encimar (De en-+cume+-ear)
encurralamento n.m. ato de encurralar (De encurralar+-mento)

encurralar v.tr. 1 recolher em curral 2 encerrar 3 cercar (o inimigo) 4 colocar na impossibilidade de se retirar ■ v.pron. refugiar-se em local sem saída possível (De en-+curral+-ar)
encurtador adj.,n.m. 1 que ou o que encurta 2 abreviador (De encurtar+-dor)
encurtamento n.m. ato ou efeito de encurtar (De encurtar+-mento)
encurtar v.tr. 1 tornar curto 2 diminuir 3 abreviar 4 limitar (De en-+curto+-ar)
encurvadura n.f. 1 ato ou efeito de encurvar 2 arqueamento 3 curvatura 4 varejamento (De encurvar+-dura)
encurvamento n.m. ⇒ **encurvadura** (De encurvar+-mento)
encurvar v.tr. 1 tornar curvo 2 arquear 3 dobrar 4 [fig.] humilhar 5 [fig.] rebaixar (Do lat. incurvāre, «curvar»)
endaca n.f. 1 [Angola] conversa 2 [Angola] novidade 3 [Angola] conflito (Do umbundo ondaka, «id.»)
endartério n.m. HISTOLOGIA túnica que reveste interiormente as artérias (Do gr. éndon, «dentro» +artería, «artéria»)
endarterite n.f. MEDICINA inflamação do endartério (De endartério+-ite, ou do fr. endartérite, «id.»)
endecha /ê/ n.f. 1 MÚSICA canção monótona, triste, fúnebre ou piedosa 2 LITERATURA poema lírico, geralmente melancólico (Do cast. endecha, «id.»)
endechar v.intr. 1 cantar endechas 2 carpir-se (Do cast. endechar, «id.»)
endefluxar-se v.pron. constipar-se (De en-+defluxo+-ar)
endemia n.f. MEDICINA enfermidade que grassa numa região (povo, país, etc.), e que tem causas exclusivamente locais (Do gr. endemía, «residência no próprio país», pelo fr. endémie, «endemia»)
endemicidade n.f. qualidade do que é endémico (De endémico+-i-+-dade)
endémico adj. 1 (espécie, organismo) nativo de uma dada região geográfica 2 relativo ou pertencente a endemia (Do fr. endémique, «id.»)
endemiologia n.f. 1 estudo dos fatores relativos às doenças endémicas 2 tratado de endemias (Do gr. endemía, «residência no próprio país» +lógos, «tratado» +-ia)
endemismo n.m. fenómeno da distribuição das espécies (ou subespécies) animais ou vegetais referida a uma área restrita e mais ou menos isolada (Do gr. éndemos, «indígena» +-ismo, ou do fr. endémisme, «id.»)
endemizar v.tr.,pron. tornar(-se) endémico (Do gr. éndemos, «indígena» +-izar)
endemoninhado adj. 1 possesso do Demónio 2 [fig.] travesso; irrequieto 3 [fig.] turbulento 4 [fig.] furioso (Part. pass. de endemoninhar)
endemoninhar v.tr. 1 meter o Demónio no corpo de (alguém) 2 [fig.] tornar irrequieto ou turbulento 3 [fig.] enraivecer (De en-+demoninho+-ar)
endentação n.f. 1 ato de endentar 2 engrenagem (De endentar+-ção)
endentar v.tr. 1 meter os dentes de uma roda nos vãos dos dentes de outra peça igualmente dentada 2 travar; prender 3 ligar; relacionar 4 engrenar 5 tornar dependente (De en-+dente+-ar)
endentecer v.intr. começar a ter dentes (De en-+dente+-ecer, ou de endentar+-ecer)
endereçagem n.f. ⇒ **endereçamento** (De endereço+-agem)
endereçamento n.m. 1 ato de endereçar 2 endereço (De endereçar+-mento)
endereçar v.tr. 1 pôr o endereço em; sobrescritar 2 dirigir 3 enviar ■ v.pron. ter como destinatário; dirigir-se (Do lat. *indirectiāre, «dirigir»)
endereço n.m. 1 indicação da morada da pessoa a quem se pode dirigir uma mensagem escrita ou uma encomenda 2 direção; ~ **eletrónico** INFORMÁTICA expressão que identifica um utilizador numa rede de computadores, permitindo o envio e a receção de mensagens por correio eletrónico (Deriv. regr. de endereçar)
endérmico adj. 1 com ação sobre a derme 2 que é absorvido pela pele (De en-+gr. dérma, «pele» +-ico)
endes n.m. ⇒ **endez** (Do lat. index, -ĭcis, «que indica»)
endeusado adj. 1 divinizado 2 [fig.] considerado superior; considerado excecional (Part. pass. de endeusar)
endeusador adj.,n.m. que ou aquele que endeusa ou diviniza (De endeusar+-dor)
endeusamento n.m. 1 ato ou efeito de endeusar; deificação 2 [fig.] soberba 3 [fig.] êxtase (De endeusar+-mento)

endeusar v.tr. 1 atribuir qualidades divinas a; divinizar 2 [fig.] atribuir qualidades excecionais a 3 [fig.] ter em grande consideração (De en-+deus+-ar)
endez /ê/ n.m. ovo que se coloca no lugar onde se pretende que a galinha faça a postura; endes; indez (Do lat. indicĭī (ovum), «ovo indicador»)
endiabrado adj. 1 que tem o Demónio no corpo; endemoninhado 2 [fig.] que não para quieto 3 [fig.] que faz muitas travessuras; travesso 4 [fig.] furioso; enraivecido 5 [fig.] infernal (Part. pass. de endiabrar)
endiabrar v.tr. 1 tornar endiabrado 2 tornar furioso (De en-+port. ant. diabro+-ar)
endimenina n.f. BOTÂNICA ⇒ **intina** (Do gr. éndon, «dentro» +hymén, «membrana» +-ina)
endinheirado adj. que tem muito dinheiro; rico (De en-+dinheiro+-ado)
endireita n.2g. [pop.] pessoa sem formação médica que trata os ossos fraturados ou em luxação; alcatraz; algebrista (Deriv. regr. de endireitar)
endireitamento n.m. 1 ato ou efeito de endireitar ou endireitar-se 2 alinhamento 3 ordenamento (De endireitar+-mento)
endireitar v.tr. 1 pôr direito 2 pôr em pé 3 [fig.] corrigir ■ v.intr. 1 tomar posição ou forma direita 2 caminhar a direito 3 acertar 4 [fig.] corrigir-se ■ v.pron. 1 pôr-se direito 2 entesar-se 3 resistir 4 [fig.] melhorar de sorte 5 [fig.] enveredar pelo bom caminho; corrigir-se (De en-+direito+-ar)
endireito n.m. direção; **ao ~ de** ao encontro de, na direção de (Deriv. regr. de endireitar)
endiva n.f. BOTÂNICA ⇒ **endívia**
endívia n.f. BOTÂNICA planta da família das Compostas (variedade de chicória), cultivada em Portugal e utilizada em salada, também conhecida por escarola, chicarola, escariola, etc. (Do gr. entýbion, «id.», pelo lat. med. endivĭa-, «endívia»)
endividamento n.m. ato ou efeito de (se) endividar (De endividar+-mento)
endividar v.tr. 1 fazer contrair dívidas 2 empenhar; penhorar ■ v.pron. 1 contrair dívidas 2 contrair obrigações (De en-+dívida+-ar)
endo- /ó/ elemento de formação de palavras que exprime a ideia de dentro, interioridade (Do gr. éndon, «dentro»)
endoblasto n.m. HISTOLOGIA ⇒ **endoderma** (Do gr. éndon, «dentro» +blastós, «gérmen»)
endocárdio n.m. ANATOMIA túnica mucosa que forra as cavidades do coração (Do gr. éndon, «dentro» +kardía, «coração»)
endocardite n.f. MEDICINA inflamação do endocárdio (De endocárdio+-ite)
endocárpio n.m. BOTÂNICA parte interna do pericarpo (Do gr. éndon, «dentro» +karpós, «fruto»)
endocarpo n.m. BOTÂNICA ⇒ **endocárpio**
endocéfalo adj. que aparenta não ter cabeça (Do gr. éndon, «dentro» +kephalé, «cabeça»)
endocélio n.m. ZOOLOGIA cada uma de algumas das câmaras da cavidade gastrovascular dos celenterados zoantários, limitadas pelos septos radiais mesentéricos (Do gr. éndon, «dentro» +koilía, «ventre»)
endocíclicos n.m.pl. PALEONTOLOGIA grupo de ouriços (Equinídeos) caracterizados por terem o ânus no centro do aparelho apical, também chamados ouriços regulares (De endo-+cíclico)
endocitose n.f. CITOLOGIA tipo de transporte ativo que permite a captação de partículas ou pequenas células para o interior da célula (há dois tipos de processos de endocitose: a fagocitose e a pinocitose)
endocraniano adj. situado dentro do crânio (De endo-+craniano)
endocrânio n.m. ANATOMIA parte interior do crânio (Do gr. éndon, «dentro» +kraníon, «crânio»)
endocrínico adj. relativo às glândulas endócrinas; endócrino (De endócrino+-ico)
endócrino adj. ANATOMIA diz-se da glândula que, desprovida de canal excretor, verte no sangue os produtos que segrega (hormonas), e que também se denomina fechada, de secreção interna e vascular sanguínea; endocrínico (Do gr. éndon, «dentro» +krínein, «segregar»)
endocrinologia n.f. MEDICINA especialidade que se dedica ao estudo das glândulas de secreção interna (endócrinas) e das hormonas (Do gr. éndon, «dentro» +krínein, «segregar» +lógos, «tratado» +-ia)
endocrinológico adj. relativo ou pertencente à endocrinologia

endocrinologista *n.2g.* MEDICINA especialista em endocrinologia (De *endocrinologia+-ista*)

endoderma *n.m.* **1** HISTOLOGIA folheto germinal que aparece a constituir a parte interna da parede do embrião (animal), logo que se verifica a gastrulação; endoderme; endoblasto; entoblasto; hipoblasto **2** BOTÂNICA assentada de células da parte mais interna da zona cortical de certos órgãos vegetais **3** ZOOLOGIA camada celular interna da parede do corpo dos celenterados e de outros animais (Do gr. *éndon*, «dentro» +*dérma*, «pele»)

endoderme *n.f.* HISTOLOGIA, BOTÂNICA, ZOOLOGIA ⇒ **endoderma**

endodontia *n.f.* MEDICINA tratamento clínico das raízes dos dentes (De *endo-*, «dentro»+*odoús, odóntos*, «dente»+*-ia*)

endodôntico *adj.* MEDICINA referente a endodontia (De *endodontia+-ico*)

Endoenças *n.f.pl.* solenidades religiosas que se realizam na Quinta-Feira Santa (Do lat. *indulgentĭas*, «indulgências»)

endofasia *n.f.* **1** formulação verbal interna do pensamento não expresso, com representação mental da própria voz **2** linguagem interior (Do gr. *éndon*, «dentro» +*phásis*, «palavra» +*-ia*)

endófito *adj.,n.m.* BOTÂNICA vegetal (parasita ou comensal) ou designativo do vegetal que vive no interior do seu hospedeiro; entófito (Do gr. *éndon*, «dentro» +*phytón*, «planta»)

endogamia *n.f.* **1** BIOLOGIA fecundação realizada entre gâmetas que estão separados, mas que tiveram origem comum (no mesmo invólucro celular); pedogamia; autogamia **2** ANTROPOLOGIA costume ou regra que assenta na defesa do casamento entre indivíduos do mesmo grupo étnico, religioso ou social **3** casamento entre parentes próximos (Do gr. *éndon*, «dentro» +*gámos*, «casamento» +*-ia*)

endogénese *n.f.* BIOLOGIA fenómenos da formação de células por endogenia (Do gr. *éndon*, «dentro» +*génesis*, «geração»)

endogenia *n.f.* BIOLOGIA processo de divisão celular em que não se verifica o aproveitamento da membrana da célula primitiva na formação das membranas das novas células, sendo estas totalmente formadas no interior daquela célula; esporulação (Do gr. *éndon*, «dentro» +*génos*, «nascimento; geração» +*-ia*)

endogénico *adj.* BIOLOGIA ⇒ **endógeno** (De *endógeno+-ico*)

endógeno *adj.* **1** referente a causa interna **2** (formação) que tem origem e se desenvolve no interior **3** BIOLOGIA (órgão, elemento anatómico) que tem origem no interior de outro órgão **4** (intoxicação) causado por substâncias produzidas no interior de um organismo **5** GEOLOGIA (força, ação, reação) que provoca fenómenos geomorfológicos cuja origem reside no interior da Terra (Do gr. *éndon*, «dentro» +*génos*, «geração; nascimento»)

endógeo *adj.* diz-se do animal que vive em cavidades e galerias por ele escavadas no solo (Do gr. *éndon*, «dentro» +*gē*, «terra» +*-eo*)

endoidar *v.tr.* **1** tornar doido **2** [fig.] desorientar ■ *v.intr.* ficar doido; endoidecer (De *en-+doido+-ar*)

endoidecedor *adj.* **1** que faz endoidecer **2** que incomoda muito (De *endoidecer+-dor*)

endoidecer *v.tr.* **1** tornar doido; enlouquecer **2** [fig.] desorientar ■ *v.intr.* perder o juízo (De *en-+doido+-ecer*)

endoidecimento *n.m.* **1** ato ou efeito de endoidecer **2** perda do juízo (De *endoidecer+-mento*)

endolinfa *n.f.* ANATOMIA líquido claro e albuminoso que enche o labirinto membranoso do ouvido interno (De gr. *éndon*, «dentro»+lat. *lympha-*, «água»)

endolinfático *adj.* relativo à endolinfa (Do gr. *éndon*, «dentro»+lat. *lymphatĭcu-*, «causado pelo delírio»)

endométrio *n.m.* ANATOMIA mucosa que reveste a parte interna do útero (Do gr. *éndon*, «dentro» +*métra*, «útero» +*-io*)

endometrite *n.f.* MEDICINA inflamação da mucosa uterina (Do gr. *éndon*, «dentro» +*métra*, «útero» +*-ite*)

endomicose *n.f.* MEDICINA estomatite, geralmente das crianças e dos velhos, provocada por parasita vegetal (Do gr. *éndon*, «dentro» +*mýkes*, «cogumelo» +*-ose*)

endomingar *v.tr.,pron.* vestir a roupa dos domingos; vestir a melhor roupa; aperaltar(-se) (De *en-+domingo+-ar*)

endomixia /cs/ *n.f.* BIOLOGIA fenómeno de renovação nuclear, que se verifica em alguns microrganismos, como nos ciliados, por exemplo (Do gr. *éndon*, «dentro» +*mîxis*, «mistura; união»)

endomórfico *adj.* relativo a endomorfismo (Do gr. *éndon*, «dentro»+*morphé*, «forma»+*-ico*)

endomorfismo *n.m.* **1** GEOLOGIA modificação da composição do magma, em resultado da assimilação de rochas provenientes do exterior ou de reações com as rochas encaixantes **2** MATEMÁTICA transformação linear de um espaço vetorial em si mesmo e, mais geralmente, um homomorfismo de um conjunto (grupoide, grupo) em si mesmo (Do gr. *éndon*, «dentro» +*morphé*, «forma» + *-ismo*)

endoneuro *n.m.* HISTOLOGIA tecido conjuntivo da parte interna dos feixes nervosos (Do gr. *éndon*, «dentro» +*neûron*, «nervo»)

endoparasita *n.m.* BIOLOGIA ser vivo parasita que vive na parte interna, mais ou menos profunda, do organismo parasitado (hospedeiro); endozoário; entozoário (De *endo-+parasita*)

endoparasitismo *n.m.* condição de vida dos endoparasitas (De *endoparasita+-ismo*)

endoparasito *n.m.* BIOLOGIA ⇒ **endoparasita**

endoplasma *n.m.* BIOLOGIA parte interna ou central do citoplasma, na célula, tipicamente granulosa; endossarco (Do gr. *éndon*, «dentro» +*plásma*, «obra modelada»)

endoplasmático *adj.* que diz respeito ao endoplasma (Do gr. *éndon*, «dentro» +*plásma*, *-atos*, «obra modelada» +*-ico*)

endopleura *n.f.* BOTÂNICA membrana que envolve a amêndoa da semente, que corresponde ao tégmen (De *endo-+pleura*)

endópode *n.m.* ZOOLOGIA ⇒ **endopódio**

endopódio *n.m.* ZOOLOGIA ramo interno dos apêndices bifurcados de alguns artrópodes, especialmente crustáceos (Do gr. *éndon*, «dentro» +*poús, podós*, «pé»)

endorfina *n.f.* QUÍMICA cada um dos polipeptídeos isolados dos cérebros dos mamíferos, com algumas propriedades semelhantes às da morfina, como alívio da dor e estimulação sensorial (De *endo-+(m)orfina*)

endorreico *adj.* GEOLOGIA (região) em que o escoamento fluvial se faz para depressões interiores, sem saída para o mar (Do gr. *éndon*, «dentro» +*rhein*, «correr» +*-ico*)

endoscopia *n.f.* MEDICINA exame dos órgãos internos do corpo, pela observação com endoscópio (Do gr. *éndon*, «dentro» +*skopeîn*, «olhar» +*-ia*)

endoscópico *adj.* relativo à endoscopia; **alucinação endoscópica** visão alucinatória dos órgãos internos do próprio corpo (De *endoscopia+-ico*)

endoscópio *n.m.* MEDICINA instrumento usado em endoscopia, típica e essencialmente constituído por um espelho metálico e uma lâmpada elétrica (Do gr. *éndon*, «dentro» +*skopeîn*, «olhar» + *-io*)

endosfera *n.f.* GEOLOGIA parte estrutural da Terra, representada por uma grande massa de elevada densidade que é envolvida pela crusta e que compreende o manto e o núcleo (Do gr. *éndon*, «dentro» +*sphaîra*, «esfera; globo terrestre»)

endosmómetro *n.m.* instrumento para medir a pressão osmótica, na endosmose (Do gr. *éndon*, «dentro» +*osmós*, «impulso» +*metreîn*, «medir», pelo fr. *endosmomètre*, «id.»)

endosmose *n.f.* QUÍMICA corrente que se estabelece, de fora para dentro, entre dois líquidos de densidades diferentes, separados por uma membrana ou placa porosa (Do gr. *éndon*, «dentro» +*osmós*, «impulso» +*-ose*, pelo fr. *endosmose*, «id.»)

endosmótico *adj.* relativo a endosmose (De *endosmo[se]+t+-ico*)

endosperma *n.m.* BOTÂNICA tecido nutritivo contido no saco embrionário das gimnospérmicas; albúmen primário (Do gr. *éndon*, «dentro» +*spérma*, «semente»)

endospérmico *adj.* **1** relativo ao endosperma **2** que contém endosperma (De *endosperma+-ico*)

endósporo *n.m.* **1** BOTÂNICA esporo cuja formação se dá no interior da célula de que é oriundo **2** membrana interna do esporo ■ *adj.* BOTÂNICA designativo do esporo cuja formação se dá no interior da célula de que é oriundo (Do gr. *éndon*, «dentro» +*spóros*, «sementeira»)

endosquelético *adj.* relativo ao endosqueleto (De *endosqueleto+-ico*)

endosqueleto *n.m.* ZOOLOGIA esqueleto interno de um animal, caracteristicamente desenvolvido nos vertebrados (De *endo-+esqueleto*)

endossado *adj.* que tem endosso ■ *n.m.* pessoa a quem se endossa uma letra (Part. pass. de *endossar*)

endossador *adj.,n.m.* que ou quem endossa; endossante (De *endossar+-dor*)

endossamento *n.m.* ato de endossar; endosso (De *endossar+-mento*)

endossante *adj.,n.2g.* ⇒ **endossador** (De *endossar+-ante*)

endossar *v.tr.* **1** pôr endosso em **2** escrever no verso de uma letra o nome da pessoa a quem deve ser paga a quantia na mesma mencionada **3** escrever no verso de um título de crédito o pertence com que se transfere para outrem o direito no mesmo representado **4** [fig.] passar a outrem um encargo, etc. **5** [fig.] apoiar (algo ou alguém) (Do fr. *endosser*, «colocar nas costas; endossar»)

endossarco n.m. BIOLOGIA ⇒ **endoplasma** (Do gr. *éndon*, «dentro» +*sárx*, *sarkós*, «carne; corpo»)

endossatário n.m. ⇒ **endossado** n.m. (De fr. *endossataire*, «id.»)

endosse n.m. ⇒ **endosso**

endosso /ô/ n.m. **1** ato de endossar **2** transferência de propriedade de letra, cheque ou outro título de crédito (Do fr. *endos*, «endosso»)

endostilo n.m. ZOOLOGIA sulco ciliado que se estende ao longo da faringe de alguns protocordados e larvas das lampreias (Do gr. *éndon*, «dentro» +*stýlos*, «coluna; apoio»)

endóstomo n.m. BOTÂNICA abertura do óvulo vegetal correspondente à parte do micrópilo que atravessa a região interna do tegumento daquele órgão (Do gr. *éndon*, «dentro» +*stóma*, «boca»)

endotelial adj.2g. relativo ao endotélio (De *endotélio*+-*al*)

endotélio n.m. HISTOLOGIA epitélio pavimentoso, simples, de origem mesodérmica; camada simples de células epiteliais, achatadas, muitas vezes de contornos sinuosos, que entra na constituição das serosas, vasos capilares, etc. (Do gr. *éndon*, «dentro» +*thelé*, «mamilo» +-*io*)

endotelioma n.m. MEDICINA tumor formado de células endoteliais (De *endotélio*+-*oma*)

endotérmico adj. (fenómeno, transformação, reação química) em que o sistema material interessado absorve calor do exterior (Do gr. *éndon*, «dentro» +*thérme*, «calor» +-*ico*)

endoudar v.tr.,intr. ⇒ **endoidecer** (De *en*-+*doudo*+-*ar*)

endoudecer v.tr.,intr. ⇒ **endoidecer** (De *en*-+*doudo*+-*ecer*, ou de *endoudar*+-*ecer*)

endovenoso adj. MEDICINA que está ou se lança no interior das veias; intravenoso (De *endo*+*venoso*)

endozoário n.m. endoparasita animal (Do gr. *éndon*, «dentro» +*zoárion*, «animalzinho»)

endrão n.m. **1** BOTÂNICA planta herbácea, odorífera, da família das Umbelíferas, espontânea e frequente no centro e no Sul de Portugal **2** [Índia] endro (De *endro*+-*ão*)

endro n.m. BOTÂNICA planta herbácea, da família das Umbelíferas, espontânea mas pouco frequente em Portugal, também conhecida por aneto (Do gr. *ánethon*, «id.», pelo lat. *anethŭlu-, dim. de *anethu*-, «endrão»)

endrómina n.f. **1** artimanha; trapaça; intrujice **2** pantominice (De orig. obsc.)

endrominar v.tr. intrujar; enganar (De *endrómina*+-*ar*)

êndua n.f. [regionalismo] ⇒ **íngua** (De *íngua*)

enduração n.f. ato ou efeito de endurar; endurecimento; enduro (De *endurar*+-*ção*)

endurar v.tr.,intr.,pron. ⇒ **endurecer** (Do lat. *indurāre*, «id.»)

endurecedor adj.,n.m. que ou o que endurece ou provoca dureza (De *endurecer*+-*dor*)

endurecer v.tr. **1** tornar duro **2** tornar insensível **3** calejar **4** fortalecer ■ v.intr. **1** tornar-se duro **2** enrijecer **3** empedernir ■ v.pron. [fig.] obstinar-se (Do lat. *induresčre*, «id.»)

endurecimento n.m. **1** ato ou efeito de endurecer **2** dureza **3** calo **4** [fig.] insensibilidade **5** [fig.] obstinação (De *endurecer*+-*mento*)

endurentar v.tr.,intr.,pron. ⇒ **endurecer** (De *en*-+*duro*+-*entar*)

enduro n.m. **1** ato ou efeito de endurar; endurecimento **2** DESPORTO treino rigoroso e demorado que tem por fim aumentar a resistência dos atletas (Deriv. regr. de *endurar*)

ene n.m. nome da letra *n* ou *N*; nê

enea- elemento de formação de palavras que exprime a ideia de nove (Do gr. *ennéa*, «nove»)

eneágino adj. BOTÂNICA que tem nove carpelos (Do gr. *ennéa*, «nove» +*gyné*, «elemento feminino; carpelo»)

eneagonal adj.2g. que tem nove ângulos (De *eneágono*+-*al*)

eneágono n.m. GEOMETRIA polígono de nove lados e nove ângulos (Do gr. *ennéa*, «nove» +*gonía*, «ângulo», pelo lat. *enneagōnu*-, «id.»)

eneagrama n.m. **1** símbolo que consiste num círculo em que são representados nove pontos equidistantes ligados por nove linhas intersetadas **2** um dos sistemas de tipologia mais antigos da humanidade baseado neste símbolo e que descreve nove tipos básicos de personalidades

eneandria n.f. BOTÂNICA qualidade de eneandro (De *eneandro*+-*ia*)

eneândria n.f. BOTÂNICA classe do sistema sexual de Lineu (naturalista sueco, 1707-1778), que compreende as plantas cujas flores têm nove estames (De *eneandro*+-*ia*)

eneandro adj. BOTÂNICA que tem nove estames; nonandro (Do gr. *ennéa*, «nove» +*anér*, *andrós*, «elemento masculino; estame»)

eneapétalo adj. BOTÂNICA cuja corola é constituída por nove pétalas (De *enea*-+*pétala*)

eneassépalo adj. BOTÂNICA cujo cálice é constituído por nove sépalas (De *enea*-+*sépala*)

eneassilábico adj. (palavra, verso) que tem nove sílabas (De *enea*-+*silábico*)

eneassílabo n.m. palavra ou verso com nove sílabas ■ adj. que tem nove sílabas (Do gr. *ennéa*, «nove» +*syllabé*, «sílaba»)

enegrecer v.tr. **1** tornar negro **2** escurecer **3** [fig.] desonrar; difamar **4** [fig.] deslustrar **5** [fig.] ofuscar ■ v.intr. **1** tornar-se negro **2** escurecer (De *en*-+*negro*+-*ecer*)

enegrecimento n.m. **1** ato ou efeito de enegrecer **2** negrura **3** escurecimento **4** [fig.] difamação (De *enegrecer*+-*mento*)

enema n.m. **1** ⇒ **clister 2** [ant.] medicamento usado no tratamento de feridas (Do lat. *enĕma*, «clister»)

éneo adj. **1** relativo ao bronze **2** duro como bronze **3** feito de bronze (Do lat. *aenĕu*-, «id.»)

Eneolítico n.m. ARQUEOLOGIA período de transição do Neolítico para a Idade do Bronze, em que, à mistura com instrumentos de pedra, já se usavam instrumentos de metal ■ adj. [com minúscula] ARQUEOLOGIA relativo ao Eneolítico (Do latim *aenĕu*-, «de bronze»+ grego *líthos*, «pedra» +-*ico*)

energética n.f. **1** FÍSICA estudo das manifestações e das transformações das várias formas de energia **2** dinamismo puro **3** ciência das propriedades gerais da energia **4** FÍSICA teoria fundada sobre o princípio da conservação da energia e sobre o princípio de ação mínima (Do gr. *energetiké*, «que opera», pelo fr. *énergétique*, «energética»)

energético adj. **1** relativo à energia **2** que produz energia **3** que transmite ou fornece energia (Do gr. *energetikós*, «ativo», pelo fr. *énergétique*, «energético»)

energetismo n.m. **1** doutrina filosófica de W. Ostwald (químico alemão, 1853-1932) e outros, para quem os elementos da realidade, tanto material como espiritual, são energia **2** (sentido restrito) teoria segundo a qual a matéria se reduz à energia (Do gr. *energetikós*, «ativo» +-*ismo*)

energia n.f. **1** FÍSICA capacidade de produzir trabalho **2** força; vigor **3** firmeza; ~ *cinética* FÍSICA energia que um corpo ou sistema têm por estarem em movimento; ~ *nuclear* energia libertada pelas reações nucleares exoenergéticas; ~ *potencial* energia armazenada num corpo ou num sistema devido à sua posição, forma ou estado; ~ *renovável* energia explorada a partir de forças naturais como o vento, as marés, o sol e a água e que provém de fontes inesgotáveis podendo renovar-se; ~ *termonuclear* energia libertada numa fusão nuclear; *equipartição da* ~ divisão em partes iguais da energia média das moléculas de um gás pelos seus diferentes graus de liberdade (Do gr. *enérgeia*, «energia», pelo lat. *energīa*-, «id.»)

enérgico adj. **1** que tem energia **2** ativo; dinâmico **3** poderoso; vigoroso; que produz grande efeito (De *energia*+-*ico*)

enérgide n.f. BIOLOGIA unidade biológica fundamental, constituída por uma porção de cromatina que tem associada uma porção de citoplasma (Do fr. *énergide*, «id.»)

energídio n.m. BIOLOGIA ⇒ **enérgide**

energúmeno n.m. **1** pessoa que, dominada por uma obsessão ou fúria, pratica disparates **2** [fig.] pessoa desprezível ou ignorante **3** [ant.] pessoa possuída pelo Demónio; possesso (Do gr. *energoúmenos*, «possesso», pelo lat. *energumēnu*-, «possesso do demónio»)

enervação n.f. **1** ato ou efeito de enervar ou enervar-se; enervamento **2** irritação **3** sensação de esgotamento de forças; abatimento; extenuação **4** MEDICINA corte de nervo ou nervos de uma região do corpo (Do lat. *enervatiōne*-, «fadiga»)

enervamento n.m. excitação de nervos; enervação (De *enervar*+-*mento*)

enervante adj.2g. que enerva; irritante (De *enervar*+-*ante*)

enervar v.tr. **1** perturbar o equilíbrio emocional de **2** irritar **3** privar da força física ou moral **4** enfraquecer ■ v.pron. sentir enervamento; perder a calma (Do lat. *enervāre*, «enfraquecer; esgotar»)

enesgar v.tr. **1** pôr ou talhar de nesga **2** dar o feitio de nesga a (De *en*-+*nesga*+-*ar*)

enésimo num.ord. >adj.num. DT que, numa série, ocupa a posição do número *n* ■ n.m. o que, numa série, ocupa o lugar correspondente ao número *n*

enevoado adj. **1** cheio de névoa **2** toldado **3** turvo **4** escuro **5** diz-se da córnea quando afetada por doença que a torna opaca (Part. pass. de *enevoar*)

enevoar v.tr. **1** cobrir de névoa **2** tornar baço ou opaco **3** [fig.] tornar triste **4** [fig.] escurecer **5** [fig.] deslustrar ■ v.pron. **1** cobrir-se de névoa **2** perturbar-se (De *en*-+*névoa*+-*ar*)

enfadadiço *adj.* 1 suscetível de se enfadar 2 rabugento 3 irascível (De *enfadar*+*-diço*)
enfadamento *n.m.* 1 ato ou efeito de enfadar 2 enfado (De *enfadar*+*-mento*)
enfadar *v.tr.* 1 causar enfado a; aborrecer; maçar 2 cansar 3 incomodar 4 agastar ■ *v.pron.* 1 aborrecer-se 2 cansar-se 3 agastar-se (Do lat. *infatuāre*, «tornar parvo»)
enfado *n.m.* 1 ato ou efeito de enfadar 2 aborrecimento 3 irritação (Deriv. regr. de *enfadar*)
enfadonho /ô/ *adj.* que causa enfado; maçador; fastidioso; desagradável (De *enfado*+*-onho*)
enfaixar *v.tr.* 1 envolver com faixas 2 ligar (De *en-*+*faixa*+*-ar*)
enfaixe *n.m.* ato ou efeito de enfaixar (Deriv. regr. de *enfaixar*)
enfanicar *v.tr.* enrolar a faniqueira em (o pião) ■ *v.pron.* ter fanicos; desmaiar (De *en-*+*fanico*+*-ar*)
enfarar *v.tr.* 1 sentir repugnância ao cheiro ou sabor de; enjoar 2 tomar aversão a; aborrecer; enfadar (De *en-*+*faro*+*-ar*)
enfardadeira *n.f.* máquina agrícola que serve para enfeixar e comprimir a palha ou o feno (De *enfardar*+*-deira*)
enfardador *adj.,n.m.* que ou aquele que enfarda (De *enfardar*+*-dor*)
enfardamento *n.m.* ato ou efeito de enfardar (De *enfardar*+*-mento*)
enfardar *v.tr.* 1 meter em fardo 2 fazer fardos de 3 [coloq.] comer muito de ■ *v.intr.* 1 [pop.] apanhar uma tareia; ser agredido 2 [coloq.] comer muito (De *en-*+*fardo*+*-ar*)
enfardelar *v.tr.* 1 meter em fardel 2 enfardar (De *en-*+*fardel*+*-ar*)
enfarear *v.tr.* ⇒ **enfarar** (De *en-*+*faro*+*-ear*)
enfarelar *v.tr.* 1 misturar com farelo 2 cobrir de farelo (De *en-*+*farelo*+*-ar*)
enfarinhadela *n.f.* ato de enfarinhar ou de ser enfarinhado (De *enfarinhar*+*-dela*)
enfarinhamento *n.m.* 1 ato ou efeito de enfarinhar 2 enfarinhadela (De *enfarinhar*+*-mento*)
enfarinhar *v.tr.* 1 polvilhar com farinha 2 empoar de farinha 3 atirar com farinha a (alguém) 4 [fig.] dar breves noções de uma ciência ou arte a ■ *v.pron.* adquirir breves noções de qualquer arte ou ciência (De *en-*+*farinha*+*-ar*)
enfaroar *v.tr.* ⇒ **enfarar** (De *en-*+*faro*+*-ar*)
enfarpelar *v.tr.* vestir com fato novo ■ *v.pron.* vestir-se (De *en-*+*farpela*+*-ar*)
enfarrapar *v.tr.* 1 vestir com farrapos 2 envolver em farrapos (De *en-*+*farrapo*+*-ar*)
enfarripado *adj.* que tem farripas (De *en-*+*farripa*+*-ado*)
enfarruscar *v.tr.* 1 sujar com fuligem ou outro pó negro 2 fazer farruscas em; mascarrar 3 [fig.] fazer amuar ■ *v.pron.* 1 sujar-se com o pó de fuligem ou outro pó negro 2 [fig.] zangar-se; amuar 3 [fig.] anuviar-se (De *en-*+*farrusca*+*-ar*)
enfartamento *n.m.* 1 ato ou efeito de enfartar; enfarte; ingurgitamento 2 obstrução (De *enfartar*+*-mento*)
enfartar *v.tr.* 1 fartar; ingurgitar 2 encher ■ *v.pron.* encher-se (geralmente de comida) até ao limite; ingurgitar-se; obstruir-se (De *en-*+*farto*+*-ar*)
enfarte *n.m.* 1 ato ou efeito de encher de comida; enfartamento; ingurgitamento 2 obstrução 3 MEDICINA lesão necrótica circunscrita de um órgão em consequência da obstrução de um vaso sanguíneo (Deriv. regr. de *enfartar*)
enfasado *adj.* em que se observa enfasagem (Part. pass. de *enfasar*)
enfasagem *n.f.* ⇒ **enfasamento** (De *enfasar*+*-agem*)
enfasamento *n.m.* 1 ato ou efeito de enfasar 2 ELETRICIDADE concordância de fase entre os valores das intensidades ou das tensões que duas ou mais correntes alternadas apresentam no mesmo instante (De *enfasar*+*-mento*)
enfasar *v.tr.* provocar enfasamento em (De *en-*+*fase*+*-ar*)
ênfase *n.f.* 1 distinção ou valorização dada a algo; realce; destaque 2 recurso estilístico que consiste em dar a uma palavra importância que ela normalmente não tem 3 afetação no falar ou no escrever 4 abuso de figuras oratórias 5 entusiasmo excessivo na expressão de sentimentos (Do gr. *émphasis*, «aparência; imagem», pelo lat. *emphăse-*, «ênfase»)
enfastiadiço *adj.* 1 que se enfastia frequentemente 2 enfadonho; maçador (De *enfastiar*+*-diço*)
enfastiamento *n.m.* 1 ato ou efeito de enfastiar 2 fastio; aborrecimento (De *enfastiar*+*-mento*)
enfastiante *adj.2g.* 1 que causa fastio 2 aborrecido; maçador (De *enfastiar*+*-ante*)
enfastiar *v.tr.* causar fastio a; aborrecer; maçar (De *en-*+*fastio*+*-ar*)

enfastioso /ô/ *adj.* que causa fastio; fastidioso (De *en-*+*fastio*+*-oso*)
enfático *adj.* 1 em que há ênfase 2 solene 3 [pej.] empolado 4 [pej.] afetado (Do gr. *emphatikós*, «id.»)
enfatiotar-se *v.pron.* vestir uma fatiota (De *en-*+*fatiota*+*-ar*)
enfatizar *v.tr.* 1 dar ênfase ou relevo a 2 salientar a importância de 3 destacar 4 intensificar; acentuar (De *ênfase*+*-izar*)
enfatuação *n.f.* ato ou efeito de enfatuar ou de enfatuar-se (De *enfatuar*+*-ção*)
enfatuado *adj.* 1 fátuo; vaidoso; presumido 2 arrogante (Part. pass. de *enfatuar*)
enfatuamento *n.m.* ⇒ **enfatuação** (De *enfatuar*+*-mento*)
enfatuar *v.tr.* 1 tornar enfatuado 2 tornar arrogante ■ *v.pron.* envaidecer-se (De *en-*+*fátuo*+*-ar*)
enfear *v.tr.* tornar feio (De *en-*+*feio*+*-ar*)
enfebrecer *v.tr.* causar febre a ■ *v.intr.* adquirir febre (De *en-*+*febre*+*-ecer*)
enfeirar *v.tr.* 1 pôr à venda na feira 2 comprar na feira ■ *v.intr.* fazer negócio na feira (De *en-*+*feira*+*-ar*)
enfeitador *adj.,n.m.* que ou aquele que enfeita (De *enfeitar*+*-dor*)
enfeitamento *n.m.* ato ou efeito de enfeitar (De *enfeitar*+*-mento*)
enfeitar *v.tr.* 1 pôr enfeites a; adornar; ataviar 2 [fig.] disfarçar defeitos em 3 meter farpas em (touro) 4 [cal.] ser infiel a; trair ■ *v.pron.* adornar-se (Do lat. **infectāre*, freq. de *inficĕre*, «tingir; revestir», pelo port. ant. *afeitar* [= enfeitar])
enfeite *n.m.* peça usada para tornar mais agradável ou conspícua a aparência de algo ou alguém; adorno; atavio; arrebique; ornato (Deriv. regr. de *enfeitar*)
enfeitiçador *adj.,n.m.* que ou aquele que enfeitiça; feiticeiro (De *enfeitiçar*+*-dor*)
enfeitiçar *v.tr.* 1 fazer feitiço(s) a; embruxar 2 [fig.] cativar 3 [fig.] seduzir (De *en-*+*feitiço*+*-ar*)
enfeixamento *n.m.* ato ou efeito de enfeixar ou enfeixar-se (De *enfeixar*+*-mento*)
enfeixar *v.tr.* 1 reunir em feixe 2 atar em feixe 3 entrouxar 4 reunir ■ *v.pron.* 1 reunir-se em feixe 2 emaranhar-se 3 [fig.] esbarrar-se (De *en-*+*feixe*+*-ar*)
enfeltrar *v.tr.* 1 cobrir de feltro 2 fazer feltro de (De *en-*+*feltro*+*-ar*)
enfelujar *v.tr.* sujar com felugem ou fuligem; enfarruscar; mascarrar (De *en-*+*felugem*+*-ar*)
enfermagem *n.f.* 1 prestação de cuidados especializados a doentes ou acidentados 2 profissão de enfermeiro 3 conjunto dos enfermeiros (De *enfermar*+*-agem*)
enfermar *v.tr.* 1 fazer ficar doente 2 padecer de 3 [fig.] ter o defeito de ■ *v.intr.* tornar-se enfermo; adoecer (Do lat. *infirmāri*, «estar enfermo; estar doente»)
enfermaria *n.f.* casa ou dependência hospitalar destinada a tratamento de doentes (De *enfermo*+*-aria*)
enfermeiro *n.m.* 1 pessoa formada em enfermagem que se dedica ao tratamento de doentes e acidentados 2 [coloq.] pessoa que cuida de um doente (De *enfermo*+*-eiro*)
enfermiço *adj.* 1 que adoece frequentemente; achacadiço 2 doentio (De *enfermo*+*-iço*)
enfermidade *n.f.* 1 doença 2 moléstia 3 [fig.] vício 4 [fig.] mania 5 [fig.] imperfeição (Do lat. *infirmitāte-*, «debilidade; enfermidade»)
enfermo *adj.* aquele que está doente; paciente ■ *adj.* 1 que está doente 2 [fig.] que não funciona bem (Do lat. *infirmu-*, «enfermo»)
enferrujamento *n.m.* ato ou efeito de enferrujar; oxidação (De *enferrujar*+*-mento*)
enferrujar *v.tr.,intr.* 1 tornar(-se) ferrugento; oxidar(-se) 2 [fig.] (fazer) perder a agilidade por falta de exercício (De *en-*+*ferrugem*+*-ar*)
enfesta *n.f.* 1 cume 2 assomada 3 [fig.] ponto culminante (De *en-*+*festo*, do germ. *first*, «cumeeira»)
enfestado *adj.* 1 (pano) dobrado ao meio da largura 2 que tem festo (Part. pass. de *enfestar*)
enfestar[1] *v.tr.* 1 dobrar pelo meio da largura (pano) 2 fazer festo em 3 furtar no jogo (De *en-*+*festo*+*-ar*)
enfestar[2] *v.tr.* tornar festivo, alegre (De *en-*+*festa*+*-ar*)
enfesto *adj.* escarpado; íngreme; empinado ■ *n.m.* 1 declive 2 [gír.] encontrão; *a* ~ pela costa acima, acima, para cima (De *en-*+*festo*, do germ. *first*, «cumeeira»)
enfeudação *n.f.* ato ou efeito de enfeudar ou enfeudar-se (De *enfeudar*+*-ção*)
enfeudar *v.tr.* 1 dar em feudo 2 constituir em feudo 3 [fig.] sujeitar à sua vontade ■ *v.pron.* tornar-se dependente (de) (De *en-*+*feudo*+*-ar*)

enfezado *adj.* 1 pouco desenvolvido 2 raquítico (Part. pass. de *enfezar*)
enfezamento *n.m.* ato ou efeito de enfezar (De *enfezar+-mento*)
enfezar¹ *v.tr.* 1 impedir o desenvolvimento de 2 tornar raquítico (De origem obscura)
enfezar² *v.tr.* [Angola] cobrir de fezes; encher de fezes (De *en+feze(s)+-ar*)
enfiação *n.f.* ⇒ **enfiamento** (De *enfiar+-ção*)
enfiada *n.f.* 1 conjunto das coisas atravessadas pelo mesmo fio 2 fila; renque; *de ~* um atrás do outro, seguidamente (Part. pass. fem. subst. de *enfiar*)
enfiado *adj.* 1 que se enfiou 2 ligado 3 preso 4 [fig.] assustado; trémulo (Part. pass. de *enfiar*)
enfiadura *n.f.* 1 porção de linha que se enfia de uma vez na agulha 2 enfiada (De *enfiar+-dura*)
enfiamento *n.m.* 1 ato ou efeito de enfiar; enfiada 2 introdução de fio 3 fileira 4 direção retilínea 5 perda da cor, por efeito de susto, contrariedade, etc.; palidez 6 desmaio 7 perturbação 8 NÁUTICA direção determinada por uma linha reta fictícia, referente a dois ou mais pontos, em terra ou no mar, que serve para determinar a posição de um navio em relação a outro ou à terra (De *enfiar+-mento*)
enfiar *v.tr.* 1 fazer passar um fio por 2 enfileirar 3 empurrar para dentro; introduzir 4 trespassar 5 pôr (roupa ou calçado); vestir; calçar ∎ *v.intr.* 1 mudar de cor 2 turbar-se ∎ *v.pron.* 1 entrar 2 coar-se 3 ficar vexado (De *en-+fio+-ar*)
enfileiramento *n.m.* 1 ato ou efeito de enfileirar 2 alinhamento (De *enfileirar+-mento*)
enfileirar *v.tr.* pôr em fileira; alinhar ∎ *v.intr.* entrar na fileira (De *en-+fileira+-ar*)
enfim *adv.* por último; finalmente; em conclusão (De *en-+fim*)
enfincar *v.tr.* [regionalismo] encostar para segurar (De *en-+fincar*)
enfisema *n.m.* MEDICINA tumefação patológica causada por infiltração ou formação anormal, local, de gases (muitas vezes, ar) nos tecidos orgânicos; *~ pulmonar* MEDICINA dilatação anormal dos alvéolos pulmonares com perda da sua elasticidade (Do gr. *emphýsema*, «inchação»)
enfisemático *adj.* relativo ao enfisema (Do gr. *emphýsema, -atos*, «inchaço»+-*ico*)
enfistular *v.tr.* converter em fístula ∎ *v.intr.,pron.* 1 criar fístulas 2 ulcerar-se (De *en-+fístula+-ar*)
enfitar¹ *v.tr.* adornar com fitas (De *en-+fita+-ar*)
enfitar² *v.tr.* olhar atentamente (De *en-+fito+-ar*)
enfiteuse *n.f.* DIREITO convenção pela qual o proprietário de um prédio transfere para outrem o domínio útil desse prédio contra o pagamento de uma renda anual ou foro; aforamento; aprazamento (Do gr. *emphýteusis*, «enxertia», pelo lat. *emphyteŭse-*, «enfiteuse; contrato»)
enfiteuta *n.2g.* DIREITO titular do domínio útil de prédio sujeito ao regime enfitêutico (Do gr. *emphyteutés*, «plantador», pelo lat. *emphyteuta-*, «enfiteuta»)
enfiteuticar *v.tr.* ceder por enfiteuse; aforar (De *enfitêutico+-ar*)
enfitêutico *adj.* relativo à enfiteuse (De *enfiteuta+-ico*)
enfivelamento *n.m.* ato ou efeito de enfivelar (De *enfivelar+-mento*)
enfivelar *v.tr.* pôr fivela em (De *en-+fivela+-ar*)
enflorar *v.tr.* 1 fazer florescer 2 engrinaldar com flores 3 [fig.] tornar próspero 4 [fig.] alegrar ∎ *v.intr.* florescer (De *en-+flor+-ar*)
enflorescer *v.tr.,intr.* ⇒ **florescer** (Do lat. *inflorescĕre*, «id.»)
enfocar *v.tr.* pôr em foco; focalizar (De *en-+foco+-ar*)
enfogar *v.tr.* tornar ardente como fogo; abrasar (De *en-+fogo+-ar*)
enfolar *v.intr.* 1 criar fole ou papo 2 enfolechar; empolar ∎ *v.tr.* 1 dar o aspeto de fole a 2 fazer foles em (vestido) (De *en-+fole+-ar*)
enfolechar *v.tr.* produzir folecha em ∎ *v.intr.* criar folechas; empolar (De *en-+folecha+-ar*)
enfolhamento *n.m.* ato ou efeito de enfolhar (De *enfolhar+-mento*)
enfolhar¹ *v.intr.* cobrir-se de folhas; criar folhas (De *en-+folha+-ar*)
enfolhar² *v.tr.* pôr folhos em (vestido) (De *en-+folho+-ar*)
enfolipar *v.tr.* formar folipo ou fole em (peça de roupa) (De *en-+folipo+-ar*)
enfoque *n.m.* 1 ato ou efeito de enfocar ou pôr em foco ou em evidência; focagem 2 modo de focalizar ou abordar um assunto; perspetivação; abordagem (Deriv. regr. de *enfocar*)
enforcado *adj.* 1 morto por enforcamento 2 [fig.] muito desejoso 3 malbaratado; delapidado 4 [pop.] vendido ao desbarato 5 que está em má situação financeira ∎ *n.m.* 1 desbarato 2 pessoa que morre na forca; *vide de ~* videira alta que se enrosca às árvores (Part. pass. de *enforcar*)
enforcamento *n.m.* 1 ato de enforcar(-se) 2 morte por asfixia provocada pela suspensão de uma pessoa através de uma corda ou faixa que se prende à volta do pescoço 3 [coloq.] casamento (De *enforcar+-mento*)
enforcar *v.tr.* 1 suspender (uma pessoa) através de uma corda ou faixa atada à volta do pescoço, provocando a morte por asfixia 2 dar a morte a alguém na forca 3 [pop.] vender barato ∎ *v.pron.* 1 matar-se por enforcamento 2 [fig.] ficar em má situação 3 [fig.] sofrer grandes prejuízos 4 [fig.] sacrificar-se 5 [coloq., joc.] casar-se (De *en-+forca+-ar*)
enforjar *v.tr.* meter na forja (De *en-+forja+-ar*)
enformação *n.f.* ato ou efeito de enformar (De *enformar+-ção*)
enformadeira *n.f.* máquina para enformar os chapéus (De *enformar+-deira*)
enformador *adj.,n.m.* que ou aquele que enforma (De *enformar+-dor*)
enformar¹ *v.tr.* meter na forma ou no molde (De *en-+forma* [= molde]+-*ar*)
enformar² *v.tr.* dar forma a ∎ *v.intr.* 1 tomar forma, corpo 2 desenvolver-se (De *en-+forma* [= configuração] +-*ar*)
enfornar *v.tr.* meter no forno (De *en-+forno+-ar*)
enforquilhamento *n.m.* ato ou efeito de enforquilhar (De *enforquilhar+-mento*)
enforquilhar *v.tr.* 1 dar forma de forquilha a 2 bifurcar 3 escarranchar 4 regular (o tiro de artilharia e de morteiros) por execução de tiros compridos e de tiros curtos (De *en-+forquilha+-ar*)
enfortar *v.tr.* fortificar (De *en-+forte+-ar*)
enfortecer *v.tr.* ⇒ **enfortar** (De *en-+forte+-ecer*, ou de *enfortar+-ecer*)
enfortir *v.tr.* dar corpo e consistência a (panos), no pisão; pisoar (De *en-+forte+-ir*)
enfráctico *adj.* em que há enfraxia; que obstrui (Do gr. *emphraktikós*, «próprio para obstruir») ACORDO ORTOGRÁFICO também se pode escrever **enfrático**
enfranque *n.m.* 1 curva do calçado, no sítio correspondente ao selado do pé 2 corte do fato que desenha as ilhargas (Deriv. regr. de *enfranquear*)
enfranquear *v.tr.* 1 fazer os enfranques de 2 brunir os enfranques de (De *en-+flanco+-ear*)
enfraquecedor *adj.* que enfraquece; debilitante; que depaupera (De *enfraquecer+-dor*)
enfraquecer *v.tr.,intr.,pron.* 1 tornar(-se) fraco; debilitar(-se) 2 (fazer) perder as forças 3 (fazer) perder o ânimo (De *en-+fraco+-ecer*)
enfraquecimento *n.m.* 1 ato ou efeito de enfraquecer 2 debilidade; fraqueza (De *enfraquecer+-mento*)
enfraquentar *v.tr.,intr.,pron.* [pouco usado] ⇒ **enfraquecer** (De *en-+fraco+-entar*)
enfrascar *v.tr.* 1 meter em frasco 2 engarrafar 3 [pop.] encher 4 fartar 5 enredar 6 embriagar ∎ *v.pron.* 1 enfronhar-se 2 dedicar-se 3 embebedar-se 4 embeber-se; impregnar-se (De *en-+frasco+-ar*)
enfrático a grafia mais usada é **enfráctico**
enfraxia /cs/ *n.f.* MEDICINA ⇒ **obstrução** 2 (Do gr. *émphraxis*, «ação de obstruir»+-*ia*)
enfreador *adj.,n.m.* 1 que ou aquele que enfreia 2 domador 3 [fig.] disciplinador (De *enfrear+-dor*)
enfreamento *n.m.* 1 ato ou efeito de enfrear ou enfrear-se 2 repressão (De *enfrear+-mento*)
enfrear *v.tr.* 1 pôr o freio a; refrear 2 reprimir 3 conter 4 domar ∎ *v.intr.* 1 obedecer ao freio 2 (cavalo) levantar a cabeça e não a agitar nem mover muitas vezes ∎ *v.pron.* 1 moderar-se 2 dominar-se; controlar-se (Do lat. *infrenāre*, «id.»)
enfrechadura *n.f.* NÁUTICA cada um dos cabos paralelos e horizontais que unem os ovéns das enxárcias (De *enfrechar+-dura*)
enfrechar *v.tr.* pôr enfrechaduras em (De *en-+frecha+-ar*)
enfrechate *n.m.* 1 NÁUTICA ⇒ **enfrechadura** 2 cada um dos cabos paralelos que formam escada nos ovéns das enxárcias (De *en-+cast. flechaste*, «enfrechate»)
enfrenesiar *v.tr.* 1 causar frenesi a 2 impacientar 3 enervar 4 exasperar (De *en-+frenesi+-ar*)
enfrentamento *n.m.* 1 ato ou efeito de enfrentar 2 situação de quem se defronta; confrontação (De *enfrentar+-mento*)
enfrentar *v.tr.* pôr-se ou estar defronte de 2 encarar 3 atacar de frente; defrontar; arrostar (De *en-+frente+-ar*)
enfriar *v.tr.* 1 tornar frio 2 pôr a arrefecer (De *en-+frio+-ar*)
enfroixecer *v.tr.* ⇒ **enfrouxecer**

enfronhado *adj.* 1 revestido de fronha 2 [fig.] versado num assunto; conhecedor; instruído (Part. pass. de *enfronhar*)

enfronhar *v.tr.* 1 meter em fronha 2 envolver em; revestir 3 encapar 4 disfarçar 5 [fig.] dar a conhecer determinado assunto ou atividade a (alguém) 6 [fig.] entusiasmar (alguém) por determinado assunto, atividade, etc. ■ *v.pron.* 1 concentrar a atenção 2 adquirir noções de determinado assunto; meter-se dentro dum assunto 3 introduzir-se (De *en-+fronha+-ar*)

enfrontes *n.m.pl.* 1 situação fronteira 2 direção 3 endireito (De *en-+fronte*)

enfrouxecer *v.tr.* 1 tornar frouxo 2 enfraquecer (De *en-+frouxo+-ecer*)

enfrutecer *v.intr.* produzir frutos (De *en-+fruto+-ecer*)

enfrutecimento *n.m.* ato ou efeito de enfrutecer (De *enfrutecer+-mento*)

enfueirada *n.f.* 1 carro cheio até ao cimo dos fueiros 2 carrada grande (Part. pass. fem. subst. de *enfueirar*)

enfueirar *v.tr.* 1 pôr fueiros em 2 carregar até ao cimo dos fueiros 3 atravincar os fueiros pelas extremidades superiores para aumentar a resistência dos fueiros e apertar (a carga) (De *en-+fueiro+-ar*)

enfulijar *v.tr.* enfarruscar com fuligem (De *en-+fuligem+-ar*)

enfumaçar *v.tr.* ⇒ **enfumarar** (De *en-+fumaça+-ar*)

enfumarar *v.tr.* encher de fumo (De *en-+fumarar*)

enfunar *v.tr.* 1 tornar panda ou bojuda (uma vela) 2 [fig.] envaidecer; ensoberbecer ■ *v.pron.* 1 (vela) encher-se de vento 2 [fig.] envaidecer-se; ensoberbecer-se 3 [fig.] amuar (De *en-+*lat. *fune-*, «corda» + *-ar*)

enfunilamento *n.m.* ato ou efeito de enfunilar (De *enfunilar+-mento*)

enfunilar *v.tr.,intr.,pron.* ⇒ **afunilar** (De *en-+funil+-ar*)

enfurecer *v.tr.* 1 tornar furioso; embravecer 2 fazer perder a calma ■ *v.pron.* 1 ficar furioso 2 [fig.] (mar) encapelar-se (Do lat. vulg. **furescēre*, freq. do lat. cl. *furĕre*, «estar doido»)

enfurecimento *n.m.* 1 ato ou efeito de enfurecer ou enfurecer-se 2 cólera (De *enfurecer+-mento*)

enfuriar *v.tr.,pron.* ⇒ **enfurecer** (De *en-+fúria+-ar*)

enfurnar *v.tr.* 1 meter em furna 2 encafuar 3 NÁUTICA introduzir (o pé do mastro) até que chegue à carlinga (De *en-+furna+-ar*)

enfuscado *adj.* 1 negro 2 fusco 3 sujo; *andar com arcas enfuscadas* fazer intrigas, intrigar (Part. pass. de *enfuscar*)

enfuscar *v.tr.* tornar fusco; enegrecer; ofuscar (Do lat. *infuscāre*, «tornar escuro»)

enfusta *n.f.* [Brasil] espeque oblíquo (De *en-+fuste*)

enfustamento *n.m.* ato de enfustar (De *enfustar+-mento*)

enfustar¹ *v.tr.* [regionalismo] envasilhar (vinho) em fustes ■ *v.intr.* 1 beber muito vinho 2 entrar ou sair apressadamente (De *en-+fuste+-ar*)

enfustar² *v.tr.* colocar enfustes em (De *enfuste+-ar*)

enfuste *n.m.* 1 preparação dada às peles com o fim de as intumescer 2 enchimento que se coloca por dentro da solaria do calçado (Deriv. regr. de *enfustar*)

enga *n.f.* 1 [pop.] pasto 2 vezo 3 parasitismo; *ir à ~* ir habitualmente comer a casa de outrem (Deriv. regr. de *engar*)

engabelar¹ *v.tr.* ⇒ **engavelar** (De *en-+gabela+-ar*)

engabelar² *v.tr.* [Brasil] atrair para enganar; mostrar-se agradável, para defraudar (De orig. obscur.)

engabelo /ê/ *n.m.* ato de engabelar (Deriv. regr. de *engabelar*)

engaçar *v.tr.* 1 desfazer (os torrões) com engaço ou grade; esterroar 2 juntar com ancinho ou engaço (De *engaço+-ar*)

engaço *n.m.* 1 instrumento agrícola, dentado, para juntar feno, estrume, mato, etc.; ancinho 2 parte que fica do cacho de uvas, depois de esbagoado (De orig. obscur.)

engadanhado *adj.* 1 que se engadanhou; tolhido de frio 2 [fig.] perplexo; irresoluto (Part. pass. de *engadanhar*)

engadanhar *v.tr.* 1 tolher; enregelar; inteiriçar 2 [fig.] tornar perplexo ■ *v.pron.* 1 ficar tolhido; enregelar-se; inteiriçar-se 2 [fig.] ficar perplexo; ficar embaraçado; atrapalhar-se (De *en-+gadanho+-ar*)

engadelhar *v.tr.* despentear (o cabelo); converter em gadelha ■ *v.pron.* pegar-se à bulha; brigar (De *en-+gadelha+-ar*)

engadinito *n.m.* PETROLOGIA variedade de granito, hololeucocrática, subalcalina (De *Engadine*, zona suíça do vale do Inn *+-ito*)

engafecer *v.tr.* tornar gafo ■ *v.intr.,pron.* adquirir gafeira (De *en-+gafo+-ecer*)

engaiolamento *n.m.* ato ou efeito de engaiolar (De *engaiolar+-mento*)

engaiolar *v.tr.* 1 meter em gaiola 2 [fig.] enclausurar 3 [fig.] prender; encarcerar (De *en-+gaiola+-ar*)

engajador *adj.,n.m.* 1 que ou aquele que engaja 2 aliciador (De *engajar+-dor*)

engajamento *n.m.* 1 ato ou efeito de engajar 2 ajuste 3 aliciamento (De *engajar+-mento*)

engajar *v.tr.* contratar ou aliciar indivíduos para determinados serviços ou para emigração (Do fr. *engager*, «contratar»)

engajatado *adj.* torto ou torcido como gajato (De *gajato*)

engajavatado *adj.* ⇒ **engajatado**

engalanar *v.tr.* 1 ornar de galas 2 ornamentar; ataviar ■ *v.pron.* enfeitar-se (Do cast. *engalanar*, «id.»)

engalfinhar *v.tr.* 1 agarrar 2 prender ■ *v.pron.* 1 agarrar-se ao adversário 2 brigar corpo a corpo 3 [fig.] envolver-se em discussão acesa (De orig. obsc.)

engalhar *v.tr.* 1 meter entre os galhos 2 [fig.] embaraçar 3 [fig.] seduzir ■ *v.intr.,pron.* 1 meter-se entre os galhos 2 criar galhos (De *en-+galho+-ar*)

engalhardear *v.tr.* tornar galhardo, bizarro (De *en-+galhardo+-ear*)

engalhardetar *v.tr.* 1 ornar de galhardetes 2 embandeirar (De *en-+galhardete+-ar*)

engalinhar *v.tr.* [coloq.] dar azar a; enguiçar (De *en-+galinha* [= azar] *+-ar*)

engalispar-se *v.pron.* 1 encrespar-se como galispo 2 entesar-se (De *en-+galispo+-ar*)

engalriçar *v.tr.* [regionalismo] namorar ■ *v.pron.* apaixonar-se (De *en-+galriço+-ar*)

engambelar *v.tr.* ⇒ **engabelar**²

engambelo /ê/ *n.m.* ⇒ **engabelo** (Deriv. regr. de *engambelar*)

enganação *n.f.* 1 ato de enganar 2 engano (De *enganar+-ção*)

enganadiço *adj.* que é facilmente enganado (De *enganar+-diço*)

enganador *adj.,n.m.* 1 que, aquele ou aquilo que engana 2 embusteiro (De *enganar+-dor*)

enganar *v.tr.* 1 usar de enganos com 2 induzir em erro 3 [fig.] ser infiel a 4 [fig.] aliviar apenas temporariamente (fome, sede, etc.); diminuir ■ *v.pron.* 1 cair em erro 2 não acertar 3 iludir-se ou viver em ilusão 4 ficar logrado (Do lat. tard. *ingannāre*, «escarnecer»)

engana-rapazes *n.f.2n.* variedade de pera e cereja assim chamadas porque, estando já maduras, ainda parecem verdes (De *enganar+rapaz*)

engana-vista *n.m.* coisa que engana quem a vê, por se apresentar diferente do que é na realidade (De *enganar+vista*)

enganchar *v.tr.* 1 prender com gancho 2 dependurar num gancho 3 (touro) levantar (o toureiro) nas pontas ■ *v.pron.* 1 agarrar-se com força; prender-se 2 enlaçar-se (De *en-+gancho+-ar*)

enganha *n.f.* 1 [Cabo Verde] maçaroca do milho 2 [Cabo Verde] porção de detritos de madeira, de engaços, etc. (Do crioulo cabo-verdiano *engánha*, [enhanha], «id.»)

enganido *adj.* [ant.] tolhido com o frio; entanguido (Part. pass. de *enganir*)

enganir *v.intr.* [ant.] tolher-se com frio (De orig. obscur.)

engano *n.m.* 1 artimanha para iludir 2 burla; logro 3 erro 4 ilusão (Deriv. regr. de *enganar*)

enganoso /ô/ *adj.* 1 que engana 2 ilusório (De *engano+-oso*)

engar *v.tr.* 1 habituar (animal) a determinada pastagem 2 começar; dar início a 3 teimar; insistir ■ *v.pron.* 1 habituar-se 2 (animal) preferir um pasto (Por *endegar*, do lat. *indicāre*, «determinar»)

engaranhar *v.tr.* [regionalismo] fazer tremer com frio; enregelar; inteiriçar ■ *v.pron.* [regionalismo] tremer com frio; enregelar-se; engadanhar-se; inteiriçar-se (De *engaranhar*)

engarapar *v.tr.* 1 [Brasil] dar garapa (bebida) a 2 [Brasil] [fig.] seduzir 3 [Brasil] [fig.] amimar (De *en-+garapa+-ar*)

engaravitar-se *v.pron.* tornar-se entanguido; tolher-se de frio (De *en-+garavito*, por *gravato+-ar*)

engarela *n.f.* 1 [regionalismo] peça que se põe nas chedas do carro e é formada por uma travessa e dois fueiros 2 *pl.* cangalhas (De *angarela*)

engargantar *v.tr.* 1 meter pela garganta 2 meter (o pé) no estribo, até ao peito (do pé) ■ *v.pron.* 1 (bala) travar-se no cano 2 emperrar (De *en-+garganta+-ar*)

engarilho *n.m.* [regionalismo] janota magro e presunçoso; bonifrate (Do cast. *angarrio*, «pessoa fraca e enfezada»?)

engarnachar *v.tr.* pôr a garnacha a (De *en-+garnacha+-ar*)

engarradeira *n.f.* ORNITOLOGIA ⇒ **trepadeira** 3 (De *engarrar+-deira*)

engarrafadeira *n.f.* 1 mulher que engarrafa 2 máquina para engarrafar (De *engarrafar+-deira*)

engarrafado adj. 1 metido em garrafa 2 (trânsito) intenso; congestionado 3 [Moçambique] enfeitiçado 4 [Moçambique] sem vontade própria (Part. pass. de *engarrafar*)

engarrafador adj. que engarrafa ∎ n.m. 1 aquele que engarrafa 2 utensílio para engarrafar (De *engarrafar+-dor*)

engarrafagem n.f. ⇒ **engarrafamento 1** (De *engarrafar+-agem*)

engarrafamento n.m. 1 ato ou efeito de acondicionar líquido em garrafas 2 (trânsito) congestionamento de veículos na estrada que obriga a paragens sucessivas, por vezes muito prolongadas (De *engarrafar+-mento*)

engarrafar v.tr. 1 acondicionar em garrafa 2 [fig.] impedir ou obstruir a circulação de (pessoas ou veículos) 3 NÁUTICA bloquear (navios) num porto, impedindo-lhes a saída (De *en-+garrafa+-ar*)

engarrafonamento n.m. ato ou efeito de engarrafonar (De *engarrafonar+-mento*)

engarrafonar v.tr. deitar ou meter em garrafão ou garrafões (De *en-+garrafão+-ar*)

engarupar-se v.pron. 1 montar na garupa 2 elevar-se (De *en-+garupa+-ar*)

engasgalhar-se v.pron. 1 engasgar-se; entalar-se 2 ficar preso (De *engasgar*)

engasgamento n.m. ⇒ **engasgo** (De *engasgar+-mento*)

engasgar v.tr. 1 ficar atravessado na garganta de 2 sufocar; embuchar 3 [fig.] atrapalhar ∎ v.pron. 1 ficar com a garganta obstruída; entalar-se 2 [fig.] atrapalhar-se 3 [fig.] ficar sem palavras; embatucar; perder o fio do discurso (De orig. onom.)

engasgo n.m. 1 ato ou efeito de engasgar ou engasgar-se; engasgamento 2 incapacidade de respirar devido a obstrução da garganta 3 obstrução de um canal 4 [fig.] atrapalhação (Deriv. regr. de *engasgar*)

engasgue n.m. ⇒ **engasgo**

engastador adj.,n.m. que ou aquele que engasta (De *engastar+-dor*)

engastalhar v.tr. 1 travar com gastalho 2 prender 3 travar (De *en-+gastalho+-ar*)

engastar v.tr. 1 meter no engaste 2 inserir, fixando; meter em 3 encastoar 4 embutir 5 encaixar (Do lat. vulg. *incastrāre*, «inserir; embutir»)

engaste n.m. 1 ato ou efeito de engastar 2 aro em que se embebe e segura uma pedra preciosa 3 inserção; fixação; cravação 4 embutido (Deriv. regr. de *engastar*)

engatadeira n.f. 1 [regionalismo] mulher que alicia outras para entrarem em congregação religiosa 2 ORNITOLOGIA ⇒ **trepadeira 3** BOTÂNICA ⇒ **lúpulo** (De *engatar+-deira*)

engatador adj.,n.m. que ou aquele que engata ou desengata (vagões, etc.) (De *engatar+-dor*)

engatar v.tr. 1 prender com gatos metálicos 2 ligar por meio de engate; atrelar (veículos, etc.) 3 [pop.] meter uma mudança em (veículo) a partir da posição de ponto morto; embraiar 4 [pop.] seduzir; conquistar ∎ v.intr. trepar (De *en-+gato+-ar*)

engatatão adj. [coloq.] que gosta de andar no engate ∎ n.m. [coloq.] indivíduo que tem hábitos de conquistador

engate n.m. 1 ato de engatar 2 aparelho com que se atrelam animais a viaturas, ou carros entre si 3 embraiagem 4 [coloq.] conquista amorosa a que não se dá grande importância 5 [coloq.] procura de parceiro para relação íntima mas de curta duração; *andar no ~* [coloq.] procurar namoro, procurar (mulher ou homem) para encontros íntimos (Deriv. regr. de *engatar*)

engatilhar v.tr. 1 armar o gatilho de 2 dispor para disparar (uma arma de fogo) 3 preparar; aprestar (De *en-+gatilho+-ar*)

engatinhadeira n.f. ORNITOLOGIA ⇒ **trepadeira 3** (De *engatinhar+-deira*)

engatinhar v.intr. andar de gatas ∎ v.tr. iniciar-se em (ofício ou arte); principiar (De *en-+gatinhar*)

engavelar v.tr. dispor (o trigo) em gavelas antes de ser debulhado ou depois da ceifa (De *en-+gavela+-ar*)

engavetar v.tr. 1 meter ou guardar em gaveta 2 [pop.] meter na cadeia (De *en-+gaveta+-ar*)

engavinhar v.tr.,pron. prender(-se) por gavinhas (De *en-+gavinha+-ar*)

engazofilar v.tr. 1 [pop.] meter na cadeia 2 [pop.] catrafilar (De *en-+gazofilar*)

engazopar v.tr. [Brasil] ⇒ **engazupar**

engazupador adj.,n.m. que ou aquele que engazupa (De *engazupar+-dor*)

engazupar v.tr. [pop.] enganar; ludibriar; embair; embarrilar (De orig. obsc.)

engelha /ê/ n.f. 1 prega 2 ruga (De *en-+gelha*)

engelhar v.tr.,intr. 1 formar engelhas (dobras) em 2 enrugar(-se); encarquilhar; amarrotar (De *engelha+-ar*)

engendração n.f. ato ou efeito de engendrar (De *engendrar+-ção*)

engendrar v.tr. 1 gerar 2 inventar 3 produzir 4 arquitetar ∎ v.pron. originar-se (Do lat. *ingenerāre*, «fazer nascer», pelo cast. *engendrar*, «id.»)

engenhar v.tr. 1 idear 2 inventar 3 fabricar com manha ou habilidade (De *engenho+-ar*)

engenharia n.f. 1 aplicação dos princípios científicos à exploração dos recursos naturais, ao projeto e à construção de comodidades e ao fornecimento de utilidades 2 corpo de engenheiros 3 profissão de engenheiro 4 MILITAR corpo de tropas (arma) especializadas na construção de obras defensivas, vias de comunicação e ataque a organizações fortificadas; *~ ambiental* disciplina que se dedica ao estudo e desenvolvimento de meios tecnológicos com o objetivo de preservar o ambiente; *~ civil* disciplina que se ocupa de construções e obras (estradas, pontes, barragens, etc.); *~ genética* estudo e desenvolvimento de métodos e tecnologias que permitam alterar a constituição genética dos indivíduos, manipulação genética (De *engenho+-aria*)

engenheiro n.m. 1 título obtido por quem possui o grau académico de licenciatura em engenharia e inscrito na Ordem dos Engenheiros como membro efetivo 2 pessoa que possui esse título 3 [uso generalizado] pessoa que possui um curso de engenharia 4 [Brasil] dono de engenho (de açúcar) (De *engenho+-eiro*)

engenheiro-agrónomo n.m. engenheiro que se dedica à agricultura e pecuária e ao seu desenvolvimento

engenho /ê/ n.m. 1 mecanismo; dispositivo mecânico 2 aparelho para tirar água de poços 3 [Brasil] máquina para desarestar o linho, moer a cana-de-açúcar, fazer aguardente de cana, etc. 4 MILITAR arma coletiva pesada da infantaria, como metralhadoras e morteiros 5 [fig.] talento 6 [fig.] espírito inventivo (Do lat. *ingeniŭ-*, «engenho»)

engenhoca n.f. 1 aparelho ou máquina complicada ou mal feita 2 [fig.] artimanha; armadilha ∎ adj.2g. [coloq.] habilidoso; engenhoso (De *engenho+-oca*)

engenhoqueiro n.m. indivíduo que faz engenhocas (De *engenhoca+-eiro*)

engenhosamente adv. de modo engenhoso; habilmente (De *engenhoso+-mente*)

engenhoso /ô/ adj. 1 que revela engenho 2 feito com arte 3 hábil ∎ n.m. 1 inventor 2 antiga moeda do reinado de D. Sebastião (1554-1578) (Do lat. *ingeniōsu-*, «id.»)

engessador adj.,n.m. que ou aquele que engessa (De *engessar+-dor*)

engessadura n.f. ato ou efeito de engessar (De *engessar+-dura*)

engessamento n.m. ⇒ **engessadura** (De *engessar+-mento*)

engessar v.tr. cobrir ou branquear com gesso (De *en-+gesso+-ar*)

engigar v.tr. meter em giga ou gigo (De *en-+giga+-ar*)

engiva n.f. [pop.] ⇒ **gengiva** (Do lat. *gingīva-*, «id.»)

englobamento n.m. ato ou efeito de englobar (De *englobar+-mento*)

englobante adj.2g. 1 que engloba 2 que reúne num todo 3 abrangente ∎ n.m. 1 FILOSOFIA (K. Jaspers) o que envolve todo o horizonte particular em que vivemos 2 o ser, enquanto é, ao mesmo tempo, imanente e transcendente a toda a realidade conhecida (De *englobar+-ante*)

englobar v.tr. 1 dar forma de globo a 2 reunir num todo; conglobar 3 aglomerar 4 abranger; abarcar (De *en-+globo+-ar*)

englobular v.tr. converter em glóbulo (De *en-+glóbulo+-ar*)

-engo sufixo nominal, de origem germânica, que exprime uma relação e tem, por vezes, sentido pejorativo (*mulherengo*; *solarengo*; *realengo*)

engobar v.tr. cobrir (uma peça de cerâmica) com uma camada de terra (lodo) que disfarça a cor natural do barro (Do fr. *engober*, «id.»)

engobe n.m. operação com que se cobre uma peça de cerâmica com uma camada terrosa, que disfarça a cor natural do barro (Do fr. *engobe*, «id.»)

engobo /ô/ n.m. ⇒ **engobe** (Do fr. *engobe*, «id.»)

engodador adj.,n.m. que ou aquele que engoda (De *engodar+-dor*)

engodar v.tr. 1 atrair por meio de engodo 2 enganar com promessas vãs (De orig. obsc.)

engodativo adj. próprio para engodar (De *engodar+-tivo*)

engodilhar v.tr. 1 encher de godilhões 2 [fig.] atrapalhar; embaraçar ■ v.intr. criar godilhões ou grumos (De en-+godilhão+-ar)

engodo /ô/ n.m. 1 facto de engodar 2 isca para pescar 3 [fig.] coisa com que se atrai alguém; dádiva astuciosa; mimo (Deriv. regr. de engodar)

engoiar-se v.pron. 1 enfezar-se; mirrar 2 encolher-se 3 tornar-se magro 4 tornar-se triste (De orig. obsc.)

engole-espadas n.2g.2n. artista que consegue introduzir espadas e outros objetos no esôfago

engole-vento n.m. ORNITOLOGIA ⇒ **boa-noite** 2 (Do fr. engoulevent, «id.»)

engolfar v.tr. 1 meter em golfo; abismar 2 mergulhar ■ v.pron. 1 embrenhar-se 2 [fig.] enlevar-se (De en-+golfo+-ar)

engolideiras n.f.pl. [pop.] goelas (De engolir+-deira)

engolidor adj.,n.m. 1 que ou aquele que engole 2 devorador (De engolir+-dor)

engolir v.tr. 1 fazer entrar no estômago, partindo da boca e passando através da faringe e do esôfago, pela ação de contrações peristálticas; tragar 2 [fig.] absorver 3 [fig.] fazer desaparecer 4 [fig.] consumir 5 [fig.] esconder; ocultar; disfarçar; dissimular 6 [fig.] aguentar; suportar 7 [fig.] acreditar em (algo que não é verdade); deixar-se enganar por; ~ *a pílula* deixar-se enganar, aceitar alguma coisa contrariado; ~ *em seco* calar o que estava prestes a dizer-se; ~ *sapos vivos* aguentar coisas quase insuportáveis (Do lat. *ingullīre*, «id.», de gula-, «goela; garganta»)

engolível adj.2g. que se pode engolir (De engolir+-vel)

engomadeira n.f. mulher que engoma por profissão (De engomar+-deira)

engomadela n.f. ato ou efeito de engomar; engomadura (De engomar+-dela)

engomadoria n.f. casa ou dependência onde se engoma roupa (De engomador+-ia)

engomados n.m.pl. 1 roupa engomada 2 serviço de engomar (Part. pass. pl. subst. de engomar)

engomadura n.f. ⇒ **engomadela** (De engomar+-dura)

engomagem n.f. 1 ato de engomar 2 colagem de vinhos (De engomar+-agem)

engomar¹ v.tr. 1 meter em goma 2 passar a ferro (roupa); brunir 3 proceder à colagem de 4 [fig.] tornar grosso; avolumar 5 [fig.] lisonjear 6 [fig.] ensoberbecer (De en-+goma+-ar)

engomar² v.intr. (planta) deitar gomos (De en-+gomo+-ar)

engonçar v.tr. 1 pôr engonços em 2 segurar 3 engrenar (De engonço+-ar)

engonço n.m. 1 espécie de dobradiça 2 gonzo 3 encaixe de duas ou mais peças que lhe permitem movimento 4 articulação (De en-+gonço [= gonzo])

engonha /ô/ n.f. [regionalismo] preguiça para trabalhar ■ n.2g. [regionalismo] pessoa preguiçosa (Deriv. regr. de engonhar)

engonhar v.intr. 1 trabalhar devagar 2 perder tempo (Do lat. *agoniāre*, de agonia-, «ansiedade»)

engorda n.f. 1 ato ou efeito de engordar 2 ceva 3 alimento próprio para engordar (Deriv. regr. de engordar)

engordar v.tr. 1 tornar gordo; nutrir 2 (animal) alimentar em abundância para que fique com mais carne no corpo e/ou atinja o peso desejado; cevar 3 engrossar ■ v.intr. 1 ganhar peso 2 ficar mais gordo 3 engrossar 4 [fig.] enriquecer à custa de alguém (De en-+gordo+-ar)

engordo /ô/ n.m. [Brasil] planta gramínea forraginosa (Deriv. regr. de engordar)

engorduramento n.m. 1 ato ou efeito de engordurar 2 doença dos vinhos (De engordurar+-mento)

engordurar v.tr. 1 untar com gordura 2 sujar com gordura; besuntar; ensebar (De en-+gordura+-ar)

engorgido adj. [regionalismo] entanguido com o frio (De orig. obsc.)

engorovinhado adj. 1 cheio de gorovinhas 2 enrugado 3 amarrotado (De en-+gorovinha+-ado)

engorrar-se v.pron. 1 cobrir-se com gorro 2 conluiar-se com alguém; bandear-se; coligar-se (De en-+gorra+-ar)

engos n.m.2n. BOTÂNICA planta lonicerácea, semelhante a um sabugueiro pequeno, cujas flores e frutos têm propriedades medicinais, também conhecida por sabugueirinho e ébulo (Do lat. tard. edŭcus, «id.»)

engraçado adj. 1 que tem graça 2 divertido 3 jovial 4 bonito 5 gracioso 6 [pop.] atrevido (De en-+graça+-ado)

engraçar v.tr. 1 dar graça a 2 realçar 3 simpatizar com ■ v.tr.,pron. enamorar-se (De en-+graça+-ar)

engradado n.m. armação em forma de grade para proteger um objeto que é transportado (Part. pass. de engradar)

engradamento n.m. 1 ato ou efeito de engradar; engradeamento 2 obra engradada (De engradar+-mento)

engradar v.tr. 1 dar forma de grade a 2 cercar de grades 3 embutir as espigas de uma peça de madeira nos orifícios de outra 4 AGRICULTURA tratar com grade (o terreno lavrado) (De en-+grade+-ar)

engradeamento n.m. ⇒ **engradamento** (De engradear+-mento)

engradear v.tr. ⇒ **engradar** (De en-+grade+-ear)

engradecer v.intr. pôr-se grado; desenvolver-se; engraecer (De en-+grado+-ecer)

engraecer v.intr. 1 criar grão ou semente 2 (grão, semente) desenvolver-se (De en-+grão+-ecer)

engrama n.m. PSICOLOGIA vestígio orgânico deixado nos centros nervosos por qualquer acontecimento do passado individual, na terminologia objetiva de F. Semon (médico e psicólogo inglês 1849-1921), e outros (De en-+gr. grámma, «sinal; indício; registo»)

engrampador adj.,n.m. 1 que ou aquele que engrampa 2 [fig.] embusteiro (De engrampar+-dor)

engrampar v.tr. 1 segurar com grampos 2 [fig.] enganar por meio de embuste 3 [fig.] aliciar (De en-+grampo+-ar)

engramponar-se v.pron. 1 encarrapitar-se 2 [fig.] encher-se de vaidade 3 [fig.] enfatuar-se (De engrimponar-se)

engrandecedor adj. que engrandece (De engrandecer+-dor)

engrandecer v.tr. 1 tornar grande 2 aumentar 3 enobrecer; elevar em dignidade 4 louvar; exaltar ■ v.pron. 1 elevar-se 2 tornar-se poderoso 3 crescer em honras 4 ilustrar-se (Do lat. ingrandescĕre, «fazer-se grande»)

engrandecimento n.m. 1 ato ou efeito de engrandecer 2 aumento 3 elevação em honras ou poder; enobrecimento (De engrandecer+-mento)

engranzador adj.,n.m. que ou aquele que engranza (De engranzar+-dor)

engranzamento n.m. ato ou efeito de engranzar (De engranzar+-mento)

engranzar v.tr. 1 enfiar (contas) em fio de metal ou num cordão qualquer 2 encadear; engrenar 3 [pop.] enganar; engazupar (De en-+granza+-ar)

engravatado adj. 1 que traz gravata 2 [fig.] enfeitado; vistoso 3 [fig.] bem vestido 4 [fig.] com pretensões a pessoa importante (Part. pass. de engravatar)

engravatar-se v.pron. 1 pôr gravata 2 [fig.] vestir-se garridamente ou de cerimônia 3 [fig.] enfeitar-se (De en-+gravata+-ar)

engravescer v.intr. tornar-se grave; agravar-se; piorar (Do lat. ingravescĕre, «tornar-se pesado»)

engravidar v.tr. tornar grávida ■ v.intr. ficar grávida (De en-+grávida+-ar)

engravidecer v.tr.,intr. ⇒ **engravidar** (De engravidar+-ecer)

engravitar-se v.pron. 1 endireitar-se 2 entesar-se 3 reagir 4 respingar (De engaravitar)

engraxa n.2g. [pop.] ⇒ **engraxador** (Deriv. regr. de engraxar)

engraxadela n.f. 1 ato ou efeito de engraxar 2 passagem ligeira de graxa 3 [fig.] adulação; lisonja; bajulação (De engraxar+-dela)

engraxador n.m. 1 que ou indivíduo que engraxa o calçado 2 [fig.] bajulador (De engraxar+-dor)

engraxadoria n.f. saleta ou cubículo onde se engraxa (De engraxador+-ia)

engraxamento n.m. ato ou efeito de engraxar (De engraxar+-mento)

engraxar v.tr. 1 pôr graxa em (calçado, arreios, etc.) e lustrar 2 [fig.] lisonjear; bajular (De en-+graxa+-ar)

engraxate n.2g. [Brasil] pessoa que engraxa o calçado (De engraxar)

engrazular v.tr. [regionalismo] burlar; enganar; engranzar

engrelar v.intr. 1 deitar grelo 2 reverdecer 3 [fig.] readquirir forças 4 [fig.] engalispar-se (De en-+grelo+-ar)

engrenagem n.f. 1 ato ou efeito de engrenar 2 MECÂNICA dispositivo constituído por um sistema de rodas dentadas para transmissão de movimentos em diversos maquinismos; endentação 3 modo de funcionamento (de algo complexo) 4 organização (Do fr. engrenage, «id.»)

engrenar v.tr.,intr. 1 fazer entrar os dentes de uma roda nos espaços que separam os dentes de outra roda, de maneira a realizar uma engrenagem; endentar 2 [fig.] imprimir uma mudança em (veículo) a partir da posição de ponto morto 3 [fig.] relacionar; tornar mutuamente dependentes 4 dar início a; encetar ■ v.intr. entrar no bom caminho (Do fr. engrener, «id.»)

engrenhamento n.m. ato ou efeito de engrenhar (De engrenhar+-mento)

engrenhar *v.tr.* 1 consertar 2 arranjar as grenhas de 3 atar o cabelo de 4 atar (o linho) na roca (De *en-*+*grenha*+*-ar*)
engrifar *v.tr.* 1 dar forma de grifo ou garra a 2 dispor (o cabelo) como grifos ■ *v.pron.* 1 dispor as garras para combater 2 encrespar-se 3 zangar-se; enfurecer-se (De *en-*+*grifo*+*-ar*)
engrilar *v.tr.* 1 pôr em pé 2 engrelar ■ *v.intr.* olhar com atenção ■ *v.pron.* 1 arrebitar 2 engalispar-se (De *en-*+*grilo*, por *grelo*+*-ar*)
engrimanço *n.m.* 1 maneira ininteligível de falar 2 discurso obscuro (De *en-*+*grima*+*-anço*)
engrimpar-se *v.pron.* 1 subir a um lugar alto; elevar-se 2 atingir o ponto mais alto 3 atrever-se; exceder-se (De *en-*+*grimpa*+*-ar*)
engrimpinar-se *v.pron.* ⇒ **engrimpar-se** (De *engrimpar* × *empinar*)
engrinaldar *v.tr.* 1 ornar de grinaldas 2 enfeitar 3 coroar 4 galardoar (De *en-*+*grinalda*+*-ar*)
engripar *v.tr.* causar gripe a ■ *v.intr.,pron.* contrair gripe (De *en-*+*gripe*+*-ar*)
engrolador *adj.,n.m.* que ou aquele que engrola; embusteiro; burlão (De *engrolar*+*-dor*)
engrolar *v.tr.* 1 cozer levemente 2 assar à pressa 3 [fig.] dizer ou fazer atrapalhadamente 4 [fig.] decorar à pressa; empinar 5 [fig.] intrujar (De *en-*+*grolo*+*-ar*)
engrolo /ô/ *n.m.* 1 ato ou efeito de engrolar 2 engano; logro (Deriv. regr. de *engrolar*)
engroselhado *adj.* [regionalismo] bêbedo; embriagado (De *en-*+*groselha*+*-ado*)
engrossador *adj.,n.m.* 1 que ou aquele que engrossa 2 [Brasil] o que aduba exageradamente (De *engrossar*+*-dor*)
engrossamento *n.m.* ato ou efeito de engrossar (De *engrossar*+*-mento*)
engrossar *v.tr.* 1 tornar grosso 2 aumentar o volume, o número, a quantidade de 3 fertilizar 4 adubar 5 CULINÁRIA tornar mais consistente, acrescentando farinha, gemas de ovos ou natas, ou ainda reduzindo os líquidos pela ação do calor ■ *v.intr.* 1 tornar-se grosso 2 aumentar de volume 3 engordar 4 crescer 5 desenvolver-se ■ *v.pron.* embebedar-se (De *en-*+*grosso*+*-ar*)
engrumar *v.tr.,intr.,pron.* ⇒ **grumar** (De *en-*+*grumo*+*-ar*)
engrumecer *v.tr.,intr.,pron.* ⇒ **grumar** (De *engrumar*+*-ecer*)
engrunhar *v.tr.,pron.* [regionalismo] encolher(-se); enrugar(-se) (De *en-*+*grunha*+*-ar*)
engrunhido *adj.* 1 encolhido de frio 2 preguiçoso (Part. pass. de *engrunhir*)
engrunhir *v.tr.* 1 tornar hirto 2 entorpecer com frio; enjerir (De *en-*+*grunhir*)
engrupado *adj.* DESPORTO diz-se do salto executado com as pernas juntas, dobradas e agarradas com as mãos, ficando os joelhos junto ao corpo (Part. pass. de *engrupar*)
engrupir *v.tr.* [Brasil] [coloq.] enganar; iludir; burlar
enguedelha *n.f.* ação de enguedelhar (Deriv. regr. de *enguedelhar*)
enguedelhar *v.intr.* brigar, arrepelando-se (De *en-*+*guedelha*+*-ar*)
enguia *n.f.* ICTIOLOGIA peixe teleósteo, comestível, de corpo fino, longo e cilíndrico, da família dos Murenídeos, muito frequente em Portugal, também conhecido por eiró (Do lat. *anguilla*-, «enguia»)
enguiçador *adj.,n.m.* 1 que ou aquele que enguiça 2 agoureiro (De *enguiçar*+*-dor*)
enguiçamento *n.m.* 1 ato ou efeito de enguiçar 2 enguiço 3 mau agouro 4 má sorte (De *enguiçar*+*-mento*)
enguiçar *v.tr.* 1 [pop.] causar enguiço a 2 deitar mau-olhado a 3 transtornar o bom andamento de 4 enfezar 5 [São Tomé e Príncipe] perturbar (alguém) com barulho ■ *v.intr.* sofrer desarranjo (máquina, aparelho); avariar (Do lat. *invitiāre*, «ter vício; ter defeito; ter enguiço»)
enguiço *n.m.* 1 mau-olhado 2 debilidade atribuída a mau-olhado; quebranto 3 mau agouro 4 [fig.] empecilho 5 [fig., pej.] estafermo; pessoa sem préstimo 6 [fig., pej.] criança enfezada (Deriv. regr. de *enguiçar*)
enguizalhar *v.tr.* prover de guizos ou guizalhos (De *en-*+*guizalho*+*-ar*)
engulhamento *n.m.* 1 ato ou efeito de engulhar 2 engulho (De *engulhar*+*-mento*)
engulhar *v.tr.* causar engulho a ■ *v.pron.* 1 sentir náuseas 2 [fig.] aborrecer-se (De *engulho*+*-ar*)
engulho *n.m.* 1 náusea 2 ânsia que precede o vómito 3 [fig.] desejo veemente 4 [fig.] tentação 5 [fig.] aborrecimento (Deriv. regr. do cast. *engullir*, «engolir; tragar»?)
engulhoso /ô/ *adj.* que causa engulho; nojento (De *engulho*+*-oso*)

engulipar *v.tr.* [pop.] engolir à pressa; devorar (De *en-*+*gulipar*, por *gulapar*)
engulosinar *v.tr.* 1 tornar guloso 2 estimular o apetite de alguém (De *en-*+*gulosina*+*-ar*)
enho /ê/ *n.m.* 1 cria de cerva 2 veado com menos de um ano (Do lat. *hinněu*-, por *hinnu*-, «macho»)
-enho /ê/ sufixo nominal, de origem latina, que exprime a ideia de *origem, semelhança, diminuição* (açorenho; serrenho; redenho)
enícola *adj.2g.* 1 (microrganismo) que vive ou se cultiva no vinho 2 que trata de vinhos 3 vinícola (Do gr. *oînos*, «vinho»+lat. *colĕre*, «cultivar»)
enídride *n.f.* ZOOLOGIA ⇒ **cobra-d'água** (Do gr. *enydrís*, «aquática», pelo lat. *enhydrĭde*-, «cobra-d'água»)
énidro *adj.* que vive na água; aquícola (Do gr. *énydros*, «que vive na água»)
enigma *n.m.* 1 descrição ambígua ou metafórica de uma coisa, para ser decifrada por outrem 2 adivinha 3 coisa obscura e difícil de compreender; *chave do ~* pormenor que torna clara a explicação do que era enigmático (Do gr. *aínigma*, «palavra ambígua», pelo lat. *aenigma*, «enigma»)
enigmar *v.tr.* tornar enigmático (De *enigma*+*-ar*)
enigmático *adj.* 1 que contém enigma 2 ambíguo 3 obscuro 4 misterioso 5 difícil de entender (Do lat. *aenigmatĭcu*-, «id.»)
enigmatista *n.2g.* pessoa que faz ou decifra enigmas (Do lat. *aenigmatista*-, «id.»)
enigmatite *n.f.* MINERALOGIA anfibolito triclínico, bastante raro, que contém ferro, titânio e sódio (Do lat. *aenigma*, *-ătis*, «enigma; obscuridade»+*-ite*)
enigmista *n.2g.* ⇒ **enigmatista** (De *enigma*+*-ista*)
enjambrar *v.intr.* (tábua) empenar; torcer ■ *v.pron.* envergonhar-se; encabular-se (De *en-*+*jambro*, por *zambro*+*-ado*)
enjangar *v.tr.* 1 prender (a madeira) para formar jangada 2 converter em jangada (De *en-*+*janga*+*-ar*)
enjaular *v.tr.* 1 meter em jaula 2 prender (De *en-*+*jaula*+*-ar*)
enjeirar *v.tr.* dividir em jeiras (De *en-*+*jeira*+*-ar*)
enjeitado *adj.* 1 abandonado 2 recusado 3 (ninho, ovos) que a ave rejeitou ■ *n.m.* 1 aquele que foi abandonado pelos pais; exposto 2 indivíduo desfavorecido ou em desvantagem social ou económica (Part. pass. de *enjeitar*)
enjeitamento *n.m.* ato ou efeito de enjeitar; repúdio; rejeição (De *enjeitar*+*-mento*)
enjeitar *v.tr.* 1 abandonar (filhos, ninho ou ovos) 2 recusar; rejeitar 3 repudiar 4 expor (crianças recém-nascidas) (Do lat. *ejectāre*, «lançar fora»)
enjerido *adj.* encolhido do frio; enregelado (Part. pass. de *enjerir-se*)
enjerir-se *v.pron.* encolher-se com frio ou por doença (De orig. obsc.)
enjoadiço *adj.* dado a enjoos (De *enjoar*+*-diço*)
enjoamento *n.m.* ⇒ **enjoo** (De *enjoar*+*-mento*)
enjoar *v.tr.* 1 causar enjoo a 2 sentir repugnância por ■ *v.intr.* 1 sofrer de enjoo 2 emarear 3 [fig.] enfadar-se; fartar-se (Do lat. *inodiāre*, «aborrecer», de *in*+*odiāre*, «detestar»)
enjoativo *adj.* 1 que causa enjoo 2 fastidioso; aborrecido (De *enjoar*+*-tivo*)
enjoiar *v.tr.* adornar com joias (De *en-*+*jóia*+*-ar*)
enjoo /ô/ *n.m.* 1 ato ou efeito de enjoar 2 mal-estar do estômago e da cabeça, experimentado por pessoas que viajam em barco, avião, carro, etc.; náuseas 3 sensação de tédio e aborrecimento 4 repugnância (Deriv. regr. de *enjoar*)
enjugamento *n.m.* ato ou efeito de enjugar (De *enjugar*+*-mento*)
enjugar *v.tr.* pôr ao jugo; jungir (De *en-*+*jugo*+*-ar*)
enlaçadura *n.f.* 1 ⇒ **enlaçamento** 2 peça que serve para ligar o elmo (De *enlaçar*+*-dura*)
enlaçamento *n.m.* ato ou efeito de enlaçar; enlace (De *enlaçar*+*-mento*)
enlaçar *v.tr.* 1 unir ou prender com laços 2 prender com os braços; abraçar 3 atar 4 combinar; ligar ■ *v.pron.* 1 prender-se 2 enroscar-se (De *en-*+*laço*+*-ar*)
enlace *n.m.* 1 enlaçamento 2 união 3 conexão 4 consórcio 5 casamento (Deriv. regr. de *enlaçar*)
enladeirado *adj.* 1 com declive; ladeirento 2 inclinado 3 íngreme (De *en-*+*ladeira*+*-ado*)
enlaga *n.f.* 1 ato de enlagar 2 imersão do linho em água, antes de ir ao sedeiro para desarestar (Deriv. regr. de *enlagar*)
enlagar *v.tr.* meter o linho em água (De *en-*+*laga*+*-ar*)
enlaivar *v.tr.* 1 cobrir de laivos 2 manchar (De *en-*+*laivo*+*-ar*)
enlambujar *v.intr.* ⇒ **lambujar** (De *en-*+*lambujar*, por *lambuzar*)

enlambuzadela

enlambuzadela *n.f.* besuntadela (De *enlambuzar*+-*dela*)
enlambuzar *v.tr.* ⇒ **lambuzar** (De *en-*+*lambuzar*)
enlameadura *n.f.* ato ou efeito de enlamear (De *enlamear*+-*dura*)
enlamear *v.tr.* **1** sujar de lama **2** [fig.] manchar a reputação de; deslustrar ■ *v.pron.* **1** encher-se de lama **2** [fig.] aviltar-se; deslustrar-se (De *en-*+*lama*+-*ear*)
enlaminar *v.tr.* forrar com lâminas ou chapas de metal (De *en-*+*lâmina*+-*ar*)
enlanguescência *n.f.* ⇒ **elanguescência** (De *enlanguescer*+-*ência*)
enlanguescer *v.intr.* ⇒ **elanguescer** (De *en-*+lat. *languescĕre*, «tornar-se lânguido»)
enlapar *v.tr.* **1** meter em lapa **2** esconder em buraco **3** fazer desaparecer (De *en-*+*lapa*+-*ar*)
enlatado *adj.* **1** conservado em lata **2** [Brasil] TELEVISÃO (filme, programa) de baixa qualidade artística ■ *n.m.* **1** alimento esterilizado e conservado em lata **2** [Brasil] TELEVISÃO filme ou programa de baixa qualidade artística, geralmente importado (Part. pass. de *enlatar*)
enlatamento *n.m.* ato ou efeito de enlatar (De *enlatar*+-*mento*)
enlatar[1] *v.tr.* meter em latas (De *en-*+*lata*+-*ar*)
enlatar[2] *v.tr.* dispor em latadas (De *en-*+*lata*, por *latada*+-*ar*)
enleadeira *n.f.* (*masculino* **enleador**) mulher mexeriqueira; enredadeira (De *enlear*+-*deira*)
enleado *adj.* **1** ligado; entrelaçado **2** [fig.] que se enredou em dificuldades **3** [fig.] perturbado **4** [fig.] confuso **5** [fig.] embaraçado (Part. pass. de *enlear*)
enleador *adj.,n.m.* (*feminino* **enleadeira**) que ou aquele que enleia; enredador (De *enlear*+-*dor*)
enleamento *n.m.* ⇒ **enleio** (De *enlear*+-*mento*)
enleante *adj.2g.* que enleia (De *enlear*+-*ante*)
enlear *v.tr.* **1** ligar ou atar com liame **2** envolver **3** abraçar **4** [fig.] colocar em dificuldades **5** [fig.] confundir; tornar perplexo; perturbar **6** [fig.] cativar ■ *v.pron.* **1** prender-se **2** [fig.] enredar-se em dificuldades **3** [fig.] ficar perplexo **4** [fig.] ficar encantado (Do lat. *illigāre*, «atar»)
enleia *n.f.* corda delgada (Deriv. regr. de *enlear*)
enleio *n.m.* **1** ato ou efeito de enlear ou enlear-se; enleamento **2** liame; entrelaçamento **3** [fig.] situação confusa; emaranhamento **4** [fig.] hesitação; dúvida **5** [fig.] embevecimento; encantamento **6** [fig.] timidez **7** *pl.* BOTÂNICA planta afila, de cor alaranjada, da família das Cuscutáceas, parasita de certas plantas, espontânea e cultivada como adorno, e também conhecida por abraços e cabelos-louros (Deriv. regr. de *enlear*)
enleitado *adj.* (pedra em construção) que assenta ou deve assentar bem (De *en-*+*leito*+-*ado*)
enlerdar *v.tr.* tornar lerdo ou lento (De *en-*+*lerdo*+-*ar*)
enlevação *n.f.* **1** ato ou efeito de enlevar **2** enlevo; êxtase (De *enlevar*+-*ção*)
enlevamento *n.m.* ⇒ **enlevação** (De *enlevar*+-*mento*)
enlevar *v.tr.* causar enlevo a; encantar; extasiar; deliciar ■ *v.pron.* ficar encantado; extasiar-se (De *en-*+*levar*?)
enlevo /ê/ *n.m.* **1** encanto **2** êxtase **3** delícia **4** maravilha (Deriv. regr. de *enlevar*)
enliçador *adj.,n.m.* **1** que ou aquele que enliça **2** [fig.] burlão; embusteiro; cavildador **3** [fig.] intriguista (De *enliçar*+-*dor*)
enliçamento *n.m.* **1** ato ou efeito de enliçar **2** urdidura; enredo (De *enliçar*+-*mento*)
enliçar *v.tr.* **1** pôr os liços em (o tear); tecer **2** [fig.] enredar; prender; enlaçar **3** [fig.] sujeitar **4** [fig.] enganar; burlar (De *en-*+*liço*+-*ar*)
enliço *n.m.* **1** má urdidura **2** enleio **3** aquilo que prende ou une; laço; enlace **4** gavinha **5** trepadeira **6** [fig.] fraude (Deriv. regr. de *enliçar*)
enlividecer *v.intr.* ficar lívido; empalidecer (De *en-*+*lívido*+-*ecer*)
enlocar *v.tr.* **1** meter em loca **2** esconder (De *en-*+*loca*+-*ar*)
enlodaçar *v.tr.* converter em lodaçal (De *en-*+*lodaça*, aum. de *lodo*+-*ar*)
enlodar *v.tr.* encher, cobrir ou sujar de lodo ou de lama; enlodaçar (De *en-*+*lodo*+-*ar*)
enloiçar *v.tr.* ⇒ **enlouçar**
enloirar *v.tr.* ⇒ **enlourar**
enloirecer *v.tr.,intr.* ⇒ **alourar**
enloisamento *n.m.* ⇒ **enlousamento**
enloisar *v.tr.* ⇒ **enlousar**
enlorpecer *v.tr.,intr.* tornar(-se) lorpa (De *en-*+*lorpa*+-*ecer*)
enlouçar *v.tr.,intr.* ⇒ **enlouquecer** (De *en-*+*louco*+-*ar*)
enlouçar *v.tr.* **1** meter em louça **2** envasilhar (vinho) (De *en-*+*louça*+-*ar*)

enlouquecedor *adj.* que faz enlouquecer (De *enlouquecer*+-*dor*)
enlouquecer *v.tr.* **1** tornar louco; fazer perder a razão **2** [fig.] fazer agir como um louco; desvairar ■ *v.intr.* **1** perder o uso da razão **2** [fig.] ficar perturbado ou transtornado com a emoção ou a excitação sentida(s) (De *en-*+*louco*+-*ecer*)
enlouquecimento *n.m.* **1** ato ou efeito de enlouquecer **2** perda da razão **3** loucura (De *enlouquecer*+-*mento*)
enlourar *v.tr.* cobrir de louros; alourar (De *en-*+*louro*+-*ar*)
enlourecer *v.tr.,intr.* ⇒ **alourar** (De *en-*+*louro*+-*ecer*)
enlousamento *n.m.* ato ou efeito de enlousar (De *enlousar*+-*mento*)
enlousar *v.tr.* **1** cobrir ou forrar com lousa **2** caçar com lousa (armadilha) **3** [fig.] enganar (De *en-*+*lousa*+-*ar*)
enluarar *v.tr.* iluminar com luar ■ *v.intr.,pron.* iluminar-se pelo luar (De *en-*+*luar*+-*ar*)
enludrar *v.tr.* **1** tornar ludro, sujo; turvar **2** [regionalismo] vedar com ludra (De *en-*+*ludra* ou *ludro*+-*ar*)
enlurar *v.tr.* **1** meter na lura ou na toca **2** encovar (De *en-*+*lura*+-*ar*)
enlutar *v.tr.* **1** cobrir de luto **2** entristecer; consternar (De *en-*+*luto*+-*ar*)
enluvar *v.tr.,pron.* calçar luva ou luvas (De *en-*+*luva*+-*ar*)
eno- elemento de formação de palavras que exprime a ideia de *vinho* (Do gr. *oînos*, «vinho»)
-eno sufixo nominal, de origem latina, que exprime a ideia de *origem* e que, em nomenclatura química, designa *hidrocarboneto* (*chileno*; *benzeno*)
enobrecedor *adj.* que enobrece (De *enobrecer*+-*dor*)
enobrecer *v.tr.* **1** tornar nobre; nobilitar **2** distinguir **3** honrar; dignificar (De *en-*+*nobre*+-*ecer*)
enobrecimento *n.m.* ato ou efeito de enobrecer (De *enobrecer*+-*mento*)
enodar[1] *v.tr.* **1** dar nós em **2** atar com um ou mais nós **3** encher de nós (Do lat. *innodāre*, «apertar com nó»)
enodar[2] *v.tr.* tirar os nós a; desprender; desatar (Do lat. *enodāre*, «tirar os nós a; desatar»)
enodável *adj.2g.* que pode dar ou fazer nó (De *enodar*+-*vel*)
enode *adj.2g.* BOTÂNICA (caule) desprovido de nós (Do lat. *enōde*-, «que não tem nós»)
enodo *adj.* BOTÂNICA ⇒ **enode** (Deriv. regr. de *enodar*)
enodoação *n.f.* ⇒ **enodoamento** (De *enodoar*+-*ção*)
enodoamento *n.m.* ato ou efeito de enodoar (De *enodoar*+-*mento*)
enodoar *v.tr.* **1** pôr nódoas em **2** manchar **3** [fig.] manchar a reputação de; difamar; desonrar ■ *v.pron.* **1** sujar-se **2** [fig.] desonrar-se (De *en-*+*nódoa*+-*ar*)
enofilia *n.f.* **1** inclinação para o vinho **2** comércio de vinho e derivados (Do gr. *oînos*, «vinho» +*philía*, «amor»)
enófilo *adj.* **1** que gosta de vinho **2** que negoceia em vinho (Do gr. *oînos*, «vinho» +*phílos*, «amigo»)
enofobia *n.f.* aversão ao vinho (Do gr. *oînos*, «vinho» +*phóbos*, «horror» +-*ia*)
enófobo *adj.* que manifesta enofobia (Do gr. *oînos*, «vinho» +*phóbos*, «horror»)
enóforo *n.m.* vaso para vinho, usado pelos Gregos e Romanos (Do gr. *oinophóros*, «que traz vinho», pelo lat. *oenophŏru*-, «enóforo; vaso para vinho»)
enoftalmia *n.f.* posição anormal do globo ocular quando se aprofunda na órbita; olhos encovados (De *en-*+*oftalmia*)
enoftálmico *adj.* relativo à enoftalmia ■ *n.m.* aquele que sofre de enoftalmia (De *enoftalmia*+-*ico*)
enografia *n.f.* descrição científica do vinho e das suas propriedades (Do gr. *oînos*, «vinho» +*gráphein*, «descrever» +-*ia*)
enográfico *adj.* que diz respeito à enografia (Do gr. *oînos*, «vinho» +*gráphein*, «descrever» +-*ico*)
enógrafo *n.m.* aquele que é versado em enografia ou a ela se dedica (Do gr. *oînos*, «vinho» +*gráphein*, «descrever»)
enoitar *v.tr.,intr.* ⇒ **enoitecer** (De *en-*+*noite*+-*ar*)
enoitecer *v.tr.* **1** tornar escuro **2** [fig.] entristecer ■ *v.intr.* fazer-se noite; escurecer (De *en-*+*noite*+-*ecer*)
enojadiço *adj.* **1** que se enoja facilmente **2** propenso a embirrações e antipatias; quezilento (De *enojar*+-*diço*)
enojador *adj.* que enoja ou enfada (De *enojar*+-*dor*)
enojamento *n.m.* **1** ato ou efeito de enojar ou enojar-se **2** nojo (De *enojar*+-*mento*)
enojar *v.tr.* **1** causar nojo a; causar repugnância ou náusea; enjoar **2** [fig.] causar tédio a; enfadar **3** [fig.] incomodar ■ *v.pron.* **1** sentir repugnância ou náusea; anojar-se **2** encher-se de tédio;

enfadar-se (Do lat. vulg. *inodiāre*, «inspirar horror», pelo prov. ant. *enojar*, «aborrecer»)
enojo /ô/ *n.m.* ⇒ **nojo** (Deriv. regr. de *enojar*)
enol[1] *n.m.* vinho que se aplica, em medicamentos, como excipiente (Do gr. *oînos*, «vinho» +*-ol*)
enol[2] *n.m.* QUÍMICA composto geralmente instável em cuja molécula existe um hidroxilo ligado a um átomo de carbono com dupla ligação (De *(alc)eno*+*(álco)ol*)
enóleo *n.m.* FARMÁCIA fórmula farmacêutica cujo excipiente é o vinho (De *enol*+*-eo*)
enólico *adj.* 1 relativo ao enol ou ao enóleo 2 em que entra o vinho como excipiente (De *enol*+*-ico*)
enolina *n.f.* QUÍMICA substância corante do vinho tinto (De *enol*+*-ina*)
enolismo *n.m.* alcoolismo (De *enol*+*-ismo*)
enologia *n.f.* conjunto dos conhecimentos científicos e técnicos relativos à arte de produzir, tratar, degustar e conservar vinhos (Do gr. *oînos*, «vinho» +*lógos*, «tratado» +*-ia*)
enológico *adj.* da enologia ou a ela relativo (De *enologia*+*-ico*)
enologista *n.2g.* ⇒ **enólogo** (De *enologia*+*-ista*)
enólogo *n.m.* pessoa que se dedica à enologia ou nela é versada (Do gr. *oînos*, «vinho» +*lógos*, «tratado»)
enomancia *n.f.* suposta adivinhação por meio do vinho (Do gr. *oinomanteía*, «adivinhação por intermédio do vinho»)
enomania *n.f.* paixão mórbida pelo vinho (Do gr. *oinomanía*, «paixão pelo vinho»)
enomel *n.m.* xarope (ou licor) preparado essencialmente com vinho e mel (Do gr. *oinómeli*, de *oînos*, «vinho» +*méli*, «mel»)
enometria *n.f.* conhecimento da qualidade de um vinho por meio do enómetro (De *eno-*+*-metria*)
enométrico *adj.* relativo a enometria (De *enometria*+*-ico*)
enómetro *n.m.* 1 instrumento que serve para dosear o extrato seco de um vinho 2 instrumento que serve para avaliar a riqueza alcoólica de um vinho (De *eno-*+*-metro*)
enoque *n.m.* ⇒ **anoque** (De *anoque*)
enora *n.f.* NÁUTICA abertura feita nos pavimentos dos navios, ou na meia coxia de uma embarcação miúda, por onde passa o mastro que assenta na carlinga (Do lat. *in-*, «para dentro» +*ora*, «aberturas»)
enorme *adj.2g.* 1 que é muito grande 2 que excede a norma; desmedido; extraordinário 3 extremamente grave (Do lat. *enorme-*, «que sai da norma»)
enormidade *n.f.* 1 qualidade do que é enorme 2 excesso de grandeza 3 [fig.] ato gravíssimo; atrocidade 4 [fig.] grande disparate (Do lat. *enormitāte-*, «id.»)
enosilhar *v.intr.* 1 dar nós 2 tomar a aparência de nó (De *en-*+*nó*+*s*+*-ilho*+*-ar*)
enosteose *n.f.* MEDICINA tumor que se desenvolve no canal medular de um osso (Do gr. *en-*, «em» +*ostéon*, «osso» +*-ose*)
enostose *n.f.* MEDICINA ⇒ **enosteose**
enoteca *n.f.* 1 coleção de vinhos de qualidade 2 lugar onde se guardam vinhos
enotecnia *n.f.* conjunto de conhecimentos relativos à vinificação (Do gr. *oînos*, «vinho» +*tékhne*, «conhecimento» +*-ia*)
enotécnico *adj.2g.* relativo à enotecnia ▪ *n.m.* técnico da preparação de vinhos (De *enotecnia*+*-ico*)
enotera *n.f.* BOTÂNICA planta herbácea comestível ou ornamental, dialipétala e dicotiledónea, da família das Enoteráceas (Do gr. *oinothéras*, «enotera», pelo lat. *œnothēra-*, «id.»)
enoterácea *n.f.* BOTÂNICA espécime das Enoteráceas ou Onagráceas
Enoteráceas *n.f.pl.* BOTÂNICA ⇒ **Onagráceas** (De *enotera*+*-áceas*)
enotermo *n.m.* aparelho próprio para aquecimento dos vinhos (Do gr. *oînos*, «vinho» +*thérmos*, «calor»)
enoturismo *n.m.* tipo de turismo em espaço rural ligado à produção de vinho, que permite aos turistas o acompanhamento e conhecimento das atividades vinícolas e/ou participação nas mesmas (De *eno-*+*turismo*)
enouriçar *v.tr.* eriçar; encrespar (De *en-*+*ouriço*+*-ar*)
enoutar *v.tr.,intr.* ⇒ **enoitecer** (De *en-*+*noute*+*-ar*)
enoutecer *v.tr.,intr.* ⇒ **enoitecer** (De *en-*+*noute*+*-ecer*)
enoveladeira *n.f.* aparelho com que se fazem os novelos nas fábricas de fiação (De *enovelar*+*-deira*)
enovelamento *n.m.* 1 ato ou efeito de enovelar 2 [fig.] mistura; confusão (De *enovelar*+*-mento*)
enovelar *v.tr.* 1 pôr em novelo 2 dobar 3 [fig.] tornar confuso; emaranhar; atrapalhar 4 [fig.] intrigar ▪ *v.pron.* 1 enroscar-se 2 fazer-se em bola; enrolar-se 3 misturar-se; mesclar-se 4 crescer 5 (seio) arredondar-se (De *en-*+*novelo*+*-ar*)

enquadramento *n.m.* 1 ato ou efeito de enquadrar 2 colocação em quadro 3 meio circundante de determinada ação; contexto em que algo se insere 4 integração 5 FOTOGRAFIA, CINEMA ato de posicionar no visor da câmara aquilo que vai ser fotografado ou filmado (De *enquadrar*+*-mento*)
enquadrar *v.tr.* 1 meter em quadro 2 emoldurar; encaixilhar 3 tornar quadrado 4 integrar em determinado meio ou contexto 5 FOTOGRAFIA, CINEMA posicionar no visor da câmara para fotografar ou filmar ▪ *v.intr.* dizer ou ficar bem ▪ *v.pron.* 1 meter-se ou ficar em quadro 2 ser adequado; harmonizar-se 3 reunir-se (De *en-*+*quadro*+*-ar*)
enquanto *conj.* 1 no tempo em que; durante o tempo em que (*enquanto saí, chegaram*) 2 ao mesmo tempo que; à medida que (*cansava-se enquanto trepava*) 3 ao passo que (*ele trabalhava enquanto eu dormia*) 4 até que não (*enquanto chovesse, não sairia*) 5 na qualidade de; como (*enquanto ministro*); **~ que** ao passo que; **por ~** para já, por ora (De *en-*+*quanto*)
enque *n.m.* NÁUTICA cabo náutico que reforça o estai do mastro do traquete, quando há mau tempo (De orig. obsc.)
enqueijar *v.tr.* coalhar, para converter em queijo (De *en-*+*queijo*+*-ar*)
enquerida *n.f.* [regionalismo] ato de enquerir 2 *pl.* [regionalismo] sacos ou feixes ligados por cordas, que se carregam de cada lado dos animais de carga (Part. pass. fem. subst. de *enquerir*)
enquerideira *n.f.* [regionalismo] corda com que se prendem as enqueridas (De *enquerir*+*-deira*)
enquerir *v.tr.* [regionalismo] pôr carga em (animais), à maneira de cangalhas, apertada com enquerideira (De orig. obsc.)
enquilhar *v.tr.* NÁUTICA pregar a quilha a (o navio) (De *en-*+*quilha*+*-ar*)
enquimose *n.f.* FISIOLOGIA afluxo repentino de sangue aos vasos cutâneos, por efeito de forte emoção (Do gr. *egkhýmosis*, «distribuição dos sucos por todas as partes do corpo»)
enquimótico *adj.* da natureza da enquimose (De *enquimose*+*-t-*+*-ico*)
enquirídio *n.m.* 1 manual ou epítome organizado por autor antigo 2 livro portátil (Do gr. *egkheirídion*, «manual», pelo lat. *enchiridĭon*, «livro portátil»)
enquistamento *n.m.* ato ou efeito de enquistar ou enquistar-se (De *enquistar*+*-mento*)
enquistar *v.intr.,pron.* 1 converter-se em quisto 2 endurecer 3 [fig.] ficar seguro como um quisto; encaixar-se 4 [fig.] não evoluir; não progredir (De *en-*+*quisto*+*-ar*)
enrabar *v.tr.* 1 segurar pelo rabo 2 prender (um animal), pelo cabresto, à cauda de outro 3 [vulg.] sodomizar (De *en-*+*rabo*+*-ar*)
enrabeirar *v.tr.* sujar ou enlamear a fímbria de (vestido) (De *en-*+*rabeira*+*-ar*)
enrabichar *v.tr.* 1 dar forma de rabicho a 2 atar (cabelo) em rabicho ▪ *v.tr.,pron.* 1 [coloq.] meter(-se) em dificuldades 2 [fig.] apaixonar(-se) (De *en-*+*rabicho*+*-ar*)
enraçado *adj.* 1 que provém de certa raça 2 oriundo (De *en-*+*raça*+*-ado*)
enraiar *v.tr.* pôr raios a (roda) (De *en-*+*raio*+*-ar*)
enraivar *v.tr.* enfurecer; enraivecer ▪ *v.pron.* zangar-se; danar-se (De *en-*+*raiva*+*-ar*)
enraivecer *v.tr.* causar raiva a; irritar ▪ *v.intr.* encolerizar-se (De *en-*+*raiva*+*-ecer*)
enraivecimento *n.m.* ato ou efeito de enraivecer ou enraivecer-se (De *enraivecer*+*-mento*)
enraizamento *n.m.* ato ou efeito de enraizar ou enraizar-se (De *enraizar*+*-mento*)
enraizar *v.intr.* criar raiz ou raízes ▪ *v.tr.* 1 fixar pela raiz ou raízes 2 arreigar 3 fixar ▪ *v.pron.* 1 criar raiz ou raízes 2 [fig.] desenvolver uma ligação afetiva por determinado meio e pessoas que nele habitam 3 [fig.] estabelecer-se; fixar-se (De *en-*+*raiz*+*-ar*)
enramada *n.f.* 1 cobertura feita de ramos de árvores 2 ramada (Part. pass. fem. subst. de *enramar*)
enramalhar *v.tr.* cobrir ou enfeitar com ramalhos (De *en-*+*ramalho*+*-ar*)
enramalhetar *v.tr.* 1 ornar com ramalhetes 2 juntar em ramalhetes 3 enfeitar 4 enflorar (De *en-*+*ramalhete*+*-ar*)
enramamento *n.m.* 1 ato ou efeito de enramar 2 NÁUTICA conjunto dos cabos fixos que pertencem a um mastro (De *enramar*+*-mento*)
enramar *v.tr.* 1 entrelaçar ramos para ornamentação ou abrigo de 2 enfeitar com ramos (de flores) ou ramalhetes ▪ *v.pron.* (árvore) cobrir-se de ramos (De *en-*+*ramo*+*-ar*)

enramear v.tr. 1 enramar 2 ornamentar com desenhos, vazados, lavrados, etc., em forma de ramos (De en-+ramo+-ear)
enramilhetar v.tr. ⇒ **enramalhetar**
enrançar v.tr. tornar rançoso ▪ v.intr. criar ranço (De en-+ranço+-ar)
enranchar v.tr. meter em rancho ou em grupo ▪ v.pron. 1 agrupar-se 2 bandear-se (De en-+rancho+-ar)
enrarecer v.tr.,intr.,pron. tornar(-se) raro; rarear; rarefazer(-se) (De en-+raro+-ecer)
enrarecimento n.m. ato de enrarecer (De enrarecer+-mento)
enrascada n.f. 1 ato ou efeito de enrascar(-se) 2 [pop.] situação complicada; aperto (Part. pass. fem. subst. de enrascar)
enrascadela n.f. ⇒ **enrascada** (De enrascar+-dela)
enrascadura n.f. ⇒ **enrascada** (De enrascar+-dura)
enrascar v.tr. 1 apanhar em rasca ou rede 2 [fig., pop.] envolver em situação confusa; encravilhar 3 [fig., pop.] criar dificuldades a 4 [fig., pop.] fazer cair em cilada 5 [fig., pop.] enganar; lograr ▪ v.pron. colocar-se em situação difícil; meter-se em enrascada; encalacrar-se (De en-+rasca+-ar)
enredadeira n.f. 1 mulher mexeriqueira 2 [Brasil] BOTÂNICA planta trepadeira com flores esbranquiçadas e aquénio triangular (De enredar+-deira)
enredador adj.,n.m. que ou aquele que tece enredos; intriguista (De enredar+-dor)
enredar v.tr. 1 colher na rede 2 armar rede a 3 emaranhar 4 [fig.] confundir; intrigar 5 [fig.] comprometer ▪ v.intr. 1 dilatar 2 trabalhar pouco, estorvando quem trabalha ▪ v.pron. 1 prender-se na rede 2 emaranhar-se 3 enlear-se (De en-+rede+-ar)
enredear v.tr. 1 formar rede 2 entretecer 3 ⇒ **enredar** v.tr. (De en-+rede+-ear)
enrediça n.f. BOTÂNICA qualquer planta trepadeira ou sarmentosa (De enredo+-iço)
enredo n.m. 1 ato de enredar ou enredar-se 2 embaraço 3 situação complicada 4 confusão 5 intriga; mexerico 6 conjunto de acontecimentos que constituem a ação de uma narrativa; trama; intriga (Deriv. regr. de enredar)
enredoiçar v.tr. ⇒ **enredouçar**
enredomar v.tr. 1 encerrar em redoma 2 dar forma de redoma a (De en-+redoma+-ar)
enredoso /ô/ adj. 1 cheio de enredos 2 confuso; intrincado 3 embaraçoso (De enredo+-oso)
enredouçar v.tr. baloiçar na redouça (De en-+redouçar)
enregelamento n.m. ato ou efeito de enregelar (De enregelar+-mento)
enregelante adj.2g. que enregela (De enregelar+-ante)
enregelar v.tr.,intr. 1 tornar(-se) hirto pelo frio; congelar 2 [fig.] paralisar devido à emoção forte (De en-+regelar)
enregueirar v.tr. conduzir (a água) por um rego ou regueiro (De en-+regueiro+-ar)
enreixar v.intr. pôr-se de reixa; desavir-se ▪ v.tr. colocar reixas em (De en-+reixa+-ar)
enrelhar v.tr. 1 [regionalismo] ferir (boi) com a relha 2 pôr relha a (arado) (De en-+relha+-ar)
enrelvar v.tr. cobrir de relva; arrelvar (De en-+relvar)
enremissar v.tr. 1 (no jogo) fazer remissa 2 demorar 3 deixar de remissa (De en-+remissa+-ar)
enrepolhar v.tr.,pron. 1 dar ou tomar aspeto de repolho 2 arredondar(-se) (De en-+repolho+-ar)
enresinado adj. 1 untado ou misturado com resina 2 endurecido 3 [regionalismo] embriagado (Part. pass. de enresinar)
enresinar v.tr. 1 untar com resina 2 misturar com resina 3 endurecer ▪ v.pron. tomar a consistência da resina (De en-+resina+-ar)
enresmar v.tr. dispor em resmas (De en-+resma+-ar)
enrestiar v.tr. pôr em réstia (cebolas, alhos, etc.) (De en-+réstia+-ar)
enrevesar v.tr. 1 pôr de revés 2 confundir (De en-+revés+-ar)
enriar v.tr. [regionalismo] meter (o linho) na água do rio, para se curtir; enlagar (De en-+rio+-ar)
enriçado adj. 1 emaranhado 2 confuso 3 [regionalismo] pertinaz 4 [regionalismo] impaciente; enfrenesiado (Part. pass. de enriçar)
enricar v.tr.,intr. ⇒ **enriquecer** (De en-+rico+-ar)
enriçar v.tr. tornar riço; emaranhar; riçar (De en-+riçar)
enrijamento n.m. ato ou efeito de enrijar (De enrijar+-mento)
enrijar v.tr.,intr. 1 tornar(-se) rijo 2 tornar(-se) mais forte; robustecer ▪ v.intr. 1 recuperar as forças 2 tornar-se mais saudável (De en-+rijo+-ar)
enrijecer v.tr.,intr. ⇒ **enrijar** (De en-+rijo+-ecer)
enrilhar v.tr.,intr. 1 endurecer 2 enrugar(-se) ▪ v.intr. 1 ter prisão de ventre 2 ter má catadura (De en-+rilhar)

enriquecer v.tr.,intr. 1 tornar(-se) rico 2 tornar(-se) abundante 3 [fig.] aumentar o valor ou a qualidade de; melhorar ▪ v.tr. 1 aumentar a percentagem de componente(s) puro(s) de (determinada substância ou produto) 2 acrescentar componente(s) que melhoram o valor nutritivo de (determinado produto alimentar) 3 [fig.] dotar 4 [fig.] engrandecer; enobrecer (De en-+rico+-ecer)
enriquecido adj. 1 que adquiriu riqueza 2 que se tornou mais valioso 3 diz-se do leite ao qual, antes do processo de pasteurização, foram adicionados vários nutrientes, como sais minerais, vitaminas e fibras alimentares (Part. pass. de enriquecer)
enriquecimento n.m. 1 ato ou efeito de enriquecer 2 ECONOMIA (contabilidade) aumento do ativo; diminuição do passivo 3 [fig.] melhoria; desenvolvimento (De enriquecer+-mento)
enristar v.tr. 1 pôr em riste (a lança) 2 preparar-se para atacar (o inimigo); investir (De en-+riste+-ar)
enrixado adj. 1 que anda em rixa 2 desavindo; inimizado; discorde (De en-+rixa+-ado)
enrizar v.tr. NÁUTICA meter (as velas) nos rizes (De en-+rizes+-ar)
enrobustecer v.tr.,intr. tornar(-se) robusto, forte (De en-+robustecer)
enrocado[1] adj. 1 que tem a forma de roca 2 guarnecido de pregas ou rocas; encanudado 3 NÁUTICA (mastro estalado) reforçado com talas (Part. pass. de enrocar)
enrocado[2] adj. rodeado de rocas ou rochedos; penhascoso (Part. pass. de enrocar)
enrocamento n.m. 1 camada de fundação, fortemente comprimida, de pedras de granulometria adequada 2 ato ou efeito de encher de pedras de grandes dimensões 3 conjunto de pedras de grandes dimensões utilizadas nas obras de hidráulica como alicerces ou para proteger contra os efeitos da erosão (De enrocar+-mento)
enrocar[1] v.tr. 1 dar forma de roca a 2 pôr (linho) na roca 3 fazer pregas em; encanudar 4 NÁUTICA segurar (mastro estalado) com talas (De en-+roca+-ar)
enrocar[2] v.tr. 1 encher de pedras de grandes dimensões 2 preparar pedras para enrocamento (De en-+roca [= rocha]+-ar)
enrocar[3] v.tr. [Cabo Verde] curvar-se; dobrar; entortar (Do crioulo cabo-verdiano encrocâr, «id.»)
enrodelar v.tr. armar com rodela ou escudo redondo; abroquelar ▪ v.pron. enroscar-se (De en-+rodela+-ar)
enrodilhador adj.,n.m. 1 que ou o que enrodilha 2 intrigante; enredador; mexeriqueiro (De enrodilhar+-dor)
enrodilhar v.tr. 1 converter em rodilha 2 enrolar; torcer 3 [fig.] enredar; emaranhar 4 [fig.] entalar 5 [fig.] cercar; colher nas suas voltas 6 [fig.] confundir ▪ v.pron. 1 ficar como uma rodilha 2 enrolar-se 3 torcer-se 4 encolher-se; enroscar-se 5 ficar confuso ou complicado (De en-+rodilha+-ar)
enrodrigar v.tr. [regionalismo] suster com rodrigas ou estacas; empar (De en-+rodriga+-ar)
enroladeira n.f. maquinismo que enrola os tecidos nas fábricas de tecelagem (De enrolar+-deira)
enroladoiro n.m. ⇒ **enroladouro**
enrolador adj. que enrola ▪ n.m. 1 aquele que enrola 2 mecanismo que serve para enrolar o pão que vai ao forno, ou para enrolar folhas de chá (De enrolar+-dor)
enroladouro n.m. qualquer objeto que serve de núcleo ao novelo (De enrolar+-douro)
enrolamento n.m. 1 ato ou efeito de enrolar 2 ELETRICIDADE conjunto de condutores, formando bobinas, de uma máquina elétrica 3 ELETRICIDADE modo como os condutores estão enrolados (De enrolar+-mento)
enrolar v.tr. 1 dobrar, fazendo rolo 2 envolver em forma cilíndrica 3 tornar roliço 4 envolver; embrulhar 5 enrodilhar 6 [fig.] tornar confuso ou complicado 7 [fig.] enganar 8 [fig.] ocultar (De en-+rolo+-ar)
enrolhar v.tr. ⇒ **arrolhar**[1] (De en-+rolhar)
enroscadela n.f. enrascadela; atrapalhação (De enroscar+-dela)
enroscadura n.f. ⇒ **enroscamento** (De enroscar+-dura)
enroscamento n.m. ato de enroscar ou de se enroscar (De enroscar+-mento)
enroscar v.tr. 1 torcer em forma de rosca 2 envolver em espiral 3 dar voltas com; enrolar 4 abrir rosca em 5 envolver 6 enrodilhar ▪ v.pron. 1 dobrar-se em arco 2 enroscar-se 3 dar voltas sobre si, formando rosca 4 enovelar-se 5 enrodilhar-se (De en-+rosca+-ar)
enroupamento n.m. ato ou efeito de enroupar (De enroupar+-mento)
enroupar v.tr. 1 cobrir com roupa 2 fornecer roupa a 3 agasalhar; abafar (De en-+roupa+-ar)

enrouquecer v.tr.,intr. fazer (ficar) com a voz mais grossa, áspera e pouco límpida (De en-+rouco+-ecer)
enrouquecimento n.m. 1 ato ou efeito de enrouquecer 2 rouquidão (De enrouquecer+-mento)
enroxar v.tr.,intr.,pron. tornar(-se) roxo (De en-+roxo+-ar)
enrubescer v.tr.,intr. tornar(-se) rubro; avermelhar(-se); corar (Do lat. inrubescĕre, «avermelhar»)
enrubescimento n.m. 1 ato ou efeito de enrubescer 2 rubor (De enrubescer+-mento)
enruçar v.tr.,intr. tornar(-se) ruço; empardecer (De en-+ruço+-ar)
enrudecer v.tr.,intr. tornar(-se) rude, grosseiro (De en-+rude+-ecer)
enrufar v.tr. pôr rufo em ▪ v.pron. 1 arrufar-se 2 encrespar-se (De en-+rufo+-ar)
enrugação n.f. ⇒ **enrugamento** (De enrugar+-ção)
enrugamento n.m. ato ou efeito de enrugar ou de se enrugar (De enrugar+-mento)
enrugar v.tr. fazer rugas ou vincos em; encarquilhar ▪ v.pron. 1 encher-se de rugas; encorrilhar-se 2 [fig.] envelhecer (Do lat. inrugāre, «enrugar»)
enruminar-se v.pron. 1 [regionalismo] empertigar-se; aprumar-se 2 [regionalismo] pôr-se em evidência 3 [regionalismo] zangar-se (De en-+ruminar)
ensaboadela n.f. 1 ato ou efeito de ensaboar 2 lavagem leve com sabão; ensaboadura 3 [fig.] repreenda 4 [fig.] leves noções de qualquer ciência ou arte (De ensaboar+-dela)
ensaboado adj. lavado com sabão ▪ n.m. 1 lavagem feita com sabão; ensaboadura 2 água em que há sabão desfeito 3 roupa que se ensaboa (Part. pass. de ensaboar)
ensaboadura n.f. 1 lavagem feita com sabão 2 água em que há sabão desfeito 3 ensaboado (De ensaboar+-dura)
ensaboamento n.m. 1 ato ou efeito de ensaboar 2 ensaboadela (De ensaboar+-mento)
ensaboar v.tr. 1 esfregar ou lavar com água e sabão ou sabonete 2 [fig.] dar uma repreensão a 3 [fig.] transmitir leves noções de qualquer coisa a 4 [fig.] lisonjear; adular; *~ o juízo* [coloq.] importunar (De en-+sabão+-ar)
ensaburrar v.tr. 1 encher de saburra 2 emporcalhar 3 denegrir 4 ⇒ **saburrar** v.tr. ▪ v.pron. encher-se de saburra (De en-+saburra+-ar)
ensaca[1] n.f. ato de ensacar (Deriv. regr. de ensacar)
ensaca[2] n.f. 1 [Moçambique] bando; grupo 2 [Moçambique] grupo de combate (Do sena ntsaka, «grupo»)
ensacado adj. 1 metido em saco 2 [fig.] que se meteu em lugar estreito e sem saída; encurralado ▪ n.m. [regionalismo] porção de trigo dada aos trabalhadores além da soldada (anual) (Part. pass. de ensacar)
ensacamento n.m. ato ou efeito de ensacar (De ensacar+-mento)
ensacar v.tr. 1 meter em saco ou saca 2 [fig.] apropriar-se indevidamente de 3 [fig.] encurralar 4 meter em tripa (carne de porco) 5 [regionalismo] apertar (a saia) com cinto ▪ v.pron. preparar-se (De en-+saco ou saca+-ar)
ensaiador adj.,n.m. que ou aquele que ensaia (De ensaiar+-dor)
ensaiamento n.m. ⇒ **ensaio** (De ensaiar+-mento)
ensaiar[1] v.tr. 1 fazer o ensaio de 2 treinar com vista a uma atuação; preparar 3 experimentar; submeter a experimentação 4 treinar; adestrar 5 preparar ou iniciar (uma ação, um gesto) sem completar 6 tentar (sem segurança) (De ensaio+-ar)
ensaiar[2] v.tr. [regionalismo] arregaçar (a saia), apertando-a na cintura (De en-+saia+-ar)
ensaibramento n.m. ato ou efeito de ensaibrar (De ensaibrar+-mento)
ensaibrar v.tr. 1 cobrir com saibro 2 cobrir com areia; arear (De en-+saibrar)
ensaio n.m. 1 meio usado para verificar se uma coisa convém ou não ao fim a que é destinada; experiência; prova; teste 2 tentativa 3 execução preparatória, total ou parcial, de peça teatral, musical, etc., antes da sua apresentação oficial ao público 4 LITERATURA texto de análise e interpretação crítica de determinado assunto 5 NÁUTICA vão entre as cavernas dos barcos rabelos 6 [pop.] sova 7 [pop.] repreenda; *~ nuclear* detonação de engenho nuclear para avaliar a eficiência do seu funcionamento e dos seus efeitos (Do lat. exagĭu-, «peso; pesagem»)
ensais n.m.pl. NÁUTICA peças que se pregam na quilha do navio (De orig. obsc.)
ensaísmo n.m. LITERATURA atividade literária da pessoa que escreve ensaios (De ensaio+-ismo)

ensaísta n.2g. pessoa que escreve ensaios literários (Do ing. essayist, «id.»)
ensaística n.f. 1 arte de escrever ensaios 2 conjunto de ensaios (Do ing. essayist, «ensaísta»+-ica)
ensaístico adj. 1 relativo a ensaio ou ensaística 2 diz-se de texto escrito num estilo semelhante ao de um ensaio (De ensaísta+-ico)
ensalada n.f. [ant.] composição lírica cuja música se ajusta perfeitamente aos versos do poema de rimas variadas, dialetos, etc. (Do cast. ensalada, «composição poética formada por poesias já conhecidas»)
ensalmador adj.,n.m. que ou aquele que ensalma ou faz ensalmos; curandeiro; benzilhão (De ensalmar+-dor)
ensalmar v.tr. curar ou tratar com ensalmos ▪ v.intr. fazer feitiços (De en-+salmo+-ar)
ensalmeiro adj.,n.m. ⇒ **ensalmador** (De ensalmar+-eiro)
ensalmo n.m. 1 rezas e benzeduras para curar males ou fazer malefícios 2 bruxedo (Deriv. regr. de ensalmar)
ensalmoirar v.tr. ⇒ **ensalmourar**
ensalmourar v.tr. meter em salmoira ou salmoura (De en-+salmoura+-ar)
ensalsada n.f. 1 confusão; mistura; salsada 2 [fig.] trapalhada (De en-+salsada)
ensamarrar v.tr. vestir com samarra (De en-+samarra+-ar)
ensambenitar v.tr. 1 pôr sambenito a 2 [fig.] condecorar pessoas que o não merecem (De en-+sambenito+-ar)
ensamblador adj.,n.m. que ou marceneiro que ensambla (De ensamblar+-dor)
ensambladura n.f. 1 obra de ensamblador 2 ensamblamento 3 conjunto de entalhes existente em duas peças de madeira para permitir a sua ligação (De ensamblar+-dura)
ensamblamento n.m. 1 ato ou efeito de ensamblar 2 ensambladura (De ensamblar+-mento)
ensamblar v.tr. 1 embutir em madeira 2 unir através de entalhe 3 fazer entalhes em; entalhar (Do fr. ant. ensembler, «juntar»)
ensancha n.f. 1 pedaço de papel ou pano que sobra para posteriormente se poder aparar ou alargar 2 folga no encaixe lateral da lombada de um livro 3 [fig.] ampliação 4 [fig.] liberdade; *dar ensanchas a alguém* dar confiança demasiada a alguém (Deriv. regr. de ensanchar)
ensanchar v.tr. 1 alargar, aproveitando as ensanchas 2 ampliar 3 acrescentar (Do lat. ex-amplāre, «tornar mais amplo»)
ensandalar v.tr. aromatizar com sândalo (De en-+sândalo+-ar)
ensandecer v.tr. 1 levar à loucura 2 [fig.] fazer comportar-se como um louco ▪ v.intr. 1 perder o uso da razão; enlouquecer 2 [fig.] ficar perturbado ou transtornado com a emoção ou a excitação sentida(s) (De en-+sandeu+-ecer)
ensanduichar v.tr. 1 fazer sanduíche com 2 [fig.] meter no meio; entremear; entalar (De en-+sanduíche+-ar)
ensanefar v.tr. guarnecer de sanefas (De en-+sanefa+-ar)
ensanguentar /gu-en/ v.tr. 1 manchar, macular com sangue 2 dar cor de sangue 3 [fig.] manchar; enodoar 4 [fig.] causar muitas mortes ▪ v.pron. 1 manchar-se de sangue 2 adquirir cor de sangue (De en-+sanguento+-ar)
ensanguinhar v.tr. ⇒ **ensanguentar** (De en-+sanguíneo+-ar)
ensaque n.m. ato de ensacar (Deriv. regr. de ensacar)
ensardinhar v.tr. 1 meter como sardinha na canastra 2 apertar (De en-+sardinha+-ar)
ensarilhar v.tr. 1 dobar em sarilho 2 formar sarilho com 3 [fig.] misturar; desordenar; pôr em confusão 4 [fig.] emaranhar; enredar 5 [fig.] complicar; *~ armas* dispor as armas em grupos de três, de pé, com a coronha assente no chão e engatadas umas nas outras pelas varetas (De en-+sarilho+-ar)
ensarnecer v.intr. 1 criar sarna 2 tornar-se sarnento (De en-+sarna+-ecer)
ensarrafar v.tr. 1 pregar sarrafos em 2 reforçar com sarrafos (De en-+sarrafo+-ar)
ensartar v.tr. 1 enfiar num fio (contas ou pérolas); engranzar 2 encadear (Do lat. insertāre, «pôr na grinalda»)
ensaudar v.tr. 1 causar saudades a 2 dar saúde a (De en-+saúde+-ar)
ensaudecer v.tr. tornar saudoso (De en-+saudade+-ecer, com hapl.)
-ense sufixo nominal de origem latina, que traduz a ideia de *origem, naturalidade* (gaiense; tondelense; mirandelense)
enseada n.f. GEOGRAFIA pequena baía numa costa de mar, lago ou rio, que serve de porto a embarcações; angra; calheta (Part. pass. fem. subst. de *ensear, de seio, «golfo»)
ensebadela n.f. ato de ensebar ligeiramente (De ensebar+-dela)

ensebamento n.m. ato ou efeito de ensebar (De ensebar+-mento)
ensebar¹ v.tr. 1 untar com sebo; engordurar 2 enodoar 3 sujar; emporcalhar (De en-+sebo+-ar)
ensebar² v.tr. rodear com sebe (De en-+sebe+-ar)
ensecadeira n.f. tapume que cerca as construções feitas em nível mais baixo que o da água, para se trabalhar em seco (De ensecar+-deira)
ensecar v.tr.,intr. pôr ou ficar (o barco) em seco; varar ▪ v.tr. esgotar (De en-+seco+-ar)
ensedadura n.f. conjunto das crinas tendidas no arco de instrumentos de corda (De ensedar+-dura)
ensedar v.tr. 1 dar a aparência de seda a 2 pôr as sedas no arco de (um instrumento de corda) (De en-+seda+-ar)
enseio n.m. 1 sinuosidade ou quebrada, entre dois montes 2 recôncavo cavado pelas águas 3 enseada (Deriv. regr. de *ensear, de seio)
enseirador n.m. aquele que enseira azeitonas ou figos secos (De enseirar+-dor)
enseiramento n.m. ato ou efeito de enseirar (De enseirar+-mento)
enseirar v.tr. meter em seiras (azeitonas, figos, etc.) (De en-+seira+-ar)
enseivar v.tr. desenvolver seiva em (os vegetais) ▪ v.intr. conter seiva abundante (De en-+seiva+-ar)
ensejar v.tr. 1 dar ensejo a 2 esperar a oportunidade de 3 tentar; ensaiar; experimentar (Do lat. *insidiāre, por insidiāri, «armar ciladas»)
ensejo /ê/ n.m. 1 ocasião adequada 2 oportunidade (Deriv. regr. de ensejar)
ensenhorear v.tr. ⇒ **assenhorear** (De en-+senhorear)
ensesgar v.tr. lavrar a sesgo ou obliquamente (De en-+sesgo+-ar)
ensífero adj. que traz espada (Do lat. ensifĕru-, «id.»)
ensiforme adj.2g. em forma de espada (Do lat. ense-, «espada» +forma-, «forma»)
ensilagem n.f. 1 ato ou efeito de ensilar 2 armazenamento e conservação de forragens verdes em silo (De ensilar+-agem)
ensilar v.tr. 1 meter ou armazenar em silo 2 conservar em silo (De en-+silo+-ar)
ensilvar v.tr. vedar com silvas ▪ v.pron. 1 formar silva 2 cobrir-se de silvas 3 enlaçar-se 4 enlear-se (De en-+silva+-ar)
ensilveirar v.tr. ⇒ **ensilvar** (De en-+silveira+-ar)
ensimesmado adj. 1 concentrado em si mesmo 2 recolhido 3 absorto nos próprios pensamentos; pensativo; meditabundo (Part. pass. de ensimesmar-se)
ensimesmamento n.m. 1 estado de quem se ensimesmou 2 concentração (De ensimesmar+-mento)
ensimesmar-se v.pron. concentrar-se, meditando (De em+si+mesmo+-ar)
ensinadela n.f. 1 [pop.] repreensão; ensaboadela 2 [pop.] corretivo 3 [pop.] experiência custosa; lição (De ensinar+-dela)
ensinadiço adj. 1 que anda a ser ensinado 2 fácil de ensinar (De ensinar+-diço)
ensinador adj.,n.m. que ou aquele que ensina; mestre; professor; educador (De ensinar+-dor)
ensinamento n.m. 1 ato ou efeito de ensinar; transmissão de conhecimentos 2 preceito; norma 3 lição ou exemplo a reter (De ensinar+-mento)
ensinança n.f. ⇒ **ensinamento** (De ensinar+-ança)
ensinar v.tr. 1 transmitir conhecimentos e competências a 2 doutrinar; instruir sobre 3 indicar 4 (animais) adestrar; treinar 5 [fig.] castigar; dar uma lição a ▪ v.intr. dar aulas; lecionar; ~ *o padre-nosso ao vigário* ensinar a uma pessoa o que ela (já) sabe muito bem (Do lat. *insignāre, por insignīre, «assinalar; distinguir-se»)
ensinável adj.2g. que se pode ensinar (De ensinar+-vel)
ensino n.m. 1 ato de ensinar 2 transmissão de conhecimentos e competências; instrução 3 transmissão de princípios relacionados com comportamentos e atitudes correspondentes aos usos socialmente tidos como corretos; educação 4 organização dos diferentes ciclos de estudos no sistema educativo 5 sistema escolar 6 carreira docente 7 (animais) adestramento; treino 8 ensinadela; punição; repreensão; ~ *básico* ciclo de estudos que corresponde ao número de anos da escolaridade obrigatória; ~ *especial* modalidade de ensino escolar destinada a alunos com algum tipo de deficiência física, sensorial ou cognitiva; ~ *recorrente* ensino destinado a permitir que adultos completem o ensino básico ou o ensino secundário quando não o fizeram na idade própria; ~ *secundário* ciclo de estudos relativo aos três anos que se seguem à escolaridade obrigatória e anteriores ao ensino superior, técnico ou profissional; ~ *superior* ciclo de estudos de qualificação profissional cuja conclusão permite a obtenção de um grau académico (Deriv. regr. de ensinar)
ensirrostro /ô/ adj. ORNITOLOGIA (ave) que tem bico encurvado como a lâmina de uma espada ou alfange (Do lat. ense-, «espada» +rostru-, «bico»)
ensoado¹ adj. 1 ressequido pela ação do sol; insolado 2 abafadiço 3 flácido 4 recozido (pelo sol) (Part. pass. de ensoar)
ensoado² adj. 1 posto em música 2 entoado (Part. pass. de ensoar)
ensoalheirar v.tr. encher de sol (De en-+soalheiro+-ar)
ensoamento n.m. 1 ato ou efeito de ensoar 2 insolação 3 flacidez (das plantas) 4 BOTÂNICA estiolamento (De ensoar+-mento)
ensoar¹ v.intr. 1 recozer-se com o calor solar 2 (fruta) não amadurecer, por insolação demasiada (Do lat. insolāre, «expor ao sol»)
ensoar² v.tr. 1 pôr em música 2 entoar (Do lat. insonāre, «ressoar»)
ensoberbar v.tr. ⇒ **ensoberbecer** (De en-+soberbo+-ar)
ensoberbecer v.tr. 1 tornar soberbo ou arrogante 2 tornar ufano, orgulhoso; envaidecer 3 alterar 4 encrespar ▪ v.pron. 1 tornar-se e/ou mostrar-se orgulhoso ou vaidoso 2 (mar) ficar agitado; encapelar-se (De en-+soberbo+-ecer)
ensoberbecimento n.m. ato de ensoberbecer ou de se ensoberbecer (De ensoberbecer+-mento)
ensobradar v.tr. ⇒ **sobradar** (De en-+sobradar)
ensodar v.intr. [Cabo Verde] distrair-se; descuidar-se (De açodar)
ensofregar v.tr. 1 tornar sôfrego 2 estimular (De en-+sôfrego+-ar)
ensogadoiro n.m. ⇒ **ensogadouro**
ensogadouro n.m. 1 ato de ensogar 2 cada uma das tiras de couro que prende os bois ao jugo (De ensogar+-douro)
ensogadura n.f. 1 ato de ensogar 2 aselha de couro, na frente do jugo (De ensogar+-dura)
ensogar v.tr. pôr soga a (bois) (De en-+soga+-ar)
ensoissar-se v.pron. 1 [regionalismo] atarefar-se 2 [regionalismo] apressar-se 3 [regionalismo] agoniar-se (De orig. obsc.)
ensolarado adj. que está ao sol; soalheiro
ensoleiramento n.m. placa que substitui os alicerces de uma construção (De ensoleirar+-mento)
ensoleirar v.tr. colocar a soleira em (porta, janela, etc.) (De en-+soleira+-ar)
ensolvamento n.m. ato ou efeito de ensolvar (De ensolvar+-mento)
ensolvar v.tr. MILITAR pôr (a peça) em estado de não dar fogo, inutilizando-lhe o explosivo ou a bala (De orig. obsc.)
ensombrar v.tr. 1 fazer sombra a 2 cobrir de sombras 3 assombrar 4 [fig.] tornar triste; roubar alegria a (De en-+sombra+-ar)
ensombro n.m. 1 coisa que dá sombra 2 [fig.] proteção; abrigo (Deriv. regr. de ensombrar)
ensonado adj. 1 sonolento 2 cheio de sono (De en-+sono+-ado)
ensonolento adj. [Angola, São Tomé e Príncipe] ensonado; sonolento (De en(sonado)+sonolento)
ensonorentado adj. ensonado; sonolento (De en-+sonorento, por sonolento+-ado)
ensopadela n.f. 1 ato ou efeito de ensopar 2 molha (De ensopar+-dela)
ensopado adj. 1 embebido em líquido 2 encharcado; completamente molhado 3 molhado com sopa ▪ n.m. 1 tipo de cobertura no qual as telhas estão ligadas por argamassa 2 CULINÁRIA guisado com molho abundante servido em fatias de pão embebidas com esse molho (Part. pass. de ensopar)
ensopar v.tr. 1 converter em sopa 2 embeber em líquido 3 encharcar 4 CULINÁRIA guisar em molho abundante ▪ v.pron. 1 molhar-se muito 2 [Brasil] [coloq.] ser íntimo de (De en-+sopa+-ar)
ensopiar v.tr. [regionalismo] batizar à pressa (uma criança) em casa (De en-+sopiar)
ensoreamento n.m. ⇒ **assoreamento** (De ensorear+-mento)
ensorear v.tr. ⇒ **assorear**
ensosso /ô/ adj. ⇒ **insosso** (Do lat. insulsu-, «não salgado»)
ensovacado adj. 1 metido ou oculto no sovaco 2 embuchado 3 tolhido pelo susto ou surpresa (Part. pass. de ensovacar)
ensovacar v.tr. meter ou ocultar no sovaco ▪ v.intr. encavacar; embuchar (De en-+sovaco+-ar)
enstatite n.f. MINERALOGIA piroxena rômbica (essencialmente um silicato de magnésio) comum em muitas rochas eruptivas (Do gr. enstátes, «que resiste» +-ite)
ensumagrar v.tr. curtir ou preparar (peles) com sumagre (De en-+sumagre+-ar)
ensurdecedor adj. 1 que ensurdece; atroador 2 muito ruidoso (De ensurdecer+-dor)

ensurdecência *n.f.* ⇒ **surdez** (De *ensurdecer*+-*ência*)
ensurdecer *v.tr.* **1** tornar surdo; fazer perder a capacidade de audição **2** atenuar o som de; abafar o ruído de **3** [fig.] fazer perder a atenção ■ *v.intr.* **1** ficar surdo; perder a audição **2** [fig.] não dar ouvidos; deixar de prestar atenção **3** fazer muito barulho (De *en-*+*surdo*+-*ecer*)
ensurdecimento *n.m.* **1** ato ou efeito de ensurdecer **2** surdez (De *ensurdecer*+-*mento*)
entablamento *n.m.* ARQUITETURA conjunto de arquitrave, friso e cornija de um edifício (Do fr. *entablement*, «id.»)
entabocar *v.tr.* **1** [Brasil] meter em taboca **2** [Brasil] entalar; apertar (De *en-*+*taboca*+-*ar*)
entabuamento *n.m.* **1** ato ou efeito de entabuar **2** sobrado **3** tabuado (De *entabuar*+-*mento*)
entabuar *v.tr.* **1** revestir de tábuas **2** sobradar ■ *v.pron.* **1** fazer-se duro como tábua **2** endurecer **3** [fig.] (céu) enevoar-se (De *en-*+*tábua*+-*ar*)
entabulamento *n.m.* **1** ato ou efeito de entabular **2** início ou estabelecimento de uma ação **3** cercadura de tábuas, junto ao teto; entablamento (De *entabular*+-*mento*)
entabular *v.tr.* **1** pôr em ordem; ordenar **2** encetar; estabelecer (conversa, negociação) **3** revestir de tábuas; entabuar (De *en-*+*tábula*+-*ar*)
entachar *v.tr.* pregar com tachas (De *en-*+*tacha*+-*ar*)
entaipado *adj.* **1** coberto de taipas **2** emparedado ■ *n.m.* tapume (Part. pass. de *entaipar*)
entaipamento *n.m.* ato ou efeito de entaipar **2** tapume (De *entaipar*+-*mento*)
entaipar *v.tr.* **1** cercar com taipas, paredes ou obstáculos **2** encerrar; fechar; emparedar **3** enclausurar; prender (De *en-*+*taipa*+-*ar*)
entala *n.f.* ⇒ **entalação** (Deriv. regr. de *entalar*)
entalação *n.f.* **1** ato ou efeito de entalar **2** [fig.] situação crítica; apuro **3** [fig.] embaraço **4** [fig.] comprometimento (De *entalar*+-*ção*)
entaladela *n.f.* ⇒ **entalação** (De *entalar*+-*dela*)
entalador *adj.* que entala ou embaraça (De *entalar*+-*dor*)
entalanço *n.m.* ⇒ **entalação** (De *entalar*+-*anço*)
entalão *n.m.* **1** grande entalação **2** apertão (De *entalar*+-*ão*)
entalar[1] *v.tr.* **1** meter entre talas **2** pôr em lugar apertado **3** trilhar **4** [fig.] meter em apertos **5** [fig.] comprometer (De *en-*+*tala*+-*ar*)
entalar[2] *v.tr.* ⇒ **encalir** (De *encalar*)
entalecer *v.intr.* criar talo (De *en-*+*talo*+-*ecer*)
entaleigar *v.tr.* **1** meter em taleigo ou taleiga **2** [fig.] guardar (dinheiro) ■ *v.pron.* empachar; fartar-se (De *en-*+*taleiga*+-*ar*)
entalha *n.f.* corte ou incisão feito na madeira (Deriv. regr. de *entalhar*)
entalhador *n.m.* **1** o que trabalha em obra de talha **2** instrumento de entalhar **3** instrumento de espingardeiro (De *entalhar*+-*dor*)
entalhadura *n.f.* **1** ato ou efeito de gravar, cinzelar ou esculpir (figuras ou ornamentos) em madeira **2** corte ou incisão feito na madeira; entalha **3** figura ou ornamento gravado ou esculpido em peça de madeira; obra de talha **4** obra de cinzeladura, gravura ou escultura em madeira (De *entalhar*+-*dura*)
entalhamento *n.m.* ⇒ **entalhadura** (De *entalhar*+-*mento*)
entalhar[1] *v.tr.* **1** gravar, cinzelar ou esculpir (figuras ou ornamentos) em madeira **2** fazer cortes ou incisões em ■ *v.intr.* fazer obra de talha (De *en-*+*talha* [= *entalhe*]+-*ar*)
entalhar[2] *v.tr.* meter em talha ou vaso (De *en-*+*talha* [= *vaso*]+-*ar*)
entalhe *n.m.* **1** corte ou incisão feita na madeira; entalha **2** conjunto de cortes ou incisões existentes em duas peças de madeira para permitir a sua ligação **3** obra de cinzeladura, gravura ou escultura em madeira (Deriv. regr. de *entalhar*)
entalho *n.m.* ⇒ **entalhe** (Deriv. regr. de *entalhar*)
entalir *v.tr.* **1** [pop.] cozer mal (alimentos) **2** [pop.] dar uma leve fervura a (a carne), para depois a assar; encalir (De *en-*+*talo*+-*ir*?)
entaliscar *v.tr.,pron.* **1** meter(-se) em talisca ou abertura estreita **2** meter(-se) em apertos **3** entalar(-se) (De *en-*+*talisca*+-*ar*)
entaloado[1] *adj.* diz-se de alimento mal cozido ou quase cru **2** diz-se da carne a que se deu uma leve fervura, para depois a assar (Part. pass. de *entaloar*)
entaloado[2] *adj.* (ferradura) mais alto atrás do que à frente (De *en-*+*talo*+-*ado*)
entaloar *v.tr.* fazer ferver levemente (alimentos); cozer mal; entalir (De *en-*+*talo*+-*ar*)
entalpia *n.f.* **1** FÍSICA, QUÍMICA característica de um sistema termodinâmico que é a soma da energia interna e do produto da pressão pelo volume **2** conteúdo calorífico **3** calor total (De *en-*+gr. *thálpein*, «aquecer» +-*ia*)

entancar *v.tr.* represar em tanque (De *en-*+*tanque*+-*ar*)
entanguecer *v.intr.* **1** ficar entanguido **2** encolher-se com o frio; enregelar-se **3** enfezar-se (De *en-*+cast. *tango*, «estaca» +-*ecer*)
entanguido *adj.* **1** tolhido de frio **2** enfezado (Part. pass. de *entanguir*-*se*)
entanguir-se *v.pron.* **1** inteiriçar-se ou encolher-se com o frio **2** enfezar-se (De *en-*+cast. *tango*, «estaca» +-*ir*)
entanto *adv.* entretanto; neste meio tempo; **no ~** porém, apesar disso (Do lat. *intantu-*, «id.»)
então *adv.* **1** nesse ou naquele tempo ou momento **2** nesse caso **3** em vista disso; **~!** exclamação usada para animar ou chamar a atenção, denotando espanto e/ou indignação; **desde ~** desde esse tempo (Do lat. *intunc*, «id.»)

entapetar *v.tr.* ⇒ **atapetar** (De *en-*+*tapetar*)
entapizar *v.tr.* **1** cobrir com tapete; atapetar; tapizar **2** adornar **3** revestir (De *en-*+*tapizar*)
-entar sufixo verbal de origem latina, que ocorre em verbos de sentido factitivo ou causativo, isto é, que exprimem a *causa da ação, qualidade* ou *estado* expresso pela palavra primitiva (*apodrentar; apoquentar; adormentar; formosentar*)
entarambecado *adj.* cheio de tarambecos, móveis ou tarecos (De *en-*+*tarambeco*+-*ado*)
entaramelar *v.tr.* **1** fazer embaraçar-se ao falar; fazer titubear **2** confundir; perturbar ■ *v.pron.* **1** embaraçar-se ao falar **2** [fig.] enredar-se **3** [fig.] complicar-se (De *en-*+*taramelar*)
entardecer *v.intr.* **1** ir caindo a tarde; aproximar-se a noite **2** fazer-se tarde ■ *n.m.* o cair da tarde; o aproximar da noite (De *en-*+*tarde*+-*ecer*)
entarraxar *v.tr.* segurar com tarraxa; atarraxar; aparafusar (De *en-*+*tarraxar*)
ente *n.m.* **1** aquilo ou aquele que existe; ser; coisa; substância **2** aquilo que supomos existir; *Ente Supremo* Deus; *entes de razão* entes ideais ou têm existência apenas na mente humana (Do lat. escol. *ente-*, part. pres. subst. de *esse*, «ser»)
-ente sufixo nominal de origem latina, oriundo do particípio presente dos verbos com infinitivo em -*ēre*, que exprime a ideia de *agente* (*batente; combatente; remetente*)
enteado *n.m.* filho de uma relação anterior de um dos cônjuges, em relação ao padrasto ou madrasta ■ *adj.* [fig.] desprotegido (Do lat. *antenātu-*, «nascido antes»)
enteamento *n.m.* ato ou efeito de entear ou entear-se (De *entear*+-*mento*)
entear *v.tr.* **1** dispor em teia **2** tecer **3** [fig.] entrelaçar (De *en-*+*teia*+-*ar*)
entediar *v.tr.* causar tédio a; enfadar; enjoar ■ *v.pron.* **1** aborrecer-se **2** maçar-se (Do lat. **intaediāre*, «causar tédio a»)
entejar *v.tr.* ⇒ **entediar** (Do lat. **intaediāre*, «causar tédio a»)
entejo /ê/ *n.m.* **1** ato ou efeito de entejar ou entejar-se; tédio **2** aversão; nojo (Deriv. regr. de *entejar*)
entelequia *n.f.* **1** FILOSOFIA (Aristóteles) estado do ser «em ato», plenamente realizado, por oposição ao modo de ser «em potência» **2** FILOSOFIA (Leibniz) substâncias simples, as mónadas criadas à ciência da alma **4** [fig.] palavra ou frase difícil de entender (Do gr. *entelékheia*, «essência da alma», pelo lat. *entelechia-*, «ciência da alma»; *entelequia*)
entelhar *v.tr.* cobrir de telha (De *en-*+*telhar*)
entendedor *adj.* **1** que entende **2** que tem conhecimentos ou prática de determinado assunto; sabedor **3** perito **4** hábil ■ *n.m.* **1** aquele que entende **2** aquele que tem capacidade de entender **3** aquele que tem prática ou conhecimento de determinada matéria (De *entender*+-*dor*)
entender *v.tr.* **1** compreender o significado de **2** ter conhecimentos ou prática de (determinada matéria); ser entendido em **3** ter ideia clara de **4** interpretar **5** ser de opinião que **6** decidir; pretender ■ *v.pron.* **1** relacionar-se bem; avir-se **2** chegar a acordo **3** [coloq.] lidar com ■ *n.m.* parecer; opinião; entendimento; **~ da poda** [coloq.] ser perito em qualquer assunto, ciência ou arte; **dar a ~** mostrar por gestos ou meias palavras, insinuar; **dar que ~** fazer pensar, ser difícil de perceber (Do lat. *intendĕre*, «entender»)
entendido *adj.* **1** compreendido **2** ouvido **3** combinado; acertado; assente **4** que tem prática ou conhecimentos de determinada matéria ■ *n.m.* **1** pessoa que tem prática ou conhecimento de determinada matéria; conhecedor **2** perito; especialista (Part. pass. de *entender*)
entendimento *n.m.* **1** capacidade de pensar e compreender; inteligência; razão **2** conhecimento ou domínio de determinada matéria **3** opinião **4** interpretação; compreensão **5** acordo; combinação **6** FILOSOFIA (Kant) faculdade de ajuizar, ou seja, coordenar, por

meio de categorias, os dados da experiência em sistemas coerentes (De *entender*+-*mento*)
entenebrecer *v.tr.,intr.* 1 cobrir(-se) de trevas; toldar(-se); escurecer 2 [fig.] entristecer; enlutar(-se) (Do lat. **intenebrescĕre*, «id.»)
entenebrecimento *n.m.* 1 ato ou efeito de entenebrecer 2 escurecimento 3 [fig.] entristecimento (De *entenebrecer*+-*mento*)
entenrecer *v.tr.* 1 tornar tenro 2 amolecer; abrandar (De *en*-+*tenro*+-*ecer*)
entepidecer *v.tr.,intr.* tornar(-se) tépido, morno (De *en*-+*tépido*+-*ecer*)
enteradenografia *n.f.* descrição dos gânglios linfáticos intestinais (Do gr. *énteron*, «intestino»+*adén*, «glândula»+*gráphein*, «descrever»+-*ia*)
enteralgia *n.f.* MEDICINA dor aguda nos intestinos; enterodinia; cólica intestinal (Do gr. *énteron*, «intestino»+*álgos*, «dor» +-*ia*)
enterectomia *n.f.* CIRURGIA operação para ablação parcial do intestino (Do gr. *énteron*, «intestino» +*ek*, «para fora» +*tomé*, «corte» +-*ia*)
enteremia *n.f.* MEDICINA congestão sanguínea nos intestinos (Do gr. *énteron*, «intestino» +*haĩma*, «sangue» +-*ia*)
enteremorragia *n.f.* MEDICINA hemorragia de origem intestinal; evacuação de sangue vermelho pelo ânus; enterorragia (De *enter*-+*hemorragia*)
entérico *adj.* relativo aos intestinos; intestinal; *suco ~* importante suco digestivo segregado por glândulas intestinais (Do gr. *enterikós*, «relativo ao intestino»)
enterite *n.f.* MEDICINA inflamação do intestino, que frequentemente se localiza na mucosa (Do gr. *énteron*, «intestino» +-*ite*)
enterítico *adj.* relativo a enterite (De *enterite*+-*ico*)
enternecedor *adj.* que enternece; comovente (De *enternecer*+-*dor*)
enternecer *v.tr.,pron.* 1 tornar(-se) terno, amoroso 2 comover(-se); impressionar(-se); sensibilizar(-se); compadecer(-se) (De *en*-+*terno*+-*ecer*)
enternecimento *n.m.* 1 estado de quem se enternece 2 ternura 3 compaixão; piedade (De *enternecer*+-*mento*)
enter(o)- elemento de formação de palavras que exprime a ideia de *intestino* (Do gr. *énteron*, «intestino; ventre»)
êntero *n.m.* cavidade central (e única) do embrião, na fase de gástrula; arquêntero; celentério; intestino primitivo (Do gr. *énteron*, «intestino»)
enterobíase *n.f.* MEDICINA infeção intestinal provocada por helmintos; oxiurose
enterocele *n.f.* MEDICINA hérnia abdominal originada pelo intestino (Do gr. *enterokéle*, «id.», pelo lat. *enterocéle*-, «hérnia intestinal»)
enteróclise *n.f.* 1 MEDICINA lavagem intestinal feita com sonda comprida 2 clister (Do gr. *énteron*, «intestino» +*klýsis*, «lavagem»)
enterocolite *n.f.* MEDICINA inflamação intestinal que atinge os intestinos delgado e grosso (Do gr. *énteron*, «intestino» +*kólon*, «cólon» +-*ite*)
enteroderma *n.f.* ⇒ **endoderma** (Do gr. *énteron*, «intestino» +*dérma*, «pele»)
enteroderme *n.f.* ⇒ **endoderma**
enterodinia *n.f.* MEDICINA cólica intestinal; enteralgia (Do gr. *énteron*, «intestino» +*odýne*, «dor» +-*ia*)
enterogastrite *n.f.* MEDICINA inflamação do intestino e do estômago (De *entero*-+*gastrite*)
enterólito *n.m.* cálculo intestinal (Do gr. *énteron*, «intestino»+*líthos*, «pedra»)
enterologia *n.f.* 1 estudo dos intestinos e das suas funções 2 tratado sobre os intestinos (De *entero*-+-*logia*)
enterologista *n.2g.* 1 médico especialista em doenças dos intestinos 2 estudioso dos intestinos, de suas funções e doenças (De *enterologia*+-*ista*)
enteropneusto *adj.* 1 ZOOLOGIA (verme) que tem respiração interior 2 relativo aos enteropneustos ■ *n.m.* ZOOLOGIA espécime dos enteropneustos ■ *n.m.pl.* ZOOLOGIA grupo de animais vermiformes, marinhos, de posição taxionómica discutível, que pode ser considerado como apêndice aos cordados, e é também designado hemicordados (Do gr. *énteron*, «intestino» +*pneústes*, «que respira»)
enteroquínase *n.f.* FISIOLOGIA fermento digestivo do suco entérico, que é ativante da tripsina (Do gr. *énteron*, «intestino» +*kínesis*, «movimento» +-*ase*)
enterorragia *n.f.* MEDICINA ⇒ **enteremorragia** (De *entero*-+-*ragia*)
enteroscopia *n.f.* suposta arte de adivinhar pelo exame das entranhas da vítima (Do gr. *énteron*, «intestino» +*skopeĩn*, «ver» +-*ia*)
enterose *n.f.* MEDICINA nome genérico das doenças intestinais (Do gr. *énteron*, «intestino» +-*ose*)

enterostomia *n.f.* operação cirúrgica para ligação de uma ansa do intestino à parede do abdómen, abrindo-se um ânus artificial (Do gr. *énteron*, «intestino» +*stóma*, «boca» +-*ia*)
enterotomia *n.f.* CIRURGIA incisão feita nos intestinos (Do gr. *énteron*, «intestino» +*tomé*, «corte» +-*ia*)
enterótomo *n.m.* instrumento cirúrgico usado em enterotomia (Do gr. *énteron*, «intestino» +*tomé*, «corte»)
enterovacina *n.f.* vacina administrada por via intestinal (De *entero*-+*vacina*)
enterozoário *n.m.* ZOOLOGIA animal (em especial, vermes ou as suas larvas) que vive instalado no intestino de outro animal, seu hospedeiro (De *entero*-+-*zoário*)
enterozoico *adj.* ZOOLOGIA diz-se do animal que vive como parasita no intestino de outro animal (Do gr. *énteron*, «intestino» +*zōon*, «animal» +-*ico*)
enterozóico ver nova grafia **enterozoico**
enterração *n.f.* 1 ⇒ **enterramento** 2 [fig.] humilhação (De *enterrar*+-*ção*)
enterrador *adj.,n.m.* 1 que ou aquele que enterra 2 coveiro (De *enterrar*+-*dor*)
enterradouro *n.m.* lugar onde se enterram os cadáveres, sobretudo de animais (De *enterrar*+-*douro*)
enterragem *n.f.* [São Tomé e Príncipe] operação de enterramento das cascas das cápsulas de cacau, cobertas de cal (De *enterramento*)
enterramento *n.m.* 1 ato ou efeito de enterrar 2 inumação; enterro (De *enterrar*+-*mento*)
enterrar *v.tr.* 1 meter debaixo da terra 2 sepultar; inumar 3 soterrar 4 [fig.] causar a morte de 5 [fig.] pôr termo a (questão desagradável) 6 [fig.] celebrar o fim de 7 [fig.] ocultar 8 [fig.] espetar (faca, etc.) 9 [fig.] investir mal (dinheiro, bens) 10 [fig.] vencer 11 [fig.] atrapalhar; embatucar 12 [fig.] levar à ruína ■ *v.pron.* 1 embrenhar-se 2 (tarefa, atividade) entregar-se; absorver-se 3 [fig.] afastar-se do convívio social; esconder-se 4 [fig.] cair em descrédito 5 [fig.] comprometer-se 6 [fig.] encher-se de dívidas 7 [fig.] refastelar-se (em sofá, cadeira, etc.) (De *en*-+*terra*+-*ar*)
enterreirar *v.tr.* 1 aplanar (a terra) para fazer terreiro ou eira 2 trazer a terreiro 3 [fig.] dirigir (a conversa) para determinado assunto 4 [fig.] preparar o terreno para; predispor (De *en*-+*terreiro*+-*ar*)
enterro *n.m.* 1 ato de enterrar ou sepultar um cadáver; inumação 2 conjunto das cerimónias fúnebres; funeral; *cara de ~* cara triste, cara de aflição; *ter um lindo ~* [irón.] não ter êxito (Deriv. regr. de *enterrar*)
enterroar *v.tr.,pron.* ⇒ **entorroar** (De *en*-+*terrão*+-*ar*)
entesadura *n.f.* 1 ato ou efeito de entesar 2 tensão 3 enrijamento 4 retesamento (De *entesar*+-*dura*)
entesar *v.tr.* 1 tornar teso, direito 2 tornar rijo 3 esticar ■ *v.pron.* tornar-se ou mostrar-se altivo, forte, intransigente (De *en*-+*teso*+-*ar*)
entesoiramento *n.m.* ⇒ **entesouramento**
entesoirar *v.tr.* ⇒ **entesourar**
entesouramento *n.m.* ato ou efeito de entesourar (De *entesourar*+-*mento*)
entesourar *v.tr.* 1 juntar, acumular (riqueza) 2 amontoar 3 [fig.] guardar; conservar (De *en*-+*tesouro*+-*ar*)
entestar *v.intr.* 1 confinar; ser limítrofe 2 formar testada 3 enfrentar; confrontar (De *en*-+*testa*+-*ar*)
enteu *adj.* 1 cheio de amor divino 2 inspirado por Deus (Do gr. *éntheos*, «inspirado pelos deuses», pelo lat. *enthĕu*-, «id.»)
entibecer *v.tr.,pron.* ⇒ **entibiar** (De *en*-+*tíbio*+-*ecer*)
entibiamento *n.m.* 1 ato ou efeito de entibiar ou entibiar-se 2 estado de tibieza 3 falta de vivacidade; frouxidão (De *entibiar*+-*mento*)
entibiar *v.tr.* 1 tornar tíbio 2 afrouxar 3 resfriar 4 enfraquecer; amolecer 5 diminuir o fervor de ■ *v.pron.* perder o calor, a energia, o entusiasmo (De *en*-+*tíbio*+-*ar*)
entidade *n.f.* 1 aquele ou aquilo que tem existência distinta e independente; ente; ser 2 indivíduo que ocupa lugar considerado importante; individualidade 3 FILOSOFIA a essência considerada em si mesma e não como existente num ser individual (Do lat. escol. *entitāte*-, «id.», de *ente*-, «ser»)
entijolar *v.tr.* cobrir ou construir de tijolo (De *en*-+*tijolo*+-*ar*)
entimema *n.m.* LÓGICA silogismo em que se subentende uma premissa ou a conclusão (Do gr. *enthýmema*, «conceção», pelo lat. *enthymēma*, «id.»)
entisicar *v.tr.* tornar tísico ■ *v.intr.,pron.* 1 tornar-se tísico; tuberculizar-se 2 emagrecer; definhar (De *en*-+*tísico*+-*ar*)

entivação *n.f.* construção provisória que suporta as terras durante uma escavação (De *entivar*+*-ção*)
entivador *n.m.* aquele que corta e coloca a madeira, para escoramento, em minas e poços (De *entivar*+*-dor*)
entivar *v.tr.* revestir (o terreno) com peças de metal ou de madeira para evitar os desabamentos (Do lat. *instipāre*, «ajuntar»)
ento- elemento de formação de palavras que exprime a ideia de dentro, interior (Do gr. *entós*, «dentro»)
-ento sufixo nominal de origem latina, que exprime a ideia de qualidade, semelhança, presença (*peçonhento; ferrugento; bolorento; nojento*)
entoação *n.f.* **1** ato ou efeito de entoar **2** modo de emitir um som vocal, dando modulação ao que se diz ou canta; inflexão **3** ato de dar o tom à música que vai interpretar **4** (pintura) harmonia de cores **5** LINGUÍSTICA variação na forma como se emite uma palavra ou um grupo de palavras, que revela se se trata de uma afirmação, uma pergunta, uma ordem, etc. (De *entoar*+*-ção*)
entoador *adj.,n.m.* que ou aquele que entoa (De *entoar*+*-dor*)
entoalhado *adj.* (religiosa) que usa toalha e véu (De *en-*+*toalha*+*-ado*)
entoamento *n.m.* ⇒ **entoação** (De *entoar*+*-mento*)
entoar *v.tr.* **1** fazer soar **2** executar (melodia) tocando ou cantando **3** dar tom a **4** solfejar **5** dar direção a (negócio, etc.) ■ *v.intr.* (cavalo) parar assustado (Do lat. *intonāre*, «ressoar»)
entoblasto *n.m.* HISTOLOGIA ⇒ **endoderma I** (Do gr. *entós*, «dentro» +*blastós*, «gérmen; botão»)
entocamento *n.m.* ato ou efeito de entocar ou entocar-se (De *entocar*+*-mento*)
entocar *v.tr.,pron.* meter(-se) em toca; encovilar(-se) (De *en-*+*toca*+*-ar*)
entocnémeo *adj.* situado na parte interna da tíbia ou da perna (Do gr. *entós*, «dentro» +*knéme*, «perna»)
entoderma *n.m.* BIOLOGIA ⇒ **endoderma**
entoderme *n.f.* BIOLOGIA ⇒ **endoderma**
entófito *adj.,n.m.* BOTÂNICA vegetal ou designação do vegetal parasita intracelular de outro vegetal; endófito (Do gr. *entós*, «dentro» +*phytón*, «planta»)
entoftalmia *n.f.* MEDICINA inflamação das partes internas do globo ocular (Do gr. *entós*, «dentro» +*ophthalmós*, «olho» +*-ia*)
entogar-se *v.pron.* vestir-se de toga (De *en-*+*toga*+*-ar*)
entoiçar *v.intr.* ⇒ **entouçar**
entoiceirar *v.intr.* ⇒ **entouçar**
entoirar *v.intr.* ⇒ **entourar**
entoiriçado *adj.* [pop.] ⇒ **entouriçado**
entoirir *v.tr.,intr.* ⇒ **entourir**
entojado *adj.* [Brasil] [pop.] vaidoso; empinado
entojar *v.tr.* causar nojo ou repugnância a (De *entejar*)
entojo /ô/ *n.m.* **1** ato ou efeito de entojar **2** nojo; repugnância (Deriv. regr. de *entojar*)
entómico *adj.* relativo aos insetos (Do gr. *éntomon*, «inseto» +*-ico*)
entomo- elemento de formação de palavras que exprime a ideia de inseto (Do gr. *éntomon*, «inseto»)
entomofagia *n.f.* **1** qualidade de entomófago **2** alimentação que consta sobretudo de insetos (De *entomo-*+*-fagia*)
entomófago *adj.* que se alimenta de insetos ■ *n.m.* ZOOLOGIA inseto himenóptero que, no estado larvar, é parasita de larvas de outros insetos (De *entomo-*+*-fago*)
entomófilo *n.m.* indivíduo que se dedica a colecionar ou estudar insetos ■ *adj.* **1** BOTÂNICA (planta, flor) cuja polinização se faz com intervenção de insetos **2** BOTÂNICA (polinização) realizado através da intervenção de insetos; entomógamo (De *entomo-*+*-filo*)
entomógamo *adj.* BOTÂNICA (polinização) que se realiza através da intervenção de insetos; entomófilo (De *entomo-*+*-gamo*)
entomologia *n.f.* tratado sobre os insetos; insectologia (Do gr. *éntomon*, «inseto» +*lógos*, «tratado» +*-ia*)
entomológico *adj.* respeitante à entomologia (De *entomologia*+*-ico*)
entomologista *n.2g.* ⇒ **entomólogo** (De *entomologia*+*-ista*)
entomólogo *n.m.* **1** pessoa versada em entomologia **2** entomófilo (Do gr. *éntomon*, «inseto» +*lógos*, «estudo»)
entomostráceo *adj.* ZOOLOGIA relativo aos entomostráceos ■ *n.m.* ZOOLOGIA espécime dos entomostráceos
entomostráceos *n.m.pl.* ZOOLOGIA grupo (subclasse) heterogéneo de crustáceos, cujo corpo é diversamente segmentado e que compreende formas livres e parasitas (Do gr. *éntomon*, «inseto» +*óstrakon*, «casca; concha» +*-eo*)

entomozoário *adj.* ZOOLOGIA diz-se de um animal de corpo segmentado ■ *n.m.pl.* ZOOLOGIA [ant.] animais com o corpo segmentado, incluindo os articulados e alguns vermes (De *entomo-*+*-zoário*)
entonação *n.f.* **1** ato ou efeito de entoar **2** orgulho; altivez; vaidade **3** modulação de voz; entoação (De *entonar*+*-ção*)
entonar *v.tr.* erguer (a cabeça) com entono, com altivez ■ *v.pron.* mostrar-se arrogante, soberbo (De *entono*+*-ar*)
entono /ô/ *n.m.* **1** orgulho; altivez; vaidade **2** modulação de voz; tom (Do cast. *entono*, «arrogância»)
entontar *v.tr.,intr.,pron.* ⇒ **entontecer** (De *en-*+*tonto*+*-ar*)
entontecedor *adj.* que faz entontecer (De *entontecer*+*-dor*)
entontecer *v.tr.,intr.,pron.* **1** causar ou sentir tontura ou vertigem; tornar ou ficar tonto **2** (fazer) perder o juízo ou a razão (De *en-*+*tonto*+*-ecer*)
entontecimento *n.m.* ato ou efeito de entontecer (De *entontecer*+*-i-*+*-mento*)
entóptico *adj.* diz-se do fenómeno visual (fosfenos, moscas-volantes, etc.) que tem origem no próprio olho (Do gr. *entós*, «dentro» +*óptico*, segundo o padrão grego)
entorna *n.f.* ato de entornar; derramamento (Deriv. regr. de *entornar*)
entornar *v.tr.* **1** inclinar ou voltar (recipiente), voluntariamente ou não, derramando o seu conteúdo **2** [fig.] difundir; espalhar **3** [fig.] prodigalizar **4** [pop.] beber **5** [fig.] deitar a perder ■ *v.intr.* [pop.] beber muito ■ *v.pron.* **1** virar-se **2** derramar-se **3** [pop.] embriagar-se; **~ o caldo** desarranjar um negócio, transtornar a boa ordem ou harmonia (Do lat. *in-*+*tornāre*, «tornear; voltar»)
entorneiro *n.m.* grande porção de líquido ou de outra substância entornada pelo chão (De *entornar*+*-eiro*)
entorpecente *adj.2g.* que entorpece ■ *n.m.* [Brasil] estupefaciente (De *entorpecer*+*-ente*)
entorpecer *v.tr.* **1** causar torpor a **2** amolecer **3** enfraquecer; debilitar **4** tirar a energia a **5** enfraquecer a capacidade de sentir ou reagir de **6** impedir, suspender ou retardar o movimento de ■ *v.intr.* **1** ficar em torpor **2** perder o vigor **3** enfraquecer **4** tornar-se mais lento (Do lat. *in-*+*torpescĕre*, «entorpecer»)
entorpecimento *n.m.* ato ou efeito de entorpecer; torpor; inação (De *entorpecer*+*-i-*+*-mento*)
entorroar *v.tr.,pron.* converter(-se) em torrões; enterroar(-se) (De *en-*+*torrão*+*-ar*)
entorse *n.f.* MEDICINA lesão traumática de uma articulação, sem que haja luxação (Do fr. *entorse*, «id.»)
entortadura *n.f.* ato ou efeito de entortar (De *entortar*+*-dura*)
entortar *v.tr.* **1** tornar torto **2** dobrar **3** recurvar **4** desviar da direção devida **5** [fig.] desviar do bom caminho ■ *v.intr.* **1** andar torto **2** desviar-se do bom caminho ■ *v.pron.* **1** tornar-se torto **2** [pop.] embriagar-se (De *en-*+*torto*+*-ar*)
entótico *adj.* diz-se das sensações auditivas originadas no próprio ouvido (Do grego *entós*, «dentro» +*oûs, otós*, «orelha» +*-ico*)
entoucar *v.tr.,intr.,pron.* vestir(-se) com touca ■ *v.intr.,pron.* NÁUTICA (amarra) envolver-se nos braços da âncora (De *en-*+*touca*+*-ar*)
entouçar *v.intr.* **1** criar touça **2** robustecer-se **3** engrossar (De *en-*+*touça*+*-ar*)
entouceirar *v.intr.* ⇒ **entouçar** (De *en-*+*touceira*+*-ar*)
entourado *adj.* **1** [regionalismo] zangado; amuado **2** [regionalismo] (porta) difícil de abrir **3** [regionalismo] (tábua) inchado pela humidade (Part. pass. de *entourar*)
entourar *v.intr.* **1** [regionalismo] zangar-se; amuar; embezerrar **2** [regionalismo] emperrar **3** [regionalismo] inchar com a humidade (De *en-*+*touro*+*-ar*)
entouriçado *adj.* empanturrado; inchado; entourido (De *entourir*+*-iço*+*-ado*)
entourido *adj.* [regionalismo] cheio; empanturrado; empachado (Part. pass. de *entourir*)
entourir *v.tr.,intr.* **1** [regionalismo] (fazer) engordar como um touro **2** [regionalismo] encher(-se); fartar(-se) (De *en-*+*touro*+*-ir*)
entozoário *n.m.* ZOOLOGIA animal que vive (em parasitismo ou comensalismo) no interior de outro animal, em especial, nos intestinos; endoparasita; verme intestinal (Do gr. *entós*, «dentro» +*zoárion*, «animalzinho»)
entrada *n.f.* **1** ato ou efeito de entrar **2** ingresso; admissão **3** chegada **4** acolhimento; recebimento **5** passagem ou abertura que dá acesso a um outro espaço; porta; portão **6** primeiro compartimento a que se tem acesso num edifício ou parte independente de um edifício; átrio **7** limiar de uma cavidade; orifício; boca **8** facilidade de acesso **9** princípio **10** ocasião propícia; ensejo **11** bilhete que dá direito a assistir a um espetáculo ou a um evento **12** preço desse bilhete **13** incursão em território inimigo **14** cada uma das

entrado

regiões angulares sem cabelo, junto à parte superior da testa **15** iguaria servida no início de uma refeição; aperitivo **16** pagamento inicial de um conjunto de parcelas em que foi dividido o valor total de um negócio ou de uma transação **17** quantia com que um sócio entra numa sociedade **18** palavra ou expressão registada alfabeticamente num dicionário ou enciclopédia que é objeto de tratamento (definição, tradução, etc.) **19** INFORMÁTICA conjunto de dados fornecidos ao computador ou a um periférico; **~ em cena** momento em que um artista ou um ator aparece no palco, início da participação ou do envolvimento de alguém em alguma coisa; *dar* **~** encaminhar (processo, documento) para ser resolvido ou analisado, ser admitido ou introduzido (em instituição, processo, etc.); *dar* **~ *a mercadorias*** fazer o registo comercial de mercadorias; *de* **~** no começo (Part. pass. fem. subst. de *entrar*)

entrado *adj.* **1** que entrou **2** [pop.] adiantado em idade **3** [pop.] um tanto embriagado (Part. pass. de *entrar*)

entradote *adj.* **1** [pop.] que já não é novo **2** [pop.] um tanto ébrio (De *entrado*+-*ote*)

entrajar *v.tr.* **1** trajar; vestir **2** vestir traje a; enroupar (De *en-*+*trajar*)

entraje *n.m.* **1** ato de entrajar **2** traje (Deriv. regr. de *entrajar*)

entralhação *n.f.* **1** ato ou efeito de entralhar **2** conjunto de cabos à superfície da água, aos quais se amarram as redes de uma armação de pesca (De *entralhar*+-*ção*)

entralhar *v.tr.* **1** prender nas malhas das redes **2** tecer as tralhas de **3** [fig.] embaraçar (De *en-*+*tralha*+-*ar*)

entralho *n.m.* fio com que se cose a rede à tralha (Deriv. regr. de *entralhar*)

entralhoada *n.f.* emaranhamento de entralhos (De *entralho*+-*ada*)

entrança *n.f.* **1** entrada **2** começo; princípio (De *entrar*+-*ança*)

entrançado *n.m.* **1** disposição em forma de trança **2** entrelaçamento ■ *adj.* **1** que forma trança **2** entrelaçado (Part. pass. de *entrançar*)

entrançador *adj.,n.m.* que ou aquele que entrança (De *entrançar*+-*dor*)

entrançadura *n.f.* **1** ato ou efeito de entrançar **2** disposição em forma de trança; entrançado (De *entrançar*+-*dura*)

entrançamento *n.m.* ⇒ **entrançadura** (De *entrançar*+-*mento*)

entrançar *v.tr.* **1** dispor em forma de trança **2** entrelaçar (De *en-*+*trança*+-*ar*)

entranha *n.f.* **1** ANATOMIA cada uma das vísceras do abdómen ou do tórax **2** *pl.* ventre materno **2** *pl.* [fig.] coração; âmago; íntimo **4** *pl.* [fig.] profundidade **5** *pl.* [fig.] carácter **6** *pl.* [fig.] sentimento (Do lat. *interanĕa*, «intestinos»)

entranhadamente *adv.* **1** do interior **2** profundamente **3** genuinamente **4** afetuosamente **5** de todo o coração (De *entranhado*+-*mente*)

entranhar *v.tr.* **1** meter nas entranhas, no interior **2** fazer penetrar profundamente **3** enraizar (no espírito, nos hábitos); arreigar ■ *v.pron.* **1** introduzir-se profundamente **2** enraizar-se (no espírito, nos hábitos) **3** [fig.] concentrar-se; dedicar-se muito (De *entranha*+-*ar*)

entranhável *adj.2g.* **1** que penetra nas entranhas **2** íntimo; profundo; arreigado **3** [fig.] que se insinua (De *entranhar*+-*vel*)

entranqueirar *v.tr.* **1** fortificar com tranqueiras **2** entrincheirar ■ *v.pron.* **1** fortificar-se **2** entrincheirar-se (De *en-*+*tranqueira*+-*ar*)

entrapado *adj.* **1** envolvido em trapos **2** esfarrapado **3** ferido, com feridas ligadas **4** [fig.] enfarpelado; enroupado (Part. pass. de *entrapar*)

entrapar *v.tr.* **1** cobrir ou envolver com trapos **2** emplastrar (De *en-*+*trapo*+-*ar*)

entrar *v.tr.,intr.* **1** ir para dentro (de) **2** penetrar (em) ■ *v.tr.* **1** começar, iniciar (atividade, experiência, etc.) **2** caber em (abertura) **3** ser incluído ou admitido (em) **4** tornar-se parte integrante de **5** chegar a 6 apresentar; interpor (pedido, etc.) **7** introduzir-se em **8** invadir **9** envolver-se **10** contribuir para; participar em **11** troçar de; divertir-se à custa de (alguém) ■ *v.intr.* ter início; começar; **~ em casa de** meter-se com alguém; **~ em cena** desempenhar um papel, começar a ser falado ou discutido; **~ em moda** começar a ser usado; **~ por um ouvido e sair pelo outro** não ser fixado na atenção, não ser considerado (Do lat. *intrāre*, «entrar em»)

entrasgado *adj.* [regionalismo] entalado; apertado (De *en-*+*trasga*+-*ado*)

entravador *adj.,n.m.* que ou o que entrava; que ou o que embaraça (De *entravar*+-*dor*)

entravamento *n.m.* ato ou efeito de entravar; entrave (De *entravar*+-*mento*)

entravar *v.tr.* **1** pôr entraves a **2** dificultar o desenvolvimento de; embaraçar **3** obstruir (De *en-*+*travar*)

entrave *n.m.* **1** impedimento; obstáculo **2** dificuldade (Deriv. regr. de *entravar*)

entre *prep.* **1** introduz expressões que designam: **1** situação intermédia (*entre o vermelho e o laranja*); **2** espaço intermédio (*entre a janela e a porta*); **3** intervalo de tempo com limites determinados (*entre as duas e as três horas*); **4** quantidade aproximada, tendo como equivalentes *cerca de*, *perto de* (*entre dez e vinte minutos*); **5** relação recíproca (*combinaram entre eles/si*) **2** no conjunto de (*entre todos os livros, escolhi aquele*); **~ as dez e as onze** em princípio de embriaguez, perplexo; **~ a vida e a morte** quase a morrer; **~ Cila e Carίbdis** em grande dificuldade; *por* **~** no meio de (Do lat. *inter*, «entre»)

entre- prefixo que exprime a ideia de *interposição* (no tempo ou no espaço), *reciprocidade* ou *oposição*, *quase*, *um pouco*, *começo*, *início de uma ação*, e se liga por hífen ao elemento seguinte quando este começa por *h*, aglutinando nos outros casos; se o elemento seguinte começar por *r* ou *s*, estas consoantes dobram)

entreaberta *n.f.* desanuviamento de uma parte do céu, em dia enevoado ou chuvoso (Part. pass. fem. subst. de *entreabrir*)

entreaberto *adj.* **1** um tanto aberto **2** que começou a abrir (Part. pass. de *entreabrir*)

entreabrir *v.tr.* **1** abrir incompletamente **2** abrir de mansinho ■ *v.intr.* **1** começar a abrir **2** (tempo) principiar a aclarar; desanuviar-se **3** (flor) desabrochar (De *entre*+*abrir*)

entreacto ver nova grafia **entreato**

entreajuda *n.f.* ajuda recíproca (Deriv. regr. de *entreajudar*)

entreajudar-se *v.pron.* ajudar-se mutuamente (De *entre*+*ajudar*)

entreato *n.m.* **1** TEATRO intervalo entre dois atos de uma representação **2** peça musical que se toca nesse intervalo **3** monólogo ou peça literária curta, recitada no mesmo intervalo (De *entre*+*acto*)

entrebanho *n.m.* reservatório das salinas, de onde sai a água para o caldeirão de mourar (De *entre*+*banho*)

entrebater *v.intr.* chocar com o(s) outro(s); embater ■ *v.pron.* **1** debater-se **2** digladiar-se; combater (De *entre*+*bater*)

entrebeijar-se *v.pron.* beijar-se reciprocamente (De *entre*+*beijar*)

entrebranco *adj.* quase branco; esbranquiçado (De *entre*+*branco*)

entrecabo *n.m.* NÁUTICA alinhamento entre dois cabos ou pontas de terra (De *entre*+*cabo*)

entrecambado *adj.* **1** HERÁLDICA diz-se das figuras em que uma parte que entra por outra se representa em cor diversa **2** emaranhado (De *entre*+*cambado*)

entrecana *n.f.* espaço entre as estrias ou meias-canas de uma coluna (De *entre*+*cana*)

entrecarga *n.f.* **1** intervalo entre dois fardos que constituem a carga de um animal **2** fardo que se coloca entre os dois fardos que constituem a carga normal (De *entre*+*carga*)

entrecasca *n.f.* BOTÂNICA parte mais interna da casca da árvore; entrecasco; entreforro **2** BOTÂNICA líber (De *entre*+*casca*)

entrecasco *n.m.* **1** parte superior do casco dos animais **2** BOTÂNICA parte mais interna da casca da árvore; entrecasca **3** BOTÂNICA casca tenra que fica aderente ao sobreiro, depois de se tirar a cortiça (De *entre*+*casco*)

entrecena *n.f.* **1** TEATRO o que se passa ou decorre entre as cenas; entreato **2** pequena cena dramática ou musical que se representa no intervalo entre os atos de uma peça (De *entre*+*cena*)

entrecerrar *v.tr.* não cerrar de todo (De *entre*+*cerrar*)

entrechar *v.tr.* **1** fazer o entrecho ou o enredo de **2** imaginar; fantasiar; urdir (Do it. *intrecciare*, «entrançar»)

entrecho /ê/ *n.m.* ação ou argumento de obra literária de ficção, de fita cinematográfica, etc.; enredo; urdidura (Do it. *intreccio*, «enredo»)

entrechocar *v.intr.* embater um no outro, ou uns nos outros ■ *v.pron.* [fig.] estar em oposição; contrariar-se (De *entre*+*chocar*)

entrechoque *n.m.* **1** ato de entrechocar ou entrechocar-se **2** embate; colisão **3** [fig.] oposição (Deriv. regr. de *entrechocar*)

entrecilhas *n.f.pl.* parte do corpo do cavalo, entre o sovaco e o lugar da cilha (De *entre*+*cilhas*)

entrecoberta *n.f.* NÁUTICA espaço entre duas pontes ou cobertas do navio (De *entre*+*coberta*)

entrecolher *v.tr.* [regionalismo] arrancar plantas que ficaram depois da colheita (De *entre*+*colher*)

entreconhecer *v.tr.* **1** conhecer mal **2** lembrar-se a custo de ■ *v.pron.* conhecer-se reciprocamente (De *entre*+*conhecer*)

entrecoro /ô/ *n.m.* espaço entre o coro e o altar-mor (De *entre*+*coro*)

entrecorrer *v.tr.* correr entre ■ *v.intr.* passar-se ou suceder entretanto; decorrer (De *entre*+*correr*)

entrecortar v.tr. 1 interromper com cortes 2 cortar ou dividir 3 [fig.] interromper de vez em quando ■ v.pron. 1 cruzar-se 2 formar interseção (De entre+cortar)

entrecorte n.m. 1 ARQUITETURA espaço entre duas abóbadas que se sobrepõem 2 interseção 3 arredondamento das esquinas dos edifícios, para facilitar a viação (Deriv. regr. de entrecortar)

entrecostado n.m. NÁUTICA reforço de madeira, entre os costados interno e externo do navio (De entre+costado)

entrecosto /ô/ n.m. 1 espinhaço com carne e parte da costela da rês 2 carne entre as costelas da rês (De entre+costa [= costela], ou do fr. entrecôte, «id.»)

entrecruzamento n.m. ato ou efeito de entrecruzar-se (De entre-cruzar+-mento)

entrecruzar-se v.pron. cruzar-se entre si (De entre+cruzar)

entredente n.m. ⇒ **crena**¹ 2 (De entre+dente)

entredevorar-se v.pron. devorar-se mutuamente (De entre+devorar)

entredia adv. durante o dia (De entre+dia)

entredilacerar-se v.pron. dilacerar-se mutuamente (De entre+dilacerar)

entredisputar v.tr. disputar entre si (De entre+disputar)

entredizer v.tr. dizer para si; monologar (De entre+dizer)

entredormido adj. meio acordado; quase a dormir (De entre+dormido)

entredúvida n.f. estado de espírito entre a certeza e a dúvida; perplexidade (De entre+dúvida)

entreferro n.m. 1 ELETRICIDADE intervalo entre as peças polares de um íman ou de um eletroíman 2 ELETRICIDADE espaço entre o indutor e o induzido, num gerador elétrico 3 ELETRICIDADE espaço num circuito elétrico ou eletromagnético em que as linhas de indução não passam na armadura (De entre+ferro)

entrefestejar v.tr. festejar entre si ou em família (De entre+festejar)

entrefigurar-se v.pron. dar a ideia de; afigurar-se; parecer (De entre+figurar)

entrefino adj. 1 que nem é fino nem grosso 2 intermédio; meão (De entre+fino)

entrefolha /ô/ n.f. folha lisa, ou em branco, no meio de outras pautadas ou impressas (De entre+folha)

entrefolhar v.tr. colocar entre as folhas (De entre+folha+-ar)

entrefolho /ô/ n.m. 1 VETERINÁRIA perturbação digestiva proveniente de indigestão no folhoso dos ruminantes, em especial no boi 2 [mais usado no plural] lugar recôndito; recanto; esconderijo; escaninho (De entre+folho)

entreforro /ô/ n.m. 1 pano forte que se mete entre o forro e o tecido exterior de uma peça de vestuário, geralmente para lhe dar consistência; entretela 2 forro do telhado 3 ⇒ **entrecasca** 1 (De entre+forro)

entrega n.f. 1 ato ou efeito de entregar 2 transmissão para a posse de alguém 3 pagamento 4 rendição 5 traição 6 [fig.] dedicação a alguém ou a alguma coisa (Deriv. regr. de entregar)

entregadoiro adj. ⇒ **entregadouro**

entregador adj.,n.m. 1 que ou aquele que entrega 2 distribuidor 3 traidor 4 denunciante (De entregar+-dor)

entregadouro adj. que se deve entregar (De entregar+-douro)

entregar v.tr. 1 pôr (alguma coisa) nas mãos ou na posse de outrem 2 confiar temporariamente para certo fim 3 deixar em determinado lugar 4 depositar 5 pagar 6 denunciar 7 trair a confiança de 8 dar; outorgar 9 devolver; restituir ■ v.pron. 1 dedicar-se 2 ocupar-se exclusivamente 3 submeter-se; sujeitar-se 4 render-se; dar-se por vencido; ~ *a alma ao Criador* morrer; ~ *o jogo* ceder, dar vantagem ao adversário (Do lat. integrāre, «renovar; fazer restituir»)

entregue adj.2g. 1 deposto nas mãos ou na posse de 2 recebido 3 ocupado 4 absorto (Deriv. regr. de entregar)

entre-hostil adj.2g. um tanto hostil (De entre+hostil)

entrejunta n.f. ⇒ **entrenó** (De entre+junta)

entrelaçado adj. 1 que está enlaçado noutro 2 que se entreligou ou entrançou ■ n.m. obra de entrelaçamento; conjunto de coisas ou motivos enlaçados uns nos outros (Part. pass. de entrelaçar)

entrelaçamento n.m. 1 ato ou efeito de entrelaçar 2 cruzamento (De entrelaçar+-mento)

entrelaçar v.tr. 1 ligar (uma coisa a outra) fazendo-a passar ora por baixo ora por cima 2 prender 3 enlaçar 4 combinar; ligar (De entre+laçar)

entrelembrar-se v.pron. lembrar-se vagamente (De entre+lembrar)

entreligar v.tr. ligar entre si (De entre+ligar)

entrelinha n.f. 1 espaço entre duas linhas 2 o que se escreve nesse espaço 3 peça para espaçar a composição tipográfica 4 [fig.] aquilo que está implícito ou subentendido 5 [fig.] interpretação; ilação mental; *ler nas entrelinhas* compreender muito bem (para lá do que se diz ou escreve), tirar ilações (De entre+linha)

entrelinhamento n.m. 1 ato ou efeito de entrelinhar 2 TIPOGRAFIA espaço entre as linhas de um texto (De entrelinhar+-mento)

entrelinhar v.tr. 1 abrir ou manter espaços em branco entre as linhas escritas de (um texto) 2 escrever nas entrelinhas 3 traduzir ou comentar nas entrelinhas 4 intervalar 5 espacejar (De entrelinha+-ar)

entreluzir v.intr. 1 começar a luzir 2 luzir frouxamente; bruxulear 3 luzir através de algo 4 mostrar-se de forma incompleta; entremostrar-se ■ v.tr. vislumbrar; divisar (De entre+luzir)

entremaduro adj. meio maduro e meio verde (De entre+maduro)

entremanhã n.f. crepúsculo da manhã (De entre+manhã)

entremeada n.f. gordura de porco com carne de permeio, usada na alimentação; toucinho entremeado (Part. pass. fem. subst. de entremear)

entremeado adj. 1 que tem outras substâncias de permeio 2 misturado; mesclado 3 alternado 4 (toucinho) que tem carne magra de permeio 5 (presunto) que tem muita gordura (Part. pass. de entremear)

entremear v.tr. 1 pôr de permeio 2 misturar; intercalar; entressachar 3 alternar ■ v.pron. estar de permeio; interpor-se (De entremeio+-ar)

entremecha n.f. NÁUTICA trave que liga um costado do navio ao outro, quando ele está alquebrado (Do fr. entremise, «mediação», do lat. intermissu-, «colocado entre»)

entremeio n.m. 1 espaço entre dois extremos ou dois pontos genéricos 2 intervalo 3 tira rendada que liga dois espaços lisos de tecido 4 o que está de permeio; intermédio (De entre+meio)

entrementes adv. 1 entretanto 2 neste meio tempo ■ n.m. tempo intermédio (De entre+port. ant. dementes, «entretanto»)

entremês n.m. [regionalismo] trigo tremês (De en-+tremês)

entremesa n.f. tempo de uma refeição (De entre+mesa)

entremeter v.tr. 1 meter entre; meter de permeio 2 intrometer ■ v.pron. 1 interpor-se; intrometer-se; intervir 2 aventurar-se; atrever-se (De entre+meter)

entremetimento n.m. ato ou efeito de entremeter ou entremeter-se (De entremeter+-i-+-mento)

entremez n.m. TEATRO pequena composição dramática, jocosa ou burlesca; farsa (Do prov. entremetz, «entre um prato e outro», pelo cast. entremés, «peça em um ato»)

entremezada n.f. episódio burlesco; cena ridícula; farsada (De entremez+-ada)

entremezado adj. que tem feição de entremez (De entremez+-ado)

entremezista n.2g. 1 pessoa que faz entremezes 2 pessoa que representa entremezes; farsante (De entremez+-ista)

entremisturar v.tr. misturar; confundir (De entre+misturar)

entremodilhão n.m. espaço entre dois modilhões (De entre+modilhão)

entremontano adj. situado entre montes (De entre+montano)

entremontes n.m.2n. ⇒ **vale**¹ (De entre+montes)

entremostrar v.tr. deixar entrever; revelar parcialmente (De entre+mostrar)

entrenó n.m. BOTÂNICA espaço compreendido entre dois nós consecutivos de um caule; entrejunta (De entre+nó)

entrenoite adv. no decorrer da noite (De entre+noite)

entrenoute adv. ⇒ **entrenoite**

entrenublado adj. 1 meio escondido por detrás das nuvens 2 velado por nuvens pouco espessas (De entre+nublado)

entrenublar-se v.pron. (céu) mostrar-se transparente entre nuvens (De entre+nublar)

entreolhar-se v.pron. olhar-se reciprocamente (De entre+olhar)

entreouvir v.tr. ouvir indistintamente; não perceber bem (De entre+ouvir)

entrepano n.m. tábua de estante ou armário, que divide as prateleiras de alto a baixo (De entre+pano)

entrepassar v.tr. passar por entre; perpassar (De entre+passar)

entrepasso n.m. espécie de passo travado da cavalgadura, entre o trote e o galope (De entre+passo)

entrepausa n.f. pausa intermédia; interrupção (De entre+pausa)

entrepernas n.m.2n. 1 parte superior e interior das coxas 2 parte do vestuário correspondente à parte superior e interior das coxas ■ adv. entre as pernas (De entre+pernas)

entrepiso n.m. [Brasil] piso intercalado entre outros dois

entreplicar v.intr. [pop.] intrometer-se, provocando; implicar (De entre+implicar)

entreponte n.f. NÁUTICA ⇒ **entrecoberta** (De entre+ponte)

entrepor v.tr. pôr entre; meter de permeio (Do lat. *interponĕre*, «id.»)

entrepósito n.m. ⇒ **entreposto**

entreposto /ô/ n.m. 1 grande depósito de mercadorias; armazém 2 ponto comercial de grande importância; empório (Do lat. *interposĭtu-*, «interposto», part. pass. de *interponĕre*, «interpor»)

entreprender v.tr. assaltar de improviso; empreender (Do fr. *entreprendre*, «empreender»)

entrepresa n.f. 1 ato ou efeito de entreprender 2 empresa 3 assalto imprevisto (Do fr. *entreprise*, «empresa»)

entrequerer-se v.pron. estimar-se mutuamente (De *entre+querer*)

entrerregar v.tr. regar interiormente (De *entre+regar*)

entrescolher v.tr. escolher à pressa, ao acaso (De *entre+escolher*)

entrescutar v.tr. 1 escutar com intervalos 2 escutar à distância (De *entre+escutar*)

entresilhado adj. magro; esgrouviado (Do cast. *trasijado*, «id.»)

entresilhar v.tr.,intr. enfraquecer; emagrecer (De *entresilhado*)

entressachar v.tr. 1 entremear; intercalar 2 misturar (De *entre+sachar*)

entresseio n.m. 1 cavidade ou rebaixe, entre duas elevações 2 sinuosidade 3 intervalo 4 vão (De *entre+seio*)

entressemear v.tr. 1 semear ou plantar de permeio 2 entremisturar; entremear (De *entre+semear*)

entressola n.f. peça entre a palmilha e a sola do calçado (De *entre+sola*)

entressolhar v.tr. prover de entressolho (De *entressolho+-ar*)

entressolho /ô/ n.m. 1 vão entre o teto de um andar e o soalho do andar superior 2 espaço entre o chão e o soalho 3 aposento baixo 4 sobreloja (De *entre+solho*)

entressonhar v.tr. sonhar vagamente; imaginar ■ v.intr. devanear (De *entre+sonhar*)

entressonho /ô/ n.m. 1 sonho vago 2 imaginação 3 [fig.] devaneio (De *entre+sonho*)

entressorrir v.intr. sorrir ligeiramente (De *entre+sorrir*)

entressorriso n.m. sorriso vago; meio sorriso (De *entre+sorriso*)

entretalhador adj.,n.m. 1 que ou aquele que entretalha 2 entalhador (De *entretalhar+-dor*)

entretalhadura n.f. ⇒ **entretalho** (De *entretalhar+-dura*)

entretalhar v.tr. 1 abrir baixos-relevos em 2 esculpir ■ v.intr. fazer entretalhos (De *entre+talhar*)

entretalho n.m. lavor recortado em papel, pano ou pele, deixando claros que representam quaisquer figuras ou desenhos; baixo-relevo (Deriv. regr. de *entretalhar*)

entretanto adv. neste ou naquele meio tempo ou intervalo ■ n.m. intervalo de tempo (De *entre+tanto*)

entretecedor adj.,n.m. que ou aquele que entretece ou entrelaça (De *entretecer+-dor*)

entretecedura n.f. 1 ato ou efeito de entretecer 2 entrelaçamento (De *entretecer+-dura*)

entretecer v.tr. 1 tecer através de entremeio 2 ligar (uma coisa a outra) fazendo-a passar ora por baixo ora por cima; entrelaçar 3 inserir; integrar 4 [fig.] formar ou conceber pouco a pouco ■ v.pron. entrelaçar-se (De *entre+tecer*)

entretecimento n.m. ⇒ **entretecedura** (De *entretecer+-i-+-mento*)

entretela n.f. 1 pano forte que se mete entre o forro e o tecido exterior 2 contraforte de muro (De *entre+tela*)

entretelar v.tr. 1 pôr entretela em 2 fortificar com entretelas (De *entretela+-ar*)

entretém n.m. [pop.] ⇒ **entretenimento** (De *entreter*)

entretenga n.f. [regionalismo] ⇒ **entretenimento** (Do cast. *entretener*, «entreter»)

entretenimento n.m. 1 ato ou efeito de entreter ou entreter-se 2 aquilo que serve para distrair ou para ajudar a passar o tempo 3 divertimento; passatempo 4 conjunto de atividades e espetáculos relacionados com as áreas do teatro, cinema, música, televisão 5 retardamento propositado 6 engano; logro 7 disfarce (Do cast. *entretenimiento*, «id.»)

entreter v.tr. 1 interessar e divertir 2 demorar com promessas, esperanças, etc.; retardar; reter 3 iludir; lograr 4 conservar; manter ■ v.pron. 1 ocupar-se por distração 2 divertir-se 3 deter-se; ficar parado 4 demorar-se (Do cast. *entretener*, «id.»)

entretesta n.f. tira de pano diferente, que vem no fim da teia (Do lat. *intertexta [tela]*, «tecido de permeio»)

entretimento n.m. ⇒ **entretenimento** (De *entreter+-i-+-mento*)

entretinho n.m. 1 [pop.] comida da ave 2 [pop.] mesentério do porco (De orig. obsc.)

entretom n.m. intervalo entre dois tons (De *entre+tom*)

entreturbar v.tr. 1 perturbar ligeiramente 2 interromper de leve (Do lat. *interturbāre*, «perturbar»)

entreunir v.tr. unir entre si (De *entre+unir*)

entrevação n.f. ato ou efeito de entrevar ou entrevecer; paralisia (De *entrevar+-ção*)

entrevado[1] adj. rodeado de trevas (De *en-+treva+-ado*)

entrevado[2] adj.,n.m. que ou aquele que não se pode mover; paralítico (Part. pass. de *entrevar*)

entrevamento n.m. ⇒ **entrevação** (De *entrevar+-mento*)

entrevar[1] v.tr.,intr.,pron. tornar(-se) paralítico (De *entravar*)

entrevar[2] v.tr.,pron. cobrir(-se) de trevas; escurecer (De *en-+treva+-ar*)

entreveado adj. [regionalismo] (toucinho) entremeado de veios vermelhos ou fibrosos (De *entre+veio+-ado*)

entrevecer[1] v.tr.,intr.,pron. ⇒ **entrevar**[1]

entrevecer[2] v.tr.,pron. ⇒ **entrevar**[2] (De *en-+treva+-ecer*)

entrevecimento n.m. ⇒ **entrevação** (De *entrevecer+-i-+-mento*)

entrever v.tr. 1 ver indistintamente; distinguir mal 2 divisar 3 pressentir; prever ■ v.pron. 1 ver-se de passagem 2 ver-se reciprocamente 3 ter entrevista com (De *entre+ver*)

entreverar v.tr.,pron. [Brasil] baralhar(-se) as tropas que se combatem (Do cast. *entreverar*, «misturar»)

entreverde adj. diz-se de uma casta de uva da região do Douro ■ n.m. vinho dessa uva (De *entre+verde*)

entrevero n.m. [Brasil] ato ou efeito de entreverar; mistura de tropas que se combatem (Do cast. *entrevero*, «mistura confusa»)

entrevinda n.f. vinda ou chegada repentina ou inesperada (De *entre+vinda*)

entrevista[1] n.f. 1 encontro combinado ou conferência aprazada 2 conversa em que um (ou mais) dos interlocutores (jornalista, psicólogo, possível empregador) faz perguntas a outro 3 declarações que um jornalista obtém de alguém, e depois publica; **~ coletiva** [Brasil] conferência de imprensa (Do ing. *interview*, «id.»)

entrevista[2] n.f. peça vistosa posta por debaixo de um tecido transparente (De *entrevisto*)

entrevistador adj. que entrevista ■ n.m. aquele que entrevista (De *entrevistar+-dor*)

entrevistar v.tr. 1 ter entrevista com 2 fazer perguntas a 3 recolher opiniões ou declarações de alguém, para publicar na imprensa (De *entrevista+-ar*)

entrevisto adj. 1 visto imperfeitamente; mal divisado 2 previsto; pressentido (Part. pass. de *entrever*)

entrilhar v.tr. 1 meter no trilho ou na trilha 2 fazer rodar (um veículo) sobre os trilhos dos carros elétricos (De *en-+trilho+-ar*)

entrincheiramento n.m. 1 ato ou efeito de entrincheirar ou de entrincheirar-se 2 MILITAR fortificação de campanha constituída por escavações combinadas com massas cobridoras de terra, destinada a permitir a proteção dos combatentes, o seu movimento e o tiro 3 defesa; refúgio 4 [fig.] evasiva (De *entrincheirar+-mento*)

entrincheirar v.tr. fortificar com trincheiras ou barricadas ■ v.pron. 1 defender-se com trincheiras 2 [fig.] firmar-se, quanto possível, numa prova ou num argumento (De *en-+trincheira+-ar*)

entripado adj. 1 (caça) ferido no ventre 2 [regionalismo] que se sente nos intestinos (De *en-+tripa+-ado*)

entristecer v.tr.,intr.,pron. 1 tornar(-se) triste; penalizar(-se) 2 estiolar(-se); murchar (De *en-+triste+-ecer*)

entristecimento n.m. 1 ato ou efeito de entristecer ou entristecer-se 2 tristeza (De *entristecer+-i-+-mento*)

entriteiras n.f.pl. [regionalismo] peças do carro que abraçam o eixo da roda, deixando-o solidário com a roda; treitouras; treitoiras (De *en-+treitoira*)

entrizar-se v.pron. [regionalismo] erguer-se para resistir (De *inteiriçar-se?*)

entroixar v.tr. ⇒ **entrouxar**

entroixo n.m. ⇒ **entrouxo**

entrolhos n.m.pl. 1 venda que se põe ao animal que puxa à nora 2 pedaços de cabedal que se põem ao lado dos olhos do cavalo para que este olhe só para a frente (De *entre+olhos*)

entrombar-se v.pron. ficar de trombas; amuar (De *en-+tromba+-ar*)

entronar v.tr. 1 pôr no trono 2 exaltar (De *en-+trono+-ar*)

entroncado adj. 1 que engrossou; que adquiriu tronco 2 ligado ao tronco ou estirpe de uma família 3 [fig.] que se ramificou a partir de algo 4 [fig.] largo de ombros; corpulento (Part. pass. de *entroncar*)

entroncamento n.m. 1 ato ou efeito de entroncar ou de entroncar-se 2 lugar onde se reúnem dois ou mais caminhos ou vias

públicas **3** junção de duas ou mais linhas-férreas **4** ligação de uma coisa a outra já existente; ramificação (De *entroncar+-ção*)
entroncar *v.tr.* **1** reunir a um tronco (geração) **2** reunir-se (uma via a outra) **3** inserir ■ *v.intr.* criar tronco; engrossar ■ *v.pron.* **1** ligar-se (a um tronco de geração) **2** reunir-se (De *en-+tronco+-ar*)
entronchar *v.intr.* tornar-se tronchudo ou repolhudo (De *en-+troncha+-ar*)
entronização *n.f.* ato ou efeito de entronizar ou entronizar-se (De *entronizar+-ção*)
entronizamento *n.m.* ⇒ **entronização** (De *entronizar+-mento*)
entronizar *v.tr.* **1** colocar no trono; entronar **2** [fig.] colocar em lugar elevado; elevar **3** [fig.] atribuir qualidades excecionais a; exaltar **4** [fig.] considerar superior ■ *v.pron.* subir ao trono (De *en-+trono+-izar*)
entronquecer *v.intr.* **1** ganhar tronco **2** engrossar (De *en-+tronco+-ecer*)
entropeçar *v.tr.,intr.* [pop.] ⇒ **tropeçar** (De *en-+tropeçar*)
entropeço *n.m.* **1** tropeço **2** empecilho; embaraço (Deriv. regr. de *entropeçar*)
entropia *n.f.* **1** FÍSICA (termodinâmica) função que define o estado de desordem de um sistema **2** valor que permite avaliar esse estado de desordem e que vai aumentando à medida que este evolui para um estado de equilíbrio **3** medida de perda de informação numa mensagem ou sinal transmitido (Do gr. *entropé*, «mudança; volta», pelo fr. *entropie*, «entropia»)
entrópico *adj.* relativo à entropia (De *entropia+-ico*)
entrós *n.m.* (plural **entroses**) ⇒ **entrosa**
entrosa *n.f.* **1** roda dentada que engrena noutra **2** endentação **3** espaço entre os dentes da roda (Do lat. *introrsu-*, «que está virado para dentro»)
entrosagem *n.f.* ⇒ **entrosamento** (De *entrosar+-agem*)
entrosamento *n.m.* **1** ato ou efeito de entrosar **2** [fig.] ligação harmoniosa; adequação mútua **3** [fig.] entendimento **4** [fig.] adaptação (De *entrosar+-mento*)
entrosar *v.tr.* **1** engrenar **2** endentar **3** ligar de forma harmoniosa **4** fazer funcionar bem em conjunto ■ *v.pron.* funcionar bem em conjunto (De *entrosa+-ar*)
entrouxar *v.tr.* **1** fazer trouxas de **2** guardar em trouxa **3** dar forma de trouxa a **4** embrulhar (De *en-+trouxa+-ar*)
entrouxo *n.m.* trouxa (Deriv. regr. de *entrouxar*)
entroviscada *n.f.* pesca criminosa por meio de trovisco (planta venenosa) que se lança nos rios para matar o peixe (Part. pass. fem. subst. de *entroviscar*)
entroviscado[1] *adj.* que se entroviscou (Part. pass. de *entroviscar*)
entroviscado[2] *adj.* **1** enevoado **2** [fig.] perturbado; enervado **3** [pop.] um tanto ébrio (De *enturviscado*)
entroviscar *v.tr.* **1** pescar por meio de entroviscada **2** [fig.] malquistar; indispor (De *en-+trovisco+-ar*)
entroviscar-se *v.pron.* **1** (tempo) enevoar-se; ameaçar chuva; turbar-se **2** [fig.] complicar-se (De *enturviscar*)
entrudada *n.f.* **1** brincadeira carnavalesca **2** [fig.] coisa ou cena irrisória (De *Entrudo+-ada*)
entrudar *v.tr.* fazer partidas de Entrudo a ■ *v.intr.* celebrar o Entrudo (De *Entrudo+-ar*)
entrudeiro *adj.* **1** que gosta de jogar o Entrudo **2** entrudesco (De *Entrudo+-eiro*)
entrudesco /ê/ *adj.* **1** do Entrudo **2** próprio do Entrudo **3** carnavalesco (De *Entrudo+-esco*)
Entrudo *n.m.* **1** dias de festejo anteriores à Quarta-Feira de Cinzas; Carnaval **2** [com minúscula] [fig.] folia **3** [com minúscula] [fig.] farsa **4** [com minúscula] [fig.] excesso (Do latim *introïtu*, «entrada»)
entubação *n.f.* MEDICINA ato ou efeito de entubar (De *entubar+-ção*)
entubar *v.tr.* **1** introduzir tubo em **2** dar forma de tubo a (De *en-+tubo+-ar*)
entuchar *v.tr.* suportar calado (uma afronta) ■ *v.intr.* calar-se; emudecer (De *atochar?*)
entufar *v.tr.* **1** fazer inchar; intumescer **2** [fig.] tornar vaidoso ■ *v.pron.* ensoberbecer-se (De *en-+tufar*)
entulhar[1] *v.tr.* **1** encher de entulho **2** entupir **3** atravancar (De *entulho+-ar*)
entulhar[2] *v.tr.* **1** meter em tulha (cereais, frutos pequenos, etc.) **2** abarrotar **3** empanturrar; enfartar ■ *v.pron.* abarrotar-se; encher-se (De *en-+tulha+-ar*)
entulho *n.m.* **1** ato ou efeito de entulhar **2** porção de fragmentos que resultam de uma demolição ou desmoronamento **3** tudo o que enche uma cavidade ou fosso **4** [fig.] coisa ou montão de coisas sem importância **5** [fig.] pessoa inútil (De *tulha*)

entumecência *n.f.* ⇒ **intumescência**
entumecente *adj.2g.* ⇒ **intumescente**
entumecer *v.tr.,intr.* ⇒ **intumescer**
entumecimento *n.m.* ⇒ **intumescimento**
entunicado *adj.* **1** que tem túnicas concêntricas **2** formado de membranas imbricadas **3** BOTÂNICA diz-se do bolbo, como a cebola, cujas folhas, laminiformes, se cobrem umas às outras (De *en-+túnica+-ado*)
entupido *adj.* **1** tapado; obstruído **2** cheio **3** [fig.] embatucado; incapaz de responder, de replicar **4** [pop.] que tem prisão de ventre (Part. pass. de *entupir*)
entupimento *n.m.* **1** ato ou efeito de entupir ou de entupir-se **2** obstrução **3** [fig.] embaraço (De *entupir+-mento*)
entupir *v.tr.* **1** tapar (cano, orifício, etc.) **2** impedir o escoamento de; obstruir **3** encher até mais não caber; atulhar **4** [fig.] deixar sem palavras ■ *v.intr.,pron.* **1** obstruir-se **2** [fig.] ficar sem palavras; embatucar (De *en-+tupir*)
enturvação *n.f.* ato ou efeito de enturvar ou enturvar-se (De *enturvar+-ção*)
enturvar *v.tr.* **1** tornar turvo **2** fazer perder a clareza ou a nitidez **3** tirar brilho ou transparência; embaciar **4** [fig.] perturbar **5** [fig.] entristecer ■ *v.pron.* **1** perder a transparência ou a limpidez **2** toldar-se (De *en-+turvar*)
enturvecer *v.tr.,intr.* tornar(-se) turvo (De *en-+turvo+-ecer*)
enturviscar *v.intr.* (tempo) tornar-se turvo; anuviar-se (De *en-+turvo+-iscar*)
entusiasmante *adj.2g.* **1** que provoca entusiasmo **2** encorajante (De *entusiasmar+-ante*)
entusiasmar *v.tr.* **1** encher de entusiasmo **2** provocar forte interesse em **3** suscitar o empenho e a dedicação de **4** encorajar **5** encher de alegria ■ *v.pron.* **1** sentir entusiasmo **2** interessar-se vivamente **3** deixar-se arrebatar (De *entusiasmo+-ar*)
entusiasmável *adj.2g.* suscetível de se entusiasmar (De *entusiasmar+-vel*)
entusiasmo *n.m.* **1** forte interesse por determinada causa, coisa ou pessoa, que se traduz em dedicação ou adesão **2** vontade de ação; espírito de iniciativa **3** demonstração expansiva (e geralmente ruidosa) de alegria **4** inspiração (Do gr. *enthousiasmós*, «inspiração divina», pelo lat. *enthusiasmu-*, «entusiasmo»)
entusiasta *n.2g.* **1** pessoa que demonstra grande interesse por causa, coisa ou pessoa **2** admirador fervoroso (Do fr. *enthousiaste*, «id.»)
entusiástico *adj.* **1** que revela entusiasmo **2** que revela forte interesse ou empenho **3** arrebatado (Do gr. *enthousiastikós*, «levado ao entusiasmo»)
enublação *n.f.* ato ou efeito de enublar (De *enublar+-ção*)
enublado *adj.* (céu) coberto de nuvens; enevoado (Part. pass. de *enublar*)
enublar *v.tr.,pron.* ⇒ **nublar** (Do lat. *innubilāre*, «cobrir de nuvens»)
enucleação *n.f.* **1** ato ou efeito de enuclear **2** extirpação (De *enuclear+-ção*)
enuclear *v.tr.* **1** extrair o caroço ou o núcleo de (fruta) **2** extirpar (órgão, tumor, encapsulado) através de incisão **3** [fig.] explicar; esclarecer (Do lat. *enucleāre*, «tirar o caroço a»)
énula *n.f.* BOTÂNICA planta herbácea, da família das Compostas, aplicada em medicina (Do lat. *inŭla*, «id.»)
énula-campana *n.f.* BOTÂNICA ⇒ **énula**
enumeração *n.f.* **1** ato ou efeito de enumerar **2** apresentação sucessiva de vários elementos de um conjunto **3** sucessão baseada na série natural dos números **4** relação metódica; exposição; listagem **5** conta **6** figura de retórica que consiste na apresentação sucessiva das partes de um todo **7** RETÓRICA parte do discurso que antecede a peroração e em que se recapitulam todas as provas apresentadas na argumentação (Do lat. *enumeratiōne-*, «id.»)
enumerador *adj.,n.m.* que ou aquele que enumera (De *enumerar+-dor*)
enumerar *v.tr.* **1** referir ou especificar sucessivamente (cada uma das partes de um conjunto) **2** contar (um a um) **3** numerar **4** narrar metodicamente (Do lat. *enumerāre*, «id.»)
enumerativo *adj.* **1** que enumera **2** que serve para a enumeração (De *enumerar+-tivo*)
enumerável *adj.2g.* que se pode enumerar (De *enumerar+-vel*)
enunciação *n.f.* **1** ato ou efeito de enunciar **2** exposição **3** proposição; asserção; tese **4** LINGUÍSTICA ato mediante o qual um sujeito, em dado contexto comunicativo, utiliza a língua, produzindo um enunciado (Do lat. *enuntiatiōne-*, «id.»)
enunciado *n.m.* **1** exposição clara de uma proposição a definir, explicar ou demonstrar **2** conjunto de perguntas de uma prova

enunciador

escrita **3** LINGUÍSTICA sequência discursiva de extensão variável resultante de um ato de enunciação ▪ *adj.* que se expôs; expresso; declarado (Do lat. *enuntiātu-*, «proposição; enunciado»)

enunciador *adj.,n.m.* que ou aquele que enuncia ▪ *n.m.* LINGUÍSTICA pessoa que, num dado contexto de comunicação, produz enunciados e textos dirigidos a um interlocutor (Do lat. *enuntiatōre*, «o que enuncia»)

enunciar *v.tr.* expor com clareza; exprimir; declarar ▪ *v.pron.* manifestar-se (Do lat. *enuntiāre*, «id.»)

enunciativo *adj.* **1** que enuncia **2** expressivo (Do lat. *enuntiatīvu-*, «id.»)

enunciável *adj.2g.* **1** que se pode enunciar **2** exprimível (De *enunciar+-vel*)

enurese *n.f.* MEDICINA emissão involuntária ou inconsciente da urina; incontinência de urinas (Do gr. *en-*, «para dentro» *+ourein*, «urinar»)

enuresia *n.f.* ⇒ **enurese** (Do fr. *énurésie*, «id.»)

enuviar *v.tr.,pron.* ⇒ **anuviar** (Do lat. *innubilāre*, «cobrir de nuvens»)

envaginado *adj.* ⇒ **invaginado** (Part. pass. de *envaginar*)

envaginante *adj.2g.* ⇒ **invaginante** (De *envaginar+-ante*)

envaginar *v.tr.* ⇒ **invaginar** (Do lat. *in-+vagīna-*, «bainha; vagina» *+-ar*)

envaidar *v.tr.* **1** encher de vaidade; envaidecer **2** orgulhar **3** entufar (De *en-+vaidade+-ar*, com hapl.)

envaidecer *v.tr.,pron.* encher(-se) de vaidade, orgulho; ensoberbecer(-se) (De *en-+vaidade+-ecer*, com hapl.)

envaidecidamente *adv.* **1** com vaidade **2** orgulhosamente (De *envaidecido+-mente*)

envaidecimento *n.m.* **1** ato ou efeito de envaidecer ou envaidecer-se **2** vaidade; desvanecimento **3** orgulho (De *envaidecer+-i-+-mento*)

envalar *v.tr.* **1** rodear de valas ou fossos **2** entrincheirar (De *en-+vala+-ar*)

envalecer *v.intr.* **1** tornar-se válido **2** restabelecer-se (Do lat. *invalescĕre*, «tornar-se forte»)

envarar *v.tr.* pôr varas em (De *en-+vara+-ar*)

envaretar *v.tr.* pôr varetas em (De *en-+vareta+-ar*)

envasadura *n.f.* ato ou efeito de envasar (De *envasar+-dura*)

envasamento *n.m.* **1** ARQUITETURA parte inferior de um cunhal quando é mais larga do que a superior **2** ARQUITETURA base de uma coluna (De *envasar+-mento*)

envasar *v.tr.* **1** meter em vaso **2** meter em vasilha; envasilhar (De *en-+vaso+-ar*)

envasilhamento *n.m.* ato ou efeito de envasilhar (De *envasilhar+-mento*)

envasilhar *v.tr.* **1** meter em vasilha **2** engarrafar (De *en-+vasilha+-ar*)

envazadura *n.f.* espeque de navio (De *envazar+-dura*)

envazar *v.tr.* **1** meter em vaza **2** sustentar (o navio) com envazadura (De *en-+vaza+-ar*)

envaziado *n.m.* encaixe ou almofada de porta ou janela (De *en-+vazio+-ado*)

envelhacar *v.tr.* tornar velhaco (De *en-+velhaco+-ar*)

envelhecer *v.tr.* **1** tornar velho **2** fazer parecer mais velho **3** [fig.] apressar o envelhecimento de ▪ *v.intr.* **1** sofrer os efeitos da passagem do tempo **2** tornar-se velho; perder a juventude **3** perder atualidade; cair em desuso **4** amadurecer; adquirir experiência (De *en-+velho+-ecer*)

envelhecimento *n.m.* ato ou efeito de envelhecer (De *envelhecer+-i-+-mento*)

envelhentar *v.tr.* envelhecer; avelhantar (De *en-+velho+-entar*)

envelopar *v.tr.* [Brasil] colocar ou guardar em envelope (De *envelope+-ar*)

envelope *n.m.* invólucro de uma carta ou de um cartão, geralmente de papel e dobrado em forma de bolsa; sobrescrito (Do fr. *enveloppe*, «id.»)

envencilhar *v.tr.* atar com vencilho ▪ *v.pron.* **1** emaranhar-se **2** [pop.] engalfinhar-se (De *en-+vencilho+-ar*)

envenenador *adj.,n.m.* que ou aquele que envenena (De *envenenar+-dor*)

envenenamento *n.m.* **1** ato ou efeito de envenenar ou envenenar-se **2** intoxicação (De *envenenar+-mento*)

envenenar *v.tr.* **1** ministrar veneno a **2** contaminar com substâncias tóxicas **3** intoxicar **4** [fig.] perverter o sentido de; tomar em mau sentido; desvirtuar **5** [fig.] causar desentendimento entre (duas ou mais pessoas) através da intriga **6** [fig.] tornar insuportável; destruir ▪ *v.pron.* **1** tomar veneno **2** intoxicar-se (De *en-+veneno+-ar*)

enventanar *v.tr.* meter na ventanilha (a bola do bilhar) ▪ *v.pron.* encravar na ventanilha (De *en-+ventana+-ar*)

enverdecer *v.tr.* tornar verde ▪ *v.intr.* **1** tornar-se verde; reverdecer **2** [fig.] remoçar (De *en-+verde+-ecer*)

enverdecimento *n.m.* ato de enverdecer (De *enverdecer+-i-+-mento*)

enverdejar *v.tr.,intr.* ⇒ **enverdecer** (De *en-+verde+-ejar*)

enveredar *v.tr.* **1** seguir por (uma vereda) **2** seguir para (determinado lugar) **3** fazer (determinada opção); seguir (determinada orientação) **4** encaminhar-se para; encarrilar-se para (De *en-+vereda+-ar*)

envergadura *n.f.* **1** NÁUTICA parte mais larga das velas do navio **2** ORNITOLOGIA distância entre as extremidades das asas, quando abertas **3** dimensão; tamanho **4** [fig.] capacidade **5** [fig.] abrangência **6** [fig.] importância (De *envergar+-dura*)

envergamento *n.m.* **1** ato ou efeito de envergar **2** envergadura **3** curvatura (De *envergar+-mento*)

envergar *v.tr.* **1** vestir **2** curvar; arquear **3** NÁUTICA enrolar ou atar (as velas) com os envergues às vergas, para servirem na manobra **4** cobrir de vergas (De *en-+verga+-ar*)

envergonhadela *n.f.* ato de envergonhar ou de ficar envergonhado (De *envergonhar+-dela*)

envergonhar *v.tr.* **1** causar vergonha a **2** humilhar **3** embaraçar; inibir **4** [fig.] desprestigiar; diminuir o valor de; desonrar; deslustrar ▪ *v.pron.* **1** ter vergonha **2** acanhar-se; inibir-se; ficar pouco à vontade **3** corar (De *en-+vergonha+-ar*)

envergue *n.m.* NÁUTICA cabo que prende a vela à verga (Deriv. regr. de *envergar*)

envermelhar *v.tr.,pron.* ⇒ **avermelhar** (De *en-+vermelho+-ar*)

envermelhecer *v.tr.,intr.,pron.* **1** tornar(-se) vermelho **2** tornar(-se) corado (De *en-+vermelho+-ecer*)

envernizadela *n.f.* ato ou efeito de envernizar; envernizamento (De *envernizar+-dela*)

envernizador *adj.,n.m.* que ou aquele que envernizar (De *envernizar+-dor*)

envernizamento *n.m.* ato ou efeito de envernizar (De *envernizar+-mento*)

envernizar *v.tr.* **1** dar verniz a **2** lustrar; polir **3** [fig.] disfarçar sob aparência brilhante ▪ *v.pron.* **1** dar-se ares de pessoa fina; polir-se **2** [pop.] embriagar-se (De *en-+verniz+-ar*)

enverrugar *v.tr.,intr.* **1** encher(-se) de verrugas **2** enrugar(-se); engelhar(-se) **3** amarrotar (De *en-+verruga+-ar*)

envés *n.m.* ⇒ **invés** (Do lat. *inversu-*, «inverso»)

envesamento *n.m.* ato ou efeito de envesar; envessamento (De *envesar+-mento*)

envesar *v.tr.* ⇒ **envessar** (De *envés+-ar*)

envesgar *v.tr.* **1** tornar vesgo **2** entortar **3** virar para o lado ▪ *v.intr.* ficar vesgo; entortar os olhos (De *en-+vesgo+-ar*)

envessamento *n.m.* ato ou efeito de envessar; envesso (De *envessar+-mento*)

envessar *v.tr.* **1** pôr do avesso **2** dobrar com o avesso para fora **3** inverter a ordem de **4** enfestar (Do lat. **inversāre*, «id.», de *inversu-*, part. pass. de *invertĕre*, «voltar»)

envesso *n.m.* **1** ato ou efeito de envessar **2** envés; avesso (Do lat. *inversu-*, «voltado»)

enviado *adj.* **1** mandado **2** expedido ▪ *n.m.* **1** portador **2** mensageiro **3** representante **4** POLÍTICA encarregado de negócios de um país, em nação estrangeira; ~ *especial* jornalista ao serviço de uma empresa de comunicação que viaja com a missão de cobrir determinado acontecimento (Part. pass. de *enviar*)

enviamento *n.m.* ato ou efeito de enviar; expedição; remessa (De *enviar+-mento*)

enviar *v.tr.* **1** fazer seguir para determinado destino ou destinatário **2** fazer partir para determinado lugar, geralmente com uma missão ou tarefa a cumprir **3** remeter; endereçar; dirigir **4** atirar; lançar (Do lat. tard. *inviāre*, «percorrer um caminho»)

enviçar *v.tr.,intr.* dar ou criar viço (De *en-+viço+-ar*)

envidar *v.tr.* **1** empregar com empenho (esforços, recursos, etc.) **2** desafiar (alguém) para aceitar um jogo, confronto, aposta, etc. ▪ *v.pron.* dedicar-se a algo; empenhar-se (Do lat. *invitāre*, «convidar»)

envide[1] *n.m.* **1** ato de envidar **2** (jogo) desafio **3** convite (Deriv. regr. de *envidar*)

envide[2] *n.f.* ⇒ **embiga**

envidilha *n.f.* operação de vergar a vara da videira que ficou da poda, atando-a à cepa; empa; erguida (De *en-+vide+-ilha*)

envidilhar *v.tr.* praticar a envidilha em; empar; erguer (De *envidilha+-ar*)

envidraçamento *n.m.* ato de envidraçar (De *envidraçar+-mento*)

envidraçar v.tr. 1 pôr vidraças ou vidros em 2 tornar vítreo; dar aparência de vidro a 3 embaciar (De en-+vidraça+-ar)
envieirar¹ v.tr. prover de vieiras (De en-+vieira+-ar)
envieirar² v.tr. puxar o sal com o ugalho para o lado do vieiro (De en-+vieiro+-ar)
enviés n.m. ⇒ **viés** (De en-+viés)
enviesadamente adv. de viés; obliquamente (De enviesado+-mente)
enviesado adj. 1 feito ou posto de viés 2 cortado obliquamente 3 oblíquo 4 torto 5 estrábico 6 [fig.] difícil; complicado (Part. pass. de enviesar)
enviesar v.tr. 1 fazer ou pôr de viés 2 cortar obliquamente 3 entortar 4 envesgar 5 [fig.] dar má direção a 6 [fig.] deturpar o sentido de ■ v.intr. 1 seguir obliquamente 2 tomar má direção (De en-+viés+-ar)
envigamento n.m. 1 ato ou efeito de envigar ou colocar vigas em 2 ⇒ **vigamento** (De envigar+-mento)
envigar v.tr. colocar vigas em (De en-+viga+-ar)
envigorar v.tr. dar vigor a ■ v.intr. 1 encher-se de vigor 2 enrijar (De en-+vigor+-ar)
envigotar v.tr. pôr vigotas em (De en-+vigota+-ar)
envilecer v.tr.,intr.,pron. 1 tornar(-se) vil; rebaixar(-se) 2 diminuir o valor (de); depreciar(-se) (De en-+vil+-ecer)
envilecimento n.m. 1 ato ou efeito de envilecer ou envilecer-se 2 aviltação; desonra (De envilecer+-i-+mento)
envinagrado adj. 1 temperado com vinagre 2 que tem sabor a vinagre 3 azedo 4 [fig.] irritado; de mau humor 5 (olho) congestionado; avermelhado; lacrimoso (Part. pass. de envinagrar)
envinagrar v.tr.,intr. temperar com vinagre; avinagrar ■ v.tr.,pron. 1 tornar(-se) azedo; azedar 2 [fig.] irritar(-se); exasperar(-se) ■ v.intr. transformar-se (o vinho) em vinagre ■ v.pron. [regionalismo] embebedar-se; embriagar-se (De en-+vinagre+-ar)
envio n.m. 1 ato ou efeito de enviar 2 remessa 3 transmissão 4 lançamento (Deriv. regr. de enviar)
enviperar v.tr. 1 tornar assanhado como a víbora 2 irritar (Do lat. in-+vīpĕra-, «víbora»+-āre)
enviscação n.f. ato ou efeito de enviscar ou enviscar-se (De enviscar+-ção)
enviscar v.tr. 1 cobrir ou untar com visco 2 [fig.] engodar; atrair com métodos astuciosos ■ v.pron. 1 ficar preso em visco ou visgo 2 ficar preso em substância pegajosa (De en-+visco+-ar)
envisgar v.tr. ⇒ **enviscar** (De en-+visgo+-ar)
enviuvar v.intr. perder o cônjuge com a morte deste ■ v.tr. tornar viúvo (De en-+viúva+-ar)
enviveirar v.tr. recolher ou cultivar em viveiro (De en-+viveiro+-ar)
envolta n.f. 1 pano que envolve as crianças 2 ligadura; faixa; envoltura 3 refrega 4 confusão; misturada; baralhada 5 pl. enredos; intrigas; intrujices 6 pl. andança; vida; lida; labuta; atividade; trabalho *de ~* de mistura, em tropel, ao mesmo tempo (De envolto)
envolto /ô/ adj. 1 envolvido 2 misturado 3 turvo 4 coberto 5 tapado 6 travado 7 agarrado (Do lat. *involŭtu-, por involūtu-, part. pass. de involvĕre, «envolver; escurecer»)
envoltório n.m. aquilo que envolve; invólucro; embrulho 2 coisa embrulhada (De envolto+-ório)
envoltura n.f. 1 ato ou efeito de envolver 2 envolvimento; meio circundante 3 ligadura 4 mantilha de envolver crianças (De envolto+-ura)
envolvência n.f. 1 meio circundante de determinada ação; contexto em que algo se insere 2 qualidade daquilo que atrai, fascina ou seduz (De envolvente+-ência)
envolvente adj.2g. 1 que rodeia ou está em volta 2 que abrange 3 que absorve 4 que seduz ■ n.f. meio circundante de determinada ação; contexto em que algo se insere (Do lat. involvente-, «id.», part. pres. de involvĕre, «envolver»)
envolver v.tr. 1 estar à volta de; rodear; circundar 2 cingir 3 abarcar; abranger; incluir 4 meter dentro de envoltório 5 enrolar 6 enfaixar 7 confundir; misturar 8 cobrir 9 [fig.] interessar 10 [fig.] seduzir 11 [fig.] comprometer; implicar (Do lat. involvĕre, «envolver; tornar escuro»)
envolvimento n.m. 1 ato ou efeito de envolver ou envolver-se 2 meio circundante de determinada ação; contexto em que algo se insere 3 participação em determinado projeto 4 ligação afetiva ou amorosa 5 MILITAR forma de manobra ofensiva em que o ataque principal é executado sobre um dos flancos das forças inimigas, procurando atingir um objetivo situado na retaguarda imediata daquelas forças (De envolver+-mento)
enxabidez n.f. 1 qualidade do que é enxabido ou insípido 2 insipidez (De enxabido+-ez)
enxabido adj. 1 insípido; sem gosto 2 desinteressante; sensaborão; desenxabido (Do lat. *insapĭdu-, por insipĭdu-, «sem sabor»)

enxaca n.f. cada uma das bolsas do seirão dos animais de carga (Do ár. ax-xaqqá, de xaqq, «fenda; rasgão»)
enxacoco /ô/ adj.,n.m. que ou aquele que fala mal uma língua estranha, misturando-lhe palavras da sua (De orig. obsc.)
enxada n.f. 1 AGRICULTURA utensílio de ferro para cavar e revolver a terra, e para outros serviços 2 [fig.] instrumento de trabalho 3 [fig.] ganha-pão (Do lat. *asciāta-, de ascĭa, «enxada»)
enxadada n.f. 1 golpe de enxada 2 cavadela dada com enxada 3 [fig.] esforço feito para conseguir alguma coisa (De enxada+-ada)
enxadão n.m. 1 enxada grande 2 ⇒ **alvião** (De enxada+-ão)
enxadreia n.f. BOTÂNICA planta herbácea, da família das Cruciferas, espontânea, afim do agrião (Do lat. satureĭa-, «segurelha», pelo ár. ax-xatriya, «id.»)
enxadrezar v.tr. dividir em quadrados como um tabuleiro de xadrez; axadrezar (De en-+xadrez+-ar)
enxaguadela n.f. 1 ato ou efeito de enxaguar 2 passagem por água 3 ligeira passagem por água (De enxaguar+-dela)
enxaguado adj. passado por água (Part. pass. de enxaguar)
enxaguadoiro n.m. ⇒ **enxaguadouro**
enxaguadouro n.m. lugar onde se enxagua (De enxaguar+-douro)
enxaguadura n.f. 1 passagem por água; enxaguadela 2 água onde se enxaguou (De enxaguar+-dura)
enxaguamento n.m. 1 ato ou efeito de enxaguar 2 passagem por água; enxaguadela (De enxaguar+-mento)
enxaguão n.m. 1 ⇒ **saguão** 2 montureira; lixeira (De en-+xaguão)
enxaguar v.tr. 1 passar por água limpa 2 lavar em segunda água 3 lavar ligeiramente (Do lat. *exaquāre, «id.», de aquā-, «água»)
enxaimel n.m. 1 cada um dos tabuões que entram na formação de uma taipa 2 barrote utilizado para a sustentação das vigas do telhado (De orig. obsc.)
enxairelado adj. provido de xairel (De en-+xairel+-ado)
enxalavar n.m. saco de rede miúda, de forma cónica, com um arco de ferro ou de madeira na boca, que serve para transportar o peixe de um lado para outro (De en-+cast. ant. salabar, «rede de pesca»)
enxalaviador n.m. pescador que enxalavia (De enxalaviar+-dor)
enxalaviadura n.f. quantia paga pelo trabalho de enxalaviar (De enxalaviar+-dura)
enxalaviar v.tr. meter (o peixe) no enxalavar ■ v.intr. transportar o peixe no enxalavar (De enxalavar)
enxalma n.f. NÁUTICA peça de madeira ou ferro, fixa na borda do barco, onde se apoia o remo; tolete (De orig. obsc.)
enxalmador n.m. 1 curandeiro 2 charlatão (De enxalmar+-dor)
enxalmar v.tr. 1 cobrir com enxalmo ou manta 2 [regionalismo] maltratar física ou verbalmente; sovar; bater (Do lat. *insagmāre, «cobrir com albarda»)
enxalmeiro n.m. fabricante de enxalmos (De enxalmar+-eiro)
enxalmo n.m. 1 manta ou qualquer objeto que se põe por cima da albarda, quer para a cobrir, quer para endireitar a carga 2 [pop.] pessoa considerada inútil; estafermo (De en-+port. ant. xalma, do lat. vulg. salma-, por sagma, «albarda; sela»)
enxamblador adj.,n.m. ⇒ **ensamblador** (De enxamblar+-dor)
enxamblar v.tr. ⇒ **ensamblar** (De ensamblar)
enxambrar v.tr. 1 secar incompletamente 2 enxugar à sombra 3 humedecer (um tecido) o suficiente para se poder brunir ■ v.pron. perder a maior humidade (Por enxumbrar, do lat. *exumbrāre, «enxugar à sombra»)
enxame n.m. 1 conjunto de abelhas associadas que acompanham a sua rainha e lhe obedecem 2 [fig.] grande quantidade de pessoas ou coisas; multidão (Do lat. exāmen, «enxame; cardume»)
enxameação n.f. ⇒ **enxameamento** (De enxamear+-ção)
enxameador n.m. homem que trata das colmeias (De enxamear+-dor)
enxameagem n.f. 1 ato ou efeito de enxamear (com respeito à apicultura) 2 abandono da colmeia por abelhas que emigram, associando-se em novo enxame 3 época em que normalmente se realiza essa emigração (De enxamear+-agem)
enxameal n.m. ⇒ **colmeal** (De enxame+-al)
enxameamento n.m. ato ou efeito de enxamear (De enxamear+-mento)
enxamear v.tr. 1 povoar com abelhas um cortiço ou colmeia 2 [fig.] encher como um enxame; povoar em grande quantidade ■ v.intr. 1 associar, formando enxame 2 [fig.] aparecer em grande quantidade; abundar (De enxame+-ear)
enxaqueca n.f. MEDICINA dor intensa, geralmente localizada num só lado da cabeça, que pode ser acompanhada de náuseas, vómitos e perturbações de visão (Do ár. ax-xaqiqá, «id.»)

enxaquetado *adj.* 1 axadrezado 2 HERÁLDICA dividido em quadrados (Do fr. *échiqueté*, «enxadrezado»)

enxara *n.f.* [ant.] charneca; matagal (Do ár. *ax-xara*, «caminho; sarça»)

enxaravia *n.f.* 1 [ant.] toucado feminino antigo, usado especialmente pelas alcoviteiras e prostitutas 2 [ant.] tamanco (Do ár. *ax-xarbiiã*, «banda; fita»)

enxárcia *n.f.* NÁUTICA conjunto dos cabos fixos que prendem os mastros e os mastaréus da gávea às mesas de guarnição situadas nas amuradas dos navios (Do b. gr. *exártia*, pl. de *exártion*, «cabo»)

enxarciar *v.tr.* 1 prover o navio de enxárcias 2 [fig.] entretecer (De *enxárcia+-ar*)

enxaropar *v.tr.* 1 dar xaropes ou mezinhas a 2 tornar doce como xarope (De *en-+xarope+-ar*)

enxarroco /ô/ *n.m.* ⇒ **xarroco** 1 (De *en-+xarroco*)

enxaugar *v.tr.* [pop.] ⇒ **enxaguar** (De *enxaguar*)

enxávega *n.f.* ⇒ **xávega** (Do ár. *ax-xabeqá*, «rede de pesca»)

enxerca *n.f.* ato ou efeito de enxercar (Deriv. regr. de *enxercar*)

enxercar *v.tr.* retalhar e pôr a secar ou a defumar (a carne das reses); charquear (De *en-+charque+-ar*)

enxerco /ê/ *n.m.* carne seca, ao sol ou ao fumeiro, da carne das reses, depois de retalhada (De *en-+charque*)

enxerga /ê/ *n.f.* 1 colchão grosseiro de palha 2 cama pobre (De *en-+xerga*)

enxergão *n.m.* grande almofadão cheio de palha apertada, sobre o qual se coloca o colchão da cama (De *enxerga+-ão*)

enxergar *v.tr.* 1 ver a custo; descortinar 2 ver ao longe; divisar 3 [fig.] ter a perceção de 4 [fig.] chegar ao conhecimento de 5 [regionalismo] alisar (a terra), depois de lavrada, com as costas da grade (De orig. obsc.)

enxerido *adj.,n.m.* [Brasil] que ou o que se intromete no que não lhe diz respeito; intrometido (Part. pass. de *enxerir*)

enxerir *v.tr.* 1 inserir; incluir 2 enterrar; cravar 3 fixar 4 acumular ■ *v.pron.* [Brasil] intrometer-se naquilo que não lhe diz respeito (Do lat. *inserĕre*, «inserir»)

enxerqueiro *n.m.* o que enxerca ou vende carne enxercada (De *enxercar+-eiro*)

enxertadeira *n.f.* faca própria para enxertar (De *enxertar+-deira*)

enxertador *adj.,n.m.* que ou aquele que enxerta (De *enxertar+-dor*)

enxertadura *n.f.* ato ou efeito de enxertar; enxertia (De *enxertar+-dura*)

enxertar *v.tr.* 1 inserir ramo de uma planta sobre outra planta, para que se desenvolva 2 transplantar uma parte do organismo animal para outra região do mesmo ou de outro indivíduo 3 [fig.] inserir parte nova ou diferente em ■ *v.pron.* inserir-se; introduzir-se (Do lat. *insertāre*, «inserir»)

enxertário *n.m.* NÁUTICA reunião dos cabos que atracam a verga ao mastro (De *enxertar+-ário*)

enxertia *n.f.* 1 ato ou efeito de enxertar; enxertadura 2 AGRICULTURA processo artificial de multiplicação das plantas, que consiste em implantar uma porção de um ramo sobre outra planta (cavalo) 3 planta ou conjunto de plantas enxertadas (De *enxerto+-ia*)

enxerto /ê/ *n.m.* 1 ato ou efeito de enxertar; enxertia 2 AGRICULTURA planta mista proveniente de enxertia 3 AGRICULTURA ramo de uma planta que se aplica, em enxertia, sobre outra planta (cavalo), para que se desenvolva 4 CIRURGIA transplantação de uma parte do organismo animal para outra região do mesmo ou de outro indivíduo 5 [fig.] coisa que se juntou a outra diferente para determinado fim 6 [pop.] pancada; sova (Deriv. regr. de *enxertar*)

enxiar *v.tr.* NÁUTICA ligar (a amarra) à âncora (De orig. obsc.)

enxilharia *n.f.* alvenaria semelhante a cantaria, mas com as juntas entrecruzadas, sem formar fiadas (De *en-+silharia*)

enxó *n.f.* utensílio de carpinteiro para desbastar peças grossas de madeira (Do lat. *asciŏla-*, «enxó pequena»)

enxoada *n.f.* VETERINÁRIA tumor cutâneo que se forma nos cascos das bestas; ajuaga (Do ár. *axucac*, «id.», pelo cast. *ajuagas*, «esparavão»)

enxofra *n.f.* ⇒ **enxoframento** (Deriv. regr. de *enxofrar*)

enxofração *n.f.* ⇒ **enxoframento** (De *enxofrar+-ção*)

enxofradeira *n.f.* instrumento que serve para enxofrar, ou pulverizar com enxofre (De *enxofrar+-deira*)

enxofrador *adj.* que enxofra ■ *n.m.* 1 aquele que enxofra 2 máquina enxofradeira (De *enxofrar+-dor*)

enxoframento *n.m.* ato ou efeito de enxofrar (De *enxofrar+-mento*)

enxofrar *v.tr.* 1 polvilhar ou pulverizar com enxofre 2 [fig.] fazer zangar; arreliar ■ *v.pron.* zangar-se; irritar-se (De *enxofre+-ar*)

enxofre /ô/ *n.m.* QUÍMICA elemento químico com o número atómico 16 e símbolo S, de características não metálicas, sólido, cristalizável, de cor amarelada, e combustível (Do lat. *sulfŭre-*, «id.»)

enxofreira *n.f.* 1 local de onde é possível extrair enxofre 2 GEOLOGIA vulcão que expele gases sulfurosos; solfatara 3 [Brasil] aparelho produtor de açúcar (De *enxofrar+-eira*)

enxofrento *adj.* que encerra enxofre (De *enxofre+-ento*)

enxota-cães *n.m.2n.* [pop.] antigo empregado de algumas igrejas encarregado de afugentar os cães (De *enxotar+cão*)

enxota-diabos *n.m.2n.* 1 [pop.] exorcista 2 [pop.] benzedeiro

enxotador *adj.,n.m.* que ou aquele que enxota (De *enxotar+-dor*)

enxotadura *n.f.* ato ou efeito de enxotar ou afugentar (De *enxotar+-dura*)

enxota-moscas *n.m.2n.* pau curto com tiras de papel atadas numa extremidade, que se agita para afugentar as moscas (De *enxotar+mosca*)

enxotar *v.tr.* 1 afugentar, assustando com gestos ou com gritos 2 [fig.] provocar o afastamento de (De *en-+xô!+t+-ar*)

enxova *n.f.* ⇒ **enxovia**

enxoval *n.m.* coleção de peças de roupa e objetos necessários para o serviço e uso de um bebé ou de uma pessoa que vai ou está a montar uma casa (Do ár. *ax-xauar*, «dote de casamento»)

enxovalhamento *n.m.* 1 ato ou efeito de enxovalhar ou enxovalhar-se; enxovalho; sujidade 2 [fig.] deslustre; desonra; descrédito (De *enxovalhar+-mento*)

enxovalhar *v.tr.* 1 amarrotar 2 [fig.] desonrar; manchar o bom nome de; deslustrar 3 [fig.] ofender 4 [fig.] injuriar; afrontar 5 sujar 6 manchar ■ *v.pron.* 1 sujar-se 2 amarrotar-se 3 [fig.] desonrar-se; desacreditar-se (De **enxovialhar*, de *enxovia*)

enxovalho *n.m.* 1 ato ou efeito de enxovalhar; enxovalhamento 2 [fig.] afronta; desonra; humilhação (Deriv. regr. de *enxovalhar*)

enxovia *n.f.* 1 cárcere térreo ou subterrâneo, com pouca luz e insalubre; enxova 2 [fig.] compartimento mal arejado e sujo (Do ár. *ax-xauia*, «nome de tribos que estacionam entre Azamor e Rabat»)

enxudreira *n.f.* ⇒ **enxurdeiro**

enxudreiro *n.m.* ⇒ **enxurdeiro**

enxugadeira *n.f.* ⇒ **enxugador** (De *enxugar+-deira*)

enxugadoiro *n.m.* ⇒ **enxugadouro**

enxugador *n.m.* estufa ou aparelho para enxugar roupa (De *enxugar+-dor*)

enxugadouro *n.m.* lugar onde se enxuga ou seca a roupa; secadouro (De *enxugar+-douro*)

enxugamento *n.m.* ato ou efeito de enxugar; enxugo (De *enxugar+-mento*)

enxugar *v.tr.* 1 fazer perder a humidade 2 secar 3 [fig.] despejar, bebendo ■ *v.intr.* secar (Do lat. *exsucāre*, «extrair o suco de»)

enxugo *n.m.* 1 ato ou efeito de enxugar 2 enxugadouro; secadouro (Deriv. regr. de *enxugar*)

enxumbrar *v.tr.* ⇒ **enxambrar** (Do lat. **exumbrāre*, «enxugar à sombra»)

enxúndia *n.f.* 1 gordura, especialmente das aves 2 banha de porco; unto 3 [pop.] regiões gordas do corpo de uma pessoa 4 [fig.] exibição exagerada de ciência (Do lat. *axungĭa-*, «banha de porco enxúndia»)

enxundioso /ô/ *adj.* 1 que tem enxúndia 2 gorduroso; untuoso (De *enxúndia+-oso*)

enxurdar *v.tr.* fazer enxurdeiro ■ *v.pron.* 1 revolver-se na lama 2 chafurdar (De orig. obsc.)

enxurdeiro *n.m.* 1 lamaçal 2 curral para porcos; chiqueiro (De *enxurdar+-eiro*)

enxurrada *n.f.* 1 torrente de água formada pela chuva 2 corrente de águas sujas ou de esgotos 3 [fig.] grande quantidade (De *enxurro+-ada*)

enxurrar *v.tr.* 1 alagar de enxurro 2 fazer cair de enxurro ■ *v.intr.* 1 produzir enxurrada 2 [fig.] abundar (De *enxurro+-ar*)

enxurreira *n.f.* ⇒ **enxurreiro**

enxurreiro *n.m.* lamaçal proveniente de enxurro (De *enxurro+-eiro*)

enxurro *n.m.* 1 torrente de água formada pela chuva 2 corrente de águas sujas ou de esgotos 3 [fig., pej.] ralé; escória (De *en-+cast. chorro*, «jorro»?)

enxuto *adj.* 1 seco; sem humidade 2 (tempo) não chuvoso 3 [fig.] (pessoa) magro; sem gorduras 4 [fig.] (estilo) conciso; sem enfeites inúteis 5 [fig.] (olhos) sem lágrimas (Do lat. *exsuctu-*, «id.», part. pass. de *exsugĕre*, «enxugar»)

enzampar *v.tr.* 1 [pop.] lograr 2 [pop.] causar assombro a (De *en-+zampar*)

enzima n.f. BIOQUÍMICA substância orgânica, produzida por células vivas, que atua como catalisador em certas transformações químicas (Do gr. zýme, «fermento», pelo fr. enzyme, «enzima»)
enzimático adj. relativo a enzima (Do fr. enzimatique, «id.»)
enzimologia n.f. BIOLOGIA, QUÍMICA estudo das enzimas e do seu funcionamento (De enzima+-logia)
enzinha n.f. ⇒ **azinha** (Do lat. *ilicīna, de ilĭce-, «azinha; azinheira»)
enzinheira n.f. ⇒ **azinheira**
enzinheiro n.m. ⇒ **azinheira** (De enzinha+-eiro)
enzoico adj. (terreno) que encerra animais fósseis (Do gr. en, «em; dentro de» +zōon, «animal» +-ico)
enzóico ver nova grafia enzoico
enzona /ô/ n.f. 1 [ant.] intriga; mexerico 2 [ant.] ódio 3 [regionalismo] brinquedo de crianças (Deriv. regr. de enzonar)
enzonar v.tr.,intr. intrigar; mexericar (De onzena+-ar)
enzoneiro n.m. intriguista; mexeriqueiro; onzeneiro (De enzonar+-eiro)
enzonice n.f. intriga; intrigalhada; onzenice (De enzonar+-ice)
enzootia n.f. VETERINÁRIA doença que, em certas regiões e em determinadas épocas, ataca os animais (Do gr. en, «em; dentro de» +zōon, «animal», pelo fr. enzootie, «enzootia»)
enzoótico adj. relativo à enzootia (De enzootia+-ico)
-eo sufixo nominal de origem latina, que ocorre sobretudo em adjetivos derivados de substantivos e tem o sentido de referente a, da natureza de (meníngeo, sérreo)
Eocénico n.m. GEOLOGIA segunda época do Paleogénico ■ adj. [com minúscula] GEOLOGIA relativo ou pertencente ao Eocénico (Do grego eós, «aurora», +kainós, «novo»)
Eoceno /ê/ n.m. GEOLOGIA ⇒ **Eocénico** (Do grego eós, «aurora», +kainós, «novo»)
eólico adj. 1 relativo a vento 2 que é produzido pela ação do vento 3 da Eólia, região da Ásia Menor 4 LITERATURA diz-se do verso também chamado sáfico ■ n.m. dialeto da Eólia (Do gr. aiolikós, «id.», pelo lat. aeolĭcu-, «id.»)
eolina n.f. MÚSICA instrumento musical de palheta livre, precursor do harmónio (Do gr. Aíolos, mitol. «Éolo», pelo lat. Aeŏlu-, «id.» +-ina)
eólio adj. 1 relativo a vento 2 produzido pelo vento 3 da Eólia, região da Ásia Menor ■ n.m. indivíduo de raça ou língua eólica (Do gr. aiólios, «de Éolo», mitol., pelo lat. aeolĭu-, «id.»)
eolípila n.f. 1 bola oca de metal que gira quando ferve a água com que parcialmente se encheu 2 aparelho análogo de soldador que se enche de álcool ou gasolina, e serve para produzir uma chama contínua (Do lat. aeolipĭla-, «bola de Éolo»)
eolítico adj. relativo aos eólitos ou à idade da pedra lascada (De eólito+-ico)
eólito n.m. nome dado a peças representadas por pedras lascadas, que teriam sido utilizadas pelo homem pré-histórico (Do gr. eós, «aurora» +líthos, «pedra»)
éon n.m. 1 período incomensurável de tempo 2 GEOLOGIA a maior divisão de tempo geológico, que pode compreender duas ou mais eras (Do gr. aiôn, «era; duração; eternidade», pelo lat. med. aeon, «id.»)
eoo adj. oriental (Do gr. eós, «oriente; aurora», pelo lat. eōu-, «oriental»)
eosina n.f. substância tintorial, de cor avermelhada, muito empregada em técnica citológica (como corante do citoplasma) e na indústria (Do gr. eós, «aurora» +-ina)
eosinófilo n.m. HISTOLOGIA glóbulo branco (do sangue) polinucleado, com granulações relativamente grandes e que se cora com a eosina ■ adj. que pode ser corado pela eosina (De eosina+-filo)
Eozoico n.m. GEOLOGIA designação atribuída por alguns autores aos tempos antecâmbricos (Do gr. eós, «aurora» +zoikós, «relativo à vida»)
Eozóico ver nova grafia Eozoico
epacmástico adj. que aumenta gradualmente (febre) (Do gr. epakmastikós, «de intensidade progressiva»)
epácrida n.f. BOTÂNICA planta arbustiva, da família das Epacridáceas, da Austrália e da Nova Zelândia (Do lat. bot. Epacride-, do gr. épakros, «pontiagudo»)
epacridácea n.f. BOTÂNICA espécime das Epacrídeas
Epacridáceas n.f.pl. BOTÂNICA ⇒ **Epacrídeas**
epacrídea n.f. BOTÂNICA espécime das Epacrídeas
Epacrídeas n.f.pl. BOTÂNICA família de plantas dicotiledóneas, arbustivas ou subarbustivas, de corola gamopétala, cujo género-tipo se designa Epacris (Do lat. bot. Epacride-, do gr. épakros, «pontiagudo»)

epacta n.f. 1 ASTRONOMIA idade da Lua no dia 1 de janeiro de cada ano 2 número de dias que se juntam ao ano lunar (12 lunações de 29,5 dias) para ficar igual ao ano solar (Do gr. epaktaí [hemérai], «dias intercalares», pelo lat. epactae [dies], «id.»)
epactal adj.2g. referente à epacta (De epacta+-al)
epagoge /ô/ n.f. 1 raciocínio indutivo 2 indução (Do gr. epagogé, «id.», pelo lat. epagōge, «indução»)
epagogo n.m. juiz que, entre os antigos Gregos, resolvia questões comerciais marítimas (Do gr. epagogós, «que conduz»)
epanadiplose n.f. recurso estilístico que consiste na repetição de uma palavra ou expressão no princípio e no fim do mesmo verso ou frase (Do gr. epanadíplosis, «reduplicação», pelo lat. epanadiplōse-, «id.»)
epanáfora n.f. 1 recurso estilístico que consiste em repetir a mesma palavra no princípio de todos os versos ou frases 2 narração de acontecimentos (Do gr. epanaphorá, «repetição», pelo lat. epanaphŏra-, «epanáfora»)
epanalepse n.f. recurso estilístico que consiste na repetição de uma palavra ou expressão no meio de duas ou mais frases seguidas (Do gr. epanálepsis, «retomada», pelo lat. tard. epanalepse-, «id.»)
epanástrofe n.f. recurso estilístico que consiste na repetição da palavra ou palavras finais de um período no princípio do período seguinte (Do gr. epanastrophé, «repetição»)
epânodo n.m. recurso estilístico que consiste na repetição em separado de palavras que anteriormente se disseram juntas (Do gr. epánodos, «recapitulação»)
epanortose n.f. recurso estilístico que consiste em emendar, por fingido arrependimento, a palavra ou frase já proferida, para reforçar a expressão (Do gr. epanórthosis, «correção», pelo lat. epanorthose-, «id.»)
epêndima n.m. ANATOMIA revestimento epitelial do canal ependimário (medula) e das cavidades do encéfalo (ventrículos); **canal do ~** ANATOMIA canal central que se estende ao longo da medula espinal; canal ependimário (Do gr. ependyma, «roupa de cima»)
ependimário adj. relativo ao epêndima (De epêndima+-ário)
epêntese n.f. GRAMÁTICA fenómeno fonético que consiste na adição de um fonema ou de uma sílaba no meio de uma palavra (Do gr. epénthesis, «intercalação», pelo lat. epenthēse-, «adição de letra ou de sílaba»)
epentético adj. 1 acrescentado por epêntese 2 em que há epêntese (Do fr. épenthétique, «id.»)
epexegese /êpéksé/ n.f. GRAMÁTICA figura gramatical que consiste no emprego de apostos sem conjunção que os ligue; aposição (Do gr. epexégesis, «explicação pormenorizada», pelo lat. epexegēse-, «id.», pelo it. epexegesi, «epexegese»)
epexegético /êpéksé/ adj. relativo à epexegese (Do it. epesegetico, «id.»)
ep(i)- prefixo, de origem grega, que exprime a ideia de por cima de, sobre, fora de, por fora de (Do grego epí, «sobre»)
epiblástico adj. que diz respeito ao epiblasto (De epiblasto+-ico)
epiblasto n.m. HISTOLOGIA ⇒ **ectoderma** (Do gr. epí, «sobre» +blastós, «gérmen»)
epibolia n.f. BIOLOGIA processo de gastrulação, no desenvolvimento de um embrião oriundo de um ovo heterolécito, em que umas células menores (micrómeros) proliferam mais rapidamente e envolvem outras que são maiores (macrómeros) (Do gr. epiboulé, «maquinação; sobreposição»)
epibolito n.m. PETROLOGIA variedade de migmatito heterogéneo (Do gr. epiboulé, «maquinação; sobreposição» +-ito)
epicálice n.m. BOTÂNICA ⇒ **calículo** (De epi-+cálice)
epicalícia n.f. BOTÂNICA planta cujos estames estão inseridos sobre o cálice (De epi-+cálice+-ia)
epicamente adv. 1 de modo épico 2 heroicamente (De épico+-mente)
epicárpico adj. relativo ao epicarpo (De epicarpo+-ico)
epicárpio n.m. BOTÂNICA ⇒ **epicarpo**
epicarpo n.m. BOTÂNICA parte externa do pericarpo que provém da epiderme externa da folha carpelar correspondente; exocarpo (Do gr. epí, «sobre» +karpós, «fruto»)
epicaule adj.2g. BOTÂNICA diz-se do vegetal parasita que cresce sobre o caule de outras plantas (Do gr. epí, «sobre» +kaulós, «caule»)
epicauma n.m. MEDICINA formação ulcerosa na córnea transparente (Do gr. epíkauma, «queimadura na pele»)
epicédio n.m. 1 elogio fúnebre 2 nénia (Do gr. epikédeios, «fúnebre», pelo lat. epicedĭon, «poema fúnebre»)

epicefalia

epicefalia *n.f.* TERATOLOGIA anomalia caracterizada pela existência de duas cabeças sobrepostas uma à outra (De *epicéfalo+-ia*)

epicéfalo *adj.,n.m.* TERATOLOGIA que ou aquele que apresenta epicefalia (Do gr. *epí*, «sobre» +*kephalé*, «cabeça»)

epiceia *n.f.* **1** meio-termo entre o rigor e a tolerância na aplicação de uma lei ao transgressor **2** moderação (Do gr. *epieíkeia*, «moderação»)

epiceno *adj.* GRAMÁTICA diz-se do nome que designa um ser animado não humano e que possui apenas um género, independentemente do sexo da entidade referida (exemplo: *a cobra*) (Do gr. *epíkoinos*, «comum», pelo lat. *epicoenu-*, «id.»)

epicentral *adj.2g.* **1** referente a epicentro **2** que está no epicentro (De *epicentro+-al*)

epicentro *n.m.* GEOLOGIA região da superfície terrestre, por cima do hipocentro, onde é máxima a intensidade de um abalo sísmico e onde este atingiu em primeiro lugar a superfície do solo (Do gr. *epí*, «sobre» +*kéntron*, «centro»)

epiciclo *n.m.* ASTRONOMIA órbita circular que, no sistema geocêntrico de Ptolomeu (astrónomo e matemático grego do séc. II), se julgava descrita por um planeta, enquanto o centro dessa órbita descrevia outra também circular em torno da Terra (Do gr. *epíkyklos*, «círculo concêntrico», pelo lat. *epicyclu-*, «id.»)

epicicloide *n.f.* GEOMETRIA curva plana gerada por um ponto de uma circunferência que, no seu plano, se desloca, sem deslizar, exteriormente a outra circunferência fixa e em relação à qual se mantém tangente (Do gr. *epíkyklos*, «círculo concêntrico» +*eĩdos*, «forma»)

epiciclóide ver nova grafia **epicicloide**

epiclese *n.f.* oração usada nas liturgias orientais após a consagração (Do gr. *epíklesis*, «apelação»)

epiclino *adj.* BOTÂNICA (órgão) que se desenvolve sobre o recetáculo da flor (Do gr. *epí*, «sobre» +*klíne*, «leito»)

épico *adj.* **1** relativo à epopeia **2** que é digno de epopeia **3** [fig.] heroico **4** [fig.] grandioso; extraordinário ■ *n.m.* autor de uma epopeia (Do gr. *epikós*, «relativo à epopeia», pelo lat. *epĭcu-*, «id.»)

epicôndilo *n.m.* ANATOMIA saliência lateral, externa, da extremidade inferior do úmero (Do gr. *epí*, «sobre» +*kóndylos*, «articulação»)

epicontinental *adj.2g.* GEOLOGIA diz-se do mar de pequena profundidade que cobre ampla área continental (De *epi-+continental*)

epicótilo *n.m.* BOTÂNICA região do caulículo que fica situada acima do ponto de inserção das cotilédones (Do gr. *epí*, «sobre» +*kotýle*, «cavidade»)

epicraniano *adj.* ⇒ **epicrânico** (De *epicrânio+-ano*)

epicrânico *adj.* relativo ao epicrânio (De *epicrânio+-ico*)

epicrânio *n.m.* **1** ANATOMIA conjunto das partes moles de revestimento do crânio **2** ANATOMIA parte superior, interocular e pós-ocular, da cabeça de alguns insetos (Do gr. *epí*, «sobre» +*kraníon*, «crânio»)

epícrise *n.f.* **1** MEDICINA parte da evolução de uma enfermidade, que compreende os fenómenos que se seguem à crise da mesma doença **2** MEDICINA apreciação que considera os fenómenos que dizem respeito ao estado crítico de uma doença: origem, desenvolvimento e resultados (Do gr. *epíkrisis*, «decisão»)

epicrítico *adj.* relativo a epícrise; **sensibilidade epicrítica** PSICOLOGIA designação atribuída às funções sensitivas que comportam dados cognitivos que implicam certo discernimento da natureza dos estímulos (Do gr. *epí*, «sobre» +*kritikós*, «capaz de julgar»)

epicureu *adj.,n.m.* ⇒ **epicurista** (Do gr. *epikoúreios*, «id.», pelo lat. *epicurēu-*, «id.»)

epicurismo *n.m.* FILOSOFIA doutrina moral de Epicuro (filósofo grego, 341-270 a. C.), que faz consistir o bem nos prazeres intelectuais ou morais, de que recomenda os mais calmos, os mais puros e os mais duradouros, como únicos capazes de proporcionar na vida uma completa ataraxia (De *Epicuro*, antr. +*-ismo*)

epicurista *adj.2g.* relativo à doutrina filosófica de Epicuro, filósofo grego (341-270 a. C.) ■ *adj.,n.m.* **1** FILOSOFIA que ou pessoa que é sectária do epicurismo **2** que ou pessoa que procura os prazeres dos sentidos (De *Epicuro*, antr. +*-ista*)

epídema *n.m.* ZOOLOGIA prolongamento laminar no interior do tórax, em especial dos insetos (De orig. obsc.)

epidemia *n.f.* **1** MEDICINA ocorrência súbita de uma doença, especificamente infeciosa, que se dissemina rapidamente na população **2** [fig.] adoção por um grande número de pessoas de um hábito ou de uma coisa censurável **3** [fig.] fenómeno generalizado; moda (Do gr. *epidemía*, «id.»)

epidemiar *v.tr.* comunicar epidemia a; contagiar (De *epidemia+-ar*)

epidemicidade *n.f.* qualidade epidémica de uma doença (De *epidémico+-i-+-dade*)

epidémico *adj.* **1** relativo à epidemia **2** contagioso (De *epidemia+-ico*)

epidemiologia *n.f.* estudo da ocorrência, da distribuição e do controlo das doenças epidémicas (Do gr. *epidemía*, «epidemia» +*lógos*, «tratado» +*-ia*)

epidemiológico *adj.* relativo à epidemiologia (De *epidemiologia+-ico*)

epidemiologista *n.2g.* pessoa versada em epidemiologia (De *epidemiologia+-ista*)

epiderme *n.f.* **1** ANATOMIA parte externa da pele dos vertebrados, constituída por tecido epitelial, estratificado, que assenta sobre a derme **2** ANATOMIA revestimento epitelial, simples, do corpo dos invertebrados **3** ANATOMIA parte externa, superficial, de alguns órgãos ou organismos **4** BOTÂNICA assentada celular que reveste a periferia de alguns órgãos vegetais, como o caule, as folhas, etc., das plantas vasculares (Do gr. *epidermís*, «película que cobre a pele», pelo lat. tard. *epiderme-*, «id.»)

epidérmico *adj.* da epiderme ou a ela relativo (De *epiderme+-ico*)

epidermoide *adj.2g.* semelhante à epiderme (De *epiderme+-óide*)

epidermóide ver nova grafia **epidermoide**

epidiascópio *n.m.* projetor de imagens de objetos opacos e de diapositivos (Do gr. *epí*, «por fora de» +*diá*, «através de» +*skopeĩn*, «ver»)

epidíctico *adj.* **1** demonstrativo **2** aparatoso **3** LITERATURA diz-se de um género de discurso (oratória, poesia, etc.) em louvor ou em detrimento de alguém ou de alguma coisa (Do gr. *epideiktikós*, «demonstrativo», pelo lat. *epidictĭcu-*, «id.»)

epidídimo *n.m.* ANATOMIA órgão do aparelho genital masculino constituído pelo enrolamento do canal seminífero (Do gr. *epididýmis*, «sobre os gémeos [= testículos]», pelo fr. *épididyme*, «epidídimo»)

epídoto *n.m.* MINERALOGIA mineral que é, quimicamente, um silicato básico de alumínio, cálcio e ferro, que cristaliza no sistema monoclínico, e é frequente nas rochas metamórficas (Do fr. *épidote*, «id.»)

epidural *adj.2g.* ANATOMIA que se situa ou tem lugar na superfície externa da dura-máter ■ *n.f.* MEDICINA anestesia que tem lugar na superfície externa da dura-máter e é usada frequentemente para suavizar as dores do parto; **espaço ~** ANATOMIA espaço que separa a face externa da dura-máter do canal raquidiano

epifania *n.f.* **1** [com maiúscula] RELIGIÃO dia festivo da Igreja Católica, consagrado à comemoração da adoração dos Reis Magos a Jesus e da Sua aparição aos gentios **2** manifestação; aparição divina **3** [fig.] revelação; descoberta inesperada (Do gr. *epipháneia*, «aparição», pelo lat. *epiphanĭa-*, «epifania»)

epifenomenismo *n.m.* FILOSOFIA doutrina metafísica de alguns fisiologistas e psicólogos (Th. Huxley, naturalista inglês, 1825--1895, H. Maudsley, médico inglês, 1835-1918, Th. Ribot, filósofo francês, 1839-1916), segundo a qual os factos psíquicos são apenas a tomada de consciência de modificações cerebrais, e esta tomada de consciência não tem eficácia alguma sobre o desenrolar de tais factos, pois é exclusivamente determinada pelos processos orgânicos (De *epifenómeno+-ismo*)

epifenómeno *n.m.* **1** FILOSOFIA fenómeno secundário e acessório que acompanha outro reputado primário e acidental **2** MEDICINA sintoma que sobrevém numa doença já declarada (Do gr. *epí*, «sobre» +*phainómenon*, «coisa que aparece»)

epifilo *adj.* **1** BOTÂNICA (órgão vegetal) que se insere ou desenvolve sobre as folhas **2** BOTÂNICA (vegetal) que parasita as folhas de outras plantas (Do gr. *epí*, «sobre» +*phýllon*, «folha»)

epifisário *adj.* relativo à epífise (De *epífise+-ário*)

epífise *n.f.* **1** ANATOMIA extremidade de um osso longo **2** ANATOMIA pequeno órgão existente no encéfalo que parece ter funções de glândula endócrina; glândula pineal (Do gr. *epíphysis*, «excrescência»)

epifitia *n.f.* BOTÂNICA doença contagiosa que ataca ao mesmo tempo um grande número de plantas (Do gr. *epí*, «sobre» +*phýton*, «planta» +*-ia*)

epífito *adj.,n.m.* BOTÂNICA que ou vegetal que vive sobre outro, do qual não se alimenta e que lhe serve de suporte (Do gr. *epí*, «sobre» +*phýton*, «planta»)

epifonema *n.m.* RETÓRICA exclamação sentenciosa e enfática com que se termina uma narrativa, discurso, etc. (De *epi-+fonema*)

epífora *n.f.* **1** MEDICINA escoamento anormal de lágrimas pela face, motivado pela obstrução das vias lacrimais **2** recurso estilístico que consiste na repetição da mesma palavra no fim de frases seguidas,

epístrofe (Do gr. *epiphorá*, «afluxo de humores», pelo lat. *epiphŏra-*, «defluxo»)

epifragma *n.m.* ZOOLOGIA membrana muito fina que se forma na concha de alguns moluscos terrestres, durante a hibernação, e funciona como opérculo, tapando-lhe a entrada (Do gr. *epí*, «por fora» +*phrágma*, «defesa»)

epífrase *n.f.* desenvolvimento de ideias acessórias de uma frase que parecia estar completa (De *epi-*+*frase*)

epigamia *n.f.* 1 autorização de casamento entre povos de cidades confederadas da antiga Grécia 2 BIOLOGIA antiga hipótese que admitia o determinismo do sexo só a partir do desenvolvimento embrionário 3 ZOOLOGIA fenómenos das modificações morfológicas observadas em muitos poliquetas durante a época reprodutora (Do gr. *epigamía*, «direito de contrair casamento num país»)

epigastrialgia *n.f.* dor no epigástrio (Do gr. *epigástrion*, «epigástrio» +*álgos*, «dor» +*-ia*)

epigástrio *n.m.* ZOOLOGIA parte superior do abdómen de alguns animais, situada entre os hipocôndrios, que se estende da extremidade inferior do esterno até próximo do umbigo (Do gr. *epigástrion*, «região acima do estômago»)

epigastro *n.m.* ZOOLOGIA ⇒ **epigástrio**

epigénese *n.f.* BIOLOGIA ⇒ **epigenesia**

epigenesia *n.f.* BIOLOGIA doutrina segundo a qual os órgãos dos seres vivos se constituem, durante o desenvolvimento embrionário, mediante uma nova formação, em vez de estarem preformados no embrião (Do gr. *epí*, «sobre» +*génesis*, «geração» +*-ia*)

epigenético *adj.* 1 formado posteriormente 2 GEOLOGIA diz-se dos depósitos minerais formados posteriormente à rocha encaixante (De *epi-*+*genético*)

epigenia *n.f.* MINERALOGIA alteração da composição química de um cristal sem mudança da sua forma cristalográfica (Do gr. *epí*, «sobre» +*génos*, «nascimento» +*-ia*)

epigeu *adj.* (*feminino* **epigeia** *ou* **epigéa**) 1 BOTÂNICA diz-se do órgão vegetal que se desenvolve sobre a terra ou fora dela 2 BOTÂNICA diz-se da germinação da semente em que as cotilédones aparecem acima do solo 3 BOTÂNICA (cotilédone) arrastado para fora do solo durante a germinação (Do gr. *epígeios*, «que está fora da terra»)

epiginia *n.f.* BOTÂNICA qualidade que se verifica numa planta que possui órgãos epigínicos, ou nestes órgãos (De *epígino*+*-ia*)

epigínico *adj.* ⇒ **epígino** (De *epiginia*+*-ico*)

epígino *adj.* BOTÂNICA diz-se, na generalidade, da peça floral cuja inserção está acima do ovário, e, em especial, do estame que se insere acima do ovário e está ligado ao gineceu (Do gr. *epí*, «sobre» +*gyné*, «elemento feminino»)

epiglossa *n.f.* ZOOLOGIA peça que faz parte da armadura bucal dos insetos himenópteros (Do gr. *epí*, «sobre» +*glõssa*, «língua»)

epiglote *n.f.* ANATOMIA válvula cartilaginosa que impede a entrada dos alimentos na laringe (Do gr. *epiglottís*, «úvula», pelo fr. *épiglotte*, «epiglote»)

epiglótico *adj.* relativo à epiglote (De *epiglote*+*-ico*)

epiglotite *n.f.* MEDICINA inflamação da epiglote (De *epiglote*+*-ite*)

epigónio *n.m.* ⇒ **epígono**

epígono *n.m.* 1 representante da geração seguinte; descendente 2 discípulo de um grande mestre 3 sucessor 4 [pej.] seguidor ou imitador de pouco mérito 5 BOTÂNICA camada celular da coifa do arquídio dos musgos (Do gr. *epígonos*, «descendente», pelo lat. *epigŏnu-*, «id.»)

epigrafar *v.tr.* 1 pôr epígrafe em 2 intitular 3 inscrever como epígrafe (De *epígrafe*+*-ar*)

epígrafe *n.f.* 1 inscrição em local destacado de um edifício 2 citação de um excerto textual anteposta no início de um livro ou capítulo, assinalando as relações intertextuais que se estabelecem com a obra citada 3 título ou frase que serve de tema a um assunto 4 título de um escrito (Do gr. *epigraphé*, «inscrição»)

epigrafia *n.f.* ciência ou estudo das inscrições antigas, em pedra, madeira, etc. (De *epígrafe*+*-ia*)

epigráfico *adj.* relativo à epigrafia (De *epígrafe*+*-ico*)

epigrafista *n.2g.* pessoa que se dedica à epigrafia (De *epígrafe*+*-ista*)

epigrama *n.m.* 1 LITERATURA breve composição poética, com um remate de engenhosa agudeza, de conteúdo gnómico, irónico ou satírico 2 dito picante 3 [ant.] inscrição em prosa ou verso, na face de um monumento (Do gr. *epígramma*, «poesia satírica», pelo lat. *epígramma-*, «id.»)

epigramático *adj.* 1 da natureza do epigrama ou a ele relativo 2 satírico; mordaz (Do gr. *epigramma*, *-atos*, «poesia satírica»+*-ico*)

epigramatista *n.2g.* autor ou autora de epigramas (Do lat. *epigrammatista-*, «id.»)

epigramatizar *v.tr.* 1 criticar por meio de epigramas 2 satirizar (Do gr. *epigramma*, *-atos*, «poesia satírica» +*-izar*)

epilação *n.f.* ⇒ **depilação** (Do fr. *épilation*, «id.»)

epilatório *adj.,n.m.* ⇒ **depilatório** (Do fr. *épilatoire*, «id.»)

epilepsia *n.f.* MEDICINA doença cerebral que se manifesta por convulsões e perda dos sentidos; gota-coral (Do gr. *epilepsía*, «id.», pelo lat. *epilepsĭa*, «id.»)

epiléptico ver nova grafia **epilético**

epileptiforme *adj.2g.* diz-se de um ataque semelhante ao epiléptico (Do lat. *epileptĭcu-*, «epilético» +*forma*, «forma»)

epileptoide *adj.2g.* semelhante à epilepsia ■ *n.2g.* indivíduo com tendência para as reações impulsivas, irascíveis, às vezes violentas, e má adaptação social (Do gr. *epíleptos*, «surpreendido» +*eîdos*, «forma»)

epileptóide ver nova grafia **epileptoide**

epilético *adj.* relativo à epilepsia ■ *n.m.* o que sofre de epilepsia (Do gr. *epileptikós*, «surpreendido», pelo lat. *epileptĭcu-*, «epilético»)

Epilobiáceas *n.f.pl.* BOTÂNICA ⇒ **Onagráceas** (De *epilóbio*+*-áceas*)

epilóbio *n.m.* BOTÂNICA designação genérica de várias plantas da família das Onagráceas, que vivem de preferência em terrenos húmidos das regiões temperadas (Do lat. cient. *epilobĭu-*, «epilóbio», do gr. *epí*, «sobre» +*lobós*, «vagem»)

epilogação *n.f.* 1 ato ou efeito de epilogar 2 recapitulação (De *epilogar*+*-ção*)

epilogador *adj.,n.m.* 1 que ou o que faz epílogos 2 recapitulador (De *epilogar*+*-dor*)

epilogar *v.tr.* 1 reduzir a epílogo 2 recapitular 3 resumir; condensar 4 concluir (De *epílogo*+*-ar*)

epílogo *n.m.* 1 parte final de um discurso, em que o autor recapitula e resume a ação 2 parte final de um texto literário, sobretudo narrativo ou dramático 3 parte final de um acontecimento; desfecho; desenlace (Do gr. *epílogos*, «peroração», pelo lat. *epilŏgu-*, «epílogo»)

epímero *n.m.* 1 QUÍMICA isómero ótico que só difere de outro na configuração de um dos seus vários átomos de carbono assimétricos 2 ZOOLOGIA parte súpero-posterior das pleuras dos segmentos (anéis) dos artrópodes, especialmente dos insetos 3 ZOOLOGIA parte superior da mesoderme, no embrião de alguns vertebrados 4 ZOOLOGIA cada uma das regiões ou partes do corpo de um animal que forma séries transversais (Do gr. *epí*, «sobre» +*merós*, «coxa»)

epimítio *n.m.* 1 lição moral de uma fábula 2 o que vem depois da fábula (Do gr. *epimýthion*, «id.», pelo lat. *epimythĭu-*, com o mesmo sentido)

epinefrina *n.f.* ⇒ **adrenalina** (Do gr. *epí*, «sobre» +*nephrós*, «rins» +*-ina*)

epinício *n.m.* canto ou poema que celebra uma vitória (Do gr. *epiníkion*, «que celebra uma vitória», pelo lat. *epinicĭu-*, «canto da vitória»)

epioolítico *adj.* GEOLOGIA que é de formação posterior à do terreno oolítico (De *epi-*+*oolítico*)

epiótico *n.m.* ZOOLOGIA pequeno osso par da parte póstero-superior da região auditiva (ótica) do crânio, que, nos vertebrados superiores, se solda a outros ossos (Do gr. *epí*, «sobre» +*oûs*, *otós*, «orelha» +*-ico*)

epipétalo *adj.* BOTÂNICA (estame) que nasce sobre a corola ou sobre as pétalas (Do gr. *epí*, «sobre» +*pétalon*, «pétala»)

epíploo *n.m.* ANATOMIA prega peritoneal que liga entre si e suspende as vísceras abdominais (Do gr. *epíploon*, «id.»)

epíploon *n.m.* ⇒ **epíploo**

epipódio *n.m.* ZOOLOGIA prega que se desenvolve a partir do pé e envolve o corpo de alguns moluscos gastrópodes (Do gr. *epí*, «sobre» +*poús*, *podós*, «pé» +*-io*)

epipódito *n.m.* ZOOLOGIA peça basilar nalguns apêndices dos crustáceos, por vezes laminar, adaptada à respiração (Do gr. *epí*, «sobre» +*poús*, *podós*, «pé» +*-ito*)

epipúbis *n.m.2n.* ZOOLOGIA peça endosquelética que se liga à cintura pélvica, em alguns grupos de vertebrados (Do gr. *epí*, «sobre»+lat. *pubis*, «pelo»)

epiqueia *n.f.* ⇒ **epiceia**

epiquirema *n.m.* LÓGICA forma de silogismo cujas premissas são acompanhadas das respetivas provas (Do gr. *epikheírema*, «ataque feito com a mão», pelo lat. *epicherēma*, «epiquirema; argumento»)

epiroforese *n.f.* GEOLOGIA deslocamento horizontal das grandes massas continentais (Do gr. *epeirós*, «continente» +*phóresis*, «arrastamento; transporte»)

epirogénico *adj.* 1 GEOLOGIA diz-se do movimento secular de nível, que consiste em levantamento ou em afundamento, de extraordinária lentidão, de extensas áreas da superfície terrestre 2 GEOLOGIA

epirota

designativo da oscilação das massas continentais (Do gr. *épeiros*, «continente» +*génos*, «origem; formação» +-*ico*)

epirota *adj.2g.* do Epiro, região da Grécia ▪ *n.2g.* natural ou habitante do Epiro (Do lat. *Epirōtes*, «epirotas»)

episcénio *n.m.* espécie de varandim por cima da cena, onde estavam os maquinismos do teatro, na antiga Grécia (Do gr. *epískenos*, «que se fez em frente da tenda», pelo lat. *episceniŭ-*, «o alto da cena»)

episcopado *n.m.* 1 dignidade, funções e jurisdição de bispo 2 tempo durante o qual um bispo desempenha as suas funções 3 território sujeito à administração de um bispo 4 conjunto dos bispos, sucessores dos apóstolos (Do lat. *episcopātu-*, «id.»)

episcopal *adj.2g.* referente ao bispo (Do lat. *episcopāle-*, «id.»)

episcopalianos *n.m.pl.* RELIGIÃO fação protestante dos Estados Unidos que se separou da Igreja Anglicana e é partidária do episcopalismo (De *episcopal*+-*iano*)

episcopalismo *n.m.* RELIGIÃO teoria segundo a qual a assembleia dos bispos é superior ao papa (De *episcopal*+-*ismo*)

episcópio *n.m.* mecanismo que usa a luz refletida para a projeção de imagens de objetos opacos (gravuras, fotografias, páginas de livros, etc.) sobre um ecrã branco (Do gr. *epí*, «por fora de»+*skopeĩn*, «observar» +-*io*)

episcopisa *n.f.* mulher que, nas origens do cristianismo, exercia algumas funções no culto litúrgico (De *epíscopo*+-*isa*)

epíscopo *n.m.* 1 HISTÓRIA antigo magistrado grego que inspecionava uma circunscrição territorial chamada diocese 2 HISTÓRIA inspetor dos mercados, entre os Romanos (Do gr. *epískopos*, «bispo; inspetor diocesano», pelo lat. *epíscŏpu-*, «bispo; inspetor de mercados»)

episodiador *adj.,n.m.* que ou aquele que episodia (De *episodiar*+-*dor*)

episodiar *v.tr.* 1 fazer um episódio de 2 acrescentar episódios a 3 dividir em episódios 4 dramatizar (De *episódio*+-*ar*)

episódico *adj.* 1 relativo a episódio 2 que tem a natureza de episódio 3 esporádico; de ocorrência irregular 4 casual 5 de curta duração; temporário 6 acessório; secundário (De *episódio*+-*ico*)

episódio *n.m.* 1 LITERATURA incidente relacionado com a ação principal de uma narrativa; cena acessória 2 TELEVISÃO, RÁDIO cada uma das partes em que foi dividida a transmissão de uma série ou folhetim 3 acontecimento que se insere num conjunto de outros 4 facto ou acontecimento sem grandes consequências (Do gr. *epeisódion*, «id.»)

episperma *n.m.* BOTÂNICA tecido que envolve ou reveste sementes como a amêndoa (Do gr. *epí*, «por fora de» +*spérma*, «semente»)

epispermático *adj.* relativo ao episperma (Do gr. *epí*, «sobre» +*spérma*, -*atos*, «semente» +-*ico*)

epissépalo *adj.* BOTÂNICA que está inserido sobre as sépalas (De *epi*-+*sépala*)

epissilogismo *n.m.* LÓGICA raciocínio que faz parte de uma série de silogismos e toma para uma das premissas a conclusão de um raciocínio precedente (De *epi*-+*silogismo*)

epistação *n.f.* ato de epistar (De *epistar*+-*ção*)

epistaminado *adj.* BOTÂNICA (flor) cujos estames nascem sobre o pistilo (Do gr. *epí*, «sobre»+lat. *stamĭne-*, «estame» +-*ado*)

epistar *v.tr.* reduzir (alguma coisa) a massa, num almofariz (Do lat. *pistāre*, «pilar; pisar»)

epistasia *n.f.* BIOLOGIA interação entre dois ou mais genes, em que um interfere não aditivamente com o efeito fenotípico do outro

epistaxe /cs/ *n.f.* MEDICINA hemorragia nasal (Do gr. *epístaxis*, «gotejamento»)

epistemologia *n.f.* 1 (sentido lato) gnosiologia ou teoria do conhecimento 2 (sentido estrito) estudo crítico dos princípios, hipóteses e resultados das diversas ciências, com o fim de lhes determinar a origem lógica, o valor e o objetivo (Do gr. *epistéme*, «conhecimento» +*lógos*, «tratado» +-*ia*)

epistemológico *adj.* relativo à epistemologia (De *epistemologia*+-*ico*, ou do fr. *épistémologique*)

epistemólogo *n.m.* 1 aquele que se dedica a estudos de epistemologia 2 teórico das ciências ou do conhecimento

episterno *n.m.* 1 ZOOLOGIA peça endosquelética, ímpar, que existe na região anterior da cintura escapular de alguns vertebrados 2 ZOOLOGIA (insetos) peça lateral anterior das pleuras (Do gr. *epí*, «sobre» +*stérnon*, «esterno»)

epístola *n.f.* 1 texto em prosa escrito em forma de carta 2 carta; missiva 3 RELIGIÃO carta escrita por um dos Apóstolos e incluída na Bíblia 4 RELIGIÃO parte da missa em que se faz a leitura de um trecho das epístolas dos apóstolos 5 LITERATURA poema, de tema filosófico--moral ou sentimental, endereçado pelo autor a um protetor ou a um amigo (Do gr. *epistolé*, «carta», pelo lat. *epistŭla-*, «id.»)

epistolar *adj.2g.* 1 referente a epístola 2 que tem forma de carta ou de um conjunto de cartas 3 LITERATURA (romance) que utiliza como técnica narrativa a troca de correspondência entre as personagens ▪ *v.tr.* narrar em epístola ou sob a forma de epístola (Do lat. *epistulāre-*, «id.»)

epistolário *n.m.* 1 coleção de epístolas 2 livro que contém epístolas (Do lat. *epistulariŭ-*, «portador de cartas»)

epistolografia *n.f.* 1 arte de escrever epístolas ou cartas 2 género epistolar (Do gr. *epistolé*, «carta» +*gráphein*, «escrever» +-*ia*)

epistológrafo *n.m.* indivíduo que escreve epístolas (Do gr. *epistológraphos*, «o que escreve cartas»)

epistómio *n.m.* 1 ZOOLOGIA região da parte anterior da cabeça de um inseto, compreendida, por cima da boca, entre o lábio superior e o epicrânio 2 ⇒ **opérculo** (Do gr. *epí*, «sobre» +*stóma*, «boca» +-*io*)

epístomo *n.m.* ZOOLOGIA ⇒ **epistómio**

epístrofe *n.f.* ⇒ **epífora** 2 (Do gr. *epistrophé*, «circuito», pelo lat. *epistrŏphe-*, «epístrofe»)

epitáfio *n.m.* 1 inscrição tumular 2 escrito em louvor de pessoa falecida; elogio fúnebre (Do gr. *epitáphion*, «inscrição tumular», pelo lat. *epitaphĭu-*, «id.»)

epitafista *n.2g.* pessoa que compõe epitáfios (Do lat. *epitaphista-*, «o que faz epitáfios»)

epitalâmico *adj.* 1 relativo ao epitalâmio 2 que celebra bodas (De *epitalâmio*+-*ico*)

epitalâmio *n.m.* canto ou poema de núpcias (Do gr. *epithalámion*, «nupcial», pelo lat. *epithalamĭu-*, «poema nupcial»)

epítase *n.f.* LITERATURA segunda parte de um poema dramático, em que se apresentam os incidentes que formam o enredo da obra (Do gr. *epítasis*, «tensão», pelo lat. *epităse-*, «epítase»)

epitaxia /cs/ *n.f.* formação de cristais cuja estrutura e orientação são determinadas pelo cristal de natureza diferente que lhes fica subjacente (Do gr. *epí*, «sobre» +*táxis*, «disposição» +-*ia*)

epitelial *adj.2g.* do epitélio ou a ele referente; *tecido* ~ HISTOLOGIA tecido composto pelas células, justapostas numa ou mais camadas, que revestem a superfície externa do corpo e a superfície interna de várias cavidades corporais e estruturas anatómicas, epitélio (De *epitélio*+-*al*)

epitélio *n.m.* HISTOLOGIA tecido composto pelas células, justapostas numa ou mais camadas, que revestem a superfície externa do corpo e a superfície interna de várias cavidades corporais e estruturas anatómicas; tecido epitelial (Do gr. *epí*, «sobre» +*thelé*, «mamilo» +-*io*)

epitelioide *adj.2g.* semelhante ao epitélio (De *epitélio*+-*óide*)

epitelióide ver nova grafia **epitelioide**

epitelioma /ó/ *n.m.* MEDICINA ⇒ **carcinoma** (De *epitélio*+-*oma*)

epiteliomatoso *adj.* 1 da natureza do epitelioma 2 que sofre de epitelioma (De *epitelioma*+*t*+-*oso*)

epítema *n.m.* nome genérico dos medicamentos tópicos que não sejam unguentos ou emplastros (Do gr. *epíthema*, «tópico», pelo lat. *epithēma*, «epítema»)

epítese *n.f.* ⇒ **paragoge** (Do gr. *epíthesis*, «imposição», pelo lat. *epithĕse-*, «epítese»)

epitetar *v.tr.* pôr epítetos a; cognominar; alcunhar; apelidar (De *epíteto*+-*ar*)

epitético *adj.* que serve de epíteto ou tem carácter de epíteto (Do gr. *epithetikós*, «empreendedor; agressivo»)

epitetismo *n.m.* modificação da expressão de uma ideia principal pela expressão de ideias acessórias (De *epíteto*+-*ismo*)

epíteto *n.m.* 1 palavra que se junta a um nome para o qualificar ou realçar a sua significação 2 alcunha 3 impropério; ultraje; vitupério 4 [fig.] qualificação (Do gr. *epítheton*, «ajuntado», pelo lat. *epithĕtu-*, «epíteto»)

epitimologia *n.f.* ciência do desejo (Do gr. *epithymía*, «desejo» +*lógos*, «tratado» +-*ia*)

epitimotécnica *n.f.* técnica de estudo dos gostos; ~ *profissional* estudo dos gostos profissionais (Do gr. *epithymía*, «desejo»+port. *técnica*)

epitógio *n.m.* espécie de capote que os Romanos usavam sobre a toga (Do lat. *epitogĭu-*, «epitógio», veste que se usava por cima da toga)

epitomar *v.tr.* pôr em epítome; resumir; epilogar (De *epítome*+-*ar*)

epítome *n.m.* 1 resumo de um livro em que se incluem as partes principais e substanciais 2 sinopse; súmula 3 [fig.] exemplo típico de determinada classe ou característica; expoente (Do gr. *epitomé*, «abreviação», pelo lat. *epitŏme-*, «resumo»)

epítrito *adj.* 1 LITERATURA diz-se de um pé de verso grego ou latino composto de um troqueu e de um espondeu, ou vice-versa, ou de um jambo e de um espondeu, ou vice-versa **2** [ant.] designativo de um número composto de outro e mais um terço deste, como 8 em relação a 6 (Do gr. *epítritos*, «que contém a mais um terço», pelo lat. *epitrĭtu*-, «id.»)

epítrope *n.f.* recurso estilístico que consiste em conceder alguma coisa que poderia ser contestada, para obter mais autoridade para o que se quer provar (Do gr. *epitropé*, «concessão»)

epituitário *adj.* que se localiza na pituitária (De *epi*-+(*pi*)*tuitária*)

epizeuxe /cs/ *n.f.* recurso estilístico que consiste na repetição de uma palavra ou mais palavras em frases seguidas, para realçar o significado nela(s) contido (ex.: *arriscou tudo, tudo o que tinha*); reduplicação (Do gr. *epízeuxis*, «ligação; encadeamento»)

epizoário *adj.,n.m.* ZOOLOGIA que ou organismo parasita que vive na parte externa do corpo do seu hospedeiro; ectozoário (Do gr. *epí*, «sobre» +*zoárion*, «animal pequeno»)

epizoico *adj.* **1** GEOLOGIA diz-se do terreno superior aos que encerram despojos orgânicos **2** diz-se da disseminação, pelos animais, das sementes que se lhes prendem aos pelos (De *epi*-+-*zóico*)

epizóico ver nova grafia **epizoico**

epizona /ô/ *n.f.* GEOLOGIA (metamorfismo) zona superficial (De *epi*-+*zona*)

epizootia *n.f.* VETERINÁRIA doença que ataca ao mesmo tempo muitos animais da mesma região (Do gr. *epí*, «sobre» +*zôon*, «animal» +*t*+-*ia*, pelo fr. *épizootie*, «id.»)

epizoótico *adj.* relativo à epizootia (De *epizootia*+-*ico*, ou do fr. *épizootique*, «id.»)

época *n.f.* **1** período assinalado por determinados factos, políticas, ideologias, movimentos, etc., que o distinguem; era **2** momento em que um acontecimento ocorre; altura **3** intervalo de tempo; período **4** período do ano escolhido para se realizarem certos eventos; estação; quadra; temporada **5** DESPORTO período durante o qual se realiza um campeonato; temporada desportiva **6** DESPORTO desempenho de jogador ou equipa durante este período **7** GEOLOGIA tempo, nas divisões estratigráficas, que diz respeito às formações de uma série (conjunto de terrenos); ~ *alta* altura do ano em que a maioria das pessoas faz férias, havendo grande afluência aos destinos turísticos; ~ *baixa* altura do ano em que há menor afluência aos destinos turísticos; ~ *balnear* período de tempo, durante o verão, ao longo do qual vigora a obrigatoriedade da assistência aos banhistas nas praias (Do gr. *epokhé*, «paragem; ponto de paragem; época»)

epocal *adj.2g.* relativo ou próprio de uma época; sazonal (De *época*+-*al*)

epódico *adj.* relativo ao epodo (De *epodo*+-*ico*)

epodo /ô/ *n.m.* **1** LITERATURA poema lírico composto de versos desiguais **2** última unidade da tríade estrófica que estrutura, repetindo-se, as composições da lírica coral grega e da ode pindárica cultivada a partir do Renascimento (Do gr. *epodós*, «canto repetido», pelo lat. *epŏdu*-, «epodo»)

eponímia *n.f.* teoria ou conjunto dos epónimos (De *epónimo*+-*ia*)

epónimo *n.m.* **1** nome de uma coisa tirado do de outra coisa ou pessoa **2** personagem real ou lendária, entre os Gregos, de quem uma cidade adotava o nome ■ *adj.* que dá o seu nome a alguma coisa; *arconte* ~ magistrado ateniense que dava o nome ao ano (Do gr. *epónymos*, «que dá o seu nome a alguma coisa»)

epopeia *n.f.* **1** LITERATURA poema narrativo de grande dimensão em que se celebra geralmente uma ação grandiosa e heroica protagonizada por um herói com qualidades excecionais **2** [fig.] série de grandes acontecimentos (Do gr. *epopoía*, «id.»)

epopeico *adj.* **1** relativo à epopeia **2** épico **3** heroico (De *epopeia*+-*ico*)

epóxi *n.m.* QUÍMICA designação dos compostos formados de um epóxido (De *epóxido*, pelo ing. *epoxy*)

epóxido *n.m.* QUÍMICA composto que contém nas suas moléculas átomos que fazem parte de um anel de três elementos (De *ep(i)*-+*óxido*)

épsilo *n.m.* nome da quinta letra do alfabeto grego (ε, E), correspondente ao **e** (aberto) (Do gr. *epsilón*, «sem aspiração»)

épsilon *n.m.* ⇒ **épsilo**

epulão *n.m.* sacerdote que, entre os Romanos, presidia ao festim dos sacrifícios (Do lat. *epulōne*-, «id.»)

epúlida *n.f.* MEDICINA ⇒ **epúlide**

epúlide *n.f.* MEDICINA tumor ou excrescência relacionada com as gengivas (Do gr. *epoulís*, -*idos*, «inchaço na gengiva»)

epulótico *adj.* FARMÁCIA que promove a cicatrização (Do gr. *epoulotikós*, «cicatrizante»)

equabilidade *n.f.* qualidade de ser equável; uniformidade; igualdade (Do lat. *aequabilitāte*-, «igualdade»)

equação *n.f.* **1** MATEMÁTICA igualdade entre duas expressões designatórias numa ou mais variáveis relativas a dado universo (incógnitas da equação), verificada (ou não) para alguns valores dessas variáveis (soluções ou raízes da equação) **2** identidade de condições ou de situação **3** distorção imprimida aos factos por efeito de preconceitos, interesses pessoais, etc.; ~ *do tempo verdadeiro* quantidade algébrica que é preciso juntar ao tempo verdadeiro para se obter o tempo médio; ~ *impossível* a que não admite soluções no universo considerado; ~ *indeterminada* equação possível que tem uma infinidade de soluções; ~ *pessoal* PSICOLOGIA intervalo, diferente consoante os indivíduos, entre o momento em que se verifica um fenómeno e aquele em que é registado pelo observador; ~ *possível* a que admite alguma solução no universo considerado; ~ *química* QUÍMICA representação simbólica de uma reação química, tanto nos aspetos qualitativos como quantitativos (Do lat. *aequatiōne*-, «igualdade»)

equacional *adj.2g.* **1** relativo a equação **2** BIOLOGIA diz-se da cariocinese homotípica (Do lat. *aequatiōne*-, «igualdade» +-*al*)

equacionar *v.tr.* **1** pôr em equação **2** sistematizar as componentes de (uma questão ou um problema) com vista a encontrar uma solução **3** avaliar (Do lat. *aequatiōne*-+-*ar*)

equador *n.m.* **1** GEOGRAFIA círculo máximo da esfera terrestre cujo plano é perpendicular ao eixo da Terra **2** regiões situadas na proximidade desse círculo; ~ *celeste* ASTRONOMIA círculo máximo da esfera celeste cujo plano é perpendicular ao eixo da Terra; ~ *magnético* FÍSICA conjunto dos pontos da superfície terrestre que têm a mesma inclinação magnética; ~ *térmico* GEOGRAFIA curva que não se afasta muito do equador geográfico e que se obtém unindo os pontos que, em cada meridiano, possuem a temperatura média anual mais alta (Do lat. *aequatōre*-, «o que iguala»)

equalizador *n.m.* aparelho que reduz a distorção de um sinal sonoro intensificando umas frequências e diminuindo outras (Do ing. *equalizer*, «id.»)

equânime *adj.2g.* **1** que tem equanimidade **2** imparcial (Do lat. *aequanĭmu*-, «de ânimo igual»)

equanimidade *n.f.* **1** igualdade de ânimo perante a prosperidade e a adversidade **2** serenidade de espírito **3** imparcialidade **4** retidão (Do lat. *aequanimitāte*-, «justiça benévola»)

equânimo *adj.* ⇒ **equânime**

equatorial *adj.2g.* **1** do equador ou a ele referente **2** localizado no equador ■ *n.m.* ASTRONOMIA telescópio montado sobre dois eixos perpendiculares, sendo um deles paralelo ao eixo da Terra (Do lat. *aequatōre*-, «equador» +-*al*)

equatoriano *adj.* da República do Equador ■ *n.m.* natural ou habitante do Equador (Do lat. *aequatōre*-, «equador» +-*iano*, ou do cast. *ecuatoriano*, «id.»)

equável *adj.2g.* **1** igual (a outro ou a outros) **2** equitativo; reto; justo (Do lat. *aequabĭle*-, «igual em todas as suas partes»)

equestre /qu-é/ *adj.2g.* **1** relativo a cavalo, cavalaria ou cavaleiros **2** que se faz a cavalo ou com cavalos **3** relativo à equitação (Do lat. *equestre*-, «id.»)

equevo /qu-é/ *adj.* **1** que é da mesma idade **2** que é da mesma época que outro; contemporâneo (Do lat. *aequaevu*-, «da mesma idade»)

equi-[1] elemento de formação de palavras que exprime a ideia de *igualdade* (Do lat. *aequu*-, «igual»)

equi-[2] elemento de formação de palavras que exprime a ideia de *cavalo* (Do lat. *equu*-, «cavalo»)

equiângulo /qu-i/ *adj.* que tem ângulos iguais (Do lat. *aequiangŭlu*-, pelo fr. *équiangle*, «id.»)

equícola /qu-i/ *n.2g.* **1** tratador de cavalos **2** cavaleiro (De *equi*-+-*cola*)

equicrural /qu-i/ *adj.2g.* que possui pernas iguais (Do lat. *aequu*-, «igual» +*crure*-, «perna»)

equidade /qu-i/ *n.f.* **1** imparcialidade **2** igualdade **3** justiça **4** retidão (Do lat. *aequitāte*-, «id.»)

Équidas /qu-i/ *n.m.pl.* ZOOLOGIA ⇒ **Equídeos**

equídeo /qu-i/ *adj.* do cavalo ou a ele relativo ■ *n.m.* ZOOLOGIA espécime dos Equídeos (Do lat. *eqŭu*-, «cavalo»+gr. *eîdos*, «forma» +-*eo*)

Equídeos /qu-i/ *n.m.pl.* ZOOLOGIA família de mamíferos cujo género tem por tipo o cavalo (De *equídeo*)

equidiferença /qu-i/ *n.f.* **1** igualdade de diferenças **2** proporção aritmética (De *equi*-+*diferença*)

equidiferente /qu-i/ *adj.2g.* diz-se de coisas que são igualmente diferentes em relação a outra ou outras (De *equi*-+*diferente*)

equidistância /qu-i/ *n.f.* **1** igualdade de distâncias **2** qualidade do que é equidistante (De *equi*-+*distância*)

equidistante /qu-i/ adj.2g. diz-se de um objeto situado a distâncias iguais de dois outros (Do lat. aequidistante-, «paralelo; equidistante»)

equidistar /qu-i/ v.tr.,intr. estar ou ficar à mesma distância (de) (De equi-+distar)

equidna n.f. ZOOLOGIA mamífero ovíparo, de organização inferior, da ordem dos monotrématos, existente na Austrália, Nova Guiné e Tasmânia, com corpo espinhoso, cloaca e bico (Do gr. ékhidna, «víbora», pelo lat. echidna-, «víbora fêmea»)

equidno n.m. ZOOLOGIA ⇒ equidna

equifacial /qu-i/ adj.2g. BOTÂNICA diz-se da folha vegetal cujas páginas têm aspeto semelhante e estrutura simétrica (De equi-+facial)

equífero /qu-i/ n.m. cavalo selvagem (Do lat. equiferu-, «id.»)

equilateral /qu-i/ adj.2g. GEOMETRIA que tem os lados iguais; equilátero (Do lat. aequilaterāle-, «id.»)

equilátero adj. 1 GEOMETRIA que tem os lados iguais 2 GEOMETRIA diz-se do triângulo que tem os três ângulos iguais (Do lat. aequilatĕru-, «id.»)

equilibração n.f. 1 ato ou efeito de equilibrar 2 equilíbrio (Do lat. aequilibratiōne-, «equilíbrio»)

equilibradamente adv. 1 de maneira equilibrada; com equilíbrio 2 imparcialmente 3 com justiça (De equilibrado+-mente)

equilibrado adj. 1 que está em equilíbrio 2 que está em posição estável 3 que está ao mesmo nível de outro; que apresenta igualdade ou equivalência em relação a outro 4 que demonstra bom senso; ponderado 5 que é estável do ponto de vista emocional (Do lat. aequilibratu-, «id.»)

equilibrador adj. ⇒ equilibrante (De equilibrar+-dor)

equilibrante adj.2g. que equilibra (De equilibrar+-ante)

equilibrar v.tr. 1 pôr em equilíbrio 2 conservar o equilíbrio de 3 [fig.] compensar; contrabalançar 4 [fig.] harmonizar ■ v.pron. 1 manter-se em equilíbrio 2 [fig.] aguentar-se numa situação difícil (Do lat. aequu-, «igual» +librāre, «oscilar»)

equilíbrio n.m. 1 MECÂNICA estado de um corpo em que as forças sobre ele aplicadas contrabalançam mutuamente os seus efeitos 2 igualdade entre forças, quantidades, etc. 3 proporção harmoniosa entre as partes constituintes 4 bom senso; sensatez; ~ **estável** equilíbrio de um corpo que, desviado ligeiramente da sua posição, a retoma quando cessar a causa do desvio; ~ **indiferente** o de um corpo que fica em equilíbrio, qualquer que seja a posição em que o coloquem; ~ **instável** equilíbrio de um corpo que não regressa à posição em que repousava, quando cessa a causa que dela o desviou; ~ **químico** QUÍMICA equilíbrio de um sistema em que se estão a dar, simultaneamente e com igual velocidade, duas reações exatamente opostas; *estado de* ~ estado em que as propriedades observáveis de um sistema não variam com o tempo (Do lat. aequilibrĭu-, «id.»)

equilibrismo n.m. ato de equilibrar ou equilibrar-se (De equilíbrio+-ismo)

equilibrista n.2g. 1 pessoa que se mantém em equilíbrio numa posição difícil 2 artista que baseia a sua atuação em exercícios de equilíbrio, por exemplo sobre um arame ou corda 3 [fig.] indivíduo capaz de manipular habilmente as circunstâncias em seu favor (De equilíbrio+-ista, ou do fr. équilibriste, «id.»)

equimolecular /qu-i/ adj.2g. QUÍMICA que contém igual número de moléculas (De equi-+molecular)

equimosar v.tr. 1 provocar equimose em 2 cobrir de equimoses (De equimose+-ar)

equimose n.f. MEDICINA mancha, de coloração variável, que aparece na pele ou no interior de alguns órgãos, originada por sangue que, extravasado dos capilares (muitas vezes por motivo de um traumatismo), se espalha entre as células, nos tecidos; exsucação; negra (Do gr. ekkýmosis, «extravasamento do sangue»)

equimótico adj. 1 da natureza da equimose 2 relativo à equimose (Do gr. ekkymotikós, «relativo a equimose»)

equimúltiplo /qu-i/ adj. MATEMÁTICA diz-se dos números que são igualmente múltiplos de outros ou que resultam da multiplicação de outros pelo mesmo fator (De equi-+múltiplo)

equinácea n.f. 1 BOTÂNICA planta originária da América do Norte, cujas flores têm um parte central em forma de cone, cultivada como planta medicinal no Centro da Europa 2 FARMÁCIA remédio natural preparado com folhas e pedúnculos desta planta, supostamente capaz de reforçar o sistema imunitário (Do lat. cient. echinacea, do gr. ekhînos, «ouriço»)

Equinídas n.m.pl. ZOOLOGIA ⇒ Equinídeos

Equinídeos n.m.pl. ZOOLOGIA família de equinodermes a cujo género-tipo, *Echinus*, pertencem alguns dos ouriços da costa marítima portuguesa (Do gr. ekhînos, «ouriço», pelo lat. echīnu-, «id.» +-ídeos)

equino¹ /qu-i/ adj. 1 relativo ao cavalo 2 cavalar (Do lat. equīnu-, «de cavalo»)

equino² /qu-i/ n.m. 1 ZOOLOGIA (animal) ouriço 2 BOTÂNICA (castanheiro) ouriço 3 ARQUITETURA parte média do capitel dórico em forma de ouriço de castanheiro (Do gr. ekhînos, «ouriço», lat. echīnu-, «id.»)

equino- elemento de formação de palavras que exprime a ideia de *ouriço* ou de *espinhoso* (Do gr. ekhînos, «ouriço»)

equinocial adj.2g. relativo ou pertencente ao equinócio; **pontos equinociais** GEOGRAFIA os dois pontos em que a eclíptica corta o equador (Do lat. aequinoctiāle-, «id.»)

equinócio n.m. 1 ASTRONOMIA momento em que o Sol, no movimento anual aparente, corta o equador celeste, fazendo com que o dia e a noite tenham igual duração 2 ASTRONOMIA cada uma das duas épocas em que este momento acontece; *dias dos equinócios* os dois dias do ano em que o Sol passa nos pontos equinociais e em que a noite é igual ao dia; ~ *da primavera* momento em que o Sol se desloca do hemisfério sul para o hemisfério norte, dando início ao outono no hemisfério sul e à primavera no hemisfério norte; ~ *do outono* momento em que o Sol se desloca do hemisfério norte para o hemisfério sul, dando início ao outono no hemisfério norte e à primavera no hemisfério sul (Do lat. aequinoctĭu-, «id.»)

equinococose n.f. MEDICINA doença provocada no homem e em alguns outros animais por uma pequena ténia que origina o chamado quisto hidático (Do gr. ekhînos, «ouriço» +kókkos, «vesícula» + -ose)

equinoderme adj.2g. ZOOLOGIA relativo aos equinodermes ■ n.m. ZOOLOGIA espécime dos equinodermes ■ n.m.pl. ZOOLOGIA grupo (tipo) de animais marinhos, fitozoários, celômatas, com tegumento endurecido por granulações ou placas calcárias (De equino-+-derme)

equinodermo adj.,n.m.,n.m.pl. ⇒ equinoderme

equinoide adj.2g. semelhante a ouriço (Do gr. ekhînos, «ouriço» +eĩdos, «semelhança»)

equinóide ver nova grafia equinoide

Equinoides n.m.pl. ZOOLOGIA ⇒ Equinídeos (Do gr. ekhînos, «ouriço» +eĩdos, «semelhança»)

Equinóides ver nova grafia Equinoides

equipa n.f. 1 grupo de pessoas que trabalham em conjunto para o mesmo fim 2 DESPORTO grupo de pessoas selecionadas para uma prova desportiva em que lutam em conjunto pela vitória comum (Do fr. équipe, «id.»)

equipagem n.f. 1 NÁUTICA conjunto de pessoal para a manobra e serviço de um navio, avião, etc. 2 conjunto de aparelhos ou de peças de maquinismos 3 comitiva; séquito 4 MILITAR conjunto de pessoal de engenharia militar destinado ao lançamento de um elemento de ponte 5 MILITAR aprestos que acompanham um exército em marcha ou em campanha (Do fr. équipage, «id.»)

equipamento n.m. 1 ato ou efeito de equipar ou equipar-se 2 conjunto de meios materiais necessários a determinada atividade 3 DESPORTO vestuário e apetrechos necessários à prática de determinada atividade 4 conjunto de meios mecânicos ou industriais de uma empresa, de uma região, de um país 5 MILITAR conjunto de artigos necessários a um combatente ou a uma unidade militar para que possam ser considerados prontos para o combate; ~ *terminal de dados* INFORMÁTICA parte de uma estação de dados que exerce a função de fonte de dados, ou a função de coletor de dados, ou as duas funções ao mesmo tempo (De equipar+-mento)

equipar v.tr. 1 fornecer um conjunto de meios materiais necessários a determinada atividade 2 DESPORTO fornecer os acessórios e/ou vestuário necessário a 3 NÁUTICA prover (um navio) do necessário para a manobra e sustentação do pessoal de bordo 4 [fig.] fornecer o necessário a ■ v.pron. preparar-se com o equipamento necessário (Do fr. équiper, «id.»)

equiparação n.f. ato ou efeito de equiparar ou pôr em paralelo (Do lat. aequiparatiōne-, «comparação»)

equiparar v.tr. 1 pôr em paralelo 2 igualar por comparação 3 conceder a (alguém) as mesmas regalias usufruídas por outra pessoa ■ v.pron. 1 igualar-se 2 julgar-se semelhante (Do lat. aequiparāre, «igualar»)

equiparável adj.2g. que se pode equiparar (Do lat. aequiparabĭle-, «comparável»)

equipartição n.f. divisão em partes iguais (De equi-+partição)

equipe n.f. [Brasil] ⇒ equipa

equípede¹ /qu-i/ adj.2g. que tem pés ou patas iguais em comprimento (Do lat. aequipĕde-, «de pés iguais»)

equípede² /qu-i/ adj.2g. cujas patas se assemelham às do cavalo (Do lat. equu-, «cavalo» +pede-, «pata»)

equipendência /qu-i/ n.f. qualidade do que é equipendente (De equi-+pendência)

equipendente /qu-i/ adj.2g. 1 que tanto pende para um lado como para outro 2 equilibrado (De equi-+pendente)

equipétalo adj. BOTÂNICA que tem as pétalas do mesmo comprimento (Do lat. aequu-, «igual»+gr. pétalon, «pétala»)

equipolência /qu-i/ n.f. 1 qualidade do que é equipolente 2 equivalência (Do lat. aequipollentĭa-, «equivalência»)

equipolente /qu-i/ adj.2g. 1 que tem o mesmo poder que outro 2 equivalente; ~ *a outro* GEOMETRIA diz-se de um segmento de reta orientado que tem o comprimento, a direção e o sentido desse outro (o conjunto dos segmentos orientados que entre si são equipolentes é um vetor, representável por um qualquer desses segmentos) (Do lat. aequipollente-, «de igual valor»)

equiponderância /qu-i/ n.f. qualidade do que é equiponderante (Do lat. aequu-, «igual» +ponderantĭa, part. pres. neut. pl. subst. de ponderāre, «ponderar»)

equiponderante /qu-i/ adj.2g. que tem peso igual (De equiponderar+-ante)

equiponderar /qu-i/ v.tr. 1 equilibrar 2 contrabalançar ■ v.pron. equilibrar-se (Do lat. aequu-, «igual» +ponderāre, «pesar»)

equipotencial /qu-i/ adj.2g. que tem o mesmo potencial; *superfície ~* FÍSICA lugar dos pontos de um campo que estão ao mesmo potencial, em geodesia, uma superfície de nível (De equi-+potencial)

equiprobabilismo /qu-i/ n.m. sistema moral que, na incerteza da existência de uma lei, opta pela sua não observância, desde que exista uma razão equivalente favorável à sua existência (De equi-+probabilismo)

Equírias n.f.pl. festas hípicas em honra de Marte, em Roma (Do lat. equirĭas, «corridas de cavalos»)

Equissetáceas n.f.pl. BOTÂNICA família de pteridófitas, equissetíneas, isospóricas, que compreende o género *Equisetum*, a que pertencem as cavalinhas (De equisseto+-áceas)

equissetíneas n.f.pl. BOTÂNICA grupo (classe) de pteridófitas desprovidas de folhas desenvolvidas e com ramificação verticilada (De equisseto+-íneas)

equisseto /qu-i/ n.m. BOTÂNICA ⇒ **cavalinha** 1 (Do lat. equisētu-, «cavalinha»)

equissonância /qu-i/ n.f. consonância de sons semelhantes (Do lat. aequisonantĭa-, «semelhança de sons»)

equissonante /qu-i/ adj.2g. em que há equissonância (De equi-+sonante)

equitação n.f. arte de andar a cavalo (Do lat. equitatiōne-, «id.»)

equitador n.m. 1 pessoa que pratica equitação 2 bom cavaleiro (Do lat. *equitatōre-, «id.», de equitāre, «montar a cavalo»)

equitativo /qu-i/ adj. 1 que tem equidade 2 imparcial 3 justo 4 reto (Do lat. aequitāte-, «igualdade» +-ivo)

equivalência n.f. 1 correspondência de valor, natureza, ou função 2 relação de paridade 3 MATEMÁTICA toda a relação binária que está definida num conjunto abstrato e que é simétrica, reflexiva e transitiva; *~ de equações* MATEMÁTICA duas equações dizem-se equivalentes quando as raízes de uma são raízes da outra e reciprocamente (Do lat. aequivalentĭa, «id.», part. pres. neut. pl. subst. de aequivalēre, «equivaler»)

equivalente adj.2g. 1 que tem valor igual (em quantidade ou qualidade) 2 que significa o mesmo 3 MATEMÁTICA diz-se das equações em que as raízes de uma são raízes de outra, reciprocamente ■ n.m. 1 o que equivale 2 aquilo que tem o mesmo valor em quantidade ou qualidade 3 palavra ou expressão com o mesmo significado que outra; *~ eletroquímico* QUÍMICA massa de um elemento libertada, num processo eletrolítico, pela carga de um coulomb (Do lat. aequivalente-, «id.», part. pres. de aequivalēre, «equivaler; igualar»)

equivalente-grama n.m. QUÍMICA o quociente da massa atómica ou da massa molecular de um ião pela sua valência

equivaler v.tr. 1 ser correspondente a outro ou a outros no que diz respeito a valor, preço, função, etc. 2 ter o mesmo significado (Do lat. aequivalēre, «igualar; equivaler»)

equivalve /qu-i/ adj.2g. que tem duas valvas iguais (Do lat. aequu-, «igual» +valva-, «batente de porta»)

equivocação n.f. ⇒ **equívoco** (Do lat. aequivocatiōne-, «id.»)

equivocar v.tr. induzir em equívoco ou erro ■ v.pron. 1 enganar-se 2 confundir-se (De equívoco+-ar, ou do fr. équivoquer, «id.»)

equívoco n.m. 1 erro; confusão 2 interpretação errada 3 mal-entendido 4 sofisma que resulta do emprego de termos ambíguos 5 trocadilho ■ adj. 1 que suscita várias interpretações contraditórias 2 que suscita dúvidas 3 que induz em erro 4 dúbio; suspeito (Do lat. aequivŏcu-, «ambíguo»)

equivoquista n.2g. pessoa que usa ou aprecia equívocos (De equívoco+-ista)

équo adj. 1 igual 2 justo 3 imparcial (Do lat. aequu-, «igual»)

equóreo adj. relativo ao mar alto (Do lat. aequorĕu-, «marinho»)

era n.f. 1 época fixa, assinalada por um acontecimento importante, de onde se começam a contar as datas 2 período 3 início de uma nova ordem de coisas 4 GEOLOGIA grande divisão estratigráfica (tempo) que diz respeito às formações de um grupo (conjunto de terrenos); *~ de César* era que começou no ano 38 a. C.; *~ de Cristo* era que decorre desde o nascimento de Cristo (Do lat. aera-, «id.»)

eráceo adj. [poét.] duro como o bronze (Do lat. aeracĕu-, «de bronze»)

erário n.m. 1 recursos financeiros 2 conjunto das repartições financeiras onde se conservam e administram os dinheiros públicos; tesouro público (Do lat. aerarĭu-, «id.»)

erasmiano adj. 1 relativo a Erasmo, humanista holandês (1469-1536) 2 diz-se da pronúncia do grego em que se destacam as duas vogais de um ditongo (De Erasmo, antr.+-iano)

erásmico adj. ⇒ **erasmiano**

érbio n.m. QUÍMICA elemento químico com o número atómico 68 e símbolo Er, que faz parte do grupo das terras raras (De [Itt]erby, cidade da Suécia)

e-reader n.m. dispositivo ou aplicação que permite e facilita a leitura num suporte eletrónico; leitor de livros digitais (Do ing. e-reader, «id.»)

érebo n.m. 1 MITOLOGIA a parte mais recôndita do Inferno 2 [com maiúscula] MITOLOGIA Inferno (Do gr. *Érebos*, «escuridão; trevas», pelo lat. Erĕbu-, «id.»)

ereção n.f. 1 ato ou efeito de erigir, de erguer ou erguer-se 2 levantamento 3 edificação 4 instituição; criação; inauguração 5 transformação de um órgão mole em rígido (e que se levanta) por afluxo de sangue ao tecido erétil 6 estado de tensão de alguns tecidos (Do lat. erectiōne-, «ação de levantar»)

erecção ver nova grafia **ereção**

erétil ver nova grafia **erétil**

erectilidade a grafia mais usada é **eretilidade**

erecto ver nova grafia **ereto**

erector ver nova grafia **eretor**

eremita n.2g. 1 religioso que não vive em comunidade, mas num ermo; anacoreta 2 [fig.] pessoa que evita a convivência social, que vive isolada (Do gr. eremítes, «que vive em lugar ermo», pelo lat. eremīta, «id.»)

eremitagem n.f. 1 vida de eremita 2 lugar deserto que os eremitas escolhem para seu retiro (De eremita+-agem)

eremitania n.f. dignidade ou cargo de eremitão (De eremitão+-ia)

eremitão n.m. (feminino **eremitã** ou **eremitoa**) 1 encarregado de uma ermida 2 RELIGIÃO religioso que não vive em comunidade, mas num lugar isolado (ermo); eremita 3 ZOOLOGIA crustáceo decápode que se aloja em conchas de moluscos gastrópodes, protegendo assim o abdómen, que é mole; casa-alugada; bernardo-eremita (Do lat. eremitānu-, «id.»)

eremitério n.m. 1 lugar ou casa onde vive um eremita 2 [fig.] lugar afastado do povoado; ermo (De eremita-tério, por infl. de cemitério)

eremítico adj. 1 relativo a eremita 2 deserto; solitário (De eremita+-ico)

éreo adj. feito de bronze, cobre ou arame (Do lat. aerĕu-, «de bronze»)

erepsina n.f. BIOQUÍMICA mistura de enzimas proteolíticas do suco entérico que atua na digestão dos alimentos (Do gr. ereípein, «destruir» +pépsis, «fermentação» +-ina)

erétil adj.2g. 1 que é suscetível de ereção 2 diz-se do tecido que, em certos órgãos e por afluxo de sangue, é suscetível de ereção (De erecto+-il)

eretilidade n.f. propriedade que certos tecidos têm de ser eréteis (De eréctil+-i-+-dade) ACORDO ORTOGRÁFICO também se pode escrever **erectilidade**

eretismal adj.2g. referente ao eretismo (De eretismo+-al)

eretismo n.m. 1 MEDICINA excitabilidade aumentada de um órgão, por exemplo, o coração 2 estado de excitação ou irritação 3 [fig.] auge de uma paixão (Do gr. erethismós, «excitação»)

ereto adj. 1 erguido 2 direito 3 fundado; criado 4 que está rígido por afluxo de sangue (Do lat. erēctu-, «levantado»)

eretor adj.,n.m. (feminino **eretriz**) que ou aquele que erige (Do lat. *erectōre-*, «que levanta»)

erétria n.f. espécie de alvaiade (Do gr. *Eretría*, nome de cidade da ilha grega de Eubeia (mar Egeu), pelo lat. *eretría- [terra-]*, «alvaiade de Erétria»)

ereutofobia n.f. receio obsidiante de corar, de enrubescer (Do gr. *ereúthein*, «corar» +*phobeīn*, «ter horror» +*-ia*)

erg[1] n.m. FÍSICA unidade de medida de trabalho do antigo sistema de unidades CGS, de símbolo erg, que equivale ao trabalho realizado pela força de um dine quando desloca o seu ponto de aplicação um centímetro na sua própria direção e sentido (10^{-7} joules) (Do gr. *érgon*, «trabalho»)

erg[2] n.m. GEOGRAFIA vasta extensão de deserto (especialmente no Sara) cujas areias são modeladas pelo vento, formando dunas móveis (Do fr. *erg*, «id.»)

ergastenia n.f. ⇒ **sobernal** (De *erg-*+*astenia*)

ergastoplasma n.m. BIOLOGIA formação estrutural do citoplasma (na célula), que é um protoplasma funcional transitório (Do gr. *ergastés*, «trabalho» +*plásma*, «obra modelada»)

ergastulário n.m. carcereiro do ergástulo, entre os Romanos (Do lat. *ergastularĭu-*, «carcereiro»)

ergástulo n.m. 1 prisão destinada, entre os antigos Romanos, aos condenados a trabalhos forçados 2 cárcere; enxovia 3 [fig.] antro de miséria (Do lat. *ergastŭlu-*, «prisão de escravos»)

erg(o)- elemento de formação de palavras que traduz a ideia de ação, trabalho, obra (Do grego *érgon*, «trabalho»)

ergofobia n.f. MEDICINA horror patológico ao trabalho (De *ergo-*+*fobia*)

ergógrafo n.m. aparelho registador do trabalho de um músculo (De *ergo-*+*-grafo*)

ergologia n.f. 1 ciência do trabalho 2 ramo da etnologia que tem por fim o estudo e descrição dos elementos materiais das sociedades (produtos da atividade humana com carácter material) (De *ergo-*+*-logia*)

ergometria n.f. 1 medição do trabalho de um músculo ou grupo de músculos 2 aplicação do ergómetro (De *ergo-*+*-metria*)

ergómetro n.m. aparelho utilizado para medir o trabalho executado por um músculo ou grupo muscular (De *ergo-*+*-metro*)

ergonomia n.f. disciplina científica cujo objetivo é estudar as características laborais, de forma a adequar o local de trabalho e o equipamento ao trabalhador, gerando mais conforto, segurança, eficiência e produtividade (Do gr. *érgon*, «trabalho» +*nómos* «uso; costume; lei» +*-ia*)

ergonómico adj. 1 relativo à ergonomia 2 (equipamento) adaptado às características e necessidades do utilizador (De *ergonom(ia)*+*-ico*)

ergonomista n.2g. especialista em ergonomia (De *ergonomia*+*-ista*)

ergosterol n.m. BIOQUÍMICA esterol dos tecidos vegetais que, sob a ação dos raios ultravioleta, pode adquirir as propriedades da vitamina D (Do fr. *ergostérol*, «id.»)

ergoterapia n.f. MEDICINA método de tratamento que consiste em fazer pessoas doentes executar tarefas manuais simples adequadas às suas capacidades funcionais, permitindo, desta forma, a melhoria do seu equilíbrio psíquico; terapia ocupacional (De *ergo-*+*terapia*)

ergotina n.f. FARMÁCIA substância alcaloide obtida da espiga do centeio, e que tem aplicação medicamentosa (Do fr. *ergotine*, «id.»)

ergotino n.m. FARMÁCIA ⇒ **ergotina**

ergotismo[1] n.m. hábito de argumentar por silogismos (Do lat. *ergo*, «portanto» +*t*+*-ismo*)

ergotismo[2] n.m. envenenamento pela ergotina (Do fr. *ergotisme* «id.»)

erguer v.tr. 1 levantar; alçar 2 pôr a prumo; pôr direito 3 erigir; edificar; construir acima do solo 4 elevar 5 [fig.] tornar superior 6 [fig.] dar origem a; fundar 7 [fig.] dar ânimo a 8 [pop.] joeirar ao vento os cereais 9 [pop.] empar ou suster (a videira) com estacas ■ v.pron. 1 pôr-se em pé 2 elevar-se 3 assomar 4 [fig.] destacar-se; sobressair 5 [fig.] revoltar-se; amotinar-se (Do lat. *ergŭere*, por *erigĕre*, «levantar»)

erguida n.f. 1 ato ou efeito de erguer e amparar as varas das videiras; empa 2 levantamento (Part. pass. fem. subst. de *erguer*)

erguido adj. 1 levantado; alçado 2 construído 3 alto (Part. pass. de *erguer*)

ericácea n.f. BOTÂNICA espécime das Ericáceas

Ericáceas n.f.pl. BOTÂNICA família de plantas dicotiledóneas, lenhosas, dos terrenos incultos, também denominada Rododendráceas (Do gr. *ereíke*, «urze», pelo lat. *erīce-*, «id.» +*-áceas*)

eriçar v.tr. 1 fazer ficar espetado 2 tornar hirto 3 arrepiar; ouriçar 4 encrespar 5 [fig.] tornar agressivo 6 [fig.] despertar; provocar; estimular ■ v.pron. 1 tornar-se hirto, retesado ou hirsuto 2 [fig.] mostrar-se agressivo 3 [fig.] ser despertado; ser estimulado (Do lat. *ericiāre*, «id.», de *ericĭu-*, «ouriço»)

ericícola adj.2g. diz-se do animal (em especial, inseto) que vive normalmente nas urzes; ericófilo (Do lat. *erīce-*, «urze» +*colĕre*, «habitar»)

erício n.m. 1 antiga trincheira eriçada de puas 2 (animal) ouriço (Do lat. *ericĭu-*, «ouriço»)

ericófilo adj. ⇒ **ericícola** (Do gr. *ereíke*, «urze» +*phílos*, «amigo»)

Erídano n.m. ASTRONOMIA constelação austral do hemisfério celeste sul (Do lat. *Eridănu-*, «id.»)

erigir v.tr. 1 erguer a prumo 2 construir; edificar 3 levantar 4 [fig.] instituir; fundar; criar (Do lat. *erigĕre*, «erguer»)

eril adj.2g. de bronze (Do lat. *aere-*, «bronze» +*-il*)

erináceo adj. com forma de ouriço (Do lat. *erinacĕu-*, «semelhante ao ouriço»)

erinacídeo adj.2g. ZOOLOGIA relativo aos Erinacídeos ■ n.m. ZOOLOGIA espécime dos Erinacídeos

Erinacídeos n.m.pl. ZOOLOGIA família de mamíferos insetívoros a cujo género-tipo, *Erinaceus*, pertence o ouriço-cacheiro, frequente em Portugal (Do lat. *erinacĕu-*, «semelhante ao ouriço» +*-ídeos*)

erinose n.f. BOTÂNICA doença das videiras originada por um ácaro que ataca as folhas destas plantas, provocando a formação de umas galhas felpudas (Do gr. *érion*, «lã» +*nósos*, «enfermidade»)

eriócomo adj.,n.m. que ou aquele que tem cabelos encrespados (Do gr. *érion*, «lã» +*kóme*, «cabeleira»)

eriofilo adj. (vegetal) que tem as folhas peludas ou lanosas (Do gr. *érion*, «lã» +*phýllon*, «folha; pétala»)

erípede adj.2g. que tem pés de bronze (Do lat. *aeripĕde-*, «que tem pés de bronze»)

Éris n.f. ASTRONOMIA maior planeta anão do Sistema Solar, com um diâmetro de cerca de 2400 km (De *Éris*, deusa grega da discórdia)

erisipela n.f. MEDICINA doença muito contagiosa que se manifesta por inflamação da pele, provocada por uma infeção estreptocócica, e denominada também fogo de Santo Antão (Do gr. *erysípelas*, «enrubescimento da pele», pelo lat. *erysipĕlas*, «id.»)

erisipelão n.m. ataque forte de erisipela (De *erisipela*+*-ão*)

erisipelar v.intr. adoecer com erisipela (De *erisipela*+*-ar*)

erisipelatoso /ô/ adj. 1 que sofre de erisipela 2 que tem o carácter de erisipela (De *erisipela*+*t*+*-oso*)

erisipeloso /ô/ adj. ⇒ **erisipelatoso** (De *erisipela*+*-oso*)

erística n.f. FILOSOFIA arte das discussões lógicas e subtis (Do gr. *eristikós*, «que gosta de disputar»)

eritema n.m. MEDICINA exantema não contagioso caracterizado por manchas vermelhas à superfície do corpo; rubor cutâneo (Do gr. *erýthema*, «rubor»)

eritemático adj. 1 relativo ao eritema 2 que tem eritema (De *eritema*+*t*+*-ico*)

eritematoso adj. ⇒ **eritemático** (De *eritema*+*t*+*-oso*)

eritemoide adj.2g. semelhante a eritema (Do gr. *erýthema*, «rubor» +*eîdos*, «semelhança»)

eritemóide ver nova grafia **eritemoide**

eritremia n.f. MEDICINA doença que se traduz num aumento considerável de glóbulos vermelhos no sangue (Do gr. *erythrós*, «vermelho» +*haîma*, «sangue» +*-ia*)

eritreu adj. relativo ou pertencente à Eritreia (país do noroeste de África) ■ n.m. natural ou habitante da Eritreia (Do gr. *erythraîos*, «vermelho; do mar Vermelho»)

eritrina[1] n.f. substância tintorial vermelha que se encontra em muitos líquenes (De *eritro-*+*-ina*)

eritrina[2] n.f. 1 BOTÂNICA género de árvores e arbustos da família das Leguminosas, abundantes em São Tomé e Príncipe mas também encontrados na África tropical, na Ásia e na América, de folhas trifoliadas e flores geralmente vermelhas, em racemos terminais, que são cultivados como ornamentais, como quebra-vento ou cerca protetora 2 BOTÂNICA qualquer espécie desse género, nomeadamente a *Erytrina crista-galli* e a *Erytrina corallodendron* (Do latim científico *Erythrina*, «idem»)

eritrite n.f. QUÍMICA composição hidrocarbonada que se extrai da urzela (De *eritro-*+*-ite*)

eritro- elemento de formação de palavras que exprime a ideia de vermelho (Do gr. *erythrós*, «vermelho»)

eritroblasto n.m. HISTOLOGIA célula da qual se origina o glóbulo vermelho do sangue (Do gr. *erythrós*, «vermelho» +*blastós*, «gérmen»)

eritrocarpo *adj.* BOTÂNICA (vegetal) que produz frutos vermelhos (De *eritro-+carpo*)

eritrócero *adj.* ZOOLOGIA (animal) que tem as antenas vermelhas (Do gr. *erythrós*, «vermelho» +*kéras*, «chifre»)

eritrócito *n.m.* HISTOLOGIA glóbulo vermelho do sangue, em especial quando nucleado (Do gr. *erythrós*, «vermelho» +*kýtos*, «célula»)

eritrodáctilo *adj.* que possui dedos vermelhos (Do gr. *erythrós*, «vermelho» +*dáktylos*, «dedo»)

eritrodermia *n.f.* MEDICINA dermatose caracterizada pelo rubor vivo da pele, com descamação (De *eritrodermo+-ia*)

eritrodermo *adj.* (animal) que tem a pele vermelha (Do gr. *erythrós*, «vermelho» +*dérma*, «pele»)

eritrofila *n.f.* substância pigmentar que dá a cor vermelha a órgãos vegetais, em especial às folhas (De *eritrofilo*)

eritrofilo *adj.* BOTÂNICA (vegetal) que tem as folhas vermelhas (Do gr. *erythrós*, «vermelho» +*phýllon*, «folha»)

eritrofobia *n.f.* horror à cor vermelha (De *eritro-+-fobia*)

eritrófobo *adj.,n.m.* que ou aquele que sofre de eritrofobia (De *eritro-+-fobo*)

eritrogástreo *adj.* ZOOLOGIA que tem o ventre vermelho (Do gr. *erythrós*, «vermelho» +*gastér, -rós*, «ventre»)

eritroide *adj.2g.* que tem cor avermelhada (Do gr. *erytroeidés*, «avermelhado»)

eritróide ver nova grafia **eritroide**

eritrópode *adj.2g.* ZOOLOGIA (animal) que tem membros locomotores vermelhos (Do gr. *erythrós*, «vermelho» +*poûs, podós*, «pé»)

eritropsia *n.f.* MEDICINA alteração da visão cromática caracterizada pelo facto de o paciente ver tudo vermelho (Do gr. *erythrós*, «vermelho» +*ópsis*, «vista» +*-ia*)

eritróptero *adj.* que tem asas vermelhas (Do gr. *erythrós*, «vermelho» +*pterón*, «asa»)

eritróptico *adj.* relativo a eritropsia ■ *adj.,n.m.* que ou aquele que sofre de eritropsia (Do gr. *erythrós*, «vermelho» +*óptico*, segundo o padrão grego)

eritrose *n.f.* 1 MEDICINA coloração avermelhada da pele ou das mucosas devido a congestão vascular 2 matéria corante extraída do ruibarbo (Do gr. *erythrós*, «vermelho» +*-ose*)

eritrospermo *adj.* que tem sementes ou grãos vermelhos (Do gr. *erythrós*, «vermelho» +*spérma*, «semente»)

eritróstomo *adj.* de boca vermelha (Do gr. *erythrós*, «vermelho» +*stóma*, «boca»)

eritrotórace *adj.2g.* que tem o peito vermelho (Do gr. *erythrós*, «vermelho» +*thórax, -akos*, «tórax»)

eritroxilácea *n.f.* BOTÂNICA espécime das Eritroxiláceas

Eritroxiláceas /cs/ *n.f.pl.* BOTÂNICA família de plantas dicotiledóneas, lenhosas, das regiões quentes, cujo género-tipo se denomina *Erythroxylum* (De *eritróxilo+-áceas*)

eritróxilo /cs/ *n.m.* BOTÂNICA árvore das regiões quentes, cuja madeira é vermelha (Do gr. *erythrós*, «vermelho» +*xýlon*, «madeira»)

ermal *adj.2g.* 1 referente a ermo 2 solitário; despovoado (De *ermo+-al*)

ermamento *n.m.* ato ou efeito de ermar; despovoamento (De *errar+-mento*)

ermar *v.tr.* converter em ermo; despovoar ■ *v.intr.* viver em ermo ou na solidão (De *ermo+-ar*)

ermida *n.f.* 1 pequeno templo ou capela em sítio ermo 2 pequena igreja 3 [gír.] taberna (Do gr. *eremítes*, «id.», pelo lat. *eremīta-*, «id.»)

ermita *n.2g.* ⇒ **eremita**

ermitania *n.f.* ⇒ **eremitania** (De *ermitão+-ia*)

ermitão *n.m.* (feminino **ermitã** ou **ermitoa**) ⇒ **eremitão** (Do lat. *eremitānu-*, «id.»)

ermitério *n.m.* ⇒ **eremitério**

ermitoa /ô/ *n.f.* (masculino **ermitão**) mulher que cuida de uma ermida (De *ermitão+-oa*)

ermo¹ /ê/ *adj.* 1 despovoado 2 retirado; isolado 3 solitário ■ *n.m.* 1 lugar desabitado; deserto 2 [fig.] isolamento; solidão (Do gr. *éremos*, «solitário», pelo lat. *erēmu-*, «id.»)

ermo² /ê/ *n.m.* ⇒ **elmo** (Provavelmente alt. de *elmo*, do al. *Helm*, «capacete»)

erodente *adj.2g.* que causa erosão; corrosivo (Do lat. *erodente-*, part. pres. de *erodĕre*, «roer»)

erodir *v.tr.* 1 causar erosão em 2 desgastar 3 corroer; carcomer (Do lat. *erōdere*, «id.»)

erógeno *adj.* que provoca excitação sexual (Do gr. *éros*, «amor»+*génos*, «origem; geração»)

eros *n.m.* 1 amor carnal 2 PSICANÁLISE (Freud) princípio da ação, cuja energia é denominada libido (Do gr. *Éros*, mitol., deus do amor)

erosão *n.f.* 1 ato ou efeito de erodir 2 GEOLOGIA fenómeno que resulta da atividade dos agentes da dinâmica externa (ar, vento, água, gelo, seres vivos, etc.) que alteram o relevo terrestre 3 MEDICINA desgaste progressivo das estruturas do organismo 4 [fig.] desgaste; **~ monetária** ECONOMIA inflação (Do lat. *erosiōne-*, «id.»)

erosivo *adj.* que causa erosão (Do lat. *erōsu-*, «roído», part. pass. de *erodĕre*, «roer; corroer» +*-ivo*)

erotemática *n.f.* sistema pedagógico que consiste em interrogações depois da exposição da doutrina (De *erotemático*)

erotemático *adj.* 1 relativo à erotemática 2 que procede por meio de perguntas (Do gr. *erotematikós*, «interrogativo»)

erótica *n.f.* arte relativa ao amor e ao sexo (De *erótico*)

erótico *adj.* 1 relativo ao amor sensual ou sexual 2 relativo a sexo 3 que desperta o desejo sexual (Do gr. *erotikós*, «relativo ao amor», pelo lat. *erotĭcu-*, «id.»)

erotismo *n.m.* 1 qualidade de erótico; qualidade do que desperta o desejo sexual 2 amor sensual; sensualidade 3 (livro, filme, etc.) presença ou manifestação da sexualidade 4 PSICANÁLISE aptidão da excitação e da atividade de certas zonas corporais para se acompanharem de prazer sexual (erotismo genital, oral, cutâneo, etc.) 5 interesse ou desejo sexual frequente e invulgar (Do gr. *éros, -otos*, «amor» +*-ismo*)

erotização *n.f.* 1 atribuição de carga erótica; ação de tornar erótico 2 ativação, por hormonas sexuais, de centros nervosos de que dependem as tendências e reflexos sexuais 3 PSICOLOGIA transformação de um assunto ou atividade normalmente desprovida de carga erótica em fonte de prazer sexual (por exemplo, a erotização da angústia) (De *erotizar+-ção*)

erotizante *adj.2g.* que apela ao erotismo; que desperta a sensualidade (De *erotizar+-ante*)

erotizar *v.tr.* apelar ao erotismo; despertar a sensualidade

eroto- elemento de formação de palavras que exprime a ideia de *amor* (Do gr. *éros, -otos*, «amor»)

erotofobia *n.f.* MEDICINA horror patológico ao ato sexual (De *eroto-+-fobia*)

erotógeno *adj.* ⇒ **erógeno** (Do gr. *éros, -otos*, «amor»+*génos*, «origem; geração»)

erotomania *n.f.* ilusão delirante de ser amado (De *eroto-+mania*)

erotomaníaco *adj.,n.m.* que ou indivíduo que sofre de erotomania (De *eroto-+maníaco*)

erotómano *adj.,n.m.* ⇒ **erotomaníaco** (De *eroto-+-mano*)

errabundo *adj.* 1 errante 2 vagabundo (Do lat. *errabundu-*, «errante»)

erradicação *n.f.* 1 ato de arrancar pela raiz 2 eliminação 3 ato ou efeito de erradicar; desarreigar ou eliminar uma doença endémica pela destruição do agente patogénico (Do lat. *eradicatiōne-*, «ação de arrancar»)

erradicar *v.tr.* 1 arrancar pela raiz; desarreigar 2 destruir totalmente; eliminar 3 MEDICINA fazer desaparecer (Do lat. *eradicāre*, «arrancar»)

erradicativo *adj.* 1 que arranca pela raiz 2 que cura radicalmente (De *erradicar+-tivo*)

erradio *adj.* 1 que gosta da vida errante 2 nómada 3 vagabundo 4 perdido; desnorteado 5 que não permanece fixo 6 esquivo; arisco (Do lat. *erratīvu-*, «id.»)

errante *adj.2g.* 1 que erra ou vagueia 2 que vive mudando continuamente de lugar; erradio; nómada 3 vagabundo 4 [fig.] vacilante; incerto (Do lat. *errante-*, part. pres. de *errāre*, «vaguear; andar ao acaso»)

errar *v.tr.* 1 enganar-se em 2 cometer erro em 3 não acertar em ■ *v.intr.* 1 cometer erro 2 enganar-se 3 agir de forma incorreta ou pouco adequada 4 vaguear; movimentar-se sem destino fixo (Do lat. *errāre*, «id.»)

errata *n.f.* 1 lista dos erros tipográficos num livro, num impresso, etc., com indicação das correções; corrigenda 2 cada um dos erros assinalados nessa lista (Do lat. *errāta*, «coisas erradas», part. pass. neut. pl. de *errāre*, «errar; andar ao acaso; cometer erro»)

erraticidade *n.f.* qualidade ou estado do que é errático (De *errático+-i-+-dade*)

errático *adj.* 1 errante 2 vagabundo 3 que muda de lugar 4 que não é regular; **bloco ~** grande bloco de rocha transportado pelos gelos, por vezes a grandes distâncias (Do lat. *erratĭcu-*, «errante»)

erre *n.m.* 1 nome da letra *r* ou *R*; rê 2 [acad.] reprovação; **com todos os efes e erres** com pormenores, minuciosamente

erreiro *adj.* 1 [regionalismo] diz-se de um animal que, quando emparelhado, só trabalha bem de um lado 2 [regionalismo] diz-se do boi que se afasta de um bom piso para sítios pedregosos ou maus 3 [regionalismo] que comete erro (De *errar+-eiro*)

errino *adj.* que provoca o espirro; esternutatório ■ *n.m.* FARMÁCIA medicamento que se aplica, introduzindo-o no nariz (Do gr. *érrhinon*, «que se toma pelo nariz»)

erro /ê/ *n.m.* 1 decisão, ato ou resposta incorreta 2 qualidade daquilo que não corresponde à verdade; engano 3 apreciação ou julgamento que está em desacordo com a realidade observada; juízo falso 4 falta; culpa 5 MATEMÁTICA valor absoluto da diferença (desvio) entre o valor exato e o valor calculado ou registado por observação 6 FÍSICA diferença no valor medido de uma grandeza ou quantidade devido a imperfeições do instrumento de medida e/ou incorreção de leitura do observador (Deriv. regr. de *errar*)

erróneo *adj.* 1 que contém erro 2 falso (Do lat. *erroněu-*, «errante; que está em erro»)

error *n.m.* 1 viagem sem rumo, indeterminada 2 erro; culpa (Do lat. *errōre-*, «id.»)

ersatz *n.m.* produto que substitui outro que deixou de se fabricar por não haver matéria-prima; sucedâneo; substituto (Do al. *Ersatz*, «substituto»)

erse *n.m.* língua primitiva dos Irlandeses, que passou para a Escócia (Do célt. *erse*, «id.»)

erubescência *n.f.* rubor que sobe às faces (Do lat. *erubescentĭa-*, «vergonha; pudor»)

erubescente *adj.2g.* que erubesce (Do lat. *erubescente-*, «id.», part. pres. de *erubescěre*, «corar de vergonha»)

erubescer *v.tr.* 1 tornar rubro; enrubescer 2 avermelhar 3 corar ■ *v.intr.* 1 tornar-se rubro 2 avermelhar-se 3 corar (Do lat. *erubescěre*, «corar de vergonha»)

eruca *n.f.* 1 BOTÂNICA planta da família das Crucíferas, espontânea nas margens do rio Douro 2 ZOOLOGIA designação generalizada das larvas dos insetos, especialmente lepidópteros (Do lat. *erūca-*, «lagarta; eruca» [planta])

eruca-marítima *n.f.* BOTÂNICA planta carnosa da família das Crucíferas, espontânea nas areias do litoral português

eruciforme *adj.2g.* que tem forma de lagarta (Do lat. *erūca-*, «lagarta» +*forma-*, «forma»)

eructação *n.f.* 1 ato de eructar ou arrotar 2 arroto (Do lat. *eructatiōne-*, «ação de vomitar»)

eructar *v.tr.,intr.* 1 arrotar 1 (Do lat. *eructāre*, «id.»)

erudição *n.f.* 1 vasto saber académico ou adquirido através do estudo 2 qualidade de erudito (Do lat. *eruditiōne-*, «id.»)

eruditismo *n.m.* 1 manifestação de erudição 2 palavra tomada diretamente das línguas clássicas (De *erudito*+*-ismo*)

erudito *adj.* 1 que revela vasto saber académico; douto 2 adquirido através do estudo 3 que é culto, por oposição a popular ■ *n.m.* indivíduo que revela vasto saber académico ou adquirido através do estudo (Do lat. *eruditu-*, «id.», part. pass. de *erudīre*, «instruir»)

eruga *n.f.* ⇒ **eruca**

eruginoso *adj.* 1 enferrujado 2 oxidado 3 esverdeado (Do lat. *aeruginōsu-*, «id.»)

erupção *n.f.* 1 saída rápida 2 libertação impetuosa do que estava encerrado 3 emissão violenta de gases e matérias vulcânicas 4 aparecimento de pequenas pústulas na pele 5 [fig.] manifestação enérgica (Do lat. *eruptiōne-*, «id.»)

eruptivo *adj.* 1 relativo à erupção 2 que causa erupção (Do lat. *eruptu-*, part. pass. de *erumpěre*, «fazer sair» +*-ivo*)

erva *n.f.* 1 BOTÂNICA planta de caule tenro (de consistência herbácea), que, em regra, pouco se eleva acima do solo 2 pasto que se colhe para os animais 3 vegetação normal dos campos e lameiros 4 [gír.] marijuana 5 [Angola, Brasil] capim 6 *pl.* CULINÁRIA acompanhamento confecionado com grelos cozidos e picados miudamente, refogados em azeite e alho, e condimentados com vários ingredientes; ~ *aromática* erva com aroma que é usada como tempero na culinária; ~ *daninha* erva que prejudica o crescimento de outras plantas; ~ *medicinal* erva com aplicações terapêuticas (Do lat. *herba-*, «id.»)

erva-abelha *n.f.* BOTÂNICA ⇒ **abelheira** 4
erva-agulheira *n.f.* BOTÂNICA ⇒ **agulha-de-pastor**
erva-alheira *n.f.* BOTÂNICA planta de cheiro aliáceo, da família das Crucíferas, espontânea em Portugal, também conhecida por alheira
erva-almiscareira *n.f.* BOTÂNICA ⇒ **almiscareira**
erva-andorinha *n.f.* BOTÂNICA ⇒ **quelidónia**
erva-aranha *n.f.* 1 BOTÂNICA planta monocotiledónea, da família das Orquidáceas, espontânea no Algarve 2 BOTÂNICA ⇒ **abelheira** 4
erva-babosa *n.f.* BOTÂNICA planta da família das Liliáceas (grupo dos aloés), subespontânea nalguns rochedos marítimos, e cultivada, também conhecida por aramenha

erva-belida *n.f.* BOTÂNICA planta da família das Ranunculáceas, espontânea em Portugal, em locais frescos
erva-benta *n.f.* BOTÂNICA 1 **cariofilada** 2 BOTÂNICA ⇒ **canónigos**
erva-besteira *n.f.* BOTÂNICA planta fétida, da família das Ranunculáceas, espontânea, também denominada besteira e heléboro
erva-bezerra *n.f.* BOTÂNICA ⇒ **bocas-de-lobo**
erva-bicha *n.f.* BOTÂNICA planta da família das Aristoloquiáceas, espontânea e frequente em Portugal, também conhecida por aristolóquia e estrelamim
erva-borboleta *n.f.* BOTÂNICA planta de flores vermelhas, da família das Orquidáceas, espontânea em parte do Centro e do Sul de Portugal
ervaçal *n.m.* terreno em que se desenvolve muita erva (De *erva*+*-aça*+*-al*)
erva-canária *n.f.* BOTÂNICA planta com grandes flores amarelas, da família das Oxalidáceas, aclimatada em Portugal, e também denominada trevinho
erva-canuda *n.f.* BOTÂNICA ⇒ **cavalinha** 1
erva-castelhana *n.f.* BOTÂNICA azevém cultivado e subespontâneo, especialmente no Norte de Portugal
erva-cidreira *n.f.* BOTÂNICA planta da família das Labiadas, de aroma característico, cultivada e subespontânea em Portugal, muito empregada em chá, e também conhecida por cidreira, citronela, etc.
erva-coalheira *n.f.* BOTÂNICA planta da família das Rubiáceas, com flores amarelas, odoríferas, espontânea em Portugal
erva-confeiteira *n.f.* BOTÂNICA planta da família das Rubiáceas, com flores quase brancas, espontânea no Centro e no Sul de Portugal
erva-da-fortuna *n.f.* BOTÂNICA ⇒ **tradescância**
erva-da-inveja *n.f.* BOTÂNICA ⇒ **congorsa**
erva-da-muda *n.f.* BOTÂNICA planta da família das Poligonáceas, espontânea e frequente em quase todo o País, também conhecida por corriola-bastarda, sempre-noiva, sempre-viva, sanguinária e sanguina
erva-da-novidade *n.f.* BOTÂNICA ⇒ **jarro**[2]
erva-das-azeitonas *n.f.* BOTÂNICA planta da família das Labiadas, também conhecida por calaminta, nêveda, etc.
erva-das-cortadelas *n.f.* BOTÂNICA ⇒ **milefólio**
erva-das-disenterias *n.f.* BOTÂNICA planta da família das Compostas, espontânea em Portugal, nos terrenos pantanosos
erva-da-senra *n.f.* BOTÂNICA ⇒ **senra**
erva-das-escaldadelas *n.f.* BOTÂNICA ⇒ **escrofulária**
erva-das-feridas *n.f.* BOTÂNICA ⇒ **dentilária**
erva-das-maleitas *n.f.* BOTÂNICA ⇒ **ésula**
erva-das-sete-sangrias *n.f.* BOTÂNICA subarbusto da família das Borragináceas, também conhecido por mato-salema, etc.
erva-das-verrugas *n.f.* 1 BOTÂNICA ⇒ **quelidónia** 1 2 BOTÂNICA ⇒ **tornassol** 1
erva-da-trindade *n.f.* BOTÂNICA planta da família das Violáceas (variedade de amor-perfeito bravo), espontânea em Portugal
erva-de-almíscar *n.f.* BOTÂNICA ⇒ **ambreta** 2
erva-de-cabra *n.f.* BOTÂNICA ⇒ **maria-leite**
erva-de-cão *n.f.* BOTÂNICA ⇒ **doce-amarga**
erva-dedal *n.f.* BOTÂNICA ⇒ **dedaleira** 2
erva-de-santa-bárbara *n.f.* 1 BOTÂNICA planta da família das Crucíferas, espontânea em Portugal, em sítios húmidos de algumas regiões 2 [Brasil] planta arbustiva da família das Solanáceas
erva-de-santa-luzia *n.f.* BOTÂNICA ⇒ **maria-leite**
erva-de-santa-maria *n.f.* BOTÂNICA ⇒ **erva-formigueira**
erva-de-são-lourenço *n.f.* BOTÂNICA ⇒ **erva-férrea**
erva-de-são-roberto *n.f.* BOTÂNICA ⇒ **erva-roberta**
erva-divina *n.f.* BOTÂNICA ⇒ **maçacuca** 2
ervado[1] *adj.* 1 que está coberto de erva 2 relvado 3 envenenado com sucos de ervas (Part. pass. de *ervar*)
ervado[2] *n.m.* [regionalismo] ⇒ **medronheiro** (Do lat. **erbātu-*, por *arbūtu-*, «medronheiro»)
erva-doce *n.f.* BOTÂNICA planta da família das Umbelíferas, afim do funcho, cultivada nas hortas
erva-do-chá *n.f.* BOTÂNICA ⇒ **chá-inglês**
erva-do-homem-enforcado *n.f.* BOTÂNICA variedade de orquídea, também conhecida por rapazinho
erva-do-muro *n.f.* BOTÂNICA ⇒ **alfavaca-de-cobra**
erva-do-orvalho *n.f.* BOTÂNICA designação extensiva a umas plantas carnosas, da família das Aizoáceas, espontâneas nas areias do litoral de Portugal e também cultivado
erva-do-salepo *n.f.* BOTÂNICA ⇒ **testículo-de-cão**
erva-dos-cachos-da-índia *n.f.* BOTÂNICA ⇒ **bela-sombra**

erva-dos-calos n.f. BOTÂNICA planta da família das Crassuláceas, subespontânea em Portugal, também conhecida por favária
erva-dos-cantores n.f. BOTÂNICA planta da família das Crucíferas, espontânea em quase todo o País, também chamada rinchão
erva-dos-carpinteiros n.f. BOTÂNICA ⇒ **milefólio**
erva-dos-feitiços n.f. BOTÂNICA ⇒ **estramónio**
erva-dos-gatos n.f. BOTÂNICA ⇒ **gatária**
erva-dos-golpes n.f. BOTÂNICA ⇒ **milefólio**
erva-dos-militares n.f. BOTÂNICA ⇒ **milefólio**
erva-dos-unheiros n.f. BOTÂNICA ⇒ **erva-prata**
erva-férrea n.f. BOTÂNICA planta da família das Labiadas, espontânea e frequente em quase todo o País, também conhecida por búgula e erva-de-são-lourenço
erva-fina n.f. BOTÂNICA planta da família das Gramíneas, espontânea de norte a sul de Portugal
erva-fome n.f. BOTÂNICA planta da família das Crucíferas, espontânea do Douro à Estremadura
erva-formigueira n.f. BOTÂNICA planta da família das Quenopodiáceas, oriunda do México, também conhecida por ambrósia-do-méxico, erva-de-santa-maria, formigueira, quenopódio e mastruço
erva-frecha n.f. BOTÂNICA planta monocotiledónea, da família das Alismáceas, espontânea nas águas e nos terrenos alagados de algumas regiões de Portugal, também denominada sagitária
erva-galega n.f. planta da família das Gramíneas (espécie de azevém), cultivada e espontânea no Norte de Portugal
ervagem n.f. 1 conjunto de erva muito basta; ervedo 2 terreno coberto de relva; relvagem (De *erva+-agem*)
erva-gigante n.f. BOTÂNICA ⇒ **acanto** 1
erva-isqueira n.f. BOTÂNICA planta da família das Umbelíferas, espontânea no Centro e no Sul de Portugal, também conhecida por bugalho
erval n.m. [Brasil] terreno em que abunda a congonha (erva-mate) (De *erva+-al*)
erva-lanar n.f. BOTÂNICA planta da família das Gramíneas, espontânea em Portugal, também denominada erva-seródia
erva-leiteira n.f. BOTÂNICA ⇒ **polígala**
erva-limeira n.f. BOTÂNICA erva aromática, da família das Gramíneas, de aroma semelhante ao do limão, bastante usada na cozinha asiática e em infusões caseiras
erva-língua n.f. BOTÂNICA planta da família das Orquidáceas, espontânea e frequente em Portugal
erva-loira n.f. BOTÂNICA planta da família das Compostas, espontânea na serra da Estrela
erva-lombrigueira n.f. 1 BOTÂNICA ⇒ **abrótano-macho** 2 [Madeira] ⇒ **erva-formigueira**
erva-loura n.f. BOTÂNICA ⇒ **erva-loira**
erva-mate n.f. BOTÂNICA ⇒ **mate**²
erva-moira n.f. BOTÂNICA planta da família das Solanáceas, espontânea e frequente em quase todo o País
erva-molar n.f. BOTÂNICA planta da família das Gramíneas, espontânea no Norte de Portugal, também conhecida por erva-temporã
erva-molarinha n.f. BOTÂNICA ⇒ **fumária**
erva-mosca n.f. BOTÂNICA planta da família das Orquidáceas, espontânea da Bairrada ao Algarve
erva-moura n.f. BOTÂNICA ⇒ **erva-moira**
ervanária n.f. estabelecimento de venda de plantas medicinais e produtos naturais
ervanário n.m. 1 aquele que recolhe ou vende plantas medicinais 2 estabelecimento de venda de plantas medicinais e produtos naturais
ervançal n.m. terreno plantado de grão-de-bico (ervanço) (De *ervanço-al*)
ervanço n.m. ⇒ **grão-de-bico** (Do gr. *erébinthos*, «grão-de-bico»)
erva-noselha n.f. BOTÂNICA planta da família das Gramíneas, com rizoma nodoso, espontânea e comum em Portugal
erva-percevejo n.f. BOTÂNICA ⇒ **testículo-de-cão**
erva-pessegueira n.f. BOTÂNICA designação extensiva a plantas de duas espécies da família das Poligonáceas, uma delas também conhecida por persicária
erva-pimenteira n.f. BOTÂNICA planta da família das Crucíferas, espontânea em quase todo o País, também denominada erva-serra
erva-pinheira n.f. BOTÂNICA planta de folhas carnosas, da família das Crassuláceas, espontânea em Portugal
erva-pinheira-enxuta n.f. BOTÂNICA ⇒ **erva-pinheira**
erva-piolheira n.f. BOTÂNICA ⇒ **paparraz**
erva-pombinha n.f. BOTÂNICA ⇒ **aquilégia**
erva-prata n.f. BOTÂNICA planta da família das Alsináceas, espontânea e frequente em Portugal, também denominada erva-dos-unheiros
ervar v.tr. 1 semear erva em 2 envenenar certas armas com sucos de ervas (De *erva+-ar*)
ervário n.m. ⇒ **herbário** (De *erva+-ário*)
erva-roberta n.f. BOTÂNICA planta fétida, da família das Geraniáceas, espontânea e comum em quase todo o país, muito aplicada em infusões medicamentosas, também conhecida por erva-de-são-roberto
erva-santa n.f. BOTÂNICA ⇒ **tabaco** 1
erva-sarneira n.f. BOTÂNICA planta da família das Umbelíferas, espontânea no Norte e no centro de Portugal, também conhecida por angélica-silvestre
ervascal n.m. terreno invadido por ervas daninhas; ervedal (De *ervasco+-al*)
ervasco n.m. [regionalismo] erva daninha (De *erva+-asco*)
erva-seródia n.f. BOTÂNICA ⇒ **erva-lanar**
erva-serra n.f. BOTÂNICA ⇒ **erva-pimenteira**
ervatão n.m. BOTÂNICA planta da família das Apiáceas, com qualidades medicinais (De *erva+t+-ão*)
ervatão-porcino n.m. BOTÂNICA ⇒ **brinça**
ervateiro n.m. [Brasil] negociante de erva-mate ou congonha (De *erva+t+-eiro*)
erva-temporã n.f. BOTÂNICA ⇒ **erva-molar**
erva-toira n.f. BOTÂNICA designação extensiva a umas plantas da família das Orobancáceas, parasitas de outras plantas, como a erva-toura-das-areias, a erva-toura-ensanguentada, a erva-toira-ramosa, o penacho, o rabo-de-zorra, etc.
erva-toura n.f. BOTÂNICA ⇒ **erva-toira**
erva-traqueira n.f. BOTÂNICA planta da família das Silenáceas, espontânea em Portugal
erva-turca n.f. BOTÂNICA planta da família das Alsináceas, espontânea em quase todo o País
erva-ulmeira n.f. BOTÂNICA ⇒ **ulmária**
erva-ursa n.f. BOTÂNICA planta lenhosa, da família das Labiadas, espontânea no Sul de Portugal, também denominada tomilho-cabeçudo
erva-vaqueira n.f. BOTÂNICA planta da família das Compostas, espontânea em quase todo o País
erva-vespa n.f. BOTÂNICA planta da família das Orquidáceas, espontânea no Centro e no Sul de Portugal
ervecer v.intr. criar ou produzir erva (Do lat. *herbescĕre*, «brotar erva»)
ervedal n.m. ⇒ **ervascal** (De *ervedo+-al*)
ervedeiro n.m. BOTÂNICA ⇒ **medronheiro** (De *ervedo+-eiro*)
ervedo¹ n.m. conjunto de erva muito basta (De *erva+-edo*)
ervedo² n.m. BOTÂNICA ⇒ **medronheiro** (Do lat. **erbĭtu-*, por *arbūtu-*, «medronheiro»)
êrvedo n.m. BOTÂNICA ⇒ **medronheiro** (Do lat. **erbĭtu-*, por *arbūtu-*, «medronheiro»)
erveira n.f. na generalidade, qualquer planta herbácea (De *erveiro*)
erveiro adj. 1 da natureza da erva 2 em que cresce erva (De *erva+-eiro*)
erviço n.m. 1 [regionalismo] bácoro nascido na primavera 2 [pop.] porco; suíno (De *erva+-iço*)
ervilha n.f. 1 BOTÂNICA nome vulgar extensivo a várias plantas da família das Leguminosas; ervilheira 2 BOTÂNICA fruto (vagem) e semente destas plantas 3 BOTÂNICA planta de caule longo e trepador, da família das Leguminosas, com subespécies subespontâneas e cultivadas, como a ervilha-de-quebrar, a ervilha-de-grão, etc. 4 CULINÁRIA doce feito com grão-de-bico e que tem a forma da vagem da ervilheira (Do lat. *ervilĭa*, «pequena lentilha»)
ervilhaca n.f. 1 BOTÂNICA planta trepadeira, da família das Leguminosas, espontânea e vulgar em Portugal 2 BOTÂNICA algumas outras plantas do mesmo género, espontâneas e cultivadas para forragem 3 [pop.] ervilha (De *ervilha+-aca*)
ervilhaca-parda n.f. BOTÂNICA ⇒ **farroba**
ervilha-de-cheiro n.f. BOTÂNICA planta herbácea, da família das Leguminosas, cultivada e subespontânea em Portugal, produtora de flores de aroma muito apreciado, cujos frutos são vagens largas
ervilha-de-pombo n.f. BOTÂNICA ⇒ **órobo**
ervilhal n.m. campo cultivado de ervilhas (De *ervilha+-al*)
ervilhame n.m. [regionalismo] grande quantidade de ervilhas (De *ervilha+-ame*)
ervilhana n.f. [regionalismo] amendoim (Do esp. *arvellana*)
ervilhão n.m. [regionalismo] ervilha (De *ervilha+-ão*)

ervilhar v.intr. 1 dizer ou fazer disparates 2 ter desejos esquisitos 3 importunar (De *ervilha*+-*ar*)
ervilheira n.f. BOTÂNICA ⇒ **ervilha** 1 (De *ervilha*+-*eira*)
ervinha n.f. BOTÂNICA ⇒ **alforba** (De *erva*+-*inha*)
êrvodo n.m. BOTÂNICA ⇒ **medronheiro** (Do lat. *arbŭtu*-, «medronheiro»)
ervoso /ô/ adj. 1 cheio de ervas 2 abundante em pastos (Do lat. *herbōsu*-, «id.»)
es- prefixo que exprime a ideia de *separação, afastamento, extração, para fora, fora de* (Do lat. *ex*-, «para fora»)
-ês sufixo nominal de origem latina, que exprime sobretudo a ideia de *origem, naturalidade* (*francês; mirandês*)
-esa sufixo nominal de origem latina, que ocorre em substantivos femininos que designam *cargo, dignidade* (*prioresa; duquesa*)
esbadanado adj. [regionalismo] que tem a aba descaída (chapéu); desabado (De *es*-+*badana*+-*ado*)
esbaforido adj. 1 que está a respirar mais depressa do que é normal; que está sem fôlego; ofegante 2 [fig.] que está cheio de pressa (Part. pass. de *esbaforir*)
esbaforir v.tr. fazer ficar ofegante ■ v.pron. 1 ficar com dificuldade de respiração, por efeito de cansaço 2 estar ofegante (De *es*-+*bafo*+*r*+-*ir*)
esbagaçar v.tr. 1 partir aos pedaços; esfacelar; esmagar 2 [Brasil] esbanjar; desbaratar (bens) (De *es*-+*bagaço*+-*ar*)
esbaganhar v.tr. tirar a baganha a (De *es*-+*baganha*+-*ar*)
esbagoar v.tr. tirar os bagos a ■ v.intr. perder os bagos ou o grão (De *es*-+*bago*+-*ar*)
esbagulhar v.tr. 1 tirar o bagulho a 2 [fig.] arregalar (os olhos) (De *es*-+*bagulho*+-*ar*)
esbaldir v.tr. [regionalismo] dissipar; esbanjar (De *es*-+*baldo*+-*ir*)
esbalgidor adj.,n.m. que ou aquele que esbalge; esbanjador (De *esbalgir*+-*dor*)
esbalgir v.tr. [regionalismo] esbanjar (De *esbaldir*)
esbaluartado adj. 1 (terreno) devassado; talado 2 [fig.] (coração) gasto das paixões (De *es*-+*baluarte*+-*ado*)
esbambalhado adj. bambo; lasso (De *es*-+*bambo*+*alho*+-*ado*)
esbambear v.tr. 1 tornar lasso ou bambo 2 afrouxar (De *es*-+*bambear*)
esbambolear-se v.pron. bambolear-se (De *es*-+*bambolear*)
esbandalhado adj. 1 desmanchado; escangalhado 2 próprio de bandalho (Part. pass. de *esbandalhar*)
esbandalhar v.tr. 1 fazer em bandalhos 2 dividir em bandos 3 desmanchar; escangalhar 4 dispersar 5 deitar a perder; esbanjar (De *es*-+*bandalho*+-*ar*)
esbandeirar v.tr. ⇒ **desbandeirar** (De *es*-+*bandeira*+-*ar*)
esbandulhar v.tr. 1 rasgar o bandulho a 2 estripar (De *es*-+*bandulho*+-*ar*)
esbanjador adj.,n.m. que ou aquele que esbanja; dissipador; perdulário (De *esbanjar*+-*dor*)
esbanjamento n.m. ato ou efeito de esbanjar; dissipação (De *esbanjar*+-*mento*)
esbanjar v.tr. gastar de mais; gastar sem necessidade; dissipar; desbaratar; desperdiçar (De orig. obsc.)
esbaralhar v.tr. ⇒ **baralhar** ■ v.pron. desbaratar-se (De *es*-+*baralhar*)
esbarbar v.tr. 1 tirar as barbas ou as asperezas a 2 alisar ■ v.intr. 1 perder o pelo 2 tornar-se coçado 3 alisar (De *es*-+*barba*+-*ar*)
esbarbotar v.tr. tirar os barbotes (aos panos) (De *es*-+*barbote*+-*ar*)
esbarrancado adj. cheio de barrancos (De *es*-+*barranco*+-*ado*)
esbarrar v.tr. 1 ir de encontro a; colidir com 2 encontrar (alguém ou algo) de repente; deparar com 3 tropeçar em 4 arremessar ■ v.pron. não conseguir avançar; parar num obstáculo (De *es*-+*barra*+-*ar*)
esbarrigado adj. 1 diz-se do indivíduo que traz as calças descaídas 2 que tem o ventre rasgado 3 bojudo 4 saliente (Part. pass. de *esbarrigar*)
esbarrigar v.tr. 1 rasgar a barriga de; esbandulhar 2 [coloq.] fazer descair as calças de 3 [pop.] dar à luz ■ v.pron. ficar bojudo (De *es*-+*barriga*+-*ar*)
esbarro n.m. 1 ato de esbarrar ou esbarrar-se; encontrão; choque 2 ARQUITETURA inclinação dada aos vários elementos de contraforte, pilastra, entablamento ou cinta 3 ARQUITETURA degrau inclinado que a parede forma quando diminui de espessura (Deriv. regr. de *esbarrar*)
esbarrocamento n.m. 1 ato ou efeito de esbarrocar ou esbarrocar-se 2 desabamento; desmoronamento (De *esbarrocar*+-*mento*)
esbarrocar v.intr. 1 cair, formando barroca 2 desmoronar-se ■ v.pron. lançar-se do alto (De *es*-+*barroca*+-*ar*)
esbarrondadeiro n.m. 1 precipício; despenhadeiro 2 barroca (De *esbarrondar*+-*deiro*)
esbarrondamento n.m. ato ou efeito de esbarrondar ou esbarrondar-se (De *esbarrondar*+-*mento*)
esbarrondar v.tr.,pron. (fazer) cair; desmoronar(-se); esboroar(-se) ■ v.tr. investir de forma impetuosa em ■ v.pron. 1 despenhar-se 2 fracassar (De orig. obsc.)
esbarrotar v.intr. estar completamente cheio; ficar repleto (De *es*-+*barrote*+-*ar*)
esbarruntar v.intr. 1 proceder de forma extraordinária 2 exaltar-se; alterar-se (De *es*-+*barruntar*)
esbarrunto n.m. 1 coisa extraordinária 2 pessoa estranha; *de ~* de arromba, de modo espaventoso (Deriv. regr. de *esbarruntar*)
esbater v.tr. 1 tornar menos nítido 2 atenuar; suavizar 3 graduar as sombras ou as tintas de (quadro) 4 dar relevo a (escultura) 5 tirar as asperezas a 6 arredondar 7 desbastar (De *es*-+*bater*)
esbatido adj. 1 que se esbateu 2 diz-se da pintura com tinta aplicada em tonalidade gradualmente decrescente ■ n.m. tinta aplicada em tonalidade gradualmente decrescente (Part. pass. de *esbater*)
esbatimento n.m. ato ou efeito de esbater ou esbater-se (De *esbater*+-*i*-+-*mento*)
esbeiçar v.tr. 1 partir ou danificar os bordos de; esborcinar; esbocelar 2 estender-se até à beira de; confinar com 3 esticar os beiços para (De *es*-+*beiço*+-*ar*)
esbeltar v.tr. 1 tornar esbelto 2 embelezar ■ v.pron. 1 manifestar elegância 2 distinguir-se (De *esbelto*+-*ar*)
esbeltez n.f. ⇒ **esbelteza** (De *esbelto*+-*ez*)
esbelteza n.f. qualidade do que é esbelto; elegância; garbo (De *esbelto*+-*eza*)
esbelto adj. 1 bem proporcionado 2 elegante; magro; esguio 3 airoso; gracioso 4 distinto (Do it. *svelto*, «ágil; destro»)
esbijar v.tr. [pop.] esticar; retesar (De orig. obsc.)
esbilro n.m. espécie de compasso tira-linhas (De orig. obsc.)
esbirro n.m. 1 [ant., depr.] oficial de diligências 2 NÁUTICA cada um dos pontaletes usados para escorar a borda do navio e os mastros na manobra de virar de querena (Do it. *sbirro*, «beleguim»)
esboçar v.tr. 1 fazer ou traçar o esboço de 2 delinear 3 [fig.] dar uma leve ideia de; descrever em traços gerais 4 [fig.] idealizar nas suas linhas gerais 5 [fig.] deixar entrever 6 [fig.] iniciar (uma ação ou um gesto) sem completar ■ v.pron. 1 começar a aparecer 2 começar a tomar forma (Do it. *sbozzare*, «esboçar; delinear»)
esbocelar v.tr. quebrar os bordos de (vasilha); esbeiçar (De *es*-+*bocelar*)
esboceto n.m. pequeno desenho para estudo de obras em ponto grande (Do it. *sbozzetto*, «id.»)
esboço /ô/ n.m. 1 delineamento inicial de um desenho ou obra de pintura 2 resumo; síntese 3 plano sumário 4 sinopse de uma obra literária 5 princípio; início 6 ação iniciada mas não completada 7 estádio inicial de algo que pode ser aperfeiçoado e desenvolvido 8 noções gerais (Do it. *sbozzo*, «esboço»)
esbodegação n.f. 1 ato ou efeito de esbodegar(-se) 2 pândega 3 zaragata (De *esbodegar*+-*ção*)
esbodegado adj. 1 [pop.] cansado; sem forças 2 [pop.] espatifado (Part. pass. de *esbodegar*)
esbodegar v.tr. 1 pôr em pantanas; danificar muito 2 deixar sem forças 3 enfraquecer ■ v.pron. 1 tornar-se mole 2 cansar-se; derrear-se 3 enfraquecer (De *es*-+*bodega*+-*ar*)
esbofamento n.m. 1 ato ou efeito de esbofar ou de se esbofar 2 cansaço; fadiga; esfalfamento (De *esbofar*+-*mento*)
esbofar v.tr. fatigar muito; esfalfar ■ v.pron. 1 cansar-se até faltar o fôlego 2 apressurar-se (De *es*-+*bofe*+-*ar*)
esbofeteador n.m. aquele que esbofeteia (De *esbofetear*+-*dor*)
esbofetear v.tr. dar bofetadas a (De *es*-+*bofete*+-*ear*)
esboiça n.f. ⇒ **esbouça**
esboiçar v.tr. ⇒ **esbouçar** (De *es*-+*boiça*+-*ar*)
esboicelar v.tr. ⇒ **esboucelar**
esbombardar v.tr. ⇒ **bombardear** (De *es*-+*bombarda*+-*ar*)
esbombardear v.tr. ⇒ **bombardear** (De *es*-+*bombardear*)
esborcelar v.tr. ⇒ **esborcinar**
esborcinadela n.f. ato ou efeito de esborcinar (De *esborcinar*+-*dela*)
esborcinar v.tr. 1 quebrar as beiras ou os bordos de; esbotenar; esborcelar; escalavrar 2 cortar pelas bordas (De orig. obsc.)
esbordar v.tr.,intr. ⇒ **desbordar** (De *es*-+*borda*+-*ar*)
esbordoar v.tr. 1 dar bordoadas ou pancadas com bordão em 2 espancar (De *es*-+*bordão*+-*ar*)

esboroamento n.m. 1 ato ou efeito de esboroar ou esboroar-se 2 desmoronamento 3 ruína (De esboroar+-mento)
esboroar v.tr. 1 reduzir a pequenos fragmentos 2 esmigalhar ■ v.pron. 1 desfazer-se 2 converter-se em pó 3 cair em pedaços; desmoronar-se; desmantelar-se 4 [fig.] perder a importância, o valor 5 [fig.] reduzir-se a nada 6 [fig.] arruinar-se (De es-+boroa+-ar)
esboroo /ô/ n.m. ⇒ **esboroamento** (Deriv. regr. de esboroar)
esborraçar v.tr. 1 esmigalhar 2 fazer rebentar, comprimindo 3 pisar 4 esmagar; esborrachar 5 desfazer (De es-+borraça+-ar, ou de esborrachar)
esborrachar v.tr. 1 fazer rebentar, comprimindo; esborraçar 2 esmagar 3 bater violentamente em (pessoa), geralmente deixando-a pisada ■ v.pron. 1 cair contra o chão 2 desfazer-se 3 quebrar-se 4 esmagar-se (De es-+borracha+-ar)
esborralhada n.f. 1 ato ou efeito de esborralhar 2 derrocada; esboroamento (Part. pass. fem. subst. de esborralhar)
esborralhadoiro n.m. ⇒ **esborralhadouro**
esborralhador adj. que esborralha ■ n.m. 1 aquele que esborralha 2 vara com que se remexe o borralho no forno (De esborralhar+-dor)
esborralhadouro n.m. vassoura para varrer o borralho (De esborralhar+-douro)
esborralhar v.tr. 1 espalhar o borralho de (brasido) 2 espalhar; dispersar 3 desmanchar 4 desmoronar ■ v.pron. 1 desmoronar-se 2 desfazer-se 3 [pop.] descair-se; dizer impensadamente o que se devia ocultar (De es-+borralho+-ar)
esborrar v.tr. 1 tirar as borras a 2 desabar; aluir (De es-+borra+-ar)
esborratadela n.f. 1 ato ou efeito de esborratar 2 mancha de tinta; borrão (De esborratar+-dela)
esborratar v.tr. sujar de borrões ■ v.intr. alastrar-se em forma de borrão (De es-+borratar)
esborregar v.tr. bater ou sacudir (as peles enxambradas pelo lado do carnaz) para as igualar (De es-+borrego+-ar)
esbotenadela n.f. 1 ato ou efeito de esbotenar 2 falha nos bordos de um recipiente (De esbotenar+-dela)
esbotenar v.tr. quebrar os bordos de; esborcinar (De orig. obsc.)
esbouça n.f. ato de esbouçar (Deriv. regr. de esbouçar)
esbouçar v.tr. 1 [regionalismo] surribar ou escavar a terra para a plantação de bacelos 2 [regionalismo] cobrir de saibro 3 [regionalismo] cortar com foice roçadoura (De es-+bouça+-ar)
esboucelar v.tr. fazer bouceles em; esbotenar (De es-+boucelo+-ar)
esbracejar v.intr. agitar muito os braços; bracejar (De es-+bracejar)
esbraguilhado adj. 1 que tem a braguilha desabotoada 2 com a fralda da camisa saída (De es-+braguilha+-ado)
esbranquiçado adj. 1 quase branco 2 pálido 3 descorado; alvacento (Part. pass. de esbranquiçar)
esbranquiçar v.tr. tornar esbranquiçado (De es-+branco+-içar)
esbraseamento n.m. ato ou efeito de esbrasear ou esbrasear-se (De esbrasear+-mento)
esbraseante adj.2g. que tem a cor do fogo (De esbrasear+-ante)
esbrasear v.tr. 1 pôr em brasa 2 aquecer ao rubro 3 ruborizar ■ v.pron. estar em brasa, afogueado (De es-+brasa+-ear)
esbravear v.intr. ⇒ **esbravejar** (De es-+bravo+-ear)
esbravecer v.intr. ⇒ **esbravejar** (De es-+bravo+-ecer)
esbravejar v.intr. 1 ficar furioso; enfurecer-se 2 fazer grande alarido; barafustar ■ v.tr. 1 dizer com fúria 2 [Brasil] começar a domesticar; amansar (De es-+bravo+-ejar)
esbregue n.m. [Brasil] [pop.] sermão; repreensão
esbrugar v.tr. ⇒ **esburgar** (Do lat. expurgāre, «limpar»)
esbugalhar v.tr. 1 tirar os bugalhos a 2 esmigalhar 3 abrir muito; arregalar (os olhos) (De es-+bugalho+-ar)
esbulhador adj.,n.m. que ou aquele que esbulha ou priva da posse de (De esbulhar+-dor)
esbulhar v.tr. 1 privar da posse de 2 espoliar; desapossar; despojar (Do lat. spoliāre, «despojar»)
esbulho n.m. 1 ato ou efeito de esbulhar 2 privação da posse de uma coisa por meio de fraude ou de violência 3 espoliação; despojo (Deriv. regr. de esbulhar)
esburacar v.tr. fazer buracos em; furar ■ v.pron. encher-se de buracos; romper-se (De es-+buraco+-ar)
esburgar v.tr. 1 limpar (os ossos) da carne; descarnar 2 descascar 3 expurgar; limpar de imperfeições (Do lat. expurgāre, «limpar»)
escabeçar v.tr. ⇒ **descabeçar** (De es-+cabeça+-ar)
escabecear v.intr. ⇒ **cabecear** (De es-+cabeça+-ear)
escabechar v.tr. pôr de escabeche ■ v.intr. [pop.] fazer escabeche; zaragatear (De escabeche+-ar)

escabeche n.m. 1 CULINÁRIA molho à base de azeite, vinagre, louro, alho e cebola, para tempero ou conserva de peixe ou de carne 2 [pop.] barulho de protestos 3 [pop.] grande discussão (Do ár. iskabaj, «comida feita com carne e vinagre»)
escabela n.f. ato de arrancar o pelo às peles antes da curtimenta (Deriv. regr. de escabelar)
escabelar v.tr. 1 proceder à escabela de 2 arrancar o pelo ou o cabelo a 3 [fig.] desgrenhar (De es-+cabelo+-ar)
escabeleirar v.tr. ⇒ **escabelar** (De es-+cabeleira+-ar)
escabelo /ê/ n.m. 1 assento raso 2 banco baixo para descanso dos pés 3 banco comprido e largo, de assento móvel, que constitui uma caixa a que o assento serve de tampa; arquibanco (Do lat. scabellu-, «id.», dim. de scamnu-, «escano; escabelo»)
escabichador adj.,n.m. que ou aquele que escabicha; investigador; pesquisador (De escabichar+-dor)
escabichar v.tr. 1 investigar pacientemente 2 examinar com minúcia 3 [pop.] palitar (os dentes ou as unhas) (Do lat. ex-, «para fora»+captiāre, por captāre, «procurar apanhar»)
escabicheira n.f. mulher que apanhava as algas que o mar trazia à praia (De escabichar+-eira)
escabiosa n.f. BOTÂNICA planta medicinal da família das Dipsacáceas; saudades (De escabioso)
escabiose n.f. ⇒ **sarna**
escabioso /ô/ adj. 1 cheio de erupções semelhantes às da sarna 2 sarnento (Do lat. scabiōsu-, «áspero»)
escabreação n.f. 1 ato ou efeito de escabrear ou escabrear-se 2 agastamento 3 revolta (De escabrear+-ção)
escabrear v.tr. 1 fazer zangar 2 irritar 3 [pop.] denunciar ■ v.intr.,pron. 1 zangar-se; manifestar a fúria 2 erguer-se com fúria; empinar-se 3 (animal) precipitar-se num barranco (De es-+cabra+-ear)
escabro adj. 1 áspero 2 (dente) sujo e com pedra (Do lat. scabru-, «áspero»)
escabrosidade n.f. 1 qualidade do que é escabroso 2 aspereza 3 [fig.] dificuldade 4 [fig.] inconveniência; obscenidade 5 [fig.] desonestidade (De escabroso+-i-+-dade)
escabroso /ô/ adj. 1 com altos e baixos 2 pedregoso 3 íngreme; escarpado 4 áspero 5 rude 6 [fig.] difícil 7 [fig.] obsceno (Do lat. scabrōsu-, «áspero»)
escabujar v.intr. debater-se, agitando pés e mãos; estrebuchar; espernear; esbravejar (Do cast. escabuchar, «tirar as castanhas dos ouriços»)
escabulhar v.tr. 1 tirar o escabulho a 2 descascar; esburgar 3 [fig.] descobrir; desencantar (Do cast. escabullar, «descascar»)
escabulho n.m. casca ou película que envolve algumas sementes ou grãos; cascabulho (Deriv. regr. de escabulhar)
escacar v.tr. 1 pôr em cacos 2 quebrar (De es-+caco+-ar)
escacha n.f. ato ou efeito de escachar (Deriv. regr. de escachar)
escacha-pessegueiro elem.loc.adj. [coloq.] **de ~** extraordinário; assombroso; contundente (De escachar+pessegueiro)
escachar v.tr. 1 apartar (os membros) 2 abrir (as pernas) 3 partir ao meio 4 rachar; fender (Do lat. *exquassāre, de ex-, «para fora» +quassāre, «quebrar»)
escachoante adj.2g. que escachoa 2 fervente 3 espumante (De escachoar+-ante)
escachoar v.intr. 1 ferver ou rebentar em cachão 2 formar cachoeira (De es-+cachão+-ar)
escacholar v.tr. [pop.] partir a cabeça a (De es-+cachola+-ar)
escachouçar v.tr. [regionalismo] ⇒ **retouçar**[2] (Formação expressiva)
escacilho n.m. ARQUITETURA agregado constituído por lamelas de pequenas dimensões provenientes da britagem (De escaço+-ilho)
escaço n.m. adubo feito de mariscos, detritos de peixe, etc. (De orig. obsc.)
escada n.f. 1 série de degraus, dispostos em plano inclinado, para subir ou descer 2 utensílio formado por duas barras paralelas ligadas por travessas que servem de degraus, para subir ou descer 3 [fig.] meio de alguém subir ou de se elevar; **deitar a ~** tentar os meios para conseguir determinado fim (Do lat. *scalāta, de scāla-, «escada»)
escadão n.m. escada grande (De escada+-ão)
escadaria n.f. 1 série de escadas separadas por patamares 2 escada larga e monumental (De escada+-aria)
escada rolante n.f. série de degraus metálicos acionados mecanicamente para facilitar a subida ou descida, muito comuns em aeroportos, estações de metro, etc.
escádea n.f. esgalho ou ramificação de um cacho de uvas; gaipa; gaipelo (De orig. obsc.)
escadeado adj. 1 em forma de escada, com saliências e depressões 2 irregular 3 desnivelado (Part. pass. de escadear)

escadear v.tr. **1** dar forma ou aspeto de escada a **2** cortar em escala; escalar (cabelo) **3** desnivelar (De *escada*+*-ear*)

escadeirar v.tr. **1** bater nas ancas ou cadeiras de alguém **2** dar pancada; desancar; descadeirar (De *es-*+*cadeira*+*-ar*)

escadelecer v.intr. [pop.] ⇒ **escardecer** (Por *escadecer*, do lat. **cadescĕre*, inc. de *cadĕre*, «cair»)

escadinha n.f. **1** pequena escada **2** [Brasil] BOTÂNICA nome vulgar extensivo a algumas plantas pteridófitas da família das Polipodiáceas (De *escada*+*-inha*)

escadório n.m. **1** escadaria com capelas nos patamares **2** escadaria monumental (De *escada*+*-ório*)

escadote n.m. escada portátil formada por duas peças que se abrem em ângulo (De *escada*+*-ote*)

escadraçar v.tr. **1** [regionalismo] despedaçar **2** [regionalismo] esterroar; esboroar (De *escarduçar*?)

escafandrista n.2g. pessoa que usa escafandro (De *escafandro*+*-ista*)

escafandro n.m. fato impermeável e hermeticamente fechado, provido de ar para respiração e próprio para ser utilizado pelo mergulhador que tenha de ficar muito tempo debaixo de água (Do gr. *skáphos*, «barco» +*anér, andrós*, «homem»)

escafeder-se v.pron. [pop.] esgueirar-se; fugir com medo; desaparecer

escafoide adj.2g. que é morfologicamente semelhante a um barco ou a uma quilha ■ n.m. **1** ANATOMIA osso da primeira série do carpo **2** ANATOMIA osso da segunda série do tarso (Do gr. *skaphoeidés*, «semelhante a um barco»)

escafóide ver nova grafia *escafoide*

escafópode adj.2g. ZOOLOGIA relativo aos escafópodes ■ n.m. ZOOLOGIA espécime dos escafópodes ■ n.m.pl. ZOOLOGIA classe de moluscos marinhos, sem cabeça distinta e com uma concha simples, tubular, aberta nas duas extremidades, que compreende os dentálios (Do gr. *skáphe*, «escavado» +*poús, podós*, «pé»)

escafulada n.f. [regionalismo] ⇒ **esfolhada** (De *esfolhada*?)

escagaçar-se v.pron. [pop.] defecar amiúde e sem esforço (De *es-*+*cagaço*+*-ar*)

escaganifobético adj. [coloq.] fora do comum; estranho; esquisito (Formação expressiva)

escagarrinhar-se v.pron. [pop.] ⇒ **escagaçar-se**

escãibo n.m. [ant.] permutação; escâmbio (Por *escâmbio*)

escaiola n.f. revestimento de paredes, feito de gesso e cola, que imita o mármore; estuque (Do it. *scagliuola*, «espécie de estuque; gesso»)

escaiolador n.m. aquele que escaiola (De *escaiolar*+*-dor*)

escaiolar v.tr. revestir de escaiola (De *escaiola*+*-ar*)

escala n.f. **1** série de graus, dispostos em ordem ascendente ou descendente, segundo a importância de cada um **2** categoria; classe **3** sucessão; sequência **4** linha ou régua dividida num certo número de partes para efeitos de medições **5** sequência de valores estabelecida por convenção para servir de medida da intensidade de uma grandeza **6** graduação que acompanha instrumentos de medida **7** relação de dimensões entre o desenho e o objeto representado **8** (mapas, plantas) linha graduada que relaciona as dimensões e distâncias representadas num plano com as dimensões e distâncias reais **9** MÚSICA série de sons musicais que, de acordo com o sistema, norma ou fórmula de que derivem, se sucedem por certo número de graus conjuntos, ascendentes ou descendentes **10** chegada de um navio, ou de um avião, para receber carga ou passageiros ou para reabastecimento **11** registo de serviço **12** turno; vez **13** [ant.] escada; ~ *cromática* escala musical que procede por meio de tons sucessivos, subindo ou descendo; *em grande* ~ em grande quantidade, em proporção elevada (Do lat. *scala-*, «escada»)

escalabitano adj. relativo à cidade portuguesa de Santarém ■ n.m. natural ou habitante de Santarém; santareno (Do lat. tard. *scalabitānu-*, de *Scalābis*, ant. nome de Santarém)

escalada n.f. **1** ato ou efeito de subir ou trepar; ascensão **2** subida com algum grau de dificuldade que é feita progressivamente **3** DESPORTO desporto de montanha cujo objetivo é superar um obstáculo vertical (parede de rocha ou parede artificial) **4** MILITAR introdução de meios ofensivos cada vez mais potentes numa guerra **5** [fig.] aumento; intensificação (Do it. *scalata*, «assalto», pelo fr. *escalade*, «id.»)

escalador adj.,n.m. que ou aquele que escala (De *escalar*+*-dor*)

escalafobético adj. **1** [Brasil] estrambótico; extravagante **2** [Brasil] deselegante; desengonçado (Formação expressiva)

escalafrio n.m. ⇒ **calafrio** (De *es-*+*calafrio*)

escalamento n.m. ato ou efeito de subir ou trepar; escalada (De *escalar*+*-mento*)

escalão n.m. **1** plano ou passagem por onde se sobe ou desce **2** cada um dos graus de uma série **3** grau hierárquico de comando **4** MILITAR fração de tropas de uma unidade que executa uma missão de combate **5** formação tática de uma unidade em que cada uma das frações em que esta se articula está afastada da anterior em profundidade e lateralmente, convergindo todas para o mesmo flanco para garantir a segurança deste **6** nível de responsabilidade logística de reabastecimento e manutenção (De *escala*+*-ão*)

escalar¹ v.tr. **1** subir; trepar **2** DESPORTO (montanhismo) atingir o ponto mais alto de (montanha íngreme) **3** [fig.] atingir; transpor **4** graduar por meio de escala **5** designar para um serviço por meio de escala ou turnos **6** cortar (o cabelo) em escala, diminuindo progressivamente o volume **7** (navio, avião) fazer escala ou paragem em **8** assaltar por meio de escala (De *escala*+*-ar*)

escalar² adj.2g. MATEMÁTICA diz-se das quantidades que ficam completamente definidas por meio de um número (em oposição a grandezas vetoriais) (De *escala*+*-ar*)

escalar³ v.tr. estripar, salgar e secar (o peixe) (De *es-*+*calar*)

escalável adj.2g. **1** que se pode escalar **2** INFORMÁTICA diz-se do sistema que suporta um aumento substancial de carga sem que o seu desempenho piore ao ponto de pôr em causa a sua utilização (De *escalar*+*-vel*)

escalavradura n.f. ferida leve; esfoladela; escoriação (De *escalavrar*+*-dura*)

escalavramento n.m. ato ou efeito de escalavrar (De *escalavrar*+*-mento*)

escalavrar v.tr. **1** golpear superficialmente; esfolar; arranhar **2** deteriorar o revestimento de (paredes) **3** danificar; arruinar (Do cast. *escalabrar*, «causar dano a»)

escalavro n.m. ⇒ **escalavradura** (Deriv. regr. de *escalavrar*)

escalda n.f. **1** [regionalismo] molho picante **2** lume intenso (Deriv. regr. de *escaldar*)

escaldadela n.f. **1** ato ou efeito de escaldar ou escaldar-se **2** queimadura feita com líquido ou substância muito quente; escaldadura **3** [fig.] lição **4** [fig.] castigo (De *escaldar*+*-dela*)

escaldadiço adj. **1** que se escalda com facilidade **2** [fig.] irritável (De *escaldar*+*-diço*)

escaldado adj. **1** que se escaldou **2** [fig.] que aprendeu à custa de uma experiência difícil; escarmentado **3** [fig.] experimentado (Part. pass. de *escaldar*)

escaldador adj.,n.m. que ou o que escalda (De *escaldar*+*-dor*)

escaldadura n.f. ⇒ **escaldadela** (De *escaldar*+*-dura*)

escalda-favais n.2g.2n. **1** pessoa irritável e impaciente **2** pessoa muito ativa ou arrebatada

escaldante adj.2g. **1** que escalda **2** que é muito quente ou queima **3** [fig.] que envolve sexo, geralmente explícito **4** [fig.] que suscita emoções fortes **5** [fig.] polémico; que gera discussão (Do lat. vulg. *excaldante-*, part. pres. de *excaldāre*, «escaldar»)

escaldão n.m. **1** ferimento feito com líquido ou substância muito quente **2** queimadura, geralmente de grande extensão, provocada por excessiva exposição ao sol **3** [fig.] experiência difícil que serve de lição **4** [fig.] descompostura; repreensão (De *escaldar*+*-ão*)

escalda-pés n.m.2n. banho aos pés, com água muito quente, com fins terapêuticos (De *escaldar*+*pé*)

escaldar v.tr. **1** queimar com líquido ou vapor quente **2** meter em água muito quente **3** esterilizar **4** tornar seco ou ressequido **5** [fig.] exaltar; inflamar; esquentar (ânimos, opiniões) **6** [fig.] dar lição a **7** [fig.] servir de castigo a **8** [fig.] fazer preço muito elevado a ■ v.intr. **1** estar muito quente **2** queimar ■ v.pron. **1** queimar-se **2** [fig.] aprender a lição (Do lat. vulg. *excaldāre*, «id.»)

escalda-rabo n.m. **1** [pop.] repreensão; descompostura **2** [pop.] prejuízo (De *escaldar*+*rabo*)

escaldear v.tr.,pron. **1** aquecer(-se) excessivamente **2** [fig.] tornar(-se) cruciante (De *escaldar*, com infl. de *caldear*)

escaldeirar v.tr. abrir caldeira em torno do pé de uma árvore (De *es-*+*caldeira*+*-ar*)

escaleira n.f. série de degraus; escada (Do lat. *scalaria*, «escada», pelo cast. *escalera*, «id.»)

escaleno adj. **1** GEOMETRIA (triângulo) que tem os lados todos desiguais **2** GEOMETRIA (trapézio) que tem desiguais os lados não paralelos **3** ANATOMIA designativo de uns músculos profundos da parte lateral do pescoço que se inserem nas vértebras cervicais (Do gr. *skalenós*, «oblíquo», pelo lat. *scalēnu-*, «escaleno»)

escalenoedro n.m. **1** GEOMETRIA poliedro limitado por triângulos escalenos **2** CRISTALOGRAFIA formas cristalográficas das classes escalenoedras dos sistemas trigonal e tetragonal ■ adj. que tem faces desiguais (Do gr. *skalenós*, «oblíquo» +*hédra*, «face»)

escaler n.m. NÁUTICA pequeno barco para serviço de navio ou de repartição marítima (De orig. obsc.)

escaletas n.f.pl. NÁUTICA cortaduras em forma de degraus de escada, nas falcas das carretas da artilharia de bordo (Do prov. escaleta, «escada pequena»)

escalfador n.m. vaso em que se conserva água quente para serviço da mesa (De escalfar+-dor)

escalfar v.tr. 1 CULINÁRIA meter algum tempo em líquido muito quente sem deixar cozer (ovos, etc.) 2 aquecer no escalfador (Do lat. vulg. calfāre, do lat. calefacĕre, «aquecer», pelo cast. escalfar, «aquecer»)

escalfeta n.f. 1 braseiro ou aquecedor elétrico em forma de caixa, para aquecimento dos pés 2 agasalho de peles ou estofo, onde se metem e aquecem os pés (De escalfar+-eta)

escalheiro n.m. BOTÂNICA arbusto da família das Rosáceas, espontâneo em Portugal, do Douro ao Alentejo, também designado pilriteiro (De escalho+-eiro)

escalho n.m. ICTIOLOGIA ⇒ **escalo** (Do lat. squalu-, «lixa, peixe do mar»)

escaliçar v.tr. tirar a cal ou a caliça a ▪ v.intr. cair a caliça (De es-+caliça+-ar)

escalinata n.f. 1 lanços de escada 2 escadaria (Do it. scalinata, «escadaria»)

escalmo n.m. espigão a que se prende o remo; tolete (Do gr. skalmós, «tolete», pelo lat. scalmu-, «cavilha de remo»)

escalo n.m. ICTIOLOGIA peixe teleósteo, de água doce, da família dos Ciprinídeos, muito vulgar em Portugal, nos rios e nos ribeiros, também conhecido por bordalo, escalho, robalinho, pica, ruivaco, etc. (Do lat. squalu-, «lixa, peixe do mar»)

escalonamento n.m. 1 disposição em degraus 2 distribuição por níveis; graduação 3 organização segundo um dado critério; agrupamento (De escalonar+-mento)

escalonar v.tr. 1 distribuir por grupos, escalões ou categorias 2 dividir em partes 3 dar a forma de escada a ▪ v.pron. formar escalão (Do cast. escalonar, «id.»)

escalope n.m. CULINÁRIA fatia delgada de carne, geralmente de vitela ou de peru, panada e frita ou preparada como um bife (Do fr. escalope, «id.»)

escalpamento n.m. ato de escalpar (De escalpar+-mento)

escalpar v.tr. arrancar a pele do crânio a (De escalpo+-ar)

escalpelada n.f. ato de escalpelar (Part. pass. fem. subst. de escalpelar)

escalpelar v.tr. ⇒ **escalpelizar** (Do lat. scalpellāre, «cortar com o escalpelo»)

escalpelizador adj.,n.m. que ou aquele que escalpeliza (De escalpelizar+-dor)

escalpelizar v.tr. 1 rasgar ou dissecar com escalpelo 2 tirar a pele do crânio com a cabeleira a 3 [fig.] analisar minuciosamente 4 [fig.] criticar (De escalpelo+-izar)

escalpelo n.m. 1 instrumento cortante, cirúrgico, usado para fazer incisões e dissecações; bisturi 2 [fig.] análise minuciosa; investigação 3 [fig.] crítica (Do lat. scalpellu-, «id.»)

escalpo n.m. troféu de guerra que os índios americanos faziam da pele do crânio dos inimigos (Do ing. scalp, «couro cabeludo»)

escalrachar v.intr. arrancar os escalrachos (plantas) da terra (De escalracho+-ar)

escalracho n.m. 1 BOTÂNICA planta herbácea, rizomatosa, da família das Gramíneas, prejudicial às sementeiras, espontânea em Portugal e também conhecida por alcarnache e calracho 2 NÁUTICA agitação produzida na água por um navio em andamento (De es-+calracho)

escalvação n.f. ato ou efeito de escalvar (De escalvar+-ção)

escalvado adj. 1 sem cabelo; calvo 2 [fig.] sem vegetação (Part. pass. de escalvar)

escalvar v.tr. 1 tornar calvo 2 [fig.] destruir a vegetação de 3 [fig.] esterilizar (De es-+calvo+-ar)

escama n.f. 1 ZOOLOGIA cada uma das lâminas finas e com reflexos que revestem a pele de muitos peixes 2 ZOOLOGIA órgão tegumentar tipicamente laminar, originário da epiderme, ou conjuntamente da derme e da epiderme, que entra na constituição do exosqueleto de muitos répteis e mamíferos 3 cada uma das pequenas placas ou películas que se destacam da epiderme 4 BOTÂNICA órgão, em regra laminar, que protege alguns órgãos vegetais e é uma folha profundamente modificada 5 ANATOMIA parte mais ou menos laminar de alguns ossos 6 GEOLOGIA porção isolada de um terreno que, sob a ação de forças tectónicas, se foi sobrepor a terrenos mais recentes 7 [fig.] ornamento em forma de escama (Do lat. squama-, «id.»)

escamação n.f. 1 ato de escamar 2 doença de certas plantas 3 queda de pequenas películas que se destacam da epiderme; descamação 4 [pop.] zanga; irritação (De escamar+-ção)

escamadeira n.f. mulher que escama peixe (De escamar+-deira)

escamado adj. 1 com as escamas tiradas 2 [fig.] zangado ▪ n.m. ZOOLOGIA espécime dos Escamados (Part. pass. de escamar)

Escamados n.m.pl. ZOOLOGIA grupo de répteis em que as escamas epidérmicas córneas que revestem o corpo mudam periodicamente, como, por exemplo, nas lagartixas e serpentes

escamadura n.f. 1 ato de escamar 2 conjunto de escamas; escamaria (De escamar+-dura)

escamão n.m. [regionalismo] cavidade, nos barcos rabelos do Douro, onde os tripulantes guardavam as broas para a jornada (De orig. obsc.)

escamar v.tr. 1 tirar as escamas a 2 [fig.] irritar ▪ v.pron. zangar-se (Do lat. *squamāre, «id.», de squama, «escama»)

escamaria n.f. conjunto de escamas; escamadura (De escama+-aria)

escambador n.m. aquele que escamba ou troca (De escambar+-dor)

escambar v.tr. trocar; cambiar (Do lat. *excambiāre, de cambiāre, «trocar»)

escambiar v.tr. ⇒ **escambar** (De es-+cambiar)

escâmbio n.m. 1 câmbio 2 permuta 3 troca (Deriv. regr. de escambiar)

escambo n.m. ⇒ **escâmbio** (Deriv. regr. de escambar)

escambrão n.m. [regionalismo] pessoa arisca (De es-+cambrão [= vespão])

escambrar v.intr. [regionalismo] (céu) mostrar-se ora enevoado, ora descoberto (De escambar?)

escambroeiro n.m. BOTÂNICA ⇒ **catapereiro** 2 [fig.] pessoa irritável; escambrão (De es-+cambroeira)

escameado adj. adornado ou coberto de escamas (De escâmeo+-ado)

escamel n.m. 1 banco sobre o qual os espadeiros corrigem as espadas 2 brunidor 3 [fig.] aperfeiçoamento 4 crisol (Do lat. scamellu-, «banco de seleiro», dim. de scamnu-, «escano; escabelo»)

escamento adj. ⇒ **escamoso** (De escama+-ento)

escâmeo adj. ⇒ **escamoso** (Do lat. squamĕu-, «escamoso»)

escamífero adj. que tem escamas (Do lat. squamifĕru-, «que traz escamas»)

escamiforme adj.2g. semelhante à escama (Do lat. squama-, «escama» +forma-, «forma»)

escamígero adj. que gera escamas (Do lat. squamigĕru-, «que traz escamas»)

escamisar v.tr. ⇒ **descamisar** (De es-+camisa+-ar)

escamondar v.tr. [regionalismo] cortar os ramos a (árvores); desramar (De orig. obsc.)

escamónea n.f. 1 BOTÂNICA trepadeira da família das Convolvuláceas 2 goma-resina que se extrai da raiz desta planta (Do lat. skammonēa-, «escamónea»)

escamónea-de-mompilher n.f. BOTÂNICA planta volúvel, da família das Asclepiadáceas, espontânea da Beira à Estremadura, de cujo rizoma se extrai um produto utilizado em farmácia

escamoso /ô/ adj. 1 que tem escamas; coberto de escamas; escamento; escâmeo 2 que tem partículas soltas 3 [Brasil] [coloq.] (pessoa) pouco sociável; antipático (Do lat. squamōsu-, «id.»)

escamotação n.f. ⇒ **escamoteação** (De escamotar+-ção)

escamotar v.tr. ⇒ **escamotear** (Do fr. escamoter, «id.»)

escamoteação n.f. 1 ato ou efeito de fazer desaparecer 2 furto hábil e subtil; empalmação 3 [fig.] encobrimento do assunto ou matéria incómoda (De escamotear+-ção)

escamoteador n.m. 1 aquele que faz escamoteação 2 prestidigitador 3 gatuno hábil (De escamotear+-dor)

escamotear v.tr. 1 fazer desaparecer 2 furtar com destreza; empalmar 3 [fig.] encobrir ardilosamente (o que é incómodo ou embaraça) (Do fr. escamoter, «id.»)

escamoteio n.m. ⇒ **escamoteação** (Deriv. regr. de escamotear)

escampado adj. 1 vasto; largo 2 desimpedido de árvores; descampado 3 diz-se do tempo, quando aclara ▪ n.m. descampado (Part. pass. de escampar)

escampar v.intr. 1 cessar de chover 2 (tempo) aclarar (De es-+campo+-ar)

escampo adj. 1 limpo de nuvens; desanuviado 2 descampado (Deriv. regr. de escampar)

escamudo adj. (peixe) que tem muitas escamas ou escamas muito grandes (De escama+-udo)

escamugir-se v.pron. ⇒ **escapulir** (De escapulir × fugir)

escâmula *n.f.* pequena escama (Do lat. *squamŭla-*, dim. de *squama-*, «escama»)

escanado *adj.* 1 (ave) que tem todas as penas bem desenvolvidas 2 [fig.] adulto 3 [fig.] experiente; matreiro (Part. pass. de *escanar*)

escanar[1] *v.intr.,pron.* 1 (ave) tornar-se escanado 2 [fig.] ganhar experiência

escanar[2] *v.tr.* 1 rachar 2 partir 3 tirar a cana a ■ *v.intr.,pron.* rachar-se

escanastrado *adj.* [regionalismo] alquebrado; fraco (De *es-+canastro* [= corpo]+-*ado*)

escanção *n.m.* 1 (restaurante) encarregado dos vinhos, que aconselha os clientes na escolha e os serve 2 especialista na degustação de vinhos e na avaliação de algumas das suas características fundamentais (qualidade, origem, tipo, etc.) 3 aquele que distribui o vinho pelos convivas 4 [ant.] oficial que servia o vinho a um soberano (Do gót. *skankja*, «copeiro», pelo lat. *scantione-*, «escanção»)

escançar *v.tr.* repartir (vinho ou outra bebida) por ■ *v.intr.* exercer as funções de escanção (De *escanção+-ar*)

escâncara *n.f.* o que está à vista, a descoberto; *às escâncaras* a descoberto, publicamente (Deriv. regr. de *escancarar*)

escancaração *n.f.* ato ou efeito de escancarar (De *escancarar+-ção*)

escancarado *adj.* 1 aberto de par em par 2 evidente; à vista 3 [fig.] pasmado (Part. pass. de *escancarar*)

escancarar *v.tr.* 1 abrir de par em par 2 expor à vista 3 mostrar; patentear (De *es-+cancro* [= grampo de ferro] +-*ar*)

escancear *v.intr.* ⇒ **escançar** (De *escanção+-ear*)

escancha *n.f.* 1 ação ou efeito de escanchar 2 passo largo 3 posição bifurcada sobre o cavalo (Deriv. regr. de *escanchar*)

escanchar *v.tr.* abrir ao meio ■ *v.pron.* sentar-se com uma perna de cada lado; escarranchar-se (Por *escachar*)

escandaleira *n.f.* 1 escândalo grande 2 manifestação de desagrado espalhafatosa; alarido (De *escândalo+-eira*)

escandalizador *adj.,n.m.* que ou o que escandaliza (De *escandalizar+-dor*)

escandalizar *v.tr.* 1 produzir escândalo em 2 causar indignação ou repúdio 3 desencadear manifestações de desagrado ou indignação 4 ofender; melindrar ■ *v.intr.* ter um comportamento que não se adequa às convenções da moral e dos bons costumes; fazer escândalo ■ *v.pron.* ofender-se; melindrar-se; indignar-se (Do lat. *scandalizāre*, «id.»)

escandalizável *adj.2g.* que se escandaliza facilmente (De *escandalizar+-vel*)

escândalo *n.m.* 1 ato considerado contrário à moral e/ou aos bons costumes e que é objeto da censura e da indignação da opinião pública 2 mau procedimento; mau exemplo 3 indignação pelo mau procedimento de alguém 4 manifestação ostensiva de desagrado ou indignação; escarcéu (Do gr. *skándalon*, «id.», pelo lat. *scandălu-*, «id.»)

escandaloso /ô/ *adj.* 1 que produz escândalo 2 que vai contra as convenções da moral e dos bons costumes de determinada sociedade 3 que choca 4 que provoca indignação ou repúdio (Do lat. *scandalōsu-*, «abominável»)

escândea *n.f.* BOTÂNICA qualidade de trigo durázio (Do lat. *scandŭla-*, ou *scandăla-*, «espelta; trigo»)

escandecência *n.f.* 1 ato ou efeito de escandecer 2 calor excessivo 3 [fig.] entusiasmo 4 [fig.] grande irritação 5 [fig.] raiva; ira (Do lat. *excandescentĭa-*, «id.»)

escandecente *adj.2g.* 1 que escandece 2 muito quente 3 [fig.] muito irritado (De *excandescente-*, «id.», part. pres. de *excandescĕre*, «inflamar-se»)

escandecer *v.tr.,intr.,pron.* 1 pôr(-se) em brasa 2 tornar(-se) rubro (Do lat. *excandescĕre*, «abrasar-se; inflamar»)

escandecimento *n.m.* 1 ardor 2 inflamação 3 ruborização (De *escandecer+-i-+-mento*)

escandinávico *adj.* relativo à Escandinávia ■ *n.m.* antiga língua da Escandinávia (De *Escandinávia+-ico*)

escandinavo *adj.* da Escandinávia ■ *n.m.* natural ou habitante da Escandinávia (Do fr. *scandinave*, «id.»)

escândio *n.m.* QUÍMICA elemento químico de características metálicas, com o número atómico 21 e símbolo Sc (Do ing. *scandium*, «id.», do lat. *Scandĭa-*, ant. nome da zona meridional da Península Escandinava)

escandir *v.tr.* 1 decompor (versos) nas suas unidades métricas 2 pronunciar (uma palavra) sílaba por sílaba (Do lat. *scandĕre*, «id.»)

escanelado *adj.* 1 que tem as pernas magras 2 escanzelado (De *es-+canela+-ado*)

escangalhação *n.f.* ato de escangalhar (De *escangalhar+-ção*)

escangalhar *v.tr.,pron.* 1 causar ou sofrer danos, estragos; desarranjar(-se); desmanchar(-se); quebrar(-se) 2 destruir(-se); estragar(-se) ■ *v.pron.* perder o domínio sobre uma reacção ou emoção; desmanchar-se; *escangalhar-se a rir* [coloq.] rir muito e de forma descontrolada; partir-se a rir (De *es-+cangalho+-ar*)

escanganhadeira *n.f.* tabuleiro, com fundo de rede, para separar dos bagos o canganho da uva (De *escanganhar+-deira*)

escanganhar *v.tr.* separar do canganho (os bagos das uvas); escangar (De *es-+canganho+-ar*)

escanganho *n.m.* ato de escanganhar (De *es-+canganho*)

escangar *v.tr.* 1 [regionalismo] peneirar (farinha de trigo) sem separar as sêmeas 2 [regionalismo] ⇒ **escanganhar** (De *es-+cango+-ar*)

escanho *n.m.* ⇒ **escano** (Do lat. *scamnu-*, «escabelo; escano», pelo cast. *escaño*, «id.»)

escanhoadela *n.f.* barbeação ligeira (De *escanhoar+-dela*)

escanhoado *adj.* 1 barbeado a contrapelo 2 bem barbeado (Part. pass. de *escanhoar*)

escanhoador *n.m.* 1 aquele que escanhoa 2 barbeiro (De *escanhoar+-dor*)

escanhoamento *n.m.* ato ou efeito de escanhoar ou escanhoar-se (De *escanhoar+-mento*)

escanhoar *v.tr.* fazer a barba com perfeição, passando a navalha mais de uma vez em sentido contrário ao do nascimento dos pelos (De *es-+canhão+-ar*)

escanhotador *n.m.* indivíduo que escanhota (De *escanhotar+-dor*)

escanhotar *v.tr.* cortar os canhotos a (árvore) (De *es-+canhoto+-ar*)

escanifrado *adj.* 1 [pop.] magricela; escanzelado 2 [pop.] desengonçado (Part. pass. de *escanifrar*)

escanifrar *v.tr.* 1 [pop.] tornar muito magro 2 [pop.] desengonçar (De *es-+canifraz+-ar*)

escanifre *n.m.* indivíduo escanifrado; magrizela (Deriv. regr. de *escanifrar*)

escaninhar *v.tr.* [regionalismo] examinar minuciosamente (De *escaninho+-ar*)

escaninho *n.m.* 1 pequeno compartimento em caixa, gaveta, etc. 2 pequeno esconderijo 3 recanto (De *escano+-inho*)

escano *n.m.* 1 banco comprido e largo, de assento móvel, que constitui uma caixa a que o assento serve de tampa; escabelo 2 banco com espaldar alto, junto à lareira 3 estrado (Do lat. *scamnu-*, «id.»)

escansão *n.f.* 1 ato de decompor (versos) nas suas unidades métricas 2 ato de pronunciar (uma palavra) sílaba por sílaba 3 MÚSICA elevação do tom (Do lat. *scansiōne-*, «subida»)

escantado *adj.* ⇒ **escanteado** (De *es-+canto+-ado*)

escanteado *adj.* 1 com cantos grandes 2 com os cantos cortados (Part. pass. de *escantear*)

escantear *v.tr.* 1 cortar os cantos a 2 aparar (as patilhas do cabelo) (De *es-+canto+-ear*)

escanteio *n.m.* 1 [Brasil] DESPORTO (futebol) falta cometida por um jogador ao atirar a bola para lá da linha de fundo da sua equipa; canto 2 [Brasil] DESPORTO (futebol) reposição em jogo da bola, a pontapé, por parte da equipa adversária, como resultado da realização dessa falta; canto; pontapé de canto; *chutar para ~* [Brasil] [fig.] chutar para canto, pôr de lado (De *canto*)

escantilhão *n.m.* 1 medida ou modelo para regular distâncias entre plantas, árvores, etc. 2 utensílio que serve de molde em certos géneros de desenho; *de ~* de roldão, em tropel, precipitadamente (Do cast. *escantillón*, «id.»)

escantudo *adj.* que tem grandes cantos (De *es-+canto+-udo*)

escanzelado *adj.* [pop.] muito magro; escanifrado (De *es-+canzil* [= canil]+-*ado*?)

escapada *n.f.* 1 fuga precipitada 2 fuga a um dever ou compromisso 3 ausência de curta duração 4 [fig.] mau procedimento; leviandade 5 [fig.] (relação amorosa) infidelidade (Part. pass. fem. subst. de *escapar*)

escapadela *n.f.* 1 fuga precipitada 2 fuga a um dever ou compromisso 3 ausência de curta duração 4 [fig.] algo que se diz ou revela involuntariamente ou por descuido 5 [fig.] mau procedimento; leviandade 6 [fig.] (relação amorosa) infidelidade (De *escapar+-dela*)

escapadiço *adj.* 1 que anda fugido 2 que escapou (De *escapar+-diço*)

escapadinha *n.f.* viagem em lazer, de curta duração (De *escapada+-inha*)

escapamento *n.m.* ⇒ **escape** (De *escapar+-mento*)

escapar v.tr. 1 libertar-se de (jugo ou prisão) 2 conseguir evitar (situação desagradável ou perigosa); livrar-se de 3 [fig.] não ser compreendido 4 [fig.] ser esquecido; não ser considerado; passar despercebido; ser omitido ▪ v.intr. 1 não ser envolvido ou atacado; ficar ileso 2 sair (uma substância) do recipiente onde devia estar contida 3 ficar isento 4 [fig.] ser revelado por descuido ou distração 5 [fig.] ser tido como suficiente; ser sofrível ▪ v.pron. 1 fugir; evadir-se 2 salvar-se 3 [fig.] conseguir evitar compromisso ou situação desagradável; esquivar-se (Do lat. *excappāre*, «deitar a capa fora; livrar-se de um obstáculo»)

escaparate n.m. 1 armário envidraçado 2 vitrina 3 redoma 4 móvel, com várias prateleiras, que se pendura na parede 5 expositor onde se colocam à vista do público as mercadorias disponíveis para venda (Do hol. ant. *schaprade*, «armário», pelo cast. *escaparate*, «armário envidraçado»)

escapatória n.f. 1 meio hábil de evitar determinada dificuldade; subterfúgio 2 hipótese de evitar situação desagradável 3 desculpa 4 DESPORTO zona alargada numa pista de corridas de automóvel para evitar acidentes em casos de despiste (De *escapatório*)

escapatório adj. 1 que pode escapar 2 tolerável (De *escapar*+-tório)

escape n.m. 1 fuga; evasão 2 forma de evasão ou compensação de uma atividade rotineira e cansativa 3 peça reguladora do movimento dos relógios 4 expulsão de gases de um motor 5 tubo por onde esses gases são expulsos (Deriv. regr. de *escapar*)

escapelada n.f. ⇒ **esfolhada** (Part. pass. subst. de *escapelar*)

escapelar v.tr. tirar as folhas que envolvem a maçaroca de (milho); descamisar (De *es-+capela+-ar*)

escapismo n.m. 1 propensão para fugir à realidade, geralmente através da fantasia 2 [pej.] tendência para evitar ou fugir a situações difíceis ou desagradáveis sem as resolver 3 [pej.] escamoteação das características desagradáveis e incómodas da realidade (Do ing. *escapism*, «id.»)

escapista adj.2g. relativo a escapismo

escapo[1] adj. fora de perigo; livre; salvo (Deriv. regr. de *escapar*)

escapo[2] n.m. 1 ARQUITETURA quadrante que liga o fuste às molduras da base e do capitel de uma coluna; cimácio dórico; gaveto; chanfro 2 BOTÂNICA haste florífera de plantas acaules (Do lat. *scāpu-*, «fuste»)

escapula n.f. 1 fuga 2 corrida 3 escapadela; evasão (Deriv. regr. de *escapulir*)

escápula n.f. 1 prego de cabeça revirada em ângulo reto que é usado para pendurar um objeto 2 [fig.] apoio; amparo; esteio 3 ANATOMIA osso triangular sem relevo que constitui a parte posterior do ombro; omoplata (Do lat. *scapŭla-*, «espádua»)

escapulalgia n.f. MEDICINA dor na omoplata ou na sua articulação com o úmero; omalgia (Do lat. *scapŭla-*, «espádua»+gr. *álgos*, «dor»+-ia)

escapular adj.2g. 1 do ombro ou a ele referente 2 ANATOMIA designativo da cintura correspondente aos membros anteriores, que compreende, nos mamíferos superiores, dois ossos pares (omoplata e clavícula) (Do lat. *scapulāre-*, «relativo ao ombro»)

escapulário n.m. 1 parte do vestuário monástico que cai sobre as espáduas e o peito 2 distintivo pendente do pescoço sobre o peito e as costas, próprio de certas confrarias 3 objeto de devoção constituído por um fio que une dois quadrados pequenos benzidos, geralmente de pano, para colocar ao pescoço, ficando um deles sobre o peito e o outro sobre as costas; bentinhos 4 ligadura larga para comprimir emplastros (Do lat. *scapularĭu-*, «que cobre as espáduas»)

escapulida n.f. [Brasil] escapadela

escapulir v.tr.,intr.,pron. escapar-se (de); fugir (de) ▪ v.pron. evadir-se (Do lat. vulg. *excapulāre*, «escapar-se dum laço», com infl. de *fugir*)

escaque n.m. 1 divisão quadrada do xadrez 2 HERÁLDICA divisão quadrada do escudo (Do b. lat. *scaccu-*, «escaque», pelo prov. *escac*, «id.»)

escaquear v.tr. 1 HERÁLDICA dividir em escaques (o escudo) 2 enxadrezar (De *escaque+-ar*)

escaqueirar v.tr. 1 desfazer em cacos; escacar 2 despedaçar 3 quebrar (De *es-+caqueiro+-ar*)

escara n.f. 1 MEDICINA crosta de ferida 2 placa ou formação laminar (Do gr. *eskhára*, pelo lat. *eschăra-*, «id.»)

Escarabeidas n.m.pl. ZOOLOGIA ⇒ **Escarabeídeos**

escarabeídeo n.m. ZOOLOGIA espécime dos Escarabeídeos ▪ adj. ZOOLOGIA relativo aos Escarabeídeos

Escarabeídeos n.m.pl. ZOOLOGIA família de insetos coleópteros que compreende os lamelicórneos e os pectinicórneos (Do gr. *skarábeios*, «escaravelho», pelo lat. *scarabaeu-*, «id.»+-ídeos)

escarabeu n.m. ⇒ **escaravelho** 1 (Do gr. *skarábeios*, «escaravelho», pelo lat. *scarabaeu-*, «id.»)

escarabocho /ô/ n.m. desenho imperfeito ou feito à pressa; garatuja; risco (Do it. *scarabocchio*, «id.»)

escarafunchador adj.,n.m. que ou o que escarafuncha (De *escarafunchar+-dor*)

escarafunchar v.tr. 1 esgaravatar 2 furar 3 remexer 4 [fig.] investigar minuciosamente, geralmente em busca de alguma coisa (Do lat. *scariphunculāre*, de *scariphāre*, «escarvar»)

escarafuncho n.m. 1 [regionalismo] bailarico 2 pl. gatafunhos (Deriv. regr. de *escarafunchar*)

escarambar-se v.pron. 1 (terra) secar muito e gretar 2 (pele) enrugar (De orig. obsc.)

escaramelar v.intr. [regionalismo] largar a pele ou a casca (De orig. obsc.)

escaramuça n.f. 1 combate de pequena envergadura 2 guerrilha 3 conflito ou confronto de pequena importância (Do it. *scaramuccia*, «escaramuça»)

escaramuçador adj.,n.m. que ou aquele que escaramuça (De *escaramuçar+-dor*)

escaramuçar v.intr. 1 combater em escaramuça 2 discutir ▪ v.tr. obrigar (o cavalo) a dar voltas repetidas (Do prov. ant. *escar[a]mussar*, «id.», pelo it. *scaramucciare*, «escaramuçar»)

escarapão n.m. 1 [regionalismo] cobra não venenosa, de barriga amarela e dorso escuro 2 [regionalismo] [fig.] pessoa irascível 3 [regionalismo] [fig.] pessoa arisca, seca (De *escorpião*?)

escarapela n.f. briga em que os adversários se agatanham e arrepelam mutuamente (Deriv. regr. de *escarapelar*)

escarapelar v.tr. 1 arranhar com as unhas; escarpelar 2 arranhar, brigando 3 tirar a carapela a 4 descamisar (o milho) ▪ v.pron. [fig.] arrepelar-se (De *es-+carapela+-ar*)

escaravela n.f. 1 ⇒ **caravela** 2 [fig.] pessoa leviana (De *es-+caravela*)

escaravelha n.f. ⇒ **cravelha** 1 (De *es-+caravelha*)

escaravelhar v.intr. 1 andar como o escaravelho; deslocar-se, fazendo movimentos semelhantes aos do escaravelho 2 [regionalismo] (pião com ferrão torto) rodopiar aos saltinhos (De *escaravelho+-ar*)

escaravelho /ê/ n.m. 1 ZOOLOGIA inseto coleóptero, da família dos Escarabeídeos, geralmente de cor escura, que se alimenta de excrementos de mamíferos herbívoros; escarabeu; bicho-carpinteiro 2 figura esculpida deste inseto, geralmente em pedra preciosa ou semipreciosa 3 ponta de marfim antes de ser trabalhada; ~ *da batata* ZOOLOGIA inseto coleóptero, originário da América, com élitros amarelos listrados de negro, muito nocivo à agricultura (Do lat. *scarabiclu-*, dim. de *scarabaeu-*, «escaravelho»)

escarça n.f. VETERINÁRIA doença do casco dos equídeos (Deriv. regr. de *escarçar*)

escarçado adj. 1 que apresenta escarpa 2 diz-se da colmeia que tenha sido despojada da cera ou dos favos (Part. pass. de *escarçar*)

escarcalhar v.tr. [regionalismo] abrir muito; escancarar ▪ v.pron. abrir gretas

escarção n.m. ARQUITETURA arco sobreposto à padieira para que esta não tenha de suportar a carga da parte da construção que lhe fica por cima (De orig. obsc.)

escarçar v.tr. 1 tirar (os favos ou a cera) da colmeia; crestar 2 ⇒ **esgaçar** ▪ v.intr.,pron. rasgar-se (o pano) por efeito do muito uso (Do lat. *exquartiāre*, «esquartejar»)

escarcavelar v.tr. 1 [pop.] desmanchar (uma vasilha), tirando parte dos arcos 2 [pop.] desconjuntar (De orig. obsc.)

escarceado adj. 1 que tem forma de escarcéu 2 semelhante à agitação do mar 3 revolto (Part. pass. de *escarcear*)

escarcear[1] v.intr. 1 (cavalo) abaixar e levantar a cabeça 2 levantar escarcéu (grande onda) no mar (De *escarcéu+-ar*)

escarcear[2] v.intr. (cavalo) abaixar e levantar a cabeça (Do cast. *escarcear*, «id.»)

escarcela n.f. 1 bolsa de couro que se prendia à cintura 2 parte da armadura ligada à couraça e que ia da cinta ao joelho (Do it. *scarsella*, «algibeira»)

escarcéu n.m. 1 encapelamento e ruído das ondas em ocasião de tempestade 2 grande onda do mar revolto; vagalhão 3 ruído do rebentamento violento do mar sobre a praia ou os rochedos 4 [fig.] alarido 5 [fig.] manifestação ruidosa de fúria ou indignação; berreiro (Do cast. *escarceo*, «id.»?)

escarcha n.f. 1 ato ou efeito de escarchar 2 geada; orvalho congelado 3 mescla de fio de ouro ou prata nos tecidos de seda, que os torna ásperos ao tato 4 coisa áspera (Do cast. *escarcha*, «id.»)

escarchar v.tr. 1 cobrir com flocos de neve 2 cobrir de geada 3 tornar áspero; encrespar 4 adoçar de forma excessiva (aguardente de anis) com açúcar que cristaliza por não se dissolver (Do cast. *escarchar*, «id.»)

escarço n.m. ato de escarçar ou tirar a cera das colmeias (Deriv. regr. de *escarçar*)

escardado adj. 1 que se escardou 2 diz-se do boi cujas pontas dos chavelhos estão destruídas, esfargadas 3 diz-se de um chavelho nestas condições (Part. pass. de *escardar*)

escardar v.tr. 1 [regionalismo] eliminar parte do limbo de folhas vegetais (em especial, as de cardos) para utilizar a nervura principal 2 limpar dos cardos (a terra) (De *es-+cardo+-ar*)

escardear v.intr. explodir (o tiro) com muita força, espalhando o chumbo (De *es-+cardo+-ear*)

escardecer v.intr. cair de sono; dormitar (De orig. obsc.)

escardichar v.tr. [regionalismo] remexer, esgaravatar, escarafunchar (a terra) (De *es-+cardo+-ichar*)

escardilhar v.tr. limpar (um terreno) com o escardilho (De *escardilho+-ar*)

escardilho n.m. espécie de sacho com que se tiram as ervas ruins (Do cast. *escardillo*, «id.»)

escarduçada n.f. 1 ação de escarduçar (a lã) 2 aguaceiro 3 saraivada (Part. pass. fem. subst. de *escarduçar*)

escarduçador adj.,n.m. que ou aquele que escarduça; cardador (De *escarduçar+-dor*)

escarduçar v.tr. cardar (a lã) com a carduça (De *es-+carduça+-ar*)

escareador n.m. 1 instrumento de serralheiro que serve para alargar furos ou o interior de tubos 2 chave de parafusos (De *escarear+-dor*)

escarear v.tr. 1 alargar (buracos) com o escareador 2 apertar (parafusos) até ao nível da peça onde são cravados (De orig. obsc.)

escarificação n.f. 1 ato ou efeito de escarificar 2 CIRURGIA incisão superficial feita com instrumento cirúrgico; ~ *dos metais* processo de refinação para eliminar as escórias e as impurezas dos metais (Do lat. tard. *scarificatiōne-*, «id.»)

escarificador n.m. 1 aparelho munido de dentes que serve para revolver o terreno ou um pavimento na espessura desejada 2 CIRURGIA instrumento cortante, próprio para fazer escarificações (De *escarificar+-dor*)

escarificar v.tr. 1 produzir escaras em 2 CIRURGIA fazer incisão superficial em 3 CIRURGIA cortar superficialmente com instrumento cirúrgico (a pele ou as mucosas) 4 rasgar, em profundidade desejada (um terreno ou um pavimento) (Do lat. tard. *scarificāre*, «id.»)

escariola n.f. 1 BOTÂNICA ⇒ **endívia** 2 ⇒ **escaiola** (Do tosc. *scariola*, do lat. *escariŏla-*, de *escarīu-*, «o que é bom para comer; isca»)

escarioso /ô/ adj. que tem escaras ou escamas (Do lat. *eschăra-*, «escara»+*-oso*)

escarlata n.f. tecido escarlate, ou de cor vermelha (Do ár. hisp. *'iskirlāta*, «id.», pelo fr. ant. *escarlate*, hoje *écarlate*, «tecido escarlate»)

escarlate adj.2g. de cor vermelha ■ n.m. 1 a cor vermelha muito viva 2 tecido que tem essa cor (Do fr. *écarlate*, «tecido escarlate»)

escarlatina n.f. 1 MEDICINA doença febril, aguda, infeciosa e muito contagiosa, que pode caracterizar-se por manchas vermelhas na pele 2 cor escarlate (Do fr. *scarlatine*, «id.»)

escarlatiniforme adj.2g. que tem aspeto de escarlatina (De *escarlatina+-forme*)

escarlatinoso /ô/ adj. que sofre de escarlatina (De *escarlatina+-oso*)

escarmenta n.f. 1 ação de repreender ou castigar 2 experiência 3 lição; ensinadela 4 desengano 5 castigo; correção 6 vergonha (Deriv. regr. de *escarmentar*)

escarmentar v.tr. 1 dar uma lição a; castigar 2 repreender com severidade 3 fazer adquirir experiência por meio de punição, castigo, desilusão, etc. ■ v.intr.,pron. adquirir experiência; ficar ensinado; tornar-se cauteloso (De orig. obsc.)

escarmento n.m. ⇒ **escarmenta** (Deriv. regr. de *escarmentar*)

escarna n.f. ⇒ **escarnação** (Deriv. regr. de *escarnar*)

escarnação n.f. ato ou efeito de escarnar ou descarnar (De *escarnar+-ção*)

escarnador n.m. 1 indivíduo que escarna 2 instrumento com que se escarna 3 [fig.] investigador; esquadrinhador (De *escarnar+-dor*)

escarnar v.tr. 1 descobrir (um osso), tirando-lhe a carne que o reveste 2 limpar (as peles) da carne antes de as curtir 3 [fig.] esquadrinhar; analisar; esmiuçar (De *es-+carne+-ar*)

escarnecedor adj.,n.m. que ou aquele que escarnece; trocista (De *escarnecer+-dor*)

escarnecer v.tr. fazer troça ou escárnio (de); zombar (de); ludibriar ■ v.intr. tratar com escárnio (De *escarnir+-ecer*)

escarnecimento n.m. 1 ato de escarnecer 2 escárnio; troça (De *escarnecer+-i-+-mento*)

escarnecível adj.2g. que merece ser escarnecido (De *escarnecer+ -i-+-vel*)

escarniar v.tr.,intr. ⇒ **escarnecer** (De *escárnio+-ar*)

escarnicador adj.,n.m. que ou aquele que escarnece de tudo (De *escarnicar+-dor*)

escarnicar v.tr. troçar de; escarnecer de (De *escárnio+-icar*)

escarnificação n.f. ato de escarnificar (De *escarnificar+-ção*)

escarnificar v.tr. 1 martirizar 2 torturar por dilaceração da carne (Do lat. *excarnificāre*, «dilacerar»)

escarninhar v.tr.,intr. ⇒ **escarnecer** (De *escarninho+-ar*)

escarninho adj. 1 que revela escárnio ou menosprezo; escarnecedor 2 sarcástico (De *escarnio+-inho*)

escárnio n.m. 1 troça; zombaria; mofa 2 menosprezo; desconsideração; *cantiga de* ~ LITERATURA forma poética satírica (Deriv. regr. de *escarnir*)

escarnir v.intr. ⇒ **escarnecer** (Do germ. **skirnjan*, «escarnecer», pelo lat. med. **scarnīre*, «id.»)

escarnito n.m. PETROLOGIA rocha metamórfica, originada por metamorfismo de contacto, sobre rochas calcárias impuras (De orig. obsc.)

escaroçar v.tr. 1 [regionalismo] extrair os caroços ou a semente a; descaroçar 2 [regionalismo] descamisar (o milho) (De *es-+caroço+-ar*)

escarola n.f. BOTÂNICA ⇒ **endívia** (Do lat. **escariŏla-*, de *escarīu-*, «bom para comer», pelo tosc. *scariola*, «endívia»)

escarolado adj. 1 diz-se do milho tirado do carolo 2 esbagoado 3 [fig.] descarado; petulante 4 [fig.] muito limpo; asseado (Part. pass. de *escarolar*)

escarolador n.m. 1 máquina de escarolar 2 debulhadora de milho (De *escarolar+-dor*)

escarolar v.tr. 1 tirar (o grão) do carolo 2 tornar calvo ou careca 3 [pop.] lavar; limpar bem 4 [fig.] apurar ■ v.pron. [pop.] desbarretar-se (De *es-+carolo+-ar*)

escarótico adj. que produz escaras (Do gr. *eskharotikós*, «próprio para produzir crostas em chagas»)

escarpa n.f. 1 encosta muito íngreme, quase a pique; alcantil 2 corte oblíquo 3 declive de um fosso do lado da muralha (Do it. *scarpa*, «escarpa; alcantil»)

escarpada n.f. série de escarpas (Part. pass. fem. subst. de *escarpar*)

escarpado adj. que tem escarpa ou grande declive; íngreme; alcantilado (Part. pass. de *escarpar*)

escarpadura n.f. corte ou inclinação de um terreno quase a prumo; escarpamento (De *escarpar+-dura*)

escarpamento n.m. 1 erosão das águas do mar sobre a costa que fica cortada a prumo 2 ⇒ **escarpadura** (De *escarpar+-mento*)

escarpar v.tr. 1 talhar em escarpa 2 tornar muito íngreme (Do it. *scarpare*, «id.»)

escarpear v.tr. carmear (a lã) (De *es-+carpear*)

escarpelada n.f. ⇒ **esfolhada** (Part. pass. fem. subst. de *escarpelar*)

escarpelar v.tr. 1 abrir, rasgando 2 ferir com as unhas 3 descamisar (o milho) 4 arranhar; agatanhar 5 arrepelar (De *es-+carpela+-ar*)

escarpes n.m.pl. sapatos de ferro com que se torturavam os acusados em antigos tribunais (Do it. *scarpe*, «sapatos»)

escarpim n.m. 1 espécie de sapato aberto no calcanhar 2 sapato de sola fina usado para dançar 3 pé de meia que se calçava por debaixo das meias (Do it. *scarpino*, «sapatinho»)

escarrachar v.tr. [pop.] ⇒ **escarranchar**

escarradeira n.f. recipiente em que se escarra (De *escarrar+ -deira*)

escarrado adj. [pop.] muito parecido; tal qual (Part. pass. de *escarrar*)

escarrador n.m. 1 aquele que escarra 2 recipiente em que se escarra; escarradeira (De *escarrar+-dor*)

escarradura n.f. 1 ato ou efeito de escarrar 2 ⇒ **escarro** I (De *escarrar+-dura*)

escarranchar v.tr. abrir muito as pernas ■ v.pron. montar, abrindo as pernas (De orig. obsc.)

escarrapachado adj. 1 sentado com as pernas abertas 2 estendido no chão; estatelado 3 [coloq.] bem visível (Part. pass. de *escarrapachar*)

escarrapachar v.tr. 1 estatelar 2 estender 3 [pop.] pôr em sítio bem visível 4 ⇒ **escarranchar** v.tr. ■ v.pron. sentar-se ou estender-se à vontade; esparramar-se (De orig. obsc.)

escarrapichada n.f. 1 [pop.] desenredar o cabelo com o pente 2 [pop.] soltar a lã para a fiar (De *es-+carrapicho+-ar*)

escarrapichar v.tr. [pop.] ⇒ **escarrapiçar**

escarrar v.tr.,intr. expelir, cuspir (escarros); expetorar ■ v.intr. [pop.] desembolsar; dar (Do lat. screāre, mais tarde scarrāre, «escarrar»)

escarraria n.f. porção de escarros (De escarro+-aria)

escarro n.m. 1 matéria viscosa segregada pelas mucosas (em especial, das vias respiratórias) e expelida pela boca; expetoração 2 [pop.] mancha; nódoa 3 [fig.] coisa mal feita; porcaria 4 [fig.] pessoa desprezível 5 [fig.] afronta; insulto (Deriv. regr. de escarrar)

escarumar v.tr. tirar a caruma a ■ v.intr. (flor da videira) cair (De es-+caruma+-ar)

escarumba n.2g. [depr., pop.] pessoa de raça negra (De orig. obsc.)

escarva n.f. encaixe para embutir uma peça de madeira noutra (Deriv. regr. de escarvar)

escarvador n.m. instrumento que serve para escarvar (De escarvar+-dor)

escarvalho n.m. cavidade que surge na parte interna dos canhões (De escarvar+-alho)

escarvar v.tr. 1 abrir escarva em 2 escavar superficialmente 3 esgaravatar 4 [fig.] corroer (Do lat. tard. scarifāre, «arranhar»)

escarvoar v.tr. esboçar ou desenhar a carvão (De es+carvão+-ar)

escascar v.tr. [pop.] ⇒ **descascar**[1] (De es+casca+-ar)

escasquear v.tr. 1 lavar ou limpar o casco ou a cabeça a 2 [fig.] aperaltar (De escascar+-ear)

escassamente adv. 1 de maneira escassa 2 em pequena quantidade (De escasso+-mente)

escassear v.intr. haver em pouca quantidade; faltar; rarear (De escasso+-ear)

escassez /ê/ n.f. 1 qualidade do que é escasso 2 insuficiência 3 falta (De escasso+-ez)

escasseza /ê/ n.f. ⇒ **escassez** (De escasso+-eza)

escassilhar v.tr. 1 fazer em escassilhos ou pedaços pequenos 2 desbastar (pedra) 3 despedaçar; escacar (De escassilho+-ar)

escassilho n.m. fragmento de coisa quebrada; pedacinho (De escasso+-ilho)

escasso adj. 1 de que há pequena quantidade 2 que é pouco; insuficiente 3 raro 4 reduzido 5 [pop.] somítico (Do lat. *excarpsu-, por excarptu-, part. pass. de excarpĕre, «colher; separar»)

escatel n.m. abertura na extremidade de uma cavilha, para meter a chaveta (De orig. obsc.)

escatelador n.m. máquina para fazer escatéis

escatelar v.tr. abrir escatel em bocas de fogo para dar lugar à culatra (De escatel+-ar)

escato-[1] elemento de formação de palavras que exprime a ideia de último, final (escatologia) (Do gr. éskhatos, «último»)

escato-[2] elemento de formação de palavras que exprime a ideia de excremento (escatofagia, escatofilia) (Do gr. skór, skatós, «excremento»)

escatofagia n.f. ⇒ **coprofagia** (De escato-, «excremento» + -fagia)

escatófago adj.,n.m. ⇒ **coprófago** (De escato-, «excremento» + -fago)

escatofilia n.f. 1 atração patológica por excrementos 2 BIOLOGIA condição do ser que se desenvolve nos excrementos (De escato-, «excremento» +-filia)

escatófilo adj.,n.m. ⇒ **coprófilo** (De escato-, «excremento» +-filo)

escatol n.m. QUÍMICA substância que se encontra nos excrementos humanos, resultante da decomposição das substâncias albuminoides (Do gr. skór, skatós, «excremento» +-ol)

escatologia[1] n.f. RELIGIÃO parte da teologia que trata dos fins últimos do homem e do que há de acontecer no fim do mundo (De escato-, «último» +-logia)

escatologia[2] n.f. 1 estudo dos excrementos 2 (geral) alusão aos temas das fezes, da imundície, da obscenidade (De escato-, «excremento» +-logia)

escatológico[1] adj. relativo a escatologia (parte da teologia) (De escatologia [=doutrina] +-ico)

escatológico[2] adj. relativo à escatologia (estudo dos excrementos) (De escatologia, «estudo dos excrementos» +-ico)

escatoma /ô/ n.m. MEDICINA formação originada por grande acumulação de fezes nos intestinos, simulando um tumor intestinal (Do gr. skór, skatós, «excremento» +-oma)

escava n.f. 1 ato ou efeito de escavar 2 ⇒ **escavação** (Deriv. regr. de escavar)

escavação n.f. 1 ato ou efeito de abrir buracos ou cavidades 2 trabalho de desaterro em terreno 3 ARQUEOLOGIA conjunto de operações e trabalhos efetuados para retirada de vestígios arqueológicos em terreno que sofreu cortes (De escavar+-ção)

escavacar v.tr. 1 fazer em cavacos; despedaçar; quebrar; partir 2 fazer grande estrago a 3 magoar (alguém) com pancada 4 [fig.] envelhecer 5 [fig.] esgotar as forças de; debilitar (De es-+cavaco+-ar)

escavaçar v.tr. 1 desfazer os terrões de; esterroar 2 dar segunda cava a (vinha) (De escavar+-açar)

escavador adj. que escava ■ n.m. 1 pessoa que escava 2 MEDICINA instrumento de aço, de forma alongada e com um gancho em cada extremidade, usado para escavar os dentes (De escavar+-dor)

escavadora n.f. máquina destinada a escavar o terreno, podendo ainda servir para o seu transporte (De escavador)

escavar v.tr. 1 abrir cavidade(s) em 2 cavar em torno de 3 tirar de; extrair 4 [fig.] pesquisar (Do lat. excavāre, «id.»)

escava-terra n.f. [regionalismo] ZOOLOGIA ⇒ **toupeira**[1] (De escavar+ terra)

escaveirar v.tr. 1 tornar semelhante a caveira 2 tornar muito magro 3 descarnar (De es-+caveira+-ar)

escazonte n.m. 1 (métrica grega) trímetro jâmbico 2 (métrica latina) senário jâmbico ■ adj. 1 (métrica grega) designativo do trímetro jâmbico 2 (métrica latina) designativo do senário jâmbico (Do gr. skázon, «coxo», pelo lat. scazonte-, «id.»)

-e(s)cer sufixo verbal de origem latina, que ocorre em verbos que exprimem começo de ação (languidescer; bolorecer; escurecer)

esclarecedor adj. 1 que torna compreensível 2 que fornece informação suficiente 3 que elimina dúvidas ■ n.m. 1 o que esclarece 2 MILITAR combatente que se desloca no intervalo de duas forças de uma coluna militar e que informa por gestos o comandante do modo como progride a força em primeiro escalão (De esclarecer+-dor)

esclarecer v.tr. 1 tornar claro 2 tornar compreensível ou inteligível; elucidar 3 dar explicações a 4 informar; instruir 5 eliminar as dúvidas de ou sobre 6 desvendar; solucionar ■ v.pron. 1 adquirir conhecimentos ou informação 2 tornar-se claro, compreensível 3 enobrecer-se ■ v.intr. (céu) tornar-se límpido (o céu); desanuviar (De es-+claro+-ecer)

esclarecido adj. 1 que tem uma visão clara dos acontecimentos 2 que se distingue pelo saber e pela capacidade de reflexão 3 informado 4 (confusão, dúvida) explicado; clarificado 5 (mistério) desvendado; solucionado (Part. pass. de esclarecer)

esclarecimento n.m. 1 ato ou efeito de esclarecer ou esclarecer-se 2 explicação 3 clarificação de dúvida(s) 4 transmissão de informação necessária 5 (texto) anotação ou comentário 6 perspetiva ou visão informada e refletida 7 enobrecimento (De esclarecer+-mento)

esclavagismo n.m. 1 sistema social que admite a escravatura como parte fundamental da sua organização económica; escravismo 2 comércio de escravos (Do fr. esclavagisme, «id.»)

esclavagista adj.2g. 1 (indivíduo) que é partidário do esclavagismo; escravista 2 (Estado) em que a escravatura faz parte da organização social e económica ■ n.2g. pessoa partidária do esclavagismo; escravista (Do fr. esclavagiste, «id.»)

esclavão adj.,n.m. ⇒ **esclavo** (Do fr. esclavon, «esclavónio», habitante da Esclavónia, região setentrional da antiga Jugoslávia)

esclavina n.f. veste que os romeiros usavam sobre a túnica (Do cast. esclavina, «id.»)

esclavo adj. pertencente ou relativo à Esclavónia, região setentrional da antiga Jugoslávia ■ n.m. natural ou habitante da Esclavónia (Do gr. biz. sklávos, «eslavo»)

esclavónico adj. pertencente ou relativo à Esclavónia; esclavo (De Esclavónia, top., região norte da antiga Jugoslávia +-ico)

esclavónio adj.,n.m. pertencente ou relativo à Esclavónia; esclavo (De Esclavónia, região norte da antiga Jugoslávia)

escleral adj.2g. 1 fibroso 2 endurecido (Do gr. sklerós, «duro» +-al)

esclerectomia n.f. CIRURGIA corte cirúrgico da esclerótica; escleroticotomia (Do gr. sklerós, «duro» +ektomé, «corte» +-ia)

esclerênquima n.m. BOTÂNICA tecido vegetal de resistência, constituído por células mortas, de paredes muito grossas, em regra lenhificadas (Do gr. sklerós, «duro» +égkhyma, «parênquima»)

esclerito n.m. 1 BOTÂNICA célula vegetal, dura, do esclerênquima 2 ZOOLOGIA região ou segmento do corpo de certos artrópodes (Do gr. sklerós, «duro» +-ito)

escler(o)- elemento de formação de palavras que exprime a ideia de duro (Do grego sklerós, «duro»)

esclerócio n.m. BOTÂNICA estroma de um fungo que forma um conjunto duro, resistente, em estado de vida latente (como a cravagem do centeio); esclerote; escleroto (Do gr. sklerós, «duro», pelo lat. cient. sclerotĭu-, «esclerócio»)

esclerodermia n.f. MEDICINA doença caracterizada pelo espessamento e endurecimento da pele e dos tecidos subcutâneos (Do gr. *sklerós*, «duro» +*dérma*, «pele» +*-ia*)

esclerodermo adj. ZOOLOGIA (animal) que tem tegumento mais ou menos ossificado ■ n.m. ICTIOLOGIA espécime dos esclerodermos ■ n.m.pl. ICTIOLOGIA grupo de peixes teleósteos cujo tegumento é duro e áspero, ou revestido de placas resistentes (Do gr. *skleródermos*, «que tem pele dura»)

escleroftalmia n.f. MEDICINA ⇒ **xeroftalmia** (Do gr. *sklerophthalmía*, «id.»)

esclerógeno adj. 1 MEDICINA que favorece o desenvolvimento da esclerose 2 BIOLOGIA que produz ou segrega tecido duro

escleroma /ô/ n.m. MEDICINA área de endurecimento, geralmente em tecidos do nariz ou da laringe (Do gr. *sklêroma*, «endurecimento»)

escleroproteína n.f. QUÍMICA representante de um grupo de proteínas que têm papel de suporte ou de proteção em partes duras dos organismos animais, como ossos, cartilagens, cabelos, etc. (De *esclero-*+*proteína*)

esclerosado adj. 1 que sofre de esclerose 2 [pej.] que está senil; que perdeu capacidades físicas e/ou intelectuais (Part. pass. de *esclerosar*)

esclerosar v.tr.,intr.,pron. 1 (fazer) adquirir esclerose 2 [fig.] (fazer) perder capacidades físicas e/ou intelectuais; tornar senil 3 [fig.] (fazer) estagnar; não permitir a evolução (de) (De *esclerose*+-*ar*)

esclerose n.f. MEDICINA endurecimento do tecido intersticial de um órgão, nomeadamente do tecido conjuntivo; ~ *arterial* arteriosclerose; ~ *múltipla* doença do sistema nervoso central que se manifesta em adultos jovens devido à disseminação de zonas degenerativas na substância nervosa, causando fraqueza muscular, tremores, perturbações de visão e de fala, etc., e acabando por conduzir à invalidez (Do gr. *sklêrósis*, «endurecimento»)

esclerote n.f. BOTÂNICA ⇒ **esclerócio**

esclerótica n.f. ANATOMIA membrana conjuntiva, exterior, do globo ocular, clara e córnea opaca, também denominada albugínea (Do gr. *sklerótes*, «dureza» +*-ica*)

escleroticotomia n.f. ⇒ **esclerectomia** (De *esclerótica*+gr. *tomé*, «corte» +*-ia*)

esclerotite n.f. MEDICINA inflamação da esclerótica (De *esclerót[ica]*+ *-ite*)

escleroto /ô/ n.m. BOTÂNICA ⇒ **esclerócio**

esclerótomo n.m. BIOLOGIA conjunto de células do mesoderma embrionário, que dá origem às vértebras e às costelas (De *esclero-*+*tomo*)

escloque adj. [Cabo Verde] desequilibrado; leviano; louco (De *descoco*, «desplante»)

-esco /ê/ sufixo nominal de origem germânica, com passagem pelo italiano e pelo francês, que exprime sobretudo a ideia de *origem* ou *semelhança* (*novelesco*; *trovadoresco*; *molieresco*)

escoa /ô/ n.f. 1 NÁUTICA longarina de cantoneira que reforça o casco dos navios 2 NÁUTICA régua longitudinal colocada a um lado e outro da sobrequilha (De *escora*?)

escoação n.f. ação de escoar ou de escoar-se (De *escoar*+-*ção*)

escoadeira n.f. cano que conduz a água da salina para o mar (De *escoar*+-*deira*)

escoadoiro n.m. ⇒ **escoadouro**

escoador adj.,n.m. que ou o que serve para escoar (De *escoar*+ *-dor*)

escoadouro n.m. 1 cano, regueira ou vala por onde se escoam as águas 2 qualquer lugar por onde um líquido se escoa, escorre ou sai 3 [fig.] região cuja atividade comercial absorve determinada mercadoria em grandes quantidades 4 [fig.] aquilo que exige gastos elevados e constantes (De *escoar*+-*douro*)

escoadura n.f. 1 ato de escoar; escoamento 2 líquido que se escoou (De *escoar*+-*dura*)

escoalha n.f. [depr., pop.] ralé; escória (De *escumalha*?)

escoamento n.m. 1 ato de escoar; escoação 2 forma como um líquido se escoa 3 plano inclinado por onde se escoam as águas 4 ECONOMIA saída ou venda de bens ou produtos 5 circulação de veículos ou pessoas (De *escoar*+-*mento*)

escoante adj.2g. por onde escoa ■ n.m. declive por onde se escoa um líquido (Do lat. *excolante*, part. pres. de *excolãre*, «filtrar; clarificar»)

escoar v.tr. 1 deixar escorrer (um líquido, ou corpo que possa correr como um líquido) 2 fazer passar através de filtro ou coador; coar 3 ECONOMIA distribuir e/ou vender (bens ou produtos) 4 (veículos, pessoas) permitir a circulação de ■ v.pron. 1 esvair-se 2 deslizar 3 fugir 4 sumir-se 5 (tempo) passar; decorrer 6 (trânsito) fluir; circular (Do lat. *excolãre*, «filtrar»)

escocar v.tr. [regionalismo] subtrair com astúcia (De *es-*+*coca*+-*ar*)

escocês n.m. 1 natural ou habitante da Escócia 2 língua gaélica da Escócia ■ adj. 1 próprio ou procedente da Escócia 2 (tecido) em xadrez de cores vivas (De *Escócia*, top. +*-ês*)

escochar v.tr. 1 [regionalismo] tirar a cabeça a (sardinha) 2 [regionalismo] tirar do osso (a carne) 3 [regionalismo] espatifar; matar (De *escorchar*)

escochinar v.tr. [regionalismo] matar (o porco) (De *es-*+*cochino*+-*ar*)

escócia¹ n.f. ARQUITETURA moldura côncava na base de uma coluna (Do gr. *skotía*, «tríglifo», pelo lat. *scotĭa-*, «id.»)

escócia² n.f. tecido em xadrez de cores vivas (De *Escócia*, top.)

escócio adj. diz-se de uma qualidade de ferro ordinário da Escócia (De *Escócia*, top.)

escoda n.f. 1 martelo dentado com que os canteiros alisam a pedra já desbastada ao picão 2 ato de escodar peles (Do cast. *escoda*, «id.»)

escodar v.tr. 1 lavrar (pedra) com a escoda 2 alisar a superfície (das peles) para as tingir (Do cast. *escodar*, «id.»)

escodear v.tr. 1 tirar a côdea a 2 descascar (De *es-*+*côdea*+-*ar*)

escoiçar v.tr.,intr. ⇒ **escoicear** (De *es-*+*coice*+-*ar*)

escoiceador adj.,n.m. que ou aquele que agride com coices (De *escoicear*+-*dor*)

escoicear v.tr. 1 agredir com coices 2 [fig.] insultar brutalmente; tratar mal ■ v.intr. 1 dar coices 2 [fig.] protestar; manifestar-se agressivamente (De *es-*+*coice*+-*ear*)

escoicinhador adj.,n.m. ⇒ **escoiceador** (De *escoicinhar*+-*dor*)

escoicinhar v.tr.,intr. ⇒ **escoicear** (De *es-*+*coice*+-*inhar*)

escoimar v.tr. 1 livrar de coima 2 limpar 3 livrar de censura ou defeito (De *es-*+*coima*+-*ar*)

escoira n.f. 1 sulfato de cal 2 [regionalismo] resíduos de ferro (Do gr. *skoría*, «fezes», pelo lat. *scorĭa-*, «escória»)

escoiral n.m. ⇒ **escorial** (De *escoira*+-*al*)

escol n.m. 1 o que há de melhor numa sociedade ou num determinado grupo 2 conjunto das pessoas mais cultas (Deriv. regr. de *escolher*)

escola n.f. 1 instituição que tem o encargo de educar, segundo programas e planos sistemáticos, os indivíduos nas diferentes idades da sua formação 2 edifício onde se ministra o ensino 3 conjunto formado por alunos, professores e outros funcionários de um estabelecimento de ensino 4 [fig.] aulas de determinado curso 5 doutrina que se destaca pela importância em determinada área do saber 6 conjunto de artistas, escritores ou filósofos que partilham os mesmos princípios, métodos ou estilo 7 seguidores; imitadores 8 [fig.] conjunto de experiências que contribuem para o amadurecimento da personalidade e/ou que desenvolvem os conhecimentos práticos de determinado indivíduo; ~ *de verão* curso de curta duração que se realiza na época do verão, geralmente estruturado em vários módulos dedicados a uma determinada temática e ao exercício de certas atividades, e em que os participantes trocam experiências e conhecimentos; *fazer* ~ criar seguidores de princípios ou métodos definidos; *ter* ~ ser sabido, ser manhoso (Do gr. *skholé*, «descanso», pelo lat. *schola-*, «ocupação literária; lugar onde se ensina»)

escolado adj. [Brasil] espertalhão; sabido

escolar adj.2g. 1 relativo à escola 2 para ser utilizado na escola (material, uniforme, etc.) 3 próprio da escola ■ n.2g. pessoa que adquire e/ou aumenta os seus conhecimentos em diversas áreas através da frequência de aulas num dado estabelecimento de ensino; aluno; estudante (Do lat. *scholãre-*, «id.»)

escolaridade n.f. 1 frequência ou permanência na escola 2 conhecimentos adquiridos na escola; ~ *obrigatória* período durante o qual crianças e jovens são obrigados a frequentar a escola (De *escolar*+-*i-*+-*dade*)

escolarização n.f. aprendizagem numa escola (De *escolarizar*+ *-ção*)

escolarizar v.tr. fazer passar por um processo de aprendizagem numa escola (De *escolar*+-*izar*)

escolástica n.f. 1 FILOSOFIA o sistema filosófico da «Escola», isto é, ensinado nas escolas da Idade Média, sobretudo a partir de S. Tomás de Aquino (1225-1274), que, confiante na possibilidade de harmonizar a razão e a fé, a filosofia e a teologia, procurou integrar num sistema coerente a filosofia aristotélica e o dogma cristão 2 [pej.] atitude intelectual caracterizada pelo verbalismo, pelas subtilezas puramente formais, pelo conformismo e pelo culto da autoridade intelectual (Do gr. *skholastiké*, «da escola», pelo lat. *scholastĭca*, «declamações»)

escolasticismo n.m. qualidade do que é escolástico (De *escolástico*+-*ismo*)

escolástico adj. 1 relativo à escolástica 2 (método) praticado nas escolas medievais 3 escolar 4 [pej.] que se prende a fórmulas; que não vai para além dos enquadramentos tradicionais ■ n.m. partidário da escolástica (Do gr. *skholastikós*, «estudioso», pelo lat. *scholastĭcu-*, «de escola»)
escoleiro n.m. [Guiné-Bissau] estudante; aluno (De *escola*+*-eiro*, sobre o fr. *écolier*, «id.»)
escólex /cs/ n.m. (plural **escólices**) ZOOLOGIA segmento terminal, diferenciado, do corpo das ténias, que possui os órgãos de fixação e tem sido denominado cabeça (Do gr. *skólex*, «verme»)
escolha /ô/ n.f. 1 ato ou efeito de escolher; seleção 2 possibilidade de selecionar uma coisa entre duas ou mais; opção 3 aquilo ou aquele que se selecionou ou elegeu; preferência 4 capacidade de avaliar corretamente; discernimento; bom gosto; ~ **múltipla** (testes, provas) método de avaliação de conhecimentos ou aptidões que requer que o indivíduo assinale como correta uma das várias respostas apresentadas para cada pergunta (Deriv. regr. de *escolher*)
escolhambado adj. 1 [Brasil] [pop.] desmoralizado 2 [Brasil] [pop.] desajeitado 3 [Brasil] [pop.] estragado 4 [Brasil] [pop.] mal vestido; roto (Formação expressiva)
escolhedeira n.f. maquinismo de abrir e limpar a lã, nas fábricas de lanifícios (De *escolher*+*-deira*)
escolheito adj. ⇒ **escolhido** (Part. pass. ant. de *escolher*)
escolher v.tr. 1 fazer escolha de; selecionar 2 preferir 3 separar (aquilo que interessa) de outros elementos do mesmo género 4 eleger 5 marcar ■ v.intr. tomar arbitrariamente decisão (entre várias possíveis); optar (Do lat. **excollĭgĕre*, «recolher; obter»)
escolhido adj. 1 preferido 2 selecionado 3 eleito 4 separado do que é mau ou bom (Part. pass. de *escolher*)
escolhimento n.m. ⇒ **escolha** (De *escolher*+*-i-*+*-mento*)
escolho /ô/ n.m. 1 rochedo quase à flor da água; recife 2 [fig.] obstáculo 3 [fig.] perigo 4 [fig.] dificuldade (Do lat. *scopŭlu-*, «rochedo», pelo it. *scoglio*, «escolho»)
escoliasta n.2g. pessoa que faz escólios; anotador(a); comentador(a) (Do gr. *skholiastés*, «comentador»)
escólimo n.m. BOTÂNICA género de plantas asteráceas, espinhosas, semelhantes aos cardos (Do gr. *skólymos*, «cardo»)
escólimo-malhado n.m. BOTÂNICA planta de folhas manchadas de branco, da família das Compostas, espontânea no Sul de Portugal
escólio n.m. 1 explicação de um escrito de autor clássico ou antigo 2 comentário 3 anotação 4 comentário de um texto (Do gr. *skhólion*, «comentário»)
escoliose n.f. MEDICINA deformação da coluna vertebral, essencialmente caracterizada por desvio lateral deste órgão (Do gr. *skolíosis*, «ação de encurvar»)
escolmar v.tr. tirar o colmo a; descolmar (De *es-*+*colmo*+*-ar*)
escolopacídeo adj. relativo ou pertencente aos Escolopacídeos ■ n.m. espécime dos Escolopacídeos
Escolopacídeos n.m.pl. ORNITOLOGIA família de aves cosmopolitas, que vivem em pântanos ou em charcos e cujo bico varia na forma e no tamanho
escolopendra n.f. ZOOLOGIA miriápode carnívoro, de mordedura venenosa, frequente nos troncos podres das árvores, sob as pedras, etc. (Do gr. *skolópendra*, «lacraia», pelo lat. *scolopendra-*, «escolopendra»)
escolta n.f. 1 troço de tropas ou gente armada que vai acompanhando alguém ou alguma coisa 2 conjunto de navios de guerra destinado a proteger um comboio de navios mercantes 3 missão de uma força constituída por aviões de caça, destinada a garantir a segurança às formações de aviões de bombardeamento contra ataques aéreos 4 conjunto de pessoas cuja função é acompanhar, guardar ou defender determinadas pessoas ou coisas 5 acompanhante (Do it. *scorta*, «guia»)
escoltar v.tr. acompanhar para guardar ou proteger (Do it. *scortare*, «escoltar»)
escombrado adj. (terreno) talhado em combros (Part. pass. de *escombrar*)
escombrar v.tr. 1 formar combro em 2 desaterrar, formando talude (De *es-*+*combro*+*-ar*)
escômbrida n.m. ICTIOLOGIA espécime dos Escombrídeos ■ adj. ICTIOLOGIA relativo aos Escombrídeos
Escômbridas n.m.pl. ICTIOLOGIA ⇒ **Escombrídeos**
escombrídeo adj. ICTIOLOGIA relativo aos Escombrídeos ■ n.m. ICTIOLOGIA espécime dos Escombrídeos
Escombrídeos n.m.pl. ICTIOLOGIA família de peixes teleósteos (escombriformes), de corpo longo e comprimido, com escamas pequenas (Do gr. *skómbros*, «cavala»+*-ídeos*)

escopro

escombriforme adj.2g. ICTIOLOGIA relativo aos escombriformes ■ n.m. ICTIOLOGIA espécime dos escombriformes ■ n.m.pl. ICTIOLOGIA subordem de peixes teleósteos, acantopterígios, a que pertence, entre outras, a família dos Escombrídeos
escombros n.m.pl. 1 destroços; ruínas 2 entulho (Do gaul. *combru*, «id.», pelo fr. *combre*, «id.», pelo cast. *escombro*, «id.»)
escondedoiro n.m. ⇒ **esconderijo** (De *esconder*+*-doiro*)
escondedor n.m. 1 aquele que esconde 2 recetador (De *esconder*+*-dor*)
escondedouro n.m. ⇒ **esconderijo** (De *esconder*+*-douro*)
escondedura n.f. ⇒ **esconder** (De *esconder*+*-dura*)
esconde-esconde n.m.2n. jogo de crianças em que uma tem de descobrir as outras, que se esconderam (De *esconder*)
esconder v.tr. 1 colocar em lugar onde se não possa descobrir 2 fazer com que não se veja; ocultar 3 disfarçar 4 não revelar; não dizer; calar (Do lat. *abscondĕre*, «ocultar»)
esconderijeira n.f. ORNITOLOGIA ⇒ **carriça** 1 (De *esconderijo*+*-eira*)
esconderijo n.m. 1 lugar onde se esconde, ou próprio para se esconder, alguém ou alguma coisa; toca; recanto 2 lugar que serve de refúgio (Do cast. *escondrijo*, «id.»)
esconderilho n.m. [regionalismo] ⇒ **esconderijo** (De *esconder*+*-ilho*)
escondidamente adv. às escondidas; ocultamente (De *escondido*+*-mente*)
escondidas n.f.pl. jogo de crianças no qual uma tem de descobrir as outras, que se esconderam; esconde-esconde; **às** ~ sem ninguém ver, ocultamente (Part. pass. fem. pl. subst. de *esconder*)
escondimento n.m. 1 ato de esconder 2 ocultação (De *esconder*+*-i-*+*-mento*)
escondrigueira n.f. ORNITOLOGIA ⇒ **carriça** 1
esconjuntar v.tr. ⇒ **desconjuntar** (Do lat. *exconjunctāre*, «id.»)
esconjuração n.f. 1 ato ou efeito de esconjurar 2 ⇒ **esconjuro** (De *esconjurar*+*-ção*)
esconjurador adj.,n.m. 1 que ou aquele que esconjura 2 exorcista (De *esconjurar*+*-dor*)
esconjurar v.tr. 1 fazer jurar 2 afastar ou afugentar (algo considerado maligno) por meio de ritual apropriado; exorcismar 3 fazer desaparecer; afastar 4 amaldiçoar 5 maldizer 6 repudiar (De *es-*+*conjurar*)
esconjurável adj.2g. que se pode esconjurar (De *esconjurar*+*-vel*)
esconjuro n.m. 1 ação de esconjurar 2 juramento acompanhado de imprecações 3 ritual usado para afugentar algo que se considera maligno; exorcismo 4 praga; maldição (Deriv. regr. de *esconjurar*)
esconsar v.tr. 1 tornar esconso 2 ocultar (De *esconso*+*-ar*)
esconso adj. 1 que tem inclinação ou declive; inclinado 2 que está escondido; oculto 3 que é parcial no seu comportamento; tendencioso 4 torto ■ n.m. 1 inclinação; desnivelamento 2 compartimento situado debaixo de um lanço de escadas ou do teto 3 lugar oculto; esconderijo; *de* ~ de soslaio, de esguelha (Do lat. *absconsu-*, «id.», part. pass. de *abscondĕre*, «esconder»)
escopeira n.f. ⇒ **escopeiro**
escopeiro n.m. broxa de alcatroar navios (Do lat. *scoparĭu-*, «varredor»)
escopelismo n.m. ato de lançar pedras em terreno alheio, para impedir a cultura, crime que era punido com pena especial (Do gr. *skópelos*, «escolho; rocha»+*-ismo*)
escopeta n.f. 1 antiga espingarda de cano curto 2 [pop.] espingarda; arma de fogo (Do it. ant. *scoppietta*, «id.», pelo cast. *escopeta*, «id.»)
escopetaria n.f. bando de gente armada de escopeta (De *escopeta*+*-aria*)
escopetear v.tr. agredir a tiros de escopeta ■ v.intr. dar tiros de escopeta (De *escopeta*+*-ear*)
escopeteiro n.m. soldado ou indivíduo armado de escopeta (De *escopeta*+*-eiro*)
escopo /ô/ n.m. 1 ponto de mira 2 alvo; objetivo 3 desígnio; propósito; fim (Do gr. *skopós*, «alvo», pelo lat. *scopu-*, «escopo; mira; fim»)
escopolamina n.f. FARMÁCIA alcaloide idêntico à atropina, de aplicação terapêutica, obtido dos meimendros e da beladona; hiosciamina (Do lat. bot. *Scopolia*, de G. A. *Scopoli*, naturalista it. do séc. XVIII+port. *amina*, ou do fr. *scopolamine*, «id.»)
escopro /ô/ n.m. 1 instrumento cortante de ferro ou aço, com ou sem cano, que serve para lavrar pedra, madeira, metal, etc.; cinzel 2 CIRURGIA instrumento com a extremidade cortante, usado especialmente em intervenções cirúrgicas de ortopedia (Do lat. *scalpru-*, «instrumento cortante»)

escora *n.f.* 1 (construções) peça de madeira ou metal que ampara ou sustém outra pouco segura 2 ARQUITETURA pilar de alvenaria que reforça um muro ou uma parede 3 [fig.] amparo; encosto; arrimo (Do neerl. *score*, «esteio; escora», pelo fr. ant. *escore*, «id.»)

escoramento *n.m.* ato ou efeito de escorar ou escorar-se (De *escorar*+*-mento*)

escorar *v.tr.* 1 pôr escoras a 2 especar ou segurar com estacas 3 amparar; suster 4 firmar ■ *v.pron.* 1 firmar-se; apoiar-se 2 fundamentar-se (De *escora*+*-ar*)

escorbútico *adj.* 1 atacado de escorbuto 2 relativo ou semelhante ao escorbuto (De *escorbuto*+*-ico*)

escorbuto *n.m.* MEDICINA doença caracterizada por intumescimento e hemorragia, em especial nas gengivas, provocada pela carência de vitamina C (Do neerl. *scheurbuik*, «boca gretada», pelo fr. *scorbut*, «escorbuto»)

escorçar *v.tr.* fazer um escorço de (De *escorço*+*-ar*)

escorchador *adj.,n.m.* 1 que ou aquele que escorcha 2 esfolador 3 crestador de colmeias (De *escorchar*+*-dor*)

escorchamento *n.m.* 1 ato de escorchar 2 esfoladura (De *escorchar*+*-mento*)

escorchar *v.tr.* 1 tirar a corcha ou a casca a 2 descortiçar 3 esfolar 4 crestar colmeias 5 ferir 6 [fig.] estropiar (Do lat. tard. *excorticāre*, «tirar a crosta», pelo fr. ant. *escorcher*, «esfolar»)

escorcioneira *n.f.* 1 BOTÂNICA nome vulgar de plantas do género *Scorzonera* (família das Compostas), espontâneas em Portugal, e especialmente de uma espécie de hortense; salsifi-negro 2 doce feito com o rizoma destas plantas (Do it. *scorzonera*, «de casca negra»)

escorço /ô/ *n.m.* 1 redução das dimensões de um desenho 2 figura mais pequena que o objeto representado 3 obra de pequenas dimensões 4 síntese 5 esboço 6 vasilha de cortiça, também designada corticeira (Do it. *scorcio*, «id.»)

escorçomelar-se *v.pron.* [pop.] escapulir-se; esgueirar-se; escapar sorrateiramente (Formação expressiva)

escórdio *n.m.* BOTÂNICA planta herbácea, da família das Labiadas, espontânea em Portugal, que vive de preferência em sítios húmidos (Do gr. *skórdion*, «escórdio», pelo lat. *scordĭū*-, «id.»)

escória *n.f.* 1 METALURGIA resíduos sólidos ou partículas provenientes da fusão de metais 2 GEOLOGIA cinzas vulcânicas misturadas com lava 3 [fig.] coisa desprezível 4 [pej.] gente considerada desprezível; camada desfavorecida da sociedade (Do gr. *skoría*, «id.», pelo lat. *scorĭa*-, «id.»)

escoriação *n.f.* 1 ferimento na pele, geralmente superficial; efeito de escoriar ou escoriar-se; esfoladela 2 arranhadela (De *escoriar*+*-ção*)

escoriáceo *adj.* da natureza das escórias (De *escória*+*-áceo*)

escorial *n.m.* lugar onde existem escórias de metais; escoiral (De *escória*+*-al*)

escoriar¹ *v.tr.* 1 produzir escoriação em 2 ferir a camada superficial da pele (Do lat. *excoriāre*, «esfolar»)

escoriar² *v.tr.* limpar (um metal) das escórias; purificar; escorificar (De *escória*+*-ar*)

escorificação *n.f.* operação de escorificar ou limpar (um metal) das escórias (De *escorificar*+*-ção*)

escorificar *v.tr.* ⇒ **escoriar**² (Do lat. *scorĭa*-, «escória» +*ficāre*, por *facĕre*, «fazer»)

escorificatório *n.m.* vaso de escoriar metais ■ *adj.* que serve para escorificar (De *escorificar*+*-tório*)

escorjar *v.tr.* 1 dar posição forçada a 2 torcer ■ *v.pron.* 1 contorcer-se 2 confranger-se (Do it. *scorciare*, «encurtar; encolher»)

escornada *n.f.* ferimento ou pancada com os cornos; marrada (Part. pass. fem. subst. de *escornar*)

escornador *adj.,n.m.* que ou aquele que escorna (De *escornar*+*-dor*)

escornar *v.tr.* 1 ferir com os cornos; marrar 2 investir contra 3 [fig.] desprezar 4 [fig.] escorraçar (De *es-*+*cornar*)

escorneador *adj.,n.m.* que ou aquele que escorneia; escornador (De *escornear*+*-dor*)

escornear *v.tr.* ⇒ **escornar** (De *es-*+*corno*+*-ear*)

escornichar *v.tr.* ⇒ **escornar** (De *es-*+*cornicho*+*-ar*)

escoroar *v.tr.* ⇒ **descoroar** (De *es-*+*coroa*+*-ar*)

escorodónia *n.f.* BOTÂNICA planta herbácea, da família das Labiadas, espontânea em Portugal, também conhecida por salva-bastarda (Do gr. *skórodon*, «alho» +*-ia*)

Escorpénidas *n.m.pl.* ICTIOLOGIA ⇒ **Escorpenídeos**

Escorpenídeos *n.m.pl.* ICTIOLOGIA família de peixes teleósteos, acantopterígios, cujo género-tipo se designa *Scorpaena* (Do gr. *skórpaina*, «escorpião do mar», pelo lat. *scorpaena*-, «id.» +*-ídeos*)

escorpiano *n.m.* ASTROLOGIA indivíduo nascido sob o signo de Escorpião ■ *adj.* 1 ASTROLOGIA pertencente ou relativo a este indivíduo 2 ASTROLOGIA pertencente ou relativo ao signo de Escorpião

escorpião *n.m.* 1 ZOOLOGIA aracnídeo venenoso, da ordem dos escorpiões, com um espigão por onde é libertado o veneno na cauda, que aparece em regra debaixo de pedras, e que é também conhecido por lacrau 2 ICTIOLOGIA designação extensiva a uns peixes teleósteos da família dos Traquinídeos, também conhecidos por aranha ou peixe-aranha 3 MILITAR viatura dotada de correntes que chicoteiam o terreno, destinadas a provocar a explosão das minas de um campo minado 4 [com maiúscula] ASTRONOMIA oitava constelação do zodíaco situada no hemisfério sul 5 [com maiúscula] ASTROLOGIA oitavo signo do zodíaco, de 23 de outubro a 21 de novembro 6 antiga máquina de guerra que servia para atirar pedras 7 espécie de açoite munido de espinhos 8 *pl.* ZOOLOGIA ordem dos aracnídeos com maxilas robustas, terminadas por pinças, e o abdómen diferenciado em pré-abdómen e pós-abdómen, com um espinho inoculador de veneno (Do gr. *skorpíos*, «escorpião», pelo lat. *scorpiōne*-, «id.»)

escorpioide *adj.2g.* 1 análogo à cauda (pós-abdómen) do escorpião 2 BOTÂNICA diz-se da inflorescência simpodial, cimeira, unípara, com flores todas do mesmo lado (Do gr. *skorpioeidés*, «em forma de escorpião»)

escorpióide ver nova grafia **escorpioide**

escorraçado *adj.* 1 que foi posto fora; afugentado 2 que foi rejeitado com desprezo 3 que evita o convívio; desconfiado; arisco (Part. pass. de *escorraçar*)

escorraçar *v.tr.* expulsar violentamente; enxotar; afugentar (De orig. obsc.)

escorralhas *n.f.pl.* ⇒ **escorralho** (De *escorrer*+*-alha*)

escorralho *n.m.* resto de líquido que fica no fundo de um recipiente; fundagem (De *escorrer*+*-alho*)

escorredoiro *n.m.* ⇒ **escorredouro**

escorredor *n.m.* 1 utensílio de cozinha que serve para escorrer a loiça depois de lavada 2 acessório de cozinha utilizado para escorrer a água dos alimentos

escorredouro *n.m.* lugar por onde escorre a água (De *escorrer*+*-douro*)

escorredura *n.f.pl.* ⇒ **escorralho** (De *escorrer*+*-dura*)

escorrega *n.m.* brinquedo constituído por uma tábua polida e inclinada, sobre a qual as crianças escorregam, geralmente colocado em jardins e parques infantis; escorregão (Deriv. regr. de *escorregar*)

escorregadela *n.f.* 1 queda por ação do próprio peso; ato de escorregar 2 [fig.] erro; falta cometida inadvertidamente; deslize (De *escorregar*+*-dela*)

escorregadiço *adj.* ⇒ **escorregadio** (De *escorregar*+*-diço*)

escorregadio *adj.* 1 que faz deslizar ou escorregar 2 (sítio) onde se escorrega facilmente 3 que desliza lentamente 4 que tem deslizes frequentes 5 (situação, assunto) que é arriscado de resolução delicada; complexo; melindroso (De *escorregar*+*-dio*)

escorregadoiro *n.m.* ⇒ **escorregadouro**

escorregadouro *n.m.* sítio escorregadio, onde se escorrega facilmente (De *escorregar*+*-douro*)

escorregadura *n.f.* ⇒ **escorregadela** (De *escorregar*+*-dura*)

escorregamento *n.m.* 1 ato ou efeito de escorregar 2 ⇒ **escorregadela** (De *escorregar*+*-mento*)

escorregão *n.m.* 1 queda por ação do próprio peso; ato de escorregar 2 brinquedo infantil constituído por uma tábua polida e inclinada, sobre a qual as crianças escorregam; escorrega (De *escorregar*+*-ão*)

escorregar *v.intr.* 1 deslizar e ser levado pelo próprio peso do corpo; resvalar 2 fugir das mãos 3 passar sem se dar conta 4 passar rapidamente 5 correr 6 [fig.] ter um deslize ou uma fraqueza; cometer um erro (Do lat. **excurricāre*, freq. de *excurrĕre*, «correr para fora»)

escorregável *adj.2g.* ⇒ **escorregadio** (De *escorregar*+*-vel*)

escorrego /ê/ *n.m.* ⇒ **escorregadela** (Deriv. regr. de *escorregar*)

escorreito *adj.* 1 que não tem defeito nem lesão 2 de boa compleição física; que tem bom aspeto 3 que revela correção; apurado (Do lat. **excorrectu*-, part. pass. de *excorrigĕre*, «corrigir»)

escorrência *n.f.* 1 qualidade do que escorre 2 aquilo que escorre 3 facilidade no escorrer (De *escorrer*+*-ência*)

escorrer *v.tr.* 1 fazer correr (um líquido) em fio ou em gotas 2 tirar o líquido em excesso 3 secar; enxugar ■ *v.intr.* 1 perder o líquido em excesso 2 correr em fio; fluir 3 derramar-se; pingar 4 [pop.] dar dinheiro (Do lat. *excurrĕre*, «correr para fora»)

escorrichar *v.tr.* ⇒ **escorripichar**

escorrido *adj.* 1 que se escorreu 2 que perdeu o líquido em excesso; enxuto; seco 3 (cabelo) que é muito liso 4 (peça de vestuário) que caí ou pende ao longo do corpo 5 [pop.] que ficou sem dinheiro; liso 6 NÁUTICA diz-se de um porto onde o navio não fez escala

escorrimento *n.m.* ato ou efeito de escorrer (De *escorrer*+-*i*-+ -*mento*)

escorripichadela *n.f.* ato de escorripichar (De *escorripichar*+ -*dela*)

escorripichar *v.tr.* 1 beber até à última gota 2 escorrer todo o líquido contido num recipiente (De *escorrer* × *espichar*)

escorropichadela *n.f.* ⇒ **escorripichadela**

escorropicha-galhetas *n.m.2n.* [depr., pop.] sacristão (De *escorropichar*+*galheta*)

escorropichar *v.tr.* ⇒ **escorripichar**

escortinar *v.tr.* [pop.] ⇒ **descortinar** (De *es*-+*cortina*+-*ar*)

escorva *n.f.* 1 orifício da arma onde se punha a pólvora 2 pólvora que enche o tubo dos foguetes 3 artifício pirotécnico ou elétrico destinado a produzir a explosão da carga de um cartucho, de uma granada, de uma simples carga explosiva, ou a inflamação de uma carga propulsora (Do b. lat. *scroba*-, «fossa», pelo it. ant. *scroba*, «id.»)

escorvador *n.m.* instrumento que serve para escorvar peças de artilharia (De *escorvar*+-*dor*)

escorvamento *n.m.* ato ou efeito de escorvar (De *escorvar*+ -*mento*)

escorvar *v.tr.* 1 deitar pólvora na escorva 2 preparar 3 encher (um tubo) completamente de líquido (nos sifões) 4 ligar à carga (o sistema de lançamento de fogo) (De *escorva*+-*ar*)

escosipar *v.tr.* 1 [regionalismo] coser mal 2 [regionalismo] alinhavar (De *coser*)

escota *n.f.* NÁUTICA cabo com que se governam as velas do navio; bolina (Do frânc. *skôta*, «escota», pelo fr. ant. *escote*, hoje *écoute*, «id.»)

escote *n.m.* quota individual para uma despesa comum (Do frânc. *skot*, «contribuição em dinheiro», pelo fr. ant. *escot*, «id.», hoje *écot*, «id.»)

escoteira *n.f.* NÁUTICA peça da armadura por onde passam as escotas (De *escota*+-*eira*)

escoteiro¹ *n.m.* 1 [Brasil] ⇒ **escuteiro** 2 em Portugal, membro da Associação de Escoteiros de Portugal (AEP) (Do ing. *[boy] scout*, «escote» +-*eiro*)

escoteiro² *adj.* 1 desacompanhado; sozinho 2 veloz; leve ■ *n.m.* 1 aquele que viaja sem bagagem, gastando por escote nas estalagens 2 pioneiro (De *escote*+-*eiro*)

escotilha *n.f.* NÁUTICA alçapão ou abertura, no convés, no porão ou nas cobertas do navio (Do fr. *escotille*, «id.», pelo cast. *escotilla*, «alçapão»)

escotilhão *n.m.* NÁUTICA pequena escotilha (De *escotilha*+-*ão*)

escotismo¹ *n.m.* [Brasil] ⇒ **escutismo** (Do ing. *[boy] scout*, «escote» +-*ismo*)

escotismo² *n.m.* FILOSOFIA sistema filosófico e doutrina de João Duns Escoto, filósofo irlandês (1274-1308), seguida pelos franciscanos (De *Escoto*, antropónimo +-*ismo*)

escotista¹ *adj.2g.,n.2g.* [Brasil] ⇒ **escutista** (Do ing. *[boy] scout*, «escote» +-*ista*)

escotista² *adj.2g.* relativo ao escotismo (sistema filosófico) ■ *n.2g.* partidário do escotismo (De *Escoto*, antr. +-*ista*)

escotóforo *n.m.* instrumento que serve para medir a adaptação dos olhos à escuridão (Do gr. *skótos*, «escuridão» +*phorós*, «portador»)

escotoma *n.m.* MEDICINA mancha negra ou brilhante que, por doença da retina, se forma diante dos olhos (Do gr. *skótoma*, «vertigem», pelo lat. tard. *scotôma*, «id.»)

escotópico *adj.* diz-se da visão em que só são impressionados os bastonetes da retina (Do gr. *skótos*, «escuridão; trevas; cegueira» + -*ico*)

escoucear *v.tr.,intr.* ⇒ **escoicear**

escoucinhar *v.tr.,intr.* ⇒ **escoicear**

escova¹ *n.f.* ato de escovar; escovadela (Deriv. regr. de *escovar*)

escova² /ô/ *n.f.* 1 utensílio guarnecido de pelos ou filamentos flexíveis, fibras sintéticas, fios de arame, etc., que serve para limpar, alisar e dar brilho 2 ELETRICIDADE peça condutora que, por fricção, assegura o contacto entre um órgão fixo e outro rotativo de uma máquina elétrica 3 [pop.] mentira; loa 4 [Brasil] pessoa maçadora (Do lat. *scopa*-, «vassoura»)

escovadela *n.f.* 1 ato ou efeito de escovar 2 limpeza rápida com a escova 3 [pop.] reprimenda; ensinadela (De *escovar*+-*dela*)

escovadinho *n.m.* [pop.] indivíduo janota (De *escovado*+-*inho*)

escovado *adj.* 1 limpo com a escova 2 [pop., fig.] que anda bem vestido, bem arranjado (Part. pass. de *escovar*)

escovador *adj.* que escova ■ *n.m.* 1 aquele que escova 2 máquina para limpar o trigo do pó (De *escovar*+-*dor*)

escovagem *n.f.* 1 ato de escovar 2 limpeza com escova; escovadela (De *escovar*+-*agem*)

escovalho *n.m.* 1 pano grosseiro, molhado, com que se limpa o lar do forno, antes de meter o pão 2 vassoura de giesta (De *escova*+-*alho*)

escovão *n.m.* escova grande (De *escova*+-*ão*)

escovar *v.tr.* 1 limpar com escova; passar a escova para limpar, polir ou alisar 2 [pop.] dar uma reprimenda a; repreender 3 [pop.] dar uma sova; bater em 4 [pop.] adular; lisonjear (Do lat. *scopăre*, «varrer»)

escoveira *n.f.* lugar ou objeto onde se guardam as escovas; escoveiro (De *escova*+-*eira*)

escoveiro *n.m.* 1 fabricante ou vendedor de escovas 2 ⇒ **escoveira** (De *escova*+-*eiro*)

escovém *n.m.* NÁUTICA orifício circular, no costado do navio, por onde passa a amarra (Do cat. *escobén*, «id.»)

escovilha *n.f.* 1 ato de escovilhar; processo de limpeza de impurezas (do ouro e da prata) 2 resíduos de ouro e prata (Do lat. *scopilĭa*-, «varredura»)

escovilhagem *n.f.* operação de escovilhar (De *escovilhar*+-*agem*)

escovilhão *n.m.* 1 escova cilíndrica para limpar e olear a alma das armas de fogo 2 utensílio constituído por uma escova cilíndrica com um cabo, que se utiliza para limpar garrafas, biberões, etc. (Do fr. *écouvillon*, «id.»)

escovilhar *v.tr.* limpar ou separar das matérias estranhas (a limalha ou areia de ouro ou prata) (De *escovilha*+-*ar*)

escovilheiro *n.m.* o que separa a escovilha (De *escovilha*+-*eiro*)

escovinha *n.f.* 1 escova pequena 2 [Brasil] BOTÂNICA nome vulgar comum a umas plantas da família das Compostas, algumas espontâneas e outras cultivadas em jardins; *cortado à ~* (cabelo) cortado muito curto (De *escova*+-*inha*)

escozicar *v.tr.,pron.* cozer(-se) de mais (De *escozer*+-*icar*)

escrachado *adj.* [Brasil] [gír.] depravado; pervertido

escrava *n.m.* 1 aquela que vive em absoluta dependência de alguém 2 pessoa privada de liberdade e submetida a um poder absoluto 3 [fig.] pessoa cuja ação é dependente de algo 4 [fig.] pessoa que trabalha em excesso 5 pulseira larga, geralmente de metal ■ *adj.* ⇒ **escravo** *adj.* (De *escravo*)

escravaria *n.f.* 1 multidão de escravos 2 escravatura (De *escravo*+ -*aria*)

escravatura *n.f.* 1 comércio de escravos 2 estado ou condição de escravo; escravidão 3 sujeição; *~ branca* tráfico de mulheres para prostituição (De *escravo*+-*tura*)

escravidão *n.f.* 1 estado ou condição de escravo 2 servidão; sujeição 3 cativeiro (De *escravo*+-*idão*)

escravismo *n.m.* 1 sistema social que admite a escravatura como parte fundamental da sua organização económica; esclavagismo 2 comércio de escravos (De *escravo*+-*ismo*)

escravista *adj.2g.* 1 (indivíduo) que é partidário do escravismo 2 (Estado) em que a escravatura fazia parte da organização social ■ *n.2g.* pessoa partidária do escravismo (De *escravo*+-*ista*)

escravização *n.f.* ato ou efeito de escravizar (De *escravizar*+-*ção*)

escravizador *adj.,n.m.* que ou aquele que escraviza (De *escravizar*+-*dor*)

escravizar *v.tr.* 1 reduzir à condição de escravo 2 tornar totalmente dependente; subjugar; sujeitar 3 [fig.] obrigar a trabalhar em excesso 4 [fig.] encantar; enlevar; cativar (De *escravo*+-*izar*)

escravo *n.m.* 1 aquele que vive em absoluta dependência de alguém 2 pessoa privada de liberdade e submetida a um poder absoluto 3 [fig.] pessoa cuja ação é dependente de algo 4 [fig.] pessoa que trabalha em excesso ■ *adj.* 1 cativo 2 subjugado; dominado 3 muito dedicado; fiel (Do lat. med. *sclavu*-, «id.»)

escreto *adj.* [Cabo Verde] confiado; atrevido; esperto (Do crioulo cabo-verdiano *eskréte*, de *indiscreto*)

escrevedeira *n.f.* ORNITOLOGIA nome vulgar comum a uns pássaros da família dos Emberizídeos, frequentes em Portugal, também conhecidos por cia, cio, escrevenina, letreira, etc. (De *escrever*+ -*deira*)

escrevedor *adj.* que escreve ■ *n.m.* 1 aquele que escreve 2 escritor de pouco mérito (De *escrever*+-*dor*)

escrevedura *n.f.* 1 produção literária de um escrevedor 2 escrita (De *escrever*+-*dura*)

escrevenina *n.f.* ORNITOLOGIA ⇒ **escrevedeira** (De *escrever*)

escrevente

escrevente *adj.2g.* que escreve ■ *n.2g.* **1** pessoa que escreve **2** pessoa que escreve o que outra dita ou que copia o que outra escreveu; copista **3** empregado encarregado da escrituração de um escritório (Do lat. *scribente-*, «id.», part. pres. de *scribĕre*, «escrever»)

escrever *v.tr.* **1** representar por meio de caracteres gráficos **2** fazer a representação gráfica de uma palavra de acordo com as regras de ortografia **3** passar a escrito; registar **4** utilizar um determinado sistema de escrita **5** comunicar por meio da escrita (por carta, e-mail, etc.) **6** compor (uma obra literária); redigir **7** MÚSICA lançar os caracteres de uma composição numa pauta; compor (música) ■ *v.intr.* **1** exercer a atividade de escritor; ser escritor **2** fazer rabiscos ou desenhos ■ *v.pron.* **1** trocar correspondência; corresponder-se **2** comunicar-se por meio da escrita; ~ *na areia* fazer coisas sem duração (Do lat. *scribĕre*, «id.»)

escrevinhador *adj.* **1** que escreve mal **2** que escreve coisas sem importância ■ *n.m.* **1** pessoa que escrevinha **2** escritor de mérito duvidoso; escrevedor (De *escrevinhar+-dor*)

escrevinhadura *n.f.* ato ou efeito de escrevinhar (De *escrevinhar+-dura*)

escrevinhar *v.tr.* **1** escrever coisas sem importância; rabiscar **2** fazer anotações nas margens de um livro ou de um texto **3** escrever de forma incorreta (De *escrever+-inhar*)

escriba *n.m.* **1** HISTÓRIA indivíduo encarregado de escrever textos litúrgicos e oficiais e de copiar manuscritos; escrivão; copista **2** doutor da lei entre os Judeus; judeu de uma classe que se dedicava ao estudo e ensino da lei de Moisés ■ *n.2g.* [pop.] escritor de mérito duvidoso; escrevinhador (Do lat. *scriba-*, «escrivão público»)

escribomania *n.f.* mania de escrever (Do lat. *scribĕre*, «escrever» +gr. *manía*, «loucura»)

escrinho *n.m.* [regionalismo] cesto onde se guarda ou leveda o pão (Do lat. *scrinĭu-*, «cofre pequeno»)

escrínio *n.m.* **1** escrivaninha **2** guarda-joias (Do lat. *scrinĭu-*, «cofre pequeno»)

escrita *n.f.* **1** representação do pensamento e da palavra por meio de sinais convencionais **2** conjunto de caracteres adotado num determinado sistema de representação gráfica **3** técnica de representação por meio de sinais convencionais **4** aquilo que se escreve **5** modo pessoal de expressão escrita; estilo **6** exercício para desenvolver a caligrafia **7** forma como cada pessoa desenha os caracteres utilizados na escrita; caligrafia **8** ECONOMIA (contabilidade) registo, em livros apropriados, segundo determinadas regras, das operações económicas de uma empresa; escrituração comercial **9** LINGUÍSTICA modalidade de realização da língua que recorre a um suporte gráfico e exige a adequação discursiva que tenha em conta o facto de o destinatário estar ausente no tempo e no espaço; *pôr a ~ em dia* contar as últimas novidades, tratar da correspondência em atraso (Do lat. *scripta-*, «coisas escritas», part. pass. neut. pl. subst. de *scribĕre*, «escrever»)

escrito *adj.* **1** representado por letras; gravado **2** diz-se da superfície onde se escreveu **3** predestinado **4** evidente; manifesto ■ *n.m.* **1** composição escrita **2** bilhete; carta **3** documento escrito onde se estabelece um direito ou uma obrigação **4** pedaço de papel em branco que se cola nas portas ou janelas de uma casa ou um prédio para indicar que se destina a arrendamento; *por ~* através de registo escrito, no papel (Do lat. *scriptu-*, «id.», part. pass. de *scribĕre*, «escrever»)

escritor *n.m.* autor de obras literárias ou científicas (Do lat. *scriptōre-*, «id.»)

escritório *n.m.* **1** local onde se exerce uma atividade administrativa e onde se fazem negócios **2** mobiliário utilizado num local onde se exerce uma atividade administrativa **3** compartimento de uma habitação destinado ao trabalho, onde geralmente existe uma secretária, estantes com livros, etc.; gabinete de trabalho **4** escrivaninha com a tampa inclinada, sobre a qual se escreve quando aberta (Do lat. med. *scriptorĭu-*, «oficina onde se faziam as cópias dos trabalhos literários»)

escritura *n.f.* **1** representação do pensamento ou da palavra por meio de sinais convencionais; escrita **2** DIREITO documento legal, reconhecido pelo notário, que valida um contrato, uma transação ou um negócio **3** [com maiúscula] RELIGIÃO livro sagrado **4** [com maiúscula] *pl.* RELIGIÃO conjunto dos livros canónicos do Antigo e do Novo Testamento (Do lat. *scriptūra-*, «id.»)

escrituração *n.f.* **1** ato ou efeito de escriturar **2** ECONOMIA (contabilidade) registo contabilístico de operações económicas de uma empresa **3** ECONOMIA (contabilidade) conjunto de livros de registo e outros documentos escritos de uma empresa; escrita (De *escriturar+-ção*)

escriturar *v.tr.* **1** fazer a escrituração de **2** registar num livro, segundo os processos comerciais, as operações de uma casa comercial **3** fazer o registo, em livro próprio, dos documentos de uma repartição pública **4** contratar por escrito (De *escritura+-ar*)

escriturário *n.m.* **1** encarregado de fazer a escrituração, registo de despesas e outras tarefas, num escritório; funcionário de secretaria com categoria situada nos escalões inferiores da carreira **2** indivíduo que copia o que alguém escreveu ou que escreve o que alguém dita **3** RELIGIÃO indivíduo versado nas Sagradas Escrituras (De *escriturar+-ário*)

escrivã *n.f.* (*masculino* **escrivão**) religiosa encarregada da escrituração, nos conventos de freiras

escrivania *n.f.* ofício de escrivão (De *escrivão+-ia*)

escrivaninha *n.f.* **1** mesa de trabalho, por vezes com tampo móvel; secretária **2** caixa com os utensílios necessários para escrever (De *escrivania*)

escrivão *n.m.* (*feminino* **escrivã**) **1** funcionário público que escreve e expede documentos legais **2** [pop.] notário **3** escrevente; copista (Do b. lat. *scribānu-*, «id.»)

escrivar *v.tr.* [pop.] passar pelo crivo; joeirar (De *es-+crivo+-ar*)

escrófula *n.f.* MEDICINA aumento de volume dos gânglios linfáticos do pescoço, de origem tuberculosa, que pode ser seguido de ulceração (Do lat. dial. *scrofŭla*, «id.», dim. de *scrofa*, «porca»)

escrofulária *n.f.* BOTÂNICA planta herbácea, da família das Escrofulariáceas, espontânea em locais húmidos, também conhecida por erva-das-escaldadelas (De *escrófula+-ária*)

Escrofulariáceas *n.f.pl.* BOTÂNICA família de plantas dicotiledóneas, herbáceas ou arbustivas, de flores de corola gamopétala, também designadas por Rinantáceas (De *escrofulária+-áceas*)

escrofulismo *n.m.* MEDICINA estado de uma pessoa atacada de escrófulas (De *escrófula+-ismo*)

escrofulose *n.f.* **1** MEDICINA doença que se caracteriza pelo aumento de volume dos gânglios linfáticos do pescoço e pela formação gradual de tumores **2** MEDICINA forma de tuberculose infantil (De *escrófula+-ose*)

escrofuloso /ô/ *adj.* **1** relativo às escrófulas, ou da sua natureza **2** que sofre de escrófulas (De *escrófula+-oso*)

escrópulo *n.m.* antiga unidade de medida de peso equivalente a 24 grãos ou 6 quilates (Do lat. *scrupŭlu-*, «pedrinha»)

escroque *n.m.* **1** indivíduo que se apodera do alheio por meios fraudulentos **2** indivíduo sem escrúpulos; intrujão; vigarista (Do fr. *escroc*, «trapaceiro»)

escroqueria *n.f.* ação de escroque; burla; fraude (Do fr. *escroquerie*, «id.»)

escrotal *adj.2g.* do escroto (De *escroto+-al*)

escrotite *n.f.* MEDICINA inflamação do escroto (De *escroto+-ite*)

escroto /ô/ *n.m.* **1** ANATOMIA saco cutâneo que alberga os testículos **2** [Brasil] [vulg.] malandro; ordinário (Do lat. *scrotu-*, «bolsa»)

escrotocele *n.f.* MEDICINA hérnia completa, que desce até ao fundo do escroto

escrunchar *v.tr.* [Brasil] arrombar (portas) para roubar (De orig. obsc.)

escruncho *n.m.* [Brasil] roubo por arrombamento (Deriv. regr. de *escrunchar*)

escrupularia *n.f.* excesso de escrúpulos (De *escrúpulo+-aria*)

escrupulear *v.intr.* ⇒ **escrupulizar** (De *escrúpulo+-ear*)

escrupulizar *v.tr.* causar escrúpulos a ■ *v.intr.* ter escrúpulos (De *escrúpulo+-izar*)

escrúpulo *n.m.* **1** hesitação de agir, com receio de errar **2** cuidado minucioso; rigor no cumprimento de regras **3** forte sentido moral; severidade de julgamento **4** indecisão que persiste no espírito, depois do esclarecimento de um assunto; dúvida; hesitação **5** inquietação de consciência depois de cometer uma falta; remorso **6** [coloq.] repugnância (Do lat. *scrupŭlu-*, «pedrinha»)

escrupulosidade *n.f.* **1** qualidade do que é escrupuloso **2** retidão **3** exatidão (Do lat. *scrupulosităte-*, «id.»)

escrupuloso /ô/ *adj.* **1** que tem escrúpulos; consciencioso **2** que é muito exigente no plano moral; reto **3** que segue estritamente as regras impostas; rigoroso **4** que é minucioso na execução das suas tarefas; cuidadoso (Do lat. *scrupulōsu-*, «minucioso»)

escrutação *n.f.* ato de escrutar (De *escrutar+-ção*)

escrutador *adj.,n.m.* que ou aquele que escruta (Do lat. *scrutatōre-*, «aquele que sonda»)

escrutar *v.tr.* **1** tentar descobrir o que está muito oculto **2** perscrutar; investigar (Do lat. *scrutāre*, «sondar; procurar»)

escrutável *adj.2g.* que pode ser investigado (Do lat. *scrutabĭle-*, «que se pode sondar»)

escrutinação n.f. 1 ato ou efeito de escrutinar 2 ⇒ **escrutínio** (De escrutinar+-ção)

escrutinador adj.,n.m. que ou aquele que escrutina (De escrutinar+-dor)

escrutinar v.tr. 1 contar os votos que teve cada candidato, numa eleição 2 examinar com muita atenção (Do lat. scrutināre, «sondar»)

escrutínio n.m. 1 votação por meio de boletins lançados numa urna 2 contagem dos votos entrados na urna, e de quantos couberam a cada candidato 3 apuramento do resultado num concurso 4 urna onde são recolhidos os votos 5 exame atento (Do lat. scrutinĭu-, «busca; pesquisa»)

escudar v.tr. 1 defender com escudo 2 amparar; proteger ■ v.pron. 1 defender-se 2 procurar amparo (De escudo+-ar)

escudeirar v.tr. servir de escudeiro a ■ v.intr. [fig.] desfazer-se em cortesias (De escudeiro+-ar)

escudeirice n.f. ato ou maneiras próprias de escudeiro (De escudeiro+-ice)

escudeiro n.m. 1 HISTÓRIA pajem ou criado que levava o escudo do cavaleiro 2 HISTÓRIA criado de família nobre 3 HISTÓRIA título honorífico que designa o grau menos elevado de nobreza (De escudo+-eiro)

escudela n.f. tigela feita de madeira (Do lat. scutella-, «id.»)

escudelada n.f. porção de comida ou bebida que uma escudela comporta (De escudela+-ada)

escudelar v.tr. dividir (comida ou bebida) pelas escudelas (De escudela+-ar)

escudeleiro n.m. fabricante ou vendedor de escudelas (De escudela+-eiro)

escudete /ê/ n.m. 1 HERÁLDICA escudo pequeno no centro de um outro 2 peça exterior, de metal ou de madeira, que ornamenta a fechadura de um móvel; espelho 3 AGRICULTURA enxerto de borbulha 4 pl. ORNITOLOGIA escamas nos tarsos das aves de rapina (De escudo+-ete)

escudinha n.f. BOTÂNICA planta da família das Crucíferas, espontânea especialmente no litoral português, e também cultivada como ornamental (De escudo+-inha)

escudo n.m. 1 antiga unidade monetária de Portugal, substituída pelo euro 2 unidade monetária de Cabo Verde 3 antiga arma defensiva, geralmente circular, para livrar dos golpes da espada ou da lança 4 HERÁLDICA peça onde se representam os brasões da nobreza ou as armas nacionais 5 [com maiúscula] ASTRONOMIA constelação austral de área reduzida, situada a norte de Sagitário 6 AGRICULTURA borbulha que se tira de uma planta para enxertar 7 ZOOLOGIA parte anterior do tórax de alguns artrópodes 8 [fig.] amparo; defesa (Do lat. scūtu-, «id.»)

esculachado adj. [Brasil] desleixado; desmazelado

esculachar v.tr. [Brasil] [coloq.] descompor; humilhar; ofender

esculápio n.m. (raramente usado) médico (De Esculápio, mitol., deus da medicina entre os Romanos)

esculca n.f. 1 sentinela noturna 2 guarda avançada 3 vigia assalariado (Do germ. *skulka, «espião»)

esculento adj. que alimenta ou serve para alimento (Do lat. esculentu-, «alimentício; suculento»)

esculhambado adj. [Brasil] ⇒ **esculachado**

esculhambar v.tr. [Brasil] ⇒ **esculachar**

esculina n.f. substância extraída do pericarpo da castanha-da-índia (Do lat. aescŭlu-, «roble; carvalho»+-ina)

esculpidor adj.,n.m. que ou aquele que esculpe; escultor (De esculpir+-dor)

esculpir v.tr. 1 cinzelar ou lavrar figuras ou ornamentos em matéria dura (pedra, madeira, etc.) 2 gravar em relevo; lavrar; imprimir 3 [fig.] marcar física ou moralmente (Do lat. sculpĕre, «id.»)

escultor n.m. 1 aquele que faz esculturas 2 [com maiúscula] ASTRONOMIA constelação austral, situada a sul de Aquário (Do lat. sculptōre-, «id.»)

escultórico adj. relativo à escultura; escultural (De escultor+-ico)

escultura n.f. 1 arte de representar um objeto em relevo ou em três dimensões, moldando pedra, madeira, ou outro material duro 2 uma das artes plásticas cujo meio de expressão é o volume e a forma 3 obra produzida por um escultor 4 conjunto das obras de arte esculpidas (Do lat. sculptūra, «id.»)

escultural adj.2g. 1 referente à escultura 2 que é próprio da escultura 3 digno de ser esculpido 4 que apresenta formas perfeitas (De escultura+-al)

esculturar v.tr. fazer a escultura de; esculpir ■ v.intr. trabalhar em escultura (De escultura+-ar)

escuma n.f. 1 ⇒ **espuma** 1 2 ⇒ **escumalha** 2 (Do germ. *skum, «id.», pelo lat. vulg. *scuma, «sabão líquido»)

escumação n.f. ato de escumar (De escumar+-ção)

escumadeira n.f. utensílio constituído por um cabo longo e uma parte arredondada com furos, utilizado para remover a espuma dos alimentos que estão a ser cozinhados e também para os retirar, escorridos e sem líquido; espumadeira (De escumar+-deira)

escumado n.m. escuma que se tirou com a escumadeira (Part. pass. subst. de escumar)

escumador adj.,n.m. que ou o que produz ou tira a escuma (De escumar+-dor)

escumalha n.f. 1 escória de metal em fusão 2 [fig., pej.] camada mais desfavorecida da sociedade; ralé (De escuma+-alha)

escumante adj.2g. que produz escuma; espumante (De escumar+-ante)

escumar v.tr.,intr. ⇒ **espumar** (De escuma+-ar)

escumarada n.f. grande porção de escuma (De escuma+r+-ada)

escumilha n.f. 1 chumbo miúdo utilizado na caça 2 conjunto de coisas miúdas 3 espuma miúda 4 tecido fino e transparente (De escuma+-ilha)

escumoso /ô/ adj. ⇒ **espumoso** (De escuma+-oso)

escuna n.f. NÁUTICA embarcação de dois mastros, com vela latina no da popa, velas redondas no da proa, e sem mastaréu de joanete (Do ing. schooner, «id.»)

escupir v.tr.,intr. [pop.] ⇒ **cuspir** (De cuspir, com met.)

escuras n.f.pl. [Madeira] hemorroidas; *às ~* com falta de luz, às cegas, sem entender (De escuro)

escurecedor adj.,n.m. que ou o que escurece (De escurecer+-dor)

escurecer v.tr. 1 tornar escuro; fazer perder a claridade; obscurecer 2 tornar mais escuro; tornar a cor mais carregada 3 tornar obscuro; toldar 4 fazer desaparecer; ofuscar; eclipsar 5 enfraquecer; apagar 6 tornar triste ou sombrio ■ v.intr. 1 começar a anoitecer 2 ficar triste ou sombrio 3 perder a claridade (De escuro+-ecer)

escurecimento n.m. 1 ação de escurecer 2 perda de luz 3 ⇒ **escuridão** (De escurecer+-i-+-mento)

escurecível adj.2g. 1 que pode escurecer 2 que deve ocultar-se (De escurecer+-vel)

escurejar v.intr. tornar-se ou mostrar-se escuro (De escuro+-ejar)

escurentar v.tr. ⇒ **escurecer** (De escuro+-entar)

escureza /ê/ n.f. ⇒ **escuridão** (De escuro+-eza)

escuridade n.f. 1 qualidade do que é escuro 2 falta de luz 3 opacidade 4 [fig.] falta de clareza 5 [fig.] dificuldade (Do lat. obscuritāte-, «escuridão»)

escuridão n.f. 1 ausência de luz; obscuridade; trevas; negrume 2 qualidade do que é escuro ou sombrio 3 privação total do sentido da visão; cegueira 4 [fig.] falta de conhecimento; ignorância 5 [fig.] tristeza profunda (De escuro+-idão)

escuro adj. 1 em que não há luz; que tem falta de claridade; sombrio; obscuro 2 de cor negra; quase negro 3 (céu) encoberto 4 que não é nítido; turvo 5 que é difícil de compreender; duvidoso 6 que não é permitido por lei; ilícito; suspeito 7 que revela pessimismo; triste 8 que não é percetível; apagado 9 pouco conhecido ■ n.m. 1 ausência de luz; escuridão 2 lugar sombrio ou recôndito 3 tom negro 4 ignorância; desconhecimento; *~ como breu* muito escuro (Do lat. obscūru-, «id.»)

escurra n.2g. 1 [ant.] indivíduo tolo 2 [ant.] indivíduo desprezível (Do lat. scurra-, «bobo; libertino»)

escurril adj.2g. 1 próprio de escurra 2 torpe; reles (Do lat. scurrīle-, «de bobo»)

escurrilidade n.f. qualidade de quem é escurril (Do lat. scurrilitāte-, «chocarrice»)

escusa n.f. 1 ato ou efeito de escusar ou escusar-se 2 razão apresentada para justificar algo; desculpa 3 desculpa de que uma pessoa se serve para ocultar algo; evasiva 4 dispensa de serviço ou de obrigação (Deriv. regr. de escusar)

escusado adj. 1 que não é necessário; que não tem utilidade; dispensável 2 que está dispensado; eximido 3 que não foi aceite; indeferido (Do lat. excusātu-, «id.», part. pass. de excusāre, «desculpar; justificar»)

escusar v.tr. 1 dispensar de serviço ou obrigação 2 desculpar 3 não ser necessário; não valer a pena 4 isentar; eximir 5 evitar; poupar ■ v.pron. 1 desculpar-se 2 dispensar-se 3 recusar-se (Do lat. excusāre, «desculpar; justificar»)

escusatório adj. que serve para escusar (Do lat. excusatorĭu-, «id.»)

escusável adj.2g. 1 que se pode escusar 2 dispensável (Do lat. excusabĭle-, «desculpável»)

escuso[1] adj. 1 dispensado 2 recusado 3 que não tem uso (Deriv. regr. de escusar)

escuso² *adj.* 1 escondido; recôndito 2 pouco frequentado 3 que é suspeito; duvidoso; ilícito (Do lat. *absconsu*-, «id.», part. pass. de *abscondĕre*, «esconder; ocultar»)

escuta¹ *n.f.* 1 ato de escutar 2 deteção e registo de comunicações ou conversas telefónicas, radiofónicas ou outras, entre pessoas, sem que estas se apercebam 3 lugar onde se escuta 4 sistema de receção de ondas radioelétricas, cujo objetivo é registar e controlar as telecomunicações ■ *n.2g.* 1 pessoa que escuta conversas ou comunicações entre terceiros 2 MILITAR combatente destacado de uma força para detetar, pelo ouvido, a atividade do inimigo (Deriv. regr. de *escutar*)

escuta² *n.2g.* [coloq.] ⇒ **escuteiro** (Do ing. *[boy] scout*, «id.»)

escutador *adj.,n.m.* que ou aquele que escuta (Do lat. *auscultatōre-*, pelo lat. vulg. **ascultatōre-*, «id.»)

escutar *v.tr.* 1 reconhecer um som através do aparelho auditivo 2 ouvir, prestando atenção 3 dar ouvidos a; seguir o conselho de 4 ouvir secretamente uma conversa ou uma comunicação; espionar 5 [pop.] auscultar (Do lat. cl. *auscultāre*, «ouvir; escutar», pelo lat. vulg. **ascultāre*, «id.»)

escuteiro *n.m.* 1 aquele que pertence ao movimento do escutismo 2 em Portugal, membro do Corpo Nacional de Escutas (CNE), movimento da Igreja Católica (Do ing. *[boy] scout*, «escuteiro»+*-eiro*)

escutela *n.f.* ZOOLOGIA género típico da família dos Escutelídeos

Escutelídeos *n.m.pl.* ZOOLOGIA família de ouriços-do-mar que têm concha discoide

escutelo *n.m.* 1 BIOLOGIA órgão escutiforme de pequenas dimensões 2 BOTÂNICA apotécio redondo dos líquenes e cogumelos, revestido na face superior plana pelo himénio 3 BOTÂNICA cotilédone único da semente nas gramíneas 4 ZOOLOGIA (insetos) nome atribuído ao esclerito de um noto torácico 5 ZOOLOGIA cada uma das escamas que constituem a carapaça das tartarugas

escutiforme *adj.2g.* que tem a forma de escudo

escutismo *n.m.* 1 movimento internacional, fundado pelo general inglês Baden-Powel (1857-1941), que tem por fim o aperfeiçoamento moral, intelectual e físico das crianças e dos jovens, pelo desenvolvimento do seu espírito cívico, mediante atividades ao ar livre 2 qualquer movimento de princípios semelhantes a esse movimento (De *escuta*+*-ismo*)

escutista *adj.2g.* relativo ou pertencente ao escutismo ■ *n.2g.* partidário ou praticante do escutismo (De *escuta*+*-ista*)

esdrúxula *n.f.* GRAMÁTICA palavra que tem o acento tónico na antepenúltima sílaba; proparoxítona

esdruxular *v.intr.* versejar com palavras esdrúxulas (De *esdrúxulo*+*-ar*)

esdruxularia *n.f.* 1 coisa extravagante 2 singularidade (De *esdrúxulo*+*-aria*)

esdruxulizar *v.tr.* 1 tornar esdrúxulo 2 [fig.] tornar extravagante (De *esdrúxulo*+*-izar*)

esdrúxulo *adj.* 1 GRAMÁTICA diz-se da palavra que tem o acento tónico na antepenúltima sílaba; proparoxítono 2 [fig.] esquisito; exótico (Do it. *sdrucciolo*, «esdrúxulo»)

eserina *n.f.* FARMÁCIA alcaloide que se extrai da fava-de-calabar e é usado para tratamento da hipertensão e em casos de envenenamento por estricnina

esfacelamento *n.m.* ato ou efeito de esfacelar (De *esfacelar*+*-mento*)

esfacelar *v.tr.* 1 causar esfacelo a; gangrenar 2 despedaçar; desfazer 3 destruir; estragar (De *esfacelo*+*-ar*)

esfacelo /ê/ *n.m.* 1 destruição; estrago 2 ruína 3 MEDICINA ⇒ **gangrena** (Do gr. *sphákelos*, «gangrena»)

esfadigado *adj.* [pop.] muito cansado (De *es-*+*fadiga*+*-ado*)

esfaimado *adj.* ⇒ **esfomeado** (Part. pass. de *esfaimar*)

esfaimar *v.tr.* 1 matar à fome 2 provocar muita fome em ■ *v.pron.* encher-se de fome (Por *esfamear*, de *es-*+port. ant. *fame* [= fome] +*-ear*)

esfalcaçado *adj.* NÁUTICA diz-se dos cabos do navio que não têm falcaça (De *es-*+*falcaça*+*-ado*)

esfalerite *n.f.* MINERALOGIA ⇒ **blenda** (Do gr. *sphalerós*, «escorregadio»+*-ite*)

esfalfado *adj.* que não tem forças; muito cansado; extenuado

esfalfamento *n.m.* 1 ato ou efeito de esfalfar ou esfalfar-se 2 enfraquecimento geral 3 grande cansaço (De *esfalfar*+*-mento*)

esfalfante *adj.2g.* que esfalfa; muito cansativo (De *esfalfar*+*-ante*)

esfalfar *v.tr.* 1 causar muito cansaço a; extenuar 2 enfraquecer ■ *v.pron.* cansar-se (De orig. obsc.)

esfanicar *v.tr.* 1 fazer em fanicos 2 despedaçar; esmigalhar (De *es-*+*fanico*+*-ar*)

esfaqueador *adj.,n.m.* que ou aquele que esfaqueia (De *esfaquear*+*-dor*)

esfaqueamento *n.m.* ato ou efeito de esfaquear (De *esfaquear*+*-mento*)

esfaquear *v.tr.* 1 golpear com faca; dar facadas em 2 retalhar (De *es-*+*faca*+*-ear*)

esfarelamento *n.m.* ato ou efeito de esfarelar ou esfarelar-se (De *esfarelar*+*-mento*)

esfarelar *v.tr.* reduzir a farelos, a pó ■ *v.pron.* esboroar-se (De *es-*+*farelo*+*-ar*)

esfarfalhado *adj.* (flor) muito aberto, com as pétalas prestes a cair (Part. pass. de *esfarfalhar*)

esfarfalhar-se *v.pron.* (flor) abrir-se muito (De *es-*+*farfalha*+*-ar*)

esfarinhar *v.tr.* reduzir a farinha ou a pó ■ *v.pron.* 1 esboroar-se 2 desfazer-se (De *es-*+*farinha*+*-ar*)

esfarpadela *n.f.* ato ou efeito de esfarpar ou esfarrapar-se (De *esfarpar*+*-dela*)

esfarpar *v.tr.* 1 rasgar em farpões 2 desfazer em lascas 3 desfiar; lascar (De *es-*+*farpa*+*-ar*)

esfarpelar *v.tr.* ⇒ **esfarpar** (De *es-*+*farpela*+*-ar*)

esfarrapadeira *n.f.* máquina que serve para desfazer os fios ou os farrapos, nas fábricas de lanifícios (De *esfarrapar*+*-deira*)

esfarrapado *adj.* 1 feito em farrapos; rasgado; roto 2 coberto de andrajos; maltrapilho 3 [fig.] desconexo; desordenado 4 [fig.] (desculpa) que não tem fundamento; que não merece crédito ■ *n.m.* pessoa maltrapilha (Part. pass. de *esfarrapar*)

esfarrapador *n.m.* ⇒ **esfarrapadeira** (De *esfarrapar*+*-dor*)

esfarrapamento *n.m.* ato ou efeito de esfarrapar ou esfarrapar-se (De *esfarrapar*+*-mento*)

esfarrapar *v.tr.* 1 fazer em farrapos; reduzir um tecido a farrapos 2 fazer em bocados; dilacerar; esfrangalhar ■ *v.pron.* [coloq.] fazer um grande esforço para se conseguir o que se quer (De *es-*+*farrapo*+*-ar*)

esfarripador *n.m.* ⇒ **esfarrapadeira** (De *esfarripar*+*-dor*)

esfarripar *v.tr.* 1 fazer ou dividir em farripas 2 desmanchar; desfiar (De *es-*+*farripa*+*-ar*)

esfatiar *v.tr.* 1 partir em fatias 2 cortar em postas (De *es-*+*fatia*+*-ar*)

esfena *n.f.* MINERALOGIA mineral, silicato de cálcio e titânio, que cristaliza no sistema monoclínico (Do gr. *sphén*, «cunha»)

esfenoedro *n.m.* CRISTALOGRAFIA forma cristalográfica fechada, tetragonal ou ortorrômbica, constituída por quatro faces triangulares não equiláteras (Do gr. *sphén*, *-enós*, «cunha»+*hédra*, «face»)

esfenoidal *adj.2g.* relativo ao esfenoide (De *esfenoide*+*-al*)

esfenoide *n.m.* ANATOMIA osso ímpar situado no meio dos ossos da base do crânio ■ *adj.2g.* em forma de cunha; cuneiforme (Do gr. *sphenoeidés*, «em forma de cunha»)

esfenóide ver nova grafia esfenoide

esfenótico *n.m.* ICTIOLOGIA osso da região auditiva (ótica) do crânio dos peixes teleósteos (Do gr. *sphén*, «cunha»+*oûs*, *otós*, «orelha»+*-ico*)

esfera *n.f.* 1 GEOMETRIA sólido cuja superfície tem todos os pontos equidistantes de um mesmo ponto (centro) 2 corpo redondo; bola; globo 3 [fig.] extensão maior ou menor de autoridade, de poder, de atribuições 4 [fig.] área em que se desenvolve determinada atividade; setor 5 classe; ~ *armilar* dispositivo formado por anéis fixos (armilas) que representam os círculos da esfera celeste (os trópicos, o equador, etc.) e em cujo centro se encontra uma pequena esfera que simboliza a Terra; ~ *atrativa* CITOLOGIA massa protoplasmática que cerca o centrossoma e que, juntamente com este, forma a chamada centrosfera; ~ *celeste* ASTRONOMIA representação convencional do céu como uma superfície esférica, infinita, na qual se veem projetados os astros e cujo centro é considerado como lugar de observação; ~ *de ação* meio em que uma pessoa exerce a sua influência ou atividade; ~ *terrestre* planeta Terra, visto como um globo achatado nos polos (Do gr. *sphaîra*, «esfera», pelo lat. *sphaera-*, «id.»)

esfericidade *n.f.* qualidade ou estado do que é esférico (De *esférico*+*-i-*+*-dade*)

esférico *adj.* 1 com forma de globo ou de esfera; redondo 2 [fig.] muito gordo ■ *n.m.* [gír.] (futebol) bola (Do gr. *sphairikós*, «esférico», pelo lat. *sphaerĭcu-*, «id.»)

esfero- elemento de formação de palavras que exprime a ideia de esfera (Do gr. *sphaîra*, «id.»)

esferográfica *n.f.* espécie de caneta com uma pequena esfera móvel na extremidade para regular o fluxo da tinta (De *esfero-*+*gráfico*)

esferoidal *adj.2g.* que tem a forma de esferoide (De *esferóide*+*-al*)

esferoide *adj.* que tem uma forma semelhante a uma esfera ■ *n.m.* **1** corpo semelhante a uma esfera **2** sólido em forma de esfera

esferóide ver nova grafia esferoide

esferóideo *adj.* em forma de esfera (De *esferóide+-eo*)

esferómetro *n.m.* METROLOGIA instrumento usado especificamente para medir o raio de uma esfera, ou de uma calote esférica, e que pode servir também para a medida de espessuras (Do gr. *sphaĩra*, «esfera» +*métron*, «medida»)

esferovite *n.f.* material plástico muito leve, utilizado em embalagens e como revestimento térmico; designação corrente da espuma de polistireno

esférula *n.f.* **1** pequena esfera **2** gota **3** BOTÂNICA recetáculo de forma oblonga ou cónica de alguns vegetais (Do lat. *sphaerŭla-*, «id.»)

esfervelho *n.m.* [POP.] pessoa inquieta e travessa (Deriv. regr. de *esfervilhar*)

esfervilhar *v.intr.* mexer-se muito; estar inquieto; fervilhar (De *es-+fervilhar*)

esfiada *n.f.* ato de esfiar (o folhelho do milho) (Part. pass. fem. subst. de *esfiar*)

esfiampar *v.tr.* desfazer em fiapos ■ *v.pron.* desfiar-se (De *es-+fiapo+-ar*)

esfiapar *v.tr.* reduzir a fiapos; desfiar ■ *v.pron.* desmanchar-se (De *es-+fiapo+-ar*)

esfiar *v.tr.,intr.,pron.* ⇒ **desfiar** (De *es-+fio+-ar*)

esfibrar *v.tr.* **1** separar as fibras de **2** reduzir a fibras (De *es-+fibra+-ar*)

esfigmógrafo *n.m.* MEDICINA instrumento que permite registar as pulsações arteriais (Do gr. *sphygmós*, «pulsação» +*gráphein*, «escrever; registar»)

esfigmomanómetro *n.m.* MEDICINA instrumento para registar a pressão do sangue nas artérias (Do gr. *sphygmós*, «pulsação»+port. *manómetro*)

esfíncter *n.m.* (plural **esfíncteres**) ANATOMIA estrutura muscular em forma de anel, que circunda uma abertura ou canal natural, controlando a sua abertura ou oclusão, como no ânus, no piloro, etc. (Do gr. *sphígkter*, «o que aperta», pelo lat. tard. *sphincter*, «esfíncter»)

esfincteral *adj.2g.* referente ou pertencente a esfíncter (De *esfíncter+-al*)

esfincteralgia *n.f.* MEDICINA dor no esfíncter (Do gr. *sphígkter*, «o que aperta» +*álgos*, «dor» +*-ia*)

esfinge *n.f.* **1** MITOLOGIA monstro fabuloso com rosto de mulher, corpo de leão e asas de ave de rapina, que propunha enigmas, devorando todos aqueles que não os decifrassem **2** representação desse monstro **3** na arte egípcia, estátua de leão deitado com cabeça humana que representa uma divindade **4** [fig.] pessoa calada ou impenetrável **5** [fig.] mistério; enigma (Do gr. *sphígx*, monstro que estrangulava, pelo lat. *sphinge-*, «esfinge»)

esfinge-caveira *n.f.* ZOOLOGIA borboleta crepuscular da família dos Esfingídeos, que apresenta no dorso o desenho de uma caveira

esfíngico *adj.* **1** relativo a esfinge **2** impenetrável; misterioso; enigmático (De *esfinge+-ico*)

Esfíngidas *n.m.pl.* ⇒ **Esfingídeos**

Esfingídeos *n.m.pl.* ZOOLOGIA família de insetos lepidópteros noturnos a que pertence a esfinge-caveira (Do lat. *sphinge-*, «esfinge» + *-ídeos*)

esfirenídeo *adj.* relativo ou pertencente aos Esfirenídeos ■ *n.m.* espécime dos Esfirenídeos

Esfirenídeos *n.m.pl.* ICTIOLOGIA família de peixes teleósteos, acantopterígios, marinhos, de corpo alongado, boca grande e dentes fortes, a que pertence a barracuda

esflorar *v.tr.* ⇒ **desflorar** (De *es-+flor+-ar*)

esfoguetear *v.tr.* **1** festejar com foguetes **2** [pop.] escorraçar **3** descompor; censurar **4** ativar (De *es-+foguete+-ear*)

esfoiçar *v.tr.* ⇒ **esfouçar** (De *es+foice+-ar*)

esfola *n.f.* **1** ato de arrancar a pele a um animal **2** ferimento superficial; arranhadela ■ *n.m.* [coloq.] penhorista (Deriv. regr. de *esfolar*)

esfoladela *n.f.* **1** ato ou efeito de esfolar ou esfolar-se; esfoladura **2** arranhão superficial **3** [fig.] engano; logro (De *esfolar+-dela*)

esfolador *adj.* **1** que esfola **2** [coloq.] que cobra muito dinheiro; que explora ■ *n.m.* **1** indivíduo que arranca a pele a animais mortos **2** [coloq.] indivíduo que cobra muito dinheiro; explorador (De *esfolar+-dor*)

esfoladouro *n.m.* lugar, nos matadouros, onde se esfolam as reses (De *esfolar+-douro*)

esfoladura *n.f.* ato ou efeito de esfolar(-se); esfoladela; esfolamento (De *esfolar+-dura*)

esfolamento *n.m.* **1** ato ou efeito de esfolar ou esfolar-se **2** ação de tirar a pele a um animal **3** ferimento superficial; arranhadela **4** escoriação (De *esfolar+-mento*)

esfolar *v.tr.* **1** tirar a pele a **2** ferir a superfície da pele; arranhar **3** escoriar **4** [coloq.] vender muito caro; explorar ■ *v.pron.* fazer um esforço grande; fazer tudo o que é possível (Do lat. **exfollāre*, «tirar a pele a»)

esfola-vaca *n.m.* vento noroeste prejudicial ao gado (De *esfolar+vaca*)

esfolegar *v.tr.,intr.* ⇒ **resfolegar** (Do lat. **exfollicāre*, «id.»)

esfolhaçar *v.tr.* tirar a folha a; desfolhar (De *es-+folha+-açar*)

esfolhada *n.f.* **1** ato de esfolhar **2** trabalho de descamisar o milho, executado com ajuntamento de pessoas; desfolhada; desfolho; descamisada; descamisa; escapelada; escarpelada **3** serão em que se esfolha (Part. pass. fem. subst. de *esfolhar*)

esfolhador *adj.,n.m.* que ou aquele que esfolha (De *esfolhar+-dor*)

esfolhar *v.tr.* **1** tirar a folha a; desfolhar **2** descamisar (o milho) (De *es-+folha+-ar*)

esfolhear *v.tr.* folhear sem grande atenção, despreocupadamente (De *es-+folha+-ear*)

esfolhoso /ô/ *adj.* despido de folhas ou de estípulas (De *esfolhar+-oso*)

esfoliação *n.f.* **1** queda ou separação, em lâminas, da camada exterior de uma superfície **2** GEOLOGIA processo de erosão pelo qual finas camadas, lajes, lascas ou crostas são sucessivamente desagregadas ou arrancadas da superfície exterior de uma grande massa rochosa e deslocadas por ação da gravidade; descamação **3** MEDICINA eliminação das células mortas acumuladas nas camadas superficiais da epiderme sob a forma de pequenas lâminas **4** MEDICINA separação em lâminas das partes mortas de um osso, de uma cartilagem ou de um tendão **5** BOTÂNICA queda das lâminas secas ou mortas de uma casca (De *esfoliar+-ção*)

esfoliante *adj.2g.* que causa esfoliação ■ *n.m.* produto que permite eliminar as células mortas acumuladas nas camadas superficiais da epiderme

esfoliar *v.tr.* **1** separar em porções laminares ou placas (a casca das árvores, os ossos, os minerais, etc.) **2** esfolhear (um livro) **3** eliminar as células mortas acumuladas nas camadas superficiais (de pele) ■ *v.pron.* desagregar-se por partes laminares ou foliáceas (Do lat. *exfoliāre*, «id.»)

esfoliativo *adj.* que causa esfoliação (Do lat. **exfoliatīvu-*, «id.»)

esfomeado *adj.* cheio de fome; faminto (Part. pass. de *esfomear*)

esfomear *v.tr.* causar fome a; esfaimar (De *es-+fome+-ear*)

esfondílio *n.m.* BOTÂNICA ⇒ **branca-ursina** (Do gr. *sphondýlios*, «vértebra»)

esforçado *adj.* **1** que se esforça muito; trabalhador; diligente **2** corajoso **3** forte; enérgico **4** que exige muita força (Part. pass. de *esforçar*)

esforçador *adj.,n.m.* que ou aquele que esforça (De *esforçar+-dor*)

esforçar *v.tr.* **1** dar coragem a; animar **2** reforçar; confirmar ■ *v.pron.* **1** fazer esforço **2** encher-se de coragem **3** empregar toda a força, toda a energia e diligência para conseguir alguma coisa (De *es-+força+-ar*)

esforço /ô/ *n.m.* **1** ato ou efeito de esforçar ou esforçar-se **2** emprego de força, de energia; empenho **3** tentativa **4** diligência; zelo **5** coragem (Deriv. regr. de *esforçar*)

esforricar *v.tr.* [regionalismo] desfazer em bocadinhos (De *es+forrica+-ar*)

esfossador *adj.,n.m.* que ou aquele que esfossa (De *esfossar+-dor*)

esfossar *v.tr.* revolver; fossar (De *es-+fossa+-ar*)

esfossilizar *v.tr.* exumar coisas antigas ou fósseis (De *es-+fossilizar*)

esfouçar *v.tr.* **1** cortar com fouce; ceifar **2** atirar para fora (De *es-+fouce+-ar*)

esfragística *n.f.* HERÁLDICA parte da heráldica que estuda os selos pendentes de antigos escritos, onde se representam grandes e pequenos senhores a cavalo (Do gr. *sphragistiké [tékhne]*, «a arte relativa aos selos»)

esfraldar *v.tr.* **1** estender; alargar **2** ⇒ **desfraldar** (De *es+fralda+-ar*)

esfrançar *v.tr.* **1** cortar as franças (ramos) a **2** limpar as árvores (De *es+frança+-ar*)

esfrangalhar *v.tr.* pôr em frangalhos; esfarrapar; rasgar (De *es+frangalho+-ar*)

esfrega

esfrega *n.f.* 1 ato de esfregar; fricção; esfregação; esfregamento 2 [fig.] grande trabalho; grande fadiga; canseira 3 [fig.] castigo; repreensão; ensaboadela 4 [fig.] sova; tareia (Deriv. regr. de *esfregar*)
esfregação *n.f.* ato de esfregar; fricção; esfrega (De *esfregar+-ção*)
esfregaço *n.m.* 1 camada leve de tinta ou verniz aplicada sobre uma pintura de modo a deixar transparecer o grão da tela 2 CITOLOGIA preparação microscópica que se obtém, estendendo sobre a lâmina, com a ajuda da lamela, uma fina camada de um líquido orgânico (sangue, pus, etc.) e fixando-a a seguir pelo calor (De *esfregar+-aço*)
esfregadeira *n.f.* 1 mulher que limpa casas 2 utensílio de madeira ou outro material em que se ajoelha a pessoa que esfrega (De *esfregar+-deira*)
esfregadela *n.f.* 1 ato de esfregar; fricção; esfrega 2 ato de esfregar levemente (De *esfregar+-dela*)
esfregador *adj.* que esfrega ▪ *n.m.* 1 aquele que esfrega 2 o que serve para esfregar; esfregão; trapo (De *esfregar+-dor*)
esfregadura *n.f.* ⇒ **esfrega** (De *esfregar+-dura*)
esfregalho *n.m.* ⇒ **esfregão** (De *esfregar+-alho*)
esfregamento *n.m.* ato de esfregar; fricção; esfrega (De *esfregar+-mento*)
esfregão *n.m.* pano, esponja ou outro material utilizado para esfregar (De *esfregar+-ão*)
esfregar *v.tr.* 1 passar repetidas vezes a mão ou um objeto sobre a superfície de 2 lavar com escova, friccionando; friccionar 3 [pop.] espancar; maltratar; ~ *as mãos de contente* mostrar-se muito satisfeito; *enquanto o Diabo esfrega um olho* num instante (Do lat. *efricāre*, por *effricāre*, «esfregar»)
esfregona *n.f.* utensílio para limpeza do chão constituído por um cabo com tiras de pano na extremidade
esfriadoiro *n.m.* ⇒ **esfriadouro**
esfriador *adj.,n.m.* que ou o que esfria (De *esfriar+-dor*)
esfriadouro *n.m.* recipiente ou lugar onde se põe alguma coisa a esfriar (De *esfriar+-douro*)
esfriamento *n.m.* 1 ato ou efeito de esfriar 2 arrefecimento; resfriamento (De *esfriar+-mento*)
esfriante *adj.2g.* que esfria ou faz esfriar (De *esfriar+-ante*)
esfriar *v.tr.,intr.,pron.* 1 tornar(-se) frio; tirar ou perder o calor; arrefecer 2 [fig.] tirar ou perder o entusiasmo; desanimar (De *es-+frio+-ar*)
esfrolar *v.tr.* [Brasil] ⇒ **esfolar** (De *esfolar*)
esfugentar *v.tr.* ⇒ **afugentar** (De *es-+fuga+-entar*)
esfulinhar *v.tr.* 1 limpar da fuligem, do fumo, etc. 2 limpar o pó 3 varrer (De *es-+*fulinha* [= fuligem] *+-ar*)
esfumação *n.f.* ato ou efeito de esfumar (De *esfumar+-ção*)
esfumaçar *v.tr.* 1 encher de fumo; esfumarar 2 enegrecer pelo fumo (De *es-+fumaça+-ar*)
esfumado *adj.* que tem os traços esbatidos ▪ *n.m.* desenho com as sombras esbatidas a esfuminho (Do it. *sfumato*, «esbatido; esfumado»)
esfumador *n.m.* pincel para esbater as tintas de um quadro (De *esfumar+-dor*)
esfumar¹ *v.tr.* ARTES PLÁSTICAS esbater os traços a carvão; sombrear com esfuminho (Do it. *sfumare*, «esbater; esfumar»)
esfumar² *v.tr.* 1 tornar escuro 2 enegrecer com fumo ▪ *v.pron.* 1 evolar-se como o fumo 2 desaparecer (De *es-+fumo+-ar*)
esfumarar *v.tr.* ⇒ **esfumaçar** (De *es-+fumarar*)
esfumear *v.intr.* ⇒ **fumegar** (De *es-+fumo+-ear*)
esfumilhar *v.tr.* ⇒ **esfuminhar**
esfuminhar *v.tr.* 1 sombrear com esfuminho 2 [fig.] enevoar (De *es-+fuminho+-ar*)
esfuminho *n.m.* objeto utilizado para esbater os traços de carvão ou lápis num desenho (De it. *sfummino*, «id.»)
esfuracar *v.tr.* 1 abrir furos em; furar 2 esburacar (De *furar × esburacar*)
esfuziada *n.f.* 1 série de tiros 2 série de ruídos contínuos, como risos ou espirros 3 rajada (Part. pass. subst. de *esfuziar*)
esfuziante *adj.2g.* 1 que esfuzia 2 deslumbrante 3 muito alegre (De *esfuziar+-ante*)
esfuziar *v.intr.* 1 zunir ou sibilar como balas de espingarda 2 lançar (comentários) com projéteis (De *es-+fuzil+-ar*)
esfuzilar *v.intr.* cintilar; fuzilar (De *es+fuzilar*)
esgaçar *v.tr.,intr.,pron.* 1 rasgar(-se) (um tecido) separando(-se) os fios 2 desfazer(-se); fragmentar(-se) ▪ *v.tr.* romper a casca de (fruto) ▪ *v.intr.* [coloq.] correr muito depressa (De *esgarçar*)
esgadanhar *v.tr.* 1 ferir com gadanho 2 arranhar com as unhas ▪ *v.pron.* arrepelar-se (De *es-+gadanho+-ar*)

esgadelhar *v.tr.* ⇒ **esguedelhar** (De *es-+gadelha+-ar*)
esgaiva *n.f.* ato de esgaivar (Deriv. regr. de *esgaivar*)
esgaivar *v.tr.* 1 abrir barrancos em 2 escavar (De *es-+gaiva* [= *cova*] *+-ar*)
esgaivotado *adj.* 1 parecido com a gaivota 2 [pop.] desajeitado 3 [pop.] esgrouviado (De *es-+gaivota+-ado*)
esgalgado *adj.* 1 magro como um galgo 2 esfomeado (Part. pass. de *esgalgar*)
esgalgar *v.tr.* 1 pôr magro como galgo 2 alongar (De *es-+galgo+-ar*)
esgalha *n.f.* 1 ato ou efeito de esgalhar; corte dos galhos de árvore 2 galho cortado 3 ramificação de um cacho de uvas; escádea (Deriv. regr. de *esgalhar*)
esgalhado¹ *adj.* (veado) que tem muitos galhos ou chifres (De *esgalho+-ado*)
esgalhado² *adj.* 1 com os ramos cortados 2 com ramos muito separados (Part. pass. de *esgalhar*)
esgalhar *v.tr.* 1 cortar os galhos a; separar do tronco; estroncar 2 [regionalismo] ferir com os galhos (chifres) ▪ *v.intr.* 1 dividir-se em galhos ou ramos novos (a árvore ou a planta); ramificar-se 2 [pop.] trabalhar muito 3 andar (viajar) a grande velocidade (De *es-+galho+-ar*)
esgalheiro *adj.* (veado) que tem os galhos muito desenvolvidos (De *esgalho+-eiro*)
esgalho *n.m.* 1 ramificação dos galhos do veado 2 rebento de árvore 3 parte do ramo que fica no tronco após o corte; galho 4 ramificação de um cacho de uvas (De *es-+galho*)
esgana *n.f.* 1 [pop.] ato ou efeito de esganar; estrangulamento 2 [pop.] doença das vias respiratórias do cão 3 [pop.] tosse convulsa 4 [pop.] fome intensa 5 casta de videira cultivada em Portugal (Deriv. regr. de *esganar*)
esgana-cão *n.m.* 1 designação da uva cerceal; esganinho 2 [regionalismo] variedade de ameixa azulada (De *esganar+cão*)
esganação *n.f.* ato de esganar; estrangulação 2 [fig.] avidez; sofreguidão 3 [fig.] excessivo apego ao dinheiro (De *esganar+-ção*)
esganado *adj.* 1 estrangulado 2 [pop.] esfomeado 3 [fig.] muito desejoso de alguma coisa; sôfrego 4 [fig.] sovina (Part. pass. de *esganar*)
esganador *adj.,n.m.* que ou aquele que esgana (De *esganar+-dor*)
esganadura *n.f.* ato ou efeito de esganar; esganação (De *esganar+-dura*)
esgana-gata *n.f.* ICTIOLOGIA peixe teleósteo, da família dos Gasterosteídeos, com espinhos na primeira barbatana dorsal, também conhecido por espinhela, peixe-espinho, etc. (De *esganar+gata*)
esganar *v.tr.* matar por sufocação; estrangular ▪ *v.pron.* 1 estrangular-se 2 [fig.] morder-se de inveja 3 [fig.] mostrar-se avarento (De *es-+gana-+ar*)
esganarelo *n.m.* 1 indivíduo com o pescoço muito comprido 2 homem muito magro (De *esganar?*)
esganiçado *adj.* 1 (som, voz) muito agudo; estrídulo 2 alto e magro; esguio (Part. pass. de *esganiçar*)
esganiçar *v.tr.* tornar (um som) agudo, imitando o ganir do cão ▪ *v.pron.* 1 soltar gritos agudos e desagradáveis 2 cantar de falsete (De *es-+ganir+-iço-+ar*)
esganinho *n.m.* ⇒ **esgana-cão** 1 (De *esganar*)
esgar *n.m.* 1 contração do rosto; trejeito 2 careta ou expressão de escárnio (Do fr. ant. *esgart*, hoje *égard*, «ato de olhar; atenção»)
esgarabulhão *adj.* 1 inquieto; desassossegado; buliçoso 2 fura-vidas (De *esgarabulhar+-ão*)
esgarabulhar *v.tr.* 1 girar aos saltos (o pião) 2 [fig.] ser inquieto (De *es-+garabulha+-ar*)
esgarafunchar *v.tr.* remexer à procura de alguma coisa (De *escarafunchar*)
esgaratujar *v.tr.,intr.* fazer rabiscos; fazer garatujas; garatujar; rabiscar (De *es-+garatuja+-ar*)
esgaravanada *n.f.* 1 [regionalismo] saraivada forte e demorada 2 [regionalismo] bátega de água com intermitências (Part. pass. fem. subst. de *esgaravanar*)
esgaravanar *v.intr.* 1 saraivar fortemente 2 chover em bátegas intermitentes (De *es-+garavano+-ar*)
esgaravatador *adj.* que esgaravata ▪ *n.m.* 1 o que esgaravata 2 objeto para esgaravatar; palito (De *esgaravatar+-dor*)
esgaravatamento *n.m.* ato ou efeito de esgaravatar (De *esgaravatar+-mento*)
esgaravatar *v.tr.* 1 remexer a terra com as unhas 2 procurar um objeto oculto 3 remexer; escarafunchar 4 MILITAR deitar pólvora na escorva de (arma de fogo); escorvar 5 [fig.] pesquisar (De *es-+garavato+-ar*)

esgaravatil *n.m.* utensílio que serve para fazer ganzepes ou encaixes na madeira (De orig. obsc.)

esgarçadura *n.f.* ato ou efeito de esgarçar (De esgarçar+-dura)

esgarçar *v.tr.,intr.,pron.* ⇒ **esgaçar** (Do lat. *exquartiăre*, «esquartejar»)

esgardunhar *v.tr.* 1 arranhar 2 arrepelar ▪ *v.pron.* agatanhar-se (De es-+gardunho+-ar)

esgargalado *adj.* 1 que tem o pescoço alto 2 decotado (Part. pass. de esgargalar)

esgargalar *v.tr.* 1 descobrir o pescoço a 2 decotar muito (De es-+gargalo [= pescoço]+-ar)

esgargalhar-se *v.pron.* [pop.] rir às gargalhadas (De es-+gargalhar)

esgarrado *adj.* 1 perdido; desgarrado 2 (navio) desviado do rumo (Part. pass. de esgarrar)

esgarranchar *v.tr.* ⇒ **escarranchar**

esgarrão *n.m.* 1 certo jogo popular 2 redemoinho ▪ *adj.* (vento) que faz esgarrar os barcos (De esgarrar+-ão)

esgarrar *v.tr.* 1 desviar (navio) do rumo; desgarrar 2 desencaminhar ▪ *v.intr.* perder o rumo (um navio) (De es-+garrar)

esgatanhar *v.tr.* 1 ferir com as unhas; arranhar; agatanhar 2 arrancar, puxando; arrepelar (De es-+gatanho+-ar)

esgazeado *adj.* 1 diz-se dos olhos muito abertos (em sinal de espanto ou medo) 2 (expressão) que revela espanto ou medo 3 (cor) desmaiada; desbotada 4 ofegante; esbaforido

esgazear *v.tr.* 1 abrir muito (os olhos) 2 pôr em branco (os olhos) 3 ARTES PLÁSTICAS (pintura) atenuar as cores de (De es-+gázeo [= branco]+-ar)

esgoelar-se *v.pron.* 1 abrir muito as goelas 2 gritar muito (De es-+goela+-ar)

esgorjado *adj.* comilão; sôfrego; que possui um apetite devorador (Part. pass. de esgorjar)

esgorjar *v.tr.* 1 descobrir muito (a gorja ou garganta); decotar 2 [fig.] ter grande desejo de (De es-+gorja+-ar)

esgotadoiro *n.m.* ⇒ **esgotadouro**

esgotador *adj.,n.m.* que ou o que esgota (De esgotar+-dor)

esgotadouro *n.m.* cano de esgoto (De esgotar+-douro)

esgotadura *n.f.* ⇒ **esgotamento** (De esgotar+-dura)

esgotamento *n.m.* 1 ato ou efeito de esgotar ou esgotar-se 2 ato de gastar até ao fim 3 enfraquecimento físico e/ou moral; cansaço extremo; exaustão; extenuamento; ~ **nervoso** MEDICINA estado patológico causado por tensão nervosa ou por cansaço intelectual (De esgotar+-mento)

esgotante *adj.2g.* que esgota; extenuante; estafante; exaustivo (De esgotar+-ante)

esgotar *v.tr.* 1 tirar até à última gota; esvaziar 2 gastar até ao fim; consumir 3 cansar muito; extenuar 4 tratar (assunto) a fundo 5 comprar (produto), de forma que este deixa de estar disponível no mercado ▪ *v.intr.* (artigo, produto) vender até ao último exemplar ▪ *v.pron.* 1 secar-se; esvaziar 2 gastar-se totalmente; acabar 3 extenuar-se (De es-+gota+-ar)

esgotável *adj.2g.* que se pode esgotar (De esgotar+-vel)

esgoteiro *n.m.* reservatório de água junto de cada compartimento cristalizador, nas salinas (De esgotar+-eiro)

esgoto /ô/ *n.m.* 1 ato ou efeito de escoar; esgotamento; escoamento 2 cano ou conduta para despejos (Deriv. regr. de esgotar)

esgrafiar *v.tr.* desenhar ou pintar a esgrafito (Do it. *sgraffiare*, «arranhar»)

esgrafitar *v.tr.* ⇒ **esgrafiar** (De esgrafito+-ar)

esgrafito *n.m.* pintura ou desenho ornamental a fresco, imitando baixos-relevos (Do it. *sgraffito*, «arranhado»)

esgraminhador *n.m.* utensílio de ferro com que se esgraminha a terra lavrada (De esgraminhar+-dor)

esgraminhar *v.tr.* limpar um terreno da grama (De es-+graminha, dim. de grama+-ar)

esgravanada *n.f.* ⇒ **esgaravanada**

esgravanar *v.intr.* ⇒ **esgaravanar**

esgravatar *v.tr.* ⇒ **esgaravatar**

esgravelhar *v.intr.* ⇒ **esgarabulhar**

esgravelho /ê/ *n.m.* criança irrequieta, traquinas (De escaravelho)

esgrilar *v.tr.* [pop.] aplicar muito a vista para ver melhor ao longe (De es-+grilo+-ar)

esgrima *n.f.* 1 ato de esgrimir 2 arte de jogar com armas brancas (espada, sabre e florete) 3 DESPORTO jogo desportivo praticado com espada, sabre ou florete (Do prov. *escrima*, «id.», ou do it. *scrima*, «id.»)

esgrimidor *adj.,n.m.* que ou aquele que esgrime (De esgrimir+-dor)

esgrimidura *n.f.* ato de esgrimir (De esgrimir+-dura)

esgrimir[1] *v.tr.* 1 manejar (armas brancas) 2 brandir; vibrar ▪ *v.intr.* 1 lutar (com armas brancas) 2 DESPORTO praticar esgrima 3 [fig.] discutir; argumentar (Do provençal antigo *escremir*, «idem», ou de esgrima+-ir)

esgrimir[2] *v.tr.* 1 [Cabo Verde] escorrer parte de um recipiente, pela compressão 2 [Cabo Verde] verter 3 [Cabo Verde] lacrimejar (Do crioulo cabo-verdiano *esgrimir*, de *grumo*)

esgrimista *n.2g.* pessoa que pratica ou ensina esgrima (De esgrimir+-ista)

esgrouviado *adj.* 1 magro e alto como o grou (ave) 2 com aspeto desalinhado; desgrenhado 3 [pop.] distraído (Part. pass. de esgrouviar)

esgrouviar *v.tr.* 1 desarranjar; desordenar (o cabelo) 2 desalinhar (De es-+grou+v+-iar)

esgrouvinhar *v.tr.* ⇒ **esgrouviar**

esguardar *v.tr.* ter em consideração ▪ *v.pron.* acautelar-se (De es-+guardar)

esguardo *n.m.* 1 consideração; respeito 2 resguardo (Deriv. regr. de esguardar)

esguedelhado *adj.* 1 desgrenhado 2 em desalinho (Part. pass. de esguedelhar)

esguedelhar *v.tr.* desmanchar o penteado a; desgrenhar ▪ *v.pron.* despentear-se (De es-+guedelha+-ar)

esgueira *n.f.* [regionalismo] pagamento do dia de trabalho ao jornaleiro (Deriv. regr. de esgueirar)

esgueirar *v.tr.* 1 desviar 2 subtrair com astúcia ▪ *v.pron.* 1 fugir sorrateiramente 2 afastar-se procurando não ser visto (De orig. obsc.)

esgueiriço *adj.* 1 esquivo; arredio; arisco 2 insociável (De esgueirar+-iço)

esguelha /ê/ *n.f.* 1 obliquidade; viés 2 diagonal; **andar de ~ com alguém** andar desavindo com alguém ou desconfiado dessa pessoa; **de ~** de soslaio, de lado, obliquamente (De orig. obsc.)

esguelhado *adj.* 1 enviesado; oblíquo 2 torto (Part. pass. de esguelhar)

esguelhão *n.m.* 1 esguelha 2 lado 3 ilharga (De esguelha+-ão)

esguelhar *v.tr.* pôr de esguelha (De esguelha+-ar)

esguião *n.m.* pano fino de linho ou algodão (De orig. obsc.)

esguiar *v.tr.* ferir (uma ave) na ponta da asa, atingindo as guias (penas) (De es-+guia+-ar)

esguichada *n.f.* ⇒ **esguichadela** (Part. pass. fem. subst. de esguichar)

esguichadela *n.f.* 1 ato ou efeito de esguichar 2 jato; esguicho 3 repuxo (De esguichar+-dela)

esguichar *v.tr.* expelir com força (um jato de líquido) através de um tubo com um orifício ▪ *v.intr.* sair em jato ou repuxo (De esguicho+-ar)

esguiche *n.m.* ⇒ **esguicho**

esguicho *n.m.* 1 ato ou efeito de lançar (um líquido) em forma de jato 2 jato violento de um líquido; repuxo 3 bisnaga de Carnaval; seringa (De orig. onom.)

esguio *adj.* 1 comprido ou alto e estreito 2 magro; delgado 3 (vestuário) que não tem roda; escorrido (Do lat. *exigŭu-*, «pequeno»)

esguncho *n.m.* pá de madeira, de forma côncava, que serve para aguar os barcos pelo exterior (De orig. obsc.)

ésipo *n.m.* sugo ou suarda que se extrai da lã (Do gr. *oísypos*, «gordura da lã», pelo lat. *oesypu-*, «id.»)

eslabão *n.m.* VETERINÁRIA tumor duro que aparece na dobra dos joelhos da cavalgadura, afetando a parte correspondente das extremidades anteriores

esladroamento *n.m.* ato de esladroar (De esladroar+-mento)

esladroar *v.tr.* limpar (as plantas) dos ladrões ou rebentos novos que são supérfluos (De es-+ladrão+-ar)

eslagartador *adj.,n.m.* que ou aquele que eslagarta (De eslagartar+-dor)

eslagartar *v.tr.* limpar (as plantas) das lagartas (De es-+lagarta+-ar)

eslarado *adj.* (pão) que sai achatado do forno (De es-+lar+-ado)

eslávico *adj.* relativo aos Eslavos, povos que constituem o ramo dos Indo-Europeus que abrange os Eslovacos, os Polacos, os Russos, os Búlgaros e os antigos Jugoslavos ▪ *n.m.* língua indo-europeia falada pelos Eslavos (De eslavo+-ico)

eslavismo *n.m.* tendência política dos que preconizam o agrupamento dos Eslavos numa só nação, e a sua preponderância; pan-eslavismo (De eslavo+-ismo)

eslavo *adj.* 1 relativo aos Eslavos, povos que se estabeleceram no centro, leste e sudeste da Europa 2 relativo à língua falada pelos

eslavónico

Eslavos ■ *n.m.* **1** indivíduo que pertence ao grupo dos Eslavos **2** conjunto das línguas de origem indo-europeia faladas pelos Eslavos (Do lat. med. *slavu-*, «eslavo», pelo fr. *slave*, «id.»)
eslavónico *adj.* ⇒ **eslavo** *adj.* (De *Eslavónia*, top., região setentrional da antiga Jugoslávia +*-ico*)
Eslavos *n.m.pl.* ETNOGRAFIA povos que constituem o ramo dos Indo-Europeus que abrange os Eslovacos, os Polacos, os Russos, os Búlgaros e os antigos Jugoslavos (De *eslavo*)
eslazeirado *adj.* [regionalismo] esfomeado (De *es-+lazeira+-ado*)
eslinga *n.f.* cabo para levantar pesos a bordo (Do ing. *sling*, «laço»)
eslingar *v.tr.* levantar (fardos a bordo) por meio da eslinga (De *eslinga+-ar*)
eslovaco *adj.* **1** relativo à Eslováquia, país da Europa Central **2** relativo aos naturais da Eslováquia ■ *n.m.* **1** natural da Eslováquia **2** língua falada na Eslováquia (Do fr. *slovaque*, «id.»)
eslovénico *adj.* **1** relativo à Eslovénia, país do Sul da Europa **2** relativo aos naturais da Eslovénia ■ *n.m.* língua eslava falada pelos Eslovenos (De *esloveno+-ico*)
esloveno *n.m.* **1** natural da Eslovénia **2** língua eslava falada na Eslovénia ■ *adj.* **eslovénico** *adj.* (Do fr. *slovène*, «id.»)
Eslovenos *n.m.pl.* ETNOGRAFIA Eslavos meridionais
esmadrigar *v.tr.,pron.* separar(-se) do rebanho; tresmalhar(-se) (Por *esmandrigar*, de *es-+*lat. *mandra-*, «rebanho» +*-igar*)
esmaecer *v.intr.* **1** perder a cor; esbater; desmaiar **2** ficar menos intenso; enfraquecer; esmorecer **3** desvanecer-se (De *esmaiar+-ecer*)
esmaecimento *n.m.* **1** ato ou efeito de esmaecer **2** perda da cor; descoramento **3** esmorecimento; desmaio (De *esmaecer+-mento*)
esmagação *n.f.* ⇒ **esmagamento** (De *esmagar+-ção*)
esmagachar *v.tr.* **1** esmagar muito **2** triturar (De *esmagar*)
esmagadela *n.f.* **1** ato ou efeito de esmagar; esmagadura **2** pressão leve (De *esmagar+-dela*)
esmagador *adj.* **1** que esmaga **2** opressivo **3** convincente; indiscutível **4** que domina; arrasador ■ *n.m.* **1** aquele que esmaga **2** máquina que serve para esmagar uvas (De *esmagar+-dor*)
esmagadura *n.f.* ⇒ **esmagamento** (De *esmagar+-dura*)
esmagamento *n.m.* **1** ato ou efeito de esmagar; esmagadura **2** pressão forte (De *esmagar+-mento*)
esmagar *v.tr.* **1** comprimir fortemente; triturar **2** pisar; calcar **3** vencer; suplantar **4** abater; exterminar **5** [fig.] oprimir; escravizar (Do lat. **exmagāre*, «perder as forças», pelo prov. *esmaiar*, «roubar as forças; perder as forças»)
esmagriçado *adj.* **1** emagrecido; escanzelado **2** esgrouviado (De *es-+magriço+-ado*)
esmaiar *v.tr.,intr.* ⇒ **desmaiar**¹ (Do lat. **exmagāre*, «perder as forças», pelo prov. *esmaiar*, «id.»)
esmaleitado *adj.* que sofre de maleitas ou sezões; amaleitado (De *es-+maleita+-ado*)
esmalmado *adj.* **1** [regionalismo] que não tem alma, energia; desalmado; cansado **2** [regionalismo] indolente **3** [regionalismo] desleixado (De *es-+m+alma+-ado*)
esmaltador *adj.,n.m.* que ou aquele que esmalta (De *esmaltar+-dor*)
esmaltagem *n.f.* ato ou efeito de esmaltar (De *esmaltar+-agem*)
esmaltar *v.tr.* **1** aplicar esmalte a; cobrir com esmalte **2** [fig.] realçar as cores; matizar **3** [fig.] adornar **4** [fig.] ilustrar (De *esmalte+-ar*)
esmalte *n.m.* **1** substância vítrea que se aplica sobre objetos de metal, de porcelana, etc., como proteção ou ornamento **2** trabalho feito com esta substância **3** tinta brilhante **4** HISTOLOGIA substância calcificada, brilhante e resistente, que reveste e protege a coroa dos dentes **5** HERÁLDICA cores que se empregam no campo do escudo ou nas suas partes exteriores **6** [fig.] brilho; esplendor; realce **7** [pej.] pessoa ordinária; ~ *de unhas* [Brasil] verniz de unhas (Do frânc. **smalt*, «id.», pelo prov. *esmalt*, «id.»)
esmaltina *n.f.* **1** cobalto arsenical empregado para colorir os esmaltes **2** MINERALOGIA minério de cobalto, que cristaliza no sistema cúbico (De *esmalte+-ina*)
esmaltite *n.f.* ⇒ **esmaltina** (De *esmalte+-ite*)
esmamaçado *adj.* ⇒ **esmamalhado**
esmamalhado *adj.* que possui mamas grandes e pendentes (De *es-+mama-+alha+-ada*)
esmamonar *v.tr.* [regionalismo] limpar (plantas) dos mamões ou rebentos inúteis (De *es-+mamão+-ar*)
esmaniar *v.intr.* proceder como maníaco; ter manias; tresloucar (De *es-+mania+-ar*)
esmanjar *v.tr.* [pop.] ⇒ **esbanjar** (De *esbanjar*)
esmar *v.tr.* **1** avaliar a esmo; calcular; orçar **2** conjeturar (Do lat. *aestimāre*, «julgar; calcular»)

esmarelido *adj.* com aspeto amarelado (De *es-+[a]marelo+-ido*)
esmarrido *adj.* **1** desanimado; abatido; triste **2** ressequido (Part. pass. de *esmarrir*, ou do it. *smarrito*, «perdido»)
esmarrir *v.intr.* **1** perder a seiva, o vigor **2** secar (Do frânc. *marrjan*, «id.», pelo it. *smarrire*, «perder; perder-se»)
esmarroar *v.tr.* **1** partir contra um objeto duro **2** partir o bico a **3** esmurrar (De *es-+marrão+-ar*)
esmear *v.tr.* partir ou serrar longitudinalmente pelo meio (De *es-+meio+-ar*)
esmechada *n.f.* golpe na cabeça (Part. pass. fem. subst. de *esmechar*)
esmechar¹ *v.tr.* ferir na cabeça ■ *v.pron.* (arma de fogo) encravar-se (Por **esbrechar*, de *brecha*?)
esmechar² *v.intr.* estar muito quente (o sol) (De *es-+mecha+-ar*?)
esméctico ver nova grafia **esmético**
esmegma *n.m.* ANATOMIA substância esbranquiçada que é segregada por glândulas sebáceas dos órgãos genitais externos e se acumula nas dobras destes (Do gr. *smégma, -atos*, «substância para desengordurar», pelo lat. *smegma*, «linimento; detergente»)
esmerado *adj.* **1** que revela cuidado ou asseio; cuidadoso; apurado **2** primoroso; perfeito **3** distinto (Part. pass. de *esmerar*)
esmeralda *n.f.* **1** MINERALOGIA pedra preciosa, de cor verde característica, que é uma variedade de berilo **2** cor verde dessa pedra ■ *adj.inv.* que é da cor dessa pedra; esverdeado (Do gr. *smáragdos*, «esmeralda», pelo lat. *smaragdu-*, «id.», pelo fr. ant. *esmeralde*, «id.»)
esmeraldear *v.tr.* dar a cor de esmeralda a; esverdear (De *esmeralda+-ear*)
esmeraldino *adj.* da cor da esmeralda; verde (De *esmeralda+-ino*)
esmerar *v.tr.* **1** fazer com esmero **2** aperfeiçoar; apurar ■ *v.pron.* **1** aperfeiçoar-se; apurar-se **2** empregar todos os esforços (Do lat. **exmerāre*, «purificar», de *meru-*, «puro»)
esmeril *n.m.* **1** pedra dura que, reduzida a pó, serve para polir metais, vidros, etc. **2** antiga peça de artilharia **3** [fig.] aperfeiçoamento; apuramento (Do gr. biz. *smerí*, «esmeril», pelo lat. *smirillu-*, «id.», pelo it. *smeriglio* e fr. ant. *esmeril*, «id.»)
esmerilação *n.f.* ato ou efeito de esmerilar; esmerilhação (De *esmerilar+-ção*)
esmeriladeira *n.f.* maquinismo usado nas fábricas de tecelagem (De *esmerilar+-deira*)
esmerilador *adj.,n.m.* que ou aquele que esmerila; polidor (De *esmerilar+-dor*)
esmerilagem *n.f.* ato ou efeito de esmerilar (De *esmerilar+-agem*)
esmerilar *v.tr.* **1** polir ou despolir com esmeril **2** [fig.] aperfeiçoar **3** pesquisar; esquadrinhar (De *esmeril+-ar*)
esmerilhação *n.f.* ato de esmerilhar ou esmerilar **2** [fig.] exame minucioso (De *esmerilhar+-ção*)
esmerilhador *adj.,n.m.* ⇒ **esmerilador**
esmerilhão *n.m.* **1** ORNITOLOGIA ave de rapina, diurna, da família dos Falcónideos, pouco frequente em Portugal **2** espingarda de cano comprido (Do fr. ant. *esmereillon*, hoje *émerillon*, «esmerilhão», ave de rapina)
esmerilhar *v.tr.* ⇒ **esmerilar**
esmero *n.m.* **1** ato ou efeito de esmerar ou esmerar-se **2** perfeição; primor; apuro **3** cuidado extremo **4** correção (Deriv. regr. de *esmerar*)
esmético *adj.* **1** diz-se das substâncias untuosas, como o sabão e, em especial, certas argilas **2** detersivo (Do gr. *smektikós*, «detersivo», pelo lat. *smecticu-*, «id.»)
esmifrar *v.tr.* **1** pagar de má vontade **2** explorar (o dinheiro de outrem), abusivamente; sugar (dinheiro) habilidosamente **3** [regionalismo] desfazer em bocadinhos; esforricar (Do lat. *gemmiferāre*, «apanhar dinheiro», de *gemma-*, «pedra preciosa»)
esmigalhamento *n.m.* ato ou efeito de esmigalhar ou esmigalhar-se (De *esmigalhar+-mento*)
esmigalhar *v.tr.* **1** reduzir a migalhas; triturar **2** fragmentar **3** [fig.] oprimir (De *es-+migalha+-ar*)
esmijaçar *v.intr.* [pop.] urinar com intermitências ■ *v.pron.* (égua) urinar pelas pernas (De *es-+mijaça+-ar*)
Esmiláceas *n.f.pl.* BOTÂNICA grupo de plantas monocotiledóneas, da família das Liliáceas, a que pertence o legação ou a salsaparrilha (Do gr. *smílax, -akos*, «legação; trepadeira», pelo lat. *smilăce-*, «id.» +*-eas*)
esmilhar *v.tr.* ⇒ **esmigalhar**
esmiolado *adj.* ⇒ **desmiolado** (Part. pass. de *esmiolar*)

esmiolar v.tr. 1 tirar o miolo a 2 esmigalhar; desfazer (De es-+miolo+-ar)
esmirrar-se v.pron. mirrar-se; murchar; secar (De es-+mirrar-se)
esmiuçador adj.,n.m. que ou aquele que esmiúça (De esmiuçar+-dor)
esmiuçar v.tr. 1 dividir em pequenas partes; fragmentar 2 reduzir a pó; esfarelar 3 [fig.] analisar em pormenor; examinar 4 [fig.] explicar minuciosamente (Do lat. *exminutiāre, «id.»)
esmiudar v.tr. ⇒ **esmiuçar** (De es-+miúdo+-ar)
esmiunçar v.tr. ⇒ **esmiuçar**
esmo /ê/ n.m. cálculo aproximado; avaliação superficial; *a* ~ ao acaso, sem medida, à toa (Deriv. regr. de esmar)
esmocadela n.f. 1 ato ou efeito de esmocar ou de bater com moca 2 ato de bater involuntariamente com o pé; topada (De esmocar+-dela)
esmocar v.tr. 1 bater com moca ou pau em 2 sovar; espancar 3 magoar com topada os dedos dos pés (De es-+moca+-ar)
esmochar v.tr. 1 tornar mocho 2 tirar os chifres a 3 [fig.] privar dos meios de defesa (De es-+mocho+-ar)
esmoedor adj.,n.m. que ou aquele que esmói (De esmoer+-dor)
esmoer v.tr. 1 moer com os dentes; triturar 2 digerir; ruminar (De es-+moer)
esmoitar v.tr. ⇒ **desmoitar** (De es-+moita+-ar)
esmola n.f. 1 o que se dá aos pobres ou aos necessitados para os ajudar 2 contribuição que se dá gratuitamente; ajuda 3 retribuição pela celebração de uma missa 4 [fig.] favor 5 [pop.] sova (Do gr. eleemosýne, «piedade», pelo lat. eleemosýna-, «id.»)
esmolador adj.,n.m. 1 que ou aquele que dá esmolas; esmoler 2 que ou aquele que pede esmola (De esmolar+-dor)
esmolante adj.,n.2g. 1 que ou a pessoa que esmola 2 pedinte (De esmolar+-ante)
esmolar v.tr.,intr. 1 dar (como) esmola 2 pedir (como) esmola (De esmola+-ar)
esmolaria n.f. 1 cargo de esmoler 2 casa onde se distribuem esmolas (De esmola+-aria)
esmoleira n.f. bolsa onde o pedinte guarda as esmolas; escarcela (De esmola+-eira)
esmoleiro adj. 1 pedinte 2 (frade) que pedia esmolas para o convento ■ n.m. 1 o que pede esmola 2 frade que pedia esmolas para o convento (De esmola+-eiro)
esmoler adj. 1 amigo de dar esmolas 2 caritativo ■ n.2g. 1 pessoa que dá muitas esmolas 2 pessoa encarregada de distribuir esmolas (De esmola)
esmoncadela n.f. [pop.] ato ou efeito de esmoncar (De esmoncar+-dela)
esmoncar v.tr. [pop.] assoar ■ v.pron. assoar-se (De es-+monco+-ar)
esmondar v.tr. ⇒ **mondar** (De es-+mondar)
esmordaçar v.tr. 1 morder repetidas vezes; remorder 2 cortar com os dentes; abocanhar (De es-+mordaça+-ar)
esmordicar v.tr. 1 dar mordicos em 2 morder levemente (De es-+mordicar)
esmorecer v.tr. fazer perder o ânimo; desalentar; afrouxar ■ v.intr. 1 perder o ânimo; desanimar 2 diminuir de intensidade (Do lat. emorescĕre, freq. de emŏri, «morrer»)
esmorecimento n.m. 1 ato ou efeito de esmorecer 2 perda de entusiasmo ou de força; desalento 3 desmaio (De esmorecer+-mento)
esmoronar v.tr. ⇒ **desmoronar** (De desmoronar)
esmorraçar v.tr. 1 tirar o morrão a; espevitar 2 atiçar (De es-+morraça+-ar)
esmossadela n.f. ato ou efeito de esmossar (De esmossar+-dela)
esmossar v.tr. fazer mossas em (De es-+mossa+-ar)
esmoucadela n.f. 1 ato ou efeito de esmoucar 2 topada (De esmoucar+-dela)
esmoucar v.tr. 1 partir as bordas de; esboucelar 2 danificar 3 ferir os dedos dos pés com topada 4 [regionalismo] partir os chifres a (De es-+mouco+-ar)
esmoutar v.tr. ⇒ **desmoitar**
esmurraçador adj.,n.m. que ou aquele que esmurraça (De esmurraçar+-dor)
esmurraçar v.tr. agredir com murros; esmurrar; socar (De es-+murraça+-ar)
esmurrar v.tr. 1 agredir com murros; dar socos; esmurraçar 2 bater em; espancar 3 causar estragos; danificar (De es-+murro+-ar)
és-não-és n.m.2n. um tudo nada; *por um* ~ por um triz, por pouco

esnocar v.tr. 1 partir ou cortar (ramos, troncos); esgalhar 2 ⇒ **desnocar**
esnoga n.f. ⇒ **sinagoga** (De sinagoga)
és-nordeste n.m. 1 GEOGRAFIA, NÁUTICA ponto subcolateral (intermédio) ou rumo, equidistante do este e do nordeste, designado pelo símbolo ENE 2 vento que sopra desse ponto ■ adj.2g. 1 do és-nordeste 2 relativo ao és-nordeste 3 situado a és-nordeste (De es[te]+nordeste)
eso- elemento de formação de palavras que exprime a ideia de dentro, no interior (Do gr. éso, «dentro; no interior»)
Esócidas n.m.pl. ICTIOLOGIA ⇒ **Esocídeos**
Esocídeos n.m.pl. ICTIOLOGIA família de peixes que tem por tipo o lúcio (Do lat. esŏce-, «lúcio do Reno» +-ídeos)
esoderma n.f. ZOOLOGIA membrana interior dos insetos (Do gr. éso, «dentro» +dérma, «pele»)
esoderme n.f. ZOOLOGIA ⇒ **esoderma**
esofágico adj. relativo ou pertencente ao esófago; *anel/colar* ~ ANATOMIA parte do sistema nervoso (ganglionar) representada por um anel que circunda a porção anterior do tubo digestivo e que é constituída pelos conectivos que ligam os gânglios cerebroides ao primeiro par ventral (De esófago+-ico)
esofagismo n.m. MEDICINA espasmo do esófago (De esófago+-ismo)
esofagite n.f. MEDICINA inflamação do esófago (De esófago+-ite)
esófago n.m. ANATOMIA órgão do aparelho digestivo representado por um tubo que estabelece a comunicação da faringe com o estômago (Do gr. oisophágos, «o que conduz a comida»)
esofagoscopia n.f. MEDICINA exame endoscópico do esófago (Do gr. oisophágos, «esófago» +skopeīn, «olhar» +-ia)
esofagostomia n.f. CIRURGIA operação cirúrgica cujo objetivo é obter uma abertura no esófago, pela qual se podem introduzir os alimentos (Do gr. oisophágos, «esófago» +stóma, «boca» +-ia)
esofagotomia n.f. CIRURGIA incisão no esófago para, em geral, extrair algum corpo estranho (Do gr. oisophágos, «esófago» +tomé, «corte» +-ia)
esoforia n.f. condição de um vesgo, cujos olhos se voltam para dentro (Do gr. éso, «dentro» +phorós, «que dirige» +-ia)
esópico adj. de Esopo ou relativo a este fabulista grego (séculos VII e VI a. C.) (Do lat. aesopĭcu-, «id.»)
esotérico adj. 1 FILOSOFIA reservado aos discípulos, aos iniciados (de uma doutrina, escola, seita, culto, etc.) 2 secreto; oculto 3 misterioso; estranho (Do gr. esoterikós, «peculiar aos de dentro, da intimidade»)
esoterismo n.m. 1 FILOSOFIA doutrina secreta cujos ensinamentos são comunicados apenas aos iniciados 2 prática baseada em fenómenos sobrenaturais (Do gr. esóteros, «da maior intimidade» +-ismo)
espaçadamente adv. 1 de espaço a espaço 2 devagar (De espaçado+-mente)
espaçado adj. 1 em que há espaços ou intervalos 2 adiado 3 lento; vagaroso (Do lat. spatiātu-, «que se estendeu»)
espaçador adj. que espaça ■ n.m. 1 aquilo que espaça 2 MECÂNICA dispositivo que serve para abrir ou deixar espaços (De espaçar+-dor)
espaçamento n.m. ato ou efeito de espaçar ou de abrir intervalos (De espaçar+-mento)
espaçar v.tr. 1 abrir espaços ou intervalos em 2 dilatar; ampliar 3 demorar 4 adiar (Do lat. spatiāre, por spatiāri, «estender-se»)
espacear v.tr. ⇒ **espaçar** (De espaço+-ear)
espacejador adj. que espaceja ■ n.m. 1 aquilo que espaceja 2 TIPOGRAFIA dispositivo das máquinas de escrever com que se abrem ou deixam espaços entre os caracteres (De espacejar+-dor)
espacejamento n.m. ato ou efeito de espacejar ou abrir espaço(s) entre
espacejar v.tr. 1 deixar espaço entre; aumentar o espaço entre 2 TIPOGRAFIA deixar espaços entre linhas, letras ou palavras; abrir 3 aumentar a distância; alargar (De espaço+-ejar)
espacial adj.2g. 1 relativo ao espaço, sobretudo interplanetário 2 relativo ao espaço ou ao lugar (Do lat. spatĭu-, «espaço» +-al)
espaço n.m. 1 lugar mais ou menos bem delimitado, cuja área (maior ou menor) pode conter alguma coisa; extensão indefinida 2 extensão que contém o sistema solar, as galáxias e as estrelas; Universo 3 lugar; recinto; dependência 4 duração; intervalo 5 capacidade de um lugar; lotação 6 MÚSICA (pauta) intervalo entre as linhas ■ adj. [Brasil] que tem chifres horizontais; ~ *aéreo* espaço sobreposto ao território de um Estado, que possui sobre ele direitos de soberania; ~ *cultural* edifício ou compartimento utilizado

espaçoso

para apresentações artísticas, exposições, conferências, etc.; **~ de manobra** condições de atuação, espaço para agir; **~ verde** superfície ajardinada integrada num espaço urbano, geralmente em zona residencial; **~ vital** território sobre o qual um país considera ter direito de posse e de administração para satisfazer as suas necessidades económicas; *dar ~* dar folga, dar tempo; *de ~ a ~* com intervalos (Do lat. *spatĭu-*, «id.»)

espaçoso /ô/ *adj.* **1** que tem muito espaço; amplo; largo **2** lento; pausado (Do lat. *spatiōsu-*, «id.»)

espaço-tempo *n.m.* FÍSICA (teoria da relatividade) conceito resultante da fusão do conceito de espaço geométrico a três dimensões, representado por três variáveis, com o conceito de tempo, formando, assim, um continuum a quatro dimensões representadas por um sistema de quatro variáveis

espaçotemporal *adj.2g.* que diz respeito a espaço e tempo simultaneamente

espada *n.f.* **1** arma branca constituída por uma lâmina de ferro ou de aço, comprida, perfurante, com dois gumes, punho e guardas, geralmente transportada numa bainha à cintura **2** [fig.] carreira militar **3** [fig.] poder ou domínio militar **4** [pop.] mulher atraente **5** *pl.* um dos naipes (preto) de um baralho de cartas, com uma figura desenhada em forma de ponta de lança ▪ *n.m.* **1** TAUROMAQUIA toureiro que mata o touro com espada; matador **2** DESPORTO esgrimista **3** [coloq.] automóvel vistoso, de alta categoria **4** [coloq.] perito; sabedor ▪ *n.2g.* pessoa perita em determinada disciplina; especialista; barra; **~ de Dâmocles** perigo iminente; **~ de dois gumes** aquilo que tem vantagens e inconvenientes; **~ preta** [Madeira] peixe-espada preto; *entre a ~ e a parede* [fig.] em situação de saída difícil ou impossível; *entregar a ~* render-se (Do gr. *spáthe*, «espada», pelo lat. *spatha-*, «id.»)

espadachim *n.m.* **1** aquele que combate com espada **2** duelista **3** brigão; fanfarrão (Do it. *spadaccino*, «id.»)

espadada *n.f.* golpe de espada; espadeirada (De *espada+-ada*)

espadagada *n.f.* ⇒ **espadeirada** (Part. pass. fem. subst. de *espadagar*)

espadagão *n.m.* {*aumentativo de* **espada**} espada grande (De *espada+g+-ão*)

espadagar *v.tr.* ⇒ **espadeirar** (De *espada+g+-ar*)

espadal *n.m.* BOTÂNICA ⇒ **espadeira** (De *espada+-al*)

espadana *n.f.* **1** veio de água **2** esguicho; jorro; repuxo que faz lembrar uma lâmina de espada **3** cauda de cometa **4** labareda; língua de fogo **5** barbatana **6** BOTÂNICA nome vulgar extensivo às plantas herbáceas, palustres, de folhas lineares, do género *Sparganium* (família das Esparganiáceas), espontâneas em Portugal; *ponto de ~* ponto de calda de açúcar que, ao cair, lembra uma lâmina ou fita (De *espada+-ana*)

espadanada *n.f.* **1** ato de espadanar **2** jato; jorro (De *espadana+-ada*)

espadana-das-searas *n.f.* BOTÂNICA planta monocotiledónea da família das Iridáceas, de flores com perianto róseo, espontânea no centro e no Sul de Portugal, também conhecida por crista-de-galo

espadana-dos-montes *n.f.* BOTÂNICA nome vulgar extensivo a umas plantas herbáceas da família das Iridáceas, espontâneas em quase todo o País

espadanal *n.m.* lugar onde crescem espadanas (De *espadana+-al*)

espadanar *v.tr.* **1** cobrir de espadanas ou de outras plantas **2** [regionalismo] espadelar ▪ *v.intr.* expelir ou sair em borbotões; jorrar (De *espadana+-ar*)

espadâneo *adj.* BOTÂNICA diz-se das folhas que se assemelham às da espadana (De *espadana+-eo*)

espadão *n.m.* espada grande e larga (De *espada+-ão*)

espadar *v.tr.* ⇒ **espadelar** (De *espada*, por *espadela+-ar*)

espadarrão *n.m.* ⇒ **espadão** (De *espada+-arrão*)

espadarte *n.m.* **1** ICTIOLOGIA peixe teleósteo, de grande porte, da família dos Xifiídeos, com focinho prolongado em espada, pouco frequente em Portugal, e também conhecido por agulha e peixe-agulha **2** ICTIOLOGIA peixe seláquio da família dos Pristídeos, raro em Portugal, também conhecido por peixe-serra (De *espada*?)

espadaúdo *adj.* que tem espáduas ou ombros largos (De *espádua+-udo*)

espadeira *n.f.* BOTÂNICA videira (ou as suas uvas) cultivada em Portugal, especialmente para vinhos verdes espumantes; espadal; espadeiro (De *espadeiro*)

espadeirada *n.f.* golpe com espada (Part. pass. fem. subst. de *espadeirar*)

espadeirão *n.m.* espada comprida e estreita (De *espadeira+-ão*)

espadeirar *v.tr.* **1** ferir com a espada **2** dar espadeiradas a; espadagar (De *espadeira+-ar*)

espadeiro *n.m.* **1** fabricante ou vendedor de espadas **2** o que maneja bem a espada; esgrimista **3** BOTÂNICA ⇒ **espadeira** (De *espada+-eiro*)

espadela *n.f.* **1** utensílio de madeira que serve para separar os tomentos do linho, batendo-o **2** remo comprido que é a cauda ou rabo de um barco (especialmente do rabelo do Douro) **3** podoa de madeira (Do lat. **spathella-*, por *spathŭla-*, dim. de *spatha-*, «espada»)

espadelada *n.f.* **1** ato de espadelar ou bater o linho para separar os tomentos **2** serão em que se espadela **3** reunião de pessoas para espadelar (Part. pass. fem. subst. de *espadelar*)

espadeladeira *n.f.* mulher que espadela; tasquinhadeira (De *espadelar+-deira*)

espadeladoiro *n.m.* ⇒ **espadeladouro**

espadelador *n.m.* **1** aquele que espadela **2** ⇒ **espadeladouro 1** (De *espadelar+-dor*)

espadeladouro *n.m.* **1** tábua ou cortiço onde se apoia a mão com o linho que se espadela **2** sítio onde se faz a espadelagem (De *espadelar+-douro*)

espadelagem *n.f.* ato de espadelar ou bater o linho para separar os tomentos (De *espadelar+-agem*)

espadelar *v.tr.* bater (o linho) com a espadela para separar os tomentos; tascar; tasquinhar; estomentar (De *espadela+-ar*)

espadeleiro *n.m.* homem que manobra a espadela (remo) nos barcos rabelos do Douro (De *espadela+-eiro*)

espadice *n.m.* **1** BOTÂNICA espiga de flores nuas dispostas num eixo carnoso, em geral envolvida por uma grande bráctea (espata) **2** ZOOLOGIA órgão do aparelho genital de alguns moluscos (Do gr. *spádix*, «ramo de árvore», pelo lat. *spadīce-*, «ramo de palmeira»)

espadíceo *adj.* relativo ou semelhante ao espadice (De *espadice+-eo*)

espadilha *n.f.* **1** (cartas) ás de espadas **2** ICTIOLOGIA peixes de duas espécies da família dos Clupeídeos, que aparecem em Portugal frequentemente, de mistura com a sardinha (Do cast. *espadilla*, «espada pequena»)

espadilheiro *n.m.* ⇒ **espadeleiro** (De *espadilha+-eiro*)

espadim *n.m.* **1** espada curta e estreita, geralmente aparatosa **2** antiga moeda portuguesa (De *espada+-im*)

espádua *n.f.* **1** ANATOMIA região que corresponde à omoplata; ombro **2** ANATOMIA (quadrúpedes) região correspondente à cintura escapular (Do lat. *spathŭla-*, «id.»)

espaduar *v.tr.* deslocar a espádua a ▪ *v.intr.* ficar com a espádua distendida ou deslocada (De *espádua+-ar*)

espagírica *n.f.* antiga designação da química ou da alquimia (Do gr. *spáein*, «extrair» *+ageírein*, «reunir», pelo lat. cient. *spagyrica-*, «ciência da alquimia»)

espairecer *v.tr.,intr.* afastar(-se) de preocupações; distrair(-se); entreter(-se) (De *es-+pairar+-ecer*)

espairecimento *n.m.* **1** ato de espairecer **2** distração; recreio (De *espairecer+-mento*)

espalda *n.f.* **1** espádua **2** (fortaleza) saliência no flanco de um bastião **3** *pl.* costas **4** *pl.* encosto de cadeira (Do lat. *spathŭla-*, dim. de *spatha-*, «espada», com met.)

espaldão *n.m.* **1** anteparo de uma fortificação **2** entrincheiramento destinado a servir de local de tiro a uma arma (De *espalda+-ão*)

espaldar *n.m.* **1** aparelho de ginástica preso à parede, constituído por traves horizontais, geralmente de madeira, utilizado para exercícios de suspensão e de apoio **2** costas da cadeira **3** peça da armadura que protegia as costas (De *espalda+-ar*)

espaldear *v.tr.* **1** fazer retroceder **2** (mar) investir contra os flancos de um navio (De *espalda+-ear*)

espaldeira *n.f.* **1** pano para cobrir o espaldar **2** renque de árvores cujos ramos cobrem parte de um muro ou parede (De *espalda+-eira*)

espaldeirar *v.tr.* [pop.] ⇒ **espadeirar** ▪ *v.pron.* partir a espádua (De *espaldeirar*)

espaldeta /ê/ *n.f.* **1** pequena espalda **2** volta que o ombro dá quando o cavaleiro torce o corpo na sela (De *espalda+-eta*)

espalha *n.m.* indivíduo falador, estouvado, alegre, doidivanas (Deriv. regr. de *espalhar*)

espalha-brasas *n.2g.2n.* pessoa estouvada, alegre, faladora (De *espalhar+brasas*)

espalhada *n.f.* **1** ato de espalhar **2** bulício; balbúrdia; espalhafato **3** falatório **4** gabarolice (Part. pass. subst. de *espalhar*)

espalhadeira *n.f.* ⇒ **espalhadoura**
espalhado *adj.* 1 alargado 2 divulgado 3 que tem grandes intervalos 4 limpo de palha ■ *n.m.* ⇒ **espalhada** (Part. pass. de *espalhar*)
espalhadoira *n.f.* ⇒ **espalhadoura**
espalhador *adj.* que espalha ■ *n.m.* 1 aquele que espalha 2 peça que espalha a chama nos fogões a gás e nos fogareiros a petróleo (De *espalhar*+*-dor*)
espalhadoura *n.f.* utensílio com que se abre, separa e carrega a palha; forquilha (De *espalhar*+*-doura*)
espalhafatão *adj.* que faz grande espalhafato (De *espalhafatar*+*-ão*)
espalhafatar *v.intr.* fazer espalhafato; alardear (De *espalhafato*+*-ar*)
espalhafato *n.m.* 1 aparato vão e ruidoso; ostentação 2 desordem; barulho; confusão (De orig. obsc.)
espalhafatoso /ô/ *adj.* 1 que faz espalhafato 2 feito com espalhafato 3 extravagante (De *espalhafato*+*-oso*)
espalhagar *v.tr.* [regionalismo] limpar (o trigo) da palha (De *es*-+*palha*+*g*+*-ar*)
espalhamento *n.m.* 1 ato ou efeito de espalhar ou espalhar-se 2 dispersão 3 derramamento 4 divulgação (De *espalhar*+*-mento*)
espalhanço *n.m.* 1 [pop.] fracasso; estenderete 2 [acad.] mau aproveitamento num exame 3 [pop.] trambolhão aparatoso (De *espalhar*+*-anço*)
espalhar *v.tr.* 1 separar da palha (o grão dos cereais) 2 fazer alastrar; dispersar 3 soltar; desprender 4 tornar público; divulgar ■ *v.pron.* 1 alastrar-se; difundir-se 2 divulgar-se; propagar-se 3 atrapalhar-se; meter os pés pelas mãos 4 [pop.] estender-se; estatelar-se 5 [acad.] ter mau resultado num exame; reprovar ■ *v.intr.* 1 espairecer 2 cessar de chover (De *es*-+*palha*+*-ar*)
espalho *n.m.* [pop.] passeio; distração; espairecimento (Deriv. regr. de *espalhar*)
espalmado *adj.* 1 chato; plano 2 raso 3 reduzido a lâmina (Part. pass. de *espalmar*)
espalmador *adj.,n.m.* que ou o que espalma (De *espalmar*+*-dor*)
espalmar *v.tr.* 1 tornar chato ou plano como a palma da mão 2 alisar 3 limpar o casco de (navio) (De *es*-+*palma*+*-ar*)
espampanante *adj.2g.* 1 que dá nas vistas; espalhafatoso 2 extravagante (De *Spampani*, antr., amazona acrobata que se exibiu em Lisboa nos fins do séc. XVIII +*-ante*)
espanação *n.f.* ato de espanar ou limpar o pó com espanador (De *espanar*+*-ção*)
espanadela *n.f.* 1 ato de espanar 2 limpadela do pó (De *espanar*+*-dela*)
espanado *adj.* 1 limpo do pó 2 [pop.] (veículo motorizado) a grande velocidade; *andar de mãos espanadas* andar sem fazer nada, andar de mãos a abanar (Part. pass. de *espanar*)
espanador *n.m.* espécie de vassoura pequena feita de penas, tiras de pano ou outro material, com que se limpa o pó (De *espanar*+*-dor*)
espanar *v.tr.* limpar do pó com o espanador; espanejar (De *es*-+*pano*+*-ar*)
espanascar *v.tr.* limpar (terreno) do panasco (De *es*-+*panasco*+*-ar*)
espancador *adj.,n.m.* 1 que ou aquele que espanca 2 desordeiro; brigão (De *espancar*+*-dor*)
espancamento *n.m.* ato ou efeito de espancar; agressão física violenta por meio de socos, pontapés, etc. (De *espancar*+*-mento*)
espancar *v.tr.* 1 agredir violentamente com socos, pontapés, etc.; bater 2 [fig.] afugentar (o sono ou o frio) ■ *v.pron.* [Cabo Verde] ir de encontro a; embater contra; ir parar a (De *es*-+*panca*+*-ar*)
espandongar *v.tr.* esfrangalhar; retalhar 2 amachucar (De orig. obsc.)
espanéfico *adj.* 1 [pop.] afetado 2 [pop.] garrido (De orig. obsc.)
espanejador *adj.,n.m.* que ou aquele que espaneja; espanador (De *espanejar*+*-dor*)
espanejar *v.tr.* limpar com espanador; espanar ■ *v.pron.* sacudir o pó das asas (a galinha) (De *espanar*+*-ejar*)
espanhol *adj.* relativo ou pertencente a Espanha ■ *n.m.* 1 natural de Espanha 2 língua românica falada em Espanha e em alguns países da América Latina; castelhano ORNITOLOGIA ⇒ **abelharuco** (Do lat. *hispaniōlu-, dim. de *hispānu*-, «hispano»)
espanholada *n.f.* 1 dito, frase, música, etc., próprio de espanhóis 2 fanfarronada 3 hipérbole (De *espanhol*+*-ada*)
espanholado *adj.* 1 semelhante a espanhol 2 próprio de espanhol (De *espanhol*+*-ado*)

espanholar *v.tr.* 1 fazer ou dizer ao modo dos espanhóis 2 dar feição espanhola a ■ *v.intr.* gabar-se de façanhas pouco verosímeis (De *espanhol*+*-ar*)
espanholismo *n.m.* 1 afeição à Espanha 2 costume espanhol 3 ⇒ **castelhanismo** (De *espanhol*+*-ismo*)
espanholizar *v.tr.* 1 dar feição espanhola a 2 fazer ou dizer ao modo dos espanhóis; espanholar (De *espanhol*+*-izar*)
espanquear *v.tr.* ⇒ **espancar** *v.tr.* (De *es*-+*panca*+*-ear*)
espantadiço *adj.* 1 que se espanta com facilidade; assustadiço 2 arisco (De *espantar*+*-diço*)
espantado *adj.* 1 admirado; atónito 2 maravilhado 3 assustado 4 que fugiu assustado 5 HERÁLDICA diz-se dos animais representados empinados e não rampantes (Part. pass. de *espantar*)
espantador *adj.,n.m.* que ou aquele que espanta (De *espantar*+*-dor*)
espanta-espíritos *n.m.* objeto constituído por tubos de metal ou de madeira, suspensos por fios, que produzem som ao serem agitados pela deslocação do ar, e que habitualmente se pendura no exterior ou na entrada de uma casa
espantalho *n.m.* 1 figura ou qualquer objeto que se usa para afugentar os pássaros das searas, árvores, eiras, etc. 2 [fig.] pessoa disforme e maltrapilha; estafermo 3 [regionalismo] pau com um lenço na ponta, usado na pesca do polvo (De *espantar*+*-alho*)
espanta-lobos *n.m.2n.* 1 BOTÂNICA planta leguminosa com propriedades purgativas 2 [fig.] indivíduo estouvado 3 [fig.] tagarela (De *espantar*+*lobo*)
espanta-pardais *n.m.2n.* 1 figura ou qualquer objeto que se usa para afugentar os pássaros das searas, árvores, eiras, etc. 2 [fig.] pessoa disforme e maltrapilha; estafermo
espantar *v.tr.* 1 causar espanto, assombro, admiração a 2 afugentar; enxotar 3 atemorizar ■ *v.pron.* 1 ficar muito admirado 2 fugir atemorizado; *~ a caça* perder uma oportunidade, fazer gorar uma iniciativa (Do lat. vulg. *espaventāre, do lat. cl. *expavēre*, «recear muito»)
espanta-ratos *n.m.2n.* pessoa que faz grande espalhafato por um motivo fútil; bravateiro (De *espantar*+*rato*)
espantável *adj.2g.* 1 que se pode espantar 2 que provoca espanto; espantoso (De *espantar*+*-vel*)
espanto *n.m.* 1 ato ou efeito de espantar ou espantar-se 2 medo excessivo 3 assombro; pasmo; surpresa 4 perturbação; desassossego 5 maravilha (Deriv. regr. de *espantar*)
espantoso /ô/ *adj.* 1 que causa espanto 2 medonho; assombroso 3 incrível; extraordinário 4 enorme (De *espanto*+*-oso*)
espapaçado *adj.* 1 que tem o aspeto ou a consistência de papas 2 esparramado 3 amolecido 4 desenxabido 5 [fig.] abatido; desmoralizado; derreado (Part. pass. de *espapaçar*)
espapaçar *v.tr.* 1 dar a forma ou a consistência de papas a 2 amolecer 3 alastrar ■ *v.pron.* 1 tornar-se mole 2 tornar-se insípido, desengraçado (De *es*-+*papa*+*-aça*+*-ar*)
espaparrado *adj.* ⇒ **espapaçado**
esparadrapo *n.m.* 1 tira de tecido untada com unguento ou emplastro, aplicada sobre as feridas para as tratar 2 [Brasil] ⇒ **adesivo** (Do it. ant. *sparadrappo*, «id.»)
esparavão *n.m.* VETERINÁRIA tumor ósseo (exostose) que se desenvolve na curva da perna, em especial nos solípedes; esparvão (Do frânc. *sparwun*, «pardal», pelo fr. ant. *esparvain*, hoje *éparvin*, «esparavão»)
esparavel *n.m.* 1 franja de cortinado 2 rede de pesca; tarrafa 3 tábua de aplicar a massa nos tetos 4 cobertura de leito; sobrecéu (Do cat. *esparaver*, «id.», pelo cast. *esparavel*, «id.»)
esparavela *elem.loc.adv.* [regionalismo] *à ~* em pelo; nu (De *esparavel*?)
esparavonado *adj.* que tem esparavão (tumor) (De *esparavão*+*-ado*)
esparceta /ê/ *n.m.* BOTÂNICA ⇒ **sanfeno**
esparceto /ê/ *n.m.* BOTÂNICA ⇒ **sanfeno** (Do fr. ant. *esparcette*, «id.», ou do prov. *esparset*, «id.»)
espardeque *n.m.* NÁUTICA pavimento, de construção ligeira, acima do convés, destinado a passageiros ou mercadorias leves (Do ing. *spardeck*)
esparela *n.f.* ORNITOLOGIA ⇒ **pernilongo** *n.m.* (De orig. obsc.)
espargal *n.m.* ⇒ **espargueira** (De *espargo*+*-al*)
Esparganiáceas *n.f.pl.* BOTÂNICA família de plantas monocotiledóneas, herbáceas, representada em Portugal pelas espadanas (De *espargânio*+*-áceas*)
espargânio *n.m.* BOTÂNICA planta herbácea, monocotiledónea, de folhas lineares e flores em glomérulos, vulgar em Portugal nos

espargata

lugares húmidos (Do lat. cient. *Sparganĭum*, «espargânio; espadana»)

espargata *n.f.* DESPORTO posição de ginástica acrobática e ballet em que as pernas se afastam lateralmente, em extensão, sobre o pavimento (Do it. *spacatta*, «id.»)

espargimento *n.m.* 1 ato ou efeito de espargir; aspersão 2 difusão (De *espargir*+-*mento*)

espargir *v.tr.* 1 derramar um líquido; aspergir 2 espalhar (Do lat. *spargĕre*, «espalhar»)

espargo *n.m.* BOTÂNICA planta do género *Asparagus*, da família das Liliáceas, espontânea, subespontânea e cultivada em Portugal, que produz rebentos carnosos, de forma longa e estreita, comestíveis depois de cozinhados; asparago; aspárago (Do gr. *aspáragos*, «espargo», pelo lat. *aspărăgu*-, «id.»)

espargueira *n.f.* terreno onde se cultivam espargos; espargal (De *espargo*+-*eira*)

esparguete *n.m.* CULINÁRIA massa de sêmola de trigo em forma de cilindros compridos e delgados (Do it. *spaghetti*, «id.»)

esparguta *n.f.* BOTÂNICA designação de uma planta herbácea da qual uma das variedades é utilizada como forragem, também conhecida por gorga (Do fr. *espargoutte*)

Espáridas *n.f.pl.* ICTIOLOGIA ⇒ **Esparídeos**

Esparídeos *n.m.pl.* ICTIOLOGIA família de peixes teleósteos bem representada na fauna marinha de Portugal (bogas, choupas, pargos, etc.) (Do gr. *spáros*, «brema; carpa», pelo lat. *sparu*-, «id.»)

esparra *n.f.* ato de esparrar; desparra (Deriv. regr. de *esparrar*)

esparralhar *v.tr.* espalhar; derramar ■ *v.pron.* 1 estatelar-se 2 esparrinhar-se (De *esparrar* × *espalhar?*)

esparramar *v.tr.* 1 dispersar 2 desordenar; desalinhar 3 derramar; entornar ■ *v.pron.* 1 estatelar-se 2 derramar-se; esparralhar-se (De *esparrar* × *derramar*)

esparrar *v.tr.* tirar parte das folhas às videiras; desparrar ■ *v.pron.* cair redondamente; estatelar-se (De *es*-+*parra*+-*ar*)

esparregado *n.m.* CULINÁRIA puré de couve nabiça ou galega servido como acompanhante (Part. pass. subst. de *esparregar*)

esparregar *v.tr.* fazer esparregado de (Do port. ant. *espárrego*, por *espargo*+-*ar*)

esparrela *n.f.* 1 armadilha para caçar pássaros 2 [fig.] logro; cilada; *cair na ~* ser logrado (De orig. obsc.)

esparrinhar *v.tr.,intr.* espalhar(-se) em salpicos (um líquido); espargir(-se) (De *esparrar*+-*inhar*)

esparsa *n.f.* poesia composta geralmente de versos de seis sílabas (De *esparso*)

esparso *adj.* 1 espalhado; disperso; solto 2 avulso (Do lat. *sparsu*-, «id.», part. pass. de *spargĕre*, «espalhar; dispersar»)

espartal *n.m.* terreno onde cresce o esparto (De *esparto*+-*al*)

espartano *adj.* 1 de Esparta, cidade da Grécia antiga 2 [fig.] austero; sóbrio ■ *n.m.* natural ou habitante de Esparta (Do lat. *spartănu*-, «id.»)

espartão *n.m.* tecido de esparto que se encosta aos fueiros para segurar a carga nos carros alentejanos (De *esparto*+-*ão*)

espartaria *n.f.* 1 oficina onde se fazem obras de esparto 2 objetos feitos de esparto (De *esparto*+-*aria*)

esparteína *n.f.* FARMÁCIA alcaloide extraído de uma giesta que serve de base a um produto utilizado em medicina, em especial como tónico cardíaco (Do lat. *spartĕu*-, «de esparto» +-*ina*)

esparteira *n.f.* BOTÂNICA ⇒ **esparto** (De *esparto*+-*eira*)

esparteiro *n.m.* fabricante ou vendedor de obras de esparto (De *esparto*+-*eiro*)

espartejar *v.tr.* dividir em partes; esquartejar (De *es*-+*parte*+-*ejar*)

espartenhas /ê/ *n.f.pl.* alpercatas feitas de esparto (Do cast. *esparteñas*, «id.»)

espartilhar *v.tr.* 1 apertar (a cintura) com espartilho 2 apertar muito; comprimir ■ *v.pron.* [fig.] empertigar-se (De *espartilho*+-*ar*)

espartilheiro *n.m.* fabricante ou negociante de espartilhos (De *espartilho*+-*eiro*)

espartilho *n.m.* espécie de cinta que vai das ancas até abaixo dos seios, com ilhós por onde passam fios de seda longos que são puxados de forma a apertar ao máximo a cintura da mulher (De *esparto*+-*ilho*)

espartir *v.tr.* 1 esticar e desfiar com os dentes o linho que vem da roca para o fuso 2 estremar (De *es*-+*partir*)

esparto *n.m.* BOTÂNICA planta herbácea, da família das Gramíneas, espontânea no Algarve, muito utilizada na indústria de capachos, cordas, esteiras, etc.; esparteira (Do gr. *spártos*, «esparto», pelo lat. *spartu*-, «id.»)

esparvadiço *adj.* assustadiço; espantadiço (De *esparvar*+-*diço*)

esparvão *n.m.* (tumor) ⇒ **esparavão** (De *esparavão*)

esparvar *v.tr.* 1 espantar 2 assustar; amedrontar (De *es*-+*parvo*+-*ar*)

esparvonado *adj.* ⇒ **esparavonado** (De *esparvão*+-*ado*)

esparzeta /ê/ *n.f.* BOTÂNICA ⇒ **sanfeno** (De *esparceta*)

esparzir *v.tr.* ⇒ **espargir** (De *espargir*)

espasmar *v.tr.* causar espasmo a ■ *v.intr.* cair em espasmo (De *espasmo*+-*ar*)

espasmo *n.m.* 1 MEDICINA contração involuntária e convulsiva dos músculos 2 [fig.] êxtase (Do gr. *spasmós*, «espasmo; convulsão», pelo lat. *spasmu*-, «id.»)

espasmódico *adj.* relativo ao espasmo ou da sua natureza (Do gr. *spasmós*, «convulsão; espasmo», pelo lat. med. *spasmodĭcu*-, «id.»)

espasmofilia *n.f.* MEDICINA estado que se traduz numa grande excitabilidade dos nervos periféricos, que dá origem a espasmos e outros problemas (Do lat. *spasmu*-+gr. *philia*)

espasmolítico *adj.,n.m.* FARMÁCIA ⇒ **antiespasmódico** (Do gr. *spasmós*, «espasmo» +*lytós*, «que pode ser dissolvido» +-*ico*)

espasmologia *n.f.* 1 MEDICINA estudo dos espasmos 2 MEDICINA tratado sobre os espasmos (De *espasmo*+-*logia*)

espasmológico *adj.* relativo à espasmologia (De *espasmologia*+-*ico*)

espata *n.f.* BOTÂNICA grande bráctea situada na base de uma inflorescência, como no espadice do jarro, nas palmeiras, etc. (Do gr. *spáthe*, «envoltório das flores da palmeira», pelo lat. *spatha*-, «espátula»)

espatáceo *adj.* 1 parecido com a espata ou relativo a ela 2 contido numa espata (De *espata*+-*áceo*)

espatário *n.m.* 1 gladiador 2 soldado do corpo da guarda dos soberanos bizantinos (Do lat. *spatharĭu*-, «guarda armado de espada»)

espatela *n.f.* espátula de madeira ou vidro com que se abaixa a língua para observar a garganta (Do lat. **spathella*-, por *spathŭla*-, dim. de *spatha*-, «espada»)

espatifar *v.tr.* 1 fazer em pedaços; retalhar; dividir 2 dar cabo de; estragar 3 [fig.] dissipar (Do lat. *ex*-+*patefacĕre*, «abrir; desvendar»)

espatilha *n.f.* NÁUTICA cabo ou corrente com que se suspendia a âncora (De orig. obsc.)

espatilhar *v.tr.* NÁUTICA levar e amarrar (uma âncora de cepo) na amurada do navio (De *espatilha*+-*ar*)

espato *n.m.* MINERALOGIA designação extensiva a alguns minerais de clivagem perfeita, como o carbonato de cálcio hialino (espato de Islândia), sulfato de bário (espato-pesado), etc. (Do al. *Spat*, «espato», pelo fr. *spath*, «id.»)

espátula *n.f.* 1 espécie de faca sem gume de madeira, metal ou outro material, utilizada para cortar papel, espalmar ou amolecer preparações farmacêuticas, e em trabalhos de estucador, culinária, etc. 2 instrumento usado para o abaixamento da língua durante a observação da orofaringe 3 MÚSICA extremidade das chaves dos instrumentos de sopro acionadas pelos dedos quando se toca (Do lat. *spathŭla*-, «espátula»)

espatulado *adj.* em forma de espátula (De *espátula*+-*ado*)

espaventado *adj.* 1 espantado; assustado 2 [fig.] vaidoso (Part. pass. de *espaventar*)

espaventar *v.tr.* 1 causar espavento a; espantar 2 assustar; assombrar ■ *v.pron.* 1 espantar-se 2 engalanar-se; ensoberbecer-se (De *espavento*+-*ar*)

espavento *n.m.* 1 espanto 2 susto 3 [fig.] luxo ostentoso; pompa (Do it. *spavento*, «espanto»)

espaventoso /ô/ *adj.* 1 que espaventa 2 aparatoso 3 deslumbrante 4 soberbo; espetaculoso (De *espavento*+-*oso*)

espavorecer *v.tr.* causar pavor a; aterrorizar ■ *v.pron.* amedrontar-se; apavorar-se (De *es*-+*pavor*+-*ecer*)

espavorir *v.tr.,pron.* ⇒ **espavorecer** (De *es*-+*pavor*+-*ir*)

espavorizar *v.tr.,pron.* ⇒ **espavorecer** (De *es*-+*pavor*+-*izar*)

especado *adj.* 1 que está sustentado por estacas ou espeques 2 que está direito como um espeque; firme 3 [fig.] parado; imóvel 4 [fig.] apalermado (Part. pass. de *especar*)

especar *v.tr.* segurar com espeques ou estacas; estear; apoiar ■ *v.intr.* ficar parado; estacar (De *espeque*+-*ar*)

espeçar *v.tr.* tornar uma peça de marcenaria mais comprida, adicionando-lhe outra longitudinalmente (De *es*-+*peça*+-*ar*)

especiação *n.f.* BIOLOGIA formação de novas espécies, que ocorre quando uma população se separa em populações, em que intervêm processos de diversificação genética e de multiplicação

especial *adj.2g.* 1 característico 2 exclusivo; particular 3 excelente 4 distinto 5 destinado a um fim particular 6 referente a uma espécie (Do lat. *speciāle-*, «id.»)

especialidade *n.f.* 1 qualidade do que é especial; particularidade 2 coisa superior 3 trabalho ou profissão a que alguém se dedica particularmente 4 pormenorização 5 área específica dentro de um ramo mais vasto da ciência ou da técnica 6 FARMÁCIA medicamento de composição e nome registados 7 CULINÁRIA prato típico de uma região, de um restaurante ou de um cozinheiro (Do lat. tard. *specialitāte-*, «id.»)

especialista *adj.,n.2g.* que ou pessoa que é especializada em determinada profissão ou trabalho; perito (De *especial*+*-ista*)

especialização *n.f.* 1 ato ou efeito de especializar ou de se especializar; particularização 2 estudo aprofundado de um ramo específico da ciência ou da técnica 3 menção especial (De *especializar*+*-ção*)

especializado *adj.* 1 que se especializou em qualquer arte ou ciência 2 que é relativo a uma área específica (Part. pass. de *especializar*)

especializar *v.tr.* 1 tornar especial 2 particularizar 3 distinguir ■ *v.pron.* dedicar-se a uma especialidade (De *especial*+*-izar*)

especialmente *adv.* 1 de modo especial 2 particularmente (De *especial*+*-mente*)

especiaria *n.f.* planta aromática usada para condimentar alimentos ou bebidas (De *espécie*+*-aria*)

espécie *n.f.* 1 qualidade ou caso particular 2 casta 3 sorte 4 índole 5 aparência 6 especiaria 7 BIOLOGIA grupo taxionómico (categoria sistemática) basilar na ciência da classificação, que é um grupo de seres vivos muito semelhantes e capazes de se reproduzir entre si, produzindo indivíduos tão parecidos uns com os outros como os seus progenitores 8 FILOSOFIA objeto imediato do conhecimento sensível, considerado como realidade intermediária entre o conhecimento e a realidade conhecida; *caso de* ~ caso particular (por oposição a caso típico); *fazer* ~ causar certa impressão, causar estranheza (Do lat. *specĭe-*, «vista de olhos; aspeto»)

especieiro *n.m.* 1 vendedor de especiarias 2 merceeiro (De *espécie*, por *especiaria*+*-eiro*)

especificação *n.f.* 1 ato ou efeito de especificar 2 discriminação 3 pormenorização (De *especificar*+*-ção*)

especificadamente *adv.* 1 discriminadamente 2 minuciosamente (De *especificado*+*-mente*)

especificado *adj.* distinto; discriminado (Do lat. med. *specificātu-*, «id.», part. pass. de *specificāre*, «especificar»)

especificador *adj.,n.m.* que ou aquele que especifica (De *especificar*+*-dor*)

especificar *v.tr.* 1 indicar a espécie de 2 particularizar 3 mencionar (Do lat. med. *specificāre*, «id.»)

especificativo *adj.* que serve para especificar (Do lat. med. *specificatīvu-*, «id.»)

especificidade *n.f.* propriedade intrínseca de algo ou alguém, que lhe confere um carácter único e distinto; qualidade de específico; ~ *dos sentidos* facto de a qualidade de uma sensação depender do órgão impressionado e não da qualidade do estímulo (De *específico*+*-i-*+*-dade*)

específico *adj.* 1 relativo à espécie 2 especial; exclusivo; característico; *calor* ~ FÍSICA quantidade de calor necessário para elevar um grau centesimal a temperatura da unidade de massa de uma substância; *ionização específica* número total de pares de iões produzidos por centímetro pela passagem de uma partícula carregada através da matéria; *massa específica* massa da unidade de volume de uma substância; *resistência específica* resistência elétrica de um bloco de material de comprimento e superfície de secção unitários; *volume* ~ FARMÁCIA volume da unidade de massa de uma substância (recíproco da massa específica), fármaco com função específica (Do lat. *specifĭcu-*, «id.»)

espécime *n.m.* amostra; exemplo; modelo; exemplar (Do lat. *specĭmen*, «prova; índice»)

espécimen *n.m.* ⇒ **espécime**

especione /ô/ *n.m.* CULINÁRIA [pop.] bolo de farinha, ovos e açúcar (Do it. *spezione*, «id.»)

especiosidade *n.f.* qualidade do que é especioso; gentileza; formosura (Do lat. *speciositāte-*, «beleza»)

especioso /ô/ *adj.* 1 que tem boa aparência 2 mimoso; delicado 3 enganoso; ilusório (Do lat. *speciōsu-*, «belo»)

espectacular ver nova grafia espetacular
espectacularidade ver nova grafia espetacularidade
espectacularmente ver nova grafia espetacularmente
espectáculo ver nova grafia espetáculo
espectaculosidade ver nova grafia espetaculosidade
espectaculoso ver nova grafia espetaculoso

espectador *adj.,n.m.* que ou quem assiste a um espetáculo; observador; testemunha (Do lat. *spectatōre-*, «id.») ACORDO ORTOGRÁFICO também se pode escrever **espetador**

espectar *v.tr.* observar; desfrutar (Do lat. *spectāre*, «olhar; observar»)

espectável *adj.2g.* digno de ser visto; notável (Do lat. *spectabĭle-*, «visível»)

espectral a grafia mais usada é **espetral**
espectro a grafia mais usada é **espetro**
espectrofotometria a grafia mais usada é **espetrofotometria**
espectrofotómetro a grafia mais usada é **espetrofotómetro**
espectrografia a grafia mais usada é **espetrografia**
espectrógrafo a grafia mais usada é **espetrógrafo**
espectrograma a grafia mais usada é **espetrograma**
espectrologia a grafia mais usada é **espetrologia**
espectrometria a grafia mais usada é **espetrometria**
espectrómetro a grafia mais usada é **espetrómetro**
espectroscopia a grafia mais usada é **espetroscopia**
espectroscópio a grafia mais usada é **espetroscópio**
espectroscopista a grafia mais usada é **espetroscopista**

especulação *n.f.* 1 ato ou efeito de especular 2 investigação do ponto de vista teórico; indagação intelectual alheia à experiência; exame; estudo 3 ECONOMIA operação comercial que visa obter lucros exagerados ou pouco legítimos 4 [fig.] exploração ardilosa; engano (Do lat. *speculatiōne-*, «observação; espionagem»)

especulador *adj.,n.m.* que ou aquele que especula (Do lat. *speculatōre-*, «observador»)

especular¹ *v.tr.* 1 fazer suposições; conjeturar 2 averiguar; investigar 3 observar com atenção 4 aproveitar-se de (situação) no próprio interesse ■ *v.intr.* negociar com especulação (Do lat. *speculāre*, por *speculāri*, «observar; espiar»)

especular² *adj.2g.* relativo a espelho ou a certos minerais que têm lâminas que refletem a luz como um espelho; *alucinação* ~ MEDICINA alucinação visual em que o indivíduo perceciona a sua própria imagem como num espelho (Do lat. *speculāre-*, «de espelho»)

especulativa *n.f.* 1 faculdade de especular 2 teoria (De *especulativo*)

especulativo *adj.* 1 que tem o carácter de especulação 2 teórico 3 interesseiro 4 FILOSOFIA relativo a objetos inacessíveis à experiência (Do lat. *speculatīvu-*, «id.»)

espéculo *n.m.* MEDICINA instrumento médico com que se observam certas cavidades do corpo (vagina, ouvidos, etc.) (Do lat. *specŭlu-*, «espelho»)

espedaçar *v.tr.,pron.* [pop.] ⇒ **despedaçar** (De *es-*+*pedaço*+*-ar*)

espedida *n.f.* [pop.] ⇒ **despedida** (Part. pass. fem. subst. de *espedir*)

espedir *v.tr.* [pop.] ⇒ **despedir** *v.tr.* ■ *v.intr.* [regionalismo] estar moribundo (Do lat. *expedīre*, «desembaraçar»)

espedregar *v.tr.* limpar das pedras (terreno) (De *es-*+*pedra*+*g*+*-ar*)

espeleologia *n.f.* estudo geográfico da formação das cavernas, grutas, fontes e águas subterrâneas, e da sua origem e e evolução (Do gr. *spélaion*, «caverna» +*lógos*, «estudo» +*-ia*)

espeleológico *adj.* pertencente ou relativo à espeleologia
espeleologista *n.2g.* ⇒ **espeleólogo**
espeleólogo *n.m.* o que se dedica à espeleologia (Do gr. *spélaion*, «caverna» +*lógos*, «estudo»)

espelhação *n.f.* ⇒ **espelhamento** (De *espelhar*+*-ção*)

espelhagem *n.f.* 1 ato ou efeito de refletir a imagem de alguém ou de alguma coisa; espelhamento 2 aplicação (a um vidro) de uma camada ou película refletora de imagens, transformando-o em espelho; transformação em espelho (De *espelhar*+*-agem*)

espelhamento *n.m.* ato ou efeito de espelhar ou espelhar-se (De *espelhar*+*-mento*)

espelhante *adj.2g.* ⇒ **espelhento** (De *espelhar*+*-ante*)

espelhar *v.tr.* 1 tornar liso e polido como um espelho 2 refletir como um espelho 3 revestir com espelhos 4 retratar; mostrar; revelar ■ *v.pron.* 1 refletir-se como num espelho 2 ter como modelo; rever-se 3 patentear-se; revelar-se (De *espelho*+*-ar*)

espelharia *n.f.* oficina ou loja de espelhos (De *espelho*+*-aria*)

espelheiro *n.m.* aquele que fabrica ou vende espelhos (De *espelho*+*-eiro*)

espelhento *adj.* 1 que reflete como um espelho; espelhante 2 brilhante; polido 3 claro (De *espelho*+*-ento*)

espelhim n.m. espécie de gesso cristalino, de aparência lustrosa (De *espelho*+-*im*)

espelho /ê/ n.m. **1** superfície altamente polida para produzir reflexão regular dos raios luminosos e das imagens dos objetos **2** lâmina de vidro ou cristal, geralmente prateada na parte posterior, utilizada como refletor da luz ou para observação de imagens **3** parte vertical do degrau de uma escada **4** chapa que remata exteriormente o buraco da fechadura **5** tábua saliente na face de uma porta **6** MÚSICA abertura no tampo harmónico de certos instrumentos de corda para dar ressonância **7** variedade de maçã (grande) **8** NÁUTICA passageiro que se faz nos toldos e nas velas para tapar pequenos buracos **9** [fig.] tudo o que revela ou reproduz **10** [fig.] exemplo; modelo (Do lat. *specŭlu*-, «id.»)

espelina n.f. BOTÂNICA planta brasileira da família das Cucurbitáceas, de caule trepador ou rastejante, cujo fruto tem propriedades medicinais (De orig. obsc.)

espeloteado adj. [Brasil] desmiolado; maluco

espelta n.f. BOTÂNICA espécie de trigo, de qualidade inferior, não cultivado em Portugal (Do lat. *spelta*-, «id.»)

espelunca n.f. **1** caverna; antro **2** casa imunda; alfurja **3** casa de jogo (Do lat. *spelunca*-, «caverna»)

espenda n.f. HIPISMO sítio da sela em que assenta a coxa do cavaleiro (Do lat. *expendĕre*, de *pendĕre*, «pender»?)

espenejar v.tr. ⇒ **espanejar** v.tr. ■ v.pron. (ave) sacudir-se do pó (De *es*-+*pena*+-*ejar*)

espenicar v.tr. **1** arrancar as penas a **2** [fig.] esmiuçar ■ v.pron. (ave) catar-se (De *es*-+*pena*+-*icar*)

espenifrar v.intr. ganhar no jogo do espenifre (De *espenifre*+-*ar*)

espenifre n.m. jogo antigo de cartas em que o duque de paus era a carta de maior valor (De orig. obsc.)

espenujar v.intr.,pron. (ave) sacudir as penas ■ v.tr. limpar com espanador; espanar (De *es*-+*penugem*+-*ar*)

espeque n.m. **1** estaca ou pau com que se esteia alguma coisa; escora **2** [fig.] amparo (Do hol. *spaecke*, «alavanca»)

espera¹ n.f. **1** ato ou efeito de esperar **2** demora **3** lugar em que se espera **4** cilada **5** peça de ferro ou madeira que serve para impedir o movimento em determinado sentido, de certos objetos, nomeadamente de rodas dentadas **6** espigão **7** estronca **8** antiga peça de artilharia **9** grau de prontidão operacional nas forças aéreas que antecede o estado de alerta (Derivação regressiva de *esperar*)

espera² n.f. **1** [Guiné-Bissau] traje feminino quando em estado de gravidez **2** [Guiné-Bissau] camisa grande para senhoras corpulentas; afeteré (Do crioulo guineense *spera*, «idem», de *espera* [=expectativa])

esperado adj. **1** que se espera; aguardado **2** desejado **3** MILITAR adiado (Part. pass. de *esperar*)

esperadoiro n.m. ⇒ **esperadouro**

esperador adj.,n.m. que ou aquele que espera (De *esperar*+-*dor*)

esperadouro n.m. lugar onde se espera (De *esperar*+-*douro*)

esperança n.f. **1** confiança em conseguir o que se deseja **2** RELIGIÃO virtude teologal que inclina a vontade a confiar na bondade e omnipotência divinas, e a esperar na vida eterna pelos méritos de Cristo **3** expectativa; espera; ~ *de vida* GEOGRAFIA número médio de anos que é esperado viver-se a partir do momento do nascimento, numa dada geração; *andar de esperanças* estar grávida (Do lat. *sperantĭa*, part. pres. neut. pl. subst. de *sperāre*, «esperar»)

esperançado adj. que tem esperança (Part. pass. de *esperançar*)

esperançar v.tr. **1** dar esperanças a **2** animar ■ v.pron. ter esperanças; confiar (De *esperança*+-*ar*)

esperançoso /ô/ adj. **1** que tem ou dá esperanças **2** que promete ser aquilo que se deseja; prometedor (De *esperança*+-*oso*)

esperantista n.2g. pessoa que se dedica à aprendizagem do esperanto (De *esperanto*+-*ista*)

esperanto n.m. idioma artificial inventado para facilitar a comunicação entre pessoas de línguas maternas diversas (deve-se ao polaco Zamenhof, que a elaborou em 1887, com base em radicais internacionais) (De *Esperanto*, pseudónimo de Zamenhof)

esperar v.tr. **1** estar à espera de (alguém, algo) **2** aguardar **3** ter esperança em **4** achar (algo) como provável; imaginar; supor **5** contar com ■ v.intr. **1** ficar à espera **2** manter-se em expectativa; ~ *por sapatos de defunto* esperar por uma coisa impossível, duvidosa ou difícil de obter (Do lat. *sperāre*, «esperar»)

esperável adj.2g. que se pode esperar; provável; presumível (Do lat. *sperabĭle*, «id.»)

esperdiçado adj.,n.m. ⇒ **desperdiçado** (Part. pass. de *esperdiçar*)

esperdiçador adj.,n.m. que ou aquele que esperdiça; dissipador (De *esperdiçar*+-*dor*)

esperdiçar v.tr. ⇒ **desperdiçar** (De *es*-+*perder*+-*içar*)

esperdício n.m. ⇒ **desperdício** (Deriv. regr. de *esperdiçar*)

espérgula n.f. BOTÂNICA planta herbácea da família das Cariofiláceas, de flores brancas, cultivada para servir de forragem verde para bovinos e considerada de grande utilidade por melhorar a secreção láctea das vacas (Do lat. *spergŭla*-, «id.»)

esperiega n.f. **1** BOTÂNICA variedade de macieira apreciada e muito cultivada em Portugal **2** maçã grande, saborosa e aromática produzida por esta macieira (Do cast. [*manzana*] *esperiega*, «id.»)

esperma n.m. líquido viscoso e esbranquiçado segregado pelos órgãos genitais masculinos e que contém os espermatozoides; líquido seminal; sémen (Do gr. *spérma*, «semente», pelo lat. *sperma*, «id.»)

espermacete /ê/ n.m. QUÍMICA substância branca extraída do cérebro dos cachalotes e empregada no fabrico de velas; cetina (Do lat. med. *spermaceti*, «semente de cetáceo», pelo it. *spermaceti*, «espermacete»)

espermácio n.m. BOTÂNICA gâmeta masculino (desprovido de órgãos locomotores), em especial das algas vermelhas (Do gr. *spermátion*, «semente pequena»)

espermáfitas n.f.pl. BOTÂNICA ⇒ **espermatófito** n.m.pl. (Do gr. *spérma*, «semente» +*phýton*, «planta»)

espermateca n.f. ⇒ **espermatoteca** (Do gr. *spérma*, -*atos* «semente» +*théke*, «depósito»)

espermático adj. do esperma ou a ele relativo; da natureza do esperma (Do gr. *spermatikós*, «relativo a semente»)

espermatídio n.m. BIOLOGIA cada uma das células, já em estado de maturação, que, por diferenciação, originam um espermatozoide (Do gr. *spérma*, -*atos*, «esperma» +-*ídio*)

espermatizar v.tr. **1** BIOLOGIA fecundar **2** BIOLOGIA (peixes) humedecer ou banhar (os ovos) com esperma (Do gr. *spérma*, -*atos*, «semente; esperma» +-*izar*)

espermatoblasto n.m. BIOLOGIA cada uma das células do testículo, que, na fase inicial da espermatogénese, originam os espermatogónios (Do gr. *spérma*, -*atos*, «esperma» +*blastós*, «gérmen»)

espermatocele n.f. MEDICINA ingurgitamento no aparelho genital masculino (Do gr. *spérma*, -*atos*, «esperma» +*kéle*, «tumor»)

espermatócito n.m. BIOLOGIA cada uma das células (citos) que, na espermatogénese, resultam do crescimento de um espermatogónio (espermatócito de 1.ª ordem), ou deste, depois de sofrer a redução cromática (espermatócito de 2.ª ordem) (Do gr. *spérma*, -*atos*, «esperma» +*kýtos*, «célula»)

espermatófita adj.,n.f.pl. BOTÂNICA ⇒ **espermatófito** (Do gr. *spérma*, -*atos*, «semente; esperma» +*phýton*, «planta»)

espermatófito adj. referente aos espermatófitos ■ n.m. espécime dos espermatófitos ■ n.m.pl. BOTÂNICA grande grupo (tipo) de plantas, as mais diferenciadas, caracterizadas por apresentarem arquídios, tubos traqueanos e sementes; fanerogâmicas

espermatóforo n.m. BIOLOGIA aparelho capsular onde os espermatozoides se acumulam e são transportados para os órgãos femininos (Do gr. *spérma*, -*atos*, «esperma» +*phorós*, «portador»)

espermatogénese n.f. BIOLOGIA conjunto dos fenómenos que, na gametogénese, dizem respeito à evolução formativa dos espermatozoides (Do gr. *spérma*, -*atos*, «esperma» +*génesis*, «produção»)

espermatogónio n.m. BIOLOGIA cada uma das células que, no início da espermatogénese, resultam da proliferação ativa dos espermatoblastos e vão originar espermatócitos (Do gr. *spérma*, -*atos*, «esperma» +*goné*, «procriação» +-*ia*)

espermatorreia n.f. MEDICINA emissão involuntária de sémen sem orgasmo (Do gr. *spérma*, -*atos*, «esperma» +*rhein*, «correr»)

espermatose n.f. secreção do esperma (Do gr. *spérma*, -*atos*, «esperma» +-*ose*)

espermatoteca n.f. ZOOLOGIA recetáculo do aparelho genital feminino de alguns animais, que armazena espermatozoides; espermateca (Do gr. *spérma*, -*atos*, «esperma» +*théke*, «depósito»)

espermatozoário n.m. ⇒ **espermatozoide 1** (Do gr. *spérma*, -*atos*, «esperma» +*zoárion*, «animalzinho»)

espermatozoide n.m. **1** BIOLOGIA célula móvel (gâmeta) dos machos animais que se produz nos testículos; espermatozoário **2** BOTÂNICA ⇒ **anterozoide** (Do gr. *spérma*, -*atos*, «esperma» +*zôon*, «animal» +*eîdos*, «forma»)

espermatozóide ver nova grafia espermatozoide

espermicida adj.2g. FARMÁCIA que destrói os espermatozoides ■ n.m. FARMÁCIA substância de uso contracetivo que destrói os espermatozoides (De *esperma*+-*cida*)

espermograma *n.m.* 1 MEDICINA análise de uma amostra de esperma com fim de estudar a fertilidade masculina 2 MEDICINA resultado dessa análise (Do gr. *spérma, -atos*, «esperma» +*-grama*)

espernear *v.intr.* 1 agitar as pernas repetidamente e com violência 2 [fig., coloq.] reclamar; barafustar; resmungar (De *es-*+*perna*+*-ear*)

espernegar *v.intr.,pron.* 1 cair de pernas para o ar; estatelar-se 2 espernear (De *espernear*)

espertador /ô/ *adj.,n.m.* que, aquele ou aquilo que esperta; despertador; excitador; estímulo (De *espertar*+*-dor*)

espertalhaço *n.m.* ⇒ **espertalhão** (De *esperto*+*-alho*+*-aço*)

espertalhão *n.m.* indivíduo astuto e malicioso; finório (De *esperto*+*-alhão*)

espertamento *n.m.* ato ou efeito de espertar; excitação; estímulo (De *espertar*+*-mento*)

espertar *v.tr.* 1 tornar esperto; avivar 2 acordar 3 animar; estimular; excitar 4 pôr de sobreaviso ■ *v.intr.* 1 sair do sono; acordar 2 tornar-se esperto; avivar-se; despertar (De *esperto*+*-ar*)

esperteza *n.f.* 1 qualidade de esperto 2 ato ou dito de pessoa esperta 3 vivacidade 4 manha; finura (De *esperto*+*-eza*)

espertina *n.f.* estado de desperto; insónia (De *esperto*+*-ina*)

espertinar *v.tr.,intr.* causar ou ter insónia; tirar ou perder o sono (De *espertina*+*-ar*)

esperto *adj.* 1 fino; astuto 2 acordado; ativo 3 agudo (Do lat. *expergĭtu-*, «id.», part. pass. de *expergēre*, «despertar»)

espescoçar *v.tr.* cavar em torno, mas à distância, da videira ■ *v.pron.* esticar muito o pescoço (De *es-*+*pescoço*+*-ar*)

espessamento *n.m.* ato ou efeito de espessar; engrossamento (De *espessar*+*-mento*)

espessante *adj.2g.* que tem a capacidade de tornar algo espesso ■ *n.m.* substância utilizada na indústria alimentar para tornar um líquido mais espesso ou conferir-lhe uma consistência gelatinosa

espessar *v.tr.,intr.,pron.* 1 tornar(-se) espesso; engrossar 2 tornar(-se) denso; condensar(-se) (Do lat. *spissāre*, «tornar espesso»)

espessidão *n.f.* ⇒ **espessura** (Do lat. *spissitudine-*, «condensação»)

espesso /ê/ *adj.* 1 denso; compacto; grosso 2 frondoso 3 opaco (Do lat. *spissu-*, «id.»)

espessura *n.f.* 1 qualidade do que é espesso 2 densidade; grossura 3 bosque cerrado (De *espesso*+*-ura*)

espetacular *adj.2g.* 1 que dá muito nas vistas; grandioso; aparatoso; ostentoso; espaventoso 2 [coloq.] excelente; muito bom; magnífico 3 [pop.] escandaloso (Do fr. *spectaculaire*, «id.»)

espetacularidade *n.f.* qualidade do que é espetacular; grandiosidade; ostentação (De *espectacular*+*-i-*+*-dade*)

espetacularmente *adv.* de modo espetacular; com espavento; com sensação (De *espectacular*+*-mente*)

espetáculo *n.m.* 1 tudo o que atrai o nosso olhar e a nossa atenção; cena 2 contemplação 3 representação teatral 4 diversão 5 [pop.] escândalo; *dar* ~ provocar escândalo (Do lat. *spectacŭlu-*, «id.»)

espetaculosidade *n.f.* qualidade do que é espetaculoso; espavento; grandiosidade (De *espectaculoso*+*-i-*+*-dade*)

espetaculoso /ô/ *adj.* que dá muito nas vistas; ostentoso; aparatoso; grandioso (De *espectáculo*+*-oso*)

espetada *n.f.* 1 ato de espetar 2 golpe com espeto 3 CULINÁRIA pedaços de carne ou de peixe alternados geralmente com legumes, que se enfiam em espetos metálicos para serem cozinhados na brasa ou na chapa (Part. pass. fem. subst. de *espetar*)

espetadela *n.f.* 1 ato ou efeito de espetar ou de se espetar; espetada; picada 2 [pop.] mau êxito num negócio; entaladela (De *espetar*+*-dela*)

espetador a grafia mais usada é espectador

espetanço *n.m.* 1 prejuízo ou mau êxito num negócio; logro 2 lição má; estenderete (De *espetar*+*-anço*)

espetão *n.m.* 1 ferro em forma de anzol com que se tira o cadinho da forja 2 ferro para desfazer os revestimentos de argila e areia no interior das formas de fundição (De *espeto*+*-ão*)

espetar *v.tr.* 1 ferir com espeto 2 trespassar; cravar; enterrar 3 [fig.] pungir; torturar 4 [fig.] prejudicar; comprometer ■ *v.pron.* 1 ficar espetado 2 ferir-se com espeto; picar-se 3 [fig.] comprometer-se; entalar-se 4 [fig.] fazer má figura (De *espeto*+*-ar*)

espetarrado *adj.* 1 muito atento 2 (olhar) muito fixo (De *espetado* × *marrado?*)

espeteira *n.f.* gancho, nos armários, para pendurar carne, vasilhas, etc. (De *espetar*+*-eira*)

espeto /ê/ *n.m.* 1 haste de ferro ou pau em que se enfia carne, peixe, etc. para assar 2 pau aguçado numa das extremidades 3 [fig.] pessoa alta e muito magra 4 incómodo; aborrecimento (Do germ. *speuta*, «espeto»)

espetral *adj.2g.* 1 relativo a espetro 2 [fig.] fantástico; *análise* ~ QUÍMICA processo de análise físico-química que se fundamenta no estudo dos espetros (De *espectro*+*-al*) ACORDO ORTOGRÁFICO também se pode escrever espectral

espetro *n.m.* 1 suposta visão de uma pessoa já falecida; fantasma; aparição 2 FÍSICA resultado da dispersão, por um prisma ou uma rede de difração, de qualquer radiação composta nas suas radiações simples 3 aparência falsa ou enganadora; ilusão 4 [fig.] pessoa esguia e magra 5 [fig.] aquilo que representa uma ameaça 6 aplicação; alcance; ~ *contínuo* FÍSICA espetro no qual a radiação se distribui numa gama aparentemente contínua de comprimentos de onda devido a radiação emitida por moléculas excitadas; ~ *de absorção* FÍSICA riscas ou bandas observadas, para certos comprimentos de onda, em resultado da absorção de radiação eletromagnética por átomos, moléculas, iões ou radicais; ~ *de emissão* FÍSICA riscas ou bandas observadas, para certos comprimentos de onda, em resultado da excitação de átomos ou de moléculas; ~ *de riscas* FÍSICA espetro no qual a radiação é limitada a um número discreto de comprimentos de onda que aparecem como riscas bem definidas num espetroscópio; ~ *magnético* FÍSICA disposição que toma a limalha de ferro quando se deixa cair num cartão sobreposto aos polos de um íman (Do lat. *spectru-*, «visão») ACORDO ORTOGRÁFICO também se pode escrever espectro

espetrofotometria *n.f.* 1 FÍSICA ciência que trata da medida das intensidades relativas das componentes de frequências diferentes no espetro de uma fonte luminosa 2 método físico-químico de análise química fundamentado na utilização de espetros de absorção (De *espectrofotómetro*+*-ia*) ACORDO ORTOGRÁFICO também se pode escrever espectrofotometria

espetrofotómetro *n.m.* FÍSICA instrumento usado em espetrofotometria; instrumento para observação ou para registo de espetros de absorção (Do lat. *spectru-*, «visão»+gr. *phôs, photós*, «luz» +*métron*, «medida») ACORDO ORTOGRÁFICO também se pode escrever espectrofotómetro

espetrografia *n.f.* FÍSICA fotografia dos espetros de radiações (De *espectro-*+*-grafia*) ACORDO ORTOGRÁFICO também se pode escrever espectrografia

espetrografo *n.m.* FÍSICA aparelho constituído por um colimador, um prisma e uma câmara fotográfica que possibilita o registo fotográfico de um espetro nas regiões visível e ultravioleta e também no infravermelho; ~ *de massa* FÍSICA aparelho que tem por função a separação das partículas de uma radiação policromática e o registo do espetro luminoso em chapa fotográfica (Do lat. *spectru-*, «visão»+gr. *gráphein*, «escrever; registar») ACORDO ORTOGRÁFICO também se pode escrever espectrógrafo

espetrograma *n.m.* representação gráfica de um espetro (Do lat. *spectru-*, «espetro»+gr. *grámma*, «letra») ACORDO ORTOGRÁFICO também se pode escrever espectrograma

espetrologia *n.f.* 1 FÍSICA estudo de espetros 2 FÍSICA tratado dos fenómenos espetrais ACORDO ORTOGRÁFICO também se pode escrever espectrologia

espetrometria *n.f.* FÍSICA conjunto das técnicas para medição da intensidade e do comprimento de onda de radiações (De *espectrómetro*+*-ia*) ACORDO ORTOGRÁFICO também se pode escrever espectrometria

espetrómetro *n.m.* FÍSICA espetroscópio que tem por função medir os comprimentos de onda das componentes de um espetro de radiação eletromagnética (Do lat. *spectru-*, «espetro»+gr. *métron*, «medida») ACORDO ORTOGRÁFICO também se pode escrever espectrómetro

espetroscopia *n.f.* FÍSICA estudo das radiações luminosas por meio dos espetros (Do lat. *spectru-*, «espetro»+gr. *skopeîn*, «olhar» +*-ia*) ACORDO ORTOGRÁFICO também se pode escrever espectroscopia

espetroscópio *n.m.* FÍSICA instrumento para observar o espetro de qualquer luz (Do lat. *spectru-*, «espetro»+gr. *skopeîn*, «olhar» +*-io*) ACORDO ORTOGRÁFICO também se pode escrever espectroscópio

espetroscopista *n.2g.* cientista que se dedica à espetroscopia (Do lat. *spectru-*, «espetro»+gr. *skopeîn*, «olhar» +*-ista*) ACORDO ORTOGRÁFICO também se pode escrever espectroscopista

espevitadamente *adv.* com desembaraço (De *espevitado*+*-mente*)

espevitadeira *n.f.* tesoura para espevitar os pavios; espevitador (De *espevitar*+*-deira*)

espevitado *adj.* 1 cortado com a espevitadeira 2 [pop.] desembaraçado; esperto (Part. pass. de *espevitar*)

espevitador *adj.* que espevita ■ *n.m.* **1** aquele ou aquilo que espevita **2** espevitadeira (De *espevitar*+*-dor*)

espevitar *v.tr.* **1** aparar o morrão de (candeeiro, vela, etc.) **2** [fig.] estimular ■ *v.pron.* zangar-se; respingar (Do lat. *pituīta-*, «pevide», pelo port. ant. *piuita* e *peuide*, «id.» +*-ar*)

espezinhar *v.tr.* **1** calcar com os pés **2** [fig.] oprimir **3** [fig.] vexar; humilhar (De *es-*+*pezinho*+*-ar*)

espia¹ *n.2g.* **1** pessoa que espreita as ações de outra; espião **2** esculca; sentinela (Do gót. **spaiha*, «observador», pelo it. *spia*, «espião; espia»)

espia² *n.f.* NÁUTICA cabo com que se amarra uma embarcação ou uma tenda de campanha, ou com que se puxa qualquer coisa (Deriv. regr. de *espiar*)

espiador *n.m.* aquele que espia; espião (De *espiar*+*-dor*)

espiagem *n.f.* ato de espiar; espionagem (De *espiar*+*-agem*)

espião *n.m.* **1** indivíduo geralmente contratado por terceiros para observar secretamente entidades e/ou organizações políticas ou financeiras, procurando obter informações confidenciais sobre as suas atividades **2** aquele que observa algo ou alguém em segredo (Do it. *spione*, «espião», pelo fr. *espion*, «id.»)

espiar¹ *v.tr.* **1** observar em segredo, com o objetivo de conseguir informações **2** observar sem ser notado **3** [Brasil] olhar (Do gót. *spaiha*, «observador; vigia», pelo germ. *spehon*, «vigiar; observar», pelo it. *spiare*, «vigiar; espiar»)

espiar² *v.tr.* **1** acabar de fiar (a estopa ou o linho da roca) **2** amarrar com espia (Do germ. *spannan*, «segurar, esticando»?)

espicaçadela *n.f.* ato de espicaçar (De *espicaçar*+*-dela*)

espicaçado *adj.* **1** picado **2** [fig.] acirrado; estimulado (Part. pass. de *espicaçar*)

espicaçar *v.tr.* **1** ferir com o bico; picar **2** [fig.] instigar; acirrar **3** [fig.] incentivar (De *es-*+*pico*+*-aço*+*-ar*)

espicha *n.f.* **1** enfiada de peixes miúdos **2** ponta de osso ou madeira na extremidade da correia da roca **3** NÁUTICA vara de madeira que se atravessa nas velas de uma embarcação para as segurar (Deriv. regr. de *espichar*)

espichadeira *n.f.* operária que, nas fábricas de curtumes, espicha os couros para eles secarem (De *espichar*+*-deira*)

espichadela *n.f.* ato de espichar (De *espichar*+*-dela*)

espichar *v.tr.* **1** enfiar (peixes miúdos) pelas guelras **2** furar (uma vasilha) para lhe extrair líquido **3** estender **4** esticar (couros) ■ *v.intr.* [pop.] morrer ■ *v.pron.* estender-se; estatelar-se (De *espicho*+*-ar*)

espiche¹ *n.m.* **1** ⇒ **espicho** **2** [pop.] estenderete; má figura (Do cast. *espiche*, «id.»)

espiche² *n.m.* discurso; fala; elogio (Do ing. *speech*, «fala»)

espichel *n.m.* aparelho de pesca com muitos anzóis; espinhel; espinel (De *es-*+*pichel*)

espichelito *n.m.* PETROLOGIA rocha do grupo dos lamprófiros, com analcite (De *Espichel*, top., cabo port. a sul da foz do Tejo +*-ito*)

espicho *n.m.* **1** pau aguçado para tapar um buraco numa vasilha **2** [fig.] pessoa esguia (Do lat. *spicŭlu-*, «ponta de dardo; dardo»)

espicifloro *adj.* BOTÂNICA cujas flores se dispõem em inflorescência do tipo espiga (Do lat. *spica-*, «espiga» +*flore-*, «flor»)

espiciforme *adj.2g.* com forma de espiga (Do lat. *spica-*, «espiga» +*forma-*, «forma»)

espicilégio *n.m.* coleção de documentos escritos; seleta; antologia (Do lat. *spicilegĭu-*, «respiga»)

espiclondrífico *adj.* muito extravagante; esquisito

espícula *n.f.* **1** {*diminutivo de* **espiga**} pequena espiga **2** ZOOLOGIA cada uma das pequenas peças sólidas que constituem uma espécie de esqueleto nalguns grupos de animais invertebrados **3** ZOOLOGIA órgão copulador, em forma de cirro, de alguns animais **4** BOTÂNICA ⇒ **espigueta** (Do lat. *spicŭla-*, dim. de *spica-*, «espiga»)

espicular¹ *v.tr.* dar forma de espiga (ou espícula) a; aguçar (Do lat. *spiculāre-*, «aguçar»)

espicular² *adj.2g.* **1** semelhante a espícula **2** que tem espiga (Do lat. **spiculāre-*, «id.»)

espículo *n.m.* ponta; aguilhão; ferrão (Do lat. *spicŭlu-*, «ponta de um dardo»)

espiga *n.f.* **1** BOTÂNICA parte das gramíneas que contém os grãos (de milho, trigo, cevada, etc.) dispostos em torno de um eixo **2** BOTÂNICA inflorescência agrupada, monopodial, cujas flores se dispõem ao longo de um eixo alongado **3** BOTÂNICA infrutescência proveniente de uma inflorescência do mesmo nome **4** pequena porção córnea, cutânea, que se levanta anormalmente junto da raiz das unhas **5** cumeeira **6** peça saliente, de qualquer natureza, que entra num furo de outra peça **7** [fig.] contratempo; maçada **8** [fig.] prejuízo; mau negócio; logro; *que ~!* que maçada! (Do lat. *spica-*, «id.»)

espigado *adj.* **1** que tem espiga **2** [fig.] crescido (cabelo) com as pontas a abrir (Do lat. *spicātu-*, «que tem espiga»)

espigadote *adj.* um tanto espigado ou crescido (De *espigado*+*-ote*)

espigamento *n.m.* ato de espigar (De *espigar*+*-mento*)

espigão *n.m.* **1** espiga grande **2** haste de ferro ou madeira que se crava no chão ou em parede **3** pequena porção córnea, cutânea, que se levanta anormalmente junto da raiz das unhas **4** aresta (de um monte, parede, etc.) **5** paredão oblíquo à margem de um rio **6** botaréu **7** cume do telhado **8** ferrão **9** raiz central do sobreiro (De *espiga*+*-ão*)

espigar *v.intr.* **1** lançar ou criar espiga **2** germinar; grelar **3** [fig., pop.] crescer **4** (pontas do cabelo) abrir ■ *v.tr.* **1** enganar; lograr **2** NÁUTICA enfiar (os mastaréus) na pega (De *espiga*+*-ar*, ou do lat. *spicāre*, «formar-se a espiga; dispor em forma de espiga»)

espigo *n.m.* **1** ponta de ferro ou madeira **2** (unha) pequena porção córnea, cutânea, que se levanta anormalmente junto da raiz das unhas **3** *pl.* grelos das couves (Do lat. *spicu-*, «objeto em forma de espiga»)

espigoso /ô/ *adj.* que tem espigas (De *espiga*+*-oso*)

espigueiro *n.m.* lugar onde se guardam as espigas; canastro; caniço (De *espiga*+*-eiro*)

espigueta *n.f.* **1** pequena espiga **2** BOTÂNICA espiga parcial de uma espiga composta ou panícula; espiguilha; espícula (De *espiga*+*-eta*)

espiguilha *n.f.* **1** renda ou galão estreito e de bicos **2** BOTÂNICA ⇒ **espigueta** (De cast. *espiguilla*, «id.»)

espiguilhar *v.tr.* ornar ou guarnecer com espiguilha (De *espiguilha*+*-ar*)

espilrar *v.tr., intr.* [pop.] ⇒ **espirrar** (De *espirrar*)

espilro *n.m.* [pop.] ⇒ **espirro** (De *espirrar*)

Espinácidas *n.m.pl.* ICTIOLOGIA ⇒ **Espinacídeos**

Espinacídeos *n.m.pl.* ICTIOLOGIA família de peixes seláquios cujo género-tipo se designa por *Spinax* e que corresponde aos Esqualídeos (Do lat. *spina-*, «espinho» +*-áceo*+*-ídeos*)

espinafre *n.m.* **1** BOTÂNICA planta herbácea, da família das Quenopodiáceas, que inclui as de uma espécie cultivada em Portugal, com folhas grossas e verde escuras, muito utilizada em culinária **2** [fig.] pessoa magra e alta (Do pers. *aspanâh*, pelo ár. hisp. *isbinâkh*, «espinafre»)

espinafre-tropical *n.m.* BOTÂNICA ⇒ **espadana-das-searas**

espinal *adj.2g.* referente ou semelhante à espinha dorsal (Do lat. *spināle-*, «id.»)

espinalgia *n.f.* MEDICINA dor na coluna vertebral; raquialgia (Do lat. *spina-*, «coluna vertebral»+gr. *álgos*, «dor» +*-ia*)

espinça *n.f.* **1** ato ou efeito de espinçar **2** instrumento de espinçar (Deriv. regr. de *espinçar*)

espinçar *v.tr.* tirar os fios e os nós de um tecido (De *es-*+*pinça*+*-ar*)

espinel *n.m.* **1** MINERALOGIA ⇒ **espinela** **2** aparelho de pesca com vários anzóis presos à mesma linha (Do cat. *espinell*, «id.»)

espinela *n.f.* MINERALOGIA mineral (óxido de alumínio e de magnésio) pertencente ao grupo dos espinelídeos, e que é uma pedra preciosa da cor do rubi (Do it. *spinella*, «id.»)

espinélidas *n.m.pl.* MINERALOGIA ⇒ **espinelídeos**

espinelídeos *n.m.pl.* MINERALOGIA grupo de minerais que cristalizam no sistema cúbico, constituídos por óxido de alumínio, magnésio, ferro, etc. (De *espinela*+*-ídeos*)

espíneo *adj.* que tem espinhos; feito de espinhos (Do lat. *spinĕu-*, «de espinhos; espinhoso»)

espinescente *adj.2g.* **1** BOTÂNICA diz-se do órgão vegetal cuja extremidade é pontiaguda e endurecida **2** BOTÂNICA que se transforma em espinho ou está coberto de espinhos (Do lat. *spinescente-*, part. pres. de *spinescĕre*, «cobrir-se de espinhos»)

espineta /ê/ *n.f.* MÚSICA antigo instrumento musical, que é uma espécie de cravo (Do it. *spinetta*, «id.», do nome do seu fabricante, o veneziano Spinetti, que morreu em 1550)

espingarda *n.f.* arma de fogo de cano comprido e coronha que se apoia no ombro para atirar (Do fr. ant. *espringarde*, «balista de lançar pedras», pelo it. *spingarda*, «espingarda»)

espingardada *n.f.* tiro de espingarda (De *espingarda*+*-ada*)

espingardão *n.m.* **1** espingarda grande **2** ⇒ **arcabuz** (De *espingarda*+*-ão*)

espingardaria *n.f.* **1** grande porção de espingardas **2** série de tiros de espingarda **3** gente armada de espingarda **4** estabelecimento de venda de espingardas (De *espingarda*+*-aria*)

espingardeamento *n.m.* ato de espingardear (De *espingardear*+*-mento*)

espingardear *v.tr.* ferir ou matar com espingarda; fuzilar (De *espingarda*+*-ear*)

espingardeira *n.f.* 1 abertura na muralha para assestar a espingarda 2 seteira (De *espingarda*+*-eira*)

espingardeiro *n.m.* 1 o que faz, conserta ou vende espingardas 2 soldado armado de espingarda (De *espingarda*+*-eiro*)

espinha *n.f.* 1 ANATOMIA formação óssea saliente e alongada num osso 2 [pop.] coluna vertebral 3 peça esquelética, alongada, fina e pontiaguda, em especial dos peixes 4 borbulha que sobrevém à pele; pequeno furúnculo 5 [fig.] dificuldade; embaraço; **~ bífida** PATOLOGIA defeito congénito do recém-nascido, a nível da coluna vertebral, acompanhado de graves perturbações neurológicas; **~ dorsal** ANATOMIA parte do esqueleto constituída pela associação de vértebras em disposição linear, articuladas e, nalgumas regiões, soldadas entre si, que representa o eixo do endosqueleto de quase todos os craniotas, coluna vertebral; *estar na* ~ estar muito magro ou muito pobre; *quebrar pela* ~ perder totalmente o que se possuía; *trazer uma* ~ *atravessada na garganta* sentir inquietação ou remorso (Do lat. *spina-*, «id.»)

espinhaço *n.m.* 1 coluna vertebral 2 costas 3 [fig.] cordilheira (De *espinha*+*-aço*)

espinhal *n.m.* terreno onde crescem espinheiros ■ *adj.2g.* referente à espinha; espinal (De *espinha*+*-al*)

espinhar *v.tr.* 1 ferir com espinho 2 [fig.] incomodar ■ *v.pron.* irritar-se; agastar-se (De *espinha*+*-ar*)

espinheira *n.f.* 1 BOTÂNICA ⇒ **espinheiro** 1 2 [Brasil] nome vulgar de algumas acácias (De *espinho*+*-eira*)

espinheiral *n.m.* ⇒ **espinhal** *n.m.* (De *espinheiro*+*-al*)

espinheiro *n.m.* 1 BOTÂNICA nome vulgar aplicado a muitas plantas, mais ou menos espinhosas, algumas espontâneas e cultivadas em Portugal (espinheiro-alvar, espinheiro-da-virgínia, etc.) 2 [Brasil] BOTÂNICA designação vulgar de muitas plantas de várias famílias, em especial acácias (De *espinho*+*-eiro*)

espinheiro-alvar *n.m.* ⇒ **pilriteiro**

espinheiro-bravo *n.m.* [Brasil] BOTÂNICA variedade de arbustos, pertencente à família das Leguminosas, cujos frutos são vagens

espinheiro-da-virgínia *n.m.* BOTÂNICA árvore fortemente espinhosa, da família das Cesalpiniáceas, originária da América e cultivada em Portugal

espinheiro-negro *n.m.* BOTÂNICA variedade de arbustos ornamentais, da família das Caprifoliáceas, cultivados na Europa

espinhel *n.m.* ⇒ **espinel** 2

espinhela *n.f.* ZOOLOGIA formação apendicular, em quilha, no esterno das aves 2 ICTIOLOGIA ⇒ **esgana-gata** 3 [pop.] coluna dorsal; *ter a* ~ *caída* sofrer de fraqueza geral (De *espinha*+*-ela*)

espinhento *adj.* ⇒ **espinhoso** (De *espinho*+*-ento*)

espinho *n.m.* 1 BOTÂNICA prolongamento agudo e rígido, num vegetal, que provém de um ramo, de uma folha, etc., profundamente modificados; pico; acúleo 2 planta espinhosa 3 ponta aguçada; pua 4 cerda rija de alguns animais 5 ICTIOLOGIA ⇒ **esgana-gata** 6 [fig.] dificuldade 7 [fig.] suspeita 8 [fig.] remorso (Do lat. *spinu-*, «id.»)

espinhoso /ô/ *adj.* 1 que tem ou cria espinhos 2 agudo como um espinho 3 [fig.] árduo; difícil 4 [fig.] delicado (Do lat. *spinōsu-*, «cheio de espinhos»)

espinicar-se *v.pron.* [pop.] vestir-se com elegância requintada (De orig. obsc.)

espiniforme *adj.2g.* que tem forma de espinho (Do lat. *spina-*, «espinha»+*forma-*, «forma»)

espinosismo *n.m.* FILOSOFIA doutrina filosófica de Baruch Espinosa, filósofo holandês (1632-1677), que considera Deus como a única substância com uma infinidade de atributos, dos quais o homem conhece apenas dois, a extensão e o pensamento, sendo o mundo o conjunto dos modos desses dois atributos (De *Espinosa*, antr. + *-ismo*)

espinosista *n.2g.* pessoa que segue o espinosismo (De *Espinosa*, antr.+*-ista*)

espinotear *v.intr.* 1 dar pinotes 2 [fig.] esbravejar; barafustar (De *es-*+*pinote*+*-ear*)

espinoteio *n.m.* ato de espinotear (Deriv. regr. de *espinotear*)

espintariscópio *n.m.* FÍSICA aparelho que serve para observar as cintilações produzidas por partículas alfa dos elementos radioativos e medir aproximadamente o seu alcance (Do gr. *spinthér*, «centelha»+*skopeîn*, «olhar»+*-io*)

espinteroscópio *n.m.* FÍSICA ⇒ **espintariscópio**

espínula *n.f.* alfinete para vestes episcopais (Do lat. *spinŭla-*, «pequena espinha»)

espiolhar *v.tr.* 1 limpar dos piolhos; catar 2 [fig.] examinar com cuidado (De *es-*+*piolho*+*-ar*)

espionagem *n.f.* 1 ato de espionar 2 ofício de espião 3 conjunto dos espiões (Do fr. *espionnage*, «id.»)

espionar *v.tr.,intr.* 1 observar em segredo, com o objetivo de conseguir informações; espiar 2 observar sem ser notado; espreitar (Do fr. *espionner*, «id.»)

espipar *v.intr.* 1 sair em jato; jorrar 2 rebentar; estalar; rasgar-se ■ *v.tr.* [regionalismo] extrair (De *es-*+*pipa*+*-ar*)

espique *n.m.* BOTÂNICA caule desenvolvido, geralmente não ramificado, desprovido de entrenós evidentes (Do lat. *spica-*, «espiga», pelo cat. *espique*, «id.»)

espiqueado *adj.* 1 que tem espique 2 em forma de espique (De *espique*+*-eado*)

espira *n.f.* 1 cada uma das voltas da espiral 2 linha helicoidal de parafuso ou de objeto semelhante 3 circunvolução em espiral (Do gr. *speîra*, «enrolamento», pelo lat. *spira-*, «id.»)

espiração *n.f.* 1 ato de espirar 2 alento 3 RELIGIÃO maneira como o Espírito Santo procede do Pai e do Filho, segundo a teologia cristã (Do lat. *spiratiōne-*, «sopro do vento»)

espiráculo *n.m.* 1 orifício para dar saída ao ar, às exalações, etc.; respiradouro 2 alento; sopro (Do lat. *spiracŭlu-*, «respiradouro»)

espiral *n.f.* 1 GEOMETRIA linha curva, ilimitada, descrita por um ponto que dá voltas sucessivas em torno de outro (polo), e do qual se afasta progressivamente 2 qualquer coisa cuja forma se assemelha a essa linha 3 mola de aço que regula o andamento do relógio ■ *adj.2g.* que tem a forma de espira ou de caracol (De *espira*+*-al*)

espiralado *adj.* que tem forma de espiral (Part. pass. de *espiralar*)

espiralar *v.tr.* dar forma de espiral a ■ *v.pron.* mover-se ou subir em espiral (De *espiral*+*-ar*)

espirante *adj.2g.* 1 que espira 2 que está ou parece vivo 3 GRAMÁTICA diz-se da consoante que se pronuncia com o auxílio do ar espirado através de abertura apertada (*f* e *s*, por exemplo) (Do lat. *spirante-*, part. pres. de *spirāre*, «soprar; respirar»)

espirar *v.intr.* 1 respirar; soprar 2 estar vivo (Do lat. *spirāre*, «respirar»)

espirema /ê/ *n.m.* BIOLOGIA filamento que contém cromatina e que origina os cromossomas, no início da evolução cariocinética (Do gr. *speírama*, «enroscamento»)

espirilo *n.m.* 1 género de bactérias de forma helicoidal ou em espiral 2 espécime desse género

espirita *adj.,n.2g.* ⇒ **espírita**

espírita *n.2g.* pessoa que cultiva o espiritismo ■ *adj.2g.* referente ao espiritismo; *transe* ~ estado no qual uma pessoa se crê dotada de um poder particular (o de médium) que lhe permitirá comunicar com os espíritos (Do fr. *spirite*, «id.»)

espiritar *v.tr.* 1 meter o Demónio no corpo de; endemoninhar 2 tornar endiabrado, inquieto 3 avivar; estimular (De *espírito*+*-ar*)

espiritismo *n.m.* doutrina baseada na crença da possibilidade de as almas dos mortos comunicarem com os vivos por intermédio dos médiuns (Do ing. *spiritism*, «espiritismo», pelo fr. *spiritisme*, «id.»)

espiritista *adj.,n.2g.* ⇒ **espírita** (Do fr. *spiritiste*, «id.»)

espiritizar *v.tr.* estimular; animar; excitar (De *espírito*+*-izar*)

espírito *n.m.* 1 parte imaterial e inteligente do ser humano 2 RELIGIÃO princípio incorpóreo que anima um ser vivo; alma 3 RELIGIÃO alma de defunto, desencarnada, mas não completamente material 4 qualquer ser imaterial concebido como tendo vida psíquica (Deus, os anjos, os demónios, os duendes) 5 esfera do pensamento; faculdade de pensar; entendimento; razão; juízo; inteligência 6 consciência 7 intenção; motivo 8 forma de pensar; feição ou orientação particular da mente; opinião 9 sentimento 10 disposições intelectuais e morais de um indivíduo ou de um grupo (espírito crítico, espírito científico, espírito de equipa, espírito de corpo) 11 ideia ou inspiração fundamental (de uma obra, de uma doutrina, de uma coletividade) 12 vivacidade intelectual 13 engenho 14 originalidade 15 imaginação 16 sentido 17 humor; graça 18 QUÍMICA parte volátil de um líquido; álcool 19 GRAMÁTICA sinal diacrítico do grego para marcar a aspiração inicial ou a sua ausência; *~ crítico* atitude intelectual que consiste na tendência para não admitir nenhuma asserção sem reconhecer a sua legitimidade; *~ de equipa* sentimento de união partilhado pelos elementos de um grupo; *~ de finura* FILOSOFIA em Pascal, matemático e filósofo francês (1623-1662): aptidão intuitiva, aptidão para a apreensão imediata das coisas, sagacidade, perspicácia; *~ geométrico*

espírito-santense

aptidão discursiva, demonstrativa, aptidão para o encadeamento lógico das ideias; *Espírito Santo* RELIGIÃO terceira pessoa da Santíssima Trindade; ~ *santo de orelha* aluno que, durante a chamada de um companheiro à lição, lhe vai murmurando as respostas que há de dar ao professor, pessoa que intriga outra junto dos superiores (Do lat. *spirĭtu-*, «id.»)

espírito-santense *n.2g.* natural ou habitante do estado brasileiro do Espírito Santo ■ *adj.2g.* referente a esse estado (De *Espírito Santo*, top. +*-ense*)

espiritual *adj.2g.* 1 do espírito ou a ele referente 2 que diz respeito à religião ou à consciência 3 místico 4 incorpóreo ■ *n.m.* 1 tudo o que é próprio do espírito 2 *pl.* partidários da reforma religiosa, dentro da ordem franciscana, com regresso à pobreza primitiva 3 *pl.* cântico dos negros americanos (Do lat. *spirituāle-*, «id.»)

espiritualidade *n.f.* 1 qualidade do que é espiritual 2 misticismo (Do lat. tard. *spiritualitāte-*, «id.»)

espiritualismo *n.m.* 1 doutrina que afirma a existência da alma no homem, isto é, de um princípio substancial distinto da matéria e do corpo, razão absoluta de ser da vida e do pensamento 2 em sentido mais lato, doutrina que, além da tese referida, reconhece a existência de Deus, a imortalidade da alma e a existência de valores espirituais ou morais que são o fim específico da atividade racional do homem (De *espiritual*+*-ismo*)

espiritualista *n.2g.* pessoa adepta do espiritualismo ■ *adj.2g.* referente ao espiritualismo (De *espiritual*+*-ista*)

espiritualização *n.f.* ato ou efeito de espiritualizar (De *espiritualizar*+*-ção*)

espiritualizar *v.tr.* 1 dar feição espiritual a 2 interpretar alegoricamente 3 destilar ■ *v.pron.* 1 despir-se das paixões carnais 2 embriagar-se (De *espiritual*+*-izar*)

espiritualmente *adv.* 1 de forma espiritual 2 do ponto de vista espiritual 3 mentalmente (De *espiritual*+*-mente*)

espirituosamente *adv.* 1 de modo espirituoso 2 com graça (De *espirituoso*+*-mente*)

espirituosidade *n.f.* 1 qualidade de espirituoso 2 força alcoólica do vinho (De *espirituoso*+*-i-+-dade*)

espirituoso *adj.* 1 que tem espírito; gracioso 2 (bebida) que contém álcool; alcoólico (Do lat. *spiritu-*, «espírito» +*-oso*)

espirogira *n.f.* BOTÂNICA nome vulgar extensivo às algas verdes, filamentosas (do género *Spirogyra*), comuns nas águas doces e salobras (Do gr. *speĩra*, «enrolamento» +*gýros*, «redondo; curvo»)

espiroide *adj.2g.* que tem forma de espiral (Do gr. *speiroeidés*, «em forma de espiral»)

espiróide ver nova grafia *espiroide*

espirómetro *n.m.* FISIOLOGIA aparelho que permite medir a capacidade da caixa torácica, recolhendo o ar no decurso de uma expiração forçada que se segue a uma inspiração profunda (Do lat. *spirāre*, «respirar»+gr. *métron*, «medida»)

espiroqueta *n.f.* BIOLOGIA microrganismo de localização sistemática ainda bastante discutida, na maioria patogénico, cujo corpo é tipicamente helicoidal, como o agente produtor da sífilis (Do gr. *speĩra*, «espira» +*khaĩte*, «cabeleira»)

espiroquetose *n.f.* MEDICINA, VETERINÁRIA qualquer doença causada por espiroquetas (De *espiroqueta*+*-ose*)

espirra-canivetes *n.2g.2n.* 1 [pop.] pessoa que se irrita com facilidade 2 [pop.] bravateiro; fanfarrão (De *espirrar*+*canivete*)

espirradeira *n.f.* BOTÂNICA planta arbustiva, cultivada em Portugal, pertencente à família das Apocináceas, afim da cevadilha, ou mesmo esta planta (De *espirrar*+*-deira*)

espirrador *adj.,n.m.* que ou aquele que espirra (De *espirrar*+*-dor*)

espirrar *v.intr.* 1 dar espirros 2 esguichar 3 crepitar 4 [fig.] respingar; ofender-se ■ *v.tr.* expelir (Do lat. *expirāre*, «expirar»)

espirro *n.m.* 1 expulsão ruidosa e súbita de ar pelo nariz e pela boca, devida ao movimento convulsivo das vias respiratórias; esternutação 2 esguicho; jato (Deriv. regr. de *espirrar*)

esplanada *n.f.* 1 espaço privativo de restaurante ou café, ao ar livre, com mesas e cadeiras 2 terreno plano e descoberto 3 planalto (Do it. *spianata*, «esplanada», pelo fr. *esplanade*, «id.»)

esplancnografia *n.f.* descrição das vísceras (Do gr. *splágkhna*, «entranhas» +*gráphein*, «descrever» +*-ia*)

esplancnologia *n.f.* tratado acerca das vísceras (Do gr. *splágkhna*, «entranhas» +*lógos*, «tratado» +*-ia*)

esplancnopleura *n.f.* BIOLOGIA camada interna da mesoderme, que se liga à endoderme durante a evolução embrionária dos animais celômatas e se denomina também folheto visceral (Do gr. *splágkhna*, «entranhas» +*pleurá*, «flanco»)

esplen- elemento de formação de palavras que exprime a ideia de *baço* (Do gr. *splén*, «baço»)

esplenalgia *n.f.* MEDICINA dor no baço (Do gr. *splén*, «baço» +*álgos*, «dor» +*-ia*)

esplendecência *n.f.* qualidade do que é esplendecente; brilho; cintilação (Do lat. *splendescentia*, part. pres. neut. pl. subst. de *splendescĕre*, «começar a brilhar»)

esplendecente *adj.2g.* resplandecente; brilhante; luzidio (Do lat. *splendescente-*, «id.», part. pres. de *splendescĕre*, «começar a brilhar; adquirir brilho»)

esplendecer *v.intr.* ⇒ **resplandecer** (Do lat. *splendescĕre*, «começar a brilhar»)

esplendente *adj.2g.* que esplende; luzente; brilhante (Do lat. *splendente-*, «id.», part. pres. de *splendēre*, «brilhar; cintilar»)

esplender *v.intr.* ⇒ **resplandecer** (Do lat. *splendēre*, «brilhar»)

esplendidamente *adv.* 1 brilhantemente 2 magnificamente (De *esplêndido*+*-mente*)

esplendidez /ê/ *n.f.* 1 qualidade do que é esplêndido 2 esplendor (De *esplêndido*+*-ez*)

esplendideza /ê/ *n.f.* ⇒ **esplendidez** (De *esplêndido*+*-eza*)

esplêndido *adj.* 1 admirável 2 [fig.] luxuoso; magnífico; grande 3 brilhante; luzente (Do lat. *splendĭdu-*, «brilhante»)

esplendor *n.m.* 1 brilho intenso; fulgor 2 [fig.] luxo; magnificência (Do lat. *splendōre-*, «id.»)

esplendorosamente *adv.* 1 de maneira esplendorosa; com esplendor 2 brilhantemente; com brilho (De *esplendoroso*+*-mente*)

esplendoroso *adj.* 1 esplêndido 2 brilhante 3 deslumbrante (De *esplendor*+*-oso*)

esplenectomia *n.f.* CIRURGIA extirpação do baço (Do gr. *splén*, «baço» +*ek*, «fora» +*tomé*, «corte» +*-ia*)

esplenético *adj.* 1 MEDICINA que ou aquele que sofre do baço 2 [fig.] melancólico; aborrecido (Do gr. *splenetikós*, «que sofre do baço», pelo lat. *splenetĭcu-*, «id.»)

esplénico *adj.* relativo ou pertencente ao baço; lienal (Do gr. *splenikós*, «relativo ao baço», pelo lat. *splenĭcu-*, «id.»)

esplénio *n.m.* ANATOMIA músculo da região da nuca (Do gr. *splénion*, «ligadura», pelo lat. *splenĭu-*, «id.»)

esplenite *n.f.* MEDICINA inflamação do baço; lienite (Do gr. *splenítis*, «inflamação do baço», pelo lat. *splenīte-*, «id.»)

espleno- elemento de formação de palavras que exprime a ideia de *baço*

esplenocele *n.f.* MEDICINA hérnia no baço (Do gr. *splén*, *-nós*, «baço» +*kéle*, «tumor»)

esplenologia *n.f.* MEDICINA estudo do baço (Do gr. *splén*, «baço» +*-logia*, «estudo»)

esplenológico *adj.* MEDICINA relativo à esplenologia (De *esplenologia*+*-ico*)

esplenomegalia *n.f.* MEDICINA aumento de volume do baço (Do gr. *splén*, *-nós*, «baço» +*mégas*, *-gale*, «grande» +*-ia*)

esplenoncia *n.f.* MEDICINA ingurgitamento do baço (Do gr. *splén*, «baço» +*-ógkos*, «tumor» +*-ia*)

esplenopatia *n.f.* MEDICINA doença do baço (Do gr. *splén*, «baço» +*páthos*, «doença» +*-ia*)

esplenopático *adj.* relativo à esplenopatia ■ *n.m.* doente de esplenopatia (De *esplenopatia*+*-ico*)

esplenotomia *n.f.* MEDICINA incisão no baço (Do gr. *splén*, «baço» +*tomé*, «corte» +*-ia*)

espoador *n.m.* peneira própria para espoar (De *espoar*+*-dor*)

espoar *v.tr.* 1 tirar o pó a 2 limpar 3 peneirar segunda vez a farinha (De *es-*+*pó*+*-ar*)

espodite *n.f.* cinza de vulcões (Do gr. *spodós*, «cinza» +*-ite*)

espodumena /ê/ *n.f.* MINERALOGIA mineral cuja composição é a de um silicato de alumínio e lítio, que cristaliza no sistema monoclínico, e é minério de lítio (Do gr. *spodoúmenos*, «coberto de cinza»)

espojadoiro *n.m.* ⇒ **espojadouro**

espojadouro *n.m.* lugar onde um animal se espoja; espojeiro (De *espojar*+*-douro*)

espojadura *n.f.* ato de espojar ou espojar-se (De *espojar*+*-dura*)

espojar[1] *v.tr.* fazer rolar no chão ■ *v.pron.* rebolar-se no chão; espolinhar-se (De *es-*+*pó*+*-ejar*)

espojar[2] *v.tr.* ⇒ **despojar**

espojeiro *n.m.* ⇒ **espojadouro** (De *espojar*+*-eiro*)

espojinhar *v.tr.,pron.* ⇒ **espojar**[1] (De *espojar*+*-inhar*)

espojinho *n.m.* 1 [regionalismo] remoinho que levanta pó 2 [fig.] confusão de coisas em movimento (Deriv. regr. de *espojinhar*)

espojo /ô/ *n.m.* ato de espojar-se (Deriv. regr. de *espojar*)

espoldra *n.f.* AGRICULTURA poda que se pratica pela segunda vez nas videiras, ou a sua desrama após a vindima (Deriv. regr. de *espoldrar*)

espoldrador *n.m.* AGRICULTURA utensílio que serve para espoldrar (De *espoldrar*+*-dor*)

espoldrar *v.tr.* AGRICULTURA proceder à espoldra de (De *espoldra*+*-ar*)

espoleta /ê/ *n.f.* dispositivo que produz a detonação de cargas explosivas e projéteis; disparador (Do it. *spoletta*, «id.»)

espoletar *v.tr.* pôr espoleta em (De *espoleta*+*-ar*)

espolete /ê/ *n.m.* arame em que gira a canela dentro da lançadeira (Do prov. *espolet*, «id.»)

espoliação *n.f.* 1 ato ou efeito de espoliar; esbulho por violência ou fraude 2 aquilo que foi espoliado (Do lat. *spoliatiōne-*, «id.»)

espoliado *adj.* que foi vítima de espoliação; esbulhado (Part. pass. de *espoliar*)

espoliador *adj.,n.m.* que ou aquele que espolia (Do lat. *spoliatōre-*, «id.»)

espoliante *adj.2g.* que espolia; espoliador (Do lat. *spoliante-*, part. pres. de *spoliāre*, «espoliar»)

espoliar *v.tr.* tirar a alguém, por violência ou fraude, a propriedade de alguma coisa; despojar; desapossar; esbulhar (Do lat. *spoliāre*, «espoliar; despojar»)

espoliário *n.m.* lugar, junto do anfiteatro, onde os gladiadores mortos em combate eram despojados das suas vestes (Do lat. *spoliariŭ-*, «id.»)

espoliativo *adj.* que espolia ■ *n.m.* substância que, aplicada sobre a pele, a desnuda da epiderme (De *espoliar*+*-tivo*)

espolim *n.m.* lançadeira para florear estofos (Do fr. *espolin*, «id.»)

espolinar *v.tr.* lavrar (um tecido) com espolim (De *espolim*+*-ar*)

espolinhadoiro *n.m.* ⇒ **espolinhadouro** (De *espolinhar*+*-doiro*)

espolinhadouro *n.m.* lugar onde o animal se espolinha ou se rebola no chão; espojadouro (De *espolinhar*+*-douro*)

espolinhar-se *v.pron.* ⇒ **espojar**¹ *v.pron.* (De *es-*+lat. *pollen*, «pó»+*-inhar*)

espólio *n.m.* 1 bens que ficaram por morte de alguém 2 espoliação; esbulho 3 produto de uma espoliação ou de um roubo 4 despojos de guerra 5 MILITAR fardamento que as tropas entregam quando são licenciadas (Do lat. *spoliŭ-*, «despojo»)

espolpar *v.tr.* tirar a polpa a (De *es-*+*polpa*+*-ar*)

espondaico *adj.* (verso) formado de espondeus (Do lat. *spondaĭcu-*, «id.»)

espondeu *n.m.* LITERATURA pé de verso grego ou latino formado de duas sílabas longas (Do gr. *spondeĩos*, «relativo a libações», pelo lat. *spondēu-*, «espondeu»)

espondílico *adj.* relativo ao espôndilo (De *espôndilo*+*-ico*)

espondilite *n.f.* MEDICINA inflamação nas articulações vertebrais (Do gr. *spóndylos*+*-ite*)

espôndilo *n.m.* ANATOMIA vértebra (Do gr. *spóndylos*, «vértebra», pelo lat. *spondylŭ-*, «id.»)

espondilose *n.f.* MEDICINA anciloses de articulações vertebrais; bicos de papagaio (De *espôndilo*+*-ose*)

espongiário *adj.* ZOOLOGIA referente aos espongiários ■ *n.m.* ZOOLOGIA espécime dos espongiários ■ *n.m.pl.* ZOOLOGIA grupo (tipo) de animais fitozoários, acelômatas, fixos, com a parede do corpo crivada de orifícios, também designados esponjas, poríferos e heterozoários (Do lat. *spongĭā-*, «esponja»+*-ário*)

espongiforme *adj.2g.* que tem forma ou aparência de esponja (Do lat. *spongĭā-*, «esponja»+*forma-*, «forma»)

espongióforo *n.m.* BIOLOGIA hifa de fungo possuidora de vários esporângios

espongíolo *n.m.* BOTÂNICA zona pelífera da raiz, por onde se dá a absorção (Do lat. *spongiŏla-*, dim. de *spongĭā-*, «esponja»)

esponja *n.f.* 1 ZOOLOGIA animal espongiário marinho, invertebrado, que possui um esqueleto fibroso e poroso 2 objeto poroso e absorvente, formado, quando natural, pelo esqueleto fibroso de um espongiário marinho, utilizado no banho ou na casa para limpar 3 objeto idêntico ao anterior, mas de material sintético 4 material maleável usado no interior de colchões, almofadas, etc. 5 [pop.] pessoa que consome muitas bebidas alcoólicas; *passar uma ~ sobre* [fig.] esquecer, desculpar, perdoar (Do gr. *spoggiá*, «esponja», pelo lat. *spongĭā-*, «id.»)

esponjar¹ *v.tr.* 1 apagar com esponja 2 embeber; absorver 3 [fig.] apagar; eliminar; extinguir 4 [fig.] subtrair; surripiar (De *esponja*+*-ar*)

esponjar² *v.intr.* [Cabo Verde] rebolar-se, no chão ou na cama; espojar-se (Do crioulo cabo-verdiano *esponja(r)*, «idem»)

esponjeira *n.f.* peça de lavatório onde se guarda a esponja (De *esponja*+*-eira*)

esponjeira-do-japão *n.f.* BOTÂNICA planta da família das Rosáceas, espécie de acácia, cultivada em Portugal para ornamento

esponjosidade *n.f.* qualidade de esponjoso (De *esponjoso*+*-i-*+*-dade*)

esponjoso /ô/ *adj.* 1 que tem poros como a esponja; semelhante a esponja 2 leve e poroso (De *esponja*+*-oso*)

esponsais *n.m.pl.* 1 promessa de casamento (recíproca e solene) 2 contrato de casamento 3 cerimónias festivas que antecedem o ato do casamento (Do lat. *sponsāles*, «id.»)

esponsal *adj.2g.* 1 que diz respeito aos esposos 2 esponsalício (Do lat. *sponsāle-*, «de noivado»)

esponsálias *n.f.pl.* ⇒ **esponsais** (Do lat. neut. subst. de *sponsāle-*, «de noivado»)

esponsalício *adj.* relativo aos esponsais (Do lat. *sponsaliciŭ-*, «id.»)

esponsórios *n.m.pl.* ⇒ **esponsais** (Do lat. *sponsu-*, «prometido em casamento»+*-órios*)

espontaneamente *adv.* de modo espontâneo; voluntariamente (De *espontâneo*+*-mente*)

espontaneidade *n.f.* 1 qualidade de espontâneo; naturalidade 2 qualidade do que procede voluntariamente (De *espontâneo*+*-i-*+*-dade*)

espontâneo *adj.* 1 diz-se do que se realiza independentemente de uma causa externa, aparente 2 que se faz voluntariamente; de moto-próprio; que não é forçado nem aconselhado 3 BOTÂNICA designativo do vegetal que nasce e se desenvolve normalmente em determinado sítio, sem que o homem o tenha trazido para aí e lhe tenha dispensado cuidados 4 exageradamente impulsivo nos seus atos 5 TAUROMAQUIA (tourada) indivíduo da assistência que salta para a arena para lidar um touro; *geração espontânea* BIOLOGIA suposta produção de seres vivos sem o concurso de progenitores ou de um ser organizado (Do lat. *spontanĕu-*, «id.»)

espontar *v.tr.* 1 cortar as pontas a; aparar 2 deixar ver ■ *v.intr.* 1 começar a surgir; despontar 2 nascer (De *es-*+*ponta*+*-ar*)

esponteirar *v.tr.* riscar ou desbastar a ponteiro as faces das pedras de cantaria (De *es-*+*ponteiro*+*-ar*)

espora *n.f.* 1 utensílio de metal, munido de roseta espinhosa, que se adapta à parte posterior do calçado do cavaleiro, e que, picando o flanco da montada, faz que esta ande ou acelere o movimento 2 [fig.] estímulo 3 ZOOLOGIA osso do peito das aves 4 ZOOLOGIA dedo do macho dos galináceos que não assenta no chão 5 BOTÂNICA designação de várias plantas herbáceas, da família das Ranunculáceas, subespontâneas e cultivadas em Portugal (Do germ. *spuran*, «estimular com o pé», pelo frânc. *spora*, «id.»)

esporada *n.f.* 1 picada com espora 2 [fig.] estímulo 3 [fig.] descompostura (Part. pass. fem. subst. de *esporar*)

esporadicidade *n.f.* qualidade do que é esporádico (De *esporádico*+*-i-*+*-dade*)

esporádico *adj.* 1 que acontece poucas vezes e de modo aleatório; que não é frequente 2 que sucede por acaso; acidental; casual 3 MEDICINA diz-se das doenças que, sem serem endémicas, atacam um ou outro indivíduo (Do gr. *sporadikós*, «disperso»)

esporângio *n.m.* BOTÂNICA conceptáculo onde se formam esporos, nas plantas; célula-mãe do esporo, contida no arquídio (Do gr. *sporá*, «semente»+*aggeîon*, «vaso»)

esporão *n.m.* 1 espora grande 2 ZOOLOGIA saliência córnea no tarso de alguns machos galináceos 3 dique marginal 4 contraforte de parede 5 espigão na proa de certos couraçados 6 BOTÂNICA apêndice cónico de certas flores (Do lat. **sporōne-*, «esporão», pelo prov. ant. *esperon*, «id.»)

esporar *v.tr.* ⇒ **esporear** (De *espora*+*-ar*)

esporas-bravas *n.f.pl.* 1 BOTÂNICA nome vulgar de umas plantas da família das Escrofulariáceas (género *Linaria*), cujas flores têm o esporão agudo 2 BOTÂNICA flores destas plantas

esporaúdo *adj.* diz-se do órgão vegetal com forma de esporão (De *espora*+*-udo*)

esporear *v.tr.* 1 ferir ou incitar com a espora 2 [fig.] estimular (De *espora*+*-ear*)

esporeira *n.f.* BOTÂNICA ⇒ **espora** 5 (De *espora*+*-eira*)

esporeiro *n.m.* aquele que faz ou vende esporas (De *espora*+*-eiro*)

esporífero *adj.* 1 BOTÂNICA que tem esporos 2 BOTÂNICA que lança esporos (De *esporo*+*-fero*)

esporim *n.m.* 1 espora pequena 2 espora sem roseta, para não deixar as calças roçar no chão (De *espora*+*-im*)

esporo *n.m.* BIOLOGIA célula germinal que se desenvolve sem necessidade de conjugação prévia, originando, direta ou indiretamente, um novo indivíduo (Do gr. *sporós*, «semente»)

esporo- elemento de formação de palavras que exprime a ideia de *semente* (Do gr. *sporós*, «semente»)

esporoado *adj.* 1 com forma de esporão 2 que tem esporão (De *esporão+-ado*)

esporocisto *n.m.* 1 BOTÂNICA esporângio que se liberta do corpo da planta, levando consigo esporos 2 ZOOLOGIA espécie de saco, de forma irregular, em que se transforma a larva ciliada dos dístomos, e que vai originar as chamadas rédeas (Do gr. *sporós*, «semente» +*kýstis*, «vesícula»)

esporofilo *n.m.* BOTÂNICA folha produtora de esporos (Do gr. *sporós*, «semente»+*phýllon*, «folha»)

esporófita *adj.,n.f.* ⇒ **esporófito**

esporófito *n.m.* 1 BOTÂNICA fase do ciclo evolutivo de uma planta em que se dá a produção de esporos funcionais 2 BOTÂNICA planta que se encontra nessa fase de evolução ■ *adj.* BOTÂNICA designativo da planta em que se dá a produção de esporos funcionais (Do gr. *sporós*, «semente»+*phytón*, «planta»)

esporogonia *n.f.* ZOOLOGIA fase do ciclo evolutivo de alguns esporozoários, em que se verifica a formação de um ovo (Do gr. *sporós*, «semente»+*goné*, «geração»+-*ia*)

esporogónio *n.m.* BOTÂNICA aparelho das briófitas, proveniente da germinação do ovo, que compreende a parte produtora dos esporos (esporófita) (Do gr. *sporós*, «semente»+*goné*, «geração»+-*io*)

esporozoário *adj.* ZOOLOGIA referente aos esporozoários ■ *n.m.* ZOOLOGIA espécime dos esporozoários ■ *n.m.pl.* ZOOLOGIA classe de protozoários parasitas, sem órgãos locomotores quando adultos, e que produzem esporos em certos períodos da vida (Do gr. *sporós*, «semente»+*zoárion*, «animalzinho»)

esporozoíto *n.m.* ZOOLOGIA cada uma das pequeníssimas células alongadas provenientes da esporulação do ovo no ciclo evolutivo de alguns esporozoários, que é um esporo durável ou zigotoblasto (Do gr. *sporós*, «semente»+*zôon*, «animal»+-*ito*)

esporra *n.f.* [vulg.] esperma (Deriv. regr. de *esporrar*)

esporrar *v.intr.,pron.* [vulg.] emitir esperma; ejacular (De *es-*+*porra*, «esperma»+-*ar*)

esporta *n.f.* [regionalismo] espécie de sacola ou seira de esparto ou junco (Do lat. *sporta-*, «cesto»)

esporte *n.m.* [Brasil] prática de exercícios físicos; desporto ■ *adj.2g.* 1 [Brasil] de desporto 2 [Brasil] diz-se da roupa desportiva e confortável (Do ing. *sport*, «id.»)

esportela *n.f.* pequena esporta; cabazinho (Do lat. *sportella-*, «cestinho»)

esportivo *adj.* [Brasil] ⇒ **desportivo** (Do ing. *sportive*, «id.»)

espórtula *n.f.* gratificação em dinheiro; gorjeta (Do lat. *sportŭla*, «cestinho»)

esportular *v.tr.* 1 dar como espórtula; gratificar 2 gastar ■ *v.pron.* 1 fazer grandes despesas 2 ser generoso (De *espórtula*+-*ar*)

esporulação *n.f.* BIOLOGIA processo de reprodução por meio de esporos; endogenia (De *esporular*+-*ção*)

esporulado *adj.* que tem espórulos (De *espórulo*+-*ado*)

esporular *v.intr.* produzir esporos ou espórulos (De *espórulo*+-*ar*)

espórulo *n.m.* pequeno esporo (De *esporo*+-*ulo*)

esposa /ô/ *n.f.* 1 mulher em relação à pessoa com quem está casada; cônjuge do sexo feminino; mulher 2 [ant.] noiva (Do lat. *sponsa-*,«id.»)

esposar *v.tr.* 1 tomar por esposa ou esposo; desposar 2 unir em casamento 3 [fig.] servir de amparo 4 perfilhar; adotar ■ *v.pron.* casar-se (Do lat. *sponsāre*, «id.»)

esposendense *adj.2g.* relativo a Esposende, cidade portuguesa do distrito de Braga ■ *n.2g.* natural ou habitante de Esposende (De *Esposende*, top. +-*ense*)

esposo /ô/ *n.m.* 1 homem em relação à pessoa com quem está casado; cônjuge do sexo masculino; marido 2 [ant.] noivo 3 *pl.* conjunto de duas pessoas casadas uma com a outra; casal; cônjuges (Do lat. *sponsu-*, «id.»)

esposório *n.m.* 1 desponsório; esponsais 2 presente de núpcias (De *esposo*+-*ório*)

espostejar *v.tr.* partir às postas; retalhar; esquartejar (De *es-*+*posta*+-*ejar*)

espraiamento *n.m.* 1 ato ou efeito de espraiar 2 avanço ou retirada das águas, junto às costas 3 [fig.] alongamento excessivo; prolixidade no falar ou no escrever (De *espraiar*+-*mento*)

espraiar *v.tr.* 1 lançar à praia 2 alargar; estender ■ *v.pron.* 1 (mar, rio) estender-se pela praia ou pelas margens 2 dilatar-se 3 [fig.] divagar sobre qualquer matéria (De *es-*+*praia*+-*ar*)

espreguiçadeira *n.f.* 1 cadeira articulada alongada, reclinável, geralmente de lona e com uma estrutura de madeira, própria para uma pessoa se deitar; preguiceira 2 camilha em que alguém pode descansar o corpo (De *espreguiçar*+-*deira*)

espreguiçadela *n.f.* ato de espreguiçar ou de se espreguiçar; espreguiçamento (De *espreguiçar*+-*dela*)

espreguiçadoiro *n.m.* ⇒ **espreguiçadeira**

espreguiçadouro *n.m.* ⇒ **espreguiçadeira**

espreguiçamento *n.m.* ato ou efeito de espreguiçar; distensão voluntária dos membros; desentorpecimento (De *espreguiçar*+-*mento*)

espreguiçar *v.tr.* tirar a preguiça a ■ *v.pron.* 1 distender os braços e as pernas; desentorpecer-se; espraiar-se 2 [fig.] expandir-se (De *es-*+*preguiça*+-*ar*)

espreguiceiro *n.m.* ⇒ **espreguiçadeira** (De *espreguiçar*+-*eiro*)

espreita *n.f.* ato de espreitar; vigilância; pesquisa; espionagem; atalaia; *à* ~ de vigia, debaixo de olho (Deriv. regr. de *espreitar*)

espreitadeira *n.f.* 1 abertura por onde se espreita 2 aquela que espreita (De *espreitar*+-*deira*)

espreitadela *n.f.* ato de espreitar; espreita (De *espreitar*+-*dela*)

espreitador *adj.,n.m.* que ou aquele que espreita; observador; pesquisador; espreitante (De *espreitar*+-*dor*)

espreita-marés *n.m.2n.* ORNITOLOGIA ⇒ **pica-peixe** 1 (De *espreitar*+*maré*)

espreitança *n.f.* ⇒ **espreita** (De *espreitar*+-*ança*)

espreitante *adj.,n.2g.* que ou a pessoa que espreita; espreitador (De *espreitar*+-*ante*)

espreitar *v.tr.* 1 observar às ocultas; espiar 2 indagar 3 estar à espera de (oportunidade) (Do lat. *explicitāre*, freq. de *explicāre*, «explicar»?)

espremedela *n.f.* 1 ⇒ **espremedura** 2 apertadela; compressão (De *espremer*+-*dela*)

espremediço *adj.* que se pode espremer (De *espremer*+-*diço*)

espremedor *n.m.* aparelho manual ou elétrico para espremer frutos, que consiste, geralmente, numa parte cónica sobre a qual se pressiona o alimento cortado a meio, colocada sobre um recipiente para onde escorre o sumo ■ *adj.* que espreme (De *espremer*+-*dor*)

espremedura *n.f.* 1 ato de espremer 2 o que se extrai daquilo que se espreme (De *espremer*+-*dura*)

espremer *v.tr.* 1 comprimir ou apertar para extrair um suco ou líquido 2 [fig.] obrigar; forçar ■ *v.pron.* 1 contorcer-se 2 esforçar-se por lançar de si alguma coisa (Do lat. *exprimĕre*, «id.»)

espremido *adj.* 1 que se espremeu 2 apertado; entalado 3 diz-se do indivíduo afetado no falar 4 [fig.] (dinheiro) arrancado à força (Part. pass. de *espremer*)

esprimível *adj.2g.* que se pode espremer (De *espremer*+-*vel*)

espriega *n.f.* BOTÂNICA ⇒ **esperiega** (De *esperiega*)

espuição *n.f.* ato ou efeito de espuir (De *espuir*+-*ção*)

espuir *v.tr.,intr.* cuspir; expetorar; escarrar (Do lat. *spuĕre*, «cuspir»)

espulgação *n.f.* ato de espulgar (De *espulgar*+-*ção*)

espulgar *v.tr.* tirar as pulgas a; catar ■ *v.pron.* catar as próprias pulgas (De *es-*+*pulga*+-*ar*)

espuma *n.f.* 1 conjunto de bolhas de gás ou ar que se formam à superfície dos líquidos em fermentação ou agitados; escuma 2 produto de consistência igual à da espuma 3 saliva misturada com bolhas de ar e que é produzida devido a doença; baba 4 mistura espessa mas leve que contém bolhinhas de ar 5 material sintético e maleável, usado no interior de colchões, almofadas, etc. 6 *pl.* CULINÁRIA doce feito de claras batidas em castelo, com açúcar e cozidas em leite; ~ *de barbear* substância que se aplica no rosto para fazer a barba (Do lat. *spuma-*, «id.»)

espumaçar *v.intr.* ⇒ **espumejar** (De *espumaça*+-*ar*)

espumadeira *n.f.* ⇒ **escumadeira** (De *espumar*+-*deira*)

espuma-do-mar ver nova grafia espuma do mar

espuma do mar *n.f.* MINERALOGIA ⇒ **magnesite**

espumante *adj.2g.* 1 que tem, faz ou deita espuma; espúmeo 2 [fig.] raivoso; excitado ■ *n.m.* vinho naturalmente gasoso; champanhe; espumoso (Do lat. *spumante-*, «id.», part. pres. de *spumāre*, «ser espumoso; espumar»)

espumar *v.intr.* 1 deitar ou formar espuma 2 [fig.] estar furioso, enraivecido ■ *v.tr.* tirar a espuma a (Do lat. *spumāre*, «id.»)

espumarada *n.f.* grande quantidade de espuma (De *espumar*+-*ada*)

espumejante *adj.2g.* ⇒ **espumante** *adj.2g.* (De *espumejar+-ante*)
espumejar *v.intr.* 1 deitar espuma 2 [fig.] estar furioso, enraivecido (De *espuma+-ejar*)
espúmeo *adj.* ⇒ **espumoso** *adj.* (Do lat. *spumĕu-*, «id.»)
espumífero *adj.* ⇒ **espumoso** *adj.* (Do lat. *spumifĕru-*, «id.»)
espumosidade *n.f.* qualidade do que é espumoso; espuma (De *espumoso+-i-+-dade*)
espumoso /ô/ *adj.* que tem, faz ou deita espuma; espumante; espúmeo ▪ *n.m.* ⇒ **espumante** *n.m.* (Do lat. *spumōsu-*, «id.»)
espúndia *n.f.* MEDICINA nome por que é conhecida a leishmaniose, doença da pele e das mucosas, comum nas florestas tropicais da América latina (Do lat. *spongŭla-*, «esponja»)
espurcícia *n.f.* imundície; impureza; porcaria (Do lat. *spurcitĭa-*, «impureza; obscenidade»)
espuriedade *n.f.* 1 qualidade de espúrio 2 ilegitimidade; falsidade (De *espúrio+-idade*)
espúrio *adj.* 1 [ant.] diz-se de filho de uma relação extraconjugal; bastardo; ilegítimo 2 que não segue as leis; ilegítimo 3 diz-se da obra que não pertence ao autor a quem é atribuída 4 adulterado; falsificado 5 que não pertence ao vernáculo 6 não autêntico; não genuíno 7 [regionalismo] avarento e de aspeto pouco agradável (Do lat. *spurĭu-*, «bastardo; espúrio»)
esputação *n.f.* ato ou efeito de esputar; salivação abundante (De *esputar+-ção*)
esputar *v.intr.* salivar com frequência; cuspir muito (Do lat. *sputāre*, «id.»)
esputo *n.m.* 1 ato de salivar com frequência; ato de cuspir muito 2 saliva; cuspo
esquadra *n.f.* 1 conjunto de navios de guerra 2 pequeno grupo de soldados sob o comando de um sargento ou cabo 3 posto policial 4 [Brasil] equipa; *de cabo de ~* próprio de quem é ignorante e incompetente (Do it. *squadra*, «batalhão quadrado»)
esquadrado *adj.* riscado ou cortado em esquadria (Part. pass. de *esquadrar*)
esquadrão *n.m.* MILITAR subunidade de cavalaria mecanizada, blindada ou hipomóvel, hierarquicamente situada acima de pelotão e abaixo de grupo (de esquadrões), normalmente comandada por um capitão 2 [fig.] multidão; bando (Do it. *squadrone*, sexta parte de um regimento de cavalaria)
esquadrar *v.tr.* 1 dispor ou cortar em esquadria ou ângulo reto 2 MILITAR (tropas) formar em esquadrão (De *esquadro+-ar*)
esquadrejado *adj.* cortado em esquadria (Part. pass. de *esquadrejar*)
esquadrejamento *n.m.* ato ou efeito de esquadrejar (De *esquadrejar+-mento*)
esquadrejar *v.tr.* ⇒ **esquadrar** (De *esquadro+-ejar*)
esquadria *n.f.* 1 corte em ângulo reto 2 ângulo reto 3 esquadro de pedreiro 4 pedra de cantaria retangular 5 [fig.] regularidade; simetria; ordem; método 6 *pl.* designação genérica de portas, janelas, persianas e caixilhos (De *esquadro+-ia*)
esquadriar *v.tr.* ⇒ **esquadrar** (De *esquadria+-ar*)
esquadrilha *n.f.* pequena esquadra de navios de guerra ou de aviões; flotilha (Do cast. *escuadrilla*, «id.»)
esquadrilhado *adj.* 1 que tem os quadris baixos; desnalgado 2 derreado; desancado 3 bamboleado; saracoteado (Part. pass. de *esquadrilhar*)
esquadrilhar¹ *v.tr.* expulsar da quadrilha (De *es-+quadrilha+-ar*)
esquadrilhar² *v.tr.* 1 partir os quadris a 2 desancar (De *es-+quadril+-ar*)
esquadrinhador *adj.,n.m.* que ou aquele que esquadrinha; investigador (De *esquadrinhar+-dor*)
esquadrinhadura *n.f.* ⇒ **esquadrinhamento** (De *esquadrinhar+-dura*)
esquadrinhamento *n.m.* ato de esquadrinhar; investigação; busca (De *esquadrinhar+-mento*)
esquadrinhar *v.tr.* investigar; analisar minuciosamente; procurar (Do lat. vulg. *scrutinĭare*, «id.», de *scrutinĭu-*, «pesquisa; busca»)
esquadro *n.m.* 1 instrumento, geralmente em forma de triângulo retângulo, com que se traçam ou medem ângulos retos e se tiram perpendiculares 2 instrumento de ferro, geralmente em forma de triângulo retângulo, utilizado pelos pedreiros para traçar e medir ângulos retos e tirar perpendiculares; esquadria (Do it. *squadro*, «id.»)
esquadronar *v.tr.* 1 dispor em esquadrão 2 esquadrar (De *esquadrão+-ar*)

esqualeno *n.m.* QUÍMICA substância líquida oleosa, com cheiro agradável, existente no óleo de fígado de tubarão, no azeite e noutros óleos vegetais
Esquálidas *n.f.pl.* ICTIOLOGIA ⇒ **Esqualídeos**
Esqualídeos *n.m.pl.* ICTIOLOGIA família de peixes selácios cujo género-tipo se designa *Squalus*, e que corresponde à família dos Espinacídeos (Do lat. *squalu-*, «esqualo» +-*ídeos*)
esqualidez /ê/ *n.f.* 1 qualidade de esquálido 2 imundície; sujidade (De *esquálido+-ez*)
esquálido *adj.* 1 sujo; imundo 2 descorado e fraco; macilento 3 torpe; vil (Do lat. *squalĭdu-*, «sujo»)
esqualo *n.m.* ICTIOLOGIA designação de peixes selácios do antigo género *Squalus*, a que pertencem, por exemplo, os cações (Do lat. *squalu-*, «esqualo»)
esqualor *n.m.* ⇒ **esqualidez** (Do lat. *squalōre-*, «crosta; sujidade»)
esquarroso /ô/ *adj.* (pano) áspero e rijo ao tato (Do lat. *squarrōsu-*, «coberto de pústulas»)
esquartejamento *n.m.* 1 ato ou efeito de esquartejar 2 antigo suplício que consistia em prender um cavalo a cada um dos pés e braços do condenado, obrigando os animais a puxar em direções opostas até os membros se separarem do corpo (De *esquartejar+-mento*)
esquartejar *v.tr.* partir em quartos; espostejar; dilacerar (De *es-+quarto+-ejar*)
esquarteladura *n.f.* HERÁLDICA divisão do escudo em quartéis (De *esquartelar+-dura*)
esquartelar *v.tr.* HERÁLDICA dividir o escudo em quartéis (De *es-+quartel+-ar*)
esquartilhar *v.tr.* retalhar longitudinalmente (as azeitonas) antes de as curtir; quartilhar (De *es-+quartilhar*)
esquecediço *adj.* que se esquece facilmente; esquecido; desmemoriado (De *esquecer+-diço*)
esquecedor *adj.,n.m.* que ou aquilo que faz esquecer (De *esquecer+-dor*)
esquecer *v.tr.,pron.* 1 não se lembrar de 2 perder a lembrança de; deixar fugir da memória; olvidar 3 meditar nalguma coisa, com abstração de tudo o mais 4 não fazer caso de; desprezar ▪ *v.intr.* [pouco usado] perder a sensibilidade (Do lat. **escadescĕre*, freq. de *excadĕre*, «cair fora»)
esquecido *adj.* 1 que se esquece frequentemente 2 que se esqueceu 3 abandonado 4 que perdeu a sensibilidade 5 [pop.] pateta ▪ *n.m.* 1 aquele que se esquece frequentemente 2 a que não liga importância 3 bolo caseiro (Part. pass. de *esquecer*)
esquecimento *n.m.* 1 ato ou efeito de esquecer ou esquecer-se 2 falta de lembrança, de memória 3 omissão; falha; lapso 4 desprezo 5 perda da sensibilidade (De *esquecer+-mento*)
esquelético *adj.* 1 relativo, imitante ou pertencente ao esqueleto 2 [fig.] extremamente magro (Do fr. *squelettique*, «id.»)
esqueleto *n.m.* 1 ANATOMIA estrutura de ossos, cartilagens e ligamentos que protege os órgãos internos do corpo dos seres humanos e dos animais vertebrados e que serve de apoio aos músculos 2 armação 3 estrutura de madeira de casa ou navio 4 [fig.] esboço de um trabalho literário 5 [fig.] pessoa muito magra; *~ externo* exosqueleto; *~ interno* endosqueleto (Do gr. *skeletós*, «corpo ressequido; esqueleto», pelo fr. *squelette*, «esqueleto»)
esquema *n.m.* 1 representação das funções e relações de um objeto, independentemente da sua forma 2 figura ou diagrama simplificado 3 exposição sumária da articulação e das ideias essenciais de um projeto, de um discurso, de uma obra 4 resumo 5 PSICOLOGIA estrutura das representações mentais ou, de maneira mais geral, de atividades psíquicas ou organopsíquicas 6 representação psíquica simplificada, intermediária entre a imagem concreta e o conceito abstrato 7 [Angola, Moçambique] plano marginal; recurso à margem das regras; solução de favor; *~ corporal* representação que cada um tem do seu próprio corpo, e que lhe serve de referência no espaço (Do gr. *skhêma*, «figura», pelo lat. *schema*, «forma; esquema; figura»)
esquematicamente *adv.* 1 de modo esquemático; em esquema 2 resumidamente; sucintamente (De *esquemático+-mente*)
esquemático *adj.* 1 relativo a esquema 2 em forma de esquema (Do gr. *skhêma, -atos*, «figura» +-*ico*)
esquematismo *n.m.* 1 carácter do que é esquemático 2 [pej.] simplificação abstratizante da realidade 3 PSICOLOGIA fase do desenvolvimento gráfico da criança, no decurso da qual ela reduz a representação figurada dos objetos a alguns pormenores sumários (Luquet, Prudhommeau) (Do gr. *skhêma, -atos*, «figura» +-*ismo*)

esquematizar *v.tr.* fazer esquema de; representar esquematicamente (Do gr. *skhēma, -atos*, «figura» +*-izar*)

esquentação *n.f.* **1** ato ou efeito de esquentar **2** calor intenso **3** [fig.] discussão acalorada; zanga (De *esquentar*+*-ção*)

esquentada *n.f.* hora de maior calor de um dia (Part. pass. fem. subst. de *esquentar*)

esquentadiço *adj.* [fig.] que se irrita com facilidade (De *esquentar*+*-diço*)

esquentado *adj.* exaltado; irritado (Part. pass. de *esquentar*)

esquentador *n.m.* aparelho de aquecimento alimentado a energia elétrica ou a combustível; aquecedor (De *esquentar*+*-dor*)

esquentamento *n.m.* **1** ⇒ **esquentação 2** [pop.] ⇒ **gonorreia** (De *esquentar*+*-mento*)

esquentar *v.tr.* **1** dar ou causar calor a; aquecer **2** [fig.] irritar ▪ *v.pron.* **1** acalorar-se **2** [fig.] irritar-se (De *es-*+*quente*+*-ar*)

esquerda /ê/ *n.f.* **1** mão correspondente ao lado do coração **2** lado esquerdo **3** POLÍTICA grupo político partidário da doutrina socialista ou comunista **4** POLÍTICA parte de uma assembleia que toma lugar à esquerda do presidente; **~!** expressão de comando para fazer executar um movimento sobre o lado esquerdo (De *esquerdo*)

esquerdar *v.tr.,intr.* voltar(-se) para o lado esquerdo ▪ *v.intr.* seguir um mau rumo; desviar-se do dever (De *esquerdo*+*-ar*)

esquerdear *v.tr.,intr.* ⇒ **esquerdar** (De *esquerdo*+*-ear*)

esquerdino *adj.* que habitualmente usa a mão esquerda; canhoto (De *esquerda*+*-ino*)

esquerdismo *n.m.* POLÍTICA defesa de medidas e tendências comunistas ou socialistas (De *esquerda*+*-ismo*)

esquerdista *adj.2g.* **1** relativo à esquerda; relativo ao esquerdismo **2** que faz parte de uma esquerda política ▪ *n.2g.* pessoa que faz parte de um grupo político de esquerda; pessoa partidária de uma doutrina de esquerda (De *esquerda*+*-ista*)

esquerdo /ê/ *adj.* **1** que fica do lado do coração **2** canhoto **3** vesgo **4** [fig.] desajeitado; desastrado **5** [fig.] que não merece confiança; *fazer-se ~* fazer-se desentendido; *passar ao ~* ocultar sub-repticiamente (Do basco *ezker(r)*, «esquerdo», pelo cast. *izquierdo*, «id.»)

esqui *n.m.* **1** DESPORTO cada uma das placas de madeira ou de outro material leve, com uma extremidade um pouco recurvada para cima, usadas como patins para deslizar sobre a neve ou sobre a água **2** DESPORTO desporto praticado na neve com estes utensílios; *~ aquático* DESPORTO desporto praticado na água em que a pessoa utiliza um ou dois esquis para deslizar sobre a superfície, sendo geralmente puxada por uma lancha (Do norueg. *ski*, «esqui», pelo fr. *ski*, «id.»)

esquia *n.f.* ⇒ **tosquia** (Deriv. regr. de *esquiar*)

esquiador *n.m.* DESPORTO praticante de esqui (De *esquiar*+*-dor*)

esquiar[1] *v.intr.* deslizar com esqui sobre a neve ou sobre a água (De *esqui*+*-ar*)

esquiar[2] *v.tr.* ⇒ **tosquiar** (Do cast. *esquilar*, «id.»)

esquiça *n.f.* pau com que se tapa o buraco que se faz nas vasilhas do vinho; espicho; batoque (De orig. obsc.)

esquiçar *v.tr.* **1** meter a esquiça na vasilha donde se tira o vinho **2** [regionalismo] palitar os dentes com uma caruma (De *esquiça*+*-ar*)

esquiço *n.m.* ⇒ **esquiça**

esquifar[1] *v.intr.* fazer esquifes (De *esquife*+*-ar*)

esquifar[2] *v.tr.,intr.* ⇒ **esquipar** (De *esquipar*)

esquife *n.m.* **1** caixão para levar os cadáveres a enterrar; ataúde; féretro; tumba **2** embarcação pequena, semelhante à baleeira **3** tipo desportivo de barco a remos (Do lomb. *skif*, «barco», pelo it. ant. *schifo*, «id.», pelo fr. *esquif*, «embarcação simples»)

esquila[1] *n.f.* **1** BOTÂNICA cebola **2** ZOOLOGIA cebola marinha **3** ZOOLOGIA crustáceo estomatópode, de abdómen muito desenvolvido (Do gr. *skílla*, «cebola; cebola marinha», pelo lat. *scilla-*, «id.»)

esquila[2] *n.f.* pequeno chocalho (Do ant. alto-al. *skella*, hoje *Schelle*, «id.»)

esquila[3] *n.f.* [regionalismo] tosquia (Deriv. regr. de *esquilar*)

esquilar *v.tr.* [regionalismo] ⇒ **tosquiar** (Do cast. *esquilar*, «tosquiar»)

esquiliano *adj.* referente ao poeta tragediógrafo grego Ésquilo (525-426 a. C.) ou ao seu género literário (De *Ésquilo*, antr. +*-iano*)

esquilo *n.m.* ZOOLOGIA pequeno mamífero roedor, da família dos Ciurídeos, de cauda longa, que se alimenta de nozes e sementes e vive nas árvores, encontrando-se espalhado por muitas florestas de quase todo o Globo (Do gr. *skíouros*, «esquilo; que faz sombra com a cauda»)

esquilo-da-sibéria *n.m.* esquilo pequeno, natural das terras frias da Sibéria e do norte da Ásia

esquimó *adj.,n.2g.* relativo aos Esquimós ou indivíduo pertencente aos Esquimós (Do ing. *eskimo*, «esquimó», ou do fr. *esquimau*, «id.»)

Esquimós *n.m.pl.* ETNOGRAFIA povos da Gronelândia, Norte do Canadá e Alasca (De *esquimó*)

esquina[1] *n.f.* **1** ângulo saliente formado por duas superfícies **2** ângulo saliente formado por duas paredes de um edifício; canto exterior; cunhal **3** ângulo formado pelo cruzamento de duas ruas (De orig. obsc.)

esquina[2] *n.f.* BOTÂNICA planta com propriedades análogas às da salsaparrilha (Do fr. *squine*, «id.»)

esquinado *adj.* **1** que tem esquinas; facetado **2** [pop.] um tanto embriagado (De *esquina*+*-ado*)

esquinal *adj.2g.* referente a esquina (De *esquina*+*-al*)

esquinante *adj.2g.* bicudo; esquinado (De *esquinar*+*-ante*)

esquinar *v.tr.* **1** pôr de esquina; enviesar **2** cortar em ângulo; facetar ▪ *v.intr.* **1** fazer esquina **2** [pop.] fugir; esgueirar-se ▪ *v.pron.* ficar meio embriagado (De *esquina*+*-ar*)

esquinência *n.f.* MEDICINA [ant.] amigdalite (Do it. *schinanzia*, «id.», ou do fr. *esquinancie*, «id.»)

esquinote *n.m.* **1** couro grosseiro que se emprega em arreios e em calçado de camponeses **2** pau aguçado que usam os oleiros para desengrossar o fundo das vasilhas (De *esquina*+*-ote*)

esquinudo *adj.* ⇒ **esquinado** (De *esquina*+*-udo*)

esquipação *n.f.* **1** ato ou efeito de esquipar **2** provisão de aprestos e mantimentos para um navio **3** muda de roupa **4** [pop.] coisa esquisita; extravagância; capricho (De *esquipar*+*-ção*)

esquipado *adj.* **1** aparelhado **2** [fig.] adornado **3** veloz **4** apertado; justo ▪ *n.m.* andamento do cavalo quando levanta ao mesmo tempo o pé e a mão do mesmo lado (Part. pass. de *esquipar*)

esquipador *adj.* (cavalo) que tem esquipado (De *esquipar*+*-dor*)

esquipamento *n.m.* **1** o que é necessário para esquipar um navio **2** esquipação (De *esquipar*+*-mento*)

esquipão *n.m.* ICTIOLOGIA nome por que também é designado o peixe-aranha (De orig. obsc.)

esquipar *v.tr.* munir de aparelhos ou equipamentos; aprestar; aparelhar ▪ *v.intr.* **1** correr ligeiramente (o cavalo, o navio) **2** [Brasil] executar (o cavalo) o andamento chamado esquipado (Do fr. ant. *esquiper*, hoje *équiper*, «apetrechar» [navio])

esquipático *adj.* estrambótico; esquisito; extravagante (De *esquisito* × *antipático*)

esquírola *n.f.* **1** lasca de osso **2** [fig.] fragmento de coisa dura (Do lat. tard. *schidia-*, «apara», pelo fr. *esquille*, «lasca; esquírola»)

esquirolar *v.tr.* partir em lascas ou esquírolas (De *esquírola*+*-ar*)

esquiroloso *adj.* que apresenta esquírolas (De *esquírola*+*-oso*)

esquisitamente *adv.* de modo esquisito; com extravagância; com originalidade (De *esquisito*+*-mente*)

esquisitice *n.f.* **1** qualidade do que é esquisito **2** excentricidade; extravagância **3** impertinência (De *esquisito*+*-ice*)

esquisito *adj.* **1** que tem esquisitices; estranho; fora do vulgar **2** extravagante **3** delicado; elegante; primoroso **4** raro **5** impertinente (Do lat. *exquisĭtu-*, «rebuscado»)

esquisitório *adj.* um tanto esquisito (De *esquisito*+*-ório*)

esquissar *v.tr.* fazer o esquisso de; bosquejar (Do it. *schissare*, «esboçar», pelo fr. *esquisser*, «id.»)

esquisso *n.m.* primeiros traços de uma obra; bosquejo; esboço (Do it. *schizzo*, «esboço», pelo fr. *esquisse*, «id.»)

esquístico *adj.* ⇒ **xistoso** (Do gr. *skhistós*, «fendido» +*-ico*)

esquistocarpo *adj.,n.m.* ⇒ **xistocarpo** (Do gr. *skhistós*, «fendido» +*karpós*, «fruto»)

esquistoide *adj.2g.* ⇒ **xistoide** (Do gr. *skhistós*, «fendido» +*eîdos*, «forma»)

esquistóide ver nova grafia **esquistoide**

esquiva *n.f.* **1** ato de esquivar ou de se esquivar **2** recusa (Deriv. regr. de *esquivar*)

esquivança *n.f.* **1** desprezo; desdém **2** recusa **3** retraimento; insociabilidade (De *esquivar*+*-ança*)

esquivar *v.tr.* **1** desviar de si com desprezo **2** evitar o trato de ▪ *v.pron.* **1** eximir-se; furtar-se **2** desculpar-se **3** retrair-se; fugir (De *esquivo*+*-ar*)

esquivez /ê/ *n.f.* ⇒ **esquivança** (De *esquivo*+*-ez*)

esquiveza /ê/ *n.f.* ⇒ **esquivança** (De *esquivo*+*-eza*)

esquivo *adj.* **1** que evita a convivência; arisco; fugidio **2** intratável; desdenhoso (Do germ. *skiuh*, «tímido»)

esquivoso /ô/ *adj.* ⇒ **esquivo** (De *esquivo*+*-oso*)

esquixa *n.f.* [pop.] pequena porção; cigalho (De orig. obsc.)

esquizo- elemento de formação de palavras que exprime a ideia de *fender* (Do gr. *skhízein*, «fender»)

esquizocarpo *n.m.* BOTÂNICA fruto indeiscente que, na maturação, se divide em frutos parciais monospérmicos (De *esquizo-*+*-carpo*)

esquizofasia *n.f.* MEDICINA perturbação da linguagem falada que consiste na utilização de palavras inventadas e de palavras reais afastadas dos seus sentidos, que a tornam incompreensível (sendo a linguagem escrita, muitas vezes, normal) (Do gr. *skhízein*, «fender» +*phásis*, «palavra» +*-ia*)

esquizófita *n.f.* BOTÂNICA espécime das esquizófitas ∎ *n.f.pl.* BOTÂNICA grupo de que fazem parte as plantas mais simples que se conhecem, sendo cada uma delas constituída por uma única célula, que não tem núcleo individualizado nem membrana nuclear (Do gr. *skhízein*, «fender» +*phytón*, «planta»)

esquizofrenia *n.f.* MEDICINA doença mental, de que podem distinguir-se três tipos (paranoia, catatonia e hebefrenia), caracterizada pela dissociação entre o pensamento do paciente e a realidade física do seu próprio corpo ou do ambiente em que ele se encontra (Do gr. *skhízein*, «fender» +*phrén*, «mente; espírito» +*-ia*)

esquizofrénico *adj.,n.m.* que ou aquele que sofre de esquizofrenia (De *esquizofrenia*+*-ico*)

esquizogonia *n.f.* ZOOLOGIA fase do ciclo evolutivo de alguns esporozoários, em que se verifica a formação de merozoítos (esporos imediatos) (Do gr. *skhízein*, «fender» +*goneía*, «geração»)

esquizografia *n.f.* MEDICINA perturbação da linguagem escrita, que se manifesta por escritos incompreensíveis, formados de palavras reais ou inventadas, às vezes com conservação de uma aparência de sintaxe (sendo a linguagem falada, muitas vezes, normal) (Do gr. *skhízein*, «fender» +*gráphein*, «escrever; registar» +*-ia*)

esquizoide *adj.,n.m.* MEDICINA que ou indivíduo que manifesta temperamento anormal, desequilibrado, e não se adapta a nada (Do gr. *skhízein*, «fender» +*eîdos*, «forma»)

esquizóide ver nova grafia **esquizoide**

esquizoidia *n.f.* MEDICINA constituição mental caracterizada pela tendência para a solidão, o ensimesmamento, o devaneio, e para uma dificuldade de adaptação às realidades exteriores (De *esquizóide*+*-ia*)

esquizomania *n.f.* PATOLOGIA estado que se desenvolve sobre um fundo de esquizoidia por ocasião de dificuldades afetivas ou de uma infeção tóxica, e que se caracteriza por desadaptação do meio, com devaneio patológico, comportamentos estranhos e, às vezes, negativismo, fuga ou reações violentas (Do gr. *skhízein*, «fender» +*manía*, «mania»)

esquizomicete *n.m.* BIOLOGIA espécime dos esquizomicetes ∎ *n.m.pl.* BIOLOGIA grupo de esquizófitas, desprovidas de ficocianina e corpo central, que compreende as bactérias; bacteriáceas (Do gr. *skhízein*, «fender» +*mýkes, -etos*, «cogumelo»)

esquizonte *n.m.* ZOOLOGIA elemento proveniente da esquizogonia, no ciclo evolutivo de esporozoários (Do gr. *skhízon, -ontos*, «que fende»)

esquizotimia *n.f.* PSICOLOGIA qualidade de esquizotímico, um dos tipos psicológicos da classificação de temperamentos de Ernst Kretschmer, psiquiatra alemão, 1888-1964 (Do gr. *skhízein*, «fender» +*thymós*, «vida» +*-ia*)

esquizotímico *adj.,n.m.* PSICOLOGIA em E. Kretschmer, psiquiatra alemão (1888-1964): indivíduo ou designativo de indivíduo reservado, frio, que vive sobre si e para si (autista), bizarro e por vezes impulsivo, de sensibilidade viva mas cortante, intelectualmente analítico e abstratizante, sistemático, preservador (Do gr. *skhízein*, «fender» +*thymós*, «vida» +*-ico*)

essa[1] *det.,pron.dem.* designa pessoa ou coisa afastada da pessoa que fala e próxima da pessoa com quem se fala (*essa senhora; essa camisola*) (Do lat. *ipsa-*, «id.»)

essa[2] *n.f.* estrado onde se coloca o caixão do cadáver durante as cerimónias fúnebres que precedem o enterro; catafalco (Do lat. **ersa*, part. pass. fem. de *erigěre*, «erguer»)

esse[1] *n.m.* nome da letra s ou S; *aos esses* formando linha quebrada ou sinuosa

esse[2] *det.,pron.dem.* designa pessoa ou coisa afastada da pessoa que fala e próxima da pessoa com quem se fala (*esse vizinho; esse livro*) (Do lat. *ipse-*, «id.»)

essência *n.f.* 1 conjunto das qualidades pelas quais um ser existe e se define; conjunto dos elementos constitutivos de um ser, sem os quais não teria realidade alguma 2 carácter distintivo 3 princípio fundamental; ideia principal 4 QUÍMICA solução alcoólica concentrada de um óleo essencial 5 QUÍMICA óleo volátil extraído de plantas, que apresenta geralmente o odor característico da sua origem vegetal; óleo essencial 6 FILOSOFIA por oposição à existência: o que uma coisa é, ou melhor, o que compreendemos que ela é, a sua ideia; quididade 7 FILOSOFIA por oposição a acidente: o ser próprio ou verdadeiro das coisas, que produz, sustenta e torna inteligível a forma das mesmas (Do lat. *essentĭa-*, «id.»)

essencial *adj.2g.* 1 referente a essência 2 que constitui a essência de algo; básico; fundamental 3 importante; indispensável 4 relativo a essência (óleo) ∎ *n.m.* a coisa principal; o ponto mais importante (Do lat. *essentiāle-*, «id.»)

essencialidade *n.f.* qualidade ou estado do que é essencial (De *essencial*+*-i-*+*-dade*)

essencialismo *n.m.* FILOSOFIA nome dado, por oposição à filosofia existencial, às filosofias que propõem como seu objeto as essências dos seres e não os seres existentes (De *essencial*+*-ismo*)

essencialmente *adv.* 1 relativamente a essência; por natureza; por condição 2 na maioria; principalmente 3 no que é mais importante; basicamente; fundamentalmente (De *essencial*+*-mente*)

essénios *n.m.pl.* seita religiosa da Palestina, contemporânea de Cristo, caracterizada pela prática de grande rigor ascético (Do aram. *hesaiia*, «piedoso», pelo lat. *Esseni*, «id.»)

essoutro *det.,pron.dem.* designa pessoa ou coisa próxima da pessoa com quem se fala e que a pessoa que fala deseja opor a alguém ou algo designado por *esse* (*já não quero esse, mas sim essoutro*) (De *esse*+*outro*)

és-sudeste *n.m.* 1 GEOGRAFIA, NÁUTICA ponto subcolateral (intermédio), ou rumo, equidistante do este e do sudeste, designado pelo símbolo ESE 2 vento que sopra desse ponto ∎ *adj.2g.* 1 do és-sudeste 2 relativo ao és-sudeste 3 situado a és-sudeste (De *es[te]*+*sueste*)

és-sueste *n.m.,adj.2g.* ⇒ **és-sudeste**

esta *det.,pron.dem.* designa pessoa ou coisa próxima da pessoa que fala (*esta menina; esta revista*) (Do lat. *ista-*, «esta»)

estabalhoado *adj.* trapalhão; estavanado (Do cast. *atabalear*, «tanger os atabales»)

estabareda /ê/ *adj.,n.2g.* [regionalismo] pessoa ou designativo da pessoa estouvada, excêntrica (De *Estavareda*, antr., nome de um portuense excêntrico)

estabelecedor *n.m.* 1 aquele que estabelece 2 fundador ∎ *adj.* que estabelece (De *estabelecer*+*-dor*)

estabelecer *v.tr.* 1 fazer uma coisa com carácter firme e estável 2 instituir; fundar 3 pôr em estabelecimento a 4 dar modo de vida a 5 determinar; ordenar; fixar ∎ *v.pron.* 1 fixar-se 2 montar um estabelecimento (Do lat. **stabiliscěre*, freq. de *stabilire*, «tornar estável»)

estabelecimento *n.m.* 1 ato ou efeito de estabelecer 2 casa comercial 3 morada fixa 4 instituição 5 ordem; estatuto (De *estabelecer*+*-mento*)

estabilidade *n.f.* 1 qualidade do que é estável 2 segurança 3 firmeza; equilíbrio (Do lat. *stabilitāte-*, «firmeza»)

estabilização *n.f.* ato ou efeito de estabilizar ou estabilizar-se (De *estabilizar*+*-ção*)

estabilizador *n.m.* 1 QUÍMICA qualquer substância que aumenta a estabilidade de misturas ou certos materiais, como alimentos, pinturas, explosivos, etc., retardando ou evitando possíveis transformações químicas 2 AERONÁUTICA cada um dos planos horizontal e vertical, da cauda do avião, que asseguram a estabilidade do aparelho 3 NÁUTICA cada um dos planos do dispositivo que se adapta a um navio abaixo da linha de flutuação para atenuar as oscilações de bombordo a estibordo ∎ *adj.* 1 que confere estabilidade a; que estabiliza 2 ECONOMIA (economia financeira) diz-se do ato que visa anular ou atenuar sinais reveladores de instabilidade económica (De *estabilizar*+*-dor*)

estabilizar *v.tr.* 1 dar estabilidade a 2 fixar ∎ *v.intr.,pron.* 1 adquirir estabilidade ou equilíbrio 2 permanecer (Do lat. *stabĭle-*, «estável» +*-izar*)

estabulação *n.f.* criação e engorda de animais em estábulo (Do lat. *stabulatiōne-*, «id.»)

estabular *v.tr.* criar e engordar (animais) em estábulo ∎ *adj.2g.* referente a estábulo (Do lat. *stabulāre*, «guardar em estábulo»)

estábulo *n.m.* 1 coberto ou curral em que se abriga o gado; corte 2 instalação para recolha e tratamento de cavalos (Do lat. *stabŭlu-*, «estábulo; estrebaria»)

estaca *n.f.* 1 pau aguçado que se crava na terra para segurar ou prender a si alguma coisa 2 BOTÂNICA extremidade de um ramo que se enterra para formar artificialmente uma nova planta; *pegar de* ~ 1 BOTÂNICA enraizar-se uma planta através do processo referido; 2 [fig.] criar raízes facilmente, firmar-se (Do gót. *stakka*, «id.»)

estacada *n.f.* 1 lugar cercado de estacas 2 grande número de estacas; estacaria 3 campo de justas e torneios; liça; *vir à* ~ estar

disposto a discutir ou defender publicamente uma ideia (De *estaca+-ada*)
estacal *n.m.* [regionalismo] olival novo (De *estaca+-al*)
estação[1] *n.m.* 1 estaca grande 2 grande rasgão (De *estaca+-ão*)
estação[2] *n.m.* paragem brusca (De *estacar+-ão*)
estação *n.f.* 1 paragem ou local de paragem de qualquer viatura, para demora, embarque, desembarque, etc. 2 repartição, edifício ou administração de certos serviços públicos 3 cada uma das quatro divisões do ano determinadas pelos equinócios e solstícios: primavera, verão, outono e inverno 4 época em que acorrem pessoas de fora a uma localidade 5 época; período; tempo apropriado 6 centro de emissão de rádio ou de televisão 7 RELIGIÃO quadro ou capela que representa um passo da Paixão 8 RELIGIÃO cada um dos passos da via-sacra 9 RELIGIÃO dezena de pais-nossos e ave-marias, no rosário ou no terço 10 RELIGIÃO parada de procissão para rezar alguma oração 11 RELIGIÃO jejum observado por algumas pessoas, por devoção 12 local (de uma região) que é o habitat preferível na dispersão de uma espécie, como um vale, uma montanha, etc. 13 local do terreno onde se instalam os instrumentos, nos trabalhos de topografia 14 INFORMÁTICA sistema especialmente estruturado para exercer funções em certo domínio; ~ *de serviço* área junto às estradas com bombas de abastecimento de combustível para veículos, que geralmente dispõe de outros serviços, tais como lavabos, loja, cafetaria, restaurante e, por vezes, alojamento; ~ *espacial* ASTRONOMIA satélite que se destina a servir de base a pesquisas e experiências científicas, a dar apoio a missões espaciais e a lançar outros satélites e mísseis (Do lat. *sta-tiöne-*, «id.»)
estacar *v.tr.* 1 segurar com estacas; escorar; estear 2 fazer parar; tornar imóvel ■ *v.intr.* 1 parar bruscamente 2 ficar perplexo (De *estaca+-ar*)
estacaria *n.f.* 1 grande número de estacas 2 alicerce feito de estacas 3 paliçada (De *estaca+-aria*)
estacional *adj.2g.* 1 referente a estação 2 estacionário (Do lat. *stationãle-*, «fixo»)
estacionamento *n.m.* 1 ato ou efeito de estacionar 2 paragem 3 demora 4 lugar para estacionar um veículo 5 MILITAR repouso necessário quando é impossível ou pouco provável o contacto com o inimigo (De *estacionar+-mento*)
estacionar *v.tr.,intr.* pôr temporariamente (um veículo) num dado lugar ■ *v.intr.* 1 demorar-se; parar; permanecer 2 não progredir; estagnar ■ *v.tr.* ser frequentado assíduo de (Do lat. *statiõne-*, «estação» +-*ar*)
estacionário[1] *adj.* 1 que estaciona 2 [fig.] imóvel; parado; que não progride (Do lat. *stationariũ-*, «id.»)
estacionário[2] *n.m.* conjunto de produtos que incluem a identidade gráfica de uma instituição, quer seja em suporte papel (envelopes, cartões de visita, papel de carta, etc.) quer seja em formato digital (assinatura digital) (Do ing. *stationery*, «material de escritório»)
estacoadela *n.f.* ação de estacoar; estação (De *estacoar+-dela*)
estacoar *v.tr.* 1 estacar; estaquear 2 ferir com estaca (De *estacão+ -ar*)
estada *n.f.* 1 ato de estar 2 permanência; estadia 3 demora 4 estância (Part. pass. fem. subst. de *estar*)
estadão *n.m.* pompa; fausto; magnificência (De *estado+-ão*)
estadeação *n.f.* ato de estadear; ostentação; alarde (De *estadear+-ção*)
estadeador *adj.,n.m.* que ou aquele que estadeia; ostentador; alardeador (De *estadear+-dor*)
estadear *v.tr.* alardear grande luxo; ostentar ■ *v.pron.* enfatuar-se; envaidecer-se (De *estado+-ear*)
estadeiro *n.m.* 1 peça de madeira a que se prende o papagaio 2 gaiola do papagaio 3 [regionalismo] grande séquito; acompanhamento pomposo (De *estada* ou *estado+-eiro*)
estadia *n.f.* 1 residência durante um período de tempo; estada; permanência 2 tempo que o capitão de um navio fretado é obrigado a permanecer no porto de chegada 3 prazo concedido para a descarga e a carga da mercadoria de navio fretado (De *estada+ -ia*)
estádia *n.f.* instrumento para avaliar a distância que vai do observador a um ponto afastado (De *estádio*)
estádio *n.m.* 1 campo para competições desportivas, circundado de bancadas em anfiteatro para o público 2 época; estada; período 3 arena onde se faziam exercícios e jogos públicos na antiga Grécia e no tempo dos Romanos 4 antiga medida itinerária (Do gr. *stádion*, «id.», do lat. *stadiu-*, «id.»)

estadismo *n.m.* POLÍTICA conceção teórica ou organização política que tende a entregar ao Estado todas as funções necessárias ao bem-estar da coletividade nacional (De *estado+-ismo*)
estadista *n.2g.* pessoa versada em negócios políticos de um Estado; homem de Estado (De *estado+-ista*)
estadística *n.f.* 1 ciência de governar um Estado; política 2 estatística (De *estadista+-ica*)
estadístico *adj.* relativo à estadística (De *estadista+-ico*)
estado *n.m.* 1 modo de ser ou estar; circunstância em que se está e se permanece 2 situação de algo ou alguém em determinado momento; condição 3 modo de estar na sociedade 4 condição física ou psicológica de uma pessoa 5 [com maiúscula] nação organizada politicamente 6 séquito 7 domínio 8 ostentação; ~ *civil* qualidades definidoras do estado pessoal que constam obrigatoriamente do registo civil; ~ *de choque* reação do organismo a uma situação de emoção violenta e inesperada que geralmente se manifesta na perda de autocontrolo; *Estado de direito* nação cujos órgãos governativos foram eleitos democraticamente; ~ *de espírito* disposição emocional em que uma pessoa se encontra; ~ *de graça* RELIGIÃO estado de pureza de alma de uma pessoa após a confissão e absolvição dos pecados; ~ *de inocência* RELIGIÃO situação do homem antes do pecado original; ~ *de sítio* suspensão das leis ordinárias de um país e sua sujeição temporária a um regime militar; *chefe de Estado* magistrado supremo de uma nação; *homem de Estado* indivíduo com preponderância na direção dos negócios públicos, estadista (Do lat. *statu-*, «atitude»)
estado-maior *n.m.* MILITAR corpo de oficiais auxiliares diretos do comandante nos estudos da situação, planeamentos e tomadas de decisão (Do fr. *état-major*, «id.»)
estado-membro *n.m.* país que pertence a uma comunidade internacional de países
estado-providência *n.m.* sistema de organização social em que o Estado garante o acesso gratuito aos serviços de saúde, educação e outros
estado-tampão *n.m.* estado localizado entre dois países rivais e beligerantes
estado-unidense *adj.2g.* relativo ou pertencente aos Estados Unidos da América do Norte; norte-americano ■ *adj.,n.2g.* que ou o que é natural dos Estados Unidos da América; norte-americano (De *Estados Unidos*, top. +-*ense*)
estadual *adj.2g.* [Brasil] referente a estado membro de uma república federativa (Do lat. *statu-*, «estado» +-*al*)
estadulho *n.m.* 1 pau grosso; cacete 2 cada uma das estacas que seguram a carga de um carro de bois; fueiro 3 pau bifurcado sobre o qual assenta o timão (De orig. obsc.)
estafa *n.f.* 1 ato ou efeito de estafar ou de estafar-se 2 cansaço; fadiga 3 maçada 4 jornada comprida (Do lomb. *staffa*, «passo», pelo it. *staffa*, «estribo»)
estafadela *n.f.* ⇒ **estafa** (De *estafar+-dela*)
estafador *adj.,n.m.* 1 que ou aquele que estafa 2 velhaco; caloteiro 3 esbanjador (De *estafar+-dor*)
estafamento *n.m.* ⇒ **estafa** (De *estafar+-mento*)
estafante *adj.2g.* 1 que estafa 2 que produz cansaço (De *estafar+ -ante*)
estafar *v.tr.* 1 causar estafa a 2 cansar 3 maçar; repetir enfadonhamente 4 espancar; moer 5 roubar; trapacear 6 deixar na penúria 7 esbanjar 8 romper ■ *v.pron.* fatigar-se (De *estafa+-ar*)
estafe[1] *n.m.* material de construção obtido por moldagem de gesso cozido, sobre fibra de cânhamo ou sisal (Do inglês *staff*, «idem»)
estafe[2] *n.m.* [Brasil] ⇒ **staff**
estafegar *v.tr.* [regionalismo] sufocar, apertando o pescoço; atafegar (De *atafegar*)
estafermo /ê/ *n.m.* 1 [depr.] pessoa parada; basbaque 2 [depr.] pessoa sem préstimo 3 [depr.] pessoa feia, sem graça ou desmazelada (Do it. *stà fermo*, «está firme»)
estafeta /ê/ *n.2g.* 1 pessoa portadora de mensagens, principalmente de correspondência 2 MILITAR agente de transmissões existente nas unidades de infantaria, encarregado do transporte e entrega de mensagens 3 [ant.] correio a cavalo; uma estação central para outra rural ■ *n.f.* DESPORTO prova desportiva (corrida, natação) dividida em etapas, em que os elementos da mesma equipa se revezam no percurso (Do it. *staffeta*, dim. de *staffa*, «estribo»)
estafeteiro *n.m.* 1 religioso encarregado do correio da comunidade 2 estafeta (De *estafeta+-eiro*)

Estafileáceas n.f.pl. BOTÂNICA família de plantas a que pertencem árvores e arbustos de folhas compostas e inflorescência em cacho, de que se conhecem uma vinte espécies nas zonas temperada e subtropical do norte (Do gr. *staphylé*, «cacho»+-*áceas*)

estafilino n.m. ZOOLOGIA género de insetos coleópteros ■ adj. ANATOMIA relativo à úvula; uvular

estafilocócico adj. 1 relativo ao estafilococo 2 da natureza do estafilococo 3 provocado por estafilococos (De *estafilococo*+-*ico*)

estafilococo n.m. BIOLOGIA bactéria (coco) potencialmente patogénica que se apresenta normalmente em grupos com forma de cacho de uvas (Do gr. *staphylé*, «uva»+-*kókkos*, «coco»)

estafiloma n.m. MEDICINA saliência da córnea, isolada ou associada à esclerótica, devida ao enfraquecimento local da parede ocular, o qual resultou de inflamação ou traumatismo

estagflação n.f. ECONOMIA situação económica que se caracteriza por uma tendência para a estagnação da atividade económica, associada a inflação (De *estag(nação)*+(*in*)*flação*, por infl. do ing. *stagflation*, «id.»)

estagiar v.intr. fazer estágio (De *estágio*+-*ar*)

estagiário adj. relativo a estágio ■ adj.,n.m. que ou aquele que faz estágio (De *estágio*+-*ário*)

estágio n.m. 1 período de trabalho por tempo determinado para formação e aprendizagem de uma prática profissional; aprendizagem profissional 2 momento específico de um processo contínuo; fase; estádio 3 situação transitória (Do lat. med. *stagĭu-*, «demora», pelo fr. *stage*, «estágio; tirocínio»)

estagnação n.f. 1 estado do que estagnou; paralisação 2 falta de movimento; inércia (De *estagnar*+-*ção*)

estagnador adj. que estagna; estagnante (De *estagnar*+-*dor*)

estagnante adj.2g. 1 que produz estagnação 2 que estagnou 3 que não corre; que forma charco (Do lat. *stagnante-*, «id.», part. pres. de *stagnāre*, «estagnar»)

estagnar v.tr. 1 impedir que corra; represar (líquido) 2 paralisar ■ v.intr. 1 (líquido) não correr 2 ficar paralisado; deixar de evoluir (Do lat. *stagnāre*, «id.»)

estagnícola adj.2g. que vive nas águas estagnadas (Do lat. *stagnu-*, «água estagnada; pântano» +*colĕre*, «habitar»)

estai n.m. 1 NÁUTICA cada um dos cabos grossos que, fixos na proa, firmam a mastreação 2 NÁUTICA vela que se prende a esses cabos 3 cabo de suspensão inclinado (Do neerl. med. *staeye*, «estai; esteio», pelo ing. ant. *staeg*, hoje *stay*, «id.»)

estaiação n.f. NÁUTICA coleção de estais (De *estai*+-*a-*+-*ção*)

estala n.f. 1 ⇒ **estábulo** 2 [gír.] estação de caminho de ferro 3 [ant.] cadeira de cónego ou de monge, na igreja (Do germ. *stall*, «assento»)

estalactífero adj. que tem estalactites (De *estalactite*+lat. -*fero*, de *ferre*, «ter»)

estalactiforme adj.2g. que tem forma de estalactite (De *estalacti[te]*+-*forme*)

estalactite n.f. GEOLOGIA formação sedimentar, de forma alongada, cilíndrica a cónica, pendente da abóbada das grutas calcárias, resultante da precipitação de calcite ou aragonite (Do gr. *stalaktós*, «que corre gota a gota» +-*ite*)

estalactítico adj. semelhante a estalactite, ou da sua natureza (De *estalactite*+-*ico*)

estalada n.f. 1 ruído daquilo que estala 2 [pop.] bofetada (Part. pass. fem. subst. de *estalar*)

estaladiço adj. que produz um ruído seco ao ser trincado; crocante

estaladura n.f. ato ou efeito de estalar ou fender; rachadela (De *estalar*+-*dura*)

estalageiro n.m. ⇒ **estalajadeiro** (De *estalagem*+-*eiro*)

estalagem n.f. casa de comidas e dormidas; hospedaria; albergaria; pousada (Do prov. *ostalatge*, «id.»)

estalagmite n.f. GEOLOGIA formação de precipitação, constituída por calcite, de forma geralmente colunar, que cresceu a partir do chão de uma gruta calcária (Do gr. *stalagmós*, «gotejamento; infiltração» +-*ite*)

estalagmítico adj. da natureza da estalagmite ou a ela relativo (De *estalagmite*+-*ico*)

estalagmometria n.f. medição da tensão superficial por meio de um estalagmómetro (De *estalagmómetro*+-*ia*)

estalagmómetro n.m. aparelho para medição do peso ou volume das gotas que se escoam de um tubo capilar e, indiretamente, da tensão superficial e da viscosidade dos líquidos (Do gr. *stalagmós*, «destilação» +*métron*, «medida»)

estalajadeiro n.m. dono ou administrador de uma estalagem (De *estalagem*+-*deiro*)

estalante adj.2g. que estala (De *estalar*+-*ante*)

estalão n.m. padrão; craveira (Do fr. ant. *estalon*, hoje *étalon*, «padrão; pedaço de madeira que servia de medida»)

estalar v.intr. 1 emitir um som seco; dar estalos; crepitar 2 partir; fender-se 3 rebentar 4 [fig.] surgir inesperadamente ■ v.tr. 1 produzir estalido em 2 partir; rachar; ~ *a castanha na boca* não ter o êxito previsto; ~ *o verniz* perder a compostura (Do lat. **astellāre*, «fazer em estilhas», de *astŭla-*, por *assŭla-*, «acha; lasca»)

estalaria n.f. ruído de estalos sucessivos (De *estalo*+-*aria*)

estaleca n.f. capacidade física; genica; vigor

estalecido n.m. [regionalismo] dor de dentes ■ adj. que sofre de asma ou tuberculose (De **estalecer*, de *estalar*+-*ecer*)

estaleiro n.m. 1 lugar onde se constroem e reparam navios 2 local onde está a decorrer uma obra 3 átrio; terreiro; rossio (Do fr. ant. *astelier*, «monte de madeira», pelo cast. *astillero*, «estaleiro»)

estalejadura n.f. 1 estalido 2 estalo dos ossos (De *estalejar*+-*dura*)

estalejar v.intr. 1 dar estalos 2 [fig.] tiritar (De *estalo*+-*ejar*)

estalicar¹ v.intr. 1 definhar; emagrecer 2 [pop.] estender 3 entesar (De *es-*+*talo*+-*icar*)

estalicar² v.intr. dar pequenos estalos com os dedos (De *estalar*+-*icar*)

estalidar v.intr. dar estalidos (De *estalido*+-*ar*)

estalido n.m. 1 estalo agudo; estridor 2 crepitação (De *estalo*+-*ido*)

estalinho n.m. [mais usado no plural] pequeno rolo de papel usado na época de Carnaval e em algumas festividades, que explode quando atirado ao chão (De *estalo*+-*inho*)

estalinismo n.m. conjunto das diretrizes postas em prática por Estaline (1879-1953), e seus seguidores, com o fim de assegurar o triunfo da revolução da Rússia e a anexação dos demais países (Do antr. *Estaline* (estadista russo) +-*ismo*)

estalinista adj.2g. relativo ao estalinismo ■ n.2g. partidário do estalinismo (De *Estaline*, antr.+-*ista*)

estalo n.m. 1 ruído do que racha 2 estouro 3 crepitação 4 rumor súbito 5 [pop.] bofetada; *coisa de ~/de três estalos* coisa magnífica, coisa sensacional (Deriv. regr. de *estalar*)

estamão n.m. banco transversal, no barco rabelo

estambrar v.tr. converter (lã) em estambre; estaminar (De *estambre*+-*ar*)

estambre n.m. lã ou seda torcida; estame (Do cast. *estambre*, «id.»)

estambreiro adj. diz-se da lã que foi estambrada (De *estambre*+-*eiro*)

estame n.m. 1 fio de tecer 2 BOTÂNICA órgão masculino da flor, constituído por filete e antera, altamente diferenciado e que produz os grânulos de pólen (Do lat. *stamĭne-*, «fio»)

estamenha n.f. tecido grosseiro de lã (Do lat. *staminĕa-*, «guarnecido de fios»)

estamenheiro n.m. fabricante ou vendedor de estamenhas (De *estamenha*+-*eiro*)

estamim n.m. feira ou mercado indiano

estamináceo adj. relativo a estames (Do lat. *stamĭne-*, «estame» +-*áceo*)

estaminado adj. 1 que possui estames 2 reduzido a fio (Do lat. **stamĭnātu-*, «id.», de *stamĭne-*, «estame»)

estaminal adj. 1 [sentido original] BOTÂNICA relativo ou pertencente a estame 2 [uso generalizado] BIOLOGIA diz-se da célula indiferenciada capaz de se renovar e dividir indefinidamente dando origem a células semelhantes às progenitoras (Do lat. **stamĭnāle-*, «id.», de *stamĭne-*, «estame»)

estaminar v.tr. torcer (lã) para fazer estame (Do lat. *stamĭne-*, «fio» +-*ar*)

estaminário adj. BOTÂNICA diz-se das flores que têm pétalas supranumerárias, formadas pela transformação dos estames (Do lat. **staminarĭu-*, «id.», de *stamĭne-*, «estame» +-*ário*)

estaminé n.m. 1 bar; botequim 2 [joc.] local de trabalho 3 [joc.] estabelecimento (Do fr. *estaminet*, «pequeno café»)

estaminífero adj. que tem estames (Do lat. *stamĭne-*, «estame» +-*fero*, de *ferre*, «ter»)

estaminódio n.m. BOTÂNICA estame estéril, incompleto, incapaz de produzir grânulos de pólen (Do lat. *stamĭne-*, «estame»+gr. *eîdos*, «forma»)

estaminoide adj.2g. que se assemelha a estame (Do lat. *stamĭne-*, «estame» +*eîdos*, «semelhança»)

estaminóide ver nova grafia **estaminoide**

estaminoso /ô/ adj. BOTÂNICA cujos estames são relativamente compridos, salientes (Do lat. *staminōsu-, «id.», de stamĭne-, «estame»)

estamínula n.f. estame rudimentar (Do lat. staminŭla-, «id.», dim. de stamĭne-, «estame»)

estampa n.f. 1 imagem impressa por meio de chapa gravada 2 desenho 3 [fig.] coisa perfeita 4 [fig.] pessoa muito bela; *dar à ~* publicar, imprimir (Do it. *stampa*, «estampa», pelo fr. *estampe*, «id.»)

estampado adj. 1 impresso; publicado 2 (tecido) diz-se dos motivos ou padrões feitos pelo processo da impressão em papel 3 estatelado ■ n.m. tecido com motivos ou padrões (Part. pass. de *estampar*)

estampador n.m. 1 aquele que estampa 2 máquina de estampar ■ adj. que estampa (De *estampar*+-*dor*)

estampagem n.f. 1 ato ou efeito de estampar 2 processo de reprodução de letras, imagens ou padrões em tecido, papel ou outros materiais, por meio de chapas ou rolos gravados (Do fr. *estampage*, «id.»)

estampar v.tr. 1 reproduzir letras, imagens ou padrões em tecido, papel ou outros materiais por meio de chapas ou rolos gravados 2 imprimir; gravar 3 desenhar 4 marcar 5 patentear ■ v.pron. 1 imprimir-se 2 [coloq.] esbarrar-se; chocar 3 [coloq.] cair; estender-se 4 [acad.] chumbar num exame (Do germ. *stampôn, «pisar», pelo it. *stampare*, «id.», pelo fr. *estamper*, «estampar»)

estamparia n.f. 1 fábrica de estampar tecidos 2 lugar onde se fazem ou vendem estampas (De *estampa*+-*aria*)

estampeiro n.m. fabricante ou vendedor de estampas (De *estampa*+-*eiro*)

estampido n.m. 1 som repentino e forte; estrondo; estouro 2 detonação (Part. pass. subst. de *estampir, do gót. *stampjan, «retumbar»)

estampilha n.f. 1 pequena estampa 2 selo de franquia postal 3 chapa para estampar 4 [pop.] bofetada (Do cast. *estampilla*, «id.»)

estampilhagem n.f. operação de estampilhar (De *estampilhar*+-*agem*)

estampilhar v.tr. 1 pôr estampilha em; franquiar 2 marcar 3 [pop.] dar uma bofetada a (De *estampilha*+-*ar*)

estanato n.m. QUÍMICA designação genérica de aniões ou de complexos que contêm estanho como elemento central (Do lat. *stannu*-, «estanho»+-*ato*)

estanca n.f. divisão na masseira onde a massa leveda (Deriv. regr. de *estancar*)

estancação n.f. ato ou efeito de estancar (De *estancar*+-*ção*)

estanca-cavalos n.f.2n. BOTÂNICA planta herbácea, da família das Escrofulariáceas, de sabor amargo e ação purgativa, espontânea em Portugal (De *estancar*+*cavalo*)

estancadeira n.f. BOTÂNICA planta herbácea, da família das Plumbagináceas, aplicada para sustar hemorragias (De *estancar*+-*deira*)

estancado adj. 1 que estancou; parado; detido 2 monopolizado; açambarcado (Part. pass. de *estancar*)

estancamento n.m. ⇒ **estancação** (De *estancar*+-*mento*)

estancar v.tr. 1 impedir que um líquido corra; vedar 2 exaurir; esgotar 3 [fig.] fatigar 4 açambarcar; impedir a venda livre de ■ v.intr.,pron. 1 deixar de correr (um líquido) 2 esgotar-se ■ v.intr. parar bruscamente; estacar (Do lat. *stangăre, por stagnāre, «impedir [um líquido] de correr; vedar; estancar»)

estanca-rios n.m.2n. engenho para tirar água de poços ou rios (De *estancar*+*rio*)

estanca-sangue n.m. 1 BOTÂNICA planta brasileira, arbustiva, da família das Compostas, de aplicações medicinais 2 [regionalismo] rosário que se põe na cabeça com o fim de sustar hemorragias nasais (De *estancar*+*sangue*)

estancável adj.2g. que se pode estancar (De *estancar*+-*vel*)

estanceiro n.m. 1 dono ou encarregado de uma estância de madeira 2 [Brasil] dono de uma fazenda para criação de gado (De *estância*+-*eiro*)

estância n.f. 1 lugar onde se está ou se permanece 2 residência fixa 3 paragem em jornada 4 aposento; recinto 5 armazém de venda de madeiras, materiais de construção, combustíveis, etc. 6 ancoradouro 7 grupo regular de versos; estrofe; *~ balnear* local para férias junto a uma praia marítima ou fluvial (Do lat. *stantĭa, «coisas que estão paradas»)

estanciar v.intr. 1 habitar; morar 2 deter-se para descansar 3 ficar num local durante algum tempo (De *estância*+-*ar*)

estancieiro n.m. ⇒ **estanceiro** (De *estância*+-*eiro*)

estanco n.m. 1 loja onde se vendem artigos estancados; estanque 2 [ant.] tabacaria (Deriv. regr. de *estancar*)

estandardização n.f. 1 redução a um só tipo 2 uniformização de modelos produzidos em série (Do ing. *standardization*, «id.», pelo fr. *standardisation*, «id.»)

estandardizar v.tr. promover a estandardização de (Do ing. *standardize*, «estandardizar», pelo fr. *standardiser*, «id.»)

estandarte n.m. 1 distintivo de uma corporação religiosa, militar ou civil 2 MILITAR bandeira de menores dimensões usada pelas unidades de cavalaria 3 grupo de soldados que formam a guarda à bandeira 4 MÚSICA peça de madeira, situada abaixo do cavalete, à qual se prendem as cordas dos instrumentos de arco 5 BOTÂNICA pétala tipicamente superior e mais desenvolvida de uma corola papilionácea 6 parte de uma pena onde existem as barbas 7 [fig.] divisa; norma 8 [fig.] partido (Do frânc. *standhard*, «id.», pelo fr. ant. *estandard*, hoje *étendard*, «estandarte»)

estande n.m. [Brasil] ⇒ **stand**

estanhado adj. 1 coberto de estanho por galvanoplastia 2 [fig.] desavergonhado; descarado (Part. pass. de *estanhar*)

estanhador adj.,n.m. que ou aquele que estanha (De *estanhar*+-*dor*)

estanhagem n.f. ato ou efeito de estanhar (De *estanhar*+-*agem*)

estanhar v.tr. cobrir com uma camada de estanho e chumbo, ou só de estanho (De *estanho*+-*ar*)

estanheira n.f. [regionalismo] (Alentejo) prateleira usada para pôr a louça de estanho (De *estanho*+-*eira*)

estanho n.m. 1 QUÍMICA elemento químico com o número atómico 50 e símbolo Sn, metálico, branco, dúctil e maleável 2 qualquer objeto feito de uma liga que contenha este metal como elemento principal; *cara de ~* indivíduo sem vergonha (Do lat. *stannĕu*-, «de estanho»)

estânico adj. 1 QUÍMICA de estanho ou a ele relativo 2 designativo antiquado dos compostos de estanho tetravalente (Do lat. *stannĭcu*-, de *stannu*-, «estanho»)

estanífero adj. que contém estanho (Do lat. *stannu*-, «estanho» +*fero*, de *ferre*, «ter»)

estanina n.f. MINERALOGIA mineral, sulfureto de estanho, cobre e ferro, que cristaliza no sistema tetragonal, também denominado pirite de estanho (Do lat. *stannu*-, «estanho» +-*ina*)

estanoso /ô/ adj. QUÍMICA designativo antiquado dos compostos de estanho bivalente (Do lat. *stannōsu*-, «que contém estanho», de *stannu*-, «estanho»)

estanque n.m. 1 ato ou efeito de estancar 2 interrupção; paragem 3 privilégio exclusivo de comprar ou vender algum género 4 casa onde se vendem géneros estancados; estanco ■ adj.2g. 1 que não deixa passar água; bem tapado 2 que não corre; estagnado 3 enxuto; seco (Deriv. regr. de *estancar*)

estanqueiro n.m. 1 pessoa que tem estanco ou tabacaria 2 monopolizador (De *estanco*+-*eiro*)

estante n.f. 1 móvel com prateleiras para livros, papéis, etc. 2 MÚSICA suporte onde se coloca a partitura da composição a executar ■ adj.2g. 1 residente 2 HERÁLDICA designativo do animal que se figura, no escudo, firme nos pés (Do lat. *stante*-, «que está de pé», part. pres. de *stāre*, «estar de pé»)

estapafúrdico adj. ⇒ **estapafúrdio**

estapafúrdio adj. estrambótico; esquisito; excêntrico (Formação expressiva)

estaqueação n.f. ato ou efeito de estaquear (De *estaquear*+-*ção*)

estaquear v.tr. 1 segurar com estacas; guarnecer de estacas 2 bater com estaca em (De *estaca*+-*ear*)

estaquilha n.f. peça de madeira em que os rolheiros preparam os quartos de cortiça de que fazem as rolhas (Do cast. *estaquilla*, «cavilha»)

estar v.cop. liga o predicativo ao sujeito, indicando: 1 encontrar-se num determinado local, achar-se (*a Maria está feliz; o João está em casa; estamos no verão; o bebé está com a avó; estávamos com sono*); 2 custar (*os livros estão a dez euros*); 3 atingir (*a população do país está em vinte milhões de habitantes*); 4 ficar, permanecer (*eles estavam de pé*); 5 comparecer (*ele esteve na festa*); 6 ficar, assentar (*as calças estão bem*); 7 consistir, residir (*a diferença está na qualidade*); 8 ser favorável, concordar (*ele estava com os ecologistas*); 9 encontrar-se na posse de (*o dicionário está com a Maria*); [10 geralmente em orações negativas] ter vontade ou disposição (*não estou para esperar*); 11 situar-se, localizar-se (*a aldeia está a dez quilómetros*); 12 vestir, trajar (*ela estava de branco*); 13 manter relação amorosa (*ele está com a Joana*); 14 pertencer a corporação (*o João está nos bombeiros*); 15 seguir uma carreira (*o João está na política*); 16 sofrer de (*ele está com cancro*); 17 tencionar (*o João está para ir de férias*); [18 uso impessoal] indica o estado do tempo (*está frio*); [19 seguido de oração completiva] julgar, considerar, acreditar (*eu estou que ela vai vir*); **~ de partida** encontrar-se prestes a deixar um local; **~ mortinho por** [coloq.] encontrar-se desejoso por; **~ nas mãos de alguém** [fig.] encontrar-se dependente de alguém; **~ nas suas sete quintas** [coloq.] encontrar-se numa situação desejada e agradável; **~ para ver** estar à espera; **~ por tudo** estar disposto a aceitar qualquer coisa; **~-se nas tintas** [coloq.] estar desinteressado (Do lat. *stāre*, «estar; estar de pé»)

estardalhaço *n.m.* 1 grande barulho 2 grande agitação; alvoroço 3 ostentação; jactância (De *estardalho*+*-aço*)

estardalhar *v.intr.* fazer estardalhaço (De *estralar*+*-alhar*?)

estardalho *n.m.* 1 [pej.] mulher desprezível 2 [pej.] bisbilhoteira 3 [regionalismo] pessoa traquinas (Deriv. regr. de *estardalhar*)

estardiota *n.f.* ⇒ **estradiota**

estarim *n.m.* 1 calabouço 2 prisão preventiva (Do caló *estaríbel*, «prisão»?)

estarna *n.f.* perdiz de pé escuro (Do lat. *sturnu-*, «estorninho»?)

estarola *n.2g.* 1 pessoa estroina e leviana 2 pessoa que se veste à moda ■ *adj.* 1 que age de modo leviano 2 que se veste à moda (Por **estourola*, de *estourar*+*-ola*?)

estarrecer *v.tr.* causar terror ou espanto a; apavorar; espantar ■ *v.intr.,pron.* ficar apavorado; aterrar-se (Do lat. **exterrescere*, freq. de *exterrēre*, «aterrar»)

estarrincar *v.intr.* [pop.] ranger os dentes (De *es-*+*tarrincar*)

estase *n.f.* 1 MEDICINA estagnação do sangue ou de outras substâncias normalmente circulantes no organismo 2 [fig.] torpor; paralisação (Do gr. *stásis*, «estabilidade; posição; fixidez»)

estasiado *adj.* ressequido (Do gr. *stásis*, «posição; fixidez» +*-ado*)

estatal *adj.2g.* pertencente ou referente ao Estado (Do lat. *statu-*, «estado» +*-al*)

estateladamente *adv.* ao comprido, no chão (De *estatelado*+*-mente*)

estatelar *v.tr.* deitar ao chão; estender no solo ■ *v.pron.* ficar estendido no chão (De orig. obsc.)

estatestesia *n.f.* sensibilidade estática, postural ou das atitudes, que dá indicações sobre a direção da gravidade (sensações de rotação, de verticalidade, de equilíbrio, de postura corporal) (Do gr. *statós*, «que está; estacionário» +*aístesis*, «sensação» +*-ia*)

estática *n.f.* 1 parte da mecânica que estuda o equilíbrio das forças atuantes sobre corpos em repouso 2 ruídos nos aparelhos de rádio causados por impulsos elétricos espúrios na eletricidade atmosférica (Do gr. *statiké [epistéme]*, «ciência do equilíbrio dos corpos»)

estaticista *n.2g.* pessoa que se ocupa de estatísticas (De *estático*+*-ista*)

estático *adj.* 1 relativo à estática 2 parado; imóvel (Do gr. *statikós*, «relativo ao equilíbrio dos corpos»)

estatismo *n.m.* qualidade ou estado do que é estático (Do lat. *statu-*, «imobilidade» +*-ismo*)

estatista *n.2g.* ⇒ **estaticista** (Do lat. *statu-*, «imobilidade» +*-ista*)

estatística *n.f.* 1 MATEMÁTICA ciência que tem por objeto obter, organizar e analisar dados, determinar as correlações que apresentem e tirar delas as suas consequências para descrição e explicação do que passou e previsão e organização do futuro 2 MATEMÁTICA avaliação numérica de certa categoria de objetos ou de factos (de toda a ordem e não apenas sociais) 3 disciplina que estuda esta ciência; **~ de Bose-Einstein** forma de estatística aplicada a partículas de spin inteiro; **~ de Fermi-Dirac** forma de estatística aplicada a partículas de spin semi-inteiro; **~ quântica** FÍSICA modo de distribuição de um conjunto de partículas em função da energia, em mecânica quântica (Do al. *Statistik*, «estatística», pelo fr. *statistique*, «id.»)

estatisticamente *adv.* do ponto de vista estatístico; quanto à estatística (De *estatístico*+*-mente*)

estatístico *adj.* relativo à estatística ■ *n.m.* indivíduo que se ocupa de trabalhos estatísticos; **índice ~** número calculado a partir dos elementos de um conjunto de dados numéricos, destinado a exprimir, de forma reduzida, a informação contida nesses dados (a média, a mediana, o desvio-padrão, etc.); **lei estatística** lei que apenas vale estatisticamente, isto é, que exprime uma probabilidade maior ou menor, mas não uma certeza; **mecânica estatística** método científico para prever as propriedades macroscópicas da matéria a partir das equações da mecânica e do conhecimento pormenorizado da estrutura das moléculas que a formam e das forças entre elas; **peso ~** FÍSICA número de vezes que um valor ocorre num conjunto de valores observados (De *estatística*)

estativo *n.m.* parte mecânica de alguns aparelhos, como o microscópio (Do lat. *statīvu-*, «imóvel»)

estator *n.m.* ELETRICIDADE parte não rotante de uma máquina elétrica (Do lat. *statōre-*, «que faz parar»)

estatoscópio *n.m.* METEOROLOGIA instrumento que serve para o estudo das variações bruscas de pressão que se produzem durante os temporais (Do gr. *statós*, «estar firme» +*skopeîn*, «observar»)

estátua *n.f.* 1 escultura em três dimensões que representa uma pessoa, um animal ou uma divindade 2 [fig.] pessoa sem ação, indecisa; **~ equestre** estátua que representa uma pessoa a cavalo; **~ jacente** a que representa uma pessoa deitada; **~ pedestre** a que representa uma pessoa de pé (Do lat. *statŭa-*, «id.»)

estatuado *n.m.* pessoa em honra da qual se erigiu uma estátua (De *estátua*+*-ado*)

estatual *adj.2g.* referente a estátua (De *estátua*+*-al*)

estatuária *n.f.* arte de fazer estátuas (Do lat. *statuarĭa*, «id.»)

estatuário *n.m.* indivíduo que faz estátuas; escultor ■ *adj.* da estatuária ou a ela relativo (Do lat. *statuarĭu-*, «id.»)

estatucional *adj.2g.* ⇒ **estatutário** (De *estatuto* × *institucional*)

estatueta *n.f.* pequena estátua ou escultura, geralmente representando uma figura humana ou animal (De *estátua*+*-eta*)

estatuir *v.tr.* 1 regulamentar por estatutos; estabelecer como norma 2 determinar; estabelecer; preceituar (Do lat. *statuĕre*, «estabelecer; prescrever»)

estatura *n.f.* 1 tamanho de uma pessoa; altura de um ser vivo 2 importância; valor 3 capacidade (Do lat. *statūra-*, «id.»)

estatutário *adj.* relativo a estatutos (De *estatuto*+*-ário*)

estatutivo *adj.* ⇒ **estatutário** (De *estatuto*+*-ivo*)

estatuto *n.m.* 1 lei orgânica que rege um Estado, sociedade, corporação, etc. 2 costume; hábito; uso 3 decreto; lei 4 situação social 5 *pl.* normas ou regulamento de uma instituição; **~ dos funcionários públicos** lei que determina os direitos e os deveres dos funcionários públicos (Do lat. *statūtu-*, «fixado», part. pass. de *statuĕre*, «prescrever»)

estau *n.m.* 1 [ant.] espécie de hospedaria onde os reis de Portugal alojavam a corte e os embaixadores, nas cidades onde se demoravam 2 [ant.] estalagem; pousada; albergue (Do port. ant. *hostau*, «id.», do lat. *hospitāle-*, «habitação para hóspedes»)

estaurólatra *n.2g.* adorador da cruz (Do gr. *staurós*, «cruz» +*latrúein*, «adorar»)

estaurolatria *n.f.* adoração da cruz (Do gr. *staurós*, «cruz» +*latreía*, «adoração»)

estaurolite *n.f.* MINERALOGIA silicato de alumínio e ferro, que cristaliza no sistema monoclínico, frequente em rochas metamórficas (Do gr. *staurós*, «cruz» +*líthos*, «pedra»)

estavanado *adj.* estouvado; doidivanas; irrequieto (De *es-*+*tavão*+*-ado*)

estável *adj.2g.* 1 que possui estabilidade; firme; sólido 2 duradouro 3 invariável (Do lat. *stabĭle-*, «id.»)

estazador *adj.,n.m.* que, aquele ou aquilo que estaza (De *estazar*+*-dor*)

estazamento *n.m.* ato ou efeito de estazar (De *estazar*+*-mento*)

estazar *v.tr.* esfalfar (um animal); cansar (Do it. *stazzare*, de *stazzo*, «redil; aprisco»)

este[1] */êl/ det.,pron.dem.* designa pessoa ou coisa próxima da pessoa que fala (*este senhor; este carro*) (Do lat. *iste-*, «id.»)

este[2] *n.m.* 1 GEOGRAFIA ponto cardeal situado à direita do observador voltado para norte, designado pelo símbolo E; leste; oriente; nascente; levante 2 vento que sopra desse ponto ■ *adj.2g.* 1 do este 2 relativo ao este 3 situado a este (Do ing. *east*, «este», pelo fr. *est*, «id.»)

estear *v.tr.* 1 amparar ou segurar com esteio 2 auxiliar; proteger 3 basear; apoiar 4 firmar; sustentar ■ *v.pron.* apoiar-se (De *esteio*+*-ar*)

estearato *n.m.* QUÍMICA sal que resulta da combinação do ácido esteárico com uma base

esteárico *adj.* 1 QUÍMICA relativo à estearina ou da sua natureza 2 QUÍMICA diz-se de um ácido gordo, saturado, de fórmula $CH_3(CH_2)_{16}COOH$, que se pode extrair da estearina e de outras gorduras, empregado no fabrico de velas (Do gr. *stéar*, «gordura» +*-ico*)

estearina *n.f.* 1 gordura sólida de origem animal 2 QUÍMICA éster glicérico do ácido esteárico; **vela de ~** vela constituída essencialmente por ácido esteárico (Do gr. *stéar*, «gordura» +*-ina*)

esteatite *n.f.* MINERALOGIA mineral muito pouco duro (silicato hidratado de magnésio) que cristaliza no sistema monoclínico e é uma variedade de talco (Do gr. *stéar, stéatos*, «gordura» +*-ite*)

esteatoma /ô/ n.m. MEDICINA ⇒ **lipoma** (Do gr. *steátoma*, «tumor sebáceo»)

esteatopigia n.f. MEDICINA formação adiposa, muito volumosa e saliente, que se desenvolve nas nádegas e porção superior das coxas (Do gr. *stéar, -atos*, «gordura» +*pygé*, «nádega» +*-ia*)

esteatose n.f. MEDICINA excesso de lípidos nas células, que indica degenerescência celular ou uma infiltração simples

Estefaniano n.m. GEOLOGIA época da parte superior do Carbónico (Do lat. *Stephănu-*, «Santo Estêvão», expr. latina correspondente a Saint-étienne, região da França onde se encontra este tipo de formação geológica)

esteganografia n.f. arte de escrever em cifras ou em caracteres especiais (Do gr. *steganós*, «oculto» +*gráphein*, «escrever» +*-ia*)

esteganográfico adj. relativo à esteganografia; criptografia (De *esteganografia*+*-ico*)

esteganógrafo n.m. pessoa que sabe esteganografia (Do gr. *steganós*, «oculto» +*gráphein*, «escrever»)

esteganópodes n.m.pl. ORNITOLOGIA ⇒ **totipalmas** (Do gr. *steganópous, -podos*, «que tem dedos cobertos»)

estego- elemento de formação de palavras que exprime a ideia de *telhado, cobertura* (Do gr. *stégos*, «telhado; cobertura»)

estegocéfalo n.m. PALEONTOLOGIA batráquio (anfíbio) do Paleozoico e do Triásico, de crânio ossudo, o primeiro vertebrado que veio estabelecer-se em terra firme (Do gr. *stégos*, «telhado; cobertura» +*kephalé*, «cabeça», pelo fr. *stégocéphale*, «estegocéfalo»)

estegossauro n.m. PALEONTOLOGIA dinossauro gigantesco do Cretácico - 6 a 7 metros de comprido - com placas ósseas pontiagudas e muito salientes, dispostas em duas filas ao longo da espinha dorsal (Do gr. *stégos*, «telhado; cobertura» +*saûros*, «lagarto; réptil», pelo fr. *stégosaure*, «estegossauro»)

esteio n.m. **1** coluna de madeira, pedra, ferro, etc., que serve para segurar alguma coisa; escora; sustentáculo **2** [fig.] amparo; proteção (Do neerl. med. *staeye*, «esteio», pelo ing. ant. *staeg*, hoje *stay*, «id.»)

esteira[1] n.f. **1** tecido de junco, palma, tábua, etc., que serve para cobrir um pavimento **2** tapete feito desse tecido (Do lat. *storĭa-*, «esteira», pelo cast. *estera*, «id.»)

esteira[2] n.f. **1** sulco ou rasto de espuma provocado pela deslocação de um navio; aguagem **2** [fig.] rasto; vestígio; sinal **3** [fig.] modelo; norma; exemplo **4** [fig.] rumo; caminho; direção; *ir na ~ de* seguir os passos ou o exemplo de (alguém) (De *esteiro*?)

esteirada n.f. **1** paulada nas costas **2** queda de um corpo no chão **3** [regionalismo] seara acamada **4** [pop.] grande quantidade espalhada pelo chão **5** [fig.] azar; contratempo; contrariedade (De *esteira*+*-ada*)

esteirão n.m. esteira grande (De *esteira*+*-ão*)

esteirar[1] v.tr. cobrir ou guarnecer com esteira ■ v.intr. navegar segundo um rumo (De *esteira*+*-ar*)

esteirar[2] v.tr. converter em esteiro (o rio) (De *esteiro*+*-ar*)

esteiraria n.f. oficina, loja ou grande porção de esteiras (De *esteira*+*-aria*)

esteiro n.m. braço estreito de rio ou mar que se estende pela terra dentro (Do lat. *aestuarĭu-*, «braço de mar»)

estela n.f. **1** ARQUITETURA coluna monolítica destinada a ter inscrição **2** BOTÂNICA conjunto dos fascículos condutores e tecidos adjacentes, rodeado por endoderme, na raiz e no caule (Do gr. *stéle*, «coluna», pelo lat. *stela-*, «id.»)

estelante adj.2g. **1** brilhante como as estrelas **2** coberto de estrelas (Do lat. *stellante-*, «id.», part. pres. de *stellāre*, «estar semeado de estrelas»)

estelar adj.2g. ASTRONOMIA das estrelas ou a elas referente; *nevoeiro ~* conjunto de estrelas dispersas num volume enorme, e que fazem parte da Via Láctea (Do lat. *stellāre-*, «id.»)

estelerídeos n.m.pl. ZOOLOGIA ⇒ **asteroide** n.m.pl. (Do fr. *stelléride*, «id.»)

esteleroides n.m.pl. ZOOLOGIA ⇒ **asteroide** n.m.pl. (Do lat. *stellāre-*, «de estrela»+gr. *eîdos*, «forma»)

esteleróides ver nova grafia esteleroides

estelião n.m. ZOOLOGIA espécie de lagarto, que apresenta manchas parecidas com estrelas nas costas

estelífero adj. cheio de estrelas; estrelado (Do lat. *stellifĕru-*, «estrelado»)

estelionatário n.m. pessoa que pratica um estelionato (De *estelionato*+*-ário*)

estelionato n.m. crime de quem vende, hipoteca ou cede uma coisa que já estava vendida, hipotecada ou cedida, ocultando o facto (Do lat. tard. *stellionātu-*, «engano; logro»)

estelografia n.f. arte de gravar inscrições em colunas (Do gr. *stelographía*, «id.», pelo lat. *stelographĭa-*, «inscrição numa coluna»)

estema /ê/ n.m. **1** grinalda; coroa **2** árvore genealógica; raça; estirpe; linhagem (Do gr. *stémma*, «coroa», pelo lat. *stemma-*, «grinalda»)

estêncil n.m. **1** papel parafinado, usado para tirar cópias com um duplicador, depois de nele se ter escrito ou desenhado o que se quer reproduzir; matriz **2** molde com letras ou padrões recortados, sobre o qual se aplica tinta, usado para decorar paredes, tecidos ou móveis (Do ing. *stencil*, «id.»)

estendal n.m. **1** corda ou armação onde se estende a roupa lavada para secar **2** lugar onde se pendura roupa, redes, etc., para secar **3** local das tipografias onde se seca o papel de impressão **4** [fig.] alarde; ostentação **5** [fig.] exposição de coisas; explanação fastidiosa **6** [fig.] confusão de objetos espalhados; desarrumação (De *estender*+*-al*)

estendedoiro n.m. ⇒ **estendedouro**

estendedor /ô/ adj.,n.m. que ou aquele que estende (De *estender*+*-dor*)

estendedouro n.m. lugar onde se estendem roupas, etc., para secar; estendal (De *estender*+*-douro*)

estendedura n.f. ato de estender (De *estender*+*-dura*)

estende-encolhe n.m. designação burlesca dada a uns objetos que se estendem e encolhem, como harmónios (De *estender*+*encolher*)

estender v.tr. **1** dar maior superfície a; estirar; distender; esticar **2** alongar; alargar **3** abrir; desdobrar; desenrolar **4** prorrogar; dilatar **5** pendurar (roupa) para secar **6** espalhar; propagar; apregoar **7** fazer chegar **8** derribar; derrotar **9** levar alguém a fazer má figura **10** tornar prolixo **11** prolongar **12** vulgarizar ■ v.pron. **1** alongar-se; tornar-se comprido; prolongar-se **2** dilatar-se; alargar-se **3** estirar-se **4** alastrar; grassar; divulgar-se; propalar-se **5** estatelar-se **6** dar estenderete; fazer má figura (Do lat. *extendĕre*, «estender»)

estenderete n.m. **1** má figura ou fiasco cometido em público **2** pergunta ardilosa com o intento de embaraçar alguém **3** barulho; desordem **4** [acad.] mau aproveitamento num exame (De *estender*+*-ete*)

estendível adj.2g. suscetível de se estender; extensível (De *estender*+*-vel*)

estenia n.f. **1** excesso de força **2** exaltação da ação orgânica (Do gr. *sthénos*, «força» +*-ia*)

esténico adj.,n.m. **1** que ou indivíduo que é enérgico, vigoroso **2** que ou o que tem energia em excesso (Do gr. *sthénos*, «força» +*-ico*)

esteno-[1] elemento de formação de palavras que exprime a ideia de *estreito* (Do gr. *stenós*, «estreito»)

esteno-[2] elemento de formação de palavras que exprime a ideia de *força* (Do gr. *sthénos*, «força»)

estenocéfalo adj. que tem a cabeça estreita (Do gr. *stenós*, «estreito» +*kephalé*, «cabeça»)

estenodactilógrafo a grafia mais usada é **estenodatilógrafo**

estenodatilógrafo n.m. **1** o mesmo que estenógrafo e datilógrafo **2** aquele que datilografa textos estenografados (De *esteno*[*grafo*]+*datilógrafo*) ACORDO ORTOGRÁFICO também se pode escrever **estenodactilógrafo**

estenografar v.tr. escrever por meio de abreviaturas; taquigrafar (De *esteno-*+*grafar*)

estenografia n.f. arte de escrever por meio de abreviaturas, de forma a acompanhar com a escrita a pessoa que fala (De *esteno-*+*grafia*)

estenográfico adj. relativo à estenografia (De *estenografia*+*-ico*)

estenógrafo n.m. aquele que tem prática de estenografia e a utiliza para reproduzir o que lhe ditam (De *esteno-*+*-grafo*)

estenograma n.m. sinal estenográfico representativo de uma sílaba ou palavra (De *esteno-*[1]+*grama*)

estenose n.f. PATOLOGIA constrição de qualquer canal ou orifício orgânico; aperto (Do gr. *sténosis*, «estreitamento»)

estenotérmico adj. ⇒ **estenotermo**

estenotermo adj. BIOLOGIA diz-se do ser vivo que não suporta as variações sensíveis de temperatura do ambiente; estenotérmico (Do gr. *stenós*, «estreito; reduzido» +*thérme*, «calor»)

estentor n.m. **1** pessoa que tem uma voz muito forte **2** voz dessa pessoa **3** ZOOLOGIA ciliado heterótrico, relativamente grande, que vive na água doce (Do gr. *Sténtor*, herói da Ilíada, cuja voz era muito forte, pelo lat. *Stentōre-*, «id.»)

estentóreo adj. ⇒ **estentórico** (De *estentor*+*-eo*)

estentórico adj. que tem voz forte e retumbante (De *Estentor*, antr. +*-ico*)

este-oeste n.m. direção e sentido de este para oeste; *linha* ~ ASTRONOMIA interseção do plano do equador celeste com o horizonte geocêntrico

estepe[1] n.f. 1 GEOGRAFIA associação ou formação vegetal das regiões de climas excessivamente temperados continentais, caracterizada pelo predomínio de herbáceas, gramíneas e bulbosas 2 região com esta vegetação 3 pradaria (Do russo *step'*, «estepe», pelo fr. *steppe*, «id.»)

estepe[2] n.m. [Brasil] pneu sobresselente (Do ing. *step tyre*, «pneu do estribo»)

estépico adj. que apresenta o aspeto de estepe (De *estepe+-ico*)

estequiometria n.f. QUÍMICA estudo das proporções segundo as quais as espécies químicas reagem entre si (Do gr. *stoikheîon*, «elemento» *+métron*, «medida» *+-ia*)

estequiométrico adj. relativo à estequiometria (De *estequiometria+-ico*)

éster n.m. QUÍMICA nome genérico de qualquer composto orgânico cuja fórmula se pode obter da de um ácido, substituindo um ou mais átomos de hidrogénio por outros tantos alquilos ou arilos, e que pode resultar da reação entre um ácido e um álcool ou um fenol ou ocorrer naturalmente (Do al. *Essig*, «vinagre» *+Ether*, «éter»)

estercada n.f. 1 ato ou efeito de estercar; estrumação 2 lugar onde pernoita o gado (Part. pass. fem. subst. de *estercar*)

estercador adj.,n.m. que ou aquele que esterca (De *estercar+-dor*)

estercadura n.f. ⇒ **estercada** (De *estercar+-dura*)

estercar v.tr. deitar esterco em; estrumar; adubar ■ v.intr. expelir excremento; defecar (um animal) (De *esterco+-ar*)

esterco /ê/ n.m. 1 excremento de animais 2 estrume animal ou vegetal para adubar as terras 3 [fig., pej.] pessoa ou coisa muito reles ou mole; *não fazer* ~ não dar escândalo, não fazer barulho (Do lat. *stercu-*, por *stercŏre-*, «id.»)

estercoral adj.2g. fecal; excrementício (Do lat. *stercŏre-*, «esterco» *+-al*)

estercorário adj. 1 relativo a esterco 2 que vive no esterco, como alguns insetos coleópteros ■ n.m. 1 PSICOLOGIA, MEDICINA indivíduo com gosto patológico da visão, contacto ou cheiro das matérias fecais 2 PSICOLOGIA, MEDICINA indivíduo que apenas sente excitação sob a influência de odores de matérias fecais (Do lat. *stercorarĭu-*, «relativo ao esterco»)

estercoreiro n.m. escaravelho dos estercos (Do lat. *stercorarĭu-*, «relativo ao esterco»)

estercoremia n.f. MEDICINA ⇒ **copremia** (Do lat. *stercŏre-*, «esterco»+gr. *haîma*, «sangue» *+-ia*)

estercoroso adj. 1 que tem esterco 2 impróprio de gente limpa; imundo (Do lat. *stercorōsu-*, «bem estrumado»)

Esterculiáceas n.f.pl. BOTÂNICA família de plantas dicotiledóneas das regiões tropicais, a que pertence a cola (Do lat. bot. *Sterculĭa*, «plantas que dão flores fétidas» *+-áceas*)

estere n.m. unidade de medida de volume, para madeira ou lenha, equivalente a um metro cúbico (Do gr. *stereós*, «sólido», pelo fr. *stère*, «estere»)

estereo- elemento de formação de palavras que exprime a ideia de *relevo, solidez, firmeza* (Do gr. *stereós*, «sólido»)

estéreo[1] adj. forma reduzida de *estereofónico*

estéreo[2] n.m. ⇒ **estere**

estereóbata n.m. ARQUITETURA soco de sustentação de um edifício

estereocentro n.m. QUÍMICA átomo ao qual se ligam substituintes, de forma que a troca de quaisquer dois deles dá origem a um estereoisómero diferente (De *estereo-+centro*)

estereodinâmica n.f. parte da mecânica que estuda as leis do movimento dos sólidos (De *estereo-+dinâmica*)

estereofonia n.f. FÍSICA técnica de reprodução de sons cuja característica especial é a utilização de dois canais diferentes, com altifalantes corretamente localizados no recinto, o que torna possível a reconstituição do relevo sonoro (Do gr. *stereós*, «sólido» *+phoné*, «som» *+-ia*)

estereofónico adj. 1 diz-se de um sistema de reprodução sonora que utiliza mais de um altifalante para dar um efeito espacial e direcional que torna o som recebido mais semelhante ao som transmitido 2 diz-se do registo em disco ou em fita magnética que permite posteriormente uma reprodução sonora com efeito espacial e direcional (Do gr. *stereós*, «sólido» *+phoné*, «som» *+-ico*)

estereografia n.f. arte de representar os sólidos por projeção sobre um plano (Do gr. *stereós*, «sólido» *+gráphein*, «escrever» *+-ia*)

estereográfico adj. relativo à estereografia (De *estereografia+-ico*)

estereograma n.m. par de fotografias do mesmo objeto, tiradas simultaneamente, para fins de estereoscopia (De *estereo-+-grama*)

estereogrametria n.f. fotogrametria baseada na visão estereoscópica (De *estereo-+[foto]grametria*)

estereoisomerismo n.m. QUÍMICA forma de isomerismo em que os isómeros da mesma estrutura diferem na configuração espacial dos átomos (De *estereo-+isomerismo*)

estereoisómero n.m. isómero, semelhante a outro no que diz respeito às ligações, mas que difere dele pelo modo como os núcleos atómicos se encontram orientados no espaço (De *estereo-+isómero*)

estereologia n.f. estudo das partes sólidas dos seres vivos (Do gr. *stereós*, «sólido» *+lógos*, «estudo» *+-ia*)

estereológico adj. relativo à estereologia (De *estereologia+-ico*)

estereometria n.f. parte da geometria que ensina a calcular o volume dos sólidos (Do gr. *stereós*, «sólido» *+métron*, «medida» *+-ia*)

estereométrico adj. relativo à estereometria (De *estereometria+-ico*)

estereómetro n.m. aparelho que serve para medir sólidos (De *estereo-+-metro*)

estereoquímica n.f. QUÍMICA parte da química que trata da estrutura e propriedades dos estereoisómeros (De *estereo-+química*)

estereoquímico adj. relativo à estereoquímica (De *estereo-+químico*)

estereorama n.m. carta topográfica em relevo (Do gr. *stereós*, «sólido» *+hórama*, «espetáculo»)

estereoscopia n.f. FOTOGRAFIA técnica fotográfica pela qual se obtém uma sensação de relevo dada pela fusão numa única imagem de duas fotografias do mesmo objeto tiradas de pontos diferentes (Do gr. *stereós*, «relevo» *+skopeîn*, «ver; observar»)

estereoscópico adj. relativo ao estereoscopia (De *estereoscopia+-ico*)

estereoscópio n.m. ÓTICA instrumento ótico que apresenta em relevo as imagens planas (Do gr. *stereós*, «relevo» *+skopeîn*, «ver» *+-io*)

estereotipado adj. 1 TIPOGRAFIA produzido por estereotipia 2 [fig.] invariável; inalterável 3 [fig.] fixo; imóvel

estereotipagem n.f. ato ou processo de estereotipar (De *estereotipar+-agem*)

estereotipar v.tr. 1 TIPOGRAFIA converter, em pranchas sólidas, páginas previamente compostas em caracteres móveis 2 [fig.] fixar; tornar inalterável (De *estereótipo+-ar*)

estereotipia n.f. 1 TIPOGRAFIA arte de estereotipar 2 casa em que se estereotipa 3 obra estereotipada 4 PSICOLOGIA tendência para conservar a mesma atitude ou para repetir o mesmo movimento ou as mesmas palavras, na demência precoce e nos estados esquizofrénicos (Do gr. *stereós*, «sólido» *+týpos*, «molde» *+-ia*)

estereotípico adj. relativo a estereotipia (De *estereotipia+-ico*)

estereótipo n.m. 1 impressão ou obra impressa numa chapa de caracteres fixos 2 PSICOLOGIA opinião preconcebida e comum que se impõe aos membros de uma coletividade (Do gr. *stereós*, «sólido» *+týpos*, «molde»)

estereotomia n.f. arte ou técnica de cortar ou dividir com rigor os materiais de construção

esterificação n.f. QUÍMICA reação de um álcool com um ácido, para formação de um éster (De *esterificar+-ção*)

esterificar v.tr. QUÍMICA provocar a reação de um álcool com um ácido, dando origem a um éster (De *éster+-ficar*)

estéril adj.2g. 1 que não produz; que não dá frutos; infrutífero; improdutivo 2 que é incapaz de procriar; infecundo; infértil 3 desprovido; carecido; falho 4 inútil 5 escasso em rendimento ou produção 6 que não contém germes; asséptico (Do lat. *sterīle-*, «id.»)

esterilidade n.f. 1 qualidade de estéril 2 infecundidade; improdutividade 3 aridez 4 escassez (Do lat. *sterilitāte-*, «id.»)

esterilização n.f. 1 ato de esterilizar 2 ação de desinfetar; destruição dos germes nocivos 3 processo de eliminação de micróbios através do calor ou de outro método 4 eliminação, permanente ou transitória, da faculdade de gerar 5 destruição de *esterilizar+-ção*)

esterilizado adj. 1 obtido por esterilização 2 que não se pode reproduzir 3 que está desinfetado (Part. pass. de *esterilizar*)

esterilizador n.m. 1 aquele que esteriliza 2 aparelho para esterilizar ■ adj. que esteriliza (De *esterilizar+-dor*)

esterilizante adj.2g. que esteriliza ■ n.m. produto químico que esteriliza (De *esterilizar+-ante*)

esterilizar v.tr. 1 tornar estéril ou infértil 2 destruir os germes nocivos de 3 [fig.] tornar inútil (De *estéril+-izar*)

esterlicar v.tr. 1 apertar até que ameace estalar 2 aperaltar (De orig. obsc.)

esterlino adj. relativo à libra ▪ n.m. libra esterlina (Do ing. *sterling*, «autêntico»)

esternal adj.2g. relativo ao esterno (De *esterno+-al*)

esternalgia n.f. MEDICINA dor localizada na região esternal; angina de peito (Do gr. *stérnon*, «esterno» +*álgos*, «dor» +*-ia*)

esternálgico adj. relativo à esternalgia (De *esternalgia+-ico*)

esternite n.f. 1 ZOOLOGIA parte (arco) ventral de cada anel do corpo dos insetos 2 ZOOLOGIA órgão constituinte do aparelho genital feminino dos insetos (Do gr. *stérnon*, «esterno» +*-ite*)

esterno n.m. 1 ANATOMIA osso ímpar, na parte anterior do tórax, ao qual se ligam as sete primeiras costelas 2 ZOOLOGIA peça ventral, média, do exosqueleto de vários artrópodes (Do gr. *stérnon*, «osso esterno», pelo lat. cient. *sternu-*, «id.»)

esterno- elemento de formação de palavras que exprime a ideia de *esterno* (Do gr. *stérnon*, «esterno»)

esternocleidomastóideo n.m.,adj. ANATOMIA ⇒ **esternoclidomastóideo**

esternoclidomastóideo n.m.,adj. ANATOMIA músculo ou designativo do músculo do pescoço que se insere no esterno, na clavícula e na apófise mastoide (De *esterno-+clido-+mastóide+-eo*, ou do fr. *sterno-cleído-mastoïdien*, «id.»)

esternutação n.f. ato de espirrar; espirro (Do lat. *sternutatiōne-*, «id.»)

esternutatório adj.,n.m. que ou aquilo que faz espirrar (Do lat. *sternutatoriu-*, «id.»)

esteroide n.m. BIOQUÍMICA designação atribuída a diversos compostos caracterizados por uma estrutura policíclica e entre os quais se encontram as hormonas do córtex suprarrenal e as hormonas sexuais

esteróide ver nova grafia esteroide

esterol n.m. QUÍMICA nome genérico de compostos orgânicos sólidos, policíclicos, de função álcool e elevada massa molecular (Do fr. *stérol*, «id.»)

esterqueira n.f. ⇒ **esterqueiro**

esterqueiro n.m. 1 lugar onde se junta o esterco; estrumeira 2 imundície 3 [pop.] indivíduo sujo (De *esterco+-eiro*)

esterquice n.f. ⇒ **esterqueiro** (De *esterco+-ice*)

esterquilínio n.m. ⇒ **esterqueiro** (Do lat. *sterquilinĭu-*, «esterqueiro»)

esterradiano n.m. GEOMETRIA unidade de medida de ângulo sólido do Sistema Internacional, de símbolo sr, definida como o ângulo sólido que, com o vértice no centro de uma esfera, interseta na superfície desta uma área equivalente à de um quadrado de lado igual ao raio da esfera (De *estereo-+radiano*, ou do fr. *stéradian*, «id.»)

esterroada n.f. 1 ato de esterroar 2 [fig.] barulho (Part. pass. fem. subst. de *esterroar*)

esterroador n.m. instrumento para esterroar (De *esterroar+-dor*)

esterroamento n.m. ⇒ **esterroada** (De *esterroar+-mento*)

esterroar v.tr. desfazer os torrões ou pedaços de; desterroar (De *es-+terrão+-ar*)

estertor n.m. ruído da respiração do moribundo (Do lat. *stertōre-*, «id.», de *stertĕre*, «ressonar»)

estertorar v.intr. estar em estertor; agonizar (De *estertor+-ar*)

estertoroso adj. em que há estertor; diz-se da respiração do agonizante (De *estertor+-oso*)

estese n.f. sentimento do belo (Do gr. *aísthesis*, «sensação; compreensão»)

estesia n.f. ⇒ **estese** (De *estese+-ia*)

estesiar v.tr. produzir estese em (De *estesia+-ar*)

estesiologia n.f. tratado dos órgãos dos sentidos (Do gr. *aísthesís*, «sensação» +*lógos*, «tratado» +*-ia*)

esteta n.2g. 1 pessoa que cultiva a estética 2 o que tem uma conceção elevada da arte (Do gr. *aisthetés*, «o que sente», pelo lat. *aesthēta-*, «esteta»)

estética n.f. 1 FILOSOFIA filosofia da arte e do belo; ciência cujo objeto é o juízo de valores referente à distinção entre o belo e o feio 2 harmonia de formas e cores 3 beleza física; ~ *transcendental* FILOSOFIA em Kant, filósofo alemão (1724-1804), estudo das formas a priori da sensibilidade, isto é, o tempo e o espaço (Do gr. *aisthetiké*, «sensitivo»)

esteticamente adv. conforme os princípios da estética; do ponto de vista estético (De *estético+-mente*)

esteticista n.2g. 1 pessoa que segue a filosofia da estética 2 pessoa cuja profissão é tratar da beleza física ▪ adj. 1 que diz respeito à filosofia da estética 2 que diz respeito a cuidados de beleza (De *estética+-ista*)

esteticização n.f. ⇒ **estetização** (De *esteticizar+-ção*)

esteticizar v.tr. ⇒ **estetizar** (De *estético+-izar*)

estético adj. 1 relativo à estética 2 que diz respeito à apreciação do belo 3 belo; harmonioso; elegante (Do gr. *aisthetikós*, «relativo ao sentimento»)

estetismo n.m. atitude ou doutrina daqueles que fazem da beleza o supremo valor da vida (De *esteta+-ismo*)

estetização n.f. ato ou efeito de estetizar (De *estetizar+-ção*)

estetizar v.tr. tornar estético (De *esteta+-izar*)

esteto-[1] elemento de formação de palavras que exprime a ideia de *peito* (Do grego *stēthos*, «peito»)

esteto-[2] elemento de formação de palavras que exprime a ideia de *percetível pelos sentidos* (Do grego *aisthetós*, «idem»)

estetografia n.f. MEDICINA registo dos movimentos do tórax (De *estetógrafo+-ia*)

estetógrafo n.m. MEDICINA aparelho que serve para registar os movimentos do tórax (Do gr. *stēthos*, «peito» +*gráphein*, «escrever; registar»)

estetometria n.f. MEDICINA avaliação das dimensões do tórax (De *estetómetro+-ia*)

estetómetro n.m. MEDICINA instrumento que serve para medir as dimensões do tórax (Do gr. *stēthos* «peito» +*métron*, «medida»)

estetoscópio n.m. MEDICINA instrumento para auscultar a respiração, as batidas do coração e outros sons produzidos pelo corpo (Do gr. *stēthos*, «peito» +*skopeīn*, «ver; observar» +*-io*)

esteva[1] /ê/ n.f. BOTÂNICA planta arbustiva, da família das Cistáceas, espontânea e frequente em Portugal, também denominada xara (Do lat. *stipa-*, de *stipes*, *-ītis*, «estaca; tronco de uma árvore»)

esteva[2] /ê/ n.f. rabiça do arado (Do lat. vulg. *steva-*, do lat. *stiva-*, «rabiça do arado»)

esteval n.m. sítio onde crescem estevas (De *esteva+-al*)

estevão n.m. BOTÂNICA planta arbustiva, espontânea do Douro ao Algarve, também conhecida por lada (De *esteva+-ão*)

estevar v.intr. governar a esteva ou rabiça do arado (De *esteva+-ar*)

estiada n.f. ⇒ **estiagem** (Part. pass. fem. subst. de *estiar*)

estiagem n.f. 1 tempo sereno que sucede à chuva 2 tempo seco 3 nível mais baixo das águas de um rio, etc. (De *estiar+-agem*)

estiar v.intr. 1 (chuva, mau tempo) passar; serenar 2 (água) abaixar (De *estio+-ar*)

estibiado adj. que tem estíbio (antimónio) (De *estíbio+-ado*)

estibina n.f. MINERALOGIA ⇒ **antimonite** (De *estíbio+-ina*)

estíbio n.m. ⇒ **antimónio** (Do gr. *stíbi*, «antimónio», pelo lat. *stibĭu-*, «id.»)

estibordo n.m. NÁUTICA lado direito do navio, para quem olha da popa para a proa, designado abreviadamente por EB (Do neerl. med. *stierboord*, «id.», pelo fr. ant. *stribord*, «lado direito do navio»)

estica[1] n.f. BOTÂNICA variedade de videira (Do gr. *stíkhe*, «vinha», pelo lat. *sticha-*, «videira»)

estica[2] n.f. magreza; falta de saúde ▪ n.2g. pessoa muito magra; *estar na* ~ 1 diz-se da pessoa que, pela sua saúde precária, parece não poder durar muito; 2 não ter dinheiro (Deriv. regr. de *esticar*)

esticadela n.f. 1 ato ou efeito de esticar 2 [fig.] (aula, exame) estenderete; esticanço (De *esticar+-dela*)

esticador n.m. 1 espécie de caixilho onde se estica o papel para trabalho de aguarela 2 estirador 3 utensílio com que se esticam os arames das ramadas ▪ adj. que estica (De *esticar+-dor*)

esticanço n.m. [acad.] mau resultado numa aula ou exame (De *esticar+-anço*)

esticão n.m. 1 forte puxão para esticar 2 [coloq.] caminhada longa 3 [coloq.] choque elétrico; *aos esticões* com interrupções; *roubo por* ~ roubo, efetuado em local público, em que o ladrão puxa violentamente pelos objetos (De *esticar+-ão*)

esticar v.tr. 1 puxar para estender; retesar 2 distender; alongar 3 estirar (parte do corpo) 3 [coloq.] fazer render; prolongar 4 [coloq.] deitar ao chão; estatelar ▪ v.intr. 1 ter flexibilidade; ser extensível 2 [coloq.] morrer ▪ v.pron. estender-se; ~ *a canela/o pernil* [pop.] morrer (De orig. obsc.)

estigma n.m. 1 marca deixada por uma ferida; cicatriz 2 marca infamante feita com ferro em brasa, aplicada antigamente a escravos e criminosos; ferrete 3 mancha ou sinal cutâneo 4 MEDICINA sinal persistente e característico de uma dada doença 5 BOTÂNICA parte do carpelo das angiospérmicas onde cai e germina o grânulo de pólen 6 ZOOLOGIA abertura no tegumento dos artrópodes que respiram por traqueias, e que põe estas em comunicação com o exterior 7 [fig.] sinal vergonhoso; mancha na reputação 8 pl. feridas nas mãos, pés e peito, semelhantes às cinco chagas de Cristo crucificado (Do gr. *stígma, stigmatós*, «marca de ferro em brasa», pelo lat. *stigma, -ātis*, «estigma; ferrete»)

estigmático *adj.* 1 relativo ao estigma vegetal 2 FÍSICA diz-se do sistema ótico que faz concorrer num ponto (imagem) os raios provenientes de outro ponto (objeto) (Do gr. *stígma, stigmatós*, «picadura; estigma», pelo lat. *stigma, -ātis*, «picadura; estigma» +*-ico*)

estigmatismo *n.m.* FÍSICA propriedade que apresentam certos sistemas óticos de dar, de um objeto pontual, uma imagem também pontual (Do lat. *stigma, -ătis*, «estigma» +*-ismo*)

estigmatização *n.f.* 1 ato ou efeito de estigmatizar 2 [fig.] condenação, censura (De *estigmatizar*+*-ção*)

estigmatizado *n.m.* 1 o que foi marcado com ferro em brasa 2 o que traz no corpo as marcas das cinco chagas de Cristo ■ *adj.* 1 marcado com estigma 2 [fig.] censurado 3 [fig.] acusado (Part. pass. de *estigmatizar*)

estigmatizar *v.tr.* 1 assinalar com estigma 2 [fig.] verberar; censurar; condenar (Do gr. *stigmatízein*, «marcar com ferro em brasa» + *-ar*)

estigmatografia *n.f.* arte de escrever ou desenhar com pontos em relevo (Do gr. *stigma, -atós*, «picadura» +*gráphein*, «escrever» + *-ia*)

estigmatográfico *adj.* 1 relativo à estigmatografia 2 diz-se do papel que tem pontos em relevo para a leitura dos cegos (De *estigmatografia*+*-ico*)

estigmónimo *n.m.* nome substituído por uma série de pontos ou reticências (Do gr. *stígma*, «picadura; estigma» +*-ónyma*, por *ónoma*, «nome»)

estilação *n.f.* queda de um líquido gota a gota (De *estilar*+*-ção*)

estilado *adj.* 1 feito ou escrito segundo o bom estilo 2 esticado 3 muito magro (Part. pass. de *estilar*)

estilar[1] *v.tr.* fazer ou escrever conforme os preceitos do bom estilo (De *estilo*+*-ar*)

estilar[2] *v.tr.* deixar cair gota a gota; destilar ■ *v.pron.* consumir-se gradualmente (Do lat. *stillāre*, «cair gota a gota»)

estilar[3] *v.tr.* ferir com estilete 2 [fig.] torturar

estilbite *n.f.* MINERALOGIA mineral (um silicato hidratado de alumínio, cálcio e sódio) que cristaliza no sistema monoclínico (Do gr. *stílbe*, «brilho» +*-ite*)

estilete /ê/ *n.m.* 1 instrumento com lâmina fina e pontiaguda 2 MEDICINA instrumento cirúrgico para sondar feridas 3 BOTÂNICA parte do carpelo, em regra filiforme, que liga o ovário ao estigma, nas angiospérmicas em que este não é séssil (De *estilo*+*-ete*, do lat. *stilu-*, «ponteiro afiado para escrever em tabuinhas enceradas»)

estiletear *v.tr.* ferir com estilete (De *estilete*+*-ear*)

estiletizar *v.tr.* ⇒ estiletear (De *estilete*+*-izar*)

estilha *n.f.* 1 lasca de ferro ou madeira; farpa; hastilha; cavaco 2 fragmento; estilhaço 3 [coloq.] dinheiro 4 [coloq.] quinhão num roubo (Do lat. *astŭla-*, por *assŭla-*, «lasca de madeira», pelo cast. *astilla*, «lasca; estilha»)

estilhaçar *v.tr.* partir em estilhas ou estilhaços; escacar (De *estilhaço*+*-ar*)

estilhaço *n.m.* fragmento de pedra, madeira ou metal; lasca (De *estilha*+*-aço*)

estilhar *v.tr.* fazer em estilhas; estilhaçar (De *estilha*+*-ar*)

estilheira *n.f.* utensílio em que o ourives apoia a mão e o objeto em que trabalha (De *estilhar*+*-eira*)

estilicídio *n.m.* 1 queda de água, gota a gota 2 queda da chuva dos beirais dos telhados 3 MEDICINA fluxo aquoso da coriza (Do lat. *stillicidĭu-*, «ato de esgotar lentamente»)

estiliforme *adj.2g.* que tem a forma de estilete (Do lat. *stilu-*, «estilo; estilete» +*forma-*, «forma»)

estilingue *n.m.* [Brasil] fisga

estilismo *n.m.* 1 apuro demasiado no estilo ou na linguagem 2 desenho e confeção de moda (De *estilo*+*-ismo*)

estilista *n.2g.* 1 pessoa que escreve com esmero 2 pessoa notável pelo vigor e elegância do estilo 3 desenhador de roupa; criador de moda ■ *adj.2g.* que escreve com esmero (De *estilo*+*-ista*)

estilística *n.f.* 1 GRAMÁTICA a parte da gramática que trata das diferentes espécies e preceitos do estilo 2 arte de bem escrever 3 LINGUÍSTICA subdisciplina da linguística que estuda os valores afetivos dos meios expressivos de uma língua 4 LITERATURA disciplina dos estudos literários, com fundamentação linguística, que descreve e analisa o estilo de um texto, da obra de um escritor ou das obras características de um género ou de um período literário (Do fr. *stylistique*, «id.»)

estilisticamente *adv.* do ponto de vista estilístico; quanto ao estilo (De *estilístico*+*-mente*)

estilístico *adj.* relativo à estilística (De *estilística*)

estilita *n.m.* anacoreta que vivia sobre um pórtico ou uma coluna (Do gr. *stýlos*, «coluna» +*-ita*)

estilização *n.f.* 1 ato ou efeito de estilizar 2 processo de ornamentar, aproveitando motivos da fauna e da flora (De *estilizar*+*-ção*)

estilizado *adj.* 1 que foi alterado com o fim de obter determinado efeito estético 2 que foi preparado com preocupações estéticas 3 elegante; fino (Part. pass. de *estilizar*)

estilizar *v.tr.* 1 alterar a forma, a cor, etc., de motivos naturais, no sentido de com eles obter melhor efeito decorativo 2 dar estilo a 3 dar forma a (De *estilo*+*-izar*)

estilo[1] *n.m.* 1 modo pessoal de expressão que se manifesta na forma de dizer, escrever, compor, pintar, esculpir, etc. 2 conjunto de aspetos formais e recursos expressivos que caracterizam um texto 3 modo de expressão que identifica e caracteriza determinado grupo, classe ou atividade profissional 4 conjunto de características formais que identificam um objeto segundo a época em que foi produzido 5 classe; requinte 6 ponteiro com que se escrevia antigamente sobre tábuas cobertas de cera; *em grande ~* com aparato, muito bem (Do lat. *stilu-*, «ponteiro com que se escrevia em tábuas enceradas»)

estilo[2] *n.m.* coluna (Do gr. *stýlos*, «coluna»)

estilóbata *n.m.* ARQUITETURA envasamento que sustenta uma ordem de colunas (Do gr. *stylobátes*, «base de coluna», pelo lat. *stylobăta-*, «pedestal de uma coluna»)

estilografia *n.f.* processo de obter estampas que imitam o desenho à pena ou à água-forte (Do gr. *stýlos*, «aparo para escrever» +*gráphein*, «escrever» +*-ia*)

estilográfico *adj.* relativo a trabalhos feitos à pena ou por estilografia (De *estilografia*+*-ico*)

estilógrafo *n.m.* caneta de tinta permanente (Do gr. *stýlos*, «aparo para escrever» +*gráphein*, «escrever»)

estiloide *adj.2g.* semelhante a estilete (Do gr. *styloeidés*, «semelhante a uma coluna»)

estilóide ver nova grafia estiloide

estilometria *n.f.* arte de medir colunas (Do gr. *stýlos*, «coluna» +*métron*, «medida» +*-ia*)

estilómetro *n.m.* instrumento que serve para medir colunas (Do gr. *stýlos*, «coluna» +*métron*, «medida»)

estiloníquio *n.m.* ZOOLOGIA protozoário ciliado, hipótrico, que se desloca sobre as plantas aquáticas por meio de cirros (Do gr. *stýlos*, «coluna» +*ónyx, -ykhos*, «unha»)

estiloso *adj.* 1 que tem estilo 2 [coloq., pej.] afetado; presunçoso (De *estilo*+*-oso*)

estima *n.f.* 1 ato ou efeito de estimar 2 apreço em que se tem uma pessoa ou coisa; consideração 3 afeto; amizade; carinho 4 cálculo aproximado; avaliação 5 determinação da posição do navio ou do avião pela consideração da distância percorrida e do rumo seguido depois do ponto de partida (Deriv. regr. de *estimar*)

estimação *n.f.* apreciação de uma coisa; estima (Do lat. *aestimatiōne-*, «apreciação»)

estimado *adj.* 1 que goza de estima; apreciado; querido 2 respeitado 3 (valor) que se estimou; que foi objeto de cálculo aproximado (Part. pass. de *estimar*)

estimador *adj., n.m.* que ou aquele que sabe estimar ou avaliar; apreciador (Do lat. *aestimatōre-*, «avaliador»)

estimar *v.tr.* 1 ter estima por; sentir afeição por 2 avaliar; fazer um cálculo aproximado 3 julgar; considerar 4 tratar com cuidado 5 desejar; fazer votos por 6 ficar contente por; regozijar-se por ■ *v.pron.* ter-se em grande apreço (Do lat. *aestimāre*, «avaliar; calcular»)

estimativa *n.f.* 1 cálculo aproximado; consideração 2 juízo; avaliação (De *estimativo*)

estimativo *adj.* 1 que estima 2 que sabe apreciar ou avaliar 3 diz-se do valor atribuído a um objeto em virtude da estimação ou apreço que ele merece por motivos especiais de ordem afetiva ou sentimental (De *estimar*+*-tivo*, ou do fr. *estimatif*, «id.»)

estimável *adj.2g.* digno de estima ou estimação (Do lat. *aestimabĭle-*, «id.»)

estimulação *n.f.* ato ou efeito de estimular; incentivo (Do lat. *stimulatiōne-*, «ação de aguilhoar»)

estimulador *adj.* que estimula ■ *n.m.* 1 o que estimula ou incita 2 aparelho que se liga ao corpo humano ou se implanta num

estimulante

órgão para ativar o respetivo funcionamento (Do lat. *stimulatōre-*, «o que excita»)

estimulante *adj.2g.* 1 que estimula; excitante 2 que desperta interesse ■ *n.m.* 1 FARMÁCIA medicamento com propriedades que aumentam a energia e as capacidades físicas e psíquicas 2 o que desperta interesse (Do lat. *stimulante-*, «id.», part. pres. de *stimulāre*, «estimular; excitar»)

estimular *v.tr.* 1 dar estímulo a; encorajar; incentivar 2 promover; impulsionar 3 ativar; despertar 4 picar animal com aguilhão para o incitar ■ *v.pron.* 1 encher-se de brio 2 masturbar-se (Do lat. *stimulāre*, «estimular; excitar»)

estimulina *n.f.* FISIOLOGIA hormona hipofisária que tem por função estimular a atividade das glândulas de secreção interna (De *estimular*+*-ina*, ou do fr. *stimuline*, «estimulina»)

estímulo *n.m.* 1 aquilo que estimula; o que desencadeia uma reação ou provoca um aumento de intensidade 2 aquilo que dá energia 3 brio; pundonor (Do lat. *stimŭlu-*, «id.»)

estimuloso /ô/ *adj.* ⇒ **estimulante** *adj.2g.* (De *estímulo*+*-oso*)

estingar *v.tr.* NÁUTICA colher (as velas) com os estingues (De *estingue*+*-ar*)

estingue *n.m.* NÁUTICA cabo que vem do punho inferior da vela ao meio da verga (De orig. obsc.)

estinha *n.f.* 1 ato de tirar a tinha (lagarta) das colmeias 2 segunda colheita do mel (Deriv. regr. de *estinhar*)

estinhar¹ *v.tr.* extrair de (colmeia) o segundo mel das abelhas (De *es-*+*tinha*+*-ar*)

estinhar² *v.intr.* [regionalismo] ⇒ **estiar**

estio *n.m.* 1 verão 2 [fig.] calor 3 [fig.] idade madura (Do lat. *aestīvu-*, «do estio; do verão»)

estiolamento *n.m.* 1 ato ou efeito de estiolar 2 BOTÂNICA degradação e perda da cor das plantas por falta de luz e de ar renovado 3 [fig.] definhamento; fraqueza (De *estiolar*+*-mento*)

estiolar *v.tr.* 1 BOTÂNICA causar estiolamento a; fazer perder anormalmente a cor verde (vegetais) 2 [fig.] atrofiar ■ *v.intr.* BOTÂNICA (plantas) perder a cor e o vigor por falta de luz ■ *v.pron.* definhar-se; desfalecer (Do fr. ant. *estioler*, hoje *étioler*, «estiolar»)

estipe *n.m.* 1 BOTÂNICA pé ou sustentáculo de um órgão vegetal; pedúnculo; caule; estípite; espique; súrculo 2 ZOOLOGIA peça das maxilas da armadura bucal, trituradora, dos insetos (Do lat. *stipes-*, *-ĭtis*, «estaca»)

estipendiar *v.tr.* dar estipêndio a; assalariar (Do lat. *stipendiāri*, pelo lat. vulg. *stipendiāre*, «estar a soldo»)

estipendiário *adj.* que recebe estipêndio ou salário (Do lat. *stipendiarĭu-*, «que ganha soldo»)

estipêndio *n.m.* remuneração; soldada; paga (Do lat. *stipendĭu-*, «estipêndio»)

estipitado *adj.* que tem estípite (De *estípite*+*-ado*)

estípite *n.m.* 1 caule; estipe 2 [fig.] árvore genealógica (Do lat. *stipĭte-*, «estaca; tronco de árvore»)

estíptico *adj.* 1 MEDICINA adstringente 2 muito magro 3 sovina (Do gr. *styptikós*, «adstringente»)

estípula *n.f.* BOTÂNICA apêndice par, mais ou menos desenvolvido e, em regra, laminar, que existe na base de alguns pecíolos ou limbos de folhas sésseis (Do lat. *stipŭla-*, «colmo; palha»)

estipulação *n.f.* 1 ato ou efeito de estipular; estabelecimento de regras a seguir 2 ajuste; contrato 3 cláusulas de um contrato (Do lat. *stipulatiōne-*, «id.»)

estipulado *adj.* 1 que possui estípulas 2 ajustado; combinado (Part. pass. de *estipular*)

estipulador *adj.,n.m.* que ou aquele que estipula (Do lat. *stipulatōre-*, «o que reclama uma promessa»)

estipulante *adj.,n.2g.* 1 que ou aquele que estipula 2 que ou o que exprime promessa formal e solene 3 que ou aquele que obriga à execução 4 contraente (Do lat. *stipulante-*, «id.», part. pres. de *stipulāre*, «obrigar por contrato»)

estipular¹ *v.tr.* 1 estabelecer por meio de ajuste 2 contratar (Do lat. *stipulāre*, «obrigar por contrato»)

estipular² *adj.2g.* referente à estípula (De *estípula*+*-ar*)

estipuloso /ô/ *adj.* provido de estípulas; estipulado (De *estípula*+*-oso*)

estira *n.f.* 1 caminho longo; estirada; estiramento 2 ferramenta, constituída por placa de ferro ou ardósia e cabo de madeira, que serve para descarnar coiros 3 máquina, usada na indústria dos curtumes, que estica os coiros e os descarna 4 [regionalismo] sova (Deriv. regr. de *estirar*)

Estiracáceas *n.f.pl.* BOTÂNICA família de plantas dicotiledóneas que inclui vegetais de algumas regiões tropicais, entre os quais o estoraque (Do gr. *stýrax*, *-akos*, «estoraque», pelo lat. *styrăce-*, «id.»)

estiraçar *v.tr.* estender a todo o comprimento; estirar; esticar ■ *v.pron.* estender-se deitado (De *estiraço*+*-ar*)

estírace *n.m.* ⇒ **estoraque** (Do gr. *stýrax*, *-akos*, «estoraque», pelo lat. *styrăce-*, «id.»)

estiraço *n.m.* ⇒ **estirada** (De *estira*+*-aço*)

estirada *n.f.* 1 estirão; caminhada longa 2 DESPORTO estiramento do jogador para jogar a bola (Part. pass. fem. subst. de *estirar*)

estiradeira *n.f.* operária que estira os panos nas fábricas de tecidos (De *estirar*+*-deira*)

estirador *n.m.* prancheta ou mesa em que se assenta e estica o papel para desenhar ■ *adj.* [fig.] que estira (De *estirar*+*-dor*)

estiramento *n.m.* 1 alongamento; alargamento 2 estirão (De *estirar*+*-mento*)

estirão *n.m.* 1 ato ou efeito de estirar 2 estiramento 3 estirada; caminho longo 4 maçada (De *estira*+*-ão*)

estirar *v.tr.* 1 puxar para alongar; esticar 2 deitar no chão ao comprido 3 dilatar; alargar ■ *v.pron.* 1 espreguiçar-se 2 projetar-se 3 estender-se 4 DESPORTO (jogador) fazer uma estirada (De *es-*+*tirar*, «puxar»)

estireno /ê/ *n.m.* QUÍMICA hidrocarboneto etilénico e benzénico, líquido, incolor e aromático, que se usa em grande escala como matéria-prima no fabrico de plásticos (Do gr. *stýrax*, «estoraque» + *-eno*)

estirote *n.m.* 1 estirada 2 objeto delgado e muito comprido (De *estira*+*-ote*)

estirpe *n.f.* 1 raiz 2 [fig.] árvore genealógica; ascendência; raça; linhagem (Do lat. *stirpe-*, «família; tronco»)

estiva¹ *n.f.* 1 primeira porção de carga que se mete no navio 2 grade em que assenta a carga no fundo do porão 3 grade no pavimento das cavalariças, para esgoto das urinas 4 traves que formam o leito das pontes 5 peso ou conta dos géneros que se hão de verificar na alfândega 6 estivagem; *boa* ~ distribuição equilibrada da carga de um navio, de modo que este flutue a prumo (Deriv. regr. de *estivar*)

estiva² *n.f.* [regionalismo] campo em que se semeou trigo ou centeio e que se torna a lavrar para semear milho serôdio (Do lat. *stiva*, «esteva; rabiça do arado»)

estivação *n.f.* 1 BOTÂNICA ⇒ **preflorescência** 2 BIOLOGIA estado de inatividade, com metabolismo reduzido ou suspenso, em que entram diversas espécies animais de forma a conseguirem sobreviver quando as condições climáticas se tornam muito quentes e secas (De *estivar*+*-ção*)

estivado *adj.* 1 carregado e equilibrado (navio) 2 manifestado e despachado na alfândega 3 cheio (Part. pass. de *estivar*)

estivador *n.m.* trabalhador de um porto que faz a carga e descarga de mercadorias dos navios ■ *adj.* que estiva (De *estivar*+*-dor*)

estivagem *n.f.* trabalho de carregamento e descarregamento de mercadorias entre um barco e o porto (De *estivar*+*-agem*)

estival *adj.2g.* 1 relativo a ou próprio do estio (verão) 2 que floresce no estio 3 que aparece ou acontece no estio ■ *n.m.* entorpecimento de certos animais durante o estio (Do lat. *aestivāle-*, «do estio»)

estivar¹ *v.tr.* 1 colocar e arrumar a carga num navio 2 pesar a mercadoria de um navio 3 despachar na alfândega 4 construir estivas (sobre terrenos alagadiços) 5 [fig.] apurar (Do lat. *stipāre*, «amontoar»)

estivar² *v.intr.* 1 passar o verão 2 (animal) ficar imobilizado pela ação do calor, durante o verão (Do lat. *aestivāre*, «veranear»)

estivo *adj.* ⇒ **estival** (Do lat. *aestīvu-*, «do estio; relativo ao verão»)

esto *n.m.* 1 preia-mar 2 [fig.] calor; paixão; ímpeto (Do lat. *aestu-*, «calor ardente»)

estocada *n.f.* ferimento com estoque, florete ou ponta de espada (Part. pass. fem. subst. de *estocar*)

estocar¹ *v.tr.* ⇒ **estoquear** (De *estoque*+*-ar*)

estocar² *v.tr.* 1 [Cabo Verde] arrancar pela raiz; cortar cerce 2 [Cabo Verde] cortar ramos; podar (Do crioulo cabo-verdiano *estocar*, «tirar pelo toco»)

estocástico *adj.* diz-se dos fenómenos cujos casos particulares dependem do acaso, a respeito dos quais só é possível enunciar probabilidades; conjetural (Do gr. *stokhastikós*, «conjetural», pelo fr. *stochastique*, «id.»)

estofa /ô/ *n.f.* 1 tecido grosso, encorpado, geralmente utilizado para forrar sofás, cadeiras, etc. e para reposteiros 2 algodão, lã ou outros materiais que se utiliza para acolchoar cadeiras, sofás, etc. 3 [fig.] condição; laia; classe 4 período do movimento da maré em que esta não sobe nem desce (Do fr. ant. *estofe*, «materiais de qualquer classe», hoje *étoffe*, «pano»)

estofador *n.m.* 1 aquele que estofa 2 vendedor de móveis estofados (De *estofar*+*-dor*)

estofar *v.tr.* 1 cobrir com estofo; forrar sofás, cadeiras, etc. com tecido 2 acolchoar; chumaçar; avolumar; encher; rechear (De *estofa*+*-ar*)

estofo /ô/ *n.m.* 1 tecido grosso, encorpado, geralmente utilizado para forrar sofás, cadeiras, etc. e para reposteiros 2 algodão, lã ou outros materiais que se utiliza para acolchoar cadeiras, sofás, etc. 3 [fig.] condição; laia; qualidade 4 *pl.* mobília estofada ■ *adj.* estacionário; estagnado; *de baixo ~* reles, de má qualidade moral (De *estofa*)

estoicamente *adv.* com coragem e firmeza (De *estóico*+*-mente*)

estoicidade *n.f.* qualidade do que é estoico; firmeza de ânimo; austeridade; desprezo pelos sofrimentos (De *estóico*+*-i*+*-dade*)

estoicismo *n.m.* 1 FILOSOFIA escola filosófica fundada por Zenão de Cício (filósofo grego, 335-264 a. C.), que preconizava a indiferença à dor e a firmeza de ânimo, para opor aos males e agruras da vida 2 [fig.] austeridade na virtude (De *estóico*+*-ismo*)

estoico *adj.* 1 relativo ao estoicismo 2 da escola do Pórtico (Atenas) 3 [fig.] austero; impassível; insensível; imperturbável ■ *n.m.* 1 discípulo de Zenão de Cício, filósofo grego (335-264 a. C.) 2 partidário do estoicismo (Do gr. *stoikós*, «estoico», pelo lat. *stoïcu-*, «id.»)

estóico ver nova grafia estoico

estoirada *n.f.* ⇒ **estourada**

estoiradinho *n.m.* ⇒ **estouradinho**

estoirado *adj.*,*n.m.* ⇒ **estourado**

estoirar *v.tr.*,*intr.*,*pron.* ⇒ **estourar**

estoira-vergas *n.2g.2n.* ⇒ **estoura-vergas**

estoiraz *adj.2g.* ⇒ **estouraz**

estoirinhar *v.intr.* [pop.] ⇒ **estourinhar**

estoiro *n.m.* ⇒ **estouro**

estojar *v.tr.* guardar em estojo (De *estojo*+*-ar*, ou do prov. ant. *estujar*, do lat. *studiāre*, por *studēre*, «ter cuidado em»)

estojaria *n.f.* oficina ou loja de estojos (De *estojo*+*-aria*)

estojeiro *n.m.* fabricante de estojos (De *estojo*+*-eiro*)

estojo /ô/ *n.m.* 1 pequena caixa ou bolsa de pele, plástico ou outros materiais, geralmente com divisões apropriadas aos objetos a que se destina 2 bainha de couro ou madeira, para guardar certos objetos 3 [gír., pej.] mulher feia e de mau porte (Do prov. ant. *estug*, «estojo»)

estola *n.f.* 1 paramento em forma de tira larga que o sacerdote traz em volta do pescoço 2 acessório do vestuário feminino, geralmente de peles, que é utilizado à volta do pescoço ou sobre os ombros (Do gr. *stolé*, «vestuário», pelo lat. *stola-*, «estola; vestido comprido»)

estolão *n.m.* estola grande (De *estola*+*-ão*)

estolho /ô/ *n.m.* rebento dos caules rastejantes (Do lat. cl. *stolo*, «rebento», pelo lat. vulg. *stolĭu-*, «id.»)

estolhoso /ô/ *adj.* que tem ou deita estolhos (De *estolho*+*-oso*)

estolidez /ê/ *n.f.* qualidade de estólido; parvoíce; estupidez (De *estólido*+*-ez*)

estólido *adj.* tolo; néscio; estúpido; disparatado (Do lat. *stolĭdu-*, «tolo; parvo; insensato»)

estoma /ô/ *n.m.* 1 BOTÂNICA aparelho especial, com orifício (ostíolo), que existe na epiderme de alguns órgãos verdes dos vegetais e que regula as trocas gasosas entre a planta e o meio externo, também denominado estómato 2 boca (Do gr. *stóma, -atos*, «boca»)

estomacal *adj.2g.* 1 do estômago ou a ele referente; estomáquico 2 que faz bem ao estômago; digestivo (Do lat. *stomăchu-*, «estômago»+*-al*)

estomagar *v.tr.* ofender; irritar; agastar; melindrar ■ *v.pron.* zangar-se; melindrar-se (Do lat. cl. *stomachāri*, «estar de mau humor», pelo lat. vulg. *stomachāre*, «irritar-se»)

estômago *n.m.* 1 ANATOMIA órgão do tubo digestivo, situado entre o esófago e o duodeno, onde se dá a passagem do bolo alimentar a quimo 2 ANATOMIA região da parede do corpo que corresponde à posição da víscera deste mesmo nome 3 [fig.] sangue-frio; coragem; peito 4 [fig.] apetite; disposição de ânimo; paciência; *dar volta ao ~* perturbar violentamente a digestão, fazendo aparecer a vontade de vomitar; *forrar o ~* comer qualquer coisa leve para tirar a fome; *ter um buraco no ~* sentir muita fome (Do gr. *stomăchu-*, «estômago»)

estomáquico *adj.* 1 ⇒ **estomacal** 1 2 FARMÁCIA diz-se do medicamento que favorece a digestão gástrica, como é o caso dos amargos, dos ácidos, dos fermentos digestivos, etc. (Do lat. *stomachīcu-*, «o que sofre do estômago»)

estomático *adj.* FARMÁCIA diz-se do medicamento que se aplica contra as doenças da boca (Do gr. *stomatikós*, «da boca»)

estomatite *n.f.* MEDICINA inflamação na mucosa bucal (Do gr. *stóma, -atos*, «boca»+*-ite*)

estómato *n.m.* 1 BOTÂNICA ⇒ **estoma** 1 2 ZOOLOGIA orifício intercelular no organismo animal (Do gr. *stóma, -atos*, «boca»)

estomatologia *n.f.* MEDICINA parte da medicina que trata das doenças da boca (Do gr. *stóma, -atos*, «boca»+*lógos*, «estudo»+*-ia*)

estomatologista *n.2g.* especialista em estomatologia (De *estomatologia*+*-ista*)

estomatópode *adj.2g.* 1 ZOOLOGIA que tem as patas ou as barbatanas junto da boca 2 ZOOLOGIA relativo ou pertencente aos estomatópodes ■ *n.m.pl.* ZOOLOGIA grupo de crustáceos superiores cuja couraça não cobre a parte posterior do tórax, e que têm abdómen muito desenvolvido (Do gr. *stóma, -atos*, «boca»+*pous, podós*, «pé, pata»)

estomatoscópio *n.m.* instrumento que serve para manter a boca aberta durante uma operação ou exame (Do gr. *stóma, -atos*, «boca»+*skopeīn*, «observar», pelo fr. *stomatoscope*, «estomatoscópio»)

estomentar *v.tr.* 1 tirar os tomentos a (linho); espadelar 2 [fig.] limpar; depurar (De *es-*+*tomento*+*-ar*)

estomoterapeuta *n.2g.* pessoa especializada em estomatologia; estomatologista (De *estom(at)o-*+*terapeuta*)

estonador *n.m.* instrumento para estonar (De *estonar*+*-dor*)

estonadura *n.f.* ⇒ **estonamento** (De *estonar*+*-dura*)

estonamento *n.m.* ato de estonar (De *estonar*+*-mento*)

estonar *v.tr.* 1 tirar a tona a; descascar 2 tirar a pele a; pelar 3 queimar; chamuscar 4 [regionalismo] tosquiar 5 [regionalismo] tirar as espigas de (milhal) 6 [fig.] depurar; civilizar; educar (De *es-*+*tona*+*-ar*)

estónico *adj.* da Estónia ■ *n.m.* língua da Estónia (De *Estónia*, top.+*-ico*)

estónio *adj.* da Estónia ■ *n.m.* natural ou habitante da Estónia (De *Estónia*, top.)

estontar *v.tr.* tornar tonto; estontear (De *es-*+*tonto*+*-ar*)

estonteador *adj.* que estonteia; estonteante (De *estontear*+*-dor*)

estonteamento *n.m.* 1 ato ou efeito de estontear 2 perturbação dos sentidos ou da razão; aturdimento; vertigem; desorientação (De *estontear*+*-mento*)

estonteante *adj.2g.* 1 que estonteia, atordoa, desorienta; perturbador; vertiginoso; estonteador 2 deslumbrante (De *estontear*+*-ante*)

estontear *v.tr.* 1 causar estonteamento a 2 perturbar; atordoar; desorientar 3 deslumbrar (De *es-*+*tonto*+*-ear*)

estontecer *v.tr.*,*intr.*,*pron.* ⇒ **entontecer** (De *es-*+*tonto*+*-ecer*)

estopa /ô/ *n.f.* 1 parte grossa que fica do linho quando é assedado 2 cairo do coco ou de outros vegetais filamentosos; *não meter prego nem ~* não tomar parte num ato ou numa discussão, não emitir opinião, não ter nada a ver com o assunto (Do gr. *stýppe*, «filaça de linho», pelo lat. *stuppa-*, «estopa»)

estopada *n.f.* 1 porção de estopa 2 estopa de chumaçar 3 [fig.] maçada 4 [fig.] impertinência (Part. pass. fem. subst. de *estopar*)

estopante *adj.2g.* 1 que produz estopada 2 [fig.] maçador 3 [fig.] impertinente (De *estopar*+*-ante*)

estopão *n.m.* rolha grande (De *estopa*+*-ão*)

estopar[1] *v.tr.* 1 encher ou chumaçar com estopa 2 [fig.] maçar; enfadar

estopar[2] *adj.2g.* diz-se de um prego curto e de cabeça grande (De *estopa*+*-ar*)

estopeiro *n.m.* [Brasil] instrumento para molhar ou apagar o carvão na forja

estopento *adj.* semelhante à estopa (De *estopa*+*-ento*)

estopetar *v.tr.* desmanchar o topete de; despentear; desgrenhar (De *es-*+*topete*+*-ar*)

estopim *n.m.* fios embebidos em substância que lhes permita arder sem se apagarem (De *estopa*+*-im*)

estopinha *n.f.* parte mais fina do linho antes de fiado; *suar as estopinhas* fazer um grande esforço (De *estopa*+*-inha*)

estoposo *adj.* diz-se do casco dos solípedes quando se apresenta volumoso e em desproporção com o resto do corpo (De *estopa*+*-oso*)

estoque[1] *n.m.* punhal direito e comprido (Do fr. ant. *estoc*, «ponta de uma espada»)

estoque[2] *n.m.* grande porção de mercadoria armazenada; fornecimento; abastecimento (Do ing. *stock*, «id.»)

estoqueadura *n.f.* ferimento com estoque; estocada (De *estoquear*+-*dura*)

estoquear *v.tr.* ferir com estoque ■ *v.intr.* vibrar o estoque (De *estoque*+-*ear*)

estoraque *n.m.* **1** BOTÂNICA arbusto, da família das Estiracáceas, que produz uma resina odorífera designada por este mesmo nome **2** nome comum de alguns outros arbustos ou árvores e das suas resinas, especialmente do Brasil **3** [regionalismo] estroina (Do gr. *stýrax, -akos*, «estoraque», pelo lat. *storăce-*, «id.»)

estorcegadela *n.f.* ato ou efeito de estorcegar; entorse (De *estorcegar*+-*dela*)

estorcegadura *n.f.* ⇒ **estorcegadela** (De *estorcegar*+-*dura*)

estorcegão *n.m.* **1** beliscão forte dado a estorcer **2** estorcegadela (De *estorcegar*+-*ão*)

estorcegar *v.tr.* torcer com força e rapidamente; beliscar, torcendo (De *estorce*+-*egar*)

estorcer *v.tr.* **1** torcer com força **2** contorcer ■ *v.intr.* mudar de rumo ■ *v.pron.* contorcer-se (Do lat. cl. *extorquēre*, pelo lat. vulg. **extorcēre*, «desconjuntar»)

estorcimento *n.m.* **1** ato de estorcer **2** contorção (De *estorcer*+-*i-*+-*mento*)

estorço /ô/ *n.m.* posição violenta ou contrafeita (Deriv. regr. de *estorcer*)

estore *n.m.* cortina lisa com um mecanismo apropriado para subir e descer (Do lat. *storĕa-*, «esteira de junco ou de corda», pelo fr. *store*, «estore»)

estorga *n.f.* BOTÂNICA ⇒ **urze 1** (De *es*-+*torga*)

estória *n.f.* história de carácter ficcional ou popular; conto; narração curta (De *história*, ou do ing. *story*, «id»)

estornado *adj.* diz-se do lançamento errado a que já se fez o devido estorno (Part. pass. de *estornar*)

estornar *v.tr.* **1** ECONOMIA (contabilidade) lançar em crédito ou débito quantia igual à indevidamente lançada em débito ou crédito, respetivamente **3** distratar um seguro marítimo (Do it. *stornare*, «id.»)

estornicar *v.intr.* [regionalismo] sair (um líquido) em pequenos jatos

estorninho *n.m.* ORNITOLOGIA pássaro da família dos Esturnídeos, de plumagem negra, lustrosa e com reflexos esverdeados, frequente em Portugal e também conhecidos por corta-ventos, tordinho, tornilho, tordo-preto, etc. (Do lat. **sturnīnu-*, «da cor do estorninho», de *sturnu-*, «estorninho»)

estorno¹ /ô/ *n.m.* **1** ECONOMIA (contabilidade) retificação que contrabalança o efeito de um lançamento contabilístico errado **2** ECONOMIA (contabilidade) verba que se estornou **3** rescisão de contrato de seguro marítimo (Do it. *storno*, «id.»)

estorno² /ô/ *n.m.* BOTÂNICA planta gramínea muito vulgar nos terrenos arenosos junto das praias portuguesas (De orig. obsc.)

estorricar *v.tr.,intr.* torrar ou deixar secar de mais ■ *v.pron.* torrar-se (De *es*-+*torrar*+-*icar*)

estorroar *v.tr.* ⇒ **esterroar** (De *es*-+*torrão*+-*ar*)

estortegada *n.f.* ⇒ **estortegadura** (Part. pass. fem. subst. de *estortegar*)

estortegadela *n.f.* ⇒ **estortegadura** (De *estortegar*+-*dela*)

estortegadura *n.f.* estorcegão; torcedura (De *estortegar*+-*dura*)

estortegar *v.tr.* torcer; estorcegar (Do lat. **extorticāre*, de *extortu-*, «torcido», part. pass. de *extorquēre*, «desarticular»)

estorturar-se *v.pron.* **1** sentir tortura **2** contorcer-se com sofrimento (De *es*-+*tortura*+-*ar*)

estorva *n.f.* **1** ato de estorvar **2** cada uma das costuras do navio, de alto a baixo (Deriv. regr. de *estorvar*)

estorvador *adj.,n.m.* que, aquele ou aquilo que estorva (De *estorvar*+-*dor*)

estorvamento *n.m.* ato ou efeito de estorvar; estorvo (De *estorvar*+-*mento*)

estorvar *v.tr.* causar estorvo a; embaraçar; impedir; dificultar (Do lat. *exturbāre*, «perturbar»)

estorvilho *n.m.* **1** pequeno obstáculo **2** empecilho (De *estorvo*+-*ilho*)

estorvo /ô/ *n.m.* **1** ato e efeito de estorvar; tudo o que não deixa avançar, dizer, obrar, etc.; impedimento; obstáculo; embaraço; dificuldade; oposição **2** NÁUTICA pedaço de corda com que se ligam os remos aos toletes (Deriv. regr. de *estorvar*)

estou-fraca *n.f.* ORNITOLOGIA ⇒ **pintada** (De orig. onom.)

estourada *n.f.* **1** ruído de estouros **2** pancada (Part. pass. fem. subst. de *estourar*)

estouradinho *n.m.* **1** janota **2** paparrotão (De *estourado*+-*inho*)

estourado *adj.* **1** que estourou; que rebentou **2** cansado; estafado **3** estroina ■ *n.m.* indivíduo turbulento (Part. pass. de *estourar*)

estourar *v.tr.,intr.* **1** (fazer) rebentar com estrondo **2** explodir; rebentar ■ *v.tr.* **1** matar com arma de fogo **2** [coloq.] gastar mal gasto; dissipar ■ *v.intr.* **1** saber-se de repente e causando grande impacto; dar estouro **2** [coloq.] perder a cabeça; descontrolar-se ■ *v.pron.* **1** cansar-se; esgotar-se **2** arruinar-se (De orig. obsc.)

estoura-vergas *n.2g.2n.* indivíduo rixoso; valdevinos; doidivanas (De *estourar*+*verga*)

estouraz *adj.2g.* que dá estouro; estrepitoso (De *estoura*+-*az*)

estourinhar *v.intr.* [pop.] saltar como o touro (De *es*-+*touro*+-*inhar*)

estouro *n.m.* **1** ruído de coisa que estoura; estampido; fragor **2** detonação; explosão **3** [pop.] bofetão (Deriv. regr. de *estourar*)

estoutro /ê/ *det.,pron.dem.* designa uma dentre duas pessoas ou coisas próximas da pessoa que fala (*queria este livro e estoutro também*) (De *este*+*outro*)

estouvadamente *adv.* de modo estouvado; desordenadamente; atabalhoadamente; desatinadamente (De *estouvado*+-*mente*)

estouvadice *n.f.* qualidade de estouvado (De *estouvado*+-*ice*)

estouvado *adj.* que procede sem cuidado e precipitadamente; doidivanas; estavanado; travesso; folgazão (De *estavanado*, de *es*-+*tavão*+-*ado*)

estouvamento *n.m.* **1** estouvadice; leviandade **2** travessura (De **estouvar*+-*mento*)

estouvanado *adj.* ⇒ **estavanado** (De *estavanado*, de *es*-+*tavão*+-*ado*)

estrabada *n.f.* jato de estrabo (De *estrabo*+-*ada*)

estrabão *adj.,n.m.* ⇒ **estrábico** (Do gr. *strábon*, «vesgo», pelo lat. *strabōne-*, «estrábico»)

estrabar *v.intr.* defecar (um animal) (De *estrabo*+-*ar*)

estrábico *adj.* **1** do estrabismo **2** relativo a estrabismo **3** que sofre de estrabismo; vesgo ■ *n.m.* indivíduo que sofre de estrabismo (Do lat. **strabĭcu-*, «estrábico»)

estrabismo *n.m.* MEDICINA defeito do mecanismo da visão que não permite dirigir simultaneamente para o mesmo ponto os eixos óticos oculares do mesmo indivíduo; heterotropia (Do gr. *strabismós*, «ato de vesgo»)

estrabo *n.m.* excremento animal (Do lat. *stabŭlu-*, «estábulo»)

estrabómetro *n.m.* MEDICINA instrumento que serve para medir o grau de estrabismo (Do gr. *strabós*, «vesgo» +*métron*, «medida»)

estrabotomia *n.f.* CIRURGIA corte de um ou mais músculos do olho para corrigir o estrabismo (Do gr. *strabós*, «vesgo» +*tomé*, «corte» +-*ia*)

estraçalhamento *n.m.* ato ou efeito de estraçalhar (De *estraçalhar*+-*mento*)

estraçalhar *v.tr.* **1** cortar em pedacinhos; retalhar; esmigalhar **2** despedaçar com fúria (De *es*-+*traçar*+-*alhar*)

estracinhar *v.tr.* ⇒ **estraçalhar**

estraçoar *v.tr.* ⇒ **estraçalhar**

estrada *n.f.* **1** via de comunicação terrestre especialmente destinada ao trânsito de veículos automóveis **2** [fig.] meio **3** [fig.] norma; rotina; ~ *de ferro* [Brasil] caminho de ferro; *Estrada de Santiago* ASTRONOMIA Via Láctea (Do lat. *strata-*, «estrada pública»)

estradado *adj.* **1** coberto com estrado **2** soalhado (Part. pass. de *estradar*)

estradal *adj.2g.* que diz respeito a estrada (De *estrada*+-*al*)

estradar *v.tr.* **1** abrir estrada em **2** [fig.] encaminhar **3** cobrir com estrado **4** soalhar **5** alcatifar (De *estrada* ou *estrado*+-*ar*)

estradeiro *adj.* **1** que anda a passo de estrada; bom andador; andarilho **2** [fig.] velhaco (De *estrada*+-*eiro*)

estradiol *n.m.* FISIOLOGIA hormona segregada pelos folículos ováricos, administrada em caso de amenorreia, esterilidade e perturbações da menopausa, sendo a placenta a sua fonte essencial durante a gravidez

estradiota *n.f.* arte de montar, firmando-se o cavaleiro nos estribos e estendendo as pernas ■ *n.m.* **1** cavaleiro do Levante que outrora exercia a sua atividade como batedor de estrada **2** HISTÓRIA soldado de cavalaria ligeira às ordens de Carlos VIII de França (1483-1498), na expedição a Nápoles (Do gr. *stratiótes*, «soldado», pelo it. ant. *stradiotto*, «estradiota»)

estradista *n.2g.* ⇒ **ciclista** (De *estrada*+-*ista*)

estradivário *n.m.* violino feito pelo célebre fabricante italiano A. Stradivari (1644-1737) (De *Stradivarius*, forma alatinada de *Stradivari*)

estrado *n.m.* **1** sobrado um tanto acima do chão ou de outro pavimento **2** estrutura plana junto ao altar onde o sacerdote põe os pés enquanto celebra a missa; supedâneo **3** palanque **4** parte da cama sobre a qual assenta o colchão (Do lat. *strātu-*, «tapete»)

estrafalário *adj.* desajeitado; ridículo (Do it. dial. *strafalario*, «pessoa desprezível»)

estrafega *n.f.* ato de estrafegar (Deriv. regr. de *estrafegar*)

estrafegar *v.tr.* **1** fazer em pedaços; amarfanhar **2** esganar; sufocar **3** desperdiçar; gastar mal **4** [pop.] passar um líquido de um recipiente para outro; trasfegar **5** afogar **6** lutar braço a braço com (De *es-+trasfegar*)

estrafego /ê/ *n.m.* ⇒ **estrafega**

estraga-albardas *n.2g.2n.* pessoa estouvada, extravagante, dissipadora (De *estragar+albarda*)

estragação *n.f.* **1** ato ou efeito de estragar; estrago **2** dissipação (De *estragar+-ção*)

estragadão *n.m.* **1** aquele que estraga muito **2** dissipador **3** que rompe muito o seu vestuário (De *estragado+-ão*)

estragado *adj.* **1** deteriorado pelo uso ou desastre; gasto **2** danificado; inutilizado; arruinado **3** abalado de saúde; debilitado **4** corrupto; pervertido **5** insuportável pelos caprichos decorrentes de má educação; mimado ■ *n.m.* dissipador (Part. pass. de *estragar*)

estragador *adj.,n.m.* **1** que ou aquele que estraga **2** estragado (De *estragar+-dor*)

estragão *n.m.* BOTÂNICA planta herbácea da família das Compostas, aromática, com gosto subtil, muito usada em culinária em molhos, estufados e grelhados (Do gr. *drákon*, «dragão», pelo ár. *tarkhon* e pelo fr. *estragon*, «estragão»)

estragar *v.tr.* **1** fazer perder as qualidades; deteriorar **2** causar estrago em; danificar **3** corromper; perverter **4** destruir; devastar **5** prejudicar (a saúde); debilitar **6** dissipar (bens, fortuna); esbanjar **7** [coloq.] mimar demasiado ■ *v.pron.* **1** perder as qualidades; deteriorar-se **2** ficar em mau estado; danificar-se **3** corromper-se; perverter-se (Do lat. vulg. **stragāre*, «devastar»)

estrago *n.m.* **1** ato ou efeito de estragar ou estragar-se; dano; deterioração; ruína **2** desperdício **3** dissipação **4** perda da beleza, da frescura; definhamento (Deriv. regr. de *estragar*)

estrágulo *n.m.* tapeçaria, reposteiro, etc., usado para cobrir algo ou para pendurar; colgadura; alcatifa (Do lat. *stragŭlu-*, «tapete»)

estralada *n.f.* **1** ato ou efeito de estralar **2** grande bulha **3** estalaria (Part. pass. fem. subst. de *estralar*)

estralar *v.tr.,intr.* ⇒ **estalejar**

estralejar *v.tr.,intr.* ⇒ **estalejar** (De *estalejar*)

estralheira *n.f.* NÁUTICA aparelho de roldanas para suspender, a bordo, lanchas, âncoras, etc. (De *estralho+-eira*)

estralho *n.m.* **1** [regionalismo] fio de torçal, linho ou cânhamo, usado pelos pescadores **2** mato e resto de palha que se curte para estrume (Do it. *straglio*, «estai»?)

estrambalhar *v.tr.* [regionalismo] ⇒ **estrambelhar**

estrambelhar *v.tr.* **1** [regionalismo] desorganizar; descompor **2** [regionalismo] esfarrapar (De *es-+trambelho+-ar*)

estrambelho /ê/ *n.m.* costal da meada (De *es-+trambelho*)

estrambólico *adj.* **1** extravagante; esquisito **2** ridículo

estrambote *n.m.* LITERATURA versos suplementares que se juntam ao soneto completo (Do prov. ant. *estribot*, «composição satírica»)

estrambótico *adj.* extravagante; esquisito; ridículo (De *estrambote+-ico*)

estramento *n.m.* **1** tudo o que pertence a uma cama **2** cama para o gado, nos currais (Do lat. *stramentu-*, «cama de palha para animais»)

estramonina *n.f.* princípio ativo e venenoso que se extrai do estramónio (De *estramónio+-ina*)

estramónio *n.m.* BOTÂNICA planta herbácea, medicinal, da família das Solanáceas, espontânea em quase todo o País, também conhecida por figueira-do-diabo e erva-dos-feitiços (Do lat. med. *stramonĭu-*, «id.»)

estramontado *adj.* que anda a monte; que perdeu o rumo; desorientado (De *es-+trasmontar*)

estrampalhar *v.tr.* [pop.] ⇒ **estrambelhar**

estrançar *v.tr.* ⇒ **estraçalhar** (De *es-+trança+-ar*)

estrancilhar *v.tr.* ⇒ **estraçalhar** (De *es-+trança+-ilhar*)

estrancinhar *v.tr.* ⇒ **estraçalhar** (De *es-+trança+-inhar*)

estrangalhar *v.tr.* escangalhar; despedaçar (De *estragar* × *esfrangalhar*)

estrangeirada *n.f.* **1** magote de estrangeiros **2** os estrangeiros (De *estrangeiro+-ada*)

estrangeirado *adj.* **1** que imita ou faz lembrar um estrangeiro **2** que dá preferência a tudo o que é estrangeiro ■ *n.m.pl.* HISTÓRIA portugueses que, nos séculos XVIII e XIX, em consequência de prolongadas estadias no estrangeiro, sobrevalorizavam tudo o que procedesse de outros países, menosprezando o que era nacional ou se apoiasse na tradição, tornando-se assim veículos do iluminismo e das ideias liberais que vieram a entrar em Portugal (Part. pass. de *estrangeirar*)

estrangeirar *v.tr.* **1** dar forma estrangeira a **2** desnacionalizar por imitação do estrangeiro (De *estrangeiro+-ar*)

estrangeirice *n.f.* **1** coisa dita ou feita ao gosto estrangeiro **2** [pop.] partida; travessura (De *estrangeiro+-ice*)

estrangeirinha *n.f.* artimanha para lograr; falcatrua; velhacaria (De *estrangeiro+-inha*)

estrangeirismo *n.m.* **1** palavra, expressão ou construção de uma língua estrangeira usada ou integrada numa língua nacional; barbarismo; peregrinismo **2** influência de um determinado país sobre outro (De *estrangeiro+-ismo*)

estrangeirista *n.2g.* pessoa que emprega estrangeirismos (De *estrangeiro+-ista*)

estrangeiro *n.m.* **1** pessoa natural de um país diferente daquele onde se encontra **2** conjunto dos países diferentes daquele onde se nasceu ■ *adj.* **1** que é natural de um país diferente daquele onde se encontra **2** que não pertence ou que se considera não pertencente a uma região, um grupo, etc.; estranho (Do lat. **extraneārĭu-*, pelo fr. ant. *estrangier*, hoje *étranger*, «id.»)

estrangulação *n.f.* **1** ato ou efeito de estrangular; estrangulamento **2** constrição do pescoço **3** morte por asfixia; sufocação **4** estreitamento de qualquer coisa; aperto **5** MEDICINA constrição de um órgão com interrupção da circulação sanguínea (Do lat. *strangulatiōne-*, «id.»)

estrangulado *adj.* **1** que sofreu estrangulamento; esganado **2** impedido de respirar; sufocado **3** MEDICINA diz-se de uma parte do organismo cuja circulação foi interrompida por compressão dos vasos sanguíneos **4** diz-se da via de acesso onde a circulação é difícil devido ao afluxo de trânsito; congestionado **5** [fig.] que se manifesta com dificuldade devido à emoção **6** [fig.] impedido de se exprimir; reprimido (Part. pass. de *estrangular*)

estrangulador *adj.,n.m.* que ou aquele que estrangula (Do lat. *strangulatōre-*, «id.»)

estrangulamento *n.m.* ⇒ **estrangulação** (De *estrangular+-mento*)

estrangular *v.tr.* **1** apertar o pescoço a alguém, provocando a supressão brusca da respiração; esganar; enforcar **2** apertar demasiadamente; abafar **3** [fig.] reprimir; conter **4** MEDICINA impedir a circulação sanguínea entre partes de corpo, por meio de pressão ou ligaduras ■ *v.pron.* **1** causar a própria morte por estrangulação; enforcar-se **2** tornar-se muito estreito; encolher-se (Do lat. *strangulāre-*, «id.»)

estrangúria *n.f.* MEDICINA aperto da uretra; dificuldade de urinar, com tenesmo vesical (Do gr. *straggouría*, «urina às gotas», pelo lat. *strangurĭa-*, «retenção da urina»)

estranhamente *adv.* **1** de modo estranho **2** inesperadamente (De *estranho+-mente*)

estranhamento *n.m.* ato de estranhar; admiração; espanto; estranheza (De *estranhar+-mento*)

estranhão *adj.,n.m.* que ou o que não se familiariza facilmente; esquivo; arisco; bisonho; arredio (De *estranho+-ão*)

estranhar *v.tr.* **1** achar estranho; não achar natural **2** sentir surpresa e admiração **3** ter uma sensação de pouco à-vontade **4** exprobrar; censurar **5** fugir de; esquivar-se **6** diferençar; separar; distinguir ■ *v.intr.* achar-se em ambiente estranho; ficar desadaptado (De *estranho+-ar*)

estranhável *adj.2g.* **1** que é para estranhar **2** censurável **3** admirável (De *estranhar+-vel*)

estranheza /ê/ *n.f.* **1** qualidade do que é estranho **2** pasmo; espanto; admiração; surpresa **3** desconfiança **4** esquivança (De *estranho+-eza*)

estranho *adj.* **1** não habitual; desconhecido **2** esquisito; anormal **3** desusado **4** espantoso; extraordinário **5** que é de fora; estrangeiro ■ *n.m.* pessoa desconhecida; estrangeiro (Do lat. *extranĕu-*, «id.»)

estranja *n.f.* [coloq.] os países estrangeiros ■ *adj.,n.2g.* [coloq.] que ou pessoa que é estrangeira (Deriv. regr. de *estrangeiro*)

estransir *v.tr.* ⇒ **transir** (De *es-+transir*)

estrapada *n.f.* antigo suplício em que as mãos do punido eram amarradas nas costas e ligadas a uma corda presa a um aparelho que o suspendia e o soltava com violência, ficando suspenso pelos braços (Do gót. *strappan*, «esticar», pelo it. *strappata*, «estrapada»)

estrapassado adj. [Cabo Verde] muito passado; demasiado maduro (Do crioulo cabo-verdiano *estrapassado*, «passado por dentro»)

estrar v.tr. **1** deitar uma camada de palha ou mato seco sobre o estrume, nos currais do gado **2** estender pelo chão; juncar (Do lat. vulg. **strare*, de *stratu-*, «estendido», part. pass. de *sternĕre*, «estender; espalhar»)

estrasburguês adj. relativo ou pertencente a Estrasburgo, cidade francesa, ou que é seu natural ou habitante ■ n.m. natural ou habitante de Estrasburgo (De *Estrasburgo*, top. +*-ês*)

estratagema n.m. **1** ardil empregado na guerra para iludir o inimigo **2** meio astucioso utilizado para atingir um fim; subterfúgio (Do gr. *stratégema*, «manobra do exército», pelo lat. *stratēgēma-*, «estratagema; ardil»)

estratega n.2g. ⇒ **estrategista**

estratégia n.f. **1** MILITAR ciência que, tendo em vista a guerra, visa a criação, o desenvolvimento e a utilização adequada dos meios de coação política, económica, psicológica e militar à disposição do poder político para se atingirem os objetivos por este fixados **2** conjunto dos meios e planos para atingir um fim **3** estratagema (Do gr. *strategía*, «comando do exército», pelo lat. *strategĭa-*, «prefeitura militar»)

estrategicamente adv. **1** com estratégia **2** ardilosamente (De *estratégico*+*-mente*)

estratégico adj. **1** relativo à estratégia **2** ardiloso; hábil (Do gr. *strategikós*, «relativo a general»)

estrategista n.2g. pessoa que sabe de estratégia; estratego (De *estratégia*+*-ista*)

estratego n.m. ⇒ **estrategista** (Do gr. *strategós*, «chefe de exército», pelo lat. *stratēgu-*, «general»)

estrati-[1] elemento de formação de palavras que exprime a ideia de *exército* (Do gr. *stratós*, «exército»)

estrati-[2] elemento de formação de palavras que exprime a ideia de *estrato, camada* (Do latim *stratu-*, «camada, estrato»)

estratificação n.f. **1** ato ou efeito de estratificar **2** disposição de uma ou diversas substâncias em estratos ou camadas sobrepostas **3** GEOLOGIA disposição estrutural, típica, das rochas sedimentares em estratos ou camadas **4** HISTOLOGIA distribuição das células epiteliais em várias assentadas sobrepostas, formando tecido estratificado; **~ social** disposição hierárquica dos elementos de uma sociedade em castas, classes, etc., diferentes (De *estratificar*+*-ção*)

estratificado adj. disposto em estratos ou por camadas (Part. pass. de *estratificar*)

estratificar v.tr. dispor em camadas sobrepostas (Do lat. *stratu-*, «camada» +*ficăre*, por *facĕre*, «fazer» +*-ar*)

estratiforme adj.2g. disposto em camadas sucessivas e paralelas (De *estrati-*+*-forme*)

estratigrafia n.f. GEOLOGIA ramo da geologia que estuda a determinação da ordem real da sucessão das rochas que afloram à superfície dos continentes (De *estrati-*+*grafia*)

estratigráfico adj. pertencente ou relativo à estratigrafia (De *estratigrafia*+*-ico*)

estratígrafo n.m. GEOLOGIA aquele que é versado em estratigrafia (De *estrati-*+*-grafo*)

estrato n.m. **1** camada ou faixa **2** GEOLOGIA cada uma das camadas dos terrenos sedimentares **3** pl. METEOROLOGIA nuvens da 3.ª família, 7.º género (St), dispostas em camadas horizontais, uniformes e sobrepostas, a altitudes entre 1000 e 2000 m; **altos estratos** nuvens da 2.ª família, 4.º género (As), a 6000 m de altitude, nas quais se produzem os halos solares e lunares (Do lat. *stratu-*, «camada»)

estrato- ⇒ **estrati-**[1,2] (Do grego *stratós*, «exército»)

estratocracia n.f. governo militar; militarismo (Do gr. *stratós*, «exército» +*kratéin*, «governar» +*-ia*)

estrato-cúmulo n.m. METEOROLOGIA zona de nuvens da 3.ª família, 6.º género (Sc), que parecem farrapos e bolas, com espessura fraca, a 2000 m de altitude (De *estrato*+*cúmulo*)

estratografia n.f. **1** descrição do exército e de tudo o que lhe diz respeito **2** ⇒ **estratigrafia** (De *estrato-*+*grafia*)

estratopausa n.f. GEOGRAFIA camada da atmosfera em que a temperatura é de 0 °C, entre a estratosfera e a mesosfera, a 50 km de altitude, e que é a transição entre estas duas camadas (De *estrato*+*pausa*)

estratosfera n.f. GEOGRAFIA zona da atmosfera que começa, aproximadamente, a 13 quilómetros acima da superfície da Terra, e onde a temperatura é sensivelmente constante nas suas camadas inferiores, mas aumenta com a altitude até atingir um máximo de 0 °C entre 50 e 60 km (Do lat. *stratu-*, «camada» +*sphaera-*, «esfera»)

estratosférico adj. GEOGRAFIA relativo ou pertencente à estratosfera (De *estratosfera*+*-ico*)

estravar v.intr. ⇒ **estrabar** (De *estrabar*)

estravo n.m. ⇒ **estrabo** (De *estrabo*)

estreante adj.,n.2g. que ou a pessoa que estreia ou se estreia (De *estrear*+*-ante*)

estrear v.tr. **1** usar pela primeira vez (roupa, calçado, etc.); inaugurar **2** exibir (filme, peça) pela primeira vez **3** começar; dar início a ■ v.intr. (filme, peça) ser exibido pela primeira vez ■ v.pron. **1** fazer algo pela primeira vez **2** apresentar-se em público pela primeira vez (De *estreia*+*-ar*)

estrebaria n.f. **1** lugar onde se recolhem cavalos e arreios; cavalariça **2** dito ou ato próprio de arrieiro (De *estrabo*, do lat. *stabŭlu-* «estábulo» +*-aria*)

estrebordar v.tr.,intr. ⇒ **transbordar**[1] (De *es-*+*trasbordar*)

estrebuchamento n.m. ato ou efeito de estrebuchar; convulsão (De *estrebuchar*+*-mento*)

estrebuchar v.intr. **1** agitar a cabeça, os braços e as pernas convulsivamente **2** debater-se (De orig. obsc.)

estrefega n.f. **1** [pop.] ato de estrefegar **2** [pop.] ⇒ **trasfego** (Deriv. regr. de *estrefegar*)

estrefegar v.tr. **1** [pop.] escorraçar **2** [pop.] estrangular (De *es-*+*trasfegar*)

estreia n.f. **1** ato ou efeito de estrear **2** primeiro uso que se faz de uma coisa **3** primeiro trabalho de um autor ou ator **4** primeira exibição de peça ou filme **5** primeira venda (Do lat. *strena-*, «presente de Ano Novo; bom presságio; bom começo»)

estreitador adj.,n.m. que ou aquele que estreita (De *estreitar*+*-dor*)

estreitamente adv. **1** com estreiteza **2** escassamente **3** intimamente (De *estreito*+*-mente*)

estreitamento n.m. **1** ato ou efeito de estreitar ou estreitar-se **2** aperto (De *estreitar*+*-mento*)

estreitar v.tr.,intr.,pron. **1** tornar(-se) mais estreito; reduzir(-se) em largura **2** tornar(-se) (a relação) mais próxima **3** tornar(-se) mais rigoroso ■ v.tr. **1** reduzir; diminuir **2** abraçar (De *estreito*+*-ar*)

estreiteza /ê/ n.f. **1** qualidade de estreito; pouco espaço; aperto **2** [fig.] escassez; penúria **3** intimidade; proximidade **4** [depr.] pequenez de espírito; falta de visão (De *estreito*+*-eza*)

estreito adj. **1** que tem pouca largura; apertado; justo; delgado **2** [fig.] escasso **3** conciso **4** [pej.] mesquinho **5** [pej.] com falta de visão; tacanho ■ n.m. **1** canal natural que liga dois mares ou duas partes do mesmo mar **2** desfiladeiro **3** [fig.] conjuntura perigosa (Do lat. *strictu-*, «id.», part. pass. de *stringĕre*, «estreitar»)

estreitura n.f. ⇒ **estreiteza** (Do lat. *strictūra-*, «contração», ou de *estreito*+*-ura*)

estrela /ê/ n.f. **1** ASTRONOMIA astro aparentemente fixo que tem luz e calor próprios **2** qualquer corpo celeste **3** figura radiada que sugere uma estrela **4** mancha branca na testa dos cavalos ou de outros animais **5** brinquedo de papel em forma de corpo celeste; papagaio **6** [fig.] suposta influência (positiva ou negativa) de um corpo celeste sobre o destino de uma pessoa; sorte **7** [fig.] pessoa que se destaca em determinada atividade e que serve de referência a outras pessoas; guia **8** [fig.] pessoa que se torna notável no cinema, no teatro, na música, etc.; ator ou atriz muito célebre **9** MILITAR insígnia representativa de distinção hierárquica usada no uniforme de militares **10** sinal classificativo (pelo número) de hotéis, pensões, restaurantes, etc. **11** [pouco usado] sinal gráfico em forma de estrela; **~ anã** ASTRONOMIA estrela que, segundo o astrónomo dinamarquês Ejnar Hertzsprung, se encontra em fase de extinção e, por isso, tem brilho muito fraco; **~ binária** ASTRONOMIA termo utilizado para designar um par de estrelas suficientemente próximas uma da outra para existir uma ligação de atração mútua que as obriga a descrever uma órbita em torno do centro de gravidade comum; **~ de alva/da tarde** ASTRONOMIA o planeta Vénus; **~ nuclear** FÍSICA registo observado numa emulsão fotográfica, quando um núcleo se desintegra após uma colisão com um protão ou um neutrão de muito alta energia; **levar às/pôr nas estrelas** [fig.] elogiar muito, ter em elevado apreço; **ver estrelas** ter uma dor violenta (Do lat. *stella-*, «astro»)

estrela-cadente n.f. ASTRONOMIA meteoro que deixa um rasto luminoso quando entra em contacto com os gases da atmosfera terrestre

estrela-d'alva n.f. BOTÂNICA nome vulgar de uma árvore da família das Esterculiáceas, que tem aplicação na indústria têxtil

estreladeira n.f. frigideira própria para estrelar ovos (De *estrelar*+*-deira*)

estrelado *adj.* 1 coberto de estrelas 2 em forma de estrela 3 (animal) que tem uma estrela na fronte 4 diz-se do ovo frito sem ser batido (Do lat. *stellātu-*, «id.», part. pass. de *stellāre*, «cobrir de estrelas»)

estrela-do-mar *n.f.* ZOOLOGIA animal marinho invertebrado, pertencente aos equinodermes da classe dos asteroides, cujo corpo se assemelha ao de uma estrela, com cinco ou mais braços em redor de um disco central

estrelamim *n.m.* BOTÂNICA ⇒ **erva-bicha** (De *estrela*)

estrelante *adj.2g.* estrelado; cintilante; fulgente (Do lat. *stellante-*, part. pres. de *stellāre*, «estar semeado de estrelas; cobrir de estrelas»)

Estrela Polar *n.f.* ASTRONOMIA estrela mais brilhante da constelação Ursa Menor, que está mais próxima do Pólo Norte e serve como ponto importante de orientação

estrelar *v.tr.* 1 cobrir ou encher de estrelas 2 matizar 3 frigir (ovos) sem os bater ■ *v.intr.* refulgir; cintilar ■ *adj.2g.* sideral (Do lat. *stellāre*, «cobrir de estrelas»)

estrelário *adj.* que tem a forma de estrela (De *estrela*+*-ário*)

estrelato *n.m.* situação brilhante desfrutada por pessoa que sobressai pelo valor, prestígio e/ou popularidade, particularmente nas áreas de teatro, cinema, música e desporto (De *estrela*+*-ato*)

estreleiro *adj.* diz-se do cavalo que levanta muito a cabeça (De *estrela*+*-eiro*)

estrelejar *v.intr.* brilhar como estrela ■ *v.tr.,pron.* encher(-se) de estrelas (De *estrela*+*-ejar*)

estrelícia *n.f.* 1 BOTÂNICA planta originária da África do Sul, do género das Musáceas, cultivada em Portugal como planta ornamental 2 BOTÂNICA flor desta planta (De *estrela*+*-ícia*)

estrelinha *n.f.* 1 estrela pequena 2 sinal asteriforme; asterisco 3 tipo de massa miúda moldada em forma de pequenas estrelas, especial para a sopa 4 [fig.] sorte 5 *pl.* variedade de fogo de artifício 6 ORNITOLOGIA nome de uns pequenos pássaros de duas espécies da família dos Regulídeos, também conhecidos por abadejo, trepadeira, etc. (De *estrela*+*-inha*)

estrelo /ê/ *adj.* 1 [Brasil] diz-se do animal que tem uma pinta na testa 2 estrelado (De *estrela*)

estrelouçar *v.intr.* fazer um ruído como o da louça quando se entrechoca (De *estre-*, por *tres-*+*louça*+*-ar*)

estrém *n.m.* um dos cabos da âncora; amarra (Do ing. *string*, «corda»)

estrema /ê/ *n.f.* 1 limite de terras 2 ponto ou linha que delimita; orla 3 sulco feito artificialmente ou marco divisório para delimitar terrenos 4 risca do cabelo (De *extremo*)

estremadela *n.f.* ato de estremar, apartar ou escolher (De *estremar*+*-dela*)

estremado *adj.* 1 que tem os limites demarcados; limitado 2 separado 3 esforçado (Part. pass. de *estremar*)

estremadura *n.f.* estrema de província ou país; raia (De *estremar*+*-dura*)

estremar *v.tr.* 1 delimitar (espaço, terreno) cavando sulcos ou colocando marcos divisórios; demarcar 2 ter como limite; confinar 3 separar; distinguir ■ *v.tr.,pron.* (fazer) sobressair; destacar(-se) (De *estrema*+*-ar*)

estremável *adj.2g.* que se pode estremar (De *estremar*+*-vel*)

estreme *adj.2g.* que não tem mistura; puro; genuíno (Do lat. *extreme-*, «extremo»)

estremeção *n.m.* 1 tremor súbito; arrepio 2 abalo violento; sacudidela (De *estremecer*+*-ão*)

estremecer *v.tr.* 1 fazer tremer; sacudir; abalar 2 [ant.] amar com ternura ■ *v.intr.* 1 tremer 2 arrepiar-se 3 assustar-se (Do lat. *extremescĕre*, freq. de *tremĕre*, «tremer»)

estremecido *adj.* 1 abalado; assustado 2 muito amado (Part. pass. de *estremecer*)

estremecimento *n.m.* 1 ato ou efeito de estremecer; estremeção; arrepio; tremor 2 afeto íntimo (De *estremecer*+*-i-*+*-mento*)

estremenho *adj.* 1 da Estremadura (antiga província portuguesa) 2 relativo à província espanhola da Estremadura ou aos seus habitantes ■ *n.m.* 1 natural ou habitante da Estremadura (antiga província portuguesa) 2 natural ou habitante da Estremadura espanhola (Do cast. *extremeño*, «id.»)

estremocense *adj.2g.* relativo à cidade portuguesa de Estremoz, no distrito de Évora, ou aos seus habitantes ■ *n.2g.* natural ou habitante de Estremoz (De *Estremoz*, top. +*-ense*)

estremunhado *adj.* que foi acordado de repente e ainda está meio entontecido com o sono (Part. pass. de *estremunhar*)

estremunhar *v.tr.,intr.* acordar de súbito e incompletamente quem dorme (De orig. obsc.)

estrenoitar *v.tr.,intr.* [pop.] ⇒ **tresnoitar** (De *estre-*, por *tres-*+*noite*+*-ar*)

estrenoutar *v.tr.,intr.* [pop.] ⇒ **tresnoitar**

estrenuamente *adv.* com coragem; denodadamente (De *estrénuo*+*-mente*)

estrénuo *adj.* 1 valente 2 esforçado; ferrenho (Do lat. *strenŭo-*, «diligente; corajoso»)

estrepada *n.f.* ferimento produzido por estrepe (Part. pass. fem. subst. de *estrepar*)

estrepadela *n.f.* ⇒ **estrepada** (De *estrepar*+*-dela*)

estrepar *v.tr.* 1 ferir com estrepe 2 guarnecer de estrepes (De *estrepe*+*-ar*)

estrepe *n.m.* 1 espinho; abrolho 2 pua de madeira ou de ferro 3 fragmentos de vidro que se fixam sobre muros de vedação para dificultar a sua escalada 4 *pl.* BOTÂNICA planta arbustiva, da família das Liliáceas, espontânea nos sítios secos da Beira Baixa ao Algarve 5 parte basilar do caule do milho, que fica nos terrenos (Do lat. *stirpe-*, «tronco; família»)

estrepeiro *n.m.* BOTÂNICA ⇒ **pilriteiro** (De *estrepe*+*-eiro*)

estrepitante *adj.2g.* que faz estrépito (Do lat. *strepitante-*, part. pres. de *strepitāre*, «retumbar»)

estrepitar *v.intr.* fazer estrépito (Do lat. *strepitāre*, «retumbar»)

estrépito *n.m.* som estrondoso; fragor; tumulto (Do lat. *strepĭtu-*, «id.»)

estrepitoso /ô/ *adj.* 1 que faz estrépito; estrondoso 2 ostentoso (De *estrépito*+*-oso*)

estreptocócico *adj.* relativo ao estreptococo (De *estreptococo*+*-ico*)

estreptococo *n.m.* BIOLOGIA bactéria (coco) que se apresenta normalmente a formar grupo em cadeia mais ou menos extensa (Do gr. *streptós*, «enovelado» +*kókkos*, «grão»)

estreptomicina *n.f.* FARMÁCIA poderoso antibiótico (Do gr. *streptós*, «enovelado» +*mýkes*, «fungo» +*-ina*)

estresir *v.tr.* passar (um desenho) de um papel para outro, assinalando, com o lápis ou boneca de carvão, os traços principais do desenho a reproduzir (Do lat. *transire*, «passar»)

estresse *n.m.* [Brasil] ⇒ **stress**

estrevenga *n.f.* ⇒ **estrovenga**

estria[1] *n.f.* 1 sulco formado por um linha fina na superfície de um corpo 2 ANATOMIA sulco formado na pele devido à rotura de fibras 3 traço na superfície de certos ossos, conchas, etc. 4 sulco helicoidal no interior do cano de uma arma de fogo para imprimir ao projétil movimento de rotação 5 ARQUITETURA filete que, nas colunas clássicas, divide os sulcos verticais em forma de meia-cana 6 GEOLOGIA cada um dos sulcos cavados numa rocha por detritos (Do lat. *striga-*, «sulco»)

estria[2] *n.f.* bruxa ou vampiro que, segundo as crenças populares, suga o sangue às crianças (Do lat. *striga-*, «feiticeira»)

estriado *adj.* 1 que tem estrias 2 em forma de estria (Part. pass. de *estriar*)

estriamento *n.m.* 1 ato ou efeito de estriar 2 disposição das estrias de certas armas (De *estriar*+*-mento*)

estriar *v.tr.* 1 fazer estrias em 2 canelar ■ *v.pron.* raiar-se (De *estria*+*-ar*)

estribamento *n.m.* ato de estribar ou de se estribar; apoio (De *estribar*+*-mento*)

estribar *v.tr.* 1 firmar no estribo 2 apoiar; segurar ■ *v.pron.* 1 firmar o pé no estribo 2 apoiar-se; fincar-se; basear-se (De *estribo*+*-ar*)

estribeira *n.f.* 1 estribo de montar à gineta 2 degrau à entrada de carruagens ou coches; estribo; *perder as estribeiras* descontrolar-se, perder a calma, irritar-se (De *estribo*+*-eira*)

estribeiro *n.m.* aquele que cuida de coches, arreios e cavalariças (De *estribo*+*-eiro*)

estribeiro-mor *n.m.* 1 fidalgo da corte 2 chefe dos estribeiros

estribilhas *n.f.pl.* peças de madeira com que se seguram os livros quando se encadernam (De *estribo*+*-ilha*)

estribilho *n.m.* 1 LITERATURA verso ou versos que se repetem no fim de cada estância de uma poesia 2 palavra ou expressão que se repete inconscientemente; bordão (Do cast. *estribillo*, «id.»)

estribo *n.m.* 1 HIPISMO cada uma das duas peças, geralmente de metal, que se prendem por meio de tiras de couro ajustáveis às abas da sela, servindo de apoio aos pés do cavaleiro 2 degrau à entrada de carruagens ou coches; estribeira 3 ANATOMIA ossículo do ouvido médio dos vertebrados superiores 4 [fig.] fundamento 5 [fig.] apoio; encosto 6 ENGENHARIA parte de um encontro ou pilar a que se transmitem as cargas de uma estrutura (Do gót. **striup*, «correia»)

estrição n.f. 1 ⇒ **constrição** 2 (engenharia) propriedade que possuem certos materiais de apresentarem grandes deformações plásticas antes de se romperem (Do lat. *strictĭōne*-, ação de apertar; pressão»)

estrichar v.intr. [pop.] ⇒ **estrinchar**

estricnina n.f. substância alcaloide, fortemente venenosa, que se extrai de alguns vegetais, em especial das sementes da noz--vómica, e que, convenientemente doseada, tem aplicação terapêutica (Do gr. *strýkhnos*, «erva-moura», pelo lat. *strychnu*-, «id.», pelo fr. *strychnine*, «estricnina»)

estridência n.f. qualidade do que é estridente (Do lat. *stridentĭa*, part. pres. neut. pl. subst. de *stridēre*, «fazer ruído»)

estridente adj.2g. que faz estridor; estrídulo; agudo; sibilante (Do lat. *stridente*-, part. pres. de *stridēre*, «fazer ruído»)

estridentemente adv. com estridência; asperamente; com vibração (De *estridente*+*-mente*)

estridor n.m. 1 som agudo, anormal, que se produz subitamente por espasmo da glote 2 som agudo, penetrante, áspero e desagradável; fragor (Do lat. *stridōre*-, «estridor; ruído»)

estridoroso adj. ⇒ **estridente** (De *estridor*+*-oso*)

estridulação n.f. 1 som agudo e vibrante, peculiar a certos insetos, como a cigarra 2 ruído áspero e sibilante que se produz nas vias respiratórias superiores (De *estridular*+*-ção*)

estridulante adj.2g. estridente ▪ n.m. inseto que estridula, como a cigarra (De *estridular*+*-ante*)

estridular v.intr. 1 emitir (certos insetos) um som agudo e vibrante 2 produzir um som semelhante a este 3 falar ou cantar com som estridente (Do lat. *estrídulo*+*-ar*)

estrídulo adj. ⇒ **estridente** (Do lat. *stridŭlu*-, «agudo; penetrante»)

estriduloso /ô/ adj. ⇒ **estridente** (De *estrídulo*+*-oso*)

estriga¹ n.f. porção de linho que se põe de cada vez na roca (Do lat. *striga*-, «renque; fileira»)

estriga² n.f. feiticeira; estrige (Do lat. *striga*-, «feiticeira»)

estrigada n.f. ato ou efeito de estrigar (Part. pass. fem. subst. de *estrigar*)

estrigar v.tr. 1 dividir o linho e atá-lo em estrigas 2 enastrar 3 assedar (De *estriga*+*-ar*)

estrige n.f. 1 coruja 2 feiticeira; vampiro; estriga; estria (Do gr. *stríx*, «coruja», pelo lat. *strige*-, «id.»)

Estrigidas n.m.pl. ORNITOLOGIA ⇒ **Estrigídeos**

Estrigídeos n.m.pl. ORNITOLOGIA família de aves de rapina, noturnas, a que pertencem as corujas e os mochos, e cujo género-tipo se designa *Strix* (Do lat. *strige*-, «coruja» +*-ídeos*)

estrigir v.tr. [pop.] derreter (toucinho) em frigideira (De *estrugir*)

estrilar v.intr. emitir um som estridente como o de certos insetos; estridular (De *es*-+*trilar*)

estrilho n.m. [coloq.] confusão; barafunda; *dar ~* [coloq.] dar confusão, correr mal (De *estrilo*, do it. *strillo*, «som estrídulo»)

estrinca n.f. NÁUTICA espécie de escotilha que dá saída à amarra (Do ing. *string*, «corda»)

estrincar v.tr. torcer e fazer estalar (os dedos) (De orig. obsc.)

estrinçar v.tr. ⇒ **destrinçar**

estrinchar v.intr. [pop.] brincar, saltando (De orig. obsc.)

estringe n.f. túnica dos Godos de Espanha (Do lat. tard. *stringe*-, «veste hispânica»)

estrinque n.m. ⇒ **estrinca**

estripação n.f. ato ou efeito de estripar (De *estripar*+*-ção*)

estripador n.m. aquele que estripa (De *estripar*+*-dor*)

estripar v.tr. tirar as tripas ou abrir o ventre a; destripar (De *es*-+*tripa*+*-ar*)

estritamente adv. com precisão; exatamente (De *estrito*+*-mente*)

estrito adj. 1 rigoroso; preciso 2 restrito; fechado 3 intransigente 4 limitado (Do lat. *strictu*-, «id.», part. pass. de *stringĕre*, «apertar; restringir»)

estritura n.f. 1 compressão 2 aperto; estrangulação (Do lat. *strictūra*-, «contração»)

estro n.m. 1 entusiasmo artístico; veia poética; riqueza de imaginação 2 época do cio 3 ZOOLOGIA gusano (Do gr. *oīstros*, «tavão», pelo lat. *oestru*-, «estro poético»)

estro- elemento de formação de palavras que traduz a ideia de *inspiração*, *furor* (Do gr. *oīstros*, «id.»)

estróbilo n.m. 1 BOTÂNICA fruto composto, em forma de cone ou pinha 2 corpo de um cestode 3 forma larvar de certos celenterados, originado de um cifistoma por divisão cissípara (Do gr. *stróbilos*, «pinha», pelo lat. *strobĭlu*-, «id.»)

estroboscopia n.f. FÍSICA processo de observação e decomposição de movimentos muito rápidos, baseado na persistência retiniana das imagens (Do gr. *stróbos*, «volta» +*skopeīn*, «observar» +*-ia*)

estroboscópico adj. relativo à estroboscopia (Do gr. *stróbos*, «volta» +*skopeīn*, «observar» +*-ico*)

estroboscópio n.m. FÍSICA aparelho usado na análise de movimentos periódicos, que dá a aparência de repouso ou de movimento lento a corpos em movimento rápido (Do gr. *stróbos*, «volta» +*skopeīn*, «observar» +*-io*)

estrofantina n.f. FARMÁCIA, QUÍMICA alcaloide medicinal extraído do estrofanto, constituído por um glicósido ou uma mistura de glicósidos (De *estrofanto*+*-ina*)

estrofanto n.m. BOTÂNICA designação extensiva a umas plantas venenosas, da família das Apocináceas (género *Strophanthus*), das quais se extraem produtos de aplicação terapêutica, como a estrofantina (Do gr. *stróphos*, «cordão» +*ánthos*, «flor»)

estrofe n.f. 1 LITERATURA cada um dos grupos de versos que compõem um poema lírico 2 LITERATURA primeira unidade do esquema estrófico tripartido das composições da lírica coral grega e da ode pindárica cultivada a partir do Renascimento (Do gr. *strophé*, «volta», pelo lat. *stropha*-, «estrofe»)

estrófico adj. relativo a estrofe (De *estrofe*+*-ico*)

estrogénico adj. relativo ou pertencente a um estrogénio ou produzido por ele (De *estrogénio*+*-ico*)

estrogénio n.m. FISIOLOGIA hormona sexual feminina que estimula o crescimento dos órgãos genitais femininos e das glândulas mamárias, e é responsável pelas alterações ocorridas durante o período de ovulação (De *estrogeno*+*-io*)

estrógeno n.m. FISIOLOGIA ⇒ **estrogénio** (Do gr. *oīstros*, «estro» +*génos*, «origem»)

estroina n.2g. 1 pessoa que gosta de pândegas; doidivanas 2 dissipador; perdulário (Do cast. *trueno*, «estroina»)

estroinar v.intr. fazer estroinices; divertir-se (De *estroina*+*-ar*)

estroinice n.f. 1 ato de estroina; extravagância 2 leviandade; loucura (De *estroina*+*-ice*)

estroma /ô/ n.m. 1 trama de tecidos orgânicos ou artificiais 2 parte superficial do ovário animal 3 BOTÂNICA conjunto das hifas onde reside a parte reprodutora de um fungo, e que, em regra, se torna maciço, constituindo tecido falso (hifênquima) (Do gr. *strōma*, «tapete», pelo lat. *strōma*-, «id.»)

estromania n.f. PATOLOGIA ⇒ **ninfomania** (De *estro*-+*mania*)

estromaníaco adj. PATOLOGIA ⇒ **ninfomaníaco** (De *estro*-+*maníaco*)

estromaturgia n.f. arte de fabricar tapetes (Do gr. *strōma*, -*atos*, «tapete» +*érgon*, «trabalho»)

estrombo n.m. 1 espécie de concha univalve 2 nome genérico de uns moluscos que possuem conchas univalves e são característicos dos mares tropicais

estromboliano adj. 1 GEOLOGIA que se refere ao vulcão Estrômboli, nas ilhas Líparas (Lipari), italianas, no mar Tirreno 2 do mesmo tipo eruptivo do vulcão Estrômboli (Do it. *Estrômboli*, top. +*-ano*)

estrompar v.tr. 1 [pop.] estragar; arruinar 2 [pop.] fatigar (De *es*-+*trompa*+*-ar*)

estrompido n.m. estrépito; ruído; barulho (De *estrondo* × *estampido*)

estronca n.f. 1 forquilha para especar 2 pau que sustenta o cabeçalho do carro para que ele não pouse no chão 3 escora de madeira para segurar paredes, etc. (Deriv. regr. de *estroncar*)

estroncamento n.m. ato ou efeito de estroncar; desmembramento; decepamento (De *estroncar*+*-mento*)

estroncar v.tr. 1 separar do tronco; destroncar; decepar; desmembrar 2 partir; quebrar; desarticular 3 desmanchar ▪ v.pron. partir-se (De *es*-+*tronco*+*-ar*)

estronçar v.tr. [regionalismo] partir as couves em troços (De *es*-+*troço*+*-ar*)

estronciana n.f. QUÍMICA nome que se dava ao óxido de estrôncio (De *Strontian*, top., localidade da Escócia)

estroncianite n.f. MINERALOGIA mineral que é, quimicamente, carbonato de estrôncio e cristaliza no sistema ortorrômbico (De *Strontian*, localidade da Escócia +*-ite*)

estrôncio n.m. QUÍMICA elemento químico com o número atómico 38 e símbolo Sr, que é um dos metais alcalinoterrosos (De *Strontian*, localidade da Escócia)

estrondar v.intr. ⇒ **estrondear** (De *estrondo*+*-ar*)

estrondeante adj.2g. que estrondeia (De *estrondear*+*-ante*)

estrondear v.intr. 1 fazer estrondo, ruído; retumbar 2 causar sensação; dar brado 3 [fig.] esbravejar (De *estrondo*+*-ear*)

estrondo n.m. 1 som forte; estampido 2 estardalhaço; agitação; gritaria 3 [fig.] pompa; ostentação; magnificência (Do lat. *extronŭtu-, do lat. vulg. tonŏtru-, do lat. cl. tonĭtru-, «trovão»)

estrondosamente adv. 1 de modo estrondoso 2 estrepitosamente 3 [fig.] com pompa (De estrondoso+-mente)

estrondoso /ô/ adj. 1 que faz estrondo 2 ruidoso; estrepitoso 3 [fig.] pomposo; espetacular (De estrondo+-oso)

estropalho n.m. 1 pano grosseiro de esfregar e limpar a louça; rodilha 2 coisa sem importância (Do lat. *stuppaclu-, de stuppa-, «estopa»)

estropeação n.f. ato ou efeito de estropear (De estropear+-ção)

estropeada n.f. tropel; estrépito (Part. pass. fem. subst. de estropear)

estropeadamente adv. com estropeada; em tropel (De estropeado+-mente)

estropear v.intr. 1 fazer tropel (ruído) 2 bater com força a uma porta (De es-+tropel+-ar)

estropiação n.f. ⇒ **estropiamento** (De estropiar+-ção)

estropiado adj. que foi privado de algum membro ou parte do corpo ■ n.m. pessoa que foi privada de algum membro ou parte do corpo; homem mutilado (Part. pass. de estropiar)

estropiamento n.m. 1 ato ou efeito de estropiar; mutilação 2 [fig.] má interpretação de uma frase, de uma ideia, etc.; deturpação; alteração 3 [fig.] irregularidade (De estropiar+-mento)

estropiar v.tr. 1 cortar um membro a; mutilar; desfigurar 2 [fig.] pronunciar mal 3 [fig.] adulterar o sentido de 4 executar mal (tocando ou cantando) (Do lat. cl. deturpāre, pelo lat. vulg. disturpiāre, «desfigurar», pelo it. stroppiare, «id.»)

estropício n.m. 1 dano; maldade; malefício 2 desperdício (Do it. stropiccio, «esfrega; amarrotamento»)

estropo /ô/ n.m. NÁUTICA anel de corda que prende o remo ao tolete; estrovo (Do gr. stróphos, «cordão», pelo lat. stroppu-, «correia»)

estroso /ô/ adj. néscio; parvo; aluado (De astroso)

estrotejar v.intr. ⇒ **trotar** (De es-+trote+-ejar)

estrovenga n.f. correia ou cadeado que, nos carros puxados por duas ou mais juntas de bois, prende a canga da junta da frente à de qualquer das juntas de trás (De estrovo, por estropo, «corda; correia»+-enga)

estrovinhar v.tr. [regionalismo] ⇒ **estremunhar**

estrovo /ô/ n.m. 1 fio que prende o anzol à linha de pescar 2 estropo 3 cadeado que prende a segunda junta de bois à canga da primeira 4 [regionalismo] estorvo (Do gr. stróphos, «cordão», pelo lat. stroppu-, «correia»)

estrugido n.m. 1 CULINÁRIA preparado de cebola frita em gordura; refogado 2 [fig.] ruído 3 [coloq.] namoro pouco sério 4 complicação; *não cheirar bem o ~* pressentir que uma coisa corre mal (Part. pass. subst. de estrugir)

estrugidor adj. que estruge (De estrugir+-dor)

estrugimento n.m. 1 ato ou efeito de estrugir 2 chiadeira (De estrugir+-mento)

estrugir v.tr. 1 fazer estremecer com estrondo; atroar 2 CULINÁRIA cozer (cebola) em gordura, deixando-a transparente e com uma cor que pode ir desde o branco-marfim até ao castanho; refogar ■ v.intr. vibrar fortemente (De orig. obsc.)

estruir v.tr. [pouco usado] ⇒ **destruir** (Do lat. destruĕre, «id.»)

estruma¹ n.f. ⇒ **estrumação** (Deriv. regr. de estrumar)

estruma² n.f. escrófula (Do lat. strūma-, «id.»)

estrumação n.f. 1 ato ou efeito de estrumar; adubação de terras 2 quantidade de estrume usado para fertilizar a terra (De estrumar+-ção)

estrumada n.f. pilha de estrume (Part. pass. fem. subst. de estrumar)

estrumadela n.f. ⇒ **estrumação** (De estrumar+-dela)

estrumal n.m. ⇒ **estrumeira** (De estrume+-al)

estrumar v.tr. deitar estrume em; adubar (terras) ■ v.intr. 1 fazer estrumeira 2 defecar (De estrume+-ar)

estrume n.m. mistura fermentada dos dejetos de animais domésticos com a palha e as ramagens que lhes servem de cama, utilizável como adubo orgânico das terras; esterco (Do lat. *strumen, por strämen, «palha estendida»)

estrumeira n.f. 1 lugar onde se deposita e fermenta o estrume; estrumal 2 [fig.] lugar imundo (De estrume+-eira)

estrumeiro n.m. indivíduo que carrega ou conduz estrume (De estrume+-eiro)

estrumela n.f. qualquer coisa ou engenho de que se não sabe o nome (De orig. obsc.)

estrumoso¹ /ô/ adj. 1 cheio de estrume 2 sujo; porco; imundo (De estrume+-oso)

estrumoso² /ô/ adj. escrofuloso (Do lat. strumōsu-, «escrofuloso»)

estrupício n.m. 1 [Brasil] barulho; desordem; algazarra 2 [Brasil] asneira; tolice (De estropício?)

estrupidante adj.2g. que estrupida (De estrupidar+-ante)

estrupidar v.intr. fazer estrupido (De estrupido+-ar)

estrupido n.m. ruído de gente ou de animais em tropel; estrépito; estrompido; barulho (De estrompido)

Estrutiónidas n.m.pl. ORNITOLOGIA ⇒ **Estrutioníedeos**

Estrutioníedeos n.m.pl. ORNITOLOGIA família de aves corredoras cujo género-tipo se denomina *Struthio*, a que pertence a avestruz (Do gr. strouthíon, «avestruz», pelo lat. struthiōne, «id.» +-ídeos)

estrutura n.f. 1 disposição e organização dos elementos essenciais que compõem um todo, quer material (de um edifício, do corpo humano), quer, por analogia, de uma realidade imaterial (de uma obra literária, da consciência) 2 disposição ou organização na qual as partes são dependentes do todo e, por conseguinte, solidárias umas das outras; contextura 3 aquilo que sustenta alguma coisa; armação 4 construção; edificação 5 conjunto de relações entre os elementos de um sistema 6 sistema 7 [fig.] capacidade física e/ou resistência psicológica de uma pessoa 8 LINGUÍSTICA forma de representação das relações sintagmáticas num objeto semiótico 9 BIOLOGIA conjunto dos diversos elementos que formam um organismo 10 LITERATURA disposição ordenada das partes de um texto 11 MATEMÁTICA conjunto onde se supõem definidas relações ou operações 12 [Moçambique] chefia política 13 [Moçambique] dirigente 14 [Moçambique] organização estatal; *~ etária* GEOGRAFIA composição da população de uma região por idade e por sexo (Do lat. structura-, «id.»)

estruturação n.f. ato ou efeito de organizar a estrutura de algo

estrutural adj.2g. 1 referente a estrutura 2 fundamental; essencial (De estrutura+-al)

estruturalismo n.m. LINGUÍSTICA teoria linguística moderna que procura entender a língua como um conjunto estruturado em que as relações definem os termos (esta tendência estende-se a outras ciências, como a antropologia, a sociologia, a economia, a psicologia, etc.) (De estrutural+-ismo, ou do fr. structuralisme, «id.»)

estruturalista adj.2g. relativo ao estruturalismo ■ n.2g. pessoa partidária do estruturalismo (Do fr. structuraliste, «id.»)

estruturalmente adv. 1 quanto à estrutura 2 do ponto de vista estrutural (De estrutural+-mente)

estruturar v.tr. 1 organizar a estrutura de 2 elaborar cuidadosamente; planear 3 tornar forte ou seguro; estabilizar ■ v.pron. tornar-se emocionalmente forte ou seguro (De estrutura+-ar)

estuação n.f. 1 calor intenso 2 ânsia 3 náuseas (Do lat. aestuatiōne-, «efervescência»)

estuante adj.2g. 1 que estua 2 ardente 3 agitado (Do lat. aestuante-, «ardente», part. pres. de aestuāre, «arder; estar agitado»)

estuar v.intr. 1 estar muito quente; ferver 2 agitar-se (Do lat. aestuāre, «arder»)

estuário n.m. GEOGRAFIA parte terminal de um rio, longa e ampla, onde se faz sentir a ação das marés (Do lat. aestuarĭu-, «id.»)

estucador n.m. pessoa cuja profissão consiste em trabalhar em estuque (De estucar+-dor)

estucagem n.f. ato ou efeito de estucar (De estucar+-agem)

estucar v.tr. cobrir com estuque ■ v.intr. trabalhar em estuque (De estuque+-ar)

estucha n.f. 1 peça de madeira ou ferro que se mete à força num orifício 2 [fig.] aborrecimento; estopada 3 [fig.] cunha; empenho 4 entaladela; embaraço 5 coisa excecional, excelente, estupenda 6 seringa de cana (Deriv. regr. de estuchar)

estuchar v.tr. 1 introduzir com força num orifício 2 [fig.] meter empenhos em 3 [pop.] seringar com estucha (De atochar, com troca de pref.)

estuche n.m. ⇒ **estucha**

estudado adj. 1 que foi visto e ponderado 2 afetado; simulado (Part. pass. de estudar)

estudantaço n.m. bom estudante (De estudante+-aço)

estudantada n.f. 1 grupo de estudantes 2 brincadeira de estudantes (De estudante+-ada)

estudantado n.m. vida ou situação de estudante (De estudante+-ado)

estudante adj.,n.2g. que ou pessoa que adquire e/ou aumenta os seus conhecimentos em diversas áreas através da frequência de aulas num dado estabelecimento de ensino; aluno; escolar (De estudar+-ante)

estudanteco *n.m.* [depr.] mau estudante (De *estudante*+*-eco*)
estudantesco /ê/ *adj.* próprio de estudantes (De *estudante*+*-esco*)
estudantil *adj.2g.* referente a estudantes (De *estudante*+*-il*)
estudantina *n.f.* **1** grupo musical ou coral de estudantes **2** música e canto por eles produzidos (De *estudante*+*-ina*)
estudantório *n.m.* [depr.] ⇒ **estudanteco** (De *estudante*+*-ório*)
estudar *v.tr.,intr.* **1** aplicar as faculdades intelectuais à aquisição de novas noções ou à pesquisa científica **2** frequentar um curso (de); ser estudante (de) ■ *v.tr.* **1** decorar; memorizar **2** refletir sobre; analisar **3** observar com atenção; examinar **4** planear ■ *v.intr.* dedicar-se ao estudo; ser estudioso ■ *v.pron.* procurar conhecer-se (De *estudo*+*-ar*)
estúdio *n.m.* **1** oficina onde trabalham pintores, escultores ou arquitetos **2** local onde se fotografam os interiores de um filme cinematográfico **3** departamento de uma estação de radiodifusão ou radiotelevisão onde se executam obras a transmitir **4** apartamento pequeno de uma assoalhada (Do ing. *studio*, «oficina de pintor», pelo fr. *studio*, «id.»)
estudiosidade *n.f.* qualidade de estudioso; aplicação ao estudo (De *estudioso*+*-i-*+*-dade*)
estudioso /ô/ *adj.* que se aplica ao estudo ■ *n.m.* indivíduo que gosta de estudar; cultor (Do lat. *studiōsu-*, «id.»)
estudo *n.m.* **1** ato ou efeito de estudar **2** aplicação das capacidades intelectuais para aprender algo **3** conhecimentos adquiridos estudando **4** exame; análise **5** observação **6** trabalhos preliminares para estabelecer o traçado de uma obra; ensaio; esboço **7** preparação **8** *pl.* formação escolar **9** *pl.* as aulas (Do lat. *studĭu-*, «id.»)
estufa *n.f.* **1** recinto fechado que se eleva a temperatura artificialmente **2** estrutura envidraçada ou de plástico para cultivo de plantas que precisem de proteção ou de um ambiente diferente do do exterior **3** aparelho de culturas laboratoriais ou de esterilização de instrumentos cirúrgicos, etc. **4** fogão para aquecer as casas **5** compartimento de um fogão onde os alimentos se conservam quentes **6** [fig.] habitação muito quente; *efeito de ~* aquecimento da superfície da Terra em consequência da retenção do calor solar provocada pela concentração da poluição na atmosfera (Do it. *stufa*, deriv. regr. de *stufare*, «cozinhar em água quente»)
estufadeira *n.f.* vasilha para fazer estufados (De *estufar*+*-deira*)
estufado *adj.* **1** que se estufou **2** colocado em estufa **3** diz-se de alimento que foi cozido ou refogado ■ *n.m.* CULINÁRIA prato preparado em lume brando, num recipiente fechado, com gordura e os sucos próprios do alimento (Part. pass. subst. de *estufar*)
estufa-fria *n.f.* galeria envidraçada, onde se provocam temperaturas baixas, para cultivo de plantas das regiões frias
estufagem *n.f.* ato ou efeito de estufar (De *estufar*+*-agem*)
estufar *v.tr.* **1** meter, aquecer ou secar em estufa **2** CULINÁRIA cozer em lume brando com gordura e com os sucos próprios do alimento, em recipiente fechado (Do lat. *stufāre*, «cozinhar em água quente»)
estufeiro *n.m.* pessoa que faz estufas ou trabalha nelas (De *estufa*+*-eiro*)
estufilha *n.f.* lugar estreito, abafado, asfixiante (De *estufa*+*-ilha*)
estufim *n.m.* campânula de vidro ou caixilho envidraçado com que se resguardam as plantas do frio (De *estufa*+*-im*)
estugar *v.tr.* **1** apressar (o passo) **2** incitar (De orig. obsc.)
estultamente *adv.* tolamente (De *estulto*+*-mente*)
estultice *n.f.* ⇒ **estultícia**
estultícia *n.f.* qualidade de quem é estulto; estupidez; imbecilidade (Do lat. *stultitĭa-*, «estupidez»)
estultificação *n.f.* ato de estultificar (De *estultificar*+*-ção*)
estultificar *v.tr.* tornar estulto; bestificar (Do lat. *stultu-*, «louco» +*ficāre*, por *facĕre*, «fazer»)
estultilóquio *n.m.* palavras estultas; tolices; disparates (Do lat. *stultiloquĭu-*, «estupidez»)
estulto *adj.* insensato; néscio; imbecil (Do lat. *stultu-*, «estúpido»)
estuoso *adj.* **1** que estua; muito quente; fervente **2** tempestuoso (Do lat. *aestuōsu-*, «muito quente»)
estupefação *n.f.* **1** adormecimento de uma parte do corpo; narcotismo; estupor **2** assombro; pasmo (Do lat. *stupefactiōne-*, «id.»)
estupefacção ver nova grafia **estupefação**
estupefaciente *adj.2g.* **1** que produz estupefação **2** que entorpece **3** [fig.] que causa assombro ■ *n.m.* substância que geralmente provoca habituação e cujos efeitos são a supressão de dor e alterações do sistema nervoso, tendo consequências nocivas para a saúde a nível físico e mental; narcótico (Do lat. *stupefaciente-*, «id.», part. pres. de *stupefacĕre*, «entorpecer; estupeficar»)
estupefactivo a grafia mais usada é **estupefativo**
estupefacto *adj.* **1** assombrado; pasmado; boquiaberto **2** entorpecido (Do lat. *stupefactu-*, «id.», part. pass. de *stupefacĕre*, «entorpecer; estupeficar»)
estupefativo *adj.* próprio para causar estupefação ■ *n.m.* remédio capaz de produzir estupefação (Do lat. **stupefactīvu-*, «id.», do lat. *stupefactu*, «estupefacto» +*-ivo*) ACORDO ORTOGRÁFICO também se pode escrever estupefactivo
estupefazer *v.tr.* ⇒ **estupeficar** (Do lat. *stupefacĕre*, «id.»)
estupeficar *v.tr.* **1** causar estupefação a **2** assombrar **3** entorpecer (Do lat. *stupefacĕre*, «id.»)
estupendamente *adv.* assombrosamente (De *estupendo*+*-mente*)
estupendo *adj.* **1** fantástico; excelente **2** espantoso; assombroso; extraordinário (Do lat. *stupendu-*, «id.»)
estupidamente *adv.* de maneira estúpida; nesciamente (De *estúpido*+*-mente*)
estupidarrão *n.m.* indivíduo muito estúpido (De *estúpido*+*-arrão*)
estupidecer *v.tr.* ⇒ **estupidificar** (De *estúpido*+*-ecer*)
estupidez /ê/ *n.f.* **1** qualidade de estúpido; falta de inteligência e de delicadeza de sentimentos **2** ação ou estado de estúpido (De *estúpido*+*-ez*)
estupidificação *n.f.* ato ou efeito de tornar ou tornar-se estúpido; embrutecimento (De *estupidificar*+*-ção*)
estupidificante *adj.2g.* que estupidifica (De *estupidificar*+*-ante*)
estupidificar *v.tr.,pron.* tornar(-se) estúpido; emparvoecer; embrutecer (De lat. *stupĭdu-*, «estúpido» +*ficāre*, por *facĕre*, «fazer»)
estúpido *adj.* **1** que não tem inteligência suficiente ou delicadeza de sentimentos **2** grosseiro; bruto; muito desagradável **3** enfadonho ■ *n.m.* indivíduo pouco inteligente ou grosseiro (Do lat. *stupĭdu-*, «id.»)
estupor *n.m.* **1** MEDICINA estado de suspensão da atividade física e psicológica em que o doente, embora consciente, se mantém imóvel e não responde a estímulos externos **2** [fig.] pasmo; assombro **3** [fig.] paralisia súbita produzida por surpresa **4** [pop., pej.] pessoa malcomportada; pessoa de má formação moral (Do lat. *stupōre-*, «entorpecimento»)
estuporado *adj.* **1** que sofreu estupor **2** [pop.] mau; ruim **3** [pop.] estragado; arruinado (Do lat. *stuporātu-*, «estupidamente admirado»)
estuporante *adj.2g.* que causa estupor (De *estuporar*+*-ante*)
estuporar *v.tr.* **1** causar estupor a **2** assombrar **3** estragar; destruir; arruinar ■ *v.pron.* **1** ser atacado de estupor; tornar-se estupor, abjeto **2** estragar-se **3** irritar-se (De *estupor*+*-ar*)
estuporoso *adj.* relativo a estupor (De *estupor*+*-oso*)
estuprar *v.tr.* cometer estupro contra; violar; desflorar (Do lat. *stuprāre*, «id.»)
estupro *n.m.* ⇒ **violação 2** (Do lat. *stupru-*, «id.»)
estuque *n.m.* espécie de argamassa feita com cal, areia e gesso, utilizada em acabamentos (Do it. *stucco*, «estuque», pelo fr. *stuc*, «id.»)
estúrdia *n.f.* estroinice; extravagância; travessura (De *estúrdio*)
esturdiar *v.intr.* fazer extravagâncias, travessuras; pandegar (De *estúrdio*+*-ar*)
estúrdio *adj.,n.m.* que ou pessoa que não tem juízo; imprudente; insensato; estouvado (Do lat. **esturdīre*, «ter o cérebro estonteado», de *turdu-*, «tordo»)
esturgião *n.m.* ICTIOLOGIA ⇒ **esturjão**
esturião *n.m.* ICTIOLOGIA ⇒ **esturjão**
esturjão *n.m.* ICTIOLOGIA peixe ganoide, de grande porte, que aparece nas costas marítimas de Portugal e sobe por alguns rios para desovar (é das ovas de uma das várias espécies deste peixe que se prepara o caviar), conhecido também por esturgião, esturião, solho, solho-rei, etc. (Do fr. *esturgeon*, «id.»)
Estúrnidas *n.m.pl.* ORNITOLOGIA ⇒ **Esturnídeos**
Esturnídeos *n.m.pl.* ORNITOLOGIA família de pássaros a cujo género-tipo (*Sturnus*) pertencem os estorninhos, migrantes ou sedentários em Portugal (Do lat. *sturnu-*, «estorninho» +*-ídeos*)
esturrado *adj.* **1** muito torrado **2** [fig.] exaltado; intransigente; fanático; ferrenho **3** [fig.] agarrado a ideias obsoletas; retrógrado (Part. pass. de *esturrar*)
esturrar *v.tr.,intr.* **1** torrar(-se) até queimar; estorricar **2** [pop.] exaltar(-se); irritar(-se) (De *es-*+*torrar*)
esturricar *v.tr.,intr.,pron.* ⇒ **estorricar** (De *esturrar*+*-icar*)
esturrice *n.f.* qualidade de quem se esturra ou zanga (De *esturrar*+*-ice*)

esturrinhar *v.tr.,intr.,pron.* ⇒ **estorricar** (De *esturrar+-inhar*)
esturrinho *n.m.* espécie de rapé escuro e muito torrado (De *esturro+-inho*)
esturro *n.m.* **1** estado de coisa esturrada **2** torrefação **3** [Brasil] urro da onça; *cheirar a ~* estar o caso malparado, ser de desconfiar (Deriv. regr. de *esturrar*)
esturvinhado *adj.* [pop.] atordoado; estremunhado (De *es-+turvo+-inhar+-ado*)
ésula *n.f.* BOTÂNICA nome vulgar extensivo a umas plantas herbáceas, da família das Euforbiáceas, de efeitos purgativos (Do lat. cient. *esŭla-*, «eufórbia»)
esurino *adj.* que desperta o apetite; aperitivo (Do lat. *esurinu-*, de *esurire*, «ter fome»)
esvaecer *v.tr.,intr.,pron.* ⇒ **desvanecer** ■ *v.intr.,pron.* perder as forças; desmaiar (Do lat. *exvanescĕre*, «id.», de *ex-+vanescĕre*, «desaparecer»)
esvaecimento *n.m.* **1** ato ou efeito de esvaecer **2** desvanecimento; desânimo **3** desmaio (De *esvaecer+-i-+-mento*)
esvaimento *n.m.* ato ou efeito de esvair ou de se esvair (De *esvair+-mento*)
esvair *v.tr.* **1** dissipar **2** evaporar ■ *v.pron.* **1** perder um líquido abundantemente **2** esgotar-se **3** evaporar-se **4** desmaiar **5** ter tonturas (Do lat. *exvanĕre*, de *vanu-*, «vão»)
esvanecer *v.tr.,intr.,pron.* ⇒ **esvaecer** (Do lat. *exvanescĕre*, «id.», de *ex-+vanescĕre*, «desaparecer»)
esvão *n.m.* ⇒ **desvão** (De *es-+vão*)
esvaziamento *n.m.* ato ou efeito de esvaziar ou esvaziar-se (De *esvaziar+-mento*)
esvaziar *v.tr.* **1** tornar vazio; despejar **2** desocupar **3** [fig.] retirar o significado de ■ *v.pron.* **1** ficar vazio **2** [fig.] perder o significado (De *es-+vazio+-ar*)
esventar *v.tr.* tirar a humidade a (bocas de fogo) por meio de um tiro de pólvora seca (Do it. *sventare*, «id.»)
esventrar *v.tr.* abrir o ventre a; estripar; eviscerar (De *es-+ventre+-ar*)
esverçar *v.tr.* esfregar e espremer (as verças, as couves) depois de lavadas, para as pôr a cozer (De *es-+verça+-ar*)
esverdeado *adj.* semelhante a verde (Part. pass. de *esverdear*)
esverdear *v.tr.,intr.* dar ou tomar cor parecida com o verde (De *es-+verde+-ear*)
esverdinhado *adj.* ⇒ **esverdeado** (Part. pass. de *esverdinhar*)
esverdinhar *v.tr.,intr.* dar ou tomar cor parecida com o verde (De *es-+verde+-inhar*)
esvidador *adj.,n.m.* que ou aquele que apanha as vides na vinha, depois de podada (De *esvidar+-dor*)
esvidar *v.tr.* limpar (a vinha) das vides ou os sarmentos que foram podados; esvidigar (De *es-+vide+-ar*)
esvidar-se *v.pron.* expelir gases dos intestinos; descuidar-se (Do fr. *évider*, «esvaziar; esvaziar-se»?)
esvidigador *adj.,n.m.* ⇒ **esvidador** (De *esvidigar+-dor*)
esvidigar *v.tr.* ⇒ **esvidar** (De *es-+vide+-igar*)
esviscerar *v.tr.* ⇒ **eviscerar** (De *es-+víscera+-ar*)
esvoaçante *adj.2g.* que esvoaça (De *esvoaçar+-ante*)
esvoaçar *v.intr.* **1** mover as asas para se deslocar no ar; voejar; adejar **2** flutuar (De *es-+voar+-açar*)
esvurmar *v.tr.* tirar ou limpar o vurmo de uma ferida, espremendo-a (De *es-+vurmo+-ar*)
eta¹ *n.m.* nome da sétima letra do alfabeto grego (η, H), correspondente ao **e** (fechado) (Do gr. *ēta*, «id.», pelo lat. *eta*, «id.»)
eta² *adj.2g.* referente aos Etas ■ *n.2g.* indivíduo da casta dos Etas
êta *interj.* [Brasil] exprime desagrado, espanto ou alegria
et alii *loc.* e outra coisa; e outras coisas; e outros (Do lat. *et alia; et alii*, «id.»)
etanal *n.m.* QUÍMICA nome científico do aldeído acético (De *etano+al[deído]*)
etano *n.m.* QUÍMICA hidrocarboneto saturado, de composição C_2H_6 (Do fr. *éthane*, «id.»)
etanoato *n.m.* QUÍMICA sal do ácido etanoico; acetato (De *etano+-ato*)
etanodioico *adj.* QUÍMICA diz-se, na nomenclatura atual, do ácido oxálico (De *etano+di-+-óico*)
etanodióico ver nova grafia etanodioico
etanodiol *n.m.* QUÍMICA nome científico do glicol ordinário (De *etano+di-+-ol*)
etanoico *adj.* QUÍMICA diz-se, na nomenclatura atual, do ácido acético (De *etano+-óico*)
etanóico ver nova grafia etanoico

etanol *n.m.* QUÍMICA líquido incolor volátil e inflamável, obtido através da destilação de substâncias açucaradas ou farináceas, e utilizado na composição de muitas bebidas como o vinho, a cerveja e aguardente; álcool etílico (De *etano+-ol*)
etapa *n.f.* **1** qualquer percurso ou distância entre dois pontos determinados que se vence sem parar **2** MILITAR distância percorrida pela tropa durante um dia **3** fase de uma doença **4** período; estádio (Do fr. *étape*, «id.»)
etário *adj.* relativo a idade (Do lat. *aetāte*, «idade»+-*ário*, com hapl.)
etarra *n.2g.* membro do grupo independentista basco ETA ■ *adj.2g.* pertencente ou relativo aos membros deste grupo (Do vasc. *etarra*, «id.»)
Etas *n.m.pl.* ETNOGRAFIA casta considerada inferior e desprezível, entre os Japoneses (Do jap. *eta*, «id.»)
et caetera *loc.* ⇒ **et cetera**
et cetera *loc.* e outras coisas mais (Do lat. *et cetera*)
-ete /ê/ sufixo nominal, de origem latina, que tem sentido *diminutivo* e, por vezes, *pejorativo* (*fradete; tiranete*)
eteno /ê/ *n.m.* QUÍMICA hidrocarboneto de composição C_2H_4 (De *ét[ano]+-eno*)
éter *n.m.* **1** FÍSICA meio hipotético que se supunha encher todo o espaço e no qual se transmitiriam as ondas eletromagnéticas **2** QUÍMICA líquido muito volátil e inflamável resultante da desidratação do álcool pelo ácido sulfúrico **3** QUÍMICA nome genérico dos óxidos de alquilos **4** regiões superiores da atmosfera; ar; céu (Do gr. *aithḗr*, «a região mais alta da atmosfera», pelo lat. *aethēre-*, «ar; céu; éter»)
etéreo *adj.* **1** relativo ao éter ou da natureza do mesmo **2** [poét.] muito elevado; que se situa a grande altura **3** [fig.] puro; sublime; celeste; diáfano (Do lat. *aetherĭu-*, «id.»)
eterificação *n.f.* ato ou efeito de eterificar; conversão em éter (De *eterificar+-ção*)
eterificar *v.tr.* converter em éter (Do lat. *aethēre-*, «éter» +*ficāre*, por *facĕre*, «fazer»)
eterismo *n.m.* **1** anestesia pelo éter **2** intoxicação produzida pelo excesso de éter (De *éter+-ismo*)
eterização *n.f.* **1** ato ou efeito de eterizar ou eterizar-se **2** inalação de éter como anestésico (De *eterizar+-ção*)
eterizador *n.m.* instrumento que serve para eterizar (De *eterizar+-dor*)
eterizar *v.tr.* **1** misturar ou combinar com éter **2** anestesiar por meio de éter ■ *v.pron.* transformar-se em éter (De *éter+-izar*)
eternal *adj.2g.* ⇒ **eterno** (Do lat. *aeternāle-*, «eterno»)
eternamente *adv.* durante a eternidade; sempre (De *eterno+-mente*)
eternar *v.tr.,pron.* ⇒ **eternizar** (Do lat. *aeternāre*, «id.»)
eternidade *n.f.* **1** qualidade do que é eterno **2** ausência de princípio e fim, assim como de toda e qualquer mudança **3** exclusão e transcendência da noção de tempo **4** vida eterna **5** duração ou tempo muito longo **6** grande demora; *sono da ~* a morte (Do lat. *aeternitāte-*, «id.»)
eternizar *v.tr.* **1** tornar eterno **2** fazer durar ou prolongar indefinidamente ■ *v.pron.* **1** tornar-se célebre para sempre **2** prolongar-se por muito tempo **3** ficar muito tempo num lugar (De *eterno+-izar*)
eterno *adj.* **1** que não teve princípio e não há de ter fim **2** que dura sempre (conceção temporal e vulgar da eternidade) **3** FILOSOFIA, RELIGIÃO que está fora do tempo e do devir (conceção intemporal de eternidade) **4** [fig.] inalterável **5** [fig.] enorme; desmedido **6** [fig.] afamado; imortalizado; *Pai Eterno* Deus; *sono ~* morte (Do lat. *aeternu-*, «eterno»)
etero- elemento de formação de palavras que exprime a ideia de *éter* (Do gr. *aithḗr, -eros*, «região mais alta da atmosfera»)
eterolato *n.m.* FARMÁCIA produto medicamentoso, resultante da destilação do éter sulfúrico sobre uma substância aromática (De *éter+-ol+-ato*)
eterolatura *n.f.* FARMÁCIA tintura de éter (Do fr. *éthérolature*, «id.»)
eteróleo *n.m.* FARMÁCIA medicamento obtido pela solução de uma substância no éter (De *éter+óleo*)
eteromania *n.f.* MEDICINA hábito patológico de tomar éter (De *etero-+mania*)
eterómano *adj.,n.m.* que ou aquele que padece de eteromania (De *etero-+-mano*)
etésio *adj.* [mais usado no plural] METEOROLOGIA designativo de cada um dos ventos frescos que, no verão, sopram do Mediterrâneo oriental para o Egito e para a costa oriental daquele mar, estando relacionados com o harmatão, alísio continental do Sara meridional (Do gr. *etēsioi [ánemoi]*, «ventos anuais», pelo lat. *etesīos*, «ventos etésios»)

Ethernet n.f. INFORMÁTICA tecnologia que permite a transferência de dados a alta velocidade numa rede local (Do ing. *Ethernet*, «id.»)

ética n.f. 1 FILOSOFIA disciplina que procura determinar a finalidade da vida humana e os meios de a alcançar, preconizando juízos de valor que permitem distinguir entre o bem e o mal 2 princípios morais por que um indivíduo rege a sua conduta pessoal ou profissional; código deontológico 3 moral 4 ciência da moral (Do gr. *ethiké [epistéme]*, «a ciência relativa aos costumes», pelo lat. *ethĭca-*, «id.»)

eticista n.2g. especialista em ética (De *ética*+-*ista*)

ético adj. relativo à ética (Do gr. *ethikós*, «relativo à moral», pelo lat. *ethĭcu-*, «id.»)

etilamina n.f. QUÍMICA monoamina primária correspondente ao etano (De *etilo*+*amina*)

etilato n.m. QUÍMICA composto iónico que contém o anião proveniente do etanol, ou álcool etílico, por perda de um protão do seu oxidrilo (De *etilo*+-*ato*)

etilénico adj. QUÍMICA referente ao etileno; **hidrocarbonetos etilénicos** QUÍMICA série de hidrocarbonetos não saturados, de fórmula geral C_nH_{2n} (De *etileno*+-*ico*)

etileno /é/ n.m. QUÍMICA ⇒ **eteno** (Do fr. *éthylène*, «id.»)

etílico adj. QUÍMICA (composto) em que entra o etilo (Do fr. *éthylique*, «id.»)

etilizado adj. alcoolizado; bêbedo (Part. pass. de *etilizar*)

etilizar v.tr. alcoolizar; embebedar (De *etilo*+-*izar*)

etilo n.m. QUÍMICA 1 alquilo do etano 2 radical do álcool etílico (De *et[ano]*+-*ilo*)

étimo n.m. GRAMÁTICA palavra considerada como origem de outra (Do gr. *étymon*, «verdadeiro; certo», pelo lat. *etўmon*, «étimo»)

etimologia n.f. 1 parte da gramática que estuda a origem, a formação e a evolução das palavras 2 origem de uma palavra (Do gr. *etymología*, «id.», pelo lat. *etymologĭa-*, «origem de uma palavra; etimologia»)

etimologicamente adv. 1 do ponto de vista etimológico 2 quanto à etimologia (De *etimológico*+-*mente*)

etimológico adj. relativo à etimologia (Do lat. *etymologĭcu-*, «id.»)

etimologismo n.m. sistema ortográfico fundado na etimologia, por oposição ao fonetismo (De *etimologia*+-*ismo*)

etimologista n.2g. pessoa versada no conhecimento das etimologias (De *etimologia*+-*ista*)

etino n.m. QUÍMICA ⇒ **acetileno** (De *et[er]*+-*ino*)

etiologia n.f. 1 estudo sobre a origem das coisas ou de certa categoria de factos 2 MEDICINA parte da medicina que estuda as causas das doenças (Do gr. *aitiología*, «estudo das causas», pelo lat. *aetiologĭa-*, «id.»)

etiológico adj. respeitante à etiologia (De *etiologia*+-*ico*)

etíope adj.2g. da Etiópia ou a ela relativo ■ n.2g. natural ou habitante da Etiópia (Do gr. *Aithíops, -opos*, «da Etiópia», pelo lat. *Aethiŏpe-*, «etíope»)

etiópico adj. relativo ou pertencente à Etiópia ou aos Etíopes (Do gr. *aithiopikós*, «id.», pelo lat. *aethiopĭcu-*, «id.»)

etiopisa n.f. mulher da Etiópia (Do lat. *aethiopissa-*, «id.»)

etiqueta /ê/ n.f. 1 conjunto de regras e cerimónias usadas na corte e na sociedade 2 regra; estilo; praxe 3 pedaço de papel, plástico ou outro material que se fixa a um objeto para indicar o conteúdo, o preço e/ou outras informações; letreiro; rótulo 4 pedaço de tecido ou outro material que se cose no interior das peças de vestuário com a indicação do tamanho, do material, do fabricante e, frequentemente, com indicações de lavagem 5 INFORMÁTICA código que identifica e classifica um determinado elemento num documento (Do fr. *étiquette*, «id.»)

etiquetador n.m. 1 máquina de colocar etiquetas 2 INFORMÁTICA programa que posiciona as etiquetas no local correto no documento

etiquetagem n.f. ato de etiquetar (Do fr. *étiquetage*, «id.»)

etiquetar v.tr. pôr etiqueta em; rotular (Do fr. *étiqueter*, «id.»)

etmoidal adj.2g. ⇒ **etmóideo** (De *etmóide*+-*al*)

etmoide n.m. ANATOMIA osso ímpar da parte anterior basilar do crânio, com porção crivosa, também denominado cribriforme (Do lat. *ethmoeidēs*, «em forma de crivo»)

etmóide ver nova grafia etmoide

etmóideo adj. relativo ou pertencente ao etmoide; etmoidal (De *etmóide*+-*eo*)

etnarca n.m. 1 governador de província, entre os Gregos 2 título concedido por Roma a alguns soberanos do Oriente (Do gr. *ethnárkhes*, «governador de província»)

etnarquia n.f. dignidade ou jurisdição do etnarca (De *etnarca*+-*ia*)

etnia n.f. SOCIOLOGIA conjunto de indivíduos que, podendo pertencer a raças e a nações diferentes, estão unidos por uma cultura e, particularmente, por uma língua comuns (Do gr. *éthnos*, «raça» + -*ia*, ou do fr. *ethnie*, «etnia»)

etnicidade n.f. 1 estudo dos traços socioculturais de um grupo humano 2 conjunto desses traços, que se caracterizam por serem distintivos em relação a outro grupo humano (De *étnico*+-*i*-+-*dade*)

etnicismo n.m. ⇒ **paganismo** (De *étnico*+-*ismo*)

étnico adj. 1 relativo ou característico de um grupo cultural ou racial; gentílico; rácico 2 que designa um povo pelo seu nome de origem (Do gr. *ethnikós*, «relativo a uma raça», pelo lat. *ethnĭcu-*, «id.»)

etn(o)- elemento de formação de palavras que exprime a ideia de *povo, raça, nação* (Do gr. *éthnos*, «raça; nação; povo»)

etnobiologia n.f. ciência que tem por objetivo o estudo da influência recíproca dos fenómenos biológicos em relação a agrupamentos humanos com a mesma língua e a mesma cultura (De *etno-*+*biologia*, ou do fr. *ethnobiologie*, «id.»)

etnocentrismo n.m. atitude baseada na convicção de que o povo a que se pertence, com as suas crenças, tradições, valores, é um modelo a que tudo deve referir-se (De *etno-*+*centrismo*)

etnocídio n.m. ANTROPOLOGIA destruição da civilização ou cultura de um grupo étnico por outro grupo étnico (De *etno-*+-*cídio*)

etnodiceia n.f. direito das gentes (Do gr. *éthnos*, «raça» +*dikaía*, por *díke*, «justiça»)

etnogenia n.f. estudo da origem dos povos (Do gr. *éthnos*, «povo» +*génos*, «origem; descendência» +-*ia*)

etnogeografia n.f. estudo geográfico das massas humanas, do ponto de vista etnográfico e etnológico; geografia humana (De *etno-*+*geografia*)

etnografia n.f. estudo descritivo das instituições e dos factos da civilização dos diversos povos ou etnias (Do gr. *éthnos*, «povo» +*gráphein*, «descrever» +-*ia*)

etnográfico adj. relativo à etnografia (De *etnografia*+-*ico*)

etnógrafo n.m. aquele que é conhecedor de etnografia (Do gr. *éthnos*, «povo» +*gráphein*, «descrever»)

etnologia n.f. 1 estudo dos povos integrados no contexto dos seus agrupamentos naturalmente constituídos: a linguística, a antropologia, o folclore, etc.; antropologia cultural 2 teoria explicativa geral dos factos propostos pela etnografia (Do gr. *éthnos*, «povo» +*lógos*, «estudo» +-*ia*)

etnológico adj. relativo à etnologia (De *etnologia*+-*ico*)

etnologista n.2g. ⇒ **etnólogo** (De *etnologia*+-*ista*)

etnólogo n.m. aquele que é conhecedor de etnologia (Do gr. *éthnos*, «povo» +*lógos*, «estudo»)

etnometria n.f. medida da capacidade ingénita de um povo (Do gr. *éthnos*, «povo» +*métron*, «medida» +-*ia*)

etnomusicologia n.f. estudo do fenómeno musical, para além da composição e da execução, em relação aos vários povos, com especial atenção para a estética musical, o ensino da música, a investigação histórica e o folclore de cada um deles (De *etno-*+*musicologia*)

etnomusicológico adj. relativo à etnomusicologia (De *etnomusicologia*+-*ico*)

etnomusicólogo n.m. pessoa que se dedica ao estudo do fenómeno musical entre os vários povos; especialista de etnomusicologia (De *etno-*+*musicólogo*)

etnonímia n.f. parte da onomatologia que trata dos etnónimos (Do gr. *éthnos*, «raça» +*ónyma*, por *ónoma*, «nome» +-*ia*)

etnónimo n.m. nome que designa coletivamente uma casta, tribo, raça, povo, etc. (Do gr. *éthnos*, «povo; raça» +*ónyma*, por *ónoma*, «nome»)

etnopsicologia n.f. psicologia dos povos (De *etno-*+*psicologia*)

eto- /é/ elemento de formação de palavras que exprime a ideia de *costume, carácter, moral* (Do gr. *éthos*, «costume»)

-eto[1] sufixo nominal, de origem latina, que tem sentido diminutivo (*folheto; poemeto*)

-eto[2] sufixo nominal que, na terminologia química, designa um sal ou um composto binário (ou o respetivo anião, exceto no caso dos óxidos)

etocracia n.f. forma de governo baseada na moral (Do gr. *éthos*, «costume» +*krateía*, de *krátos*, «força»)

etogenia n.f. ciência que trata da origem ou das causas que determinam e fixam os costumes, paixões e caracteres dos povos (Do gr. *éthos*, «costume» +*génos*, «origem» +-*ia*)

etogénico adj. relativo à etogenia (De *etogenia*+-*ico*)

etognosia n.f. conhecimento dos caracteres e costumes dos povos (Do gr. *éthos*, «costume» +*gnõsis*, «conhecimento» +-*ia*)

etognóstico adj. relativo à etognosia (Do gr. *éthos*, «costume» +*gnostikós*, «capaz de conhecer»)

etografia n.f. estudo dos costumes das massas humanas quanto ao seu desenvolvimento moral (Do gr. *ethographía*, «descrição dos costumes»)

etologia n.f. 1 BIOLOGIA ciência do comportamento dos animais no seu meio natural 2 ciência dos costumes descritos pela etnografia (Wundt, filósofo e psicólogo alemão, 1832-1920) 3 PSICOLOGIA estudo do comportamento, de natureza comparativo, que se ocupa dos fundamentos dos modelos comportamentais inatos (instinto, etc.) e das condições que os desencadeiam 4 [ant.] ciência dos caracteres (Stuart Mill, filósofo e economista inglês, 1806-1873), hoje, caracterologia (Do gr. *ethología*, «imitação dos costumes», pelo lat. *ethologĭa-*, «etologia»)

etólogo n.m. aquele que é versado em etologia (Do gr. *ethólogos*, «bobo», pelo lat. *ethologŭ-*, «comediante»)

etopeia n.f. descrição dos costumes e das paixões humanas (Do gr. *ethopoiía*, «etopeia», pelo lat. *ethopoea-*, «id.»)

etopeu n.m. pessoa que se dedica à etopeia (Do gr. *ethopoiós*, «id.»)

etrusco adj. da Etrúria ou relativo a esta região da Itália ▪ n.m. indivíduo ou língua da Etrúria (Do lat. *etruscu-*, «id.»)

Etruscos n.m.pl. ETNOGRAFIA povo, de origem incerta, que dominou a Península Itálica antes dos Romanos e cuja civilização atingiu o apogeu no século VI a. C.

eu pron.pess. designa a primeira pessoa do singular e indica a pessoa que fala ou escreve (*eu sai; foram todos exceto eu*) ▪ n.m. 1 a minha pessoa 2 o ente consciente (Do gr. *egó*, «eu», pelo lat. *egõ*, «id.»)

eu- prefixo que exprime a ideia de *bondade, excelência, perfeição* (Do gr. *eũ*, «bem; bom»)

-eu sufixo nominal, de origem latina, que entra na formação de adjetivos e substantivos que exprimem a ideia de *origem, pertença*, em relação à palavra primitiva (*egeu; pigmeu*)

-éu sufixo nominal, de origem latina, que exprime a ideia de *origem, relação, pertença* (*ilhéu; terréu*)

eubiótica n.f. arte de bem viver (Do gr. *eubíotos*, «que vive bem»+-*ica*)

eucaína n.f. FARMÁCIA anestésico sucedâneo da cocaína (De *eu*-+[*co*]*caína*)

eucaliptal n.m. 1 plantação de eucaliptos 2 mata onde predominam os eucaliptos (De *eucalipto*+-*al*)

eucalipto n.m. 1 BOTÂNICA árvore de porte elevado, da família das Mirtáceas, oriunda da Austrália e da Tasmânia, bastante cultivada em Portugal, de crescimento rápido, com folhas rijas e aromáticas e que produz um óleo com propriedades medicinais 2 madeira desta árvore (Do gr. *eũ*, «bem» +*kalyptós*, «coberto», pelo lat. bot. *eucalyptu-*, «eucalipto», pelo fr. *eucalyptus*, «id.»)

eucaliptol n.m. FARMÁCIA, QUÍMICA composto orgânico líquido, de cheiro canforáceo, extraído do óleo essencial do eucalipto (De *eucalipto*+-*ol*)

eucariota adj.2g.,n.m. BIOLOGIA ser vivo ou designativo do ser vivo cujas células apresentam núcleo individualizado, separado do citoplasma por uma membrana, que o envolve (Do gr. *eũ*, «bem; regular; verdadeiro»+*káryon*, «noz; núcleo», pelo fr. *eucaryote*, «eucariota»)

eucariótico adj. 1 BIOLOGIA relativo a eucariota 2 BIOLOGIA diz-se do ser vivo cujas células apresentam núcleo individualizado, separado do citoplasma por uma membrana que o envolve 3 BIOLOGIA diz-se das células que apresentam núcleo individualizado (De *eucariota*+-*ico*)

Eucaristia n.f. 1 RELIGIÃO (teologia católica) sacramento que é Cristo sob as espécies do pão e do vinho consagrados 2 RELIGIÃO o pão e o vinho consagrados e transubstanciados em Cristo 3 RELIGIÃO ato litúrgico, com sentido de ação de graças e de sacrifício, durante o qual se realiza a consagração eucarística 4 RELIGIÃO hóstia consagrada (Do gr. *eukharistía*, «ação de graças», pelo lat. *eucharistĭa-*, «eucaristia»)

eucarístico adj. relativo à Eucaristia (Do gr. *eukharistikós*, «id.»)

êuclase n.f. MINERALOGIA esmeralda que aparece especialmente nalgumas regiões de areias auríferas (Do gr. *eũ*, «bem» +*klásis*, «fratura»)

euclidiano adj. relativo a Euclides, matemático grego do século III a. C., ou à sua maneira de conceber a geometria (De *Euclides*, antr. +-*iano*)

eucológio n.m. livro de orações que contém o ritual para a celebração da Eucaristia, de alguns sacramentos e de outras cerimónias religiosas (Do gr. *eukhológion*)

eucrasia n.f. (medicina antiga) boa saúde (Do gr. *eukrasía*, «bom temperamento»)

eucrásico adj. relativo à eucrasia (De *eucrasia*+-*ico*)

eucroíte n.f. MINERALOGIA arseniato hidratado natural de cobre (Do gr. *eũ*, «bom; belo» +*khróa*, «cor» +-*ite*)

eucromático adj. de boa ou bela cor (Do gr. *eũ*, «bem» +*khrõma*, -*atos*, «cor» +-*ico*)

eucromatina n.f. BIOLOGIA (genética) região que compreende todo o genoma nuclear na intérfase, à exceção da região da heterocromatina (De *eu*-+*cromatina*)

eudemonismo n.m. FILOSOFIA doutrina filosófica segundo a qual a moralidade consiste na procura da felicidade, tida como o bem supremo (Do gr. *eudaimonismós*, «felicidade»)

eudiapneustia n.f. respiração ou transpiração fácil (Do gr. *eũ*, «bem» +*diapneín*, «transpirar» +-*ia*)

eudiometria n.f. QUÍMICA análise das misturas gasosas efetuadas por meio do eudiómetro (De *eudiómetro*+-*ia*)

eudiométrico adj. QUÍMICA relativo à eudiometria

eudiómetro n.m. QUÍMICA aparelho que permite medir as variações de volume que sofrem os gases quando reagem entre si (De *eudía*, «tempo bom» +*métron*, «medida»)

euemia n.f. boa qualidade do sangue; evemia (Do gr. *eũ*, «bem» +*haĩma*, «sangue» +-*ia*)

eufémico adj. 1 relativo ao eufemismo 2 em que há eufemismo (Do gr. *eúphemos*, «que evita palavras de mau agoiro», pelo fr. *euphémique*, «id.»)

eufemismo n.m. recurso estilístico que consiste em suavizar uma ideia (desagradável ou grosseira) por meio de uma expressão mais agradável (Do gr. *euphemismós*, «emprego de palavra favorável», pelo lat. tard. *euphemismu-*, «id.», pelo fr. *euphémisme*, «id.»)

eufemístico adj. 1 relativo a eufemismo 2 em que há eufemismo (De *eufemis[mo]*+*t*+-*ico*)

eufomania n.f. nome genérico dado à preocupação obsessiva de alcançar um estado eufórico: cocainomania, morfinomania, etc. (Do gr. *eúpho[ros]*, «fácil de levar» +*mania*, «mania»)

eufonia n.f. 1 efeito acústico agradável provocado pelo encontro de dados sons; som agradável 2 suavidade ou elegância na pronúncia (Do gr. *euphonía*, «bela voz», pelo lat. *euphonĭa-*, «eufonia; sons harmoniosos»)

eufónico adj. que tem eufonia; melodioso; suave (De *eufonia*+-*ico*)

êufono adj. que tem voz melodiosa ▪ n.m. espécie de harmónica (Do gr. *eúphonos*, «de som agradável»)

eufórbia n.f. 1 BOTÂNICA designação de umas plantas da família das Euforbiáceas (género *Euphorbia*), cujo látex tem aplicação medicinal 2 a resina dessas plantas (Do gr. *euphórbion*, «alforfião; eufórbio», pelo lat. *euphorbĭu-*, «id.»)

Euforbiáceas n.f.pl. BOTÂNICA família de plantas dicotiledóneas, de folhas simples e frutos secos (De *eufórbia*+-*áceas*)

euforbiáceo adj. 1 relativo ao eufórbio 2 da família das Euforbiáceas (De *eufórbia*+-*áceo*)

eufórbio n.m. euphórbion, «alforfião; eufórbio», pelo lat. *euphorbĭu-*, «id.»)

euforia n.f. 1 sensação de bem-estar produzida normalmente pela boa saúde, ou anormalmente por estupefacientes 2 [fig.] exaltação; entusiasmo 3 GRAMÁTICA valorização positiva dos termos de uma estrutura semântica (Do gr. *euphoría*, «força para aguentar»)

eufórico adj. que tem euforia (Do gr. *eúphoros*, «fácil de suportar» +-*ico*)

eufótico adj. BIOLOGIA (zona do mar ou lago) penetrado pela luz solar com intensidade suficiente para permitir a ocorrência da fotossíntese (Do ing. *euphotic*, «id.»)

eufrásia n.f. BOTÂNICA planta da família das Escrofulariáceas (género *Euphrasia*), usada em terapêutica (Do gr. *euphrasía*, «alegria»)

eufuísmo n.m. estilo afetado e conceituoso que dominou em Inglaterra no séc. XVII; culteranismo inglês (De *Euphues*, do gr. *euphyés*, «belo», título de um romance de John Lily, escritor ing., 1553-1606 +-*ismo*)

eufuísta adj.,n.2g. que ou pessoa que usa de eufuísmo (De *Euphues*, do gr. *euphyés*, «belo», título de um romance de John Lily, escritor ing., 1553-1606 +-*ista*)

eufuístico adj. relativo a eufuísmo (De *eufuísta*+-*ico*)

eugenesia n.f. 1 BIOLOGIA meio de obter a melhoria da raça humana 2 qualidade que se verifica nos indivíduos eugenésicos (Do gr. *eû*, «bem; bom» +*génesis*, «origem» +*-ia*)

eugenésico adj. 1 que apresenta condições para produzir boa descendência 2 capaz de melhorar a raça 3 relativo a eugenesia (De *eugenesia*+*-ico*)

eugenética n.f. ⇒ **eugenesia**

eugenético adj. ⇒ **eugenésico**

eugenia n.f. aplicação racional das leis da genética à reprodução humana, preconizada pelo naturalista inglês Francis Galton (1822-1911), com o fim de obter melhoria das estirpes, tanto do ponto de vista físico como mental (Do gr. *eugeneía*, «bom nascimento»)

eugénia n.f. BOTÂNICA planta tropical, da família das Mirtáceas (género *Eugenia*), com cerca de mil espécies, algumas de elevado valor económico, e a que pertencem a pitangueira e a uvaieira

eugénico adj. relativo a eugenia (De *eugenia*+*-ico*)

eugenismo n.m. doutrina dos eugenistas (De *eugenia*+*-ismo*)

eugenista adj.,n.2g. que ou pessoa que é adepta ou que estuda as doutrinas eugénicas (De *eugenia*+*-ista*)

êugrafo n.m. espécie de câmara escura (Do gr. *eúgraphos*, «bem escrito»)

eulerização n.f. MATEMÁTICA processo matemático que consiste em eliminar os vértices de grau ímpar em grafos através da adição de arestas, de forma a que todos os vértices tenham grau par (De *eulerizar*+*-ção*)

eulerizar v.tr. MATEMÁTICA eliminar vértices de grau ímpar em grafos através da adição de arestas, de forma a que todos os vértices tenham grau par (De *L. Euler*, antr. +*-izar*)

eulógias n.f.pl. fragmentos de pão que os primeiros cristãos levavam para a consagração, na Missa (Do gr. *eulogía*, «bênção», pelo lat. *eulogĭa*, «pão abençoado»)

euménide n.f. 1 MITOLOGIA cada uma das três Fúrias que, segundo a mitologia, atormentavam as almas dos condenados no Inferno 2 [fig.] remorso; pungir da consciência (Do gr. *Eumenídes*, «Euménides», pelo lat. *Eumenĭdes*, «id.»)

eunomianismo n.m. RELIGIÃO preceito criado pelo heresiarca Eunómio (século IV), oriundo da Capadócia, na Ásia Menor, segundo o qual o Filho não é da mesma natureza do Pai (De *eunomiano*+*-ismo*)

eunomiano adj. relativo a Eunómio, heresiarca oriundo da Capadócia, na Ásia Menor (séc. IV), ou ao eunomianismo ■ n.m. partidário do eunomianismo (De *Eunómio*, antr. +*-ano*)

eunuco n.m. 1 homem castrado que guardava as mulheres do harém 2 homem incapaz de procriar 3 flauta popular ■ adj. 1 estéril 2 inútil (Do gr. *eunoûkhos*, «guarda do leito da mulher», pelo lat. *eunūchu-*, «eunuco»)

eunuquismo n.m. qualidade ou estado de eunuco (Do lat. *eunuchismu-*, «id.»)

eupatia n.f. paciência; resignação (Do gr. *eupátheia*, «felicidade»)

eupático adj. relativo à eupatia (De *eupatia*+*-ico*)

eupatório-de-avicena n.m. BOTÂNICA planta herbácea, da família das Compostas, de importância medicinal, espontânea e frequente no Norte e no Centro de Portugal (Do gr. *eupatórion*, «agrimónia», pelo lat. *eupatorĭu-*, «id.»)

eupatoscópio n.m. dispositivo que permite calcular o calor perdido por um indivíduo (Do gr. *eupátheia*, «sensibilidade» +*skopeîn*, «ver; observar»)

eupátrida n.2g. membro da aristocracia ateniense que descendia das ilustres famílias eólias que se estabeleceram na Ática (Do gr. *eupatrídes*, «id.»)

eupepsia n.f. facilidade de digestão (Do gr. *eupepsía*, «digestão fácil»)

eupéptico adj. que facilita a digestão; digestivo (Do gr. *eupeptikós*, «digestivo; de boa digestão»)

euplástico adj. relativo às formas plásticas bem delineadas (Do gr. *eúplastos*, «fácil de modelar» +*-ico*)

eupneia n.f. facilidade de respirar (Do gr. *eúpnoia*, «respiração fácil»)

euquimo n.m. suco nutritivo dos vegetais (Do gr. *eúkhymos*, «suculento»)

euraliano adj. diz-se de um ser vivo marinho que suporta normalmente variações acentuadas de salinidade das águas (Do gr. *eur[ýs]*, «vasto» +*háli[nos]*, «de sal» +*-ano*)

eurasiático adj. relativo à Europa e à Ásia ■ n.m. mestiço de europeu e de asiático; euro-asiático (De *eur(o)-*+*asiático*)

eurásio adj.,n.m. ⇒ **eurasiático** (De *eur(o)-*+*ásio* [= asiático])

eureca interj. ⇒ **heureca**

euri- elemento de formação de palavras que exprime a ideia de *largo, vasto, extenso* (Do gr. *eurýs*, «largo»)

euribático adj. diz-se de um ser vivo marinho que vive em grandes profundidades e suporta grandes pressões aquáticas (Do gr. *eurýs*, «largo» +*báthos*, «profundidade» +*-ico*)

euribor n.f. ECONOMIA taxa de juro interbancária de referência, calculada diariamente com base nas taxas praticadas em empréstimos em euros por um número limitado de bancos europeus (Do ing. *Euribor®*, acrónimo de *Euro Interbank Offered Rate*)

euricefalia n.f. TERATOLOGIA qualidade de euricéfalo (De *euricéfalo*+*-ia*)

euricéfalo adj. TERATOLOGIA que apresenta cabeça demasiadamente grande (Do gr. *eurýs*, «largo» +*kephalé*, «cabeça»)

erícero adj. de chifres ou antenas largas (Do gr. *eurýkeros*, «de chifres largos»)

eurignatismo n.m. ANTROPOLOGIA carácter definido pela apresentação da face com a maior largura na parte média (De *eurígnato*+*-ismo*)

eurígnato adj. diz-se do indivíduo que apresenta eurignatismo (Do gr. *eurýs*, «largo» +*gnáthos*, «maxila»)

êurino adj. relativo ao vento euro (Do lat. *eurĭnu-*, «de leste»)

euriónico adj. diz-se de um ser vivo marinho que pode suportar normalmente variações acentuadas de pH das águas (Do gr. *eurýs*, «vasto»+gr. *íon*, «ião» +*-ico*)

euripo n.m. 1 movimento irregular; agitação 2 parte de um estreito onde o mar é agitado (Do gr. *eúripos*, «agitado», pelo lat. *eurīpu-*, «estreito; canal»)

euritermo adj. diz-se de um ser vivo que suporta normalmente variações sensíveis de temperatura do ambiente (Do gr. *eurýs*, «largo» +*thérme*, «calor»)

euritmia n.f. 1 regularidade ou justa proporção entre as partes de um todo; belas proporções 2 MEDICINA regularidade do pulso 3 MÚSICA unidade e cadência entre as partes de uma composição musical (Do gr. *eurythmía*, «ritmo harmonioso», pelo lat. *eurythmĭa-*, «harmonia»)

eurítmico adj. em que há euritmia (De *euritmia*+*-ico*)

euro[1] n.m. vento de leste (Do gr. *Eûros*, «vento leste», pelo lat. *Euru-*, «id.»)

euro[2] n.m. moeda única, adotada pela maioria dos estados-membros da União Europeia (Red. de *Europa*)

euro- elemento de formação de palavras que exprime a ideia de *europeu* ou *referente à Europa* (Abrev. de *europeu*)

euro-asiático adj. 1 designativo do tipo continental formado pela Europa e pela Ásia; eurasiático 2 relativo aos Europeus e aos Asiáticos; eurasiático (De *euro-*+*asiático*)

eurobond n.f. ECONOMIA obrigação emitida pelos países da eurozona; euro-obrigação (Do ing. *eurobond*, «id.»)

eurocepticismo ver nova grafia eurocepticismo

eurocéptico ver nova grafia eurocético

euroceticismo n.m. atitude de oposição à integração do próprio país na União Europeia (De *euro-*+*cepticismo*)

eurocético adj.,n.m. que ou aquele que se opõe à integração do seu país na União Europeia, ou que duvida das boas intenções da mesma

eurocracia n.f. conjunto de instituições que compõem a União Europeia (De *euro-*+*-cracia*)

eurocrata n.2g. [depr.] funcionário das instituições europeias (De *euro-*+*-crata*)

eurodeputado n.m. deputado eleito para o Parlamento Europeu como representante de um estado-membro da União Europeia (De *euro-*+*deputado*)

eurodólar n.m. valor em dólares americanos depositado num banco europeu ou num banco fora dos Estados Unidos (De *euro-*+*dólar*)

eurónoto n.m. vento do sudeste, entre os Gregos e os Romanos (Do gr. *Eurónotos*, «vento sudeste», pelo lat. *euronŏtu-*, «id.»)

Europarlamento n.m. órgão da União Europeia constituído pelos eurodeputados representantes de cada um dos estados-membros; Parlamento Europeu

europeísmo n.m. 1 predileção pelas coisas da Europa 2 qualidade de europeu 3 posição favorável à União Europeia (De *europeu*+*-ismo*)

europeísta adj.,n.2g. 1 que ou pessoa que tem admiração ou gosto pelo que diz respeito à Europa 2 que ou pessoa que é favorável à União Europeia (De *europeu*+*-ista*)

europeização n.f. ação ou efeito de europeizar ou europeizar-se (De *europeizar*+*-ção*)

europeizar v.tr. dar feição europeia a (De *Europa*+-*izar*)
europeu adj. da Europa ou a ela relativo ▪ n.m. habitante da Europa (Do gr. *europaîos*, «id.», pelo lat. *europaeu*-, «id.»)
európio n.m. QUÍMICA elemento metálico, com o número atómico 63 e símbolo Eu, pertencente aos lantanídeos, e que entra na composição das chamadas terras raras (De *Europa*+-*io*)
eurozona n.f. área geográfica que compreende os países da União Europeia que adotaram o euro como moeda comum (De *euro*-+*zona*)
euscalduno adj. vascongado (Do vasc. *euzkal-dun*, «o que possui o poder»)
êuscaro n.m. vasconço; ibero primitivo (Do vasc. *euzko-era*, «o modo do euzko», pelo cast. *éuscaro*, «êuscaro; vasconço»)
eussemia n.f. MEDICINA bons sintomas na evolução de uma doença (Do gr. *eusémía*, «sinal favorável»)
eustasia n.f. GEOLOGIA fenómeno que diz respeito às variações de nível dos oceanos provocadas por causas não tectónicas (Do gr. *eû*, «bem» +*stásis*, «situação» +-*ia*)
eustático adj. referente a eustasia; *movimentos eustáticos* GEOLOGIA variações do nível dos oceanos devidas a causas não tectónicas nem meteorológicas (Do gr. *eû*, «bem» +*statós*, «o que está firme» +-*ico*)
eustatite n.f. MINERALOGIA mineral do grupo das piroxenas rômbicas (Do gr. *eû*, «bem» +*statós*, «que está firme» +-*ite*)
eustilo n.m. 1 conjunto de colunas bem espaçadas 2 espaço de dois diâmetros entre colunas (Do gr. *eýstylos*, «de lindas colunas», pelo lat. *eustýlos*, «id.»)
eustomia n.f. facilidade em falar (Do gr. *eustomía*, «boa linguagem»)
eutanásia n.f. 1 teoria que preconiza a antecipação da morte de doentes incuráveis, para lhes poupar os sofrimentos da agonia 2 ato, não legalizado, de antecipar a morte de doentes incuráveis, para lhes abreviar o sofrimento (Do gr. *euthanasía*, «morte doce e fácil», pelo lat. *euthanasĭa*-, «id.», pelo fr. *euthanasie*, «eutanásia»)
eutanásico adj. relativo à eutanásia (De *eutanásia*+-*ico*)
eutaxia /cs/ n.f. disposição normal entre as diferentes partes do organismo de um animal (Do gr. *eutaxía*, «boa ordem»)
eutéctico adj. QUÍMICA referente a eutexia; *temperatura eutéctica/ponto ~* temperatura a que solidifica uma mistura eutéctica, que, para as soluções salinas aquosas, se chama ponto crioídrico (Do gr. *eúthektos*, «que funde facilmente»)
eutério adj. relativo ou pertencente aos eutérios ▪ n.m. ZOOLOGIA espécime dos eutérios ▪ n.m.pl. ZOOLOGIA subclasse que compreende os mamíferos vivíparos, de placenta bem diferenciada, com orifícios anal e geniturinário distintos, a que pertence a grande maioria dos mamíferos atuais (Do gr. *eû*, «bem» +*theríon*, «animal»)
eutexia /cs/ n.f. QUÍMICA propriedade que têm determinadas misturas de duas substâncias que, quando arrefecidas, solidificam como um todo sem que a sua composição varie (Do gr. *eû*, «bem» +*têxis*, «liquefação»)
eutícomo adj. que tem o cabelo comprido e grosso (Do gr. *euthýs*, «liso» +*kóme*, «cabeleira»)
eutimia n.f. sossego de espírito (Do gr. *euthymía*, «boa coragem», pelo lat. *euthymĭa*-, «id.»)
eutiquianismo n.m. heresia cristológica de Eutiques, heresiarca grego (378 - 454), que negava a existência de duas naturezas em Jesus Cristo: a natureza humana e a natureza divina; monofisismo (De *eutiquiano*+-*ismo*)
eutiquiano adj. relativo a Eutiques, heresiarca grego (378-454), ou à sua doutrina (De *Eutiques*, antr. +-*iano*)
eutocia n.f. MEDICINA parto normal (Do gr. *eutokía*, «parto feliz»)
eutócico adj. que favorece o parto (De *eutocia*+-*ico*)
eutrofia n.f. boa nutrição; robustez (Do gr. *eutrophía*, «id.»)
eutrófico adj. diz-se do lago ou do rio cujas águas são muito ricas em nutrientes minerais e orgânicos e têm, consequentemente, excesso de vida vegetal, circunstância que dificulta e aniquila a vida animal, por falta de oxigénio (Do gr. *eû*, «bem; bom» +*trophé*, «alimentação» +-*ico*)
eutrofização n.f. ECOLOGIA processo pelo qual as águas de um rio ou de um lago, à custa de elementos provenientes de campos fertilizados, se tornam extraordinariamente ricas em nutrientes minerais e orgânicos, provocando excesso de vida vegetal, que dificulta e aniquila a vida animal, por falta de oxigénio (De *eutrofizar*+-*ção*)
eutrofizar v.tr. tornar eutrófico; provocar a eutrofização de (De *eutrófico*+-*izar*)

Eutuberáceas n.f.pl. ⇒ **Tuberáceas** (Do gr. *eû*, «bem»+lat. *tubĕre*-, «túbera» +-*áceas*)
euxenite n.f. MINERALOGIA mineral negro-acastanhado e raramente cristalino, que quimicamente é um óxido de cálcio e nióbio, e cristaliza no sistema ortorrômbico (Do gr. *eúxenos*, «hospitaleiro» +-*ite*)
ev- prefixo de origem grega, que designa *bondade*, *excelência*, *perfeição* e que se usa antes de vogal (Do gr. *eû*, «bem»)
evacuação n.f. 1 ato ou efeito de evacuar, de sair 2 expulsão de matérias fecais 3 desocupação de um edifício ou de uma área, geralmente numa situação de emergência (Do lat. *evacuatiōne*-, «id.»)
evacuante adj.2g. 1 que evacua 2 que provoca a evacuação (Do lat. *evacuante*-, «id.», part. pres. de *evacuāre*, «esvaziar»)
evacuar v.tr. 1 desocupar (edifício ou área), geralmente numa situação de emergência 2 esvaziar ▪ v.intr. expelir fezes; defecar ▪ v.pron. ficar vazio (Do lat. *evacuāre*, «esvaziar»)
evacuativo adj. ⇒ **evacuatório** (De *evacuar*+-*tivo*)
evacuatório adj. que produz evacuação (De *evacuar*+-*tório*)
evadido adj. diz-se do indivíduo que fugiu do lugar em que estava preso (Part. pass. de *evadir*)
evadir v.tr. 1 evitar; escapar 2 desviar 3 [fig.] sofismar; iludir ▪ v.pron. 1 fugir às ocultas de um local onde estava preso; escapar-se 2 abstrair-se da realidade 3 ir para um local para ficar só (Do lat. *evadĕre*, «sair; evadir-se; fugir»)
evagação n.f. divagação; distração (Do lat. *evagatiōne*-, «ação de errar; divagação»)
evaginação n.f. projeção ou saliência anormal de um órgão ou de uma parte de órgão (De *evaginar*+-*ção*)
evaginar v.tr.,pron. lançar(-se) para fora; projetar(-se) para o exterior (Do lat. *evagināre*, «desembainhar»)
evalve adj.2g. 1 BOTÂNICA diz-se do pericarpo que não se divide em valvas 2 que não se abre; indeiscente (Do lat. *e*-, «sem» +*valva*-, «porta; batente de porta»)
evanescência n.f. qualidade do que é evanescente (De *evanesc(ente)*+-*ência*)
evanescente adj.2g. 1 que se esvai ou esvaece 2 efémero (Do lat. *evanescente*-, «id.», part. pres. de *evanescĕre*, «esvair-se; dissipar-se»)
Evangelho n.m. 1 RELIGIÃO cada um dos quatro primeiros livros do Novo Testamento ou o seu conjunto 2 RELIGIÃO a doutrina de Cristo neles contida 3 RELIGIÃO textos retirados desses livros e lidos durante a missa 4 RELIGIÃO momento da missa em que são lidos esses textos 5 [com minúscula] boa-nova 6 [com minúscula] [fig.] afirmação que merece todo o crédito; verdade indiscutível (Do grego *euaggélion*, «boa notícia», pelo latim *evangelĭu*-, «evangelho»)
evangeliário n.m. livro que contém os trechos dos Evangelhos a ler na missa de cada dia (Do lat. *evangelĭu*-, «evangelho» +-*ário*)
evangélico adj. 1 relativo ao Evangelho 2 que está de acordo com o Evangelho 3 relativo a Igrejas e comunidades religiosas com origem na Reforma (Do lat. *evangelĭcu*-, «id.»)
evangelismo n.m. sistema político-religioso baseado no Evangelho (Do lat. *evangelĭu*-, «evangelho» +-*ismo*)
evangelista n.2g. 1 autor de cada um dos quatro Evangelhos 2 sacerdote que canta o Evangelho na missa 3 aquele que preconiza uma doutrina nova (Do lat. *evangelista*-, «id.»)
evangelização n.f. 1 ato ou efeito de evangelizar 2 pregação do Evangelho 3 ensino ou vulgarização de uma doutrina ou de um sistema (De *evangelizar*+-*ção*)
evangelizador adj.,n.m. que ou aquele que evangeliza; evangelista (Do lat. *evangelizatōre*-, «id.»)
evangelizante adj.,n.2g. 1 que ou quem evangeliza 2 apóstolo 3 moralizador (Do lat. *evangelizante*-, «id.», part. pres. de *evangelizāre*, «evangelizar»)
evangelizar v.tr. 1 divulgar, pregar o Evangelho a 2 ensinar; doutrinar; missionar (Do lat. *evangelizāre*, «id.»)
evaporação n.f. FÍSICA passagem da fase líquida para vapor; escape, da superfície de um líquido, das moléculas cuja energia de agitação térmica é suficiente para vencer as forças de tensão superficial que impedem o escape (Do lat. *evaporatiōne*-, «id.»)
evaporante adj.2g. que faz evaporar (De *evaporar*+-*ante*)
evaporar v.tr. 1 reduzir a um líquido ao estado de vapor por evaporação 2 [fig.] dissipar ▪ v.pron. 1 transformar-se em vapor por evaporação 2 evolar-se; desaparecer (Do lat. *evaporāre*, «id.»)
evaporativo adj. que faz evaporar (Do lat. *evaporatīvu*-, «id.»)
evaporatório adj. ⇒ **evaporativo** ▪ n.m. aparelho que produz ou facilita a evaporação (De *evaporar*+-*tório*)
evaporável adj.2g. suscetível de se evaporar (De *evaporar*+-*vel*)
evaporímetro n.m. ⇒ **evaporómetro**

evaporito *n.m.* PETROLOGIA rocha formada por evaporação de soluções aquosas (De *evaporar+-ito*)
evaporizar *v.tr.,pron.* ⇒ **evaporar** (De *evaporar+-izar*)
evaporómetro *n.m.* METEOROLOGIA aparelho que serve para avaliar a evaporação natural da água para a atmosfera (Do lat. *evaporāre*, «evaporar»+gr. *métron*, «medida»)
evapotranspiração *n.f.* perda de água em determinada região por evaporação através do solo e da transpiração das plantas
evasão *n.f.* 1 ato ou efeito de evadir-se; fuga; saída 2 evasiva; ~ *fiscal* falta deliberada e fraudulenta de pagamento de imposto obrigatório por parte do contribuinte (Do lat. *evasiōne-*, «id.»)
evasê *adj.2g.* diz-se de peça de vestuário que se alarga para baixo, em forma de cone (Do fr. *évasé*)
evasiva *n.f.* subterfúgio com que se pretende sair de alguma dificuldade; subterfúgio; escapatória; pretexto; desculpa (De *evasivo*)
evasivo *adj.* 1 que se dá como desculpa ou pretexto 2 que serve para iludir (Do lat. *evasu-*, «evadido», part. pass. de *evadĕre*, «sair; escapar»+-*ivo*)
evecção *n.f.* 1 ato ou efeito de se elevar 2 ASTRONOMIA perturbação periódica na inclinação da órbita lunar sobre o plano da eclíptica provocada pelas variações da atração solar (Do lat. *evectiōne-*, «ação de se elevar»)
evemerismo *n.m.* FILOSOFIA sistema filosófico que afirma que os deuses pagãos foram personagens humanas divinizadas pelos homens (De *Evémero*, mitógrafo gr. do séc. IV a. C. +-*ismo*)
evemia *n.f.* boa qualidade do sangue; euemia (Do gr. *eû*, «bom» +*haîma*, «sangue» +-*ia*)
evencer *v.tr.* desapossar judicialmente; despojar (Do lat. *evincĕre*, «vencer; derrotar»)
evento *n.m.* 1 acontecimento 2 sucesso; êxito 3 ZOOLOGIA abertura que, nos peixes seláquios, põe a faringe em comunicação com o exterior 4 ZOOLOGIA abertura (narina modificada) nos cetáceos; resfolegadouro 5 espiráculo (Do lat. *eventu-*, «acontecimento»)
eventração *n.f.* 1 hérnia nas paredes abdominais 2 ferida, no abdómen, que dá saída a vísceras; evisceração (Do fr. *éventration*, «id.»)
eventual *adj.2g.* 1 casual; fortuito; contingente 2 variável 3 diz-se do funcionário assalariado, que não pertence a qualquer quadro (Do lat. *eventu-*, «acontecimento» +-*al*)
eventualidade *n.f.* 1 acontecimento incerto; contingência; possibilidade 2 acaso (De *eventual+-i-+-dade*)
eventualmente *adv.* casualmente (De *eventual+-mente*)
evérgeta *adj.,n.m.* epíteto que os antigos aplicavam às divindades protetoras do homem (Do gr. *euergétes*, «benfeitor»)
eversão *n.f.* 1 ato ou efeito de everter 2 reviramento de dentro para fora 3 destruição; ruína (Do lat. *eversiōne-*, «ação de voltar»)
eversivo *adj.* que destrói; subversivo (Do lat. *eversu-*, «derrubado», part. pass. de *evertĕre*, «derrubar; destruir» +-*ivo*)
eversor *n.m.* destruidor; subversor (Do lat. *eversōre*, «id.»)
everter *v.tr.* transformar em ruínas; subverter (Do lat. *evertĕre*, «derrubar»)
evexia /*cs*/ *n.f.* boa compleição; eucrasia (Do gr. *euexía*, «boa constituição»)
evicção *n.f.* 1 DIREITO ato de reivindicar aquilo de que se foi ilegalmente desapossado 2 afastamento legal dos alunos de uma escola, por motivo de doença infetocontagiosa, sem dar lugar a faltas 3 relevação dessas faltas (Do lat. *evictiōne-*, «recuperação de qualquer coisa por julgamento»)
evicto *n.m.* DIREITO pessoa contra quem se intenta a evicção ■ *adj.* 1 que é obrigado à evicção 2 diz-se do aluno afastado por evicção (Do lat. *evictu-*, «vencido», part. pass. de *evincĕre*, «vencer; derrotar»)
evictor *n.m.* aquele que intenta a evicção (Do lat. *evictōre*, «id.»)
evidência *n.f.* qualidade de evidente; noção clara; certeza manifesta (Do lat. *evidentĭa-*, «id.»)
evidenciar *v.tr.* tornar evidente; demonstrar; comprovar ■ *v.pron.* pôr-se em evidência; patentear-se; sobressair (De *evidência+-ar*)
evidente *adj.2g.* que provoca imediatamente o assentimento do espírito; que se compreende sem esforço; claro; manifesto (Do lat. *evidente-*, «que se vê; evidente»)
evidilha *n.f.* fixação das varas das videiras aos esteios; empa; erguida (De *e-+vide+-ilha*?)
evisceração *n.f.* ato ou efeito de eviscerar; eventração; exenteração (Do lat. *evisceratiōne-*, «id.»)
eviscerar *v.tr.* tirar as vísceras a; estripar (Do lat. *eviscerāre*, «estripar; despedaçar»)
evitação *n.f.* ato de evitar; escusa; evasiva (Do lat. *evitatiōne-*, «evitação; fuga»)

evitamento *n.m.* ⇒ **evitação** (De *evitar+-mento*)
evitando *adj.* que se deve evitar (Do lat. *evitandu-*, «id.», ger. de *evitāre*, «evitar»)
evitar *v.tr.* 1 procurar manter-se afastado de alguém ou de algo; fugir a; desviar-se de 2 fazer os possíveis para que algo não aconteça; impedir; defender; poupar 3 deixar de fazer algo (Do lat. *evitāre*, «id.»)
evitável *adj.2g.* que se pode ou deve evitar (Do lat. *evitabĭle*, «id.»)
eviternidade *n.f.* qualidade de eviterno (De *eviterno+-i-+-dade*)
eviterno *adj.* que não há de ter fim; eterno (Do lat. *aeviternu-*, «eterno»)
evo *n.m.* duração sem fim; eternidade; perpetuidade (Do lat. *aevu-*, «eternidade»)
evocação *n.f.* 1 ato ou efeito de evocar 2 aparição (ou surto), voluntária ou involuntária, de imagens, de lembranças, no campo da consciência 3 chamamento (Do lat. *evocatiōne-*, «id.»)
evocador *adj.,n.m.* que ou aquele que evoca (Do lat. *evocatōre*, «id.»)
evocante *adj.2g.* que evoca (De *evocar+-ante*)
evocar *v.tr.* 1 chamar para que apareça; invocar 2 reproduzir na imaginação; relembrar 3 esconjurar 4 DIREITO chamar a si (o conhecimento de uma causa, de uma demanda) (Do lat. *evocāre*, «convocar»)
evocativo *adj.* que serve para evocar; evocatório (Do lat. *evocatīvu-*, «id.»)
evocatório *adj.* que produz evocação; evocativo (Do lat. *evocatŏrĭu-*, «que convoca»)
evocável *adj.2g.* que se pode evocar (De *evocar+-vel*)
evoé *interj.* grito festivo com que se evocava Baco durante as orgias (Do gr. *euoî*, pelo lat. *evŏe*, «id.»)
evolar-se *v.pron.* 1 elevar-se ou fugir, voando 2 esvaecer-se; volatilizar-se; evaporar-se (Do lat. *evolāre*, «voar»)
evolução *n.f.* 1 ato ou efeito de evoluir ou evolucionar 2 sequência de transformações lentas, afigurando-se orientadas em certa direção 3 BIOLOGIA processo gradual pelo qual uma espécie orgânica mais simples se transforma dando origem a novas espécies mais complexas 4 desenvolvimento progressivo 5 sequência de movimentos concertados (de tropas, de navios, de dançarinos, de aves, etc.) (Do lat. *evolutiōne-*, «ação de desenrolar»)
evolucional *adj.2g.* relativo à evolução (Do lat. *evolutiōne-*, «ação de desenrolar»)
evolucionar *v.tr.,intr.* 1 transformar-se progressivamente; sofrer mudanças 2 operar evolução; fazer evoluções (Do lat. *evolutiōne-*, «ação de desenrolar»+-*ar*)
evolucionário *adj.* 1 relativo a evoluções 2 que se faz por evolução (Do lat. *evolutiōne-*, «ação de desenrolar» +-*ário*)
evolucionismo *n.m.* 1 BIOLOGIA teoria segundo a qual as espécies vivas descendem, por transformação evolutiva, das espécies mais simples 2 FILOSOFIA doutrina filosófico-científica que explica as formas superiores da realidade (seres vivos, instituições sociais, bens espirituais e culturais) a partir das formas inferiores (Do lat. *evolutiōne-*, «ação de desenrolar»+-*ismo*)
evolucionista *adj.2g.* referente ao evolucionismo ■ *n.2g.* pessoa partidária do evolucionismo; transformista (Do lat. *evolutiōne-*, «ação de desenrolar» +-*ista*)
evoluir *v.tr.,intr.* 1 passar por uma sucessão gradual de transformações 2 passar para uma situação melhor ■ *v.intr.* fazer movimentos consecutivos (Do lat. *evolvĕre*, «rolar; evoluir», pelo fr. *évoluer*, «id.»)
evoluta *n.f.* GEOMETRIA curva que é o lugar geométrico dos centros de curvatura de outra curva dada (evolvente) (Do lat. *evolūta-*, «desenrolada», part. pass. fem. de *evolvĕre*, «rolar; evoluir»)
evolutivo *adj.* 1 que vem por evolução natural 2 que produz evolução (Do lat. *evolūtu-*, «desenrolado» +-*ivo*)
evoluto *adj.* diz-se da concha univalve cujo enrolamento se verifica num plano considerado vertical (Do lat. *evolūtu-*, «desenrolado», part. pass. de *evolvĕre*, «rolar; evoluir»)
evolvente *n.f.* GEOMETRIA designação dada a uma curva, em relação à sua evoluta (Do lat. *evolvente-*, part. pres. de *evolvĕre*, «rolar; evoluir»)
evolver *v.tr.,intr.* desenvolver-se de modo gradual; evoluir (Do lat. *evolvĕre*, «rolar; evoluir»)
evulsão *n.f.* ato de arrancar com violência; extração (Do lat. *evulsiōne-*, «id.»)
evulsivo *adj.* 1 que facilita a evulsão; extrativo 2 que tende a arrancar (Do lat. *evulsu-*, «arrancado», part. pass. de *evello*, «arrancar» +-*ivo*)

ex- prefixo que exprime a ideia de *movimento para fora, separação, extração, afastamento* e significa aquilo que alguém foi mas já não é, quando seguido de nome que indique estado ou profissão e esteja a ele ligado por hífen (Do lat. *ex-*, «de; para fora de»)

exa- prefixo do Sistema Internacional de Unidades, de símbolo E, que equivale a multiplicar por 10^{18} a unidade por ele afetada (Do ing. *exa-*, «id.», de *hexa-*, «seis»)

exabundância /z/ *n.f.* qualidade do que é exabundante (Do lat. *ex-+abundantĭa-*, «abundância»)

exabundante /z/ *adj.2g.* muito abundante; superabundante (Do lat. *exabundante-*, «id.», part. pres. de *exabundāre*, «abundar»)

exabundar /z/ *v.intr.* ser muito abundante; superabundar (Do lat. *exabundāre*, «id.»)

exação /z/ *n.f.* 1 extremo rigor na cobrança e arrecadação de contribuições 2 ato de um recebedor exigir mais do que é devido 3 [fig.] desvelo 4 pontualidade; exatidão (Do lat. *exactiōne-*, «exação; cobrança»)

exacção ver nova grafia exação

exacerbação /z/ *n.f.* 1 ato ou efeito de exacerbar ou exacerbar-se; agravamento 2 irritação 3 aumento temporário de intensidade numa doença, sofrimento, etc. (Do lat. *exacerbatiōne-*, «ação de irritar»)

exacerbado *adj.* que se exacerbou; agravado; extremo (Part. pass. de *exacerbar*)

exacerbador /z/ *adj.,n.m.* que ou o que exacerba (De *exacerbar+-dor*)

exacerbar /z/ *v.tr.* 1 agravar; tornar mais acerbo 2 irritar; exasperar ■ *v.pron.* agravar-se; piorar (Do lat. *exacerbāre*, «irritar»)

exactamente ver nova grafia exatamente
exactidão ver nova grafia exatidão
exacto ver nova grafia exato
exactor ver nova grafia exator
exactoria ver nova grafia exatoria

exageração /z/ *n.f.* ato ou efeito de exagerar; exagero; amplificação; encarecimento; hipérbole (Do lat. *exaggeratiōne-*, «exagero; amplificação»)

exagerado /z/ *adj.* em que há exagero; desproporcionado; excessivo (Do lat. *exaggerātu-*, «amontoado; exagerado», part. pass. de *exaggerāre*, «exagerar; amplificar»)

exagerador /z/ *adj.,n.m.* que ou aquele que exagera (Do lat. *exaggeratōre-*, «id.»)

exagerar /z/ *v.tr.* 1 representar com exagero; apresentar uma coisa como sendo maior, pior ou melhor do que realmente é; ampliar 2 falar com excesso 3 encarecer 4 afetar ■ *v.pron.* descomedir-se (Do lat. *exaggerāre*, «exagerar; amplificar»)

exagerativo /z/ *adj.* em que há exagero; que exagera (De *exaggerātu-*, «exagerado» +*-ivo*)

exagero *n.m.* coisa exagerada; aumento excessivo; exageração (Deriv. regr. de *exagerar*)

exagitar /z/ *v.tr.* 1 agitar muito 2 provocar; irritar ■ *v.pron.* exasperar-se (Do lat. *exagitāre*, «agitar; inquietar»)

exalação /z/ *n.f.* 1 ato ou efeito de exalar; emanação 2 vapor; cheiro (Do lat. *exhalatiōne-*, «id.»)

exalante /z/ *adj.2g.* que exala (Do lat. *exhalante-*, part. pres. de *exhalāre*, «exalar»)

exalar /z/ *v.tr.* 1 lançar de si; expelir; emanar; soltar 2 proferir ■ *v.pron.* sair como exalação; esvair-se; dissipar-se; *~ o último suspiro* morrer (Do lat. *exhalāre*, «id.»)

exalçação /z/ *n.f.* ⇒ exalçamento (De *exalçar+-ção*)

exalçado /z/ *adj.* 1 levantado; erguido 2 exaltado (Part. pass. de *exalçar*)

exalçamento /z/ *n.m.* 1 ato ou efeito de exalçar 2 elevação 3 exaltação (De *exalçar+-mento*)

exalçar /z/ *v.tr.* ⇒ **exaltar** *v.tr.* (Do lat. **exaltiāre*, por *exaltāre*, «exaltar»)

exaltação /z/ *n.f.* 1 ato ou efeito de exaltar ou de se exaltar 2 elevação; engrandecimento; louvor entusiástico 3 redobramento da atividade de um órgão 4 excitação do espírito; irritação; zanga 5 fanatismo 6 QUÍMICA aumento de atividade de uma substância (Do lat. *exaltatiōne-*, «id.»)

exaltadamente /z/ *adv.* 1 com exaltação 2 ardentemente (De *exaltado+-mente*)

exaltado /z/ *adj.* 1 elevado; levantado 2 irritado; furioso; descontrolado 3 fanático; ferrenho (Do lat. *exaltātu-*, «id.», part. pass. de *exaltāre*, «exaltar; elevar»)

exaltador /z/ *adj.,n.m.* que ou o que exalta (De *exaltar+-dor*)

exaltamento /z/ *n.m.* ⇒ **exaltação** (De *exaltar+-mento*)

exaltar /z/ *v.tr.* 1 elogiar; celebrar; sublimar 2 irritar 3 tornar alto; levantar; elevar muito 4 excitar ■ *v.pron.* exacerbar-se; irritar-se (Do lat. *exaltāre*, «exaltar; elevar»)

exame /z/ *n.m.* 1 análise minuciosa 2 prova a que alguém é submetido para averiguação de determinados conhecimentos ou aptidões 3 MEDICINA observação de um paciente por um médico para avaliação do seu estado de saúde 4 MEDICINA teste médico para efeito de diagnóstico 5 inspeção; revista; interrogatório (Do lat. *exāmen*, «id.»)

examina /z/ *n.f.* 1 exame que o pároco faz aos seus paroquianos sobre doutrina cristã 2 exame médico (Deriv. regr. de *examinar*)

examinador /z/ *adj.,n.m.* que ou aquele que examina (Do lat. *examinatōre-*, «id.»)

examinando /z/ *n.m.* pessoa que se prepara para exame ou está para ser examinada (Do lat. *examinandu-*, «id.», ger. de *examināre*, «examinar»)

examinar /z/ *v.tr.* 1 submeter a exame; avaliar 2 proceder ao exame de; observar; ver ■ *v.pron.* 1 fazer exame de consciência 2 observar-se com atenção (Do lat. *examināre*, «id.»)

examinável /z/ *adj.2g.* que pode ser examinado (De *examinar+-vel*)

exangue /z/ *adj.2g.* 1 que perdeu sangue; esvaído 2 débil; enfraquecido; pálido (Do lat. *exangue-* ou *exsangue-*, «id.»)

exania /z/ *n.f.* MEDICINA saída anormal do reto; prolapso retal (Do lat. *ex-*, «de» +*anu-*, «ânus» +*-ia*)

exanimação /z/ *n.f.* morte aparente; desfalecimento; síncope (Do lat. *exanimatiōne-*, «sufocação»)

exanimado /z/ *adj.* ⇒ **exânime** (Do lat. *exanimātu*, «esfalfado»)

exânime /z/ *adj.2g.* 1 sem alento; desfalecido; desmaiado 2 morto (Do lat. *exanĭme-*, «privado de vida»)

exantema /z/ *n.m.* MEDICINA nome genérico das erupções cutâneas caracterizadas por vermelhidão ou vesículas (Do lat. cient. *exanthēma*, «eflorescência; erupção cutânea», pelo fr. *exanthème*, «vermelhidão cutânea; exantema»)

exantemático /z/ *adj.* 1 MEDICINA que se manifesta especialmente por exantema 2 MEDICINA relativo a exantema ou da sua natureza (Do gr. *exánthema, -atos*, «eflorescência» +*-ico*)

exantematoso /z/ *adj.* MEDICINA ⇒ **exantemático** (Do gr. *exánthema, -atos*, «eflorescência» +*-oso*)

exarar /z/ *v.tr.* 1 registar em forma de ata 2 consignar 3 abrir (letreiro, inscrição, etc.) 4 gravar 5 inscrever (Do lat. *exarāre*, «lavrar profundamente; escrever»)

exarca *n.m.* ⇒ **exarco**

exarcado /z/ *n.m.* 1 dignidade, função ou jurisdição de um exarco 2 território sob o governo de um exarco (De *exarco+-ado*)

exarco /z/ *n.m.* 1 delegado dos imperadores do Oriente 2 legado do patriarca grego (Do gr. *éxarkhos*, «exarco», pelo lat. *exarchu-*, «id.»)

exasperação /z/ *n.f.* ato ou efeito de exasperar ou de se exasperar; irritação; exacerbação (Do lat. *exasperatiōne-*, «rouquidão»)

exasperadamente *adv.* de maneira exasperada; desesperadamente; exaltadamente (De *exasperado+-mente*)

exasperador /z/ *adj.,n.m.* que ou o que exaspera (De *exasperar+-dor*)

exasperante *adj.2g.* que exaspera; irritante (De *exasperar+-ante*)

exasperar /z/ *v.tr.* 1 causar ou sentir irritação 2 tornar mais agudo, mais intenso; exacerbar (Do lat. *exasperāre*, «tornar áspero; exasperar»)

exaspero /z/ *n.m.* ⇒ **exasperação** (Deriv. regr. de *exasperar*)

exatamente /z/ *adv.* com exatidão; rigorosamente; precisamente (De *exacto+-mente*)

exatidão /z/ *n.f.* 1 qualidade do que é exato 2 perfeição 3 cuidado escrupuloso; cumprimento rigoroso 4 pontualidade 5 diferença entre o valor verdadeiro e o valor observado de uma grandeza (De *exacto+-idão*)

exato /z/ *adj.* 1 em que não há erro ou falta; certo; rigoroso; perfeito 2 verdadeiro 3 pontual 4 fiel; *ciências exatas* matemáticas (numa classificação mais lata, as matemáticas, a astronomia e a física) (Do lat. *exactu-*, «preciso; exato»)

exator /z/ *n.m.* o que faz exação; cobrador oficial dos impostos (Do lat. *exactōre-*, «cobrador de impostos»)

exatoria *n.f.* 1 cargo ou funções de exator 2 repartição fiscal para cobrança de impostos

exaurir /z/ *v.tr.* 1 esgotar completamente; consumir 2 esvaziar 3 desperdiçar 4 [fig.] depauperar (Do lat. *exhaurīre*, «esgotar»)

exaurível /z/ *adj.2g.* que se pode exaurir (De *exaurir+-vel*)

exaustação /z/ n.f. ato ou efeito de exaustar; esgotamento (De *exaustar*+-*ção*)

exaustão /z/ n.f. 1 esgotamento; cansaço 2 MATEMÁTICA método matemático de análise que consiste em esgotar a dificuldade, aproximando-se indefinidamente de um limite (Do lat. *exhaustiōne*-, «ação de esgotar»)

exaustar /z/ v.tr. ⇒ **exaurir** (De *exausto*+-*ar*)

exaustivo /z/ adj. 1 que considera todos os pormenores; abrangente; completo 2 que esgota; muito fatigante; cansativo (De *exaustar*+-*ivo*)

exausto /z/ adj. esgotado; cansado; fatigado (Do lat. *exhaustu*-, «esgotado», part. pass. de *exhaurīre*, «esgotar; esvaziar»)

exaustor /z/ n.m. dispositivo que serve para aspirar fumos gordurosos e maus cheiros de cozinhas e recintos fechados (De *exaustar*+-*or*)

exautoração /z/ n.f. ato ou efeito de exautorar (De *exautorar*+-*ção*)

exautorado /z/ adj. 1 privado de cargo, posto ou dignidade 2 desautorizado (Do lat. *exauctorātu*-, «destituído», part. pass. de *exauctorāre*, «destituir»)

exautorar /z/ v.tr. 1 tirar a autoridade a 2 privar de um cargo 3 depreciar (Do lat. *exauctorāre*, «licenciar»)

excarceração n.f. ato de excarcerar (De *excarcerar*+-*ção*)

excarcerar v.tr. tirar do cárcere; libertar; salvar (Do lat. *ex*-+*carcĕre*-, «cárcere» +-*ar*)

excardinação n.f. ato ou efeito de excardinar (De *excardinar*+-*ção*)

excardinar¹ v.tr. desligar (um clérigo) da jurisdição de uma diocese (Do lat. *ex*-, «para fora» +*cardināre*, «atribuir [um clérigo] a uma diocese»)

excardinar² v.tr. limpar das cardinas (grumos de imundície) (De *ex*-+*cardina*+-*ar*)

ex cathedra loc. 1 relativo a um discurso enfático em que o orador pretende impor os seus conceitos como infalíveis 2 [fig.] doutoralmente 3 em tom dogmático como o papa quando define um ponto de doutrina (Do lat. *ex cathedra*, «do alto da cadeira»)

exceção n.f. 1 ato ou efeito de excetuar 2 desvio da regra geral; o que não se submete à regra 3 privilégio 4 DIREITO alegação com que o réu pretende anular a ação intentada contra ele (Do lat. *exceptiōne*-, «id.»)

excecional adj.2g. em que há exceção; fora do usual; extraordinário; anormal (Do lat. *exceptiōne*-, «exceção» +-*al*)

excecionalidade n.f. qualidade do que é excecional (De *excecional*+-*i*-+-*dade*)

excecionalmente adv. de modo excecional; como exceção (De *excecional*+-*mente*)

excedentário adj. que excede as necessidades; que existe a mais (Do fr. *excédentaire*, «id.»)

excedente adj.2g. que excede ou sobeja ■ n.m. excesso; sobras (Do lat. *excedente*-, «id.», part. pres. de *excedĕre*, «exceder; ultrapassar»)

exceder v.tr. ir além de; ultrapassar; superar ■ v.pron. 1 cometer excesso; descomedir-se 2 enfurecer-se 3 esmerar-se (Do lat. *excedĕre*, «id.»)

excedível adj.2g. que se pode exceder (De *exceder*+-*i*-+-*vel*)

excelência n.f. 1 qualidade do que é excelente 2 alto grau de bondade ou perfeição; superioridade 3 [com maiúscula] tratamento cerimonioso que se dá a pessoas em função da sua posição, cargo ou dignidade; *por* ~ com primazia sobre todos; *ter* ~ ser difícil de adquirir (Do lat. *excellentĭa*-, «id.»)

excelente adj.2g. 1 muito bom; magnífico; perfeito 2 distinto (Do lat. *excellente*-, «que se eleva acima de», part. pres. de *excellĕre*, «ser superior a»)

excelentíssimo adj. 1 {superlativo absoluto sintético de **excelente**} que é muito excelente 2 forma de tratamento cerimonioso que reflete grande respeito e deferência

exceler v.intr. ser excelente (Do lat. *excellĕre*, «exceder»)

excelsar v.tr. tornar excelso; elevar; engrandecer (De *excelso*+-*ar*)

excelsitude n.f. qualidade do que é excelso; grandeza; magnificência; sublimidade (Do lat. **excelsitudĭne*-, «id.»)

excelso adj. 1 muito alto 2 ilustre 3 sublime; eminente; magnificente; excelente; maravilhoso (Do lat. *excelsu*-, «id.»)

excentricamente adv. de modo excêntrico; com excentricidade (De *excêntrico*+-*mente*)

excentricidade¹ n.f. 1 qualidade de excêntrico 2 desvio do centro 3 MATEMÁTICA quociente da semidistância focal pelo semieixo maior (da elipse) ou pelo semieixo real (da hipérbole) (De *excêntrico*+-*i*-+-*dade*)

excentricidade² n.f. qualidade de excêntrico; extravagância; originalidade (De *excêntrico*+-*i*-+-*dade*)

excêntrico¹ adj. 1 situado fora do centro 2 que tem centro diferente (De *ex*-+*centro*+-*ico*)

excêntrico² adj. extravagante; original ■ n.m. 1 pessoa que pratica excentricidades; histrião 2 MECÂNICA peça montada sobre um veio que, numa máquina, transforma um movimento de rotação em movimento de vaivém (Do ing. *eccentric*, «id.»)

excepção ver nova grafia exceção

excepcional ver nova grafia excecional

excepcionalidade ver nova grafia excecionalidade

excepcionalmente ver nova grafia excecionalmente

exceptivo ver nova grafia excetivo

excepto ver nova grafia exceto

exceptuador ver nova grafia excetuador

exceptuar ver nova grafia excetuar

excerto adj. 1 extraído 2 colhido ■ n.m. trecho; fragmento; extrato (Do lat. *excerptu*-, «extraído; excerto»)

excessividade n.f. qualidade de tudo o que é excessivo (De *excessivo*+-*i*-+-*dade*)

excessivo adj. que excede; exagerado; descomedido; demasiado (Do lat. *excessu*-, «saída» +-*ivo*)

excesso n.m. 1 diferença para mais; demasia 2 sobra 3 troco 4 falta de moderação; desmando 5 cúmulo (Do lat. *excessu*-, «partida; saída»)

excetivo adj. que encerra ou faz exceção (Do lat. *exceptu*-, «excetuado» +-*ivo*)

exceto prep.,adv. salvo; fora; menos; ~ *se* a não ser que (Do lat. *exceptu*-, «excetuado»)

êxcetra n.f. hidra fabulosa (Do lat. *excĕtra*-, «serpente»)

excetuador adj.,n.m. que ou aquele que excetua (De *excetuar*+-*dor*)

excetuar v.tr.,pron. não (se) incluir; excluir(-se); isentar(-se) ■ v.intr. opor exceção em juízo (Do lat. *exceptu*-, «excetuado» +-*ar*)

excídio n.m. mortandade; destruição; subversão (Do lat. *excidĭu*-, «aniquilamento»)

excipiente n.m. FARMÁCIA substância sem atividade terapêutica que serve de veículo ao medicamento ou medicamentos constituintes de um preparado farmacêutico, para este poder ser utilizado sob a forma mais conveniente (Do lat. *excipiente*-, «que recebe», part. pres. de *excipĕre*, «receber; admitir»)

excisão n.f. 1 ato ou efeito de excisar; ablação; amputação 2 mutilação genital feminina (ainda praticada em algumas tribos africanas e asiáticas) (Do lat. *excisiōne*-, «id.»)

excisar v.tr. praticar excisão em; amputar (Do lat. *excisu*-, «cortado», part. pass. de *excidĕre*, «cortar; separar» +-*ar*)

excitabilidade n.f. 1 qualidade de excitável 2 faculdade que possui um ser vivo de desenvolver ação a partir de um estímulo 3 MEDICINA predisposição para reagir relativamente prolongada (Do lat. *excitabĭle*-, «próprio para despertar» +-*i*-+-*dade*)

excitação n.f. 1 fenómeno físico ou químico que atua sobre um indivíduo e provoca da sua parte uma reação 2 ação de um estímulo sobre uma extremidade nervosa sensitiva 3 FISIOLOGIA manifestação de uma reação do organismo a uma estimulação eficaz 4 estado emocional de entusiasmo 5 exaltação; irritação; *corrente de* ~ ELETRICIDADE corrente que percorre os enrolamentos dos eletroímanes indutores, nos geradores elétricos de indução (Do lat. *excitatiōne*-, «ação de despertar»)

excitado adj. 1 estimulado 2 agitado; sobressaltado 3 exaltado; irritado 4 entusiasmado (Part. pass. de *excitar*)

excitador n.m. 1 ELETRICIDADE instrumento formado por duas hastes condutoras articuladas para descarregar a eletricidade de um condensador 2 aquilo ou aquele que excita ■ adj. que excita (Do lat. *excitatōre*-, «o que desperta»)

excitamento n.m. ⇒ **excitação** (De *excitar*+-*mento*)

excitante adj.2g. 1 diz-se da substância que excita ou estimula; estimulante 2 que estimula os sentidos ■ n.m. substância que excita ou estimula (Do lat. *excitante*-, «id.», part. pres. de *excitāre*, «excitar»)

excitar v.tr. 1 provocar excitação em; estimular 2 ativar 3 acelerar 4 irritar ■ v.pron. 1 animar-se 2 irritar-se (Do lat. *excitāre*, «id.»)

excitativo adj. estimulante; excitante (De *excitar*+-*tivo*)

excitatório adj. ⇒ **excitativo** (De *excitar*+-*tório*)

excitatriz n.f. ELETRICIDADE pequeno dínamo que fornece a corrente de excitação ao indutor de um alternador (Do lat. tard. *excitatrīce*-, «que excita»)

excitável adj.2g. suscetível de excitação (Do lat. *excitabĭle-*, «próprio para despertar»)

exclamação n.f. 1 ato ou efeito de exclamar 2 grito súbito de admiração, prazer, espanto, etc. 3 interjeição; *ponto de ~* sinal gráfico (!) indicativo de exclamação ou admiração (Do lat. *exclamatiōne-*, «id.»)

exclamador adj.,n.m. que ou aquele que exclama (De *exclamar*+*-dor*)

exclamar v.tr.,intr. pronunciar (algo) em voz muito alta; soltar exclamações (Do lat. *exclamāre*, «id.»)

exclamativo adj. que exprime exclamação ou admiração; admirativo (De *exclamar*+*-tivo*)

exclamatório adj. ⇒ **exclamativo** (De *exclamar*+*-tório*)

excluído adj. 1 que não foi incluído; posto de lado; omitido 2 reprovado (Part. pass. de *excluir*)

excluir v.tr. 1 não incluir; pôr fora 2 omitir 3 excetuar 4 privar da posse 5 reprovar ■ v.pron. inutilizar-se (Do lat. *excludĕre*, «id.»)

exclusão n.f. 1 ato ou efeito de excluir ou de ser excluído 2 não inclusão; exceção 3 [acad.] reprovação (em exame ou prova); *~ social* afastamento ou tratamento injusto de pessoa(s) por se considerar que não se enquadra(m) nos padrões convencionais da sociedade, marginalização; *por ~ de partes* por eliminação de hipóteses (Do lat. *exclusiōne-*, «id.»)

exclusiva n.f. 1 o que se exclui 2 ⇒ **exclusão** (De *exclusivo*)

exclusivamente adv. unicamente (De *exclusivo*+*-mente*)

exclusive adv. 1 exclusivamente 2 de fora (De *exclusivo*)

exclusividade n.f. 1 qualidade do que pertence unicamente a uma pessoa 2 característica do que é único 3 monopólio do fabrico ou venda de determinado produto (De *exclusivo*+*-i-*+*-dade*)

exclusivismo n.m. 1 maneira de ser de um carácter exclusivo 2 exclusividade 3 intolerância; rejeição do que é diferente 4 egoísmo (De *exclusivo*+*-ismo*)

exclusivista adj.2g. 1 que tem o exclusivo 2 partidário do exclusivismo (De *exclusivo*+*-ista*)

exclusivo adj. 1 que exclui ou afasta 2 que diz respeito unicamente a uma entidade; único 3 que pertence apenas a uma pessoa; pessoal; privativo 4 que não é compatível com (outra coisa) 5 que domina ou pretende dominar ■ n.m. monopólio (De *excluso*+*-ivo*)

excluso adj. ⇒ **excluído** (Do lat. *exclūsu-*, «excluído», part. pass. de *excludĕre*, «excluir»)

excogitação n.f. ação de excogitar (De *excogitar*+*-ção*)

excogitador adj.,n.m. 1 que ou aquele que excogita 2 investigador (Do lat. *excogitatōre-*, «aquele que imagina»)

excogitar v.tr. 1 meditar profundamente para procurar descobrir alguma coisa; pensar 2 investigar (Do lat. *excogitāre*, «inventar; imaginar»)

excomungado adj. amaldiçoado ■ n.m. 1 pessoa a quem foi aplicada a pena de excomunhão 2 [fig., pop.] pessoa má, detestável (Do lat. ecl. *excommunicātu-*, «id.», part. pass. de *excommunicāre*, «excomungar»)

excomungar v.tr. 1 RELIGIÃO aplicar a pena de excomunhão a; excluir um católico da comunidade religiosa e privá-lo dos bens espirituais da Igreja 2 esconjurar; amaldiçoar (Do lat. *excommunicāre*, «excomungar»)

excomungável adj.2g. que pode incorrer em excomunhão (De *excomungar*+*-vel*)

excomunhal adj.2g. referente a excomunhão (De *excomunhão*+*-al*)

excomunhão n.f. RELIGIÃO pena eclesiástica pela qual, segundo o direito canónico, um católico é excluído da comunhão dos fiéis e privado dos bens espirituais da Igreja (Do lat. **excommuniōne-*, do lat. *communiōne-*, «comunhão»)

excreção n.f. 1 processo através do qual um organismo expele resíduos não assimiláveis e inúteis 2 matéria expelida pelas vias naturais (urina, suor, fezes, etc.) (Do lat. *excretiōne-*, «id.»)

excrementício adj. 1 relativo à excreção ou proveniente dela 2 sujo com excremento; conspurcado (De *excremento*+*-ício*)

excremento n.m. 1 conjunto de substâncias essencialmente constituídas pelos produtos que não foram absorvidos no tubo digestivo, e que são lançados para o exterior; fezes; matéria fecal 2 [pop.] sujidade 3 [fig.] pessoa desprezível (Do lat. *excremĕntu-*, «id.»)

excrementoso adj. da natureza do excremento; excrementício (De *excremento*+*-oso*)

excrescência n.f. 1 maior ou menor saliência acima de uma superfície 2 MEDICINA qualquer tumor saliente na pele ou mucosa 3 [fig.] superfluidade; coisa inútil (Do lat. *excrescentĭa-*, «id.»)

excrescente adj.2g. que excresce; que cresce para fora (Do lat. *excrescente-*, «id.», part. pres. de *excrescĕre*, «crescer, elevando-se»)

excrescer v.intr. 1 crescer de mais 2 formar excrescência; crescer para fora 3 intumescer (Do lat. *excrescĕre*, «crescer; elevar-se»)

excretar v.tr. expelir do organismo (substâncias não assimiláveis ou inúteis); segregar; evacuar (Do lat. **excretāre*, freq. de *excernĕre*, «separar», pelo fr. *excréter*, «evacuar»)

excretício adj. ⇒ **excreto** (De *excreto*+*-ício*)

excreto adj. expelido pelos órgãos excretores; excretício ■ n.m. excreção (Do lat. *excrētu-*, «separado», part. pass. de *excrescĕre*, «crescer; elevar-se»)

excretor adj. ⇒ **excretório** (Do fr. *excréteur*, «id.»)

excretório adj. que efetua a excreção (Do fr. *excrétoire*, «id.»)

excruciação n.f. ato ou efeito de excruciar; martírio; tormento (Do lat. *excruciatiōne-*, «id.»)

excruciante adj.2g. que excrucia; lancinante; pungente (De *excruciar*+*-ante*)

excruciar v.tr. atormentar; afligir; martirizar (Do lat. *excruciāre*, «torturar»)

exculpação n.f. exclusão da culpa; desculpa (De *exculpar*+*-ção*)

exculpar v.tr.,pron. ⇒ **desculpar** (De *ex-*+*culpar*)

excursão n.f. 1 passeio de estudo ou de recreio 2 viagem recreativa de grupo, geralmente com um guia 3 [fig.] digressão; divagação 4 invasão de território inimigo; incursão (Do lat. *excursiōne-*, «id.»)

excursar v.intr. fazer excurso; discorrer; divagar (Do lat. *excursāre*, «sair muitas vezes»)

excursionar v.intr. fazer excursão (De *excursiōne-*, «excursão»+*-ar*)

excursionismo n.m. prática ou gosto pelas excursões (Do lat. *excursiōne-*, «excursão»+*-ismo*)

excursionista n.2g. pessoa que faz uma excursão (Do lat. *excursiōne-*, «excursão»+*-ista*)

excursivo adj. relativo a digressão ou em que existe digressão

excurso n.m. ⇒ **excursão** (Do lat. *excursu-*, «excursão; digressão»)

excursor n.m. ⇒ **excursionista** (Do lat. *excursōre-*, «batedor»)

excurvar v.tr. arquear de dentro para fora (Do lat. *ex-*+*curvāre*, «curvar»)

excussão n.f. DIREITO ato de excutir (Do lat. *excussiōne-*, «sacudidela; abalo»)

excutir v.tr. DIREITO executar judicialmente os bens do principal devedor (Do lat. *excutĕre*, «examinar; investigar»)

execrabilidade /z/ n.f. qualidade do que é execrável (Do lat. tard. *exsecrabilitāte-*, «id.»)

execração /z/ n.f. 1 ato ou efeito de execrar 2 aversão; ódio 3 imprecação 4 abominação; horror 5 RELIGIÃO perda do carácter sagrado; profanação de um lugar sagrado (Do lat. *exsecratiōne-*, «id.»)

execrador /z/ adj.,n.m. que ou aquele que execra (Do lat. *exsecratōre-*, «id.»)

execrando /z/ adj. digno de execração; abominável; execrável (Do lat. *exsecrandu-*, «id.», ger. de **exsecrāre*, por *exsecrāri*, «execrar; abominar»)

execrar /z/ v.tr. 1 odiar; detestar; abominar; ter aversão a 2 desejar mal a (Do lat. vulg. **exsecrāre*, do lat. cl. *exsecrāri*, «execrar; abominar»)

execratório /z/ adj. que exprime ou encerra execração (Do lat. tard. *exsecratorĭu-*, «id.»)

execrável /z/ adj.2g. 1 digno de execração; abominável 2 sacrílego (Do lat. *exsecrabĭle-*, «id.»)

execução /z/ n.f. 1 ato, efeito ou modo de executar; realização 2 DIREITO ação judicial pela qual se pretende tornar efetivo um direito reconhecido numa sentença ou inscrito em qualquer outro título executivo 3 cumprimento de uma pena de morte 4 interpretação de uma obra musical ou de um papel teatral; *~ de hipoteca* DIREITO ação executiva na qual o credor, para pagamento do seu crédito, faz funcionar a hipoteca que onere um imóvel pertencente ao devedor e inscrita a seu favor (Do lat. *exsecutiōne-*, «execução; conclusão»)

executado /z/ adj. que se executou; cumprido ■ n.m. o que sofreu execução judicial ou pena de morte (Part. pass. de *executar*)

executante n.2g. 1 pessoa que executa; exequente 2 músico que interpreta uma obra musical ■ adj.2g. que executa (De *executar*+*-ante*)

executar /z/ v.tr. 1 realizar; pôr em prática; levar a efeito; cumprir 2 cantar ou tocar (composição musical) 3 representar em cena (peça) 4 efetuar (desenho, pintura) 5 penhorar 6 aplicar a pena de morte 7 INFORMÁTICA cumprir o que as instruções indicam; pôr o

executável

computador a efetuar um programa (Do lat. *exsecutāre, freq. de exsĕqui, «concluir»)

executável /z/ adj.2g. **1** que se pode executar ou realizar; exequível **2** INFORMÁTICA diz-se do ficheiro que é executado diretamente pelo computador (De executar+-vel)

executivo[1] /z/ adj. **1** que executa, cumpre ou realiza **2** diz-se do poder que tem a seu cargo executar ou fazer cumprir as leis (Governo) ■ n.m. **1** poder que tem a seu cargo executar ou fazer cumprir as leis; governo **2** funcionário superior que participa na orientação da atividade financeira, administrativa ou técnica de uma empresa (Do fr. exécutif, «executivo»)

executivo[2] /z/ n.m. funcionário que desempenha funções de direção ou de orientação da atividade financeira, administrativa ou técnica de uma empresa (Do ing. executive, «id.»)

executor /z/ n.m. **1** aquele que executa **2** carrasco **3** testamenteiro (Do lat. exsecutōre-, «id.»)

executória /z/ n.f. repartição encarregada da cobrança e execução das rendas e dívidas de uma corporação (De executório)

executório /z/ adj. que tem de ser executado; que implica execução (Do lat. exsecutoriŭ-, «executivo», pelo fr. exécutoire, «id.»)

êxedra /z/ n.f. **1** pórtico circular onde se reuniam os filósofos antigos para discutir **2** casa para receções e reuniões (Do gr. exédra, «sala de assembleias», pelo lat. exĕdra, «sala de reuniões»)

exegese /z/ n.f. **1** análise e explicação do verdadeiro sentido de um texto, aplicando as regras da hermenêutica **2** interpretação; comentário (Do gr. exégesis, «interpretação», pelo fr. exégèse, «id.»)

exegeta /z/ n.2g. pessoa que se dedica à exegese; intérprete (Do gr. exegetés, «intérprete»)

exegética /z/ n.f. **1** RELIGIÃO parte da teologia que trata da exegese da Bíblia **2** explicação; pesquisa; investigação (De exegético)

exegético /z/ adj. relativo à exegese (Do gr. exegetikós, «id.», pelo lat. exegetĭcu-, «id.»)

exemplar /z/ adj.2g. **1** que serve de exemplo **2** digno de tomar-se como exemplo ■ n.m. **1** modelo **2** cópia **3** cada indivíduo da mesma variedade ou espécie **4** cada unidade da mesma edição de uma obra (Do lat. exemplāre-, «que serve de modelo; cópia»)

exemplaridade /z/ n.f. qualidade do que é exemplar (De exemplar+-i-+-dade)

exemplário /z/ n.m. coleção de exemplos (Do lat. exemplarĭŭ-, «modelo; reprodução; cópia»)

exemplificação /z/ n.f. ato ou efeito de exemplificar (De exemplificar+-ção)

exemplificar /z/ v.tr. **1** explicar com exemplos **2** aplicar como exemplo (Do lat. exemplu-, «exemplo» +ficāre, por facĕre, «fazer»)

exemplificativo /z/ adj. que exemplifica (De exemplificar+-tivo)

exemplo /z/ n.m. **1** tudo o que pode ou deve servir para modelo ou para ser imitado **2** abonação; frase ou trecho de uma obra citados para ilustrar ou esclarecer uma afirmação **3** palavra ou facto que serve para concretizar a verdade de uma regra ou afirmação **4** narrativa curta e cheia de prodígios, inculcada como verídica, e que se apresenta com reforço numa tese a demonstrar; lição **5** adágio; provérbio **6** ZOOLOGIA espécie de crustáceo (Do lat. exemplu-, «id.»)

exencefalia /z/ n.f. TERATOLOGIA qualidade ou estado de exencéfalo (De exencéfalo+-ia, ou do fr. exencephalie, «id.»)

exencéfalo /z/ n.m. TERATOLOGIA aquele que tem o encéfalo deslocado, em parte, para fora da caixa craniana (De ex-+encéfalo, ou do fr. exencéphale, «id.»)

exenteração /z/ n.f. **1** CIRURGIA ato de extirpar, de arrancar **2** CIRURGIA operação que tem por fim extrair as vísceras ou a parte interna do globo ocular **3** ⇒ **evisceração** (Do lat. *exenteratiōne-, de exenterāre, «tirar os intestinos a»)

exequátur /z/ n.m. **1** autorização concedida pelo governo de um país a um funcionário estrangeiro, normalmente um cônsul ou diplomata, para exercer as suas funções nesse país **2** DIREITO despacho de um juiz que manda cumprir uma sentença de outro tribunal (Do lat. exequātur, «execute-se», pres. conjuntivo de exsĕqui, «executar»)

exequente /z...qu-en/ n.2g. **1** DIREITO pessoa que intenta uma execução **2** DIREITO pessoa que executa uma sentença judicial (Do lat. exsequente-, «id.», part. pres. de exĕqui, «executar; levar ao fim»)

exequial /z/ adj.2g. concernente a exéquias (Do lat. exsequiăle-, «de enterro»)

exéquias /z/ n.f.pl. cerimónias religiosas fúnebres (Do lat. exsequĭas, «préstito fúnebre»)

exequibilidade /z...qu-i/ n.f. qualidade do que é exequível (Do lat. *exsequibilitāte-, de *exsequibĭle, de exsĕqui, «executar; levar até ao fim»)

exequível /z...qu-i/ adj.2g. que se pode executar (Do lat. *exsequibĭle-, «id.», de exsĕqui, «executar»)

exérase /z/ n.f. MEDICINA esvaziamento de uma cavidade do organismo por vómito, dejeção, micção ou expetoração (Do gr. exaíresis, «extração», pelo fr. exérèse, «id.»)

exercer /z/ v.tr. **1** cumprir os deveres de um cargo; dedicar-se a **2** praticar; exercitar **3** fazer uso de **4** fazer sentir (um efeito) sobre ■ v.intr. desempenhar uma profissão (Do lat. exercēre, «id.»)

exercício /z/ n.m. **1** ato de exercer ou de exercitar **2** prática; uso **3** desempenho de uma atividade profissional **4** ato de treinar as capacidades físicas ou intelectuais de uma pessoa através de práticas adequadas **5** trabalho teórico ou prático para desenvolver ou aperfeiçoar uma arte ou ciência **6** ECONOMIA ano económico e financeiro do Estado ou de uma empresa **7** ECONOMIA conjunto de receitas e cobranças durante esse ano económico **8** ECONOMIA parte do vencimento que o funcionário desconta, quando ultrapassa certo número de faltas **9** retiro espiritual; obrigação de certas comunidades religiosas **10** MILITAR prática de movimentos, evoluções, fogos e outros atos militares com fins de instrução e aperfeiçoamento (Do lat. exercitĭu-, «id.»)

exercitação /z/ n.f. ⇒ **exercício** (Do lat. exercitatiōne-, «id.»)

exercitador /z/ adj.,n.m. que ou aquele que exercita (Do lat. exercitatōre-, «id.»)

exercitante /z/ adj.,n.2g. **1** que ou a pessoa que se exercita **2** que ou o que faz o exercício do retiro espiritual (Do lat. exercitante-, «id.», part. pres. de exercitāre, «exercitar»)

exercitar /z/ v.tr. **1** repetir um movimento ou atividade para aperfeiçoar a sua execução; praticar; adestrar **2** pôr em exercício **3** exercer ■ v.pron. praticar exercícios para se desenvolver; treinar-se (Do lat. exercitāre, «id.»)

exército /z/ n.m. [com maiúscula] MILITAR organização militar que constitui um ramo integrante das Forças Armadas e que tem por objetivo cooperar na defesa militar do país, através da realização de operações terrestres, e participar na execução da política externa **2** MILITAR grande unidade de forças terrestres constituída por um número variável de corpos militares, além de divisões, brigadas independentes, agrupamentos e pequenas unidades de combate e de apoio a combate e ainda por certas forças especiais e unidades de apoio a serviços **3** MILITAR conjunto de tropas que participam num combate **4** [fig.] grande número; multidão (Do lat. exercĭtu-, «id.»)

exercitor /z/ n.m. o que dirige uma operação marítima, ou administra a carga de um navio por tempo fixo (Do lat. exercitōre-, «aquele que exercita»)

exercitório /z/ adj. relativo a exercício (Do lat. exercitorĭŭ-, «de exercício»)

exerdação /z/ n.f. ato ou efeito de exerdar (Do lat. exheredatiōne-, «id.»)

exerdar /z/ v.tr. ⇒ **deserdar** (Do lat. exheredāre, «id.»)

exérese /z/ n.f. remoção cirúrgica de corpo estranho ou de parte do organismo (tumor ou tecido patológico) (Do gr. exaíresis, «extração», pelo fr. exérèse, «id.»)

exergásia /z/ n.f. recurso estilístico que consiste na repetição de uma ou mais ideias por palavras diversas, mas sinónimas, cujo significado sobe gradualmente, como: «passava a vida a imaginar, a fantasiar, a idear delícias» (Do gr. exergasía, «aperfeiçoamento; trabalho de composição»)

exergo /z/ n.m. **1** espaço de uma moeda ou medalha em que se grava uma inscrição ou data **2** [fig.] ⇒ **epígrafe** **2** (Do gr. ex-, «fora» +érgon, «obra»)

exfetação n.f. MEDICINA gravidez extrauterina (Do lat. ex-, «fora» +fetu-, «filho» +-ção)

exfoliação n.f. ⇒ **esfoliação** (De exfoliar+-ção)

exfoliante adj.2g.,n.m. ⇒ **esfoliante**

exfoliar v.tr.,pron. ⇒ **esfoliar** (Do lat. ex-, «de» +folĭu-, «folha» +-āre)

exfoliativo adj. ⇒ **esfoliativo**

exibição /z/ n.f. **1** ato de exibir **2** apresentação; exposição **3** ostentação (Do lat. exhibitiōne-, «id.»)

exibicionismo /z/ n.m. **1** mania da ostentação; preocupação de se mostrar **2** PSICOLOGIA tendência patológica para mostrar os órgãos genitais (Do lat. exhibitiōne-, «exibição» +-ismo)

exibicionista /z/ n.2g. pessoa com a mania do exibicionismo ■ adj.2g. relativo ao exibicionismo (Do lat. exhibitiōne-, «exibição» + -ista)

exibido /z/ adj. [Brasil] [pop.] peneirento; vaidoso
exibidor /z/ adj.,n.m. que ou o que faz exibição (Do lat. *exhibitōre-*, «aquele que apresenta»)
exibir /z/ v.tr. **1** pôr à vista; mostrar **2** expor; tornar patente **3** ostentar ■ v.pron. mostrar-se (Do lat. *exhibēre*, «apresentar; mostrar»)
exibitivo /z/ adj. ⇒ **exibitório** (De *exibir*+*-tivo*)
exibitório /z/ adj. **1** relativo a exibição **2** que apresenta ou faz apresentar (Do lat. *exhibitoriu-*, «id.»)
exibível adj.2g. que se pode exibir; apresentável; visível (De *exibir*+*-vel*)
exicial /z/ adj.2g. **1** referente a exício **2** nocivo; funesto **3** mortífero (Do lat. *exitiāle-*, «funesto»)
exício /z/ n.m. **1** ruína; prejuízo; estrago **2** morticínio (Do lat. *exitĭu-*, «morte violenta»)
exido /z/ n.m. terreno inculto ou baldio fora do povoado, para pasto ou usufruto comum (Do lat. *exĭtu-*, «saída»)
exigência /z/ n.f. **1** ato de exigir **2** pedido importuno; instância **3** necessidade imperiosa; reivindicação (Do lat. *exigentĭa-*, «id.»)
exigente /z/ adj.2g. **1** que não se contenta com pouco; que exige um elevado nível de qualidade; que exige perfeição **2** que quer mais que o necessário ou o razoável e se torna impertinente (Do lat. *exigente-*, part. pres. de *exigĕre*, «exigir; reclamar»)
exigibilidade /z/ n.f. qualidade do que é exigível (Do lat. *exigibĭle-*, «exigível», pelo fr. *exigibilité*, «exigibilidade»)
exigir /z/ v.tr. **1** pedir uma coisa em virtude de um direito legítimo ou suposto **2** ordenar imperiosamente; intimar; pedir com insistência, ameaçando **3** precisar absolutamente; ter necessidade de **4** impor como condição (Do lat. *exigĕre*, «id.»)
exigível /z/ adj.2g. que se pode exigir (De *exigir*+*-vel*, ou do fr. *exigible*, «exigível»)
exiguidade /izigu-i/ n.f. **1** qualidade de exíguo; pequenez **2** insuficiência; parcimónia (Do lat. *exiguitāte-*, «id.»)
exíguo /z/ adj. **1** pequeno; diminuto **2** insuficiente; escasso (Do lat. *exigŭu-*, «id.»)
exil /z/ adj.2g. ⇒ **exile**
exilado /z/ adj.,n.m. que ou aquele que sofre a pena de exílio; expatriado; desterrado; degredado (Part. pass. de *exilar*)
exilar /z/ v.tr. condenar a exílio; expulsar da pátria; desterrar; degredar ■ v.pron. expatriar-se (Do lat. *exilĭu-*, «exílio» +*-ar*, ou do fr. *exiler*, «exilar»)
exile /z/ adj.2g. exíguo; pobre; mesquinho; exil (Do lat. *exīle-*, «pobre; débil; magro»)
exílio /z/ n.m. **1** ato ou efeito de exilar; expatriação; desterro; degredo **2** [fig.] solidão **3** [fig.] retiro (Do lat. *exilĭu-*, «id.»)
exímio /z/ adj. **1** excelente; habilíssimo **2** eminente; distinto; insigne (Do lat. *eximĭu-*, «excelente»)
eximir /z/ v.tr. isentar; desobrigar; dispensar ■ v.pron. **1** esquivar-se **2** desobrigar-se (Do lat. *eximĕre*, «pôr à parte»)
exina /z/ n.f. BOTÂNICA membrana externa do grânulo de pólen (Do gr. *exo-*, *ex-*, «fora de» +*-ina*)
exinanição /z/ n.f. prostração extrema; esgotamento (Do lat. *exinanitiōne-*, «esgotamento»)
exinanir /z/ v.tr. **1** esvaziar **2** [fig.] aniquilar **3** enfraquecer por falta de alimento ■ v.pron. prostrar-se; debilitar-se (Do lat. *exinanīre*, «esvaziar»)
exir /z/ v.intr. sair; derivar (Do lat. *exīre*, «sair»)
existência /z/ n.f. **1** facto de existir; estado do que é real **2** vida **3** maneira de viver **4** realidade **5** pl. ECONOMIA mercadorias ou matérias-primas em armazém; stocks (Do lat. *exsistentĭa*, «id.»)
existencial /z/ adj.2g. que diz respeito à existência (Do lat. *exsistentiāle-*, «id.»)
existencialismo /z/ n.m. **1** FILOSOFIA doutrina (oposta ao essencialismo) que considera o homem como tema central da reflexão filosófica e propende a minimizar as ideias abstratas, os conceitos universais (as essências), a favor das realidades concretas e individuais (as existências) **2** FILOSOFIA conceção metafísica segundo a qual a existência do homem precede a essência (esta seria, para Heidegger, filósofo alemão (1889-1976), o seu estar no mundo [Dasein], «existência»]) **3** FILOSOFIA para Sartre, filósofo francês (1905-1980), a existência identifica-se com a liberdade, graças à qual cada um conquista a sua essência (De *existencial*+*-ismo*)
existencialista /z/ adj.2g. referente ao existencialismo ■ n.2g. pessoa adepta do existencialismo (De *existencial*+*-ista*)
existente /z/ adj.2g. **1** que existe **2** que é dotado de vida **3** presente (Do lat. *exsistente-*, «id.», part. pres. de *existĕre*, «existir»)

existir /z/ v.intr. **1** ter existência; fazer parte da realidade material ou imaterial **2** viver; ser; estar **3** haver **4** ter importância **5** subsistir; durar (Do lat. *exsistĕre*, «id.»)
êxito n.m. **1** bom sucesso; resultado feliz **2** [fig., ant.] fim; *~ de bilheteira* filme, peça de teatro ou espetáculo visto por um grande número de pessoas; *~ de livraria* livro que se vende em maior número ou que se situa entre os mais vendidos num determinado período (Do lat. *exĭtu-*, «saída»)
exitoso adj. [Angola] com êxito (De *êxito*)
ex-líbris n.m.2n. **1** nota escrita ou desenhada, aposta no frontispício ou na guarda de um livro, que indica o autor, a livraria ou a pessoa a quem o livro pertence **2** vinheta gravada com a mesma finalidade **3** símbolo (Do lat. *ex libris*, «de entre os livros»)
ex-librismo n.m. **1** estudo dos ex-líbris **2** emprego dos ex-líbris (De *ex-líbris*+*-ismo*)
ex-librista n.2g. pessoa que coleciona ex-líbris (De *ex-líbris*+*-ista*)
ex-librística n.f. ⇒ **ex-librismo** (De *ex-librista*+*-ica*)
exo- /z/ prefixo que exprime a ideia de *fora, exteriormente* (Do gr. *éxo-*, «para fora»)
exobiologia n.f. ramo da ciência que investiga a possibilidade da existência de vida fora do nosso planeta (De *exo-*+*biologia*)
exobiologista n.2g. especialista em exobiologia
exobiólogo n.m. ⇒ **exobiologista**
exocarpo /z/ n.m. BOTÂNICA ⇒ **epicarpo** (De *exo-*+*carpo*)
exocíclicos /z/ n.m.pl. ZOOLOGIA grupo de ouriços (equinídeos) caracterizados por terem o ânus fora do polo apical, também chamados ouriços irregulares (De *exo-*+*cíclico*)
exocitose n.f. CITOLOGIA forma de transporte ativo utilizada pelas células, para deslocar moléculas, partículas ou outras células, contidas em vesículas, através da membrana citoplasmática para o exterior da célula
exocrânio /z/ n.m. ANATOMIA parte externa do crânio (De *exo-*+*crânio*)
exocrínico /z/ adj. relativo às glândulas exócrinas; exócrino (Do gr. *éxo-*, «para fora» +*krínein*, «segregar» +*-ico*)
exócrino /z/ adj. FISIOLOGIA diz-se da glândula que lança no exterior os seus produtos de secreção, também chamada aberta (Do gr. *éxo-*, «para fora»+ *krínein*, «segregar»)
exoderma /z/ n.m. BOTÂNICA ⇒ **ectoderma** 2 (De *exo-*+*derma*)
exoderme n.f. BOTÂNICA ⇒ **ectoderma** 2 (De *exo-*+*derme*)
exódico /z/ adj. **1** FISIOLOGIA qualificativo dos nervos em que a ação se exerce de dentro para fora **2** eferente (Do gr. *exodikós*, «relativo à saída»)
êxodo n.m. **1** emigração ou saída de um povo inteiro, ou de grande quantidade de pessoas **2** TEATRO remate da tragédia grega **3** [com maiúscula] RELIGIÃO segundo livro do Antigo Testamento que narra a saída dos Hebreus do Egito (Do gr. *éxodos*, «saída», pelo lat. *exŏdu-*, «id.»)
exoforia /z/ n.f. MEDICINA condição de um vesgo cujos olhos se voltam para fora (De *exo-*+*-foro*+*-ia*)
exoftalmia /z/ n.f. MEDICINA proeminência anormal do globo ocular na órbita; exoftalmo (De *exoftalmo*+*-ia*)
exoftalmo /z/ n.m. MEDICINA ⇒ **exoftalmia** (Do gr. *éxo-*, «para fora» +*ophthalmós*, «olho»)
exogamia /z/ n.f. **1** casamento entre membros de diferentes grupos **2** ZOOLOGIA reprodução, nos protozoários, em que intervêm gâmetas não provenientes da mesma célula (De *exógamo*+*-ia*)
exógamo /z/ adj.,n.m. indivíduo que se casa com alguém de um grupo social (tribo, clã, etc.) diferente (Do gr. *éxo-*, «de fora» +*gámos*, «matrimónio»)
exogéneo /z/ adj. ⇒ **exógeno** (De *exógeno*+*-eo*)
exogenia /z/ n.f. CITOLOGIA processo de divisão da célula em que se verifica o aproveitamento da membrana celular (De *exógeno*+*-ia*)
exógeno /z/ adj. **1** que se forma, cresce ou desenvolve exteriormente ou para fora; exogéneo **2** GEOLOGIA diz-se da formação mineral ou rochosa originada por processo geológico que se verifica à superfície da Terra ou a pouca profundidade **3** BIOLOGIA designativo dos estímulos, substâncias, etc., que têm origem fora do organismo, como as vitaminas essenciais que não podem ser sintetizadas por ele (Do gr. *éxo-*, «para fora» +*génos*, «origem»)
exógino /z/ adj. BOTÂNICA cujos pistilos são relativamente longos, ficando salientes da corola (Do gr. *éxo-*, «para fora» +*gyné*, «mulher; elemento feminino»)
exometra /z/ adj.2g. que apresenta exometria ■ n.f. MEDICINA ⇒ **exometria** (Do gr. *éxo-*, «para fora» +*métra*, «útero»)
exometria /z/ n.f. MEDICINA deslocação do útero (De *exometra*+*-ia*)

exomologese /z/ n.f. confissão pública dos pecados (Do gr. *exomológesis*, «confissão», pelo lat. *exomologēse-*, «id.»)

exomorfismo /z/ n.m. GEOLOGIA modificação de uma rocha por ação de uma intrusão magmática (Do gr. *éxo-*, «fora de» +*morphé*, «forma» +*-ismo*)

exomorfo adj. GEOLOGIA diz-se da rocha que apresenta exomorfismo (Do gr. *éxo-*, «fora de»+*morphé*, «forma»)

exonerabilidade /z/ n.f. qualidade de exonerável (Do lat. *exonerabĭle-*, «exonerável» +*-i-+-dade*)

exoneração /z/ n.f. I ato ou efeito de exonerar 2 demissão; destituição 3 isenção; desobrigação (Do lat. *exoneratiōne-*, «id.»)

exonerar /z/ v.tr. I demitir; destituir 2 tirar o ónus a; desobrigar; dispensar ■ v.pron. I demitir-se 2 desobrigar-se 3 libertar-se de uma dívida (Do lat. *exonerāre*, «descarregar; libertar de um fardo»)

exoneratório /z/ adj. que determina exoneração (De *exonerar+-tório*)

exonfalia /z/ n.f. MEDICINA hérnia umbilical (De *exônfalo+-ia*)

exônfalo /z/ n.m. MEDICINA ⇒ **exonfalia** (Do gr. *éxo-*, «fora» +*omphalós*, «umbigo»)

exópode /z/ n.m. ZOOLOGIA ⇒ **exopódio** (Do gr. *éxo-*, «fora» +*poús*, *podós*, «pé»)

exopódio /z/ n.m. ZOOLOGIA ramo externo de um apêndice típico (bifurcado) dos artrópodes, em especial dos crustáceos (Do gr. *éxo-*, «para fora» +*poús*, *podós*, «pé»+*-io*)

exoração /z/ n.f. ato ou efeito de exorar; súplica; invocação (Do lat. *exoratiōne-*, «súplica; exoração»)

exorar /z/ v.tr. implorar com veemência; suplicar; invocar (Do lat. *exorāre*, «pedir com instância»)

exorável /z/ adj.2g. que se demove com súplicas; compassivo (Do lat. *exorabĭle-*, «id.»)

exorbitância /z/ n.f. I qualidade do que é exorbitante; o que ultrapassa os limites aceitáveis; arbitrariedade 2 preço excessivo (Do lat. *exorbitantĭa*, «id.», part. pres. neut. pl. subst. de *exorbitāre*, «desviar-se; sair da órbita»)

exorbitante /z/ adj.2g. I que sai da órbita 2 que excede os justos limites; excessivo; desmedido; imoderado; que não é razoável (Do lat. *exorbitante-*, «id.», part. pres. de *exorbitāre*, «sair da órbita»)

exorbitar /z/ v.tr.,intr. I desviar ou sair da órbita 2 passar além dos justos limites; exceder-se 3 transgredir (regra estabelecida) (Do lat. *exorbitāre*, «id.»)

exorcismar /z/ v.tr. ⇒ **exorcizar** (De *exorcismo+-ar*)

exorcismo /z/ n.m. rito executado por pessoa devidamente autorizada para expulsar o Demónio de qualquer pessoa possessa; esconjuro (Do gr. *exorkismós*, «ato de fazer jurar», pelo lat. *exorcismu-*, «id.»)

exorcista /z/ n.2g. pessoa que exorcisma (Do gr. *exorkistés*, «id.», pelo lat. *exorcista-*, «id.»)

exorcistado /z/ n.m. RELIGIÃO a terceira das antigas ordens menores da Igreja Católica, que conferia ao tonsurado o poder de expulsar o Demónio (De *exorcista+-ado*)

exorcizar /z/ v.tr. I expulsar espíritos malignos por meio de rezas e esconjuros; usar de exorcismos; esconjurar 2 chamar como quem esconjura (Do gr. *exorkízein*, «fazer jurar», do lat. *exorcizāre*, «id.»)

exordial /z/ adj.2g. referente ao exórdio (De *exórdio+-al*)

exordiar /z/ v.tr. fazer o exórdio de; principiar ■ v.intr. começar o discurso; começar a falar (De *exórdio+-ar*)

exórdio /z/ n.m. I parte inicial de um discurso ou texto onde se dá uma ideia geral do assunto que se vai tratar; proémio 2 [fig.] princípio; origem (Do lat. *exordĭu-*, «princípio»)

exornação /z/ n.f. ato ou efeito de exornar; adorno; ornato (Do lat. *exornatiōne-*, «id.»)

exornar /z/ v.tr. ornamentar; ataviar; enfeitar (Do lat. *exornāre*, «id.»)

exornativo /z/ adj. que adorna ou serve de adorno (De *exornar+-tivo*)

exorreico /z/ adj. GEOGRAFIA diz-se da região cujos rios vão desaguar no mar (Do gr. *éxo-* «para fora» +*rheín*, «correr»)

exortação /z/ n.f. I ato ou efeito de exortar; incitação 2 advertência; conselho 3 admoestação 4 discurso com que se pretende convencer (Do lat. *exhortatiōne-*, «id.»)

exortador /z/ n.m. I aquele que exorta 2 conselheiro (Do lat. *exhortatōre-*, «id.»)

exortar /z/ v.tr. I persuadir, mediante palavras ou discursos, a fazer alguma coisa; procurar convencer; incitar; incutir coragem em 2 advertir 3 admoestar (Do lat. cl. *exhortāri*, pelo lat. vulg. *exhortāre*, «exortar»)

exortativo /z/ adj. próprio para exortar; exortatório (Do lat. *exhortatīvu-*, «id.»)

exortatório /z/ adj. que encerra exortação; exortativo (Do lat. *exhortatorĭu-*, «id.»)

exosfera /z/ n.f. METEOROLOGIA última camada da atmosfera, com temperaturas entre 1500 e 2000 °C, que parece constituir o traço de união entre a atmosfera terrestre e a atmosfera solar e ser formada por hidrogénio atómico que se escapa destas duas atmosferas (Do gr. *éxo-*, «para fora» +*sphaîra*, «esfera»)

exosmose /z/ n.f. FÍSICA corrente de dentro para fora, oposta à endosmose (Do gr. *éxo-*, «para fora» +*osmós*, «impulso», pelo fr. *exosmose*, «id.»)

exosmótico /z/ adj. relativo à exosmose (Do fr. *exosmotique*, «id.»)

exósporo /z/ n.m. BOTÂNICA membrana externa do esporo; esporo exógeno (Do gr. *éxo-*, «para fora» +*spóros*, «semente»)

exosqueleto /z/ n.m. I ZOOLOGIA conjunto das peças que formam a parte mais ou menos endurecida da periferia do corpo de um animal 2 formações tegumentares de revestimento da parte externa do corpo dos vertebrados, como as escamas, os pelos, etc. (De *exo-+esqueleto*)

exosteose /z/ n.f. ⇒ **exostose**

exostose /z/ n.f. MEDICINA, VETERINÁRIA excrescência anormal na parte superficial de um osso (Do gr. *exóstosis*, «tumor ósseo na superfície», pelo lat. cient. *exostōse-*, «id.», pelo fr. *exostose*, «exostose»)

exotérico /z/ adj. I FILOSOFIA dizia-se de uma doutrina filosófica destinada a ser exposta em público 2 vulgar; comum (Do gr. *exoterikós*, «exterior», pelo lat. *exoterĭcu-*, «trivial»)

exoterismo /z/ n.m. qualidade de exotérico (Do gr. *exóteros*, «exterior» +*-ismo*)

exotérmico /z/ adj. QUÍMICA diz-se da reação ou do fenómeno que desenvolve calor (Do gr. *éxo-*, «para fora» +*thermé*, «calor» +*-ico*)

exótico /z/ adj. I que é de país ou clima diferente daquele em que se vive; vindo de fora; estrangeiro 2 que trata de coisas ou costumes estrangeiros 3 esquisito; extravagante (Do gr. *exotikós*, «de fora», pelo lat. *exotĭcu-*, «id.»)

exotismo /z/ n.m. I qualidade de exótico 2 o que é proveniente de outro país, principalmente longínquo e com costumes diferentes; coisa exótica 3 uso de termos estrangeiros; estrangeirismo (De *exót[ico]+-ismo*)

expandir v.tr.,pron. I tornar(-se) mais largo ou dilatado; alargar(-se); dilatar 2 tornar(-se) amplo ou extenso; estender(-se); aumentar 3 desenvolver; crescer 4 divulgar(-se); difundir(-se) 5 (emoções, sentimentos) manifestar(-se) abertamente; desabafar (Do lat. *expandĕre*, «estender»)

expansão n.f. I ato ou efeito de expandir ou de se expandir; alargamento 2 desenvolvimento 3 movimento íntimo, espontâneo e comunicativo, de franqueza e estima; desabafo 4 alegria 5 difusão (Do lat. *expansiōne-*, «id.»)

expansibilidade n.f. I qualidade do que é expansível 2 tendência para expandir-se 3 FÍSICA propriedade que têm os gases de aumentar de volume (Do lat. *expansibĭle-+-i-+-dade*, ou do fr. *expansibilité*, «id.»)

expansionismo n.m. I política de alargamento do território de um país para além das suas fronteiras 2 tendência ou doutrina que fomenta a expansão de ideias, influência ou domínio (De *expansiōne-*, «expansão» +*-ismo*, ou do fr. *expansionnisme*, «id.»)

expansionista n.2g. pessoa partidária do expansionismo (De *expansiōne-*, «expansão» +*-ista*, ou do fr. *expansionniste*, «id.»)

expansível adj.2g. suscetível de expansão ou dilatação (Do fr. *expansible*, «id.»)

expansividade n.f. qualidade de expansivo (De *expansivo+-i-+-dade*)

expansivo adj. I comunicativo; franco; entusiasta 2 expansível (Do fr. *expansif*, «id.»)

expatriação n.f. I expulsão da pátria por motivos políticos ou religiosos; desterro; exílio 2 saída voluntária de um país para ir residir no estrangeiro (De *expatriar+-ção*)

expatriado adj. I que está fora da pátria 2 desterrado; exilado ■ n.m. pessoa que se exilou ou foi condenada a desterro (Part. pass. de *expatriar*)

expatriar v.tr. expulsar da pátria; exilar ■ v.pron. sair da pátria para ir residir no estrangeiro (De *ex-+pátria+-ar*, ou do fr. *expatrier*, «id.»)

expectação n.f. ato ou efeito de expectar; expectativa; espera (Do lat. *exspectatiōne-*, «id.», pelo fr. *expectation*, «id.») ACORDO ORTOGRÁFICO também se pode escrever **expetação**

expectador n.m. o que tem expectativa (Do lat. *exspectatōre-*, «id.») ACORDO ORTOGRÁFICO também se pode escrever **expetador**

expectante *adj.2g.* **1** que espera, observando **2** que está na expectativa (Do lat. *exspectante-*, «id.», part. pres. de *exspectāre*, «estar à espera de; esperar») ACORDO ORTOGRÁFICO também se pode escrever **expetante**

expectar *v.tr.* estar na expectativa de (Do lat. *exspectāre*, «esperar; estar à espera de») ACORDO ORTOGRÁFICO também se pode escrever **expetar**

expectativa *n.f.* esperança fundada em promessas ou probabilidades; expectação (De *expectar*+*-tiva*) ACORDO ORTOGRÁFICO também se pode escrever **expetativa**

expectatório *adj.* que antecede um ato solene (De *expectar*+*-tório*) ACORDO ORTOGRÁFICO também se pode escrever **expetatório**

expectável *adj.2g.* que se pode esperar; provável (Do lat. *expectabĭle-*, «id.») ACORDO ORTOGRÁFICO também se pode escrever **expetável**

expectoração ver nova grafia **expetoração**
expectorante ver nova grafia **expetorante**
expectorar ver nova grafia **expetorar**

expedição *n.f.* **1** ato ou efeito de expedir; despacho; envio **2** cada uma das entregas de correspondência que no mesmo dia fazem os correios **3** MILITAR envio de tropas para um local com um objetivo determinado **4** viagem de exploração a uma região distante **5** grupo de pessoas numa viagem de exploração com fins científicos **6** resolução rápida de problemas; desembaraço (Do lat. *expeditiōne-*, «id.»)

expedicionário *n.m.* **1** aquele que faz parte de uma expedição **2** o que expede mercadorias por conta de outrem ■ *adj.* que faz parte de uma expedição (Do lat. *expeditiōne-*, «expedição» +*-ário*)

expedicioneiro *n.m.* funcionário da corte pontifícia que se ocupa da expedição das bulas, breves, etc. (Do lat. *expeditiōne-*, «expedição» +*-eiro*)

expedida *n.f.* permissão para sair ou partir em expedição (Part. pass. fem. subst. de *expedir*)

expedidor *adj.* que expede ■ *n.m.* **1** aquele que expede **2** empregado encarregado de expedir alguma coisa (De *expedir*+*-dor*)

expediência *n.f.* ⇒ **expedição** (Do lat. *expedientĭa*, part. pres. neut. pl. subst. de *expedīre*, «desembaraçar»)

expediente *adj.2g.* **1** que expede **2** expedito; desembaraçado ■ *n.m.* **1** meios empregados para remover uma dificuldade **2** solução precária; recurso; subterfúgio **3** capacidade para solucionar os problemas com rapidez e eficácia; iniciativa **4** serviço diário num emprego **5** despacho de negócios pendentes **6** correspondência de uma repartição ou estabelecimento (Do lat. *expediente-*, part. pres. de *expedīre*, «libertar; desembaraçar»)

expedimento *n.m.* ato de expedir (De *expedir*+*-mento*)

expedir *v.tr.* **1** fazer partir com certo fim; enviar; remeter; despachar **2** publicar oficialmente; promulgar (Do lat. *expedīre*, «desimpedir; desembaraçar»)

expeditamente *adv.* de modo expedito; desembaraçadamente (De *expedito*+*-mente*)

expeditivo *adj.* **1** expedito; ativo; rápido **2** fácil (De *expedir*+*-tivo*)

expedito *adj.* desembaraçado; diligente; ativo (Do lat. *expedītu-*, «id.», part. pass. de *expedīre*, «desembaraçar»)

expeditório *adj.* próprio para se expedir (De *expedir*+*-tório*)

expelente *adj.2g.* que expele (Do lat. *expellente-*, part. pres. de *expellĕre*, «expelir»)

expelir *v.tr.* **1** lançar fora com violência; expulsar; arremessar **2** proferir com veemência (Do lat. *expellĕre*, «expelir; fazer sair; repelir»)

expender *v.tr.* **1** expor; explicar **2** despender; gastar (Do lat. *expendĕre*, «despender; ponderar»)

expensão *n.f.* ato ou efeito de expender (Do lat. *expensiōne-*, «despesa; expensão»)

expensas *n.f.pl.* despesas; gastos; *a ~ de* à custa de (Do lat. *expensa-*, «despesa»)

experiência *n.f.* **1** ato ou efeito de experimentar **2** conhecimento por meio dos sentidos de uma determinada realidade **3** conhecimento de uma realidade provocada, no propósito de saber algo, particularmente o valor de uma hipótese científica; experimentação **4** conhecimento obtido pela prática de uma atividade ou pela vivência **5** prova; ensaio; tentativa; *à ~* para ver se é adequado (Do lat. *experientĭa-*, «id.»)

experiencial *adj.2g.* referente à experiência (observação) ou fundado nela (De *experiência*+*-al*)

experienciar *v.tr.* experimentar; sentir; viver (De *experiência*+*-ar*)

experiente *adj.2g.* **1** que tem experiência; experimentado **2** entendido; versado ■ *n.2g.* pessoa que tem experiência (Do lat. *experiente-*, «id.», part. pres. de *experīri*, «experimentar; tentar»)

experimenta *n.f.* experimentação (Deriv. regr. de *experimentar*)

experimentação *n.f.* **1** ato ou efeito de experimentar **2** emprego sistemático da experiência **3** método científico que consiste em provocar observações, em condições especiais, para verificar uma hipótese (De *experimentar*+*-ção*)

experimentado *adj.* **1** que já foi tentado **2** conhecedor de um assunto; versado; experiente (Part. pass. de *experimentar*)

experimentador *adj.,n.m.* **1** que ou aquele que experimenta **2** ensaiador (De *experimentar*+*-dor*)

experimental *adj.2g.* referente à experiência (experimentação) ou fundado nela (De *experimento*+*-al*)

experimentalismo *n.m.* **1** sistema científico que se fundamenta na experiência **2** sistema que tem por objetivo alargar o método experimental a todos os ramos de atividade (De *experimental*+*-ismo*)

experimentalista *adj.2g.* relativo ao experimentalismo ■ *n.2g.* partidário do experimentalismo (De *experimental*+*-ista*)

experimentalmente *adv.* por meio de experiência; praticamente (De *experimental*+*-mente*)

experimentar *v.tr.* **1** verificar por meio de experiência; ensaiar **2** pôr à prova; testar **3** tentar **4** provar **5** sentir ■ *v.pron.* exercitar-se (Do lat. *experimentāre*, «id.»)

experimentável *adj.2g.* que se pode experimentar (De *experimentar*+*-vel*)

experimento *n.m.* experiência; experimentação (Do lat. *experimentu-*, «experiência; ensaio»)

experto *adj.* experiente; perito; versado; entendido (Do lat. *expertu-*, «perito; experimentado»)

expetação a grafia mais usada é **expectação**
expetador a grafia mais usada é **expectador**
expetante a grafia mais usada é **expectante**
expetar a grafia mais usada é **expectar**
expetativa a grafia mais usada é **expectativa**
expetatório a grafia mais usada é **expectatório**
expetável a grafia mais usada é **expectável**

expetoração *n.f.* **1** ato ou efeito de expetorar **2** mucosidades e outras substâncias provenientes das vias respiratórias; escarro (De *expectorar*+*-ção*)

expetorante *adj.2g.* que provoca ou facilita a expetoração ■ *n.m.* MEDICINA medicamento que provoca ou facilita a expetoração (De *expectorar*+*-ante*)

expetorar *v.tr.* **1** expelir pela boca mucosidades e outras substâncias provenientes das vias respiratórias; escarrar **2** [fig.] proferir com violência; vociferar (Do lat. *expectorāre*, «lançar para fora do peito»)

expiação *n.f.* **1** ato ou efeito de expiar; cumprimento de pena ou castigo; penitência **2** *pl.* RELIGIÃO preces com as quais se tentava apaziguar a cólera divina (Do lat. *expiatiōne-*, «id.»)

expiador *adj.* **1** que expia **2** próprio para expiar ■ *n.m.* aquele que expia (Do lat. *expiatōre-*, «id.»)

expiar *v.tr.* **1** remir (uma culpa ou um crime) por meio de penitência **2** reparar **3** sofrer as consequências de (Do lat. *expiāre*, «id.»)

expiatório *adj.* **1** relativo à expiação **2** que expia **3** próprio para a expiação; *bode ~* pessoa sobre quem se fazem cair as culpas dos outros ou a quem se atribuem infortúnios e desgraças (Do lat. *expiatorĭu-*, «id.»)

expiável *adj.2g.* que se pode expiar ou remir (Do lat. *expiabĭle-*, «id.»)

expilação *n.f.* ato de expilar; espoliação (Do lat. *expilatiōne-*, «pilhagem»)

expilar *v.tr.* **1** roubar uma herança antes de conhecido o herdeiro **2** espoliar; subtrair (Do lat. *expilāre*, «roubar»)

expiração *n.f.* **1** ato de expirar **2** fenómeno mecânico da função respiratória, que consiste na expulsão do ar (que tinha sido inspirado) dos pulmões para o exterior **3** termo de um período convencionado (Do lat. *expiratiōne-*, «id.»)

expirador *adj.2g.* **1** que expira; que está a acabar **2** ANATOMIA qualificativo dos músculos que contribuem para a expiração (De *expirar*+*-dor*)

expirante *adj.2g.* ⇒ **expirador** (Do lat. *exspirante-*, «id.», part. pres. de *exspirāre*, «exalar; expirar; morrer»)

expirar *v.tr.,intr.* FISIOLOGIA expulsar (o ar) dos pulmões para o exterior através das vias respiratórias (boca ou nariz) ■ *v.intr.* **1** morrer **2** (prazo) acabar; terminar; prescrever ■ *v.tr.* exalar; lançar (Do lat. *exspirāre*, «exalar; expirar»)

explanação *n.f.* 1 ato ou efeito de explanar 2 narrativa minuciosa 3 explicação (Do lat. *explanatiōne-*, «explicação»)

explanador *adj.,n.m.* que ou aquele que explana; explicador (Do lat. *explanatōre-*, «comentador»)

explanar *v.tr.* 1 tornar claro, inteligível 2 explicar minuciosamente (Do lat. *explanāre*, «explicar»)

explanatório *adj.* que serve para explanar (Do lat. *explanatorĭu-*, «explicativo»)

expletiva *n.f.* GRAMÁTICA palavra ou expressão empregada apenas para efeito decorativo do discurso (De *expletivo*)

expletivamente *adv.* de modo expletivo; desnecessariamente (De *expletivo+-mente*)

expletivo *adj.* GRAMÁTICA diz-se da palavra ou expressão empregada apenas para ornamento do discurso, com valor genérico de reforço ou ênfase (Do lat. *expletīvu-*, «id.»)

explicabilidade *n.f.* qualidade do que é explicável (Do lat. *explicabĭle-*, «explicável» *+-i-+-dade*)

explicação *n.f.* 1 ato ou efeito de explicar ou explicar-se 2 ato de tornar algo inteligível; esclarecimento 3 sessão particular de apoio pedagógico que é geralmente remunerada 4 satisfação de injúria; desagravo 5 justificação; desculpa (Do lat. *explicatiōne-*, «id.»)

explicador *n.m.* 1 aquele que explica 2 o que dá lições particulares a estudantes ■ *adj.* que explica (Do lat. *explicatōre-*, «id.»)

explicando *n.m.* aquele a quem se dão explicações ou lições particulares (Do lat. *explicandu-*, «que deve ser explicado», ger. de *explicāre*, «explicar»)

explicar *v.tr.* 1 tornar inteligível 2 dar os pormenores; explanar 3 exprimir; declarar 4 dar as razões; justificar 5 lecionar a respeito de; dar explicações a ■ *v.pron.* 1 justificar as suas ações 2 falar com clareza 3 pagar (Do lat. *explicāre*, «desdobrar; explicar»)

explicativo *adj.* 1 que serve para explicar; elucidativo 2 GRAMÁTICA diz-se da conjunção coordenativa ou oração coordenada que exprime explicação ou justificação 3 LINGUÍSTICA designativo do texto em que se apresentam explicações ou exposições de um determinado saber, com o fim de informar o leitor (De *explicar+-tivo*)

explicável *adj.2g.* que tem explicação; que se pode explicar (Do lat. *explicabĭle-*, «id.»)

explicitamente *adv.* de modo explícito; claramente (De *explícito+-mente*)

explicitar *v.tr.* tornar explícito; extrair de um todo confuso alguma ideia e expô-la claramente (De *explícito+-ar*)

explícito *adj.* claro; manifesto; expresso (Do lat. *explicĭtu-*, «explicado»)

explodir *v.tr.,intr.* 1 provocar ou sofrer uma explosão; (fazer) rebentar 2 [fig.] manifestar-se de forma súbita e ruidosa ■ *v.intr.* 1 perder a calma súbita e violentamente 2 aumentar rapidamente (Do lat. *explodĕre*, «repelir»)

explodível *adj.2g.* que pode explodir (De *explodir+-vel*)

explorabilidade *n.f.* carácter do que é explorável (De *explorabĭle-*, «explorável; verificável» *+-i-+-dade*)

exploração *n.f.* 1 ato ou efeito de explorar 2 viagem a uma determinada zona ou local para aprofundar o seu conhecimento 3 investigação; exame minucioso 4 desenvolvimento de um negócio ou uma indústria com fins lucrativos 5 abuso da boa-fé de outrem para auferir benefícios 6 conjunto de bens que constituem o suporte da atividade da empresa e que se tornam líquidos através de operações de compra e venda; **~ *do sucesso*** MILITAR operação ofensiva que se segue imediatamente a um ataque com êxito, destinada a, por meio de movimentos rápidos e profundos, impedir que o inimigo reconstitua a defesa ou empreenda uma operação retrógrada ordenada (Do lat. *exploratiōne-*, «exploração; observação»)

explorador *adj.* 1 que viaja por determinada zona ou local para aprofundar o seu conhecimento 2 que se aproveita da boa-fé de outrem para auferir benefícios ■ *n.m.* 1 aquele que explora determinada zona ou local para aprofundar o seu conhecimento 2 pessoa que se aproveita da boa-fé de outrem para auferir benefícios 3 MILITAR combatente que precede uma patrulha para fins de segurança da mesma 4 MEDICINA instrumento próprio para explorar um vaso, uma cavidade orgânica ou o seu conteúdo (Do lat. *exploratōre-*, «explorador»)

explorar *v.tr.* 1 pesquisar; investigar 2 percorrer uma zona ou local para aprofundar o seu conhecimento 3 abusar de outrem para auferir algum benefício 4 observar; sondar; perscrutar 5 não dar remuneração adequada a alguém pelo seu trabalho 6 vender acima do preço devido 7 especular 8 cultivar (Do lat. *explorāre*, «observar; explorar»)

explorativo *adj.* ⇒ **exploratório** (De *explorar+-tivo*)

exploratório *adj.* 1 que serve para explorar; explorativo 2 MEDICINA diz-se da operação ou do procedimento cujo objetivo é permitir o conhecimento do estado de um órgão interno ou de uma parte do corpo não visível diretamente ■ *n.m.* MEDICINA instrumento que serve para sondar a bexiga (De *explorar+-tório*)

explorável *adj.2g.* que se pode explorar (De *explorar+-vel*)

explosão *n.f.* 1 ato ou efeito de explodir 2 qualquer fenómeno de expansão súbita e violenta 3 reação química, rápida e violenta, acompanhada de grande elevação de temperatura e de libertação abundante de gases 4 [fig.] manifestação súbita; **~ *demográfica*** crescimento súbito da população num determinado local (Do lat. *explosiōne-*, «ação de rejeitar»)

explosímetro *n.m.* instrumento destinado a rapidamente indicar as proporções de gases ou poeiras que, espalhadas no ar de um recinto, oferecem perigo de explosão (De *explosão+-í-+-metro*)

explosiva *n.f.* LINGUÍSTICA consoante que se pronuncia parando na faringe o ar que se expele, para lhe dar em seguida saída súbita (De *explosivo*)

explosível *adj.2g.* que pode explodir (Do fr. *explosible*, «id.»)

explosivo *adj.* 1 que produz explosão 2 [fig.] que reage impetuosamente 3 [fig.] que oferece perigo 4 LINGUÍSTICA (som) que se pronuncia parando na faringe o ar que se expele, para lhe dar em seguida saída súbita ■ *n.m.* 1 substância destinada a explodir 2 projétil que produz explosão (Do fr. *explosif*, «id.»)

expluir *v.tr.,intr.* [pouco usado] ⇒ **explodir**

expoente *n.2g.* pessoa que expõe ou alega ■ *n.m.* 1 MATEMÁTICA número que indica a potência a que uma quantidade é elevada 2 GRAMÁTICA morfema que caracteriza uma flexão 3 [fig.] pessoa de maior importância numa profissão ou ramo do saber (Do lat. *exponente-*, «que expõe», part. pres. de *exponĕre*, «expor; abandonar»)

expolição *n.f.* ato ou efeito de polir ou de ornar um discurso (Do lat. *expolitiōne-*, «ação de polir»)

expolir *v.tr.* fazer expolição de (Do lat. *expolīre*, «polir inteiramente»)

exponencial *adj.2g.* 1 MATEMÁTICA diz-se da função (real ou complexa) definida por uma potência de base constante e expoente variável (real ou complexa) 2 de grande importância ou significado; superior (Do fr. *exponentiel*, «id.»)

exponencialmente *adv.* de forma rápida e com intensidade crescente; vertiginosamente (De *exponencial+-mente*)

exponente *adj.,n.2g.* aquele ou aquela que expõe ou alega razões (Do lat. *exponente-*, «que expõe», part. pres. de *exponĕre*, «expor»)

expor *v.tr.* 1 pôr à vista; mostrar; patentear 2 fazer exposição de; apresentar 3 narrar; explicar 4 abandonar (recém-nascidos) 5 colocar em perigo ■ *v.pron.* 1 mostrar-se 2 arriscar-se (Do lat. *exponĕre*, «id.»)

exportação *n.f.* 1 ato ou efeito de exportar 2 remessa de produtos nacionais para o estrangeiro (Do lat. *exportatiōne-*, «id.»)

exportador *adj.,n.m.* que ou aquele que exporta (De *exportar+-dor*)

exportar *v.tr.* mandar para outro país (produtos nacionais) (Do lat. *exportāre*, «id.»)

exportável *adj.2g.* que se pode exportar (De *exportar+-vel*)

exposição *n.f.* 1 ato ou efeito de expor 2 exibição pública de obras de arte, produtos ou serviços; mostra 3 conjunto de produtos agrícolas, artísticos ou industriais, artísticos colocados à vista do público em determinado lugar 4 local onde esses produtos são expostos 5 apresentação organizada de um tema ou de um trabalho sobre um dado assunto 6 modo como a luz incide num determinado recinto ou objeto 7 situação de um edifício em relação aos pontos cardeais 8 modo de dizer ou explicar; explicação 9 FOTOGRAFIA quantidade de luz à qual uma chapa ou película fotossensíveis são expostas, determinada pela abertura do diafragma e pela velocidade de obturação 10 FOTOGRAFIA ato de expor uma chapa ou película fotossensíveis à ação da luz 11 sujeição a um perigo 12 ação de submeter um corpo à influência de um agente; **~ *solar*** ação de submeter algo ou alguém à influência dos raios de sol (Do lat. *expositiōne-*, «id.»)

expositivo *adj.* 1 relativo à exposição 2 que expõe; que elucida 3 LINGUÍSTICA ⇒ **explicativo** 3 (Do lat. *expositīvu-*, «id.»)

expositor *n.m.* 1 aquele que expõe 2 obra ou autor que elucida uma doutrina 3 móvel em que se expõe alguma coisa; mostruário (Do lat. *expositōre-*, «comentador; intérprete»)

exposto *adj.* que está à vista; patente ■ *n.m.* 1 narração de um facto e das suas circunstâncias 2 enjeitado (Do lat. *expositu-*, «id.», part. pass. de *exponĕre*, «expor; pôr à vista; abandonar»)

expostulação *n.f.* 1 ato ou efeito de expostular 2 queixa feita perante o ofensor 3 súplica instante (Do lat. *expostulatiōne-*, «pedido instante; queixa»)

expostular *v.tr.* suplicar; rogar (Do lat. *expostulāre*, «pedir com instância; reclamar»)

expressador *adj.* que expressa (De *expressar*+*-dor*)

expressamente *adv.* de modo expresso; com o fim exclusivo de (De *expresso*+*-mente*)

expressão *n.f.* 1 ato ou efeito de exprimir 2 manifestação de pensamentos por gestos ou palavras 3 entoação com que se pronuncia uma palavra ou uma frase; ênfase 4 modo como o rosto, a voz e/ou os gestos revelam um estado de espírito; semblante 5 animação; vivacidade 6 modo de comunicar 7 conjunto de palavras; frase; dito 8 manifestação de um sentimento ou de uma emoção; revelação 9 representação de uma ideia ou de um conceito; manifestação 10 pessoa que representa uma coisa abstrata ou inanimada; personificação 11 língua; dialeto 12 GRAMÁTICA palavra(s) que forma(m) um núcleo lexical 13 LINGUÍSTICA um dos dois planos que formam um signo linguístico (por oposição a conteúdo); significante 14 MATEMÁTICA sequência finita de símbolos matemáticos; **~ *corporal*** postura do corpo e gestos como meio de transmissão de pensamentos e emoções; **~ *escrita*** modo de comunicar por escrito; **~ *idiomática*** expressão cujo sentido não pode ser depreendido do significado das palavras que a constituem; **~ *oral*** modo de comunicar oralmente (Do lat. *expressiōne-*, «id.»)

expressar *v.tr.,pron.* ⇒ **exprimir** (De *expresso*+*-ar*)

expressionismo *n.m.* ARTES PLÁSTICAS, LITERATURA movimento artístico que surgiu no primeiro quartel do século XX em que o valor dominante da representação reside na intensidade da expressão dramática (Do fr. *expressionnisme*, «id.»)

expressionista *adj.2g.* 1 ARTES PLÁSTICAS, LITERATURA diz-se do artista que cultiva o expressionismo 2 relativo ao movimento que valoriza a intensidade da expressão dramática ■ *n.2g.* ARTES PLÁSTICAS, LITERATURA pessoa partidária do expressionismo (Do fr. *expressionniste*, «id.»)

expressiva *n.f.* entoação ou gesto oratório (De *expressivo*)

expressividade *n.f.* qualidade do que é expressivo (De *expressivo*+*-i-*+*-dade*, ou do fr. *expressivité*, «id.»)

expressivo *adj.* 1 que exprime; significativo 2 que transmite vivacidade ao exprimir-se; enérgico (Do lat. *expressu-*, «expresso», pelo fr. *expressif*, «id.»)

expresso *adj.* 1 escrito 2 explícito 3 que é mandado de propósito 4 categórico; determinante 5 que é enviado rapidamente 6 (comboio, camioneta) que vai do local de partida ao de chegada sem fazer paragens 7 (café) que é tirado em máquina própria e fica com uma camada de espuma no topo ■ *n.m.* 1 mensageiro 2 comboio ou camioneta que vai do local de partida ao de chegada sem paragens 3 café tirado em máquina própria e que fica com uma camada de espuma no topo (Do lat. *expressu-*, «id.», part. pass. de *exprimĕre*, «exprimir; espremer; fazer sair»)

exprimir *v.tr.* 1 dar a entender por palavras ou gestos; expressar 2 revelar; traduzir; representar; significar ■ *v.pron.* 1 colocar os pensamentos ou os sentimentos em palavras 2 expressar os sentimentos através da arte ou de outra forma (Do lat. *exprimĕre*, «exprimir; espremer; fazer sair»)

exprimível *adj.2g.* que se pode exprimir (De *exprimir*+*-vel*)

exprobração *n.f.* ato ou efeito de exprobrar; censura violenta; acusação (Do lat. *exprobratiōne-*, «id.»)

exprobrado *adj.* 1 censurado; repreendido 2 isento; limpo 3 perfeito (Do lat. *exprobrātu-*, «id.», part. pass. de *exprobrāre*, «censurar; exprobrar»)

exprobrador *adj.,n.m.* que ou aquele que exprobra ou repreende (Do lat. *exprobratōre-*, «id.»)

exprobrante *adj.,n.2g.* ⇒ **exprobrador** (Do lat. *exprobrante-*, part. pres. de *exprobrāre*, «censurar; repreender»)

exprobrar *v.tr.* 1 fazer censuras a 2 lançar em rosto a; vituperar (Do lat. *exprobrāre*, «censurar; repreender»)

exprobratório *adj.* que contém exprobração (De *exprobrar*+*-tório*)

expromissor *n.m.* o principal pagador (Do lat. *expromissōre-*, «id.»)

expropriação *n.f.* 1 ato ou efeito de expropriar 2 desapropriação de um bem que é transferido, por ato unilateral do Estado e por motivo de utilidade pública, para a propriedade privada do Estado ou de outrem, mediante indemnização, com vista a um melhoramento público 3 coisa expropriada (De *expropriar*+*-ção*)

expropriador *adj.,n.m.* que ou aquele que expropria (De *expropriar*+*-dor*)

expropriar *v.tr.* privar, legalmente e mediante indemnização, da posse de uma propriedade; desapossar alguém da sua propriedade (De *ex-*+*próprio*+*-ar*)

expugnação *n.f.* ato ou efeito de expugnar; tomada por assalto; conquista (Do lat. *expugnatiōne-*, «id.»)

expugnador *adj.,n.m.* que ou aquele que expugna (Do lat. *expugnatōre-*, «id.»)

expugnar *v.tr.* tomar à força de armas; levar de assalto; conquistar (Do lat. *expugnāre*, «tomar de assalto»)

expugnável *adj.2g.* que se pode expugnar (Do lat. *expugnabĭle-*, «id.»)

expuição *n.f.* ato de expelir pela boca (Do lat. *exspuitiōne-*, «ação de cuspir»)

expulsão *n.f.* 1 ato ou efeito de expulsar ou expelir 2 ato de obrigar alguém a sair de um sítio contra a própria vontade 3 abandono forçado de um grupo; exclusão 4 FISIOLOGIA evacuação 5 expatriação (Do lat. *expulsiōne-*, «id.»)

expulsar *v.tr.* 1 fazer sair à força 2 expelir com força 3 afastar 4 expatriar; desterrar (Do lat. *expulsāre*, «arremessar frequentemente»)

expulsivo *adj.* próprio para expulsar (Do lat. *expulsīvu-*, «que tem a propriedade de afastar»)

expulso *adj.* 1 posto fora à força 2 expelido 3 expatriado; desterrado (Do lat. *expulsu-*, «id.», part. pass. de *expellĕre*, «lançar fora; repelir; expelir»)

expulsor *adj.,n.m.* (feminino **expultriz**) que ou aquele que expulsa (Do lat. *expulsōre-*, «o que expulsa»)

expulsório *adj.* que encerra ordem de expulsão (De *expulsar*+*-ório*)

expultriz *n.f.* (masculino **expulsor**) aquela que expulsa (Do lat. *expultrīce-*, «a que expulsa»)

expunção *n.f.* ato de expungir (Do lat. *expunctiōne-*, «complemento; acabamento; remate»)

expungir *v.tr.* fazer desaparecer; apagar; delir; sumir; eliminar; dissipar; desvanecer (Do lat. *expungĕre*, «apagar»)

expungível *adj.2g.* que se pode expungir, apagar, perdoar, esquecer (De *expungir*+*-vel*)

expurgação *n.f.* 1 ato ou efeito de expurgar; expurgo 2 evacuação 3 correção; emenda (Do lat. *expurgatiōne-*, «justificação; escusa»)

expurgado *adj.* 1 limpo de impurezas 2 expulso (Part. pass. de *expurgar*)

expurgador *adj.,n.m.* que ou aquele que expurga (De *expurgar*+*-dor*)

expurgar *v.tr.* 1 purificar, eliminando as impurezas; purgar completamente; limpar 2 eliminar o que é prejudicial 3 MEDICINA desinfetar uma ferida 4 eliminar os erros; corrigir (Do lat. *expurgāre*, «id.»)

expurgatório *adj.* que serve para expurgar ■ *n.m.* índice dos livros proibidos pela Igreja até serem expurgados (De *expurgar*+*-tório*)

expurgo *n.m.* ⇒ **expurgação** (Deriv. regr. de *expurgar*)

exsicação *n.f.* ato de exsicar; privação de humidade (Do lat. *exsiccatiōne-*, «id.»)

exsicador *n.m.* dispositivo empregado nos laboratórios de química para secar substâncias (De *exsicar*+*-dor*)

exsicante *adj.2g.* que exsica ■ *n.m.* substância usada para exsicar (De *exsicar*+*-ante*)

exsicar *v.tr.* secar bem; ressequir (Do lat. *exsiccāre*, «secar»)

exsicativo *adj.* ⇒ **exsicante** *adj.2g.* (De *exsicar*+*-tivo*)

exsolver *v.tr.* 1 dissolver 2 desligar 3 pagar 4 exalar (Do lat. *exsolvĕre*, «desligar; dissolver»)

exsuar *v.tr.,intr.* ⇒ **exsudar** (Do lat. *exsudāre*, «evaporar-se; suar para fazer uma coisa»)

exsucação *n.f.* MEDICINA ≡ **equimose** (Do lat. *exsuccatiōne-*, de *exsuccāre*, «extrair o suco de»)

exsucção *n.f.* ato de extrair, sugando (Do lat. *exsuctiōne-*, «id.»)

exsudação *n.f.* 1 ato ou efeito de exsudar; transpiração 2 MEDICINA secreção patológica das serosas; exsudato 3 BOTÂNICA líquido mais ou menos viscoso que brota de certos vegetais; gutação (Do lat. *exsudatiōne-*, «eliminação pela transpiração»)

exsudar *v.tr.,intr.* expelir ou sair em forma de gotas ou suor (Do lat. *exsudāre*, «eliminar pela transpiração; evaporar-se»)

exsudato *n.m.* secreção patológica das serosas; exsudação (Do lat. *exsudātu-*, «eliminado pela transpiração»)

exsurgência *n.f.* 1 emergência ou aparecimento saindo de 2 GEOLOGIA aparecimento ao ar livre de águas que se juntaram nas fendas

exsurgir

de maciços calcários e avançaram por condutas subterrâneas sem que, antes de se infiltrarem, tivessem formado um rio subaéreo (Do lat. *exsurgentĭa*, part. pres. neut. pl. subst. de *exsurgĕre*, «levantar-se; crescer»)

exsurgir *v.intr.* levantar-se (Do lat. *exsurgĕre*, «id.»)

êxtase *n.m.* estado de espírito em que o indivíduo é dominado pelas emoções ou pelos sentidos, por vezes com perda da noção da realidade circundante; arrebatamento; **~ místico** estado psíquico no qual o indivíduo se encontra como que transportado para fora de si e do mundo sensível, sentindo-se inefavelmente unido ao transcendente; **~ patológico** estado mórbido caracterizado por imobilidade, insensibilidade, sinais de inefável alegria (Do gr. *ékstasis*, «desvario», pelo lat. *extăse-*, «êxtase»)

extasiado *adj.* em êxtase; absorto; enlevado; extático (Part. pass. de *extasiar*)

extasiar *v.tr.* tornar extático; pôr em êxtase; enlevar ■ *v.pron.* ficar extático; maravilhar-se (De *êxtase+-iar*)

extático *adj.* **1** caído em êxtase; enlevado; arrebatado; maravilhado **2** pasmado **3** absorto (Do gr. *ekstatikós*, «que tem o espírito perturbado; que está fora de si»)

extemporaneamente *adv.* fora do tempo; inoportunamente (De *extemporâneo+-mente*)

extemporaneidade *n.f.* **1** qualidade do que é extemporâneo; inoportunidade **2** ato extemporâneo (De *extemporâneo+-i-+-dade*)

extemporâneo *adj.* **1** que vem fora do tempo próprio; impróprio da ocasião; inoportuno **2** FARMÁCIA diz-se da preparação que é feita na altura em que a receita médica é apresentada **3** MEDICINA diz-se do exame ou da análise que é feita durante uma intervenção cirúrgica (Do lat. *extemporanĕu-*, «id.»)

extensamente *adv.* amplamente; grandemente; largamente (De *extenso+-mente*)

extensão *n.f.* **1** qualidade do que é extenso; vastidão **2** porção de espaço ou de tempo **3** propriedade de ocupar espaço; dimensão **4** ampliação; engrandecimento **5** aumento relativo de comprimento **6** o número de objetos compreendido por uma ideia ou um conceito **7** ELETRICIDADE fio elétrico móvel que é ligado ao fio de um aparelho elétrico para lhe aumentar o comprimento **8** ramal telefónico de um número principal **9** ENGENHARIA deformação linear por unidade de comprimento **10** ANATOMIA movimento através do qual dois segmentos de membros contínuos tendem a colocar-se no mesmo eixo **11** *pl.* fios de cabelo natural ou artificial que se fixam ao próprio cabelo para aumentar o seu comprimento; **~ semântica** LINGUÍSTICA processo pelo qual uma palavra adquire um novo significado (Do lat. *extensiōne-*, «ação de estender»)

extensibilidade *n.f.* qualidade do que é extensível (Do fr. *extensibilité*, «id.»)

extensímetro *n.m.* ⇒ **extensómetro**

extensivamente *adv.* ⇒ **extensamente** (De *extensivo+-mente*)

extensível *adj.2g.* **1** que se pode estender **2** que se pode aplicar a mais de um caso (Do fr. *extensible*, «id.»)

extensividade *n.f.* carácter do que é extensivo (De *extensivo+-i-+-dade*)

extensivo *adj.* **1** que se pode estender ou dilatar **2** que se pode estender ou aplicar a um certo número de pessoas ou casos **3** diz-se das grandezas que podem representar-se por uma extensão **4** amplo; extenso (Do fr. *extensif*, «id.»)

extenso *adj.* **1** que tem extensão; vasto **2** comprido **3** que abrange várias coisas **4** duradouro; demorado (Do lat. *extensu-*, «id.», part. pass. de *extendĕre*, «estender; dilatar»)

extensometria *n.f.* técnica da medição da deformação de um corpo sob a ação de forças tensoras (Do lat. *extensu-*, «extensão»+gr. *métron*, «medida»+-*ia*)

extensómetro *n.m.* aparelho usado para medir pequenas variações de comprimento de um corpo submetido a deformação (Do lat. *extensu-*, «extensão»+gr. *métron*, «medida», pelo fr. *extensomètre*, «extensómetro»)

extensor *adj.* **1** que faz estender ou serve para estender **2** ANATOMIA designativo do músculo que executa movimentos dos membros, ou de certas partes destes, no sentido oposto ao de flexão ■ *n.m.* ANATOMIA músculo que executa movimentos dos membros, ou de certas partes destes, no sentido oposto ao de flexão (Do fr. *extenseur*, «id.»)

extenuação *n.f.* ato ou efeito de extenuar ou extenuar-se; prostração; enfraquecimento; debilidade (Do lat. *extenuatiōne-*, «id.»)

extenuadamente *adv.* com prostração; debilmente (De *extenuado+-mente*)

extenuador *adj.* que extenua ou enfraquece (De *extenuar+-dor*)

extenuante *adj.2g.* que extenua (De *extenuante-*, «id.», part. pres. de *extenuāre*, «tornar ténue; enfraquecer»)

extenuar *v.tr.* causar grande cansaço a; enfraquecer ■ *v.pron.* **1** debilitar-se **2** gastar-se (Do lat. *extenuāre*, «enfraquecer; tornar ténue»)

extenuativo *adj.* ⇒ **extenuante** (De *extenuar+-tivo*)

exterior *adj.2g.* **1** do lado ou da parte de fora **2** estranho **3** relativo a nações estrangeiras **4** relativo ao aspeto físico ■ *n.m.* **1** a parte externa **2** as nações estrangeiras **3** aparência **4** o espaço fora de um edifício (Do lat. *exteriōre-*, «exterior»)

exterioridade *n.f.* **1** a parte exterior **2** [fig.] aparência enganosa; hipocrisia **3** *pl.* aparências (De *exterior+-i-+-dade*)

exteriorização *n.f.* **1** ato de exteriorizar **2** manifestação de ideias, sentimentos, etc. **3** exibicionismo (De *exteriorizar+-ção*)

exteriorizar *v.tr.* **1** tornar exterior **2** pôr a claro **3** manifestar; dar a conhecer (De *exterior+-izar*)

exteriormente *adv.* **1** pelo lado de fora **2** aparentemente (De *exterior+-mente*)

exterminação *n.f.* **1** ato de exterminar; destruição completa **2** morticínio; extermínio (Do lat. *exterminatiōne-*, «id.»)

exterminador *adj.,n.m.* que ou o que extermina (Do lat. *exterminatōre-*, «exterminador»)

exterminante *adj.2g.* que extermina (De *exterminante-*, «id.», part. pres. de *extermināre*, «destruir; banir; exterminar»)

exterminar *v.tr.* **1** acabar com; destruir; aniquilar **2** expulsar para fora dos termos, dos limites; banir; desterrar (Do lat. *extermināre*, «id.»)

exterminável *adj.2g.* suscetível de ser exterminado (De *exterminar+-vel*)

extermínio *n.m.* **1** ato ou efeito de exterminar; aniquilamento de um grupo de pessoas ou de animais **2** destruição; ruína (Do lat. *exterminĭu-*, «id.»)

externação *n.f.* ato de externar (De *externar+-ção*)

externalização *n.f.* **1** ato ou efeito de externalizar **2** ECONOMIA transferência por parte de uma empresa para outra de serviços secundários relativamente à sua atividade principal, de forma a aliviar a estrutura operacional, reduzir custos e economizar recursos (De *externalizar+-ção*)

externalizar *v.tr.* **1** tornar externo **2** ECONOMIA transferir para outra empresa (serviços secundários relativamente à atividade principal da empresa que faz essa transferência) de forma a aliviar a estrutura operacional, reduzir custos e economizar recursos (Do ing. *externalize*, «id.»)

externar *v.tr.* manifestar exteriormente; exteriorizar (De *externo+-ar*)

externato *n.m.* **1** condição própria dos alunos que frequentam as aulas mas não pernoitam no respetivo colégio **2** estabelecimento de instrução em que só há alunos externos (De *externo+-ato*)

externo *adj.* **1** que está no lado de fora; exterior **2** de país estrangeiro **3** relativo à parte exterior do corpo **4** aparente **5** relativo a atividades realizadas fora de uma instituição **6** designativo do aluno que nem come nem dorme na escola que frequenta ■ *n.m.* aluno que nem come nem dorme na escola que frequenta (Do lat. *externu-*, «id.»)

êxtero- elemento de formação que exprime a ideia de *exterior* (Do lat. *extĕru-*, «exterior; estrangeiro»)

exteroceptivo ver nova grafia **exterocetivo**

exteroceptor ver nova grafia **exterocetor**

exterocetivo *adj.* relativo ao funcionamento dos exterocetores (Do lat. *extĕru-*, «exterior» +[re]*ceptu-*, «recebido» +-*ivo*)

exterocetor *n.m.* FISIOLOGIA categoria dos recetores sensoriais habitualmente estimulados por agentes exteriores ao organismo (Ch. Sherrington, fisiologista inglês, 1857-1952) (Do lat. *extĕru-*, «exterior» +[re]*ceptōre-*, «o que recebe»)

êxtero-inferior *adj.2g.* situado externamente e na parte inferior

êxtero-superior *adj.2g.* situado externamente e na parte superior

exterritorialidade *n.f.* direito que assiste aos representantes das nações estrangeiras de se regerem pelas leis do país que representam; extraterritorialidade (De *ex-+territorialidade*)

extinção *n.f.* **1** ato ou efeito de extinguir(-se); apagamento **2** cessação; acabamento; dissolução **3** abolição (de direito ou privilégio) **4** desaparecimento definitivo de uma espécie ou de um povo; extermínio; aniquilamento; *em vias de* **~** (ser vivo, espécie) prestes a desaparecer definitivamente (Do lat. *exstinctiōne-*, «id.»)

extinguidor *adj.,n.m.* que ou aquele que extingue; extintor (De *extinguir+-dor*)

extinguir *v.tr.* **1** apagar (fogo) **2** suprimir; anular; abolir **3** fazer desaparecer; destruir ■ *v.pron.* **1** apagar-se **2** morrer; desaparecer **3** esquecer (Do lat. *exstinguĕre*, «id.»)

extinguível *adj.2g.* que se pode extinguir (De *extinguir*+*-vel*)

extintivo *adj.* que determina extinção (De *extinto*+*-ivo*)

extinto *adj.* **1** apagado **2** morto; que acabou **3** que foi abolido **4** que foi dissolvido ■ *n.m.* indivíduo que morreu (Do lat. *exstinctu-*, «id.», part. pass. de *exstinguĕre*, «extinguir»)

extintor *adj.* que extingue ■ *n.m.* recipiente cilíndrico de metal, de tamanho variável, que contém, sob pressão, um produto próprio para extinguir um incêndio de pequenas proporções (Do lat. *exstinctōre-*, «id.»)

extipulado *adj.* sem estípulas (De *ex-*+*estipulado*)

extirpação *n.f.* **1** ato ou efeito de extirpar **2** arrancamento **3** exterminação (Do lat. *exstirpatiōne-*, «id.»)

extirpador *adj.* **1** que extirpa **2** relativo ao instrumento agrícola que serve para extirpar (raízes, ervas, etc.) ■ *n.m.* **1** aquilo que extirpa **2** instrumento agrícola que serve para extirpar raízes, ervas, etc. (Do lat. *exstirpatōre-*, «id.»)

extirpamento *n.m.* ⇒ **extirpação** (De *extirpar*+*-mento*)

extirpar *v.tr.* **1** arrancar pela raiz; desenraizar **2** extrair **3** exterminar (Do lat. *exstirpāre*, «arrancar; destruir»)

extirpável *adj.2g.* que se pode extirpar (De *extirpar*+*-vel*)

extíspice *n.m.* ⇒ **arúspice** (Do lat. *extispĭce-*, «o que inspeciona as entranhas»)

extispício *n.m.* suposta arte de adivinhar pelo exame das entranhas das vítimas dos sacrifícios (Do lat. *extispicĭu-*, «id.»)

extorquir *v.tr.* obter por meio de violência ou ameaça; tirar à força; roubar; subtrair; arrancar (Do lat. *extorquēre*, «id.»)

extorsão *n.f.* **1** ato ou efeito de extorquir; exação violenta **2** usurpação (Do lat. *extorsiōne-*, «id.»)

extorsionário *adj.* que tem carácter de extorsão ■ *n.m.* aquele que faz extorsão (Do lat. *extorsiōne-*, «extorsão»+*-ário*)

extorsionista *n.2g.* pessoa que faz extorsão

extorsivo *adj.* ⇒ **extorsionário** *adj.* (De *extorso*+*-ivo*)

extorso *n.m.* ⇒ **extorsão** (Do lat. vulg. *extorsu-*, do lat. cl. *extortu-*, part. pass. de *extorquēre*, «extorquido»)

extortor *adj.* ⇒ **extorsionário** *adj.* (De *extortōre-*, «o que pratica a extorsão»)

extra *n.m.* **1** peça suplementar de um aparelho que se paga à parte **2** tudo o que excede uma despesa prevista ■ *adj.inv.* **1** suplementar **2** extraordinário (Do lat. *extra*, «além de; fora de»)

extra- prefixo que exprime a ideia de *fora de, além de, intensidade*, e se liga por hífen ao elemento seguinte quando este começa por *vogal, h, r,* ou *s* (Do lat. *extra*, «fora»)

extra-axilar *adj.2g.* BOTÂNICA diz-se de um órgão vegetal que anormalmente se desenvolve fora da axila foliar; extrafoliar (De *extra-*+*axilar*)

extrabarreiras *adv.* **1** fora de barreiras **2** fora das portas de uma cidade (De *extra-*+*barreira*)

extração *n.f.* **1** ato ou efeito de extrair, de tirar **2** arrancamento **3** MEDICINA operação cirúrgica para remoção de um órgão ou de um objeto estranho que se tenha alojado no corpo **4** sorteio **5** venda **6** procura **7** QUÍMICA separação de um ou mais componentes de uma mistura mediante solventes apropriados; *~ de uma raiz* MATEMÁTICA operação de cálculo de uma raiz (Do lat. med. *extractiōne-*, «id.»)

extracção ver nova grafia **extração**

extracomunitário *adj.* **1** que não pertence à União Europeia **2** situado fora do âmbito da União Europeia (De *extra-*+*comunitário*)

extraconjugal *adj.2g.* que está fora dos direitos e dos deveres dos cônjuges; extramatrimonial (De *extra-*+*conjugal*)

extracontinental *adj.2g.* que é ou está fora do continente (De *extra-*+*continental*)

extracontratual *adj.2g.* que não depende de contrato (De *extra-*+*contratual*)

extracorrente *n.f.* ELETRICIDADE corrente de autoindução que se gera no momento em que se estabelece ou suprime a corrente elétrica num circuito (De *extra-*+*corrente*)

extracrescente *adj.2g.* que se desenvolve exteriormente (vegetal) (De *extra-*+*crescente*)

extractar ver nova grafia **extratar**

extractivo ver nova grafia **extrativo**

extracto ver nova grafia **extrato**

extractor ver nova grafia **extrator**

extracurricular *adj.2g.* **1** que não faz parte do currículo e é desenvolvido fora do âmbito do trabalho escolar **2** que não pertence ao currículo

extradição *n.f.* **1** ato ou efeito de extraditar **2** entrega de um indivíduo acusado de um crime no seu país de origem e refugiado em país estrangeiro, ao governo do país em que, por direito, deve ser julgado ou punido e que, para este fim, o reclama (Do lat. **extraditiōne-*, «entrega para fora», pelo fr. *extradition*, «extradição»)

extradicionar *v.tr.* ⇒ **extraditar** (Do lat. **extraditiōne-*, «entrega para fora»+*-ar*)

extraditar *v.tr.* entregar (um indivíduo acusado de um crime e refugiado noutro país) ao país no qual foi cometido o crime e que o pretende julgar (Do lat. **extraditāre*, freq. de **extradĕre*, «entregar para fora»)

extradorsado *adj.* que tem extradorso (De *extradorso*+*-ado*)

extradorso *n.m.* **1** superfície exterior e convexa de uma abóbada ou arcada **2** parte superior da asa de um avião (De *extra-*+*dorso*)

extradotal *adj.2g.* que não pertence ao dote

extraescolar *adj.2g.* que é ou se efetua fora da escola ou fora dos programas curriculares da escola

extra-escolar ver nova grafia **extraescolar**

extraestatutário *adj.* que está fora dos estatutos; extrarregulamentar

extra-estatutário ver nova grafia **extraestatutário**

extrafino *adj.* **1** diz-se de um artigo de comércio de qualidade superior **2** superfino (De *extra-*+*fino*)

extrafoliáceo *adj.* BOTÂNICA diz-se de um órgão vegetal que anormalmente se desenvolve numa região da planta que não pertence às folhas (De *extra-*+*foliáceo*)

extrafoliar *adj.2g.* BOTÂNICA ⇒ **extra-axilar** (De *extra-*+*foliar*)

extrafólio *n.m.* BOTÂNICA ⇒ **extrafoliáceo** (Do lat. *extra-*, «fora de»+*folĭu-*, «folha»)

extra-humano *adj.* que está fora ou acima da natureza humana; sobre-humano

extrair *v.tr.* **1** tirar para fora **2** arrancar **3** obter uma substância por extração **4** tirar uma conclusão ou um ensinamento **5** MATEMÁTICA determinar (a raiz de um número) (Do lat. *extrahĕre*, «tirar; extrair»)

extraível *adj.2g.* que se pode extrair (De *extrair*+*-vel*)

extrajudicial *adj.2g.* feito ou obtido fora dos trâmites judiciais (De *extra-*+*judicial*)

extrajudiciário *adj.* ⇒ **extrajudicial** (De *extra-*+*judiciário*)

extralectivo ver nova grafia **extraletivo**

extralegal *adj.2g.* que está fora da alçada da lei, sem contudo ser contra ela (De *extra-*+*legal*)

extraletivo *adj.* **1** que não faz parte das aulas ou do currículo e é desenvolvido fora do âmbito do trabalho escolar **2** que não pertence à lição ou ao currículo

extraliterário *adj.* **1** que não pertence à literatura **2** que não tem características literárias (De *extra-*+*literário*)

extramarital *adj.2g.* ⇒ **extraconjugal** (De *extra-*+*marital*)

extramundano *adj.* **1** que está fora dos limites do mundo ou das suas condições normais de existência **2** [fig.] aéreo **3** cenobítico (De *extra-*+*mundano*)

extramural *adj.2g.* que está fora dos muros ou das muralhas (De *extra-*+*mural*)

extramuros *adv.* fora dos muros ou das muralhas (De *extra-*+*muros*)

extranatural *adj.2g.* que é ou está fora do natural; sobrenatural (Do lat. *extranaturāle-*, «sobrenatural»)

extranet *n.f.* INFORMÁTICA extensão de uma intranet de uma empresa que a liga às intranets dos seus clientes ou fornecedores (Do ing. *extranet*, «id.»)

extranormal *adj.2g.* que está fora da normalidade; anormal (De *extra-*+*normal*)

extranumeral *adj.2g.* que está além ou fora de um número determinado (De *extra-*+*número*+*-al*)

extranumerário *adj.* que está para além do número fixado ■ *n.m.* aquele que está para além do número fixado (De *extra-*+*número*+*-ário*)

extraoficial *adj.2g.* que não tem origem oficial; particular (De *extra-*+*oficial*)

extra-oficial ver nova grafia **extraoficial**

extraordinário *adj.* **1** fora do ordinário; excecional **2** raro; invulgar **3** que causa admiração **4** insólito; estranho **5** muito grande; excessivo **6** que não é obrigatório; que é suplementar ■ *n.m.* **1** acontecimento imprevisto **2** o que excede as despesas ordinárias (Do lat. *extraordinarĭu-*, «id.»)

extraparlamentar *adj.2g.* que se resolveu ou se fez fora do parlamento (De *extra-*+*parlamentar*)

extrapassar *v.tr.* 1 [regionalismo] transir de frio ou de medo 2 ⇒ **ultrapassar** (De *extra-*+*passar*)

extrapolação *n.f.* 1 ilação conjetural, por analogia com casos conhecidos, para além do campo de validade destes 2 MATEMÁTICA cálculo aproximado do valor de uma função desconhecida, correspondente a um valor da variável situado fora do intervalo que contém os valores dessa variável, para os quais se conhece quanto vale a função (De *extrapolar*+*-ção*)

extrapolar *v.tr.* 1 MATEMÁTICA executar uma extrapolação 2 generalizar com base em casos conhecidos (Do fr. *extrapoler*, «extrapolar; deduzir valores previsíveis a partir de uma série de valores conhecidos»)

extraprograma *adj.inv.* que está fora ou além do programa (De *extra-*+*programa*)

extra-regulamentar ver nova grafia **extrarregulamentar**
extrarregulamentar *adj.2g.* que está fora do regulamento
extra-sensorial ver nova grafia **extrassensorial**
extra-sístole ver nova grafia **extrassístole**
extra-sistólico ver nova grafia **extrassistólico**

extrassensorial *adj.2g.* que está fora do alcance dos órgãos dos sentidos; **perceção** ~ segundo a parapsicologia, modo de conhecimento percetivo direto, sem intervenção de órgãos recetores

extrassístole *n.f.* MEDICINA sístole anómala que ocorre logo depois de uma sístole normal e que altera por isso o ritmo cardíaco

extrassistólico *adj.* relativo a extrassístole

extratar *v.tr.* 1 fazer o extrato de 2 QUÍMICA obter uma substância por extração (De *extracto*+*-ar*)

extraterreno *adj.,n.m.* ⇒ **extraterrestre** (De *extra-*+*terreno*)

extraterrestre *adj.2g.* que é de fora da Terra ou do seu ambiente ■ *n.2g.* suposto habitante de um planeta exterior à Terra (De *extra-*+*terrestre*)

extraterritorial *adj.2g.* de fora do território (De *extra-*+*territorial*)

extraterritorialidade *n.f.* estado ou privilégio do que está isento, total ou parcialmente, da lei ou da jurisdição dos tribunais do país em que se encontra (De *extraterritorial*+*-i-*+*-dade*)

extratexto *n.m.* folha separada num livro ou numa revista, geralmente com gravura impressa e de papel diferente (De *extra-*+*texto*)

extrativo *adj.* 1 que se pode extrair 2 que se realiza por extração (Do fr. *extractif*, «id.»)

extrato *n.m.* 1 substância extraída de outra 2 substância solúvel e concentrada que se extraiu de um alimento (carne, café, baunilha, etc.) 3 fragmento 4 trecho que se extraiu de uma obra 5 resumo 6 cópia 7 [banco] registo dos movimentos de uma conta (despesas, levantamentos, etc.) (Do lat. *extractu-*, «extraído», part. pass. de *extrahĕre*, «extrair; tirar»)

extrator *n.m.* 1 aquele ou aquilo que extrai 2 aparelho que numa operação técnica realiza extração 3 MILITAR peça de uma arma de fogo destinada a arrancar da câmara o invólucro do cartucho detonado ■ *adj.* que extrai (Do lat. *extractu-*, «extrato»+*-or*)

extratorácico *adj.* situado fora do tórax (De *extra-*+*torácico*)

extraurbano *adj.* que está fora da cidade
extra-urbano ver nova grafia **extraurbano**
extrauterino *adj.* que está ou se realizou fora do útero
extra-uterino ver nova grafia **extrauterino**

extravagância *n.f.* 1 qualidade do que é extravagante 2 ação fora do comum; singularidade 3 [pej.] capricho; disparate; estroinice (Do fr. *extravagance*, «id.»)

extravaganciar *v.tr.* dissipar em extravagâncias ■ *v.intr.* 1 fazer ou dizer extravagâncias 2 estroinar (De *extravagância*+*-ar*)

extravagante *adj.2g.* 1 que se afasta do habitual; excêntrico 2 [pej.] estroina; dissipador; perdulário (Do lat. *extra-*, «para fora»+*vagante-*, part. pres. de *vagāri*, «errar», pelo fr. *extravagant*, «id.»)

extravagar *v.intr.* 1 andar fora de certo número, ordem, espécie, coleção, etc. 2 andar disperso 3 sair do assunto; divagar (Do fr. *extravaguer*, «dizer ou fazer extravagâncias»)

extravaginal *adj.2g.* 1 que não tem relação com a vagina 2 que está fora da vagina (De *extra-*+*vaginal*)

extravasação *n.f.* 1 ato ou efeito de extravasar ou extravasar-se 2 derramamento 3 MEDICINA passagem de líquidos orgânicos (sangue, linfa, etc.) para os tecidos devido a lesão ou rotura dos vasos ou órgãos onde normalmente se encontram (De *extravasar*+*-ção*)

extravasado *adj.* que sofreu extravasão; derramado (Part. pass. de *extravasar*)

extravasamento *n.m.* ⇒ **extravasação** (De *extravasar*+*-mento*)

extravasante *adj.2g.* que extravasa (De *extravasar*+*-ante*)
extravasão *n.f.* ⇒ **extravasação**

extravasar *v.tr.* 1 fazer transbordar; derramar 2 exteriorizar; manifestar (emoção, sentimento) 3 [fig.] passar dos limites ■ *v.intr.* derramar-se; transbordar (Do lat. *extra-*, «fora de»+*vasu-*, «vaso»+*-ar*)

extravenado *adj.* que está fora das veias (Do lat. *extra-*, «fora de»+*vena-*, «veia»+*-ado*)

extraversão *n.f.* 1 ato ou efeito de extraverter 2 PSICOLOGIA (em Jung, psicólogo suíço, 1875-1961) orientação predominante da energia psíquica para o exterior; extroversão (De *extra-*+*versão*)

extraverter *v.intr.* [regionalismo] ⇒ **extravasar** (De *extra-*+*verter*)
extravertido *adj.,n.m.* ⇒ **extrovertido** (De *extra-*+*vertido*)

extraviado *adj.* perdido; tresmalhado; que anda errante ■ *n.m.* militar que se separou da sua unidade em consequência de combate ou por vontade própria (Part. pass. de *extraviar*)

extraviador *adj.,n.m.* que ou aquele que extravia (De *extraviar*+*-dor*)

extraviar *v.tr.* 1 desencaminhar; desviar; perverter 2 fazer desaparecer ■ *v.pron.* 1 sair do caminho 2 perder-se (De *extra-*+*via*+*-ar*)

extravio *n.m.* 1 ato ou efeito de extraviar 2 descaminho; perversão moral 3 sumiço (Deriv. regr. de *extraviar*)

extravirgem *adj.2g.* diz-se do azeite com um grau de acidez inferior a 1% (De *extra-*+*virgem*)

extremado *adj.* 1 que é exagerado 2 distinto; notável 3 extraordinário (Part. pass. de *extremar*)

extremamente *adv.* excessivamente (De *extremo*+*-mente*)

extremar *v.tr.* 1 exaltar; enaltecer 2 distinguir; assinalar 3 levar ao ponto mais extremo; radicalizar ■ *v.pron.* 1 distinguir-se; assinalar-se 2 tornar-se apurado ou perfeito; apurar-se 3 chegar ao ponto mais extremo; radicalizar-se (De *extremo*+*-ar*)

extrema-unção *n.f.* RELIGIÃO um dos sete sacramentos da Igreja Católica que consiste na unção dos enfermos e que a Igreja ministra de preferência aos fiéis que, por doença ou velhice, começam a estar em perigo de vida

extremável *adj.2g.* que se pode extremar (De *extremar*+*-vel*)

extremidade *n.f.* 1 parte extrema 2 limite; fim; cabo 3 orla 4 [fig.] miséria 5 *pl.* membros do corpo humano (Do lat. *extremitāte-*, «id.»)

extremismo *n.m.* adoção de teorias extremas (De *extremo*+*-ismo*)

extremista *adj.2g.* 1 relativo ao extremismo 2 que professa ideias marcadamente revolucionárias ou flagrantemente reacionárias ■ *n.2g.* 1 partidário do extremismo 2 o que não admite meios-termos (De *extremo*+*-ista*)

extremo *adj.* 1 {*superlativo absoluto sintético de* **externo**} situado na extremidade; final 2 no mais alto grau 3 derradeiro 4 excessivo; radical 5 remoto 6 POLÍTICA como qualificativo das direitas ou esquerdas exprime as tendências mais conservadoras ou mais avançadas ■ *n.m.* 1 o que está no fim ou no lugar mais afastado 2 excesso 3 oposto; contrário 4 raia; orla; borda 5 risco 6 apuro 7 *pl.* atitudes descomedidas; ~ *de uma função real* MATEMÁTICA número que ou é máximo (relativo) ou mínimo (relativo) dessa função (Do lat. *extrēmu-*, «id.»)

extremosamente *adv.* 1 de modo extremoso 2 afetuosamente 3 entranhadamente (De *extremoso*+*-mente*)

extremoso *adj.* 1 que tem extremos 2 carinhoso; apaixonado (De *extremo*+*-oso*)

extricar *v.tr.* desembaraçar; desenredar (Do lat. *extricāre*, «desembaraçar»)

extrinsecamente *adv.* 1 por fora; exteriormente 2 na aparência (De *extrínseco*+*-mente*)

extrínseco *adj.* 1 que não faz parte da essência de uma coisa; exterior 2 que não é essencial; acidental 3 diz-se do valor convencional ou legal de uma moeda (Do lat. *extrinsĕcu-*, «do exterior; de fora»)

extro- ⇒ **extra-**

extrofia *n.f.* MEDICINA ⇒ **extroversão** 1 (Do gr. *ekstrophé*, «reviramento para fora»+*-ia*)

extrófico *adj.* relativo à extrofia (De *extrofia*+*-ico*)

extrojeção *n.f.* PSICOLOGIA processo da psicologia experimental que consiste em observar as reações psíquicas internas por meio das respostas dadas a situações que se provocam intencionalmente (Do lat. *extro-*+*[pro]jecção*)

extrojecção ver nova grafia **extrojeção**

extrorso *adj.* que se dirige de dentro para fora (Do lat. *extrorsu-*, «virado para fora»)

extrospeção n.f. PSICOLOGIA conjunto de métodos objetivos de estudo psicológico que têm por domínio o comportamento (Do lat. *extra-*, «para fora» +*spectiōne-*, «observação»)

extrospecção ver nova grafia extrospeção

extrospectivo ver nova grafia extrospetivo

extrospetivo adj. relativo a extrospeção (Do lat. *extra-*, «para fora» +*spectu-*, part. pass. de *specĕre*, «olhar; observar» +*-ivo*)

extroversão n.f. 1 MEDICINA reviramento ou deslocação de um órgão do corpo, especialmente da bexiga 2 PSICOLOGIA ⇒ **extraversão** 2 (Do fr. *extroversion*, «id.»)

extrovertido n.m. 1 PSICOLOGIA tipo psicológico cuja energia está predominantemente orientada para o exterior; extravertido 2 pessoa sociável e desinibida ■ adj. que é sociável e comunicativo (De *extro-*+*vertido*)

extrudido adj. diz-se do material que se obtém por extrusão (Part. pass. de *extrudir*)

extrudir v.tr. forçar a passagem de um material (metal, plástico) por um orifício para que fique com forma alongada ou filiforme

extrusão n.f. 1 expulsão violenta 2 operação que consiste em forçar a saída de um material (metal, plástico) por um orifício, sob a ação de forças de pressão, para que fique com forma alongada ou filiforme 3 GEOLOGIA extravasamento, por um vulcão, de lavas 4 corpo resultante do extravasamento de lavas (Do lat. *extrusiōne-*, de *extrūsu-*, «repelido», part. pass. de *extrudĕre*, «repelir; expulsar»)

extrusivo adj. GEOLOGIA diz-se da rocha vulcânica (Do lat. *extrusu-*, «repelido», part. pass. de *extrudĕre*, «repelir; expulsar» +*-ivo*)

exuberância /z/ n.f. 1 qualidade do que é exuberante 2 superabundância 3 vigor; vitalidade 4 grande animação; entusiasmo 5 verbosidade; prolixidade 6 intensidade (Do lat. *exuberantĭa*, «id.», part. pres. neut. pl. subst. de *exuberāre* «abundar»)

exuberante /z/ adj.2g. 1 superabundante 2 muito viçoso 3 deslumbrante 4 volumoso; avantajado 5 vigoroso em excesso 6 excessivo nas cores, nos sons (Do lat. *exuberante-*, «id.», part. pres. de *exuberāre*, «abundar; transbordar»)

exuberantemente /z/ adv. 1 com exuberância 2 superabundantemente (De *exuberante*+*-mente*)

exuberar /z/ v.tr.,intr. ser excessivo (em); superabundar (Do lat. *exuberāre*, «transbordar; abundar»)

exúbere /z/ adj.2g. desmamado ou desleitado (Do lat. *ex-*, «para fora» +*ubĕre-*, «teta»)

êxul /z/ adj.2g. exilado; desterrado (Do lat. *exŭle-*, «id.»)

exular /z/ v.intr. expatriar-se; viver no desterro (Do lat. *exulāre*, «exilar-se; sair do seu país»)

exulceração /z/ n.f. 1 ulceração superficial 2 [fig.] sofrimento moral (Do lat. *exulceratiōne-*, «ulceração; úlcera»)

exulcerante /z/ adj.2g. que exulcera (Do lat. *exulcerante-*, «id.», part. pres. de *exulcerāre*, «ulcerar; formar úlcera»)

exulcerar /z/ v.tr. 1 produzir exulceração em 2 [fig.] ferir moralmente (Do lat. *exulcerāre*, «formar úlcera em; ulcerar»)

exulcerativo /z/ adj. ⇒ **exulcerante** (De *ulcerar*+*-tivo*)

êxule /z/ adj.2g. ⇒ **êxul**

exultação /z/ n.f. ato de exultar; alvoroço; regozijo; júbilo (Do lat. *exsultatiōne-*, «id.»)

exultante /z/ adj.2g. que exulta; alegre (Do lat. *exsultante-*, «id.», part. pres. de *exsultāre*, «saltar; exultar»)

exultar /z/ v.intr. sentir grande alegria; regozijar-se (Do lat. *exultāre*, «id.»)

exumação /z/ n.f. ato de exumar, de tirar da terra (De *exumar*+*-ção*)

exumar /z/ v.intr. 1 tirar (cadáver) da sepultura; desenterrar 2 [fig.] tirar do esquecimento (Do lat. med. *exhumāre*, de *ex-*, «para fora» +*humu-*, «terra» +*-ar*)

exundação /z/ n.f. ato ou efeito de exundar; inundação (Do lat. *exundatiōne-* «trasbordamento»)

exundar /z/ v.intr. correr abundantemente por fora; transbordar (Do lat. *exundāre*, «fazer sair à força»)

exutório n.m. MEDICINA ulceração produzida artificialmente para manter a supuração

exúvia /z/ n.f. 1 ZOOLOGIA tegumento deixado pelos artrópodes, na ocasião da muda 2 pl. despojos (Do lat. *exuvĭas*, «pele que alguns animais largam»)

exuviabilidade /z/ n.f. qualidade do que é exuviável (Do lat. *exuviabĭle-*, «exuviável» +*-i-*+*-dade*)

exuviável /z/ adj.2g. ZOOLOGIA diz-se do animal que tem a faculdade de mudar a pele (epiderme) (Do lat. *exuviabĭle*, «id.»)

exúvio /z/ n.m. BOTÂNICA [ant.] apêndice da parte superior dos frutos, deixado pelo perianto (Do lat. *exuvias*, «pele que alguns animais largam»)

ex-voto n.m. objeto, quase sempre de índole piedosa, que se oferece a Deus ou a um santo, em cumprimento de um voto (Do lat. *ex voto*, «segundo promessa»)

eyeliner n.m. produto cosmético líquido com o qual se faz um risco mais ou menos fino na pálpebra, junto da raiz das pestanas (Do ing. *eyeliner*, «id.»)

-ez /ê/ sufixo nominal, de origem latina, que ocorre em substantivos abstratos derivados de adjetivos e exprime a ideia de *estado* ou *qualidade* (*mesquinhez, pequenez*)

-eza /ê/ sufixo nominal, de origem latina, que ocorre em substantivos femininos abstratos derivados de adjetivos e exprime a ideia de *qualidade* ou *estado* (*pobreza, riqueza*)

e-zine n.f. INFORMÁTICA revista eletrónica disponível na internet, frequentemente gratuita e sobre um tema específico (Do ing. *e-zine*, «id.», por *e(lectronic) (maga)zine*)

f *n.m.* 1 sexta letra e quarta consoante do alfabeto 2 letra que representa a consoante fricativa labiodental surda (ex. *faca*) 3 sexto lugar numa série indicada pelas letras do alfabeto 4 MÚSICA (países germânicos e anglo-saxões) símbolo da nota *fá* (também com maiúscula) 5 MÚSICA indicação dinâmica de *forte* 6 QUÍMICA símbolo de *flúor* (com maiúscula) 7 ELETRICIDADE símbolo de *farad* (com maiúscula) 8 FÍSICA símbolo de *força* (com maiúscula) 9 FÍSICA símbolo de *frequência* 10 MATEMÁTICA símbolo de *função*; **com todos os ff e rr** com a máxima exatidão

fá *n.m.* 1 MÚSICA quarta nota da escala musical natural 2 MÚSICA sinal representativo desta nota 3 MÚSICA corda que reproduz o som correspondente a esta nota (Da primeira sílaba de *Famuli*, primeira pal. do 4.º verso da primeira estrofe do Hino a S. João Baptista, composto no séc. VIII por Paulus Diaconus)

fã *n.2g.* 1 pessoa que tem grande admiração por alguém ou algo 2 pessoa que tem grande interesse por alguém ou algo (Do ing. *fan*, «id.», abrev. de *fanatic*, «fanático»)

fabagela *n.f.* BOTÂNICA planta da família das Zigofiláceas, ornamental e de aplicação medicinal (Do lat. *fabagella*-, dim. do lat. bot. *fabago*, «id.»)

fabal *n.m.* 1 [Cabo Verde] desconto; saldo 2 [Cabo Verde] o que, pela quantidade, se torna vulgar (Do crioulo cabo-verdiano *fabal*, «id.», a partir de *faba*, «favo de mel»)

fabela *n.f.* pequena fábula (Do lat. *fabella*-, «id.»)

fabiano *adj.* HISTÓRIA relativo a Fábio, general e estadista romano (275-203 a. C.) ■ *n.m.* 1 HISTÓRIA antigo sacerdote romano 2 [pop.] indivíduo indeterminado 3 [pop.] indivíduo inofensivo 4 membro da associação socialista inglesa, *Fabian Society*, criada em Londres em 1863 (Do lat. *Fabiānu*-, «Fabiano»)

fabiforme *adj.2g.* que tem a forma de vagem de fava (Do lat. *faba*-, «fava» +*forma*-, «forma»)

fabordão *n.m.* MÚSICA acompanhamento em terceiras e sextas paralelas de uma melodia de cantochão; falso bordão (Do fr. *faux-bourdon*, ant. género musical)

fábrica *n.f.* 1 ato ou efeito de fabricar; construção; labor 2 empresa destinada à transformação ou conservação de matérias-primas ou à transformação de produtos semifinais em produtos finais 3 conjunto de pessoas que trabalham nessa empresa 4 [fig.] organismo ou lugar que pela sua dimensão ou métodos evoca uma fábrica 5 parte superior e trabalhada de uma papeleira 6 [fig.] causa; origem; **~ da igreja** entidade a quem compete a administração temporal de uma igreja (Do lat. *fabrĭca*-, «fábrico; construção»)

fabricação *n.f.* 1 ato, efeito ou processo de fabricar 2 produto fabricado 3 maquinação (Do lat. *fabricatiōne*-, «fabrico; construção»)

fabricador *n.m.* 1 aquele que fabrica; produtor 2 artífice 3 industrial 4 [fig.] inventor ■ *adj.* que fabrica; fabricante (Do lat. *fabricatōre*-, «fabricante; construtor»)

fabricando *adj.* que há de ser fabricado (Do lat. *fabricandu*-, «id.», ger. de *fabricāre*, «fabricar; construir»)

fabricante *n.2g.* 1 pessoa ou empresa que fabrica produtos ou dirige uma produção 2 pessoa que dirige uma fábrica 3 [fig.] criador ■ *adj.2g.* que fabrica (Do lat. *fabricante*-, «id.», part. pres. de *fabricāre*, «fabricar; construir»)

fabricar *v.tr.* 1 produzir (algo) em fábrica; produzir (algo) através de meios mecânicos; manufaturar 2 construir; edificar 3 [fig.] inventar; engendrar; forjar; maquinar 4 [fig.] originar 5 [ant.] cultivar (terra) ■ *v.intr.* ser fabricante (Do lat. *fabricāre*, «id.»)

fabricário *adj.,n.m.* ⇒ **fabriqueiro**

fabricável *adj.2g.* que se pode fabricar (Do lat. *fabricabĭle*-, «id.»)

fabrico *n.m.* 1 ato, efeito ou processo de produzir ou transformar bens destinados ao comércio ou à indústria; fabricação 2 processo de produção; produção 3 criação (Deriv. regr. de *fabricar*)

fabril *adj.2g.* 1 relativo a fábrica ou a trabalho de fabricante (Do lat. *fabrīle*-, «id.»)

fabriqueiro *adj.,n.m.* que ou o que é encarregado da administração temporal de uma igreja; **comissão fabriqueira** organismo que cuida da administração temporal de uma igreja (Do lat. *fabricarĭu*-, «id.»)

fábula *n.f.* 1 narrativa curta e imaginária, com um objetivo pedagógico e moral, geralmente protagonizada por animais ou seres inanimados 2 conjunto de eventos, em ordem lógica e cronológica, de um texto narrativo; enredo 3 facto inventado 4 narração de factos imaginários; mito; lenda 5 [fig.] pessoa ou coisa de quem se fala para zombar ou criticar 6 [fig.] falsidade (Do lat. *fabŭla*, «id.»)

fabulação *n.f.* 1 trabalho pelo qual a imaginação elabora um tema dado, real ou fictício 2 narração fabulosa 3 moralidade de uma fábula 4 mentira 5 PSICOLOGIA narração de factos imaginários como se fossem reais (Do lat. *fabulatiōne*-, «conversação; discurso»)

fabulador *adj.,n.m.* 1 que ou aquele que narra fábulas 2 que ou aquele que inventa (Do lat. *fabulatōre*-, «id.»)

fabular[1] *v.tr.* contar ou descrever em forma de fábula ■ *v.tr.,intr.* inventar; fantasiar ■ *v.intr.* 1 compor fábulas 2 mentir (Do lat. *fabulāre*, «falar, narrar»)

fabular[2] *adj.2g.* 1 referente a fábula; fabuloso 2 imaginário; lendário (Do lat. *fabulāre*-, «fabuloso; lendário»)

fabulário *n.m.* coleção de fábulas (De *fábula*+-*ário*)

fabulista *n.2g.* 1 autor ou autora de fábulas, apólogos, etc. 2 [fig.] mentiroso; trapaceiro (De *fábula*+-*ista*)

fabulizar *v.tr.* ⇒ **fabular**[1] (De *fábula*+-*izar*)

fabulosamente *adv.* 1 de modo fabuloso 2 prodigiosamente 3 fingidamente (De *fabuloso*+-*mente*)

fabuloso *adj.* 1 da fábula ou a ela relativo 2 inventado; imaginário 3 mitológico; lendário 4 alegórico 5 maravilhoso; extraordinário; prodigioso 6 admirável (Do lat. *fabulōsu*-, «id.»)

faca[1] *n.f.* 1 instrumento cortante composto de lâmina e cabo 2 arma branca maior do que o punhal e menor do que a espada 3 utensílio de metal, madeira, etc., usado para cortar papel dobrado, abrir as páginas de livros brochados, etc.; **de cortar à ~** [coloq.] pesado, duro, violento; **ir à ~** [coloq.] submeter-se a intervenção cirúrgica; **ter a ~ e o queijo na mão** [coloq.] ter o poder de fazer ou de decidir alguma coisa (De orig. obsc.)

faca[2] *n.f.* 1 ZOOLOGIA molusco comestível vulgar nas costas portuguesas 2 cavalo ou égua de tamanho e qualidade medianos, geralmente utilizado para passeio (Do ing. *hack*, «id.», pelo fr. ant. *haque*, «id.»)

faça-a-poda *n.m.* ORNITOLOGIA ⇒ **chapim**[2] (De orig. onom.)

facada *n.f.* 1 golpe de faca 2 [fig.] surpresa dolorosa 3 [fig.] ofensa grave 4 [fig.] pedido de dinheiro feito por mau pagador (De *faca*+-*ada*)

facaia *elem.loc.adv.* [pop.] **à ~ a gingar**; às três pancadas (De *faca*?)

facalhão *n.m.* faca grande (De *faca*+-*alho*+-*ão*)

facalhaz *n.m.* ⇒ **facalhão** (De *faca*+-*alho*+-*az*)

façalvo *adj.* (cavalo) que tem quase todo o focinho branco (De *face*+*alvo*)

faca-marcador *n.f.* pequena faca fendida para abrir e prender as folhas dos livros

facaneia *n.f.* cavalo ou égua elegante, de altura mediana, usado em cavalaria (Do ing. *Hackney*, top., localidade inglesa do condado de Essex)

façanha *n.f.* 1 feito heroico; proeza 2 sucesso notável 3 ação perversa, monstruosa (Do lat. **faciana*-, de *facĕre*, «fazer», pelo cast. ant. *fazaña*, «façanha»)

façanheiro *adj.* que alardeia façanhas ■ *n.m.* indivíduo fanfarrão (De *façanha*+-*eiro*)

façanhice *n.f.* façanha ridícula (De *façanha*+-*ice*)

façanhoso /ô/ *adj.* 1 que pratica façanhas 2 maravilhoso; extraordinário (De *façanha*+-*oso*)

façanhudo *adj.* 1 que pratica façanhas; façanhoso 2 que gaba as próprias façanhas 3 desordeiro; brigão 4 [pop.] que tem má cara; carrancudo; mal-encarado (De *façanha*+-*udo*)

fação n.f. 1 parte divergente de um grupo 2 POLÍTICA partido 3 parcialidade política 4 feito de armas (Do lat. factiōne-, «maneira de fazer»)

faca-sola elem. expr. *andar à* ~ andar a pé, sozinho

facataz n.m. ⇒ **fatacaz** (De fatacaz, com met.)

facção ver nova grafia fação

faccionar v.tr. 1 dividir em fações 2 [fig.] amotinar; sublevar (Do lat. factiōne-, «maneira de fazer» +-ar)

faccionário n.m. membro de uma fação ■ adj. 1 relativo a fação 2 partidário (Do lat. factionarŭ-, «id.»)

facciosidade n.f. ⇒ **facciosismo** (De faccioso+-i-+-dade)

facciosismo n.m. 1 qualidade do que é faccioso 2 atitude sectária ou parcial (De faccioso+-ismo)

faccioso adj. 1 que tem atitude partidária; sectário; parcial 2 sedicioso (Do lat. factiōsu-, «id.»)

face n.f. 1 cada uma das partes laterais do rosto humano 2 cara; rosto; semblante 3 superfície 4 lado da frente 5 lado das moedas ou medalhas em que está a efígie 6 GEOMETRIA cada uma das partes planas da superfície de um poliedro 7 LINGUÍSTICA autoimagem pública que cada participante no discurso pretende preservar 8 [fig.] aspeto ou característica de uma coisa, de uma pessoa, de um facto ou de um problema; faceta 9 [fig.] presença; ~ *a* ~ frente a frente; *à* ~ *de* ao nível de; *à* ~ *do mundo* publicamente; *em* ~ *de* frente; *em* ~ *de* perante; *fazer* ~ *a* encarar, resistir a, suportar (Do lat. facie-, «id.»)

faceador n.m. aquele ou aquilo que faz as faces de uma superfície ou torna plana essa superfície (De facear+-dor)

facear v.tr. 1 fazer as faces ou os lados de 2 esquadrar (De face+-ear)

facebookiano adj. relativo à rede social de nome Facebook ■ adj.,n.m. que ou pessoa que é membro dessa rede social (De Facebook+-iano)

facécia n.f. 1 qualidade de faceto, engraçado ou brincalhão 2 dito ou ato engraçado; graça; motejo (Do lat. facetīa-, «gracejo; facécia»)

facecioso adj. 1 que diz ou faz facécias; faceto 2 gracioso (De facécia+-oso)

faceira n.f. 1 carne da parte lateral do focinho das reses 2 [fig.] face de pessoa gorda 3 bochechas 4 pl. correias suspensas do freio que ladeiam a cabeça do cavalo ■ n.2g. 1 pessoa alegre e engraçada 2 [fig.] pessoa presumida; peralvilho (De face+-eira)

faceirar v.intr. 1 [Brasil] vestir com elegância 2 [Brasil] ter maneiras distintas (De faceiro+-ar)

faceirice n.f. 1 ar pretensioso 2 exibição de elegância (De faceiro+-ice)

faceiro adj. 1 que gosta de mostrar elegância; vistoso; garrido; casquilho 2 bonacheirão 3 [Brasil] alegre ■ n.m. ⇒ **faceira** (De face+-eiro)

facejar v.tr. ⇒ **facear** (De face+-ejar)

faceta /ê/ n.f. 1 pequena face ou superfície lisa de um objeto 2 ANATOMIA porção circunscrita da superfície de um osso 3 característica especial ou peculiar de uma pessoa ou coisa; aspeto; lado (De face+-eta)

facetar v.tr. 1 fazer facetas em 2 lapidar (pedras preciosas) (De faceta+-ar)

facetear v.intr. dizer ou fazer facécias (De faceto+-ear)

faceto /ê/ adj. 1 engraçado 2 galhofeiro; brincalhão (Do lat. facētu-, «engraçado»)

facha¹ n.f. 1 facho 2 candeio (Do lat. vulg. *fascŭla, por facŭla, «tocha pequena»)

facha² n.f. (arma) acha (Do frânc. *happja, pelo fr. hache, «id.»)

facha³ [ant.] face (Do it. faccia, «id.»)

fachada¹ n.f. 1 ARQUITETURA alçado ou desenho em projeção ortogonal do exterior de um edifício 2 ARQUITETURA frontaria 3 frontispício de um livro 4 [fig.] aparência; aspeto 5 [pop.] semblante; *de* ~ que se mantém apenas na aparência, superficial (Do it. facciata, de faccia, «face»)

fachada² n.f. pancada com a facha (arma) (De facha+-ada)

fachear v.intr. 1 [Brasil] lascar-se 2 [Brasil] pescar de noite com facho aceso, para que o peixe, atraído pela luz, venha à superfície da água (De facha+-ear)

facheira n.f. facho de palha que se acende para alumiar (De facho+-eira)

facheiro¹ n.m. 1 o que leva o facho ou archote 2 ⇒ **facheira** (De facho+-eiro)

facheiro² n.m. homem armado de facha (arma) (De facha+-eiro)

facho n.m. 1 archote 2 lanterna 3 vela grande de cera; brandão 4 [fig.] o que ilumina ou esclarece 5 [fig.] o que inicia algo (Do lat. *fascŭlu-, dim. de fax, facis, «tocha»)

fachoca n.f. ⇒ **fachoco**

fachoco /ô/ n.m. 1 manhuço de palha apertado toscamente e aceso, que, nas aldeias, serve de facho ou archote, sobretudo para alumiar o caminho 2 facho pequeno (De facho+-oco)

facholar /ô/ v.tr. [Moçambique] cavar fundo com a enxada (Do niungue phakhula, «id.», a partir do ing. fire-shove, «enxada»)

fachoqueira n.f. [regionalismo] ⇒ **fachoqueiro** (De fachoco+-eira)

fachoqueiro n.m. 1 [regionalismo] palha ou carqueja acesa com que se chamusca o porco, depois de morto 2 facho grande (De fachoco+-eiro)

fachuco n.m. 1 [regionalismo] facho pequeno 2 ⇒ **fachoco** (De fachoco)

fachudo adj. que tem bonita facha (cara) (De facha+-udo)

facial adj.2g. 1 referente à face; genal 2 que se aplica no rosto 3 relativo à face de algo (moeda, nota, etc.) (Do lat. faciāle-, «id.»)

facienda n.f. 1 tudo o que tem de ser feito 2 agenda (Do lat. facienda, ger. neut. pl. de facĕre, «fazer»)

fácies n.m.2n. expressão da face; fisionomia; aspeto ■ n.f.2n. GEOLOGIA conjunto de caracteres litológicos e paleontológicos de uma formação geológica (Do lat. faciēs, «forma exterior; aspeto; face»)

fácil adj.2g. 1 que se faz ou se obtém sem dificuldade 2 que se compreende sem custo; claro; simples 3 (pessoa) que tem um trato afável; acessível 4 (pessoa) que colabora facilmente; conciliante 5 que é confortável; cómodo 6 que surge espontaneamente 7 que demonstra pouca reflexão; irrefletido; precipitado; leviano 8 pouco profundo; simplista 9 que tem pouco valor 10 que pode acontecer; possível 11 [pej.] que aceita um envolvimento íntimo com facilidade (Do lat. facĭle-, «id.»)

facilidade n.f. 1 qualidade do que é fácil 2 característica do que se faz ou se obtém sem esforço 3 disposição para aprender, conceber ou produzir; aptidão 4 rapidez de execução 5 destreza; desembaraço; prontidão 6 comodidade 7 espontaneidade 8 falta de reflexão; imprudência 9 falta de profundidade; simplismo 10 pl. meios rápidos de conseguir um fim (Do lat. facilitāte-, «id.»)

facílimo adj. {superlativo absoluto sintético de **fácil**} muito fácil (Do lat. facillĭmu-, «id.»)

facilitação n.f. ato ou efeito de facilitar (De facilitar+-ção)

facilitador adj.,n.m. 1 que ou aquele que simplifica ou torna fácil 2 dinamizador (De facilitar+-dor)

facilitar v.tr. 1 tornar simples ou fácil 2 ajudar; auxiliar 3 pôr à disposição; proporcionar ■ v.intr. agir de forma descuidada, sem critério; confiar excessiva e imprudentemente ■ v.pron. prontificar-se (Do lat. facilitā[te]-, «facilidade» +-ar)

facilitismo n.m. 1 tendência para apresentar ou representar algo como mais fácil do que é na realidade; simplificação excessiva 2 ausência de rigor; permissividade; laxismo (De facilitar+-ismo)

facilitista adj.2g. 1 relativo a facilitismo 2 que revela facilitismo (De facilitar+-ista)

facilmente adv. 1 com facilidade 2 sem custo (De fácil+-mente)

facínora n.2g. 1 criminoso; assassino 2 pessoa perversa ■ adj.2g. 1 criminoso 2 cruel; perverso (Do lat. facinŏra, neut. pl. de facinŭs, -ŏris, «crime; má ação»)

facinoroso adj. 1 que tem cometido muitos crimes 2 que parece capaz de cometer crimes 3 cruel; perverso (Do lat. facinorōsu-, «criminoso»)

facistol n.m. 1 (igrejas) grande estante no meio do coro capitular 2 ⇒ **faldistório** (Do prov. ant. faldestol, «id.»)

faco- elemento de formação de palavras que exprime a ideia de lentilha, cristalino, lente (Do gr. phakós, «lentilha; cristalino»)

facochero n.m. [Angola, Guiné-Bissau, Moçambique] ZOOLOGIA porco do mato; verrugoso (Do nome cient. Phacochoerus)

facoide adj.2g. que tem a forma de lentilha (Do gr. phakoeidés, «lenticular»)

facóide ver nova grafia facoide

façoila n.f. [pop.] face grande; cara larga; faceira (De face+-oila)

facólito n.m. GEOLOGIA corpo magmático intrusivo, de forma lenticular, de pequenas dimensões, que se localiza quase sempre no topo dos anticlinais (Do gr. phakós, «lentilha» +líthos, «pedra»)

facómetro n.m. instrumento que permite conhecer, por leitura direta, o número de dioptrias de uma lente (Do gr. phakós, «lente» +metrón, «medida»)

facosclerose n.f. MEDICINA endurecimento do cristalino no olho (De faco-+esclerose)

facoscopia n.f. MEDICINA método de exame dos meios oculares em que se faz com que o doente olhe através de lentes muito divergentes para uma luz situada em fundo escuro (Do gr. phakós, «cristalino» +skopeīn, «olhar» +-ia)

facote *n.m.* instrumento utilizado em cirurgia nas operações dos ossos (De *faca*+*-ote*)

fac-similar *v.tr.* imprimir em fac-símile ▪ *adj.2g.* relativo a fac-símile (Do lat. *fac simĭle*, «faz coisa semelhante» +*-ar*)

fac-símile *n.m.* **1** reprodução exata de uma assinatura, escrito ou estampa **2** cópia **3** imitação (Do lat. *fac simĭle*, «faz coisa semelhante»)

facticidade *n.f.* **1** qualidade do que é factício **2** artificialidade **3** carácter do que é constituído pelo espírito ou fabricado pela arte humana **4** FILOSOFIA (existencialismo) carácter do que é apenas um facto, sem necessidade e sem razão (De *factício*+*-idade*)

factício *adj.* **1** obtido artificialmente **2** não natural **3** que é só aparente **4** falso; *ideia factícia* FILOSOFIA (Descartes) ideia produzida pela imaginação (Do lat. *facticĭu-*, «id.»)

fáctico *adj.* DIREITO que diz respeito a facto jurídico (De *facto*+*-ico*)

factitivo *adj.* GRAMÁTICA (verbo) que designa uma ação causada pelo sujeito; causativo (Do lat. *factitīvu-*, «id.», de *factitāre*, freq. de *facĕre*, «fazer muitas vezes», pelo fr. *factitif*, «factitivo»)

factível *adj.2g.* que pode ser feito; exequível; realizável; possível; fazível (Do lat. *factu-*, part. pass. de *facĕre*, «fazer» +*-vel*)

facto *n.m.* **1** qualquer dado da experiência **2** ação realizada; acontecimento; caso **3** o que existe; aquilo que é real **4** assunto de que se trata **5** circunstância; ~ *consumado* ocorrência que já se verificou ou que certamente se verificará; ~ *ilícito* DIREITO facto que viola direitos ou interesses de outrem, protegidos pela lei; *chegar a vias de* ~ chegar ao confronto físico (com alguém); *de* ~ com efeito; *estar ao* ~ saber; *saberdor*; *verdade de* ~ verdade empírica ou experimental (Do lat. *factu-*, part. pass. de *facĕre*, «fazer»)

factor ver nova grafia **fator**
factorial ver nova grafia **fatorial**
factoring *n.m.* ECONOMIA operação pela qual uma empresa cede os seus direitos sobre um crédito a uma outra sociedade, mediante recebimento do respetivo valor (Do ing. *factoring*)
factorizar ver nova grafia **fatorizar**
factoto *n.m.* ⇒ **factótum**
factótum *n.m.* **1** faz-tudo **2** indivíduo que tem a seu cargo todos os negócios de alguém **3** mordomo **4** administrador (Do lat. *fac totum*, «faz tudo»)

factual *adj.2g.* **1** relativo a facto **2** que se baseia em factos; real; verdadeiro (Do lat. *factu-*, «facto» +*-al*)

factura ver nova grafia **fatura**
facturação ver nova grafia **faturação**
facturar ver nova grafia **faturar**

façudo *adj.* [regionalismo] que tem cara muito larga; bochechudo (De *face*+*-udo*)

fácula *n.f.* **1** ASTRONOMIA região muito brilhante da fotosfera solar **2** bordo brilhante das manchas solares, na fotosfera **3** ponto brilhante da superfície lunar que corresponde a um cume ainda iluminado no hemisfério obscurecido (Do lat. *facŭla*, «tocha pequena»)

faculdade *n.f.* **1** capacidade ou poder de efetuar uma ação **2** potência **3** aptidão natural; talento **4** propriedade; virtude; destreza **5** permissão **6** oportunidade; ensejo **7** escola superior destinada ao ensino de uma área específica do conhecimento e que confere graus académicos **8** *pl.* posses; possibilidades económicas; *faculdades da alma* potências ou forças relativas às atividades anímicas (memória, sentimento, vontade, tendências sensitivas, entendimento, potências sensoriais, etc.) que não são partes da alma, pois ela é simples e espiritual (Do lat. *facultāte-*, «id.»)

facultar *v.tr.* **1** dar a faculdade, o poder ou a facilidade de **2** permitir; conceder **3** oferecer; proporcionar (Do lat. *facultā[te]-* «faculdade» +*-ar*)

facultativo *adj.* **1** que dá ou deixa a faculdade de fazer ou não uma coisa **2** não obrigatório; opcional **3** próprio de uma ciência **4** técnico ▪ *n.m.* médico (Do lat. *facultāte-*, «faculdade» +*-ivo*)

facultoso /ô/ *adj.* **1** que dispõe de faculdades **2** opulento **3** nobre **4** [fig.] cheio; abundante (Do lat. *facultā[te]-*, «faculdade» +*-oso*)

facúndia *n.f.* facilidade para discursar, falar em público; eloquência (Do lat. *facundĭa-* «eloquência»)

facundidade *n.f.* ⇒ **facúndia** (Do lat. *facunditāte-*, «eloquência»)

facundo *adj.* que revela facilidade para discursar, falar em público; eloquente (Do lat. *facundu-*, «eloquente»)

fada *n.f.* **1** ser a que se atribuem poderes sobrenaturais ou mágicos e que, segundo algumas lendas, tem influência sobre o destino humano **2** [fig.] mulher muito bonita; *ter mãos de* ~ ser muito hábil nos trabalhos de mãos (Do lat. *fata-*, «deusa do destino»)

fadado *adj.* destinado a algo; predestinado (Part. pass. de *fadar*)

fadar *v.tr.* **1** determinar a sorte ou o destino de; predizer; predestinar **2** favorecer; dotar **3** conceder; dar (De *fado*+*-ar*)

fadário *n.m.* **1** fado; sorte; destino **2** trabalho incessante, áspero, difícil (De *fado*+*-ário*)

fadejar *v.intr.* cumprir o seu fado; passar o seu fadário ▪ *v.tr.* cantar ou tocar à maneira do fado (De *fado*+*-ejar*)

fádico *adj.* [Brasil] relativo a fado; próprio de fada (De *fada*+*-ico*)

fadiga *n.f.* **1** cansaço resultante de um esforço qualquer **2** trabalho árduo; faina **3** FÍSICA diminuição progressiva de uma propriedade, devida a esforços repetidos, por exemplo, a diminuição da elasticidade de um metal por efeito de uma vibração contínua (Deriv. regr. de *fadigar*)

fadigar *v.tr.* causar fadiga a (Do lat. *fatigāre*, «id.»)

fadigoso /ô/ *adj.* **1** em que há fadiga **2** fatigante **3** trabalhoso; penoso (De *fadiga*+*-oso*)

fadinho *n.m.* MÚSICA fado breve; *fazer o* ~ *a alguém* [coloq.] tentar convencer alguém a fazer o que se pretende, persuadir alguém (De *fado*+*-inho*)

fadista *n.2g.* **1** pessoa que canta o fado **2** [fig., pej.] rufião; desordeiro (De *fado*+*-ista*)

fadistagem *n.f.* **1** vida de fadista **2** grupo de fadistas (De *fadista*+*-agem*)

fadistal *adj.2g.* referente a fadista (De *fadista*+*-al*)

fadistão *n.m.* **1** rufião **2** indivíduo com modos de fadista (De *fadista*+*-ão*)

fadistar *v.intr.* viver vida de fadista (De *fadista*+*-ar*)

fadistice *n.f.* vida ou modos de fadista (De *fadista*+*-ice*)

fado *n.m.* **1** destino; sorte; fortuna **2** o que necessariamente tem de acontecer; fatalidade **3** MÚSICA estilo musical português, geralmente interpretado ao som da guitarra portuguesa e guitarra clássica, podendo apresentar um andamento lento associado ao tom nostálgico, nos temas de amor ou saudade, ou rápido associado ao tom alegre e divertido, nos temas de crítica política e social; ~ *de Coimbra* aquele que apresenta características da serenata, típico dos estudantes da Universidade de Coimbra (Do lat. *fatu-*, «destino»)

faduncho *n.m.* **1** fado ligeiro; fadinho **2** [pej.] fado sem qualidade (De *fado*+*-uncho*)

fáeton *n.m.* ⇒ **faetonte**

faetonte *n.m.* carruagem ligeira descoberta e de quatro rodas (Do gr. *Phaéton*, mitol., «Faetonte», filho do Sol, pelo lat. *Phaetonte-*, «id.», pelo fr. *phaéton*, «pequena carruagem descoberta de quatro rodas»)

fagácea *n.f.* BOTÂNICA espécime das Fagáceas

Fagáceas *n.f.pl.* BOTÂNICA família de plantas dicotiledóneas, lenhosas, com flores unissexuadas e frutos secos, que inclui o sobreiro, o castanheiro e o carvalho (Do lat. *fagu-*, «faia» +*-áceas*)

fagedena *n.f.* MEDICINA úlcera maligna (Do gr. *phagédaina*, «úlcera», pelo lat. *phagedaena-*, «id.»)

fagedénico *adj.* MEDICINA que corrói a carne (Do gr. *phagedainikós*, «que tem fome canina», pelo lat. *phagedaenĭcu-*, «id.»)

fagedenismo *n.m.* **1** MEDICINA qualidade ou estado de fagedénico **2** MEDICINA lesão ulcerosa com extensão indefinida **3** MEDICINA gangrena nos tecidos (De *fagedena*+*-ismo*)

-fagia sufixo nominal, de origem grega, que ocorre em substantivos femininos abstratos e exprime a ideia de ação de *comer*, *alimentar* (*necrofagia*; *carpofagia*)

fagícola *adj.2g.* que cresce ou vive nas faias (Do lat. *fagu-*, «faia» +*colĕre*, «habitar»)

-fago sufixo nominal, de origem grega, que exprime a ideia de *que come*, *que se alimenta de* (*fitófago*; *coprófago*)

fagocitário *adj.* **1** BIOLOGIA relativo a fagocitose **2** BIOLOGIA que efetua a fagocitose

fagócito *n.m.* BIOLOGIA elemento vivo (célula) capaz de executar o fenómeno da fagocitose, como, por exemplo, certos glóbulos brancos do sangue (Do gr. *phageĩn*, «comer» +*kýtos*, «célula»)

fagocitose *n.f.* BIOLOGIA importante fenómeno biológico cujos agentes (fagócitos) atacam e digerem outras células do mesmo organismo ou outros elementos que o invadem (De *fagócito*+*-ose*)

fagomania *n.f.* impulso obsessivo para a ingestão continuada de alimentos, para a bulimia; orexomania (Do gr. *phageĩn*, «comer» +*manía*, «mania; loucura»)

fagote *n.m.* **1** MÚSICA elemento de registo mais grave da família dos instrumentos de sopro, de madeira e com palheta dupla **2** MÚSICA tocador desse instrumento; *ir aos fagotes a* [pop.] agredir fisicamente, ir à cara de (Do it. *fagotto*, «fagote»)

fagoterapia *n.f.* [ant.] tratamento das doenças pela superalimentação (Do gr. *phageĩn*, «comer» +*therapeía*, «tratamento»)

fagotista *n.2g.* pessoa que toca fagote (De *fagote*+*-ista*)

fagueiro *adj.* 1 que afaga ou faz meiguices 2 meigo 3 agradável; suave (Por *afagueiro*, de *afagar*)
faguice *n.f.* 1 qualidade de fagueiro; meiguice 2 carícia (Por *afaguice*, de *afagar*)
fagulha *n.f.* 1 faúlha; faísca; chispa 2 [regionalismo] paga de um litro de azeite ao dono do lagar por cada moedura ▪ *n.2g.* pessoa inquieta que se mete em tudo, que anda sempre apressada e faz grande espalhafato aonde quer que chegue (Do lat. **facucŭla-*, de *facŭla-* «tocha pequena»)
fagulhação *n.f.* 1 ato ou efeito de fagulhar 2 cintilação (De *fagulhar*+-*ção*)
fagulhar *v.intr.* 1 lançar fagulhas 2 cintilar; chispar (De *fagulha*+-*ar*)
fagulharia *n.f.* grande porção de fagulhas (De *fagulha*+-*aria*)
fagulhento *adj.* 1 que lança fagulhas 2 que é irrequieto e turbulento (De *fagulha*+-*ento*)
fagundes *n.m.2n.* [regionalismo] indivíduo desprezível; biltre (De *Fagundes*, antr.)
Fahrenheit *adj.inv.* 1 FÍSICA diz-se da escala de temperatura, geralmente usada na Grã-Bretanha e nos Estados Unidos da América, em que 32 graus correspondem a 0 °C e 212 graus correspondem a 100 °C 2 FÍSICA diz-se do grau desta escala, de símbolo F (Do al. *Fahrenheit*, antr.)
faia[1] *n.f.* 1 BOTÂNICA pequena árvore da família das Miricáceas, espontânea, subespontânea e cultivada em Portugal 2 BOTÂNICA árvore alta, da família das Fagáceas, de madeira apreciável, que é um tanto cultivada em Portugal, especialmente com fins ornamentais 3 madeira destas árvores 4 TIPOGRAFIA entrelinha tipográfica (Do lat. *fagĕa*, de *fagus*, «faia»)
faia[2] *n.m.* 1 [pop.] fadista; desordeiro; rufião 2 indivíduo bem vestido; janota (De orig. obsc.)
faia-branca *n.f.* BOTÂNICA choupo espontâneo em Portugal, também conhecido por olmo-branco e choupo-branco
faial *n.m.* 1 mata de faias 2 despenhadeiro; alcantil (De *faia*+-*al*)
faialense *adj.2g.* da ilha do Faial, nos Açores, ou a ela referente ▪ *n.2g.* natural ou habitante do Faial (De *Faial*, top. +-*ense*)
faialite *n.f.* MINERALOGIA mineral do grupo das olivinas, rico em ferro, existente em zonas eruptivas (De *Faial*, top. +-*ite*)
faiança *n.f.* louça de barro, vidrada ou esmaltada e pintada (Do it. *Faença*, cidade italiana da Emília, pelo fr. ant. *faïance*, «faiança», loiça de barro poroso, opaco, envernizado ou esmaltado)
faiante *n.f.* 1 [pop.] farsola 2 [pop.] impostor (De *faiar*+-*ante*)
faia-preta *n.f.* BOTÂNICA choupo subespontâneo e cultivado em Portugal, de Trás-os-Montes ao Algarve, também conhecido por choupo-tremedor
faiar[1] *v.tr.* 1 TIPOGRAFIA meter entrelinhas tipográficas em 2 espacejar (De *faia*+-*ar*)
faiar[2] *v.tr.* roubar ▪ *v.intr.* fadistar (De *faia*+-*ar*)
faim *n.m.* ferro pontiagudo que remata as lanças e outras armas de cabo (De orig. obsc.)
faina *n.f.* 1 serviço a bordo de navios 2 qualquer trabalho contínuo; lida; azáfama 3 tarefa; ocupação 4 emprego; ofício (Do cat. ant. *faena*, «trabalho», do lat. *facienda*, «coisas que se devem fazer», ger. neut. pl. de *facĕre*, «fazer»)
fair play *n.m.* 1 capacidade de aceitar com serenidade um resultado ou uma situação adversa; desportivismo; jogo limpo 2 conformidade com as regras de um jogo; jogo limpo 3 imparcialidade (Do ing. *fair play*, «id.»)
faisão *n.m.* ORNITOLOGIA nome comum de umas aves galináceas, originárias da Ásia, pertencentes à família dos Fasianídeos, em regra com plumagem de grande beleza, de que há em Portugal espécies criadas em capoeiras e aclimatadas nalgumas coutadas (Do gr. *phasianós*, ave do Phásis, rio que desagua no mar Negro, pelo lat. *phasiānu-*, «faisão»)
faísca *n.f.* 1 fragmento incandescente lançado pelos metais em brasa quando martelados ou produzido pela fricção entre dois corpos; chispa; centelha 2 FÍSICA descarga elétrica entre dois corpos eletrizados, formada por segmentos luminosos e, muitas vezes, ramificados; raio 3 palheta de ouro 4 aquilo que pode causar incêndio 5 que brilha ou cintila 6 [fig.] vivacidade; graça (Do germ. **falaviska*, «id.»)
faiscação *n.f.* 1 ato ou efeito de faiscar 2 cintilação (De *faiscar*+-*ção*)
faiscador *n.m.* 1 pesquisador de faíscas (palhetas de ouro) 2 FÍSICA instrumento que se emprega para medir tensões elétricas elevadas, constituído por dois condutores que se ligam aos pontos entre os quais se pretende medir a diferença de potencial (De *faiscar*+-*dor*)
faiscante *adj.2g.* 1 que faísca 2 cintilante (De *faiscar*+-*ante*)

faiscar *v.intr.* 1 lançar faíscas 2 cintilar; dardejar 3 procurar faíscas (palhetas de ouro) na terra 4 [fig.] deslumbrar (De *faísca*+-*ar*)
faísco *n.m.* 1 variedade de prego 2 [pop.] ⇒ **faísca**
faisoa /ô/ *n.f.* ZOOLOGIA fêmea do faisão (De *faisão*)
faisqueira *n.f.* [Brasil] lugar ou mina onde se encontram faíscas (palhetas de ouro) (De *faísca*+-*eira*)
faisqueiro *n.m.* faiscador (De *faiscar*+-*eiro*)
faixa *n.f.* 1 tira geralmente de pano, própria para apertar ou enfeitar a cintura; cinta 2 banda; tira; fita 3 ligadura 4 superfície estreita e longa 5 cada uma das zonas de gravação de um disco ou de um CD 6 ARQUITETURA friso 7 MATEMÁTICA zona do plano limitada por duas retas paralelas 8 pequeno molho de palha de milho; *~ de pedestres* [Brasil] passadeira; *~ de rodagem* parte da plataforma de estrada ou rua destinada ao trânsito de veículos; *~ de terreno* porção de terreno estreita e comprida; *~ etária* período de tempo que abrange um dado número de anos na idade das pessoas, conjunto de pessoas com a mesma idade (Do lat. *fascĭa-*, «tira»)
faixado *adj.* ligado com faixa ▪ *n.m.* HERÁLDICA campo do escudo coberto de faixas de metal e de cor (Part. pass. de *faixar*)
faixar *v.tr.* ligar, atar ou apertar com faixa; enfaixar (De *faixa*+-*ar*)
faixear *v.tr.* (carpintaria) rodear com faixa ou friso de madeira (De *faixa*+-*ear*)
faixeiro *n.m.* [pop.] cueiro (De *faixa*+-*eiro*)
fajã *n.f.* [Açores] terreno plano, cultivável, de pequena extensão, situado à beira-mar, formado de materiais desprendidos da encosta (De orig. obsc.)
fajardice *n.f.* 1 ação própria de fajardo 2 fraude inteligente; burla; intrujice 3 roubo industrioso 4 empalmação; escamoteação (De *fajardo*+-*ice*)
fajardismo *n.m.* ⇒ **fajardice** (De *fajardo*+-*ismo*)
fajardo *n.m.* 1 gatuno hábil 2 biltre 3 traficante 4 troca-tintas (De J. C. *Fajardo*, antr. aventureiro portuense do séc. XIX, de comportamento muito condenável)
fala *n.f.* 1 ato ou efeito de falar 2 capacidade do ser humano de se exprimir e comunicar por meio de palavras 3 linguagem oral 4 alocução; discurso 5 timbre ou tom de voz 6 maneira especial ou característica de falar; estilo 7 palavra; vocábulo 8 discurso proferido em público; alocução 9 parte de um texto proferida por um interlocutor; diálogo 10 emissão de sons por certos animais 11 LINGUÍSTICA variante linguística de uma determinada região ou comunidade; falar 12 LINGUÍSTICA realização concreta e individualizada da língua; *ato de ~* LINGUÍSTICA produção de um enunciado por um sujeito falante num dado contexto; *perder a ~/ficar sem ~* não saber o que dizer, ficar calado (Deriv. regr. de *falar*)
fala-barato *n.2g.* [depr.] pessoa que fala muito e frequentemente a despropósito; palrador irresponsável (De *falar*+*barato*)
falaca *n.f.* instrumento de suplício, usado entre os Muçulmanos, que prendia as pernas dos que eram condenados a bastonadas nas plantas dos pés (Do ár. *falaq*, «id.»)
falaça *n.f.* grande fala (De *fala*+-*aça*)
falaçar *v.intr.* ⇒ **falaciar** (De *falaça*+-*ar*)
falace *adj.2g.* ⇒ **falaz**
falacha *n.f.* [regionalismo] bolo de castanhas piladas (De orig. obsc.)
falácia[1] *n.f.* 1 qualidade do que é falaz; engano; falsidade 2 afirmação falsa ou errónea 3 FILOSOFIA aquilo que trata um carácter acidental como um carácter essencial; sofisma (Do lat. *fallacĭa-*, «engano; ardil; manha»)
falácia[2] *n.f.* ruído de muitas vozes; falatório (De *falar*)
falaciar *v.intr.* falar muito; tagarelar; palrar (De *falácia*[2]+-*ar*)
falacioso[1] /ô/ *adj.* 1 que usa de falácia; enganador; falso 2 aldrabão; burlão; intrujão (Do lat. *fallaciōsu-*, «id.»)
falacioso[2] /ô/ *adj.* que fala muito; tagarela; palrador (De *falácia*[2]+-*oso*)
falacrocorácida *n.m.* ORNITOLOGIA ⇒ **falacrocoracídeo**
Falacrocorácidas *n.m.pl.* ORNITOLOGIA ⇒ **Falacrocoracídeos**
falacrocoracídeo *adj.* ORNITOLOGIA relativo ou pertencente aos Falacrocoracídeos ▪ *n.m.* ORNITOLOGIA espécime dos Falacrocoracídeos
Falacrocoracídeos *n.m.pl.* ORNITOLOGIA família de aves palmípedes, marinhas, de bico ganchoso, cujo género-tipo se denomina *Falacrocorax* (Do gr. *phalakrós*, «calvo» +*kórax, -akos*, «corvo» +-*ídeos*)
falada *n.f.* 1 murmuração; falatório 2 coisa que dá lugar a escândalo 3 fala; discurso (Part. pass. fem. subst. de *falar*)
faladeira *n.f.* (masculino **falador**) [pop.] mulher que fala muito (De *falar*+*deira*)
falado *adj.* 1 dito por palavras; comunicado oralmente 2 afamado; famoso 3 comentado 4 tratado; ajustado (Part. pass. de *falar*)

falador *adj.,n.m.* (*feminino* **faladora** ou **faladeira**) que ou aquele que fala muito (De *falar+-dor*)

faláfel *n.m.* CULINÁRIA bolinho frito geralmente de grão-de-bico, típico do Médio Oriente (Do ár. *faláfil*, «pimenta»)

falange *n.f.* **1** ANATOMIA cada um dos ossos que formam o esqueleto dos dedos **2** ANATOMIA o primeiro destes ossos, que constitui o esqueleto da extremidade proximal de cada dedo **3** MILITAR corpo de tropa **4** HISTÓRIA divisão da infantaria espartana e da macedónica, célebre pelo seu poder combativo **5** POLÍTICA organização política e paramilitar espanhola inspirada no fascismo italiano **6** SOCIOLOGIA comunidade de trabalhadores, segundo a conceção do filósofo e economista francês Charles Fourier **7** grupo unido por uma causa comum **8** [fig.] multidão; legião (Do gr. *phálagx*, «falange», batalhão macedónio de infantaria, pelo lat. *phalange-*, «id.»)

falangeal *adj.2g.* ⇒ **falângico** (De *falange+-al*)

falângeo *adj.* ⇒ **falângico** (De *falange+-eo*)

falangeta /ê/ *n.f.* ANATOMIA terceira falange, a menor, que ocupa a extremidade distal dos dedos em muitos vertebrados (De *falange+-eta*)

falangiano *adj.* ⇒ **falângico** (De *falange+-iano*)

falângico *adj.* relativo às falanges dos dedos (De *falange+-ico*)

falangíida *n.m.* ZOOLOGIA ⇒ **falangíideo**

Falangíidas *n.m.pl.* ZOOLOGIA ⇒ **Falangíideos**

falangíideo *adj.* ZOOLOGIA relativo ou pertencente aos Falangíideos ■ *n.m.* ZOOLOGIA espécime dos Falangíideos

Falangíideos *n.m.pl.* ZOOLOGIA família de aracnídeos de membros locomotores finos e longos, com algumas espécies comuns em Portugal (Do gr. *phaIággion*, «tarântula» +-*ídeos*)

falanginha *n.f.* ANATOMIA em muitos vertebrados, a segunda falange, nos dedos que possuem três destes ossos (De *falange+-inha*)

falangista *n.2g.* POLÍTICA militante ou adepto de uma falange (De *falange+-ista*)

falansterianismo *n.m.* doutrinas seguidas no falanstério pelos sectários de Fourier (De *falansteriano+-ismo*)

falansterianista *adj.2g.* **1** relativo ao falansterianismo **2** que é adepto do falansterianismo **3** que habita em falanstério ■ *n.2g.* **1** adepto do falansterianismo **2** aquele que habita em falanstério (De *falansteriano+-ista*)

falansteriano *adj.* relativo a falanstério ■ *n.2g.* **1** adepto do falansterianismo **2** aquele que habita em falanstério (De *falanstério+-ano*)

falanstério *n.m.* **1** habitação de falanges **2** comuna societária, espécie de «grande hotel» cooperativista, para habitação e produção em comum, ideada por Charles Fourier, filósofo e economista francês (1772-1837) (Do lat. *phalan[ge-]*, «falange» +*[mona]steriŭ-*, «mosteiro»)

falante *adj.2g.* **1** que fala **2** expressivo **3** que imita a voz humana ■ *n.2g.* **1** aquele que fala **2** LINGUÍSTICA aquele que se expressa em determinada língua **3** LINGUÍSTICA emissor de um enunciado (De *fa(lar)+-ante*)

falar *v.tr.* **1** dizer; proferir; exprimir por palavras **2** declarar **3** combinar; ajustar **4** dizer mal de alguém **5** [pop.] namorar com ■ *v.intr.* **1** exprimir-se por palavras **2** discursar ■ *v.tr.,intr.* conversar (acerca de) ■ *v.pron.* **1** correr a notícia **2** dar-se; conviver **3** tratar-se ■ *n.m.* **1** modo de exprimir o pensamento por palavras **2** linguagem **3** idioma **4** variante linguística característica em determinada região; dialeto; ~ *de papo* falar com prosápia; ~ *de poleiro* falar autoritariamente; ~ *grosso* falar com altivez; ~ *no deserto* não ser atendido pelas pessoas a quem se dirige; ~ *pelos cotovelos* falar muito, tagarelar; ~ *por* ~ dizer coisas sem sentido, falar à toa; *dar que* ~ ser muito discutido (Do lat. *fabulāre*, «id.»)

falárica *n.f.* seta incendiária utilizada na Antiguidade, que transportava estopa a arder (Do lat. *falarīca*, «falárica», dardo besuntado com pez que levava estopa a arder)

falario *n.m.* ⇒ **falatório** (De *falar+-io*)

falatório *n.m.* **1** ruído de muitas vozes **2** cavaqueira **3** murmuração; má-língua (De *falar+-tório*)

falaz *adj.2g.* **1** enganador **2** ardiloso **3** falso (Do lat. *fallāce-*, «enganador»)

falazar *v.intr.* falar à toa (De *falar*)

falca *n.f.* **1** toro de madeira falqueado **2** NÁUTICA tábua na borda dos barcos moliceiros para evitar a entrada da água **3** NÁUTICA abertura semelhante a uma porta, no bordo da embarcação **4** NÁUTICA última tábua de cima do forro exterior de um embarcação miúda **5** [regionalismo] ato de pedir esmola **6** [regionalismo] a própria esmola (Do ár. *falqâ*, por *filqâ*, «pedaço; bocado»)

falcaça *n.f.* NÁUTICA trabalho feito nas extremidades dos chicotes dos cabos náuticos para que não se desfiem (De orig. obsc.)

falcaçar *v.tr.* fazer falcaças em (De *falcaça+-ar*)

falcada *n.f.* [regionalismo] cada uma das duas fases da Lua entre os quartos e a lua nova (Do lat. *falcata-*, «em forma de foice»)

falcado *adj.* **1** em forma de foice; falciforme **2** diz-se da Lua, ou de um planeta inferior, quando a sua fase é uma falcada, isto é, quando a parte iluminada e visível tem a forma de um crescente (Do lat. *falcātu-*, «em forma de foice»)

falcão *n.m.* **1** ORNITOLOGIA nome vulgar extensivo a umas aves de rapina, diurnas, da família dos Falconídeos, que aparecem em Portugal na primavera e no verão, também conhecidas por gavião, milhafre, etc. **2** antiga peça de artilharia que atirava projéteis de ferro (Do lat. *falcōne-*, «falcão»)

falcata *n.f.* arma antiga composta de uma haste encimada por uma foice (Do lat. *falcāta-*, «munido de foice»)

falcatrua *n.f.* artifício com que se engana alguém; logro; fraude (De orig. obsc.)

falcatruar *v.tr.* enganar por meio de falcatrua ou fraude; fazer falcatrua a (De *falcatrua+-ar*)

falcatrueiro *adj.,n.m.* que ou aquele que usa de falcatruas (De *falcatrua+-eiro*)

falcatruíce *n.f.* ⇒ **falcatrua** (De *falcatrua+-ice*)

falci- elemento de formação de palavras que exprime a ideia de foice (Do lat. *falce-*, «foice»)

falcífero *adj.* que traz foice (Do lat. *falcifĕru-*, «que traz uma foice»)

falcifoliado *adj.* BOTÂNICA com as folhas em forma de foice (Do lat. *falce-*, «foice» +*foliu-*, «folha» +-*ado*)

falciforme *adj.2g.* que tem forma de foice (De *falci-+-forme*)

falcípede *adj.2g.* cujos membros são falciformes (De *falci-+-pede*)

falcoada *n.f.* **1** bando de falcões **2** (artilharia) tiro de falcão (peça) (De *falcão-ada*)

falcoar *v.tr.* perseguir (a caça) por meio de falcões (De *falcão+-ar*)

falcoaria *n.f.* **1** arte de adestrar falcões para a caça **2** lugar onde se criam falcões **3** caçada com falcões (De *falcão+-aria*)

falcoeira *n.f.* ORNITOLOGIA nome vulgar extensivo a algumas gaivotas, entre as quais algumas comuns em Portugal e também conhecidas por galfoeiras (De *falcão+-eira*)

falcoeiro *n.m.* **1** tratador e adestrador de falcões **2** indivíduo que vende falcões (De *falcão+-eiro*)

falconete *n.m.* pequena peça de artilharia dos séculos XVI e XVII

falcónida *n.m.* ORNITOLOGIA ⇒ **falconídeo**

Falcónidas *n.m.pl.* ORNITOLOGIA ⇒ **Falconídeos**

falconídeo *adj.* ORNITOLOGIA relativo ou pertencente aos Falconídeos ■ *n.m.* ORNITOLOGIA espécime dos Falconídeos

Falconídeos *n.m.pl.* ORNITOLOGIA família de aves de rapina, diurnas, com a cabeça e o pescoço coberto de penas e com bico relativamente pequeno, a que pertencem as águias, os falcões, os peneireiros, etc. (Do lat. *falcōne-*, «falcão» +-*ídeos*)

falcular *adj.2g.* semelhante a foice; falciforme (Do lat. *falcŭla-*, «foice pequena» +-*ar*)

falda *n.f.* **1** aba da montanha; fralda; sopé **2** orla; beira **3** aba do vestuário (Do germ. **falda*, «dobra»)

faldistório *n.m.* banco especial usado pelos bispos em cerimónias litúrgicas (Do frânc. **faldisto-*, «cadeira dobrável», pelo lat. med. *faldistoriŭ-*, «id.»)

falecer *v.intr.* morrer; perder a vida ■ *v.tr.* faltar; falhar; escassear (Do lat. **fallescĕre*, «faltar», freq. de *fallĕre*, «enganar»)

falecido *adj.* que faleceu; morto ■ *n.m.* aquele que morreu; defunto (De *falecer+-ido*)

falecimento *n.m.* **1** ato ou efeito de falecer; morte **2** falha **3** privação **4** *pl.* necessidades (De *falecer+-mento*)

falécio *adj.* GRAMÁTICA designativo do verso de cinco pés, entre os Gregos e os Romanos (Do lat. *phalaeciu-*, «verso falécio; hendecassílabo»)

falena /ê/ *n.f.* ZOOLOGIA designação extensiva a algumas espécies de borboletas noturnas, que constituem a família dos Geometrídeos, comuns em Portugal (Do gr. *phálaina*, «borboleta noturna»)

falência *n.f.* **1** ato ou efeito de falir **2** DIREITO situação de uma empresa que, por não ter capacidade de pagar as suas dívidas e de cumprir as obrigações contraídas, deixa de ser viável economicamente, deixando de existir **3** falha; interrupção **4** incapacidade de dar resposta a algo **5** falhanço; fracasso; ~ *fraudulenta* DIREITO falência provocada por pessoa ou entidade que, com o fim de lesar credores, diminua ficticiamente o ativo de uma sociedade ou aumente, também de forma enganosa, o seu passivo; *abrir* ~ declarar publicamente que não se tem meios para pagar o que se

deve (Do lat. *fallentĭa*-, «coisas que faltam; coisas que enganam», part. pres. neut. pl. de *fallĕre*, «enganar; faltar»)

fálera *n.f.* colar de ouro e prata usado por patrícios e guerreiros romanos (Do gr. *phálara*, «placa de metal» pelo lat. *phalĕra*-, «lantejoula»)

falerno *adj.* referente a Falerno, região italiana da Campânia ■ *n.m.* **1** natural ou habitante de Falerno **2** vinho de Falerno, muito apreciado pelos Romanos **3** [fig.] vinho bom (Do lat. *falernu*- (*vinu*-), «vinho de Falerno»)

falésia *n.f.* **1** costa marítima ou lacustre, fragosa, alta e a pique; o rochedo que a forma; riba; arriba **2** GEOLOGIA escarpa litoral originada pela erosão marinha (Do frânc. *falisa*, «rochedo», pelo fr. *falaise*, «fraga; costa alta e rochosa»)

falha *n.f.* **1** fenda; racha **2** lasca **3** imperfeição física ou moral; ponto fraco; defeito **4** aquilo que falta em alguma coisa; falta; omissão; lacuna **5** interrupção **6** avaria **7** quebra de peso **8** perturbação mental; mania; pancada **9** GEOLOGIA fratura das camadas geológicas segundo um plano, ao longo do qual ocorreu movimento relativo dos blocos contíguos **10** *pl.* quebras, por engano, em operações de tesouraria **11** *pl.* pequenas quantias concedidas a certas pessoas como indemnização de prejuízos inerentes ao exercício do seu cargo **12** *pl.* [regionalismo] remuneração dada ao pároco pelos funerais dos adultos (Do lat. *fallĭa*-, «falha», pelo fr. *faille*, «id.»)

falhado *adj.* **1** que tem falha **2** estalado; rachado **3** que não deu resultado; gorado **4** que não teve sucesso **5** que se deixou escapar; perdido ■ *n.m.* **1** indivíduo que não tem êxito na vida **2** indivíduo que não consegue realizar os seus projetos; *ato* ~ PSICANÁLISE conduta do tipo de lapso verbal, esquecimento, etc., que, segundo Freud, médico psicanalista austríaco (1856-1939), deve interpretar-se como manifestação de um complexo inconsciente (Part. pass. de *falhar*)

falhadura *n.f.* falha na boca de uma vasilha esboucelada (De *falhar*+-*dura*)

falhanço *n.m.* **1** ato de falhar **2** fracasso; fiasco **3** desilusão (De *falhar*+-*anço*)

falhão¹ *n.m.* **1** pranchão; tabuão **2** facheiro grosso (De *falha*+-*ão*)
falhão² *n.m.* [pop.] indivíduo que falha muito (De *falhar*+-*ão*)

falhar *v.tr.* **1** fazer falha ou fenda em **2** rachar; estalar **3** não cumprir **4** não estar presente em; faltar a **5** perder ■ *v.tr., intr.* não acertar; errar ■ *v.intr.* **1** não resultar; não ter êxito **2** não se realizar **3** não corresponder **4** errar o alvo **5** faltar **6** ser pouco; não ser suficiente **7** ter diminuição no peso ou na medida (De *falha*+-*ar*)

falheiro *adj.* **1** [pop.] que tem falha **2** que não chega ou não atinge convenientemente certo limite ■ *n.m.* **1** cada uma das tábuas da periferia de um tronco que é serrado longitudinalmente **2** casqueira (De *falha*+-*eiro*)

falhipo *n.m.* [regionalismo] ⇒ **farrapo** (De orig. obsc.)

falho *adj.* **1** que tem falha **2** que tem falta; carecido **3** que não tem o peso devido **4** que não se realizou **5** que tem poucas cartas de um naipe (Deriv. regr. de *falhar*)

falhudo *adj.* [regionalismo] mal cheio; chocho (De *falha*+-*udo*)

falibilidade *n.f.* qualidade daquilo ou de quem é falível (Do lat. med. *fallibĭle*-, «enganador» +-*i*-+-*dade*)

falicismo *n.m.* culto do falo (De *fálico*+-*ismo*)

fálico *adj.* **1** relativo ao falo **2** que tem forma semelhante ao falo (Do lat. *phallĭco*-, «id.»)

falido *adj.* **1** que faliu **2** que falhou **3** pouco grado ■ *n.m.* **1** indivíduo que faliu **2** comerciante cuja falência foi declarada judicialmente (Part. pass. de *falir*)

falinha *n.f.* voz aguda e pouco intensa; *falinhas mansas* palavras lisonjeiras (De *fala*+-*inha*)

falir *v.intr.* **1** suspender pagamentos a credores, faltando aos compromissos comerciais; não ter com que pagar as dívidas **2** fracassar; malograr **3** deixar de funcionar ou funcionar mal; falhar ■ *v.tr., intr.* faltar; escassear; minguar (Do lat. *fallĕre*, «enganar»)

falisco *adj.* **1** indivíduo pertencente aos Faliscos **2** LINGUÍSTICA dialeto itálico antigo e pouco conhecido **3** GRAMÁTICA verso latino de três pés dáctilos e um (o último) espondeu (Do lat. *phaliscu*-, «id.»)

Faliscos *n.m.pl.* ETNOGRAFIA antigo povo de Etrúria, região da Itália entre o rio Tibre e os montes Apeninos (Do lat. *phaliscu*-, «id.»)

falível *adj.2g.* **1** que pode falhar **2** que pode enganar-se **3** que pode conter erro (Do lat. med. *fallibĭle*-, «id.»)

falo *n.m.* **1** representação do pénis em ereção como símbolo de fecundidade **2** pénis (Do gr. *phallós*, «falo», pelo lat. *phallu*-, «id.»)

faloa /ô/ *n.f.* instrumento de lata que serve para amplificar o som (De *falar*+-*oa*)

falocracia *n.f.* dominação social e cultural exercida pelos homens sobre as mulheres

falocrata *adj., n.2g.* que ou pessoa que defende uma sociedade dominada por homens

falocrático *adj.* relativo a falocracia ou a falocrata

falodinia *n.f.* dor no pénis (Do gr. *phallós*, «pénis» +*odýne*, «dor» +-*ia*)

Falofórias *n.f.pl.* festas pagãs em honra do falo, na Antiguidade (De *falóforo*+-*ia*)

falóforo *n.m.* sacerdote que levava o falo nas Falofórias em honra de Baco (Do gr. *phallophóros*, «transportador do falo»)

falperra /ê/ *n.f.* **1** [cal.] lugar onde se praticam muitos roubos **2** [cal.] roubalheira **3** [regionalismo] desordem; barulheira (De *Falperra*, top., serra do Norte de Portugal, onde se escondiam muitos salteadores)

falperrista *n.m.* **1** salteador de estrada **2** frade do convento da Falperra (em Braga) (De *Falperra*, top., serra do Norte de Portugal onde se escondiam muitos salteadores +-*ista*)

falpórria *n.2g.* **1** pessoa que age de forma vil **2** biltre **3** farsola (De orig. obsc.)

falporriar *v.tr.* proceder como falpórria (De *falpórria*+-*ar*)

falpórrias *n.2g.2n.* ⇒ **falpórria**

falporrice *n.f.* ato, dito ou modos de falpórria (De *falpórria*+-*ice*)

falqueador *n.m.* aquele que falqueia (De *falquear*+-*dor*)

falqueadura *n.f.* ato ou efeito de falquear (De *falquear*+-*dura*)

falquear *v.tr.* **1** desbastar um tronco com machado ou enxó **2** pôr um toro de madeira em esquadria **3** acunhar (De *falca*+-*ear*)

falqueajadura *n.f.* ⇒ **falqueadura** (De *falquejar*+-*dura*)

falquejamento *n.m.* ⇒ **falqueadura** (De *falquejar*+-*mento*)

falquejar *v.tr.* ⇒ **falquear** (De *falca*+-*ejar*)

falqueta /ê/ *n.f.* (bilhar) tacada que faz saltar uma bola por cima de outra (De *falca*+-*eta*?)

falripa *n.f.* **1** cabelo pouco denso e curto; grenha; repa **2** fio muito fino; fiapo (De *farripa*)

falsa *n.f.* vão entre o telhado e o forro da casa; sótão (De *falso*)

falsa-acácia *n.f.* BOTÂNICA ⇒ **acácia-bastarda**

falsa-braga *n.f.* espécie de muro entre a muralha e o fosso; barbacã

falsador *adj., n.m.* ⇒ **falsificador** (Do lat. tard. *falsatōre*-, «id.»)

falsamente *adv.* com falsidade; hipocritamente (De *falso*+-*mente*)

falsa-quilha *n.f.* NÁUTICA resguardo de madeira sob a quilha do navio

falsar *v.tr.* **1** falsificar **2** enganar no peso **3** ser falso com **4** atraiçoar ■ *v.intr.* **1** faltar à promessa; mentir **2** falhar **3** fender-se (Do lat. *falsāre*, «falsificar»)

falsa-rédea *n.f.* correia que prende a cabeçada ao peito da cavalgadura

falsário *n.m.* **1** o que falsifica documentos, assinaturas, etc.; falsificador **2** o que faz moeda falsa **3** o que jura falso (Do lat. *falsarĭu*-, «id.»)

falsa-verónica *n.f.* BOTÂNICA planta prostrada, da família das Escrofulariáceas, espontânea no Centro e Sul de Portugal

falseamento *n.m.* ato ou efeito de falsear (De *falsear*+-*mento*)

falsear *v.tr.* **1** falsificar; tornar falso **2** enganar; atraiçoar **3** deturpar; adulterar; desvirtuar **4** frustrar ■ *v.intr.* **1** resvalar **2** desafinar (De *falso*+-*ear*)

falsete /ê/ *n.m.* **1** MÚSICA técnica de colocação da voz masculina por forma a alcançar os registos das vozes femininas **2** indivíduo que canta nesse registo de voz **3** voz esganiçada e fina (Do it. *falsetto*, «id.»)

falsetear *v.tr.* falar ou cantar com voz de falsete (De *falsete*+-*ear*)

falsidade *n.f.* **1** qualidade do que é falso **2** invenção maldosa; mentira; calúnia **3** maldade oculta; hipocrisia **4** falsificação; fraude (Do lat. *falsitāte*-, «id.»)

falsídia *n.f.* ⇒ **falsidade** (De *falso*+-*ídia*)

falsídico *adj.* **1** que diz falsidades **2** mentiroso (Do lat. *falsidĭcu*-, «id.»)

falsificação *n.f.* **1** ato ou efeito de falsificar **2** objeto falsificado; imitação (De *falsificar*+-*ção*)

falsificador *adj., n.m.* que ou aquele que falsifica (De *falsificar*+-*dor*)

falsificar *v.tr.* **1** copiar fraudulentamente **2** alterar fraudulentamente **3** adulterar **4** dar como verdadeiro (o que é falso) (Do lat. tard. *falsificāre*, «id.»)

falsificável *adj.2g.* suscetível de ser falsificado (De *falsificar*+-*vel*)

falsífico *adj.* que comete falsidades (Do lat. *falsifĭco*-, «id.»)

falsinérveo *adj.* 1 BOTÂNICA diz-se de uma folha vegetal que apresenta nervuras falsas 2 BOTÂNICA diz-se da planta que possui estas folhas (Do lat. *falsu-*, «falso» +*nervu-*, «nervo» +*-eo*)

falso *adj.* 1 que não é verdadeiro; fingido; simulado 2 em que há mentira; mentiroso; desleal; traidor 3 que imita o verdadeiro; falsificado 4 que não assenta em bases sólidas; suposto; aparente ■ *n.m.* 1 individuo traiçoeiro 2 aquilo que não é verdadeiro 3 local oculto em edifício ou móvel, geralmente usado para guardar algo ■ *adv.* com falsidade; ~ *alarme* aviso de perigo ou anúncio de notícia que não se concretiza; *bolso* ~ bolso feito no forro dos casacos; *em* ~ em vão (Do lat. *falsu-*, «id.»)

falso-sicómoro *n.m.* BOTÂNICA ⇒ **amargoseira**

falta *n.f.* 1 ato ou efeito de faltar 2 privação; carência; penúria 3 ausência 4 falha; erro 5 imperfeição 6 culpa; pecado 7 leviandade 8 não cumprimento 9 DESPORTO procedimento contrário às normas de um jogo 10 [pop.] amenorreia (Do lat. *fallīta-*, de *fallĕre*, «faltar»)

faltar *v.tr.* 1 estar (uma coisa ou pessoa) sem algo de que necessita 2 deixar de cumprir; falhar 3 não comparecer a; não estar presente em 4 ser preciso (algo) para completar um todo 5 desamparar 6 enganar; iludir ■ *v.intr.* 1 não existir; deixar de haver 2 falecer 3 falhar 4 cometer faltas; errar; ~ *à palavra* não se cumprir o que se prometeu; ~ *com* deixar de fazer, deixar de dar (De *falta*+*-ar*)

falto *adj.* 1 carecido; necessitado; desprovido 2 falho 3 defeituoso (Part. pass. irreg. de *faltar*)

faltoso *adj.* 1 que falta muito; pouco assíduo 2 que comete faltas ou erros ■ *n.m.* 1 indivíduo que não comparece em determinado local onde era esperado 2 indivíduo que não fez a sua apresentação na junta de recrutamento 3 indivíduo que comete falhas (De *falta*+*-oso*)

falua *n.f.* NÁUTICA embarcação de vela, semelhante a fragata, com duas velas latinas triangulares (Do ár. vulg. *falukā*, por *fulk*, «barca»)

faluca *n.f.* NÁUTICA embarcação costeira de Marrocos (Do ár. vulg. *falukā*, por *fulk*, «barca»)

falucho *n.m.* NÁUTICA embarcação costeira, de vela latina, usada no Mediterrâneo (Do cast. *falucho*, «id.»)

falueiro *n.m.* arrais de falua ■ *adj.* relativo a falua (De *falua*+*-eiro*)

fama *n.f.* 1 opinião geral; voz pública 2 reputação; crédito; conceito 3 reconhecimento público; notoriedade; celebridade 4 glória (Do lat. *fama-*, «id.»)

famalicense *adj.2g.* referente a Vila Nova de Famalicão, cidade portuguesa do distrito de Braga ■ *n.2g.* natural ou habitante desta cidade (De *Famalic[ão]*, top. +*-ense*)

famanaz *adj.2g.* [Brasil] afamado pelo valor, proezas ou influências (De *fama*+*-n-*+*-az*)

famelga[1] *n.f.* [pop.] pessoa com cara de fome (De *famelgo*)

famelga[2] *n.f.* [pop.] família (De *família*)

famelgo *adj.* 1 que tem cara de fome; famélico 2 [regionalismo] finório; astuto (Do lat. *famelĭcu-* «id.»)

famélico *adj.* 1 que tem muita fome; faminto 2 que não come o suficiente (Do lat. *famelĭcu-*, «id.»)

Fameniano *n.m.* GEOLOGIA último andar do Devónico superior (Do fr. *famennien*, «id.», de *Famenne*, top., região da Bélgica junto das Ardenas)

famigerado *adj.* 1 que tem fama; célebre 2 [pej.] que tem má fama (Do lat. *famigerātu-*, «id.»)

famigerador *adj.,n.m.* que ou aquele que espalha fama (Do lat. *famigeratōre-*, «id.»)

famígero *adj.* ⇒ **famigerado** (Do lat. *famigĕru-*, «id.»)

família *n.f.* 1 conjunto de pessoas com relação de parentesco que vivem juntas; agregado familiar 2 grupo de pessoas formado pelos progenitores e seus descendentes; linhagem; estirpe 3 conjunto de pessoas do mesmo sangue ou parentes por aliança 4 grupo de pessoas unidas pelo vínculo do casamento, afinidade ou adoção 5 grupo de pessoas com origem, ocupação, ou outra característica em comum 6 raça 7 BIOLOGIA grupo taxinómico (categoria sistemática) constituído por seres que se assemelham por determinados caracteres e que compreende um ou mais géneros 8 LINGUÍSTICA grupo de línguas que derivam de uma língua comum; ~ *de palavras* GRAMÁTICA conjunto das palavras formadas por derivação ou composição a partir do mesmo radical; ~ *humana* humanidade (Do lat. *familĭa-*, «id.»)

familiar *adj.2g.* 1 que é da família 2 caseiro; doméstico 3 habitual; comum 4 que é conhecido 5 simples 6 informal ■ *n.m.* 1 pessoa da família 2 amigo íntimo 3 (raramente usado) criado 4 HISTÓRIA oficial da Inquisição (Do lat. *familiāre-*, «id.»)

familiaridade *n.f.* 1 qualidade do que é familiar 2 relacionamento familiar; intimidade; convivência 3 ausência de cerimónias; informalidade (Do lat. *familiaritāte-*, «id.»)

familiarização *n.f.* ato ou efeito de familiarizar ou familiarizar-se (De *familiarizar*+*-ção*)

familiarizar *v.tr.* 1 tornar familiar 2 habituar; acostumar 3 tornar conhecido 4 tornar comum; vulgarizar 5 introduzir na familiaridade ■ *v.pron.* 1 travar conhecimento; relacionar-se 2 acostumar-se 3 estar ao corrente (De *familiar*+*-izar*)

familiarmente *adv.* 1 com familiaridade 2 em família 3 na intimidade 4 informalmente (De *familiar*+*-mente*)

familiatura *n.f.* HISTÓRIA cargo ou título de familiar da Inquisição (De *família*+*-tura*)

familistério *n.m.* estabelecimento em que vivem várias pessoas, segundo o sistema de Fourier, filósofo e matemático francês (1772-1837) (Do lat. *famili[a]*, «família»+*[mona]sterĭu-*, «mosteiro»)

familória *n.f.* [pop.] família (particularmente numerosa) (De *família*+*-ória*)

faminto *adj.* 1 que tem fome; esfomeado 2 [fig.] muito desejoso; ávido (Do lat. *fame-*, «fome» +*-into*, por *-ento*, com infl. de *pedinte*?)

famoso /ô/ *adj.* 1 que tem fama; notável; célebre 2 muito bom; excelente; ~*!* exclamação que exprime aprovação e satisfação (Do lat. *famōsu-*, «id.»)

famulado *n.m.* serviço ou cargo dos fâmulos (Do lat. *famulātu-*, «servidão»)

famulagem *n.f.* 1 conjunto dos fâmulos 2 [fig.] corte de aduladores (De *fâmulo*+*-agem*)

famular *v.tr.,intr.* prestar serviço de fâmulo (Do lat. *famulāre*, «prestar serviço como escravo»)

famulatício *adj.* 1 de fâmulo ou a ele relativo 2 que exerce o cargo de fâmulo (Do lat. *famulatitĭu-*, «id.», ou de *famulato*+*-ício*)

famulato *n.m.* ⇒ **famulado** (Do lat. *famulātu-*, «servidão»)

famulatório *adj.* do fâmulo ou a ele relativo (Do lat. *famulatorĭu-*, «servil»)

famulento *adj.* 1 faminto 2 ansioso 3 ávido (Do lat. *famulentu-*, «id.»)

fâmulo *n.m.* 1 servo; criado 2 [fig., pej.] pessoa subserviente 3 RELIGIÃO clérigo que acompanha um prelado; caudatário 4 RELIGIÃO empregado subalterno de uma comunidade religiosa ou tribunal eclesiástico (Do lat. *famŭlu-*, «servo»)

fanação *n.f.* festa da circuncisão em algumas terras de Moçambique (De *fanar*+*-ção*)

fanado[1] *adj.* 1 apertado; muito justo 2 curto 3 escasso 4 murcho; seco 5 [pop.] teso; sem dinheiro 6 [pop.] roubado (Part. pass. de *fanar*)

fanado[2] *n.m.* [Guiné-Bissau] conjunto de ritos e cerimónias que marcam a entrada do jovem na vida social adulta, nomeadamente a circuncisão e a transmissão de conhecimentos durante uma estadia prolongada no mato; iniciação (Do crioulo *fanádu*, «id.», a partir do arcaísmo *fanar*, «consagrar»)

fanadoiro *n.m.* ⇒ **fanadouro**

fanadouro *n.m.* espátula grosseira para alisar as superfícies ou gravar os ornamentos em obras de olaria (De *fanar*+*-douro*)

fanal *n.m.* 1 farol 2 luzeiro 3 facho 4 lanterna 5 [fig.] guia (Do gr. tard. *phanárion*, dim. de *phanós*, «tocha; lanterna», pelo it. *fanale*, «id.», pelo fr. *fanal*, «lanterna grande»)

fanamento *n.m.* alteração da cor de uma pintura pela ação da luz solar (De *fanar*+*-mento*)

fanão *n.m.* antiga moeda da Índia e da Etiópia (Do tâm. *panam*, «dinheiro»)

fanar[1] *v.tr.,intr.,pron.* murchar; secar (Do fr. *faner*, «id.»)

fanar[2] *v.tr.* 1 cortar as extremidades a; aparar 2 amputar; mutilar; truncar 3 circuncidar (Do lat. *fanāre-*, «consagrar; circuncidar»)

fanar[3] *v.tr.* [coloq.] roubar

fanático *n.m.* 1 aquele que se julga inspirado por uma divindade ou espírito divino 2 adepto animado por uma fé exclusiva numa religião, ideia ou partido; extremista 3 indivíduo que se dedica entusiasticamente a algo ou alguém; apaixonado ■ *adj.* 1 que mostra uma fé ou zelo extremos numa crença ou doutrina; extremista; sectário 2 que tem uma paixão excessiva por algo ou alguém; entusiasta (Do lat. *fanatĭcu-*, «id.»)

fanatismo *n.m.* 1 fé exclusiva numa religião, doutrina ou ideologia 2 intolerância 3 sectarismo; facciosismo 4 culto excessivo de alguém ou de alguma coisa; dedicação excessiva (Do fr. *fanatisme*, «id.»)

fanatizador *adj.,n.m.* que ou aquele que fanatiza (De *fanatizar*+*-dor*)

fanatizar *v.tr.* 1 tornar fanático 2 inspirar uma paixão excessiva a ■ *v.pron.* tornar-se fanático (Do fr. *fanatiser*, «id.»)

fanca n.f. [Brasil] objetos de fancaria para venda (De orig. obsc.)
fancaia elem.loc.adv. à ~ desajeitadamente (De orig. obsc.)
fancaria n.f. comércio de fanqueiro; *obra de* ~ trabalho feito à pressa e pouco duradouro (De orig. obsc.)
fanchona /ô/ n.f. [depr.] ⇒ **virago** (De orig. obsc.)
fanchonaça n.f. [depr.] ⇒ **virago** (De *fanchona*+-*aça*)
fanchonaço n.m. [pop.] homem bem-apessoado, viril (De *fanchono*+-*aço*)
fanchono /ô/ n.m. [depr.] homossexual (De orig. obsc.)
fandangagem n.f. conjunto de pessoas maltrapilhas (De *fandango*+-*agem*)
fandangar v.intr. ⇒ **fandanguear** v.intr. (De *fandango*+-*ar*)
fandango n.m. 1 dança popular espanhola, a três tempos, sapateada e acompanhada de guitarra e castanholas 2 música dessa dança 3 dança popular portuguesa típica do Ribatejo, sem canto, sapateada e em compasso ternário, executada por dois dançarinos ao som da concertina 4 música própria para acompanhar essa dança 5 [fig.] algazarra ▪ adj. 1 reles 2 ordinário 3 ridículo (Do cast. *fandango*, «id.»)
fandanguear v.intr. 1 dançar o fandango 2 meter-se em pândegas ▪ v.tr. dançar à moda do fandango (De *fandango*+-*ear*)
fandangueiro adj.,n.m. 1 que ou aquele que dança o fandango 2 que ou aquele que gosta de dançar o fandango e outras danças populares (De *fandango*+-*eiro*)
fandinga n.2g. [regionalismo] pessoa maltrapilha; sujeito miserável (De *fandango*)
faneca n.f. 1 ICTIOLOGIA peixe teleósteo, da família dos Gadídeos, frequente em Portugal e muito usado na alimentação 2 [pop.] bocado de pão 3 [regionalismo] castanha chocha ▪ adj.2g. diz-se de uma pessoa magra; *ao pintar da* ~ no momento oportuno (De orig. obsc.)
fanecão n.m. ICTIOLOGIA peixe teleósteo, da família dos Gadídeos, que aparece em Portugal, misturado com a faneca (De *faneca*+-*ão*)
faneco n.m. bocado; pedaço ▪ adj. 1 murcho; chocho 2 escasso (De orig. obsc.)
fanega n.f. 1 [regionalismo] medida que leva quatro alqueires de pão, grão, sal, etc.; fanga 2 pagamento em cereais aos pastores e barbeiros (Do ár. *faniqâ*, medida de capacidade)
faner- elemento de formação de palavras que exprime a ideia de *visível, evidente* (Do gr. *phanerós*, «id.»)
fanerítico adj. PETROLOGIA diz-se da textura dos faneritos (De *fanerito*+-*ico*)
fanerito n.m. PETROLOGIA rocha eruptiva cujos elementos são reconhecíveis a olho nu (Do gr. *phanerós*, «visível»+-*ito*)
faner(o)- elemento de formação de palavras que exprime a ideia de *visível, evidente* (Do grego *phanerós*, «idem»)
fanerocristal n.m. PETROLOGIA ⇒ **fenocristal** (De *fanero*-+*cristal*)
fanerógamas n.f.pl. BOTÂNICA ⇒ **fanerogâmicas**
fanerogamia n.f. qualidade ou estado de fanerogâmico (De *fanerógamo*+-*ia*)
fanerogâmicas n.f.pl. BOTÂNICA grande grupo do reino vegetal que compreende todas as plantas que produzem flor, opondo-se a criptogâmicas; espermatófitas; espermatófitos (De *fanerogâmico*)
fanerogâmico adj. ⇒ **fanerógamo** adj. (De *fanerógamo*+-*ico*)
fanerógamo adj. 1 que tem órgãos genitais visíveis 2 diz-se do vegetal que produz flor ▪ n.m. 1 casamento aparente 2 união livre (Do gr. *phanerós*, «visível»+*gámos*, «casamento»)
fanfa n.f. 1 [pop.] dinheiro 2 [pop.] fanfarrão; gabarola (Deriv. regr. de *fanfarrão*)
fanfã n.f. [Brasil] BOTÂNICA ⇒ **vinagreira** 6 (De orig. obsc.)
fanfar v.intr. fanfarrear; bazofiar; gabar-se ▪ v.tr. [pop.] bater (De *fanfa*+-*ar*)
fanfarra n.f. banda de música só com instrumentos de metal e de percussão; charanga (Do fr. *fanfare*, «id.»)
fanfarrada n.f. dito ou modos de fanfarrice; fanfrice; bazófia; gabarolice; jactância (De *fanfarrão*+-*ada*)
fanfarrão adj.,n.m. 1 que ou aquele que se arma em valente sem o ser; bazofiador 2 que ou aquele que se gaba exageradamente de feitos ou qualidades que muitas vezes não lhe pertencem; gabarola (Do ár. *farfâr*, «leviano», pelo cast. *fanfarrón*, «fanfarrão»)
fanfarraria n.f. ato ou qualidade de fanfarrão (De *fanfarrão*+-*aria*)
fanfarrear v.intr. vangloriar-se injustificadamente; bazofiar; alardear de valente sem o ser (De *fanfarrão*+-*ear*)
fanfarrice n.f. ⇒ **fanfarrada** (De *fanfarria*)
fanfarrice n.f. 1 qualidade de fanfarrão 2 dito ou modos de fanfarrão; gabarolice; bazófia (De *fanfarrão*+-*ice*)
fanfarronada n.f. ⇒ **fanfarrice** (De *fanfarrão*+-*ada*)

fanfarronal adj.2g. próprio de fanfarrão (De *fanfarrão*+-*al*)
fanfarronar v.intr. gabar-se injustificadamente de feitos ou qualidades (De *fanfarrão*+-*ar*)
fanfarronice n.f. ⇒ **fanfarrice** (De *fanfarrão*+-*ice*)
fanfreluche n.f. 1 bolha que se forma num líquido 2 [fig.] coisa leve, sem consistência (Do gr. *pomphólux*, «bolha de ar», pelo b. lat. *fanfalūca*-, «id.», pelo fr. *fanfreluche*, «ornato sem valor; bagatela»)
fanfúrria n.f. [pop.] ⇒ **fanfarrice** (De *fanfarria*)
fanfurrice n.f. [pop.] ⇒ **fanfarrice** (De *fanfarrice*)
fanga n.f. 1 antiga medida de cereais equivalente a quatro alqueires; fanega 2 [ant.] lugar onde se vendiam cereais por estiva 3 [regionalismo] arrendamento, por medidas, no Ribatejo 4 porção de terra arável que leva quatro alqueires de semente (Do ár. *faniqâ*, medida de capacidade)
fanglomerado n.m. GEOLOGIA depósito conglomerático formado no sopé das montanhas (Do gr. *phaínein*, «tornar visível»+lat. *glomerātu*-, «aglomerado», part. pass. de *glomerāre*, «acumular»)
fangueirada n.f. pancada com fangueiro; bordoada (De *fangueiro*+-*ada*)
fangueiro¹ n.m. dono de fanga (De *fanga*+-*eiro*)
fangueiro² n.m. natural ou habitante da vila portuguesa de Fão, no distrito de Braga (De *Fão*, top.+*g*+-*eiro*)
fangueiro³ n.m. [regionalismo] pau comprido e tosco; fueiro (De orig. obsc.)
fanha n.2g. [pop.] pessoa fanhosa (De orig. onom.)
fanhosear v.intr. falar fanhosamente; ser fanhoso ▪ v.tr. pronunciar fanhosamente (De *fanhoso*+-*ear*)
fanhoso /ô/ adj. que fala como se tivesse o nariz tapado; roufenho (De *fanha*+-*oso*)
fanicar v.intr. 1 andar em busca de pequenos lucros; fazer biscates 2 [pop.] perder os sentidos; desmaiar 3 [pej.] fazer da prostituição modo de vida (De *fanico*+-*ar*)
fanico n.m. 1 pedaço muito pequeno; migalha 2 pequeno ganho ou lucro 3 [pop.] desmaio; chilique 4 [pej.] prostituição; *andar ao* ~ [pej.] fazer biscates, prostituir-se; *ficar em fanicos* ficar em pedacinhos, ficar arrasado
faniqueira n.f. 1 cordel ou baraça de pião 2 linha de pescar 3 [pej.] prostituta (De *fanico*+-*eira*)
faniqueiro adj.,n.m. 1 que ou aquele que anda em busca de pequenos lucros 2 trabalhador a dias (De *fanico*+-*eiro*)
faniquento adj. dado a fanicos (desmaios) (De *fanico*+-*ento*)
-fano sufixo nominal, de origem grega, que ocorre em adjetivos e exprime a ideia de *brilho, brilhante* (*uranófano*)
fanqueiro n.m. negociante de fazendas de lã, linho, algodão, etc. (De orig. obsc.)
fantã n.m. [Macau] jogo de azar sobre quatro números escritos numa lousa e com o auxílio de sapecas (Do chin. *fán-tán*, «id.»)
fantarelo n.m. 1 [regionalismo] indivíduo que julga tudo muito fácil 2 [regionalismo] janota presunçoso e fanfarrão (De orig. obsc.)
fantascópio n.m. espécie de lanterna mágica para exibição de desenhos fantasmagóricos (Do gr. *phántasma*, «visão»+*skopeîn*, «olhar»+-*io*)
fantasia n.f. 1 imagem ou sonho criado pela imaginação; ficção 2 imaginação criadora; faculdade imaginativa 3 ideia irrealista 4 capricho 5 vestuário para disfarce utilizado no Carnaval e noutras festas 6 joia falsa ou de pouco valor 7 obra que não obedece a regras fixas mas sim à imaginação do artista 8 MÚSICA composição musical, com uma forma livre de variações e desenvolvimentos temáticos (Do gr. *phantasía*, «id.», pelo lat. *phantasía*-, «aparição; visão»)
fantasiador adj.,n.m. que ou aquele que fantasia; devaneador (De *fantasiar*+-*dor*)
fantasiar v.tr. criar na fantasia; imaginar; idear ▪ v.intr. entregar-se a fantasias ou devaneios ▪ v.tr.,pron. vestir(-se) com fato de fantasia; mascarar(-se); disfarçar(-se) (De *fantasia*+-*ar*)
fantasioso /ô/ adj. 1 em que há fantasia; fantástico 2 que revela imaginação; imaginativo (De *fantasia*+-*oso*)
fantasista adj.2g. 1 que fantasia; que tem uma imaginação fértil 2 que só obedece aos caprichos da própria imaginação 3 que tem fantasia em excesso 4 desligado da realidade ▪ n.2g. pessoa que fantasia ou que tem muita tendência para fantasias (De *fantasia*+-*ista*)
fantasma n.m. 1 suposta aparição de pessoa morta ou afastada; espetro; alma do outro mundo 2 visão ilusória criada pela imaginação; quimera 3 visão que amedronta 4 [fig.] pessoa muito magra e pálida (Do gr. *phántasma*, «id.», pelo lat. *phantasma*-, «id.»)

fantasmagoria *n.f.* 1 arte de fazer aparecer figuras luminosas em um lugar escuro 2 evocação de visões 3 fantasma 4 [fig.] ilusão; quimera (Do fr. *fantasmagorie*, «id.»)

fantasmagórico *adj.* 1 relativo à fantasmagoria 2 que amedronta ou assusta 3 ilusório; imaginário (De *fantasmagoria+-ico*)

fantasmagorizar *v.tr.* tornar fantasmagórico (De *fantasmagoria+-izar*)

fantasmal *adj.2g.* referente a fantasma (De *fantasma+-al*)

fantástico *adj.* 1 criado pela fantasia; imaginário 2 que contém elementos inexplicáveis ou incompatíveis com as supostas leis da natureza 3 que é inventado; fingido 4 que suscita admiração; extraordinário 5 que espanta; inacreditável; incrível ■ *n.m.* 1 o que é irreal 2 género literário ou cinematográfico que utiliza elementos irreais ou sobrenaturais (Do gr. *phantastikós*, «visionário», do lat. *phantastĭcu-*, «id.»)

fantastiquice *n.f.* 1 bazófia; jactância 2 extravagância de gostos (De *fantástico+-ice*)

fantil *adj.2g.* diz-se do cavalo de boa raça e bem proporcionado, e da égua que apresenta os caracteres exigidos para a reprodução com apuramento de raça (De orig. obsc.)

fantochada *n.f.* 1 cena de fantoches 2 [fig.] ato caricato ou ridículo; palhaçada 3 [fig.] simulação de comportamento ou de situação com vista a impressionar ou enganar alguém 4 [fig.] falsidade (De *fantoche+-ada*)

fantochar *v.intr.* fazer de fantoche ■ *v.tr.* imitar (De *fantoche+-ar*)

fantoche *n.m.* 1 boneco com corpo revestido de pano em forma de luva, na qual se introduz a mão para o mover; bonifrate; títere 2 [fig.] pessoa incapaz de agir ou pensar por si própria, procedendo de acordo com a orientação de outra (Do it. *fantoccio*, «id.», pelo fr. *fantoche*, «id.»)

fanzine *n.m.* revista periódica publicada geralmente por jovens amadores sobre temas como a banda desenhada, o cinema, a música ou a ficção científica (Do ing. *fanzine*, de *fan (maga)zine*, «id.»)

faqueiro *n.m.* 1 caixa ou estojo onde se guardam os talheres de mesa 2 conjunto completo de talheres da mesma marca e do mesmo material, que inclui garfos, facas, colheres e talheres de serviço 3 fabricante de facas (De *faca+-eiro*)

faqui *n.m.* 1 ⇒ **faquir** 2 jurisconsulto, entre os Muçulmanos (Do ár. *faquih*, «jurisconsulto»)

faquino *n.m.* 1 varredor da igreja patriarcal de Lisboa e de outras igrejas 2 moço de fretes; carregador; mariola (Do it. *facchino*, «carregador»)

faquir *n.m.* 1 RELIGIÃO asceta mendicante que pratica mortificações em público 2 indivíduo que, em espetáculos, pratica ou deixa praticar sobre si mesmo atos de mortificação física sem dar sinais de sofrimento ou sensibilidade (Do ár. *faqir*, «pobre; miserável»)

faquirismo *n.m.* 1 RELIGIÃO modo de vida dos faquires 2 profissão dos faquires (De *faquir+-ismo*)

faquista *n.2g.* 1 pessoa que traz faca ou navalha como arma ofensiva 2 o que fere com faca (De *faca+-ista*)

farad *n.m.* ELETRICIDADE unidade de capacidade elétrica do Sistema Internacional que equivale à capacidade de um condutor que, carregado com um coulomb, fica com o potencial de um volt (Do ing. M. *Faraday*, antr., físico ing., 1791-1867)

faraday *n.m.* ELETRICIDADE quantidade de eletricidade necessária para libertar um equivalente-grama de qualquer ião, durante um processo de eletrólise; quantidade de eletricidade correspondente a uma mole de eletrões (Do ing. M. *Faraday*, antr., físico ing., 1791-1867)

farádico *adj.* 1 relativo às teorias de M. Faraday, físico inglês (1791-1867) 2 relativo às correntes de indução e, em particular, às correntes induzidas no secundário de uma bobina de indução ou de outras correntes alternadas assimétricas análogas (De *farad+-ico*)

farádio *n.m.* ELETRICIDADE ⇒ **farad**

faradismo *n.m.* MEDICINA ⇒ **faradização** (De *farad+-ismo*)

faradização *n.f.* MEDICINA terapêutica para estimular músculos e nervos por meio de correntes induzidas especiais de alta tensão (Do ing. M. *Faraday*, físico ing., 1791-1867, pelo fr. *faradisation*, «id.»)

faramalha *n.f.* 1 [regionalismo] palavreado; prosápia sem fundamento 2 [regionalismo] grandeza vã (Do cast. *faramalla*, «trapaça»)

faramalheiro *adj.,n.m.* que ou o que tem ou faz faramalha (Do cast. *faramallero*, «id.»)

faramalhice *n.f.* qualidade, dito ou ato de faramalheiro (De *faramalha+-ice*)

farândola *n.f.* 1 dança provençal executada de mãos dadas 2 [pop.] bando de maltrapilhos; farrapagem; súcia (Do prov. ant. *farandoulo*, «id.»)

farandolagem *n.f.* [pop.] farândola; farraparia (De *farândola+-agem*)

faranta *n.f.* ovelha que se vende ou que se mata para alimento (De orig. obsc.)

farante *n.2g.* 1 alcoviteiro 2 pessoa que procura alguma coisa (De *farar+-ante*)

faraó *n.m.* título dos antigos soberanos do Egito (Do gr. *pharaó*, «faraó», pelo lat. *pharaōne-*, «id.»)

faraónico *adj.* 1 relativo aos faraós ou à sua época 2 [fig.] grandioso; monumental (Do lat. *pharaōne-*, «faraó» +-*ico*)

farar *v.tr.* 1 [pop.] procurar 2 [pop.] apanhar (De *faro+-ar*)

faraute *n.f.* 1 medianeiro entre pessoas que não se entendem 2 intérprete 3 guia de uma empresa (Do frânc. **heriald*, «funcionário do exército», pelo fr. *héraut*, «arauto»)

farda *n.f.* 1 uniforme militar ou de uma corporação 2 vestuário com características próprias utilizado por uma classe de indivíduos 3 [fig.] vida militar (Do ár. *fardâ*, «pano; veste de mulher; tanga»)

fardagem *n.f.* 1 porção de fardos 2 roupagem 3 trapagem (De *fardo+-agem*)

fardalhão *n.m.* farda vistosa (De *farda+-alhão*)

fardamenta *n.f.* 1 fardamento; uniforme 2 [coloq.] roupa; vestuário (De *fardamento*)

fardamento *n.m.* 1 farda 2 tipo de farda 3 uniforme completo (De *fardar+-mento*)

fardar *v.tr.* 1 vestir com farda 2 prover de farda (De *farda+-ar*)

fardel *n.m.* 1 saco ou trouxa em que se levam provisões ou roupa para a viagem 2 alimentos para uma pequena viagem; farnel (Do it. *fardello*, «embrulho; trouxa»)

fardelagem *n.f.* 1 ⇒ **fardagem** 2 bagagem (De *fardel+-agem*)

fardeta /ê/ *n.f.* farda de serviço (De *farda+-eta*)

fardete /ê/ *n.m.* fardo pequeno (De *fardo+-ete*)

fardo *n.m.* 1 objeto ou conjunto de objetos embrulhados para transportar 2 embrulho; pacote 3 carga 4 [fig.] peso 5 [fig.] o que incomoda ou custa suportar 6 [fig.] farda 4, «pano»)

farejar *v.tr.* 1 seguir ou procurar pelo faro 2 cheirar 3 [fig.] adivinhar; pressentir 4 [fig.] descobrir pela perspicácia 5 [fig.] esquadrinhar; examinar minuciosamente ■ *v.intr.* seguir pelo faro (De *faro+-ejar*)

farejo /ê/ *n.m.* ato de farejar (Deriv. regr. de *farejar*)

fareláceo *adj.* 1 que se desfaz em farelo 2 da natureza do farelo (De *farelo+-áceo*)

farelada *n.f.* 1 água com farelo 2 porção de farelos 3 [fig.] insignificância; farelório (De *farelo+-ada*)

farelagem *n.f.* ⇒ **farelada** (De *farelo+-agem*)

farelar *v.intr.* [pop.] ser fareleiro; gabar-se muito (De *farelo+-ar*)

fareleiro *adj.,n.m.* [pop.] que ou aquele que é jactancioso; bazófia; fanfarrão (De *farelo+-eiro*)

farelento *adj.* que tem ou produz muito farelo (De *farelo+-ento*)

farelhão *n.m.* 1 ilhota escarpada 2 pequeno promontório (Do gr. *phalarós*, «que está branco de espuma», pelo lat. **faraliōne-*, pelo it. *faraglione*, «id.»)

farelice *n.f.* qualidade ou palavreado daquele que é fareleiro; fanfarrice; jactância (De *farelo+-ice*)

farelo *n.m.* 1 resíduos de cereais moídos 2 parte mais grossa da farinha que fica depois de peneirada 3 [fig.] coisa insignificante, sem valor 4 *pl.* [pop.] bazófia (Do lat. **farellu-*, dim. de *far*, «farinha»)

farelório *n.m.* 1 coisa de pouco valor; bagatela 2 palavreado 3 fanfarrice (De *farelo+-ório*)

farense *adj.2g.* relativo ou pertencente à cidade portuguesa de Faro, no Algarve ■ *n.2g.* natural ou habitante de Faro (De *Faro*, top. +-*ense*)

farfalha *n.f.* 1 ruído de vozes; vozearia 2 [pop.] ⇒ **farfalheira** 3 *pl.* aparas; limalha 4 *pl.* farrapos de neve 5 *pl.* [fig.] coisas sem importância; bagatelas (Deriv. regr. de *farfalhar*)

farfalhada *n.f.* 1 ruído de vozes; vozearia 2 barulho produzido pela agitação de aparas ou maravalhas 3 [fig.] coisa sem importância; bagatela 4 [fig.] bazófia; gabarolice (Part. pass. fem. subst. de *farfalhar*)

farfalhador *n.m.* 1 o que faz farfalhada 2 [fig.] grande falador ■ *adj.* falador; loquaz (De *farfalhar+-dor*)

farfalhante *adj.2g.* 1 que farfalha 2 fanfarrão (De *farfalhar+-ante*)

farfalhão *n.m.* ⇒ **farfalhador** *n.m.* (De *farfalhar+-ão*)

farfalhar *v.intr.* 1 fazer farfalhada 2 [fig.] fazer ruído 3 [fig.] falar à toa 4 [fig.] bazofiar; ostentar (Do cast. *farfullar*, «balbuciar; gaguejar»)

farfalharia *n.f.* ⇒ **farfalhada** (De *farfalhar+-aria*)

farfalheira *n.f.* **1** ruído de vozes; vozearia **2** barulho produzido pela agitação de aparas ou maravalhas **3** [pop.] ruídos que se ouvem, durante a respiração, nas afeções brônquicas com secreções abundantes; pieira; farfalha **4** *pl.* conjunto de enfeites vistosos que as senhoras usam ao pescoço e ao peito (De *farfalhar*+*-eira*)

farfalheiro *adj.* **1** que se adorna com farfalheiras **2** farfalhador (De *farfalhar*+*-eiro*)

farfalhento *adj.* que farfalha (De *farfalhar*+*-ento*)

farfalhice *n.f.* ato ou dito de fanfarrão ou gabarola; bazófia (De *farfalhar*+*-ice*)

farfalho *n.m.* **1** ato ou efeito de farfalhar ou fazer ruído **2** ruído anormal, provocado por problemas respiratórios; pieira **3** rouquidão **4** MEDICINA inflamação na mucosa bucal, provocada por um fungo **5** *pl.* [regionalismo] resíduos de gordura ou carne que aparecem no caldo (Deriv. regr. de *farfalhar*)

farfalhoso /ô/ *adj.* ⇒ **farfalhudo** (De *farfalhar*+*-oso*)

farfalhudo *adj.* **1** com exagero de enfeites **2** vistoso; garrido **3** empolado; pomposo (De *farfalha*+*-udo*)

farfalinar *v.intr.* [Moçambique] borboletear; volitar (Do it. *farfallino*, «borboleta»)

farfana *n.f.* [Guiné-Bissau] ZOOLOGIA mamífero roedor herbívoro, conhecido pelos estragos que faz nas culturas de mandioca e arroz (Do crioulo *farfana*, «id.»)

farfância *n.f.* qualidade de farfante; fanfarronice (De *farf[ante]*+*-ância*)

farfantão *adj.,n.m.* fanfarrão; valentão; farfante (De *farfante*+*-ão*)

farfante *adj.,n.2g.* ⇒ **farfantão** (Do it. ant. *farfante*, hoje *furfante*, «patife; malandro»)

farfantear *v.intr.* ⇒ **fanfarronar** (De *farfante*+*-ear*)

farilhão *n.m.* ⇒ **farelhão** (De *farelhão*)

farinação *n.f.* ato ou efeito de farinar; moagem (De *farinar*+*-ção*)

farináceo *adj.* **1** da natureza da farinha **2** que produz farinha ■ *n.m.* substância que contém ou produz farinha (Do lat. *farinaceŭ-*, «id.»)

farinar *v.tr.* reduzir a farinha; moer (Do lat. *farināre*, «id.», de *farīna-*, «farinha»)

faringe *n.f.* ANATOMIA órgão constituído por tecido muscular e membranoso, e que estabelece a ligação do nariz e da boca com a laringe e o esófago (Do gr. *phárygx*, «id.»)

faringectomia *n.f.* CIRURGIA operação cirúrgica para a ablação total ou parcial da faringe (Do gr. *phárygx*, «faringe» +*ek*, «fora» +*tomé* +*-ia*)

farínego *adj.* relativo ou pertencente à faringe (De *faringe*+*-eo*)

farínico *adj.* ⇒ **faríngeo** (De *faringe*+*-ico*)

faringite *n.f.* MEDICINA inflamação da faringe (De *faringe*+*-ite*)

faring(o)- elemento de formação de palavras que exprime a ideia de *faringe* (Do gr. *phárygx*, «faringe»)

faringolaringite *n.f.* MEDICINA inflamação simultânea da faringe e da laringe (De *faringo-*+*laringite*)

faringoscopia *n.f.* MEDICINA exame à cavidade da faringe (De gr. *phárygx*, «faringe» +*skopeīn*, «olhar» +*-ia*)

faringoscópio *n.m.* MEDICINA instrumento que serve para exame da faringe (Do gr. *phárygx*, «faringe» +*skopeīn*, «olhar» +*-io*)

faringotomia *n.f.* CIRURGIA operação cirúrgica de incisão na faringe (Do gr. *phárygx*, «faringe» +*tomé*, «corte» +*-ia*)

farinha *n.f.* **1** pó obtido através da moagem de cereais e utilizado na alimentação **2** pó que resulta da trituração de várias raízes e sementes, de uso culinário e medicinal; **não fazer ~ com alguém** não viver em boa harmonia com alguém, não se entender com alguém (Do lat. *farīna-*, «farinha»)

farinhada *n.f.* **1** [Brasil] fabrico de farinha de mandioca **2** CULINÁRIA cozinhado só de farinha (De *farinha*+*-ada*)

farinha-de-pau ver nova grafia **farinha de pau**

farinha de pau *n.f.* **1** farinha obtida pela trituração de raiz de mandioca **2** CULINÁRIA prato confecionado com essa farinha

farinha-flor *n.f.* farinha de trigo, muito fina, de primeira qualidade

farinhata *n.f.* **1** [regionalismo] oídio **2** [regionalismo] chouriça farinheira (Do lat. *farinăta-*, «misturada com farinha»)

farinhato *n.m.* [regionalismo] ⇒ **farinhata** (De lat. *farinātu-*, «misturado com farinha»)

farinheira *n.f.* **1** CULINÁRIA enchido feito de gordura de porco, farinha ou miolo de pão e temperos **2** vendedora de farinha **3** [Angola] BOTÂNICA planta da mandioca, com a qual se prepara a farinha de uso comum em Angola, São Tomé e Príncipe e Moçambique; mandioqueira (Do lat. *farinaria-*, «de farinha»)

farinheiro *n.m.* **1** negociante de farinhas **2** ⇒ **azevinho** **3** (enchido) ⇒ **farinheira I 4** oídio (Do lat. *farinariŭ-*, «de farinha»)

farinhento *adj.* **1** que contém farinha **2** semelhante à farinha **3** que se desfaz como farinha **4** coberto de farinha (De *farinha*+*-ento*)

farinhoso /ô/ *adj.* ⇒ **farinhento** (De *farinha*+*-oso*)

farinhota *n.f.* **1** variedade de videira produtora de uva preta **2** doença provocada nas videiras por um fungo; oídio **3** (enchido) pequena farinheira (De *farinha*+*-ota*)

farinhudo *adj.* farinhento; farináceo (De *farinha*+*-udo*)

farinógrafo *n.m.* máquina para medir as propriedades mecânicas das massas, durante o processo de produção (Do lat. *farīna-*, «farinha» +*gráphein*, «descrever»)

farisaico *adj.* **1** relativo a fariseu **2** próprio de fariseu **3** [fig.] que finge ser o que não é; hipócrita (Do lat. *pharisaicu-*, «de fariseu»)

farisaísmo *n.m.* **1** doutrina ou carácter dos fariseus **2** hipocrisia; falsidade (De *farisa[ico]*+*-ismo*)

fariscador *adj.,n.m.* que ou aquele que farisca (De *fariscar*+*-dor*)

fariscante *adj.2g.* que farisca (De *fariscar*+*-ante*)

fariscar *v.tr.,intr.* ⇒ **farejar** (De *faro*+*-iscar*)

farisco *n.m.* ato de fariscar; farejo (Deriv. regr. de *fariscar*)

fariseu *n.m.* **1** RELIGIÃO membro de uma seita judaica caracterizada pelo estrito cumprimento da lei moisaica **2** [pej.] hipócrita; falso (Do gr. *pharisaîos*, «id.», pelo lat. *pharisaeu-*, «id.»)

farmacêutico *adj.* relativo a farmácia ■ *n.m.* titular de um grau universitário de Farmácia, que está apto a desempenhar várias atividades como a preparação e o fornecimento de medicamentos, o aconselhamento ao doente, etc. (Do gr. *pharmakeutikós*, «relativo à preparação dos medicamentos», pelo lat. *pharmaceutĭcu-* «id.», pelo fr. *pharmaceutique*, «farmacêutico»)

farmácia *n.f.* **1** ciência e arte de preparar e conservar medicamentos **2** estabelecimento onde se preparam ou vendem medicamentos, cosméticos e produtos de higiene **3** lugar, armário ou caixa onde se guardam medicamentos **4** profissão de farmacêutico **5** coleção de medicamentos (Do gr. *pharmakeía*, «emprego de medicamentos», pelo lat. tard. *pharmacīa-*, «id.», pelo fr. *pharmacie*, «farmácia»)

farmaco- elemento de formação de palavras que exprime a ideia de *farmácia, medicamento, remédio* (Do gr. *phármakon*, «remédio; veneno»)

fármaco *n.m.* substância utilizada para tratar ou prevenir doenças; medicamento (Do gr. *phármakon*, «droga; medicamento; fármaco»)

farmacodinamia *n.f.* ciência que estuda a ação dos medicamentos nos organismos vivos (Do fr. *pharmacodynamie*, «id.»)

farmacodinâmica *n.f.* FARMÁCIA parte da farmacologia que tem por objetivo o estudo da ação e do resultado da aplicação dos medicamentos (De *farmaco-*+*dinâmica*)

farmacognosia *n.f.* estudo científico das drogas aplicadas nos medicamentos, sua origem, composição química, aplicação, etc. (Do gr. *phármakon*, «remédio; droga» +*gnõsis*, «conhecimento», pelo fr. *pharmacognosie*, «id.»)

farmacologia *n.f.* capítulo das ciências médicas que se ocupa do estudo dos medicamentos, incluindo a sua aplicação (Do gr. *phármakon*, «medicamento» +*lógos*, «estudo», pelo fr. *pharmacologie*, «id.»)

farmacológico *adj.* relativo à farmacologia (De *farmacologia*+*-ico*)

farmacologista *n.2g.* especialista em farmacologia

farmacólogo *n.m.* especialista em farmacologia; farmacologista (De *farmaco-*+*-logo*)

farmacomania *n.f.* mania de tomar ou de aconselhar o uso de medicamentos a pretexto de qualquer alteração da saúde (De *farmaco-*+*-mania*)

farmacopeia *n.f.* **1** tratado acerca da preparação dos medicamentos **2** formulário oficial de preparações farmacêuticas, suas fórmulas, nomes correntes e sinónimos, requisitos analíticos e outras características (Do gr. *pharmakopoiía*, «composição de remédios», pelo fr. *pharmacopée*, «id.»)

farmacopola *n.m.* farmacêutico; boticário (Do gr. *pharmakopóles*, «vendedor de drogas», pelo lat. *pharmacopóla-*, «id.»)

farmacotecnia *n.f.* tratado das preparações farmacêuticas (Do gr. *phármakon*, «medicamento» +*tékhne*, «arte» +*-ia*)

farmacotécnico *adj.* relativo à farmacotecnia (De *farmacotecnia*+*-ico*)

farme *n.f.* [Angola, Moçambique] propriedade agrícola; exploração pecuária (Do ing. *farm*, «id.»)

farmeiro *n.m.* [Moçambique] agricultor (De *farme*, «propriedade agrícola»)

farneiro *n.m.* [regionalismo] lugar onde cai a farinha saída da mó (Do lat. *farinarĭu-*, «de farinha»)

farnel *n.m.* 1 pequena refeição que se leva para uma viagem, para o trabalho ou para a escola; merenda 2 saco de provisões (De orig. obsc.)

farnento *n.m.* casta de uva tinta cultivada nalgumas regiões de Portugal (De *farinhento*)

farnicoques *n.m.pl.* ⇒ **fornicoques** (De *fornicoques*)

farniente *n.m.* ociosidade (Do it. *farniente*, «ócio»)

faro¹ *n.m.* 1 olfato dos animais, especialmente dos cães 2 [fig.] intuição 3 [fig.] perspicácia 4 rasto; peugada (De orig. obsc.)

faro² *n.m.* ⇒ **farol** (Do gr. *pharós*, «farol», pelo lat. *pharu-*, «id.»)

faroeste *n.m.* 1 região do extremo Oeste dos Estados Unidos da América 2 [fig.] região com elevado índice de criminalidade violenta, geralmente envolvendo tiroteios (Do ing. *Far West*, região ocid. do continente norte-americano)

farofa *n.f.* 1 CULINÁRIA farinha de mandioca frita em manteiga ou outra gordura, e por vezes misturada com ovos, carne, etc. 2 [fig.] gabarolice 3 [fig.] coisa sem valor; insignificância (Do lat. *far*, «farinha» +*offa*-, «porção de carne»)

farofeiro *adj., n.m.* 1 que ou aquele que tem farófia; fanfarrão 2 impostor (De *farofa*+*eiro*)

farófia *n.f.* 1 [Brasil] CULINÁRIA farinha de mandioca frita em gordura; farofa 2 [fig.] gabarolice; bazófia 3 [fig.] coisa sem valor; insignificância 4 *pl.* CULINÁRIA doce feito com claras de ovos batidas em castelo que se deitam às colheres em leite a ferver e são depois regadas com um creme de gemas (De *farofa*)

farol *n.m.* 1 torre provida de foco luminoso, em local apropriado da costa marítima, que serve de guia à navegação 2 lanterna existente nas embarcações para indicar a sua presença e posição 3 dispositivo luminoso colocado em automóveis e em outros veículos 4 [fig.] aquilo que serve de guia 5 [fig.] rumo; norte 6 *pl.* [coloq.] olhos (Do lat. *pharu-*, «id.», do gr. *pharós*, «farol», de *Pharós*, top., nome da ilhota junto de Alexandria, onde foi construído um farol, pelo it. *farolo*, dim. de *faro*, «farol»)

farola *n.f.* palavreado (Deriv. regr. de *farolar*)

farolagem *n.f.* ação de farolar (De *farolar*+*agem*)

farolar *v.tr.* ⇒ **farolizar** ■ *v.intr.* palrar (De *farol*+*ar*)

faroleiro *n.m.* 1 indivíduo que se encarrega do serviço de um farol; guarda de farol 2 [regionalismo] pessoa que fala muito e que diz coisas sem senso ou importância (De *farol*+*eiro*)

farolete /ê/ *n.m.* ⇒ **farolim** (De *farol*+*ete*)

farolice *n.f.* ⇒ **farola** (De *farolar*+*ice*)

farolim *n.m.* 1 farol pequeno; farolete 2 cada um dos quatro pequenos faróis, dois dianteiros e dois traseiros, destinados a assinalar, em lugar escuro, a presença de um veículo automóvel (De *farol*+*im*)

farolização *n.f.* ato ou efeito de farolizar (De *farolizar*+*ção*)

farolizar *v.tr.* 1 prover de faróis; farolar 2 iluminar (De *farol*+*izar*)

farpa *n.f.* 1 ponta penetrante de metal em forma de ângulo agudo 2 TAUROMAQUIA haste com a ponta em forma de seta para cravar no cachaço dos touros; bandarilha 3 pequena lasca de madeira 4 rasgão 5 pequena tira rasgada; farrapo 6 [fig.] dito agressivo e mordaz (Do franc. *harpa*, «farpa», pelo cast. *farpa*, «id.»)

farpado *adj.* 1 armado de farpa 2 recortado em forma de farpa 3 que tem pontas agudas de espaço a espaço; *arame* ~ fio metálico com pequenas pontas soltas ou farpas, geralmente disposto em fiadas horizontais para formar uma barreira de defesa ou proteção (Part. pass. de *farpar*)

farpante *adj.2g.* que farpa (De *farpar*+*ante*)

farpão *n.m.* 1 farpa grande 2 arpão 3 fateixa 4 borbulha na córnea do olho 5 seta de ferro terminada em farpa 6 [fig.] impressão forte 7 [regionalismo] rasgão (De *farpa*+*ão*)

farpar *v.tr.* 1 espetar farpas em 2 dar a forma de farpa a; recortar em forma de farpa 3 rasgar; esfarrapar 4 [fig.] dirigir um dito mordaz a (De *farpa*+*ar*)

farpear *v.tr.* 1 espetar farpas em 2 [fig.] dirigir um dito mordaz a (De *farpa*+*ear*)

farpela¹ *n.f.* 1 roupa em geral; traje; fato; fatiota; vestimenta 2 vestuário de má qualidade e mal feito (De *farrapo*+*ela*)

farpela² *n.f.* 1 espécie de gancho em que termina a agulha de fazer meia 2 pequena farpa 3 [regionalismo] pequena rolha; farpinha (De *farpa*+*ela*)

farpinha *n.f.* [regionalismo] rolha pequena; farpela (De *farpa*+*inha*)

farra¹ *n.f.* 1 divertimento; pândega; patuscada 2 [Brasil] lupanar (Do cast. *farra*, «folia; pândega»)

farra² *n.f.* ICTIOLOGIA peixe salmonídeo do norte da Europa (De orig. obsc.)

farracho *n.m.* [Brasil] espécie de terçado com que se mata o peixe na pesca ao candeio (De *ferro*+*acho*)

farragem *n.f.* mistura de coisas mal ordenadas; miscelânea; balbúrdia (Do lat. *farragĭne-*, «mistura»)

farragoilo *n.m.* ⇒ **ferragoulo**

farragoulo *n.m.* ⇒ **ferragoulo** (De *ferragoulo*)

farrancha *n.f.* [regionalismo] espada velha; chanfalho (De *ferro*)

farrancho *n.m.* 1 bando de romeiros 2 magote de pessoas; ranchada (De *farra*+*rancho*?)

farrão *n.m.* 1 farra grande 2 ⇒ **farragem** (De *farra*+*ão*)

farrapada *n.f.* conjunto de farrapos ou trapos (De *farrapo*+*ada*)

farrapagem *n.f.* 1 farraparia 2 fardagem (De *farrapo*+*agem*)

farrapão *n.m.* 1 indivíduo coberto de farrapos 2 maltrapilho (De *farrapo*+*ão*)

farrapar *v.tr.* ⇒ **esfarrapar** (De *farrapo*+*ar*)

farraparia *n.f.* 1 aglomerado de farrapos 2 loja de objetos usados (De *farrapo*+*aria*)

farrapeira *n.f.* 1 mulher que compra e vende farrapos 2 mulher que negoceia objetos usados; adeleira 3 conjunto de farrapos ou trapos 4 dança popular de roda 5 mulher mal vestida (De *farrapo*+*eira*)

farrapeiro *n.m.* 1 homem que compra e vende farrapos; trapeiro 2 indivíduo que negoceia objetos usados; adelo 3 homem esfarrapado (De *farrapo*+*eiro*)

farrapento *adj.* coberto de farrapos; andrajoso (De *farrapo*+*ento*)

farrapilha *n.2g.* 1 pessoa mal vestida 2 pessoa miserável (De *farrapo*+*ilha*)

farrapo *n.m.* 1 pedaço de pano muito usado e gasto; trapo 2 peça de vestuário muito gasta e rota 3 pedaço; fragmento 4 [fig.] pessoa extremamente miserável 5 [fig.] pessoa muito doente 6 [fig.] pessoa que sofreu um grande desgosto (Do cast. ant. *farapo*, «id.»?)

farrapo-velho *n.m.* 1 CULINÁRIA iguaria feita com restos de refeição anterior 2 CULINÁRIA ⇒ **roupa-velha**

farrar *v.intr.* andar na farra; pandegar

farrear *v.intr.* andar na farra; pandegar (De *farra*+*ear*)

farrejal *n.m.* ⇒ **ferregial** (De *ferregial*)

fárreo *adj.* 1 relativo ao farro 2 que é de farro ■ *n.m.* ⇒ **farro** (Do lat. *farrĕu-*, «de farinha»)

farricoco *n.m.* 1 indivíduo que conduzia aos ombros os caixões dos enterros; gato-pingado 2 indivíduo, vestido de hábito com capuz, que acompanhava as procissões de penitência, tocando, de quando em quando, uma trombeta (De orig. obsc.)

farripa *n.f.* 1 cabelo pouco denso e curto; grenha; repa 2 fio muito fino; fiapo (De orig. obsc.)

farrista *adj.2g.* que diz respeito a farra ■ *n.2g.* pessoa que gosta de farras; estroina; borguista (De *farra*+*ista*)

farro *n.m.* 1 bolo de farinha usado nos sacrifícios, entre os Romanos 2 caldo de cevada 3 trigo candial (Do lat. *farrĕu-*, «de farinha»)

farroba /ô/ *n.f.* BOTÂNICA planta da família das Leguminosas, subespontânea e cultivada em Portugal, também conhecida por parda; alfarroba (Do ár. *harrubâ*, «id.»)

farrobeira *n.f.* BOTÂNICA ⇒ **alfarrobeira** (De *farroba*+*eira*)

farromba *n.m.* [regionalismo] fanfarrão ■ *n.f.* fanfarronice; farronca; bravata (De *farronca*)

farronca *n.f.* 1 voz muito grossa 2 bazófia ■ *n.m.* aquele que se arma em valente; parlapatão (De *fala[r]* × *ronca[r]*?)

farronfa *n.f.* ⇒ **farronca** (De *farronca*)

farronfear *v.intr.* usar de farronfas; bazofiar (De *farronfa*+*ear*)

farronqueiro *adj.* 1 que fala grosso e em tom ameaçador 2 fanfarrão; bravateiro (De *farronca*+*eiro*)

farroupilha *n.2g.* ⇒ **farrapilha** (De *farrapilha*)

farroupinho *n.m.* porco pequeno; larego (De *farroupo*+*inho*)

farroupo *n.m.* 1 porco pequeno, com menos de um ano 2 porco ou carneiro castrado (Do ár. *kharuf*, «borrego»)

farrusca *n.f.* nódoa de carvão ou de outra coisa preta; mascarra 2 espada velha e ferrugenta (Por *ferrusca*, de *ferro*+*usca*)

farrusco *adj.* 1 sujo de carvão ou fuligem; mascarrado; tisnado 2 que tem cor escura; negro (Por *ferrusco*, de *ferro*+*usco*)

farsa *n.f.* 1 TEATRO peça de carácter popular e burlesco 2 [fig.] ato ou acontecimento ridículo 3 [fig.] comédia; pantomima; impostura (Do fr. ant. *farse*, hoje *farce*, «peça cómica»)

farsada *n.f.* ato burlesco; palhaçada (De *farsa*+*ada*)

farsalhão *n.m.* farsa grande e de pouco valor (De *farsa*+*alhão*)

farsante *n.2g.* 1 intrujão; trapaceiro 2 TEATRO pessoa que representa farsa(s) 3 pessoa que graceja muito, provocando o riso ■ *adj.2g.* 1 que graceja muito 2 intrujão; trapaceiro (De *farsa*+*ante*)

farsantear *v.intr.* 1 praticar atos de farsante 2 dizer coisas ridículas ■ *v.tr.* representar como farsa (De *farsante*+*ear*)

farsilhão n.m. parte da fivela em que se introduz a ponta da fita ou do cinto (Do fr. ant. *hardillon*, hoje *ardillon*, «bico da fivela»?)
farsista adj.,n.2g. ⇒ **farsante** (De *farsa*+-*ista*)
farsola n.2g. pessoa que diz gracejos; pessoa galhofeira; fanfarrão ■ n.f. dito mordaz e malicioso (De *farsa*+-*ola*)
farsolar v.intr. **1** praticar atos de farsola **2** gabar-se; armar-se (De *farsola*+-*ar*)
farsolice n.f. **1** ato ou dito de farsola **2** fanfarrice; gabarolice (De *farsolar*+-*ice*)
farta elem.loc.adv. *à* ~ em abundância; com fartura (Deriv. regr. de *fartar*)
fartação n.f. ato ou efeito de fartar; enchimento; enfartamento (De *fartar*+-*ção*)
fartadela n.f. **1** ato ou efeito de fartar ou de se fartar **2** grande porção; barrigada; fartote; fartura (De *fartar*+-*dela*)
fartalejo /ê/ n.m. **1** CULINÁRIA massa de farinha e queijo **2** CULINÁRIA ⇒ **farte** (De *fartar*+/+-*ejo*?)
fartamente adv. **1** com fartura; abundantemente **2** amplamente (De *farto*+-*mente*)
fartança n.f. fartura; fartadela (De *fartar*+-*ança*)
fartar v.tr. **1** encher de comida ou de bebida; empanturrar **2** saciar a fome, a sede ou o desejo a **3** cansar; enfastiar ■ v.pron. **1** encher-se de comida **2** satisfazer-se **3** sentir grande aborrecimento ou saturação em relação a algo; cansar-se **4** [coloq.] fazer algo muitas vezes; *a* ~ até encher, com abundância (De *farto*+-*ar*)
farta-rapazes n.m.2n. variedade de feijão-branco, grande, também conhecido por farta-velhaco (De *farta*+*rapaz*)
fartável adj.2g. **1** que pode fartar-se **2** saciável (De *fartar*+-*vel*)
farta-velhaco n.m. **1** BOTÂNICA variedade de ameixeira (ou as suas ameixas) **2** (feijão) ⇒ **farta-rapazes**; *coisa de* ~ coisa grosseira e abundante (De *fartar*+*velhaco*)
fartazana elem.loc.adv. [pop.] *à* ~ com abundância; em grande quantidade
farte n.m. **1** CULINÁRIA espécie de bolo doce com amêndoas, envolvido em farinha **2** CULINÁRIA bolo com creme (Deriv. regr. de *fartar*)
fartem n.m. CULINÁRIA ⇒ **farte**
farto adj. **1** cheio; saciado; empanturrado **2** abundante e variado **3** gordo; nutrido **4** [fig.] enfastiado; saturado (Do lat. *fartu*-, «id.»)
fartote n.m. **1** grande porção **2** [pop.] fartadela (De *fartar*+-*ote*)
fartum n.m. **1** cheiro a ranço **2** cheiro a bafio **3** mau cheiro; fedor (De *fartar*+-*um*)
fartura n.f. **1** estado de farto **2** grande quantidade; abundância **3** CULINÁRIA cada um dos pedaços de um bolo feito de farinha e água, cuja massa é frita em espiral, depois cortada e polvilhada com açúcar e canela (Do lat. *fartūra*-, «ação de encher»)
Far-West n.m. ⇒ **faroeste** (Do ing. *Far West*)
fás elem.loc.adv. *por* ~ *e por nefas* a bem ou a mal; a torto e a direito; de qualquer forma (Do lat. *per fas ac nefas*, «por meios lícitos ou ilícitos»)
fasca n.f. **1** fragmentos miúdos da palha que ficam na eira, depois da debulha **2** alimpadura dos cereais, também chamada moinha (Deriv. regr. de *fascal*)
fascal n.m. **1** montão de espigas de milho, feito na eira, do qual estas se vão tirando para a debulha **2** [regionalismo] terreno onde se tem amontoada a lenha para queimar **3** sequeiro (Do lat. **fascăle*-, de *fasce*-, «feixe; molho»)
fasces n.m.pl. feixe de varas atadas por uma correia em volta de um machado, transportado por lictores à frente dos antigos reis de Roma e depois à frente dos cônsules, representando o direito que estes tinham de punir (Do lat. *fascis*, «face»)
fáscia n.f. ANATOMIA membrana conjuntiva fibrosa constituída pela reunião das aponevroses de revestimento dos músculos superficiais de uma parte do corpo e que os separa da membrana fibrosa que forma um septo entre certos planos musculares; ~ *lata* ANATOMIA parte lateral, mais espessa, da aponevrose superficial que envolve a coxa, indo da crista ilíaca à tíbia (Do lat. *fascĭa*, «faixa; venda, banda»)
fasciculado adj. **1** disposto em fascículos ou feixes **2** em forma de feixe ou fascículo **3** BOTÂNICA diz-se do sistema radicular constituído por um feixe de raízes de diâmetros mais ou menos iguais (De *fascículo*+-*ado*)
fascicular adj.2g. em forma de fascículo ■ v.tr. dividir em fascículos (De *fascículo*+-*ar*)
fascículo n.m. **1** pequeno feixe ou molho; braçada **2** folheto destacável que se publica por partes e periodicamente; caderno **3** BOTÂNICA porção de estames ligados pelos filetes **4** BOTÂNICA inflorescência (espécie de corimbo) constituída por pequeno número de flores com pedúnculos muito curtos; ~ *condutor* BOTÂNICA conjunto individualizado de vasos condutores da seiva, nos vegetais (Do lat. *fascicŭlu*-, «feixe pequeno»)
fascinação n.f. **1** ato ou efeito de fascinar **2** atração irresistível **3** encantamento; deslumbramento **4** mau-olhado **5** feitiço (Do lat. *fascinatiōne*-, «id.»)
fascinador adj.,n.m. **1** que ou aquele que fascina **2** sedutor (Do lat. *fascinatōre*-, «id.»)
fascinante adj.2g. **1** que fascina **2** que interessa muito **3** que atrai (Do lat. *fascinante*-, «id.», part. pres. de *fascināre*, «fascinar»)
fascinar v.tr. **1** causar fascinação a **2** cativar muito; interessar muito; atrair **3** dominar por encantamento **4** deslumbrar **5** seduzir (Do lat. *fascināre*, «id.»)
fascínio n.m. **1** efeito de fascinar **2** interesse muito grande **3** deslumbramento; encantamento **4** sedução (Do lat. *fascinu*)
fascíola n.f. **1** ZOOLOGIA platelminte, trematode, de cujo grupo dos dístomos (género *Fasciola*), parasita frequente dos canais biliares dos herbívoros domésticos (em especial do carneiro), que pode alojar-se no corpo humano **2** faixa estreita na couraça dos equinoides irregulares (Do lat. *fascĭŏla*-, «fita, tira»)
fasciolar adj.2g. relativo ou pertencente a fascíola (De *fascíola*+-*ar*)
fascismo n.m. **1** HISTÓRIA, POLÍTICA sistema instituído por Mussolini (1883-1945), em Itália, caracterizado pela defesa de um nacionalismo exacerbado e pelo exercício de um poder centralizado e ditatorial baseado na repressão de qualquer forma de oposição **2** movimento, tendência ou ideologia com as mesmas características **3** regime totalitário **4** forma de poder que exerce um forte controlo ditatorial (Do it. *fascismo*, «id.»)
fascista adj.2g. referente ao fascismo ■ n.2g. pessoa partidária do fascismo (Do it. *fascista*, «id.»)
fascólomo n.m. ZOOLOGIA mamífero marsupial semelhante ao texugo, originário da Austrália (Do gr. *phaskólos*, «bolsa» +*mýs*, «rato»)
fase n.f. **1** etapa ou período de uma evolução ou de um processo **2** ASTRONOMIA cada uma das diferentes aparências da Lua durante uma lunação **3** FÍSICA variação na superfície visível de alguns planetas **4** FÍSICA qualquer porção homogénea e fisicamente distinta de um sistema, com limites bem definidos **5** grau de desenvolvimento de um processo ou a fração de período decorrida desde um instante inicial **6** ELETRICIDADE cada um dos circuitos ou enrolamentos separados de um sistema polifásico **7** ELETRICIDADE cada uma das linhas ou terminais de um sistema polifásico (Do gr. *phásis*, «aparição de uma estrela», pelo fr. *phase*, «fase»)
faseado adj. **1** dividido em fases **2** (pagamento) dividido em frações
fasear v.tr. **1** dividir em fases **2** dividir (uma verba ou um pagamento) em frações
faseolácea n.f. BOTÂNICA espécime das Faseoláceas
Faseoláceas n.f.pl. BOTÂNICA família de plantas dicotiledóneas, com flores de corola papilionácea ou nula e fruto que é uma vagem; Leguminosas; Papilionáceas (Do gr. *phaséolos*, «feijão de vagem», pelo lat. *phaseŏlu*-, «feijão» +-*áceas*)
faseolar adj.2g. que tem a forma de feijão (Do lat. *phaseŏlu*-, «feijão»+-*ar*)
faseóleas n.f.pl. BOTÂNICA plantas da família das Faseoláceas cujos estames são diadelfos (género *Phaseolus*) (Do lat. *phaseŏlu*-, «feijão» +-*eas*)
faseolina n.f. albuminoide extraído de alguns feijões (Do lat. *faseŏlu*-, «feijão» +-*ina*)
fasiânida n.m. ORNITOLOGIA ⇒ **fasianídeo**
Fasiânidas n.m.pl. ORNITOLOGIA ⇒ **Fasianídeos**
fasianídeo adj. ORNITOLOGIA relativo ou pertencente aos Fasianídeos ■ n.m. ORNITOLOGIA espécime dos Fasianídeos
Fasianídeos n.m.pl. ORNITOLOGIA família de aves galináceas, de tarsos nus, a que pertencem as codornizes, as perdizes, os faisões, etc. (Do gr. *phasianós*, «faisão», pelo lat. *phasiānu*-, «faisão» +-*ídeos*)
fasímetro n.m. ELETRICIDADE instrumento utilizado para medir a diferença de fase entre duas grandezas elétricas da mesma frequência, por exemplo, corrente e tensão (Do gr. *phásis*, «fase» +*métron*, «medida»)
fasitrão n.m. ELETRICIDADE válvula eletrónica empregada nos circuitos de modelação de frequência para produzir modelação de fase (De *fase*+[*elec*]*trão*)
fasquia n.f. **1** tira de madeira serrada, comprida e estreita; ripa **2** DESPORTO tira laminar de madeira, metal ou plástico, com que é balizada a altura a transpor pelos atletas nos saltos à vara e em altura **3** [fig.] objetivo a superar; meta (De orig. obsc.)
fasquiado n.m. obra de fasquia ■ adj. **1** guarnecido de fasquias **2** serrado em fasquias (Part. pass. de *fasquiar*)

fasquiar v.tr. 1 colocar fasquias em 2 serrar em fasquias (De *fasquia+-ar*)
fasquieiro n.m. 1 ⇒ **fasquia** 2 sarrafo (De *fasquia+-eiro*)
fasquio n.m. 1 porção de fasquias 2 madeira serrada em fasquias (De *fasquia*)
fasta interj. usada para mandar os bois recuar (Por *afasta*, imp. de *afastar*)
fast food n.f. género de comida que se prepara e serve rapidamente, como sanduíches e hambúrgueres ■ n.m. restaurante que serve rapidamente esse tipo de comida (Do ing. *fast food*, «comida rápida»)
fastidioso /ô/ adj. 1 que causa fastio, aborrecimento ou enfado 2 importuno (Do lat. *fastidiōsu-*, «id.»)
fastiento adj. 1 que tem falta de apetite ou repugnância pela comida 2 entediado; que se aborrece com qualquer coisa 3 que causa aborrecimento ou enfado; fastidioso 4 rabugento (De *fastio+-ento*)
fastigiado adj. alto e copado (De *fastígio+-ado*)
fastígio n.m. 1 ponto mais elevado; pináculo; cume 2 auge 3 BOTÂNICA disposição de pedúnculos ou ramos vegetais que terminam num plano horizontal 4 MEDICINA momento de maior atividade de manifestação de uma doença 5 ZOOLOGIA região ântero-superior da cabeça de alguns insetos 6 [fig.] eminência 7 [fig.] sublimidade (Do lat. *fastigĭu-*, «cume»)
fastigioso /ô/ adj. 1 que está no fastígio ou em posição eminente 2 alto; elevado (De *fastígio+-oso*)
fastio n.m. 1 falta de apetite 2 repugnância pela comida; enjoo 3 aversão; repugnância 4 tédio; aborrecimento (Do lat. *fastidĭu-*, «id.»)
fastioso /ô/ adj. ⇒ **fastidioso** (De *fastio+-oso*)
fasto adj. 1 feliz; próspero 2 aparatoso; pomposo 3 dizia-se, entre os Romanos, dos dias em que se podiam aplicar certas leis ■ n.m. 1 fausto; luxo 2 pompa; ostentação 3 pl. calendário da antiga Roma, onde se consignavam os dias fastos e nefastos 4 pl. registos públicos de factos memoráveis; anais (Do lat. *fastu-*, «dia não feriado»)
fastoso /ô/ adj. ⇒ **fastuoso** (Do lat. *fastōsu-*, «orgulhoso; soberbo; altivo»)
fastuoso /ô/ adj. 1 em que há fasto; faustoso 2 magnífico 3 pomposo (Do lat. *fastuōsu-*, «orgulhoso»)
fataça n.f. ICTIOLOGIA nome vulgar por que são conhecidas umas espécies de tainhas comuns em Portugal (De orig. obsc.)
fatacaz n.m. 1 pedaço grande; naco 2 grande afeição por alguém (De orig. obsc.)
fatada n.f. [regionalismo] roupa e alimentos que os trabalhadores da província portuguesa do Alentejo levam para alguns dias (De *fato+-ada*)
fatagear v.intr. [regionalismo] mexer em fatos; revolver roupas (De *fatagem+-ear*)
fatagem n.f. 1 ato de fatagear 2 [regionalismo] intestinos dos animais (De *fato+-agem*?)
fatal adj.2g. 1 traçado pelo destino ou fado 2 que traz consigo a desgraça e a infelicidade 3 que causa a morte 4 que não se pode alterar nem evitar; inevitável; irrevogável (Do lat. *fatāle-*, «id.»)
fatalidade n.f. 1 qualidade de fatal 2 força que determina os acontecimentos; destino inevitável 3 acontecimento que não se pode evitar, adiar ou alterar 4 acontecimento com consequências graves ou trágicas; desgraça (Do lat. *fatalitāte-*, «id.»)
fatalismo n.m. 1 FILOSOFIA doutrina segundo a qual o curso dos acontecimentos está previamente traçado por uma força sobrenatural, não podendo ser alterado nem evitado pelo Homem 2 atitude dos que pensam que tudo está já determinado e nada pode contrariar o destino (De *fatal+-ismo*)
fatalista adj.2g. referente ao fatalismo ■ n.2g. 1 pessoa que acredita no fatalismo 2 pessoa que aceita os acontecimentos com fatalismo (De *fatal+-ista*)
fatalmente adv. 1 inevitavelmente; necessariamente 2 com consequências funestas ou fatais; tragicamente (De *fatal+-mente*)
fatana n.f. [regionalismo] invólucro da maçaroca do milho (De orig. obsc.)
fatanisca n.f. [regionalismo] CULINÁRIA isca de bacalhau frita com ovos e farinha (De orig. obsc.)
fatanisco n.m. [regionalismo] pedaço; fragmento; fanico (De orig. obsc.)
fatão n.m. [regionalismo] BOTÂNICA variedade de ameixa, grande e comprida (De orig. obsc.)
fatãozeiro n.m. [regionalismo] BOTÂNICA ameixeira que produz os fatões (De *fatão+z+-eiro*)

fateiro adj. próprio para guardar o fato ■ n.m. [Brasil] o que vende os miúdos das reses (De *fato+-eiro*)
fateixa n.f. 1 NÁUTICA pequeno ferro de quatro braços, com patas e unhas, geralmente utilizado por embarcações miúdas e barcos de pesca 2 utensílio metálico para dependurar carnes; gancho 3 [regionalismo] quantidade de palha ou erva que cabe numa mão; *deitar a ~ a* agarrar sofregamente, prender (Do ár. *fattaxá*, «o que procura»)
fateixar v.tr. prender ou agarrar com fateixa (De *fateixa+-ar*)
fatela adj.2g. 1 [pej.] que é considerado de mau gosto 2 [pej.] que é considerado de má qualidade
fateusim adj.2g. dado em aforamento perpétuo; enfitêutico ■ n.m. enfiteuse (Do lat. **emphyteusīnu-*, de *emphyteuse-*, «enfiteuse»)
fatia n.f. 1 pedaço de pão ou de outro alimento cortado em forma de lâmina e com certa espessura; talhada 2 bocado de alguma coisa 3 [fig.] bom lucro 4 [fig.] pechincha 5 [fig.] grande quinhão 6 [fig.] lugar rendoso 7 [pop.] mulher bonita (Do ár. *fitátā*, «migalha»?)
fatiar v.tr. cortar às fatias; esfatiar (De *fatia+-ar*)
faticano adj. [poét.] que prediz o futuro; profético (Do lat. *faticānu-*, «id.»)
faticeira n.f. 1 ICTIOLOGIA nome vulgar de um peixe semelhante ao cação 2 [regionalismo] rede para pescar solhas, linguados, etc. (Por **fataceira*, de *fataça+-eira*)
fático[1] adj. 1 LINGUÍSTICA diz-se de palavra ou expressão que é utilizada para estabelecer o ato comunicativo e não para transmitir informação 2 LINGUÍSTICA diz-se da função da linguagem que se centra no canal da comunicação e cujo objetivo é assegurar ou manter o contacto entre o locutor e o interlocutor (Do ing. *phatic*, «id.»)
fático[2] adj. [Brasil] ⇒ **fáctico** (De *fato* (isto é, *facto*) +-*ico*)
fatídico adj. 1 fatal 2 sinistro; trágico 3 que prediz o futuro (Do lat. *fatidĭcu-*, «id.»)
fatífero adj. mortífero; letal (Do lat. *fatifĕru-*, «id.»)
fatiga n.f. 1 merenda dos trabalhadores rurais 2 [regionalismo] ⇒ **fatia** (De *fatia*)
fatigador adj.,n.m. que ou aquele que fatiga (Do lat. *fatigatōre-*, «id.»)
fatigante adj.2g. 1 que provoca cansaço ou fadiga; cansativo 2 que causa aborrecimento; enfadonho; maçador (Do lat. *fatigante-*, «id.», part. pres. de *fatigāre-*, «fatigar»)
fatigar v.tr. 1 causar fadiga a; cansar 2 enfastiar; aborrecer 3 importunar ■ v.pron. 1 cansar-se 2 trabalhar muito (Do lat. *fatigāre*, «id.»)
fatiloquente /qu-en/ adj.2g. ⇒ **fatíloquo** (De *fatíloquo+-ente*)
fatíloquo adj. 1 que prediz o futuro 2 inspirado (Do lat. *fatilŏquu-*, «que prediz o futuro»)
fatiota[1] n.f. roupa em geral; traje; fato; farpela; vestimenta (De *fato+-ota*)
fatiota[2] n.f. [Cabo Verde] conjunto de bolos de textura espessa partidos em muitos pedaços e comidos à mão por todos os participantes de uma festa (De *fatiar*)
fato n.m. 1 vestuário masculino constituído por calças, casaco, e por vezes colete, geralmente do mesmo tecido 2 vestuário feminino composto de saia, calças ou vestido e casaco 3 roupa exterior; traje; vestuário 4 rebanho; manada 5 vísceras abdominais dos animais; *~ de ver a Deus* o melhor fato, roupa domingueira (Do ár. *hatu*, «peixes; cardume»)
fato-de-banho ver nova grafia fato de banho
fato de banho n.m. 1 traje de banho feminino com apenas uma peça, que cobre o tronco 2 peça de vestuário masculina ou feminina usada na praia ou na piscina
fato-de-macaco ver nova grafia fato de macaco
fato de macaco n.m. ⇒ **macacão** 2
fato-de-treino ver nova grafia fato de treino
fato de treino n.m. vestuário desportivo constituído geralmente por calças e camisola ou blusão, em material extensível para facilitar os movimentos
fato-macaco n.m. ⇒ **macacão** 2
fator n.m. 1 aquele que faz alguma coisa; agente 2 elemento que concorre para um resultado; causa; condição 3 MATEMÁTICA cada um dos números ou letras que se multiplicam na expressão de um produto 4 [ant.] empregado ferroviário encarregado da escrituração relativa ao tráfego de bagagens e mercadorias; *~ reso/rhésus/Rh* BIOLOGIA aglutinogénio que existe no sangue de algumas pessoas, de quem se diz que têm Rh positivo ou Rh+, e não existe em outras, de quem se diz que têm Rh negativo ou Rh- (Do lat. *factōre-*, «autor»)

fatorial *adj.2g.* referente a fator(es) ■ *n.m.* MATEMÁTICA produto cujos fatores estão em progressão aritmética; *~ de um número inteiro* n produto dos números inteiros desde 1 até n; *análise ~* método que tem por fim explicar uma tábua de intercorrelações com o auxílio de certo número de fatores comuns (Do lat. cient. *factoriăle-*, «id.»)

fatorizar *v.tr.,intr.* **1** empregar como fator **2** aplicar a análise fatorial a um conjunto de medidas que comportem intercorrelações **3** MATEMÁTICA decompor num produto, explicitando os fatores (De *factor+-izar*)

fatuidade *n.f.* **1** qualidade de quem é fátuo **2** insensatez **3** presunção; vaidade **4** frivolidade **5** qualidade daquilo que é passageiro ou efémero e pouco importante (Do lat. *fatuităte-*, «id.»)

fátuo *adj.* **1** que tem fatuidade **2** presumido; pretensioso **3** frívolo **4** ignorante; néscio **5** insensato **6** que só dura um instante; passageiro; efémero (Do lat. *fatŭu-*, «estúpido; extravagante»)

fatura *n.f.* **1** ato ou modo de fazer; feitura **2** ECONOMIA (comércio) documento emitido pelo vendedor, do qual constam as condições gerais da transação e o apuramento do valor a pagar pelo comprador; recibo; *~ pro forma* ECONOMIA (comércio) fatura emitida a título provisório, antes de feita ou executada uma encomenda, para ser utilizada como orçamento ou como base da obtenção de um crédito; *pagar a ~* sofrer as consequências de um ato; *preço de ~* preço de compra na fábrica (Do lat. *factūra-*, «obra; feitio»)

faturação *n.f.* **1** ato de faturar; ato de lançar em fatura **2** ato de processar faturas de bens ou serviços **3** determinação quantitativa do que se vai pagar **4** serviço de empresa que processa faturas **5** valor total das vendas de uma empresa durante um dado intervalo de tempo; *~ ao segundo* (telemóveis) ato de cobrar segundo por segundo e não 30 segundos ou um minuto de cada vez

faturar *v.tr.* **1** ECONOMIA (comércio) emitir fatura de; lançar em fatura (bens, mercadorias, serviços) **2** ECONOMIA (comércio) fazer vendas no valor de **3** expedir; enviar **4** fabricar; fazer **5** [Brasil] [coloq.] tirar proveito de ■ *v.intr.* [coloq.] ganhar dinheiro (De *factura+-ar*)

faucal *adj.2g.* relativo a fauce (Do lat. *fauce-*, «fauce»+-*al*)

fauce *n.f.* **1** BOTÂNICA parte onde termina o tubo e começa o limbo numa corola, cálice ou perianto cujas peças componentes estão soldadas entre si, em maior ou menor extensão **2** *pl.* ANATOMIA zona posterior da boca, que estabelece a passagem para a laringe **3** *pl.* garganta ou goela de animal (Do lat. *fauces*, «garganta; goela»)

faúla *n.f.* ⇒ **faúlha**

faulante *adj.2g.* que deita faúlas (De *faular+-ante*)

faular *v.tr.,intr.* ⇒ **faulhar** (De *faúla+-ar*)

faúlha *n.f.* **1** chispa expedida pelos metais em brasa; faísca; centelha **2** pó fino que sai do grão que se está a moer **3** [regionalismo] caruma seca **4** *pl.* coisas de pouco valor; ninharias (Do lat. *facŭla-*, dim. de *facūla-*, «pequena tocha»)

faulhar *v.intr.* soltar faúlhas; faiscar; faular ■ *v.tr.* lançar em forma de faúlhas (De *faúlha+-ar*)

faulhento *adj.* **1** que lança faúlhas **2** que lança pó subtil **3** [fig.] fútil (De *faúlha+-ento*)

fauna *n.f.* **1** conjunto de espécies animais que caracterizam uma região ou época **2** [pej.] grupo de pessoas que frequentam um determinado lugar, com atitudes características ou marginais (Do lat. *Fauna*, mitol., «irmã e mulher de Fauno», divindade campestre)

fauniano *adj.* relativo à fauna ou ao fauno (De *fauna* ou *fauno+-iano*)

faunígena *n.2g.* **1** descendente de Fauno **2** italiano (Do lat. *Faunigĕna*, mitol., «filho de Fauno», divindade campestre)

faunístico *adj.* relativo a fauna (De *fauna+-ístico*)

faunizona /ô/ *n.f.* GEOLOGIA unidade biostratigráfica caracterizada por determinada fauna (De *fauna+zona*)

fauno *n.m.* **1** MITOLOGIA divindade campestre entre os Romanos, representada com pés e chifres de cabra **2** ZOOLOGIA inseto lepidóptero diurno (Do lat. *Faunu-*, «id.», mitol., divindade campestre)

fáunula *n.f.* {*diminutivo de* **fauna**} PALEONTOLOGIA conjunto das espécies animais de uma camada ou de um nível (De *fauna+-ula*)

fausto *n.m.* **1** luxo; magnificência; pompa **2** ostentação ■ *adj.* **1** venturoso **2** próspero (Do lat. *faustu-*, «feliz»)

faustoso /ô/ *adj.* **1** que tem fausto; fastoso; luxuoso **2** aparatoso; pomposo **3** que gosta do fausto (De *fausto+-oso*)

faustuoso /ô/ *adj.* ⇒ **faustoso**

fautor *adj.,n.m.* (*feminino* **fautriz**) **1** que ou aquele que favorece, promove ou auxilia **2** originador (Do lat. *fautōre-*, «aquele que favorece»)

fautoria *n.f.* **1** qualidade de fautor **2** ato de favorecer, promover ou auxiliar; patrocínio **3** favor (De *fautor+-ia*)

fautorizar *v.tr.* ser fautor de; auxiliar (De *fautor+-izar*)

fautriz *adj.,n.f.* (*masculino* **fautor**) ⇒ **fautor** (Do lat. *fautrīce-*, «aquela que favorece»)

fauvismo *n.m.* PINTURA vanguarda artística do início do séc. XX, caracterizada pela despreocupação face à representação objetiva, pela ausência de claro-escuro e sobretudo pela justaposição de cores puras violentamente contrastantes que visam exprimir sensações ou emoções (Do fr. *fauves*, «feras», apodo com que foram designados os primeiros representantes deste movimento)

fauvista *adj.2g.* PINTURA relativo ou pertencente ao fauvismo ■ *n.2g.* PINTURA pessoa adepta do fauvismo (Do fr. *fauviste*, «id.»)

fava *n.f.* **1** BOTÂNICA planta da família das Leguminosas, subespontânea e cultivada em Portugal pelo valor nutritivo das suas sementes; faveira **2** BOTÂNICA vagem da faveira **3** BOTÂNICA semente comestível da faveira **4** BOTÂNICA designação extensiva a algumas outras plantas que mostram certas semelhanças com a anteriormente referida **5** BOTÂNICA árvore silvestre, brasileira, produtora de boa madeira **6** fruto ou semente desta árvore **7** espécie de conta branca ou preta que se lança na urna como voto de aprovação ou reprovação **8** VETERINÁRIA doença dos animais equídeos caracterizada por inflamação do céu da boca; *favas contadas* coisa certa, negócio seguro; *mandar à ~* mandar embora, com enfado ou desprezo, por não querer ouvir ou aturar mais; *pagar as favas* suportar prejuízo ou responsabilidade (Do lat. *faba-*, «fava»)

fava-cavalinha *n.f.* BOTÂNICA variedade de fava frequente em Portugal, também conhecida por fava-de-holanda

fava-d'água *n.f.* BOTÂNICA planta herbácea, aquática, da família das Gencianáceas, espontânea em algumas regiões de Portugal

fava-de-bolota *n.f.* BOTÂNICA ⇒ **visgueiro**

fava-de-calabar *n.f.* BOTÂNICA planta herbácea, trepadeira, da família das Leguminosas, de qual se extrai um alcaloide (eserina) usado para o tratamento da hipertensão

fava-de-holanda *n.f.* BOTÂNICA ⇒ **fava-cavalinha**

fava-de-malaca *n.f.* BOTÂNICA fruto de um anacardo da Índia (bibó) de que se extrai uma tinta (bibó)

fava-de-santo-inácio *n.f.* BOTÂNICA ⇒ **noz-vómica 1**

fava-de-egipto ver nova grafia fava-do-egito

fava-do-egito *n.f.* BOTÂNICA ⇒ **cíamo**

faval *n.m.* campo de favas (Do lat. *fabāle-*, «de favas»)

favária *n.f.* BOTÂNICA ⇒ **erva-dos-calos** (Do lat. *fabarĭa-*, «relativa a favas»)

favária-maior *n.f.* BOTÂNICA planta da família das Crassuláceas, também conhecida por erva-dos-calos e favária

fava-rica *n.f.* **1** fava seca que, depois de cozida e temperada, se usa na alimentação **2** variedade de fava grande

faveca *n.f.* **1** vagem seca de qualquer planta leguminosa **2** ervilha (De *fava+-eca*)

faveco *n.m.* **1** [pop.] feijão **2** [pop.] ervilha (De *fava+-eco*)

faveira *n.f.* BOTÂNICA (planta) ⇒ **fava 1** (Do lat. *fabarĭa-*, «relativa a favas», ou de *fava+-eira*)

favela *n.f.* [Brasil] aglomeração de casebres em certas zonas dos grandes centros urbanos, construídos com materiais abandonados (De *fava+-ela*)

favela-branca *n.f.* [Brasil] BOTÂNICA árvore da família das Leguminosas, de flores amareladas, que fornece madeira dura e pesada própria para marcenaria

favelado *adj.,n.m.* [Brasil] que ou pessoa que habita em favela (De *favela+-ado*)

faviforme *adj.2g.* em forma de favo ou alvéolo (Do lat. *favu-*, «favo» +*forma-*, «forma»)

favila *n.f.* **1** fogo coberto com cinza **2** borralho **3** faísca (Do lat. *favilla-*, «cinza quente»)

favo *n.m.* **1** alvéolo (ou conjunto de alvéolos) de cera construído pelas abelhas para depositarem o mel, o pólen e os ovos **2** bordado que se assemelha aos alvéolos das abelhas **3** [fig.] coisa muito doce **4** MEDICINA doença de pele, muito contagiosa, produzida por um fungo que ataca especialmente o couro cabeludo, e que origina manchas vermelhas, escamosas (Do lat. *favu-*, «favo»)

favoniar *v.tr.* **1** favorecer **2** influenciar favoravelmente (De *favónio+-ar*)

favónio *n.m.* vento brando e agradável; zéfiro ■ *adj.* **1** propício **2** agradável (Do lat. *Favonĭu-*, mitol., Zéfiro)

favor *n.m.* **1** serviço prestado por amizade ou amabilidade; obséquio; fineza **2** remissão de culpa; graça; mercê **3** benefício concedido a alguém; vantagem; proveito; interesse **4** proteção que beneficia alguém; ajuda; auxílio; amparo **5** simpatia conquistada junto de alguém; consideração; crédito **6** falta de isenção; parcialidade; preferência **7** carta comercial (Do lat. *favōre-*, «favor»)

favorável *adj.2g.* **1** que favorece **2** propício; conveniente; oportuno; vantajoso **3** bom; benevolente; benigno **4** que ajuda; que auxilia (Do lat. *favorabĭle-*, «que presta favor»)

favorecedor *adj.,n.m.* que ou aquele que favorece; protetor; fautor (De *favorecer+-dor*)

favorecer *v.tr.* **1** dar auxílio a; proteger; apoiar **2** fazer favor a **3** beneficiar com parcialidade; tomar partido de **4** ser favorável ou propício a **5** dar mais força a; corroborar **6** dotar de bons atributos; elogiar **7** apresentar (alguém ou alguma coisa) como melhor do que é na realidade ■ *v.pron.* **1** valer-se; socorrer-se **2** tirar proveito para si próprio (De *favor+-ecer*)

favorecido *adj.* **1** protegido; obsequiado **2** beneficiado com parcialidade; privilegiado **3** realçado **4** que aparenta ser mais bonito do que é na realidade ■ *n.m.* aquele que foi beneficiado; beneficiário (Part. pass. de *favorecer*)

favorecimento *n.m.* **1** ato de favorecer **2** proteção parcial **3** concessão de um privilégio (De *favorecer+-mento*)

favorita *n.f.* **1** a mais querida **2** amante predileta de um rei ou príncipe **3** coisa que favorece (De *favorito*)

favoritismo *n.m.* **1** qualidade de favorito **2** preferência dada por favor e não por atenção ao mérito **3** proteção com parcialidade **4** influência dos favoritos nos negócios públicos (De *favorito+-ismo*)

favorito *adj.* de que se gosta mais do que dos outros; preferido; predileto ■ *n.m.* **1** aquele que é o preferido; o mais estimado **2** valido **3** indivíduo que goza do favor ou da proteção de alguém **4** concorrente a quem se atribuem maiores probabilidades de sucesso (Do it. *favorito*, «id.»)

favorizar *v.tr.* ⇒ **favorecer** (De *favor+-izar*)

favosa *n.f.* espécie de tinha (também conhecida por favos e tinha-favosa), produzida por um fungo que ataca especialmente o couro cabeludo, produzindo manchas vermelhas, escamosas (De *favo+-osa*)

favoso /ô/ *adj.* **1** que tem a superfície cheia de alvéolos ou cavidades **2** diz-se da tinha verdadeira e contagiosa (De *favo+-oso*)

fax *n.m.* **1** sistema de transmissão eletrónica de documentos através da rede telefónica; telefax; telecópia **2** máquina que incorpora um telefone e que envia e recebe documentos através deste sistema **3** documento enviado electronicamente através da rede telefónica (Do ing. *fax*, abrev. de *fac s(imile transmission)*, «transmissão fac-similar»)

faxe[1] *n.m.* ⇒ **fax** (Do inglês *fax*)

faxe[2] *adj.2g.* **1** [Cabo Verde] fácil [Cabo Verde] rápido (De *fácil*)

faxina *n.f.* **1** feixe de ramos de árvores atados com arame **2** lenha miúda **3** unidade de peso para lenha em achas, que equivale a cerca de 60 quilogramas **4** MILITAR serviço de limpeza de um quartel **5** limpeza geral **6** [fig.] estrago ■ *n.m.* **1** MILITAR soldado nomeado para vários serviços de rotina numa unidade **2** grade para medida de lenha (Do lat. **fascīna-*, «braçado de lenha», pelo it. *fascina*, «faxina»)

faxinagem *n.f.* trabalho em que se empregam os ramos de árvores para a execução de faxinas (De *faxina+-agem*)

faxinar *v.tr.* **1** tratar da limpeza de; fazer a faxina em **2** enfeixar **3** entupir (fosso, pântano) com faxinas **4** fazer estrago em ■ *v.intr.* fazer a faxina (De *faxina+-ar*)

faz-de-conta *n.m.2n.* **1** fantasia; imaginação **2** fingimento

fazedor *adj.,n.m.* **1** que ou aquele que faz ou costuma fazer alguma coisa; feitor **2** que ou aquele que executa ou cumpre alguma coisa (De *fazer+-dor*)

fazedura *n.f.* **1** ato ou efeito de fazer; feitura **2** o que se faz de uma vez (De *fazer+-dura*)

fazenda *n.f.* **1** terreno cultivado **2** propriedade rústica; quinta **3** rebanho de gado **4** pano; tecido **5** bens; mercadoria **6** tesouro público; finanças **7** [pop.] coisa boa (Do lat. *facienda*, «coisas que devem ser feitas», ger. neut. pl. de *facĕre*, «fazer»)

fazendário *adj.* relativo à fazenda pública; financeiro (De *fazenda+-ário*)

fazendeira *n.f.* **1** dona de fazenda **2** tributo antigo (De *fazendeiro*)

fazendeiro *n.m.* **1** aquele que tem ou explora por conta de outrem uma fazenda **2** feitor; rendeiro **3** casta de uva tinta **4** [Brasil] proprietário de uma fazenda (De *fazenda+-eiro*)

fazendista *n.2g.* pessoa que é versada em assunto da fazenda pública ou de finanças (De *fazenda+-ista*)

fazendola *n.f.* pequena fazenda rural (De *fazenda+-ola*)

fazer *v.tr.* **1** dar existência ou forma a **2** criar; produzir **3** gerar **4** construir **5** inventar **6** realizar **7** arranjar **8** representar **9** completar **10** concluir **11** alcançar **12** percorrer **13** formar **14** conceder (título, graça ou mercê) a **15** causar **16** haver ■ *v.intr.* **1** trabalhar **2** proceder **3** defecar ■ *v.tr.,pron.* fingir(-se) ■ *v.pron.* **1** tornar-se **2** transformar-se em **3** entrar em combinação que envolva traição **4** pretender **5** vir a ser **6** fingir-se **7** habilitar-se a **8** habituar-se a; ~ *alto* parar, mandar parar; ~ *as vezes de* substituir; ~ *avenida* passear; ~ *biquinho* amuar; ~ *caso de* atender, cuidar de; ~ *cruzes na boca* não obter, não ter que comer; ~ *efeito* ter eficácia, causar sensação; ~ *figura de urso* portar-se mal; ~ *ouvidos de mercador* não ligar importância; ~ *pé de alferes* namoriscar; ~ *por* esforçar-se por; ~ *por* ~ fazer sem interesse; ~ *sombra a* opor-se a (Do lat. *facĕre*, «fazer»)

fazível *adj.2g.* ⇒ **factível** (De *fazer+-vel*)

faz-tudo *n.2g.2n.* **1** pessoa que exerce várias profissões **2** pessoa que conserta todo o tipo de objetos; pessoa habilidosa **3** topa-a-tudo **4** palhaço (De *fazer+tudo*)

fé *n.f.* **1** crença absoluta na existência ou veracidade de certo facto; convicção íntima **2** compromisso de fidelidade à palavra dada; lealdade **3** confiança absoluta (em algo ou em alguém); crédito **4** RELIGIÃO adesão aos dogmas de uma doutrina religiosa considerada revelada **5** RELIGIÃO (catolicismo) primeira das virtudes teologais, graças à qual se acredita nas verdades reveladas por Deus **6** qualquer crença religiosa; religião **7** comprovação de um facto; prova; *ato de* ~ gesto ou atitude que exprime a profunda convicção de uma pessoa em relação a uma causa ou a uma ideia; *à falsa* ~ à traição, com deslealdade; *dar* ~ *(de)* aperceber-se (de), notar; *fazer* ~ ser digno de crédito, prestar testemunho verdadeiro; *profissão de* ~ declaração pública que alguém faz da sua crença religiosa, declaração pública que alguém faz dos seus princípios (Do lat. *fide-*, «id.»)

fê *n.m.* nome da letra *f* ou *F*

fealdade *n.f.* **1** qualidade do que é feio **2** [fig.] torpeza; indignidade **3** [fig.] defeito (Do lat. **foedalitāte-*, de *foedăle-*, de *foedu-*, «feio»)

feanchão *adj.,n.m.* que ou o que é muito feio (De *feio+-ancho+-ão*)

febeu *adj.* relativo ao Sol (Do lat. *phoebēu-*, «de Apolo», deus do Sol na mitol. grega)

febra /ê/ *n.f.* **1** carne sem osso nem gordura **2** filamento que desenvolve nas raízes das plantas **3** fibra; nervo; músculo **4** MINERALOGIA veio mineral **5** [fig.] energia; coragem; valor (Do lat. *fibra-*, «fibra; delicadeza»)

febrão *n.m.* febre muito alta (De *febre+-ão*)

febre[1] *n.f.* **1** MEDICINA estado patológico de um organismo animal, que se manifesta especialmente pela elevação da sua temperatura acima do normal **2** [fig.] desejo ardente **3** [fig.] grande entusiasmo por alguma coisa **4** [fig.] exaltação; frenesim; ~ *aftosa* doença epidémica, bastante contagiosa, que ataca frequentemente certos animais (especialmente bovinos e suínos) e, acidentalmente, o homem, provocando erupções na mucosa bucal; ~ *intermitente* febre que se caracteriza por períodos de temperatura alta, alternados com intervalos regulares ou irregulares; ~ *octá/octana* febre que se repete de oito em oito dias; ~ *palustre* doença infeciosa provocada por parasitas do sangue, transmitida ao homem pela picada de mosquitos, e que se caracteriza por episódios intermitentes de febre alta; ~ *perniciosa* febre intermitente, em regra muito grave; ~ *recorrente* espiroquetose aguda cujo agente é transmitido ao homem pelas carraças ou pelos piolhos; ~ *tifoide* bacilose muito contagiosa, cuja infeção ataca, em regra, o tubo digestivo (Do lat. **febre-*, «id.»)

febre[2] *n.m.* falta de peso legal nas moedas (Do fr. *faible*, «fraco»)

febre-amarela *n.f.* MEDICINA doença infeciosa, epidémica, muito grave, que é transmitida por um mosquito e se designa também vómito-negro

febre-de-malta ver nova grafia *febre de Malta*

febre de Malta *n.f.* MEDICINA doença infeciosa, muito frequente nas costas mediterrânicas, provocada por certas bactérias que existem em animais bovinos, caprinos e suínos, ou no leite que produzem; brucelose

febre-dos-fenos ver nova grafia *febre dos fenos*

febre dos fenos *n.f.* MEDICINA estado alérgico de sensibilização para o pólen de certas plantas, especialmente gramíneas

febre-dos-três-dias ver nova grafia *febre dos três dias*

febre dos três dias *n.f.* MEDICINA ⇒ **dengue**

febri- elemento de formação de palavras que exprime a ideia de *febre* (Do lat. *febre-*, «id.»)

febricitação *n.f.* estado de febricitante (De *febricitar+-ção*)

febricitante *adj.2g.* **1** que tem febre **2** relativo à febre **3** [fig.] dominado pela paixão **4** [fig.] exaltado (Do lat. *febricitante-*, «id.», part. pres. de *febricitāre*, «febricitar»)

febricitar v.intr. sentir febre; ter febre (Do lat. *febricitāre*, «id.»)
febrícula n.f. febre ligeira (Do lat. *febricŭla*-, «id.»)
febriculoso /ô/ adj. propenso a febres (Do lat. *febriculōsu*-, «id.»)
febrífugo adj. que previne ou combate a febre; antipirético; antiflogístico ■ n.m. FARMÁCIA medicamento contra a febre; antipirético (Do lat. *febre*-, «febre» +*fugĕre*, «afugentar»)
febrígeno adj. que causa febre (Do lat. *febre*-, «febre»+gr. *génos*, «geração»)
febril adj.2g. 1 que tem febre 2 proveniente de febre 3 [fig.] intenso; exaltado; apaixonado 4 [fig.] violento (Do lat. *febrīle*-, «id.»)
febrilidade n.f. estado febril (De *febril*+-*i*-+-*dade*)
febrilmente adv. 1 ardentemente 2 agitadamente 3 com impaciência (De *febril*+-*mente*)
febroso /ô/ adj. que tem ou produz febre (De *febre*+-*oso*)
fecal adj.2g. referente às fezes (Do lat. *faecăle*-, de *faece*-, «excremento», pelo fr. *fécal*, «id.»)
fecaloide adj.2g. que cheira a matérias fecais (De *fecal*+-*óide*)
fecalóide ver nova grafia fecaloide
fecha¹ /ê/ n.f. 1 remate de uma carta, que precede a assinatura 2 final; conclusão (Deriv. regr. de *fechar*)
fecha² /ê/ n.f. data (Do cast. *fecha*, «data»)
fechado adj. 1 que não está aberto; cerrado 2 que não permite o acesso ou a comunicação 3 cercado por muro ou outra vedação 4 encerrado ao público 5 compacto; denso 6 unido; junto 7 (espírito, mentalidade) pouco recetivo ao aberto à novidade 8 (negócio, contrato) concluído; ultimado 9 [fig.] (pessoa) reservado; introvertido 10 (ferida) que cicatrizou 11 LITERATURA diz-se do texto artístico que, pela sua estrutura, tende para um significado unívoco 12 GRAMÁTICA diz-se de som produzido com um grande estreitamento da cavidade bucal devido à posição elevada da língua em direção ao palato (por oposição a aberto) 13 GRAMÁTICA diz-se da sílaba que termina em consoante ■ n.m. acabamento de meia ou crochê; *fascículo* ~ BOTÂNICA feixe condutor duplo (crivotraqueano), nos vegetais, no qual não se verifica o aparecimento de um meristema entre as suas partes crivosa e traqueana; *glândula fechada* glândula endócrina (Part. pass. de *fechar*)
fechadora /ô/ n.f. mulher que fecha as caixas ou os pacotes, nas fábricas de tabaco (De *fechar*+-*dora*)
fechadura n.f. aparelho metálico que, por meio de uma ou mais linguetas deslocadas por uma chave, fecha portas, gavetas, tampas, etc. (De *fechar*+-*dura*)
fechamento n.m. 1 ato ou efeito de fechar 2 ARQUITETURA remate de abóbada ou arco (De *fechar*+-*mento*)
fechar v.tr. 1 tapar ou vedar (uma abertura, passagem ou acesso) 2 cerrar com chave, tranca, aloquete ou outro meio semelhante; encerrar 3 unir, juntas as duas partes ou extremidades de 4 não deixar sair de; colocar em espaço fechado 5 fazer cessar a atividade ou o funcionamento de 6 rematar; concluir ■ v.intr. 1 cessar a atividade 2 findar 3 cicatrizar 4 unir-se ■ v.pron. 1 encerrar-se 2 terminar 3 calar-se; retrair-se 4 tornar-se mais denso ou mais escuro; ~ *a sete chaves* ocultar ou guardar com todo o cuidado; ~ *com chave de ouro* acabar muito bem; ~-*se em copas* acautelar-se, ficar calado, não se manifestar (De *fecho*+-*ar*)
fecharia n.f. conjunto de peças exteriores (cão, gatilho, etc.) que, nas armas de fogo portáteis, determinam a explosão (De *fecho*+-*aria*)
fecho /ê/ n.m. 1 qualquer peça que serve para fechar ou cerrar um objeto 2 peça metálica em que apoia uma aldraba ou entra um ferrolho 3 espécie de broche de fechar álbuns e certos livros 4 ARQUITETURA ponto mais elevado da aduela de um arco ou de uma abóbada 5 [fig.] remate; fim 6 pl. conjunto de peças exteriores que, nas armas de fogo portáteis, determinam a explosão; ~ *de correr* ⇒ **fecho-éclair** (De orig. obsc.)
fecho-éclair n.m. fecho constituído por duas bandas munidas de dentes de metal ou de plástico, que encaixam através de um cursor e permitem abrir e fechar peças de vestuário, malas ou sapatos; fecho de correr
fecho-ecler n.m. ⇒ **fecho-éclair**
fecial n.m. sacerdote romano que servia de arauto de paz ou de guerra (Do lat. *fetiāle*-, «id.»)
fécula n.f. 1 substância amilácea que se encontra em tubérculos, como a batata, ou em certas raízes, e que se utiliza como alimento 2 [pop.] amido 3 borra; sedimento (Do lat. *faecŭla*-, «pequena borra», pelo fr. *fécule*-, «fécula»)
feculência n.f. 1 qualidade do que é feculento 2 sedimento que os líquidos depositam (Do lat. *faeculentĭa*-, «abundância de borras»)

feculento adj. 1 que contém fécula; que é rico em fécula ou sedimento, com amido 2 que tem sedimento ou fezes (Do lat. *faeculentu*-, «lodoso; cheio de borras»)
feculista n.2g. pessoa que fabrica ou vende fécula (De *fécula*+-*ista*)
feculoide adj.2g. que tem o aspeto de fécula (De *fécula*+-*óide*)
feculóide ver nova grafia feculoide
feculómetro n.m. instrumento usado para indicar a quantidade de fécula nos tubérculos (De *fécula*+gr. *métron*, «medida»)
feculoso /ô/ adj. ⇒ **feculento** (De *fécula*+-*oso*)
fecundação n.f. 1 BIOLOGIA união do gâmeta macho (espermatozoide) com o gâmeta fêmea (óvulo) dando origem ao ovo (ou zigoto) 2 fertilização 3 [fig.] desenvolvimento; enriquecimento; ~ *in vitro* formação do ovo em recipiente de laboratório, antes da implantação no útero da mulher (De *fecundar*+-*ção*)
fecundador adj. ⇒ **fecundante** (De *fecundar*+-*dor*)
fecundante adj.2g. 1 que provoca a fecundação; que fecunda 2 [fig.] enriquecedor (De *fecundar*+-*ante*)
fecundar v.tr. 1 BIOLOGIA atuar provocando a formação de um ovo (ou seu equivalente biológico), resultante de fecundação 2 tornar capaz de produzir ou reproduzir 3 fertilizar 4 [fig.] desenvolver; enriquecer ■ v.intr. 1 tornar-se fecundo 2 conceber; gerar (Do lat. *fecundāre*-, «id.»)
fecundativo adj. ⇒ **fecundante** (De *fecundar*+-*tivo*)
fecundável adj.2g. 1 que pode ser fecundado 2 que se pode tornar fecundo 3 fertilizável (De *fecundar*+-*vel*)
fecundez n.f. ⇒ **fecundidade** (De *fecundo*+-*ez*)
fecúndia n.f. ⇒ **fecundidade** (Do lat. *fecundĭa*-, «id.»)
fecundidade n.f. 1 qualidade do que ou de quem é fecundo; fertilidade 2 abundância de produção ou de reprodução 3 [fig.] facilidade de produzir, criar, ou inventar; *taxa de* ~ número de nados-vivos por mil mulheres em idade fértil por ano (Do lat. *fecunditāte*-, «id.»)
fecundizante adj.2g. ⇒ **fecundante** (De *fecundizar*+-*ante*)
fecundizar v.tr. ⇒ **fecundar** (De *fecundo*+-*izar*)
fecundo adj. 1 capaz de produzir ou reproduzir; fértil 2 que produz muito; rico; abundante 3 criativo; inventivo (Do lat. *fecundu*-, «id.»)
fedavelha n.f. [pop.] ⇒ **percevejo-do-monte** (De *fede a velha*)
fedega n.f. ZOOLOGIA inseto parecido com a joaninha, mas que cheira muito mal (Do lat. *foetidĭca-, «malcheirosa»)
fedegosa n.f. BOTÂNICA planta herbácea, de forte cheiro repugnante, pertencente à família das Quenopodiáceas, espontânea em Portugal, da Beira litoral ao Algarve 2 [pop.] ⇒ **percevejo-do-monte**
fedegoso /ô/ adj. que deita mau cheiro; fétido ■ n.m. 1 BOTÂNICA pequeno arbusto fétido da família das Leguminosas, frequente nas regiões tropicais da África, do Brasil, etc., que tem aplicações medicinais 2 designação popular de outras plantas tropicais, fétidas 3 [Madeira] ⇒ **trevo-betuminoso** (Do lat. *foeticōsu-, de *foetīcus ou *foetidĭcus, de *foetĭdus*, «fétido»)
fedelhice n.f. [pop.] ato próprio de fedelho (De *fedelho*+-*ice*)
fedelho /ê/ n.m. 1 criança; miúdo; garoto 2 [pej.] criança com pretensões de adulto (Do lat. *foetecŭlu-, deriv. de *foetēre*, «feder; cheirar mal», ou *feder*+-*elho*)
fedelhote n.m. ⇒ **fedelho** (De *fedelho*+-*ote*)
fedentina n.f. cheiro nauseabundo; fedor (De *feder*+-*ente*+-*ina*)
fedentinoso adj. que exala fedentina (De *fedentina*+-*oso*)
feder v.intr. cheirar mal ■ v.tr. [pop.] causar enfado a; aborrecer (Do lat. *foetēre*, «cheirar mal»)
federação n.f. 1 ato ou efeito de federar ou federar-se 2 forma de organização política e económica, segundo a qual vários estados se associam sob um governo central, mantendo no entanto uma certa autonomia 3 união; associação 4 reunião de sociedades, sindicatos, grupos desportivos, etc., para promover objetivos comuns (Do lat. *foederatiōne*-, «aliança», pelo fr. *fédération*, «id.»)
federado adj.,n.m. 1 designativo do estado que faz parte de uma federação 2 que faz parte de uma federação sindical, desportiva, etc.; confederado; associado (Do lat. *foederātu*-, «aliado»)
federal adj.2g. 1 relativo ou pertencente a uma federação de estados 2 designativo da organização política que se baseia numa federação (associação de estados) (Do fr. *fédéral*, «id.»)
federalismo n.m. POLÍTICA sistema governativo que consiste na reunião de vários estados numa só nação, conservando cada um deles a sua autonomia em negócios que não pertencem ao interesse comum (Do fr. *fédéralisme*, «id.»)
federalista adj.2g. que diz respeito ao federalismo ■ n.2g. pessoa que advoga o federalismo (Do fr. *fédéraliste*, «id.»)

federalização *n.f.* ato ou efeito de tornar(-se) federal
federalizar *v.tr.* [Brasil] tornar federal ■ *v.pron.* confederar-se (De *federal*+*-izar*)
federar *v.tr.* unir várias organizações numa só, por laços que respeitam certa autonomia das associadas ■ *v.pron.* reunir-se em federação (Do lat. *foederāre*, «ligar por um tratado»)
federativo *adj.* relativo ou pertencente à federação (De *federar*+*-tivo*)
fedevelha *n.f.* [pop.] ⇒ **percevejo-do-monte**
fedífrago *adj.* 1 que falta ao prometido 2 que não honra os seus compromissos 3 desleal (Do lat. *foedifrăgu-*, por *foederifrăgu-*, «o que rompe o tratado»)
fedinchar *v.intr.* [Açores] (criança) choramingar
fedoca *elem.loc.adv.* [pop.] *à ~* desajeitadamente; indecentemente (De *feder*+*-oca*)
fedor *n.m.* mau cheiro; cheiro nauseabundo (Do lat. *foetōre-*, «id.»)
fedorenta *n.f.* BOTÂNICA nome vulgar por que também é designada a eruca (planta da família das Crucíferas) (De *fedorento*)
fedorentina *n.f.* ⇒ **fedentina** (De *fedorento*+*-ina*)
fedorento *adj.* 1 que tem mau cheiro; fétido 2 [pop.] rabugento (De *fedor*+*-ento*)
fedúcia *n.f.* ⇒ **fedúncia**
fedúncia *n.f.* 1 pessoa niquenta a quem tudo incomoda ou que tem nojo de tudo 2 lambisgoia; serigaita (De *feder*)
feedback *n.m.* 1 reenvio à origem de informação sobre o resultado de um trabalho efetuado 2 retroação; retorno 3 reação; resposta 4 INFORMÁTICA reenvio de informação a um computador que, após tê-la recebido, pode alterar a sua resposta ou o seu desempenho 5 ELETRÓNICA processo em que parte da energia do sinal de saída é transferida para o sinal de entrada, no sentido de reforçar, diminuir ou controlar a saída de um circuito 6 som sibilante em aparelhos de transmissão sonora (Do ing. *feedback*)
feeria *n.f.* 1 maravilha 2 deslumbramento (Do fr. *féerie*, «id.»)
feérico *adj.* 1 relativo a fadas 2 mágico 3 fantástico 4 encantador; maravilhoso (Do fr. *féerique*, «id.»)
feiarrão *adj.* {*aumentativo* de **feio**} muito feio (De *feio*+*-arrão*)
feição *n.f.* 1 forma; figura; aspeto; feitio 2 aspeto característico 3 jeito; maneira 4 índole; temperamento 5 disposição; génio; humor natural 6 *pl.* traços do rosto 7 *pl.* lados da coronha de uma espingarda; *à ~* a gosto, favoravelmente; *de ~* adequadamente, de boa origem, de modo favorável (Do lat. *factiōne-*, «maneira de fazer»)
feijão *n.m.* 1 BOTÂNICA nome vulgar extensivo a umas plantas, em regra volúveis ou subvolúveis, da família das Leguminosas, com espécies, variedades e formas muito cultivadas e apreciadas na alimentação; feijoeiro 2 fruto (vagem) ou semente destas plantas 3 casta de videira também conhecida por feijoa 4 [pop.] faisão 5 *pl.* [fig.] comida modesta (Do gr. *pháseolos*, «feijão de vagem», pelo lat. *phaseōlu-*, «feijão»)
feijão-carito *n.m.* 1 BOTÂNICA planta da família das Leguminosas, de pequeno porte, muito cultivado em Portugal; feijão-frade; chícharo 2 semente dessa planta
feijão-chicote *n.m.* 1 BOTÂNICA planta da família das Leguminosas, que se caracteriza por produzir vagens muito compridas e sementes de coloração amarelada 2 semente dessa planta
feijão-de-sete-anos *n.m.* 1 BOTÂNICA planta da família das Leguminosas, volúvel, de flores e sementes grandes, cultivada em Portugal para alimentação; feijoca 2 semente dessa planta
feijão-frade *n.m.* 1 BOTÂNICA planta da família das Leguminosas, de pequeno porte, muito cultivado em Portugal; chícharo; feijão-carito 2 semente dessa planta 3 ORNITOLOGIA ave palmípede da África, branca com pintas pretas
feijão-fradinho *n.m.* ⇒ **feijão-frade**
feijão-guando *n.m.* BOTÂNICA ⇒ **andu**
feijão-manteiga *n.m.* 1 BOTÂNICA planta da família das Leguminosas, com sementes de cor parda, muito macias e saborosas 2 semente dessa planta
feijão-preto *n.m.* 1 BOTÂNICA variedade de feijoeiro com sementes pretas, muito cultivado em África e na América 2 semente dessa variedade de feijoeiro, usada em pratos típicos da cozinha brasileira
feijão-verde *n.m.* BOTÂNICA vagem que contém a semente do feijão
feijoa /ô/ *n.f.* 1 casta de videira produtora de uva preta, utilizada em vinicultura 2 BOTÂNICA ⇒ **feijoca** (De *feijão*)
feijoada *n.f.* 1 CULINÁRIA prato típico preparado com feijão e vários tipos de carne 2 grande quantidade de feijões 3 [fig.] confusão; misturada (De *feijão*+*-ada*)

feijoal *n.m.* terreno semeado de feijões (De *feijão*+*-al*)
feijoca *n.f.* 1 BOTÂNICA planta da família das Leguminosas, volúvel, de flores e sementes grandes, cultivada em Portugal para alimentação; feijão-de-sete-anos; feijoeiro-escarlate 2 BOTÂNICA semente dessa planta 3 BOTÂNICA feijão grande 4 [regionalismo] variedade de feijoeiro não volúvel (De *feijão*+*-oca*)
feijoeiro *n.m.* BOTÂNICA planta trepadeira da família das Leguminosas, que possui diversas espécies, variedades e formas muito cultivadas e apreciadas na alimentação (De *feijão*+*-eiro*)
feijoeiro-escarlate *n.m.* BOTÂNICA ⇒ **feijoca**
feila *n.f.* 1 o pó mais fino da farinha 2 faúlha (De orig. obsc.)
feio *adj.* 1 que tem aspeto considerado pouco atraente ou desagradável 2 que não obedece aos padrões de beleza convencionais 3 disforme; desproporcionado 4 vergonhoso; indecente 5 desonesto 6 insuportável 7 difícil; perigoso 8 (tempo) chuvoso; desagradável ■ *n.m.* 1 indivíduo de feições consideradas pouco atraentes ou desagradáveis 2 situação desagradável 3 ação considerada censurável (Do lat. *foedu-*, «horrível; feio»)
feira *n.f.* 1 sítio onde se expõem e vendem mercadorias 2 grande mercado que se realiza com certa periodicidade 3 venda de artigos (livros, etc.) a preço de custo, geralmente para escoar stocks 4 designação complementar dos cinco dias mediais da semana 5 [fig.] grande confusão; balbúrdia; *~ da ladra* local público em que se vendem objetos e utensílios diversos e já usados; *~ franca* aquela em que os feirantes não pagam impostos (Do lat. *feria-*, «dia de festa»)
feiral *adj.2g.* da feira ou a ela referente (De *feira*+*-al*)
feirante *n.2g.* pessoa que vende em feira(s) (De *feirar*+*-ante*)
feirão¹ *n.m.* 1 feirante 2 negociante de gado bovino (De *feirar*+*-ão*)
feirão² *n.m.* 1 feira grande 2 [regionalismo] feira pequena (De *feira*+*-ão*)
feirar *v.tr.* pôr à venda na feira; enfeirar 2 comprar na feira ■ *v.intr.* 1 fazer negócio 2 ir à feira (De *feira*+*-ar*)
feireira *adj.* [regionalismo] diz-se da rapariga vistosa e garrida (De *feira*+*-eira*)
feiroto /ô/ *n.m.* feira pequena, sem importância (De *feira*+*-oto*)
feita *n.f.* 1 vez; ocasião 2 ato 3 esforço; *desta ~* desta vez (Part. pass. fem. subst. de *fazer*)
feital *n.m.* 1 ⇒ **fetal**² 2 [Brasil] terra cansada (De *feito*, por *feto* [planta] +*-al*)
feiteira¹ *n.f.* 1 [regionalismo] feto pequeno do mato 2 BOTÂNICA espécie de feto muito comum na Madeira (De *feito*, por *feto* [planta] +*-eira*)
feiteira² *n.f.* 1 bom negócio 2 bom sucesso (De *feito*+*-eira*)
feitiar *v.tr.* 1 dar feitio 2 ajeitar (De *feitio*+*-ar*)
feitiçaria *n.f.* 1 emprego de feitiços 2 bruxedo; sortilégio 3 [fig.] enlevo 4 [fig.] sedução (De *feitiço*+*-aria*)
feiticeira *n.f.* 1 aquela que pratica feitiços, magia ou bruxaria 2 [fig.] mulher que encanta ou seduz 3 [Brasil] espécie de abelha preta (De *feitiço*+*-eira*)
feiticeiresco *adj.* 1 relativo a feitiçaria 2 próprio de pessoa feiticeira (De *feiticeiro*+*-esco*)
feiticeiro *n.m.* 1 aquele que pratica feitiços, magia ou bruxaria 2 [fig.] indivíduo encantador ou sedutor ■ *adj.* 1 mágico 2 encantador; fascinante; sedutor; *virar-se o feitiço contra o ~* alguém sofrer o mal que preparou para os outros (De *feitiço*+*-eiro*)
feiticismo *n.m.* ⇒ **fetichismo** (De *feitiço*+*-ismo*)
feiticista *adj.,n.2g.* ⇒ **fetichista** (De *feitiço*+*-ista*)
feitiço *n.m.* 1 coisa feita por arte mágica ou por feitiçaria; bruxedo 2 droga ou filtro de feiticeiros 3 objeto a que se atribuem poderes mágicos; amuleto 4 [fig.] encantamento; fascínio ■ *adj.* 1 que não é natural; fingido 2 que não é verdadeiro; falso; *virar-se o ~ contra o feiticeiro* alguém sofrer o mal que preparou para outra pessoa (Do lat. *facticĭu-*, «artificial»)
feitio *n.m.* 1 forma; configuração 2 talhe 3 modo de ser ou carácter de uma pessoa; temperamento; índole; génio 4 trabalho do alfaiate, da costureira ou de outro artífice 5 preço desse trabalho; *perder o tempo e o ~* ver gorados os seus esforços (De *feito*+*-io*)
feito¹ *n.m.* 1 ação; empresa 2 façanha; proeza 3 lance 4 *pl.* ações; processos judiciais ■ *adj.* 1 formado; constituído; composto 2 executado; realizado 3 acabado; concluído 4 pronto para ser consumido 5 adulto; crescido; desenvolvido 6 treinado; instruído 7 combinado; *dito e ~* sem intervalo entre o anúncio e a execução (Do lat. *factu-*, «id.», part. pass. de *facĕre*, «fazer»)
feito² *n.m.* [regionalismo] BOTÂNICA ⇒ **feto**² (Do lat. *filictu-*, «feteira; feto»)
feitor *n.m.* 1 gestor de bens alheios; administrador 2 HISTÓRIA administrador de uma feitoria 3 caseiro; rendeiro 4 fabricante ■ *adj.* que faz; fazedor (Do lat. *factōre-*, «executor»)

feitorar v.tr. 1 administrar como feitor 2 superintender em 3 fabricar (vinho) (De feitor+-ar)

feitoria n.f. 1 administração exercida por feitor 2 ordenado de um feitor 3 grande estabelecimento comercial 4 processo de fabricar vinho 5 HISTÓRIA antiga casa de comércio pertencente à Coroa 6 pl. HISTÓRIA colónias comerciais estabelecidas, em geral, no litoral, apenas com local de comércio, umas autorizadas pela soberania autóctone (feitorias particulares), outras impostas por um poder marítimo e militar (feitorias militares); entreposto comercial (De feitor+-ia)

feitorização n.f. 1 ato de feitorizar 2 superintendência (De feitorizar+-ção)

feitorizar v.tr. ⇒ **feitorar** (De feitor+-izar)

feitura n.f. 1 ato ou modo de fazer; execução 2 feitio 3 trabalho; obra (Do lat. factūra-, «obra; feitio; mão-de-obra»)

feitureira n.f. mulher que faz o carapim para os chinelos de liga (De feitura+-eira)

feiura n.f. ⇒ **fealdade** (De feio+-ura)

feixe n.m. 1 conjunto de objetos da mesma espécie, geralmente reunidos ao comprido e atados pelo meio; molho; braçado 2 conjunto de palhas atadas pelo meio 3 conjunto; grupo 4 ANATOMIA conjunto alongado de fibras nervosas ou musculares 5 FÍSICA grupo de raios que se movem de um modo organizado (Do lat. fasce-, «feixe»)

feixote n.m. {diminutivo de **feixe**} [regionalismo] feixe pequeno (De feixe+-ote)

fel n.m. 1 FISIOLOGIA líquido amargo e viscoso, de cor amarela ou esverdeada, que é segregado pelo fígado e é introduzido no duodeno, tendo um papel importante na digestão; bílis 2 vesícula biliar 3 [fig.] sabor muito amargo 4 [fig.] expressão de dor e ressentimento; mau humor; amargura 5 [fig.] tormento 6 [fig.] maldade; malevolência 7 [fig.] aversão; animosidade; *fazer alguém de ~ e vinagre* arreliar muito, maçar (Do lat. felle-, «id.»)

felá n.m. homem de casta inferior, entre os Egípcios, encarregado dos trabalhos mais rudes (Do ár. fellah, «lavrador», pelo fr. fellah, «camponês»)

felação n.f. prática sexual que consiste na estimulação oral do pénis (Do lat. fellare)

felândrio n.m. BOTÂNICA planta herbácea, da família das Umbelíferas, espontânea em Portugal, nas margens do rio Minho, por exemplo (Do gr. phellándrion, «id.»)

fel-da-terra n.m. BOTÂNICA ⇒ **centáurea-menor**

feldspato n.m. MINERALOGIA mineral que é um silicato duplo de alumínio, potássio, sódio, cálcio ou bário, faz parte do mais importante grupo de minerais das rochas, entra na formação de séries isomorfas e cristaliza nos sistemas monoclínico e triclínico (pertencem a este grupo a ortóclase, a albite, a anortite, etc.) (Do al. Feldspath, «feldspato»)

feldspatoide n.m. MINERALOGIA um dos minerais raros que ocorrem em rochas eruptivas e que, quimicamente, são semelhantes aos feldspatos, uma vez que são também aluminossilicatos de metais alcalinos, embora de menor conteúdo de sílica (pertencem ao grupo a leucite e a nefelina) (De feldspato+-óide)

feldspatóide ver nova grafia feldspatoide

feleca n.f. [regionalismo] ORNITOLOGIA ⇒ **felosa** 1

féleo adj. do fel; relativo a fel (De fel+-eo)

felga n.f. 1 torrão desfeito 2 raízes das plantas que ficam a descoberto ou se desprendem após a cava de um terreno 3 balbúrdia; atrapalhação (Do lat. *filīca-, de filīce-, «feto»)

felgudo adj. 1 coberto de felga 2 com muita felga (De felga+-udo)

felgueira n.f. 1 fetal 2 terreno onde há muita felga (Do lat. filicaria-, de filīce-, «feto»)

felicidade n.f. 1 estado de quem é feliz; contentamento; bem-estar 2 acontecimento feliz; bom êxito 3 boa fortuna; sorte; ventura (Do lat. felicitāte-, «id.»)

felicíssimo adj. {superlativo absoluto sintético de **feliz**} muito feliz (Do lat. felicissĭmu-, «id.»)

felicitação n.f. 1 ato de felicitar 2 pl. congratulação; parabéns (De felicitar+-ção)

felicitador adj.,n.m. que ou aquele que felicita (De felicitar+-dor)

felicitar v.tr. 1 tornar feliz 2 dar parabéns a 3 cumprimentar 4 desejar felicidade a ■ v.pron. congratular-se; regozijar-se (Do lat. tard. felicitāre, «tornar feliz», pelo fr. féliciter, «id.»)

félida n.m. ZOOLOGIA ⇒ **felídeo** 1 (Do lat. fele-, «gato» +-ida)

Félidas n.m.pl. ZOOLOGIA ⇒ **Felídeos**

felídeo adj. 1 ZOOLOGIA relativo aos Felídeos 2 relativo ao gato ■ n.m. ZOOLOGIA animal da família dos Felídeos (Do lat. fele-, «gato» +-ídeo)

Felídeos n.m.pl. ZOOLOGIA família de mamíferos carnívoros de cabeça arredondada e focinho curto, a que pertencem o gato, o lince, o tigre, etc. (Do lat. fele-, «gato» +-ídeos)

felinicultura n.f. criação de felinos, especialmente gatos (De felino+cultura)

felino adj. 1 relativo a um animal felídeo 2 semelhante ao gato ou aos outros animais da mesma família 3 [fig.] traiçoeiro; fingido 4 [fig.] ágil ■ n.m. ZOOLOGIA espécime dos Felídeos (Do lat. felīnu-, «de gato»)

felistreca n.f. [regionalismo] mulher feia e mal vestida (Formação expressiva)

feliz adj.2g. 1 que goza de felicidade, satisfação, bem-estar; venturoso 2 que teve bom êxito; bem sucedido 3 próspero 4 que tem sorte; afortunado 5 bem imaginado ou concebido 6 bem executado (De felīce-, «feliz»)

felizão adj.,n.m. [coloq.] que ou pessoa que é muito feliz; felizardo (De feliz+-ão)

felizardo adj. [pop.] feliz; afortunado ■ n.m. pessoa com sorte; pessoa feliz (De feliz+-ardo)

felizmente adv. 1 com felicidade 2 com bom êxito 3 por felicidade; por sorte (De feliz+-mente)

feloca n.f. ORNITOLOGIA ⇒ **felosa** 1

felocha n.f. ORNITOLOGIA ⇒ **felosa** 1

feloderma n.m. BOTÂNICA parênquima que aparece especialmente na raiz e no caule, e que se forma pela atividade do felogénio (Do gr. phellós, «cortiça» +-dérma, «pele»)

feloderme n.f. BOTÂNICA ⇒ **feloderma**

felogénio n.m. BOTÂNICA meristema secundário, cuja atividade origina, especialmente na raiz e no caule, súber (cortiça) para o lado de fora e feloderma para dentro (Do gr. phellós, «cortiça» +génos, «origem» +-io)

felonia n.f. 1 rebelião do vassalo contra o seu senhor 2 traição 3 crueldade (Do fr. félonie, «id.»)

feloplástica n.f. arte de esculpir em cortiça (Do gr. phellós, «cortiça» +plássein, «modelar» +-ica)

felosa n.f. 1 ORNITOLOGIA nome comum extensivo a muitos pássaros (da família dos Laniídeos, dos Parídeos, dos Regulídeos e dos Silviídeos) comuns em Portugal e também conhecidos por folosa, chiadeira, papa-amoras, papa-figos, etc. 2 [pop.] mulher fraca e muito magra (De orig. obsc.)

felose n.f. BOTÂNICA formação suberosa que se produz anormalmente nalguns vegetais (Do gr. phellós, «cortiça» +-ose)

felpa /ê/ n.f. 1 pelo saliente de estofo ou tecido 2 pelo de animais 3 pelugem macia que reveste alguns vegetais; carepa 4 pelos finos e curtos existentes em certas zonas do corpo; pelugem (Do lat. tard. faluppa, «coisas sem valor»; pelo fr. ant. felpe, «trapos velhos»)

felpado adj. que tem felpa (Part. pass. de felpar)

felpar v.tr. pôr felpa em ■ v.intr. criar felpa (De felpa+-ar)

felpo /ê/ n.m. 1 pelo saliente de estofo ou tecido 2 [regionalismo] ato de enfelpar 3 conjunto de indivíduos agarrados uns aos outros (Deriv. regr. de felpar)

felpudo adj. 1 que tem felpa ou pelo saliente 2 revestido de pequenos pelos ou pelugem macia (De felpa+-udo)

félsico adj. GEOLOGIA diz-se dos minerais de cor clara das rochas eruptivas (Do al. Fels, «rochedo» +-ico?)

felsite n.f. PETROLOGIA ⇒ **felsito**

felsítico adj. 1 PETROLOGIA relativo ao felsito 2 diz-se da textura microcristalina e criptocristalina (De felsito+-ico)

felsito n.m. PETROLOGIA rocha eruptiva (designação antiga do microgranito ou do riólito desvitrificado com pasta granofírica) (Do al. Fels, «rochedo» +-ito)

feltradeira n.f. 1 mulher que, nas chapelarias, apara o pelo das peles 2 máquina de feltrar (De feltrar+-deira)

feltragem n.f. ato ou operação de feltrar (De feltrar+-agem)

feltrar v.tr. transformar em feltro (o pelo ou a lã) ■ v.intr. preparar o feltro (De feltro+-ar)

feltreiro adj.,n.m. carneiro ou designativo do carneiro, como o que é criado em Portugal, que produz lã grossa e de qualidade inferior (De feltro+-eiro)

feltro /ê/ n.m. 1 espécie de material ou tecido feito por empastamento da lã ou do pelo 2 pl. forros metálicos, nas caldeiras de vapor (Do germ. felti, «id.», pelo b. lat. filtru-, «id.»)

feltroso /ô/ adj. designativo do velo de lã ordinária, seca e grossa (De feltro+-oso)

feltrudo adj. feltrado; feltroso (De feltro+-udo)

felugem n.f. ⇒ **fuligem** (De fuligem, com met.)

felugento adj. que tem felugem; fuliginoso (De felugem+-ento)

felupe adj.2g. relativo ou pertencente aos Felupes ■ n.2g. pessoa pertencente aos Felupes (De Felupes, etn.)

Felupes *n.m.pl.* ETNOGRAFIA povo autóctone da Guiné-Bissau, que habita parte do litoral e vive da cultura de arroz, mandioca e batata-doce e da pesca no mar e nos esteiros (Do crioulo guineense *Flup*, a partir do mandinga *Fulupó*)

felupo *adj.,n.2g.* ⇒ **felupe** ∎ *n.m.* grupo de línguas africanas (De *Felupos*, etn.)

Felupos *n.m.pl.* ⇒ **Felupes**

felustria *n.f.* [regionalismo] ⇒ **flostria**

fembar *v.tr.* [Moçambique] diagnosticar a presença de espíritos, cheirando-os, e expulsá-los (Do ronga *(ku)femba*, «id.»)

fêmea *n.f.* **1** animal do sexo feminino **2** [pej.] ser humano do sexo feminino; mulher **3** [pej.] concubina; amante **4** [pej.] prostituta **5** [téc.] peça com orifício, sulco ou concavidade que recebe outra saliente (macho) para seu complemento, que lhe é introduzida ou encaixada, como em certas dobradiças ou nos colchetes (Do lat. *femĭna-*, «id.»)

femeaço *n.m.* **1** [depr., joc.] conjunto de mulheres; mulherio **2** [depr., joc.] grupo de mulheres consideradas de má nota (De *fêmea+-aço*)

femeal *adj.2g.* ⇒ **feminal** (De *fêmea+-al*)

femeeiro *adj.,n.m.* que ou aquele que é muito dado a mulheres; mulherengo (De *fêmea+-eiro*)

fementido *adj.* que faltou à fé dada; perjuro; falso; traidor (De *fé+mentido*)

fêmeo *adj.* **1** do sexo feminino **2** da fêmea ou a ela relativo (De *fêmea*)

fémico *adj.* GEOLOGIA designativo de um grupo de minerais ferromagnesianos que figuram na composição mineral hipotética das rochas eruptivas (De *Fe*, de *ferro*+ *m*, de *magnésio*+-*ico*)

feminação *n.f.* ⇒ **efeminação** (De *efeminação*)

feminal *adj.2g.* ⇒ **feminil** (Do lat. **feminále-*, de *femĭna-*, «mulher»)

femíneo *adj.* ⇒ **feminil** (Do lat. *feminĕu-*, «id.»)

feminidade *n.f.* ⇒ **feminilidade** (Do lat. **feminitáte-*, «id.»)

feminifloro *adj.* BOTÂNICA que só tem ou produz flores femininas (Do lat. *femĭna-*, «mulher» +*flore-*, «flor»)

feminiforme *adj.2g.* **1** com aparência de mulher **2** que possui desinência feminina (Do lat. *femĭna-*, «mulher» +*forma-*, «forma»)

feminil *adj.2g.* relativo a comportamento ou aparência tradicionalmente associados ao sexo feminino (Do lat. **feminíle-*, «id.», de *femĭna-*, «mulher»)

feminilidade *n.f.* **1** qualidade ou carácter geralmente associados ao sexo feminino **2** comportamento ou aparência tradicionalmente associados ao sexo feminino (De *feminil+-i-+-dade*)

feminino *adj.* **1** relativo ou pertencente à fêmea **2** relativo ou pertencente a mulher **3** que é composto apenas por mulheres **4** relativo a comportamento ou aparência tradicionalmente associados às mulheres **5** GRAMÁTICA diz-se do género gramatical que se opõe ao género masculino **6** BOTÂNICA diz-se da flor que possui apenas pistilos ∎ *n.m.* GRAMÁTICA categoria do género gramatical oposta à do género masculino (Do lat. *feminínu-*, «id.»)

feminismo *n.m.* **1** sistema dos que preconizam a igualdade dos direitos da mulher e do homem **2** presença de caracteres femininos nos machos (Do fr. *féminisme*, «id.»)

feminista *adj.,n.2g.* que ou pessoa que é partidária do feminismo (Do fr. *féministe*, «id.»)

feminização *n.f.* ato ou efeito de feminizar (De *feminizar+-ção*)

feminizar *v.tr.* **1** dar aspeto ou carácter feminino a **2** atribuir género feminino a (Do lat. *femĭna-*, «mulher» +-*izar*)

femoral *adj.2g.* do fémur ou a ele referente (Do lat. *femorále-*, «da coxa»)

femto- prefixo do Sistema Internacional de Unidades, de símbolo *f*, que equivale a multiplicar por 10^{-15} a unidade por ele afetada (Do ing. *femto-*, «id.», do din. ou noruego. *femten*, «quinze»)

femtómetro *n.m.* FÍSICA unidade de medida de comprimento, de símbolo fm, equivalente a 10^{-15} metros (De *femto-+metro*)

fémur *n.m.* **1** ANATOMIA osso que constitui o esqueleto da coxa **2** ZOOLOGIA segmento constituinte da pata de alguns artrópodes, como nos insetos, que é seguido pela tíbia ou perna (Do lat. *femur*, «coxa»)

fena /ê/ *n.f.* espécie de abutre (Do gr. *phéne*, «águia do mar»)

fenação *n.f.* **1** AGRICULTURA colheita do feno **2** AGRICULTURA processo usado para conservar as forragens (Do fr. *fenaison*, «colheita de feno»)

fenacetina *n.f.* FARMÁCIA composto químico empregado como febrífugo, antisséptico e analgésico (De *fen[ol]+acét[ico]+-ina*)

fenacho *n.m.* BOTÂNICA ⇒ **alforba** (De *feno+-acho*)

fenasco *n.m.* [regionalismo] restolho alto das searas entremeado de erva (De *feno+-asco*)

fenda[1] *n.f.* **1** abertura num objeto rachado; racha; greta **2** abertura muito estreita; frincha (Deriv. regr. de *fender*)

fenda[2] *n.f.* **1** [Angola] fada **2** [Angola] mulher bonita (Do quimb. *fenda*, «id.»)

fendedor *adj.,n.m.* que ou aquele que fende ou racha (De *fender+-dor*)

fendeleira *n.f.* **1** instrumento para fender ou rachar **2** cunha (De *fender+-l-+-eira*)

fendente *adj.2g.* que faz fenda ou racha (Do lat. *findente-*, «que fende», part. pres. de *findĕre*, «fender; abrir»)

fender *v.tr.* **1** fazer ou abrir fenda em; rachar **2** separar **3** cortar; sulcar **4** rasgar **5** varar; furar ∎ *v.pron.* **1** rachar-se **2** abrir-se (Do lat. *findĕre*, «id.»)

fendilhar *v.tr.* **1** abrir pequenas fendas em **2** rachar (Do fr. *fendiller*, «id.»)

fendimento *n.m.* **1** ato ou efeito de fender ou fender-se **2** rachadela; fenda (De *fender+-mento*)

fendrelhar *v.tr.* **1** [regionalismo] esfarrapar **2** [regionalismo] ⇒ **fendilhar** (De *fendrelho*)

fendrelheira *n.f.* [regionalismo] [depr.] mulher malfeita e desajeitada (De *fendrelhar+-eira*)

fendrelho /ê/ *n.m.* **1** [regionalismo] pedaço; bocado **2** [regionalismo] farrapo (Deriv. regr. de *fendrelhar*)

fenecente *adj.2g.* que fenece; que expira (De *fenecer+-ente*)

fenecer *v.intr.* **1** acabar; extinguir-se **2** morrer **3** murchar **4** esbater-se; esvair-se (Do lat. **finiscĕre*, freq. de *finĭre*, «acabar»)

fenecimento *n.m.* **1** fim; termo **2** extinção **3** morte (De *fenecer+-mento*)

feneco *n.m.* ZOOLOGIA pequena raposa do Sara, cujo tamanho não excede os 40 centímetros e que se domestica facilmente (Do ár. *fennec*, «id.»)

feneiro *n.m.* lugar ou casa onde se guarda feno (De *feno+-eiro*)

fenestrado *adj.* **1** que tem janelas ou buracos por onde entram o ar e a luz **2** perfurado (Do lat. *fenestrátu-*, «id», part. pass. de *fenestráre*, «prover de janelas»)

fenestragem *n.f.* abertura de frestas ou janelas nas paredes de um edifício (Do lat. *fenestra*, «abertura feita no muro»+-*agem*)

fenestral *adj.2g.* referente a janela ∎ *n.m.* abertura por onde entra o ar e a luz como num janela (Do lat. **fenestrále-*, «da janela»)

fengir *v.tr.* [regionalismo] tender (a massa do pão) para a levar ao forno (Do lat. *fingĕre*, «modelar; dar forma a»)

feng shui *n.m.* sistema de origem filosófica taoísta que estuda a relação entre as pessoas e os ambientes em que vivem, com o objetivo de organizar os espaços de modo a atrair influências benéficas (Do chin. *feng*, «vento»+*shui*, «água»)

fenianismo *n.m.* HISTÓRIA associação revolucionária irlandesa, fundada em 1861, para libertar a Irlanda do domínio inglês (Do ing. *fenianism*, «id.», do irl. *fiann*, certa tribo guerreira)

feniano *adj.* HISTÓRIA relativo ao fenianismo ∎ *n.m.* HISTÓRIA membro ou partidário da doutrina do fenianismo (Do ing. *fenian*, «id.», do irl. *fiann*, «guarda real»)

fenicado *adj.* em que há ácido fénico (De *fénico+-ado*)

fenício *adj.* relativo à Fenícia ou aos seus habitantes ∎ *n.m.* **1** natural da antiga Fenícia **2** língua semítica antiga, falada pelos Fenícios (Do gr. *phoînix*, -*ikos*, «id.», pelo lat. *phoenicĭu-*, «id.»)

Fenícios *n.m.pl.* ETNOGRAFIA povo antigo do Mediterrâneo Oriental, que fundou colónias e feitorias em toda a orla mediterrânica e desenvolveu grande atividade comercial

fénico *adj.* QUÍMICA relativo ao fenol; *ácido* ~ nome vulgar do fenol correspondente ao benzeno (Do fr. *phénique*, «id.», do gr. *phaínein*, «brilhar»)

fenicoptérida *n.m.* ORNITOLOGIA ⇒ **fenicopterídeo** *n.m.*

Fenicoptéridas *n.m.pl.* ORNITOLOGIA ⇒ **Fenicopterídeos**

fenicopterídeo *adj.* ORNITOLOGIA relativo ou pertencente aos Fenicopterídeos ∎ *n.m.* ORNITOLOGIA espécime dos Fenicopterídeos

Fenicopterídeos *n.m.pl.* ORNITOLOGIA família de aves de grande porte, com patas e pescoço muito longos, representada pelo flamingo (Do gr. *phoinikópteros*, «de asas vermelhas», pelo lat. *phoenicoptĕru-*, «flamingo»+-*ídeos*)

feníg eno *adj.* da natureza do feno (Do lat. *fenu-*, «feno»+gr. *génos*, «geração»)

fenilalanina *n.f.* QUÍMICA aminoácido essencial ao homem e a certos animais, necessário para a síntese das proteínas

fenilo *n.m.* QUÍMICA radical aromático de composição C_6H_5 (De *fen[ol]+-ilo*)

fenim *n.m.* [Índia] aguardente muito forte, extraída do coco depois de fermentado (Do conc. *pheni*, «id.»)

fénix n.f. **1** MITOLOGIA ave fabulosa que, segundo uma crença antiga, vivia muitos séculos e, depois de queimada, renascia das próprias cinzas **2** [fig.] pessoa ou coisa muito rara **3** [com maiúscula] ASTRONOMIA constelação austral (Do gr. *phoînix*, «id.», pelo lat. *phoenix*, «fénix»)

feno /ê/ n.m. **1** ervas que, depois de secas, se utilizam como forragens **2** [regionalismo] caruma seca (Do lat. *fenu-* ou *faenu-*, «id.»)

feno-[1] elemento de formação de palavras que exprime a ideia de *mostrar, aparecer, manifestar-se* (Do grego *phaínein*, «mostrar; revelar»)

feno-[2] elemento de formação de palavras que, na terminologia química, indica a presença do radical *fenil*

fenocristal n.m. PETROLOGIA designação dada aos cristais macroscópicos, grandes, de algumas rochas eruptivas; fanerocristal (De *feno-*+*cristal*)

feno-de-cheiro n.m. BOTÂNICA planta herbácea da família das Gramíneas, aromática depois de seca, espontânea no Norte de Portugal e utilizada como forragem

feno-grego n.m. BOTÂNICA ⇒ **alforba**

fenol n.m. **1** QUÍMICA substância extraída dos óleos médios do alcatrão da hulha e conhecida vulgarmente por ácido fénico **2** QUÍMICA designação genérica dos compostos cujas fórmulas se podem obter das dos hidrocarbonetos aromáticos, substituindo um ou mais átomos de hidrogénio nucleares por igual número de oxidrilos (Do gr. *phaínein*, «mostrar»+*-ol*, pelo fr. *phénol*, «id.»)

fenolftaleína n.f. QUÍMICA substância sólida, branca, solúvel em álcool, dando uma solução incolor, e que, por ação de bases suficientemente fortes, se transforma numa solução de cor vermelha (De *fenol*+[*anidrido*] *ftál*[*ico*]+*-ina*, ou do fr. *phénolphtaléine*, «id.»)

fenólico adj. **1** QUÍMICA relativo aos fenóis **2** QUÍMICA que contém fenol

fenologia n.f. BIOLOGIA estudo de como fenómenos sazonais e cíclicos, como a floração, a migração e o acasalamento, podem ser afetados pelos climas e outros fatores do meio ambiente (Do gr. *phaínein*, «mostrar»+*lógos*, «estudo»+*-ia*)

fenológico adj. relativo à fenologia (De *fenologia*+*-ico*)

fenolsulfónico adj. QUÍMICA diz-se dos ácidos resultantes da sulfonação de fenol (De *fenol*+*sulfónico*)

fenomenal adj.2g. **1** relativo ou da natureza do fenómeno **2** [fig.] espantoso; surpreendente **3** [fig.] excecional; extraordinário; fora do vulgar (Do fr. *phénoménal*, «id.»)

fenomenalidade n.f. qualidade do que é fenomenal (De *fenomenal*+*-i-*+*-dade*)

fenomenismo n.m. FILOSOFIA doutrina segundo a qual só existem os fenómenos, isto é, as representações que temos das coisas, rejeitando, assim, a substância e os númenos ou «coisas em si» (Do fr. *phénoménisme*, «id.»)

fenómeno n.m. **1** tudo o que a nossa consciência ou os nossos sentidos podem apreender **2** tudo o que modifica os corpos **3** FILOSOFIA (Kant) tudo o que é objeto de experiência possível, isto é, tudo o que aparece no tempo ou no espaço e que manifesta as relações determinadas pelas categorias **4** acontecimento raro ou extraordinário; maravilha **5** pessoa, animal ou objeto que são considerados fora do vulgar (Do gr. *phainómenon*, «coisa que aparece», pelo lat. *phaenoměnon*, «coisa que causa sensação»)

fenomenologia n.f. FILOSOFIA estudo ontológico dos fenómenos, destinado a determinar as suas estruturas, a sua génese e a sua essência (Do fr. *phénoménologie*, «id.»)

fenomenológico adj. FILOSOFIA relativo ou pertencente à fenomenologia

fenomenólogo n.m. filósofo que se entrega a estudos de fenomenologia (Do gr. *phainómenon*, «fenómeno»+*lógos*, «estudo»)

fenotípico adj. relativo a fenótipo

fenótipo n.m. **1** BIOLOGIA aspeto de um organismo, considerando determinados caracteres dentro do campo da hereditariedade **2** LINGUÍSTICA forma através da qual se realiza empiricamente uma entidade linguística abstrata (Do gr. *phaínein*, «mostrar»+*týpos*, «tipo»)

fentanha n.f. BOTÂNICA planta pteridófita, de pecíolos curtos e escamosos, da família das Polipodiáceas, espontânea nos sítios frescos de norte a sul de Portugal (Do port. ant. *fento*, «feto»+*-anha*)

fentelha /ê/ n.f. BOTÂNICA ⇒ **polipódio** (Do port. ant. *fento*, «feto»+*-elha*)

fentilho n.m. BOTÂNICA planta pteridófita, da família das Polipodiáceas, espontânea e frequente nos muros e pedras em quase todo o País (Do port. ant. *fento*, «feto»+*-ilho*)

fento- ⇒ **femto-**

fentómetro n.m. FÍSICA ⇒ **femtómetro** (De *fento-*+*metro*)

feodários n.m.pl. ZOOLOGIA grupo (ordem) de protozoários radiolários que apresentam a cápsula central com poucos orifícios e envolvida por uma camada pigmentada (Do gr. *phaiós*, «pardo; sombrio»+*d*+*-ário*)

feofíceas n.f.pl. BOTÂNICA grupo de algas, muito vulgares nas praias e costas marítimas, geralmente de cor acastanhada ou olivácea, que se deve à presença de um pigmento (ficofeína) que acompanha e mascara a clorofila; algas castanhas (Do gr. *phaiós*, «pardo; sombrio»+*phýkos*, «alga»+*-eas*)

fepe adv. completamente; totalmente (Do crioulo guineense *fep*, «id.»)

fera n.f. **1** qualquer animal feroz carnívoro **2** [fig.] pessoa cruel **3** [fig.] pessoa muito severa **4** [Brasil] [fig.] pessoa muito competente em determinada área; especialista **5** [com maiúscula] ASTRONOMIA constelação do hemisfério austral (Do lat. *fera-*, «id.»)

feracidade n.f. qualidade de feraz ou fértil; fertilidade; fecundidade (Do lat. *feracitāte-*, «fertilidade»)

feracíssimo adj. {superlativo absoluto sintético de **feraz**} muito feraz; muito fértil

Ferais n.f.pl. festas que se celebravam em Roma em honra dos mortos (Do lat. *ferāles*, por *feralĭa*, «id.»)

feral adj.2g. **1** funéreo; fúnebre **2** lúgubre (Do lat. *ferāle-*, «relativo aos mortos»)

feramina n.f. [ant.] variedade de pirite (Do fr. *fer-à-mine*, «id.»)

feraz adj.2g. **1** fértil; fecundo **2** abundante (Do lat. *ferāce-*, «id.»)

ferberite n.f. MINERALOGIA tungstato de ferro, que constitui um dos extremos da série da volframite (De *F. Ferber*, oficial aviador fr., 1862-1909+*-ite*)

fere-folha n.2g. **1** pessoa ativa **2** traquinas (De *ferir*+*folha*)

féretro n.m. caixão mortuário; ataúde; esquife; tumba (Do gr. *phéretron*, «caixão de defunto», pelo lat. *feretru-*, «maca para transportar os mortos»)

fereza /ê/ n.f. qualidade daquilo ou de quem é fero; crueldade (De *fero*+*-eza*)

féria n.f. **1** dia de semana **2** salário semanal do operário **3** rol, lista desses salários **4** pl. dias feriados em que se suspendem os trabalhos oficiais **5** pl. determinado número de dias consecutivos, destinados ao descanso de trabalhadores ou estudantes **6** pl. [fig.] descanso (Do lat. *feria-*, «dia de festa»)

feriado n.m. dia em que se descansa do trabalho oficial, por determinação civil ou religiosa ■ adj. **1** consagrado ao repouso **2** livre de trabalho (Do lat. *feriātu-*, «id.», part. pass. de *feriāri*, «repousar; estar em descanso»)

ferial adj.2g. **1** referente a féria ou a férias **2** festivo **3** relativo aos dias úteis da semana (Do lat. *[die-] feriāle-*, «dia de festa»)

feriar v.intr. **1** ter férias; não trabalhar **2** descansar ■ v.tr. dar férias ou feriado a (Do lat. *feriāri*, «repousar»)

feriável adj.2g. que é ou pode ser feriado (De *feriar*+*-vel*)

ferida n.f. **1** lesão local causada por uma ação agressiva ou violenta contra o organismo; ferimento; golpe **2** chaga; úlcera **3** [fig.] desgosto; dor **4** [fig.] agravo **5** [fig.] transgressão; *mexer/tocar na ~* acertar no ponto fraco; *pôr o dedo na ~* identificar o ponto central de uma questão (Part. pass. fem. subst. de *ferir*)

feridade n.f. desumanidade; braveza; crueldade (Do lat. *feritāte-*, «id.»)

ferido adj. **1** que recebeu ferimento(s); que sofreu lesão ou lesões; que se magoou **2** [fig.] melindrado; ofendido **3** (lume) aceso no fuzil ■ n.m. aquele que se feriu ou sofreu lesão ou lesões (Part. pass. de *ferir*)

feridor adj.,n.m. **1** que, aquilo ou quem fere **2** fuzil (De *ferir*+*-dor*)

ferifolha /ô/ n.f. ORNITOLOGIA ⇒ **felosa 1** (De *ferir*+*folha*)

ferimento n.m. **1** ato ou efeito de ferir ou ferir-se **2** ferida; golpe **3** traumatismo (De *ferir*+*-mento*)

ferino adj. **1** próprio de fera; feroz **2** [fig.] desumano; cruel (Do lat. *ferīnu-*, «id.»)

ferir v.tr. **1** causar ferimento a; golpear; magoar **2** fender; rasgar **3** causar impressão desagradável em **4** tocar (um instrumento); tanger **5** travar (combate) **6** produzir (fogo, faíscas) por atrito **7** [fig.] ofender; melindrar ■ v.pron. **1** magoar-se **2** [fig.] melindrar-se; *~ a nota* acentuar, salientar (Do lat. *ferīre*, «id.»)

fermentação n.f. **1** BIOQUÍMICA transformação química da matéria orgânica pela ação de fermentos; série de reações bioquímicas através das quais uma substância é decomposta por um fermento **2** [fig.] agitação; excitação; efervescência; *~ acética* transformação do álcool etílico em ácido acético; *~ alcoólica* transformação de certos açúcares em álcool etílico; *fermentação malolática* transformação do ácido málico em ácido lático por ação de bactérias

fermentáceo

lácteas que são adicionadas ao vinho após o processo de fermentação alcoólica (De *fermentar*+-*ção*)

fermentáceo *adj.* 1 que causa fermentação 2 que está em fermentação (De *fermentar*+-*áceo*)

fermentador *adj.,n.m.* 1 que ou o que causa fermentação 2 [fig.] causador; provocador (De *fermentar*+-*dor*)

fermentante *adj.2g.* ⇒ **fermentáceo** (De *fermentar*+-*ante*)

fermentar *v.tr.* 1 produzir fermentação em; fazer levedar 2 [fig.] excitar; estimular ■ *v.intr.* 1 estar em fermentação; decompor-se 2 azedar (Do lat. *fermentāre*, «fazer fermentar; levedar»)

fermentativo *adj.* que produz fermentação; fermentáceo (De *fermentar*+-*tivo*)

fermentável *adj.2g.* suscetível de fermentar (De *fermentar*+-*vel*)

fermentescente *adj.2g.* 1 preparado para fermentar 2 que começou a fermentar (Do lat. *fermentescĕnte-*, «que fermenta», part. pres. de *fermentescĕre*, «começar a fermentar»)

fermentescibilidade *n.f.* qualidade do que é fermentescível (Do lat. *fermentescibĭle-*, «fermentescível» +-*i-*+-*dade*)

fermentescível *adj.2g.* suscetível de fermentação; fermentável (Do lat. *fermentescibĭle-*, «id.»)

fermento *n.m.* 1 BIOQUÍMICA substância orgânica capaz de produzir transformações químicas noutra substância, especialmente a fermentação; enzima 2 massa de farinha que fermentou e se emprega para levedar o pão; levedura 3 [fig.] o que faz nascer ou crescer uma ideia, uma mudança; causa latente; germe 4 [regionalismo] presente que os noivos dão às pessoas amigas antes do seu casamento (Do lat. *fermentu-*, «id.»)

fermentoso /ô/ *adj.* 1 que produz fermentação 2 [fig.] que excita 3 [fig.] que dá vida (De *fermento*+-*oso*)

fermi *n.m.* FÍSICA unidade de medida de comprimento, de símbolo F, usada em física nuclear, equivalente 10-15 metros, ou seja, um femtómetro (De *E. Fermi*, físico it., 1901-1954)

fermião *n.m.* FÍSICA nome dado a partículas que obedecem à estatística de Fermi-Dirac (E. Fermi, físico italiano, 1901-1954; P. Dirac, físico inglês, 1902-1984) e cujo spin é semi-inteiro (eletrão, protão, positrão, neutrão, neutrino, núcleos de número de massa ímpar) (De *férmio*+-*ão*)

férmio *n.m.* QUÍMICA elemento com o número atómico 100, obtido artificialmente, radioativo, transuraniano, e de símbolo Fm (De *E. Fermi*, físico it., 1901-1954)

fernandino *adj.* 1 relativo ao rei português D. Fernando (1345-1383) 2 [ant.] dizia-se do bigode grande e farto (De *Fernando*, antr. +-*ino*)

fernão-pires *n.m.2n.* apreciada casta de videira (ou as suas uvas), muito cultivada em Portugal, produtora de uvas brancas, aromáticas, magníficas para vinho (De *Fernão Pires*, antr.)

fero *adj.* 1 feroz; cruel; selvagem 2 carrancudo, arrogante 3 sadio; vigoroso ■ *n.m.pl.* [ant.] gabarolices; bravatas (Do lat. *feru-*, «id.»)

-fero sufixo nominal, de origem latina, que exprime a ideia de *que tem, que produz, que transporta* (cerífero; frutífero; ferrífero)

ferócia *n.f.* ⇒ **ferocidade** (Do lat. *ferocĭa-*, «id.»)

ferocidade *n.f.* 1 qualidade ou carácter de feroz; índole feroz 2 crueldade 3 [fig.] arrogância ameaçadora (Do lat. *ferocitāte-*, «id.»)

ferocíssimo *adj.* {superlativo absoluto sintético de **feroz**} muito feroz (Do lat. *ferocissĭmu-*, «id.»)

feromona *n.f.* QUÍMICA substância segregada por um animal que influencia o comportamento ou o desenvolvimento morfológico, ou ambos, de outros animais da mesma espécie, tais como os estimulantes sexuais das borboletas e os rastos odorosos das formigas (Do ing. *pheromone*, «id.»)

feroz *adj.2g.* 1 que tem a natureza da fera; ferino 2 cruel; violento 3 bárbaro; desumano 4 sanguinário 5 perverso 6 impetuoso 7 arrogante (Do lat. *ferōce-*, «id.»)

ferra[1] *n.f.* 1 ato ou efeito de pôr ferraduras em animais; ferração 2 marcação do gado com ferro em brasa 3 espécie de pá de ferro para mexer ou tirar brasas (Deriv. regr. de *ferrar*)

ferra[2] *n.f.* [regionalismo] pá com que se tira a massa da masseira (De *ferro*)

ferrã *n.f.* 1 cevada ou centeio cortados enquanto verdes para o gado 2 planta ou erva utilizada como forragem; ferrejo; ferranha (Do lat. *farragĭne-*, «id.»)

ferrabrás *adj.,n.2g.* 1 valentão 2 fanfarrão; bravateador (Do fr. *Fier-à-bras*, nome de um herói sarraceno de uma canção de gesta do ciclo carolíngeo)

ferraça *n.f.* chapa de ferro com um buraco ao centro, por onde se deita fogo ao forno (De *ferro*+-*aça*)

ferração *n.f.* ato ou efeito de ferrar (animais) (De *ferrar*+-*ção*)

ferrada *n.f.* [regionalismo] vasilha onde se recolhe o leite ordenhado (De *ferrado*)

ferradela *n.f.* mordedela; dentada (De *ferrar*+-*dela*)

ferrado[1] *adj.* 1 guarnecido de ferro 2 (água) que contém ferro ■ *n.m.* 1 ZOOLOGIA líquido negro segregado pelos chocos 2 excremento de criança recém-nascida 3 vaso para ordenhar 4 balde para água; ***bolsa/bexiga do ferrado*** ZOOLOGIA bolsa que recolhe o líquido segregado pelos chocos (Do latim *ferratu-*, «ferruginoso»)

ferrado[2] *adj.* 1 (animal) no qual se colocou ferradura 2 (animal) que foi marcado com ferro em brasa 3 [Brasil] em situação difícil; atrapalhado 4 obstinado; teimoso 5 [fig.] mergulhado; imerso ■ *n.m.* ato de ferrar (Particípio passado de *ferrar*)

ferrador *n.m.* indivíduo cuja principal ocupação consiste em colocar ferraduras nos animais (De *ferrar*+-*dor*)

ferradoria *n.f.* oficina de ferrador (De *ferrador*+-*ia*)

ferradura *n.f.* 1 peça de ferro em forma de semicírculo, que se aplica na face interior do casco dos animais; canelo 2 objeto que imita esta peça de ferro 3 reforço de ferro no tacão do calçado 4 *pl.* CULINÁRIA certos bolos em forma de arco, feitos de ovos, açúcar, farinha e manteiga (De *ferrar*+-*dura*)

ferradurina *n.f.* BOTÂNICA planta da família das Leguminosas, de flores amarelas e pequenas, espontânea especialmente no Sul de Portugal (De *ferradura*+-*ina*)

ferrageiro *n.m.* negociante de ferro ou de ferragens; ferragista (De *ferragem*+-*eiro*)

ferragem *n.f.* 1 conjunto das peças de ferro ou de outro metal não precioso empregadas numa obra ou num móvel, com intuito decorativo ou funcional 2 guarnição de ferro 3 conjunto das ferraduras de um animal 4 ato de ferrar animais (De *ferro*+-*agem*)

ferragial *n.m.* AGRICULTURA campo em que se cultivam plantas ou ervas para a alimentação do gado; ferregial

ferragista *n.2g.* ⇒ **ferrageiro** (De *ferragem*+-*ista*)

ferragoilo *n.m.* ⇒ **ferragoulo**

ferragoulo *n.m.* roupão largo, de mangas curtas e capuz (Do ár. vulg. *feriyûl*, «espécie de capa ou blusa», pelo it. *ferraiolo*, «capa; capote»)

ferraguso *n.m.* ORNITOLOGIA ⇒ **negra** 4 (De *ferro*)

ferrajaria *n.f.* fábrica ou indústria de ferragens (De *ferragem*+-*aria*)

ferral *adj.2g.* 1 da cor do ferro 2 diz-se de certa variedade de uva de mesa (De *ferro*+-*al*)

ferramenta *n.f.* 1 instrumento ou utensílio empregado numa arte ou ofício 2 conjunto de utensílios para exercer uma profissão 3 [fig.] meio que se emprega para realizar determinado objetivo; instrumento (Do lat. *ferramenta*, pl. de *ferramentum*, «ferramenta; utensílio»)

ferramental *n.m.* peça de madeira onde se dispõem e seguram as ferramentas ao alcance de quem tenha de trabalhar com elas (De *ferramenta*+-*al*)

ferramenteiro *n.m.* encarregado da guarda e conservação das ferramentas de uma obra (De *ferramenta*+-*eiro*)

ferranchão *n.m.* [regionalismo] pau com ponta de ferro com que se abrem os buracos para meter as estacas que fixam a rede que cerca o rebanho (De *ferrancho*+-*ão*)

ferrancho *n.m.* 1 ferro pequeno e ordinário 2 qualquer ferro (De *ferro*+-*ancho*)

ferranha *n.f.* [regionalismo] qualquer erva utilizada como forragem; ferrã (Do lat. *farragĭne-*, «ferrã»)

ferranho *n.m.* ICTIOLOGIA nome vulgar por que também é conhecido um cação (peixe) de uma espécie frequente em Portugal, também denominado galhudo (De *ferrenho*?)

ferrão *n.m.* 1 ponta aguda de ferro 2 ponta de ferro da vara comprida que se utiliza para picar os bois; aguilhão 3 ZOOLOGIA órgão picador de certos insetos 4 bico de ferro dos piões 5 BOTÂNICA casta de uva tinta 6 [Brasil] ORNITOLOGIA pequena ave preta (De *ferro*+-*ão*)

ferrar *v.tr.* 1 guarnecer de ferro 2 pregar ferro em 3 pôr ferraduras a 4 marcar (o gado) com ferro em brasa 5 cravar 6 morder 7 prender (o peixe) ao anzol 8 tornar ferruginoso 9 NÁUTICA colher e amarrar (uma vela) à verga ou ao mastro 10 [fig.] pregar; impingir 11 começar (a trabalhar, a dormir, etc.); ***~ a unha*** vender caro; ***~ o cão*** deixar uma dívida por pagar; ***~ o galho*** dormir; ***estar com ela ferrada para*** estar com intenção de (De *ferro*+-*ar*)

ferraria *n.f.* 1 fábrica de ferragens 2 oficina de ferreiro 3 grande porção de ferro 4 sítio onde há minas de ferro (De *ferro*+-*aria*)

ferrato *n.m.* QUÍMICA designação genérica dos aniões que contêm ferro como elemento central (De *ferro*+-*ato*)

ferregial *n.m.* campo de ferrejo ou de ferrã (De *ferrejo*+-*al*)

ferreira n.f. ICTIOLOGIA peixe teleósteo, da família dos Esparídeos, frequente no Algarve e também conhecido por besugo-de-ova e ferreiro (De *ferreiro*)

ferreirinha n.f. ORNITOLOGIA ⇒ **negrinha** 2 (De *ferreira* ou *ferreiro+-inha*)

ferreirinho n.m. ORNITOLOGIA nome vulgar por que também se designam algumas espécies de gaivinas (De *ferreiro+-inho*)

ferreiro n.m. 1 artesão que trabalha o ferro 2 ORNITOLOGIA pequeno pássaro pertencente à ordem dos passeriformes, de bico curto e cónico como o dos pardais 3 ORNITOLOGIA pássaro da família dos Turdídeos, de plumagem escura, com penas ruivas na cauda, sedentário e vulgar em Portugal; pisco-ferreiro 4 ICTIOLOGIA ⇒ **ferreira** 5 [Brasil] ORNITOLOGIA pássaro da família dos Cotingídeos, cujo canto imita os sons produzidos pelo ferro quando é batido e limado; araponga 6 [Brasil] ZOOLOGIA batráquio anuro, da família dos Hilídeos, de coloração amarela 7 ZOOLOGIA pequeno batráquio anuro, arborícola, da família dos Hilídeos, geralmente de cor verde, comum em Portugal; rela ■ adj. [Brasil] que tem pelo escuro; *em casa de ~, espeto de pau* (provérbio) diz-se quando as coisas não existem no lugar em que seria natural prever-se a sua existência (Do lat. *ferrariu-*, «id.»)

ferrejar v.intr. 1 segar ferrejo 2 [fig.] tratar de negócios; comerciar (De *ferrejo+-ar*)

ferrejo n.m. ⇒ **ferrã** (Do lat. *ferragĭne-*, «id.»)

ferreletricidade n.f. ⇒ **ferroeletricidade**

ferrelétrico adj. ⇒ **ferroelétrico**

ferrelha n.f. [regionalismo] pá de ferro para tirar brasas do forno ou do lume (De *ferro+-elha*)

ferrenho adj. 1 parecido com o ferro na cor ou na dureza 2 [fig.] inflexível; duro; intransigente; obstinado (De *ferro+-enho*)

férreo adj. 1 feito de ferro 2 que contém ferro; ferruginoso 3 [fig.] duro; inflexível (Do lat. *ferrĕu-*, «id.»)

ferreta n.f. 1 bico metálico do pião, do fuso e de outros objetos 2 ferro de choupa 3 ICTIOLOGIA peixe seláquio de grande porte, da família dos Espinacídeos, que aparece em Portugal e é também conhecido por sapata (De *ferro+-eta*)

ferretar v.tr. ⇒ **ferretear** (De *ferrete+-ar*)

ferrete n.m. 1 instrumento, com letra ou outro sinal gravado, com que se marca o gado e com que antigamente se marcavam também os escravos e os criminosos 2 epíteto ou sinal ignominioso, afrontoso 3 [fig.] estigma; labéu; mácula 4 [regionalismo] nódoa no rosto ■ adj.2g. escuro (De *ferro+-ete*)

ferreteamento n.m. ato ou efeito de ferretear (De *ferretear+-mento*)

ferretear v.tr. 1 marcar com ferrete 2 [fig.] manchar a reputação de 3 [fig.] afligir (De *ferrete+-ear*)

ferretoada n.f. ⇒ **ferroada** (Part. pass. fem. subst. de *ferretoar*)

ferretoar v.tr. 1 dar ferretoadas a; aguilhoar; picar 2 [fig.] dirigir palavras maliciosas ou mordazes a; censurar (De *ferrete+-oar*)

ferri- /é/ elemento de formação de palavras que exprime a ideia de ferro (Do lat. *ferru-*, «id.»)

ferribote n.m. ⇒ **ferryboat** (Do ing. *ferryboat*)

ferricianeto n.m. QUÍMICA anião complexo, hexacianoferrato(III) de fórmula [Fe(CN)$_6$]$^{3-}$ (De *férri(co)+cianeto*)

férrico adj. 1 relativo ao ferro 2 QUÍMICA designativo dos compostos com ferro trivalente (De *ferro+-ico*)

ferrielectricidade ver nova grafia **ferrieletricidade**

ferrieléctrico ver nova grafia **ferrielétrico**

ferrieletricidade n.f. ⇒ **ferroeletricidade** (De *ferri-+electricidade*)

ferrielétrico adj. ⇒ **ferroelétrico** (De *ferri-+eléctrico*)

ferrífero adj. que tem ferro ou sais derivados deste metal (De *ferri-+-fero*)

ferrificação n.f. formação do ferro (Do lat. *ferru-*, «ferro» +*ficăre*, por *facĕre*, «fazer» +*-ção*)

ferrimagnético adj. ⇒ **ferromagnético** (De *ferri-+magnético*)

ferrimagnetismo n.m. FÍSICA ⇒ **ferromagnetismo** (De *ferri-+magnetismo*)

ferrinho n.m. 1 desaparafusador de espingarda 2 pl. MÚSICA instrumento musical de som indeterminado, formado por um triângulo de ferro ou aço que se percute com outro ferro (De *ferro+-inho*)

ferrite n.f. 1 GEOLOGIA designação usada para alguns minérios de ferro 2 QUÍMICA composto não metálico que contém óxido de ferro(III) com propriedades ferromagnéticas, que se prepara normalmente, utilizando as técnicas da cerâmica (De *ferro+-ite*)

ferrítico adj. 1 QUÍMICA relativo a ferrite 2 QUÍMICA da natureza de ferrite

ferro n.m. 1 QUÍMICA elemento químico com o número atómico 26 e símbolo Fe, metálico, dúctil e maleável, muito abundante na natureza e de numerosas aplicações 2 qualquer pedaço desse metal 3 utensílio ou objeto fabricado com esse metal 4 instrumento para passar ou engomar a roupa 5 instrumento que, em brasa, serve para marcar o gado 6 marca do gado feita com esse instrumento 7 ponta ofensiva de arma branca 8 NÁUTICA âncora de navio 9 TAUROMAQUIA haste de madeira com ponta aguçada de metal que o toureiro espeta no cachaço do touro; bandarilha 10 DESPORTO taco de golfe 11 [fig., ant.] maçada 12 [fig., ant.] aversão 13 [fig., ant.] zanga; arrelia 14 pl. algemas; grilhões 15 pl. cadeia 16 pl. ferramentas; *~ fundido* QUÍMICA metal que resulta da fundição em moldes de ligas de ferro com teor de carbono superior ao do aço; *a ~ e fogo* por todas as formas possíveis, com violência, num ambiente de muita violência; *lançar ~* NÁUTICA lançar a âncora, fundear; *malhar em ~ frio* teimar sem resultado, trabalhar em vão; *malhar o ~ enquanto está quente* [fig.] aproveitar a ocasião propícia para agir; *não ser de ~* não se mostrar insensível ao que se vê ou naquilo em que se participa (Do lat. *ferru-*, «id.»)

ferro- elemento de formação de palavras que exprime a ideia de ferro (Do lat. *ferru-*, «id.»)

ferroada n.f. 1 picada com ferrão 2 dor súbita e aguda; pontada 3 [fig.] censura maliciosa ou mordaz (Part. pass. fem. subst. de *ferroar*)

ferroadela n.f. ⇒ **ferroada** (De *ferroar+-dela*)

ferroar v.tr. ⇒ **ferretoar** (De *ferrão+-ar*)

ferrocarbónico adj. que contém ferro e carbono (De *ferro-+carbónico*)

ferrocianeto n.m. QUÍMICA sal complexo [Fe(CN)$_6$]$^{4-}$; ferroprussiato (De *ferro-+cianeto*)

ferro-coado n.m. 1 MINERALOGIA ferro com pequena quantidade de carbono e outros elementos 2 ferro fundido

ferrocrómio n.m. liga de ferro e crómio (De *ferro-+crómio*)

ferro-de-romã ver nova grafia **ferro de romã**

ferro de romã n.m. broca que tem dois ou quatro gumes cruzados inferiormente

ferroelectricidade ver nova grafia **ferroeletricidade**

ferroeléctrico ver nova grafia **ferroelétrico**

ferroeletricidade n.f. FÍSICA fenómeno elétrico que corresponde à existência de uma polarização (elétrica) espontânea em determinados materiais (De *ferro-+electricidade*)

ferroelétrico adj. FÍSICA diz-se do material que possui ferroeletricidade (De *ferro-+eléctrico*)

ferrolhar v.tr. 1 fechar com ferrolho 2 guardar 3 [fig.] prender (De *ferrolho+-ar*)

ferrolho /ô/ n.m. 1 tranqueta de ferro corrediça com que se fecham portas, janelas, etc. 2 aldraba (Do lat. *verucŭlu-*, «pequeno dardo», com infl. de *ferro*)

ferromagnético adj. FÍSICA diz-se do material que manifesta ferromagnetismo (De *ferro-+magnético*)

ferromagnetismo n.m. FÍSICA propriedade de certos materiais que, quando colocados sob a influência de campo magnético adquirem propriedades magnéticas, mantendo-as fora da influência desse campo, desde que a temperatura dos mesmos não ultrapasse certo valor (De *ferro-+magnetismo*)

ferro-pau n.m. casta de uva do Algarve

ferropear v.tr. prender com ferropeias; agrilhoar (De *ferropeia+-ar*)

ferropeia n.f. 1 grilhão 2 algema (De *ferro-+peia*)

ferroprussiato n.m. QUÍMICA ⇒ **ferrocianeto**

ferroso /ô/ adj. 1 que contém ferro; ferruginoso 2 QUÍMICA designativo dos compostos de ferro bivalente (De *ferro+-oso*)

ferro-velho n.m. 1 objetos usados, geralmente metálicos e considerados de pouco valor; sucata 2 indivíduo que negoceia em objetos usados; sucateiro; adelo 3 local ou estabelecimento onde se negoceia com sucata

ferrovia n.f. ⇒ caminho de ferro (Do it. *ferrovia*, «id.»)

ferrovial adj.2g. ⇒ **ferroviário** adj. (De *ferrovia+-al*)

ferroviário adj. relativo aos caminhos de ferro ■ n.m. funcionário dos caminhos de ferro (Do it. *ferroviario*, «id.»)

ferrugem n.f. 1 QUÍMICA óxido de ferro hidratado que se forma à superfície do ferro quando este metal se encontra exposto ao ar húmido 2 [pop.] óxido formado sobre os metais 3 BOTÂNICA doença produzida em certas plantas por ação de fungos 4 [coloq.] falta de exercício; entorpecimento 5 [pop.] ignorância 6 [pop.] velhice 7 [pop.] fuligem (De *ferrugĭne-*, «id.»)

ferrugenta n.f. ORNITOLOGIA ⇒ **negrinha** 2 (De *ferrugento*)

ferrugento *adj.* 1 que tem ferrugem 2 [fig.] antigo; velho 3 [fig.] desusado 4 [coloq.] trôpego ■ *n.m.* ORNITOLOGIA pássaro da família dos Turdídeos, de plumagem escura, com penas ruivas na cauda, sedentário e vulgar em Portugal; pisco-ferreiro (De *ferrugem+-ento*)

ferrugíneo *adj.* 1 que é da cor da ferrugem 2 escuro; sombrio 3 triste (Do lat. *ferruginĕu-*, «id.»)

ferruginosidade *n.f.* qualidade do que é ferruginoso (De *ferruginoso+-i-+-dade*)

ferruginoso /ô/ *adj.* 1 que tem ferro ou ferrugem 2 da natureza do ferro ou da ferrugem, ou da mesma cor (Do lat. tard. *ferruginōsu-*, «id.»)

ferruncho *n.m.* 1 [regionalismo] ramo de giesta com que se aperta a vassoura ou qualquer escovalho 2 [pop.] ciúme; despeito 3 arrelia (De *ferro* [= zanga]+*-uncho*)

ferrusco *n.m.* ORNITOLOGIA ⇒ **negra** 4 (De *ferro+-usco*)

ferry *n.m.* ⇒ **ferryboat** (Do ing. *ferryboat*)

ferryboat *n.m.* barco de serviço regular, que geralmente faz travessias curtas em rios, para transporte de passageiros, veículos, ou mercadoria (Do ing. *ferryboat*, «id.»)

fértil *adj.2g.* 1 que pode gerar; apto para a reprodução 2 que produz muito e com facilidade; produtivo 3 rico; abundante; feraz (Do lat. *fertĭle-*, «id.»)

fertilidade *n.f.* 1 qualidade do que é fértil 2 aptidão para a reprodução; estado de quem ou do que pode gerar 3 [fig.] riqueza; abundância 4 [fig.] produtividade (Do lat. *fertilitāte-*, «id.»)

fertilização *n.f.* 1 ato ou efeito de fertilizar 2 BIOLOGIA união do gâmeta macho (espermatozoide) com o gâmeta fêmea (óvulo) dando origem ao ovo (ou zigoto) (De *fertilizar+-ção*)

fertilizador *adj.,n.m.* que, aquilo ou quem fertiliza; fertilizante (De *fertilizar+-dor*)

fertilizante *adj.2g.* que fertiliza; fertilizador ■ *n.m.* AGRICULTURA produto que fornece compostos essenciais ao crescimento das plantas (De *fertilizar+-ante*)

fertilizar *v.tr.* 1 tornar fértil ou produtivo 2 BIOLOGIA fecundar 3 [fig.] desenvolver; enriquecer (De *fértil+-izar*)

fertilizável *adj.2g.* suscetível de fertilização (De *fertilizar+-vel*)

férula *n.f.* 1 palmatória escolar 2 BOTÂNICA designação comum a umas plantas da família das Umbelíferas (género *Ferula*) a que pertence a canafrecha 3 [fig.] castigo 4 [fig.] severidade; autoridade (Do lat. *ferŭla-*, «canafrecha; chicote»)

feruláceo *adj.* parecido com a canafrecha ou a ela relativo (Do lat. *ferulacĕu-*, «semelhante à férula»)

fervedoiro *n.m.* ⇒ **fervedouro**

fervedor *n.m.* utensílio de cozinha utilizado para ferver leite (De *ferver+-dor*)

fervedouro *n.m.* 1 movimento como o de um líquido a ferver 2 [fig.] agitação; inquietação 3 [fig.] efervescência 4 [fig.] grande multidão de pessoas ou animais que se mexem (De *ferver+-douro*)

fervedura *n.f.* ⇒ **fervura** (De *ferver+-dura*)

ferve-ferve *n.2g.* 1 pessoa nervosa 2 pessoa muito ativa (De *ferver*)

fervelhar *v.intr.* não estar quieto; ser traquinas; fervilhar

fervelho /ê/ *n.m.* 1 [pop.] criança irrequieta e traquinas 2 [pop.] pessoa muito ativa (Deriv. regr. de *fervelhar*)

fervença *n.f.* [pouco usado] alvoroço; excitação (De *ferver+-ença*)

fervência *n.f.* [ant.] ⇒ **fervença** (Do lat. *ferventĭa*, part. pres. neut. pl. subst. de *fervēre*, «ferver»)

ferventar *v.tr.* ⇒ **aferventar** (De *fervente+-ar*)

fervente *adj.2g.* 1 que ferve 2 [fig.] fervoroso; ardente 3 [fig.] tempestuoso (Do lat. *fervente-*, «id.», part. pres. de *fervēre*, «ferver»)

ferver *v.intr.* 1 entrar ou estar em ebulição 2 movimentar-se como um líquido em ebulição; borbulhar 3 escaldar; queimar 4 [fig.] sentir grande calor 5 [fig.] sentir grande inquietação; agitar-se 6 [fig.] sentir vivamente uma paixão 7 [fig.] existir em grande número; fervilhar 8 fermentar o mosto no balseiro, na cuba ou no lagar ■ *v.tr.* cozer num líquido em ebulição; **~ em pouca água** exaltar-se por pouca coisa, irritar-se com facilidade (Do lat. *fervēre*, «id.»)

fervescente *adj.2g.* 1 que ferve 2 [fig.] fervoroso; ardente (Do lat. *fervescente-*, «id.», part. pres. de *fervescĕre*, «começar a ferver; entrar em ebulição»)

fervida *n.f.* ⇒ **fervura** (Part. pass. fem. subst. de *ferver*)

férvido *adj.* 1 muito quente; abrasador 2 [fig.] ardente; fervoroso; apaixonado (Do lat. *fervĭdu-*, «id.»)

fervilha *n.2g.* 1 [pop.] pessoa muito ativa 2 [pop.] criança irrequieta ou traquinas (Deriv. regr. de *fervilhar*)

fervilhar *v.intr.* 1 ferver continuamente 2 existir em grande quantidade; pulular 3 [fig.] sentir grande inquietação; mexer-se incessantemente; agitar-se (De *ferver+-ilhar*)

fervilheiro *n.m.* 1 aquilo que fervilha 2 formigueiro (De *fervilhar+-eiro*)

fervor *n.m.* 1 estado do que ferve; ebulição 2 ardência 3 veemência; ardor 4 grande dedicação; zelo 5 atividade (Do lat. *fervōre-*, «id.»)

fervorar *v.tr.* ⇒ **afervorar** (De *fervor+-ar*)

fervoroso *adj.* 1 que tem fervor 2 impetuoso; veemente 3 cheio de zelo ou devoção; dedicado 4 piedoso 5 diligente; ativo (De *fervor+-oso*)

fervura *n.f.* 1 ação ou efeito de ferver; ebulição 2 [fig.] alvoroço; excitação 3 [Madeira] aguardente; **deitar água na ~** acalmar os ânimos (Do lat. *fervūra-*, «queimadura»)

fesceninas *n.f.pl.* LITERATURA composições poéticas ou dramáticas, grosseiras e licenciosas, usadas em Fescénia, antiga cidade da Etrúria, na Itália Central, e depois introduzidas em Roma (Do lat. *fescennīna*, neut. pl. de *fescenninu-*, «poesias fesceninas»)

fescenino *adj.* 1 diz-se dos versos ou das cantigas livres, obscenas, que se cantavam nas bodas, na antiga Roma 2 licencioso (Do lat. *fescennīnu-*, «id.»)

festa *n.f.* 1 solenidade religiosa ou civil 2 comemoração pública periódica ou ocasional em honra de um acontecimento ou de uma pessoa 3 reunião social para convívio e diversão, geralmente com música e dança 4 banquete; festim 5 demonstração pública de alegria 6 afago; carícia 7 [fig.] alegria; **~ das flores** a Páscoa; **festas móveis** festas que a Igreja celebra em dias variáveis de ano para ano, por dependerem da primeira lua cheia após o equinócio da primavera (Do lat. tard. *festa*, «id.», pl. de *festum*, «festa; dia de festa»)

festada *n.f.* [regionalismo] tocata (De *festa+-ada*)

festança *n.f.* 1 festa alegre e ruidosa 2 grande divertimento; borga; pândega (De *festa+-ança*)

festanga *n.f.* [pop.] festa reles (De *festa+-anga*)

festão¹ *n.m.* 1 cordão de folhagem com ou sem flores entremeadas 2 grinalda 3 ramalhete (Do it. *festone*, «id.», pelo fr. *feston*, «festão»)

festão² *n.m.* [Brasil] festa de arromba (De *festa+-ão*)

festarola *n.f.* 1 [pop.] festa pequena e informal 2 festança 3 pândega; salsifré (De *festa+r+-ola*)

festeiro *n.m.* indivíduo que promove ou dirige uma festa ■ *adj.* 1 amigo de festas 2 acariciador (De *festa+-eiro*)

festejador *adj.,n.m.* que ou aquele que festeja (De *festejar+-dor*)

festejar *v.tr.* 1 fazer festa em honra de 2 acolher com festejos ou com demonstração de alegria; celebrar 3 comemorar 4 saudar; aplaudir 5 solenizar 6 acariciar (De *festa+-ejar*)

festejável *adj.2g.* digno de ser festejado (De *festejar+-vel*)

festejo /ê/ *n.m.* 1 ato ou efeito de festejar 2 solenidade religiosa ou civil; comemoração 3 galanteio 4 carícia (Deriv. regr. de *festejar*)

festim *n.m.* 1 festa particular em família; festa íntima 2 pequena festa; banquete (De *festa+-im*, ou do it. *festino*, «id.»)

festinação *n.f.* MEDICINA aceleração progressiva da marcha que ocorre na doença de Parkinson (médico inglês, 1755-1824), para evitar a queda para a frente (Do lat. *festinatiōne-*, «precipitação»)

festival *n.m.* 1 grande manifestação musical 2 espetáculo ou série de espetáculos artísticos ou desportivos 3 [coloq.] grande quantidade 4 [coloq.] grande demonstração ■ *adj.2g.* festivo (Do lat. *festīvu-*, «de festa», pelo ing. *festival*, «festival», pelo fr. *festival*, «id.»)

festivaleiro *adj.* 1 próprio para festival 2 diz-se das canções próprias de um festival ou que produzem melhor efeito num festival pelo seu ritmo vivo e alegre (De *festival+-eiro*)

festividade *n.f.* 1 festa religiosa ou civil 2 [fig.] regozijo (Do lat. *festivitāte-*, «alegria festiva»)

festivo *adj.* 1 relativo a festa 2 alegre (Do lat. *festīvu-*, «id.»)

festo¹ *adj.* ⇒ **festivo** (Do lat. *festu-*, «id.»)

festo² /ê/ *n.m.* 1 largura de um tecido 2 dobra ou vinco numa peça de tecido 3 direito de um tecido (De orig. obsc.)

festoar *v.tr.* ornar com festões ou grinaldas; afestoar (De *festão+-ar*)

festonadas *n.f.pl.* ornato de grandes festões em pintura ou escultura (Part. pass. fem. pl. subst. de *festonar*)

festonar *v.tr.* ornar com festões; festoar (Do fr. *festonner*, «id.»)

festuca *n.f.* 1 HISTÓRIA vara com que os senhores tocavam nos escravos como símbolo de concessão de liberdade 2 BOTÂNICA planta herbácea perene da família das Gramíneas de folhas planas e espiguetas paniculadas que cresce em tufos (Do lat. *festūca-*, «haste»)

festúceas n.f.pl. BOTÂNICA grupo (tribo) de plantas da família das Gramíneas, a que pertencem a cana, o bole-bole, a erva-carneira, etc. (Do lat. *festūca-*, «palhinha; haste» +-*eas*)
fetação n.f. formação do feto (embrião) (De *feto*+-*ção*)
fetáceo adj. relativo ou semelhante ao feto (embrião) (De *feto*+-*áceo*)
fetal[1] adj.2g. referente ao feto (embrião) (De *feto*+-*al*)
fetal[2] n.m. terreno onde crescem fetos (plantas) (De *feto*+-*al*)
fetão n.m. BOTÂNICA ⇒ **feto**[2] (De *feto*+-*ão*)
feteira n.f. 1 lugar onde há fetos (plantas) 2 conjunto de fetos de várias espécies (De *feto*+-*eira*)
fetiche n.m. 1 objeto a que se presta culto por se lhe atribuir poder mágico ou sobrenatural 2 [fig.] aquilo a que se dedica um interesse obsessivo ou irracional 3 PSICOLOGIA objeto gerador de atração ou excitação sexual compulsiva (Do port. *feitiço*, pelo fr. *fétiche*, «feitiço»)
fetichismo n.m. 1 culto de objetos considerados como possuidores de poder sobrenatural ou virtude mágica; culto de fetiches 2 adoração de objetos materiais 3 importância obsessiva ou irracional conferida a certas pessoas ou a certas coisas 4 veneração supersticiosa 5 PSICOLOGIA atração ou excitação sexual compulsiva por certa parte do corpo, por certas peças de vestuário ou por determinados objetos (De fr. *fétichisme*, «id.»)
fetichista adj.2g. 1 relativo ao fetichismo 2 próprio do fetichismo 3 que pratica o fetichismo ■ n.2g. 1 pessoa que pratica o fetichismo 2 PSICOLOGIA pessoa que manifesta excitação ou atração sexual compulsiva por certa parte do corpo, por certas peças de vestuário ou por determinados objetos (Do fr. *fétichiste*, «id.»)
feticida n.2g. pessoa causadora da morte de um feto (embrião) (Do lat. *fetu*-, «feto» +*caedĕre*, «matar»)
feticídio n.m. 1 morte do feto, por causas naturais, antes de ele completar o seu desenvolvimento; aborto 2 DIREITO crime no qual, através do aborto provocado, ocorre a morte do feto que se presume com vida (Do lat. *fetu*-, «feto» +*caedĕre*, «matar» +-*io*)
fetidez n.f. qualidade daquilo que é fétido; fedor (De *fétido*+-*ez*)
fétido adj. que exala cheiro desagradável; que fede; fedorento ■ n.m. fedor (Do lat. *foetĭdu*-, «id.»)
feto[1] n.m. BIOLOGIA mamífero quando o seu desenvolvimento atinge os caracteres do animal adulto e estes são reconhecidos, especialmente o ser humano entre as oito semanas de gestação e o nascimento (Do lat. *fetu*-, «id.»)
feto[2] n.m. BOTÂNICA nome vulgar generalizado às plantas pteridófitas de folhas desenvolvidas e recortadas, como o feto-macho, o feto-fêmea, etc.; fêtão (Do lat. *filictu*-, «feteira»)
feto-dos-montes n.m. BOTÂNICA planta pteridófita, da família das Polipodiáceas, espontânea e frequente nos terrenos incultos de Portugal
feto-fêmea n.m. BOTÂNICA planta pteridófita, da família das Polipodiáceas, com indúsios ciliado-barbilhados, espontânea nos sítios húmidos e sombrios de muitas regiões de Portugal
feto-macho n.m. BOTÂNICA planta pteridófita, da família das Polipodiáceas, com indúsios providos de uma prega radical, espontânea nos sítios frescos de muitas regiões de Portugal, e também conhecida por dentebrum
feto-negro n.m. BOTÂNICA planta pteridófita, da família das Polipodiáceas, com folhas de pecíolo negro, espontânea e frequente nos sítios sombrios
feto-real n.m. BOTÂNICA planta pteridófita, da família das Osmundáceas, provida de grandes folhas, espontânea nos sítios húmidos e frescos
feudal adj.2g. referente a feudo ou ao feudalismo medieval (De *feudo*+-*al*)
feudalidade n.f. ⇒ **feudalismo** (De *feudal*+-*i*-+-*dade*)
feudalismo n.m. 1 HISTÓRIA sistema político, económico e social que vigorou na Idade Média e se caracterizava pela decomposição da propriedade (feudo), conjugada com a decomposição da soberania, e pelas obrigações recíprocas entre suseranos e vassalos 2 conjunto de instituições que criam e regulam as obrigações de obediência e serviço (De *feudal*+-*ismo*)
feudalista adj.2g. que diz respeito ao feudalismo ■ n.2g. pessoa partidária do feudalismo (De *feudal*+-*ista*)
feudatário adj. 1 que paga feudo 2 feudal ■ n.m. vassalo (Do fr. *feudataire*, «id.»)
feudista n.2g. pessoa versada em matéria de feudos (De *feudo*+-*ista*)
feudo n.m. 1 HISTÓRIA terra nobre ou propriedade rústica concedida pelo senhor a um vassalo, com a obrigação de fé, homenagem, prestação de certos serviços e pagamento de foro ou tributo 2 HISTÓRIA vassalagem feudal 3 posse exclusiva (Do frânc. **fehuod*, «posse de gado», pelo lat. med. *feūdu*-, «id.»)
fêvera n.f. ⇒ **febra** (Do lat. *fibra*-, «filamento» de plantas ou animais)
fevereiro n.m. segundo mês do ano civil, com vinte e oito dias nos anos comuns e vinte e nove nos anos bissextos (Do lat. *februarĭu*-, «o mês das purificações», de *februāre*, «purificar; fazer purificação religiosa»)
fevra /ê/ n.f. ⇒ **febra** (Do lat. *fibra*-, «filamento» de plantas ou animais)
fevroso /ô/ adj. 1 que tem fevras 2 musculoso (De *fevra*+-*oso*)
fez /ê/ n.m. barrete geralmente vermelho, em forma de cone, utilizado por certos povos da África e do Médio Oriente, especialmente pelos turcos (Do ár. *fas*, «id.»)
fezada n.f. [coloq.] grande fé; grande confiança; convicção firme; *ter ~ em* acreditar em, estar convicto de que (De *fé*+-*z*-+-*ada*)
fezes n.f.pl. 1 excrementos ou matérias fecais 2 borra ou sedimento de um líquido 3 partículas que se separam dos metais durante a sua fusão; escória 4 [fig., pej.] ralé; escória da sociedade (Do lat. *faeces*, «id.»)
fezinha n.f. [Brasil] [pop.] ato de arriscar algum dinheiro no jogo da lotaria
fi n.m. nome da vigésima primeira letra do alfabeto grego (φ, Φ) (Do gr. *phî*, «id.»)
fiã n.f. antiga unidade de medida de capacidade; fiada (De orig. obsc.)
fiabilidade n.f. 1 qualidade do que é fiável 2 credibilidade 3 grau de confiança que algo merece (De *fiável*+-*i*-+-*dade*)
fiação n.f. 1 ato ou efeito de fiar 2 modo de fiar 3 obra fiada 4 fábrica ou lugar onde se fia (De *fiar*+-*ção*)
fiacre n.m. 1 antiga carruagem de praça, de aluguer, com uma só bancada 2 trem de praça (Do fr. *fiacre*, «id.»)
fiada[1] n.f. 1 série de pedras ou tijolos colocados em fileira 2 fila; alinhamento 3 série de objetos atravessados pelo mesmo fio; enfiada (Part. pass. fem. subst. de *fiar*)
fiada[2] n.f. ⇒ **fiã**
fiadeira n.f. mulher que tem por ofício fiar; fiandeira (De *fiar*+-*deira*)
fiadeiro n.m. 1 homem que tem por ofício fiar; fiandeiro 2 [regionalismo] fogueira em volta da qual se reúnem as mulheres da aldeia para fiar, cantar ou rezar ■ adj. fácil de fiar (De *fiar*+-*deiro*)
fiadilho n.m. 1 parte do casulo que não se fia 2 borra ou fiadilho da seda 3 cadarço (De *fiar*+-*dilho*)
fiado[1] adj. que se fiou; reduzido a fio ■ n.m. 1 qualquer substância filamentosa que se reduziu a fio 2 meada ou conjunto de meadas (Part. pass. subst. de *fiar*)
fiado[2] adj. 1 que tem confiança; confiante 2 vendido a crédito ■ n.m. 1 pessoa que se afiança 2 mercadoria vendida a crédito ■ adv. a crédito
fiadoiro n.m. ⇒ **fiadouro**
fiador n.m. 1 pessoa que afiança outra, tomando sobre si a responsabilidade de cumprir a obrigação do fiado, se ele a não cumprir 2 abonação 3 descanso da espingarda 4 correia que liga a espada à mão, quando desembainhada 5 cabo para segurar linhas aéreas aos apoios no caso de elas se partirem 6 pl. correntes para segurar o engate de máquinas ou carruagens no caso de este se partir (De *fiar*+-*dor*)
fiadoria n.f. 1 encargo do fiador 2 fiança; caução (De *fiador*+-*ia*)
fiadouro n.m. 1 ação continuada de fiar 2 [regionalismo] lugar onde se seroa nas aldeias, fiando e tagarelando (De *fiar*+-*douro*)
fiadura n.f. 1 fiadoria 2 fiação (De *fiar*+-*dura*)
fialho n.m. ⇒ **fiapo** (De *fio*+-*alho*)
fiambre n.m. 1 carne de porco, mantida em salmoura e depois cozida, prensada dentro de formas, que se come fria e geralmente cortada em fatias 2 qualquer outro tipo de carne (peru, frango), preparada e consumida da mesma forma (Do cast. *fiambre*, «id.»)
fiambreira n.f. 1 máquina para cortar fiambre 2 [regionalismo] tarro sem asa (De *fiambre*+-*eira*)
fiambreiro n.m. recipiente para se guardar fiambre (De *fiambre*+-*eiro*)
fiança n.f. 1 obrigação contraída pelo fiador 2 garantia pela qual um terceiro assegura o cumprimento de uma obrigação alheia 3 quantia com que essa obrigação é afiançada 4 valores depositados como garantia de qualquer obrigação; penhor; caução 5 segurança; confiança (Do fr. ant. *fiance*, «compromisso»)
fiandeira n.f. ⇒ **fiadeira** (De *fiar*+-*deira*)
fiandeiro n.m. ⇒ **fiadeiro**
fiapagem n.f. porção de fiapos (De *fiapo*+-*agem*)

fiapo n.m. fio muito fino (De *fio*)

fiar[1] v.tr.,intr. reduzir a fio ■ v.tr. **1** estirar à fieira; fazer arame **2** serrar (madeira) longitudinalmente **3** [fig.] tramar; urdir; *lá se foi tudo quanto Marta fiou* lá se estragou tudo, lá ficou tudo sem efeito (Do lat. *filāre*, «id.»)

fiar[2] v.tr. **1** ficar por fiador de; afiançar **2** entregar sob confiança ■ v.tr.,pron. confiar; acreditar ■ v.tr.,intr.,pron. vender fiado ou a crédito; dar crédito; **~-se na Virgem e não correr** não fazer nada para conseguir o que se quer, confiando na sorte (Do lat. vulg. *fidāre*, por *fidēre*, «fiar-se; confiar»)

fiasco n.m. **1** resultado desfavorável, ridículo ou vexatório; fracasso **2** vergonha **3** estenderete **4** mau sucesso (Do it. *fiasco*, «mau êxito; fiasco»)

fiável adj.2g. **1** que se pode fiar **2** em que pode confiar **3** que merece crédito (De *fiar*+-*vel*)

fibra n.f. **1** elemento fino e longo que entra na constituição de substâncias dos seres vivos e dos minerais **2** HISTOLOGIA célula tipicamente delgada e comprida, aguçada nas extremidades **3** rijeza **4** músculo **5** [fig.] força; coragem; valor; **~ *artificial*** termo genérico indevidamente usado para designar qualquer fibra que haja sido produzida artificialmente e seja destinada à tecelagem; **~ *colagénia/conjuntiva/elástica*** HISTOLOGIA elemento filiforme que aparece aos feixes no tecido conjuntivo propriamente dito e em certas cartilagens; **~ *estriada*** fibra muscular, multinucleada, de dupla estriação, constituída por fibrilas de estrutura heterogénea, que entra na constituição dos músculos voluntários; **~ *lisa*** fibra muscular, uninucleada, constituída por fibrilas de estrutura homogénea, que entra na constituição das túnicas musculares; **~ *muscular*** célula alongada de estrutura fibrilar, contráctil, que entra na constituição dos músculos; **~ *nervosa*** elemento condutor do fluxo nervoso, que tem por parte essencial o cilindro-eixo, e que entra na constituição dos nervos; *ter* **~** ser competente ou talentoso, ter personalidade (Do lat. *fibra*-, «fibra das plantas»)

fibrila n.f. **1** pequena fibra **2** CITOLOGIA cada um dos elementos filiformes que entram na constituição das fibras musculares (miofibrila) e de outras células, como as células nervosas (neurofibrila), etc. **3** BOTÂNICA cada uma das últimas ramificações das raízes; fibrilha; radícula (De *fibra*+-*ila*)

fibrilação n.f. MEDICINA sucessão irregular, desordenada, de contrações e relaxações das fibras de um músculo, como o coração, o diafragma e outros (Do fr. *fibrillation*, «id.»)

fibrilar[1] adj.2g. **1** próprio de fibra **2** referente ou semelhante a fibra **3** disposto em pequenas fibras (De *fibrila*+-*ar*, sufixo nominal)

fibrilar[2] v.intr. apresentar fibrilação (De *fibrila*+-*ar*, sufixo verbal)

fibrilha n.f. ⇒ **fibrila**

fibrília n.f. matéria têxtil a que se reduzem o linho e o cânhamo para adquirir as propriedades do algodão (De *fibrila*)

fibrilífero adj. que tem muitas fibras ou fibrilas (De *fibrila*+-*fero*)

fibriloso /ô/ adj. formado por um conjunto de fibrilas (De *fibrila*+-*oso*)

fibrina n.f. BIOQUÍMICA substância sólida, proteica, que aparece no sangue coagulado (e líquidos serosos) e é proveniente do fibrinogénio por coagulação (De *fibra*+-*ina*)

fibrino adj. relativo a fibras (De *fibra*+-*ino*)

fibrinogénio n.m. BIOQUÍMICA proteína existente no plasma sanguíneo, da qual, pela coagulação, resulta a fibrina (De *fibrina*+-*génio*)

fibrinoso /ô/ adj. relativo a fibrina (De *fibrina*+-*oso*)

fibro- elemento de formação de palavras que exprime a ideia de fibra (Do lat. *fibra*-, «fibra»)

fibrocartilagem n.f. HISTOLOGIA variedade de tecido cartilagíneo cuja substância fundamental apresenta fibras conjuntivas (De *fibro*-+*cartilagem*)

fibrocartilagíneo adj. relativo a fibrocartilagem ou da mesma natureza dela (De *fibro*-+*cartilagíneo*)

fibrocartilaginoso adj. ⇒ **fibrocartilagíneo** (De *fibro*-+*cartilaginoso*)

fibrocelular adj.2g. **1** formado de tecido fibroso e celular **2** relativo às fibras e ao tecido celular (De *fibro*-+*celular*)

fibrocimento n.m. produto formado de fibras de amianto e cimento, utilizado na construção civil para revestimento de coberturas, execução de canos, depósitos, etc. (De *fibro*-+*cimento*)

fibroide adj.2g. semelhante a fibra (De *fibra*+-*óide*)

fibróide ver nova grafia **fibroide**

fibrólito n.m. MINERALOGIA mineral maciço e de textura fibrosa, que é uma variedade de silimanite (silicato de alumínio) e cristaliza no sistema ortorrômbico (Do lat. *fibra*-, «fibra»+gr. *líthos*, «pedra»)

fibroma /ô/ n.m. MEDICINA tumor benigno formado por tecido conjuntivo (De *fibra*+-*oma*)

fibromialgia n.f. MEDICINA doença que se caracteriza essencialmente por dor crónica nos músculos e tendões, fadiga, depressão, ansiedade, dor de cabeça e dormência de mãos e pés (De *fibro*-+*mialgia*)

fibromuscular adj.2g. HISTOLOGIA diz-se do tecido composto de fibras e músculos (De *fibro*-+*muscular*)

fibroscópio n.m. MEDICINA endoscópio flexível que transmite imagens do interior do organismo através de fibras óticas (Do lat. *fibro*-+gr. *skopeīn*)

fibrose n.f. MEDICINA formação anormal de tecido fibroso ou cicatricial, com esclerose (De *fibra*+-*ose*)

fibrosidade n.f. qualidade do que é fibroso

fibroso /ô/ adj. **1** composto de fibras ou com elas relacionado **2** semelhante a fibra(s) (De *fibra*+-*oso*)

fibrovascular adj.2g. HISTOLOGIA diz-se do tecido composto de fascículos de fibras e vasos (De *fibro*-+*vascular*)

fíbula n.f. **1** espécie de broche com que os Romanos e os Gregos prendiam as vestes **2** ANATOMIA ⇒ **perónio** (Do lat. *fibŭla*-, «broche; agrafo»)

fibulação n.f. MEDICINA união dos bordos de uma ferida por meio de colchetes (Do lat. *fibulatiōne*-, «junção por meio de gatos ou agrafos»)

ficáceo adj. **1** relativo a figueira **2** semelhante a figueira (Do lat. *ficu*-, «figo; figueira» +-*áceo*)

ficada n.f. **1** ato de ficar **2** permanência (em oposição a partida) **3** (bilhar) carambola difícil que o jogador deixa para o parceiro (Part. pass. fem. subst. de *ficar*)

ficar v.cop. liga o predicativo ao sujeito, indicando: **1** continuar, permanecer, conservar-se (*o João ficou contente; eles ficaram bem; a Maria ficará na cidade*); **2** estar, encontrar-se (*o copo fica na prateleira de baixo; a aldeia fica em Portugal*); **3** pernoitar (*fiquei num hotel*); **4** tornar-se (*ele ficou mais responsável; de manhã, fica frio*); **5** custar (*o livro ficou a/em/por quinze euros*); **6** sair, resultar (*a pintura ficou bem*); **7** passar a ter (*a Joana ficou com dúvidas; o bebé ficou com tosse*); **8** passar a pertencer a (*o carro ficou para mim*); **9** passar a ter a posse de (*o João ficou com a casa*); **10** ser adiado para (*o espetáculo ficou para a semana*); **11** ajustar-se, harmonizar-se (*as calças ficam-lhe bem*); **12** servir de (*o acidente ficou de emenda*) ■ v.intr. **1** não sair de um lugar; conservar-se no mesmo lugar **2** restar; sobrar; sobejar **3** permanecer; persistir **4** parar; deter-se ■ v.pron. **1** parar de repente; deter-se **2** permanecer **3** desistir **4** [coloq.] não reagir; calar **5** falecer **6** não comprar mais cartas (em certos jogos); **~ *a apitar*** não conseguir o que se deseja; **~ *à divina*** ficar sem nada; **~ *com*** apoderar-se de, manter-se em companhia de, herdar, adquirir; **~ *de boca aberta*** ficar pasmado; **~ *de cara à banda/~ de nariz torcido*** ficar despeitado; **~ *de orelha murcha*** ficar decepcionado; **~ *em águas de bacalhau*** frustrar-se; **~ *em branco*** não perceber nada; **~ *na dependura*** ficar sem dinheiro; **~ *nas lonas*** ficar sem nada; **~ *no tinteiro*** não ser dito ou escrito; **~ *para semente*** nunca morrer, ter vida longa; **~ *por alguém*** afiançar alguém; **~ *sem pinga de sangue*** ficar pálido de angústia perante um facto inesperado, assustar-se; **~ *teso*** perder todo o dinheiro (Do lat. vulg. *figiccāre*, freq. de *figēre*, «fixar»)

-ficar sufixo verbal, de origem latina, que exprime a ideia de *fazer, tornar, transformar em* (*bestificar; burrificar; plastificar*)

ficária n.f. BOTÂNICA ⇒ **quelidónia-menor** (Do lat. *ficarĭa*-, «figueira»)

ficário adj. relativo a figo (Do lat. *ficarĭu*- «id.»)

ficção n.f. **1** ato ou efeito de fingir; simulação **2** aquilo que não é verdadeiro ou não corresponde à realidade **3** invenção fabulosa ou engenhosa **4** criação imaginária; fantasia **5** LITERATURA tipo de literatura que engloba principalmente o romance, a novela e o conto, e assenta em acontecimentos e/ou personagens criados ou interpretados pela imaginação; literatura novelesca **6** ideias imaginárias com que o orador pretende dar mais força ao seu discurso; **~ *científica*** LITERATURA, CINEMA, TELEVISÃO género cujo enredo é baseado em conhecimentos científicos atuais, lidando essencialmente com o impacto da ciência, real ou imaginada, sobre a sociedade ou as pessoas (Do lat. *ficciōne*-, «id.»)

ficcional adj.2g. **1** LITERATURA que diz respeito à ficção ou ao ficcionismo **2** que não corresponde à verdade ou à realidade; inventado **3** imaginário (Do lat. *fictiōne*-, «ficção» +-*al*)

ficcionismo n.m. **1** LITERATURA literatura de ficção **2** conjunto dos autores de obras de ficção (Do lat. *fictiōne*-, «ficção» +-*ismo*)

ficcionista adj.,n.2g. que ou pessoa que escreve obras de ficção (Do lat. *fictiōne*-, «ficção» +-*ista*)

ficha n.f. **1** ELETRICIDADE peça que termina um cabo elétrico, com pernos metálicos que se introduzem nos orifícios de uma tomada para estabelecer a ligação elétrica **2** folha ou cartão para arquivo e catalogação de documentos ou livros **3** senha numerada distribuída entre pessoas que esperam ser atendidas num serviço público **4** registo dos dados relevantes da vida pessoal e/ou profissional de alguém **5** pequena peça que representa determinada quantia em jogos como a roleta ou o póquer; ~ *técnica* lista dos nomes dos profissionais e entidades envolvidos direta ou indiretamente num trabalho (filme, documentário, etc.); ~ *tripla* ELETRICIDADE peça com dois pinos que permite a ligação simultânea de três fichas à corrente (Do fr. *fiche*, «id.»)

fichar v.tr. **1** registar em fichas **2** catalogar (De *ficha*+-*ar*)

fichário n.m. ⇒ **ficheiro** (De *ficha*+-*ário*)

ficheiro n.m. **1** caixa, gaveta ou pasta onde se guardam fichas **2** conjunto de fichas **3** catálogo **4** INFORMÁTICA conjunto de informações, programas, etc., armazenado com um determinado nome na memória ou num suporte de informação (De *ficha*+-*eiro*)

fichinha n.f. **1** [Brasil] [coloq.] pessoa sem importância **2** [Brasil] [coloq.] tarefa fácil de cumprir

fici- elemento de formação de palavras que exprime a ideia de *figo* (Do lat. *ficu-*, «figo»)

ficiforme adj.2g. que tem forma de figo (De *fici*-+-*forme*)

fico- elemento de formação de palavras que exprime a ideia de *alga* (Do gr. *phýkos*, «alga»)

-fico sufixo nominal, de origem latina, que exprime a ideia de *que faz, que torna, que causa* (*dulcifico; honorífico*)

ficocianina n.f. BOTÂNICA pigmento azulado que aparece, em especial, nas plantas cianofíceas (algas azuis) e nas algas vermelhas (De *fico*-+*cianina*)

ficoeritrina n.f. BOTÂNICA pigmento de cor vermelha que aparece nas rodofíceas (algas vermelhas) (De *fico*-+*eritrina*)

ficofagia n.f. consumo de algas como alimentação; qualidade de ficófago (De *fico*-+-*fagia*)

ficófago adj. que se alimenta de algas (De *fico*-+-*fago*)

ficofeína n.f. BOTÂNICA pigmento que se encontra nas algas feofíceas, às quais, juntamente com a clorofila, dá a cor olivácea ou castanha (Do gr. *phýkos*, «alga» +*phaiós*, «pardo; castanho» +-*ina*)

ficologia n.f. BOTÂNICA parte da botânica cujo objeto é o estudo das algas (Do gr. *phýkos*, «alga» +*lógos*, «estudo» +-*ia*)

ficológico adj. relativo à ficologia (De *ficologia*+-*ico*)

ficologista n.2g. especialista em ficologia (De *ficologia*+-*ista*)

ficólogo n.m. ⇒ **ficologista** (Do gr. *phýkos*, «alga» +*lógos*, «estudo»)

ficomicete n.m. BIOLOGIA espécime dos ficomicetes ∎ n.m.pl. BIOLOGIA grupo (ordem) de fungos que não têm hifas septadas nem basídios, como o bolor branco do pão (Do gr. *phýkos*, «alga» +*mýkes*, -*etos*, «cogumelo»)

fictício adj. **1** que não é verdadeiro ou não corresponde à realidade **2** em que há ficção **3** criado pela imaginação; imaginário; fabuloso **4** simulado **5** aparente **6** ilusório (Do lat. *fictíciu-*, «id.»)

fidalgaço n.m. grande fidalgo; fidalgarrão (De *fidalgo*+-*aço*)

fidalgal adj.2g. **1** relativo a fidalgo **2** próprio de fidalgo (De *fidalgo*+-*al*)

fidalgaria n.f. **1** conjunto de fidalgos **2** fidalguia (De *fidalgo*+-*aria*)

fidalgarrão n.m. ⇒ **fidalgaço** (De *fidalgo*+-*arrão*)

fidalgo n.m. **1** indivíduo que tem títulos de nobreza **2** [pop., pej.] indivíduo que vive sem trabalhar e que anda bem vestido ∎ adj. **1** relativo a fidalguia; nobre **2** digno **3** generoso **4** [pej.] que não se sujeita a trabalhar **5** [pej.] esquisito com a comida; de má boca (De *fi[lho] de algo*)

fidalgoso /ô/ adj. em que há fidalguia (De *fidalgo*+-*oso*)

fidalgote n.m. **1** [depr.] indivíduo de nobreza duvidosa **2** [depr.] indivíduo de poucos meios, mas que vive à moda fidalga (De *fidalgo*+-*ote*)

fidalgueiro adj.,n.m. que ou aquele que procura viver com fidalgos (De *fidalgo*+-*eiro*)

fidalguelho /ê/ n.m. [depr.] fidalgo ridículo; fidalgote (De *fidalgo*+-*elho*)

fidalguesco /ê/ adj. relativo a fidalgo ou a fidalguia; fidalgal (De *fidalgo*+-*esco*)

fidalguete /ê/ n.m. [depr.] ⇒ **fidalgote** (De *fidalgo*+-*ete*)

fidalguia n.f. **1** qualidade de quem é fidalgo; nobreza **2** classe dos fidalgos; fidalgaria **3** distinção; requinte **4** generosidade; nobreza; ~ *sem comedoria é gaita que não assobia* [pop.] honras sem proveito não fazem jeito (De *fidalgo*+-*ia*)

fidalguice n.f. **1** afetação de maneiras de fidalgo **2** bazófia; prosápia vã (De *fidalgo*+-*ice*)

fidalguinho n.m. **1** fidalgo pequeno ou jovem **2** CULINÁRIA variedade de biscoito (De *fidalgo*+-*inho*)

fidalguito n.m. ⇒ **fidalguinho** (De *fidalgo*+-*ito*)

fidedignidade n.f. qualidade daquilo ou de quem é fidedigno (De *fidedigno*+-*i*-+-*dade*)

fidedigno adj. **1** digno de fé **2** em que se pode confiar; merecedor de crédito (Do lat. *fide-*, «fé» +*dignu-*, «digno»)

fideicomissário n.m. DIREITO aquele que recebe, por morte do fiduciário, a herança ou o legado, no fideicomisso ou substituição fideicomissária (Do lat. *fideicommissarĭu-*, «id.»)

fideicomisso n.m. DIREITO disposição testamentária pela qual algum herdeiro ou legatário é encarregado de conservar e transmitir, por sua morte, a um terceiro a herança ou legado (Do lat. *fideicommiss-*, «id.»)

fideísmo n.m. FILOSOFIA doutrina filosófica que atribui, com vista ao conhecimento de algumas verdades, maior importância à fé do que à razão (Do lat. *fide-*, «fé» +-*ismo*, ou do fr. *fidéisme*, «id.»)

fideísta adj.2g. **1** relativo ao fideísmo **2** que é partidário do fideísmo ∎ n.2g. **1** pessoa que antepõe a fé à razão **2** partidário do fideísmo (Do lat. *fide-*, «fé» +-*ista*, ou do fr. *fidéiste*, «id.»)

fidejussória n.f. fiança; caução (De *fidejussório*)

fidejussório adj. da fiança ou a ela relativo (Do lat. *fidejussorĭu-*, «relativo a fiança»)

fidelidade n.f. **1** qualidade do que é fiel **2** lealdade; retidão **3** constância; perseverança **4** exatidão; veracidade **5** grau de precisão com que um sistema reproduz som e imagem **6** cumprimento dos compromissos de monogamia assumidos com cônjuge, companheiro(a) ou namorado(a) **7** FÍSICA propriedade de um aparelho, que permite observar os mesmos resultados quando utilizado nas mesmas condições (Do lat. *fidelitate-*, «id.»)

fidelíssimo adj. {superlativo absoluto sintético de **fiel**} completamente fiel (Do lat. *fidelissĭmu-*, «id.»)

fidelização n.f. **1** ato ou efeito de tornar fiel **2** (marketing) estratégia cujo objetivo é tornar os consumidores clientes habituais de determinada marca, produto ou serviço (De *fidelizar*+-*ção*)

fidelizar v.tr. **1** tornar fiel **2** garantir a fidelidade de (um cliente) **3** (marketing) tornar (um cliente) consumidor habitual (Do lat. *fidēle-*+-*izar*)

fidéus n.m.pl. aletria (Do cast. *fideos*, «massa em fio»)

fidiesco /ê/ adj. que diz respeito a Fídias, escultor ateniense, 490 a 430 a. C. (De *Fídias*, antr. +-*esco*)

fidjiano adj.,n.m. ⇒ **fijiano** (De *Fidji*, top. +-*ano*)

fido adj. [poét.] fiel (Do lat. *fidu-*, «fiel»)

fidúcia n.f. **1** confiança; segurança **2** atrevimento; ousadia; prosápia **3** luxo; ostentação (Do lat. *fiducĭa-*, «id.»)

fiducial adj.2g. **1** referente a fidúcia **2** digno de confiança (De *fidúcia*+-*al*)

fiduciário adj. **1** que depende de confiança; fiducial **2** que revela confiança **3** que faz as vezes de outro ∎ n.m. herdeiro ou legatário encarregado de conservar e transmitir a herança ou legado no fideicomisso ou substituição fideicomissária; *circulação fiduciária* circulação de notas do banco (Do lat. *fiduciarĭu-*, «id.»)

fieira n.f. **1** aparelho para converter os metais em fio **2** viga existente no cume do telhado **3** fileira; linha; renque **4** GEOLOGIA veio mineral; filão **5** guita para fazer rolar o pião **6** [fig.] meio de prova **7** pl. ZOOLOGIA formações crivosas em que se abrem as glândulas sericígenas das aranhas; *dar pela* ~ dar pouco; *passar à* ~ verificar minuciosamente (De *fio*+-*eira*)

fieiro n.m. **1** [regionalismo] enfiada de bolotas ou castanhas que se põem ao fumeiro para secar ou avelar **2** [regionalismo] monte de areia, à beira-mar, sobre o qual se seca peixe (De *fio*+-*eiro*)

fieiteira n.f. ⇒ **feteira** (De *fieito*+-*eira*)

fieito n.m. [regionalismo] BOTÂNICA ⇒ **feto**² (Do lat. *filictu-*, «feto»)

fiel¹ adj.2g. **1** que guarda fidelidade **2** que cumpre os compromissos assumidos **3** leal; probo **4** constante **5** que é exato ou verdadeiro em relação àquilo que pretende refletir **6** que cumpre os compromissos de monogamia assumidos com cônjuge, companheiro(a) ou namorado(a) **7** seguro ∎ n.m. **1** empregado que tem a seu cargo a guarda de valores **2** ajudante de tesoureiro **3** pl. sectários de uma religião **4** pl. cristãos; *comemoração dos fiéis defuntos* comemoração, no dia 2 de novembro, dos cristãos falecidos (Do lat. *fidēle-*, «id.»)

fiel² n.m. fio ou hastil indicador do equilíbrio de uma balança (Do lat. *filu-*, «fio», com infl. de *fiel*)

fiel-amigo n.m. [pop.] bacalhau

fielmente adv. **1** com fidelidade **2** exatamente (De *fiel*+-*mente*)

fifi n.f. [coloq.] menina pretensiosa, presumida (De orig. onom.)

fífia n.f. 1 som ou nota desafinada, na voz ou em instrumentos de música 2 [pop.] tolice (De orig. onom.)

figa n.f. 1 gesto com a mão fechada e o dedo polegar metido entre o indicador e o médio, para dar sorte; gesto com os dedos indicador e médio cruzados para dar sorte 2 amuleto; *figas!* [ant.] somete!, desaparece!; *de uma ~!* extraordinário!, muito bom!; *fazer figas* pôr os dedos na posição da figa, em sinal de repúdio, indignação ou esconjuro (Do lat. vulg. *fica, «figo», pelo ant. prov. figa, «figa», pelo fr. figue, «id.»)

figadal adj.2g. 1 referente ao fígado 2 [fig.] profundo; íntimo 3 [fig.] intenso (De fígado+-al)

figadeira n.f. 1 conjunto de vísceras que inclui o fígado 2 VETERINÁRIA doença no fígado de certos animais 3 [pop.] sensação de mal-estar físico que pode incluir náuseas, azia, dor de cabeça, etc., e que é provocada por excessos alimentares, stress ou ingestão de alimentos mal conservados; crise de fígado 4 [pop.] hepatite (inflamação do fígado) (De fígado+-eira)

fígado n.m. 1 ANATOMIA órgão situado próximo do tubo digestivo com funções muito importantes, entre as quais se distinguem a secreção biliar e a secreção glicogénica 2 [fig.] índole; carácter 3 [fig.] coragem 4 [pop.] algumas manifestações vulgares de doenças provocadas pelo mau funcionamento deste órgão; *ter maus fígados* ter mau carácter, ser vingativo (Do lat. ficătu-, por ficătu-, «fígado guarnecido de figos; fígado»)

fígaro n.m. [pop.] barbeiro (Do fr. Figaro, antr., personagem de *O Barbeiro de Sevilha*, de P. de Beaumarchais, escritor fr., 1732-1799)

figle n.m. MÚSICA antigo instrumento musical de sopro (Do fr. ophicléide, «id.»)

figo[1] n.m. 1 BOTÂNICA infrutescência da figueira, do tipo sicónio, conhecida vulgarmente como fruto, carnudo, geralmente verde ou roxo, com polpa avermelhada, muito apreciado depois de maduro ou quando seco 2 designação comum a frutos carnudos de algumas plantas por apresentarem algumas semelhanças com a infrutescência da figueira 3 [fig.] coisa amarrotada 4 [fig.] coisa muito doce 5 [fig.] repreenda; *chamar-lhe um ~* comer sofregamente uma coisa que se considera deliciosa (Do latim ficu-, «idem»)

figo[2] n.m. [Moçambique] banana (em toda a região do vale do Zambeze) (Do ciniungue figu, «idem», de figo, denominação da banana na Europa até ao séc. XVII)

figo-loiro n.m. ORNITOLOGIA ⇒ **papa-figos** 1
figo-louro n.m. ORNITOLOGIA ⇒ **papa-figos** 1
figo-maduro n.m. ORNITOLOGIA ⇒ **papa-figos** 1

figueira n.f. 1 BOTÂNICA nome vulgar de algumas árvores produtoras de figos, comestíveis ou não, em especial uma pertencente à família das Moráceas, espontânea de norte a sul de Portugal, sendo uma das suas variedades a figueira-brava e a outra a figueira mansa, que é muito cultivada 2 BOTÂNICA árvore gigantesca brasileira também chamada gameleira (Do lat. ficarĭa-, «figueira»)

figueira-brava n.f. 1 BOTÂNICA variedade de figueira cujos figos não são suculentos, espontânea e cultivada em Portugal, também conhecida por baforeira e figueira-de-toucar 2 [Brasil] designação de algumas árvores produtoras de boa madeira

figueira-da-índia n.f. BOTÂNICA planta arbustiva, carnosa, com ramos comprimidos, articulados e espinhosos e frutos doces e comestíveis, pertencente à família das Cactáceas, subespontânea e cultivada em Portugal, também conhecida por cumbeba

figueira-de-adão n.f. BOTÂNICA ⇒ **bananeira**
figueira-do-diabo n.f. BOTÂNICA ⇒ **estramónio**
figueira-do-faraó n.f. BOTÂNICA ⇒ **sicómoro**
figueira-do-inferno n.f. BOTÂNICA ⇒ **estramónio**
figueiral n.m. pomar de figueiras (De figueira+-al)
figueiredo /ê/ n.m. ⇒ **figueiral** (De figueira+-edo)
figueiroa /ô/ n.f. BOTÂNICA variedade de pereira cujo fruto é muito apreciado em Portugal (De Figueiroa, antr.)
figueital n.m. terreno onde crescem figueitos (De figueito+-al)
figueiteiro n.m. [regionalismo] ⇒ **figueital** (De figueito+-eira)
figueito n.m. [regionalismo] BOTÂNICA ⇒ **feto**[2] (Do lat. filictu-, «feto»)
figuenho /ê/ adj. 1 relativo a figo 2 (aguardente) que tem figo (De figo+-enho)
figulina n.f. 1 espécie de barro utilizado no fabrico de certas louças 2 vaso de barro (De figulino)
figulino adj. 1 feito de barro 2 fácil de moldar; plástico 3 [fig.] dócil (Do lat. figulīnu-, «de barro»)
fígulo n.m. 1 oleiro 2 escultor (Do lat. figŭlu-, «idem»)
figura n.f. 1 forma exterior; configuração 2 aspeto 3 imagem; vulto 4 aspeto, impressão que as pessoas ou as coisas produzem 5 desenho; ilustração; gravura 6 estátua ou representação de pessoa ou animal 7 (cartas de jogo) denominação comum ao rei, dama e valete 8 pessoa; personalidade; entidade 9 estatura 10 TEATRO personagem dramática 11 MÚSICA sinal gráfico, cujo valor determina a duração do som 12 MÚSICA membro de uma orquestra, orfeão, etc. 13 (dança) cada um dos vários passos e posições executados pelos dançarinos 14 GEOMETRIA todo o conjunto de pontos, linhas ou superfícies 15 LÓGICA cada uma das quatro formas que pode assumir um silogismo, conforme as posições relativas que ocupe o termo médio, como sujeito ou predicado, nas premissas maior e menor 16 pl. HERÁLDICA objetos que se colocam no campo do escudo; *~ de retórica* recurso linguístico que cria efeitos de expressividade através de alterações fonéticas (como a aliteração), sintáticas (como a anáfora ou a enumeração) ou semânticas (como a antítese e a hipérbole); *fazer boa/má ~* ser bem/mal sucedido; *fazer ~ de urso* comportar-se de forma ridícula, ser alvo de troça; *fazer ~* dar nas vistas, impressionar; *mudar de ~* tornar-se diferente, adquirir novos aspetos ou circunstâncias (Do lat. figūra-, «id.»)

figurabilidade n.f. 1 qualidade de figurável 2 propriedade de tomar figura ou forma (Do lat. *figurabĭle-, «figurável»+-i-+-dade)

figuração n.f. 1 ato ou efeito de figurar; representação 2 forma; figura 3 conjunto de figurantes de um filme, peça ou espetáculo 4 papel de figurante 5 aspeto dos astros pelo qual se tiram certos prognósticos (Do lat. figuratiōne-, «forma»)

figuraço n.m. [regionalismo] ⇒ **figurão** (De figura+-aço)

figuradamente adv. de modo ou em sentido figurado; metaforicamente (De figurado+-mente)

figurado adj. 1 em que há uma ou mais figuras 2 alegórico; imitativo 3 diz-se do sentido da palavra no frase que não é literal; metafórico 4 diz-se da linguagem ou do estilo que se caracteriza pelo uso abundante de recursos estilísticos; metafórico 5 hipotético; suposto 6 representado por meios plásticos 7 diz-se de cada uma das danças com posições ou passos variados (Do lat. figurātu-, «id.», part. pass. de figurāre, «moldar; modelar»)

figural adj.2g. 1 que serve de figura ou de tipo 2 simbólico (Do lat. figurăle-, «simbólico»)

figuralidade n.f. ⇒ **figurabilidade** (Do lat. figuralităte-, «alegoria»)

figurante n.2g. 1 aquele que representa um papel secundário e geralmente mudo em representações teatrais e cinematográficas 2 [fig.] pessoa pouco importante; pessoa com um papel meramente decorativo (Do ing. figurant, «id.», pelo fr. figurant, «id.»)

figurão n.m. 1 [pop.] personagem importante 2 [pop.] boa figura 3 [pej.] homem manhoso 4 [pej.] pessoa extravagante; *fazer um ~* fazer boa figura (De figura+-ão)

figurar v.tr. 1 traçar a figura de 2 representar por meio de figura, metáfora, ou alegoria; simbolizar 3 significar; representar 4 fazer parte de; estar presente em 5 imaginar; supor ■ v.intr. ocorrer; aparecer ■ v.pron. 1 parecer 2 imaginar-se (Do lat. figurāre, «id.»)

figurarias n.f.pl. gestos ou momices que se fazem às crianças para as divertir (De figura+-aria)

figurativa n.f. GRAMÁTICA desinência das palavras declináveis 2 característica de um caso, modo ou tempo (De figurativo)

figurativismo n.m. arte que imita ou evoca as formas sensíveis do objeto representado; arte figurativa (De figurativo+-ismo)

figurativo adj. 1 (arte) que representa a forma sensível de um objeto 2 que representa através de um símbolo; simbólico (Do lat. tard. figuratīvu-, «id.»)

figurável adj.2g. que se pode figurar ou representar (De figurar+-vel)

figurilha n.f. 1 figura pequena 2 [pop.] pessoa franzina ou de pequena estatura 3 [pop.] pessoa com má apresentação; fraca-figura (Do cast. figurilla, «id.»)

figurino n.m. 1 estampa ou figura que representa um modelo de vestuário recomendado pela moda de uma época ou região 2 revista de moda 3 pessoa que se veste de acordo com a moda 4 [fig.] modelo; exemplo (Do it. figurino, «id.»)

figurismo n.m. sistema dos que interpretam alegoricamente a Bíblia (De figura+-ismo)

figurista n.2g. 1 adepto do figurismo 2 pessoa que se serve de figuras para descrever os factos (De figura+-ista)

figuro n.m. 1 personagem importante; figurão 2 indivíduo de procedimento pouco honesto 3 indivíduo manhoso (De figura)

fijiano adj. 1 do Fiji, arquipélago ao norte da Nova Zelândia 2 relativo ao Fiji ou aos seus habitantes ■ n.m. natural ou habitante do Fiji (De Fiji, top. +-ano)

fila[1] n.f. 1 série de pessoas, animais ou coisas colocadas umas atrás das outras; fileira; enfiada 2 [colóq.] cara; *~ indiana* série de pessoas colocadas umas atrás das outras (uma a uma); *à má ~* à traição (Do lat. fila, pl. de filum, «fio»)

fila² *n.f.* **1** ato de filar, prender ou agarrar **2** [pop.] oficial de justiça (Deriv. regr. de *filar*)

filaça *n.f.* filamento de substância têxtil para ser fiado (Do fr. *filasse*, «id.»)

filactérias *n.f.pl.* tiras de pergaminho em que os Hebreus escreviam alguns passos do Deuteronómio, do Êxodo e fragmentos da Lei, que guardavam em pequenas caixas, sobre a testa ou no braço esquerdo (Do gr. *phylaktérion*, «lugar de guarda», pelo lat. *phylacteriŭ-*, «id.»)

filadelfeno *adj., n.m.* ⇒ **filadelfiano** (Do lat. *Philadelphēnos*, «habitantes de Filadélfia», cidade da antiga Lídia, na Ásia Menor)

filadelfiano *adj.* da cidade norte-americana de Filadélfia ou a ela relativo ■ *n.m.* natural ou habitante desta cidade (De *Filadélfia*, top., cidade norte-americana +*-ano*)

filadelfiense *adj.2g.* ⇒ **filadelfiano** (De *Filadélfia*, top. +*-ense*)

filadelfo *n.m.* **1** membro de uma seita religiosa na Inglaterra (séc. XVII) **2** membro de uma sociedade secreta na França durante o 1.º Império (séc. XIX) (Do gr. *philadelphos*, «que ama os seus irmãos», pelo fr. *philadelphe*, «id.»)

filádio *n.m.* PETROLOGIA ⇒ **filito** (Do gr. *phyllas, -ados*, folhagem)

filamentar *adj.2g.* **1** que se compõe de filamentos **2** semelhante a filamento (De *filamento*+*-ar*)

filamento /ô/ *n.m.* **1** fio bastante fino **2** fibra **3** fibrila **4** qualquer formação muito fina e longa num organismo **5** formação filiforme evidente em certas estruturas de alguns minerais **6** fio no interior de uma lâmpada elétrica de iluminação, de aquecimento, etc. **7** FÍSICA fio metálico ou fita de tungsténio, aquecido termoiónica, que fornece, por emissão termoiónica, o fluxo de eletrões que são acelerados e focados sobre um alvo para dar origem aos raios X (Do lat. *filamentu-*, «obra feita de fio»)

filamentoso /ô/ *adj.* **1** que se compõe de filamentos **2** semelhante a filamento (De *filamento*+*-oso*)

filandra *n.f.* ZOOLOGIA mamífero marsupial americano do grupo dos gambás, espécie de sarigueia (Do gr. *philandrós*, de *phílos*, «amigo» +*andrós*, «homem»)

filandras *n.f.pl.* **1** fios longos e finos **2** vegetação aquática que se prende à quilha das embarcações **3** ZOOLOGIA vermes parasitas do tubo intestinal de vários animais, especialmente das aves de rapina (Do fr. *filandres*, «id.»)

filandroso /ô/ *adj.* **1** que tem filandras ou nervuras **2** fibroso (De fr. *filandreux*, «id.»)

filante¹ *adj.2g.* que corre em fio (diz-se dos líquidos quando se deterioram e tomam consistência gomosa) (Do fr. *filant*, «id.»)

filante² *n.2g.* **1** borlista **2** [Brasil] agente de polícia (De *filar*+*-ante*)

filantropia *n.f.* **1** interesse teórico e prático pela felicidade e pelo bem-estar dos outros; amor ao próximo; humanitarismo **2** caridade; generosidade (Do gr. *philanthropía*, «sentimento de humanidade»)

filantropicamente *adv.* **1** com filantropia **2** com altruísmo **3** com humanidade (De *filantrópico*+*-mente*)

filantrópico *adj.* **1** relativo à filantropia **2** ditado pela filantropia **3** que tem objetivos humanitários (De *filantropia*+*-ico*)

filantropismo *n.m.* **1** sistema e princípios dos filantropos **2** [pej.] falsidade nas atitudes filantrópicas (De *filantropia*+*-ismo*)

filantropo /ô/ *adj., n.m.* **1** que ou aquele que se esforça por melhorar a situação dos outros **2** que ou aquele que tem preocupações humanitárias (Do gr. *philánthropos*, «que ama os homens», pelo fr. *philanthrope*, «id.»)

filão *n.m.* **1** GEOLOGIA modo de jazida de rochas eruptivas, plutónicas, que se apresentam com pouca espessura em relação ao seu comprimento, e que se dispõem de vários modos relativamente aos estratos **2** veio de metal em minas; fieira **3** [fig.] fonte de vantagens e benefícios; *explorar o ~* aproveitar a ocasião (Do it. *filone*, «veio de metal», pelo fr. *filon*, «id.»)

filar *v.tr.* **1** deitar os dentes a; ferrar; aferrar **2** agarrar à força; segurar; prender **3** [coloq.] roubar **4** açular (um cão de fila) **5** NÁUTICA aproar à corrente, à maré ou ao vento **6** [Brasil] [coloq.] obter gratuitamente ■ *v.pron.* agarrar-se com os dentes (Do lat. *fibulāre*, «segurar com agrafos»)

filária *n.f.* ZOOLOGIA designação extensiva a uns nematodes de corpo muito fino e alongado, parasitas de alguns animais, incluindo o homem, que provocam as doenças denominadas especialmente filaríases ou filarioses (Do lat. cient. *filarĭa-*, de *filarĭu-*, «novelo de linha»)

filária-de-medina *n.f.* ZOOLOGIA grande filária (especialmente a fêmea) que é transmitida, em regra, por um pequeno crustáceo e que provoca a filaríase ou filariose, também denominada dracunculose e dracontíase

filaríase *n.f.* MEDICINA doença provocada por filárias, espalhada por muitas regiões tropicais, sendo uma das suas formas denominada elefantíase (De *filária*+*-ase*)

filaríida *n.m.* ZOOLOGIA ⇒ **filariídeo**

Filaríidas *n.m.* ZOOLOGIA ⇒ **Filariídeos**

filariídeo *adj.* ZOOLOGIA relativo ou pertencente aos Filariídeos ■ *n.m.* ZOOLOGIA espécime dos Filariídeos

Filariídeos *n.m.* ZOOLOGIA família de nematodes, tipicamente de corpo fino e muito longo, a que pertencem as filárias, e cujo género-tipo se designa *Filaria* (De *filária*+*-ídeos*)

filariose *n.f.* MEDICINA ⇒ **filaríase** (De *filária*+*-ose*)

filarmónica *n.f.* **1** banda de música **2** sociedade musical (De *filarmónico*)

filarmónico *adj.* **1** amigo de harmonia **2** relativo a uma sociedade musical (Do gr. *phílos*, «amigo» +*harmonikós*, «de harmonia»)

filástica *n.f.* filamentos que saem dos cabos destorcidos (Do cast. *filástica*, «filaça»)

filatelia *n.f.* **1** estudo dos selos de correio utilizados nos vários países **2** gosto e hábito de colecionar selos (Do gr. *phílos*, «amigo» +*atéleia*, «franquia», pelo fr. *philatélie*, «id.»)

filatélico *adj.* relativo à filatelia (Do fr. *philatélique*, «id.»)

filatelismo *n.m.* **1** estudo dos selos de correio **2** gosto e hábito de colecionar selos (De fr. *philatélisme*, «id.»)

filatelista *n.2g.* pessoa que coleciona selos de correio (Do fr. *philatéliste*, «id.»)

filatório *adj.* relativo a fiação ■ *n.m.* aparelho de fiação (Do lat. *filu-*, «fio» +*-tório*)

filáucia *n.f.* **1** amor-próprio **2** presunção arrogante **3** bazófia (Do gr. *philautía*, «amor-próprio»)

filaucioso /ô/ *adj.* **1** que tem filáucia **2** egoísta **3** arrogante (De *filáucia*+*-oso*)

filé *n.m.* **1** tecido de malha larga feito à mão ou mecanicamente **2** [pop.] empenho **3** grande desejo **4** palpite **5** [Brasil] posta delgada de carne ou peixe; filete (Do fr. *filet*, «fiozinho; filete»)

fileira *n.f.* **1** série de pessoas, animais ou objetos dispostos em linha; fila; linha; renque **2** *pl.* serviço ativo do exército (De *fila*+*-eira*)

filele *n.m.* tecido próprio para fabricar e consertar bandeiras (Do ár. *filelī*, «relativo a Tafilete», cidade de Marrocos)

filerete *n.m.* rede em que se metem cortiças, aparas, etc., para defesa das bordas dos navios (Do cast. *filarete*, «rede»)

filetar *v.tr.* **1** ornar com filetes **2** fazer as espiras ou roscas dos parafusos (De *filete*+*-ar*)

filete¹ *n.m.* CULINÁRIA posta delgada de carne ou peixe (Do fr. *filet*, «id.»)

filete² /ê/ *n.m.* **1** fiozinho **2** guarnição ou tira estreita; debrum **3** espiral do parafuso **4** TIPOGRAFIA linha de ornato num trabalho tipográfico **5** ANATOMIA cada uma das ramificações mais ténues dos nervos **6** BOTÂNICA parte do estame tipicamente filamentosa que, quando o estame é completo, suporta a antera (Do fr. *filet*, «fiozinho»)

filético *adj.* **1** BIOLOGIA relativo ao filo **2** BIOLOGIA que diz respeito à linhagem evolutiva de uma espécie (Do gr. *phyletikós*, «que diz respeito a uma tribo ou grupo»)

filha *n.f.* **1** indivíduo do sexo feminino em relação aos seus pais ou a cada um deles **2** descendente ■ *adj.* oriunda (Do lat. *filĭa-*, «filha»)

filhação *n.f.* ⇒ **filiação** (De *filhar*+*-ção*)

filhada *n.f.* **1** ato de filhar **2** ato de apreender (Part. pass. fem. subst. de *filhar*)

filhador *n.m.* aquele que perfilha (De *filhar*+*-dor*)

filhamento *n.m.* ato de filhar; perfilhamento; perfilhação (De *filhar*+*-mento*)

filhar¹ *v.tr.* **1** adotar como filho; perfilhar **2** adotar; defender ■ *v.intr.* (planta) deitar rebentos (De *filho*+*-ar*)

filhar² *v.tr.* ⇒ **filar** (Do lat. *fibulāre*, «segurar com gatos ou agrafos»)

filharada *n.f.* grande número de filhos (Part. pass. fem. subst. de *filharar*)

filharar *v.intr.* (planta) deitar filhos ou rebentos (De *filheiro*+*-ar*)

filharasco *n.m.* [regionalismo] ⇒ **filhastro**

filhastro *n.m.* [regionalismo] enteado (Do lat. *filiastru-*, «que ocupa o lugar de filho»)

filheiro *adj.* ⇒ **filhento** (De *filho*+*-eiro*)

filhento *adj.* **1** que gera muitos filhos **2** que é muito amigo dos filhos (De *filho*+*-ento*)

filho *n.m.* **1** indivíduo do sexo masculino em relação aos seus pais ou a cada um deles **2** descendente **3** indivíduo natural de uma localidade **4** rebento ou gomo de uma planta **5** [pop.] expressão de carinho **6** [pop.] expressão irónica e condescendente **7** [fig.] produto;

filhó

efeito; consequência **8** [com maiúscula] RELIGIÃO a segunda pessoa da Santíssima Trindade ■ *adj.* procedente; resultante (Do lat. *filĭu-*, «id.»)
filhó *n.f.* CULINÁRIA bolinho feito de farinha e ovos, frito e polvilhado com açúcar e canela (Do lat. **foliōla-*, «bolo folhado», dim. de *folĭu-*, «folha»)
filho da mãe *n.m.* **1** [pop.] indivíduo considerado traiçoeiro e sem carácter **2** [pop.] insulto que manifesta revolta e desprezo em relação a determinada atitude ou comportamento
filho da puta *n.m.* [vulg.] ⇒ **filho da mãe**
filho-família *n.m.* **1** indivíduo menor sujeito à autoridade paterna **2** rapaz de família rica e pertencente a um estrato social elevado, que geralmente não trabalha, dependendo economicamente dos pais (Do lat. *filĭus familĭas*, «id.»)
filhós *n.f.* (*plural* **filhoses**) ⇒ **filhó**
filhote *n.m.* **1** filho pequeno ou muito jovem **2** ZOOLOGIA cria **3** indivíduo natural de uma localidade (De *filho*+*-ote*)
fili-[1] elemento de formação de palavras que exprime a ideia de *filho* (Do lat. *filĭu-*, «filho»)
fili-[2] elemento de formação de palavras que exprime a ideia de *fio* (Do lat. *filu-*, «fio»)
-filia[1] sufixo nominal, de origem grega, que exprime a ideia de *amizade*, *predileção* (*lusofilia, francofilia*)
-filia[2] sufixo nominal, de origem grega, que exprime a ideia de *folhas, folhagem, foliação*
filiação *n.f.* **1** ato de filiar **2** DIREITO vínculo jurídico que une duas pessoas em virtude de uma ter gerado a outra **3** indicação dos pais de alguém **4** admissão em comunidade ou partido **5** [fig.] procedência **6** [fig.] conexão; relação (Do lat. *filiatiōne-*, «id.»)
filial *adj.2g.* **1** de filho ou a ele referente **2** em que há dependência ■ *n.f.* estabelecimento que depende de uma sede; sucursal (Do lat. *filiăle-*, «id.»)
filiar *v.tr.* **1** adotar como filho; perfilhar **2** entroncar **3** estabelecer a filiação de **4** admitir em seita, comunidade ou partido **5** fazer derivar **6** [fig.] estabelecer a ligação ou a origem de ■ *v.pron.* **1** derivar **2** originar-se **3** inscrever-se como membro ou sócio (Do lat. *filiāre-*, «id.», de *filĭu-*, «filho»)
filicida *n.2g.* pessoa que mata o próprio filho (Do lat. *filĭu-*, «filho» +*caedĕre*, «matar»)
filicídio *n.m.* assassínio do próprio filho (Do lat. *filĭu-*, «filho» +*caedĕre*, «matar» +*-io*)
filicífero *adj.* que produz fetos (Do lat. *filĭce-*, «feto» +*fero*, de *ferre*, «produzir»)
filicorne *adj.2g.* ZOOLOGIA que tem antenas semelhantes a cornos
filífero *adj.* **1** que tem fios **2** filamentoso (Do lat. *filu-*, «fio» +*fero*, de *ferre*, «ter»)
filifolha *n.f.* BOTÂNICA nome por que se designam, em especial, os fetos (plantas) (De *fili-*+*folha*)
filifoliado *adj.* que tem folhas filiformes (De *fili-*+*foliado*)
filiforme *adj.2g.* delgado como um fio (De *fili-*+*-forme*)
filigrana *n.f.* **1** peça de ourivesaria feita de fios de ouro ou prata delicadamente entrelaçados **2** (notas de banco, ações) marca de água **3** [fig.] descrição subtil e requintada **4** [fig.] pormenor; minúcia (Do it. *filigrana*, «id.»)
filigranagem *n.f.* ato de filigranar (De *filigranar*+*-agem*)
filigranar *v.tr.* **1** trabalhar ou ornar com delicadeza artística **2** dar forma de filigrana a ■ *v.intr.* **1** trabalhar em filigrana **2** executar trabalho(s) delicados(s) que exige(m) grande minúcia (De *filigrana*+*-ar*)
filigraneiro *n.m.* artífice que trabalha em filigrana (De *filigrana*+*-eiro*)
filigranista *n.2g.* ⇒ **filigraneiro** (De *filigrana*+*-ista*)
filintino *adj.* relativo ao poeta português Filinto Elísio, de seu nome verdadeiro Francisco Manuel do Nascimento, 1734-1819 (De *Filinto*, antr. +*-ino*)
filintismo *n.m.* LITERATURA estilo literário caracterizado pela pureza da linguagem e pelo emprego do verso solto, em que o poeta Filinto Elísio se distinguiu (De *Filinto*, antr. +*-ismo*)
filintista *n.2g.* pessoa adepta do filintismo ■ *adj.2g.* filintino (De *Filinto*, antr. +*-ista*)
filipêndula *n.f.* BOTÂNICA planta herbácea, medicinal, da família das Rosáceas, espontânea no Centro e no Norte de Portugal (Do lat. cient. [*spiraea-*] *filipendŭla-*, «id.», pelo fr. *filipendule*, «id.»)
filípica *n.f.* **1** discurso violento **2** sátira mordaz **3** *pl.* orações de Demóstenes (orador e político ateniense, 384-322 a. C.) contra Filipe, rei da Macedónia (382-336 a. C.) (Do lat. *philippĭca* [*oratio*], «id.»)
filipina *n.f.* mistura de água, aguardente e açúcar (De *Filipe*, antr. +*-ina*)

filipino *adj.* **1** relativo à dominação dos Filipes, reis de Espanha, três dos quais, Filipe II, Filipe III e Filipe IV, também foram reis de Portugal **2** relativo às ilhas Filipinas ■ *n.m.* natural ou habitante das Filipinas (De *Filipe*, antr. +*-ino*)
filipista *adj.,n.2g.* pessoa ou designativo da pessoa partidária dos reis Filipes, em Portugal (De *Filipe*, antr. +*-ista*)
filipluma *n.f.* ORNITOLOGIA pena rudimentar, de eixo filiforme, muito flexível e quase desprovida de ramificações (barbas), que entra na constituição do revestimento externo, isolador, das aves (Do lat. *filu-*, «fio»+*pluma-*, «pena»)
filirrostro /ô/ *adj.,n.m.* ORNITOLOGIA que ou a ave que tem o bico adelgaçado (Do lat. *filu-*, «fio» +*rostru-*, «bico»)
filisteu *n.m.* **1** aquele que era natural da Filisteia (Palestina) **2** [fig., pej.] pessoa de gostos vulgares e sem interesse pelas artes; bronco ■ *adj.* que era natural da Filisteia (Palestina) (Do hebr. *Philistieīm*, «estrangeiro», pelo lat. *philistaeu-*, «filisteu»)
filistinismo *n.m.* [fig.] snobismo (De *filistino*+*-ismo*)
filistino *adj.,n.m.* ⇒ **filisteu** (Do lat. *Philistīnu-*, «filisteu»)
filistria *n.f.* ⇒ **flostria**
filistriar *v.intr.* ⇒ **flostriar**
filite *n.f.* espécie de filete que cinge várias bocas de fogo (De *filete*)
filito *n.m.* PETROLOGIA rocha metamórfica, de grão fino, xistosa, derivada de sedimentos argilosos; filádio (Do gr. *phýllon*, «folha» +*-ito*)
filmagem *n.f.* **1** ato de filmar; recolha e registo de imagens em filme **2** conversão em película cinematográfica, ou representação por meio dela (De *filmar*+*-agem*)
filmar *v.tr.* registar em filme (De *filme*+*-ar*)
filme *n.m.* **1** FOTOGRAFIA, CINEMA faixa estreita de um material plástico, revestida de uma emulsão sensível à luz e utilizada para registar imagens paradas ou em movimento; película fotográfica **2** CINEMA, TELEVISÃO sequência de imagens registadas em película através de uma câmara, que se projetam num ecrã, muitas vezes acompanhadas de um fundo musical **3** [fig., coloq.] história rebuscada e exagerada (Do ing. *film*, «id.»)
fílmico *adj.* **1** relativo a filme **2** cinematográfico (Do ing. *filmic*, «id.»)
filmografia *n.f.* **1** CINEMA conjunto dos filmes de um realizador, ator, argumentista, etc. **2** CINEMA conjunto dos filmes realizados por naturais de um país, no âmbito de uma instituição, num determinado período, etc. **3** CINEMA registo sistemático de filmes e suas características (Do fr. *filmographie*)
filmologia *n.f.* conjunto de estudos dedicados à cinematografia em todos os seus aspetos, principalmente sociológicos (De *filme*+*-logia*)
filmoteca *n.f.* **1** coleção de filmes e microfilmes **2** arquivo de filmes cinematográficos **3** estabelecimento onde se vendem filmes (De *filme*+*-o-*+*-teca*)
filo *n.m.* BIOLOGIA termo usado em zoologia e botânica para designar uma grande divisão sistemática constituída por uma ou mais classes relacionadas entre si (Do gr. *phylé*, «tribo»)
filo-[1] elemento de formação de palavras que exprime a ideia de *amigo* (Do gr. *phílos*, «amigo»)
filo-[2] elemento de composição de palavras que exprime a ideia de *folha* (Do gr. *phýllon*, «folha»)
-filo[1] sufixo nominal, de origem grega, que exprime a ideia de *amigo* (*lusófilo; francófilo; anglófilo*) (Do gr.*phílos*, «amigo»)
-filo[2] sufixo nominal de origem grega que exprime a ideia de *folha* (Do gr. *phýllon*, «folha»)
filó *n.m.* tecido transparente, semelhante a uma rede muito fina, muito utilizado para véus, vestidos, saiotes, etc. (Do lat. **filōlu-*, dim. de *filu-*, «fio»)
filode *n.f.* BOTÂNICA ⇒ **filódio**
filodendro *n.m.* BOTÂNICA planta ornamental da família das Aráceas, de folhas grandes (Do gr. *philódendros*, «amigo das árvores», pelo fr. *philodendron*, «filodendro»)
filodérmico *adj.* diz-se dos preparados que conservam a macieza e a frescura da pele (Do gr. *phílos*, «amigo» +*dérma*, «pele» +*-ico*)
filodinasta *adj.,n.2g.* que ou a pessoa que é afeiçoada a uma dinastia (Do gr. *phílos*, «amigo» +*dynástes*, «poderoso»)
filódio *n.m.* BOTÂNICA folha vegetal incompleta que está reduzida ao pecíolo, o qual se torna laminar; filode (Do gr. *phylloīdes*, «semelhante a uma folha» +*-io*)
filodoxia *n.f.* **1** amor às próprias opiniões **2** subjetivismo (De *filo-*+gr. *dóxa*, «opinião»+*-ia*)
filodoxo *n.m.* pessoa que valoriza excessivamente as próprias opiniões (De *filo-*+gr. *dóxa*, «opinião»)
filófago *adj.,n.m.* que ou inseto que se nutre de folhas (Do gr. *phýllon*, «folha» +*fageīn*, «comer»)

filogénese n.f. ⇒ **filogenia** (Do gr. *phylé*, «tribo» +*génesis*, «geração»)

filogenesia n.f. ⇒ **filogenia** (Do gr. *phylé*, «tribo» +*génesis*, «geração» +-*ia*)

filogenético adj. relativo ou pertencente à filogenia (De *filo-*+*genético*)

filogenia n.f. 1 história da evolução de uma espécie ou de qualquer grupo hierarquicamente reconhecido 2 capítulo da biologia que trata da descendência dos seres através dos tempos (Do gr. *phylé*, «tribo» +*génos*, «origem» +-*ia*)

filogenitura n.f. amor que determina a procriação dos filhos (Do gr. *phílos*, «amigo»+lat. *genitūra*-, «geração»)

filoginia n.f. 1 amor às mulheres 2 [Brasil] tese da igualdade intelectual do homem e da mulher (Do gr. *philogynía*, «amor às mulheres»)

filogínico adj. ⇒ **filógino** (Do gr. *philogýnes*, «o que ama as mulheres» +-*ico*)

filógino adj.,n.m. que ou aquele que tem inclinação para as mulheres (Do gr. *philogýnes*, «o que ama as mulheres»)

filoide n.m. termo que pode ser usado para designar as folhas (rudimentares) de um musgo (Do gr. *phýllon*, «folha» +*eĩdos*, «forma»)

filóide ver nova grafia filoide

filologia n.f. estudo crítico dos textos escritos de uma língua com o fim de discutir a sua autenticidade e o seu significado, e de estabelecer a sua forma original (Do gr. *philología*, «gosto pela literatura», pelo lat. *philologĭa*-, «amor das letras; filologia; explicação dos textos»)

filológico adj. relativo à filologia (De *filologia*+-*ico*)

filologista n.2g. ⇒ **filólogo** (De *filologia*+-*ista*)

filólogo n.m. pessoa que se dedica ao estudo da filologia (Do gr. *philólogos*, «filólogo»)

filoma /ô/ n.m. 1 BOTÂNICA folha vegetal 2 apêndice filiforme 3 pl. conjunto de embriões destinados à produção das folhas (De *filo-*+-*oma*)

filomatia n.f. amor às ciências (Do gr. *philomatheía*, «desejo de aprender»)

filomático adj. amigo das ciências (Do gr. *philomathés*, «desejoso de aprender» +-*ico*)

filomela n.f. [poét.] designação do rouxinol por aportuguesamento do antigo género *Philomela*, a que este pássaro pertencia (Do gr. *Philoméla*, mitol., filha de Pandíon, metamorfoseada em rouxinol, pelo lat. *Philomēla*-, «id.»)

filoneísmo n.m. amor às inovações (Do gr. *phílos*, «amigo» +*néos*, «novo» +-*ismo*)

filoniano adj. 1 relativo a filão 2 diz-se da rocha que constitui um filão eruptivo (Do it. *filone*, «filão», pelo fr. *filon*, «id.» +-*iano*)

filónio n.m. FARMÁCIA electuário de composição muito complexa (Do lat. *philonĭu*-, «o colírio de Fílon», de *Fílon*, o Judeu, filósofo de orig. judaica que viveu em Alexandria, 20 a. C. a 54 d. C.)

filópodes n.m.pl. ZOOLOGIA ordem de crustáceos inferiores, de patas lamelares, nadadoras (Do gr. *phýllon*, «folha» +*poús*, *podós*, «pé»)

filoptosia n.f. BOTÂNICA doença vegetal caracterizada pela queda das folhas, fora da época (Do gr. *phýllon*, «folha» +*ptōsis*, «queda» +-*ia*)

filós n.m. ⇒ **felosa** 1

filosela n.f. 1 filaça de seda 2 fio de seda muito fino e pouco torcido para bordar (Do it. *filosella*, «id.»)

filosofal adj.2g. que diz respeito à filosofia (De *filósofo*+-*al*)

filosofante adj.,n.2g. que ou pessoa que filosofa (Do lat. *philosophante*-, «id.», part. pres. de *philosophāri*, «filosofar»)

filosofar v.intr. 1 discorrer, meditar sobre questões filosóficas 2 [pej.] discorrer de uma forma complicada ou pedante sobre qualquer matéria (Do lat. *philosophāri*, «id.»)

filosofastro n.m. [depr.] indivíduo que especula sem sabedoria (De *filósofo*+-*astro*)

filosofema /ê/ n.m. proposição filosófica (Do gr. *philosóphema*, «id.»)

filosofia n.f. 1 indagação racional sobre o mundo e o homem, com o propósito de encontrar a sua explicação última; aspiração ao conhecimento das coisas pelos seus princípios imutáveis e não pelos seus fenómenos transitórios 2 tendência para colocar e precisar os problemas onde tudo parece evidente, inserindo a questão no seio da realidade não problematizada e obrigando a que a mesma seja vista de um novo ângulo 3 atividade que constitui um conjunto de sistemas ou doutrinas estabelecidas (filosofia de Platão, filosofia de Hegel, filosofia de Kant, etc.) 4 [fig.] qualidade ou atitude do filósofo, no sentido em que se eleva acima das contingências e interesses do comum dos homens 5 [fig.] conjunto de princípios que orientam o comportamento ou a conduta 6 [fig.] sabedoria; razão; ~ *barata* pensamento que se baseia no senso comum (Do gr. *philosophía*, «id.», pelo lat. *philosophĭa*-, «id.»)

filosófico adj. 1 relativo à filosofia ou aos filósofos 2 próprio da filosofia ou dos filósofos 3 racional (Do lat. *philosophĭcu*-, «id.»)

filosofismo n.m. 1 falsa filosofia 2 mania da filosofia (De *filosofia*+-*ismo*)

filósofo n.m. 1 aquele que procura o saber e não o possui, ao contrário do sábio; amigo de saber 2 amigo da contemplação da harmonia e da ordem expressa no Universo 3 [fig.] pessoa que se mostra indiferente às convenções sociais ■ adj. que é versado em filosofia (Do gr. *philósophos*, «amigo da sabedoria», pelo lat. *philosŏphu*-, «id.»)

filotaxia /cs/ n.f. BOTÂNICA capítulo da botânica que trata da disposição das folhas nos eixos caulinares (Do gr. *phýllon*, «folha» +*táxis*, «ordem» +-*ia*)

filotecnia n.f. amor às artes (Do gr. *philotekhnía*, «gosto da arte»)

filotécnico adj. amigo das artes (Do gr. *philotekhnós*, «amante das artes» +-*ico*)

filotimia n.f. amor da honra ou das honras (Do gr. *philotimía*, «amor da honra»)

filotímico adj. relativo à filotimia (Do gr. *philotimós*, «amante das honras» +-*ico*)

filotraqueia n.f. ZOOLOGIA órgão respiratório, saciforme, espécie de traqueia modificada, que se encontra em muitos aracnídeos e é impropriamente denominado pulmão (Do gr. *phýllon*, «folha» +*trakheía*, «canal áspero de ar»)

filoxantina /cs/ n.f. pigmento corado que se obtém da clorofila pela ação do ácido clorídrico (Do gr. *phýllon*, «folha» +*xanthós*, «amarelo» +-*ina*)

filoxera /cs/ n.f. 1 ZOOLOGIA inseto hemíptero, da família dos Afidídeos, oriundo da América do Norte, que ataca as folhas e as raízes da videira 2 AGRICULTURA doença produzida na videira por este inseto (Do gr. *phýllon*, «folha» +*xerós*, «seco»)

filoxericida /cs/ adj.2g. que extermina a filoxera (De *filoxera*+-*cida*)

filoxérico /cs/ adj. que diz respeito à filoxera (De *filoxera*+-*ico*)

filtração n.f. 1 ato de filtrar 2 separação 3 separação de sólidos existentes em suspensão num fluido, líquido ou gás, efetuada por ação gravitacional, de pressão, de vazio, ou por centrifugação (De *filtrar*+-*ção*)

filtrado adj. 1 que se filtrou 2 coado; escoado ■ n.m. líquido que resulta da filtração (Part. pass. subst. de *filtrar*)

filtrador n.m. aquele ou aquilo que filtra (De *filtrar*+-*dor*)

filtragem n.f. 1 resultado de filtração 2 ⇒ **filtração** (De *filtrar*+-*agem*)

filtramento n.m. ⇒ **filtração** (De *filtrar*+-*mento*)

filtrar v.tr. 1 passar um líquido pelo filtro, de forma a retirar corpos sólidos; coar 2 impedir a passagem de; reter 3 [fig.] selecionar (De *filtro*+-*ar*)

filtrável adj.2g. 1 que se pode filtrar 2 diz-se dos vírus ultramicroscópicos (De *filtrar*+-*vel*)

filtreiro n.m. ⇒ **filtro**¹ (De *filtrar*+-*eiro*)

filtro¹ n.m. 1 utensílio de matéria porosa ou com pequenos orifícios para coar líquidos ou gases 2 substância porosa existente na extremidade de alguns cigarros, para filtrar a nicotina e o alcatrão 3 palavra ou expressão usada para localizar informações num documento ou num conjunto de documentos 4 [coloq.] aquilo que deixa passar apenas uma parte de algo 5 FOTOGRAFIA, CINEMA peça usada para regular a intensidade da luz 6 ANATOMIA cada um dos órgãos que segregam os humores do sangue 7 [fig.] o que absorve lentamente algo; ~ *do ar* MECÂNICA peça cuja função é reduzir a concentração de partículas sólidas numa corrente de ar; ~ *labial* ANATOMIA sulco vertical na linha média do lábio superior; ~ *monocromático* FÍSICA dispositivo para transmitir luz (incluindo ultravioleta e infravermelha) com gamas restritas de comprimento de onda (Do lat. med. *filtru*-, «fazenda de lã», pelo fr. *filtre* «aparelho através do qual se faz passar um líquido para o livrar de partículas sólidas»)

filtro² n.m. ⇒ **amavio** (Do gr. *phíltron*, «id.», pelo lat. *philtra*, «filtros; feitiços»)

fílula n.f. BOTÂNICA cicatriz deixada no caule pela folha que caiu (Do gr. *phýllon*, «folha» +-*ula*)

filumenia n.f. ⇒ **filumenismo** (Do gr. *phílos*, «amigo»+lat. *lumen*, «luz» +-*ia*)

filumenismo n.m. estudo e coleção de caixas e carteiras de fósforos (Do gr. *phílos*, «amigo»+lat. *lumen*, «luz; lume» +-*ismo*)

filumenista *n.2g.* pessoa que coleciona caixas e carteiras de fósforos (Do gr. *phílos*, «amigo»+lat. *lumen*, «luz; lume» +*-ista*)

fim *n.m.* **1** termo; final **2** conclusão; remate **3** limite; cabo **4** objetivo; finalidade; alvo **5** motivo **6** morte **7** cessação **8** destino; *a ~ de* com o objetivo de; *ao ~ e ao cabo/no ~ de contas* em conclusão, afinal; *por ~* finalmente (Do lat. *fine-*, «id.»)

fimba *n.f.* [Angola] mergulho (Do quimb. *kufimbika*, «id.»)

fimbo *n.m.* arma de arremesso usada pelos Cafres (De orig. obsc.)

fímbria *n.f.* **1** extremidade inferior de peça de vestuário; orla **2** franja; guarnição (Do lat. *fimbrĭa-*, «franja»)

fimbriado *adj.* **1** que tem fímbria; orlado **2** franjado (Do lat. *fimbriătu-*, «id.»)

fimbriar *v.tr.* **1** colocar fímbria em; orlar **2** pôr franja em (De *fímbria*+*-ar*)

fim-de-semana ver nova grafia **fim de semana**

fim de semana *n.m.* período em que geralmente não se trabalha, e que decorre desde sexta-feira à noite até domingo à noite

fimícola *adj.2g.* que se cria ou vive no estrume (Do lat. *fimu-*, «esterco» +*colĕre*, «habitar»)

fimose *n.f.* MEDICINA aperto da parte anterior do prepúcio que impede a retirada deste para trás, não permitindo assim que a glande fique a descoberto (Do gr. *phímosis*, «ação de pôr freio»)

fina *n.f.* **1** astúcia; finura **2** precaução; *à ~* de maneira elegante, distinta; *dar na ~* ter sorte; *estar com a ~* estar de precaução (De *fino*)

finação *n.f.* [Cabo Verde] canto singelo por que começa o batuque e que depois se prolonga **2** [Cabo Verde] repetição exaustiva de alguma coisa (Do crioulo cabo-verdiano *finaçom*, «id.», de *afinar*)

finado *adj.* que se finou; morto; defunto ▪ *n.m.* pessoa falecida (Part. pass. de *finar*)

final *adj.2g.* **1** do fim; terminal **2** que põe termo; conclusivo; definitivo **3** último; derradeiro **4** GRAMÁTICA diz-se da conjunção subordinativa ou oração subordinada que exprime finalidade ▪ *n.m.* **1** fim; termo; remate **2** última parte **3** desfecho; desenlace ▪ *n.f.* última prova de um campeonato ou competição por eliminatórias; *causa ~* fim que se tem em vista com a realização de determinada ação (Do lat. *finăle-*, «id.»)

finalidade *n.f.* **1** intuito; objetivo; fim **2** FILOSOFIA carácter do que tende para um fim de modo consciente (ato humano deliberado, por exemplo) **3** FILOSOFIA por extensão, a finalidade «natural» dos seres vivos e a finalidade «artificial», das máquinas (o respetivo funcionamento não é consciente de si) (Do lat. tard. *finalitāte-*, «id.»)

finalismo *n.m.* FILOSOFIA doutrina que admite a ação de causas finais, quer em certo domínio, em particular no domínio da vida (conceções vitalistas), quer no conjunto do Universo (De *final*+*-ismo*)

finalista *n.2g.* **1** pessoa sectária do finalismo **2** estudante que frequenta o último ano de um curso **3** DESPORTO pessoa ou equipa que participa na última prova de uma competição desportiva por eliminatórias (De *final*+*-ista*)

finalização *n.f.* **1** ato ou efeito de finalizar(-se); acabamento; conclusão **2** DESPORTO lance para golo (De *finalizar*+*-ção*)

finalizar *v.tr.* acabar; concluir; ultimar; rematar ▪ *v.intr.,pron.* acabar-se; ter fim ▪ *v.intr.* DESPORTO chutar para marcar golo (De *final*+*-izar*)

finalmente *adv.* **1** enfim **2** por último **3** afinal (De *final*+*-mente*)

finamento *n.m.* **1** ato ou efeito de finar ou de finar-se **2** acabamento **3** [fig.] morte (De *finar*+*-mento*)

finança *n.f.* **1** grupo de pessoas que se ocupam dos dinheiros públicos, ou de grandes especulações e negócios bancários **2** *pl.* fazenda pública; tesouro público **3** *pl.* estado financeiro de um país **4** *pl.* circunstâncias pecuniárias de alguém **5** *pl.* ciência que se ocupa da administração do dinheiro, especialmente do dinheiro do Estado (Do fr. *finance*, «id.»)

financeiramente *adv.* **1** do ponto de vista financeiro **2** quanto a finanças (De *financeiro*+*-mente*)

financeiro *adj.* relativo às finanças ▪ *n.m.* **1** indivíduo versado na ciência das finanças **2** banqueiro **3** [pop.] calculista **4** [pop.] agiota (De *finança*+*-eiro*)

financiador *n.m.* aquele que financia

financial *adj.2g.* referente às finanças; financeiro (De *finança*+*-al*)

financiamento *n.m.* **1** ato ou efeito de financiar **2** quantia com que se financia (De *financiar*+*-mento*)

financiar *v.tr.* **1** facultar os capitais necessários para; fornecer o dinheiro necessário para **2** custear as despesas de (De *finança*+*-ar*)

financista *adj.,n.2g.* que ou pessoa que é especialista em finanças (De *finança*+*-ista*)

finar *v.tr.* findar; acabar ▪ *v.pron.* **1** consumir-se; definhar **2** morrer **3** [fig.] desejar muito (De *fim* +*-ar*)

finca *n.f.* **1** escora; espeque **2** [fig.] proteção; *às fincas* com empenho (Deriv. regr. de *fincar*)

fincamento *n.m.* **1** ato ou efeito de fincar **2** teimosia (De *fincar*+*-mento*)

fincão *n.m.* **1** haste vertical que sustenta a lousa de uma armadilha **2** esteio de feijoeiro (De *finca*+*-ão*)

finca-pé *n.m.* **1** ato de fincar o pé com firmeza **2** [fig.] persistência; teimosia **3** [fig.] amparo; apoio; *fazer ~* insistir em alguma coisa, resistir teimosamente (De *fincar*+*pé*)

fincar *v.tr.* **1** apoiar com força **2** cravar; pregar **3** arreigar ▪ *v.pron.* **1** firmar-se **2** insistir; porfiar (Do lat. **fingicāre*, freq. de *fingĕre*, «pregar; cravar»)

findador *n.m.* aquele que finda (De *findar*+*-dor*)

findar *v.tr.,intr.,pron.* finalizar(-se); acabar(-se); terminar(-se) ▪ *v.tr.* rematar; concluir ▪ *v.intr.* **1** desaparecer **2** morrer (De *findo*+*-ar*)

findável *adj.2g.* **1** que há de ter fim **2** terminável (De *findar*+*-vel*)

findo *adj.* que findou; terminado; concluído (Do lat. *finītu-*, «id.», part. pass. de *finīre*, «acabar»)

finês *adj.,n.m.* ⇒ **finlandês** (Do lat. tard. *finnu-*, «finlandês» +*-ês*)

fineza */ê/ n.f.* **1** qualidade do que é fino; finura **2** delicadeza; amabilidade **3** favor **4** graciosidade; suavidade **5** perfeição **6** perspicácia; acuidade (De *fino*+*-eza*)

finfar *v.tr.,intr.* **1** presumir **2** trajar bem ▪ *v.tr.* ⇒ **afinfar** (De *afinfar*)

fingidiço *adj.* **1** que finge **2** fictício; falso (De *fingir*+*-diço*)

fingido *adj.* **1** falso; enganoso **2** artificial; imitado **3** hipócrita ▪ *n.m.* **1** pessoa hipócrita **2** obra fingida; imitação (Part. pass. de *fingir*)

fingidor *n.m.* **1** aquele que finge **2** artista que faz imitações (De *fingir*+*-dor*)

fingimento *n.m.* **1** ato ou efeito de fingir, enganar ou aparentar **2** impostura; hipocrisia **3** disfarce (De *fingir*+*-mento*)

fingir *v.tr.* **1** simular **2** inventar **3** supor; imaginar **4** imitar; falsificar ▪ *v.intr.* ser dissimulado ▪ *v.pron.* querer passar por aquilo que não é; dissimular-se; disfarçar (Do lat. *fingĕre*, «fingir»)

finidade *n.f.* qualidade do que é finito (Do lat. *fine-*, «fim» +*-i-*+*-dade*)

finissecular *adj.2g.* LITERATURA próprio do fim de século

finisterra *n.f.* GEOGRAFIA ponta ou cabo que termina uma região (Do lat. *finis terrae*, «os confins do mundo»)

finítimo *adj.* vizinho; limítrofe; adjacente; confinante (Do lat. *finitĭmu-*, «limítrofe»)

finito *adj.* **1** que tem fim; limitado **2** transitório **3** determinado **4** GRAMÁTICA diz-se da forma verbal que ocorre no indicativo, conjuntivo, condicional ou imperativo (as formas verbais não finitas são as do infinitivo, gerúndio e particípio) **5** GRAMÁTICA diz-se da oração ou frase que contém uma forma verbal no modo indicativo ou conjuntivo ▪ *n.m.* aquilo que tem fim (Do lat. *finītu-*, «id.», part. pass. de *finīre*, «acabar; limitar»)

finitude *n.f.* qualidade do que é finito; limitação; contingência (De *finito*+*-tude*, com hapl.)

finlandês *adj.* da Finlândia ou a ela relativo; fino ▪ *n.m.* **1** natural da Finlândia; fino **2** língua falada na Finlândia (De *Finlândia*+*-ês*)

fino[1] *adj.* **1** delgado; magro **2** afiado **3** cortante **4** agudo; penetrante **5** educado; distinto **6** que revela bom gosto **7** bem proporcionado; elegante **8** excelente; precioso **9** apurado; escolhido **10** puro **11** suave; aprazível **12** diz-se do vinho do Porto e de outros vinhos generosos **13** miúdo; delicado **14** astuto **15** [coloq.] com boa saúde; restabelecido **16** [coloq.] pronto ▪ *n.m.* **1** o que é distinto, de bom gosto **2** [regionalismo] copo de 33 cl, alto e mais estreito em baixo do que em cima, com cerveja tirada à pressão; *beber do ~* estar muito bem informado sobre assuntos importantes; *fazer-se ~* mostrar-se atrevido (Do lat. *fine-*, «fim», pelo it. *fino*, «fino; puro»)

fino[2] *adj.,n.m.* ⇒ **finlandês** (Do lat. tard. *finnu-*, «finlandês»)

fino- elemento de formação de palavras que exprime a ideia de *finlandês* ou *finês* (Do lat. tard. *finnu-*, «id.»)

finório *adj.,n.m.* que ou aquele que é sagaz, espertalhão ou manhoso (De *fino*+*-ório*)

fino-russo *adj.* respeitante, simultaneamente, à Finlândia e à Rússia (De *fino-*+*russo*)

fino-soviético *adj.* que dizia respeito à Finlândia e à antiga Rússia soviética, simultaneamente (De *fino-*+*soviético*)

finta[1] *n.f.* **1** imposto extraordinário em relação a rendimentos **2** imposto paroquial (Do lat. *finīta*, fem. de *finītus*, «acabado»)

finta[2] *n.f.* **1** DESPORTO ataque simulado para enganar o adversário; drible **2** simulação **3** engano; logro **4** disfarce (Do lat. **fincta-*, por *ficta-*, part. pass. fem. de *fingĕre*, «fingir; simular»)

fintar¹ *v.tr.* lançar finta ou imposto sobre ■ *v.pron.* contribuir voluntariamente para uma despesa (De *finta*, «imposto» +-*ar*)

fintar² *v.tr.* **1** enganar; ludibriar **2** DESPORTO enganar o adversário com um ataque simulado; driblar (De *finta*, «simulação» +-*ar*)

fintar³ *v.tr.* fazer levedar, fermentar ■ *v.intr.* levedar; fermentar (De *finto* +-*ar*)

finto¹ *n.m.* antigo imposto que se pagava na ilha da Madeira (Do lat. *finītu-*, «[tributo] acabado de lançar»)

finto² *adj.* levedado; lêvedo

finura *n.f.* **1** qualidade do que é fino, delgado ou estreito **2** delicadeza; suavidade **3** requinte **4** subtileza **5** astúcia; sagacidade **6** malícia (De *fino* +-*ura*)

fio *n.m.* **1** fibra ou filamento de matéria têxtil; linha **2** metal puxado na fieira **3** filamento delgado de matéria maleável usado para segurar ou atar **4** filamento com aspeto de cordão, de metal ou material precioso **5** filamento metálico condutor de eletricidade **6** substância que é segregada pelas aranhas, bichos-da-seda e outros insetos **7** gume de instrumentos cortantes **8** sentido das fibras **9** filamento endurecido de certos legumes, especialmente das vagens ou feijão verde **10** encadeamento **11** corrente contínua, mas de fraco volume, de um líquido **12** coisa muito ténue ou fraca; **~ condutor** indício que serve de referência para descobrir a solução de um problema ou de uma dificuldade; **~ de água** linha que une os pontos de maior velocidade das águas de um rio; *a ~* a eito; *de ~ a pavio* do princípio ao fim, de um extremo ao outro; *estar no ~* estar gasto (fato); *estar por um ~* estar em grande risco, por pouco; *perder o ~ à meada* esquecer-se do que tem de dizer (Do lat. *filu-*, «id.»)

fio dental *n.m.* **1** fio geralmente de nylon, usado para remover pedaços de comida de entre os dentes **2** peça inferior do biquíni ou calcinhas de tamanho reduzido que descobrem totalmente as nádegas

fio-de-prumo ver nova grafia fio de prumo

fio de prumo *n.m.* utensílio de metal pesado, geralmente de forma cónica, suspenso por um fio, destinado a verificar a verticalidade de qualquer objeto e, de forma geral, a direção da vertical do lugar

fiolhal *n.m.* [regionalismo] campo de fiolho; funchal (De *fiolho* +-*al*)

fiolho /ô/ *n.m.* [regionalismo] ⇒ **funcho** (Do lat. *fenucŭlu-*, «funcho; fiolho»)

fiomel *n.m.* [regionalismo] pessoa fraca e adoentada (De *fio de mel*?)

fiorde *n.m.* GEOGRAFIA recorte costeiro, estreito e profundo, de margens alcantiladas e sinuosas, resultante de um antigo vale escavado e aprofundado por glaciares, e invadido posteriormente pelas águas do mar, como se verifica ao longo das costas da Noruega (Do norueg. *fjord*, «id.», pelo fr. *fjord* ou *fiord*, «id.»)

fiorite *n.f.* MINERALOGIA variedade de opala (De *Santa Fiora*, top., cidade italiana +-*ite*)

fioses *n.m.pl.* [regionalismo] enredos interessantes (Pl. pop. de *fio*)

fiote *n.m.* **1** indivíduo dos Fiotes **2** língua banta falada pelos Fiotes ■ *adj.2g.* **1** relativos aos Fiotes **2** [Brasil] que anda muito bem vestido; janota

Fiotes *n.m.pl.* ETNOGRAFIA grupo étnico que vive nas margens do rio Zaire (Angola), também denominado Cabindas

fira-folha *n.f.* ORNITOLOGIA nome vulgar por que também são conhecidas algumas espécies de felosas (pássaros) frequentes em Portugal; vira-folhas (De *virar* +*folha*)

firewall *n.f.* **1** INFORMÁTICA software que permite a passagem seletiva do fluxo de informação entre uma rede interna e a rede pública, assim como a neutralização das tentativas de penetração abusiva nas redes privadas **2** INFORMÁTICA computador que interliga duas redes e restringe a troca de informação para evitar acessos não autorizados (Do ing. *firewall*, «id.»)

firma *n.f.* **1** assinatura ou rubrica em carta ou documento; chancela **2** ECONOMIA nome comercial por que todo o comerciante (individual ou em sociedade) é designado no exercício do seu comércio e com o qual assina os documentos àquele respeitantes; designação oficial do comerciante **3** estabelecimento que se dedica a uma atividade com fins lucrativos; empresa (Deriv. regr. de *firmar*)

firmã *n.m.* ⇒ **firmão** **1**

firmação *n.f.* ato ou efeito de firmar ou firmar-se (De *firmar* +-*ção*)

firmado *adj.* **1** apoiado; fixo **2** combinado; ajustado; pactuado **3** HERÁLDICA diz-se da cruz do escudo quando as hastes tocam os extremos do mesmo (Part. pass. de *firmar*)

firmador *n.m.* aquele que firma (De *firmar* +-*dor*)

firmal *n.m.* **1** broche com que se prendiam os golpeados dos vestidos antigos **2** espécie de relicário **3** sinete com firma **4** cada uma das pontas do cabresto atadas às argolas das ilhargas (De *firmar* +-*al*)

firmamental *adj.2g.* do firmamento ou a ele referente (De *firmamento* +-*al*)

firmamento *n.m.* **1** abóbada celeste; céu **2** [fig.] fundamento **3** [fig.] sustentáculo (Do lat. *firmamentu-*, «id.»)

firmão *n.m.* **1** ordem de um soberano ou de autoridade muçulmana e por ela firmada **2** ⇒ **formão**² (Do turc. *firman*, «ordem do sultão»)

firmar *v.tr.* **1** tornar firme **2** fixar (a vista) **3** apoiar **4** ajustar definitivamente **5** confirmar **6** sancionar; aprovar **7** basear; fundamentar **8** assinar ■ *v.pron.* **1** segurar-se; apoiar-se **2** basear-se; fundamentar-se **3** fazer finca-pé (Do lat. *firmāre*, «dar consistência a»)

firme *adj.2g.* **1** que não se move; fixo **2** estável; seguro **3** imutável **4** constante **5** que não abana **6** que não vacila; determinado **7** que tem prazo fixo **8** (COR) que não desbota ■ *n.m.* GEOLOGIA formação, sob depósitos superficiais, considerada de resistência satisfatória para determinado fim; **terra ~** a parte sólida do globo, o continente (Do lat. vulg. *firme-*, do lat. cl. *firmu-*, «id.»)

firmemente *adv.* **1** com firmeza **2** com segurança **3** convictamente (De *firme* +-*mente*)

firmeza /ê/ *n.f.* **1** qualidade do que é firme **2** robustez; consistência **3** segurança de movimentos **4** [fig.] coragem; determinação **5** [fig.] constância; persistência **6** [fig.] autoridade; poder **7** [fig.] força; vigor (De *firme* +-*eza*)

firmidão *n.f.* **1** estabilidade de um contrato **2** firmeza; solidez (Do lat. *firmitudĭne-*, «id.»)

firula *n.f.* [Brasil] [coloq.] rodeio; floreio

fisália¹ *n.f.* BOTÂNICA ⇒ **fisális**

fisálide *n.f.* BOTÂNICA ⇒ **fisális**

fisális *n.f.2n.* **1** BOTÂNICA designação comum às plantas herbáceas da família das Solanáceas, com bagas comestíveis de cor alaranjada ou amarelada; alquequenje; fisália **2** BOTÂNICA fruto (baga) destas plantas (Do latim científico *Physalis*, pelo gr. *phusalís*, «bolha de água; planta cujo cálice incha como a bexiga»)

fiscal *adj.2g.* que diz respeito ao fisco ou à fiscalização ■ *n.2g.* **1** pessoa que trabalha em órgão da administração encarregado dos impostos **2** funcionário da alfândega **3** guarda-fiscal **4** [fig.] crítico; censor (Do lat. *fiscāle-*, «id.»)

fiscal-de-linha ver nova grafia fiscal de linha

fiscal de linha *n.m.* DESPORTO (futebol) auxiliar do árbitro, que deve acenar com uma pequena bandeira sempre que a bola transpõe as linhas laterais ou de fundo ou sempre que algum jogador se encontra em fora de jogo; árbitro auxiliar

fiscalidade *n.f.* **1** conjunto de disposições legais destinadas a assegurar a possibilidade de, através dos impostos, o tesouro público assumir a responsabilidade do pagamento das despesas a seu cargo **2** conjunto de impostos em vigor (De *fiscal* +-*i*-+-*dade*, ou do fr. *fiscalité*, «id.»)

fiscalista *n.2g.* DIREITO jurista que se especializou em direito fiscal (De *fiscal* +-*ista*)

fiscalização *n.f.* **1** ato ou efeito de fiscalizar **2** cargo ou funções de fiscal (De *fiscalizar* +-*ção*)

fiscalizador *adj.,n.m.* que aquele que fiscaliza; fiscal (De *fiscalizar* +-*dor*)

fiscalizar *v.tr.* **1** exercer fiscalização sobre **2** inspecionar; examinar **3** sindicar **4** censurar ■ *v.intr.* exercer o cargo de fiscal (De *fiscal* +-*izar*)

fiscela *n.f.* açaime feito de vime (Do lat. *fiscella-*, «cestinho», dim. de *fiscu-*, «cesto»)

fisco *n.m.* **1** conjunto dos recursos financeiros de um Estado; erário público **2** parte da administração pública encarregada da definição e cobrança de taxas e impostos **3** HISTÓRIA tesouro particular dos imperadores de Roma (Do lat. *fiscu-*, «id.»)

fisema /ê/ *n.m.* BOTÂNICA parte do talo de algumas algas, que também tem sido designada por bolha (Do gr. *phýsema*, «inchaço»)

Fisetéridas *n.m.pl.* ⇒ **Fiseterídeos**

Fiseterídeos *n.m.pl.* ZOOLOGIA família de cetáceos de grande tamanho, a cujo género-tipo (*Physeter*) pertence o cachalote (Do gr. *physetér*, «flauta» +-*ídeos*)

fisga *n.f.* **1** espécie de arpão em forma de garfo para pescar **2** fenda; greta **3** [pop.] forquilha a que se prendem dois elásticos e que serve para atirar pequenas pedras (Deriv. regr. de *fisgar*)

fisgada *n.f.* **1** dor aguda com intermitências **2** golpe de fisga (Part. pass. fem. subst. de *fisgado*)

fisgado *adj.* **1** apanhado ou morto com fisga **2** agarrado **3** [coloq.] premeditado; *andar com ela/trazê-la fisgada* ter uma ideia fixa ou

fisgador

má; **levar a sua fisgada** ir decidido a fazer uma coisa, ir com intenções malévolas (Part. pass. de *fisgar*)

fisgador *adj.,n.m.* que ou aquele que fisga (De *fisgar*+*-dor*)

fisgar *v.tr.* **1** agarrar ou matar com fisga **2** apanhar **3** [fig.] perceber imediatamente (Do lat. vulg. **fixicāre*, de *fixu-*, «fixo»)

fisiatra *n.2g.* MEDICINA médico que pratica a fisiatria (Do gr. *phýsis*, «natureza»+*iatrós*, «médico»)

fisiatria *n.f.* MEDICINA disciplina terapêutica que efetua tratamentos com recurso a agentes físicos como o calor, os ultrassons, os raios infravermelhos, as massagens e o exercício articular e muscular (Do gr. *phýs*, «natureza»+*iatreía*, «medicina»)

fisiátrico *adj.* MEDICINA relativo a fisiatria

física *n.f.* **1** designação atual da ciência antigamente chamada Filosofia Natural e que se ocupa do estudo dos aspetos da natureza cuja compreensão pode ser sistematizada em termos de princípios elementares e leis universais **2** livro que trata desta ciência **3** [ant.] medicina; **~ atómica** ramo da física que estuda as propriedades físicas dos átomos; **~ nuclear** estudo das propriedades físicas dos núcleos atómicos, associado ao tratamento matemático destas propriedades (Do gr. *physiké [epistéme]*, «ciência da natureza», pelo lat. *physĭca-*, «física; ciências naturais»)

fisicalidade *n.f.* qualidade do que é físico; corporalidade

fisicalismo *n.m.* doutrina de lógicos contemporâneos segundo a qual não há outro critério de verdade além da verificação pela experiência, devendo as ciências humanas (psicologia, sociologia, etc.) exprimir-se mediante o vocabulário das ciências físicas (Do al. *Physikalismus*, «id.», pelo fr. *phisicalisme*, «id.»)

fisicismo *n.m.* sistema que pretende explicar pelas leis da física todos os fenómenos da vida (De *físico*+*-ismo*)

fisicista *adj.2g.* relativo ao fisicismo ■ *n.2g.* pessoa partidária do fisicismo (De *físico*+*-ista*)

fisico- elemento de formação de palavras que exprime a ideia de *física, ciências naturais* (Do gr. *physikós*, «relativo à natureza»)

físico *adj.* **1** relativo às leis e aos modos de ser da natureza **2** relativo à física natural **3** material; corpóreo ■ *n.m.* **1** configuração externa da pessoa; corpo **2** pessoa que se dedica aos problemas da física **3** [ant.] cirurgião; médico (Do gr. *physikós*, «concernente à natureza», pelo lat. *physĭcu-*, «físico; naturalista»)

físico-mor *n.m.* antiga designação do médico principal; arquiatro

físico-química *n.f.* disciplina que se dedica ao estudo de problemas comuns às duas ciências, física e química (De *fisico-*+*química*)

físico-químico *adj.* que se refere ao mesmo tempo à física e à química (De *fisico-*+*-químico*)

fisicoterapia *n.f.* ⇒ **fisioterapia** (De *fisico-*+*-terapia*)

fisio- elemento de formação de palavras que exprime a ideia de *física, natureza, caráter, produção* (Do gr. *phýsis*, «natureza»)

fisiocracia *n.f.* ECONOMIA doutrina que considera o indivíduo e os seus direitos, em especial o da propriedade privada, e segundo a qual a terra é a única fonte de riqueza, e o trabalho despendido na agricultura o único de real utilidade (Do gr. *phýsis*, «natureza» +*krátos*, «força» +*-ia*)

fisiocrata *n.2g.* ECONOMIA adepto da fisiocracia (Do gr. *phýsis*, «natureza» +*krátos*, «força»)

fisiocrático *adj.* relativo à fisiocracia (De *fisiocrata*+*-ico*)

fisiocratismo *n.m.* aplicação dos princípios dos fisiocratas (De *fisiocrata*+*-ismo*)

fisiogénese *n.f.* ⇒ **fisiogenia** (De gr. *phýsis*, «natureza» +*génesis*, «génese»)

fisiogenia *n.f.* modificação ou aquisição de caracteres novos por ação de agentes físicos exteriores (Do gr. *phýsis*, «natureza» +*génesis*, «génese» +*-ia*)

fisiognomonia *n.f.* suposta arte de conhecer o caráter humano pelas feições do rosto (Do gr. *physiognomonía*, «arte de conhecer o caráter pelo rosto»)

fisiognomónico *adj.* relativo à fisiognomonia (Do gr. *physiognomonikós*, «id.»)

fisiografia *n.f.* **1** descrição dos produtos da natureza **2** descrição dos aspetos físicos da superfície terrestre (Do gr. *phýsis*, «natureza» +*gráphein*, «descrever» +*-ia*)

fisiográfico *adj.* relativo à fisiografia (De *fisiografia*+*-ico*)

fisiologia *n.f.* BIOLOGIA disciplina que estuda os fenómenos vitais e as funções dos diferentes órgãos dos seres vivos **2** tratado ou compêndio que trata destes assuntos (Do gr. *physiología*, «id.», pelo lat. *physiologĭa-*, «as ciências naturais»)

fisiológico *adj.* que diz respeito à fisiologia (Do lat. *physiologĭcu-*, «físico»)

fisiologista *n.2g.* ⇒ **fisiólogo** (De *fisiologia*+*-ista*)

fisiólogo *n.m.* pessoa versada em fisiologia; fisiologista (Do gr. *physiológos*, «filósofo naturalista»)

fisionomia *n.f.* **1** traços do rosto; feições; cara; semblante **2** aparência (Do gr. *physiognomía*, por *physiognomonía*, «arte de conhecer o caráter pelo rosto»)

fisionomicamente *adv.* **1** do ponto de vista fisionómico **2** quanto à fisionomia **3** pela fisionomia (De *fisionómico*+*-mente*)

fisionómico *adj.* relativo à fisionomia (De *fisionomia*+*-ico*)

fisionomista *n.2g.* **1** pessoa que conhece o caráter de outra pessoa pela observação da sua fisionomia **2** pessoa que fixa bem uma fisionomia (De *fisionomia*+*-ista*)

fisiopatia *n.f.* MEDICINA método terapêutico que emprega apenas recursos naturais (Do gr. *phýs*, «natureza» +*páthos*, «sofrimento» + *-ia*)

fisiopatologia *n.f.* MEDICINA estudo dos mecanismos que alteram as funções orgânicas em situação de doença (De *fisio-*+*patologia*)

fisioplástico *adj.* diz-se do exercício que serve para desenvolver o corpo (Do gr. *phýsis*, «natureza» +*plastikós*, «plástico»)

fisiopsicologia *n.f.* estudo dos fenómenos psíquicos nas suas relações com os fenómenos fisiológicos (De *fisio-*+*psicologia*)

fisiopsicológico *adj.* relativo à fisiopsicologia (De *fisiopsicologia*+*-ico*)

fisiopsicologista *n.2g.* pessoa versada em fisiopsicologia (De *fisiopsicologia*+*-ista*)

fisiopsicólogo *n.m.* ⇒ **fisiopsicologista** (De *fisio-*+*psicólogo*)

fisioterapeuta *n.2g.* MEDICINA especialista que se dedica ao estudo e à prática da fisioterapia (De *fisio-*+*terapeuta*)

fisioterapêutico *adj.* MEDICINA relativo à fisioterapêutica (De *fisio-*+*terapêutico*)

fisioterapia *n.f.* MEDICINA tratamento de doenças e das suas lesões através de agentes físicos (calor, frio, água, luz, ultrassons, etc.) ou mecânicos (massagens, ginástica, etc.) (De *fisio-*+*terapia*)

fisioterápico *adj.* MEDICINA relativo a fisioterapia (De *fisioterapia*+*-ico*)

fisoclistos *n.m.pl.* ICTIOLOGIA subordem dos peixes teleósteos

fisóstomo *adj.* ICTIOLOGIA (peixe) cuja bexiga natatória comunica com o aparelho digestivo

fissão *n.f.* rotura; cisão; **~ nuclear** FÍSICA fenómeno que consiste na divisão de um átomo pesado (urânio, plutónio) por bombardeamento de neutrões, libertando enorme quantidade de energia (Do lat. *fissiōne-*, «quebra; divisão»)

fissi- elemento de formação de palavras que exprime a ideia de *fendido, dividido* (Do lat. *fissu-*, «id.», part. pass. de *findĕre*, «fender; dividir»)

fissibilidade *n.f.* PETROLOGIA propriedade que possuem certas rochas de se dividirem em lâminas ou folhas (Do lat. *fissibĭle-*, «fácil de fender» +*-i-*+*-dade*)

fissidáctilo *adj.* ORNITOLOGIA que tem os dedos livres entre si ■ *n.m.* ORNITOLOGIA espécime dos fissidáctilos ■ *n.m.pl.* ORNITOLOGIA grupo de pássaros que tem os dedos livres entre si (Do lat. *fissu-*, «fendido»+gr. *dáktylos*, «dedo»)

Fissidentáceas *n.f.pl.* BOTÂNICA família de musgos com perístoma vermelho, dividido até ao meio em dezasseis dentes (De *fissi-*+*dente*+*-áceas*)

fissidente *adj.2g.* BOTÂNICA diz-se do género de musgos com perístoma vermelho, dividido até ao meio em dezasseis dentes (De *fissi-*+*dente*)

fissifloro *adj.* BOTÂNICA que tem a corola formada por pétalas mais ou menos fendidas na extremidade livre (Do lat. *fissu-*, «fendido» +*flore-*, «flor»)

fissiforme *adj.2g.* de forma fendida (De *fissi-*+*-forme*)

físsil *adj.2g.* **1** que tem tendência para se fender **2** suscetível de ser cindido ou cortado; cindível (Do lat. *fissĭle-*, «fácil de fender»)

fissilingue *adj.2g.* ZOOLOGIA que tem a língua longa, fina e fendida ■ *n.m.pl.* ZOOLOGIA grupo de sáurios com a língua longa, fina e fendida na extremidade livre (De *fissi-*+*-lingue*)

fissiparidade *n.f.* BIOLOGIA fenómeno biológico da divisão da célula (ou de um organismo) em duas partes sensivelmente iguais; cissiparidade (De *fissíparo*+*-i-*+*-dade*)

fissíparo *adj.* BIOLOGIA que se multiplica pelo processo de fissiparidade; cissíparo (Do lat. *fissu-*, «fendido» +*parĕre*, «parir»)

fissípede *adj.2g.* ZOOLOGIA diz-se do mamífero carnívoro provido de membros adaptados à vida terrestre ■ *n.m.pl.* ZOOLOGIA grupo (subordem) de mamíferos carnívoros providos de membros adaptados à vida terrestre, com dedos separados ou livres, a que pertencem os Canídeos, os Felídeos, etc. (Do lat. *fissipĕde-*, «de pés fendidos»)

fissipene *adj.2g.* ORNITOLOGIA diz-se da ave cujas asas se apresentam fendidas no sentido do prolongamento do corpo, pela especial distribuição das penas correspondentes (Do lat. *fissu-*, «fendido» +*penna-*, «pena»)

fissirrostro /ô/ *adj.* ORNITOLOGIA diz-se de um pássaro de bico profundamente fendido ■ *n.m.pl.* ORNITOLOGIA grupo de pássaros com a boca (base do bico) profundamente fendida (De *fissi-*+*-rostro*)

fissura *n.f.* **1** fenda; greta **2** BIOLOGIA incisão profunda nas conchas **3** MEDICINA fenda ou fratura óssea **4** MEDICINA greta ou fenda nas mucosas ou na pele, geralmente em orifícios do corpo ou em zonas de articulações **5** ANATOMIA fenda natural na superfície de um osso, onde circulam vasos sanguíneos ou nervos **6** ANATOMIA sulco existente entre diferentes órgãos **7** [Brasil] [pop.] ânsia; desejo imoderado (Do lat. *fissūra-*, «fenda»)

fissuração *n.f.* **1** ato ou efeito de fissurar; produção de fissuras **2** estado das partes que têm fissuras (De *fissurar*+*-ção*)

fissurar *v.tr.* abrir fissura em; fender; gretar (De *fissura*+*-ar*)

fistor *n.m.* **1** [regionalismo] aquele que se julga muito capaz e não o é; fanfarrão; farsola **2** [regionalismo] indivíduo finório; patifório; aldrabão (Do cast. *fistol*, «espertalhão»)

fistorice *n.f.* [regionalismo] dito ou ato de fistor (De *fistor*+*-ice*)

fístula *n.f.* **1** MEDICINA orifício ou canal anormal, congénito ou acidental, que liga dois órgãos entre si ou um órgão ao exterior, e por onde circulam matérias orgânicas, produtos de secreção ou pus **2** ZOOLOGIA orifício na cabeça de alguns mamíferos, pelo qual respiram ou lançam água **3** [poét.] flauta pastoril (Do lat. *fistŭla-*, «fístula; canal»)

fistulação *n.f.* **1** ato de fistular **2** produção de uma fístula (De *fistular*+*-ção*)

fistulado *adj.* **1** semelhante a fístula **2** atravessado por um tubo; fistuloso (Part. pass. de *fistular*)

fistular[1] *v.tr.,intr.,pron.* converter(-se) em fístula; abrir fístula (em); ulcerar (De *fístula*+*-ar*)

fistular[2] *adj.2g.* **1** em forma de fístula **2** atravessado por um tubo (Do lat. *fistulāre-*, «de fístula»)

fistuloso /ô/ *adj.* **1** cheio de fístulas ou cavidades; ulcerado **2** atravessado por um tubo; fistular (Do lat. *fistulōsu-*, «id.»)

fita[1] *n.f.* **1** tecido estreito e comprido que serve para atar ou enfeitar; tira; faixa **2** peça na qual são colocados os cartuchos que alimentam algumas armas automáticas **3** [acad.] cada uma das oito tiras de tecido utilizadas na pasta académica pelos finalistas de um curso universitário, e cuja cor varia de acordo com a área de estudos **4** banda fina de tecido, embebida em tinta, e utilizada em máquinas de escrever e impressoras **5** apara de madeira; maravalha **6** [pop.] película cinematográfica; filme **7** [pop.] gravata; ~ *magnética* tira fina, de matéria plástica, revestida de um composto químico e utilizada em gravadores, vídeos, computadores, etc. para registo de sons, imagens, dados informáticos ou outros; ~ *métrica* tira dividida em centímetros e metros, utilizada para fazer medições (De orig. incerta)

fita[2] *n.f.* **1** história arranjada para iludir; cena fingida **2** desordem; escândalo; *fazer fitas* dar escândalo, fazer cenas com o propósito de iludir ou de dar nas vistas (Do lat. *ficta-*, «fingida; imaginada», part. pass. fem. subst. de *fingĕre*, «fingir; inventar»)

fita[3] *n.f.* ato de fitar ou fixar a vista em (De *fitar*, «fixar a vista em»)

fitáceo *adj.* com folhas em forma de fita (De *fita*+*-áceo*)

fita-cola *n.f.* fita adesiva, geralmente de material plástico, usada para fechar embalagens e fixar ou colar vários tipos de objetos (De *fita*+*cola*)

fita-do-mar *n.f.* BOTÂNICA planta monocotiledónea, aquática, submersa, da família das Naiadáceas, espontânea nas águas salgadas de todo o litoral português

fita-gomada *n.f.* ⇒ **fita-cola** (De *fita*+*gomada*)

fitar *v.tr.* **1** fixar a vista em **2** (animal) endireitar (as orelhas) ■ *v.pron.* **1** cravar-se **2** olhar-se mutuamente (Do lat. *fictăre-*, de *fictu-*, «fixado»)

fitaria *n.f.* grande porção de fitas (De *fita*+*-aria*)

fiteira *n.f.* **1** mulher que faz fitas ou que finge **2** BOTÂNICA arbusto cujas folhas longas e estreitas servem para amarrar **3** tábua assente de topo sobre outras para a ela se encostar o linho a ser espadelado **4** [Brasil] armário envidraçado; vitrine (De *fita*+*-eira*)

fiteiro *adj.* **1** que fabrica fitas **2** que faz fitas ou que finge ■ *n.m.* **1** fabricante de fitas **2** indivíduo que faz fitas ou que finge; farsante **3** [fig.] exibicionista **4** [regionalismo] vento brando (De *fita*+*-eiro*)

fitilha *n.f.* ⇒ **fitinha** (De *fita*+*-ilha*)

fitilho *n.m.* **1** fita estreita, geralmente de veludo; nastro **2** espécie de barbante, em tiras de matéria plástica muito resistente (De *fita*+*-ilho*)

fitina *n.f.* substância fosforada extraída de certas sementes e empregada em medicina (Do gr. *phytón*, «planta» +*-ina*)

fitinha *n.f.* **1** fita pequena **2** [pop.] condecoração (De *fita*+*-inha*)

fitness *n.m.* DESPORTO conjunto de exercícios que contribuem para a boa forma física (Do ing. *fitness*, «boa condição física»)

fito *n.m.* **1** mira; alvo **2** [fig.] objetivo a que se dirigem as nossas manobras ou aspirações; propósito; intento **3** objeto posto de pé, no chão, e a que se atira com a malha ou a bola, no jogo como o mesmo nome **4** jogo em que se atira a este objeto ■ *adj.* **1** atento **2** fixo **3** (orelha de animal) erguido; *de* ~ *feito* propositadamente (Do lat. *fictu-*, «id.», part. pass. de *figĕre*, «fixar; cravar»)

fito- elemento de formação de palavras que exprime a ideia de *planta* ou *vegetal* (Do gr. *phytón*, «planta»)

-fito sufixo nominal de origem grega, que exprime a ideia de *planta* (*talassófito*)

fitobiologia *n.f.* tratado sobre a vida dos vegetais (De *fito-*+*biologia*)

fitocecídia *n.f.* BOTÂNICA cecídia originada pela ação de uma planta, em geral fungos (De *fito-*+*-cecídia*)

fitoclorina *n.f.* substância resultante da transformação da clorofila (Do gr. *phytón*, «planta» +*khlorós*, «verde» +*-ina*)

fitofagia *n.f.* qualidade de fitófago, do que se alimenta de vegetais (De *fitófago*+*-ia*)

fitófago *adj.,n.m.* que ou o que se alimenta de vegetais (De *fito-*+*-fago*)

fitofarmacêutico *adj.* diz-se do produto que protege as plantas de ataques de parasitas (De *fito-*+*farmacêutico*)

fitofármaco *n.m.* substância medicamentosa cujos componentes terapeuticamente ativos são extraídos de vegetais ou seus derivados (De *fito-*+*fármaco*)

fitogéneo *adj.* de origem vegetal (Do gr. *phytón*, «planta» +*génos*, «origem» +*-eo*)

fitogénese *n.f.* ⇒ **fitogenia** (Do gr. *phytón*, «planta» +*génesis*, «génese»)

fitogenia *n.f.* BOTÂNICA estudo do desenvolvimento de uma planta; fitogénese (Do gr. *phytón*, «planta» +*génos*, «origem» +*-ia*)

fitogénico *adj.* **1** de origem vegetal **2** relativo à fitogenia (De *fitogenia*+*-ico*)

fitogeografia *n.f.* capítulo da biogeografia que estuda a distribuição das plantas na superfície terrestre e as causas que nela influem; geobotânica (De *fito-*+*geografia*)

fitografia *n.f.* ciência que trata do estudo descritivo dos vegetais (Do gr. *phytón*, «planta» +*gráphein*, «descrever» +*-ia*)

fitográfico *adj.* relativo à fitografia (De *fitografia*+*-ico*)

fitógrafo *n.m.* aquele que se dedica à fitografia ou é versado nesta ciência (Do gr. *phytón*, «planta» +*gráphein*, «descrever»)

fitoide *adj.2g.* referente ou semelhante a planta (Do gr. *phytón*, «planta» +*eîdos*, «forma»)

fitóide ver nova grafia fitoide

fitolaca *n.f.* BOTÂNICA planta dicotiledónea, de folhas alternas e frutos carnosos, que fornece substâncias de interesse farmacêutico e industrial (tinturaria) (Do gr. *phytón*, «planta»+ár. *lakka*, «laca»)

Fitolacáceas *n.f.pl.* BOTÂNICA família de plantas dicotiledóneas, de folhas alternas e frutos carnosos, a cujo género-tipo pertence a fitolaca (De *fitolaca*+*-áceas*)

fitólito *n.m.* **1** PALEONTOLOGIA [ant.] fóssil vegetal **2** BOTÂNICA formação petrificada que se encontra em certas plantas (Do gr. *phytón*, «planta» +*líthos*, «pedra»)

fitologia *n.f.* ⇒ **botânica** (De *fitólogo*+*-ia*)

fitológico *adj.* relativo à fitologia; botânico (De *fitologia*+*-ico*)

fitólogo *n.m.* aquele que se dedica à fitologia; botânico (Do gr. *phytón*, «planta» +*lógos*, «estudo»)

fitonímia *n.f.* capítulo da botânica sistemática que trata da nomenclatura (Do gr. *phytón*, «planta» +*ónyma*, por *ónoma*, «nome» +*-ia*)

fitónimo *adj.,n.m.* nome ou designativo do nome de um indivíduo derivado da designação de uma planta (Do gr. *phytón*, «planta» +*ónyma*, por *ónoma*, «nome»)

fitonomia *n.f.* BOTÂNICA capítulo da botânica que trata das leis gerais da vegetação (Do gr. *phytón*, «planta» +*nómos*, «lei» +*-ia*)

fitonose *n.f.* qualquer doença nos vegetais (Do gr. *phytón*, «planta» +*nósos*, «moléstia»)

fitoparasita *n.m.* BOTÂNICA vegetal parasita (De *fito-*+*parasita*)

fitoparasito *n.m.* ⇒ **fitoparasita**

fitopatologia *n.f.* estudo das doenças das plantas (De *fito-*+*patologia*)

fitoplancto *n.m.* BIOLOGIA ⇒ **fitoplâncton**

fitoplâncton *n.m.* BIOLOGIA plâncton constituído por seres fotossintéticos de pequenas dimensões, como certas bactérias e algas microscópicas e filamentosas (De *fito-*+*-plâncton*)

fitoquímica *n.f.* química vegetal (De *fito-+química*)

fitossanidade *n.f.* ciência que estuda os inimigos das plantas e o conjunto das técnicas utilizadas para os evitar e combater (De *fito-+sanidade*)

fitossanitário *adj.* relativo à fitossanidade (De *fito-+sanitário*)

fitotaxia /cs/ *n.f.* BOTÂNICA capítulo da botânica que tem por objetivo a distinção e classificação dos vegetais (Do gr. *phytón*, «planta» +*táxis*, «classificação» +*-ia*)

fitoteca *n.f.* 1 sala onde se conservam os herbários 2 coleção de plantas secas organizadas e classificadas; herbário (Do gr. *phytón*, «planta» +*théke*, «caixa»)

fitotecnia *n.f.* estudo dos usos e aplicações dos vegetais na indústria e na economia doméstica (Do gr. *phytón*, «planta» +*tékhne*, «arte» +*-ia*)

fitotécnico *adj.* relativo à fitotecnia (De *fito-+técnico*)

fitoterapia *n.f.* MEDICINA prática terapêutica baseada em preparados derivados de plantas (Do gr. *phyton*, «planta»+*terapia*)

fitotomia *n.f.* 1 anatomia vegetal 2 dissecção das plantas (Do gr. *phytón*, «planta» +*tomé*, «corte» +*-ia*)

fitotómico *adj.* relativo à fitotomia (De *fitotomia+-ico*)

fitozoários *n.m.pl.* ZOOLOGIA metazoários de simetria radiada, isto é, que têm um eixo e alguns planos de simetria; zoófitos (Do gr. *phytón*, «planta» +*zoárion*, «animalzinho»)

fitucar *v.intr.* [Angola] irritar-se; zangar-se (Do quimb. *kifutuka*, «id.»)

fiunco *n.m.* 1 [regionalismo] caulículo 2 [regionalismo] palhinha (De orig. obsc.)

fiúza *n.f.* fé; confiança ■ *adj.2g.* esperto; finório (Do lat. *fiducĭa-*, «confiança»)

fivela *n.f.* 1 peça metálica com um ou mais fuzilhões, que se prende a uma correia, fita ou cinto para apertar 2 objeto semelhante, com função decorativa, geralmente utilizado em vestuário ou calçado (Do lat. **fibella-*, por *fibŭla-*, «gancho; colchete»)

fiveleta *n.f.* fivela pequena 2 dança antiga (De *fivela+-eta*)

fixa /cs/ *n.f.* 1 parte de uma dobradiça que se embute na parte fixa de uma porta ou janela 2 haste terminada por uma argola, usada em agrimensura para prender a extremidade da cadeia métrica (De *fixo*)

fixação /cs/ *n.f.* 1 ato de fixar 2 PSICOLOGIA função pela qual as lembranças são registadas na memória 3 PSICOLOGIA apego afetivo intenso a uma pessoa, a um objeto ou a um estádio do desenvolvimento psicossexual que dificulta o ajustamento à realidade 4 CITOLOGIA operação da técnica citológica pela qual se faz a coagulação e a conservação dos elementos de um tecido por ação de um fixador, com o objetivo de realizar um futuro exame microscópico 5 MILITAR operação destinada a, durante o ataque, exercer sobre o inimigo a pressão suficiente para lhe impedir os movimentos (De *fixar+-ção*)

fixador /cs/ *adj.* que fixa; fixante ■ *n.m.* 1 aquilo que serve para fixar 2 FOTOGRAFIA banho em que se dissolvem substâncias não impressionadas pela luz nas chapas fotográficas 3 substância que serve para fixar o penteado; laca 4 substância que se pulveriza sobre um desenho a carvão ou a pastel para o fixar (De *fixar+-dor*)

fixagem /cs/ *n.f.* FOTOGRAFIA operação para tornar inalterável uma imagem fotográfica à ação da luz (De *fixar+-agem*)

fixamente /cs/ *adv.* 1 de modo fixo 2 com persistência 3 com atenção (De *fixo+-mente*)

fixante /cs/ *adj.2g.* 1 que fixa 2 que ajuda a manter o penteado; fixador 3 (fortificação) que está embebido em outro; que entra no outro (De *fixar+-ante*)

fixar /cs/ *v.tr.* 1 fazer aderir a uma superfície; tornar fixo 2 pregar; cravar; espetar 3 tornar estável 4 estabelecer; determinar 5 aprender de cor 6 não esquecer; reter 7 deter o olhar demoradamente em ■ *v.pron.* 1 tornar-se estável 2 estabelecer-se 3 apoiar-se 4 apegar-se intensamente a pessoa, objeto, ideia, etc. (De *fixar+-ar*)

fixativo /cs/ *adj.* que fixa ou determina (Do fr. *fixatif*, «id.»)

fixe *adj.2g.* 1 [pop.] fixo; seguro 2 [coloq.] diz-se da pessoa leal, constante 3 [coloq.] simpático; agradável; prestável; *fixe!* [coloq.] exclamação que exprime prazer, entusiasmo, satisfação, alegria, excelente!, ótimo!, maravilhoso! (Do fr. *fixe-*, «fixo; imóvel; invariável»)

fixidade /cs/ *n.f.* qualidade ou estado de fixo; fixidez (De *fixo+-i-+-dade*)

fixidez /cs/ *n.f.* 1 qualidade do que é ou está seguro; fixidade 2 inalterabilidade; imutabilidade 3 imobilidade 4 propriedade de se não volatilizar ao fogo 5 [fig.] atenção (De *fixo+-dez*)

fixismo /cs/ *n.m.* BIOLOGIA hipótese que considera cada uma das espécies existentes no Globo como um grupo imutável através das sucessivas gerações (opõe-se ao transformismo e ao evolucionismo) (De *fixo+-ismo*, ou do fr. *fixisme*, «id.»)

fixista /cs/ *adj.2g.* referente ao fixismo ■ *n.2g.* indivíduo que defende a hipótese do fixismo (De *fixo+-ista*)

fixo /cs/ *adj.* 1 que não se move; imóvel 2 estável; firme 3 preso; seguro 4 que não varia; constante 5 definido; determinado 6 que não perde a cor 7 diz-se da substância que não se volatiliza ■ *n.m.* 1 peça que não se move 2 aquilo que não está sujeito a mudanças ou flutuações (Do lat. *fixu-*, «id.»)

fixura /cs/ *n.f.* ⇒ **fixidez** (De *fixo+-ura*)

flã *n.m.* ⇒ **flan** (Do fr. *flan*)

flabelação *n.f.* ato ou efeito de flabelar; agitação do ar com leque (De *flabelar+-ção*)

flabelado *adj.* em forma de leque (Part. pass. de *flabelar*)

flabelar¹ *v.intr.* agitar o ar com o leque (Do lat. *flabellāre*, «soprar»)

flabelar² *adj.2g.* em forma de leque; flabelado (De *flabelo+-ar*)

flabelífero *adj.* que tem leque (Do lat. *flabellu-*, «leque» +*fero*, de *ferre*, «ter»)

flabelifoliado *adj.* BOTÂNICA com folhas em forma de leque (De *flabelo+foliado*)

flabeliforme *adj.2g.* 1 em forma de leque; flabelado 2 GEOLOGIA diz-se da direção dos estratos que divergem em virtude de uma compressão lateral dos flancos (Do lat. *flabellu-*, «leque» +*forma-*, «forma»)

flabelípede *adj.2g.* ZOOLOGIA diz-se do animal cujos membros alargados em forma de leque (Do lat. *flabellu-*, «leque» +*pede-*, «pé»)

flabelo *n.m.* 1 grande leque de penas 2 qualquer tipo de leque 3 RELIGIÃO grande leque de penas de avestruz ou de pavão-real utilizado em algumas cerimónias pontifíciais (Do lat. *flabellu-*, «leque»)

flache *n.m.* ⇒ **flash** (Do ing. *flash*)

flacidez /ê/ *n.f.* 1 qualidade ou estado de flácido 2 relaxação 3 languidez 4 MEDICINA falta de tonicidade ou estado de relaxamento de um tecido ou órgão 5 VETERINÁRIA doença epidémica do bicho-da-seda (De *flácido+-ez*)

flácido *adj.* 1 lânguido; mole 2 fofo 3 que não tem firmeza ou elasticidade; murcho; frouxo 4 brando 5 que não oferece resistência; que cede; relaxado (Do lat. *flaccĭdu-*, «id.»)

flagelação *n.f.* 1 ato ou efeito de flagelar; fustigação; verberação 2 [fig.] tormento; sofrimento 3 MILITAR ação de fogos executados sobre zonas ocupadas pelo inimigo ou pelas quais este possa vir a transitar, destinado a criar-lhe insegurança, diminuir-lhe o moral ou dificultar-lhe os movimentos (Do lat. *flagellatiōne-*, «ação de açoitar»)

flagelado *adj.* 1 que sofreu flagelação; fustigado; chicoteado 2 atormentado; torturado; martirizado 3 ZOOLOGIA pertencente ou relativo aos flagelados ■ *n.m.* ZOOLOGIA espécime dos flagelados ■ *n.m.pl.* ZOOLOGIA classe de protozoários que abrange animais que possuem um ou mais flagelos (Do lat. *flagellātu-*, «id.», part. pass. de *flagellāre*, «açoitar; flagelar»)

flagelador *adj.,n.m.* que ou aquele que flagela (De *flagelar+-dor*)

flagelante *adj.2g.* que flagela; flagelador ■ *n.2g.* pessoa pertencente a uma seita religiosa do séc. XIII, cujos membros flagelavam o próprio corpo em público (Do lat. *flagellante*, «id.», part. pres. de *flagellāre*, «flagelar»)

flagelar *v.tr.* 1 açoitar com flagelo; chicotear; fustigar 2 [fig.] atormentar; incomodar; afligir; torturar; castigar 3 [fig.] criticar; censurar violentamente (Do lat. *flagellāre*, «id.»)

flagelativo *adj.* 1 que flagela 2 próprio para açoitar 3 [fig.] enfadonho 4 [fig.] incomodativo (De *flagelar+-tivo*)

flagelífero *adj.* que tem filamentos delgados e compridos (Do lat. *flagellu-*, «rebento; ramo flexível» +*fero*, de *ferre*, «ter»)

flageliforme *adj.2g.* que é fino, longo e flexível e vibra como um flagelo (Do lat. *flagellu-*, «flagelo» +*forma-*, «forma»)

flagelo *n.m.* 1 chicote para açoitar 2 castigo; tormento 3 praga; calamidade pública 4 BIOLOGIA órgão vegetal ou animal, filiforme e vibrátil, que constitui o órgão locomotor de certas células ou microrganismos, como alguns protozoários (Do lat. *flagellu-*, «id.»)

flagício *n.m.* 1 crime vergonhoso e infame; ignomínia 2 flagelo; tortura; tormento (Do lat. *flagitĭu-*, «ação escandalosa; torpeza»)

flagicioso /ô/ *adj.* 1 que cometeu flagício; criminoso 2 infame 3 dissoluto 4 escandaloso (Do lat. *flagitiōsu-*, «escandaloso»)

flagrância *n.f.* qualidade do que é flagrante (Do lat. *flagrantĭa-*, «calor intenso»)

flagrante *adj.2g.* 1 praticado no próprio momento em que se é surpreendido 2 manifesto; evidente 3 incontestável ■ *n.m.* 1 ato que se observa no próprio momento em que é realizado 2 comprovação desse ato 3 instante; oportunidade; ensejo; *~ delito* DIREITO infração ou crime em que o infrator é surpreendido no momento em que o pratica; *em ~* no momento em que alguém pratica um ato (Do lat. *flagrante-*, «ardente», part. pres. de *flagrāre*, «arder»)

flagrar v.intr. arder; inflamar-se ■ v.tr. [Brasil] apanhar em flagrante (Do lat. *flagrāre*, «arder em chamas»)

flainar v.intr. ⇒ **flanar** (Do fr. *flaner*, «andar sem destino»)

flaino n.m. ato de vaguear, passear sem destino; *andar a ~* andar a passear por mera diversão, vadiar, flanar (Deriv. regr. de *flainar*)

flajolé n.m. MÚSICA pequeno instrumento musical de sopro com seis furos, que se pensa ter sido inventado em França por Juvigny no século XVI (Do fr. *flageolet*)

flama n.f. 1 chama 2 [fig.] ardor; força da paixão 3 [fig.] entusiasmo (Do lat. *flamma-*, «id.»)

flamância n.f. 1 elegância no vestir; garridice 2 brilho; esplendor (De *flama+-ância*)

flamante adj.2g. 1 chamejante 2 brilhante; resplandecente 3 [fig.] vistoso 4 [fig.] garrido (Do lat. *flammante-*, «id.», part. pres. de *flammāre*, «inflamar; incendiar»)

flamão n.m. feltro de pelo comprido para fabrico de chapéus (De orig. obsc.)

flambar v.tr. 1 desinfetar (utensílios, instrumentos, etc.) passando-os rapidamente através das chamas 2 CULINÁRIA cozinhar (alimentos), vertendo bebida alcoólica sobre eles e ateando-lhes fogo (Do fr. *flamber*, «passar pelo fogo»)

flambê adj.2g. CULINÁRIA diz-se do alimento que se cozinhou ateando-lhe fogo depois de se regar com álcool (Do fr. *flambé*, «queimado em chama»)

flame n.m. VETERINÁRIA utensílio que serve para sangrar animais; lanceta (Do lat. *plebotōmu-*, «lanceta», pelo fr. *flamme*, «id.»)

flamear v.intr. ⇒ **flamejar** (De *flama+-ear*)

flamejamento n.m. ato ou efeito de flamejar (De *flamejar+-mento*)

flamejante adj.2g. 1 que flameja; chamejante 2 brilhante; resplandecente 3 ARQUITETURA diz-se do estilo gótico na sua última fase (De *flamejar+-ante*)

flamejar v.intr. 1 lançar chamas; arder 2 brilhar; resplandecer (De *flama+-ejar*)

flamenco n.m. MÚSICA música e dança populares andaluzas, com raízes ciganas, que são acompanhadas de guitarras e palmas (Do cast. *flamenco*, «id.», do neerl. *flaming*, «natural de Flandres»)

flamenga n.f. variedade de pera (De *flamengo*)

flamengo[1] adj. 1 de ou relativo a Flandres, região comum a Bélgica e a França 2 designativo de uma qualidade de queijo industrial, feito com leite de vaca e originário da Holanda ■ n.m. 1 natural ou habitante da Flandres 2 cada um dos dialetos neerlandeses falados em parte da Bélgica; *ver flamengos à meia-noite* ver-se embaraçado (Do lat. med. *flamencu-*, «flamengo»)

flamengo[2] n.m. ORNITOLOGIA ⇒ **flamingo** (Do prov. *flamenc*, «da cor das chamas», pelo ing. *flamingo*, «flamingo»)

flâmeo n.m. 1 véu das noivas, entre os Romanos 2 véu com que as damas romanas cobriam o rosto ■ adj. ⇒ **flamejante** (Do lat. *flammĕu-*, «id.»)

flam(i)- elemento de formação de palavras que exprime a ideia de *chama* (Do latim *flamma*, «chama»)

flamífero adj. 1 que traz ou produz chama 2 que fascina; deslumbrante (Do lat. *flammifĕru-*, «ardente»)

flamifervente adj.2g. que ferve, deitando chamas (De *flami-+fervente*)

flamígero adj. ⇒ **flamífero** (Do lat. *flammigĕru-*, «ardente»)

flaminato n.m. dignidade de flâmine (Do lat. **flaminātu-*, «id.»)

flâmine n.m. sacerdote da antiga Roma que soprava o fogo sagrado (Do lat. *flamĭne-*, «id.»)

flamingo n.m. ORNITOLOGIA ave pernalta de grande porte, da família dos Fenicopterídeos, com bico encurvado, plumagem geralmente rosada e pescoço longo, que aparece rara e irregularmente em Portugal; flamengo (Do prov. *flamenc*, «da cor do fogo; brilhante», pelo ing. *flamingo*, «id.»)

flamínia n.f. 1 sacerdotisa que auxiliava o flâmine nos sacrifícios 2 mulher do flâmine 3 residência do flâmine (Do lat. *flaminĭa-*, «id.»)

flamínio n.m. ⇒ **flaminato** (Do lat. *flaminĭu-*, «id.»)

flamipotente adj.2g. (epíteto de Vulcano) poderoso em chamas (De *flami-+potente*)

flamispirante adj.2g. que deita chamas ao expirar (Do lat. *flamma-*, «chama» *+spirante-*, «id.»)

flamívolo adj. que deita chamas ao voar (Do lat. *flammivŏlu-*, «que voa inflamado»)

flamívomo adj. que vomita chamas (Do lat. *flammivŏmu-*, «id.»)

flâmula n.f. 1 pequena chama 2 NÁUTICA galhardete comprido e estreito usado no mastro grande dos navios de guerra e à proa das embarcações pequenas, para sinalização ou como adorno (Do lat. *flammŭla-*, «pequena chama; bandeira pequena»)

flan n.m. 1 CULINÁRIA pudim feito de ovos, leite, açúcar e farinha, coberto com açúcar caramelizado 2 TIPOGRAFIA cartão utilizado para moldar matrizes de estereotipia, composto de folhas de papel de seda intercaladas com outras de papel mais grosso (Do fr. *flan*)

flanador adj.,n.m. que ou aquele que flana (De *flanar+-dor*)

flanar v.intr. passear ociosamente; laurear; flainar (Do fr. *flaner*, «andar sem destino»)

flanco n.m. 1 ANATOMIA região lateral do tronco, entre a anca e as costelas; ilharga 2 (animais) região lateral do abdómen e das costelas; ilhal 3 parte lateral de qualquer coisa; lado 4 MILITAR lado de uma formatura ou conjunto de tropas 5 ponto de acesso 6 espaço entre a cortina e o baluarte, nas fortificações 7 zona lateral de um campo ou recinto; *dar o ~* dar margem a críticas e censuras, dar a conhecer o seu ponto fraco; *de ~* de lado, pela parte lateral (Do frânc. *hlanka, «articulação», pelo fr. *flanc*, «flanco»)

flandres n.f.s2n. 1 chapa de ferro muito fina e estanhada; folha de Flandres; lata 2 [fig.] sabre de polícia (De *Flandres*, top., região comum à Bélgica e à França)

Flandriano n.m. GEOLOGIA andar do quaternário, posterior à última glaciação (De *Flandres*, top., região comum à Bélgica e à França + *-iano*)

flandrino adj.,n.m. ⇒ **flamengo**[1] (De *Flandres*, top., região comum à Bélgica e à França *+-ino*)

flandrisco adj.,n.m. ⇒ **flamengo**[1] (De *Flandres*, top. *+-isco*)

flanela n.f. tecido de lã ou algodão pouco encorpado e cardado (Do ing. *flannel*, «id.», pelo fr. *flanelle*, «id.»)

flanqueador adj.,n.m. 1 que ou aquele que flanqueia 2 combatente que estabelece ligação pela vista entre duas unidades, progredindo em direções ou por itinerários paralelos (De *flanquear+-dor*)

flanquear v.tr. 1 MILITAR atacar por um dos lados; atacar de flanco; tornear o flanco de (corpo de tropas inimigas) 2 MILITAR defender por todos os lados; tornar defensável 3 MILITAR marchar paralelamente a (coluna inimiga) 4 ladear; acompanhar 5 estar paralelo em relação a (De *flanco+-ear*)

flartar v.tr.,intr. ⇒ **flirtar** (Do ing. *flirt*, «id.»)

flarte n.f. ⇒ **flirt** (Do ing. *flirt*, «id.»)

flash n.m. 1 FOTOGRAFIA dispositivo que produz um clarão instantâneo no momento em que se tira uma fotografia em ambientes com iluminação insuficiente 2 FOTOGRAFIA clarão produzido por esse dispositivo 3 CINEMA, TELEVISÃO cena muito breve 4 RÁDIO, TELEVISÃO notícia curta e importante cuja apresentação interrompe geralmente a transmissão de um programa (Do ing. *flash*, «id.»)

flashback n.m. 1 CINEMA parte de um filme que mostra uma cena anterior à ação 2 LITERATURA narração de um acontecimento anterior ao tempo em que decorre a ação; analepse 3 regresso ao passado; recordação (Do ing. *flashback*, «id.»)

flash mob n.m. grupo de pessoas que se juntam repentinamente num local público para realizar uma atividade (coreografia, dança, etc.) previamente combinada, dispersando rapidamente após a sua concretização (Do ing. *flash mob*, «id.»)

flat[1] n.m. [Brasil, Moçambique] parte independente de um edifício de habitação destinado a residência particular; apartamento (Do inglês *flat*, «idem»)

flat[2] adj.inv. (surf) diz-se do mar sem ondas (Do inglês *flat*, «liso, plano»)

flato n.m. 1 MEDICINA acumulação de gases no estômago e nos intestinos, provocando distensão abdominal que, por vezes, se torna incómoda 2 MEDICINA expulsão mais ou menos ruidosa de gases acumulados nos intestinos pelo ânus 3 perda dos sentidos; desmaio 4 crise nervosa; histerismo 5 desejo intenso; ânsia 6 vaidade; presunção (Do lat. *flatu-*, «sopro; ventilação; orgulho»)

flatoso /ô/ adj. que produz flato (De *flato+-oso*)

flatulência n.f. 1 MEDICINA acumulação de gases no estômago e nos intestinos, provocando distensão abdominal que, por vezes, se torna incómoda 2 MEDICINA expulsão mais ou menos ruidosa de gases acumulados nos intestinos pelo ânus 3 vaidade; presunção (Do lat. *flatu-*, «sopro», pelo fr. *flatulence*, «id.»)

flatulento adj. 1 que causa ou sofre de flatulência (formação de gases nos intestinos) 2 acompanhado por produção de gases 3 da natureza do flato (crise nervosa) 4 que revela presunção; vaidoso (Do fr. *flatulent*, «id.»)

flatuloso /ô/ adj. 1 que sofre de acumulação exagerada de gases no estômago ou nos intestinos; flatuoso 2 sujeito a flatos (De *flato+-oso*, com infl. de *flatulento*)

flatuosidade n.f. ⇒ **flatulência** (De *flatuoso+-i-+-dade*)

flatuoso /ô/ *adj.* ⇒ **flatuloso** (De *flato*+*-oso*)

flausina *n.f.* [ant.] rapariga que vestia de acordo com a moda (De *Flausina*, antr.)

flauta *n.f.* **1** MÚSICA instrumento musical de sopro, em forma de tubo, sem palheta, com buracos e provido de chaves **2** utensílio de ferreiro para encurvar certas peças **3** copo de pé, alto e estreito para champanhe **4** *pl.* [pop.] pernas magras ▪ *n.2g.* tocador de flauta; *~ transversal* MÚSICA instrumento musical de sopro em forma de tubo aberto numa das extremidades e com um orifício lateral que serve de embocadura (Do médio alto-al. *flöute*, «id.», pelo neerl. med. *flute*, pelo fr. ant. *flaute*, «flauta»)

flautado *adj.* com timbre suave como o da flauta; aflautado (De *flauta*+*-ado*)

flautar *v.tr.* **1** dar som de flauta a **2** tornar (a voz) mais aguda **3** assobiar ▪ *v.intr.* **1** tocar flauta ou tirar de um instrumento som de flauta **2** [fig.] falar com afetação (De *flauta*+*-ar*)

flauteado *adj.* **1** executado em flauta **2** muito suave, doce e harmonioso **3** sem preocupações; regalado; descansado **4** [pop.] que foi enganado; ludibriado (Part. pass. de *flautear*)

flautear *v.intr.* **1** tocar flauta **2** imitar o som da flauta **3** passar o tempo sem preocupações **4** faltar a um compromisso **5** [pop.] vadiar ▪ *v.tr.* [pop.] iludir; enganar (De *flauta*+*-ear*)

flauteio *n.m.* **1** ação de tocar flauta **2** vida sem preocupações; ociosidade (Deriv. regr. de *flautear*)

flauteiro *n.m.* tocador de flauta; flautista (De *flauta*+*-eiro*)

flautim *n.m.* **1** MÚSICA instrumento de sopro parecido com a flauta, mas menor e mais fino, e que dá uma oitava acima desta **2** pessoa que toca este instrumento (De *flauta*+*-im*)

flautinista *n.2g.* pessoa que toca flautim

flautista *n.2g.* **1** pessoa que toca flauta **2** fabricante de flautas **3** [pop.] pessoa falsa; trapaceiro (De *flauta*+*-ista*)

flavescência *n.f.* **1** qualidade ou estado de flavescente **2** cor flava, amarela (Do lat. *flavescentĭa-*, part. pres. neut. pl. subst. de *flavescĕre*, «tornar-se amarelo; amarelecer»)

flavescente *adj.2g.* que se torna ou pode tornar flavo, amarelo, louro ou cor de ouro (Do lat. *flavescente-*, «id.», part. pres. de *flavescĕre*, «amarelecer; enlourecer»)

flavescer *v.intr.* tornar-se flavo ou louro; enlourecer (Do lat. *flavescĕre*, «id.»)

flav(i)- elemento de formação de palavras que exprime a ideia de amarelo (Do lat. *flavu-*, «id.»)

flaviense *adj.2g.* de ou relativo à cidade portuguesa de Chaves ▪ *n.2g.* natural ou habitante de Chaves (De *flaviense-*, «id.», de *Flaviis* [da expr. *Aquis Flaviis*, top., «(n)as Águas Flávias», nome da povoação romana que deu orig. a Chaves] +*-ense*)

flavífluo *adj.* [poét.] (rio) que corre sobre areias douradas (De *flavu-*, «amarelo; dourado» +*fluĕre*, «correr»)

flavípede *adj.2g.* ZOOLOGIA que tem as extremidades dos membros, ou os pés, de cor amarela (Do lat. *flavu-*, «amarelo» +*pede-*, «pé»)

flavo *adj.* que é da cor do ouro ou do trigo maduro; louro; fulvo; dourado (Do lat. *flavu-*, «id.»)

flavonoide *n.m.* QUÍMICA membro do grupo de compostos fenólicos que ocorrem naturalmente, muitos dos quais são pigmentos de plantas

flavonóide ver nova grafia *flavonoide*

flavor /ô/ *n.m.* qualidade do vinho de cor amarelada (Do lat. med. *flavōre-*, «amarelo»)

flebectasia *n.f.* MEDICINA dilatação anormal de uma veia; variz (De *flebo-*+*ectasia*)

flebi- elemento de formação de palavras que exprime a ideia de veia (Do gr. *phléps*, *phlebós*, «veia»)

flébico *adj.* MEDICINA relativo às veias (Do gr. *phlebikós*, «id.»)

flébil *adj.2g.* choroso; lacrimoso; plangente (Do lat. *flebĭle-*, «lastimoso»)

flebite *n.f.* MEDICINA inflamação das paredes das veias, que perturba a circulação do sangue (De *flebi-*+*-ite*, ou do fr. *phlébite*, «id.»)

fleb(o)- ⇒ **flebi-** (Do grego *phléps*, *phlebós*, «veia»)

flebografia *n.f.* **1** ANATOMIA descrição das veias **2** MEDICINA radiografia das veias (Do gr. *phléps*, *phlebós*, «veia» +*gráphein*, «descrever» +*-ia*)

flebólito *n.m.* MEDICINA concreção que se forma numa veia por calcificação de um trombo (De *flebo-*+*-lito*)

flebologia *n.f.* MEDICINA estudo acerca das veias (Do gr. *phléps*, *phlebós*, «veia» +*lógos*, «tratado» +*-ia*)

fleborragia *n.f.* MEDICINA hemorragia venosa (Do gr. *phleborrhagía*, «rutura de uma veia», pelo fr. *phléborragie*, «id.»)

fleborrágico *adj.* relativo à fleborragia (De *fleborragia*+*-ico*)

flebosclerose *n.f.* MEDICINA endurecimento patológico das veias (De *flebo-*+*esclerose*)

flebotomia *n.f.* **1** CIRURGIA incisão praticada numa veia para fazer uma sangria **2** CIRURGIA arte de sangrar (Do gr. *phlebotomía*, «sangria», pelo lat. *phlebotomĭa-*, «hemorragia»)

flebotómico *adj.* que diz respeito à flebotomia (Do gr. *phlebotomikós*, «id.»)

flebotomizar *v.tr.* **1** CIRURGIA provocar flebotomia em **2** CIRURGIA provocar uma sangria a (alguém), utilizando o flebótomo; sangrar (De *flebotomia*+*-izar*)

flebótomo *n.m.* CIRURGIA lanceta para fazer sangrias (Do gr. *phlebotómos*, «id.», pelo lat. *phlebotŏmu-*, «id.»)

flebotrombose *n.f.* MEDICINA trombose de uma veia (De *flebo-*+*trombose*)

flecha[1] *n.f.* **1** arma ofensiva, de arremesso, constituída por uma haste de metal ou de madeira aguçada na ponta, que se lança com um arco; seta **2** objeto com forma desta arma **3** GEOMETRIA segmento da perpendicular ao meio da corda, compreendido entre esta e o respetivo arco **4** ARQUITETURA elemento piramidal ou cónico que remata torres, campanários, e certos edifícios, por vezes com decoração; agulha **5** ARQUITETURA altura máxima de um arco **6** BOTÂNICA ponta do rebento terminal de algumas plantas **7** braço de fixação ao terreno do reparo das bocas de fogo móveis de artilharia **8** [com maiúscula] ASTRONOMIA pequena constelação boreal; *como uma ~* a grande velocidade; *subir em ~* subir rápida e inesperadamente (Do frânc. **fleuka*, pelo fr. *flèche*, «id.»)

flecha[2] *n.f.* ORNITOLOGIA ⇒ **chede** (De *folecha*)

flechada *n.f.* golpe ou ferimento de flecha; setada (Part. pass. subst. de *flechar*)

flechar *v.tr.* **1** ferir com flecha **2** [fig.] magoar; molestar **3** [fig.] satirizar ▪ *v.intr.* arremessar flechas (De *flecha*+*-ar*)

flectir ver nova grafia *fletir*

flector ver nova grafia *fletor*

flegma *n.f.* ⇒ **fleuma**

flegmão *n.m.* ⇒ **fleimão**

flegmasia *n.f.* MEDICINA inflamação interna, acompanhada de estado febril (Do gr. *phlegmasía*, «inflamação»)

fleima *n.f.* ⇒ **fleuma**

fleimão *n.m.* MEDICINA inflamação do tecido conjuntivo de qualquer órgão, muitas vezes de carácter infecioso e grave, também designada flegmão e fleumão (Do gr. *phlegmoné*, «inflamação», pelo lat. *phlegmŏne*, «id.»)

fleimoso /ô/ *adj.* da natureza do fleimão (De *fleima*+*-oso*)

fleme *n.m.* [Brasil] ⇒ **flame**

flente *adj.2g.* **1** que chora **2** lastimoso (Do lat. *flente-*, «id.», part. pres. de *flere*, «chorar»)

fleróvio *n.m.* QUÍMICA elemento químico, transuraniano, com o número atómico 114 e símbolo Fl, obtido artificialmente (Do ing. *flerovium*, «id.», de *Flerov Laboratory of Nuclear Reactions*, laboratório russo fundado pelo físico nuclear *G. Flyorov*)

flertar *v.tr.,intr.* [Brasil] ⇒ **flirtar**

flerte *n.m.* [Brasil] ⇒ **flirt** (Do ing. *flirt*, «id.»)

flete *n.f.* [Moçambique] ⇒ **flat**[1] (Do ing. *flat*, «id.»)

fletir *v.tr.* fazer a flexão de; dobrar; curvar; vergar ▪ *v.intr.* [fig.] tornar-se (mais) brando; afrouxar; abrandar; ceder (Do lat. *flectĕre*, «dobrar»)

fletor *adj.* que faz fletir; flexor (Do lat. *flectōre-*, «que dobra»)

fleuma *n.f.* **1** impassibilidade; frieza; domínio das emoções **2** indiferença; falta de interesse **3** pachorra **4** um dos humores naturais, segundo a medicina antiga (Do gr. *phlégma*, *-atos*, «inflamação», pelo lat. *phlegma*, *-ātis*, «id.»)

fleumagogo *adj.* (medicamento) capaz de fazer sair a fleuma do organismo (Do gr. *phlégma*, «inflamação» +*agogós*, «que expele»)

fleumão *n.m.* ⇒ **fleimão**

fleumático *adj.* **1** impassível; imperturbável **2** indiferente **3** pachorrento ▪ *n.m.* **1** pessoa que domina as emoções; pessoa serena **2** PSICOLOGIA tipo caracterológico que se define pelas reações lentas, pela emotividade difícil e pela ponderação (Do gr. *phlegmatikós*, «id.», pelo lat. tard. *phlegmatĭcu-*, «id.»)

flexão /cs/ *n.f.* **1** ato de dobrar ou dobrar-se **2** estado do que se dobrou ou vergou **3** exercício físico em que se trabalham os membros superiores, fletindo-os várias vezes **4** FISIOLOGIA movimento através do qual um membro, um segmento de um membro ou uma parte do corpo fazem um ângulo mais ou menos definido com a parte vizinha **5** GRAMÁTICA processo que permite indicar diferentes categorias gramaticais geralmente através da junção de afixos a um radical **6** GRAMÁTICA conjunto das formas flexionadas que tomam as palavras variáveis **7** MECÂNICA curvatura de uma peça (barra, viga) sob a ação de forças perpendiculares ao eixo longitudinal, aplicadas em pontos onde a peça não está sustentada (Do lat. *flexiōne-*, «ação de curvar»)

flexibilidade /cs/ n.f. **1** qualidade do que é flexível; elasticidade **2** facilidade de ser utilizado ou manejado; maleabilidade **3** facilidade de movimentos; agilidade; destreza **4** característica do que é dócil; docilidade; brandura **5** [fig.] capacidade para se aplicar a estudos de caráter diverso ou realizar diferentes atividades; disponibilidade de espírito **6** [fig.] capacidade de se adaptar a diferentes situações; adaptabilidade **7** [fig.] possibilidade de adaptação de algo aos interesses de alguém (Do lat. *flexibilitāte-*, «id.»)

flexibilização n.f. **1** ato ou efeito de flexibilizar **2** redução ou eliminação de regras ou medidas coercivas **3** abrandamento do rigor ou da severidade de algo

flexibilizar /cs/ v.tr. **1** tornar flexível **2** tornar menos rígido (Do lat. *flexibĭle-*, «flexível»+-*izar*)

flexigurança n.f. modelo laboral de origem nórdica que procura conjugar os conceitos de flexibilidade e segurança, na medida em que prevê uma maior facilidade para os empresários nos despedimentos e contratações, mas também uma maior proteção social para os trabalhadores que ficarem no desemprego, obrigando-os a formação qualificada (De *flexi(bilidade)*+*(se)gurança*)

fléxil /cs/ adj.2g. ⇒ **flexível** (Do lat. *flexĭle-*, «id.»)

flexíloquo /flécsi/ adj. ambíguo; equívoco; anfibológico (Do lat. *flexilŏquu-*, «enigmático; ambíguo»)

flexiologia /cs/ n.f. GRAMÁTICA parte da gramática que trata das flexões (Do lat. *flexio*, «flexão»+gr. *lógos*, «estudo»+-*ia*)

flexional /cs/ adj.2g. **1** GRAMÁTICA da flexão ou a ela referente **2** LINGUÍSTICA designativo das línguas em que as palavras exprimem categorias e relações gramaticais através de afixos; flexivo (Do lat. *flexiōne-*, «flexão»+-*al*)

flexionar /cs/ v.tr. **1** fazer dobrar; curvar; vergar; fletir **2** GRAMÁTICA dar (a uma palavra) formas diferentes através da junção de afixos que exprimem diversas categorias gramaticais (género, número, tempo, modo, etc.) ao respetivo radical ■ v.intr. apresentar (a palavra variável) formas diferentes de acordo com a categoria gramatical (género, número, pessoa, etc.) expressa pelo(s) afixo(s) que se juntaram ao radical (Do lat. *flexiōne-*, «flexão» +-*ar*)

flexionismo /cs/ n.m. GRAMÁTICA teoria da flexão das palavras (Do lat. *flexiōne-*, «flexão»+-*ismo*)

flexípede /cs/ adj.2g. (animal) cujas extremidades livres dos membros, ou os pés, são tortos (Do lat. *flexipĕde-*, «que trepa, enroscando-se»)

flexissegurança n.f. ⇒ **flexigurança** (De *flexi-*+*segurança*)

flexível /cs/ adj.2g. **1** suscetível de se dobrar ou curvar; maleável **2** que se distende facilmente; elástico **3** que facilmente se adapta a diferentes situações **4** fácil de utilizar ou manejar **5** suave **6** complacente; submisso; dócil (Do lat. *flexibĭle-*, «id.»)

flexivo /cs/ adj. **1** GRAMÁTICA relativo à flexão; flexional **2** GRAMÁTICA que tem flexão **3** LINGUÍSTICA ⇒ **flexional 2** (Do lat. **flexīvu-*, de *flexu-*, «id.», part. pass. de *flectĕre*, «fletir; dobrar»)

flexografia /cs/ n.f. TIPOGRAFIA processo tipográfico que utiliza chapas de impressão flexíveis, geralmente de borracha, e tintas líquidas de secagem muito rápida, usual na impressão de objetos arredondados (Do lat. *flexu-*, «dobrado; flexível», part. pass. de *flectĕre*, «fletir; dobrar»+gr. *gráphein*, «escrever» +-*ia*)

flexor /cs/ adj. FISIOLOGIA que faz dobrar ou fletir ■ n.m. FISIOLOGIA músculo que executa uma flexão (Do lat. *flexōre-*, «que dobra»)

flexório /cs/ n.m. FISIOLOGIA músculo que executa uma flexão (De *flexor*+-*io*)

flexuosidade /cs/ n.f. **1** qualidade do que é flexuoso ou sinuoso **2** volta **3** curva; dobra (De *flexuoso*+-*i-*+-*dade*)

flexuoso /cs/ adj. **1** que vai dando voltas ou descrevendo curvas; ondulante **2** sinuoso; tortuoso **3** torcido (Do lat. *flexuōsu-*, «tortuoso»)

flexura /cs/ n.f. **1** ANATOMIA ponto onde os ossos dobram uma parte do corpo **2** flexibilidade; agilidade **3** GEOLOGIA dobra monoclinal **4** [fig.] brandura; moleza **5** [fig.] meneio; gesto (Do lat. *flexūra-*, «ação de dobrar»)

flibusteiro n.m. **1** pirata que agia por sua conta nos mares americanos, nos séculos XVII e XVIII **2** [fig.] aventureiro **3** [fig.] trapaceiro (Do hol. *vrybuiter*, «saqueador», pelo ing. *freebooter*, pelo fr. ant. *fribustier*, hoje *flibustier*, «flibusteiro»)

flictena a grafia mais usada é **flitena**

flimar v.intr. [São Tomé e Príncipe] atingir a idade adulta (Do forro *flimi*, «firme»)

flint n.m. vidro acentuadamente refringente, rico em óxido de chumbo, muito empregado no fabrico de lentes e de serviços de mesa (Do ant. alto-al. *flint*, «sílex», pelo ing. *flint glass*, «id.»)

flipar v.intr. [coloq.] perder a calma subitamente; descontrolar-se; passar-se; desatinar (Do ing. *(to) flip*, «id.»+-*ar*)

flíper n.m. ⇒ **flipper** (Do ing. *flipper*, «id.»)

flip-flop n.m. **1** DESPORTO salto para trás, efetuado com o apoio das mãos **2** ELETRICIDADE, ELETRÓNICA, INFORMÁTICA dispositivo que pode assumir um de dois estados, dependendo das condições de um ou mais impulsos de saída, e que serve para abrir ou fechar circuitos (Do ing. *flip-flop*, «id.»)

flipper n.m. **1** mecanismo acionado por um movimento brusco da mão, que funciona numa máquina eletrónica e que empurra uma ou mais pequenas bolas numa superfície inclinada, de forma a ultrapassar determinados obstáculos **2** jogo eletrónico em que uma ou mais pequenas bolas são impelidas ao longo de uma superfície inclinada, através de vários obstáculos, com o objetivo de conseguir o maior número de pontos (Do ing. *flipper*, «id.»)

flirt n.m. ligação amorosa passageira; namorico (Do ing. *flirt*, «id.»)

flirtar v.tr.,intr. manter uma ligação amorosa passageira (com); namoricar (com) (Do ing. *flirt*, «id.»)

flitena n.f. MEDICINA pequena empola vesicular e transparente, que contém um humor aquoso e não purulento ACORDO ORTOGRÁFICO também se pode escrever **flictena**

flocado adj. **1** disposto ou feito em flocos **2** semelhante a flocos (De *floco*+-*ado*)

floco n.m. **1** conjunto de filamentos muito ténues, que esvoaçam à menor aragem **2** partícula leve e pouco densa **3** tufo de pelos na cauda de alguns animais **4** felpa **5** pl. produto alimentar à base de partículas de cereais, obtidas através da prensagem dos grãos após terem sido amolecidos por ação do vapor de água (Do lat. *floccu-*, «floco de lã»)

floconar v.intr. **1** esvoaçar como flocos **2** cair lentamente (Do fr. *floconner*, «formar flocos»)

flocosidade n.f. qualidade do que é flocoso (De *flocoso*+-*i-*+-*dade*)

flocoso /ô/ adj. **1** que produz flocos **2** em forma de flocos; flocado **3** feito de flocos **4** disposto em flocos (Do lat. *floccōsu-*, «lanoso»)

floculação n.f. **1** GEOGRAFIA processo em que as partículas de argila em suspensão, em contacto com a água do mar, coagulam e se depositam rapidamente no leito **2** coalescência de um precipitado finamente dividido em partículas maiores **3** QUÍMICA precipitação de albuminas ou outras substâncias coloides, em forma de flocos ténues; fenómeno inverso da peptização (Do fr. *floculation*, «id.»)

flocular adj.2g. relativo a flóculo ■ v.tr. precipitar por floculação (De *flóculo*+-*ar*)

flóculo n.m. floco pequeno (Do lat. *floccŭlu-*, «id.»)

floema /ê/ n.m. BOTÂNICA conjunto dos fascículos crivosos num órgão vegetal; líber (Do gr. *phloiós*, «casca interior da árvore»)

flogístico adj. que é próprio para desenvolver o calor interno, resultante de inflamação (Do gr. *phlogistós*, «inflamado»+-*ico*, pelo fr. *phlogistique*, «id.»)

flogisto n.m. fluido, imaginado pelos alquimistas, que se supunha entrar na composição das substâncias combustíveis e era posto em liberdade durante a combustão (Do gr. *phlogistós*, «passado pela chama»)

flogopite n.f. MINERALOGIA mineral da família das micas, que é um silicato de alumínio, magnésio, potássio e flúor (Do gr. *phlogopós*, «de rosto afogueado» +-*ite*)

flogose n.f. ⇒ **flegmasia** (Do gr. *phlógosis*, «ação de inflamar»)

flor n.f. **1** BOTÂNICA órgão vegetal da reprodução sexuada das plantas superiores (fanerogâmicas), composto geralmente por sépalas (cálice), pétalas (corola), estames e gineceu **2** planta que tem este órgão **3** desenho, objeto ou adorno que reproduz ou representa essa parte da planta **4** parte mais fina de uma substância **5** pessoa agradável, bonita e delicada **6** pessoa que se destaca das outras **7** coisa com ótimo aspeto; coisa excelente **8** conjunto de pessoas mais notáveis ou talentosas de um grupo; escol; nata **9** época mais brilhante da vida **10** o que é fresco ou viçoso **11** bolor que se forma à superfície de certos líquidos em contacto com o ar **12** superfície exterior do couro **13** QUÍMICA produto que resulta da sublimação de certas substâncias; **~ da idade** juventude; **~ de estufa** pessoa frágil e delicada, pouco suscetível; **flores de retórica** elegância de estilo; **à ~ de** à superfície de; **em ~** com as flores a desabrochar, no começo, em plena juventude, na altura melhor; **fina ~** o que há de melhor numa sociedade ou num determinado grupo; **não ser ~ que se cheire** não ser muito confiável, ter um comportamento censurável; **ter os nervos à ~ da pele** irritar-se facilmente (Do lat. *flōre-*, «id.»)

flora *n.f.* **1** conjunto das espécies vegetais que se desenvolvem numa região ou país **2** tratado descritivo destas espécies vegetais **3** conjunto de plantas destinadas a um dado fim **4** MEDICINA conjunto de microrganismos que existem em determinada parte do corpo **5** [com maiúscula] ASTRONOMIA pequeno planeta que gira entre Marte e Clio (Do lat. *Flora-*, mitol., «Flora», deusa das flores)

floração *n.f.* **1** ato ou efeito de florir **2** BOTÂNICA aparecimento das flores numa planta **3** BOTÂNICA estado das plantas em flor **4** BOTÂNICA época em que as flores desabrocham **5** [fig.] grande desenvolvimento (De *florar+-ção*)

florada *n.f.* **1** conjunto de flores **2** altura em que as plantas dão flor **3** CULINÁRIA doce de flores de laranjeira **4** CULINÁRIA doce de ovos, com forma de flores (De *flor+-ada*)

Florais[1] *n.m.pl.* concurso poético (Do lat. *florāles*, «relativos às flores»)

Florais[2] *n.f.pl.* festas em honra de Flora, deusa das flores, na antiga Roma (Do lat. *Floralia*, «id.»)

floral *adj.2g.* **1** da ou referente à flor **2** próprio da flor **3** que só tem flores **4** relativo a Flora, deusa das flores (Do lat. *florāle-*, «id.»)

florão *n.m.* **1** BOTÂNICA conjunto de flores reunidas num recetáculo comum, parecendo uma só flor **2** ARQUITETURA ornato no centro de um teto ou no fecho de uma abóbada **3** HERÁLDICA ornamento de ouro ou pedras preciosas no círculo de uma coroa **4** TIPOGRAFIA vinheta em forma de flor **5** TIPOGRAFIA ferro semelhante a essa vinheta, utilizado em encadernação para gravar lombadas, pastas, álbuns, etc. **6** jogo popular (De *flor+-ão*)

florar[1] *v.intr.* deitar flor; florescer (De *flor+-ar*)

florar[2] *v.intr.* [Guiné-Bissau] trabalhar (Do crioulo guineense *flora*, «idem»)

flor-da-castidade *n.f.* BOTÂNICA arbusto de cheiro semelhante ao da pimenta, da família das Verbenáceas, subespontâneo e cultivado em Portugal

flor-d'água *n.f.* BOTÂNICA planta aquática, da família das Aráceas, ornamental e medicinal, também denominada golfo e lentilha-d'água

flor-de-cera *n.f.* BOTÂNICA planta trepadeira, da família das Asclepiadáceas, cultivada em Portugal, nos jardins, também denominada flor-de-pedra

flor-de-enxofre ver nova grafia flor de enxofre

flor de enxofre *n.f.* enxofre sublimado e reduzido a pó, muito utilizado no tratamento das vinhas

flor-de-lis *n.f.* BOTÂNICA planta bolbosa, da família das Amarilidáceas, com folhas estreitas e compridas, flores grandes envolvidas por uma espata bivalve, e perianto quase sempre vermelho-escuro **2** BOTÂNICA designação de outras plantas da família das Liliáceas ACORDO ORTOGRÁFICO sem alteração

flor de lis *n.f.* HERÁLDICA adorno em forma da flor do lírio estilizada, que constitui um símbolo da antiga realeza francesa ACORDO ORTOGRÁFICO a grafia anterior era flor-de-lis

flor-de-lótus *n.f.* BOTÂNICA flor de planta aquática, sendo o nenúfar uma das espécies mais comum

flor-de-pedra *n.f.* ⇒ **flor-de-cera**

flor-de-viúva *n.f.* BOTÂNICA planta herbácea, da família das Campanuláceas, com flores de corola azul ou branca, espontânea de norte a sul de Portugal e também conhecida por viúva

flor-dos-macaquinhos-pendurados *n.f.* ⇒ **flor-dos-rapazinhos**

flor-dos-rapazinhos *n.f.* BOTÂNICA planta herbácea, da família das Orquidáceas, espontânea no Centro e no Sul de Portugal, também denominada flor-dos-macaquinhos-pendurados

floreado *adj.* **1** com forma de flor **2** coberto ou ornado com flores **3** enfeitado; adornado **4** enfeitado com exagero; arrebicado; vistoso ■ *n.m.* **1** ornato estilizado; enfeite **2** adorno exagerado; floreio **3** movimento ágil e elegante **4** MÚSICA variação musical que o executante adiciona ao trecho que interpreta (Part. pass. de *florear*)

floreal *adj.2g.* em que há flores ■ *n.m.* [com maiúscula] oitavo mês do calendário da primeira República Francesa, de 20 de abril a 19 de maio (Do fr. *floréal*, «id.»)

florear *v.tr.* **1** fazer criar flores em; fazer florescer **2** ornar com flores **3** manejar ou brandir com destreza (arma branca) **4** adornar exageradamente; utilizar demasiados artifícios em **5** ornar com imagens e efeitos literários ■ *v.intr.* **1** criar flores; florescer **2** fazer floreados (movimentos ágeis) **3** [fig.] ostentar elegância; brilhar (De *flor+-ear*)

floreio *n.m.* **1** ato ou efeito de florear **2** movimento elegante, gracioso **3** destreza ou agilidade para executar certos movimentos, nomeadamente para manejar uma arma branca **4** elegância oratória, literária, artística, etc. **5** MÚSICA ornamento melódico **6** pl. ARQUITETURA ornatos em que entram flores que se entrelaçam (Deriv. regr. de *florear*)

floreira *n.f.* **1** vaso onde se colocam flores **2** móvel com a forma de uma coluna, em cima do qual se põem vasos com flores **3** vendedora de flores; florista (De *flor+-eira*)

floreiro *n.m.* vendedor de flores; florista (De *flor+-eiro*)

florejante *adj.2g.* **1** coberto de flores **2** adornado com flores (De *florejar+-ante*)

florejar *v.tr.* **1** fazer dar flor **2** ornar com flores; florear ■ *v.intr.* dar flor; florescer (De *flor+-ejar*)

florença *n.f.* espécie de tecido de algodão semelhante à seda (De *Florença*, top., cidade italiana)

florência *n.f.* qualidade de florente ou florescente (Do lat. *florentĭa*, part. pres. neut. pl. subst. de *florēre*, «florir»)

florenciado *adj.* HERÁLDICA diz-se da cruz do brasão, cujos braços rematam em flor de lis (De *florência+-ado*)

florente *adj.2g.* ⇒ **florescente** (Do lat. *florente*, «id.», part. pres. de *florēre*, «estar em flor»)

florentino *adj.* **1** de ou relativo a Florença, cidade italiana **2** de ou relativo à ilha das Flores (Açores) ■ *n.m.* natural ou habitante de Florença ou da ilha das Flores (Do lat. *florentīno-*, «id.»)

flóreo *adj.* **1** relativo a flor ou flores **2** que floresce ou está em flor **3** coberto de flores; florido **4** [fig.] próspero (Do lat. *florĕu-*, «de flor»)

flores-brancas *n.f.pl.* [pop.] ⇒ **leucorreia**

florescência *n.f.* **1** ato de florescer; florescimento **2** BOTÂNICA aparecimento das flores numa planta **3** BOTÂNICA altura em que as flores desabrocham **4** [fig.] pujança; viço **5** [fig.] brilho; esplendor (Do lat. *florescentia*, part. pres. neut. pl. subst. de *florescĕre*, «começar a florir»)

florescente *adj.2g.* **1** que floresce; que está em flor **2** [fig.] próspero **3** [fig.] brilhante; notável **4** [fig.] são; em bom estado (Do lat. *florescente-*, «id.», part. pres. de *florescĕre*, «florescer»)

florescer *v.tr.* **1** fazer nascer flores em **2** dar realce a; tornar notável ■ *v.intr.* **1** deitar flor **2** cobrir-se de flores **3** desabrochar; brotar **4** [fig.] crescer; prosperar **5** [fig.] brilhar; distinguir-se (Do lat. *florescĕre*, «id.»)

florescimento *n.m.* **1** BOTÂNICA aparecimento de flores numa planta **2** BOTÂNICA época em que as flores brotam **3** [fig.] estado de progresso; situação de prosperidade (De *florescer+-mento*)

floresta *n.f.* **1** vegetação densa constituída por árvores, arbustos e outras plantas, que cobre uma vasta área de terreno; mata; bosque **2** área de terreno onde abundam as árvores e outro tipo de vegetação **3** [fig.] grande quantidade de coisas aglomeradas **4** [fig.] confusão; labirinto (Do franc. *forhist*, coletivo de *forha*, «plantação de pinheiros», pelo fr. ant. *forest*, hoje *forêt*, «floresta»)

florestação *n.f.* **1** plantação de árvores florestais **2** formação de florestas (De *florestar+-ção*)

florestal *adj.2g.* **1** referente à floresta **2** que trata da conservação e desenvolvimento das florestas **3** coberto de floresta (De *floresta+-al*)

florestar *v.tr.* plantar árvores florestais em; povoar de árvores florestais (De *floresta+-ar*)

floreta /ê/ *n.f.* ornamento em forma de flor (De *flor+-eta*)

floretado *adj.* diz-se do vidro que possui certos relevos que lhe prejudicam a transparência (De *floreta+-ado*)

florete /ê/ *n.m.* arma branca composta de um cabo e de uma haste prismática de metal, que termina num botão em forma de flor (Do it. *fioretto*, «id.»)

floreteado *adj.* **1** que tem forma de florete **2** semelhante a florete **3** adornado com flores; floreado (Part. pass. de *floretear*)

floretear[1] *v.intr.* **1** esgrimir com florete **2** [fig.] discutir apaixonadamente (De *florete+-ear*)

floretear[2] *v.tr.* cobrir com flores; florear (De *floreta+-ear*)

floretista *n.2g.* pessoa que joga florete (De *florete+-ista*)

flori- elemento de formação de palavras que exprime a ideia de flor (Do lat. *flore-*, «flor»)

florícola *adj.2g.* que vive nas flores (Do lat. *flore-*, «flor» +*colĕre*, «habitar»)

florículo *n.m.* **1** BOTÂNICA pequena flor **2** BOTÂNICA cada uma das flores que constituem um capítulo (inflorescência); flósculo (Do lat. *floricŭlu-*, por *floscŭlu-*, «florinha»)

floricultor *n.m.* o que se dedica à floricultura; o que cultiva flores (De *flori-+cultor*)

floricultura *n.f.* arte de cultivar flores; cultura de flores (De *flori-+cultura*)

florídeas *n.f.pl.* BOTÂNICA grupo (classe) de algas, cujos ovos germinam sobre a planta, de talo pluricelular e cor geralmente vermelha; rodofíceas; algas vermelhas (Do lat. *florĭdu-*, «florido» +-*eas*)

florido *adj.* 1 que está em flor; coberto de flores 2 adornado de flores 3 relativo às flores ou próprio delas 4 [fig.] viçoso; cheio de vitalidade 5 [fig.] elegante; brilhante (Part. pass. de *florir*)

flórido *adj.* 1 em flor; florescente 2 [fig.] elegante; brilhante 3 [fig.] próspero (Do lat. *florĭdu-*, «florido; brilhante»)

florífago *adj.* que se nutre de flores ou do seu suco (De *flori-+-fago*)

florífero *adj.* que dá ou tem flores; florígero; florescente (Do lat. *florifĕru-*, «que tem flores»)

floriforme *adj.2g.* semelhante a flor (De *flori-+-forme*)

florígero *adj.* ⇒ **florífero** (Do lat. *florigĕru-*, «que tem flores»)

florilégio *n.m.* 1 coleção de flores 2 [fig.] compilação literária; antologia (Do lat. *flore-*, «flor» +*legĕre*, «escolher»)

florim *n.m.* 1 antiga unidade monetária dos Países Baixos, substituída pelo euro 2 moeda de ouro ou de prata, em diversos países 3 unidade monetária de Curaçau, São Martinho e de Aruba (Do it. *fiorino*, «florim», antiga moeda florentina)

floríparo *adj.* BOTÂNICA diz-se do gomo, nos vegetais, que só origina flores (Do lat. *floripăru-*, «que produz flores»)

florir *v.intr.* 1 deitar flores; cobrir-se de flores; estar em flor; florescer 2 brotar; desabrochar; nascer; desenvolver-se 3 [fig.] achar-se em estado de frescura, de esplendor ■ *v.tr.* enfeitar com flores (Do lat. *florēre*, pelo lat. tard. *florīre*, «id.»)

florista *n.2g.* 1 pessoa que vende flores 2 fabricante ou pintor de flores artificiais 3 estabelecimento onde são vendidas flores (De *florir+-ista*)

florívoro *adj.* ⇒ **antófago** (Do lat. *flore-*, «flor» +*vorāre*, «comer»)

flor-mel *n.f.* BOTÂNICA ⇒ **chupa-mel** 1

floro- ⇒ **flori-**

-floro sufixo nominal de origem latina, que ocorre em adjetivos e exprime a ideia de *flor, inflorescência* (*noctifloro*)

floromania *n.f.* paixão exagerada pelas flores (De *floro-+mania*)

floromaníaco *adj.,n.m.* que ou aquele que sofre de floromania (De *floro-+maníaco*)

flor-seráfica *n.f.* ⇒ **amor-perfeito**

flórula *n.f.* flora de uma pequena região; pequena flora (De *flora+-ula*)

flosa *n.f.* [regionalismo] ORNITOLOGIA ⇒ **felosa** 1

flósculo *n.m.* 1 BOTÂNICA pequena flor 2 BOTÂNICA cada uma das flores que constituem um capítulo (inflorescência) 3 BOTÂNICA flor rudimentar ou estéril, especialmente das Gramíneas (Do lat. *floscŭlu-*, «florinha»)

flosculoso *adj.* que é formado de muitos flósculos (De *flósculo+-oso*)

flos-santório *n.m.* livro que descreve a vida dos santos (Do lat. *flos sanctōrum*, «a Flor dos Santos»)

flostria *n.f.* 1 [pop.] brincadeira; folgança 2 [pop.] fanfarronice; gabarolice (Do fr. ant. *folastrie*, hoje *folâtrerie*, «alegria amalucada; brincadeira; galhofa»)

flostriar *v.intr.* 1 [pop.] brincar, saltando 2 [pop.] foliar muito (De *flostria+-ar*)

flotilha *n.f.* 1 NÁUTICA conjunto reduzido de navios de guerra de tamanho pequeno e com características semelhantes; pequena frota 2 conjunto pequeno de embarcações (Do cast. *flotilla*, «id.»)

floucha *n.f.* [regionalismo] ORNITOLOGIA espécie de felosa (pássaro), cujo canto é forte, e que aparece com frequência no Sul de Portugal (De *felocha*)

flucti- elemento de formação de palavras que exprime a ideia de *mar, onda* (Do lat. *fluctu-*, «onda; tempestade»)

flucticola *adj.2g.* que habita nas ondas; undícola (Do lat. *fluctǐcŏla-*, «o que habita nas ondas»)

flucticolor *adj.2g.* da cor do mar (Do lat. *fluctǐcolōre-*, «que tem a cor das ondas»)

fluctígeno *adj.* nascido no mar (Do lat. *fluctigĕnu-*, «id.»)

fluctígero *adj.* 1 [poét.] batido pelas ondas 2 que produz ondas (Do lat. *fluctigĕru-*, «que empurra as ondas»)

fluctissonante *adj.2g.* que soa como as ondas; undíssono (De *flucti-+sonante*)

fluctíssono *adj.* ⇒ **fluctissonante** (De *flucti-+-sono*)

fluctívago *adj.* que anda sobre o mar (Do lat. *fluctivăgu-*, «que vagueia sobre as ondas»)

fluência *n.f.* 1 qualidade do que corre com facilidade 2 facilidade de expressão; espontaneidade 3 escoamento plástico de uma substância por ação de uma tensão constante (Do lat. *fluentĭa*, part. pres. neut. pl. subst. de *fluĕre-*, «correr; fluir»)

fluente *adj.2g.* 1 que corre com facilidade; fluido 2 que tem facilidade de expressão; espontâneo; natural 3 abundante (Do lat. *fluente-*, «id.», part. pres. de *fluĕre*, «correr; fluir»)

fluidal *adj.2g.* 1 relativo ou semelhante a fluido 2 PETROGRAFIA com características de fluidez (nas rochas magmáticas nota-se muitas vezes o fluxo do magma - textura fluidal) (De *fluido+-al*)

fluidez /ê/ *n.f.* 1 qualidade do que corre ou desliza facilmente 2 estado do que se processa ao ritmo normal, sem paragens forçadas 3 facilidade de expressão; espontaneidade 4 ECONOMIA característica de um mercado em que existe um elevado grau de adaptabilidade entre a oferta e a procura (De *fluido+-ez*)

fluídico *adj.* 1 referente ou semelhante a fluido 2 (ciências ocultas) diz-se de certas sombras ou corpos impalpáveis, mas que a fotografia reproduz (De *fluido+-ico*)

fluidificação *n.f.* ato ou efeito de fluidificar (De *fluidificar+-ção*)

fluidificar *v.tr.,intr.* tornar(-se) fluido; diluir(-se) (Do lat. *fluĭdu-*, «fluido» +*ficāre*, por *facĕre*, «tornar; fazer»)

fluidificável *adj.2g.* suscetível de se fluidificar (De *fluidificar+-vel*)

fluido *adj.* 1 que corre como um líquido 2 que corre ou desliza com facilidade; fluente 3 que se processa a um ritmo normal 4 espontâneo; natural 5 mole; flácido 6 brando 7 vago; indistinto 8 FÍSICA cujas moléculas são móveis, cedendo facilmente à menor pressão ■ *n.m.* 1 FÍSICA substância que toma facilmente a forma do recipiente que a contém, devido à mobilidade das suas moléculas que podem deslizar umas sobre as outras, no caso dos líquidos, ou deslocar-se autonomamente, no caso dos gases 2 força ou influência subtil misteriosa, que emanaria dos astros, dos seres ou das coisas; **~ ideal/perfeito** FÍSICA fluido desprovido de viscosidade (Do lat. *fluĭdu-*, «fluido»)

fluir *v.intr.* 1 (líquido) correr; deslizar; escorrer 2 passar sem entraves; circular 3 acontecer facilmente ■ *v.tr.* proceder de; provir de; ter origem em; manar de (Do lat. *fluĕre*, «id.»)

flume *n.m.* [poét.] rio (Do lat. *flumen*, «id.»)

flúmen *n.m.* [poét.] ⇒ **flume**

fluminense *adj.2g.* 1 que se refere ao rio; fluvial 2 relativo ou pertencente ao estado do Rio de Janeiro ■ *n.2g.* natural ou habitante do estado do Rio de Janeiro (Do lat. *flumĭne-*, «rio» +-*ense*)

flumíneo *adj.* ⇒ **fluvial** (Do lat. *flumĭnĕu-*, «de rio»)

fluor *n.m.* ⇒ **fluidez** (Do lat. *fluōre-*, «fluxo»)

fluor- elemento de formação de palavras que exprime a ideia de *flúor* (Do lat. *fluor*, «corrimento; fluxo; flúor»)

flúor *n.m.* QUÍMICA elemento gasoso com o número atómico 9 e símbolo F, amarelo-esverdeado, muito venenoso e de cheiro intenso (Do lat. *fluor*, «corrimento; fluxo»)

fluorado *adj.* que possui flúor (De *flúor+-ado*)

fluoresceína *n.f.* QUÍMICA matéria corante vermelho-amarelada que forma soluções amarelas com uma fluorescência verde, sendo utilizada no tratamento de águas e como indicador de absorção (Do ing. *fluorescein*, «id.»)

fluorescência *n.f.* 1 FÍSICA propriedade de algumas substâncias absorverem radiações de certos comprimentos de onda e de emitirem, depois, radiações de comprimento de onda normalmente superior 2 FÍSICA emissão de luz por um corpo, que cessa mal a causa da excitação é removida (De lat. *fluorescentĭa*, part. pres. neut. pl. subst. de *fluorescĕre*, freq. de *fluĕre*, «correr»)

fluorescente *adj.2g.* 1 que apresenta a propriedade da fluorescência 2 designativo da lâmpada de forma tubular em que a corrente elétrica passa através de um gás (vapor de mercúrio) dando origem a radiação ultravioleta que ativa uma camada de material, que tem a propriedade da fluorescência, aplicada na parede interna do vidro 3 (caneta) de cor luminosa (Do lat. *fluorescente-*, part. pres. de *fluorescĕre*, freq. de *fluĕre*, «correr»)

fluoreto /ê/ *n.m.* 1 QUÍMICA anião monatómico correspondente ao flúor 2 QUÍMICA designação dos sais e dos ésteres do fluoreto de hidrogénio (ou ácido fluorídrico) (De *fluor-+-eto*)

fluoridrato *n.m.* designação antiquada do hidrogenofluoreto (De *fluor-+hidrato*)

fluorídrico *adj.* QUÍMICA [ant.] designativo do ácido composto exclusivamente por flúor e hidrogénio (De *fluor+hídrico*)

fluorimetria *n.f.* 1 medição das propriedades fluorescentes dos materiais 2 QUÍMICA técnica de análise que faz uso das propriedades fluorescentes dos materiais (Do lat. *fluōre-*, «fluxo»+gr. *métron*, «medida» +-*ia*)

fluorina *n.f.* MINERALOGIA ⇒ **fluorite** (De *fluor-+-ina*)

fluorino *adj.* relativo à fluorina ou fluorite (De *fluor-+-ino*)

fluorite *n.f.* MINERALOGIA mineral constituído por flúor e cálcio, compacto, com diversas cores e brilhos, que cristaliza no sistema cúbico (De *fluor-+-ite*)

fluorítico *adj.* 1 relativo à fluorite 2 que tem flúor (De *fluorite+-ico*)

fluoro- elemento de formação de palavras que exprime a ideia de *flúor* (Do lat. med. *fluor*, «id.»)

fluoróforo *n.m.* QUÍMICA diz-se do grupo de átomos necessários para a produção de fluorescência numa molécula (De *fluoro-*+*-foro*)

fluorografia *n.f.* processo de gravura em vidro por meio de ácido fluorídrico (Do lat. *fluōre*, «fluxo; flúor»+gr. *gráphein*, «descrever» + *-ia*)

fluorómetro *n.m.* aparelho para medir a duração da luminescência (De *fluoro-*+*-metro*)

fluoroscopia *n.f.* produção de uma imagem visual num alvo fluorescente, por efeito de raios X ou de outra radiação ionizante, que pode ser utilizada em diagnóstico médico (radioscopia), no exame de materiais, etc. (Do lat. *fluor*, «flúor» +*skopeīn*, «olhar» + *-ia*)

fluoroscópio *n.m.* caixa, utilizada em radioscopia, cujo fundo é uma tela fluorescente que torna visível o feixe de raios X que atravessa o corpo examinado (Do lat. *fluor*, «flúor» +*skopeīn*, «olhar» + *-io*)

fluossilicato *n.m.* QUÍMICA sal resultante da combinação do ácido fluossilícico com uma base

fluossilícico *adj.* QUÍMICA diz-se de um ácido resultante da combinação do silício e do flúor

flutuabilidade *n.f.* **1** qualidade do que é flutuável **2** qualidade do que permite a navegação (Do lat. **fluctuabĭle-*, «flutuável»+*-i-*+*-dade*)

flutuação *n.f.* **1** ato ou efeito de conservar-se à superfície de um líquido **2** movimento ondulatório; agitação **3** oscilação; variação **4** hesitação; inconstância; volubilidade **5** ECONOMIA movimento oscilatório da atividade económica **6** ECONOMIA variações nos valores dos papéis de crédito **7** MEDICINA movimento ondulatório de um líquido acumulado dentro de uma cavidade do organismo **8** BIOLOGIA variação dos seres vivos que se manifesta com um valor que oscila, de um para outro indivíduo, à volta de um valor médio (Do lat. *fluctuatiōne-*, «agitação; hesitação»)

flutuador *n.m.* **1** o que flutua; o que se conserva à superfície de um líquido **2** instrumento ou aparelho que boia **3** cada uma das partes do hidroavião, sobre as quais ele poisa na água ■ *adj.* **1** que flutua; flutuante **2** oscilante (De *flutuar*+*-dor*)

flutuante *adj.2g.* **1** que se conserva à superfície de um líquido; que flutua **2** que oscila; ondulante **3** inconstante; instável **4** vacilante; irresoluto **5** ECONOMIA (preço, valor) variável; ***dívida*** **~** dívida pública não consolidada e que tem de satisfazer-se em prazo determinado (Do lat. *fluctuante-*, part. pres. de *fluctuāre*, «flutuar; estar agitado»)

flutuar *v.intr.* **1** sustentar-se à superfície de um líquido; boiar **2** manter-se no ar; pairar **3** agitar-se; revolver-se **4** ECONOMIA (preço, valor) variar ■ *v.intr.* **1** agitar(-se) ao vento; ondular **2** estar indeciso (acerca de); vacilar (entre) (Do lat. *fluctuāre*, «id.»)

flutuável *adj.2g.* **1** suscetível de flutuar; que pode boiar **2** navegável (De *flutuar*+*-vel*)

flutuosidade *n.f.* **1** qualidade do que é flutuoso ou flutuante **2** [fig.] hesitação; perplexidade (De *flutuoso*+*-i-*+*-dade*)

flutuoso /ô/ *adj.* **1** que se conserva à superfície de um líquido; que flutua; flutuante **2** que oscila; ondulante (Do lat. *fluctuōsu-*, «tempestuoso»)

fluvial *adj.2g.* **1** que pertence ou se refere ao rio **2** que se faz em rio **3** que vive nos rios (Do lat. *fluviāle-*, «id.»)

fluviátil *adj.2g.* ⇒ **fluvial** (Do lat. *fluviatīle-*, «id.»)

fluvícola *adj.2g.* que habita nos rios (Do lat. *fluvĭu-*, «rio» +*colĕre*, «habitar»)

fluvi(o)- elemento de formação de palavras que exprime a ideia de *rio* (Do lat. *fluvĭu-*, «rio»)

fluvioglaciário *adj.* formado por ações conjuntas fluviais e glaciárias (De *fluvio-*+*glaciário*)

fluviomaré *n.f.* GEOGRAFIA maré fluvial provocada pela maré oceânica, na foz de um rio (De *fluvio-*+*maré*)

fluviométrico *adj.* GEOGRAFIA relativo ao nível das águas e às suas variações num curso de água (Do lat. *fluvĭu-*, «rio»+gr. *métron*, «medida» +*-ico*)

fluviómetro *n.m.* GEOGRAFIA instrumento para medir o nível das águas de um rio nas suas variações (De *fluvio-*+*-metro*)

flux *n.m.2n.* fluxo; ***a*** **~** abundantemente, em grande quantidade (Do lat. *fluxu-*, «fluxo»)

fluxão /cs/ *n.f.* MEDICINA [ant.] congestão ou corrimento de líquidos em alguma parte do corpo; fluxo (Do lat. *fluxiōne-*, «fluxão; corrimento»)

fluxibilidade /cs/ *n.f.* **1** qualidade do que é fluxível ou suscetível de fluxão **2** fluidez **3** [fig.] pouca duração **4** [fig.] instabilidade (Do lat. **fluxibilitāte-*, de **fluxibĭle-*, «que corre», de *fluxu-*, «fluxo; corrimento»)

fluxímetro /cs/ *n.m.* FÍSICA aparelho que permite medir as variações do fluxo de um campo magnético (Do lat. *fluxu-*, «fluxo»+gr. *métron*, «medida»)

fluxionário /cs/ *adj.* **1** que produz fluxão **2** sujeito a fluxão **3** relativo à fluxão (Do lat. *fluxiōne-*, «fluxão; corrimento» +*ário*)

fluxível /cs/ *adj.2g.* **1** suscetível de fluir **2** instável **3** efémero; passageiro (Do lat. **fluxibĭle-*, «id.»)

fluxo /cs/ *n.m.* **1** movimento constante de um fluido; corrente **2** movimento regular das águas do mar para a praia, de um rio para a foz **3** conjunto de pessoas ou coisas em deslocação numa dada direção **4** MEDICINA corrimento de um líquido ou de outra matéria orgânica **5** [fig.] abundância; grande quantidade; enchente **6** FÍSICA substância fusível utilizada para auxiliar a fusão de outras ■ *adj.* **1** fluido **2** passageiro; transitório; **~** *e refluxo* **1** subida e descida das águas; **2** oscilação (Do lat. *fluxu-*, «id.»)

fluxograma *n.m.* representação gráfica da definição, análise, e solução de um problema, na qual são utilizados símbolos geométricos e notações simbólicas

fluxometria *n.f.* conjunto de técnicas usadas na medição da velocidade de escoamento de um líquido, de uma descarga de água em canalização sob pressão ou de um fluxo magnético (De *fluxo-*+*metria*)

fluxómetro /cs/ *n.m.* **1** aparelho destinado a medir a velocidade de escoamento de líquidos **2** dispositivo de descarga de água de canalizações sob pressão **3** galvanómetro para medir fluxos magnéticos (Do lat. *fluxu-*, «fluxo»+gr. *metrón*, «medida»)

fó *interj.* [Madeira] exprime repugnância

fobia *n.f.* **1** PSICOLOGIA medo patológico, sobretudo pelo carácter obsessivo, de certos objetos, atos ou situações **2** medo ou aversão impossível de conter (Do gr. *phóbos*, «medo» +*-ia*)

-fobia sufixo nominal de origem grega, que exprime a ideia de *inimizade, repulsa* (*lusofobia; francofobia*)

fobo- elemento de formação de palavras que exprime a ideia de *medo* (Do gr. *phóbos*, «medo»)

-fobo sufixo nominal de origem grega, que exprime a ideia de *inimigo* (*lusófobo; francófobo*)

foboca *n.m.* [Brasil] ⇒ **camocica** (De orig. obsc.)

fobofobia *n.f.* medo patológico de adoecer (Do gr. *phóbos*, «medo» +*phobeīn*, «ter medo» +*-ia*)

fobófobo *n.m.* o que padece de fobofobia (Do gr. *phóbos*, «medo» +*phobeīn*, «ter medo»)

foca *n.f.* ZOOLOGIA nome vulgar extensivo aos mamíferos carnívoros e anfíbios que constituem o grupo dos pinípedes, da família dos Focídeos, de pelo raso e membros curtos, espalmados em barbatanas ■ *n.2g.* **1** [fig.] pessoa muito gorda **2** [pop.] pessoa sovina (Do gr. *phóke*, «foca», pelo lat. *phoca-*, «id.»)

focagem *n.f.* **1** ato ou efeito de focar **2** ajustamento de um foco luminoso **3** FÍSICA regulação de um sistema ótico, de tal forma que se obtenha uma imagem nítida do objeto visado **4** FÍSICA (física atómica) concentração, num ponto, de corpúsculos da mesma velocidade que se movem em sentidos diferentes **5** ação de pôr em destaque ou em evidência **6** abordagem (de um tema) (De *focar*+*-agem*)

focal *adj.2g.* do foco ou a ele referente; ***distância*** **~** ÓTICA, MATEMÁTICA distância do centro de uma lente delgada ao foco, distância do foco de um espelho esférico ao espelho, distância entre dois focos de uma cónica (elipse ou hipérbole) (De *foco*+*-al*)

focalização *n.f.* **1** ato ou efeito de focalizar **2** FÍSICA regulação de um sistema ótico, de tal forma que se obtenha uma imagem nítida do objeto visado **3** ato ou efeito de pôr em destaque ou evidência; focagem **4** LITERATURA (narratologia) posicionamento do narrador em face da ação e das personagens (De *focalizar*+*-ção*)

focalizar *v.tr.* **1** FÍSICA criar uma imagem nítida (de algo) através de um sistema ótico num suporte material ou numa superfície no espaço; regular (um sistema ótico) de tal forma que se obtenha uma imagem nítida do objeto visado; focar **2** [fig.] concentrar a atenção em **3** [fig.] pôr em evidência; salientar (De *focal*+*-izar*)

focão *adj.* **1** (animal) que foça muito; que revolve muito a terra com o focinho **2** glutão ■ *n.m.* [pop.] porco; suíno (De *foçar*+*-ão*)

focar *v.tr.* **1** ajustar (um foco luminoso) **2** FÍSICA regular (um sistema ótico), de tal forma que se obtenha uma imagem nítida do objeto visado **3** captar (imagem) **4** direcionar (uma luz) **5** olhar com atenção; fixar **6** pôr em destaque; salientar; pôr em evidência **7** abordar; tratar (assunto) (De *foco*+*-ar*)

foçar v.tr. 1 (animal) revolver com o focinho; escavar 2 farejar ■ v.intr. [pop.] trabalhar persistentemente (Do lat. vulg. *fodiāre, «cavar», do lat. fodĕre, «cavar»)

Fócidas n.m.pl. ZOOLOGIA ⇒ **Focídeos**

Focídeos n.m.pl. ZOOLOGIA família de mamíferos pinípedes, sem orelhas, cujo género-tipo é representado pela foca (De foca+-ídeos)

focinhada n.f. pancada com o focinho; trombada; narigada (De focinho+-ada)

focinhante adj.2g. [Brasil] bajulador (De focinhar+-ante)

focinhar v.tr.,intr. ⇒ **afocinhar** (De focinho+-ar)

focinheira n.f. 1 focinho; tromba 2 focinho de porco 3 correia que faz parte da cabeçada e fica por cima das ventas do animal 4 espécie de açaime que se coloca no focinho de bois, cavalos, etc., para os impedir de comerem as plantas junto das quais têm de passar durante os trabalhos 5 [pop.] rosto; cara 6 [pop.] rosto carrancudo; má cara 7 [regionalismo] barco de pesca (De focinho+-eira)

focinho n.m. 1 parte anterior e saliente da cabeça de vários animais, mais ou menos prolongada, que compreende o nariz, a boca e os queixos; tromba 2 [pop.] cara; rosto 3 [pop.] rosto carrancudo; má cara 4 saliência arredondada existente no degrau de uma escada; *dar no/ir ao* ~ [pop.] bater em alguém; *levar no* ~ [pop.] ser agredido; *meter o* ~ *em* [pop.] meter-se onde não se é chamado (Do lat. vulg. *focīnu-, por *faucīnu-, dim. de fauce-, «goela»)

focinho-de-burro n.m. BOTÂNICA ⇒ **bocas-de-lobo**

focinho-de-porco n.m. ICTIOLOGIA peixe teleósteo dos rios do Brasil; ubarana

focinho-de-tenca ver nova grafia focinho de tenca

focinho de tenca n.m. ANATOMIA porção vaginal do colo do útero, com forma cónica

focinhudo adj. 1 que tem focinho grande; trombudo 2 [pop.] macambúzio; carrancudo (De focinho+-udo)

fócio adj. 1 da Fócida, região da antiga Grécia a norte do golfo de Corinto 2 relativo à Fócida ■ n.m. natural ou habitante da Fócida (Do lat. phocĭu-, «id.»)

foco n.m. 1 FÍSICA ponto onde convergem as direções dos raios luminosos refletidos ou refratados num espelho ou numa lente, quando incidem paralelamente ao eixo principal 2 projetor de luz 3 ponto para onde converge ou de onde se propaga algo; centro; sede 4 local de um forno onde se põe a matéria combustível 5 parte do cachimbo onde se queima o tabaco 6 MEDICINA local do corpo a partir do qual se desenvolve uma lesão ou uma doença 7 GEOMETRIA ponto do plano de uma curva cónica, em relação ao qual se definem as propriedades características dessa curva; ~ *sísmico* GEOGRAFIA zona do interior da Terra onde se origina um sismo, hipocentro; *focos conjugados* FÍSICA dois pontos, relativamente a um sistema ótico, tais que os raios luminosos emitidos de um deles convergem sobre o outro; *em* ~ em evidência, em discussão (Do lat. focu-, «fogo»)

focometria n.f. FÍSICA parte da ótica que trata da medição das distâncias focais e da determinação da posição dos focos de um sistema ótico (Do lat. focu-, «fogo»+gr. métron, «medida» +-ia)

focómetro n.m. FÍSICA instrumento destinado a medir a distância focal dos sistemas óticos centrados, em especial das lentes delgadas (Do lat. focu-, «fogo»+gr. métron, «medida»)

foda n.f. 1 [vulg.] relação sexual; cópula 2 [vulg.] coisa desagradável; coisa insuportável

foder v.tr.,intr. [vulg.] ter relações sexuais (com); copular (com) ■ v.tr.,pron. [vulg.] deixar ou ficar em péssimo estado; prejudicar(-se); *foda-se!* [vulg.] exclamação que exprime espanto, admiração, impaciência ou indignação

fódia n.f. [Moçambique] folha de tabaco; tabaco (Do niungue fodya, «id.»)

fodido adj. 1 [vulg.] que se prejudicou; que ficou numa situação péssima; arruinado 2 [vulg.] irritado; desesperado

fofa /ô/ n.f. 1 dança antiga dos Açores, muito alegre e agitada 2 [regionalismo] bolo esponjoso feito de farinha e ovos 3 pl. [fig.] dificuldades; trabalhos (De fofo)

fofar v.tr. 1 pôr fofos em 2 tornar fofo; afofar (De fofo+-ar)

fofice n.f. 1 qualidade do que é fofo 2 [fig.] enfatuação; bazófia; prosápia vã (De fofo+-ice)

fofinho adj. espécie de bolo doce (De fofo+-inho)

fofo /ô/ adj. 1 que cede à pressão; mole; macio 2 cheio; tufado 3 [fig.] enfatuado; afetado 4 [coloq.] amoroso; adorável ■ n.m. 1 tufo no vestuário 2 bolo feito com massa muito leve e macia 3 [coloq.] cama (De orig. onom.)

fofoca n.f. [Brasil] [pop.] mexerico; intriga; bisbilhotice (De orig. obsc.)

fofocar v.intr. [Brasil] [pop.] bisbilhotar; mexericar; intrigar (De fofoca+-ar)

fofoqueiro n.m.,adj. [Brasil] [pop.] bisbilhoteiro; coscuvilheiro

fogaça¹ n.f. 1 [regionalismo] CULINÁRIA pão grande e doce 2 [regionalismo] bolo que se oferece à igreja em festas populares e é vendido em leilão 3 [regionalismo] rapariga que conduz o açafate com um desses bolos; fogaceira (Do lat. med. focacĭa-, de focu-, «lareira; fogo», pelo fr. fougasse, «pão cozido debaixo da cinza quente»)

fogaça² n.f. (pouco usado) mina explosiva terrestre (Do fr. fougasse, «id.»)

fogaceira n.f. 1 rapariga que leva a fogaça, nas festas populares 2 mulher que fabrica ou vende fogaças (De fogaça+-eira)

fogachar v.tr.,intr. deitar fogachos; chamejar (De fogacho+-ar)

fogacho n.m. 1 chama súbita e de pouca duração; pequena labareda 2 [fig.] sensação de calor no rosto 3 [fig.] arrebatamento 4 [fig.] manifestação repentina de uma ideia (De fogo+-acho)

fogagem n.f. 1 erupção cutânea, especialmente a urticária 2 borbulhagem 3 BOTÂNICA doença das plantas caracterizada por borbulhas 4 [fig.] irritação veemente; arrebatamento (De fogo+-agem)

fogal n.m. antigo imposto que se pagava por cada fogo ou casa (Do lat. focale)

fogaleira n.f. pá de ferro para tirar brasas do forno (De fogo+l+-eira)

fogalha n.f. lugar onde arde o combustível nos fornos de fundição de canhões (De fogo+-alha)

fogão n.m. 1 aparelho doméstico constituído por uma caixa de metal ou outro material, utilizado para preparar os alimentos por ação do calor 2 local onde se faz fogo para cozinhar e aquecer o ambiente; lar; lareira 3 vão aberto na parede ou aparelho que constitui uma fonte de calor para aquecer o ambiente 4 parte da peça de artilharia onde está localizado o ouvido (De fogo+-ão)

fogar n.m. [ant.] casa habitada; fogo; casal (Do cast. hogar, «lar; lareira; casa; domicílio; fogo»)

fogaracho n.m. fogaréu; fogacho; lumieira (De fogar+-acho)

fogareiro n.m. utensílio portátil de ferro, latão ou barro onde se acende o lume para cozinhar ou aquecer o ambiente, e que funciona a carvão, petróleo, eletricidade ou gás (De fogar+-eiro)

fogaréu n.m. 1 recipiente onde se acendem matérias inflamáveis para iluminar 2 fogueira; fogacho; lume 3 fosforescência produzida por emanações de gases dos cadáveres em putrefação 4 ARQUITETURA ornato escultural que termina em forma de chama (Do port. ant. fogar+-éu)

fogo /ô/ n.m. 1 produção simultânea de calor, luz, fumo e gases resultantes da combustão de substâncias inflamáveis; lume 2 conjunto de substâncias em combustão; fogueira 3 chama; labareda 4 incêndio 5 suplício da fogueira 6 cauterização em que se utiliza o ferro em brasa 7 local onde se produz a combustão; lar; lareira 8 local de residência; casa; habitação 9 farol que orienta a navegação 10 brilho forte; clarão 11 espetáculo que consiste no lançamento e explosão de peças de pirotecnia, produzindo jogos de luzes acompanhados de estrondo; fogo de artifício 12 detonação de arma; tiro 13 sensação de calor exagerado e incómodo que lembra queimadura 14 local onde se produz calor utilizado para cozinhar 15 cada uma das aberturas por onde sai o fumo da chaminé 16 [fig.] ardor; paixão 17 [fig.] vivacidade; entusiasmo 18 [fig.] excitação sexual; *fogo!* 1 MILITAR voz de comando para disparar; 2 [coloq.] exclamação que exprime indignação, espanto, surpresa, etc.; ~ *cruzado* disparos simultâneos de diversas frentes, dirigidos ao inimigo; ~ *posto* incêndio originado por ação criminosa; *a ferro e* ~ violentamente, por todas as formas possíveis; *brincar com o* ~ não ter o sentido das responsabilidades; *caro como* ~ muito caro; *chegar/deitar/pegar* ~ *a* incendiar, causar a combustão de; *em* ~ em chamas, a arder; *fazer* ~ atear uma fogueira, fazer lume, disparar arma; *levar* ~ *no rabo* ir com muita pressa; *não há fumo sem* ~ quando há sinais de algo, há um motivo para que eles existam; *pegar* ~ incendiar-se; *pôr as mãos no* ~ *por* responsabilizar-se por, ter toda a confiança em; *trazer* ~ *no rabo* vir com muita pressa (Do lat. focu-, «id.»)

fogo-de-artifício ver nova grafia fogo de artifício

fogo de artifício n.m. 1 grupo de peças de pirotecnia que se queimam especialmente em noites de festa, produzindo, na altura em que explodem, jogos de luzes acompanhados de estrondo 2 espetáculo que consiste no lançamento e explosão destas peças 3 [fig.] o que causa impressão pela aparência, mas que geralmente não tem conteúdo ou não é real

fogo-de-bengala ver nova grafia fogo de Bengala

fogo de Bengala n.m. espécie de fogo de artifício, que arde com efeitos de várias cores

fogo-de-santelmo ver nova grafia fogo de Santelmo
fogo de Santelmo *n.m.* penacho luminoso que se observa por vezes no topo dos mastros e vergas dos navios devido à eletricidade atmosférica
fogo-de-santo-antão ver nova grafia fogo de Santo Antão
fogo de Santo Antão *n.m.* designação dada, na Idade Média, a uma doença provocada pela cravagem do centeio
fogo-de-vista ver nova grafia fogo de vista
fogo de vista *n.m.* 1 grupo de peças de pirotecnia que se queimam especialmente em noites de festa, produzindo, na altura em que explodem, jogos de luzes acompanhados de estrondo 2 [fig.] o que causa impressão pela aparência, mas que geralmente não tem conteúdo ou não é real
fogo-do-ar ver nova grafia fogo do ar
fogo do ar *n.m.* fogo de artifício que explode no ar; foguete
fogo-fátuo *n.m.* 1 fosforescência produzida por emanações de gases dos cadáveres em putrefação 2 [fig.] esplendor efémero; prazer ou glória que não duram muito tempo
fogo-preso *n.m.* grupo de peças de pirotecnia que são queimadas em armações fixas
fogosamente *adv.* com ardor (De *fogoso*+*-mente*)
fogosidade *n.f.* 1 qualidade de fogoso; arrebatamento 2 veemência; impetuosidade 3 entusiasmo 4 inquietação 5 ardor sexual (De *fogoso*+*-i-*+*-dade*)
fogoso *adj.* 1 muito quente; abrasador 2 impetuoso; arrebatado; ardente 3 entusiástico; inflamado 4 enérgico; irrequieto 5 irascível; violento 6 que tem grande ardor sexual (De *fogo*+*-oso*)
foguear *v.intr.* fazer lume; fazer fogo ■ *v.tr.* 1 pegar fogo a; fazer arder; incendiar; queimar 2 habitar em; morar em 3 fazer corar; afoguear (De *fogo*+*-ear*)
fogueira *n.f.* 1 monte de lenha ou outra matéria combustível à qual se pegou fogo 2 lenha em chamas onde eram queimados os condenados ao suplício do fogo 3 labareda produzida por matéria em combustão; lume da lareira 4 pilha formada por travessas de caminho de ferro, colocadas em camadas e em que cada uma está perpendicular à anterior 5 [fig.] exaltação; ardor; *deitar achas/lenha na* ~ piorar uma situação (De *fogo*+*-eira*)
fogueiro *n.m.* indivíduo encarregado de alimentar as fornalhas das máquinas a vapor (De *fogo*+*-eiro*)
foguetada *n.f.* 1 grande porção de foguetes que estouram em simultâneo; foguetório 2 festa em que são lançados foguetes 3 [fig.] repreensão; descompostura (De *foguete*+*-ada*)
foguetão *n.m.* 1 foguete grande 2 veículo propulsionado pela impulsão obtida da reação da matéria ejetada, previamente armazenada no seu interior, que atinge grandes velocidades e é utilizado principalmente para transportar satélites artificiais e lançá-los em determinada órbita, para exploração do espaço cósmico, etc.; foguete espacial 3 foguete para atirar cabos a barcos ou a náufragos 4 arma de deflagração que se projeta à distância e possui um raio de alcance variável; míssil (De *foguete*+*-ão*)
foguetaria *n.f.* ⇒ **foguetada** (De *foguete*+*-aria*)
foguete /ê/ *n.m.* 1 peça de pirotecnia composta por um tubo com matérias explosivas e um rastilho ao qual se pega fogo, que sobe ao ar onde estoura e produz jogos de luzes 2 projétil autopropulsionado 3 [coloq.] pessoa enérgica; pessoa dinâmica 4 [pop.] descompostura; reprimenda 5 [pop.] cartuchinho de confeitos 6 ORNITOLOGIA pássaro da família dos Parídeos; rabilongo 7 [acad.] classificação de nove valores 8 [coloq.] (meia) malha caída 9 [Madeira] caminho calcetado que forma degraus para facilitar o trânsito; *como um* ~ muito rapidamente; *correr atrás de foguetes* entusiasmar-se por uma coisa de pouca importância; *deitar foguetes* alegrar-se ou celebrar uma coisa que agrada; *deitar foguetes antes da festa* festejar uma coisa antes a conseguir; *fazer a festa e deitar os foguetes* rir-se das suas próprias graças e ditos (De *fogo*+*-ete*)
foguetear *v.intr.* deitar ou queimar foguetes (De *foguete*+*-ear*)
fogueteiro *n.m.* pessoa que fabrica ou lança foguetes ou outro fogo de artifício; pirotécnico (De *foguete*+*-eiro*)
foguetório *n.m.* 1 grande porção de foguetes que estouram em simultâneo 2 festa em que são lançados foguetes (De *foguete*+*-ório*)
foguista *n.2g.* [Brasil] ⇒ **fogueiro** (De *fogo*+*-ista*)
foia *n.f.* 1 [regionalismo] cavidade; buraco 2 [regionalismo] buraco na terra, para onde se atira a castanha quando se joga o foio (Do lat. *fovĕa-*, «cova»)
fóia ver nova grafia foia
foiaíto *n.m.* PETROLOGIA rocha eruptiva, que é um sienito nefelínico, e cujo nome provém do alto de Foia (na serra portuguesa de Monchique, no distrito de Faro) (De *Fóia,* top. +*-ito*)

foiçada *n.f.* 1 golpe ou pancada com foice; fouçada 2 grande cortadela
foição *n.m.* foice pequena (De *foice*+*-ão*)
foiçar *v.tr.* cortar com foice; ceifar; segar; fouçar
foice *n.f.* 1 utensílio agrícola constituído por um cabo curto ao qual se fixa uma lâmina de aço ou ferro, curva e estreita, com gume serreado, utilizado para ceifar ou segar; fouce 2 símbolo gráfico da agricultura, com a forma desse instrumento 3 esse instrumento como símbolo do efeito destruidor do tempo 4 ANATOMIA órgão com a forma desse instrumento; *a talho de* ~ a propósito; *meter* ~ *em seara alheia* meter-se no que não lhe diz respeito, intrometer-se
foicear *v.tr.* 1 fazer golpes com a foice em 2 meter a foice em
foiciforme *adj.2g.* ⇒ **falciforme**
foicinha *n.f.* foice pequena própria para segar erva (De *foice*+*-inha*)
foicinhão *n.m.* grande foice fixa para serrotar palha (De *foicinha*+*-ão*)
foide *n.m.* MINERALOGIA ⇒ **feldspatoide**
fóide ver nova grafia foide
foie gras *n.m.* CULINÁRIA preparado feito com fígado de aves gordas (Do fr. *foie gras*)
foila *n.f.* [regionalismo] ⇒ **foina** (De *fona*)
foina *n.f.* [regionalismo] fona; centelha 2 *pl.* farinha fina que, na ocasião da moedura, se levanta e pousa nas paredes (De *fona*)
foio *n.m.* [regionalismo] jogo que consiste em introduzir, sob determinadas condições, uma castanha na foia (buraco no chão) (De *fóia*)
fóio ver nova grafia foio
foito *adj.* ⇒ **afoito**
fojo /ô/ *n.m.* 1 cova funda com a abertura disfarçada, para apanhar animais ferozes 2 armadilha semelhante a esta cova feita para capturar o inimigo em tempo de guerra 3 caverna; gruta 4 cova que se abre nas minas, para depósito de água 5 local de refúgio 6 sorvedouro de água e lama 7 lugar muito fundo num rio (Do lat. *fovĕu-*, por *fovĕa*, «cova»)
fola /ô/ *n.f.* marulho das ondas (Do ár. *háula,* «remoinho»)
folacho *n.m.* [pop.] pessoa fraca ou doente; pelém (De *fole*+*-acho*)
folar *n.m.* 1 CULINÁRIA bolo pouco doce recheado com ovos cozidos inteiros e comido, por tradição, na altura da Páscoa 2 presente que os padrinhos dão aos afilhados, e os paroquianos ao seu pároco, por ocasião da Páscoa; *tirar o* ~ (*pároco*) visitar as casas dos paroquianos, na época da Páscoa, para as benzer e recolher donativos; fazer a visita pascal
folclore *n.m.* 1 conjunto das tradições populares nas suas variadas manifestações (música, dança, canções, provérbios, anexins, lendas) 2 ETNOGRAFIA estudo dessas tradições populares 3 conjunto das canções e danças populares relativas a certa época ou região (Do ing. *folklore,* «id.»)
folclórico *adj.* 1 respeitante ao folclore 2 próprio do folclore 3 [pej.] colorido; berrante 4 [coloq.] sem grande conteúdo (De *folclore*+*-ico*)
folclorismo *n.m.* 1 ETNOGRAFIA estudo do folclore 2 gosto pelo folclore (De *folclore*+*-ismo*)
folclorista *n.2g.* pessoa que se dedica ao estudo do folclore; pessoa que investiga ou coleciona folclore (De *folclore*+*-ista*)
fole[1] *n.m.* 1 instrumento constituído por um conjunto maleável que une duas ou três tábuas horizontais e que se desdobra e aperta como num harmónio, levando à entrada e saída de ar, usado para atear o lume, ventilar cavidades, encher de ar os tubos do órgão, etc. 2 qualquer objeto que se dobra como este instrumento 3 taleiga ou saco de pele para transportar a farinha do moinho 4 parte dobrável e extensível de uma máquina fotográfica, totalmente opaca, que permite a aproximação da objetiva à chapa 5 [pop.] refego na roupa que não assenta bem; papo; tufo; 6 [pop.] barriga; estômago; *ir no* ~ deixar-se enganar; *isto não é* ~ *de ferreiro!* frase exclamativa usada para exprimir que chega de aborrecimento ou importunação; *nascer entre dois foles* nascer com muita sorte; ser feliz (Do lat. *folle-,* «id.»)
fole[2] *n.m.* [Guiné-Bissau] fruto arredondado, de polpa amarela e sabor acidulado, de trepadeira silvestre do mesmo nome (Do crioulo *foli,* a partir do mandinga *fole,* «id.»)
fole[3] *n.m.* [Moçambique] rapé; tabaco (Do changana *fòlè,* «id.»)
foleca *n.f.* [regionalismo] ⇒ **folheca**
folecar *v.tr.* cair foleca ou folheca (De *foleca*+*-ar*)
folecha[1] *n.f.* ⇒ **empola** 1 (De *folecho*)
folecha[2] *n.f.* ORNITOLOGIA ⇒ **felosa** 1
folecho *n.m.* [pop.] ⇒ **empola** 1 (De *fole*+*-echo*)
foleco *n.m.* [regionalismo] ORNITOLOGIA ⇒ **felosa** 1
folegar *v.intr.* tomar fôlego; respirar (Do lat. *follicăre,* «respirar como um fole»)

fôlego n.m. 1 ato de inspirar e expirar; respiração 2 capacidade de manter o ar nos pulmões 3 ar que se respira 4 ato de soprar; bafo; hálito 5 período durante o qual se recuperam as forças perdidas; descanso; folga 6 [fig.] alento; ânimo; *de ~* de grande valor, muito importante, muito trabalhoso; *de um ~* de uma só vez, sem parar; *ter sete fôlegos* ter grande resistência; *tomar ~* parar para descansar (Deriv. regr. de *folegar*)

foleirada n.f. [coloq.] o que é de mau gosto ou de má qualidade; foleirice

foleirice n.f. ⇒ **foleirada**

foleiro n.m. 1 pessoa que faz ou vende foles 2 MÚSICA pessoa que toca instrumentos de fole 3 [pop.] pessoa que merece desprezo 4 [coloq.] pessoa cuja forma de estar, agir ou vestir revela mau gosto 5 [pop.] burro de moleiro que carrega os foles (sacos) e os leva ao moinho ■ adj. 1 [coloq.] que revela mau gosto 2 [coloq.] que não presta; de má qualidade 3 [coloq.] mal feito (De *fole+-eiro*)

folga n.f. 1 ato ou efeito de folgar 2 interrupção de uma atividade ou do trabalho 3 período reservado ao descanso 4 divertimento; distração 5 alívio 6 desafogo económico 7 espaço livre; largueza 8 MECÂNICA afastamento entre partes de um mecanismo que deveriam estar ajustadas uma à outra (Deriv. regr. de *folgar*)

folgadamente adv. 1 à vontade 2 de modo folgado 3 sem restrições (De *folgado+-mente*)

folgado adj. 1 descansado 2 ocioso 3 desafogado; despreocupado; sem cuidado 4 não apertado; largo 5 amplo; vasto (Part. pass. de *folgar*)

folgador adj. ⇒ **folgazão** (De *folgar+-dor*)

folgança n.f. 1 ato de repousar; descanso; folga 2 folia; festa; grande divertimento (De *folgar+-ança*)

folgante adj. a pessoa que folga (Do lat. *follicante-*, «id.», part. pres. de *follicāre*, «respirar como um fole»)

folgar v.tr. 1 dar folga a; dar descanso a 2 alargar; desapertar 3 aliviar; tornar mais suave 4 não estar presente ou não participar em; perder ■ v.intr. 1 não trabalhar durante um período de tempo; estar de folga; descansar 2 divertir-se ■ v.tr.,intr. ter prazer ou satisfação (em); regozijar-se (com) ■ n.m. divertimento; brincadeira (Do lat. *follicāre*, «respirar como um fole»)

folgativo adj. 1 que folga 2 que gosta de se divertir; folião (De *folgar+-tivo*)

folgaz adj.2g. ⇒ **folgazão** (De *folgar+-az*)

folgazão adj. 1 que gosta de se divertir; brincalhão 2 jovial; galhofeiro; alegre (De *folgaz+-ão*)

folgazar v.intr. ⇒ **folgar** v.intr. (De *folgaz+-ar*)

folgo /ô/ n.m. ⇒ **fôlego** (De *fôlego*)

folgosão n.m. variedade de videira produtora de uva branca, cultivada em Portugal (De *Folgosa*, top., localidade portuguesa do distrito de Viseu +-*ão*)

folgosinho n.m. variedade de videira, cultivada especialmente no Norte de Portugal, produtora de uva preta e também conhecida por folosinho (De *Folgosa*, top., localidade portuguesa do distrito de Viseu +-*inho*)

folguedo n.m. ato ou efeito de folgar ou de se divertir; divertimento; folia; brincadeira (De *folgar+-edo*)

folha /ô/ n.f. 1 BOTÂNICA órgão vegetal, em regra verde e laminar, que se insere no caule, nos ramos ou nas raízes, e que tem formas muito variadas 2 reprodução ou cópia deste órgão em pintura, escultura, bordado, etc. 3 pétala ou sépala 4 bocado de papel de tamanho, formato, espessura ou cor variáveis, utilizado para os mais diversos fins 5 pedaço de papel normalmente retangular ou quadrado 6 pedaço de papel geralmente retangular ou quadrado cujas duas faces constituem páginas consecutivas de um caderno, revista, livro, etc. 7 o que se escreveu ou se imprimiu em cada uma das unidades que constituem uma revista, um jornal, um livro, etc. 8 jornal; periódico 9 lista; relação; rol 10 relação dos bens recebidos em partilhas de inventário 11 registo criminal; cadastro 12 chapa delgada de qualquer material 13 chapa de ferro muito fina e estanhada; folha de Flandres 14 parte cortante de instrumentos e armas; lâmina 15 parte dianteira ou traseira de um casaco ou de umas calças 16 TIPOGRAFIA papel que se imprime de uma vez e que contém certo número de páginas 17 [regionalismo] porção de terreno que recebe culturas alternadas; *~ de cálculo* INFORMÁTICA ficheiro formado por uma grelha de colunas e linhas onde se inserem dados numéricos, fórmulas ou texto, usado para planeamento e cálculo financeiro; *~ de pagamentos* registo dos salários de funcionários; *~ de presença* folha onde assinam os participantes de um dado evento (aula, conferência, etc.); *~ de serviço* registo da vida profissional de um funcionário (funções desempenhadas, faltas, etc.); *a folhas tantas* em determinada altura; *ao cair da ~* no outono; *novo em ~* ainda não utilizado; *virar a ~* mudar de tema (Do lat. *folĭa-*, pl. de *folĭu-*, «folha»)

folha-corrida n.f. certificado do registo criminal

folhada n.f. 1 conjunto das folhas de uma ou mais plantas 2 porção de folhas 3 grande porção de folhas caídas 4 conjunto dos ramos e das folhas das árvores 5 BOTÂNICA ⇒ **alface-do-mar** (De *folha+-ada*)

folha-de-flandres ver nova grafia folha de Flandres

folha de Flandres n.f. chapa de ferro muito fina e estanhada; lata

folhado adj. 1 cheio de folhas; folhoso 2 enfeitado com folhas 3 CULINÁRIA constituído por camada finas e leves de massa de farinha de trigo 4 revestido com uma placa fina de madeira ou outro material ■ n.m. 1 ato de fazer adquirir a forma de folha ou folhas 2 CULINÁRIA pastel de massa trabalhada em camadas sucessivas e que, após ter ido ao forno, se assemelha a um conjunto de lâminas muito finas sobrepostas 3 conjunto das folhas de uma planta 4 BOTÂNICA planta arbustiva, com folhas persistentes e drupas negras, pertencente à família das Loniceráceas, espontânea de norte a sul de Portugal, e também denominada laurentina 5 palavras ocas, sem sentido (Do lat. *foliātu-*, «folhoso»)

folha-formiga n.f. folha de uma planta que os indígenas de S. Tomé empregam na cura da diarreia

folhagem n.f. 1 conjunto das folhas de uma ou mais plantas; folhame 2 porção de folhas 3 conjunto dos ramos e das folhas das árvores; ramaria 4 ornato que imita folhas (De *folha+-agem*)

folhal n.m. variedade de videira produtora de uva preta, cultivada especialmente no Norte de Portugal (De *folha+-al*)

folhame n.m. ⇒ **folhagem** (De *folha+-ame*)

folhão n.m. 1 folha grande 2 cavalo que tem excrescências (folhos) no casco ■ adj. fogoso; vivo (De *folha+-ão*)

folhar v.tr. 1 fazer criar folhas 2 cobrir de folhas 3 ornar com folhagem 4 dar a forma de folha a 5 fazer adquirir a forma de lâminas muito finas sobrepostas 6 revestir de placas muito finas ■ v.intr. cobrir-se de folhas (De *folha+-ar*)

folharia n.f. ⇒ **folhagem** (De *folha+-aria*)

folhato n.m. [Brasil] ⇒ **folhelho** 2 (De *folha+-ato*)

folheação n.f. 1 BOTÂNICA aparecimento das folhas nos vegetais 2 BOTÂNICA período em que este aparecimento se verifica 3 BOTÂNICA disposição das folhas no caule ou nos ramos 4 ação de percorrer as folhas de uma publicação de forma superficial (De *folhear+-ção*)

folheado adj. 1 revestido de folhas 2 (livro) percorrido folha a folha 3 revestido de folhas de madeira ou outro material 4 [Brasil] ⇒ **folhado** adj. 3 ■ n.m. 1 revestimento de uma peça com uma folha delgada de madeira ou outro material 2 folha delgada de madeira ou outro material que reveste exteriormente uma peça 3 grupo de lâminas finas sobrepostas (Part. pass. de *folhear*)

folheador adj.,n.m. que ou aquele que folheia; que ou aquele que volta as folhas dos livros, lendo-as por alto (De *folhear+-dor*)

folhear v.tr. 1 revestir de folhas 2 percorrer as folhas de (uma publicação) 3 consultar 4 revestir com uma placa fina de madeira ou outro material ■ adj.2g. 1 referente a folhas; foliar 2 BOTÂNICA que se compõe de folhas 3 BOTÂNICA que nasce ou vive nas folhas (De *folha+-ear*)

folheatura n.f. 1 BOTÂNICA aparecimento das folhas nos vegetais 2 BOTÂNICA período em que este aparecimento se verifica 3 BOTÂNICA disposição das folhas novas num gomo (De *folhear+-tura*)

folheca n.f. floco de neve; foleca (De *folha+-eca*)

folhecar v.intr. [regionalismo] cair folheca (De *folheca+-ar*)

folhedo n.m. 1 folhas caídas das árvores 2 conjunto dos ramos e das folhas das árvores; ramaria 3 conjunto das folhas de uma ou mais plantas; folhagem 4 camisa da espiga do milho; folhelho (De *folha+-edo*)

folheio n.m. ação de percorrer as folhas de uma publicação de forma superficial (Deriv. regr. de *folhear*)

folheiro adj. 1 que junta folhas caídas das árvores 2 [fig.] vistoso; elegante; com boa apresentação 3 [regionalismo] diz-se da farinha não remoída ■ n.m. 1 o que junta folhas caídas das árvores 2 [Brasil] o que trabalha em folha de Flandres; latoeiro (De *folha+-eiro*)

folhelho /ê/ n.m. 1 folhas que envolvem a maçaroca do milho; folhedo 2 película que envolve o bago da uva, o grão da ervilha, da fava, etc. 3 PETROLOGIA xisto fino (Do lat. *follicŭlu-*, «película; casca; vagem»)

folhento adj. que tem muitas folhas; folhudo; copado (De *folha+-ento*)

folhepo n.m. floco de neve; folheca (De *folheca*)

folheta /ê/ n.f. 1 folha delgada que se põe por baixo do engaste das pedras preciosas 2 pequena folha muito delgada 3 folha de latão em obra (De *folha*+-*eta*)

folhetaria[1] n.f. ornato de folhagem em pintura ou desenho (De *folheta*+-*aria*)

folhetaria[2] n.f. coleção de folhetos (De *folheto*+-*aria*)

folhetear v.tr. 1 pôr folhetas em (pedras preciosas); engastar 2 revestir com uma placa fina de madeira ou outro material; folhear (De *folheta*+-*ear*)

folheteiro adj. relativo a folheto (De *folheto*+-*eiro*)

folhetim n.m. 1 secção de um periódico que ocupa em geral a parte inferior de uma página e onde são publicados artigos de crítica literária ou fragmentos de romances, novelas ou contos 2 fragmento de romance, novela ou conto editado numa publicação ou difundido pela rádio ou televisão com uma dada periodicidade 3 romance, novela ou conto editado numa publicação ou difundido pela rádio ou televisão, em partes, com uma dada periodicidade (Do cast. *folletín*, «id.»)

folhetinesco /ê/ adj. 1 relativo a ou próprio de folhetim 2 [pej.] de carácter muito sentimental (Do cast. *folletinesco*, «id.»)

folhetinista n.2g. pessoa que escreve folhetos ou folhetins (Do cast. *folletinista*, «id.»)

folhetinístico adj. relativo a folhetinista (De *folhetinista*+-*ico*)

folhetinizar v.tr. 1 descrever em folhetins 2 dar a forma de folhetim a (De *folhetim*+-*izar*)

folheto /ê/ n.m. 1 livro de poucas folhas, geralmente em brochura 2 impresso de uma ou mais folhas com informação de natureza promocional ou publicitária e geralmente dobrado em duas ou quatro partes 3 folha muito fina 4 BIOLOGIA camada de células 5 BOTÂNICA cada uma das lâminas que guarnecem a parte inferior do chapéu de alguns cogumelos (Do it. *foglietto*, «id.»)

folhinha n.f. 1 folha pequena 2 folha impressa com o calendário 3 conjunto de orações diárias dos padres 4 lâmina de madeira, muito fina e larga, para revestir móveis (De *folha*+-*inha*)

folho /ô/ n.m. 1 tira franzida ou pregueada que se aplica, em geral como adorno, em vestuário, roupa de casa, toalhas de altar, etc. 2 excrescência no casco dos animais 3 ZOOLOGIA terceira parte do estômago dos ruminantes, que apresenta internamente numerosas pregas; folhoso (De lat. *follĭu*-, «folha»)

folhoso /ô/ adj. que tem muitas folhas; frondoso ■ n.m. ZOOLOGIA terceira parte do estômago dos ruminantes, que apresenta internamente numerosas pregas; folho; centafolho (Do lat. *foliōsu*-, «id.»)

folhudo adj. 1 que tem muitas folhas; frondoso; folhoso 2 com bastantes folhos (De *folha*+-*udo*)

foli- elemento de formação de palavras que exprime a ideia de *folha* (Do lat. *follĭu*-, «folha»)

folia n.f. 1 HISTÓRIA, MÚSICA dança rápida e animada ao som de pandeiro ou adufe 2 espetáculo festivo 3 brincadeira ruidosa 4 festa animada 5 grande divertimento; pândega (Do fr. *folie*, «loucura»)

foliação n.f. 1 BOTÂNICA aparecimento das folhas nos vegetais; folheação 2 BOTÂNICA período em que este aparecimento se verifica 3 numeração das folhas de um livro 4 GEOLOGIA estrutura laminar de certos minerais (Do lat. *follĭu*-, «folha» +-*ção*)

foliáceo adj. 1 relativo à folha 2 da natureza ou da forma das folhas 3 que se compõe de folhas (Do lat. *foliacĕu*-, «id.»)

foliada n.f. ⇒ **folia** (De *folia*+-*ada*)

foliado adj. 1 que tem ou se compõe de folhas 2 semelhante a folhas 3 disposto em folhas 4 revestido de uma lâmina de madeira ou outro material; folheado (Do lat. *foliātu*-, «guarnecido de folhas»)

foliador n.m. o que anda em brincadeiras ou festas; folião (De *foliar*+-*dor*)

foliagudo adj. BOTÂNICA que tem folhas agudas (De *foli*-+-*agudo*)

folião adj. 1 que gosta de se divertir 2 que diz respeito à folia, à borga ■ n.m. 1 pessoa que diverte outras dançando e representando; bobo; histrião 2 pessoa que gosta de folia; borguista 3 pessoa que participa nos festejos carnavalescos 4 pessoa impostora; pessoa de mau carácter; farsante (De *folia*+-*ão*)

foliar[1] v.intr. 1 andar em folias; andar na borga 2 dançar, saltando (De *folia*+-*ar*)

foliar[2] adj.2g. 1 que nasce das folhas 2 referente a folha (Do lat. *follĭu*-, «folha» +-*ar*)

foliar[3] v.tr. TIPOGRAFIA numerar ordenadamente as páginas de (livro, publicação)

fólico adj. QUÍMICA diz-se do ácido que é uma vitamina hidrossolúvel do grupo B, produzido pelas plantas e também obtido por síntese e que contribui para a maturação das células, particularmente das células da medula óssea, sendo essencial para a hematopoese

folícola adj.2g. que vive nas folhas dos vegetais (Do lat. *follĭu*-, «folha» +*colĕre*, «habitar»)

folicular adj.2g. 1 ANATOMIA que diz respeito ao folículo 2 ANATOMIA que tem forma de folículo (Do lat. *folliculāre*-, «id.»)

foliculário n.m. 1 [depr.] escritor de folhetos 2 [depr.] jornalista sem valor (Do fr. *folliculaire*, «id.»)

foliculina n.f. FISIOLOGIA hormona segregada pelos folículos ováricos, administrada em caso de amenorreia, esterilidade e perturbações da menopausa, sendo a placenta a sua fonte essencial durante a gravidez (De *folículo*+-*ina*)

foliculite n.f. MEDICINA inflamação dos folículos pilosos (Do lat. *follicŭlu*-, «folículo» +-*ite*)

folículo[1] n.m. 1 folha ou lâmina pequena 2 película que envolve o bago da uva, o grão da ervilha, da fava, etc.

folículo[2] n.m. 1 pequeno fole 2 BOTÂNICA fruto monocarpelar em forma de cápsula, seco e deiscente pela sutura ventral 3 ANATOMIA cavidade, mais ou menos profunda, num organismo animal, formada por invaginação das camadas celulares periféricas ou externas, e tipicamente em forma de dedo de luva; ~ *de Graaf* HISTOLOGIA formação existente no ovário, constituída principalmente pelo óvulo cercado de células; ~ *piloso* HISTOLOGIA cavidade em forma de saco onde se implanta a raiz de um pelo

foliculoma /ô/ n.m. MEDICINA tumor epitelial do ovário (Do lat. *follicŭlu*-, «saco pequeno»+gr. *[ógk]oma*, «tumor»)

foliculoso adj. 1 que tem folículos 2 que é da natureza dos folículos (Do lat. cient. *folliculōsu*-, «id.»)

folidoto adj. ZOOLOGIA que tem o corpo coberto de escamas (Do gr. *pholidótós*, «coberto de escamas»)

foliento adj. 1 dado a folias ou brincadeiras 2 em que há folia; folioso (De *folia*+-*ento*)

folífago adj. que se nutre de folhas; filófago (De *foli*-+-*fago*)

folífero adj. diz-se da planta ou do órgão vegetal que produz ou possui folhas (De *foli*-+-*fero*)

foliforme[1] adj.2g. que tem a forma de folha (Do lat. *follĭu*-, «folha» +-*forme*)

foliforme[2] adj.2g. em forma de fole (Do lat. *folle*-, «fole» +-*forme*)

fólio n.m. 1 grupo de duas páginas que constituem uma folha 2 livro comercial numerado por folhas e não por páginas 3 algarismo designativo do número dessas folhas 4 livro impresso em formato in-fólio, em que uma folha é dobrada ao meio obtendo-se quatro páginas 5 GEOMETRIA curva que tem uma parte parecida com uma folha (Do lat. *follĭu*-, «folha»)

-fólio sufixo nominal de origem latina, que exprime a ideia de *folha* (*acutifólio*)

foliolado adj. BOTÂNICA que tem folíolos (De *folíolo*+-*ado*)

folíolo n.m. 1 BOTÂNICA folha pequena 2 BOTÂNICA cada uma das partes em que se divide o limbo de uma folha vegetal composta 3 BOTÂNICA cada uma das pequenas folhas vegetais modificadas (bractéolas) constituintes de um caulículo (Do lat. *foliŏlu*-, «folha pequena»)

folioso /ô/ adj. em que há folia, brincadeira ou divertimento (De *folia*+-*oso*)

folipa n.f. 1 pequena bolha à superfície da pele; empola; folipo 2 floco de neve; folheca (De *fole*)

folíparo adj. BOTÂNICA diz-se da planta ou do órgão vegetal (em especial, gomo) que só produz folhas (Do lat. *follĭu*-, «folha» +*parĕre*, «produzir»)

folipo n.m. 1 pequena bolha à superfície da pele; empola 2 bolha de líquido fervente 3 espécie de fole que se forma numa peça de vestuário que não assenta bem 4 [regionalismo] pequeno fole (De *fole*)

folosa n.f. [regionalismo] ORNITOLOGIA ⇒ **felosa** 1 (De orig. obsc.)

folosinho n.m. ⇒ **folgosinho** (De *folgosinho*, «id.»)

fome n.f. 1 sensação provocada pela necessidade de ingerir alimentos 2 estado de pessoa que não se alimenta suficientemente; subalimentação 3 falta de alimentos numa região ou país; miséria 4 [fig.] desejo ardente; sofreguidão; avidez; ~ *canina* 1 fome intensa ou insaciável; 2 MEDICINA ⇒ **bulimia** 2; ~ *de cão/lobo/rabo* muita vontade de comer; *cair/estar morto de* ~ estar com muita necessidade de comer; *enganar a* ~ comer uma pequena quantidade de alimentos de forma a atenuar a sensação de fome; *juntar-se a* ~ *à vontade de comer* [coloq.] unirem-se duas coisas ou pessoas iguais; *matar a* ~ saciar a necessidade de comer; *morrer à* ~ alimentar-se insuficientemente, não ter o que é fundamental para se viver; *passar* ~ não comer o suficiente, não se alimentar (Do lat. *fame*-, «id.»)

fomenica n.2g. [regionalismo] avarento; sovina (De *fome*+*n*+-*ica*)

fomentação *n.f.* **1** ato ou efeito de fomentar ou promover o desenvolvimento ou o progresso de algo; favorecimento; incentivo **2** fricção com substância medicamentosa na pele **3** remédio com que se fricciona a pele, com finalidades terapêuticas **4** qualquer aplicação quente à superfície do corpo (Do lat. *fomentatiōne-*, «id.»)

fomentador *adj.,n.m.* que ou aquele que estimula ou favorece o desenvolvimento de algo; impulsionador; promotor (De *fomentar+-dor*)

fomentar *v.tr.* **1** promover o desenvolvimento ou o progresso de; favorecer; estimular; incentivar **2** aplicar fomentação ou medicamento a (Do lat. *fomentāre*, «dar calor a; aquecer»)

fomentativo *adj.* que fomenta; estimulante (De *fomentar+-tivo*)

fomentista *n.2g.* pessoa que promove o fomento ou o progresso material de algo ou alguém (De *fomentar+-ista*)

fomento *n.m.* **1** ato ou efeito de promover o desenvolvimento ou o progresso de algo; incentivo; estímulo **2** proteção; apoio **3** alívio (Do lat. *fomentu-*, «alimento» para o fogo)

fona¹ *n.f.* **1** faúlha que se desprende do lume e esvoaça no ar, já apagada e em forma de cinza **2** movimento sem descanso; azáfama; roda-viva; *andar numa* ~ não descansar um momento (Do gót. *fôn*, «fogo»)

fona² *adj.,n.2g.* que ou pessoa que é mesquinha, sovina (De orig. obsc.)

fonação *n.f.* LINGUÍSTICA fenómeno de emissão dos sons da linguagem através de um conjunto de mecanismos neurofisiológicos (Do fr. *phonation*, «id.»)

fonador *adj.* produtor de som ou voz; *aparelho* ~ ANATOMIA conjunto de órgãos que intervêm na produção dos sons da fala (Do fr. *phonateur*, «id.»)

fonalidade *n.f.* carácter dos sons de uma língua (Do fr. *phonalité*, «id.»)

fonão *n.m.* QUÍMICA quantum de vibração elástica de uma rede cristalina (Do gr. *phoné*, «voz; som», pelo fr. *phonon*, «fonão»)

fonascia *n.f.* arte de exercitar a voz (Do gr. *phonaskía*, «id.»)

fonasco *n.m.* professor de canto ou declamação, na Antiguidade (Do gr. *phonaskós*, «id.»)

fonastenia *n.f.* **1** dificuldade na emissão dos sons **2** fraqueza da voz (Do gr. *phoné*, «som» +*asthéneia*, «debilidade»)

fondue *n.m.* CULINÁRIA prato que consiste num molho à base de queijo, óleo ou azeite, chocolate, etc., que se mantém quente e onde se mergulham os mais variados alimentos (pão, carne, marisco, vegetais, fruta, etc.) (Do fr. *fondue*, «id.»)

fone *n.m.* [mais usado no plural] dispositivo que converte ondas elétricas em sinais sonoros e que se põe diretamente no ouvido para permitir que o som seja escutado apenas pelo seu portador; auricular; auscultador (Do ing. *phone*, «id.»)

-fone sufixo nominal de origem latina, que exprime a ideia de *som, voz, instrumento* (telefone; xilofone; copofone)

fonema */ê/ n.m.* LINGUÍSTICA unidade menor do sistema fonológico de uma língua, com valor distintivo (Do gr. *phónema*, «som da voz», pelo lat. *phonēma*, «id.»)

fonemática *n.f.* LINGUÍSTICA parte da fonologia cujo objetivo é estudar as unidades menores do sistema sonoro de uma ou mais línguas, não incluindo a prosódia (De *fonema+-ática*)

fonemático *adj.* **1** LINGUÍSTICA que diz respeito aos fonemas **2** LINGUÍSTICA relativo a fonemática (De *fonemática*)

fonendoscopia *n.f.* MEDICINA auscultação por meio do fonendoscópio (Do gr. *phoné*, «voz» +*éndon*, «dentro» +*skopeīn*, «olhar» +*-ia*)

fonendoscópio *n.m.* MEDICINA aparelho de auscultação com uma caixa de ressonância e tubos que se ligam aos ouvidos; auscultador (Do gr. *phoné*, «voz» +*éndon*, «dentro» +*skopeīn*, «olhar» +*-io*)

fonética *n.f.* LINGUÍSTICA disciplina que estuda e descreve os sons das línguas naturais na sua realização concreta (articulação, características físicas e perceção), independentemente da sua função dentro de um ou mais sistemas linguísticos (Do gr. *phonetikós*, «relativo ao som ou à voz», pelo fr. *phonétique*, «fonética»)

foneticamente *adv.* **1** do ponto de vista fonético **2** quanto aos sons (De *fonético+-mente*)

foneticismo *n.m.* sistema de escrita baseado na representação dos sons (De *fonético+-ismo*)

foneticista *n.2g.* pessoa que se dedica ao estudo da fonética (De *fonético+-ista*)

fonético *adj.* relativo ou pertencente à fonética (Do gr. *phonetikós*, «id.»)

fonetismo *n.m.* ⇒ **foneticismo** (De *fonét[ico]+-ismo*)

fonetista *n.2g.* ⇒ **foneticista** (De *fonét[ico]+-ista*)

fonia *n.f.* som ou timbre da voz (De *phoné*, «som» +*-ia*)

-fonia sufixo nominal de origem grega, que exprime a ideia de *voz, som* (astenofonia; lusofonia; radiofonia)

foniatra *n.2g.* especialista em foniatria (Do gr. *phoné*, «voz» +*iatér*, «médico»)

foniatria *n.f.* **1** MEDICINA estudo das alterações fonéticas produzidas pelo aparelho fonador **2** MEDICINA tratamento das perturbações da fala e da voz (Do gr. *phoné*, «voz» +*iatría*, «medicina»)

fónica *n.f.* arte de combinar os sons segundo as leis da acústica (De *fónico*)

fónico *adj.* que diz respeito à voz ou aos sons da linguagem (Do gr. *phoné*, «voz» +*-ico*)

fonidoscópio *n.m.* aparelho que transforma as vibrações sonoras em imagens visuais (Do gr. *phoné*, «som» +*eīdos*, «forma» +*skopeīn*, «olhar» +*-io*)

fónix *interj.* [coloq.] indicativa de espanto, admiração, impaciência ou indignação

fono- elemento de formação de palavras que exprime a ideia de *som, voz* (Do gr. *phoné*, «som»)

-fono sufixo nominal de origem grega, que exprime a ideia de *voz, som, fala, idioma* (francófono; lusófono; anglófono)

fonocâmptico *adj.* relativo à reflexão do som (Do gr. *phoné*, «som» +*kamptikós*, «que serve para dobrar»)

fonocardiograma *n.m.* MEDICINA registo gráfico dos ruídos cardíacos (De *fono-+cardiograma*)

fonocinematografia *n.f.* registo simultâneo dos sons e das imagens (De *fono-+cinematografia*)

fonofilme *n.m.* filme sonoro (De *fono-+filme*)

fonofobia *n.f.* medo de falar alto (Do gr. *phoné*, «voz» +*phobeīn*, «ter horror» +*-ia*)

fonófobo *adj.,n.m.* que ou aquele que sofre de fonofobia (Do gr. *phoné*, «voz» +*phobeīn*, «ter horror»)

fonografia *n.f.* **1** GRAMÁTICA representação gráfica dos sons das palavras **2** FÍSICA representação gráfica das vibrações dos corpos sonoros **3** processo de registo dos sons em suporte material (De *fono-+-grafia*)

fonográfico *adj.* da fonografia ou a ela relativo (De *fonografia+-ico*)

fonógrafo *n.m.* instrumento que reproduz os sons registados em discos sob a forma de sulcos espiralados; gramofone (De *fono-+-grafo*)

fonograma *n.m.* **1** sinal gráfico que representa um som **2** disco, placa ou filme em que o som está registado **3** registo de sons em suporte material (disco, fita magnética, etc.) **4** [Brasil] telegrama telefonado (De *fono-+-grama*)

fonoidoscópio *n.m.* ⇒ **fonidoscópio**

fonólito *n.m.* PETROLOGIA rocha eruptiva vulcânica, compacta, da família dos sienitos feldspatoides, que emite um som especial quando percutida (Do gr. *phoné*, «som» +*líthos*, «pedra»)

fonologia *n.f.* LINGUÍSTICA disciplina que estuda e descreve os sons como unidades distintas (fonemas) e a sua função no sistema linguístico (Do gr. *phoné*, «som; voz» +*lógos*, «tratado» +*-ia*, pelo fr. *phonologie*, «id.»)

fonologicamente *adv.* conforme as leis da fonologia (De *fonológico+-mente*)

fonológico *adj.* relativo a fonologia (Do gr. *phoné*, «som; voz» +*lógos*, «tratado» +*-ico*)

fonólogo *n.m.* pessoa que se dedica ao estudo da fonologia (Do gr. *phoné*, «som; voz» +*lógos*, «tratado»)

fonometria *n.f.* FÍSICA medição da intensidade dos sons (Do gr. *phoné*, «som» +*métron*, «medida» +*-ia*)

fonométrico *adj.* relativo à fonometria (Do gr. *phoné*, «som» +*métron*, «medida» +*-ico*)

fonómetro *n.m.* FÍSICA instrumento para medir a intensidade da voz ou dos sons (De *fono-+-metro*)

fonospasmo *n.m.* espasmo ou convulsão que acompanha a emissão da voz (De *fono-+-espasmo*)

fonoteca *n.f.* **1** coleção de discos fonográficos, fitas magnéticas, etc. **2** local onde se guarda essa coleção (De *fono-+-teca*)

fontainha *n.f.* fonte pequena (Do lat. **fontānĭa-*, «id.», de *fontāna-*, «fonte»)

fontal *adj.2g.* **1** referente a fonte **2** [fig.] que origina; causador (Do lat. med. *fontāle-*, «relativo a fonte»)

fontana *n.f.* ⇒ **fonte** (Do lat. tard. *fontāna-*, «fonte», pelo cast. *fontana*, «id.»)

fontanal *adj.2g.* ⇒ **fontal 1** (Do lat. tard. *fontānāle-*, «id.»)

fontanário *n.m.* estrutura artificial, normalmente em forma de uma coluna pequena de ferro ou de pedra, onde existe uma torneira

fontanela

para abastecimento público de água ■ *adj.* relativo a fonte (Do lat. **fontanarĭu-*, «id.»)

fontanela *n.f.* **1** fonte pequena; fontícula **2** ANATOMIA porção membranosa entre alguns ossos do crânio de bastantes animais, antes de atingir a ossificação completa (Do lat. **fontanella-*, «fonte pequena», dim. de *fontana-* «fonte»)

fontano *adj.* relativo a fonte (Do lat. *fontānu-*, «id.»)

fonte *n.f.* **1** lugar de onde brota água continuamente; nascente **2** água que nasce do solo **3** bica por onde corre água **4** construção provida de uma ou mais bicas ou torneiras por onde corre água potável; chafariz **5** ANATOMIA cada um dos lados da região temporal **6** [fig.] origem; proveniência **7** [fig.] causa; motivo **8** [fig.] texto originário de uma obra **9** pessoa, instituição ou documento que constitui a origem de uma informação **10** qualquer substância ou objeto que produz energia, luz ou calor **11** TIPOGRAFIA conjunto de caracteres com o mesmo estilo, tamanho e face **12** chaga aberta com cautério; ~ *batismal* vaso de pedra, numa dependência da igreja, onde se deita água para o batismo, pia batismal; ~ *de alimentação* ELETRICIDADE dispositivo que fornece corrente elétrica a um circuito; ~ *limpa* origem insuspeita (Do lat. *fonte-*, «id.»)

fonteca *n.f.* ⇒ **fontainha** (De *fonte+-eca*)

fonteira *n.f.* [regionalismo] mulher que fornece a água da fonte aos domicílios; aguadeira (De *fonte+-eira*)

fontela *n.f.* **1** {*diminutivo de* **fonte**} fonte pequena; nascente **2** fenda; greta **3** *pl.* pequenos poros por onde passa a água de alguns recipientes de barro (Do lat. **fontella-*, «id.», dim. de *fonte-*, «fonte»)

fontenário *n.m.* ⇒ **fontanário** *n.m.*

fontícola *adj.2g.* que vive ou cresce nas fontes ou junto delas (Do lat. *fonte-*, «fonte» +*colĕre*, «habitar»)

fontícula *n.f.* ⇒ **fontículo**

fontículo *n.m.* fonte pequena (Do lat. *fonticŭlu-*, «id.»)

fontismo *n.m.* HISTÓRIA, POLÍTICA doutrina política e económica do estadista português Fontes Pereira de Melo (1819-1887) (De *Fontes [Pereira de Melo]*, antr. +*-ismo*)

fontista *adj.2g.* **1** do fontismo **2** relativo ao fontismo ■ *n.2g.* adepto do fontismo (De *Fontes [Pereira de Melo]*, antr. +*-ista*)

fopa *n.f.* [regionalismo] faúlha saída da cinza; centelha; fona (De orig. obsc.)

for *n.m.* [ant.] foro; *à ~ de* [ant.] segundo o costume de, à moda de (De *foro*)

fora *adv.* **1** no lado exterior; exteriormente **2** noutro local que não a própria habitação **3** em terra estranha; no estrangeiro ■ *prep.* salvo; exceto; menos; *~!* exclamação utilizada para expulsar alguém ou para exprimir reprovação ou rejeição; *~ de moda* que já não se usa ou não é atual; *~ de si* descontrolado; *dar o ~* [Brasil] sair, escapulir-se; *de ~* do lado exterior, de um local diferente, do estrangeiro, à vista, sem participar em algo, sem saber de alguma coisa; *de ~ a ~* de um extremo ao outro, em toda a extensão; *por ~* do lado exterior, exteriormente, não incluído no habitual (Do lat. *foras*, «id.»)

fora-da-lei ver nova grafia **fora da lei**

fora da lei *adj.inv.,n.2g.2n.* que ou a pessoa que não vive segundo as regras ou leis da sociedade

fora-de-jogo ver nova grafia **fora de jogo**

fora de jogo *n.m.2n.* DESPORTO infração cometida pelo jogador que, no momento em que lhe é passada a bola, tem apenas um ou nenhum jogador da equipa adversária entre ele e a baliza

foragido *adj.,n.m.* **1** que ou pessoa que deixou a sua terra; emigrado **2** que ou pessoa que fugiu e se escondeu para escapar à justiça ou a perseguição; homiziado **3** que ou pessoa que é perseguida (Do lat. *foras exĭtu-*, «saído», part. pass. de *exīre*, «sair», pelo cast. *foragido*, «id.»)

foragir-se *v.pron.* **1** expatriar-se **2** esconder-se, fugindo à justiça ou a perseguição; homiziar-se (Deriv. regr. de *foragido*)

foral *n.m.* **1** HISTÓRIA documento emanado do monarca, pelo qual se constituía o concelho, se regulava a sua administração, e se indicavam os seus limites e privilégios **2** HISTÓRIA carta régia que concedia privilégios a pessoas ou instituições **3** HISTÓRIA carta de aforamento de terras **4** HISTÓRIA local, em geral junto das igrejas, onde se administrava a justiça antigamente (De *foro+-al*)

foraleiro *adj.* de foral ou a ele relativo (De *foral+-eiro*)

foralengo *adj.* **1** que tem foral **2** de foral ou a ele relativo; foraleiro (De *foral+-engo*)

forame *n.m.* **1** furo; orifício; buraco; abertura; cavidade **2** ZOOLOGIA orifício da concha de certos animais, como os foraminíferos e braquiópodes **3** ANATOMIA abertura natural; orifício (Do lat. *forāmen*, «orifício; saída»)

forâmen *n.m.* ⇒ **forame**

foraminíferos *n.m.pl.* ZOOLOGIA grupo (classe ou ordem) de protozoários rizópodes, em regra marinhos, com concha e com pseudópodes finos, anastomosáveis em retículos (Do lat. *foramĭne-*, «orifício» +*fero*, de *ferre*, «trazer»)

foraminoso *adj.* **1** que tem orifícios ou cavidades **2** fendido **3** roto; esburacado (Do lat. *foraminōsu-*, «id.»)

foramontão *adj.* (*plural* **foramontãos**) designativo do povoado que pagava foro de montaria (Do lat. *foru-*, «foro» +*montānu-*, «de montanha»)

forâneo *adj.* de fora; estranho; estrangeiro; *vigário ~* arcipreste (Do lat. **foranĕu-*, «de fora»)

forasteiro *adj.,n.m.* que ou pessoa que vem ou é de fora do sítio onde se encontra; estrangeiro; peregrino (Do lat. med. *forasterĭu-*, «id.»)

forata *n.f.* aparelho formado por uma caixa circular e cilindros concêntricos, destinado a substituir as seiras na espremedura do bagaço da azeitona (Do it. *forata*, «furo»?)

força /ô/ *n.f.* **1** instrumento de suplício no qual se pendurava um condenado com uma corda, para lhe provocar a morte por estrangulação; patíbulo **2** morte provocada por esse instrumento; enforcamento **3** trave onde alguém se suspende para se estrangular **4** corda a qual alguém se estrangula **5** utensílio agrícola formado por uma haste de madeira rematada por dois ou três dentes; forquilha **6** [fig.] cilada; armadilha; *forças caudinas* passagem ou situação difícil; *armar a ~ a* aprontar uma cilada a (Do lat. *furca-*, «id.»)

força /ô/ *n.f.* **1** faculdade de operar, agir ou mover-se **2** energia muscular; robustez **3** energia espiritual, mental ou psicológica; coragem **4** MILITAR conjunto de tropas, navios, aviões ou elementos de dois ou mais destes meios de combate, destinado ao cumprimento de uma missão de policiamento ou de combate **5** faculdade de exercer influência sobre outros; autoridade; poder **6** série de meios utilizados para obrigar alguém a algo; violência **7** forte capacidade de ação de algo; intensidade **8** FÍSICA toda a causa capaz de produzir deformações ou modificar o estado de repouso ou de movimento de um corpo **9** impulso; incitamento **10** causa; motivo **11** [pop.] hérnia; *Força Aérea* MILITAR organização militar que constitui um ramo integrante das Forças Armadas e que tem por objetivo cooperar na defesa militar do país, através da realização de operações aéreas, e na defesa aérea do espaço nacional; ~ *centrípeta* FÍSICA força que, dirigida para um ponto, obriga uma partícula a descrever uma trajetória curvilínea; ~ *de inércia* FÍSICA força igual e de sentido oposto ao produto da massa pela aceleração; *força viva* FÍSICA antiga designação da energia de um corpo em movimento e que é igual a metade do produto da massa desse corpo pelo quadrado da velocidade com que se move; energia cinética; *Forças Armadas* MILITAR conjunto das organizações e forças de combate e defesa de um país, organizadas com base na disciplina e hierarquia; *forças nucleares* FÍSICA forças de origem não eletromagnética que se exercem entre os nucleões e asseguram a coesão do núcleo; *forças vivas* conjunto de entidades que contribuem para a vida e prosperidade de um lugar ou de uma região; *à ~* violentamente, insistentemente; *a toda a ~/à viva ~* por todos os meios; a todo o custo, violentamente; *de ~ maior* inevitável, a que não se pode resistir; *em ~* em grande quantidade, em massa; *medir forças* verificar quem é mais forte; *por ~* necessariamente (Do lat. neut. pl. *fortĭa*, de *forte-*, «forte»)

forcacha *n.f.* **1** ramo verde bifurcado que se pendura no pescoço dos animais por causa das moscas **2** hastes de madeira que se bifurcam, formando ângulo (De *forca+-acha*)

forcada *n.f.* **1** [regionalismo] ponto de bifurcação **2** [regionalismo] sítio do corpo humano onde se bifurcam as pernas **3** [regionalismo] forcado (De *forca+-ada*)

forçadamente *adv.* à força (De *forçado+-mente*)

forcadela *n.f.* [regionalismo] barco pequeno usado pelos pescadores do Alto Minho (De orig. obsc.)

forcado *n.m.* **1** utensílio agrícola formado por uma haste de madeira rematada por dois ou mais dentes da mesma madeira ou de ferro **2** quantidade de palha ou de erva que este utensílio levanta de uma vez **3** TAUROMAQUIA cada um dos indivíduos que, nas touradas, pegam o touro após este ter sido lidado pelo toureiro; moço de forcado **4** tijolo mais largo e delgado (De *forca+-ado*)

forçado *adj.* **1** obrigado; constrangido **2** inevitável; forçoso; obrigatório **3** que resulta de uma imposição ou de causas exteriores; imposto **4** que se quis fazer ceder pela força **5** que não é natural; fingido; afetado **6** tendencioso ■ *n.m.* **1** condenado a trabalhos públicos; grilheta **2** indivíduo malvado, celerado (Part. pass. de *forçar*)

forçador n.m. aquele que força; subjugador (De *forçar+-dor*)
forçadura n.f. 1 espaço entre os dois dentes exteriores do forcado (utensílio agrícola) 2 ornamento de palmas em forma de forcado (De *forcado+-ura*)
forcalha n.f. 1 [regionalismo] sítio do cabeçalho, onde entra o jugo 2 qualquer haste de madeira bifurcada numa das extremidades; forquilha (De *forca+-alha*)
forçamento n.m. 1 ato ou efeito de forçar; ato de constranger ou obrigar alguém pela força 2 ⇒ **violação** 2 (De *forçar+-mento*)
forcão n.m. [regionalismo] utensílio agrícola constituído por uma haste de madeira rematada por dois ou mais dentes da mesma madeira ou de ferro; forcado; forquilha (De *forca+-ão*)
forção n.m. escora; esteio; espeque (De *força+-ão*)
forcar v.tr. levantar ou revolver com o forcado (De *forca+-ar*)
forçar v.tr. 1 obrigar pela força; constranger 2 obter, conquistar por meio de força 3 tentar fazer ceder utilizando a força; arrombar 4 violentar 5 fazer sem naturalidade; fingir 6 submeter a esforço exagerado 7 obrigar a mudar 8 dar uma interpretação tendenciosa a; desvirtuar 9 FOTOGRAFIA demorar mais tempo a revelar (um negativo) do que o normal, de maneira a compensar deficiências de exposição 10 MILITAR destruir; romper 11 NÁUTICA navegar contra ■ v.pron. obrigar-se a fazer algo contra a própria vontade; constranger-se (De *força+-ar*)
forcaz n.m. [regionalismo] peça dianteira da charrua, em forma de forca, onde entra a cavilha (De *forca+-az*)
forcejar v.tr.,intr. 1 esforçar-se (por); diligenciar (por); empenhar-se (em) 2 lutar (contra), utilizando a força (De *força+-ejar*)
forcejo /ê/ n.m. 1 ato ou efeito de forcejar 2 esforço (Deriv. regr. de *forcejar*)
fórceps n.m.2n. 1 MEDICINA instrumento cirúrgico composto por dois ramos articulados, com a forma de pinça, utilizado para extrair o feto do útero 2 MEDICINA parto feito com este instrumento cirúrgico 3 MEDICINA pinça ou tenaz com que se agarram corpos estranhos que se querem extrair (Do lat. *forceps* (nominativo), «tenaz; fórceps; pinça»)
forcing n.m. 1 esforço que se faz durante uma prova desportiva ou durante a realização de uma tarefa, para obter um resultado melhor ou para a concluir mais depressa 2 aceleração do ritmo ou da cadência (Do ing. *forcing*)
fórcipe n.m. ⇒ **fórceps** (Do lat. *forcĭpe-*, «tenaz; fórceps; pinça»)
forcipressão n.f. MEDICINA ato de segurar um vaso seccionado com uma pinça cujas hastes se mantêm fechadas (De *fórci[pe]+pressão*)
forçosamente adv. necessariamente; inevitavelmente (De *forçoso+-mente*)
forçoso adj. 1 absolutamente necessário; preciso; indispensável 2 que não se pode evitar; inevitável 3 [ant.] forte; vigoroso; impetuoso (De *força+-oso*)
forçudo adj. que tem força; vigoroso; robusto (De *força+-udo*)
forçura¹ n.f. esteio; escora (De *força+-ura*)
forçura² n.f. TEATRO [ant.] camarote quase ao nível da plateia; frisa (De orig. obsc.)
fordo /ô/ adj. cheio; pejado; prenhe (Do lat. **fordu-*, «prenhe»)
foreiro n.m. indivíduo que, por contrato, tem o domínio útil de um prédio pelo qual paga renda ou foro ao senhorio; enfiteuta ■ adj. 1 relativo a foro 2 que paga foro 3 exposto; sujeito 4 que está ligado por um benefício (De *foro+-eiro*)
forense adj.2g. referente ao foro judicial ou aos tribunais (Do lat. *forense-*, «id.»)
forfalha n.f. [regionalismo] migalha de pão (De *farfalha*)
fórfex /cs/ n.m. (plural **fórfices**) ⇒ **fórfice** (Do lat. *forfex*, que paga foro (nominativo), «tesoura»)
fórfice n.m. instrumento de cirurgia em forma de tesoura (Do lat. *forfĭce-*, «tesoura»)
Forficúlidas n.m.pl. ZOOLOGIA ⇒ **Forficulídeos**
Forficulídeos n.m.pl. ZOOLOGIA família de insetos dermápteros (ou ortópteros) providos de apêndices duros e desenvolvidos em forma de pinça na extremidade posterior do abdómen (Do lat. *forficŭla-*, «tesoura pequena» +-*ídeos*)
forint n.m. unidade monetária da Hungria (Do húng. *forint*, «id.»)
forja n.f. 1 fornalha, fole e bigorna de que se servem os ferreiros e outros artífices que trabalham o metal 2 oficina onde esses ferreiros e artífices trabalham o ferro ou outro metal pela ação do calor, utilizando instrumentos como a bigorna e o martelo; *estar na ~* estar em preparação (Do lat. *fabrīca-*, «id.», pelo prov. *faurga*, «id.», pelo fr. *forge*, «forja»)
forjador adj. 1 que trabalha o metal na forja 2 que dá forma a algo; que molda 3 que se encontra na origem de algo ■ n.m. 1 indivíduo que trabalha o metal na forja 2 o que falsifica 3 o que maquina 4 o que cria com imaginação; inventor (De *forjar+-dor*)
forjadura n.f. 1 ato ou efeito de forjar 2 processo pelo qual se altera a forma de um metal quente por martelagem ou por compressão numa prensa pneumática (De *forjar+-dura*)
forjamento n.m. ⇒ **forjadura** (De *forjar+-mento*)
forjar v.tr. 1 trabalhar, preparar (um metal) em forja; caldear 2 fabricar (objetos) a partir de metal trabalhado na forja 3 moldar; dar forma a 4 dar origem a 5 imitar de forma fraudulenta; falsificar 6 inventar; imaginar ■ v.pron. moldar-se; ganhar forma (De *forja+-ar*)
forjicador adj.,n.m. 1 que ou aquele que forjica 2 inventor (De *forjicar+-dor*)
forjicar v.tr. 1 forjar à pressa e mal 2 idear; inventar (De *forjar+-icar*)
forma¹ /ó/ n.f. 1 conjunto dos limites exteriores de um objeto ou de um corpo que lhe conferem um feitio, uma configuração ou uma determinada aparência; feitio; formato 2 objeto que se percebe de maneira confusa e cujas características não se conseguem precisar; figura 3 modo de expressão em obra plástica ou literária 4 modo; maneira 5 estado físico ou intelectual 6 palavras que acompanham um rito 7 realização concreta de algo 8 GEOMETRIA conjunto dos contornos exteriores de uma superfície ou de um sólido 9 MILITAR disposição ordenada de tropas; formatura 10 LINGUÍSTICA estrutura 11 LINGUÍSTICA série de características fonológicas, gramaticais e lexicais das unidades linguísticas 12 LINGUÍSTICA cada uma das diversas realizações de uma unidade lexical 13 DIREITO conjunto das formalidades que devem ser respeitadas quando se realiza um ato jurídico para que este tenha validade 14 FILOSOFIA (filosofia aristotélico-escolástica) princípio que determina a unidade e a essência de um ser 15 FILOSOFIA (Kant) estruturas cognitivas inatas, isto é, independentes da experiência, impostas pelo pensamento à matéria do conhecimento, procedente da experiência 16 BIOLOGIA grupo de seres de uma espécie, em que se consideram caracteres específicos 17 FARMÁCIA modalidade de apresentação de um produto farmacêutico 18 MÚSICA estrutura de uma composição 19 pl. contornos exteriores de uma pessoa; silhueta; *~ de base* GRAMÁTICA radical, tema ou palavra, ao qual se pode associar um afixo para formar uma palavra nova, base; *debaixo de ~* em formatura, alinhado; *de ~ a* para; *de ~ nenhuma* de nenhuma maneira, qualquer que seja a circunstância; *de ~ que* de modo que, de tal maneira que; *da mesma ~* da mesma maneira, igualmente; *de todas as formas e feitios* de todos os modos possíveis; *de uma ~ ou de outra* em qualquer das alternativas; *em ~* alinhado, em formatura, como convém, em boas condições físicas; *estar em baixo de ~* não estar bem a nível físico ou psicológico; *manter a ~* manter a boa condição física (Do lat. *forma-*, «id.»)
forma² /ô/ n.f. 1 molde sobre ou dentro do qual se cria alguma coisa que toma o seu feitio e as suas dimensões 2 peça de madeira que imita o pé, utilizada no fabrico de calçado 3 peça usada em chapelaria para moldar a copa do chapéu 4 copa do chapéu 5 armação interior de alguns chapéus 6 aro ou molde em que se aperta e espreme o queijo; cincho 7 TIPOGRAFIA tipo pronto para entrar na máquina de impressão; *letra de ~* letra de imprensa; *ser a ~ para o pé de* ser muito útil a, servir perfeitamente a (Do lat. *forma-*, «id.»)
formação n.f. 1 ato ou modo de formar ou constituir algo; criação; constituição 2 modo como uma pessoa é criada; educação 3 conjunto de conhecimentos relativos a uma área científica ou exigidos para exercer uma atividade; instrução 4 conjunto dos cursos concluídos e graus obtidos por uma pessoa (formação académica, formação técnica, etc.) 5 disposição (de objetos ou pessoas); organização 6 grupo de pessoas com objetivos comuns 7 transmissão de conhecimentos, valores ou regras 8 conjunto de valores morais e intelectuais 9 GRAMÁTICA modo como se constitui uma palavra 10 MILITAR conjunto dos elementos que constituem um corpo de tropas 11 MILITAR dispositivo de parada segundo o qual os meios (tropas, navios, aviões) se dispõem pela forma mais conveniente 12 MILITAR modo como as tropas, aviões ou navios se dispõem para o combate 13 BOTÂNICA grupo de vegetais de uma região que têm características comuns 14 GEOLOGIA conjunto de estratos que formam uma unidade litológica, a que se associa geralmente o nome do lugar (Do lat. *formatiōne-*, «id.»)
formado adj. 1 que se formou 2 que adquiriu forma 3 que se desenvolveu totalmente 4 estabelecido; definido 5 disposto de determinada forma; alinhado 6 que concluiu um curso universitário (bacharelato ou licenciatura); *pessoa bem formada* pessoa

formador

educada de acordo com os valores estabelecidos (Part. pass. de *formar*)

formador *adj.* 1 que forma ou dá forma 2 que constitui; que dá origem ■ *n.m.* 1 o que forma, constitui ou origina 2 pessoa que transmite conhecimentos, valores ou regras 3 pessoa que acompanha, orienta e avalia outras que estão em período de aprendizagem e de prática inicial de uma atividade 4 pessoa que produz moldes ou formas (Do lat. *formatōre-*, «id.»)

formadura *n.f.* ato ou efeito de formar; formatura (Do lat. *formatŭra-*, «figura; forma»)

formal *adj.2g.* 1 relativo ou pertencente à forma 2 que considera apenas a forma, independentemente da matéria ou do conteúdo 3 que atende mais à forma, ao exterior, à aparência das coisas 4 categórico; terminante 5 explícito; manifesto; evidente 6 conforme às convenções, às normas; rígido; cerimonioso 7 FILOSOFIA que tem existência real e efetiva 8 LÓGICA que diz respeito às relações estruturais entre elementos, independentemente do conteúdo 9 GRAMÁTICA diz-se do nível de língua que obedece a regras de formalidade ou cortesia ■ *n.m.* [regionalismo] terreno ou região onde domina certa cultura; *causa* ~ o que determina a natureza, a espécie, a essência de um ser (Do lat. *formāle-*, «id.»)

formaldeído *n.m.* QUÍMICA substância orgânica, gasosa, que, em solução, constitui o formol; aldeído fórmico (De *fórm[ico]+aldeído*)

formalidade *n.f.* 1 maneira geralmente aceite de proceder; o que é da praxe 2 condição legal indispensável para que um ato seja considerado legítimo; preceito 3 regra de conduta geralmente admitida ou convencionada nas relações sociais; cerimónia; etiqueta 4 FILOSOFIA (escolástica) forma substancial que é atributo de um ser; *por* ~ por simples cortesia, em atenção às normas estabelecidas (De *formal+-i-+-dade*, ou do fr. *formalité*, «id.»)

formalina *n.f.* ⇒ **formol** (De *fórm[ico]+al[deído]+-ina*)

formalismo *n.m.* 1 observância das normas estabelecidas 2 respeito excessivo pelas convenções sociais 3 conjunto dessas convenções sociais 4 doutrina ou método de descrição e análise que apenas considera ou que faz sobressair os elementos formais em qualquer manifestação cultural 5 expressão simbólica de objetos de pensamento (Do fr. *formalisme*, «id.»)

formalista *adj.2g.* 1 relativo ao formalismo 2 que respeita as convenções sociais ■ *n.2g.* 1 adepto do formalismo (doutrina) 2 pessoa que se preocupa muito com formalidades (Do fr. *formaliste*, «id.»)

formalização *n.f.* 1 ato ou efeito de formalizar 2 concretização; realização efetiva 3 ato de fazer algo de acordo com as regras legais ou convenções sociais 4 redução de um sistema de conhecimentos às suas estruturas formais através de um processo de abstração (De *formalizar+-ção*)

formalizado *adj.* 1 na forma devida; concretizado 2 conforme com as regras ou cláusulas 3 que apresenta um aspeto formal; grave; cerimonioso 4 ofendido; escandalizado 5 reduzido às suas estruturas formais (Part. pass. de *formalizar*)

formalizar *v.tr.* 1 dar carácter concreto, em geral segundo as normas sociais 2 executar conforme as regras; dar um carácter oficial a 3 reduzir (um sistema de conhecimentos) a estruturas formais através de um processo de abstração ■ *v.pron.* 1 concretizar-se, geralmente segundo as convenções sociais 2 ficar conforme às regras; adquirir um carácter formal 3 sentir-se ofendido; melindrar-se (Do fr. *formaliser*, «id.»)

formalmente *adv.* 1 quanto à forma ou estrutura 2 de modo formal 3 terminantemente (De *formal+-mente*)

formalote *n.m.* arco saliente ou nervura de abóbada gótica (De orig. obsc.)

formando *n.m.* 1 aquele que frequenta um curso de formação 2 candidato ao exercício de uma profissão, para o qual está a fazer a sua preparação específica; estagiário (De *formar+-ando*)

formão¹ *n.m.* utensílio utilizado por carpinteiros e ferradores, geralmente de forma retangular, com uma lâmina larga e achatada com gume numa das extremidades e cabo na outra (De *forma+-ão*)

formão² *n.m.* alvará, entre os Muçulmanos; firmão (Do turc. *firman*, «ordem do sultão»)

formar *v.tr.* 1 dar origem a; fazer existir 2 dar forma a; conferir um feitio ou uma configuração a 3 ter a forma de; assemelhar-se a 4 conceber; imaginar 5 constituir; produzir 6 organizar; dispor numa dada ordem 7 fundar; criar 8 transmitir valores a; educar 9 transmitir conhecimentos que permitem exercer uma dada atividade; instruir 10 promover a formatura de 11 estabelecer; fixar 12 descrever; traçar ■ *v.intr.* pôr-se na forma; entrar em formatura; alinhar ■ *v.pron.* 1 tomar forma; adquirir uma configuração ou um feitio 2 desenvolver-se; começar a existir; originar-se; produzir-se 3 educar-se; adquirir conhecimentos 4 fazer um curso universitário (Do lat. *formāre*, «id.»)

formaria *n.f.* conjunto de formas (De *forma+-aria*)

formatação *n.f.* 1 INFORMÁTICA preparação de um suporte de dados para receber e armazenar informação 2 conjunto de propriedades de elementos de um documento (texto, imagens, etc.) que determinam a sua disposição global e o seu aspeto final

formatar *v.tr.* 1 INFORMÁTICA preparar (um suporte de dados) para receber e armazenar informação 2 estabelecer um conjunto de especificações ao nível dos elementos de um documento (texto, imagens, etc.) que determinam a sua disposição geral e o seu aspeto final 3 alterar o conteúdo de (célula selecionada numa folha de cálculo) (De *formato+-ar*)

formativo *adj.* 1 que dá forma; constitutivo 2 relativo a formação ou educação; educativo (Do lat. **formatīvu-*, «id.»)

formato *n.m.* 1 feitio, tendo em conta as dimensões; tamanho; medida 2 forma exterior; configuração; figura 3 dimensão relativa de uma publicação, resultante do número de vezes em que se dobram as folhas impressas em cadernos 4 largura e altura de uma publicação traduzidas em centímetros 5 medida padrão de uma folha de papel para impressão (Do it. *formato*, «forma», ou do fr. *format*, «id.»)

forma-torta *n.2g.* 1 pessoa de mau carácter 2 pessoa embirrenta 3 mau companheiro

formatura *n.f.* 1 ato ou efeito de formar ou formar-se 2 MILITAR disposição ordenada de tropas 3 conclusão de um curso universitário 4 compostura (Do lat. *formatūra-*, «conformação», ou de *formar+-tura*)

-forme sufixo nominal de origem latina que exprime a ideia de *forma, com a forma de, semelhante a* (*filiforme; piriforme*)

formeiro *n.m.* fabricante de formas (De *forma+-eiro*)

forménico *adj.* 1 QUÍMICA relativo ao formeno 2 QUÍMICA diz-se da série dos hidrocarbonetos saturados alifáticos (De *formeno+-ico*)

formeno *n.m.* QUÍMICA ⇒ **metano** (Do fr. *formène*, «id.»)

formiato *n.m.* QUÍMICA sal ou éster derivado do ácido fórmico (De *fórmi[co]+-ato*)

formica *n.f.* MEDICINA doença herpética (Do lat. *formīca-*, «id.»)

fórmica *n.f.* resina sintética obtida a partir da ureia, fenol e aldeído fórmico, resistente ao calor e à ação de agentes químicos, que se utiliza geralmente em placas para revestir superfícies de móveis, paredes, etc. (Do ing. *Formica*®)

formicação *n.f.* MEDICINA sensação de picadas localizada numa dada área do corpo, idêntica à que seria causada por formigas a passar sobre a pele; formigueiro (Do lat. *formicatiōne-*, «id.»)

formicante *adj.2g.* MEDICINA diz-se do pulso fraco e frequente (Do lat. *formicante-*, part. pres. de *formicāre*, «ter comichão»)

formicário *adj.* relativo ou semelhante à formiga (Do lat. tard. *formicarĭu-*, «id.»)

formicida *adj.2g.,n.m.* que ou produto que se usa para exterminar formigas (Do lat. *formīca-*, «formiga» +*caedĕre*, «matar»)

Formícidas *n.m.pl.* ZOOLOGIA ⇒ **Formicídeos**

formicídeo *adj.* ZOOLOGIA relativo ou semelhante à formiga ■ *n.m.* ZOOLOGIA espécime dos Formicídeos

Formicídeos *n.m.pl.* ZOOLOGIA família de insetos himenópteros, em regra associados em colónias, a que pertencem as formigas (Do lat. *formīca-+-ídeos*)

formicídio *n.m.* extermínio de formigas (Do lat. *formīca-*, «formiga» +*caedĕre*, «matar» +-*io*)

formicívoro *adj.* que se nutre de formigas (Do lat. *formīca-*, «formiga» +*vorāre* «comer»)

fórmico *adj.* QUÍMICA designativo do ácido mais simples do grupo dos carboxílicos, líquido, incolor e de cheiro penetrante, produzido pelas formigas e pelas urtigas (Do lat. *form[īca-]*, «formiga» +-*ico*)

formicular *adj.2g.* referente ou semelhante à formiga (Do lat. **formiculāre*, «id.», de *formicŭla-*, «formiguinha»)

formidando *adj.* 1 espantoso; formidável 2 que mete medo; terrível (Do lat. *formidandu-*, «que deve ser temido», ger. de *formidāre*, «ter medo de; recear»)

formidável *adj.2g.* 1 muito grande 2 que inspira terror; terrível 3 que provoca medo; temeroso 4 que infunde respeito 5 espantoso; excelente; fantástico; maravilhoso (Do lat. *formidabĭle-*, «id.»)

formidavelmente *adv.* 1 de modo formidável 2 muito 3 extraordinariamente (De *formidável+-mente*)

formídio *n.m.* BOTÂNICA planta microscópica, do grupo das cianófitas, que aparece com certa frequência nos muros húmidos, sobre os quais constitui massas gelatinosas incrustantes (De orig. obsc.)

formidoloso *adj.* que inspira medo; medonho; pavoroso; temido (Do lat. *formidolōsu-*, «temeroso»)

formiga n.f. 1 ZOOLOGIA nome vulgar extensivo a uns insetos himenópteros, formicídeos, de tamanho pequeno, que vivem em colónias, pertencentes a grande número de espécies, algumas das quais nocivas 2 [fig.] pessoa ativa, aplicada e poupada 3 pl. rochedos submersos dos quais apenas as pontas ficam fora da água, sendo perigosos para a navegação; baixios ▪ adj. BOTÂNICA diz-se de uma variedade de pereira (ou dos seus frutos) que produz peras pequenas, muito cultivada em Portugal; *Formiga Branca* HISTÓRIA, POLÍTICA sociedade secreta de revolucionários civis que surgiu em Portugal pouco depois de proclamada a república; *à ~* um a seguir ao outro, à socapa; *já a ~ tem catarro* diz-se de quem pretende ser mais do que é ou de quem, sendo inexperiente, se dá ares de entendido (Do lat. *formīca-*, «id.»)

formiga-branca n.f. ZOOLOGIA ⇒ **térmite**

formiga-de-fogo n.f. ZOOLOGIA espécie de formiga venenosa, provida de ferrão, de cor avermelhada e muito agressiva

formigal n.m. ⇒ **formigueiro** (De *formiga+-al*)

formiga-leão n.f. ZOOLOGIA inseto neuróptero, da família dos Mirmeleonídeos, alado na forma adulta, e cuja larva, munida de poderosas mandíbulas, se alimenta de formigas

formigame n.m. muitas formigas; formiguedo (De *formiga+-ame*)

formigamento n.m. formigueiro; comichão; prurido (De *formigar+-mento*)

formigante adj.2g. que formiga; que tem um movimento contínuo de um lado para o outro; *~ de* cheio de; *pulso ~* MEDICINA pulso muito frequente e fraco (Do lat. *formicante-*, «id.», part. pres. de *formicāre*, «ter comichão»)

formigão n.m. 1 formiga grande 2 mistura de cascalho, cal e saibro utilizada em pavimentos 3 rastilho de pólvora 4 [regionalismo] estudante do seminário ▪ adj. diz-se do touro que tem hastes pouco agudas (De *formiga+-ão*)

formigar v.intr. 1 mexer-se continuamente de um lado para o outro 2 sentir picadas numa dada zona do corpo, como se andassem formigas sobre a pele; sentir comichão 3 trabalhar com afã 4 acumular e guardar como a formiga 5 abundar; pulular ▪ v.tr.,intr. 1 acumular e guardar como a formiga 2 abundar (em); pulular (de) ▪ v.tr. passar de mão em mão (o sal) dos taburnos para os barcos (Do lat. *formicāre*, «ter comichão»)

formigo n.m. 1 VETERINÁRIA doença do casco dos solípedes 2 variedade de uva branca que amadurece antes das outras 3 pl. [regionalismo] doce de colher muito comum na altura do Natal e do Ano Novo, feito de pão, ovos, mel, manteiga, vinho e frutos secos como nozes, pinhões e passas; mexidos 4 pl. [regionalismo] chouriços de sangue e alhos 5 pl. [regionalismo] o primeiro leite de vaca fervido e misturado com mel (Deriv. regr. de *formigar*)

formiguedo /ê/ n.m. ⇒ **formigame** (De *formiga+-edo*)

formigueira n.f. 1 [Brasil] BOTÂNICA planta da família das Poligonáceas, de aplicações medicinais 2 [Madeira] BOTÂNICA ⇒ **erva-formigueira** (De *formiga+-eira*)

formigueirinho n.m. 1 formigueiro pequeno 2 [ant., pop.] ladrão de coisas de pequena importância; larápio; ratoneiro (De *formigueiro+-inho*)

formigueiro n.m. 1 construção feita debaixo da terra pelas formigas, na qual se recolhem 2 grande quantidade de formigas 3 grande quantidade de pessoas; multidão 4 lugar onde está muita gente em movimento 5 sensação de picadas localizada numa muita área do corpo, idêntica à que seria causada por formigas a passar sobre a pele; comichão 6 [pop.] impaciência; desassossego 7 VETERINÁRIA doença do casco dos cavalos 8 ORNITOLOGIA ⇒ **papa-formigas** I 9 ZOOLOGIA ⇒ **papa-formiga** 2; *~ humano* zona de grande densidade populacional (De *formiga+-eiro*)

formiguejar v.intr. andar, existir ou mexer-se em grande quantidade (De *formiga+-ejar*)

formiguilho n.m. VETERINÁRIA doença dos solípedes, proveniente de um buraco entre o casco e o saúco (Do cast. *hormiguillo*, «id.»)

formilha n.f. peça de ferro sobre a qual os rolheiros apoiam a faca para fazer as rolhas (De *forma+-ilha*)

formilhão n.m. instrumento dos chapeleiros para dar forma às abas dos chapéus (De *formilho+-ão*)

formilhar v.intr. trabalhar com o formilho (De *formilho+-ar*)

formilho n.m. instrumento de chapeleiro para dar forma à boca da copa do chapéu (De *forma+-ilho*)

formista n.2g. fabricante de formas (De *forma+-ista*)

formol n.m. QUÍMICA solução aquosa de aldeído fórmico, muito usada como desinfetante; formalina (De *fórm[ico]+-ol*)

formolizador n.m. aparelho para aplicar o formol nas desinfeções (De *formolizar+-dor*)

formosa n.f. 1 variedade de uva branca 2 mulher bonita (De *formoso*)

formosear v.tr.,pron. ⇒ **aformosear** (De *formoso+-ear*)

formosentar v.tr.,pron. ⇒ **aformosear** (De *formoso+-entar*)

formoso adj. 1 que tem formas agradáveis; belo; lindo; perfeito 2 deleitoso 3 que deve ser exaltado; magnífico; excelente 4 que soa bem; harmonioso 5 nobre; íntegro (Do lat. *formōsu-*, «id.»)

formosura n.f. 1 qualidade do que ou de quem é formoso; beleza 2 excelência; primor; perfeição 3 pureza; integridade 4 pessoa ou coisa muito bonita (De *formoso+-ura*)

fórmula n.f. 1 preceito estabelecido para regular ou validar qualquer ato 2 palavras que devem ser ditas numa dada situação para se conseguir determinados resultados 3 convenção social; praxe 4 modelo invariável segundo o qual devem ser redigidos todos os documentos para certo fim 5 indicação dos ingredientes, da dosagem e da maneira de preparar um produto; receita 6 expressão curta e clara de uma ideia ou ideias 7 QUÍMICA representação simbólica para indicar as composições qualitativa e quantitativa, e, por vezes, a estrutura e a configuração dos compostos químicos 8 LÓGICA combinações formais de variáveis proporcionais, interligadas por conectivos lógicos 9 MATEMÁTICA enunciado simbólico, conciso e rigoroso, apto para a dedução, a discussão e o manejo operatório 10 DESPORTO categoria de automóveis de alta velocidade, cujo motor tem de respeitar requisitos técnicos específicos; *~ dentária* expressão fracionária que indica por números a quantidade e a qualidade dos dentes de cada maxila (Do lat. *formŭla-*, «id.»)

formulação n.f. 1 ato ou efeito de formular 2 exposição de algo de modo conciso e claro 3 forma como se apresenta um texto escrito ou oral; enunciação 4 definição ou expressão através de fórmulas (De *formular+-ção*)

formulador n.m. aquele que formula (De *formular+-dor*)

formular adj.2g. relativo à fórmula ▪ v.tr. 1 dar forma a nível mental a; conceber 2 expor com clareza; enunciar; exprimir 3 estabelecer a fórmula de 4 dar a fórmula que exprime o resultado geral de 5 receitar; prescrever ▪ v.pron. ganhar forma; constituir-se (De *fórmula+-ar*)

formulário n.m. 1 coleção de fórmulas 2 modelo de documento impresso com espaços em branco que deverão ser preenchidos com respostas adequadas ou dados pessoais 3 RELIGIÃO livro de orações 4 FARMÁCIA livro que contém indicações sobre substâncias farmacêuticas e a maneira como são preparadas (Do lat. *formularĭu-*, «relativo a fórmulas»)

formulismo n.m. 1 uso e prescrição de fórmulas 2 apego às fórmulas; formalismo (De *fórmula+-ismo*)

formulista n.2g. 1 pessoa que prescreve fórmulas 2 pessoa prática em fórmulas 3 pessoa que segue rigorosamente determinadas fórmulas (De *fórmula+-ista*)

fornaça n.f. 1 forno grande; fornalha 2 parte de uma máquina onde arde o combustível 3 parte do fogão, própria para assar 4 [ant.] casa da moeda (Do lat. *fornacĕa-*, de *fornāce-*, «fornalha»)

fornaceiro n.m. o que trabalha na fornaça (De *fornaça+-eiro*)

fornada n.f. 1 quantidade daquilo que se coze de uma só vez no mesmo forno 2 [fig.] porção de coisas que se fazem de uma só vez 3 [fig.] conjunto de pessoas que começam ou acabam uma dada atividade simultaneamente 4 [fig.] pessoas nomeadas ao mesmo tempo para determinados cargos; *às fornadas* em grande quantidade e de uma só vez (De *forno+-ada*)

fornalha n.f. 1 forno grande 2 parte de uma máquina onde arde o combustível 3 parte do fogão, própria para assar 4 [fig.] lugar muito quente 5 [fig.] calor intenso (Do lat. *fornacŭla-*, «forno pequeno»)

fornalheiro n.m. ⇒ **fogueiro** (De *fornalha+-eiro*)

fornear v.intr. trabalhar como forneiro; fornejar (De *forno+-ear*)

fornecedor adj. 1 que fornece ou abastece 2 que proporciona algo ▪ n.m. 1 o que fornece ou abastece 2 pessoa ou empresa que fornece bens de consumo (De *fornecer+-dor*)

fornecer v.tr. 1 prover; abastecer 2 colocar à disposição; proporcionar 3 dar 4 gerar; produzir ▪ v.pron. prover-se do necessário; abastecer-se (De *fornir+-ecer*)

fornecimento n.m. 1 ato ou efeito de fornecer 2 abastecimento; provisão (De *fornecer+-mento*)

forneco n.m. peça que, na armação do telhado, liga a tacaniça ou rincão ao frechal (De *forno+-eco*)

forneira n.f. 1 dona ou encarregada de um forno 2 [pop.] ⇒ **bicho-de-conta** (De *forno+-eira*)

forneirinha n.f. [pop.] ⇒ **carriça** 1 (De *forneira+-inha*)

forneiro n.m. 1 dono ou encarregado de um forno 2 [Brasil] ORNITOLOGIA nome vulgar de um pássaro que faz o ninho com barro e é também conhecido por joão-de-barro (Do lat. tard. *furnarĭu-*, «id.»)

fornejar v.intr. ⇒ **fornear** (De forno+-ejar)
fornicação n.f. 1 RELIGIÃO relação sexual considerada ilegítima 2 [vulg.] relação sexual; cópula 3 [vulg.] aborrecimento; importunação (Do lat. fornicatiōne-, «id.»)
fornicador adj.,n.m. 1 [vulg.] que ou aquele que fornica 2 [fig., vulg.] que ou aquele que é maçador; quezilento (Do lat. fornicatōre-, «id.»)
fornicar v.tr.,intr. [vulg.] ter relações sexuais (com) ∎ v.tr. 1 RELIGIÃO ter relações sexuais ilegítimas com 2 [vulg.] importunar; aborrecer 3 [vulg.] prejudicar ∎ v.pron. 1 [vulg.] arreliar-se 2 [vulg.] sofrer um prejuízo (Do lat. fornicāre, «id.»)
fórnice n.m. ARQUITETURA abóbada ou arco de porta (Do lat. fornĭce-, «abóbada»)
fornicoques n.m.pl. 1 [pop.] cócegas 2 [pop.] apetite; desejo; tentação (De fornicar?)
fornido adj. 1 fornecido; abastecido 2 robusto (Part. pass. de fornir)
fornilha n.f. ⇒ **fornilho** (Do cast. hornilla, «id.»)
fornilho n.m. 1 pequeno forno 2 fogareiro 3 parte do cachimbo onde se queima o tabaco 4 cavidade aberta numa obra que se pretende destruir e onde é colocada uma carga explosiva 5 MILITAR caixa de pólvora enterrada para se fazer explodir (Do cast. hornillo, «id.»)
fornimento n.m. 1 ato ou efeito de prover; abastecimento 2 corpulência; robustez (De fornir+-mento)
fornir v.tr. 1 abastecer; prover 2 tornar mais grosso; dar corpo a; robustecer (Do fr. ant. fornir, «cumprir»)
forno /ô/ n.m. 1 construção abobadada, em geral só com uma abertura, onde é produzido e armazenado o calor necessário ao processo de cozedura 2 compartimento de um fogão de cozinha, ou aparelho semelhante independente, onde se assam, gratinam ou aquecem os alimentos 3 aparelho de feitios e materiais diversos que se destina a transformar matérias a nível físico e químico através de temperaturas muito elevadas 4 [fig.] lugar muito quente (Do lat. furnu-, «id.»)
foro¹ n.m. 1 praça pública, na antiga Roma (Do lat. foru-, «id.»)
foro² /ô/ n.m. 1 DIREITO [ant.] pensão determinada paga ao senhorio direto pelo titular do domínio útil de prédio ou propriedade, conforme o estabelecido no contrato (enfiteuse) 2 DIREITO [ant.] domínio útil de um prédio 3 encargo ou despesa usual ou obrigatória 4 privilégio ou imunidade estabelecidos por lei ou pelo tempo 5 DIREITO tribunal judicial 6 competência de um tribunal; jurisdição 7 alçada; competência 8 pl. direitos; privilégios; ~ **eclesiástico** conjunto dos tribunais da Igreja; ~ **íntimo** consciência (Do lat. foru-, «id.»)
-foro sufixo nominal de origem grega que exprime a ideia de que tem, que produz, que traz consigo (fotóforo; termóforo; eletróforo)
forónidas n.m.pl. ZOOLOGIA ⇒ **foronídeos**
foronídeos n.m.pl. ZOOLOGIA grupo de animais vermiformes que vivem no fundo dos mares, no interior de tubos segregados por eles próprios, e que podem ser incluídos nos moluscoides (Do lat. Phoronĭde-, mitol., «Forónide», filha de Ínaco, primeiro rei de Argos, cidade grega +-ídeos)
foronomia n.f. FÍSICA capítulo da mecânica que estuda o movimento independentemente das forças que o produzem ou modificam; cinemática (Do gr. phóros, «que traz, produz, gera»+nomía, de nómos, «lei, norma»)
foronómico adj. relativo a foronomia (De foronomia+-ico)
forqueadura n.f. bifurcação; ramificação (De forquear+-dura)
forquear v.tr. bifurcar; dar a forma de forquilha a (De forca+-ear)
forqueta /ê/ n.f. 1 pau bifurcado na ponta; forquilha 2 NÁUTICA peça metálica onde se apoia e move o remo 3 ramo ganchoso (De forca+-eta)
forquilha¹ n.f. 1 utensílio agrícola constituído por uma haste de madeira rematada por dois ou mais dentes da mesma madeira ou de ferro; forcado 2 vara bifurcada numa das pontas, para descansar os andores nas procissões; descanso 3 pau bifurcado que serve para apoiar os ramos das árvores ou esticar a corda para pendurar a roupa 4 cabide 5 tudo aquilo que apresenta forma bifurcada 6 osso em forma de V, formado pela união das clavículas das aves 7 parte da bicicleta que termina na estrutura metálica do quadro, à frente, com duas hastes entre as quais se encaixa a roda dianteira; garfo 8 formação saliente, mole, na planta do pé do cavalo; ranilha 9 TIPOGRAFIA (máquina de imprimir) peça que prende o cilindro (Do castelhano horquilla, «idem»)
forquilha² n.f. [Guiné-Bissau] ETNOGRAFIA vara bifurcada, pintada, esculpida ou com motivos decorativos, de modo a simbolizar almas dos antepassados, que é colocada nos limites de um terreno agrícola como prova do direito de propriedade (Do crioulo guineense forkija, «idem»)
forquilhar v.tr. 1 dar forma de forquilha a; bifurcar 2 espetar em forquilha (De forquilha+-ar)
forquilhoso adj. que termina em forquilha (De forquilha+-oso)
forra¹ /ô/ adj. diz-se de uma fêmea (principalmente ovelha e vaca) que não está prenhe (De forro [= livre])
forra² /ô/ n.f. 1 chumaço ou entretela utilizado em peças de vestuário 2 NÁUTICA banda ou faixa que fortalece as velas de um navio 3 [regionalismo] géneros com que se compensa o serviço de alguém (Deriv. regr. de forrar)
forração n.f. ato ou efeito de revestir uma superfície com diversos materiais (tecido, papel, etc.) (De forrar+-ção)
forrado¹ adj. 1 guarnecido de forro; que se revestiu de tecido, papel ou outro material 2 agasalhado; protegido (Part. pass. de forrar [= revestir])
forrado² adj. que se libertou; livre (Part. pass. de forrar [= libertar])
forrado³ adj. economizado; poupado (Part. pass. de forrar [= economizar])
forrador adj.,n.m. que ou aquele que forra (De forrar+-dor)
forra-gaitas n.2g.2n. [pop.] forreta; sovina; avarento (De forrar+gaita)
forrageador n.m. 1 aquele que forrageia ou colhe forragem 2 soldado que era destacado para ir em busca de forragens 3 [fig.] indivíduo que plagia obras alheias (De forragear+-dor)
forrageal n.m. campo onde abunda a erva ou palha para o gado (forragem) (De forragem+-al)
forragear v.tr.,intr. colher forragem (em); segar erva (em) ∎ v.tr. 1 procurar; buscar 2 devastar (um campo) 3 [fig.] apanhar aqui e além; colher; respigar 4 [fig.] plagiar (De forragem+-ear)
forrageiro adj. relativo a forragem (erva para gado) ∎ n.m. indivíduo que apanha forragens (De forragem+-eiro)
forragem n.f. 1 toda a qualidade de erva, palha ou grão que serve para alimentação do gado 2 quantia dada a militares para sustento do cavalo (Do fr. fourrage, «id.»)
forraginoso adj. 1 que serve como forragem 2 que produz forragens (De forragem+-oso)
forrajoso adj. ⇒ **forraginoso** (De forragem+-oso)
forramento n.m. 1 ato ou efeito de forrar 2 ⇒ **alforria** (De forrar+-mento)
forrar¹ v.tr. 1 revestir com tecido, papel ou outro material; pôr forro a 2 enchumaçar 3 reforçar com entretela 4 servir de cobertura a; revestir ∎ v.pron. 1 vestir-se; agasalhar-se 2 cobrir-se
forrar² v.tr. 1 conceder liberdade a; livrar do jugo 2 livrar de ∎ v.pron. 1 libertar-se do cativeiro; ficar livre 2 livrar-se (de); poupar-se (a)
forrar³ v.tr. juntar (pecúlio); poupar; economizar
forreta /ê/ n.2g. pessoa avarenta; sovina; pessoa excessivamente apegada ao dinheiro (De forrar [= poupar]+-eta)
forretice n.f. 1 qualidade ou carácter de forreta; mesquinhez; sovinice 2 ato próprio de forreta (De forreta+-ice)
forrica n.f. [regionalismo] dejeção quase líquida (Deriv. regr. de forricar)
forricar-se¹ v.pron. [regionalismo] defecar quase líquido (Do lat. forīa, «diarreia»+-icar)
forricar-se² v.pron. [regionalismo] livrar-se de um compromisso (De forrar+-icar)
forro¹ n.m. 1 qualquer material que serve para encher, revestir ou reforçar interiormente um artefacto 2 revestimento interior de peças de vestuário e calçado 3 revestimento de cadeiras, sofás, etc. 4 chumaço 5 entretela 6 série de tábuas utilizadas para revestir o teto de um compartimento 7 espaço compreendido entre o teto e o telhado 8 papel que reveste as paredes 9 cobertura exterior ou interior dos edifícios 10 NÁUTICA revestimento exterior do fundo dos navios (Do ant. alto-al. fuotar, «forro, proteção», hoje Futter, «id.», pelo fr. ant. feurre, «id.»)
forro² adj. 1 (escravo) que obteve alforria; liberto 2 isento de pagamentos; desobrigado 3 relativo ou pertencente a S. Tomé e Príncipe ou aos seus naturais ∎ n.m. 1 natural de S. Tomé e Príncipe 2 crioulo falado em S. Tomé (Do ár. hurr, «livre»)
forro³ adj. 1 economizado; poupado 2 abonado; que poupou dinheiro (Deriv. regr. de forrar [= poupar])
forró n.m. 1 ritmo popular do nordeste do Brasil 2 [Brasil] baile popular (Abrev. de forrobodó)
forrobodó n.m. 1 [coloq.] festança; pândega 2 [coloq.] confusão; trapalhada 3 [Brasil] baile popular (De orig. onom.)
fortalecedor adj.,n.m. que ou o que fortalece (De fortalecer+-dor)
fortalecer v.tr. 1 tornar forte; dar força a; fortificar; robustecer 2 tornar mais sólido 3 tornar mais resistente 4 MILITAR guarnecer com fortificações e mecanismos de defesa 5 encorajar; animar

6 corroborar ■ *v.pron.* **1** adquirir forças **2** tornar-se mais sólido **3** adquirir maior resistência **4** ganhar força; reforçar-se **5** MILITAR rodear-se de mecanismos de defesa; abrigar-se em local protegido (De *fortal[eza]+-ecer*?)

fortalecimento *n.m.* **1** ato ou efeito de tornar ou tornar-se mais forte **2** acréscimo de ânimo **3** maior solidez ou consistência **4** consolidação; reforço **5** MILITAR fortificação de um local como forma de defesa (De *fortalecer+-mento*)

fortaleza /ê/ *n.f.* **1** construção que serve para defender um local estratégico; fortificação; praça fortificada; forte; castelo **2** qualidade do que é forte; robustez; força; vigor **3** solidez **4** firmeza; força moral (Do lat. med. *fortaritïa-*, «fortaleza», pelo prov. *fortaleza-*, «id.»)

fortalezar *v.tr.* ⇒ **fortalecer** *v.tr.* **4** (De *fortaleza+-ar*)

forte *adj.2g.* **1** que tem força; robusto; possante **2** corpulento; volumoso **3** sólido; consistente; rijo **4** valente; corajoso **5** que tem muito poder; influente **6** que sabe muito sobre algo; entendido **7** intenso **8** ativo **9** violento **10** (bebida) muito alcoólico **11** convincente; de peso **12** (VOZ) cheio e sonoro **13** excessivo **14** MÚSICA designativo do som ou tempo acentuado ■ *n.m.* **1** construção que serve para defender uma zona estratégica; obra de fortificação; castelo **2** pessoa robusta **3** pessoa que tem poder **4** pessoa que tem grande ânimo; pessoa enérgica e corajosa **5** aquilo em que alguém é excelente **6** lado ou feição por onde uma pessoa oferece mais resistência **7** principal inclinação ou simpatia **8** MÚSICA passagem de uma composição em que o volume sonoro aumenta e é mais intenso ■ *adv.* **1** com força **2** de forma enérgica **3** MÚSICA com mais sonoridade e intensidade; ~ *e feio* [coloq.] muito, com intensidade; *fazer-se* ~ não ceder (Do lat. *forte-*, «id.»)

forteza /ê/ *n.f.* ⇒ **fortidão** (De *forte+-eza*)

fortidão *n.f.* **1** qualidade do que é forte; força; rijeza **2** consistência; solidez (Do lat. *fortitudïne-*, «força»)

fortificação *n.f.* **1** MILITAR ato ou efeito de munir um local de meios ou condições de defesa **2** MILITAR construção que serve para defender um local estratégico; praça fortificada; fortaleza; forte; castelo **3** MILITAR o que constitui forma de defesa de uma região ou local (Do lat. *fortificatiõne-*, «id.»)

fortificado *adj.* **1** guarnecido com uma construção destinada a defesa; protegido por fortificação **2** robustecido; que se tornou forte (Part. pass. de *fortificar*)

fortificador *adj.* **1** que dá forças; que fortifica **2** confortativo; que anima ■ *n.m.* **1** o que dá forças **2** o que dá ânimo; o que conforta **3** o que se dedica a construir fortificações ou a planear a defesa de um local (De *fortificar+-dor*)

fortificante *adj.2g.* **1** que fortifica; que dá força ou vigor **2** que dá ânimo ■ *n.m.* medicamento, alimento ou substância que se destina a fazer recuperar as forças **2** o que dá alento (Do lat. *fortificante-*, «id.», part. pres. de *fortificãre*, «fortificar»)

fortificar *v.tr.* **1** tornar mais forte; robustecer **2** tornar mais intenso **3** tornar mais sólido ou resistente **4** dar força ou razão a; corroborar **5** MILITAR guarnecer de construções de defesa ■ *v.pron.* **1** tornar-se mais forte ou mais sólido **2** ficar mais intenso **3** MILITAR refugiar-se em local protegido com fortificação (Do lat. *fortificãre*, «id.»)

fortim *n.m.* fortificação de dimensões reduzidas; pequeno forte (De *forte+-im*)

fortran *n.m.* INFORMÁTICA linguagem de programação de computadores para cálculos científicos e técnicos (Do ing. *Fortran*, «id.», de *formula translation*, «tradução de fórmulas»)

fortuitamente *adv.* casualmente; acidentalmente (De *fortuito+-mente*)

fortuito *adj.* **1** casual; acidental; dependente do acaso **2** inopinado; imprevisto (Do lat. *fortuïtu-*, «id.»)

fortuna *n.f.* **1** poder superior à vontade do homem que determina a sua felicidade ou infelicidade; destino; fado **2** acontecimento imprevisto; acaso; casualidade **3** felicidade; dita **4** êxito; sucesso **5** adversidade; revés **6** riqueza; haveres **7** quantia exagerada **8** risco; perigo; *à/por* ~ ao acaso; *de* ~ (dispositivo, arranjo) feito em condições não satisfatórias ou de improviso; *fazer* ~ tornar-se rico, ter sucesso (Do lat. *fortüna-*, «destino»)

fortunear *v.intr.* negociar com fortuna; ser feliz nos negócios (De *fortuna+-ear*)

fortunito *n.m.* PETROLOGIA rocha vulcânica, traquítica (De *Fortuna*, top., nome de localidade espanhola, na província de Múrcia *+-ito*)

fortunoso *adj.* **1** afortunado; venturoso **2** dependente da fortuna (De *fortuna+-oso*)

fórum *n.m.* **1** HISTÓRIA praça pública, na antiga Roma, onde se realizavam os atos mais importantes da vida do povo romano **2** local onde se fazem debates **3** centro de diversas atividades, geralmente de índole cultural **4** discussão de um determinado assunto por especialistas (Do lat. *forum*, «id.»)

fosca /ô/ *n.f.* **1** gesto ou movimento que se faz para enganar alguém; negaça **2** trejeito para fazer alguém rir; momice; careta (De *fosco*?)

foscagem *n.f.* ato de foscar ou tornar fosco (De *foscar+-agem*)

foscar *v.tr.* tornar fosco (Do lat. *fuscãre*, «id.»)

fosco /ô/ *adj.* **1** que não é polido **2** que perdeu o brilho **3** que deixa passar a luz mas não permite distinguir nitidamente os objetos **4** [fig.] que revela falta de coragem; cobarde **5** [fig.] perturbado (Do lat. *fuscu-*, «id.»)

fosfatagem *n.f.* ação ou efeito de fosfatar (De *fosfatar+-agem*)

fosfatar *v.tr.* **1** AGRICULTURA espalhar fosfato em (campos, vegetais) **2** AGRICULTURA fertilizar (um terreno) com fosfato **3** AGRICULTURA juntar fosfato a (uvas vindimadas) (De *fosfato+-ar*)

fosfato *n.m.* **1** QUÍMICA designação genérica dos aniões que contêm fósforo como elemento central **2** QUÍMICA designação dos sais e dos ésteres de qualquer dos ácidos fosfóricos, em especial do ácido ortofosfórico ou, simplesmente, fosfórico **3** *pl.* MINERALOGIA classe de minerais cujas fórmulas contêm radical fosfato (PO_4) (Do fr. *phosphate*, «id.»)

fosfatúria *n.f.* MEDICINA quantidade excessiva de fosfatos na urina (De *fosfato+-úria*)

fosfena /ê/ *n.f.* ⇒ **fosfeno**

fosfeno /ê/ *n.m.* sensação luminosa devida a uma excitação inadequada dos recetores retínicos, elétrica ou mecânica (choques sobre o olho, compressão de origem exterior, ou interior, como no glaucoma) (Do gr. *phôs*, «luz» *+phaínein*, «brilhar», pelo fr. *phosphène*, «fosfeno»)

fosfito *n.m.* QUÍMICA designação antiquada dos sais e dos ésteres do ácido fosforoso (De *fósf[oro]+-ito*)

fosfoproteína *n.f.* proteína rica em fósforo (De *fósfo(ro)+proteína*)

fosforação *n.f.* ato ou efeito de fosforar ou combinar com fósforo (De *fosforar+-ção*)

fosforar *v.tr.* combinar ou misturar com fósforo (De *fósforo+-ar*)

fosforear *v.intr.* brilhar como fósforo aceso (De *fósforo+-ear*)

fosforeira *n.f.* **1** estojo ou caixinha para guardar fósforos **2** local onde se fabricam fósforos (De *fósforo+-eira*)

fosforeiro *adj.* relativo a fósforos ■ *n.m.* indivíduo que trabalha no fabrico de fósforos (De *fósforo+-eiro*)

fosforejante *adj.2g.* que brilha como fósforo (De *fosforejar*)

fosforejar *v.intr.* ⇒ **fosforear** (De *fósforo+-ejar*)

fosfóreo *adj.* **1** relativo a fósforo **2** que tem fósforo **3** que brilha como fósforo (Do lat. cient. *phosphorëu-*, «id.»)

fosforescência *n.f.* **1** FÍSICA propriedade que possuem determinados corpos de brilhar no escuro, sem combustão nem libertação de calor **2** FÍSICA propriedade que têm certos corpos sólidos de emitir radiações luminosas mesmo depois de a causa excitadora ter sido removida **3** fenómeno luminoso que se observa em certas zonas oceânicas, resultante da presença à superfície de animais que brilham na obscuridade **4** qualidade que possuem diversos organismos vivos de emitir luz na obscuridade (De *fosforescer+-ência*)

fosforescente *adj.2g.* **1** que emite luz na obscuridade, sem combustão nem libertação de calor; que tem fosforescência **2** que se torna luminoso ao ser friccionado (De *fosforescer+-ente*)

fosforescer *v.intr.* emitir luz na obscuridade, sem combustão e sem libertar calor; emitir luz fosforescente (De *fósforo+-escer*)

fosfórico *adj.* **1** relativo a fósforo **2** que brilha no escuro como o fósforo **3** QUÍMICA designativo dos compostos que contêm fósforo **4** [fig., pop.] propenso a acessos de cólera; irascível; irritável **5** [fig., pop.] difícil; duvidoso (De *fósforo+-ico*)

fosforífero *adj.* **1** que produz fósforo **2** (animal) que tem uma parte do corpo fosforescente (Do gr. *phosphóros*, «que dá luz»+lat. *fero*, de *ferre*, «produzir»)

fosforilação *n.f.* BIOQUÍMICA processo oxidante através do qual diversos metabolitos reduzidos se oxidam, cedendo eletrões a uma série de substâncias que iniciam uma cadeia de transporte de eletrões na qual se desprende a energia necessária à formação de trifosfato de adenosina (Do gr. *phōsphóros*, «que transporta luz»+*hylé+-ção*)

fosforismo *n.m.* MEDICINA envenenamento com fósforo (De *fósforo+-ismo*)

fosforista *adj.,n.2g.* ⇒ **fosforeiro** (De *fósforo+-ista*)

fosforite *n.f.* ⇒ **fosforito**

fosforito *n.m.* PETROLOGIA rocha formada essencialmente por fosfato de cálcio (De *fósforo+-ito*)

fosforização *n.f.* **1** ato ou efeito de fosforizar **2** influência ou formação do fosfato calcário no organismo animal (De *fosforizar+-ção*)

fosforizar *v.tr.* **1** tornar fosfórico **2** converter em fosfato (De *fósforo+-izar*)

fósforo *n.m.* **1** QUÍMICA elemento não metálico, com o número atómico 15 e de símbolo P, inflamável e luminoso na obscuridade **2** palito provido, numa das extremidades, de pequena quantidade de substância inflamável por fricção com uma superfície áspera **3** nome aplicado aos sólidos luminescentes, principalmente materiais inorgânicos, que são preparados por tratamento calorífico especial **4** [pop.] agudeza de espírito; inteligência **5** [pop.] pessoa a quem não se liga; *em menos de um ~* muito rapidamente; *não valer um ~* não prestar para nada (Do gr. *phósphoron*, «que produz luz», pelo lat. *Phosphŏru-*, «estrela da manhã», pelo fr. *phosphore*, «fósforo»)

fosforogéneo *adj.* diz-se dos organismos vivos que emitem luz (Do gr. *phósphoron*, «que produz luz» *+génos*, «produção» *+-eo*)

fosforoscópio *n.m.* FÍSICA instrumento que se utilizava para observar e medir a duração da fosforescência dos corpos (Do gr. *phósphoron*, «que produz luz» *+skopeīn*, «ver; olhar»)

fosforoso *adj.* **1** QUÍMICA que contém fósforo **2** QUÍMICA designativo antiquado do ácido fosfónico e dos compostos de fósforo(III) (De *fósforo+-oso*)

fosga *n.f.* **1** [regionalismo] cova na terra **2** [regionalismo] espaço entre o enxergão e a parede (Do lat. **fossĭca-*, dim. de *fossa-*, «cova; fossa»)

fosgénio *n.m.* QUÍMICA gás incolor, muito venenoso e sufocante, conseguido pela combinação de cloro com óxido de carbono (Do gr. *phōs*, «luz» *+génos*, «origem» *+-io*)

fosquinha *n.f.* **1** aparecimento repentino seguido de desaparecimento inesperado **2** festa; afago **3** trejeito para fazer alguém rir; momice; careta **4** gesto ou movimento que se faz para enganar alguém; negaça **5** atitude ou gesto que envolve malícia ou troça (De *fosca+-inha*)

fosquista *n.2g.* pessoa encarregada da foscagem em certas indústrias (De *foscar+-ista*)

fossa *n.f.* **1** cavidade mais ou menos profunda; cova; depressão **2** cova subterrânea onde se despejam lixos ou resíduos **3** covinha que se forma na face de algumas pessoas, quando se riem **4** MILITAR cova aberta na terra que serve de refúgio para os soldados e diminui a eficácia dos ataques inimigos **5** GEOLOGIA depressão alargada de fundo plano e flancos abruptos, de dimensão variável, que normalmente se encontra em zonas de falhas **6** ANATOMIA cavidade do corpo animal com a abertura mais larga do que o fundo **7** [Brasil] [coloq.] estado de depressão; *~ abissal/oceânica* GEOGRAFIA depressão alargada de grande dimensão, com vários milhares de quilómetros de largura, grande profundidade, que pode variar entre os cinco mil e os onze mil metros, e com flancos mais ou menos inclinados; *~ séptica* local onde a ação de microrganismos transforma, por fermentação, a matéria orgânica em substâncias minerais; *fossas nasais* ANATOMIA as duas cavidades comuns ao crânio e à face, que o ar percorre antes de chegar aos pulmões; *estar na ~* [coloq.] estar deprimido, sentir-se muito em baixo (Do lat. *fossa-*, «cova»)

fossada *n.f.* terreno cavado ou revolvido (Part. pass. fem. subst. de *fossar*)

fossadeira *n.f.* antigo tributo dos que se eximiam de acompanhar o rei aos fossados (De *fossado+-eira*)

fossado *adj.* **1** cavado como um fosso **2** revolvido; remexido ■ *n.m.* **1** cova de profundidade variável aberta à volta de fortificações para servir de defesa **2** HISTÓRIA serviço militar medieval cuja prestação respeitava normas estabelecidas pelo foral ou pelo costume da terra **3** HISTÓRIA incursão ou investida militar sobre território inimigo, na Idade Média (Part. pass. de *fossar*)

fossador *adj.,n.m.* que ou aquele que fossa (De *fossar+-dor*)

fossalista *n.2g.* pessoa que tem gosto por objetos antiquados (De *fossilista*)

fossa-moira *n.f.* [regionalismo] ⇒ **fossa-moura**

fossa-moura *n.f.* [regionalismo] cavidade subterrânea para receber imundícies

fossão *adj.,n.m.* **1** que ou animal que fossa muito; que ou animal que revolve com o focinho **2** que ou pessoa que se dedica a trabalhos pesados **3** [gír.] que ou pessoa que é muito estudiosa **4** [pop.] que ou pessoa que come muito (De *fossar+-ão*)

fossar *v.tr.,intr.* remexer (a terra) com o focinho ■ *v.tr.* **1** abrir fossas ou fossos em; cavar **2** [coloq.] revolver com o objetivo de descobrir algo; vasculhar ■ *v.intr.* **1** [pop.] empregar-se em trabalhos pesados **2** [pop.] trabalhar arduamente (De *fossa+-ar*)

fossário *n.m.* **1** lugar onde há fossos **2** cemitério **3** funcionário eclesiástico que tinha a seu cargo o enterro dos fiéis (Do lat. *fossarĭu-*, «id.»)

fosseta /ê/ *n.f.* **1** pequena fossa **2** covinha **3** ANATOMIA pequena depressão na superfície de um osso ou de outra estrutura anatómica (De *fossa+-eta*)

fossete /ê/ *n.m.* {*diminutivo de* **fosso**} fosso pequeno (Do fr. *fossette*, «covinha»)

fossiforme *adj.2g.* que tem forma de fossa (Do lat. *fossa-*, «cova» *+forma-*, «forma»)

fóssil *adj.2g.* **1** que se extrai da terra **2** PALEONTOLOGIA diz-se dos vestígios de animais ou vegetais que se encontram em depósitos sedimentares da crosta terrestre **3** [fig.] que já não está em uso; antiquado **4** [fig., pej.] retrógrado ■ *n.m.* **1** PALEONTOLOGIA qualquer resto ou vestígio de animais ou vegetais de épocas passadas que aparece conservado nos depósitos sedimentares da crosta terrestre cuja formação foi contemporânea desses organismos vivos **2** [fig., pej.] indivíduo retrógrado **3** [fig.] coisa antiquada (Do lat. *fossĭle-*, «tirado da terra», pelo fr. *fossile*, «o que era extraído da terra»)

fossilífero *adj.* PALEONTOLOGIA diz-se do terreno onde se verifica a existência de fósseis (Do lat. *fossĭle-*, «tirado da terra» *+fero*, de *ferre*, «ter»)

fossilismo *n.m.* apego a coisas e costumes antiquados (De *fóssil+-ismo*)

fossilista *n.2g.* pessoa com a mania do fossilismo (De *fóssil+-ista*)

fossilização *n.f.* **1** ato ou efeito de fossilizar ou fossilizar-se **2** PALEONTOLOGIA conjunto dos fenómenos passados no interior dos estratos geológicos, dos quais resulta a formação de fósseis **3** estado ou qualidade do que é fóssil **4** [pej.] ato de permanecer apegado a noções, conhecimentos ou formas de pensar obsoletos (De *fossilizar+-ção*)

fossilizar *v.tr.,intr.,pron.* **1** tornar(-se) fóssil **2** [pej.] manter(-se) apegado a conhecimentos e formas de pensar antiquados **3** manter(-se) numa situação em que não se verifica qualquer mudança (De *fóssil+-izar*)

fossípede *adj.2g.* cujos pés são adequados para revolver a terra ■ *n.m.pl.* ZOOLOGIA grupo de mamíferos que têm membros adaptados à escavação do solo (Do lat. *fossu-*, «cavado», part. pass. de *fodĕre*, «cavar» *+pede-*, «pé»)

fosso /ô/ *n.m.* **1** cova de profundidade variável **2** escavação profunda e regular feita à volta de fortificações para impedir o acesso ou o ataque do inimigo **3** sulco feito no solo para escoar as águas; vala; valeta **4** [fig.] distância grande entre pessoas ou coisas (De *fossa*)

fóssula *n.f.* **1** pequena fossa **2** cavidade pouco profunda; depressão (Do lat. *fossŭla-*, «cova pequena»)

fota *n.f.* **1** turbante dos Mouros **2** tecido de lã de que se fazem turbantes (Do ár. *fotã*, «aventai»)

fotão *n.m.* FÍSICA quantum da radiação cuja energia é igual ao produto da frequência da radiação pela constante de Planck (Do gr. *phōs, photós*, «luz» *+-ão*)

foteado *adj.* **1** semelhante a fota **2** cingido com fota (Part. pass. de *fotear*)

fotear *v.tr.* cingir ou forrar com fota (De *fota+-ear*)

fotelectrão ver nova grafia **foteletrão**
fotelétrico ver nova grafia **fotelétrico**
foteletrão *n.m.* FÍSICA ⇒ **fotoeletrão**
fotelétrico *adj.* FÍSICA ⇒ **fotoelétrico**

fótico *adj.* que diz respeito à luz

fotismo *n.m.* sinestesia visual; sensação de cor produzida por impressões do ouvido, paladar, olfato ou tato (Do gr. *phōs, photós*, «luz» *+-ismo*)

foto *n.f.* forma reduzida de *fotografia*, na aceção 2

foto- elemento de formação de palavras que exprime a ideia de *luz* (Do gr. *phōs, photós*, «luz»)

fotobiografia *n.f.* biografia baseada e apresentada numa série de fotografias (De *foto+biografia*)

fotobiologia *n.f.* BIOLOGIA ramo da biologia que estuda os efeitos da luz nos seres vivos

fotobiológico *adj.* relativo ou pertencente à fotobiologia

fotocartografia *n.f.* reprodução ou levantamento de cartas geográficas por meio da fotografia (De *foto[grafia]+cartografia*)

fotocerâmica *n.f.* aplicação da fotografia à reprodução de desenhos em louça (De *foto[grafia]+cerâmica*)

fotocinese *n.f.* FISIOLOGIA atividade motora suscitada pela luz (Do gr. *phōs, photós*, «luz» *+kínesis*, «movimento»)

fotocisão *n.f.* FÍSICA cisão de um núcleo atómico provocada por um fotão (De *foto-+-cisão*)

fotocolografia *n.f.* processo de reproduzir fotografias pelo emprego da gelatina e de outras substâncias coloides apropriadas, e pela ação da luz (De *foto[grafia]*+gr. *kólla*, «cola» +*gráphein*, «escrever» +*-ia*)

fotocolográfico *adj.* relativo à fotocolografia (De *fotocolografia*+*-ico*)

fotocolorímetro *n.m.* FÍSICA aparelho destinado a avaliar a intensidade de uma radiação luminosa (De *foto-*+*colorímetro*)

fotocomposição *n.f.* TIPOGRAFIA processo de composição, ao serviço das artes gráficas, em que se utiliza uma máquina eletrónica (fotocompositora) (De *foto-*+*composição*)

fotocompositor *n.m.* TIPOGRAFIA compositor de artes gráficas que utiliza uma fotocompositora; operador de fotocompositora (De *foto-*+*compositor*)

fotocompositora *n.f.* TIPOGRAFIA máquina eletrónica de fotocomposição, dotada de computador, teclado, terminal de vídeo, leitor de páginas e uma unidade fotográfica, que, por meio da projeção sucessiva de discos magnéticos transparentes, onde estão representados os caracteres, vai formando as páginas que, após a respetiva montagem, servirão para a preparação das chapas gravadas a utilizar nas máquinas impressoras (De *foto-*+*compositora*)

fotocondutividade *n.f.* FÍSICA aumento da condutividade elétrica de um cristal causado por radiação incidente no cristal, propriedade de aplicação considerável nas câmaras de televisão (De *foto-*+*condutividade*)

fotocondutor *adj.* FÍSICA que apresenta fotocondutividade

fotocópia *n.f.* 1 reprodução instantânea de documentos escritos ou impressos num determinado suporte (papel, acetato, etc.) através de um processo fotográfico executado em máquina adequada (fotocopiadora) 2 cópia obtida através deste processo (De *foto-*+*cópia*)

fotocopiadora *n.f.* máquina eletrónica que utiliza um processo fotográfico para produzir uma cópia instantânea em diversos suportes (papel, acetato, cartolina, etc.) de um documento escrito ou impresso (De *foto-*+*copiadora*)

fotocopiar *v.tr.* reproduzir rapidamente (documentos escritos ou impressos) num suporte (papel, acetato, etc.) através de um processo fotográfico executado em máquina adequada (fotocopiadora); fazer fotocópia de (De *foto-*+*copiar*)

fotocopista *n.2g.* pessoa que prepara fotocópias (De *fotocopiar*+*-ista*)

fotocromático *adj.* relativo ao processo de obter, pela fotografia, imagens a cores

fotocromia *n.f.* 1 processo de obter, pela fotografia, imagens coloridas 2 fotografia a cores (De *foto-*+*-cromia*)

fotocrómico *adj.* relativo à reprodução das cores pela fotografia (De *fotocromia*+*-ico*)

fotodesintegração *n.f.* FÍSICA reação nuclear induzida por ação de fotões gama (De *foto*, por *fotão*+*desintegração*)

fotodetector ver nova grafia **fotodetetor**

fotodetetor *adj.,n.m.* diz-se de ou tipo de detetor sensível à ação da luz e das radiações (De *foto-*+*detector*)

fotodieléctrico ver nova grafia **fotodielétrico**

fotodielétrico *n.m.* FÍSICA efeito que consiste no aumento da constante dielétrica de um cristal isolador ou semicondutor, quando irradiado por luz (De *foto-*+*dieléctrico*)

fotodinâmica *n.f.* BIOLOGIA ramo da biologia que estuda os efeitos da luz nos seres vivos

fotodinâmico *adj.* 1 BIOLOGIA pertencente ou relativo à fotodinâmica 2 BIOLOGIA diz-se de determinadas substâncias químicas que têm a propriedade de intensificar ou induzir uma reação tóxica a luz, particularmente à luz solar, em seres vivos 3 MEDICINA relativo a ou que descreve um procedimento médico cujo objetivo é eliminar células malignas através de processos fotoquímicos iniciados pela irradiação do tecido doente com laser

fotoelasticidade *n.f.* FÍSICA método ótico (que utiliza luz polarizada) de análise das tensões, baseado nos fenómenos de dupla refração (temporária) que um sólido homogéneo e isotrópico pode apresentar sob a ação dessas tensões (De *foto-*+*elasticidade*)

fotoelectrão ver nova grafia **fotoeletrão**

fotoeléctrico ver nova grafia **fotoelétrico**

fotoeletrão *n.m.* FÍSICA eletrão libertado da superfície de um sólido por ação de radiação luminosa (De *foto-*+*electrão*)

fotoelétrico *adj.* 1 FÍSICA que transforma energia luminosa em energia elétrica 2 FÍSICA que diz respeito à ação da luz sobre determinados fenómenos elétricos; *célula fotoelétrica* válvula de vazio de dois elétrodos (cátodo e ânodo), na qual se libertam eletrões quando sobre o cátodo incide radiação eletromagnética de comprimento de onda apropriado, dando origem a uma pequena corrente; *efeito* ~ libertação de eletrões da superfície de um sólido por ação de radiação luminosa de comprimento de onda adequado (De *foto-*+*eléctrico*)

fotoemissão *n.f.* FÍSICA produção de fotoeletrões (De *foto-*+*emissão*)

fotoenvelhecimento *n.m.* processo de envelhecimento da pele causado pela exposição solar

fotoepilação *n.f.* método de depilação em que se procede à eliminação gradual e definitiva do pelo de uma determinada zona através da irradiação sobre a pele de um tipo de laser ou de uma luz pulsada intensa (De *foto-*+*epilação*)

fotofobia *n.f.* MEDICINA aversão à luz, que resulta em geral do mal-estar ou da dor provocados por ela (Do gr. *phôs*, *photós*, «luz» +*phobeîn*, «ter horror» +*-ia*)

fotofóbico *adj.* pertencente ou relativo à fotofobia (De *fotofobia*+*-ico*)

fotófobo *adj.* 1 que tem aversão à luz 2 que foge da luz (De *foto-*+*-fobo*)

fotóforo *adj.* 1 que produz luz 2 que tem um foco luminoso ■ *n.m.* 1 lâmpada elétrica com refletor 2 lâmpada de mineiro que está fixa ao capacete 3 lâmpada portátil de manga incandescente 4 ICTIOLOGIA órgão que tem por função a produção de luz, próprio de certos peixes que vivem a grandes profundidades (De *foto-*+*-foro*)

fotogaleria *n.f.* conjunto de fotografias relacionadas com um determinado tema, disponibilizadas num sítio da internet (De *foto*+*galeria*)

fotogénese *n.f.* produção de luz visível (De *foto-*+*génese*)

fotogenia *n.f.* 1 produção de luz visível 2 qualidade do que fica bem representado ou resulta bem em fotografia

fotogénico *adj.* 1 que produz imagens por meio de luz 2 que fica bem representado na fotografia 3 relativo aos efeitos da luz em certos corpos (Do gr. *phôs*, *photós*, «luz» +*génos*, «formação» +*-ico*)

fotógeno *adj.* BIOLOGIA que gera ou emite luz

fotografar *v.tr.* 1 reproduzir, por meio da fotografia, a imagem de; retratar 2 [fig.] descrever com toda a exatidão 3 [fig.] gravar na memória (Do gr. *phôs*, *photós*, «luz» +*gráphein*, «gravar» +*-ar*)

fotografia *n.f.* 1 processo técnico ou artístico de produção de imagens através da fixação da luz refletida pelos objetos numa superfície impregnada com um produto sensível às radiações luminosas 2 imagem que se obtém por este processo; retrato 3 [fig.] cópia exata 4 oficina fotográfica; ~ *digital* técnica de obtenção e manipulação de fotografias com o auxílio do computador; ~ *tipo passe* fotografia de pequenas dimensões que reproduz essencialmente o rosto de uma pessoa e é utilizada em geral em documentos de identificação (Do gr. *phôs*, *photós*, «luz» +*gráphein*, «gravar» +*-ia*, pelo fr. *photographie*, «id.»)

fotográfico *adj.* 1 relativo à fotografia 2 apropriado para fazer fotografia 3 feito pela fotografia 4 [fig.] que faz lembrar a fotografia pela exatidão da reprodução (De *fotografia*+*-ico*)

fotógrafo *n.m.* 1 o que se dedica à fotografia como amador ou profissional 2 estabelecimento onde se tiram, fazem ou revelam fotografias, e onde, por vezes, se vende material fotográfico (Do gr. *phôs*, *photós*, «luz» +*gráphein*, «gravar», pelo fr. *photographe*, «id.»)

fotograma *n.m.* 1 quadro de filme cinematográfico 2 impressão em papel fotográfico por meio de câmara escura 3 imagem obtida por fotografia, para medição (De *foto-*+*-grama*)

fotogrametria *n.f.* processo de determinação das dimensões de objetos afastados e de execução de levantamentos topográficos por meio de fotografias (Do gr. *phôs*, *photós*, «luz» +*grámma*, «inscrição» +*métron*, «medida» +*-ia*)

fotogravura *n.f.* 1 série de processos que permitem transformar as provas fotográficas em pranchas gravadas, próprias para impressão 2 gravura ou estampa obtidas desta forma (De *foto-*+*gravura*)

fotoionização *n.f.* FÍSICA ejeção de um eletrão de um átomo efetuada por um fotão (De *foto*, por *fotão*+*ionização*)

fotojornalismo *n.m.* género de jornalismo em que as fotografias constituem o principal material informativo (De *foto-*+*jornalismo*)

fotojornalista *n.2g.* jornalista que tira e organiza fotografias que constituem material informativo editado pelos meios de comunicação social

fotojornalístico *adj.* pertencente ou relativo ao fotojornalismo

fotolesão *n.f.* MEDICINA lesão produzida pela luz, principalmente pelos raios ultravioleta (De *foto-*+*lesão*)

fotólise n.f. QUÍMICA decomposição ou dissociação de uma molécula como resultado da absorção de radiação (Do gr. *phōs, photós*, «luz» +*lýsis*, «dissolução»)

fotólito n.m. pedra ou placa de metal com imagem reproduzida por fotolitografia para impressão ou transporte (Do gr. *phōs, photós*, «luz» +*líthos*, «pedra»)

fotolitografia n.f. 1 processo de transportar as provas fotográficas para a pedra litográfica, ou para uma chapa de metal granido (zinco ou alumínio), para a qual a imagem é transferida, de negativo ou diapositivo fotográfico, por cópia direta ou transporte fotomecânico 2 estampa obtida por este processo (De *foto-*+*litografia*)

fotolitográfico adj. 1 reproduzido por fotolitografia 2 relativo à fotolitografia (De *fotolitografia*+*-ico*)

fotologia n.f. FÍSICA tratado acerca da luz (Do gr. *phōs, photós*, «luz» +*lógos*, «tratado» +*-ia*)

fotológico adj. relativo à fotologia (De *fotologia*+*-ico*)

fotoluminescência n.f. FÍSICA nome dado à emissão luminosa por um fósforo quando este é excitado oticamente, isto é, por radiação ultravioleta (De *foto-*+*luminescência*)

fotoluminescente adj.2g. relativo a fotoluminescência (De *foto-*+*luminescente*)

fotomagnético adj. FÍSICA relativo aos fenómenos magnéticos devidos à ação da luz (De *foto-*+*magnético*)

fotomagnetismo n.m. FÍSICA paramagnetismo produzido numa substância quando num estado fosforescente (De *foto-*+*magnetismo*)

fotomecânica n.f. técnica que utiliza os processos fotográficos na produção de formas para impressão mecânica (De *foto-*+*mecânica*)

fotomesão n.m. FÍSICA mesão produzido pela ação de um fotão sobre um nucleão (De *foto, por fotão+mesão*)

fotometria n.f. 1 FÍSICA parte da ótica que trata da medida das intensidades de origem luminosa 2 avaliação da intensidade luminosa (Do gr. *phōs, photós*, «luz» +*métron*, «medida» +*-ia*)

fotométrico adj. relativo à fotometria (De *fotometria*+*-ico*)

fotómetro n.m. 1 FÍSICA instrumento para medir a intensidade de uma fonte luminosa 2 instrumento usado pelos fotógrafos para indicar as condições a satisfazer, referentes, em especial, ao diafragma e ao obturador (Do gr. *phōs, photós*, «luz» +*métron*, «medida»)

fotomicrografia n.f. processo de reproduzir pela fotografia objetos microscópicos (De *foto-*+*micrografia*)

fotomicrográfico adj. relativo à fotomicrografia (De *fotomicrografia*+*-ico*)

fotominiatura n.f. 1 processo de reproduzir imagens, quadros, desenhos, etc., em pequenas dimensões, por meio da fotografia 2 aquilo que se obtém com este processo (De *foto-*+*miniatura*)

fotominiaturista n.2g. pessoa que pratica a fotominiatura (De *fotominiatura*+*-ista*)

fotomontagem n.f. 1 processo de produção de uma imagem constituída por um conjunto de fotografias combinadas 2 trabalho executado utilizando este processo (De *foto-*+*montagem*)

fotomultiplicador n.m. ELETRICIDADE válvula que tem um ou mais díodos entre o cátodo e o elétrodo de saída (De *foto-*+*multiplicador*)

fotoneutrão n.m. FÍSICA cada um dos neutrões libertados de um núcleo atómico numa reação fotonuclear (De *foto-*+*neutrão*)

fotonosia n.f. MEDICINA designação geral das doenças causadas pela luz (Do gr. *phōs, photós*, «luz» +*nósos*, «doença» +*-ia*)

fotonovela n.f. história aos quadradinhos em que os desenhos são substituídos por imagens fotográficas com legendas ou balões onde foi introduzido o texto (De *foto-*+*novela*)

fotonuclear adj.2g. FÍSICA diz-se da reação em que as radiações gama interatuam com núcleos atómicos, libertando neutrões (fotoneutrões) e podendo também ser emitidas partículas alfa (De *foto-*+*nuclear*)

fotoperíodo n.m. BIOLOGIA tempo de exposição à luz necessário para que uma planta ou animal se desenvolvam naturalmente

fotopintura n.f. trabalho artístico que consiste em colorir provas fotográficas (De *foto-*+*pintura*)

fotopsia n.f. sensação luminosa originada por um problema da retina (Do gr. *phōs, photós*, «luz» +*ópsis*, «visão» +*-ia*)

fotóptico ver nova grafia fotótico

fotoquímica n.f. QUÍMICA estudo das reações químicas produzidas pela luz (De *foto-*+*química*)

fotoquímico adj. relativo à fotoquímica (De *foto-*+*químico*)

fotoquinese n.f. FISIOLOGIA ⇒ **fotocinese**

fotorreceptor ver nova grafia fotorrecetor

fotorrecetor n.m. HISTOLOGIA célula diferenciada cuja presença é necessária para a produção de uma excitação luminosa

fotorrejuvenescimento n.m. conjunto de tratamentos que utilizam a luz pulsada e o laser para corrigir marcas da pele ou atenuar sinais de envelhecimento (De *foto-*+*rejuvenescimento*)

fotorreportagem n.f. reportagem essencialmente baseada em fotografias, acompanhadas de pequenas legendas

fotoscópico adj. ZOOLOGIA diz-se dos olhos de certos invertebrados que transmitem apenas a sensação da luz ou da escuridão sem darem as imagens dos objetos (Do gr. *phōs, photós*, «luz» +*skopeîn*, «olhar; ver» +*-ico*)

fotosfera n.f. ASTRONOMIA região superficial da massa gasosa que constitui o Sol, com temperatura muito elevada, que emite a maior parte da sua luz e do seu calor e é formada por granulações brilhantes (lúculas) separadas por interstícios menos luminosos (poros) (Do gr. *phōs, photós*, «luz» +*sphaîra*, «esfera»)

fotossensibilidade n.f. qualidade do que é sensível às radiações luminosas (De *fotossensível*+*-i-*+*dade*)

fotossensibilização n.f. MEDICINA aumento da sensibilidade da pele aos raios solares, que se manifesta por erupções cutâneas (De *fotossensibilizar*+*-ção*)

fotossensibilizar v.tr. tornar sensível à ação da luz (De *foto-*+*sensibilizar*)

fotossensível adj.2g. sensível às radiações luminosas (De *foto-*+*sensível*)

fotossíntese n.f. BIOLOGIA função pela qual as plantas, as algas e algumas bactérias, em presença da luz solar, transformam dióxido de carbono e água em matéria orgânica, libertando oxigénio (Do gr. *phōs, photós*, «luz» +*sýnthesis*, «reunião»)

fotossintético adj. 1 relativo à fotossíntese 2 que consegue fazer a fotossíntese (De *foto-*+*sintético*)

fototactismo a grafia mais usada é fototatismo

fototatismo n.m. ⇒ **fototaxia** (De *foto-*+*tactismo*) ACORDO ORTOGRÁFICO também se pode escrever fototactismo

fototaxia /cs/ n.f. BIOLOGIA fenómenos da reação do protoplasma à ação da luz, manifestados por movimentos que provocam a deslocação total dos organismos ou elementos livres; fototatismo (Do gr. *phōs, photós*, «luz» +*táxis*, «ordem» +*-ia*)

fototeca n.f. 1 coleção de arquivos fotográficos 2 local onde se encontra essa coleção (De *foto(grafia)*+*-teca*)

fototelegrafia n.f. reprodução de uma imagem à distância, por meio de um condutor elétrico (De *foto-*+*telegrafia*)

fototelegráfico adj. relativo à fototelegrafia (De *fototelegrafia*+*-ico*)

fototerapia n.f. processo terapêutico pela ação da luz (Do gr. *phōs, photós*, «luz» +*therapeía*, «tratamento»)

fototerápico adj. relativo à fototerapia (De *fototerapia*+*-ico*)

fotótico adj. diz-se da visão adaptada para luz normal (De *foto-*+*óptico*, segundo o padrão grego)

fototipar v.tr. ⇒ **fototipiar**

fototipia n.f. ⇒ **fototipografia**

fototipiar v.tr. reproduzir (desenho, figura ou paisagem) pelo processo fototipográfico (De *fototipia*+*-ar*)

fototípico adj. relativo à fototipia (De *fototipia*+*-ico*)

fotótipo n.m. desenho ou figura obtida pela fototipia (Do gr. *phōs, photós*, «luz» +*týpos*, «tipo»)

fototipografia n.f. processo de transformar chapas fotográficas em gravuras com relevo destinadas a impressão; fototipogravura; fotogravura (De *foto-*+*tipografia*)

fototipográfico adj. que diz respeito à fototipografia (De *fototipografia*+*-ico*)

fototipogravura n.f. ⇒ **fototipografia** (De *fototipo(grafia)*+*gravura*)

fototopografia n.f. aplicação da fotografia à topografia (De *foto-*+*topografia*)

fototoxicidade n.f. toxicidade provocada pela exposição direta ou indireta aos raios ultravioletas

fototrópico adj. relativo ao fototropismo

fototropismo n.m. BIOLOGIA tropismo cujo agente excitador é a luz (De *foto-*+*tropismo*)

fotovoltaico adj. FÍSICA diz-se do efeito que consiste na produção de uma força eletromotriz, quando incide luz em certos materiais sensíveis (De *foto-*+*voltaico*)

fotozincografia n.f. reprodução heliográfica sobre zinco (De *foto-*+*zincografia*)

fouçada n.f. 1 golpe ou pancada com fouce; foiçada 2 grande cortadela (De *fouce*+*-ada*)

fouçar v.tr. cortar com fouce; ceifar; segar; foiçar (De *fouce*+*-ar*)

fouce n.f. ⇒ **foice** (Do lat. *falce-*, «id.»)

foucear v.tr. 1 fazer golpes com a fouce em 2 meter a fouce em (De fouce+-ar)
fouciforme adj.2g. ⇒ **falciforme** (De fouce+-forme)
foucinha n.f. fouce pequena própria para segar erva (De fouce+-inha)
foucinhão n.m. grande fouce fixa para serrotar palha (De foucinha+-ão)
foucinho n.m. arma antiga semelhante a um cutelo de grandes dimensões montada na extremidade de uma haste (De fouce+-inho)
fouveiro adj. 1 (cavalo) cuja pelagem é castanho-clara malhada de branco 2 (cor) amarelo-avermelhado; ruivo ■ n.m. ORNITOLOGIA ⇒ **grifo**¹ n.m. 1 (Do lat. *falbarĭu-, de *falvu-, por fulvu-, «pálido; amarelento» +-eiro)
fóvea n.f. 1 fossa; cova; depressão 2 ZOOLOGIA concavidade existente na retina de alguns vertebrados (lagartos, homem, aves diurnas, etc.), desprovida de bastonetes, que apresenta numerosos cones e corresponde à zona de maior acuidade visual 3 BOTÂNICA escavação existente na base das folhas, situada abaixo da lígula na parte interna da bainha, nas plantas do género *Isoetes* (Do lat. *fovĕa*, «fossa, cova, escavação»)
fovente adj.2g. 1 que favorece 2 que ajuda ou auxilia (Do lat. *fovente-*, «id.», part. pres. de *fovēre*, «favorecer; proteger»)
fox terrier n.m. cão de raça inglesa, pequeno e de pelo liso e duro, originalmente usado para a caça à raposa (Do ing. *fox terrier*, «id.»)
foxtrot n.m. dança de salão, de origem americana, em compasso binário ou quaternário, que pode ter uma marcação mais rápida (passos corridos e curtos) ou mais lenta (passos longos) (Do ing. *foxtrot*, «id.»)
foz n.f. GEOGRAFIA lugar onde desagua um rio ou outro curso de água, no mar, noutro rio ou num lago; embocadura; confluência; *de ~ em fora* pelo mar fora, de forma excessiva, em demasia (Do lat. *foce-*, por *fauce-*, «goela; garganta»)
fraca-figura n.2g. 1 [coloq.] pessoa franzina 2 [coloq.] pessoa de má apresentação
fracalhão adj.,n.m. ⇒ **fracalhote** (De fraco+-alhão)
fracalhote adj.,n.m. 1 que ou aquele que tem pouca força 2 que ou aquele que é pouco corajoso; cobarde (De fraco+-alho+-ote)
fracamente adv. 1 com fraqueza; sem força; com pouca energia; frouxamente 2 de maneira medíocre; com pouco valor (De fraco+-mente)
fração n.f. 1 ato de quebrar ou dividir algo 2 parte de um todo; parcela 3 MATEMÁTICA expressão que designa uma ou mais das partes iguais em que se dividiu ou considera dividida uma grandeza tomada como unidade; quebrado 4 parte discordante ou dissidente de um grupo; facção (Do lat. *fractiōne-* «ação ou efeito de quebrar»)
fraca-roupa n.2g. 1 [regionalismo] farrapilha; maltrapilho; pelintra 2 [fig.] pessoa de físico débil; lingrinhas
fracassar v.intr. 1 não ter êxito; não obter o que esperava; falhar 2 perder as forças ■ v.tr. 1 quebrar ou despedaçar com estrondo 2 arruinar (Do it. *fracassare*, «id.»)
fracasso n.m. 1 ruído ou estrondo de coisa que se quebra 2 insucesso; mau resultado; fiasco; desastre (Do it. *fracasso*, «id.»)
fracção ver nova grafia fração
fraccionamento ver nova grafia fracionamento
fraccionar ver nova grafia fracionar
fraccionário ver nova grafia fracionário
fracciúncula ver nova grafia fraciúncula
fracionamento n.m. 1 ato ou efeito de partir ou dividir um todo em partes; divisão; fragmentação 2 QUÍMICA separação dos diversos elementos de uma mistura (De fracionar+-mento)
fracionar v.tr. partir ou dividir em partes ou fragmentos (Do lat. *fractiōne-*, «ação de quebrar» +-ar)
fracionário adj. 1 em que há fração ou frações 2 diz-se do numeral que indica uma ou mais partes iguais em que foi dividida a unidade (Do lat. *fractionarĭu-*, «id.»)
fraciúncula n.f. fração muito pequena; pedacinho; migalha (Do lat. *fractiōne-*, «fração» +-*úncula*)
fraco adj. 1 que não tem força; que não tem energia física; débil 2 franzino; sem robustez 3 que não tem força de vontade; que se deixa abater com facilidade 4 cobarde; pusilânime 5 frouxo; brando 6 pouco consistente; pouco resistente 7 influenciável; pouco firme 8 que erra facilmente 9 que sabe pouco sobre algo; pouco ativo 11 pouco significativo; insuficiente; medíocre; mau 12 pouco produtivo 13 diz-se da moeda que desvaloriza com facilidade 14 (bebida) pouco alcoólico 15 MÚSICA designativo do som ou tempo pouco acentuado ■ n.m. 1 pessoa com poucas forças; pessoa débil 2 pessoa pouco firme; pessoa que se deixa abater facilmente 3 pessoa pouco influente 4 tendência irresistível; propensão 5 predileção; paixão; *~ de espírito* pessoa que se deixa abater com facilidade; *dar parte de ~* mostrar hesitação ou receio; *ser ~ de* revelar debilidade em; *ter um ~ por* ter predileção por (Do lat. *flaccu-*, «mole»)

fractal n.m. MATEMÁTICA forma geométrica complexa, de aspeto fragmentado, que pode ser subdividida indefinidamente em elementos que parecem cópias reduzidas do todo
fractura ver nova grafia fratura
fracturar ver nova grafia fraturar
fradalhada n.f. [depr.] ⇒ **fradaria** (De fradalho+-ada)
fradalhão n.m. 1 [depr.] frade corpulento e abrutado 2 [depr.] frade de poucos escrúpulos (De frade+-alhão)
fradalho n.m. [depr.] ⇒ **fradalhão** (De frade+-alho)
fradaria n.f. 1 [depr.] os frades 2 [depr.] convento de frades 3 [depr.] espírito fradesco 4 [depr.] multidão de frades (De frade+-aria)
fradar-se v.pron. 1 tornar-se frade 2 professar em ordem religiosa (De frade+-ar)
frade n.m. 1 membro de uma ordem religiosa 2 marco de pedra 3 TIPOGRAFIA espaço em branco, na impressão, por falta de tinta 4 NÁUTICA coluna à retaguarda do mastro grande 5 ORNITOLOGIA ave pernalta, da família dos Caradriídeos, frequente em Portugal; sovela 6 ORNITOLOGIA melro sedentário e comum em algumas regiões de Portugal; melro-buraqueiro 7 ZOOLOGIA inseto ortóptero, muito nocivo e robusto, da família dos Grilídeos, com as patas anteriores adaptadas à escavação, que vive nas terras de cultura cavando galerias e destruindo a parte subterrânea das plantas; ralo 8 BOTÂNICA feijão de pequeno porte, muito cultivado em Portugal; feijão--frade 9 [regionalismo] BOTÂNICA nome comum de uma espécie de cogumelo comestível (*Macrolepiota procera*), de sabor intenso e conhecido pela dimensão que o chapéu pode atingir (de 30 a 35 centímetros de diâmetro), sendo muito frequente e apreciado em Portugal; púcara; marifusa (Do lat. *fratre-*, «irmão»)
fradeiro adj. afeiçoado a frades ■ n.m. gavela de palha de milho atada pelas pontas e posta a secar sobre varas ou cordas (De frade+-eiro)
fradépio n.m. 1 frade (marco) de pedra 2 marco das ruas com o topo arredondado 3 [pej.] frade (De frade)
fradesco /ê/ adj. que diz respeito a frades (De frade+-esco)
fradete /ê/ n.m. peça dos fechos da antiga espingarda, que jogava dentro da charneira (De frade+-ete)
fradice n.f. dito ou ato próprio de frade (De frade+-ice)
fradicida adj.2g. relativo a assassínio de frade ■ n.2g. assassino de frade (De frade+-cida)
fradinho n.m. 1 menção carinhosa de frade 2 frade humilde 3 ORNITOLOGIA nome vulgar extensivo a algumas aves (pássaros e pernaltas) da família dos Parídeos e da família dos Caradriídeos também conhecidas por areeiro, borrelho, cedo-vem, chincharravelho, cachapim, rabilongo, etc. ■ adj. BOTÂNICA diz-se de uma variedade de feijão miúdo (De frade+-inho)
fradisco n.m. [regionalismo] ORNITOLOGIA ⇒ **chapim**² (De frade+-isco)
fraga n.f. 1 rocha escarpada; penhasco; rochedo 2 calhau grande; pedregulho 3 superfície pedregosa com altos e baixos (Do lat. vulg. *fraga-*, «rochedo», de *frangĕre*, «quebrar»)
fragal n.m. grande quantidade de rochas escarpadas; fraguedo ■ adj. com muitos penhascos; escarpado; escabroso (De fraga+-al)
fragalheiro adj.,n.m. ⇒ **frangalheiro**
fragalho n.m. ⇒ **frangalho**¹
fragalhotear v.intr. ⇒ **frangalhotear**
fragão n.m. fraga grande (De fraga+-ão)
fragaredo /ê/ n.m. [regionalismo] ⇒ **fraguedo** (De fraga+r+-edo)
fragária n.f. BOTÂNICA ⇒ **morangueiro**¹ 1 (Do lat. cient. *fragarĭa-*, de *fraga*, «morangos»)
fragata n.f. 1 NÁUTICA barcaça muito sólida, de boca aberta e popa chata, com mastro único inclinado à ré que enverga uma grande vela de carangueja e uma ou duas velas de proa, usada no Tejo para carga e descarga de navios 2 NÁUTICA navio de guerra, à vela, de tamanho inferior ao da nau, utilizado no século XVII 3 NÁUTICA pequena embarcação a remos que por vezes envergava uma vela latina, utilizada no século XVIII 4 ORNITOLOGIA ave palmípede marítima, voraz, de bico longo e curvo, que se alimenta de peixes e faz ninho nos rochedos da costa 5 [pop.] mulher alta e corpulenta ■ n.m. 1 [pop.] indivíduo aperaltado 2 [pop.] indivíduo dinâmico (Do it. *fragata*, «id.»)

fragatear v.intr. 1 [pop.] andar na pândega 2 [pop.] vadiar 3 [pop.] aperaltar-se (De fragata+-ear)
fragateiro n.m. 1 tripulante de fragata, no Tejo NÁUTICA embarcação de carga ■ adj. [pop.] que gosta de andar na borga ou na vadiagem; estroina (De fragata+-eiro)
fragatim n.m. [ant.] ⇒ **bergantim** 1 (De fragata+-im)
fragífero adj. ⇒ **fragoso** (Do lat. vulg. *fraga-, «rochedo»+fero, de ferre, «ter»)
fragiforme adj.2g. que tem aparência de morango (Do lat. fraga-, «morangos»+forma-, «forma»)
frágil adj.2g. 1 que se parte facilmente; quebradiço 2 pouco resistente; pouco sólido 3 franzino; débil 4 pouco estável; de pouca dura 5 que é pouco firme; influenciável 6 sujeito a erros 7 ténue (Do lat. fragĭle-, «id.»)
fragilidade n.f. 1 qualidade do que é frágil, pouco resistente 2 debilidade física; aparência franzina 3 tendência para se submeter facilmente à vontade dos outros; fraqueza 4 falta de consistência; instabilidade 5 falta de bases; ausência de consolidação (Do lat. fragilitāte-, «id.»)
fragilizar v.tr. tornar frágil; fazer perder a força, a resistência ou o poder; enfraquecer; debilitar (De frágil+-izar)
fragmentação n.f. 1 ato ou efeito de reduzir a pedaços ou partir em bocados 2 divisão 3 BIOLOGIA reprodução assexuada (multiplicação) em que se separa uma parte do aparelho vegetativo; desagregação vegetativa (De fragmentar+-ção)
fragmentar v.tr. 1 reduzir a pedaços; partir em bocados; esmigalhar 2 dividir (De fragmento+-ar)
fragmentário adj. 1 relativo a fragmentos 2 dividido em fragmentos 3 incompleto (De fragmento+-ário)
fragmentista n.2g. pessoa que reúne fragmentos artísticos ou literários (De fragmento+-ista)
fragmento n.m. 1 porção de coisa que se partiu ou quebrou; pedaço; bocado 2 parte de um todo; fração 3 parte que resta de uma obra artística que desapareceu na sua maior parte 4 parte de obra que não está acabada 5 excerto de uma obra literária ou musical ou de um manuscrito (Do lat. fragmentu-, «id.»)
frago n.m. 1 indício de passagem de caça 2 excremento de animal selvagem; estrabo (Do lat. fragrāre, «exalar odor»?)
-frago sufixo nominal de origem latina que exprime a ideia de quebrar, destruir (septífrago)
fragor n.m. estrondo forte ou estampido de coisa que se quebra ou deflagra (Do lat. fragōre-, «id.»)
fragorar v.intr. produzir fragor; deflagrar; estrondear (De fragor+-ar)
fragoroso adj. estrondoso; estridente (De fragor+-oso)
fragosão n.m. casta de uva do Alentejo (De Fragoso, antr. +-ão)
fragosidade n.f. qualidade do que é fragoso ou penhascoso; escabrosidade; fragura (De fragoso+-idade)
fragoso /ô/ adj. 1 em que há rochas escarpadas; penhascoso; escabroso 2 de difícil acesso 3 [fig.] difícil de conseguir ou alcançar (Do lat. fragōsu-«id.»)
fragrância n.f. 1 qualidade do que tem um cheiro agradável e suave 2 cheiro agradável que as flores exalam; aroma; perfume (Do lat. fragrantĭa-, «id.»)
fragrante adj.2g. 1 que tem cheiro agradável; aromático; perfumado 2 [fig.] que tem um cheiro ativo e desagradável (Do lat. fragrante-, «id», part. pres. de fragrāre, «cheirar bem»)
frágua¹ n.f. 1 forno onde se torna o metal incandescente para ser trabalhado; fornalha de ferreiro 2 [fig.] calor intenso; ardor 3 [fig.] adversidade; pena; amargura (Do lat. fabrĭca-, «oficina de ferreiro»)
frágua² n.f. ⇒ **fraga**
fraguar v.tr. 1 trabalhar ou preparar (um metal) em forja; forjar 2 meter-se com; entrar com 3 [fig.] atormentar; magoar ■ v.intr. fazer fragor; estrondear (De frágua+-ar)
fraguear v.intr. [regionalismo] expelir excrementos; defecar (De frago+-ear)
fraguedo /ê/ n.m. grande quantidade de rochas escarpadas; penedia; terreno fragoso (De fraga+-edo)
fragueirice n.f. 1 ato de pessoa fragueira; aspereza 2 vida rude (De fragueiro+-ice)
fragueiro¹ adj. 1 que leva a vida por serras e fragas, a arrancar a pedra 2 que leva vida trabalhosa e dura 3 agreste; rude (De fraga+-eiro)
fragueiro² n.m. [regionalismo] pau que sustenta a vassoura com que se varre o forno antes de se lhe meter o pão ■ adj. fogoso; ardente (De frágua+-eiro)
fragulho n.m. [Açores] nome genérico com que se designam as couves (De orig. obsc.)
fragura n.f. aspereza do terreno em que há penhascos ou escarpas; fragosidade (De fraga+-ura)
fralda n.f. 1 parte inferior da camisa 2 parte inferior de hábito ou vestido comprido 3 saia de cor branca utilizada como peça de roupa interior 4 peça de material macio que se coloca entre as pernas dos bebés ou das pessoas incontinentes para absorver a urina e as fezes 5 pano de algodão macio, geralmente quadrado, que é colocado dobrado entre as pernas dos bebés para absorver a urina e as fezes, sendo também usado para outros fins (para limpeza, aconchegar o bebé, etc.) 6 parte inferior de monte ou serra; sopé; falda; aba; ~ *do mar* praia; *em* ~ só com a camisa vestida (Do gót. *falda, «pano de envolver»)
fraldão n.m. 1 grande fralda 2 parte da armadura que protegia o corpo da cintura para baixo (De fralda+-ão)
fraldar v.tr. 1 pôr fraldas a 2 vestir toldado a (De fralda+-ar)
fraldário n.m. espaço público em centros comerciais, aeroportos, etc., com instalações próprias para a troca de fraldas a crianças (De fralda+-ário)
fraldear v.tr. caminhar pela fralda ou sopé (de monte); fraldejar (De fralda+-ear)
fraldeiro adj. ⇒ **fraldiqueiro** (De fralda+-eiro)
fraldejar v.tr. ⇒ **fraldear** ■ v.intr. mostrar as fraldas quando anda (De fralda+-ejar)
fraldelim n.m. [ant.] saia interior; saiote (Do cast. faldellín, «id.»)
fraldica n.f. fralda curta (De fralda+-ica)
fraldicurto adj. que tem fraldas curtas (De fralda+curto)
fraldilha n.f. 1 avental de couro usado pelos ferreiros 2 avental de couro usado antigamente por besteiros e porta-machados 3 avental bordado usado antigamente por mulheres (De fralda+-ilha)
fraldiqueira n.f. [depr.] bolso que faz parte do vestuário; algibeira (De fraldica+-eira)
fraldiqueiro adj. 1 diz-se de cães pequenos que andam sempre ao colo, acostumados ao aconchego 2 que anda sempre metido com mulheres; mulherengo; femeeiro (De fraldica+-eiro)
fraldisqueiro adj. ⇒ **fraldiqueiro**
fraldoso /ô/ adj. 1 que tem fraldas 2 [fig.] prolixo; palavroso (De fralda+-oso)
framboesa /ê/ n.f. 1 fruto pequeno e múltiplo produzido pelo framboeseiro, vermelho na maturação, de aroma muito intenso e sabor um tanto doce 2 BOTÂNICA planta que dá este fruto; framboeseiro (Do frânc. brambasia, «amora de silva», pelo fr. framboise, «framboesa»)
framboeseira n.f. ⇒ **framboeseiro** (De framboesa+-eira)
framboeseiro n.m. BOTÂNICA planta da família das Rosáceas, provida de acúleos, produtora de framboesas, cultivada em Portugal e também conhecida por framboesa
framboesia n.f. MEDICINA ⇒ **piã**
frâmea n.f. 1 espécie de lança dos antigos Francos 2 espada (Do lat. framĕa-, «id.»)
frança¹ n.f. 1 ramo mais alto de uma árvore 2 ramagem
frança² adj.,n.2g. 1 [ant.] que ou pessoa que é janota 2 [ant.] que ou pessoa que é afetada e presumida (De França, top.)
francalete n.m. correia com fivela utilizada para diversos fins, como para segurar o boné, os arreios, etc. (Do cast. francalete, «id.»)
francamente adv. 1 com franqueza; abertamente; sinceramente 2 muito; deveras; verdadeiramente 3 de forma evidente; declaradamente; ~! exclamação que exprime reprovação, indignação ou espanto (De franco+-mente)
franca-tripa n.f. [Brasil] boneco que se move por cordas de tripa, ou arames; fantoche; títere
francear v.tr. 1 cortar os ramos mais altos a (árvore) 2 aparar ■ v.intr. andar por cima das franças ou ramos (De frança+-ear)
francela n.f. 1 ⇒ **queijeira** 4 2 ⇒ **francelho**¹ (Do lat. fiscella, «cincho de espremer queijos»?)
francelho¹ /ê/ n.m. mesa das queijarias, provida de um sulco periférico por onde escorre o soro da coalhada; barrileira (De francela?)
francelho² /ê/ n.m. 1 indivíduo que abusa de francesismos 2 tagarela; falador 3 ORNITOLOGIA nome vulgar por que também são designadas algumas aves de rapina, como o mioto e o peneireiro (De francês?)
francês adj. 1 de, pertencente ou relativo a França ou aos seus naturais 2 [pop., pej.] delicado, mas fingido ■ n.m. 1 natural de França 2 língua românica falada em França e também na Bélgica, Luxemburgo, Suíça e Canadá; *à grande e à francesa* abundantemente, com pompa; *despedir-se à francesa* retirar-se sem dizer adeus; *falar* ~ [depr., pop.] pagar, subornar (De França, top. +-ês)

francesia *n.f.* **1** imitação da linguagem ou dos costumes franceses **2** [pej.] extrema delicadeza que encobre fingimento (De *francês+-ia*)

francesiar *v.intr.* falar mal o francês (De *francesia+-ar*)

francesice *n.f.* ⇒ **francesia** (De *francês+-ice*)

francesinha *n.f.* **1** CULINÁRIA prato composto por uma sande feita com duas fatias de pão de forma, bife, fiambre, linguiça e mortadela ou salsicha, coberta por fatias de queijo e por um molho picante **2** [Brasil] forma de pintar as unhas que pretende obter uma unha de cor rosa natural com uma ponta branca, parecendo mais comprida; manicure francesa (De *francesa+-inha*)

francesismo *n.m.* **1** palavra, expressão ou construção do francês integrada noutra língua; galicismo **2** imitação exagerada dos usos e costumes franceses **3** [fig.] falsa delicadeza (De *francês+-ismo*)

francesista *n.2g.* pessoa que gosta de usar francesismos (De *francês+-ista*)

franchado *adj.* HERÁLDICA diz-se do escudo dividido em quatro partes pelas duas diagonais (Do lat. *frangĕre*, «quebrar; fazer pedaços»?)

franchinote *n.m.* janota presumido; peralta (De *francês*, pelo gal. *franxinote*, «francesote»?)

franchinótico *adj.* próprio de franchinote (De *franchinote+-ico*)

franchisado *n.m.* ECONOMIA empresa que adquire os direitos de outra forma a poder explorar o seu conceito de negócio e respetiva marca, e comercializar ou produzir o seu produto (Part. pass. de *franchisar*)

franchisador *n.m.* ECONOMIA empresa que desenvolveu um conceito de negócio, cedendo a terceiros o direito de explorar esse conceito, utilizar a sua marca, ou revender os seus produtos (De *franchisar+-dor*)

franchisar *v.tr.* ECONOMIA ceder a terceiros o direito de explorar um conceito de negócios e respetiva marca, desenvolvidos por si (De *franchise+-ar*)

franchise *n.m.* ⇒ **franchising** (Do ing. *franchise*, «id.»)

franchising *n.m.* ECONOMIA acordo contratual no qual uma parte cede a outra o direito de uso da sua marca ou patente, associado ao direito de comercialização de bens ou serviços numa determinada área e, eventualmente, também do direito de uso de tecnologias desenvolvidas pela primeira, mediante remuneração direta ou indireta; contrato de franquia (Do ing. *franchising*, «id.»)

frância *n.f.* conto decamerónico, no género dos antigos contos franceses chamados *fabliaux* (De *França*, top. +-*ia*)

frâncica *n.f.* machado de guerra de dois gumes, usado pelos antigos Germanos e Francos; franquisque (De *frâncico*)

frâncico *adj.* relativo à língua dos Francos ■ *n.m.* língua dos Francos, que pertence ao grupo de línguas do alto-alemão (Do lat. med. *francĭcu-*, «id.»)

frâncio *n.m.* QUÍMICA metal alcalino, radioativo, artificial, com o número atómico 87 e de símbolo Fr (De *França*, top. +-*io*)

franciscana *n.f.* ordem religiosa fundada por S. Francisco de Assis no início do século XIII ■ *adj.* relativo à Ordem de S. Francisco (De *franciscano*)

franciscanada *n.f.* [pop.] folia; pândega; patuscada (De *franciscano+-ada*)

franciscano *n.m.* membro da ordem religiosa fundada por S. Francisco de Assis no início do século XIII ■ *adj.* de ou relativo à Ordem de S. Francisco; **pobreza franciscana** miséria extrema (De *Francisco*, S. Francisco de Assis, religioso it., 1182-1226 +-*ano*)

francisco *n.m.* frade franciscano (De *Francisco*, São Francisco)

francismo *n.m.* ⇒ **francesismo** (De *franc(ês)+-ismo*)

franciú *n.m.* **1** [pop.] pessoa de nacionalidade francesa **2** [pop.] língua francesa

franco[1] *adj.* **1** livre de obstáculo; desimpedido **2** que revela o que pensa, agindo de maneira natural; espontâneo; aberto **3** sincero; verdadeiro **4** generoso **5** patente; manifesto **6** isento de impostos ou outra forma de pagamento **7** relativo ou pertencente aos Francos **8** designativo de língua não vernácula utilizada por populações heterogéneas como segunda língua para fins comerciais ■ *n.m.* indivíduo que pertence aos Francos (Do lat. *francu-*, do frânc. *frank*, «livre, não escravizado»)

franco[2] *n.m.* **1** antiga unidade monetária de França, Bélgica, Andorra, Luxemburgo, e Mónaco substituída pelo euro **2** unidade monetária de Burundi, Comores, Jibuti, Guiné e Ruanda **3** (CFA - Communauté Financière Africaine) unidade monetária de Benim, Burquina Faso, Camarões, Chade, Costa do Marfim, Gabão, Guiné-Bissau, Guiné Equatorial, Mali, Níger, República Centro-Africana, República do Congo, Senegal, Togo **4** (suíço) unidade monetária da Suíça e do Liechtenstein **5** (congolês) unidade monetária da República Democrática do Congo (Do fr. *franc*, «franco» [moeda])

franco- elemento de formação de palavras que exprime a ideia de *francês* (Do lat. *Francu-*, do frânc. *frank*, «franco», nome de um povo germ.)

francoatirador *n.m.* **1** aquele que combate por iniciativa própria, sem estar integrado em exército legalmente constituído **2** membro de certas corporações com escolas de tiro **3** [fig.] indivíduo que age por conta própria nem sempre respeitando as normas de procedimento e a disciplina do grupo ou da organização a que pertence (Do fr. *franc-tireur*, «id.»)

franco-atirador ver nova grafia francoatirador

franco-canadiano *adj.* **1** pertencente ou relativo a franceses e canadianos **2** composto de elementos próprios dos países de ambos ■ *n.m.* pessoa francesa que tem ascendência canadiana

francofilia *n.f.* gosto ou predileção pelo que é francês (De *francófilo+-ia*, ou de *franco+-filia*)

francófilo *adj., n.m.* que ou aquele que tem gosto ou predileção pelo que é francês (Do lat. *francu-*, «francês»+gr. *phílos*, «amigo»)

francofobia *n.f.* aversão ou antipatia pelo que é francês (De *franco-+-fobia*)

francófobo *adj., n.m.* que ou aquele que tem aversão ou antipatia pelo que é francês (De *franco-+-fobo*)

francofonia *n.f.* **1** conjunto dos países cuja língua oficial é o francês **2** conjunto dos falantes do francês (De *franco-+-fonia*)

francófono *adj.* **1** diz-se do país ou do povo cuja língua oficial é o francês **2** que fala francês (De *franco-+-fono*)

francolim *n.m.* ORNITOLOGIA ave galinácea semelhante à perdiz, que vive nas regiões quentes da África (Do cast. *francolin*, «id.»)

franco-mação *n.m.* membro da franco-maçonaria; pedreiro-livre; mação (Do fr. *franc-maçon*, «pedreiro-livre; membro da franco-maçonaria»)

franco-maçonaria *n.f.* sociedade secreta, disseminada e conhecida mundialmente, que tem por fim espalhar a fraternidade e a filantropia, usando como símbolo os instrumentos de construção (triângulo e compasso); associação de pedreiros-livres (Do fr. *franc-maçonnerie*, «id.»)

franco-maçónico *adj.* de ou relativo à franco-maçonaria ■ *n.m.* ⇒ **franco-mação** (Do fr. *franc-maçonnique*, «id.»)

Francos *n.m.pl.* ETNOGRAFIA povos que habitaram a Germânia inferior a partir do século V e deram o seu nome à França (Do lat. *Francu-*, do frânc. *frank*, «franco», nome de um povo germ.)

frandulagem *n.f.* **1** [depr.] grupo de vadios ou de maltrapilhos **2** [depr.] conjunto de coisas de pouco valor; quinquilharia (Do port. ant. *Frandles*, hoje *Flandres*, região junto do mar do Norte, que abrange território belga e território fr. +-*agem*)

franduleiro *adj.* **1** que vende quinquilharias ou coisas de pouco valor **2** estrangeiro; forasteiro **3** que faz parte de um grupo de vagabundos (Do port. ant. *Frandles*, hoje *Flandres*, região junto do mar do Norte que abrange território belga e território fr. +-*eiro*)

franduno *adj.* **1** com modos estrangeirados **2** afetado; pretensioso (Do port. ant. *Frandles*, hoje *Flandres*, região franco-belga junto do mar do Norte +-*uno*)

franga *n.f.* **1** galinha nova que ainda não põe **2** [fig.] rapariga nova e bonita (De *frango*)

franga-d'água *n.f.* ORNITOLOGIA nome vulgar por que também são conhecidas a galinha-d'água e a pita-da-erva (aves pernaltas)

frangainha *n.f.* **1** franga pequena **2** [fig.] rapariga pequena; rapariguinha (De *frangainho*)

frangainho *n.m.* **1** frango pequeno; pintainho **2** [pop.] adolescente **3** [pop.] jovem que procede de determinada forma querendo parecer adulto (De *frangão+-inho*)

frangalhada *n.f.* **1** grande número de frangos; franganada **2** guisado de frango **3** montão de trapos ou farrapos (De *frangalho+-ada*)

frangalhar *v.tr.* pôr em frangalhos; rasgar; despedaçar (De *frangalho+-ar*)

frangalheiro *adj., n.m.* [pop.] que ou que anda vestido com farrapos; maltrapilho; andrajoso (De *frangalho+-eiro*)

frangalho[1] *n.m.* **1** pedaço de pano muito usado e gasto; farrapo **2** peça de vestuário muito usada e rota; trapo **3** coisa que não presta; objeto de pouco valor; caco **4** [coloq.] pessoa que está muito mal a nível físico ou psicológico; **em frangalhos** feito em farrapos; **fazer em frangalhos** pôr em pedaços, destruir (Do latim **frangaclu-*, de *frangĕre*, «rasgar»)

frangalho[2] *n.m.* frango grande (De *frango+-alho*)

frangalhona /ô/ n.f. [ant., depr.] mulher que anda mal vestida e não tem cuidado com a aparência; maltrapilha; esfarrapada (De *frangalho+-ona*)

frangalhote n.m. **1** frango já crescido **2** [pop.] rapazola **3** [pop.] rapaz que procede de determinada forma querendo parecer adulto (De *frangalho+-ote*)

frangalhotear v.intr. **1** estroinar; foliar; galhofar **2** ser mulherengo (De *frangalhote+-ear*)

franganada n.f. **1** bando de frangos; frangalhada **2** [pop.] grupo de rapazes e raparigas (De *frângão+-ada*)

franganito n.m. ⇒ **frangainho** (De *frângão+-ito*)

franganota n.f. **1** franga já crescida **2** [pop.] rapariga em idade de casar (De *franganote*)

franganote n.m. ⇒ **frangainho** (De *frângão+-ote*)

frângão n.m. [ant.] frango (De orig. obsc.)

frangelha /ê/ n.f. aro ou molde com que se aperta a massa do queijo para lhe dar forma e escorrer o soro (De *franger?*)

franger v.tr. fazer em pedaços; quebrar (Do lat. *frangĕre*, «quebrar; submeter; domar»)

frangibilidade n.f. qualidade do que é frangível; fragilidade (Do lat. *frangibilitāte-*, de **frangibĭle-*, de *frangĕre*, «quebrar; submeter; domar»)

frangipana n.f. **1** CULINÁRIA pastel de nata e amêndoas pisadas, perfumado com almíscar e outros aromas **2** espécie de perfume almiscarado (Do fr. *frangipane*, «perfume para peles», criado pelo marquês it. Muzio Frangipani)

frangipâni n.m. [Moçambique] BOTÂNICA arbusto da família das Apocináceas, cujas flores têm um perfume semelhante a frangipana, e que perde toda a folhagem no período da floração (Do it. *Frangipani*, antr.)

frangipano adj. perfumado com frangipana (De *frangipana*)

frangir v.tr.,pron. [pop.] ⇒ **franzir** (Do frânc. **wrunkja*, «ruga», do fr. ant. *froncir*, «enrugar»)

frangível adj.2g. suscetível de se quebrar; frágil (De *franger+-vel*)

frango n.m. **1** pinto já crescido, antes de ser galo **2** galo ou galinha já crescidos mas ainda jovens, que servem de alimento **3** [pop.] jovem; adolescente **4** [pop.] escarro **5** [gír.] (futebol) situação em que o guarda-redes falha uma defesa fácil e permite o golo (De *frângão*)

frango-d'água n.m. ORNITOLOGIA ave pernalta, da família dos Ralídeos, comum em Portugal, especialmente na primavera e no outono, também conhecida por fura-mato, pita-d'água, pita-da--erva, etc.

frangolho /ô/ n.m. trigo mal moído, com que se fazem papas (Do cast. *frangollo*, «id.»)

frangote n.m. ⇒ **frangainho** (De *frango+-ote*)

frângula n.f. BOTÂNICA termo que tem sido usado para designar arbustos ou árvores da família das Ramnáceas (género *Frangula* ou *Rhamnus*) (Do lat. cient. *frangŭla-*, «quebradiça» de *frangĕre*, «quebrar»)

frangulina n.f. FARMÁCIA glicósido de ação laxativa fornecido por algumas plantas da família das Ramnáceas (género *Frangula* ou *Rhamnus*) (De *frângula+-ina*)

franja n.f. **1** faixa estreita em croché ou tricotada, feita como obra de passamanaria, com fios ou cordõezinhos pendurados, utilizada para adornar ou guarnecer **2** acabamento de um tecido, com fios puxados na horizontal, ficando os outros pendurados; cadilhos **3** tira de cabelo que desci liso sobre a testa **4** grupo minoritário mais ou menos marginal **5** pl. [fig.] enfeites exagerados no discurso; *andar/estar com os nervos em ~* andar/estar extremamente nervoso (Do fr. *frange*, «id.»)

franjado adj. **1** adornado com faixa de fios ou cordõezinhos pendurados; guarnecido de franjas **2** que acaba em fios pendurados; que termina em franja **3** cortado em forma de franja **4** que tem enfeites exagerados; arrebicado; floreado (Part. pass. de *franjar*)

franjamento n.m. ato ou efeito de franjar (De *franjar+-mento*)

franjar v.tr. **1** guarnecer de franjas **2** desfiar para fazer franja **3** cortar (cabelo) em franja **4** estar em volta de, orlar, rodear como franja **5** [fig.] tornar garrido; arrebicar; florear (Do fr. *franger*, «id.»)

franjeado n.m. **1** [regionalismo] bazófia; presunção **2** [regionalismo] palavreado (Part. pass. subst. de *franjear*)

franjear v.tr. ⇒ **franjar** (De *franja+-ear*)

franjeira n.f. mulher que trabalha em franjas (De *franja+-eira*)

franjosca n.f. **1** [regionalismo] [depr.] mulher de maus costumes **2** [regionalismo] [depr.] concubina (De *franja*)

franklin n.m. unidade de medida de carga elétrica do antigo sistema de unidades CGS, de símbolo Fr, equivalente a $3,3356 \times 10^{-10}$ coulombs (De *B. Franklin*, antr., estadista, físico e publicista americano, 1706-1790)

frankliniano adj. referente a Benjamin Franklin, às suas obras ou aos seus serviços filantrópicos (De *B. Franklin*, estadista, físico e publicista americano, 1706-1790 +*-iano*)

franqueado adj. **1** tornado franco; desimpedido; livre **2** cujo acesso foi permitido **3** transposto; ultrapassado **4** que foi concedido **5** revelado; dado a conhecer (Part. pass. de *franquear*)

franquear v.tr. **1** tornar franco; desimpedir **2** facultar acesso a **3** passar para além de; transpor **4** conceder; dar; permitir **5** dar a conhecer; revelar **6** patentear; mostrar **7** pagar o transporte de **8** isentar de imposto ■ v.pron. **1** pôr-se à disposição; oferecer-se **2** abrir-se; contar os seus segredos (De *franco+-ear*)

franqueável adj.2g. **1** que se pode franquear ou transpor **2** acessível (De *franquear+-vel*)

franquénia n.f. BOTÂNICA planta dicotiledónea, da família das Franqueniáceas, de flores hermafroditas e cálice e corola quadrifoliados, vulgar no litoral português (De orig. obsc.)

Franqueniáceas n.f.pl. BOTÂNICA família de plantas dicotiledóneas, herbáceas ou lenhosas, com flores regulares de cálice e sépalas mais ou menos ligadas entre si, representada em Portugal por algumas espécies espontâneas (De *franquénia+-áceas*)

franqueza /ê/ n.f. **1** qualidade de quem revela o que pensa de forma natural, verdadeira e sem artifícios; sinceridade **2** qualidade de quem gosta de dar; generosidade; liberalidade; *com ~ de* forma sincera, com verdade, de modo aberto; *com ~!* exclamação que exprime reprovação, indignação ou espanto (De *franco+-eza*)

franquia n.f. **1** isenção de impostos ou outra forma de pagamento **2** autorização dada pelos correios para envio gratuito de correspondência ou encomendas **3** pagamento do porte postal de correspondência **4** selo postal **5** regalia; privilégio **6** abrigo; guarida **7** DIREITO quantia estabelecida em cláusula de apólice de seguro, até à qual o segurador não se responsabiliza por perdas e danos de objetos segurados **8** permissão concedida a um navio para entrar e sair de um porto sem fazer o pagamento de direitos alfandegários (De *franco+-ia*)

franquiado n.m. ⇒ **franchisado**

franquiador n.m. ⇒ **franchisador**

franquiar v.tr. pôr a franquia ou selo em (correspondência ou encomenda postal); selar; estampilhar (De *franquia+-ar*)

franquismo n.m. **1** HISTÓRIA, POLÍTICA regime político, em Portugal, chefiado pelo estadista João Franco no início do século XX **2** HISTÓRIA, POLÍTICA regime político, em Espanha, estabelecido pelo general Francisco Franco em 1936 (De *Franco*, antr. +*-ismo*)

franquisque n.m. machada de dois gumes, usada como arma pelos Francos (Do germ. *frankisk*, «id.», pelo lat. med. *francisca-*, «id.»)

franquista adj.2g. referente ao franquismo ■ n.2g. pessoa partidária do franquismo (De *Franco*, antr. +*-ista*)

franzido adj. **1** feito ou disposto em pequenas pregas muito próximas umas das outras **2** enrugado ■ n.m. série de pequenas pregas muito próximas umas das outras feitas num tecido (Part. pass. subst. de *franzir*)

franzimento n.m. **1** ato ou efeito de fazer pequenas pregas muito juntas umas das outras **2** enrugamento (De *franzir+-mento*)

franzino adj. **1** fisicamente frágil; débil **2** delicado de formas **3** pouco intenso; fraco **4** pouco consistente ou grosso; delgado (De *franzir?*)

franzinote adj.2g. um tanto franzino (De *franzino+-ote*)

franzir v.tr. **1** fazer pequenas pregas muito próximas umas das outras em (tecido); preguear **2** enrugar; vincar; contrair ■ v.pron. **1** dobrar-se em pequenas pregas muito próximas umas das outras **2** enrugar-se; contrair-se; *~ o sobrolho* revelar desagrado ou inquietação (Do frânc. **wrunkja*, «ruga», do fr. ant. *froncir*, «enrugar»)

frappé adj.2g. diz-se da bebida arrefecida com gelo ou em balde de gelo; gelado (Do fr. *frappé*, «id.»)

fraque n.m. casaco do traje masculino de cerimónia, com abas que atrás descem à dobra do joelho, e pela frente se arredondam e afastam a partir da abotoadura, acima da cintura (Do frânc. *hrock*, «manto com capuz», pelo fr. ant. *froc*, «id.», pelo fr. mod. *frac*, «casaca»)

fraquear v.intr. ⇒ **fraquejar** (De *fraco+-ear*)

fraqueira n.f. [coloq.] fraqueza, debilidade por falta de alimento (De *fraco+-eira*)

fraqueiro adj. [coloq.] que tem pouca força; fraco (De *fraco+-eiro*)

fraquejar v.intr. **1** perder as forças; perder a energia física; desfalecer **2** perder o alento; desanimar **3** vacilar; ceder; afrouxar **4** diminuir de intensidade **5** não ter sucesso (De *fraco+-ejar*)

fraquete /ê/ adj.2g. um tanto fraco (De *fraco+-ete*)

fraqueza /ê/ *n.f.* **1** falta de força física ou vigor; debilidade; frouxidão **2** falta de coragem, ousadia ou ânimo **3** tendência para ceder ou vacilar; pouca firmeza **4** faceta mais vulnerável ou menos sólida de alguém; lado fraco de algo **5** falha; imperfeição **6** estado provocado pela ausência de alimento; fome **7** cansaço **8** [pop.] tuberculose; *cair/dar na ~* causar sonolência por ter sido ingerido após muito tempo sem comer; *fazer das fraquezas força* reanimar-se, recuperar energias (De *fraco*+-*eza*)

frasca *n.f.* **1** [ant.] trem de cozinha **2** [ant.] louça de mesa **3** mantimentos; víveres **4** [regionalismo] faina de fazer doces (De *frasco*)

frascagem *n.f.* conjunto de frascos ou de loiça (De *frasco*+-*agem*)

frascal *n.m.* **1** [regionalismo] meda de palha, de forma quadrangular **2** [regionalismo] local onde se guarda a palha; palheiro **3** [regionalismo] lugar onde se guarda a lenha e os ramos secos (Do it. *frasca*, «ramo»+-*al*?)

frascaria¹ *n.f.* grande quantidade de frascos (De *frasco*+-*aria*)

frascaria² *n.f.* qualidade de frascário ou estroina (Do it. *frasca*, «vaidade; estroinice»+-*aria*)

frascário *adj.* dado a extravagâncias; dissoluto; estroina (Do it. *frasca*, «estroinice»+-*ário*?)

frasco *n.m.* **1** recipiente de vidro ou louça, de boca estreita, com tampa ou rolha, para líquidos e substâncias sólidas (bolachas, medicamentos, etc.) **2** o que está contido nesse recipiente **3** [pop.] pessoa feia, sem graça (Do gót. **flaskô*, «garrafa», pelo lat. tard. *flascu-*, «garrafa do vinho»)

frase *n.f.* **1** GRAMÁTICA unidade linguística com sentido completo, que contém pelo menos um verbo principal, sendo delimitada na escrita por letra maiúscula, no início, e, no fim, por um sinal de pontuação **2** MÚSICA parte de um discurso musical, pontuada em geral por uma cadência, que forma ou exprime um pensamento musical completo; *~ feita* sequência de palavras fixada pelo uso e que tem um sentido específico; *~ complexa* GRAMÁTICA frase que contém mais de um verbo principal ou copulativo; *~ simples* GRAMÁTICA frase que contém apenas um verbo principal ou copulativo (Do gr. *phrásis*, «maneira de falar», pelo lat. *phrăse-*, «dicção»)

fraseado *n.m.* **1** modo de dizer ou de escrever **2** palavreado; lábia **3** MÚSICA maneira de frasear ■ *adj.* constituído por frases (Part. pass. subst. de *frasear*)

fraseador *adj.,n.m.* que ou aquele que fraseia (De *frasear*+-*dor*)

frasear *v.intr.* **1** fazer frases; organizar o discurso em frases **2** MÚSICA dar relevo aos diversos elementos (motivo, frase, tema, etc.) do discurso musical ■ *v.tr.* exprimir através de frase (De *frase*+-*ear*)

fraseologia *n.f.* **1** GRAMÁTICA parte da gramática que se dedica ao estudo da construção das frases **2** GRAMÁTICA conjunto de construções frásicas próprias de uma pessoa, de um grupo ou de uma língua **3** LINGUÍSTICA estudo de frases ou expressões fixadas pelo uso e com um sentido específico (frase feita), próprias de uma determinada língua **4** ⇒ *frasismo* (Do gr. *phraseología*, «coleção de locuções de uma língua»)

fraseológico *adj.* relativo à fraseologia (De *fraseologia*+-*ico*)

fraseomania *n.f.* tendência para empregar frases pomposas e ocas de sentido (Do gr. *phrásis*, «frase»+*manía*, «loucura»)

frásico *adj.* relativo a frase (De *frase*+-*ico*)

frasismo *n.m.* uso de frases rebuscadas, mas desprovidas de conteúdo; fraseologia (De *frase*+-*ismo*)

frasista *n.2g.* pessoa que se prende mais com a beleza da frase do que com as ideias (De *frase*+-*ista*)

Frasniano *n.m.* GEOLOGIA andar inferior do Devónico superior (De *Frasnes*, top., nome de cidade belga, da província do Hainot +-*iano*)

frasqueira *n.f.* **1** caixa com compartimentos apropriados para guardar frascos **2** móvel ou lugar onde se guardam vinhos engarrafados, licores, etc. **3** vinhos engarrafados (De *frasco*+-*eira*)

frasquejar *v.intr.* [regionalismo] fazer doces ou bolos (De *frasca*+-*ejar*)

frasqueta /ê/ *n.f.* TIPOGRAFIA caixilho de ferro com gonzos, que segura as folhas, no tímpano do prelo (Do fr. *frisquette*, «id.»)

fraterna *n.f.* repreensão amigável; censura de amigo; advertência benevolente (De lat. *fraterna-*, «fraternal»)

fraternal *adj.2g.* **1** que diz respeito a irmãos **2** próprio de irmãos **3** [fig.] afetuoso; benévolo (De *fraterno*+-*al*)

fraternidade *n.f.* **1** parentesco entre irmãos **2** relação de união como aquela que existe entre irmãos **3** afeto ou carinho entre irmãos **4** amor ao próximo **5** convivência amigável entre pessoas, comunidades, etc.; relações harmoniosas (Do lat. *fraternităte-*, «id.»)

fraternização *n.f.* ato ou efeito de fraternizar ou de manter relações harmoniosas com os outros; convivência amigável entre pessoas, comunidades, etc.; fraternidade (De *fraternizar*+-*ção*)

fraternizar *v.intr.* entender-se amigavelmente como irmãos; conviver em harmonia como entre irmãos ■ *v.tr.,intr.* **1** harmonizar-se (com); simpatizar (com) **2** travar amizade (com) **3** comungar das mesmas ideias (de) ■ *v.pron.* associar-se intimamente (De *fraterno*+-*izar*)

fraterno *adj.* **1** de irmão; fraternal **2** próprio de irmãos **3** como de irmãos; afetuoso; íntimo (Do lat. *fraternu-*, «id.»)

fratria *n.f.* **1** cada um dos grupos em que se dividiam as tribos na Grécia antiga **2** conjunto dos irmãos (Do gr. *phratría*, «confraria»)

fratricida *n.2g.* **1** pessoa que mata ou contribui para a morte de um irmão ou irmã **2** [fig.] pessoa que contribui para a ruína daqueles que deve considerar como irmãos ■ *adj.2g.* **1** que mata irmão ou irmã **2** [fig.] referente a situações em que se opõem pessoas que deviam considerar-se como irmãos (Do lat. *fratricīda-*, «id.»)

fratricídio *n.m.* **1** assassínio de irmão ou irmã **2** [fig.] guerra civil (Do lat. *fratricidĭu-*, «id.»)

fratura *n.f.* **1** ato ou efeito de fraturar; quebra; rutura **2** MEDICINA traumatismo que consiste na rutura parcial ou total de um osso ou de uma cartilagem dura **3** MINERALOGIA forma típica da superfície que se obtém quando se parte um mineral em direção diferente da da clivagem; *~ em ramo verde* MEDICINA fratura incompleta, típica em crianças, em que o osso se parte dum lado e permanece dobrado do outro (como se fosse uma cana dobrada) (Do lat. *fractūra-*, «id.»)

fraturar *v.tr.* **1** quebrar; partir **2** dividir **3** MEDICINA partir (osso, cartilagem dura) (De *fractura*+-*ar*)

fraudação *n.f.* **1** ato ou efeito de enganar ou prejudicar por meio de burla **2** ato de má-fé (Do lat. *fraudatiōne-*, «ação de enganar»)

fraudador *adj.,n.m.* **1** que ou aquele que frauda; burlista **2** que ou o que faz contrabando (Do lat. *fraudatōre-*, «id.»)

fraudar *v.tr.* **1** cometer fraude contra; burlar; enganar **2** despojar de forma enganosa e dolosa; defraudar **3** deixar prejudicado; lesar **4** roubar por contrabando **5** falsificar ■ *v.pron.* sair-se mal; frustrar-se (Do lat. *fraudāre*, «prejudicar com fraude»)

fraudatório *adj.* **1** em que há fraude **2** relativo a fraude (Do lat. *fraudatoriŭ-*, «id.»)

fraudável *adj.2g.* suscetível de ser defraudado (Do lat. *fraudabĭle-*, «id.»)

fraude *n.f.* **1** ato de má-fé praticado com o objetivo de enganar ou prejudicar alguém; burla; engano; logração **2** ato ou comportamento que é ilícito e punível por lei **3** contrabando; candonga; *~ fiscal* manobra do contribuinte para escapar à incidência tributária (Do lat. *fraude-*, «id.»)

fraudulência *n.f.* **1** ato de má-fé praticado com o objetivo de enganar ou prejudicar alguém; burla; engano; logração **2** qualidade do que pratica atos ilícitos e puníveis por lei **3** qualidade do que revela ilegalidade ou fraude (Do lat. *fraudulentĭa-*, «astúcia»)

fraudulento *adj.* **1** feito com má-fé para ludibriar alguém; enganador; doloso **2** em que há fraude **3** propenso à fraude (Do lat. *fraudulentu-*, «id.»)

frauduloso /ô/ *adj.* ⇒ *fraudulento* (Do lat. tard. *fraudulōsu-*, «id.»)

frauta *n.f.* **1** peça utilizada pelos serralheiros para alisar o ferro **2** [poét.] ⇒ *flauta* **1** (De *flauta*)

frauteado *adj.* executado em frauta ou flauta; flauteado (Part. pass. de *frautear*)

frautear *v.tr.,intr.* ⇒ *flautear* (De *frauta*+-*ear*)

frauteiro *n.m.* ⇒ *flautista* (De *frauta*+-*eiro*)

fraxina /cs/ *n.f.* FARMÁCIA alcaloide, com propriedades terapêuticas, que se extrai do freixo (Do lat. *fraxīnu*, «freixo»)

Fraxináceas /cs/ *n.f.pl.* BOTÂNICA família de plantas dicotiledóneas, arbóreas, com folhas opostas, representada em Portugal pelo género *Fraxinus*, a que pertence o freixo, e que, para alguns autores, faz parte da família das Oleáceas (Do lat. *fraxĭnu-*, «freixo» + -*áceas*)

Fraxíneas /cs/ *n.f.pl.* ⇒ *Fraxináceas* (Do lat. *fraxĭnu-*, «freixo» + -*eas*)

fraxíneo /cs/ *adj.* que tem o aspeto ou a natureza do freixo (Do lat. *fraxinĕu-*, «de freixo»)

fraxinina /cs/ *n.f.* ⇒ *fraxina* (De *fraxina*+-*ina*)

frear *v.tr.* **1** fazer parar (veículo) utilizando o travão ou o freio; travar **2** [Brasil] impedir; deter ■ *v.tr.,pron.* [Brasil] conter(-se); reprimir(-se); moderar(-se); refrear(-se)

freático *adj.* GEOLOGIA relativo ao lençol de água subterrâneo existente próximo da superfície e que pode ser aproveitado por meio de poços (Do gr. *phreatikós*, «do poço»)

freatóbio *n.m.* ser que vive no lençol freático ou lençol de água subterrâneo, resultante das infiltrações (Do gr. *phréar*, *-atos*, «poço; cisterna; reservatório de água» +*bíos*, «vida»)

frecha n.f. 1 ⇒ **flecha**¹ 2 [Brasil] cana dos foguetes (De *flecha*)
frechada n.f. 1 golpe ou arremesso de frecha ou flecha 2 pl. [regionalismo] pauzinhos a que se prendem os liços do tear (De *frecha+-ada*)
frechal n.m. 1 viga do madeiramento do telhado que assenta sobre a parede 2 viga onde assentam os frontais de um pavimento (De *frecha+al*)
frechar v.tr. 1 ferir com frecha ou flecha 2 atravessar com frecha 3 [fig.] molestar; ferir 4 [fig.] satirizar ■ v.intr. arremessar frechas ■ v.tr.,intr. [Brasil] atravessar a direito e com rapidez (De *frecha+-ar*)
frecharia n.f. quantidade de frechas ou frechadas (De *frecha+-aria*)
frecheira n.f. ⇒ **seteira** 1 (De *frecha+-eira*)
frecheiro n.m. 1 [ant.] soldado que atirava frechas ou setas 2 [pop.] namorador 3 [fig.] pessoa astuta para determinados fins (De *frecha+-eiro*)
freeiro n.m. fabricante de freios (De *freio+-eiro*)
freelance n.2g. profissional que trabalha por conta própria, prestando serviços de carácter temporário ou ocasional, sem estar vinculado a uma entidade patronal; trabalhador independente; free-lancer (Do ing. *freelance*, «id.»)
freelancer n.2g. ⇒ **freelance** (Do ing. *freelancer*, «id.»)
freeware n.m. INFORMÁTICA programa de computador (software) distribuído em regime gratuito, mas de acordo com alguns princípios gerais, nomeadamente a impossibilidade de venda (Do ing. *freeware*, «id.»)
frege-moscas n.m.2n. [Brasil] [pop.] restaurante sem qualidade (De *frigir+mosca*)
fregona /ó/ n.f. 1 criada que se ocupa dos trabalhos mais árduos de uma casa 2 criada que trabalha no campo (Do cast. *fregona*, «criada de cozinha»)
freguês n.m. 1 o que compra ou vende habitualmente a pessoa certa 2 cliente; comprador 3 habitante de uma freguesia; paroquiano 4 [pop., pej.] pessoa de má reputação 5 [pop.] pessoa; sujeito; indivíduo; *à vontade do ~* [coloq.] de acordo com o que a pessoa quiser (Do lat. vulg. *filĭus eclesiae*, «filho da igreja»)
freguesia n.f. 1 subdivisão de um concelho, que constitui a menor entidade administrativa 2 conjunto dos habitantes da área correspondente a essa subdivisão 3 parte do território de uma diocese confiada à direcção de um pároco; paróquia 4 os habitantes de uma freguesia 5 conjunto dos clientes ou compradores; clientela (De *freguês+-ia*)
frei n.m. ⇒ **freire** (Red. de *freire*)
freicha n.f. [regionalismo] cachão; cascata, num rio
freima n.f. 1 impaciência; desassossego; pressa 2 cuidado 3 [regionalismo] teimosia; obstinação (Do gr. *phlégma*, «agitação», pelo lat. *phlegma-*, «id.»)
freimaço n.m. [Madeira] impaciência; desassossego (De *freima+aço*)
freimão n.m. (inflamação) ⇒ **fleimão**
freimático adj. que tem freima (Do gr. *phlegmatikós*, «id.», pelo lat. tard. *phlegmatĭcu-*, «id.»)
freio n.m. 1 peça metálica presa às rédeas das cavalgaduras e que lhes atravessa a boca, servindo para as conduzir 2 aparelho que regula ou faz cessar o movimento das máquinas; travão 3 cada uma das queixadas do torno do serralheiro 4 ANATOMIA estrutura em forma de prega membranosa que reduz ou evita o movimento de um órgão 5 MILITAR dispositivo mecânico, pneumático ou hidráulico, destinado a amortecer o recuo das bocas de fogo no momento da explosão da carga propulsora 6 [fig.] obstáculo; impedimento 7 [fig.] tudo o que reprime, contém ou modera 8 [fig.] sujeição; domínio; *não ter ~ na língua* usar de linguagem descomedida, ser inconveniente; *pôr ~ a* reprimir, travar; *sem ~* imparável; *tomar o ~ nos dentes* 1 (cavalo) não obedecer ao governo do cavaleiro; 2 [fig.] abusar (Do lat. *frenu-*, «id.»)
freira n.f. 1 mulher que professou numa ordem religiosa 2 ICTIOLOGIA peixe teleósteo, da família dos Corifenídeos, com a barbatana caudal em forma de cauda de andorinha, frequente nas costas marítimas portuguesas; xaputa 3 [regionalismo] fenda na cortiça (De *freire*)
freiral adj.2g. ⇒ **freirático** (De *freira+-al*)
freiraria n.f. 1 conjunto de freiras 2 classe das freiras e dos freires (De *freira+-aria*)
freirático adj. referente a ou próprio de freiras ou frades; conventual; monástico (De *freira+t+-ico*)
freire n.m. membro de uma ordem religiosa ou militar (Do lat. *fratre-*, «irmão», pelo prov. *fraire*, «id.»)
freiria n.f. convento ou ordem de freires (De *freire+-ia*)

freirice n.f. ato, maneiras ou dito próprio de freires ou de freiras (De *freire* ou *freira+-ice*)
freirinha n.f. 1 freira nova; noviça 2 ZOOLOGIA nome vulgar de um crustáceo decápode que aparece em Portugal; crista-de-galo 3 ICTIOLOGIA peixe teleósteo da família dos Labrídeos ou Serranídeos; canário-do-mar 4 ORNITOLOGIA pássaro da família dos Alcedinídeos, de bico forte e cauda curta, plumagem de cor verde dominante, sedentário e muito comum em Portugal; pica-peixe (De *freira+-inha*)
freixal n.m. 1 mata de freixos 2 terreno plantado de freixos (De *freixo+-al*)
freixenista adj.2g. relativo ou pertencente a Freixo de Espada à Cinta, no distrito de Bragança, ou que é seu natural ou habitante ■ n.2g. natural ou habitante de Freixo de Espada à Cinta (De *Freixo*, top.+n +-ista)
freixial n.m. ⇒ **freixal** (De *freixo+-ial*)
freixo n.m. BOTÂNICA nome vulgar de uma planta arbórea, da família das Fraxináceas (ou Oleáceas), sobretudo de uma espécie florestal, de madeira muito branca, espontânea de norte a sul de Portugal (Do lat. *fraxĭnu-*, «freixo»)
fremebundo adj. ⇒ **fremente** (Do lat. *fremebundu-*, «ruidoso»)
fremência n.f. 1 estado do que oscila ou se agita levemente 2 estado de quem estremece 3 veemência; arrebatamento (Do lat. *frementĭa*, part. pres. neut. subst. de *fremĕre*, «fazer ruído»)
fremente adj.2g. 1 que se agita ou oscila ligeiramente, provocando um barulho suave 2 que treme; que estremece 3 arrebatado; veemente (Do lat. *fremente-*, «id.», part. pres. de *fremĕre*, «fazer ruído»)
fremir v.intr. 1 produzir um barulho surdo ou um rumor leve ao agitar-se ligeiramente 2 bramir; rugir; bramar 3 estremecer; ter espasmos; agitar-se 4 tremer de emoção ■ v.tr. 1 agitar; sacudir 2 fazer estremecer (Do lat. *fremĕre*, «fazer ruído»)
frémito n.m. 1 movimento ligeiro de oscilação que produz um ruído surdo 2 ruído produzido por esse movimento; rumor 3 sussurro; murmúrio 4 vibração sonora 5 estremecimento; abalo; comoção 6 MEDICINA vibração sentida através da palpação (Do lat. *fremĭtu-*, «ruído»)
frenação n.f. 1 ato ou efeito de fazer parar utilizando o freio 2 travagem 3 [fig.] moderação; contenção (Do lat. *frenatiōne-*, «ação de moderar»)
frenagem n.f. ⇒ **frenação**
frenal adj.2g. diz-se de umas placas existentes nas regiões laterais da cabeça de alguns répteis (Do lat. *frenu-*, «freio» +-al)
frenalgia n.f. MEDICINA dor no diafragma (De *freno-+-algia*)
frenar v.tr. 1 imobilizar utilizando o freio; enfrear; travar 2 [fig.] moderar; reprimir (Do lat. *frenāre*, «pôr freio a»)
frendente adj.2g. que range os dentes (Do lat. *frendente-*, «id.», part. pres. de *frendĕre*, «ranger os dentes; irritar-se»)
frender v.tr.,intr. ranger (os dentes) de raiva ■ v.intr. desesperar-se; irritar-se (Do lat. *frendĕre*, «id.»)
frendor n.m. ranger de dentes (Do lat. *frendōre-*, «id.»)
frenesi n.m. 1 estado de entusiasmo violento; excitação; exaltação 2 atividade incansável; zelo fervoroso; afã 3 impaciência; inquietação 4 impertinência; atitude ou comportamento não adequados 5 MEDICINA designação que se dava a uma doença cerebral proveniente da inflamação das meninges 6 MEDICINA delírio provocado por essa doença (Do gr. *phrénesis*, pelo lat. *phrenēse-*, «frenesi», pelo fr. *frénesie*, «id.»)
frenesiar v.tr. causar frenesi a; enfrenesiar (De *frenesi+-ar*)
frenesim n.m. ⇒ **frenesi** (De *frenesi*)
freneticamente adv. 1 com frenesi; de modo agitado; com movimentos violentos 2 impacientemente (De *frenética+-mente*)
frenético adj. 1 que tem frenesi; delirante 2 impaciente; inquieto 3 muito agitado; arrebatado; convulso (Do gr. *phrenetikós*, «que tem o transporte da loucura», pelo lat. *phrenetĭcu-*, «id.»)
frénico adj. 1 ANATOMIA relativo ao diafragma 2 ANATOMIA diz-se do nervo que inerva o diafragma, dos vasos que o vascularizam, etc. (Do gr. *phrenikós*, «relativo ao diafragma»)
frenite n.f. MEDICINA inflamação do diafragma; diafragmite (Do gr. *phrenītis*, «loucura devida a inflamação do diafragma»)
freno- elemento de formação de palavras que exprime a ideia de *diafragma, carácter, mentalidade* (Do gr. *phrén, phrenós*, «diafragma»)
frenologia n.f. antiga teoria que considerava a conformação e as protuberâncias do crânio como indicativo das faculdades ou aptidões do indivíduo; frenologismo (Do gr. *phrén, phrenós*, «espírito» +*lógos*, «estudo» +-*ia*)
frenológico adj. relativo à frenologia (De *frenologia+-ico*)

frenologismo n.m. ⇒ **frenologia** (De *frenologia*+*-ismo*)
frenologista n.2g. 1 pessoa partidária da frenologia 2 pessoa que se ocupa de frenologia ou é versada neste estudo (De *frenologia*+*-ista*)
frenólogo n.m. ⇒ **frenologista** (Do gr. *phrén, phrenós*, «espírito» +*lógos*, «estudo»)
frenopata n.2g. pessoa que padece de frenopatia (Do gr. *phrén, phrenós*, «espírito» +*páthos*, «doença»)
frenopatia n.f. MEDICINA doença mental (De *frenopata*+*-ia*)
frenopático adj. respeitante à frenopatia (De *frenopata*+*-ico*)
frente n.f. 1 parte anterior; lado frontal 2 parte da cabeça compreendida entre os olhos e a região cabeluda; testa 3 rosto; face 4 frontaria; fachada 5 MILITAR vanguarda; dianteira 6 MILITAR zona de terreno onde estão em contacto forças inimigas 7 lado principal de uma folha 8 face que constitui o início de um livro 9 primeira posição numa série 10 presença 11 ponto de combate ou resistência 12 participação de partidos políticos, grupos ou entidades numa ação comum 13 METEOROLOGIA superfície de descontinuidade entre duas massas de ar com origem e temperaturas diferentes; superfície frontal 14 METEOROLOGIA interseção de uma superfície frontal com uma superfície de nível na atmosfera ou com a superfície terrestre; ~ *a* ~ em posição oposta, face a face, cara a cara; ~ *fria* METEOROLOGIA superfície de separação entre duas massas de ar, em que a massa de ar frio, mais densa, avança e toma o lugar da massa de ar quente; ~ *intertropical* METEOROLOGIA zona em que convergem as correntes de ar dos dois hemisférios; ~ *polar* METEOROLOGIA zona de separação entre massas de ar polar e massas de ar tropical; ~ *quente* METEOROLOGIA superfície de separação entre duas massas de ar, em que a massa de ar quente avança e toma o lugar da massa de ar frio; *à* ~ *de* diante de, no ponto mais avançado de, na direção de; *de* ~ frontalmente, paralelo ao plano vertical (em projeções ortogonais); *em* ~ *de* defronte de, diante de; *fazer* ~ *a* enfrentar, resistir; *ir em* ~ continuar, levar por diante; *levar tudo à* ~ fazer tudo para se conseguir o que se quer, comportar-se de forma violenta e descontrolada; *ter pela* ~ deparar-se com, estar diante de (Do lat. *fronte-*, «id.», pelo cast. *frente*, «id.»)
frente-a-frente ver nova grafia frente a frente
frente a frente n.m. debate entre duas pessoas
frentista adj.2g. relativo a frentismo ■ n.2g. [Brasil] gasolineiro (De *frente*+*-ista*)
frequência /qu-en/ n.f. 1 ato ou efeito de frequentar ou ir habitualmente a um local 2 conjunto de pessoas que vão regularmente a um lugar 3 convivência habitual; trato 4 assistência a aulas ou a um curso 5 [acad.] teste realizado no fim de cada semestre no ensino superior 6 qualidade de frequente; qualidade do que ocorre várias vezes ou regularmente; repetição; reiteração 7 FÍSICA número de vezes que um fenómeno periódico se repete em cada segundo 8 ESTATÍSTICA número de vezes que um elemento figura num conjunto 9 LINGUÍSTICA número de vezes que uma palavra ocorre num corpus; ~ *modulada* RÁDIO, TELEVISÃO frequência que foi submetida a um processo de modulação; ~ *relativa* ESTATÍSTICA quociente da frequência pelo número total dos elementos em estudo; ~ *respiratória* MEDICINA número de ciclos respiratórios por minuto; *com* ~ com regularidade, habitualmente (Do lat. *frequentĭa-*, «id.»)
frequencímetro /qu-en/ n.m. ELETRICIDADE instrumento para medir a frequência de uma corrente alternada (De *frequência*+*-metro*)
frequentação /qu-en/ n.f. 1 ato ou efeito de ir habitualmente a um local; ato ou efeito de frequentar 2 convivência habitual; trato (Do lat. *frequentatiōne-*, «id.»)
frequentador /qu-i...ô/ adj.,n.m. que ou aquele que vai com regularidade a um local (De lat. *frequentatōre-*, «id.»)
frequentar /qu-en/ v.tr. 1 ir muitas vezes a (um local); visitar repetidas vezes 2 viver na intimidade de; conviver com 3 estudar em (ano de escolaridade, grau de ensino ou estabelecimento escolar) 4 assistir a; cursar (aulas) 5 consultar habitualmente; recorrer com regularidade a (Do lat. *frequentāre*, «id.»)
frequentativo /qu-en/ adj. GRAMÁTICA diz-se de um verbo que designa uma ação que se repete muitas vezes (Do lat. *frequentatīvu-*, «id.»)
frequente /qu-en/ adj.2g. 1 que sucede muitas vezes; que se repete regularmente; continuado; assíduo 2 vulgar; comum 3 diz-se do pulso acelerado (Do lat. *frequente-*, «id.»)
fresa n.f. MECÂNICA ferramenta com várias arestas de corte dispostas regularmente em torno de um eixo de rotação, com utilização no desbaste, entalhe ou perfuração de metais, madeiras ou solos (Do fr. *fraise*, «id.»)
fresador n.m. MECÂNICA operário que trabalha com fresadoras (De *fresar*+*-dor*)

fresadora /ô/ n.f. MECÂNICA máquina equipada com fresas utilizada para desbastar, entalhar ou perfurar metais, madeiras ou solos (De *fresar*+*-dora*)
fresagem n.f. MECÂNICA operação de desbaste, entalhe ou perfuração de metais, madeiras ou solos através da fresa (De *fresar*+*-agem*)
fresar v.tr. MECÂNICA entalhar ou desbastar com fresadora (De *fresa*+*-ar*)
fresca /ê/ n.f. 1 ar fresco e ameno 2 hora em que há menos calor e o tempo está mais fresco; *à* ~ com pouca roupa ou vestuário muito leve, a usufruir da aragem agradável; *na* ~ sem se inquietar, descontraidamente; *pela* ~ na altura em que há menos calor (De *fresco*)
frescaço adj. ⇒ **frescalhote** (De *fresco*+*-aço*)
frescal adj.2g. 1 fresco, mas com algum sal 2 ainda viçoso; fresco (De *fresco*+*-al*)
frescalhão adj. 1 [coloq.] bastante fresco 2 [coloq.] bem conservado em relação à idade; frescalhote 3 [pop.] abrejeirado; malicioso (De *fresco*+*-alho*+*-ão*)
frescalhote adj. [coloq.] bem conservado em relação à idade; frescalhão (De *fresco*+*-alho*+*-ote*)
frescata n.f. 1 diversão campestre; passeata 2 patuscada; divertimento 3 despreocupação; bom humor (De *fresca*+*-ata*)
fresco¹ /ê/ adj. 1 moderadamente frio 2 que tem uma temperatura amena; que não faz calor 3 refrescado 4 leve; fino 5 ameno; agradável 6 viçoso 7 que tem pouco tempo; recente 8 que chegou há pouco 9 que não sofreu processo de conservação 10 (tinta, verniz, etc.) que foi aplicado há pouco tempo e não secou ainda 11 que não está estragado 12 bem arejado 13 bem-disposto; que não está cansado 14 nítido; claro 15 saudável; sadio 16 [pop.] licencioso; brejeiro 17 [pop.] que tem um comportamento censurável ■ n.m. 1 temperatura moderadamente fria; temperatura amena 2 pl. alimentos que devem ser consumidos em pouco tempo; ~ *que nem uma alface* [coloq.] muito enérgico e dinâmico; *de* ~ recentemente, de novo; *fazê-la fresca* [coloq.] não se sair bem numa tentativa; *pôr-se ao* ~ [coloq.] fugir, ir-se embora (Do germ. *frisk, «id.»)
fresco² /ê/ n.m. 1 PINTURA técnica aplicada em paredes e tetos que consiste em pintar sobre reboco fresco e húmido com tinta diluída em água de cal 2 PINTURA quadro pintado por este processo; afresco (Do it. *fresco*, «id.»)
frescor n.m. 1 qualidade do que é moderadamente frio; frescura 2 aragem fresca 3 viço; verdor 4 vigor; vivacidade 5 sensação agradável que se experimenta com o que é fresco (De *fresco*+*-or*)
frescum n.m. [regionalismo] cheiro de qualquer substância fresca, sobretudo da carne (De *fresco*+*-um*)
frescura n.f. 1 qualidade do que é moderadamente frio; estado de fresco; frescor 2 aragem fresca 3 vigor da vegetação; viço 4 vitalidade; entusiasmo juvenil 5 viveza 6 estado do alimento que se mantém bem conservado, não estando seco ou deteriorado 7 [pop.] atitude ou expressão inconveniente, excessiva ou maliciosa 8 [regionalismo] limpeza 9 [Brasil] [pop.] pieguice; sentimentalismo 10 [Brasil] [pop.] vaidade; presunção 11 [Brasil] [pop.] atrevimento (De *fresco*+*-ura*)
fresquidão n.f. ⇒ **frescura** (De *fresco*+*-idão*)
fresquita n.f. [regionalismo] guisado de carne fresca ou de caça recente (De *fresco*+*-ita*)
fressura n.f. conjunto das vísceras dos animais que se aproveitam na alimentação (Do lat. vulg. *frixūra-*, «fritura», pelo fr. *fressure*, «id.»)
fressureiro n.m. homem que vende fressura (De *fressura*+*-eiro*)
fresta n.f. 1 pequena abertura em parede destinada à entrada de ar e luz 2 janela estreita e alta 3 abertura estreita; fenda; greta; fisga (Do lat. *fenestra-*, «janela»)
frestado adj. que tem frestas ou pequenas aberturas (Do lat. *fenestrātu-*, «que tem janelas»)
frestão n.m. janela alta, geralmente ogival, bipartida por uma coluna (De *fresta*+*-ão*)
fretado adj. cedido ou tomado por um dado intervalo de tempo mediante pagamento de um valor estabelecido (Part. pass. de *fretar*)
fretador n.m. aquele que aluga um meio de transporte (De *fretar*+*-dor*)
fretagem n.f. 1 ato de ceder ou tomar um meio de transporte durante um determinado período e mediante o pagamento de um preço estabelecido 2 comissão que ganha o fretador (De *fretar*+*-agem*)
fretamento n.m. 1 ato de ceder ou tomar um meio de transporte durante um determinado período e mediante o pagamento de um preço estabelecido 2 aluguer de um navio 3 importância

correspondente a esse aluguer **4** carregamento de um meio de transporte com as mercadorias devidas (De *fretar+-mento*)

fretar *v.tr.* **1** dar ou tomar (um meio de transporte) durante um dado intervalo de tempo e mediante o pagamento de um valor estipulado **2** alugar **3** carregar **4** equipar **5** acordar a realização de (um serviço ou uma tarefa) mediante pagamento de valor estabelecido (De *frete+-ar*)

frete *n.m.* **1** valor pago pelo aluguer de um meio de transporte **2** quantia que se paga pelo transporte de carga **3** coisa carregada ou transportada **4** transporte de uma mercadoria **5** aluguer de um meio de transporte para levar e trazer pessoas ou coisas **6** recado; tarefa; incumbência **7** [pop.] serviço penoso; coisa incómoda; importunação; *a ~ de aluguer*; *fazer um ~* transportar algo mediante pagamento, executar uma tarefa de que se foi incumbido, fazer ou suportar algo a contragosto (Do ant. alto-al. *freht*, «recompensa», pelo fr. *fret*, «custo do transporte de uma mercadoria»)

fretejador *adj.,n.m.* que ou aquele que freteja ou faz fretes (De *fretejar+-dor*)

fretejar *v.intr.* fazer fretes (De *frete+-ejar*)

fretenir *v.intr.* (cigarra) cantar; estridular (Do lat. *fritinnīre*, «gorjear»)

freudiano *adj.* **1** relativo a Sigmund Freud (1856-1939), neurologista e psiquiatra austríaco, que fundou a psicanálise **2** relativo às noções psiquiátricas de Freud **3** que segue a doutrina defendida por Freud (De *Freud*, antr. *+-iano*)

freudismo *n.m.* teorias e métodos psicanalíticos estabelecidos por Sigmund Freud, neurologista e psiquiatra austríaco (1856-1939), em que se relaciona o aparecimento de neuroses com o recalcamento de experiências psíquicas traumáticas de natureza sexual (De *Freud*, antr. *+-ismo*)

frevo *n.m.* **1** [Brasil] dança tradicional pernambucana, rítmica e de andamento rápido, dançada frequentemente nas ruas no Carnaval, e na qual os dançarinos (passistas) executam uma coreografia individual com uma sombrinha aberta **2** [Brasil] folia **3** [Brasil] desordem; barulho (Deriv. regr. de *ferver*)

friabilidade *n.f.* qualidade de friável, do que se parte ou se desfaz com facilidade (Do lat. **friabilitāte-*, de *friabĭle*, «quebradiço»)

friacho *adj.* **1** um tanto frio **2** [fig.] pouco animado; frouxo (De *frio+-acho*)

friagem *n.f.* **1** ar frio **2** tempo frio, em geral por causa do vento; frialdade **3** estado dos vegetais crestados pelo frio ou atingidos pelo granizo (De *frio+-agem*)

frialdade *n.f.* **1** qualidade ou estado do que é frio **2** tempo frio **3** insensibilidade; frieza **4** indiferença; desinteresse (De **frial+-dade*)

friame *n.m.* ⇒ **fiambre** (De *fiambre*, com met.)

friamente *adv.* **1** de modo frio; com indiferença; de modo desinteressado **2** com serenidade; objetivamente; a sangue-frio **3** de forma desapaixonada; lucidamente **4** sem sentir nada; insensivelmente (De *frio+-mente*)

friamo *n.m.* [regionalismo] porco; suíno (De *friame*)

friável *adj.2g.* **1** quebradiço; que se parte ou se esmigalha facilmente **2** diz-se da rocha que se desfaz com facilidade (Do lat. *friabĭle-*, «esfregado», part. pass. de *fricāre*, «esfregar; polir»)

fricandó *n.m.* CULINÁRIA prato de carne ou peixe lardeado e estufado (Do fr. *fricandeau*, «id.»)

fricassé *n.m.* **1** CULINÁRIA guisado de carne ou peixe partido aos bocados, a cujo molho se junta gema de ovo e salsa picada **2** [fig.] mistura de diferentes coisas (Do fr. *fricassée*, «id.»)

fricativa *n.f.* LINGUÍSTICA consoante em cuja produção intervém uma fricção originada pelo estreitamento, sem oclusão, de órgãos supraglóticos do aparelho fonador (De *fricativo*)

fricativo *adj.* **1** que diz respeito à fricção **2** em que existe fricção **3** LINGUÍSTICA designativo do som em cuja produção intervém uma fricção originada pelo estreitamento de estruturas do aparelho fonador como a boca e os dentes, pelas quais o ar é expirado (Do lat. *fricātu-*, «esfregado», part. pass. de *fricāre*, «esfregar; polir» *+-ivo*)

fricção *n.f.* **1** ato ou efeito de friccionar ou esfregar **2** ato de massajar vigorosamente uma parte do corpo **3** medicamento adequado para massajar uma parte do corpo **4** resistência que todos os corpos oferecem quando em contacto uns com os outros; atrito **5** [fig.] falta de acordo; divergência; discordância (Do lat. *frictiōne-*, «id.»)

friccionador *adj.,n.m.* que ou aquele que fricciona (De *friccionar+-dor*)

friccionar *v.tr.* **1** passar várias vezes a mão ou um objeto sobre a superfície de; esfregar **2** fazer escorregar levemente sobre; roçar (Do lat. *frictiōne-*, «fricção» *+-ar*)

frictor *n.m.* pequena peça metálica destinada a inflamar, por fricção, a escorva de certas granadas de arremesso (Do lat. *frictōre-*, «o que esfrega»)

frieira *n.f.* **1** MEDICINA inflamação da pele produzida pelo frio, acompanhada de inchaço, prurido e ardor, afetando geralmente os dedos das mãos e dos pés, o nariz e as orelhas **2** [pop.] pessoa que come muito **3** [pop.] fome intensa **4** [regionalismo] eczema animal (De *frio+-eira*)

frieirão *adj.* insípido; desengraçado ■ *n.m.* homem molengão, apático, tímido (De *frieira+-ão*)

frieirento *adj.* **1** atreito a frieiras **2** que tem frieiras (De *frieira+-ento*)

friesta *n.f.* ⇒ **fresta**

frieza /ê/ *n.f.* **1** qualidade ou estado do que é frio **2** qualidade do que tem temperatura baixa; falta de calor **3** indiferença; insensibilidade **4** desinteresse; ausência de entusiasmo ou ânimo **5** falta de colorido ou expressividade (De *frio+-eza*)

frígico *n.m.* idioma da Frígia, antiga designação da região central da Ásia Menor (De *Frígia*, top. *+-ico*)

frigidário *n.m.* câmara fria nos banhos públicos da Roma antiga

frigideira *n.f.* **1** utensílio de barro ou de metal, de forma redonda, pouco fundo e com um cabo comprido, utilizado para fritar **2** o que se encontra dentro desse utensílio **3** CULINÁRIA pastelão de carne, ovos e farinha, especialidade de Braga ■ *n.2g.* **1** pessoa que gosta de aparecer em público e de se mostrar **2** pessoa importuna (De *frigir+-deira*)

frigidez /ê/ *n.f.* **1** qualidade daquilo que é muito frio **2** indiferença; insensibilidade **3** desinteresse **4** ausência de excitação e de satisfação sexuais (De *frígido+-ez*)

frigidíssimo *adj.* {superlativo absoluto sintético de **frio**} muito frio

frígido *adj.* **1** muito frio; regelado; álgido **2** insensível; indiferente **3** que não tem desejo ou prazer sexual (Do lat. *frigĭdu-*, «gelado»)

frigífugo *adj.* que evita ou afugenta o frio (Do lat. *frigi[du-]*, «frio» *+fugĕre*, «afugentar; repelir»)

friginada *n.f.* [regionalismo] CULINÁRIA carne de porco frita (De *frigir+n+-ada*)

frígio *adj.* **1** da Frígia, antiga designação da região central da Ásia Menor, ou relativo aos seus habitantes **2** designativo de um barrete que os Frígios usavam, adotado durante a Revolução Francesa como insígnia da liberdade ■ *n.m.* natural ou habitante da Frígia (Do gr. *phrýgios*, «id.», pelo lat. *phrygĭu-*, «id.»)

frigir *v.tr.* **1** cozer (alimento) em gordura vegetal ou animal a alta temperatura; fritar **2** submeter a temperaturas muito altas **3** [fig.] importunar; arreliar ■ *v.intr.* **1** ser cozido em gordura vegetal ou animal a alta temperatura; ficar frito **2** chegar a temperaturas muito altas **3** [coloq.] ostentar a sua importância em público; gostar de se mostrar (Do lat. *frigĕre*, «id.»)

frigobar *n.m.* aparelho que combina o frigorífico e o bar, com determinados alimentos e bebidas à disposição dos hóspedes de um hotel nos quartos que ocupam, mediante pagamento posterior do consumo que venha a verificar-se (Do fr. *frigo*, «frigorífico»+ing. *bar*, «bar»)

frigori- elemento de formação de palavras que exprime a ideia de frio (Do lat. *frigŏre-*, «frio»)

frigoria *n.f.* FÍSICA unidade de medida utilizada na indústria do frio e que se define pela quantidade de calor que é preciso retirar a um quilograma de água a 15 °C para fazer baixar de 1 grau a sua temperatura (Do lat. *frigŏre-*, «frio» *+-ia*)

frigorífero *adj.,n.m.* ⇒ **frigorífico** (Do lat. *frigŏre-*, «frio» *+fero*, de *ferre*, «produzir»)

frigorificação *n.f.* **1** conservação pelo frio **2** produção de frio (De *frigorificar+-ção*)

frigorificar *v.tr.* conservar no frio ou no gelo ■ *v.intr.* produzir frio (Do lat. *frigŏre-*, «frio» *+ficāre*, por *facĕre*, «fazer»)

frigorífico *adj.* que produz ou conserva o frio ■ *n.m.* **1** eletrodoméstico munido de um gerador de frio artificial, que contém um compartimento principal destinado a conservar e a manter frescos produtos alimentares, e geralmente um mais pequeno destinado a congelação de alimento **2** parte de um combinado que se destina a conservar e a manter frescos produtos alimentares **3** [Brasil] compartimento de grandes dimensões, dentro do qual a temperatura é mantida baixa, de forma a permitir o armazenamento e a conservação de matérias deterioráveis; câmara frigorífica (Do lat. *frigorifĭcu-*, «frigorífico», pelo fr. *frigorifique*, «id.»)

frigorífugo *adj.* ⇒ **frigífugo** (Do lat. *frigŏre-*, «frio» *+fugĕre*, «fugir; repelir»)

frigoterapia *n.f.* tratamento terapêutico com aplicação do frio (Do lat. *frigus, ŏris*, «frio»+gr. *therapeía*, «tratamento»)

Frimário *n.m.* terceiro mês do calendário da primeira República Francesa (21 de novembro a 20 de dezembro) (Do fr. *frimaire*, «id.»)

frincha *n.f.* qualquer abertura muito estreita; fenda; greta; fresta; fisga (De orig. obsc.)

frinchoso *adj.* que tem frinchas; fendido; gretado (De *frincha+-oso*)

Fringílidas *n.m.pl.* ORNITOLOGIA ⇒ **Fringilídeos**

Fringilídeos *n.m.pl.* ORNITOLOGIA família de pássaros granívoros, de bico curto, grosso e cónico, que inclui muitos géneros e espécies frequentes em Portugal (Do lat. *fringilla-*, «tentilhão»+*-ídeos*)

frio *adj.* **1** que não tem calor; que está a uma temperatura baixa **2** que perdeu o calor; arrefecido **3** que não transmite calor; que não fica quente **4** que transmite a sensação de ausência de calor **5** imperturbável; indiferente **6** que não se declara abertamente; contido **7** insensível **8** sem paixão; sem ânimo **9** pouco sensual **10** seco; ríspido **11** desengraçado; que não desperta emoções ■ *n.m.* **1** baixa temperatura atmosférica **2** ausência de calor **3** sensação produzida pela falta de calor **4** desinteresse; desafeição **5** indiferença; falta de entusiasmo; desânimo; *~ de rachar* frio muito intenso; *a ~* sem aquecer, sem anestesia, cruamente; *a ferro ~* com arma branca; *de cabeça fria* calmamente, ponderadamente; *malhar em ferro ~* insistir inutilmente; *rapar ~* [coloq.] aguentar o frio (Do lat. *frigĭdu-*, «id.»)

frioleira *n.f.* **1** espécie de espiguilha para guarnições **2** insignificância; bagatela **3** tolice (Por *frivoleira*, de *frívolo+-eira*)

friolento *adj.* ⇒ **friorento** (De *friolento*)

friorento *adj.* que é muito sensível ao frio; friolento (Do lat. *frigorentu-*, «id.»)

frisa[1] *n.f.* **1** pelo do pano de lã **2** tecido grosseiro de lã **3** porção de lã para calafetar portinholas de navios (De *Frísia*, região comum à Holanda e à Alemanha, junto do mar do Norte)

frisa[2] *n.f.* **1** camarote ao nível da plateia **2** tira contínua, lisa ou trabalhada; friso (De *frisa*)

frisada *n.f.* **1** ORNITOLOGIA ave palmípede, da família dos Anatídeos, que aparece em Portugal no inverno, mas com pouca frequência, também designada frisão **2** ORNITOLOGIA variedade de pomba **3** vestido feito de tecido denominado frisa (Part. pass. fem. subst. de *frisar*)

frisado *adj.* **1** ondulado; anelado **2** encrespado; riço **3** que tem frisa ou friso **4** posto em relevo; salientado (Part. pass. de *frisar*)

frisador *adj.* **1** que ondeia os cabelos **2** que encrespa tecidos ■ *n.m.* **1** indivíduo que ondeia cabelos **2** indivíduo que encrespa tecidos **3** ferro utilizado para ondear os cabelos **4** instrumento ou máquina que serve para encrespar tecidos (De *frisar+-dor*)

frisagem *n.f.* **1** ato ou efeito de ondear os cabelos **2** ato ou efeito de encrespar tecidos **3** ato ou efeito de pôr frisos ou frisas em algo (De *frisar+-agem*)

frisante *adj.2g.* **1** que ondeia ou encrespa **2** que quadra bem; que vem a propósito **3** convincente; incisivo **4** preciso; exato (De *frisar+-ante*)

frisão[1] *adj.* **1** da Frísia, região do norte da Holanda, ou relativo aos seus habitantes **2** das ilhas Frísias, ou relativo aos seus habitantes ■ *n.m.* **1** natural ou habitante da Frísia **2** natural ou habitante das ilhas Frísias **3** idioma germânico falado na Frísia, nas ilhas Frísias e na costa alemã do mar do Norte **4** ZOOLOGIA cavalo forte e corpulento, cuja raça é originária da Frísia (Do fr. *frison*, «frisão», natural da Frísia)

frisão[2] *n.m.* ORNITOLOGIA ⇒ **frisada** 1 (De *frisar+-ão*)

frisar *v.tr.* **1** tornar ondulado; ondear; riçar **2** tornar crespo; enrugar; franzir **3** pôr frisos ou frisas em **4** quase tocar; roçar **5** condizer com; ser conforme a **6** ser semelhante ou análogo a **7** sublinhar; acentuar; dar relevo a ■ *v.intr.,pron.* encrespar-se (De *frisa* [= tecido crespo]+*-ar*)

frísico *adj.,n.m.* ⇒ **frisão**[1] (De *frísio+-ico*)

frísio *adj.,n.m.* ⇒ **frisão**[1] (Do lat. *frisĭu-*, «dos Frísios»)

friso *n.m.* **1** ARQUITETURA parte superior do entablamento, entre a cornija e o arquitrave **2** banda pintada ou esculpida que adorna a parte interior e superior de uma parede; barra; cercadura **3** adorno em forma de barra ou cercadura **4** TIPOGRAFIA filete **5** série de elementos apresentados sucessivamente, como numa faixa (Do lat. med. *frisĭu-*, «bordado; franja», pelo fr. *frise*, «friso», termo de construção)

Frisões *n.m.pl.* ETNOGRAFIA antigo povo germânico que se estabeleceu na Frísia, região comum à Holanda e à Alemanha, junto do mar do Norte, e que veio a submeter-se aos Holandeses, que invadiram aquele território (De *frisão*)

frita *n.f.* **1** cozimento dos ingredientes com que se fabrica o vidro **2** tempo que dura este cozimento **3** queima das substâncias orgânicas que vêm misturadas com o minério **4** CULINÁRIA qualquer alimento frito **5** CULINÁRIA fatia de pão que, depois de ser embebida em leite ou vinho doces e passada por ovo, se frita e se polvilha com açúcar e canela ou se rega com calda de açúcar; rabanada

fritada *n.f.* **1** o que se frita de uma vez **2** qualquer alimento frito; fritura (Part. pass. fem. subst. de *fritar*)

fritadeira *n.f.* **1** ⇒ **frigideira** *n.f.* **2** eletrodoméstico constituído por um recipiente de metal em que se fritam alimentos **3** mulher que faz fritos para vender (De *fritar+-deira*)

fritalhada *n.f.* fritada grande e mal feita; fritangada (De *frita+-alha+-ada*)

fritambá *n.m.* [Guiné-Bissau] antílope de porte pequeno (Do crioulo guineense *frintámba*, do mandinga *firitamba*, «id.»)

fritangada *n.f.* ⇒ **fritalhada**

fritar *v.tr.* **1** cozer (alimento) em gordura vegetal ou animal a alta temperatura; frigir **2** submeter a temperaturas muito altas **3** proceder ao cozimento de (ingredientes com que se fabrica o vidro) (De *frito+-ar*)

fritilária *n.f.* BOTÂNICA planta liliácea, semelhante à túlipa, cujas flores se reúnem em coroa no cimo da haste (Do lat. *fritillu-*, «copo para jogar os dados» +*-ária*)

fritilo *n.m.* copo para jogar os dados (Do lat. *fritillu-*, «id.»)

frito *adj.* que foi cozido em gordura vegetal ou animal a alta temperatura; que se frigiu ■ *n.m.* **1** qualquer alimento que foi cozido em gordura vegetal ou animal a alta temperatura; fritura **2** CULINÁRIA bolinho de massa de farinha batida com ovos, cozido em azeite ou óleo muito quente e polvilhado com açúcar e canela; filhó; *estar ~* [coloq.] estar numa situação delicada ou crítica, estar em maus lençóis (Do lat. *frictu-*, «id.», part. pass. de *frigĕre*, «fritar; grelhar»)

fritura *n.f.* **1** ato ou efeito de fritar **2** qualquer alimento frito; fritada (De *fritar+-ura*)

friúra *n.f.* estado do que se encontra frio; frialdade (De *frio+-ura*)

frivolamente *adv.* **1** de modo frívolo ou superficial **2** levianamente (De *frívolo+-mente*)

frivolidade *n.f.* **1** qualidade do que julga as coisas com ligeireza; leviandade **2** qualidade do que é superficial; futilidade **3** coisa sem importância ou valor; ninharia; insignificância; frioleira (De *frívolo+-i+-dade*)

frívolo *adj.* **1** que não dá a atenção devida a coisas sérias; que julga de leve; leviano **2** superficial; fútil **3** de pouco valor; insignificante; vão (Do lat. *frivŏlu-*, «id.»)

fröbeliano *adj.* relativo a Friedrich Fröbel, pedagogo alemão (1782-1852), ou ao seu processo pedagógico baseado no jogo, mediante brinquedos infantis graduados (De *Fröbel*, antr. +*-iano*)

frocado *adj.* guarnecido de frocos (felpas de lã ou seda) ■ *n.m.* ornato feito de frocos (felpas de lã ou seda) (Part. pass. de *frocar*)

frocadura *n.f.* **1** cercadura de frocos ou cadilhos **2** remate (De *frocar+-dura*)

frocar *v.tr.* guarnecer de frocos ou felpas de lã ou seda (De *froco+-ar*)

froco *n.m.* **1** conjunto de filamentos muito ténues, que esvoaçam à menor aragem **2** partícula leve e pouco densa **3** felpa de lã ou seda, cortada em bocadinhos ou torcida em cordão, para ornatos de vestuário, orla de atoalhados, etc. (Do lat. *floccu-*, «floco»)

froixar *v.tr.,pron.* ⇒ **afrouxar**

froixel *n.m.* ⇒ **frouxel**

froixeleiro *adj.* ⇒ **frouxeleiro**

froixeza /ê/ *n.f.* ⇒ **frouxidão**

froixidade *n.f.* ⇒ **frouxidão**

froixidão *n.f.* ⇒ **frouxidão**

froixo *adj.,n.m.* ⇒ **frouxo**

frol *n.f.* **1** [ant.] flor **2** espuma das ondas; *à ~* à superfície (Do lat. *flore-*, «flor», com met.)

frolhó *n.m.* [Madeira] utensílio de osso que serve para fazer bordados; furador (De orig. obsc.)

fronças *n.f.pl.* ⇒ **frança**[1] (Do lat. *frondĕa*, de *frondĕu-*, «coberto de folhagem»)

fronda *n.f.* designação atribuída à facção que, durante a menoridade de Luís XIV, se elevou contra o governo de Mazarino, tendo precipitado a guerra civil (1648-1653) (Do fr. *fronde*, «id.»)

fronde *n.f.* **1** BOTÂNICA folhagem dos fetos e de outras plantas **2** BOTÂNICA folha desenvolvida de um feto, na qual se formam elementos da reprodução **3** BOTÂNICA parte principal do corpo (reduzido) de certas plantas aquáticas, como as lentilhas-d'água **4** BOTÂNICA folhagem; ramagem (Do lat. *fronde-*, «folhagem»)

frondear *v.tr.* fazer (árvore, planta) criar folhagem ou ramagem ■ *v.intr.* cobrir-se de folhas; frondejar (De *fronde+-ear*)

frondejante *adj.2g.* que frondeja; que tem muitas folhas ou ramos; frondoso (De *frondejar*+*-ante*)

frondejar *v.tr.,intr.* ⇒ **frondear** (De *fronde*+*-ejar*)

frondente *adj.2g.* ⇒ **frondoso** (Do lat. *frondente-*, «id.», part. pres. de *frondēre*, «ter folhas»)

frôndeo *adj.* ⇒ **frondoso** (Do lat. *frondĕu-*, «coberto de folhas»)

frondescência *n.f.* aparecimento e crescimento da folhagem (Do lat. *frondescentĭa*, part. pres. neut. pl. subst. de *frondescĕre*, «cobrir-se de folhas»)

frondescente *adj.2g.* **1** que começa a desenvolver folhas **2** coberto de folhas; frondoso (Do lat. *frondescente-*, «id.», part. pres. de *frondescĕre*, «cobrir-se de folhas»)

frondescer *v.intr.* **1** criar ou cobrir-se de folhas **2** cobrir-se de vegetação ■ *v.tr.* cobrir de folhas (Do lat. *frondescĕre*, «cobrir-se de folhas»)

frond(i)- elemento de formação de palavras que exprime a ideia de *fronde, folhagem* (Do lat. *fronde-*, «folhagem»)

frondícola *adj.2g.* que vive nas folhas ou nos ramos dos vegetais (Do lat. *fronde-*, «folhagem» +*colĕre*, «habitar»)

frondífero *adj.* que tem ou produz ramos ou folhas; frondoso (Do lat. *frondifĕru-*, «id.»)

frondíparo *adj.* BOTÂNICA diz-se da flor e do fruto (ou do vegetal que produz estes órgãos) nos quais se desenvolvem folhas, por anomalia (Do lat. *fronde-*, «folhagem» +*parĕre*, «produzir»)

frondosidade *n.f.* **1** qualidade do que é frondoso, ou está coberto de folhas ou ramos **2** ramagem densa (De *frondoso*+*-i*-+*-dade*)

frondoso *adj.* **1** que tem muitas folhas ou ramos **2** denso; cerrado **3** que tem muitas ramificações **4** [fig.] abundante; extenso (Do lat. *frondōsu-*, «id.»)

frôndula *n.f.* **1** BOTÂNICA conjunto de folhas nos musgos **2** BOTÂNICA fronde pequena (De *fronde*+*-ula*)

fronha /ô/ *n.f.* **1** capa de tecido aberta normalmente em dois lados opostos, que envolve e protege a almofada **2** saco que se enche de lã, sumaúma ou outro material macio e se destina a servir de almofada depois de fechado **3** capa; cobertura; invólucro **4** [pop.] pão **5** [pop.] rosto; cara (De orig. obsc.)

fronho /ô/ *adj.* [regionalismo] diz-se do portal de uma casa de lavoura por onde entram os bois ■ *n.m.* porta principal da mesma casa (Do lat. vulg. *foronĕu*, por *foranĕu*, «de fora; exterior»?)

frontaberto *adj.* (cavalo) que tem uma malha branca na fronte, de alto a baixo (De *fronte*+*aberto*)

frontada *n.f.* pedra de cantaria que dá para as duas faces de uma parede (De *fronte*+*-ada*)

frontal *adj.2g.* **1** referente à fronte ou à testa **2** de frente **3** direto; franco **4** radical **5** GEOMETRIA diz-se de uma figura paralela ao plano vertical (em projeções ortogonais) ■ *n.m.* **1** faixa com que os Judeus cingem a fronte, durante as orações **2** tira de tecido esticada na fronte, que faz parte do véu da cabeça das religiosas **3** peça do freio que cinge a testa do animal **4** tira de tecido preto posto na fronte de um cavalo para indicar luto **5** parede estreita; tabique **6** parapeito de baluarte **7** paramento que cobre a frente do altar **8** frente do altar **9** ARQUITETURA peça arquitetónica na parte superior de um vão, ou que coroa a fachada principal de um edifício **10** ANATOMIA osso ímpar e mediano localizado na parte anterior do crânio (Do lat. *frontāle-*, «id.»)

frontaleira *n.f.* paramento com franja que cobre a frente do altar (De *frontal*+*-eira*)

frontalidade *n.f.* qualidade do que é frontal; franqueza; sinceridade (De *frontal*+*-i*-+*-dade*)

frontão *n.m.* **1** ARQUITETURA peça arquitetónica na parte superior das portas e das janelas, ou que coroa a fachada principal de um edifício **2** [Brasil] parede ou edifício onde se joga a pelota **3** [Brasil] esse jogo (Do it. *frontone*, «id.», pelo fr. *fronton*, «id.»)

frontaria *n.f.* **1** ARQUITETURA fachada principal de um edifício; frontispício **2** parte exterior de qualquer coisa (De *fronte*+*-aria*)

fronte *n.f.* **1** ANATOMIA parte ântero-superior da cabeça, compreendida entre os olhos e o couro cabeludo; testa **2** cabeça **3** rosto; cara **4** ARQUITETURA fachada principal de um edifício; frontaria **5** parte da frente de algo; dianteira; *curvar a ~* submeter-se, ceder; *de ~* diante, pela frente (Do lat. *fronte-*, «id.»)

frontear *v.tr.* pôr-se ou ficar em frente de; defrontar (De *fronte*+*-ear*)

fronteira *n.f.* **1** linha que delimita uma região ou um território fixando a sua extensão; estrema; raia **2** linha de separação entre dois territórios ou países **3** o que separa duas coisas distintas ou contrárias (De *fronte*+*-eira*)

fronteirar *v.tr.* tornar fronteiro; pôr defronte (De *fronteiro*+*-ar*)

fronteiriço *adj.* que vive ou fica na fronteira; raiano (De *fronteira*+*-iço*)

fronteiro *adj.* **1** situado em frente **2** que fica ou vive na fronteira; raiano ■ *n.m.* comandante de uma praça de guerra situada na fronteira (De *fronte*+*-eiro*)

frontino *adj.* (cavalo) que tem uma mancha branca na fronte (De *fronte*+*-ino*)

frontispicial *adj.2g.* referente a frontispício ou nele situado (De *frontispício*+*-al*)

frontispício *n.m.* **1** ARQUITETURA fachada principal de um edifício; frontaria **2** página inicial de um livro, que contém o título, o nome do autor, a editora, etc.; rosto **3** [colog.] face; cara (Do lat. tard. *frontispicĭu-*, «o que se vê de face»)

frontoparietal *adj.2g.* ANATOMIA relativo à região em que se unem o frontal e o parietal (De *fronte*+*parietal*)

froque *n.m.* [pop.] ⇒ **froco**

frosca *n.f.* [pop.] ⇒ **franja** (De orig. obsc.)

frota *n.f.* **1** conjunto de navios de guerra ou navios mercantes; armada **2** grupo de navios mercantes que pertencem a um país ou a uma empresa ou que são da mesma espécie **3** conjunto de veículos ou aviões pertencentes a um país ou a uma empresa **4** [pop.] grande quantidade; montão (Do escand. ant. *floti*, «frota», pelo fr. *flotte*, «id.»)

frouças *n.f.pl.* [regionalismo] ⇒ **frança**[1] (De *fronças*?)

frouva *n.f.* **1** ORNITOLOGIA termo usado por alguns autores para designar o corvelo, espécie de corvo (ave) **2** [Açores] ⇒ **frieira** (De orig. obsc.)

frouxamente *adv.* **1** de modo frouxo; com frouxidão **2** com moleza **3** com tibieza (De *frouxo*+*-mente*)

frouxar *v.tr.,pron.* ⇒ **afrouxar** (De *frouxo*+*-ar*)

frouxel *n.m.* **1** penugem das aves **2** pelos curtos, finos e macios que cobrem a face **3** camada aveludada de pelos que reveste diversos frutos e folhas **4** cotão e outros desperdícios de tecidos, usados no enchimento de travesseiros, almofadas, etc. **5** o que é enchido com qualquer material macio **6** [fig.] maciez; moleza (De *frouxo*+*-el*)

frouxelado *adj.* ⇒ **frouxeleiro** (De *frouxel*+*-ado*)

frouxeleiro *adj.* que tem frouxel (De *frouxel*+*-eiro*)

frouxeza /ê/ *n.f.* ⇒ **frouxidão** (De *frouxo*+*-eza*)

frouxidade *n.f.* ⇒ **frouxidão** (De *frouxo*+*-i*-+*-dade*)

frouxidão *n.f.* **1** qualidade do que não está suficientemente tenso ou esticado; lassidão **2** falta de energia; moleza **3** falta de fervor; fraqueza; tibieza **4** irresolução **5** falta de intensidade (De *frouxo*+*-idão*)

frouxo *adj.* **1** que não está suficientemente tenso ou esticado; lasso; bambo; folgado **2** pouco intenso; brando **3** sem energia; fraco; débil **4** indolente; mole ■ *n.m.* **1** indivíduo sem energia **2** fluxo; *a ~* abundantemente (Do lat. *flŭxu-*, «frouxo; mole»)

frufru *n.m.* **1** rumor de folhas, de sedas ou vestidos de seda **2** rumor do bater das asas durante o voo **3** elástico revestido com um tecido para prender o cabelo (Do fr. *froufrou*, «id.», de orig. onom.)

frugal *adj.2g.* **1** relativo a frutos **2** que é moderado a comer; sóbrio; parco **3** simples; ligeiro **4** próprio de quem é moderado ou sóbrio (Do lat. *frugāle-*, «das searas; moderado»)

frugalidade *n.f.* **1** moderação na alimentação **2** temperança; sobriedade **3** simplicidade de costumes (Do lat. *frugalitāte-*, «id.»)

frugífero *adj.* que produz frutos; frutífero (Do lat. *frugifĕru-*, «id.»)

frugívoro *adj.* que se alimenta de frutos; frutívoro (Do lat. *fruge-*, «grão; fruto» +*vorāre*, «comer»)

fruição *n.f.* **1** ato ou efeito de fruir **2** gozo **3** posse (Do lat. tard. *fruitiōne-*, «gozo»)

fruir *v.tr.* **1** estar na posse de; usufruir **2** tirar proveito de; gozar; desfrutar **3** DIREITO desfrutar de (um bem), recebendo os respetivos rendimentos (Do lat. cl. *frui*, pelo lat. vulg. *fruĕre*, «gozar; usufruir»)

fruita *n.f.* [ant.] ⇒ **fruta** (Do lat. *fructa-*, neut. pl. de *fructu-*, «fruto»)

fruiteira *n.f.* [ant.] ⇒ **fruteira** (De *fruita*+*-eira*)

fruitivo *adj.* **1** que frui; que goza **2** digno de se fruir **3** delicioso; agradável (De *fruir*+*-tivo*)

frumentação *n.f.* ato de forragear ou de fazer provisões de cereais em tempo de guerra (Do lat. *frumentatiōne-*, «abastecimento de trigo»)

frumentáceo *adj.* da natureza do frumento (trigo) ou de outros cereais; frumentício; frumental; frumentário (Do lat. *frumentacĕu-*, «de trigo»)

frumental *adj.2g.* **1** ⇒ **frumentáceo** **2** próprio para sementeira de cereais (Do lat. *frumentāle-*, «de trigo»)

frumentário *adj.* ⇒ **frumentáceo** (Do lat. *frumentarĭu-*, «relativo ao trigo»)
frumentício *adj.* ⇒ **frumentáceo** (De *frumento+-ício*)
frumento *n.m.* 1 trigo de boa qualidade; trigo candial 2 qualquer cereal comum (Do lat. *frumentu-*, «trigo»)
frumentoso /ô/ *adj.* fértil em cereais, especialmente trigo (De *frumento+-oso*)
fruncho *n.m.* [pop.] ⇒ **furúnculo** (Do lat. *furuncŭlu-*, «id.»)
frunco *n.m.* [pop.] ⇒ **furúnculo** (Do lat. *furuncŭlu-*, «id.»)
frúnculo *n.m.* [pop.] ⇒ **furúnculo** (Do lat. *furuncŭlu-*, «furúnculo»)
fruste *adj.2g.* 1 de qualidade inferior; insignificante; ordinário 2 rude; grosseiro 3 que não brilha 4 MEDICINA relativo a uma forma leve ou incompleta de uma doença (Do it. *frusto*, «gasto», pelo fr. *fruste*, «id.»)
frusto *adj.* 1 diz-se da medalha ou escultura cujos caracteres se acham carcomidos pelo tempo 2 MEDICINA ⇒ **fruste** 4 (Do it. *frusto*, «id.»)
frustração *n.f.* 1 deceção causada pela não satisfação das expectativas; desapontamento; malogro 2 PSICOLOGIA estado resultante da impossibilidade de satisfazer uma necessidade ou um desejo (Do lat. *frustratiōne-*, «deceção»)
frustrado *adj.* 1 que não produziu efeito; que não teve o resultado pretendido; malogrado 2 que não conseguiu ou que foi impedido de realizar as suas expectativas 3 que não chegou a desenvolver-se; imperfeito ■ *n.m.* PSICOLOGIA pessoa que não conseguiu ou que foi impedida de realizar a suas expectativas (Do lat. *frustrātu-*, «id.», part. pass. de *frustrāre*, «enganar; iludir»)
frustrador *adj.,n.m.* 1 que ou aquele que faz algo falhar 2 que ou aquele que impede outra pessoa de realizar as suas aspirações (Do lat. *frustratōre-*, «id.»)
frustrâneo *adj.* 1 frustrado; vão 2 BOTÂNICA diz-se da planta cujos flósculos não produzem sementes (Do lat. *frustranĕu-*, de *frustra*, «em vão»)
frustrante *adj.2g.* 1 que frustra; que causa insatisfação; que ilude; que defrauda 2 que não tem o resultado que se esperava ou desejava 3 que torna inútil; que faz falhar (Do lat. *frustrante-*, «id.», part. pres. de *frustrāre*, «enganar; iludir»)
frustrar *v.tr.* 1 causar deceção (a alguém) pela não satisfação de necessidade, desejo ou direito; desiludir 2 inutilizar; fazer falhar; baldar 3 ir contra as expectativas ou os desejos de; defraudar ■ *v.pron.* 1 dececionar-se devido a desejo ou expectativa não realizados 2 não ter o resultado esperado; malograr-se; falhar (Do lat. *frustrāre*, «id.»)
frustratório *adj.* 1 ilusório; enganoso; falaz 2 que retarda; dilatório (Do lat. *frustratorĭu-*, «enganador»)
frustulado *adj.* dividido em frústulos (De *frústulo+-ado*)
frústulo *n.m.* BOTÂNICA cada uma das partes constituintes da concha bivalve das algas diatomáceas (Do lat. *frustŭlu-*, «bocado pequeno», dim. de *frustu-*, «bocado»)
fruta *n.f.* os frutos comestíveis; **~ cristalizada** frutos ou a respetiva casca conservados por uma calda de açúcar que os seca; **~ da época** frutos típicos de uma determinada época (Do lat. *fructa*, neut. pl. de *fructu-*, «fruto», com troca de género)
frutado *adj.* 1 que tem frutos 2 diz-se do vinho com sabor ou aroma de frutos (Part. pass. de *frutar*)
fruta-do-conde *n.f.* BOTÂNICA espécie de anona, fruto da planta denominada ateira 2 ⇒ **ateira**
fruta-pão *n.f.* 1 BOTÂNICA árvore da família das Moráceas, de flores pequenas e sem pétalas, com fruto grande e arredondado com polpa comestível, muito comum nas regiões tropicais 2 BOTÂNICA fruto desta árvore
frutar *v.tr.* dar origem a; produzir ■ *v.intr.* dar fruto; frutear (De *fruto+-ar*)
frutaria *n.f.* estabelecimento onde se vende fruta; pomar (De *fruta+-aria*)
fruteador *adj.* 1 que frutifica ou dá frutos 2 que faz frutificar (De *frutear+-dor*)
frutear *v.intr.* produzir frutos; frutificar ■ *v.tr.* fazer dar frutos; tornar frutífero (De *fruto+-ear*)
frutedo /ê/ *n.m.* 1 plantação de fruteiras 2 quantidade de frutos (Do lat. *fructētu-*, «id.»)
fruteira *n.f.* 1 árvore que dá frutos 2 recipiente onde se põe fruta 3 sítio onde se guarda a fruta recolhida 4 mulher que vende fruta (De *fruto+-eira*)
fruteiro *n.m.* 1 vendedor de fruta 2 recipiente onde se põe fruta 3 local onde se guarda a fruta recolhida ■ *adj.* 1 que dá frutos; frutífero 2 que aprecia a fruta (Do lat. *fructuarĭu-*, «relativo aos frutos»)

frutescência *n.f.* 1 época em que os frutos começam a desenvolver-se 2 maturação dos frutos (Do b. lat. *frutescentĭa*, part. pres. neut. pl. subst. de *fructescĕre*, «cobrir-se de frutos»)
frutescente *adj.2g.* 1 que cria frutos 2 que tem forma de árvore; arborescente (Do b. lat. *fructescente-*, «id.», part. pres. de *fructescĕre*, «cobrir-se de frutos»)
frutescer *v.intr.* dar frutos; encher-se de frutos; frutificar (Do b. lat. *fructescĕre*, «cobrir-se de frutos»)
fruti- elemento de formação de palavras que exprime a ideia de *fruto* (Do lat. *fructu-*, «fruto»)
frútice *n.m.* BOTÂNICA vegetal com caule lenhoso e ramificado, que não atinge o tamanho de arbusto (Do lat. *frutĭce-*, «rebento de árvore»)
fruticuloso /ô/ *adj.* BOTÂNICA diz-se do tronco dos subarbustos (Do lat. *fruticŭlu-*, dim. de *frutĭce-*, «rebento de uma árvore»)
fruticultor *adj.,n.m.* que ou pessoa que se dedica ao cultivo de árvores que dão frutos (De *fruti-+cultor*)
fruticultura *n.f.* cultura das árvores de fruto (De *fruti-+cultura*)
Frutidor *n.m.* duodécimo mês do calendário da primeira República Francesa (de 18 de agosto a 16 de setembro) (Do fr. *fructidor*, «id.»)
frutífero *adj.* 1 que produz frutos; fruteiro; frutígero 2 [fig.] que tem utilidade; produtivo; proveitoso (Do lat. *fructifĕru-*, «que dá frutos»)
frutificação *n.f.* 1 formação ou produção de frutos 2 época em que os frutos aparecem 3 resultado vantajoso; efeito proveitoso (Do lat. *fructificatiōne-*, «id.»)
frutificar *v.intr.* 1 dar frutos; frutescer 2 [fig.] produzir 3 [fig.] ter resultados vantajosos; ser proveitoso (Do lat. *fructificāre*, «id.»)
frutificativo *adj.* 1 que faz frutificar 2 que produz frutos; frutífero (De *frutificar+-tivo*)
frutiforme *adj.2g.* com forma de fruto (De *fruti-+-forme*)
frutígero *adj.* ⇒ **frutífero** (De *fruti-+-gero*)
frutívoro *adj.* que se sustenta ou alimenta com frutos; frugívoro (De *fruti-+-voro*)
fruto *n.m.* 1 BOTÂNICA corpo resultante do desenvolvimento do ovário, em geral após a fecundação, que contém a semente; carpo 2 qualquer produto da terra 3 filho; descendente 4 resultado; consequência de qualquer coisa 5 rendimento 6 proveito; vantagem; utilidade 7 *pl.* bens; propriedades; **~ proibido** 1 (Bíblia) fruto da árvore da ciência do bem e do mal que Adão e Eva comeram, contrariando as ordens de Deus; 2 [fig.] aquilo que, por ser proibido, se torna mais tentador; **frutos da terra** produtos obtidos da terra para alimentação do homem; **frutos do mar** animais marinhos comestíveis (crustáceos, moluscos, etc.), exceto os peixes, usados na alimentação; **colher os frutos de** conseguir bons resultados em função da dedicação, do esforço, etc.; **dar frutos** ter um resultado positivo (Do lat. *fructu-*, «id.»)
frutose *n.f.* QUÍMICA açúcar isómero da glicose, existente de um modo geral nos frutos e no mel; levulose (De *fruto+-ose*)
frutuária *n.f.* sociedade exploradora de laticínios, por conta particular ou do Estado (De fr. *fruitière*, «id.»)
frutuário *adj.* 1 relativo a frutos 2 que diz respeito a rendimentos de bens 3 produtivo; proveitoso; fértil (Do lat. *fructuarĭu-*, «id.»)
frutuosamente *adv.* 1 de maneira frutuosa 2 proveitosamente; com bom resultado (De *frutuoso+-mente*)
frutuoso /ô/ *adj.* 1 que dá muitos frutos; abundante em frutos 2 útil; proveitoso; lucrativo (Do lat. *fructuōsu-*, «id.»)
ftalato *n.m.* QUÍMICA sal ou éster derivado do ácido ftálico (De *ftál[ico]+-ato*)
ftaleína *n.f.* QUÍMICA corante que se obtém pela mistura do anidrido ftálico e um fenol (Do fr. *phtaléine*, «id.»)
ftálico *adj.* QUÍMICA designativo vulgar do ácido 1,2-benzenodicarboxílico e do seu anidrido (De *[na]ftal[ina]+-ico*, ou do fr. *phtalique*, «id.»)
ftanito *n.m.* PETROLOGIA rocha sedimentar, siliciosa, de origem orgânica, formada pela acumulação de esqueletos de radiolários, diatomáceas, etc. (Do gr. *phthánein*, «chegar primeiro» +*-ito*)
ftártico *adj.* capaz de destruir; deletério (Do gr. *phthartikós*, «corruptor»)
ftiríase *n.f.* MEDICINA dermatose caracterizada por grande desenvolvimento de piolhos numa região ou na totalidade do corpo 2 BOTÂNICA doença caracterizada por grande desenvolvimento de parasitas nos vegetais (Do gr. *phtheiríasis*, «id.»)
ftisiúria *n.f.* MEDICINA abatimento físico produzido por excessiva secreção de urina (diabetes) (Do gr. *phthísis*, «consumpção» +*oûron*, «urina» +*-ia*)
fu *interj.* exprime enfado, nojo (Do lat. *phu*, «id.»)

fuá *adj.2g.* [Brasil] diz-se do cavalo desconfiado, espantadiço (De orig. obsc.)

fuba¹ *n.f.* 1 farinha de milho; quindele 2 farinha de mandioca; bombó; cabári 3 farinha de batata-doce; candumba 4 farinha de massambala 5 farinha de massango 6 bebida obtida de seiva vegetal, comum em África (sem localização geográfica precisa) (Do quimbundo *fuba*, «id.», de *kufubuka*, «estar sem consistência»)

fuba² *n.m.* [Brasil] ⇒ **fubá**

fubá *n.f.* [Brasil] farinha de milho ou de arroz usada em culinária (Do quimb. *fubá*, «farinha»)

fubeca *n.f.* 1 [Brasil] sova 2 [Brasil] descompostura (De orig. obsc.)

fubecada *n.f.* 1 [Brasil] sova 2 [Brasil] descompostura 3 [Brasil] derrota; insucesso (Part. pass. fem. subst. de *fubecar*)

fubecar *v.tr.* 1 [Brasil] [coloq.] dar surra a; sovar 2 [Brasil] [coloq.] insultar 3 [Brasil] [coloq.] derrotar (De *fubeca*+-*ar*)

fuça *n.f.* [pop.] cara; rosto; ventas; *apanhar/levar nas fuças* [pop.] levar uma ou mais bofetadas, ser agredido na cara; *ir às fuças a/de* [pop.] bater em (Deriv. regr. de *focinho*?)

Fucáceas *n.f.pl.* BOTÂNICA família de algas feofíceas, a cujo género-tipo (*Fucus*) pertencem as bodelhas (Do gr. *phýkos*, «alga», pelo lat. *fucu-*, «fuco» +-*áceas*)

fucamena /ê/ *n.f.* BOTÂNICA árvore brasileira, cujas folhas são largas e enrugadas, também conhecida por quirato (De orig. obsc.)

fucense *adj.2g.* diz-se de uma variedade de milho graúdo (De orig. obsc.)

fúchsia /cs/ *n.f.* 1 BOTÂNICA ⇒ **brincos-de-princesa** 2 cor-de-rosa forte levemente purpúreo (De *L. Fuchs*, bot. al., 1501-1566 +-*ia*)

fuchsina /cs/ *n.f.* QUÍMICA substância corante, vermelha, derivada da anilina, utilizada nas operações de coloração (Do fr. *fuchsine*, «id.»)

fucícola *adj.2g.* que vive entre os fucos ou algas (Do lat. *fucu-*, «fuco» +*colĕre*, «viver»)

fuciforme *adj.2g.* que apresenta forma semelhante à do fuco; fucoide (De lat. *fucu-*, «fuco» +*forma-*, «forma»)

fuco *n.m.* 1 BOTÂNICA alga castanha, do género *Fucus*, de onde se obtém uma substância utilizada em tinturaria 2 [fig.] cosmético para o rosto 3 [fig.] adorno; arrebique 4 [fig.] disfarce; ilusão (Do gr. *phýkos*, «alga», pelo lat. *fucu-*, «id.»)

fucoide *adj.2g.* que se assemelha, morfologicamente, ao fuco (alga); fuciforme ■ *n.f.pl.* PALEONTOLOGIA plantas fósseis com forma semelhante ao fuco (Do gr. *phýkos*, «alga» +*eĩdos*, «semelhança»)

fucóide ver nova grafia fucoide

fúcsia *n.f.* ⇒ **fúchsia**

fucsina *n.f.* QUÍMICA ⇒ **fuchsina**

fucsite *n.f.* MINERALOGIA variedade de moscovite, de cor verde-esmeralda, a qual se deve à proporção de crómio presente; mica crómica

fueirada *n.f.* 1 pancada com fueiro (pau) 2 jogo completo de fueiros (para um carro de bois) (De *fueiro*+-*ada*)

fueiro *n.m.* 1 cada uma das estacas que seguram a carga de um carro de bois; estadulho 2 pau grosso; cacete 3 [Brasil] parte da barriga do cavalo (Do lat. tard. *funarĭ-*, «relativo a corda»?)

fuelóleo *n.m.* último produto da destilação do petróleo, que tem grande aplicação como combustível em estufas (fogões), caldeiras, fornos e motores de combustão interna (Do ing. *fuel oil*, «id.»)

fueta /ê/ *n.f.* ZOOLOGIA ⇒ **tourão** 1 (De orig. obsc.)

fufa *n.f.* [cal., depr.] mulher homossexual; lésbica

fúfia *n.f.* 1 [pop.] mulher pretensiosa 2 orgulho; altivez ■ *n.2g.* pessoa sem mérito mas favorecida pela sorte (De orig. onom.)

fúfio *adj.* [pop.] ordinário; reles (De orig. onom.)

fuga¹ *n.f.* 1 ato ou efeito de fugir; retirada rápida; fugida; evasão 2 ato de não fazer ou assumir o que se devia 3 subterfúgio; evasiva 4 ato de deixar escapar algo que devia ser mantido em segredo 5 saída de gás ou líquido 6 orifício por onde escapam gases ou líquidos 7 buraco por onde o fole recebe o ar 8 orifício do alambique 9 oportunidade; ocasião favorável 10 PSICOLOGIA comportamento que leva um indivíduo a evitar um estímulo indesejável; *em ~* em retirada; *pôr-se em ~* sumir-se, escapar-se (Do lat. *fuga*, «id.»)

fuga² *n.f.* MÚSICA forma de composição contrapontística, na qual as várias vozes se imitam sucessivamente ao longo do discurso musical (Do it. *fuga*, «id.»)

fugacidade *n.f.* 1 qualidade do que corre ou foge rapidamente 2 fuga rápida 3 qualidade do que passa rapidamente; transitoriedade 4 FÍSICA, QUÍMICA pressão que um gás real exerceria se se comportasse como um gás ideal (Do lat. *fugacitāte-*, «fuga»)

fugado *adj.* diz-se do trecho musical que tem fugas (variações livres) (De *fuga*+-*ado*)

fugalaça *n.f.* 1 corda comprida que se atira aos animais para os prender 2 corda do arpão, na caça à baleia 3 ato de soltar 4 [fig.] adiamento do prazo para se realizar alguma coisa (De *fugar*+*laçar*)

fugão *adj.* [regionalismo] ⇒ **fujão** (De *fuga*+-*ão*)

fugar *v.tr.* [ant.] afugentar; pôr em fuga (De *fuga*+-*ar*)

fugato *n.m.* MÚSICA andamento com as características da fuga (Do it. *fugato*, «id.»)

fugaz *adj.2g.* 1 que foge ou corre com muita velocidade; rápido 2 de curta duração; efémero; transitório (Do lat. *fugāce-*, «que foge»)

fugente *adj.2g.* 1 PINTURA que, num quadro, parece fugir à vista 2 HERÁLDICA diz-se das figuras que, no escudo, estão em posição de fugir ■ *n.m.pl.* PINTURA o que está representado em último plano num quadro; longes (Do lat. *fugiente-*, «que foge», part. pres. de *fugīre*, «fugir»)

fugião *adj.,n.m.* ⇒ **fujão** (De *fugir*+-*ão*)

fugida *n.f.* ato ou efeito de fugir; retirada rápida; partida precipitada; *de ~* de passagem, por alto, rapidamente; *em ~* em retirada rápida (Part. pass. fem. subst. de *fugir*)

fugidela *n.f.* partida precipitada; escapadela (De *fugir*+-*dela*)

fugidiço *adj.* ⇒ **fugidio** (De *fugir*+-*diço*)

fugidio *adj.* 1 acostumado a fugir; que tem tendência para fugir 2 que se esvai rapidamente; transitório 3 que evita a convivência, o trato social; esquivo (Do lat. *fugitīvu-*, «fugitivo»)

fugiente *adj.2g.* 1 que foge 2 que se afasta ou se perde de vista (Do lat. *fugiente-*, «que foge», part. pres. de *fugīre*, «fugir»)

fuginte *adj.2g.* ⇒ **fugente** (De *fugir*+-*inte*)

fugir *v.intr.* 1 afastar-se precipitadamente para evitar um perigo, um incómodo ou qualquer pessoa; debandar 2 sair de um local onde se estava preso 3 retirar-se; esconder-se 4 desaparecer; sumir-se 5 passar muito rapidamente ■ *v.tr.,intr.* 1 escapar-se (de); livrar-se (de) 2 evitar; afastar-se (de) 3 escapar; escorregar 4 desviar-se (de) 5 não fazer ou assumir o que se devia; esquivar-se (a); furtar-se (a); *~ a boca para a verdade* dizer algo sem querer (Do lat. vulg. **fugīre*, do lat. cl. *fugĕre*, «id.»)

fugitivo *adj.* 1 que fugiu; que se evadiu; desertor 2 que passa rapidamente; breve; efémero 3 pouco nítido; impreciso 4 que evita a convivência; esquivo ■ *n.m.* pessoa que fugiu; evadido (Do lat. *fugitīvu-*, «id.»)

-fugo sufixo nominal de origem latina, que exprime a ideia de *fugir*, *afugentar*, *afastar* (*febrífugo*; *vermífugo*)

fugueiro *n.m.* ⇒ **fueiro**

führer *n.m.* chefe; chefe de partido; dirigente (Do al. *Führer*, «id.»)

fuinha¹ *n.f.* ZOOLOGIA pequeno mamífero carnívoro, de corpo flexível e esguio, focinho pontiagudo, patas curtas, pelagem branca à volta das orelhas e da boca, negra nas patas e cauda, e cinzenta escura no resto do corpo, que exala um cheiro intenso e desagradável ■ *n.2g.* 1 pessoa bisbilhoteira; mexeriqueiro 2 pessoa excessivamente apegada ao dinheiro; pessoa muito avarenta 3 pessoa muito magra (Do fr. *fouine*, «id.»)

fuinha² *n.f.* 1 ORNITOLOGIA ⇒ **felosa** 1 2 ORNITOLOGIA ⇒ **boita** 1 (De orig. onom.)

fuinho *n.m.* 1 ⇒ **boita** 1 2 ⇒ **picanço** 1 3 ⇒ **peto** 1 (De orig. onom.)

fujão *adj.,n.m.* que ou pessoa que tem tendência para fugir (De *fugir*+-*ão*)

fula¹ *n.f.* 1 pressa; diligência 2 tropel 3 grande quantidade 4 empola 5 cada uma das cavidades bucais onde se acumulam os alimentos, enquanto se mastiga 6 porção de alimento que se mastiga de uma vez; *à ~* à pressa, precipitadamente (De orig. obsc.)

fula² *n.f.* 1 preparação do feltro para chapéus 2 aparelho de calandrar panos

fula³ *n.f.* BOTÂNICA nome da angélica-branca e de outras plantas da Índia (Do neo-árico *púl*, do sânsc. *phull*, «desabrochar»)

fula⁴ *adj.2g.* 1 relativo ou pertencente aos Fulas 2 [Brasil] designativo do mestiço de negro e mulato ■ *n.2g.* indivíduo que pertence aos Fulas ■ *n.m.* grupo de línguas faladas no litoral da África Ocidental, pelos Fulas (Do ár. **fulah*, por *fellah*, «lavrador»)

fula-fula *n.f.* confusão; *à ~* atabalhoadamente, muito à pressa

fulame *n.m.* porção de feltro para chapéus (De *fula*+-*ame*)

fulano *n.m.* 1 pessoa cujo nome não se conhece ou não se quer mencionar 2 [coloq.] indivíduo; sujeito; *~, sicrano e beltrano* todas as pessoas, esta, essa e aquela pessoas (Do ár. *fulân*, «alguém», pelo cast. *fulano*, «id.»)

fulão *n.m.* caldeira para enfortir a fula do feltro nas chapelarias (Do fr. *foulon*, «pisão»)

Fulas *n.m.pl.* ETNOGRAFIA povo que habita grande parte da África Ocidental, particularmente a Guiné-Bissau (Do ár. **fulah*, por *felláh*, «lavrador»)

fulcrado *adj.* **1** sustentado em fulcro **2** baseado (em); fundamentado (em) **3** BOTÂNICA diz-se dos caules donde derivam raízes compridas que, penetrando na terra, dão origem a novos caules (De *fulcro+-ado*)

fulcral *adj.2g.* relativo ao fulcro, ao ponto fundamental de algo; crucial; axial (De *fulcro+-al*)

fulcro *n.m.* **1** tudo o que serve para sustentar qualquer coisa; sustentáculo; alicerce **2** parte essencial ou mais importante; ponto crucial; cerne **3** BOTÂNICA qualquer órgão que protege ou facilita a vegetação **4** espigão sobre o qual gira qualquer coisa **5** FÍSICA eixo **6** FÍSICA ponto de apoio da alavanca (Do lat. *fulcru-*, «suporte»)

fulda *n.f.* túnica branca do papa (De *Fulda*, top., cidade alemã da Baviera)

fuleca *n.f.* ORNITOLOGIA ⇒ **felosa** 1 (De *feleca*)

fulecra *n.f.* **1** ORNITOLOGIA nome vulgar por que são conhecidos alguns pássaros da família dos Silvídeos (ou Muscicapídeos); toutinegra; papa-amoras; papa-figos **2** [fig.] rapariga miúda e travessa (De *fuleca*)

fulgência *n.f.* qualidade daquilo que fulge ou brilha; fulgor; brilho; esplendor (Do lat. *fulgentĭa*, part. pres. neut. pl. subst. de *fulgēre*, «brilhar»)

fulgente *adj.2g.* que fulge; brilhante; luzente (Do lat. *fulgente-*, «id.», part. pres. de *fulgēre*, «brilhar»)

fulgentear *v.tr.* tornar fulgente; abrilhantar (De *fulgente+-ear*)

fúlgido *adj.* que fulge; brilhante; fulgente (Do lat. *fulgĭdu-*, «luminoso»)

fulgir *v.intr.* **1** brilhar; ter fulgor; resplandecer **2** sobressair; realçar-se ■ *v.tr.* fazer brilhar (Do lat. *fulgēre*, «brilhar»)

fulgor *n.m.* **1** brilho intenso; clarão; esplendor **2** o que emite luz; luzeiro **3** [fig.] brilhantismo; distinção (Do lat. *fulgōre-*, «id.»)

Fulgóridas *n.m.pl.* ZOOLOGIA ⇒ **Fulgorídeos**

Fulgorídeos *n.m.pl.* ZOOLOGIA família de insetos hemípteros, tipicamente com a cabeça grande e prolongada para a frente, e afins das cigarras (Do lat. *Fulgŏra*, mitol., deusa que presidia aos relâmpagos +*-ídeos*)

fulgur- elemento de formação de palavras que exprime a ideia de *relâmpago* (Do lat. *fulgŭre-*, «relâmpago»)

fulguração *n.f.* **1** clarão sem estrondo produzido pela eletricidade atmosférica **2** clarão rápido; cintilação rápida **3** brilho; fulgor **4** MEDICINA ação ou efeitos patológicos da descarga elétrica num organismo vivo (Do lat. *fulguratiōne-*, «id.»)

fulgural *adj.2g.* que diz respeito ao raio ou ao relâmpago (Do lat. *fulgurāle-*, «id.»)

fulgurância *n.f.* **1** qualidade do que brilha ou resplandece **2** característica do que se distingue ou sobressai **3** característica do que é rápido e intenso (Do lat. *fulgurantĭa*, part. pres. neut. pl. subst. de *fulgurāre*, «brilhar»)

fulgurante *adj.2g.* **1** que relampeja; coruscante **2** que brilha momentaneamente **3** muito brilhante; resplendente **4** que se distingue; que sobressai **5** rápido como um relâmpago **6** MEDICINA muito rápido e intenso (Do lat. *fulgurante-*, «id.», part. pres. de *fulgurāre*, «brilhar»)

fulgurar *v.intr.* **1** brilhar momentaneamente; cintilar; emitir luz rápida e intensa **2** relampejar **3** fulgir; resplandecer **3** [fig.] sobressair; distinguir-se (Do lat. *fulgurāre*, «brilhar»)

fulgurito *n.m.* GEOLOGIA corpo vitrificado, geralmente de forma tubular, produzido pela ação do raio sobre a areia ou outra rocha, nas quais provoca fusão (Do lat. *fulgurĭtu-*, «fulminado pelo raio»)

fúlguro *adj.* ⇒ **fulgurante** (Do lat. vulg. *fulgŭru-*, «brilho»)

fulguroso /ô/ *adj.* ⇒ **fulgurante** (De *fúlguro+-oso*)

fulharia *n.f.* ⇒ **fulheira** (De cast. *fullería*, «trapaça»)

fulheira *n.f.* trapaça ao jogo; trafulhice (De cast. *fullería*, «id.»)

fulheiro *adj.,n.m.* que ou aquele que trapaceia ao jogo (Do cast. *fullero*, «id.»)

fulicárias *n.f.pl.* ORNITOLOGIA termo que tem sido usado para designar um grupo de aves pernaltas da família dos Ralídeos (género *Fulica*) (Do lat. *fulĭca-*, «gaivota» +*-ária*)

fuligem *n.f.* **1** substância preta, pulverulenta, que provém da decomposição de matérias combustíveis e que o fumo deposita nos canos das chaminés, nas paredes e nos tetos das cozinhas, etc. **2** mancha negra que reveste certos frutos, folhas e flores **3** sinal; rasto (Do lat. *fulĭgĭne-*, «id.»)

fuliginosidade *n.f.* **1** qualidade do que está coberto de fuligem **2** MEDICINA crosta negra que cobre os dentes e a língua, em certas doenças (De *fuliginoso+-i-+-dade*)

fuliginoso /ô/ *adj.* **1** coberto de fuligem **2** escurecido pela fuligem **3** semelhante a fuligem **4** MEDICINA que tem crosta escura, devido a doença (Do lat. *fuliginōsu-*, «coberto de fuligem»)

fulista *n.2g.* operário de chapelaria encarregado da preparação dos feltros (fula) (De *fula+-ista*)

full-contact *n.m.* DESPORTO desporto de combate que combina várias artes marciais, associando os golpes do boxe aos chutos do karaté, e em que os praticantes usam diversas proteções (luvas, capacete, botas) devido ao constante contacto físico (Do ing. *full contact (karate)*, «id.»)

full-time *adj.inv.,n.m.2n.* que ou trabalho que se faz a tempo inteiro ■ *n.m.2n.* horário completo (Do ing. *full time*, «id.»)

fulmi- elemento de formação de palavras que exprime a ideia de *raio* (Do lat. *fulmĭne-*, «raio»)

fulmialgodão *n.m.* ⇒ **algodão-pólvora** (De *fulmi+algodão*)

fulmilenho *n.m.* nitrocelulose da madeira (De *fulmi+lenho*)

fulminação *n.f.* **1** morte causada por descarga elétrica **2** destruição súbita e total; aniquilação **3** detonação de matérias explosivas **4** RELIGIÃO ato de decretar uma sentença condenatória (Do lat. *fulminatiōne-*, «id.»)

fulminador *adj.,n.m.* **1** que ou o que lança raios **2** que ou o que destrói ou aniquila (Do lat. *fulminatōre-*, «id.»)

fulminante *adj.2g.* **1** que lança raios ou coriscos; que fulmina **2** que assombra, ataca, destrói ou mata repentinamente **3** furioso; indignado; colérico **4** terrível; cruel **5** suscetível de explodir sob a ação do calor ■ *n.m.* **1** explosivo com o qual se carregam as cápsulas e os detonadores **2** rastilho de mineiros **3** explosivo das espingardas de criança (Do lat. *fulminante-*, «id.», part. pres. de *fulmināre*, «fulminar»)

fulminar *v.tr.,intr.* lançar raios (sobre) ■ *v.tr.* **1** (raio) ferir; destruir; matar **2** ferir, agredir ou matar com a violência e a rapidez de uma descarga elétrica **3** matar instantaneamente **4** aniquilar; reduzir a nada **5** invetivar; apostrofar **6** dirigir olhares ou gestos agressivos a **7** deixar sem reação; aturdir **8** RELIGIÃO decretar; pronunciar (sentença condenatória, excomunhão) ■ *v.intr.* **1** brilhar; fulgurar **2** explodir; detonar (Do lat. *fulmināre*, «id.»)

fulminato *n.m.* QUÍMICA explosivo iniciador constituído por um sal de mercúrio do ácido fulmínico (De *fulmin-+-ato*)

fulminatório *adj.* **1** que fulmina ou lança raios contra **2** que ataca ou destrói repentinamente **3** RELIGIÃO que encerra excomunhão (Do lat. **fulminatorĭu-*, «que fulmina»)

fulmíneo *adj.* **1** relativo a raio **2** [fig.] brilhante ou destruidor como o raio (Do lat. *fulminĕu-*, «id.»)

fulmin(i)- elemento de formação de palavras que exprime a ideia de *raio* (Do lat. *fulmĭne-*, «raio»)

fulminífero *adj.* que traz ou lança raios (De *fulmini-+-fero*)

fulminígero *adj.* que produz raios (De *fulmini-+-gero*)

fulminívomo *adj.* **1** que lança raios **2** que deita fogo **3** que expele projéteis (De lat. *fulmĭne-*, «raio» +*vomĕre*, «vomitar»)

fulminoso /ô/ *adj.* ⇒ **fulmíneo** (Do lat. **fulminōsu-*, de *fulmĭne-*, «raio»)

fulo[1] *adj.* **1** diz-se do negro que tem uma tonalidade amarelada **2** [fig.] que muda de cor devido a emoção ou sensação violentas **3** [pop.] irritado; furioso; zangado ■ *n.m.* ORNITOLOGIA pássaro africano que tem os dedos ligados entre si (Do lat. *fulvu-*, «amarelado»)

fulo[2] *v.tr.,n.m.* ⇒ **fula**[4]

fuloar *v.tr.* submeter a fula; apisoar (De *fulão+-ar*)

Fulos *n.m.pl.* ETNOGRAFIA ⇒ **Fulas**

fulosa *n.f.* máquina de chapelaria (De *fula+-osa*)

fulverino *n.m.* preparação que se dá ao pano para receber cor escura (De *fulvo*)

fulvescência *n.f.* **1** qualidade de fulvo; flavescência **2** cor loura ou amarelo-torrada (De *fulvo*, por analogia com flavescência)

fúlvido *adj.* fulvo e luzente; da cor do ouro (Do lat. *fulvĭdu-*, «amarelado»)

fulvípede *adj.2g.* diz-se dos animais que têm as patas fulvas (Do lat. *fulvu-*, «fulvo» +*pede-*, «pé»)

fulvipene *adj.2g.* diz-se das aves cujas penas são fulvas (Do lat. *fulvu-*, «fulvo» +*penna-*, «pena»)

fulvirrostro /ô/ *adj.* de bico fulvo (Do lat. *fulvu-*, «fulvo» +*rostru-*, «bico»)

fulvo *adj.* de cor amarelo-torrada; alourado; dourado (Do lat. *fulvu-*, «id.»)

fum *interj.* imitativa do ruído por quem está a fungar; *nem ~ nem funeta* nem uma palavra (De orig. onom.)

fumaça *n.f.* **1** fumo espesso; grande porção de fumo **2** quantidade de fumo aspirado de uma vez **3** vapor do álcool que sobe à cabeça

fumaçada 4 *pl.* [fig.] vaidade; petulância; pretensões infundadas (De *fumo+-aça*)

fumaçada *n.f.* ⇒ **fumaceira** (De *fumaça+-ada*)

fumaceira *n.f.* grande quantidade de fumo (De *fumaça+-eira*)

fumacento *adj.* fumarento; que deita fumo (De *fumaça+-ento*)

fumada *n.f.* I fumo que se faz para dar sinal de alarme 2 quantidade de fumo aspirado de uma vez; fumaceira (Part. pass. fem. subst. de *fumar*)

fumadeira *n.f.* I boquilha para fumar 2 [regionalismo] espécie de cachimbo (De *fumar+-deira*)

fumador *adj.,n.m.* que ou pessoa que tem o hábito de fumar tabaco; **~ passivo** pessoa que inala involuntariamente fumo de tabaco (De *fumar+-dor*)

fumagem *n.f.* I ato de expor carnes ou peixe ao fumo para os secar e conservar 2 dourado falso 3 antigo imposto sobre as casas onde se acendia o lume (Do fr. *fumage*, «id.»)

fumagina *n.f.* BOTÂNICA doença de alguns vegetais (videira, oliveira, laranjeira, etc.), provocada por vários fungos parasitas (Do fr. *fumagine*, «id.»)

fumante *adj.,n.2g.* [Brasil] ⇒ **fumador** ▪ *adj.2g.* I que deita fumo; fumegante 2 que lança vapores (Do lat. *fumante-*, «id.», part. pres. de *fumāre*, «deitar fumo; fumegar»)

fumão *n.m.* [pop.] grande fumador; fumista (De *fumar+-ão*)

fumar *v.tr.,intr.* inspirar e expirar o fumo de (tabaco) ▪ *v.tr.* curar ou secar ao fumo (alimento); defumar ▪ *v.intr.* I inspirar e expirar o fumo do tabaco como procedimento habitual 2 lançar fumo; fumegar 3 [fig.] encolerizar-se; enfurecer-se (Do lat. *fumāre*, «deitar fumo»)

fumaraça *n.f.* ⇒ **fumarada** (De *fumar+-aça*)

fumarada *n.f.* grande quantidade de fumo (Part. pass. fem. subst. de *fumarar*)

fumarar *v.intr.* deitar fumo; fumegar ▪ *v.tr.* expelir ou espalhar como fumo (De *fumar+-ar*)

fumareda /ê/ *n.f.* grossas nuvens de fumo, fumarada (De *fumar+-eda*)

fumarento *adj.* I que deita muito fumo 2 cheio de fumo (De *fumar+-ento*)

fumaria *n.f.* lugar onde se fuma, principalmente no Oriente (De *fumo+-aria*)

fumária *n.f.* BOTÂNICA planta herbácea, da família das Fumariáceas, de flores pequenas, em cachos densos, espontânea em Portugal e também designada por erva-molarinha e fumo-da-terra (Do lat. *fumarĭa-*, «id.»)

Fumariáceas *n.f.pl.* BOTÂNICA família de plantas dicotiledóneas, herbáceas, com folhas alternas, flores hermafroditas e frutos secos (Do lat. *fumarĭa-*, «id.» +*-áceas*)

fumária-das-paredes *n.f.* BOTÂNICA planta herbácea, débil, da família das Fumariáceas, espontânea e frequente de norte a sul de Portugal, também conhecida por salta-sebes

fumária-das-sebes *n.f.* BOTÂNICA planta herbácea, robusta, trepadora, da família das Fumariáceas, com flores relativamente grandes, espontânea em Portugal, em algumas regiões da Estremadura

fumária-dos-campos *n.f.* BOTÂNICA planta herbácea, da família das Fumariáceas, com flores relativamente grandes, espontânea em Portugal, da Estremadura ao Algarve

fumárico *adj.* QUÍMICA diz-se de um diácido etilénico, isómero do ácido maleico, com aplicação na preparação de resinas sintéticas, como acidulante e aromatizante, na indústria dos alimentos, etc. (De *fumária+-ico*)

fumarola *n.f.* GEOGRAFIA manifestação secundária do vulcanismo que consiste na emanação de produtos gasosos, vapor de água, ácido clorídrico e dióxido de carbono, com a aparência de uma pequena coluna de fumo branco (Do it. *fumaruola*, «id.»)

fumatório *adj.* diz-se do aparelho com que se fuma ▪ *n.m.* I local onde se fuma 2 sala de fumo (De *fumar+-tório*)

fumável *adj.2g.* I que se pode fumar 2 bom para fumar (De *fumar+-vel*)

fumeante *adj.2g.* que deita fumo; fumegante (De *fumear+-ante*)

fumear *v.intr.* ⇒ **fumegar** (De *fumo+-ear*)

fumegante *adj.2g.* que lança fumo; que fumega (De *fumegar+-ante*)

fumegar *v.intr.* I deitar fumo 2 exalar vapores 3 formar borbulhas; espumar 4 irromper; surgir; transparecer 5 [fig.] estar em grande cólera (Do lat. *fumigāre*, «id.»)

fumeiro *n.f.* I vão da chaminé, onde se penduram chouriços e carnes para defumar 2 carne exposta ao fumo 3 cano da chaminé por onde sai o fumo 4 grande quantidade de fumo (Do lat. *fumarĭu-*, «lugar onde se expõe alguma coisa ao fumo»)

fúmeo *adj.* ⇒ **fúmido** (Do lat. *fumĕu*, «id.»)

fumi- elemento de formação de palavras que exprime a ideia de *fumo* (Do lat. *fumu-*, «fumo»)

fúmido *adj.* I da natureza do fumo 2 que lança fumo; fumoso; fumífero (Do lat. *fumĭdu-*, «que fumega»)

fumífero *adj.* ⇒ **fumoso** (Do lat. *fumifĕru-*, «que lança fumo»)

fumífico *adj.* que faz fumo; fumoso (Do lat. *fumifĭcu-*, «que faz fumo»)

fumiflamante *adj.2g.* que lança fumo e chamas (De *fumi-+flamante*)

fumífugo *adj.* que afasta ou espalha o fumo ▪ *n.m.* aparelho que se coloca na chaminé para puxar o fumo para o exterior (De *fumi-+-fugo*)

fumigação *n.f.* I ação de submeter um corpo ao fumo ou ao vapor 2 MEDICINA exposição de uma parte do corpo à ação de vapores de substâncias medicinais 3 desinfeção de um lugar ou aniquilação de parasitas por ação de fumo ou gases (Do lat. *fumigatiōne-*, «id.»)

fumigador *n.m.* aparelho que serve para fazer fumigações (De *fumigar+-dor*)

fumigar *v.tr.* I submeter (um corpo) à ação de fumo ou vapor; defumar 2 MEDICINA expor (uma parte do corpo) à ação de vapores de substâncias medicinais 3 desinfetar (local) ou exterminar (parasitas) por ação de fumo ou gases (Do lat. *fumigāre*, «id.»)

fumigatório *adj.* próprio para fumigar ▪ *n.m.* ⇒ **fumigação** (De *fumigar+-tório*)

fumígeno *adj.* que produz fumo (De *fumi-+-geno*)

fuminé *n.f.* [regionalismo] ⇒ **chaminé** (De *chaminé*, com infl. de *fumo*)

fumista *n.2g.* pessoa que fuma por hábito (De *fumar+-ista*)

fumívomo *adj.* I que vomita fumo 2 que deita fumo; fumante (De *fumi-+-vomo*)

fumívoro *adj.* que absorve o fumo ▪ *n.m.* aparelho utilizado para absorver o fumo do tabaco, das chaminés, do fogão, etc. (De *fumi-+-voro*)

fumo[1] *n.m.* I mistura complexa de gases ou vapores, com partículas em suspensão, que se desprendem dos corpos em combustão ou muito aquecidos 2 mistura de gases que são produzidos pela combustão do tabaco 3 vapor que se desprende de corpos húmidos ou de líquidos quando mais quentes que o ambiente onde se encontram 4 bafo 5 cheiro desagradável que emana das substâncias em decomposição 6 tira de pano preto, usada como distintivo de luto 7 pó negro que entra na composição de certas tintas 8 hábito de fumar 9 tabaco para fumar 10 [fig.] o que é efémero, transitório 11 [pop.] cheiro ou gosto a esturro 12 [fig.] indício 13 [fig.] suspeita 14 *pl.* vapor do álcool que sobe à cabeça 15 *pl.* [fig.] vaidade; presunção; **~ de palha** [coloq.] coisa de pouco valor, entusiasmo que dura pouco tempo; **desfazer-se em ~** fracassar, não dar origem ao resultado desejado (Do latim *fumu-*, «idem»)

fumo[2] *n.m.* I [Angola] conselheiro do soba; senhor 2 [Moçambique] chefe de grupo de povoações; chefe de linhagem (Do quicongo *nfumu*, «marca de nascença sobre a pele»)

fumo-bravo *n.m.* BOTÂNICA planta herbácea, da família das Solanáceas, com propriedades medicinais, cujas folhas se usam como as do tabaco

fumo-da-terra *n.m.* BOTÂNICA ⇒ **fumária**

fumosidade *n.f.* I qualidade do que lança fumo ou vapores 2 fumo; vapores (De *fumoso+-i-+-dade*)

fumoso /ô/ *adj.* I que lança fumo ou vapores 2 cheio de fumo 3 [fig.] presunçoso; vaidoso (Do lat. *fumōsu-*, «id.»)

funambular *v.intr.* andar ou dançar em corda bamba (De *funâmbulo+-ar*)

funambulesco /ê/ *adj.* I relativo a funâmbulo 2 próprio de funâmbulo 3 burlesco; excêntrico (De *funâmbulo+-esco*)

funambulismo *n.m.* profissão ou arte de funâmbulo (De *funâmbulo+-ismo*)

funâmbulo *n.m.* I equilibrista que anda ou dança em corda bamba 2 [fig.] o que muda de opinião ou partido; indivíduo inconstante 3 ZOOLOGIA espécie de esquilo indiano (Do lat. *funambŭlu-*, «funâmbulo»)

funaná *n.m.* I música típica de Cabo Verde, de andamento muito rápido, em que o vocalista improvisa versos, acompanhado por concertina enquanto outro faz acompanhamento rítmico com ferrinhos, podendo os presentes cantar respostas corais ao vocalista 2 dança que essa música acompanha (Do crioulo *funaná*, «id.»)

funar v.intr. [Angola] vender mercadorias em localidades recônditas; negociar pelo interior do país (Do quicongo *mfúnu*, «comércio», do banto *funa*, «comerciar»)

funária n.f. BOTÂNICA nome vulgar por que são conhecidos alguns musgos da família das Funariáceas, entre os quais alguns muito frequentes nos sítios húmidos e frescos (Do lat. *funarĭa*-, «de corda»)

Funariáceas n.f.pl. BOTÂNICA família de musgos cujo género-tipo é representado pela funária (De *funária+-áceas*)

funboard n.m. DESPORTO desporto náutico praticado sobre uma prancha munida de mastro e vela (Do ing. *funboard*, «id.»)

funca adj.,n.2g. [Brasil] que ou o que tem pouco préstimo (De orig. obsc.)

funçanada n.f. ⇒ **funçanata** (De *função+-ada*)

funçanata n.f. passatempo divertido; festa; patuscada (De *função+-ata*)

funçanista n.2g. pessoa que gosta de se divertir (De *função+-ista*)

função n.f. 1 desempenho de uma atividade ou de um cargo; exercício; ocupação; serviço 2 atividade exercida; cargo; profissão; trabalho 3 utilidade; uso 4 papel; posição 5 trabalho executado por um aparelho ou máquina 6 festividade; funçanata; espetáculo 7 BIOLOGIA atividade executada por um órgão ou conjunto de órgãos, nos organismos, que concorrem para a conservação do indivíduo ou da espécie 8 GRAMÁTICA papel desempenhado por uma palavra ou grupo de palavras numa frase 9 MATEMÁTICA correspondência denominada y=f(x) ou expressão semelhante que a cada elemento x de um conjunto X associa um elemento y de um conjunto Y (sendo Y distinto ou não de X) 10 PSICOLOGIA categoria particular de atividade psíquica considerada na medida em que desempenha um papel determinado 11 QUÍMICA designação atribuída às substâncias que têm propriedades comuns em estreita relação com determinado agrupamento de átomos; ~ *da linguagem* GRAMÁTICA conjunto de características de um enunciado determinadas pelo objetivo da comunicação; ~ *legislativa* atividade de criação de normas jurídicas; ~ *pública* conjunto de funcionários que trabalham para o Estado; *funções da vida animal* BIOLOGIA funções dos aparelhos de relação (aparelho locomotor, sistema nervoso e órgãos dos sentidos); *funções da vida vegetativa* BIOLOGIA funções dos aparelhos da nutrição e da reprodução; *funções de relação* BIOLOGIA funções que têm por fim pôr em comunicação o interior do organismo com o exterior, através do movimento voluntário e a sensibilidade; *em ~ de* tendo em conta, dependendo de; *ser ~ de* ter valor dependente de (Do lat. *functiōne*-, «exercício»)

funchal n.m. sítio ou terreno onde crescem funchos (De *funcho+-al*)

funchalense adj.2g. relativo ou pertencente ao Funchal, capital da ilha da Madeira, ou que é seu natural ou habitante ■ n.2g. natural ou habitante do Funchal (De *Funchal*, top. +-*ense*)

funcho n.m. BOTÂNICA planta herbácea, cheirosa, originária do Mediterrâneo, da família das Umbelíferas, com flores amareladas e folhas divididas em lacínias filiformes, cujos frutos são utilizados como aromatizante e cujas sementes têm aplicação medicinal (Do lat. *fenucŭlu*-, «funcho»)

funcho-de-porco n.m. BOTÂNICA ⇒ **brinça**
funcho-doce n.m. BOTÂNICA ⇒ **erva-doce**
funcho-dos-alpes n.m. BOTÂNICA ⇒ **mutelina**
funcho-hortense n.m. BOTÂNICA ⇒ **erva-doce**
funcho-marítimo n.m. BOTÂNICA ⇒ **perrexil-do-mar**

funcional adj. 1 que diz respeito às funções de um órgão ou aparelho 2 que estuda as funções 3 prático; utilitário; de fácil aplicação ou uso 4 bem adaptado pela configuração e dimensões à função respetiva 5 pronto para funcionar 6 MEDICINA que não se deve a lesão ou anomalia do órgão, mas sim unicamente a uma perturbação do seu funcionamento; *educação ~* PEDAGOGIA sistema educativo que suscita o exercício das funções mentais da criança, à medida que vão aparecendo (apela para a sua ação espontânea assente no interesse) (Do fr. *fonctionnel*, «id.»)

funcionalidade n.f. 1 carácter do que é funcional ou prático 2 capacidade para a execução de determinada tarefa (De *funcional+-i+-dade*)

funcionalismo n.m. 1 sistema administrativo que tem como base a existência de um número considerável de funcionários 2 classe dos funcionários 3 maneira como alguma coisa funciona 4 teoria científica que, em diversos domínios (linguística, psicologia, sociologia, etc.), concede exclusiva ou predominante atenção aos aspetos funcionais dos fenómenos analisados (De *funcional+-ismo*)

funcionalista adj.2g. 1 relativo aos funcionários 2 pertencente ou relativo ao sistema administrativo que tem como base a existência de um número considerável de funcionários 3 que diz respeito à teoria científica do funcionalismo ■ n.2g. pessoa partidária do funcionalismo

funcionamento n.m. 1 ato ou efeito de funcionar; forma como alguma coisa funciona; ação; atividade; exercício 2 maneira como uma pessoa se comporta ou age (Do fr. *fonctionnement*, «id.»)

funcionar v.intr. 1 exercer a sua função; estar em exercício; operar; mover-se; trabalhar 2 estar em boas condições para poder estar em atividade 3 ter determinado resultado ou efeito 4 ter êxito; resultar bem 5 estar aberto ao público; estar em atividade 6 FISIOLOGIA (órgão, substância) cumprir a sua função (Do fr. *fonctionner*, «id.»)

funcionário n.m. pessoa que exerce uma função remunerada em estabelecimento público ou particular; empregado (Do fr. *fonctionnaire*, «id.»)

funcionista n.2g. pessoa que toma parte numa função (Do lat. *functiōne*-, «função» +-*ista*)

funco n.m. [Cabo Verde] cabana tradicional, de fundação circular, com teto de palha em forma de cone; cabana de pastor (Do crioulo *funku*, «id.», a partir do timené *an-funk*, «silo»)

funda n.f. 1 tira de couro ou corda, para arremessar pedras 2 MEDICINA aparelho cirúrgico para deter a evolução de hérnias 3 NÁUTICA cabo que, abraçando em diagonal o costado de uma embarcação, a fixa ao navio ou ao turco (Do lat. *funda*-, «id.»)

fundação[1] n.f. 1 ato ou efeito de fundar 2 origem; princípio 3 parte de uma construção destinada essencialmente a distribuir as cargas sobre o terreno; alicerce 4 DIREITO ato de criar, por doação ou testamento, uma instituição de interesse público e sem fins lucrativos 5 instituição criada dessa forma (Do lat. tard. *fundatiōne*-, «id.»)

fundação[2] n.f. [Angola] esclarecimento; descrição de um facto (Do quimb. *kufunda*, «id.»)

fundado adj. 1 que tem fundamento; baseado em argumentos sólidos 2 alicerçado; construído 3 bem assente; consolidado 4 criado 5 baseado (Do lat. *fundātu*-, «id.», part. pass. de *fundāre*, «abrir alicerces; firmar»)

fundador adj.,n.m. 1 que ou o que funda ou dá origem a algo; instituidor 2 que ou o que cria ou inventa (Do lat. *fundatōre*-, «id.»)

fundagem n.f. 1 parte sólida em suspensão num líquido e que assenta quando este está em repouso; borra; pé; fezes 2 [regionalismo] os tampos do tonel (De *fundo+-agem*)

fundal adj.2g. que fica no fundo de um monte, no vale; fundeiro ■ n.m. [regionalismo] campo baixo e de rega (De *fundo+-al*)

fundalha n.f. ⇒ **fundagem** (De *fundo+-alha*)

fundalho n.m. ⇒ **fundagem** (De *fundo+-alho*)

fundamentação n.f. ato ou efeito de fundamentar; argumentação; justificação; comprovação (De *fundamentar+-ção*)

fundamental adj.2g. 1 que serve de fundamento ou de alicerce a uma construção 2 [fig.] que tem carácter essencial; básico; principal 3 [fig.] que é absolutamente necessário; indispensável 4 MÚSICA na linguagem harmónica, designa a tónica de um acorde (Do lat. *fundamentāle*-, «id.»)

fundamentalismo n.m. 1 RELIGIÃO manutenção e defesa dos princípios religiosos tradicionais e ortodoxos, como a infalibilidade dos textos sagrados, e sua aceitação como verdades fundamentais imprescindíveis para a formação da consciência 2 atitude mental caracterizada pela defesa intransigente de princípios de carácter conservador; integrismo (De *fundamental+-ismo*, ou do ing. *fundamentalism*, «id.»)

fundamentalista adj.2g. 1 que diz respeito ao fundamentalismo 2 RELIGIÃO que refuta qualquer evolução ou mudança dos princípios tradicionais e ortodoxos; integrista; conservador ■ n.2g. adepto do fundamentalismo (De *fundamental+-ista*, ou do ing. *fundamentalist*, «id.»)

fundamentalmente adv. essencialmente; no fundo; basicamente (De *fundamental+-mente*)

fundamentar v.tr. 1 dar fundamento a; justificar; dar como razão de; provar 2 indicar o que serve de base a 3 alicerçar; basear; estabelecer; firmar ■ v.pron. apoiar-se; basear-se (De *fundamento+-ar*)

fundamento n.m. 1 base do edifício; alicerce 2 o que legitima ou justifica alguma coisa; razão; motivo; base 3 princípio ou conjunto de princípios em que assenta um sistema conceptual (Do lat. *fundamentu*-, «id.»)

fundão n.m. 1 lugar mais fundo de um rio; pego 2 mar alto 3 local extremamente profundo das fossas marinhas 4 lugar situado no fundo de um vale, entre elevações muito altas (De *fundo+-ão*)

fundar v.tr. 1 fazer os alicerces de; criar as bases de (uma construção) 2 edificar desde os alicerces; construir 3 instituir; dar origem a

fundável

4 basear **5** estabelecer; firmar **6** tornar mais fundo; afundar; aprofundar ■ *v.intr.* penetrar profundamente ■ *v.pron.* basear-se; estabelecer-se; apoiar-se (Do lat. *fundāre*, «id.»)

fundável *adj.2g.* diz-se de um terreno que tem camada arável muito funda (De *fundar*+*-vel*)

fundeadoiro *n.m.* ⇒ **fundeadouro**

fundeadouro *n.m.* ARQUEOLOGIA local próprio para os navios ancorarem; ancoradouro; amarradouro (De *fundear*+*-douro*)

fundear *v.intr.* **1** NÁUTICA lançar âncora ao mar para que a embarcação permaneça nesse sítio; ancorar; aportar **2** tocar no fundo; ir ao fundo ■ *v.tr.* lançar para o fundo (De *fundo*+*-ear*)

fundeiro¹ *adj.* **1** que fica no fundo **2** que é muito alto (De *fundo*+*-eiro*)

fundeiro² *n.m.* **1** aquele que faz fundas (tiras de couro) **2** indivíduo que combate com funda; fundibulário **3** dono do terreno onde a obra é construída ou a plantação é feita (De *funda*+*-eiro*)

fundente *adj.2g.* **1** que funde; que derrete **2** que está em fusão **3** que facilita a fusão **4** [fig.] lânguido ■ *n.m.* **1** substância que torna a fusão mais fácil **2** METALURGIA substância que forma com a ganga do minério compostos fusíveis capazes de se separarem do metal e extrair (Do lat. *fundente*-, «id.», part. pres. de *fundĕre*, «fundir; vestir»)

fundiário *adj.* relativo a terrenos; agrário (Do lat. *fundu*-, «terras» + *-ário*)

fundibulário *n.m.* indivíduo que combate com funda (Do lat. *fundibulariŭ*-, «id.»)

fundíbulo *n.m.* antigo engenho de guerra para arremessar pedras; funda (Do lat. *fundibŭlu*-, «funda»)

fundição *n.f.* **1** ato ou efeito de fundir; fusão **2** fábrica ou oficina onde se funde e trabalha o metal **3** metal fundido **4** TIPOGRAFIA totalidade do tipo existente numa tipografia **5** [fig.] projeto **6** [fig.] produção intelectual em preparação (De *fundir*+*-ção*)

fundido *adj.* **1** que se fundiu; derretido **2** unido; junto **3** [fig.] esbanjado; desbaratado **4** ELETRICIDADE que já não funciona por se ter derretido o fio de chumbo ou de outra liga existente no circuito elétrico; *ferro* ~ metal que resulta da fundição em moldes de ligas de ferro com teor de carbono superior ao do aço (Part. pass. de *fundir*)

fundidor *adj.,n.m.* que ou aquele que funde ou trabalha em fundição (De *fundir*+*-dor*)

fundilhar *v.tr.* pôr fundilho (remendo) em (De *fundilho*+*-ar*)

fundilho *n.m.* **1** parte das calças, cuecas, calções, etc., correspondente ao assento **2** remendo nessa parte (Do cast. *fondillos*, «id.»)

fundinho¹ *n.m.* biombo com duas folhas, atrás das portas dos salões, que simula uma passagem para outro compartimento (De *fundo*+*-inho*)

fundinho² *n.m.* [Guiné-Bissau] calção largo, com pernas ligadas, típico dos mandingas (Do crioulo guineense *fundiñu*, «idem»)

fundir *v.tr.* **1** fazer passar (qualquer substância) do estado sólido ao líquido; derreter; liquefazer **2** lançar (o material fundido) no molde **3** juntar; unir **4** incorporar; misturar **5** [fig.] gastar; dissipar ■ *v.pron.* **1** derreter-se; liquefazer-se **2** desfazer-se; sumir-se **3** confundir-se; incorporar-se; misturar-se **4** ELETRICIDADE derreter-se (fio de chumbo ou de outra liga num circuito elétrico) (Do lat. *fundĕre*, «fundir»)

fundismo *n.m.* resíduos da tosadura do pano (De *fundo*+*-ismo*)

fundista *n.2g.* **1** pessoa que escreve artigos de fundo de um jornal **2** DESPORTO atleta que faz corrida de fundo (De *fundo*+*-ista*)

fundível *adj.2g.* que se pode fundir ou derreter; fusível (De *fundir*+*-vel*)

fundo¹ *adj.* **1** que tem fundura ou profundidade; profundo **2** cavado **3** arreigado; íntimo **4** denso; espesso **5** [Cabo Verde, Guiné-Bissau, São Tomé e Príncipe] diz-se do crioulo antigo ou falado pelos velhos à maneira antiga ■ *n.m.* **1** parte mais afastada da abertura de entrada de uma cavidade ou coisa oca **2** parte mais baixa e sólida de um local onde repousa ou corre água; profundidade **3** parte mais baixa de um monte de coisas umas em cima das outras **4** parte mais baixa ou mais interior de um local ou de uma região **5** parte mais distante de um ponto de acesso a um espaço **6** parte mais interior; parte mais recôndita; âmago **7** extremidade da agulha de coser onde se encontra um orifício por onde passa a linha **8** [fig.] essência; substância **9** [fig.] fundamento; base **10** [fig.] matéria; tema; assunto **11** ECONOMIA quantidade de dinheiro que se tem à disposição num determinado momento **12** parte de uma superfície (tecido, papel, etc.) lisa e de textura igual em que sobressaem desenhos ou relevos **13** ARTES PLÁSTICAS plano mais afastado em relação aos motivos que se destacam **14** ECONOMIA organismo financeiro especializado **15** conjunto de bens que constituem o património de uma instituição (biblioteca, museu, etc.); acervo; espólio **16** *pl.* reserva em dinheiro ou em valores; provisões **17** *pl.* valores que constituem o ativo de uma sociedade; bens ■ *adv.* com profundidade; ~ *de investimento* ECONOMIA forma de colocação coletiva de poupança constituída por um conjunto diversificado de títulos, em que cada participante é titular de uma quota-parte de montante variável; ~ *de maneio* reserva de dinheiro; ~ *de reserva* ECONOMIA parte dos lucros que se destina a reforçar o capital de uma sociedade; ~ *social* ECONOMIA património de uma sociedade; *fundos públicos* ECONOMIA papéis de crédito garantidos pelo Estado; *a* ~ em cheio, no máximo; *a* ~ *perdido* diz-se de recursos financeiros que são utilizados sem se esperar reembolso ou compensação; *calar* ~ esconder desgostos, amarguras; *no* ~ no que é importante, no fundamental; *sem* ~ sem fim, que parece não se esgotar; *ver o* ~ *ao tacho* não deixar comida nenhuma (Do latim *fundu*-, «idem»)

fundo² *n.m.* [Angola] local de pernoita; acampamento (Do quimbundo *fundu*, «idem»)

fundujo *n.m.* ORNITOLOGIA nome vulgar por que também é designado o alça-cu (palmípede) (De orig. obsc.)

fundura *n.f.* **1** distância desde o nível ou superfície até ao fundo; profundidade **2** quantidade grande **3** boa qualidade **4** intensidade **5** *pl.* situação delicada; complicação (De *fundo*+*-ura*)

fúnebre *adj.2g.* **1** que se refere à morte ou ao funeral **2** [fig.] lúgubre; triste; funéreo (Do lat. *funĕbre*-, «id.»)

funel *n.m.* ⇒ **funéu**

funeral *adj.2g.* que se refere à morte ou ao funeral; fúnebre ■ *n.m.* **1** cerimónia de enterramento; enterro **2** cortejo fúnebre; *em* ~ em demonstração de luto (Do lat. *funerāle*-, «id.»)

funerário *adj.* **1** relativo à morte ou ao funeral; fúnebre **2** diz-se do lugar onde repousam os restos mortais (Do lat. *funerarĭu*-, «id.»)

funéreo *adj.* ⇒ **fúnebre** (Do lat. *funerĕu*-, «id.»)

funestação *n.f.* **1** ato ou efeito de funestar **2** luto; tristeza; graça (De *funestar*+*-ção*)

funestador *adj.,n.m.* que ou o que funesta (De *funestar*+*-dor*)

funestamente *adv.* **1** de modo funesto **2** desastradamente **3** infelizmente; tristemente (De *funesto*+*-mente*)

funestar *v.tr.* **1** tornar funesto ou infeliz; entristecer **2** infamar; desonrar **3** estigmatizar (Do lat. *funestāre*, «expor à morte»)

funesto *adj.* **1** que produz morte; fatal **2** que pressagia ou evoca a morte ou a desgraça **3** que enluta; que causa tristeza **4** cruel; doloroso; triste **5** nocivo; prejudicial (Do lat. *funestu*-, «id.»)

funéu *n.m.* cordão que passa por dentro de uma bainha, fazendo com que ela se franza e desfranza (Do lat. *fune*-, «corda» +*-éu*)

funga *n.f.* VETERINÁRIA doença das vias respiratórias do cão; esgana (Deriv. regr. de *fungar*)

fungada *n.f.* **1** ato de fungar **2** ruído produzido ao fungar (Part. pass. fem. subst. de *fungar*)

fungadeira *n.f.* **1** [coloq.] ato de aspirar ou expelir ar com frequência ou quase continuamente **2** [coloq.] choradeira **3** caixa para rapé; tabaqueira (De *fungar*+*-deira*)

fungadela *n.f.* **1** ato de absorver ou expelir ar pelo nariz de uma vez, produzindo um som típico **2** ato de aspirar ou expelir o ar pelo nariz quando se ri ou se chora (De *fungar*+*-dela*)

fungão¹ *adj.* **1** [pop.] que funga muito **2** [pop.] que aspira rapé com regularidade **3** [pop.] que choraminga por tudo e por nada ■ *n.m.* **1** [pop.] criança chorona **2** [pop.] nariz **3** *pl.* [pop.] cara; ventas; *ir aos fungões a* [pop.] esbofetear (De *fungar*+*-ão*)

fungão² *n.m.* **1** BOTÂNICA variedade de fungo **2** BOTÂNICA doença das gramíneas produzida por um fungo ascomicete; cravagem (De *fungo*+*-ão*)

fungar *v.intr.* **1** absorver ou expelir ar pelo nariz produzindo um som típico **2** aspirar ou expelir o ar pelo nariz com barulho quando se ri ou se chora **3** produzir som, absorvendo ar pelo nariz **4** [pop.] resmungar **5** [coloq.] expulsar com força e barulho ■ *v.tr.* absorver ou inspirar pelo nariz (De orig. onom.)

fungi- elemento de formação de palavras que traduz a ideia de *fungo*, *cogumelo* (Do lat. *fungu*-, «fungo»)

fungicida *adj.2g.* que destrói os fungos ■ *n.m.* AGRICULTURA produto tóxico utilizado para eliminar os fungos parasitas das plantas cultivadas (De *fungi-*+*-cida*)

fúngico *adj.* **1** relativo a fungos **2** da natureza dos fungos **3** produzido por fungos (Do lat. *fungu*-, «cogumelo» +*-ico*)

fungícola *adj.2g.* que vive nos fungos ou nos cogumelos (Do lat. *fungu*-, «cogumelo» +*colĕre*, «habitar»)

fungiforme *adj.2g.* semelhante a fungo ou cogumelo (De *fungi-*+*-forme*)

fungina *n.f.* substância extraída das membranas celulares dos fungos, que se considera como sendo formada essencialmente por metacelulose (De *fungo*+-*ina*)

fungível *adj.2g.* **1** que se pode gastar ou gozar **2** que se gasta com a primeira utilização **3** DIREITO diz-se de uma coisa que se determina pelo seu género, qualidade e quantidade, quando constitui objeto de relações jurídicas (Do lat. *fungibĭle*-, «que se pode gozar ou cumprir», de *fungi*, «cumprir; gozar»)

fungo[1] *n.m.* **1** BIOLOGIA designação do grupo de seres vivos eucarióticos, heterotróficos e microconsumidores **2** BOTÂNICA cogumelo **3** MEDICINA excrescência esponjosa, com aspeto de cogumelo, que se forma na pele ou nas mucosas (Do lat. *fungu*-, «fungo; cogumelo»)

fungo[2] *n.m.* ato de fungar ou farejar (Deriv. regr. de *fungar*)

fungosidade *n.f.* **1** qualidade do que é fungoso **2** MEDICINA excrescência em forma de cogumelo, na superfície das feridas **3** doença das videiras (De *fungoso*+-*idade*)

fungoso /ô/ *adj.* **1** semelhante ou relativo ao fungo **2** que tem poros como a esponja; esponjoso (Do lat. tard. *fungōsu*-, «id.»)

funicular *adj.2g.* **1** que é formado ou puxado por cordas ou cabos **2** ANATOMIA, BOTÂNICA relativo a funículo ■ *n.m.* **1** sistema de transporte em que o veículo se move num plano inclinado por meio de cabos de aço postos em ação por um motor imóvel, permitindo ultrapassar grandes diferenças de nível **2** veículo que se move através deste sistema (Do lat. *funicŭlu*-, «corda pequena», pelo fr. *funiculaire*, «funicular»)

funiculite *n.f.* MEDICINA inflamação dos elementos constituintes do chamado cordão espermático (canal deferente, etc.) (Do lat. *funicŭlu*-, «cordel» +-*ite*)

funículo *n.m.* **1** pequena corda **2** ANATOMIA cordão umbilical **3** região das antenas dos insetos **4** BOTÂNICA órgão peduncular que suporta o óvulo vegetal, fixando-o à placenta (Do lat. *funicŭlu*-, «cordel»)

funiforme *adj.2g.* semelhante a corda (Do lat. *fune*-, «corda» +*forma*-, «forma»)

funil *n.m.* **1** utensílio de plástico, vidro, folha ou outro material, de forma geralmente cónica, provido de um tubo fino no vértice, que serve para passar um líquido dentro de um recipiente de boca ou gargalo estreito **2** o que tem a forma deste utensílio ou é parecido com ele **3** o que permite passar em pouca quantidade ou de modo lento **4** ZOOLOGIA molusco lamelibrânquio, marinho, da família dos Aviculídeos, muito abundante nos fundos próximos das costas portuguesas; patacas; *lei de ~* lei injusta, que protege alguns (Do lat. *fundibŭlu*-, «funil», pelo bordalês *fonilh*, «id.»)

funilaria *n.f.* **1** loja onde se fabricam ou vendem funis e outros objetos de folha **2** grupo de funis **3** série de objetos de folha (De *funil*+-*aria*)

funileiro *n.m.* fabricante ou vendedor de funis e outros objetos de folha; latoeiro (De *funil*+-*eiro*)

funje *n.m.* [Angola] CULINÁRIA massa cozida, geralmente de farinha de milho, mandioca ou batata-doce (Do quicongo *funji*, «id.»)

funk *n.m.* estilo musical, de origem negra norte-americana, com ritmo sincopado forte (Do ing. *funk*, «id.»)

fura *n.f.* [regionalismo] furo feito com verrumão ou formão ■ *n.2g.* designação que os promotores de uma greve dão aos que a ela não aderem (Deriv. regr. de *furar*)

fura-balças *n.m.2n.* ORNITOLOGIA pássaro da família dos Silvídeos (ou Muscicapídeos), sedentário e comum em Portugal, também conhecido por chiadeira, flecha, fulecra, fura-moitas, toutinegra-dos-valados, etc.

fura-bolo /ô/ *n.2g.* [Brasil] [coloq.] ⇒ **fura-bolos** *n.2g.2n.* ■ *n.m.* [Brasil] [coloq.] dedo indicador

fura-bolos /ô/ *n.m.2n.* [coloq.] dedo indicador ■ *adj.inv.* **1** [coloq.] diz-se do dedo indicador **2** [coloq.] ativo; empreendedor ■ *n.2g.2n.* [coloq.] pessoa que faz pela vida; pessoa empreendedora

fura-bucho *n.m.* ORNITOLOGIA nome vulgar de umas aves palmípedes, marítimas, pertencentes à família dos Procelariídeos, também conhecidas por chireta, fura-mar, roli e rolim

fura-bugalhos *n.m.2n.* ORNITOLOGIA nome vulgar extensivo a uns pássaros da família dos Parídeos, comuns e sedentários em Portugal

furacão *n.m.* **1** ventania repentina e violenta **2** redemoinho de vento **3** tufão ou ciclone das regiões tropicais **4** [fig.] tudo o que destrói com rapidez e violência **5** [fig.] ímpeto arrebatado (Do taíno das Antilhas *hurakán*, «id.», pelo cast. *huracán*, «furacão»)

furação *n.f.* **1** ato de abrir furo ou furos em **2** conjunto dos furos de um instrumento, de uma peça, etc. (De *furar*+-*ção*)

furacar *v.tr.* [pop.] ⇒ **esburacar** (Do port. ant. *furaco*, «buraco», de *furo* × *buraco*+-*ar*)

furacidade *n.f.* tendência para o roubo (Do lat. *furacitāte*-, «id.»)

furadeira *n.f.* ⇒ **berbequim** (De *furar*+-*deira*)

furado *adj.* **1** com um ou mais furos ou buracos **2** [coloq.] que se frustrou; gorado **3** [coloq.] que não vale nada **4** [coloq.] que se interrompeu **5** [coloq.] que come o que quer e não engorda ■ *n.m.* [Madeira] túnel (Part. pass. de *furar*)

furadoiro *n.m.* ⇒ **furadouro** (De *furar*+-*doiro*)

furador[1] *n.m.* **1** instrumento de metal, osso ou marfim utilizado para fazer furos ou ilhós **2** utensílio utilizado geralmente em escritórios, que serve para fazer dois furos simultaneamente numa das margens de folhas de papel ■ *adj.* **1** que faz buracos; que fura **2** [fig.] empreendedor; ativo (De *furar*+-*dor*)

furador[2] *n.m.* [Guiné-Bissau] AGRICULTURA sangrador de palmeiras, para extração de vinho de palma (Do crioulo guineense *furadur*, «idem», de *furar*)

furadouro *n.m.* [ant.] atalho por onde alguém foge sem ser visto (De *furar*+-*douro*)

fura-figos *n.m.2n.* ORNITOLOGIA ⇒ **tralhão** (De *furar*+*figo*)

furagem *n.f.* **1** ato de abrir furo ou furos em **2** abertura de poços artesianos (De *furar*+-*agem*)

fura-greves *n.2g.2n.* pessoa que não participa numa greve para a qual foi convocada

fura-joelhos *n.m.2n.* ORNITOLOGIA [pop.] ⇒ **sovela 2** (De *furar*+*joelho*)

fura-mar *n.m.* ORNITOLOGIA ⇒ **fura-bucho** (De *furar*+*mar*)

fura-mato *n.m.* ZOOLOGIA ⇒ **cobra-cega 2** ORNITOLOGIA ⇒ **frango-d'água** (De *furar*+*mato*)

fura-moitas *n.m.2n.* ORNITOLOGIA ⇒ **fura-balças**

fura-moutas *n.m.2n.* ORNITOLOGIA ⇒ **fura-balças** (De *furar*+*mouta*)

fura-neve *n.f.* BOTÂNICA planta da família das Amarilidáceas, de aplicações terapêuticas, também conhecida por campainha-branca (De *furar*+*neve*)

furano *n.m.* QUÍMICA composto líquido incolor, que tem um anel constituído por quatro grupos CH_2 e um átomo de oxigénio

furão *n.m.* **1** ZOOLOGIA pequeno mamífero carnívoro, da família dos Mustelídeos, de corpo flexível, patas curtas e pelagem acinzentada, utilizado na caça ao coelho **2** instrumento pontiagudo utilizado para fazer furos **3** [fig.] pessoa curiosa; mexeriqueira **4** [fig.] pessoa empreendedora e dinâmica **5** [fig.] pessoa que não come muito ■ *adj.* ativo; diligente; trabalhador (Do lat. tard. *furōne*-, «id.», aum. de *fur*-, «ladrão»)

fura-panascos *n.m.2n.* ZOOLOGIA sáurio com membros locomotores rudimentares, da família dos Cincídeos, frequente em Portugal e também conhecido por cobra-de-pernas (De *furar*+*panasco*)

fura-paredes *n.2g.2n.* pessoa perspicaz, esperta, empreendedora (De *furar*+*parede*)

furar *v.tr.* **1** abrir furo ou furos em; fazer orifício ou orifícios em **2** passar através de **3** interromper **4** [coloq.] frustrar; fazer fracassar **5** abrir rombo em; arrombar ■ *v.tr.,intr.* penetrar (em); introduzir-se (por); romper (através de) ■ *v.intr.* irromper; sair (Do lat. *forāre*, «furar; perfurar»)

furável *adj.2g.* que se pode furar (De *furar*+-*vel*)

fura-vidas *n.2g.2n.* [coloq.] pessoa empreendedora e ativa que não olha a meios para conseguir o que quer (De *furar*+*vida*)

furbesco /ê/ *n.m.* gíria ou calão italiano (Do it. *furbesco*, «velhaco; manhoso»)

furcate *n.m.* [regionalismo] espécie de colar de madeira que trazem os animais de tiro (Do lat. *furca*-, «forcado de dois dentes», pelo prov. ou cat. *forcat*, «id.», pelo cast. *forcate*, «charrua de duas varas» puxada por um só animal)

furcífero *adj.* **1** que tem uma parte do corpo bifurcada **2** candidato à forca (Do lat. *furcifĕru*-, «aquele que merece a forca»)

furco *n.m.* [regionalismo] medida igual à que vai da extremidade do polegar à do dedo indicador, estando a mão aberta, e que é equivalente a três quartos de palmo (Do lat. *furca*-, «forcado»)

fúrcula *n.f.* ANATOMIA estrutura orgânica em forma de forquilha; *~ esternal* ANATOMIA chanfradura do bordo superior da parte superior do esterno (Do lat. *furcŭla*-, «pequeno forcado»)

furda *n.f.* [regionalismo] cabana; choça (De orig. obsc.)

furdão *n.m.* [regionalismo] abrigo coberto para porcos; pocilga (De *furda*+-*ão*)

furdúncio *n.m.* **1** [Brasil] [pop.] barulho; desordem **2** [Brasil] [pop.] festa popular

furente *adj.2g.* [poét.] enfurecido; furioso; irritado; colérico (Do lat. *furente*-, «furioso», part. pres. de *furĕre*, «estar delirante; estar furioso»)

furfuração *n.f.* produção de caspa na cabeça (Do lat. *furfuratiōne*-, de *furfure*-, «caspa; farelo»)

furfuráceo *adj.* relativo ou semelhante a farelo; furfúreo (Do lat. *furfurācĕu*-, «de farelo»)

furfúreo *adj.* ⇒ **furfuráceo** (Do lat. *furfurĕu*-, «de farelo»)

furgão *n.m.* 1 carruagem coberta e fechada do caminho de ferro destinada a transporte de bagagens, encomendas, etc. 2 automóvel coberto para transporte de mercadorias (Do fr. *fourgon*, «id.»)

furgoneta *n.f.* camioneta de carroçaria fechada, geralmente com porta traseira, destinada ao transporte de mercadorias de relativamente pouco peso (Do fr. *fourgonnette*, «furgão pequeno»)

fúria *n.f.* 1 estado de forte agitação que se revela de maneira súbita e violenta em palavras ou ações; furor; raiva; ira; cólera 2 acesso repentino de agitação violenta 3 pessoa irada; pessoa raivosa 4 força extraordinária 5 entusiasmo; arrebatamento; ímpeto 6 [com maiúscula] MITOLOGIA cada uma das divindades infernais romanas que atormentavam os condenados no Inferno 7 [ant.] mulher má e feia (Do lat. *furĭa-*, «id.»)

furial *adj.2g.* ⇒ **furioso** (Do lat. *furiăle-*, «id.»)

furibundo *adj.* que revela furor, ira ou raiva; furioso (Do lat. *furibundu-*, «id.»)

furifolha *n.f.* 1 ⇒ **felosa** 1 2 ⇒ **vira-folhas** (De *ferifolha*)

furifunar *v.tr.* tocar desafinadamente (De orig. onom.)

furiosidade *n.f.* qualidade de furioso (De *furioso*+-*i*-+-*dade*)

furioso /ô/ *adj.* 1 que denota fúria; raivoso; colérico; muito irritado; que é excessivamente violento 2 entusiasta; apaixonado 3 impossível de controlar; impetuoso; arrebatado 4 excessivo 5 forte 6 extraordinário ■ *n.m.* 1 pessoa que perdeu o uso da razão 2 adepto entusiasta (Do lat. *furiōsu-*, «id.»)

furlana *n.f.* dança alegre dos gondoleiros de Veneza (Do it. [danza] *friulana*, «furlana», dança da região de Friul, na Itália)

furna *n.f.* 1 cavidade de grandes dimensões, geralmente natural, no interior de um rochedo ou da terra; caverna; gruta; antro 2 espaço localizado abaixo do nível do solo; subterrâneo (Do lat. *furnu-*, «forno»)

furo *n.m.* 1 buraco; orifício; abertura artificial; rombo 2 abertura efetuada no solo para extrair água para a rega 3 [coloq.] orifício feito num pneu, esvaziando-o 4 [coloq.] posição; grau 5 [coloq.] modo de resolver uma situação delicada ou difícil; expediente; saída 6 [acad.] período de tempo sem aulas, geralmente de uma hora e entre dois tempos letivos 7 probabilidade de resolver uma dificuldade 8 [gír.] (jornalismo) notícia em primeira mão; *espreitar o* ~ procurar uma boa saída, procurar o melhor caminho; *sem* ~ sem saída, sem solução (Deriv. regr. de *furar*)

furoar *v.tr.,intr.* 1 procurar à maneira de furão 2 [fig.] pesquisar; investigar; afuroar (De *furão*+-*ar*)

furoeira *n.f.* caixa onde se leva o furão para a caça (De *furão*+-*eira*)

furoeiro *n.m.* indivíduo que cria e vende furões ■ *adj.* 1 que caça com furão 2 [fig.] pesquisador (De *furão*+-*eiro*)

furor *n.m.* 1 agitação violenta de ânimo; estado de exaltação interior; fúria 2 acesso repentino de agitação violenta 3 entusiasmo; arrebatamento 4 frenesi; delírio 5 força; ímpeto; violência; ~ *uterino* MEDICINA exagero patológico do desejo sexual na mulher, ninfomania; *fazer* ~ fazer muito sucesso, causar sensação (Do lat. *furōre-*, «id.»)

furriel *n.m.* MILITAR posto de sargento do Exército e da Força Aérea, superior ao de segundo-furriel e inferior ao de segundo-sargento, e cuja insígnia é constituída por três divisas no exército e quatro divisas na força aérea ■ *n.2g.* MILITAR militar que ocupa esse posto (Do fr. *fourrier*, «furriel», militar encarregado da instalação e alimentação das tropas)

furta-capa *n.m.* TAUROMAQUIA toureiro que provoca e distrai o touro com uma capa, nas touradas (De *furtar*+*capa*)

furta-cor *adj.2g.* que apresenta cor variada, conforme a luz projetada; cambiante ■ *n.m.* cor que se modifica conforme a luz projetada; *de furta-cores* matizado (De *furtar*+*cor*)

furtadela *n.f.* 1 ato de furtar ou furtar-se 2 ato de desviar ou esquivar-se; desvio do corpo para evitar um encontro 3 ato ou efeito de encobrir; ocultação 4 pequeno roubo; *às furtadelas* às escondidas (De *furtar*+-*dela*)

furtado *adj.* 1 subtraído; roubado 2 escondido; oculto; esconso 3 esquivo (Part. pass. de *furtar*)

furta-fogo *n.m.* luz escondida; *lanterna de* ~ lanterna que possui um dispositivo que, quando acionado, oculta a luz (De *furtar*+*fogo*)

furta-passo *n.m.* passo lento do cavalo; *a* ~ mansamente, com cautela (De *furtar*+*passo*)

furtar *v.tr.* 1 apoderar-se de (uma coisa alheia) contra a vontade do dono ou sem que ele o saiba; roubar; subtrair fraudulentamente 2 apresentar como seu (o que é de outra pessoa) 3 falsificar 4 desviar; afastar 5 não dar; recusar ■ *v.intr.* apoderar-se do que não é seu; roubar ■ *v.pron.* 1 não fazer ou assumir o que se devia; esquivar-se; negar-se; desviar-se 2 esconder-se; ~ *as voltas a* seguir caminho diferente do que segue alguém que se quer evitar (De *furto*+-*ar*)

furtivo *adj.* 1 que se faz às escondidas; que se encobre; secreto 2 rápido para não ser percebido; disfarçado 3 dissimulado; clandestino (Do lat. *furtīvu-*, «id.»)

furto *n.m.* 1 ato ou efeito de furtar; subtração fraudulenta; roubo 2 ato de apresentar como seu o que é de outra pessoa 3 coisa roubada 4 DIREITO crime contra o património cometido por quem, com ilegítima intenção de apropriação, para si ou para outrem, subtrai coisa alheia móvel; *a* ~ às escondidas, ocultamente (Do lat. *furtu-*, «id.»)

furuncular *adj.2g.* 1 referente a furúnculo; furunculoso 2 que tem o carácter ou é da natureza do furúnculo (De *furúnculo*+-*ar*)

furúnculo *n.m.* MEDICINA pequeno nódulo doloroso que se forma em torno da raiz de um pelo ou de uma glândula sudorípara, devido a inflamação do tecido celular situado debaixo da pele; leicenço (Do lat. *furuncŭlu-*, «id.»)

furunculose *n.f.* MEDICINA erupção de muitos furúnculos (De *furúnculo*+-*ose*)

furunculoso /ô/ *adj.* 1 relativo a furúnculo; furuncular 2 que tem ou é atreito a furúnculos (De *furúnculo*+-*oso*)

fusa *n.f.* MÚSICA figura musical que vale duas semifusas ou metade de uma semicolcheia e corresponde a um oitavo de tempo (Do it. *fusa*, «id.»)

fusada *n.f.* 1 golpe ou pancada com o fuso 2 quantidade de fio enrolado no fuso (De *fuso*+-*ada*)

fusão *n.f.* 1 ato ou efeito de fundir; derretimento 2 FÍSICA passagem do estado sólido ao líquido, por efeito do calor 3 estado da substância derretida pelo calor 4 QUÍMICA ato de dissolver uma substância num líquido 5 junção; mistura 6 aliança; união; ~ *de empresas* ECONOMIA reunião de duas ou mais empresas numa única, dando origem a uma empresa inteiramente nova; ~ *nuclear* FÍSICA aglomeração de núcleos atómicos leves com libertação de energia, obtida por diminuição de massa (Do lat. *fusiōne-*, «fusão»)

fusca[1] *n.f.* 1 ORNITOLOGIA pato selvagem, de peito, asas e lombo escuros 2 [gír.] polícia 3 [gír.] pistola (De *fusco*)

fusca[2] *n.m.* [Brasil] [pop.] automóvel de marca Volkswagen, de 1200 ou 1300 cilindradas, em forma de concha (Alt. pop. do al. *Volkswagen®*)

fusca-fusca *n.m.* [Guiné-Bissau] crepúsculo; lusco-fusco (Do crioulo guineense *fúska-fúska* / *fúsku-fúsku*, a partir de *lusco-fusco*)

fuscalvo *adj.* claro-escuro (De *fusco*+*alvo*)

fuscar *v.intr.* [Cabo Verde] embriagar-se (De *enfuscar*, «tornar sombrio»)

fusci- elemento de formação de palavras que exprime a ideia de *fusco*, *pardo* (Do lat. *fusco-*, «fusco; escuro»)

fuscicolo *adj.* ZOOLOGIA que tem o pescoço pardo (Do lat. *fuscu-*, «pardo» +*collu-*, «pescoço»)

fuscicórneo *adj.* ZOOLOGIA que possui antenas pardas (De *fusci-*+*córneo*)

fuscímano *adj.* ZOOLOGIA que tem as patas anteriores escuras (Do lat. *fuscu*, «pardo»+*manu-*, «mão»)

fuscina *n.f.* fisga empregada pelos pescadores; tridente (Do lat. *fuscīna-*, «tridente»)

fuscipene *adj.2g.* ZOOLOGIA de penas escuras (Do lat. *fuscu-*, «pardo» +*penna-*, «pena»)

fuscirrostro /ô/ *adj.* ORNITOLOGIA de bico pardo (De *fusci-*+-*rostro*)

fusco *adj.* 1 tirante a negro; escuro; pardo 2 que apresenta pouco brilho; fosco 3 [fig.] triste; abatido (Do lat. *fuscu-*, «pardo»)

fusco-fusco *n.m.* [Guiné-Bissau] ⇒ **fusca-fusca**

fuseira *n.f.* fuso grande, de torcer (De *fuseiro*)

fuseiro *n.m.* 1 fabricante de fusos 2 aquele que trabalha ao torno; torneiro (De *fuso*+-*eiro*)

fusela *n.f.* 1 HERÁLDICA ornato estreito e alongado do escudo, em forma de fuso 2 ORNITOLOGIA ave pernalta, da família dos Caradriídeos, frequente em Portugal; sovela (De *fuso*+-*ela*)

fuselado *adj.* 1 em forma de fuso 2 que tem fusela ou fuselas (Do fr. *fuselage*, «id.»)

fuselagem *n.f.* parte principal e mais resistente do avião, que constitui o espaço onde se instalam os tripulantes, os passageiros e a carga a transportar, e onde estão fixadas as asas do aparelho (Do fr. *fuselage*, «id.»)

fuselo /ê/ *n.m.* 1 cada um dos fusos que mantêm paralelas as rodas do carrete 2 ORNITOLOGIA ave pernalta, da família dos Caradriídeos, frequente em Portugal; chalreta; perna-vermelha (De *fuso*+-*elo*)

fusi- elemento de formação de palavras que exprime a ideia de *fuso* (Do lat. *fusu-*, «fuso»)

fusibilidade *n.f.* qualidade daquilo que é fusível, do que se pode fundir ou derreter (Do lat. *fusibilitāte-*, de *fusu-*, «fundido», part. pass. de *fundĕre*, «verter; fundir»)

fusiforme *adj.2g.* que tem forma de fuso (De *fusi-+-forme*)

fúsil *adj.2g.* que se pode fundir (Do lat. *fusĭle-*, «id.»)

fusiloa /ô/ *n.f.* ORNITOLOGIA ⇒ **pernilongo** (Por *fuseloa*)

fusionar *v.tr.* **1** fazer a fusão de; fundir **2** confundir; juntar; amalgamar (Do lat. *fusiōne-*, «fusão» +-*ar*)

fusionista *adj.,n.2g.* que ou pessoa que é partidária da fusão de partidos políticos (De lat. *fusiōne-*, «fusão» +-*ista*)

fusípede *adj.2g.* ZOOLOGIA que tem os pés em forma de fuso (De *fusi-+-pede*)

fusível *adj.2g.* que se pode fundir ou derreter; fundível; fúsil ▪ *n.m.* ELETRICIDADE fio metálico aplicado num circuito elétrico para o interromper fundindo-se sempre que a intensidade da corrente ultrapassa certo limite (Do lat. *fusibĭle-*, «id.», de *fusu-*, «fundido»)

fuso *n.m.* **1** utensílio cilíndrico de madeira que se vai tornando mais fino até às extremidades onde acaba em ponta aguçada, utilizado para fiar à roca **2** pau roscado que faz descer ou subir a vara do lagar **3** pau vertical que gira e onde se liga a mó nos lagares de azeite **4** peça vertical que serve de eixo às escadas de caracol **5** pau de alargar os dedos das luvas **6** peça onde se enrola a corda de aço dos relógios e que gira quando se lhes dá corda **7** instrumento utilizado para matar carneiros **8** perna muito magra **9** ZOOLOGIA molusco gastrópode **10** GEOMETRIA porção de superfície esférica compreendida entre dois semicírculos máximos; ~ *acromático* BIOLOGIA formação fusiforme, constituída por filamentos acromáticos, que aparece na célula quando se dá a divisão nuclear indireta; ~ *horário* GEOGRAFIA cada uma das vinte e quatro partes da superfície terrestre limitadas, teoricamente, por semimeridianos que distam 15° entre si, correspondendo a cada uma a mesma hora legal para todos os pontos nela situados, e sendo o fuso 0 (ou 24) o que é bissetado pelo semimeridiano superior de Greenwich (Londres); *comer papas com um* ~ esforçar-se sem conseguir resultados; *como um* ~ a direito, de forma direta ou imediata (Do lat. *fusu-*, «fuso», de *fiar*)

fusório *adj.* relativo à fundição (Do lat. *fusorĭu-*, «que se põe em fusão»)

fusquidão *n.f.* **1** qualidade de fusco ou escuro **2** ausência de luz; escuridão (De *fusco+-idão*)

fusta *n.f.* NÁUTICA antiga embarcação comprida, de fundo chato, com vela e remos e um ou dois mastros (Do lat. *fuste-*, «fustão; bordão; acha de lenha; vara; pau»)

fustalha[1] *n.f.* **1** grande quantidade de fustes **2** cascaria (De *fuste+-alha*)

fustalha[2] *n.f.* conjunto de fustas (embarcações compridas) (De *fusta* ou *fuste+-alha*)

fustão *n.m.* pano de lã, seda, linho ou algodão, encordoado (Do lat. med. *fustanĕu-*, pelo it. *fustano* ou *fustagno*, «fustão», pano de pouco valor)

fuste *n.m.* **1** pau de madeira fino e comprido; haste **2** ARQUITETURA na arquitetura clássica, tronco da coluna, entre a base e o capitel **3** BOTÂNICA parte do tronco das árvores, entre o solo e as ramificações mais baixas **4** NÁUTICA peça com que se escoram os mastros do navio **5** MÚSICA corpo principal do bombo e do tambor **6** pequeno pau com uma camada de betume numa das extremidades, com que os ourives pegam em peças miúdas **7** parte da coroinha da espingarda que aloja o cano, a caixa do culatra e os vários mecanismos a esta ligados **8** [regionalismo] feixe; molho **9** [regionalismo] vasilha de aduelas para vinho **10** [regionalismo] ⇒ **graveto 1** (Do lat. *fuste-*, «fustão; acha de lenha; pau; vara»)

fustiga *n.f.* [regionalismo] ⇒ **fustigada 2** (Deriv. regr. de *fustigar*)

fustigação *n.f.* **1** ato ou efeito de fustigar **2** [fig.] instigação **3** [fig.] estímulo (De *fustigar+-ção*)

fustigada *n.f.* **1** ato de fustigar; fustigação **2** [regionalismo] serviço gratuito prestado pelos sachadores no último dia da sacha, quando contratados por uma quarta de milho por dia (Part. pass. fem. subst. de *fustigar*)

fustigadela *n.f.* ⇒ **fustigação** (De *fustigar+-dela*)

fustigador *adj.,n.m.* que ou o que fustiga (De *fustigar+-dor*)

fustigante *adj.2g.* que fustiga; fustigador (De *fustigante-*, «id.», part. pres. de *fustigāre*, «fustigar»)

fustigar *v.tr.* **1** bater ou açoitar com vara; flagelar; vergastar; zurzir **2** atingir com violência, como se batesse com força e mais de uma vez **3** [fig.] criticar violentamente **4** [fig.] estimular; ativar; espicaçar **5** [fig.] castigar; punir; maltratar (Do lat. *fustigāre*, «açoitar com fuste»)

fustigo *n.m.* pancada com fuste ou extremidade da lança (Deriv. regr. de *fustigar*)

fusulina *n.f.* ZOOLOGIA foraminífero de concha fusiforme (De *fuso+l+-ina*)

Fusulinídeos *n.m.pl.* família de foraminíferos que tem por género-tipo a fusulina (De *fusulina+-ídeos*)

futebol *n.m.* DESPORTO jogo entre dois grupos de onze jogadores, em campo retangular, geralmente relvado, em que cada grupo procura meter uma bola na baliza do adversário, sem lhe tocar com os membros superiores; ~ *de praia* DESPORTO futebol adaptado para ser jogado à beira-mar, por 11 ou menos jogadores, com uma bola impermeabilizada; ~ *de salão* DESPORTO modalidade de futebol que se pratica em recinto fechado, futsal (Do ing. *football*, «id.»)

futebolista *n.2g.* DESPORTO pessoa que joga futebol (De *futebol+-ista*)

futebolístico *adj.* DESPORTO relativo ao futebol (De *futebolista+-ico*)

futevólei *n.m.* DESPORTO modalidade praticada por duas equipas de dois ou quatro jogadores cada, disputada num campo de areia dividido por uma rede, sendo o objetivo do jogo enviar a bola por cima da rede jogando-a com qualquer parte do corpo, exceto a mão, o braço e o antebraço (De *fute(bol)+vólei*)

futicar *v.tr.* **1** [Brasil] amarrotar **2** [Brasil] espetar; furar **3** [Brasil] [fig.] importunar; maçar (De orig. obsc.)

fútil *adj.2g.* **1** que tem pouco ou nenhum valor; insignificante; vão **2** que dá muita importância a coisa inúteis, superficiais ou sem valor; leviano; frívolo; pouco profundo (Do lat. *futĭle-*, «id.»)

futilidade *n.f.* **1** qualidade do que tem pouco ou nenhum valor **2** carácter de quem dá muita importância ao que é insignificante ou inútil; frivolidade; superficialidade **3** coisa insignificante ou sem valor; bagatela (Do lat. *futilitāte-*, «id.»)

futilizar *v.intr.* **1** dizer coisas ocas, sem valor **2** ocupar-se de coisas insignificantes ou supérfluas ▪ *v.tr.* **1** tornar fútil **2** não dar muito importância ou valor a **3** tratar sem grande profundidade ou rigor (De *fútil+-izar*)

futon *n.m.* colchão de origem japonesa, mais ou menos espesso, constituído tradicionalmente por algodão em camadas (Do fr. *futon*, «id.»)

futre *n.m.* **1** indivíduo desprezível; bandalho **2** indivíduo esfarrapado; maltrapilho **3** sovina; indivíduo muito agarrado ao dinheiro (Do fr. *foutre*, «desprezar; troçar de», do lat. *futuĕre*, «ter relações com uma mulher»)

futrica *n.f.* **1** loja de negócio insignificante; baiuca; quitanda **2** montão de coisas velhas; farraparia; caranguejola ▪ *n.m.* **1** [acad.] nome dado pela academia de Coimbra a quem não é estudante **2** indivíduo vil e desprezível; *à* ~ com roupa vulgar (De *futre+-ica*, ou do fr. *foutriquet*, «indivíduo pretensioso e incapaz»)

futricada *n.f.* **1** conjunto de trastes velhos; cacada **2** ação desprezível **3** conjunto de futricas (De *futrica+-ada*)

futricagem *n.f.* ⇒ **futricada** (De *futrica+-agem*)

futricar *v.tr.* **1** negociar, enganando; trapacear **2** [pop.] estragar; prejudicar ▪ *v.intr.* **1** [Brasil] [pop.] mexericar; intrigar **2** [Brasil] intrometer-se para atrapalhar (De *futrica+-ar*)

futriqueiro *n.m.* dono de uma loja que vende coisas de pouco valor; quinquilheiro (De *futrica+-eiro*)

futriquice *n.f.* ato próprio de futrica; ação vil e desprezível (De *futrica+-ice*)

futsal *n.m.* DESPORTO modalidade de futebol que se pratica em recinto fechado sobre um piso de cimento ou madeira; futebol de salão (De *fut(ebol de)+sal(ão)*)

futura *n.f.* [pop.] noiva; a prometida em casamento (De *futuro*)

futuração *n.f.* ato de futurar; predição; suposição; conjetura (De *futurar+-ção*)

futuramente *adv.* de futuro; para o futuro; de hoje em diante (De *futuro+-mente*)

futurar *v.tr.* predizer (o futuro); conjeturar; prever ▪ *v.intr.* fazer prognósticos (De *futuro+-ar*)

futurição *n.f.* **1** existência de uma coisa que há de vir **2** ação de futurar, de prever ou predizer **3** coisa ou vida futura; futuro **4** RELIGIÃO vida eterna (Do cast. *futurición*, «id.»)

futuridade *n.f.* **1** qualidade ou carácter de coisa futura **2** tempo que há de vir; futuro **3** [fig.] esperança (De *futuro+-i-+-dade*)

futurismo *n.m.* **1** ARTES PLÁSTICAS, LITERATURA movimento artístico lançado em Itália pelo escritor F. T. Marinetti em 1909, que se baseia numa noção dinâmica e enérgica da vida moderna, voltada para o futuro, exaltando a força, a velocidade e a tecnologia e rejeitando o passado e a tradição **2** evocação do futuro como ele é imaginado **3** [pej.] extravagância artística (Do it. *futurismo*, «id.»)

futurista *adj.2g.* 1 ARTES PLÁSTICAS, LITERATURA que diz respeito ao futurismo 2 ARTES PLÁSTICAS, LITERATURA que é seguidor do futurismo 3 que reproduz o futuro como ele é imaginado, particularmente no que diz respeito ao progresso científico e tecnológico 4 extravagante ■ *n.2g.* ARTES PLÁSTICAS, LITERATURA artista que segue o futurismo (Do it. *futurista*, «id.»)

futurível *adj.2g.* que pode acontecer no futuro; possível (Do lat. cient. *futuribĭle-*, «id.»)

futuro *adj.* 1 que há de vir; vindouro 2 que está para ser; que está por acontecer ■ *n.m.* 1 tempo que há de vir; tempo posterior ao presente; porvir 2 o que vai ser ou ocorrer num tempo posterior ao presente; destino 3 gerações vindouras 4 [pop.] noivo 5 GRAMÁTICA tempo verbal que se identifica por uma série de afixos que, tradicionalmente, localizam a ação ou estado indicado pelo verbo num momento posterior ao da enunciação, podendo exprimir outros valores como probabilidade, incerteza, etc.; ~ **do pretérito** GRAMÁTICA tempo verbal que localiza no futuro a ação, o processo ou o estado indicados pelo verbo em relação a um momento anterior ao da enunciação, condicional; ***de*** ~ de hoje em diante, destinado ao êxito; ***sem*** ~ que, à partida, vai fracassar; ***ter*** ~ ter sucesso posteriormente (Do lat. *futūru-*, «id.»)

futurologia *n.f.* conjunto das pesquisas que têm por objetivo prever, para dado momento ou época do futuro, o estado do mundo ou da humanidade (De *futuro+-logia*, ou do fr. *futurologie*, «id.»)

futurólogo *n.m.* especialista em futurologia (De *futuro+-logo*, ou do fr. *futurologue*, «id.»)

futuroso /ô/ *adj.* que promete bom futuro; auspicioso; venturoso (De *futuro+-oso*)

fuxicar *v.tr.* 1 [Brasil] coser a pontos largos; alinhavar 2 [Brasil] amarrotar 3 [Brasil] mexer; revolver 4 [Brasil] intrigar; mexericar 5 [Brasil] importunar (De *futicar*?)

fuxico *n.m.* [Brasil] mexerico; intriga (Deriv. regr. de *fuxicar*)

fuxiqueiro *adj.* [Brasil] mexeriqueiro; bisbilhoteiro

fuzarca *n.f.* [Brasil] farra; festa

fuzil *n.m.* 1 peça de aço com que se faz lume na pederneira 2 arma portátil de cano comprido, pequeno calibre e provida de um dispositivo de mira; espingarda 3 anel de uma cadeia; elo 4 relâmpago 5 aro de ferro que prende à testeira a serra grande dos serradores 6 [fig.] ligação 7 *pl.* ORNITOLOGIA penas que nascem no ângulo externo do coto das aves (Do fr. *fusil*, «espingarda»)

fuzilação *n.f.* 1 ato de fuzilar 2 fulgor produzido pelo fuzil ao bater na pederneira (De *fuzilar+-ção*)

fuzilada *n.f.* 1 muitos tiros de espingarda simultâneos; fuzilaria 2 pancada do fuzil na pederneira 3 pancada com espingarda 4 relâmpagos longínquos (Do fr. *fusillade*, «tiroteio»)

fuzilado *adj.* 1 morto a tiro de fuzil ou espingarda 2 morto com uma arma de fogo 3 morto por um raio; fulminado (Part. pass. de *fuzilar*)

fuzilador *adj.,n.m.* que ou aquele que mata ou manda matar com arma de fogo (De *fuzilar+-dor*)

fuzilamento *n.m.* ato ou efeito de fuzilar; ato ou efeito de matar alguém com disparos simultâneos de várias armas de fogo; passagem pelas armas (De *fuzilar+-mento*)

fuzilante *adj.2g.* que fuzila; faiscante; fulgurante; cintilante (De *fuzilar+-ante*)

fuzilar *v.tr.* matar com disparos simultâneos de várias armas de fogo; passar pelas armas ■ *v.tr.,intr.* lançar de si à maneira de raios ou clarões; lançar olhares ou dizer coisas violentas (a) ■ *v.intr.* 1 lançar faíscas ou reflexos de luz; brilhar intensamente 2 produzir-se relâmpago; relampejar (De *fuzil+-ar*)

fuzilaria *n.f.* 1 muitos tiros de espingarda simultâneos 2 tiroteio entre inimigos 3 [fig.] grande fartura (De *fuzil+-aria*)

fuzileiro *n.m.* 1 MILITAR soldado armado de fuzil (espingarda); soldado de infantaria 2 MILITAR soldado que pertence a um corpo especialmente preparado para ações de combate (De *fuzil+-eiro*, ou do fr. *fusilier*, «id.»)

fuzilhão *n.m.* espigão ou bico da fivela, que prende a presilha (De *fuzil*?)

fuzuê *n.m.* 1 [Brasil] [coloq.] confusão; conflito 2 [Brasil] [coloq.] barulho; desordem

g *n.m.* 1 sétima letra e quinta consoante do alfabeto 2 letra que representa a consoante oclusiva velar sonora antes de *a*, *o* e *u* (ex. *g*ato, *g*ola, á*g*ua) e *r* ou *l* (ex. *g*rato, *g*lobo), e a consoante fricativa palatal sonora antes de *e* e *i* (*g*elo, *g*iro) 3 sétimo lugar de uma série indicada pelas letras do alfabeto 4 METROLOGIA símbolo de *grama* 5 MÚSICA (países germânicos e anglo-saxões) símbolo da nota *sol* (também com maiúscula) 6 FÍSICA símbolo de *gauss* (com maiúscula) 7 FÍSICA símbolo de *aceleração de gravidade* 8 FÍSICA símbolo de *condutância* (com maiúscula)

gabação *n.f.* ato ou efeito de gabar ou gabar-se; grande elogio; enaltecimento (De *gabar*+-*ção*)

gabaço *n.m.* [regionalismo] grande elogio (De *gabo*+-*aço*)

gabadela *n.f.* ⇒ **gabação** (De *gabar*+-*dela*)

gabador *adj.,n.m.* que ou aquele que gaba; louvaminheiro; adulador (De *gabar*+-*dor*)

gabamento *n.m.* ⇒ **gabação** (De *gabar*+-*mento*)

gabança *n.f.* [pop.] ⇒ **gabação** (De *gabar*+-*ança*)

gabanço *n.m.* [pop.] ⇒ **gabação** (De *gabar*+-*anço*)

gabanela *n.2g.* [regionalismo] pessoa bajuladora (De *gabão*, «elogiador» +-*ela*)

gabão¹ *n.m.* capote com mangas, pequeno cabeção e capuz; varino (Do ár. *qabâ*, «veste com mangas largas», pelo it. *gabbano*, «id.»)

gabão² *n.m.* 1 indivíduo que tem o hábito de gabar; indivíduo adulador 2 grande louvor (De *gabar*+-*ão*)

gabar *v.tr.* fazer o elogio de; exaltar as qualidades ou o mérito de; louvar; enaltecer; celebrar; lisonjear ■ *v.pron.* referir qualidades ou atos próprios, geralmente atribuindo-lhes um valor exagerado; vangloriar-se; jactar-se (Do escand. ant. *gab*, «troça; gracejo», pelo prov. *gabar*, «id.»)

gabardina *n.f.* 1 tecido de lã ou algodão, natural ou sintético, utilizado na confeção de vestuário exterior 2 peça de vestuário feita com este tecido impermeabilizado, mais ou menos comprida, com ou sem capuz, usada para proteger da chuva; impermeável (De fr. *gabardine*, «id.», pelo cast. *gabardina*, «capa impermeável»)

gabardo *n.m.* capote com cabeção e mangas; gabinardo (De *gabão* × *tabardo*)

gabari *n.m.* ⇒ **gabarito**

gabarito *n.m.* 1 NÁUTICA modelo, em tamanho natural, de certas peças de um navio; molde 2 (armas de fogo) instrumento que serve para medir o exterior das peças de artilharia 3 aparelho que serve para determinar o máximo volume da carga que um vagão pode levar; cércea 4 contorno transversal máximo permitido para os veículos e para a sua carga; cércea 5 ARQUITETURA limite, regulamentado por legislação própria, da altura dos edifícios em determinadas zonas; cércea 6 [fig.] categoria; classe; nível 7 [fig.] competência profissional ou intelectual (Do prov. *gabarrit*, «id.», pelo fr. *gabarit*, «molde de tamanho natural»)

gabarola *adj.,n.2g.* que ou pessoa que se gaba muito; que ou pessoa que atribui um valor exagerado a qualidades ou atos próprios (De *gabar*+-*ola*)

gabarolice *n.f.* 1 dito ou ato de gabarola 2 qualidade de quem se gaba a si próprio constantemente (De *gabarola*+-*ice*)

gabarote *n.m.* NÁUTICA pequena gabarra com um só mastro e sem coberta (Do fr. *gabarot*, «id.»)

gabarra *n.f.* 1 NÁUTICA embarcação de vela e remos, de fundo chato, para carga e descarga nos portos 2 barcaça 3 rede de arrasto (Do vasco *gabarra*, ou *kabarra*, «id.», pelo cast. *gabarra*, «id.»)

gabarreiro *n.m.* tripulante de gabarra (De *gabarra*+-*eiro*)

gabarrice *n.f.* [regionalismo] gabarolice; bazófia; jactância (De *gabar*+-*ice*)

gabatório *n.m.* elogio público ou feito pelo público (De *gabar*+-*tório*)

gabazola *adj.,n.2g.* ⇒ **gabarola**

gabela¹ *n.f.* antigo imposto sobre o sal (Do ár. *al-qabâla*, «imposto», pelo it. *gabella*, «imposto sobre sal», pelo fr. *gabelle*, «id.»)

gabela² *n.f.* 1 feixe de espigas 2 paveia 3 braçada (De *gavela*)

gabelo *n.m.* [regionalismo] ⇒ **gabela**¹ (De *gabela*)

gábia *n.f.* [regionalismo] AGRICULTURA cova feita em volta da videira para estrumação ou mergulhia (Do lat. *cavëa*- «cavidade; estacaria de proteção a uma árvore nova»)

gabiagem *n.f.* NÁUTICA serviço relativo aos cestos da gávea (De *gábia*, por *gávea*+-*agem*)

gabião *n.m.* 1 cesto grande para vindima ou para transportar terras, adubos, etc. 2 espécie de caixa feita em malha de arame, utilizada na preparação de parapeitos de terra ou de pedras 3 parapeito de sustentação e de defesa construído a partir desse cesto (Do it. *gabbione*, aum. de *gabbia*, «gaiola»)

gabiar *v.intr.* [regionalismo] abrir gábias (De *gábia*+-*ar*)

gabiarra *elem. expr.* [regionalismo] *caçar à* ~ prestar um serviço inútil e irrisório (De orig. obsc.)

gabinardo¹ *n.m.* 1 espécie de gabão; varino 2 corpete de mangas compridas (De *gabão*+-*ardo*)

gabinardo² *adj.* [pop.] ⇒ **gabiru** (De orig. obsc.)

gabinete /ê/ *n.m.* 1 compartimento, mais ou menos isolado do resto do edifício, reservado para um determinado uso 2 sala destinada a trabalho; escritório 3 POLÍTICA sala de trabalho (de ministro, chefe de Estado, etc.) 4 POLÍTICA conjunto dos ministros que compõem um governo; ministério 5 POLÍTICA órgão dirigente de uma instituição 6 TEATRO local onde os participantes de um espetáculo se preparam para entrar em cena; camarim (Do fr. *cabinet*, «id.»)

gabionada *n.f.* 1 fileira de gabiões que protegem uma fortificação 2 serviço feito com gabiões (Do fr. *gabionnade*, «id.»)

gabionador *adj.,n.m.* que ou aquele que trabalha com gabiões (De *gabionar*+-*dor*)

gabionar *v.tr.* cobrir com gabiões ■ *v.intr.* trabalhar com gabiões (Do fr. *gabionner*, «id.»)

gabiru *adj.* 1 [pop.] velhaco; patife 2 [pop.] travesso; maroto ■ *n.m.* 1 [pop.] indivíduo considerado velhaco; patife 2 [pop.] garoto traquinas; miúdo travesso 3 [Brasil] gatuno 4 [Brasil] homem desajeitado (Do tupi *gabiru*, «rato»)

gabo *n.m.* ⇒ **gabação** (Deriv. regr. de *gabar*)

gabolas *adj.inv.,n.2g.2n.* [pop.] ⇒ **gabarola** (De *gabo*+-*ola*)

gabordo *n.m.* NÁUTICA prancha inferior que forma o bordo exterior do navio (Do ing. *garboard*, «id.»)

gabro *n.m.* PETROLOGIA rocha eruptiva, holocristalina (família dos gabros), granular, cujo feldspato dominante é uma plagióclase básica (Do it. *gabbro*, «rocha de orig. aquosa»)

gacha *n.f.* rede que forra lateralmente as armações de pesca (De orig. obsc.)

gacheta /ê/ *n.f.* entrançado de filaças em torno de certos cabos e fios usados na marinha para fins de embelezamento ou de proteção (De orig. obsc.)

gacho *n.m.* parte do pescoço do boi onde assenta a canga; cachaço (Do cast. *gacho*, «encurvado»)

gadachim *n.m.* 1 [pop.] unha 2 [pop.] gadanho pequeno (De *gadacho, por *gadanho*+-*im*)

gadanha *n.f.* 1 AGRICULTURA foice de lâmina larga e curva, com o cabo comprido, usada para segar cereais; gadanho 2 AGRICULTURA técnica de ceifar 3 colher grande que serve para tirar a sopa da panela 4 [pop.] mão 5 [pop.] garra (Do cast. *guadaña*, «id.»)

gadanhada *n.f.* 1 golpe de gadanha ou de gadanho 2 conteúdo de uma gadanha cheia 3 unhada (De *gadanha*+-*ada*)

gadanhar *v.tr.* 1 cortar (o feno) com a gadanha 2 arranhar com as unhas (De *gadanha*+-*ar*)

gadanheira *n.f.* AGRICULTURA máquina para cortar erva ou feno; segadora mecânica (De *gadanhar*+-*eira*)

gadanheiro *n.m.* homem que ceifa com gadanha (De *gadanhar*+-*eiro*)

gadanho *n.m.* 1 garra das aves de rapina 2 AGRICULTURA foice usada para segar feno 3 AGRICULTURA espécie de ancinho de ferro com

dentes grandes, para arrastar tojo, estrumes, etc. 4 [pop.] garfo 5 pl. [pop.] mãos; unhas (De gadanha)
gadaria n.f. grande porção de gado (De gado+-aria)
gadelha /ê/ n.f. ⇒ **guedelha**
gadelho /ê/ n.m. ⇒ **guedelho**
gadelhudo adj. ⇒ **guedelhudo** (De gadelha+-udo)
gadget n.m. 1 produto tecnológico de ponta, com uma função específica e geralmente de preço elevado 2 INFORMÁTICA pequeno utilitário desenvolvido para facilitar o acesso a funcionalidades disponibilizadas por determinadas aplicações mais abrangentes (Do ing. gadget, «engenhoca»)
gádida n.m. ICTIOLOGIA ⇒ **gadídeo**
Gádidas n.m.pl. ICTIOLOGIA ⇒ **Gadídeos**
gadídeo adj. ICTIOLOGIA relativo ou pertencente aos Gadídeos ■ n.m. ICTIOLOGIA espécime dos Gadídeos
Gadídeos n.m.pl. ICTIOLOGIA família de peixes teleósteos, de cabeça volumosa e escamas cicloides, cujo género-tipo se denomina Gadus (Do gr. gádos, «pescadinha» +-ídeos)
gaditano adj. da cidade espanhola de Cádis ou relativo a esta localidade ■ n.m. natural ou habitante de Cádis (Do lat. gaditānu-, «de Cádis»)
gado n.m. 1 conjunto de reses criadas para serviços agrícolas e consumo doméstico 2 rebanho 3 vara 4 [fig.] raça; casta 5 [pop., pej.] gente ordinária (Do frânc. waidanjan, «procurar alimentos», pelo cast. ganado, «id.»)
gadoides n.m.pl. ICTIOLOGIA grupo de peixes teleósteos que inclui, entre outras, a família dos Gadídeos (Do gr. gádos, «pescadinha» +-eîdos, «forma»)
gadóides ver nova grafia gadoides
gadolínio n.m. QUÍMICA elemento químico com o número atómico 64, metálico, pertencente aos lantanídeos, de símbolo Gd, que figura na composição das terras raras (De J. Gadolin, antr., químico e mineralogista finl., 1760-1852)
gadolinite n.f. MINERALOGIA silicato natural de ferro, glicínio, ítrio, etc., que pertence ao sistema monoclínico (De J. Gadolin, antr., químico e mineralogista finl., 1760-1852 +-ite)
gaduína n.f. substância extraída do óleo de fígado de bacalhau (Do gr. gádos, «pescadinha» +-ina)
gadunha n.f. [regionalismo] unha crescida (De gadanha, com infl. de unha)
gadunho n.m. [regionalismo] ⇒ **gadunha**
gael n.m. ⇒ **gaélico** n.m.
gaélico adj. 1 relativo aos povos celtas ou bretões 2 que diz respeito às línguas célticas da Escócia e da Irlanda ■ n.m. língua céltica falada na alta Escócia e na Irlanda (Do escoc. gaedheal, pelo fr. gaélique, «id.»)
gafa n.f. 1 [ant.] gancho usado para puxar a corda da besta para a armar 2 ⇒ **garra**[1] 3 VETERINÁRIA sarna leprosa de certos animais; gafeira 4 MEDICINA ⇒ **lepra** 5 BOTÂNICA doença que atinge diversos frutos, engelhando-os e fazendo-os cair; doença das azeitonas; ardimento 6 [regionalismo] vaso utilizado nas marinhas para o transporte do sal 7 [regionalismo] fome 8 [fig.] defeito 9 [fig.] mal; moléstia (Do ár. gáf'a, «contraído; encolhido», ou do gót. gaffan, «agarrar; segurar», pelo fr. gaffe, «gancho»?)
gafado adj. atacado de gafa; leproso (De gafa+-ado)
gafanhão[1] n.m. gafanhoto grande (De gafanh[oto]+-ão)
gafanhão[2] n.m. habitante da Gafanha (arredores da cidade portuguesa de Aveiro) (De Gafanha, top. +-ão)
gafanhotada n.f. grande quantidade de gafanhotos (De gafanhoto+-ada)
gafanhoto /ô/ n.m. 1 ZOOLOGIA nome vulgar extensivo a alguns ortópteros saltadores (saltões), especialmente do grupo dos acrídios, alguns dos quais constituem, em algumas regiões, uma praga para a agricultura 2 BOTÂNICA planta indiana também designada pau-de-cobra e raiz-de-cobra 3 ORNITOLOGIA nome vulgar de algumas aves de rapina (diurnas) da família dos Falconídeos, como o peneireiro, o milhafre e o gavião (De *gafanho+-oto, de gafa, «gancho»)
gafar[1] v.tr. 1 pegar a gafa (lepra) a 2 contagiar; contaminar 3 agarrar 4 [ant.] fisgar com gafa 5 [pop.] insultar ■ v.pron. 1 adoecer com gafa (lepra) 2 contaminar-se 3 [Brasil] encher-se de dívidas (De gafa+-ar)
gafar[2] n.m. tributo que os Cristãos e os Judeus pagavam aos Turcos (Do ár. gafar, de gafara, «perdoar, remir»)
gafaria n.f. [ant.] ⇒ **leprosaria** (De gafo+-aria)
gafe n.f. ⇒ **gaffe** (Do fr. gaffe)
gafeira n.f. 1 [pouco usado] MEDICINA lepra 2 VETERINÁRIA sarna leprosa de certos animais; gafa 3 VETERINÁRIA varíola que ataca o gado lanígero, fazendo com que a pele caia, e provocando a morte; morrinha; bexigas de carneiro 4 VETERINÁRIA doença que ataca o gado bovino, causando o inchaço das pálpebras (De gafa ou de gafo+-eira)
gafeiração n.f. ato ou efeito de gafeirar (De gafeirar+-ção)
gafeirar v.tr. 1 comunicar gafeira a 2 vacinar (o gado) contra a gafeira (De gafeira+-ar)
gafeirento adj. 1 que tem gafeira ou gafa; gafo 2 leproso 3 [fig.] corrupto (De gafeira+-ento)
gafeiroso /ô/ adj. ⇒ **gafeirento** (De gafeira+-oso)
gafento adj. ⇒ **gafeirento** (De gafa+-ento)
gafetope n.m. NÁUTICA vela triangular que se prende aos mastaréus (Do ing. gaff-top [sail], «id.»)
gaffe n.f. 1 ação ou palavra impensada que provoca uma situação embaraçosa ou um equívoco; deslize 2 disparate; tolice (Do fr. gaffe)
gafo adj. 1 que tem gafa; gafeirento 2 [fig.] corrupto 3 [regionalismo] cheio (Do ár. gáf'a, «contraído; encolhido»)
gaforina n.f. cabelo comprido despenteado; grenha; trunfa (De [Isabel] Gafforini, cantora lírica italiana do princípio do séc. XIX)
gagá adj.2g. [coloq., depr.] cujas faculdades físicas e intelectuais foram enfraquecidas pela velhice; senil; decrépito; caquético (Do fr. gaga, «id.»)
gagaísta n.m. [Moçambique] feiticeiro negro que consulta o gagau (De gagau+-ista)
gagão n.m. [regionalismo] brincadeira de crianças com tambores ou objetos que imitam estes instrumentos (De orig. onom.)
gagau n.m. [Moçambique] conjunto de ossos de cabrito e hiena, misturados com seixos brancos e pretos, considerado como um oráculo por alguns habitantes das vizinhanças da cidade moçambicana de Maputo (De orig. obsc.)
gage n.m. 1 salário; soldo 2 pl. [regionalismo] remuneração dada ao pastor além da soldada (Do fr. gage, «salário»)
gago adj. 1 que fala de forma entrecortada, repetindo ou prolongando sílabas ou sons; que gagueja 2 [fig.] atrapalhado ■ n.m. aquele que gagueja (De orig. onom.)
gagosa n.f. ORNITOLOGIA gaivota, comum em Portugal, durante o inverno e o princípio da primavera; garrincho; $à \sim$ sem trabalho, sem custo, à socapa (De gago?)
gaguear[1] v.intr. [regionalismo] (galinha) chamar o galo, cacarejando (De orig. onom.)
gaguear[2] v.tr.,intr. ⇒ **gaguejar** (De gago+-ear)
gagueira n.f. ⇒ **gaguez** (De gago+-eira)
gaguejador adj.,n.m. que ou aquele que gagueja (De gaguejar+-dor)
gaguejar v.tr.,intr. 1 pronunciar involuntariamente de forma entrecortada, repetindo ou prolongando sílabas ou sons; tartamudear 2 [fig.] falar ou pronunciar com hesitação ou a medo (De gago+-ejar)
gaguejo /ê/ n.m. ato ou efeito de gaguejar (Deriv. regr. de gaguejar)
gaguez /ê/ n.f. MEDICINA alteração de pronúncia que consiste na repetição, interrupção ou prolongamento de certas sílabas ou sons, tornando a cadência do discurso irregular (De gago+-ez)
gaguice n.f. ⇒ **gaguez** (De gago+-ice)
gaia-ciência n.f. arte de poetar, entre os Provençais da Idade Média (Do prov. Gaia Ciensa, «id.»)
gaiaco n.m. BOTÂNICA ⇒ **guaiaco**
gaiacol n.m. FARMÁCIA, QUÍMICA ⇒ **guaiacol**
gaiado adj. 1 diz-se do cavalo que tem gaias 2 designativo dos cantores provençais ■ n.m. ICTIOLOGIA ⇒ **bonito** n.m. (De gais[s]+-ado)
gaiar v.intr. 1 [regionalismo] soltar lamentos; lastimar-se 2 [regionalismo] fazer gazeta ou faltar à escola (De guaiar, de guai, «ai» +-ar)
gaias n.f.pl. redemoinho de pelo no peito ou no pescoço do cavalo (De orig. obsc.)
gaiatada n.f. 1 multidão de gaiatos; garotada 2 dito ou procedimento de gaiato; travessura (De gaiato+-ada)
gaiatar v.intr. 1 proceder como gaiato; fazer garotices ou travessuras 2 vadiar (De gaiato+-ar)
gaiatice n.f. dito ou procedimento de gaiato; travessura; garotice (De gaiato+-ice)
gaiato n.m. 1 rapaz travesso ou vadio 2 garoto; miúdo 3 jovem alegre e irrequieto ■ adj. 1 alegre; brincalhão 2 travesso 3 jovem (De gaio [= alegre]+-ato)
gaibeia n.f. (masculino **gaibéu**) mondadeira de searas da província portuguesa da Beira Baixa ou do Ribatejo (De gaib[éu]+-eia)
gaibéu n.m. (feminino **gaibeia**) jornaleiro da província portuguesa do Ribatejo ou da Beira Baixa que vai trabalhar nas lezírias durante as mondas

gaiense *adj.2g.* relativo ou pertencente à cidade portuguesa de Vila Nova de Gaia, no distrito do Porto ■ *n.2g.* natural ou habitante de Vila Nova de Gaia (De *Gaia*, top. +*-ense*)
gaifona /ô/ *n.f.* contração do rosto; trejeito; macaquice; careta (De orig. obsc.)
gaifonar *v.intr.* fazer gaifonas (De *gaifona*+*-ar*)
gaifonice *n.f.* ⇒ **gaifona** (De *gaifona*+*-ice*)
gaio *n.m.* 1 NÁUTICA cabo que se fixa na cabeça dos paus de carga dos navios 2 ORNITOLOGIA pássaro robusto, da família dos Corvídeos, sedentário e comum em Portugal 3 [Madeira] gaivota juvenil ■ *adj.* [ant.] alegre; jovial (Do lat. *gaudĭu-*, «alegre», pelo prov. *gai*, «id.»)
gaio-azul *n.m.* ORNITOLOGIA pássaro da família dos Coraciídeos, raro em Portugal, e também conhecido por rolieiro
gaiola *n.f.* 1 caixa gradeada que serve de prisão a animais, particularmente a aves 2 jaula 3 grade de madeira para transporte de móveis 4 parte superior e bojuda da roca 5 [pop.] casa muito pequena e de construção ligeira 6 [pop.] cárcere; prisão (Do lat. *caveŏla-*, «gaiola pequena»)
gaioleiro *n.m.* 1 aquele que faz ou vende gaiolas 2 [pop.] construtor de casas em más condições de solidez (De *gaiola*+*-eiro*)
gaiolim *n.m.* gaiola pequena (De *gaiola*+*-im*)
gaiolo /ô/ *n.m.* armadilha para apanhar pássaros ■ *adj.* (touro) que tem as hastes reentrantes e muito próximas nas extremidades (De *gaiola*)
gaiorro /ô/ *n.m.* [regionalismo] feijão-fradinho
gaiosa *n.f.* [ant.] presente que os enfiteutas davam aos senhorios em ocasiões festivas; ***andar à ~*** [regionalismo] gandaiar (Do port. ant. *gaio*, «alegre» +*-osa*)
gaipa *n.f.* 1 [regionalismo] pequeno cacho de uvas, ou parte dele; gaipo; escádea 2 chifre (Do fr. *grappe*, «cacho de uva»?)
gaipeiro *n.m.* 1 [regionalismo] que ou aquele que furta uvas; gaipilha 2 apreciador de uvas (De *gaipo*+*-eiro*)
gaipelo /ê/ *n.m.* [regionalismo] uma das ramificações do eixo central do cacho das uvas; gaipilha; escádea (De *gaipo*+*-elo*)
gaiperra *n.f.* [regionalismo] vara com uma peça de ferro na extremidade, para tirar gaipas das ramadas ou das árvores altas (De *gaipo* ou *gaipa*)
gaipilha *n.f.* [regionalismo] ⇒ **gaipelo** ■ *n.2g.* [regionalismo] ⇒ **gaipeiro** 1 (De *gaipa*+*-ilha*)
gaipo *n.m.* [regionalismo] ⇒ **gaipa**
gaita *n.f.* 1 MÚSICA instrumento de sopro que consiste num tubo modulante com palheta e orifícios 2 qualquer instrumento de sopro para crianças; pífaro 3 [pop.] corno de animal; chifre 4 [pop.] circunstância que traz aborrecimento; contrariedade 5 [pop.] coisa nenhuma 6 [Brasil] [pop.] dinheiro 7 *pl.* [pop.] orifícios por onde a lampreia respira; ***~!*** exclamação que exprime descontentamento ou irritação; ***ir-se à ~*** malograr-se; ***saber que nem ~*** ter bom sabor
gaitada *n.f.* 1 tocadela de gaita 2 música mal executada 3 pancada no ferimento com gaita (chifre); marrada 4 [pop.] repreensão (De *gaita*+*-ada*)
gaita-de-beiços ver nova grafia gaita de beiços
gaita de beiços *n.f.* MÚSICA instrumento de sopro constituído essencialmente por palhetas metálicas, vibráteis, de tamanhos diversos de acordo com as várias notas musicais, fixas a uma prancheta de madeira com orifícios destinados à entrada do ar soprado com a boca, tudo dentro de uma caixa metálica apropriada
gaita-de-foles ver nova grafia gaita de foles
gaita de foles *n.f.* MÚSICA instrumento composto por diversos tubos ligados a um saco feito de couro, que se enche de ar através de um tubo superior
gaitear *v.intr.* andar em festas e folias ■ *v.tr.,intr.* tocar (em) gaita (De *gaita*+*-ear*)
gaiteirice *n.f.* 1 qualidade do que é gaiteiro ou vistoso; qualidade daquilo que chama a atenção; garridice 2 alegria; vivacidade 3 exibicionismo (De *gaiteiro*+*-ice*)
gaiteiro *adj.* 1 garrido; vistoso 2 [fig.] alegre; folião ■ *n.m.* 1 tocador de gaita, especialmente de gaita de foles 2 [fig.] indivíduo alegre, folião (De *gaita*+*-eiro*)
gaiulo *n.m.* 1 [regionalismo] rapaz vadio 2 [regionalismo] garoto (De *gaio*+*-ulo*)
gaiuta *n.f.* 1 pequena construção de madeira que serve de abrigo 2 NÁUTICA armação envidraçada, em forma de túnel ou com telhado de duas águas, que cobre uma escotilha 3 NÁUTICA casa de construção ligeira, situada à ré dos navios, onde se abriga a engrenagem do leme (Do fr. *cahute*, «choupana»)
gaiva *n.f.* 1 escavação feita no solo pela ação das águas das chuvas 2 [gir.] gaveta (Do lat. *cavĕa-*, «cavidade; gaiola»)

gaivagem *n.f.* 1 regueira, fenda ou corte na terra, para escoamento de águas 2 escoamento de águas de um terreno por meio de regueira, fenda ou corte na terra; drenagem (De *gaivar*+*-agem*)
gaivão *n.m.* 1 aparelho de pesca utilizado no Brasil 2 ORNITOLOGIA ⇒ **pedreiro** 3 (Do lat. vulg. *gaviānu-*, de *gavĭa-*, «gaivota»)
gaivar *v.tr.* fazer, por meio da gaivagem, o esgoto das águas em (De *gaiva*+*-ar*)
gaivel *n.m.* 1 parede que vai diminuindo de espessura de baixo para cima 2 instrumento de pedreiro (De *gaiva*+*-el*)
gaivina *n.f.* ORNITOLOGIA nome vulgar extensivo a umas aves palmípedes da família dos Larídeos, algumas das quais comuns em Portugal, e também conhecidas por andorinha-do-mar, cavites, chagaz, chilreta, churreca, ferreirinho, garzina, grazina, etc. (Do lat. *gavĭa-*, «gaivota» +*-ina*)
gaivinha *n.f.* ORNITOLOGIA ⇒ **gaivina** (Do lat. *gavĭa-*, «gaivota» +*-inha*)
gaivota *n.f.* 1 ORNITOLOGIA nome vulgar extensivo a umas aves palmípedes da família dos Larídeos, algumas das quais comuns em Portugal, também conhecidas por alcatraz, bruto, galfoeira, falcoeira, etc. 2 dispositivo de tirar água, também designado cegonha 3 pequeno barco de recreio, movido a pedais 4 HISTÓRIA nome dado às elegantes do tempo de D. João VI (1767-1826), quando regente de Portugal (Do lat. *gavĭa-*, «gaivota» +*-ota*)
gaivota-de-bico-de-cana *n.f.* ORNITOLOGIA gaivota de plumagem cinzenta, de aparecimento irregular em Portugal, também conhecida por bruto
gaivota-negra *n.f.* ORNITOLOGIA designação brasileira de uma ave pernalta mais conhecida por quero-quero
gaivotão *n.m.* ORNITOLOGIA nome por que também é designado o alcatraz ou mascato (ave palmípede) (De *gaivota*+*-ão*)
gaivotear *v.intr.* afagar com ironia; zombar, fazendo afagos (De *gaivota*+*-ear*)
gaivoto[1] /ô/ *n.m.* ORNITOLOGIA nome vulgar de uma espécie de gavião comum em Portugal no fim da primavera e no princípio do verão, também denominado pedreiro, guincho, etc.
gaivoto[2] /ô/ *n.m.* [Índia] ⇒ **gaivota** (De *gaivota*)
gajada *n.f.* [coloq.] multidão de gajos ou gajas (De *gajo* ou *gaja*+*-ada*)
gajaja *n.f.* [Angola] BOTÂNICA fruto da gajajeira, de sabor agridoce, utilizado em refrigerantes e gelados (Do bras. *cajá*, com reduplicação, «id.»)
gajandumbo *n.m.* ORNITOLOGIA pássaro de plumagem azul-escura, vulgar em Angola
gajão *n.m.* indivíduo espertalhão e velhaco (Do caló esp. *gachó*, «homem»)
gajar *v.intr.* [regionalismo] fazer barulho (De *gajo*+*-ar*)
gájaras *n.f.pl.* [regionalismo] géneros alimentícios que se dão aos ceifeiros de empreitada, além da paga (De *gajas*)
gajas *n.f.pl.* 1 [ant.] salário; soldada 2 [ant.] custo; expensas (Do fr. *gages*, «salário»)
gajata *n.f.* [regionalismo] ⇒ **gajato** (De *gajato*)
gajato *n.m.* 1 objeto torto 2 rabisco de principiante em escrita 3 ⇒ **cajado** (De *cajado*)
gajavato *n.m.* [regionalismo] ⇒ **gajato**
gajé *n.f.* garbo no porte e no andar; elegância; donaire; graça (Do fr. *dégagé*, «desembaraçado»)
gajeiro *n.m.* NÁUTICA marinheiro que vigia e dirige os trabalhos de um mastro do qual é encarregado ■ *adj.* que trepa com facilidade (Do it. *gaggia*, «gávea» +*-eiro*)
gajice *n.f.* ação ou qualidade de gajo; velhacaria; maroteira (De *gajo*+*-ice*)
gajo *n.m.* 1 [coloq.] pessoa incerta cujo nome não ocorre ou não se quer mencionar; sujeito; fulano; indivíduo; tipo 2 [pej.] indivíduo velhaco, astuto, espertalhão; indivíduo finório (Deriv. regr. de *gajão*)
gal *n.m.* FÍSICA unidade de medida de aceleração da gravidade, de símbolo Gal, equivalente a 1 cm/s^2 (nome proposto, em homenagem a Galileu, físico e astrónomo italiano (1564-1642)) (De *Galileu*, antropónimo)
gala[1] *n.f.* 1 festa com carácter solene; acontecimento ou celebração formal 2 pompa; ostentação 3 traje de cerimónia, usado apenas em dias festivos ou em atos solenes 4 regozijo público 5 [fig.] alegria 6 *pl.* ornamentos; enfeites; ***fazer ~*** vangloriar-se, exibir (Do fr. ant. *gale*, pelo it. *gala*, «festa; alegria»)
gala[2] *n.f.* ⇒ **galadura** (Deriv. regr. de *galar*)
galã *n.m.* 1 CINEMA, TEATRO ator com boa aparência física e modos elegantes que faz o papel de sedutor ou de apaixonado 2 [fig.] homem elegante e sedutor; galanteador (Do fr. *galant*, «galante», pelo cast. *galán*, «id.»)
galação *n.f.* ⇒ **galadura** (De *galar*+*-ção*)

galacrista n.f. BOTÂNICA ⇒ **galocrista** (De galo+crista)

galactagogo /ô/ adj. que aumenta a secreção do leite ∎ n.m. FARMÁCIA substância que faz aumentar a secreção do leite (Do gr. gála, -aktos, «leite» +agogós, «que conduz; que atrai»)

galáctico adj. ASTRONOMIA que diz respeito à galáxia; **sistema** ~ sistema em forma de lente, constituído por um número enorme de estrelas, gás e poeiras, que inclui o Sol como um dos seus membros (Do gr. gála, -aktos, «leite»+-ico)

galactífago adj. ZOOLOGIA ⇒ **galactófago** (Do gr. gála, -aktos, «leite» +phageín, «comer; consumir»)

galactífero adj. ⇒ **galactóforo** (Do gr. gála, -aktos, «leite»+lat. fero, de ferre, «trazer»)

galactite n.f. 1 MINERALOGIA variedade de natrólito, que constitui uma pedra preciosa da cor do leite 2 BOTÂNICA planta que dá à água uma cor leitosa (Do gr. gála, -aktos, «leite» +-ite)

galact(o)- elemento de formação de palavras que exprime a ideia de leite (Do gr. gála, -aktos, «leite»)

galactocele n.f. MEDICINA ingurgitamento das glândulas mamárias, causado pelo leite (Do gr. gála, -aktos, «leite» +kéle, «tumor; inchação; hérnia»)

galactófago adj. ZOOLOGIA diz-se de um animal que normalmente se alimenta de leite, em especial nas primeiras idades; galactífago; mamífero (Do gr. galaktophágos, «que se nutre de leite»)

galactóforo adj. diz-se do conduto do leite num organismo; galactífero (Do gr. galaktophóros, «que traz leite»)

galactografia n.f. parte da biologia que descreve e estuda o leite

galactómetro n.m. instrumento destinado a medir a densidade do leite; pesa-leite; lactómetro (De galacto-+-metro)

galactorreia n.f. MEDICINA secreção excessiva de leite (Do gr. gála, -aktos, «leite» +rheín, «correr» +-ia)

galactose n.f. 1 QUÍMICA açúcar isómero da glicose que se obtém na hidrólise da lactose 2 fenómeno da produção do leite pelas respetivas glândulas (Do gr. galáktosis, «conversão em leite»)

galactosúria n.f. MEDICINA presença de galactose na urina em quantidade fora do normal (De galactose+-úria)

galado adj. 1 (OVO) em que se vê a galadura 2 fecundado (Part. pass. de galar)

galadura n.f. 1 (galináceos) ato ou efeito de fecundar a fêmea; galação 2 ponto branco na gema do ovo fecundado (De galar+-dura)

galafura n.m. [pop.] labrego; pacóvio ∎ adj.2g. [regionalismo] buliçoso (De Galafura, top., localidade portuguesa do concelho de Peso da Régua, no distrito de Vila Real)

galagala n.f. [Moçambique] ZOOLOGIA variedade de lagarto, de cabeça azul (Do changana galagala, «id.»)

galaico adj. que diz respeito à região espanhola da Galiza (Do lat. gallaïcu-, «id.»)

galaico-português adj. que diz respeito à Galiza e a Portugal ∎ n.m. língua românica falada no Noroeste da Península Ibérica até meados do séc. XIV

galaio n.m. [regionalismo] espinhaço de um monte; outeirinho (Do cast. galayo, «outeirinho»)

galalau n.m. 1 [Brasil] homem muito alto 2 traidor (Do fr. Ganelon, antr., personagem da «Chanson de Roland» que traiu Rolando)

galalite n.f. material plástico com numerosas aplicações, obtido por ação do formol sobre a caseína pura (Do gr. gála, -aktos, «leite» +líthos, «pedra», pelo fr. galalithe, «id.»)

galanear v.intr. trajar requintadamente ∎ v.tr.,intr. vestir(-se) de forma pouco discreta ou com garridice (Do cast. galano, «galante» +-ear)

galanga n.f. BOTÂNICA planta chinesa da família das Gengiberáceas, cujos rizomas possuem propriedades estimulantes (Do gr. galánga, «galanga», pelo lat. med. galanga-, «id.»)

galangômbia n.f. ORNITOLOGIA pássaro de plumagem negra, brilhante, da família dos Laniídeos, vulgar em Angola, no Congo, etc.

galangundo n.m. ORNITOLOGIA ave pernalta da África

galanice n.f. 1 qualidade de galã 2 ostentação de galas 3 galantaria 4 gentileza (Do cast. galano, «galante»+-ice)

galantaria n.f. 1 arte de galantear 2 dito lisonjeador, com o objetivo de agradar ou seduzir; amabilidade 3 graça; delicadeza (Do fr. galanterie, «id.»)

galante[1] adj.2g. 1 próprio de galã 2 que mostra delicadeza ou cortesia, procurando agradar ou seduzir; gentil; afável; amável 3 que tem aspeto atraente; bonito; elegante; esbelto 4 vistoso; aperaltado 5 engraçado; espirituoso 6 brilhante ∎ n.2g. pessoa elegante e cortês que procura agradar ou seduzir (Do francês galant, «idem»)

galante[2] adj.2g. [Cabo Verde] feio, esquisito e disforme (Do crioulo cabo-verdiano galante, «idem»)

galanteador adj.,n.m. que ou aquele que galanteia (De galantear+-dor)

galantear v.intr. 1 dizer galanteios; namorar 2 ser amável, procurando agradar ou seduzir ∎ v.tr. 1 cortejar com o objetivo de agradar ou seduzir 2 elogiar; lisonjear (De galante+-ear)

galanteio n.m. 1 ato ou efeito de galantear; ato de dirigir elogios a alguém 2 dito lisonjeador, com o objetivo agradar ou seduzir; amabilidade 3 conversa amorosa 4 namoro (Deriv. regr. de galantear)

galanteria n.f. ⇒ **galantaria** (De fr. galanterie, «id.»)

galantina n.f. CULINÁRIA preparado culinário de carnes frias, sem osso e cobertas com uma camada fina de gelatina (Do fr. galantine, «id.»)

galantine n.f. CULINÁRIA ⇒ **galantina**

galão[1] n.m. 1 tira estreita 2 salto largo; pulo 3 jato desordenado do primeiro líquido que sai pelo gargalo; esguicho 4 MILITAR tira de tecido usada como distintivo na manga ou nos ombros dos oficiais do exército, da marinha e da força aérea 5 tira entrançada de ouro, prata, linho, ou outro material, usada para debruar ou enfeitar (Do fr. galon, «id.»)

galão[2] n.m. 1 medida de capacidade equivalente a 3,785 litros nos EUA, e a 4,545 litros em Inglaterra 2 [regionalismo] bebida de café com leite servida em copo alto (Do fr. ant. galon, «certa medida», pelo ing. gallon, «id.»)

galápago n.m. VETERINÁRIA úlcera na coroa do casco das cavalgaduras (Do cast. galápago, «id.»)

galapo n.m. 1 almofada na sela do cavalo, sobre a qual se senta o cavaleiro 2 ligadura para proteger feridas 3 pl. [regionalismo] dedos, no ato de agarrar (Do cast. galapo, «instrumento para torcer fios»?)

galar v.tr. 1 (galo, ave macho) realizar coito com (a fêmea) 2 [pop.] olhar fixamente com o propósito de seduzir (De galo+-ar)

galardão n.m. 1 prémio atribuído por serviços prestados ou pelo valor de uma obra; distinção; recompensa 2 honra; glória (Do germ. *widarlon, «recompensa»)

galardoador adj.,n.m. que ou aquele que galardoa (De galardoar+-dor)

galardoar v.tr. 1 conferir galardão a; premiar 2 recompensar 3 [fig.] consolar (De galardão+-ar)

galarim n.m. 1 ponto mais elevado de uma progressão 2 auge; máximo 3 posição de maior evidência 4 situação de opulência ou grandeza 5 (JOGO) aposta em que se aumenta a parada para o dobro (De orig. obsc.)

gálata n.2g. habitante ou natural da Galácia, antiga região da Ásia Menor (Do lat. Galăta-, «id.»)

galáxia /cs/ n.f. 1 ASTRONOMIA conjunto de elevadíssimo número de estrelas, outros astros, poeira cósmica e gás, com forma espiralada, elíptica ou irregular, animado de movimento e expansão, que constitui um sistema astral 2 [com maiúscula] ASTRONOMIA o sistema astral mais conhecido, a que pertence o sistema solar, e a cuja projeção na esfera celeste, vista de um ponto interior, se dá o nome de Via Láctea ou Estrada de Santiago (Do gr. galaxías, «de leite»)

galazia n.f. ⇒ **galezia** (De galezia)

galazime n.m. bebida gasosa obtida com leite fermentado (Do gr. gála, «leite» +zýme, «fermento», pelo fr. galazyme, «id.»)

gálbano n.m. 1 BOTÂNICA planta da família das Umbelíferas, produtora de uma resina medicinal 2 FARMÁCIA goma-resina que se obtém desta planta e que é utilizada em medicina (Do lat. galbănu-, «id.»)

gálbula n.f. BOTÂNICA ⇒ **gálbulo**

gálbulo n.m. BOTÂNICA infrutescência (ou fruto, para alguns autores) subesférica, pequena, em regra lenhosa, com escamas peltadas, como nos ciprestes (Do lat. galbŭlu-, «fruto do cipreste»)

galdéria n.f. [depr.] mulher cujo comportamento é considerado leviano, atrevido ou promíscuo (De galdério)

galderiar v.intr. levar vida de galdério ou galdéria (De galdéria+-ar)

galdério adj. 1 que frequenta muitas festas, e outros tipos de divertimentos 2 vadio; ocioso 3 intrujão 4 dissipador ∎ n.m. [depr.] homem cujo comportamento é considerado leviano, atrevido, ou promíscuo (Do lat. gaudēre, «folgar; alegrar-se»)

galdrapa n.f. 1 porca muito magra com a barriga muito descida 2 [pej.] mulher alta e magricela (De galdrapa)

galdripeiro adj.,n.m. [regionalismo] que ou o que está descomposto e mal arranjado (De galdrapa+-eiro?)

galdrope n.m. NÁUTICA [ant.] ⇒ **gualdrope** (Do ing. guide-rope, «corda de guia»)

galé n.f. 1 NÁUTICA antiga embarcação de vela e remos 2 TIPOGRAFIA peça em que se assenta a composição tipográfica que se vai tirando do componedor 3 HISTÓRIA pena dos que eram condenados a remar nas galés ■ *n.m.* HISTÓRIA indivíduo condenado a remar nas galés (Do gr. med. *galaia*, «tartaruga», pelo fr. ant. *galée*, hoje *galère*, «id.»)

gálea *n.f.* **1** antigo capacete de guerreiro; elmo **2** dor de cabeça que dá a sensação de que um gorro de ferro aperta o crânio (Do lat. *galĕa*, «capacete»)

galeantropia *n.f.* perturbação mental caracterizada por uma pessoa se julgar transformada em gato (Do gr. *galé*, «gato» +*ánthropos*, «homem»)

galeão *n.m.* **1** NÁUTICA antigo navio de guerra, de construção sólida, com quatro mastros e popa arredondada e bojuda **2** navio mercante de grande tonelagem **3** barco de pesca que emprega o sistema de cercar o peixe com a rede **4** aparelho de pesca de cerco **5** TIPOGRAFIA peça retangular, comprida, de ferro ou de madeira, sobre a qual são colocadas as linhas de composição tipográfica (Do lat. med. *galeōne-*, «id.», pelo fr. *galion*, «galeão»)

galear[1] *v.intr.* **1** vestir de gala **2** trajar com luxo (De *gala*+*-ear*)
galear[2] *v.tr.,intr.* baloiçar(-se) ■ *v.tr.* arremessar, movendo de um lado para o outro (De *galé*+*-ear*)

galécio-português *adj.,n.m.* ⇒ **galaico-português** (De *galaico--português*)

galega /ê/ *n.f.* **1** nome comum a algumas variedades de plantas (ou os seus frutos) cultivadas em Portugal, como a oliveira, a couve, a videira, etc. **2** BOTÂNICA planta herbácea da família das Leguminosas, espontânea em Portugal (De *galego*)

galegada *n.f.* **1** grupo de galegos **2** ação ou dito próprio de galego **3** [pej.] linguagem apressada e pouco compreensível (De *galego*+*-ada*)

galego /ê/ *adj.* **1** relativo ou pertencente à Galiza, comunidade autónoma do noroeste de Espanha **2** designativo de uma variedade de frutas, legumes ou cereais (como, por exemplo, a maçã, a azeitona ou o trigo) ■ *n.m.* **1** natural ou habitante da Galiza **2** língua românica da Galiza **3** ORNITOLOGIA ⇒ **parda**[3] (Do lat. *gallaecu-*, «id.»)

galego-português *adj.,n.m.* ⇒ **galaico-português**

galeguice *n.f.* ⇒ **galegada** (De *galego*+*-ice*)

galeiforme *adj.2g.* em forma de gálea (Do lat. *galĕa-*, «gálea» +*forma-*, «forma»)

galeio *n.m.* **1** ato de galear; ato de balançar ou balançar-se **2** movimento rápido do corpo para um lado ou para trás (Deriv. regr. de *galear*)

galeirão *n.m.* ORNITOLOGIA nome de umas aves pernaltas da família dos Ralídeos, uma delas comum em Portugal, especialmente no inverno, e também conhecida por viúva, nágera, negra, etc. (Do lat. *galēru-*, «barrete; peruca»)

galela *n.f.* [regionalismo] ⇒ **galelo**; *andar à ~* andar ao rebusco de azeitona (De *galelo*)

galelo *n.m.* **1** [regionalismo] gomo de laranja; galinhó; ganhó **2** [regionalismo] gaipo de uvas (De orig. obsc.)

galena /ê/ *n.f.* MINERALOGIA mineral (sulfureto de chumbo), que cristaliza no sistema cúbico, importante minério de chumbo que aparece em muitos pontos de Portugal, também denominado galenite ■ *n.m.* minúsculo e primitivo recetor de rádio em que se emprega um cristal deste mineral (Do gr. *galéne*, «id.», pelo lat. *galēna-*, «galena», mineral de chumbo)

galengue *n.m.* ZOOLOGIA espécie de antílope da África, muito frequente no deserto de Moçâmedes, também conhecida por guelengue

galénico *adj.* relativo a Cláudio Galeno, médico grego muito afamado (131-201), ou à sua doutrina médica (De *Galeno*, antr. +*-ico*)

galenismo *n.m.* doutrina médica de Galeno (De *Galeno*, antr. +*-ismo*)

galenista *n.2g.* pessoa partidária do sistema de Galeno (De *Galeno*, antr. +*-ista*)

galenite *n.f.* MINERALOGIA ⇒ **galena** *n.f.* (De *galena*+*-ite*)

galeno[1] /ê/ *n.m.* médico (De *Galeno*, médico gr., 131-201)

galeno[2] /ê/ *n.m.* ORNITOLOGIA (ave pernalta) ⇒ **galispo**[2] (De *galo*?)

galeofobia *n.f.* horror aos gatos (Do gr. *galé*, «gato» +*phobeīn*, «ter horror» +*-ia*)

galeopiteco *n.m.* ZOOLOGIA pequeno mamífero insetívoro, dermóptero, da sub-região malaia, que apresenta uma prega membranosa dos lados do corpo (patágio), que lhe permite planar (Do gr. *galé*, «gato» +*píthekos*, «macaco»)

galeota *n.f.* **1** NÁUTICA pequena galé a remos, com vela **2** NÁUTICA embarcação comprida, de remos, usada na navegação fluvial **3** ICTIOLOGIA nome vulgar de uns peixes teleósteos, da família dos Amoditídeos, que aparecem nas costas marítimas portuguesas (Do it. *galeotta*, «id.»)

galeote *n.m.* **1** remador de galé **2** NÁUTICA ⇒ **galeota 3** antiga vestimenta que representava alegoricamente o inverno (Do it. *galeotto*, «marinheiro»)

galera *n.f.* **1** carro de bombeiros **2** certo tipo de forno de fundição **3** carroça para transporte de mobílias **4** NÁUTICA navio mercante de dois ou três mastros **5** galé **6** qualquer embarcação de três mastros armados à redonda **7** [Brasil] malta; grupo; rapaziada (Do gr. biz. *galéa*, «id.», pelo cat. *galera*, «id.»)

galeria *n.f.* **1** ARQUITETURA corredor extenso e largo, coberto, destinado a permitir a passagem **2** varanda envidraçada **3** sala de museu onde estão expostas peças de arte **4** estabelecimento onde se expõem e negoceiam objetos de arte **5** coleção de objetos de arte **6** [fig.] conjunto ou coleção de retratos ou figuras (fictícios ou reais) **7** (salas de espetáculo) tribuna extensa destinada ao público **8** conjunto das pessoas que ocupam as galerias (de uma sala de espetáculos) **9** coleção de escritos biográficos ou descritivos **10** corredor subterrâneo de uma mina **11** [fig.] público em geral **12** [fig.] classe; categoria (Do b. lat. *galilaea*, «átrio ou claustro de uma igreja», pelo it. *galleria*, «id.»)

galeriano *adj.,n.m.* forçado das galés; galeote (Do fr. *galérien*, «id.»)

galerista *n.2g.* proprietário de uma galeria de arte

galerno *adj.* sereno; agradável ■ *n.m.* vento sereno e aprazível (Do bret. *gwalern*, «noroeste», pelo fr. *galerne*, «vento noroeste»)

galero *n.m.* **1** antigo barrete de peles **2** gálea (Do lat. *galēru-*, «barrete de pele; peruca»)

galês *adj.* relativo ou pertencente ao País de Gales ■ *n.m.* **1** natural ou habitante do País de Gales **2** língua de origem céltica, falada no País de Gales (De *Gales*, top. +*-ês*)

galezia *n.f.* **1** [ant.] ato próprio de galeote **2** [coloq.] velhacaria; trapaça; maroteira (De *galé*+*z*+*-ia*)

galfarro *n.m.* **1** [ant., depr.] oficial de diligências **2** pessoa que come muito; comilão **3** perseguidor **4** vadio **5** garoto turbulento **6** interesseiro (Do cast. *galfarro*, «gavião; vadio»)

galfeira *n.f.* [regionalismo] labareda (De orig. obsc.)

galfoeira *n.f.* ORNITOLOGIA nome vulgar por que são conhecidas umas gaivotas também designadas falcoeiras (De *falcoeira*, com met.)

galga[1] *n.f.* **1** mó de lagar de azeite **2** NÁUTICA pequena âncora; ancoreta **3** [pop.] mentira; peta **4** [pop.] fome intensa **5** [regionalismo] pedra que se rebola por uma ladeira abaixo (De *galgo*)

galga[2] *n.f.* ato de galgar (Deriv. regr. de *galgar*)

galgação *n.f.* ato de endireitar a superfície de uma tábua à plaina ou à garlopa (De *galgar*+*-ção*)

galgadeira *n.f.* instrumento de carpinteiro com que se riscam, nos lados das tábuas, traços ou vincos paralelos aos mesmos (De *galgar*+*-deira*)

galgar *v.tr.,intr.* **1** andar a passo largo (por) **2** saltar por cima (de); pular **3** transpor; trepar **4** vencer (distâncias) **5** rolar (por) ■ *v.tr.* **1** alcançar depressa (alta posição) **2** alinhar **3** [regionalismo] riscar com galgadeira (De *galgo*+*-ar*)

galgaz *adj.2g.* **1** que tem as pernas compridas como as do galgo **2** que corre com grande velocidade **3** [fig.] magro; esguio (De *galgo*+*-az*)

galgo *n.m.* **1** ZOOLOGIA raça de cão, de corpo esguio, focinho afilado e pernas longas, que por ser muito veloz é muito utilizado na caça à lebre **2** qualquer animal que se desloca velozmente ■ *adj.* **1** magro **2** desejoso; *correr como um ~* correr muito e depressa (Do lat. *gallĭcu-* [*cane-*], «[cão] gaulês»)

galgueira *n.f.* **1** AGRICULTURA cova para depósito de águas ou plantação de bacelo **2** lugar onde gira a galga, nos lagares de azeite (De *galgar*+*-eira*)

galgueiro *adj.* (água) que corre por declive (De *galgar*+*-eiro*)

galha[1] *n.f.* BOTÂNICA excrescência que se forma nos tecidos vegetais por ação de insetos ou parasitas (Do lat. *gallĕa-* [*nuce-*], «noz--de-galha»)

galha[2] *n.f.* **1** barbatana dorsal de alguns peixes **2** pau bifurcado empregado nas operações de enchimento de colchões (Do cast. *agalla*, «brânquia»)

galhada *n.f.* **1** chifres dos ruminantes; armação formada pelas hastes de um animal **2** ramificação do cacho de uvas; gaipo **3** ponto em que se bifurcam as pernas das calças **4** [Brasil] ramagem das árvores; *ferrar a ~* dormir uma soneca (De *galho*+*-ada*)

galhadura *n.f.* chifres dos ruminantes; armação formada pelas hastes de um animal (De *galho*+*-dura*)

galharda *n.f.* dança e música antigas, de origem italiana (Do it. *gagliarda*, «id.», pelo fr. *gaillarde*, «id.»)

galhardamente *adv.* **1** com galhardia **2** brilhantemente (De *galhardo*+*-mente*)

galhardear v.intr. apresentar-se com galhardia; brilhar ■ v.tr. ostentar; exibir (De *galhardo*+-*ear*)

galhardete /ê/ n.m. **1** bandeira farpada, no alto dos mastros, para adorno ou sinal; flâmula **2** bandeira estreita e comprida para ornamentação de ruas e edifícios **3** pequena bandeira, normalmente de forma triangular, insígnia de clube desportivo, unidade militar, etc. (Do prov. ant. *galhardet*, «id.», pelo fr. *gaillardet*, «id.»)

galhardia n.f. **1** qualidade de galhardo; elegância; distinção **2** generosidade **3** força; ânimo **4** vivacidade; coragem **5** valor (De *galhardo*+-*ia*)

galhardo adj. **1** de presença agradável; que revela elegância; distinto **2** que é generoso; gentil **3** alegre; animado; vivo **4** valente; forte ■ n.m. **1** NÁUTICA castelo da proa ou da popa **2** [regionalismo] mafarrico; diabo (Do prov. ant. *galhart*, «valente», pelo fr. *gaillard*, «folgazão», pelo it. *gagliardo*, «vigoroso; forte»)

galheira n.f. **1** AGRICULTURA tipo de poda utilizado especialmente em Trás-os-Montes **2** ⇒ **galhada** (De *galho*+-*eira*)

galheiro n.m. **1** [regionalismo] fogueira de galhos **2** [regionalismo] utensílio em forma de árvore, em cujos galhos se penduram as louças; louceiro **3** [Brasil] designação extensiva aos veados de chifres muito desenvolvidos; *ir para o* ~ [pop.] fracassar completamente, morrer, estragar-se (De *galho*+-*eiro*)

galheta /ê/ n.f. **1** pequeno recipiente de vidro ou louça com gargalo, para servir azeite ou vinagre **2** cada um dos dois recipientes que contêm o vinho e a água para o serviço da missa **3** instrumento de vidro usado em laboratórios químicos; bureta **4** ORNITOLOGIA ⇒ **corvo-marinho 5** [coloq.] sopapo; pequena bofetada; *um par de galhetas* **1** um par de bofetadas; **2** duas pessoas que costumam andar sempre juntas; **3** casal de apresentação cómica ou ridícula (Do cast. *galleta*, «id.»)

galheteiro n.m. utensílio de serviço de mesa, onde se colocam as galhetas, e, muitas vezes, recipientes para sal, pimenta e outros temperos (De *galheta*+-*eiro*)

gálhico adj. diz-se de um ácido extraído da noz de galha (De *galha*+-*ico*)

galhipo n.m. **1** cornipo **2** chifre de bode provido de medula de sabugueiro e um pedaço de quartzo para fazer lume (De *galho*+-*ipo*)

galho n.m. **1** divisão do caule de árvores e arbustos; ramo **2** toco que fica na planta depois de o ramo ter sido cortado ou quebrado **3** chifre de alguns ruminantes; corno **4** parte de um cacho com os seus frutos; gaipo **5** [Brasil] dificuldade; complicação; *dar (um)* ~ [coloq.] trazer problemas ou complicações; *ferrar o* ~ [coloq.] dormir uma soneca; *quebrar o* ~ [Brasil] resolver uma dificuldade (Do lat. *gallĕu*, «da noz-de-galha»)

galhofa n.f. **1** ocasião ou conversa divertida; risota; brincadeira **2** riso sarcástico; gracejo; escárnio **3** festa ruidosa e alegre; pândega **4** ICTIOLOGIA designação extensiva a algumas tainhas; *fazer* ~ escarnecer (Do cast. *gallofa*, refeição dada aos peregrinos pobres)

galhofada n.f. grande galhofa (De *galhofa*+-*ada*)

galhofar v.intr. divertir-se ruidosamente com outras pessoas; fazer galhofa ■ v.tr.,intr. **1** dizer (algo) em tom de brincadeira; gracejar **2** fazer troça (de); escarnecer (de) (Do cast. *gallofar*, «vadiar»)

galhofaria n.f. **1** vida de galhofeiro **2** ⇒ **galhofada** (De *galhofa*+-*aria*)

galhofear v.tr.,intr. ⇒ **galhofar** (Do cast. *gallofear*, «vadiar»)

galhofeiro adj.,n.m. **1** que ou aquele que é amigo de galhofar **2** alegre; divertido; folgazão **3** trocista; zombeteiro (Do cast. *gallofero*, «vagabundo»)

galhofento adj. dado à galhofa; galhofeiro (De *galhofar*+-*ento*)

galhudo adj. **1** (árvore) que tem muitos galhos ou ramos **2** (animal) que possui chifres grandes **3** [pop.] diz-se do homem enganado pela mulher; cornudo ■ n.m. **1** ICTIOLOGIA nome vulgar extensivo a uns cações (peixes) frequentes em Portugal; melga; ferranho **2** ZOOLOGIA (cetáceo) ⇒ **roaz** n.m. (De *galho*+-*udo*)

gali-[1] elemento de formação de palavras que exprime a ideia de gaulês, francês (Do lat. *Gallu-*, «id.»)

gali-[2] elemento de formação de palavras que exprime a ideia de galo (Do lat. *gallu-*, «id.»)

gali-[3] elemento de formação de palavras que exprime a ideia de galha (Do lat. *galla-*, «id.»)

galicanismo n.m. **1** tendência para restringir a autoridade da Igreja perante o Estado (galicanismo político) **2** restrição da autoridade do papa perante bispos (galicanismo eclesiástico) (De *galicano*+-*ismo*)

galicano adj. relativo à Gália ou à França (Do lat. *gallicānu-*, de *gallĭcu-*, «gaulês»)

galicentro n.m. BOTÂNICA erva também conhecida por coração-de--galo (Do lat. *gallu-*, «galo» +*centru-*, «centro»)

galiciano adj. relativo ou pertencente à região espanhola da Galiza (Do fr. *galicien*, «id.»)

galicínio n.m. **1** hora da manhã a que os galos cantam **2** canto do galo (Do lat. *gallicinĭu-*, «canto do galo»)

galiciparla n.2g. pessoa que emprega muitos galicismos quando fala (Do lat. *gallĭcu-*, «gaulês; fr.»+port. *parlar*)

galicismo n.m. ⇒ **francesismo 1** (Do lat. *gallĭcu-*, «gaulês»+-*ismo*)

galicista n.2g. pessoa que utiliza galicismos com frequência (Do lat. *gallĭcu-* «gaulês» +-*ista*)

galicizar v.tr.,intr. usar galicismos (Do lat. *gallĭcu*, «gaulês» +-*izar*)

gálico[1] adj. relativo à Gália, antigo nome da França (Do latim *gallĭcu-*, «gaulês»)

gálico[2] n.m. QUÍMICA fenol usado como revelador de negativos nos meados do século XIX; *ácido gálico* QUÍMICA um dos fenóis que, ao ser exposto ao ar, se converte num éster que dá ao vinho tinto um sabor agradável, suave e seco, e uma sensação de suavidade (De *galo-*+-*ico*)

galícola adj.2g. **1** que produz ou vive nas galhas **2** diz-se da forma evolutiva da filoxera, que produz galhas nas folhas das videiras (Do lat. *galla-*, «noz-de-galha» +*colĕre*, «habitar»)

galiforme adj.2g. relativo ou pertencente aos galiformes ■ n.m. ORNITOLOGIA espécime dos galiformes ■ n.m.pl. ORNITOLOGIA ordem de aves terrestres, com bico curto e recurvado, pés compridos e fortes, dedo polegar curto e asas pequenas e arredondadas, que se distribuem por sete famílias e cerca de duzentas espécies; galináceas (Do lat. *gallu-*, «galo» +*forma-*, «forma»)

galilé[1] n.f. ARQUITETURA recinto coberto, suportado por pilares ou colunas, geralmente adossado ao corpo de uma igreja, que constituía uma entrada alternativa e lateral à entrada principal e um espaço destinado à celebração de assembleias de fiéis **2** cemitério onde eram enterradas as pessoas nobres, em alguns conventos **3** [regionalismo] bando de garotos (Do fr. ant. *galilée*, «vestíbulo dos mosteiros»)

galileu adj. da Galileia ou a ela relativo ■ n.m. habitante ou natural da Galileia (Do lat. *galilaeu-*, «id.»)

galimar v.tr. cortar pelo galimo (Do cast. *galibar*, «galivar»)

galimatias n.m.2n. **1** discurso muito palavroso e confuso **2** confusão de palavras de sentido quase obscuro (Do fr. *galimatias*, «embrulhada»)

galimatizar v.intr. discorrer confusamente; fazer aranzel (Do fr. *galimatias*, «embrulhada» +-*izar*)

galimo n.m. superfície de um tronco de madeira galivada pelos traços (Deriv. regr. de *galimar*)

galináceas n.f.pl. ORNITOLOGIA designação da ordem das aves de voo pesado, portadoras de bico forte e pequena palmura interdigital; galiformes (De *gallinacĕu-*, «galináceo»)

galináceo adj. **1** ORNITOLOGIA relativo ou pertencente às galináceas **2** parecido com o galo ■ n.m. ORNITOLOGIA ave da ordem das galináceas (Do lat. *gallinacĕu-*, «id.»)

galinha n.f. **1** ORNITOLOGIA; fêmea adulta de uma ave da família dos Fasianídeos, de crista carnuda e asas curtas e largas, frequentemente criada em capoeiras e muito usada na alimentação humana **2** [pop.] azar; infelicidade **3** [pop.] coisa muito boa; *cercar galinhas* cambalear embriagado; *deitar-se com as galinhas* ir para a cama muito cedo; *pele de* ~ pele arrepiada; *quando as galinhas tiverem dentes* nunca, jamais (Do lat. *gallīna-*, «galinha»)

galinhaça n.f. **1** galinha grande e gorda **2** excremento de galinhas (De *galinha*+-*aça*)

galinha-cega n.f. jogo de crianças

galinha-choca n.f. BOTÂNICA arbusto de casca amarelada, com pequenas flores brancas, cujo fruto é uma drupa vermelha em forma de ovo e cuja madeira vermelho-escura é muito apreciada para marcenaria

galinhaço n.m. **1** galinhaça **2** muitas galinhas **3** [pop.] azar; má sorte (De *galinha*+-*aço*)

galinhada n.f. muitas galinhas (De *galinha*+-*ada*)

galinha-d'água n.f. ORNITOLOGIA ave pernalta da família dos Ralídeos, sedentária e muito frequente em algumas zonas de Portugal, também conhecida por franga-d'água, galinhola, galinhota, rabiscoelha, etc.

galinha-da-guiné n.f. ORNITOLOGIA ⇒ **pintada**

galinha-da-índia n.f. ORNITOLOGIA ⇒ **pintada**

galinha-d'angola n.f. ORNITOLOGIA ⇒ **pintada**

galinha-do-mar n.f. ICTIOLOGIA ⇒ **cantariz**

galinha-do-mato n.f. ORNITOLOGIA ⇒ **alcaravão**

galinha-do-monte n.f. ORNITOLOGIA ⇒ **alcaravão**

galinha-sultana n.f. ORNITOLOGIA ⇒ **alqueimão**

galinheira n.f. mulher que negoceia em galinhas (De *galinheiro*)

galinheiro n.m. **1** área, geralmente delimitada por uma rede metálica, onde se criam aves galináceas; capoeira **2** vendedor de galinhas **3** [coloq.] (salas de espetáculo) recinto, situado geralmente por cima da última fila de camarotes, onde os lugares não são marcados e os preços são mais baratos; geral **4** [pop.] prisão **5** [pop.] cachaço; pescoço (Do lat. *gallinarĭu-*, «id.»)

galinhó n.m. [regionalismo] gomo de laranja; galelo; ganhó (De *galelo*?)

galinhola n.f. **1** ORNITOLOGIA ave pernalta da família dos Escolopacídeos, que é caça muito apreciada, comum em Portugal, de outubro a março, também designada bicuda, gamarra, etc. **2** [pop.] embriaguez (De *galinha*+*-ola*)

galinhola-real n.f. ORNITOLOGIA nome vulgar por que também é conhecida a abetoira ronca ou sargaça, ave pernalta pouco comum em Portugal

galinhota n.f. ORNITOLOGIA ⇒ **galinha-d'água** (De *galinha*+*-ota*)

galinicultor n.m. criador especializado de galinhas (Do lat. *gallīna-*, «galinha»+*cultōre-*, «criador»)

galinicultura n.f. criação de galinhas (Do lat. *gallīna-*, «galinha»+*cultūra*, «criação»)

galinúlida n.m. ORNITOLOGIA ⇒ **ralídeo**

Galinúlidas n.m.pl. ORNITOLOGIA ⇒ **Ralídeos**

galinulídeo adj.,n.m. ORNITOLOGIA ⇒ **ralídeo**

Galinulídeos n.m.pl. ORNITOLOGIA ⇒ **Ralídeos** (Do lat. *gallinŭla-*, «pequena galinha»+*-ídeos*)

gálio[1] adj. relativo à antiga Gália, atual França ■ n.m. **1** natural ou habitante da antiga Gália **2** língua falada pelos Gauleses na antiga Gália (Do lat. *gallĭu-*, «gaulês»)

gálio[2] n.m. QUÍMICA elemento químico com o número atómico 31 e símbolo Ga, de aspeto semelhante ao do zinco, e com propriedades análogas às do alumínio (Do lat. *Gallu-*, trad. lat. de *Lecoq*, de F. Lecoq de Boisbaudran, químico fr. (1802-1897) que descobriu o gálio)

galiparla n.2g. ⇒ **galiciparla** (De *gali-*+*parla*)

galipó n.m. ⇒ **galipote**

galipódio n.m. ⇒ **galipote**

galipote n.m. **1** terebintina impura e sólida **2** borras de resina do pinheiro **3** incenso branco (Do fr. *galipot*, «id.»)

galispo n.m. **1** galo pequeno **2** ORNITOLOGIA ave pernalta, da família dos Caradriídeos, portadora de um penacho na cabeça, comum em Portugal durante o inverno, e também conhecida por abecoinha, abetoninha, abibe, galeirão, pendre, pendro, verdizela, etc. (De *galo*)

galista n.2g. pessoa que se dedica à criação de galos de briga (De *galo*+*-ista*)

galivação n.f. ato ou efeito de galivar (De *galivar*+*-ção*)

galivar v.tr. **1** dar ao feitio próprio ou devido a (madeira) **2** tracejar (Do cast. *galibar*, «id.»)

galiziano adj. ⇒ **galiciano** (De *Galiza*+*-iano*)

galo[1] n.m. **1** ORNITOLOGIA macho adulto do género de aves da família dos Fasianídeos, de crista carnuda e asas curtas e largas **2** ORNITOLOGIA ave pertencente às duas espécies de galeirões ou viúvas **3** ICTIOLOGIA ⇒ **escalo 4** [pop.] intumescência na cabeça, proveniente de contusão; carolo; tolontro **5** [fig.] pessoa de influência **6** [coloq.] azar; infortúnio; ~ **de briga** galo adestrado para lutar com outros (Do lat. *gallu-*, «id.»)

galo[2] adj. da Gália (Do lat. *Gallu-*, «gaulês»)

galo- elemento de formação de palavras que exprime a ideia de *gálico* (ácido). (Forma reduzida de *gálico*)

galocha n.f. **1** bota alta de borracha, usada para proteger o pé da humidade **2** BOTÂNICA rebento de enxerto (Do fr. *galoche*, «id.»)

galocrista n.f. BOTÂNICA planta herbácea, da família das Escrofulariáceas, espontânea nos lameiros, também designada galacrista e veludilho (De *galo*+*crista*)

galo-da-cal n.m. ORNITOLOGIA ⇒ **camilonga**

galo-da-serra n.m. ORNITOLOGIA pássaro brasileiro, da família dos Cotingídeos, também conhecido por galo-do-pará

galo-do-pará n.m. ORNITOLOGIA ⇒ **galo-da-serra**

galofilia n.f. gosto ou predileção por aquilo que é francês (Do lat. *Gallu-*, «gaulês»+gr. *philía*, «amor»)

galófilo adj.,n.m. que ou aquele que tem gosto ou predileção por aquilo que é francês (Do lat. *Gallu-*, «gaulês»+gr. *phílos*, «amigo»)

galofobia n.f. aversão à França ou aos Franceses (De *galo-*+*-fobia*)

galófobo adj.,n.m. que ou aquele que tem aversão a tudo o que é francês (De *galo-*+*-fobo*)

galo-hispano adj. referente à França (antiga Gália) e à Espanha

galóli n.m. língua falada pelos nativos de Timor oriental

galomania n.f. admiração excessiva por tudo o que é francês (De *galo-*+*mania*)

galomaníaco adj.,n.m. que ou aquele que admira tudo o que é francês de forma excessiva (De *galo-*+*maníaco*)

galonado adj. enfeitado de galões; agaloado (Part. pass. de *galonar*)

galonar v.tr. ⇒ **agaloar** (Do fr. *galonner*, «pôr galões em»)

galopada n.f. **1** corrida a galope **2** andamento muito rápido (Do fr. *galopade*, «id.»)

galopado adj. **1** que foi ensinado a galopar **2** percorrido a galope (Part. pass. de *galopar*)

galopador adj.,n.m. que ou aquele que galopa bem (De *galopar*+*-dor*)

galopante adj.2g. **1** que galopa **2** que apresenta evolução ou desenvolvimento muito rápido **3** MEDICINA que alastra, contamina ou progride muito rapidamente (Do fr. *galopant*, «id.»)

galopão n.m. galope grande (De *galope*+*-ão*)

galopar v.intr. **1** andar a galope **2** andar depressa **3** desenvolver-se muito rapidamente ■ v.tr. percorrer a galope ou rapidamente (Do fr. *galoper*, «id.»)

galope n.m. **1** modalidade de locomoção rápida de certos quadrúpedes, especialmente do cavalo; galopada **2** ritmo anormal do coração **3** NÁUTICA parte superior do mastaréu, acima da braçadeira do mastro **4** [fig.] deslocação rápida **5** [fig.] andamento ou desenvolvimento rápido **6** dança rápida e saltitante, em compasso binário **7** música correspondente a esta dança **8** [Brasil] admoestação; repreensão (Do fr. *galop*, «id.»)

galopear v.tr.,intr. ⇒ **galopar** (De *galope*+*-ear*)

galopim n.m. **1** galope curto e cadenciado **2** garoto que corre e brinca **3** mocinho de recados **4** angariador de votos por ocasião das eleições (Do fr. *galopin*, «moço de recados»)

galopinagem n.f. trabalho de galopim eleitoral (De *galopinar*+*-agem*)

galopinar v.intr. andar na galopinagem (De *galopim*+*-ar*)

galra n.f. **1** [pop.] voz **2** [pop.] fala **3** [pop.] lábia (Deriv. regr. de *galrar*)

galracho n.m. [regionalismo] ⇒ **escalracho 1**

galrão adj.,n.m. palrador; tagarela (De *galrar*+*-ão*)

galrar v.intr. **1** falar muito e sem critério **2** vangloriar-se; blasonar **3** recalcitrar; responder com maus modos **4** garimpar **5** [regionalismo] (criança) começar a emitir sons (Do lat. *garrulāre*, «papaguear asneiras»)

galreador adj.,n.m. que ou aquele que galreia (De *galrear*+*-dor*)

galrear v.intr. (criança) começar a emitir sons; balbuciar (Do lat. *garrulāre*, «papaguear asneiras»)

galreiro adj. [pop.] que fala muito; palrador (De *galrar*+*-eiro*)

galrejador adj.,n.m. que ou aquele que galreja (De *galrejar*+*-dor*)

galrejar v.intr. ⇒ **galrear** (De *galrar*+*-ejar*)

galricho n.m. **1** rede ou covo para apanhar peixe miúdo **2** pequena mala para transporte de peixe (Do cast. *garlito*, «id.»)

galriço n.m. ORNITOLOGIA ⇒ **pedreiro 3** (De orig. obsc.)

galripa n.f. [regionalismo] ⇒ **falripa**

galripo n.m. **1** espécie de saco de linhagem para coar as fezes do vinho **2** rede para a pesca do peixe miúdo (Do cast. *garlito*, «rede para pescar»)

galrito n.m. ⇒ **galripo**

galuchada n.f. magote de galuchos; grupo de galuchos (De *galucho*+*-ada*)

galucho n.m. **1** soldado durante a instrução militar; recruta **2** caloiro; novato **3** indivíduo acanhado (De *galo*+*-ucho*)

galula n.f. [regionalismo] coisa apetitosa para se comer (Do lat. *gallŭla*, «pequena noz-de-galha»)

galvânico adj. do galvanismo ou a ele relativo (De *L. Galvani*, físico e médico it., 1737-1798 +*-ico*)

galvanismo n.m. **1** ELETRICIDADE, FÍSICA fenómenos elétricos produzidos pelas correntes originadas nas pilhas ou nos acumuladores **2** tratamento de doenças pela aplicação de corrente contínua **3** [fig.] excitação; ardor (De *L. Galvani*, físico e médico it., 1737-1798 +*-ismo*)

galvanização n.f. **1** ato ou efeito de galvanizar **2** METALURGIA processo de recobrir uma peça de metal, geralmente ferro ou aço, com uma camada de zinco, para evitar a corrosão atmosférica ou oxidação; zincagem **3** [fig.] ato de suscitar adesão e/ou entusiasmo (De *galvanizar*+*-ção*)

galvanizado adj. **1** submetido à galvanização **2** revestido de zinco **3** [fig.] excitado; empolgado; entusiasmado (Part. pass. de *galvanizar*)

galvanizador adj.,n.m. **1** que ou o que galvaniza **2** que ou o que suscita o entusiasmo e/ou a adesão (De *galvanizar*+*-dor*)

galvanizante adj.2g. **1** que determina a galvanização **2** [fig.] empolgante; estimulante; entusiasmante (De *galvanizar*+*-ante*)

galvanizar *v.tr.* **1** submeter à ação da corrente elétrica produzida por meio de pilha galvânica ou voltaica **2** dourar, pratear, zincar, etc., por meio de galvanostegia **3** revestir (o ferro) de uma camada de zinco **4** dar movimento a (músculos) **5** [fig.] reanimar **6** [fig.] suscitar o entusiasmo e/ou a adesão de (De *L. Galvani*, físico e médico it., 1737-1798 +-*izar*, ou do fr. *galvaniser*, «id.»)

galvan(o)- elemento de formação de palavras, de origem científica, que exprime a ideia de *galvanismo* (De *L. Galvani*, físico e médico it., 1737-1798)

galvanocáustica *n.f.* aplicação da eletricidade nas operações cirúrgicas (De *galvano-*+*cáustica*)

galvanocautério *n.m.* MEDICINA cautério aquecido por corrente elétrica (De *galvano-*+*cautério*, ou do fr. *galvanocautère*, «id.»)

galvanografia *n.f.* processo de gravar pela galvanoplastia (De *galvano-*+*grafia*)

galvanogravura *n.f.* reprodução de um objeto por meio de uma corrente elétrica, buril e verniz dos gravadores (De *galvano-*+*gravura*)

galvanólise *n.f.* eletrólise cirúrgica (De *galvano-*+-*lise*)

galvanoluminescência *n.f.* ELETRICIDADE luminosidade muito fraca, mas visível, que aparece no ânodo de alguns retificadores (De *galvano-*+*luminescência*)

galvanomagnético *adj.* ELETRICIDADE relativo ao galvanomagnetismo (De *galvano-*+*magnético*)

galvanomagnetismo *n.m.* ELETRICIDADE estudo das variações dos fenómenos elétricos num condutor que foi introduzido num campo magnético (De *galvano-*+*magnetismo*)

galvanometria *n.f.* processo de detetar e medir a intensidade de uma corrente elétrica (De *galvano-*+gr. *métron*, «medida» +-*ia*, ou do fr. *galvanométrie*, «id.»)

galvanómetro *n.m.* ELETRICIDADE instrumento para acusar a passagem da corrente elétrica e medir algumas das suas características; **~ balístico** ELETRICIDADE galvanómetro de grande período de oscilação, que permite medir a quantidade de eletricidade que circula através do aparelho durante a passagem de uma corrente transitória de muito curta duração (De *galvano-*+gr. *métron*, «medida», ou do fr. *galvanomètre*, «id.»)

galvanoplastia *n.f.* METALURGIA processo eletrolítico para obter um depósito metálico sobre um objeto, usado no preparo de moldes para reprodução, etc. (De *galvano-*+gr. *plastós*, «modelado» +-*ia*, ou do fr. *galvanoplastie*, «id.»)

galvanoplástico *adj.* respeitante à galvanoplastia (De *galvano-*+gr. *plastós*, «modelado» +-*ico*, ou do fr. *galvanoplastique*, «id.»)

galvanopunctura *n.f.* MEDICINA processo de tratamento que leva aos tecidos a ação química das correntes galvânicas por meio de agulhas introduzidas nos órgãos doentes (De *galvano-*+*punctura*) ACORDO ORTOGRÁFICO também se pode escrever *galvanopuntura*

galvanopuntura a grafia mais usada é **galvanopunctura**

galvanoscópio *n.m.* ELETRICIDADE instrumento destinado a reconhecer a passagem da corrente elétrica galvânica; galvanómetro (De *galvano-*+gr. *skopeīn*, «olhar» +-*io*, ou do fr. *galvanoscope*, «id.»)

galvanostegia *n.f.* METALURGIA operação que consiste em produzir, por via eletrolítica, um revestimento metálico de qualquer objeto (douradura, prateação, niquelagem, cromagem, etc.) (De *galvano-*+gr. *stégein*, «cobrir» +-*ia*)

galvanotaxia /cs/ *n.f.* BIOLOGIA fenómenos de movimento do protoplasma, pela ação de correntes elétricas contínuas, fracas, sobre organismos vegetais e animais móveis, como bactérias (Do fr. *galvanotaxie*, «id.»)

galvanoterapia *n.f.* MEDICINA aplicação do galvanismo à terapêutica (De *galvano-*+*terapia*, ou do fr. *galvanothérapie*, «id.»)

galvanotipia *n.f.* METALURGIA aplicação da galvanoplastia à estereotipia (Do fr. *galvanotypie*, «id.»)

galvanotropismo *n.m.* BIOLOGIA ⇒ **eletrotropismo** (De *galvano-*+*tropismo*)

galveta /ê/ *n.f.* **1** parte da armação da pesca do atum **2** NÁUTICA pequena embarcação veleira da Índia (De orig. obsc.)

gama[1] *n.f.* ZOOLOGIA fêmea do gamo (De *gamo*)

gama[2] *n.f.* **1** interseção da eclíptica com o plano do equador **2** MÚSICA extensão completa dos sons musicais **3** MÚSICA [ant.] nota sol **4** [fig.] série; sucessão ■ *n.m.* **1** nome da terceira letra do alfabeto grego (γ, Γ), correspondente ao **g 2** FÍSICA unidade de medida, de símbolo γ, equivalente a 1 nanotesla (10^{-9} T), utilizada no estudo do campo magnético terrestre; **ondas ~** MEDICINA certo ritmo das ondas elétricas cerebrais observável no eletroencefalograma; **unidade ~** unidade de intensidade do campo magnético utilizada em geomagnetismo, equivalente a 10^{-5} oersted (Do gr. *gámma*, letra do alfabeto gr.)

gamacismo *n.m.* dificuldade ou impossibilidade de pronunciar as letras *g*, *k* e *x* (Do it. *gammacismo*, «id.»)

gamado[1] *adj.* que tem as extremidades em ângulo reto, como a letra gama maiúscula; suástico (De *gama*, letra grega +-*ado*)

gamado[2] *adj.* **1** [pop.] roubado **2** [Brasil] [coloq.] apaixonado; encantado; **ficar ~ em** [Brasil] ficar apaixonado por, ficar encantado com, ficar preso aos encantos de (Part. pass. de *gamar*)

gamaglobulina *n.f.* MEDICINA classe de proteínas existentes no plasma sanguíneo e que, atuam, quase todas, como anticorpos (De *gama*, letra grega +*globulina*)

gamagrafia *n.f.* radiografia que utiliza os raios gama emitidos por uma fonte radioativa (De *[raios] gama*+*[radio]grafia*)

gamanço *n.m.* [coloq.] roubo; **andar no ~** viver de roubos (De *gamar*+-*anço*)

gamão *n.m.* **1** jogo de azar com dados, disputado entre dois parceiros sobre um tabuleiro de dois compartimentos **2** tabuleiro onde se joga o gamão **3** BOTÂNICA ⇒ **abrótea**[2] (De orig. obsc.)

gamar *v.tr.* [pop.] furtar com subtileza; surripiar ■ *v.tr.*,*intr.* [Brasil] ficar encantado (por); ficar apaixonado (por) (De *gama*+-*ar*)

gamarografia *n.f.* ZOOLOGIA parte da zoologia que trata dos crustáceos

gamarógrafo *n.m.* o que se dedica ao estudo da gamarografia

gamarra[1] *n.f.* correia que se ata da cilha ao bocal da cavalgadura para que ela não eleve muito a cabeça (Do pers. *kämär*, «cinta», pelo cast. *gamarra*, «id.»)

gamarra[2] *n.f.* [regionalismo] ⇒ **galinhola** (De orig. obsc.)

gamba[1] *n.f.* **1** MÚSICA espécie de viola de cordas dedilháveis, semelhante ao violoncelo; viola de gamba **2** ZOOLOGIA crustáceo parecido com o camarão **3** [pej.] mulher feia e velha (Do italiano *gamba*, «perna»)

gamba[2] *n.f.* [Angola] contratado; servente (Do quimbundo *ngamba*, «idem»)

gambá *n.m./f.* [Brasil] designação comum aos mamíferos que têm bolsa marsupial (Do tupi *gaʼbá*, «seio oco»)

gambadonas *n.f.pl.* NÁUTICA cordas que se enrolam nos mastros dos navios para os fortalecer (Do it. *gambadona*, «id.»)

gambarra *n.f.* **1** [Brasil] NÁUTICA grande embarcação de dois mastros usada sobretudo no transporte de gado **2** embarcação pequena (De *gabarra*)

gambérria *n.f.* **1** cambapé; rasteira **2** pontapé na perna de alguém **3** trapaça; logro **4** rixa; desordem; motim (Do it. *gambiera*, «polaina»)

gambeta /ê/ *n.f.* [pop.] perna; gâmbia **2** finta para escapar a um perseguidor **3** procedimento manhoso ■ *adj.2g.* [regionalismo] cambaio (De *gâmbia*+-*eta*)

gâmbia *n.f.* [pop.] perna (Do lat. tard. *gamba-*, «jarrete de quadrúpede», pelo it. *gamba*, «perna»)

gambiano *adj.* relativo ou pertencente à Gâmbia, país da costa oeste de África ■ *n.m.* natural da Gâmbia (De *Gâmbia*, top. +-*ano*)

gambiarra *n.f.* **1** TEATRO fileira de luzes na parte superior do palco **2** extensão elétrica, de fio comprido, que permite levar a luz a sítios afastados (De *gâmbia*, «perna» +-*arra*)

gambito *n.m.* **1** (jogo do xadrez) lance em que se sacrifica uma pedra para causar maior dano ao adversário **2** trapaça; gambérria (Do it. *gambetto*, «cambapé»)

gamboa[1] /ô/ *n.f.* **1** BOTÂNICA fruto (pomo) do gamboeiro **2** (planta) ⇒ **gamboeiro 1**

gamboa[2] /ô/ *n.f.* [Brasil] esteiro que só tem água na preia-mar

gamboa[3] /ô/ *n.f.* [Moçambique] estacaria para pesca

gamboeiro *n.m.* **1** BOTÂNICA variedade de marmeleiro, subespontânea e cultivada em Portugal, que produz as gamboas (marmelos grandes) **2** [Brasil] ⇒ **zamboeira** (De *gamboa*+-*eiro*)

gambónia *n.f.* trapaça feita ao jogo (Do it. *gamba*, «perna»?)

gambota *n.f.* armação de madeira para construir uma abóbada; cimbre (De *cambota*)

gambozinos *n.m.pl.* [regionalismo] pássaros ou peixes imaginários com que se enganam os pacóvios, mandando caçá-los; **andar aos ~** andar desnorteado, vadiar, andar à tuna (De orig. obsc.)

gameiro *adj.* diz-se de certa variedade de milho amarelo (De *gamo*+-*eiro*?)

gamela[1] *n.f.* **1** recipiente de madeira, em forma de tigela ou retangular, em que se dá de comer aos porcos e a outros animais; escudela grande **2** [pop.] indivíduo boçal; **comer da mesma ~** ter a mesma opinião, ter os mesmos interesses, viver em intimidade (Do lat. vulg. *gamella-*, «vaso para beber», do lat. cl. *camella-*, «id.»)

gamela[2] *n.f.* ZOOLOGIA pequena gama ou corça (De *gama*+-*ela*)

gamelada *n.f.* **1** comida ou líquido que uma gamela leva **2** [fig.] mixórdia; xaropada (De *gamela*+-*ada*)

gamelão[1] *n.m.* [regionalismo] gamela grande (De *gamela*+-*ão*)

gamelão[2] *n.m.* 1 grupo de instrumentos (metalofones, xilofones, tambores, flautas, etc.), afinados para serem tocados em conjunto, constituindo um instrumento musical coletivo, típico das ilhas de Java e Bali na Indonésia 2 conjunto das pessoas que tocam esses instrumentos (Do jav. *gamelan*, «orquestra»)

gameleira *n.f.* BOTÂNICA árvore de grande porte, da família das Moráceas, produtora de madeira e frutos comestíveis que têm aplicação medicinal (De *gamela*+-*eira*?)

gamelo /ê/ *n.m.* recipiente oblongo onde se deita água ou comida para o gado (De *gamela*)

gamelório *n.m.* [regionalismo] comezaina; barrigada (De *gamela*+-*ório*)

gamelote *n.m.* gamelo pequeno (De *gamelo*+-*ote*)

gamenho /ê/ *n.m.* 1 [pop.] o que se enfeita muito; o que se adorna em exagero; janota; garrido 2 [pop.] vadio 3 [pej.] fedelho (De orig. obsc.)

gameta /ê/ *n.f.* [regionalismo] ⇒ **lentilha** (De orig. obsc.)

gâmeta *n.m.* BIOLOGIA cada uma das células sexuais que, na reprodução sexuada, se conjugam, originando o gérmen denominado ovo ou zigoto (Do gr. *gamétes*, «esposo»)

gametângio *n.m.* BOTÂNICA conceptáculo dentro do qual, em regra, se formam os gâmetas vegetais (Do gr. *gamétes*, «esposo; gâmeta» +*aggeîon*, «vaso»)

gametófita *n.f.* ⇒ **gametófito**

gametófito *n.m.* 1 BOTÂNICA fase do ciclo evolutivo de uma planta em que se dá a produção de gâmetas funcionais 2 BOTÂNICA planta que se encontra nessa fase de evolução ■ *adj.* BOTÂNICA designativo da planta em que se dá a produção de gâmetas funcionais (Do gr. *gamétes*, «gâmeta» +*phytón*, «planta»)

gametóforo *n.m.* BOTÂNICA de forma geral, o órgão vegetal sobre o qual se originam gâmetas (Do gr. *gamétes*, «esposo; gâmeta» +*phorós*, «portador»)

gametogénese *n.f.* BIOLOGIA capítulo da biologia que trata da génese dos gâmetas (Do gr. *gamétes*, «esposo; gâmeta» +*génesis*, «génese»)

gamo *n.m.* ZOOLOGIA mamífero ruminante, da família dos Cervídeos, cujo macho possui chifres ramificados, caducos e espalmados nas extremidades livres (Do lat. vulg. *gammu-*, «id.»)

gamo- elemento de formação de palavras que exprime a ideia de casamento, união (Do gr. *gámos*, «casamento»)

-gamo sufixo nominal, de origem grega, que exprime a ideia de casamento, união (*plurígamo*, *trígamo*)

gamofilia *n.f.* BOTÂNICA qualidade ou estado da planta gamofila (De *gamofilo*+-*ia*)

gamofilo *adj.* BOTÂNICA diz-se do verticilo foliar cujas peças constituintes estão ligadas entre si; monofilo (Do gr. *gámos*, «casamento; união» +*phýllon*, «folha»)

gamofobia *n.f.* receio obsessivo de casar (De *gamo-*+-*fobia*)

gamogástreo *adj.* BOTÂNICA que tem os ovários soldados entre si (Do gr. *gámos*, «união» +*gastér*, «entranhas» +-*eo*)

gamomania *n.f.* monomania do casamento (De *gamo-*+-*mania*)

gamopétalo *adj.* BOTÂNICA que tem as pétalas mais ou menos ligadas entre si; simpétalo (De *gamo-*+-*pétala*)

gamossépalo *adj.* BOTÂNICA que tem as sépalas mais ou menos ligadas entre si (De *gamo-*+*sépala*)

gamostilo *adj.* BOTÂNICA formado pelos estiletes dos carpelos unidos entre si (Do gr. *gámos*, «união» +*stýlos*, «coluna; estilete»)

gamote *n.m.* NÁUTICA [ant.] espécie de gamela para escoar a água das cavernas dos pequenos barcos (Por *gamelote*, de *gamela*+-*ote*)

gamozoide *n.m.* ZOOLOGIA ⇒ **gonozoide** (Do gr. *gámos*, «casamento» +*zôon*, «animal» +*eîdos*, «forma»)

gamozóide ver nova grafia **gamozoide**

gamuta *n.f.* filamentos que pendem da base das folhas de certas palmeiras, e de que se fazem cordas (De *gamúti*)

gamute *n.m.* BOTÂNICA ⇒ **gamúti**

gamúti *n.m.* 1 BOTÂNICA planta fibrosa, impermeável à chuva, utilizada na construção de habitações dos autóctones de Timor 2 BOTÂNICA ⇒ **sagueiro** (Do mal. *gomûti*, «id.»)

gana *n.f.* 1 grande apetite; fome 2 grande vontade 3 impulso; ímpeto 4 ódio; desejo de vingança 5 [regionalismo] ramo grande de árvore; *ter ganas de* sentir grande vontade de (Do cast. *gana*, «id.»)

ganacha *n.f.* região da cabeça de alguns mamíferos, em especial solípedes, correspondente ao bordo inferior de cada um dos ramos do mandibular (Do it. *ganascia*, «maxila»)

ganadaria *n.f.* 1 criação de touros de lide 2 conjunto de touros de lide 3 exploração onde se criam touros de lide (Do cast. *ganadería*, «rebanho; negócio de gado»)

ganadeiro *n.m.* 1 criador de touros de lide 2 [regionalismo] possuidor de gado lanígero 3 [regionalismo] guardador de gado; vaqueiro (Do cast. *ganadero*, «id.»)

ganância *n.f.* 1 ambição desmedida de riqueza, honras ou glórias; desejo ávido de obter o lucro, por meios lícitos ou ilícitos 2 ganho 3 usura (Do cast. *ganancia*, «id.»)

gananciar *v.tr.* ganhar; conquistar (De *ganância*+-*ar*)

ganancioso /ô/ *adj.* que tem ganância; que procura obter ganho ou lucro, por meios lícitos ou ilícitos ■ *n.m.* indivíduo extremamente ambicioso relativamente a riqueza ou a glórias (De *ganância*+-*oso*)

ganapa *n.f.* 1 rapariga pequena 2 [regionalismo] rapariga dissoluta; meretriz (De *ganapo*)

ganapada *n.f.* 1 bando de ganapos; garotada 2 marotice (De *ganapo*+-*ada*)

ganapão *n.m.* 1 (pesca) saco de rede, no extremo de uma vara, para apanhar a sardinha que cai à água depois de desemalhada 2 [regionalismo] trabalhador assalariado (Do cast. *ganapán*, «trabalhador adventício»)

ganapo *n.m.* 1 [regionalismo] rapaz pequeno; garoto; catraio 2 indivíduo velhaco (Deriv. regr. de *ganapão*)

ganau *n.m.* 1 conjunto das aves da capoeira 2 conjunto de crianças turbulentas 3 [pop.] ⇒ **chato**[2] (Do cast. *ganado*, «gado; enxame; conjunto de pessoas»)

gancar *n.m.* 1 lavrador indiano que cultiva terras que arroteou 2 cobrador de rendas, na Índia (Do conc. *gamvkar*, «senhor da aldeia»)

gancaria *n.f.* 1 assembleia de gancares 2 ofício de gancar 3 terras da jurisdição do gancar (De *gancar*+-*aria*)

gancha *n.f.* 1 [regionalismo] ancinho, gadanha para feno 2 [regionalismo] pernada de árvore 3 [regionalismo] gancho para cabelo (De *gancho*)

ganchar *v.tr.* agarrar com gancha ou gancho (De *gancho*+-*ar*)

gancheado *adj.* que tem a forma de gancho (De *gancho*+-*eado*)

gancheta /ê/ *n.f.* 1 [regionalismo] gancho na extremidade de uma vara, para pendurar objetos 2 [regionalismo] arame dobrado em gancho numa extremidade, que as crianças usavam para conduzir o arco 3 [regionalismo] instrumento de estucador, para aperfeiçoar ornatos (De *gancho*+-*eta*)

ganchinho *n.m.* 1 gancho pequeno 2 [fig.] pequeno lucro 3 [fig.] serviço extraordinário remunerado (De *gancho*+-*inho*)

gancho *n.m.* 1 peça curva de metal, aguçada numa das pontas, que serve para agarrar ou suspender alguma coisa 2 arame curvo usado para prender o cabelo 3 serviço extraordinário; biscate 4 lucro desse trabalho 5 negócio ilícito; *ir a ~* [gír.] ir preso; *ser de ~* ser pessoa difícil, complicada, ser duro (Do célt. **ganskio-*, «ramo; galho»?)

ganchorra /ô/ *n.f.* 1 NÁUTICA gancho grande que serve para atracar barcos 2 arpão (De *gancho*+-*orra*)

ganchoso /ô/ *adj.* em forma de gancho; unciforme (De *gancho*+-*oso*)

ganço *n.m.* ⇒ **gancho** (Deriv. regr. do port. ant. *gançar* ou *gaançar*, «ganhar»)

ganda *n.f.* nome dado ao rinoceronte, na Índia (Do beng. *ganda*, «id.»)

gandaia *n.f.* 1 ato de revolver o lixo para encontrar alguma coisa de valor 2 vida ociosa, caracterizada pela falta de preocupações ou obrigações 3 vida de farrista 4 vadiagem; *andar na ~* fazer ofício de gandaieiro, revolvendo o lixo, viver na ociosidade (Do cast. *gandaya*, «vadiagem»)

gandaiar *v.intr.* 1 andar na gandaia 2 levar uma vida ociosa e despreocupada, caracterizada pela ausência de obrigações 3 andar na farra; vadiar (De *gandaia*+-*ar*)

gandaieiro *n.m.* aquele que anda na gandaia ■ *adj.* 1 vadio 2 madraço; mandrião 3 ocioso 4 farrista (De *gandaia*+-*eiro*)

gandaiice *n.f.* 1 vida, modos ou ditos de gandaieiro 2 ociosidade 3 vadiagem (De *gandaia*+-*ice*)

gandar *n.m.* tecido de algodão branco com riscas azuis, usado na Índia e na África (De *Gundalor*, top., cidade da costa ocid. da Índia)

gândara *n.f.* 1 terreno despovoado mas coberto de plantas agrestes; charneca 2 terreno arenoso pouco produtivo ou estéril (De orig. pré-romana, pelo lat. ibér. *gandêra-*, «id.», pelo cast. *gándara*, «charneca; gândara»)

gandares *n.m.* tecido de algodão branco e com riscas azuis, usado na Índia e em África

gandarês *adj.* 1 da gândara 2 próprio da gândara 3 que habita ou frequenta as gândaras; *sapo ~* sapo grande que habita as gândaras (terrenos arenosos) e é considerado peçonhento (De *gândara*+-*ês*)

gandarinha n.f. BOTÂNICA nome vulgar de uma planta herbácea, de folhas compridas, da família das Iridáceas, espontânea em Portugal (De *gândara+-inha*)

gando n.m. [São Tomé e Príncipe] jacaré (Do quimb. *ngandu*, «id.»)

gandra n.f. ⇒ **gândara** (De *gândara*)

gandula n.2g. ⇒ **gandulo** n.m. (De *gandulo*)

gandulagem n.f. 1 grupo de gandulos 2 vida de gandulo

gandular v.intr. 1 levar vida de gandulo; vadiar 2 viver à custa de expedientes desonestos (De *gandulo+-ar*)

gandulo n.m. 1 garoto travesso e vadio 2 homem desonesto ■ adj. 1 que não tem ocupação; vadio 2 que vive de expedientes desonestos (Do ár. *gandûr*, «jovem de classe modesta»)

ganês adj. relativo ou pertencente ao Gana ■ n.m. natural ou habitante do Gana

gang n.m. associação de malfeitores ou criminosos; bando; quadrilha (Do ing. *gang*, «id.»)

ganga[1] n.f. tecido de algodão, muito resistente e bastante usado em vestuário informal, geralmente em tons de azul (Do chin. dial. *káng*, pelo chin. literário *yang*, «id.»)

ganga[2] n.f. 1 MINERALOGIA minerais que acompanham os minérios metálicos e que não têm interesse metalúrgico 2 [fig.] coisa insignificante (Do al. *Gang*, «filão metálico», pelo fr. *gangue*, «id.»)

ganga[3] n.m. ORNITOLOGIA ⇒ **cortiçó** (De orig. onom.?)

ganga[4] n.m. 1 feiticeiro ou sacerdote, em sociedades tribais do Congo 2 feiticeiro angolano (Do quimb. *nganga*, «feiticeiro»)

ganga[5] n.m. ZOOLOGIA rinoceronte, na África (Por *ganda*)

gangana n.f. [Brasil] mulher idosa (Do quimb. *ngã'nãna*, «id.»)

gangão n.m. 1 [Brasil] espiga de milho com poucos grãos 2 espécie de destorroador; *de ~ de* corrida, de escantilhão (De orig. obsc.)

gangético adj. do rio Ganges (Índia) ou a ele referente (Do lat. *gangetĭcu-*, «id.»)

gangliforme adj.2g. que tem forma de gânglio (Do gr. *gágglion*, «gânglio», pelo lat. *gangliŏn*, «inchaço» +*forma-*, «forma»)

gânglio n.m. 1 HISTOLOGIA formação correspondente a cada uma das dilatações que aparecem no trajeto de vasos linfáticos (gânglio linfático) ou dos nervos que contêm fibras e células nervosas (gânglios simpáticos) 2 MEDICINA pequeno nódulo causado pela inflamação de uma dessas dilatações 3 outros órgãos nervosos que fazem parte do sistema nervoso de alguns animais; *gânglios cerebroides* primeiro par de gânglios (dorsais) do sistema nervoso de muitos invertebrados (Do gr. *gágglion*, «gânglio», pelo lat. *gangliŏn*, «inchaço»)

ganglioma n.m. MEDICINA epitelioma dos gânglios linfáticos (De *gânglio+-oma*)

ganglionar adj.2g. referente aos gânglios, ou da sua natureza (Do gr. *gágglion*, «gânglio», pelo lat. *gangliŏn*, «inchaço» +*-ar*)

ganglionite n.f. ⇒ **adenite** (Do gr. *gágglion*, «gânglio», pelo lat. *gangliŏn*, «inchaço» +*-ite*)

gangorra[1] /ô/ n.f. 1 [Brasil] ⇒ **arre-burrinho** 1 2 [Brasil] armadilha para apanhar animais bravios 3 [Brasil] armadilha para animais pequenos, semelhante a um curral, em que se entra facilmente mas de onde não se consegue sair 4 [Brasil] [colóq.] bicicleta (De orig. obsc.)

gangorra[2] /ô/ n.f. espécie de carapuça (Por *grangorra, de *grande+gorro*?)

gangosa elem.loc.adv. [regionalismo] *à ~* sub-repticiamente; sem custo (De *gangoso*)

gangoso /ô/ adj. 1 [ant.] fanhoso 2 [regionalismo] mimalho (Do cast. *gangoso*, «id.»)

gangrena /ê/ n.f. MEDICINA extinção de toda a ação vital em determinada parte do corpo, seguida de decomposição dos tecidos 2 [fig.] causa de destruição progressiva 3 [fig.] corrupção dos costumes; desmoralização (Do gr. *gággraina*, «id.», pelo lat. tard. *gangraena*, «id.»)

gangrenado adj. 1 que sofre de gangrena 2 [fig.] em progressiva destruição 3 [fig.] corrompido

gangrenar v.tr. produzir gangrena em ■ v.intr. ser atacado de gangrena ■ v.tr.,intr. 1 [fig.] destruir(-se) progressivamente 2 [fig.] corromper(-se) (De *gangrena+-ar*)

gangrenoso /ô/ adj. 1 que tem gangrena 2 da natureza da gangrena (De *gangrena+-oso*)

gângster n.m. membro de uma associação de criminosos; bandido; escroque (Do ing. *gangster*, «id.»)

gangue n.m. ⇒ **gang** (Do ing. *gang*, «id.»)

ganguela n.2g. indivíduo pertencente ao povo dos Ganguelas ■ n.m. idioma falado pelos Ganguelas (De *Ganguelas*, etn.)

Ganguelas[1] n.m.pl. ETNOGRAFIA povo autóctone da África Central (De *Canganguela*, antr., antepassado famoso)

Ganguelas[2] n.m.pl. ETNOGRAFIA grupo populacional da região norte de Angola (Do quimb. *Ngangela*)

ganguissar v.tr. [Moçambique] namorar (Do ronga *gangisa*, «cortejar», a partir de *ganga*, «escolher um namorado»)

ganhadeiro adj.,n.m. 1 que ou aquele que aufere lucros 2 interesseiro 3 que ou o que vive do seu trabalho; ganhão 4 agenciador (De *ganhar+-deiro*)

ganhadiço adj. diz-se do filho ilegítimo (De *ganhar+-diço*)

ganha-dinheiro n.m. 1 trabalhador 2 jornaleiro 3 o que vive do seu trabalho; ganhão (De *ganhar+dinheiro*)

ganhador adj. que ganha ■ n.m. 1 aquele que ganha; vencedor 2 trabalhador 3 pessoa que tem de entregar a outrem aquilo que ganha (De *ganhar+-dor*)

ganhança n.f. 1 [pop.] ganho; lucro 2 [pop.] ganância (De *ganhar+-ança*)

ganhão n.m. 1 indivíduo que vive do seu trabalho 2 trabalhador rural não especializado 3 moço de lavoura e de outros serviços (cava, malha, ceifa, etc.), na província portuguesa do Alentejo, que faz parte da ganharia ou malta 4 [regionalismo] homem que trabalha com uma junta de bois (Do cast. *gañán*, «moço de lavoura»)

ganha-pão n.m. 1 trabalho, modo de vida, profissão ou utensílio de trabalho com que se adquirem os meios de subsistência 2 aquele que vive do trabalho; ganhão (De *ganhar+pão*)

ganha-perde n.m. jogo feito ao inverso, em que ganha aquele que perderia no jogo normal (De *ganhar+perder*)

ganhar v.tr. 1 obter por meio de qualquer combinação, esforço ou trabalho; adquirir 2 conseguir receber 3 alcançar; granjear 4 captar; conquistar; atingir 5 recuperar (tempo) 6 avançar (no espaço) 7 receber como salário; auferir 8 criar ■ v.intr. 1 ficar à frente numa competição; vencer 2 tirar ganho 3 (jogo de azar) acertar 4 aumentar em crédito ■ v.tr.,intr. levar vantagem (em); *~ a dianteira* passar adiante; *~ a palma* alcançar a vitória, levar de vencida; *~ a partida* ser bem sucedido em algum negócio ou empresa; *~ a vida* adquirir meios de subsistência; *~ terreno* ter cada vez mais vantagens ou importância, progredir, propagar-se, espalhar-se (Do germ. *waidanjan*, «buscar alimentos; caçar», pelo fr. *gagner*, «ganhar»)

ganharia n.f. 1 [ant.] classe dos ganhões 2 [ant.] casa onde se reúnem e dormem os ganhões (Do cast. *gañania*, «multidão de trabalhadores», com infl. de *ganhar*)

ganhável adj.2g. que se pode ganhar (De *ganhar+-vel*)

ganho n.m. 1 ato ou efeito de ganhar 2 o que se ganha; lucro; proveito 3 obtenção de vantagem; benefício; interesse 4 ELETRICIDADE aumento relativo de grandeza, devido a um amplificador 5 [regionalismo] remuneração do ganhão ■ adj. 1 que se ganhou 2 que se lucrou; *ganhos e perdas* ECONOMIA (contabilidade) conta, usada em alguns sistemas contabilísticos, em que se registam os custos e os proveitos (Deriv. regr. de *ganhar*)

ganhó[1] n.m. [regionalismo] ⇒ **galinhó** (De *galinhó*)

ganhó[2] n.f. 1 pescoço 2 guelra 3 goela; garganta; *abrir a ~* [regionalismo] zangar-se, barafustar (Do cast. *gañón*, «garganta»)

ganhoso /ô/ adj. que só pensa em ganhos ou lucros; interesseiro (De *ganho+-oso*)

ganhotes n.m.pl. [regionalismo] jogo das cinco pedrinhas (De *ganho+-ote*)

ganhoto /ô/ n.m. 1 [regionalismo] rebento fraco das figueiras que, em regra, é podado para não prejudicar o desenvolvimento das partes normalmente frutíferas 2 [regionalismo] pequeno calhau rolado pelas águas (De *canhoto*, «tronco de árvore; ramo de árvore» que se corta para queimar?)

ganhuça n.f. 1 [pop.] ganho 2 ganância 3 lucro imoderado (De *ganho+-uça*)

ganhuço n.m. saco de rede, suspenso de uma vara longa, usado na recolha do sargaço (De *ganho+-uço*)

ganhunça n.f. [pop.] ⇒ **ganhuça**

ganiço n.m. [pop.] porco; suíno (De *ganir+-iço*)

ganideira n.f. 1 sucessão de ganidos 2 choradeira (De *ganir+-deira*)

ganido n.m. 1 grito de dor emitido pelos cães 2 [fig.] voz esganiçada (Do lat. *gannītu-*, «latido», ou part. pass. subst. de *ganir*)

ganimedes n.m.2n. 1 rapaz bonito 2 indivíduo vaidoso; narciso (De *Ganimedes*, jovem lendário gr., notável pela sua extraordinária formosura)

ganir v.intr. 1 (cão) soltar ganidos 2 [fig.] gemer (como um cão); chorar (Do lat. *gannīre*, «id.»)

ganizar v.intr. (cão pequeno) ganir (De *ganir+-izar*)

ganizes n.m.pl. peças de osso que se usam num jogo de rapazes (De orig. obsc.)

ganja[1] n.f. 1 árvore de Angola 2 resina de uma espécie de cânhamo (Do hind. *ganjhã*, «id.»)

ganja[2] n.f. [Brasil] vaidade; presunção (Do quimb. *nganji*, «soberba»)

ganjento adj. [Brasil] vaidoso; presumido (De *ganja+-ento*)

ganjeta /ê/ adj.,n.2g. [Angola] atrevido; malcriado (Do quimb. *nganji*, «id.»)

ganoide adj.2g. **1** diz-se, em especial, das escamas brilhantes dos peixes ganoides **2** relativo ou pertencente aos ganoides ■ n.m. ICTIOLOGIA espécime dos ganoides ■ n.m.pl. ICTIOLOGIA grupo (ordem) de peixes teleóstomos com esqueleto interno cartilagíneo ou ósseo, possuidores de escamas grandes (placas), de brilho característico (Do gr. *gános*, «brilho» +*eîdos*, «forma»)

ganóide ver nova grafia **ganoide**

ganso n.m. **1** ORNITOLOGIA nome vulgar extensivo às aves palmípedes, corpulentas (especialmente às do género *Anser*), com espécies e variedades domésticas e bravas, apreciadas pela carne que fornecem **2** parte externa e posterior da coxa do boi **3** [gír.] antiga moeda portuguesa **4** [Brasil] [coloq.] bebedeira; *andar no* ~ cambalear de bêbedo (Do gót. **gans*, «ganso»)

ganso-bravo n.m. ORNITOLOGIA nome vulgar de umas aves palmípedes pertencentes à família dos Anatídeos, relativamente frequentes em Portugal durante o inverno

ganso-patola n.m. ORNITOLOGIA ⇒ **alcatraz 1**

ganza n.f. **1** [coloq.] erva; haxixe; droga leve **2** [coloq.] estado de entorpecimento ou euforia induzido por drogas ou álcool; pedrada; moca **3** [Angola] [ant.] embriaguez; *fumar uma* ~ [coloq.] fumar droga (Do quimb. *nganza*, «cabaça»)

ganzado adj. [coloq.] em estado de entorpecimento ou euforia induzido por drogas ou álcool; mocado; pedrado (Part. pass. de *ganzar*)

ganzar-se v.pron. **1** [coloq.] fumar droga **2** [coloq.] ficar entorpecido ou eufórico devido ao consumo de drogas ou álcool (De *ganza*+-*ar*)

ganzepe n.m. entalhe na madeira, que vai alargando de cima para baixo (De orig. obsc.)

gapeira n.f. [regionalismo] ⇒ **distomatose** (De *gafeira*?)

garabanho n.m. ⇒ **garabano**

garabano n.m. [regionalismo] balde de lata ou de madeira encabado num pau, para tirar água dos poços; cabaço (De orig. obsc.)

garabulha n.f. **1** confusão; embrulhada **2** escrita ilegível; má caligrafia ■ n.2g. **3** [fig.] pessoa intriguista (Do it. *garbuglio*, «confusão»; balbúrdia»)

garabulhento adj. que tem garabulho; áspero; desigual (De *garabulho*+-*ento*)

garabulho n.m. **1** aspereza; rugosidade **2** pl. altos e baixos (Do it. *garbuglio*, «confusão»)

garafunha n.f. ⇒ **gatafunho**

garafunho n.m. ⇒ **gatafunho** (De *garatuja* × *gatafunho*)

garagem n.f. **1** casa, loja ou local coberto para recolha de veículos automóveis **2** oficina de reparação e manutenção de veículos (Do fr. *garage*, «id.»)

garagista n.2g. **1** pessoa que é proprietária ou gerente de uma garagem (oficina) **2** funcionário de uma garagem (De *garagem*+-*ista*)

garajão n.m. ORNITOLOGIA ⇒ **garajau 1**

garajau n.m. **1** ORNITOLOGIA gaivina, ave comum em Portugal nas suas passagens migratórias, sedentária no Algarve, também conhecida por garajão, garão, garapau, gravito, garrau, etc. **2** [Brasil] cesto em que os roceiros levam aves para o mercado (De orig. obsc.)

garança n.f. **1** BOTÂNICA um dos nomes vulgares da granza (planta tintorial) **2** cor vermelha da substância extraída desta planta (Do frânc. *wratja*, «id.», pelo fr. *garance*, «id.»)

garançar v.tr. tingir com garança (De *garança*+-*ar*)

garanceira n.f. campo semeado de garança; granzal (Do fr. *garancière*, «id.»)

garancina n.f. matéria corante obtida da garança (planta) (Do fr. *garancine*, «id.»)

garanganja n.m. uma das línguas de Angola, falada no território de Catanga, outrora designado Garanganja (De *Garanganja*, top.)

garanhão n.m. **1** cavalo destinado à reprodução **2** [fig.] homem mulherengo (Do germ. *wrainjo*, «cavalo de padreação», pelo fr. *garagnon*, «id.»)

garanjão n.m. [pop.] homem alto e corpulento (De orig. obsc.)

garante n.2g. **1** DIREITO pessoa que garante ou afiança; avalista; fiador **2** pessoa que assegura o cumprimento ou realização de alguma coisa **3** protetor; defensor (Do fr. *garant*, «fiador»)

garantia n.f. **1** aquilo ou aquele que assegura que algo se cumpre ou realiza **2** segurança **3** caução; fiança **4** penhor **5** abonação **6** responsabilidade **7** documento que assegura junto de um comprador a qualidade de um produto ou serviço, responsabilizando o fabricante ou vendedor pelo seu funcionamento, durante um determinado período de tempo **8** prazo de validade desse compromisso **9** pl. privilégios **10** pl. isenções; ~ *bancária* ECONOMIA fiança prestada por um banco; *garantias constitucionais* direitos, regalias, isenções que a Constituição de um país confere aos cidadãos (Do fr. *garantie*, «id.»)

garantidor adj.,n.m. **1** que ou aquele que garante **2** abonador (De *garantir*+-*dor*)

garantir v.tr. **1** assegurar o cumprimento ou a realização de **2** responsabilizar-se por **3** afirmar como certo; certificar; afiançar **4** proporcionar **5** tornar seguro; defender; acautelar **6** compensar (Do fr. *garantir*, «id.»)

garão n.m. ORNITOLOGIA ⇒ **garajau 1**

garapa n.f. **1** [Brasil] bebida preparada com mel e água **2** [Brasil] qualquer refresco de fruta **3** [Brasil] sumo de cana-sacarina usado como bebida **4** [Brasil] BOTÂNICA árvore da família das Leguminosas que fornece madeira resistente, de cerne amarelado, também conhecida por guarapiapunha, gurupiá, etc. (Do tupi *guarapa*, «batido; mexido»)

garapau n.m. ORNITOLOGIA ⇒ **garajau 1**

garapeiro n.m. vendedor ou preparador de garapa (De *garapa*+-*eiro*)

garatuja n.f. **1** rabisco; gatafunho; letra mal feita **2** desenho tosco **3** expressão do rosto; trejeito; esgar (Deriv. regr. de *garatujar*)

garatujar v.tr. cobrir com garatujas; rabiscar ■ v.intr. fazer garatujas (Do it. *grattugiare*, «ralar; raspar»)

garatusa n.f. fraude; trapaça; logro (Do cast. *garatusa*, «trapaça»)

garavalha n.f. [regionalismo] caruma seca; maravalha (De *maravalhas*?)

garavanço n.m. BOTÂNICA ⇒ **grão-de-bico** (De *gravanço*)

garavato n.m. **1** pau munido de um gancho numa das pontas para apanhar fruta **2** pequeno pedaço de lenha; maravalha; graveto (Do cast. *garabato*, «fateixa; gancho de ferro»)

garavetar v.intr. apanhar garavetos (De *garaveto*+-*ar*)

garaveto /ê/ n.m. **1** pedaço de lenha miúda; graveto; maravalha; cavaco **2** [pop.] dedo delgado (De *garavato*?)

garbo n.m. **1** elegância; boa aparência; galhardia **2** distinção; brio (Do it. *garbo*, «molde; modelo»)

garbosamente adv. **1** com garbo; com elegância; donairosamente **2** gentilmente (De *garboso*+-*mente*)

garbosidade n.f. qualidade de garboso; donaire; airosidade (De *garboso*+-*i*-+-*dade*)

garboso /ô/ adj. **1** que tem garbo; elegante; esbelto **2** gentil; distinto (De *garbo*+-*oso*)

garça n.f. **1** ORNITOLOGIA nome vulgar extensivo a umas aves pernaltas da família dos Ardeídeos, que vivem em bandos junto de rios e lagoas e se alimentam essencialmente de peixes **2** tela muito rala **3** [pop.] embriaguez (Do lat. *ardĕa*-, «garça-real»)

garça-boieira n.f. ORNITOLOGIA garça com plumagem de cor dominante branca ou quase branca, pouco comum em Portugal e conhecida também por garciote e, na África, por quilúbio e lungungua

garção[1] n.m. espécie de garça grande (De *garça*+-*ão*)

garção[2] n.m. [pouco usado] ⇒ **garçon**

garça-real n.f. ORNITOLOGIA garça de grande porte, com cores dominantes branca a cinzenta, comum em Portugal, de abril a agosto

garça-ribeirinha n.f. ORNITOLOGIA ⇒ **garceta**

garceiro n.m. caçador de garças ■ adj. **1** próprio de garça **2** (falcão) que apanha garças (De *garça*+-*eiro*)

garceja n.f. ORNITOLOGIA ⇒ **narceja** (De *garça* × *narceja*)

garcenho /ê/ n.m. ORNITOLOGIA ⇒ **garçota 1** (De *garça*+-*enho*)

garcês n.m. NÁUTICA ⇒ **calcês** (De *calcês*)

garceta /ê/ n.f. ORNITOLOGIA garça de plumagem completamente branca, brilhante, comum no Algarve, e também conhecida por garça-ribeirinha, etc. (De *garça*+-*eta*)

garciote n.m. ORNITOLOGIA ⇒ **garça-boieira** (De *garça*+-*ote*)

garço adj. verde-azulado; esverdeado (De *garça*)

garçon n.m. empregado que serve em restaurante, bar ou café (Do fr. *garçon*, «rapaz»)

garçonete n.f. [Brasil] empregada que serve em restaurante, bar ou café

garçota n.f. **1** ORNITOLOGIA ave pernalta, da família dos Ardeídeos, comum em Portugal, de março a outubro, que fornece valiosas penas para adorno, também conhecida por garcenho, garçote, touro-galego, etc. **2** pl. estas penas **3** pl. penacho (De *garça*+-*ota*)

garçote n.m. ⇒ **garçota** (De *garça*+-*ote*)

gardénia n.f. BOTÂNICA designação comum a algumas plantas ornamentais do género *Gardenia*, como, por exemplo, o jasmim-do-cabo (De A. *Garden*, bot. escoc., 1730-1791 +-*ia*)

gardingato n.m. qualidade ou cargo de gardingo (De *gardingo*+-*ato*)

gardingo *n.m.* nobre visigodo que exercia altos cargos na corte dos príncipes (Do gót. **gords*, «casa; corte», pelo lat. med. *gardingu-*, «gardingo»)
gardinhola *n.f.* [regionalismo] bebedeira (De *gardunha+-ola*)
gardunha *n.f.* ⇒ **gardunho**
gardunho *n.m.* 1 [pop.] bebedeira; embriaguez 2 ZOOLOGIA ⇒ **fuinha**¹ *n.f.* 3 ZOOLOGIA ⇒ **furão** 1 (De orig. obsc.)
gare *n.f.* local de embarque e desembarque de passageiros e/ou mercadorias; cais; estação (Do fr. *gare*, «id.»)
garela *n.f.* ORNITOLOGIA perdiz, na época da reprodução (Do lat. **garella*, por *garrŭla [perdrix]*, «perdiz gárrula»)
garepe *n.m.* [regionalismo] caixão sem tampa feito de paus toscos (De orig. obsc.)
garete /ê/ *n.m.* [Açores] ICTIOLOGIA peixe pequeno que se usa muito como isca, nos anzóis (De orig. desconhecida)
garfa *n.f.* pequeno enxame (secundário) que se retira de uma colmeia de onde tem já saído o enxame primário ou onde há excesso de abelhas (De *garfo*)
garfada *n.f.* porção de alimentos que o garfo leva de uma vez (Part. pass. fem. subst. de *garfar*)
garfado *n.m.* 1 pequena porção; mão-cheia 2 ⇒ **garfada** (Part. pass. subst. de *garfar*)
garfar *v.tr.* 1 revolver ou espetar com o garfo 2 AGRICULTURA enxertar de garfo (De *garfo+-ar*)
garfeira *n.f.* estojo para garfos (De *garfo+-eira*)
garfejar *v.intr.* [regionalismo] deitar (o grão de cereal semeado) muitos garfos ou muitos colmos (De *garfo+-ejar*)
garfete /ê/ *n.m.* peça cilíndrica de madeira ou de vidro, por onde passa o fio da sede na operação da binagem (De *garfo+-ete*)
garfilha *n.f.* orla de moeda ou de medalha (De orig. obsc.)
garfo *n.m.* 1 utensílio de dois ou mais dentes com que se apanham e levam à boca alimentos sólidos 2 forquilha das rodas da bicicleta 3 forquilha para separar a palha do grão 4 AGRICULTURA parte de um ramo de uma planta que se deseja multiplicar, e se adapta à fenda do cavalo, na enxertia de garfo 5 (enxame) ⇒ **garfa**; *ser um bom ~* comer muito (Do ár. *garf*, «punhado»?)
gargajola *n.m.* [regionalismo] rapaz crescido (Formação expressiva ?)
gargalaçada *n.f.* ato de despejar com ruído o líquido de uma vasilha de gargalo (Part. pass. fem. subst. de *gargalaçar*)
gargalaçar *v.tr.* beber, metendo na boca o gargalo da vasilha (De *gargalo+-aço-ar*)
gargaleira *n.f.* 1 buraco no bojo das pipas ou dos tonéis 2 batoque (De *gargalo+-eira*)
gargaleiro *n.m.* carro de bois usado na condução de uvas para o lagar ■ *adj.* diz-se desse carro (De *gargalo+-eiro*)
gargalejar *v.tr.,intr.* ⇒ **gargarejar** (De *gargalo+-ejar*)
gargalejo /ê/ *n.m.* [pop.] ⇒ **gargarejar** (Deriv. regr. de *gargalejar*)
gargalhada *n.f.* risada ruidosa e prolongada; casquinada (Part. pass. fem. subst. de *gargalhar*)
gargalhar *v.intr.* dar gargalhadas ■ *v.tr.* dizer às gargalhadas (De orig. onom.)
gargalheira *n.f.* 1 corrente ou forquilha com que se prendiam os escravos 2 coleira de pregos que se põe no pescoço dos cães de gado ou de fila para se defenderem dos lobos 3 ruído produzido pelos escarros na garganta 4 [fig.] tirania; opressão; jugo (De *gargalho+-eira*)
gargalho *n.m.* mucosidade volumosa que se expele com dificuldade da garganta (Deriv. regr. de *gargalhar*)
gargalicho *n.m.* [regionalismo] bica de pedra por onde corre a água para um tanque (De *gargalo+-icho*)
gargalo *n.m.* 1 parte superior e estreita da garrafa ou de outra vasilha 2 [pop.] pescoço; garganta 3 [fig.] entrada ou passagem estreita (De *garganta*)
gargaludo *adj.* 1 que tem o gargalo muito comprido 2 [pop.] (pessoa) que tem o pescoço alto (De *gargalo+-udo*)
garganeiro *adj.* 1 [regionalismo] que come muito; glutão 2 [regionalismo] [fig.] sedento por ganhar; ambicioso 3 [regionalismo] que fala muito e desacertadamente; que tem muita garganta (De *garganta* × *gana+-eiro*)
garganhol *n.m.* [regionalismo] gargalo; pescoço (De *gargalo*?)
garganice *n.f.* vício de garganeiro (De *garganeiro+-ice*)
garganta *n.f.* 1 ANATOMIA região posterior da cavidade bucal 2 ANATOMIA parte ântero-superior do pescoço 3 goelas 4 passagem estreita entre serras; desfiladeiro; estreito 5 [fig.] voz 6 [fig.] palavreado 7 [fig.] gabarolice; *ter muita ~* ser fanfarrão, ser gabarolas (De orig. onom.)
gargantão *adj.,n.m.* 1 que ou o que é voraz; comilão 2 que ou o que precipitadamente (De *garganta+-ão*)

garganteado *adj.* 1 modulado com afinação 2 trinado ■ *n.m.* gorjeio; trinado (Part. pass. subst. de *gargantear*)
garganteador *adj.,n.m.* que ou aquele que garganteia (De *gargantear+-dor*)
gargantear *v.tr.,intr.* 1 cantar, variando os tons 2 pronunciar com voz requebrada ■ *v.intr.* 1 fazer trinados com a voz; gorjear 2 gabar-se; blasonar; bazofiar (De *garganta+-ear*)
garganteio *n.m.* 1 requebro de voz 2 gorjeio; trinado (Deriv. regr. de *gargantear*)
gargantilha *n.f.* colar curto, com uma ou mais voltas, que se usa rente ao pescoço (Do cast. *gargantilla*, «id.»)
gargantoíce *n.f.* abuso de comida; glutonaria (De *gargantão+-ice*)
gargantuesco *adj.* relativo a Gargântua, personagem criada por Rabelais, escritor francês (1494 ou 1495-1553), afamada pela sua gula (De *Gargântua*, antr. +-*esco*)
gargarejar *v.tr.,intr.* 1 agitar (um líquido) na garganta com o ar expelido da laringe; fazer gargarejos (de) 2 [fig.] falar com tremuras na voz ■ *v.intr.* [fig.] namorar (Do lat. *gargarizăre*, «id.»)
gargarejo /ê/ *n.m.* 1 ato de gargarejar 2 líquido, medicamentoso ou não, usado para gargarejar 3 [fig.] voz trémula 4 [pop.] namoro da rua para a janela; *tomar gargarejos* namorar para uma janela (Deriv. regr. de *gargarejar*)
gargueiro *n.m.* 1 [pop.] garganta 2 gargalo (De orig. onom.)
gárgula *n.f.* 1 goteira por onde escorre a água de uma fonte 2 ARQUITETURA figura (goteira) esculpida em pedra, mais ou menos fantástica, para escoamento das águas da chuva, e que, juntamente com outras da mesma natureza, constitui ornato frequente dos monumentos ogivais (Do b. lat. *gargŭla-*, «id.», pelo fr. ant. *gargoule*, «id.»)
garguleira *n.f.* ORNITOLOGIA ⇒ **pisco-azul** (De *gárgula+-eira*)
gari *n.2g.* [Brasil] pessoa que varre a rua (De *Aleixo Gary*, antr., antigo responsável pela limpeza das ruas do Rio de Janeiro)
garibalda *n.f.* ⇒ **garibáldi**
garibalde *n.m.* [regionalismo] espécie de guindaste (De orig. obsc.)
garibáldi *n.m.* 1 camisola vermelha que se veste exteriormente 2 casaco curto de mulher (De *Garibaldi*, antr., general it. (1807-1882), que usava blusão vermelho)
garibaldino *adj.* de Garibaldi ou a ele relativo ■ *n.m.* partidário ou soldado de Garibaldi (Do it. *garibaldino*, «id.»)
garimpar *v.intr.* [Brasil] exercer o ofício de garimpeiro (De *garimp[eiro]+-ar*)
garimpeiro *n.m.* 1 [Brasil] pesquisador de pedras e metais preciosos 2 [Brasil] explorador de diamantes 3 [fig.] pesquisador de preciosidades 4 [fig., pej.] indivíduo que busca lucros à custa de mixórdias e traficâncias (De *garimpa[r]+-eiro*)
garimpo *n.m.* 1 [Brasil] lugar onde se exploram pedras ou metais preciosos 2 [Brasil] contrabando de minérios 3 [pop.] vadio 4 [pop.] moço de recados (Deriv. regr. de *garimpar*)
garina *n.f.* 1 [coloq.] rapariga; mulher jovem 2 [coloq.] namorada
garino *n.m.* [coloq.] rapaz
gariteiro *n.m.* [ant.] dono de casa de garito ou jogo (De *garito+-eiro*)
garito *n.m.* 1 [ant.] casa de jogo; casa de tabulagem 2 [regionalismo] furo no gargalo do almude para indicar a medida exata 3 [regionalismo] desgaste que sofrem as sirgas ao roçar por pedras duras (Do fr. ant. *garite*, «refúgio; guarita»)
garlindéu *n.m.* NÁUTICA peça de ferro a que se prende o cadernal da adriça, no topo do mastro grande (De orig. obsc.)
garlopa *n.f.* plaina grande (Do neerl. *voorlop*, «id.», pelo prov. *garlopo*, pelo cast. *garlopa*, «id.»)
garnacha *n.f.* vestimenta talar de sacerdotes e de magistrados (Do lat. *gaunăca-*, «capa; manto; cabeleira postiça», pelo prov. ant. *ganacha* ou *garnacha*, «id.»)
garnachão *adj.,n.m.* brincalhão (De *garnacha+-ão*)
garnachice *n.f.* ação própria de garnacho; garotice; marotice (De *garnacho+-ice*)
garnacho *n.m.* 1 gabão; tabardo 2 [regionalismo] espaço angular do peito, que fica a descoberto quando se desaperta o botão cimeiro 3 [regionalismo] garoto; maroto (De *garnacha*)
garnear *v.tr.* brunir ou alisar (couro, cabedal) com a maceta (De *guarnir*?)
garnela *elem.loc.adv. à ~* à vontade (De *granel*)
garnierite *n.f.* MINERALOGIA minério de níquel, silicato básico de níquel e magnésio, de cor esverdeada (Do fr. *garniérite*, «id.», de *J. Garnier*, antr., engenheiro e geólogo fr., 1839-1904 +-*ite*)
garnisé *n.m./f.* ORNITOLOGIA espécie de ave galinácea, pequena, frequentemente criada nas capoeiras ■ *adj.2g.* 1 designativo de uma qualidade de bacalhau frequente nos mercados portugueses 2 [fig.]

pequeno; garoto (De *Guernesey*, top., ilha inglesa no canal da Mancha)
garo *n.m.* **1** espécie de lagosta **2** salmoira feita com os intestinos desse crustáceo ou de certos peixes (Do gr. *gáron*, «salmoira», pelo lat. *garu-*, «id.»)
garoa *n.f.* [Brasil] chuva miudinha
garotada *n.f.* **1** conjunto de garotos **2** ação própria de garotos; marotice (De *garoto+-ada*)
garotagem *n.f.* ⇒ **garotada** (De *garoto+-agem*)
garotal *adj.2g.* próprio de garoto (De *garoto+-al*)
garotar *v.intr.* **1** andar na garotice; fazer garotices; brincar **2** vadiar; gandaiar (De *garoto+-ar*)
garotelho /ê/ *n.m.* garoto pequeno (De *garoto+-elho*)
garotete /ê/ *n.m.* ⇒ **garotelho** (De *garoto+-ete*)
garotice *n.f.* **1** vida de garoto **2** ação de garoto; brincadeira (De *garoto+-ice*)
garotil *n.m.* NÁUTICA parte superior da vela dos navios, onde há os ilhós para os envergues (De orig. obsc.)
garotito *n.m.* ⇒ **garotelho** (De *garoto+-ito*)
garoto /ô/ *n.m.* **1** rapaz que anda a brincar pelas ruas; rapaz vadio **2** rapazito; criança; petiz **3** [fig.] indivíduo malcriado e atrevido **4** [regionalismo] bebida de café com um pouco de leite servida em chávena de café; café pingado de leite ■ *adj.* **1** que é jovem e imaturo **2** travesso; maroto (Do fr. *gars*, «rapaz» +-*oto* [= *-ote*])
garotote *n.m.* [pop.] ⇒ **garotelho** (De *garoto+-ote*)
garoupa *n.f.* ICTIOLOGIA nome vulgar de uns peixes teleósteos, pertencentes a duas espécies da família dos Serranídeos, que se encontram nas costas marítimas portuguesas e são também conhecidos por requeima e seima (Do lat. *clupĕa-*, «choupa; sável»?)
garoupa-preta *n.f.* ICTIOLOGIA peixe teleósteo, da família dos Serranídeos, que aparece na costa marítima portuguesa, também conhecido por mera e mero
garoupeira *n.f.* [Brasil] NÁUTICA embarcação usada na pesca da garoupa com um mastro ao meio e outro à popa
garra[1] *n.f.* **1** unha forte, curva e pontiaguda de alguns animais, em especial de certas aves e de alguns mamíferos; gadanho **2** [fig.] unha **3** [fig.] mão **4** [fig.] dedos **5** (jardinagem) peça em forma de gancho usada para prender plantas trepadeiras a um suporte; gavinha **6** pecinha metálica com três espigões para fixar papel na prancheta; gancho metálico **7** [fig.] genica; determinação **8** [fig.] capacidade; talento **9** *pl.* [fig.] tirania **10** *pl.* pelos compridos na parte inferior dos membros de algumas cavalgaduras; *ter* ~ ter força de vontade, ter talento, ser muito competente (Do célt. **garra*, «parte da perna»)
garra[2] *n.f.* ato de garrar (Deriv. regr. de *garrar*)
garra[3] *adj.* **1** [regionalismo] diz-se de uma porca gorda **2** [regionalismo] [pej.] diz-se de uma mulher considerada pouco asseada (Do cast. *guarra*, «porca»)
garrafa *n.f.* **1** recipiente, geralmente de vidro, cilíndrico e de gargalo comprido **2** conteúdo deste recipiente; ~ *de Leyde* condensador elétrico formado por um vaso de vidro com folhas metálicas nas faces interna e externa (Do ár. *garrafâ*, «vaso de barro vidrado»)
garrafada *n.f.* **1** conteúdo de uma garrafa **2** medicamento que vem da farmácia em garrafa (De *garrafa+-ada*)
garrafal *adj.2g.* **1** em forma de garrafa **2** grande; graúdo **3** diz-se da letra grande e legível **4** diz-se de certas variedades de cebola e de fruta (De *garrafa+-al*)
garrafão *n.m.* garrafa grande e muito bojuda, geralmente empalhada ou com revestimento plástico (De *garrafa+-ão*)
garrafaria *n.f.* grande quantidade de garrafas (De *garrafa+-aria*)
garrafa-termo *n.f.* ⇒ **termos**
garrafa-termos *n.f.2n.* ⇒ **garrafa-termo**
garrafeira *n.f.* **1** lugar onde se guardam garrafas de bebidas alcoólicas, sobretudo vinho engarrafado **2** coleção de bebidas alcoólicas engarrafadas **3** loja que vende bebidas alcoólicas, sobretudo vinho **4** suporte utilizado para guardar garrafas (De *garrafa+-eira*)
garrafinha *n.f.* **1** garrafa pequena **2** ORNITOLOGIA ⇒ **boita** 1 (De *garrafa+-inha*)
garragina *n.f.* ORNITOLOGIA ⇒ **garrincho** (De orig. obsc.)
garraiada *n.f.* **1** manada de garraios **2** corrida de garraios (De *garraio+-ada*)
garraio *n.m.* **1** touro novo que ainda não foi corrido **2** [fig.] indivíduo inexperiente; caloiro (De *garra*?)
garrana *n.f.* **1** égua forte, de raça pequena **2** [pop.] embriaguez (De *garrano*)
garrancha *n.f.* **1** ramo grosso de árvore **2** vara comprida, com uma foice na ponta, para cortar os ramos dos pinheiros (Do cast. *garrancha*, «espada; gancho»)

garranchada *n.f.* **1** ferida causada por garrancho **2** porção de garranchos ou galhos de árvores (De *garrancho+-ada*)
garranchar *v.tr.* pôr às cavaleiras; escarranchar (De *escarranchar*?)
garrancho *n.m.* **1** VETERINÁRIA doença no casco das cavalgaduras **2** ramo de árvore, torto ou retorcido **3** pedaço de lenha; cavaco **4** gadanho **5** (jogo do voltarete) parceiro que não pode jogar enquanto os outros jogam (Do cast. *garrancho*, «ramo torto de árvore»)
garranchoso /ô/ *adj.* **1** em forma de garrancho; ganchoso **2** tortuoso (De *garrancho+-oso*)
garranito *n.m.* **1** garrano pequeno **2** [fig.] garotinho (De *garrano+-ito*)
garrano *n.m.* **1** cavalo pequeno mas robusto **2** [fig.] indivíduo velhaco (De orig. obsc.)
garranto *n.m.* ICTIOLOGIA nome vulgar por que é também denominada uma tainha (peixe) muito comum em Portugal (De orig. obsc.)
garrão *n.m.* [Brasil] nervo da perna do cavalo (Do célt. *garra*, «parte da perna», pelo cast. *garrón*, «esporão»)
garrar *v.intr.* **1** NÁUTICA arrastar o ferro pelo fundo (a embarcação), por causa da corrente ou do vento forte **2** NÁUTICA andar à mercê das águas (a embarcação), por se terem partido as amarras ■ *v.tr.* desprender (as amarras) (De *garra+-ar*)
garrau *n.m.* ORNITOLOGIA ⇒ **garajau** 1
garraz *n.m.* tecido de algodão de qualidade inferior, para forros e outros usos (De orig. obsc.)
garrear *v.intr.* **1** prender com a garra **2** agarrar (De *garra+-ear*)
garrento *adj.* [regionalismo] porco; imundo; sujo (De *garro+-ento*)
garrettiana *n.f.* LITERATURA coleção das obras de Almeida Garrett, escritor português do Romantismo (1799-1854), e das obras que a ele se referem (De *Garrett+-iana*)
garrettiano *adj.* relativo a Almeida Garrett ou à sua obra literária (De *Garrett*, escritor port., 1799-1854 +-*iano*)
garriça *n.f.* [Brasil] ORNITOLOGIA ⇒ **cariça** 2 (De orig. obsc.)
garrida *n.f.* [regionalismo] coleira com seis chocalhos que se põe aos bois (De *garrido*)
garridice *n.f.* **1** qualidade do que é garrido ou vistoso; qualidade daquilo que chama a atenção **2** alegria; vivacidade **3** elegância **4** apruro excessivo no vestir; janotismo (De *garrido+-ice*)
garridismo *n.m.* ⇒ **garridice** (De *garrido+-ismo*)
garrido *adj.* **1** que chama a atenção; vistoso **2** colorido **3** alegre; animado **4** elegante; janota **5** ostensivo (Part. pass. de *garrir*)
garrincha *n.f.* [Brasil] ORNITOLOGIA ⇒ **cariça** 2 (Do lat. *garrīre*, «chilrear»)
garrincho *n.m.* ORNITOLOGIA nome vulgar de gaivota comum em Portugal, de outubro a abril, também conhecida por mascateira, gagosa, garragina, etc. (Do lat. *garrīre*, «chilrear»)
garrir *v.intr.* **1** trajar com garridice **2** aperaltar-se **3** ressoar; badalar **4** chilrear **5** tagarelar; papaguear (Do lat. *garrīre*, «chilrear»)
garro *adj.* **1** gafo; leproso **2** sarnento ■ *n.m.* sarro (Do cast. *guarro*, «porco»)
garrocha *n.f.* **1** TAUROMAQUIA pau com ponta de ferro com que se toureava antes do uso das bandarilhas **2** [regionalismo] capa de palha; croça (Do cast. *garrocha*, «id.»)
garrochada *n.f.* espetadela com garrocha (Part. pass. fem. subst. de *garrochar*)
garrochador *n.m.* TAUROMAQUIA toureiro que toureava com garrocha (De *garrochar+-dor*)
garrochão *n.m.* TAUROMAQUIA garrocha grande de picar touros a cavalo (De *garrocha+-ão*)
garrochar[1] *v.tr.* TAUROMAQUIA picar (touros) com garrocha (De *garrocha+-ar*)
garrochar[2] *v.tr.* [Cabo Verde] garrotar; estrangular (Do crioulo cabo-verdiano *garrocho*, «garrote» +-*ar*)
garrotar *v.tr.* estrangular ou apertar por meio de garrote (De *garrote+-ar*)
garrote *n.m.* **1** pequeno pau ou arrocho com que se apertava a corda que estrangulava os condenados **2** suplício de estrangulação sem suspensão do corpo do condenado **3** [regionalismo] prego forte para fixar a ferragem dos carros de bois **4** MEDICINA tira, normalmente de borracha, com que se interrompe, por estrangulamento, a circulação nos membros superiores ou inferiores, para evitar perdas de sangue **5** [fig.] angústia (Do frânc. *virokkan*, «torcer com força», pelo neerl. *wroken*, «id.», pelo fr. *garrot*, «garrote; arrocho», pelo cast. *garrote*, «id.»)
garrotear *v.tr.* **1** estrangular por meio de garrote; garrotar **2** [Brasil] bater (o couro) para o amaciar (De *garrote+-ear*)
garrotilho *n.m.* **1** MEDICINA bacilose aguda, febril, bastante contagiosa, que se instala, em especial, na parte posterior da cavidade

garrucha

bucal; crupe diftérico; difteria laríngea **2** [regionalismo] AGRICULTURA doença das videiras (Do cast. *garrotillo*, «id.»)

garrucha *n.f.* **1** [ant.] pau curto com que se armavam as bestas (armas) **2** antigo instrumento de tortura; polé **3** [Brasil] pistola que se carrega pela boca; bacamarte **4** [Brasil] [coloq.] mulher que vive com homem com o qual não é casada **5** [Brasil] [pej.] mulher velha que se dedica à prostituição **6** *pl.* cabos que se metem nas relingas, para amarrar as velas (Do cast. *garrucha*, «garrucha; roldana»)

garrucho *n.m.* ⇒ **garrucha**

garruço *n.m.* [regionalismo] ⇒ **carapuço 1** (De *garrir*+-*uço*?)

garrular *v.intr.* tagarelar; palrar (Do lat. *garrulāre*, «papaguear; palrar; gorjear; tagarelar»)

garrulice *n.f.* qualidade de quem é gárrulo; tagarelice; loquacidade (De *gárrulo*+-*ice*)

garrulidade *n.f.* ⇒ **garrulice** (Do lat. *garrulitāte*-, «tagarelice»)

gárrulo *adj.,n.m.* **1** que ou aquele que canta muito **2** [fig.] que ou aquele que fala muito; palrador **3** [fig.] linguareiro (Do lat. *garrŭlu*-, «tagarela»)

garruncho *n.m.* **1** NÁUTICA argola de ferro por onde corre um cabo náutico **2** NÁUTICA cordão preso nos estais, que serve para pear a vela do estai **3** [regionalismo] gadanho para juntar o mato roçado (De *garra*+-*uncho*?)

garupa *n.f.* **1** parte posterior do cavalo, entre o lombo e a cauda; ancas dos quadrúpedes **2** mala ou saco que se leva atrás da sela **3** cada uma das correias com que se prende ao selim o que se leva no cavalo **4** [Brasil] lugar atrás do assento do condutor numa bicicleta, motorizada, etc. (Do germ. **kruppa*, «redondez saliente», pelo fr. *croupe*, «garupa arredondada»)

garupada *n.f.* salto do cavalo sem mostrar as ferraduras (De *garupa*+-*ada*)

garupeiro *n.m.* exibidor de cobras venenosas às quais arrancou os dentes injetores de veneno (De orig. obsc.)

garzina *n.f.* ORNITOLOGIA nome vulgar por que também é conhecida a gaivina, comum em Portugal, nas suas passagens migratórias (De *grazina*)

gás *n.m.* **1** substância que ocupa de maneira contínua todo o espaço em que está colocada, por maior ou menor que seja esse espaço **2** fluido gasoso, combustível, utilizado para aquecimento, aplicação culinária e iluminação **3** substância gasosa que pode provocar efeitos nocivos no organismo **4** [fig.] animação; entusiasmo; energia **5** *pl.* fluido gasoso acumulado no estômago e nos intestinos, expelido, por vezes, de forma ruidosa; flatulência; ventosidade; ~ *carbónico* QUÍMICA gás incolor e inodoro, de fórmula CO_2, que se encontra na atmosfera e surge em todos os processos de combustão, sendo importante na fotossíntese e usado na carbonatação de bebidas, como extintor de incêndios, etc., dióxido de carbono; ~ *de xisto* QUÍMICA gás natural comprimido em pequenos espaços do xisto argiloso, extraído para ser utilizado como fonte de energia alternativa; ~ *inerte/nobre/raro* QUÍMICA substância gasosa que, nas condições habituais de utilização, não tem atividade química (hélio, néon, árgon, crípton, xénon e rádon); ~ *perfeito* FÍSICA gás ideal cujo comportamento estaria de acordo com as leis de Boyle-Mariotte e de Gay-Lussac, qualquer gás a uma pressão infinitamente pequena; ~ *pobre* FÍSICA mistura gasosa combustível, empregada para acionar motores de explosão e que se obtém pela ação do ar húmido sobre o carvão ao rubro; *a todo o* ~ com muita velocidade, muito depressa; *termómetro de* ~ instrumento que mede a temperatura utilizando as relações pressão-volume-temperatura de um gás (Do gr. *kháos*, «caos», pelo lat. *chaos*, «id», pelo neerl. *geest*, «espírito», pelo fr. *gaz*, «gás»)

gasalhado *n.m.* ⇒ **gasalhamento** (Part. pass. subst. de *gasalhar*)

gasalhamento *n.m.* **1** ato ou efeito de agasalhar; agasalho **2** hospedagem **3** casa para viver **4** roupas de abafo ou agasalho (De *gasalhar*+-*mento*)

gasalhar *v.tr.,pron.* ⇒ **agasalhar** (De *gasalho*+-*ar*)

gasalho *n.m.* **1** ⇒ **agasalho 2** [regionalismo] BOTÂNICA ⇒ **frade 9** (De *agasalho*)

gasalhoso /ô/ *adj.* que dá gasalho ou hospitalidade (De *gasalho*+-*oso*)

gascão *adj.* **1** da Gasconha, região do Sudoeste de França **2** relativo à Gasconha ■ *n.m.* **1** natural ou habitante da Gasconha **2** dialeto da Gasconha (Do lat. med. *vascōne*-, «vasco», pelo fr. *gascon*, «id.»)

gascões *n.m.pl.* [ant.] (artilharia) peças do canhão do freio (De orig. obsc.)

gás-dos-pântanos ver nova grafia **gás dos pântanos**

gás dos pântanos *n.m.* QUÍMICA ⇒ **metano**

gaseado *adj.,n.m.* **1** que ou aquele que sofreu a ação nociva dos gases **2** [fig.] alucinado (Part. pass. de *gasear*)

gasear *v.tr.* **1** asfixiar por meio de gases **2** atacar com gases tóxicos (De *gás*+-*ear*)

gaseificação *n.f.* passagem de uma substância ao estado gasoso; ato ou efeito de gaseificar (De *gaseificar*+-*ção*)

gaseificado *adj.* **1** que se reduziu a gás; que se gaseificou **2** que contém gás carbónico dissolvido (Part. pass. de *gaseificar*)

gaseificador *adj.,n.m.* **1** que ou o que transforma uma substância em gás **2** que ou o que introduz gás carbónico num líquido ■ *n.m.* antigo aparelho de iluminação cuja luz muito brilhante é intensificada por uma corrente de ar que vem misturar-se à chama alimentada a petróleo ou a óleo mineral (De *gaseificar*+-*dor*)

gaseificar *v.tr.,pron.* (fazer) passar ao estado gasoso; reduzir(-se) a gás ■ *v.tr.* dissolver gás carbónico em (Do fr. *gazéifier*, «id.»)

gaseiforme *adj.2g.* que se apresenta em estado gasoso (De *gás*+lat. *forma*-, «forma», pelo fr. *gazéiforme*, «id.»)

gaseiro *n.m.* [regionalismo] [ant.] vendedor ambulante de petróleo (De *gás*+-*eiro*)

gasganete /ê/ *n.m.* [coloq.] **1** garganta; goela; gorgomilo **2** [coloq.] pescoço (De orig. onom.)

gasguete /ê/ *n.m.* [coloq.] ⇒ **gasganete**

gasguita *adj.2g.* **1** que fala com dificuldade **2** esganiçado (De orig. onom.)

gasguito *adj.* [regionalismo] pretensioso; arrebicado (De orig. onom.)

gasificação *n.f.* ⇒ **gaseificação** (De *gasificar*+-*ção*)

gasificar *v.tr.,pron.* ⇒ **gaseificar**

gás-mostarda *n.m.* QUÍMICA substância líquida, oleosa e incolor, cujos vapores são altamente tóxicos, provocando lesões na pele e podendo levar à morte se inalados (usada pela primeira vez na Guerra de 1914-1918, na cidade belga de Ypres, pelo exército alemão)

gasnate *n.m.* ⇒ **gasganete** (Do cast. *gaznate*, «id.»)

gasnete /ê/ *n.m.* ⇒ **gasganete**

gasoduto *n.m.* tubagem, semelhante à dos oleodutos, devidamente preparada para transportar produtos gasosos a grandes distâncias, especialmente gás natural ou gás derivado do petróleo (De *gás*+o+lat. *ductu*-, «condução; transporte»)

gasogénio *n.m.* **1** aparelho destinado à produção de gás pobre **2** aparelho com que se fabrica a água de Seltz (Do fr. *gazogène*, «id.»)

gasógeno *adj.* que produz gás ■ *n.m.* **1** mistura de álcool e terebintina para iluminação **2** ⇒ **gasogénio** (Do fr. *gazogène*, «id.»)

gasóleo *n.m.* QUÍMICA produto carburante, derivado da destilação de petróleo e constituído por uma mistura de hidrocarbonetos, usado como combustível em motores diesel (Do ing. *gas oil*, «id.»)

gasolina *n.f.* QUÍMICA mistura líquida de hidrocarbonetos que se obtém na destilação do petróleo bruto e é usada nos motores de explosão ■ *n.m.* NÁUTICA barco pequeno, acionado com motor a gasolina (Do fr. *gazoline*, «id.»)

gasolineira *n.f.* **1** empresa distribuidora de gasolina **2** bomba de gasolina; posto de abastecimento de combustível

gasolineiro *n.m.* pessoa que trabalha num posto de abastecimento de combustível (Do cast. *gasolinero*, «id.»)

gasómetro *n.m.* **1** aparelho para medir gás **2** aparelho próprio para recolher um gás que se vai formando; reservatório de gás **3** fábrica de gás **4** aparelho de iluminação, no qual se prepara acetileno pela ação da água sobre o carboneto de cálcio (carbite) (Do fr. *gazomètre*, «id.»)

gasosa *n.f.* **1** bebida refrigerante preparada com anidrido carbónico **2** [pop.] pressa **3** [pop.] velocidade **4** [coloq.] gasolina (De *gasoso*)

gasoso /ô/ *adj.* **1** relativo a gás **2** que se apresenta com propriedades físicas (fluidez) análogas às do ar; aeriforme **3** que contém gás carbónico dissolvido; gaseificado (De *gás*+-*oso*, ou do fr. *gazeux*, «id.»)

gaspacho *n.m.* CULINÁRIA sopa servida fria, preparada com pão, tomate, pimento, cebola e alho, e temperada com azeite, sal e vinagre; caspacho (Do cast. *gazpacho*, «id.»)

gáspea *n.f.* **1** parte dianteira do rosto do calçado que cobre o pé, e é cosida, à maneira de remendo, à parte posterior **2** remendo; retalho **3** [coloq.] grande velocidade **4** [pop.] bofetada **5** [pop.] repreensão; *passar umas gáspeas a (alguém)* repreender (De orig. obsc.)

gaspeado *adj.* que levou gáspeas ■ *n.m.* obra gaspeada (Part. pass. de *gaspear*)

gaspeador *n.m.* (feminino **gaspeadeira**) operário que deita gáspeas em calçado (De *gaspear*+-*dor*)

gaspear *v.tr.* deitar gáspeas em (De *gáspea*+-*ar*)

gaspoia *n.f.* [regionalismo] espécie de aguapé (De orig. obsc.)

gaspóia ver nova grafia **gaspoia**

gastador *adj.,n.m.* que ou aquele que gasta muito; dissipador; perdulário (De *gastar*+-*dor*)

gastalha n.f. [Madeira] mulher alta e magra (De *gastalho*)
gastalho n.m. 1 grampo usado especialmente pelos tanoeiros e marceneiros 2 [regionalismo] aparelho de tirar água dos poços; cegonha 3 [Madeira] ramo vegetal, seco e despojado das folhas 4 [regionalismo] homem de estatura elevada (De orig. obsc.)
gastão¹ n.m. ⇒ **castão**
gastão² n.m. [pop.] grande despesa (De *gasto*+-*ão*)
gastar v.tr. 1 fazer dispêndio ou despesa de; despender (dinheiro) 2 consumir (energia) 3 deteriorar através do uso; usar (roupa, calçado) 4 esbanjar (fortuna) 5 destruir; arruinar 6 cansar ■ v.pron. 1 deteriorar-se devido ao uso 2 consumir-se; acabar 3 arruinar-se 4 ter venda; ter saída; ~ *cera com ruins defuntos* fazer sacrifícios por quem não os merece; ~ *o (meu/seu) latim* argumentar inutilmente (Do lat. *vastāre*, «devastar», com infl. do germ. *wôstjan*, «devastar»)
gastável adj.2g. 1 suscetível de se gastar 2 que se gasta muito (De *gastar*+-*vel*)
gasto adj. 1 que se gastou; consumido 2 que foi usado para pagar algo; despendido 3 que revela envelhecimento; cansado 4 que está deteriorado pelo uso; usado; coçado 5 que foi usado mal ou inutilmente; desperdiçado 6 ouvido ou dito muitas vezes; vulgarizado; banal ■ n.m. 1 ato ou efeito de gastar; consumo de alguma coisa 2 dispêndio de dinheiro; despesa 3 deterioração causada pelo uso ou pela passagem do tempo 4 venda 5 extração (Part. pass. irreg. de *gastar*)
gastralgia n.f. MEDICINA dor no estômago ou na região epigástrica (Do gr. *gastér, -trós*, «estômago» +*álgos*, «dor» +-*ia*)
gastrálgico adj. referente à gastralgia (De *gastralgia*+-*ico*)
gastrectasia n.f. MEDICINA dilatação do estômago (De *gastro*-+*ectasia*)
gastrectomia n.f. CIRURGIA ablação parcial ou total do estômago (Do gr. *gastér, -trós*, «estômago» +*ek*, «fora» +*tomé*, «corte» +-*ia*)
gastrenteralgia n.f. MEDICINA dor gastrointestinal; dor comum ao estômago e ao intestino (De *gastro*-+*entero*-+*algia*)
gastrenterite n.f. MEDICINA inflamação simultânea das mucosas do estômago e dos intestinos (Do gr. *gastér, -trós*, «estômago» +*énteron*, «intestino» +-*ite*)
gastrenterocolite n.f. MEDICINA gastrite complicada com inflamação dos intestinos delgado e grosso (Do gr. *gastér, -trós*, «estômago» +*énteron*, «intestino» +*kólon*, «cólon» +-*ite*)
gastrenterologia n.f. MEDICINA parte da ciência médica que estuda as doenças do estômago e dos intestinos (De *gastro*+*enterologia*)
gastrenterológico adj. pertencente ou relativo à gastrenterologia
gastrenterologista n.2g. especialista em gastrenterologia (De *gastrenterologia*-+*ista*)
gastr(i)- elemento de formação de palavras que exprime a ideia de estômago ou de ventre (Do grego *gastér, -trós*, «estômago; ventre»)
gástrica n.f. febre gástrica (De *gástrico*)
gástrico adj. relativo ou pertencente ao estômago (Do gr. *gastér, -trós*, «estômago» +-*ico*)
gastrícola adj.2g. diz-se de certas larvas de germes que vivem no estômago (Do gr. *gastér, -trós*, «estômago»+lat. *colĕre*, «habitar»)
gastríloquo adj., n.m. ventríloquo (Do gr. *gastér, -trós*, «ventre»+lat. *loqui*, «falar»)
gastrintestinal adj.2g. referente ao estômago e ao intestino (De *gastro*-+*intestinal*)
gastrite n.f. MEDICINA inflamação das paredes internas do estômago (Do gr. *gastér, -trós*, «estômago» +-*ite*)
gastr(o)- elemento de formação de palavras que exprime a ideia de estômago ou de ventre (Do gr. *gastér, -trós*, «estômago; ventre»)
gastrocele n.f. MEDICINA hérnia do estômago (Do gr. *gastér, -trós*, «estômago» +*kéle*, «hérnia»)
gastrocnémio adj. ANATOMIA designativo do músculo da barriga da perna; gémeo; gemelo ■ n.m. ANATOMIA esse músculo (Do gr. tard. *gastroknémion*, «barriga da perna»)
gastrocolite n.f. MEDICINA inflamação simultânea do estômago e do cólon (De *gastro*-+*colite*)
gastrodiafania n.f. MEDICINA processo de exame médico com emprego do gastrodiafanoscópio (De *gastro*-+*diafania*)
gastrodiafanoscópio n.m. MEDICINA instrumento provido de uma lâmpada elétrica, que serve para examinar o estômago, por translucidez (De *gastro*-+*diafanoscópio*)
gastrodinia n.f. MEDICINA dor do estômago; gastralgia (De *gastro*-+*odino*-+-*ia*)
gastroduodenal adj.2g. respeitante ao estômago e ao duodeno (De *gastro*-+*duodenal*)
gastroduodenite n.f. MEDICINA inflamação do estômago e do duodeno (De *gastro*-+*duodenite*)
gastroenterite n.f. MEDICINA ⇒ **gastrenterite**
gastroenterocolite n.f. MEDICINA ⇒ **gastrenterocolite**
gastroenterologia n.f. ⇒ **gastrenterologia**
gastroenterologista n.2g. ⇒ **gastrenterologista**
gastrófilo adj. que gosta de comer bem (Do gr. *gastróphilos*, «amigo do seu ventre»)
gastróforo adj. que possui o ventre muito proeminente (Do gr. *gastér, -trós*, «ventre» +*phorós*, «portador»)
gastrointestinal adj.2g. ⇒ **gastrintestinal**
gastrólatra n.2g. pessoa para quem os prazeres do estômago são muito importantes; glutão (De *gastro*-+-*latra*)
gastrolatria n.f. qualidade ou estado de gastrólatra; culto dos prazeres do estômago; glutonaria (De *gastro*-+-*latria*)
gastrolitíase n.f. MEDICINA formação de cálculos no estômago
gastrologia n.f. 1 estudo e conhecimento das regras da arte culinária 2 tratado sobre a arte culinária (Do gr. *gastrología*, «tratado sobre a gulodice»)
gastrólogo n.m. especialista em gastrologia (De *gastro*-+-*logo*)
gastromania n.f. 1 amor excessivo às iguarias 2 prazer da mesa (De *gastro*+-*mania*)
gastromaníaco adj. relativo à gastromania ■ n.m. aquele que se entrega à gastromania (De *gastro*-+*maníaco*)
gastronefrite n.f. MEDICINA inflamação simultânea do estômago e dos rins (De *gastro*-+*nefrite*)
gastronomia n.f. 1 arte de cozinhar com o objetivo de proporcionar o maior prazer aos que comem 2 conhecimento e apreciação dos prazeres da mesa 3 comida típica de determinada região (Do gr. *gastronomía*, «estudo das leis do estômago», pelo fr. *gastronomie*, «id.»)
gastronómico adj. referente à gastronomia ou aos gastrónomos (De *gastronomia*+-*ico*)
gastrónomo n.m. 1 aquele que conhece e aprecia os prazeres da mesa 2 aquele que conhece e exerce a arte de bem cozinhar (Do gr. *gastér, -trós*, «estômago» +*nómos*, «regra»)
gastropata n.2g. pessoa que sofre de gastropatia (De *gastér, -trós*, «estômago» +*páthos*, «sofrimento»)
gastropatia n.f. MEDICINA qualquer doença do estômago (Do gr. *gastér, -trós*, «estômago» +*páthos*, «sofrimento» +-*ia*)
gastroplastia n.f. CIRURGIA operação cirúrgica para a restauração da cavidade gástrica, obliterando-se a parte perfurada (Do gr. *gastér, -trós*, «estômago» +*plastós*, «modelado» +-*ia*)
gastroplegia n.f. MEDICINA paralisia do estômago (Do gr. *gastér, -trós*, «estômago» +-*plegé*, «golpe; ferida» +-*ia*)
gastrópode adj.2g. ZOOLOGIA relativo ou pertencente à classe dos gastrópodes ■ n.m. ZOOLOGIA espécime dos gastrópodes ■ n.m.pl. ZOOLOGIA classe de moluscos com concha univalve, ou sem concha, com cabeça distinta e pé alargado em palmilha, a que pertencem o caracol, a lesma, etc. (Do gr. *gastér, -trós*, «ventre» +*poús, podós*, «pé»)
gastrorragia n.f. MEDICINA hemorragia no estômago (De *gastro*-+-*ragia*)
gastrorreia n.f. MEDICINA catarro gástrico ou secreção excessiva do suco gástrico (Do gr. *gastér, -trós*, «ventre» +*rhein*, «correr; fluir»)
gastroscopia n.f. MEDICINA método de exame médico do interior do estômago, por meio do gastroscópio (Do gr. *gastér, -trós*, «estômago» +*skopeîn*, «ver; olhar» +-*ia*)
gastroscópio n.m. MEDICINA instrumento para observação médica do interior do estômago (Do gr. *gastér, -trós*, «estômago» +*skopeîn*, «olhar» +-*io*)
gastrossexual n.m. homem que cultiva o gosto pela gastronomia, preparando pratos elaborados, sobretudo para impressionar alguém (De *gastro*+*sexual*)
gastrostomia n.f. CIRURGIA operação cirúrgica que consiste em praticar uma abertura no estômago para introduzir alimentos (Do gr. *gastér, -trós*, «estômago» +*stóma*, «boca» +-*ia*)
gastrotomia n.f. 1 CIRURGIA abertura temporária do estômago para extração de um corpo estranho, extirpação de úlcera, laqueação de vasos sanguíneos, etc. 2 CIRURGIA ⇒ **laparotomia** (Do gr. *gastér, -trós*, «estômago» +*tomé*, «corte» +-*ia*)
gastrotríqueos n.m.pl. ZOOLOGIA grupo de animais minúsculos de água doce, com cílios, ou mesmo espinhos, sobre o corpo (Do gr. *gastér, -trós*, «estômago» +*thríx, -ikhós*, «cabelo» +-*eos*)
gastrovascular adj.2g. diz-se da cavidade que desempenha funções digestivas e circulatórias, como a cavidade única do corpo dos metazoários acélomatas (celenterados e espongiários), e que corresponde ao celentério (De *gastro*-+*vascular*)

gastrozoário n.m. ZOOLOGIA animal cujo aparelho digestivo mostra desenvolvimento predominante (Do gr. *gastér, -trós*, «ventre» +*zoárion*, «animalzinho»)

gástrula n.f. 1 BIOLOGIA fase do desenvolvimento embrionário em que o embrião (animal) apresenta parede dupla (embrião didérmico) 2 embrião neste estado (Do gr. *gastér, -trós*, «estômago» +*-ula*)

gastrulação n.f. 1 BIOLOGIA fenómeno da formação da gástrula 2 diferenciação (De *gástrula*+*-ção*)

gastura n.f. [Brasil] arrepio; comichão por causa de ruídos ou sensações de tato

gata n.f. 1 ZOOLOGIA fêmea do gato 2 NÁUTICA âncora de um só braço usada nas amarrações fixas 3 [acad.] reprovação; chumbo 4 [Brasil] [coloq.] mulher considerada atraente 5 [pop.] bebedeira 6 [Brasil] ICTIOLOGIA cação, peixe da família dos Cilídeos, que aparece nas costas marítimas portuguesas, também denominado bruxa e cascarra; *andar de gatas* deslocar-se apoiando as mãos, os pés e os joelhos no chão; *ficar de gatas* andar estafado (De *gato*)

gata-borralheira n.f. mulher que se ocupa exclusivamente dos trabalhos domésticos e que raramente sai

gatafunhar v.tr.,intr. fazer gatafunhos (em); rabiscar (De *gatafunho*+*-ar*)

gatafunho n.m. garatuja; rabisco (De *gato*)

gatanhada n.f. arranhadura de gato (Part. pass. fem. subst. de *gatanhar*)

gatanhar v.tr. (gato) arranhar; agatanhar (De *gatanho*+*-ar*)

gatanho n.m. 1 arranhadela de gato 2 pl. unhas; gatázios 3 [regionalismo] espécie de tojo (Do lat. vulg. *gattanĕu-, «id.»)

gata-preta /ê/ n.f. [Madeira] ICTIOLOGIA nome vulgar que designa um peixe selaquio, da família dos Espinacídeos, conhecido em Portugal continental por lixinha-da-fundura

gatar v.tr.,intr. 1 [acad.] reprovar em exame 2 errar (De *gata*+*-ar*)

gataria n.f. 1 ajuntamento de gatos 2 [acad.] grande número de reprovações (gatas) (De *gato* ou *gata*+*-aria*)

gatária n.f. BOTÂNICA espécie de hortelã, também chamada erva-dos-gatos (De *gato*+*-ária*)

gatarrada n.f. ⇒ **gataria** (De *gato*+*-arro*+*-ada*)

gatarrão n.m. gato grande (De *gato*+*-arro*+*-ão*)

gatázio n.m. 1 garra de gato 2 pl. [fig.] unhas; dedos; *deitar os gatázios a* prender, agarrar (De *gato*+*-ázio*)

gatear v.tr. 1 segurar com grampos ou gatos de metal 2 deitar gatos em (louça) 3 arranhar com as unhas ▪ v.intr. 1 trepar como os gatos 2 deslocar-se apoiando as mãos, os pés e os joelhos no chão; gatinhar 3 contender (De *gato*+*-ear*)

gateira n.f. 1 abertura em porta ou nas paredes das casas, para passagem de gatos 2 fresta sobre o telhado para dar luz e ar 3 NÁUTICA abertura no castelo de um navio para dar passagem à amarra para o porão 4 [pop.] bebedeira 5 [regionalismo] AGRICULTURA rego transversal nas vinhas, para desvio das águas das chuvas (De *gato*+*-eira*)

gateiro¹ adj. que gosta de gatos ▪ n.m. 1 o que deita gatos (ganchos) em louça 2 ⇒ **gateira** (De *gato*+*-eiro*)

gateiro² adj.,n.m. [Cabo Verde] bêbedo; alcoólico (Do crioulo cabo-verdiano *gatero*, «idem», de *gaiteiro*)

gatesco /ê/ adj. próprio dos gatos ou a eles referente; felino (De *gato*+*-esco*)

gatesga /ê/ elem. expr. *à ~* sorrateiramente (De *gato*+*-esga*)

gatice n.f. 1 ⇒ **gataria** 2 [regionalismo] espalhafato (De *gato*+*-ice*)

gaticida n.2g. pessoa que mata gatos ▪ adj.2g. que mata gatos (Do lat. *cattu-*, «gato» +*caedĕre*, «matar»)

gaticídio n.m. morte violenta de gato (Do lat. tard. *cattu-*, «gato» +*caedĕre*, «matar» +*-io*)

gatilho n.m. peça de uma arma de fogo que se puxa para a fazer disparar (Do cast. *gatillo*, «id.»)

gatimanho n.m. 1 [mais usado no plural] gesto ou sinal feito com as mãos 2 [mais usado no plural] gatafunho; rabisco (De *gato*+lat. *manu-*, «mão», com infl. de *manha*)

gatimónia n.f. 1 [regionalismo] gesto ou sinal feito com as mãos; gatimanho 2 pl. [regionalismo] barulheira de crianças (De *gatimanho*)

gatina n.f. 1 doença própria dos bichos-da-seda (Do it. *gattina*, de *gatto*, «casulo do bicho-da-seda»)

gatinhar v.intr. 1 deslocar-se apoiando as mãos, os pés e os joelhos no chão; andar de gatinhas ou de gatas 2 [fig.] estar no princípio de algo; ser principiante (De *gatinho*+*-ar*)

gatismo n.m. 1 estado de uma pessoa com as faculdades mentais diminuídas 2 incontinência de urinas ou de fezes (Do fr. *gâtisme*, «id.»)

gato n.m. 1 ZOOLOGIA mamífero carnívoro, da família dos Felídeos, existente no estado selvagem, mesmo em Portugal, mas representado em quase todo o Globo por muitas espécies e raças domesticadas 2 ICTIOLOGIA bruxa 3 [coloq.] erro; engano; lapso 4 [coloq.] pedaço de metal que prende a louça quebrada 5 peça, normalmente de ferro, para unir o revestimento de cantaria à alvenaria 6 ⇒ **grampo** 1 7 pl. [pop.] ⇒ **pieira** 8 [Brasil] [coloq.] homem considerado atraente 9 [regionalismo] peça angular onde se ergue e baixa o braço ou a tranqueta da aldraba; *~ escaldado de água fria tem medo* (provérbio) os percalços sofridos tornam uma pessoa precavida; *darem-se como o cão e o ~* não se entenderem; *de noite todos os gatos são pardos* (provérbio) na escuridão tudo se confunde; *vender/dar ~ por lebre* enganar, dando ou vendendo o mau como se fosse bom (Do lat. *cattu-*, «gato»)

gato-bichaneiro n.m. ZOOLOGIA (inseto) nome vulgar por que também é conhecida a bicha-cadela

gato-bravo n.m. 1 ZOOLOGIA gato robusto, com anéis e a extremidade da cauda pretos, raro em Portugal, no estado selvagem, e também conhecido por gato-montês e marto 2 ZOOLOGIA nome vulgar por que também são designados o lince e a gineta (mamíferos)

gato-craveiro n.m. ZOOLOGIA ⇒ **lince** 1

gato-de-algália n.m. ZOOLOGIA ⇒ **zibeta**

gato-de-madagáscar n.m. ZOOLOGIA ⇒ **lémure**

gato-montês n.m. ZOOLOGIA ⇒ **gato-bravo**

gato-pingado n.m. 1 [pop.] indivíduo que era pago para acompanhar os enterros empunhando uma tocha 2 [coloq.] pessoa insignificante 3 pl. [coloq.] pessoas que formam um pequeno grupo

gatorro /ô/ n.m. gato grande (De *gato*+*-orro*)

gato-sapato n.m. 1 jogo popular semelhante à cabra-cega 2 [fig.] coisa desprezível; *fazer ~ de* maltratar, tratar com desprezo

gatoso /ô/ adj.,n.m. que ou aquele que sofre de gatismo (Do fr. *gâteux*, «id.»)

gato-toirão n.m. ZOOLOGIA ⇒ **gato-bravo**

gatunagem n.f. 1 bando de gatunos; quadrilha 2 ato de gatunos; roubo; gatunice 3 vida de gatuno; hábito ou prática de roubar (De *gatuno*+*-agem*)

gatunar v.intr. 1 levar vida de gatuno ou ladrão 2 gandaiar ▪ v.tr. furtar; roubar (De *gatuno*+*-ar*)

gatunha n.f. BOTÂNICA ⇒ **rilha-boi** (De *gata*+*unha*)

gatunice n.f. ato próprio de gatuno; roubo; gatunagem (De *gatuno*+*-ice*)

gatunismo n.m. vida de gatuno (De *gatuno*+*-ismo*)

gatuno adj.,n.m. 1 que ou aquele que rouba; ladrão; larápio 2 que ou aquele que colhe lucros ilegitimamente, geralmente prejudicando alguém (Do cast. *gatuno*, «relativo ao gato»)

gaturamo n.m. [Brasil] ORNITOLOGIA designação extensiva a muitos pássaros frequentes no Brasil (Do tupi *katu'rama*, «o que será bom»?)

gau n.m. 1 território 2 província 3 condado 4 circunscrição territorial dotada de riqueza aquática e florestal (Do médio-alto-al. *gou*, «id.», pelo al. *Gau*, «id.»)

gauchada n.f. 1 bando de gaúchos 2 ação própria de gaúcho 3 [Brasil] astúcia (De *gaúcho*+*-ada*)

gauchar v.intr. [Brasil] viver como gaúcho (De *gaúcho*+*-ar*)

gauchismo n.m. 1 qualidade de gaúcho 2 linguagem peculiar do gaúcho (De *gaúcho*+*-ismo*)

gaúcho n.m. 1 [Brasil] camponês de origem portuguesa ou espanhola que se dedica à criação de gado e é perito na caça com laço 2 [Brasil] natural do estado brasileiro do Rio Grande do Sul, do interior do Uruguai e do Norte da Argentina (Do quích. *uájcha*, «pobre; órfão»)

gauda n.f. BOTÂNICA espécie de reseda tintorial (Do germ. *walda*, pelo fr. *gaude*, «lírio-dos-tintureiros»)

gauderiar v.intr. levar vida de gaudério; vadiar (De *gaudério*+*-ar*)

gaudério adj. 1 [pop.] ocioso; vadio 2 malcriado ▪ n.m. [Brasil] ORNITOLOGIA pássaro de penas negras e brilhantes (Do cast. da Argentina *gauderio*, «homem de má vida»)

gaudiar v.intr. 1 entregar-se a gáudios; mostrar alegria ou satisfação; regozijar 2 estroinar (De *gaúdio*+*-ar*)

gaudinar v.intr. ⇒ **gaudiar**

gáudio n.m. 1 alegria; júbilo; regozijo; goivo 2 divertimento; brincadeira; festa 3 brinquedo (Do lat. *gaudĭu-*, «gozo»)

gaudioso /ô/ adj. que tem ou revela gáudio; que mostra alegria ou satisfação (De *gáudio*+*-oso*)

gaulês adj. relativo à Gália (antiga França) ▪ n.m. 1 natural ou habitante da Gália 2 idioma da Gália (Do fr. *gaulois*, «id.»)

gauss n.m.2n. FÍSICA unidade de medida de indução magnética do antigo sistema de unidades CGS, de símbolo Gs ou G, equivalente a 10^{-4} teslas (De K. F. *Gauss*, antr., físico e astrónomo al., 1777-1855)

gavarro n.m. VETERINÁRIA inflamação, com tumefação, nas cartilagens da pata dos equídeos (Do cast. *gabarro*, «id.»)

gávea n.f. 1 NÁUTICA plataforma redonda situada no cimo do mastro do navio 2 NÁUTICA vela imediatamente superior à grande (Do lat. *cavĕa*-, «gaiola»)

gaveador n.m. aquele que gaveia (De *gavear*+-*dor*)

gavear v.intr. [regionalismo] AGRICULTURA abrir sulcos para plantar bacelo; gabiar (De *gabiar*)

gavela n.f. 1 feixe de espigas cortadas; paveia 2 braçada; punhado (Do célt. *gabhail*, «braçado», pelo lat. **gabella*, «id.»)

gaveta /ê/ n.f. 1 compartimento corrediço, encaixado num móvel, que serve para guardar objetos 2 MECÂNICA órgão animado de movimento de vaivém que em certas máquinas a vapor comanda a entrada do fluido no cilindro para um e outro lado do êmbolo 3 [pop.] prisão; *ficar na* ~ ser esquecido ou omitido (Do lat. *gabăta*-, «escudela de madeira»)

gavetão n.m. gaveta grande (De *gaveta*+-*ão*)

gaveto /ê/ n.m. 1 peça côncava ou convexa, em trabalhos de carpintaria 2 parte recurvada do podão; *de* ~ diz-se do prédio com frente redonda, no ângulo de duas ruas (De *gaveta*?)

gavial n.m. ZOOLOGIA crocodilo asiático, de focinho muito longo, frequente no rio Ganges (Do lat. cient. *gaviăle*-, pelo hind. *gharyal*, «id.»)

gavião n.m. 1 ORNITOLOGIA ave de rapina, diurna, da família dos Accipitrídeos, muito frequente em Portugal, e também conhecida por aguião, aguioto, falcão, falcão-tagarote, gafanhoto, milhafre, pedreiro, peneireiro, rapino, etc. 2 BOTÂNICA gavinha 3 BOTÂNICA eixo principal de uma raiz (evidente quando esta é aprumada), proveniente da radícula do embrião 4 cada um dos últimos dentes do maxilar superior do cavalo 5 cada uma das extremidades cortantes de alguns instrumentos 6 [regionalismo] espécie de jogo em que um, imitando o gavião, persegue os outros, que fazem de pombas 7 [Brasil] mulherengo (Do lat. *gavĭa*-, «gaivota»+-*ão*)

gaviete /ê/ n.m. NÁUTICA espécie de roldana colocada normalmente à proa do navio, que serve para suspender a âncora (Do cast. *gaviete*, «id.»)

gavina n.f. 1 [regionalismo] espécie de podoa usada no Douro 2 ORNITOLOGIA ⇒ **gaivina** (Do lat. *gavĭa*-, «gaivota»+-*ina*)

gavinha n.f. BOTÂNICA órgão vegetal, filiforme, que serve para fixar certas plantas a suportes; elo; abraço; enliço (De orig. obsc.)

gavinhoso /ô/ adj. provido de gavinhas (De *gavinha*+-*oso*)

gavito n.m. ORNITOLOGIA nome vulgar por que também são designadas umas gavinas, comuns em Portugal, conhecidas por garão, garapau e garrau (Do célt. *gab* ou *gaba*, «pegar»+-*ito*?)

gavota n.f. 1 antiga dança popular francesa semelhante ao minuete 2 composição instrumental com as características dessa dança (Do prov. *gavoto*, «dança dos montanheses», pelo fr. *gavotte*, «id.»)

gaxeta n.f. 1 NÁUTICA cinta para ferrar velas nas vergas 2 trança de fio de carrete para ferrar amarras 3 trança de linho, palha ou borracha, que se coloca apertada entre os bordos da tampa e a boca das caldeiras de qualquer máquina, para fechá-las hermeticamente

gay adj.inv.,n.2g. [coloq.] que ou pessoa que se relaciona sexualmente com pessoas do mesmo sexo; homossexual

gaz n.m. medida de extensão, usada na Índia (Do pers.-hind. *gaz*, «id.»)

gaza n.f. ⇒ **gaze**

gazão n.m. 1 terreno relvoso 2 relva dos jardins (Do fr. *gazon*, «relva»)

gaze n.f. 1 tecido leve e transparente 2 MEDICINA tecido esterilizado, leve e poroso, utilizado em cirurgia e para fazer curativos 3 moeda de cobre persa (Do pers. *gaz*, «vara» [= medida])

gazeador adj.,n.m. que ou aquele que gazeia (De *gazear*+-*dor*)

gazeante adj.2g. que gazeia (De *gazear*+-*ante*)

gazear v.tr.,intr. 1 (ave) cantar 2 (criança) palrar 3 faltar a (aula ou a obrigação) para passear ou divertir-se; fazer gazeta (De orig. obsc.)

gazeio n.m. 1 canto da garça ou da andorinha 2 falta às aulas; gazeta (Deriv. regr. de *gazear*)

gazela n.f. 1 ZOOLOGIA nome vulgar extensivo a uns mamíferos ruminantes, da família dos Bovídeos, velozes e de configuração elegante, que habitam os desertos e as estepes da África e da Ásia 2 [fig.] mulher nova, elegante e formosa (Do ár. *gazâlâ*, «id.», pelo fr. *gazelle*, «id.»)

gázeo adj. verde-azulado; garço ■ n.m.pl. [coloq.] olhos; vista (De orig. obsc.)

gazeta /ê/ n.f. 1 publicação periódica; jornal 2 [coloq.] falta a uma aula ou a um compromisso 3 [fig.] pessoa que anda ao corrente de tudo o que se passa; *fazer* ~ [coloq.] faltar às aulas ou ao emprego (Do it. *gazzetta*, «id.», pelo fr. *gazette*, «id.»)

gazetal adj.2g. referente a gazeta (De *gazeta*+-*al*)

gazetário adj. ⇒ **gazetal** (De *gazeta*+-*ário*)

gazetear v.tr.,intr. faltar a (aulas ou compromissos); fazer gazeta (De *gazeta*+-*ear*)

gazeteiro n.m. 1 aquele que escreve em gazetas; jornalista 2 vendedor de jornais 3 estudante que falta às aulas 4 pessoa que falta muito (ao trabalho, a compromissos, etc.) (De *gazeta*+-*eiro*)

gazetilha n.f. 1 secção jocosa ou satírica de um periódico 2 folhetim (Do cast. *gacetilla*, «id.»)

gazetilheiro n.m. ⇒ **gazetilhista** (De *gazetilha*+-*eiro*)

gazetilhista n.2g. pessoa que faz gazetilhas (De *gazetilha*+-*ista*)

gazetista n.2g. jornalista (De *gazeta*+-*ista*)

gazia n.f. 1 incursão de mouros contra tribo inimiga 2 depredação; razia (Do ár. *gaziâ*, «id.»)

gazil adj.2g. 1 [regionalismo] elegante; airoso 2 [regionalismo] de cores vivas; alegre (Do ár. *gāzi*, «triunfante»)

gazio n.m. ⇒ **gazeio**

gaziva n.f. ⇒ **gazia**

gazofilácio n.m. lugar onde se recolhiam as esmolas para o culto, no Templo de Jerusalém (Do gr. *gazophylákion*, «palácio do tesouro», pelo lat. *gazophylacĭu*-, «tesouro real»)

gazofilar v.tr. [pop.] prender; agarrar; catrafilar (De orig. obsc.)

gazola n.2g. 1 ORNITOLOGIA nome vulgar por que também se designa o alcaravão 2 [regionalismo] superfície circular marcada no solo para um jogo de pião 3 tagarela (De orig. obsc.)

gazua n.f. 1 ferro de abrir fechaduras 2 chave falsa (Do vasc. *gantzua*, «id.», pelo cast. *ganzúa*, «gazua; chave falsa»)

gázua n.f. ⇒ **gazia**

gê n.m. nome da letra *g* ou *G*

geada n.f. camada de cristais de gelo que recobre a vegetação e os objetos expostos ao ar e que se forma devido a temperaturas negativas; ~ *negra* geada tardia, que ocorre, por vezes, já em plena primavera, proveniente de arrefecimento brusco, com temperaturas inferiores a 0 °C, de que são vítimas as plantas jovens e os rebentos recentes de outras plantas, que secam totalmente, como sucede com as videiras, tomando em poucos dias aspeto escuro e desagradável, como se tivessem sido queimadas (Do lat. *gelăta*-, part. pass. fem. de *gelāre*, «gelar»)

geado adj. em que geou; coberto por geada

geanticlinal n.m. GEOLOGIA estrutura geológica de grande amplitude, de natureza anticlinal, resultante do dobramento dos sedimentos acumulados num geossinclinal (Do gr. *gē̂*, «terra»+port. *anticlinal*)

gear v.intr. 1 formar-se geada 2 fazer muito frio ■ v.tr. reduzir a gelo; congelar (Do lat. *gelāre*, «id.»)

geba /ê/ n.f. 1 ⇒ **corcunda** n.f. 2 [ant.] mulher velha e corcunda (Do lat. *gibba*-, «bossa»)

gebada n.f. amachucadela do chapéu por efeito de pancada (Part. pass. fem. subst. de *gebar*)

gebar v.tr. amachucar com pancadas (De *geba*+-*ar*)

gebice n.f. ato, modos ou dito de gebo (De *gebo*+-*ice*)

gebo /ê/ n.m. 1 [pop.] indivíduo mal vestido ou cuja roupa está fora de moda; indivíduo mal-amanhado; farrapilha 2 ZOOLOGIA mamífero ruminante, da família dos Bovídeos, com corcunda sobre as espáduas, da Ásia e da África, e domesticado na Índia; zebo; zebu ■ adj. 1 corcunda 2 maltrapilho (Do lat. *gibbu*-, «giba»)

geboso /ô/ adj. corcunda; gebo; giboso (Do lat. *gibbōsu*-, «id.»)

gebrar v.tr. fazer gebres em (aduelas) (Do fr. *jabler*, «abrir o javre nas aduelas»)

gebre /ê/ n.m. [regionalismo] ranhura que se abre nas extremidades das aduelas para encaixar os tampos de uma pipa ou de um tonel; javre; *em* ~ [regionalismo] em pelo, nu (De *javre*)

gebreira n.f. [regionalismo] pândega; patuscada (De orig. obsc.)

geco n.m. ZOOLOGIA réptil sáurio, vulgar em regiões quentes, que tem os dedos munidos de uma espécie de ventosas que lhe permitem deslocar-se com facilidade por paredes e tetos; osga (Do mal. *gekok*, «id.», de orig. onom.)

geconídeo adj. ZOOLOGIA relativo ou pertencente aos Geconídeos ■ n.m. ZOOLOGIA espécime da família dos Geconídeos (De *geco*+-*ídeo*)

Geconídeos n.m.pl. ZOOLOGIA família de répteis sáurios, que tem por tipo o geco

Gediniano n.m. GEOLOGIA andar da base do Devónico (Do fr. *gedinien*, de *Gedine*, top., localidade das Ardenas, região montanhosa comum à Bélgica, à França e ao Luxemburgo)

geeiro adj. [regionalismo] que anuncia geada; geento ■ n.m. 1 [regionalismo] vento muito frio 2 lugar onde geralmente se forma geada (De *gear*+-*eiro*)

geek n.2g. pessoa geralmente pouco sociável e que manifesta grande entusiasmo pelo trabalho que executa (Do al. *geck*, «tolo», pelo ing. *geek*, «id.»)

geena /jiê/ *n.f.* 1 lugar de tormentos; inferno 2 [fig.] sofrimento; dor (Do gr. *géenna*, «lugar de tortura», pelo lat. *gehenna-*, «id.»)
geento *adj.* em que há geada; geeiro (De *gear*+*-ento*)
gefíreos *n.m.pl.* ZOOLOGIA grupo de animais vermiformes, marinhos, com uma coroa de tentáculos à volta da boca, ou com uma espécie de tromba (Do gr. *gephýra*, «ponte» +*-eos*)
gefirinos *n.m.pl.* ZOOLOGIA ⇒ **gefíreos** (Do gr. *gephýra*, «ponte» + *-inos*)
geidrografia *n.f.* descrição da Terra e dos oceanos; geografia hidrográfica (De *geo-*+*hidrografia*)
geidrográfico *adj.* relativo a geidrografia
geidrógrafo *n.m.* especialista em geidrografia
geio *n.m.* 1 ato de gear 2 gelo 3 [regionalismo] AGRICULTURA socalco para bacelo, nas vinhas do Douro (Deriv. regr. de *gear*)
gêiser *n.m.* GEOLOGIA fonte quente cuja atividade se caracteriza pela projeção no espaço, com intervalos regulares, de jatos de água e vapor (Do isl. *geysir*, «id.», pelo al. *Geiser*, «id.»)
geiserito *n.m.* PETROLOGIA rocha siliciosa que se forma nos gêiseres (De *gêiser*+*-ito*)
geistória *n.f.* história da evolução da Terra (De *geo-*+*história*)
gel *n.m.* 1 QUÍMICA massa gelatinosa obtida a partir das chamadas soluções coloidais 2 cosmético de consistência gelatinosa que se aplica sobre o cabelo para lhe dar brilho e/ou moldar o penteado; **~ de banho** produto de consistência geralmente semilíquida utilizado no banho para lavar o corpo (Do lat. *gelu-*, «gelo», pelo fr. *gelée*, «geleia; gelatina»)
gelada *n.f.* 1 depósito de cristais de gelo; geada 2 verdura coberta de orvalho congelado 3 BOTÂNICA planta também chamada erva-do-orvalho ou orvalhinha (Part. pass. fem. subst. de *gelar*)
geladaria *n.f.* estabelecimento onde se confecionam e/ou servem gelados; gelataria (De *gelado*+*-aria*)
geladeira *n.f.* 1 tanque em que, nas fábricas de gelo, se gela a água 2 [Brasil] ⇒ **frigorífico** (De *gelar*+*-deira*)
geladiço *adj.* 1 que gela facilmente 2 [regionalismo] diz-se da pedra que absorve muita humidade e que, por isso, não serve para construção (De *gelar*+*-diço*)
gelado *adj.* 1 que se converteu em gelo 2 coberto de gelo 3 muito frio 4 [fig.] que revela indiferença ou insensibilidade 5 [fig.] paralisado, devido a emoção ou a notícia que não se esperava ■ *n.m.* doce, geralmente preparado com leite ou natas, ovos, açúcar e outros ingredientes (frutos, chocolate, etc.) tornado frio e consistente por meio de refrigeração; **~ de água** gelado que contém sobretudo água e açúcares; **estar ~** sentir muito frio (Part. pass. de *gelar*)
gelador *adj.* que gela ■ *n.m.* geladeira (De *gelar*+*-dor*)
geladura *n.f.* perda do viço, nos vegetais, por motivo da ação das geadas (De *gelar*+*-dura*)
gelar *v.tr.,intr.* 1 converter(-se) em gelo; congelar(-se) 2 arrefecer muito; resfriar 3 tornar(-se) muito frio 4 [fig.] (fazer) perder o entusiasmo; desanimar 5 [fig.] aterrorizar(-se); paralisar, geralmente por medo (Do lat. *gelāre*, «id.»)
gelasina *n.f.* covinha que se forma nas faces de certas pessoas quando riem (Do lat. *gelasinu-*, «id.»)
gelataria *n.f.* estabelecimento onde se confecionam e/ou servem gelados; geladaria (De it. *gelato*+*-aria*)
gelatina *n.f.* 1 QUÍMICA proteína extraída dos ossos, cartilagens, tendões, peles, etc., dos animais, e que, dissolvida em água quente, toma a consistência de geleia 2 substância para uso alimentar, preparada industrialmente a partir desta proteína 3 CULINÁRIA doce de consistência trémula preparado com esta substância, geralmente com sabor a frutas 4 cola de peixe 5 [fig.] qualquer matéria mole, inconsistente (Do it. *gelatina*, «id.», pelo fr. *gelatine*, «id.»)
gelatiniforme *adj.2g.* que tem a aparência e a consistência de gelatina; gelatinoso (De *gelatina*+*-forme*)
gelatinização *n.f.* passagem de um corpo ao estado gelatinoso (De *gelatinizar*+*-ção*)
gelatinizar *v.tr.* fazer passar ao estado gelatinoso (De *gelatina*+*-izar*)
gelatinoso /ô/ *adj.* 1 da natureza da gelatina 2 que apresenta consistência semelhante à da geleia ou da gelatina; mole, pegajoso e untuoso (De *gelatina*+*-oso*)
geleia *n.f.* extrato mucilaginoso de substâncias animais e vegetais que, resfriando, adquire uma consistência mole e trémula 2 CULINÁRIA compota preparada com o líquido resultante da cozedura de frutos que, quando arrefece, tem uma consistência mole e gelatinosa (Do fr. *gelée*, «id.»)
geleira *n.f.* 1 caixa isotérmica portátil que se destina a conservar e a manter frescos bebidas ou alimentos 2 cavidade onde se produz ou conserva gelo 3 aparelho para fabricar gelo 4 GEOLOGIA ⇒ **glaciar** (De *gelo*+*-eira*)
gelha /ê/ *n.f.* 1 ruga própria de grãos ou frutos 2 prega num tecido 3 ruga na face (De orig. obsc.)
geli- elemento de formação de palavras que exprime a ideia de *gelo* ou *geleia* (Do lat. *geliāre*, «gelar; gelificar»)
gelícola *adj.2g.* BOTÂNICA diz-se das plantas próprias dos solos impregnados de soluções muito diluídas, como os siliciosos (De *geli-*+*-cola*)
gelidez /ê/ *n.f.* qualidade ou estado de gélido (De *gélido*+*-ez*)
gélido *adj.* 1 muito frio 2 congelado 3 enregelado 4 [fig.] paralisado; petrificado 5 [fig.] insensível 6 [fig.] pouco amigável (Do lat. *gelĭdu-*, «id.»)
gelificar *v.tr.,pron.* ⇒ **gelificar** (De *geli-*+*fazer*)
gelificação *n.f.* ato ou efeito de gelificar (De *gelificar*+*-ção*)
gelificante *n.m.* aditivo destinado a dar consistência de gel a uma substância ■ *adj.2g.* que gelifica (De *gelificar*+*-ante*)
gelificar *v.tr.,pron.* 1 transformar(-se) em gelo 2 transformar(-se) em gel ou gelatina (De *geli-*+*-ficar*)
gelividade *n.f.* propriedade de um material se desagregar ou expandir por efeito da congelação da água contida nos seus vazios (Do fr. *gélivité*, «id.»)
gelo /ê/ *n.m.* 1 água no estado sólido 2 frio excessivo 3 [fig.] indiferença 4 [fig.] reação pouco amigável 5 [fig.] insensibilidade; **gelos flutuantes** blocos de gelo, libertados pela fusão dos campos de gelo, que os ventos e as correntes arrastam (Do lat. *gelu-*, «gelo»)
gelose *n.f.* ⇒ **ágar-ágar** (De *gel*+*-ose*)
gelosia *n.f.* grade de fasquias adaptada à abertura de uma janela, com função decorativa e de defesa contra a luz e o calor excessivos; persiana; adufa; rótula (Do it. *gelosia*, «persiana; gelosia»)
gema /ê/ *n.f.* 1 óvulo ou ovo com grande quantidade de reservas nutritivas, como o dos répteis e das aves 2 parte globosa, amarela, central, do conjunto que vulgarmente se considera ovo (de ave ou de réptil) 3 BOTÂNICA formação vegetal, em regra ovoide ou subglobosa, que, pelo seu desenvolvimento, origina um ramo; gomo; borbulha; renovo; rebento 4 MINERALOGIA qualquer pedra preciosa ou semipreciosa 5 [fig.] centro; âmago 6 [fig.] aquilo que é mais puro, mais genuíno (Do lat. *gemma* «rebento; pedra preciosa»)
gemação *n.f.* 1 BOTÂNICA desenvolvimento das gemas, dos rebentos, nas árvores 2 BOTÂNICA disposição ou conjunto das gemas de uma planta (De *gemar*+*-ção*)
gemada *n.f.* CULINÁRIA alimento preparado com gema de ovo crua, batida com leite ou vinho e açúcar, ou só com açúcar (Part. pass. fem. subst. de *gemar*)
gemado *adj.* 1 que tem gemas 2 enxertado de gema 3 ornado de pedrarias 4 de cor amarela (Part. pass. de *gemar*)
gemante *adj.2g.* 1 ornado de pedras preciosas 2 que brilha como pedras preciosas (Do lat. *gemmante*, «id.», part. pres. de *gemmāre*, «estar coberto de pedras preciosas; brilhar como pedras preciosas»)
gemar *v.tr.* 1 BOTÂNICA enxertar com gema ou borbulha 2 preparar com gemas de ovos ■ *v.intr.* BOTÂNICA lançar gemas ou rebentos (Do lat. *gemmāre*, «rebentar; deitar rebentos»)
Gemara *n.f.* RELIGIÃO segunda parte do Talmude (livro da religião judaica), que consiste num comentário às leis recolhidas na primeira parte
gemebundo *adj.* 1 que geme muito; gemente 2 lamuriento (Do lat. *gemebundu-*, «id.»)
gemedoiro *n.m.* ⇒ **gemedouro**
gemedor *adj.,n.m.* que ou aquele que geme (De *gemer*+*-dor*)
gemedouro *n.m.* 1 ruído semelhante ao de uma pessoa que geme 2 sucessão de gemidos (De *gemer*+*-douro*)
gemeidade *n.f.* 1 qualidade de gémeo 2 igualdade (De *gémeo* +*-i-*+*dade*)
gemelar *adj.2g.* 1 referente a gémeos 2 em que se desenvolvem gémeos (Do lat. *gemellāre-*, «gémeo»)
gemelaridade *n.f.* situação em que se verifica a gestação de mais do que um feto no útero (De *gemelar*+*-i-*+*dade*)
gemelgar *v.tr.* 1 [regionalismo] (fêmea) dar à luz duas crias 2 [regionalismo] (planta) ter duas gemas (De *gemelgo*+*-ar*)
gemelgo *adj.* ⇒ **gémeo** (Do lat. *gemellĭcu-*, dim. de *gemellu-*, «gémeo»)
gemelhicar *v.intr.* ⇒ **gemicar** (De *gemer*+*-ilho*+*-icar*)
gemelíparo *adj.* que dá à luz gémeos (Do lat. *gemellipăro-*, «id.»)
gemelo *n.m.* ANATOMIA músculo da barriga da perna; gémeo; gastrocnémio (Do lat. *gemellu-*, «gémeo»)
gemente *adj.2g.* 1 que emite gemidos; que geme 2 que produz um som semelhante a um gemido (Do lat. *gemente-*, «id.», part. pres. de *gemĕre*, «gemer»)

gémeo *adj.* 1 que nasceu do mesmo parto que outrem 2 ANATOMIA designativo dos dois músculos da barriga da perna (gastrocnémios ou gemelos) e dos dois das nádegas 3 BOTÂNICA diz-se dos frutos do mesmo pedúnculo 4 [fig.] igual; idêntico ■ *n.m.* aquele que nasceu do mesmo parto que outrem; *gémeos falsos* gémeos que provêm de células diferentes, fecundadas por espermatozoides diferentes; *gémeos verdadeiros* gémeos que provêm do mesmo ovo, fecundado por um espermatozoide (Do lat. *gemĭnu-*, «id.»)

gemeologia *n.f.* estudo dos gémeos (Do port. *gémeo+-logia*)

Gémeos *n.m.pl.* 1 ASTRONOMIA terceira constelação do zodíaco situada no hemisfério norte e cujo nome se deve ao facto de as suas estrelas mais luminosas (Castor e Pólux) estarem relativamente perto uma da outra 2 ASTROLOGIA terceiro signo do zodíaco (21 de maio a 20 de junho) (Do lat. *gemĭnu-*, «id.»)

gemer *v.intr.* 1 dar gemidos 2 soltar lamentos 3 suspirar 4 murmurar em tom plangente 5 (rola) cantar ■ *v.tr.intr.* 1 padecer (de) 2 murmurar em tom plangente; lastimar(-se); prantear ■ *v.tr.* 1 cantar à viola 2 ressumar 3 AGRICULTURA torcer ou vergar (a vara da videira), na amarração (Do lat. *gemĕre*, «gemer»)

gemicar *v.intr.* gemer baixo mas continuamente (Do lat. vulg. *gemicāre, freq. de *gemĕre, «gemer»)

gemido *n.m.* 1 ato de gemer 2 lamento doloroso; lamentação 3 suspiro 4 som plangente (Do lat. *gemĭtu-*, «id.»)

gemífero *adj.* 1 BOTÂNICA que produz gemas ou rebentos 2 que tem pedras preciosas (Do lat. *gemmĭfĕru-*, «que produz pedras preciosas; que tem rebentos»)

gémina *n.f.* HERÁLDICA cada uma das duas bandas estreitas do escudo separadas por um espaço da largura de cada uma delas (Do lat. *gemĭnu-*, «gémeo»)

geminação *n.f.* 1 disposição aos pares 2 GRAMÁTICA duplicação de uma consoante 3 MINERALOGIA agrupamento de cristais da mesma espécie mineral, que não se desenvolveram paralelamente (Do lat. *geminatiōne-*, «id.»)

geminado *adj.* 1 disposto aos pares 2 duplicado 3 diz-se de edifício que está encostado a outro por uma das paredes laterais 4 diz-se das janelas com dois caixilhos que se abrem para os lados 5 GRAMÁTICA diz-se das consoantes duplas (Do lat. *geminātu-*, «duplicado», part. pass. de *gemināre*, «duplicar; geminar»)

geminar *v.tr.* 1 duplicar; dobrar 2 dispor em par (Do lat. *gemināre*, «duplicar; geminar»)

geminável *adj.2g.* que se pode geminar (De *geminar+-vel*)

geminiano *n.m.* ASTROLOGIA indivíduo nascido sob o signo de Gémeos ■ *adj.* 1 ASTROLOGIA pertencente ou relativo a este indivíduo 2 ASTROLOGIA pertencente ou relativo ao signo de Gémeos

geminifloro *adj.* BOTÂNICA que tem as flores dispostas duas a duas (Do lat. *gemĭnu-*, «gémeo» *+flore-*, «flor»)

gémino *adj.* geminado; dobrado (Do lat. *gemĭnu-*, «gémeo»)

gemiparidade *n.f.* 1 BIOLOGIA processo exógeno de divisão celular caracterizado pela formação de um gomo que vai originar nova célula 2 processo de reprodução de alguns seres (incluindo metazoários), com formação de um gomo que se destaca ou não do indivíduo primitivo, originando um novo ser 3 gemulação (De *gemíparo-i-+-dade*)

gemíparo *adj.* 1 relativo a gemiparidade 2 BIOLOGIA que se divide ou reproduz por gemiparidade 3 BOTÂNICA que produz gemas ou gomos (Do lat. *gemma-*, «gomo» *+parĕre*, «dar; dar à luz»)

gemologia *n.f.* ciência que estuda as gemas (pedras preciosas) (Do lat. *gemma-*, «pedra preciosa» *+lógos*, «estudo» *+-ia*)

gemónias *n.f.pl.* 1 lugar onde se expunham os cadáveres dos supliciados romanos 2 [fig.] escárnio público 3 [fig.] extremo ultraje 4 [fig.] desgraça infamante (Do lat. *gemoniās*, «id.»)

gempílida *n.m.* ICTIOLOGIA ⇒ **gempilídeo** *n.m.*

Gempílidas *n.m.pl.* ICTIOLOGIA ⇒ **Gempilídeos**

gempilídeo *adj.* ICTIOLOGIA relativo ou pertencente aos Gempilídeos ■ *n.m.* ICTIOLOGIA espécime dos Gempilídeos

Gempilídeos *n.m.pl.* ICTIOLOGIA família de peixes teleósteos acantopterígios mal representada nas costas marítimas portuguesas (Do lat. cient. *Gempylus+-ídeos*)

gémula *n.f.* 1 pequena gema ou gomo 2 BOTÂNICA parte da plântula da semente (embrião vegetal) que é o rudimento do primeiro gomo terminal; plúmula 3 BIOLOGIA cada uma das massas esféricas, de formação interna, que se enquistam e depois se desenvolvem, originando um novo ser, na reprodução por gemulação, como nas esponjas (Do lat. *gemmŭla-*, «pequeno rebento»)

gemulação *n.f.* 1 BIOLOGIA processo de reprodução com formação de gémulas, como nas esponjas 2 gemiparidade 3 conjunto dos fenómenos do desenvolvimento da gémula, nas sementes (De *gémula+-ção*)

genal *adj.2g.* referente às faces; facial (Do lat. *gena[s]*, «faces; bochechas» *+-al*)

genciana *n.f.* BOTÂNICA planta herbácea da família das Gencianáceas, espontânea na serra da Estrela (mas muito rara), utilizada em farmácia (Do lat. *gentiāna-*, «genciana», pelo fr. *gentiane*, «id.»)

gencianácea *n.f.* BOTÂNICA espécime das Gencianáceas

Gencianáceas *n.f.pl.* BOTÂNICA família de plantas dicotiledóneas, herbáceas, de frutos capsulares, cujo género-tipo se designa *Gentiana* (De *genciana+-áceas*)

genciana-da-praia *n.f.* BOTÂNICA planta herbácea, da família das Gencianáceas, espontânea em Portugal, especialmente no litoral

gencianeas *n.f.pl.* BOTÂNICA termo empregado para designar uma tribo de plantas da família das Gencianáceas (De *genciana+-eas*)

gendarmaria *n.f.* corpo de polícia militar encarregado de manter a ordem pública em alguns países (Do fr. *gendarmerie*, «id.»)

gendarme *n.m.* soldado pertencente à gendarmaria (Do fr. *gendarme*, «id.», de *gens d'armes*)

gene *n.m.* BIOLOGIA (genética) a mais pequena porção de um cromossoma, que não permite a divisão ou rutura por recombinação e que condiciona a transmissão e a manifestação dos caracteres hereditários (Do gr. *génos-*, «geração»)

genealogia *n.f.* 1 série de gerações pertencentes a uma família 2 filiação, em ordem regressiva, de um indivíduo ou espécie, que determina a ascendência 3 relações genéticas, estabelecidas através de gerações, entre seres vivos 4 origem; procedência 5 linhagem; estirpe (Do gr. *genealogía*, «id.», pelo lat. *genealogĭa-*, «id.»)

genealógico *adj.* referente a genealogia ■ *n.m.* genealogista (De *genealogia+-ico*)

genealogista *n.2g.* pessoa que se dedica ao estudo da origem e sucessão de famílias, descrevendo as relações de parentesco entre as gerações (De *genealogia+-ista*)

genearca *n.m.* 1 progenitor de uma família, de uma espécie 2 tronco (Do gr. *geneárkhes*, «chefe de uma raça»)

genebra *n.f.* bebida preparada com aguardente de cereais e aromatizada com bagas de zimbro (Do fr. ant. *genèvre*, hoje *genièvre*, «id.»)

genebrada *n.f.* refresco preparado com genebra, água, açúcar e sumo de casca de limão (De *genebra+-ada*)

genebreiro *n.m.* BOTÂNICA ⇒ **zimbro**² (Do fr. ant. *genévrier*, «id.»)

genebrense *adj.,n.2g.* ⇒ **genebrino** (De *Genebra*, top., capital da Suíça *+-ense*)

genebrês *adj.,n.m.* ⇒ **genebrino** (De *Genebra*, top., cidade suíça *+-ês*)

genebrino *adj.* relativo ou pertencente a Genebra ■ *n.m.* natural ou habitante da cidade suíça de Genebra (De *Genebra*, top. *+-ino*)

-géneo sufixo nominal, de origem grega, que exprime a ideia de *que gera, que produz* (*eletrogéneo, psicogéneo*)

genequim *adj.* diz-se de uma espécie de algodão fiado, de qualidade inferior (De orig. obsc.)

generacionismo *n.m.* doutrina filosófico-teológica segundo a qual a alma dos pais se transmite aos filhos pela geração carnal (Do lat. *generatiōne-*, «geração» *+-ismo*)

general *n.m.* 1 MILITAR posto mais alto da categoria de oficiais do Exército e da Força Aérea, cuja insígnia é constituída por quatro estrelas 2 [fig.] chefe; caudilho ■ *n.2g.* 1 MILITAR oficial que ocupa aquele posto 2 MILITAR designação comum aos militares que ocupam os postos de general, tenente-general e major-general ■ *adj.2g.* 1 MILITAR diz-se da subcategoria de oficial das forças armadas com graduação acima da de oficial superior 2 MILITAR diz-se do militar com essa subcategoria 3 [ant.] Geral (Do fr. *général*, «geral», pelo lat. *generālis*, «que pertence a um género»)

generala *n.f.* 1 superiora geral de uma ordem religiosa 2 [pop.] mulher de general (De *general*)

generalado *n.m.* ⇒ **generalato**

generalato *n.m.* 1 posto ou patente de general 2 dignidade de geral de uma ordem religiosa (De *general+-ato*)

generalício *adj.* relativo ao superior-geral de uma ordem religiosa (De *general*, por *geral+-ício*)

generalidade *n.f.* 1 qualidade daquilo que é geral 2 maior número; maioria 3 ideia ou princípio geral 4 *pl.* rudimentos 5 *pl.* [pej.] afirmações vagas e demasiado gerais sobre determinado assunto; afirmações superficiais (De *generalitāte-*, «id.»)

generalíssimo *adj.* {superlativo absoluto sintético de **geral**} muito geral ■ *n.m.* 1 MILITAR general que detém autoridade sobre outros generais; chefe supremo 2 chefe supremo do exército de um país (Do it. *generalissimo*, «id.»)

generalista *adj.2g.* 1 que foca os assuntos globalmente e de modo não especializado 2 que não é especialista 3 que se dirige a

generalização

todo o tipo de públicos, abordando grande diversidade de assuntos (Do lat. *generăle-*, «geral»+*-ista*)

generalização *n.f.* **1** ato de generalizar; ato de aplicar um princípio ou conceito a um conjunto de casos **2** afirmação geral que não se aplica a todos os casos que se pretende abranger **3** simplificação **4** vulgarização **5** disseminação; difusão **6** FILOSOFIA operação mental pela qual, reconhecidos certos caracteres comuns a vários entes singulares, se reúnem estes num conceito único de que aqueles caracteres constituem a compreensão (De *generalizar*+*-ção*)

generalizador *adj.* que generaliza (De *generalizar*+*-dor*)

generalizar *v.tr.,pron.* **1** tornar(-se) geral; tornar(-se) comum; vulgarizar(-se) **2** propagar(-se); difundir(-se); disseminar(-se) ▪ *v.intr.* tornar extensivas a muitas coisas as conclusões da observação feita em uma ou em reduzido número delas (Do fr. *généraliser*, «id.»)

generalizável *adj.2g.* que se pode generalizar (De *generalizar*+*-vel*)

generante *adj.2g.* que gera (Do lat. *generante-*, «id.», part. pres. de *generăre*, «gerar»)

generativismo *n.m.* LINGUÍSTICA proposta teórica de descrição da língua apresentada por Noam Chomsky, que parte do pressuposto de que a linguagem humana é um sistema de conhecimento interiorizado e que procura descrever o modo como esse conhecimento se desenvolve e se processa na mente dos falantes de qualquer língua

generativo *adj.* **1** que gera ou tem a propriedade de gerar **2** relativo à geração **3** LINGUÍSTICA diz-se da teoria da gramática que estabelece um modelo, descrevendo estruturalmente a geração do discurso a partir de um conjunto de regras (Do lat. **generatīvu-*, «id.»)

generatriz *n.f.* ⇒ **geratriz 1** (Do lat. *generatrīce-*, «a que produz»)

genericamente *adv.* de modo genérico; em geral (De *genérico*+*-mente*)

genérico *adj.* **1** do género ou a ele referente **2** geral **3** vago; indeterminado ▪ *n.m.* **1** FARMÁCIA medicamento designado pelo princípio ativo e não por uma marca comercial específica, que é vendido a preço baixo **2** CINEMA, TELEVISÃO lista com o nome dos participantes (atores, técnicos, músicos, etc.) na realização de um filme ou de um programa; *imagem genérica* a que se forma por fusão das imagens individuais dos diferentes objetos do mesmo género (De *género*+*-ico*)

género *n.m.* **1** conceito geral que abarca todas as características comuns de um determinado grupo, classe, etc. **2** conjunto de seres com a mesma origem ou que apresentam características comuns; espécie; família; raça **3** estilo; tipo **4** BIOLOGIA categoria taxonómica, utilizada na classificação dos seres vivos, que só pode ser designada em latim e que consiste num número de espécies semelhantes ou estreitamente relacionadas **5** GRAMÁTICA categoria morfossintática baseada na distinção dos sexos (masculino ou feminino, no caso de seres animados) ou atribuída por convenção (no caso de seres não animados) **6** ARTES PLÁSTICAS categoria em que se agrupam obras artísticas em função do estilo ou técnica utilizados **7** LÓGICA ideia geral ou classe que abrange várias espécies **8** LITERATURA categoria em que se agrupam obras ou composições em função das suas características formais ou de conteúdo **9** *pl.* produtos, especialmente agrícolas, usados na alimentação humana; *~ próximo* aquele que, na hierarquia dos termos em extensão, é imediatamente superior à espécie considerada; *~ supremo* aquele que não é englobado por nenhum outro; *géneros alimentícios* substâncias que ordinariamente servem para a alimentação do homem, víveres; *não fazer o ~ de (alguém)* não ser do interesse ou gosto de, não agradar a (Do lat. **genĕru-*, por *genĕre-*, «nascimento; raça; orig.»)

generosidade *n.f.* **1** qualidade de quem é generoso **2** ação generosa **3** liberalidade **4** magnanimidade; nobreza (Do lat. *generositāte-*, «magnanimidade»)

generoso /ô/ *adj.* **1** que tem generosidade **2** que gosta de dar **3** que perdoa com facilidade **4** liberal **5** franco **6** (vinho) com elevada graduação alcoólica e de boa qualidade; espirituoso (Do lat. *generōsu-*, «de boa família; nobre»)

género-tipo *n.m.* BIOLOGIA género cujas características são determinadas como padrão para uma família

génese *n.f.* **1** geração **2** origem; ponto de partida **3** sistema cosmogónico **4** processo pelo qual uma coisa chegou ao estado em que se encontra (Do gr. *génesis*, «geração», pelo lat. *genĕse-*, «id.»)

genesíaco *adj.* **1** referente ao Génesis **2** relativo a geração **3** [fig.] criador (Do lat. tard. *genesiăcu-*, «id.»)

genésico *adj.* ⇒ **genesíaco** (De *génese*+*-ico*)

génesis *n.f.* ⇒ **génese** ▪ *n.m.* [com maiúscula] RELIGIÃO primeiro livro do Antigo Testamento, que trata da formação do Mundo (Do gr. *génesis*, «id.», pelo lat. *genĕsis*, «id.»)

geneta *n.f.* ZOOLOGIA ⇒ **gineta**²

genética *n.f.* BIOLOGIA ciência biológica que tem por objeto o estudo dos fenómenos e das leis da transmissão hereditária (considerando os genes) dos caracteres e a variação destes (De *genético*)

geneticista *n.2g.* especialista em genética (De *genético*+*-ista*)

genético *adj.* **1** BIOLOGIA relativo à ciência que estuda as condições de transmissão hereditária **2** BIOLOGIA que diz respeito aos genes **3** referente à geração ou à criação **4** relativo ao processo ou aos fatores que determinam o aparecimento de determinado fenómeno; *método ~* orientação pedagógica que tende a expor os assuntos ou objetos de certo conhecimento mediante a exposição da sua evolução até à data mais recente, isto é, da sua génese (Do gr. *genetikós*, «capaz de procriar», pelo fr. *génétique*, «genético»)

genetista *n.2g.* ⇒ **geneticista** (Por *geneticista*, de *genético*+*-ista*)

genetlíaco *adj.* **1** referente ao nascimento **2** que celebra o aniversário natalício de alguém ▪ *n.m.* o que prediz o horóscopo de alguém (Do gr. *genethliakós*, «id.», pelo lat. *genethliăcu-*, «relativo a horóscopo»)

genetliologia *n.f.* arte de predizer o futuro pela observação dos astros (Do gr. *genethlialogía*, pelo lat. *genethlialogĭa-*, «astrologia»)

genetriz *n.f.* aquela que gera; mãe (Do lat. *genetrīce-*, «mãe»)

gengibirra *n.f.* bebida fermentada usada no Norte do Brasil, preparada com gengibre (Do ing. *gingerbeer*, «cerveja de gengibre»)

gengibre *n.m.* **1** BOTÂNICA planta herbácea, rizomatosa, da família das Zingiberáceas, muito cultivada nalgumas regiões tropicais, com aplicação em farmácia e culinária **2** (bebida) ⇒ **gengibirra** (Do ár. *zinjibil*, «gengibre», pelo lat. *zingibĕre-*, «id.»)

gengiva *n.f.* ANATOMIA porção de mucosa bucal que cobre as arcadas alveolares, incluindo os espaços entre os dentes (Do lat. *gingīva-*, «id.»)

gengival *adj.2g.* referente à gengiva (De *gengiva*+*-al*)

gengivalgia *n.f.* MEDICINA dor nas gengivas (De *gengiva*+*-algia*)

gengivite *n.f.* MEDICINA inflamação das gengivas; ulite (De *gengiva*+*-ite*)

-genia sufixo nominal, de origem grega, que exprime a ideia de *formação, produção* (*minerogenia; hidrogenia*)

genial *adj.2g.* **1** que revela génio; brilhante **2** próprio de um grande talento **3** referente a génio, índole ou inclinação **4** [fig.] festivo **5** [fig.] alegre; divertido (Do lat. *geniăle-*, «fecundo; alegre»)

genialidade *n.f.* **1** qualidade de genial **2** poder do génio (De *genial*+*-i-*+*-dade*)

genialmente *adv.* **1** de modo genial **2** engenhosamente (De *genial*+*-mente*)

genica *n.f.* [pop.] força; energia; ânimo; vigor (De *génio*+*-ica*)

geniculação *n.f.* curvatura em forma de joelho (Do lat. *geniculatiōne-*, «genuflexão»)

geniculado *adj.* **1** diz-se de um órgão que se dobra como um joelho **2** dobrado (Do lat. *geniculātu-*, «que faz um cotovelo»)

genicular *adj.2g.* referente aos joelhos (Do lat. *geniculāre-*, «id.»)

genio- elemento de formação de palavras que exprime a ideia de *maxilar, mento, queixo* (Do gr. *géneion*, «maxilar; queixo; mento»)

génio *n.m.* **1** espírito bom ou mau que, segundo a crença dos antigos, presidia ao destino de cada homem **2** temperamento; índole; carácter **3** nível extraordinário de certas capacidades particularmente valorizadas; talento; inspiração **4** pessoa que sobressai pela aptidão excecional para determinada atividade, principalmente se relacionada com o intelecto **5** artista de grande inspiração **6** [pop.] irascibilidade; irritabilidade (Do lat. *genĭu-*, «id.»)

-génio sufixo nominal, de origem grega, que exprime a ideia de *origem* (*hidrogénio, tanigénio, apterogénio, caseinogénio*)

genioplastia *n.f.* CIRURGIA restauração do queixo por meio de operação cirúrgica (Do gr. *géneion*, «queixo» +*plastós*, «modelado» +*-ia*)

genioso /ô/ *adj.* **1** que tem muito mau génio **2** que se enfurece facilmente; colérico (De *génio*+*-oso*)

genital *adj.2g.* **1** relativo aos órgãos sexuais ou reprodutores **2** referente à geração **3** que serve para a geração (Do lat. *genitāle-*, «id.»)

genitália *n.f.* conjunto de órgãos genitais, especialmente os exteriores (Do lat. *genitalia*)

genitivo *n.m.* **1** GRAMÁTICA caso que, nas línguas que têm declinação, exprime a função de complemento determinativo, limitativo ou possessivo **2** LINGUÍSTICA função semântica dada à preposição *de* na relação entre dois grupos nominais (Do lat. *genitīvu-*, «originário»)

genito- elemento de formação de palavras que exprime a ideia de *órgãos da geração* (Do lat. *genĭtu-*, «geração»)

génito *adj.* gerado (Do lat. *genĭtu-*, «id.», part. pass. de *gignĕre*, «gerar; dar à luz»)

genitor *n.m.* o que gera; pai (Do lat. *genitōre-*, «criador»)

geniturinário *adj.* que diz respeito aos órgãos ou às funções genitais e urinárias (De *genito-*+*urinário*)

-geno sufixo nominal, de origem grega, que exprime a ideia de origem, nascimento, espécie (*malarígeno*; *sezonígeno*)

genocídio *n.m.* 1 destruição sistemática e metódica de um grupo étnico ou de uma raça pelo extermínio dos seus indivíduos 2 crime que consiste na eliminação de todas as formas de expressão (cultural, linguística, religiosa, etc.) da identidade coletiva de um povo (Do gr. *génos*, «raça» ou do lat. *genus*, «id.» +*caedĕre*, «matar»)

genoma /ô/ *n.m.* estrutura de genes distribuída por vinte e três pares de cromossomas que constitui a informação genética que cada indivíduo recebe por transmissão hereditária; código genético 2 BIOLOGIA conjunto de genes que formam a estrutura de uma espécie (animal ou vegetal) (De *gene*+*-oma*, ou do fr. *génome*, «id.»)

genopatia *n.f.* alteração patológica hereditária (Do gr. *génos*, «raça» +*páthos*, «doença» +*-ia*)

genoplastia *n.f.* CIRURGIA restauração cirúrgica da face, por autoplastia (Do lat. *gena[s]*, «face»+gr. *plastós*, «modelado» +*-ia*)

genótipo *n.m.* 1 BIOLOGIA constituição hereditária de um organismo formada por todos os genes existentes nas suas células 2 LINGUÍSTICA entidade linguística abstrata que faz parte da língua ideal (Do gr. *génos*, «geração» +*týpos*, «tipo»)

genovense *adj.2g.* relativo a Génova; genovês (De *Génova*, top., cidade italiana +*-ense*)

genovês *adj.* da cidade italiana de Génova ■ *n.m.* natural ou habitante de Génova (De *Génova*, top. +*-ês*)

genrear *v.intr.* [Brasil] viver à custa dos sogros (De *genro*+*-ear*)

genro *n.m.* homem em relação aos pais do respetivo cônjuge ou companheira(o) (Do lat. *genĕru-*, por *genĕre-*, «genro»)

gentaça *n.f.* [depr.] ⇒ **gentalha** (De *gente*+*-aça*)

gentalha *n.f.* [depr.] gente reles; ralé (De *gente*+*-alha*)

gente *n.f.* 1 conjunto de pessoas 2 multidão de pessoas 3 algumas pessoas (em oposição a ninguém) 4 família 5 o género humano; humanidade 6 povo 7 conjunto de habitantes de uma região 8 força armada 9 tripulação 10 *pl.* povos; nações; *como ~ grande* [coloq.] 1 como um adulto; 2 muito bem (Do lat. *gente-*, «id.»)

gentiaga *n.f.* [regionalismo] grande quantidade de gente 2 [pej.] ralé (De *gentalha*)

gentil *adj.2g.* 1 que revela delicadeza; delicado 2 amável; cortês 3 bem-educado 4 gracioso; garboso; elegante 5 agradável 6 nobre ■ *n.m.* moeda portuguesa do tempo do rei D. Fernando, 1345-1383 (Do lat. *gentīle-*, «relativo a uma família»)

gentileza /ê/ *n.f.* 1 qualidade do que ou de quem é gentil 2 gesto ou comportamento que revela amabilidade; delicadeza 3 simpatia 4 elegância 5 favor (De *gentil*+*-eza*)

gentil-homem *n.m.* 1 homem nobre; fidalgo 2 [fig.] cavalheiro ■ *adj.* 1 elegante 2 airoso (Do fr. *gentilhomme*, «id.»)

gentilício *adj.* ⇒ **gentílico** (Do lat. *gentilicĭu-*, «próprio de uma família»)

gentílico *adj.* 1 referente aos gentios 2 que não segue a religião cristã; pagão 3 designativo da nação ou do povo a que alguém pertence; relativo a naturalidade ou nacionalidade ■ *n.m.* 1 nome que designa a naturalidade de alguém 2 língua dos gentios da Índia (Do lat. tard. *gentilĭcu-*, «próprio de uma família»)

gentilidade *n.f.* 1 religião dos gentios; paganismo 2 povos gentios (Do lat. *gentilitāte-*, «id.»)

gentilismo *n.m.* ⇒ **gentilidade** (De *gentil*+*-ismo*)

gentilizar *v.tr.* tornar gentio ou pagão ■ *v.intr.* praticar o culto pagão (De *gentil*+*-izar*)

gentilmente *adv.* 1 de modo gentil; amavelmente; cortesmente 2 com elegância (De *gentil*+*-mente*)

gentinha *n.f.* [depr.] gente desprezível; gente reles; ralé (De *gente*+*-inha*)

gentio *n.m.* 1 RELIGIÃO (cristianismo) aquele que não segue a religião cristã; pagão 2 RELIGIÃO (Hebreus) aquele que não segue a religião judaica (Hebreus) estrangeiro 4 [pop.] grande concentração de pessoas; multidão ■ *adj.* 1 pagão; idólatra 2 (Hebreus) estrangeiro (Do lat. *genitīvu-*, «nativo»)

gentleman *n.m.* homem extremamente distinto e cortês, de boas ações e sentimentos nobres; cavalheiro (Do ing. *gentleman*, «id.»)

genu- elemento de formação de palavras que exprime a ideia de *joelho*, *rótula* (Do lat. *genu-*, «joelho»)

genuense *adj.*,*n.2g.* ⇒ **genovês** (Do lat. *Genŭa-*, «Génova», cidade italiana +*-ense*)

genuflectir ver nova grafia **genufletir**

genuflector ver nova grafia **genufletor**

genufletir *v.intr.* fazer genuflexão; dobrar o joelho; ajoelhar-se ■ *v.tr.* dobrar pelo joelho (Do lat. *genuflectĕre*, «id.»)

genufletor *adj.*,*n.m.* que ou aquele que faz genuflexões (De *genu-*+*flector*)

genuflexão /cs/ *n.f.* 1 ato de genufletir 2 reverência que consiste em dobrar os joelhos, e que pode ser simples ou dupla (com um ou com ambos os joelhos) 3 [fig.] lisonja; bajulação (Do lat. med. *genuflexiōne-*, «id.»)

genuflexo /cs/ *adj.* 1 que dobrou o joelho 2 que ajoelhou (Do lat. *genu-*, «joelho» +*flexu-*, «dobrado», part. pass. de *flectĕre*, «dobrar»)

genuflexório /cs/ *n.m.* estrado baixo, com encosto para os braços, em que uma pessoa ajoelha para rezar (Do lat. med. *genuflexorĭu-*, «id.»)

genuinamente *adv.* 1 com verdade; verdadeiramente 2 de forma pura (De *genuíno*+*-mente*)

genuinidade *n.f.* 1 qualidade daquilo que é genuíno 2 pureza 3 vernaculidade (De *genuíno*+*-i-*+*-dade*)

genuíno *adj.* 1 sem mistura; puro 2 autêntico; verdadeiro 3 natural 4 sincero; franco 5 legítimo 6 próprio (Do lat. *genuīnu-*, «natural»)

geo- elemento de formação de palavras que exprime a ideia de *terra* (Do gr. *gē*, «terra»)

geoanticlinal *n.m.* GEOLOGIA ⇒ **geanticlinal** (De *geo-*+*anticlinal*)

geobiologia *n.f.* BIOLOGIA estudo da evolução da vida em paralelo com a evolução da Terra (De *geo-*+*biologia*)

geobotânica *n.f.* BOTÂNICA estudo da distribuição geográfica das plantas e dos fatores (biológicos e históricos) que a determinam; fitogeografia (De *geo-*+*botânica*)

geobotânico *adj.* pertencente ou relativo à geobotânica ■ *n.m.* o que se dedica à geobotânica

geocarpia *n.f.* BOTÂNICA amadurecimento de um fruto debaixo da terra (como sucede com o amendoim) (De *geo-*+*carpo*+*-ia*)

geocêntrico *adj.* 1 referente ao centro da Terra 2 ASTRONOMIA diz-se de qualquer sistema que toma o centro da Terra como ponto de referência (De *geo-*+*cêntrico*)

geocentrismo *n.m.* ASTRONOMIA teoria explicativa do Universo, devida a Ptolomeu, astrónomo, geógrafo e matemático grego (séc. II), que considerava a Terra como centro do Universo, com todos os astros a girar em torno dela, mas situados em céus diferentes (De *geo-*+*centrismo*)

geocentrista *n.2g.* pessoa partidária do geocentrismo (De *geo-*+*centrista*)

geocíclico *adj.* relativo à órbita da Terra; *efeitos geocíclicos* resultado da diferente posição da Terra ao longo da sua órbita (De *geo-*+*cíclico*, ou do fr. *geocyclique*, «id.»)

geociência *n.f.* cada uma das ciências que têm como objetivo o estudo da Terra (geografia, geologia, geofísica, etc.) (De *geo-*+*ciência*)

geocientista *n.2g.* especialista em ciências relacionadas com a Terra (geografia, geologia, geofísica, etc.) (De *geo-*+*cientista*)

geocinese *n.f.* conjunto de movimentos e convulsões que modificam a superfície da Terra (Do gr. *gēe*, «terra»+*kínesis*, «movimento»)

geocinético *adj.* diz-se dos fenómenos que convulsionam e modificam a superfície da Terra (De *geo-*+*cinético*)

geoclimático *adj.* que diz respeito, simultaneamente, às condições geográficas e ao clima de uma região (De *geo-*+*climático*)

geoclimatologia *n.f.* GEOGRAFIA estudo dos climas terrestres nas suas relações com os fatores climáticos de natureza cósmica ou astronómicos (De *geo-*+*climatologia*)

geoclimatológico *adj.* relativo à geoclimatologia

geocronologia *n.f.* GEOLOGIA conjunto de métodos que permite determinar a idade de uma rocha ou de um mineral (De *geo-*+*cronologia*)

geocronológico *adj.* relativo à geocronologia

geocronologista *n.2g.* pessoa que se dedica à geocronologia

geode *n.m.* MINERALOGIA agregado de cristais que revestem uma cavidade rochosa (Do gr. *geōdes*, «terroso»)

geodesia *n.f.* ciência cujo objeto é a determinação da forma da Terra, a medida das suas dimensões, incluindo a sua massa, a sua densidade e o estabelecimento de cartas geográficas (Do gr. *geodaisía*, «id.», pelo fr. *géodésie*, «id.»)

geodésico *adj.* 1 da geodesia ou a ela relativo 2 feito segundo as regras da geodesia; *linha/curva geodésica de uma superfície* MATEMÁTICA linha de comprimento mínimo que une dois pontos da superfície (De *geodesia*+*-ico*)

geodesígrafo

geodesígrafo *n.m.* instrumento de agrimensura que se maneja como o grafómetro e regista os resultados como a prancheta (Do gr. *geodaisía*, «geodesia» +*gráphein*, «escrever», pelo fr. *géodésigraphe*, «geodesígrafo»)

geodesimetria *n.f.* avaliação das medidas terrestres segundo os métodos geodésicos (Do gr. *geodaisía*, «geodesia» +*métron*, «medida» +*-ia*, pelo fr. *géodésimétrie*, «id.»)

geodesista *n.2g.* pessoa que se ocupa de geodesia (De *geodesia*+*-ista*)

geodeta *n.2g.* ⇒ **geodesista** (Do al. *Geodät*, «geodesista»)

geodímetro *n.m.* instrumento que serve para medir as distâncias em geodesia e cujo princípio básico é medir o tempo gasto pela luz a percorrer uma distância (Do gr. *geôdes*, «da terra» +*métron*, «medida»)

geodinâmica *n.f.* parte da geologia que estuda as modificações da crusta terrestre provocadas pela ação modeladora de agentes externos e internos (De *geo-*+*dinâmica*)

geoeconomia *n.f.* GEOGRAFIA estudo das relações do homem, do ponto de vista económico, com o meio físico e biogeográfico (De *geo-*+*economia*)

geoestacionário *adj.* diz-se do satélite artificial que, girando à mesma velocidade que a Terra, parece estar parado (De *geo-*+*estacionário*)

geoestratégia *n.f.* **1** MILITAR parte da estratégia que depende de dados fornecidos pela geografia (terreno, meteorologia, clima, demografia, economia) **2** estudo da influência destes dados na estratégia dos Estados **3** política de um país com base em fatores geográficos e políticos (De *geo-*+*estratégia*, ou do fr. *geostratégie*, «id.»)

geoestratégico *adj.* relativo ou pertencente à geoestratégia (De *geoestratégia*+*-ico*)

geofagia *n.f.* MEDICINA hábito patológico de comer terra ou argila (De *geófago*+*-ia*, ou do fr. *géophagie*, «id.»)

geófago *adj.,n.m.* que ou aquele que manifesta geofagia (De *geo-*+*fago*)

geofísica *n.f.* **1** GEOLOGIA ciência que aplica os métodos da física ao estudo da Terra, da sua envolvente gasosa, do campo magnético e do campo gravítico **2** FÍSICA disciplina que correlaciona e explica certos fenómenos naturais que sucedem na Terra e no espaço envolvente mais próximo; ~ *externa* GEOLOGIA parte da geofísica que inclui a meteorologia, a oceanografia física e a hidrologia; ~ *interna* GEOLOGIA parte da geofísica que inclui a geodesia, a sismologia, o magnetismo terrestre, a vulcanologia e a tectonofísica (De *geo-*+*física*, ou do fr. *géophysique*, «id.»)

geofísico *adj.* relativo à geofísica ou aos fenómenos que ela estuda ■ *n.m.* especialista em geofísica (De *geo-*+*físico*)

geofone *n.m.* instrumento usado na prospeção por meio do eco (De *geo-*+*-fone*)

geogenia *n.f.* estudo das hipóteses que dizem respeito à formação da Terra, especialmente à sua crusta (Do gr. *gê*, «terra» +*génos*, «origem» +*-ia*, ou do fr. *géogénie*, «id.»)

geogénico *adj.* relativo a geogenia (De *geogenia*+*-ico*)

geógeno *adj.* que se desenvolve na Terra (Do gr. *gê*, «terra» +*génos*, «origem»)

geognosia *n.f.* GEOLOGIA tratado da estrutura e situação respetiva das grandes porções da crusta terrestre, principalmente nas suas relações com a mineralogia, etc. (Do gr. *gê*, «terra» +*gnôsis*, «conhecimento» +*-ia*, ou do fr. *géognosie*, «geognosia»)

geografia *n.f.* **1** ciência que estuda a distribuição dos aspetos físicos e humanos da superfície terrestre, os localiza, descreve, explica e inter-relaciona **2** (Escola Anglo-Saxónica, década de 60) ciência que estuda as regularidades espaciais, elabora padrões de distribuição e de localização, analisa os processos que os explicam e cria cenários de possível evolução **3** compêndio ou tratado desta ciência **4** conjunto das características geográficas de determinada região **5** [fig.] configuração ou estrutura de determinado espaço; ~ *humana* estudo das mudanças verificadas no globo terrestre em consequência das atividades humanas; ~ *política* estudo das influência de fatores económicos, geográficos e demográficos sobre a política (sobretudo externa) de um país (Do gr. *geographía*, «descrição da Terra», pelo lat. *geographīa-*, «id.»)

geográfico *adj.* relativo a geografia (Do gr. *geographikós*, «id.», pelo lat. *geographĭcu-*, «id.»)

geógrafo *n.m.* especialista em geografia (Do gr. *geográphos*, «que descreve a Terra», pelo lat. *geográphu-*, «geógrafo»)

geoide *n.m.* **1** suposta superfície do nível médio das águas do mar, prolongada através dos continentes **2** designação da forma geométrica da Terra (Do gr. *geoeidés*, «semelhante à Terra»)

geóide ver nova grafia geoide

geolítico *adj.* ⇒ **geolitológico** (Do gr. *gê*, «terra» +*líthos*, «pedra» +*-ico*)

geolitologia *n.f.* estudo da litologia (composição das rochas) terrestre (Do gr. *gê*, «terra» +*líthos*, «pedra» +*lógos*, «estudo» +*-ia*)

geolitológico *adj.* relativo à geolitologia (De *geolitologia*+*-ico*)

geologia *n.f.* ciência que se ocupa do estudo da Terra, dos materiais que a formam e da maneira como estão distribuídos, dos acontecimentos que nela ocorreram e das transformações experimentadas ao longo dos períodos geológicos; ~ *ambiental* aplicação prática de princípios e conhecimentos geológicos para prevenir ou resolver problemas ambientais; ~ *económica* parte da geologia que estuda as relações com a prospeção e a extração de recursos minerais (Do gr. *gê*, «terra» +*lógos*, «estudo» +*-ia*, pelo fr. *géologie*, «id.»)

geológico *adj.* da geologia ou a ela referente (De *geologia*+*-ico*, ou do fr. *géologique*, «id.»)

geólogo *n.m.* especialista em geologia (Do fr. *géologue*, «id.»)

geomagnético *adj.* relativo ao magnetismo terrestre (De *geo-*+*magnético*)

geomagnetismo *n.m.* estudo do magnetismo terrestre e das suas variações seculares (De *geo-*+*magnetismo*)

geomancia *n.f.* suposta adivinhação por meio de linhas e figuras traçadas no solo (Do gr. *geomanteía*, pelo lat. *geomantĭa-*, «adivinhação pela terra»)

geomante *n.2g.* pessoa que pratica a geomancia (Do gr. *geomántis*, «id.», pelo lat. *geomante-*, «id.»)

geomântico *adj.* relativo à geomancia (De *geomante*+*-ico*)

geómetra *n.2g.* **1** especialista em geometria **2** tratadista de geometria **3** (até ao séc. XIX) designação geral dos matemáticos ■ *n.f.* ZOOLOGIA larva de insetos da família dos Geometrídeos (Do gr. *geométres*, «id.», pelo lat. *geomĕtra-*, «id.»)

geometral *adj.2g.* que indica a dimensão, posição e forma das partes de uma obra ■ *n.m.* plano sobre que está traçada a projeção horizontal (De *geómetra*+*-al*)

geometria *n.f.* **1** [sentido lato] estudo qualitativo da forma e das dimensões, conducente em particular às noções de linha, superfície, comprimento, área, etc. e suas múltiplas relações **2** [sentido estrito] estudo das propriedades dos «seres geométricos» que são invariantes para as operações de um grupo de transformações; ~ *analítica* geometria cuja base é o sistema de coordenadas cartesianas com que se determina a posição de um ponto (no plano ou no espaço); ~ *descritiva* método criado nos finais do século XVIII por Gaspard Monge para a representação de figuras geométricas tridimensionais e resolução de problemas geométricos que a envolvam mediante projeções ortogonais em dois planos perpendiculares entre si; ~ *euclidiana* geometria que se fundamenta na axiomática formulada por Euclides, matemático grego do século III a. C., rigorosamente reformulada em 1900 por David Hilbert, matemático alemão (1862-1943) (Do gr. *geometría*, «id.», pelo lat. *geometrĭa-*, «id.»)

geometricamente *adv.* **1** do ponto de vista geométrico **2** regularmente (De *geométrico*+*-mente*)

geométrico *adj.* **1** relativo ou conforme à geometria **2** modelar do ponto de vista de exatidão e construção lógica **3** extremamente conciso, esquemático (Do gr. *geometrikós*, «id.», pelo lat. *geometrĭcu-*, «id.»)

geométrida *n.m.* ZOOLOGIA ⇒ **geometrídeo**

Geométridas *n.m.pl.* ZOOLOGIA ⇒ **Geometrídeos**

geometrídeo *adj.* ZOOLOGIA relativo ou pertencente aos Geometrídeos ■ *n.m.* ZOOLOGIA espécime dos Geometrídeos

Geometrídeos *n.m.pl.* ZOOLOGIA família de lepidópteros (género *Geometra*), cujas larvas se deslocam como que medindo a superfície em que se encontram (De *Geométridas*+*-ídeos*)

geometrizar *v.tr.* **1** dar forma geométrica a **2** representar geometricamente (De *geometria*+*-izar*)

geometrografia *n.f.* arte das construções geométricas (Do gr. *geométres*, «geómetra» +*gráphein*, «escrever» +*-ia*)

geomiídeo *adj.* ZOOLOGIA relativo ou pertencente aos Geomiídeos ■ *n.m.* ZOOLOGIA espécime dos Geomiídeos

Geomiídeos *n.m.pl.* ZOOLOGIA família de mamíferos roedores que compreende várias espécies e cujo género-tipo está representado pelo geomis (De *geomis*+*-ídeos*)

geomis *n.m.2n.* ZOOLOGIA mamífero roedor americano, semelhante ao rato, com faceiras e cauda redonda e nua (Do gr. *gê*, «terra» +*mýs*, «rato»)

geomorfogenia *n.f.* estudo da origem das formas ou aspetos geográficos físicos da superfície terrestre (De *geo-*+*morfogenia*)

geomorfologia *n.f.* estudo das formas de relevo que a superfície terrestre apresenta (De *geo-*+*morfologia*)

geomorfológico *adj.* pertencente ou relativo à geomorfologia
geomorfologista *n.2g.* pessoa que se dedica à geomorfologia
geonemia *n.f.* ciência que trata da distribuição dos seres vivos sobre a Terra; biogeografia (Do gr. *gē*, «terra» +*némein*, «distribuir» +-*ia*)
geonomástica *n.f.* ⇒ **toponímia** (De *geo-*+*onomástica*)
geonomia *n.f.* estudo das leis que presidem às mudanças operadas na forma superficial da Terra (Do gr. *gē*, «terra» +*nómos*, «lei» +-*ia*)
geopiteco *n.m.* indivíduo de uma tribo de quadrúpedes da América, de cabeça redonda e ventas largas (Do gr. *gē*, «terra» +*píthekos*, «macaco»)
geopolítica *n.f.* 1 estudo do Estado como organismo geográfico, como fenómeno espacial 2 aplicação à política dos conhecimentos adquiridos pela geografia política 3 estudo das relações entre os Estados, as suas políticas e as leis da Natureza (De *geo-*+*política*)
geopolítico *adj.* relativo à geopolítica (De *geo-*+*político*)
geopsicologia *n.f.* estudo da psicologia aplicada à geografia (De *geo-*+*psicologia*)
geoquímica *n.f.* ciência que relaciona a geologia e a química, estudando as características químicas da litosfera, atmosfera e hidrosfera (De *geo-*+*química*)
geoquímico *adj.* 1 relativo à geoquímica 2 que diz respeito às características químicas da litosfera (De *geo-*+*químico*)
georama *n.m.* globo transparente que permite a um espectador, colocado no centro, observar a superfície da Terra, representada em pintura ou relevo sobre as paredes (Do gr. *gē*, «terra» +*hórama*, «espetáculo; vista»)
georgiano *adj.* relativo ou pertencente à República da Geórgia, país do extremo Sudeste da Europa, junto do mar Negro ■ *n.m.* 1 natural da Geórgia 2 um dos idiomas do Cáucaso meridional 3 [com maiúscula] GEOLOGIA época geológica também designada Câmbrico inferior (De *Geórgia*, top. +-*ano*)
geórgica *n.f.* LITERATURA poema sobre a vida e o trabalho nos campos (De *geórgico*)
geórgico *adj.* relativo aos trabalhos agrícolas (Do gr. *georgikós*, «id.», pelo lat. *georgĭcu-*, «relativo à agricultura»)
georreferência *n.f.* GEOGRAFIA conjunto de referências ou coordenadas geográficas (latitude, longitude e altitude) que permitem definir a localização exata de qualquer ponto da superfície terrestre (De *geo-*+*referência*)
georreferenciação *n.f.* GEOGRAFIA ato ou processo de medir ou determinar a localização exata de qualquer ponto da superfície terrestre (De *geo-*+*referenciação*)
georreferenciar *v.tr.* GEOGRAFIA medir ou determinar a localização absoluta de qualquer ponto da superfície terrestre (De *geo-*+*referenciar*)
geoscopia *n.f.* suposta adivinhação pelo exame das diversas colorações que a terra toma ao dealbar do dia e ao crepúsculo (De *geóscopo*+-*ia*)
geóscopo *n.m.* o que pratica a geoscopia (Do gr. *gē*, «terra» +*skopeīn*, «examinar»)
geosfera *n.f.* GEOLOGIA parte sólida da Terra; litosfera (De *geo-*+*esfera*)
geoso /ô/ *adj.* 1 abundante em geada 2 em que há geada (De *gear*+-*oso*)
geossinclinal *n.m.* GEOLOGIA vasta bacia de sedimentação intensa, isto é, mar de pequena profundidade (1000 m), entre regiões consistentes da crusta terrestre, onde os sedimentos se acumulam em estratos e cujo fundo experimentou movimentos de subsidência (De *geo-*+*sinclinal*)
geostacionário *adj.* (satélite) ⇒ **geoestacionário** (De *geo-*+*estacionário*)
geostática *n.f.* GEOLOGIA estudo da Terra do ponto de vista do estado de equilíbrio realizado nas camadas superiores da crusta (De *geo-*+*estática*)
geostratégia *n.f.* ⇒ **geoestratégia**
geostratégico *adj.* ⇒ **geoestratégico**
geotactismo a grafia mais usada é **geotatismo**
geotatismo *n.m.* BIOLOGIA movimento de um ser vivo (ou de partes dele) provocado pela ação da gravidade (De *geo-*+*tactismo*) ACORDO ORTOGRÁFICO também se pode escrever geotactismo
geotecnia *n.f.* ramo da engenharia civil que se ocupa dos terrenos (De *geo-*+-*tecnia*)
geotécnico *adj.* relativo a geotecnia (De *geotecnia*+-*ico*)
geotectónica *n.f.* GEOLOGIA capítulo da geologia que estuda as deformações (enrugamentos, fraturas, etc.) provocadas pelos agentes internos na crusta terrestre; tectónica (De *geo-*+*tectónica*)

geotermia *n.f.* 1 GEOLOGIA ramo da geologia que estuda as variações da temperatura que ocorrem no interior da Terra 2 calor da Terra (De *geo-*+*termia*)
geotérmico *adj.* relativo à geotermia ou ao geotermismo (De *geotermia*+-*ico*)
geotermismo *n.m.* fenómeno que se manifesta pelo aumento de temperatura na massa do globo terrestre, a partir da superfície para o centro (De *geotermia*+-*ismo*)
geotermómetro *n.m.* termómetro que se destina à avaliação da temperatura do solo a diferentes profundidades (De *geo-*+*termómetro*)
geotêxtil *n.m.* fibra, natural ou artificial, usada para proteção em áreas em risco de erosão ou deslizamento, frequentemente em conjunto com o plantio de vegetação (Do ing. *geotextile*, «id.»)
geotrópico *adj.* relativo ao geotropismo
geotropismo *n.m.* BIOLOGIA crescimento orientado provocado pela ação da gravidade (De *geo-*+*tropismo*)
gera *n.f.* ventre materno (Deriv. regr. de *gerar*)
geração *n.f.* 1 função pela qual um ser organizado produz outro da mesma espécie; procriação 2 ato de ser gerado 3 grau de filiação 4 ascendentes e descendentes de uma pessoa; linhagem; família 5 conjunto de pessoas da mesma época 6 tempo médio de duração da vida humana 7 formação 8 conceção; criação 9 derivação 10 desenvolvimento; ~ *espontânea* suposta produção de seres vivos sem o concurso de progenitores ou de um ser organizado (Do lat. *generatiōne-*, «id.»)
geracional *adj.2g.* 1 próprio de uma geração 2 relativo a uma geração 3 entre duas ou mais gerações 4 relativo a ou próprio de gerações diferentes (Do lat. *generatiōne-*, «geração»+-*al*)
geradoiro *n.m.* 1 lugar onde se opera a geração 2 gravidez (Do lat. *generatorĭu-*, «relativo à geração»)
gerador *n.m.* 1 aquilo que serve para gerar alguma coisa 2 ELETRICIDADE, FÍSICA máquina que converte qualquer forma de energia em energia elétrica 3 parte de uma máquina térmica em que se produz o vapor ■ *adj.* 1 que gera 2 progenitor 3 produtor; criador 4 causador (Do lat. *generatōre-*, «id.»)
geradouro *n.m.* ⇒ **geradoiro** (De *gerar*+-*douro*)
geral *adj.2g.* 1 comum a todos os seres ou elementos que constituem determinada classe 2 que diz respeito a um todo 3 abrangente 4 que se aplica em muitos casos; genérico; universal 5 que reflete a opinião da maioria 6 principal 7 que pertence a uma hierarquia superior 8 pouco pormenorizado; vago; impreciso; superficial ■ *n.m.* 1 superior de uma ordem religiosa 2 [f.] claustros da Universidade de Coimbra ■ *n.f.* 1 conjunto ou cada um dos lugares mais baratos num recinto de espetáculos 2 público que ocupa esses lugares (Do lat. *generāle-*, «id.»)
geralista *adj.2g.* relativo ao Estado brasileiro de Minas Gerais ■ *n.2g.* natural ou habitante deste Estado, também designado *mineiro* ou *mineira* (De *geral*+-*ista*)
geralmente *adv.* 1 na maioria dos casos ou das vezes; vulgarmente; comummente 2 pela maioria das pessoas (De *geral*+-*mente*)
geraniácea *n.f.* BOTÂNICA espécime das Geraniáceas
Geraniáceas *n.f.pl.* BOTÂNICA família de plantas dicotiledóneas, herbáceas (de flores hermafroditas pentâmeras), espontâneas e cultivadas em Portugal (De *gerânio*+-*áceas*)
gerânio *n.m.* BOTÂNICA designação que se refere, de forma geral, a algumas plantas da família das Geraniáceas, e em especial às do género *Geranium* (Do gr. *geránion*, de *géranos*, «grou», pelo lat. *geranĭu-*, «gerânio; erva almiscareira»)
gerânio-sanguíneo *n.m.* BOTÂNICA planta herbácea da família das Geraniáceas, ornamental e medicinal
gerar *v.tr.* 1 dar vida ou existência a; conceber 2 fazer aparecer; produzir; criar 3 originar; causar; formar 4 ser fonte de; engendrar 5 dar; ter 6 enumerar explicitamente ■ *v.pron.* 1 formar-se; desenvolver-se 2 nascer (Do lat. *generāre*, «id.»)
gerativo *adj.* 1 que gera 2 relativo a geração 3 LINGUÍSTICA ⇒ **generativo** 3 (Do lat. **generatīvu-*, «id.»)
geratriz *n.f.* 1 aquela que gera; generatriz 2 GEOMETRIA linha que, movendo-se segundo determinada norma, gera uma superfície (Do lat. *generatrīce-*, «aquela que gera ou produz»)
gerbão *n.m.* BOTÂNICA ⇒ **urgebão** (De *urgebão*)
gerbera *n.f.* BOTÂNICA ⇒ **gerbéria**
gerbéria *n.f.* BOTÂNICA planta da família das Compostas, de flores amarelas ou cor-de-rosa, utilizada para fins ornamentais (Do al. T. *Gerber*, antr., médico al., que morreu em 1743)
gerbilo *n.m.* ZOOLOGIA pequeno mamífero da ordem *Rodentia*, subfamília *Gerbillinae* (Do fr. *gerbille*, pelo lat. *gerbillus*, diminutivo de *gerbo*)

gerbo *n.m.* ZOOLOGIA designação extensiva a uns pequenos mamíferos roedores, saltadores, que habitam os desertos e as estepes (Do lat. cient. *gerboa*)

gerecer *v.intr.* 1 [regionalismo] [ant.] gerar-se; formar-se 2 (mãos, pés) gretar (De *gerar-+-ecer*?)

gerência *n.f.* 1 atividade de administrar; ato de gerir 2 conjunto de pessoas encarregadas de administrar uma empresa; administração 3 desempenho de funções relacionadas com a gestão de recursos de uma empresa ou de uma organização; exercício de funções administrativas 4 função ou cargo de gestão de uma empresa ou organização; atividade de gerente (Do lat. *gerentĭa*, part. pres. neut. pl. subst. de *gerĕre*, «gerir; administrar»)

gerente *adj.2g.* que gere; que dirige ▪ *n.2g.* 1 pessoa encarregada de administrar ou gerir uma empresa ou uma organização; administrador 2 pessoa que gere uma sociedade; ~ *comercial* pessoa contratada para exercer as funções de gerente numa sociedade, da qual não é sócio; ~ *social* sócio que exerce a gerência de uma sociedade (Do lat. *gerente-*, «id.», part. pres. de *gerĕre*, «gerir»)

geresano *adj.* ⇒ **geresiano**

geresão *adj.* ⇒ **geresiano**

geresiano *adj.* relativo à serra portuguesa do Gerês (De *Gêres*, top. *+-iano*)

geresino *adj.* ⇒ **geresiano**

gergelim *n.m.* 1 BOTÂNICA planta herbácea, oleaginosa, da família das Pedaliáceas, muito cultivada pelo valor alimentício das suas sementes 2 BOTÂNICA semente desta planta 3 CULINÁRIA bolo feito com as sementes desta planta (Do ár. vulg. *jiljilan*, «id.»)

gergilada *n.f.* CULINÁRIA doce feito de farinha, calda de açúcar e gergelim (De *gergelim+-ada*)

geriatra *n.2g.* MEDICINA especialista em doenças próprias do envelhecimento (Do gr. *géron*, «velho»*+iatrós*,«médico»)

geriatria *n.f.* parte da medicina que trata das doenças da velhice (Do gr. *géron*, «velho» *+iatría*, «medicina»)

geriátrico *adj.* pertencente ou relativo à geriatria

geribanda *n.f.* [pop.] repreensão; sarabanda (De *sarabanda*?)

geribé *n.m.* ICTIOLOGIA ⇒ **peixe-espada-preto** (De orig. obsc.)

gerifalco *n.m.* ORNITOLOGIA ⇒ **gerifalte**

gerifalte *n.m.* ORNITOLOGIA ave de rapina, diurna, da família dos Falconídeos, raríssima em Portugal (Do fr. ant. *girfalt*, hoje *gerfaut*, «id.»)

gerifalto *n.m.* ORNITOLOGIA ⇒ **gerifalte**

gerigonça *n.f.* ⇒ **geringonça**

gerigoto /ô/ *adj.* 1 [regionalismo] esperto; diligente; vivo 2 [regionalismo] brejeiro; maroto (De orig. obsc.)

geringonça *n.f.* 1 coisa mal feita e que se escangalha facilmente; caranguejola 2 aparelho ou máquina considerada complicada; engenhoca 3 calão; gíria (Do prov. ant. *gergons*, de *gergon*, «linguagem difícil»)

gerir *v.tr.* 1 fazer a gestão de; administrar 2 exercer o controlo de; ter gerência sobre 3 dirigir; governar 4 resolver com eficácia (dificuldade, problema) 5 ter acesso a; utilizar (meios, recursos) (Do lat. *gerĕre*, «id.»)

germanada *n.f.* conjunto de irmãos (De *germano+-ada*)

germanal *adj.2g.* próprio de irmãos; fraternal (De *germano+-al*)

germanar *v.tr.* 1 irmanar 2 tornar semelhante 3 reunir ▪ *v.pron.* 1 identificar-se 2 reunir-se (De *germano+-ar*)

germânico *adj.* 1 relativo à antiga Germânia (região da Europa central entre os rios Reno e Vístula) 2 relativo à República Federal da Alemanha ▪ *n.m.* 1 natural ou habitante da antiga Germânia 2 natural ou habitante da República Federal da Alemanha; alemão 3 conjunto das línguas dos povos germânicos (Do lat. *germanĭcu-*, «id.»)

germânio *n.m.* QUÍMICA elemento químico com o número atómico 32 e símbolo Ge, de aspeto metálico, semelhante ao estanho e ao antimónio, semicondutor, empregado no fabrico dos transístores (Do lat. cient. *germanĭu-*, de *Germanĭa*, top., «Germânia»)

germanismo *n.m.* 1 palavra, expressão ou construção do alemão integrada noutra língua; alemanismo 2 imitação das maneiras e dos costumes alemães 3 admiração exagerada por tudo o que é alemão (Do lat. *Germānu-*, «da Germânia» *+-ismo*)

germanista *n.2g.* pessoa versada em línguas e literaturas germânicas (Do lat. *Germānu-*, «da Germânia» *+-ista*)

germanística *n.f.* estudo da língua, filologia e literatura alemãs (De *germân[ico]+-ística*)

germanização *n.f.* ato ou efeito de germanizar (De *germanizar+-ção*)

germanizar *v.tr.* dar carácter ou aspeto germânico ou alemão a (Do lat. *Germānu-*, «da Germânia» *+-izar*)

germano[1] *adj.,n.m.* 1 que ou aquele que procedeu do mesmo pai e da mesma mãe 2 [fig.] que ou aquilo que não foi alterado; puro; verdadeiro (Do lat. *germānu-*, «que é da mesma raça»)

germano[2] *adj.,n.m.* 1 relativo aos Germanos 2 relativo à Alemanha; alemão ▪ *n.m.* 1 pessoa pertencente aos Germanos 2 natural ou habitante da Alemanha; alemão (De *germânio*)

german(o)- elemento de formação de palavras que exprime a ideia de *alemão* (Do lat. *Germānu-*, «da Germânia»)

germanofilia *n.f.* qualidade de germanófilo (De *germanófilo+-ia*)

germanófilo *adj.* que tem simpatia pelos Alemães ou pela Alemanha ▪ *n.m.* 1 admirador da Alemanha ou dos Alemães 2 estudioso da cultura, literatura e costumes alemães (De *germano-+-filo*)

germanofobia *n.f.* qualidade de germanófobo (De *germanófobo+-ia*, ou de *germano-+-fobia*)

germanófobo *adj.,n.m.* que ou aquele que tem aversão aos Alemães ou à Alemanha (De *germano-+-fobo*)

Germanos *n.m.pl.* ETNOGRAFIA povos que habitavam a Germânia, entre o Danúbio e o Reno, o Vístula e o mar (Do lat. *Germānu-*, «da Germânia»)

germão *n.m.* 1 ICTIOLOGIA espécie de atum branco, vulgar entre a Madeira e a Islândia 2 golfinho (Do fr. *germon*, «id.»)

germe *n.m.* 1 BIOLOGIA esboço embrionário de certas estruturas anatómicas; embrião 2 BIOLOGIA parte do ovo fecundado que dá origem ao embrião 3 BOTÂNICA parte da semente ou da raiz de uma planta que dá origem a uma nova planta 4 MEDICINA microrganismo suscetível de provocar uma doença 5 [fig.] origem; causa 6 [fig.] estado incipiente (Do lat. *germen*, «id.»)

gérmen *n.m.* (plural *gérmenes*) ⇒ **germe**

germi- elemento de formação de palavras que exprime a ideia de *germe* (Do lat. *germen*, «gérmen»)

germicida *adj.2g.,n.m.* que ou substância que destrói os germes ou os micróbios (De lat. *germen*, «gérmen» *+caedĕre*, «matar»)

germinabilidade *n.f.* qualidade daquilo que é suscetível de germinar, de se desenvolver (Do lat. *germinabĭle-*, «germinável» *+-i-+-dade*)

germinação *n.f.* 1 BIOLOGIA desenvolvimento, a partir de um embrião, que dá origem a um novo ser; ato ou efeito de germinar 2 desenvolvimento gradual; evolução; ~ *da semente* evolução do embrião contido na semente, passando do estado de vida latente ao de vida ativa; ~ *do grão de pólen* formação do tubo polínico (Do lat. *germinatiōne-*, «id.»)

germinadoiro *n.m.* ⇒ **germinadouro**

germinador *adj.* que faz germinar (Do lat. *germinatōre-*, «id.»)

germinadouro *n.m.* lugar onde se faz germinar a cevada para o fabrico da cerveja; germinadoiro (De *germinar+-douro*)

germinal *adj.2g.* referente ao germe (Do lat. *germĭne-*, «gérmen» *+-al*) ▪ *n.m.* [com maiúscula] sétimo mês do calendário da primeira República Francesa (21 de março a 19 de abril) (Do fr. *germinal*, «id.»)

germinante *adj.2g.* que germina; germinativo (Do lat. *germinante*, «id.», part. pres. de *germināre*, «germinar; deitar rebentos»)

germinar *v.intr.* 1 realizar ou provocar a germinação 2 iniciar desenvolvimento, no sentido de originar um novo indivíduo 3 deitar rebentos; grelar 4 [fig.] ter origem 5 [fig.] desenvolver-se ▪ *v.tr.* 1 gerar 2 produzir (Do lat. *germināre*, «id.»)

germini- elemento de formação de palavras que exprime a ideia de *germe* (Do lat. *germĭne-*, «id.»)

germíniparo *adj.* cuja reprodução se realiza com intervenção de gérmenes (De *germini-+-paro*)

gero *n.m.* BOTÂNICA erva forrageira da família das Leguminosas, espontânea no Sul de Portugal

gero- elemento de formação de palavras que exprime a ideia de *velhice, velho* (Do gr. *géron*, «velho»)

-gero sufixo nominal de origem latina, que ocorre em adjetivos e exprime a ideia de *que leva, que produz* (*frutígero; cornígero*)

gerocomia *n.f.* higiene das pessoas idosas (Do gr. *gerokomía*, «cuidados com velhos»)

gerocómio *n.m.* albergue para pessoas idosas, no Baixo Império (Do gr. *gerokomeîon*, «id.»)

gerodermia *n.f.* PATOLOGIA velhice precoce caracterizada pelo aparecimento de rugas, falta de elasticidade na pele, etc. (Do gr. *géron*, «velho» *+dérma*, «pele» *+-ia*)

geromorfismo *n.m.* aspeto de velhice que apresentam precocemente certos indivíduos, especialmente devido a perturbações nutritivas (De *gero-+morfismo*)

geronte *n.m.* HISTÓRIA cada um dos vinte e oito membros da gerúsia ou senado, em Esparta, que deviam ter, pelo menos, sessenta anos (Do gr. *géron, -ontos*, «velho»)

geronto- ⇒ **gero-** (Do gr. *géron, -ontos*, «velho»)
gerontocómio *n.m.* ⇒ **gerocómio** (Do gr. *géron, -ontos*, «velho» +*komeīn*, «cuidar de», pelo lat. *gerontocomīu-*, «gerontocómio»)
gerontocracia *n.f.* **1** governação exercida por anciãos **2** preponderância política e sociocultural de anciãos (Do gr. *géron, -ontos*, «velho» +*krateīn*, «mandar» +*-ia*)
gerontocrático *adj.* relativo à gerontocracia (Do gr. *géron, -ontos*, «velho» +*krateīn*, «mandar» +*-ico*)
gerontofilia *n.f.* PSICOLOGIA apetência sexual patológica por velhos ou por pessoas mais velhas (De *geronto-*+*-filia*)
gerontologia *n.f.* estudo acerca da velhice ou das pessoas idosas (De *geronto-*+*-logia*)
geroterapia *n.f.* conjunto de processos terapêuticos para retardar a velhice (De *geronto-*+*terapia*)
gerundial *adj.2g.* **1** do gerúndio **2** relativo ao gerúndio (De *gerúndio*+*-al*)
gerundífico *adj.* **1** diz-se do verso mal feito **2** imperfeito (De Frei Gerúndio, antr. +*-fico*)
gerúndio *n.m.* GRAMÁTICA forma nominal do verbo terminada em -*ndo*, que exprime o decurso de uma ação e desempenha a função de advérbio ou adjetivo (Do lat. *gerundĭu-*, «id.»)
gerundivo *n.m.* GRAMÁTICA designação moderna da forma verbal latina variável terminada em -*ndus, -nda, -ndum*, que exprime a ação do verbo como devendo ser realizada (Do lat. *gerundīvu-*, «id.»)
gerúsia *n.f.* HISTÓRIA assembleia legislativa espartana; senado (Do gr. *gerousía*, «conselho de velhos», pelo lat. *gerusĭa-*, «sala do senado»)
gervão *n.m.* BOTÂNICA ⇒ **urgebão**
gessada *n.f.* massa em que os douradores assentam o ouro (Part. pass. fem. subst. de *gessar*)
gessal *n.m.* mina de gesso; gesseira (De *gesso*+*-al*)
gessar *v.tr.* **1** revestir de gesso para pintar ou dourar **2** aplicar gesso em cultura de vegetais (Do lat. *gypsāre*, «id.»)
gesseira *n.f.* mina de gesso; depósito de gesso (De *gesso*+*-eira*)
gesseiro *n.m.* aquele que trabalha em gesso (De *gesso*+*-eiro*)
gessete *n.m.* pedaço de gesso em forma de lápis com que se riscam e marcam desenhos ornamentais (De *gesso*+*-ete*)
gesso /ê/ *n.m.* **1** MINERALOGIA mineral (sulfato de cálcio hidratado) que cristaliza no sistema monoclínico **2** massa moldável de cor branca feita com este mineral **3** trabalho artístico modelado com esta massa **4** MEDICINA dispositivo rígido feito com este mineral parcialmente desidratado (gesso de presa) que se aplica correntemente para a imobilização temporária dos membros, etc. (Do gr. *gýpsos*, «id.», pelo lat. *gypsu-*, «id.»)
gesso-de-paris ver nova grafia **gesso de Paris**
gesso de Paris *n.m.* MINERALOGIA ⇒ **gipso**
gessoso /ô/ *adj.* em que abunda o gesso (De *gesso*+*-oso*)
gesta *n.f.* **1** façanha **2** história; acontecimento histórico **3** *pl.* feitos guerreiros (Do lat. *gesta*, «façanhas»)
gestação *n.f.* **1** tempo que medeia entre a conceção e o parto; gravidez **2** [fig.] tempo que dura a produção ou a formação de qualquer coisa; elaboração (Do lat. *gestatiōne-*, «ação de trazer»)
gestaltismo *n.m.* PSICOLOGIA psicologia da forma; doutrina relativa a fenómenos psicológicos e biológicos, segundo a qual, à semelhança de uma melodia, que é algo mais do que as notas separadas que a compõem, cada fenómeno é um conjunto organizado que constitui uma unidade autónoma, com leis próprias, em que cada elemento depende solidariamente da estrutura do conjunto (Do al. *Gestalt*, «forma» +*-ismo*, ou do fr. *gestaltisme*, «id.»)
gestaltista *adj.2g.* relativo ao gestaltismo ■ *n.2g.* adepto do gestaltismo (Do al. *Gestalt*, «forma» +*-ista*, ou do fr. *gestaltiste*, «id.»)
gestante *adj.2g.* **1** que encerra em si o embrião **2** que está em gestação (Do lat. *gestante-*, «id.», part. pres. de *gestāre*, «trazer consigo; estar grávida»)
gestão *n.f.* **1** atividade ou processo de administração de uma empresa, instituição, etc.; ato de gerir **2** conjunto de medidas de administração (de uma organização, empresa, etc.) aplicadas durante um determinado período; modo de gerir **3** conjunto de pessoas que gerem uma instituição; gerência **4** utilização racional de recursos em função de um determinado projeto ou de determinados objetivos **5** conciliação de opiniões divergentes; consenso (Do lat. *gestiōne-*, «ação de dirigir»)
Gestapo *n.f.* designação da polícia secreta de Hitler (ditador alemão, 1889-1945) (De *Ge(heim) Sta(ats) Po(lizei)*, «polícia secreta do Estado»)
gestativo *adj.* **1** relativo à gestação **2** relativo à preparação ou elaboração de alguma coisa
gestatório *adj.* **1** relativo à gestação **2** que pode ser levado; transportável (Do lat. *gestatorĭu-*, «que serve para levar»)

gesticulação *n.f.* **1** ato ou efeito de gesticular; gesto **2** conjunto dos gestos (Do lat. *gesticulatiōne-*, «id.»)
gesticulado *adj.* expresso por gestos ■ *n.m.* **1** conjunto de gestos **2** expressão por meio de gestos (Part. pass. de *gesticular*)
gesticulador *adj.,n.m.* que ou aquele que gesticula muito (Do lat. *gesticulatōre-*, «id.»)
gesticular *v.intr.* fazer gestos; acompanhar a fala com gestos ■ *v.tr.* exprimir(-se) por meio de gestos (Do lat. *gesticulāri*, «id.»)
gesto *n.m.* **1** movimento do corpo, principalmente da cabeça e dos braços, para exprimir ideias ou sentimentos **2** aspeto; fisionomia **3** rosto; semblante **4** parecer **5** [pop.] ato ou movimento obsceno (Do lat. *gestu-*, «id.»)
gestor *n.m.* administrador ou gerente de uma empresa, de um património ou de uma organização; ~ *de conta* bancário responsável por uma carteira de clientes, que aconselha na aquisição de produtos, serviços e em aplicações financeiras (Do lat. *gestōre-*, «id.»)
gestrela *n.f.* BOTÂNICA ⇒ **cornicabra** (De orig. obsc.)
gestual *adj.2g.* **1** relativo a gesto **2** em que há gestos; que se exprime por meio de gestos (De *gesto*+*-al*)
geta /é/ *n.2g.* **1** palerma; cretino **2** indivíduo pertencente aos Getas (Do lat. *Geta*, «id.»)
Getas *n.m.pl.* ETNOGRAFIA antigo povo da Trácia, região comum à Grécia, Turquia e Bulgária, nas margens do Danúbio (Do lat. *Getas*, «id.»)
gético *adj.* próprio dos Getas (Do lat. *getĭcu-*, «relativo aos Getas»)
ghetto *n.m.* ⇒ **gueto**
giaur *n.m.* [pej.] nome que, na Turquia, se dá a todos os que não seguem a religião muçulmana, sobretudo aos cristãos; infiel (para os turcos) (Do turc. *gâvur* «infiel; incrédulo»)
giba *n.f.* **1** cada uma das fases da Lua entre os quartos e a lua cheia **2** NÁUTICA última vela da proa **3** [pop.] corcunda (Do lat. *gibba-*, «id.»)
gibanete /ê/ *n.m.* antiga armadura de ferro, malha de aço ou tecido encorpado e dobrado (De *gibão*+*-ete*)
gibão[1] *n.m.* **1** parte da vestidura que antigamente cobria o corpo dos homens, desde o pescoço até à cintura **2** espécie de casaco curto que se veste sobre a camisa **3** veste de couro usada pelos vaqueiros (Do it. *giubbone*, «id.»)
gibão[2] *n.m.* ZOOLOGIA mamífero primata, antropomorfo, arborícola, da família dos Hilobatídeos, com membros anteriores muito longos, representado por algumas espécies que vivem no Oriente (Do fr. *gibbon*, «id.»)
gibelino *n.m.* HISTÓRIA membro de um partido italiano favorável aos imperadores da Alemanha, oposto ao dos Guelfos, partidários dos papas, durante a Idade Média (Do it. *ghibellino*, «id.»)
giberelina *n.f.* BIOLOGIA nome dado a mais de cinquenta compostos, organicamente mensageiros químicos (hormonas), que promovem o crescimento das plantas, estimulando o alongamento e a divisão celular
gibi *n.m.* [Brasil] revista aos quadradinhos; banda desenhada
gibosidade *n.f.* curvatura convexa de qualquer superfície; proeminência; corcunda; bossa (De *giboso*+*-i-*+*-dade*)
giboso /ô/ *adj.* **1** que tem giba; corcunda; corcovado **2** convexo (Do lat. *gibbōsu-*, «id.»)
gidouro *n.m.* [regionalismo] galho curvo com que se levanta a grade das sementeiras (De orig. obsc.)
giesta *n.f.* **1** BOTÂNICA nome de algumas plantas subarbustivas, da família das Leguminosas, algumas das quais espontâneas e frequentes nos matos de Portugal; giesteira; giesteiro **2** vassoura usada nos trabalhos agrícolas, feita com ramos destas plantas (Do lat. *genista-*, «id.»)
giestal *n.m.* **1** lugar onde crescem giestas **2** conjunto de giestas (De *giesta*+*-al*)
giesteira *n.f.* **1** BOTÂNICA ⇒ **giesta** 1 **2** ⇒ **giestal** 1 (De *giesta*+*-eira*)
giesteiro *n.m.* BOTÂNICA ⇒ **giesta** 1 (De *giesta*+*-eiro*)
giestó *n.m.* BOTÂNICA arbusto da família das Oleáceas, de flores amarelas, espontâneo em Portugal (De orig. obsc.)
giestoso /ô/ *adj.* em que há giestas (De *giesta*+*-oso*)
giga[1] *n.m.* forma reduzida de *gigabyte*
giga[2] *n.f.* cesta larga e baixa; cesto redondo de vime, sem asas (De orig. obsc.)
giga- **1** elemento de formação de palavras que exprime a ideia de *gigante* **2** prefixo do Sistema Internacional de Unidades, de símbolo *G*, que exprime a ideia de *mil milhões de vezes maior* e que equivale a multiplicar por mil milhões (10^9) a unidade por ele afetada **3** [uso indevido mas generalizado] INFORMÁTICA este mesmo prefixo usado para multiplicar uma unidade por 2^{30} (Do gr. *gígas, -antos*, «gigante»)

gigabyte *n.m.* INFORMÁTICA unidade de medida de informação, de símbolo GB, equivalente a 1024 megabytes (este valor é frequentemente arredondado para 1000 megabytes) (Do ing. *gigabyte*, «id.»)

gigahertz *n.m.* FÍSICA unidade de medida de frequência, de símbolo GHz, equivalente a mil milhões de hertz (De *giga-+hertz*, pelo ing. *gigahertz*, «id.»)

giganta *n.f.* 1 mulher de estatura descomunal 2 variedade de batata (De *gigante*)

gigante *adj.2g.* 1 de tamanho maior que o normal; desmedido 2 de estatura muito elevada; altíssimo 3 admirável; colossal ■ *n.m.* 1 pessoa cuja estatura excede a média 2 ser imaginário, de proporções extraordinárias, típico de contos e narrativas fantásticas 3 MITOLOGIA ser imaginário, de estatura extraordinária, nascido da união entre o Céu e a Terra 4 *pl.* BOTÂNICA ⇒ **alteia** (Do gr. *gígas, -antos*, «gigante», pelo lat. *gigante-*, «id.»)

gigantear *v.intr.* 1 tornar-se gigante; crescer muito 2 engrandecer-se (De *gigante+-ear*)

giganteia *n.f.* BOTÂNICA ⇒ **girassol** ■ *adj. (masculino* **giganteu**) gigantesca (De *gigante+-eia*)

gigantesco /ê/ *adj.* 1 que tem estatura de gigante; muito mais alto do que o normal 2 que apresenta um tamanho invulgarmente grande; desmesurado 3 admirável; prodigioso 4 titânico (De *gigante+-esco*)

giganteu *adj.* ⇒ **gigantesco** (Do lat. *gigantēu-*, «id.»)

gigântico *adj.* ⇒ **gigantesco** (De *gigante+-ico*)

gigantífero *adj.* que produz gigantes (De *gigante+-fero*)

gigantil *adj.2g.* diz-se de uma variedade de trigo pouco cultivada em Portugal, cujo grão claro produz farinha muito apreciável (De *gigante+-il*)

gigantismo *n.m.* 1 estatura de gigante 2 MEDICINA perturbação patológica que se traduz num desenvolvimento anatómico exagerado 3 qualidade daquilo que apresenta um tamanho muito maior do que o normal 4 tamanho ou crescimento excessivo (De *gigante+-ismo*)

gigantizar-se *v.pron.* 1 tornar-se gigante; crescer muito; avolumar-se (De *gigante+-izar*)

gigant(o)- elemento de formação de palavras que exprime a ideia de *gigantesco* (Do gr. *gígas, -antos*, «gigante»)

gigantófono *adj.* que soa estrondosamente; tonante (De *giganto-+-fono*)

gigantomaquia *n.f.* combate fabuloso dos gigantes contra os deuses (Do gr. *gigantomakhía*, «id.», pelo lat. *gigantomachĭa-*, «id.»)

gigantone *n.m.* boneco de grandes dimensões e cabeça muito grande, comum em desfiles carnavalescos ou festejos de rua

gigantorrinco *n.m.* ZOOLOGIA nematelminte acantocéfalo, desprovido de tubo digestivo e possuidor de tromba na extremidade anterior do corpo (Do gr. *gígas, -antos*, «gigante» *+rhýgkhos*, «bico; tromba»)

gigantostráceo *adj.* relativo ou pertencente aos gigantostráceos ■ *n.m.* ZOOLOGIA espécime dos gigantostráceos ■ *n.m.pl.* ZOOLOGIA grupo de artrópodes fósseis, da classe dos paleostráceos, em regra de tamanho grande, que viveram na era paleozoica (Do gr. *gígas, -antos*, «gigante» *+óstrakon*, «concha» *+-áceos*)

gigawatt *n.m.* ELETRICIDADE unidade de medida de potência, de símbolo GW, equivalente a mil milhões de watts (De *giga-+watt*)

gigo[1] *n.m.* 1 cesto de vime, alto e estreito; cabaz 2 ramo de árvore com frutos (De *giga*)

gigo[2] *n.m.* 1 [Moçambique] pequeno carro de duas rodas 2 [Moçambique] separador de terras em exploração mineira (Do inglês *gig*, «idem»)

gigó *n.m.* CULINÁRIA ⇒ **gigote**

gigolô *n.m.* indivíduo que recebe dinheiro ou prendas de uma mulher em troca de sexo e/ou companhia (Do fr. *gigolo*, «amante»)

gigote *n.m.* CULINÁRIA guisado de carne de carneiro ou cabrito, desfiada, com manteiga, legumes e condimentos (Do fr. *gigot*, «perna de carneiro ou de cabrito»)

gila *n.f.* BOTÂNICA ⇒ **chila** (De *chila*)

gila-caiota *n.f.* BOTÂNICA ⇒ **chila-caiota**

gilbarbeira *n.f.* BOTÂNICA ⇒ **gilbardeira**

gilbardeira *n.f.* BOTÂNICA planta subarbustiva, da família das Liliáceas, desprovida de folhas, mas com cladódios coriáceos, espontânea e frequente em Portugal, também denominada brusca (De orig. obsc.)

gilbert *n.m.* FÍSICA unidade eletromagnética de força magnetomotriz do antigo sistema de unidades CGS (centímetro, grama, segundo), cujo símbolo é Gb (De *W. Gilbert*, antr., físico e médico ing., 1544-1603)

gile-gile *n.m.* ORNITOLOGIA ⇒ **boita** 1 (De orig. onom.)

gilete *n.f.* 1 lâmina de barbear descartável 2 aparelho em forma de T, munido de uma lâmina de barbear descartável ■ *n.m.* [Brasil] bissexual (De K. C. *Gillette* (1855-1932), inventor e industrial norte-americano)

gil-mendes *n.m.2n.* BOTÂNICA variedade de pêssego de pele branca e polpa doce (De *Gil Mendes*, antr.)

gilvaz *n.m.* golpe, ou cicatriz de golpe, na cara (De *Gil Vaz*, antr.)

gil-vicentesco /ê/ *adj.* relativo ao poeta português Gil Vicente, 1465-1536 (De *Gil Vicente*, antr. *+-esco*)

gil-vicentino *adj.* ⇒ **gil-vicentesco** (De *Gil Vicente*, antr. *+-ino*)

gil-vicentista *adj.2g.* relativo a Gil Vicente ou às suas obras ■ *n.2g.* pessoa versada em Gil Vicente e nas suas obras (De *Gil Vicente*, antr. *+-ista*)

gim[1] *n.m.* ⇒ **gin** (Do inglês *gin*, «genebra»)

gim[2] *n.m.* instrumento com que se encurvam as calhas das linhas férreas (Do inglês *gin*, «dispositivo mecânico»)

gimbo[1] *n.m.* [gír.] dinheiro (Do quimbundo *zimbu*, «idem»)

gimbo[2] *n.m.* [Angola] ZOOLOGIA ⇒ **papa-formigas** 2 (Do nhaneca *ondjimbo*, «idem»)

gimbolinha *n.f.* [gír.] vinho (De orig. obsc.)

gimnandro *adj.* BOTÂNICA que apresenta estames nus (Do gr. *gymnós*, «nu» *+anér, andrós*, «homem; estame»)

gimnanto *adj.* BOTÂNICA diz-se da planta cujas flores estão desprovidas de qualquer invólucro (Do gr. *gymnós*, «nu» *+ánthos*, «flor»)

gimnasiarca *n.m.* chefe dos exercícios ginásticos, entre os Gregos (Do gr. *gymnasiárkhes*, «id.», pelo lat. *gymnasiarche-*, «diretor de um ginásio»)

gimnasiarco *n.m.* ⇒ **gimnasiarca**

gímnico *adj.* relativo a ginástica; que diz respeito à pratica de exercício físico (Do gr. *gymnikós*, «id.», pelo lat. *gymnĭcu-*, «id.»)

gimn(o)- elemento de formação de palavras que exprime a ideia de *nu* (Do grego *gymnós*, «nu»)

gimnocarpo *adj.* BOTÂNICA que tem frutos nus, isto é, não envolvidos por formações acessórias (Do gr. *gymnókarpos*, «id.»)

gimnocéfalo *adj.* ZOOLOGIA que tem a cabeça nua, sem pelos ou sem penas (Do gr. *gymnós*, «nu» *+kephalé*, «cabeça»)

gimnodesportivo *adj.* 1 DESPORTO relativo a ginástica e ao desporto 2 diz-se do local reservado para a prática desportiva (De *gimno-+desportivo*)

gimnofiónio *adj.* relativo ou pertencente aos gimnofiónios ■ *n.m.* ZOOLOGIA espécime dos gimnofiónios ■ *n.m.pl.* ZOOLOGIA grupo (ordem) de batráquios exóticos, de corpo vermiforme, desprovido de membros locomotores; ápodes (Do gr. *gymnós*, «nu» *+ophis*, «serpente» *+-ónios*)

gimnofobia *n.f.* receio obsessivo da nudez (De *gimno-+-fobia*)

gimnonoto *n.m.* ICTIOLOGIA ⇒ **gimnoto**

gimnosperma *n.f.* BOTÂNICA espécime das gimnospermas ■ *n.f.pl.* BOTÂNICA grupo de plantas espermatófitas, desprovidas de estigmas, com os óvulos não encerrados em ovário fechado; gimnospérmicas (Do gr. *gymnós*, «nu» *+spérma*, «semente»)

gimnospermia *n.f.* BOTÂNICA qualidade que apresentam as plantas do grupo das gimnospermas, cujos óvulos e sementes estão, tipicamente, a descoberto (De *gimnosperma[s]+-ia*)

gimnospérmica *n.f.* BOTÂNICA ⇒ **gimnosperma** (De *gimnosperma[s]+-icas*)

gimnospérmico *adj.* que apresenta gimnospermia (De *gimnosperma[s]+-ico*)

Gimnótidas *n.m.pl.* ICTIOLOGIA ⇒ **Gimnotídeos**

Gimnotídeos *n.m.pl.* ICTIOLOGIA família de peixes teleósteos, ápodes, cujo género-tipo se designa por *Gymnotus* (De *gimnoto+-ídeos*)

gimnoto /ô/ *n.m.* 1 ICTIOLOGIA peixe teleósteo, ápode, de água doce, da família dos Gimnotídeos (género *Gymnotus*) 2 *pl.* ICTIOLOGIA peixes ápodes que produzem fortes descargas elétricas e vivem no rio Amazonas (Do gr. *gymnós*, «nu» *+nõtos*, «dorso», pelo lat. cient. *gymnŏtu-*, «id.», pelo fr. *gymnote*, «id.»)

gimnuro *adj.* de cauda nua ■ *n.m.* ZOOLOGIA mamífero insetívoro, semelhante ao musaranho, que vive na Malásia (De *gimno-+-uro*)

gin *n.m.* bebida alcoólica, semelhante a aguardente, preparada com cereais (cevada, trigo, aveia) e zimbro (Do ing. *gin*, «id.»)

ginandria *n.f.* pseudo-hermafroditismo da mulher; ginantropia (De *ginandro+-ia*)

ginandro *adj.* 1 que apresenta caracteres dos dois sexos; hermafrodito; ginantropo 2 BOTÂNICA diz-se da planta cujas flores têm os estames soldados ao pistilo (Do gr. *gýnandros*, «hermafrodito»)

ginandromorfismo *n.m.* ZOOLOGIA justaposição, no mesmo indivíduo, de caracteres sexuais masculinos e femininos, em distribuição bipartida ou em mosaico (Do gr. *gýnandros*, «hermafrodito» *+morphé*, «forma» *+-ismo*)

ginandromorfo *adj.* diz-se do indivíduo que apresenta ginandromorfismo (Do gr. *gýnandros*, «hermafrodito» +*morphé*, «forma»)

ginantropia *n.f.* 1 BOTÂNICA estado de soldadura dos estames ao pistilo, numa flor 2 ⇒ **ginandria** (De *ginantropo*+-*ia*)

ginantropo /ô/ *n.m.* indivíduo hermafrodito com predominância das características femininas (Do gr. *gyné*, «mulher» +*ánthropos*, «homem»)

ginarca *n.f.* mulher encarregada de um governo ou duma chefia (Do gr. *gyné*, «mulher» +*árkhein*, «mandar; governar»)

ginarquia *n.f.* 1 governo dirigido por uma ou mais mulheres 2 chefia exercida por uma mulher (Do gr. *gyné*, «mulher» +*árkhein*, «mandar; governar» +-*ia*)

ginasial *adj.2g.* ⇒ **ginasiano** (De *ginásio*+-*al*)

ginasiano *adj.* relativo a ginásio (De *ginásio*+-*ano*)

ginásio *n.m.* 1 DESPORTO lugar onde se praticam exercícios de ginástica 2 estabelecimento de ensino secundário, em alguns países (Do gr. *gymnásion*, «id.», pelo lat. *gymnasĭu*-, «id.»)

ginasta *n.2g.* DESPORTO pessoa que pratica ginástica (Do gr. *gymnastés*, «professor de ginástica»)

ginástica *n.f.* 1 arte ou prática desportiva que tem como objetivo desenvolver e fortificar o corpo, tornando-o mais ágil por meio de exercícios específicos para esse fim; educação física 2 conjunto de exercícios ou de movimentos próprios para esse fim 3 agilidade de movimentos; destreza ~ *rítmica* modalidade em que os movimentos são acompanhados com música e executados com diversos acessórios, como argolas, fitas ou bolas (Do gr. *gymnastiké*, «a arte da ginástica»)

ginasticado *adj.* 1 que revela treino ou prática de exercícios físicos 2 que se desenvolveu pela prática de desporto 3 que está em boa forma física

ginástico *adj.* relativo a ginástica (Do gr. *gymnastikós*, «id.», pelo lat. *gymnastĭcu*-, «id.»)

gincana *n.f.* festa desportiva em que a classificação dos concorrentes depende não só da competitividade desportiva mas também da sua perícia e habilidade em diversas provas (Do hind. *gend-khāna*, «casa de bolas», pelo ing. *gymkhana*, «gincana»)

ginceu *n.m.* 1 BOTÂNICA parte feminina de uma flor, que é o conjunto dos seus carpelos; pistilo 2 aposento da habitação destinado às mulheres, na Grécia antiga (Do gr. *gynaikeîon*, «aposento das mulheres», pelo lat. *gynaecēu*-, «ginceu; harém»)

gineco- elemento de formação de palavras que exprime a ideia de *mulher*, *feminino* (Do gr. *gyné*, *-aikós*, «mulher»)

ginecocracia *n.f.* POLÍTICA governo exercido pelas mulheres; predomínio das mulheres nas atividades governativas 2 nação ou estado governado por mulheres (Do gr. *gynaikokratía*, «domínio das mulheres»)

ginecofobia *n.f.* 1 PSICOLOGIA receio mórbido do sexo feminino 2 aversão às mulheres (De *gineco*-+-*fobia*)

ginecofobo *n.m.* PSICOLOGIA o que sofre de ginecofobia (De *gineco*-+-*fobo*)

ginecologia *n.f.* MEDICINA disciplina que se ocupa da fisiologia e patologia dos órgãos sexuais femininos (De *gineco*-+-*logia*)

ginecológico *adj.* relativo a ginecologia (De *ginecologia*+-*ico*)

ginecologista *n.2g.* MEDICINA médico especialista de ginecologia (De *ginecologia*+-*ista*)

ginecomania *n.f.* paixão exagerada pelas mulheres (De *gineco*-+-*mania*)

ginecómano *adj.,n.m.* que ou aquele que sofre de ginecomania (De *gineco*-+-*mano*)

gineta[1] /ê/ *n.f.* modo de equitação, chamado à Marialva, em que o cavaleiro monta com estribos curtos (Do ár. vulg. *zenêti*, do ár. cl. *zanatî*, «indivíduo da tribo marroquina dos Zenetas»)

gineta[2] /ê/ *n.f.* ZOOLOGIA mamífero carnívoro da família dos Viverrídeos, com pelagem cinzento-clara muito manchada de negro, também conhecido por gato-bravo, gineto, toirão, etc. (Do ár. *yarnéit*, «id.»?)

ginetado *adj.* montado à gineta (De *gineta*+-*ado*)

ginete /ê/ *n.m.* 1 cavalo pequeno, de boa raça, esbelto e ligeiro 2 cavaleiro que monta ginete 3 HISTÓRIA antigo cavaleiro armado de lança e adaga 4 [pop.] mau génio (Do ár. vulg. *zenêti*, do ár. cl. *zanatî*, «indivíduo da tribo marroquina dos Zenetas»)

gineto /ê/ *n.m.* ZOOLOGIA ⇒ **gineta**[2]

ginga *n.f.* remo apoiado num encaixe da popa, que faz andar a embarcação (Deriv. regr. de *gingar*)

gingação *n.f.* 1 ato ou efeito de gingar ou gingar-se 2 meneio; balanço do corpo (De *gingar*+-*ção*)

gingador[1] *n.m.* 1 barqueiro que trabalha com a ginga 2 [pop.] chalaceador (De *gingar*+-*dor*)

gingador[2] *n.m.* [Moçambique] indivíduo que se apresenta em trejeitos exibicionistas ■ *adj.* [Moçambique] vaidoso; pretensioso (De *ginga*, «bicicleta», por analogia com os movimentos que nela se fazem)

gingante *adj.2g.* que ginga; que se bamboleia (De *gingar*+-*ante*)

gingão *adj.* 1 que se bamboleia quando anda 2 desordeiro (De *gingar*+-*ão*)

gingar *v.tr.,intr.* mover (o corpo ou as ancas) de um lado para o outro; bambolear ■ *v.intr.* 1 inclinar-se ora para um lado ora para outro 2 [regionalismo] chalacear; troçar (Do ant. alto-al. *gigen*, «balançar»?)

gingelina *n.f.* ⇒ **gingerlina**

ginger ale *n.m.* bebida refrigerante não alcoólica, gaseificada, com sabor a gengibre (Do ing. *ginger ale*, «id.»)

gingerlina *n.f.* tecido de lã com fio de seda, chamado também lã de camelo (Do ing. *gingerline*, «id.»)

gínglimo *n.m.* 1 ANATOMIA articulação dos ossos, em charneira, como o cotovelo 2 charneira; dobradiça (Do gr. *gígglymos*, «charneira»)

gingo *n.m.* 1 ⇒ **gingação** 2 [regionalismo] dança de roda (Deriv. regr. de *gingar*)

ginja *n.f.* 1 BOTÂNICA fruto da ginjeira, semelhante à cereja, de cor vermelho-escura e de sabor ligeiramente amargo, muito apreciado na alimentação 2 licor fabricado com ginja, aguardente e açúcar (De orig. obsc.)

ginjal *n.m.* terreno plantado de ginjeiras; pomar de ginjeiras (De *ginja*+-*al*)

ginjeira *n.f.* BOTÂNICA árvore da família das Rosáceas, afim da cerejeira, produtora de ginjas; *conhecer de* ~ [coloq.] conhecer muito bem e já há muito tempo (De *ginja*+-*eira*)

ginjeira-do-brasil *n.f.* 1 BOTÂNICA ⇒ **pimentão-doce** 2 [Brasil] designação de algumas outras plantas

ginjinha *n.f.* bebida alcoólica preparada com aguardente e açúcar com ginjas em maceração (De *ginja*+-*inha*)

ginofobia *n.f.* aversão às mulheres; ginecofobia (Do gr. *gyné*, «mulher» +*phobeîn*, «ter horror» +-*ia*)

ginófobo *adj.,n.m.* que ou aquele que sofre de ginofobia (Do gr. *gyné*, «mulher» +*phobeîn*, «ter horror a»)

ginóforo *n.m.* BOTÂNICA parte alongada do recetáculo de algumas flores, situada entre o androceu e o gineceu, ficando este, então, pedunculado (Do gr. *gyné*, «mulher» +*phorós*, «portador»)

ginostema *n.m.* BOTÂNICA ⇒ **ginostémio**

ginostémio *n.m.* BOTÂNICA órgão colunar que existe em algumas flores (orquídeas), constituído pela união dos estames com o estilete (Do gr. *gyné*, «mulher; estilete» +*stēma*, «estame» +-*io*)

ginseng *n.m.* BOTÂNICA planta herbácea da família das Araliáceas, originária da Ásia e cuja raiz aromática é largamente utilizada pelas suas propriedades tónicas e estimulantes

gio *n.m.* NÁUTICA cada uma das duas peças curvas que formam ângulo e entalham no contracadaste do navio (De orig. obsc.)

giobertite *n.f.* MINERALOGIA mineral (carbonato de magnésio) que cristaliza no sistema trigonal e faz parte do grupo da calcite; magnesite (De V. *Gioberti*, antr., filósofo e político it., 1801-1852 +-*ite*)

gipaeto /ê/ *n.m.* ORNITOLOGIA ave de rapina diurna, da família dos Falconídeos (género *Gypaëtus*), raríssima em Portugal (Do gr. *gýps*, «abutre» +*aetós*, «águia», pelo fr. *gypaète*, «id.»)

gípseo *adj.* 1 feito de gesso 2 semelhante ao gesso (Do lat. *gypsĕu*-, «de gesso»)

gipsi- ⇒ **gipso-**

gipsífero *adj.* que contém gesso; gipsoso (De *gipsi*-+-*fero*)

gipso *n.m.* pó branco e seco chamado vulgarmente gesso de Paris (Do gr. *gýpsos*, «gesso», pelo lat. *gypsu*-, «id.»)

gipso- elemento de formação de palavras que exprime a ideia de *gesso* (Do gr. *gýpsos*, «gesso», pelo lat. *gypsu*-, «id.»)

gipsófila *n.f.* BOTÂNICA designação corrente de umas plantas da família das Silenáceas (género *Gypsophila*), em especial uma de pequenas flores brancas ou rosadas, cultivada com fins ornamentais (Do gr. *gýpsos*, «gesso» +*phílos*, «amigo»)

gipsoso /ô/ *adj.* ⇒ **gipsífero** (De *gipso*-+-*oso*)

gira *n.f.* 1 ato de girar; passeio; giro 2 [regionalismo] ronda ■ *adj.,n.2g.* que ou pessoa que é amalucada, tonta; ~! exclamação que se usa para expulsar alguém, afasta-te!, vai-te daqui! (Deriv. regr. de *girar*)

giração *n.f.* ato ou efeito de girar; movimento giratório (De *girar*+-*ção*)

gira-discos *n.m.2n.* aparelho elétrico constituído por um prato giratório onde se coloca um disco de vinil, cuja gravação é transmitida por colunas (De *girar*+*disco*)

girador *adj.* que gira ou faz girar; giratório ■ *n.m.* aquele ou aquilo que gira ou faz girar (De *girar*+-*dor*)

girafa *n.f.* 1 ZOOLOGIA mamífero ruminante, pertencente à família dos Girafídeos, de pernas e pescoço caracteristicamente muito longos e estreitos, cabeça com dois chifres pequenos, pelo amarelado com manchas acastanhadas e que habita planícies africanas 2 [fig.] pessoa alta e de pescoço comprido 3 CINEMA, TELEVISÃO suporte móvel no qual se prende o microfone 4 [com maiúscula] ASTRONOMIA constelação boreal (Do ár. *zarafá*, «girafa», pelo it. *giraffa*, «id.»)

Giráfidas *n.m.pl.* ZOOLOGIA ⇒ **Girafídeos**

Girafídeos *n.m.pl.* ZOOLOGIA família de mamíferos, da ordem dos artiodáctilos, composta por duas espécies e a que pertence a girafa (De *girafa*+*-ídeos*)

giraldinha *n.f.* 1 [pop.] vida airada 2 [pop.] patuscada (De *Giralda*, antr. +*-inha*)

girândola *n.f.* 1 foguetes giratórios dispostos num suporte próprio 2 conjunto de foguetes que são lançados sucessivamente 3 travessão com orifícios onde se colocam os foguetes da girândola (Do it. *girandola*, «id.», pelo fr. *girandole*, «id.»)

girandolar *v.tr.* soltar (foguetes) em girândola ▪ *v.intr.* manifestar-se estrondosamente (De *girândola*+*-ar*)

girante *adj.2g.* que gira (Do lat. *gyrante-*, «id.», part. pres. de *gyrāre*, «girar; fazer girar»)

gira-pescoço *n.m.* ORNITOLOGIA ⇒ **papa-formigas** 1 (De *girar*+*pescoço*)

girar *v.intr.* 1 andar em giro ou à roda 2 descrever uma curva 3 agitar-se ▪ *v.tr.* 1 percorrer (um determinado circuito) passando pelo ponto de partida; correr; circular 2 fazer rodar 3 negociar; ~ *em torno de* ter como tema central (Do lat. *gyrāre*, «id.»)

girassol *n.m.* BOTÂNICA planta herbácea, elevada, da família das Compostas, com pétalas amarelas muito grandes e uma parte central (capítulo) castanha, que gira, seguindo a trajetória do Sol e cujas sementes são ricas em óleo, constituindo também um bom alimento para as aves domésticas (Do it. *girasole*, «girassol», pelo fr. *girasol*, «id.»)

girassol-batateiro *n.m.* BOTÂNICA planta herbácea, da família das Compostas, cultivada pelo valor alimentício dos seus tubérculos, também conhecida por tupinambo, pera-da-terra, etc.

girata *n.f.* [pop.] giro; passeata (De *giro*+*-ata*)

giratório *adj.* diz-se do movimento em torno de um eixo; circulatório (Do lat. *gyratoriu-*, «que gira»)

giravolta *n.f.* [pop.] passeio; digressão (De *girar*+*volta*)

gireza *n.f.* 1 [Guiné-Bissau] esperteza 2 [Guiné-Bissau] malícia; maldade (Do crioulo guineense *jiresa*, «id.», de *jiru*, «esperto»)

girgolina *n.f.* 1 [pop.] aguardente 2 [pop.] embriaguez

gíria *n.f.* 1 linguagem específica utilizada por elementos de setores profissionais (gíria jornalística) ou sociais (gíria académica) 2 linguagem codificada de determinados grupos, usada com a intenção de impedir a sua compreensão por parte de elementos exteriores a esses grupos (De orig. obsc.)

girigote *adj.2g.* [pop.] trapaceiro; velhaco; gerigoto (De *gerigoto*)

girino *n.m.* ZOOLOGIA forma larvar dos batráquios (especialmente anuros), ainda com cauda e guelras externas, designada também cabeçudo, caganato, peixe-sapo, peixe-cabeçudo, etc. (Do gr. *gyrînos*, «id.», pelo lat. *gyrīnu-*, «girino»)

gírio *adj.* 1 que usa gíria 2 manhoso 3 ativo 4 agenciador (De *gíria*)

girlsband *n.f.* MÚSICA grupo constituído exclusivamente por elementos, geralmente adolescentes, do sexo feminino

giro[1] *n.m.* 1 movimento em torno; volta; rotação; rodeio 2 caminho; percurso 3 excursão; passeio; ronda 4 serviço feito por turnos ou escalas 5 turno de procissão 6 *ver* 7 negócio; tráfego comercial; circulação de letras de câmbio 8 tarefa; lida ▪ *adj.* 1 [coloq.] interessante 2 [coloq.] bonito 3 [coloq.] engraçado; *ângulo* ~ GEOMETRIA ângulo que mede 360° (Do gr. *gýros*, «círculo», pelo lat. *gyru-*, «id.»)

giro[2] *adj.* [Guiné-Bissau] maldoso; astucioso; hábil; esperto (Do crioulo guineense *gíru* ou *jíru*, «id.», do fula *joiré*, «esperto»)

giro- elemento de formação de palavras que exprime a ideia de volta, movimento circular (Do gr. *gýros*, «círculo», pelo lat. *gyru-*, «círculo; volta; giro»)

girofle *n.m.* nome vulgar por que também se designa o cravo-da-índia (Do fr. *girofle*, «id.»)

giromagnético *adj.* diz-se das relações existentes entre a magnetização de um corpo e a sua rotação (De *giro-*+*magnético*)

giromancia *n.f.* pretensa adivinhação feita andando à roda até se cair sobre letras dispostas ao acaso, donde se tiram depois as predições (Do gr. *gýros*, «volta»+*manteía*, «adivinhação»)

girómetro *n.m.* aparelho que indica variações de direção (Do gr. *gyrós*, «giro; volta»+*métron*, «medida»)

gironda[1] *n.f.* [regionalismo] fêmea do javali já velha (De orig. obsc.)

gironda[2] *n.f.* 1 [com maiúscula] departamento francês com sede em Bordéus 2 [com maiúscula] HISTÓRIA partido político francês que se formou e exerceu a sua ação durante a Revolução Francesa; partido dos girondinos (Do fr. *Gironde*, «id.»)

girondino *n.m.* 1 natural ou habitante da Gironda, departamento francês 2 HISTÓRIA membro da Gironda ou dos Girondinos, partido político que exerceu a sua ação durante a Revolução Francesa (Do fr. *girondin*, «id.»)

giroplano *n.m.* ⇒ **helicóptero** (De *giro-*+[*aero*]*plano*)

giroscópio *n.m.* aparelho no qual um corpo se move em torno de um eixo, que, por sua vez, pertence a um segundo sistema também em rotação, e que é usado na estabilização dos aviões e dos navios (Do gr. *gýros*, «volta»+*skopeîn*, «observar»+*-io*)

giróstato *n.m.* todo o sólido animado de movimento de rotação em torno do seu eixo (Do fr. *gyrostat*, «id.»)

girote *n.m.* 1 [pop.] giro pequeno; passeata 2 [pop.] indivíduo vadio (De *giro*+*-ote*)

giróvago *adj.* 1 monge errante e mendicante 2 vagabundo (Do lat. *gyrovăgu-*, «errante»)

gisnado *adj.* [regionalismo] muito apertado nas juntas (De orig. obsc.)

gitano *n.m.,adj.* ⇒ **cigano** (Do lat. *aegyptănu*, «egípcio», pelo cast. *gitano*, «cigano»)

Givetiano *n.m.* GEOLOGIA andar superior do Devónico médio (De fr. *Givet*, top., cidade francesa nas margens do Mosa +*-iano*)

giz *n.m.* 1 variedade de carbonato de cálcio 2 essa substância em forma de pequeno pau cilíndrico, usada principalmente para escrever sobre quadros ou outras superfícies 3 variedade de talco que os alfaiates utilizam na marcação dos fatos em confeção (Do gr. *gýpsos*, «gesso», pelo ár. *jibs*, «gesso; giz»)

gizamento *n.m.* 1 ato ou efeito de gizar ou traçar 2 [fig.] plano (De *gizar*+*-mento*)

gizar *v.tr.* 1 riscar com giz 2 [fig.] delinear; idear; projetar; traçar 3 [coloq.] furtar (De *giz*+*-ar*)

glabela *n.f.* 1 ANATOMIA saliência do osso frontal que fica entre as duas saliências supraciliares 2 ANATOMIA lobo central da região anterior de uma trilobite (Do lat. **glabella*, dim. de *glabra*, «sem pelos», pelo fr. *glabelle*, «glabela»)

glabelar *adj.2g.* relativo à glabela (De *glabela*+*-ar*)

glabrescente *adj.2g.* que começa a tornar-se glabro (Do lat. **glabrescente-*, «que perde o pelo»)

glabrismo *n.m.* anormalidade de um organismo caracterizada por falta de pelos (De *glabro*+*-ismo*)

glabriúsculo *adj.* quase glabro; sem pelos (De *glabro*+*-usco*+*-ulo*)

glabro *adj.* 1 destituído de pelos 2 calvo 3 que não tem barba (Do lat. *glabru-*, «sem pelos»)

glacé *n.m.* CULINÁRIA cobertura de bolos feita com açúcar e claras de ovos (Do fr. *glacé*)

glaciação *n.f.* fenómeno climatológico caracterizado pelo avanço dos gelos sobre regiões extensas (De *glaciar*+*-ção*)

glacial *adj.2g.* 1 constituído por gelo ou relativo a gelo; gelado 2 frio como gelo 3 [fig.] reservado 4 [fig.] sem animação 5 [fig.] insensível; indiferente (Do lat. *glaciāle-*, «id.»)

glaciar *n.m.* GEOLOGIA massa enorme de gelo que se forma pela acumulação de neve, em bacias de receção situadas no limite das neves perpétuas, e que desliza vagarosamente segundo o declive do terreno, sendo alimentada pelos ventos marinhos carregados de vapor de água ▪ *v.tr.* transformar em gelo (Do fr. *glacier*, «id.»)

glaciário *adj.* 1 relativo ao gelo ou aos glaciares 2 GEOLOGIA diz-se do período geológico em que predominavam os glaciares e em que a temperatura era muito inferior à atual (Do fr. *glaciaire*, «id.»)

glaciologia *n.f.* ciência que se ocupa do estudo dos glaciares (Do lat. *glacies-*, «gelo»+gr. *lógos*, «estudo» +*-ia*)

glaciologista *n.2g.* 1 pessoa que estuda os glaciares e os fenómenos relativos aos glaciares 2 explorador das regiões polares (Do lat. *glacies-*, «gelo»+gr. *lógos*, «estudo» +*-ista*)

gladiado *adj.* comprido e estreito como a lâmina de uma espada; ensiforme (De *gládio*+*-ado*)

gladiador *n.m.* homem que combatia na arena com outros homens ou com feras (Do lat. *gladiatōre-*, «id.»)

gladiar *v.intr.* 1 combater com gládio ou espada; esgrimir 2 lutar (De *gládio*+*-ar*)

gladiatório *adj.* relativo a gladiador ou a combate de gladiadores (Do lat. *gladiatoriu-*, «de gladiador»)

gladiatura *n.f.* 1 arte de gladiar 2 combate de gladiadores (Do lat. *gladiatūra-*, «profissão de gladiador»)

gladífero *adj.* 1 que tem ou traz gládio 2 que tem prolongamentos em forma de espada (Do lat. *gladĭu-*, «gládio» +*-fero*, de *ferre*, «ter»)

gladiforme *adj.2g.* em forma de gládio; ensiforme (Do lat. *gladĭu-*, «gládio» +*forma-*, «forma»)

gládio *n.m.* **1** antiga espada curta, robusta, de lâmina larga com dois gumes, usada especialmente pelos legionários romanos **2** espada **3** combate **4** [fig.] poder; força **5** [fig.] castigo (Do lat. *gladĭu-*, «id.»)

gladíolo *n.m.* BOTÂNICA planta bolbosa, ornamental, da família das Iridáceas, cujas flores coloridas se dispõem em espiga (Do lat. *gladĭŏlu-*, «espada curta»)

glaiadina *n.f.* substância glutinosa usada para engrossar e clarear os vinhos (Por *gliadina*?)

glamoroso *adj.* que tem glamour

glamour *n.m.* charme e encanto que possui alguém ou algo (local, desporto, etc.) atraente, sofisticado, interessante e que está na moda (Do ing. *glamour*)

glamouroso *adj.* [Brasil] ⇒ **glamoroso**

glandado *adj.* HERÁLDICA diz-se do carvalho representado no escudo carregado de glandes de esmalte diferente do da árvore (De *glande*+*-ado*)

glande *n.f.* **1** BOTÂNICA fruto, variedade de aquénio, de diversas árvores (carvalho, sobreiro, azinheira, etc.), protegido por uma cúpula, conhecido popularmente como bolota **2** objeto semelhante a esse fruto **3** ANATOMIA alargamento cónico, com a forma de uma bolota, que constitui a extremidade distal do pénis **4** ANATOMIA extremidade anterior do clítoris (Do lat. *glande-*, «id.»)

glandífero *adj.* que tem ou produz glandes ou bolotas (Do lat. *glandĭfĕru-*, «id.»)

glandiforme *adj.2g.* com forma de glande (Do lat. *glande-*, «bolota» +*forma-*, «forma»)

glandívoro *adj.* que se alimenta de glandes (Do lat. *glande-*, «glande» +*vorāre*, «comer»)

glândula *n.f.* ANATOMIA órgão que segrega os seus produtos, sendo estes lançados no exterior (glândula aberta ou exócrina) ou levados pelo sangue (glândula fechada ou endócrina) (Do lat. *glandŭla-*, «bolota pequena; glândula»)

glandulação *n.f.* estrutura ou disposição das glândulas (De *glândula*+*-ção*)

glandular *adj.2g.* **1** que tem forma ou natureza semelhante à da glândula; glanduloso **2** relativo às glândulas; glanduloso (De *glândula*+*-ar*)

glandulífero *adj.* que tem glândulas (Do lat. *glandŭla-*, «glândula» +*ferre*, «possuir»)

glanduloso /ô/ *adj.* ⇒ **glandular** (Do lat. *glandulōsu-*, «id.»)

glasnost *n.f.* HISTÓRIA, POLÍTICA política de reformas democráticas conduzida na antiga União Soviética pelo presidente M. Gorbachov na década de 1980 (Do russo *glasnost*)

gláucia *n.f.* BOTÂNICA ⇒ **gláucio**

gláucico *adj.* um tanto glauco; esverdeado (De *glauco*+*-ico*)

gláucio *n.m.* BOTÂNICA planta da família das Papaveráceas, com folhas grandes e elípticas, e flores amarelas, semelhantes às das papoilas (Do lat. *glaucu-*)

glauco *adj.* verde-mar; esverdeado (Do gr. *glaukós*, «verde-azulado», pelo lat. *glaucu-*, «glauco; verde-pálido»)

glaucófano *n.m.* MINERALOGIA mineral pertencente ao grupo das anfíbolas, comum em algumas rochas metamórficas (Do gr. *glaukós*, «verde-azulado» +*phaínein*, «parecer; transparecer»)

glaucofilo *adj.* BOTÂNICA diz-se do vegetal que tem as folhas esverdeadas (Do gr. *glaukós*, «verde-azulado» +*phýllon*, «folha»)

glaucoma /ô/ *n.m.* MEDICINA doença do olho caracterizada por um aumento de pressão intraocular que aumenta a dureza do globo e provoca a diminuição da acuidade visual (Do gr. *glaúkoma*, «glaucoma», doença dos olhos, pelo lat. *glaucōma*, «id.»)

glauconite *n.f.* MINERALOGIA mineral de cor verde, que é um silicato hidratado de ferro e potássio, frequente em sedimentos marinhos (Do gr. *glaukón*, «verde-azulado» +*-ite*)

gleba *n.f.* **1** terreno próprio para cultivar **2** porção de terra; torrão **3** terreno que contém mineral **4** HISTÓRIA terreno feudal a que estavam ligados os servos (Do lat. *gleba-*, «id.»)

glena *n.f.* ANATOMIA cavidade arredondada de um osso, na qual se encaixa a cabeça articulada de outro osso (Do fr. *glène*, «id.»)

glenoidal *adj.2g.* ANATOMIA ⇒ **glenoide 1** (De *glenóide*+*-al*)

glenoide *adj.2g.* **1** ANATOMIA designativo da cavidade superficial de um osso onde se encaixa e articula outro osso, como na omoplata **2** que tem forma de glena (Do fr. *glénoïde*, «id.»)

glenóide ver nova grafia glenoide

glenoídeo *adj.* ANATOMIA ⇒ **glenoide 1** (De *glenóide*+*-eo*)

gleucométrico *adj.* relativo ao gleucómetro; glicométrico (De *gleucómetro*+*-ico*)

gleucómetro *n.m.* instrumento que serve para medir a quantidade de açúcar existente no mosto; glicómetro (Do gr. *gleûkos*, «mosto» +*métron*, «medida»)

glia *n.f.* HISTOLOGIA ⇒ **nevróglia** (Do gr. *glía*, «grude; cola»)

gliadina *n.f.* substância semelhante à gelatina, que se extrai do glúten (De *glia*+*d*+*-ina*)

glicemia *n.f.* **1** MEDICINA presença de glicose (em estado livre) no sangue **2** taxa de glicose no sangue (Do gr. *glykýs*, «doce» +*haîma*, «sangue» +*-ia*)

glicerado *n.m.* FARMÁCIA ⇒ **glicerato**

glicerato *n.m.* FARMÁCIA mistura farmacêutica cujo excipiente é formado por amido, água e glicerina; **~ comum** excipiente dos gliceratos (De *glicer[ina]*+*-ato*)

glicéreo *adj.* ⇒ **glicérico** (De *glicer[ina]*+*-eo*)

glicérico *adj.* **1** que contém glicerina **2** extraído da glicerina **3** diz-se de um ácido monoácido derivado da glicerina (De *glicer[ina]*+*-ico*)

glicerídeo *n.m.* BIOQUÍMICA ⇒ **glicérido**

glicérido *n.m.* BIOQUÍMICA éster derivado da glicerina e de ácidos gordos (De *glicer[ina]*+*-idos*)

glicerilo *n.m.* radical obtido da glicerina por remoção dos três oxidrilos (De *glicer[ina]*+gr. *hýle*, «matéria; madeira»)

glicerina *n.f.* QUÍMICA líquido xaroposo que se extrai das gorduras pela saponificação, e é o triálcool do propano (Do gr. *glykerós*, «doce» +*-ina*)

glicerofosfato *n.m.* QUÍMICA sal derivado do ácido glicerofosfórico (De *glicer[ina]*+*fosfato*)

glicerofosfórico *adj.* QUÍMICA diz-se dos ácidos derivados do ácido fosfórico e da glicerina (De *glicer[ina]*+*fosfórico*)

glicerol *n.m.* QUÍMICA nome genérico dos álcoois alifáticos que têm três hidroxilos na molécula; glicerina (De *glicer[ina]*+*-ol*)

glícido *n.m.* BIOQUÍMICA nome genérico dos açúcares redutores e dos compostos que, por hidrólise, originam açúcares redutores (De *glic[ose]*+*-idos*)

glicina *n.f.* BIOQUÍMICA aminoácido simples que se encontra, em fortes concentrações, na cana-de-açúcar (De *glico-*+*-ina*)

glicínia *n.f.* BOTÂNICA planta trepadora, da família das Leguminosas, produtora de vistosos cachos de flores odoríferas, em geral de cor lilás, muito cultivada para fins ornamentais (Do gr. *glykýs*, «doce», pelo fr. *glycine*, «glicínia»)

glicínio *n.m.* designação, não adotada, do berílio (Do gr. *glykýs*, «doce» +*-ino*+*-io*)

glic(o)- elemento de formação de palavras que exprime a ideia de *doce*, *glicose* (Do gr. *glykýs*, «doce»)

glicogenia *n.f.* FISIOLOGIA produção de glicogénio no organismo (De *glico[se]*+gr. *génos*, «origem» +*-ia*)

glicogénico *adj.* relativo à glicogenia e ao glicogénio (De *glico-*+*-génio*+*-ico*)

glicogénio *n.m.* BIOQUÍMICA glícido complexo que se forma em alguns órgãos animais, especialmente no fígado, pela função endócrina deste órgão (De *glico-*+*-génio*)

glicol *n.m.* **1** QUÍMICA designação dada aos álcoois em cujas moléculas figuram dois hidroxilos **2** QUÍMICA etilenoglicol; etanodiol (De *glic[erina]*+*[álco]ol*)

glicométrico *adj.* ⇒ **gleucométrico** (De *glicómetro*+*-ico*)

glicómetro *n.m.* ⇒ **gleucómetro** (De *glico-*+*-metro*)

glicónico[1] *adj.* LITERATURA diz-se do verso grego formado de um espondeu e dois dáctilos (Do lat. *glyconĭcu-*, de *Glýkon*, antr., poeta lírico gr. de época incerta +*-ico*)

glicónico[2] *adj.* diz-se de um ácido que resulta da oxidação da glicose (De *glico(se)*+*-n*+*-ico*)

glicoproteico *adj.* da glicoproteína ou relativo a ela (De *glico-*+*proteico*)

glicoproteína *n.f.* QUÍMICA composto orgânico formado por uma proteína e por um glícido (De *glico-*+*proteína*)

glicose *n.f.* QUÍMICA açúcar redutor que se encontra nas uvas, em frutos doces, no mel, no sangue e na urina dos diabéticos, que é suscetível de fermentação alcoólica (Do gr. *glykýs*, «doce» +*-ose*)

glicósidos *n.m.pl.* QUÍMICA heterósidos derivados da glicose (De *glicose*+*-idos*)

glicosúria *n.f.* MEDICINA presença anormal de glicose na urina; melitúria; dextrosúria; diabetes (De *glicose*+*-úria*)

glicosúrico *adj.* relativo à glicosúria ▪ *n.m.* aquele que sofre de glicosúria; diabético (De *glicosúria*+*-ico*)

glide *n.f.* ⇒ **semivogal** (Do ing. *glide*, «deslize»)

glifo *n.m.* **1** cavidade cilíndrica ou triangular aberta em ornatos arquitetónicos **2** designação atribuída aos caracteres da escrita dos Maias (Do gr. *glyphé*, «gravura», pelo fr. *glyphe*, «id.»)

glioxal /cs/ *n.m.* QUÍMICA nome vulgar do etanodiol, substância empregada no fabrico de resinas sintéticas (Do gr. *glía*, «grude; cola» +*oxál[ico]*)

glíptica n.f. arte de gravar em pedras preciosas (Do gr. *glyptikē [tékne]*, «a arte da gravura»)

gliptogénese n.f. GEOLOGIA fase de um ciclo geológico caracterizada pela ação dos agentes modeladores externos, que desgasta as saliências e transportam para as depressões os detritos desse desgaste, onde os acumulam (Do gr. *glyptós*, «gravado» +*génesis*, «origem»)

gliptognosia n.f. conhecimento das pedras preciosas gravadas (Do gr. *glyptós*, «gravado» +*gnōsis*, «conhecimento» +-*ia*)

gliptografia n.f. descrição das pedras preciosas antigas e gravadas (Do gr. *glyptós*, «gravado» +*gráphein*, «descrever» +-*ia*)

gliptologia n.f. estudo sobre as pedras preciosas gravadas (Do gr. *glyptós*, «gravado» +*lógos*, «estudo» +-*ia*)

global adj.2g. **1** que considera todos os elementos em conjunto; considerado no seu todo; geral **2** relativo ao globo terrestre (De *globo*+-*al*)

globalidade n.f. **1** carácter do que é global; generalidade **2** totalidade (De *global*+-*i*-+-*dade*)

globalismo n.m. PEDAGOGIA método de leitura em que a aprendizagem se faz da frase para as palavras e destas para as sílabas (De *global*+-*ismo*)

globalista n.2g. adepto do globalismo (De *global*+-*ista*)

globalístico adj. **1** relativo ao globalismo **2** PEDAGOGIA diz-se de um método em que os conhecimentos relativos a cada coisa são tomados em conjunto (De *globalista*+-*ico*)

globalização n.f. **1** ato ou efeito de globalizar(-se) **2** ECONOMIA fenómeno de interdependência de mercados e produtores de diferentes países; processo de criação de um mercado mundial **3** PSICOLOGIA forma de perceção da realidade e de pensamento predominante nas primeiras idades em que há uma visão em conjunto do aspeto geral das coisas (De *globalizar*+-*ção*)

globalizar v.tr. **1** considerar em conjunto; abordar como um todo **2** apreciar algo na sua totalidade, sem atender às partes **3** tornar comum ou global; universalizar **4** ECONOMIA integrar no mercado mundial, resultante da união dos mercados de diferentes países ■ v.pron. **1** tornar-se comum ou global; universalizar-se **2** ECONOMIA integrar-se no mercado mundial, resultante da união dos mercados de diferentes países (De *global*+-*izar*)

globalmente adv. de modo global

globífero adj. BOTÂNICA que produz frutos arredondados (Do lat. *globu*-, «globo» +*ferre*, «produzir»)

globifloro adj. BOTÂNICA que tem flores globosas (Do lat. *globu*-, «globo» +*flore*-, «flor»)

globiforme adj.2g. **1** que tem forma de globo **2** que se parece com um globo (Do lat. *globu*-, «globo» +*forma*-, «forma»)

globigerina n.f. ZOOLOGIA foraminífero cujas conchas são comuns na vasa marinha (Do lat. *globu*-, «globo» +*gerĕre*, «levar; trazer consigo» +-*ina*)

globo /ô/ n.m. **1** corpo esférico ou esferoidal **2** Terra; esfera terrestre **3** representação esférica da Terra, de um corpo celeste ou de um sistema planetário **4** astro **5** bola de vidro ou cristal que se coloca em volta de uma lâmpada para atenuar ou difundir-lhe a luz; **~ ocular** ANATOMIA órgão da visão, de forma esférica, alojado na órbita e constituído por três membranas (esclerótica, corioide e retina); *em* **~** no conjunto (Do lat. *globu*-, «id.»)

globosidade n.f. qualidade do que é globoso (Do lat. *globositāte*-, «esfericidade»)

globoso adj. em forma de globo; arredondado (Do lat. *globōsu*-, «redondo; esférico»)

globular adj.2g. **1** que tem a forma de glóbulo **2** composto de glóbulos (De *glóbulo*+-*ar*)

globulária n.f. BOTÂNICA planta que constitui o tipo da família das Globulariáceas

Globulariáceas n.f.pl. BOTÂNICA família de plantas dicotiledóneas, com flores em capítulos, e frutos que são aquénios, pouco comum na flora portuguesa (Do lat. cient. *globularĭa*-+-*áceas*)

globulina n.f. BIOQUÍMICA designação extensiva a umas substâncias proteicas existentes especialmente nos tecidos animais, como o fibrinogénio, a miosina, etc., que desempenham algumas funções biológicas complexas (Do lat. *globŭlu*-, «glóbulo» +-*ina*)

globulinúria n.f. MEDICINA presença de globulina na urina em quantidade para além do normal (De *globulina*+-*úria*)

glóbulo n.m. **1** globo pequeno **2** corpúsculo esférico **3** HISTOLOGIA corpúsculo ou formação globosa nos tecidos ou células dos organismos; **~ branco** HISTOLOGIA célula sanguínea de várias formas e funções, sendo a principal a ação imunitária do organismo, leucócito; **~ vermelho** HISTOLOGIA célula sem núcleo e em forma de disco, responsável pela cor vermelha do sangue, eritrócito; **~ polar** BIOLOGIA cada uma das células abortivas (1.ª e 2.ª) que se formam durante a ovogenia (Do lat. *globŭlu*-, «id.»)

globuloso /ô/ adj. ⇒ **globular** (De *glóbulo*+-*oso*)

glomerar v.tr. ⇒ **aglomerar** (Do lat. *glomerāre*, «juntar; amontoar»)

glomerular adj.2g. **1** relativo a glomérulo **2** com forma de glomérulo (De *glomérulo*+-*ar*)

glomérulo n.m. **1** ANATOMIA corpúsculo formado por enovelamento de tubos, vasos ou filamentos, em conjunto globoso, num organismo **2** BOTÂNICA inflorescência em que as flores, de pedúnculos curtos, formam um aglomerado globoso, ou a infrutescência correspondente; **~ de Malpighi** ANATOMIA cada um dos corpúsculos da zona cortical de um rim superior, constituído pelo enovelamento de capilares sanguíneos (Do lat. **glomerŭlu*-, dim. de *glomus*, -*ĕris*, «novelo»)

glória n.f. **1** celebridade adquirida por qualquer feito heroico, serviço prestado às ciências, às letras, etc. **2** bem-aventurança **3** louvor; homenagem **4** reputação eminente; fama **5** brilho; esplendor **6** alegria; regozijo **7** jogo de dados sobre um tabuleiro com um percurso marcado em espiral e dividido em casas, em que ganha o primeiro a chegar à última casa **8** cada uma das contas mais grossas do rosário; *levar a banca à* **~** ganhar ao jogo todo o dinheiro que a banca tinha (Do lat. *gloria*-, «id.»)

gloriar v.tr. honrar; enaltecer; prestar homenagem ■ v.pron. **1** cobrir-se de glória **2** ufanar-se (Do lat. *gloriāri*, «glorificar-se»)

glorificação n.f. **1** ato ou efeito de glorificar **2** culto prestado à glória; exaltação por feitos heroicos ou serviços relevantes **3** ascensão à bem-aventurança **4** apoteose; ufania (Do lat. *glorificatiōne*-, «id.»)

glorificador adj.,n.m. que ou aquele que glorifica (De *glorificar*+-*dor*)

glorificante adj.2g. que glorifica (De *glorificar*+-*ante*)

glorificar v.tr. **1** dar glória a; prestar culto ou homenagem a; honrar **2** canonizar ■ v.pron. **1** alcançar glória **2** atribuir glória a si mesmo; ufanar-se; honrar-se; gloriar-se (Do lat. *glorificāre*, «id.»)

gloríola n.f. **1** vaidade que se tem de coisas pequenas **2** boa reputação imerecida (Do lat. *gloriŏla*-, «pequena glória»)

glorioso /ô/ adj. **1** que dá glória **2** cheio de glória; ilustre; honrado **3** bem-aventurado **4** vaidoso; ufano (Do lat. *gloriōsu*-, «id.»)

glosa n.f. **1** interpretação de um texto obscuro **2** anotação na margem ou entre as linhas de um texto **3** comentário **4** LITERATURA composição poética em que cada estrofe acaba por um dos versos do mote **5** LITERATURA cada uma das estrofes que desenvolvem o tema do mote **6** LITERATURA verso que se repete no final de cada uma dessas estrofes (Do gr. *glōssa*, «língua», pelo lat. *glossa*- ou *glosa*-, «palavra rara; interpretação; glosa»)

glosador adj.,n.m. que ou aquele que glosa (De *glosar*+-*dor*)

glosar v.tr. **1** fazer a glosa de; comentar por meio de glosa **2** explicar; interpretar **3** censurar; criticar (De *glosa*+-*ar*)

glossalgia n.f. MEDICINA dor ou doença na língua; glossodinia (Do gr. *glōssa*, «língua» +*álgos*, «dor» +-*ia*)

glossário n.m. **1** vocabulário em que se dá a explicação de certas palavras ou expressões antigas, raras ou pouco conhecidas **2** dicionário de termos técnicos de uma arte ou ciência **3** lista de palavras ordenadas alfabeticamente e com a respetiva definição que figuram como apêndice de uma obra (Do lat. *glossarĭu*, «id.»)

glossarista n.2g. autor ou autora de glossário (De *glossário*+-*ista*)

glossectomia n.f. CIRURGIA extração da língua ou de parte da língua (Do gr. *glōssa*, «língua» +*ektomé*, «corte; amputação» +-*ia*)

glossiano adj. da língua ou a ela relativo; lingual (Do gr. *glōssa*, «língua» +-*iano*)

glóssico adj. ⇒ **glossiano** (Do gr. *glōssa*, «língua» +-*ico*)

glossite n.f. MEDICINA inflamação da língua (Do gr. *glōssa*, «língua» +-*ite*)

gloss(o)- elemento de formação de palavras que exprime a ideia de *língua, linguagem, palavra* (Do gr. *glōssa*, «língua»)

-glosso sufixo nominal, de origem grega, que exprime a ideia de *língua, linguagem* (*hioglosso*)

glossodinia n.f. MEDICINA nevralgia da língua; glossalgia (Do gr. *glōssa*, «língua» +*odýne*, «dor» +-*ia*)

glossodonte adj.2g. **1** ZOOLOGIA diz-se do animal cuja língua está armada com dentículos córneos **2** cada um destes órgãos (Do gr. *glōssa*, «língua» +*odoús, odóntos*, «dente»)

glossofaríngeo adj. **1** ANATOMIA que diz respeito ou pertence à língua e à faringe **2** ANATOMIA diz-se de cada nervo do nono par craniano que, nos vertebrados superiores, se ramifica na mucosa faríngea e na língua **3** ANATOMIA diz-se de um músculo que pertence a estes dois órgãos (De *glosso*-+*faríngeo*)

glossografia n.f. 1 investigação de palavras obscuras 2 arte de fazer glossários 3 ANATOMIA descrição anatómica da língua (De *glosso-+-grafia*)

glossógrafo n.m. 1 autor de glossários 2 investigador de termos arcaicos (De *glosso-+-grafo*)

glossoide adj.2g. semelhante a língua (Do gr. *glossoeidés*, «em forma de língua»)

glossóide ver nova grafia glossoide

glossolalia n.f. 1 RELIGIÃO milagre no dia de Pentecostes pelo qual os apóstolos ficaram com o dom de falar várias línguas 2 suposta faculdade de falar várias línguas estrangeiras sem as ter estudado 3 utilização, por certos doentes mentais, de uma linguagem imaginária que comporta uma estabilidade do sentido das palavras e uma sintaxe pelo menos rudimentar (Do gr. *glõssa*, «língua» +*laliá*, «maneira de falar; dialeto; tagarelice»)

glossologia n.f. 1 ciência que estuda comparativamente as diferentes línguas a nível científico e histórico 2 conjunto dos vocábulos utilizados numa área específica do saber humano 3 ANATOMIA tratado anatómico da língua (Do gr. *glõssa*, «língua» +*lógos*, «tratado» +-*ia*)

glossológico adj. relativo à glossologia (De *glossologia*+-*ico*)

glossologista n.2g. ⇒ **glossólogo** (Do gr. *glõssa*, «língua» +*lógos*, «tratado» +-*ista*)

glossólogo n.m. pessoa versada em glossologia (Do gr. *glõssa*, «língua» +*lógos*, «estudo»)

glossomania n.f. 1 mania de falar 2 utilização, por certos doentes mentais, de uma linguagem neológica fantasista, desprovida de sintaxe, cujas palavras não têm significação constante, e que é apresentada, por mero jogo, ou por convicção, como uma língua estrangeira verídica (Do gr. *glõssa*, «língua» +*manía*, «mania»)

glossoplegia n.f. MEDICINA paralisia dos músculos da língua (Do gr. *glõssa*, «língua» +*plegé*, «ferida» +-*ia*)

glossotomia n.f. CIRURGIA dissecação ou amputação da língua (Do gr. *glõssa*, «língua» +*tomé*, «corte» +-*ia*)

glossotómico adj. relativo a glossotomia (De *glossotomia*+-*ico*)

glotal adj.2g. 1 respeitante à glote 2 LINGUÍSTICA relativo ao consonântico em cuja articulação intervém a glote (De *glote*+-*al*)

glote n.f. ANATOMIA abertura da parte superior da laringe; goto (Do gr. *glottís*, «lingueta»)

glótica n.f. ciência classificadora das línguas (Do gr. *glottiké*, forma ática de *glossiké [epistéme]*, «a ciência das línguas»)

glótico adj. 1 relativo à glote 2 relativo à glótica (Do gr. *glottikós*, «relativo à língua»)

glotite n.f. MEDICINA inflamação da glote (De *glote*+-*ite*)

glot(o)- ⇒ **gloss(o)-** (Do gr. ático *glõtta*, «língua»)

glotologia n.f. estudo científico das línguas; glossologia (Do gr. *glõtta*, forma ática de *glõssa*, «língua» +*lógos*, «estudo» +-*ia*)

glotológico adj. ⇒ **glossológico** (De *glotologia*+-*ico*)

glotologista n.2g. ⇒ **glossologista** (De gr. *glõtta*, forma ática de *glõssa*, «língua» +*lógos*, «estudo» +-*ista*)

glotólogo n.m. ⇒ **glossólogo** (Do gr. *glõtta*, forma ática de *glõssa*, «língua» +*lógos*, «estudo»)

glotorar v.intr. soltar a voz (a cegonha) (Do lat. *glottorāre*, «id.»)

gloxínia /cs/ n.f. BOTÂNICA planta vivaz das regiões tropicais americanas (é também cultivada em estufas por causa das suas belas flores) (De *B. P. Gloxin*, bot. alsaciano do séc. XVIII+-*ia*)

glúcido n.m. BIOQUÍMICA ⇒ **glícido**

glucínio n.m. QUÍMICA ⇒ **glicínio**

glucose n.f. ⇒ **glicose**

gluglu n.m. 1 som característico de um líquido que sai de um vaso por gargalo estreito 2 voz do peru (De orig. onom.)

gluma n.f. BOTÂNICA cada uma das brácteas que protegem a inflorescência de algumas plantas, como na espiguilha das gramíneas (Do lat. *glūma-*, «casca; película»)

glumáceo adj. 1 que se assemelha à gluma 2 que possui glumas ou brácteas equivalentes a estas (De *gluma*+-*áceo*)

glumela n.f. BOTÂNICA cada uma das brácteas que protegem a flor das espiguilhas nas gramíneas (De *gluma*+-*ela*, ou do fr. *glumelle*, «id.»)

glutâmico adj. QUÍMICA designativo do único aminoácido oxidado pelo tecido cerebral que exerce ação excitadora sobre as funções mentais (De *glút[en]*+*am[ido]*+-*ico*, ou do fr. *glutamique*, «id.»)

glutamina n.f. BIOQUÍMICA amida que provém do ácido glutâmico e que exerce ação excitadora das funções mentais (De *glút[en]*+*am[ido]*+-*ina*)

glutão adj.,n.m. que ou aquele que come em demasia e com avidez ■ n.m. ZOOLOGIA ⇒ **carcaju** (Do lat. *gluttone-*, «id.»)

gluteína n.f. 1 ⇒ **glúten** 2 substância amarelada que entra na composição da gordura da salamandra aquática (Do lat. *gluten*, «cola; grude» +-*ina*)

glúten n.m. mistura de proteínas existente nas sementes dos cereais, especialmente no trigo (Do lat. *gluten*, «cola; grude»)

glúteo¹ adj. semelhante a glúten (De *glúten*+-*eo*)

glúteo² adj. ANATOMIA relativo ou pertencente às nádegas; nadegueiro (Do gr. *gloutós*, «nádega» +-*eo*)

glutinar v.tr. ligar com substância viscosa; conglutinar; colar; aglutinar (Do lat. *glutināre*, «colar; aglutinar»)

glutinativo adj. aglutinante; viscoso (Do lat. *glutinatīvu-*, «aglutinante»)

glutinosidade n.f. qualidade do que é glutinoso (De *glutinoso*+-*i-*+-*dade*)

glutinoso /ô/ adj. 1 que contém glúten 2 um tanto viscoso (Do lat. *glutinōsu-*, «id.»)

glutonaria n.f. qualidade ou vício de glutão; sofreguidão (Do fr. *gloutonnerie*, «id.»)

glutónico adj. 1 relativo a glutão 2 próprio de glutão (Do lat. *gluttōne-*, «glutão» +-*ico*)

gnaisse n.m. PETROLOGIA rocha metamórfica, bandada, cuja composição mineralógica é idêntica à do granito; gneisse (Do al. *Gneiss*, «id.»)

gnaticídio n.m. [ant.] ⇒ **filicídio** (Do lat. *gnatu-*, «filho» +*caedĕre*, «matar»)

gnatodonte adj.2g. (animal) cujos dentes estão implantados em maxilas (Do gr. *gnáthos*, «maxila» +*odoús*, -*óntos*, «dente»)

gneisse n.m. ⇒ **gnaisse** (Do al. *Gneis*, «id.»)

Gnetáceas n.f.pl. BOTÂNICA família de plantas gimnospérmicas, desprovidas de resina, atualmente denominada Efedráceas (De *gneto*+-*áceas*)

gneto /ê/ n.m. BOTÂNICA planta trepadora das regiões tropicais da América e da Ásia, de sementes comestíveis (De orig. obsc.)

gnoma /ô/ n.f. máxima; provérbio; sentença moral (Do gr. *gnóme*, «sentença», pelo lat. *gnome-*, «id.»)

gnómico adj. relativo a gnoma; sentencioso (Do lat. *gnomĭcu-*, «id.»)

gnomo /ô/ n.m. espírito que, segundo a crença dos cabalistas, preside à Terra e a tudo o que ela contém (Do gr. *gnómon*, «que habita a terra»)

gnomologia n.f. filosofia gnómica (Do gr. *gnóme*, «sentença» +*lógos*, «estudo» +-*ia*)

gnomológico adj. relativo à gnomologia (Do gr. *gnomologikós*, «id.»)

gnomólogo n.m. aquele que discorre ou escreve sentenciosamente (Do gr. *gnomológos*, «id.»)

gnómon n.m. 1 antigo instrumento composto por um ponteiro vertical que marca a altura do Sol pela sombra projetada sobre um plano ou círculo horizontal 2 ponteiro daquele relógio de sol (Do gr. *gnómon*, «ponteiro de relógio de sol», pelo lat. *gnomon*, «id.»)

gnomónica n.f. arte de construir gnómones (De *gnomónico*)

gnomónico adj. relativo aos gnómones (De *gnómon*+-*ico*)

gnomonista n.2g. pessoa que se ocupa da gnomónica (De *gnómon*+-*ista*)

gnose n.f. 1 conhecimento; sabedoria; ciência 2 FILOSOFIA, RELIGIÃO ecletismo teosófico que pretende conciliar todas as religiões e explicar o seu sentido profundo por meio de um conhecimento esotérico e perfeito das coisas divinas, comunicável por tradição e por iniciação (Do gr. *gnõsis*, «conhecimento»)

gnosiologia n.f. FILOSOFIA teoria ou doutrina do conhecimento, das suas condições e do seu valor (Do gr. *gnõsis*, «conhecimento» +*lógos*, «estudo» +-*ia*)

gnosiológico adj. FILOSOFIA relativo a gnosiologia (De *gnosiologia*+-*ico*)

gnosticismo n.m. 1 FILOSOFIA, RELIGIÃO doutrina de diversas seitas dos séculos II e III, cujos iniciados pretendiam ter da religião e de todas as coisas um conhecimento superior ao da Igreja 2 FILOSOFIA toda a doutrina que alega encontrar uma explicação total das coisas por processos supra-racionais ou mesmo racionais (De *gnóstico*+-*ismo*)

gnóstico adj. relativo a gnose ou a gnosticismo ■ n.m. partidário do gnosticismo (Do gr. *gnostikós*, «que conhece a natureza divina»)

gnu n.m. ZOOLOGIA mamífero artiodáctilo, da família dos Bovídeos, que habita especialmente o Sul da África; guelengue; galengue (Do fr. *gnou*, «id.»)

goanês adj.,n.m. ⇒ **goano** (De *goano*+-*ês*)

goano adj. relativo ou pertencente a Goa; goense; goês ■ n.m. natural ou habitante de Goa; goense; goês (De *Goa*, top. +-*ano*)

gobelim n.m. ⇒ **gobelina**

gobelina n.f. tapeçaria rica que se fabrica em Paris numa empresa nacional de tapeçarias que funciona nas antigas instalações dos célebres tintureiros de nome Gobelin, criadas nos começos do século XVII (De *Gobelin*, antr.)

gobião n.m. ICTIOLOGIA pequeno peixe teleósteo acantopterígio (Do gr. *kobiós*, «id.», pelo lat. *gobiōne*-, «cadoz»)

góbio n.m. ICTIOLOGIA ⇒ **gobião**

gobo /ô/ n.m. pedra de calçada (Do it. *gobbo*, «corcunda; curvo»)

godão n.m. [Índia] armazém (Do mal. *gudang*, «id.»)

gode n.m. [regionalismo] ⇒ **godo**[1]

godé n.m. 1 tigela pequena onde se dilui tintas 2 corte (de um tecido) em viés para dar um efeito ondulado ■ adj.2g. cortado em viés (Do fr. *godet*, «id.»)

godê n.m. ⇒ **godé**

goderim n.m. colcha estofada da Índia (Do hind. *gudri*, «id.»)

godião n.m. ICTIOLOGIA ⇒ **bodião** (De *bodião*)

godilhão n.m. 1 nó formado pela lã ou pelos fios empastados 2 grumo que se forma na farinha na calda (De orig. obsc.)

godo[1] n.m. [regionalismo] pedra redonda e lisa, rolada pelas águas; gode (Do lat. *cotu-, deriv. regr. de *cotŭlu*-, «seixo»?)

godo[2] /ô/ adj. relativo aos Godos ■ n.m. indivíduo desse povo (Do lat. *gothu*-, «godo»)

godorim n.m. ⇒ **goderim**

Godos n.m.pl. ETNOGRAFIA antigos povos germânicos oriundos da Escandinávia, que, a partir do século I a. C., se instalaram nas margens do Vístula e mais tarde junto do Mar do Norte, vindo a dividir-se, a partir do século IV, em dois grandes ramos: os Visigodos e os Ostrogodos (Do lat. *gothu*-, «id.»)

godrim n.m. ⇒ **goderim**

goela n.f. entrada dos canais que põem a boca em comunicação com o estômago e os pulmões; garganta; **abrir as goelas** desatar a gritar (Do lat. *gulella-, dim. de *gula*-, «garganta»)

goelar v.intr. abrir as goelas; gritar (De *goela*+-*ar*)

goense adj.,n.2g. ⇒ **goano** (De *Goa*, top. +-*ense*)

goês adj.,n.m. ⇒ **goano** (De *Goa*, top. +-*ês*)

goethiano adj. relativo a J. W. von Goethe, sábio e escritor alemão, 1749-1832 (De *Goethe*, antr. +-*iano*)

goethite n.f. MINERALOGIA mineral, que é um óxido de ferro hidratado, FeO(OH), cristaliza no sistema ortorrômbico e é um dos constituintes da limonite (De *Goethe*, sábio e escritor al., 1749-1832 +-*ite*)

gofo /ô/ n.m. [Madeira] cevada torrada e mal pisada (De orig. obsc.)

gofrador n.m. instrumento para gofrar (folhas e flores artificiais) (De *gofrar*+-*dor*)

gofradura n.f. ato ou efeito de gofrar (folhas e flores) (De *gofrar*+-*dura*)

gofragem n.f. TIPOGRAFIA operação pela qual se marcam ornatos numa encadernação por simples pressão, sem emprego de tinta, ouro ou outro material (De *gofrar*+-*agem*)

gofrante adj.2g. que gofra ■ n.m. parte superior do gofrador (De *gofrar*+-*ante*)

gofrar v.tr. 1 fazer as nervuras de (folhas e flores artificiais) 2 TIPOGRAFIA proceder à gofragem de (Do fr. *gaufrer*, «imprimir desenhos em relevo»)

gofre n.m. CULINÁRIA doce de forma retangular geralmente comido quente, confecionado com massa de farinha, açúcar, manteiga, ovos e leite, cozido num molde que lhe dá a forma de uma pequena grelha, podendo ser coberto de chocolate, chantilly, gelado, geleia, canela, etc. (Do fr. *gaufre*, «id.»)

gogada n.f. [regionalismo] pancada ou ferimento feito com gogo (seixo) (De *gogo*+-*ada*)

gogo[1] n.m. 1 [regionalismo] pedra lisa e arredondada sobre a qual os sapateiros batem a sola 2 [regionalismo] seixo redondo, rolado pelas águas; godo 3 [regionalismo] pedra oval no fundo do rodízio de um moinho; guilho (De *godo*)

gogo[2] n.m. gosma; doença (traqueobronquite) das aves (De orig. onom.)

gogó n.m. 1 BOTÂNICA árvore de São Tomé que fornece madeira para construções 2 [Brasil] ⇒ **pomo de Adão**

gogoso adj. (ave) que sofre do gogo; gosmento (De *gogo*+-*oso*)

goguento adj. ⇒ **gogoso** (De *gogo*+-*ento*)

goiá n.m. [Brasil] ZOOLOGIA nome vulgar extensivo a algumas espécies de caranguejos comestíveis (Do tupi *wa'iá*, «id.»)

goiaba n.f. 1 BOTÂNICA fruto da goiabeira (originária da América tropical) de forma arredondada ou ovalada, cor que varia entre o verde, o branco e o amarelo na casca e entre o branco, o rosa e o laranja-avermelhado na polpa, e que é utilizado no fabrico de goiabada; guaiaba 2 BOTÂNICA ⇒ **goiabeira** (Do taino de S. Domingos *guayava*, «id.», com infl. do cast. *guayaba*, «id.»)

goiabada n.f. doce de goiaba (De *goiaba*+-*ada*)

goiabeira n.f. BOTÂNICA árvore da família das Mirtáceas, indígena do Brasil e das Antilhas, que produz goiabas; goiaba (De *goiaba*+-*eira*)

goisiano adj. relativo a Damião de Góis, historiador e humanista português, 1502-1574, ou à sua obra (De *Góis*, antr. +-*iano*)

goiva n.f. 1 espécie de formão com lâmina em meia-cana, utilizada em carpintaria, escultura, etc. para abrir sulcos na madeira 2 [regionalismo] leito profundo e estreito de uma corrente (Do lat. tard. *gubĭa*, «id.»)

goivado adj. que sofreu goivadura ■ n.m. cavidade em forma de meia-cana, feita com goiva (Part. pass. de *goivar*)

goivadura n.f. 1 ato ou efeito de goivar 2 entalhe feito com goiva 3 NÁUTICA chanfro nos lados das bigotas para não cortarem o colhedor (De *goivar*+-*dura*)

goivar v.tr. 1 abrir sulcos em meia-lua na madeira com goiva 2 ferir ou magoar muito (De *goiva*+-*ar*)

goivaria n.f. plantação de goivos (De *goivo*+-*aria*)

goiveiro n.m. BOTÂNICA planta da família das Crucíferas, espontânea e cultivada, produtora de flores odoríferas, também denominada goivo (De *goivo*+-*eiro*)

goivete /ê/ n.m. espécie de plaina com dois ferros, semelhante ao guilherme (De *goiva*+-*ete*)

goivo n.m. 1 BOTÂNICA flor odorífera vermelha, branca, amarela, violácea, etc., de qualquer espécie de goiveiro 2 BOTÂNICA ⇒ **goiveiro** 3 [ant.] ⇒ **gáudio** 1 (Do lat. *gaudĭu*-, «gozo; regozijo»)

góji n.m. fruto das plantas do género *Lycium*, constituído por pequenas bagas vermelhas, consumidas secas e cruas, de excelentes propriedades nutritivas e um poderoso antioxidante (Do ing. *goji berry*, «bagas de góji»)

gola n.f. 1 parte do vestuário junto ao pescoço, ou em volta do mesmo; colarinho 2 moldura cuja superfície é, em parte, côncava, e, em parte, convexa 3 sulco semicilíndrico que contorna o disco da roldana 4 [regionalismo] redemoinho que se forma nos pegos dos rios e ribeiros (Do lat. *gula*-, «garganta»)

golada n.f. 1 canal navegável no extremo dos bancos de areia 2 porção de líquido que se engole de uma vez; gole; trago (De *gole*+-*ada*)

gole n.m. porção de líquido que se engole de uma só vez; trago (Deriv. regr. de (en)*golir*)

goleada n.f. DESPORTO grande número de golos 2 DESPORTO vitória conseguida com grande número de golos de vantagem (Part. pass. fem. subst. de *golear*)

goleador adj.,n.m. DESPORTO que ou jogador ou equipa que marca muitos golos ou que marca mais golos do que o adversário durante um jogo (De *golear*+-*dor*)

golear v.tr.,intr. 1 DESPORTO meter golos (em) 2 DESPORTO vencer (outra equipa) por vários golos (De *golo*+-*ear*)

goleira n.f. 1 coleira 2 gargalo (De *gola*+-*eira*)

goleiro n.m. [Brasil] ⇒ **guarda-redes**

golejar v.tr.,intr. 1 beber aos goles 2 sair de um vaso aos poucos (De *gole*+-*ejar*)

golelha /ê/ n.f. [pop.] esófago (Do lat. *gulicŭla-, dim. de *gula*-, «garganta»)

golelhar v.intr. [pop.] dar à língua; falar da vida alheia (De *golelha*+-*ar*)

golelheiro n.m. [pop.] tagarela; mexeriqueiro (De *golelhar*+-*eiro*)

goles n.m.pl. HERÁLDICA cor vermelha nos brasões (Do fr. *gueules*, «id.»)

goleta[1] /ê/ n.f. canal estreito que dá acesso a um porto; angra; barrinha (De *gola*+-*eta*)

goleta[2] /ê/ n.f. pequena escuna espanhola de gávea à proa (Do fr. *goélette*, «barco de dois mastros», pelo cast. *goleta*, «id.»)

golfada n.f. líquido que se expele de uma vez; jato; jorro; vómito (Part. pass. fem. subst. de *golfar*)

golfão n.m. BOTÂNICA ⇒ **gólfão**

gólfão n.m. 1 BOTÂNICA ⇒ **nenúfar** 1 2 grande porção; chusma 3 [ant.] ⇒ **golfo** 1 (De *golfo*+-*ão*)

golfar v.tr. lançar às golfadas; vomitar ■ v.intr. jorrar; sair com ímpeto; irromper (De *golfo*)

golfe n.m. DESPORTO jogo de origem escocesa que consiste em fazer entrar uma pequena bola em buracos distribuídos ao longo de um percurso, com a ajuda de um taco (Do ing. *golf*, «id.»)

golfejar v.tr.,intr. ⇒ **golfar** (De *golfo*+-*ejar*)

golfinário n.m. 1 recinto aquático fechado, destinado a golfinhos 2 secção de jardim zoológico onde se encontram os golfinhos (De *golfinho*+-*ário*)

golfinho n.m. 1 ZOOLOGIA mamífero cetáceo, da família dos Delfinídeos, com dentes e de rostro prolongado, que vive nos mares temperados e quentes, conhecido também por toninha, delfim, germão, porco-marinho, etc. **2** [pop.] pessoa atarracada (Do gr. *delphís*, «delfim», pelo lat. *delphīnu-*, «id.»)

golfo /ô/ *n.m.* **1** GEOGRAFIA reentrância da costa de um continente ou de uma ilha grande, de grandes dimensões, superiores às de uma baía **2** ⇒ **golfada 3** BOTÂNICA ⇒ **nenúfar 1** (Do gr. *kólpos*, «golfo; baía», pelo lat. tard. *colfu-* ou *golfu-*, «id.»)

gólgota *n.m.* **1** lugar de suplício **2** sofrimento atroz; martírio (Do lat. *Golgŏtha*, top., localidade perto de Jerusalém, em Israel, «id.»)

goliardo *adj.,n.m.* frequentador de tabernas; baiuqueiro (Do lat. med. *goliardu-*, «id.», pelo it. *goliardo*, «id.», de *Golias*, antr.)

golilha *n.f.* **1** argola fixa a um poste, a que se prendiam os condenados pelo pescoço **2** cabeção com volta engomada (Do cast. *golilla*, «id.»)

golo¹ /ô/ *n.m.* DESPORTO entrada da bola na baliza em certos jogos (como futebol, hóquei, râguebi, etc.); **~ de ouro** golo de desempate, marcado já durante o prolongamento de um jogo (Do ing. *goal*, «id.»)

golo² /ô/ *n.m.* ⇒ **gole** (Deriv. regr. de *[en]golir*)

golpada *n.f.* grande golpe (De *golpe+-ada*)

golpázio *n.f.* ⇒ **golpada** (De *golpe+-ázio*)

golpe *n.m.* **1** pancada ou ferimento com instrumento cortante; incisão **2** contusão; traumatismo **3** crise; desgraça **4** lance; rasgo **5** movimento súbito do corpo **6** choque; pancada **7** ímpeto **8** estratagema; trama; **~ de Estado** ato de força pelo qual um governo é derrubado e substituído por outro; **~ de mão** MILITAR ataque de surpresa, lançado com pequenas forças, contra postos de vigilância, estacionamentos e pequenas guarnições inimigas; **~ de mestre** ato praticado com grande perícia; **~ de misericórdia 1** lance ou pancada final, ferimento mortal; **2** [fig.] ato que destrói definitivamente algo que estava em decadência; **~ de morte/de preto** ferimento ou pancada que mata; **~ de vista** relancear de olhos; **~ do baú** casamento por interesse económico; **de ~** de chofre, subitamente (Do gr. *kólaphos*, «bofetada», pelo lat. pop. *colpu-*, por *colaphu-*, «soco», pelo prov. *colp*, «golpe»)

golpeado *adj.* **1** ferido com golpes **2** diz-se de uma peça de vestuário com vários cortes para deixar sobressair o forro de cor diferente (Part. pass. de *golpear*)

golpeadura *n.f.* ato ou efeito de golpear; golpe (De *golpear+-dura*)

golpeamento *n.m.* ⇒ **golpeadura** (De *golpear+-mento*)

golpeante *adj.2g.* que golpeia (De *golpear+-ante*)

golpear *v.tr.* **1** dar golpes em; cortar **2** ferir **3** [fig.] angustiar (De *golpe+-ear*)

golpelha¹ /ê/ *n.f.* alcofa grande; alforge; seirão (Do lat. tard. *corbicŭla-*, «cestinho»)

golpelha² /ê/ *n.f.* raposa (Do lat. *vulpicŭla-*, dim. de *vulpes*, «raposa»)

golpelheira *n.f.* [regionalismo] covil de raposa (De *golpelha+-eira*)

golpista *adj.2g.* relativo a golpe de Estado ▪ *n.2g.* **1** indivíduo que toma parte num golpe de Estado **2** [fig.] intriguista (De *golpe+-ista*)

goma¹ /ô/ *n.f.* **1** designação genérica de certos produtos de exsudação das plantas, de aspeto viscoso e transparente **2** substâncias usadas na colagem dos vinhos **3** feixe de sarmentos secos, que ficam da poda **4** amido próprio para engomar a roupa **5** pequena guloseima de diversas formas e geralmente com sabor a frutas, feita à base de gelatina e açúcar **6** MEDICINA tumor sifilítico **7** [Moçambique] ZOOLOGIA grande antílope das regiões acidentadas das florestas africanas **8** [Brasil] pastilha elástica (Do lat. tard. *gumma-*, «id.», pelo it. *gomma*, «goma»)

goma² /ô/ *n.f.* [Angola] tambor comprido; bombo (Do quimb. *ngoma*, «id.»)

goma-arábica *n.f.* **1** goma produzida por algumas árvores das regiões tropicais da África e da Ásia, especialmente acácias, com emprego em farmácia, na indústria e no fabrico de uma cola que tem este mesmo nome **2** cola fabricada com esta substância

gomação *n.f.* **1** ato de gomar **2** primeiros rebentos de uma árvore (De *gomar+-ção*)

gomadeira *n.f.* ⇒ **engomadeira** (De *gomar+-deira*)

gomado¹ *n.m.* **1** passado a ferro **2** com goma (Part. pass. de *gomar*)

gomado² *n.m.* **1** BOTÂNICA planta da família das Vitáceas, de Cabo Verde **2** rebentos em gomos ▪ *adj.* em gomos (De *gomo+-ado*)

goma-elástica *n.f.* termo por que também se designa a borracha

goma-guta *n.f.* ⇒ **guta** (Do fr. *gomme-gutte*, «id.»)

goma-laca *n.f.* substância obtida de um inseto (cochinilha), empregada na indústria

gomar¹ *v.intr.* deitar gomos; produzir olhos ou rebentos; abrolhar; rebentar (De *gomo+-ar*)

gomar² *v.tr.* engomar (De *goma+-ar*)

goma-resina *n.f.* produto obtido por incisão em vegetais, que reúne as propriedades da goma e da resina

gomarra *n.f.* [pop.] galinha

gomba *n.f.* árvore de Cabinda

gombô *n.m.* [Brasil] quiabo bravo (Do quimb. *ngombo*, «id.»)

gomedar *n.m.* punhal usado pelos povos orientais (Do pers. *kham-dhara*, «id.»)

gomeiro *n.m.* fabricante ou vendedor de goma (De *goma+-eiro*)

gomeleira *n.f.* BOTÂNICA rebento que nasce no pé de uma árvore e lhe rouba a força; ladrão (De **gomelo*, dim. de *gomo+-eira*)

gomenol *n.m.* FARMÁCIA óleo medicamentoso, antisséptico e anticatarral, extraído das flores e dos frutos de uma árvore mirtácea (De *Gomen*, top., cidade da Colúmbia Britânica, no Canadá ocid. *+-ol*)

gomenolado *adj.* que contém gomenol (De *gomenol+-ado*)

gomia *n.f.* ⇒ **agomia** (De *agomia*)

gomiada *n.f.* ferimento ou golpe com gomia (faca); agomiada (De *gomia+-ada*)

gomífero *adj.* que contém ou produz goma (De *goma+-fero*)

gomil *n.m.* jarro de boca estreita, para lavatório (De *agomil*)

gomiloso /ô/ *adj.* semelhante a gomil; urceolado (De *gomil+-oso*)

gomitar *v.tr.,intr.* [pop.] ⇒ **vomitar** (De *vomitar*)

gómito *n.m.* [pop.] ⇒ **vómito**

gomo /ô/ *n.m.* **1** BOTÂNICA corpo ovoide ou globoso que origina um ramo normal (olho) ou uma flor (botão); rebento; gema **2** cada uma das partes separáveis de certos frutos, de consistência carnuda, como a laranja

gomosidade *n.f.* qualidade do que é gomoso (De *gomoso+-i-+-dade*)

gomoso¹ *adj.* **1** que tem a consistência da goma; viscoso **2** que dá goma (De *goma+-oso*)

gomoso² *adj.* **1** que tem gomos; que produz rebentos **2** que é constituído por gomos **3** que tem a consistência ou a forma de um gomo (De *gomo+-oso*)

gónada *n.f.* ANATOMIA glândula sexual (ovário, testículo) que produz os gâmetas e segrega as hormonas (Do gr. *gónos*, «geração; semente»)

gonadotrofina *n.f.* FISIOLOGIA hormona que atua no desenvolvimento e atividade das glândulas sexuais (gónadas)

gonçalinho *n.m.* ORNITOLOGIA lavandisca (pássaro) comum e sedentária em Portugal (De *Gonçalo*, antr. *+-inho*)

gonçalo-alves *n.m.* (plural **gonçalos-alves**) BOTÂNICA ⇒ **ubatã** (De *Gonçalo Alves*, antr.)

gonçalo-pires *n.m.2n.* BOTÂNICA casta de uva tinta da região portuguesa do Douro (De *Gonçalo Pires*, antr.)

gondo *n.m.* ZOOLOGIA tartaruga do Catumbela, rio de Angola

gôndola *n.f.* **1** embarcação comprida e chata, com as extremidades elevadas, movida a remos, característica da navegação nos canais da cidade italiana de Veneza **2** nos supermercados, estante onde são colocadas as mercadorias para venda **3** [Brasil] vagão ferroviário aberto para transportar minério, areia, pedras, e outros materiais **4** [Brasil] espécie de carro de praça (Do it. *gondola*, «id.»)

gondolar *v.intr.* andar de gôndola (De *gôndola+-ar*)

gondoleiro *n.m.* barqueiro que conduz gôndolas (De *gôndola+-eiro*)

gondomarense *adj.2g.* relativo a Gondomar, cidade portuguesa do distrito do Porto ▪ *n.2g.* natural ou habitante desta cidade (De *Gondomar*, top. *+-ense*)

gonete /ê/ *n.m.* utensílio de carpintaria que serve para furar; pua; trado

gonfíase *n.f.* MEDICINA desencaixe do dente no alvéolo dentário

gonga¹ *n.f.* ORNITOLOGIA ave de rapina africana, da família dos Falconídeos (Do quimbundo *ngonga*, «idem»)

gonga² *n.f.* **1** [Angola] cesta de depósito de utensílios do ocultista **2** [Angola] armário ou recipiente, para armazenamento de produtos **3** [Angola] cofre **4** [Angola] [fig.] prisão (Do quimbundo *ngônga*, «idem», de *kuongola*, «arrecadar»)

gôngilo *n.m.* BOTÂNICA corpúsculo reprodutor de certas criptogâmicas (Do gr. *goggýlos*, «redondo»)

gongo¹ *n.m.* MÚSICA instrumento musical de percussão, de origem oriental, constituído por um disco metálico amplo que se faz vibrar com uma baqueta enchumaçada (Do mal. *gongo*, «id.»)

gongo² *n.m.* [Brasil] vara com um gancho na extremidade, de que os barqueiros se servem para se agarrarem aos ramos das árvores ribeirinhas

gongó *n.m.* BOTÂNICA árvore africana de que se extrai uma bebida que embriaga

gongom¹ *n.m.* MÚSICA ⇒ **gorá** (De orig. onom.)

gongom² *n.m.* 1 [Cabo Verde] alma penada 2 [Cabo Verde] duende (Do crioulo *gon-gon*, «id.»)
gongorice *n.f.* gongorismo ridículo (De *L. de Góngora*, antr., poeta esp., 1561-1627 +*-ice*)
gongórico *adj.* 1 do gongorismo ou a ele relativo 2 em que há gongorismo (De *Góngora*, antr. +*-ico*)
gongorismo *n.m.* LITERATURA estilo introduzido na literatura espanhola por Luis de Góngora, e depois adotado por outros escritores peninsulares, em que predominavam os latinismos, os neologismos, os trocadilhos, as metáforas e os pensamentos subtis (De *Góngora*, antr. +*-ismo*)
gongorista *adj.2g.* ⇒ **gongórico** ■ *n.2g.* pessoa que imita o gongorismo (De *Góngora*, antr. +*-ista*)
gongorizar *v.tr.* dar carácter gongórico a ■ *v.intr.* escrever ou compor à maneira gongórica (De *Góngora*, antr. +*-izar*)
gongrona /ô/ *n.f.* tubérculo fungoso no tronco das árvores (Do gr. *goggróne*, «tumor escrofuloso»)
goniatite *n.f.* PALEONTOLOGIA género de cefalópodes fósseis, que viveram no Carbónico e cuja concha possui linhas de sutura simples e angulosas, pouco marcadas, longitudinais ou transversais, importantes para a identificação da espécie (Do gr. *gonía*, «ângulo» +*-t-+-ites*)
gonídia *n.f.* 1 BOTÂNICA alga verde que entra, em simbiose com o fungo, na constituição de um líquen 2 BOTÂNICA célula de propagação das algas (Do gr. *goné*, «gérmen» +*eîdos*, «forma»)
gonídio *n.m.* ⇒ **gonídia**
gonilha *n.f.* 1 ⇒ **gravata** *n.f.* 1 2 [regionalismo] aquilo que aperta o pescoço (De *golilha*)
gonio- elemento de formação de palavras que exprime a ideia de ângulo (Do gr. *gonía*, «ângulo; canto»)
gónio *n.m.* ponto saliente, lateral, situado no ângulo propriamente dito da mandíbula (Do gr. *gonía*, «ângulo; canto»)
goniógrafo *n.m.* instrumento de topografia que regista os ângulos a medir e que representa graficamente o seu valor (De *gonio-*+*-grafo*)
goniometria *n.f.* 1 medida de ângulos 2 CRISTALOGRAFIA medida dos ângulos interfaciais dos cristais (Do gr. *gonía*, «ângulo» +*métron*, «medida»+*-ia*)
goniométrico *adj.* relativo à goniometria (Do gr. *gonía*, «ângulo» +*métron*, «medida»+*-ico*)
goniómetro *n.m.* instrumento de medir ângulos (Do gr. *gonía*, «ângulo» +*métron*, «medida»)
gono- elemento de formação de palavras que exprime a ideia de órgão reprodutor, sexo (Do gr. *gónos*, «esperma; geração; semente»)
gonocele *n.f.* MEDICINA acumulação de esperma nos canais seminíferos (Do gr. *gónos*, «esperma; semente» +*kéle*, «tumor»)
gonócito *n.m.* BIOLOGIA célula reprodutora animal que dá origem a quatro espermatozoides, quando se trata do sexo masculino, ou a um óvulo, quando se trata do sexo feminino (Do gr. *gónos*, «sexo; origem; semente» +*kýtos*, «célula; cavidade»)
gonococia *n.f.* MEDICINA doença causada pelo gonococo, como a blenorragia (De *gonococo*+*-ia*)
gonococo *n.m.* MEDICINA micróbio (bactéria) causador da blenorragia e de outras lesões (Do gr. *gónos*, «esperma; semente» +*kókkos*, «grão; pevide»)
gonocórico *adj.* diz-se do indivíduo que apresenta gonocorismo; indivíduo unissexuado (Do gr. *gónos*, «geração» +*khoristós*, «separado»)
gonocorismo *n.m.* apresentação de sexos separados, o que se opõe ao hermafroditismo; unissexualismo; unissexualidade (Do gr. *gónos*, «geração» +*khorismós*, «separação»)
gonóforo *n.m.* BOTÂNICA prolongamento do recetáculo que apenas suporta os estames e o pistilo (Do gr. *gónos*, «geração» +*phorós*, «portador»)
gonorreia *n.f.* MEDICINA doença sexualmente transmissível provocada por uma bactéria da espécie *Neisseria gonorrhoeae*, de tipo Gram-negativo, que se caracteriza por corrimento mucoso ou purulento na mulher, inflamação da uretra no homem e infeção oftálmica nos recém-nascidos; blenorragia (Do gr. *gonorrhoía*, «corrimento nos órgãos de geração», pelo lat. *gonorrhoea-*, «id.»)
gonorreico *adj.* relativo a gonorreia (De *gonorreia*+*-ico*)
gonoteca *n.f.* ZOOLOGIA cada um dos órgãos reprodutores que, por vezes, aparecem na base do pneumatóforo das colónias de graptólitos (Do gr. *gónos*, «geração» +*théke*, «invólucro»)
gonozoide *n.m.* ZOOLOGIA indivíduo diferenciado e adaptado à produção dos elementos reprodutores numa colónia de briozoários; gamozoide (Do gr. *gónos*, «geração» +*zôon*, «animal» +*eîdos*, «forma»)
gonozóide ver nova grafia **gonozoide**

gonzo *n.m.* mecanismo constituído por duas peças metálicas unidas por um eixo, uma presa a um objeto fixo e a outra a um objeto movível, tal como uma porta ou uma janela, permitindo o movimento do segundo objeto (Do lat. *gomphu-*, «cavilha; juntura», pelo fr. *gond*, «gonzo»)
googlar *v.tr.,intr.* pesquisar (palavra, expressão) na internet utilizando o motor de busca Google (Do ing. *Google*®+*-ar*, pelo v. ing. *to google*, «id.»)
gorá *n.m.* MÚSICA instrumento também designado gongom, usado pelos sul-africanos, formado por uma tripa retesada num arco, que eles fazem soar, soprando-a pelo cálamo de uma pena de avestruz (De orig. onom.)
goral *n.m.* ZOOLOGIA antílope robusto da Índia (Himalaia); cabrito-montês do Himalaia (Do hind. *gural*, «id.»)
gorar *v.tr.,intr.* frustrar(-se); malograr(-se); abortar ■ *v.intr.* corromper-se (o ovo) na incubação
goraz *n.m.* 1 ICTIOLOGIA peixe teleósteo, da família dos Esparídeos, de corpo oblongo e comprimido 2 ORNITOLOGIA ave pernalta, da família dos Ardeídeos, muito rara em Portugal (Do lat. *voráce-*, «voraz»)
gorazeira *n.f.* aparelho para a pesca do goraz e de outros peixes (De *goraz*+*-eira*)
gorazeiro¹ *adj.* diz-se da época em que se pesca muito goraz (De *goraz*+*-eiro*)
gorazeiro² *adj.* em que há muitos reveses (De *goraz*, por *voraz*+*-eiro*)
gordaço *adj.* muito gordo e malfeito (De *gordo*+*-aço*)
gordalhaço *adj.* 1 muito gordo 2 barrigudo (De *gordo*+*-alho*+*-aço*)
gordalhão *adj.* ⇒ **gordalhaço** (De *gordo*+*-alhão*)
gordalhudo *adj.* ⇒ **gordalhaço** (De *gordo*+*-alho*+*-udo*)
gordalhufo *adj.* ⇒ **gordalhaço** (De *gordo*+*-alho*+*-ufo*)
gordanchudo *adj.* ⇒ **gordalhaço** (De *gordo*+*-ancho*+*-udo*)
gordiano *adj.* ⇒ **górdio** *adj.* ■ *n.m.pl.* ZOOLOGIA grupo de nematelmintes a que pertence o górdio ou cobra-de-cabelo; nematodes (De *górdio*+*-ano*)
górdio *n.m.* ZOOLOGIA nematelminte nematoide de corpo filiforme, cujas formas adultas vivem livres nas águas dos tanques, riachos, etc., e que é também conhecido por cobra-de-cabelo ■ *adj.* designativo de um nó muito difícil de desfazer, que ligava o jugo ao timão do carro do rei Górdio da Frígia, região do Noroeste da Ásia Menor; gordiano; **cortar o nó ~** [fig.] sair de uma situação embaraçosa, vencer uma dificuldade; **nó ~** [fig.] dificuldade que parece insuperável (Do lat. *Gordĭu-*, nome de um rei e de uma cidade da Frígia)
gordo /ô/ *adj.* 1 que tem gordura; untuoso; gorduroso 2 que tem tecido adiposo desenvolvido em excesso 3 que é da natureza da gordura 4 excelente para cultura 5 corpulento; volumoso 6 diz-se do leite cuja percentagem de gordura é, no mínimo, de 3,5 % ■ *n.m.* 1 indivíduo com tecido adiposo desenvolvido em excesso; pessoa obesa 2 unto; banha; **Domingo Gordo** Domingo de Entrudo (Do lat. *gurdu-*, «grosseiro»)
gordote *adj.* ⇒ **gorducho** (De *gordo*+*-ote*)
gorducho *adj.* um tanto gordo (De *gordo*+*-ucho*)
gordura *n.f.* 1 substância animal adiposa 2 banha; sebo 3 qualidade do que é gordo; adiposidade (De *gordo*+*-ura*)
gordurento *adj.* ⇒ **gorduroso** (De *gordura*+*-ento*)
gorduroso /ô/ *adj.* 1 que tem gordura 2 da natureza da gordura 3 sujo de gordura; ensebado (De *gordura*+*-oso*)
goreiro *adj.* [regionalismo] diz-se da videira que produz poucas uvas e de fraca qualidade (De *goro*+*-eiro*?)
gorga *n.f.* BOTÂNICA ⇒ **esparguta** (De orig. obsc.)
gorga-dos-montes *n.f.* BOTÂNICA planta da família das Alsináceas, de flores brancas ou rosáceas, espontânea de norte a sul de Portugal
gorgaz *n.m.* antiga arma de arremesso; dardo; virotão (De orig. obsc.)
gorgolão *n.m.* 1 porção de líquido expelida num só impulso; jato; golfada; vómito 2 porção de líquido engolida de uma só vez; gole (De *gorgolar*+*-ão*)
gorgolar *v.intr.* sair em gorgolão (Do lat. *gurgulĭu-*, «garganta» +*-ar*)
gorgolejante *adj.2g.* que gorgoleja (De *gorgolejar*+*-ante*)
gorgolejar *v.intr.* produzir o ruído especial do gargarejo ■ *v.tr.* 1 beber fazendo o ruído de gargarejo 2 expelir em golfadas (De *gorgolar*+*-ejar*)
gorgolejo /ê/ *n.m.* 1 ato ou efeito de gorgolejar 2 expulsão de um líquido às golfadas 3 ato de agitar um líquido na garganta com o ar expelido da laringe, produzindo um ruído (Deriv. regr. de *gorgolejar*)

gorgoleta /ê/ n.f. bilha de barro com gargalo de ralo por onde a água, ao passar, produz ruído (De *gorgolar*+*-eta*)
gorgolhão n.m. ⇒ **gorgolão** (De *gorgolhar*+*-ão*)
gorgolhar v.intr. brotar ou sair em gorgolhões (Do lat. *gurgulĭu-*, «garganta» +*-ar*)
gorgomil n.m. [pop.] ⇒ **gorgomilo**
gorgomilo n.m. [pop.] goela; garganta (Do lat. vulg. *gurga-*, «garganta»)
górgona n.f. ⇒ **górgone**
górgone n.f. 1 [com maiúscula] cada uma das três irmãs (Medusa, Esteno e Euríale), com serpentes em vez de cabelos, cujo olhar transformava em pedra quem as olhasse 2 figura decorativa de mulher, com a boca aberta e a cabeça armada de serpentes 3 [fig.] mulher muito feia e perversa (Do lat. *Gorgŏna-*, mitol., «Medusa; Górgona»)
gorgorão n.m. tecido encorpado de seda, algodão ou lã (Do fr. *gros-grain*, «grão grosso»)
gorgorina n.f. tecido que imita o gorgorão (De *gorgorão*+*-ina*)
gorgotó elem. expr. [regionalismo] *ir-se de ~* gastar-se tudo em comes e bebes (Do lat. *gurga-*, «garganta»)
gorgulhento adj. que possui gorgulho (De *gorgulho*+*-ento*)
gorgulho n.m. ZOOLOGIA designação extensiva, de forma geral, aos insetos coleópteros que, na sua maioria, atacam as sementes recolhidas em celeiros (Do lat. **gurgulĭo*, do lat. cl. *curculĭo*, «gorgulho»)
gorguz n.m. ⇒ **gorgaz** (De *gorgaz*)
gorila n.m. 1 ZOOLOGIA mamífero antropomorfo, da família dos Simiídeos, que vive na África equatorial, vegetariano, muito robusto, com boca grande, maxilares protuberantes e braços compridos 2 [coloq.] pessoa forte e corpulenta 3 [gír.]; pessoa encarregada da segurança ou proteção de algo ou alguém; guarda-costas; segurança (Do lat. cient. *Gorilla*, pelo gr. *górillai*, «tribo de mulheres africanas muito peludas (que, provavelmente, seriam gorilas)», termo que ocorre na tradução grega do *Périplo* de Hanão, séc. IV a.C.)
gorilha n.m. ZOOLOGIA ⇒ **gorila**
gorja n.f. 1 garganta; goela 2 [pop.] pescoço; cachaço 3 NÁUTICA a parte mais estreita da quilha de uma embarcação (Do lat. **gurga*, «garganta», pelo fr. *gorge*, «pescoço; garganta»)
gorjal n.m. 1 parte da armadura defensiva do pescoço 2 antigo adorno do pescoço, com pedras preciosas; gorjeira (De *gorja*+*-al*)
gorjeado adj. 1 trinado 2 harmonioso ∎ n.m. gorjeio (Part. pass. de *gorjear*)
gorjeador adj., n.m. que ou aquele que gorjeia (De *gorjear*+*-dor*)
gorjear v.intr. 1 soltar sons agradáveis (os pássaros); trinar 2 cantar; gargantear ∎ v.tr. exprimir por gorjeios (De *gorjeio*+*-ear*)
gorjeio n.m. 1 ato ou efeito de gorjear; trinado 2 chilreio das crianças 3 som da voz humana, quando suave e harmoniosa (Deriv. regr. de *gorjear*)
gorjeira n.f. peça de renda ou pano para o pescoço; gorjal (De *gorja*+*-eira*)
gorjeta /ê/ n.f. 1 pequena gratificação a quem prestou um serviço, suplementar ao pagamento devido 2 escopro delgado para trabalhar em mármore (De *gorja*, bebida para molhar a garganta ou dinheiro para uma bebida +*-eta*)
gorjete /ê/ n.m. 1 peça de vestuário, formada de colar e peitilho, para sobrepor à camisa de dormir 2 camisote (De *gorja*+*-ete*)
gorne n.m. NÁUTICA entalhe na caixa de um moitão onde passa o cabo (Do lat. tard. *gurna-*, «cavidade», pelo it. veneziano *gorna*, «gorne»)
gornir v.tr. NÁUTICA passar (o cabo) pelo gorne (De *gorne*+*-ir*)
goro /ô/ adj. 1 que gorou 2 (ovo) choco 3 inutilizado; frustrado (Deriv. regr. de *gorar*)
gorovinhas n.f.pl. rugas ou pregas em tecido ou peça de vestuário (De orig. obsc.)
gorra /ô/ n.f. 1 espécie de barrete; carapuça; gorro 2 [regionalismo] corda de esparto ou piaçaba ou armação de ferro a que se prendem os alcatruzes da nora 3 [regionalismo] casca do gorreiro (trovisco); *de ~ com (alguém)* aliado a, de amizade com (Do vasc. *gorra*, «id.»)
gorro /ô/ n.m. 1 peça, geralmente de lã, destinada a cobrir a cabeça, moldando-se ao seu formato; carapuça 2 chapéu redondo de senhora 3 carapuça preta usada por estudantes com a capa e a batina (De *gorra*)
gorrucho n.m. [regionalismo] resto de qualquer líquido, no fundo de uma vasilha (De orig. obsc.)
gorvinhas n.f.pl. ⇒ **gorovinhas**
gosma n.f. 1 doença que ataca a língua das aves, principalmente a das galinhas 2 inflamação na mucosa das vias respiratórias dos poldros 3 tosse brônquica violenta, que faz lembrar a asma 4 [pop.] escarro 5 [coloq.] qualquer substância viscosa 6 [pej.] indivíduo que procura, sem escrúpulos, viver à custa de outrem (Do germ. *worm*, «pus»)
gosmar v.tr., intr. expelir (mucosidades), tossindo ou escarrando; escarrar (De *gosma*+*-ar*)
gosmento adj. 1 que tem gosma 2 que escarra muito 3 fraco; adoentado (De *gosma*+*-ento*)
gosmoso adj. ⇒ **gosmento** (De *gosma*+*-oso*)
gospel n.m. música vocal religiosa da comunidade negra norte-americana (Do ing. *gospel*, «evangelho, doutrina de Cristo»)
gostador adj., n.m. que ou pessoa que gosta de algo ou alguém, especialmente no contexto da internet e das redes sociais; admirador (De *gostar*+*-dor*)
gostar v.tr. 1 achar (algo) agradável 2 achar saboroso; apreciar 3 sentir prazer em; agradar-se com; dar-se bem com 4 sentir simpatia ou afeição por (alguém) 5 provar (Do lat. *gustāre*, «tomar o gosto a»)
gostável adj.2g. que dá gosto; agradável; aprazível (Do lat. *gustabĭle-*, «id.»)
gostilho n.m. ⇒ **gostinho** (Do cast. *gustillo*, «id.»)
gostinho n.m. pequeno gosto; pequeno prazer (De *gosto*+*-inho*)
gosto /ô/ n.m. 1 sentido pelo qual se percebe o sabor de qualquer coisa; paladar 2 sabor dos alimentos 3 capacidade de apreciação do valor estético de alguma coisa 4 elegância; requinte; sentido estético 5 cunho particular que um artista dá às suas produções 6 impressão ou prazer provocado por alguma coisa 7 [fig.] agrado; prazer; satisfação 8 critério; opinião 9 moda; *a ~ de* boa vontade, à vontade; *com ~* com prazer; *de ~ duvidoso* deselegante; *fazer ~* ter prazer, agradar (Do lat. *gustu-*, «id.»)
gosto-da-vida n.m. BOTÂNICA espécie de ameixa grande e amarela, muito apreciada
gostosamente adv. com gosto; com agrado; de boa vontade (De *gostoso*+*-mente*)
gostoso adj. 1 de sabor agradável; saboroso 2 que tem sabor 3 [Brasil] que dá gosto 4 [Brasil] [fig.] alegre; contente (De *gosto*+*-oso*)
gota[1] /ô/ n.f. 1 porção minúscula de um líquido, com a forma de um glóbulo ou uma pera; pinga; pingo 2 lágrima 3 MEDICINA doença provocada pelo excesso de ácido úrico no organismo e caracterizada pela inflamação das articulações 4 ARQUITETURA pequeno ornamento arquitetónico que tem a forma de um glóbulo ou pera; *~ a ~* em doses muito pequenas, às pingas; *ser a ~ de água* ser aquilo que ultrapassa os limites de alguém, desencadeando uma reação violenta de indignação ou um conflito; *ser uma ~ de água no oceano* ser insignificante ou insuficiente (Do lat. *gutta-*, «id.»)
gota[2] /ô/ n.f. dança popular, típica da região do Minho, semelhante ao fandango embora mais instrumental
gota-coral n.f. [coloq.] epilepsia
gota-de-sangue n.f. BOTÂNICA ⇒ **casadinhos**
gotado adj. adornado ou salpicado de gotas (Do lat. *guttātu-*, «malhado»)
gota-serena n.f. amaurose
gote n.m. [Moçambique] peça de madeira que serve para equilibrar panelas e cestos
gotear v.tr., intr. ⇒ **gotejar** (De *gota*+*-ear*)
goteira n.f. 1 cano que recebe as águas pluviais dos telhados, e as conduz para fora das paredes 2 fenda por onde cai água no interior de uma casa, quando chove 3 concavidade formada pelo corte arredondado do miolo dos livros 4 MEDICINA aparelho utilizado para imobilizar um membro fraturado 5 ANATOMIA sulco formado num osso, onde passa um nervo, um tendão ou um vaso 6 MEDICINA aparelho removível, adaptado aos dentes, cujo objetivo é aliviar a pressão entre as arcadas dentárias, em situações de bruxismo 7 MEDICINA placa transparente maleável adaptada aos dentes, à qual se aplica um gel que os vai branquear ao longo do tempo (De *gota*+*-eira*)
gotejamento n.m. ato ou efeito de gotejar (De *gotejar*+*-mento*)
gotejante adj.2g. que goteja (De *gotejar*+*-ante*)
gotejar v.intr. cair gota a gota; pingar ∎ v.tr. verter ou deixar cair gota a gota (De *gota*+*-ejar*)
gótico adj. 1 dos Godos ou a eles referente 2 ARQUITETURA diz-se do estilo arquitetónico característico dos séculos XII e XV 3 LITERATURA diz-se da literatura narrativa, em grande voga em meados do século XVIII, cuja ação decorre em geral na época medieval e explora temas lúgubres e sinistros 4 diz-se da música que combina características do heavy metal e do punk ∎ n.m. 1 ARQUITETURA estilo arquitetónico desenvolvido na Europa ocidental entre os séculos XII e XV, caracterizado pela forma ogival das abóbadas e dos arcos 2 língua dos Godos 3 estilo que se caracteriza pelo uso de roupas e maquilhagem escuras e por uma filosofia que se foca em temas

gotícula obscuros como o mistério da vida e da morte **4** pessoa que segue esse estilo (Do lat. *gotĭcu-*, «id.»)

gotícula *n.f.* gota pequena (Do lat. *guttĭcŭla*, «pequena gota»)

gotímetro *n.m.* conta-gotas (Do lat. *gutta-*, «gota»+gr. *métron*, «medida»)

gotingo *n.m.* BOTÂNICA árvore da Índia (Do conc. *goting*, «id.»)

Gotlandiano *n.m.* [ant.] ⇒ **Silúrico** (De *Gotlândia*, ilha do mar Báltico+*-iano*)

goto /ô/ *n.m.* [pop.] ⇒ **glote**; *cair/dar no* ~ [fig.] agradar, achar graça, engraçar com (Do lat. *guttu-*, «vaso de gargalo estreito»)

gotoso *adj.* que padece do mal da gota (De *gota*+*-oso*)

gouve *n.f.* ORNITOLOGIA pássaro africano com plumagem verde-azulada escura (De orig. onom.)

gouveense *adj.2g.* **1** de Gouveia, cidade portuguesa do distrito da Guarda **2** relativo ou pertencente a Gouveia ▪ *n.2g.* natural ou habitante de Gouveia (De *Gouveia*+*-ense*)

gouveio *adj.,n.m.* casta ou designativo de uma casta de uva branca da região duriense; verdelho (De *Gouveia*, top., cidade portuguesa do distrito da Guarda)

governação *n.f.* ato ou efeito de governar; exercício dos poderes de administração e orientação dos diversos setores de um Estado; governo (Do lat. *gubernatiōne-*, «id.»)

governadeira *n.f.* mulher que administra a sua casa (De *governar*+*-deira*)

governado *adj.* **1** que é dirigido; administrado **2** que se sabe governar; económico; poupado **3** que se encontra numa boa situação financeira (Part. pass. de *governar*)

governador *n.m.* **1** indivíduo que governa um estado ou uma região administrativa **2** título conferido em certas instituições à pessoa que preside ao conselho de administração; administrador ▪ *adj.* que governa; ~ *civil* representante do governo central junto dos órgãos da administração local de cada distrito, sobre os quais exerce tutela administrativa; ~ *militar* oficial superior ou general que administra uma zona militar (Do lat. *gubernatōre-*, «timoneiro»)

governadora /ô/ *n.f.* **1** mulher que governa um estado ou uma região administrativa **2** título conferido em certas instituições à pessoa que preside ao conselho de administração; administradora **3** mulher que administra a sua casa; governadeira **4** [ant.] esposa de governador (De *governar*+*-dora*)

governador-geral *n.m.* governador que tem outros governadores sob a sua alçada, ou que administra uma vasta região de um país

governal *adj.2g.* ⇒ **governamental** (De *governo*+*-al*)

governalho *n.m.* **1** leme de embarcação **2** [fig.] direção; governo (Do lat. *gubernacŭlu-*, «remo; leme», pelo fr. *gouvernail*, «id.»)

governamental *adj.2g.* referente ao governo ▪ *n.m.* partidário do governo (De *governamento*+*-al*)

governamentalizar *v.tr.* ser gerido pelo governo; ser controlado pelo governo

governamento *n.m.* ⇒ **governo** (De *governar*+*-mento*)

governança *n.f.* **1** [ant., pej.] ato ou efeito de governar; governo; governação **2** (União Europeia) forma de governar baseada no equilíbrio entre o Estado, a sociedade civil e o mercado, ao nível local, nacional e internacional (Do fr. ant. *gouvernance*, «id.»)

governanta *n.f.* **1** mulher contratada para governar uma casa **2** aia; ama (De *governante*)

governante *adj.2g.* que governa ou administra ▪ *n.2g.* pessoa que governa ou administra os recursos de uma região ou de um país (Do lat. *gubernante-*, «id.», part. pres. de *gubernāre*, «dirigir; governar»)

governar *v.tr.* **1** exercer o governo de; ser responsável pela administração dos vários setores de um Estado, de um país ou de uma organização **2** administrar; gerir **3** dominar; imperar **4** conduzir; dirigir **5** pilotar ▪ *v.intr.* exercer o governo ▪ *v.pron.* **1** regular-se; orientar-se **2** arranjar-se; ~ *a vida* esforçar-se por angariar meios de subsistência (Do lat. *gubernāre*, «id.»)

governativo *adj.* do governo ou a ele referente (Do lat. *gubernatĭvu-*, «próprio para governar»)

governatriz *n.f.* aquela que governa; diretora (Do lat. *gubernatrīce-*, «id.»)

governável *adj.2g.* **1** que pode ser governado ou dirigido **2** fácil de governar; dócil (Do lat. *gubernabĭle-*, «id.»)

governichar *v.intr.* **1** [depr.] governar com fações, com mesquinhez **2** [depr.] exercer um cargo modesto (De *governicho*+*-ar*)

governicho *n.m.* **1** [depr.] exercício de um cargo modesto; administração de uma pequena área **2** [depr.] emprego rendoso e de pouco trabalho (De *governo*+*-icho*)

governismo *n.m.* sistema de governo autoritário; modo ditatorial de exercer o poder (De *governo*+*-ismo*)

governista *adj.* governamental ▪ *n.2g.* pessoa partidária do governismo (De *governo*+*-ista*)

governo /ê/ *n.m.* **1** ato ou efeito de governar; administração dos vários setores de um Estado, de um país ou de uma organização **2** sistema político pelo qual se rege um Estado **3** poder executivo **4** ministério **5** administração; direção **6** território da jurisdição de um governador **7** duração do exercício de um governador **8** duração de um exercício governamental **9** regime; reinado **10** rédeas e freio do cavalo **11** NÁUTICA leme do navio **12** economia **13** arranjo **14** ordem **15** comporta nas salinas; ~ *militar* autoridade exercida por um comando ou outra entidade militar sobre a população civil, em conformidade com as leis e usos da guerra (Deriv. regr. de *governar*)

governo-geral *n.m.* **1** funções do governador-geral **2** território administrado por um governador-geral

governo-sombra *n.m.* POLÍTICA conjunto de dirigentes da oposição que seguem a atividade governamental, repartindo entre si o acompanhamento dos assuntos relativos às várias pastas ministeriais

govete /ê/ *n.m.* utensílio de carpinteiro para regular, na madeira, a distância a que se deve fazer o rebaixamento (De *goivete*?)

gozão *n.m.* [coloq.] pessoa que gosta de gozar com os outros (De *gozar*+*-ão*)

gozar *v.tr.* **1** ter prazer em; fruir **2** tirar proveito de; desfrutar **3** rir-se de alguém; fazer troça ▪ *v.intr.* sentir prazer; divertir-se; aproveitar (De *gozo*+*-ar*)

gozo[1] /ô/ *n.m.* **1** ato de gozar; uso e fruição; utilização de uma coisa, cujos frutos se recebem **2** satisfação material ou espiritual; prazer; fruição **3** motivo de divertimento **4** troça (Do lat. *gaudĭu-*, «satisfação; gozo», pelo cast. *gozo*, «id.»)

gozo[2] /ô/ *n.m.* cão sem raça definida; rafeiro (Do lat. *gotĭcu-* [*cane-*], «cão godo»?)

gozoso *adj.* **1** que revela satisfação; contente **2** RELIGIÃO diz-se dos mistérios da Ressurreição, no rosário (De *gozo*+*-oso*)

GPS *n.m.* **1** sistema de navegação que permite obter a localização exata de um ponto na superfície terrestre ou em órbita, através de sinais de rádio sincronizados emitidos por satélites **2** aparelho recetor deste sistema (Do inglês *GPS*, acrónimo de *global positioning system*, «sistema de posicionamento global»)

grã[1] *n.f.* **1** ZOOLOGIA ⇒ **cochinilha 2** tinta obtida deste inseto **3** pequeno grão; grainha **4** tecido de lã ou de algodão tingido de escarlate; grana **5** VETERINÁRIA tumor que se forma na boca dos solípedes (também denominado ervilha) e dos suínos **6** galha de uma espécie de carvalho (Do lat. *grana*, neut. pl. de *granu-*, «grão»)

grã[2] *adj.* (masculino **grão**) ⇒ **grande**

graal *n.m.* vaso sagrado que, segundo a crença da Idade Média, foi utilizado por Jesus na última ceia com os apóstolos (Do lat. med. *gradāle-*, «terrina»)

grabato *n.m.* leito pequeno e miserável (Do lat. *grabātu-*, «leito pobre; catre»)

grã-besta /ê/ *n.f.* ZOOLOGIA termo por que também se designa o alce (De *gran*[*de*]+*besta*)

graça *n.f.* **1** favor que se dispensa ou se recebe; mercê **2** gracejo; dito com piada **3** espírito; airosidade **4** expressão ou forma atraente, elegante **5** RELIGIÃO dom gratuito de Deus, que eleva o homem ao estado sobrenatural (graça habitual), ou que concorre com ele para a prática do bem (graça atual) **6** pequena prenda; lembrança; agrado **7** [pop.] nome de batismo **8** *pl.* agradecimento **9** benevolência; estima **10** *pl.* oração em que se dá graças a Deus **11** RELIGIÃO participação do homem na vida divina, antes do pecado **12** RELIGIÃO dom sobrenatural **13** *pl.* RELIGIÃO benefícios espirituais concedidos pela Igreja; *ação de graças* oração de agradecimento a Deus; *as três Graças* três deusas que simbolizam o encanto; *cair nas boas graças de* conquistar a amizade ou proteção de alguém; *de* ~ gratuitamente; *dizer a sua* ~ dizer o nome; *não estar para graças* não estar com disposição para brincadeiras (Do lat. *gratĭa-*, «id.»)

gracejador *adj.,n.m.* que ou aquele que graceja; brincalhão (De *gracejar*+*-dor*)

gracejar *v.intr.* dizer gracejos; brincar; motejar ▪ *v.tr.* dizer por brincadeira ou jocosamente (De *graça*+*-ejar*)

gracejo /ê/ *n.m.* **1** ato ou dito engraçado e inofensivo; graça; chiste **2** galanteio (Deriv. regr. de *gracejar*)

graceta /ê/ *n.f.* dito chistoso; gracejo; piada (De *graça*+*-eta*)

grácil *adj.2g.* **1** delgado e delicado; fino; frágil **2** subtil (Do lat. *gracĭle-*, «delgado; grácil»)

gracili- elemento de formação de palavras que exprime a ideia de *delgado*, *grácil* (Do lat. *gracĭle-*, «delgado»)
gracilidade *n.f.* qualidade do que ou de quem é grácil (Do lat. *gracilitāte-*, «magreza»)
gracilifoliado *adj.* BOTÂNICA que tem folhas delgadas (De *gracili-*+*foliado*)
gracílimo *adj.* {superlativo absoluto sintético de **grácil**} muito grácil (Do lat. *gracilĭmu-*, «id.»)
gracilípede *adj.2g.* ZOOLOGIA que tem pés delgados (De *gracili-*+*-pede*)
gracilirrostro /ô/ *adj.* ZOOLOGIA que tem bico delgado (De *gracili-*+*-rostro*)
gracinha *n.f.* piada; motejo (De *graça*+*-inha*)
graciola *n.f.* BOTÂNICA planta herbácea, venenosa, da família das Escrofulariáceas, espontânea em Portugal, e com aplicação em medicina, também denominada graciosa (Do lat. cient. *gratiŏla-*, «gracinha»)
graciolado *adj.* semelhante à graciola (De *graciola*+*-ado*)
graciolina *n.f.* princípio ativo da graciola (De *graciola*+*-ina*)
graciosa *n.f.* ⇒ **graciola** (De *gracioso*)
graciosidade *n.f.* qualidade daquilo ou de quem é gracioso; graça; elegância (Do lat. *gratiositāte-*, «agrado»)
gracioso /ô/ *adj.* 1 que tem graça; elegante; airoso 2 engraçado 3 de graça ■ *n.m.* chocarreiro; motejador (Do lat. *gratiōsu-*, «que goza do favor de alguém»)
gracitar *v.intr.* soltar a voz (o pato) (Do lat. *crocitāre*, «crocitar»)
graçola *n.f.* 1 dito inconveniente 2 chalaça; piada ■ *n.m.* o que diz graçolas (De *graça*+*-ola*)
graçolar *v.intr.* dizer graçolas (De *graçola*+*-ar*)
grã-cruz *n.f.* 1 o grau mais elevado de certas ordens honoríficas 2 insígnia constituída por uma cruz pendente de uma fita, que serve para condecorar alguns dignitários de ordens de cavalaria ■ *n.m.* dignitário condecorado com a grã-cruz
gradação *n.f.* 1 aumento ou diminuição sucessiva e gradual; transição gradual 2 figura de retórica que consiste em enumerar elementos numa dada sequência para amplificar ou diminuir o significado (Do lat. *gradatiōne-*, «escada»)
gradador *n.m.* 1 o que grada a terra 2 AGRICULTURA utensílio agrícola que serve para esterroar e aplanar a terra lavrada; grade (De *gradar*+*-dor*)
gradadura *n.f.* ⇒ **gradagem** (De *gradar*+*-dura*)
gradagem *n.f.* ato ou efeito de gradar (De *gradar*+*-agem*)
gradar¹ *v.tr.* AGRICULTURA aplanar ou esterroar com a grade (a superfície da terra lavrada) (De *grade*+*-ar*)
gradar² *v.intr.* tornar-se grado ou graúdo; crescer; gradecer (De *grado*+*-ar*)
gradar³ *v.intr.* ⇒ **agradar**² (De *grado*+*-ar*)
gradaria *n.f.* divisória formada de diferentes grades; gradeamento (De *grade*+*-aria*)
gradativamente *adv.* gradualmente; progressivamente (De *gradativo*+*-mente*)
gradativo *adj.* em que há gradação (Do lat. *gradatīvu-*, «disposto em degraus»)
grade *n.f.* 1 espécie de tabique destinado a vedar um lugar, formado de peças, por vezes encruzadas, de madeira ou metal, com intervalos 2 caixa de ripas para embalagem de móveis ou transporte de aves 3 caixa de plástico para transporte de bebidas engarrafadas 4 AGRICULTURA utensílio agrícola que serve para esterroar e aplanar a terra lavrada 5 locutório de convento ou cadeia 6 ARTES PLÁSTICAS caixilho em que assenta a tela 7 ELETRICIDADE grelha, numa lâmpada eletrónica (Do lat. *crate-*, «id.»)
gradeado *n.m.* tapamento em forma de grade; gradeamento ■ *adj.* que tem grade (Part. pass. de *gradear*)
gradeamento *n.m.* 1 ato ou efeito de gradear 2 conjunto das grades de um local ou de um edifício; série de grades (De *gradear*+*-mento*)
gradear *v.tr.* vedar ou fechar com grade; prover de grades (De *grade*+*-ear*)
gradecer *v.intr.* pôr-se grado; crescer (De *gradar*+*-ecer*)
gradeira *n.f.* freira que acompanha as religiosas chamadas ao locutório para falar com alguém (De *grade*+*-eira*)
gradejar *v.tr.* ⇒ **gradear** (De *grade*+*-ejar*)
gradelha /ê/ *n.f.* espécie de malha rara, nas armaduras antigas (Do lat. *craticŭla-*, «grade pequena»)
gradeza /ê/ *n.f.* qualidade do que é grado; grossura (De *grado*+*-eza*)
gradiente *n.m.* 1 variação de uma grandeza ao longo de uma dimensão espacial, em determinada direção 2 MATEMÁTICA coeficiente angular (ou declive) da tangente a uma curva (em um dos seus pontos) e cujo valor é o da tangente trigonométrica da inclinação da tangente à curva (nos pontos em que tal tangente exista); *~ de um escalar* (*ou de um campo de escalares, num ponto*) MATEMÁTICA vetor cuja direção é dada pela direção da mais rápida variação no escalar com a distância, cujo sentido é o do aumento do escalar e cuja grandeza é igual ao aumento do escalar por unidade de distância; *~ hidráulico* perda de energia de um líquido em movimento por unidade de peso e de percurso (Do fr. *gradient*, «id.»)
gradil *n.m.* gradeamento que circunda um terreno (De *grade*+*-il*)
gradim *n.m.* utensílio que os escultores usam para desbastar as asperezas deixadas pelo cinzel (Do fr. *gradin*, «id.»)
gradinada *n.f.* retoque numa escultura com o gradim (Part. pass. fem. subst. de *gradinar*)
gradinar *v.tr.* alisar ou retocar com o gradim ■ *v.intr.* manejar o gradim (Do fr. *gradiner*, «id.»)
grado¹ *adj.* 1 graúdo; crescido; vingado 2 com grão 3 [fig.] nobre; notável (Do lat. *granātu-*, «graúdo»)
grado² *n.m.* vontade; gosto; *de bom ~* de boa vontade; *de mau ~* de má vontade (Do lat. *gratu-*, «agradável»)
grado³ *n.m.* GEOMETRIA centésima parte de um quadrante da circunferência (Do lat. *gradu-*, «passo»)
graduação *n.f.* 1 ato ou efeito de graduar 2 divisão de uma escala em graus, centímetros, etc.; escala 3 potência de uma lente em dioptrias 4 valor percentual de álcool que uma bebida contém em graus 5 grau do ensino superior após conclusão do curso 6 [fig.] posição social; categoria 7 MILITAR grau da hierarquia militar (Do lat. med. *graduatiōne-*, «id.»)
graduadamente *adv.* com graduação (De *graduado*+*-mente*)
graduado *adj.* 1 que está marcado com graus ou unidades de medida 2 que possui um grau académico 3 que ocupa um posto militar 4 elevado; distinto ■ *n.m.* 1 pessoa que possui um grau académico 2 pessoa que ocupa um posto militar (Part. pass. de *graduar*)
graduador *adj.,n.m.* que, aquele ou aquilo que gradua (De *graduar*+*-dor*)
gradual *adj.2g.* 1 que se faz por graus 2 que aumenta ou diminui aos poucos; progressivo; gradativo ■ *n.m.* 1 RELIGIÃO versículos da missa, entre a Epístola e o Evangelho 2 MÚSICA livro de cantochão (Do lat. ecl. *graduāle-*, «salmos graduados dos Hebreus»)
gradualmente *adv.* 1 por graus 2 progressivamente (De *gradual*+*-mente*)
graduamento *n.m.* ⇒ **graduação** (De *graduar*+*-mento*)
graduando *n.m.* aquele a quem vai ser conferido um grau universitário (De *graduar*+*-ando*)
graduar *v.tr.* 1 dividir em graus ou unidades de medida 2 dispor por graus ou categorias 3 regular 4 conferir grau a; classificar ■ *v.pron.* tomar grau universitário (Do lat. escol. med. *graduāre*, «graduar; conferir um grau a»)
graduável *adj.2g.* que se pode graduar (De *graduar*+*-vel*)
grã-duquesa /ê/ *n.f.* (masculino **grão-duque**) 1 título de certas princesas reinantes; soberana de um grão-ducado 2 HISTÓRIA princesa da família imperial russa 3 mulher do grão-duque (De *grão--duque*)
gradura *n.f.* [regionalismo] designação de várias qualidades de feijão, grão-de-bico, lentilhas, etc.; legumes (De *grado*+*-ura*)
graeiro *n.m.* grão de chumbo ou de cereal (De *grão*+*-eiro*)
graelada *n.f.* [regionalismo] saraivada (De *graelo*+*-ada*)
graelo *n.m.* [regionalismo] saraiva; granizo (Do lat. **granellu-*, dim. de *granu-*, «grão»)
grafanhoto /ô/ *n.m.* ORNITOLOGIA ⇒ **gafanhoto** 3
grafar *v.tr.* dar forma por escrito a; escrever; ortografar (Do gr. *gráphein*, «escrever»+*-ar*)
grafema /ê/ *n.m.* LINGUÍSTICA cada uma das unidades da palavra escrita (Do fr. *graphème*, «id.»)
grafeno *n.m.* FÍSICA, QUÍMICA material composto de átomos de carbono, dispostos num único plano, numa rede cristalina hexagonal, formando uma camada com a espessura de um só átomo, e que se caracteriza por grande resistência mecânica, transparência e elevadas condutividades elétrica e térmica (Do ing. *graphene*, «id.», por *graphite*, «grafite»+ suf. *-ene*, em port. *-eno*)
graffiti *n.m.* ⇒ **grafiti** (Do it. *graffiti*, plural de *grafito*, «inscrição feita em superfície dura»)
grafia *n.f.* 1 GRAMÁTICA representação escrita de um som ou de uma palavra; escrita 2 maneira própria de cada pessoa escrever à mão; caligrafia; letra (Do gr. *gráphein*, «escrever»+*-ia*)
-grafia sufixo nominal, de origem grega, que exprime a ideia de *escrita*, *registo* (*ecografia*, *serigrafia*)

gráfica *n.f.* 1 arte de grafar as palavras 2 forma da letra 3 oficina de artes gráficas (De *gráfico*)

graficamente *adv.* 1 através de grafia; por escrito 2 por meio de um gráfico 3 do ponto de vista da imagem ou do texto (De *gráfico*+*-mente*)

gráfico *adj.* 1 referente à grafia 2 representado por desenho ou formas geométricas 3 que diz respeito à reprodução por tipografia, gravura, etc. ■ *n.m.* 1 traçado de um esquema, especialmente por aparelho registador 2 representação geométrica da variação interdependente de duas grandezas 3 aquele que trabalha em artes gráficas ou na indústria gráfica; *instrumento* ~ instrumento que regista, na forma de um gráfico, uma quantidade a medir; *método* ~ método que consiste em representar os fenómenos ou as suas relações abstractas por figuras geométricas, quer para pôr em evidência relações constantes entre os factos, quer ainda para pôr em evidência um quadro esquemático mais convincente, método de resolução de um problema ou de execução de um cálculo pelo exame de um gráfico (Do gr. *graphikós*, «relativo à escrita», pelo lat. *graphĭcu-*, «feito a primor»)

grafila *n.f.* orla de moeda ou medalha, junto à serrilha, onde se abre a inscrição (Do cast. *grafila*, «id.»?)

grã-fino *adj.,n.m.* [Brasil] [coloq.] que ou pessoa que é abastada e vive uma vida de luxo ■ *adj.* 1 [Brasil] [coloq.] que tem classe; elegante 2 [Brasil] [coloq.] de boa qualidade 3 [Brasil] [coloq.] pretensioso

grafismo *n.m.* 1 forma de representar ou escrever as palavras de uma língua; grafia; ortografia 2 modo pessoal de escrever; letra; caligrafia 3 estilo característico de um artista nos seus desenhos ou pinturas 4 representação visual de uma ideia ou de uma mensagem; design 5 traçado preparatório da escrita (Do fr. *graphisme*, «id.»)

grafitar[1] *v.tr.* 1 revestir de grafite (a superfície de um objeto) para o tornar condutor elétrico 2 lubrificar com pasta de grafite (De *grafite*+*-ar*)

grafitar[2] *v.tr.,intr.* desenhar ou escrever em muros ou paredes de locais públicos, geralmente com tinta em spray; fazer grafítis ou grafitos (em) (De *grafito*+*-ar*)

grafite[1] *n.f.* 1 MINERALOGIA forma alotrópica do carbono, de grande condutibilidade elétrica e térmica, que cristaliza no sistema hexagonal, tem cor plúmbea e é macia e untuosa ao tato e que se utiliza no fabrico de lápis, aparelhos elétricos, pilhas atómicas (moderador), como lubrificante, etc.; plumbagina; plumbagem; plumbago 2 pedaço desse mineral usado para desenhar ou escrever (Do al. *Graphit*, pelo fr. *graphite*, «id.»)

grafite[2] *n.f.* [Brasil] desenho, frase ou palavra, de carácter jocoso, informativo, contestatário ou obsceno, feito geralmente com tinta em spray, em muros ou paredes de locais públicos; grafíti; grafito (Do it. *graffito*, «inscrição feita em superfície dura»)

grafiteiro *n.m.* autor de grafítis

grafíti *n.m.* desenho, frase ou palavra, normalmente de carácter jocoso, informativo, contestatário ou obsceno, feito geralmente com tinta em spray, em muros ou paredes de locais públicos; grafito (Do it. pl. *graffiti*, «inscrição feita em superfície dura»)

grafítico *adj.* QUÍMICA formado de grafite ou semelhante a ela (De *grafite*+*-ico*)

grafitização *n.f.* QUÍMICA decomposição espontânea ou térmica de alguns carbonetos metálicos em grafite e metal (De *grafite*+*-izar*+*-ção*)

grafito *n.m.* 1 inscrição ou desenho em paredes e monumentos antigos 2 ⇒ **grafíti** (Do it. *graffito*, «inscrição feita em superfície dura»)

grafo *n.m.* MATEMÁTICA representação gráfica constituída por pontos (vértices) e segmentos de reta ou arcos (arestas) entre eles, podendo também conter lacetes de um vértice para si mesmo (Do fr. *graphe*, «id.»)

graf(o)- elemento de formação de palavras que exprime a ideia de *escrever* ou *gravar* (Do gr. *gráphein*, «escrever»)

-grafo sufixo nominal, de origem grega, que exprime a ideia de *escrever, registar* (*marégrafo, telégrafo*)

grafofobia *n.f.* receio mórbido de escrever (De *grafo-*+*-fobia*)

grafofone *n.m.* fonógrafo de cilindro (De *grafo-*+*-fone*)

grafognosia *n.f.* arte de conhecer o autor de um escrito pela grafia que ele usa (Do gr. *gráphein*, «escrever» +*gnôsis*, «conhecimento» +*-ia*)

grafo-grelha *n.m.* MATEMÁTICA grafo cuja representação gráfica é semelhante a uma grelha

grafologia *n.f.* conjunto de estudos teóricos e práticos sobre a escrita (identificação de autoria, diagnóstico de caracteres, etc.) (De *grafo-*+*-logia*, ou do fr. *graphologie*, «id.»)

grafológico *adj.* relativo à grafologia (De *grafologia*+*-ico*)

grafólogo *n.m.* aquele que presume conhecer o carácter de uma pessoa pela escrita dessa pessoa (De *grafo-*+*-logo*)

grafomania *n.f.* ⇒ **graforreia** (De *grafo-*+*-mania*)

grafomaníaco *adj.,n.m.* ⇒ **grafómano** (De *grafo-*+*maníaco*)

grafómano *adj.,n.m.* que ou aquele que sofre de grafomania (De *grafo-*+*-mano*)

grafómetro *n.m.* instrumento com que se medem ângulos sobre um terreno (De *grafo-*+*-metro*)

grafonola *n.f.* fonógrafo com o altifalante encerrado numa caixa portátil (Do gr. *gráphein*, «gravar» +*phoné*, «som» +*-ola*)

grafonomia *n.f.* estudo das diferentes formas da grafia de uma pessoa (Do gr. *graphé*, «escrita» +*nómos*, «lei; norma» +*-ia*)

grafopsicologia *n.f.* PSICOLOGIA conhecimento da psicologia de uma pessoa pelo exame da sua escrita ou letra (De *grafo-*+*psicologia*)

graforreia *n.f.* PSICOLOGIA necessidade irresistível de escrever que certos doentes manifestam (Do gr. *gráphein*, «escrever» +*rhein*, «correr»)

grafostática *n.f.* aplicação da geometria à resolução de problemas da mecânica (De *grafo-*+*estática*)

grafotipologia *n.f.* elaboração de uma tipologia a partir dos caracteres da escrita (De *grafo-*+*tipologia*)

grageia *n.f.* 1 medicamento, geralmente de forma oval ou arredondada, coberto de uma substância endurecida, para chupar ou engolir 2 guloseima de forma arredondada e consistência firme (Do cast. *gragea*, «confeitos miúdos», do fr. *dragée*, «id.»?)

grageu *n.m.* ORNITOLOGIA nome vulgar por que também é conhecida a gaivina, comum em Portugal (De orig. obsc.)

graiar *v.tr.* 1 [regionalismo] dar grão (a espiga) 2 [regionalismo] gradar (De *gradar*)

grainha *n.f.* 1 semente da videira e de algumas outras plantas; grã 2 VETERINÁRIA [pop.] ⇒ **chaveira** (De *grão-*+*-inha*)

gral *n.m.* almofariz (Do lat. med. *gradāle-*, «terrina»)

gralha *n.f.* 1 ORNITOLOGIA pássaro pertencente à família dos Corvídeos, comum em Portugal 2 ORNITOLOGIA ⇒ **abelharuco** 3 erro tipográfico 4 erro num texto devido a uma distração 5 [fig.] pessoa faladora; tagarela 6 *pl.* espécie de jogo popular (Do lat. *gracŭla-*, «gralha»)

gralhada *n.f.* 1 chilrear simultâneo de muitos pássaros 2 [fig.] vozearia; falácia (Part. pass. fem. subst. de *gralhar*)

gralha-de-bico-vermelho *n.f.* ORNITOLOGIA ave de rapina, noturna, da família dos Corvídeos; corvacho

gralhador *adj.,n.m.* 1 que ou aquele que gralha 2 palrador (De *gralhar*+*-dor*)

gralhar *v.intr.* 1 (gralha) grasnar; grazinar 2 [fig.] palrar; vozear 3 TIPOGRAFIA compor com gralhas ou lapsos (De *gralha*+*-ar*)

gralheira *n.f.* 1 gralhada 2 sítio onde as gralhas formam bando (De *gralha*+*-eira*)

gralho *n.m.* 1 ORNITOLOGIA gralha-macho 2 (pássaro) ⇒ **abelharuco** 3 MECÂNICA peça dentada dos guinchos que engrena no tambor (Do lat. *gracŭlu-*, «gralho»)

grama[1] *n.m.* FÍSICA unidade de medida de massa, de símbolo g, equivalente à milésima parte do quilograma (Do gr. *grámma*, «escrópulo», pelo fr. *gramme*, «grama»)

grama[2] *n.f.* 1 BOTÂNICA erva rasteira, rizomatosa, prejudicial às culturas, pertencente à família das Gramíneas, espontânea em Portugal, e também conhecida por gramão 2 [Brasil] BOTÂNICA ⇒ **relva** (Do lat. *gramĭna*, pl. de *gramen*, «grama; erva; relva»)

-grama sufixo nominal, de origem grega, que exprime a ideia de *escrito, registo, letra* (*maregrama, telegrama*)

grama-americana *n.f.* BOTÂNICA erva cultivada em Portugal para arrelvar terrenos secos, também denominada grama-inglesa, grama-da-praia, grama-larga, etc.

gramação *n.f.* ⇒ **clamação** (De *gramar*+*-ção*)

gramada *n.f.* trabalho feito com a gramadeira (Part. pass. fem. subst. de *gramar*)

gramadeira *n.f.* 1 peça de madeira para trilhar o linho antes de o espadelar 2 gancho de puxar a palha para a manjedoura, nas estrebarias 3 [regionalismo] mulher que trabalha com aquela peça (De *gramar*+*-deira*)

gramado *n.m.* 1 [Brasil] terreno onde cresce a grama; relvado 2 [Brasil] campo de futebol ■ *adj.* [Brasil] que tem grama; relvado (Part. pass. de *gramar*)

gramagem *n.f.* peso em gramas de um papel com um metro quadrado, servindo como termo de comparação com outros papéis (Do fr. *grammage*, «id.»)

gramalheira *n.f.* 1 corrente de ferro que suspende a caldeira por cima da fogueira 2 grilhão; corrente 3 régua dentada onde engrena uma roda também dentada; cremalheira (Do fr. ant. *crémail*, pelo fr. mod. *crémaillère*, «cremalheira»)

gramão n.m. BOTÂNICA ⇒ **grama**² (De *grama*+-*ão*)

gramar¹ v.tr. **1** trilhar o linho com a gramadeira **2** [coloq.] aguentar uma situação incómoda; aturar **3** [coloq.] gostar de **4** [pop.] comer; beber; engolir (Do lat. *carmināre*, «cardar»)

gramar² v.tr.,intr. semear ou plantar a grama (em) (De *grama*+-*ar*)

gramar³ v.intr. [regionalismo] chamar; clamar (Do lat. *clamāre*, «gritar»)

gramasso n.m. [pop.] argamassa (De *argamassa*)

gramática n.f. **1** disciplina linguística que estuda a organização e o funcionamento de uma língua **2** conjunto de normas e convenções que regulam o funcionamento de um sistema linguístico **3** livro que contém os princípios e as normas da organização e funcionamento de uma língua **4** LINGUÍSTICA conhecimento adquirido e inconsciente dos princípios e regras de uma língua, que permite produzir e compreender enunciados **5** conjunto de princípios elementares de uma técnica, arte, ciência, etc. **6** ensino da língua **7** [ant.] arte de bem escrever e falar **8** [Brasil] [pop.] qualquer bebida alcoólica; ~ **comparada** LINGUÍSTICA disciplina que estuda comparativamente duas ou mais línguas, ou fases diferentes de uma mesma língua; ~ **descritiva** LINGUÍSTICA gramática sincrónica de uma língua, que estuda os enunciados de um corpus, sem preocupações normativas ou históricas; ~ **generativa** LINGUÍSTICA teoria da gramática que estabelece um modelo, descrevendo estruturalmente a geração do discurso a partir de um conjunto de regras; ~ **de valências** LINGUÍSTICA teoria da gramática que centra o seu estudo na sintaxe e na semântica do verbo; ~ **histórica** LINGUÍSTICA estudo das transformações dos sistemas linguísticos de uma língua; ~ **normativa/ prescritiva** LINGUÍSTICA gramática que estabelece as normas para se falar e escrever correctamente; ~ **transformacional** LINGUÍSTICA gramática generativa que se ocupa dos fenómenos de transformação na estrutura sintática da frase; ~ **universal** LINGUÍSTICA conjunto dos princípios gerais e comuns (universais linguísticos) a que obedecem todas as línguas (Do gr. *grammatikḗ [tékhnē]*, «a arte relativa às letras», pelo lat. *grammatĭca*-, «gramática»)

gramatical adj.2g. referente ou de acordo com a gramática (Do lat. *grammaticāle*-, «id.»)

gramaticalidade n.f. **1** LINGUÍSTICA característica do que é gramatical **2** qualidade de uma proposição que obedece às regras sintáticas próprias de uma língua, mesmo que seja desprovida de sentido (De *gramatical*+-*i*-+-*dade*, ou do fr. *grammaticalité*, «id.»)

gramaticalismo n.m. subordinação exagerada às regras da gramática (De *gramatical*+-*ismo*)

gramaticalização n.f. LINGUÍSTICA processo diacrónico em que um morfema lexical passa a desempenhar uma função gramatical

gramaticalmente adv. conforme as regras da gramática (De *gramatical*+-*mente*)

gramaticão n.m. **1** sabichão em gramática **2** o que se acha bom gramático **3** aquele que preceitua inflexível subordinação às regras da gramática (De *gramático*+-*ão*)

gramaticar v.intr. **1** ensinar gramática **2** tratar questões de gramática (De *gramática*+-*ar*)

gramaticista n.2g. pessoa versada em gramática (De *gramática*+-*ista*)

gramático adj. gramatical ■ n.m. aquele que é versado em gramática (Do gr. *grammatikós*, «id.», pelo lat. *grammatĭcu*-, «id.»)

gramaticografia n.f. ⇒ **gramatologia** (Do gr. *grammatiké*, «gramática» +*gráphein*, «escrever» +-*ia*)

gramaticógrafo n.m. aquele que escreve sobre gramática (Do gr. *grammatiké*, «gramática» +*gráphein*, «escrever»)

gramaticologia n.f. estudo científico da gramática (Do gr. *grammatiké*, «gramática» +*lógos*, «estudo» +-*ia*)

gramaticólogo n.m. aquele que se dedica à gramaticologia (Do gr. *grammatiké*, «gramática» +*lógos*, «estudo»)

gramatiquice n.f.pl. [depr.] rigor excessivo e pedantismo no que se refere à gramática (De *gramática*+-*ice*)

gramatista n.2g. **1** pessoa que, na Grécia antiga, ensinava a ler e escrever; mestre-escola **2** gramático pedante (Do lat. *grammatista*-, «id.»)

gramatologia n.f. tratado acerca das letras, alfabeto, sílaba, leitura e escrita (Do gr. *grámma*, -*atos* «letra» +*lógos*, «tratado» +-*ia*)

gramínea n.f. BOTÂNICA qualquer planta da família das Gramíneas (Do lat. *gramineŭ*-, «id.»)

Gramíneas n.f.pl. BOTÂNICA família de plantas monocotiledóneas (também denominadas Poáceas), de colmo, com inflorescência composta de espiguilhas e fruto que é, em regra, uma cariopse, a que pertencem os cereais (Do lat. *gramineŭ*-, «de relva» +-*eas*)

gramíneo adj. **1** da natureza da grama **2** relativo à relva **3** relvoso **4** verde (Do lat. *gramineŭ*-, «de relva»)

graminhar v.tr. marcar ou riscar com graminho (De *graminho*+-*ar*)

graminheira n.f. planta nociva à cultura, mas boa como forragem (Do lat. *graminĕu*-, «de relva» +-*eira*)

graminho n.m. **1** instrumento de carpinteiro para traçar linhas paralelas a pequena distância das arestas das peças de madeira **2** utensílio para fazer em tiras o couro destinado a correias e apeiragem (Do gr. *grammé*, «traço», pelo cast. *gramil*, «graminho»)

graminícola adj.2g. que vive na palha ou nos campos de cereais (Do lat. *gramĭne*-, «relva» +*colĕre*, «habitar»)

graminiforme adj.2g. semelhante às gramíneas (Do lat. *gramĭne*-, «relva» +*forma*-, «forma»)

graminívoro adj. que se alimenta de relva ou sementes da mesma (Do lat. *gramĭne*-, «relva» +*vorāre*, «comer»)

graminoso /ô/ adj. que tem muita grama; relvoso (Do lat. *graminōsu*-, «cheio de relva»)

gram-negativo adj. MEDICINA diz-se de um microrganismo que fica corado de rosa pela coloração de Gram

gramofone n.m. instrumento antigo que grava e reproduz o som por meio de um disco giratório, transmitindo-o através de um altifalante; grafonola (Do gr. *grammé*, «traço; linha» +*phoné*, «som; voz»)

gramómetro n.m. espécie de divisor mecânico empregado em desenho (Do gr. *grammé*, «linha» +*métron*, «medida»)

gramonilhos n.m.pl. [regionalismo] ⇒ **gambozinos**

gramozilhos n.m.pl. [regionalismo] ⇒ **gambozinos**

grampa n.f. instrumento náutico para apertar por meio de parafuso (Do germ. *krampa, «gancho»)

grampar v.tr. segurar com grampo (De *grampo*+-*ar*)

grampeador n.m. [Brasil] agrafador

grampear v.tr. **1** ⇒ **grampar** **2** [Brasil] ⇒ **agrafar** **3** [Brasil] [coloq.] roubar **4** [Brasil] [gír.] limitar os movimentos de (alguém) para que outra pessoa o roube **5** [Brasil] [gír.] levar para a prisão **6** [Brasil] [coloq.] intercetar (ligação telefónica) através de aparelho que permite ouvir e gravar as conversas (De *grampo*+-*ear*)

grampo n.m. **1** peça que segura ou liga duas pedras numa construção **2** utensílio com que se mantêm apertadas duas peças de madeira que se acabaram de colar **3** escápula de parafuso que se fixa nos tetos para suspensão de candeeiros, etc. **4** [Brasil] gancho para prender o cabelo **5** grampa (Do germ. *kramp, «gancho»)

gram-positivo adj. MEDICINA diz-se de um microrganismo que fica corado de violeta pela coloração de Gram

grana¹ n.f. **1** tecido de lã ou de algodão tingido de escarlate; grã **2** BOTÂNICA romã **3** [Brasil] [coloq.] dinheiro (Do castelhano *grana*, «idem»)

grana² n.m.pl. BOTÂNICA conjunto de vários tilacoides empilhados no estroma de um cloroplasto (Do latim *grana*, plural de *granum*, «grão, baga»)

granada¹ n.f. **1** MILITAR projétil de grande ou médio calibre lançado por canhões, peças, obuses ou morteiros, com efeitos explosivos, perfurantes ou de dispersão de gases **2** distintivo do uniforme dos artilheiros; ~ **de mão** MILITAR projétil explosivo lançado manualmente, que se ativa retirando-lhe a cavilha de segurança (Do fr. *grenade*, «id.»)

granada² n.f. MINERALOGIA mineral do grupo das granadas, silicatos alumínicos, férricos e crómicos de cálcio, ferro ou magnésio, que cristalizam no sistema cúbico, de cores variáveis e algumas espécies transparentes (grossulária, almandina, etc.) utilizadas em joalharia (Do lat. *granāta*-, «granulosa; abundante em grãos» ou de *granātu*-, «romã», pelo fr. *grenade*, «granada»)

granada³ n.f. variedade de tecido de seda arroxeada (De *Granada*, top., cidade espanhola da Andaluzia)

granadeiro n.m. **1** combatente que, após a generalização do uso da pólvora, defendia os flancos das linhas de atiradores por meio do lançamento de granadas de mão **2** [fig.] homem alto e corpulento (De *granada*+-*eiro*, ou do fr. *grenadier*, «id.»)

granadil adj.2g. da cor da romã (Do cast. *granada*, «romã» +-*il*)

granadilho n.m. BOTÂNICA macacaúba (árvore ou a sua madeira) (Do cast. *granadillo*, «id.»)

granadina n.f. **1** seda crua formada de dois fios torcidos, que serve para renda **2** tecido de algodão, fino e arrendado (Do cast. *granadina*, «tecido rendado»)

granadino adj. **1** que tem cor de romã **2** de Granada, cidade espanhola da Andaluzia, ou da ilha de Granada, no mar das Caraíbas ■ n.m. natural ou habitante de Granada, cidade espanhola de Andaluzia, ou da ilha de Granada, no mar das Caraíbas (Do cast. *granadino*, «da cor de romã; natural de Granada»)

granador /ô/ n.m. **1** aquele que grana **2** aparelho para granar a pólvora ■ adj. que grana (De *granar*+-*dor*)

granal¹ *adj.2g.* 1 referente a grão ou a grãos 2 granulado (Do lat. *granu-*, «grão» +*-al*)
granal² *adj.2g.* de cor arroxeada (De *grã-+-al*)
granalha *n.f.* 1 granulação 2 pequenos fragmentos em forma de grânulos ou palhetas a que se reduz o metal fundido em determinadas operações (Do lat. *granu-*, «grão» +*-alha*)
granar *v.tr.* dar a forma de grão a; granular ■ *v.intr.* criar grão (Do lat. *granu-*, «grão» +*-ar*)
granate *n.m.* pedra fina que se parece com a granada (Do fr. *grenat*, «granada», pedra preciosa)
grandalhão *adj.,n.m.* que ou aquele que é excessivamente grande (De *grande+-alho+-ão*)
grande *adj.2g.* 1 que é de tamanho maior que o comum; considerável; vasto 2 crescido; adulto 3 muito numeroso 4 muito intenso 5 duradouro 6 notável; eminente; respeitável 7 magnífico 8 bondoso 9 [fig.] maiúsculo ■ *n.m.* 1 pessoa de estatura elevada 2 pessoa adulta 3 pessoa de alta hierarquia 4 *pl.* nobres; indivíduos poderosos; *à ~* luxuosamente, regaladamente, à larga (Do lat. *grande-*, «id.»)
grandeira *n.f.* malho de bater palha (De *grande+-eira*)
grandemente *adv.* 1 com grandeza 2 sobremaneira (De *grande+-mente*)
grandessíssimo *adj.* [pop.] ⇒ **grandíssimo** (Forma reforçada de *grandíssimo*)
grandevo *adj.* muito idoso; longevo; macróbio (Do lat. *grandaevu-*, «velho»)
grandeza /ê/ *n.f.* 1 qualidade daquilo que é grande em comprimento, altura ou largura; tamanho; extensão; volume; vastidão 2 quantidade suscetível de aumento ou diminuição; tudo o que se pode conceber maior ou menor 3 nobreza de carácter ou de sentimentos; excelência; magnanimidade 4 superioridade decorrente do exercício de poder ou influência; supremacia; domínio 5 qualidade excecional; valor; importância 6 grau elevado de capacidade criadora; genialidade 7 conjunto de bens materiais; fortuna; abundância 8 exibição de luxo ou de poder; ostentação 9 METROLOGIA característica de um corpo, fenómeno ou substância, que pode ser expressa quantitativamente sob a forma de um número e de uma referência 10 MATEMÁTICA entidade suscetível de medida 11 grau de intensidade; força; *~ de base* METROLOGIA grandeza que, num mesmo sistema de grandezas, se admite como independente das outras; *~ derivada* METROLOGIA grandeza que se define em função das grandezas de base de um mesmo sistema; *grandezas diretamente proporcionais* MATEMÁTICA duas grandezas mensuráveis para as quais é constante o quociente de cada dois valores correspondentes (um de cada grandeza); *grandezas inversamente proporcionais* MATEMÁTICA duas grandezas mensuráveis para as quais é constante o produto de cada dois valores correspondentes (um de cada grandeza) (De *grande+-eza*)
grandiloquência /qu-en/ *n.f.* estilo muito elevado ou eloquente (Do lat. *grande-*, «grande» +*loquentia-*, «facilidade de falar»)
grandiloquente /qu-en/ *adj.2g.* que se exprime com grandiloquência (Do lat. *grande-*, «grande» +*loquente-*, «que fala», part. pres. de *loqui*, «falar»)
grandíloquo *adj.* 1 que tem grande eloquência 2 elevado; sublime; nobre (Do lat. *grandilŏquu-*, «id.»)
grandiosidade *n.f.* qualidade de grandioso; magnificência; imponência; majestade; pompa (De *grandioso+-i-+-dade*)
grandioso /ô/ *adj.* 1 muito grande; imponente; magnificente; pomposo 2 elevado; nobre (Do lat. med. *grandiōsu-*, pelo it. *grandioso*, «id.»)
grandíssimo *adj.* {*superlativo absoluto sintético de* **grande**} muito grande (Do lat. *grandissĭmu-*, «id.»)
grandolada *n.f.* forma de protesto pacífico, pontual e espontâneo, em que os manifestantes entoam canções de intervenção, com o objetivo de impedir discursos ou comunicações de representantes de um governo (De *Grândola*, canção de Zeca Afonso «Grândola, Vila Morena»+*-ada*)
grandolar *v.tr.* entoar canções como forma de protesto pacífico, com o objetivo de impedir discursos ou comunicações de representantes de um governo (De *Grândola*, canção de Zeca Afonso «Grândola, Vila Morena»+*-ar*)
grandote *adj.* um tanto grande (De *grande+-ote*)
grandura *n.f.* [pop.] grandeza; tamanho (De *grande+-ura*)
granear *v.intr.* [Brasil] criar grão (o cereal) (Do lat. *granu-*, «grão» +*-ear*)
granel *n.m.* 1 celeiro; tulha 2 porção de composição tipográfica antes de paginada 3 material colhido ou produzido sem escolha 4 [fig.] desordem; *a ~* em montes, sem conta nem peso, à mistura, sem embalagem (Do cat. *graner*, «celeiro», pelo cast. *granel*, «granel»)
grani- elemento de formação de palavras que exprime a ideia de grão (Do lat. *granu-*, «grão»)
granido *n.m.* desenho ou gravura feita a pontinhos, sem traços de contorno (Part. pass. subst. de *granir*)
granidor *n.m.* caixa de madeira onde se assenta a pedra litográfica para a granir (De *granir+-dor*)
granífero *adj.* que produz grão (Do lat. *granifĕru-*, «que produz grãos»)
graniforme *adj.2g.* com forma de grão (De *grani-+-forme*)
granir *v.tr.* 1 desenhar a pontos miúdos, sem linhas de contorno 2 limpar e dar grão a (pedra litográfica) (Do it. *granire*, «id.»)
granisé *n.m.* ORNITOLOGIA ⇒ **garnisé**
granita *n.f.* 1 bolinha formada de substância mole 2 excremento de cabra 3 grainha (Do lat. *granu-*, «grão» +*-ita*)
granitão *n.m.* granito porfiroide, muito grosseiro (De *granito+-ão*)
granitar *v.tr.* 1 dar forma de grão a; reduzir a granitas; granar 2 dar a aparência de granito a (De *granita* ou *granito+-ar*)
granítico *adj.* 1 formado de granito; da natureza do granito 2 duríssimo (De *granito+-ico*)
granitização *n.f.* GEOLOGIA conjunto de fenómenos que conduzem à formação do granito (De *granito+-izar+-ção*)
granito¹ *n.m.* 1 pequeno grão 2 PETROLOGIA rocha eruptiva, plutónica, granular, constituída essencialmente por quartzo e feldspato alcalino, habitualmente acompanhados por mica, muito utilizada nas construções, pavimentações, etc. (Do it. *granito*, «id.»)
granito² *n.m.* [Brasil] sol ou calor intenso depois de uma grande chuvada (De orig. obsc.)
granitoide *adj.2g.* semelhante ao granito (rocha) (De *granito+-oide*)
granitóide ver nova grafia *granitoide*
granitoso /ô/ *adj.* ⇒ **granítico** (De *granito+-oso*)
granívoro *adj.* que se alimenta de grãos ou sementes; graminívoro (Do lat. *granu-*, «grão» +*vorāre*, «comer»)
granizada *n.f.* 1 bátega de granizo; saraivada 2 queda de qualquer coisa à semelhança de granizo (Part. pass. fem. subst. de *granizar*)
granizador *n.m.* aparelho com que se grana a pólvora (De *granizar+-dor*)
granizar *v.intr.* cair granizo ■ *v.tr.* dar forma de grão a; granitar (De *granizo+-ar*)
granizo *n.m.* 1 precipitação atmosférica de grânulos de gelo, que se formaram na passagem das gotas de água por uma camada de ar muito fria, e que se precipitam violentamente sobre o solo; chuva de pedra; saraiva; pedrisco 2 quantidade de coisas que caem como granizo (Do cast. *granizo*, «id.»)
granja¹ *n.f.* 1 propriedade rústica de amanho 2 conjunto das dependências de uma propriedade agrícola 3 abegoaria (Do lat. pop. *granĭca*, de *granu-*, «grão», pelo fr. *grange*, «granja; celeiro»)
granja² *n.f.* BOTÂNICA ⇒ **hidrângea** (De *hidrângea*)
granjaria *n.f.* 1 reunião de granjas 2 granjearia (De *granja+-aria*)
granjeador *adj.,n.m.* que ou aquele que granjeia; agenciador (De *granjear+-dor*)
granjear *v.tr.* 1 cultivar a terra 2 adquirir com trabalho ou com esforço próprio 3 conquistar; atrair (De *granja+-ear*)
granjearia *n.f.* 1 cultura; lavoura 2 lucro; produto (De *granjear+-aria*)
granjeeiro *n.m.* ⇒ **granjeiro** (De *granjear+-eiro*)
granjeio *n.m.* 1 ato de granjear 2 trabalho agrícola; colheita de produtos agrícolas 3 proveito; ganho (Deriv. regr. de *granjear*)
granjeiro *n.m.* cultivador de granja; agricultor; rendeiro (De *granja+-eiro*)
granjo *n.m.* [regionalismo] ORNITOLOGIA ⇒ **pernilongo** *n.m.* (De orig. obsc.)
granjola¹ *n.f.* granja pequena (De *granja+-ola*)
granjola² *n.m.* 1 HISTÓRIA membro de um partido político organizado na praia da Granja, distrito do Porto, em 1880 2 natural ou habitante de qualquer localidade com o nome de Granja (De *Granja*, top. +*-ola*)
granjola³ *adj.,n.2g.* diz-se de ou pessoa de grande estatura; grandalhão ■ *adj.2g.* [coloq.] que é de tamanho maior que o comum; grande (De *grande+-ola*)
granjolada *n.f.* ⇒ **granjolice** (De *granjola+-ada*)
granjolice *n.f.* velhacaria; intrujice (De *granjola+-ice*)
granoblástico *adj.* PETROLOGIA diz-se da textura das rochas metamórficas quando formada por elementos de dimensões semelhantes (Do lat. *granu-*, «grão»+gr. *blastós*, «gérmen» +*-ico*)

granodiorito n.m. PETROLOGIA rocha plutónica de composição semelhante à do granito, mas em que a plagióclase é mais abundante (Do lat. *granu-*, «grão»+port. *diorito*)

granófiro n.m. PETROLOGIA pórfiro quartzítico ou microgranito com estrutura micropegmatítica (Do lat. *granu*, «grão»+gr. *phyrós*, «que leva; que tem»)

granoso /ô/ adj. que tem grãos (Do lat. *granōsu-*, «id.»)

granulação n.f. 1 ato ou efeito de granular 2 MEDICINA conjunto de grânulos na superfície de um órgão ou de uma membrana (De *granular*+-*ção*)

granulado adj. reduzido a grãos ■ adj.,n.m. designativo de qualquer substância que se apresenta sob a forma de grânulos (Part. pass. de *granular*)

granuladora /ô/ n.f. britadeira para produção de gravilha (De *granular*+-*dora*)

granulagem n.f. ato ou operação de granular (De *granular*+-*agem*)

granular v.tr. reduzir a grânulos ■ adj.2g. 1 semelhante ao grão 2 que apresenta estrutura composta de grânulos 3 constituído por pequenas partes independentes (De *grânulo*+-*ar*)

granularidade n.f. 1 qualidade do que é semelhante ao grão 2 qualidade do que é composto por grãos (De *granular*+-*i*-+-*dade*)

granuliforme adj.2g. com forma de grão ou grânulo (Do lat. *granŭlu-*, «grãozinho» +*forma-*, «forma»)

granulite n.f. PETROLOGIA rocha eruptiva da família dos granitos, com moscovite, biotite e quartzo, que tende para formas cristalinas; granito moscovítico (De *grânulo*+-*ite*)

granulítico adj. em que há granulito (De *granulito*+-*ico*)

grânulo n.m. 1 pequeno grão 2 cada uma das pequenas saliências das superfícies ásperas 3 FARMÁCIA pequeno grão constituído por uma substância medicamentosa e um excipiente composto especialmente de açúcar (Do lat. *granŭlu-*, «grãozinho»)

granulócito n.m. HISTOLOGIA glóbulo branco do sangue (leucócito), com granulações no citoplasma, que pode ser um neutrófilo, um eosinófilo ou um basófilo (Do lat. *granŭlu-*, «grãozinho»+gr. *kýtos*, «célula; cavidade»)

granuloma n.m. MEDICINA lesão que se apresenta como um tumor em que há processo destrutivo em conjunto com a ação proliferativa e com várias outras atividades (De *grânulo*+-*oma*)

granulometria n.f. GEOLOGIA determinação das proporções relativas das diversas frações de qualquer substância sólida constituída por partículas de dimensões diferentes, particularmente de substâncias granulosas (De *grânulo*+-*metria*)

granulosidade n.f. qualidade do que é granuloso (De *granuloso*+-*i*-+-*dade*)

granuloso /ô/ adj. 1 que tem granulações; formado de grânulos 2 que tem a superfície áspera (De *grânulo*+-*oso*)

granza n.f. BOTÂNICA nome vulgar extensivo a umas plantas da família das Rubiáceas (também denominadas ruivas), algumas delas existentes em Portugal, como a granza-brava, de flores amarelas, espontânea e frequente, e também conhecida por garança, raspa-língua e ruiva-brava 2 raiz dessas plantas, reduzida a pó 3 substância corante que se extrai dessas plantas 4 cor vermelha desta substância (Do cast. *granza*, «id.»)

granza-dos-tintureiros n.f. BOTÂNICA ⇒ **ruiva-dos-tintureiros**

granzal¹ n.m. terreno semeado de granza (De *granza*+-*al*)

granzal² n.m. terreno semeado de grão-de-bico (De *grão*+z+-*al*)

granzoal n.m. ⇒ **granzal**²

grão¹ n.m. 1 semente ou fruto das gramíneas e de alguns legumes 2 corpúsculo arredondado; glóbulo 3 (fruto) cariopse 4 grão-de-bico 5 [fig.] pequena porção 6 FÍSICA antiga unidade de massa equivalente a 53 miligramas 7 METALURGIA cristal elementar num metal policristalino 8 [pop.] testículo (Do lat. *granu-*, «grão»)

grão² adj. (feminino **grã**) ⇒ **grande** (De *grande*)

grão-de-bico n.m. 1 BOTÂNICA planta herbácea da família das Leguminosas, de folhas compostas por folíolos serrados, flores geralmente brancas e fruto constituído por uma vagem vilosa com uma ou duas sementes amareladas 2 BOTÂNICA semente dessa planta, com elevado valor alimentício, de forma arredondada terminando num bico, e de cor amarelada, utilizada na alimentação, geralmente depois de seca, também conhecida por ervanço e gravanço

grão-ducado n.m. território governado por um grão-duque

grão-ducal adj.2g. relativo ao grão-duque

grão-duque n.m. (feminino **grã-duquesa**) 1 título de certos príncipes reinantes; soberano de um grão-ducado 2 HISTÓRIA príncipe da família imperial russa 3 ORNITOLOGIA ⇒ **bufo**² 1

grão-mestrado n.m. cargo de grão-mestre (De *grão-mestre*+-*ado*)

grão-mestre n.m. chefe dos dignitários de uma ordem de cavalaria, de uma ordem militar, da maçonaria, etc.

grão-tinhoso /ô/ n.m. [pop.] o Diabo

grão-vizir n.m. primeiro-ministro, no Império Otomano

grãozeiro n.m. ⇒ **graeiro** (De *grão*+z+-*eiro*)

grapa n.f. VETERINÁRIA ferida na parte dianteira da curva e na traseira dos membros das cavalgaduras (Do franc. *krappa*, «garra; gancho»)

graptólito n.m. PALEONTOLOGIA fóssil, característico do Silúrico, de um grupo de animais extintos, invertebrados e marinhos, que viviam fixados em conchas reunidas em colónias (Do gr. *graptós*, «escrito» +*líthos*, «pedra»)

grasnada n.f. 1 ato ou efeito de grasnar 2 vozearia de muitas aves 3 [fig.] vozearia desagradável (Part. pass. fem. subst. de *grasnar*)

grasnadela n.f. ato de grasnar; grasnido; grasno (De *grasnar*+-*dela*)

grasnador adj.,n.m. que ou o que grasna (De *grasnar*+-*dor*)

grasnante adj.2g. que grasna; grasnador (De *grasnar*+-*ante*)

grasnar v.intr. 1 emitir a sua voz (o corvo, o pato e aves semelhantes) 2 [fig.] ralhar ou gritar com voz desagradável (Do lat. hisp. *gracināre*, «id.»)

grasnido n.m. ⇒ **grasno** (Por *grasnado*)

grasno n.m. voz do animal que grasna; grasnadela (Deriv. regr. de *grasnar*)

grassar v.intr. 1 alastrar-se; propagar-se 2 (doença) desenvolver-se (Do lat. *grassāre*, por *grassāri*, «caminhar; avançar»)

grassento adj. que tem a consistência da graxa (Do lat. *crassu-*, «gordo» +-*ento*)

grasseta /ê/ n.f. BOTÂNICA planta utriculariácea, vivaz, das regiões pantanosas (Do fr. *grassette*, «id.»)

gratear v.tr. rocegar (Do fr. *gratter*, «raspar; esgaravatar»)

grateia n.f. 1 instrumento para limpar o fundo dos rios; rocega 2 busca-vidas 3 longa vara com três anzóis, usada na pesca do polvo (Deriv. regr. de *gratear*)

gratidão n.f. reconhecimento por um benefício que se recebeu; agradecimento; qualidade de quem é grato (Do lat. tard. *gratitūdĭne-*, «id.»)

gratificação n.f. 1 ato ou efeito de gratificar 2 remuneração ou prémio por um serviço recebido 3 gorjeta (Do lat. *gratificatiōne-*, «benefício; favor»)

gratificador adj.,n.m. que ou aquele que gratifica (De *gratificar*+-*dor*)

gratificante adj.2g. 1 compensatório; vantajoso 2 satisfatório; que não é dececionante (De *gratificar*+-*ante*)

gratificar v.tr. 1 dar uma gratificação a; recompensar; dar gorjeta a 2 dar os parabéns ■ v.intr. mostrar-se reconhecido; dar graças (Do lat. *gratificāri*, «ser agradável; gratificar; favorecer»)

gratífico adj. 1 que mostra agrado 2 grato (Do lat. *gratifĭcu-*, «id.»)

gratinado adj. CULINÁRIA que foi ao forno a gratinar ■ n.m. 1 ato ou efeito de gratinar 2 prato culinário que foi a gratinar (Part. pass. de *gratinar*)

gratinar v.tr.,intr. CULINÁRIA submeter (alimento ou prato cozinhado) a um temperatura elevada, fazendo com que a sua superfície, previamente coberta com queijo, pão ralado ou creme, fique tostada, formando-se uma crosta (Do fr. *gratiner*, «id.»)

grátis adv. sem remuneração; de graça; de borla ■ adj.inv. que não requer pagamento; gratuito (Do lat. *gratis*, «de graça»)

grato adj. 1 agradecido; reconhecido 2 agradável; aprazível; suave (Do lat. *gratu-*, «agradável»)

gratuidade n.f. ⇒ **gratuitidade** (Do lat. tard. *gratuitāte-*, «id.»)

gratuitamente adv. 1 de graça; grátis 2 sem causa ou fundamento (De *gratuito*+-*mente*)

gratuitidade n.f. 1 qualidade daquilo que é de graça 2 característica daquilo que não tem fundamento (De *gratuito*+-*i*-+-*dade*)

gratuito adj. 1 que não requer pagamento; grátis 2 feito de graça; desinteressado 3 que não tem fundamento (Do lat. *gratuītu-*, «id.»)

gratulação n.f. 1 ato ou efeito de gratular; congratulação; parabéns 2 agradecimento (Do lat. *gratulatiōne-*, «felicitação»)

gratular v.tr. 1 mostrar-se reconhecido a; agradecer a 2 felicitar (Do lat. *gratulāri*, «agradecer a; felicitar»)

gratulatório adj. 1 que exprime agradecimento 2 que serve para felicitar; congratulatório (Do lat. *gratulatoriu-*, «id.»)

grau n.m. 1 categoria; posição; nível hierarquizado 2 título académico 3 proximidade dos membros de uma família entre várias gerações 4 cada uma das partes em que se divide uma escala 5 intensidade 6 unidade de medida 7 estado 8 GRAMÁTICA variação que apresentam alguns nomes, adjetivos e advérbios, através da qual é possível estabelecer uma gradação no sentido de um vocábulo ou a comparação entre termos 9 GEOMETRIA unidade de medida

graúdo

de ângulos ou de arcos de circunferência, correspondente à nonagésima parte do ângulo reto ou de um quadrante circular; ~ *centesimal* centésima parte da diferença entre a temperatura do gelo fundente e a temperatura do vapor de água pura em ebulição, quando a pressão ambiente equilibra uma coluna de mercúrio com 76 cm de altura; ~ *de um monómio* soma dos expoentes das suas letras, indicativas de variáveis; ~ *de um polinómio* o maior dos graus dos seus termos; ~ *geotérmico* distância que é preciso descer no interior da Terra para que a temperatura suba um grau centesimal; *em alto* ~ enormemente, muitíssimo (Do lat. *gradu-*, «passo»)

graúdo *adj.* 1 grande; crescido; grado 2 importante 3 em grande quantidade; abundante ∎ *n.m.* pessoa importante (Do lat. **granūtu-*, «id.», de *granu-*, «grão»)

graúlho *n.m.* 1 bagulho; grainha 2 bagaço de uva (De *grão+-ulho*)

graúna *n.f.* [Brasil] ORNITOLOGIA ave canora do Brasil da família dos icterídeos, de plumagem preta com brilho violáceo, também conhecida por craúna, chico-preto, etc. (Do tupi *wira'una*, «id.»)

grauvaque *n.m.* PETROLOGIA rocha sedimentar detrítica, de grão fino, no geral de cor cinzenta (Do al. *Grauwacke*, «grés psamítico; grauvaque»)

gravação[1] *n.f.* 1 ato ou efeito de gravar letras, símbolos ou imagens em superfícies duras 2 captação e registo de sons ou imagens em suportes materiais adequados, por meios mecânicos, eletrónicos, etc. 3 suporte material com sons ou imagens gravados (De *gravar+-ção*)

gravação[2] *n.f.* agravo; ofensa (Do lat. *gravatiōne-*, «id.»)

gravado[1] *adj.* 1 aberto a buril; cinzelado 2 impresso 3 gravado em disco ou fita magnética (Part. pass. de *gravar*)

gravado[2] *adj.* sujeito a encargo (Part. pass. de *gravar*)

gravador *n.m.* 1 aparelho que regista sons num suporte material 2 artista que trabalha em gravação ∎ *adj.* que grava (De *gravar+-dor*)

gravadura *n.f.* ato ou operação de gravar; gravura (De *gravar+-dura*)

gravalha *n.f.* [regionalismo] ⇒ **garavalha**

gravame *n.m.* 1 ato ou efeito de agravar; encargo; ónus 2 opressão 3 vexame (Do lat. *gravāmen*, «opressão»)

gravana *n.f.* [São Tomé e Príncipe] estação seca, de maio a outubro (Do forro *glavana*, «id.»)

gravanço *n.m.* 1 BOTÂNICA ⇒ **grão-de-bico** 2 [pop.] comida 3 VETERINÁRIA esparavão (Do gr. *erébinthos*, «grão-de-bico», pelo lat. *erebinthĕu*, «id.», pelo cast. *garbanzo*, «id.»)

gravanha *n.f.* [regionalismo] ⇒ **garavalha**

gravanito *n.m.* [São Tomé e Príncipe] período de cerca de um mês, janeiro, em que ocorre uma pausa na estação das chuvas (Dim. de *gravana*, «estação seca»)

gravar[1] *v.tr.* 1 esculpir com buril ou cinzel 2 estampar; imprimir 3 marcar com selo 4 assinalar 5 fixar sons ou imagens em disco ou em fita magnética, para usar no gravador ∎ *v.pron.* imprimir-se (Do fr. *graver*, «id.»)

gravar[2] *v.tr.* onerar; molestar (Do lat. *gravāre*, «agravar»)

gravata *n.f.* 1 tira de tecido, estreita e longa, que se usa com um nó próprio à volta do colarinho da camisa 2 conjunto de penas que rodeiam o pescoço de certas aves, e que se distinguem das do resto do corpo 3 [irón.] nó de enforcado 4 [pop.] parte superior de um copo que ficou por encher ∎ *n.m.* [coloq.] pessoa que usa gravata e tem poder económico (Do fr. *cravate*, «id.»)

gravatão *n.m.* homem pedante, enfatuado (De *gravata+-ão*)

gravataria *n.f.* 1 estabelecimento onde se fabricam ou vendem gravatas 2 grande quantidade de gravatas (De *gravata+-aria*)

gravateiro *n.m.* o que fabrica ou vende gravatas (De *gravata+-eiro*)

gravatil *n.m.* [regionalismo] plaina com que se fazem as fêmeas dos entalhes de secção triangular (De orig. obsc.)

gravatilho *n.m.* gancho da agulha de remendar as velas dos barcos (De *gravata+-ilho*)

gravatinha *n.f.* 1 gravata pequena 2 gravata de mulher ∎ *n.m.* [regionalismo] janota (De *gravata+-inha*)

gravativo *adj.* 1 pesado 2 diz-se da dor que é acompanhada de uma sensação de peso (Do lat. **gravatīvu-*, «id.»)

gravato *n.m.* ⇒ **garavato**

grave *adj.2g.* 1 FÍSICA sujeito às leis da gravidade; pesado 2 que pode acarretar consequências trágicas; perigoso 3 importante; sério 4 duro; penoso; doloroso 5 intenso; profundo 6 sério; circunspecto; reservado 7 lento; vagaroso 8 GRAMÁTICA diz-se da palavra que tem o acento tónico na penúltima sílaba; paroxítono 9 GRAMÁTICA diz-se do acento gráfico (`) que assinala a contração da preposição *a* com a forma feminina do artigo definido *a* e com os pronomes demonstrativos *a(s)*, *aquele(s)*, *aquela(s)* e *aquilo* 10 LITERATURA diz-se do verso que termina em palavra acentuada na penúltima sílaba ∎ *n.m.* 1 MÚSICA nota musical de baixa frequência herziana 2 MÚSICA indicação de expressão lenta e solene 3 FÍSICA corpo sujeito à ação gravítica 4 moeda de prata do tempo do rei português D. Fernando, 1345-1383; *criado/criada* ~ [ant.] criado ou criada do serviço particular de uma pessoa; *passo* ~ passo lento, vagaroso (Do lat. *grave-*, «pesado»)

gravela[1] *n.f.* 1 bagaço seco da uva 2 borra do vinho (Do cast. *grava*, «pedra britada» +-*ela*)

gravela[2] *n.f.* MEDICINA cálculo (concreção) nos rins ou na bexiga (Do fr. *gravelle*, «cálculo renal»)

gravelado *adj.* 1 que diz respeito a gravela 2 extraído da gravela 3 MEDICINA que padece de gravela (De *gravela+-ado*)

graveloso /ô/ *adj.,n.m.* que ou aquele que sofre de gravela (De *gravela+-oso*)

graveolência *n.f.* 1 cheiro de carne em putrefação 2 mau cheiro (Do lat. *graveolentĭa-*, «mau cheiro; cheiro forte»)

graveolente *adj.2g.* 1 que cheira a cadáver 2 que cheira mal; fétido (Do lat. *graveolente-*, «de cheiro forte; fétido»)

graveta /ê/ *n.f.* 1 fateixa em forma de espeto 2 [regionalismo] ancinho grande de ferro (De *graveto*)

gravetar *v.intr.* fazer gravetos (De *graveto+-ar*)

graveto /ê/ *n.m.* 1 fragmento de ramo de árvore; pedaço pequeno de madeira; garavato; garaveto 2 ancinho para a colheita de sargaço 3 BOTÂNICA árvore brasileira que fornece madeira, utilizada especialmente na indústria de caixaria 4 *pl.* [fig.] pernas finas (De *garaveto*)

graveza /ê/ *n.f.* gravidade; circunspeção (De *grave+-eza*)

grávida *adj.* em estado de gravidez ∎ *n.f.* mulher em estado de gravidez (Do lat. *gravĭdu-*, «id.»)

gravidação *n.f.* ⇒ **gravidez** (De *gravidar+-ção*)

gravidade *n.f.* 1 FÍSICA força atrativa que a massa da Terra exerce sobre os corpos 2 FÍSICA manifestação da atração gravítica entre duas massas 3 seriedade; circunspeção; importância 4 circunstância perigosa 5 [regionalismo] ornatos do vestuário; *aceleração da* ~ FÍSICA aceleração do movimento de queda livre, cujo valor médio é de 9,8 m/s^2; *centro de* ~ FÍSICA ponto de aplicação da resultante das ações da gravidade sobre um corpo (Do lat. *gravitāte-*, «gravidade; peso»)

gravidar *v.tr.,intr.* ⇒ **engravidar** (Do lat. *gravidāre*, «tornar grávida; fecundar»)

gravidez /ê/ *n.f.* qualidade ou estado da mulher, e das fêmeas dos mamíferos em geral, durante o tempo em que um novo ser se desenvolve no seu organismo; gestação; prenhez; ~ *ectópica* MEDICINA implantação e desenvolvimento de um óvulo fecundado fora da cavidade uterina, gravidez extrauterina; ~ *fantasma* MEDICINA situação, geralmente de origem emocional, em que uma mulher não grávida refere manifestações que simulam uma gestação (De *grávido+-ez*)

gravídico *adj.* 1 relativo à gravidez 2 dependente da gravidez (Do lat. *gravĭdu-*, «grávido» +-*ico*)

grávido *adj.* 1 que se encontra em estado de gravidez; prenhe 2 carregado; cheio (Do lat. *gravĭdu-*, «carregado»)

gravígrado *adj.* que tem o andar pesado ∎ *n.m.* ZOOLOGIA espécime dos gravígrados ∎ *n.m.pl.* ZOOLOGIA ordem de mamíferos que têm o andar pesado (Do lat. *grave-*, «pesado» +*gradu-*, «passo»)

gravilha *n.f.* agregado granulado com dimensão transversal compreendida entre 5 e 15 milímetros (Do fr. *gravillon*, «id.»)

gravimetria *n.f.* 1 FÍSICA designação dos processos de determinação de valores de grandezas físicas, com fundamento na ação da gravidade 2 QUÍMICA método de análise química quantitativa por meio de pesagens (Do lat. *grave-*, «pesado»+gr. *métron*, «medida»+-*ia*)

gravimétrico *adj.* 1 relativo à gravimetria 2 diz-se de um processo ou de uma técnica no âmbito da gravimetria (De *gravimetria+-ico*)

gravímetro *n.m.* aparelho que serve para medir a diferença na aceleração da gravidade de dois pontos diferentes (Do lat. *grave-*, «pesado»+gr. *métron*, «medida»)

gravisca *n.f.* mulher arisca, esquiva (De *gravisco*)

gravisco *adj.* 1 de aspeto grave 2 arisco; esquivo (De *grave+-isco*)

gravitação *n.f.* 1 ato ou efeito de gravitar 2 FÍSICA fenómeno pelo qual dois corpos quaisquer se atraem com uma força proporcional ao produto das suas massas e inversamente proporcional ao quadrado da sua distância (Do lat. cient. *gravitatiōne-*, «id.», pelo fr. *gravitation*, «id.»)

gravitacional *adj.2g.* que diz respeito ao campo de gravitação (Do lat. cient. *gravitatiōne-*, «gravitação» +-*al*)

gravitante *adj.2g.* que gravita (De *gravitar*+*-ante*)
gravitão *n.m.* FÍSICA hipotético «quantum» de radiação gravitacional (De *gravitar*+*-ão*)
gravitar *v.tr.* **1** mover-se (em torno de ou para determinado ponto) por efeito da gravitação **2** [fig.] viver ou agir (em função de algo ou alguém) **3** [fig.] ter como objetivo principal ou como referência (Do lat. cient. *gravitāre*, «id.», pelo fr. *graviter*, «id.»)
gravítico *adj.* relativo à gravidade (Do lat. *gravitāre*, «gravitar», pelo fr. *gravitique*, «devido à gravidade»)
gravitino *n.m.* **1** partícula postulada para explicar a interação gravitacional **2** FÍSICA ⇒ **gravitão** (De *gravitar*+*-ino*)
gravito *adj.* [regionalismo] diz-se do touro cujos chifres são quase direitos e levantados (De orig. obsc.)
gravosamente *adv.* **1** de modo gravoso **2** molestamente (De *gravoso*+*-mente*)
gravoso /ô/ *adj.* que produz gravame; oneroso; vexatório (De *grave*+*-oso*)
gravura *n.f.* **1** arte de gravar em materiais duros por meio de incisão, entalhe, etc. **2** arte de fixar e reproduzir imagens, símbolos, etc. por meios químicos em diversos materiais **3** imagem, estampa ou figura obtida por qualquer um destes processos **4** placa de metal, madeira ou pedra usada como matriz para impressão de imagens (Do fr. *gravure*, «id.»)
graxa *n.f.* **1** mistura de pó de fuligem ou de outras substâncias corantes, com gordura, para dar lustro ao cabedal **2** [coloq.] adulação **3** [pop.] vinho ordinário **4** [ant.] banha feita da cocção do fígado de alguns peixes, com que os pescadores iluminavam o interior das suas casas **5** [regionalismo] embriaguez **6** [Brasil] untura; lubrificante; *dar ~ a* bajular, adular (Do lat. vulg. *grassĭa*-, de *crassu*-, «espesso; gordo»)
graxear *v.intr.* [Brasil] namorar (De *graxa* [= *adulação*]+*-ear*)
graxeira *n.f.* lugar, nos matadouros, onde se derrete o sebo das reses abatidas (De *graxa*+*-eira*)
graxista *adj.,n.2g.* [coloq.] que ou pessoa bajula, adula; adulador; bajulador; puxa-saco_{Brasil} (De *graxa*+*-ista*)
graxo *adj.* gordurento; oleoso (Do lat. *crassu*-, «gordo»)
gray *n.m.* FÍSICA unidade do Sistema Internacional de dose de radiação absorvida, de símbolo Gy, correspondente à absorção de um joule por quilograma de matéria absorvente (De *L. H. Gray*, antr., físico ing., 1905-1965)
grazina *n.2g.* **1** pessoa que fala, ralha ou resmunga muito **2** ORNITOLOGIA nome vulgar por que são também designadas algumas gaivinas (aves palmípedes) comuns em Portugal ■ *adj.2g.* que fala, ralha ou resmunga muito (Deriv. regr. de *grazinar*)
grazinada *n.f.* ato de grazinar; vozearia; falatório; barulheira; grazineira (Part. pass. fem. subst. de *grazinar*)
grazinador *adj.,n.m.* que ou aquele que grazina (De *grazinar*+*-dor*)
grazinar *v.intr.* **1** falar muito e alto; palrar; vozear **2** importunar com lamúrias; resmungar (Do lat. **gracināre*, «grasnar»)
grazineira *n.f.* ⇒ **grazinada** (De *grazinar*+*-eira*)
gré *n.m.* [Brasil] último compartimento do viveiro de peixes (De orig. obsc.)
grecismo *n.m.* locução peculiar à língua grega; helenismo (Do lat. *graecu*-, «grego»+*-ismo*)
grecista *n.m.* o que imita as locuções da língua grega (Do lat. *graecu*-, «grego»+*-ista*)
grecizar *v.tr.* dar forma ou carácter grego a (Do lat. vulg. *graecizāre*, «id.»)
grec(o)- elemento de formação de palavras que exprime a ideia de *grego* (Do lat. *graecu*-, «grego»)
greco-latino *adj.* que diz respeito ao grego e ao latim, ou a Gregos e Romanos simultaneamente
grecomania *n.f.* paixão pelos usos e pelas coisas da Grécia (De *greco*-+*mania*)
greco-romano *adj.* que diz respeito aos Gregos e aos Romanos
greda /ê/ *n.f.* PETROLOGIA espécie de barro (argila) muito macio, com elevada capacidade de absorção de gorduras (Do lat. *creta*-, «greda; argila; giz»)
gredelém *adj.* ⇒ **gridelém** (Do fr. *gris de lin*, «id.»)
gredoso /ô/ *adj.* que tem ou imita greda (De *greda*+*-oso*)
grega /ê/ *n.f.* friso decorativo composto pelo entrelaçamento ou combinação de linhas retas (De *grego*)
gregal¹ *adj.2g.* **1** da grei ou a ela referente **2** diz-se dos animais ou das plantas que vivem agregados (Do lat. *gregāle*-, «pertencente ao rebanho»)
gregal² *adj.2g.* **1** relativo aos Gregos **2** diz-se de um vento do Mediterrâneo que sopra da Grécia ou do nordeste (Do lat. **gracāle*-, «id.», de *graecu*-, «id.»)

gregalada *n.f.* rajada de vento gregal (De *gregal*+*-ada*)
gregarinas *n.f.pl.* ZOOLOGIA ⇒ **gregarinídeos** (De *gregário*+*-ina*)
gregarinídeos *n.m.pl.* ZOOLOGIA grupo de protozoários parasitas, esporozoários, tipicamente de corpo alongado (De *gregarinas*+*-ídeos*)
gregário *adj.* que vive em grupo; gregal ■ *n.m.pl.* aves que vivem em bando; *tendência gregária* tendência de indivíduos da mesma espécie para se reunirem e viverem juntos (Do lat. *gregarĭu*-, «id.»)
gregarismo *n.m.* tendência de indivíduos da mesma espécie para se reunirem e viverem juntos (De *gregário*+*-ismo*)
grege *n.f.* ⇒ **grei** (Do lat. *grege*-, «grei»)
grego¹ *n.m.* **1** pessoa natural da Grécia **2** língua de origem indo-europeia falada na Grécia e em parte da ilha de Chipre ■ *adj.* **1** relativo à Grécia **2** de nacionalidade grega **3** [fig.] ininteligível; obscuro; *agradar a gregos e troianos* agradar a dois partidos opostos; *ver-se grego* ter dificuldades em, ver-se atrapalhado (Do grego *graikós*, «idem», pelo latim *graecu*-, «idem»)
grego² *n.m.* [Angola] trapaceiro; marginal; bandido (Do italiano *fede greca*, «má fé; deslealdade»)
gregoriano *adj.* relativo a qualquer dos papas Gregório I, Gregório XIII ou Gregório XVI ■ *n.m.* MÚSICA designação da música litúrgica monódica até ao séc. XV, época em que se inicia a polifonia (De *Gregório*, antr. +*-ano*)
gregotins *n.m.pl.* letras mal feitas; garatujas; negrotins (De *y grego*+*til*)
greguejar *v.intr.* falar grego; utilizar vocábulos gregos (De *grego*+*-ejar*)
grei *n.f.* **1** rebanho de gado miúdo **2** congregação **3** sociedade; partido **4** [ant.] nação; povo (Do lat. *grege*-, «conjunto de indivíduos da mesma espécie»)
greiro *n.m.* **1** corte no muro das salinas, no salgado de Aveiro **2** [regionalismo] grão de milho grosso **3** [regionalismo] testículo de criança (De *grão*+*-eiro*)
grejó *n.f.* igreja pequena; ermida (Do lat. *ecclesiŏla*-, dim. de *ecclesĭa*-, «assembleia; igreja»)
grelar¹ *v.intr.* lançar grelo; espigar; germinar (De *grelo*+*-ar*)
grelar² *v.tr.* [Brasil] fitar; mirar
grelha¹ /ê/ *n.f.* **1** grade de ferro para assar ou torrar sobre brasas **2** fundo gradeado dos fogareiros **3** antigo instrumento de suplício **4** parte anterior do automóvel, em forma de grelha, que possibilita a ventilação do motor **5** ELETRICIDADE um dos elétrodos das válvulas eletrónicas, cujas variações de potencial provocam variações de fluxo eletrónico entre os outros dois elétrodos **6** quadro em que se apresentam, hora a hora, os pormenores de um programa (de televisão, por exemplo); *~ de salários* quadro dos salários das diferentes categorias de pessoal de uma empresa (Do lat. *craticŭla*-, «grade pequena», pelo fr. ant. *greille*, «grelha»)
grelha² /ê/ *n.f.* ORNITOLOGIA ⇒ **gralha** 2
grelhado *adj.* assado na grelha ■ *n.m.* CULINÁRIA refeição (de carne ou peixe) preparada na grelha (Part. pass. de *grelhar*)
grelhador *n.m.* **1** utensílio de cozinha, geralmente elétrico, cujo órgão principal é uma grelha e que se destina a assar ou tostar (carne, peixe, pão, etc.) **2** parte do forno própria para grelhar ou assar alimentos (De *grelhar*+*-dor*)
grelhar *v.tr.* **1** CULINÁRIA assar ou torrar sobre grelha e a fogo lento **2** pôr grelhas em (De *grelha*+*-ar*)
grelheiro *n.m.* operário que faz grelhas (De *grelha*+*-eiro*)
grelo /ê/ *n.m.* **1** BOTÂNICA gomo que se desenvolve na semente **2** BOTÂNICA haste florífera de algumas plantas **3** rebento **4** distintivo académico que consta de uma fita pequena e estreita, da cor adotada pela respetiva Faculdade, que ornamenta a pasta do estudante do penúltimo ano de um curso superior **5** [vulg.] clítoris (Do lat. *grillu*-, «grelo»?)
gremial¹ *adj.2g.* de grémio ou a ele referente (De *grémio*+*-al*)
gremial² *n.m.* pano quadrado com uma cruz no meio que se põe sobre os joelhos do prelado oficiante quando está sentado (Do lat. med. *greminăle*-, «id.»)
gremilha *n.f.* ICTIOLOGIA peixe teleósteo, de água doce, variedade de perca, comum em algumas regiões do Norte e do Centro da Europa (Do fr. *grémille*, «gremilha», variedade de perca)
grémio *n.m.* **1** grupo de entidades patronais que exploram ramos de comércio ou indústria mais ou menos afins **2** corporação; associação **3** assembleia **3** sede desse grupo (Do lat. *gremĭu*-, «regaço; seio»)
grená *adj.inv.,n.m.* que ou cor que é vermelha de tonalidade escura ou acastanhada (Do fr. *grenat*, «id.»)
grenetina *n.f.* gelatina pura em folhas brancas transparentes (Do fr. *grenétine*, «id.»)

grenha /ê/ n.f. **1** cabelo emaranhado ou em desalinho **2** juba de leão **3** mata densa **4** [regionalismo] variedade de couve e de videira (Do célt. *grenn*, «barba», pelo cast. *greña*, «grenha»)

grés n.m. PETROLOGIA rocha formada essencialmente por areias ligadas por um cimento; arenito (Do fr. *grès*, «id.»)

gresi- elemento de formação de palavras que exprime a ideia de grés (Do fr. *grés*, «id.»)

gresífero adj. GEOLOGIA diz-se de um terreno que tem grés (De *gresi-+-fero*)

gresiforme adj.2g. que tem o aspeto de grés (De *gresi-+-forme*)

greta /ê/ n.f. **1** abertura estreita; fenda; frincha **2** fenda na pele **3** pl. ZOOLOGIA certas escoriações em alguns animais (Deriv. regr. de *gretar*)

gretado adj. que tem gretas; fendido (Part. pass. de *gretar*)

gretadura n.f. ⇒ **gretamento** (De *gretar+-dura*)

gretamento n.m. ato ou efeito de gretar; greta (De *gretar+-mento*)

gretar v.tr. abrir greta ou fenda em; rachar ■ v.intr.,pron. **1** fender-se; rasgar-se; estalar **2** desconjuntar-se (Do lat. *crepitāre*, «rachar; crepitar»)

greva /ê/ n.f. **1** parte da antiga armadura que cobria o pé e parte da perna **2** tira de tecido forte com que os militares resguardavam cada uma das pernas (Do fr. ant. *grève*, pelo cast. *greba*, «greva»)

grevado adj. calçado com grevas (De *greva+-ado*)

greve n.f. interrupção voluntária e coletiva do trabalho por parte de assalariados com o objetivo, em geral, de reivindicar aumento de salários e melhores condições de trabalho; **~ de fome** recusa em ingerir alimentos como forma de protesto contra algo (Do fr. *grève*, «id.»)

grevista adj.2g. relativo ou característico de uma greve ■ n.2g. **1** promotor de uma greve **2** participante numa greve (De *greve+-ista*)

gridelém adj.2g. da cor da flor do linho; azul-avermelhado (Do fr. *gris de lin*, «id.»)

grifa n.f. unha adunca; garra (Do fr. *griffe*, «id.»)

grifar v.tr. **1** inclinar (a letra) para a direita; compor em itálico **2** sublinhar (palavras) **3** fazer grifos em (cabelo); frisar (De *grifo+-ar*)

grifenho adj. **1** que tem grifas **2** rapace (De *grifo+-enho*)

griffe n.f. **1** empresa produtora e/ou distribuidora de artigos de vestuário e acessórios de luxo **2** assinatura, marca ou rótulo que identifica um criador de moda ou um estilista **3** artigo de luxo que apresenta essa assinatura ou marca (Do fr. *griffe*, «id.»)

grífico adj. **1** relativo ao grifo (animal fabuloso) **2** relativo a grifo (forma de letra) (De *grifo+-ico*)

grifo[1] n.m. **1** ORNITOLOGIA abutre sedentário e comum em algumas regiões de Portugal, também designado por abetarda, brita-ossos, fouveiro, etc. **2** MITOLOGIA animal que, segundo as fábulas, era um misto de águia e leão **3** caracol de cabelo ■ adj. **1** diz-se do cabelo encaracolado **2** diz-se da plumagem eriçada **3** diz-se da galinha de penas levantadas (Do gr. *grýps*, «id.», pelo lat. *griphu-*, «grifo», ave de rapina)

grifo[2] n.m. forma de letra inclinada, também conhecida por itálico ■ adj. diz-se do tipo de letra inclinada; itálico (De *Francesco Griffo*, antr., tipógrafo bolonhês, ou *Sébastien Gryphe*, antr., impressor alemão, ambos do século XVI)

grifo[3] n.m. questão de difícil interpretação; enigma (Do gr. *grypós*, «curvo; encurvado»)

grila n.f. **1** fêmea do grilo **2** [regionalismo] mentira; peta **3** [pop.] pénis de criança **4** [vulg.] órgão sexual feminino (De *grilo*)

grilada n.f. barulho estridente como o de muitos grilos a cantar (De *grilo+-ada*)

grilaria n.f. ⇒ **grilada** (De *grilo+-aria*)

grileira n.f. peça da armadilha para pássaros, onde se prende o grilo ou outro inseto que serve de isca (De *grilo+-eira*)

grilhagem n.f. cadeia de elos metálicos (De *grilhão+-agem*)

grilhão n.m. **1** corrente forte de metal **2** cordão grosso de ouro **3** [fig.] laço; algema; prisão (De *grilho+-ão*, ou do cast. *grillón*, «id.»)

grilheta /ê/ n.f. anel de ferro na extremidade de uma corrente a que se prendiam os condenados a trabalhos forçados ■ n.m. condenado a trabalhos forçados (De *grilho+-eta*)

grilho n.m. grilhão; grilheta (Do cast. *grillos*, «grilhetas; grilhões»)

grilir v.intr. [Cabo Verde] arregalar os olhos com espanto (Do crioulo cabo-verdiano *grilir*, «id.», de *engrilar*)

grilo n.m. **1** ZOOLOGIA inseto ortóptero, saltão, da família dos Grilídeos, cujo macho produz com as asas um som característico, estrídulo, de cor geralmente escura, com antenas mais longas do que o corpo e fémures posteriores desenvolvidos para o salto **2** [pop.] relógio de bolso **3** fraque **4** espécie de jogo popular ■ adj. [pop.] designativo da ordem dos Agostinhos Descalços; **andar aos grilos como a raposa** ser muito pobre, não ter com que viver; **vir com os grilos** estar bêbedo (Do cast. *grillo*, «grilo», inseto)

grilo-toupeira n.m. ZOOLOGIA ⇒ **ralo**[1] **7**

grima n.f. [ant.] raiva; ódio; antipatia (Do gót. **grimms*, «cólera; fúria»)

grim-grim n.m. ORNITOLOGIA ave pernalta comum em Portugal; bite-bite (De orig. onom.)

grimpa n.f. **1** parte giratória do cata-vento **2** coruto; cume; vértice; auge; crista; **baixar a ~** abater o orgulho, submeter-se, sujeitar-se; **levantar a ~** ensoberbecer-se, reagir (Deriv. regr. de *grimpar*)

grimpado adj. **1** que tem grimpa **2** que está no auge (Part. pass. de *grimpar*)

grimpar v.tr.,intr. subir (a); trepar ■ v.tr. elevar ■ v.intr. **1** investir; arremessar-se **2** responder com altivez; refilar; recalcitrar (Do fr. *grimper*, «trepar; subir»)

grimpo adj. [gír.] sábio; muito culto (De *grimpa*)

grinalda n.f. **1** coroa de flores, ramos, pérolas, etc.; capela **2** ornato de flores ou de folhas **3** NÁUTICA moldura da popa de um navio **4** [fig.] antologia literária (Por *guirnalda*, do prov. *guirlanda*, «id.»)

grindélia n.f. BOTÂNICA planta da família das Compostas, utilizada em farmácia, que também se designa aurélia (De *D. H. Grindel*, antr., cientista russo do séc. XIX+-*élia*)

grinfa n.f. guedelha; grenha (Deriv. regr. de *grinfar*?)

grinfar v.intr. (andorinha) soltar a voz; trissar; trinfar (De orig. onom.)

gringal n.m. espécie de pano alemão (Do al. *gering*, «de pouco valor»)

gringo n.m. [Brasil] [depr.] indivíduo estrangeiro (Do cast. *gringo*, «estrangeiro; inglês»)

gringolim n.m. [coloq.] qualquer bebida espirituosa (Formação expressiva)

griolandês adj. relativo à Griolanda, forma popular de Gronelândia, entre os pescadores da vila portuguesa da Nazaré, no distrito de Leiria (De *Griolanda*, por *Gronelândia*+-*ês*)

gripal adj.2g. referente à gripe (De *gripe+-al*)

gripar[1] v.tr. provocar gripe em ■ v.intr. contrair gripe (De *gripe+-ar*)

gripar[2] v.intr. MECÂNICA ficar (um motor) com peças contíguas aderentes, por falta de lubrificação, e deixar, por isso, de funcionar (Do fr. *gripper*, «colar» o êmbolo do motor)

gripe[1] n.f. MEDICINA doença febril, muito contagiosa, epidémica, de duração curta, que se manifesta principalmente por febre, cefaleias e atingimento das vias respiratórias, também denominada influenza (Do francês *grippe*, «idem»)

gripe[2] n.f. [São Tomé e Príncipe] viatura **2** [São Tomé e Príncipe] jipe (De *gripar* [=deixar de funcionar])

gris adj.2g. cinzento-azulado ■ n.f.2n. peliça parda procedente de um esquilo do Norte da Europa (Do frânc. **gris*, pelo fr. *gris*, «cinzento»)

grisalhar v.tr.,intr. tornar(-se) grisalho, acinzentado (Do fr. *grisailler*, «tornar-se grisalho»)

grisalho adj. **1** acinzentado **2** diz-se do cabelo que tem brancas **3** que tem cabelos brancos (Do fr. *grisaille*, «pintura em tons cinzentos»)

grisandra n.f. BOTÂNICA planta herbácea, de folhas profundamente recortadas, da família das Crucíferas, espontânea em Portugal (De orig. obsc.)

grisão n.m. **1** dialeto românico, falado no cantão dos Grisões, na Suíça **2** indivíduo do povo dos Grisões, nos Alpes (Do fr. *grison*, «grisão»)

grisar[1] v.intr. rir

grisar[2] v.tr.,intr. ⇒ **grisalhar** (De *gris+-ar*)

griseta /ê/ n.f. **1** peça de metal em que se enfia a torcida das lâmpadas **2** depósito do azeite nas lanternas **3** lamparina (De orig. obsc.)

griséu adj. cinzento-esverdeado ■ n.m.pl. [regionalismo] ervilhas maduras (Do fr. *gris*, «cinzento»+-*éu*)

Grisões n.m.pl. ETNOGRAFIA povo dos Alpes suíços (Do fr. *Grisons*, «id.»)

grisu n.m. mistura gasosa inflamável, composta de metano e de ar, que se encontra nas minas de carvão, onde provoca às vezes graves explosões em contacto com o fogo (Do fr. *grisou*, «grisu», «id.»)

grisúmetro n.m. aparelho com que se avalia a quantidade de grisu existente numa mina (Do fr. *grisou*, «grisu»+gr. *métron*, «medida»)

grita n.f. ato de gritar; gritaria; berreiro; barulho (Deriv. regr. de *gritar*)

gritada n.f. ⇒ **gritaria** (Part. pass. fem. subst. de *gritar*)

gritadeira n.f. **1** ⇒ **gritaria 2** mulher que grita (De *gritar+-deira*)

gritador n.m. aquele que grita; o que fala em voz muito alta ■ adj. que grita (De *gritar+-dor*)

gritante *adj.2g.* 1 que grita; que se manifesta por gritos 2 [fig.] chocante; que se impõe vivamente; muito evidente; berrante (De *gritar+-ante*)

gritar *v.intr.* 1 soltar gritos 2 chamar por socorro ■ *v.tr.,intr.* 1 dizer (algo) em voz muito alta; clamar em voz alta; bradar 2 ralhar (a) 3 queixar-se (de) (Do lat. *quiritāre*, «gritar por socorro»)

gritaria *n.f.* conjunto de gritos; alarido; berreiro (De *grito+-aria*)

griteiro *n.m.* ⇒ **gritaria** (De *grito+-eira*)

grito *n.m.* 1 som agudo e muito elevado; berro; brado; clamor 2 voz de alguns animais 3 palavras proferidas em tom de protesto (Deriv. regr. de *gritar*)

grivar *v.intr.* NÁUTICA bater (as velas) por o navio navegar muito cingido ao vento; panejar (De orig. obsc.)

grocho /ô/ *n.m.* [regionalismo] pequena quantidade de líquido (De orig. obsc.)

groenlandês *adj.* [Brasil] ⇒ **gronelandês** (De *Groenlândia+-ês*)

grogue *n.m.* bebida alcoólica preparada com aguardente, água, açúcar e casca de limão, ou com uma mistura análoga ■ *adj.2g.* 1 [coloq.] titubeante 2 [coloq.] bêbedo (Do ing. *grog*, «id.»)

groia *adj.,n.2g.* [gír.] monárquico (De orig. obsc.)

gróia ver nova grafia **groia**

grolado *n.m.* CULINÁRIA doce feito de frutas com a casca (Part. pass. subst. de *grolar*)

grolar *v.tr.,intr.* [pop.] gorar(-se); frustrar(-se) (De *grolo+-ar*)

grolo /ô/ *adj.* 1 diz-se do ovo que gorou; goro 2 [regionalismo] diz-se da castanha mal assada (De **groro*, por *goro*)

groma¹ *n.f.* [regionalismo] folgança; pândega (Do cast. *broma*, «diversão; algazarra»)

groma² *n.f.* medida de agrimensura usada pelos Romanos (Do lat. *groma-*, «instrumento de agrimensura»)

gromática *n.f.* arte de agrimensura (Do lat. *gromatĭca-*, «id.»)

gromático *adj.* relativo à agrimensura (Do lat. *gromatĭcu-*, «id.»)

gronelandês *adj.* relativo ou pertencente à Gronelândia ■ *n.m.* 1 natural ou habitante da Gronelândia 2 língua falada na Gronelândia (De *Gronelândia+-ês*)

gronho /ô/ *n.m.* 1 variedade de pera 2 variedade de maçã (De orig. obsc.)

groom *n.m.* 1 criado 2 moço de recados (Do ing. *groom*)

grosa *n.f.* 1 doze dúzias 2 lima grossa 3 faca de descarnar peles 4 [ant.] glosa (Do cast. ant. *grosa*, hoje *gruesa*, «id.»)

grosador *n.m.* 1 ferro usado na surragem dos couros 2 difamador; murmurador (De *grosar+-dor*)

grosar *v.tr.* 1 limar com grosa 2 glosar (De *grosa+-ar*)

groseira *n.f.* 1 [regionalismo] aparelho de pescar com muitos anzóis 2 [regionalismo] barco usado na pesca ao anzol (De *grosa+-eira?*)

groselha /ê/ *n.f.* 1 BOTÂNICA baga que é o fruto da groselheira, utilizada na preparação de geleia ou xarope 2 xarope deste fruto que se bebe com água 3 BOTÂNICA groselheira ■ *adj.2g.* de cor vermelha acerejada (Do neerl. med. *croesel*, «id.», pelo fr. *groseille*, «id.»)

groselheira *n.f.* BOTÂNICA arbusto espinhoso, da família das Ribesiáceas, um pouco cultivado em Portugal, produtor da baga chamada groselha (De *groselha+-eira*)

groselheira-negra *n.f.* BOTÂNICA espécie de groselheira inerme produtora de bagas negras e aromáticas, cultivada em Portugal

groselheira-vermelha *n.f.* BOTÂNICA espécie de groselheira inerme, não aromática, produtora de bagas vermelhas, ácidas, cultivada em Portugal

groselheiro *n.m.* BOTÂNICA ⇒ **groselheira** (De *groselha+-eiro*)

grossagrana *n.f.* tecido encorpado semelhante ao tafetá, procedente de Nápoles (Do it. *grossagrana*, «id.»)

grossaria *n.f.* 1 tecido grosso de linho ou de algodão 2 [fig.] ato ou dito grosseiro; grosseria (De *grosso+-aria*)

grosseiramente *adv.* de modo grosseiro; brutalmente; incivilmente (De *grosseiro+-mente*)

grosseirão *adj.* 1 muito grosseiro; mal-educado 2 imperfeito; de má qualidade ■ *n.m.* [fig.] malcriado; incivil (De *grosseiro+-ão*)

grosseirismo *n.m.* qualidade, modos ou procedimento de grosseiro (De *grosseiro+-ismo*)

grosseiro *adj.* 1 grosso; rústico; ordinário; tosco 2 mal feito; de má qualidade 3 indelicado 4 imoral 5 inculto (De *grosso+-eiro*)

grosseria *n.f.* 1 qualidade de grosseiro 2 rusticidade 3 ato ou dito grosseiro; má-criação; indelicadeza (De *grosseiro+-ia*)

grossista *n.2g.* comerciante que vende por grosso; armazenista (De *grosso+-ista*, ou do fr. *grossiste*, «comerciante por grosso»)

grosso /ô/ *adj.* 1 de diâmetro considerável 2 de grande volume; considerável 3 denso; consistente; encorpado 4 numeroso; abundante 5 grave 6 (som) baixo 7 grosseiro; incivil 8 [pop.] embriagado ■ *n.m.* 1 a parte maior 2 a maior parte ■ *adv.* 1 muito 2 em tom baixo 3 com força; *por* ~ por junto (Do lat. *grossu-*, «id.»)

grosso modo *loc.adv.* de modo grosseiro; de modo impreciso; por alto; pouco mais ou menos (Do lat. *grosso modo*)

grossulária *n.f.* MINERALOGIA variedade de granada (mineral) de cor branca, esverdeada, avermelhada ou cor de canela (Do fr. *grossulaire*, «id.»)

Grossulariáceas *n.f.pl.* BOTÂNICA [ant.] família de plantas dicotiledóneas (atualmente Saxifragáceas e Ribesiáceas) a que pertenciam as groselheiras, também denominada Grossulárias (De *grossulária+-áceas*)

Grossulárias *n.f.pl.* BOTÂNICA ⇒ **Grossulariáceas** (De *grossulária*)

grossularina *n.f.* substância que se encontra nos frutos ácidos, em forma de geleia (De *grossulária+-ina*)

grossularite *n.f.* MINERALOGIA ⇒ **grossulária** (De *grossulária+-ite*)

grossulina *n.f.* ⇒ **grossularina**

grossura *n.f.* 1 qualidade do que é grosso 2 espessura; corpulência; gordura 3 [pop.] bebedeira (De *grosso+-ura*)

grota¹ *n.f.* 1 abertura por onde a água das cheias invade os campos marginais 2 [Brasil] terreno inclinado na interseção de montanhas (Do latim *crypta-*, «gruta; cripta»)

grota² *n.f.* 1 [São Tomé e Príncipe] vale muito fértil, mas de acesso difícil 2 [São Tomé e Príncipe] sopé da montanha (Do forro *grota*, «idem», do francês *grotte*, «grande espaço aberto no sopé de uma montanha»)

grotão *n.m.* [Brasil] grota muito grande (De *grota+-ão*)

grotescamente /ê/ *adv.* de modo grotesco; caricatamente; extravagantemente (De *grotesco+-mente*)

grotesco /ê/ *adj.,n.m.* 1 ARTES PLÁSTICAS diz-se de ou cada um dos ornamentos que representam objetos, plantas, animais, e seres humanos frequentemente fantásticos que envolvem os painéis centrais das composições de certos frescos da antiguidade clássica e que viriam a influenciar o Maneirismo 2 diz-se de ou categoria estética caracterizada pelo exagero, pela distorção ou pela incongruência das formas ■ *adj.* ridículo; caricato 2 excêntrico (Do it. *grottesco*, «grotesco; ridículo»)

grou *n.m.* (*feminino* **grua**) ORNITOLOGIA ave pernalta, migradora, da família dos Gruídeos, que aparece durante o inverno nas províncias portuguesas do Ribatejo e do Alentejo (Do lat. **gruu-*, por *grue-*, «grou»)

grua¹ *n.f.* 1 aparelho para levantar e deslocar corpos pesados, muito utilizado em docas e cais 2 roldana de guindaste 3 dispositivo usado nos caminhos de ferro para lançar água nas locomotivas (Do lat. **grua-*, «id.»)

grua² *n.f.* ORNITOLOGIA fêmea do grou

grual *n.m.* ORNITOLOGIA ⇒ **maçarico-real** (De *grua+-al*)

grualeta /ê/ *n.f.* ORNITOLOGIA ⇒ **parda**³ (De *grual+-eta*)

gruau *n.m.* ⇒ **maçarico-real** (De *grual*)

grudadoiro *n.m.* ⇒ **grudadouro**

grudador *adj.,n.m.* que ou aquele que gruda (De *grudar+-dor*)

grudadouro *n.m.* série de cavaletes onde se estendem as teias para secar, nas fábricas de lanifícios, depois de molhadas em grude ou cola (De *grudar+-douro*)

grudadura *n.f.* operação de grudar; encolamento (De *grudar+-dura*)

grudar *v.tr.* 1 fixar com grude; colar 2 pegar 3 unir ■ *v.intr.* 1 pegar-se como grude 2 unir-se 3 combinar 4 concordar (De *grude+-ar*)

grude *n.m.* 1 cola dissolvida em água para unir as peças de madeira 2 massa dos sapateiros 3 [Brasil] luta braço a braço, entre dois indivíduos (Do lat. *gluten*, «id.»)

grudento *adj.* [Brasil] chato; maçador

grueiro *adj.* diz-se do falcão adestrado para a caça dos grous (Do lat. *grue-*, «grou» + *-eiro*)

grugru *n.m.* ⇒ **gluglu** (De orig. onom.)

grugrulejar *v.intr.* ⇒ **grugulejar** (De *grugru+l+-ejar*)

grugulejar *v.intr.* 1 soltar a voz (o peru) 2 imitar a voz do peru (Por *grugulejar*)

grugulejo /ê/ *n.m.* ato ou efeito de grugulejar (Deriv. regr. de *grugulejar*)

grugutuba *n.f.* variedade de feijão do Brasil, chamado também bacamarte (Do tupi?)

gruim *n.m.* 1 [ant.] focinho de porco 2 varreduras de cereais que ficam na eira para alimento dos porcos (Do lat. *grunĭu-*, «grunhido», pelo fr. *groin*, «tromba; focinho»)

gruir *v.intr.* soltar (o grou) o seu canto (Do lat. **gruīre*, por *gruĕre*, «id.»)

grulha *n.2g.* pessoa que fala muito (Do cast. *grulla*, «grou»)

grulhaço *n.m.* indivíduo que grulha muito (De *grulha+-aço*)

grulhada *n.f.* 1 gritaria de grous 2 [fig.] vozearia; balbúrdia (Part. pass. fem. subst. de *grulhar*)

grulhar *v.intr.* falar muito; palrar; tagarelar (De *grulha+-ar*)
grulhento *adj.* 1 que grulha; palrador 2 que pretende ter sempre razão contra os outros (De *grulhar+-ento*)
grumar *v.tr.,intr.,pron.* reduzir(-se) a grumos; transformar(-se) em grumos (De *grumo+-ar*)
grumati *n.m.* BOTÂNICA árvore de grande porte, medicinal, da ilha de São Tomé
grumecência *n.f.* propriedade ou estado dos corpos grumosos (De *grumecer+-ência*)
grumecer *v.tr.,intr.,pron.* ⇒ **grumar** (De *grumar+-ecer*)
grumelo /ê/ *n.m.* ⇒ **grúmulo** (De *grumo+-elo*)
grumetagem *n.f.* conjunto dos grumetes de qualquer navio de guerra (De *grumete+-agem*)
grumete /é/ *n.2g.* 1 MILITAR designação comum aos militares que, na Marinha, ocupam um dos postos inferiores a segundo-marinheiro (primeiro-grumete ou segundo-grumete) 2 natural ou habitante da ilha de Cacheu, na Guiné-Bissau (Do fr. ant. *groumet*, «servente»)
grumo *n.m.* 1 pequena porção de matéria cujas partículas estão aglomeradas; grânulo; grão 2 pequeno coágulo de albumina, caseína, etc. 3 novelo 4 [regionalismo] rebento das árvores (Do lat. *grumu-*, «coágulo; grumo»)
grumoso /ô/ *adj.* cheio de grumos; granuloso (De *grumo+-oso*)
grúmulo *n.m.* pequeno grumo (Do lat. *grumŭlu-*, «montículo; pequeno coágulo»)
grunge *n.m.* 1 estilo musical que surgiu em finais dos anos 80 definindo um conjunto de grupos de rock com letras de protesto e um som agressivo 2 atitude associada a este estilo musical, que se define basicamente pelo uso de cabelos compridos e despenteados, camisas de flanela atadas à cintura e calças rasgadas (Do ing. *grunge*, «id.»)
grunha *n.f.* [regionalismo] ruga; gelha; engelha; carquilha (De orig. obsc.)
grunhideira *n.f.* 1 grunhido demorado 2 [pop.] língua (De *grunhir+-deira*)
grunhidela *n.f.* 1 ato de grunhir 2 resmungadela (De *grunhir+-dela*)
grunhido *n.m.* 1 som produzido pelo porco ou pelo javali 2 som áspero e cavernoso; ronco (Do lat. *grunnītu-*, «id.»)
grunhidor *adj.,n.m.* que ou aquele que grunhe (De *grunhir+-dor*)
grunhir *v.intr.* 1 (porco) soltar grunhidos 2 imitar a voz do porco 3 resmungar (Do lat. *grunnīre*, «id.»)
grunho *n.m.* 1 porco 2 [cal., pej.] indivíduo bronco (De *grunhir*)
grupado *adj.* BOTÂNICA ⇒ **agrupado** 3 (Part. pass. de *grupar*)
grupamento *n.m.* ⇒ **agrupamento** (De *grupar+-mento*)
grupar *v.tr.* ⇒ **agrupar** (De *grupo+-ar*)
grupelho /ê/ *n.m.* 1 [depr.] pequeno grupo 2 [depr.] pequeno partido político sem importância (De *grupo+-elho*)
grupeto /ê/ *n.m.* MÚSICA conjunto de três ou quatro notas musicais, ornamentais, que se executam com muita rapidez (Do it. *gruppetto*, «grupinho; grupeto»)
grupo *n.m.* 1 conjunto de pessoas ou objetos, tomados como constituindo um todo ou uma unidade 2 certo número de pessoas reunidas 3 pequena associação, em geral de índole cultural, recreativa ou desportiva 4 BIOLOGIA conjunto de seres vivos com certos caracteres comuns que servem de base à constituição das categorias sistemáticas (espécie, género, família, etc.) 5 MATEMÁTICA conjunto de elementos sobre os quais se define uma operação binária (lei de composição interna), que é associativa, admite um elemento neutro e que a cada elemento x do conjunto faz corresponder outro elemento x' (dito oposto de x), que, operando sobre o primeiro, dá como resultado o elemento neutro 6 QUÍMICA série de elementos químicos que constituem uma coluna na tabela periódica e que apresentam propriedades químicas semelhantes 7 GRAMÁTICA sequência de palavras organizada em torno de um núcleo (nome, adjetivo, verbo, advérbio ou preposição), funcionando como uma unidade sintática; sintagma 8 MILITAR pequena unidade de artilharia ou de cavalaria, de nível de batalhão, constituída, respetivamente, por baterias ou esquadrões; **~ de pressão** SOCIOLOGIA grupo ou associação de indivíduos que tem por fim defender os interesses comuns dos seus membros e que, para isso, procura influenciar a ação governamental e a opinião pública; **~ sanguíneo** MEDICINA cada um dos grupos de sangue humano caracterizados pela presença ou ausência de certos antigénios à superfície dos eritrócitos, e cuja determinação pretende evitar as graves situações causadas pela administração de sangue incompatível; **psicoterapia de ~** MEDICINA técnica psiquiátrica que utiliza como fator terapêutico a ação de um grupo de indivíduos organizado e dirigido para tal fim (Do gót. **kruppa*, «massa arredondada», pelo it. *gruppo*, «grupo»)
grupoide *n.m.* MATEMÁTICA conjunto sobre cujos elementos está definida uma operação binária, lei de composição interna, universal e unívoca (De *grupo+-óide*)
grupóide ver nova grafia **grupoide**
grupúsculo *n.m.* [depr.] grupo político sem importância, constituído por reduzido número de adeptos; grupelho (Do fr. *groupuscule*, «id.»)
gruta *n.f.* 1 cavidade natural ou artificial na rocha, de grandes dimensões; antro; caverna 2 grimpa em forma de caramanchão (Do lat. *crypta-*, «cripta; gruta», pelo it. *grutta*, «gruta»)
grutesco /ê/ *adj.* 1 de gruta 2 que tem ornatos próprios de gruta ■ *n.m.pl.* 1 pintura ou escultura que representa grutas 2 arabescos 3 embrechados (Do it. *grottesca*, «decoração parietal»)
gruyère *n.m.* tipo de queijo suíço, de forma cilíndrica e cor amarelada, preparado com leite de vaca e que apresenta pequenos furos (De *Gruyère*, cidade suíça)
gruzínio *adj.* da Gruzínia, região do Cáucaso ■ *n.m.* natural ou habitante da Gruzínia (De *Gruzínia*, top.)
guabiraba *n.f.* 1 BOTÂNICA fruto (comestível) da guabirabeira 2 BOTÂNICA guabirabeira (Do tupi *wa'bi*, «comestível» +*rab*, «peludo»?)
guabirabeira *n.f.* BOTÂNICA planta brasileira, medicinal, da família das Boragináceas, cujo fruto (comestível) é a guabiraba (De *guabiraba+-eira*)
guabiroba *n.f.* 1 BOTÂNICA fruto das guabirobeiras 2 BOTÂNICA guabirobeira 3 [Brasil] [pop.] bengala; pau 4 [Brasil] sova; pancadaria (Do tupi *wa'bi*, «comestível» +*rob*, «amargo»?)
guabirobeira *n.f.* BOTÂNICA árvore mirtácea do Brasil, cujo fruto é a guabiroba (De *guabiroba+-eira*)
guacamole *n.m.* 1 CULINÁRIA salada de abacate, no México, em Cuba e na América Central 2 CULINÁRIA pasta de abacate com tomate, cebola, alho, limão, azeite, temperada com sal e pimenta (Do esp. *guacamole*, «salada de abacate», pelo nauatle *ahucamulli*, «abacate+molho»)
guache *n.m.* 1 substância corante que se pode diluir em água e se utiliza para pintar ou colorir 2 pintura feita com essa substância (Do fr. *gouache*, «id.»)
guacho *n.m.* ⇒ **guache** (Do fr. *gouache*, «id.»)
guacina *n.f.* substância resinosa e amarga existente no guaco (De *guaco+-ina*)
guaco *n.m.* BOTÂNICA nome vulgar que, no Brasil, é extensivo a algumas plantas da família das Compostas, ornamentais e medicinais (De orig. obsc.)
-guaçu [Brasil] ⇒ **-açu**
guadameci *n.m.* ⇒ **guadamecil**
guadamecil *n.m.* antiga tapeçaria feita de couro pintado e dourado, aplicada sobre folhas de estanho (Do ár. *guadamesi*, «de Gadamés», oásis da Líbia, pelo cast. *guadameci* ou *guadamacil*, «id.»)
guadamecileiro *n.m.* 1 fabricante de guadamecis 2 guarda dos guadamecis da casa real (De *guadamecil+-eiro*)
guadamecim *n.m.* ⇒ **guadamecil**
guadramilês *n.m.* 1 dialeto de Guadramil, localidade portuguesa do concelho e distrito de Bragança 2 natural ou habitante de Guadramil ■ *adj.* relativo a Guadramil (De *Guadramil*, top. +-*ês*)
guaguaxar *v.intr.* fazer ruído banhando-se na água (os patos) (De orig. onom.)
guai *interj.* [ant.] ⇒ **ai** (Do gót. *wái*, «id.»)
guaiaba *n.f.* ⇒ **goiaba**
guaiaca *n.f.* [Brasil] algibeira de couro presa à cintura, para levar dinheiro ou a arma (Do quích. *huayaca*, «id.»)
guaiacina *n.f.* líquido oleoso obtido da madeira do guaiaco (De *guaiaco+-ina*)
guaiaco *n.m.* BOTÂNICA árvore americana, tropical, da família das Rutáceas, que fornece boa madeira (pau-santo), um produto empregado em farmácia, e uma resina (guaiacina), também denominada gaiaco (Do lat. cient. *Guaiacu-*, «id.»)
guaiacol *n.m.* FARMÁCIA, QUÍMICA composto orgânico, aromático, obtido da resina do guaiaco (árvore), que tem aplicações medicinais; gaiacol (De *guaiac[o]+[fen]ol*)
guaiamu *n.m.* [Brasil] ZOOLOGIA grande caranguejo preto ou azulado, de pinças assimétricas (Do tupi *waia'mu*, «caranguejo preto»)
guaiar *v.intr.* 1 queixar-se; lamentar-se; gaiar 2 [Brasil] soltar gargalhadas extensas ou entrecortadas (De *guai+-ar*)
guaiara *n.f.* [Brasil] cinturão com pregaria para levar dinheiro e outros objetos (De orig. obsc.)
guainambé *n.m.* ⇒ **uanambé**
guajará *n.m.* ⇒ **uajará**

gualde *adj.2g.* amarelado; jalne (Do germ. *walda, «reseda amarela»)

gualdipério *n.m.* traição amorosa; engano (De *gualdir*?)

gualdir *v.tr.* 1 comer 2 gastar; esbanjar (Do it. *gualdo*, «vício; falta» +-*ir*?)

gualdo *adj.* ⇒ **gualde**

gualdra *n.f.* puxador, em forma de argola, para gavetas (De orig. obsc.)

gualdrapa *n.f.* 1 aba de casacão 2 manta que se estende na garupa do cavalo, por baixo da sela; xairel (Do cast. *gualdrapa*, «id.»)

gualdripar *v.tr.* [pop.] furtar; surripiar (De *gualdir*?)

gualdrope *n.m.* cabo fixo à cana do leme para auxiliar o manejo deste; galdrope; aldrope (Do ing. *guide-rope*, «corda-guia»?)

gualteira *n.f.* carapuça de pastor (Do frânc. **wald*, «bosque» + -*eira*?)

gualteriano *adj.* 1 relativo a S. Gualter 2 designativo das festas de S. Gualter (De *Gualter*, antr. +-*iano*)

guamba *n.m.* ORNITOLOGIA pombo de Moçambique

guambuco *n.m.* BOTÂNICA árvore angolana de que se extraem fibras têxteis

guampa *n.f.* 1 [Brasil] chifre 2 [Brasil] copo ou vaso de chifre (Do quích. *huampuru*, «id.»)

guampaço *n.m.* [Brasil] marrada (De *guampa*+-*aço*)

guanabarino *adj.* [Brasil] relativo à baía de Guanabara ou ao antigo estado de Guanabara ■ *n.m.* [Brasil] natural ou habitante do antigo estado de Guanabara (De *Guanabara*+-*ino*)

guanaco *n.m.* ZOOLOGIA mamífero ruminante, da família dos Camelídeos, que vive nos Andes, é domesticável e fornece lã (Do quích. *huanaco*, «id.»)

guanandi *n.f.* BOTÂNICA designação de umas árvores gutíferas brasileiras, muito empregadas em construção e cuja goma tem aplicações medicinais (Do tupi *wanã'ni*, «grudento»)

Guanches *n.m.pl.* ETNOGRAFIA antigos habitantes das ilhas Canárias, com civilização neolítica à data da ocupação deste arquipélago pelos Espanhóis em 1479 (Abrev. do berb. *guanchinerf*, «filho de Tinerf [= Tenerife]»)

Guanchos *n.m.pl.* ⇒ **Guanches**

guandeiro *n.m.* BOTÂNICA planta americana da família das Leguminosas, também designada por feijão-guando, etc. (De *guando*+-*eiro*)

guando *n.m.* BOTÂNICA ⇒ **andu** (Do cong. *wanu*, «id.»)

guaneira *n.f.* [Brasil] depósito de guano (De *guano*+-*eira*)

guanidina *n.f.* QUÍMICA composto orgânico azotado que pode ser obtido a partir da ureia, com numerosas aplicações na indústria de plásticos, resinas, etc. (De *guanina*)

guanina *n.f.* BIOQUÍMICA base azotada purínica, que, em conjunto com a citosina, é um dos principais componentes da molécula de ácido desoxirribonucleico (ADN) (De *guano*+-*ina*)

guano *n.m.* adubo formado de substâncias orgânicas, sobretudo de excrementos das aves, abundante nas ilhas do Pacífico e na costa ocidental da América do Sul (Do quích. *wánu*, «esterco»)

guante *n.m.* luva de ferro da armadura antiga; manopla (Do frânc. **wanth*, «defesa do punho», pelo cat. *guant*, «id.»)

guapamente *adv.* com galhardia (De *guapo*+-*mente*)

guaraparaíba *n.f.* [Brasil] espécie de mangue, como o mangue-amarelo (planta) (Do tupi *guapara'iwa*, «a árvore das enseadas»)

guapeba /ê/ *n.f.* 1 [Brasil] BOTÂNICA planta da família das Cucurbitáceas, conhecida em algumas regiões por fava-de-santo-inácio 2 [Brasil] BOTÂNICA árvore da família das Sapotáceas, útil pela madeira, pelos produtos medicinais e pelo fruto que produz; guapebeira 3 [Brasil] BOTÂNICA fruto desta planta ■ *n.m.* cão de configuração atarracada (Do tupi *gwa'pewa*, «árvore de pequena altura»)

guapebeira *n.f.* [Brasil] BOTÂNICA ⇒ **guapeba** *n.f.* 2 (De *guapeba*+-*eira*)

guaperva *n.f.* ICTIOLOGIA peixe teleósteo, do Brasil, afim dos xarrocos que se encontram em Portugal (Do guar. *guaperua*, «id.»)

guapice *n.f.* qualidade do que é guapo; garbo; elegância; valentia; brio (De *guapo*+-*ice*)

guapo *adj.* 1 garboso; elegante; brioso 2 corajoso (Do cast. *guapo*, «id.»)

guará[1] *n.m.* [Brasil] ZOOLOGIA mamífero canídeo de pernas finas e compridas, que vive no estado selvagem na América do Sul e é também chamado lobo (Do tupi *agoa'rá*, «pelo de penugem»)

guará[2] *n.m.* 1 [Brasil] ORNITOLOGIA ave pernalta, da família dos Ibidídeos, de plumagem vermelha muito vistosa, frequente na Amazónia 2 [Brasil] ORNITOLOGIA flamingo, no Sul do Brasil (Do tupi *awa'rá*, «penas para enfeitar»)

guaração *n.m.* ZOOLOGIA ⇒ **guará**[1] (De *guará*+*cão*)

guaracha *n.f.* dança popular rápida, de origem cubana, executada por pares (Do esp. *guaracha*, «dança parecida com o sapateado»)

guaral *n.m.* ZOOLOGIA aranha da Líbia, que os Árabes, segundo se diz, aproveitam para alimentação (De orig. obsc.)

guaraná *n.m.* 1 [Brasil] BOTÂNICA planta arbustiva, trepadeira, da família das Sapindáceas, cujas sementes são utilizadas pelos povos da Amazónia no fabrico de uma bebida tónica 2 resina desta planta (Do tupi *wara'na*, «id.»)

guarani *n.m.* 1 um dos idiomas da família linguística tupi-guarani, falado pelos Guaranis 2 unidade monetária do Paraguai ■ *n.2g.* indivíduo pertencente ao grupo dos Guaranis (Do guar. *guarini*, «guerrear»)

Guaranis *n.m.pl.* ETNOGRAFIA grupo indígena que habita em alguns estados do Brasil e noutros países da América do Sul (Do guar. *guarini*, «guerrear»?)

guarapa *n.f.* 1 sumo da cana-de-açúcar 2 qualquer líquido que se põe a fermentar para depois ser destilado 3 ⇒ **garapa** (De *garapa*)

guarapiapunha *n.f.* [Brasil] BOTÂNICA ⇒ **garapa** 4

guarapu *n.m.* ⇒ **uruçu** (Do tupi *guara'pu*, «corno não aguçado»)

guaraxaim *n.m.* ZOOLOGIA mamífero canídeo que vive no estado selvagem, no Brasil, e é também conhecido por zorro (Do tupi *waraxa'i*, «id.»)

guaraz *n.m.* ORNITOLOGIA pássaro brasileiro que nasce branco e se torna depois vermelho (De orig. obsc.)

guarda *n.f.* 1 ato ou efeito de guardar 2 proteção; defesa 3 serviço de guardar ou vigiar; vigilância; sentinela 4 grupo de militares que ocupam um posto de defesa ou vigilância 5 resguardo; anteparo 6 folha que resguarda o princípio ou o fim de um livro 7 conservação 8 retenção 9 cuidado 10 abrigo 11 favor; benevolência 12 *pl.* anteparos aos lados de uma ponte ■ *n.2g.* 1 pessoa encarregada de guardar alguma coisa 2 polícia; ~ *avançada* destacamento de segurança que precede o grosso de uma coluna militar em marcha para o inimigo; ~ *da retaguarda* destacamento de segurança destinado a proteger a retaguarda de uma força militar contra as ações do inimigo; ~ *de flanco* destacamento de segurança que se destina a proteger os flancos das colunas militares em marcha contra agressões ou observação inimigas; ~ *de honra* força militar armada encarregada de prestar honras a uma alta personagem ou a um símbolo; *a velha* ~ os veteranos, os mais antigos; *ó da* ~! pedido de socorro (Deriv. regr. de *guardar*)

guarda-arnês *n.m.* lugar onde se guardam os arreios de cavalaria

guarda-barreira *n.2g.* 1 empregado aduaneiro que fiscalizava a entrada de géneros de consumo, às portas das cidades 2 empregado dos caminhos de ferro encarregado de abrir e fechar as barreiras nas passagens de nível

guarda-braço *n.m.* parte da armadura que protegia os braços

guarda-cabeça *n.m.* [Cabo Verde] cerimónia contra o mau-olhado na noite do sexto para o sétimo dia após o nascimento de uma criança (De *guarda*+*cabeça*, por onde entraria o mau-olhado)

guarda-cadeiras *n.m.2n.* tira de madeira fixada horizontalmente nas paredes para evitar que as cadeiras se estraguem ou que risquem essas paredes

guarda-calhas *n.m.2n.* cada uma das duas peças que, nas locomotivas, desviam os corpos caídos sobre as calhas de uma via-férrea

guarda-cama *n.m.* espécie de cortina ou rodapé do leito, para adorno ou para encobrir o que está por baixo

guarda-cartucho *n.m.* caixa cilíndrica de couro para dois ou três cartuchos de peças de artilharia

guarda-chaves *n.m.2n.* 1 empregado ferroviário encarregado de manejar as chaves, nos desvios das linhas 2 porteiro 3 claviculário

guarda-chuva *n.m.* objeto portátil para abrigar da chuva, formado por uma armação de varetas móveis, coberta de pano, e uma haste central que serve de cabo; chapéu de chuva

guarda-comidas *n.m.2n.* móvel com prateleiras, vedado com rede, onde se guardam alimentos

guarda-costas *n.2g.2n.* pessoa contratada para acompanhar e defender outra ■ *n.m.2n.* navio de guerra destinado à vigilância das águas territoriais de um país

guardadeira *n.f.* 1 mulher que guarda 2 mulher que observa certos preceitos 3 gaveta de móvel onde se guardam objetos (De *guardar*+-*deira*)

guardado *adj.* 1 arrecadado 2 reservado 3 destinado 4 oculto; não revelado (Part. pass. de *guardar*)

guardador *n.m.* 1 aquele que guarda ou defende alguém ou alguma coisa 2 o que observa certos preceitos 3 indivíduo poupado; avarento (De *guardar*+*-dor*)

guarda-faceira *n.m.* correia lateral da cabeçada das cavalgaduras

guarda-fatos *n.m.2n.* móvel em que se guardam os fatos; guarda-roupa; guarda-vestidos

guarda-fios *n.m.2n.* indivíduo encarregado de vigiar e consertar linhas ou cabos telefónicos, telegráficos ou de luz elétrica

guarda-fiscal *n.m.* soldado que pertence à Guarda-Fiscal

guarda-florestal *n.2g.* empregado do Estado que faz o policiamento das florestas e matas nacionais, e impede a caça e a pesca no defeso

guarda-fogo /ô/ *n.m.* 1 peça metálica que se coloca diante da chaminé para evitar incêndios 2 parede entre dois telhados para evitar a comunicação dos incêndios 3 corta-fogo

guarda-freio *n.m.* 1 indivíduo que vigia e maneja os freios das carruagens de um comboio 2 empregado que, ao freio, guia os carros elétricos

guarda-joias *n.m.2n.* 1 cofre em que se guardam as joias; escrínio 2 antigo empregado da casa real encarregado da guarda das joias

guarda-jóias ver nova grafia guarda-joias

guarda-lama *n.m.* ⇒ **guarda-lamas**

guarda-lamas *n.m.2n.* 1 peça que, colocada diante e por cima das rodas de um veículo, o resguarda dos salpicos da lama 2 barra forte de fazenda que forrava interiormente a parte inferior de um vestido

guarda-leme *n.m.* peça de artilharia, junto ao leme da embarcação

guarda-linha *n.2g.* pessoa que vigia as linhas férreas

guarda-livros *n.2g.2n.* [ant.] pessoa encarregada de fazer a escrita de uma empresa

guarda-loiça *n.m.* ⇒ **guarda-louça**

guarda-louça *n.m.* 1 armário para guardar louça 2 cantoneira; prateleira

guarda-mancebos *n.m.2n.* NÁUTICA cabo que serve de corrimão aos marinheiros, na extremidade da proa

guarda-mão *n.m.* 1 arco que resguarda a mão, entre os copos e a maçã da espada 2 revestimento de madeira ou de metal que cobre o cano das espingardas e que protege a mão do atirador do contacto com o cano aquecido

guarda-marinha *n.m.,n.2g.* MILITAR ⇒ **subtenente**

guarda-mato *n.m.* 1 cada uma das peças de pele com que os pastores resguardam as pernas 2 valado para limitar matagais ou pastagens 3 peça da espingarda, em forma de arco, para resguardar o gatilho 4 *pl.* ⇒ **safões**

guarda-menor *n.m.* empregado subalterno dos tribunais da Relação e de outras repartições

guarda-mor *n.m.* 1 chefe dos empregados subalternos de certos estabelecimentos públicos 2 antigo fidalgo a quem competia a guarda do rei

guardanapo *n.m.* pequeno pano, geralmente quadrado, com que, à mesa, se limpa a boca e se protege a roupa contra os salpicos; *assoa-te a esse ~!* ora aprende lá essa lição! (Do lat. med. *guardanappa*, «proteção da toalha», pelo fr. *garde-nappe*, «descanso de travessas» para proteção da toalha de mesa)

guarda-nocturno ver nova grafia guarda-noturno

guarda-noturno *n.m.* 1 indivíduo que, de noite, vigia e guarda as habitações numa certa área 2 indivíduo encarregado da vigilância de um estabelecimento fabril, banco, etc., durante a noite

guarda-peito *n.m.* [Brasil] pele que o vaqueiro ata ao pescoço para resguardar o peito

guarda-pisa *n.f.* barra que forra interiormente a orla dos vestidos

guarda-pó *n.m.* 1 forro de madeira assente sobre os caibros da armação de um telhado 2 casaco comprido, de tecido leve, que se veste por cima do fato para evitar que este se suje

guarda-portão *n.m.* ⇒ **porteiro**

guarda-pratas *n.m.2n.* móvel em que se guarda a baixela

guarda-quedas *n.m.2n.* ⇒ **paraquedas**

guardar *v.tr.* 1 estar de guarda a; vigiar para defender ou proteger 2 colocar no local devido; arrumar 3 conservar; preservar 4 reservar 5 encobrir; ocultar 6 cumprir; acatar; respeitar 7 pastorear (gado) 8 manter (distância) 9 alimentar (um sentimento) ■ *v.pron.* 1 defender-se; acautelar-se 2 abster-se; evitar 3 reservar-se (Do germ. *wardôn*, «olhar; guardar», pelo lat. tard. *guardāre*, «id.»)

guarda-raios *n.m.2n.* ⇒ **para-raios**

guarda-redes /ê/ *n.2g.2n.* DESPORTO jogador que, no futebol, andebol, etc., está de guarda à baliza do seu grupo para impedir a entrada da bola, sendo o único que lhe pode tocar com a mão (dentro da grande área)

guarda-republicano *n.m.* soldado que pertence à Guarda Republicana

guarda-rios *n.m.2n.* 1 pessoa encarregada de vigiar os rios para que se não pesque no tempo do defeso, nem se infrinjam outras determinações legais respeitantes aos cursos de água 2 ORNITOLOGIA ⇒ **pica-peixe** 1

guarda-roupa *n.m.* 1 móvel ou compartimento de uma casa onde se guardam os fatos e os vestidos; guarda-vestidos 2 conjunto das peças de vestuário de uma pessoa; indumentária 3 estabelecimento onde se alugam roupas, fatos carnavalescos, etc. 4 conjunto dos fatos e alfaias de uma casa de espetáculos 5 BOTÂNICA ⇒ **abrótano-fêmea** ■ *n.2g.* pessoa encarregada de guardar roupa e acessórios, numa casa de espetáculos

guarda-sol *n.m.* objeto para proteger do sol, formado por uma armação de varetas móveis, coberta de pano, e uma haste central que serve de cabo; chapéu de sol

guarda-soleiro *n.m.* indivíduo que fabrica, vende e conserta guarda-sóis ou guarda-chuvas

guarda-vassoiras *n.m.2n.* ⇒ **guarda-vassouras**

guarda-vassouras *n.m.2n.* tira de madeira, no fundo das paredes, para as proteger dos pés das cadeiras e evitar que, ao varrer, lhes danifiquem o estuque ou o papel; rodapé

guarda-vento *n.m.* reposteiro ou antepara de madeira dentro dos templos e de outros edifícios, para resguardar o interior do vento ou da vista dos transeuntes

guarda-vestidos *n.m.2n.* armário provido de cabides, para guardar vestidos e outras roupas; guarda-fatos; guarda-roupa

guarda-vinho *n.m.* paredes do lagar onde se faz o vinho

guarda-vista *n.m.* 1 peça que se põe diante dos olhos para atenuar uma luz intensa; pala; viseira 2 bandeira do candeeiro

guarda-volante *n.m.* 1 peça que cobre o volante dos relógios 2 ronda

guarda-volumes *n.m.2n.* [Brasil] ⇒ **cacifo** 1

guarda-voz *n.m.* cúpula dos púlpitos para fazer descer e difundir melhor pelo auditório a voz do pregador

guardeamento *n.m.* ato ou efeito de guardear (De *guardear*+*-mento*)

guardear *v.tr.* pôr guardas ou resguardos ao longo de (De *guarda*+*-ear*)

guardense *adj.,n.2g.* que ou a pessoa que é natural ou habitante da cidade portuguesa da Guarda, na província da Beira Alta; egitaniense (De *Guarda*, top. +*-ense*)

guardiania *n.f.* cargo de guardião (De *guardião*+*-ia*)

guardião *n.m.* 1 pessoa que guarda algo 2 guarda-costas 3 superior de uma comunidade franciscana 4 DESPORTO guarda-redes 5 NÁUTICA marinheiro que dirige certos serviços a bordo 6 BOTÂNICA planta brasileira, trepadeira, da família das Cucurbitáceas, com aplicações medicinais, e também conhecida por abóbora-do-mato (Do gót. *wardjan*, «id.», pelo lat. *guardiānu-*, «id.»)

guardim *n.m.* 1 NÁUTICA cabo para içar a bordo 2 NÁUTICA espias para suster os mastros a prumo (Do cast. *guardín*, «id.»)

guardinvão *n.m.* jogo popular (De *guarda*+*em*+*vão*)

guarecedor *adj.* que guarece (De *guarecer*+*-dor*)

guarecer *v.tr.,intr.,pron.* curar(-se); sanar(-se); sarar (De *guarir*+*-ecer*)

guarente *n.m.* fazenda que sobra quando se encurtam por baixo capas ou capotes (De orig. obsc.)

guari *n.m.* 1 BOTÂNICA espécie de palmeira americana 2 ORNITOLOGIA ave palmípede da África Ocidental

guariba *n.m.* [Brasil] ZOOLOGIA ⇒ **bugio** ■ *n.f.* ORNITOLOGIA pequena ave, psitacídea, semelhante a um periquito (Do tupi *wa'riwa*, «id.»)

guarida *n.f.* 1 covil de feras 2 abrigo; proteção 3 hospitalidade 4 [regionalismo] rego permanente para condução de água (Part. pass. fem. subst. de *guarir*)

guarir *v.tr.,intr.,pron.* ⇒ **guarecer** (Do gót. *warjan*, «defender», pelo fr. ant. *guarir*, «proteger»)

guariroba *n.f.* BOTÂNICA espécie de palmeira brasileira (Do tupi *gwa'ra i oba*, «pau amargo»)

guarita *n.f.* 1 pequena torre nos ângulos dos antigos baluartes, para abrigar as sentinelas 2 casa pequena, portátil, para abrigo de sentinelas (Do fr. ant. *garite*, «refúgio», fr. mod. *guérite*, «guarita; abrigo», ou do it. *garitta*, «id.»)

guarnecedor *adj.,n.m.* que ou aquele que guarnece (De *guarnecer*+*-dor*)

guarnecer v.tr. 1 pôr guarnição em 2 prover do necessário; abastecer; equipar 3 enfeitar em roda de; adornar; ornamentar 4 colocar forças militares em; fortificar; fortalecer 5 TIPOGRAFIA cercar (página) com filetes, vinhetas, etc. 6 caiar (paredes) depois de rebocadas; estucar (paredes) (De *guarnir*+-*ecer*)

guarnecimento n.m. 1 ato de guarnecer 2 aquilo que guarnece ou ornamenta; guarnição; adorno 3 revestimento (De *guarnecer*+-*mento*)

guarnição n.f. 1 aquilo que guarnece 2 adorno ao longo ou à volta de um objeto; ornamento; enfeite 3 força militar que defende um quartel ou uma fortificação 4 tripulação de um navio 5 conjunto dos remadores de um barco de regata 6 punhos e copos da espada 7 CULINÁRIA alimentos (verduras, frutos, etc.) que acompanham e enfeitam um prato numa refeição 8 conjunto de tapeçarias de um aposento 9 conjunto de peças que adornam as cavalgaduras; jaezes 10 TIPOGRAFIA peças com que se apertam as páginas de composição tipográfica para imprimir 11 aplicação de uma camada fina de pasta de cal sobre o reboco na parede, antes de pintar (De *guarnir*+-*ção*)

guarnir v.tr. ⇒ **guarnecer** (Do frânc. *warnjan*, «avisar; advertir», pelo lat. vulg. *guarnīre*, «advertir; munir-se do necessário»)

guar-te elem. expr. *sem tir-te nem ~* sem aviso prévio (Por *guar*[*da*]-*te*)

guarula n.f. [Brasil] ORNITOLOGIA espécie de periquito de coleira escarlate (De orig. obsc.)

guarupu n.m. [Brasil] ZOOLOGIA ⇒ **uruçu**

guatemalense adj.2g.,n.2g. ⇒ **guatemalteco** (De *Guatemala*, top. +-*ense*)

guatemalteco adj. referente ou pertencente à Guatemala (América Central) ■ adj.,n.m. que ou o que é natural ou habitante da Guatemala (Do cast. *guatemalteco*, «id.»)

guatemaltense adj.2g.,n.2g. ⇒ **guatemalteco** (De *Guatemala*, top. +-*ense*)

guaxe n.m. [Brasil] ORNITOLOGIA pássaro de cor preta e escarlate, da família dos Icterídeos, também conhecido por japuíra, joão-congo, etc. (Do tupi *'waxi*, «id.»)

guaxinguba n.f. 1 [Brasil] BOTÂNICA planta da família das Urticáceas, vulgar na Amazônia, de cuja casca fibrosa os nativos confecionam peças de vestuário 2 ⇒ **formigueira** (Do tupi *kuraxin'wuwa*, «id.»)

guaxinim n.m. ZOOLOGIA pequeno mamífero carnívoro que se sustenta de caranguejos (De orig. obsc.)

guazil n.m. [ant.] ⇒ **aguazil** (Do ár. *uazir*, «conselheiro; ministro»)

guaziado n.m. 1 cargo do guazil 2 território governado por um guazil (De *guazil*+-*ado*)

gude n.m. [Brasil] ⇒ **berlinde** (De *gode* [=pedra redonda e lisa])

guê n.m. nome da letra *g* ou *G*

guebro n.m. sectário de Zoroastres (Do pers. *gabr*, «adorador do fogo»)

guecho[1] /ê/ n.m. [regionalismo] queixo (De *queixo*)

guecho[2] /ê/ n.m. [Açores] novilho (De orig. obsc.)

guedelha /ê/ n.f. 1 cabelo comprido e despenteado 2 porção de cabelos; melena; grenha; madeixa (Do lat. *viticŭla-*, «gavinha; videira»)

guedelho /ê/ n.m. ⇒ **guedelha** (De *guedelha*)

guedelhudo adj. que tem guedelhas; cabeludo (De *guedelha*+-*udo*)

guegue n.m. BOTÂNICA planta medicinal de S. Tomé

guei adj.,n.2g. ⇒ **gay** (Do ing. *gay*)

gueira n.f. substância viscosa que cobre as escamas dos peixes (De orig. obsc.)

gueiro[1] n.m. [regionalismo] uma das peças da asna

gueiro[2] n.m. [Moçambique] palhota, na Zambézia, onde em cada povoação, dormem juntos rapazes e raparigas enquanto solteiros (Do sena *goero*, «idem»)

gueixa n.f. jovem japonesa que entretém os hóspedes (especialmente do sexo masculino) em casas de chá, festas ou banquetes, sendo para isso educada na arte da conversação, da dança, do canto, etc. (Do jap. *geixa*, «id.»)

gueixo n.m. [Açores] ⇒ **guecho**[2]

gueja /ê/ n.f. 1 régua para verificar a largura das linhas-férreas 2 bitola (Do ing. *gauge*, «id.»)

guelengue n.m. ZOOLOGIA gnu; galengue

guelfo n.m. membro de um partido político que apoiava o papa e que se defrontou com o dos Gibelinos (Do it. *guelfo*, «id.», do al. *Welf*, «nome de uma família principesca»)

guelmo n.m. ICTIOLOGIA nome vulgar por que também é designado o peixe-barroso (De orig. obsc.)

guelra n.f. ZOOLOGIA órgão respiratório dos animais aquáticos que funciona utilizando o oxigénio dissolvido nas águas, e que também se denomina brânquia (De orig. obsc.)

guelricho n.m. [regionalismo] armadilha de nassas e botirões para a pesca; galricho (De *galricho*?)

guelrita n.f. [regionalismo] cesto grande de verga empregado na pesca (Do cast. *garlito*, «id.»)

guembo n.m. [São Tomé e Príncipe] morcego (Do quicongo *ngembu*, «id.»)

guenso n.m. BOTÂNICA árvore angolense

guenzo adj. [Brasil] adoentado; enfezado; enfraquecido; bamboleante (De orig. obsc.)

guere n.m. ORNITOLOGIA ave trepadora, com um dedo versátil, pertencente à família dos Musofagídeos, que vive nas florestas do Centro e do Norte da África (De orig. obsc.)

gueredão n.m. 1 alfabeto sânscrito 2 língua sanscrítica (De orig. obsc.)

guerra n.f. 1 conflito armado entre grupos ou estados que envolve mortes e destruição; luta 2 conflito entre estados ou no interior de um estado que se caracteriza por coação política, económica, psicológica ou militar 3 conjunto de operações militares usadas por nações ou grupos; campanha 4 situação de hostilidade entre pessoas ou grupos políticos; oposição 5 ECONOMIA competição entre empresas ou entre grupos económicos que exercem a mesma atividade; concorrência; *~ aberta* guerra declarada; *~ atómica/nuclear* guerra na qual são utilizadas bombas atómicas ou termonucleares; *~ civil* guerra que se trava entre dois partidos de uma nação; *~ de morte* guerra sem tréguas; *~ de nervos/psicológica* situação de forte pressão psicológica exercida sobre alguém com o objetivo de lhe enfraquecer a resistência, situação de grande ansiedade; *~ intestina* guerra civil, lutas entre duas fações do mesmo país; *~ santa* guerra que se faz contra os infiéis, sob o pretexto de os expulsar dos Lugares Santos (Do frânc. *werra*, «peleja»)

guerra-relâmpago n.f. MILITAR operação bélica caracterizada por um ataque repentino, curto e muito violento, cujo objetivo é surpreender e neutralizar o adversário

guerreador adj.,n.m. que ou aquele que guerreia (De *guerrear*+-*dor*)

guerreão n.m. [regionalismo] indivíduo desordeiro; brigão (De *guerrear*+-*ão*)

guerrear v.tr. 1 fazer guerra a; combater; pelejar 2 fazer oposição a; pugnar contra; hostilizar (De *guerra*+-*ear*)

guerreia n.f. [regionalismo] bulha entre rapazes; luta (Deriv. regr. de *guerrear*)

guerreiro n.m. 1 homem que faz profissão das armas 2 homem que combate numa guerra 3 aquele que tem ânimo belicoso ■ adj. 1 relativo à guerra; belicoso 2 dedicado à guerra; aguerrido (De *guerra*+-*eiro*)

guerrento adj. [regionalismo] enfadonho; rabugento; resmungão (De *guerra*+-*ento*)

guerrilha n.f. 1 força militar ou bando armado, que não segue as normas estabelecidas nas convenções internacionais, de efetivo reduzido, armamento normalmente ligeiro, muito móvel, que atua de surpresa 2 ataque feito dessa maneira 3 braço armado de uma fação política 4 [fig.] discussão constante; polémica; controvérsia ■ n.m. guerrilheiro (Do cast. *guerrilla*, «id.»)

guerrilhagem n.f. 1 vida de guerrilheiro 2 os guerrilheiros (De *guerrilhar*+-*agem*)

guerrilhar v.intr. 1 ser guerrilheiro 2 fazer guerrilhas (De *guerrilha*+-*ar*)

guerrilheiro n.m. aquele que faz parte de uma guerrilha (Do cast. *guerrillero*, «id.»)

guesso adj. [gír.] meio embriagado

guetização n.f. colocação ou isolamento em guetos como forma de afastar ou mesmo excluir do contacto social determinados setores da sociedade (De *guetizar*+-*ção*)

guetizar v.tr. colocar ou isolar em guetos (De *gueto*+-*izar*)

gueto n.m. 1 HISTÓRIA bairro onde viviam os Judeus 2 local onde habita uma determinada comunidade, geralmente separada da restante população por questões raciais, económicas, etc. 3 situação de marginalização ou de isolamento forçado (Do hebr. *guet*, «id.», pelo it. *ghetto*, «id.»)

gufongo n.m. [Cabo Verde] variedade de pão; folhado de sêmola de milho (Do crioulo *kufongu*)

guglar v.tr.,intr. ⇒ **googlar**

guia n.f. 1 ato ou efeito de guiar 2 direção 3 documento que acompanha uma pessoa ou uma encomenda até à sua entrega; salvo-conduto 4 formulário das repartições públicas para notificações, cobranças, etc. 5 peça que dirige a haste do êmbolo de uma

guiaca

máquina a vapor **6** vara da empa **7** extremidades do bigode **8** correia comprida que vai do freio dos cavalos de tiro à mão do cocheiro **9** correia comprida utilizada para segurar e guiar os cavalos ao adestrá-los ou ao ensinar equitação **10** *pl.* traços ao longo das estradas que marcam a separação da berma ▪ *n.2g.* **1** pessoa que guia; condutor **2** conselheiro **3** pessoa que, numa excursão ou visita guiada, conduz um grupo dando informações de cariz essencialmente histórico e cultural acerca do percurso **4** animal que guia outros **5** qualquer coisa que orienta ▪ *n.m.* **1** publicação acerca de hotéis, restaurantes, locais a visitar, costumes e outras informações necessárias para um visitante num país, região ou cidade desconhecidos; roteiro **2** título de várias publicações de ensino prático ▪ *adj.2g.* que dirige ou conduz (Deriv. regr. de *guiar*)

guiaca *n.f.* ⇒ **ébano**

guiacana *n.f.* ⇒ **ébano**

guiador *n.m.* **1** aquele que guia **2** peça de bicicleta ou motocicleta, perpendicular às rodas, que permite comandar a direção; guidão **3** ⇒ **volante** *n.m.* **1 4** índice dos livros de escrituração ▪ *adj.* que guia (De *guiar*+*-dor*)

guia-enxerto /ê/ *n.m.* máquina agrícola para fazer enxertos

guiagem *n.f.* imposto sobre transportes (De *guiar*+*-agem*)

guia-intérprete *n.2g.* profissional capaz de comunicar em duas ou várias línguas, que acompanha turistas em excursões locais, nacionais e internacionais, prestando assistência e fornecendo informações sobre os sítios a serem visitados

guiamento *n.m.* **1** ato ou modo de guiar **2** guia **3** direção (De *guiar*+*-mento*)

guianense *adj.2g.* **1** da República da Guiana (país da América do Sul) **2** da Guiana Francesa (departamento ultramarino francês da América do Sul) **3** da Guiana Holandesa, atual Suriname (país da América do Sul) ▪ *n.2g.* **1** pessoa de nacionalidade guianense (República da Guiana) **2** natural da Guiana Francesa ou da antiga Guiana Holandesa (De *Guiana*, top. +*-ense*)

guianês *adj.* ⇒ **guianense** (De *Guiana*, top. +*-ês*)

guiante *adj.2g.* que guia (De *guiar*+*-ante*)

guião *n.m.* **1** estandarte que vai à frente de uma procissão ou de uma irmandade **2** MILITAR miniatura da bandeira de uma unidade militar; pendão **3** pessoa que transporta o guião **4** CINEMA texto escrito que contém a ação, os diálogos e as instruções para a realização de um filme **5** ORNITOLOGIA ave da família dos Turnicídeos (Do fr. ant. *guion*, «o que guia»)

guiar *v.tr.* **1** servir de guia a **2** conduzir (alguém) para determinado sítio; encaminhar; levar **3** conduzir (um veículo); dirigir **4** dar proteção a; amparar **5** ir ter a; levar a **6** [fig.] dar conselho ou orientação a; aconselhar ▪ *v.intr.* **1** indicar o rumo; mostrar o caminho; orientar **2** conduzir um veículo ▪ *v.pron.* **1** tomar como guia; orientar-se **2** encaminhar-se; navegar (Do gót. **widan*, «juntar-se», pelo lat. pop. *guidáre*, «guiar»)

guiauto *n.m.* ⇒ **motorista** (De *gui[ar]*+*auto[móvel]*)

guiché *n.m.* **1** portinhola num balcão de atendimento através da qual é possível a comunicação entre o público e os funcionários de um estabelecimento (correios, banco, etc.) **2** balcão de atendimento com essa portinhola (Do fr. *guichet*, «id.»)

guicho *adj.* **1** [regionalismo] buliçoso; esperto **2** [regionalismo] diz-se de uma planta viçosa, direita, quando transplantada há pouco (De orig. obsc.)

guiço *n.m.* [regionalismo] ponta de ramo; restos miúdos de lenha

guíco *n.m.* [Angola] amassador de funje (Do quimb. *nguiku*, «id.», a partir de *kubika*, «amassar»)

guicoxo /ô/ *n.m.* [Brasil] ICTIOLOGIA peixe semelhante à raia

guidão *n.m.* ⇒ **guiador** *n.m.* **2** (Do it. *guidone*, «estandarte», pelo fr. *guidon*, «guiador»)

guieira *n.f.* **1** rincão do telhado **2** [pop.] vento brando, mas frio **3** [regionalismo] pau horizontal que segura as ramadas (De *guia*+*-eira*)

guieiro *adj.* que guia ou vai à frente ▪ *n.m.* **1** animal que guia outros **2** ⇒ **guieira 1 3** rego por onde se conduz a água de rega (De *guiar*+*-eiro*)

guiga *n.f.* barco comprido e estreito, próprio para regatas (Do ing. *gig*, «id.»)

guigó[1] *n.m.* ZOOLOGIA pequeno macaco brasileiro, de cauda muito longa, que se assemelha a um grande sagui (De origem onomatopeica)

guigó[2] *n.m.* [São Tomé e Príncipe] BOTÂNICA árvore da família das Rubiáceas, cujas folhas têm ação medicinal (Do forro *guico* ou *gligô*, «idem»)

guilda *n.f.* HISTÓRIA associação corporativa medieval, na Flandres (Do neerl. *gilde*, «corporação», pelo lat. med. *gilda-*, «id.», pelo fr. *guilde*, «id.»)

guilherme *n.m.* utensílio de carpinteiro semelhante a uma pequena plaina, para fazer os filetes das junturas das tábuas (Do fr. *guillaume*, «id.», de *Guillaume*, antr.)

guilho *n.m.* **1** espigão que termina inferiormente o eixo do rodízio **2** cunha de ferro para rachar cantaria, etc. **3** raiz aguçada de queixal

guilhochador *n.m.* artista que faz guilhochés (De *guilhochar*+*-dor*)

guilhochar *v.intr.* fazer guilhochés (Do fr. *guillocher*, «id.»)

guilhoché *n.m.* ornato de traços ondulados que se entrecruzam (Do fr. *guilloché*, «guilhochado»)

guilhotina *n.f.* **1** instrumento de decapitação, constituído por uma lâmina cortante que se move verticalmente **2** máquina para cortar papel por meio de uma lâmina que se desloca por movimento vertical **3** máquina para cortar metais, madeira, etc.; *janela de ~* janela que se abre ou fecha mediante deslize do seu caixilho em direção vertical (Do fr. *guillotine*, «id.», de *Guillotin*, médico fr., 1738-1814, que pugnou pelo uso da guilhotina em vez das torturas que eram infligidas aos condenados à morte)

guilhotinamento *n.m.* **1** ato ou efeito de guilhotinar **2** decapitação (De *guilhotinar*+*-mento*)

guilhotinar *v.tr.* **1** supliciar na guilhotina **2** cortar papel com a guilhotina (Do fr. *guillotiner*, «id.»)

guimbarda *n.f.* **1** antiga dança popular **2** jogo de cartas, para cinco a nove pessoas, no qual há cinco bolos, sendo o primeiro bolo ganho pelo jogador que tiver a dama de copas a que se chama guimbarda (Do fr. *guimbarde*, «id.»)

guímel *n.m.* terceira letra do alfabeto hebraico, correspondente ao g

guina *n.f.* **1** gana **2** ⇒ **guinada 1** (Deriv. regr. de *guinar*)

guinada *n.f.* **1** desvio repentino de um veículo **2** NÁUTICA desvio que uma embarcação faz da linha da sua esteira **3** impressão repentina; dor forte e súbita; pontada **4** TAUROMAQUIA salto do cavalo para se furtar ao castigo (Part. pass. fem. subst. de *guinar*)

guinalda *n.f.* [regionalismo] vida airada; vida de tunante

guinaldeiro *n.m.* [regionalismo] que ou aquele que gosta da guinaldice (De *guinalda*+*-eiro*)

guinaldice *n.f.* [regionalismo] ⇒ **guinalda** (De *guinalda*+*-ice*)

guinar *v.tr.,intr.* **1** desviar(-se) rapidamente da direção em que (se) estava **2** NÁUTICA alterar o rumo (do navio) movendo o leme; bordejar; voltear ▪ *v.intr.* **1** dar guinadas **2** [fig.] mudar bruscamente de ideia ou de opinião

guincha *n.f.* **1** [regionalismo] sachola **2** [Brasil] égua nova (Deriv. regr. de *guinchar*?)

guinchada *n.f.* gritaria; guinchadeira; guinchos (Part. pass. fem. subst. de *guinchar*)

guinchadeira *n.f.* **1** ⇒ **guinchada 2** [Açores] ⇒ **rabeca 2** (De *guinchar*+*-deira*)

guinchador *adj.,n.m.* que ou aquele que guincha ou solta gritos agudos (De *guinchar*+*-dor*)

guinchante *adj.2g.* que guincha (De *guinchar*+*-ante*)

guinchar *v.intr.* dar guinchos (De *guincho*+*-ar*)

guincheiro *n.m.* **1** indivíduo que trabalha com guincho (guindaste) **2** pequeno galho de árvore (De *guincho*+*-eiro*)

guincho[1] *n.m.* **1** som agudo e inarticulado **2** ORNITOLOGIA ⇒ **garrincho 3** ORNITOLOGIA ⇒ **pedreiro 3** (De orig. onom.)

guincho[2] *n.m.* máquina que serve para içar objetos pesados, e que consta de um sarilho (máquina) onde se enrola um cabo (Do ing. *winch*, «manivela; cabrestante»)

guincho-da-tainha *n.m.* ORNITOLOGIA ave de rapina pouco comum em Portugal

guinda *n.f.* **1** corda para içar **2** NÁUTICA altura da mastreação acima do convés (Deriv. regr. de *guindar*)

guindagem *n.f.* ato de guindar (Do fr. *guindage*, «id.»)

guindaleta /ê/ *n.f.* ⇒ **guindalete**

guindalete /ê/ *n.m.* cabo de guindaste; guindareza (De *guindar*+*-ete*)

guindamaina *n.f.* NÁUTICA cortesia usada entre navios, no mar alto, e que consiste em içar e abater logo a bandeira (De *guindar*+*amainar*)

guindamento *n.m.* ⇒ **guindagem** (De *guindar*+*-mento*)

guindar *v.tr.* **1** içar; levantar; carregar **2** [fig.] subir de estatuto ▪ *v.pron.* elevar-se; alçar-se (Do escand. ant. *vinda*, «içar», pelo fr. *guinder*, «guindar»)

guindareza /ê/ *n.f.* guindaleta; guindalete (Do fr. *guinderesse*, «id.»)

guindaste *n.m.* **1** aparelho para levantar e deslocar corpos pesados, presos na extremidade de um cabo **2** [regionalismo] cegonha de tirar água de poços (Do escand. ant. *vindass*, «virar a barra», pelo prov. *guindatz*, «guindaste», pelo fr. ant. *guindas*, «id.»)

guinde *n.m.* jarro para água; gomil (Do mar. *kinde*, «id.»)
guindola *n.f.* **1** NÁUTICA aparelho provisório com que antigamente se armavam os veleiros desarvorados, para poderem velejar convenientemente **2** bailéu suspenso por cabos **3** barquilho (De *guindar+-ola*)
guiné *n.f.* **1** madeira utilizada para fazer figas **2** [Brasil] planta arbustiva da família das Compostas, que tem aplicações medicinais **3** [regionalismo] sítio onde o vento sopra com violência (De *Guiné*, top.)
guineense *adj.2g.* **1** relativo ou pertencente à Guiné, país da costa ocidental de África **2** relativo ou pertencente à Guiné-Bissau, país da costa ocidental de África **3** relativo ou pertencente à Guiné Equatorial, país da costa ocidental de África ■ *n.2g.* **1** natural da Guiné **2** natural da Guiné-Bissau **3** natural da Guiné Equatorial (De *Guiné*, top. +*-ense*)
guineensidade *n.f.* ETNOLOGIA conjunto dos caracteres e das maneiras de pensar, de sentir e de se exprimir próprios das pessoas com vivência na Guiné-Bissau (De *guineense-i-+-dade*)
guines *n.m.2n.* **1** [pop.] cinco-réis **2** [pop.] dinheiro (De *guinéu*, «moeda inglesa»)
guinéu¹ *adj.,n.m.* guineense (De *Guiné*, top. +*-éu*)
guinéu² *n.m.* antiga moeda de ouro inglesa que valia 21 xelins (Do ing. *guinea*, «id.»)
guingão *n.m.* **1** tecido de algodão fino e lustroso **2** borra de seda **3** excremento do bicho-da-seda (Do mal. *guingong*, «tecido de algodão fino, listrado e muito lustroso»)
guinhol *n.m.* espécie de teatro ou circo de fantoches (Do fr. *guignol*, «id.», do antr. fr. *Guignol*, herói de marionetas em fins do séc. XVIII)
guinolas *n.2g.2n.* pessoa muito alta e magra (De *guinar+-ola*)
guionista *n.2g.* pessoa encarregada de escrever e preparar textos com diálogos e instruções para a realização de filmes (Do fr. ant. *guion*, «guião» +*-ista*)
guipura *n.f.* renda muito fina de linho ou de seda (Do fr. *guipure*, «id.»)
guipuscoano *adj.* relativo a Guipúscoa (De *Guipúzcoa*, top., província basca espanhola +*-ano*)
guiraponga *n.f.* **1** [Brasil] ORNITOLOGIA ⇒ **ferreiro 5 2** [fig.] pessoa de voz estridente (Do tupi *wi'ra*, «ave» +*pōga*, «soante»)
guirlanda *n.f.* **1** coroa de flores, ramos, pérolas, etc.; grinalda **2** NÁUTICA anel de corda nos cabos das vergas **3** NÁUTICA peças de madeira que cruzam com as peças verticais da carcaça de um navio (Do prov. *guirlanda*, «id.»)
guirnalda *n.f.* ⇒ **guirlanda**
guisa¹ *n.f.* maneira; feitio; laia; feição; *à ~ de* à maneira de (Do germ. *wisa*, «maneira», pelo fr. *guise*, «id.»)
guisa² *n.f.* [Cabo Verde] cerimónia evocativa de um falecimento que se faz com uma refeição em que tomam parte a família, parentes e vizinhos, ao fim de um mês ou de um ano
guisadeira *n.f.* [Açores] caçarola (De *guisar+-deira*)
guisado *n.m.* CULINÁRIA refeição preparada com alimentos refogados e depois cozinhados com um pouco de água e por vezes vinho (Part. pass. subst. de *guisar*)
guisamento *n.m.* **1** utensílios e alfaias do culto; vinho e hóstias para a missa **2** armas e apetrechos do cavaleiro (De *guisar+-mento*)
guisantes *n.m.pl.* [regionalismo] ervilhas (Do cast. *guisantes*, «id.»)
guisar *v.tr.* **1** CULINÁRIA cozinhar (alimento) a partir de um refogado **2** aprontar; traçar; dirigir **3** [fig.] dar azo a (De *guisa+-ar*)
guita *n.f.* **1** barbante; cordel **2** [coloq.] dinheiro ■ *n.m.* [pop.] soldado da Polícia ou da antiga Guarda Municipal; *dar ~ a* dar corda a, deixar falar (Do lat. *vitta*, «faixa; fita»)
guitarra *n.f.* **1** MÚSICA instrumento musical de cordas, constituído por uma caixa de ressonância de madeira, mais estreita na parte central e com uma abertura redonda no tampo, e um braço em cuja extremidade prendem seis pares de cordas metálicas; viola; guitarra espanhola **2** ICTIOLOGIA peixe seláquio, de corpo triangular, na parte anterior, e cauda grossa, pouco frequente em Portugal, também conhecido por rabeca e viola; *~ elétrica* instrumento musical semelhante à guitarra, cuja caixa de ressonância está ligada a um amplificador elétrico; *~ havaiana* instrumento musical de cordas que se toca com uma lâmina de aço, que ao deslizar sobre as cordas produz umas vibrações características; *~ portuguesa* guitarra em forma de pera, com seis cordas duplas, utilizada geralmente para acompanhar o fado; *quem tem unhas (é que) toca ~* fazer é para quem sabe (Do gr. *kithára*, «id.»)
guitarrada *n.f.* **1** toque de guitarra **2** concerto de guitarras (De *guitarra+-ada*)
guitarra-espanhola *n.f.* MÚSICA ⇒ **viola 1**
guitarrear *v.intr.* tocar guitarra ■ *v.tr.* acompanhar com guitarra (De *guitarra+-ear*)

guitarreiro *n.m.* **1** fabricante de guitarras; violeiro **2** tocador de guitarra (De *guitarra+-eiro*)
guitarréu *n.m.* espécie de guitarra (De *guitarra+-éu*)
guitarrilha *n.f.* guitarra pequena (Do cast. *guitarrillo*, «cavaquinho»)
guitarrista *n.2g.* pessoa que toca guitarra ou ensina a tocá-la (De *guitarra+-ista*)
guizalhada *n.f.* **1** conjunto de guizos **2** ruído produzido por muitos guizos (Part. pass. fem. subst. de *guizalhar*)
guizalhante *adj.2g.* que produz som de guizos; estrídulo (Part. pres. de *guizalhar*)
guizalhar *v.intr.* produzir o som do guizo ■ *v.tr.* fazer soar à maneira de guizo (De *guizalho+-ar*)
guizalho *n.m.* ⇒ **guizo 1** (De *guizo+-alho*)
guizeira *n.f.* conjunto de correia e guizos que se prendem ao pescoço de certos animais (De *guizo+-eira*)
guizo *n.m.* **1** esfera oca de metal que tem dentro uma ou mais bolinhas maciças ou, quando agitadas, produzem som; guizalho **2** ORNITOLOGIA ⇒ **pedreiro 3** (De orig. obsc.)
gula *n.f.* **1** vício de comer e beber em excesso; glutonaria; gulodice **2** RELIGIÃO segundo a doutrina católica, um dos sete pecados capitais **3** [fig.] desejo exagerado; sofreguidão **4** ARQUITETURA moldura em forma de S deitado, numa cimalha ou cornija **5** espécie de plaina (Do lat. *gula-*, «id.»)
gulache *n.m.* CULINÁRIA especialidade húngara que consiste em carne de boi guisada com batata, cebola e paprica (Do húng. *gulyás*, por *gulyáshus*, «carne guisada pelos vaqueiros»)
gulaimar *v.intr.* [regionalismo] ⇒ **guleimar** (De *guleimar*)
gulaimas *n.2g.2n.* [regionalismo] comilão; comilona (Por *guleima*)
gula-mocha /ô/ *n.f.* cepo de carpintaria onde se fazem molduras em forma de gula sem filete
gulapa *n.f.* **1** [regionalismo] gosto pelas boas iguarias; gula **2** [regionalismo] guloseima (De *gula*)
gulapão *adj.* [regionalismo] guloso (De *gulapar+-ão*)
gulapar *v.intr.* [regionalismo] comer gulosamente (De *gulapa+-ar*)
gulazar *v.intr.* [regionalismo] ⇒ **gulapar** (De *gula*)
guleima *n.2g.* ⇒ **gulaimas** (De *gula+-eima*)
guleimar *v.intr.* [regionalismo] comer e beber em demasia (De *guleima+-ar*)
guleira *n.f.* ORNITOLOGIA nome vulgar por que também são conhecidos os borrelhos, comuns em Portugal (Por *goleira*)
gulherite *n.f.* [regionalismo] iguaria preparada à pressa; gulodice (Do cast. *gollería*, «manjar delicado; iguaria excelente»?)
gulheriteiro *adj.,n.m.* [regionalismo] que ou aquele que gosta de gulherites (De *gulherite+-eiro*)
gulheritice *n.f.* [regionalismo] qualidade de gulheriteiro; gulodice (De *gulherite+-ice*)
gulodice *n.f.* **1** doce ou iguaria muito apetitosa **2** gosto excessivo por doce ou pratos delicados (Por *gulosice*)
gulosa *n.f.* [regionalismo] vara, fendida numa extremidade, com que se colhem os frutos da árvore; ladra (De *guloso*)
gulosamente *adv.* **1** com gula **2** ansiosamente; sofregamente (De *guloso+-mente*)
gulosar *v.intr.* **1** comer gulosices **2** comer pouco de cada prato para provar de todos (De *guloso+-ar*)
guloseima *n.f.* ⇒ **gulodice** (De *guloso+-eima*)
gulosice *n.f.* ⇒ **gulodice** (De *guloso+-ice*)
gulosina *n.f.* ⇒ **gulodice** (De *guloso+-ina*)
gulosinar *v.tr.* ⇒ **gulosar** (De *gulosina+-ar*)
gulosinha *n.f.* variedade de azeitona (De *guloso+-inha*)
guloso /ô/ *adj.* **1** que gosta de gulodices **2** que come em excesso; comilão; glutão **3** sôfrego; ansioso **4** [fig.] que não se contenta com pouco; ávido ■ *n.m.* **1** aquele que gosta de gulodices **2** aquele que come em excesso, principalmente alimentos doces; comilão; glutão **3** pessoa que quer algo com grande intensidade; sôfrego; ansioso **4** [fig.] aquele que não se contenta com pouco; ávido **5** ICTIOLOGIA peixe do Norte do Brasil (Do lat. *gulōsu-*, «id.»)
gulungo *n.m.* [Angola] variedade de antílope, mais corpulento que a corça (Do quimb. *ngulungu*, «id.»)
gume *n.m.* **1** o lado afiado de um instrumento cortante; fio; az **2** [fig.] agudeza; perspicácia; *estar no ~* estar a correr um risco (Do lat. *acūmen*, «aguilhão»)
gúmena *n.f.* NÁUTICA amarra de embarcação; cabo grosso (Do cat. *gúmena*, «id.»)
gumífero *adj.* que produz goma (Do lat. *gummi*, «goma» +*fero*, de *ferre*, «produzir»)
gumite *n.f.* MINERALOGIA mineral resultante da oxidação e hidratação da uraninite (pecheblenda), que se apresenta em massas gomosas

gumoso

de cor amarelo-alaranjada a castanho-avermelhada (Do lat. *cummi* ou *gummi*, «goma» +*-ite*)
gumoso /ô/ *adj.* que tem gume (De *gume*+*-oso*)
guna¹ *n.2g.* [cal.] jovem que, devido ao seu aspeto exterior, intimida outras pessoas, e que, por vezes, faz parte de bandos que cometem assaltos ou outros crimes (Do ing. *goon*, «criminoso violento»)
guna² *n.f.* 1 [São Tomé e Príncipe] BOTÂNICA planta trepadeira tropical da família das Dioscoreáceas, de rizoma tuberoso, alimentício, folhas largas e flores pequenas dispostas em cachos 2 [Angola] variedade de térmite muito apreciada na alimentação (Do quimb. *nguna*, «id.»)
guncho *n.m.* ORNITOLOGIA nome vulgar da gaivota, em algumas regiões de Portugal (De orig. onom.)
gunda *n.f.* BOTÂNICA árvore africana cuja madeira é boa para construções
gunda-rupsa *n.f.* BOTÂNICA planta medicinal de Moçambique
gundeira *n.f.* ⇒ **gundeiro**
gundeiro *n.m.* BOTÂNICA árvore de Dio (Índia), de cujo fruto se extrai uma espécie de goma (Do guz. *gundi* ou do mar. *gund*, «id.» +*-eiro*)
gundra *n.f.* pequena embarcação asiática (De *Gundra*, top., ant. pequeno reino no Malabar?)
gune *n.m.* substância filamentosa de que se faz pano grosseiro, na Índia (Do mar.-conc. *goni*, «id.»)
gunfar *v.intr.* [regionalismo] choramingar (De *fungar*, com met.?)
gunga *n.f.* ZOOLOGIA grande antílope africano também conhecido por cefo ■ *n.m.* 1 [Brasil] berimbau 2 [Brasil] chefe; mandachuva (Do quimb. *ngunga*, «id.»)
gunigobó *n.m.* BOTÂNICA árvore medicinal de S. Tomé
gupiara *n.f.* [Brasil] espécie de cascalho que, nas regiões auríferas do estado brasileiro de Minas Gerais, se encontra em camadas inclinadas nas faldas das montanhas e donde se extrai ouro (Por *grupiara*, do tupi *ku'ru*, «seixo» +*pi'ara*, «jazida»)
gura¹ *n.f.* barrete dos gondoleiros de Veneza (De orig. obsc.)
gura² *n.f.* MÚSICA instrumento musical dos Hotentotes (De *gorá*?)
gura³ *n.f.* ORNITOLOGIA ave da Nova Guiné
gurde *n.f.* unidade monetária do Haiti (Do fr. *gourde*, «piastra»)
gurejuba *n.f.* [Brasil] ICTIOLOGIA peixe teleósteo usado como alimento e que fornece um grude especial (cola animal) (Do tupi *gu'ri*, «bagre» +*yub*, «amarelo»)
gurgau *n.m.* [regionalismo] seixo rolado, no fundo dos rios; burgau (Por *burgau*)
gurguri *n.m.* espécie de cachimbo usado por alguns povos africanos
guri *n.m.* 1 [Brasil] criança; menino 2 ICTIOLOGIA designação comum aos bagres marinhos (Do tupi *gu'ri*, «criança»)
guriba *adj.2g.* [Brasil] ORNITOLOGIA designativo de qualquer ave que tem as penas riças (Do tupi?)
gurijuba *n.f.* ⇒ **gurejuba**
gurita *n.f.* 1 [pop.] ⇒ **guarita** 2 [Brasil] égua
guriteiro *n.m.* aquele que tem casa de tabulagem (De *gurita*+*-eiro*)
gurizada *n.f.* [Brasil] rancho de crianças (De *guri*+*-z-*+*-ada*)
gurma *n.f.* doença contagiosa, de origem estreptocócica, que ataca, em especial, os potros, na época da dentição (Do fr. *gourme*, «id.»)
gurrino *n.m.* [pop.] porco; suíno (De orig. obsc.)
guru *n.m.* 1 mestre espiritual hindu 2 líder de um movimento religioso ■ *n.2g.* 1 [coloq.] pessoa que guia ou orienta; conselheiro espiritual 2 [fig.] pessoa muito influente em determinada área de atividade (sobretudo económica ou de gestão) (Do sânsc. *guru*, «pessoa grave»)
gurupés *n.m.2n.* NÁUTICA mastro oblíquo situado na extremidade da proa do navio (De orig. obsc.)
gurupiá *n.m.* BOTÂNICA ⇒ **garapa** 4

gurutil *n.m.* NÁUTICA nas velas latinas triangulares, lado que enverga no estai, e nas outras velas (redondas e latinas quadrangulares), lado que liga à verga
gusa *n.f.* 1 ferro de primeira fundição ainda não purificado, obtido nos altos-fornos 2 NÁUTICA barras de metal fundido para lastro do navio (Do fr. *gueuse*, «id.»)
gusano *n.m.* 1 ZOOLOGIA designação extensiva a umas larvas de insetos, nocivas, como as que atacam as madeiras e outros materiais 2 ZOOLOGIA designação extensiva a larvas de insetos, parasitas de alguns animais domésticos 3 ZOOLOGIA inseto destas larvas 4 ZOOLOGIA estro 5 ZOOLOGIA tavão (Do cast. *gusano*, «gusano; tavão»)
gusla *n.f.* MÚSICA instrumento musical de uma só corda, usado no Oriente (Do fr. *guzla*, «id.»)
gustação *n.f.* 1 ato de provar, de saborear; prova 2 sabor (Do lat. *gustatiōne-*, «prato de entrada»)
gustativo *adj.* 1 relativo ao sentido do gosto 2 ANATOMIA diz-se do nervo que leva a sensação do gosto ao cérebro (Do lat. *gustătu-*, «paladar» +*-ivo*)
gustatório *n.m.* primeiro prato destinado a abrir o apetite ■ *adj.* ⇒ **gustativo** (Do lat. *gustatoriŭ-*, «merenda»)
guta *n.f.* goma resinosa fornecida pela guteira (planta), que é também denominada goma-guta (Do mal. *getah*, «resina»)
gutação *n.f.* fenómeno da devolução da água ao meio exterior, sob a forma líquida, realizada nos vegetais, em regra através dos hidátodos, e também denominado exsudação (Do lat. cient. *guttatione-*, de *guttāre*, «fazer cair em gotas»)
guta-percha *n.f.* BOTÂNICA substância glutinosa que se extrai do látex de algumas árvores da família das Sapotáceas (gutíferas), em especial da Malásia, com bastantes aplicações industriais (Do mal. *getah percha*, «goma de Samatra», pelo ing. *gutta-percha*, «id.»)
guté *n.m.* BOTÂNICA árvore frutífera do Brasil
guteira *n.f.* designação extensiva a árvores gutíferas (que fornecem as gutas) (De *guta*+*-eira*)
Gutíferas *n.f.pl.* BOTÂNICA família de plantas dicotiledóneas que tem por tipo a guteira (De *gutífero*)
gutífero¹ *adj.* que produz guta (De *guta-*+*-fero*)
gutífero² *adj.* que deita gotas (Do lat. *gutta*, «gota» +*-fero*, de *ferre*, «produzir»)
gutina *n.f.* BOTÂNICA árvore americana que dá madeira da qual se prepara um líquido tintorial escuro (De *guta*+*-ina*)
guto *n.m.* vaso de gargalo estreito donde o líquido sai gotejando (Do lat. *guttu-*, «vaso de gargalo estreito»)
gútulo *n.m.* 1 vaso pequeno 2 ⇒ **apisteiro** (De *guto*+*-ulo*)
gutural *adj.2g.* 1 que sai ou procede da garganta 2 diz-se do som articulado na garganta (Do lat. **gutturāle-*, «relativo à laringe», de *guttur*, «garganta», pelo fr. *guttural*, «id.»)
guturalidade *n.f.* 1 qualidade do que é gutural 2 qualidade do som que é articulado na garganta (De *gutural*+*-i-*+*-dade*)
guturalização *n.f.* ato ou efeito de guturalizar (De *guturalizar*+*-ção*)
guturalizar *v.tr.* pronunciar certas letras com inflexão gutural (De *gutural*+*-izar*)
guturoso /ô/ *adj.* 1 BOTÂNICA diz-se dos musgos que têm apófise volumosa 2 ZOOLOGIA diz-se do animal que tem muito dilatada a parte anterior do pescoço (Do lat. *gutturōsu-*, «id.»)
guturotetania *n.f.* MEDICINA espasmo da garganta (Do lat. *guttur*, «garganta»+port. *tetania*)
guzarate *adj.inv.* ⇒ **guzerate**
guzerate *adj.2g.* relativo ou pertencente a Guzerate ■ *n.2g.* natural ou habitante da região indiana de Guzerate ■ *n.m.* língua falada em Guzerate (De *Guzerate*, top.)
guzo *n.m.* [Brasil] força; vigor (Do quimb. *ngusu*, «id.»)

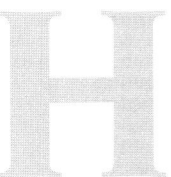

H

h *n.m.* **1** oitava letra e sexta consoante do alfabeto **2** letra que não representa qualquer som em início de palavra (ex. *hábil*) **3** oitavo lugar numa série indicada pelas letras do alfabeto **4** MÚSICA (países germânicos) símbolo da nota *si* (também com maiúscula) **5** FÍSICA símbolo de *hora* **6** FÍSICA símbolo de *constante de Planck* **7** QUÍMICA símbolo de *hidrogénio* (com maiúscula) **8** FÍSICA símbolo de *henry* (com maiúscula); *bomba H* bomba atómica de hidrogénio; *hora H* MILITAR hora prevista para o início de qualquer operação; *na hora H* no momento oportuno

há *n.m.* letra do alfabeto arábico

hã *interj.* **1** usada para interrogar ou exprimir dúvida em relação a algo que não se ouviu bem ou não se percebeu **2** usada para responder a um chamamento (De orig. onom.)

habanera *n.f.* género de música e dança cubanas, em compasso binário, que influenciou o tango, o maxixe e a música popular de quase todos os países hispano-americanos (Do cast. *habanera*, de *Habana*, top., «Havana», capital de Cuba)

habeas corpus *expr.* DIREITO garantia constitucional que consagra o direito de alguém ser imediatamente presente a um juiz ou tribunal em caso de suspeita sobre a ilegalidade da privação da sua liberdade, seja ela por detenção ou por prisão [instituição inglesa que remonta à Magna Carta (1215)] (Do lat. *habeas corpus*, «que tenhas o corpo»)

habena /ê/ *n.f.* **1** rédea de cavalo **2** [poét.] chicote (Do lat. *habēna*-, «rédea»)

hábil *adj.2g.* **1** que tem aptidão para fazer alguma coisa de forma competente; capaz **2** destro; ágil de mãos **3** que revela astúcia ou sagacidade; engenhoso **4** DIREITO que tem capacidade legal para certos atos (Do lat. *habĭle*-, «id.»)

habilidade *n.f.* **1** qualidade de quem é hábil; aptidão; capacidade **2** inteligência; talento; engenho **3** subtileza; agudeza; argúcia **4** tendência **5** *pl.* exercícios físicos que revelam agilidade **6** *pl.* trabalhos manuais feitos com perícia e paciência (Do lat. *habilitāte*-, «aptidão»)

habilidoso /ô/ *adj.* que possui ou revela habilidade; destro; hábil ■ *n.m.* **1** aquele que possui ou revela habilidade **2** aquele que conserta todo o tipo de objetos (De *habilidade*+-*oso*, com hapl.)

habilitação *n.f.* **1** ato ou efeito de habilitar(-se) **2** aptidão; capacidade **3** DIREITO formalidades jurídicas que é preciso satisfazer para gozar de um direito **4** título ou documento que habilita **5** *pl.* conjunto de qualificações académicas **6** *pl.* conhecimentos ou provas documentais necessárias para exercer ou requerer determinado cargo; *~ de herdeiros* DIREITO procedimento judicial ou notarial através do qual uma pessoa (ou um conjunto de pessoas) é declarada herdeira de alguém que faleceu (De *habilitar*+-*ção*)

habilitado *adj.* **1** que se habilitou **2** que possui habilitações **3** que está apto **4** que tem possibilidade de receber ou experimentar alguma coisa **5** que comprou bilhete na lotaria ou sorteio semelhante (Part. pass. de *habilitar*)

habilitador *adj.,n.m.* que ou aquele que habilita (De *habilitar*+-*dor*)

habilitanço *n.m.* quantia que se empresta a outrem, no jogo de azar (De *habilitar*+-*anço*)

habilitando *adj.,n.m.* que ou aquele que anda a habilitar-se (Do lat. tard. *habilitandu*-, «id.», ger. de *habilitāre*, «habilitar»)

habilitante *adj.,n.2g.* que ou pessoa que requer habilitação judicial (Do lat. tard. *habilitante*-, «id.», part. pres. de *habilitāre*, «habilitar»)

habilitar *v.tr.* **1** tornar hábil ou apto **2** preparar **3** lecionar **4** prover do necessário **5** autorizar ■ *v.pron.* **1** adquirir habilitações **2** justificar com documentos a sua habilitação jurídica **3** preparar-se **4** criar condições para que algo possa acontecer **5** jogar na lotaria ou sorteio semelhante (Do lat. tard. *habilitāre*, «id.»)

habilmente *adv.* **1** com habilidade, destreza ou capacidade **2** com inteligência, subtileza ou astúcia (De *hábil*+-*mente*)

habitabilidade *n.f.* qualidade do que é habitável, do que é próprio para habitação ou está em condições de ser habitado (Do lat. *habitabĭle*-, «habitável» +-*i*-+-*dade*)

habitação *n.f.* ato ou efeito de habitar **2** lugar ou casa onde se habita; residência; domicílio (Do lat. *habitatiōne*-, «id.»)

habitacional *adj.2g.* relativo ou pertencente à habitação (Do lat. *habitatiōne*-, «habitação»+-*al*)

habitáculo *n.m.* **1** pequena habitação **2** cubículo **3** lugar do piloto, no avião de combate ou no carro de corrida **4** espaço do automóvel destinado ao condutor e aos passageiros (Do lat. *habitacŭlu*-, «id.»)

habitador *adj.,n.m.* ⇒ **habitante** (Do lat. *habitatōre*-, «id.»)

habitante *adj.,n.2g.* que ou a pessoa que reside habitualmente num lugar (Do lat. *habitante*-, «id.», part. pres. subst. de *habitāre*, «habitar»)

habitar *v.tr.* **1** residir ou viver em; morar em **2** ocupar; povoar **3** estar em **4** frequentar ■ *v.intr.* estar domiciliado; residir; morar (Do lat. *habitāre*, «id.»)

habitat *n.m.2n.* **1** BIOLOGIA local ou meio apropriado para a vida normal de qualquer ser vivo **2** meio próprio; ambiente próprio **3** modo como se distribuem as habitações humanas, quer urbanas (habitat urbano), quer rurais (habitat rural), o seu agrupamento e as suas relações próprias (Do lat. *habitat*, 3.ª pess. sing. pres. do ind. de *habitāre*, «habitar»)

habitável *adj.2g.* **1** que se pode habitar **2** próprio para habitação (Do lat. *habitabĭle*-, «id.»)

hábito *n.m.* **1** tendência ou comportamento, geralmente inconsciente, que resulta da repetição frequente de certos atos; rotina; automatismo **2** uso; costume; tradição **3** traje usado por membro de comunidade religiosa **4** [fig.] estado ou condição de frade ou freira **5** [fig.] aparência exterior **6** PSICOLOGIA modalidade motriz da memória que se manifesta na forma de atividades facilitadas pela sua repetição **7** CRISTALOGRAFIA forma característica dos minerais (hábito piramidal; hábito romboédrico); *hábitos menores* **1** trajes menores, roupas brancas, roupas interiores; **2** traje caseiro; *o ~ não faz o monge* não devemos julgar as pessoas apenas pela aparência (Do lat. *habĭtu*-, «veste; trajo; disposição de espírito»)

habituação *n.f.* **1** ação de habituar ou habituar-se **2** hábito **3** MEDICINA estado do organismo que se habitua gradualmente à ação de substâncias medicamentosas, cujos efeitos vão diminuindo, devido ao uso repetido **4** MEDICINA dependência do organismo relativamente a uma substância e que resulta do consumo repetido ou excessivo (De *habituar*+-*ção*)

habitual *adj.2g.* **1** que se faz ou acontece por hábito **2** frequente; usual **3** ordinário; vulgar (De *hábito*+-*al*)

habitualidade *n.f.* ⇒ **habitualismo** (De *habitual*+-*i*-+-*dade*)

habitualismo *n.m.* qualidade de habitual (De *habitual*+-*ismo*)

habitualmente *adv.* **1** de modo habitual; geralmente **2** por costume (De *habitual*+-*mente*)

habituar *v.tr.* **1** levar a adquirir determinado hábito **2** acostumar; avezar; afazer **3** fazer adquirir a capacidade de suportar algo ■ *v.pron.* **1** acostumar-se; afazer-se **2** adquirir a capacidade de suportar algo (Do lat. *habituāre*-, «id.»)

habitudinário *adj.* **1** que cai sempre nos mesmos costumes ou nos mesmos erros **2** habitual (Do lat. *habitudĭne*-, «modo de ser»+-*ário*)

habitué *n.m.* frequentador; freguês; cliente habitual (Do fr. *habitué*, «id.»)

haca[1] *n.f.* [Angola] ZOOLOGIA variedade de pangolim, do planalto de Benguela, que dá boa carne (Do nhaneca *onkhaka*, «idem»)

haca[2] *n.f.* [Angola] BOTÂNICA planta da família das Compostas (Do quimbundo *kukaka*, «ser ousado»)

hacaneia *n.f.* cavalgadura de porte regular, mansa e elegante, própria para equitação (Do ing. *Hackney*, top., subúrbio de Londres)

hacata *n.f.* 1 [Moçambique] planta do género *Hibiscus* 2 [Moçambique] caroço do fruto desta planta, usado na adivinhação (Do ronga *hakati*, «id.»)

hacer *n.m.* RELIGIÃO oração que os Mouros fazem a Alá antes do nascer do Sol

hacker *n.2g.* INFORMÁTICA pessoa que viola a segurança de sistemas informáticos; pirata informático (Do ing. *hacker*, «id.»)

haco *adj.* relativo ou pertencente aos Hacos ■ *n.m.* indivíduo dos Hacos

Hacos *n.m.pl.* ETNOGRAFIA povo instalado nas margens do rio Cuanza (Angola), pertencente ao grupo étnico dos Quimbundos (Do quimb. *Hacu*, top.)

hacpólique *n.m.* tanga usada pelos indígenas de Timor

há-de-haver *n.m.* ECONOMIA (comércio) crédito ou receita de um estabelecimento comercial; haver

haeckeliano *adj.* relativo a Haeckel, naturalista alemão (1834-1919), partidário do darwinismo (De *Haeckel*, antr. +*-iano*)

hafiestesímetro *n.m.* instrumento usado para medir a acuidade táctil (Do gr. *hafé-*, «tato» +*aísthesis*, «sensação» +*métron*, «medida»)

háfnio *n.m.* QUÍMICA elemento químico com o número atómico 72 e símbolo Hf, metálico e maleável, com propriedades análogas às do zircónio, utilizado, juntamente com o tungsténio, no fabrico de filamentos para lâmpadas elétricas (Do lat. *Hafnĭa-*, nome latino de Copenhaga, capital da Dinamarca)

hagiografia *n.f.* 1 biografia de um santo 2 estudo dos escritos que contam a vida dos santos 3 [fig.] biografia elogiosa que exprime grande reverência pelo retratado, abordando apenas aspetos positivos da sua vida e/ou personalidade (Do gr. *hagiógraphos*, «que trata de coisas santas» +*-ia*)

hagiográfico *adj.* relativo ou pertencente a hagiografia (De *hagiógrafo*+*-ico*)

hagiógrafo *n.m.* autor de biografias de santos (Do gr. *hagiógraphos*, «que trata de coisas santas», pelo lat. *hagiogrăphu-*, «id.»)

hagiolatria *n.f.* adoração dos santos

hagiologia *n.f.* 1 tratado acerca dos santos 2 ⇒ **hagiografia** (Do gr. *hágios*, «santo» +*lógos*, «tratado» +*-ia*)

hagiológio *n.m.* ⇒ **hagiologia** (Do gr. *hágios*, «santo» +*lógos*, «tratado»)

hagiólogo *n.m.* ⇒ **hagiógrafo** (Do gr. *hágios*, «santo» +*lógos*, «tratado»)

hagiónimo *n.m.* ⇒ **hierónimo**

hagiossemantro *n.m.* objeto de metal que se percute, à falta de sino (Do gr. *hágios*, «santo» +*sémantron*, «sinal»)

hâhnio *n.m.* QUÍMICA [ant.] ⇒ **dúbnio** (De O. *Hahn*, físico e químico al., 1879-1968 +*-io*)

haissúaque *n.m.* utensílio agrícola, pontiagudo, de madeira, com função de enxada e de arado, usado em Timor para escavar o solo

haitiano *adj.* 1 do Haiti 2 relativo ao Haiti ■ *n.m.* natural ou habitante do Haiti (De *Haiti*, top. +*-ano*)

hájibe *n.m.* nome dado ao primeiro-ministro, na corte dos califas, em Espanha (Do ár. *hagib*, «camarista»)

halação *n.f.* formação de halos nas fotografias de objetos brilhantes (De *halo*+*-ção*)

halibute *n.m.* ICTIOLOGIA ⇒ **hipoglosso** *n.m.* 2 (Do ing. *halibut*, «id.»)

haliêutica *n.f.* 1 arte de pescar 2 [fig.] arte de missionar (Do gr. *halieutiké [tékhne]*, «id.», pelo lat. *halieutĭca-*, «id.», pelo fr. *halieutique*, «arte da pesca»)

haliêutico *adj.* 1 relativo à pesca 2 [fig.] relativo à missionação (Do gr. *halieutikós*, «id.», pelo lat. *halieutĭcu-*, «id.», pelo fr. *halieutique*, «que diz respeito à pesca»)

halimeda *n.f.* 1 BOTÂNICA alga calcária do grupo das clorofíceas 2 ZOOLOGIA crustáceo decápode dos mares do Japão (De orig. obsc.)

halite *n.f.* MINERALOGIA mineral constituído quimicamente por cloreto de sódio, que cristaliza no sistema cúbico; sal-gema (Do gr. *háls*, *halós*, «sal» +*-ite*)

hálito *n.m.* 1 ar expirado 2 cheiro que se exala pela boca; bafo 3 exalação; cheiro 4 [poét.] sopro; aragem (Do lat. *halĭtu-*, «id.»)

halitose *n.f.* MEDICINA mau hálito; hálito de cheiro desagradável; ozostomia (De *hálito*+*-ose*)

hall *n.m.* sala de entrada de casa, andar ou edifício, geralmente com portas que comunicam com outras divisões; átrio; vestíbulo (Do ing. *hall*, «id.»)

halloysite *n.f.* MINERALOGIA mineral do grupo das argilas, cuja composição química é, numa das suas formas, idêntica à da caulinite (De O. *Halloys*, geólogo belga, 1783-1875 +*-ite*)

halmirólise *n.f.* GEOLOGIA decomposição (meteorização) submarina das rochas (Do gr. *halmyrós*, «salgado» +*lýsis*, «dissolução»)

halo *n.m.* 1 METEOROLOGIA círculo luminoso em volta do Sol e de alguns planetas, resultante do reflexo ou da refração da luz do Sol ou da Lua em cristais de gelo suspensos na atmosfera 2 circunferência luminosa, colorida, aparentemente circunscrita a uma fonte de luz, cuja origem se relaciona com a existência de pequenas partículas de matéria que difratam a luz 3 ANATOMIA círculo avermelhado que circunda o mamilo 4 auréola que, em imagens sacras, geralmente rodeia a cabeça de Cristo e dos santos 5 [fig.] esplendor; brilho (Do gr. *hálos*, «eira; disco», pelo lat. *halos*, «halo»)

halo- elemento de formação de palavras que exprime a ideia de sal ou relativo a sal (Do gr. *háls*, *halós*, «sal»)

halocromia *n.f.* QUÍMICA propriedade de diversos compostos orgânicos de molécula complexa que, por ação de ácidos fortes concentrados, originam substâncias ionizáveis, de forte colorido (De *halo-*+*cromia*)

halófilo *adj.* BOTÂNICA que vive normalmente em terrenos salgados (De *halo-*+*-filo*, ou do fr. *halophile*, «halófilo»)

halogenação *n.f.* QUÍMICA reação que consiste na substituição de um ou mais átomos de um elemento, numa consiste na substituição de um ou mais átomos de um elemento, numa molécula ou ião poliatómico, por um número equivalente de átomos de halogéneo (De *halogenar*+*-ção*)

halogenado *adj.* QUÍMICA diz-se dos compostos que contêm um ou mais átomos de elemento halogéneo (família do cloro) (Part. pass. de *halogenar*)

halogenar *v.tr.* QUÍMICA provocar a halogenação de (Do gr. *háls*, *halós*, «sal» +*génos*, «formação» +*-ar*)

halogéneo *adj.* QUÍMICA diz-se de qualquer elemento do grupo 17 da classificação periódica (flúor, cloro, bromo, iodo e ástato) ■ *n.m.* QUÍMICA qualquer elemento da família do cloro (flúor, bromo, iodo e ástato) (Do gr. *háls*, *halós*, «sal» +*génos*, «formação»)

halogeneto /ê/ *n.m.* QUÍMICA composto formado de um halogéneo e outro elemento ou um radical (De *halogéneo*+*-eto*)

halogénico *adj.* 1 QUÍMICA relativo a halogéneo 2 QUÍMICA diz-se dos compostos que contêm um ou mais halogéneos (De *halogéneo*+*-ico*)

halógeno *adj.* ⇒ **halogéneo**

halografia *n.f.* QUÍMICA tratado dos sais; descrição dos sais

halográfico *adj.* relativo ou pertencente à halografia

halógrafo *n.m.* especialista em halografia

haloide *adj.2g.* 1 semelhante ao sal marinho 2 QUÍMICA designativo antiquado dos sais com anião monatómico, proveniente de não metais 3 designativo dos terrenos agrícolas de forte pressão osmótica e grande salinidade (De *halo-*+*-óide*)

halóide ver nova grafia **haloide**

halomancia *n.f.* suposta adivinhação por meio do sal (Do gr. *háls*, *halós*, «sal» +*manteía*, «adivinhação»)

halomante *n.2g.* pessoa que pratica a halomancia (Do gr. *háls*, *halós*, «sal» +gr. *mántis*, «adivinho»)

halomântico *adj.* relativo à halomancia (De *halomante*+*-ico*)

halometria *n.f.* processo empregado para avaliar o teor das soluções salinas usadas no comércio (De *halómetro*+*-ia*)

halómetro *n.m.* espécie de areómetro usado em halometria (De *háls*, *halós*, «sal» +*métron*, «medida»)

halorragácea *n.f.* BOTÂNICA espécime das Halorragáceas

Halorragáceas *n.f.pl.* BOTÂNICA família de plantas dicotiledóneas, aquáticas, representada em Portugal por poucas espécies, que são espontâneas nas águas de todo o país (Do gr. *háls*, *halós*, «sal; mar» +*rhagion*, «bago de uva» +*-áceas*)

halotecnia *n.m.* QUÍMICA ramo da química que trata da preparação de sais

halotécnico *adj.* relativo ou pertencente à halotecnia

haltere *n.m.* DESPORTO aparelho de ginástica, de tamanho variável, constituído por uma barra com duas esferas ou discos (fixos ou amovíveis) nas extremidades, utilizado para exercitar os músculos (Do gr. *haltēres*, «halteres», pelo fr. *haltères*, «id.»)

halterofilia *n.f.* DESPORTO atividade que consiste em exercitar os músculos por meio de levantamento de halteres (De *halterófilo*+*-ia*)

halterofilismo *n.m.* DESPORTO ⇒ **halterofilia** (De *halterófilo*+*-ismo*)

halterofilista *n.2g.* DESPORTO pessoa que pratica halterofilia

halterófilo *n.m.* DESPORTO atleta que pratica halterofilia (Do gr. *haltēres*, «massas de chumbo» +*phílos*, «amigo»)

haltícida *n.m.* ZOOLOGIA ⇒ **halticídeo**

Haltícidas *n.m.pl.* ZOOLOGIA ⇒ **Halticídeos**

halticídeo *adj.* ZOOLOGIA relativo ou pertencente aos Halticídeos ■ *n.m.* ZOOLOGIA espécime dos Halticídeos

Halticídeos n.m.pl. ZOOLOGIA família de insetos coleópteros, que se alimentam de plantas e são nocivos à agricultura (Do gr. *haltikós*, «ágil para saltar»)

hálux /cs/ n.m.2n. **1** ANATOMIA dedo grande do pé; dedão **2** ZOOLOGIA primeiro dedo da pata traseira dos animais (Do lat. *allex* ou *hallex*, «dedo grande do pé»)

hamada n.f. GEOGRAFIA extenso planalto rochoso, num deserto, limpo de areias, por ação dos ventos (Do ár. *hammādah*)

hamadríada n.f. MITOLOGIA, ZOOLOGIA ⇒ **hamadríade**

hamadríade n.f. **1** MITOLOGIA ninfa dos bosques que tinha o destino preso à vida de certas árvores **2** ZOOLOGIA macaco robusto, cinocéfalo, portador de uma juba, que habita a Arábia e a Abissínia (Do gr. *hamadryás*, «ninfa das árvores», pelo lat. *hamadryăde-*, «id.»)

hamamelidácea n.f. BOTÂNICA espécime das Hamamelidáceas

Hamamelidáceas n.f.pl. BOTÂNICA família de plantas dicotiledóneas (árvores ou arbustos), de fruto capsular, afins das Saxifragáceas, algumas das quais fornecem um alcaloide aplicado em medicina (Do gr. *hamamelís*, *-ídos*, «hamamélide», espécie de nespereira +*-áceas*)

hamamélide n.f. BOTÂNICA, FARMÁCIA árvore dos Estados Unidos da América, da família das Hamamelidáceas, de que se extrai um produto de propriedades medicinais (Do gr. *hamamelís*, *-ídos*, espécie de nespereira)

hambúrguer n.m. CULINÁRIA bife de carne picada, geralmente redondo, que se come frito ou grelhado, servido no pão ou em prato (Do ing. *hamburger*, «id.», abrev. da expr. *hamburger steak*, «bife à moda de Hamburgo»)

hamburguês adj. **1** da cidade alemã de Hamburgo **2** relativo a Hamburgo ■ n.m. natural ou habitante de Hamburgo (De *Hamburgo*, top. +*-ês*)

hamígero adj. BOTÂNICA que tem pelos recurvados em forma de anzol (Do lat. *hamigĕru-*, «guarnecido de anzóis»)

hamita[1] n.m. PALEONTOLOGIA molusco cefalópode, fóssil, do grupo das amonites, do período Cretácico (Do lat. *hamu-*, «gancho; anzol» +*-ita*)

hamita[2] adj.2g. relativo aos Hamitas ■ n.2g. indivíduo dos Hamitas (Do ing. *Hamite*, «id.»)

Hamitas n.m.pl. ETNOGRAFIA grupo racial que atualmente compreende os povos do Norte da África (Berberes, Egípcios, Líbios e Sudaneses) (Do ing. *Hamite*, «id.», de *Ham*, antr., filho de Noé +*-itas*)

hamítico adj. diz-se de várias línguas do Norte de África (De *hamita*+*-ico*, ou do ing. *Hamitic*, «id.»)

hamlético adj. **1** relativo a Hamlet **2** [fig.] triste **3** [fig.] tétrico; soturno (De *Hamlet*, antr., personagem principal da tragédia do mesmo nome, do poeta e dramaturgo ing. William Shakespeare, 1564-1616 +*-ico*)

hámster n.m. ZOOLOGIA mamífero roedor da família dos Murídeos, semelhante a um rato, com cauda curta e peluda, e bochechas providas de papos onde transporta os alimentos, e cuja espécie mais comum é de cor dourado-avermelhada (Do al. *Hamster*, «id.»)

hamular adj.2g. que tem a forma de anzol (Do lat. *hamŭlu-*, «pequeno anzol» +*-ar*)

handebol n.m. [Brasil] DESPORTO ⇒ **andebol** (Do ing. *handball*, «id.»)

handebolista n.2g. [Brasil] DESPORTO ⇒ **andebolista** (De *handebol*+*-ista*)

handicap n.m. **1** DESPORTO desvantagem imposta a um corredor ou jogador, a fim de o colocar, quanto a possibilidades de vitória, em pé de igualdade com outros que lhe são inferiores **2** DESPORTO prova desportiva em que se impõem desvantagens **3** [fig.] desvantagem; obstáculo (Do ing. *handicap*)

hangar n.m. **1** grande edifício para abrigo e reparação de aeronaves e dirigíveis **2** espécie de armazém para guardar mercadorias (Do frânc. *haimgard*, «recinto fechado», pelo fr. *hangar*, «hangar»)

hango n.m. ORNITOLOGIA ave galinácea, africana, do grupo das galinhas-da-índia ou galinhas-do-mato (Do quimb. *hanga*, «id.»)

hangolo n.m. [Angola] arco-íris (Do quimb. *hongolo*, «id.»)

hanoveriano adj. **1** do Hanôver, antigo reino que hoje faz parte do estado da Baixa Saxónia, na Alemanha **2** relativo ao Hanôver **3** da cidade de Hanôver, na Alemanha ■ n.m. natural ou habitante do Hanôver ou da cidade de Hanôver (De *Hanôver*, top. +*-iano*)

hansa n.f. HISTÓRIA antiga confederação comercial de várias cidades portuárias do Norte da Europa, do mar do Norte e do mar Báltico, criada em 1241, para proteção do seu comércio contra os piratas e defesa dos seus privilégios contra os príncipes vizinhos que as ameaçavam (Lubeque, Hamburgo, Brema, Colónia eram os principais centros desta confederação), que também é conhecida por Liga Hanseática (Do ant. alto-al. *hansa*, «companhia; liga»)

hanseático adj. relativo ou pertencente à hansa (Do lat. med. *hanseatĭcu-*, «relativo a hansa»)

hanseníase n.f. MEDICINA ⇒ **lepra** (De *Hansen*, antr. +*-ase*)

hapálida adj.,n.m. ZOOLOGIA ⇒ **hapalídeo**

Hapálidas n.m.pl. ZOOLOGIA ⇒ **Hapalídeos**

hapalídeo adj. ZOOLOGIA relativo ou pertencente aos Hapalídeos ■ n.m. ZOOLOGIA espécime dos Hapalídeos

Hapalídeos n.m.pl. ZOOLOGIA família de macacos americanos, pequenos e com unhas em forma de garra (De orig. obsc.)

haplítico adj. PETROLOGIA diz-se da textura holocristalina das rochas eruptivas, de grão tão fino que deixa a impressão de compactidade (De *haplito*+*-ico*)

haplito n.m. PETROLOGIA designação extensiva a umas rochas eruptivas de textura holocristalina (Do gr. *haploûs*, «simples» +*-ito*)

haplo- elemento de formação de palavras que exprime a ideia de *simples* (Do gr. *haploûs*, «simples»)

haplobionte adj.2g. BIOLOGIA diz-se, em especial, do organismo cujo ciclo evolutivo completo se passa num só indivíduo (Do gr. *haploûs*, «simples» +*bíos*, «vida» +*ón*, *óntos*, «ser; ente»)

haplodiplobionte adj.2g. BIOLOGIA ⇒ **haplodiplonte** (Do gr. *haploûs*, «simples» +*diplóos*, «duplo» +*bíos*, «vida» +*ón*, *óntos*, «ser; ente»)

haplodiplonte adj.2g. BIOLOGIA diz-se de um organismo que, no seu ciclo evolutivo, mostra uma geração haploide e outra diploide; haplodiplobionte (Do gr. *haploûs*, «simples» +*diplóos*, «duplo» +*ón*, *óntos*, «ser; ente»)

haplodonte adj.2g. **1** diz-se do dente molar cuja coroa tem forma cónica, simples **2** ZOOLOGIA diz-se do mamífero que possui dentes desse tipo (Do gr. *haploûs*, «simples» +*odoús*, *-óntos*, «dente»)

haplófase n.f. BIOLOGIA fase caracterizada pela presença de haploidia (Do gr. *haploûs*, «simples» +*phásis*, «fase»)

haploide adj.2g. BIOLOGIA diz-se de um núcleo celular (célula, organismo, etc.) que tem o número total característico dos seus cromossomas reduzido a metade (o cromossomas, ou uma só série de cromossomas desiguais) (De *haplo-*+*-óide*)

haplóide ver nova grafia **haploide**

haploidia n.f. BIOLOGIA estado de um núcleo celular que possui metade do número de cromossomas característico da espécie (De *haplóide*+*-ia*)

haplologia n.f. LINGUÍSTICA fenómeno fonético que consiste na supressão de uma sílaba quando na mesma palavra aparecem seguidas duas sílabas iniciadas pela mesma consoante; síncope silábica (Do gr. *haploûs*, «simples» +*lógos*, «palavra» +*-ia*)

haplológico adj. **1** relativo à haplologia **2** em que há haplologia (De *haplologia*+*-ico*)

haplonte adj.2g. BIOLOGIA diz-se de um organismo cujas células vegetativas têm os núcleos haploides (Do gr. *haploûs*, «simples» +*ón*, *óntos*, «ser, ente»)

haplopétalo adj. BOTÂNICA diz-se da corola que só tem uma pétala (Do gr. *haploûs*, «simples» +*pétalon*, «folha; pétala»)

haplóstomo adj. ZOOLOGIA que tem abertura ou boca simples (Do gr. *haploûs*, «simples» +*stóma*, «boca»)

haptotáctico ver nova grafia **haptotático**

haptotactismo a grafia mais usada é **haptotatismo**

haptotático adj. relativo ou pertencente ao haptotatismo; tigmotático (Do gr. *háptein*, «tocar» +*táxis*, «colocação em ordem» +*-ico*)

haptotatismo n.m. BIOLOGIA ⇒ **tigmotatismo** (Do gr. *háptein*, «tocar» +*táxis*, «colocação em ordem» +*-ismo*) ACORDO ORTOGRÁFICO também se pode escrever haptotactismo

haptotrópico adj. relativo ou pertencente ao haptotropismo; tigmotrópico (Do gr. *háptein*, «tocar; ligar» +*trópos*, «volta» +*-ico*)

haptotropismo n.m. BIOLOGIA ⇒ **tigmotropismo** (Do gr. *háptein*, «tocar; ligar» +*trópos*, «volta» +*-ismo*)

haraquíri n.m. **1** forma de suicídio de honra praticado pelos Japoneses, que consiste em rasgar o ventre com uma faca ou um sabre **2** [fig.] ação voluntária ou irrefletida através da qual alguém se prejudica gravemente (Do jap. *hara*, «barriga» +*kiri*, «cortar; rasgar»)

hardware n.m. INFORMÁTICA conjunto dos elementos físicos de um computador, que engloba o dispositivo principal e periféricos, como o teclado, o visor, e a impressora, por oposição aos programas, regras e procedimentos utilizados; equipamento informático (Do ing. *hardware*, «id.»)

harém n.m. **1** parte do palácio destinada às mulheres de um muçulmano **2** conjunto das mulheres de um muçulmano **3** [fig.,

haríolo

coloq.] conjunto de pessoas que admiram outra do sexo oposto (Do ár. *harám*, «proibido; sagrado», pelo fr. *harem*, «harém»)

haríolo n.m. ⇒ **aríolo** (Do lat. *hariŏlu-*, «adivinho»)

harlo n.m. ORNITOLOGIA ave palmípede, da família dos Anatídeos, também conhecida por mergulhão e serzeta (Do fr. *harle*, «id.»)

harmala n.f. BOTÂNICA espécie de arruda silvestre (Do ár. *harmal*, «planta medicinal», pelo fr. *harmale*, «id.»)

harmalina n.f. QUÍMICA substância, que é um dos alcaloides extraídos das sementes da harmala (planta), e que tem propriedades medicinais (De *harmala*+-*ina*)

harmatão n.m. vento leste, quente e seco, que se sente na Guiné e noutras regiões da África Ocidental, especialmente de dezembro a fevereiro (Do fr. *harmattan*, «id.»)

harmonia n.f. 1 disposição bem ordenada entre as partes de um todo; ordem; proporção; simetria 2 acordo; conformidade 3 coerência 4 entendimento entre as pessoas; concórdia; paz 5 combinação agradável de sons 6 qualidades que tornam a frase ou o discurso agradável ao ouvido 7 MÚSICA arte de combinar os sons simultaneamente 8 MÚSICA tudo o que se refere à formação e sequência dos acordes, bem como às relações tonais; *de ~ com* de acordo com, em conformidade com, consoante (Do gr. *harmonía*, «id.», pelo lat. *harmonĭa-*, «id.», pelo fr. *harmonie*, «id.»)

harmónica n.f. 1 MÚSICA pequeno instrumento de sopro, com vários orifícios, que se faz correr entre os lábios; gaita de beiços 2 MÚSICA instrumento de percussão constituído por uma caixa de ressonância com lâminas de vidro ou de metal, que se tocam com uma pequena vara de madeira; marimba 3 MÚSICA ⇒ **acordeão** 4 MÚSICA espécie de órgão portátil ou harmónio 5 flauta de amolador ▪ adj. FÍSICA diz-se de uma onda cuja frequência é um múltiplo inteiro da de outra considerada fundamental (De *harmónico*)

harmónico adj. 1 relativo a harmonia 2 que tem harmonia; regular; proporcionado; coerente; *movimento vibratório ~* FÍSICA movimento de oscilação de um ponto material segundo uma dada direção, cuja elongação é uma função sinusoidal do tempo; *oscilador ~* partícula que oscila com movimento harmónico; *som ~* som de uma série que constitui uma nota, que tem uma frequência que é um múltiplo inteiro de frequência fundamental da nota (Do gr. *harmonikós*, «id.», pelo lat. *harmonĭcu-*, «id.»)

harmónio n.m. MÚSICA instrumento musical de palheta livre, parecido com um pequeno órgão portátil, cujo som é produzido por foles; harmónium (Do fr. *harmonium*, «id.»)

harmonioso adj. 1 que tem harmonia; harmónico 2 relativo a um todo em que as partes estão dispostas de forma ordenada ou equilibrada; proporcionado 3 diz-se de uma combinação de sons agradável ao ouvido 4 referente a um entendimento amigável e pacífico entre duas ou mais pessoas (De *harmonia*+-*oso*)

harmonista[1] n.2g. 1 pessoa que conhece as regras da harmonia 2 artista que emprega harmonia nas formas, nas cores, etc. (De *harmonia* ou *harmónio*+-*ista*)

harmonista[2] n.2g. MÚSICA pessoa que toca harmónio (De *harmónio*+-*ista*)

harmonística n.f. RELIGIÃO conciliação crítica dos diferentes passos do Novo Testamento que parecem contraditórios (De *harmonista*+-*ica*)

harmónium n.m. MÚSICA ⇒ **harmónio** (Do lat. *harmonĭum*, «id.»)

harmonização n.f. 1 ato ou efeito de harmonizar 2 conciliação 3 harmonia (De *harmonizar*+-*ção*)

harmonizador adj.,n.m. 1 que ou aquele que harmoniza 2 conciliador (De *harmonizar*+-*dor*)

harmonizar v.tr. 1 tornar harmónico 2 estabelecer harmonia entre; fazer concordar; conciliar 3 MÚSICA dividir em partes harmónicas ▪ v.pron. 1 estar em harmonia; concordar 2 conviver em boa harmonia; conciliar-se (De *harmonia*+-*zar*)

harmonizável adj.2g. suscetível de se harmonizar (De *harmonizar*+-*vel*)

harmonómetro n.m. instrumento que serve para medir as relações harmónicas dos sons (Do gr. *harmonía*, «harmonia» +*métron*, «medida»)

harmotómio n.m. MINERALOGIA ⇒ **harmótomo** (De *harmótomo*+-*io*)

harmótomo n.m. MINERALOGIA mineral (silicato hidratado de alumínio, bário e potássio) que cristaliza no sistema monoclínico; harmotómio (Do gr. *harmós*, «junta» +*tomé*, «corte»)

harpa n.f. 1 MÚSICA instrumento de forma triangular com cordas de comprimento desigual, dedilháveis com as duas mãos, e um sistema de pedais que permite subir os sons meio ou um tom 2 [fig.] poesia 3 [fig.] poesia religiosa 4 ZOOLOGIA molusco gastrópode marinho que existe em zonas tropicais (Do germ. **harpa*, «id.», pelo lat. *harpa-*, «id.»)

harpa-eólia n.f. MÚSICA instrumento composto por uma caixa sonora com seis ou oito cordas metálicas que, quando suspenso, emite sons melodiosos à passagem do vento

hárpaga n.f. espécie de catapulta (Do gr. *harpáge*, «id.», pelo lat. *harpăga-*, «arpão»)

harpagão n.m. indivíduo avarento (Do fr. *Harpagon*, personagem principal de «O Avarento», de Molière, dramaturgo fr., 1622-1673)

harpálida n.f. ZOOLOGIA ⇒ **harpalídeo**

Harpálidas n.m.pl. ZOOLOGIA ⇒ **Harpalídeos**

harpalídeo adj. ZOOLOGIA relativo ou pertencente aos Harpalídeos ▪ n.m. ZOOLOGIA espécime dos Harpalídeos

Harpalídeos n.m.pl. ZOOLOGIA família de insetos coleópteros, também denominada Carábidas (De *harpalo*+-*ídeos*)

harpalo n.m. ZOOLOGIA designação extensiva a uns insetos coleópteros, da família dos Harpalídeos, representados, em Portugal, por algumas espécies (Do gr. *harpalós*, «id.»)

harpar v.tr.,intr. ⇒ **harpejar** (De *harpa*+-*ar*)

harpear v.tr. tocar na harpa ▪ v.intr. tocar harpa (De *harpa*+-*ear*)

harpejar v.tr.,intr. ⇒ **harpear** (De *harpa*+-*ejar*)

harpejo /ê/ n.m. MÚSICA ⇒ **arpejo** (Deriv. regr. de *harpejar*)

harpia n.f. 1 MITOLOGIA monstro fabuloso com cabeça de mulher e corpo de abutre 2 [fig.] mulher avarenta e cruel 3 ORNITOLOGIA grande ave de rapina diurna da família dos Falconídeos, que vive na América Central e no Norte da América do Sul (Do gr. *Harpyía*, «id.», pelo lat. *Harpyīa-*, «id.»)

harpista n.2g. MÚSICA pessoa que toca harpa ou ensina a tocá-la (De *harpa*+-*ista*)

harto adj. 1 farto 2 cheio 3 grande ▪ adv. muito; de sobra; assaz (Do cast. *harto*, «id.»)

harzburguito n.m. PETROLOGIA variedade de peridotito, cujo mineral essencial é a hiperstena (De *Harzburg*, cidade alemã da Baixa Saxónia +-*ito*)

hássio n.m. QUÍMICA elemento químico, transuraniano, com o número atómico 108 e símbolo Hs, obtido artificialmente

hasta n.f. 1 lança 2 leilão; *~ pública* venda judicial de bens a quem oferecer o maior lanço (Do lat. *hasta*, «lança; leilão; almoeda»)

hastado adj. 1 armado de hasta ou lança 2 em forma de hasta ou lança ▪ n.m. soldado romano armado de haste; hastário (Do lat. *hastātu-*, «id.»)

hastapura n.f. lança sem ferro com que se premiavam os mancebos que se distinguiam no primeiro combate (Do lat. *hasta pura*, «lança sem ferro»)

hastaria n.f. lugar onde se guardavam hastas, lanças, etc.; hastilheira (De *hasta*+-*aria*)

hastário n.m. ⇒ **hastado** n.m. (Do lat. *hastarĭu-*, «o que preside à venda em hasta pública»)

haste n.f. 1 pau ou ferro delgado ou peça análoga de outro material, direito e comprido, em que se fixa ou apoia alguma coisa 2 pau de bandeira 3 BOTÂNICA parte de um vegetal que serve de suporte aos ramos, folhas, flores e frutos; pedúnculo 4 BOTÂNICA ramo tenro de uma planta ou árvore, desprovido de folhas; vergôntea 5 ZOOLOGIA apêndice córneo, duro e recurvado, que certos animais têm na parte frontal da cabeça; chifre (De *hasta*)

hasteal n.m. conjunto das ramificações de um filão ou veio mineral (De *haste*+-*al*)

hastear v.tr. 1 prender ao cimo de uma haste; içar; arvorar; desfraldar 2 elevar ▪ v.pron. 1 elevar-se alto 2 içar-se (De *haste*+-*ear*)

hasti- elemento de formação de palavras que exprime a ideia de haste (Do lat. *hasta-*, «haste»)

hástia n.f. [pop.] ⇒ **haste** (De *haste*)

hastibranco adj. (touro) que tem as hastes brancas com ponta negra (De *hasti-*+*branco*)

hastifino adj. (touro) que tem as hastes delgadas (De *hasti-*+*fino*)

hastifoliado adj. BOTÂNICA que tem as folhas lanceoladas (De *hasti-*+*foliado*)

hastifólio adj. BOTÂNICA ⇒ **hastifoliado**

hastiforme adj.2g. em forma de lança (De *hasti-*+-*forme*)

hastil n.m. 1 cabo de lança 2 haste pequena 3 BOTÂNICA haste ou suporte de folha, flor, ou fruto; pedúnculo; vergôntea; pé 4 coroa de madeira das arbaletas e das bestas (Do lat. *hastīle-*, «pau de lança»)

hastilha n.f. pequena haste (De *haste*+-*ilha*)

hastilheira n.f. ⇒ **hastaria** (De *hastilha*+-*eira*)

hastim n.m. 1 antiga medida agrária 2 courela 3 dardo 4 garrocha (De *haste*+-*im*)

haúça *adj.2g.* relativo ou pertencente aos Haúças ■ *n.2g.* indivíduo dos Haúças ■ *n.m.* língua falada pelos Haúças, que serve de idioma veicular em grande parte do Sudão (De *Haúças*, etn.)

Haúças *n.m.pl.* ETNOGRAFIA povo de raça negra que vive sobretudo na Nigéria (Do vernáculo *Hausa* ou *Hausá*, etn., pelo fr. *Haoussas*)

hauína *n.f.* MINERALOGIA mineral do grupo dos feldspatoides, que cristaliza no sistema cúbico e tem frequentemente a cor azul--celeste (De *R. Haüy*, antr., mineralogista fr., 1743-1822 +-*ina*)

haurir *v.tr.* **1** tirar ou extrair, geralmente de um lugar com alguma profundidade **2** esgotar completamente; exaurir **3** sorver; aspirar (Do lat. *haurīre*, «esgotar»)

haurível *adj.2g.* que se pode haurir ou esgotar (De *haurir*+-*vel*)

haussmannite *n.f.* MINERALOGIA mineral de manganésio (óxido), que cristaliza no sistema cúbico (De *J. Haussmann*, antr., químico fr., 1749-1824 +-*ite*)

haustelo *n.m.* ZOOLOGIA porção terminal do órgão sugador (tromba) de alguns insetos, especialmente dípteros (Do lat. **haustellu-*, de *haustu-*, «ação de sorver água; sorvo»)

hausto *n.m.* **1** ato ou efeito de haurir **2** sorvo; gole **3** aspiração (Do lat. *haustu-*, «ação de sorver água»)

Hauteriviano *n.m.* GEOLOGIA andar do Cretácico inferior (De *Hauterive*, top., cidade canadiana do Quebeque +-*iano*)

havaiano *adj.* relativo ou pertencente às ilhas Havai ■ *n.m.* **1** natural ou habitante destas ilhas **2** língua oficial das ilhas Havai, juntamente com o inglês; *vulcão de tipo* ~ vulcão cujas erupções se fazem pela saída lenta de lava basáltica, muito fluida, que transborda da cratera e se estende em volta, formando um cone muito achatado (De *Havai*, top., ilha do arquipélago da Polinésia +-*ano*)

havanês *adj.* relativo ou pertencente a Havana, capital de Cuba ■ *n.m.* natural ou habitante de Havana (De *Havana*, top.+-*ês*)

havano *adj.* **1** relativo ou pertencente a Havana, capital de Cuba **2** diz-se de um charuto fabricado em Havana, ou semelhante a este ■ *n.m.* **1** natural de Havana **2** charuto fabricado em Havana, ou com as mesmas características (De *Havana*, top.)

haver *v.tr.* **1** ter; possuir **2** obter; conseguir **3** considerar; julgar **4** sentir **5** reaver **6** [uso impessoal] existir **7** [uso impessoal] acontecer; passar-se **8** [uso impessoal] ter decorrido (período de tempo) ■ *v.pron.* **1** portar-se **2** proceder **3** arranjar-se **4** prestar contas a ■ *n.m.* **1** crédito (na escrituração comercial) **2** *pl.* bens; fortuna; ~ *às mãos* alcançar, possuir; ~ *de* ser obrigado a, ver-se na necessidade, de, ter fatalmente de, pretender, desejar; ~ *mister* ter necessidade; ~ *por bem* dignar-se; *por bem fazer, mal* ~ ser pago com ingratidão; *ter a* ~ ter a receber (Do lat. *habēre*, «ter; haver»)

haxixe *n.m.* **1** BOTÂNICA variedade de cânhamo de que se fumam ou mascam as folhas secas **2** narcótico feito da resina deste vegetal (Do ár. *haxix*, «id.»)

haxixismo *n.m.* toxicomania caracterizada pelo hábito de fumar ou de mascar haxixe (De *haxixe*+-*ismo*)

heautognose *n.f.* conhecimento de si próprio, dado pela consciência e introspeção (Do gr. *heautoū*, «de si mesmo» +*gnōsis*, «conhecimento»)

heavy metal *n.m.* MÚSICA estilo musical descendente do rock, que se tornou popular nas décadas de 70 e 80, caracterizado por batidas rápidas, vocais gritados e sons distorcidos produzidos por guitarras elétricas (Do ing. *heavy metal*, «id.»)

hebdómada *n.f.* espaço de sete dias, sete semanas ou sete anos (Do gr. *hebdomás, -ádos*, «o número sete», pelo lat. *hebdomăde-*, «semana»)

hebdomadário *adj.* relativo a semana; que se repete a cada semana; semanal ■ *n.m.* publicação periódica semanal (Do lat. *hebdomadarĭu-*, «id.»)

hebdomático *adj.* **1** relativo ao número sete **2** sétimo (De *hebdomatĭcu-*, «id.»)

hebefrenia *n.f.* MEDICINA tipo de esquizofrenia que começa, habitualmente, na adolescência e é caracterizada por inércia, embotamento da afetividade, autismo, bizarria de comportamento, delírios, dissociação intelectual da coesão íntima da personalidade; demência precoce (Do gr. *hébe*, «mocidade» +*phrén, -énos*, «inteligência; alma» +-*ia*)

hebefrénico *adj.* **1** MEDICINA relativo à hebefrenia **2** que sofre de hebefrenia ■ *n.m.* MEDICINA indivíduo que sofre de hebefrenia

hebelogia *n.f.* estudo da adolescência (Do gr. *hébe*, «mocidade» +*lógos*, «estudo» +-*ia*)

hebertismo *n.m.* doutrina política de J. Hébert, revolucionário francês (1757-1794), que defendia a supressão total da religião (De *Hébert*, antr. +-*ismo*)

hebertista *n.2g.* partidário ultrarrevolucionário de Hébert no período do Terror, na Revolução Francesa (De *Hébert*, antr. +-*ista*)

hebetação *n.f.* ato ou efeito de hebetar; embotamento ou entorpecimento das faculdades intelectuais ou dos sentidos (Do lat. *hebetatiōne-*, «enfraquecimento da vista»)

hebetante *adj.2g.* que hebeta (Do lat. *hebetante-*, «id.», part. pres. de *hebetāre*, «embotar; enfraquecer»)

hebetar *v.tr.* entorpecer ou debilitar as faculdades intelectuais ou os sentidos de; tornar bronco ou embotado; estupidificar (Do lat. *hebetāre*, «embotar; enfraquecer»)

hebetismo *n.m.* torpor ou embotamento dos sentidos ou das faculdades intelectuais; estupidez (De *hebetar*+-*ismo*)

hebraico *adj.* relativo ou pertencente aos Hebreus; hebreu ■ *n.m.* língua semítica falada pelos antigo povo hebreu, na qual foi escrito quase todo o Antigo Testamento, e que, embora bastante modificada, é atualmente a língua oficial de Israel (Do gr. *hebraikós*, «id.», pelo lat. *hebraĭcu-*, «id.»)

hebraísmo *n.m.* **1** palavra ou construção própria da língua hebraica **2** conjunto dos modos de ser característicos dos Hebreus **3** religião dos judeus; judaísmo (De *hebrai[co]*+-*ismo*)

hebraísta *n.2g.* pessoa que se dedica ao estudo da língua hebraica (De *hebrai[co]*+-*ista*)

hebraizante *adj.2g.* **1** que hebraíza **2** que conhece o hebreu **3** que segue ou pratica a religião dos Hebreus ■ *n.2g.* **1** pessoa que conhece o hebreu **2** pessoa que segue ou pratica a religião dos Hebreus (De *hebraizar*+-*ante*)

hebraizar *v.intr.* **1** seguir ou praticar a religião dos Hebreus; judaizar **2** conhecer o hebreu (Do fr. *hebraiser*, «id.»)

hebreu *adj.* relativo ou pertencente aos Hebreus; hebraico ■ *n.m.* **1** pessoa pertencente aos Hebreus **2** ⇒ **hebraico** *n.m.* (Do hebr. *'ibri*, «o que atravessou», pelo lat. *hebraeu-*, «hebreu»)

Hebreus *n.m.pl.* ETNOGRAFIA povo semita, do qual descendem os atuais Judeus, que viveu na região do Médio Oriente e cuja história é narrada no Antigo Testamento (Do hebr. *'ibri*, «o que atravessou», pelo lat. *hebraeu-*, «hebreu»)

hecatombe *n.f.* ⇒ **hecatomba**

hecatomba *n.f.* **1** antigo sacrifício de cem bois **2** [fig.] sacrifício de muitas vítimas; carnificina; mortandade **3** [fig.] grande destruição; devastação (Do gr. *hekatómbe*, «sacrifício de cem bois», pelo lat. *hecatombe-*, «hecatombe; sacrifício de cem vítimas»)

hecatostilo *n.m.* edifício ou pórtico com cem colunas (Do gr. *hekatóstylos*, «id.»)

hectare *n.m.* unidade de medida agrária equivalente a cem ares ou a um hectómetro quadrado (De *hect[o]are*, «id.»)

héctica *n.f.* **1** MEDICINA estado febril acompanhado de consumpção lenta e progressiva do organismo **2** tísica; tuberculose (De *héctico*)

hecticidade *n.f.* **1** estado de quem é héctico **2** debilidade; magreza **3** tísica (De *héctico*+-*i*+-*dade*)

héctico *adj.* **1** que padece de héctica **2** que diz respeito à héctica **3** tísico; tuberculoso ■ *n.m.* indivíduo que sofre de héctica (Do gr. *hektikós*, «habitual; contínuo», pelo lat. *hectĭcu-*, «id.»)

hecto-[1] elemento de formação de palavras que exprime a ideia de *sexto* (Do gr. *hektós*, «sexto»)

hecto-[2] elemento de formação de palavras que exprime a ideia de *cem* (Do gr. *hekatón*, «cem»)

hectoedria *n.f.* qualidade de hectoédrico (Do gr. *hektós*, «seis» +*hédra*, «base; face» +-*ia*)

hectoédrico *adj.* designação invulgar de certos prismas hexagonais (Do gr. *hektós*, «seis» +*hédra*, «base; face» +-*ico*)

hectográfico *adj.* **1** relativo a hectógrafo **2** diz-se do papel químico cujo corante é solúvel em álcool (De *hect[o]*+-*ico*)

hectógrafo *n.m.* aparelho que permite obter cópias de desenhos ou textos, usando papel hectográfico; duplicador a álcool (De *hecto-*+-*grafo*)

hectograma *n.m.* massa ou peso de cem gramas (De *hecto-*+*grama*, ou do fr. *hectogramme*, «hectograma»)

hectolitro *n.m.* medida de capacidade equivalente a cem litros (De *hecto-*+*litro*, ou do fr. *hectolitre*, «id.»)

hectómetro *n.m.* medida de comprimento, de símbolo hm, equivalente a cem metros (De *hecto-*+-*metro* ou do fr. *hectomètre*, «hectómetro»)

hectopascal *n.m.* FÍSICA unidade de pressão equivalente a 100 pascais (De *hecto-*+*pascal*)

hectostere *n.m.* unidade de medida equivalente a cem esteres, ou seja, cem metros cúbicos (De *hecto-*+*estere*)

hectostéreo *n.m.* ⇒ **hectostere** (De *hecto-*+*estéreo*)

hedenberguite *n.f.* MINERALOGIA variedade de piroxena monoclínica, frequentemente lamelar, negra (De *Hedenberg*, top., cidade da Suécia central +*-ite*)

hédera *n.f.* **1** [regionalismo] BOTÂNICA nome vulgar da hera (planta) **2** goma-resina produzida por esta planta (Do lat. *hedĕra-*, «hera»)

hederáceo *adj.* semelhante ou relativo à hédera ou hera (Do lat. *hederacĕu-*, «de hera»)

heder(i)- elemento de formação de palavras que exprime a ideia de *hera* (Do lat. *hedĕra-*, «hera»)

hederiforme *adj.2g.* que tem a forma de hera (De *hederi-*+*-forme*)

hederígero *adj.* **1** que tem heras **2** revestido de heras (Do lat. *hederigĕru-*, «que tem hera»)

hederina *n.f.* FARMÁCIA, QUÍMICA substância (glicósido) obtida por destilação dos caules da hera e aplicada em medicina (Do lat. *hedĕra-*, «hera» +*-ina*)

hederoso /ô/ *adj.* abundante em heras (Do lat. *hederōsu-*, «coberto de heras»)

hediondez /ê/ *n.f.* **1** qualidade de hediondo **2** procedimento moralmente condenável que suscita repulsa ou repugnância **3** asquerosidade **4** sordidez **5** fealdade (De *hediondo*+*-ez*, ou do cast. *hediondez*, «id.»)

hediondo *adj.* **1** repugnante; nojento; asqueroso **2** que é moralmente condenável, suscitando repulsa; sórdido; depravado **3** imundo **4** feio (Do cast. *hediondo*, «id.»)

hedónico *adj.* relativo ao hedonismo (Do gr. *hedonikós*, «id.»)

hedonismo *n.m.* **1** FILOSOFIA doutrina que atribui ao prazer uma predominância, quer de facto, quer de direito **2** sistema moral que considera o prazer como o supremo bem que a vontade deve atingir **3** PSICOLOGIA tendência para agir de maneira a evitar o que é desagradável e a procurar apenas o que é agradável (Do gr. *hedoné*, «prazer» +*-ismo*)

hedonista *adj.2g.* **1** que defende o hedonismo **2** que procura o prazer acima de tudo ■ *n.2g.* pessoa adepta do hedonismo (Do gr. *hedoné*, «prazer» +*-ista*)

hedrocele *n.f.* MEDICINA hérnia anal (Do gr. *hédra*, «assento» +*kéle*, «hérnia»)

hegelianismo *n.m.* FILOSOFIA doutrina filosófica de Friedrich Hegel (1770-1831), o representante mais destacado do idealismo alemão, que considera o conceito como a forma adequada do conhecimento, e propõe, como método para o formular, a dedução retilínea e progressiva (De *hegeliano*+*-ismo*)

hegeliano *adj.* relativo a Hegel, filósofo alemão (1770-1831), ou ao seu sistema filosófico ■ *n.m.* partidário da filosofia de Hegel (De *Hegel*, antr. +*-iano*)

hegelismo *n.m.* FILOSOFIA ⇒ **hegelianismo** (De *Hegel*, antr. +*-ismo*)

hegemonia *n.f.* **1** supremacia de uma cidade, povo ou nação sobre outras cidades, povos ou nações **2** [fig.] supremacia (Do gr. *hegemonía*, «comando»)

hegemónico *adj.* **1** da hegemonia ou a ela relativo **2** que exerce domínio **3** que é superior; que tem vantagem (Do gr. *hegemonikós*, «id.»)

hegemonização *n.f.* ato ou efeito de tornar hegemónico (De *hegemonizar*+*-ção*)

hegemonizar *v.tr.* dar hegemonia a; tornar hegemónico; colocar em situação de vantagem ou de domínio (De *hegemonia*+*-izar*)

Hégira *n.f.* **1** fuga de Maomé, fundador da religião muçulmana (570 - 632), de Meca para Medina (em 622 d. C.), que marca o início da era muçulmana **2** [com minúscula] [fig.] fuga (Do árabe *hijra*, «fuga»)

heléboro *n.m.* BOTÂNICA ⇒ **erva-besteira** (Do lat. *hellebŏru-*, «id.»)

heléboro-branco *n.m.* BOTÂNICA planta rizomatosa, medicinal, da família das Liliáceas, espontânea em Portugal

helénico *adj.* **1** relativo ou pertencente à Hélade ou antiga Grécia **2** relativo ou pertencente aos Helenos **3** relativo ou pertencente ao helenismo ■ *n.m.* conjunto dos dialetos gregos (Do gr. *hellenikós*, «id.»)

helenismo *n.m.* **1** palavra ou locução própria da língua grega **2** conjunto dos costumes e das ideias da Grécia **3** cultura grega que resultou da fusão da cultura grega com a dos povos conquistados por Alexandre Magno **4** cultura das civilizações pré-helénicas (Do gr. *hellenismós*, «id.»)

helenista *n.2g.* pessoa versada na língua grega ou na antiguidade grega (Do gr. *hellenistés*, «id.»)

helenístico *adj.* **1** relativo aos Helenos ou à Grécia **2** referente à cultura grega **3** HISTÓRIA referente ao período entre a conquista do Oriente por Alexandre Magno e a conquista da Grécia pelos romanos (De *helenista*+*-ico*)

helenização *n.f.* ato ou efeito de helenizar (De *helenizar*+*-ção*)

helenizar *v.tr.* tornar conforme ao carácter grego ■ *v.intr.* **1** dedicar-se ao estudo do grego **2** escrever em grego (De *heleno*+*-izar*)

heleno *adj.* **1** relativo aos Helenos **2** pertencente ou relativo à Grécia; grego ■ *n.m.* **1** indivíduo pertencente ao povo dos Helenos **2** natural ou habitante da Grécia; grego (Do gr. *Héllen*, *-enos*, «id.»)

helen(o)- elemento de formação de palavras que exprime a ideia de *grego* (Do gr. *Héllen*, *-enos*, «id.»)

heleno-latino *adj.* relativo aos Gregos e aos Latinos, ou às línguas grega e latina; greco-latino

Helenos *n.m.pl.* ETNOGRAFIA povos que habitaram a antiga Grécia, dando origem à civilização que a caracterizou (Do gr. *Héllen*, *-enos*, «id.»)

helespontíaco *adj.* ⇒ **helespôntico**

helespôntico *adj.* relativo ao Helesponto, antigo nome do estreito dos Dardanelos (Do gr. *hellespontiakós*, «id.», pelo lat. *hellespontíacu-*, «id.»)

helíaco *adj.* dizia-se do nascimento e ocaso de um astro que nasce e se põe quando o Sol; *nascimento* ~ (astronomia moderna) nascimento simultâneo de um corpo celeste e do Sol (Do gr. *heliakós*, «solar», pelo lat. *helīacu-*, «id.»)

heliantina *n.f.* QUÍMICA substância corante, vulgarmente chamada alaranjado de metilo, usada como indicador de ácido-base (vermelha em meio ácido, amarela em meio alcalino) (De *helianto*+*-ina*)

heliantíneas *n.f.pl.* BOTÂNICA grupo de plantas da família das Compostas, representado em Portugal pelo género *Helianthus*, a que pertence o girassol (Do gr. *hélios*, «sol» +*ánthos*, «flor»+*-íneas*)

helianto *n.m.* BOTÂNICA designação, por aportuguesamento, do género de plantas da família das Compostas, como o girassol (Do gr. *hélios*, «sol» +*ánthos*, «flor»)

helião *n.m.* QUÍMICA núcleo de átomo de hélio (De *hélio*+*-ão*)

heliasta *n.m.* HISTÓRIA membro de uma assembleia judiciária ateniense que se reunia ao ar livre (Do gr. *heliastés*, «juiz ateniense»)

hélice *n.f.* **1** GEOMETRIA curva descrita por um ponto quando este efetua sucessivas revoluções em torno de um eixo, acompanhadas de deslocamento contínuo paralelamente ao referido eixo, e cuja forma é a da crista de uma rosca de parafuso **2** espiral **3** qualquer objeto em forma de caracol ■ *n.m./f.* **1** órgão propulsor de navios e aeroplanos, acionado por motor **2** ANATOMIA rebordo exterior da orelha; hélix (Do gr. *hélix*, «movimento espiralado», pelo lat. *helīce-*, «ornato de capitel coríntio»)

helicicultor *adj.,n.m.* que ou aquele que se emprega na cultura de caracóis (Do gr. *hélix*, *-ikos*, «caracol»+lat. *cultōre-*, «cultivador»)

helicicultura *n.f.* cultura de caracóis destinados à alimentação (Do gr. *hélix*, *-ikos*, «caracol»+lat. *cultūra-*, «cultura»)

helícida *n.m.* ZOOLOGIA ⇒ **helicídeo**

Helícidas *n.m.pl.* ZOOLOGIA ⇒ **Helicídeos**

helicídeo *adj.* ZOOLOGIA relativo ou pertencente aos Helicídeos ■ *n.m.* ZOOLOGIA espécime dos Helicídeos

Helicídeos *n.m.pl.* ZOOLOGIA família de moluscos gastrópodes, pulmonados, a cujo género-tipo (*Hélix*) pertence o caracol (Do gr. *hélix*, *-ikos*, «hélice; caracol» +*-ídeos*)

heliciforme *adj.2g.* em forma de hélice (Do lat. *helīce-*, «hélice» +*forma-*, «forma»)

helico- elemento de formação de palavras que exprime a ideia de *hélice* (Do gr. *hélix*, *-ikos*, «hélice», pelo lat. *helīce-*, «id.»)

helicoidal *adj.2g.* **1** em forma de hélice **2** semelhante à hélice **3** cujas peças constituintes têm disposição em hélice; *movimento* ~ movimento de um sólido que gira em torno de um eixo fixo, deslocando-se ao longo desse eixo (De *helicóide*+*-al*)

helicoide *adj.2g.* **1** que tem forma de hélice **2** em caracol (Do gr. *hélix*, *-ikos*, «hélice; caracol» +*eîdos*, «forma»)

helicóide ver nova grafia **helicoide**

helicómetro *n.m.* instrumento para avaliar a força propulsiva das hélices (De *helico-*+*-metro*)

heliconiano *adj.* ⇒ **helicónio** (De *helicónio*+*-ano*)

helicónio *adj.* relativo ou pertencente ao monte grego Hélicon, consagrado a Apolo e às Musas (Do lat. *Heliconĭu-*, «do Hélicon»)

helicópode *adj.2g.* diz-se da marcha do hemiplégico que descreve uma curva com a perna antes de assentar o pé no chão (Do gr. *hélix*, *-ikos*, «movimento helicoidal» +*poûs*, *podós*, «pé»)

helicóptero *n.m.* aparelho de aviação capaz de se elevar verticalmente, de se deslocar em qualquer direção e de se sustentar na atmosfera por meio de hélices de eixo vertical (Do gr. *hélix*, *-ikos*, «movimento helicoidal» +*pterón*, «asa»)

helicotrema *n.m.* ANATOMIA orifício situado no ouvido interno, na parte superior do caracol, e que liga as rampas coclear e timpânica

helícula *n.f.* pequena hélice (Do lat. *helīce-*, «hélice» +*-ula*)

helio- elemento de formação de palavras que exprime a ideia de *Sol* (Do gr. *hélios*, «Sol»)

hélio *n.m.* QUÍMICA elemento químico, gasoso, incolor e inodoro, com o número atómico 2 e o símbolo He, pertencente à família dos gases nobres, utilizado com várias finalidades, nomeadamente em processos metalúrgicos e químicos, em aparelhos de respiração como diluente, ou no enchimento de balões (Do gr. *hélios*, «Sol»)

heliocêntrico *adj.* 1 ASTRONOMIA relativo ao Sol como centro de coordenadas ou de sistema astronómico 2 ASTRONOMIA que tem o Sol como centro (De *helio-*+*centro-*+*-ico*)

heliocentrismo *n.m.* ASTRONOMIA teoria explicativa do Universo, devida a Copérnico, astrónomo polaco (1473-1543), que considerava o Sol como o centro do nosso sistema astral (De *helio-*+*centrismo*)

heliocometa *n.m.* fenómeno luminoso que o sol poente apresenta, às vezes, e que consiste numa faixa luminosa semelhante à cauda de um cometa (De *helio-*+*cometa*)

heliocromia *n.f.* 1 reprodução das cores com o auxílio do sol sobre uma camada de cloreto de prata 2 reprodução fotográfica das cores (De *helio-*+*cromia*)

heliocrómico *adj.* relativo à heliocromia (De *heliocromia*+*-ico*)

heliofíleas *n.f.pl.* BOTÂNICA grupo de plantas da família das Crucíferas cujos cotilédones são enrolados (De *heliófilo*+*-eas*)

heliofilia *n.f.* BOTÂNICA característica dos seres heliófilos, que têm necessidade da luz solar, vivendo de preferência nos lugares onde esta incide (De *helio-*+*-filia*)

heliófilo *adj.* diz-se do ser vivo que tem necessidade da luz solar; que vive de preferência ao sol ■ *n.m.* BOTÂNICA planta que necessita de luz solar (De *helio-*+*-filo*)

heliofobia *n.f.* horror patológico ao Sol ou à sua luz (De *helio-*+*-fobia*)

heliófobo *adj.,n.m.* que ou aquele que tem horror ao Sol ou à sua luz (De *helio-*+*-fobo*)

heliofotómetro *n.m.* aparelho empregado para medir a intensidade da luz solar (De *helio-*+*fotómetro*)

heliófugo *adj.* que foge da luz solar ou a evita (De *helio-*+*-fugo*)

heliografia *n.f.* 1 ASTRONOMIA estudo e descrição do Sol 2 TIPOGRAFIA reprodução fotográfica por decalque de desenhos, gravuras, plantas, mapas, etc. (De *helio-*+*-grafia*)

heliográfico *adj.* 1 relativo à heliografia 2 referente ao disco aparente do sol (De *heliografia*+*-ico*)

heliógrafo *n.m.* 1 ASTRONOMIA aparelho que serve para observar o sol 2 METEOROLOGIA instrumento que serve para determinar a insolação, isto é, o tempo, durante um dia, em que o Sol esteve descoberto 3 aparelho telegráfico ótico que utiliza os raios solares (De *helio-*+*-grafo*)

heliogravura *n.f.* gravura heliográfica (De *helio-*+*gravura*)

heliolatria *n.f.* adoração do Sol (De *helio-*+*-latria*)

helioloxodromia /cs/ *n.f.* regresso ao ninho ou à toca mediante orientação pelo Sol (De *helio-*+*loxodromia*)

heliométrico *adj.* relativo ao heliómetro (De *heliómetro*+*-ico*)

heliómetro *n.m.* ASTRONOMIA aparelho destinado à medição de distâncias e ângulos muito pequenos no céu (De *helio-*+*-metro*)

heliomotor *n.m.* FÍSICA aparelho destinado a transformar a energia da radiação solar em energia mecânica (De *helio-*+*motor*)

helioplastia *n.f.* processo de gravura fotográfica pelo qual se obtêm chapas cavadas ou em relevo (Do gr. *hélios*, «Sol» +*plastós*, «modelado» +*-ia*)

helioscopia *n.f.* observação do Sol por meio de um helioscópio (Do gr. *hélios*, «Sol» +*skopeīn*, «olhar» +*-ia*)

helioscópio *n.m.* 1 ASTRONOMIA instrumento armado de vidro de cor, para observar o Sol 2 instrumento com que se dirige a imagem do Sol para uma câmara escura 3 vidro defumado para olhar para o Sol (Do gr. *hélios*, «Sol» +*skopeīn*, «examinar» +*-io*)

heliose *n.f.* 1 MEDICINA doença produzida pelo calor do Sol; insolação 2 exposição ao Sol (De *helio-*+*-ose*)

heliostático *adj.* relativo ao helióstato (De *helióstato*+*-ico*)

helióstato *n.m.* aparelho de observação solar e planetária que, apesar do movimento da Terra, conserva numa posição constante um feixe luminoso paralelo, introduzido numa câmara escura (Do gr. *hélios*, «Sol» +*statós*, «parado»)

heliotecnia *n.f.* técnica do aproveitamento da energia solar (De *helio-*+*tecnia*)

helioterapia *n.f.* MEDICINA terapêutica pela aplicação dos raios solares (De *helio-*+*terapia*)

heliotermómetro *n.m.* METEOROLOGIA instrumento destinado a avaliar, por processo termométrico, a intensidade da irradiação solar (De *helio-*+*termómetro*)

heliotropia *n.f.* 1 BOTÂNICA qualidade das plantas heliotrópicas 2 heliotropismo (De *helio-*+*tropia*)

heliotrópico *adj.* BOTÂNICA diz-se da planta (ou dos seus órgãos) em que se manifesta heliotropismo (De *heliotropia*+*-ico*)

heliotrópio *n.m.* 1 BOTÂNICA ⇒ **balsamina** 2 BOTÂNICA designação geral de várias plantas que se viram para seguir o Sol; girassol 3 MINERALOGIA variedade de calcedónia, de cor verde, ponteada de vermelho, que é também designada pedra de sangue 4 FÍSICA aparelho que concentra raios solares num ponto distante (Do gr. *heliotrópion*, «heliotrópio», planta, pelo lat. *heliotropion*, «tornassol» e *heliotropīu-*, «pedra preciosa»)

heliotropismo *n.m.* BOTÂNICA movimento de orientação realizado pela planta ou parte dela, que tem por estímulo a luz solar; heliotropia (De *helio-*+*tropismo*)

heliozoário *adj.* ZOOLOGIA relativo ou pertencente aos heliozoários ■ *n.m.* ZOOLOGIA espécime dos heliozoários ■ *n.m.pl.* ZOOLOGIA grupo de animais protozoários, rizópodes, com uns pseudópodes rígidos, em disposição radial (De *helio-*+*zoário*)

heliporto /ô/ *n.m.* AERONÁUTICA espaço destinado à descolagem e aterragem de helicópteros (De *heli(cóptero)*+*porto*)

helitransportado *adj.* transportado por helicóptero

helitransportar *v.tr.* transportar por helicóptero

hélix /cs/ *n.m.* (plural **hélices**) ANATOMIA [ant.] rebordo exterior do pavilhão auricular; hélice (Do gr. *hélix*, «pavilhão da orelha»)

helmintíase *n.f.* MEDICINA perturbação provocada pela presença de vermes no organismo, em especial as doenças causadas por vermes intestinais (De *helminto-*+*-ase*)

helmíntico *adj.* referente aos helmintos (De *helminto*+*-ico*)

helminto *n.m.* ZOOLOGIA verme, geralmente intestinal; parasita (Do gr. *hélmis*, *-inthos*, «verme; lombriga»)

helminto- elemento de formação de palavras que exprime a ideia de *verme* (Do gr. *hélmins*, *-inthos*, «verme; lombriga»)

helmintoide *adj.2g.* semelhante a helminto (De *helminto-*+*-óide*)

helmintoide ver nova grafia **helmintoide**

helmintologia *n.f.* capítulo da zoologia que estuda os vermes em geral e especialmente os que são parasitas (De *helminto-*+*-logia*)

helmintológico *adj.* relativo à helmintologia (De *helmintologia*+*-ico*)

helmintologista *n.2g.* especialista em helmintologia (De *helmintologia*+*-ista*)

helmintólogo *n.m.* ⇒ **helmintologista** (De *helminto-*+*-logo*)

Helveciano *n.m.* GEOLOGIA andar inferior do Miocénico médio (Do lat. *Helvetĭa-*, «Suíça» +*-ano*)

helvécio *adj.* 1 relativo à Helvécia ou Suíça 2 referente aos seus habitantes 3 relativo ou pertencente aos Helvécios ■ *n.m.* 1 natural ou habitante da Helvécia 2 indivíduo dos Helvécios (Do lat. *helvetĭu-*, «id.»)

Helvécios *n.m.pl.* ETNOGRAFIA antigo povo gálio que habitava a Helvécia ou Suíça (Do lat. *helvetĭu-*, «id.»)

helvético *adj.* 1 relativo à Helvécia ou Suíça 2 pertencente aos Helvécios ou Suíços ■ *n.m.* natural ou habitante da Helvécia (Do lat. *helvetĭcu-*, «id.»)

hem *interj.* 1 usada para interrogar ou exprimir dúvida em relação a algo que não se ouviu bem ou não se percebeu 2 exprime espanto ou indignação (Do lat. *hem*, «hem!»)

hema- elemento de formação de palavras que exprime a ideia de *sangue*

hemácia *n.f.* HISTOLOGIA glóbulo vermelho do sangue (De *hema-*+*-ácia*)

hemal *adj.2g.* 1 relativo ao sistema circulatório 2 ANATOMIA diz-se de um arco ventral da vértebra (De *hema-*+*-al*)

hemalopia *n.f.* MEDICINA hemorragia no globo ocular (Do gr. *haimálops*, «sangue extravasado nos olhos» +*-ia*)

hemangioma *n.m.* MEDICINA tumor benigno de vasos sanguíneos, frequente ao nível da pele (De *hema-*+*angioma*)

hemateína *n.f.* BIOQUÍMICA substância que provém da oxidação da hematoxilina e que é o princípio corante ativo nas colorações com esta substância (Do gr. *haîma*, *-atos*, «sangue» +*-ina*)

hematémese *n.f.* MEDICINA vómito de sangue proveniente de hemorragia que tem lugar no estômago, no duodeno ou no esófago (Do gr. *haîma*, *-atos*, «sangue» +*émesis*, «vómito»)

hematia n.f. HISTOLOGIA ⇒ **hemácia** (De *hemato-+-ia*)
hemático adj. 1 MEDICINA relativo ao sangue 2 que é de origem sanguínea
hematina n.f. BIOQUÍMICA composto férrico como o que se obtém do desdobramento da hemoglobina; hematosina (De *hemato-+-ina*)
hematite n.f. MINERALOGIA mineral de óxido de ferro, vermelho escuro, cinzento ou negro, que cristaliza no sistema trigonal e que constitui um dos minérios mais abundantes e de maior importância do ferro; ~ **vermelha** almagre (Do lat. *haematite-*, «ferro vermelho»)
hemat(o)- elemento de formação de palavras que exprime a ideia de *sangue* (Do gr. *haîma, -atos,* «sangue»)
hematoblasto n.m. HISTOLOGIA ⇒ **trombócito** (Do gr. *haîma, -atos,* «sangue» +*blastós,* «germe»)
hematocarpo adj. BOTÂNICA diz-se de vegetal cujos frutos são maculados de vermelho ■ n.m. fruto com esta característica (Do gr. *haîma, -atos,* «sangue» +*karpós,* «fruto»)
hematocele n.f. 1 MEDICINA qualquer tumor formado por acumulação de sangue 2 MEDICINA hemorragia enquistada nos órgãos genitais do homem ou da mulher
hematócrito n.m. 1 MEDICINA valor que exprime a relação entre o volume dos glóbulos vermelhos do sangue e o volume total deste 2 MEDICINA tubo graduado, geralmente centrifugador, que serve para determinar esta relação
hematófago adj., n.m. ZOOLOGIA que ou animal que se alimenta do sangue de outros animais vivos (De *hemato-+-fago*)
hematofilo adj. BOTÂNICA que produz folhas vermelhas como o sangue (Do gr. *haîma, -atos,* «sangue» +*phýllon,* «folha»)
hematófilo adj. que gosta de sangue (De *hemato-+-filo*)
hematofobia n.f. PSICOLOGIA estado doentio de hematófobo; aversão ao sangue (De *hematófobo+-ia*)
hematófobo adj.,n.m. que ou o que tem aversão ao sangue (De *hemato-+-fobo*)
hematografia n.f. MEDICINA descrição e estudo do sangue (De *hemato-+-grafia*)
hematoide adj.2g. semelhante ao sangue (De *hemato-+-óide*)
hematóide ver nova grafia **hematoide**
hematólise n.f. MEDICINA ⇒ **hemólise** (De *hemato-+-lise*)
hematolítico adj. relativo à hematólise
hematologia n.f. BIOLOGIA, MEDICINA ciência que se ocupa do estudo do sangue e dos órgãos em que se processa a formação e desenvolvimento das células sanguíneas (Do gr. *haîma, -atos,* «sangue» +*lógos,* «estudo» +*-ia*)
hematológico adj. relativo à hematologia (De *hematologia+-ico*)
hematologista n.2g. especialista em hematologia (De *hematologia+-ista*)
hematólogo n.m. ⇒ **hematologista** (Do gr. *haîma, -atos,* «sangue» +*lógos,* «estudo»)
hematoma /ô/ n.m. MEDICINA tumefação sanguínea resultante da rutura de um vaso (De *hemato-+-oma*)
hematometria n.f. MEDICINA avaliação da proporção da hemoglobina entre as diversas células do sangue (Do gr. *haîma, -atos,* «sangue» +*métron,* «medida» +*-ia*)
hematométrio n.m. MEDICINA acumulação de sangue menstrual no útero, por efeito de aperto ou obstrução do colo deste (Do gr. *haîma, -atos,* «sangue» +*métra,* «útero» +*-io*)
hematopoese n.f. HISTOLOGIA formação de células sanguíneas (eritrócitos, leucócitos, plaquetas) (Do gr. *haimatopoíesis,* «sanguinificação»)
hematopoético adj. relativo à hematopoese (De *haimatopoietikós,* «id.»)
hematosar-se v.pron. sofrer os fenómenos da hematose (De *hematose+-ar*)
hematose n.f. BIOLOGIA fenómeno respiratório que diz respeito à transformação do sangue venoso em sangue arterial (Do gr. *haimátosis,* «transformação em sangue»)
hematosina n.f. BIOQUÍMICA ⇒ **hematina** (De *hematose+-ina*)
hematospermia n.f. MEDICINA presença anormal de sangue no líquido espermático (Do gr. *haîma, -atos,* «sangue» +*spérma,* «semente; esperma» +*-ia*)
hematospérmico adj. BOTÂNICA (planta) cujas sementes ou esporos têm a cor do sangue (Do gr. *haîma, -atos,* «sangue» +*spérma,* «esperma» +*-ico*)
hematoxilina /cs/ n.f. QUÍMICA substância obtida de uma planta da família das Leguminosas, da América Central, que, depois de transformada em hemateína, atua como corante nuclear (Do gr. *haîma, -atos,* «sangue» +*xýlon,* «madeira» +*-ina*)
hematozoário adj. ZOOLOGIA diz-se do animal que parasita o sangue do seu hospedeiro ■ n.m. ZOOLOGIA espécime dos hematozoários ■ n.m.pl. ZOOLOGIA grupo de protozoários parasitas que, para alguns autores, corresponde à junção dos hemoflagelados com os hemosporídeos (De *hemato-+-zoário*)
hematúria n.f. MEDICINA presença anormal de sangue na urina (De *hemato-+-úria,* ou do fr. *hématurie,* «id.»)
hematúrico adj. relativo à hematúria ■ n.m. aquele que padece de hematúria (De *hematúria+-ico*)
hemera n.f. GEOLOGIA intervalo de tempo correspondente ao acme de determinada espécie ou forma paleontológica (Do gr. *heméra,* «dia; tempo»)
hemeralopia n.f. MEDICINA dificuldade de visão por falta de acomodação do olho à diminuição de intensidade luminosa; cegueira noturna (Do gr. *heméra,* «dia» +*óps, opós,* «vista» +*-ia*)
hemeralópico adj. relativo à hemeralopia ■ n.m. o que sofre de hemeralopia (De *hemeralopia+-ico*)
hemeranopsia n.f. MEDICINA dificuldade de visão que se manifesta durante o dia ou perante luz intensa, a par de uma facilidade de visão durante a noite ou com luz fraca (anomalia congénita); nictalopia (Do gr. *heméra,* «dia» +*óps, opós,* «vista» +*-ia*)
hemer(o)- elemento de formação de palavras que exprime a ideia de *dia* (Do gr. *heméra,* «dia»)
hemeródromo n.m. postilhão que, entre os Gregos, levava a correspondência com a maior rapidez (Do gr. *hemeródromos,* «correio diurno», pelo lat. *hemerodrŏmu-,* «correio; mensageiro»)
hemerografia n.f. catálogo de jornais, revistas, e outras publicações periódicas
hemerográfico adj. relativo à hemerografia
hemerologia n.f. arte de compor calendários (Do gr. *hemerológion,* «calendário» +*-ia*)
hemerológio n.m. tratado sobre a concordância dos calendários (Do gr. *hemerológion,* «calendário»)
hemerólogo n.m. autor de calendários (Do gr. *heméra,* «tempo» +*lógos,* «estudo»)
hemeropata n.2g. pessoa que padece de hemeropatia (Do gr. *heméra,* «dia» +*páthos,* «moléstia»)
hemeropatia n.f. MEDICINA doença que apenas se manifesta de dia (Do gr. *heméra,* «dia» +*páthos,* «moléstia» +*-ia*)
hemeroteca n.f. 1 coleção de publicações periódicas 2 biblioteca ou parte de biblioteca onde se encontram reunidas as publicações periódicas (Do gr. *heméra,* «dia» +*théke,* «depósito»)
hemi- elemento de formação de palavras que exprime a ideia de *metade, meio* (Do gr. *hemí,* «pela metade; semi-»)
hemiacefalia n.f. TERATOLOGIA anomalia em que a cabeça é representada por um tumor informe com alguns apêndices (De *hemiacéfalo+-ia*)
hemiacéfalo adj. TERATOLOGIA que apresenta hemiacefalia (De *hemi-+acéfalo*)
hemiagnosia n.f. MEDICINA agnosia limitada a uma metade do campo visual nos dois olhos, pelo que respeita à perceção visual das formas, ou a uma metade do corpo, para a perceção táctil (Do gr. *hemi,* «pela metade» +*gnôsis,* «conhecimento» +*-ia*)
hemialgia n.f. 1 MEDICINA dor que só ataca metade do corpo 2 hemicrania (Do gr. *hemí,* «pela metade» +*álgos,* «dor» +*-ia*)
hemianestesia n.f. MEDICINA abolição das sensibilidades tegumentares e, eventualmente, profundas, num só lado do corpo (De *hemi-+anestesia*)
hemianopsia n.f. MEDICINA perda parcial ou total da visão em metade do campo visual de um ou dos dois olhos; hemianopia; hemiopia (Do gr. *hemí,* «pela metade» +*anopsía,* «cegueira»)
hemibraquidoma /ô/ n.m. CRISTALOGRAFIA designação obsoleta do pinacoide de 1.ª ordem, num cristal triclínico, que corresponde a uma forma constituída por duas faces paralelas entre si e ao eixo X (De *hemi-+braqui-+-doma*)
hemicelulose n.f. QUÍMICA substância intermediária em complexidade entre os açúcares e a celulose que ocorre principalmente nas gomas (De *hemi-+celulose*)
hemicíclico adj. 1 semicircular 2 BOTÂNICA diz-se da flor que, em parte, é espiralada e, em parte, verticilada (De *hemiciclo+-ico*)
hemiciclo n.m. 1 espaço semicircular, geralmente com bancadas para espectadores 2 local com estrutura semelhante, onde têm lugar as sessões de uma assembleia (Do gr. *hemikýklos,* «id.», pelo lat. *hemicyclu-,* «semicírculo»)

hemicilindro n.m. GEOMETRIA cada uma das metades de um cilindro determinadas por um plano que contenha o seu eixo (Do gr. *hemikýlindros*, «id.», pelo lat. *hemicylindru-*, «id.»)

hemicordado adj.,n.m.,n.m.pl. ZOOLOGIA ⇒ **enteropneusto** (De *hemi-+cordado*)

hemicrania n.f. MEDICINA dor localizada apenas num dos lados da cabeça; enxaqueca (Do gr. *hemikranía*, «dor em metade da cabeça», pelo lat. *hemicranĭa-*, «id.»)

hemicrânico adj. relativo a hemicrania (Do gr. *hemikranikós*, «id.»)

hemiedria n.f. CRISTALOGRAFIA meroedria em que as formas cristalográficas se imaginam originadas pelo desenvolvimento de metade das faces de certas formas holoédricas correspondentes (Do gr. *hemí*, «pela metade» +*hédra*, «face» +*-ia*)

hemiédrico adj. 1 CRISTALOGRAFIA diz-se da forma cristalográfica que pode considerar-se originada por hemiedria 2 CRISTALOGRAFIA diz-se também da classe constituída por estas formas (De *hemiedria+-ico*)

hemiélitro n.m. ZOOLOGIA asa anterior de inseto hemíptero típico, de base coriácea e parte terminal membranosa (Do gr. *hemí*, «pela metade» +*élytron*, «proteção; élitro»)

hemifacial adj.2g. relativo a metade da face (De *hemi-+facial*)

hemilabial adj.2g. relativo a metade do lábio (De *hemi-+labial*)

hemimacrodoma n.m. CRISTALOGRAFIA designação obsoleta do pinacoide de 2.ª ordem, num cristal triclínico, que é uma forma constituída por duas faces paralelas entre si e ao eixo Y (De *hemi-+macro-+-doma*)

hemimetabólico adj. ZOOLOGIA (inseto) que passa por metamorfoses incompletas (De *hemi-+metabólico*)

hemimorfia n.f. CRISTALOGRAFIA processo de hemiedria em que se conservam homólogas as faces dos sectantes situados em torno de um semieixo cristalográfico (Do gr. *hemí*, «pela metade» +*morphé*, «forma» +*-ia*)

hemimórfico adj. CRISTALOGRAFIA diz-se das formas hemiédricas consideradas como obtidas por hemimorfia (De *hemi+morfia+-ico*)

hemimorfite n.f. MINERALOGIA mineral, um silicato de zinco, que cristaliza no sistema ortorrômbico; calamina (De *hemimorfia+-ite*)

hemíono n.m. espécie de cavalo selvagem da Mongólia (Do gr. *hemíono*, «meio burro; meio burra; mulo», pelo lat. cient. *hemíonu-*, «id.»)

hemiopia n.f. MEDICINA ⇒ **hemianopsia** (Do gr. *hemí*, «pela metade» +*óps*, *opós*, «vista» +*-ia*)

hemiortodoma n.m. CRISTALOGRAFIA designação obsoleta do pinacoide de 2.ª ordem, num cristal monoclínico, que corresponde a uma forma constituída por duas faces paralelas entre si e ao eixo Y (De *hemi-+orto-+-doma*)

hemiparesia n.f. MEDICINA perda parcial das funções motoras de uma das metades do corpo (Do gr. *hemí*, «pela metade» +*páresis*, «relaxação; enfraquecimento» +*-ia*)

hemipirâmide n.f. CRISTALOGRAFIA designação obsoleta do prisma de 4.ª ordem, forma cristalográfica da classe holoédrica do sistema monoclínico, representada por quatro faces paralelas duas a duas e oblíquas aos três eixos coordenados (De *hemi-+pirâmide*)

hemiplegia n.f. MEDICINA perturbação da motilidade que consiste num défice total ou importante da capacidade de efetuar movimentos voluntários, incidente nos membros de uma metade do corpo e numa metade do rosto do mesmo lado; hemiplexia (Do gr. *hemí*, «metade; meio» +*plegé*, «ferido; atingido» +*-ia*, ou do fr. *hémiplégie*, «id.»)

hemiplégico adj. atacado de hemiplegia ■ n.m. indivíduo que sofre de hemiplegia (De *hemiplegia+-ico*)

hemiplexia /cs/ n.f. MEDICINA ⇒ **hemiplegia** (Do gr. *hemiplexía*, «id.», pelo lat. cient. *hemiplexĭa*, «id.»)

hemiprisma n.m. designação obsoleta do pinacoide de 3.ª ordem, na classe holoédrica triclínica, forma cristalográfica constituída por duas faces paralelas entre si e ao eixo principal (ou eixo Z) (De *hemi-+prisma*)

hemiprismático adj. relativo ou pertencente ao hemiprisma (De *hemi-+prismático*)

hemíptero adj. ZOOLOGIA relativo ou pertencente aos hemípteros ■ n.m. ZOOLOGIA espécime dos hemípteros ■ n.m.pl. ZOOLOGIA ordem de insetos com armadura bucal picadora-sugadora, em regra, sem metamorfoses ou com estas incompletas, com hemiélitros ou com quatro asas membranosas (Do gr. *hemí*, «meio» +*pterón*, «asa»)

hemisférico adj. em forma de hemisfério (De *hemisfério+-ico*)

hemisfério n.m. 1 metade de uma esfera 2 cada uma das duas metades do globo terrestre, separadas pelo equador ou por um meridiano 3 ANATOMIA cada uma das duas metades do cérebro ou do cerebelo (Do gr. *hemisphaírion*, «metade da esfera», pelo lat. *hemisphaerĭu-*, «id.»)

hemisferoidal adj.2g. semelhante a um hemisferoide (De *hemisferóide+-al*)

hemisferoide adj.2g. com a forma de metade de um esferoide ■ n.m. metade de um esferoide (De *hemi-+esferóide*)

hemisferóide ver nova grafia **hemisferoide**

hemistíquio n.m. 1 metade de um verso alexandrino 2 cada uma das duas partes de um verso dividido pela cesura (Do gr. *hemistíkhion*, «metade de verso», pelo lat. *hemistichĭu-*, «id.»)

hemitropia n.f. CRISTALOGRAFIA estado do cristal hemítropo (De *hemítropo+-ia*)

hemítropo adj. CRISTALOGRAFIA (cristal) em que uma das duas faces opostas parece ter feito meia rotação sobre a outra (Do gr. *hemí*, «metade» +*trópos*, «volta»)

hemo- elemento de formação de palavras que exprime a ideia de *sangue*

hemocianina n.f. ZOOLOGIA substância de cor azulada, nomeadamente depois de oxidada, que contém cobre, e que desempenha a função de pigmento respiratório da hemolinfa de alguns crustáceos e moluscos (Do gr. *haîma*, «sangue» +*kyanós*, «azul» +*-ina*)

hemocrinia n.f. FISIOLOGIA processo em que uma glândula endócrina lança a sua hormona diretamente para a corrente sanguínea

hemocultura n.f. MEDICINA técnica que tem por objetivo averiguar a existência ou não de certo tipo de bactérias no sangue de um paciente e que consiste em colocar certa quantidade desse sangue em meio nutritivo favorável à proliferação dessas bactérias (De *hemo-+cultura*)

hemodiagnóstico n.m. MEDICINA diagnóstico baseado no exame do sangue (De *hemo-+diagnóstico*)

hemodiálise n.f. MEDICINA processo terapêutico de purificação do sangue, que consiste na extração dos resíduos tóxicos (ureia) nele contidos por meio de filtração através de uma membrana porosa, semipermeável (De *hemo-+diálise*)

hemodinâmica n.f. FISIOLOGIA estudo dos fenómenos mecânicos relativos à circulação do sangue (De *hemo-+dinâmica*)

hemodinamómetro n.m. FISIOLOGIA aparelho destinado a medir a pressão com que o sangue circula nos vasos do organismo (De *hemo-+dinamómetro*)

hemofilia n.f. MEDICINA doença hereditária familiar que afeta essencialmente pessoas do sexo masculino, e que se caracteriza por problemas de coagulação do sangue e propensão para hemorragias graves (Do gr. *haîma*, «sangue» +*philía*, «amizade»)

hemofílico adj. 1 relativo a hemofilia 2 que sofre de hemofilia ■ n.m. indivíduo que sofre de hemofilia (De *hemofilia+-ico*)

hemoflagelado adj. ZOOLOGIA relativo ou pertencente aos hemoflagelados ■ n.m. ZOOLOGIA espécime dos hemoflagelados ■ n.m.pl. ZOOLOGIA grupo de protozoários flagelados que parasitam o sangue do seu hospedeiro, e a que pertencem os tripanossomas (De *hemo-+flagelado*)

hemofobia n.f. horror pelo derramamento de sangue ou pelos espetáculos sangrentos (Do gr. *haimophóbos*, «que tem medo do sangue» +*-ia*)

hemoftalmia n.f. MEDICINA hemorragia no globo ocular (De *hemo-+oftalmia*)

hemoftalmo n.m. ⇒ **hemoftalmia**

hemoglobina n.f. BIOQUÍMICA pigmento respiratório que dá a cor vermelha ao sangue de muitos animais (vertebrados e alguns invertebrados) (De *hemo-+glób(ulo)+-ina*)

hemoglobinómetro n.m. ⇒ **hemómetro** (De *hemoglobina+-metro*)

hemoglobinúria n.f. MEDICINA presença anormal de pigmento sanguíneo na urina (De *hemoglobina+-úria*)

hemoglobinúrico adj. relativo à hemoglobinúria (De *hemoglobinúria+-ico*)

hemograma n.m. MEDICINA exame ao sangue, realizado em laboratório, para classificação e contagem dos elementos do sangue e respetivas percentagens (Do gr. *haîma*, «sangue» +*grámma*, «registo»)

hemolinfa n.f. ZOOLOGIA líquido existente no sistema circulatório dos animais invertebrados, constituído essencialmente, e de forma geral, por plasma e leucócitos, com funções semelhantes às do sangue e da linfa nos animais vertebrados (De *hemo-+linfa*)

hemólise n.f. MEDICINA destruição dos glóbulos vermelhos do líquido circulatório, com libertação de hemoglobina; hematólise (De *hemo-+-lise*, ou do fr. *hémolyse*, «id.»)

hemolisina n.f. substância capaz de destruir os glóbulos vermelhos do sangue (De *hemólise*+*-ina*)
hemolítico adj. **1** relativo à hemólise **2** que provoca hemólise (Do gr. *haîma*, «sangue» +*lytikós*, «que dissolve»)
hemómetro n.m. MEDICINA aparelho destinado à determinação quantitativa da hemoglobina do sangue, também denominado hemoglobinómetro (De *hemo-*+*-metro*)
hemopatia n.f. MEDICINA qualquer doença do sangue (Do gr. *haîma*, «sangue» +*páthos*, «doença» +*-ia*)
hemoplástico adj. (alimento) que concorre rapidamente para a produção de sangue (Do gr. *haîma*, «sangue» +*plastikós*, «formador»)
hemoptise n.f. MEDICINA expetoração de sangue proveniente de hemorragia dos órgãos respiratórios (Do gr. *haimóptysis*, «escarro sanguíneo», pelo lat. *haemoptÿse-*, «id.»)
hemoptoico adj. **1** relativo à hemoptise **2** (catarro) que contém algum sangue ■ n.m. indivíduo que tem hemoptises (Do lat. tard. *haemoptŏicu-*, «id.»)
hemoptóico ver nova grafia hemoptoico
hemorragia n.f. MEDICINA derramamento de sangue para fora dos vasos sanguíneos que o devem conter (Do gr. *haimorrhagía*, «rutura de vasos sanguíneos», pelo lat. *haemorrhagĭa-*, «id.»)
hemorrágico adj. **1** relativo à hemorragia **2** que sofre de hemorragias (Do gr. *haimorrhagikós*, «id.»)
hemorroida n.f. MEDICINA formação varicosa nas veias da mucosa do ânus e do reto (Do gr. *haimorrhoîdes [phlebés]*, «veias de que escorre sangue», pelo lat. *haemorrhoĭdas*, «id.»)
hemorróida ver nova grafia hemorroida
hemorroidal adj.2g. relativo às hemorroidas ■ n.m. manifestações patológicas das hemorroidas (De *hemorróida*+*-al*)
hemorroidário adj.,n.m. que ou aquele que sofre de hemorroidas (De *hemorróida*+*-ário*)
hemorroide n.f. MEDICINA ⇒ **hemorroida**
hemorróide ver nova grafia hemorroide
hemorroidoso adj. ⇒ **hemorroidal** (De *hemorróida*+*-oso*)
hemoscopia n.f. MEDICINA exame feito ao sangue extravasado (Do gr. *haîma*, «sangue» +*skopeîn*, «examinar» +*-ia*)
hemospasia n.f. MEDICINA processo terapêutico que desvia o afluxo sanguíneo, levando-o a afluir num ponto desejado, com emprego de dispositivo que provoca a rarefação do ar (Do gr. *haîma*, «sangue» +*spásis*, «atração» +*-ia*)
hemospóridas n.m.pl. ZOOLOGIA ⇒ **hemosporídeo** n.m.pl.
hemosporídeo n.m. ZOOLOGIA relativo ou pertencente aos hemosporídeos ■ n.m. ZOOLOGIA espécime dos hemosporídeos ■ n.m.pl. ZOOLOGIA grupo de protozoários, esporozoários, parasitas dos glóbulos sanguíneos e de outras células (De *hemo-*+*esporo*+*-ídeos*)
hemóstase n.f. MEDICINA ⇒ **hemostasia**
hemostasia n.f. MEDICINA conjunto dos fenómenos que fazem estancar hemorragias (Do gr. *haîma*, «sangue» +*stásis*, «imobilidade» +*-ia*)
hemostática n.f. MEDICINA parte da fisiologia que trata do equilíbrio do sangue no interior dos vasos
hemostático adj. MEDICINA que estanca hemorragias ■ n.m. MEDICINA meio ou medicamento que estanca hemorragias (Do gr. *haimostatikós*, «próprio para deter o sangue»)
hemoterapia n.f. MEDICINA processo terapêutico em que o agente utilizado é o sangue ou algum dos seus elementos (por exemplo, o plasma) (De *hemo-*+*terapia*)
hemotexia /cs/ n.f. dissolução de elementos do sangue (Do gr. *haîma*, «sangue» +*tēxis*, «fusão» +*-ia*)
hemotórax /cs/ n.m.2n. MEDICINA derramamento de sangue no tórax (Do gr. *haîma*, «sangue» +*thórax*, «tórax»)
hemotoxia /cs/ n.f. MEDICINA envenenamento do sangue (Do gr. *haîma*, «sangue» +*toxikón*, «veneno» +*-ia*)
hemotóxico /cs/ adj. capaz de destruir os glóbulos vermelhos do sangue (De *hemotoxia*+*-ico*)
hemotoxina /cs/ n.f. substância que tem ação nociva sobre os glóbulos sanguíneos (De *hemotoxia*+*-ina*)
hemúlida n.m. ICTIOLOGIA ⇒ **hemulídeo**
Hemúlidas n.m.pl. ICTIOLOGIA ⇒ **Hemulídeos**
hemulídeo adj. ICTIOLOGIA relativo ou pertencente aos Hemulídeos ■ n.m. ICTIOLOGIA espécime dos Hemulídeos
Hemulídeos n.m.pl. ICTIOLOGIA família de peixes teleósteos, de corpo comprimido e boca pequena, a que pertence a xaputa (Do gr. *haîma*, «sangue» +*oûlon*, «forte» +*-ídeos*)
hendecagonal adj.2g. GEOMETRIA que tem onze ângulos (De *hendecágono*+*-al*)

hendecágono n.m. GEOMETRIA polígono que tem onze ângulos (e, por isso, tem onze lados) (Do gr. *héndeka*, «onze» +*gonía*, «ângulo», pelo lat. *hendecagōnu-*, «id.»)
hendecandria n.f. BOTÂNICA qualidade de hendecandro (De *hendecandro*+*-ia*)
hendecândria n.f. BOTÂNICA classe organizada pelo naturalista sueco C. Lineu (1707-1778), constituída por vegetais possuidores de onze estames (De *hendecandro*+*-ia*)
hendecandro adj. BOTÂNICA que tem onze estames (De *héndeka*, «onze» +*anér, andrós*, «homem; estame»)
hendecassilábico adj. que tem onze sílabas (De *hendecassílabo*+*-ico*)
hendecassílabo n.m. verso ou palavra de onze sílabas ■ adj. que tem onze sílabas (Do gr. *hendekasýlabos*, «id.», pelo lat. *hendecasyllăbu-*, «id.»)
hendíadis n.f.2n. recurso estilístico que consiste em exprimir, por dois nomes ligados pela conjunção copulativa *e*, uma ideia que usualmente se designa através um nome modificado por um adjetivo ou por um grupo preposicional (ex.: *vagueava na escuridão* e *na noite*, por *na escuridão da noite* ou *na noite escura*) (Do gr. *hén diá dyoîn*, «uma coisa por meio de duas»)
henriquino adj. relativo a Henrique, especialmente ao infante português D. Henrique, o Navegador (1394-1460) (De *Henrique*, antr. +*-ino*)
henry n.m. FÍSICA unidade de indutância do Sistema Internacional, equivalente à indutância elétrica de um circuito fechado no qual se induz uma força eletromotriz de 1 volt, quando a corrente que percorre o circuito varia uniformemente à razão de 1 ampere por segundo (Do ing. *henry*, «id.», de J. Henry, antr., físico americano, 1797-1878)
heortonímia n.f. parte da onomatologia que trata dos heortónimos (De *heortónimo*+*-ia*)
heortónimo n.m. nome com que se designa qualquer festa popular ou consagrada (por exemplo, *Carnaval*) (Do gr. *heortós*, «festa» +*ónyma*, «nome»)
heparina n.f. QUÍMICA substância anticoagulante que inibe a formação e a atividade da tromboplastina e da trombina, e que está presente em todos os tecidos, nomeadamente no fígado e nos pulmões, sendo utilizada na profilaxia e terapêutica da trombose e embolia e como auxiliar nas transfusões de sangue
hepatal adj.2g. referente ao fígado (Do gr. *hēpar*, *-atos*, «fígado» + *-al*)
hepatalgia n.f. MEDICINA dor nevrálgica do fígado (Do gr. *hēpar*, *-atos*, «fígado» +*álgos*, «dor» +*-ia*)
hepatálgico adj. relativo à hepatalgia (De *hepatalgia*+*-ico*)
hepática n.f. **1** BOTÂNICA espécime das hepáticas **2** planta com uso medicinal em doenças do fígado ■ n.f.pl. BOTÂNICA grupo de briófitas (De *hepático*)
hepático adj. **1** relativo ou pertencente ao fígado; jecoral **2** de cor biliosa ■ n.m. indivíduo que sofre do fígado (Do gr. *hepatikós*, «id.», pelo lat. *hepatĭcu-*, «do fígado; aquele que tem doença do fígado»)
hepatismo n.m. MEDICINA patologia geral relativamente ao fígado, que estuda as doenças crónicas deste órgão
hepatite[1] n.f. MEDICINA inflamação do fígado, geralmente causada por vírus e, às vezes, por agentes tóxicos (Do gr. *hēpar*, *-atos*, «fígado» +*-ite*)
hepatite[2] n.f. MINERALOGIA pedra preciosa da cor do fígado (Do gr. *hepatites [lithos]*, «pedra cor do fígado»)
hepatização n.f. MEDICINA estado de um tecido orgânico que apresenta o aspeto do fígado (De *hepatizar*+*-ção*)
hepatizar-se v.pron. MEDICINA (tecido orgânico) tomar o aspeto de fígado (De *hepato-*+*-izar*)
hepat(o)- elemento de formação de palavras que exprime a ideia de *fígado* (Do gr. *hēpar*, *-atos*, «fígado»)
hepatocele n.f. MEDICINA hérnia do fígado (Do gr. *hēpar*, *-atos*, «fígado» +*kéle*, «hérnia»)
hepatocirrose n.f. MEDICINA cirrose do fígado (De *hepato-*+*cirrose*)
hepatogástrico adj. relativo ao fígado e ao estômago (Do gr. *hēpar*, *-atos*, «fígado» +*gastér, gastrós* «estômago» +*-ico*)
hepatogastrite n.f. MEDICINA inflamação do fígado e do estômago (De *hepato-*+*gastrite*)
hepatologia n.f. estudo do fígado, das suas funções e das suas doenças (De *hepato-*+*-logia*)
hepatólogo n.m. especialista em hepatologia (De *hepato-*+*-logo*)
hepatomegalia n.f. MEDICINA ⇒ **megalepatia** (Do gr. *hēpar*, *-atos*, «fígado» +*mégas*, *-gále*, «grande» +*-ia*)

hepatopâncreas n.m.2n. ZOOLOGIA órgão que existe em alguns animais invertebrados (crustáceos, moluscos, etc.), e que parece desempenhar cumulativamente funções de fígado e pâncreas (De *hepato-+pâncreas*)

hepatorragia n.f. MEDICINA hemorragia no fígado (Do gr. *hēpar, -atos*, «fígado» +*rhagía*, «rutura» +*-ia*)

hepatotomia n.f. CIRURGIA intervenção para incisão do fígado (Do gr. *hēpar, -atos*, «fígado» +*tomé*, «corte» +*-ia*)

hepta- elemento de formação de palavras que exprime a ideia de sete (Do gr. *heptá*, «sete»)

heptacampeão adj.,n.m. que ou atleta (ou equipa) que se sagrou campeão pela sétima vez em competição ou prova desportiva (De *hepta-+campeão*)

heptacampeonato n.m. campeonato ganho pela sétima vez (De *hepta-+campeonato*)

heptacórdio n.m. MÚSICA ⇒ **heptacordo**

heptacordo adj. que tem sete cordas ■ n.m. 1 MÚSICA lira com sete cordas 2 MÚSICA sistema de sons composto de sete notas (Do gr. *heptákhordos*, «de sete cordas»)

heptadáctilo adj. ZOOLOGIA (animal) que apresenta na extremidade livre de cada membro sete dedos ou apêndices análogos (Do gr. *heptadáktylos*, «com sete dedos»)

heptaédrico adj. 1 relativo ao heptaedro 2 que tem sete faces (De *heptaedro+-ico*)

heptaedro n.m. GEOMETRIA sólido que tem sete faces (Do gr. *heptá*, «sete» +*hédra*, «face»)

heptagonal adj.2g. 1 referente ao heptágono 2 que tem sete ângulos (De *heptágono+-al*)

heptágono n.m. polígono que tem sete ângulos (e, por isso, tem sete lados) (Do gr. *heptágonos*, «id.», pelo lat. *heptagōnu-*, «id.»)

heptâmetro adj.,n.m. LITERATURA que ou verso que, no sistema de versificação greco-latino, é composto de sete pés (Do gr. *heptá*, «sete» +*métron*, «medida», pelo lat. *heptamĕtru-*, «id.»)

heptandria n.f. BOTÂNICA qualidade de heptandro (De *heptandro+-ia*)

heptândria n.f. BOTÂNICA classe de plantas, na classificação do naturalista sueco C. Lineu (1707-1778), constituída por vegetais heptandros (De *heptandro+-ia*)

heptandro adj. BOTÂNICA 1 diz-se do vegetal que tem sete estames livres em cada flor 2 diz-se desta flor (Do gr. *heptá*, «sete» +*anér, -andrós*, «homem; estame»)

heptanemo adj. ZOOLOGIA (animal) que tem sete tentáculos ou apêndices alongados (Do gr. *heptá*, «sete» +*nēma*, «filamento»)

heptano n.m. QUÍMICA hidrocarboneto da série parafínica com sete átomos de carbono na sua molécula (Do gr. *heptá*, «sete» +*-ano*)

heptapétalo adj. BOTÂNICA que tem sete pétalas (De *hepta-+pétala*)

heptarca n.m. cada um dos membros de uma heptarquia (Do gr. *heptá*, «sete» +*arkhé*, «governo»)

heptarquia n.f. 1 conjunto de sete reinos formado pelos Anglos e Saxões, em que se dividiu a Inglaterra após as invasões nórdicas 2 governo de sete chefes (De *heptarca+-ia*)

heptárquico adj. relativo a heptarquia (De *heptarca+-ico*)

heptassépalo adj. BOTÂNICA que tem sete sépalas (De *hepta-+sépala*)

heptassilábico adj. que tem sete sílabas (De *heptassílabo+-ico*)

heptassílabo n.m. verso ou palavra de sete sílabas ■ adj. que tem sete sílabas (Do gr. *heptá*, «sete» +*syllabé*, «sílaba», pelo lat. *heptasyllăbu-*, «idem»)

Heptateuco n.m. 1 RELIGIÃO (Bíblia) conjunto dos sete primeiros livros do Antigo Testamento 2 [com minúscula] obra dividida em sete livros (Do grego *heptá*, «sete», +*teûkhos*, «livro», pelo latim *heptateūkho*, «idem»)

heptatlo n.m. 1 DESPORTO competição de atletismo feminino que substituiu o pentatlo a partir de 1984 e que combina sete provas (corrida 100m barreiras, salto em altura, lançamento de peso e corrida de 200 m, salto em comprimento, lançamento de dardo e corrida de 800m) 2 DESPORTO competição de atletismo masculino que combina sete provas e é disputada em recinto fechado (De *hepta-+-atlo*)

héptodo n.m. ELETRICIDADE válvula termiónica de sete eléctrodos e, portanto, cinco grelhas entre o ânodo e o cátodo (Do gr. *heptá*, «sete» +*odós*, «caminho»)

hera n.f. BOTÂNICA planta trepadeira da família das Araliáceas, de caule um pouco lenhoso, raízes adventícias, folhas persistentes e sempre verdes, espontânea e frequente em Portugal (Do lat. *hedĕra-*, «hera»)

Heracleias n.f.pl. festas da Grécia antiga em honra de Héracles, o Hércules dos Romanos (Do gr. *heráklia*, «festas em honra de Hércules»)

Heraclidas n.m.pl. 1 descendentes de Héracles ou Hércules 2 designação de várias dinastias gregas (Do lat. *Heraclidas*, «id.»)

heraclitismo n.m. FILOSOFIA doutrina do filósofo grego Heraclito (540 - 480 a. C), que considera a existência fecunda de uma tensão entre o devir, a constante mobilidade das coisas e o logos, a unidade, a medida ou proporção (Do gr. *herakliteios*, «de Heraclito», pelo lat. *heraclitĕu-*, «id.» +*-ismo*)

heráldica n.f. 1 ciência que se ocupa dos brasões 2 conjunto dos emblemas ou símbolos convencionais usados nos brasões (De *heráldico*)

heráldico adj. 1 relativo ou pertencente à heráldica 2 relativo a brasões ■ n.m. 1 especialista em heráldica 2 indivíduo versado em heráldica (Do lat. med. *heraldĭcu-*, «id.», pelo fr. *héraldique*, «heráldico»)

herança n.f. 1 aquilo que se recebe por testamento ou sucessão 2 sucessão de bens 3 DIREITO bens, propriedades, direitos ou obrigações transmitidos por disposição testamentária ou por via da sucessão 4 BIOLOGIA conjunto de caracteres genéticos transmitidos hereditariamente 5 [fig.] tradição proveniente de gerações anteriores; legado; ~ *jacente* DIREITO herança aberta, mas ainda não aceite, nem repudiada nem declarada vaga para o Estado (Do port. ant. *herdança*, de *herdar+-ança*)

hera-terrestre n.f. BOTÂNICA planta herbácea, da família das Labiadas, espontânea e também cultivada em Portugal

herbáceo adj. 1 relativo ou semelhante a erva; herbóreo 2 (planta) que tem consistência tenra, não lenhosa (Do lat. *herbacěu-*, «id.»)

herbal adj.2g. relativo a erva, especialmente a ervas medicinais (Do ing. *herbal*, «id.», pelo lat. *herba-*, «erva»)

herbanário n.m. ⇒ **ervanário** (Do lat. *herba-*, «erva» +*n+ário*)

herbário n.m. 1 coleção de plantas secas organizadas e classificadas, geralmente para estudo e pesquisa científica; ervário 2 compartimento onde se guardam estas coleções (Do lat. *herbarĭu-*, «id.»)

herbático adj. relativo a erva; herbáceo (Do lat. *herbatĭcu-*, «que come erva»)

herb(i)- elemento de formação de palavras que exprime a ideia de erva (Do lat. *herba-*, «erva»)

herbicida adj.,n.m. substância ou designativo da substância que destrói as ervas daninhas (Do lat. *herba-*, «erva» +*caedere*, «matar», pelo fr. *herbicide*, «id.»)

herbícola adj.2g. que vive normalmente na erva (De *herbi-+-cola*)

herbífero adj. que produz erva (Do lat. *herbifěru-*, «id.»)

herbiforme adj.2g. que se assemelha à erva (De *herbi-+-forme*)

herbívoro adj.,n.m. que ou animal que se alimenta especialmente de erva e vegetais; graminívoro (De *herbi-+-voro*, ou do fr. *herbivore*, «id.»)

herbolária n.f. mulher que fazia feitiços ou preparava venenos com vegetais (De *herbolário*)

herbolário adj. 1 que coleciona plantas 2 que conhece muitas plantas medicinais ■ n.m. 1 aquele que coleciona ou vende plantas medicinais 2 o que possui conhecimentos de plantas medicinais (Do lat. *herbŭla-*, «ervinha» +*ário*)

herbóreo adj. relativo ou semelhante a erva; herbáceo (Do lat. *herba-*, «erva», com infl. de *arbóreo*)

herborista n.2g. pessoa que coleciona plantas para herbário; herbanário (De *herbori[zar]+-ista*)

herborização n.f. colheita de plantas para herbário ou para aplicações medicinais (De *herborizar+-ção*)

herborizador adj.,n.m. que ou aquele que herboriza (De *herborizar+-dor*)

herborizante adj.2g. que herboriza (De *herborizar+-ante*)

herborizar v.tr. colher (plantas) para herbário ou para aplicações medicinais (Do lat. *herba-*, «erva» +*-izar*, com infl. de *arborizar*)

herboso /ô/ adj. ⇒ **ervoso** (Do lat. *herbōsu-*, «id.»)

hercínio adj. relativo à Hercínia, antiga designação da Floresta Negra, na Alemanha; *orogenia hercínia/movimentos hercínios* movimentos orogénicos que se verificaram no final do Paleozoico (De *Hercinĭa-* [*silva-*], top., «Floresta Hercínia» ou «Floresta Negra»)

herculano adj. relativo ou pertencente a Hércules, semideus da mitologia romana (Do lat. *Herculānu-*, «id.»)

hercúleo adj. 1 digno de Hércules, semideus da mitologia romana 2 que revela uma força extraordinária 3 possante; robusto 4 valente (Do lat. *Herculěu-*, «de Hércules»)

hércules *n.m.2n.* 1 indivíduo de força descomunal 2 [com maiúscula] ASTRONOMIA constelação boreal (Do lat. *Hercŭles*, «Hércules»)

herdade *n.f.* grande propriedade rústica, composta geralmente de montados e terra de semeadura (Do lat. *hereditāte-*, «herança»)

herdança *n.f.* [depr.] ⇒ **herança** (De *herdar+-ança*)

herdar *v.tr.* 1 receber por direito e após a morte de uma pessoa (bens que a esta pertenciam); ser herdeiro de (bens) 2 adquirir por parentesco ou por hereditariedade 3 [fig.] receber do predecessor 4 [fig.] passar a usar (Do lat. *hereditāre*, «id.»)

herdeiro *n.m.* 1 aquele que herda 2 sucessor 3 o que sucede na totalidade ou numa quota do património do falecido 4 [coloq.] cada um dos filhos (relativamente aos pais) 5 [fig.] o que recebe uma tradição e a transmite à geração seguinte; ~ *testamentário* herdeiro chamado por testamento (Do lat. *hereditarĭu-* «id.»)

hereditariamente *adv.* 1 por hereditariedade 2 por herança 3 por sucessão (De *hereditário+-mente*)

hereditariedade *n.f.* 1 qualidade daquilo que é hereditário 2 direito de sucessão 3 transmissão de caracteres genéticos aos descendentes; ~ *psicológica* PSICOLOGIA transmissão aos descendentes de caracteres pertencentes aos genitores, na esfera das aptidões e das inaptidões sensoriomotoras e intelectuais, e na esfera afetiva das tendências, dos gostos, dos traços do carácter (De *hereditário+-idade*)

hereditário *adj.* 1 que se transmite geneticamente, de pais a filhos ou de ascendentes a descendentes 2 que se transmite por testamento ou sucessão 3 que se recebe de gerações anteriores, por tradição (Do lat. *hereditarĭu-*, «id.»)

heredossífilis *n.f.2n.* MEDICINA sífilis transmitida da mãe ao filho durante a gestação; sífilis congénita (De *hered[itário]+sífilis*)

heredossifilítico *adj.* que sofre de sífilis congénita (De *hered[itário]+sifilítico*)

herege *adj.,n.2g.* 1 RELIGIÃO que ou pessoa que nega ou põe em dúvida verdades de fé 2 que ou pessoa que defende ideias contrárias àquelas que são geralmente admitidas como corretas 3 [pop., pej.] ímpio; ateu (Do lat. *heretĭcu-*, «herético»+pelo prov. *heretge*, «id.»)

heresia *n.f.* 1 RELIGIÃO doutrina contrária ao que a Igreja define como dogma ou verdade de fé 2 [pop.] ato ou palavra ofensiva da religião 3 [fig.] opinião que vai contra qualquer teoria ou doutrina estabelecida 4 [fig.] grande disparate; absurdo; contrassenso (Do gr. *haíresis*, «escolha», pelo lat. *haerĕse-*, «heresia; opinião»)

heresiarca *n.2g.* fundador ou chefe de uma seita herética (Do gr. *hairesiárkhes*, «chefe de heresia», pelo lat. *haeresiarcha-*, «id.»)

hereticidade *n.f.* qualidade ou estado de herético (De *herético+-i-+-dade*)

herético *adj.* da heresia ou a ela referente ■ *n.m.* herege (Do gr. *hairetikós*, «id.», pelo lat. *haeretĭcu-*, «de herege»)

herífuga *n.m.* escravo fugitivo (Do lat. *herifŭga-*, «escravo fugitivo»)

heril *adj.2g.* 1 próprio do senhor (em relação ao escravo) 2 senhoril (Do lat. *herīle-*, «id.»)

herma *n.f.* estátua de Mercúrio, deus do comércio na mitologia romana, que equivale a Hermes, na mitologia grega; hermes (Do gr. *Hermês*, «Hermes; Mercúrio»)

hermafrodita *adj.,n.2g.* 1 BIOLOGIA que ou ser vivo que apresenta caracteres dos dois sexos, produzindo-se no mesmo indivíduo os elementos reprodutores de cada um dos sexos 2 BOTÂNICA que ou flor que possui estames e carpelos; androgínico; monoico; *canal* ~ ducto que comunica com esse órgão; *glândula* ~ órgão genital que produz, em alguns moluscos, gâmetas masculinos e gâmetas femininos (Do gr. *hermaphróditos*, «id.», pelo lat. *hermaphrodītu-*, «id.»)

hermafroditismo *n.m.* 1 BIOLOGIA qualidade do que é hermafrodita 2 BIOLOGIA presença no mesmo ser vivo de órgãos reprodutores dos dois sexos (De *hermafrodita+-ismo*)

hermafrodito *adj.,n.m.* ⇒ **hermafrodita** (Do gr. *hermaphróditos*, «id.», pelo lat. *hermaphrodītu-*, «id.»)

hermeneuta *n.2g.* pessoa versada em hermenêutica (Do gr. *hermeneutés*, «id.»)

hermenêutica *n.f.* 1 RELIGIÃO interpretação dos textos da Bíblia 2 atividade que consiste na interpretação das palavras, leis, ou textos de vária natureza (Do gr. *hermeneutiké [tékhne]*, «arte de interpretar»)

hermenêutico *adj.* referente à hermenêutica (Do gr. *hermeneutikós*, «relativo a interpretação»)

hermes *n.m.2n.* 1 colunelo sem capitel, encimado por uma cabeça de Mercúrio 2 estátua de Mercúrio ou Hermes; herma (Do gr. *Hermês*, «Hermes; Mercúrio»)

hermesianismo *n.m.* doutrina religiosa de Georg Hermes, teólogo e filósofo alemão (1775-1831), que defendia a necessidade de se conhecerem as origens do cristianismo para se saber a verdade acerca do mesmo, e que esse conhecimento não se adquiria pela fé, mas pela dialética e pela ciência (De *hermesiano+-ismo*)

hermesiano *adj.* 1 relativo ao hermesianismo 2 partidário do hermesianismo (De *Hermes*, antr., teólogo al., 1775-1831 +*-iano*)

hermeticamente *adv.* 1 de modo hermético 2 obscuramente (De *hermético+-mente*)

hermeticidade *n.f.* qualidade daquilo que se fecha ou está fechado hermeticamente (De *hermético+-i-+-dade*)

hermético *adj.* 1 fechado de forma que não deixe penetrar o ar 2 difícil de compreender; obscuro 3 encimado por uma escultura que representa a cabeça do deus Mercúrio 4 relativo à alquimia (Do lat. *hermetĭcu-*, «de Hermes», pelo fr. *hermétique*, «id.»)

hermetismo *n.m.* 1 qualidade de hermético, do que é obscuro ou difícil de compreender 2 FILOSOFIA doutrina semelhante ao ocultismo, ao esoterismo e à alquimia, que admite a existência de relações íntimas e misteriosas entre o Universo visível e o invisível 3 LINGUÍSTICA característica de um texto de legibilidade escassa ou nula 4 LITERATURA corrente de poesia contemporânea caracterizada pela obscuridade formal e semântica (Do fr. *hermétisme*, «id.»)

hermetista *n.2g.* pessoa que se dedica ao hermetismo (Do fr. *hermetiste*, «id.»)

hermínio *adj.* 1 áspero, selvagem 2 relativo à serra da Estrela ■ *n.m.* natural ou habitante da serra da Estrela (De *Hermínios*, da expr. *montes Hermínios*, outra designação da serra da Estrela)

herminismo *n.m.* regionalismo dos montes Hermínios ou serra da Estrela (De *Hermínio[s]*, top. +-*ismo*)

herminista *n.2g.* defensor do herminismo (De *Hermínio[s]*, top. +*-ista*)

hermodáctilo *n.m.* BOTÂNICA bolbo de algumas plantas iridáceas (Do gr. *hermodáktylos*, «dedo de Mercúrio»)

hérnia *n.f.* 1 MEDICINA tumor mole, que se forma com a saída total ou parcial de uma víscera para fora da membrana que a reveste, através de uma rotura desta 2 BOTÂNICA doença de certos vegetais, caracterizada por saliências nodosas no caule ou na raiz; ~ *discal* MEDICINA hérnia de um disco intervertebral (Do gr. *hérnos*, «rebento», pelo lat. *hernĭa-*, «hérnia; quebradura»)

herniado *adj.* ⇒ **hernioso** (De *hérnia+-ado*)

hernial *adj.2g.* da hérnia; relativo a hérnia; herniário; hérnico (De *hérnia+-al*)

herniária *n.f.* BOTÂNICA ⇒ **erva-turca**

herniário *adj.* ⇒ **hernial** (De *hérnia+-ário*)

hérnico *adj.* ⇒ **hernial** ■ *n.m.* dispositivo empregado para a contenção das hérnias (De *hérnia+-ico*)

hernioso /ó/ *adj.* 1 que tem hérnia; herniado 2 [pop.] quebrado 3 rendido (Do lat. *herniōsu-*, «que tem hérnia»)

herniotomia *n.f.* CIRURGIA tratamento cirúrgico da hérnia

herodiano *adj.* 1 de Herodes Antipas, tetrarca da Galileia no tempo de Cristo (2 a. C. - 39 d. C.), ou relativo ao seu governo 2 [fig.] cruel (Do lat. *herodiānu-*, «id.»)

herói *n.m.* 1 indivíduo que se destaca por um ato de extraordinária coragem, valentia, força de carácter, ou outra qualidade considerada notável 2 aquele que é admirado por qualquer motivo, constituindo o centro das atenções 3 CINEMA, LITERATURA protagonista 4 MITOLOGIA personagem nascida de um ser divino e outro mortal (Do gr. *héros*, «chefe», pelo lat. *herōe-*, «herói; homem célebre»)

heroicamente *adv.* com heroísmo ou heroicidade (De *heróico+-mente*)

heroicidade *n.f.* 1 qualidade de herói 2 ação heroica (De *heróico+-i-+-dade*)

heroicizar *v.tr.* ⇒ **heroificar** (De *heróico+-izar*)

heroico *adj.* 1 próprio de herói; que revela heroísmo; que revela extraordinária coragem, valentia, força de carácter, ou outra qualidade considerada notável 2 ousado; valente 3 enérgico; muito eficaz 4 LITERATURA (verso) que tem dez sílabas com acento predominante na sexta e na décima 5 LITERATURA (estilo, género) em que se celebram façanhas de heróis (Do gr. *heroikós*, pelo lat. *heroĭcu-*, «id.»)

heróico ver nova grafia **heroico**

herói-cómico *adj.* LITERATURA (género) que participa ao mesmo tempo da feição heroica e da cómica (De *herói[co]+cómico*)

heroide *n.f.* epístola amorosa, em verso, sob o nome de um herói ou de uma personagem notável (Do gr. *héros*, «herói», pelo lat. *heroïde-*, «semideusa»)
heróide ver nova grafia heroide
heroificar *v.tr.* **1** qualificar de herói **2** celebrar; exaltar **3** elevar à categoria de herói (De *herói*+-*ficar*)
heroína¹ *n.f.* **1** mulher que se destaca por um ato de extraordinária coragem, valentia, força de carácter, ou outra qualidade notável **2** aquela que é admirada por qualquer motivo, constituindo o centro das atenções **3** CINEMA, LITERATURA protagonista (Do gr. *heroíne*, «id.», pelo lat. *heroïne-*, «heroína; semideusa»)
heroína² *n.f.* FARMÁCIA opiáceo obtido pelo processamento químico da morfina, que, sendo um narcótico e analgésico muito potente, é reservado para situações médicas graves, por ser estupefaciente (Do fr. *héroine*, «id.»)
heroinomania *n.f.* toxicomania resultante do uso de heroína (alcaloide do ópio) sob a forma de injeções subcutâneas (De *heroína*+-*mania*)
heroinómano *adj.,n.m.* que ou aquele que é viciado em heroína (De *heroína*+-*mano*)
heroísmo *n.m.* **1** qualidade de quem é herói ou daquilo que é heroico **2** bravura; coragem **3** força moral; magnanimidade **4** ação heroica (De *herói*+-*ismo*)
herpes *n.m.2n.* MEDICINA afeção cutânea, aguda, caracterizada por grupos de vesículas amarelas que formam crostas no período de cura (Do gr. *hérpes*, «dartro», pelo lat. *herpes*, «herpes; mal da pele»)
herpético *adj.* **1** da natureza do herpes **2** que sofre de herpes ■ *n.m.* aquele que sofre de herpes (Do lat. *herpēte-*, «herpes» +-*ico*)
herpetismo *n.m.* MEDICINA estado do organismo com tendência para o aparecimento de herpes (Do lat. *herpēte-*, «herpes» +-*ismo*)
herpet(o)-¹ elemento de formação de palavras que exprime a ideia de *herpes* (Do gr. *hérpes, -etos*, «dartro», pelo lat. *herpēte-*, «herpes»)
herpet(o)-² elemento de formação de palavras que exprime a ideia de *réptil* (Do gr. *herpetón*, «réptil»)
herpetografia *n.f.* ⇒ **herpetologia**²
herpetógrafo *n.m.* autor de trabalhos científicos sobre répteis
herpetologia¹ *n.f.* MEDICINA estudo do herpes e do seu tratamento (Do lat. *herpēte-*+-*logia*)
herpetologia² *n.f.* **1** ZOOLOGIA disciplina científica que se dedica ao estudo dos répteis e anfíbios **2** ZOOLOGIA tratado acerca dos répteis (De *herpeto*²+-*logia*)
herpetologista *n.2g.* especialista em herpetologia (Do lat. *herpēte-*+*logia*+-*ista*)
herpetólogo *n.m.* ⇒ **herpetologista**
hertz *n.m.2n.* FÍSICA unidade de medida de frequência do Sistema Internacional, igual a um ciclo por segundo (De *H. Hertz*, antr., físico al., 1857-1894)
hertziano *adj.* referente às ondas eletromagnéticas, descobertas por Heinrich Hertz, físico alemão, 1857-1894 (De *Hertz*, antr. +-*iano*)
hesicasmo *n.m.* doutrina ascética, surgida na Igreja cristã oriental no século XIV, que preconizava o apaziguamento das paixões como via de tranquilidade espiritual e veio a ser considerada herética (Do gr. ēsuchos, «tranquilo»+-(*i*)*smo*)
hesicasta *n.m.* monge que seguia o hesicasmo (De ēsucos+-istēs)
hesiódico *adj.* referente a Hesíodo, poeta grego do séc. VIII a. C. (Do lat. *Hesiodĭcu-*, «id.»)
hesitação *n.f.* **1** ato ou efeito de hesitar **2** estado de quem hesita **3** dúvida; indecisão **4** perplexidade; embaraço (Do lat. *haesitatiōne-*, «id.»)
hesitante *adj.2g.* **1** que hesita **2** indeciso; irresoluto **3** perplexo (Do lat. *haesitante-*, «id», part. pres. de *hesitāre*, «hesitar»)
hesitar *v.intr.* não agir ou falar de imediato, geralmente por incerteza ■ *v.tr.,intr.* **1** estar indeciso (quanto a); titubear **2** demonstrar dúvida (acerca de) **3** mostrar receio (em) (Do lat. *haesitāre*, «id.»)
Hespérides *n.f.pl.* MITOLOGIA ⇒ **Hespérides**
hespérídea *n.f.* BOTÂNICA espécime das hespérídeas ■ *n.f.pl.* BOTÂNICA grupo (tribo) de plantas dicotiledóneas a que pertencem a laranjeira, o limoeiro, etc. (Do lat. *Hesperĭde-*, «da Hespéria» [= Itália, para os Gregos; Espanha, para os Romanos] +-*eas*)
hespérídeo *adj.* BOTÂNICA diz-se do fruto carnudo e sumarento, como a laranja, o limão, etc. (Do lat. *Hesperĭde-*, «da Hespéria», terra das laranjas; terras do Ocidente» +-*eo*)
Hespérides *n.f.pl.* MITOLOGIA filhas de Héspero; Hespéridas (Do lat. *Hesperĭdes*, «id.»)

hesperídio *n.m.* BOTÂNICA fruto, variedade de baga cujo endocárpio apresenta pelos suculentos que envolvem as sementes (Do lat. *Hesperĭdes*, «Hespérides» +-*io*)
hesperíida *n.m.* ZOOLOGIA ⇒ **hesperíídeo**
Hesperíídas *n.m.pl.* ZOOLOGIA ⇒ **Hesperíídeos**
hesperíídeo *adj.* ZOOLOGIA relativo ou pertencente aos Hesperíídeos ■ *n.m.* ZOOLOGIA espécime dos Hesperíídeos
Hesperíídeos *n.m.pl.* ZOOLOGIA família de insetos lepidópteros, diurnos, a que pertencem algumas borboletas da fauna portuguesa e cujo género-tipo se designa *Hesperia* (Do lat. *Hesperĭa-*+*ídeos*)
hesterno *adj.* [poét.] referente ao dia de ontem (Do lat. *hesternu-*, «de ontem; da véspera»)
Hetangiano *n.m.* GEOLOGIA andar da base do Jurássico (De *Hettange*, top., região francesa das margens do Mosela +-*iano*)
hétego *adj.* [pop.] ⇒ **héctico** (Do gr. *hektikós*, «habitual», pelo lat. med. *hectĭcu-*, «héctico; habitual»)
hetera *n.f.* cortesã, na antiga Grécia ■ *n.m.* membro de uma sociedade política (heteria), na antiga Grécia (Do gr. *hetaíra*, «companheira; cortesã»)
heteria *n.f.* espécie de sociedade política, entre os antigos Gregos, formada principalmente pela aristocracia (Do gr. *hetaireía*, «associação de amigos»)
heteriarca *n.m.* chefe de uma heteria, no império grego (Do gr. *hetaireiárkhes*, «chefe de heteria»)
heterismo *n.m.* amor livre, nas mulheres (De *hetera*+-*ismo*)
heterista *adj.2g.* **1** referente às heteras **2** sensual (De *hetera*+-*ista*)
heter(o)- elemento de formação de palavras que exprime a ideia de *diferente, outro, irregular, anómalo*, etc. (Do grego *héteros*, «outro; diferente»)
heterobrânquia *n.f.* ZOOLOGIA órgão acessório que, juntamente com as brânquias típicas, entra na constituição do aparelho respiratório de alguns animais (De *hetero*+*brânquia*)
heterobrânquio *adj.* ZOOLOGIA diz-se de alguns animais (crustáceos e peixes) que têm órgãos de respiração branquial de forma e constituição diversas (De *heterobrânquia*)
heterocarpo *adj.* BOTÂNICA que produz, espontaneamente ou por intervenção do homem, flores ou frutos diferentes (Do gr. *heteró-karpos*, «que produz frutos diferentes»)
heterocerco *adj.* **1** ZOOLOGIA diz-se da barbatana caudal dos peixes, constituída por dois lobos assimétricos, com a extremidade da coluna vertebral infletida para o lobo dorsal **2** diz-se do peixe portador de barbatana com estas características (Do gr. *héteros*, «diferente» +*kérkos*, «cauda»)
heterocíclico *adj.* QUÍMICA (composto) em cuja fórmula de estrutura surge uma cadeia fechada, ou anel, cujos átomos não são todos iguais (Do gr. *héteros*, «outro» +*kýklos*, «círculo» +-*ico*)
heteróclise *n.f.* **1** qualidade de heteróclito; afastamento das regras da gramática ou da arte **2** [fig.] irregularidade **3** [fig.] extravagância (Do gr. *héteros*, «outro» +*klísis*, «inclinação»)
heteróclito *adj.* **1** que se afasta das regras da gramática ou da arte **2** [fig.] irregular **3** [fig.] extravagante (Do gr. *heteróklitos*, «de declinação irregular», pelo lat. tard. *heteroclĭtu-*, «id.»)
heterocromatina *n.f.* BIOLOGIA (genética) cromatina altamente condensada durante a intérfase que se cora facilmente e cujos genes não são expressos
heterocromia *n.f.* **1** coloração diferente de duas partes que deveriam ser da mesma cor **2** coloração diferente das duas íris (De *hetero*+*cromia*)
heterocromossoma *n.m.* BIOLOGIA cada um dos dois cromossomas responsáveis pela determinação do sexo, XY para o sexo masculino e XX para o sexo feminino, sendo estes dois últimos parcialmente homólogos (De *hetero*+*cromossoma*)
heterocromossomo *n.m.* BIOLOGIA ⇒ **heterocromossoma**
heterodáctilo *adj.* **1** ZOOLOGIA de forma geral, diz-se do animal (ou membro) cujos dedos são sensivelmente diferentes entre si **2** ZOOLOGIA em especial, diz-se da ave que tem um dedo reversível ou dois dedos soldados entre si (Do gr. *héteros*, «outro; diferente» +*dáktylos*, «dedo»)
heterodermo *adj.* ZOOLOGIA (réptil) cujas escamas não são todas iguais na forma ou na cor (Do gr. *héteros*, «outro; diferente» +*dérma*, «pele»)
heterodésmico *adj.* CRISTALOGRAFIA (estrutura cristalina) em que existem dois ou mais tipos de ligação, por exemplo, a ligação iónica e a ligação covalente (Do gr. *héteros*, «outro; diferente» +*desmós*, «ligação» +-*ico*)

heterodiegético *adj.* diz-se do narrador que, não fazendo parte do universo narrativo, relata uma história na terceira pessoa (De *hetero-*+*diegético*)

heterodinâmico *adj.* FÍSICA que gera força desigual (Do gr. *heterodýnamos*, «de força desigual» +-*ico*)

heteródino *adj.,n.m.* ELETRICIDADE diz-se de um oscilador de alta frequência regulável que, incorporado num recetor, permite obter uma oscilação de batimentos de frequência audível (Do gr. *héteros*, «outro; diferente» +*dýn[amis]*, «força»)

heterodonte *adj.2g.* 1 ZOOLOGIA diz-se da dentição dos mamíferos constituída por dentes de tipos diversos 2 ZOOLOGIA designativo dos mamíferos cuja dentição tem essa característica (Do gr. *héteros*, «outro; diferente» +*odoús, -óntos*, «dente»)

heterodoxia /cs/ *n.f.* 1 qualidade do que é heterodoxo 2 oposição à ortodoxia (Do gr. *heterodoxía*, «id.»)

heterodoxo /cs/ *adj.,n.m.* 1 que ou o que é contrário à doutrina ortodoxa 2 RELIGIÃO que ou o que não está em perfeito acordo com a doutrina da fé (Do gr. *heteródoxos*, «de opinião diversa»)

heterofilia[1] *n.f.* BOTÂNICA presença de vários tipos de folhas em diferentes regiões de uma planta (De *heterófilo*+-*ia*)

heterofilia[2] *n.f.* MEDICINA propriedade de um anticorpo que reage a antigénios distintos (De *hetero-*+-*filia*)

heterofílico[1] *adj.* BOTÂNICA diz-se de planta que apresenta heterofilia ou diferentes tipos de folha (De *heterofilia* [= presença de vários tipos de folhas]+-*ico*)

heterofílico[2] *adj.* MEDICINA (imunologia) que apresenta heterofilia ou reage a antigénios distintos (De *heterofilia* [= propriedade de um anticorpo]+-*ico*)

heterófilo *adj.* BOTÂNICA (vegetal) que apresenta heterofilia (Do gr. *héteros*, «outro» +*phýllon*, «folha»)

heterofonia *n.f.* 1 reunião de sons diferentes 2 GRAMÁTICA característica das palavras que, embora apresentem a mesma grafia, se pronunciam de maneira diferente 3 alteração da voz normal (Do gr. *heterophonía*, «id.»)

heterofónico *adj.* 1 que tem som ou pronúncia diferente 2 diz-se das palavras que têm a mesma grafia, mas diferente pronúncia (Do gr. *heteróphonos*, «de som diverso» +-*ico*)

heteroforia *n.f.* MEDICINA estado de uma pessoa de vista aparentemente normal, mas que tem um olho vesgo latente, o que pode verificar-se, pondo uma venda à frente de cada olho, alternadamente (Do gr. *héteros*, «diverso» +*phorós*, «portador» +-*ia*)

heteroftalmia *n.f.* MEDICINA designação dada à anomalia da coloração da íris, ou à diferença de coloração nos dois olhos do mesmo indivíduo (Do gr. *héteros*, «diverso» +*ophthalmós*, «olho» +-*ia*)

heteroftálmico *adj.* 1 relativo a heteroftalmia 2 próprio da heteroftalmia (De *heteroftalmia*+-*ico*)

heterogamia *n.f.* BIOLOGIA reprodução em que concorrem gâmetas morfologicamente diferentes, opondo-se, assim, à isogamia (De *heterógamo*+-*ia*)

heterogâmico *adj.* 1 que diz respeito à heterogamia 2 em que se verifica heterogamia 3 BOTÂNICA diz-se de uma inflorescência, em especial capítulo, com flores femininas ou estéreis, periféricas, a cercar as hermafroditas ou masculinas (Do gr. *héteros*, «outro; diferente» +*gámos*, «casamento» +-*ico*)

heterógamo *adj.* ⇒ **heterogâmico**

heterogeneidade *n.f.* qualidade ou carácter do que é heterogéneo (De *heterogéneo*+-*i-*+-*dade*)

heterogeneização *n.f.* ato ou efeito de tornar heterogéneo, desigual (De *heterogeneizar*+-*ção*)

heterogeneizar *v.tr.,pron.* tornar(-se) heterogéneo; diversificar(-se); diferenciar(-se) (De *heterogéneo*+-*izar*)

heterogéneo *adj.* 1 que é formado de partes de natureza ou espécie diferente 2 que não tem unidade (Do gr. *heterogenés*, «de outro género» +-*eo*)

heterogénese *n.f.* 1 BIOLOGIA coexistência de dois processos distintos de reprodução na evolução de um indivíduo 2 alternância de gerações (Do gr. *héteros*, «outro» +*génesis*, «geração»)

heterogenesia *n.f.* ⇒ **heterogenia** (De *heterogénese*+-*ia*)

heterogenético *adj.* relativo à heterogénese

heterogenia *n.f.* 1 para alguns autores, também se diz geração espontânea 2 para outros, formação de órgãos homólogos 3 ⇒ **heterogénese** (Do gr. *héteros*, «outro; diferente» +*génos*, «geração» +-*ia*)

heterógino *adj.* ZOOLOGIA diz-se dos animais em que o macho e a fêmea são distintos entre si por caracteres sexuais secundários, isto é, apresentam dimorfismo sexual (Do gr. *héteros*, «outro; diferente» +*gyné*, «mulher»)

heterogonia *n.f.* BIOLOGIA tipo de alternância de gerações (no ciclo evolutivo dos seres vivos) em que a reprodução sexuada típica alterna com a partenogénese (Do gr. *héteros*, «outro; diferente» +*gonía*, «ângulo»)

heterógono *adj.* que tem ângulos diferentes (Do gr. *héteros*, «outro» +*gonía*, «ângulo»)

heterólogo *adj.* 1 MEDICINA (tecido) que tem a estrutura diferente da do conjunto a que pertence 2 MEDICINA (enxerto) que provém de uma espécie diferente 3 MEDICINA que apresenta formas muito diferentes na mesma espécie

heterometabólico *adj.* ZOOLOGIA (inseto) cujo desenvolvimento se processa por metamorfoses incompletas (Do gr. *héteros*+*metabolē*, «mudança»)

heterométrico *adj.* 1 diz-se do que não apresenta as mesmas dimensões 2 diz-se dos versos que têm medida desigual (De *heterometria*+-*ico*)

heteromorfia *n.f.* BIOLOGIA qualidade do que é heteromorfo, apresentando formas distintas (órgão vegetal, indivíduos do mesmo ciclo evolutivo, células, etc.); heteromorfismo (De *heteromorfo*+-*ia*)

heteromórfico *adj.* 1 BIOLOGIA de forma geral, diz-se do que é heteromorfo 2 BIOLOGIA diz-se da alternância de gerações (no ciclo evolutivo de um ser vivo) em que as reproduções assexuada e sexuada se verificam em indivíduos distintos (De *heteromorfo*+-*ico*)

heteromorfismo *n.m.* BIOLOGIA ⇒ **heteromorfia** (De *heteromorfo*+-*ismo*)

heteromorfo *adj.* 1 BIOLOGIA relativo a heteromorfia 2 heteromórfico 3 diz-se das células constituintes de um organismo em que se verifica diferenciação morfológica desses elementos 4 diz-se do fermento que atua, destruindo o microrganismo que o produziu (Do gr. *heterómorphos*, «de forma diferente»)

heteronímia *n.f.* 1 GRAMÁTICA relação existente entre palavras que indicam categorias gramaticais opostas através de radicais diferentes e não por flexão, como é o caso da indicação do género em *genro* e *nora* 2 LITERATURA adoção, por um autor, de um ou mais nomes ou personalidades, cada um com qualidades e tendências próprias 3 LITERATURA conjunto dos diferentes heterónimos de um autor (De *hetero-*+-*ónyma*, por *ónoma*, «nome»+-*ia*)

heterónimo *adj.* 1 LITERATURA diz-se do livro ou escrito assinado com o nome de uma personalidade criada pelo autor 2 diz-se de palavras diferentes que exprimem a mesma coisa 3 GRAMÁTICA diz-se da palavra que mantém com outra uma relação de heteronímia ■ *n.m.* LITERATURA personalidade criada por um autor, com qualidades e tendências próprias, claramente distintas das desse autor (Do gr. *héteros*, «outro; diferente» +*ónyma*, por *ónoma*, «nome»)

heteronomia *n.f.* 1 situação daquele que recebe passivamente de outrem a lei que o governa 2 FILOSOFIA situação daquele que está sujeito a forças que escapam à sua vontade livre e racional (Kant, filósofo alemão, 1724-1804) 3 ZOOLOGIA que se verifica num animal em que os segmentos (ou anéis) constituintes do corpo estão diferenciados e agrupados, formando regiões distintas (Do gr. *héteros*, «outro; diferente» +*nómos*, «lei» +-*ia*)

heteronómico *adj.* ZOOLOGIA diz-se do animal (ou da segmentação do seu corpo) em que se verifica heteronomia (De *heteronomia*+-*ico*)

heteronuclear *adj.2g.* QUÍMICA (molécula) cujos núcleos não têm todos a mesma carga ou a mesma massa (De *hetero-*+*nuclear*)

heteropétalo *adj.* 1 BOTÂNICA designativo da flor que apresenta pétalas morfologicamente diferentes 2 diz-se do vegetal que produz estas flores (De *hetero-*+*pétala*)

heteroplastia *n.f.* CIRURGIA anaplastia em que entram em jogo partes do organismo de dois indivíduos de espécies diferentes (Do gr. *héteros*, «outro; diferente» +*plastós*, «modelado» +-*ia*)

heterópode *adj.2g.* 1 ZOOLOGIA diz-se do animal que mostra diferença sensível entre os membros anteriores e os posteriores 2 ZOOLOGIA relativo ou pertencente ao grupo dos heterópodes ■ *n.m.* ZOOLOGIA espécime dos heterópodes ■ *n.m.pl.* ZOOLOGIA grupo de moluscos gastrópodes, nadadores pelágicos, de corpo mais ou menos transparente, com o pé em forma de quilha de navio (Do gr. *heterópous, -odos*, «que tem pés diferentes»)

heteropolar *adj.2g.* QUÍMICA diz-se da ligação entre dois iões carregados com sinais contrários, também chamada ligação iónica (De *hetero-*+*polar*)

heteroproteína *n.f.* QUÍMICA composto orgânico formado por proteínas associadas a substâncias não proteicas (De *hetero-*+*proteína*)

heteróptero *adj.* 1 ZOOLOGIA que tem asas diferentes 2 ZOOLOGIA relativo ou pertencente ao grupo dos heterópteros ■ *n.m.* ZOOLOGIA espécime do grupo dos heterópteros ■ *n.m.pl.* ZOOLOGIA grupo de insetos hemípteros possuidores de hemiélitros, quando alados (Do gr. *héteros*, «outro» +*pterón*, «asa»)

heteróscios *n.m.pl.* habitantes da Terra, cujas sombras, ao meio-dia solar, são sempre opostas: as de uns voltadas para o norte, as de outros voltadas para o sul (Do gr. *heteróskioi*, «de sombra diferente»)

heteroscopia *n.f.* estado de visão anormal (Do gr. *héteros*, «diferente» +*skopeīn*, «olhar» +-*ia*)

heterósido *n.m.* QUÍMICA ósido que, por hidrólise, se desdobra em moléculas de ose e de outros compostos que não são oses (De *hetero-+ósido*)

heterospóreo *adj.* BOTÂNICA ⇒ **heterospórico** (Do gr. *héteros*, «diferente» +*spóros*, «semente» +-*eo*)

heterospórico *adj.* BOTÂNICA (vegetal) que produz dois tipos de esporos (macrósporos e micrósporos) (Do gr. *héteros*, «diferente» +*spóros*, «semente» +-*ico*)

heterossexual /cs/ *adj.2g.* 1 que diz respeito a sexo diferente 2 que se sente sexualmente atraído por indivíduos do sexo oposto 3 qualificativo do enxerto dos órgãos genitais, com transplantação cruzada, que masculiniza as fêmeas e feminiza os machos ■ *n.2g.* pessoa que se sente sexualmente atraída por pessoas do sexo oposto (De *hetero-+sexual*)

heterossexualidade *n.f.* atração sexual entre indivíduos de sexo diferente (De *heterossexual+-i-+-dade*)

heterotálico *adj.* BOTÂNICA (vegetal) em que se verifica heterotalismo (Do gr. *héteros*, «diferente» +*thállos*, «rebento; ramo» +-*ico*)

heterotalismo *n.m.* BOTÂNICA qualidade de unissexualismo, em especial do micélio dos fungos e dos protalos de outras plantas (Do gr. *héteros*, «diferente» +*thallós*, «rebento; ramo» +-*ismo*)

heterotaxia *n.f.* 1 disposição anormal das partes de um todo, como os órgãos de um corpo, os estratos de uma série geológica ou as folhas de uma planta 2 BIOLOGIA anomalia congénita que consiste na disposição anormal de estruturas anatómicas sem que haja alteração funcional

heterotérmico *adj.* 1 (lugar, organismo) que tem temperatura variável 2 ZOOLOGIA (animal) cuja temperatura varia com a do meio ambiente; de sangue frio; pecilotérmico (Do gr. *héteros*, «diferente» +*thérme*, «calor» +-*ico*)

heterotético *adj.* 1 muito profundo, transcendente 2 FILOSOFIA diz-se da filosofia transcendente, isto é, a que se ocupa das coisas absolutas (Do gr. *héteros*, «outro; diferente» +*thetikós*, «próprio para estabelecer»)

heterotipia *n.f.* qualidade de heterótipo (De *heterótipo+-ia*)

heterotípico *adj.* CITOLOGIA diz-se da divisão nuclear indireta (cariocinese) em que cada um dos novos núcleos tem apenas metade do número de cromossomas (redução cromática) do núcleo primitivo, e que se denomina também cariocinese reducional ou cariocinese genética (De *heterótipo+-ico*)

heterótipo *adj.* que é diverso ou de tipo diferente (Do gr. *héteros*, «outro; diferente» +*týpos*, «modelo»)

heterótrico *adj.* 1 ZOOLOGIA relativo ou pertencente aos heterótricos 2 ZOOLOGIA que tem cabelos ou cílios de mais de uma categoria ■ *n.m.* ZOOLOGIA espécime dos heterótricos ■ *n.m.pl.* ZOOLOGIA grupo (ordem) de protozoários ciliados, cuja ciliatura é constituída por cílios de categorias diferentes (Do gr. *héteros*, «outro; diferente» +*thríx, trikhós*, «cabelo» +-*ico*)

heterotrófico *adj.2g.* BIOLOGIA diz-se do ser vivo que, não tendo a capacidade de assimilar alimentos sob a forma de compostos minerais, só pode alimentar-se de substâncias orgânicas (Do gr. *héteros*, «outro; diferente» +*trophé* «alimentação» +-*ico*)

heterotropia *n.f.* MEDICINA defeito do mecanismo da visão que não permite dirigir simultaneamente para o mesmo ponto os eixos óticos oculares do mesmo indivíduo, o que torna a pessoa vesga; estrabismo (Do gr. *heterótropos*, «que se vira para outro lado» +-*ia*)

heterozigótico *adj.* BIOLOGIA diz-se do indivíduo (híbrido) proveniente de elementos (gâmetas) cujos cromossomas não têm a mesma constituição genética (De *hetero-+zigoto+-ico*)

heterozigoto /ô/ *n.m.* BIOLOGIA indivíduo proveniente de elementos (gâmetas) cujos cromossomas não têm a mesma constituição genética (De *hetero-+zigoto*)

heterozoário *adj.,n.m.,n.m.pl.* ⇒ **espongiário** (De *hetero-+-zoário*)

heureca *interj.* exprime alegria ou entusiasmo por se ter encontrado inesperadamente a solução de um problema (Do gr. *heúreka*, «achei!»)

heurética *n.f.* arte de inventar ou descobrir (De *heurético*)

heurético *adj.* 1 referente à heurética 2 PEDAGOGIA designativo do processo que leva o aluno a descobrir a verdade por esforço próprio (Do gr. *heuretikós*, «inventivo»)

heurística *n.f.* 1 arte de inventar ou descobrir 2 método de ensino que procura que o aluno atinja os conhecimentos ou a solução para os problemas por esforço próprio 3 HISTÓRIA procura de documentos 4 INFORMÁTICA regra (ou conjunto de regras) que pretende obter uma aproximação à solução de um problema (De *heurístico*)

heurístico *adj.* 1 que respeita à descoberta 2 (hipótese) que leva à descoberta; que serve para descobrir 3 que consiste em fazer procurar; *método* ~ PEDAGOGIA método que leva o aluno a descobrir o que se pretende que ele aprenda (Do gr. *heurískein*, «achar; descobrir; encontrar»)

hévea *n.f.* BOTÂNICA nome, por aportuguesamento, do género (*Hevea*) da família das Euforbiáceas, extensivo a pequenas árvores sul-americanas, muitas das quais produzem látex, com o qual se faz a borracha

hex(a)- /gz/ elemento de formação de palavras que exprime a ideia de *seis* (Do grego *héx*, «seis»)

hexacampeão /gz/ *adj.,n.m.* que ou atleta (ou equipa) que se sagrou campeão pela sexta vez em competição ou prova desportiva (De *hexa-+campeão*)

hexacampeonato /gz/ *n.m.* campeonato ganho pela sexta vez (De *hexa-+campeonato*)

hexacanto /gz/ *adj.* que está provido de seis ganchos ou apêndices ganchosos; *embrião* ~ ZOOLOGIA forma embrionária dos cestodes munida de três pares de ganchos (Do gr. *héx*, «seis» +*ákantha*, «ponta; espinho»)

hexacoraliário /gz/ *adj.* ZOOLOGIA relativo ou pertencente aos hexacoraliários ■ *n.m.* ZOOLOGIA espécime dos hexacoraliários ■ *n.m.pl.* ZOOLOGIA grupo de celenterados antozoários com tentáculos que, em regra, são em número múltiplo de seis (De *hexa-+coraliário*)

hexacorde /gz/ *n.m.* MÚSICA ⇒ **hexacordo**

hexacórdio /gz/ *n.m.* MÚSICA ⇒ **hexacordo**

hexacordo /gz/ *n.m.* 1 MÚSICA intervalo de sexta 2 MÚSICA na generalidade, instrumento de seis cordas (Do gr. *hexákhordos*, «de seis cordas», pelo lat. *hexachordu-*, «id.»)

hexactinelídeo /gz/ *adj.* ZOOLOGIA relativo ou pertencente aos hexactinelídeos ■ *n.m.* ZOOLOGIA espécime dos hexactinelídeos ■ *n.m.pl.* ZOOLOGIA grupo de espongiários cujo esqueleto é formado por espículas siliciosas com seis ramos (Do gr. *héx*, «seis» +*aktís, aktīnos*, «raio» +*l*+*ídeo*)

hexadactilia /gz/ *n.f.* qualidade de hexadáctilo (De *hexadáctilo+-ia*)

hexadáctilo /gz/ *adj.* ZOOLOGIA que tem seis dedos em cada membro (Do gr. *hexadáktylos*, «que tem seis dedos»)

hexaédrico /gz/ *adj.* 1 referente ao hexaedro 2 que tem seis faces (De *hexaedro+-ico*)

hexaedro /gz/ *n.m.* 1 GEOMETRIA sólido geométrico com seis faces, que são quadrados no hexaedro regular ou cubo 2 CRISTALOGRAFIA forma cristalográfica, ocorrente nas classes do sistema cúbico, constituída por seis faces, cada uma das quais paralela a dois dos eixos coordenados, e que também se denomina cubo (Do gr. *héx*, «seis» +*hédra*, «face»)

hexafilo /gz/ *adj.* BOTÂNICA cujas folhas são formadas por seis folíolos, ou que possui seis daqueles órgãos (Do gr. *héx*, «seis»+*phýllon*, «folha»)

hexáforo /gz/ *n.m.* 1 liteira que, entre os Gregos e os Romanos, era conduzida por seis escravos 2 cada um desses seis escravos (Do gr. *hexáphoron*, «id.», pelo lat. *hexaphŏru-*, «id.»)

hexágino /gz/ *adj.* BOTÂNICA que tem seis pistilos (Do gr. *héx*, «seis» +*gyné*, «mulher; pistilo»)

hexagonal /gz/ *adj.2g.* 1 de seis ângulos 2 que tem por base um hexágono 3 relativo ao hexágono 4 CRISTALOGRAFIA diz-se do sistema cristalográfico a que diz respeito a cruz axial constituída por três eixos complanares iguais, definindo ângulos de 60°, e outro, diferente, perpendicular ao plano daqueles (De *hexágono+-al*)

hexágono /gz/ *n.m.* polígono que tem seis ângulos e, por isso, tem seis lados (Do gr. *hexágonos*, «que tem seis ângulos», pelo lat. *hexagōnu-*, «id.»)

hexagrama /gz/ *n.m.* reunião de seis letras ou caracteres (De *hexa-+-grama*)

hexâmetro /gz/ *adj.,n.m.* LITERATURA que ou verso que, no sistema de versificação greco-latino, é composto de seis pés (Do gr. *hexámetros*, «de seis medidas», pelo lat. *hexamětru-*, «id.»)

hexandria /gz/ *n.f.* BOTÂNICA qualidade de hexandro (De *hexandro+-ia*)

hexândria /gz/ *n.f.* BOTÂNICA classe da classificação artificial de C. Lineu, naturalista sueco (1707-1778), que era constituída por plantas com seis estames livres e iguais entre si (De *hexandro*+*-ia*)

hexandro /gz/ *adj.* BOTÂNICA que tem seis estames livres (De *hexa*-+*-andro*)

hexano /gz/ *n.m.* QUÍMICA hidrocarboneto da série parafínica que tem seis átomos de carbono na molécula (De *hexa*-+*-ano*)

hexantéreo /gz/ *adj.* BOTÂNICA que possui seis estames ligados (De *hexa*-+*antera*+*-eo*)

hexaoctaedro /gz/ *n.m.* **1** CRISTALOGRAFIA forma cristalográfica da classe holoédrica do sistema cúbico, com 48 faces que cortam os três eixos coordenados a distâncias desiguais **2** GEOMETRIA poliedro limitado por 48 faces triangulares, escalenas, iguais entre si, e com três espécies de ângulos sólidos (De *hexa*-+*octaedro*)

hexapétalo /gz/ *adj.* BOTÂNICA que tem seis pétalas (De *hexa*-+*pétala*)

hexápode /gz/ *adj.2g.* **1** ZOOLOGIA diz-se de um animal possuidor de seis patas **2** ZOOLOGIA relativo ou pertencente aos hexápodes ■ *n.m.* ZOOLOGIA espécime dos hexápodes ■ *n.m.pl.* ZOOLOGIA insetos (Do gr. *hexápous*, *-odos*, «que tem seis pés»)

hexáptero /gz/ *adj.* ICTIOLOGIA (peixe) que tem seis raios (espinhos) ou seis divisões nas barbatanas (Do gr. *héx*, «seis» +*pterón*, «asa»)

hexaspermo /gz/ *adj.* BOTÂNICA que possui seis sementes (Do gr. *héx*, «seis» +*spérma*, «semente»)

hexassépalo /gz/ *adj.* BOTÂNICA (cálice) que tem seis sépalas (De *hexa*-+*sépala*)

hexassilábico /gz/ *adj.* que tem seis sílabas (De *hexassílabo*+*-ico*)

hexassílabo /gz/ *n.m.* verso ou palavra com seis sílabas ■ *adj.* que tem seis sílabas (Do gr. *hexasýllabos*, «de seis sílabas», pelo lat. *hexasyllăbu-*, «id.»)

hexastémone /gz/ *adj.2g.* BOTÂNICA que tem seis estames livres (Do gr. *héx*, «seis» +*stémon*, «filete»)

hexástico /gz/ *adj.,n.m.* LITERATURA que ou composição poética que é formada por seis versos (Do gr. *hexástikhos*, «id.», pelo lat. *hexastĭchu-*, «id.»)

hexastilo /gz/ *n.m.* pórtico que tem seis colunas (Do gr. *hexástylos*, «de seis colunas», pelo lat. *hexastȳos*, «id.»)

héxodo /gz/ *n.m.* ELETRICIDADE válvula eletrónica de seis elétrodos, portanto com quatro grelhas (Do gr. *héx*, «seis» +*odós*, «caminho»)

hexoses /gz/ *n.f.pl.* QUÍMICA glícidos de tipo ose que contêm seis átomos de carbono na molécula (De *hexa*-+*-ose*)

hiacintino *adj.* referente ao jacinto (Do gr. *hyakínthinos*, «da cor do jacinto», pelo lat. *hyacinthĭnu-*, «id.»)

hiacinto *n.m.* BOTÂNICA ⇒ **jacinto** (Do gr. *hyakínthos*, «id.», pelo lat. *hyacinthu-*, «id.»)

hial *adj.2g.* ANATOMIA respeitante ao osso hioide (Do gr. *y*, «y; em forma de y» +*-al*)

hialino *adj.* **1** do vidro ou a ele referente **2** semelhante ao vidro; hialoide **3** transparente como o vidro **4** (cristal) transparente, incolor e límpido (Do gr. *hyálinos*, «vítreo», pelo lat. *hyalĭnu-*, «id.»)

hialite *n.f.* **1** MINERALOGIA variedade hialina de opala **2** MEDICINA (oftalmologia) inflamação no humor vítreo (globo ocular) (Do gr. *hýalos*, «vidro» +*-ite*)

hiálito *n.m.* vidro opaco e escuro para determinadas aplicações (Do gr. *hýalos*, «vidro» +*líthos*, «pedra»)

hial(o)- elemento de formação de palavras que exprime a ideia de *vidro* (Do gr. *hýalos*, «vidro»)

hialografia *n.f.* **1** arte de pintar ou gravar sobre vidro **2** pintura sobre vidro **3** processo de pintar com o hialógrafo (De *hialo*-+*-grafia*)

hialógrafo *n.m.* instrumento para desenhar a perspetiva e tirar provas de um desenho (De *hialo*-+*-grafo*)

hialoide *adj.2g.* **1** que tem a aparência do vidro **2** transparente como o vidro **3** ANATOMIA (membrana) que encerra o humor vítreo (Do gr. *hyaloeidés*, «semelhante a vidro», pelo lat. *hyaloïde-*, «id.»)

hialóide ver nova grafia **hialoide**

hialóideo *adj.* ANATOMIA que diz respeito ao humor vítreo (De *hialóide*+*-eo*)

hialoidite *n.f.* MEDICINA inflamação da membrana hialoide (De *hialóide*+*-ite*)

hialoplasma *n.m.* **1** BIOLOGIA substância que, na explicação dada por alguns autores para a estrutura do protoplasma trófico, representa a parte mais consistente desta matéria, e que se designa também por espongioplasma **2** para alguns autores corresponde ao ectoplasma (De *hialo*-+*plasma*)

hialotecnia *n.f.* processo ou arte de trabalhar em vidro (Do gr. *hýalos*, «vidro» +*tékhne*, «arte» +*-ia*)

hialotécnico *adj.* referente à hialotecnia (De *hialotecnia*+*-ico*)

hialurgia *n.f.* arte de fabricar vidro (Do gr. *hyalourgós*, «fabricante de vidro» +*-ia*)

hialúrgico *adj.* respeitante à hialurgia (Do gr. *hyalourgikós*, «id.»)

hiante *adj.2g.* **1** que tem a boca aberta, escancarada **2** que tem grande apetite; faminto (Do lat. *hiante-*, «id.», part. pres. de *hiăre*, «estar de boca aberta»)

hiato *n.m.* **1** fenda; abertura **2** ANATOMIA orifício no interior do corpo humano **3** [fig.] intervalo; interrupção **4** [fig.] falha; lacuna **5** GRAMÁTICA sequência de duas vogais que pertencem a sílabas distintas (Do lat. *hiătu-*, «ação de abrir; abertura»)

hibernação *n.f.* **1** ZOOLOGIA entorpecimento ou letargo de certos animais durante o inverno, em que o metabolismo se torna mais lento, a temperatura do corpo diminui, e são utilizadas as reservas alimentares **2** BOTÂNICA propriedade de certas plantas crescerem e florescerem durante o inverno; hiemação; **~ artificial** MEDICINA estado semelhante ao sono profundo dos hibernantes por hipotermia, provocado em mamíferos por meio de medicamentos neurolépticos (Do lat. *hibernatiōne-*, «id.»)

hibernáculo *n.m.* **1** lugar onde se verifica hibernação **2** BOTÂNICA local abrigado que serve para proteger as plantas do frio **3** BOTÂNICA parte de uma planta que serve para proteger as gemas do rigor do inverno (Do lat. *hibernacŭlu-*, «residência de inverno»)

hibernal *adj.2g.* **1** referente ao inverno **2** próprio do inverno **3** que cresce ou floresce durante o inverno; hiemal (Do lat. *hibernāle-*, «id.»)

hibernante *adj.2g.* que hiberna (Do lat. *hibernante-*, «id.», part. pres. de *hibernāre*, «hibernar»)

hibernar *v.intr.* **1** passar (o animal) o inverno em hibernação, num estado de entorpecimento ou letargo em que o metabolismo diminui e são utilizadas as reservas alimentares **2** [fig., coloq.] manter-se num estado de inatividade (Do lat. *hibernāre*, «id.»)

hibérnico *adj.* **1** referente à Hibérnia (Irlanda) **2** irlandês ■ *n.m.* antigo idioma da Hibérnia (Do lat. *Hibernĭa-*, top., «Hibérnia; Irlanda» +*-ico*)

hibérnio *n.m.* **1** ⇒ **hibérnico 2** indivíduo dos Hibérnios (Do lat. *Hibernĭa-*, top. +*-io*)

Hibérnios *n.m.pl.* ETNOGRAFIA antigo povo da Irlanda (De *hibérnio*)

hiberno *adj.* ⇒ **hibernal** (Do lat. *hibernu-*, «invernoso; de inverno»)

hibernoterapia *n.f.* MEDICINA técnica terapêutica de hibernação artificial aplicada ao homem: a hipotermia (de 25 a 30 graus centígrados), ao anular a vida psíquica, mostrou-se eficaz em perturbações mentais, incluindo neuroses e psicoses (Do lat. *hibernu-*, «de inverno»+gr. *therapeía*, «tratamento»)

hibisco *n.m.* BOTÂNICA planta da família das Malváceas, do género *Hibiscus*, ornamental, de flores vistosas e grandes folhas denteadas ou divididas em lóbulos

hibridação *n.f.* BIOLOGIA produção de híbridos, animais ou vegetais, resultantes do cruzamento de espécies distintas (Do lat. cient. *hybridatiōne-*, «id.»)

hibridade *n.f.* ⇒ **hibridismo** (De *híbrido*+*-i-*+*-dade*)

hibridar *v.tr.* fazer a hibridação de (De *híbrido*+*-ar*)

hibridez /ê/ *n.f.* **1** qualidade do que é híbrido; hibridismo **2** resultado da junção de coisas diferentes **3** irregularidade (De *híbrido*+*-ez*)

hibridismo *n.m.* **1** qualidade do que é híbrido; hibridez **2** GRAMÁTICA termo formado por elementos de línguas diferentes (De *híbrido*+*-ismo*)

hibridista *n.2g.* pessoa que se ocupa de hibridismos (De *híbrido*+*-ista*)

híbrido *adj.,n.m.* **1** BIOLOGIA que ou ser vivo que é proveniente do cruzamento de indivíduos de espécies distintas, ou também, para alguns autores, de raças ou de variedades (subespécies) distintas **2** GRAMÁTICA que ou palavra que é formada por elementos de línguas diferentes **3** que ou o que resulta da junção de coisas diferentes (Do gr. *hýbris*, «injúria», pelo lat. *hybrĭda-*, «bastardo; híbrido»)

hidático *adj.* relativo a hidátides, ou que as possui; hidatídeo; hidatídico; *quisto* **~** MEDICINA formação vesiculosa que se desenvolve no organismo humano e contém formas larvares da pequena ténia que produz a equinococose (doença) (Por *hidatídeo*, de *hidátide*+*-ico*)

hidátide *n.f.* ZOOLOGIA **1** larva de uma pequena ténia que se pode localizar em diferentes órgãos de um hospedeiro, desenvolvendo os chamados quistos hidáticos (equinococose) **2** quisto formado pela ação desta larva (quisto hidático) (Do gr. *hydatís*, *-ídos*, «bolsa de humor aquoso»)

hidatídico *adj.* ⇒ **hidático** (De *hidátide*+*-ico*)

hidatidocele n.f. MEDICINA tumor que contém hidátides (Do gr. *hydatís, -ídos*, «bolsa de humor aquoso» +*kéle*, «tumor»)

hidatidose n.f. MEDICINA doença provocada por hidátide no homem e noutros animais; equinococose

hidatismo n.m. MEDICINA ruído produzido pela baldeação de um líquido numa cavidade (Do gr. *hydatismós*, «id.»)

hidat(o)- elemento de formação de palavras que exprime a ideia de *água* (Do gr. *hýdor, hýdatos*, «água»)

hidátodo n.m. BOTÂNICA estoma aquífero através do qual se realiza, nos vegetais, o fenómeno da exsudação ou gutação (Do gr. *hydatódes*, «aquoso»)

hidatogénico adj. GEOLOGIA derivado ou modificado por substâncias no estado líquido (Do gr. *hýdor, hýdatos*, «água» +*génos*, «origem» +-*ico*)

hidatologia n.f. ⇒ **hidrologia** (Do gr. *hýdor, hýdatos*, «água» +*lógos*, «tratado» +-*ia*)

hidatoscopia n.f. ⇒ **hidromancia** (Do gr. *hýdor, hýdatos*, «água» +*skopeîn*, «ver; examinar» +-*ia*)

hidra n.f. 1 MITOLOGIA serpente com sete cabeças, que foi abatida por Hércules 2 ZOOLOGIA pequeno celenterado hidrozoário, pólipo, vulgar nas águas dos tanques, também conhecido por hidra de água doce 3 [fig.] mal que ameaça subverter ou destruir tudo; mal que resiste aos maiores esforços para o debelar 4 [fig.] movimento revolucionário prestes a eclodir (Do gr. *hýdra-*, «cobra-d'água», pelo lat. *hydra-*, «id.»)

hidrácido n.m. QUÍMICA ácido exclusivamente constituído por hidrogénio e um não metal (De *hidro[génio]*+*ácido*)

hidraéreo adj. designativo do ruído que se ouve quando se auscultam ou percutem as cavidades que contêm ar e líquido (De *hidro*+*aéreo*)

hidraeroplano n.m. ⇒ **hidroavião** (De *hidro-*+*aeroplano*)

hidragogo /ô/ adj.,n.m. FARMÁCIA que ou medicamento que tem ação purgativa, diurética, etc. (Do gr. *hydragogós*, «que conduz a água», pelo lat. *hydragōgos*, «id.»)

hidrângea n.f. 1 BOTÂNICA planta da família das Hidrangeáceas, cultivada nos jardins pela beleza das suas flores, e também conhecida por hidranja e hortênsia 2 flor desta planta (Do gr. *hýdor*, «água» +*ággos*, «vaso» +-*ea*)

Hidrangeáceas n.f.pl. BOTÂNICA ⇒ **Saxifragáceas** (De *hidrângea*+-*áceas*)

hidranja n.f. BOTÂNICA ⇒ **hidrângea**

hidrargiria n.f. 1 MEDICINA erupção cutânea resultante da aplicação de produtos mercuriais 2 MEDICINA (intoxicação) ⇒ **hidrargirismo** (De *hidrargírio*+-*ia*)

hidrargírico adj. respeitante ao hidrargírio; mercurial (De *hidrargírio*+-*ico*)

hidrargírio n.m. QUÍMICA designação antiga do mercúrio (Do gr. *hydrárgyros*, «prata líquida; mercúrio», pelo lat. *hydrargȳru-*, «id.»)

hidrargirismo n.m. MEDICINA intoxicação, muitas vezes grave, aguda ou lenta, provocada pelo mercúrio (De *hidrargírio*+-*ismo*)

hidrargirose n.f. MEDICINA ⇒ **hidrargiria** (De *hidrargírio*+-*ose*)

hidrartrose n.f. MEDICINA acumulação de líquido seroso numa articulação (Do gr. *hýdor*, «água» +*árthrósis*, «afeção numa articulação»)

hidratação n.f. 1 ato ou efeito de hidratar ou hidratar-se 2 restabelecimento da humidade natural de um corpo 3 QUÍMICA formação de um hidrato pela combinação de um composto com água (De *hidratar*+-*ção*)

hidratado adj. 1 que se hidratou; que restabeleceu a sua humidade natural 2 que se tratou com água 3 QUÍMICA combinado com água (Part. pass. de *hidratar*)

hidratante adj.2g. que produz hidratação; que fixa ou restabelece a humidade natural de um corpo ■ n.m. produto cosmético usado para hidratar a pele (De *hidratar*+-*ante*)

hidratar v.tr. 1 introduzir água em (organismo), de modo a fixar ou restabelecer a sua humidade natural 2 combinar com água 3 QUÍMICA dar ou tomar o carácter de hidrato a ■ v.pron. 1 absorver água 2 fixar água (De *hidrato*+-*ar*)

hidratável adj.2g. que se pode hidratar (De *hidratar*+-*vel*)

hidrático adj. QUÍMICA que possui caracteres dos hidratos (De *hidrato*+-*ico*)

hidrato n.m. QUÍMICA composto que resulta da combinação entre moléculas de água e moléculas de outra substância; ~ *de carbono* BIOQUÍMICA composto orgânico constituído por carbono, hidrogénio e oxigénio, glícido (Do gr. *hýdor*, «água» +-*ato*)

hidrátodo n.m. BOTÂNICA histoma aquífero através do qual se realiza, nos vegetais, o fenómeno da exsudação ou gutação

hidráulica n.f. 1 aplicação prática da hidrodinâmica à engenharia 2 arte de construir na água 3 direção dos serviços hidráulicos (Do fr. *hydraulique*, «id.»)

hidraulicidade n.f. qualidade das argamassas que ganham presa ou endurecem na água (De *hidráulico*+-*i*-+-*dade*)

hidráulico adj. 1 referente à hidráulica 2 relativo a qualquer movimento de líquidos, especialmente água 3 que se move por meio de água 4 (mecanismo) que funciona com a intervenção de uma bomba que comprime um líquido 5 (cimento, cal) que ganha presa ou endurece na água ■ n.m. homem versado em hidráulica; *propulsão por jato ~* propulsão de um navio efetuada pela reação exercida por um jato de água (Do gr. *hydraulikós*, pelo lat. *hydraulĭcu-*, pelo fr. *hydraulique*, «hidráulico; movido por água»)

hidraulo n.m. MÚSICA espécie de órgão hidráulico usado pelos antigos Gregos (Do gr. *hýdraulos*, «órgão hidráulico», pelo lat. *hydraulu-*, «id.»)

hidravião n.m. ⇒ **hidroavião** (De *hidro-*+*avião*)

hidrazina n.f. QUÍMICA composto binário de hidrogénio e azoto, empregado nas indústrias de química orgânica e na composição de propulsores dos foguetões (De *hidro-*+*az[oto]*+-*ina*)

hidreléctrico ver nova grafia **hidrelétrico**

hidrelétrico adj. ⇒ **hidroelétrico**

hidremia n.f. MEDICINA excesso de água no sangue (Do gr. *hýdor*, «água» +*haîma*, «sangue» +-*ia*)

hidreto /ê/ n.m. QUÍMICA composto binário de hidrogénio e outro elemento (De *hidr[ogénio]*+-*eto*)

hídria n.f. bilha para líquidos usada pelos Gregos (Do gr. *hydría*, «vaso para água», pelo lat. *hydrĭa-*, «jarro; cântaro»)

hídrico adj. 1 referente ou pertencente à água 2 baseado em água (Do gr. *hýdor*, «água» +-*ico*)

hidro n.m. cobra-d'água (Do lat. *hydru-*, «cobra-d'água»)

hidr(o)-[1] elemento de formação de palavras que exprime a ideia de *água, hidrogénio* (Do grego *hýdor*, «água»)

hidr(o)-[2] elemento de formação de palavras que exprime a ideia de *hidra, cobra-d'água* (Do grego *húdra, as*, «idem»)

hidroacústica n.f. estudo do som dentro de água (De *hidro-*+*acústica*)

hidroaéreo adj. 1 relativo à água e ao ar 2 diz-se do ruído próprio de cavidades que contêm água e ar (De *hidro-*+*aéreo*)

hidroaeródromo n.m. aeródromo de superfície aquática (De *hidro-*+*aeródromo*)

hidroaeroplano n.m. ⇒ **hidraeroplano** (De *hidro-*+*aeroplano*)

hidroavião n.m. AERONÁUTICA aeronave munida de flutuadores de modo a poder pousar na água e descolar a partir dela (De *hidro-*+*avião*)

hidróbio adj. que vive na água; higróbio (Do gr. *hýdor*, «água» +*bíos*, «vida»)

hidrobiologia n.f. ciência que se dedica ao estudo dos organismos aquáticos

hidrocarbonado adj. QUÍMICA que se compõe de carbono e hidrogénio

hidrocarboneto n.m. 1 QUÍMICA todo o composto binário de carbono e hidrogénio 2 QUÍMICA carboneto de hidrogénio (De *hidro[génio]*+*carboneto*)

hidrocaritácea n.f. BOTÂNICA espécime das Hidrocaritáceas

Hidrocaritáceas n.f.pl. BOTÂNICA família de plantas monocotiledóneas, aquáticas, submersas ou com folhas nadantes (Do gr. *hýdor*, «água» +*kháris, -itos*, «beleza; encanto» +-*áceas*)

hidrocaule n.m. ZOOLOGIA parte de alguns pólipos de uma colónia de celenterados hidrozoários (Do gr. *hýdor*, «água» +*kaulós*, «talo»)

hidrocefalia n.f. MEDICINA acumulação anormal de líquido cefalorraquidiano no crânio; hidropisia cerebral (De *hidrocéfalo*+-*ia*)

hidrocefálico adj. relativo ou pertencente à hidrocefalia

hidrocéfalo adj.,n.m. que ou indivíduo que sofre de hidrocefalia (Do gr. *hydroképhalos*, «que tem água na cabeça»)

hidrocele n.f. MEDICINA formação líquida no escroto, no testículo, ou no cordão espermático (Do gr. *hydrokéle*, «hidropisia do escroto», pelo lat. *hydrocēle-*, «hidrocele»)

hidrocisto n.m. ⇒ **hidroquisto** (Do gr. *hýdor*, «água» +*kýstis*, «bexiga»)

hidrocoraliário adj. ZOOLOGIA relativo ou pertencente aos hidrocoraliários ■ n.m. ZOOLOGIA espécime dos hidrocoraliários ■ n.m.pl. ZOOLOGIA pequeno grupo de celenterados hidrozoários cuja colónia tem esqueleto de natureza calcária, idêntico ao dos coraliários (De *hidro-*+*coraliário*)

hidrodinâmica n.f. parte da mecânica que estuda a circulação, a energia e a pressão dos fluidos (De *hidro-*+*dinâmica*)

hidrodinâmico *adj.* 1 relativo ou pertencente à hidrodinâmica 2 referente às leis do movimento dos líquidos (De *hidro-*+*dinâmico*)

hidroeléctrico ver nova grafia **hidroelétrico**

hidroelétrico *adj.* 1 relativo à transformação da energia das quedas de água em energia elétrica; hidrelétrico 2 gerado por meio de força hidráulica; *gerador* ~ elemento de pilha ou acumulador em que se obtém energia elétrica com dispêndio de energia química (De *hidro-*+*eléctrico*)

hidrófana *n.f.* MINERALOGIA variedade de opala que se torna translúcida quando imersa na água

hidrofânio *n.m.* MINERALOGIA ⇒ **hidrófana** (Do gr. *hýdor*, «água» +*phaínein*, «tornar visível; brilhar»)

hidrófero *n.m.* aparelho para difundir as águas minerais sobre o aquista (De *hidro-*+*-fero*)

hidrofilia *n.f.* 1 qualidade de hidrófilo 2 BOTÂNICA polinização feita através da água (De *hidrófilo*+*-ia*)

hidrofílida *n.m.* ZOOLOGIA ⇒ **hidrofilídeo**

Hidrofílidas *n.m.pl.* ZOOLOGIA ⇒ **Hidrofilídeos**

hidrofilídeo *adj.* ZOOLOGIA relativo ou pertencente aos Hidrofilídeos ▪ *n.m.* ZOOLOGIA espécime dos Hidrofilídeos

Hidrofilídeos *n.m.pl.* ZOOLOGIA família de insetos coleópteros, aquáticos ou subaquáticos, com palpos longos, representada na fauna portuguesa (De *hidrófilo*+*-ídeos*)

hidrófilo *adj.* 1 que gosta da água 2 que tem ação absorvente, em especial para a água (é o caso do algodão hidrófilo) 3 ECOLOGIA (ser vivo) adaptado a viver normalmente num ambiente húmido; higrófilo ▪ *n.m.* ZOOLOGIA inseto coleóptero da família dos Hidrofilídeos, relativamente grande, de cor escura, frequente nas águas dos tanques, ribeiros, charcos, etc. (De *hidro-*+*-filo*)

hidrófito *adj.* BOTÂNICA (vegetal) que vive normalmente na água, ou nos sítios encharcados ou húmidos; higrófito (De *hidro-*+*-fito*)

hidroflutuador *n.m.* veículo que se desloca sobre uma almofada de ar na superfície da água; hovercraft (De *hidro*+*flutuador*)

hidrofobia *n.f.* 1 aversão doentia à água 2 designação imprópria de raiva (doença) (Do gr. *hydrophobía*, «id.», pelo lat. *hydrophobīa-*, «id.»)

hidrofóbico *adj.* 1 referente à hidrofobia 2 que sofre de hidrofobia (Do gr. *hydrophobikós*, «id.», pelo lat. *hydrophobĭcu-*, «id.»)

hidrofobo *adj.,n.m.* 1 que ou aquele que sofre de hidrofobia 2 que ou pessoa que está enfurecida, colérica (Do gr. *hydrophóbos*, «que tem horror à água», pelo lat. *hydrophŏbu-*, «id.»)

hidrofone *n.m.* instrumento destinado à deteção de sons debaixo de água (De *hidro-*+*fone*)

hidroformação *n.f.* procedimento industrial de hidrogenação de derivados do petróleo em presença de catalisadores, com o fim de se obter compostos aromáticos

hidróforo *adj.* que conduz água ou serosidades, nos corpos organizados; *canal* ~ ZOOLOGIA canal existente no aparelho ambulacrário dos equinodermes que está impregnado de grânulos de sílica, por isso também chamado canal da areia (Do gr. *hydrophóros*, «que transporta água»)

hidroftalmia *n.f.* MEDICINA afeção caracterizada pela distensão do globo ocular devida ao aumento da pressão intraocular

hidroftalmo *n.m.* MEDICINA ⇒ **hidroftalmia**

hidrófugo *adj.* 1 que preserva da humidade 2 que isola da humidade (De *hidro-*+*-fugo*)

hidrogel *n.m.* QUÍMICA gel em cuja composição entra a água e que, por isso, é um coloide hidrófilo (De *hidro-*+*gel*)

hidrogenação *n.f.* QUÍMICA combinação, geralmente de um composto orgânico insaturado, com hidrogénio (De *hidrogenar*+*-ção*)

hidrogenado *adj.* 1 que contém hidrogénio 2 combinado com o hidrogénio 3 diz-se da gordura alimentar, prejudicial à saúde, formada por um processo que consiste na adição de hidrogénio a óleos vegetais líquidos para que passem a pastosos ou sólidos (Part. pass. de *hidrogenar*)

hidrogenar *v.tr.* QUÍMICA submeter (uma substância) a hidrogenação; combinar com hidrogénio (De *hidrogénio*+*-ar*)

hidrogenia *n.f.* teoria relativa à formação das águas à superfície do nosso globo (De *hidro-*+*-genia*)

hidrogenião *n.m.* QUÍMICA designação, não adotada internacionalmente, do ião hidrogénio, ou protão (De *hidrogénio*+*ião*)

hidrogénio *n.m.* QUÍMICA elemento químico com o número atómico 1 e símbolo H, gasoso, incolor e inodoro, que entra na formação da água e de muitos outros compostos e é o átomo mais simples que existe, com um eletrão a mover-se em torno de um protão; *isótopos do* ~ o prótio, cujo núcleo é um protão, o deutério, cujo núcleo é formado por um protão e um neutrão, e o trítio, cujo núcleo é formado por um protão e dois neutrões (De *hidro-*+*-génio*, ou do fr. *hidrogène*, «id.»)

hidrogeniónico *adj.* relativo ao hidrogenião (De *hidrogenião*+*-ico*)

hidrogenocarbonato *n.m.* QUÍMICA ⇒ **bicarbonato** (De *hidrogénio*+*carbonato*)

hidrogeologia *n.f.* GEOLOGIA parte da geologia que trata da procura e captação de águas subterrâneas; estudo das águas subterrâneas e da sua influência na geologia terrestre (De *hidro-*+*geologia*)

hidroginástica *n.f.* DESPORTO ginástica aeróbica e localizada, praticada dentro de água e em piscinas, proporcionando um maior esforço muscular e um menor impacto nas articulações (De *hidro-*+*ginástica*)

hidrognomonia *n.f.* arte de descobrir as nascentes de água, servindo-se de uma varinha (Do gr. *hydrognómon*, «que sabe descobrir fontes» +*-ia*)

hidrognosia *n.f.* ⇒ **hidrogeologia** (Do gr. *hýdor*, «água» +*gnōsis*, «conhecimento» +*-ia*)

hidrógono *adj.* designativo das rochas originadas no seio das águas, ou com intervenção destas (Do gr. *hýdor*, «água» +*gónos*, «geração»)

hidrografia *n.f.* 1 GEOGRAFIA capítulo da geografia física que estuda a parte líquida da Terra 2 GEOGRAFIA descrição da parte líquida da terra (De *hidro-*+*-grafia*)

hidrográfico *adj.* referente à hidrografia (De *hidrografia*+*-ico*)

hidrógrafo *n.m.* especialista em hidrografia (De *hidro-*+*-grafo*)

hidroide *adj.2g.* ZOOLOGIA que se assemelha à água ▪ *adj.2g.,n.m.* ZOOLOGIA ⇒ **hidrozoário** (Do gr. *hydroeidés*, «que tem aparência de água»)

hidróide ver nova grafia **hidroide**

hidrol *n.m.* água mineral (Do gr. *hýdor*, «água» +*-ol*)

hidrólase *n.f.* QUÍMICA designação extensiva aos fermentos que atuam, provocando hidrólises (De *hidról[ise]*+*-ase*)

hidrolato *n.m.* FARMÁCIA forma farmacêutica aquosa que contém princípios voláteis extraídos de plantas frescas ou secas por destilação da água em que sofreram maceração ou por tratamento pelo vapor (De *hidrol*+*-ato*)

hidrólatra *n.2g.* pessoa que presta culto à água (De *hidro-*+*-latra*)

hidrolatria *n.f.* culto da água (Do gr. *hýdor*, «água» +*latreía*, «adoração»)

hidrolisação *n.f.* QUÍMICA ato ou efeito de hidrolisar (De *hidrolisar*+*-ção*)

hidrolisar *v.tr.* praticar a hidrólise em (De *hidrólise*+*-ar*)

hidrolisável *adj.2g.* que se pode hidrolisar (De *hidrolisar*+*-vel*)

hidrólise *n.f.* QUÍMICA dupla decomposição entre determinado composto e a água, com rotura das moléculas desta em H e OH (Do gr. *hýdor*, «água» +*lýsis*, «dissolução»)

hidrolítico *adj.* QUÍMICA pertencente ou relativo à hidrólise

hidrólito *n.m.* hidreto de cálcio que reage com a água, formando-se hidrogénio e cálcio (De *hidro-*+*-lito*)

hidrologia *n.f.* ciência que estuda as águas de superfície e subterrâneas, no que se refere às suas propriedades mecânicas, físicas e químicas, à sua distribuição geográfica, etc. (Do gr. *hýdor*, «água» +*lógos*, «estudo» +*-ia*)

hidrológico *adj.* referente à hidrologia (De *hidrologia*+*-ico*)

hidrólogo *n.m.* aquele que é versado em hidrologia (Do gr. *hýdor*, «água» +*lógos*, «estudo»)

hidromancia *n.f.* 1 pretensa adivinhação por meio da água 2 ⇒ **hidroscopia** (Do gr. *hydromanteía*, «id.», pelo lat. *hydromantia*, «id.»)

hidromania *n.f.* 1 mania em que o doente mostra tendência para se afogar 2 sede excessiva (Do gr. *hýdor*, «água» +*manía*, «loucura»)

hidromante *n.2g.* pessoa que pratica a hidromancia (Do gr. *hidrómantis*, «id.», pelo lat. *hydromante-*, «id.»)

hidromântico *adj.* que se refere à hidromancia ▪ *n.m.* ⇒ **hidromante** (De *hidromancia*+*-ico*)

hidromassagem *n.f.* massagem realizada por meio de jatos de água com intensidade variável (De *hidro-*+*massagem*)

hidromecânica *n.f.* ciência que estuda a mecânica dos fluidos e compreende a hidrostática e a hidrodinâmica (De *hidro-*+*mecânica*)

hidromecânico *adj.* que é movido por meio da água (De *hidro-*+*mecânico*)

hidromedusas *n.f.pl.* ZOOLOGIA ⇒ **hidrozoário** *n.m.pl.* (De *hidro-*+*medusa*)

hidromel *n.m.* bebida, fermentada ou não, feita de água e de mel; água-mel (Do gr. *hydrómeli*, pelo lat. *hydromĕli*, «id.»)

hidrometeoro *n.m.* METEOROLOGIA nome dado aos corpos líquidos ou sólidos que caem no solo em resultado da condensação atmosférica (chuva, neve, granizo, etc.) (De *hidro-+meteoro*)

hidrometria *n.f.* parte da hidrodinâmica que se ocupa da medida de grandezas físicas relativas à água (De *hidrómetro+-ia*)

hidrométrico *adj.* que diz respeito à hidrometria (De *hidrometria+-ico*)

hidrométrida *n.m.* ZOOLOGIA ⇒ **hidrometrídeo**

Hidrométridas *n.m.pl.* ZOOLOGIA ⇒ **Hidrometrídeos**

hidrometrídeo *adj.* ZOOLOGIA relativo ou pertencente aos Hidrometrídeos ■ *n.m.* ZOOLOGIA espécime dos Hidrometrídeos

Hidrometrídeos *n.m.pl.* ZOOLOGIA família de insetos hemípteros, aquáticos, a que pertence o alfaiate (Do gr. *hýdor*, «água» +*métron*, «medida» +*-ídeos*)

hidrómetro *n.m.* 1 FÍSICA nome genérico dos aparelhos destinados a fazer qualquer medição relativamente à água 2 FÍSICA aparelho que serve para avaliar a densidade dos líquidos; densímetro 3 FÍSICA aparelho para medida da velocidade de uma corrente líquida 4 ZOOLOGIA ⇒ **alfaiate** 2 (Do gr. *hýdor*, «água» +*métron*, «medida»)

hidromica *n.f.* MINERALOGIA designação que abrange a ilite e a sericite (De *hidro-+mica*)

hidromineral *adj.2g.* que diz respeito às águas minerais (De *hidro-+mineral*)

hidromotor *n.m.* motor cuja energia resulta do movimento da água (De *hidro-+motor*)

hidrônfalo *n.m.* tumor aquoso ou quisto umbilical (Do gr. *hýdor*, «água» +*omphalós*, «umbigo»)

hidrónio *n.m.* QUÍMICA catião resultante da captação de um protão por uma molécula de água (Do fr. *hidronium*, «id.»)

hidropata *n.2g.* pessoa que trata os doentes por meio da água (Do gr. *hýdor*, «água» +*páthos*, «doença»)

hidropatia *n.f.* tratamento das doenças pela água (Do gr. *hýdor*, «água» +*páthos*, «doença» +*-ia*)

hidrópico *adj.* 1 que contém muita água 2 que sofre de hidropisia ■ *n.m.* aquele que sofre de hidropisia (Do gr. *hydropikós*, pelo lat. *hydropĭcu-*, «id.»)

hidropirético *adj.* MEDICINA designativo do estado febril com sudação abundante (Do gr. *hidrós*, «suor» +*pyretós*, «febre» +*-ico*)

hidropírico *adj.* (vulcão) que expele água e fogo (Do gr. *hýdor*, «água» +*pýr*, «fogo» +*-ico*)

hidropisia *n.f.* MEDICINA acumulação anormal de líquido nos tecidos ou em certas cavidades de um organismo (Do gr. *hýdrops, -pos*, «hidropisia» +*-ia*)

hidropisina *n.f.* substância orgânica existente na serosidade normal de algumas membranas (De *hidropisia+-ina*)

hidroplanador *n.m.* AERONÁUTICA avião sem motor, preparado para pousar e descolar da superfície das águas (De *hidro-+planador*)

hidroplano *n.m.* ⇒ **hidroavião** (De *hidro-+plano*)

hidropneumática *n.f.* máquina que serve para rarefazer o ar em determinado espaço (De *hidropneumático*)

hidropneumático *adj.* 1 que funciona por meio de água e de um gás comprimido 2 que serve para recolher gases através da água (De *hidro-+pneumático*)

hidrópota *n.2g.* pessoa que apenas bebe água (Do gr. *hydropótes*, «bebedor de água»)

hidropúlvis *n.m.2n.* aparelho que serve para borrifar as plantas com água (Do gr. *hýdor*, «água»+lat. *pulvis*, «pó»)

hidroquisto *n.m.* quisto seroso; hidrocisto (De *hidro-+quisto*)

hidrorragia *n.f.* MEDICINA abundante derramamento de águas como o que se dá antes do parto (Do gr. *hýdor*, «água» +*rhagía*, «derrame; efusão»)

hidrorreia *n.f.* 1 MEDICINA corrimento anormal de líquido aquoso no organismo 2 suor abundante 3 fluxo (Do gr. *hydrórrhoia*, «fluxo de água»)

hidrorrepelente *n.m.* ÓTICA técnica de proteção aplicada às superfícies das lentes que reduz o seu embaciamento

hidroscopia *n.f.* processo de descobrir águas subterrâneas a partir das suas emanações (Do gr. *hydroskopeīn*, «descobrir fontes» +*-ia*)

hidroscópico *adj.* referente à hidroscopia (De *hidroscopia+-ico*)

hidroscópio *n.m.* 1 instrumento usado em hidroscopia 2 instrumento ou dispositivo que dá indicações diretas, embora grosseiras, da humidade relativa (Do gr. *hýdor*, «água» +*skopeīn*, «examinar» +*-io*)

hidróscopo *n.m.* indivíduo que exerce a hidroscopia; vedor (Do gr. *hydroskópos*, «id.»)

hidrosfera *n.f.* GEOGRAFIA parte da superfície terrestre composta de vastas massas de água que incluem os oceanos, mares, rios, lagos, águas subterrâneas, neve e gelo e outras águas (De *hidro-+esfera*)

hidrosférico *adj.* respeitante à hidrosfera (De *hidrosfera+-ico*)

hidrospeed *n.m.* DESPORTO atividade desportiva em que o praticante desce um rio de águas bravas sobre uma prancha, equipado com fato isotérmico, colete, barbatanas, joelheiras e capacete (Do ing. *hydrospeed*, «id.»)

hidrossol *n.m.* QUÍMICA solução coloidal cujo dispersante é água (De *hidro-+sol[ução]*)

hidrossolúvel *adj.2g.* que é solúvel na água

hidrostática *n.f.* ramo da hidromecânica que estuda o equilíbrio das forças exercidas numa massa fluida em repouso (De *hidro-+estática*)

hidrostático *adj.* 1 relativo à hidrostática 2 relativo ao equilíbrio dos fluidos (De *hidro-+estático*)

hidróstato *n.m.* 1 aparelho que permite trabalhar debaixo de água 2 dispositivo flutuante de metal com que se pesam corpos (Do gr. *hýdor*, «água» +*statós*, «parado»)

hidrotactismo a grafia mais usada é **hidrotatismo**

hidrotatismo *n.m.* BOTÂNICA fenómeno de movimento provocado pelas diferenças de humidade do substrato sobre os organismos livres, sobretudo nos vegetais inferiores (De *hidro-+tactismo*) ACORDO ORTOGRÁFICO também se pode escrever **hidrotactismo**

hidrotecnia *n.f.* parte da mecânica que se refere à condução e distribuição das águas (Do gr. *hýdor*, «água» +*tékhne*, «arte» +*-ia*)

hidrotécnico *adj.* referente à hidrotecnia (De *hidro-+técnico*)

hidroterapia *n.f.* MEDICINA terapêutica com aplicação da água (De *hidro-+terapia*)

hidroterápico *adj.* referente à hidroterapia (De *hidroterapia+-ico*)

hidrotermal *adj.2g.* 1 ⇒ **hidrotérmico** 2 GEOLOGIA relacionado ou originado por soluções aquosas de origem profunda (De *hidro-+termal*)

hidrotérmico *adj.* respeitante à água e ao calor (De *hidro-+térmico*)

hidrotimetria *n.f.* QUÍMICA determinação da quantidade de sais de cálcio e de magnésio que a água contém (dureza) (Do gr. *hýdor*, «água» +*ti[mé]*, «valor» +*métron*, «medida» +*-ia*)

hidrotimétrico *adj.* referente à hidrotimetria (De *hidrotimetria+-ico*)

hidrotímetro *n.m.* instrumento para determinar a quantidade de sais de cálcio, magnésio, etc., que existem na água (Do gr. *hýdor*, «água» +*ti[mé]*, «valor» +*métron*, «medida»)

hidrotórax /cs/ *n.m.2n.* MEDICINA derramamento aquoso da pleura (De *hidro-+tórax*)

hidrotropismo *n.m.* BOTÂNICA tropismo cujo agente excitador é a água; higrotropismo (De *hidro-+tropismo*)

hidróxido /cs/ *n.m.* 1 QUÍMICA designação do anião exclusivamente formado por oxigénio e hidrogénio 2 QUÍMICA todo o composto que contém este anião e um catião metálico (De *hidro[génio]+óxido*)

hidroxilamina /cs/ *n.f.* QUÍMICA composto básico incolor, de fórmula NH_2OH, que resulta, especialmente, da redução dos azotitos (De *hidroxilo+amina*)

hidroxilião /cs/ *n.m.* designação, não adotada internacionalmente, do ião oxidrilo (De *hidroxilo+ião*)

hidroxilo /cs/ *n.m.* QUÍMICA radical formado por um átomo de oxigénio e outro de hidrogénio; oxidrilo (De *hidro[génio]+ox[igénio]+-ilo*)

hidrozoário *adj.* ZOOLOGIA relativo ou pertencente aos hidrozoários ■ *n.m.* ZOOLOGIA espécime dos hidrozoários ■ *n.m.pl.* ZOOLOGIA classe de celenterados constituída por indivíduos, isolados ou coloniais, caracterizados por pólipos, e de cavidade gastrovascular simples, como a hidra de água doce (De *hidro-+-zoário*)

hidrúria *n.f.* MEDICINA excesso de água na urina (De *hidro-+-úria*)

hidrúrico *adj.* relativo à hidrúria ■ *n.m.* aquele que sofre de hidrúria (De *hidrúria+-ico*)

hiemação *n.f.* 1 BOTÂNICA propriedade de certas plantas crescerem e florescerem durante o inverno 2 hibernação (Do lat. *hiematiōne-*, «ação de passar o inverno»)

hiemal *adj.2g.* 1 que cresce ou floresce durante o inverno; dotado de hiemação 2 do inverno ou a ele relativo; hibernal (Do lat. *hiemāle-*, «de inverno»)

hiena /é/ *n.f.* 1 ZOOLOGIA mamífero carnívoro da família dos Hienídeos, essencialmente noturno, com pelagem áspera de cor parda e manchas escuras, que se alimenta sobretudo de cadáveres e vive na África e na Ásia 2 [fig.] pessoa cruel e traiçoeira (Do gr. *hýaina*, «hiena», pelo lat. *hyaena-*, «id.»)

hiénida *n.m.* ZOOLOGIA ⇒ **hienídeo**

Hiénidas *n.m.pl.* ZOOLOGIA ⇒ **Hienídeos**

hienídeo *adj.* ZOOLOGIA relativo ou pertencente aos Hienídeos ■ *n.m.* ZOOLOGIA espécime dos Hienídeos

Hienídeos *n.m.pl.* ZOOLOGIA família de mamíferos carnívoros, digitígrados, com maxilares e dentes fortes e focinho comprido, a que pertence a hiena (Do lat. *hyaena-*, «hiena» +*-ídeos*)

hierácio *n.m.* FARMÁCIA colírio usado pelos antigos, feito com o suco da leituga (Do gr. *hierákion*, «colírio», pelo lat. *hieracĭu-*, «id.»)

hieracite *n.f.* pedra preciosa, hoje desconhecida, que era usada contra as hemorroides (Do gr. *hierakítes (líthos)*, «pedra da cor da plumagem do gavião»)

hierarquia *n.f.* 1 distribuição ordenada de poderes civis, militares ou eclesiásticos 2 classificação ordenada, dentro de qualquer grupo ou corporação, geralmente de acordo com o poder, autoridade ou função 3 relação de serviço em que o superior tem o poder de direção, e o subalterno o dever de obediência 4 classificação por ordem crescente ou decrescente; escala; ~ *eclesiástica* o conjunto das pessoas que na Igreja detêm o poder de ordem ou de jurisdição, subordinadas umas às outras, sob a chefia suprema do papa (Do gr. *hierarkhía*, «dignidade de grão-sacerdote»)

hierarquicamente *adv.* 1 segundo a hierarquia 2 por categorias 3 por ordem (De *hierárquico+-mente*)

hierárquico *adj.* 1 referente à hierarquia 2 de acordo com a hierarquia (Do gr. *hierarkhikós*, «id.»)

hierarquização *n.f.* 1 ato ou efeito de hierarquizar 2 organização que obedece a uma ordem hierárquica (De *hierarquizar+-ção*)

hierarquizar *v.tr.* 1 organizar segundo uma ordem hierárquica 2 ordenar (dados, informações) segundo uma escala de valor ou de importância (De *hierarquia+-izar*)

hierática *n.f.* papel finíssimo que se empregava na escrita dos livros sagrados (De *hierático*)

hierático *adj.* 1 respeitante às coisas sagradas 2 majestoso e rígido 3 religioso; sagrado; *escrita hierática* forma cursiva da escrita hieroglífica, que representa uma simplificação desta (Do gr. *hieratikós*, «sacerdotal», pelo lat. *hieratĭcu-*, «id.»)

hieratismo *n.m.* 1 carácter do que é hierático 2 espírito hierático (Do fr. *hiératisme*, «id.»)

hier(o)- elemento de formação de palavras que exprime a ideia de *sagrado* (Do gr. *hierós*, «sacro»)

hierocracia *n.f.* governo dos sacerdotes ou a sua influência nos negócios do Estado (Do gr. *hierós*, «sacro» +*krateín*, «mandar» +*-ia*)

hierodrama *n.m.* representação, em cena, dos feitos de um deus, nos templos pagãos (De *hiero-+drama*)

hierodulo *n.m.* escravo empregado nos serviços de um templo pagão, na antiga Grécia (Do gr. *hieródoulos*, «id.», pelo lat. *hierodŭlu-*, «id.»)

hierofanta *n.m.* 1 HISTÓRIA sacerdote que presidia aos mistérios de Elêusis, cidade da antiga Grécia 2 HISTÓRIA grão-pontífice, entre os Romanos 3 conhecedor e praticante de ciências ocultas 4 adivinho 5 [fig.] indivíduo que se inculca como único sabedor de uma ciência ou de um mistério (Do gr. *hierophántes*, «id.», pelo lat. *hierophante-*, «id.»)

hierofante *n.m.* ⇒ **hierofanta**

hierofântide *n.f.* HISTÓRIA sacerdotisa de Ceres, deusa das colheitas, subordinada ao hierofanta, na antiga Grécia (Do gr. *hieróphantis, -idos*, «id.»)

hierogeografia *n.f.* estudo da distribuição geográfica das religiões (De *hiero-+geografia*)

hieroglífico *adj.* 1 referente aos hieróglifos 2 constituído por hieróglifos 3 [fig.] que é difícil de decifrar 4 [fig.] que é difícil de compreender 5 [fig.] enigmático; misterioso (Do gr. *hieroglyphikós*, «id.», pelo lat. *hieroglyphĭcu-*, «id.»)

hieróglifo *n.m.* 1 cada um dos caracteres ou figuras do sistema de escrita pictórica dos antigos Egípcios e de outros povos, que representavam palavras, conceitos ou objetos 2 [fig.] coisa escrita ilegível 3 [fig.] coisa enigmática, misteriosa (Do gr. *hierós*, «sagrado» +*glýphein*, «gravar», pelo fr. *hiéroglyphe*, «id.»)

hierografia *n.f.* 1 descrição das coisas sagradas 2 história das religiões (Do gr. *hierographía*, «id.»)

hierograma *n.m.* 1 carácter próprio da escrita hierática 2 escrita sagrada (Do gr. *hierós*, «sagrado»+*grámma*, «letra»)

hierogramático *adj.* relativo às escrituras sagradas dos antigos Egípcios (Do gr. *hierós*, «sagrado» +*grámma, -atos*, «letra» +*-ico*)

hierogramatista *n.m.* 1 escriba adstrito aos templos, entre os antigos Egípcios, encarregado de transcrever os oráculos e os textos sagrados 2 doutor intérprete da Sagrada Escritura (Do gr. *hierós*, «sagrado» +*grammatistés*, «escrivão»)

hierologia *n.f.* estudo ou conhecimento das diversas religiões (Do gr. *hierología*, «linguagem sagrada»)

hierológico *adj.* relativo à hierologia (De *hierologia+-ico*)

hierólogo *n.m.* indivíduo versado em hierologia (Do gr. *hierólogos*, «id.»)

hieromancia *n.f.* suposta arte de adivinhar pelo exame das vítimas dedicadas aos deuses, na antiga Grécia (Do gr. *hierós*, «sagrado» +*manteía*, «adivinhação»)

hieromante *n.2g.* praticante da hieromancia (Do gr. *hierós*, «sagrado» +*mántis*, «adivinho»)

hieromântico *adj.* 1 relativo à hieromancia 2 que se ocupa de hieromancia (De *hieromante+-ico*)

hieronímia *n.f.* parte da onomatologia que se ocupa do estudo e classificação dos hierónimos (De *hierónimo+-ia*)

hieronímico[1] *adj.* relativo a hierónimo ou à hieronímia

hieronímico[2] *adj.* respeitante a São Jerónimo (Do gr. *Hierónymos*, «Jerónimo», pelo lat. *Hieronȳmu-*, «id.» +*-ico*)

hieronimita *n.2g.* monge ou monja da ordem de S. jerónimo (Do gr. *Hierónymos*, «Jerónimo», pelo lat. *Hieronȳmu-*, «id.» +*-ita*)

hierónimo *n.m.* designação dos nomes sagrados e dos demais nomes próprios relativos à doutrina das religiões cristã, hebraica e maometana (por exemplo, *Deus* ou *Maomé*) (Do gr. *hierós*, «sagrado» +*onyma*, «nome»)

hieroscopia *n.f.* suposta arte de adivinhar pelo exame das entranhas das vítimas destinadas aos sacrifícios; hieromancia (Do gr. *hieroskopía*, «id.»)

hierosolimita *adj.2g.* ⇒ **hierosolimitano**

hierosolimitano *adj.* relativo ou pertencente a Jerusalém ■ *n.m.* natural ou habitante de Jerusalém (Do gr. *hierosolymítes*, «natural de Jerusalém», pelo lat. *hierosolymitānu-*, «de Jerusalém»)

hifa *n.f.* cada um dos filamentos, septados ou não, do talo dos fungos (Do gr. *hyphé*, «tecido»)

hifema /ê/ *n.m.* (oftalmologia) derramamento sanguíneo na câmara anterior do olho (Do gr. *hýphaimon*, «sangrento»)

hífen *n.m.* sinal gráfico (-) usado para separar elementos de algumas palavras formadas por composição, para unir pronomes pessoais átonos a verbos e para fazer a translineação de uma palavra; traço de união (Do gr. *hyphén*, «id.», pelo lat. *hyphen*, «id.»)

hifenização *n.f.* ato ou efeito de hifenizar (De *hifenizar+-ção*)

hifenizar *v.tr.* usar hífen em (De *hífen+-izar*)

hifênquima *n.m.* 1 BOTÂNICA conjunto de hifas muito ramificadas e enredadas que constituem um falso tecido também denominado pseudoparênquima e pseudotecido 2 estroma (Do gr. *hyphé*, «tecido»+*égkhyma*, «efusão»)

hiférese *n.f.* GRAMÁTICA metaplasmo que consiste em omitir fonemas de um vocábulo (Do gr. *hyphaíresis*, «subtração»)

hi-fi *adj.inv.,n.m.2n.* ⇒ **alta-fidelidade** (Do ing. *hi-fi*, abrev. de *high fidelity*, «id.»)

high life *n.f.* alta sociedade (Do ing. *high life*)

higidez /ê/ *n.f.* estado de saúde; estado de hígido (De *hígido+-ez*)

hígido *adj.* 1 relativo à saúde 2 salutar 3 de perfeita saúde (Do gr. *hygiés*, «são» +*-ido*)

higiene *n.f.* 1 MEDICINA conjunto de meios e regras que procuram garantir o bem-estar físico e mental, prevenindo a doença 2 asseio; limpeza 3 precaução contra as doenças; ~ *mental* ramo da higiene destinado a manter a saúde mental e a assegurar a profilaxia das neuroses e das psicoses, combatendo os fatores nocivos (excessos de trabalho, choques emocionais, intoxicações, alcoolismo, etc.) e promovendo o rastreio precoce das predisposições (H. Piéron, psicólogo francês, 1881-1964) (Do gr. *hygieiné [tékhne]*, «a arte da salubridade», pelo fr. *hygiène*, «higiene»)

higienicamente *adv.* segundo os preceitos da higiene (De *higiénico+-mente*)

higiénico *adj.* 1 da higiene ou a ela referente 2 bom para a saúde; saudável 3 limpo; asseado (Do fr. *hygiénique*, «id.»)

higienista *adj.,n.2g.* MEDICINA que ou aquele que é especialista em higiene (Do fr. *hygiéniste*, «id.»)

higienização *n.f.* ato ou efeito de higienizar (De *higienizar+-ção*)

higienizar *v.tr.* tornar higiénico (De *higiene+-izar*)

higiologia *n.f.* história da saúde, ou estudo dos órgãos e do seu funcionamento no estado de saúde (Do gr. *hygiés*, «são; sadio» +*lógos*, «tratado» +*-ia*)

higioterapia *n.f.* aplicação das leis da higiene à cura das doenças (Do gr. *hygiés*, «sadio» +*therapeía*, «tratamento»)

higro- elemento de formação de palavras que exprime a ideia de *humidade* (Do gr. *hygrós*, «húmido»)

higróbio *adj.* que vive normalmente na água ou em sítios húmidos; hidróbio (Do gr. *hygróbios*, «que vive na água»)

higrofilia *n.f.* atração dos lugares húmidos (Do gr. *hygrós*, «húmido» +*philía*, «inclinação»)

higrófilo *adj.* ECOLOGIA (ser vivo) adaptado a viver normalmente num ambiente húmido; hidrófilo (Do gr. *hygrós*, «húmido» +*phílos*, «amigo»)

higrófito *adj.* BOTÂNICA ⇒ **hidrófito** (Do gr. *hygrós*, «húmido» +*phytón*, «planta»)

higrofobia *n.f.* horror patológico à água; hidrofobia (Do gr. *hygrophobía*, «horror à água», pelo lat. *hygrophobĭa-*, «id.»)

higrófobo *adj.,n.m.* ⇒ **hidrófobo** (Do gr. *hygrós*, «húmido» +*phóbos*, «horror»)

higrógrafo *n.m.* instrumento que serve para medir e registar a humidade relativa do ar (Do gr. *hygrós*, «húmido» +*gráphein*, «escrever»)

higrologia *n.f.* 1 ⇒ **hidrologia** 2 [arc.] tratado dos humores do organismo (Do gr. *hygrós*, «húmido» +*lógos*, «tratado» +*-ia*)

higrológico *adj.* relativo à higrologia (De *higrologia*+*-ico*)

higroma /ô/ *n.m.* MEDICINA inflamação e hidropisia das bolsas serosas subcutâneas (De *higro-*+*-oma*)

higrometria *n.f.* estudo e medida da humidade atmosférica (Do gr. *hygrós*, «húmido» +*métron*, «medida» +*-ia*)

higrometricidade *n.f.* propriedade dos corpos higrométricos (De *higrométrico*+*-i-*+*-dade*)

higrométrico *adj.* 1 relativo à higrometria 2 diz-se dos corpos sensíveis à variação do grau de humidade ambiente; *estado ~ do ar* METEOROLOGIA relação entre a tensão do vapor de água em dado volume de ar, em dado momento e a determinada temperatura, e a tensão máxima, à mesma temperatura (De *higrometria*+*-ico*)

higrómetro *n.m.* METEOROLOGIA aparelho que se usa na determinação da humidade relativa ou estado higrométrico do ar (De *higro-*+*-metro*)

higroscopia *n.f.* observação do estado higrométrico da atmosfera (Do gr. *hygrós*, «húmido» +*skopeîn*, «observar» +*-ia*)

higroscopicidade *n.f.* faculdade de absorver a humidade (De *higroscópico*+*-i-*+*-dade*)

higroscópico *adj.* 1 relativo ao higroscópio 2 que absorve humidade (De *higroscopia*+*-ico*)

higroscópio *n.m.* instrumento que indica, de forma aproximada, o estado higrométrico da atmosfera (Do gr. *hygrós*, «húmido» +*skopeîn*, «observar» +*-io*)

higrotropismo *n.m.* BOTÂNICA ⇒ **hidrotropismo** (Do gr. *hygrós*, «húmido» +*trópos*, «volta; mudança» +*-ismo*)

hilar *adj.2g.* ⇒ **hilário** (De *hilo*+*-ar*)

hílare *adj.2g.* 1 alegre; contente 2 folgazão; brincalhão (Do lat. *hilăre-*, «alegre»)

hilária *n.f.* BOTÂNICA planta vivaz da família das Gramíneas (Do fr. *A. de Saint-Hilaire*, antr., naturalista fr., 1799-1853?)

hilariante *adj.2g.* que faz rir; divertido; cómico; *gás ~* QUÍMICA monóxido de azoto (De *hilariar*+*-ante*)

hilariar *v.tr.* tornar hílare; alegrar (De *hílare*+*-iar*)

Hilárias *n.f.pl.* MITOLOGIA festas em honra de Cíbele, deusa da fertilidade, segundo a mitologia greco-romana (Do gr. *hilária*, «festas em honra de Cíbele», pelo lat. *hilarĭa*, id.»)

hilaridade *n.f.* 1 vontade de rir 2 explosão de riso 3 alegria (Do lat. *hilaritāte-*, «alegria»)

hilário *adj.* referente a hilo; hilar (De *hilo*+*-ário*)

hilarizar *v.tr.* 1 tornar hílare 2 encher de alegria 3 fazer rir (De *hílare*+*-izar*)

hilárquico *adj.* designativo do espírito universal que, na opinião de certos filósofos, rege a primeira matéria (Do gr. *hýle*, «matéria; madeira»+*árkhein*, «governar»+*-ico*)

hilé *n.f.* FILOSOFIA (Husserl) matéria da sensação como dado puro, antes da intervenção da atividade intencional do espírito, que lhe confere um sentido (Do gr. *hýle*, «matéria»)

hilemorfismo *n.m.* FILOSOFIA doutrina aristotélico-escolástica, segundo a qual os corpos resultam de dois princípios distintos e complementares: a matéria, princípio indeterminado de que as coisas são feitas, e a forma, princípio determinante da essência particular de cada ser (Do gr. *hýle*, «matéria»+*morphé*, «forma» +*-ismo*)

hilética *n.f.* FILOSOFIA teoria ou estudo da hilé (De *hilético*)

hilético *adj.* referente à hilé (De *hilé*+*t*+*-ico*)

hílida *n.m.* ZOOLOGIA ⇒ **hilídeo**

Hílidas *n.m.pl.* ZOOLOGIA ⇒ **Hilídeos**

hilídeo *adj.* ZOOLOGIA relativo ou pertencente aos Hilídeos ∎ *n.m.* ZOOLOGIA espécime dos Hilídeos

Hilídeos *n.m.pl.* ZOOLOGIA família de batráquios anuros, com discos adesivos nas extremidades dos dedos, a que pertence a rela (Do gr. *hýle*, «bosque» +*-ídeos*)

hilífero *adj.* que possui hilo ∎ *n.m.* BOTÂNICA tegumento do óvulo ou da semente (Do lat. *hilu-*, «olho negro das favas» +*ferre*, «possuir»)

hilo *n.m.* 1 ANATOMIA ponto da superfície de um órgão ao qual se ligam os vasos sanguíneos ou linfáticos e os nervos 2 BOTÂNICA ponto, no óvulo vegetal, onde adere o funículo 3 BOTÂNICA espécie de cicatriz na semente, que corresponde ao ponto do óvulo referido anteriormente (Do lat. *hilu-*, «olho negro das favas»)

hilo- elemento de formação de palavras que exprime a ideia de *madeira, matéria, substância* (Do gr. *hýle*, «matéria; substância»)

hilóbata *n.m.* ZOOLOGIA ⇒ **gibão**[2] (Do gr. *hýle*, «madeira; árvore» +*batós*, «acessível; que anda», de *baínein*, «andar»)

hilobátida *n.m.* ZOOLOGIA ⇒ **hilobatídeo**

Hilobátidas *n.m.pl.* ZOOLOGIA ⇒ **Hilobatídeos**

hilobatídeo *adj.* ZOOLOGIA relativo ou pertencente aos Hilobatídeos ∎ *n.m.* ZOOLOGIA espécime dos Hilobatídeos

Hilobatídeos *n.m.pl.* ZOOLOGIA família de mamíferos primatas, antropomorfos, arborícolas, com membros anteriores muito longos, a que pertence o gibão (De *hilóbata*+*-ídeos*)

hilofagia *n.f.* ⇒ **xilofagia** (De *hilófago*+*-ia*)

hilófago *adj.,n.m.* ⇒ **xilófago** (De *hilo-*+*-fago*)

hilogenia *n.f.* formação da matéria (Do gr. *hýle*, «matéria» +*génos*, «origem» +*-ia*)

hilota *n.m.* 1 escravo espartano que trabalhava nos campos do seu senhor 2 aquele que leva uma vida sacrificada 3 pessoa da mais baixa condição social (Do gr. *heilótes*, «id.», pelo lat. *hilōta-*, «id.»)

hilotismo *n.m.* condição de hilota (De *hilota*+*-ismo*)

hilótomos *n.m.pl.* ZOOLOGIA género de insetos himenópteros que fazem orifícios na madeira para pôr os ovos (Do gr. *hýle*, «madeira» +*tomé*, «corte»)

hilozoico *adj.* referente ao hilozoísmo (De *hilo-*+*-zóico*)

hilozoíco ver nova grafia **hilozoico**

hilozoísmo *n.m.* FILOSOFIA doutrina filosófica que atribui ao mundo e à própria matéria uma vida própria (De *hilo-*+gr. *zoé*, «vida» + *-ismo* ou do fr. *hylozoïsme*, «id.»)

hilozoísta *adj.,n.2g.* que ou o que é partidário do hilozoísmo (Do gr. *hýle*, «matéria» +*zoé*, «vida» + *-ista*)

him *interj.* imitativa do rincho da mula ou do macho

himalaico *adj.* relativo à cordilheira do Himalaia (De *Himalaia*, top. +*-ico*)

himalaíte *n.f.* explosivo inventado pelo padre M. Himalaia, cientista português, 1886-1933 (De *Himalaia*, antr. +*-ite*)

hímen *n.m.* 1 ANATOMIA membrana que, na mulher anatomicamente virgem, tapa parcialmente a vagina 2 BOTÂNICA formação membranosa que envolve e protege a corola de uma flor em botão 3 [poét.] ⇒ **himeneu** (Do gr. *hymén*, «membrana», pelo lat. *hymen*, «himeneu; hímen»)

himenal *adj.2g.* relativo a hímen; himenial (De *hímen*+*-al*)

himeneu *n.m.* 1 casamento 2 festa de núpcias; boda (Do gr. *hyménaios*, «canto nupcial», pelo lat. *hymenaeu-*, «id.»)

himenial *adj.2g.* ⇒ **himenal**

himénio *n.m.* BOTÂNICA camada ou formação membranosa, em alguns fungos, constituída por hifas que originam células reprodutoras (Do gr. *hyménion*, «pequena membrana»)

himenocarpo *adj.* BOTÂNICA que tem fruto membranoso ∎ *n.m.* BOTÂNICA fruto membranoso (Do gr. *hymén*, «membrana» +*karpós*, «fruto»)

himenofilácea *n.f.* BOTÂNICA espécime das Himenofiláceas

Himenofiláceas *n.f.pl.* BOTÂNICA família de plantas pteridófitas, filicíneas, isospóricas, de folhas translúcidas com soros dispostos no prolongamento das nervuras (Do gr. *hymén*, «membrana» +*phýllon*, «folha»)

himenóforo *adj.* BOTÂNICA diz-se da parte do cogumelo que sustenta o himénio (Do gr. *hymén*, «membrana» +*phorós*, «portador»)

himenópode *adj.2g.* ORNITOLOGIA (ave) que tem os dedos ligados por membranas (Do gr. *hymén*, «membrana» +*poús, podós*, «pé»)

himenóptero *adj.* ZOOLOGIA relativo ou pertencente aos himenópteros ∎ *n.m.* ZOOLOGIA espécime dos himenópteros ∎ *n.m.pl.* ZOOLOGIA ordem de insetos com quatro asas membranosas (utilizadas no

voo) e metamorfoses completas, que inclui as formigas, vespas e abelhas (Do gr. *hymenópteros*, «de asas membranosas»)
himenotomia *n.f.* **1** CIRURGIA incisão do hímen **2** dissecação das membranas (Do gr. *hymén*, «membrana» +*tomé*, «corte» +*-ia*)
himenotómico *adj.* relativo à himenotomia (De *himenotomia*+*-ico*)
himenótomo *n.m.* instrumento com que se faz a himenotomia (Do gr. *hymén*, «membrana» +*tomé*, «corte»)
hinário *n.m.* coleção ou livro de hinos religiosos (Do lat. *hymnarĭu-*, «id.»)
hindi *n.m.* língua nacional e literária da Índia (Do hind. *hindi*, «id.»)
hindu *adj.2g.* **1** relativo aos naturais da Índia **2** RELIGIÃO referente ao hinduísmo **3** RELIGIÃO que pratica o hinduísmo ■ *n.2g.* **1** natural ou habitante da Índia; indiano **2** RELIGIÃO pessoa que pratica ou estuda o hinduísmo (Do pers. *hindu*, «habitante das margens do rio Indo»)
hinduísmo *n.m.* RELIGIÃO conjunto dos sistemas religiosos dos povos da Índia (De *hindu*+*-ismo*)
hindustâni *n.m.* uma das línguas que se falam no Indostão (Do pers. *hindustani*, «língua do Indostão»)
hindustano *n.m.* ⇒ **hindustâni** (Do pers. *hindustâni*, «língua do Indostão»)
hínico *adj.* **1** relativo a hino **2** do género do hino (De *hino*+*-ico*)
hinista *n.2g.* **1** pessoa que compõe ou canta hinos; hinologista **2** [fig.] apologista entusiástico; panegirista (De *hino*+*-ista*)
hino *n.m.* **1** composição musical com letra apropriada para celebrar alguém ou alguma coisa **2** canto religioso **3** canto em louvor de um herói, de um monarca ou da Pátria **4** canção; canto **5** [fig.] louvor; elogio; panegírico (Do gr. *hýmnos*, «canto laudatório», pelo lat. *hymnu-*, «hino»)
hino- elemento de formação de palavras que exprime a ideia de *canto* (Do gr. *hýmnos*, «canto laudatório», pelo lat. *hymnu-*, «hino»)
hinodo /ô/ *n.m.* aquele que, entre os antigos Gregos, cantava hinos nas solenidades religiosas (Do gr. *hymnōdós*, «cantor de hinos»)
hinografia *n.f.* **1** tratado bibliográfico dos hinos **2** arte de compor hinos (Do gr. *hymnográphos*, «poeta que escreve hinos» +*-ia*)
hinógrafo *n.m.* compositor de hinos (Do gr. *hymnográphos*, «poeta que escreve hinos»)
hinologia *n.f.* arte de compor, de cantar ou recitar hinos (De *hymnología*, «id.»)
hinologista *n.2g.* ⇒ **hinista** (Do gr. *hymnólogos*, «recitador de hinos», pelo lat. *hymnolŏgu-*, «id.» +*-ista*)
hinólogo *n.m.* ⇒ **hinologista**
hioglosso *n.m.* ANATOMIA músculo que se liga ao osso hioide e à língua (De *hió[ide]*+*-glosso*)
hioide *adj.2g.,n.m.* ANATOMIA osso ou designativo do osso ímpar (normalmente reduzido no homem) que está situado na face anterior do pescoço, e que representa, de maneira reduzida, o arco hióideo dos vertebrados inferiores (Do gr. *hyoeidés [ostoún]*, «osso em forma de ípsilon»)
hióide ver nova grafia hioide
hióideo *adj.* que diz respeito ao hioide; *arco* ~ conjunto de peças pares do endosqueleto visceral da cabeça, muito desenvolvido nos vertebrados inferiores, especialmente nos peixes (De *hióide*+*-eo*)
hiomandibular *n.m.* ZOOLOGIA formação endosquelética que funciona na suspensão da mandíbula nos vertebrados inferiores (De *hió[ide]*+*mandibular*)
hiosciamina *n.f.* FARMÁCIA, QUÍMICA alcaloide venenoso, isómero da atropina, de aplicações terapêuticas, que se encontra em plantas da família das Solanáceas, como o meimendro e a beladona (Do gr. *hyoskýamos*, «meimendro», pelo lat. *hyoscyămu-*, «id.» +*-ina*)
hiostílico *adj.* ZOOLOGIA diz-se da articulação indireta do arco mandibular com o crânio, na qual se verifica a intervenção de umas peças intermediárias que constituem o chamado aparelho suspensor, como nos peixes (De *hió[ide]*+*estil[óide]*+*-ico*)
hipacusia *n.f.* MEDICINA estado de enfraquecimento da audição (Do gr. *hypó*, «abaixo de» +*ákousis*, «audição» +*-ia*)
hipálage *n.f.* recurso estilístico que consiste em associar a uma palavra uma particularidade que pertence semanticamente a outra palavra da mesma frase (ex.: *lábios devotos*); troca de casos (Do gr. *hypallagé*, «id.», pelo lat. *hypallăge-*, «hipálage»)
hipalgesia *n.f.* MEDICINA diminuição da sensibilidade à dor (Do gr. *hypó*, «abaixo de» +*álgesis*, «dor» +*-ia*)
hipalgia *n.f.* MEDICINA ⇒ **hipalgesia** (Do gr. *hypó*, «abaixo de» +*álgos*, «dor» +*-ia*)

hipanto *n.m.* **1** BOTÂNICA inflorescência da figueira, ou outra semelhante; sicónio **2** BOTÂNICA parte inferior do cálice numa flor (Do gr. *hypó*, «sob» +*ánthos*, «flor»)
hipantódio *n.m.* BOTÂNICA ⇒ **hipanto**
hipantropia *n.f.* PATOLOGIA distúrbio mental em que a pessoa se julga transformada em cavalo (Do gr. *hippos*, «cavalo» +*ánthropos*, «homem» +*-ia*)
hiparca *n.m.* ⇒ **hiparco**
hiparco *n.m.* chefe da cavalaria, na antiga Grécia (Do gr. *hippárkhos*, «comandante de cavalaria», pelo lat. *hipparchu-*, «id.»)
hiper- /é/ elemento de formação de palavras que exprime a ideia de *além de, muito, exagerado, excessivo, por cima*, e é seguido de hífen quando o elemento seguinte começa por *h* ou ainda por um *r* que não se liga foneticamente ao *r* anterior (Do gr. *hypér*, «além de; muito; grande»)
híper *n.m.* forma reduzida de *hipermercado*
hiperacidez *n.f.* **1** qualidade ou estado do que é hiperácido; excesso de acidez **2** acidez extrema **3** MEDICINA excesso de ácido clorídrico no suco gástrico (De *hiper-*+*acidez*)
hiperácido *adj.* **1** excessivamente ácido **2** extremamente ácido **3** que tem teor de acidez superior ao normal (De *hiper-*+*ácido*)
hiperactividade ver nova grafia hiperatividade
hiperactivo ver nova grafia hiperativo
hiperacusia *n.f.* MEDICINA acuidade auditiva anormalmente elevada (De *hiper-*+*acusia*)
hiperafrodisia *n.f.* excitação sexual considerada excessiva (De *hiper-*+*afrodisia*)
hiperagudo *adj.* fortemente agudo; extremamente agudo (De *hiper-*+*agudo*)
hiperalbuminose *n.f.* MEDICINA excesso de albumina no sangue (De *hiper-*+*albuminose*)
hiperalgesia *n.f.* MEDICINA excessiva sensibilidade à dor (De *hiper-*+*algesia*)
hiperalgésico *adj.* relativo à hiperalgesia
hiperalgia *n.f.* MEDICINA ⇒ **hiperalgesia** (De *hiper-*+*-algia*)
hiperálgico *adj.* ⇒ **hiperalgésico**
hiperalgotimia *n.f.* exagero das reações afetivas provocadas pela dor (Do gr. *hypér*, «excessivo» +*álgos*, «dor» +*thymós*, «alma» +*-ia*)
hiperalimentação *n.f.* alimentação excessiva (De *hiper-*+*alimentação*)
hiperandrismo *n.m.* exagero dos caracteres sexuais masculinos (Do gr. *hypér*, «exagerado» +*anér, andrós*, «homem» +*-ismo*)
hiperão *n.m.* FÍSICA termo aplicado ao grupo de partículas elementares instáveis, cuja massa está compreendida entre a do protão e a do deuterão e que se encontram na radiação cósmica ou são produzidas artificialmente (De *hiper-*+*[electr]ão*)
hiperatividade *n.f.* **1** atividade excessiva **2** atividade superior à que é habitual (De *hiper-*+*actividade*)
hiperativo *adj.* **1** que é excessivamente ativo, irrequieto, e tem dificuldade de concentração **2** que demonstra uma atividade superior à habitual
hiperazotúria *n.f.* MEDICINA excesso de azoto na urina (De *hiper-*+*azotúria*)
hipérbato *n.m.* recurso estilístico que consiste na inversão da ordem habitual das palavras de uma frase (ex.: *calma tenho eu tido*) (Do gr. *hyperbatón*, «que ultrapassa», pelo lat. *hyperbăton*, «hipérbato»)
hipérbaton *n.m.* ⇒ **hipérbato**
hiperbibasmo *n.m.* GRAMÁTICA deslocação do acento tónico de uma palavra, que torna a pronúncia errada (Do gr. *hyperbibasmós*, «deslocação do acento»)
hipérbole *n.f.* **1** recurso estilístico que consiste no emprego de termos exagerados, ampliando a verdadeira dimensão de uma realidade (ex.: *morrer de medo*) **2** GEOMETRIA curva cónica, secção de uma superfície cónica de revolução por um plano paralelo ao eixo (e, por isso, paralelo a duas geratrizes), que tem as duas propriedades características seguintes: é constante o valor absoluto da diferença das distâncias de cada ponto da curva a dois pontos fixos (focos da hipérbole) do seu plano; é constante o quociente das distâncias de cada ponto da curva a um ponto fixo (foco) e a uma reta fixa (diretriz) do plano da curva (Do gr. *hyperbolé*, «excesso», pelo lat. *hyperbŏle-*, «hipérbole»)
hiperbolicamente *adv.* **1** através de hipérbole **2** exageradamente (De *hiperbólico*+*-mente*)

hiperbólico *adj.* 1 relativo à hipérbole 2 GEOMETRIA que tem a forma de hipérbole 3 em que há hipérbole 4 exagerado (Do gr. *hyperbolikós*, «id.», pelo lat. *hyperbolĭcu-*, «id.»)

hiperboliforme *adj.2g.* que tem a forma de hipérbole (Do lat. *hyperbŏle*, «hipérbole» +*forma-*, «forma»)

hiperbolismo *n.m.* emprego exagerado de hipérboles (De *hipérbole*+-*ismo*)

hiperbolizar *v.tr.,intr.* empregar hipérbole(s) (em) ■ *v.tr.* exagerar (De *hipérbole*+-*izar*)

hiperboloide *adj.2g.* hiperbólico ■ *n.m.* MATEMÁTICA uma das superfícies algébricas do 2.º grau, designadas genericamente quádricas; ~ *de duas folhas* hiperboloide que não admite duas geratrizes retilíneas (por isso, superfície regrada), de secções elípticas ou hiperbólicas, e gerado, em condições determinadas, por uma família de elipses que se apoiam constantemente numa hipérbole fixa; ~ *de uma folha* hiperboloide que admite geratrizes retilíneas (superfície regrada), de secções planas elípticas ou hiperbólicas, gerado, em certas condições, por uma família de elipses que se apoiam constantemente numa dada hipérbole fixa (De *hipérbole*+-*óide*)

hiperbolóide ver nova grafia hiperboloide

hiperbóreo *adj.* 1 que está situado ao norte; setentrional 2 diz-se da população do extremo norte dos continentes do hemisfério norte 3 BOTÂNICA (planta) que vive normalmente em lugares muito frios (Do gr. *hyperbóreos*, «para além do Norte», pelo lat. *hyperborĕu-*, «id.»)

hiperceratose *n.f.* MEDICINA dermatose caracterizada por hipertrofia da camada córnea da pele (Do gr. *hypér*, «além de» +*kéras*, *-atos*, «córnea» +-*ose*)

hipercerebração *n.f.* excesso de trabalho intelectual (De *hiper-*+*cerebração*)

hipercinesia *n.f.* 1 MEDICINA exagero de movimentos 2 designação comum a diversas formas de excitação nervosa, entre as quais se salientam a agitação psicomotora e as contrações musculares involuntárias (De *hiper-*+*cinesia*)

hipercloridria *n.f.* MEDICINA excesso de ácido clorídrico no suco gástrico (De *hiper-*+*clorídr[ico]*+-*ia*)

hipercolia *n.f.* MEDICINA secreção biliar excessiva (Do gr. *hypér*, «excessivo» +*kholé*, «bílis» +-*ia*)

hipercorreção *n.f.* fenómeno que consiste na procura excessiva de correção, que leva o falante de uma língua à substituição de uma forma correta por uma forma incorreta que o falante supõe ser a mais culta; ultracorreção (De *hiper-*+*correcção*)

hipercorrecção ver nova grafia hipercorreção

hipercrítica *n.f.* crítica minuciosa e extremamente severa (De *hiper-*+*crítica*)

hipercriticismo *n.m.* criticismo excessivamente rigoroso (De *hiper-*+*criticismo*)

hipercrítico *adj.* que é excessivamente crítico; que é demasiado severo nas suas críticas ■ *n.m.* crítico excessivamente severo (De *hiper-*+*crítico*)

hipercromia *n.f.* MEDICINA aumento da pigmentação normal da pele (De *hiper-*+*cromia*)

hiperdemia *n.f.* excesso de população (Do gr. *hypér*, «excessivo» +*dēmos*, «povo» +-*ia*)

hiperdipsia *n.f.* sede exagerada (Do gr. *hypér*, «exagerado» +*dípsa*, «sede» +-*ia*)

hiperdulia *n.f.* RELIGIÃO (catolicismo) culto prestado à Virgem Maria (De *hiper-*+*dulia*)

hiperemia *n.f.* MEDICINA excesso de sangue em determinada parte do organismo (Do gr. *hypér*, «excessivo» +*haîma*, «sangue» +-*ia*)

hiperemotividade *n.f.* 1 MEDICINA suscetibilidade patológica às emoções 2 emotividade extrema (De *hiper-*+*emotividade*)

hiperemotivo *adj.* muito emotivo ■ indivíduo extremamente emotivo (De *hiper-*+*emotivo*)

hiperenterose *n.f.* MEDICINA hipertrofia dos intestinos (Do gr. *hypér*, «além de» +*énteron*, «intestino» +-*ose*)

hiperespaço *n.m.* 1 MATEMÁTICA conjunto de todos os subconjuntos fechados de um espaço topológico 2 [pouco usado] MATEMÁTICA designação convencional de conjunto munido de estrutura semelhante à do espaço ordinário (estrutura vetorial ou métrica), com um número de dimensões superior a três (De *hiper-*+*espaço*)

hiperestesia *n.f.* MEDICINA sensibilidade excessiva a todos os estímulos, incluindo os que provocam sensações dolorosas (Do gr. *hypér*, «excessivo» +*aísthesis*, «sensibilidade» +-*ia*)

hiperestésico *adj.* relativo à hiperestesia (Do gr. *hypér*, «além de» +*aísthesis*, «sensibilidade» +-*ico*)

hiperestético *adj.* ⇒ hiperestésico

hiperexcitabilidade *n.f.* excitabilidade extrema ou excessiva (De *hiper-*+*excitabilidade*)

hiperextensão *n.f.* 1 extensão máxima 2 MEDICINA extensão de um membro para além da sua capacidade normal (De *hiper-*+*extensão*)

hiperfagia *n.f.* MEDICINA ⇒ bulimia (De *hiper-*+-*fagia*)

hiperficção *n.f.* INFORMÁTICA narrativa desenvolvida segundo uma estrutura de labirinto, assente na noção de hipertexto, ou texto a três dimensões no hiperespaço, em que a intervenção do leitor determina um percurso de leitura único que não esgota a totalidade dos percursos possíveis no campo de leitura (Do ing. *hyperfiction*, «id.»)

hiperfísico *adj.* superior à natureza; sobrenatural (De *hiper-*+*físico*)

hiperfunção *n.f.* MEDICINA exagero de funcionamento de um órgão (De *hiper-*+*função*)

hipergenesia *n.f.* BIOLOGIA desenvolvimento anormal exagerado de um elemento anatómico ou de um tecido do organismo (Do gr. *hypér*, «exagerado» +*génesis*, «geração» +-*ia*)

hipergenético *adj.* relativo à hipergenesia (De *hiper-*+*genético*)

hiperginismo *n.m.* exagero dos caracteres sexuais femininos (Do gr. *hypér*, «exagerado» +*gyné*, «mulher» +-*ismo*)

hiperglicemia *n.f.* MEDICINA excesso de açúcar no sangue (De *hiper-*+*glicemia*)

hiperglote *n.f.* ANATOMIA orifício superior da laringe (Do gr. *hypér*, «além de» +*glottís*, «lingueta»)

hiper-humano *adj.* 1 que está acima ou fora do alcance das forças humanas; sobre-humano 2 que é humano no mais alto grau (De *hiper-*+*humano*)

hipericácea *n.f.* BOTÂNICA espécime das Hipericáceas

Hipericáceas *n.f.pl.* BOTÂNICA família de plantas dicotiledóneas de folhas inteiras e opostas e fruto capsular ou bacáceo, a que pertence o hiperição (De *hiperição*+-*aceas*)

hiperição *n.m.* BOTÂNICA planta medicinal da família das Hipericáceas, de caule lenhoso e flores de pétalas amarelas, bastante usada pelas suas propriedades medicinais, especialmente antidepressivas (Do gr. *hypérikon*, «hiperição; milfurada», pelo lat. *hyperĭcon*, «id.»)

hipérico *n.m.* BOTÂNICA nome vulgar extensivo a plantas pertencentes a várias espécies da família das Hipericáceas, espontâneas em Portugal, de flores amarelas, folhas inteiras e opostas e fruto capsular ou bacáceo (Do gr. *hypérikon*, «hiperição; milfurada», pelo lat. *hyperĭcon*, «id.»)

hiperidrose *n.f.* MEDICINA secreção excessiva de suor (Do gr. *hypér*, «excessivo» +*hídrosis*, «suor»)

hiperinose *n.f.* MEDICINA excesso de fibrina no sangue (Do gr. *hypér*, «excessivo» +*ís*, *ínos*, «fibrina» +-*ose*)

hiperintelectualidade *n.f.* superioridade de faculdades intelectuais (De *hiper-*+*intelectualidade*)

hiperligação *n.f.* INFORMÁTICA elemento (texto ou imagem) sobre o qual se clica para aceder a outra parte de um documento, a um ficheiro ou a uma página da internet (Do ing. *hyperlink*, «id.»)

hiperlipemia *n.f.* MEDICINA ⇒ hiperlipidemia (De *hiper-*+*lipemia*)

hiperlipidemia *n.f.* MEDICINA concentração excessiva de lípidos no sangue (De *hiper-*+*lipidemia*)

hipermédia *n.m.* INFORMÁTICA associação de texto, som e imagem, de tal modo que o utilizador pode passar de um para outro independentemente da sua sequência linear (De *hiper-*+*média*)

hipermenorreia *n.f.* MEDICINA ⇒ menorragia (De *hiper-*+*menorreia*)

hipermercado *n.m.* grande estabelecimento comercial em regime de autosserviço, que oferece uma vasta gama de produtos alimentares, eletrodomésticos, vestuário e outros; grande superfície (De *hiper-*+*mercado*)

hipermetria *n.f.* GRAMÁTICA partição de uma palavra composta em duas, ficando o primeiro elemento no final de um verso e o segundo no princípio do seguinte (De *hipérmetro*+-*ia*)

hipérmetro *n.m.* GRAMÁTICA verso hexâmetro acabado por uma sílaba que vai além da sua medida (Do gr. *hypérmetros*, «que excede a medida», pelo lat. *hypermĕtru-*, «id.»)

hipermetrope *adj.,n.2g.* MEDICINA que ou quem sofre de hipermetropia ou hiperopia (Do gr. *hypérmetros*, «que excede a medida» +*óps*, *opós*, «vista»)

hipermetropia *n.f.* MEDICINA defeito da visão, geralmente devido a insuficiente convergência do cristalino, caracterizado pela formação da imagem dos objetos, considerados no infinito (ótico), para além da retina; hiperopia (De *hipermetrope*+-*ia*)

hipermisticismo *n.m.* misticismo exagerado (De *hiper-*+*misticismo*)

hipermístico *adj.* **1** extremamente místico **2** exageradamente místico (De *hiper-*+*místico*)

hipermnésia *n.f.* MEDICINA exagero patológico da capacidade de evocação das lembranças (estados de excitação psíquica) (Do gr. *hypér*, «exagerado»+*mnêsis*, «memória»+*-ia*)

hiperonímia *n.f.* LINGUÍSTICA relação semântica entre palavras em que o significado de uma, mais genérica (hiperónimo), inclui o significado de outra, mais específica (hipónimo)

hiperónimo *n.m.* LINGUÍSTICA palavra cujo significado, por ser mais geral, inclui o de outra(s) palavra(s) (exemplo: *legume* é hiperónimo de *cenoura*)

hiperopia *n.f.* MEDICINA ⇒ **hipermetropia** (Do gr. *hypér*, «exagerado»+*óps*, «olho»+*-ia*)

hiperorexia /cs/ *n.f.* MEDICINA ⇒ **bulimia** (De *hiper-*+*orexia*)

hiperortografismo *n.m.* acentuação supérflua de algumas palavras (De *hiper-*+*ortografia*+*-ismo*)

hiperosmia *n.f.* MEDICINA estado de excitação anormal do olfato (Do gr. *hypér*, «além de»+*osmé*, «cheiro»+*-ia*)

hiperosteose *n.f.* MEDICINA desenvolvimento anormal excessivo de certas peças ósseas (De *hiper-*+*osteose*)

hiperpatia *n.m.* MEDICINA ⇒ **hiperalgesia** (Do gr. *hypér*, «excessivo»+*páthos*, «doença»+*-ia*)

hiperpiese *n.f.* MEDICINA ⇒ **hipertensão** (Do gr. *hypér*, «excessivo»+*piézein*, «comprimir»)

hiperpirexia /cs/ *n.f.* MEDICINA elevação excessiva de temperatura com risco de ser letal (De *hiper-*+*pirexia*)

hiperplasia *n.f.* **1** BIOLOGIA desenvolvimento anormal exagerado de um elemento anatómico ou de um tecido do organismo; hipergenesia **2** multiplicação anormal e exagerada de células, o que provoca a deformação de órgãos vegetais (Do gr. *hypér*, «exagerado»+*plásis*, «ação de formar»+*-ia*)

hiperplástico *adj.* **1** relativo à hiperplasia **2** que mostra excessiva ou extrema plasticidade (De *hiper-*+*plástico*)

hiperpneia *n.f.* MEDICINA aceleração e intensificação dos movimentos respiratórios, que tem como consequência a hiperventilação (De *hiper-*+*pneia*)

hiper-rancoroso *adj.* excessivamente rancoroso

hiper-realista *adj.2g.* que é extremamente realista

hiper-rugoso /ô/ *adj.* rugoso em excesso

hipersalino *adj.* excessivamente salino (De *hiper-*+*salino*)

hipersarcose *n.f.* excrescência carnosa (Do gr. *hypér*, «excessivo»+*sárx, sarkós*, «carne»+*-ose*)

hipersecreção *n.f.* secreção excessiva (De *hiper-*+*secreção*)

hipersensibilidade *n.f.* sensibilidade extrema ou excessiva (De *hiper-*+*sensibilidade*)

hipersensível *adj.2g.* **1** extremamente sensível **2** que se choca ou ofende com facilidade; suscetível (De *hiper-*+*sensível*)

hipersentimentalidade *n.f.* sentimentalidade excessiva (De *hiper-*+*sentimentalidade*)

hipersónia *n.f.* **1** alongamento patológico do tempo de sono **2** necessidade excessiva de dormir **3** sonolência (De *hiper-*+lat. *somnu-*, «sono», com infl. de *insónia* ou do fr. *hypersomnie*)

hipersónico *adj.* (fenómeno) que se dá a velocidades superiores à velocidade do som (De *hiper-*+*sónico*)

hipersonoro *adj.* que emite som exageradamente volumoso (De *hiper-*+*sonoro*)

hiperstena /ê/ *n.f.* MINERALOGIA mineral, uma das principais piroxenas ortorrômbicas (Do gr. *hypér*, «além de»+*sthénos*, «força»)

hiperstílico *adj.* BOTÂNICA que se insere por cima do estilete (Do gr. *hypér*, «acima de»+*stýlos*, «estilete»+*-ico*)

hiperstómico *adj.* BOTÂNICA que se insere por cima da abertura do cálice (Do gr. *hypér*, «acima de»+*stóma*, «boca»+*-ico*)

hipertelia¹ *n.f.* MEDICINA existência de mamilos em número acima do normal (Do gr. *hypér*, «muito; excessivo»+*thelé*, «mamilo»+*-ia*)

hipertelia² *n.f.* **1** situação em que algo excede as finalidades para que foi pensado ou concebido [termo criado pelo sociólogo e filósofo francês Jean Baudrillard] **2** excesso de especificações técnicas de um equipamento, objeto ou sistema, tendo em conta as suas finalidades originais (Do gr. *hypér*, «muito; excessivo»+*télos*, «finalidade»+*-ia*)

hipertensão *n.f.* **1** tensão elevada **2** MEDICINA tensão arterial superior à considerada normal; hiperpiese (De *hiper-*+*tensão*)

hipertensivo *adj.,n.m.* ⇒ **hipertensor** (De *hiper-*+*tensivo*)

hipertenso *adj.,n.m.* que ou o que sofre de hipertensão (De *hiper-*+*tenso*)

hipertensor *adj.,n.m.* que ou o que provoca o aumento da tensão arterial (De *hipertenso*+*-or*)

hipertermia *n.f.* **1** MEDICINA elevação da temperatura de um organismo acima do normal **2** estado febril (Do gr. *hypérthermos*, «quente de mais»+*-ia*)

hipertérmico *adj.* **1** MEDICINA relativo à hipertermia **2** MEDICINA que tem hipertermia; que tem febre

hipértese *n.f.* GRAMÁTICA transposição de sons dentro da mesma palavra; metátese (Do gr. *hypérthesis*, «transposição»)

hipertexto *n.m.* **1** LINGUÍSTICA texto produzido a partir de outros textos e sobre outros textos **2** INFORMÁTICA corpus textual com suporte eletrónico, cuja sequencialidade varia ao longo da leitura de acordo com as hiperligações que o leitor pode ativar e que permitem o acesso a múltiplos blocos textuais (De *hiper-*+*texto*)

hipertimia *n.f.* MEDICINA excitabilidade emocional excessiva; emotividade excessiva; **~ maníaca** expansividade, euforia, jovialidade; **~ melancólica** depressão, ansiedade (Do gr. *hypér*, «excessivo»+*thymós*, «alma»+*-ia*)

hipertireoidismo *n.m.* MEDICINA atividade anormalmente elevada da glândula tireoide, geralmente acompanhada de hipertrofia desta (De *hiper-*+*tireoidismo*)

hipertírio *n.m.* ARQUITETURA cornija ou friso em forma de mesa, por cima de uma porta (Do gr. *hyperthýrion*, «dintel», pelo lat. *hyperthyrŭ-*, «id»)

hipértiro *n.m.* ARQUITETURA ⇒ **hipertírio**

hipertiroidismo *n.m.* MEDICINA ⇒ **hipertireoidismo**

hipertonia *n.f.* **1** FISIOLOGIA elevação da tonicidade acima da normal; endurecimento muscular (e de outros tecidos) que oferece resistência à distensão **2** MEDICINA ⇒ **hipertensão** (Do gr. *hypértonos*, «estendido de mais»+*-ia*)

hipertónico *adj.* **1** relativo à hipertonia **2** QUÍMICA diz-se de uma solução, em relação a outra, quando tem maior pressão osmótica do que esta (De *hipertonia*+*-ico*)

hipertricose *n.f.* MEDICINA desenvolvimento anormal e exagerado do revestimento piloso (De *hiper-*+*tricose*)

hipertrofia *n.f.* **1** BIOLOGIA desenvolvimento anormal exagerado de um órgão que, assim, aumenta sensivelmente de volume **2** [fig.] desenvolvimento ou crescimento excessivo (Do gr. *hypér*, «exagerado»+*trophé*, «alimento»+*-ia*)

hipertrofiado *adj.* **1** que revela hipertrofia **2** que se desenvolveu ou aumentou excessivamente (Part. pass. de *hipertrofiar*)

hipertrofiar *v.tr.* causar hipertrofia a (De *hipertrofia*+*-ar*)

hipertrófico *adj.* **1** relativo ou pertencente à hipertrofia **2** que se desenvolveu demasiado **3** excessivo

hipervaidade *n.f.* vaidade extrema (De *hiper-*+*vaidade*)

hiperventilação *n.f.* MEDICINA aumento da quantidade do ar que entra nos pulmões, provocando baixa de tensão de dióxido de carbono no sangue, com efeitos como tonturas e palpitações (De *hiperventilar*+*-ção*)

hiperventilar *v.tr.* **1** fornecer ar ou oxigénio em quantidade excessiva a **2** fazer circular grandes quantidades de ar em (local) (De *hiper-*+*ventilar*)

hipervitaminose *n.f.* MEDICINA situação causada pela absorção excessiva de vitaminas (De *hiper-*+*vitaminose*)

hipestesia *n.f.* MEDICINA diminuição da sensibilidade e dos estímulos tácteis (Do gr. *hypó*, «diminuição»+*aísthesis*, «sensibilidade»+*-ia*)

hip-hop *n.m.* forma de cultura popular nas áreas da música, dança e arte, surgida nas grandes cidades norte-americanas por volta de 1980, que inclui música rap, breakdance e grafitos (Do ing. *hip-hop*, «id.»)

hipiatria *n.f.* **1** medicina veterinária dos cavalos **2** aquilo que é relativo aos cavalos (Do gr. *híppos*, «cavalo»+*iatreía*, «cura»)

hipiátrica *n.f.* ⇒ **hipiatria** (De *hipiátrico*)

hipiátrico *adj.* respeitante à hipiatria ou aos cavalos (Do gr. *hippiatrikós*, «id.»)

hipiatro *n.m.* veterinário que trata, em especial, dos cavalos, dedicando-se, portanto, à hipiatria (Do gr. *hippíatros*, «médico de cavalos»)

hípico *adj.* **1** do cavalo ou a ele relativo; equino **2** DESPORTO relativo ao hipismo (Do gr. *hippikós*, «relativo a cavalo»)

hipismo *n.m.* **1** DESPORTO conjunto de atividades desportivas que se praticam a cavalo; equitação **2** corridas de cavalos (Do gr. *híppos*, «cavalo»+*-ismo*)

hipnagógico *adj.* **1** que induz o sono; soporífico **2** (sono) que é povoado de visões ou alucinações ■ *n.m.* FARMÁCIA medicamento que induz o sono; **estado ~** estado que se situa no período de adormecimento, entre a vigília e o sono (as imagens correspondentes são

nítidas e vivas, sugerindo a realidade) (Do gr. *hýpnos*, «sono» +*agogós*, «que conduz» +-*ico*)
hipno- elemento de formação de palavras que exprime a ideia de sono, adormecimento (Do gr. *hýpnos*, «sono»)
hipnoanálise *n.f.* método psicoterápico de exploração do inconsciente que recorre a narcóticos (De *hipno-*+*análise*)
hipnofobia *n.f.* medo de dormir (De *hipno-*+-*fobia*)
hipnófobo *n.m.* aquele que possui hipnofobia (De *hipno-*+-*fobo*)
hipnógeno *adj.* que produz sono; soporífico (Do gr. *hýpnos*, «sono» +*génos*, «formação»)
hipnografia *n.f.* descrição do sono (De *hipno-*+-*grafia*)
hipnoide *adj.2g.* designativo do estado análogo ao sono; *estado ~* estado intermediário entre a vigília e o sono, caracterizado por atenuação da intensidade das perceções, afrouxamento dos processos intelectuais e obscurecimento da consciência (Do gr. *hýpnos*, «sono» +*eîdos*, «semelhante»)
hipnóide ver nova grafia hipnoide
hipnolepsia *n.f.* MEDICINA crises bruscas e passageiras de sono; narcolepsia (Do gr. *hýpnos*, «sono» +*lépsis*, «ataque» +-*ia*)
hipnologia *n.f.* tratado que tem por objeto o estudo do sono e suas consequências (Do gr. *hýpnos*, «sono» +*lógos*, «estudo» +-*ia*)
hipnólogo *n.m.* aquele que trata de hipnologia (Do gr. *hýpnos*, «sono» +*lógos*, «estudo»)
hipnomania *n.f.* obsessão do sono sem real necessidade de dormir (De *hipno-*+-*mania*)
hipnopatia *n.f.* 1 MEDICINA doença que se caracteriza por manifestações de muito sono 2 hipnose (Do gr. *hýpnos*, «sono» +*páthos*, «doença» +-*ia*)
hipnopedia *n.f.* método educativo assente em sugestões exercidas no decurso do sono; aprendizagem durante o sono (Do gr. *hýpnos*, «sono» +*paideía*, «educação»)
hipnose *n.f.* 1 estado próximo do sono provocado por manobras de sugestão (hipnotismo) 2 sono provocado artificialmente por um medicamento 3 [fig.] estado de inatividade; torpor (Do gr. *hýpnosis*, «hipnose», pelo fr. *hypnose*, «id»)
hipnosia *n.f.* ⇒ **hipnose** (De *hipnose*+-*ia*)
hipnoterapia *n.f.* PSICOLOGIA cura de certas doenças por meio de sono ou de sugestão hipnótica (De *hipno-*+*terapia*)
hipnótico *adj.* 1 respeitante à hipnose 2 que induz o sono 3 [fig.] que fascina ∎ *n.m.* FARMÁCIA medicamento que induz o sono; narcótico (Do gr. *hypnotikós*, «soporífico», pelo lat. *hypnotĭcu-*, «hipnótico»)
hipnotismo *n.m.* conjunto de técnicas que permitem provocar, mediante mecanismos de sugestão, o sono artificial (letargia), assim como um estado especial de rigidez muscular (catalepsia) ou certos atos (sonambulismo provocado) (Do gr. *hypnotós*, de *hypnoûn*, «adormecer», pelo fr. *hypnotisme*, «id.»)
hipnotista *n.2g.* pessoa que trata do hipnotismo ou o pratica; hipnotizador (Do gr. *hypnotós*, de *hypnoûn*, «adormecer» +-*ista*)
hipnotização *n.f.* ato ou efeito de hipnotizar (De *hipnotizar*+-*ção*)
hipnotizador *n.m.* indivíduo que hipnotiza; hipnotista (De *hipnotizar*+-*dor*)
hipnotizar *v.tr.* 1 provocar um estado próximo do sono através de mecanismos de sugestão; fazer cair em hipnose 2 [fig.] atrair a atenção de; fascinar (Do fr. *hypnotiser*, «id.»)
hip(o)-[1] elemento de formação de palavras que exprime a ideia de cavalo (Do gr. *híppos*, «cavalo»)
hip(o)-[2] elemento de formação de palavras que exprime a ideia de diminuição, inferioridade, baixo, abaixo de (Do gr. *hypó*, «sob; abaixo de»)
hipoacidez *n.f.* 1 acidez em grau muito baixo 2 acidez inferior ao normal (De *hipo-*+*acidez*)
hipoacusia *n.f.* MEDICINA diminuição ligeira do sentido da audição; surdez fraca (De *hipo-*+*acusia*)
hipoalergénico *adj.* FARMÁCIA diz-se da substância que provoca poucas reações alérgicas (De *hip(o)-*+*alergénico*)
hipoalérgico *adj.,n.m.* BIOLOGIA, MEDICINA que ou aquele que apresenta poucas reações alérgicas (De *hip(o)-*+*alérgico*)
hipoalgesia *n.f.* MEDICINA diminuição da sensibilidade à dor (De *hipo-*+*algesia*)
hipoandrismo *n.m.* défice dos caracteres sexuais masculinos (Do gr. *hypó*, «abaixo de» +*anér, andrós*, «homem» +-*ismo*)
hipoazotoso *adj.* QUÍMICA designativo obsoleto de hiponitroso (De *hipo-*+*azotoso*)
hipoblasto *n.m.* HISTOLOGIA folheto germinal que aparece a constituir a parte interna da parede do embrião (animal), logo que se verifica a gastrulação; endoderma (Do gr. *hypó*, «abaixo de» +*blastós*, «gérmen»)
hipobrânquio *adj.* ZOOLOGIA que tem as brânquias na parte inferior do corpo (Do gr. *hypó*, «abaixo» +*brágkhia*, «brânquia»)
hipocalórico *adj.* que é pouco calórico; que é baixo em calorias
hipocampo *n.m.* 1 MITOLOGIA monstro cujo corpo é metade cavalo e metade peixe 2 ICTIOLOGIA pequeno peixe teleósteo que nada em posição vertical e cujo perfil se assemelha ao do cavalo; cavalo-marinho 3 ANATOMIA circunvolução que está localizada na face inferior do lobo temporal do cérebro (Do gr. *hippókampos*, «cavalo-marinho», pelo lat. *hippocampu-*, «id.»)
hipocausto *n.m.* forno subterrâneo, nas antigas termas (Do gr. *hypókauston*, «id.», pelo lat. *hypocaustu-*, «id.»)
hipocentauro *n.m.* ⇒ **centauro** 1 (Do gr. *hippokéntauros*, «id.», pelo lat. *hippocentauru-*, «id.»)
hipocentro *n.m.* GEOLOGIA região do interior da Terra onde se origina um sismo; foco sísmico (De *hipo-*+*centro*)
hipocicloide *n.f.* GEOMETRIA curva gerada por um ponto de uma circunferência que rola internamente, sem escorregar, sobre uma outra circunferência (De *hipo-*+*cicloide*)
hipociclóide ver nova grafia hipocicloide
hipocinesia *n.f.* 1 MEDICINA lentidão exagerada de movimentos 2 indolência; inércia; letargia; prostração (De *hipo-*+*cinesia*)
hipocloridria *n.f.* MEDICINA diminuição anormal da acidez do suco gástrico (De *hipo-*+*cloridri[co]*+-*ia*)
hipoclorito *n.m.* 1 QUÍMICA todo o composto que contém o anião hipoclorito ClO^- 2 nome vulgar das lixívias para a lavagem das roupas e para a verdunização das águas, que contêm esse anião (De *hipo-*+*clorito*)
hipocloroso *adj.* QUÍMICA diz-se do oxácido correspondente ao anião hipoclorito (De *hipo-*+*cloroso*)
hipocolia *n.f.* MEDICINA diminuição da secreção biliar (Do gr. *hypó*, «abaixo» +*kholé*, «bílis» +-*ia*)
hipocondria *n.f.* 1 MEDICINA estado patológico de tristeza causado pela ideia de doenças imaginárias 2 tristeza profunda; melancolia (De *hipocôndrio*+-*ia*)
hipocondríaco *adj.* 1 relativo à hipocondria 2 que sofre de hipocondria ∎ *n.m.* aquele que sofre de hipocondria (Do gr. *hypokhondriakós*, «id.»)
hipocôndrio *n.m.* ANATOMIA cada uma das faces laterais do abdómen, um e outro das falsas costelas (Do gr. *hypokhóndrion*, «id.», pelo lat. *hypochondrĭu-*, «id.»)
hipocorístico *adj.,n.m.* GRAMÁTICA vocábulo familiar ou designativo de vocábulo familiar usado como diminutivo de um nome e com intenção afetuosa, muitas vezes formado pela duplicação de sílabas (por exemplo, *Zezé*) (Do gr. *hipokoristikón [ónoma]*, «nome diminutivo»)
hipocótilo *n.m.* BOTÂNICA região do caulículo que fica situada por baixo do ponto de inserção das cotilédones (Do gr. *hypós*, «abaixo» +*kotýle*, «cavidade»)
hipocraniano *adj.* ANATOMIA situado por baixo do crânio (De *hipo-*+*craniano*)
hipocrático *adj.* 1 que diz respeito a Hipócrates, médico grego famoso (460 - 377 a. C.) 2 relativo à doutrina médica de Hipócrates (Do lat. *hippocratĭcu-*, «id.»)
hipocratismo *n.m.* doutrina de Hipócrates, médico grego famoso (460-377 a. C.) (De *Hipócrates*, antr. +-*ismo*)
hipocraz *n.m.* bebida feita de mel, canela, amêndoas, açúcar e vinho (Do fr. *hypocras*, «id.»)
hipocrisia *n.f.* fingimento de qualidades, princípios, ideias ou sentimentos que não se possuem; falsidade (Do gr. *hypokrisía*, «dissimulação»)
hipócrita *adj.,n.2g.* que ou a pessoa que finge ter determinados princípios, ideias, opiniões ou sentimentos (Do gr. *hypokrités*, «ator dissimulado»)
hipocritamente *adv.* 1 com hipocrisia 2 dissimuladamente (De *hipócrita*+-*mente*)
hipodáctilo *n.m.* ORNITOLOGIA parte inferior dos dedos das aves (Do gr. *hypó*, «abaixo» +*dáktylos*, «dedo»)
hipodermatomia *n.f.* CIRURGIA incisão cirúrgica subcutânea (Do gr. *hypó*, «abaixo» +*dérma*, «pele» +*tomé*, «corte» +-*ia*)
hipoderme *n.f.* 1 ANATOMIA zona celular subcutânea, situada imediatamente abaixo da derme; camada mais profunda da pele 2 BOTÂNICA camada celular de suporte localizada por baixo da epiderme nalguns órgãos vegetais 3 ZOOLOGIA zona celular no tegumento de alguns animais, como os insetos (De *hipo-*+*derme*)

hipodermíase *n.f.* MEDICINA doença produzida pela larva de uns insetos dípteros (estros), caracterizada por tumores subcutâneos (berros), especialmente nos bois, nos cavalos, etc. (De *hipoderme+-ase*)

hipodérmico *adj.* **1** relativo à hipoderme **2** MEDICINA (método terapêutico) que consiste na administração de injeções subcutâneas **3** BOTÂNICA que se desenvolve sob a epiderme dos vegetais (De *hipoderme+-ico*)

hipodermoterapia *n.f.* tratamento por via hipodérmica (De *hipoderme+terapia*)

hipodipsia *n.f.* redução anormal da sede (Do gr. *hypó*, «abaixo» +*dípsa*, «sede» +*-ia*)

hipodromia *n.f.* arte de dirigir corridas de cavalos ou de correr a cavalo, em hipódromo (Do gr. *hippodromía*, «corrida de cavalos»)

hipódromo *n.m.* recinto onde se realizam corridas de cavalos (Do gr. *hippódromos*, «id.», pelo lat. *hippodrŏmu-*, «id.»)

hipoemia *n.f.* **1** MEDICINA diminuição anormal do número de glóbulos vermelhos do sangue **2** MEDICINA enfraquecimento da concentração sanguínea de hemoglobina (De *hipo-+-emia*)

hipoepatia *n.f.* MEDICINA insuficiência hepática (Do gr. *hypó*, «abaixo» +*hêpar, -atos*, «fígado» +*-ia*)

hipoestesia *n.f.* MEDICINA ⇒ **hipestesia** (Do gr. *hypó*, «abaixo» +*aísthesis*, «sensibilidade» +*-ia*)

hipofagia¹ *n.f.* ato ou hábito de se alimentar com carne de cavalo (De *hipófago+-ia*)

hipofagia² *n.f.* MEDICINA ingestão de uma quantidade insuficiente de alimentos (De *hip(o)-+-fagia*)

hipófago *adj.,n.m.* que ou aquele que come carne de cavalo (Do gr. *híppos*, «cavalo» +*phageîn*, «comer»)

hipofaringe *n.f.* ZOOLOGIA peça bucal de alguns insetos, especialmente himenópteros e dípteros, também conhecida por língua (De *hipo-+faringe*)

hipófase *n.f.* MEDICINA estado dos olhos que, semicerrados, só deixam ver parte da esclerótica (Do gr. *hypóphasis*, «ação de mostrar pela metade; olhos entreabertos»)

hipofilo *adj.* **1** BOTÂNICA que se insere sob a folha **2** BOTÂNICA pertencente ou relativo à inflorescência inserida por baixo da folha (Do gr. *hypó*, «sob» +*phýllon*, «folha»)

hipofisário *adj.* relativo à hipófise ou ao funcionamento desta glândula (De *hipófise+-ário*)

hipófise *n.f.* ANATOMIA pequena glândula de secreção interna situada na base do crânio, na cavidade da sela turca, constituída pelo lobo posterior (cerebral ou nervoso) e pelo lobo anterior (glandular), que exerce uma função reguladora da maior parte das glândulas de secreção interna, tendo uma influência direta no crescimento (Do gr. *hypóphysis*, «crescença por baixo»)

hipofosfato *n.m.* QUÍMICA todo o composto que contém o anião hipofosfato ou, mais modernamente, difosfato(IV) (De *hipo-+fosfato*)

hipofosfito *n.m.* QUÍMICA designação antiquada de fosfinato (De *hipo-+fosfito*)

hipofosfórico *adj.* QUÍMICA designativo do ácido correspondente ao anião hipofosfato, também chamado ácido difosfórico(IV) (De *hipo-+fosfórico*)

hipofosforoso *adj.* QUÍMICA designativo antiquado do ácido fosfínico (De *hipo-+fosforoso*)

hipoftalmia *n.f.* MEDICINA inflamação do olho por baixo da pálpebra inferior (De *hipo-+oftalmia*)

hipogástrico *adj.* relativo ou pertencente ao hipogástrio (De *hipogástrio+-ico*)

hipogástrio *n.m.* ANATOMIA região inferior do ventre, situada por baixo do umbigo e entre as fossas ilíacas (Do gr. *hypogástrion*, «região abaixo do estômago»)

hipogastro *n.m.* ANATOMIA ⇒ **hipogástrio**

hipogeia *adj.* (*masculino* **hipogeu**) BOTÂNICA diz-se da germinação da semente em que as cotilédones permanecem debaixo da terra (De *hipog[eu]+-eia*)

hipogeu *adj.* (*feminino* **hipogeia**) situado abaixo da superfície da terra ■ *n.m.* **1** HISTÓRIA escavação subterrânea onde os Egípcios depositavam os seus mortos; cripta **2** BOTÂNICA caule alongado subterrâneo; rizoma (Do gr. *hypógeion*, «subterrâneo», pelo lat. *hypogaeu-*, «hipogeu; sepultura»)

hipoginia *n.f.* estado ou qualidade de hipogínico ou hipógino (De *hipógino+-ia*)

hipogínico *adj.* BOTÂNICA que se insere abaixo do gineceu, especialmente estames ou pétalas; hipógino (De *hipógino+-ico*)

hipogínio *adj.* ⇒ **hipogínico**

hipoginismo *n.m.* défice dos caracteres sexuais femininos (De *hipógino+-ismo*)

hipógino *adj.* ⇒ **hipogínico** (Do gr. *hypó*, «sob» +*gyné*, «mulher; ovário»)

hipoglicemia *n.f.* MEDICINA insuficiência de açúcar no sangue (De *hipo-+glicemia*)

hipoglicémico *adj.* **1** da hipoglicemia **2** relativo à hipoglicemia (De *hipoglicemia+-ico*)

hipoglobulia *n.f.* MEDICINA diminuição da quantidade dos glóbulos vermelhos no sangue (De *hipo-+glóbulo+-ia*)

hipoglossa *n.f.* espécie de espargo ou gilbardeira (Do gr. *hypóglosson*, «id.», pelo lat. *hypoglossa-*, «id.»)

hipoglosso *adj.* **1** que está situado por baixo da língua **2** designativo de um nervo craniano, motor (12.º par), que se distribui na língua e na faringe ■ *n.m.* **1** ANATOMIA nervo craniano, motor (12.º par), que se distribui na língua e na faringe; grande hipoglosso **2** ICTIOLOGIA peixe teleósteo fisoclisto pertencente à família dos Pleuronectídeos, e frequente nas águas do Atlântico e do Pacífico (Do gr. *hypoglóssios*, «situado sob a língua»)

hipognatia *n.f.* TERATOLOGIA anomalia caracterizada pela existência de uma cabeça acessória ligada à cabeça principal por baixo do maxilar inferior desta (De *hipógnato+-ia*)

hipógnato *adj.,n.m.* TERATOLOGIA que ou aquele que apresenta hipognatia (Do gr. *hypó*, «sob» +*gnáthos*, «queixo»)

hipogrifo *n.m.* animal fabuloso, metade cavalo e metade grifo, que figura nos romances de cavalaria (Do gr. *híppos*, «cavalo» +*grýps, -pós*, «grifo», ave de rapina)

hipolímnio *n.m.* camada mais profunda e mais fria de um lago, com águas praticamente estagnadas e que se mantém a uma temperatura relativamente constante (Do ing. *hypolimnion*, «id.»)

hipologia *n.f.* estudo de tudo o que diz respeito ao cavalo

hipomancia *n.f.* suposta arte de adivinhar, entre os antigos Gregos, pelo relinchar e pelos movimentos dos cavalos (Do gr. *híppos*, «cavalo» +*manteía*, «adivinhação»)

hipomania¹ *n.f.* **1** gosto apaixonado por cavalos **2** VETERINÁRIA espécie de frenesi que ataca os cavalos (Do gr. *hippomanía*, «amor exagerado aos cavalos»)

hipomania² *n.f.* estado de excitação passageiro, menos intenso do que aquele que caracteriza a mania (De *hipo+mania*)

hipomaníaco *adj.,n.m.* que ou aquele que tem hipomania (De *hipo-+maníaco*)

hipómetro *n.m.* instrumento de veterinária para medir a altura dos cavalos (Do gr. *híppos*, «cavalo» +*métron*, «medida»)

hipomóvel *adj.2g.* designativo do veículo de tração animal ■ *n.m.* veículo de tração animal (De *hipo-+móvel*)

hiponímia *n.f.* LINGUÍSTICA relação semântica entre palavras, em que o significado de uma (hipónimo) está incluída no da outra, cujo sentido é mais geral (hiperónimo)

hipónimo *n.m.* LINGUÍSTICA palavra cujo significado está incluído no de outra, cujo sentido é mais geral (exemplo: *cenoura* é hipónimo de *legume*)

hipopiese *n.f.* MEDICINA ⇒ **hipotensão** (Do gr. *hypó*, «abaixo» +*píezis*, «tensão; pressão»)

hipopígio *n.m.* ZOOLOGIA cada um dos últimos segmentos abdominais de alguns insetos (Do gr. *hypó*, «abaixo» +*pygé*, «nádega» +*-io*)

hipópio *n.m.* MEDICINA secreção purulenta na câmara anterior do olho (Do gr. *hypópion*, «parte do rosto abaixo dos olhos», pelo lat. *hypopĭu-*, «id.»)

hipopituitarismo *n.m.* **1** secreção insuficiente de hormonas por parte da glândula pituitária **2** estado orgânico resultante de deficiência na secreção da hormona do crescimento (De *hipo-+pituitário+-ismo*)

hipoplasia *n.f.* MEDICINA redução do volume de um órgão ou de uma parte do corpo em consequência da fraca atividade de formação dos tecidos (Do gr. *hipó*, «abaixo; escasso» +*plássein*, «modelar» +*-ia*)

hipópode *adj.2g.* que tem as extremidades dos membros semelhantes a patas de cavalo (Do gr. *hippópous, -odos*, «que tem pés de cavalo»)

hipopódio *n.m.* **1** espécie de passadeira nos balneários antigos **2** escabelo para os pés (Do gr. *hypopódion*, «pequeno escabelo para os pés»)

hipopotâmida *n.m.* ZOOLOGIA ⇒ **hipopotamídeo** *n.m.*

Hipopotâmidas *n.m.pl.* ZOOLOGIA ⇒ **Hipopotamídeos**

hipopotamídeo *adj.* ZOOLOGIA relativo ou pertencente aos Hipopotamídeos ■ *n.m.* ZOOLOGIA espécime dos Hipopotamídeos

Hipopotamídeos n.m.pl. ZOOLOGIA família de mamíferos artiodáctilos, robustos, de dentição bunodonte e de costumes aquáticos, a que pertence o hipopótamo (De hipopótamo+-ídeos)

hipopótamo n.m. 1 ZOOLOGIA mamífero de grande porte, da família dos Hipopotamídeos, com focinho longo e boca grande, pele espessa de cor cinzenta e pernas curtas com quatro dedos em cada membro 2 [fig., pej.] indivíduo pesadão, mal-ajeitado (Do gr. hippopótamos, «cavalo de rio», pelo lat. hippopotămu-, «hipopótamo»)

hiposcénio n.m. 1 parte inferior da cena nos antigos teatros gregos 2 lugar que ocupam os músicos junto ao palco (Do gr. hyposkénion, «lugar abaixo do palco»)

hiposmia n.f. MEDICINA perda parcial do sentido do olfato (Do gr. hypó, «abaixo» +osmé, «olfato» +-ia)

hipospadia n.f. MEDICINA deformidade nos órgãos genitais do homem, que consiste na abertura da uretra na face inferior ou ventral do pénis (Do gr. hypospadías, «id.»)

hipospádico adj. 1 relativo a hipospadia 2 que sofre de hipospadia (De hipospadia+-ico)

hipóspado n.m. indivíduo que sofre de hipospadia (Deriv. regr. de hipospadia)

hipossecreção n.f. FISIOLOGIA secreção de uma glândula ou de uma célula em quantidade inferior à normal; secreção insuficiente (De hipo-+secreção)

hipossulfato n.m. QUÍMICA [ant.] ⇒ **ditionato** (De hipo-+sulfato)

hipossulfito n.m. QUÍMICA sal do ácido hipossulfuroso; tiossulfato (De hipo-+sulfito)

hipossulfúrico adj. QUÍMICA [ant.] designativo do ácido ditiónico, $H_2S_2O_6$ (De hipo-+sulfúrico)

hipossulfuroso /ô/ adj. QUÍMICA designativo antiquado do ácido tiossulfúrico, de fórmula $H_2S_2O_3$ (De hipo-+sulfuroso)

hipóstase[1] n.f. 1 sedimento ou depósito em matéria orgânica 2 MEDICINA acumulação de sangue na região mais baixa dos pulmões (Do gr. hypó, «sob; inferior» +stasis, «situação», pelo lat. hypostăse-, «hipóstase; base»)

hipóstase[2] n.f. RELIGIÃO união da natureza divina e da natureza humana na pessoa de Cristo

hipostasiar v.tr. 1 considerar como uma substância ou uma coisa (o que é apenas um acidente ou uma ideia); reificar 2 arvorar em entidade 3 realizar (De hipóstase+-iar)

hipostático[1] adj. MEDICINA diz-se de uma espécie de congestão pulmonar em que a pessoa é obrigada a estar deitada de costas (Do gr. hypostatikós, «id.»)

hipostático[2] adj. RELIGIÃO relativo ou pertencente a hipóstase; **união hipostática** união da natureza divina e da natureza humana na pessoa de Cristo

hipostenia n.f. MEDICINA diminuição de forças (Do gr. hypó, «sob» +sthénos, «força» +-ia)

hiposténico adj. relativo a hipostenia (De hipostenia+-ico)

hipostilo adj. diz-se de um compartimento cujo teto é sustentado por colunas ■ n.m. teto sustentado por colunas (Do gr. hypóstylos, «sustentado por colunas»)

hipóstomo n.m. 1 ZOOLOGIA saliência cónica em alguns celenterados, no vértice da qual se abre a boca 2 ZOOLOGIA formação cónica, bucal, originada pelo desenvolvimento dos bordos do perístomo, em alguns ciliados (Do gr. hypó, «sob» +stóma, «boca»)

hipostroma /ô/ n.m. BOTÂNICA base em que se apoiam os pedúnculos que sustêm os corpúsculos reprodutores de algumas criptogâmicas (Do gr. hypó, «debaixo de» +stróma, «tapete»)

hipotálamo n.m. ANATOMIA zona do cérebro, situada por baixo do tálamo e em volta do terceiro ventrículo, cujos núcleos regulam várias funções vegetativas, nomeadamente a temperatura do corpo, o sono, e diversos processos relacionados com o metabolismo (De hipo-+tálamo)

hipotalássico adj. que se efetua no fundo do mar; submarino (Do gr. hypó, «sob» +thalassikós, «verde-mar; marinho»)

hipotaxe /cs/ n.f. GRAMÁTICA subordinação (em sintaxe) (Do gr. hypotaxis, «dependência»)

hipoteca n.f. 1 sujeição de bens imóveis para garantir o pagamento de uma dívida, sem transferir ao credor a posse desses mesmos bens 2 dívida que resulta dessa sujeição 3 DIREITO garantia real que confere ao credor o direito de ser pago pelo valor do bem hipotecado, pertencente ao devedor ou a terceiro, com preferência sobre os demais que não gozem de privilégio especial ou de propriedade de registo 4 garantia real sobre imóveis (Do gr. hypothéke, «penhor», pelo lat. hypothēca-, «id.»)

hipotecar v.tr. 1 dar ou sujeitar por hipoteca 2 onerar com hipoteca 3 [fig.] comprometer; pôr em risco (De hipoteca+-ar)

hipotecário adj. relativo a hipoteca (Do lat. hypothecariu-, «id.»)

hipotecável adj.2g. que se pode hipotecar (De hipotecar+-vel)

hipotensão n.f. MEDICINA tensão sanguínea, sobretudo arterial, abaixo da normal; hipopiese (De hipo-+tensão)

hipotensivo adj. MEDICINA que provoca hipotensão (De hipotenso+-ivo)

hipotenso adj.,n.m. que ou o que sofre de hipotensão (De hipo-+tenso)

hipotensor adj.,n.m. MEDICINA que ou o que diminui a tensão arterial (De hipotenso+-or)

hipotenusa n.f. GEOMETRIA lado oposto ao ângulo reto, no triângulo retângulo (Do gr. hypoteínousa [grammé], «linha que subtende», pelo lat. hypotenūsa, «hipotenusa»)

hipotermal adj.2g. 1 menos que medianamente termal; tépido 2 GEOLOGIA originado a temperatura relativamente elevada (300 a 500 °C) (De hipo-+termal)

hipotermia n.f. 1 MEDICINA descida anormal da temperatura do corpo, geralmente provocada por uma exposição prolongada ao frio 2 MEDICINA diminuição deliberada da temperatura do corpo, utilizada em terapêutica sempre que o gasto de oxigénio pelo corpo é demasiado para ser feito normalmente, ou empregada como preparação prévia para uma intervenção cirúrgica (Do gr. hypó, «abaixo» +thérme, «calor» +-ia)

hipótese n.f. 1 explicação possível, mas que ainda não se provou; suposição; conjetura; teoria 2 acontecimento possível, mas incerto 3 em matemática e em outros sistemas dedutivos, designa proposição ou conjunto de proposições aceites como ponto de partida para deduzir delas consequências lógicas 4 (ciências experimentais) explicação plausível dos factos provisoriamente adotada com o fim principal de submetê-la a uma verificação metódica pela experiência; **por ~** supostamente (Do gr. hypóthesis, «suposição», pelo lat. hypothĕse-, «hipótese»)

hipoteticamente adv. por hipótese; supostamente (De hipotético+-mente)

hipotético adj. 1 relativo a hipótese 2 baseado em hipótese 3 que é possível mas ainda não se provou 4 suposto 5 incerto; duvidoso (Do gr. hypothetikós, «id.», pelo lat. hypothetĭcu, «hipotético»)

hipotimia n.f. MEDICINA diminuição patológica do tono afetivo, traduzindo-se em apatia ou indiferença (Do gr. hypó, «abaixo» +thymós, «alma» +-ia)

hipotipose n.f. figura de retórica que pinta os factos e os objetos com imagens tão vivas e cores tão plausíveis que apresenta à nossa vista o que se quer significar (Do gr. hypotýposis, «representação»)

hipotireoidismo n.m. MEDICINA atividade anormalmente fraca da glândula tireoide (De hipo-+tireoidismo)

hipotiroidismo n.m. MEDICINA ⇒ **hipotireoidismo**

hipotonia n.f. 1 MEDICINA tonicidade muscular abaixo da normal 2 MEDICINA pressão (ou tensão) que se manifesta da forma referida anteriormente (Do gr. hypó, «sob» +tónos, «tensão» +-ia)

hipotónico adj. 1 respeitante a hipotonia 2 QUÍMICA diz-se de uma solução, em relação a outra, quando tem menor pressão osmótica que esta (De hipotonia+-ico)

hipotrico adj. ZOOLOGIA relativo ou pertencente aos hipótricos ■ n.m. ZOOLOGIA espécime dos hipótricos ■ n.m.pl. ZOOLOGIA grupo de ciliados com cílios aglutinados em cirros na face inferior (Do gr. hypó, «sob» +thrix, trikhós, «cabelo»)

hipotrofia n.f. 1 MEDICINA nutrição insuficiente 2 MEDICINA estado em que se apresenta um recém-nascido cujo tamanho e peso não atingem o normal 3 MEDICINA degeneração da vitalidade 4 MEDICINA desenvolvimento ou crescimento deficitário (Do gr. hypó, «abaixo» +trophé, «nutrição» +-ia)

hipotrófico adj. que apresenta hipotrofia (De hipotrofia+-ico)

hipoxemia n.f. MEDICINA ⇒ **hipoxia** (De hip(o)-+ox(igénio)+-emia)

hipoxia n.f. MEDICINA diminuição do teor de oxigénio no sangue (De hip(o)-+ox(igénio)+-ia)

hipozoico adj. diz-se de um terreno inferior às últimas camadas em que se acham fósseis (Do gr. hypó, «sob» +zoikós, «relativo à vida»)

hipozóico ver nova grafia hipozoico

hippie n.2g. adepto de um movimento de juventude das décadas de 1960 e 1970, caracterizado pela recusa dos valores e moral tradicionais, e pela defesa da paz e amor universais ■ adj.2g. 1 que recusa os valores e moral tradicionais, e defende a paz e o amor universais 2 que se veste e arranja de forma não convencional (Do ing. hippie, «id.»)

hipso- elemento de formação de palavras que exprime a ideia de altura (Do gr. *hýpsos*, «altura»)

hipsobatimetria *n.f.* GEOGRAFIA parte da geografia física que estuda as altitudes e as profundidades (Do gr. *hýpsos*, «altura» +*bathýs*, «profundo» +*métron*, «medida» +-*ia*)

hipsobatimétrico *adj.* relativo a altitude e profundidade; **carta hipsobatimétrica** mapa geográfico com representação das altitudes continentais e das profundidades marítimas; **curva hipsobatimétrica** curva, proveniente de um sistema de coordenadas, que representa o perfil geral dos relevos continental e submarino (De *hipsobatimetria*+-*ico*)

hipsocefalia *n.f.* carácter ou qualidade de hipsocéfalo (De *hipsocéfalo*+-*ia*)

hipsocéfalo *adj.* que tem cabeça alta (Do gr. *hýpsos*, «altura» +*kephalé*, «cabeça»)

hipsografia *n.f.* GEOGRAFIA descrição dos lugares elevados (De *hipso*-+-*grafia*)

hipsográfico *adj.* GEOGRAFIA relativo à distribuição das altitudes e das profundidades (De *hipsografia*+-*ico*)

hipsometria *n.f.* 1 GEOGRAFIA processo de medição de altitudes com aplicação de meios geodésicos ou barométricos 2 GEOGRAFIA diferentes zonas de altitude de uma região (De *hipso*-+-*metria*)

hipsométrico *adj.* relativo à hipsometria (De *hipsometria*+-*ico*)

hipsómetro *n.m.* METEOROLOGIA instrumento destinado a medir a altitude de um lugar pela temperatura a que nele pode começar a ebulição da água (Do gr. *hýpsos*, «altura» +*métron*, «medida»)

hipural *n.m.* ZOOLOGIA ⇒ **urostilo** (Do gr. *hypó*, «abaixo» +*ourá*, «cauda» +-*al*)

hipurato *n.m.* QUÍMICA sal do ácido hipúrico, que, na urina dos herbívoros, equivale à ureia na urina dos carnívoros (De *hipúr[ico]*+-*ato*)

hipúria *n.f.* MEDICINA presença em excesso de ácido hipúrico na urina do homem (Do gr. *híppos*, «cavalo» +*oûron*, «urina» +-*ia*)

hipúrico *adj.* QUÍMICA (ácido) que se encontra na urina dos herbívoros, principalmente do cavalo (De *hipúria*+-*ico*)

hirara *n.f.* quadrúpede do Brasil semelhante ao macaco (De orig. obsc.)

hirarana *n.f.* BOTÂNICA árvore de que os Índios da América extraem um veneno para ervar as suas flechas (De orig. obsc.)

hircânio *adj.* 1 da Hircânia, região da Ásia junto ao mar Cáspio 2 relativo à Hircânia (Do gr. *hyrkánios*, «da Hircânia», pelo lat. *hyrcanīu*, «id.»)

hircina *n.f.* substância que se extrai da gordura do bode e do carneiro (Do lat. *hircu*-, «bode» +-*ina*)

hircino *adj.* 1 de bode 2 relativo a bode (Do lat. *hircīnu*-, «de bode»)

hircismo *n.m.* cheiro desagradável que se exala das axilas de certas pessoas; bodum (De *hirco*+-*ismo*)

hirco *n.m.* ⇒ **bode** (Do lat. *hircu*-, «bode»)

hircoso /ô/ *adj.* 1 que cheira a hircismo 2 (planta) que exala um cheiro semelhante a bodum (Do lat. *hircósu*-, «que cheira a bode»)

hirculação *n.f.* doença das videiras motivada por excesso de estrume (Do lat. *hirculatiōne*-, «esterilidade da vinha»)

hirsutez /ê/ *n.f.* qualidade de hirsuto (De *hirsuto*+-*ez*)

hirsutismo *n.m.* MEDICINA presença na mulher de pilosidade excessiva e com distribuição anormal (De *hirsuto*+-*ismo*)

hirsuto *adj.* 1 que tem pelos compridos, flexíveis e duros 2 eriçado; cerdoso; áspero (Do lat. *hirsūtu*-, «id.»)

hirtar-se *v.pron.* 1 tornar-se hirto 2 eriçar-se (De *hirto*+-*ar*)

hirteza *n.f.* qualidade ou estado de hirto (De *hirto*+-*eza*)

hirto *adj.* 1 retesado 2 teso; inteiriçado; rígido 3 eriçado; hirsuto 4 imóvel (Do lat. *hirtu*-, «id.»)

hirudíneo *adj.* ZOOLOGIA relativo ou pertencente aos hirudíneos ▪ *n.m.* ZOOLOGIA espécime dos hirudíneos ▪ *n.m.pl.* ZOOLOGIA grupo (classe) de anelídeos, de cavidade geral reduzida, munidos de ventosas, e tipicamente desprovidos de sedas (Do lat. *hirudĭne*-, «sanguessuga» +-*eo*)

hirudinicultor *n.m.* aquele que se dedica à hirudinicultura (Do lat. *hirudĭne*-, «sanguessuga» +*cultōre*-, «cultivador»)

hirudinicultura *n.f.* cultura das sanguessugas (Do lat. *hirudĭne*-, «sanguessuga» +*cultūra*, «id.»)

hirundínida *n.m.* ORNITOLOGIA ⇒ **hirundínideo** *n.m.*

Hirundínidas *n.m.pl.* ORNITOLOGIA ⇒ **Hirundínideos**

hirundínideo *adj.* ORNITOLOGIA relativo ou pertencente aos Hirundínideos ▪ *n.m.* ORNITOLOGIA espécime dos Hirundínideos

Hirundínideos *n.m.pl.* ORNITOLOGIA família de pássaros de asas longas, cauda bifurcada e bico curto e achatado, que vivem em bando e migram no inverno, a que pertencem as andorinhas, e cujo género-tipo se denomina *Hirundo* (Do lat. *hirundīne*-, «andorinha» +-*ídeos*)

hirundino *adj.* relativo à andorinha (Por *hirundinĭno*, do lat. *hirundinīnu*-, «de andorinha»)

hispalense *adj.2g.* referente a Híspalis, nome da cidade espanhola de Sevilha, quando era colónia romana; hispálico ▪ *n.2g.* natural ou habitante de Híspalis (Do lat. *hispalense*-, «id.»)

hispálico *adj.* ⇒ **hispalense** *adj.2g.* (Do lat. *Hispăle*-, «Sevilha» + -*ico*)

hispânico *adj.* 1 relativo ou pertencente à Espanha; espanhol 2 relativo ao castelhano ou espanhol 3 relativo a falante(s) nativo(s) de castelhano ou espanhol 4 relativo ou pertencente à Hispânia ou Península Ibérica ▪ *n.m.* indivíduo latino-americano geralmente residente nos Estados Unidos da América (Do lat. *Hispanĭcu*-, «id.»)

hispaniense *adj.,n.2g.* ⇒ **hispânico** (Do lat. *hispaniense*-, «id.»)

hispanista *adj.,n.2g.* que ou pessoa que é versada em assuntos de Espanha, sobretudo na língua ou literatura espanholas (Do lat. *Hispānu*-, «da Hispânia [= Espanha] » +-*ista*)

hispanizar *v.tr.* dar feição ou forma hispânica a (Do lat. *Hispānu*-, «da Espanha» +-*izar*)

hispano *adj.,n.m.* ⇒ **hispânico** (Do lat. *Hispānu*-, «id.»)

hispano- elemento de formação de palavras que exprime a ideia de *espanhol* e *relativo a Espanha* (Do lat. *Hispānu*-, «da Espanha»)

hispano-americano *adj.* 1 relativo a espanhóis e americanos 2 relativo aos países americanos de língua espanhola ▪ *n.m.* 1 natural de um país americano de língua espanhola 2 indivíduo de origem espanhola e americana

hispano-árabe *adj.2g.* 1 relativo a espanhóis e árabes 2 referente à Península Ibérica sob o domínio dos árabes ▪ *n.2g.* natural ou habitante da Península Ibérica sob o domínio árabe

hispanofilia *n.f.* 1 admiração pelos Espanhóis 2 gosto pelas coisas da Espanha (De *hispano*-+-*filia*)

hispanologia *n.f.* estudo das coisas respeitantes à Espanha (De *hispano*-+-*logia*)

hispanólogo *n.m.* perito em coisas da Espanha; hispanista (De *hispano*-+-*logo*)

hispano-luso *adj.* relativo a Espanhóis e Portugueses

hispano-romano *adj.* ⇒ **ibero-romano** ▪ *n.m.* um dos ramos das línguas novilatinas que abrange o castelhano, o português, o galego, o leonês, o catalão e o asturiano

hispar-se *v.pron.* eriçar-se; hispidar-se (Por *hispidar-se*)

hispidar-se *v.pron.* tornar-se híspido; eriçar-se (Do lat. *hispidāre*-, «id.»)

hispidez /ê/ *n.f.* estado ou qualidade do que é híspido (De *híspido*+-*ez*)

híspido *adj.* 1 eriçado; crespo; hirsuto 2 áspero; rugoso 3 revestido de pelos compridos, rígidos, mais ou menos afastados (Do lat. *hispĭdu*-, «eriçado»)

hissom *adj.,n.m.* espécie ou designativo de uma espécie de chá verde muito apreciado (Do chin. *hsi ch'un*, «primavera florida»)

hissopada *n.f.* ato de hissopar; aspersão de água benta (Part. pass. fem. subst. de *hissopar*)

hissopar *v.tr.,intr.* aspergir com hissope (De *hissope*+-*ar*)

hissope *n.m.* RELIGIÃO instrumento de metal ou de madeira com que o celebrante aspergue a água benta numa cerimónia (De *hissopo*)

hissopina *n.f.* substância que se extrai do hissopo (De *hissopo*+-*ina*)

hissopo /ô/ *n.m.* BOTÂNICA planta medicinal da família das Labiadas (género *Hyssopus*), com folhas aromáticas e de sabor forte (Do gr. *hýssopos*, «id.», pelo lat. *hyssōpu*, «hissopo»)

histamina *n.f.* QUÍMICA composto orgânico de carácter alcalino existente no corpo humano e nos tecidos animais, relacionado com algumas manifestações alérgicas, de aplicação terapêutica (De *histo*-+*amina*)

histamínico *adj.* relativo à histamina (De *histamina*+-*ico*)

histeralgia *n.f.* MEDICINA dor, por vezes aguda, localizada no útero (Do gr. *hystéra*, «útero» +*álgos*, «dor» +-*ia*)

histeranto *adj.* BOTÂNICA (vegetal) em que as folhas só aparecem depois das flores (Do gr. *hýsteros*, «posterior» +*ánthos*, «flor»)

histerectomia *n.f.* CIRURGIA intervenção cirúrgica em que se remove o útero ou parte dele (Do gr. *hystéra*, «útero» +*ektomé*, «ablação» +-*ia*)

histerese *n.f.* FÍSICA fenómeno físico que consiste em os pares de valores correspondentes de duas grandezas, que são função uma da outra - campo magnético indutor e intensidade de magnetização, por exemplo -, não se repetirem do mesmo modo quando variam no mesmo sentido ou em sentido contrário (Do gr. *hystéresis*, «falta; penúria», pelo fr. *hystérèse*, «histerese»)

histerético *adj.* relativo a histerese; **perda histerética dieléctrica** FÍSICA dissipação de energia que se verifica quando um dieléctrico está sujeito a um campo elétrico variável, particularmente um campo alternado; **perda histerética magnética** FÍSICA dissipação de energia que se verifica quando um material magnético está sujeito a variações de magnetização (Do fr. *hystéretique*, «id.»)

histeria *n.f.* **1** MEDICINA doença nervosa caracterizada pela exteriorização exagerada de perturbações de natureza emocional ou afetiva, manifestadas através de sintomas físicos (dores, paralisias, convulsões) e psíquicos (alucinações, angústia); histerismo **2** irritabilidade excessiva; nervosismo exagerado **3** excitação ou fúria descontrolada (Do gr. *hystéra*, «útero» +*-ia*)

histericismo *n.m.* ⇒ **histeria** (De *histérico*+*-ismo*)

histérico *adj.* **1** relativo a histeria **2** que sofre de histeria **3** que revela grande excitação ou nervosismo ■ *n.m.* **1** MEDICINA aquele que padece de histeria **2** aquele que manifesta grande excitação ou nervosismo, tornando-se descontrolado (Do gr. *hysterikós*, «relativo ao útero»)

histerismo *n.m.* ⇒ **histeria** (De *histeria*+*-ismo*)

hister(o)-[1] elemento de formação de palavras que exprime a ideia de *útero* (Do gr. *hystéra*, «útero»)

hister(o)-[2] elemento de formação de palavras que exprime a ideia de *ulterior* (Do gr. *hýsteros*, «posterior»)

histerocele *n.f.* MEDICINA hérnia do útero (Do gr. *hystéra*, «útero» +*kéle*, «hérnia»)

histerofisa *n.f.* MEDICINA distensão anormal do útero motivada por acumulação de gases na cavidade deste órgão (Do gr. *hystéra*, «útero» +*phýsa*, «sopro»)

histerografia *n.f.* MEDICINA radiografia do útero (De *histero-*+*-grafia*)

histerólito *n.m.* concreção calcária nas paredes do útero (Do gr. *hystéra*, «útero» +*líthos*, «pedra»)

histerologia *n.f.* recurso estilístico que consiste na inversão da ordem temporal dos factos ou da lógica das ideias de uma frase (Do gr. *hysterología*, «ação de falar por último», pelo lat. *hysterologia*, «id.»)

histerólogo *n.m.* o que usa a histerologia (Do gr. *hýsteros*, «posterior» +*lógos*, «conversação»)

histeroloxia /cs/ *n.f.* MEDICINA desvio da posição normal do útero, por obliquidade (Do gr. *hystéra*, «útero» +*loxós*, «oblíquo» +*-ia*)

histerómana *n.f.* PATOLOGIA ⇒ **ninfómana** (De *histero-*+*-mana*)

histeromania *n.f.* PATOLOGIA ⇒ **ninfomania** (De *histero-*+*-mania*)

histerómetro *n.m.* aparelho especial (sonda graduada) que se utiliza para medir o útero, etc. (Do gr. *hystéra*, «útero» +*métron*, «medida»)

histeropatia *n.f.* MEDICINA doença do útero; metropatia (Do gr. *hystéra*, «útero» +*páthos*, «sofrimento» +*-ia*)

histeroptose *n.f.* MEDICINA queda ou reviramento do útero (Do gr. *hystéra*, «útero» +*ptõsis*, «queda»)

histeroscopia *n.f.* MEDICINA exame ao útero com o auxílio do histeroscópio (De *histeroscópio*+*-ia*)

histeroscópio *n.m.* MEDICINA espéculo (instrumento) para exame do útero (Do gr. *hystéra*, «útero» +*skopeĩn*, «olhar» +*-io*)

histerotomia *n.f.* CIRURGIA incisão realizada no útero (Do gr. *hystéra*, «útero» +*tomé*, «corte» +*-ia*)

histerótomo *n.m.* instrumento cirúrgico com que se pratica a histerotomia (Do gr. *hystéra*, «útero» +*tomé*, «corte»)

histidina *n.f.* BIOQUÍMICA aminoácido que entra, embora em pequenas proporções, na constituição de todas as proteínas, e que é abundante na hemoglobina (Do al. *Histidin*, «histidina», pelo fr. *histidine*, «id.»)

histo- elemento de formação de palavras que exprime a ideia de *tecido orgânico* (Do gr. *histós*, «tecido»)

histofisiologia *n.f.* fisiologia dos tecidos orgânicos (De *histo-*+*fisiologia*)

histofisiológico *adj.* relativo à histofisiologia (De *histo-*+*fisiológico*)

histogéneo *adj.* que gera tecidos orgânicos (Do gr. *histós*, «tecido» +*génos*, «geração; produção»)

histogénese *n.f.* BIOLOGIA conjunto de fenómenos que dizem respeito à produção de tecidos orgânicos ou à sua diferenciação (De *histo-*+*génese*)

histogenético *adj.* relativo a histogénese (De *histo-*+*genético*)

histogenia *n.f.* ⇒ **histogénese** (De *histo-*+*-genia*)

histogénico *adj.* ⇒ **histogenético** (De *histogenia*+*-ico*)

histografia *n.f.* BIOLOGIA descrição dos tecidos orgânicos

histógrafo *n.m.* aquele que se dedica à histografia

histograma *n.m.* ESTATÍSTICA gráfico formado por retângulos de bases iguais, que correspondem a iguais intervalos de variável independente, e cujas alturas são proporcionais aos valores da grandeza em representação (De *histo-*+*-grama*)

histólise *n.f.* MEDICINA destruição de tecidos orgânicos (Do gr. *histós*, «tecido»+*-lýse*, «dissolução»)

histologia *n.f.* ciência biológica que tem por objeto o estudo dos tecidos; anatomia geral microscópica (Do gr. *histós*, «tecido» +*lógos*, «estudo» +*-ia*)

histológico *adj.* relativo à histologia (De *histologia*+*-ico*)

histologista *adj.,n.2g.* especialista em histologia (De *histologia*+*-ista*)

histoma *n.m.* PATOLOGIA tumor de um tecido orgânico

histona *n.f.* BIOLOGIA cada uma das pequenas proteínas básicas que formam associações complexas com o ADN para formar nucleossomas, componentes básicos das fibras de cromatina

histoneurologia *n.f.* estudo das leis que regulam a disposição e as funções dos órgãos nervosos (De *histo-*+*neurologia*)

histoneurológico *adj.* referente à histoneurologia (De *histo-*+*neurológico*)

histonomia *n.f.* conjunto das leis relativas à formação e disposição dos tecidos orgânicos (Do gr. *histós*, «tecido» +*nómos*, «lei» +*-ia*)

histonómico *adj.* relativo à histonomia (De *histonomia*+*-ico*)

histopatologia *n.f.* PATOLOGIA estudo da estrutura e das alterações patológicas nos tecidos orgânicos (De *histo-*+*patologia*)

história *n.f.* **1** evolução da humanidade **2** narração crítica e pormenorizada de factos sociais, políticos, económicos, militares, culturais ou religiosos, que fazem parte do passado de um ou mais países ou povos **3** sucessão natural desses mesmos acontecimentos **4** ramo do conhecimento que se ocupa do estudo do passado, da sua análise e interpretação **5** estudo da origem e do progresso de uma ciência, arte, ou área de conhecimento **6** narrativa; conto **7** biografia **8** LINGUÍSTICA conjunto dos actos e das situações representadas num texto narrativo; **~ aos quadradinhos** história contada através de desenhos sequenciais; **~ da carochinha** patranha; **~ do arco-da-velha** invenção, história complicada e inverosímil; **História Sagrada** a Bíblia, o Antigo Testamento e o Novo Testamento; **filosofia da ~** procura das leis gerais que regem a evolução das sociedades humanas, especulações relativas ao sentido dessa evolução e ao termo final a que chegou a humanidade; **passar à ~** cair no esquecimento (Do gr. *historía*, «id.», pelo lat. *historĭa-*, «id.»)

historiado *adj.* **1** que se historiou **2** cheio de episódios **3** muito enfeitado (Part. pass. de *historiar*)

historiador *n.m.* **1** especialista em história **2** aquele que escreve história ou sobre história **3** narrador de acontecimentos (De *historiar*+*-dor*)

historial *adj.2g.* relativo a história ■ *n.m.* **1** conjunto de factos cronológicos **2** [coloq.] narrativa longa ou enumeração detalhada de factos (De *história*+*-al*)

historiar *v.tr.* **1** fazer a história de **2** narrar; contar **3** descrever **4** [pop.] enfeitar; adornar (De *história*+*-ar*)

historicamente *adv.* **1** em relação à história **2** de acordo com a história (De *histórico*+*-mente*)

historicidade *n.f.* **1** carácter do que é histórico, isto é, que se reconhece como tendo realmente acontecido; autenticidade; veracidade **2** qualidade do que é contingente e varia com as épocas **3** carácter do que existe, não no instante ou na eternidade, mas no tempo histórico **4** FILOSOFIA (existencialismo) condição do existente humano que, embora comprometido no tempo e solidário com o próprio passado, dele se liberta e se projeta livremente na direção do futuro (De *histórico*+*-i*+*-dade*)

historicismo *n.m.* **1** doutrina segundo a qual os fenómenos históricos são únicos, devendo cada época ser estudada e interpretada em conformidade com os seus próprios princípios e ideias **2** doutrina segundo a qual existem grandes leis, de realização inelutável, no desenvolvimento do processo histórico (De *histórico*+*-ismo*)

histórico *adj.* **1** relativo à história **2** que faz parte da história **3** digno de figurar na história **4** importante **4** que recorda acontecimento notável **5** verdadeiro; que realmente existiu; que não é inventado (Do gr. *historikós*, «id.», pelo lat. *historĭcu-*, «id.»)

histórico-etimológico *adj.* referente à apreciação histórica de um problema etimológico

histórico-geográfico *adj.* relativo à história e à geografia simultaneamente

histórico-natural *adj.2g.* que diz respeito à história natural

historieta *n.f.* 1 narrativa de um facto de pouca importância 2 pequena narrativa; conto; fábula 3 anedota 4 história fingida; patranha (De *história+-eta*)

historio- elemento de formação de palavras que exprime a ideia de *história* (Do gr. *historía*, «id.»)

historiografia *n.f.* 1 arte de escrever a história 2 antologia de historiadores 3 conjunto das obras sobre a história de uma dada época (Do gr. *historiographía*, «trabalho de historiador»)

historiográfico *adj.* relativo à historiografia (De *historiografia+-ico*)

historiógrafo *n.m.* 1 cronista de uma época, de um reinado, de uma família, ou de uma personalidade 2 especialista em história; historiador (Do gr. *historía*, «indagação; história» +*gráphein*, «escrever; registar», pelo lat. *historiogrăphu-*, «historiógrafo»)

historíola *n.f.* ⇒ **historieta** (De *história+-ola*)

historiologia *n.f.* filosofia da história (De *historio-+-logia*)

historiúncula *n.f.* ⇒ **historieta** (De *história+-úncula*)

histotomia *n.f.* CIRURGIA dissecação anatómica dos tecidos (Do gr. *histós*, «tecido» +*tomé*, «corte» +*-ia*)

histotomista *adj.,n.2g.* que ou pessoa que disseca os tecidos (De *histotomia+-ista*)

histotripsia *n.f.* CIRURGIA operação cirúrgica que consiste no esmagamento dos tecidos (Do gr. *histós*, «tecido» +*trípsis*, «esmagamento» +*-ia*)

histotromia *n.f.* MEDICINA contração, por ação patológica, de músculos, em especial os das pálpebras (Do gr. *histós*, «tecido» +*trómos*, «tremor» +*-ia*)

histrião *n.m.* 1 bobo; palhaço 2 [fig.] hipócrita 3 [fig.] charlatão 4 [fig.] ator considerado cabotino ou exagerado (Do lat. *histriōne-*, «id.»)

histrícida *n.m.* ZOOLOGIA ⇒ **histricídeo** *n.m.*

Histrícidas *n.m.pl.* ZOOLOGIA ⇒ **Histricídeos**

histricídeo *adj.* ZOOLOGIA relativo ou pertencente aos Histricídeos ■ *n.m.* ZOOLOGIA espécime dos Histricídeos

Histricídeos *n.m.pl.* ZOOLOGIA família de mamíferos roedores de várias regiões temperadas e quentes (Do gr. *hýstrix, -ikhos*, «porco-espinho» +*-ídeos*)

histrionia *n.f.* 1 qualidade de histrião 2 ato ou dito de histrião (Do lat. *histrionĭa-*, «profissão de ator»)

histriónico *adj.* 1 relativo a histrião 2 próprio de histrião 3 cabotino; exagerado (Do lat. *histrionĭcu-*, «id.»)

hitleriano *adj.* 1 relativo a pessoa, às ideias ou ao regime de Adolf Hitler, ditador alemão (1889-1945) 2 POLÍTICA que defende o hitlerismo ■ *n.m.* POLÍTICA partidário do hitlerismo (De *Hitler+-iano*)

hitlerismo *n.m.* 1 regime político estabelecido na Alemanha por A. Hitler, estadista alemão (1889-1945), que vigorou de 1934 a 1945 2 conjunto das doutrinas de Hitler (De *Hitler*, antr. +*-ismo*)

hitlerista *adj.,n.2g.* POLÍTICA partidário de Hitler ou das suas doutrinas (De *Hitler*, antr. +*-ista*)

hiulco *adj.* [poét.] hiante; fendido (Do lat. *hiulcu-*, «fendido»)

HIV *n.m.* MEDICINA vírus transmitido por via sexual ou sanguínea, que dá origem à sida (Do inglês *HIV*, acrónimo de *human immunodeficiency virus*, «vírus da imunodeficiência humana»)

hobby *n.m.* atividade praticada nos tempos livres; passatempo (Do ing. *hobby*, «id.»)

hodiernamente *adv.* no tempo de agora; atualmente; modernamente (De *hodierno+-mente*)

hodiernidade *n.f.* qualidade de hodierno; atualidade; modernidade (De *hodierno-i-+-dade*)

hodierno *adj.* do dia de hoje; de agora; atual; moderno (Do lat. *hodiernu-*, «id.»)

hodógrafo *n.m.* MECÂNICA curva descrita pela extremidade do vetor velocidade durante o movimento que permite determinar a aceleração de uma partícula que se move com velocidade conhecida ao longo de uma trajetória (Do gr. *hódos*, «caminho» +*gráphein*, «descrever»)

hodometria *n.f.* arte de medir as distâncias percorridas (De *hodómetro+-ia*)

hodométrico *adj.* que diz respeito à hodometria (De *hodometria+-ico*)

hodómetro *n.m.* 1 instrumento que serve para medir distâncias percorridas; podómetro 2 instrumento que regista o número de voltas de uma manivela (Do gr. *hodómetron*, «medidor do caminho»)

hodoscópio *n.m.* FÍSICA conjunto de contadores de radiação (por exemplo, contadores Geiger, físico alemão, 1882-1945) que permite determinar a trajetória de uma partícula de raios cósmicos ou de um fotão (Do gr. *hodós*, «caminho» +*skopeīn*, «olhar» +*-io*)

hoffmânnico *adj.* LITERATURA relativo a Ernest T. W. Hoffmann, escritor e compositor alemão (1776-1822) ou aos seus contos fantásticos (De *Hoffmann*, antr. +*-ico*)

hoje *adv.* 1 no dia em que estamos 2 no presente; atualmente; ~ *em dia* atualmente; *de ~ em diante* daqui para o futuro; *mais ~, mais amanhã* dentro em pouco, mais dia, menos dia, qualquer dia (Do lat. *hodĭe*, «id.»)

holanda *n.f.* tecido fino de linho (De *Holanda*, top.)

holandês *adj.* 1 da Holanda 2 relativo à Holanda ■ *n.m.* 1 natural da Holanda 2 língua falada na Holanda (De *Holanda*, top. +*-ês*)

holandilha *n.f.* tecido grosso de linho, próprio para entretelas (De cast. *holandilla*, «id.»)

holandilheiro *n.m.* fabricante ou vendedor de holanda ou holandilha (De *holandilha+-eiro*)

holandizar *v.tr.* 1 dar feição holandesa a 2 impor os costumes holandeses a (De *Holanda*, top. +*-izar*)

holding *n.f.* ECONOMIA sociedade financeira, proprietária de ações de outras sociedades, e cuja atividade se resume à administração desses valores, não se dedicando à produção de bens ou serviços; sociedade gestora de participações sociais (Do ing. *holding company*, «id.»)

holicismo *n.m.* expressão comum a várias línguas ou dialetos (Do gr. *holikós*, «universal» +*-ismo*)

holismo *n.m.* 1 na área das ciências sociais, método em que, para explicar um fenómeno particular ou individual, se deverá analisá-lo como resultante de um conjunto de ações, crenças ou atitudes coletivas, pelo que o indivíduo é considerado como um elemento dentro de uma estrutura social que orienta e explica a sua ação 2 MEDICINA, PSICOLOGIA doutrina segundo a qual o homem, enquanto um ser indivisível, tem características que faltam aos seus elementos constitutivos (Do gr. *hólos*, «todo» +*-ismo*)

holístico *adj.* 1 relativo a holismo 2 que concebe a realidade como um todo (Do gr. *hólos*, «todo»+*-ístico*)

hólmio *n.m.* QUÍMICA elemento químico com o número atómico 67 e símbolo Ho, metálico, macio e prateado, que faz parte das chamadas terras raras (De *[Stock]holm*, «Estocolmo», top. +*-io*)

hol(o)- elemento de formação de palavras que exprime a ideia de *inteiro, todo, completo* (Do gr. *hólos*, «todo»)

holoblástico *adj.* BIOLOGIA diz-se do ovo animal cuja segmentação é total (Do gr. *hólos*, «todo» +*blastós*, «gérmen» +*-ico*)

holobrânquio *adj.* ZOOLOGIA que possui brânquias completas (Do gr. *hólos*, «todo» +*brágkhia*, «brânquia»)

holocarpo *adj.* BOTÂNICA diz-se do fruto que permanece inteiro mesmo depois da maturação (indeiscente), ou da planta que dá frutos com essas características (Do gr. *hólos*, «todo» +*karpós*, «fruto»)

holocausto *n.m.* 1 RELIGIÃO sacrifício em que a vítima era totalmente consumida pelo fogo 2 RELIGIÃO vítima oferecida neste sacrifício 3 [com maiúscula] HISTÓRIA massacre, sobretudo de judeus, levado a cabo nos campos de concentração nazis durante a Segunda Guerra Mundial 4 matança de um grande número de seres humanos; massacre; chacina 5 [fig.] imolação; expiação 6 [fig.] abdicação da vontade própria (Do gr. *holókauston*, «holocausto», pelo lat. *holocaustu-*, «id.»)

holocéfalo *adj.* ICTIOLOGIA relativo ou pertencente aos holocéfalos ■ *n.m.* ICTIOLOGIA espécime dos holocéfalos ■ *n.m.pl.* ICTIOLOGIA grupo de peixes de esqueleto cartilagíneo com peça opercular e orifício anal distintos (Do gr. *hólos*, «todo» +*kephalé*, «cabeça»)

Holocénico *n.m.* GEOLOGIA época geológica correspondente aos tempos atuais (Do gr. *hólos*, «todo» +*kainós*, «recente» +*-ico*)

holocrínico *adj.* BIOLOGIA (glândula) cujas células funcionais são destruídas durante a atividade secretora (Do gr. *hólos*, «inteiro» +*krínein*, «segregar; separar» +*-ico*)

holócrino *adj.* BIOLOGIA ⇒ **holocrínico**

holocristalino *adj.* PETROLOGIA (rocha) em que toda a massa está cristalizada (De *holo-+cristalino*)

holoedria *n.f.* CRISTALOGRAFIA qualidade que se verifica nas formas cristalográficas da classe holoédrica de cada sistema (De *holoedro+-ia*)

holoédrico *adj.* CRISTALOGRAFIA diz-se da classe que, em cada sistema cristalográfico, apresenta a mais elevada simetria (De *holoedro+-ico*)

holoedro *n.m.* CRISTALOGRAFIA forma cristalográfica da classe holoédrica (Do gr. *hólos*, «inteiro» +*hédra*, «base; face»)

holófita *n.f.* [Brasil] BOTÂNICA planta que tem clorofila e que se nutre por fotossíntese

holofítico *adj.* BOTÂNICA diz-se do processo de alimentação próprio dos vegetais, caracterizado pela utilização de alimentos dissolvidos ■ *n.m.* BOTÂNICA ser vivo com este processo de alimentação (Do gr. *hólos*, «inteiro» +*phytón*, «planta» +-*ico*)

holofote *n.m.* aparelho de iluminação geralmente cilíndrico, capaz de projetar a grande distância um intenso feixe luminoso direcionável, frequentemente utilizado para iluminar palcos e fachadas de edifícios; projetor (Do gr. *holóphotos*, «inteiramente iluminado»)

holofrástico *adj.* GRAMÁTICA diz-se dos idiomas, principalmente americanos, em que os principais elementos da frase estão como que aglutinados num só vocábulo (Do gr. *hólos*, «todo» +*phrastikós*, «que serve para enunciar»)

hologamia *n.f.* [Brasil] BIOLOGIA fecundação na qual dois indivíduos inteiros funcionam como gâmetas, unindo-se para formarem o zigoto

hologénese *n.f.* BIOLOGIA processo evolutivo que explica o aparecimento de novas espécies e o consequente desaparecimento das espécies que lhes deram origem (De *holo*-+génese)

hologenético *adj.* BIOLOGIA relativo ou pertencente à hologénese (De *holo*-+*genético*)

holografia *n.f.* 1 ÓTICA conjunto de técnicas de obtenção e utilização de hologramas 2 ÓTICA documento hológrafo (De *hológrafo*+-*ia*)

holográfico *adj.* relativo ou pertencente à holografia

hológrafo *adj.,n.m.* que ou documento que é escrito e assinado pelo próprio autor; *testamento* ~ testamento escrito e assinado pelo testador e lido perante cinco testemunhas que o assinam imediatamente (Do gr. *holóphraphos*, «id.», pelo lat. *holographu-*, «id.»)

holograma *n.m.* ÓTICA registo, em chapa fotográfica, dos efeitos da sobreposição de duas ondas emanadas da mesma fonte luminosa, uma direta e outra refletida pelo objeto fotografado, o que dá uma ilusão de relevo, quando iluminado por um feixe de raios laser (De *holo*-+-*grama*)

holometabólico *adj.* ZOOLOGIA (inseto) que passa por metamorfoses completas (De *holo*-+-*metabólico*)

holométrico *adj.* referente ao holómetro (De *holómetro*+-*ico*)

holómetro *n.m.* instrumento que serve para medir a altura angular de um ponto acima do horizonte (Do gr. *hólos*, «todo» +*métron*, «medida»)

holomórfico *adj.* BIOLOGIA diz-se da alternância de gerações em que os indivíduos provenientes dos dois processos de reprodução são morfologicamente iguais (Do gr. *hólos*, «todo» +*morphé*, «forma» +-*ico*)

holomorfismo *n.m.* BIOLOGIA regeneração total de uma parte de um órgão que foi perdida ou amputada (Do gr. *hólos*, «todo» +*morphé*, «forma» +-*ismo*)

holonímia *n.f.* LINGUÍSTICA relação semântica entre duas palavras, em que uma indica o todo (holónimo) e a outra uma parte desse todo (merónimo)

holónimo *n.m.* LINGUÍSTICA palavra que denota um todo relativamente a uma parte (merónimo) (exemplo: *camisa* é holónimo de *manga* ou *punho*)

holopatia *n.f.* enfermidade que ataca todo o organismo (Do gr. *hólos*, «todo» +*páthos*, «doença» +-*ia*)

holósido *n.m.* QUÍMICA ósido que, por hidrólise, se desdobra em oses (De *holo*-+*ósido*)

holótipo *n.m.* ZOOLOGIA termo empregado em sistemática para designar o exemplar único que o autor original de uma espécie (ou subespécie) apresenta como tipo (Do gr. *hólos*, «completo» +*týpos*, «exemplar; tipo»)

holotomia *n.f.* CIRURGIA incisão ou ablação completa de uma parte do corpo (Do gr. *hólos*, «completo» +*tomé*, «corte» +-*ia*)

holótrico *adj.* ZOOLOGIA relativo ou pertencente aos holótricos ■ *n.m.* ZOOLOGIA espécime dos holótricos ■ *n.m.pl.* ZOOLOGIA grupo de protozoários ciliados com ciliatura uniforme que reveste todo o corpo (Do gr. *hólos*, «todo» +*thríx, trikhós*, «cabelo; pelo»)

holotúria *n.f.* ZOOLOGIA equinoderme da classe dos holoturioides (Do gr. *holothoúrion*, «espécie de zoófito», pelo lat. *holothuría-*, «holotúria»)

holoturídeos *n.m.pl.* ZOOLOGIA ⇒ **holoturioide** *n.m.pl.* (Do gr. *holothoúrion*, «espécie de zoófito»)

holoturioide *adj.2g.* ZOOLOGIA relativo ou pertencente aos holoturioides ■ *n.m.* ZOOLOGIA espécime dos holoturioides ■ *n.m.pl.* ZOOLOGIA classe de equinodermes de corpo mole, vermiforme, com boca terminal munida de tentáculos (Do gr. *holothoúrion*, «espécie de zoófito» +*eîdos*, «forma»)

holoturióide ver nova grafia holoturioide

holozoico *adj.* ZOOLOGIA que tem alimentação animal típica, caracterizada pela ingestão de substâncias já elaboradas ■ *n.m.* ZOOLOGIA ser vivo que tem este processo de alimentação (Do gr. *hólos*, «completo» +*zoikós*, «relativo à vida»)

holozóico ver nova grafia holozoico

holter *n.m.* 1 MEDICINA dispositivo portátil que faz a monitorização do ritmo cardíaco durante a atividade diária normal do indivíduo, habitualmente por um período de 24 horas, cujo objetivo é avaliar a presença de arritmias cardíacas e/ou outras anomalias relacionadas com o funcionamento do coração 2 MEDICINA exame médico realizado com esse dispositivo (De *N. J. Holter*, antr., biofísico que inventou o dispositivo)

homalo- elemento de formação de palavras que exprime a ideia de *plano* (Do gr. *homalós*, «plano»)

homalofilo *adj.* 1 BOTÂNICA diz-se das folhas chatas ou planas e delgadas 2 BOTÂNICA que tem este tipo de folhas (Do gr. *homalós*, «plano» +*phýllon*, «folha»)

homalográfico *adj.* GEOGRAFIA (sistema de projeção cartográfica) em que os paralelos são retilíneos de tal maneira que as áreas compreendidas entre eles sejam equivalentes às áreas da esfera compreendidas entre os paralelos correspondentes (Do gr. *homalós*, «plano» +*graphikós*, «que serve para escrever»)

homaloidal *adj.2g.* MATEMÁTICA sem curvatura (onde, por consequência, se podem traçar figuras semelhantes em qualquer escala) (De *homalóide*+-*al*)

homaloide *adj.2g.* que tem o corpo achatado (De *homalo*-+-*óide*)

homalóide ver nova grafia homaloide

homana *n.m.* [Moçambique] espécie de hóquei em campo (Do changana *homana*, «id.»)

hombo *n.m.* ORNITOLOGIA ave africana (Do quimb. *hombe, hombo*, «id.»)

hombridade *n.f.* 1 nobreza de caráter; dignidade 2 aspeto varonil 3 altivez 4 desejo de se igualar a alguém (Do cast. *hombredad*, «qualidade de homem»)

homebanking *n.m.* serviço disponibilizado pelos bancos que permite aos clientes registados efetuar vários tipos de operações bancárias através do telefone ou usando a internet (Do ing. *home-banking*, «id.»)

homejacking *n.m.* assalto a residências realizado quando os proprietários se encontram no seu interior (Do ing. *homejacking*, «id.»)

homem *n.m.* 1 mamífero primata, bípede, sociável, que se distingue de todos os outros animais pela faculdade da linguagem e pelo desenvolvimento intelectual 2 ser humano; ser vivo composto de matéria e espírito 3 pessoa adulta do sexo masculino; sujeito; indivíduo 4 [com maiúscula] a espécie humana; humanidade 5 [pop.] marido; companheiro; amante; ~ *de bem* indivíduo honesto e correto; ~ *de Deus* indivíduo que dedicou a vida a Deus; ~ *de palavra* indivíduo que cumpre o que promete; ~ *feito* indivíduo que atingiu o seu pleno desenvolvimento, adulto (Do lat. *homĭne-*, «id.»)

homem-bom *n.m.* HISTÓRIA antiga designação dada aos habitantes, naturais dos concelhos, que tinham poderes legislativos

homem-bomba *n.m.* homem que transporta junto do corpo substâncias explosivas que ele próprio faz detonar em determinado lugar, morrendo geralmente na explosão; bombista suicida

homem-galinha *n.m.* [Brasil] mulherengo

homem-rã *n.m.* mergulhador que, utilizando um escafandro autónomo, pode executar tarefas subaquáticas à profundidade de várias dezenas de metros

homenageado *adj.,n.m.* que ou aquele que recebe ou recebeu homenagem (Part. pass. de *homenagear*)

homenagear *v.tr.* 1 prestar homenagem a; preitear 2 venerar (De *homenagem*+-*ear*)

homenagem *n.f.* 1 HISTÓRIA promessa de fidelidade que prestava ao suserano o vassalo que recebia feudo 2 prova de veneração, admiração ou reconhecimento 3 lugar assinalado a um detido para poder andar em liberdade (Do prov. *omenatge*, «id.»)

homenzarrão *n.m.* homem alto e corpulento (De *homem*+*z*+-*arro*+-*ão*)

homenzinho *n.m.* 1 homem de pequena estatura 2 [pej.] homem insignificante 3 rapaz no início da adolescência (De *homem*+*z*+-*inho*)

homeo- elemento de formação que exprime a ideia de *análogo, igual, semelhante* (Do gr. *hómoios*, «semelhante»)

homeómere *adj.2g.* formado de partes semelhantes (Do gr. *homoiomerés*, «id.»)
homeomeria *n.f.* FILOSOFIA uniformidade das partes constituintes; homomeria (Do gr. *homoioméreia*, «id.»)
homeómero *adj.* ⇒ **homeómere**
homeomorfismo *n.m.* caso particular de homomorfismo referente a espaços topológicos (De *homeomorfo*+*-ismo*)
homeomorfo *adj.* 1 de forma idêntica 2 CRISTALOGRAFIA, QUÍMICA diz-se das substâncias que cristalizam em formas semelhantes e têm composição química análoga 3 MATEMÁTICA diz-se de dois espaços topológicos quando existe um homeomorfismo de um sobre o outro (Do gr. *homoiómorphos*, «que tem forma semelhante»)
homeopata *n.2g.* clínico que trata pela homeopatia (Do gr. *homoiopathés*, «de natureza semelhante»)
homeopatia *n.f.* método terapêutico criado pelo médico alemão Christian Hahnemann (1755-1843), que consiste na utilização de remédios em doses infinitesimais obtidas por diluições sucessivas e capazes, em doses mais elevadas, de produzir num indivíduo saudável os sintomas da doença que se pretende combater (Do gr. *homoiopátheia*, «conformidade de afeções»)
homeopático *adj.* 1 relativo à homeopatia 2 [fig.] insignificante 3 [fig.] feito aos poucos (De *homeopatia*+*-ico*)
homeoptoto *adj.* 1 GRAMÁTICA diz-se das palavras que têm o mesmo prefixo (ex.: *telefone, telemóvel*) 2 GRAMÁTICA designativo do nome que está no mesmo caso que outro 3 GRAMÁTICA designativo do verbo que está no mesmo tempo e pessoa que outro ▪ *n.m.* 1 recurso estilístico que consiste no emprego sucessivo de nomes nos mesmos casos, ou de verbos no mesmo tempo, modo e pessoa 2 GRAMÁTICA nome que está no mesmo caso que outro 3 GRAMÁTICA verbo que está no mesmo tempo e pessoa que outro (Do gr. *homoióptoton*, «caso igual»)
homeoptóton *adj.,n.m.* GRAMÁTICA ⇒ **homeoptoto**
homeose *n.f.* 1 semelhança 2 assimilação de produtos nutritivos (Do gr. *homoíosis*, «imitação», pelo lat. *homoeōse-*, «assimilação»)
homeostasia *n.f.* BIOLOGIA propriedade de determinados seres vivos de manterem em equilíbrio todas as suas funções e a própria constituição química dos seus tecidos, apesar das variações do meio ambiente (Do gr. *hómoios*, «semelhante; igual» +*stasis*, «situação» +*-ia*)
homeostático *adj.* relativo à homeostasia (Do fr. *homeostatique*, «id.»)
homeoteleuto *n.m.* recurso estilístico que consiste na correspondência fonética das terminações da última sílaba de uma oração ou verso (ex.: *estudando e trabalhando*) (Do gr. *homoiotéleuton*, «terminação semelhante», pelo lat. *homoeoteleuton*, «id.»)
homeotelêuton *n.m.* ⇒ **homeoteleuto**
homeotermia *n.f.* BIOLOGIA propriedade de conservar a sua própria temperatura uniforme; qualidade de homeotérmico (Do gr. *hómios*, «semelhante; constante; igual» +*thérmos*, «calor» +*-ia*)
homeotérmico *adj.* ZOOLOGIA (animal) cuja temperatura corporal é constante, independentemente da temperatura do meio ambiente; de sangue quente (De *homeo-*+*térmico*)
homeotermo *adj.* ⇒ **homotérmico**
homeotropia *n.f.* qualidade do que é homeótropo (De *homeótropo*+*-ia*)
homeótropo *adj.* GRAMÁTICA diz-se de uma forma resultante de dois ou mais étimos diferentes em correspondência com as suas significações diferentes (exemplo: *pena*, pluma, vem do lat. *penna*, e *pena*, sofrimento, vem do lat. *poena*) (Do gr. *homoiótropos*, «semelhante»)
homeozoico *adj.* que contém os mesmos animais fósseis (De *homeo-*+*-zóico*)
homeozóico ver nova grafia homeozoico
homepage *n.f.* 1 INFORMÁTICA página de entrada num site na Internet 2 INFORMÁTICA página pessoal na Internet, que geralmente contém informações pessoais, contacto, interesses, imagens ou fotografias (Do ing. *homepage*, «página original»)
homérico *adj.* 1 pertencente ou relativo a Homero, poeta grego da Antiguidade (século VII a. C.), ou ao seu estilo 2 à maneira dos feitos dos heróis de Homero; grandioso 3 [fig.] extraordinariamente grande; enorme 4 [fig.] épico; heroico 5 [fig.] (riso) espontâneo e estrepitoso (Do gr. *homerikós*, «id.», pelo lat. *homerĭcu-*, «id.»)
homessa *interj.* [pop.] exprime admiração, espanto ou indignação (De *home[m]*+*essa*)
homicida *adj.2g.* que comete homicídio; que provoca a morte de alguém ▪ *n.2g.* pessoa que comete homicídio (Do lat. *homicīda-*, «id.»)

homicídio *n.m.* morte de uma pessoa praticada por outra; assassínio (Do lat. *homicidĭu-*, «id.»)
homilia *n.f.* 1 RELIGIÃO breve exposição doutrinária feita pelo sacerdote durante a Missa 2 [pop., pej.] discurso moralista; sermão (Do gr. *homilía*, «reunião», pelo lat. *homilĭa-*, «homilia»)
homília *n.f.* ⇒ **homilia**
homiliar *v.intr.* fazer homilias (De *homilia*+*-ar*)
homiliário *n.m.* livro que contém homilias (De *homilia*+*-ário*)
homiliasta *n.2g.* compositor ou pregador de homilias (De *homilia*+*-asta*)
hominal *adj.2g.* relativo ao homem (Do lat. *homĭne-*, «homem» +*-al*)
hominalidade *n.f.* 1 carácter hominal 2 ação própria da natureza humana (De *hominal*+*-i-*+*-dade*)
hominícola *n.2g.* pessoa que presta culto a um homem (Do lat. *homĭne-*, «homem» +*colĕre*, «cultivar; honrar; respeitar»)
hominicultura *n.f.* ⇒ **eugenia** (Do lat. *homĭne*, «homem» +*cultūra*, «cultura»)
Hominidas *n.m.pl.* ⇒ **Hominídeos**
hominídeo *adj.* relativo ou pertencente aos Hominídeos ▪ *n.m.* 1 espécime dos Hominídeos 2 o homem na sua fase de lenta evolução física e intelectual, desde o estádio primitivo ao estádio de desenvolvimento atual (Do lat. *homĭne-*, «homem» +*-ídeo*)
Hominídeos *n.m.pl.* ZOOLOGIA família de mamíferos primatas, com um só género (*Homo*) e uma só espécie, a que pertence o homem (De *hominídeo*)
hominívoro *adj.* que devora, que come carne humana; antropófago (Do lat. *homĭne-*, «homem» +*vorāre*, «comer»)
hominização *n.f.* ANTROPOLOGIA evolução física e intelectual do homem desde a sua fase primitiva até ao estádio de desenvolvimento atual (Do lat. *homine-*+*-izar*+*-ção*)
homiziação *n.f.* ⇒ **homizio** (De *homiziar*+*-ção*)
homiziado *adj.,n.m.* que ou aquele que anda fugido à ação da justiça (Part. pass. de *homiziar*)
homiziar *v.tr.* 1 dar refúgio a (alguém que anda fugido à justiça) 2 tornar inimigo; inimizar; malquistar ▪ *v.pron.* 1 fugir à ação da justiça 2 fugir ao cumprimento do dever militar 3 esconder-se, fugindo (De *homizio*+*-ar*)
homizio *n.m.* 1 ato ou efeito de homiziar 2 estado da pessoa homiziada 3 esconderijo 4 inimizade proveniente de crime de morte 5 antigo tributo (Do lat. *homicidĭu-*, «homicídio»)
homo *n.m.* PALEONTOLOGIA género, *Homo Linnaeus*, cuja espécie tipo é a atual espécie humana; ~ **sapiens** PALEONTOLOGIA espécie de hominídeo que engloba, além dos seres humanos atuais, algumas espécies extintas, homem, enquanto animal racional, por oposição aos animais irracionais (Do lat. *Homo sapiens*, «homem sábio»)
homo- elemento de formação que exprime a ideia de *análogo, igual, semelhante* (De gr. *homós*, «igual; semelhante; o mesmo; do mesmo modo; igualmente»)
homocatalexia /cs/ *n.f.* GRAMÁTICA ⇒ **consonância** (Do gr. *homós*, «semelhante» +*katálexis*, «fim» +*-ia*)
homocentricidade *n.f.* qualidade daquilo que é homocêntrico (De *homocêntrico*+*-i-*+*-dade*)
homocêntrico *adj.* 1 GEOMETRIA que tem o mesmo centro; concêntrico 2 FÍSICA diz-se do feixe de raios luminosos que convergem para um mesmo ponto ou divergem de um mesmo ponto (Do gr. *homókentros*, «concêntrico» +*-ico*)
homocentro *n.m.* GEOMETRIA centro comum de dois ou mais círculos (Do gr. *homókentros*, «id.»)
homocerco /ê/ *adj.* 1 ICTIOLOGIA diz-se da barbatana caudal dos peixes que é simétrica 2 ICTIOLOGIA diz-se do peixe portador de barbatana caudal nessas condições (Do gr. *homós*, «semelhante» +*kérkos*, «cauda»)
homocíclico *adj.* QUÍMICA (composto) em cuja fórmula de estrutura surge uma cadeia fechada, ou ciclo, de átomos todos iguais (De *homo-*+*cíclico*)
homocromia *n.f.* igualdade ou semelhança de cores (De *homocromo*+*-ia*)
homocromo /ô/ *adj.* que apresenta ou toma a mesma cor (Do gr. *homókhromos*, «da mesma cor»)
homodermo *adj.* ZOOLOGIA (réptil) cuja pele é toda coberta de escamas iguais ou desprovida de escamas (Do gr. *homós*, «semelhante» +*dérma*, «pele»)
homodésmico *adj.* CRISTALOGRAFIA (estrutura cristalina) em que existe um único tipo de ligação, ou covalente ou iónica (Do gr. *homós*, «semelhante» +*desmós*, «ligação; vínculo» +*-ico*)

homodiegético *adj.* diz-se do narrador que é personagem secundária ou testemunha de uma história que relata (De *homo-+diegético*)

homodonte *adj.2g.* ZOOLOGIA (animal) cujos dentes são todos iguais, isto é, de um só tipo (Do gr. *homós*, «semelhante» +*odoús, -óntos*, «dente»)

homódromo *adj.* MECÂNICA (alavanca) em que a potência e a resistência ficam para o mesmo lado do ponto de apoio (Do gr. *homódromos*, «que tem o mesmo curso»)

homofilo *adj.* BOTÂNICA (vegetal) cujas folhas (ou folíolos) são todas iguais entre si (Do gr. *homós*, «igual» +*phýllon*, «folha»)

homofobia *n.f.* 1 medo irracional em relação à homossexualidade 2 preconceito contra os homossexuais 3 ódio em relação aos homossexuais

homofóbico *adj.* relativo ou pertencente à homofobia (De *homofobia*+*-ico*)

homófobo *n.m.* 1 o que tem medo irracional da homossexualidade 2 o que é preconceituoso relativamente aos homossexuais 3 o que odeia homossexuais

homofonia *n.f.* 1 concordância absoluta de sons 2 GRAMÁTICA relação entre palavras com pronúncias iguais mas significados e grafias diferentes (Do gr. *homophonía*, «concordância de sons»)

homofónico *adj.* GRAMÁTICA ⇒ **homófono** (De *homófono*+*-ico*)

homofonismo *n.m.* GRAMÁTICA ⇒ **homofonia** (De *homófono*+*-ismo*)

homófono *adj.* GRAMÁTICA diz-se da palavra que tem pronúncia igual à de outra, mas significado e grafia diferentes (Do gr. *homóphonos*, «que tem som semelhante»)

homofonógrafo *adj.* GRAMÁTICA diz-se das palavras que, tendo sentido diferente, se escrevem e pronunciam da mesma maneira (Do gr. *homós*, «igual» +*phoné*, «som» +*gráphein*, «escrever»)

homogamia *n.f.* 1 BOTÂNICA qualidade ou estado de homógamo 2 tendência para o estabelecimento de vínculos entre pessoas com características comuns (a mesma idade, origem geográfica ou social comum, etc.), principalmente em relação aos casamentos (De *homógamo*+*-ia*)

homógamo *adj.* 1 BOTÂNICA diz-se do capítulo cujas flores têm todas o mesmo comportamento sexual 2 BOTÂNICA diz-se do vegetal possuidor destas inflorescências, ou ainda das inflorescências cujos órgãos sexuais de ambos os sexos têm desenvolvimento simultâneo (Do gr. *homógamos*, «casado ao mesmo tempo»)

homogeneidade *n.f.* 1 qualidade do que é homogéneo ou composto de partes da mesma natureza; uniformidade 2 semelhança; identidade (De *homogéneo*+*-i-*+*-dade*)

homogeneização *n.f.* 1 ato ou efeito de tornar homogéneo; uniformização 2 tratamento que se dá ao leite para uniformizar a gordura existente, evitando a formação de nata (De *homogeneizar*+*-ção*)

homogeneizado *adj.* 1 submetido a homogeneização; tornado uniforme 2 diz-se do leite que foi submetido a um tratamento que permite a distribuição uniforme da gordura existente, evitando a formação de nata (Part. pass. de *homogeneizar*)

homogeneizador *n.m.* máquina que permite transformar emulsões grosseiras e polidispersas em sistemas muito mais próximos da homogeneidade, relativamente ao tamanho das partículas (De *homogeneizar*+*-dor*)

homogeneizar *v.tr.* 1 tornar homogéneo, idêntico; uniformizar 2 misturar um conjunto de elementos tornando-o num todo homogéneo, igual (De *homogéneo*+*-izar*)

homogéneo *adj.* 1 composto de partes da mesma natureza; uniforme 2 formado por uma só substância 3 análogo; idêntico 4 que apresenta as partes constitutivas ligadas entre si 5 MATEMÁTICA diz-se do polinómio cujos termos são todos do mesmo grau; *sólido ~* sólido cujas propriedades físicas e químicas são as mesmas em qualquer dos seus pontos (Do gr. *homogenés*, «do mesmo género» +*-eo*)

homogenesia *n.f.* BIOLOGIA geração regular produzida por seres da mesma espécie; homogenia (Do gr. *homós*, «semelhante» +*génesis*, «geração» +*-ia*)

homogenia *n.f.* 1 ⇒ **homogeneidade** 2 BIOLOGIA ⇒ **homogenesia** (Do gr. *homogéneia*, «parentesco de sangue»)

homografia *n.f.* 1 GRAMÁTICA relação entre palavras com grafia igual, mas pronúncia e significado diferentes 2 GEOMETRIA dependência recíproca ou conformidade de duas linhas ou de duas figuras geométricas (De *homógrafo*+*-ia*)

homográfico *adj.* 1 em que há homografia 2 semelhante 3 dependente 4 (alfabeto) que é usado em transmissões militares, e cujos sinais são obtidos por um semáforo mecânico ou por uma pessoa que empunha duas pequenas bandeiras (De *homografia*+*-ico*)

homógrafo *adj.* GRAMÁTICA diz-se da palavra que, em relação a outra, tem a mesma grafia, mas pronúncia e significado diferentes (Do gr. *homós*, «semelhante» +*gráphein*, «escrever»)

homolecítico *adj.* ⇒ **alecítico** (Do gr. *homós*, «igual» +*lékhitos*, «gema de ovo» +*-ico*)

homolítico *adj.* QUÍMICA (reação) que se pode prever a partir da constituição dos reagentes, e que é independente dos agentes exteriores (Do gr. *homós*, «igual» +*líthos*, «pedra» +*-ico*)

homologação *n.f.* 1 ato ou efeito de homologar 2 aprovação; confirmação 3 confirmação de uma sentença (De *homologar*+*-ção*)

homologar *v.tr.* 1 dar homologação a; aprovar; confirmar 2 confirmar por sentença ou por autoridade judicial 3 ratificar por despacho ministerial (De *homólogo*+*-ar*)

homologatório *adj.* em que há homologação (De *homologar*+*-tório*)

homologia *n.f.* 1 propriedade das coisas homólogas 2 recurso estilístico que consiste na repetição das mesmas palavras, conceitos, etc., no mesmo discurso (Do gr. *homología*, «linguagem concordante»)

homológico *adj.* em que há homologia (De *homologia*+*-ico*)

homólogo *adj.* 1 correspondente, embora um pouco diferente; equivalente 2 BIOLOGIA diz-se dos cromossomas semelhantes, portadores de genes correspondentes a caracteres da mesma ordem 3 GEOMETRIA diz-se dos lados que se correspondem e são opostos a ângulos iguais, em figuras semelhantes 4 QUÍMICA designativo das substâncias orgânicas que pertencem à mesma série da mesma função química; *órgãos homólogos* órgãos que têm a mesma origem, e conservam, pelo menos nos limites de um grupo (tipo), a mesma constituição estrutural e posição relativa, embora executem funções diferentes (Do gr. *homólogos*, «concordante»)

homomeria *n.f.* FILOSOFIA ⇒ **homeomeria** (Do gr. *homós*, «semelhante» +*méros*, «parte» +*-ia*)

homomerologia *n.f.* ANATOMIA tratado ou estudo (anatómico) dos sistemas orgânicos (Do gr. *homós*, «semelhante» +*méros*, «parte» +*lógos*, «tratado» +*-ia*)

homométrico *adj.* diz-se da composição poética cuja medida é igual à de outra (Do gr. *homós*, «semelhante» +*metrikós*, «métrico»)

homomorfismo *n.m.* MATEMÁTICA aplicação entre estruturas que respeita todas as operações (por exemplo, no homomorfismo de anéis as imagens de uma soma ou de um produto são, respetivamente, a soma e o produto das imagens) (De *homomorfo*+*-ismo*)

homomorfo *adj.* 1 que é composto de partes semelhantes entre si; que é semelhante na forma 2 BOTÂNICA diz-se do capítulo que tem todas as flores semelhantes entre si 3 MATEMÁTICA diz-se do contradomínio de um homomorfismo relativamente ao seu domínio 4 GRAMÁTICA que tem a mesma forma; homónimo (Do gr. *homós*, «semelhante» +*morphé*, «forma»)

homonímia *n.f.* 1 qualidade do que é homónimo 2 GRAMÁTICA relação entre palavras com pronúncia e grafia iguais, mas significados diferentes (ex.: *manga* 'peça de vestuário' e *manga* 'fruto') (Do lat. *homonymia-*, «id.»)

homonímico *adj.* em que há homonímia (De *homonímia*+*-ico*)

homónimo *adj.,n.m.* 1 que ou o que tem o mesmo nome 2 GRAMÁTICA que ou palavra que tem pronúncia e grafia iguais a outra palavra, mas significado diferente (ex.: *manga* 'peça de vestuário' e *manga* 'fruto') (Do gr. *homónymos*, «que tem o mesmo nome», pelo lat. *homonýmu-*, «id.»)

homonomia *n.f.* qualidade do que é homónomo (Do gr. *homónomos*, «submetido à mesma lei» +*-ia*)

homonómico *adj.* ⇒ **homónomo**

homónomo *adj.* ZOOLOGIA diz-se da segmentação de um organismo animal cujos segmentos (ou anéis) se mostram mais ou menos semelhantes, não constituindo regiões distintas no corpo (Do gr. *homónomos*, «submetido à mesma lei»)

homonuclear *adj.2g.* QUÍMICA (molécula) em que todos os núcleos têm a mesma carga e a mesma massa, isto é, são idênticos (De *homo-*+*nuclear*)

homoparentalidade *n.f.* situação em que os direitos e os deveres parentais são exercidos por duas pessoas do mesmo sexo vivendo como um casal (De *homo-*+*parentalidade*, ou do fr. *homoparentalité*, «id.»)

homopétalo *adj.* 1 BOTÂNICA que tem pétalas semelhantes 2 BOTÂNICA cujas pétalas são todas iguais (De *homo-*+*pétala*)

homoplasia *n.f.* BIOLOGIA formação de partes, tecidos ou elementos semelhantes aos normais, num organismo (Do gr. *homós*, «semelhante» +*plásis*, «formação» +*-ia*)

homoplástico *adj.* 1 relativo à homoplasia 2 homeomorfo (De gr. *homós*, «semelhante» +*plastikós*, «relativo à formação»)

homópode *adj.2g.* ZOOLOGIA (animal) que tem igual número de dedos em cada membro (De *homo-*+*pode*)

homopolar *adj.2g.* QUÍMICA diz-se da ligação entre átomos que compartilham um par de eletrões de spins opostos; covalente (De *homo-*+*polar*)

homóptero *adj.* ZOOLOGIA relativo ou pertencente aos homópteros ■ *n.m.* ZOOLOGIA espécime dos homópteros ■ *n.m.pl.* ZOOLOGIA grupo de insetos hemípteros cujas asas anteriores são membranosas e homogéneas em toda a extensão, assemelhando-se muito às posteriores (Do gr. *homópteros*, «que tem asas semelhantes»)

homoptoto *adj.,n.m.* GRAMÁTICA ⇒ **homeoptoto**

homoptóton *adj.,n.m.* GRAMÁTICA ⇒ **homeoptoto**

homorgânico *adj.* 1 de organização semelhante à de outro 2 GRAMÁTICA diz-se dos fonemas cuja articulação depende do mesmo órgão (De *homo-*+*orgânico*)

homose *n.f.* ⇒ **homeose**

homossexual /cs/ *adj.2g.* 1 relativo à homossexualidade 2 que sente atração sexual por pessoas do mesmo sexo ■ *n.2g.* pessoa que se sente sexualmente atraída por outras do mesmo sexo (De *homo-*+*sexual*)

homossexualidade /cs/ *n.f.* atração sexual entre indivíduos do mesmo sexo; comportamentos homossexuais (De *homossexual*+*-i*+*-dade*)

homossexualismo /cs/ *n.m.* prática de atos homossexuais (De *homossexual*+*-ismo*)

homotálico *adj.* BOTÂNICA (vegetal) em que se verifica homotalismo (Do gr. *homós*, «semelhante» +*thallós*, «rebento» +*-ico*)

homotalismo *n.m.* BOTÂNICA qualidade de hermafrodita (ou monoico), em especial do talo dos fungos e dos protalos de outras plantas (Do gr. *homós*, «semelhante» +*thallós*, «rebento» +*-ismo*)

homotaxia /cs/ *n.f.* GEOLOGIA facto de camadas geológicas não contemporâneas poderem, porque afastadas, conter os mesmos fósseis (Do gr. *homós*, «semelhante»+*táxis*, «ordem» +*-ia*)

homotermal *adj.2g.* ZOOLOGIA ⇒ **homotérmico** (De *homo-*+*termal*)

homotérmico *adj.* ZOOLOGIA (animal) que tem normalmente temperatura constante; homeotérmico; homotermal; de sangue quente (De *homo-*+*térmico*)

homotermo *adj.* ZOOLOGIA ⇒ **homotérmico**

homotesia *n.f.* GEOMETRIA ⇒ **homotetia** (De *homós*, «semelhante» +*thésis*, «posição» +*-ia*)

homotetia *n.f.* GEOMETRIA propriedade das figuras geométricas que, sendo semelhantes, têm posição relativa tal que qualquer ponto de uma delas é colinear com o ponto correspondente da outra e com um ponto fixo que se diz centro de homotetia (ou homotesia) (Do gr. *homós*, «semelhante» +*thetós*, «colocado» +*-ia*)

homotético *adj.* 1 relativo à homotetia 2 em que há homotetia (De *homotetia*+*-ico*)

homotipia *n.f.* ANATOMIA qualidade que, num organismo animal, mostra a disposição simétrica de órgãos que se correspondem pela origem, forma e estrutura, como, por exemplo, os olhos direito e esquerdo do mesmo indivíduo (Do gr. *homotypía*, «tipo comum»)

homotípico *adj.* 1 ANATOMIA relativo à homotipia 2 diz-se da divisão nuclear indireta (cariocinese) em que cada um dos novos núcleos tem o mesmo número de cromossomas que o núcleo primitivo, designada também equacional, normal, típica ou somática (Do gr. *homós*, «igual; semelhante» +*týpos*, «tipo» +*-ico*)

homótipo *adj.* 1 ANATOMIA diz-se do órgão que, num organismo, mostra homotipia 2 análogo 3 que tem o mesmo tipo ■ *n.m.* (sistemática) o exemplar que não é o tipo, mas que foi, por comparação com este e por pessoa que não é o seu autor, identificado como tal (Do gr. *homós*, «igual; semelhante» +*týpos*, «tipo»)

homótono *adj.* que tem o mesmo tom; monótono; uniforme (De *homo-*+*-tono*)

homotropia *n.f.* qualidade de homótropo (De *homótropo*+*-ia*)

homótropo *adj.* BIOLOGIA diz-se do embrião proveniente de óvulos anátropos, devido à direção que toma em relação à semente (Do gr. *homótropos*, «que tem os mesmos costumes»)

homozigótico *adj.* BIOLOGIA diz-se do indivíduo de linha pura, proveniente de elementos (gâmetas) com a mesma constituição genética dos cromossomas (Do gr. *homós*, «igual» +*zygotós*, «unido» +*-ico*)

homozigoto /ô/ *n.m.* BIOLOGIA indivíduo de linha pura, proveniente de elementos (gâmetas) com a mesma constituição dos cromossomas (Do gr. *homós*, «igual»+*zygotós*, «unido»)

homum *n.m.* [regionalismo] multidão de homens (De *home[m]*+*-um*)

homúnculo *n.m.* 1 homem muito pequeno 2 [pej.] homem insignificante, desprezível (Do lat. *homuncŭlu-*, «homenzinho»)

hondurenho *adj.* relativo ou pertencente às Honduras ■ *n.m.* natural ou habitante das Honduras (De *Hondura[s]*, top.+*-enho*, ou do cast. *hondureño*, «id.»)

honestador *adj.,n.m.* que ou aquele que honesta (De *honestar*+*-dor*)

honestar *v.tr.* ⇒ **honestizar** (Do lat. *honestāre*, «honrar»)

honestidade *n.f.* 1 qualidade do que age com retidão, de acordo com a verdade; seriedade; probidade 2 característica daquele que é sincero, e em quem se pode confiar; lealdade 3 [ant.] decoro; compostura; recato; modéstia (Do lat. **honestităte-*, por *honestāte-*, «id.»)

honestizar *v.tr.* 1 tornar honesto 2 dar aparência de honesto a; coonestar 3 dar boa aparência a 4 embelezar; adornar (De *honesto*+*-izar*)

honesto *adj.* 1 que tem ou revela honestidade 2 que age com retidão; íntegro; honrado; sério 3 digno de confiança; leal 4 [ant.] decente; casto; virtuoso ■ *n.m.* pessoa que age com retidão e é considerada digna de confiança (Do lat. *honestu-*, «id.»)

honor *n.m.* honra (Do lat. *honōre-*, «id.»)

honorabilidade *n.f.* qualidade de quem ou daquilo que é digno de ser honrado; integridade; retidão; probidade (Do lat. *honorabĭle-*, «honroso»+*-i*+*-dade*)

honorário *adj.* que possui a honra de um cargo sem os respetivos proventos ou encargos materiais ■ *n.m.pl.* remuneração pecuniária por serviços prestados por profissionais que, geralmente, exercem profissões liberais (Do lat. *honorarĭu-*, «id.»)

honorável *adj.2g.* 1 que é digno de ser honrado; venerável 2 que honra; honorífico

honorificar *v.tr.* conceder honras ou mercês a; honrar (Do lat. *honorificāre*, «honrar»)

honorificência *n.f.* 1 qualidade de honorífico 2 o que constitui honra (Do lat. *honorificentĭa-*, «ato de honrar; honra»)

honorífico *adj.* 1 que dá honra 2 que torna distinto 3 honorário (Do lat. *honorifĭcu-*, «id.»)

honoris causa *loc.adj.* a título de honra; por motivo honroso (Do lat. *honoris causa*)

honra *n.f.* 1 conjunto de qualidades morais entre as quais se salientam a honestidade e a retidão 2 sentimento de dignidade 3 boa reputação 4 homenagem a alguém pelas suas boas qualidades ou talento 5 graça; distinção; privilégio 6 motivo de orgulho 7 [ant.] virgindade 8 *pl.* distinções honoríficas 9 *pl.* demonstrações de respeito 10 *pl.* HISTÓRIA terra privilegiada e imune por pertencer a um nobre; ***fazer as honras da casa*** receber bem os convidados; ***ter a ~ de*** sentir prazer ou gosto em (Deriv. regr. de *honrar*)

honradamente *adv.* 1 com honra 2 honestamente (De *honrado*+*-mente*)

honradez /ê/ *n.f.* 1 qualidade de honrado; honra; integridade de carácter; honestidade 2 dignidade; brio (De *honrado*+*-ez*)

honrado *adj.* 1 que tem honra; honesto; íntegro 2 tratado com honra; respeitado; venerado 3 [ant.] casto; decente (Do lat. *honorātu-*, «id.», part. pass. de *honorāre*, «honrar; reverenciar»)

honrar *v.tr.* 1 conferir honras a 2 distinguir com amizade, com confiança 3 glorificar; enobrecer 4 respeitar 5 tratar alguém com atenções; obsequiar ■ *v.pron.* 1 adquirir honra; enobrecer-se 2 orgulhar-se (Do lat. *honorāre*, «id.»)

honraria *n.f.* 1 título honorífico 2 distinção; honras 3 importância de um cargo (De *honra*+*-aria*)

honrosamente *adv.* 1 de um modo que dá honra ou dignifica 2 com honra (De *honroso*+*-mente*)

honroso /ô/ *adj.* 1 que dá honra; que enobrece 2 que tem honra; digno (De *honra*+*-oso*)

hooligan *n.2g.* pessoa, geralmente jovem, que pratica atos de vandalismo e violência, especialmente em competições desportivas (Do ing. *hooligan*, «id.»)

hooliganismo *n.m.* comportamento caracterizado por atos de vandalismo e violência, especialmente em competições desportivas; vandalismo (De *hooligan*+*-ismo*)

hoplita *n.m.* antigo soldado grego, de armadura pesada (Do gr. *hoplítes*, «id.», pelo lat. *hoplĭtes*, «soldado de infantaria com armadura»)

hoplómaco n.m. gladiador revestido de armadura completa (Do gr. *hoplomákhos*, «id.», pelo lat. *hoplomăchu*-, «id.»)

hóquei n.m. DESPORTO jogo entre duas equipas, cujo objetivo é introduzir uma pequena bola ou disco na baliza contrária, batendo-os com um taco recurvado na extremidade inferior; **~ em patins** hóquei praticado sobre patins de rodas por duas equipas de cinco jogadores; **~ sobre gelo** hóquei praticado em pista de gelo por duas equipas de seis jogadores (Do ing. *hockey*, «id.»)

hoquista n.2g. DESPORTO jogador de hóquei; praticante de hóquei (De *hóquei*+-*ista*)

hora n.f. **1** unidade de medida de tempo, de símbolo h, equivalente a 60 minutos, ou seja, a vigésima quarta parte do dia **2** altura ou momento do dia geralmente utilizado para algo que é habitual **3** sinal sonoro de um relógio que indica as horas **4** número ou sinal do mostrador do relógio, que serve para indicar as horas **5** momento determinado em que se verifica algo; ocasião **6** momento oportuno; ocasião favorável **7** momento fixado previamente para a realização de algo **8** extensão de tempo, geralmente longo; época **9** pl. espaço de tempo indefinido **10** pl. livro de orações; **~ a ~** a cada momento; **~ de ponta** período máximo de atividade, de consumo ou de tráfego, hora de maior afluência; **~ extra** hora de trabalho prestada além do horário normal ou do tempo contratado; *horas e horas* durante muito tempo; **~ H** forma de indicar a hora a que se iniciará uma ação militar quando não há ainda a possibilidade de concretizar o número que a define ou há conveniência em ainda não o revelar; *a horas* a tempo; *a horas mortas* alta noite; *a toda a ~* constantemente; *andar de ~ para ~* estar prestes (especialmente para dar à luz); *cheio de nove horas* cheio de importância, petulante; *chegar a última ~* morrer; *estar com a barriga a dar horas* estar com fome; *estar na ~* ser tempo de começar; *estar pela ~ da morte* ser muito caro; *mais ~ menos ~* de um instante para o outro; *na ~ H* no momento exato; *nas horas de estalar* à última hora (Do lat. *hora*-, «id.»)

horal adj.2g. referente a horas (Do lat. *horāle*-, «id.»)

horar v.intr. fazer horas (De *hora*+-*ar*)

horário adj. **1** relativo à hora **2** que se dá ou realiza em todas as horas ■ n.m. **1** período de funcionamento de um determinado serviço ou atividade regular **2** tabela em que estão registadas essas horas; **~ completo** tempo de trabalho diário que geralmente ocupa a manhã e a tarde com pausa para o almoço; **~ nobre** RÁDIO, TELEVISÃO hora em que se verifica maior audiência; *ângulo ~ de um astro* ASTRONOMIA retilíneo do ângulo diedro formado pelo semimeridiano do lugar de observação e o semicírculo de declinação que contém o centro do astro, medido, no sentido anti-horário, pela amplitude do arco do equador celeste compreendido entre as faces do diedro (Do lat. med. *horarĭu*-, «id.»)

horda n.f. **1** tribo errante **2** bando indisciplinado; caterva; chusma (Do tártaro *orda* ou *horda*, «guarda militar», pelo fr. *horde*, «bando; horda»)

hordeácea n.f. BOTÂNICA espécime das hordeáceas ■ n.f.pl. BOTÂNICA grupo de plantas da família das Gramíneas, a que pertencem o centeio, a cevada, etc. (De *hordeáceo*)

hordeáceo adj. **1** BOTÂNICA relativo ou pertencente às Hordeáceas **2** BOTÂNICA parecido com os grãos ou com a espiga da cevada (Do lat. *hordeacĕu*-, «de cevada»)

hordéolo n.m. ⇒ **terçol** (Do lat. *hordeŏlu*-, «terçolho», dim. de *hordĕu*-, «cevada»)

horizontal adj.2g. **1** que é paralelo ao horizonte ou à superfície da água em repouso **2** perpendicular à vertical **3** relativo ao horizonte **4** deitado ao comprido **5** nivelado ■ n.f. linha paralela ao horizonte; *pôr-se na ~* deitar-se (De *horizonte*+-*al*)

horizontalidade n.f. **1** qualidade ou estado de horizontal **2** direção horizontal (De *horizontal*+-*i*-+-*dade*)

horizontalmente adv. em posição horizontal (De *horizontal*+-*mente*)

horizonte n.m. **1** linha que parece unir o céu à terra ou ao mar e que limita o campo visual do observador **2** toda a parte do céu, mar ou terra, próxima dessa linha, visualmente abrangida por um observador **3** [fig.] perspetiva de futuro **4** pl. [fig.] área de alcance; limites **5** numa pintura, linha que termina a representação do céu **6** GEOLOGIA cada uma das camadas do solo, com espessura relativamente pequena, que se distinguem entre si pela cor, textura e composição química; **~ artificial** ASTRONOMIA dispositivo utilizado para determinar a altura dos corpos celestes quando não é visível o horizonte natural; **~ celeste/racional/geocêntrico** ASTRONOMIA círculo máximo da esfera celeste a meia distância entre o zénite e o nadir; **~ geográfico/real** GEOGRAFIA plano tangente à Terra, no lugar de observação; **~ sensível/visual** GEOGRAFIA calote esférica delimitada pela circunferência de tangência, com a Terra, da superfície lateral de um cone gerado por um raio visual do observador, e tangente à superfície terrestre, que deu uma rotação completa sobre si mesmo; *linha do ~* GEOGRAFIA linha de contacto aparente entre o céu e a Terra; *ter horizontes curtos* não ter ambições; *ter horizontes largos* ter ambições e ser empreendedor (Do gr. *horízon*, -*ontos*, «o que limita», pelo lat. *horizonte*-, «horizonte»)

hórmico adj. relativo às pulsações instintivas (Do gr. *hormé*, «impulso» +-*ico*)

hormogónio n.m. BOTÂNICA fragmento pluricelular do talo de algumas talófitas (cianófitas) que se destaca e, por fragmentação, permite a reprodução destas plantas (Do gr. *hormān*, «pôr em movimento; excitar» +*gónos*, «semente» +-*io*)

hormona n.f. FISIOLOGIA designação das substâncias provenientes da elaboração das glândulas endócrinas, que desempenham ações das mais importantes num organismo (Do gr. *hormān*, «pôr em movimento; excitar», pelo ing. *hormone*, «hormona»)

hormonal adj.2g. relativo a hormonas (De *hormona*+-*al*)

hormónico adj. ⇒ **hormonal** (De *hormona*+-*ico*)

hormonoterapia n.f. MEDICINA tratamento através de hormonas (De *hormona*+*terapia*)

hornaveque n.m. obra avançada em fortificação (Do al. *Hornwerk*, «id.»)

horneblenda n.f. MINERALOGIA mineral do grupo das anfíbolas, de cor escura ou preta, que cristaliza no sistema monoclínico; anfíbola (Do al. *Hornblende*, «id.»)

horo- elemento de formação de palavras que exprime a ideia de *hora* (Do gr. *hóra*, «hora», pelo lat. *hora*-, «id.»)

horografia n.f. arte de construir quadrantes solares (Do gr. *hóra*, «hora» +*gráphein*, «escrever» +-*ia*)

horográfico adj. relativo a horografia (De *horografia*+-*ico*)

horologial adj.2g. que diz respeito a relógios (De *horológio*+-*al*)

horológio n.m. ⇒ **relógio** (Do lat. *horologĭu*-, «relógio; clepsidra»)

horoscopar v.intr. tirar o horóscopo (De *horóscopo*+-*ar*)

horoscopia n.f. arte de horoscopar (De *horóscopo*+-*ia*)

horoscópio n.m. ⇒ **horóscopo**

horóscopo n.m. **1** ASTROLOGIA representação das posições relativas dos planetas e dos signos do zodíaco num dado momento (por exemplo, o nascimento de uma pessoa) utilizada para inferir sobre a personalidade de alguém e prever acontecimentos da sua vida **2** ASTROLOGIA previsões feitas a partir desta representação **3** predição da sorte ou do destino (Do gr. *horoskopeîon*, «quadrante astrológico», pela lat. *horoscŏpu*-, «horóscopo; nascimento»)

horrendo adj. **1** que causa horror **2** muito feio; medonho; tremendo (Do lat. *horrendu*-, «id.», ger. de *horrēre*, «causar horror; arrepiar-se de medo»)

horrente adj.2g. ⇒ **horrendo** (Do lat. *horrente*-, «id.», part. pres. de *horrēre*, «causar horror»)

horri- elemento de formação de palavras que exprime a ideia de *horror* (Do lat. *horrĭdu*-, «horroroso»)

horribilidade n.f. qualidade de horrível (Do lat. *horribilităte*-, «carácter do que é horrível»)

hórrido adj. ⇒ **horrendo** (Do lat. *horrĭdu*-, «horroroso»)

horrífero adj. ⇒ **horrendo** (Do lat. *horrifĕru*-, «terrível»)

horrífico adj. ⇒ **horrendo** (Do lat. *horrifĭcu*-, «terrível»)

horripilação n.f. **1** ato ou efeito de horripilar ou horripilar-se **2** ato ou efeito de arrepiar-se; arrepio; calafrio (Do lat. *horripilatiōne*-, «eriçamento de cabelos»)

horripilador n.m. ANATOMIA músculo liso que existe na pele, e que, contraindo-se, obriga a levantar o pelo a que está ligado (De *horripilar*+-*dor*)

horripilante adj.2g. **1** que horripila; que aterroriza **2** que causa arrepios **3** muito feio; horrendo (Do lat. *horripilante*-, «id.», part. pres. de *horripilāre*, «ter cabelos em pé; pôr os cabelos em pé»)

horripilar v.tr. **1** causar arrepios; arrepiar **2** inspirar horror a (Do lat. *horripilāre*, «ter o pelo eriçado»)

horríssono adj. que produz um som aterrador; que atroa (Do lat. *horrisŏnu*-, «de som horrível»)

horritroante adj.2g. que produz som horroroso (De *horri*-+*troante*)

horrível adj.2g. **1** que causa horror **2** extremamente feio; horrendo; medonho **3** muito mau; péssimo **4** que não se suporta (Do lat. *horribĭle*-, «id.»)

horrivelmente adv. **1** de maneira horrível **2** extremamente (De *horrível*+-*mente*)

horror *n.m.* 1 impressão moral violenta de desagrado e repulsa 2 sensação de grande medo; pavor 3 sensação de repulsa; aversão 4 coisa ou pessoa difícil de suportar 5 [pop.] grande quantidade 6 sofrimento incomportável 7 *pl.* calamidades; tormentos (Do lat. *horrōre-*, «id.»)

horrori- elemento de formação de palavras que exprime a ideia de horror (Do lat. *horrōre*, «id.»)

horrorífico *adj.* ⇒ **horrendo** (De *horrori-*+*-fico*)

horrorizar *v.tr.* 1 causar horror a 2 amedrontar; apavorar 3 repugnar ■ *v.pron.* 1 ter impressão moral violenta de desagrado e repulsa 2 aterrar-se (De *horror*+*-izar*)

horroroso *adj.* 1 que inspira horror 2 extremamente feio 3 tremendo; medonho 4 que é maldoso ou cruel 5 que é insuportável (De *horror*+*-oso*)

horsa *n.f.* 1 égua ou cavalo inglês de grande estatura 2 [fig.] pessoa alta e magra (Do ing. *horse*, «cavalo»)

hors-d'œuvre *n.m.2n.* prato leve e frio servido antes da entrada ou do prato principal; aperitivo; acepipe (Do fr. *hors-d'œuvre*, «id.»)

horseball *n.m.* DESPORTO atividade praticada por duas equipas de quatro jogadores a cavalo, que tentam apanhar a bola do chão sem desmontar com o objetivo de, após efetuar três passes, marcar golo na baliza do adversário (Do ing. *horseball*, «id.»)

horta *n.f.* terreno plantado de hortaliças e legumes (De *horto*)

hortaliça *n.f.* BOTÂNICA designação de plantas leguminosas ou herbáceas, comestíveis e ricas em vitaminas, cultivadas geralmente em hortas (Do port. ant. *hortal* [= de horta] +*-iça*)

hortaliceiro *n.m.* vendedor de hortaliça ■ *adj.* que aprecia muito hortaliça

hortar *v.tr.* 1 plantar (hortaliça) 2 preparar (um terreno) para horta (De *horta*+*-ar*)

hortativo *adj.* exortativo (Do lat. *hortatīvu*, «que serve para exortar»)

hortejo /ê/ *n.m.* 1 pequena horta 2 horto pequeno (De *horto*+*-ejo*)

hortelã *n.f.* BOTÂNICA planta herbácea da família das Labiadas, fortemente aromática, de pequenas folhas moles e verdes, cultivada em hortas ou espontânea, útil em farmácia e culinária (Do lat. *hortulāna-*, «de horta»)

hortelã-d'água *n.f.* BOTÂNICA planta herbácea da família das Labiadas, espontânea em Portugal, nos rios, lagoas e lugares húmidos

hortelã-francesa *n.f.* BOTÂNICA ⇒ **balsamita**

hortelão *n.m.* (feminino **hortelã**) 1 indivíduo que trata das hortas 2 ORNITOLOGIA ⇒ **hortulana** (Do lat. *hortulānu-*, «jardineiro; hortelão»)

hortelã-pimenta *n.f.* BOTÂNICA planta herbácea muito aromática, da família das Labiadas, cultivada e subespontânea em Portugal, e com aplicações culinárias, medicinais e industriais

horteloa /ô/ *n.f.* (masculino **hortelão**) 1 mulher que cultiva ou trata das hortas 2 mulher do hortelão

hortense[1] *adj.2g.* 1 relativo a horta 2 produzido em horta; hortícola (De *hortense*, «id.»)

hortense[2] *adj.2g.* relativo à cidade da Horta, no Faial, Açores ■ *n.2g.* natural ou habitante da cidade da Horta, no Faial, Açores (De *Horta*, top. +*-ense*)

hortênsia *n.f.* BOTÂNICA ⇒ **hidrângea** (Do fr. *hortensia*, «id.» de *Hortense*, antr. +*-ia*)

horti- elemento de formação de palavras que exprime a ideia de horta, horto (Do lat. *hortu-*, «id.»)

hortícola *adj.2g.* 1 referente a horta ou à horticultura 2 que se cria na horta; hortense (Do lat. *horticŏla*, «hortícola»)

horticultor *n.m.* aquele que se dedica à horticultura (De *horti-*+*cultor*)

horticultura *n.f.* arte de cultivar hortas ou jardins (De *horti-*+*cultura*)

hortifruticultura *n.f.* cultura simultânea de plantas hortícolas e árvores de fruto (De *horticultura* × *fruticultura*)

horto /ô/ *n.m.* 1 local onde se cultivam e/ou vendem sementes e plantas de horta e jardim 2 horta pequena 3 jardim (Do lat. *hortu-*, «jardim; horta»)

hortofloricultura *n.f.* cultura simultânea de produtos hortícolas e de flores (De *horta*+*floricultura*)

hortulana *n.f.* ORNITOLOGIA pássaro da família dos Fringilídeos, pouco comum em Portugal, também conhecido por sombria-brava, nil, hortelão, etc. (Do lat. *hortulāna-*, «de jardim»)

hosana *interj.* exprime aclamação ou saudação de louvor ■ *n.m.* 1 hino sacro que se canta no Domingo de Ramos 2 louvor 3 saudação (Do hebr. *hoshi'anna*, «salva, peço-te», pelo lat. *hosanna*, «saúde e glória»)

hosco /ô/ *adj.* [Brasil] (gado vacum) que apresenta cor escura (Do cast. *hosco*, «de cor escura; fosco»)

hospedador *adj.,n.m.* que ou aquele que dá hospedagem; hospedeiro (De *hospedar*+*-dor*)

hospedagem *n.f.* 1 ato ou efeito de hospedar ou hospedar-se 2 casa que recebe hóspedes, mediante pagamento; hospedaria 3 bom acolhimento; hospitalidade (De *hospedar*+*-agem*)

hospedal *adj.2g.* 1 que diz respeito a hospedagem 2 acolhedor; hospedeiro (Do lat. *hospitāle-*, «de hóspede»)

hospedar *v.tr.* receber em sua casa como hóspede; acolher; alojar ■ *v.pron.* estabelecer-se como hóspede; alojar-se (Do lat. *hospitāri*, «receber hospitalidade»)

hospedaria *n.f.* casa que recebe hóspedes, mediante pagamento; estalagem; pensão (De *hóspede*+*-aria*)

hospedável *adj.2g.* 1 que se pode receber como hóspede 2 que é capaz de se hospedar (De *hospedar*+*-vel*)

hóspede *n.2g.* 1 pessoa que se aloja temporariamente em casa alheia ou em hospedaria 2 estrangeiro que viaja num país 3 peregrino ■ *adj.2g.* 1 alheio; estranho 2 [fig.] leigo 3 frequentador (Do lat. *hospĭte-*, «id.»)

hospedeiro *adj.* 1 que recebe alguém em sua casa como hóspede 2 acolhedor; hospitaleiro 3 afável 4 BIOLOGIA (organismo) que abriga ou alimenta outro organismo parasita ■ *n.m.* 1 indivíduo que dá hospedagem 2 dono de hospedaria; estalajadeiro 3 BIOLOGIA animal ou planta onde se instala um parasita, que pode provocar doenças; *hospedeira de bordo/do ar* membro feminino da tripulação de um avião encarregado de atender os passageiros (De *hóspede*+*-eiro*)

hospício *n.m.* 1 estabelecimento de recolhimento para doentes, especialmente pessoas com perturbações mentais 2 estabelecimento de caridade onde se recolhem pessoas pobres 3 lugar onde se recebem ou tratam animais abandonados (Do lat. *hospitĭu-*, «hospitalidade; abrigo; pousada»)

hospitação *n.f.* antiga obrigação de dar hospedagem a certas personagens ilustres, como fidalgos, ministros, etc. (Do lat. med. *hospitatiōne-*, «id.»)

hospital *n.m.* 1 estabelecimento particular ou público, onde se atendem e tratam doentes, internados ou não 2 [fig.] casa onde há muitos doentes (Do lat. *hospitāle-*, «casa para hóspedes»)

hospitalar *adj.2g.* referente a hospital ou a hospício (De *hospital*+*-ar*)

hospitalário *adj.* ⇒ **hospitalar** ■ *n.m.* cavaleiro da Ordem de Malta ou da Ordem do Hospital (Do lat. med. *hospitalarĭu-*, «id.»)

hospitaleira *n.f.* irmã de caridade ou mulher religiosa que trata dos enfermos sem retribuição ou em obediência à regra da sua comunidade (De *hospitaleiro*)

hospitaleiro *adj.* 1 que dá boa hospitalidade; que recebe e acolhe bem 2 que recebe hóspedes com satisfação 3 obsequiador 4 caritativo ■ *n.m.* 1 aquele que acolhe bem os seus hóspedes, tratando-os de uma forma agradável 2 o que recebe hóspedes com satisfação (Do lat. med. ecl. *hospitalarĭu-*, «id.»)

hospitalidade *n.f.* 1 ato de hospedar 2 qualidade de hospitaleiro, do que recebe ou acolhe pessoas de uma forma agradável e afetuosa 3 acolhimento afetuoso (Do lat. *hospitalitāte-*, «id.»)

hospitalização *n.f.* ato ou efeito de hospitalizar; internamento em hospital (De *hospitalizar*+*-ção*)

hospitalizar *v.tr.* 1 internar em hospital 2 transformar em hospital (De *hospital*+*-izar*)

hossana *n.m.* ⇒ **hosana**

hoste *n.f.* 1 conjunto de soldados; tropa 2 [fig.] multidão; bando (Do lat. *hoste-*, «inimigo»)

hóstia *n.f.* 1 RELIGIÃO partícula circular de massa de trigo sem fermento, que se consagra na missa e é usada no sacramento da Eucaristia 2 RELIGIÃO vítima que os antigos ofereciam em sacrifício à divindade 3 FARMÁCIA cápsula para envolver medicamentos (Do lat. *hostia*, «vítima»)

hostiário *n.m.* caixa para hóstias antes de consagradas (De *hóstia*+*-ário*)

hostil *adj.2g.* 1 que hostiliza 2 adverso; inimigo 3 desagradável; que revela má vontade 4 agressivo; ameaçador (Do lat. *hostīle-*, «hostil; inimigo»)

hostilidade *n.f.* 1 ato ou efeito de hostilizar 2 qualidade de hostil 3 mau acolhimento 4 agressividade 5 inimizade 6 oposição (Do lat. *hostilitāte-*, «sentimentos hostis»)

hostilização *n.f.* ato ou efeito de hostilizar (De *hostilizar*+*-ção*)

hostilizar *v.tr.* 1 ser hostil a; tratar como inimigo 2 opor-se a 3 combater; guerrear 4 causar dano a (De *hostil*+*-izar*)

hostilmente *adv.* 1 com hostilidade 2 com maneiras hostis (De *hostil+-mente*)

hotel *n.m.* estabelecimento onde se alugam temporariamente quartos mobilados, com ou sem serviço de refeições (Do lat. *hospitāle-*, «albergue», pelo fr. *hôtel*, «hotel»)

hotelaria *n.f.* 1 profissão de hoteleiro 2 ramo de atividade que se dedica à administração de hotéis; indústria hoteleira 3 conjunto de técnicas necessárias à administração de um hotel ou estabelecimento do mesmo género 4 curso de administração hoteleira a cargo das escolas de hotelaria (De *hotel+-aria*)

hoteleiro *adj.* 1 relativo ou pertencente a hotelaria 2 relativo a hotel ■ *n.m.* 1 dono de hotel 2 gerente de hotel (De *hotel+-eiro*)

hotentote *adj.2g.* da Hotentótia, região da África meridional (Namíbia) ■ *n.2g.* natural ou habitante da Hotentótia ■ *n.m.* língua dos Hotentotes (Do neerl. *hotentot*, «hotentote; gago»)

Hotentotes *n.m.pl.* ETNOGRAFIA povo de raça negra que habita na Hotentótia, na Namíbia (Do neerl. *hotentot*, «hotentote; gago»)

hou *interj.* emprega-se para fazer parar os bois (De orig. onom.)

hovercraft *n.m.* veículo de transporte de passageiros ou carga que se desloca sobre uma almofada de ar produzida por ventoinhas potentes ou por um anel de jatos projetados contra a superfície da terra ou do mar, precisamente por baixo do próprio veículo; hidroflutuador (Do ing. *hovercraft*)

hryvnia *n.f.* unidade monetária da Ucrânia

huambo *adj.* relativo aos Huambos ■ *n.m.* indivíduo da tribo dos Huambos (De *Huambo*, top., região de Angola)

Huambos *n.m.pl.* ETNOGRAFIA povo instalado no planalto central de uma região do distrito de Benguela, em Angola, pertencente ao grupo étnico dos Umbundos (De *Huambo*, top.)

hübnerite *n.f.* MINERALOGIA mineral constituído por volframato de manganésio, pertencente à série das volframites de que representa um dos extremos (De *E. Hübner*, arqueólogo al., 1834-1901 +-*ite*)

huguenote *n.2g.* 1 nome dado na França aos sectários da doutrina de Calvino 2 protestante ■ *adj.2g.* relativo aos protestantes calvinistas (Do fr. *huguenot*, «id.», do al. *Eidgessone*, «confederado»)

hui *interj.* exprime dor, espanto, surpresa ou repugnância; ui! (Do lat. *hui*, «id.»)

hulha *n.f.* carvão fóssil, negro, de aparência compacta, bandado, que, depois de antracite, é o que tem maior percentagem de carbono; ~ *branca* água em queda aproveitada para produção de energia elétrica (Do fr. *houille*, «id.»)

hulheira *n.f.* mina ou depósito de hulha (De *hulha+-eira*)

hulheiro *adj.* 1 relativo à hulha 2 que contém hulha (De *hulha+-eiro*)

hulhífero *adj.* que tem ou produz hulha (De *hulha+-fero*)

hum *interj.* exprime dúvida, hesitação ou impaciência (De orig. onom.)

humanado *adj.* tornado homem; feito homem (Part. pass. de *humanar*)

humanal *adj.2g.* 1 próprio da humanidade 2 ⇒ **humano** (De *humano+-al*)

humanamente *adv.* 1 com modo humano 2 compassivamente (De *humano+-mente*)

humanar *v.tr.,pron.* 1 tornar(-se) humano; humanizar(-se) 2 tornar(-se) compassivo, benévolo (Do lat. *humanāre*, «humanar; tornar homem»)

humanidade *n.f.* 1 conjunto de todos os homens 2 natureza humana 3 [fig.] benevolência; clemência 4 *pl.* estudos de línguas, literatura, história e filosofia 5 *pl.* [ant.] estudos clássicos superiores (Do lat. *humanitāte-*, «id.»)

humanismo *n.m.* 1 atitude que consiste em pôr no centro dos seus interesses no homem 2 FILOSOFIA conceção segundo a qual o homem é o valor supremo, quer em absoluto (humanismo ateu), quer, pelo menos, no domínio da experiência 3 doutrina gnosiológica segundo a qual a verdade é puramente humana, isto é, obra de cada um, enquanto radicalmente dependente da sua experiência e das suas necessidades 4 HISTÓRIA movimento que se produziu no Renascimento entre a gente culta, por reação contra a escolástica e por um regresso às letras, às artes e ao pensamento dos antigos (Do fr. *humanisme*, «id.»)

humanista *adj.2g.* referente ao humanismo ■ *n.2g.* 1 pessoa versada no estudo das humanidades 2 adepto do humanismo (Do fr. *humaniste*, «id.»)

humanístico *adj.* 1 relativo às humanidades 2 relativo aos humanistas (De *humanista+-ico*)

humanitário *adj.* 1 relativo à humanidade 2 que procura o bem-estar do próximo; filantrópico 3 dotado de bons sentimentos; compassivo; bondoso ■ *n.m.* aquele que trabalha pelo bem-estar do próximo; filantropo (Do fr. *humanitaire*, «id.»)

humanitarismo *n.m.* 1 doutrina filosófica que tem por fim desenvolver no homem o amor pelos seus semelhantes e elevar o bem-estar da humanidade 2 filantropia (De *humanitário+-ismo*)

humanitarista *adj.2g.* 1 relativo ao humanitarismo 2 que defende ou pratica o humanitarismo ■ *n.2g.* 1 pessoa que defende ou pratica o humanitarismo 2 aquele que se esforça por melhorar a situação dos seres humanos; filantropo (De *humanitário+-ista*)

humanização *n.f.* ato de humanizar ou humanizar-se (De *humanizar+-ção*)

humanizar *v.tr.* 1 tornar humano; dar condição ou forma humana 2 tornar mais adaptado aos seres humanos 3 tornar compreensivo, bondoso, sociável ■ *v.pron.* 1 tornar-se humano; adquirir forma ou condição humana 2 ficar mais compreensivo, bondoso, sociável (De *humano+-izar*)

humano *adj.* 1 do homem ou a ele relativo 2 bondoso; compassivo ■ *n.m.pl.* os homens (Do lat. *humānu-*, «id.»)

humanoide *adj.2g.* semelhante ao homem ■ *n.2g.* criatura com traços ou forma semelhantes ao homem (De *humano+-óide*)

humanóide ver nova grafia **humanoide**

humbe *adj.2g.* relativo ou pertencente aos Humbes ou à sua língua ■ *n.2g.* pessoa pertencente aos Humbes, subgrupo étnico disseminado a Sudoeste de Angola ■ *n.m.* dialeto banto falado pelos Humbes (De *Humbes*, etn.)

humectação *n.f.* ato ou efeito de humectar (Do lat. *humectatiōne-*, «id.»)

humectante *adj.2g.* que serve para humectar (Do lat. *humectante-*, «id.», part. pres. de *humectāre*, «humedecer; molhar»)

humectar *v.tr.* tornar húmido; molhar levemente; humedecer (Do lat. *humectāre*, «id.»)

humectativo *adj.* ⇒ **humectante** (Do lat. *humectatīvu-*, «id.»)

humedecer *v.tr.,intr.,pron.* tornar(-se) húmido; molhar(-se) levemente (De *húmido+-ecer*)

humedecimento *n.m.* ato ou efeito de humedecer (De *humedecer+-mento*)

humente *adj.2g.* ⇒ **húmido** (Do lat. *humente-*, part. pres. de *humēre*, «estar húmido»)

humi- elemento de formação de palavras que exprime a ideia de *humo* (Do lat. *humu-*, «terra»)

húmico *adj.* relativo ao húmus (Do lat. *humu-*, «terra»+-*ico*)

humícola *adj.2g.* que vive normalmente no húmus (De *humi-+-cola*)

humidade *n.f.* 1 qualidade ou estado de húmido 2 estado da atmosfera relacionado com o vapor de água nela contido 3 orvalho; relento 4 abundância de humores no organismo animal; ~ *absoluta* METEOROLOGIA massa de vapor de água existente, num dado instante, em cada unidade de volume de ar atmosférico a uma determinada temperatura, que se exprime em gramas por metro cúbico (gr/m³); ~ *relativa* METEOROLOGIA relação, expressa em percentagem, entre a tensão do vapor de água em dado volume de ar, em dado momento e a determinada temperatura, e a tensão máxima, à mesma temperatura, estado higrométrico do ar (Do lat. *humiditāte-*, «id.»)

humidificação *n.f.* 1 ato ou efeito de humidificar 2 processo de introduzir vapor de água no ar, de modo a ter a humidade desejada, parte importante do condicionamento do ar (De *humidificar+-ção*)

humidificador *n.m.* dispositivo para manter a humidade desejada no interior de um edifício com ar condicionado (De *humidificar+-dor*)

humidificar *v.tr.* 1 tornar húmido; humedecer 2 aumentar o teor de vapor de água em (De *húmido+-ficar*)

humidífobo *adj.* que não se dá bem nos terrenos húmidos (Do lat. *humĭdu-*, «húmido»+gr. *phóbos*, «terror»)

humidífugo *adj.* que se não deixa penetrar pela humidade (Do lat. *humĭdu-*, «húmido»+*fugĕre*, «fugir; afugentar»)

húmido *adj.* 1 que tem humidade 2 ligeiramente molhado 3 impregnado de água ou vapores aquosos 4 que possui a natureza da água (Do lat. *humĭdu-*, «id.»)

humífero *adj.* 1 que contém húmus 2 que é rico em húmus (Do lat. *humifĕru-*, «humoso»)

humificação *n.f.* 1 ato ou efeito de humificar 2 BIOLOGIA conjunto dos fenómenos de transformação de substâncias orgânicas em húmus (De *humificar+-ção*)

humificar *v.tr.* 1 BIOLOGIA transformar (substâncias orgânicas) em húmus 2 BIOLOGIA enriquecer (a terra) com húmus (De *humi-+-ficar*)

húmil

húmil *adj.2g.* ⇒ **humilde** (Do lat. *humĭle-*, «humilde»)
humildação *n.f.* ato ou efeito de humildar ou humildar-se; humilhação (De *humildar+-ção*)
humildade *n.f.* **1** qualidade do que é humilde; simplicidade; modéstia **2** sentimento proveniente do conhecimento dos próprios erros ou defeitos **3** submissão; respeito **4** inferioridade **5** pobreza (Do lat. *humilitāte-*, «id.»)
humildar *v.tr.,pron.* **1** tornar(-se) ou mostrar(-se) humilde; humilhar(-se) **2** submeter(-se); sujeitar(-se) (Do lat. *humilitāre*, «humilhar»)
humilde *adj.2g.* **1** que tem ou aparenta humildade; simples; modesto; sem grandes pretensões **2** que reconhece os próprios erros ou defeitos **3** respeitoso; acatador **4** obscuro **5** pobre **6** medíocre ■ *n.2g.* **1** pessoa simples e submissa **2** pessoa pobre (Do lat. *humĭle-*, «id.», com infl. de *humildoso*)
humildemente *adv.* **1** com humildade **2** respeitosamente **3** submissamente **4** pobremente; na pobreza (De *humilde+-mente*)
humildosamente *adv.* ⇒ **humildemente** (De *humildoso+-mente*)
humildoso /ô/ *adj.* ⇒ **humilde** (De *humilde+-oso*)
húmile *adj.2g.* ⇒ **humilde** (Do lat. *humĭle-*, «humilde»)
humilhação *n.f.* **1** ato ou efeito de humilhar ou humilhar-se **2** rebaixamento **3** vergonha; vexame **4** submissão (Do lat. *humiliatiōne-*, «id.»)
humilhante *adj.2g.* **1** que humilha ou rebaixa **2** que fere o orgulho; vexatório (Do lat. *humiliante*, «id.», part. pres. de *humiliāre*, «abater; humilhar»)
humilhar *v.tr.* **1** tornar humilde **2** rebaixar **3** ferir o orgulho de; vexar **4** tratar com desprezo ou desdém ■ *v.pron.* **1** mostrar-se humilde **2** rebaixar-se **3** obedecer **4** confessar-se vencido (Do lat. *humiliāre*, «id.»)
humilhoso /ô/ *adj.* ⇒ **humilhante** (De *humilhar+-oso*)
humiliação *n.f.* ⇒ **humilhação** (Do lat. *humiliatiōne-*, «id.»)
humiliante *adj.2g.* ⇒ **humilhante** (Do lat. *humiliante-*, «id.», part. pres. de *humiliāre*, «humilhar»)
humílimo *adj.* {*superlativo absoluto sintético de* **humilde**} muito humilde (Do lat. *humillĭmu-*, «id.»)
humo¹ *n.m.* ⇒ **húmus** (Do latim *humu-*, «terra; humo»)
humo² *n.m.* **1** [Moçambique] advogado **2** [Moçambique] chefe do clã (Do macua *humu*, «idem»)
humor¹ *n.m.* **1** qualquer substância fluida contida ou circulante num corpo organizado **2** humidade; *~ aquoso* ANATOMIA líquido que enche, em especial, a câmara anterior do globo ocular; *~ vítreo* ANATOMIA substância transparente que enche a câmara posterior do globo ocular e que também se designa corpo vítreo (Do lat. *humōre-*, «líquido»)
humor² *n.m.* **1** qualidade do que é divertido ou cómico; comicidade **2** modo de agir que faz com que as outras pessoas riam e fiquem bem dispostas; veia cómica **3** capacidade para apreciar o que é divertido ou cómico **4** disposição de ânimo; estado de espírito; *~ de cão* mau humor; aborrecimento; disposição péssima; *~ negro* humor cujo objetivo é fazer rir embora vise situações consideradas tristes, graves ou mórbidas; *estar com os humores* estar maldisposto (Do ing. *humour*, «id.»)
humorado *adj.* **1** que tem humores **2** diz-se da disposição de espírito em que alguém está (De *humor+-ado*)
humoral *adj.2g.* **1** referente a humores **2** que causa humores (De *humor+-al*)
humorismo *n.m.* qualidade de quem escreve, representa e/ou improvisa números cómicos, utilizando diversos recursos como a ironia, a sátira, a caracterização, etc., para fazer rir o público; estilo humorístico; veia cómica; comicidade (De *humor+-ismo*)
humorista *adj.,n.2g.* **1** autor de textos cujo objetivo é provocar o riso ou a boa disposição, muitas vezes suscitando uma reflexão sobre questões importantes a partir de um ponto de vista inesperado **2** que ou profissional que representa e/ou improvisa números cómicos, utilizando diversos recursos como a ironia, a sátira, a caracterização, etc., para fazer rir o público; cómico (Do ing. *humorist*, «id.»)
humorístico *adj.* **1** relativo ao humor ou a humorista **2** que pretende suscitar o riso e a boa disposição; que é cómico, engraçado (Do ing. *humoristic*, «id.»)
humoroso *adj.* que tem muitos humores; humoral (Do lat. *humorōsu-*, «húmido»)
humoso /ô/ *adj.* que contém húmus (De *humo+-oso*)
humuláceo *adj.* **1** do lúpulo **2** referente ao lúpulo **3** semelhante ao lúpulo (Do lat. cient. *humŭlu-*, «lúpulo» *+-áceo*)
húmus *n.m.2n.* matéria negra, orgânica, misturada com partículas minerais do solo arável, proveniente de restos animais e vegetais (cadáveres, folhas de plantas, excrementos e estrumes), acumulados primeiramente sobre o solo onde sofreram decomposição e fermentações (Do lat. *humu-*, «terra; humo»)
húngaro *adj.* **1** da Hungria **2** relativo à Hungria ■ *n.m.* **1** natural da Hungria **2** língua da Hungria (Do lat. tard. *hungăru-*, «id.»)
hungo *n.m.* BOTÂNICA árvore de Angola
huno *adj.* referente aos Hunos ■ *n.m.* indivíduo pertencente ao povo dos Hunos (Do lat. *hunu-*, «id.»)
Hunos *n.m.pl.* ETNOGRAFIA povo bárbaro da Ásia que, capitaneado por Átila (395 - 453), invadiu a Europa nos meados do séc. V (Do lat. *Hunos*, «id.»)
huri *n.f.* **1** virgem do paraíso maometano que, segundo o Alcorão, deve desposar, na vida extraterrena, os muçulmanos fiéis ao culto **2** [fig.] mulher de beleza extraordinária (Do pers. *húūri*, «mulher do paraíso», pelo fr. *houri*, «id.»)
Huroniano *n.m.* GEOLOGIA período do Pré-Câmbrico (De *Huron*, top., região vizinha do lago Huron, que fica entre o Canadá e os Estados Unidos *+-iano*)
hurra *interj.* exprime alegria, entusiasmo ou aprovação; viva! ■ *n.m.* **1** grito de guerra dos guerreiros russos **2** saudação dos marinheiros ingleses aos seus comandantes (Do ing. *hurrah*, «id.»)
husa *n.f.* BOTÂNICA planta de Angola
husky *n.m.* ZOOLOGIA cão de estatura média, robusto e bem proporcionado, com orelhas triangulares e espetadas, pelo denso e de cor entre o preto e o branco, inicialmente treinado para puxar trenós nas regiões árticas (Do ing. *husky*, «id.»)
husma *elem.loc.adv.* [regionalismo] *à ~* à espreita (De orig. obsc.)
hússar *n.m.* ⇒ **hussardo**
hussardo *n.m.* **1** soldado de cavalaria ligeira, na Alemanha e na França **2** cavaleiro húngaro (Do lat. *cursarĭu-*, «pirata», pelo húng. *huszár*, «cavaleiro», pelo al. *Husar*, «soldado a cavalo», pelo fr. *hussard*, «id.»)
hussita *adj.,n.2g.* que ou pessoa que é partidária da doutrina de Jan Huss, padre e reformador religioso de Praga (República Checa), 1370-1415 (De *Huss*, antr. *+-ita*)

I

i¹ *n.m.* **1** nona letra e terceira vogal do alfabeto **2** letra que representa a vogal anterior fechada (ex. *ida*) e a semivogal palatal (ex. *piada*) **3** nono lugar numa série indicada pelas letras do alfabeto **4** (numeração romana) número 1 (com maiúscula) **5** QUÍMICA símbolo de *iodo* (com maiúscula) **6** FÍSICA símbolo de *corrente elétrica* (com maiúscula) **7** FÍSICA símbolo de *impulso* (com maiúscula) **8** FÍSICA símbolo de *momento de inércia* (com maiúscula) **9** LÓGICA símbolo de *proposição particular afirmativa* (com maiúscula); *i grego* **1** nome da vigésima letra do alfabeto grego (υ, Υ); **2** nome da vigésima quinta letra do alfabeto português (y, Y), ípsilon; *pôr os pontos nos is* esclarecer, contar algo pormenorizadamente

i² *adv.* [arc.] *aí* (Do lat. *ibi*, «aí»)

i- prefixo que exprime a ideia de *negação*, *inclusão*, etc., e é usado na formação de palavras derivadas de outras começadas por **l**, **m**, **n** ou **r**, como em *ilegal*, *imortal*, *inegável*, *irregular* (Do lat. *in-*, «id.»)

-ia sufixo nominal que ocorre em substantivos abstratos e derivados de adjetivos e que traduz a ideia de *qualidade* ou *defeito* (*ousadia*, *valentia*, *cobardia*)

iacu *n.m.* ⇒ **jacu** (Do tupi *ya'cu*, «o que come grão»)

-íada sufixo nominal que exprime a ideia de *poema* ou *descendente* (*elegíada*, *lusíada*)

iaiá *n.f.* [Brasil] tratamento dado às raparigas, no tempo da escravatura; menina; moça (De [*s*]*inhá*-[*s*]*inhá*)

Iajurveda *n.m.* um dos quatro livros sagrados dos Hindus, escrito em sânscrito, constituído essencialmente por provérbios e uma numerosa coleção de orações

-ial sufixo nominal de origem latina, que exprime a ideia de *semelhança*, *relação*, *pertença* (*cicatricial*, *matricial*)

iâmbico *adj.* ⇒ **jâmbico** (Do gr. *iambikós*, «id.», pelo lat. *iambĭcu-*, «id.»)

iambo *n.m.* ⇒ **jambo**² (Do gr. *iambos*, «id.», pelo lat. *iambu-*, «id.»)

iamologia *n.f.* tratado dos medicamentos (Do gr. *íama*, «medicamento» +*lógos*, «tratado» +*-ia*)

iamológico *adj.* relativo à iamologia (De *iamologia*+*-ico*)

iamotecnia *n.f.* arte de preparar medicamentos (Do gr. *íama*, «medicamento» +*tékhne*, «arte» +*-ia*)

iamotécnico *adj.* relativo à iamotecnia (De *iamotecnia*+*-ico*)

-iana sufixo nominal de origem latina, que designa a obra de um autor (*a garrettiana*; *a camoniana*; *a camiliana*)

-iano sufixo nominal de origem latina, que exprime *autoria*, *relação* (*garrettiano*; *kantiano*; *wagneriano*)

ianque *adj.,n.2g.* que ou pessoa que é natural ou habitante dos Estados Unidos da América (Do ing. *yankee*, «id.»)

iântino *adj.* que tem a cor das violetas; violáceo (Do gr. *iánthinos*, «cor de violeta», pelo lat. *ianthĭnu-*, «id.»)

iantra *n.m.* FILOSOFIA, RELIGIÃO diagrama constituído por formas geométricas, geralmente triângulos, círculos e semicírculos, que serve de base à meditação no budismo, hinduísmo, tantrismo e ioga (Do sânsc., «instrumento»)

iao *n.m.* língua falada pelos povos do grupo étnico Ajauas, nomeadamente no Alto Niassa, em Moçambique

ião *n.m.* QUÍMICA átomo ou grupo de átomos que captam ou perdem um ou mais eletrões, adquirindo uma carga elétrica negativa ou positiva, respetivamente (Do gr. *iōn*, «que vai», pelo ing. *ion*, «ião»)

iapoque *n.m.* ZOOLOGIA pequeno mamífero marsupial da América do Sul

iapu *n.m.* ⇒ **japu**

iaque *n.m.* ZOOLOGIA mamífero ruminante, domesticável, que vive na Ásia e é útil em serviços de carga (Do tibet. *gyak*, «id.», pelo ing. *yak*, «id.»)

-iar sufixo verbal de origem latina, que entra na formação de verbos, geralmente derivados de adjetivos, que exprimem uma *ação* correspondente ao sentido da palavra primitiva (*embaciar*)

iara *n.f.* [Brasil] espécie de sereia dos rios e dos lagos, na mitologia dos Índios do Brasil (Do tupi *'yara*, «senhora»)

iatagã *n.m.* pequeno punhal de lâmina oblíqua, usado por alguns povos orientais (Do turc. *yataghân*, «id.», pelo fr. *yatagan*, «id.»)

iatai *n.f.* BOTÂNICA variedade de palmeira do Brasil (Do guar. *yatai*, «id.»)

iataí *n.m.* ⇒ **iatai**

iate *n.m.* NÁUTICA embarcação de recreio, de motor ou de velas (Do neerl. *jacht*, «id.», pelo ing. *yacht*, «id.»)

-iatra sufixo nominal, de origem grega, que exprime a ideia de *médico*

iatralipta *n.2g.* pessoa partidária do sistema iatralíptico (Do gr. *iatraleíptes*, «massagista», pelo lat. *iatralipta-*, «id.»)

iatralíptica *n.f.* método terapêutico que utiliza medicamentos de uso externo para fricções ou emplastros (Do gr. *iatraleiptiké*, «id.», pelo lat. *iatraliptĭca-*, «id.»)

iatralíptico *adj.* relativo à iatralíptica (De *iatralipta*+*-ico*)

iatria *n.f.* ⇒ **iátrica** (Do gr. *iatreía*, «tratamento»)

iátrica *n.f.* **1** arte de curar; medicina **2** tratamento clínico (Do gr. *iatriké [tékne]*, «arte médica»)

iátrico *adj.* **1** da medicina **2** relativo a medicina (Do gr. *iatrikós*, «relativo à medicina»)

iatro- elemento de formação de palavras que exprime a ideia de *médico*, *relativo à medicina* (Do gr. *iatrós*, «médico»)

-iatro ⇒ **-iatra**

iatrofísica *n.f.* física aplicada à medicina (De *iatro-*+*física*)

iatrofísico *adj.* relativo à iatrofísica (De *iatro-*+*físico*)

iatrogenia *n.f.* efeito clínico nefasto resultante de um tratamento médico prescrito para uma doença (De *iatro-*+*-genia*)

iatrologia *n.f.* ciência ou estudo do tratamento das doenças (Do gr. *iatrós*, «médico» +*lógos*, «tratado» +*-ia*)

iatromatemática *n.f.* teoria que aplicava cálculos matemáticos para explicar os fenómenos vitais, incluindo doenças (De *iatro-*+*matemática*)

iatromecânica *n.f.* sistema que refere todas as forças vitais a ações mecânicas (De *iatro-*+*mecânica*)

iatroquímica *n.f.* ⇒ **quimiatria** (De *iatro-*+*química*)

iatroquímico *adj.* relativo à iatroquímica ■ *n.m.* aquele que exerce a iatroquímica (De *iatro-*+*químico*)

iberíaco *adj.* ⇒ **ibérico** *adj.* (Do gr. *iberikós*, «id.», pelo lat. *iberiăcu-*, «id.»)

ibérico *adj.* **1** relativo ou pertencente à Península Ibérica **2** da Ibéria ou a ela relativo ■ *n.m.* **1** natural ou habitante da Península Ibérica **2** indivíduo dos Iberos, antigos habitantes da Ibéria (Do gr. *iberikós*, «id.», pelo lat. *iberĭcu-*, «id.»)

iberino *adj.* ⇒ **ibérico** *adj.* (De *ibero*+*-ino*)

ibério *adj.* ⇒ **ibérico** (De *iberu-*+*-io*)

iberismo *n.m.* doutrina política dos que advogam a federação de Portugal com a Espanha, isto é, a constituição da União Ibérica (De *ibero*+*-ismo*)

iberista *n.2g.* pessoa partidária do iberismo (De *ibero*+*-ista*)

iberística *n.f.* estudo das línguas, filologias e literaturas portuguesa e espanhola (De *ibér[ico]*+*-ística*)

iberização *n.f.* ato ou efeito de iberizar (De *iberizar*+*-ção*)

iberizar *v.tr.,pron.* tornar(-se) ibérico (De *ibero*+*-izar*)

ibero *adj.* **1** relativo ou pertencente à Península Ibérica **2** da Ibéria ou a ela relativo ■ *n.m.* indivíduo pertencente aos Iberos (Do lat. *ibēru-*, «id.»)

iber(o)- elemento de formação de palavras que exprime a ideia de *ibero*, *ibérico* (Do lat. *ibēru-*, «da Ibéria; ibero»)

ibero-americano *adj.* **1** que tem características da Península Ibérica e do continente americano **2** relativo aos países da Península Ibérica e às nações americanas onde a língua portuguesa ou a espanhola é oficial

ibero-romano *adj.* que tem características da Península Ibérica e do Império Romano ou dos seus habitantes

Iberos *n.m.pl.* ETNOGRAFIA um dos povos primitivos da Península Ibérica, provavelmente o mais antigo (Do lat. *ibēru-*, «id.»)

Íbidas *n.m.pl.* ⇒ **Ibidídeos** (Do lat. *ibis, -ĭdis,* «íbis» +-*idas*)
ibidem *adv.* indica que o que se cita é do mesmo livro ou do mesmo autor citados anteriormente (Do lat. *ibidem,* «aí mesmo, no mesmo lugar»)
Ibídeos *n.m.pl.* ⇒ **Ibidídeos** (Do lat. *ibis, -ĭdis,* «íbis» +-*ídeos*)
Ibídidas *n.m.pl.* ⇒ **Ibidídeos** (Do lat. *ibis, -ĭdis,* «íbis» +-*idas*)
ibidídeo *adj.* ORNITOLOGIA relativo aos Ibidídeos ▪ *n.m.* ORNITOLOGIA espécime dos Ibidídeos
Ibidídeos *n.m.pl.* ORNITOLOGIA família de aves pernaltas, com bico longo, encurvado para baixo e não pontiagudo; Íbidas; Ibídidas; Ibídeos (Do lat. *ibis, -ĭdis,* «íbis» +-*ídeos*)
ibirapitanga *n.f.* ⇒ **pitangueira** (Do tupi *ibi'ra,* «pau; madeira» +*pi'tang,* «vermelho»)
ibirarema /ê/ *n.f.* ⇒ **ubirarema**
íbis *n.m./f.2n.* ORNITOLOGIA ave pernalta da família dos Ibidídeos, de plumagem branca, mas negra na cabeça, pescoço, cauda e patas, considerada divina pelos Egípcios, no tempo dos faraós (Do gr. *íbis,* «id.», pelo lat. *ibis,* «íbis»)
iboga *n.f.* BOTÂNICA planta do Congo que é usada como excitante, tónico, etc., pela ação da ibogaína que contém, e que serve também para ervar setas
ibogaína *n.f.* alcaloide extraído da iboga (De *iboga*+-*ina*)
ibseniano *adj.* 1 pertencente a Henrik Johan Ibsen, dramaturgo norueguês (1828-1906) 2 relativo a Ibsen ou à sua obra (De *Ibsen,* antr. +-*iano*)
ibsenista *adj.2g.* que segue o estilo de Henrik Johan Ibsen, dramaturgo norueguês ▪ *n.2g.* admirador da obra de Ibsen (De *Ibsen,* antr. +-*ista*)
ibuprofeno *n.m.* FARMÁCIA anti-inflamatório não esteroide, que atua inibindo a produção de prostaglandinas e que é utilizado para combater a dor, a inflamação ou a febre (Do ing. *ibuprofen,* «id.»)
-iça sufixo nominal de origem latina, que exprime a ideia de *semelhança,* por vezes com sentido *diminutivo* (*nabiça*)
içá *n.2g.* [Brasil] fêmea da formiga saúva (Do tupi *i'sá,* «id.»)
içamento *n.m.* ato de içar, erguer ou levantar; elevação; levantamento (De *içar*+-*mento*)
-icar sufixo verbal de origem latina com sentido diminutivo ou repetitivo (*mexericar; adocicar; bebericar*)
içar *v.tr.* fazer subir; erguer; levantar; alçar; alar ▪ *n.m.* ⇒ **içamento** (Do al. *hissen,* «levantar», pelo fr. *hisser,* «içar»)
içara *n.f.* BOTÂNICA palmeira espontânea nos sertões do Brasil (Do tupi?)
icário *adj.* 1 relativo a Ícaro, figura da mitologia greco-romana 2 próprio de Ícaro (Do gr. *ikários,* «id.», pelo lat. *icarĭu-,* «id.»)
Ícaro *n.m.* indivíduo que foi vítima da sua própria ambição (De *Ícaro,* mitol.)
icástico *adj.* 1 sem artifício 2 natural 3 que representa claramente uma ideia ou objeto 4 expressivo 5 (imitação artística) que tem por objeto as ações e as coisas que de facto existem (Do gr. *eikastikós,* «representativo»)
-ice sufixo nominal de origem latina, que exprime a ideia de *qualidade* ou *atitude* e tem geralmente sentido *pejorativo* (*pieguice; malandrice; americanice*)
iceberg *n.m.* ⇒ **icebergue** (Do ing. *iceberg,* «id.»)
icebergue *n.m.* 1 GEOGRAFIA grande bloco de gelo flutuante, proveniente da fratura da parte terminal de um glaciar ao atingir o mar 2 [fig.] indivíduo de temperamento frio e pouco acessível (Do norueg. *ijsberg,* «montanha de gelo», pelo al. *Eisberg,* «id.», pelo ing. *iceberg,* «id.»)
icéria *n.f.* ZOOLOGIA inseto hemíptero, do grupo das cochinilhas, que ataca gravemente as laranjeiras, os limoeiros e as videiras (Do lat. cient. *Icerya,* «id.»)
-icho sufixo nominal de origem latina que tem sentido *diminutivo* e *pejorativo* (*cornicho; gargalicho; rabicho*)
ichó *n.2g.* armadilha para caçar perdizes e coelhos, também denominada enchó (Do lat. *ostiŏlu-,* «portinha»)
-ício sufixo nominal de origem latina que ocorre em adjetivos derivados de substantivos ou verbos (*alimentício; natalício*)
icipó *n.m.* [Brasil] ⇒ **cipó** 1
icnêumone *n.m.* ZOOLOGIA ⇒ **mangusto**[1] (Do gr. *ikhneúmon,* «id.», pelo lat. *ichneumōne-,* «id.»)
icnito *n.m.* PALEONTOLOGIA objeto que apresenta vestígios da atividade de seres desaparecidos (e não, ao contrário de um fóssil, marcas dos seus corpos) (Do gr. *íchnion,* «marca de pegadas, vestígios»)
icnografia *n.f.* 1 planta ou projeção horizontal de um edifício 2 arte de traçar essas plantas ou projeções (Do gr. *ikhnographía,* «esboço de desenho», pelo lat. *ichnographĭa,* «id.»)
icnográfico *adj.* relativo à icnografia (De *icnografia*+-*ico*)

icnógrafo *n.m.* aquele que faz plantas de edifícios (Do gr. *íkhnos,* «pegada» +*gráphein,* «desenhar; gravar»)
-ico[1] sufixo nominal de origem latina, com sentido diminutivo (*abanico; namorico; amorico*)
-ico[2] sufixo nominal de origem latina que ocorre sobretudo em adjetivos e exprime a ideia de *semelhança, presença* (*cilíndrico; rômbico; alcoólico; iódico*)
-iço sufixo nominal de origem latina, que ocorre em adjetivos derivados de substantivos (*outoniço; roliço*), ou em substantivos que designam *ação* ou *resultado de ação* (*sumiço*)
ícone *n.m.* 1 RELIGIÃO imagem pintada da Virgem, dos santos e anjos ou de cenas bíblicas, usada principalmente nas igrejas orientais católicas ou nas igrejas ortodoxas 2 signo que mantém com o seu referente uma relação natural de similitude 3 pessoa, facto ou coisa capazes de evocar e representar determinado movimento, período, atividade, etc. 4 INFORMÁTICA símbolo que, numa interface gráfica, representa uma função ou um documento que o utilizador pode selecionar (Do gr. *eikón,* «imagem», pelo lat. *icōne-,* «id.»)
icónico *adj.* 1 pertencente ou relativo a ícone 2 que representa o modelo com fidelidade 3 sem artifícios; icástico 4 que mantém uma relação de semelhança com o referente (Do gr. *eikonikós,* «pintado do natural», pelo lat. *iconĭcu-,* «id.»)
iconista *n.2g.* autor ou autora de imagens ou estátuas (Do gr. *eikón,* «imagem» +-*ista*)
icon(o)- elemento de formação de palavras que exprime a ideia de *imagem* (Do gr. *eikón,* «imagem»)
iconoclasia *n.f.* ⇒ **iconoclastia**
iconoclasmo *n.m.* ⇒ **iconoclastia** (Do gr. *eikón,* «imagem» +*klasmós,* «ação de quebrar»)
iconoclasta *adj.,n.2g.* 1 que ou pessoa que é sectária da iconoclastia 2 que ou pessoa que destrói imagens ou estátuas 3 que ou pessoa que não respeita os costumes ou as tradições (Do gr. biz. *eikonoklástes,* «destruidor de imagens»)
iconoclastia *n.f.* 1 doutrina que não aceita o culto das imagens como é prestado pela Igreja; iconoclasmo 2 atitude do que é contra o culto de imagens (Do gr. *eikón,* «imagem» +*klásis,* «ação de quebrar» +-*ia*)
iconoclástico *adj.* 1 relativo a iconoclastia 2 próprio de iconoclasta (De *conoclastia*+-*ico*)
iconófilo *adj.,n.m.* que ou aquele que gosta de imagens ou esculturas (De *icono-*+*filo*)
iconogénio *n.m.* QUÍMICA sal (de sódio) utilizado como revelador fotográfico (Do gr. *eikón,* «imagem» +*génos,* «geração» +-*io*)
iconografia *n.f.* 1 conjunto de imagens a respeito de um determinado assunto 2 estudo e descrição das imagens, quadros, bustos e pinturas antigas e modernas (Do gr. *eikonographía,* «pintura de retratos»)
iconográfico *adj.* relativo à iconografia ou às imagens (De *iconografia*+-*ico*)
iconógrafo *n.m.* indivíduo versado em iconografia (Do gr. *eikonográphos,* «pintor de ícones»)
iconólatra *adj.,n.2g.* que ou aquele que pratica a iconolatria (De *icono-*+-*latra*)
iconolatria *n.f.* RELIGIÃO culto prestado às imagens (Do gr. *eikón,* «imagem» +*latreía,* «adoração»)
iconologia *n.f.* estudo e interpretação de imagens, monumentos antigos, figuras alegóricas e seus atributos (Do gr. *eikonología,* «linguagem figurada»)
iconológico *adj.* relativo à iconologia (De *iconologia*+-*ico*)
iconologista *n.2g.* pessoa que se ocupa da iconologia ou que é versada nela; iconólogo (De *iconologia*+-*ista*)
iconólogo *n.m.* ⇒ **iconologista** (Do gr. *eikón,* «imagem» +*lógos,* «estudo»)
iconómaco *adj.,n.m.* que ou aquele que combate o culto das imagens; iconoclasta (Do gr. *eikonómakhos,* «id.»)
iconomania *n.f.* gosto exagerado por quadros ou pinturas (De *icono-*+-*mania*)
iconometria *n.f.* sistema de regras que dizem respeito às medidas e proporções das diferentes partes do corpo
iconómetro *n.m.* dispositivo que permite ajustar a distância focal de uma objetiva a determinada ação ampliadora (De *icono-*+-*metro*)
iconoscópio *n.m.* dispositivo de uma câmara eletrónica que permite analisar imagens (Do gr. *eikón,* «imagem» +*skopeīn* «observar; ver»)
iconóstase *n.f.* RELIGIÃO espécie de biombo coberto de imagens, por detrás do qual o sacerdote das igrejas ortodoxas faz a consagração (Do gr. biz. *eikonostásion,* «relicário»)

iconoteca n.f. 1 coleção de estampas, gravuras antigas, desenhos, fotografias, etc. 2 local onde se guardam estas coleções para consulta ou utilização (Do gr. *eikón*, «imagem» +*théke*, «depósito», pelo fr. *iconothèque*, «id.»)

icor n.m. MEDICINA pus existente em certas úlceras ou abcessos (Do gr. *ikhór, -ōros*, «sangue dos deuses»)

icosaedro n.m. GEOMETRIA poliedro limitado por vinte faces (Do gr. *eikosáedros*, «que tem vinte faces», pelo lat. *icosahedru-*, «id.»)

icoságono n.m. GEOMETRIA polígono que tem vinte ângulos (e vinte lados) (Do gr. *eikoságonos*, «polígono de vinte ângulos»)

icosandria n.f. BOTÂNICA qualidade de icosandro (De *icosandro*+*-ia*)

icosândria n.f. BOTÂNICA classe de vegetais icosandros (De *icosandro*+*-ia*)

icosandro adj. BOTÂNICA diz-se do vegetal que tem vinte ou mais estames inseridos no cálice (Do gr. *eíkosi*, «vinte» +*anér, andrós*, «homem; estame»)

icos(i)- elemento de formação de palavras que exprime a ideia de vinte

icositetraedro n.m. 1 GEOMETRIA poliedro limitado por vinte e quatro faces 2 CRISTALOGRAFIA forma da classe holoédrica do sistema cúbico, com vinte e quatro faces (cada uma das quais corta dois dos eixos coordenados a distâncias iguais, e o outro a distância menor); deltoide (De *icosi-*+*tetraedro*)

icterícia n.f. MEDICINA doença que se manifesta com amarelidão do tegumento, mucosas e alguns órgãos, em virtude de aumento de bilirrubina no sangue, nalguns casos por estarem obliterados os canais da sua condução (Do gr. *ikterikós*, «ictérico» +*-ia*, pelo lat. cient. *icteritīa-*, «icterícia») ACORDO ORTOGRÁFICO também se pode escrever **iterícia**

ictérico adj. 1 relativo a icterícia 2 que sofre de icterícia ■ n.m. aquele que sofre de icterícia (Do gr. *ikterikós*, «atacado de icterícia», pelo lat. *ictericu-*, «id.») ACORDO ORTOGRÁFICO também se pode escrever **itérico**

icterídeo adj. ORNITOLOGIA relativo aos Icterídeos ■ n.m. ORNITOLOGIA espécime dos Icterídeos

Icterídeos n.m. ORNITOLOGIA família de pássaros americanos, de grande porte, de bico cónico, longo e robusto e plumagem colorida com reflexos verdes ou amarelos (Do gr. *íkteros*, «icterícia; cor amarela» +*-ídeos*)

icter(o)- elemento de formação de palavras que exprime a ideia de icterícia, cor amarela (Do gr. *íkteros*, «icterícia»)

íctero n.m. ORNITOLOGIA género tipo da família dos Icterídeos

icteroide adj.2g. 1 que se assemelha à icterícia 2 que sofre de icterícia ■ n.2g. aquele que sofre de icterícia; **bacilo ~** MEDICINA [ant.] agente causador da febre-amarela, quando se julgava que esta doença era produzida por uma bactéria (Do gr. *íkteros*, «icterícia; cor amarela» +*eīdos*, «forma; aparência»)

icteróide ver nova grafia **icteroide**

icti(o)- elemento de formação de palavras que exprime a ideia de peixe (Do grego *ikhthýs*, «peixe»)

ictiocola n.f. cola de peixe, obtida sobretudo a partir da bexiga natatória de alguns peixes, especialmente do esturjão

ictiofagia n.f. sistema de alimentação em que o peixe é o elemento principal (De *ictiófago-*+*-ia*)

ictiófago adj.,n.m. que ou aquele que se alimenta principalmente de peixe (Do gr. *ikhthyophágos*, «comedor de peixe», pelo lat. *ikhthyophāgu-*, «id.»)

ictiografia n.f. estudo descritivo dos peixes (De *ictio-*+*-grafia*)

ictiográfico adj. relativo à ictiografia (De *ictiografia*+*-ico*)

ictiógrafo n.m. indivíduo que se dedica à ictiografia ou estudo descritivo dos peixes, ou que é especialista nesse assunto (De *ictio-*+*grafo*)

ictioide adj.2g. que tem forma de peixe (Do gr. *ikhthyoeidés*, «semelhante a peixe»)

ictióide ver nova grafia **ictioide**

ictiol n.m. FARMÁCIA produto fortemente sulfurado, betuminoso, proveniente da destilação de uma rocha do Tirol, constituída por peixes fósseis, e que se emprega em medicina (Do gr. *ikhthýs*, «peixe»+lat. *ol[ĕu-]*, «óleo»)

ictiólito n.m. PALEONTOLOGIA concreção calcária ou arenítica com peixe ou fragmento de peixe fossilizado (Do gr. *ikhthýs*, «peixe» +*líthos*, «pedra»)

ictiologia n.f. parte da zoologia que estuda os peixes (De *ictiólogo*+*-ia*)

ictiólogo n.m. especialista em ictiologia (De *ictio-*+*-logo*)

ictiomancia n.f. suposta arte de adivinhar pelo exame das vísceras dos peixes (Do gr. *ikhthýs*, «peixe» +*manteía*, «adivinhação»)

ictiomorfo adj. ⇒ **pisciforme** (De *ictio-*+*-morfo*)

ictiose n.f. MEDICINA doença da pele caracterizada pelo espessamento e descamação da epiderme que toma um aspeto semelhante ao das escamas dos peixes, também denominada xerodermia e sauríase (De *ictio-*+*-ose*)

ictiosismo n.m. MEDICINA conjunto de acidentes tóxicos provocados pela ingestão de certos peixes venenosos ou em putrefação (De *ictiose*+*-ismo*)

ictiossáurio adj.,n.m.,n.m.pl. PALEONTOLOGIA ⇒ **ictiossauro**

ictiossauro adj. relativo aos ictiossauros ■ n.m. espécime dos ictiossauros ■ n.m.pl. PALEONTOLOGIA grupo de répteis marinhos, fósseis, da era mesozoica (Do gr. *ikhthýs*, «peixe» +*saûros*, «lagarto»)

icto n.m. 1 GRAMÁTICA acento que assinala a maior intensidade sonora de uma sílaba em relação às restantes sílabas da mesma palavra; acento tónico 2 MEDICINA quadro patológico súbito e grave, de localização cerebral 3 LITERATURA acento que recai sobre a sílaba acentuada de um pé ou verso 4 RELIGIÃO cada um dos impulsos dados ao turíbulo para a frente, nas cerimónias litúrgicas (Do lat. *ictu-*, «golpe; choque»)

id n.m. PSICANÁLISE parte mais profunda da psique, que recebe os impulsos instintivos dominados pelo princípio do prazer e herdados como parte do inconsciente (Do lat. *id*, «isso»)

ida n.f. 1 ato de ir de um lugar para outro 2 ato de sair de um lugar; partida 3 distância que se percorre na deslocação de um lugar para outro; jornada; **~ e volta** ato de ir e voltar (Part. pass. fem. subst. de *ir*)

idade n.f. 1 número de anos que uma pessoa ou um animal conta desde o seu nascimento até à época de que se fala 2 época da vida 3 época histórica 4 subdivisão geocronológica correspondente ao andar 5 cada um dos períodos em que se costuma dividir a vida do homem 6 tempo 7 momento 8 ocasião adequada 9 duração 10 velhice 11 designação de períodos convencionais em que se divide a história, para facilidade de estudo, geralmente os mais aceites, mas cujos limites variam conforme os autores; **~ avançada** velhice ou proximidade dela; **Idade Contemporânea** período que começou com a eclosão da Revolução Francesa (1789) e abrange os tempos atuais; **Idade Média** período histórico que decorreu desde a queda do Império Romano do Ocidente (476) até à tomada de Constantinopla pelos Turcos (1453); **Idade Moderna** período que decorreu desde a tomada de Constantinopla pelos Turcos (1453) até à Revolução Francesa (1789); **~ núbil** limite mínimo de idade para a celebração do casamento (Do lat. *aetāte-*, «id.»)

idadismo n.m. atitude preconceituosa e discriminatória com base na idade, sobretudo em relação a pessoas idosas (De *idad(e)*+*-ismo*)

idadista adj.2g. relativo ao idadismo ■ n.2g. pessoa que discrimina com base na idade, agindo de forma preconceituosa sobretudo em relação a pessoas idosas (De *idad(e)*+*-ista*)

idálico adj. 1 relativo à cidade de Idálio ou ao monte do mesmo nome, na ilha de Chipre, consagrados a Vénus 2 referente a Vénus (De *Idálio*, top. +*-ico*)

idálio adj. ⇒ **idálico** (Do lat. *idalĭu-*, «id.»)

-idão sufixo nominal de origem latina que ocorre em substantivos abstratos derivados de adjetivos (*prontidão; podridão*)

-idas sufixo nominal de origem grega que exprime uma relação e ocorre, na nomenclatura científica, em substantivos que designam famílias de animais (*Carábidas; Carângidas*)

ideação n.f. ato ou efeito de criar na mente ou conceber; formação das ideias; idealização (De *idear*+*-ção*)

ideal adj.2g. 1 que constitui uma ideia ou a determinação de uma ideia 2 espiritual 3 que não existe na realidade; imaginário; quimérico; fantástico 4 perfeito 5 exemplar; modelar 6 melhor ■ n.m. 1 princípio ou valor que se defende e em que se acredita 2 aspiração mais elevada 3 modelo 4 perfeição; sublimidade; **gás ~** FÍSICA gás cujo comportamento estaria de acordo com as leis de Boyle-Mariotte (R. Boyle, físico e químico irlandês, 1627-1691, E. Mariotte, físico francês, 1620-1684) e de Gay-Lussac (J. L. Gay-Lussac, físico e químico francês, 1778-1850), o que exigiria moléculas pontuais perfeitamente elásticas e ausência de atração mútua entre elas (Do lat. *ideāle-*, «id.»)

idealidade n.f. 1 qualidade daquilo que existe apenas como ideia 2 fantasia; 3 imaginação (De *ideal*+*-i-*+*-dade*)

idealismo n.m. 1 atitude prática ou teórica segundo a qual o ideal tem primazia sobre o real 2 crença na possibilidade da concretização de ideais 3 atitude que consiste em subordinar atos e pensamentos a um ideal moral, intelectual ou estético 4 defesa de ideias ou princípios elevados 5 FILOSOFIA doutrina que reduz o ser ao pensamento, as coisas ao espírito (o mundo dito exterior não tem

idealista

outra realidade além das ideias ou representações que dele formamos) e que se opõe ao realismo e ao materialismo; ~ **estético** conceção segundo a qual a função da arte não é imitar o real, mas criar um mundo ideal (Do fr. *idéalisme*, «id.»)

idealista *adj.2g.* **1** referente ao idealismo **2** seguidor do idealismo **3** sonhador **4** [pej.] pouco prático ■ *n.2g.* **1** pessoa partidária do idealismo **2** pessoa que procura pautar a sua vida por ideais elevados **3** [pej.] pessoa pouco prática ou que defende coisas difíceis de concretizar; pessoa com os pés pouco assentes no chão (Do fr. *idéaliste*, «id.»)

idealístico *adj.* relativo ao idealismo (De *idealista+-ico*)

idealização *n.f.* **1** ato ou efeito de idealizar **2** ato de conferir carácter ideal a **3** conceção imaginária **4** operação epistemológica mediante a qual se excluem, ou se colocam entre parênteses, certos dados da observação empírica (De *idealizar+-ção*)

idealizador *adj.,n.m.* que ou aquele que idealiza (De *idealizar+-dor*)

idealizar *v.tr.,intr.* **1** dar carácter ideal a **2** criar na imaginação; fantasiar **3** conceber; criar **4** projetar **5** poetizar; divinizar (De *ideal+-izar*)

idealizável *adj.2g.* que pode ser idealizado (De *idealizar + -vel*)

idear *v.tr.* **1** criar na mente; conceber **2** planear; projetar **3** imaginar; inventar (De *ideia+-ar*)

ideário *n.m.* **1** sistema de ideias políticas, económicas, sociais, etc. **2** programa de ação de um partido político, de um candidato, etc. (De *ideia+-ário*)

ideável *adj.2g.* suscetível ou fácil de se idear (De *idear+-vel*)

ideia *n.f.* **1** toda a espécie de representação mental; noção; conceito **2** pensamento **3** imagem **4** lembrança; memória **5** opinião; conceito **6** projeto; plano; intenção **7** imaginação; invenção **8** descoberta; achado **9** FILOSOFIA, PSICOLOGIA representação intelectual, abstrata e geral, de um objeto de pensamento; ~ *feita* opinião ou sentimento, favorável ou desfavorável, concebido sem fundamento ou análise crítica, preconceito; ~ *fixa* ideia ou convicção recorrente, muitas vezes involuntária, que determina o pensamento de uma pessoa sobre determinado assunto, cisma, mania (Do gr. *idéa*, «id.», pelo lat. *idĕa-*, «imagem»)

idem *pron.dem.* o mesmo; a mesma coisa (Do lat. *idem*)

identicamente *adv.* de modo idêntico ou semelhante (De *idêntico+-mente*)

idêntico *adj.* **1** o mesmo que outro; igual **2** semelhante nas características essenciais; análogo; parecido (Do lat. escol. *identĭcu-*, «id.»)

identidade *n.f.* **1** qualidade de idêntico **2** paridade ou igualdade absoluta **3** conjunto de características (físicas e psicológicas) essenciais e distintivas de alguém, de um grupo social ou de alguma coisa **4** DIREITO conjunto de características (nome, sexo, impressões digitais, filiação, naturalidade, etc.) de um indivíduo consideradas para o seu reconhecimento **5** MATEMÁTICA igualdade (em álgebra) verificável para todos e quaisquer valores atribuídos às incógnitas; *princípio de ~* um dos princípios pressupostos na atividade racional do espírito: o que é é, o que não é não é, A é A, ou seja, todo o objeto é igual a si próprio (Do lat. escol. *identitāte-*, «id.»)

identificação *n.f.* **1** ato ou efeito de identificar(-se) **2** reconhecimento da identidade de uma coisa ou de um indivíduo (De *identificar+-ção*)

identificador *adj.,n.m.* que ou o que identifica (De *identificar+-dor*)

identificar *v.tr.* **1** provar ou reconhecer a identidade de **2** indicar a natureza e as características distintivas de **3** nomear **4** tornar idêntico ■ *v.pron.* **1** mostrar documentos legais que provem a sua identidade **2** apresentar-se; revelar o nome e as funções que desempenha **3** partilhar aquilo que outro sente ou pensa **4** confundir-se **5** conformar-se (Do lat. med. *identificāre*, «id.»)

identificável *adj.2g.* que se pode identificar (De *identificar+-vel*)

identitário *adj.* que diz respeito à identidade (de pessoa, grupo); que identifica (pessoa, grupo) (De *identidade+-ário*)

ideo- elemento de formação de palavras com o significado de *ideia* (Do gr. *idéa*, «ideia»)

-ídeo **1** sufixo nominal de origem grega que exprime a ideia de *relação*, *semelhança* (*caprídeo*; *casuarídeo*) **2** *pl.* ocorre, na nomenclatura científica, em substantivos que designam *famílias de animais* (*Mustelídeos*, *Notodontídeos*)

ideofrenia *n.f.* MEDICINA perversão de ideias (Do gr. *idéa*, «ideia» +*phrén*, *phrenós*, «membrana; alma; espírito» +*-ia*)

ideofrénico *adj.* relativo à ideofrenia (De *ideofrenia+-ico*)

ideogenia *n.f.* ciência que estuda a origem e formação das ideias (Do gr. *idéa*, «ideia» +*génos*, «geração» +*-ia*)

ideogénico *adj.* relativo à ideogenia (De *ideogenia+-ico*)

ideografia *n.f.* sistema de escrita em que se representam as ideias por imagens ou símbolos (Do gr. *idéa*, «ideia» +*gráphein*, «descrever» +*-ia*)

ideográfico *adj.* respeitante à ideografia (De *ideografia+-ico*)

ideografismo *n.m.* representação das ideias por imagens ou símbolos (De *ideografia+-ismo*)

ideógrafo *adj.,n.m.* que ou aquele que é especialista em ideografia (De *ideo-+-grafo*)

ideograma *n.m.* sinal gráfico que não exprime nem letra nem som, mas apenas uma ideia (De *ideo-+-grama*)

ideologia *n.f.* **1** sistema de ideias, valores e princípios que definem uma determinada visão do mundo, fundamentando e orientando a forma de agir de uma pessoa ou de um grupo social (partido político, grupo religioso, etc.) **2** FILOSOFIA estudo da origem e da formação das ideias (De *ideólogo+-ia*)

ideológico *adj.* **1** relativo à ideologia **2** baseado em determinada ideologia **3** que deve ser encarado no quadro de determinada ideologia (De *ideologia+-ico*)

ideólogo *n.m.* **1** aquele que segue, por sistema, uma doutrina filosófica ou social **2** indivíduo versado em ideologias ou responsável pelo desencadeamento de determinada ideologia **3** teórico **4** partidário da ideologia setecentista, materialista e racionalista, que foi um dos suportes teóricos da Revolução Francesa (Do gr. *idéa*, «ideia» +*lógos*, «estudo»)

id est *loc.* isto é (Do lat. *id est*)

idilicamente *adv.* **1** amorosamente; com amor **2** suavemente **3** de modo sonhador ou utópico (De *idílico+-mente*)

idílico *adj.* **1** LITERATURA relativo a idílio **2** pastoril; bucólico **3** que envolve sentimentos ternos e puros **4** relativo a fantasia ou sonho (De *idílio+-ico*)

idílio *n.m.* **1** LITERATURA breve poema de amor, em contexto pastoril, que movimenta personagens dessa índole **2** [fig.] amor simples e puro **3** [fig.] sonho; fantasia (Do gr. *eidýllion*, «quadrinho», pelo lat. *idyllĭu-*, «poema pastoril; idílio»)

idilista *n.2g.* **1** autor ou autora de idílios **2** pessoa sonhadora (De *idílio+-ista*)

idi(o)- elemento de formação de palavras que exprime a ideia de *próprio*, *de si mesmo* (Do gr. *ídios*, «próprio»)

idiocromático *adj.* MINERALOGIA diz-se do mineral que tem cor própria, característica, isto é, que se apresenta sempre com a mesma cor (De *idio-+cromático*)

idiocromossoma *n.m.* BIOLOGIA ⇒ **heterocromossoma** (De *idio-+cromossoma*)

idiofone *n.m.* MÚSICA instrumento que é o próprio elemento vibratório, como o xilofone e as castanholas (De *idi(o)-+-fone*)

idioginia *n.f.* BOTÂNICA estado das plantas que têm as flores femininas em pés próprios (De *idiógino+-ia*)

idiógino *adj.* **1** BOTÂNICA diz-se do vegetal que tem as flores femininas em pés próprios **2** BOTÂNICA que não tem os estames e os pistilos na mesma flor (Do gr. *ídios*, «próprio» +*gyné*, «mulher; gineceu»)

idiográfico *adj.* diz-se do método científico que considera os factos individualmente (De *idi(o)-+-gráfico*)

idiólatra *n.m.* adorador de si próprio (De *idio-+-latra*)

idiolatria *n.f.* adoração de si mesmo (Do gr. *ídios*, «próprio» +*latreía*, «adoração»)

idiolátrico *adj.* relativo à idiolatria (De *idiolatria+-ico*)

idiolecto ver nova grafia **idioleto**

idioleto *n.m.* **1** LINGUÍSTICA modo particular como cada falante usa a língua, segundo os seus hábitos discursivos, variações geográficas, características sociais, etc. **2** LINGUÍSTICA conjunto de enunciados produzidos por uma pessoa num determinado momento (Do ing. *idiolect*)

idioma *n.m.* **1** língua de um povo ou de uma nação, considerada nas suas características próprias (léxico, regras gramaticais, fonética, etc.) **2** forma de expressão que caracteriza uma pessoa, um período ou um movimento (Do gr. *idíoma*, «particularidade de estilo», pelo lat. tard. *idiōma*, *-atis*, «idioma»)

idiomático *adj.* relativo a ou próprio de idioma; *expressão idiomática* frase ou expressão que funciona como um todo e que normalmente não pode ser entendida de forma literal (Do gr. *idiomatikós*, «especial»)

idiomatismo *n.m.* ⇒ **idiotismo²**

idiomografia *n.f.* ciência que descreve e classifica os idiomas (Do gr. *idíoma*, «particularidade de estilo» +*gráphein*, «descrever» +*-ia*)

idiomográfico *adj.* relativo à idiomografia (De *idiomografia+-ico*)

idiomórfico *adj.* MINERALOGIA ⇒ **idiomorfo** (De *idiomorfo+-ico*)

idiomorfo *adj.* MINERALOGIA designativo do mineral cristalizado, constituinte de uma rocha (ou fóssil) que apresenta a forma que lhe é peculiar; automórfico; automorfo (Do gr. *idiómorphos*, «de forma própria»)

idionomia *n.f.* estado daquilo que é regido por leis próprias ou privativas (Do gr. *ídios*, «próprio» *+nómos*, «lei» *+-ia*)

idionómico *adj.* relativo a idionomia (De *idionomia+-ico*)

idiopatia *n.f.* 1 MEDICINA doença que existe por si mesma, e não como consequência de outra doença 2 propensão especial 3 simpatia; predileção (Do gr. *idiopátheia*, «doença especial»)

idiopático *adj.* 1 MEDICINA relativo à doença ou alteração de que não se conhece a causa 2 relativo a idiopatia (De *idiopatia+-ico*)

idioplasma *n.m.* 1 BIOLOGIA substância que alguns autores consideraram o mesmo que cromatina, base física dos fenómenos da hereditariedade 2 BIOLOGIA termo usado na teoria da continuidade germinal que designa o princípio especial do núcleo do ovo, que, na segmentação, se comporta como plasma germinativo (De *idio-+plasma*)

idioscópico *adj.* relativo apenas às propriedades privativas de certos seres (Do gr. *ídios*, «próprio» *+skopeïn*, «olhar» *+-ico*)

idiossincrasia *n.f.* 1 MEDICINA suscetibilidade demonstrada por cada indivíduo relativamente a determinados fatores físicos ou químicos que o fazem reagir de forma específica ou pessoal; constituição própria de cada organismo 2 característica de comportamento própria de um grupo ou de uma pessoa; temperamento (Do gr. *idiosygkrasía*, «constituição própria»)

idiossincrásico *adj.* relativo à idiossincrasia (De *idiossincrasia+-ico*)

idiossincrático *adj.* ⇒ **idiossincrásico**

idiota *adj.2g.* 1 que é pouco inteligente ou não tem bom senso; pateta; parvo; tolo 2 que é vaidoso ou pretensioso ■ *n.2g.* 1 pessoa pouco inteligente ou que não tem bom senso; pateta; parvo; tolo 2 MEDICINA pessoa que sofre de idiotia (Do gr. *idiótes*, «homem sem instrução», pelo lat. *idiōta-*, «pessoa ignorante»)

idiotia *n.f.* 1 falta de sensatez e de bom senso 2 MEDICINA afeção congénita caracterizada por défice mental muito grave, nomeadamente com ausência de linguagem e nível mental inferior a três anos, determinado por testes (Do gr. *idiotheía*, «ignorância»)

idiotice *n.f.* 1 qualidade, estado ou ação de idiota 2 atitude ou comportamento insensato e desprovido de bom senso 3 parvoíce; maluqueira (De *idiota+-ice*)

idiótico *adj.* relativo a idiota ou ao idiotismo (Do lat. tard. *idiotĭcu-*, «id.»)

idiotismo[1] *n.m.* 1 MEDICINA afeção congénita caracterizada por défice mental muito grave, nomeadamente com ausência de linguagem e nível mental inferior a três anos, determinado por testes 2 qualidade, estado ou ação de idiota; estupidez; parvoíce (De *idiota+-ismo*)

idiotismo[2] *n.m.* LINGUÍSTICA construção ou expressão peculiar a uma língua cujo significado não pode ser descodificado literalmente através da combinação dos significados de cada uma das palavras de que é formada (Do gr. *idiotismós*, «uso próprio de um povo», pelo lat. *idiotismu-*, «estilo familiar»)

idiotizar *v.tr.* tornar idiota; imbecilizar (De *idiota+-izar*)

-ido sufixo nominal de origem grega que, em nomenclatura química, traduz a ideia de *glícido*; prótido)

idocrásio *n.m.* MINERALOGIA ⇒ **vesuvianite** (Do gr. *eîdos*, «forma» *+krásis*, «mistura» *+-io*)

idólatra *adj.2g.* 1 relativo a ou próprio da idolatria 2 que adora ídolos 3 [fig.] apaixonado ■ *n.2g.* 1 pessoa que adora ídolos 2 [fig.] apaixonado; admirador (Do gr. *eidolátres*, «id.», pelo lat. *idololătra-*, «id.»)

idolatradamente *adv.* apaixonadamente (De *idolatrado+-mente*)

idolatrar *v.tr.* 1 prestar culto a (imagem considerada como uma divindade) 2 [fig.] dedicar um amor fervoroso a; adorar 3 [fig.] amar cegamente (De *idólatra+-ar*)

idolatria *n.f.* 1 culto prestado a imagens consideradas como divindades 2 [fig.] amor excessivo (Do gr. *eidolatreía*, «id.», pelo lat. *idolatrīa-*, «id.»)

idolátrico *adj.* relativo à idolatria ou aos idólatras (Do lat. *idolatrĭcu-*, «de idólatra»)

idolatrizar *v.tr.* 1 tornar idólatra 2 [fig.] tornar cegamente apaixonado (De *idólatra+-izar*)

idoleto /ê/ *n.m.* pequeno ídolo (De *ídolo+-eto*)

ídolo *n.m.* 1 RELIGIÃO imagem (estátua, figura, objeto) a que é prestado culto como a uma divindade 2 [fig.] pessoa famosa que é objeto de culto 3 [fig.] pessoa a quem se tributa grande veneração; pessoa que se considera um modelo a seguir (Do gr. *eídolon*, «imagem», pelo lat. *idōlu-*, «ídolo»)

idolopeia *n.f.* recurso estilístico com que se introduzem no discurso falsas divindades ou espíritos de pessoas falecidas (Do gr. *eidolopoiía*, «criação de ídolos»)

idoneidade *n.f.* qualidade de idóneo; capacidade; aptidão (Do lat. *idoneitāte-*, «propriedade»)

idoneísmo *n.m.* FILOSOFIA doutrina de F. Gonseth (filósofo e matemático suíço, 1890-1975), G. Bachelard (filósofo francês, 1884-1962) e outros, segundo a qual nenhuma afirmação pode considerar-se como definitiva, antes deve submeter-se ao princípio da revisibilidade universal; filosofia aberta (Do lat. *idonĕu-*, «conveniente; apropriado» *+-ismo*)

idóneo *adj.* 1 que tem competência para desempenhar certos cargos ou funções; apto; capaz 2 adequado 3 que é moralmente correto (Do lat. *idonĕu-*, «id.»)

idos *n.m.pl.* dia 15 dos meses de março, maio, julho e outubro e dia 13 dos restantes meses do antigo calendário romano (Do lat. *idus*, *idŭum*, «os idos; cada um dos dias que dividem os meses em dois; meados»)

idoscópico *adj.* ZOOLOGIA diz-se dos olhos que refletem as imagens (Do gr. *eîdos*, «imagem» *+skopeïn*, «ver» *+-io*)

idoso /ô/ *adj.* que tem muita idade; velho; anoso ■ *n.m.* indivíduo de idade avançada; velho (De *idade+-oso*, com hapl.)

idumeu *adj.* relativo a Idumeia, região da Palestina a sudeste do mar Morto ■ *n.m.* natural ou habitante da Idumeia (Do gr. *idoymaîos*, pelo lat. *idumaeu-*, «id.»)

iemenita *adj.2g.* pertencente ou relativo ao lémen, no sudoeste da Ásia ■ *n.2g.* natural ou habitante do lémen (De *lémen*, top. *+-ita*)

iene *n.m.* unidade monetária do Japão; yen (Do jap. *yen*, «id.»)

-igar sufixo verbal de origem latina, com sentido diminutivo ou repetitivo (*choramigar*)

igara *n.f.* [Brasil] espécie de canoa escavada num tronco de árvore (Do tupi *i'ara*, «senhor da água»)

igarapé *n.m.* 1 [Brasil] canal que só dá passagem a igaras ou a pequenos barcos 2 riacho; ribeiro 3 braço de rio (Do tupi *igara'pé*, «caminho de canoa»)

igarité *n.m.* 1 [Brasil] galeota com tolda de madeira 2 canoa (Do tupi *igari'té*, «canoa verdadeira»)

igariteiro *n.m.* tripulante do igarité (De *igarité+-eiro*)

Igeditanos *n.m.pl.* ETNOGRAFIA antigo povo da Lusitânia (Do lat. *Igaeditānos-*, «id.»)

iglô *n.m.* ⇒ **iglu**

iglu *n.m.* 1 casa de habitação em forma de cúpula, que os esquimós constroem com blocos de neve dura ou gelo 2 MILITAR pequena construção robusta em forma de cúpula para guarda de munições 3 tenda de campismo com essa forma (Do esquimó oriental *igdlu*, «casa de neve», pelo ing. *igloo*, «id.»)

ignaro *adj.* 1 ignorante; que não tem instrução 2 que não tem sensatez ou bom senso 3 estúpido; bronco (Do lat. *ignāru-*, «id.»)

ignávia *n.f.* 1 qualidade ou estado de ignavo; indolência; preguiça 2 fraqueza; cobardia (Do lat. *ignavĭa-*, «id.»)

ignavo *adj.* 1 indolente; preguiçoso 2 fraco; pusilânime (Do lat. *ignāvu-*, «id.»)

ígneo *adj.* 1 que tem fogo ou é da natureza do fogo 2 formado pela ação do fogo 3 [fig.] ardente; inflamado (Do lat. *ignĕu-*, «id.»)

ignescência *n.f.* estado de ignescente, do que está em combustão (Do lat. *ignescentĭa*, part. pres. neut. pl. subst. de *ignescĕre*, «inflamar-se»)

ignescente *adj.2g.* 1 que está em combustão 2 que se inflama (Do lat. *ignescente*, «id.», part. pres. de *ignescĕre*, «inflamar-se»)

ign(i)- elemento de formação de palavras que exprime a ideia de *fogo* (Do lat. *igne-*, «fogo»)

ignição *n.f.* 1 estado de um corpo em combustão; ignescência 2 combustão sem chama de um material no estado sólido 3 mecanismo através do qual se põe em funcionamento um motor de combustão interna (De *igni-+-ção*)

ignícola *adj.2g.* 1 que adora o fogo 2 que vive no fogo ■ *n.2g.* pessoa que adora o fogo (Do lat. *igne-*, «fogo» *+colĕre*, «habitar»)

ignífero *adj.* que tem ou traz fogo (Do lat. *ignifĕru-*, «que traz fogo»)

ignificação *n.f.* estado de um corpo que arde produzindo calor e/ou luz; combustão; inflamação (De *ignificar+-ção*)

ignificar *v.tr.* abrasar; inflamar (De *igni-+-ficar*)

ignífugo *adj.* 1 que evita ou dificulta a combustão 2 que afugenta o fogo 3 que serve para apagar o fogo (Do lat. *igne-*, «fogo» *+fugĕre*, «afugentar»)

ignígero *adj.* ⇒ **ignífero** (Do lat. *igne-*, «fogo» +*gerĕre*, «levar; trazer; ter em si»)

ignimbrito *n.m.* PETROLOGIA rocha vulcânica, riolítica, formada pela aglomeração de produtos piroclásticos incandescentes; tufo vulcânico

ignípede *adj.2g.* 1 [poét.] com pés de fogo 2 [poét.] (cavalo) que faz lume com os pés (Do lat. *ignipĕde-*, «que tem pés de fogo»)

ignipotente *adj.2g.* 1 diz-se de Vulcano, deus do fogo, segundo a mitologia greco-latina 2 que domina o fogo 3 fogoso (Do lat. *ignipotente-*, «senhor do fogo; luminoso»)

ignipunctura *n.f.* CIRURGIA processo de cauterizar os tecidos com instrumento metálico levado ao rubro (Do lat. *igne-*, «fogo» +*punctūra*, «picada») ACORDO ORTOGRÁFICO também se pode escrever **ignipuntura**

ignipuntura a grafia mais usada é **ignipunctura**

ignispício *n.m.* pretensa adivinhação por meio do fogo (Do lat. *ignispicĭu-*, «piromancia»)

ignitrão *n.m.* ELETRICIDADE retificador de vapor de mercúrio, no qual a corrente passa como um arco entre o ânodo e o cátodo de mercúrio (De *igni-*+*[elec]trão*, ou do fr. *ignitron*, «id.»)

ignívomo *adj.* (vulcão) que vomita fogo; que deita chamas (Do lat. *ignivŏmu-*, «id.»)

ignívoro *adj.* que devora ou engole fogo (De *igni-*+*-voro*)

ignizar-se *v.pron.* 1 converter-se em fogo; inflamar-se 2 pôr-se rubro (De *igni-*+*-izar*)

ignóbil *adj.2g.* desprovido de nobreza; que mostra baixeza moral; vil; desprezível; reles (Do lat. *ignobĭle-*, «não nobre»)

ignobilidade *n.f.* qualidade do que é ignóbil; baixeza moral; vileza (Do lat. *ignobilitāte-*, «baixa orig.»)

ignobilmente *adv.* de maneira ignóbil; vilmente (De *ignóbil*+*-mente*)

ignomínia *n.f.* grande afronta ou desonra; infâmia; opróbrio (Do lat. *ignominĭa-*, «id.»)

ignominiar *v.tr.* cobrir de ignomínia; manchar a reputação de; desonrar; infamar (De *ignomínia*+*-ar*)

ignominiosamente *adv.* 1 de modo ignominioso ou desonroso 2 vergonhosamente (De *ignominioso*+*-mente*)

ignominioso /ó/ *adj.* que causa ignomínia; desonroso; vergonhoso; infamante (Do lat. *ignominiōsu-*, «id.»)

ignorado *adj.* 1 não conhecido; obscuro 2 humilde; apagado (Do lat. *ignorātu-*, «id.», part. pass. de *ignorāre*, «ignorar; desconhecer»)

ignorância *n.f.* 1 falta de conhecimento ou saber 2 falta de instrução 3 incompetência; imperícia (Do lat. *ignorantĭa-*, «id.»)

ignorantão *adj.* muito ignorante ■ *n.m.* indivíduo ignorante com pretensões de sábio (De *ignorante*+*-ão*)

ignorante *adj.2g.* 1 destituído de instrução 2 que não tem conhecimentos ou prática de determinada matéria 3 desconhecedor ■ *n.2g.* 1 pessoa que não tem conhecimentos ou prática de determinada matéria 2 pessoa sem instrução; analfabeto (Do lat. *ignorante-*, «id.», part. pres. de *ignorāre*, «ignorar; desconhecer»)

ignorantismo *n.m.* 1 sistema dos que advogam a vantagem da ignorância; obscurantismo 2 estado de ignorância (De *ignorante*+*-ismo*)

ignorantista *n.2g.* pessoa sectária do ignorantismo (De *ignorante*+*-ista*)

ignorar *v.tr.* 1 não ter conhecimento de; não saber 2 não dar atenção a; não obedecer a 3 não incluir; não contemplar 4 [pop.] estranhar (Do lat. *ignorāre*, «id.»)

ignoto /ô/ *adj.* 1 não conhecido; obscuro; ignorado 2 humilde; apagado ■ *n.m.* aquilo que não é conhecido (Do lat. *ignōtu-*, «desconhecido»)

-igo sufixo nominal de origem latina com sentido diminutivo (*tapigo*)

igreja /ê/ *n.f.* 1 [com maiúscula] conjunto do clero e fiéis católicos 2 [com maiúscula] conjunto das autoridades religiosas que formam a hierarquia católica 3 [com maiúscula] cada um dos vários grupos cristãos e respetivas organizações 4 edifício destinado ao culto de uma religião, especialmente cristã 5 comunidade dos fiéis de determinada religião 6 autoridade religiosa; ~ **matriz** igreja principal de uma freguesia (Do gr. *ekklēsía*, «assembleia», pelo lat. *ecclēsĭa-*, «assembleia do povo; igreja»)

igrejário *n.m.* 1 conjunto das igrejas de uma diocese ou de uma circunscrição 2 pequena igreja (De *igreja*+*-ário*)

igrejeiro *adj.* 1 relativo à igreja 2 próprio da igreja 3 [pej.] que frequenta igrejas; beato (De *igreja*+*-eiro*)

igrejinha *n.f.* 1 pequena igreja; capela; ermida 2 [fig.] grupo fechado; capelinha 3 [fig.] conluio; tramoia; conspiração (De *igreja*+*-inha*)

igrejola *n.f.* igreja pequena (Do lat. tard. *ecclesiŏla-*, dim. de *ecclesĭa-*, «igreja»)

igual *adj.2g.* 1 que tem a mesma grandeza ou o mesmo valor 2 que tem as mesmas características 3 que tem os mesmos direitos, deveres, privilégios e oportunidades 4 sem diferença; idêntico 5 uniforme; inalterável 6 sem reentrâncias ou saliências; liso ■ *n.2g.* pessoa que ocupa a mesma posição que outra em determinada hierarquia ■ *n.m.* sinal de igualdade (=); *de ~ para ~* ao mesmo nível, sem diferenças de posição; *figuras iguais* GEOMETRIA figuras que se podem fazer coincidir, sobrepor, com idênticas funções ou categoria; *sem ~* único no seu género, ímpar (Do lat. *aequāle-*, «id.»)

igualação *n.f.* ato ou efeito de tornar igual ou nivelar (De *igualar*+*-ção*)

igualador *adj.,n.m.* que ou aquele que iguala (De *igualar*+*-dor*)

igualamento *n.m.* ⇒ **igualação** (De *igualar*+*-mento*)

igualar *v.tr.* 1 tornar igual ou semelhante 2 fazer desaparecer as diferenças entre; nivelar 3 aplanar; alisar 4 obter o mesmo resultado que 5 fazer atingir o mesmo nível, valor ou importância que; equiparar ■ *v.intr.* 1 ser igual 2 estar ao mesmo nível 3 obter o mesmo resultado ■ *v.pron.* 1 fazer-se ou tornar-se igual 2 comparar-se (De *igual*+*-ar*)

igualável *adj.2g.* que se pode igualar (De *igualar*+*-vel*)

igualdade *n.f.* 1 qualidade do que é igual ou que não apresenta diferença quantitativa 2 correspondência perfeita entre as partes de um todo; uniformidade 3 princípio de organização social segundo o qual todos os indivíduos devem ter os mesmos direitos, deveres, privilégios e oportunidades 4 MATEMÁTICA expressão da relação entre duas quantidades iguais; *em pé de ~* na mesma situação, nas mesmas circunstâncias (Do lat. *aequalitāte-*, «id.»)

igualha *n.f.* identidade de condição social ou moral (Do lat. *aequalĭa*, neut. pl. de *aequāle-*, «igual»)

igualitário *adj.* 1 relativo ao igualitarismo 2 que é partidário do igualitarismo ■ *n.m.* sectário do igualitarismo (Do lat. *aequalitā[te]*, «igualdade» +*ário*)

igualitarismo *n.m.* sistema político-social dos que advogam a igualdade social (De *igualitário*+*-ismo*)

igualitarista *adj.e.n.2g.* que ou pessoa que é adepta do igualitarismo (De *igualitário*+*-ista*)

igualização *n.f.* ⇒ **igualação** (De *igualizar*+*-ção*)

igualizar *v.tr.* 1 tornar igual 2 fazer desaparecer as diferenças entre; nivelar 3 irmanar; unir (De *igual*+*-izar*)

igualmente *adv.* 1 de modo igual 2 identicamente 3 também (De *igual*+*-mente*)

iguana *n.f.* ZOOLOGIA designação extensiva a uns sáurios da família dos Iguanídeos, da América Central e do Sul, que atingem, por vezes, grandes dimensões e alguns dos quais são comestíveis; iguano (Do caraíba *iwana*, «id.», pelo cast. *iguana*, «id.»)

Iguanídas *n.m.pl.* ⇒ **Iguanídeos** (De *iguana*+*-idas*)

iguanídeo *adj.* ZOOLOGIA relativo aos Iguanídeos ■ *n.m.* ZOOLOGIA espécime dos Iguanídeos

Iguanídeos *n.m.pl.* ZOOLOGIA família de répteis sáurios a que pertencem vários géneros e espécies, quase todos americanos (De *iguana*+*-ídeos*)

iguano *n.m.* ⇒ **iguana** (De *iguana*)

iguaria *n.f.* 1 comida apetitosa e saborosa; acepipe; petisco 2 manjar apetitoso 3 qualquer variedade de comida preparada (De orig. obsc.)

ih *interj.* exprime espanto, admiração ou ironia

iídiche *n.m.* língua usada pelos judeus que viviam ou procediam da Europa Central e Oriental, que teve por base um dialeto da Renânia e na qual se integraram elementos do hebraico e do eslávico (Do al. *Jüdisch*, «judeu; hebraico»)

ijolito *n.m.* PETROLOGIA rocha magmática, granular, muito escura, formada por nefelina e piroxena aegirínica (De *Ijo*, top.+gr. *líthos*, «pedra»?)

-il sufixo nominal de origem latina designativo, sobretudo, do lugar onde os animais se recolhem e que, por vezes, tem sentido diminutivo (*canil; touril; pernil*)

ilação *n.f.* 1 ação ou efeito de inferir 2 aquilo que se deduz; inferência; conclusão (Do lat. *illatiōne-*, «ação de levar»)

ilacerável *adj.2g.* que não se pode lacerar ou rasgar com violência (Do lat. *illacerabĭle-*, «que não se pode rasgar»)

ilacrimável *adj.2g.* 1 que se não comove com as lágrimas alheias; implacável 2 cruel (Do lat. *illacrimabĭle-*, «inexorável»)

ilapso *n.m.* influxo divino na alma das pessoas, segundo os ascetas (Do lat. *illapsu-*, «que penetrou», part. pass. de *illābi*, «penetrar; cair em»)

ilaqueação n.f. **1** ato ou efeito de ilaquear **2** enredo; enleio **3** prisão (De *ilaquear*+-*ção*)

ilaquear v.tr. **1** prender com laço; pear **2** enredar; prender **3** fazer cair em logro; enganar ■ v.pron. cair em logro ou tentação (Do lat. *illaqueāre*, «prender com laço»)

ilativo adj. em que há ilação; dedutivo; conclusivo (Do lat. *illatīvu-*, «que serve para concluir»)

ileadelfo n.m. TERATOLOGIA ser duplo da bacia para baixo, com quatro membros inferiores (De *íleo*-+*adelfo*)

ilécebras n.f.pl. carícias; afagos; seduções (Do lat. *illecĕbras*, «carícias»)

ilegal adj.2g. que não é legal; proibido por lei; ilícito; ilegítimo (Do lat. *in*-+*legāle*, «legal»)

ilegalidade n.f. **1** qualidade do que é ilegal ou proibido por lei **2** ato ou situação contrários à lei (De *ilegal*+-*i*-+-*dade*)

ilegibilidade n.f. qualidade do que é ilegível ou que não consegue ler (Do lat. **illegibĭle*-, «ilegível» +-*i*-+-*dade*)

ilegitimamente adv. de modo ilegítimo; ilegalmente (De *ilegítimo*+-*mente*)

ilegitimidade n.f. **1** qualidade de ilegítimo **2** qualidade do que vai contra a(s) lei(s) ou a(s) regra(s) (De *ilegítimo*+-*i*-+-*dade*)

ilegítimo adj. **1** que não é legítimo **2** que vai contra a(s) lei(s); não conforme ao direito **3** que vai contra as regras **4** que não se justifica **5** injusto **6** [ant.] designativo de filho que nascia fora do casamento (Do lat. tard. *illegitĭmu-*, «id.»)

ilegível adj.2g. que não se pode ler (Do lat. **illegibĭle*, «id.»)

ileo- elemento de formação que exprime a ideia de *intestino* (Do lat. *ilĕu-*, «id.»)

íleo n.m. **1** ANATOMIA parte do intestino delgado que se segue ao jejuno e termina no cego **2** ZOOLOGIA região do intestino posterior de alguns insetos (Do gr. *eileîn*, «enrolar», pelo lat. med. *ilĕu-*, «íleo; obstrução intestinal»)

ileocecal adj.2g. que é relativo simultaneamente ao íleo e ao cego (intestino grosso) (De *ileo*-+*cecal*)

ileocolite n.f. MEDICINA inflamação do íleo e do cólon (intestino grosso) (De *ileo*-+*colite*)

ileografia n.f. ANATOMIA estudo descritivo dos intestinos (De *ileo*-+-*grafia*)

ileso /ê/ adj. que não tem lesão ou ferimento; incólume (Do lat. *illaesu-*, «que não foi ferido»)

iletrado adj.,n.m. **1** que ou o que não sabe ler nem escrever; analfabeto **2** que ou o que tem pouca instrução **3** que ou o que não tem conhecimentos literários (Do lat. *illitterātu-*, «id.»)

iletrismo n.m. **1** qualidade de iletrado **2** falta de instrução; analfabetismo

ilha n.f. **1** GEOGRAFIA porção de terra emersa rodeada de água, nos oceanos, mares e lagos **2** grupo de casas pobres **3** [fig.] algo completamente isolado (Do lat. *insŭla*-, «id.», pelo cat. *illa*, «id.»)

ilhal n.m. **1** região lateral do corpo de uma rês, compreendida entre a última costela, a ponta da alcatra e o lombo **2** depressão do corpo do cavalo na região ínfero-lombar **3** ilharga; flanco; vazio (Do lat. *ilĭa*, «ilhargas» +-*al*)

ilhapa n.f. [Brasil] parte mais grossa do laço destinado a apanhar animais no campo (Do quích. *yapa*, «id.»)

ilhar¹ v.tr. tornar incomunicável como uma ilha; isolar; insular; separar (De *ilha*+-*ar*)

ilhar² v.tr. [Cabo Verde] ressequir com o calor do fogo; torrar (Vocábulo crioulo)

ilharga n.f. **1** região de cada lado do corpo humano, situada por cima da anca; flanco **2** região abdominal, lateral, do corpo de muitos animais; ilhal **3** parte lateral de um navio e de alguns objetos **4** lado de qualquer corpo **5** [fig.] apoio; esteio **6** pessoa que ampara; protetor; *à ~* ao lado, ao pé, junto; *de ~* de lado, de esguelha; *rir até rebentar as ilhargas* rir às gargalhadas e até não poder mais (Do lat. **iliarĭca*, do lat. *ilĭa*, «ilhargas»)

ilhargueiro adj. [ant.] que está do mesmo lado; colateral (De *ilharga*+-*eiro*)

Ílhavo adj. relativo ou pertencente à cidade de Ílhavo ou aos seus habitantes ■ n.m. **1** natural ou habitante de Ílhavo **2** barco de pesca usado na ria de Aveiro (De *Ílhavo*, top.)

ilheta /ê/ n.f. ⇒ **ilhota** (Do fr. *îlette*, «id.»)

ilhéu adj. **1** relativo a ilha **2** relativo ou pertencente aos arquipélagos portugueses (Madeira ou Açores) ■ n.m. (feminino **ilhoa**) **1** indivíduo natural ou habitante de uma ilha **2** natural ou habitante de um dos arquipélagos portugueses (Madeira ou Açores) **3** rochedo no meio do mar **4** ilha pequena; ilhota **5** zona restrita da plataforma da estrada, interdita à circulação, que canaliza ou separa as correntes de tráfego (De *ilha*+-*éu*, ou do fr. ant. *isleau*, «ilhéu»?)

-ilho sufixo nominal de origem castelhana ou latina que tem sentido diminutivo (*espartilho; portilho*)

ilhó n.m./f. **1** orifício por onde passa um atacador, uma fita, um cordão, etc. **2** aro de metal com que se debrua o ilhó (Do lat. **oculiŏlu-*, «olhinho»)

ilhoa /ô/ n.f. (masculino **ilhéu**) **1** natural ou habitante de uma ilha **2** aquela que é natural ou habitante de um dos arquipélagos portugueses (Madeira ou Açores)

ilhota n.f. ilha pequena; ilheta (De *ilha*+-*ota*)

ilhote n.m. ⇒ **ilhota** (De *ilha*+-*ote*)

ilíaco n.m. ANATOMIA osso par, lateral, que entra na constituição da cintura pélvica (abdominal) e da bacia, e que é também designado osso coxal ■ adj. **1** ANATOMIA relativo à região do corpo que é limitada pelos ossos ilíacos, e que corresponde à bacia **2** ANATOMIA que se refere ou pertence a estes ossos **3** ANATOMIA qualificativo de alguns órgãos mais ou menos relacionados com a região ilíaca, como vasos sanguíneos, músculos e nervos (Do lat. *iliăcu-*, «id.»)

ilíada n.f. série de feitos aventurosos ou heroicos (por analogia com a ação do poema homérico com este título) (Do gr. *Iliás, -ádos*, «Ilíada»)

ilibação n.f. **1** ato ou efeito de ilibar, de tornar puro ou isentar de culpa **2** reabilitação (De *ilibar*+-*ção*)

ilibar v.tr. **1** tornar puro; tirar a mancha a **2** isentar de culpa **3** livrar de acusação ou possível condenação **4** reabilitar (Do lat. **illibāre*, «tornar puro; lavar», de *illibātu-*, «puro; não manchado»)

iliberal adj.2g. **1** não liberal **2** contrário à liberdade **3** mesquinho; avarento **4** despótico (Do lat. *illiberāle*-, «indigno de um homem livre»)

iliberalidade n.f. **1** qualidade de iliberal **2** característica do que não é generoso; mesquinhez; avareza **3** tendência para ser contrário à liberdade; falta de tolerância; despotismo (Do lat. *illiberalitāte*-, «falta de generosidade»)

iliberalismo n.m. POLÍTICA sistema contrário ao liberalismo político (De *iliberal*+-*ismo*)

ilicáceas n.f.pl. BOTÂNICA ⇒ **Aquifoliáceas** (Do lat. *ilĭce*-, «azinheira» +-*áceas*)

iliçador adj.,n.m. que ou o que iliça ou intruja (De *iliçar*+-*dor*)

iliçar v.tr. intrujar, vendendo como seus os bens de outros; burlar (Do lat. **illiciāre*, de *illicĕre*, «tentar; atrair; seduzir»)

ilício n.m. ato de iliçar ou intrujar (Do lat. *illicĭu-*, «atrativo»)

ilícito adj. **1** não lícito; contrário à lei; proibido; ilegítimo **2** contrário às convenções sociais (Do lat. *illicĭtu-*, «id.»)

ilicitude n.f. qualidade de ilícito, do que é proibido ou contrário à lei (De *ilícito*+-*ude*)

ilídimo adj. **1** que não é autêntico, genuíno; espúrio **2** ilegítimo; ilícito (Do lat. *illegitĭmu-*, «ilegítimo»)

ilidir v.tr. argumentar contra; rebater; refutar; confutar (Do lat. *illidĕre*, «bater contra»)

ilidível adj.2g. que se pode ilidir, refutar ou destruir (De *ilidir*+-*vel*)

iliense adj.2g. pertencente ou relativo a Ílion ou aos seus habitantes; ílio; troiano ■ n.2g. natural ou habitante de Ílion ou Troia, antiga cidade da Ásia Menor; ílio; troiano (Do lat. *iliense-*, «id.»)

iligar v.tr. ligar; atar (Do lat. *illigāre*, «id.»)

iliinguinal adj.2g. **1** ANATOMIA relativo ao ílio e à virilha **2** ANATOMIA designativo do ramo nervoso que se liga ao músculo oblíquo que desce do abdómen (Do lat. *ilĭa*, «ilhargas» +*inguīne*-, «virilha» +-*al*)

ilimitação n.f. **1** qualidade ou estado daquilo que não tem limites **2** imensidade (De *in*-+*limitação*)

ilimitado adj. **1** que não tem limites; que não tem demarcações **2** que não tem restrições; total; absoluto **3** que não tem fim; infindo; imenso (Do lat. tard. *illimitātu-*, «id.»)

ilimitável adj.2g. **1** que não pode ser limitado **2** a que não se pode pôr fim; imenso (De *in*-+*limitável*)

ilio- elemento de formação de palavras que exprime a ideia de *ílio, ilíaco* (Do lat. *ilĭa*, «flancos; ilhargas»)

ílio¹ adj.,n.m. ⇒ **iliense** (Do lat. *ilīu-*, «id.»)

ílio² n.m. ANATOMIA peça óssea que, na maioria dos vertebrados adultos, está soldada ao ísquio e ao púbis, constituindo o osso ilíaco (Do lat. *ilĭa*, «flancos; ilhargas»)

iliocostal adj.2g. ANATOMIA diz-se, em especial, de uns feixes musculares que se distribuem do ilíaco à 12.ª costela, no homem (De *ílio*-+*costal*)

iliolombar adj.2g. **1** ANATOMIA relativo ao ilíaco e à região lombar **2** ANATOMIA designativo de um ligamento que vai do ilíaco à região lombar da coluna vertebral (De *ilio*-+*lombar*)

Ílion n.m. ⇒ **ílio**² (Do lat. *ilĭa*, «flancos; ilhargas»)

iliopélvico adj. ANATOMIA relativo ao ílio e à pelve (De *ílio*+*pélvico*)

Ílios n.m.pl. ETNOGRAFIA antigo povo da Ásia Menor (Do lat. *Ilĭu-*, «ílio; troiano»)

iliospinal adj.2g. ANATOMIA relativo ao ílio e à coluna vertebral (De *ilio-+espinal*)

iliosquiático adj. ANATOMIA relativo às regiões do ílio e do ísquio (De *ilio-+ísquio+-ático*)

iliossacro adj. ANATOMIA que diz respeito ao ilíaco e à região sagrada da coluna vertebral; iliossagrado (De *ilio-+sacro*)

iliossagrado adj. ⇒ **iliossacro** (De *ilio-+sagrado*)

iliotibial adj.2g. **1** ANATOMIA relativo simultaneamente ao ilíaco e à tíbia **2** ANATOMIA diz-se dos músculos que se estendem do ilíaco à tíbia, como o costureiro (De *ílio-+tibial*)

iliotrocanteriano adj. ANATOMIA diz-se, especialmente, de dois músculos das nádegas, que se estendem do ilíaco à parte superior do fémur (De *ilio-+trocânter+-iano*)

iliotrocantiniano adj. ANATOMIA designativo de um músculo que ocupa a fossa ilíaca interna; ilíaco (De *ilio-+trocantino+-iano*)

ilíquido adj. **1** que não é ou não está líquido ou apurado **2** (rendimento) bruto; global **3** [fig.] confuso; complicado (De *in-+líquido*)

ilírico adj. relativo ou pertencente à Ilíria, designação antiga da região montanhosa da costa setentrional do mar Adriático ■ n.m. **1** natural ou habitante da Ilíria **2** grupo de línguas faladas na Ilíria (Do gr. *illyrikós*, «id.», pelo lat. *illyrĭcu-*, «id.»)

iliteracia n.f. **1** dificuldade em ler, interpretar e escrever **2** falta de conhecimentos considerados básicos; analfabetismo (Do ing. *illiteracy*, «id.»)

iliterato adj.,n.m. **1** que ou pessoa que tem grandes dificuldades de leitura e escrita **2** que ou pessoa que não tem conhecimentos básicos; analfabeto **3** que ou pessoa que não tem conhecimentos literários (Do lat. *illiterātu-*, «id.»)

illite n.f. MINERALOGIA mineral (hidromica) vizinho da moscovite, quanto à composição, e um dos minerais das argilas (De *Illi[nois]*, top., estado da América do Norte *+-ite*)

ilmenite n.f. MINERALOGIA mineral (quimicamente, um óxido de ferro e titânio) que cristaliza no sistema trigonal e é minério de titânio (De *Ilmen*, top., região do lago russo do mesmo nome, nos Urales *+ -ite*)

-ilo sufixo nominal de origem grega que ocorre na nomenclatura química em substantivos que designam *radical* (*oxidrilo*)

ilocável adj.2g. **1** que não se pode colocar **2** que não ocupa lugar (Do lat. *illocabĭle-*, «que não se pode casar»)

ilocução n.f. LINGUÍSTICA produção de um ato de fala em que o falante introduz uma intenção de realizar um objetivo comunicativo, como perguntar, pedir, aconselhar, avisar, prometer, etc. (Do ing. *illocution*, «id.»)

ilocutivo adj. LINGUÍSTICA ⇒ **ilocutório**

ilocutório adj. LINGUÍSTICA designativo do ato de fala em que o falante introduz uma intenção de realizar um objetivo comunicativo, como perguntar, pedir, aconselhar, avisar, prometer, etc. (Do ing. *illocutionary*, «id.»)

ilógico adj. **1** contrário à lógica **2** destituído de lógica; incoerente **3** que não faz sentido; absurdo (Do lat. *in-+logĭcu-*, «lógico»)

ilogismo n.m. **1** falta de lógica **2** o que é absurdo ou ilógico (Do fr. *illogisme*, «id.»)

iludente adj.2g. que ilude; ilusório (Do lat. *illudente-*, «id.», part. pres. de *illudĕre*, «brincar com; zombar de»)

iludir v.tr. **1** fazer acreditar naquilo que não é verdadeiro; causar ilusão a; enganar **2** burlar; intrujar **3** [fig.] recorrer a métodos habilidosos para não cumprir ou realizar; fugir a **4** [fig.] suavizar; dissimular ■ v.pron. **1** ser vítima de ilusão **2** acreditar naquilo que não é verdadeiro; enganar-se (Do lat. *illudĕre*, «brincar com; zombar de»)

iludível adj.2g. **1** que pode ser iludido **2** que pode ser induzido em erro **3** em que pode haver ilusão; ilusório (De *iludir+-vel*)

iluminação n.f. **1** ato ou efeito de iluminar(-se) **2** estado do que está iluminado **3** quantidade de luz existente em determinado espaço **4** arte ou técnica da utilização da luz natural ou artificial para criar um dado efeito (em cinema, fotografia, teatro ou televisão) **5** conjunto de luzes artificiais decorativas usadas em ocasiões festivas **6** [fig.] inspiração súbita; rasgo; revelação **7** [fig.] esclarecimento de algo difícil de compreender; clarificação; ilustração **8** [fig.] perspetiva ou visão informada e refletida; conjunto de conhecimentos; saber **9** FÍSICA num ponto duma superfície, é dada pelo quociente da divisão do fluxo luminoso incidente num elemento infinitesimal da superfície que contém o ponto, pela área do elemento **10** FILOSOFIA, RELIGIÃO no budismo, fase final do processo de aperfeiçoamento espiritual, marcado pela ausência de desejo e de sofrimento (Do lat. *illuminatiōne-*, «claridade»)

iluminado adj. **1** que recebe luz **2** em que há claridade; alumiado **3** brilhante; luminoso **4** [fig.] ilustrado; instruído; esclarecido **5** [fig.] inspirado **6** que possui iluminuras **7** colorido ■ n.m. **1** pessoa criativa e clarividente; visionário **2** indivíduo que pretende ser inspirado por Deus **3** adepto do iluminismo (Do lat. *illuminātu-*, «id.», part. pass. de *illumināre*, «iluminar»)

iluminador adj.,n.m. que ou aquele que ilumina ou pinta iluminuras (Do lat. *illuminatōre-*, «o que esclarece»)

iluminante adj.2g. **1** que ilumina; iluminativo **2** próprio para alumiar (Do lat. *illuminante-*, «id.»)

iluminar v.tr. **1** difundir luz sobre; alumiar **2** tornar luminoso; trazer claridade a **3** enfeitar com luzes **4** ornar com iluminuras **5** [fig.] esclarecer; clarificar **6** [fig.] inspirar **7** [fig.] aconselhar **8** [fig.] alegrar ■ v.intr. **1** difundir luz **2** acender iluminações **3** [fig.] transmitir conhecimentos ou informação **4** fazer iluminuras ■ v.pron. **1** encher-se de luz **2** [fig.] inspirar-se (Do lat. *illumināre*, «id.»)

iluminativo adj. **1** que ilumina; iluminante **2** [fig.] instrutivo (De *iluminar+-tivo*)

iluminismo n.m. **1** [com maiúscula] movimento cultural e intelectual, relevante na Europa durante os sécs. XVII e XVIII, que pretendeu «dominar pela razão a problemática total do homem» (Brugger); filosofia das luzes **2** RELIGIÃO doutrina dos que creem na inspiração mística, e que é comum a várias seitas religiosas (Do fr. *illuminisme*, «id.»)

iluminista adj.2g. **1** referente ao iluminismo **2** partidário do iluminismo ■ n.2g. pessoa adepta do iluminismo (De *iluminar+-ista*)

iluminura n.f. cada uma das miniaturas pintadas a cores com que, na Idade Média, se ilustravam os pergaminhos, os manuscritos e os livros (De *iluminar+-ura*)

ilusão n.f. **1** crença ou ideia falsa **2** erro de apreciação **3** erro de perceção que consiste em fazer uma interpretação visual dos factos que não coincide com a realidade **4** fraude; logro (Do lat. *illusiōne-*, «id.»)

ilusionar v.tr. enganar; iludir (Do lat. *illusiōne+-ar*)

ilusionismo n.m. **1** arte de produzir ilusões **2** prática artística assente na ligeireza dos movimentos (principalmente de mãos) capazes de fazer desaparecer ou deslocar objetos sem que o espectador dê por isso; prestidigitação **3** doutrina dos que sustentam que a perceção exterior não passa de uma ilusão dos sentidos (Do lat. *illusiōne-*, «ilusão» *+-ismo*)

ilusionista n.2g. **1** pessoa que pratica o ilusionismo **2** aquele que faz habilidades e truques por meio de movimentos ágeis que levam o espectador a acreditar em algo que não corresponde à realidade; prestidigitador (Do lat. *illusiōne-*, «ilusão» *+-ista*)

ilusivo adj. ⇒ **ilusório** (Do lat. *illusu-*, «iludido», part. pass. de *illudĕre*, «brincar com; zombar de» *+-ivo*)

iluso adj. iludido; enganado (Do lat. *illusu-*, «id.», part. pass. de *illudĕre*, «brincar com; zombar de»)

ilusor adj.,n.m. **1** que ou o que ilude; ilusório **2** enganador (Do lat. *illusōre-*, «o que zomba»)

ilusoriamente adv. de modo ilusório ou enganoso (De *ilusório+ -mente*)

ilusório adj. **1** que produz ilusão; enganoso **2** falso; vão **3** irrealizável (Do lat. *illusorĭu-*, «id.»)

ilustração n.f. **1** imagem (desenho, gravura, fotografia, esquema, etc.) que complementa texto **2** arte ou técnica de criação e/ou seleção de imagens para complemento de texto **3** breve narrativa ou exemplo que ajuda a compreender ou a esclarecer algo **4** soma de conhecimentos; instrução; sabedoria **5** pessoa célebre ou ilustre **6** renome; celebridade (Do lat. *illustratiōne-*, «ação de esclarecer»)

ilustrado adj. **1** instruído; com muitos conhecimentos; esclarecido **2** erudito; sábio **3** que tem ilustrações ou gravuras (Do lat. *illustrātu-*, «id.», part. pass. de *illustrāre*, «esclarecer; ilustrar»)

ilustrador adj.,n.m. **1** que ou o que ilustra **2** que ou artista que faz ilustrações (Do lat. *illustratōre-*, «aquele que esclarece»)

ilustrar v.tr. **1** adornar ou complementar com ilustrações ou imagens **2** esclarecer através de breve narrativa ou exemplo **3** exemplificar **4** instruir; esclarecer **5** tornar ilustre; enobrecer ■ v.pron. **1** adquirir conhecimentos ou informação **2** tornar-se ilustre (Do lat. *illustrāre*, «esclarecer; ilustrar»)

ilustrativo adj. **1** que complementa através da imagem **2** que serve para exemplificar ou esclarecer; elucidativo (De *ilustrar+-tivo*)

ilustre adj.2g. **1** que possui qualidades notáveis **2** que se distingue pelo seu saber ou pelos seus feitos; insigne; distinto **3** célebre (Do lat. *illustre-*, «brilhante; célebre»)

ilustríssimo adj. **1** [*superlativo absoluto sintético de* **ilustre**] muito ilustre **2** forma de tratamento cerimonioso que reflete grande respeito e deferência, usada sobretudo em correspondência escrita (Do lat. *illustrissĭmu-*, «id.»)

ilutação *n.f.* **1** ato ou efeito de ilutar **2** ação de cobrir o corpo ou parte dele com lama ou lodo para tratamento de algumas doenças (De *ilutar*+*-ção*)

ilutar *v.tr.* **1** fazer aplicação terapêutica de lodo a **2** tratar com banhos de lama (Do lat. *in-*, «em» +*lutu-*, «lodo» +*-ar*)

iluviação *n.f.* GEOLOGIA processo de acumulação de elementos estranhos numa determinada camada do solo (Do lat. *illuvie-*, «inundação»+*-ção*)

im- forma que o prefixo *in-* toma quando a palavra seguinte começa por *b* ou *p* (Do lat. *im-*, de *in*, «id.»)

-im sufixo nominal de origem latina que tem sentido diminutivo, por vezes pejorativo (*lagostim; selim; fortim*)

imã *n.m.* **1** sacerdote muçulmano **2** título do chefe em certos estados da Arábia (Do ár. *imam*, «chefe; guia»)

ímã *n.m.* [Brasil] ⇒ **íman**

imaculabilidade *n.f.* qualidade do que é imaculável; pureza (Do lat. *immaculabĭle-*, «que não tem mancha» +*-i-*+*-dade*)

imaculado *adj.* **1** que não tem mácula; que não tem mancha ou nódoa; limpo **2** puro; inocente; cândido **3** [fig.] que não tem falhas ou defeitos (Do lat. *immaculātu-*, «id.»)

imaculatismo *n.m.* RELIGIÃO doutrina acerca do dogma da Imaculada Conceição (Do lat. *immaculātu-*, «imaculado» +*-ismo*)

imaculável *adj.2g.* que não é suscetível de mácula ou mancha (Do lat. *immaculabĭle-*, «que não tem mancha»)

imaculidade *n.f.* ⇒ **imaculabilidade** (De *imaculado*+*-i-*+*-dade*, com hapl.)

imagem *n.f.* **1** representação (gráfica, plástica, fotográfica) de algo ou alguém **2** reprodução obtida por meios técnicos; cópia **3** RELIGIÃO pintura ou escultura, destinada ao culto, que representa motivos religiosos **4** [fig.] pessoa muito parecida com outra; retrato; réplica **5** [fig.] pessoa que representa ou faz lembrar algo abstrato; símbolo; personificação **6** recurso estilístico patente na evocação viva de determinada realidade em que se procura recriar sensações, sobretudo visuais (abrange a comparação, a metáfora e a metonímia) **7** conjunto de conceitos e valores que as pessoas ou o público associam a determinada pessoa, produto ou instituição; fama **8** PSICOLOGIA reprodução mental de uma perceção anteriormente experimentada, na ausência do estímulo que a provocou **9** [fig.] pessoa bela; estampa **10** conjunto de pontos (reais ou virtuais) onde vão convergir, depois de terem atravessado um sistema ótico, os raios luminosos saídos de diversos pontos de um corpo; ~ *real* ÓTICA imagem projetável, formada diretamente pelos raios refletidos num espelho ou refratados numa lente; ~ *retiniana* ÓTICA imagem que se forma na retina por causa da convergência do cristalino; ~ *virtual* ÓTICA a que não é projetável e é formada pelo prolongamento dos raios refletidos num espelho ou refratados numa lente; *conversor de ~* FÍSICA instrumento que transforma numa imagem visível uma imagem no infravermelho ou outra qualquer invisível (Do lat. *imagĭne-*, «id.»)

imagética *n.f.* conjunto das imagens (símbolos, metáforas, etc.) de uma composição, por exemplo literária (De *imagético*)

imagético *adj.* **1** que se exprime por meio de imagens **2** que revela imaginação (De *imagem*+*t*+*-ico*)

imaginação *n.f.* **1** ato ou efeito de imaginar **2** faculdade de inventar, de conceber, unida ao talento de reproduzir vivamente essas conceções **3** capacidade de representação de objetos, acontecimentos ou relações ainda não observados **4** faculdade de combinar ou reorganizar elementos ou ideias de forma construtiva **5** coisa ou situação imaginada **6** invenção; criação **7** fantasia; devaneio; cisma **8** crença errónea; superstição; ~ *criadora/inventiva* função combinatória de novos conjuntos de imagens; ~ *reprodutora/imaginativa* função de representação do passado sob a forma concreta de imagens (Do lat. *imaginatiōne-*, «imagem»)

imaginador *adj.,n.m.* **1** que ou aquele que cria **2** que ou o que inventa ou fantasia; sonhador **3** que ou o que faz imagens (De *imaginar*+*-dor*)

imaginante *adj.2g.* que imagina; imaginador (Do lat. *imaginante-*, «id.», part. pres. de *imagināre*, «representar»)

imaginar *v.tr.* **1** representar ou conceber na imaginação; idear **2** conjeturar; supor **3** ter determinada opinião ou conceção (pouco fundamentada) acerca de **4** acreditar em (erro de julgamento ou perceção); crer **5** inventar; criar **6** cismar ■ *v.pron.* julgar-se; supor-se (Do lat. *imagināre*, «id.»)

imaginária *n.f.* **1** coleção de imagens **2** arte de fazer imagens; estatuária **3** figura humana; imagem **4** obra de imaginário (De *imaginário*)

imaginário *adj.* **1** que só existe na imaginação; que não é real; fictício; fantástico **2** MATEMÁTICA (símbolo algébrico) correspondente à raiz quadrada de qualquer número negativo **3** MATEMÁTICA (eixo de simetria da hipérbole) que não atravessa a curva ■ *n.m.* **1** escultor de imagens **2** domínio criado pela imaginação **3** conjunto de símbolos e valores cultivados por determinado grupo geralmente através de imagens; ~ *puro* MATEMÁTICA diz-se do número complexo cujo quadrado é um número real negativo (Do lat. *imaginarĭu-*, «id.»)

imaginativa *n.f.* faculdade de imaginar; fantasia (De *imaginativo*)

imaginatividade *n.f.* qualidade do que é imaginativo (De *imaginativo*+*-i-*+*-dade*)

imaginativo *adj.* **1** que imagina com facilidade **2** engenhoso; criativo **3** apreensivo; cismático (Do lat. *imaginatīvu-*, «id.»)

imaginável *adj.2g.* que se pode imaginar (De *imaginar*+*-vel*)

imaginoso /ô/ *adj.* **1** fértil em imagens **2** que revela muita imaginação ou espírito inventivo; imaginativo **3** fantástico; fabuloso **4** inverosímil (Do lat. *imaginōsu-*, «cheio de fantasias»)

imagiologia *n.f.* técnica de exploração médica por meio de imagens (ecografia, mamografia, TAC, etc.)

imagismo *n.m.* LITERATURA corrente literária modernista caracterizada pela produção de poemas curtos que procuram recriar sensações visuais e que teve no poeta norte-americano E. Pound (1885-1972) o seu maior impulsionador (Do lat. *imaăgo, imagĭnis*+*-ismo*, pelo ing. *imagism*)

imagista *adj.,n.2g.* que ou pessoa que é adepta do imagismo (Do lat. *imaăgo, imagĭnis*+*-ista*, pelo ing. *imagist*)

imagística *n.f.* **1** conjunto de imagens que um artista é capaz de inventar **2** faculdade ou poder de imaginação, de invenção ou de fantasia

imagístico *adj.* relativo à imagística

imago *n.m.* **1** PSICANÁLISE projeção de uma imagem ou de uma lembrança da infância sobre uma pessoa ou um objeto **2** ZOOLOGIA designação da forma definitiva (inseto perfeito) dos lepidópteros **3** ⇒ **imagem** (Do lat. *imago*, «imagem»)

imala *n.f.* fenómeno fonético do árabe que se traduz na passagem do som *a* para e ou *i* (Do ár. *imala*, «id.»)

imaleabilidade *n.f.* qualidade do que é imaleável, do que não é flexível (De *imaleável*+*-dade*)

imaleável *adj.2g.* que não é maleável ou flexível; rígido (De *in-*+*maleável*)

imame *n.m.* ⇒ **imã**

imamo *n.m.* ⇒ **imã**

íman *n.m.* (*plural ímanes*) **1** óxido de ferro que tem a propriedade de atrair o ferro e outros metais **2** qualquer substância que possui ou adquire a propriedade de atrair o ferro **3** objeto que tem a propriedade de atrair certos metais e suas ligas, como o ferro, e que pode ser constituído por esses mesmos metais ou por magnetite; magnete **4** [fig.] aquilo que atrai irresistivelmente; ~ *natural* ⇒ **magnetite** (Do fr. *aimant*, «íman»)

imanar *v.tr.* comunicar a propriedade do íman a um metal; magnetizar; imanizar (De *íman*+*-ar*)

imane *adj.2g.* **1** muito grande; desmedido **2** feroz (Do lat. *immāne-*, «feroz; cruel»)

imanência *n.f.* qualidade daquilo que é imanente; inerência (Do lat. *immanentĭa*, part. pres. neut. pl. subst. de *immanēre*, «parar em; ficar; deter-se»)

imanente *adj.2g.* **1** que é inerente a um ser ou a um objeto do pensamento **2** que é privativo de um sujeito ou de um objeto **3** que não desaparece; que existe sempre; perdurável **4** fixo **5** (descrição, análise) que não utiliza fatores transcendentes ao objeto ou fenómeno abordado (Do lat. *immanente*, «id.», part. pres. de *immanēre*, «ficar; deter-se»)

imanentismo *n.m.* doutrina que considera o absoluto ou o valor como intrínsecos aos seres particulares, negando a existência de influências transcendentais no mundo (De *imanente*+*-ismo*, ou do fr. *immanentisme*, «id.»)

imanentista *adj.2g.* **1** relativo ao imanentismo **2** que defende o imanentismo ■ *n.2g.* pessoa que é partidária do imanentismo (De *imanente* + *-ista*)

imanidade *n.f.* **1** qualidade do que é imane **2** grandeza extraordinária **3** [fig.] crueldade; ferocidade (Do lat. *immanitāte-*, «crueldade»)

imanizar *v.tr.* ⇒ **imanar** (De *íman*+*-izar*)

imarcescibilidade *n.f.* qualidade do que é imarcescível ou que tem viço permanente (Do lat. *immarcescibĭle-*, «que não murcha» +*-i-*+*-dade*)

imarcescível *adj.2g.* **1** que não murcha; sempre viçoso **2** que não se extingue **3** [fig.] imperecível; incorruptível (Do lat. *immarcescibĭle-*, «id.»)

imareado *adj.* 1 que não tem manchas 2 que não perdeu o brilho 3 [fig.] imaculado; puro (De *in-*+*mareado*)

imareável *adj.2g.* 1 que não se pode marear 2 que não é susceptível de se manchar (De *in-*+*mareável*)

imarginado *adj.* sem margens ou bordos (De *in-*+*marginado*)

imaterial *adj.2g.* 1 que não é formado de matéria 2 que não é concreto; incorpóreo; impalpável 3 espiritual; sobrenatural (Do lat. *immateriale-*, «id.», pelo fr. *immatériel*, «id.»)

imaterialidade *n.f.* qualidade do que é imaterial ou que não é formado por matéria (De *imaterial*+*-i-*+*-dade*, ou do fr. *immaterialité*, «id.»)

imaterialismo *n.m.* doutrina que nega a existência da matéria, reduzindo a realidade a manifestações ou criações do espírito (De *imaterial*+*-ismo*, ou do fr. *immatérialisme*, «id.»)

imaterialista *n.2g.* pessoa adepta do imaterialismo (De *imaterial*+*-ista*, ou do fr. *immatérialiste*, «id.»)

imaterializar *v.tr.* tornar imaterial; espiritualizar (De *imaterial*+*-izar*, ou do fr. *immatérialiser*, «id.»)

imaturidade *n.f.* qualidade daquilo que é imaturo ou que não atingiu o seu desenvolvimento (Do lat. *immaturitāte-*, «id.»)

imaturo *adj.* 1 que não está maduro 2 que não atingiu o seu desenvolvimento (físico, psicológico, e/ou emocional) completo 3 prematuro; precoce; antecipado 4 [pej.] que revela falta de bom senso e desequilíbrio emocional 5 [pej.] que não é próprio de um adulto plenamente desenvolvido do ponto de vista emocional e intelectual (Do lat. *immatūru-*, «id.»)

imbaíba *n.f.* [Brasil] ⇒ **umbaúba**

imbambas *n.f.pl.* 1 [Angola] coisas 2 [Angola] móveis 3 [Angola] bagagem (Do quimb. *kimbamba*, «id.»)

imbatível *adj.2g.* 1 que não se pode vencer; invencível 2 que não se pode superar ou melhorar; insuperável (De *im-*+*batível*)

imbaúba *n.f.* [Brasil] ⇒ **umbaúba**

imbecil *n.2g.* 1 que ou pessoa que é pouco inteligente ou não tem bom senso; parvo; néscio; idiota 2 PSICOLOGIA que ou pessoa que sofre de imbecilidade (Do lat. *imbecille-*, «id.»)

imbecilidade *n.f.* 1 qualidade de imbecil 2 ato ou dito de imbecil; parvoíce; estupidez 3 PSICOLOGIA atraso mental acentuado, entre a debilidade mental e a idiotia, distinguindo-se desta última pela aquisição da linguagem falada e pelo nível mental, que, determinado por testes, se situa entre os três e os sete anos (Do lat. *imbecillitāte-*, «fraqueza»)

imbecilizar *v.tr.* tornar imbecil (De *imbecil*+*-izar*)

imbele *adj.2g.* 1 que não é belicoso; pacífico 2 fraco; cobarde 3 tímido (Do lat. *imbelle-*, «id.»)

imberbe *adj.2g.* 1 que ainda não tem barba 2 que ainda é rapaz 3 [fig.] pouco desenvolvido (Do lat. *imberbe-*, «id.»)

imbicar *v.tr.* 1 tornar bicudo 2 dirigir; encaminhar ■ *v.intr.* implicar; embirrar (De *in-*+*bico*+*-ar*)

imbila¹ *n.f.* [Moçambique] BOTÂNICA denominação, em Quelimane, da ambila, árvore de grande porte, da família das Leguminosas, de madeira castanho-avermelhada, inatacável pelas térmites, conhecida por baúa, em Tete conhecida por baúa (De *ambila*, «idem»)

imbila² *n.f.* [Angola] sepultura (Do quimbundo *mbila*, «idem»)

imbira *n.f.* BOTÂNICA ⇒ **embira** 1

imborã *n.m.* 1 instrumento que imita o canto do noitibó 2 som deste instrumento (De orig. onom.)

imbricação *n.f.* ato ou efeito de imbricar 2 disposição de coisas com sobreposição parcial, como telhas de um telhado 3 [fig.] ligação estreita (De *imbricar*+*-ção*)

imbricado *adj.* 1 em que há imbricação 2 que se sobrepõe parcialmente, como telhas de um telhado 3 complexo; complicado 4 ligado estreitamente com outro ■ *n.m.pl.* disposição semelhante à das telhas num telhado ou à das escamas na maioria dos peixes (Part. pass. de *imbricar*)

imbricante *adj.2g.* BOTÂNICA diz-se das folhas que se cobrem umas às outras, como telhas de um telhado (Do lat. *imbricante-*, part. pres. de *imbricāre*, «cobrir de telhas côncavas»)

imbricar *v.tr.,pron.* 1 dispor(-se) (coisas) de forma que se sobreponham parcialmente umas às outras, como telhas de um telhado 2 ligar(-se) de forma estreita (Do lat. *imbricāre*, «cobrir de telhas côncavas»)

imbrífero *adj.* 1 [poét.] que traz chuvas 2 [poét.] que inunda (Do lat. *imbrifĕru-*, «que traz chuva»)

imbrífugo *adj.* 1 que afugenta a chuva 2 que livra da chuva (Do lat. *imbre-*, «chuva» +*fugĕre*, «fugir de; afugentar; repelir»)

imbróglio *n.m.* 1 situação confusa; trapalhada; embrulhada 2 situação complicada; sarilho (Do it. *imbroglio*, «embrulhada»)

imbu *n.m.* 1 BOTÂNICA fruto (comestível) do imbuzeiro, também conhecido por umbu 2 BOTÂNICA ⇒ **imbuzeiro** (Do tupi *im'bur*, «que faz brotar água»)

imbuição /uí/ *n.f.* ato ou efeito de imbuir(-se) (De *imbuir*+*-ção*)

imbuído *adj.* que se imbuiu; impregnado (Part. pass. de *imbuir*)

imbuir *v.tr.* 1 mergulhar num líquido; embeber 2 fazer penetrar profundamente; impregnar 3 fazer adquirir; infundir; incutir (Do lat. *imbuĕre*, «embeber»)

imbumbável *adj.2g.* [Angola] que detesta o trabalho (De *bumbar*)

imbunde *n.m.* BOTÂNICA planta herbácea africana, de raiz sacarina, utilizada em refrescos

imbuzada *n.f.* [Brasil] CULINÁRIA iguaria feita de leite e sumo do imbu (De *imbu*+*z*+*-ada*)

imbuzeiro *n.m.* [Brasil] BOTÂNICA árvore da família das Anacardiáceas, que produz um fruto comestível (imbu); embuzeiro; umbuzeiro (De *imbu*+*z*+*-eiro*)

imediação *n.f.* 1 facto de ser imediato, contíguo ou próximo 2 *pl.* proximidades; vizinhanças (Do lat. **immediatiōne-*, «mediação interposta»)

imediatamente *adv.* em seguida; logo; sem a mínima demora (De *imediato*+*-mente*)

imediatismo *n.m.* 1 forma de agir em que se dispensam mediações e rodeios 2 atitude daquele que procura apenas vantagens ou lucros rápidos 3 tendência para a simplificação

imediatista *adj.,n.2g.* 1 que ou o que dispensa mediações e rodeios 2 que ou o que procura apenas vantagens ou lucros rápidos 3 simplista (De *imediato*+*-ista*)

imediato *adj.* 1 que segue ou precede sem nada de permeio, numa série; seguinte 2 que não tem nada de permeio; contíguo; próximo 3 que se faz sem intermediário; direto 4 que atua instantaneamente 5 que não admite perda de tempo; que acontece sem intervalo; instantâneo; rápido 6 que se percebe facilmente ■ *n.m.* 1 o que depende só de um superior ou chefe que substitui quando necessário 2 subcomandante 3 oficial da marinha de guerra ou da marinha mercante de categoria imediatamente inferior à do comandante e que tem a seu cargo todos os serviços de bordo e a polícia geral do navio (Do lat. *immediātu-*, «id.»)

imedicável *adj.2g.* 1 que se não pode medicar 2 que não tira proveito dos medicamentos (Do lat. *immedicabĭle-*, «incurável; irremediável»)

imemorabilidade *n.f.* qualidade de imemorável (Do lat. *immemorabĭle-*, «imemorável» +*-i-*+*-dade*)

imemorado *adj.* que não se conservou na memória; esquecido (Do lat. *immemorātu-*, «não mencionado»)

imemorável *adj.2g.* 1 de que não pode ou não deve haver memória 2 antiquíssimo; imemorial (Do lat. *immemorabĭle-*, «que não merece ser relatado»)

imémore *adj.2g.* [poét.] que não se recorda; esquecido (Do lat. *immemŏre-*, «id.»)

imemorial *adj.2g.* tão antigo que desaparece da memória; antiquíssimo (Do lat. *in-*+*memoriāle-*, «que ajuda a memória»)

imemoriável *adj.2g.* ⇒ **imemorável** (De *in-*+*memoriável*)

imensamente *adv.* 1 em grande quantidade ou intensidade; muito 2 desmedidamente (De *imenso*+*-mente*)

imensidade *n.f.* 1 qualidade, estado ou carácter do que é imenso 2 grandeza ilimitada 3 quantidade imensa 4 espaço enorme; vastidão (Do lat. *immensitāte-*, «id.»)

imensidão *n.f.* ⇒ **imensidade** (De *imenso*+*-idão*)

imenso *adj.* 1 que não se pode medir ou contar; ilimitado; incomensurável 2 enorme 3 indefinível 4 numerosíssimo ■ *adv.* 1 muito 2 desmedidamente (Do lat. *immensu-*, «id.»)

imensurabilidade *n.f.* qualidade do que é imensurável, do que se não pode medir (Do lat. *immensurabĭle-*, «que se não pode medir» +*-i-*+*-dade*)

imensurável *adj.2g.* que não se pode medir; incomensurável; imenso (Do lat. *immensurabĭle-*, «id.»)

imerecidamente *adv.* de modo imerecido; indevidamente; injustamente (De *imerecido*+*-mente*)

imerecido *adj.* não merecido; indevido; injusto (De *in-*+*merecido*)

imergência *n.f.* ação de imergir (Do lat. *immergentĭa-*, «id.», part. pres. de *immergĕre*, «imergir; mergulhar»)

imergente *adj.2g.* 1 que imerge 2 que mergulha 3 diz-se do raio luminoso, quando atravessa a superfície de separação de dois meios óticos e em relação ao meio em que penetra (Do lat. *immergente-*, «id.», part. pres. de *immergĕre*, «mergulhar; imergir»)

imergir *v.tr.,intr.* 1 mergulhar; submergir 2 penetrar 3 afundar(-se) (Do lat. *immergĕre*, «id.»)

imérito *adj.* não merecido (Do lat. *immerĭtu-*, «que não mereceu»)

imersão *n.f.* 1 ato de imergir, mergulho 2 resultado desta ação (Do lat. *immersiōne-*, «id.»)

imersionismo *n.m.* prática de algumas seitas cristãs para quem a imersão é a única e perfeita forma de batismo (Do lat. *immersiōne-*, «imersão» +-*ismo*)

imersionista *n.2g.* partidário do imersionismo (Do lat. *immersiōne-*, «imersão» +-*ista*)

imersível *adj.2g.* que pode mergulhar ou afundar-se (De *imerso*+-*vel*)

imersivo *adj.* 1 que faz imergir 2 que se realiza por imersão (De *imerso*+-*ivo*)

imerso *adj.* 1 mergulhado; imergido 2 [fig.] absorto; concentrado (Do lat. *immersu-*, «id.», part. pass. de *immergĕre*, «mergulhar; imergir»)

imersor *adj.,n.m.* que ou o que imerge ou faz imergir (De *imerso*+-*or*)

imida *n.f.* QUÍMICA qualquer composto cuja fórmula se pode obter da do amoníaco ou de uma amina primária, substituindo dois átomos de hidrogénio por dois acilos ou pelo diacilo de um diácido (Alt. de *amida*)

imidogénio *n.m.* QUÍMICA nome dado ao radical NH (De *imida*+-*génio*)

imigo *adj.,n.m.* [arc.] ⇒ **inimigo** (Do lat. *inimīcu-*, «inimigo»)

imigração *n.f.* 1 ato ou efeito de imigrar 2 entrada de estrangeiros num país com o fim de nele se estabelecerem (De *imigrar*+-*ção*)

imigrado *adj.,n.m.* que ou aquele que imigrou (Part. pass. de *imigrar*)

imigrante *adj.,n.2g.* que ou pessoa que imigra (Do lat. *immigrante-*, «id.», part. pres. de *immigrāre*, «imigrar; entrar em»)

imigrar *v.intr.* entrar num país estranho a fim de nele se estabelecer (Do lat. *immigrāre*, «entrar em; imigrar»)

imigratório *adj.* relativo à imigração ou aos imigrantes (De *imigrar*+-*tório*)

iminência *n.f.* 1 qualidade de iminente, do que está prestes a acontecer 2 proximidade (Do lat. *imminentĭa*, «coisas iminentes», part. pres. neut. pl. subst. de *imminēre*, «estar iminente»)

iminente *adj.2g.* 1 que está prestes a acontecer; próximo 2 que ameaça cair sobre alguém ou sobre alguma coisa 3 que está quase por cima; sobranceiro (Do lat. *imminente-*, «id.», part. pres. de *imminēre*, «estar iminente»)

imisção *n.f.* mistura; intromissão; ingerência (Do lat. *immiscēre*, «misturar», pelo fr. *immixtion*, «ingerência»)

imiscibilidade *n.f.* qualidade do que é imiscível, do que não se mistura (Do lat. *immiscibĭle-*, «imiscível» +-*i*-+-*dade*)

imiscível *adj.2g.* 1 que não admite mistura 2 diz-se dos líquidos que, quando misturados em certas proporções, formam duas fases ou camadas separadas (Do lat. *immiscibĭle-*, «id.»)

imiscuição *n.f.* ato ou efeito de imiscuir-se; intromissão (De *imiscuir*+-*ção*)

imiscuir-se *v.pron.* 1 tomar parte em algo 2 intrometer-se; meter-se onde não é chamado 3 misturar-se (Do lat. tard. *immiscuĕre*, «id.»)

imisericórdia *n.f.* falta de misericórdia ou compaixão (Do lat. *immisericordĭa-*, «insensibilidade»)

imisericordioso *adj.* que não tem misericórdia; desumano; cruel (De *imisericórdia*+-*oso*)

imissão *n.f.* ato ou efeito de imitir (Do lat. *immissiōne-*, «ação de enviar para; ação de deixar andar»)

imissário *n.m.* GEOGRAFIA rio que desagua num lago

imisso *adj.* investido (CRUZ) cujos braços se cruzam pelo meio (Do lat. *immissu-*, «introduzido», part. pass. de *immittĕre*, «introduzir; enviar para»)

imitabilidade *n.f.* qualidade de imitável (Do lat. *imitabĭle-*, «imitável» +-*i*-+-*dade*)

imitação *n.f.* 1 ato ou efeito de imitar 2 reprodução de um modelo 3 obra ou produto que se pode confundir com outra ou outro de mais valor ou de melhor qualidade; cópia; arremedo 4 falsificação (Do lat. *imitatiōne-*, «imitação; cópia»)

imitador *adj.,n.m.* que ou o que imita (Do lat. *imitatōre-*, «id.»)

imitante *adj.2g.* 1 que imita 2 parecido (Do lat. *imitante-*, «id.», part. pres. de *imitāre*, por *imitāri*, «imitar; copiar»)

imitar *v.tr.* 1 procurar reproduzir o que outrem fez 2 tomar por modelo 3 assemelhar-se a 4 copiar 5 reproduzir fraudulentamente; falsificar (Do lat. *imitāre*, por *imitāri*, «id.»)

imitativo *adj.* ⇒ **imitante** (Do lat. *imitatīvu-*, «id.»)

imitável *adj.2g.* que se pode ou deve imitar (Do lat. *imitabĭle-*, «id.»)

imitir *v.tr.* 1 fazer entrar; meter 2 investir num cargo (Do lat. *immittĕre*, «enviar para; introduzir»)

imo *adj.* que está no lugar mais fundo ■ *n.m.* âmago; íntimo (Do lat. *imu-*, «profundo»)

-imo sufixo nominal de origem latina que indica *ação* ou *resultado de ação* (empréstimo; acréscimo)

imóbil *adj.2g.* ⇒ **imóvel** *adj.2g.* (Do lat. *immobĭle-*, «id.»)

imobiliária *n.f.* empresa que se dedica à comercialização de bens imóveis (terrenos, edifícios, etc.) (De *imobiliário*)

imobiliário *adj.* diz-se dos bens imóveis, ou que não são suscetíveis de ser deslocados, quer por natureza quer por disposição da lei ■ *n.m.* cada um desses bens (Do lat. *immobĭle-*, «imóvel» +-*ário*)

imobilidade *n.f.* 1 qualidade ou estado do que é imóvel, do que não tem movimento ou não é suscetível de ser deslocado 2 estabilidade 3 impassibilidade; serenidade (Do lat. *immobilitāte-*, «id.»)

imobilismo *n.m.* 1 aversão ao progresso 2 gosto ou apego às coisas e aos usos antigos (Do lat. *immobĭle-*, «imóvel» +-*ismo*, ou do fr. *immobilisme*, «id.»)

imobilista *adj.2g.* conservador ■ *n.2g.* pessoa conservadora, apegada às coisas e aos usos antigos (Do lat. *immobĭle-*, «imóvel» +-*ista*, ou do fr. *immobiliste*, «id.»)

imobilização *n.f.* 1 ato ou efeito de tornar imóvel 2 estado do que está imobilizado 3 ato de impedir o progresso de 4 ato ou efeito de tornar indisponível (De *imobilizar*+-*ção*)

imobilizado *adj.* 1 que se tornou imóvel ou fixo 2 cujo movimento foi impedido (Part. pass. de *imobilizar*)

imobilizar *v.tr.* 1 tornar imóvel ou fixo 2 paralisar 3 reter; estancar 4 não deixar progredir ■ *v.pron.* 1 tornar-se imóvel 2 estacionar; não progredir (Do lat. *immobĭle-*, «imóvel» +-*izar*)

imoderação *n.f.* falta de moderação; descomedimento; excesso (Do lat. *immoderatiōne-*, «id.»)

imoderado *adj.* sem moderação; descomedido; excessivo; exagerado (Do lat. *immoderātu-*, «excessivo»)

imodestamente *adv.* 1 sem modéstia; vaidosamente 2 impudicamente (De *imodesto*+-*mente*)

imodéstia *n.f.* 1 falta de modéstia 2 vaidade; presunção; fatuidade 3 impudor; desenvoltura (Do lat. *immodestĭa-*, «excesso»)

imodesto *adj.* 1 que não tem ou não revela modéstia 2 vaidoso; presumido 3 que não revela compostura; que pode ofender o pudor; impudico; desenvolto (Do lat. *immodestu-*, «sem comedimento»)

imodicidade *n.f.* excesso; demasia; exagero; exorbitância (De *imódico*+-*i*-+-*dade*)

imódico *adj.* 1 que não é módico 2 demasiado; exagerado 3 elevado (Do lat. *immodĭcu-*, «desmesurado; excessivo»)

imodificável *adj.2g.* que não é suscetível de modificação (De *in-*+*modificável*)

imolação *n.f.* 1 ato ou efeito de imolar ou imolar-se 2 sacrifício; holocausto (Do lat. *immolatiōne-*, «id.»)

imolador *adj.,n.m.* que ou aquele que imola; sacrificador (Do lat. *immolatōre-*, «id.»)

imolando *adj.* 1 que deve ser imolado 2 destinado a ser oferecido em sacrifício (Do lat. *immolandu-*, «id.», ger. de *immolāre*, «imolar; sacrificar»)

imolante *adj.,n.2g.* que ou pessoa que imola (Do lat. *immolante-*, «id.», part. pres. de *immolāre*, «sacrificar; imolar»)

imolar *v.tr.* 1 oferecer em sacrifício a uma divindade 2 sacrificar 3 matar; abater 4 [fig.] renunciar a (algo, alguém) em favor de alguma coisa 5 [fig.] prejudicar por atenção a algo ou alguém ■ *v.pron.* 1 sacrificar-se 2 pôr termo à vida, como expiação ou protesto 3 [fig.] prejudicar-se por atenção a alguém 4 [fig.] expor-se (Do lat. *immolāre*, «id.»)

imoral *adj.2g.* 1 contrário à moral ou às regras de vigentes numa dada época ou sociedade 2 que não tem moral; indecoroso; indecente; vergonhoso 3 contrário ao pudor ou à decência; libertino; devasso; escandaloso ■ *n.2g.* pessoa cuja conduta afronta a moral vigente (Do lat. *in-*+*morāle-*, «moral», pelo fr. *immoral*, «id.»)

imoralidade *n.f.* 1 qualidade de imoral 2 falta de moralidade 3 ato contrário àquelas que são consideradas as regras dos bons costumes 4 devassidão; desregramento 5 desonestidade (De *imoral*+-*i*-+-*dade*, ou do fr. *immoralité*, «id.»)

imoralismo *n.m.* 1 doutrina que propõe regras diferentes ou contrárias às do sistema moral corrente 2 reação ou desprezo contra a moral estabelecida (De *imoral*+-*ismo*, ou do fr. *immoralisme*, «id.»)

imoralista *adj.2g.* 1 relativo ao imoralismo 2 em que existe imoralismo 3 partidário do imoralismo ■ *n.2g.* pessoa sectária do imoralismo (De *imoral*+-*ista*, ou do fr. *immoraliste*, «id.»)

imorigerado *adj.* que não é morigerado; de maus costumes; libertino; devasso (De *in-+morigerado*)

imorredoiro *adj.* ⇒ **imorredouro**

imorredouro *adj.* 1 que não é morredouro 2 que não acaba; imperecível 3 imortal; eterno 4 perdurável (De *in-+morredouro*)

imortal *adj.2g.* 1 que não morre; que tem vida eterna; imorredouro 2 inextinguível 3 duradouro 4 [fig.] (pessoa, feito) que permanecerá na memória dos homens; que será sempre lembrado ■ *n.2g.* 1 ser que não morre 2 [fig.] pessoa que será sempre lembrada e celebrada 3 *pl.* MITOLOGIA deuses do paganismo (Do lat. *immortāle-*, «id.»)

imortalidade *n.f.* 1 qualidade ou condição de imortal, do que vive para sempre 2 vida eterna 3 fama imortal, que não se extingue (Do lat. *immortalitāte-*, «id.»)

imortalização *n.f.* ato ou efeito de imortalizar ou imortalizar-se (De *imortalizar+-ção*)

imortalizador *adj.,n.m.* que ou o que imortaliza (De *imortalizar+-dor*)

imortalizar *v.tr.* 1 tornar imortal 2 dar vida eterna a 3 fazer com que se perpetue a memória de (alguém) ■ *v.pron.* 1 tornar-se famoso ao ponto de ser recordado depois da morte 2 perpetuar-se (De *imortal+-izar*)

imortalizável *adj.2g.* digno de ser imortalizado (De *imortalizar+-vel*)

imortificação *n.f.* estado do que não foi mortificado (De *in-+mortificação*)

imortificado *adj.* 1 diz-se da pessoa que, no estado ascético, não foi mortificada 2 aliviado de mortificação (De *in-+mortificado*)

imoto *adj.* 1 imóvel; parado 2 fixo 3 inabalável (Do lat. *immōtu-*, «id.»)

imóvel *adj.2g.* 1 que não se move; sem movimento; parado 2 DIREITO que não é suscetível de ser deslocado por sua natureza ou declarado como tal por disposição da lei 3 [fig.] que não muda; imutável; inalterável ■ *n.m.* DIREITO bem (prédio ou valor) que não pode ser deslocado por sua natureza ou declarado como tal por disposição da lei (Do lat. *immobĭle-*, «id.»)

imovível *adj.2g.* que não se move; imóvel (De *i-+movível* (utilizador)

impação *n.f.* ato ou efeito de impar (De *impar+-ção*)

impacção *n.f.* ato ou efeito de impactar (Do lat. *impactiōne-*, «choque»)

impaciência *n.f.* 1 falta de calma e paciência 2 inquietação; ansiedade; nervosismo 3 exaltação 4 precipitação; pressa 5 sofreguidão 6 agastamento; ira (Do lat. *impatientĭa-*, «dificuldade de suportar»)

impacientador *adj.,n.m.* que ou aquele que impacienta (De *impacientar+-dor*)

impacientar *v.tr.* causar impaciência a; fazer perder a paciência; irritar; importunar ■ *v.pron.* perder a paciência; agastar-se (De *impaciente+-ar*)

impaciente *adj.2g.* 1 que não tem calma e paciência 2 ansioso; inquieto 3 frenético; sôfrego 4 que não gosta de esperar; apressado 5 que se agasta facilmente (Do lat. *impatiente-*, «id.»)

impactar *v.tr.* 1 tornar impacto 2 impelir contra 3 fazer chocar contra 4 meter à força (De *impacto+-ar*)

impacte *n.m.* efeito forte provocado por algo ou alguém; impacto; ~ *ambiental* conjunto das alterações produzidas pelo Homem a nível ambiental numa determinada área que afetam direta ou indiretamente o bem-estar da população assim como a qualidade dos recursos ambientais (Do lat. *impactu-*, «impelido contra», pelo ing. *impact*, «id.»)

impacto *adj.* metido à força; impelido; implantado ■ *n.m.* 1 choque de dois ou mais corpos; embate; encontrão 2 colisão entre dois corpos, com a existência de forças relativamente grandes durante um intervalo de tempo muito pequeno 3 [fig.] abalo provocado por um acontecimento doloroso ou chocante 4 [fig.] impressão profunda provocada por uma ocorrência grave ou inesperada (Do lat. *impactu-*, «impelido contra», part. pass. de *impigĕre*, «lançar; arremessar»)

impagável *adj.2g.* 1 que não se pode ou deve pagar 2 [fig.] extremamente valioso; inestimável; precioso 3 [fig.] admirável; extraordinário 4 [fig.] muito engraçado; cómico (De *in-+pagável*)

impala[1] *n.f.* ZOOLOGIA antílope de chifres em forma de lira, de pelagem castanha ou avermelhada, sendo a barriga, a cauda e a zona à volta dos olhos brancas, com boa visão e audição, e que é bastante comum nas savanas africanas (Do zulu, pelo ing. *impala*, «id.»)

impala[2] *n.f.* fibra de palmeira

impalpabilidade *n.f.* qualidade do que é impalpável (Do lat. tard. *impalpabĭle-*, «impalpável»+-*i-+-dade*)

impalpável *adj.2g.* 1 que não se pode tocar com a mão; que escapa ao tato; intangível 2 que não é formado de matéria; imaterial 3 que não é concreto (Do lat. *impalpabĭle-*, «id.»)

impaludação *n.f.* 1 ato ou efeito de impaludar 2 MEDICINA inoculação artificial do paludismo com fins terapêuticos, particularmente em casos de paralisia geral; malarioterapia (De *impaludar+-ção*)

impaludar *v.tr.* infetar com o paludismo ■ *v.pron.* contrair paludismo (Do lat. *in-+palūde-*, «paul»+-*ar*)

impaludismo *n.m.* MEDICINA [ant.] ⇒ **paludismo** (Do lat. *in-+palūde-*, «paul»+-*ismo*)

impante *adj.2g.* 1 que soluça convulsivamente 2 cheio de comida ou bebida; inchado 3 [fig.] cheio de soberba; ufano (De *impar+-ante*)

impar *v.intr.* 1 respirar com dificuldade 2 soluçar 3 enfartar-se com comida ou bebida 4 [fig.] mostrar-se soberbo ou desdenhoso (Do cast. *hipar*, «soluçar»?)

ímpar *adj.2g.* 1 MATEMÁTICA (número inteiro e positivo) que não é divisível em dois números inteiros iguais; que não é múltiplo de dois 2 que não tem par 3 que não tem igual; único; extraordinário (Do lat. *impăre-*, «id.»)

imparável *adj.2g.* 1 que não para 2 que não é possível interromper 3 [fig.] ativo; frenético; incansável (De *im-+parável*)

imparcial *adj.2g.* 1 que não é parcial 2 que não toma partido ou favorece um dos lados numa disputa ou controvérsia; neutral; equitativo 3 que coloca a justiça acima de quaisquer interesses; isento; reto; justo (De *in-+parcial*)

imparcialidade *n.f.* qualidade de imparcial; neutralidade; isenção (De *imparcial+-i-+-dade*)

imparcializar *v.tr.* tornar imparcial (De *imparcial+-izar*)

imparcialmente *adv.* de modo imparcial, objetivo; desapaixonadamente (De *imparcial+-mente*)

imparidade[1] *n.f.* 1 qualidade de ímpar 2 desigualdade; disparidade (Do lat. *imparitāte-*, «id.»)

imparidade[2] *n.f.* ECONOMIA redução do valor recuperável de ativos (Do inglês *impairment*, «deterioração», pelo fr. ant. *empirement*, «ação de empiorar»)

imparidigitado *adj.* ZOOLOGIA que tem um número ímpar de dedos

imparipinulado *adj.* BOTÂNICA diz-se da folha que tem um número ímpar de pínulas ou folíolos (Do lat. *impăre-*, «ímpar»+*pinnŭla-*, «asa pequena»+-*ado*)

imparissilábico *adj.* relativo a imparissílabo (De *imparissílabo+-ico*)

imparissílabo *adj.,n.m.* 1 [sentido original] GRAMÁTICA que ou nome declinável que, na gramática latina, tem mais sílabas no genitivo do singular do que no nominativo 2 GRAMÁTICA que ou palavra que tem número ímpar de sílabas (Do lat. *impăre-*, «ímpar»+*syllăba-*, «sílaba»)

impartível *adj.2g.* que não se pode partir; indivisível (De *in-+partível*)

impasse *n.m.* 1 situação difícil e embaraçosa de que parece não haver saída possível 2 circunstância ou facto que dificulta ou impede algo; dificuldade; embaraço (Do fr. *impasse*, «id.»)

impassibilidade *n.f.* 1 qualidade de impassível 2 indiferença perante a adversidade; imperturbabilidade (Do lat. tard. *impassibilitāte-*, «id.»)

impassibilizar *v.tr.* tornar impassível (Do lat. *impassibĭle-*, «impassível»+-*izar*)

impassível *adj.2g.* 1 que não é suscetível de padecer 2 insensível à dor ou à alegria 3 imperturbável; indiferente; sereno (Do lat. *impassibĭle-*, «id.»)

impassivelmente *adv.* 1 de modo impassível ou imperturbável 2 a sangue-frio (De *impassível+-mente*)

impatriota *adj.,n.2g.* que ou a pessoa que não tem amor, dedicação e orgulho pela pátria (De *in-+patriota*)

impatriótico *adj.* destituído de patriotismo ou amor à pátria (De *in-+patriótico*)

impatriotismo *n.m.* falta de amor, dedicação e orgulho pela pátria (De *in-+patriotismo*)

impavidamente *adv.* sem medo; intrepidamente (De *impávido+-mente*)

impavidez /ê/ *n.f.* qualidade de intrépido ou destemido; audácia perante o perigo (De *impávido+-ez*)

impávido *adj.* que não tem medo ou pavor; intrépido; destemido; denodado (Do lat. *impavĭdu-*, «id.»)

impecabilidade *n.f.* 1 impossibilidade, física ou moral, de cometer qualquer pecado 2 [fig.] perfeição (Do lat. *impeccabĭle-*, «impecável» +-*i-+-dade*)

impecável *adj.2g.* 1 que não está sujeito a pecar; que é incapaz de falhar; imaculável 2 sem falha ou defeito; irrepreensível; perfeito; correto (Do lat. *impeccabĭle-*, «id.»)

impecavelmente *adv.* 1 de modo impecável 2 perfeitamente (De *impecável+-mente*)

impeciolado *adj.* BOTÂNICA diz-se da folha que não tem pecíolo; séssil (Do lat. *in-+petiŏlu-*, «pecíolo» +-*ado*)

impecunioso *adj.* que não tem riqueza ou fortuna (Do lat. *in-+pecuniōsu-*, «endinheirado»)

impedância *n.f.* ELETRICIDADE valor do quociente entre a tensão eficaz aplicada a um circuito e a intensidade eficaz da corrente que o percorre e que é dependente da frequência dessa mesma corrente (Do ing. *impedance*, «id.»)

impedição *n.f.* 1 ato ou efeito de impedir 2 obstáculo; impedimento; embaraço 3 proibição (Do lat. *impeditiōne-*, «obstáculo»)

impedido *adj.* 1 que tem impedimento 2 interrompido; obstruído; vedado 3 (linha de telefone) que não está acessível; ocupado ■ *n.m.* MILITAR soldado que estava ao serviço particular de um oficial ou desempenhava certos serviços no quartel; ordenança (Do lat. *impedītu-*, «id.», part. pass. de *impedīre*, «impedir; entravar»)

impedidor *adj.,n.m.* que ou aquele que impede (Do lat. *impeditōre-*, «id.»)

impediência *n.f.* 1 qualidade do que impede ou põe obstáculos 2 ELETRICIDADE ⇒ **impedância** (Do lat. *impedientĭa*, part. pres. neut. pl. subst. de *impedīre*, «impedir; entravar»)

impediente *adj.2g.* 1 que impede 2 que põe obstáculos 3 DIREITO (circunstância, razão) que proíbe o matrimónio; que implica pena civil caso o matrimónio se tenha verificado (Do lat. *impediente-*, «id.», part. pres. de *impedīre*, «impedir; entravar»)

impedimento *n.m.* 1 ato ou efeito de impedir 2 aquilo que impede a realização de algo; estorvo; obstáculo 3 circunstância ou conjunto de circunstâncias que impossibilitam alguém de exercer as suas funções ou de realizar certos atos jurídicos 4 circunstância que obsta à celebração do casamento 5 MILITAR serviço especial de uma praça num quartel; **justo ~** DIREITO acontecimento imprevisível e alheio à vontade de uma parte ou do seu mandatário, e que, impedindo-o de praticar um ato processual dentro do prazo, ao mesmo tempo lhe justifica tal falta (Do lat. *impedimentu-*, «id.»)

impedir *v.tr.* 1 pôr impedimento a 2 impossibilitar 3 obstar a; opor-se a 4 estorvar; dificultar 5 vedar; obstruir (Do lat. *impedīre*, «id.»)

impeditivo *adj.* que impede; que serve de impedimento (De *impedir+-tivo*)

impelente *adj.2g.* que impele; impulsor (Do lat. *impellente-*, «id.», part. pres. de *impellĕre*, «impelir»)

impelir *v.tr.* 1 dirigir com força 2 dar impulso a; empurrar 3 arremessar com força 4 [fig.] incitar; induzir 5 [fig.] constranger (Do lat. *impellĕre*, «id.»)

impendente *adj.2g.* 1 que está prestes a acontecer; iminente 2 que está quase a cair; dependurado (Do lat. *impendente-*, «id.», part. pres. de *impendĕre*, «estar suspenso; ficar sobranceiro a»)

impender *v.tr.* 1 estar prestes a cair ou a acontecer; estar iminente 2 ser atribuído; recair sobre 3 ser da responsabilidade de; pertencer; tocar ■ *v.tr.,intr.* ser necessário; cumprir (Do lat. *impendĕre*, «estar suspenso; ficar sobranceiro a»)

impene *adj.* ORNITOLOGIA que não tem rémiges (penas das asas) diferenciadas ou desenvolvidas (Do lat. *in-+penna-*, «pena»)

impenetrabilidade *n.f.* 1 qualidade do que é impenetrável; inacessibilidade 2 carácter daquilo que não pode ser compreendido ou decifrado 3 FÍSICA propriedade geral da matéria em virtude da qual dois corpos não podem ocupar, ao mesmo tempo, a mesma porção de espaço (Do lat. *impenetrabĭle-*, «impenetrável» +-*i-+-dade*)

impenetrável *adj.2g.* 1 que não pode ser penetrado 2 que não dá passagem 3 [fig.] que não se pode compreender; indecifrável 4 [fig.] que não dá a conhecer o que sente ou pensa; reservado; discreto (Do lat. *impenetrabĭle-*, «id.»)

impenhorabilidade *n.f.* qualidade daquilo que não pode ser penhorado (De *impenhorável+-i-+-dade*)

impenhorável *adj.2g.* que não pode ser penhorado (De *in-+penhorável*)

impenitência *n.f.* 1 estado de impenitente 2 falta de penitência 3 ausência de arrependimento 4 RELIGIÃO persistência no estado de pecado (Do lat. *impaenitentĭa-*, «id.»)

impenitente *adj.2g.* 1 que se não arrepende 2 que persiste no erro; relapso (Do lat. *impaenitente-*, «id.»)

impensadamente *adv.* 1 sem pensar 2 à toa 3 levianamente (De *impensado+-mente*)

impensado *adj.* 1 em que não se pensou; não pensado 2 que não foi premeditado; irrefletido 3 com que não se contava; imprevisto; inopinado (De *in-+pensado*)

impensável *adj.2g.* que não se pode pensar ou supor; inconcebível; inimaginável (De *in-+pensável*)

imperador *n.m.* (feminino **imperatriz**) 1 soberano de um império 2 aquele que rege com autoridade suprema 3 ICTIOLOGIA peixe teleósteo, da família dos Bericídeos, comum nas costas marítimas portuguesas 4 ICTIOLOGIA ⇒ **canário-do-mar** (Do lat. *imperatōre-*, «id.»)

imperador-do-alto *n.m.* ICTIOLOGIA ⇒ **castanheta** 1

imperante *adj.2g.* 1 que impera 2 que governa; que reina 3 que sobressai; que é predominante ■ *n.2g.* 1 soberano de um império 2 aquele que rege com autoridade suprema; imperador (Do lat. *imperante-*, «id.», part. pres. de *imperāre*, «mandar; dominar»)

imperar *v.intr.* 1 exercer o mando 2 exercer grande influência 3 prevalecer 4 ser predominante 5 sobressair ■ *v.tr.* 1 mandar 2 reger com autoridade suprema 3 dominar (Do lat. *imperāre*, «mandar; dominar»)

imperativamente *adv.* de modo imperativo; autoritariamente; com intimativa (De *imperativo+-mente*)

imperativo *adj.* 1 que tem carácter de ordem; que ordena; autoritário 2 que se impõe; impreterível; perentório 3 arrogante; despótico 4 GRAMÁTICA designativo do modo verbal que exprime a ação como uma ordem, um conselho, um pedido ou um convite ■ *n.m.* 1 ordem de uma autoridade superior; imposição; mando 2 lei moral ou dever que se impõe a alguém sem discussão possível; dever; ditame 3 GRAMÁTICA modo verbal que exprime uma ordem, um conselho, um pedido ou um convite (Do lat. *imperativu-*, «id.»)

imperatoriamente *adv.* de modo imperatório; terminantemente (De *imperatório+-mente*)

imperatório *adj.* 1 relativo ao imperador 2 imperativo; terminante (Do lat. *imperatorĭu-*, «do imperador»)

imperatriz *n.f.* (masculino **imperador**) 1 soberana de um império 2 mulher do imperador 3 [fig.] mulher autoritária, dominadora (Do lat. *imperatrīce-*, «a que comanda; soberana»)

imperceblível *adj.2g.* 1 que não se consegue compreender 2 ⇒ **impercetível** (De *in-+percebível*)

imperceptibilidade ver nova grafia **impercetibilidade**

imperceptível ver nova grafia **impercetível**

impercetibilidade *n.f.* qualidade do que não se consegue perceber ou distinguir (De *in-+perceptibilidade*)

impercetível *adj.2g.* 1 que escapa à atenção 2 ténue; subtil 3 insignificante 4 que não se pode perceber ou distinguir pela sua pequenez (De *in-+perceptível*)

imperdível *adj.2g.* 1 que não se pode perder 2 em que não há prejuízo; em que o lucro é certo (De *in-+perdível*)

imperdoável *adj.2g.* 1 que não se pode perdoar; irremissível 2 que não merece desculpa; condenável (De *in-+perdoável*)

imperecedoiro *adj.* 1 que não pode perecer; imperecível 2 perdurável; imorredoiro (De *in-+perecedoiro*)

imperecedouro *adj.* ⇒ **imperecedoiro**

imperecível *adj.2g.* 1 que não perece ou deixa de existir; eterno; imortal 2 que dura muito tempo; imorredoiro (De *in-+perecível*)

imperfectibilidade a grafia mais usada é **imperfetibilidade**

imperfectível a grafia mais usada é **imperfetível**

imperfeição *n.f.* 1 qualidade do que tem falha(s) ou defeito(s) 2 pequeno defeito; falta 3 incorreção; defeito 4 vício 5 estado do que ainda não está acabado ou completo (Do lat. tard. *imperfectiōne-*, «id.»)

imperfeiçoar *v.tr.* tornar imperfeito (De *imperfeição+-ar*)

imperfeito *adj.* 1 não perfeito 2 que tem falta(s), falha(s) ou defeito(s); defeituoso 3 incompleto 4 GRAMÁTICA (tempo verbal) que exprime um processo inacabado ou durativo, principalmente no passado ■ *n.m.* GRAMÁTICA tempo verbal que exprime um processo inacabado ou durativo, principalmente no passado (Do lat. *imperfectu-*, «id.»)

imperfetibilidade *n.f.* qualidade de imperfetível (De *in-+perfectibilidade*) ACORDO ORTOGRÁFICO também se pode escrever **imperfectibilidade**

imperfetível *adj.2g.* que não se pode aperfeiçoar (De *in-+perfectível*) ACORDO ORTOGRÁFICO também se pode escrever **imperfectível**

imperfuração n.f. MEDICINA malformação congénita que consiste na ausência de abertura de um conduto (canal ou orifício natural) (De in-+perfuração)

imperfurado adj. que tem imperfuração (De in-+perfurado)

imperfurável adj.2g. 1 que não pode ser perfurado 2 impenetrável (De im-+perfurável)

imperial adj.2g. 1 que diz respeito a império ou a imperador 2 [fig.] luxuoso; pomposo 3 [fig.] autoritário; arrogante ■ n.f. 1 lugar para passageiros, na parte ântero-posterior de uma carruagem ou diligência 2 [regionalismo] copo de 33 cl, alto e mais estreito em baixo do que em cima, com cerveja tirada à pressão (Do lat. imperiāle-, «id.»)

imperialismo n.m. 1 sistema político que preconiza uma monarquia cujo soberano tem o título de imperador ou imperatriz 2 forma de política exercida por um Estado com o objetivo de se expandir, através de aquisição territorial ou do domínio económico, político e social sobre outros Estados 3 [fig.] tendência para dominar 4 [fig.] domínio; supremacia (De imperial+-ismo)

imperialista adj.2g. 1 referente ao imperialismo 2 que é partidário do imperialismo ■ n.2g. pessoa sectária do imperialismo (De imperial+-ista)

imperialmente adv. 1 com modo imperial 2 arrogantemente (De imperial+-mente)

imperícia n.f. 1 falta de perícia 2 falta de habilidade 3 falta dos conhecimentos profissionais normalmente necessários 4 incompetência; incapacidade (Do lat. imperitĭa-, «id.»)

império n.m. 1 estado governado por um imperador 2 tempo de governo de um imperador 3 estado com vasta extensão territorial, seja qual for a sua forma de governo 4 nos Açores, espécie de capela, em alvenaria ou madeira, onde se expõem as insígnias do Espírito Santo e onde se realiza uma parte das cerimónias das festas que lhe são dedicadas 5 nos Açores, conjunto das festas dedicadas ao Espírito Santo 6 [fig.] predomínio; dominação absoluta 7 [fig.] poder 8 [fig.] arrogância 9 [fig.] empresa ou grupo económico de grande dimensão (Do lat. imperĭu-, «id.»)

imperiosamente adv. 1 de modo imperioso; autoritariamente 2 obrigatoriamente (De imperioso+-mente)

imperiosidade n.f. 1 qualidade de imperioso 2 tom imperioso ou autoritário 3 arrogância (De imperioso+-i-+-dade)

imperioso /ô/ adj. 1 que ordena com império; autoritário; peremptório 2 arrogante; soberbo 3 que tem grande influência 4 impreterível; forçoso; imperativo (Do lat. imperiōsu-, «id.»)

imperito adj. 1 carecido de perícia 2 que não é competente na sua arte ou profissão 3 inábil; desajeitado 4 imperfeito (Do lat. imperītu-, «ignorante; inexperiente»)

impermanência n.f. 1 qualidade do que não é permanente 2 instabilidade; inconstância (De in-+permanência)

impermanente adj.2g. 1 que não é permanente 2 instável; inconstante 3 transitório; efémero (De in-+permanente)

impermeabilidade n.f. 1 qualidade do que não deixa penetrar a água ou outro fluido 2 qualidade do que não se deixa atravessar ou atingir; insensibilidade (De impermeável+-i-+-dade)

impermeabilização n.f. operação pela qual se torna impermeável um tecido, um papel, ou outro revestimento (De impermeabilizar+-ção)

impermeabilizante adj.2g.,n.m. que ou substância que torna impermeável (De impermeabilizar+-nte)

impermeabilizar v.tr. tratar (papel, tecido, etc.) de modo que não deixe penetrar a água ou outro fluido (De impermeável+-izar)

impermeável adj.2g. 1 que não é permeável 2 que não se deixa atravessar por um fluido 3 [fig.] que não se deixa influenciar, afetar ou atingir ■ n.m. capa ou casaco fabricado com tecido ou material resistente à água, usado para proteger da chuva (De in-+permeável)

impermisto adj. que não é misturado com outra coisa (Do lat. impermixtu-, «id.»)

impermutabilidade n.f. qualidade do que não se pode permutar ou trocar (Do lat. impermutabĭle-, «impermutável»+-i-+-dade)

impermutável adj.2g. que não se pode permutar ou trocar (Do lat. impermutabĭle-, «id.»)

imperscrutável adj.2g. que não se pode perscrutar, examinar ou devassar; insondável (Do lat. imperscrutabĭle-, «id.»)

impersistente adj.2g. 1 que desiste facilmente 2 inconstante; variável; volúvel (De in-+persistente)

impersonalidade n.f. 1 falta de personalidade 2 qualidade do que é impessoal (De in-+personalidade)

imperterritamente adv. sem medo; intrepidamente (De imperterrito+-mente)

imperterrito adj. que não se assusta ou aterra com coisa nenhuma; intrépido; impávido (Do lat. imperterritu-, «id.»)

impertinência n.f. 1 qualidade ou estado de impertinente 2 algo que incomoda ou molesta 3 o que não vem a propósito; inconveniência 4 o que provoca aborrecimento 5 rabugice (De in-+pertinência)

impertinenciar v.tr. 1 tratar com impertinência 2 provocar aborrecimento; importunar (De impertinência+-ar)

impertinente adj.2g. 1 que não vem a propósito; inconveniente; inoportuno 2 estranho ao assunto 3 insolente; atrevido; irreverente; incorreto 4 incómodo 5 enfadonho 6 rabugento; quezilento 7 caprichoso (Do lat. in-+pertinente-, «que chega a; que tem relação com», part. pres. de pertinēre, «chegar a; ter relação com»)

imperturbabilidade n.f. 1 qualidade ou estado do que não se perturba 2 presença de espírito 3 tranquilidade; serenidade (Do lat. imperturbabĭle-, «imperturbável»+-i-+-dade)

imperturbado adj. 1 que não se perturba 2 tranquilo; quieto 3 impávido (Do lat. imperturbātu-, «id.»)

imperturbável adj.2g. 1 que não se perturba 2 que não é possível alterar ou desassossegar; impassível 3 corajoso 4 magnânimo (Do lat. imperturbabĭle-, «id.»)

imperturbavelmente adv. de modo imperturbável; serenamente (De imperturbável+-mente)

impérvio adj. 1 que não dá passagem; intransitável 2 inacessível; impenetrável ■ n.m. 1 lugar sem caminho 2 sítio intransitável (Do lat. impervĭu-, «id.»)

impessoal adj.2g. 1 que não é pessoal 2 que não se refere ou não pertence a uma pessoa em particular 3 que não privilegia gostos, opiniões ou interesses pessoais; imparcial; objetivo 4 que não reflete uma característica individual; sem originalidade; incaracterístico 5 que revela distanciamento ou frieza; distante; indiferente 6 GRAMÁTICA diz-se do infinitivo que não apresenta marcas nem de pessoa nem de número (ex.: aprender a ler) 7 GRAMÁTICA diz-se do verbo defetivo que se conjuga apenas na terceira pessoa do singular (ex.: amanhecer, chover, nevar) 8 GRAMÁTICA diz-se frase ou oração que não possui sujeito (Do lat. impersonāle-, «id.»)

impessoalidade n.f. 1 qualidade do que não se refere ou não pertence a uma pessoa em particular; impersonalidade 2 característica do que não depende de nenhuma circunstância ou particularidade; objetividade 3 GRAMÁTICA característica do verbo que não se refere a nenhuma pessoa gramatical (De impessoal+-i-+-dade)

impessoalmente adv. sem referência a nenhuma pessoa (De impessoal+-mente)

impeticar v.tr. meter-se com; implicar com; dirigir provocações a; contender (Do lat. *impeticāre, freq. de impetĕre, «atacar»)

impetigem n.f. MEDICINA afeção cutânea infeciosa, pustulosa, que seca quando forma crostas espessas; impetigo (Do lat. impetigĭne-, «impigem»)

impetiginoso /ô/ adj. 1 relativo a impetigem 2 da natureza da impetigem (Do lat. impetiginōsu-, «id.»)

impetigo n.m. ⇒ **impetigem** (Do lat. impetigo, -ĭnis, «impigem»)

impetilhar v.tr. [regionalismo] ⇒ **impeticar**

ímpeto n.m. 1 movimento repentino; arrebatamento 2 impetuosidade; furor 3 agitação; precipitação (Do lat. impĕtu-, «id.»)

impetra n.f. 1 rogo; súplica 2 consecução de um benefício eclesiástico concedido pela cúria pontifícia (Deriv. regr. de impetrar)

impetrabilidade n.f. 1 qualidade do que se pode ou deve pedir ou suplicar 2 qualidade do que se pode alcançar (Do lat. impetrabĭle-, «que se pode obter»+-i-+-dade)

impetração n.f. ato ou efeito de impetrar (Do lat. impetratiōne-, «obtenção»)

impetrante adj.,n.2g. 1 que ou quem impetra 2 suplicante (Do lat. impetrante-, «que obtém», part. pres. de impetrāre, «alcançar»)

impetrar v.tr. 1 requerer; suplicar 2 obter através de súplicas 3 DIREITO interpor (um recurso) em juízo (Do lat. impetrāre, «obter; alcançar»)

impetrativo adj. 1 próprio para impetrar 2 que encerra impetração (Do lat. impetratīvu-, «id.»)

impetratório adj. ⇒ **impetrativo** (De impetrar+-tório)

impetrável adj.2g. 1 que se pode ou deve pedir ou suplicar 2 que se pode alcançar (Do lat. impetrabĭle-, «que se pode obter»)

impetuosamente adv. 1 de modo impetuoso; com impetuosidade; com ímpeto 2 veementemente (De impetuoso+-mente)

impetuosidade n.f. 1 qualidade de impetuoso 2 fúria 3 violência 4 veemência (De impetuoso+-i-+-dade)

impetuoso /ô/ adj. 1 que se move com ímpeto 2 arrebatado; fogoso; veemente 3 irritado (Do lat. impetuōsu-, «id.»)

impiamente adv. 1 de modo ímpio 2 irreligiosamente (De ímpio+-mente)

impiedade n.f. 1 qualidade de ímpio 2 desrespeito pela religião e pelas coisas sagradas; falta de piedade 3 ato ímpio; sacrilégio; blasfémia 4 crueldade; desumanidade (Do lat. impietāte-, «id.»)

impiedoso adj. 1 que não tem respeito pela religião ou pelas coisas sagradas 2 que não tem compaixão ou misericórdia; insensível; cruel; desumano (De impiedade+-oso, com hapl.)

impigem n.f. MEDICINA erupção cutânea caracterizada por crostas ou escamas amareladas ou gretadas (Do lat. impetigĭne-, «impigem»)

impingidela n.f. 1 ato de impingir 2 logro; esparrela 3 coisa impingida 4 aborrecimento; maçada (De impingir+-dela)

impingir v.tr. 1 dar com força; aplicar 2 dar à força; forçar (alguém) a ficar com 3 dar sem vontade de quem recebe 4 tentar convencer de algo que é falso 5 obrigar ou constranger alguém a ouvir algo 6 vender por preço mais elevado do que o razoável (Do lat. impingĕre, «lançar; arremessar»)

impio adj.,n.m. que ou aquele que não tem piedade ou compaixão; desumano; cruel (De in-+pio)

ímpio adj.,n.m. 1 que ou aquele que não tem religião ou fé; ateu 2 que ou aquele que desrespeita a religião e as coisas sagradas; sacrílego (Do lat. impĭu-, «id.»)

implacabilidade n.f. 1 qualidade que não se pode aplacar ou acalmar 2 característica do que não perdoa; inflexibilidade 3 característica do que não se pode evitar (Do lat. implacabilĭtāte-, «id.»)

implacável adj.2g. 1 que não se pode aplacar ou acalmar 2 que não perdoa; insensível; inexorável 3 teimoso; obstinado; pertinaz 4 a que não se pode escapar; que não se pode evitar (Do lat. implacabĭle-, «id.»)

implacavelmente adv. 1 de modo implacável 2 insensivelmente 3 sem perdão (De implacável+-mente)

implacidez /ê/ n.f. falta de placidez; inquietação de espírito; agitação; desassossego (De in-+placidez)

implantação n.f. 1 ato de implantar ou implantar-se 2 estabelecimento 3 inauguração 4 disposição 5 ENGENHARIA conjunto de operações para marcar no terreno a posição de uma obra 6 MEDICINA introdução de medicamentos sólidos no tecido celular subcutâneo 7 MEDICINA (radioterapia) inserção de agulhas ou outras peças metálicas radioativas num tecido canceroso (De implantar+-ção)

implantar v.tr. 1 inserir 2 fixar 3 estabelecer 4 inaugurar 5 introduzir nos hábitos; arreigar 6 tornar comum; generalizar (Do lat. tard. implantāre, «id.»)

implante n.m. 1 ato de implantar ou implantar-se; implantação 2 MEDICINA produto inserido no organismo e que pode ser de natureza orgânica ou inorgânica 3 (medicina dentária) raiz metálica que, após ser colocada dentro do osso maxilar, acaba por formar com ele uma estrutura única, suportando uma coroa artificial ou servindo de base para uma ponte fixa (Deriv. regr. de implantar)

implantologia n.f. MEDICINA estudo dos fenómenos e procedimentos técnicos que dizem respeito a implantes dentários (De implante+-logia)

implausível adj.2g. 1 que não é digno de aplauso ou aprovação 2 que não é razoável ou aceitável (De in-+plausível)

implementação n.f. 1 ato ou efeito de implementar 2 entrada em vigor (de acordo, contrato, etc.) 3 ação de executar ou levar à prática (De implementar+-ção)

implementador adj.,n.m. que ou aquele que executa ou põe em prática (De implementar+dor)

implementar v.tr. 1 promover a implementação de 2 executar; pôr em prática; levar a efeito 3 dar seguimento a (Do ing. to implement, «id.»)

implemento n.m. 1 aquilo que serve para cumprir ou executar alguma coisa; petrecho; apresto 2 execução; cumprimento (Do lat. implementu-, de implēre, «encher; completar»)

implexo /cs/ adj. 1 entrelaçado; emaranhado 2 complicado; confuso (Do lat. implexu-, «entrelaçado», part. pass. de implectĕre, «entrelaçar»)

implicação n.f. 1 ato ou efeito de implicar 2 relação entre objetos em que um pressupõe o outro 3 relação de consequência entre duas coisas ou conceitos; encadeamento 4 estado de quem se encontra envolvido em processo criminal 5 manifestação de desagrado e/ou antipatia em relação a algo ou alguém; embirração; má vontade 6 incompatibilidade; contradição (Do lat. implicatiōne-, «entrelaçamento»)

implicado adj.,n.m. 1 que ou aquele que está envolvido; comprometido 2 que deve ser inferido; subentendido 3 DIREITO envolvido em processo (Do lat. implicātus, «entrelaçado, unido»)

implicador adj.,n.m. que ou o que implica (De implicar+-dor)

implicância n.f. 1 ato ou efeito de implicar; implicação 2 manifestação de desagrado e/ou antipatia em relação a algo ou alguém 3 tendência para implicar; embirração; má vontade (Do lat. implicantĭa, part. pres. neut. pl. subst. de implicāre, «id.»)

implicante adj.,n.2g. que ou pessoa que implica; implicador (Do lat. implicante-, «id.», part. pres. de implicāre, «envolver; enlaçar»)

implicar v.tr. 1 envolver em; comprometer em 2 tornar confuso 3 acarretar necessariamente (uma consequência) 4 tornar indispensável; requerer 5 manifestar antipatia e/ou desagrado por; embirrar com 6 entrar em conflito com; contender 7 fazer supor ■ v.tr.,intr. ser incompatível (com) (Do lat. implicāre, «envolver; enlaçar»)

implicativo adj. 1 que implica 2 que produz implicação 3 que se torna motivo de embirração ou de conflito (De implicar+-tivo)

implicatório adj. ⇒ implicativo (De implicar+-tório)

implicitamente adv. 1 de modo implícito 2 indiretamente (De implícito+-mente)

implícito adj. que está envolvido ou contido, mas não expresso claramente; subentendido; tácito (Do lat. implicĭtu-, «id.», part. pass. irreg. de implicāre, «enlaçar; envolver»)

implodir v.tr.,intr. causar ou ser sujeito a implosão (Do ing. (to) implode, «rebentar para dentro»)

imploração n.f. 1 ato de implorar ou suplicar 2 súplica; rogo (Do lat. imploratiōne-, «id.»)

implorador adj.,n.m. ⇒ implorante

implorante adj.,n.2g. que ou quem implora; suplicante (Do lat. implorante-, «id.», part. pres. de implorāre, «suplicar»)

implorar v.tr. 1 pedir humildemente 2 suplicar; pedir encarecidamente 3 chamar em auxílio (Do lat. implorāre, «id.»)

implorativo adj. que encerra imploração ou súplica (De implorar+-tivo)

implorável adj.2g. que se pode suplicar ou pedir encarecidamente (Do lat. implorabĭle-, «id.»)

implosão n.f. detonação de explosivos orientada no sentido de forçar a queda dos detritos dentro de uma área limitada (por exemplo, em demolições) (Do ing. implosion, «rebentamento para dentro», pelo fr. implosion, «id.»)

implume adj.2g. (ave jovem) que ainda não tem penas ou em que estas são primitivas e não cobrem grande superfície do corpo (Do lat. implume-, «id.»)

implúvia n.f. vestimenta contra a chuva, usada pelos sacerdotes romanos (Do lat. impluvĭa-, «capa para a chuva»)

implúvio n.m. pátio descoberto, ou tanque, no meio das casas romanas, onde afluía a água das chuvas proveniente dos telhados (Do lat. impluvĭu-, «id.»)

impo n.m. 1 [regionalismo] ato ou efeito de impar 2 [regionalismo] soluços com que ficam as crianças, depois de chorar (Deriv. regr. de impar)

impolarizável adj.2g. que não se pode polarizar (De in-+polarizável)

impolidez /ê/ n.f. qualidade de impolido; falta de polidez; indelicadeza; descortesia (De in-+polidez)

impolido adj. 1 que não foi polido ou alisado 2 que revela falta de educação; indelicado (Do lat. impolĭtu-, «não polido»)

impolítica n.f. 1 falta de política ou de habilidade para solucionar um problema, obtendo os resultados desejados 2 falta de delicadeza; descortesia (De in-+política)

impolítico adj. 1 que não é político 2 contrário à boa política 3 incivil; descortês (De in-+político)

impoluível adj.2g. 1 que não é suscetível de se poluir 2 imaculável (De in-+poluível)

impoluto adj. 1 que não é poluído 2 imaculado; sem mancha 3 puro; virtuoso (Do lat. impollūtu-, «id.»)

imponderabilidade n.f. 1 estado do que é imponderável, do que não pode ser pesado 2 característica do que não pode ser avaliado 3 ausência de peso (De imponderável+-i-+-dade)

imponderação n.f. 1 falta de ponderação; irreflexão 2 precipitação (De in-+ponderação)

imponderado adj. sem ponderação; irrefletido; precipitado (De in-+ponderado)

imponderável adj.2g. 1 que não se pode pesar 2 que não tem peso 3 muito subtil 4 que não se pode avaliar 5 cuja influência não pode medir-se 6 que não se pode prever 7 indigno de ponderação ■ n.m. 1 circunstância cujos efeitos são difíceis de prever ou avaliar 2 cada um dos fluidos cuja matéria não pode ser revelada através dos instrumentos que se conhecem (De in-+ponderável)

imponderavelmente adv. 1 de modo imponderável 2 subtilmente (De imponderável+-mente)

imponência *n.f.* **1** qualidade de imponente; majestade **2** importância; altivez (Do lat. *imponentĭa-*, «id.», part. pres. neut. pl. subst. de *imponēre*, «impor»)

imponente *adj.2g.* **1** que se impõe **2** que inspira respeito **3** majestoso; grandioso **4** que se atribui importância ou autoridade; altivo; soberbo (Do lat. *imponente-*, «id.» part. pres. de *imponēre*, «impor»)

impontão *n.m.* [regionalismo] empurrão (De *impontar+-ão*)

impontar *v.tr.* **1** fazer sair alguém; despedir; expulsar **2** atribuir ou distribuir alguma coisa, caprichosamente **3** [regionalismo] empurrar (Por *empontar*)

impontual *adj.2g.* **1** que não é pontual; que se atrasa **2** que não é exato (De *in-+pontual*)

impontualidade *n.f.* **1** qualidade de impontual **2** falta de pontualidade; característica do que se atrasa ou do que não cumpre os prazos estabelecidos **3** falta de exatidão ou rigor (De *impontual+-i-+-dade*)

impopular *adj.2g.* que não goza de popularidade; que não é conhecido ou que não agrada à maioria (De *in-+popular*)

impopularidade *n.f.* qualidade de impopular, do que não é conhecido ou que não agrada à maioria; falta de popularidade (De *impopular+-i-+-dade*)

impopularizar *v.tr.* tornar impopular ■ *v.pron.* **1** tornar-se impopular **2** perder o favor do público (De *impopular+-izar*)

impor *v.tr.* **1** pôr em cima de **2** estabelecer **3** obrigar a aceitar **4** infundir; inspirar **5** conferir ■ *v.pron.* **1** ter imponência **2** fazer-se respeitar **3** tornar-se necessário **4** fingir qualidades que não se tem ■ *v.intr.* enganar com modos insinuantes; *~ silêncio* fazer calar (Do lat. *imponēre*, «id.»)

imporém *n.m.* **1** [regionalismo] obstáculo **2** [regionalismo] pessoa franzina (De orig. obsc.)

importação *n.f.* **1** ato ou efeito de importar **2** aquilo que se importa **3** introdução, dentro dos limites fiscais de um país, de mercadorias, ideias ou costumes estrangeiros **4** entrada (De *importar+-ção*)

importador *adj.,n.m.* que ou aquele que importa (De *importar+-dor*)

importância *n.f.* **1** grande valor **2** quantia **3** preço; custo **4** consideração **5** interesse; relevância; valor **6** autoridade; prestígio; influência (Do it. *importanza*, «importância», pelo fr. *importance*, «id.»)

importante *adj.2g.* **1** que tem importância **2** que tem interesse e relevância **3** que merece consideração **4** útil; necessário **5** essencial **6** (indivíduo) que tem prestígio e influência **7** [pej.] muito convencido do seu próprio valor ■ *n.m.* aquilo que mais interessa (Do it. *importante*, «importante», pelo fr. *important*, «id.»)

importar *v.tr.* **1** trazer do estrangeiro **2** introduzir (algo vindo de outro país ou região) **3** ter como resultado; originar; causar **4** produzir **5** atingir o custo de; valer **6** dizer respeito a ■ *v.intr.* **1** ter importância; ter interesse **2** ser necessário; convir ■ *v.pron.* **1** atribuir importância a; fazer caso de **2** ser afetado (Do lat. *importāre*, «id.»)

importável *adj.2g.* que se pode importar (Do lat. *importabĭle-*, «id.»)

importe *n.m.* **1** custo; preço **2** importância total (Deriv. regr. de *importar*)

importunação *n.f.* **1** ato ou efeito de importunar **2** incómodo; aborrecimento **3** impertinência **4** insistência; constância tenaz (De *importunar+-ção*)

importunador *adj.,n.m.* que ou aquele que importuna (De *importunar+-dor*)

importunância *n.f.* ⇒ **importunação** (De *importunar+-ância*)

importunar *v.tr.* **1** incomodar com solicitações ou súplicas repetidas **2** enfadar; aborrecer **3** ser incómodo a **4** causar transtorno a (De *importuno+-ar*)

importunidade *n.f.* **1** qualidade do que incomoda ou maça **2** aquilo que incomoda (Do lat. *importunitāte-*, «id.»)

importuno *adj.* **1** que incomoda; maçador; insuportável; molesto **2** insistente **3** exigente **4** embirrento **5** inoportuno (Do lat. *importūnu-*, «id.»)

imposição *n.f.* **1** ato de impor ou impor-se **2** coisa imposta **3** ordem a que tem de se obedecer **4** colocação de insígnias **5** imposto; tributo **6** TIPOGRAFIA arranjo metódico das páginas de que se compõe uma folha de impressão **7** RELIGIÃO gesto bíblico, litúrgico ou sacramental, que significa, em geral, a transmissão de um poder ou de uma graça (Do lat. *impositiōne-*, «id.»)

impositivo *adj.* **1** que obriga; que tem o carácter de imposição **2** próprio para impor **3** que não se pode evitar **4** (indivíduo) que procura afirmar os seus interesses e pontos de vista (Do lat. *impositīvu-*, «id.»)

impositor *adj.,n.m.* **1** que ou aquele que impõe **2** compositor tipográfico que prepara as imposições (Do lat. *impositōre-*, «aquele que dá o nome a»)

impossibilidade *n.f.* **1** qualidade de impossível **2** impedimento absoluto **3** coisa que não pode existir ou ser realizada (Do lat. *impossibilitāte-*, «id.»)

impossibilitar *v.tr.* **1** tornar impossível ou irrealizável **2** fazer perder a aptidão para; inabilitar **3** privar de ■ *v.pron.* perder as forças ou a aptidão (De *impossível+-itar*)

impossível *adj.2g.* **1** que não é possível **2** que não pode existir **3** que não pode realizar-se; irrealizável **4** que é estranho e invulgar, aparentemente desafiando as leis da razão **5** em que é difícil acreditar; incrível **6** (indivíduo) que tem comportamento rebelde e/ou difícil de suportar **7** MATEMÁTICA (equação, problema) sem solução ■ *n.m.* **1** coisa que não é possível **2** grande dificuldade **3** esforço máximo (Do lat. *impossibĭle-*, «id.»)

imposta *n.f.* **1** ARQUITETURA elemento sobre o qual assenta um arco **2** ARQUITETURA ⇒ **emposta** I **3** ARQUITETURA linha que circunda horizontalmente a fachada de um edifício para separar os vários andares **4** ENGENHARIA secção de apoio de uma abóbada ou de um arco **5** [regionalismo] junta de bois que ajuda outra a puxar um carro numa encosta (Do it. *imposta*, «id.»)

imposto /ô/ *adj.* **1** que é forçoso aceitar ou cumprir; obrigatório **2** que se impôs; colocado; posto ■ *n.m.* ECONOMIA taxa exigida pelo Estado a pessoas singulares e coletivas para fazer face às despesas públicas; tributo; *~ de capitais* ECONOMIA antigo imposto sobre o rendimento derivado da aplicação de capitais; *~ de transações* ECONOMIA antigo imposto sobre o valor das transações de mercadorias ou bens imóveis; *~ direto* ECONOMIA imposto que não pode ser repercutido no preço de um produto, como é o caso do IRS (Imposto sobre o Rendimento das Pessoas Singulares) ou do IRC (Imposto sobre o Rendimento das Pessoas Coletivas); *~ indireto* ECONOMIA imposto que pode ser repercutido no preço de um produto, como é o caso do IVA (imposto sobre o valor acrescentado); *~ sobre o valor acrescentado* ECONOMIA imposto que incide sobre o consumo e corresponde a uma taxa que tem de se pagar ao Estado para além do valor de um bem ou serviço que se adquire, estando sujeitas também as transações comerciais e as importações; *~ sobre sucessões/doações* ECONOMIA imposto sobre transmissões gratuitas de bens (entre pessoas vivas ou por morte); *~ único* ECONOMIA imposto que incide sobre a totalidade dos rendimentos do contribuinte (Do lat. *imposĭtu-*, «id.», part. pass. de *imponēre*, «impor; pôr à frente de»)

impostor *adj.,n.m.* **1** que ou aquele que usa de impostura; embusteiro; charlatão **2** que ou aquele que se faz passar por quem não é; mentiroso **3** vaidoso; hipócrita **4** caluniador **5** propagandista de falsas doutrinas (Do lat. *impostōre-*, «id.»)

impostoraço *n.m.* grande impostor (De *impostor+-aço*)

impostura *n.f.* **1** ato ou dito de impostor **2** simulação daquele que se faz passar por quem não é; embuste **3** mentira; hipocrisia; fingimento **4** logro; engano **5** vaidade; presunção **6** propagação de falsas doutrinas **7** falsa imputação **8** calúnia contra alguém (Do lat. *impostūra-*, «id.»)

imposturar *v.intr.* **1** usar de impostura **2** vangloriar-se de qualidades que não se tem; bazofiar ■ *v.tr.* enganar; ludibriar (De *impostura+-ar*)

imposturice *n.f.* [pop.] ⇒ **impostura** (De *impostura+-ice*)

impotabilidade *n.f.* qualidade do que é impróprio para beber (Do lat. *impotabĭle-*, «id.»+-*i-+-dade*)

impotável *adj.2g.* que não é potável; impróprio para beber (Do lat. *impotabĭle-*, «id.»)

impotência *n.f.* **1** falta de potência, força ou poder **2** incapacidade física **3** MEDICINA incapacidade ou impossibilidade de um homem iniciar ou manter a ereção necessária para a realização do ato sexual (Do lat. *impotentĭa-*, «id.»)

impotente *adj.2g.* **1** que não tem poder ou força; débil; fraco **2** incapaz de agir ou de alterar o rumo dos acontecimentos **3** MEDICINA que não é capaz de realizar o ato sexual (Do lat. *impotente-*, «id.»)

impraticabilidade *n.f.* **1** qualidade do que é impraticável **2** impossibilidade de se efetuar ou de se pôr em ação (De *impraticável+-i-+-dade*)

impraticável *adj.2g.* **1** que não se pode ou não se deve praticar **2** que não se pode executar; inexequível **3** intransitável (De *in-+praticável*)

imprecação *n.f.* **1** ato ou efeito de imprecar ou pedir com veemência; súplica **2** praga; maldição (Do lat. *imprecatiōne-*, «id.»)

imprecar v.tr. **1** pedir com veemência (contra ou a favor de alguém) **2** suplicar ■ v.intr. **1** rogar pragas **2** dizer imprecações (Do lat. *imprecāre*, por *imprecāri*, «fazer imprecações contra»)

imprecatado adj. **1** que não atua com precaução; desacautelado; desprevenido **2** distraído (De *in-+precatado*)

imprecativo adj. que envolve imprecação (De *imprecar+-tivo*)

imprecatório adj. **1** que envolve imprecação; imprecativo **2** semelhante a uma imprecação (De *imprecar+-tório*)

imprecaução n.f. falta de precaução; imprevidência; descuido (De *in-+precaução*)

imprecisamente adv. **1** de modo impreciso; sem precisão **2** com inexatidão (De *impreciso+-mente*)

imprecisão n.f. **1** falta de precisão, de rigor; indeterminação **2** falta de exatidão (De *in-+precisão*)

impreciso adj. **1** que não tem precisão; vago; indeterminado **2** inexato; não totalmente correto ou rigoroso **3** confuso (De *in-+preciso*)

impreenchível adj.2g. **1** que não se pode preencher **2** insubstituível (De *in-+preenchível*)

impregnação n.f. **1** ato ou efeito de impregnar ou impregnar-se **2** estado de corpo impregnado **3** ação de fecundar **4** HISTOLOGIA processo de técnica de preparações, equivalente às colorações, do qual resulta a acumulação e redução de alguns sais metálicos em certas células (ou tecidos) que, assim, se podem estudar em melhores condições de visibilidade (De *impregnar+-ção*)

impregnar v.tr. **1** embeber; repassar **2** infiltrar-se em; penetrar **3** encher **4** fecundar ■ v.pron. **1** penetrar-se **2** repassar-se **3** embeber-se (Do lat. *impraegnāre*, «fecundar»)

impremeditado adj. **1** sem premeditação; que não foi planeado **2** instintivo **3** impensado (Do lat. *impraemeditātu-*, «id.»)

imprensa n.f. **1** máquina com que se imprime ou estampa; prensa; prelo **2** arte de imprimir **3** conjunto dos jornais e publicações afins **4** os meios de comunicação social **5** conjunto dos jornalistas e repórteres (Do cast. *imprenta*, «id.»)

imprensador adj.,n.m. que ou aquele que imprensa (De *imprensar+-dor*)

imprensar v.tr. **1** apertar na prensa **2** imprimir **3** estampar **4** [fig.] apertar muito (De *in-+prensa+-ar*)

impreparação n.f. falta de preparação (De *im-+preparação*)

impresciência n.f. falta de presciência ou de previsão (Do lat. *impraescientĭa-*, «id.»)

imprescindível adj.2g. de que se não pode prescindir ou abdicar; absolutamente necessário; indispensável (De *im-+prescindível*)

imprescindivelmente adv. de modo imprescindível; necessariamente; sem falta (De *imprescindível+-mente*)

imprescritibilidade n.f. qualidade do que não prescreve ou não pode prescrever (Do lat. *impraescriptibĭle-*, «imprescritível» +-i-+-dade)

imprescritível adj.2g. **1** que não prescreve **2** que não pode prescrever **3** não suscetível de extinção por prescrição **4** irrevogável (Do lat. *impraescriptibĭle-*, «id.»)

impressão n.f. **1** ato ou efeito de imprimir **2** coisa impressa **3** marca ou sinal que fica ao imprimir **4** marca ou sinal causado por pressão **5** opinião imediata e pouco refletida **6** sensação desagradável **7** abalo; comoção **8** efeito moral **9** influência produzida no organismo por agente estranho **10** processo de reprodução que consiste em fixar texto ou imagem num suporte (papel, plástico, metal, etc.) através de equipamento adequado **11** cópia(s) obtida(s) por este processo **12** secção ou local onde se realiza esta atividade de reprodução; *impressões digitais* marcas deixadas pela pressão da polpa dos dedos sobre uma superfície, usadas como elemento de identificação (nos bilhetes de identidade, por exemplo) (Do lat. *impressiōne-*, «id.»)

impressibilidade n.f. propriedade que a matéria viva tem de receber uma impressão (Do lat. **impressibĭle*, «impressível» +-i-+-dade)

impressionabilidade n.f. qualidade do que é suscetível de ser impressionado (Do lat. **impressionabĭle*, «impressionável» +-i-+-dade)

impressionador adj. ⇒ **impressionante** (De *impressionar+-dor*)

impressionante adj.2g. **1** que causa admiração **2** que causa estranheza ou repulsa **3** que provoca emoção; comovente (De *impressionar+-ante*)

impressionar v.tr. **1** causar impressão a **2** abalar o espírito de **3** comover (Do lat. *impressiōne-*, «impressão» +-ar)

impressionável adj.2g. **1** que se impressiona facilmente; fácil de impressionar **2** atreito a comoções **3** dotado de grande sensibilidade (Do lat. **impressionabĭle-*, «id.»)

impressionismo n.m. **1** manifestação artística que traduz a impressão fugidia recebida de um facto ou da natureza **2** escola de pintura do fim do séc. XIX que se preocupou sobretudo com a análise da cor **3** teoria ou método de artistas, de escritores, de críticos, que se guiam ou pretendem guiar-se por impressões imediatas, sem recorrerem à reflexão ou a normas abstratas **4** ⇒ **impressionabilidade** (Do fr. *impressionnisme*, «id.»)

impressionista n.2g. artista que cultiva o impressionismo ■ adj.2g. **1** relativo ao impressionismo **2** que cultiva o impressionismo **3** (pessoa) que se deixa levar pela primeira impressão **4** (crítica) subjetivo; que não tem a objetividade necessária (Do fr. *impressionniste*, «id.»)

impressível adj.2g. ⇒ **impressionável** (Do lat. *impressu-*, «impresso», part. pass. de *imprimĕre*, «imprimir» +-vel)

impressivo adj. **1** que imprime **2** que impressiona (Do lat. *impressu-*, «impresso» +-ivo)

impresso n.m. **1** produto das indústrias gráficas **2** modelo com texto estabelecido usado para requerimentos, declarações, etc., no qual apenas se preenche a informação pessoal e particular **3** folheto **4** opúsculo ■ adj. que se imprimiu (Do lat. *impressu-*, «id.», part. pass. de *imprimĕre*, «imprimir»)

impressor adj.,n.m. que ou aquele que imprime ou trabalha com o prelo (De *impresso+-or*)

impressora /ô/ n.f. **1** TIPOGRAFIA máquina manual ou mecânica que se destina a reproduzir com tinta e em papel ou outro material, textos e/ou imagens gravados em placa ou cilindro **2** INFORMÁTICA dispositivo de saída, comandado pelo computador, que imprime no papel os caracteres usados no sistema **3** FOTOGRAFIA aparelho que serve para imprimir fotografias por contacto (De *impressor*)

impressório n.m. caixilho que serve para a impressão dos positivos em fotografia (De *impresso+-ório*)

imprestável adj.2g. **1** que não é prestável; que não manifesta disponibilidade para ajudar **2** que não serve para nada; inútil (Do lat. tard. *impraestabĭle-*, «id.»)

impreterível adj.2g. **1** que se não pode preterir ou adiar; inadiável **2** cujo prazo não se pode alargar; improrrogável **3** que tem de fazer-se (De *in-+preterível*)

impreterivelmente adv. **1** de modo impreterível **2** sem adiamento (De *impreterível+-mente*)

imprevidência n.f. **1** falta de previdência; imprecaução **2** descuido; incúria; negligência; desleixo (De *in-+previdência*)

imprevidente adj.2g. **1** que não é previdente **2** desacautelado **3** negligente; desleixado (De *in-+previdente*)

imprevidentemente adv. **1** de modo imprevidente; com imprevidência **2** com incúria (De *imprevidente+-mente*)

imprevisão n.f. **1** falta de previsão **2** negligência; incúria; desleixo (De *in-+previsão*)

imprevisibilidade n.f. qualidade do que não se pode prever e avaliar antecipadamente

imprevisível adj.2g. **1** que não se pode prever e avaliar antecipadamente **2** inesperado (De *in-+previsível*)

imprevistamente adv. **1** de modo imprevisto; inesperadamente; inopinadamente **2** subitamente (De *imprevisto+-mente*)

imprevisto adj. **1** não previsto; não antecipado **2** inesperado; inopinado ■ n.m. facto inesperado (De *in-+previsto*)

imprimação n.f. primeiro aparelho de tinta ou banho que se dá à tela, madeira, etc. que se vai pintar; imprimadura (De *imprimar+-ção*)

imprimadura n.f. ato ou efeito de imprimar (De *imprimar+-dura*)

imprimar v.tr. preparar (superfície que vai ser pintada) com primeira demão de tinta (De *in-+primo* [= primeiro]+-ar)

imprimatur n.m. **1** ordem de impressão **2** termo com que o ordinário eclesiástico autoriza a impressão de obras submetidas à sua aprovação (Do lat. ecl. *imprimātur*, «imprima-se»)

imprimidor n.m. [ant.] aquele que imprime; impressor (De *imprimir+-dor*)

imprimir v.tr. **1** deixar gravado por meio de pressão; imprensar; estampar **2** produzir cópia(s) através de impressão **3** INFORMÁTICA reproduzir, geralmente em papel, por meio de periférico de saída, como uma impressora **4** publicar **5** [fig.] infundir; inspirar **6** [fig.] causar impressão em; incutir ■ v.pron. **1** ficar marcado; deixar vestígio **2** gravar-se; conservar-se (Do lat. *imprimĕre*, «id.»)

imprimível adj.2g. **1** que se pode imprimir **2** próprio para ser impresso ou publicado

improbabilidade n.f. **1** qualidade do que é improvável **2** falta de probabilidade **3** algo que não é provável acontecer ou verificar-se (Do lat. *improbabĭle-*, «que não pode ser provado» +-i-+-dade)

improbação n.f. ⇒ **improvação**

improbar v.tr. ⇒ **improvar**
improbidade n.f. 1 falta de probidade; desonestidade 2 má índole; perversidade; maldade (Do lat. *improbitāte-*, «má qualidade»)
ímprobo adj. 1 carecido de probidade; desonesto 2 difícil de realizar; árduo (Do lat. *imprŏbu-*, «id.»)
improcedência n.f. qualidade de improcedente (De *in-+procedência*)
improcedente adj.2g. 1 que não é procedente 2 que não se justifica 3 que não se verifica 4 incoerente; ilógico 5 inconsequente 6 injusto (De *in-+procedente*)
improceder v.intr. 1 ser improcedente 2 revelar-se injustificado 3 não se verificar 4 não ter a consequência que se desejava ou previa (De *in-+proceder*)
improcrastinável adj.2g. que não pode ser adiado; inadiável (De *in-+procrastinável*)
improdução n.f. 1 falta de produção 2 esterilidade (De *in-+produção*)
improducente adj.2g. que não produz; improdutivo; estéril (De *in-+producente*)
improdutível adj.2g. que não é produtível; que não se pode produzir (De *in-+produtível*)
improdutividade n.f. incapacidade para produzir; esterilidade (De *in-+produtividade*)
improdutivo adj. 1 que não produz; estéril 2 que não rende; improfícuo 3 inútil; vão (De *in-+produtivo*)
improferível adj.2g. 1 que não se profere 2 que não se pode ou não se deve proferir (De *in-+proferível*)
improficiência n.f. 1 qualidade de improficiente 2 falta de conhecimento ou competência; inaptidão (De *in-+proficiência*)
improficiente adj.2g. 1 que não é proficiente 2 que não domina as competências e/ou os conhecimentos necessários 3 que não atinge os resultados pretendidos 4 improdutivo; inútil (De *in-+proficiente*)
improficuamente adv. de modo improfícuo; sem resultado (De *in-+proficuamente*)
improficuidade n.f. qualidade ou estado de improfícuo (De *in-+proficuidade*)
improfícuo adj. 1 não profícuo 2 vão; inútil 3 que não atinge os resultados pretendidos 4 que não traz vantagens 5 estéril (Do lat. *improficŭu-*, «frustrado»)
improfundável adj.2g. 1 que se não pode profundar 2 insondável (De *in-+profundável*)
improgressivo adj. 1 que não progride 2 que não avança gradualmente (De *in-+progressivo*)
improlífico adj. 1 que não é prolífico 2 infecundo; estéril (De *in-+prolífico*)
impronunciável adj.2g. que é difícil ou impossível de pronunciar (De *im-+pronunciável*)
improperar v.tr. 1 dirigir impropérios a; injuriar; vituperar 2 censurar; criticar (Do lat. *improperāre*, «censurar»)
impropério n.m. 1 acusação ultrajante; injúria 2 dito ofensivo; vitupério 3 censura áspera 4 pl. RELIGIÃO cânticos religiosos na Sexta-Feira Santa, na cerimónia da adoração da Cruz (Do lat. *improperŭ-*, «censura; afronta»)
improporcionado adj. 1 destituído de proporções harmoniosas 2 que não tem as proporções devidas ou esperadas; desproporcionado (De *in-+proporcionado*)
improporcional adj.2g. 1 que não é proporcional 2 que não tem proporção harmoniosa
improporcionalidade n.f. 1 qualidade do que não é proporcional 2 qualidade do que não tem proporção harmoniosa (De *in-+proporcionalidade*)
impropriamente adv. 1 sem propriedade ou adequação 2 inconvenientemente (De *impróprio+-mente*)
impropriar v.tr. 1 tornar impróprio 2 aplicar mal (De *impróprio+-ar*)
impropriedade n.f. 1 falta de propriedade 2 qualidade de impróprio 3 inconveniência 4 erro; incorreção 5 obscenidade; indecência (Do lat. *improprietāte-*, «id.»)
impróprio adj. 1 que não é próprio 2 que não tem as condições necessárias 3 não adequado tendo em conta o contexto ou os objetivos pretendidos 4 que fica mal 5 que não compete 6 inconveniente 7 indecoroso (Do lat. *improprĭu-*, «id.»)
improrrogabilidade n.f. qualidade de improrrogável (Do lat. *improrogabĭle-*, «improrrogável» +*-i-+-dade*)
improrrogável adj.2g. que não é prorrogável; inadiável (De *in-+prorrogável*)

improtelável adj.2g. que não se pode protelar; improrrogável (De *in-+protelável*)
improvação n.f. 1 ato de improvar 2 desaprovação; reprovação 3 desacordo; dissentimento (Do lat. *improbatiōne-*, «desaprovação; reprovação»)
improvador adj.,n.m. que ou aquele que desaprova ou censura (Do lat. *improbatōre-*, «desaprovador»)
improvar v.tr. desaprovar; reprovar; censurar (Do lat. *improbāre*, «desaprovar»)
improvável adj.2g. 1 que não é provável 2 que não se pode provar (Do lat. *improbabĭle-*, «id.»)
improvidência n.f. qualidade de improvidente; falta de cuidado ou de cautela (Do lat. *improvidentĭa-*, «imprevidência»)
improvidente adj.2g. 1 que não toma providências; desacautelado 2 pouco cuidadoso; desleixado 3 dissipador (De *in-+providente*)
improvido adj. que não teve provimento (De *in-+provido*)
improvido adj. que não está preparado; descuidado; improvidente (Do lat. *improvĭdu-*, «id.»)
improvisação n.f. 1 ato ou efeito de fazer ou produzir sem qualquer preparação ou plano anterior 2 algo que se realiza ou inventa de repente, sem qualquer preparação anterior; improviso (De *improvisar+-ção*)
improvisador adj.,n.m. 1 que ou aquele que improvisa 2 que ou aquele que diz ou faz as coisas de repente; repentista (De *improvisar+-dor*)
improvisar v.tr. 1 fazer ou produzir sem qualquer preparação ou plano 2 arranjar à pressa 3 inventar 4 citar falsamente ■ v.intr. 1 agir sem qualquer preparação ou plano anterior 2 (músico, ator, etc.) atuar sem seguir uma pauta ou um texto ■ v.pron. 1 desempenhar uma função para a qual não se está preparado 2 constituir-se (De *improviso+-ar*)
improvisata n.f. [pop.] ⇒ **improviso** (Do it. *improvisata*, «surpresa; improviso»)
improviso n.m. 1 discurso, poesia, ou trecho musical proferido, feito e/ou executado sem preparação 2 algo que se realiza ou inventa de repente, sem qualquer preparação anterior ■ adj. 1 criado ou executado sem preparação; improvisado 2 feito de repente, à pressa, *de ~* de repente, à pressa, sem preparação (Do lat. *improvīsu-*, «imprevisto»)
imprudência n.f. 1 qualidade de imprudente 2 falta de ponderação e cuidado; imprevidência 3 ato ou dito irrefletido com possíveis consequências desagradáveis ou perigosas; leviandade; precipitação 4 descuido; negligência (Do lat. *imprudentĭa-*, «id.»)
imprudente adj.2g. 1 que revela falta de ponderação e de cuidado 2 que não considera as possíveis consequências desagradáveis dos seus atos antes de agir; irrefletido; precipitado; leviano ■ n.2g. pessoa que age antes de pensar nas possíveis consequências (Do lat. *imprudente-*, «id.»)
imprudentemente adv. de modo imprudente; sem ponderação; levianamente (De *imprudente+-mente*)
impuberdade n.f. estado ou idade da pessoa que ainda não atingiu a puberdade; impubescência (De *in-+puberdade*)
impúbere adj.,n.2g. que ou pessoa que não é púbere; que ou pessoa que ainda não atingiu a puberdade ou a adolescência; impubescente (Do lat. *impubĕre-*, «id.»)
impubescência n.f. 1 estado ou idade da pessoa que ainda não atingiu a puberdade; impuberdade 2 início da puberdade ou da idade em que esta se manifesta (Do lat. *impubescentĭa-*, «id.»)
impubescente adj.,n.2g. ⇒ **impúbere** (Do lat. *impubescente-*, «id.»)
impudência n.f. 1 falta de pudor 2 descaramento; atrevimento; desvergonha 3 ato ou dito impudente, que choca ou ofende (Do lat. *impudentĭa-*, «id.»)
impudente adj.2g. 1 sem pudor 2 (ato, dito) que choca ou ofende 3 atrevido; descarado; desavergonhado (Do lat. *impudente-*, «id.»)
impudentemente adv. de modo impudente; descaradamente (De *impudente+-mente*)
impudicícia n.f. 1 falta de pudor, de vergonha, ou honra 2 ato ou dito impudico 3 lascívia 4 desonestidade (Do lat. *impudicitĭa-*, «id.»)
impudico adj. 1 destituído de pudor ou vergonha; despejado; impudente 2 que choca ou ofende; indecente; obsceno 3 lascivo; luxurioso 4 desenvolto 5 que não tem vergonha; descarado 6 desonesto (Do lat. *impudīcu-*, «id.»)
impudor n.m. 1 falta de pudor, vergonha ou de decência; impudência 2 falta de discrição; descaramento (De *in-+pudor*)

impugnabilidade n.f. qualidade do que é impugnável (Do lat. *impugnabĭle-*, «impugnável» +-*i*-+-*dade*)

impugnação n.f. ato ou efeito de pugnar contra ou fazer oposição a; contestação; oposição (Do lat. *impugnatiōne-*, «ataque»)

impugnador adj.,n.m. que ou aquele que impugna ou faz oposição; opositor (Do lat. *impugnatōre-*, «aquele que ataca»)

impugnar v.tr. **1** pugnar contra; fazer oposição a; combater **2** contestar; refutar; contrariar **3** invalidar; vetar (Do lat. *impugnāre*, «atacar»)

impugnativo adj. **1** que impugna; que combate ou faz oposição **2** que serve para impugnar (De *impugnar*+-*tivo*)

impugnável adj.2g. **1** que se pode ou deve impugnar ou combater **2** refutável (De *impugnar*+-*vel*)

impulsão n.f. **1** ato ou efeito de impelir **2** inclinação ou desejo súbito e pouco racional que impele a agir de determinada maneira; impulso **3** incitamento; estímulo **4** ato involuntário, de carácter imperioso **5** tendência para agir sem reflexão **6** FÍSICA força que um fluido exerce sobre um corpo, quando este está parcial ou inteiramente imerso nele, e que é dirigida verticalmente para cima; ~ *de uma força* produto da intensidade da força (constante) pelo tempo em que atua (Do lat. *impulsiōne-*, «embate; impulso natural»)

impulsar v.tr. dar impulso a; impelir (Do lat. tard. *impulsāre*, «id.»)

impulsionador adj.,n.m. que ou aquele que impulsiona; impulsor (De *impulsionar*+-*dor*)

impulsionar v.tr. **1** dar impulsão ou impulso a **2** fazer mover através de força propulsora **3** ativar; estimular; incitar (Do lat. *impulsiōne-*, «impulso» +-*ar*)

impulsividade n.f. **1** qualidade ou estado de impulsivo **2** tendência para agir segundo os impulsos, irrefletidamente

impulsivismo n.m. ⇒ **impulsividade** (De *impulsivo*+-*ismo*)

impulsivo adj. **1** que impulsiona; que dá impulso **2** que incita ou estimula a agir **3** (indivíduo) que tem tendência para agir repentinamente e sem refletir, de acordo com o que sente ou deseja no momento **4** que se manifesta como que por instinto; espontâneo e irrefletido **5** (força) que atua durante um período muito curto, ou que cessa bruscamente de atuar ■ n.m. **1** pessoa que age frequentemente segundo impulsos, de acordo com aquilo que sente ou deseja no momento, sem refletir **2** pessoa que se entusiasma ou enfurece facilmente, ou que cede ao seu temperamento arrebatado (Do lat. *impulsu-*, «impulso» +-*ivo*)

impulso n.m. **1** ato de impelir **2** força propulsora que faz mover **3** [fig.] força que atua como motivo; incitamento; estímulo **4** [fig.] desejo súbito e pouco racional que impele a agir de determinada maneira; ímpeto; ataque **5** FÍSICA conceito aplicado a uma força que atua durante um tempo muito curto, que é dado, para uma força constante, pelo produto da grandeza da força pelo tempo durante o qual atua **6** unidade de contagem de tempo numa chamada telefónica; ~ *vital* FILOSOFIA segundo Bergson (filósofo francês, 1859-1941), força primitivamente homogénea que se orientou em múltiplas direções divergentes (vida vegetativa, instinto, inteligência), mas que, sob as suas formas diversificadas, conserva algo da realidade primeira (Do lat. *impulsu-*, «choque; incitação; impulso»)

impulsor adj.,n.m. que, aquele ou aquilo que impele, incita ou estimula; instigador (Do lat. *impulsōre-*, «instigador»)

impune adj.2g. **1** que não tem ou não teve castigo **2** que não foi reprimido (Do lat. *impūne-*, «sem penalidade»)

impunemente adv. sem punição ou censura (De *impune*+-*mente*)

impunidade n.f. **1** estado do que não tem ou não teve punição ou castigo **2** falta de castigo (Do lat. *impunitāte-*, «id.»)

impunível adj.2g. que não se pode ou não se deve punir (De *in*-+*punível*)

impureza /ê/ n.f. **1** qualidade ou estado de impuro **2** substância que adultera ou contamina **3** coisa impura ou contaminada **4** falta de limpeza; imundície **5** falta de pudor; imoralidade **6** ausência de princípios morais; desonestidade; *centro de* ~ FÍSICA átomo ou grupo de átomos estranhos introduzidos numa rede cristalina (Do lat. *impuritĭa-*, «id.»)

impuridade n.f. ⇒ **impureza** (Do lat. *impuritāte-*, «impureza»)

impurificar v.tr. tornar impuro (Do lat. *impūru-*, «impuro» +*facĕre*, «tornar»)

impuro adj. **1** que não é puro **2** que tem mistura ou elementos estranhos à sua composição; que tem impurezas **3** adulterado **4** contaminado; infetado **5** que não tem pudor **6** imoral; desonesto (Do lat. *impūru-*, «id.»)

imputabilidade n.f. **1** qualidade do que é imputável **2** DIREITO condição exigida por lei para que um indivíduo possa sofrer uma pena (Do lat. *imputabĭle-*, «imputável» +-*i*-+-*dade*)

imputação n.f. **1** ato ou efeito de imputar **2** declaração de culpabilidade **3** atribuição de um ato ao seu autor **4** responsabilidade **5** o que se imputa (Do lat. *imputatiōne-*, «id.»)

imputador adj.,n.m. que ou aquele que imputa (Do lat. *imputatōre-*, «o que faz alarde de»)

imputar v.tr. **1** atribuir (a alguém) a culpa ou a responsabilidade de um ato **2** acusar com deslealdade; assacar (Do lat. *imputāre*, «id.»)

imputável adj.2g. **1** suscetível de ser imputado; atribuível **2** DIREITO que, aos olhos da lei, pode ser responsabilizado por um facto punível (De *imputar*+-*vel*)

imputrefação n.f. estado em que não se verifica putrefação (De *in*-+*putrefacção*)

imputrefacção ver nova grafia **imputrefação**

imputrescibilidade n.f. qualidade do que é imputrescível ou não apodrece (De *imputrescível*+-*i*-+-*dade*)

imputrescível adj.2g. que não pode apodrecer (De *in*-+*putrescível*)

imudável adj.2g. ⇒ **imutável**

imundice n.f. ⇒ **imundície**

imundícia n.f. ⇒ **imundície**

imundície n.f. **1** estado de imundo **2** falta de limpeza; sujidade **3** lixo **4** impureza (Do lat. *immunditie-*, «id.»)

imundo adj. **1** que não é limpo **2** muito sujo **3** repugnante; asqueroso **4** obsceno; imoral (Do lat. *immundu-*, «id.»)

imune adj.2g. **1** que goza de imunidade **2** isento de algo a que os outros estão sujeitos **3** que não é afetado **4** BIOLOGIA (organismo) que é invulnerável ao ataque de certos agentes infeciosos ou tóxicos; refratário (Do lat. *immūne-*, «isento»)

imunidade n.f. **1** privilégio de estar isento de algo a que os outros estão sujeitos; isenção; dispensa **2** [fig.] capacidade de ficar afastado de (algo negativo); proteção **3** BIOLOGIA invulnerabilidade natural ou adquirida dos organismos vivos ao ataque de certos agentes infeciosos ou tóxicos; resistência; ~ *diplomática* não submissão dos agentes diplomáticos e seus familiares à jurisdição das autoridades e tribunais do país estrangeiro em que residem e/ou exercem funções; ~ *parlamentar* direito dos deputados de não responderem civil, criminal ou disciplinarmente pelos votos e opiniões que emitem, e de não poderem ser presos ou processados no exercício das suas funções (Do lat. *immunitāte-*, «id.»)

imunitário adj. **1** que diz respeito à imunidade **2** BIOLOGIA que reage contra os elementos estranhos a um organismo (Do fr. *immunitaire*, «id.»)

imunização n.f. ato ou efeito de imunizar (De *imunizar*+-*ção*)

imunizador adj.,n.m. que ou o que imuniza; imunizante (De *imunizar*+-*dor*)

imunizante adj.2g. **1** que imuniza; imunizador **2** que protege (De *imunizar*+-*ante*)

imunizar v.tr. **1** tornar imune ou invulnerável **2** isentar **3** proteger contra; preservar **4** tornar resistente a uma doença ou infeção (Do lat. *immūne-*, «isento» +-*izar*)

imuno- elemento de formação que exprime a ideia de *imunidade, resistência a uma ação infeciosa* (Do lat. *immūne-*, «isento»)

imunodeficiência n.f. MEDICINA incapacidade de resistir a infeções por deficiências, congénita ou adquirida, do sistema imunitário (De *imuno*-+*deficiência*)

imunodepressão n.f. MEDICINA ⇒ **imunossupressão**

imunodepressor adj.,n.m. MEDICINA ⇒ **imunossupressor**

imunodeprimido adj. que tem diminuição das defesas naturais por doença ■ n.m. MEDICINA indivíduo que tem diminuição das defesas naturais por doença

imunoglobulina n.f. BIOQUÍMICA proteína existente no plasma ou no soro sanguíneo, que atua como anticorpo no organismo

imunologia n.f. BIOLOGIA, MEDICINA estudo da imunidade, da sua patologia e dos meios artificiais de a provocar ou reforçar (De *imuno*-+-*logia*)

imunológico adj. que diz respeito à imunologia (De *imunologia*+-*ico*)

imunologista n.2g. especialista em imunologia (De *imunologia*+-*ista*)

imunólogo n.m. ⇒ **imunologista** (De *imuno*-+-*logo*)

imunopatologia n.f. MEDICINA estudo das alterações da imunorregulação e das doenças que daí resultam

imunopatológico adj. MEDICINA relativo ou pertencente à imunopatologia

imunopatologista n.2g. MEDICINA especialista em imunopatologia

imunorregulação n.f. MEDICINA regulação das reações imunitárias do organismo

imunossupressão n.f. MEDICINA diminuição ou supressão das reações imunitárias do organismo, que pode ser devida à infeção ou ser obtida através de meios terapêuticos

imunossupressor adj.,n.m. MEDICINA que ou agente que diminui ou suprime a resposta imunológica (Do lat. *immune*, «isento»+*supressore*-, «id.»)

imunoterapia n.f. MEDICINA tratamento que atua ao nível do sistema imunitário

imutabilidade n.f. qualidade do que não muda ou não pode ser mudado; invariabilidade (Do lat. *immutabilitāte*-, «id.»)

imutação n.f. 1 ato de alterar ou transformar 2 mudança; transformação (Do lat. *immutatiōne*-, «mudança»)

imutar v.tr. 1 mudar completamente; transformar 2 converter ■ v.pron. transformar-se (Do lat. *immutāre*, «mudar»)

imutável adj.2g. 1 que não muda 2 que não pode ser mudado; imudável (Do lat. *immutabĭle*-, «que não muda»)

in adv. [coloq.] na moda (por oposição a *out*) (Do inglês *in*, «em; dentro»)

in- prefixo que exprime a ideia de *negação, falta, inclusão, interioridade* ou de *movimento para dentro*, e que toma a forma **im-** antes de *b* e *p*, e a forma **i-** antes de *l, m, n,* e *r* (Do lat. *in-*, «id.»)

-ina sufixo nominal que ocorre em substantivos que designam substâncias químicas, farmacêuticas ou industriais (*caseína; terebintina; glicerina*) (Do lat.)

inabalável adj.2g. 1 que não pode ser abalado 2 firme nas suas decisões ou convicções 3 insusceptível de dúvidas ou incertezas 4 inexorável; inquebrantável 5 fixo; imutável; constante (De *in-*+*abalável*)

inabalavelmente adv. 1 de modo inabalável 2 inexoravelmente 3 firmemente (De *inabalável*+*-mente*)

inabdicável adj.2g. 1 de que não se pode abdicar 2 que tem de se conservar a todo o custo (De *in-*+*abdicável*)

inábil adj.2g. 1 que não tem habilidade 2 incapaz 3 incompetente 4 que não tem capacidade legal (Do lat. *inhabĭle*-, «id.»)

inabilidade n.f. 1 qualidade de inábil 2 falta de capacidade ou aptidão; incompetência 3 incapacidade jurídica (De *in-*+*habilidade*)

inabilitação n.f. 1 ato ou efeito de inabilitar 2 falta de aptidão ou competência (De *inabilitar*+*-ção*)

inabilitar v.tr. 1 tornar inábil; incapacitar 2 impedir ■ v.pron. 1 incapacitar-se 2 inutilizar-se (De *in-*+*habilitar*)

inabilmente adv. de maneira inábil; sem habilidade; desajeitadamente (De *inábil*+*-mente*)

inabitado adj. sem habitantes; despovoado (Part. pass. de *inabitar*)

inabitar v.tr. não habitar (De *in-*+*habitar*)

inabitável adj.2g. 1 impossível de se habitar 2 que não tem condições para ser habitado (Do lat. *inhabitabĭle*-, «id.»)

inabitual adj.2g. 1 que não é habitual 2 invulgar; raro (De *in-*+*habitual*)

inabordável adj.2g. 1 que não se pode abordar; que não permite abordagem 2 inacessível 3 (indivíduo) hostil; intratável (De *in-*+*abordável*)

inabsoluto adj. não absolvido (Do lat. *inabsolūtu*-, «id.»)

inacabado adj. 1 não acabado; incompleto 2 imperfeito (De *in-*+*acabado*)

inacabável adj.2g. 1 que não se pode acabar 2 que não tem fim; infindável; interminável (De *in-*+*acabável*)

inação n.f. 1 falta de ação; inércia 2 estado de quem gasta o tempo sem se dedicar a alguma coisa; ócio 3 indolência; preguiça 4 falta de decisão ou determinação (De *in-*+*acção*)

inacção ver nova grafia **inação**

inaceitável adj.2g. 1 que não se pode aceitar 2 inadmissível; intolerável (De *in-*+*aceitável*)

inacessibilidade n.f. qualidade de inacessível (Do lat. *inaccessibilitāte*-, «id.»)

inacessível adj.2g. 1 que não é acessível; a que não se pode chegar 2 que não se consegue alcançar ou realizar 3 (assunto) incompreensível 4 inabordável 5 com quem não se consegue conviver; intratável 6 incapaz de se comover ou impressionar; insensível (Do lat. *inaccessibĭle*-, «id.»)

inacomodável adj.2g. que não se pode acomodar (De *in-*+*acomodável*)

inacostumado adj. não acostumado (De *in-*+*acostumado*)

inacreditável adj.2g. 1 em que não se pode ou consegue acreditar 2 que não merece crédito 3 que causa espanto ou admiração; extraordinário (De *in-*+*acreditável*)

inacreditavelmente adv. 1 de modo inacreditável; incrivelmente 2 sem crédito (De *inacreditável*+*-mente*)

inactividade ver nova grafia **inatividade**

inactivo ver nova grafia **inativo**

inactual ver nova grafia **inatual**

inacusável adj.2g. que não pode ou não deve ser acusado (De *in-*+*acusável*)

inadaptação n.f. falta de adaptação (De *in-*+*adaptação*)

inadaptado adj. 1 que não se adaptou ou não se ajustou 2 que não se integrou num determinado meio ou ambiente 3 rebelde (De *in-*+*adaptado*)

inadaptável adj.2g. que não se pode adaptar (De *in-*+*adaptável*)

inadequação n.f. qualidade do que não é ou está ajustado ou apropriado ao contexto ou aos objetivos pretendidos

inadequado adj. 1 não adequado 2 não apropriado tendo em conta o contexto ou os objetivos pretendidos 3 que não satisfaz as condições necessárias (De *in-*+*adequado*)

inaderente adj.2g. 1 que não adere 2 BOTÂNICA com peças livres (De *in-*+*aderente*)

inadiável adj.2g. 1 que não se pode adiar; improrrogável; impreterível 2 urgente (De *in-*+*adiável*)

inadimplemento n.m. DIREITO ⇒ **inadimplência** (De *in-*+*adimplemento*)

inadimplência n.f. DIREITO não cumprimento de um contrato ou de uma obrigação no prazo estabelecido (De *in-*+*adimplência*)

inadimplente adj.,n.2g. 1 DIREITO que ou aquele que não cumpre um contrato ou uma obrigação no prazo estabelecido 2 que ou aquele que não paga as suas dívidas (De *in-*+*adimplente*)

inadmissão n.f. 1 ato ou efeito de não admitir ou não ser admitido 2 exclusão (De *in-*+*admissão*)

inadmissibilidade n.f. estado do que não pode ser admitido (De *in-*+*admissibilidade*)

inadmissível adj.2g. 1 que não se pode permitir ou aceitar 2 que não se pode encarar como válido ou verdadeiro 3 que não se pode tolerar (De *in-*+*admissível*)

inadquirível adj.2g. que não se pode adquirir (De *in-*+*adquirível*)

inadvertência n.f. 1 falta de advertência 2 falta de atenção 3 descuido; negligência; incúria 4 imprevidência (De *in-*+*advertência*)

inadvertidamente adv. 1 de modo inadvertido 2 impensadamente (De *inadvertido*+*-mente*)

inadvertido adj. 1 feito sem reflexão; impensado 2 que não foi avisado (De *in-*+*advertido*)

inalação n.f. 1 ato ou efeito de inalar 2 MEDICINA método de aplicação de medicamentos sob forma gasosa ou líquida por pulverização através das vias respiratórias (Do lat. *inhalatiōne*-, «id.»)

inalado[1] adj. que se inalou ou aspirou (Part. pass. de *inalar*)

inalado[2] adj. ZOOLOGIA sem asas; áptero (De *in-*+*alado*)

inalador n.m. 1 aquele que inala ou aspira 2 MEDICINA instrumento próprio para administrar medicamentos sob forma gasosa ou líquida através das vias respiratórias por pulverização (De *inalar*+*-dor*)

inalante adj.2g. que inala ou inspira; *poro ~* ZOOLOGIA cada um dos orifícios do corpo dos espongiários, através dos quais a água entra para a cavidade gastrovascular ou atrial (Do lat. *inhalante*-, «id.», part. pres. de *inhalāre*, «soprar sobre»)

inalar v.tr. 1 absorver através das vias respiratórias; aspirar 2 MEDICINA absorver (medicamentos sob forma gasosa ou líquida) através das vias respiratórias por pulverização 3 [fig.] assimilar (Do lat. *inhalāre*, «soprar sobre»)

inalcançável adj.2g. que não pode ser alcançado; inatingível (De *in-*+*alcançável*)

inaliável adj.2g. 1 que não se pode aliar, ligar ou combinar 2 insociável (De *in-*+*aliável*)

inalienabilidade n.f. 1 qualidade do que não se pode alienar ou transmitir a outro(s) 2 DIREITO qualidade daquilo que não pode mudar de titular (De *in-*+*alienabilidade*)

inalienação n.f. estado do que não foi alienado ou transferido (De *in-*+*alienação*)

inalienável adj.2g. 1 que não se pode alienar ou transmitir a outrem 2 que não pode ser retirado (De *in-*+*alienável*)

inalterabilidade n.f. 1 qualidade do que não pode ser alterado; imutabilidade 2 qualidade do que não se perturba; serenidade 3 constância (De *in-*+*alterabilidade*)

inalterado *adj.* 1 que não sofreu alteração 2 que mantém as características iniciais (Do lat. *inalterătu-*, «id.»)
inalterável *adj.2g.* 1 que não pode ser alterado 2 [fig.] (indivíduo) imperturbável; sereno; impassível (De *in-+alterável*)
inalteravelmente *adv.* 1 de modo inalterável; imutavelmente 2 uniformemente (De *inalterável+-mente*)
inambu *n.m.* [Brasil] ORNITOLOGIA ⇒ **tinamu** (Do guar. *inambu*, «id.»)
inambulação *n.f.* ato de andar de um lado para o outro; passeio (Do lat. *inambulatiōne-*, «passeio»)
inamissibilidade *n.f.* qualidade de inamissível (Do lat. *inamissibĭle-*, «que não se pode perder»+*-i-+-dade*)
inamissível *adj.2g.* que não se pode perder (Do lat. *inamissibĭle-*, «id.»)
inamolgável *adj.2g.* que não se pode amolgar ou amassar (De *in-+amolgável*)
inamovibilidade *n.f.* qualidade de inamovível, do que não se pode deslocar ou transferir (De *in-+amovibilidade*)
inamovível *adj.2g.* 1 que não se pode deslocar ou transferir; irremovível 2 fixo; imutável 3 DIREITO (funcionário) que não pode ser transferido, suspenso ou demitido exceto nos casos previstos na lei (De *in-+amovível*)
inanalisável *adj.2g.* que não se pode analisar (De *in-+analisável*)
inane *adj.2g.* 1 que não contém nada no interior; vazio; oco 2 [fig.] vão; baldado 3 [fig.] fútil (Do lat. *ināne-*, «vazio»)
inânia *n.f.* 1 qualidade do que é ou está oco; vacuidade 2 futilidade 3 bagatela; ninharia; insignificância (Do lat. *inanĭa-*, «inanição»)
inanição *n.f.* 1 ato ou efeito de inanir 2 qualidade de inane 3 fraqueza extrema por falta de alimento (Do lat. tard. *inanitiōne-*, «id.»)
inanidade *n.f.* 1 qualidade daquilo que é inane 2 característica do que é oco ou vazio 3 futilidade; vaidade (Do lat. *inanitāte-*, «inanição»)
inanimado *adj.* 1 sem alma 2 sem vida; morto 3 sem sentidos; desmaiado 4 sem energia ou dinamismo 5 sem animação ou vivacidade (Do lat. *inanimātu-*, «id.»)
inânime *adj.2g.* ⇒ **inanimado** (Do lat. *inanĭme-*, «sem vida»)
inanir *v.tr.* 1 tornar inane 2 esgotar as forças de; debilitar ■ *v.pron.* perder as forças; debilitar-se (Do lat. *inanīre*, «esvaziar»)
inantéreo *adj.* 1 BOTÂNICA que não tem anteras 2 BOTÂNICA (estame) estéril (De *in-+antera+-eo*)
inaparente *adj.2g.* não aparente (De *in-+aparente*)
inapelabilidade *n.f.* qualidade do que é inapelável (De *in-+apelabilidade*)
inapelável *adj.2g.* 1 de que não há apelação 2 a que não se pode recorrer (De *in-+apelável*)
inapendiculado *adj.* que não tem apêndices (De *in-+apendiculado*)
inapetência *n.f.* 1 falta de apetite; fastio 2 falta de vontade ou motivação para fazer alguma coisa (De *in-+apetência*)
inaplicabilidade *n.f.* 1 qualidade do que não é aplicável 2 característica do que não se pode pôr em prática 3 qualidade do que não se adequa ou do que não vem a propósito (De *in-+aplicabilidade*)
inaplicado *adj.* 1 que não teve aplicação 2 que não fixa a sua atenção 3 (estudante) que se esforça pouco (De *in-+aplicado*)
inaplicável *adj.2g.* 1 que não pode ser aplicado 2 que não vem a propósito (De *in-+aplicável*)
inapreciável *adj.2g.* 1 que não é apreciável 2 insignificante 3 cujo valor não pode ser apreciado 4 de grande preço 5 de alto valor (De *in-+apreciável*)
inapreensível *adj.2g.* que não se pode apreender (Do lat. *inapprehensibĭle-*, «incompreensível»)
inaptidão *n.f.* 1 falta de aptidão; incapacidade; inabilidade; insuficiência 2 falta de predisposição (De *in-+aptidão*)
inapto *adj.* 1 que não é apto; que não tem preparação ou capacidade; inábil; inepto; insciente 2 impróprio; não adequado (De *in-+apto*)
inarmonia *n.f.* falta de harmonia; dissonância (De *in-+harmonia*)
inarmónico *adj.* carecido de harmonia; desarmonioso (De *in-+harmónico*)
inarrável *adj.2g.* 1 que não se pode narrar ou contar; inenarrável; indizível 2 que não se pode descrever (De *in-+narrável*)
inarrecadável *adj.2g.* que não se pode arrecadar (De *in-+arrecadável*)
inarticulado *adj.* 1 que não está articulado ou não mostra articulação evidente 2 desprovido de articulações 3 ZOOLOGIA relativo ou pertencente aos inarticulados 4 mal pronunciado ■ *n.m.* ZOOLOGIA espécime dos inarticulados ■ *n.m.pl.* ZOOLOGIA grupo (ordem) de braquiópodes com as conchas sem charneira (Do lat. *inarticulātu-*, «id.»)
inarticulável *adj.2g.* que não se pode articular ou pronunciar (De *in-+articulável*)
inartificial *adj.2g.* 1 que não é artificial; natural 2 desprovido de artifício (Do lat. *inartificiăle-*, «sem artifício»)
inartificioso /ô/ *adj.* que não é artificioso; simples; sincero (De *in-+artificioso*)
inartístico *adj.* que não é artístico; sem arte (De *in-+artístico*)
inascível *adj.2g.* que não pode nascer (Do lat. *innascibĭle-*, «incriado»)
inassiduidade *n.f.* falta de assiduidade (De *in-+assiduidade*)
inassimilável *adj.2g.* que não se pode assimilar (De *in-+assimilável*)
inatacabilidade *n.f.* 1 qualidade do que não se pode atacar ou contestar 2 característica do que não tem nenhuma falha ou defeito (De *in-+atacabilidade*)
inatacável *adj.2g.* 1 que não pode ser atacado 2 que não pode ser impugnado; incontestável 3 sem falha ou defeito; que não se pode censurar; irrepreensível (De *in-+atacável*)
inatenção *n.f.* falta de atenção
inatendível *adj.2g.* que não pode ou não merece ser atendido (De *in-+atendível*)
inatingível *adj.2g.* 1 que não se pode atingir ou alcançar; inacessível 2 incompreensível (De *in-+atingível*)
inatismo *n.m.* FILOSOFIA doutrina segundo a qual há no espírito humano ideias ou princípios que nascem com ele e que, portanto, se distinguem dos que são adquiridos (De *inato+-ismo*)
inatividade *n.f.* 1 qualidade de inativo; inércia 2 falta de energia; inação 3 situação de um funcionário que, por determinação superior, deixou o exercício da sua atividade profissional (De *inactivo+-i-+-dade*)
inativo *adj.* 1 que está parado; que não tem atividade; inerte 2 que não está a funcionar 3 que não exerce funções 4 que não está ao serviço 5 que não trabalha; ocioso 6 que não gosta de trabalhar; indolente (De *in-+activo*)
inato¹ *adj.* 1 que nasce com o indivíduo; que é independente do que se apreende ou experimenta depois do nascimento; natural 2 que o organismo traz ao nascer; congénito 3 que é próprio de; inerente; **ideias inatas** FILOSOFIA ideias que, segundo o inatismo, são inerentes ao espírito humano e nele existem sem que as receba do exterior (Do lat. *innātu-*, «natural; inato»)
inato² *adj.* (Deus) que não teve princípio; não nascido
inatual *adj.2g.* que não é atual (De *in-+actual*)
inaudito *adj.* 1 que nunca se ouviu dizer 2 de que não há exemplo 3 espantoso; extraordinário 4 incrível (Do lat. *inaudītu-*, «id.»)
inaudível *adj.2g.* que não pode ser ouvido; não audível (Do lat. *inaudibĭle-*, «id.»)
inauferível *adj.2g.* 1 que não se pode auferir ou obter 2 que não se pode aproveitar 3 de que não se pode privar ninguém (De *in-+auferível*)
inaufragável *adj.2g.* que não pode naufragar; insubmersível (De *in-+naufragável*)
inauguração *n.f.* 1 ato de inaugurar 2 solenidade com que se assinala e celebra o início do funcionamento de alguma coisa 3 princípio de funcionamento 4 início; princípio 5 fundação (Do lat. *inauguratiōne-*, «id.»)
inaugurador *adj.,n.m.* 1 que ou o que inaugura 2 que ou aquele que dá início a alguma coisa; fundador (De *inaugurar+-dor*)
inaugural *adj.* 1 relativo à inauguração 2 inicial (Do lat. *inaugurāle-*, «relativo à consulta dos áugures»)
inaugurar *v.tr.* 1 apresentar pela primeira vez ao público, principalmente através de solenidade 2 pôr em funcionamento pela primeira vez 3 dar princípio a 4 usar pela primeira vez (Do lat. *inaugurāre*, «id.»)
inautenticidade *n.f.* 1 falta de autenticidade 2 qualidade do que não é verdadeiro 3 qualidade do que não é genuíno, do que não pertence ao autor a quem é atribuído 4 falta de sinceridade ou de naturalidade (De *in-+autenticidade*)
inautêntico *adj.* 1 que não é autêntico 2 que não é verdadeiro; falso 3 que não é genuíno; que pertence a um autor diferente daquele a quem se atribui 4 cuja autenticidade não foi provada; apócrifo 5 simulado; insincero (De *in-+autêntico*)
inavegabilidade *n.f.* qualidade do que não é navegável
inavegável *adj.2g.* por onde não se pode navegar (Do lat. *innavigabĭle-*, «id.»)
inaveriguável *adj.2g.* 1 sobre o qual não se pode apurar a verdade 2 que não se pode investigar ou indagar (De *in-+averiguável*)

inca *adj.2g.* relativo aos Incas ■ *n.2g.* **1** indivíduo do povo dos Incas **2** título dos soberanos do Peru, antes da dominação espanhola (Do quích. *inca*, «senhor»)

inçadoiro *n.m.*

inçadouro[1] *n.m.* [regionalismo] correia que liga o pírtigo ao cabo do mangual

inçadouro[2] *n.m.* lugar cheio ou repleto (de plantas, animais, etc.) (De *inçar*+*-douro*)

incalcinável *adj.2g.* **1** que não se pode calcinar **2** que não se pode transformar em cal **3** que não se pode reduzir a cinzas (De *in-*+*calcinável*)

incalculável *adj.2g.* **1** que não se pode calcular **2** que não se pode quantificar ou determinar com exatidão **3** enorme; incomensurável **4** inumerável (De *in-*+*calculável*)

incameração *n.f.* **1** incorporação de algum domínio nos haveres da Santa Sé **2** passagem de bens pertencentes a comunidades para o Estado (De *incamerar*+*-ção*)

incamerar *v.tr.* **1** proceder à incameração de **2** incorporar nos bens da Igreja ou do Estado (Do it. *incamerare*, «incorporar bens na Câmara Eclesiástica»)

incandescência *n.f.* **1** estado de incandescente **2** estado de um corpo que se tornou luminoso sob o efeito de temperatura elevada **3** fenómeno luminoso produzido por um corpo devido ao aumento da sua temperatura **4** [fig.] efervescência; exaltação; arrebatamento (Do lat. *incandescentĭa*, «id.», part. pres. neut. pl. subst. de *incandescĕre*, «abrasar-se»)

incandescente *adj.2g.* **1** posto em brasa; candente **2** [fig.] exaltado **3** [fig.] fogoso (Do lat. *incandescente-*, «id.», part. pres. de *incandescĕre*, «abrasar-se»)

incandescer *v.tr.* tornar candente; pôr em brasa; encandecer ■ *v.intr.* **1** pôr-se incandescente **2** [fig.] exaltar-se (Do lat. *incandescĕre*, «abrasar-se»)

incansabilidade *n.f.* qualidade de incansável (De *incansável*+*-i*+*-dade*)

incansável *adj.2g.* **1** que não se cansa **2** ativo; dinâmico **3** trabalhador; laborioso **4** que não se poupa a trabalhos ou sacrifícios (De *in-*+*cansável*)

incansavelmente *adv.* sem se cansar; sem fadiga (De *incansável*+*-mente*)

incapacidade *n.f.* **1** falta de capacidade física ou moral necessária a determinada atividade; inaptidão; incompetência; inabilidade **2** DIREITO qualidade da pessoa privada pela lei do exercício de certos direitos **3** inaptidão para a prestação do serviço militar ativo por doença ou ferimento (Do lat. *incapacitāte-*, «id.»)

incapacitação *n.f.* ato ou efeito de incapacitar ou tornar inapto; inaptidão

incapacitante *adj.2g.* que incapacita; que torna incapaz (De *incapacitar*+*-nte*)

incapacitar *v.tr.* **1** tornar ou declarar inapto **2** tornar incapaz; inabilitar ■ *v.pron.* tornar-se inapto (De *in-*+*capacitar*)

incapacitável *adj.2g.* que não se pode capacitar ou persuadir (De *in-*+*capacitável*)

incapaz *adj.* **1** que não é capaz; inapto **2** que tem impossibilidade física ou mental **3** ignorante **4** DIREITO privado pela lei do exercício de certos direitos; inábil ■ *n.2g.* **1** pessoa que não tem as aptidões necessárias para determinada tarefa ou atividade **2** DIREITO pessoa privada pela lei do exercício de certos direitos, por se considerar que não tem capacidade para os exercer (Do lat. *incapāce-*, «id.»)

incapazmente *adv.* **1** de modo incapaz; sem capacidade **2** sem competência (De *incapaz*+*-mente*)

inçar *v.tr.* **1** encher; povoar **2** encher abundantemente de animais, principalmente de insetos; infestar **3** contagiar ■ *v.intr.* **1** desenvolver-se **2** propagar-se (Do lat. **indiciāre*, «indicar o caminho a seguir»)

incaracterístico *adj.* **1** que não é característico **2** que não é típico **3** que não tem traços distintivos; confundível com outro; banal (De *in-*+*característico*) ACORDO ORTOGRÁFICO também se pode escrever **incaraterístico**

incaraterístico a grafia mais usada é **incaracterístico**

incarbonização *n.f.* GEOLOGIA enriquecimento em carbono, resultante da decomposição da matéria orgânica durante os processos de diagénese ou metassomatose (De *in*+*carbonização*)

incardinação *n.f.* ato ou efeito de incardinar (De *incardinar*+*-ção*)

incardinar[1] *v.intr.* sujar-se de cardina (De *in-*+*cardina*+*-ar*)

incardinar[2] *v.tr.* RELIGIÃO admitir (clérigo afastado de outra diocese) (Do lat. *in-*+*cardināre*, «atribuir [um clérigo] a uma diocese»)

incarnar *v.tr., intr.* ⇒ **encarnar**

Incas *n.m.pl.* ETNOGRAFIA povos que, na época do descobrimento da América do Sul, habitavam a região que hoje constitui o Peru (Do quích. *inca*, «senhor»)

incasto *adj.* que não é casto; impudico (De *in-*+*casto*)

incauto *adj.* **1** que não tem cautela; imprudente; desprevenido **2** sem malícia; ingénuo; crédulo (Do lat. *incautu-*, «desprecavido»)

incender *v.tr.* **1** acender; atear; inflamar **2** ruborizar; afoguear **3** [fig.] irritar **4** [fig.] exacerbar; excitar; exaltar (Do lat. *incendĕre*, «incendiar»)

incendiar *v.tr.* **1** pôr fogo ou pegar fogo a; inflamar; atear **2** [fig.] entusiasmar; exaltar; animar **3** [fig.] afoguear; ruborizar; avermelhar (De *incêndio*+*-ar*)

incendiário *adj.* **1** que incendeia **2** próprio para incendiar **3** [fig.] excitante **4** [fig.] subversivo; revolucionário ■ *n.m.* **1** aquilo ou aquele que incendeia **2** [fig.] indivíduo subversivo ou revolucionário (Do lat. *incendiarĭu-*, «id.»)

incendiável *adj.2g.* que se pode incendiar; inflamável (De *incendiar*+*-vel*)

incendidamente *adv.* **1** fogosamente **2** entusiasticamente (De *incendido*+*-mente*)

incendido *adj.* **1** que se incendiou **2** aceso; ardente **3** vermelho; afogueado **4** brilhante; coruscante **5** [fig.] entusiasmado; acalorado **6** [fig.] veemente (Part. pass. de *incender*)

incendimento *n.m.* **1** ato ou efeito de incender ou inflamar **2** [fig.] exaltação; irritação (De *incender*+*-mento*)

incêndio *n.m.* **1** ato ou efeito de incendiar **2** fogo que lavra com intensidade **3** destruição de uma área ou de edifício(s) através do fogo **4** [fig.] grande ardor **5** [fig.] calamidade (Do lat. *incendĭu-*, «id.»)

incensação *n.f.* **1** ato ou efeito de incensar **2** [fig.] bajulação; lisonja (De *incensar*+*-ção*)

incensador *adj.* **1** que perfuma com incenso **2** que queima incenso **3** próprio para incensar **4** [fig.] bajulador ■ *n.m.* **1** aquele que perfuma com incenso **2** [fig.] indivíduo lisonjeador, bajulador (De *incensar*+*-dor*)

incensar *v.tr.* **1** defumar ou perfumar com incenso **2** queimar incenso em honra de; turificar **3** [fig.] fazer grandes elogios a **4** [fig.] lisonjear; bajular **5** [regionalismo] andar de um lado para o outro (Do lat. *incensāre*, «id.»)

incensário *n.m.* recipiente onde se queima incenso; incensório; turíbulo (De *incenso*+*-ário*)

incenso *n.m.* **1** substância resinosa, aromática, que exala um odor característico **2** BOTÂNICA arbusto da família das Pitosporáceas, oriundo da Austrália, cultivado em Portugal, e também conhecido por pitósporo **3** [fig.] adulação; lisonja (Do lat. *incensu-*, «id.»)

incensório *n.m.* recipiente em que se queima incenso; incensário; turíbulo (Do lat. *incensorĭu-*, «id.»)

incensurável *adj.2g.* **1** que não pode ser censurado **2** que não merece censura **3** correto; sem falha ou defeito; irrepreensível (De *in-*+*censurável*)

incentivar *v.tr.* dar incentivo a; estimular (De *incentivo*+*-ar*)

incentivo *n.m.* aquilo que estimula ou motiva; estímulo ■ *adj.* estimula; motivador; estimulante; **incentivos fiscais** ECONOMIA redução ou isenção de impostos permitida pela lei como forma de promoção do investimento em certas áreas ou atividades (Do lat. *incentīvu-*, «id.»)

incentor *n.m.* aquele que incita ou instiga (Do lat. *incentōre-*, «instigador»)

incentro *n.m.* GEOMETRIA centro da circunferência inscrita num triângulo, que coincide com o cruzamento das bissetrizes dos ângulos internos desse triângulo (Do lat. *in-*+*centru-*, «centro»)

incerimonioso *adj.* **1** que não é cerimonioso **2** que não gosta de cerimónias (De *in-*+*cerimonioso*)

incerne *adj.2g.* [regionalismo] aplicado no trabalho; cuidadoso; zeloso (De orig. obsc.)

incerteza /ê/ *n.f.* **1** falta de certeza; dúvida **2** estado de espírito caracterizado pela dúvida e pela indecisão; irresolução; perplexidade **3** situação possível mas que não se sabe se vai ocorrer; contingência **4** situação cuja resolução é imprevisível; incógnita; **princípio da ~** FÍSICA princípio segundo o qual não é possível conhecer simultaneamente a posição e a velocidade (ou quantidade de movimento) de uma partícula (princípio formulado por W. Heisenberg, físico alemão, 1901-1976) (De *in-*+*certeza*)

incerto *adj.* **1** que não é certo **2** que tem dúvidas; que hesita; irresoluto **3** que nunca se sabe como vai reagir; inconstante; volúvel **4** duvidoso; dúbio; ambíguo **5** vago; impreciso **6** que não é possível determinar **7** que pode acontecer ou não; contingente

8 cujo desenrolar é imprevisível ■ *n.m.* aquilo que é duvidoso ou arriscado; desconhecido   (Do lat. *incertu-*, «id.»)
incessante *adj.2g.* **1** que não cessa; contínuo; ininterrupto **2** assíduo; constante   (Do lat. tard. *incessante-*, «id.»)
incessantemente *adv.* **1** continuamente; sem interrupções **2** constantemente   (De *incessante+-mente*)
incessável *adj.2g.* ⇒ **incessante**   (Do lat. *incessabĭle-*, «incessante»)
incessibilidade *n.f.* qualidade do que é incessível   (Do lat. *incessibĭle-*, «incessante» +*-i-+-dade*)
incessível *adj.2g.* **1** que não se pode ceder **2** inabdicável; inalienável   (De *in-+cessível*)
incestar *v.tr.* desonrar com incesto ■ *v.intr.* cometer incesto   (Do lat. *incestāre*, «id.»)
incesto *n.m.* união sexual ilícita entre parentes consanguíneos ou afins   (Do lat. *incestu-*, «id.»)
incestuosamente *adv.* por meio de incesto   (De *incestuoso+-mente*)
incestuoso /ô/ *adj.* **1** relativo a incesto **2** que provém de incesto **3** que cometeu incesto **4** diz-se do filho de pessoas que não podem contrair casamento entre si por motivo de parentesco ou afinidade; *filho* ~ filho de indivíduos parentes ou afins na linha reta ou parentes no segundo grau da linha colateral   (Do lat. *incestuōsu-*, «id.»)
incha¹ *n.f.* **1** [pop.] aversão; rancor **2** [pop.] zanga; perrice   (Derivação regressiva de *inchar*)
incha² *n.f.* [Moçambique] ANTROPOLOGIA oração muçulmana após o pôr do sol   (Do suaíli *isha*, «idem»)
inchação *n.f.* **1** ato ou efeito de inchar; inchamento **2** intumescimento e aumento de volume **3** protuberância no corpo; tumor; anasarca **4** [fig.] vaidade; arrogância; presunção   (Do lat. *inflatiōne-*, «id.»)
inchaço *n.m.* **1** intumescimento e aumento de volume geralmente devido a inflamação; inchação; tumefação **2** protuberância no corpo **3** [fig.] arrogância; orgulho   (De *inchar+-aço*)
inchado *adj.* **1** que inchou ou aumentou de volume; tumefacto **2** volumoso; grosso **3** cheio **4** [fig.] envaidecido; presunçoso; enfatuado   (Part. pass. de *inchar*)
inchadura *n.f.* ⇒ **inchação**   (De *inchar+-dura*)
inchamento *n.m.* ⇒ **inchação**   (De *inchar+-mento*)
inchar *v.tr.,intr.,pron.* **1** (fazer) aumentar de volume; avolumar(-se) dilatar(-se); engrossar **2** tornar(-se) tumefacto e (fazer) aumentar de volume geralmente por inflamação; intumescer **3** [fig.] envaidecer(-se); ensoberbecer(-se)   (Do lat. *inflāre*, «id.»)
incicatrizável *adj.2g.* que não se pode cicatrizar   (De *in-+cicatrizável*)
incidência *n.f.* **1** qualidade do que é incidente **2** ato ou efeito de incidir **3** acontecimento; ocorrência **4** frequência com que algo ocorre **5** impacto; influência **6** GEOMETRIA encontro de duas linhas, de duas superfícies ou de uma linha com uma superfície **7** FÍSICA encontro de um raio (luminoso) com uma superfície   (Do lat. *incidentĭa*, part. pres. neut. pl. subst. de *incidĕre*, «cair em»)
incidentado *adj.* cheio de incidentes   (De *incidente+-ado*)
incidental *adj.2g.* **1** relativo a incidente **2** que tem carácter de incidente **3** que sobrevém; superveniente   (De *incidente+-al*)
incidentalmente *adv.* **1** de modo incidental; episodicamente **2** acidentalmente   (De *incidental+-mente*)
incidente *adj.2g.* **1** que incide **2** que sobrevém a outra coisa; superveniente; acessório **3** FÍSICA (raio) que encontra uma superfície **4** GRAMÁTICA (frase) que se junta à principal para a explicar ou restringir ■ *n.m.* **1** circunstância acidental, acessória de um acontecimento principal; episódio **2** facto que altera o desenrolar dos acontecimentos; peripécia   (Do lat. *incidente-*, «que sucede por acaso», part. pres. de *incidĕre*, «cair sobre; acontecer; suceder por acaso»)
incidir *v.tr.* **1** cair (sobre); recair **2** refletir-se; ter efeitos sobre ■ *v.intr.* ocorrer; sobrevir   (Do lat. *incidĕre*, «id.»)
incindível *adj.2g.* que não se pode cindir ou separar
incineração *n.f.* **1** ato ou efeito de incinerar(-se); redução a cinzas; cremação (de cadáver) **2** processo químico industrial de tratamento de resíduos sólidos urbanos, efetuado por via térmica, com recuperação da energia calorífica produzida   (De *incinerar+-ção*)
incineradora *n.f.* máquina que faz a incineração de resíduos industriais ou outros   (De *incinerar+-dora*)
incinerar *v.tr.* **1** reduzir a cinzas **2** proceder à cremação de **3** proceder à incineração de (resíduos sólidos urbanos)   (Do lat. *incinerāre*, «id.»)
incipiência *n.f.* carácter do que é incipiente ou está no início   (De *incipiente+-ia*)

incipiente *adj.2g.* **1** que começa; que está no início; principiante **2** pouco desenvolvido   (Do lat. *incipiente-*, «id.», part. pres. de *incipĕre*, «principiar»)
incircuncidado *adj.* que não é circuncidado   (De *in-+circuncidado*)
incircunciso *adj.* ⇒ **incircuncidado**   (Do lat. *incircuncīsu-*, «id.»)
incircunscritível *adj.2g.* que não se pode circunscrever   (De *in-+circunscritível*)
incisador *n.m.* **1** utensílio agrícola para incisar o córtice das árvores **2** instrumento cirúrgico para fazer incisões   (De *incisar+-dor*)
incisão *n.f.* **1** corte; golpe; incisura **2** CIRURGIA abertura ou golpe feito com instrumento cortante   (Do lat. *incisiōne-*, «id.»)
incisar *v.tr.* realizar corte ou incisão em   (Do lat. *incīsu-*, «cortado», part. pass. de *incīdĕre*, «fazer uma incisão» +*-ar*)
incisivamente *adv.* **1** de modo incisivo **2** eficazmente **3** de forma mordaz   (De *incisivo+-mente*)
incisivo *adj.* **1** que corta **2** penetrante **3** FARMÁCIA (medicamento) que atua como expetorante **4** [fig.] que aborda diretamente o cerne da questão; sem rodeios **5** [fig.] conciso; preciso **6** [fig.] enérgico **7** [fig.] que visa atacar ou agredir; cáustico; mordaz ■ *n.m.* ANATOMIA cada um dos dentes, tipicamente próprios para cortar, que ocupam a parte anterior dos maxilares   (Do lat. *incisīvu-*, «id.»)
inciso *adj.* **1** ferido com objeto cortante **2** cortado **3** (estilo) conciso ■ *n.m.* **1** frase que corta outra, interrompendo-lhe o sentido **2** MÚSICA cada um dos membros de uma frase musical   (Do lat. *incīsu-*, «id.», part. pass. de *incīdĕre*, «fazer uma incisão»)
incisor *adj.,n.m.* que ou o que corta; incisório   (Do lat. *incisōre-*, «id.»)
incisório *adj.* que é incisivo; que corta   (Do lat. *incisorĭu-*, «id.»)
incisura *n.f.* ⇒ **incisão**   (Do lat. *incisūra-*, «incisão»)
incitabilidade *n.f.* **1** qualidade do que pode ser estimulado ou encorajado **2** característica do que se provoca ou desafia com facilidade; excitabilidade; irritabilidade   (Do lat. *incitabĭle-*, «incitável» +*-i-+-dade*)
incitação *n.f.* **1** ato ou efeito de incitar; incitamento **2** impulso estimulante **3** provocação; excitação **4** exortação   (Do lat. *incitatiōne-*, «incitamento»)
incitador *adj.,n.m.* que ou o que incita, estimula ou provoca   (Do lat. *incitatōre-*, «instigador»)
incitamento *n.m.* estímulo; incentivo; incitação   (Do lat. *incitamentu-*, «id.»)
incitante *adj.2g.* que incita, estimula ou provoca   (Do lat. *incitante-*, «id.», part. pres. de *incitāre*, «incitar; estimular»)
incitar *v.tr.* **1** dar estímulo a; encorajar; instigar **2** desafiar; provocar; excitar **3** açular   (Do lat. *incitāre*, «id.»)
incitativamente *adv.* **1** de modo incitativo **2** com estímulo   (De *incitativo+-mente*)
incitativo *adj.* ⇒ **incitante**   (De *incitar+-tivo*)
incitável *adj.2g.* **1** suscetível de ser incitado **2** que se incita facilmente   (Do lat. *incitabĭle-*, «id.»)
incivil *adj.2g.* sem civilidade; grosseiro; malcriado; descortês   (Do lat. *incivĭle-*, «brutal»)
incivilidade *n.f.* **1** falta de civilidade; grosseria **2** ato ou expressão indelicados   (Do lat. *incivilitāte-*, «brutalidade»)
incivilizado *adj.* **1** que não é civilizado **2** que não segue os códigos e os padrões de comportamento das sociedades consideradas mais desenvolvidas; inculto; rústico; selvagem   (De *in-+civilizado*)
incivilizável *adj.2g.* que não é suscetível de civilização   (De *in-+civilizável*)
incivilmente *adv.* **1** de modo incivil **2** grosseiramente   (De *incivil+-mente*)
incivismo *n.m.* falta de civismo ou de patriotismo   (De *in-+civismo*)
inclassificado *adj.* que não está classificado   (De *in-+classificado*)
inclassificável *adj.2g.* **1** que não se pode classificar; que não é suscetível de ser arrumado numa classe ou numa categoria **2** que não se consegue ordenar **3** confuso; desordenado **4** que merece censura e reprovação; inqualificável   (De *in-+classificável*)
inclemência *n.f.* **1** qualidade de inclemente; falta de clemência **2** severidade; dureza **3** rigor   (Do lat. *inclementĭa*, «id.»)
inclemente *adj.2g.* **1** que é duro e severo no julgamento dos outros; que não tem clemência **2** que não tem compaixão; cruel **3** [fig.] (tempo) rigoroso   (Do lat. *inclemente-*, «id.»)
inclementemente *adv.* **1** de modo inclemente; sem clemência **2** cruelmente **3** desabridamente   (De *inclemente+-mente*)
inclinação *n.f.* **1** ato ou efeito de inclinar **2** posição ou estado daquilo que está inclinado **3** desvio da posição perpendicular **4** obliquidade de uma linha reta ou de uma superfície plana relativamente ao plano do horizonte **5** [fig.] tendência; propensão;

inclinado

vocação **6** [fig.] coisa ou pessoa de que se gosta; simpatia; **~ magnética** FÍSICA ângulo que o eixo longitudinal de uma agulha magnética, suspensa livremente pelo centro de gravidade, forma com o plano horizontal (Do lat. *inclinatiōne-*, «id.»)
inclinado *adj.* **1** que se inclinou **2** que não está em posição vertical nem horizontal; desviado da posição perpendicular; oblíquo **3** tombado; descaído; pendente **4** [fig.] que demonstra tendência; propenso; disposto **5** [fig.] afeiçoado (Do lat. *inclinātu-*, «id.», part. pass. de *inclināre*, «inclinar; declinar»)
inclinar *v.tr.* **1** pôr em direção oblíqua à vertical **2** curvar **3** fazer pender em direção ao solo **4** fazer nascer ou desenvolver uma propensão ou simpatia em (alguém); afeiçoar a; predispor; levar a ■ *v.pron.* **1** dobrar o corpo ou a cabeça em sinal de cumprimento ou respeito **2** dobrar-se; curvar-se **3** manifestar propensão ou simpatia ■ *v.intr.* **1** ficar em posição oblíqua **2** descair (Do lat. *inclināre*, «id.»)
inclinável *adj.2g.* suscetível ou fácil de inclinar (Do lat. *inclinabĭle-*, «que se pode inclinar»)
inclinómetro *n.m.* **1** designação genérica de aparelhos com que se mede um ângulo de inclinação **2** FÍSICA instrumento para medida da inclinação magnética de um lugar (De *inclinar*+*-metro*)
ínclito *adj.* nobre; ilustre; egrégio; célebre; famoso (Do lat. *inclĭtu-*, «id.»)
incluir *v.tr.* **1** conter em si; compreender; abranger; integrar **2** envolver; implicar **3** fazer constar de lista ou série **4** acrescentar **5** inserir **6** fechar dentro de outra coisa; encerrar (Do lat. *includĕre*, «id.»)
inclusa *n.f.* ⇒ **comporta** (Do fr. *écluse*, «id.»)
inclusão *n.f.* **1** ato ou efeito de abranger, compreender ou integrar **2** ato ou efeito de inserir ou acrescentar **3** corpo ou coisa incluída **4** CITOLOGIA produto inerte que se encontra no citoplasma de uma célula, e que foi elaborado por esta **5** HISTOLOGIA operação de técnica que consiste em introduzir numa substância especial, que serve de suporte, o objeto que se deseja cortar ao micrótomo, o qual se deixa cortar pela faca deste aparelho (Do lat. *inclusiōne-*, «encerramento»)
inclusiva *n.f.* ato de admitir no conclave um cardeal retardatário (De *inclusivo*)
inclusivamente *adv.* **1** de modo inclusivo **2** até; até mesmo **3** sem exclusão; sem exceção (De *inclusivo*+*-mente*)
inclusive *adv.* ⇒ **inclusivamente** (Do lat. med. *inclusīve*, «id.»)
inclusivo *adj.* que inclui ou pode incluir ou abranger (Do lat. med. *inclusīvu-*, «id.»)
incluso *adj.* **1** incluído **2** compreendido; abrangido (Do lat. *inclūsu-*, «encerrado», part. pass. de *includĕre*, «incluir; encerrar»)
inço *n.m.* **1** [regionalismo] conjunto de plantas que, não sendo atingidas pela ceifa ou por outro corte, permanecem nos terrenos para futura propagação **2** [regionalismo] restos; resíduos (Deriv. regr. de *inçar*)
incoação *n.f.* ato ou efeito de incoar; começo; início (Do lat. *inchoatiōne-*, «começo»)
incoadunável *adj.2g.* **1** que não se pode coadunar **2** que não se coaduna; inconciliável (De *in-*+*coadunável*)
incoagulável *adj.2g.* **1** que não se pode coagular ou solidificar **2** que não coagula (De *in-*+*coagulável*)
incoar *v.tr.* começar; iniciar (Do lat. *inchoāre*, «começar»)
incoativo *adj.* **1** que começa **2** GRAMÁTICA (verbo) que exprime começo de uma ação (como *adormecer* e *anoitecer*) (Do lat. *inchoatīvu-*, «que indica começo»)
incobrável *adj.2g.* que não se pode cobrar ou receber (De *in-*+*cobrável*)
incoctível *adj.2g.* **1** que não se pode cozer **2** que não se digere (Do lat. *incoctu-*, «que não é cozido»+*-vel*)
incoercibilidade *n.f.* **1** qualidade ou estado do que não se pode encerrar ou apreender **2** característica do que não se pode reprimir ou conter (De *in-*+*coercibilidade*)
incoercível *adj.2g.* **1** que não é coercível **2** que não se pode comprimir ou conter **3** que não se pode apreender **4** que não se pode reprimir (De *in-*+*coercível*)
incoerência *n.f.* **1** falta de coerência; qualidade de incoerente **2** falta de lógica; desconexão; inconsequência **3** discrepância (De *in-*+*coerência*)
incoerente *adj.2g.* **1** que não é coerente **2** que não tem ligação lógica nem unidade; desconexo **3** disparatado **4** que tem opiniões e atitudes contraditórias (De *in-*+*coerente*)
incoesão *n.f.* falta de coesão (De *in-*+*coesão*)
incoexistência *n.f.* falta de coexistência (De *in-*+*coexistência*)
incoexistente *adj.2g.* que não coexiste (De *in-*+*coexistente*)

incógnita *n.f.* **1** valor desconhecido que é preciso determinar, na resolução de um problema; variável condicionada por uma equação **2** aquilo que se desconhece e procura saber **3** segredo; enigma (De *incógnito*)
incognitamente *adv.* **1** de modo incógnito **2** às ocultas (De *incógnito*+*-mente*)
incógnito *adj.* **1** não conhecido; ignoto **2** que não se dá a conhecer ■ *adv.* de modo a não ser reconhecido ou identificado ■ *n.m.* **1** indivíduo cuja identidade se desconhece **2** situação da pessoa que não quer ser reconhecida (Do lat. *incognĭtu-*, «id.»)
incognoscível *adj.2g.* que não se pode conhecer; inacessível ■ *n.m.* o que é impossível conhecer (Do lat. *incognoscibĭle-*, «incompreensível»)
íncola *n.2g.* habitante; morador (Do lat. *incŏla-*, «id.»)
incolor *adj.2g.* **1** sem cor **2** [fig.] sem interesse; a que falta força; insípido **3** [fig.] que não tem feição política **4** [fig.] indeciso; dúbio (Do lat. *incolōre-*, «id.»)
incólume *adj.2g.* que não sofreu perigo ou dano; são e salvo; ileso; intacto (Do lat. *incolŭme-*, «id.»)
incolumidade *n.f.* **1** qualidade ou estado de incólume **2** isenção de perigo; segurança **3** salubridade (Do lat. *incolumitāte-*, «segurança; conservação»)
incombinável *adj.2g.* que não se pode combinar (De *in-*+*combinável*)
incomburência *n.f.* qualidade de incomburente (De *in-*+*comburência*)
incomburente *adj.2g.* que não alimenta as combustões (Do lat. *in-*+*comburente*)
incombustibilidade *n.f.* qualidade do que é incombustível (De *in-*+*combustibilidade*)
incombustível *adj.2g.* que não é combustível; que não pode arder (De *in-*+*combustível*)
incombusto *adj.* que não foi queimado (De *in-*+*combusto*)
incomensurabilidade *n.f.* qualidade ou estado do que é incomensurável (De *in-*+*comensurabilidade*)
incomensurável *adj.2g.* **1** que não se pode medir **2** que não tem medida comum com outro ou outros objetos **3** imenso; enorme ■ *n.m.* MATEMÁTICA antiga designação de número irracional (Do lat. med. *incomensurabĭle-*, «id.»)
incomensuravelmente *adv.* **1** de maneira incomensurável **2** infinitamente **3** imensamente (De *incomensurável*+*-mente*)
incomerciável *adj.2g.* que não se pode comerciar ou negociar; que não pode ser objeto de comércio (De *in-*+*comerciável*)
incomodador *adj.,n.m.* que ou o que incomoda (De *incomodar*+*-dor*)
incomodante *adj.2g.* ⇒ **incomodativo** (Do lat. *incommodante-*, «id.», part. pres. de *incomodāre*, «incomodar; prejudicar»)
incomodar *v.tr.* **1** causar incómodo a; importunar; perturbar; aborrecer **2** desgostar; afligir ■ *v.pron.* **1** dar-se ao trabalho **2** agastar-se; zangar-se **3** afligir-se (Do lat. *incommodāre*, «id.»)
incomodativo *adj.* que incomoda (De *incomodar*+*-tivo*)
incomodidade *n.f.* **1** falta de comodidade **2** qualidade de quem ou daquilo que é incómodo **3** o que causa mal-estar ou desconforto; incómodo **4** cansaço **5** maçada; aborrecimento **6** indisposição **7** tristeza; desgosto (Do lat. *incommoditāte-*, «desvantagem»)
incómodo *adj.* **1** que não é cómodo **2** que não é agradável; que causa desconforto **3** que traz problemas e dificuldades; importuno **4** enfadonho; aborrecido ■ *n.m.* **1** trabalho; canseira **2** maçada; aborrecimento **3** doença passageira; mal-estar **4** [pop.] menstruação (Do lat. *incommŏdu-*, «id.»)
incomparabilidade *n.f.* qualidade do que é incomparável (Do lat. *incomparabilitāte-*, «superioridade incomparável»)
incomparável *adj.2g.* **1** que não tem comparação; que não se pode comparar **2** extraordinário; único; excelente; exímio (Do lat. *incomparabĭle-*, «id.»)
incomparavelmente *adv.* sem comparação (De *incomparável*+*-mente*)
incompassível *adj.2g.* **1** que não se compadece; insensível; inexorável **2** duro; cruel (Do lat. *incompassibĭle-*, «id.»)
incompassivo *adj.* ⇒ **incompassível** (De *in-*+*compassivo*)
incompatibilidade *n.f.* **1** qualidade ou estado de incompatível ou inconciliável; oposição **2** DIREITO impossibilidade legal de exercer simultaneamente dois ou mais cargos **3** corte de relações de amizade; zanga (Do fr. *incompatibilité*, «id.»)
incompatibilização *n.f.* **1** ato ou efeito de (se) incompatibilizar **2** corte de relações; zanga (De *incompatibilizar*+*-ção*)
incompatibilizado *adj.* **1** que se incompatibilizou; que se tornou inconciliável **2** desavindo (Part. pass. de *incompatibilizar*)

incompatibilizar v.tr. tornar incompatível ou inconciliável ■ v.pron. 1 tornar-se inconciliável 2 cortar relações; zangar-se (Do lat. med. *incompatibĭle*-, «incompatível» +-*izar*)

incompatível adj.2g. 1 que não é compatível 2 que não pode existir juntamente com outro 3 que não se relaciona harmoniosamente com outro 4 que não pode ser associado a outro; inconciliável 5 DIREITO diz-se dos cargos que não podem ser desempenhados ao mesmo tempo pela mesma pessoa 6 FARMÁCIA diz-se das substâncias que não podem usar-se no mesmo medicamento sem inconvenientes 7 MATEMÁTICA diz-se de equações constituintes de um sistema que não admite solução alguma (o sistema é então impossível) (Do lat. med. *incompatibĭle*-, «incompatível», pelo fr. *incompatible*, «id.»)

incompensável adj.2g. 1 que não se pode compensar 2 que não se pode pagar ou indemnizar 3 irreparável (De *in*-+*compensável*)

incompetência n.f. 1 falta de competência 2 falta de aptidão e de conhecimentos necessários; ausência de qualificação; inabilidade 3 incapacidade para desempenhar convenientemente uma tarefa ou um cargo 4 DIREITO falta de competência ou de jurisdição 5 ausência de conhecimentos; ignorância (De *in*-+*competência*)

incompetente adj.2g. 1 que não é competente 2 que não tem aptidões e conhecimentos necessários à boa execução de determinadas funções 3 sem capacidade; inábil 4 DIREITO que não tem estatuto legal para determinada matéria ■ n.2g. indivíduo que não domina as aptidões e/ou conhecimentos necessários para a boa execução de determinadas tarefas ou funções (De *in*-+*competente*)

incomplacência n.f. 1 falta de benevolência ou compreensão 2 austeridade; rigor (De *in*-+*complacência*)

incomplacente adj.2g. 1 que não é complacente 2 que não é benevolente ou condescendente 3 que não faz as vontades; inexorável 4 severo (De *in*-+*complacente*)

incompletamente adv. 1 parcialmente 2 de modo incompleto (De *incompleto*+-*mente*)

incompleto adj. 1 que não está completo ou acabado 2 a que falta alguma coisa; a que falta uma parte essencial 3 imperfeito (Do lat. tard. *incomplētu*-, «id.»)

incompletude n.f. estado daquilo que é ou está incompleto; *sentimento de ~* PSICOLOGIA sentimento de imperfeição e de insuficiência característico de certas doenças psíquicas (Do fr. *incomplétude*, «id.»)

incomplexidade /cs/ n.f. qualidade ou estado de incomplexo ou simples (De *incomplexo*+-*i*-+-*dade*)

incomplexo /cs/ adj. 1 não complexo; simples 2 que abrange uma só coisa ou envolve uma só ideia 3 diz-se do número que contém só unidades da mesma espécie (Do lat. *incomplexu*-, «id.»)

incomportável adj.2g. 1 que não se pode admitir ou tolerar 2 que não se pode suportar ou aguentar 3 incompatível; inconciliável (De *in*-+*comportável*)

incompreendido adj.,n.m. 1 que, aquele ou aquilo que não é ou não foi compreendido 2 que, aquele ou aquilo que não é devidamente julgado ou apreciado (De *in*-+*compreendido*)

incompreensão n.f. 1 falta de compreensão 2 incapacidade para compreender (De *in*-+*compreensão*)

incompreensibilidade n.f. qualidade do que é incompreensível (Do lat. *incomprehensibĭle*-, «incompreensível»+-*i*-+-*dade*)

incompreensível adj.2g. 1 que não se pode compreender ou perceber 2 que não se pode alcançar com a inteligência; ininteligível 3 enigmático; misterioso (Do lat. *incomprehensibĭle*, «id.»)

incompressibilidade n.f. qualidade do que é incompressível (De *in*-+*compressibilidade*)

incompressível adj.2g. 1 que não é compressível; cujo volume não pode ser reduzido por meio de compressão 2 [fig.] irreprimível (De *in*-+*compressível*)

incompto adj. 1 em que não há arte; grosseiro; tosco 2 sem adornos (Do lat. *incomptu*-, «despenteado; sem arte»)

incomputável adj.2g. que não se pode contar ou calcular (De *in*-+*computável*)

incomum adj.2g. 1 não comum; fora do comum 2 invulgar; excecional (Do lat. *incommūne*-, «que não é comum»)

incomunicabilidade n.f. qualidade ou estado do que é ou está incomunicável (De *in*-+*comunicabilidade*)

incomunicação n.f. falta de comunicação (De *in*-+*comunicação*)

incomunicante adj.2g. que não comunica (De *in*-+*comunicante*)

incomunicar v.tr. interromper a comunicação de (De *in*-+*comunicar*)

incomunicável adj.2g. 1 que não se pode comunicar; que não se pode transmitir 2 com que não se pode comunicar 3 de difícil acesso; isolado 4 intratável; insociável 5 (bem) que não entra na comunhão do matrimónio (Do lat. *incommunicabĭle*-, «id.»)

incomutabilidade n.f. qualidade de incomutável (Do lat. *incommutabilitāte*-, «id.»)

incomutável adj.2g. que não se pode comutar ou trocar (Do lat. *incommutabĭle*-, «id.»)

inconcebível adj.2g. 1 que não se pode conceber 2 que não se consegue perceber; inexplicável 3 difícil ou impossível de imaginar ou acreditar; inacreditável 4 pasmoso; extraordinário ■ n.m. aquilo de que o espírito não pode formar uma representação (De *in*-+*concebível*)

inconceptível adj.2g. ⇒ **inconcebível** (De *in*-+*conceptível*) ACORDO ORTOGRÁFICO também se pode escrever inconcetível

inconcepto adj. 1 que nunca foi concebido 2 ⇒ **inconcebível** (De *in*-+*concepto*)

inconcessível adj.2g. que não se pode ou não se deve conceder (Do lat. *inconcessibĭle*-, «imperdoável»)

inconcesso adj. não concedido; proibido; defeso (Do lat. *inconcessu*-, «proibido»)

inconcetível a grafia mais usada é inconceptível

inconciliabilidade n.f. qualidade do que é inconciliável, do que não se pode conciliar ou harmonizar (De *in*-+*conciliabilidade*)

inconciliação n.f. ausência de conciliação ou harmonia (De *in*-+*conciliação*)

inconciliável adj.2g. 1 que não se pode conciliar 2 que não se pode combinar ou harmonizar 3 incompatível (De *in*-+*conciliável*)

inconcludente adj.2g. 1 que não é concludente; que não permite chegar a uma conclusão definitiva 2 que não prova (De *in*-+*concludente*)

inconclusivo adj. 1 que não é conclusivo 2 de que não se pode tirar conclusão 3 que não encerra conclusão (De *in*-+*conclusivo*)

inconcluso adj. não concluído; inacabado

inconcusso adj. 1 não abalado 2 sólido; firme; inabalável 3 [fig.] austero 4 [fig.] que não tem falha 5 [fig.] que mantém a integridade; incorruptível 6 [fig.] indiscutível; incontestável (Do lat. *inconcussu*-, «id.»)

inconcutível adj.2g. 1 firme; inabalável 2 indiscutível; inconcusso (De *in*-+*concutível*)

incondicionado adj. não sujeito a condição ou restrição ■ n.m. o absoluto (De *in*-+*condicionado*)

incondicional adj.2g. 1 que não está sujeito a qualquer condição ou restrição 2 independente de quaisquer limitações 3 que deve executar-se em quaisquer condições (De *in*-+*condicional*)

incondicionalidade n.f. 1 qualidade de incondicional; sem condições ou restrições 2 falta de condições (De *incondicional*+-*i*-+-*dade*)

incondicionalmente adv. 1 sem condições 2 inteiramente (De *incondicional*+-*mente*)

incôndito adj. 1 feito sem regra 2 desorganizado; confuso (Do lat. *inconditu*-, «id.»)

inconexão /cs/ n.f. falta de conexão (De *in*-+*conexão*)

inconfessado adj. 1 que não foi confessado 2 que se ocultou ou dissimulou (De *in*-+*confessado*)

inconfessável adj.2g. que não se pode ou não se deve confessar (De *in*-+*confessável*)

inconfesso adj. 1 que não confessa o que fez 2 que não se confessou (Do lat. *inconfessu*-, «id.»)

inconfidência n.f. 1 falta de lealdade 2 abuso de confiança 3 revelação de segredo transmitido em confiança; indiscrição (De *in*-+*confidência*)

inconfidencial adj.2g. referente a inconfidência (De *inconfidência*+-*al*)

inconfidente adj.2g. 1 que revela os segredos de outrem 2 desleal; infiel (De *in*-+*confidente*)

inconformação n.f. falta de conformação, de anuência ou resignação (De *in*-+*conformação*)

inconformado adj. 1 não conformado; não resignado 2 teimoso; obstinado (De *in*-+*conformado*)

inconformidade n.f. 1 falta de conformidade 2 divergência; desacordo (De *in*-+*conformidade*)

inconformismo n.m. 1 forma de ser daquele que não se conforma ou resigna 2 atitude ou comportamento de oposição aos hábitos e normas dominantes num determinado contexto social (De *in*-+*conformismo*)

inconformista adj.,n.2g. 1 que ou pessoa que não se conforma ou não se resigna 2 que ou pessoa que se opõe aos hábitos e normas dominantes no contexto social em que está inserido (De *in*-+*conformista*)

inconfortável *adj.2g.* 1 que não oferece conforto; desconfortável; incómodo 2 desolado; que não se pode confortar (De *in-+confortável*)

inconfundível *adj.2g.* 1 que não se pode confundir 2 que tem características únicas que facilitam a sua identificação; único 3 muito diferente (De *in-+confundível*)

incongelável *adj.2g.* que não se pode congelar (De *in-+congelável*)

incongruência *n.f.* 1 falta de coerência ou consistência; qualidade do que não condiz 2 discrepância 3 aquilo que é incoerente ou impróprio (Do lat. *incongruentĭa-*, «id.»)

incongruente *adj.2g.* 1 que não é congruente ou consistente com outra coisa; que não condiz; que não concorda; incompatível 2 ilógico; incoerente 3 inconveniente; impróprio (Do lat. *incongruente-*, «inconveniente»)

incongruidade *n.f.* ⇒ **incongruência** (Do lat. tard. *incongruitāte-*, «id.»)

incôngruo *adj.* ⇒ **incongruente** (Do lat. *incongrŭu-*, «id.»)

inconho *adj.* (fruto) que nasce unido a outro (Do tupi *i kõe*, «aquele que é gémeo»)

inconivente *adj.2g.* que não é conivente (De *in-+conivente*)

inconjugável *adj.2g.* que não se pode conjugar ou harmonizar (De *in-+conjugável*)

inconjurável *adj.2g.* 1 não conjurável 2 inevitável (De *in-+conjurável*)

inconquistado *adj.* 1 que não foi conquistado 2 [fig.] insubmisso (De *in-+conquistado*)

inconquistável *adj.2g.* 1 que não se pode conquistar; inexpugnável 2 invencível; indomável 3 que não se consegue atrair ou seduzir (De *in-+conquistável*)

inconsciência *n.f.* 1 qualidade ou estado de inconsciente 2 MEDICINA estado patológico em que o doente não se apercebe do que se passa consigo e à sua volta 3 carácter dos fenómenos que escapam à consciência 4 falta de reflexão e/ou de responsabilidade 5 aquilo que se diz ou faz levianamente, sem reflexão 6 ato que a consciência reprova 7 falta de caridade (De *in-+consciência*)

inconsciencioso /ô/ *adj.* 1 que não é consciencioso 2 de consciência pouco escrupulosa (De *inconsciência+-oso*)

inconsciente *adj.2g.* 1 que não tem perceção do que se passa consigo e à sua volta 2 que revela falta de ponderação e irresponsabilidade 3 feito sem consciência 4 que não é racionalizado; involuntário 5 que não sabe o que faz 6 que não tem conhecimento de algo ■ *n.m.* 1 PSICOLOGIA conjunto dos factos psíquicos que escapam totalmente à consciência 2 PSICANÁLISE conjunto de processos dinâmicos que atuam eficazmente na conduta, mas não atingem a consciência ■ *n.2g.* pessoa que não considera as possíveis consequências dos seus atos antes de agir; irresponsável; ~ **coletivo** PSICOLOGIA o que, no inconsciente individual, seria de origem ancestral, constituindo arquétipos (De *in-+consciente*)

inconscientemente *adv.* 1 de modo inconsciente 2 sem conhecimento de causa (De *inconsciente+-mente*)

inconscio *adj.* ⇒ **inconsciente** (Do lat. *inconscĭu-*, «id.»)

inconsequência /qu-en/ *n.f.* 1 falta de consequência; incongruência 2 o que não revela sequência lógica; contradição 3 falta de ponderação ou reflexão (Do lat. *inconsequentĭa-*, «id.»)

inconsequente /qu-en/ *adj.2g.* 1 que não é consequente 2 que não revela sequência lógica; incoerente; contraditório 3 irrefletido; imponderado 4 que não tem consequências (Do lat. *inconsequente-*, «id.»)

inconsideração *n.f.* 1 falta de consideração 2 falta de atenção 3 falta de ponderação; irreflexão; leviandade (Do lat. *inconsideratiōne-*, «falta de reflexão»)

inconsideradamente *adv.* 1 de modo inconsiderado ou impensado 2 levianamente (De *inconsiderado+-mente*)

inconsiderado *adj.* 1 que não considera; que não pondera; inadvertido 2 impensado 3 imprudente; temerário (Do lat. *inconsiderātu-*, «irrefletido»)

inconsistência *n.f.* 1 qualidade ou estado de inconsistente; falta de consistência; falta de solidez 2 falta de firmeza nas ideias, nas opiniões; inconstância 3 falta de coerência; contradição (De *in-+consistência*)

inconsistente *adj.2g.* 1 que não tem consistência; que não é firme ou sólido 2 que não revela sequência lógica ou coesão interna 3 que não tem coerência; que revela contradição 4 inconstante nas ideias, nas opiniões; instável 5 indeciso (De *in-+consistente*)

inconsolabilidade *n.f.* qualidade ou estado de inconsolável (Do lat. *inconsolabĭle-*, «inconsolável»+-*i*-+-*dade*)

inconsolado *adj.* 1 que não recebeu consolação 2 que não foi aliviado (De *in-+consolado*)

inconsolável *adj.2g.* 1 que não se pode consolar 2 tristíssimo (Do lat. *inconsolabĭle-*, «inconsolável»)

inconsonância *n.f.* falta de consonância; dissonância (De *in-+consonância*)

inconsonante *adj.2g.* que não tem consonância; dissonante; desarmonioso (De *in-+consonante*)

inconspícuo *adj.* 1 que não é conspícuo; que não chama a atenção; discreto 2 BOTÂNICA (órgão ou parte de órgão vegetal) que tem dimensões anormalmente reduzidas (De *in-+conspícuo*)

inconstância *n.f.* 1 falta de constância 2 facilidade em mudar de opinião, de afetos, de comportamentos; volubilidade; instabilidade; leviandade 3 qualidade do que está sujeito a mudança; mutabilidade 4 versatilidade (Do lat. *inconstantĭa-*, «id.»)

inconstante *adj.2g.* 1 que não tem constância 2 que muda frequentemente e de forma imprevisível; variável; volúvel; incerto 3 versátil 4 infiel (Do lat. *inconstante-*, «id.»)

inconstitucional *adj.2g.* que não é constitucional; contrário à Constituição; que viola os princípios da lei constitucional (De *in-+constitucional*)

inconstitucionalidade *n.f.* 1 qualidade do que é inconstitucional 2 violação do disposto na Constituição ou dos princípios nela consignados (De *in-+constitucionalidade*)

inconsulto *adj.* 1 não consultado 2 inconsiderado 3 irrefletido (Do lat. *inconsultu-*, «irrefletido»)

inconsumível *adj.2g.* 1 que não se pode consumir 2 indestrutível (De *in-+consumível*)

inconsumptível *adj.2g.* ⇒ **inconsumível** (Do lat. *inconsumptibĭle-*, «id.»)

inconsumpto *adj.* não consumido (Do lat. *inconsumptu-*, «id.»)

inconsútil *adj.2g.* 1 sem costura 2 de uma só peça 3 que não se pode fragmentar ou fracionar (Do lat. *inconsutĭle-*, «id.»)

incontaminado *adj.* 1 que não foi contaminado 2 [fig.] que não sofreu perda ou dano 3 [fig.] puro; imaculado (Do lat. *incontaminātu-*, «id.»)

incontaminável *adj.2g.* que não se pode contaminar (Do lat. *incontaminabĭle-*, «id.»)

incontável *adj.2g.* 1 que não se pode contar; inumerável; incomputável 2 muito numeroso (De *in-+contável*)

incontestabilidade *n.f.* qualidade do que é incontestável (De *in-+contestabilidade*)

incontestado *adj.* que não é contestado; que não é posto em causa (De *in-+contestado*)

incontestável *adj.2g.* que não pode ser contestado; que não pode ser posto em causa; indiscutível; irrefutável (De *in-+contestável*)

incontestavelmente *adv.* 1 sem contestação 2 indubitavelmente (De *incontestável+-mente*)

incontinência *n.f.* 1 falta de continência ou moderação; descomedimento 2 falta de moderação dos impulsos sexuais 3 MEDICINA incapacidade de reter no organismo, dentro de um período normal de tempo, certos produtos, como a urina, as fezes, etc. (Do lat. *incontinentĭa-*, «id.»)

incontinente[1] *adj.,n.2g.* 1 que ou o que não tem continência; descomedido; imoderado 2 que ou o que não é comedido na vida sexual 3 MEDICINA que ou pessoa que sofre de incontinência (Do lat. *incontinente-*, «id.»)

incontinente[2] *adv.* sem perder tempo; sem demora; imediatamente (Do lat. *in continenti* [*tempore*], «num tempo sem interrupção»)

incontinentemente *adv.* 1 de modo incontinente 2 apressadamente (De *incontinente+-mente*)

incontingência *n.f.* qualidade de incontingente (De *in-+contingência*)

incontingente *adj.2g.* que não é contingente ou eventual; certo (De *in-+contingente*)

incontinuidade *n.f.* 1 falta de continuidade 2 qualidade do que tem intervalos; descontinuidade (De *in-+continuidade*)

incontínuo *adj.* que não é contínuo; descontínuo; interrompido (Do lat. *incontinŭu-*, «id.»)

incontornável *adj.2g.* 1 que não se pode contornar 2 que não se pode ladear ou evitar; inevitável 3 que tem de se enfrentar ou defrontar 4 que tem de se considerar e abordar (De *in-+contornável*)

incontrariável *adj.2g.* que não se pode contrariar (De *in-+contrariável*)

incontrastável adj.2g. 1 que não é contrastável 2 que não se pode contestar ou refutar; que não admite oposição 3 que não se pode revogar ou anular; decisivo; inabalável 4 insuperável; invencível (De in-+contrastável)

incontrito adj. não contrito; que não se arrepende; impenitente (De in-+contrito)

incontrolável adj.2g. 1 que não se pode controlar 2 que não se pode verificar ou orientar (De in-+controlável)

incontroverso adj. 1 não sujeito a controvérsia 2 que não oferece dúvida ou discussão; incontestável; indiscutível (Do lat. incontroversu-, «id.»)

incontrovertível adj.2g. que não admite dúvida ou objeção; indiscutível; incontroverso (De in-+controvertível)

inconveniência n.f. 1 falta de conveniência; qualidade de inconveniente 2 qualidade do que é impróprio ou inadequado 3 ato pouco apropriado; indelicadeza; grosseria (Do lat. inconvenientĭa-, «incoerência»)

inconveniente adj.2g. 1 não conveniente; que não se adequa; impróprio 2 inoportuno 3 que desrespeita as normas e condutas consideradas corretas 4 indecente; indecoroso ■ n.m. 1 desvantagem; defeito 2 contratempo; transtorno 3 estorvo (Do lat. inconveniente-, «discordante»)

inconversável adj.2g. com quem não se pode conversar; intratável (De in-+conversável)

inconversível adj.2g. ⇒ **inconvertível** (De in-+conversível)

inconvertível adj.2g. que não se pode converter ou trocar; inconversível (Do lat. inconvertibĭle-, «imutável»)

inconvicto adj. não convencido (De in-+convicto)

inconvulso adj. 1 não convulso 2 tranquilo (Do lat. inconvulsu-, «id.»)

incoordenação n.f. 1 falta de coordenação 2 MEDICINA falta de harmonia de movimentos; ataxia (De in-+coordenação)

incorporação n.f. 1 ato ou efeito de incorporar ou integrar 2 inclusão de algo num todo 3 mistura 4 MILITAR apresentação dos recrutas nas unidades para início do serviço militar 5 [Brasil] transe mediúnico (Do lat. tard. incorporatiōne-, «id.»)

incorporado adj. 1 integrado; incluído; juntado 2 MILITAR incluído num grupo de recrutas que irão fazer o serviço militar

incorporal adj.2g. imaterial; incorpóreo (Do lat. incorporāle-, «id.»)

incorporalidade n.f. qualidade ou estado do que não tem corpo ou existência corporal (Do lat. incorporalitāte-, «imaterialidade»)

incorporar v.tr. 1 dar forma corpórea a 2 juntar num só corpo; reunir 3 incluir; integrar 4 admitir em corporação 5 MILITAR incluir num grupo de recrutas convocados ao mesmo tempo ■ v.pron. 1 adquirir forma corpórea 2 passar a fazer parte de algo; ingressar 3 reunir-se (Do lat. incorporāre, «id.»)

incorporativo adj. ⇒ **holofrástico** (De in-+corporativo)

incorporável adj.2g. que se pode incorporar (De incorporar+-vel)

incorporeidade n.f. qualidade ou estado de incorpóreo (De incorpóreo+-i-+-dade)

incorpóreo adj. que não é corpóreo; imaterial (Do lat. incorporĕu-, «id.»)

incorreção n.f. 1 falta de correção 2 qualidade de incorreto, do que contém erros 3 erro 4 qualidade do que não corresponde à verdade; inexatidão 5 irregularidade; imperfeição 6 indelicadeza; grosseria (De in-+correcção)

incorrecção ver nova grafia incorreção

incorrectamente ver nova grafia incorretamente

incorrecto ver nova grafia incorreto

incorrer v.tr. 1 cair sob a influência de 2 ficar sujeito a 3 comprometer-se a 4 chamar sobre si (Do lat. incurrĕre-, «id.»)

incorretamente adv. 1 de modo incorreto; erradamente 2 inconvenientemente 3 indelicadamente (De incorrecto+-mente)

incorreto adj. 1 que não é correto 2 que contém erros 3 que não corresponde à verdade; inexato 4 grosseiro; indelicado; incivil 5 sem integridade; desonesto 6 defeituoso (Do lat. incorrectu-, «não corrigido»)

incorrigibilidade n.f. qualidade do que é incorrigível (Do lat. incorrigibĭle-, «incorrigível»+-i-+-dade)

incorrigível adj.2g. 1 que não é suscetível de correção 2 incapaz de emenda (Do lat. incorrigibĭle-, «id.»)

incorrimento n.m. ato de incorrer (De incorrer+-mento)

incorrupção n.f. qualidade ou estado de incorruptível (Do lat. incorruptiōne-, «id.»)

incorruptibilidade n.f. 1 qualidade do que não está sujeito a corrupção 2 incorrupção; integridade (Do lat. incorruptibilitāte-, «id.»)

incorruptível adj.2g. 1 que não está sujeito a corrupção 2 inalterável 3 que não se deixa corromper; íntegro (Do lat. incorruptibĭle-, «id.»)

incorruptivo adj. ⇒ **incorruptível** (Do lat. incorruptīvu-, «incorruptível»)

incorrupto adj. 1 que não se corrompeu 2 puro 3 inalterado 4 que não se deixa corromper; íntegro; reto (Do lat. incorruptu-, «id.»)

incrassar v.tr. tornar crasso, gordo; engrossar (Do lat. incrassāre, «engordar»)

incredibilidade n.f. 1 qualidade daquilo em que não se consegue acreditar 2 qualidade do que produz espanto ou admiração por ser extraordinário (Do lat. ecl. incredibilitāte-, «id.»)

incredulidade n.f. 1 qualidade de incrédulo 2 qualidade do que duvida ou é desconfiado; descrença 3 característica do que não crê nos dogmas religiosos; ateísmo (Do lat. incredulitāte-, «id.»)

incrédulo adj. 1 que não é crédulo ou crente 2 que duvida 3 que não em crê nos dogmas religiosos ■ n.m. 1 pessoa que não acredita naquilo em que os outros creem 2 pessoa que não crê nos dogmas religiosos; pessoa que não tem fé (Do lat. incredŭlu-, «id.»)

incremental adj.2g. 1 relativo a incremento 2 que visa o incremento

incrementar v.tr. dar incremento a; fomentar; desenvolver (Do lat. tard. incrementāre, «id.»)

incrementício adj. diz-se das substâncias segregadas e aproveitadas pelo organismo (De incremento+-ício)

incremento n.m. ato de crescer ou aumentar; desenvolvimento (Do lat. incrementu-, «id.»)

increpação n.f. 1 ato ou efeito de increpar 2 acusação 3 censura; repreensão áspera (Do lat. increpatiōne-, «id.»)

increpador adj.,n.m. que ou aquele que repreende ou censura; acusador (De increpatōre-, «id.»)

increpante adj.2g. que increpa (De lat. increpante-, «id.», part. pres. de increpāre, «censurar; invetivar»)

increpar v.tr. 1 repreender; censurar 2 acusar (Do lat. increpāre, «id.»)

increr v.tr.,intr. 1 não crer 2 ser incrédulo (De in-+crer)

incréu n.m. 1 pessoa que não acredita naquilo em que os outros creem 2 pessoa que não tem fé (Do lat. incredŭlu-, «incrédulo»)

incriado adj.,n.m. que ou o que não foi criado; que ou o que não teve princípio ■ n.m. [com maiúscula] RELIGIÃO Deus (Do lat. increātu-, «incriado»)

incriável adj.2g. que não pode ser criado (De in-+criável)

incriminação n.f. ato ou efeito de incriminar ou acusar; imputação (De incriminatiōne-, «justificação; inocência»)

incriminar v.tr. 1 atribuir responsabilidade por falta ou crime a; acusar; culpar 2 considerar criminoso ■ v.pron. deixar transparecer a própria culpa (Do lat. tard. incrimināre, «id.»)

incriminatório adj. que incrimina; acusador (De incriminar+-tório)

incristalizável adj.2g. que não cristaliza (De in-+cristalizável)

incrível adj.2g. 1 em que não se pode ou não se consegue acreditar; inacreditável 2 em que é difícil acreditar; extraordinário; singular 3 inexplicável (Do lat. incredibĭle-, «id.»)

incruento adj. 1 em que não há derramamento de sangue 2 que não tem crueldade (Do lat. incruentu-, «id.»)

incrustação n.f. 1 ato ou efeito de incrustar ou embutir 2 ornamento constituído por uma peça em que se introduziram pedaços de outro material; embutido 3 obra de embutidos de metais finos em aço ou ferro; tauxia 4 GEOLOGIA formação de crosta ou matéria sólida nas paredes de um mineral ou rocha (Do lat. incrustatiōne-, «id.»)

incrustador adj.,n.m. que ou aquele que incrusta ou faz incrustações (De incrustar+-dor)

incrustar v.tr. 1 cobrir de crosta 2 introduzir numa peça (pedaços de outra) para formar contraste ou desenhos; ornar com embutido(s) 3 inserir (peça) em; encaixar em; embutir ■ v.pron. 1 aderir, fazendo corpo; fixar-se; prender-se 2 introduzir-se (Do lat. incrustāre, «id.»)

incubação n.f. 1 ato ou efeito de incubar 2 desenvolvimento do embrião no ovo; choco 3 [fig.] desenvolvimento gradual; preparação; elaboração 4 MEDICINA período de tempo entre a aquisição de uma doença e a sua manifestação 5 MEDICINA processo que assegura a manutenção das funções vitais de crianças nascidas prematuramente, criando uma temperatura idêntica à do organismo materno (Do lat. incubatiōne-, «id.»)

incubador *adj.* que serve para incubar ou produz incubação ■ *n.m.* aparelho ou dispositivo especial para incubar ovos; chocadeira; incubadora (Do lat. *incubatōre-*, «aquele que se deita sobre»)

incubadora /ô/ *n.f.* **1** aparelho ou dispositivo para incubação de ovos; incubador; chocadeira **2** MEDICINA aparelho usado em pediatria para manter um recém-nascido prematuro em condições de temperatura e humidade convenientes **3** infraestrutura que acolhe as empresas no período inicial da sua constituição, disponibilizando instalações e serviços partilhados a baixo preço, ajuda especializada, etc.; ninho de empresas **4** em laboratórios, espaço com temperatura controlada destinado à cultura de microrganismos e à realização de testes biológicos (De *incubador*)

incubar *v.tr.,intr.* provocar, por ação natural ou artificial, o desenvolvimento do embrião animal a partir do ovo; chocar ovos; empolhar ■ *v.tr.* **1** ser portador de agente patológico, por cuja ação, mais tarde, se manifesta uma doença **2** [fig.] planear; preparar **3** [fig.] desenvolver gradualmente (Do lat. *incubāre*, «chocar»)

incubato *n.m.* estado ou posição de íncubo (De *íncubo+-ato*)

íncubo *adj.* que se deita sobre alguma coisa ■ *n.m.* **1** demónio que, segundo as crenças populares, assumia a forma masculina e tinha relações sexuais com as mulheres enquanto elas dormiam **2** sonho aflitivo, aterrador ou que perturba imenso; pesadelo (Do lat. *incŭbu-*, «id.»)

incude *n.f.* [poét.] bigorna (Do lat. *incūde-*, «id.»)

inculca *n.f.* **1** ato ou efeito de inculcar **2** indicação; informação **3** procura de informação; pesquisa ■ *n.2g.* pessoa que inculca; informador (Deriv. regr. de *inculcar*)

inculcadeira *n.f.* (*masculino* **inculcador**) **1** mulher que inculca **2** alcoviteira (De *inculcar+-deira*)

inculcador *adj.,n.m.* (*feminino* **inculcadeira**) **1** que ou aquele que inculca **2** que ou o que faz mexericos; alcoviteiro (Do lat. *inculcatōre-*, «id.»)

inculcar *v.tr.* **1** dar indicações a respeito de; indicar **2** sugerir; propor; recomendar **3** infundir no ânimo de; incutir ■ *v.pron.* **1** fazer-se aceitar **2** fazer-se passar (por) **3** proclamar-se; apregoar-se **4** importar-se (Do lat. *inculcāre*, «id.»)

inculpabilidade *n.f.* qualidade ou estado do que não merece ou não pode ser culpado; inocência (Do lat. *inculpabĭle-*, «irrepreensível»+-*i-+-dade*)

inculpação *n.f.* **1** ato ou efeito de inculpar **2** estado de pessoa incriminada **3** acusação; incriminação (Do lat. tard. *inculpatiōne-*, «id.»)

inculpado[1] *adj.* que está sem culpa; inocente (Do lat. *inculpātu-*, «id.»)

inculpado[2] *adj.* DIREITO acusado de um crime; incriminado (Do lat. tard. *inculpātu-*, «id.», part. pass. de *inculpāre*, «acusar»)

inculpar *v.tr.* **1** atribuir culpa a; acusar **2** atribuir a responsabilidade por falta ou crime a; incriminar **3** censurar (Do lat. tard. *inculpāre*, «id.»)

inculpável *adj.2g.* que não merece ou não pode ser culpado; inocente (Do lat. *inculpabĭle-*, «irrepreensível»)

inculposo /ô/ *adj.* em que não há culpa (De *in-+culposo*)

incultivável *adj.2g.* que não é suscetível de ser cultivado; árido (De *in-+cultivável*)

inculto *adj.* **1** não cultivado; bravio **2** árido; agreste **3** que não domina códigos e conhecimentos livrescos ou intelectuais; que não tem instrução **4** rude **5** sem enfeites; desataviado (Do lat. *incultu-*, «id.»)

incultura *n.f.* **1** qualidade ou estado de inculto **2** falta de cultura ou de instrução **3** ignorância (De *in-+cultura*)

inculturação *n.f.* **1** adaptação da prática da fé cristã ao contexto cultural em que se quer difundi-la **2** método de introduzir a cultura ou os valores culturais de um determinado povo à sua (De *in-+culturação*, por infl. de palavras como *aculturação*)

incumbência *n.f.* **1** ato ou efeito de atribuir tarefa, cargo ou responsabilidade a alguém **2** dever atribuído a alguém **3** encargo; tarefa; função (Do lat. tard. *incumbentĭa*, part. pres. neut. pl. de *incumbĕre*, «aplicar-se; esforçar-se»)

incumbente *adj.2g.* **1** inclinado para baixo ou para a terra **2** que incumbe; que compete (Do lat. *incumbente-*, «que se esforça»)

incumbir *v.tr.* **1** encarregar; atribuir a responsabilidade do cumprimento ou da realização de algo a **2** ser da responsabilidade de; caber a; competir a; pertencer a ■ *v.pron.* encarregar-se (Do lat. *incumbĕre*, «aplicar-se; esforçar-se»)

incumprimento *n.m.* não cumprimento; falta de cumprimento (De *in-+cumprimento*)

incunabular *adj.2g.* relativo a incunábulos(s)

incunábulo *n.m.* **1** obra impressa antes do século XVI **2** começo; origem (Do lat. *incunabŭlu-*, «berço; princípio»)

incurabilidade *n.f.* qualidade do que não tem cura (Do lat. tard. *incurabĭle-*, «incurável»+-*i-+-dade*)

incurável *adj.2g.* **1** que não tem cura; insanável **2** [fig.] irremediável **3** [fig.] incorrigível (Do lat. tard. *incurabĭle-*, «id.»)

incúria *n.f.* **1** falta de cuidado; desleixo; negligência **2** falta de ação; inércia (Do lat. *incurĭa-*, «id.»)

incurial *adj.2g.* **1** que não é curial **2** que não tem os requisitos precisos; inadequado; inconveniente **3** irregular (De *in-+curial*)

incurialidade *n.f.* **1** qualidade de incurial; inconveniência **2** irregularidade (De *incurial+-i-+-dade*)

incuriosidade *n.f.* **1** falta de curiosidade **2** negligência; incúria (Do lat. *incuriositāte-*, «negligência»)

incurioso /ô/ *adj.* **1** não curioso **2** indolente **3** desleixado (Do lat. *incuriōsu-*, «pouco cuidadoso»)

incursão *n.f.* **1** investida em país ou território inimigo; invasão **2** [fig.] entrada num domínio não habitual (Do lat. *incursiōne-*, «id.»)

incurso *adj.* **1** que incorreu **2** implicado; envolvido; comprometido **3** sujeito a penalidades **4** abrangido por certa disposição legal ■ *n.m.* ⇒ **incursão** (Do lat. *incursu-*, «id.», part. pass. de *incurrĕre*, «incorrer; cair»)

incusa *n.f.* moeda ou medalha que só tem cunho de um dos lados, ou que tem cunho igual dos dois lados (Do lat. *incusa [moneta]*, «moeda cunhada»)

incuso *adj.* (moeda, medalha) que está cunhado só de um lado (Do lat. *incusu-*, «trabalhado ao martelo»)

incutir *v.tr.* **1** infundir no ânimo de **2** fazer sentir; inspirar; sugerir; suscitar (Do lat. *incutĕre*, «id.»)

inda *adv.* [pop.] ⇒ **ainda**

indagação *n.f.* **1** ato ou efeito de indagar **2** investigação; pesquisa (Do lat. *indagatiōne-*, «investigação»)

indagador *adj.,n.m.* que ou aquele que indaga; averiguador (Do lat. *indagatōre-*, «id.»)

indagar *v.tr.* **1** procurar descobrir **2** investigar; pesquisar **3** esquadrinhar; explorar ■ *v.intr.* **1** fazer perguntas **2** informar-se (Do lat. *indagāre*, «id.»)

indagativo *adj.* **1** que serve para indagar **2** que facilita as indagações (De *indagar+-tivo*)

indagatório *adj.* ⇒ **indagativo** (De *indagar+-tório*)

indagável *adj.2g.* **1** que se pode indagar **2** que pode ser investigado (Do lat. *indagabĭle-*, «que indaga»)

indébito *adj.* **1** que não é devido **2** pago indevidamente (Do lat. *indebĭtu-*, «id.»)

indecência *n.f.* **1** falta de decência **2** qualidade do que é incorreto ou impróprio; inconveniência **3** qualidade do que desrespeita as normas morais ou sociais consideradas corretas **4** ação indecente; obscenidade **5** desonestidade (Do lat. *indecentĭa-*, «inconveniência»)

indecente *adj.2g.* **1** que não é decente **2** que desrespeita as normas morais ou sociais consideradas corretas; incorreto; inconveniente; impróprio **3** indecoroso **4** desonesto (Do lat. *indecente-*, «inconveniente»)

indecidido *adj.* **1** que não está decidido **2** não averiguado **3** não resolvido **4** hesitante; indeciso (De *in-+decidido*)

indecifrável *adj.2g.* **1** que não se pode decifrar ou descodificar **2** que não se pode compreender ou interpretar **3** que não se consegue ler; ilegível (De *in-+decifrável*)

indecisamente *adv.* **1** de modo indeciso **2** vagamente (De *indeciso+-mente*)

indecisão *n.f.* **1** estado ou qualidade de indeciso **2** hesitação; irresolução; perplexidade (De *in-+decisão*)

indeciso *adj.* **1** que não está decidido **2** que ainda não se resolveu ou foi resolvido **3** que tem dificuldade em tomar decisões; hesitante **4** perplexo **5** [fig.] vago; mal definido; indistinto (Do lat. *in-*, «não» +*decīsu-*, «decidido», part. pass. de *decidĕre*, «decidir; resolver»)

indeclarável *adj.2g.* que não se pode declarar (De *in-+declarável*)

indeclinabilidade *n.f.* qualidade do que é indeclinável (Do lat. *indeclinabĭle-*, «indeclinável»+-*i-+-dade*)

indeclinável *adj.2g.* **1** não declinável **2** que não se pode recusar; irrecusável **3** que não se pode evitar (Do lat. *indeclinabĭle-*, «id.»)

indecomponível *adj.2g.* **1** que não se pode decompor **2** simples (De *in-+decomponível*)

indecoro /ô/ *n.m.* **1** falta de decoro **2** qualidade do que não respeita as normas sociais ou morais consideradas corretas **3** ato indecente ou indigno; indecência; desrespeito (Do lat. *indecōru-*, «inconveniente»)

indecorosamente *adv.* 1 de modo indecoroso 2 indecentemente (De *indecoroso*+*-mente*)
indecorosidade *n.f.* ⇒ **indecoro** (De *indecoroso*+*-i-*+*-dade*)
indecoroso *adj.* 1 contrário ao decoro 2 destituído de decoro 3 indecente; obsceno; vergonhoso 4 indigno 5 incorreto; inconveniente (Do lat. tard. *indecorōsu-*, «id.»)
indefectibilidade ver nova grafia indefetibilidade
indefectível ver nova grafia indefetível
indefendível *adj.2g.* ⇒ **indefensável** (De *in-*+*defendível*)
indefensável *adj.2g.* que não se pode defender; que não tem defesa possível (De *in-*+*defensável*)
indefensível *adj.2g.* ⇒ **indefensável** (De *in-*+*defensível*)
indefenso *adj.* 1 que está sem defesa; indefeso 2 desarmado; desguarnecido (Do lat. *indefensu-*, «id.»)
indeferimento *n.m.* 1 ato ou efeito de indeferir ou não atender 2 despacho desfavorável (De *indeferir*+*-mento*)
indeferir *v.tr.* 1 dar indeferimento a; não atender a (pedido, solicitação, requerimento); desatender 2 dar despacho desfavorável a (De *in-*+*deferir*)
indeferível *adj.2g.* que não pode ou não deve ser deferido (De *indeferir*+*-vel*)
indefeso *adj.* 1 que está sem defesa 2 que não tem proteção; vulnerável 3 desarmado; desguarnecido (Do lat. *indefensu-*, «id.»)
indefesso *adj.* 1 incansável 2 ativo; laborioso (Do lat. *indefessu-*, «não fatigado»)
indefetibilidade *n.f.* 1 qualidade de indefetível 2 RELIGIÃO suposta propriedade da Igreja Católica, graças à qual ela durará até ao fim do mundo, conservando intacto o depósito da fé (Do lat. tard. *indefectibilitāte-*, «id.»)
indefetível *adj.2g.* 1 que não falha; infalível; incontestável 2 que não pode ser destruído; que dura sempre; perdurável (Do lat. *indefectibĭle-*, «id.»)
indeficiente *adj.2g.* não deficiente; bastante; suficiente (Do lat. *indeficiente-*, «que não vem a faltar»)
indefinição *n.f.* 1 falta de definição; falta de contornos ou limites claros e rigorosos; indeterminação; indistinção 2 ambiguidade 3 hesitação; dúvida (De *in-*+*definição*)
indefinidamente *adv.* 1 de forma vaga e imprecisa; indeterminadamente 2 por tempo indeterminado; interminavelmente; ilimitadamente (De *indefinido*+*-mente*)
indefinido *adj.* 1 não definido 2 que não é conhecido com rigor 3 vago; indeterminado; de contornos incertos 4 ilimitado 5 BOTÂNICA diz-se da inflorescência agrupada cujo eixo, em regra, não termina numa flor, parecendo desenvolver-se indefinidamente, como o cacho e a espiga; monopodial; racemoso 6 BOTÂNICA designativo dos estames que, numa flor, são em número superior a dez 7 GRAMÁTICA diz-se de determinante ou pronome que se refere a algo ou alguém indeterminado (Do lat. *indefinītu-*, «id.»)
indefinível *adj.2g.* 1 que não se pode definir 2 inexplicável (De *in-*+*definível*)
indeformável *adj.2g.* 1 que não se pode deformar 2 que não está sujeito a deformações
indeiscência *n.f.* qualidade de indeiscente (De *in-*+*deiscência*)
indeiscente *adj.2g.* 1 BOTÂNICA diz-se do órgão que não se abre normalmente em determinada época da sua evolução 2 BOTÂNICA designativo do fruto que não se abre espontaneamente quando maduro, não libertando as sementes (De *in-*+*deiscente*)
indelebilidade *n.f.* qualidade do que é indelével (Do lat. *indelebĭle-*, «indelével» +*-i-*+*-dade*)
indelével *adj.2g.* 1 que não se pode delir ou apagar 2 indestrutível 3 [fig.] inesquecível (Do lat. *indelebĭle-*, «id.»)
indeliberação *n.f.* 1 falta de reflexão 2 falta de decisão; irresolução (De *in-*+*deliberação*)
indeliberadamente *adv.* de modo indeliberado; irrefletidamente (De *indeliberado*+*-mente*)
indeliberado *adj.* 1 não deliberado 2 que não está decidido; irresoluto; hesitante 3 feito inconscientemente; irrefletido 4 não premeditado (Do lat. *indeliberātu-*, «não refletido»)
indelicadeza *n.f.* 1 falta de delicadeza; falta de cortesia ou de boa educação 2 ato indelicado; descortesia (De *indelicado*+*-eza*)
indelicado *adj.* 1 que não é delicado; que não revela boas maneiras; grosseiro 2 inconveniente (De *in-*+*delicado*)
indelineável *adj.2g.* 1 que não se pode delinear 2 de contornos mal definidos 3 confuso (De *in-*+*delineável*)
indemne *adj.2g.* que não sofreu perda ou dano; incólume; ileso (Do lat. *indemne-*, «id.»)

indemnidade *n.f.* 1 qualidade de indemne 2 esquecimento ou perdão de culpa 3 compensação; indemnização (Do lat. *indemnitāte-*, «id.»)
indemnização *n.f.* ato ou efeito de indemnizar; o que se dá ou obtém como forma de reparar um prejuízo ou uma perda; compensação; recompensa (De *indemnizar*+*-ção*)
indemnizador *adj.,n.m.* que ou aquele que dá dinheiro a (pessoa ou entidade) para compensar um prejuízo ou uma perda; compensador; remunerador (De *indemnizar*+*-dor*)
indemnizar *v.tr.* dar dinheiro a (pessoa ou entidade) para compensar um prejuízo ou uma perda; ressarcir; compensar (De *indemne*+*-izar*)
indemnizável *adj.2g.* que pode ser indemnizado; reparável (De *indemnizar*+*-vel*)
indemonstrado *adj.* que não está demonstrado; que ficou por demonstrar (Do lat. *indemonstrātu-*, «id.»)
indemonstrável *adj.2g.* que não pode ser demonstrado (Do lat. *indemonstrabĭle-*, «id.»)
indentação *n.f.* 1 TIPOGRAFIA afastamento de um texto em relação à margem 2 corte ou ranhura em forma de dente (Do ing. *indentation*, «id.»)
indentar *v.tr.* 1 TIPOGRAFIA afastar (texto) em relação à margem 2 fazer corte ou ranhura em forma de dente em
independência *n.f.* qualidade de independente; qualidade do que goza de liberdade e autonomia (De *in-*+*dependência*)
independente *adj.2g.* 1 que goza de independência; livre; autónomo 2 que não se submete a qualquer dependência ou sujeição 3 que se governa por leis ou estatutos próprios (De *in-*+*dependente*)
independentemente *adv.* de modo independente; ~ *de* sem ter em conta, abstraindo de (De *independente*+*-mente*)
independentismo *n.m.* 1 qualidade de independente 2 defesa da independência do próprio povo ou região 3 defesa da independência
independentista *adj.,n.2g.* que ou pessoa que defende a independência do seu povo ou região (De *independente*+*-ista*)
independentizar *v.tr.* tornar independente; autonomizar ■ *v.pron.* 1 adquirir independência 2 libertar-se (De *independente*+*-izar*)
independer *v.tr.* [Brasil] não depender de; não ter relação imediata com; ser independente de (De *in-*+*depender*)
indescritibilidade *n.f.* qualidade do que não se pode descrever
indescritível *adj.2g.* 1 que não se pode descrever 2 [fig.] extraordinário; espantoso (De *in-*+*descritível*)
indesculpável *adj.2g.* que não se pode desculpar (De *in-*+*desculpável*)
indesejável *adj.2g.* 1 que não se pode ou não se deve desejar ou querer 2 perigoso 3 inconveniente; inoportuno ■ *n.2g.* 1 pessoa que não é recebida com agrado 2 pessoa expulsa de um país, ou nele não admitida, por se revelar contrária à política dominante ou por causa dos seus crimes (De *in-*+*desejável*)
indesejavelmente *adv.* 1 de modo indesejável; sem ser desejado 2 perigosamente (De *indesejável*+*-mente*)
indesfrutável *adj.2g.* que não se pode ou não se deve desfrutar (De *in-*+*desfrutável*)
indestrinçável *adj.2g.* que não se pode destrinçar (De *in-*+*destrinçável*)
indestronável *adj.2g.* 1 que não pode ser destituído do trono ou de um cargo 2 [fig.] que não se pode superar ou ultrapassar (De *in-*+*destronável*)
indestronizável *adj.2g.* ⇒ **indestronável** (De *in-*+*destronizável*)
indestrutibilidade *n.f.* qualidade de indestrutível (De *in-*+*destrutibilidade*)
indestrutível *adj.2g.* 1 que não pode ser destruído 2 firme; inabalável; inalterável (De *in-*+*destrutível*)
indesvendável *adj.2g.* 1 que não se pode descobrir ou revelar 2 misterioso (De *in-*+*desvendável*)
indetectável ver nova grafia indetetável
indeterminação *n.f.* 1 indecisão; hesitação 2 perplexidade 3 falta de determinação 4 falta de definição; falta de contornos ou limites claros e rigorosos 5 quantidade indefinida (De *in-*+*determinação*)
indeterminadamente *adv.* 1 de modo indeterminado 2 vagamente (De *indeterminado*+*-mente*)
indeterminado *adj.* 1 não determinado ou fixo 2 vago; indefinido 3 que não se conhece 4 hesitante; indeciso ■ *n.m.* o que é vago ou impreciso (Do lat. *indeterminātu-*, «infinito»)

indeterminar *v.tr.* tornar indeterminado (De *in-*+*determinar*)
indeterminativo *adj.* 1 que não determina 2 que não restringe (De *in-*+*determinativo*)
indeterminável *adj.2g.* 1 que não se pode determinar ou definir 2 indistinto; impreciso (Do lat. *indeterminabĭle-*, «id.»)
indeterminismo *n.m.* FILOSOFIA doutrina que se opõe ao determinismo, defendendo o livre-arbítrio do ser humano; **~ dos átomos** FÍSICA impossibilidade de precisar simultaneamente a porção de espaço ocupada pelos átomos e a velocidade a que estes se movem (Do al. *Indeterminismus*, «id.»)
indetetável *adj.2g.* que não se pode detetar; impercetível (De *indetectar*+*-vel*)
indevidamente *adv.* 1 de modo indevido 2 impropriamente (De *indevido*+*-mente*)
indevido *adj.* 1 que não é devido 2 que não é próprio ou adequado 3 errado (De *in-*+*devido*)
indevoção *n.f.* 1 falta de devoção ou crença 2 qualidade do que não tem crenças religiosas; irreligiosidade 3 irreverência (Do lat. *indevotiōne-*, «id.»)
indevoto *adj.* 1 que não é devoto; que não tem devoção 2 que não tem religião ou fé (Do lat. *indevōtu-*, «irreligioso»)
índex /cs/ *n.m.* (*plural* **índices**) 1 lista de matérias, capítulos ou termos contidos num livro 2 dedo da mão humana, conhecido também por indicador, que fica entre o polegar e o médio 3 ponto de referência, deslocável, que indica a leitura a fazer numa escala de certos aparelhos ou instrumentos de medida 4 [com maiúscula] elenco dos livros cuja leitura a Igreja considera perigosa quanto à doutrina e à moral (Do lat. *index*, «id.»)
indexação /cs/ *n.f.* 1 ato ou efeito de indexar 2 INFORMÁTICA método de organização de informação utilizada nas bases de dados, que permite maior facilidade na localização da informação (De *indexar*+*-ção*)
indexado /cs/ *adj.* 1 que foi objeto de indexação 2 MATEMÁTICA diz-se de uma letra a que se apôs um índice (Part. pass. de *indexar*)
indexador /cs/ *n.m.* 1 o que indexa 2 INFORMÁTICA programa ou aplicação que indexa informação 3 [Brasil] ECONOMIA índice utilizado para reajustar valores
indexar /cs/ *v.tr.* 1 colocar num índice ou lista ordenada 2 registar (dados) numa lista, geralmente organizada por ordem alfabética 3 ECONOMIA afetar de um índice corretivo (de inflação, por ex.) 4 MATEMÁTICA relacionar (duas grandezas), quantificando uma em função da evolução da outra (De *índex*+*-ar*)
indez /ê/ *n.m.* (OVO) ⇒ **endez**
indianismo *n.m.* 1 carácter indiano 2 palavra ou expressão peculiar às línguas indianas 3 ciência da língua e civilização hindus 4 LITERATURA temática característica da literatura brasileira, durante o Romantismo, centrada no Índio do Brasil (De *indiano*+*-ismo*)
indianista *adj.2g.* referente ao indianismo ■ *n.2g.* pessoa conhecedora da língua e civilização indianas (De *indiano*+*-ista*)
indianizar *v.tr.* dar feição indiana a (De *indiano*+*-izar*)
indiano *adj.* 1 da Índia ou a ela relativo; índico 2 pertencente ou relativo aos seus habitantes ■ *n.m.* indivíduo natural da Índia; índico (Do lat. *indiānu-*, «id.»)
indianólogo *n.m.* ⇒ **indianista** (Do lat. *indiānu-*, «indiano»+gr. *lógos*, «estudo»)
indiático *adj.* ⇒ **indiano** *adj.* (De *Índia*, top. +*-ático*)
indicã *n.f.* ⇒ **indicana**
indicação *n.f.* 1 ato ou efeito de indicar 2 informação sobre alguém ou alguma coisa 3 esclarecimento 4 conselho; sugestão 5 sinal; indicador (Do lat. *indicatiōne-*, «id.»)
indicador *adj.* que indica; que dá indicações ■ *n.m.* 1 aquele que indica; o que dá indicações 2 dedo da mão humana que fica entre o polegar e o médio 3 o que serve de indicação ou informação 4 livro, jornal, folheto, etc. que contém informações úteis, servindo de guia ou roteiro 5 ponteiro; agulha 6 aparelho que indica um trabalho já feito 7 QUÍMICA substância que se utiliza para determinar o termo de certas titulações ou para conhecer a natureza de um meio quanto ao seu teor de acidez 8 ECONOMIA dado estatístico a partir do qual é possível avaliar a situação económica e a sua evolução (Do lat. *indicatōre-*, «id.»)
indicana *n.f.* 1 QUÍMICA glicósido existente no índigo 2 substância que pode existir no sangue, na urina e no suor (Do lat. *indicu-*, «índigo», pelo fr. *indican*, «indicana»)
indicanúria *n.f.* MEDICINA presença anormal de indicana na urina (De *indicana*+*-úria*)
indicar *v.tr.* 1 mostrar ou apontar com o dedo 2 assinalar; destacar 3 dar a conhecer; expor; mencionar; designar 4 ter como significado; revelar 5 dar sinal de; indiciar 6 aconselhar; sugerir 7 ensinar (Do lat. *indicāre*, «id.»)
indicativo *adj.* 1 que indica 2 GRAMÁTICA (modo verbal) que exprime a ação como uma realidade, traduzindo a forte responsabilidade assumida pelo falante relativamente ao que está a ser dito ■ *n.m.* 1 número atribuído a um país, a uma zona ou a uma rede telefónica, e que se deve marcar antes do número do telefone pretendido, quando se deseja fazer uma chamada de fora desse país, dessa zona ou dessa rede 2 indicação; sinal 3 GRAMÁTICA modo verbal que exprime a ação como uma realidade, uma certeza, traduzindo a forte responsabilidade assumida pelo falante relativamente ao que está a ser dito (Do lat. *indicatīvu-*, «id.»)
indicatório *adj.* que serve para indicar; indicativo (De *indicar*+*-tório*)
indicção *n.f.* 1 convocação de concílio ou assembleia eclesiástica 2 prescrição eclesiástica 3 espaço de quinze anos na contagem do tempo, nas bulas pontifícias (Do lat. *indictiōne-*, «declaração; notificação»)
índice *n.m.* 1 lista de assuntos ou capítulos que geralmente aparece no início ou no fim de uma publicação contendo a indicação das páginas onde esses assuntos ou capítulos se iniciam 2 lista de termos, temas ou autores organizada por ordem alfabética 3 catálogo; tabela 4 relação entre duas medidas 5 valor indicativo da frequência ou do nível de dada realidade quantificável ou expressa numericamente (índice de frequência, cefálico, de inteligência, etc.) 6 número ou letra que se apõe à direita e abaixo de outra letra (A_1) em notação algébrica, geométrica, etc. 7 signo que se encontra em relação de contiguidade temporal ou espacial com o objeto que refere 8 [com maiúscula] elenco dos livros cuja leitura a Igreja considera perigosa quanto à doutrina e à moral; **~ de refração** FÍSICA razão entre a velocidade da luz num meio determinado e noutro meio (o vácuo); **~ de um radical** MATEMÁTICA número a que é preciso levantar esse radical para obter o radicando; **~ estatístico** número calculado a partir dos elementos de um conjunto de dados numéricos, destinado a exprimir, de forma reduzida, a informação contida nesses dados (a média, a mediana, o desvio-padrão, etc.); **~ onomástico** lista, ordenada alfabeticamente e geralmente apresentada no final de um livro, dos autores citados ou tratados nessa obra, acompanhados dos números de páginas onde a referência ou citação ocorre; **~ remissivo** lista, ordenada alfabeticamente e geralmente apresentada na parte final de uma obra impressa, dos principais assuntos tratados nessa obra, acompanhados da indicação de página, capítulo, etc.; **~ temático** LINGUÍSTICA sufixo flexional de adjetivos e nomes (os índices temáticos são -*a*, -*o*, -*e*) (Do lat. *indĭce-*, «o que indica»)
indiciação *n.f.* 1 ato ou efeito de indiciar 2 indício; sinal (De *indiciar*+*-ção*)
indiciado *adj.* notado por indício ■ *n.m.* DIREITO indivíduo sobre o qual recaem indícios de ter cometido um crime (Part. pass. de *indiciar*)
indiciador *adj.,n.m.* 1 que ou aquele que denuncia por indícios 2 que ou o que dá indícios; acusador (De *indiciar*+*-dor*)
indiciamento *n.m.* DIREITO declaração da existência de indícios que incriminam uma pessoa (De *indiciar*+*-mento*)
indiciar *v.tr.* 1 designar ou culpar por indícios ou sinais 2 pronunciar como criminoso 3 mostrar sinais de 4 anunciar antecipadamente; prenunciar (De *indício*+*-ar*)
indiciário *adj.* 1 relativo a indício 2 que envolve indício (De *indício*+*-ário*)
indício *n.m.* 1 indicação; sinal; vestígio 2 DIREITO elemento material de um crime (vestígio, rasto, marca, etc.) 3 LITERATURA unidade narrativa que fornece informação de natureza psicológica ou ideológica (Do lat. *indicĭu-*, «id.»)
indicioso /ô/ *adj.* em que há sinais ou vestígios (De *indício*+*-oso*)
índico *adj.* ⇒ **indiano** ■ *n.m.* [com maiúscula] oceano que banha o sul da Índia, a África e a Austrália (Do lat. *indĭcu-*, «id.»)
indículo *n.m.* 1 pequeno índice 2 descrição resumida; resenha (Do lat. *indicŭlu-*, «índice»)
indie *adj.inv.* diz-se de filme, música, etc., que é produzido e comercializado por uma pequena produtora independente (Do ing. *indie*, «id.»)
indiferença *n.f.* 1 insensibilidade e desinteresse relativamente a alguém ou alguma coisa 2 falta de entusiasmo, de curiosidade, de paixão; desinteresse; apatia; inércia; frieza 3 estado daquele que não possui qualquer preocupação de ordem moral ou religiosa 4 MEDICINA estado de certos pacientes que, por doença grave, revelam inconsciência e insensibilidade em relação a tudo quanto os rodeia; **liberdade de ~** poder de decidir independentemente de

motivos, ou sem razão   (Do lat. *indifferentĭa-*, «indiferença; sinonímia»)

indiferenciação *n.f.* ausência de diferenciação; indistinção   (De *in-*+*diferenciação*)

indiferenciado *adj.* 1 sem diferenciação; indiscriminado 2 (trabalhador) que não aprendeu uma profissão ou ocupação determinada   (De *in-*+*diferenciado*)

indiferente *adj.2g.* 1 que manifesta indiferença 2 que não se interessa por certa coisa ou pessoa 3 que revela ausência de sentimentos; insensível 4 sem preferência; desapaixonado; imparcial 5 que não se importa com nada; apático 6 que não tem afinidade 7 diz-se de corante utilizado em técnica histológica ■ *n.2g.* 1 indivíduo que manifesta desinteresse ou insensibilidade em relação a uma pessoa ou coisa 2 o que cortou relações de amizade com alguém 3 o que se desinteressa de qualquer religião ou ideologia política   (Do lat. *indifferente-*, «id.»)

indiferentemente *adv.* 1 com indiferença 2 sem preferência   (De *indiferente*+*-mente*)

indiferentismo *n.m.* atitude sistemática de indiferença perante qualquer forma de religião, política, ou qualquer outro assunto   (De *indiferente*+*-ismo*)

indiferentista *adj.,n.2g.* que ou pessoa que é partidária do indiferentismo   (De *indiferente*+*-ista*)

indígena *adj.,n.2g.* que ou o que é natural do lugar ou país que habita; aborígene; autóctone   (Do lat. *indigĕna-*, «id.»)

indigenato *n.m.* 1 qualidade ou situação de indígena; indigenismo 2 conjunto de indígenas de uma região ou país   (De *indígena*+*-ato*)

indigência *n.f.* 1 situação de quem vive em condições de miséria, sofrendo necessidades básicas (comida, vestuário, abrigo, etc.); pobreza extrema 2 falta de alguma coisa; carência 3 conjunto de pessoas que vivem em grande pobreza   (Do lat. *indigentĭa-*, «carência»)

indigenismo *n.m.* 1 qualidade ou situação de indígena; indigenato 2 interesse ou defesa dos indígenas ou da sua cultura 3 palavra, expressão ou construção oriunda de uma língua indígena 4 [Brasil] política de proteção e apoio às populações indígenas   (De *indígena*+*-ismo*)

indigente *adj.,n.2g.* que ou pessoa que vive em condições de miséria, sofrendo necessidades básicas (comida, vestuário, abrigo, etc.); mendigo   (Do lat. *indigente-*, «que tem necessidade»)

indigentemente *adv.* muito pobremente; miseravelmente   (De *indigente*+*-mente*)

indigerível *adj.2g.* 1 que não se pode digerir 2 difícil de digerir; indigesto 3 [fig.] que *in-*+*digerível*)

indigestão *n.f.* perturbação das funções digestivas motivada por excesso ou má qualidade dos alimentos, frio, afeção moral, etc.; dispepsia; fartadela   (Do lat. *indigestiōne-*, «id.»)

indigestibilidade *n.f.* qualidade do que é difícil de digerir   (Do lat. *indigestibĭle-*, «indigerível» +*-i-*+*-dade*)

indigestível *adj.2g.* ⇒ **indigerível**   (Do lat. *indigestibĭle-*, «id.»)

indigesto *adj.* 1 que não se digere 2 que não foi digerido 3 que é difícil de digerir 4 [fig.] que é difícil de entender 5 [fig.] que é difícil de aceitar ou suportar 6 [fig.] enfadonho; maçador   (Do lat. *indigestu-*, «não digerido»)

indígete *n.m.* 1 herói divinizado; semideus 2 herói 3 entre os antigos Romanos, deus nacional autóctone que protegia uma cidade   (Do lat. *indigĕtes*, «indígetes»)

indigitação *n.f.* ⇒ **indigitamento**   (De *indigitar*+*-ção*)

indigitamento *n.m.* ato ou efeito de indigitar ou indigitar-se   (De *indigitar*+*-mento*)

indigitar *v.tr.* 1 apontar com o dedo 2 indicar; mostrar 3 designar para determinado cargo ou função ■ *v.pron.* propor-se   (Do lat. *indigitāre*, «id.»)

indignação *n.f.* 1 ato ou efeito de indignar ou indignar-se 2 exaltação provocada por afronta, injustiça ou ação vergonhosa; agastamento; ira 3 desprezo; repulsão   (Do lat. *indignatiōne-*, «id.»)

indignar *v.tr.* causar indignação a; revoltar; indispor ■ *v.pron.* sentir indignação; agastar-se; indispor-se   (Do lat. *indignāre*, por *indignāri*, «indignar-se»)

indignativo *adj.* 1 que revela indignação 2 irascível   (Do lat. *indignatīvu-*, «irascível»)

indignidade *n.f.* 1 qualidade de indigno; falta de dignidade 2 atitude incorreta; baixeza; afronta   (Do lat. *indignitāte-*, «id.»)

indigno *adj.* 1 não digno 2 que viola os valores morais de determinada sociedade 3 que não merece respeito 4 que não está à altura (de algo ou alguém); impróprio 5 desprezível   (Do lat. *indignu-*, «indigno»)

índigo *n.m.* 1 substância de cor azul, empregada como corante, que se obtém de algumas plantas, especialmente de uma leguminosa da China e da Índia, e que é também chamada anil 2 uma das cores do espetro solar, com tom semelhante ao desta substância 3 BOTÂNICA ⇒ **indigueiro**   (Do gr. *indikós*, «índico; indiano», pelo fr. *indigo*, «índigo»)

indigoteiro *n.m.* ⇒ **indigueiro**   (Do fr. *indigotier*, «id.»)

indigueiro *n.m.* BOTÂNICA nome vulgar de umas plantas tropicais das quais se extrai o índigo, também conhecidas por índigo e indigoteiro; anileira   (De *índigo*+*-eiro*)

indiligência *n.f.* 1 falta de diligência 2 negligência; preguiça; inação   (Do lat. *indiligentĭa-*, «falta de cuidado; negligência»)

indiligente *adj.2g.* 1 que não é ativo nem cuidadoso 2 negligente; desleixado 3 preguiçoso   (Do lat. *indiligente-*, «negligente»)

índio[1] *adj.* relativo aos Índios ■ *n.m.* indivíduo dos Índios; ameríndio   (De *Índia*, top.)

índio[2] *n.m.* QUÍMICA elemento químico com o número atómico 49 e símbolo In, metálico, mole, de aspeto semelhante ao do estanho   (Do lat. cient. *indium*)

Índios *n.m.pl.* 1 ETNOGRAFIA povo aborígene do continente americano assim designado pelos descobridores europeus, que se convenceram de que tinham chegado à Índia pelo ocidente 2 ETNOGRAFIA grupo étnico descendente dos nativos americanos   (De *Índia*, top.)

indirecta ver nova grafia **indireta**

indirecto ver nova grafia **indireto**

indireta *n.f.* [pop.] referência irónica ou piada pouco explícita dirigida especialmente a quem a de a entender e ser atingido por ela   (De *indirecto*)

indireto *adj.* 1 que não se desloca em linha reta; não direto 2 que se desvia; oblíquo 3 que se efetua através de um intermediários 4 que se exprime de maneira dissimulada; encoberto 5 que não é explícito; duvidoso 6 qualificativo de alguns fenómenos biológicos, como num tipo de divisão nuclear, na polinização, etc. 7 ECONOMIA diz-se do imposto que não incide sobre o rendimento auferido 8 GRAMÁTICA diz-se do verbo transitivo que seleciona um complemento que lhe completa o sentido (complemento indireto ou complemento oblíquo) 9 GRAMÁTICA diz-se do complemento (palavra ou expressão) que, antecedido de uma preposição, completa o sentido de um verbo 10 GRAMÁTICA diz-se do discurso em que se reproduz os diálogos e discursos das personagens na terceira pessoa utilizando verbos introdutórios, seguidos de oração subordinada 11 POLÍTICA diz-se de eleição em que o candidato é indiretamente eleito por um colégio eleitoral   (Do lat. *indirectu-*, «id.»)

indirigível *adj.2g.* 1 que não pode ser dirigido 2 que não se deixa dirigir ou orientar   (De *in-*+*dirigível*)

indiscernibilidade *n.f.* qualidade de indiscernível   (Do lat. **indiscernibĭle-*, «indiscernível» +*-i-*+*-dade*)

indiscernível *adj.2g.* que não se pode discernir ou distinguir   (De *in-*+*discernível*)

indisciplina *n.f.* 1 falta de disciplina 2 ato ou dito contrário à ordem ou regras estabelecidas 3 desordem 4 rebelião 5 incapacidade de agir de forma metódica   (Do lat. *indisciplina-*, «falta de instrução»)

indisciplinado *adj.* que não é ou não está disciplinado; rebelde; insubordinado   (Do lat. ecl. *indisciplinātu-*, «id.»)

indisciplinar *v.tr.* 1 provocar a indisciplina de; revoltar 2 subverter a ordem de 3 desmoralizar ■ *v.pron.* insubordinar-se   (De *in-*+*disciplinar*)

indisciplinável *adj.2g.* 1 que não se pode disciplinar 2 incorrigível   (De *in-*+*disciplinável*)

indiscreto *adj.* 1 que não é discreto; carecido de discrição 2 leviano; imprudente 3 que não guarda segredo; inconfidente 4 que se intromete; curioso; mexeriqueiro 5 inconveniente   (Do lat. *indiscrētu-*, «que não se distingue»)

indiscrição *n.f.* 1 qualidade de indiscreto 2 revelação de um segredo de outrem 3 curiosidade; bisbilhotice 4 imprudência; leviandade 5 ato ou dito indiscreto ou inconveniente   (Do lat. *indiscretiōne-*, «id.»)

indiscriminadamente *adv.* 1 sem discriminação; indiferentemente 2 promiscuamente 3 confusamente   (De *indiscriminado*+*-mente*)

indiscriminado *adj.* 1 não discriminado; indistinto 2 que não considera a(s) diferença(s) 3 sem ordem ou método; confuso 4 que não foi ponderado; irrefletido   (De *in-*+*discriminado*)

indiscriminável *adj.2g.* que não se pode discriminar; indiscernível   (Do lat. *indiscriminabĭle-*, «id.»)

indiscutibilidade *n.f.* qualidade do que é indiscutível   (Do lat. **indiscutibĭle-*, «indiscutível» +*-i-*+*-dade*)

indiscutível *adj.2g.* 1 que não admite discussão; que não pode ser posto em causa; incontestável; indubitável 2 evidente (De *in-+discutível*)

indiscutivelmente *adv.* de modo indiscutível; indubitavelmente (De *indiscutível+-mente*)

indisfarçável *adj.2g.* que não é possível disfarçar

indispensabilidade *n.f.* qualidade do que é indispensável (De *in-+dispensabilidade*)

indispensável *adj.2g.* 1 que não se pode dispensar 2 absolutamente necessário 3 habitual ■ *n.m.* aquilo que é essencial ■ *n.f.* [ant.] saquinha ou maleta de senhora para transportar objetos de uso pessoal (De *in-+dispensável*)

indispensavelmente *adv.* necessariamente (De *indispensável+-mente*)

indisponibilidade *n.f.* qualidade ou estado do que é indisponível (De *in-+disponibilidade*)

indisponível *adj.2g.* 1 de que não se pode dispor 2 que não tem disponibilidade 3 inalienável (De *in-+disponível*)

indispor *v.tr.* 1 alterar a boa disposição de 2 desarranjar 3 incomodar 4 desavir ■ *v.pron.* 1 enfadar-se 2 zangar-se; desentender-se; desavir-se (De *in-+dispor*)

indisposição *n.f.* 1 ato ou efeito de indispor ou indispor-se 2 falta de disposição 3 leve mal-estar físico; incómodo de saúde 4 má vontade 5 zanga; desavença (De *in-+disposição*)

indisposto /ô/ *adj.* 1 que sente um leve mal-estar físico; maldisposto 2 incomodado 3 desavindo (Do lat. *indispositŭ-*, «mal ordenado; confuso»)

indisputabilidade *n.f.* qualidade do que é indisputável (Do lat. *indisputabĭle-*, «incontestável» +-*i-+-dade*)

indisputado *adj.* 1 não disputado 2 incontroverso (De *in-+disputado*)

indisputável *adj.2g.* 1 que não pode ser disputado 2 incontestável (Do lat. *indisputabĭle-*, «id.»)

indissociável *adj.2g.* que não se pode dissociar; inseparável

indissolubilidade *n.f.* 1 qualidade de indissolúvel 2 propriedade do matrimónio pela qual o vínculo matrimonial não pode ser dissolvido (Do lat. *indissolubĭle-*, «indissolúvel» +-*i-+-dade*)

indissolução *n.f.* estado daquilo que não se apresenta dissolvido (De *in-+dissolução*)

indissolúvel *adj.2g.* que não se pode dissolver (Do lat. *indissolubĭle-*, «id.»)

indistinção *n.f.* falta de distinção; confusão (De *in-+distinção*)

indistinguível *adj.2g.* que não se pode distinguir (De *in-+distinguível*)

indistintamente *adv.* 1 de modo indistinto; vagamente 2 indiscriminadamente; à mistura (De *indistinto+-mente*)

indistinto *adj.* 1 que não é distinto 2 pouco visível; obscuro 3 vago; impreciso 4 confuso (Do lat. *indistinctŭ-*, «não distinto; pouco nítido»)

inditoso /ô/ *adj.* sem dita; desditoso; infeliz (De *in-+ditoso*)

individuação *n.f.* ato ou efeito de individuar; distinção das circunstâncias particulares de cada coisa; especificação (De *individuar+-ção*)

individuador *adj.,n.m.* que ou aquele que individua (De *individuar+-dor*)

individual *adj.2g.* 1 referente ou pertencente ao indivíduo 2 relativo apenas a uma pessoa 3 que pertence a uma só pessoa 4 particular; singular 5 peculiar; especial ■ *n.m.* superfície de pano ou de outro material, geralmente retangular, sobre a qual se colocam os utensílios necessários à refeição de uma pessoa (De *indivíduo+-al*)

individualidade *n.f.* 1 conjunto das qualidades características e distintivas de cada indivíduo 2 pessoa considerada muito importante; personalidade (De *individual+-i-+-dade*)

individualismo *n.m.* 1 POLÍTICA teoria cujo ideal político é o desenvolvimento da iniciativa privada e a redução das funções do Estado 2 tendência para a independência e para a definição de objetivos particulares em detrimento de objetivos coletivos 3 [pej.] tendência para se libertar de toda a obrigação de solidariedade, para só pensar em si (De *individual+-ismo*, ou do fr. *individualisme*, «id.»)

individualista *adj.2g.* respeitante ao individualismo ■ *n.2g.* pessoa partidária do individualismo (De *individual+-ista*, ou do fr. *individualiste*, «id.»)

individualização *n.f.* 1 ato ou efeito de individualizar 2 PEDAGOGIA processo pedagógico que, por oposição ao ensino coletivo, permite a cada um dos alunos de uma classe executar, num tempo mais ou menos longo, um trabalho individual escolhido por ele ou fixado pelo professor, mas correspondente às suas aptidões (R. Cousinet, pedagogo francês,1881-1973) (De *individualizar+-ção*)

individualizar *v.tr.* 1 tornar individual 2 tornar diferente 3 especializar 4 considerar um a um; personalizar (De *individual+-izar*)

individualmente *adv.* de modo individual; cada um por si; isoladamente (De *individual+-mente*)

individuante *adj.2g.* que individua (De *individuar+-ante*)

individuar *v.tr.* 1 dar forma individual a 2 acentuar as particularidades individuais de 3 especificar (De *indivíduo+-ar*)

indivíduo *n.m.* 1 entidade distinta e separada 2 pessoa; sujeito 3 exemplar de uma espécie 4 ser indiviso ■ *adj.* indiviso (Do lat. *individŭu-*, «indivisível»)

indivisão *n.f.* 1 falta de divisão 2 qualidade ou estado de indiviso 3 contitularidade (Do lat. *indivisiōne-*, «id.»)

indivisibilidade *n.f.* qualidade do que é indivisível (Do lat. *indivisibĭle-*, «indivisível» +-*i-+-dade*)

indivisível *adj.2g.* que não se pode dividir ■ *n.m.* 1 o que não é divisível 2 coisa pequeníssima (Do lat. *indivisibĭle-*, «id.»)

indiviso *adj.* 1 que não está dividido; inteiro 2 que é possuído simultaneamente por mais de uma pessoa (Do lat. *indivīsu-*, «id.»)

indizível *adj.2g.* 1 que não pode dizer-se 2 que não se pode exprimir por palavras; inefável 3 inexplicável (De *in-+dizível*)

indo- elemento de formação de palavras que exprime a ideia de Índia ou *indiano* (Do lat. *Indu-*, «indiano»)

indobrável *adj.2g.* 1 que não se dobra; inflexível 2 insubmisso (De *in-+dobrável*)

indochim *adj.,n.2g.* ⇒ **indochinês** (De *indo-+chim*)

indochina *adj.:n.2g.* ⇒ **indochinês** (De *indo-+china*)

indochinês *adj.* relativo à Indochina ■ *n.m.* natural ou habitante da Indochina (De *Indochina*, top. +-ês)

indo-chinês *adj.* relativo simultaneamente aos Indianos e aos Chineses

indócil *adj.2g.* 1 que não é dócil; rebelde 2 indisciplinado; indomável; difícil de governar (Do lat. *indocĭle-*, «que não pode ser ensinado»)

indocilidade *n.f.* 1 qualidade de indócil; insubmissão 2 indisciplina (Do lat. *indocilitāte-*, «id.»)

indocilizar *v.tr.* 1 tornar indócil 2 indisciplinar (De *indócil+-izar*)

indocumentado *adj.* 1 não documentado 2 não fundamentado no estudo de documentos 3 que não apresenta documentos comprovativos (De *in-+documentado*)

indo-europeu *adj.* 1 relativo à Europa e à Índia 2 diz-se da origem indiana da maior parte dos povos e das línguas primitivas da Europa atual 3 língua que supostamente está na origem da maior parte das línguas faladas na Europa e outras de outros continentes (De *indo-+europeu*)

índole *n.f.* 1 propensão natural; inclinação natural do ânimo; natureza 2 tendência característica; temperamento; carácter; vocação (Do lat. *indŏle-*, «id.»)

indolência *n.f.* 1 qualidade ou estado de indolente; preguiça 2 ausência de dor; insensibilidade 3 falta de ação; moleza; langor; frouxidão (Do lat. *indolentĭa-*, «insensibilidade»)

indolente *adj.2g.* 1 ocioso; preguiçoso 2 negligente 3 insensível à dor; letárgico 4 MEDICINA diz-se do processo patológico que persiste em não cicatrizar ou em não se resolver (Do lat. *indolente-*, «que não sofre»)

indolentemente *adv.* 1 de maneira indolente 2 vagarosamente; pachorrentamente; molemente 3 indiferentemente (De *indolente+-mente*)

indologia *n.f.* estudo das coisas relativas à Índia (De *indólogo+-ia*)

indólogo *n.m.* aquele que se dedica à indologia (De *indo-+-logo*)

indolor *adj.2g.* que não dói; que não causa dor (Do lat. *indolōre-*, «sem dor»)

indomado *adj.* 1 não domado 2 não domesticado 3 não vencido 4 insubmisso (De *in-+domado*)

indomável *adj.2g.* 1 que não se pode domar ou vencer 2 indomesticável 3 invencível (Do lat. *indomabĭle-*, «id.»)

indomesticado *adj.* não domesticado; selvagem; bravio (De *in-+domesticado*)

indomesticável *adj.2g.* 1 que não se pode domesticar 2 indomável; indócil; rebelde (De *in-+domesticável*)

indoméstico *adj.* selvagem; bravio (De *in-+doméstico*)

indominável *adj.2g.* indomável; indócil; selvagem (De *in-+dominável*)

indómito *adj.* 1 indomado; rebelde; bravio 2 não vencido 3 altivo; soberbo; arrogante (Do lat. *indomĭtu-*, «insubmisso; indómito»)

indona /ô/ *n.f.* orifício que algumas africanas fazem no lábio superior para segurar e usar uma rodela (De orig. obsc.)

indonésio *adj.* relativo à Indonésia ■ *n.m.* natural ou habitante da Indonésia (Do gr. *Indós*, «da Índia» +*nêsos*, «ilha» +-*io*)

indo-português *adj.* relativo à Índia e a Portugal ■ *n.m.* 1 indivíduo natural do antigo Estado Português da Índia 2 língua de base portuguesa falada em algumas partes da antiga Índia portuguesa (De *indo-+português*)

indostânico *adj.* relativo ao Indostão (De *indostão+-ico*)

indostano *adj.* ⇒ **indostânico**

indouto *adj.* 1 que não é douto; ignorante 2 inepto (Do lat. *indoctu-*, «id.»)

indrominar *v.tr.* 1 [pop.] enganar; intrujar 2 [pop.] mentir a (De orig. obsc.)

índua *n.f.* 1 BOTÂNICA planta africana 2 bebida venenosa, preparada com a casca desta planta

indubitado *adj.* incontroverso (Do lat. *indubitātu-*, «certo»)

indubitável *adj.2g.* que não admite dúvida; incontestável; evidente; certo (Do lat. *indubitabĭle-*, «id.»)

indubitavelmente *adv.* sem dúvida; com certeza (De *indubitável+-mente*)

indução *n.f.* 1 ato ou efeito de induzir 2 sugestão; persuasão 3 forma de raciocínio em que se procura, a partir da verificação de alguns casos particulares, formular uma lei que explique todos os casos da mesma espécie 4 inferência conjetural 5 MEDICINA (obstetrícia) administração de medicamentos cujo objetivo é desencadear o trabalho de parto; **~ eletromagnética** ELETRICIDADE estabelecimento de uma força eletromotriz num circuito, e, se o circuito é fechado, de uma corrente, causada por uma variação do fluxo de um campo magnético através do circuito; **~ eletrostática** ELETRICIDADE influência eletrostática, criação de um estado de eletrização num corpo, inicialmente no estado neutro, pela aproximação de outro corpo com carga elétrica (Do lat. *inductiōne-*, «indução»)

indúcias *n.f.pl.* 1 tréguas; armistício 2 adiamento; dilação 3 espera que os credores de um negociante concedam, por concordata, para além do prazo vencido (Do lat. *indutĭas*, «tréguas; descanso»)

indúctil *adj.2g.* que não é dúctil; rijo (De *in-+dúctil*)

inductilidade *n.f.* qualidade de indúctil; rijeza (De *indúctil+-i-+-dade*)

inducto *adj.* ⇒ **induzido** *adj.* (Do lat. *inductu-*, «id.», part. pass. de *inducĕre*, «induzir»)

indulgência *n.f.* 1 qualidade de quem é indulgente 2 benignidade; bondade 3 tolerância 4 perdão 5 RELIGIÃO perdão da pena temporal devida pelos pecados já perdoados (Do lat. *indulgentĭa-*, «id.»)

indulgenciar *v.tr.* 1 tratar com indulgência 2 perdoar (De *indulgência+-ar*)

indulgente *adj.2g.* 1 que tem indulgência 2 inclinado a perdoar 3 benévolo; complacente 4 tolerante (Do lat. *indulgente-*, «id.»)

indulgentemente *adv.* 1 com indulgência 2 benevolamente (De *indulgente+-mente*)

indultar *v.tr.* 1 conceder indulto a 2 perdoar 3 atenuar a pena a (De *indulto+-ar*)

indultário *adj.* que goza do indulto (De *indulto+-ário*)

indulto *n.m.* 1 absolvição; perdão 2 DIREITO perdão de uma pena concedido pelo chefe do Estado; amnistia 3 dispensa de um encargo legal 4 RELIGIÃO concessão pela qual a abstinência e o jejum podem ser substituídos por determinadas práticas religiosas (Do lat. *indultu-*, «concessão; permissão»)

indumentar *v.tr.* vestir (De *indumento+-ar*)

indumentária *n.f.* 1 traje ou vestuário usado por determinada pessoa 2 maneira de vestir de certa época ou de certos povos 3 história ou arte do vestuário (De *indumento+-ária*)

indumentário *adj.* relativo a indumento (De *indumento+-ário*)

indumento *n.m.* 1 vestuário 2 camada 3 cobertura; revestimento (Do lat. *indumentu-*, «vestido; manto»)

induna *n.m.* espécie de ministro que acompanha um soba ou um régulo

induplicado *adj.* com as bordas dobradas para dentro (Do lat. *in-*, «para dentro» *+duplicātu-*, «dobrado»)

induração *n.f.* 1 ato de endurecer 2 MEDICINA endurecimento anormal dos tecidos orgânicos 3 MEDICINA parte do organismo endurecida anormalmente 4 [fig.] obstinação (Do lat. *induratiōne-*, «id.»)

induro *n.m.* ORNITOLOGIA nome vulgar por que também se designa o corvo-marinho (De orig. obsc.)

indúsia *n.f.* BIOLOGIA ⇒ **indúsio** 2 (De *indúsio*)

indúsio *n.m.* 1 túnica que as mulheres romanas usavam por baixo dos vestidos 2 BIOLOGIA formação laminar que cobre os soros de alguns fetos 3 ZOOLOGIA órgão discoide que aparece no embrião de certos insetos (Do lat. *indusĭu-*, «camisa de mulher»)

indústria *n.f.* 1 habilidade para fazer alguma coisa; engenho; destreza 2 diligência; empenho 3 manha; astúcia 4 artifício;

artimanha 5 atividade económica que se baseia numa técnica, dominada, em geral, pela presença de máquinas ou maquinismos, para transformar matérias-primas em bens de produção e de consumo 6 conjunto das empresas industriais; **~ de ponta** indústria de alta tecnologia que exige grandes investimentos e que é característica dos países ricos e com elevado nível industrial; **cavalheiro de ~** [ant., pej.] indivíduo que vive de expedientes; **de ~** de propósito, deliberadamente; **sócio de ~** sócio trabalhador, não capitalista (Do lat. *industrĭa-*, «atividade; trabalho»)

industriador *adj.,n.m.* que ou aquele que industria ou exercita (De *industriar+-dor*)

industrial *adj.2g.* 1 relativo à indústria 2 (zona, região) que tem um grande número de indústrias 3 que é produzido numa indústria, geralmente em massa, e não artesanalmente ■ *n.2g.* proprietário ou diretor de uma indústria (De *indústria+-al*)

industrialismo *n.m.* 1 predominância da indústria na atividade económica 2 desenvolvimento e expansão da indústria 3 doutrina que considera a indústria como a base do desenvolvimento e do poder do Estado 4 gosto pela indústria (De *industrial+-ismo*)

industrialista *adj.2g.* referente ao industrialismo ■ *n.2g.* pessoa partidária do industrialismo (De *industrial+-ista*)

industrialização *n.f.* ECONOMIA processo que consiste em aumentar o peso do setor industrial na economia a nível regional ou nacional (De *industrializar+-ção*)

industrializar *v.tr.* 1 tornar industrial 2 ECONOMIA aumentar o peso do setor industrial na economia a nível regional ou nacional; promover o desenvolvimento industrial de uma região ou de um país (De *industrial+-izar*)

industriar *v.tr.* 1 empregar a sua indústria em 2 ensinar; preparar; capacitar para certo fim 3 exercitar 4 aconselhar (De *indústria+-ar*)

industriosamente *adv.* de modo industrioso; astutamente; engenhosamente; habilmente (De *industrioso+-mente*)

industrioso /ô/ *adj.* 1 executado com indústria 2 engenhoso; habilidoso; destro; laborioso 3 esperto; astuto; ardiloso; fino 4 ativo (Do lat. *industriōsu-*, «id.»)

indutância *n.f.* 1 ELETRICIDADE propriedade de um circuito elétrico que depende da sua disposição geométrica e do meio em que está mergulhado 2 ELETRICIDADE razão entre o fluxo magnético que atravessa esse meio e a intensidade da corrente que o percorre (Do fr. *inductance*, «id.»)

indutar *v.tr.* revestir; cobrir; guarnecer (De *induto+-ar*)

indutivo *adj.* 1 que induz 2 que procede por indução 3 (raciocínio) que parte dos factos observados em número finito para as leis gerais 4 ELETRICIDADE (circuito elétrico) que tem indutância (Do lat. *inductīvu-*, «indutivo»)

induto *n.m.* revestimento; cobertura; indumento (Do lat. *indūtu-*, «revestido», part. pass. de *induĕre*, «vestir; revestir»)

indutómetro *n.m.* ELETRICIDADE instrumento que serve para medir a indutância e cujo funcionamento se baseia na variação das posições relativas de duas ou mais bobinas colocadas em série (De *indut[ância]+-metro*)

indutor *adj.,n.m.* 1 que, aquilo ou aquele que induz 2 instigador 3 ELETRICIDADE corpo eletrizado que provoca a indução eletrostática 4 circuito elétrico, magnete ou campo magnético que provoca a indução eletromagnética (Do lat. *inductōre-*, «aquele que induz»)

indúvia *n.f.* 1 BOTÂNICA parte persistente do invólucro floral que envolve e protege alguns frutos 2 outras formações vegetais com funções análogas, mas de origem axial 3 indumento; vestimenta (Do lat. *induvĭas*, «roupa; vestuário»)

induviado *adj.* diz-se do fruto que mantém as indúvias (De *indúvia+-ado*)

induvial *adj.2g.* ⇒ **induviado** (De *indúvia+-al*)

indúvio *n.m.* ⇒ **indúvia** (De *indúvia*)

induzido *adj.* que se induziu ■ *n.m.* 1 aquele ou aquilo que se induziu 2 ELETRICIDADE corpo condutor que sofreu a indução eletrostática 3 ELETRICIDADE circuito onde se formaram correntes elétricas por indução eletromagnética (Part. pass. de *induzir*)

induzidor *adj.,n.m.* que ou aquele que induz; incitador; indutor; persuasivo (De *induzir+-dor*)

induzimento *n.m.* ato de induzir; instigação; aliciação (De *induzir+-mento*)

induzir *v.tr.* 1 aconselhar ou levar (alguém) a; instigar; aliciar 2 inferir por indução 3 produzir efeito de indução em (Do lat. *inducĕre*, «levar para dentro»)

inebriação *n.f.* 1 ato ou efeito de inebriar(-se); embriagamento 2 êxtase (Do lat. *inebriatiōne-*, «ação de embriagar»)

inebriador *adj.* ⇒ **inebriante** (Do lat. *inebriatōre-*, «o que se embriaga»)

inebriamento n.m. ⇒ **inebriação** (De *inebriar*+*-mento*)
inebriante adj.2g. que inebria; embriagador (Do lat. *inebriante-*, «id.», part. pres. de *inebriāre*, «embriagar»)
inebriar v.tr. **1** tornar ébrio; embriagar **2** deliciar **3** extasiar (Do lat. *inebriāre-*, «id.»)
inédia n.f. abstinência absoluta de alimento (Do lat. *inedĭa-*, «id.»)
inédito adj. **1** não publicado **2** nunca visto; original ■ n.m. obra ou texto que ainda não foi publicado (Do lat. *inedĭtu-*, «id.»)
inefabilidade n.f. qualidade de inefável (Do lat. *ineffabilităte-*, «id.»)
inefável adj.2g. **1** que não se pode exprimir por palavras **2** deslumbrante; delicioso; encantador (Do lat. *ineffabĭle*, «id.»)
ineficácia n.f. **1** falta de eficácia; qualidade de ineficaz **2** inutilidade (Do lat. *inefficacĭa-*, «id.»)
ineficaz adj.2g. **1** não eficaz; que não produz efeito **2** inútil **3** impróprio (Do lat. *inefficăce-*, «id.»)
ineficiência n.f. falta de eficiência (De *in-*+*eficiência*)
ineficiente adj.2g. **1** não eficiente **2** que não cumpre os objetivos pretendidos (De *in-*+*eficiente*)
ineficientemente adv. **1** de modo ineficiente; sem eficiência **2** ineficazmente; inutilmente (De *ineficiente*+*-mente*)
inegável adj.2g. que não se pode negar; evidente; incontestável (De *in-*+*negável*)
inegavelmente adv. de modo inegável; sem se poder negar; incontestavelmente (De *inegável*+*-mente*)
inegociável adj.2g. **1** que não se pode negociar **2** que não serve para comércio (De *in-*+*negociável*)
ineixa n.f. BOTÂNICA planta herbácea, da família das Crucíferas, com pequenas flores amarelas, espontânea em Portugal (De orig. obsc.)
inelástico adj. que não é elástico (De *in-*+*elástico*)
inelegância n.f. falta de elegância; deselegância (Do lat. *inelegantĭa-*, «id.»)
inelegante adj.2g. que não é elegante; deselegante; desengraçado (Do lat. *inelegante-*, «id.»)
inelegibilidade n.f. qualidade de inelegível (De *inelegível*+*-i-*+*-dade*)
inelegível adj.2g. que não pode ser eleito (De *in-*+*elegível*)
inelidível adj.2g. que não se pode elidir (De *in-*+*elidível*)
ineloquente /qu-en/ adj.2g. que não é eloquente (Do lat. *ineloquente-*, «id.»)
inelutável adj.2g. **1** com que não se pode lutar **2** invencível **3** inevitável (Do lat. *ineluctabĭle-*, «id.»)
inenarrável adj.2g. **1** que não se pode narrar ou contar **2** que não se pode descrever (Do lat. *inenarrabĭle-*, «id.»)
inenrugável adj.2g. que não enruga (De *in-*+*enrugável*)
-íneo sufixo nominal, de origem latina, que exprime a ideia de semelhança ou relação (*arcelíneo*)
inépcia n.f. **1** qualidade de inepto; falta de aptidão ou habilidade **2** falta de inteligência; imbecilidade **3** ato absurdo; tolice (Do lat. *ineptĭa-*, «estupidez»)
ineptidão n.f. inépcia; incapacidade (De *inepto*+*-idão*)
inepto adj. **1** que não tem aptidão ou habilidade; inábil **2** tolo; disparatado **3** absurdo (Do lat. *ineptu-*, «id.»)
inequação n.f. MATEMÁTICA desigualdade condicional entre duas quantidades e dependente de certas variáveis (De *in-*+*equação*)
inequifacial adj. **1** de faces desiguais **2** BOTÂNICA diz-se da folha vegetal cujas páginas não são iguais, opondo-se a equifacial (De *in-*+*equifacial*)
inequilátero /qu-i/ adj. **1** que tem lados desiguais **2** BOTÂNICA (folha) cuja nervura principal divide o limbo em duas partes desiguais (De *in-*+*equilátero*)
inequivalve /qu-i/ adj.2g. **1** que tem concha constituída por valvas desiguais **2** diz-se desta concha (De *in-*+*equivalve*)
inequívoco adj. **1** que não é equívoco; que tem apenas uma interpretação **2** que não suscita dúvidas; claro; evidente (De *in-*+*equívoco*)
inércia n.f. **1** falta de movimento, de atividade; inação; apatia; letargia **2** indolência; preguiça **3** rotina **4** resistência passiva à inovação **5** FÍSICA propriedade que os corpos têm de não poderem, por si, alterar o seu estado de repouso ou o seu movimento; **~ da energia** FÍSICA na teoria da relatividade, exprime-se por mc², produto da massa pelo quadrado da velocidade da luz, no vazio; **força de ~** FÍSICA força igual e de sentido oposto ao produto da massa pela aceleração (Do lat. *inertĭa-*, «id.»)
inerciar v.tr. tornar inerte; comunicar inércia a (De *inércia*+*-ar*)
inerência n.f. **1** qualidade de inerente; indissociabilidade **2** união íntima **3** investidura obrigatória num cargo em virtude do exercício de outro cargo (Do lat. *inhaerentĭa*, part. pres. neut. pl. subst. de *inhaerēre*, «estar fixo; aderir»)
inerente adj.2g. unido de forma inseparável; que é próprio de; intrínseco (Do lat. *inhaerente-*, «id.»)
inerir v.tr. ser inerente a; estar ligado intimamente a; ser inseparável de (Do lat. *inhaerēre*, «estar ligado a»)
inerme adj.2g. **1** desarmado; indefeso; que não pode defender-se **2** ZOOLOGIA (animal, órgão) desprovido de meios de defesa ou ataque, como ganchos de fixação, tromba, etc. **3** BOTÂNICA (planta, órgão vegetal) desprovido de espinhos, ganchos ou acúleos; **ténia ~** grande ténia parasita do homem, de escólex desprovido de ganchos de fixação, e que tem o boi como hospedeiro intermediário (Do lat. *inerme-*, «id.»)
inerrância n.f. **1** qualidade de não errar; infalibilidade **2** RELIGIÃO impossibilidade de erro própria da Sagrada Escritura, graças à inspiração divina (Do lat. ecl. *inerrantĭa-*, «id.»)
inerrante adj.2g. **1** que não pode errar; infalível **2** não errante; fixo (Do lat. *inerrante-*, «fixo»)
inerte adj.2g. **1** que não tem movimento ou atividade própria **2** que tem inércia **3** [fig.] preguiçoso; indolente ■ n.m. ⇒ **agregado** n.m. **3**; **gás ~** QUÍMICA substância gasosa que, nas condições habituais de utilização, não tem atividade química (hélio, néon, árgon, crípton, xénon e rádon), gás nobre, gás raro (Do lat. *inerte-*, «id.»)
inervação n.f. **1** ato ou efeito de inervar **2** ANATOMIA distribuição dos nervos no organismo **3** FISIOLOGIA conjunto dos fenómenos que se manifestam no organismo com intervenção dos centros do sistema nervoso (De *inervar*+*-ção*)
inervar v.tr. **1** comunicar atividade ou faculdade motriz a **2** fornecer nervos a **3** distribuir-se por (nervo) **4** fazer nervuras em (De *+nervo*+*-ar*)
inérveo adj. desprovido de nervuras (De *in-*+*nérveo*)
inescrutabilidade n.f. qualidade do que é inescrutável (De *+escrutabilidade*)
inescrutável adj.2g. que não se pode escrutar; impenetrável; incompreensível (De *in-*+*escrutável*)
inescurecível adj.2g. **1** que não pode ser escurecido **2** [fig.] que não se pode apagar da memória **3** [fig.] claro; evidente (De *+escurecível*)
inescusável adj.2g. **1** que não se pode escusar ou dispensar **2** indesculpável (Do lat. *inexcusabĭle-*, «id.»)
inesgotável adj.2g. **1** que não se pode esgotar **2** copioso; imenso (De *in-*+*esgotável*)
inesgotavelmente adv. **1** de modo inesgotável; sem se esgotar **2** abundantemente (De *inesgotável*+*-mente*)
inesiano adj. relativo a D. Inês de Castro, fidalga galega que veio a ser a segunda mulher do príncipe D. Pedro, mais tarde D. Pedro I, rei de Portugal, 1320-1367 (De *inês*+*-iano*)
inesperado adj. não esperado; imprevisto (De *in-*+*esperado*)
inesquecível adj.2g. que não se pode ou não se deve esquecer; inolvidável (De *in-*+*esquecível*)
inestancável adj.2g. **1** que não se pode estancar **2** inexaurível (De *in-*+*estancável*)
inestendível adj.2g. que não pode ser estendido; inextensível (De *in-*+*estendível*)
inestético adj. **1** contrário à estética **2** deselegante **3** de mau gosto (De *in-*+*estético*)
inestimado adj. não estimado (De *in-*+*estimado*)
inestimável adj.2g. **1** que não se pode estimar **2** cujo valor não se pode apreciar **3** de grande valor (Do lat. *inaestimabĭle-*, «id.»)
inevidência n.f. falta de evidência (De *in-*+*evidência*)
inevidente adj.2g. que não é evidente (De *in-*+*evidente*)
inevitabilidade n.f. qualidade do que não se pode evitar
inevitável adj.2g. que não se pode evitar; fatal (Do lat. *inevitabĭle-*, «id.»)
inexactidão ver nova grafia **inexatidão**
inexacto ver nova grafia **inexato**
inexaminável /z/ adj.2g. que não se pode examinar (De *in-*+*examinável*)
inexatidão /z/ n.f. **1** falta de exatidão **2** impontualidade **3** falsidade; mentira **4** erro (De *in-*+*exactidão*)
inexato /z/ adj. **1** que não é exato; impreciso **2** que não está totalmente correto; errado **3** falso **4** que não é cumpridor ou pontual (De *in-*+*exacto*)
inexaurível /z/ adj.2g. que não se pode exaurir; inesgotável (De *in-*+*exaurível*)
inexausto /z/ adj. não exausto (Do lat. *inexhaustu-*, «id.»)

inexcedível *adj.2g.* que não pode ser excedido; insuperável (De *in-+excedível*)
inexcitabilidade *n.f.* qualidade do que é inexcitável (De *in-+excitabilidade*)
inexcitável *adj.2g.* que não se pode excitar; impassível; imperturbável (Do lat. *inexcitabĭle-*, «letárgico»)
inexecução /z/ *n.f.* falta de execução (De *in-+execução*)
inexecutável /z/ *adj.2g.* que não se pode pôr em execução; inexequível; impraticável (De *in-+executável*)
inexequibilidade /z...qu-i/ *n.f.* qualidade do que é inexequível; qualidade daquilo que não pode ser executado (De *in-+exequibilidade*)
inexequível /z...qu-i/ *adj.2g.* impossível de executar; inexecutável; irrealizável (De *in-+exequível*)
inexigível /z/ *adj.2g.* que não se pode exigir (De *in-+exigível*)
inexistência /z/ *n.f.* 1 falta de existência 2 carência (De *in-+existência*)
inexistente /z/ *adj.2g.* 1 que está em falta 2 que não existe (De *in-+existente*)
inexorabilidade /z/ *n.f.* qualidade de quem ou daquilo que é inexorável (Do lat. *inexorabĭle-*, «inexorável»+*-i-+-dade*)
inexorado /z/ *adj.* que não foi exorado ou pedido (Do lat. *inexorātu-*, «não pedido»)
inexorável /z/ *adj.* 1 que não é exorável; inflexível; implacável 2 muito severo; rigoroso; rígido (Do lat. *inexorabĭle-*, «id.»)
inexpedito *adj.* 1 que não é expedito; sem desembaraço 2 acanhado (Do lat. *inexpedĭtu-*, «id.»)
inexperiência *n.f.* 1 falta de experiência 2 qualidade de inexperiente (Do lat. *inexperientĭa-*, «id.»)
inexperiente *adj.2g.* 1 sem experiência; inexperto 2 ingénuo; inocente (De lat. *inexperiente-*, «id.»)
inexperto *adj.* ⇒ **inexperiente** (Do lat. *inexpertu-*, «id.»)
inexpiado *adj.* que não foi expiado (Do lat. *inexpiātu-*, «id.»)
inexpiável *adj.2g.* que não se pode expiar; irremissível (Do lat. *inexpiabĭle-*, «id.»)
inexplicabilidade *n.f.* qualidade de inexplicável (Do lat. *inexplicabĭle-*, «inexplicável»+*-i-+-dade*)
inexplicável *adj.2g.* 1 que não se pode explicar 2 que não tem explicação 3 obscuro; intrincado (Do lat. *inexplicabĭle-*, «id.»)
inexplícito *adj.* que não é explícito; pouco claro; obscuro (Do lat. *inexplicĭtu-*, «embaraçado»)
inexplorado *adj.* 1 ainda não explorado 2 desconhecido 3 ainda não estudado 4 ainda não debatido (Do lat. *inexplorātu-*, «id.»)
inexplorável *adj.2g.* que não se pode explorar (De *in-+explorável*)
inexpressão *n.f.* 1 ausência de expressão 2 falta de expressividade 3 falta de vivacidade (De *in-+expressão*)
inexpressivo *adj.* 1 que não tem expressão 2 que não exprime nada (De *in-+expressivo*)
inexprimível *adj.2g.* que não se pode exprimir; indizível; inefável (De *in-+exprimível*)
inexpugnabilidade *n.f.* qualidade do que é inexpugnável (Do lat. *inexpugnabĭle-*, «inexpugnável»+*-i-+-dade*)
inexpugnável *adj.2g.* 1 que não se pode conquistar à força de armas 2 que se não pode vencer ou conquistar; invencível (Do lat. *inexpugnabĭle-*, «id.»)
inextensão *n.f.* 1 falta de extensão 2 qualidade de inextenso (De *in-+extensão*)
inextensibilidade *n.f.* qualidade do que é inextensível (De *in-+extensibilidade*)
inextensível *adj.2g.* 1 não extensível 2 que não se pode estender ou acomodar a certos ou determinados casos (De *in-+extensível*)
inextenso *adj.* 1 que não tem extensão 2 não estendido (Do lat. cient. *inextensu-*, «id.»)
inexterminável *adj.2g.* que não se pode exterminar; indestrutível (Do lat. *inexterminabĭle-*, «id.»)
inextinguível *adj.2g.* 1 que não se pode extinguir ou apagar 2 que não se pode fazer desaparecer 3 perdurável (Do lat. *inextinguibĭle-*, «id.»)
inextinto *adj.* que ainda não se extinguiu; que ainda subsiste (Do lat. *inextinctu-*, «id.»)
inextirpável *adj.2g.* 1 que não se pode extirpar ou desarreigar 2 muito arreigado (Do lat. *inexstirpabĭle-*, «id.»)
inextricável *adj.2g.* 1 que não se pode desemaranhar; muito enredado 2 que não se pode separar 3 que não se pode distinguir 4 que não se pode solucionar ou esclarecer (Do lat. *inextricabĭle-*, «id.»)

infactível *adj.2g.* que não se pode fazer; inexequível; irrealizável (De *in-+factível*)
infacundo *adj.* não facundo; pouco eloquente (Do lat. *infacundu-*, «pouco eloquente»)
infalibilidade *n.f.* 1 qualidade de infalível 2 qualidade de não poder errar ou enganar-se 3 RELIGIÃO verdade de fé, segundo a qual a Igreja, por intermédio do papa ou do Concílio Ecuménico, não pode errar em matéria de fé e de costumes (Do lat. *infallibĭle-*, «que não pode enganar-se»+*-i-+-dade*)
infalibilismo *n.m.* doutrina católica que defende a infalibilidade do papa em matéria de fé ou moral (Do lat. *infallibĭle-*, «infalível»+*-ismo*)
infalibilista *n.2g.* pessoa partidária do infalibilismo (Do lat. *infallibĭle-*, «infalível»+*-ista*)
infalível *adj.2g.* 1 que não falha; que nunca se engana 2 que regula com exatidão 3 inevitável (Do lat. *infallibĭle-*, «id.»)
infalivelmente *adv.* 1 de modo infalível 2 inevitavelmente (De *infalível+-mente*)
infalsificável *adj.2g.* que não se pode falsificar (De *in-+falsificável*)
infamação *n.f.* ato ou efeito de infamar; difamação; descrédito (Do lat. *infamatiōne-*, «id.»)
infamador *adj.n.m.* que ou aquele que infama; difamador (Do lat. tard. *infamatōre-*, «id.»)
infamante *adj.2g.* que infama; que lança ou impõe desonra (Do lat. *infamante-*, «id.», part. pres. de *infamāre*, «difamar; desacreditar»)
infamar *v.tr.* 1 tornar infame 2 atribuir infâmias a 3 fazer cair em descrédito; desonrar (Do lat. *infamāre*, «difamar»)
infamatório *adj.* ⇒ **infamante** (De *infamar+-tório*)
infame *adj.2g.* 1 que não tem boa fama; marcado de infâmia; desacreditado 2 que pratica infâmias 3 torpe; vil; abjeto 4 desavergonhado ■ *n.2g.* pessoa que pratica atos considerados condenáveis do ponto de vista social e moral (Do lat. *infāme-*, «id.»)
infâmia *n.f.* 1 perda da boa fama; descrédito; desonra 2 ato ou dito considerado condenável do ponto de vista moral e social; ignomínia; vileza 3 ato ou dito que desacredita ou faz perder a boa reputação (Do lat. *infamĭa-*, «id.»)
infanção *n.m.* membro de uma das classes em que estava dividida a nobreza portuguesa no século XII, imediatamente inferior à classe dos ricos-homens, e que designava o nobre de linhagem não revestido de magistratura, designação que mais tarde foi substituída pelo termo genérico de fidalgo (Do lat. med. *infantiōne-*, «id.»)
infância *n.f.* 1 primeiro período da vida humana, que vai do nascimento até à adolescência 2 [fig.] primeiros anos de existência de uma instituição, de uma arte, etc. 3 [fig.] começo; princípio 4 [fig.] as crianças (Do lat. *infantĭa-*, «id.»)
infando *adj.* ⇒ **nefando** (Do lat. *infandu-*, «de que se não deve falar; abominável»)
infanta *n.f.* 1 esposa do infante 2 filha de rei português ou espanhol, mas não herdeira do trono
infantado *n.m.* território ou bens de infante ou infanta (De *infante+-ado*)
infantaria *n.f.* MILITAR conjunto de tropas que constituem o grosso do exército, combatem a pé, podendo ser mecanizadas, motorizadas ou aerotransportadas, e têm por missão a conquista, a ocupação e a defesa do terreno, para o que dispõem de armamento ligeiro ou pesado (Do it. *infanteria*, «id.»)
infantário *n.m.* estabelecimento que se ocupa de crianças em idade pré-escolar; jardim-escola; creche (De *infante+-ário*)
infante *adj.2g.* relativo à infância; infantil ■ *n.m.* 1 menino de pouca idade; criança 2 filho varão, não primogénito, do rei 3 HISTÓRIA nos primeiros tempos da monarquia, qualquer dos filhos do rei 4 MILITAR soldado de infantaria; peão (Do lat. *infante-*, «que ainda não fala»)
infanticida *n.2g.* pessoa que cometeu infanticídio (Do lat. *infanticīda-*, «id.»)
infanticídio *n.m.* 1 assassínio de uma criança, especialmente de um recém-nascido 2 DIREITO morte do filho provocada pela mãe, durante o parto ou o estado puerperal (Do lat. *infanticidĭu-*, «id.»)
infantil *adj.2g.* 1 relativo à infância ou às crianças; próprio de criança 2 [fig.] que age como uma criança; que revela falta de maturidade 3 [fig.] inocente; ingénuo; pueril (Do lat. *infantīle-*, «id.»)
infantilidade *n.f.* 1 qualidade de infantil 2 ato ou dito que revela pouca maturidade emocional ou intelectual; criancice; puerilidade (De *infantil+-i-+-dade*)
infantilismo *n.m.* MEDICINA suspensão do desenvolvimento morfológico e psíquico no estádio da infância (De *infantil+-ismo*)

infantilizar v.tr. tornar infantil; dar carácter infantil a (De *infantil+-izar*)

infantilmente adv. 1 de modo infantil; com infantilidade 2 inocentemente (De *infantil+-mente*)

infantino adj. próprio de crianças; infantil (Do fr. *enfantin*, «infantil»)

infantista adj.2g. relativo a infante, especialmente a D. Henrique, o Navegador (1394-1460) (De *infante+-ista*)

infantojuvenil adj.2g. 1 relativo à infância e à juventude 2 destinado às crianças e aos jovens

infanto-juvenil ver nova grafia infantojuvenil

infatigabilidade n.f. qualidade de infatigável (Do lat. *infatigabĭle-*, «infatigável» *+-i-+-dade*)

infatigável adj.2g. 1 que não se fatiga; incansável 2 diligente; zeloso 3 robusto; forte (Do lat. *infatigabĭle-*, «id.»)

infausto adj. 1 que não é fausto ou próspero 2 funesto; aziago; infeliz (Do lat. *infaustu-*, «id.»)

infeção n.f. 1 ato ou efeito de (se) infecionar 2 MEDICINA ação mórbida originada por agentes microbianos patogénicos introduzidos no organismo 3 introdução de elementos nocivos em alimento, substância, etc.; contaminação 4 transmissão, direta ou indireta, de doença; contágio (Do lat. med. *infectiōne-*, «id.»)

infecção ver nova grafia infeção

infecciologia a grafia mais usada é infeciologia

infeccionado ver nova grafia infecionado

infeccionar ver nova grafia infecionar

infeccioso ver nova grafia infecioso

infeciologia n.f. parte da medicina que se dedica ao estudo e tratamento de doenças infecciosas (Do lat. med. *infectio*, «infeção» *+-logia*) ACORDO ORTOGRÁFICO também se pode escrever **infecciologia**

infecionado adj. 1 que tem uma infeção 2 contagiado 3 mal influenciado; corrompido (Part. pass. de *infeccionar*)

infecionar v.tr.,intr. 1 originar ou desenvolver uma infeção; contaminar(-se); infetar 2 corromper(-se); viciar(-se) (Do lat. med. *infectiōne-*, «infeção» *+-ar*)

infecioso /ô/ adj. 1 que produz infeção 2 que provém de infeção 3 contagioso (Do lat. med. *infectio*, «infeção» *+-oso*)

infectado ver nova grafia infetado

infectante ver nova grafia infetante

infectar ver nova grafia infetar

infecto a grafia mais usada é infeto

infectocontagioso a grafia mais usada é infetocontagioso

infecto-contagioso ver nova grafia infetocontagioso

infectuoso /ô/ adj. ⇒ **infecioso** (Do lat. *infectu-*, «infetado» *+-oso*) ACORDO ORTOGRÁFICO também se pode escrever **infetuoso**

infecundar v.tr. 1 tornar infecundo; esterilizar 2 castrar (De *infecundo+-ar*)

infecundidade n.f. qualidade ou estado de infecundo; esterilidade (Do lat. *infecunditāte-*, «id.»)

infecundo adj. 1 que não é fecundo; que não é fértil 2 que não se reproduz 3 que não produz 4 [fig.] que não tem os resultados pretendidos; que não cumpre os objetivos (Do lat. *infecundu-*, «id.»)

infelicidade n.f. 1 falta de felicidade 2 qualidade ou estado de infeliz 3 insatisfação; descontentamento 4 revés; desgraça 5 adversidade; infortúnio 6 ato ou dito pouco adequado ou conveniente 7 insucesso (Do lat. *infelicitāte-*, «id.»)

infelicitar v.tr. tornar infeliz (De *in-+felicitar*)

infeliz adj.2g. 1 que não é feliz 2 pouco satisfeito; descontente 3 mal sucedido; falhado 4 mau; medíocre 5 pouco conveniente; pouco adequado ■ n.2g. 1 pessoa que vive com muitas dificuldades 2 pessoa que suscita pena ou desprezo (Do lat. *infelĭce-*, «id.»)

infelizmente adv. 1 de maneira infeliz; com infelicidade 2 de modo que suscita tristeza ou compaixão; lamentavelmente (De *infeliz+-mente*)

infenso adj. 1 oposto; contrário; inimigo 2 hostil; irado; irritado (Do lat. *infensu-*, «hostil; contrário»)

inferaxilar /cs/ adj.2g. BOTÂNICA designativo dos órgãos vegetais que se inserem por baixo das axilas das folhas; infra-axilar (Do lat. *infĕru-*, «inferior» *+axilla-*, «axila» *+-ar*)

inferência n.f. 1 ato ou efeito de inferir 2 ilação; dedução 3 consequência 4 conclusão 5 LÓGICA transição de uma ou mais proposições, consideradas como verdadeiras ou como falsas, para a verdade ou falsidade daquelas que dependem (Do lat. *inferentĭa-*, part. pres. neut. pl. subst. de *infĕrre*, «inferir; suscitar»)

inférias n.f.pl. sacrifícios que os antigos dispensavam aos defuntos (Do lat. *inferĭas*, «sacrifício fúnebre»)

inferior adj.2g. 1 que está mais abaixo que outro 2 de menor qualidade 3 baixo 4 subordinado a outro; subalterno ■ n.m. pessoa que está abaixo de outra em categoria, dignidade, etc. (Do lat. *inferiōre-*, «id.»)

inferioridade n.f. qualidade ou estado do que é inferior (De *inferior+-i-+-dade*)

inferiorização n.f. 1 ato ou efeito de inferiorizar 2 rebaixamento; humilhação (De *inferiorizar+-ção*)

inferiorizar v.tr.,pron. 1 tornar(-se) inferior 2 rebaixar(-se); apoucar(-se) (De *inferior+-izar*)

inferiormente adv. 1 na parte inferior 2 em situação inferior (De *inferior+-mente*)

inferir v.tr. deduzir por meio de raciocínio; concluir (Do lat. *infĕrre*, por *infērre*, «inferir; suscitar»)

infermentescível adj.2g. insuscetível de fermentar (De *in-+fermentescível*)

infernação n.f. 1 tormento; inferneira; aborrecimento 2 impertinência (De *infernar+-ção*)

infernal adj.2g. 1 do Inferno ou a ele referente 2 diabólico 3 que parece um inferno 4 horrendo; medonho 5 insuportável; atroz 6 que faz muito barulho (Do lat. *infernāle-*, «id.»)

infernalidade n.f. qualidade do que é infernal (De *infernal+-i-+-dade*)

infernar v.tr. 1 meter no inferno 2 [fig.] atormentar; afligir; desesperar (De *inferno+-ar*)

inferneira n.f. 1 gritaria; alarido; chinfrim 2 tumulto; confusão (De *inferno+-eira*)

infernizar v.tr. 1 meter no inferno 2 [fig.] atormentar; afligir; desesperar (De *inferno+-izar*)

inferno n.m. 1 [com maiúscula] RELIGIÃO estado ou lugar dos que, mortos em pecado mortal, sofrem uma pena eterna 2 [com maiúscula] MITOLOGIA local habitado pelos mortos e povoado pelas suas sombras 3 tortura; tormenta 4 vida atribulada 5 confusão; desordem 6 reservatório para onde escorrem os resíduos líquidos da extração do azeite (Do lat. *infernu-*, «id.»)

inferno-e-paraíso n.m. espécie de jogo popular

ínfero adj. 1 inferior 2 BOTÂNICA (órgão vegetal) que ocupa posição inferior relativamente a outros 3 BOTÂNICA (ovário vegetal) que está todo situado por baixo das outras peças florais ■ n.m. 1 lugar inferior 2 inferno (Do lat. *infĕru-*, «inferior»)

ínfero-anterior adj.2g. situado abaixo e à frente

ínfero-exterior adj.2g. situado abaixo e na parte exterior

ínfero-interior adj.2g. situado abaixo e na parte interior

ínfero-posterior adj.2g. situado abaixo e atrás

inferovariado adj. BOTÂNICA diz-se da flor com ovário ínfero, ou da planta com flores nestas condições (De *ínfero+ovário+-ado*)

infértil adj.2g. 1 que não é fértil; estéril 2 improdutivo (Do lat. *infertīle-*, «id.»)

infertilidade n.f. qualidade do que é infértil (Do lat. *infertilitāte-*, «esterilidade»)

infertilizar v.tr. tornar infértil; esterilizar ■ v.pron. esterilizar-se (De *infértil+-izar*)

infertilizável adj.2g. que não é suscetível de se tornar fértil (De *in-+fertilizável*)

infestação n.f. 1 ato ou efeito de infestar 2 devastação (Do lat. *infestatiōne-*, «devastação»)

infestador adj.,n.m. que ou aquele que infesta (Do lat. *infestatōre-*, «atacante»)

infestante adj.2g. que infesta (Do lat. *infestante-*, «que ataca», part. pres. de *infestāre*, «atacar; infestar»)

infestar v.tr. 1 espalhar-se em grande número por 2 abundar em 3 invadir 4 (parasitas) invadir (o organismo), causando doenças; contaminar 5 devastar; assolar 6 percorrer (os mares) como corsário ou pirata 7 vexar 8 prejudicar (Do lat. *infestāre*, «id.»)

infestatório adj. ⇒ **infestante** (De *infestar+-tório*)

infesto adj. hostil; pernicioso (Do lat. *infestu-*, «hostil; perigoso»)

infetado adj. 1 infecionado 2 contagiado 3 corrompido (Part. pass. de *infectar*)

infetante adj.2g. que infeta; infectuoso (De *infectar+-ante*)

infetar v.tr.,intr. 1 transmitir ou apanhar doença; infecionar; contaminar(-se) 2 corromper(-se) ■ v.tr. contaminar (computador) com vírus informático (Do lat. *infectu-*, «infetado», part. pass. de *inficĕre*, «infetar; envenenar» *+-ar*)

infeto adj. 1 que tem infeção; infecionado 2 que repugna ao olfato pelo mau cheiro que exala; pestilento 3 [fig.] que provoca repulsa; abjeto; repulsivo (Do lat. *infectu-*, «infetado», part. pass. de *inficĕre*, «infetar; envenenar») ACORDO ORTOGRÁFICO também se pode escrever **infecto**

infetocontagioso *adj.* designativo de uma doença infeciosa que se transmite facilmente por contágio ACORDO ORTOGRÁFICO também se pode escrever infectocontagioso

infetuoso a grafia mais usada é **infectuoso**

infibulação *n.f.* CIRURGIA operação que tem por objeto impedir o coito, adaptando aos órgãos sexuais determinado dispositivo (De *infibular*+-*ção*)

infibulador *adj.,n.m.* que ou o que infibula (De *infibular*+-*dor*)

infibular *v.tr.* **1** praticar a infibulação em **2** afivelar **3** acolchetar (Do lat. *infibulāre*, «afivelar»)

inficionação *n.f.* ato ou efeito de inficionar (De *inficionar*+-*ção*)

inficionado *adj.* ⇒ **infecionado** (Part. pass. de *inficionar*)

inficionador *adj.,n.m.* que, aquele ou aquilo que inficiona (De *inficionar*+-*dor*)

inficionar *v.tr.,intr.* ⇒ **infecionar** (Por *infeccionar*)

infidelidade *n.f.* **1** qualidade de quem é infiel **2** falta de fidelidade **3** violação da confiança ou dos compromissos assumidos com alguém; deslealdade; traição **4** não cumprimento de compromissos de monogamia assumidos com cônjuge, companheiro(a) ou namorado(a) **5** falta de exatidão relativamente àquilo que se pretende retratar (Do lat. *infidelitāte*-, «id.»)

infidelíssimo *adj.* {*superlativo absoluto sintético de* **infiel**} muito infiel (Do lat. *infidelissĭmu*-, «id.»)

infido *adj.* ⇒ **infiel** (Do lat. *infīdu*-, «id.»)

infiel *adj.2g.* **1** que não é fiel **2** que quebra a confiança de alguém; desleal; traidor **3** que não cumpre os compromissos assumidos **4** que não cumpre os compromissos de monogamia assumidos com cônjuge, companheiro(a) ou namorado(a) **5** inexato em relação àquilo que pretende retratar ∎ *n.2g.* **1** pessoa que comete infidelidade(s) **2** RELIGIÃO aquele que não segue a religião considerada verdadeira (Do lat. *infidēle*-, «id.»)

infiltração *n.f.* **1** ato ou efeito de infiltrar **2** passagem de um líquido através dos interstícios de corpos sólidos **3** introdução **4** evolução lenta de ideias ou doutrinas difundidas **5** MEDICINA derramamento anormal de um líquido entre os elementos anatómicos dos tecidos orgânicos **6** MILITAR sistema de movimento sobre um itinerário ameaçado, pelo qual o pessoal e o material se deslocam em pequenos grupos separados e irregularmente distanciados (De *infiltrar*+-*ção*)

infiltrado *n.m.* **1** aquele que se infiltrou **2** MEDICINA (radiologia) opacidade pulmonar homogénea e pouco extensa **3** MEDICINA (anatomia patológica) aglomeração mais ou menos densa e extensa de células de diferentes tipos num tecido ou num órgão

infiltrador *adj.,n.m.* que, aquele ou aquilo que infiltra ou faz penetrar a pouco e pouco (De *infiltrar*+-*dor*)

infiltrar *v.tr.* **1** fazer entrar (como através de um filtro) **2** instilar **3** introduzir a pouco e pouco **4** [fig.] insinuar ∎ *v.pron.* **1** penetrar pouco a pouco **2** impregnar-se **3** [fig.] penetrar em determinado meio ou a comunidade com o fim de influenciar ou espiar (De *in*-+*filtro*+-*ar*)

infiltrável¹ *adj.2g.* que se pode infiltrar (De *infiltrar*+-*vel*)

infiltrável² *adj.2g.* que não se pode filtrar (De *in*-+*filtrável*)

infimidade *n.f.* **1** qualidade ou estado de ínfimo **2** inferioridade (Do lat. *infimitāte*-, «baixa condição»)

ínfimo *adj.* **1** o mais baixo **2** abaixo de inferior **3** que é muito pequeno; mínimo **4** vil; reles; desprezível **5** miserável (Do lat. *infĭmu*-, «id.»)

infindável *adj.2g.* que não finda; permanente (De *in*-+*findável*)

infindo *adj.* **1** que nunca acaba; que não tem fim **2** infinito; ilimitado **3** inumerável (De *in*-+*findo*)

infinidade *n.f.* **1** ausência de limites **2** qualidade do que é infinito **3** grande quantidade (Do lat. *infinitāte*-, «imensidade»)

infinitamente *adv.* **1** sem limite; sem medida; de modo infinito **2** muitíssimo; extremamente (De *infinito*+-*mente*)

infinitésima *n.f.* parte infinitamente pequena (De *infinitésimo*)

infinitesimal *adj.2g.* **1** que tem o carácter de infinitésima **2** que se compõe de partes infinitamente pequenas **3** MATEMÁTICA (variável) cujo valor numérico pode tornar-se menor, em módulo, do que qualquer número positivo (De *infinitésimo*+-*al*)

infinitésimo *adj.* que é infinitamente pequeno ∎ *n.m.* MATEMÁTICA quantidade variável que tende para zero (Do lat. cient. *infinitesĭmu*-, «id.»)

infinitivo *adj.* GRAMÁTICA diz-se da frase ou oração que tem o predicado no infinitivo ∎ *n.m.* GRAMÁTICA forma nominal do verbo que corresponde à representação do processo em si mesmo e não exprime tempo, modo, aspeto, número, nem pessoa; ~ *impessoal* GRAMÁTICA infinitivo que não apresenta marcas nem de pessoa nem de número (ex.: *comer uma salada*); ~ *pessoal* GRAMÁTICA infinitivo que apresenta flexão de pessoa e de número (ex.: *é melhor fazeres isso*) (Do lat. *infinitīvu*-, «indeterminado»)

infinito *adj.* **1** que não tem fim ou limites; ilimitado **2** imenso **3** indefinido **4** incomensurável; inumerável **5** que é suscetível de aumentar incessantemente **6** que é maior que toda a grandeza dada ∎ *n.m.* **1** o que não tem limites **2** o tempo ou o espaço tomados em absoluto **3** [fig.] Deus **4** [fig.] o Absoluto **5** [fig.] o Eterno **6** GRAMÁTICA ⇒ **infinitivo** *n.m.* (Do lat. *infinītu*-, «id.»)

infirmar *v.tr.* **1** tirar a força ou a firmeza a **2** diminuir a autoridade de **3** invalidar **4** revogar; anular (Do lat. *infirmāre*, «enfraquecer; anular»)

infirmativo *adj.* **1** capaz de infirmar **2** próprio para infirmar (De *infirmar*+-*tivo*)

infirmidade *n.f.* **1** falta de firmeza **2** debilidade (Do lat. *infirmitāte*-, «fraqueza»)

infixação /cs/ *n.f.* ato de infixar (De *infixar*+-*ção*)

infixar /cs/ *v.tr.* aplicar como infixo (De *infixo*+-*ar*)

infixidez /cs/ *n.f.* **1** falta de fixidez **2** inconstância (De *in*-+*fixidez*)

infixo /cs/ *n.m.* **1** GRAMÁTICA elemento que se intercala entre a palavra primitiva e o sufixo numa palavra derivada **2** LINGUÍSTICA afixo que se localiza no interior de uma forma de base e que não existe em português (Do lat. *infixu*-, «metido», part. pass. de *infigĕre*, «fixar; meter»)

inflação *n.f.* **1** ato ou efeito de inflar(-se); aumento de volume **2** ECONOMIA subida generalizada e contínua dos preços de bens e serviços **3** aumento excessivo ou injustificado **4** [fig.] falta de modéstia; soberba; vaidade (Do lat. *inflatiōne*-, «inchação; dilatação»)

inflacionar *v.tr.* **1** ECONOMIA promover a inflação em **2** ECONOMIA causar desvalorização de (moeda) por meio de emissão excessiva **3** ECONOMIA colocar no mercado em quantidade excessiva (Do lat. *inflatiōne*-, «inflação» +-*ar*)

inflacionário *adj.* **1** relativo a inflação **2** que promove a inflação (De *inflação*+-*ário*)

inflacionismo *n.m.* política ou prática da inflação através da circulação de dinheiro ou da constituição de depósitos bancários (Do lat. *inflatiōne*-, «inflação; dilatação» +-*ismo*)

inflacionista *adj.2g.* **1** referente à inflação **2** que provoca a inflação ∎ *n.2g.* pessoa partidária do inflacionismo (Do lat. *inflatiōne*-, «inflação» +-*ista*)

inflado *adj.* **1** intumescido; inchado **2** [fig.] soberbo; orgulhoso (Do lat. *inflātu*-, «id.», part. pass. de *inflāre*, «inchar»)

inflamabilidade *n.f.* qualidade do que é inflamável (Do lat. *inflammabĭle*-, «inflamável» +-*i*-+-*dade*)

inflamação *n.f.* **1** ato ou efeito de inflamar ou inflamar-se **2** período em que aparecem as chamas numa combustão **3** MEDICINA reação global complexa do organismo devida a determinados microrganismos, substâncias tóxicas, etc. **4** tumefação acompanhada de calor e vermelhidão **5** [fig.] rubor **6** [fig.] entusiasmo; veemência; excitação (Do lat. *inflammatiōne*-, «id.»)

inflamado *adj.* **1** aceso **2** ardente **3** vermelho e inchado **4** que apresenta inflamação **5** [fig.] afogueado; cheio de rubor **6** [fig.] irritado **7** [fig.] veemente; entusiasmado (Do lat. *inflammātu*-, «id.», part. pass. de *inflammāre*, «inflamar; incendiar»)

inflamador *adj.,n.m.* **1** que, aquilo ou aquele que inflama **2** [fig.] incitador (Do lat. *inflammatōre*-, «id.»)

inflamar *v.tr.* **1** pôr em chama; fazer arder **2** incendiar **3** tornar vermelho e inchado **4** [fig.] irritar **5** [fig.] entusiasmar ∎ *v.pron.* **1** converter-se em chamas **2** MEDICINA sofrer inflamação **3** [fig.] afoguear-se **4** [fig.] exaltar-se (Do lat. *inflammāre*, «id.»)

inflamativo *adj.* que inflama ou causa inflamação; inflamatório (De *inflamar*+-*tivo*)

inflamatório *adj.* **1** que tem o carácter de inflamação **2** relativo a inflamação **3** ⇒ **inflamativo** (De *inflamar*+-*tório*)

inflamável *adj.2g.* **1** suscetível de se inflamar **2** (substância) suscetível de pegar fogo (De *inflamar*+-*vel*)

inflar *v.tr.* **1** encher de vento; enfunar **2** inchar, soprando **3** [fig.] ensoberbecer ∎ *v.pron.* encher-se de vaidade, de presunção (Do lat. *inflāre*, «id.»)

inflatório *adj.* que produz inflação (De *inflar*+-*tório*)

inflável *adj.2g.* que se pode inflar

inflectir ver nova grafia **infletir**

infletir *v.tr.* **1** dobrar; curvar **2** mudar a direção de; desviar **3** torcer **4** mudar o tom de (voz); modificar **5** mudar o sentido da curvatura (numa curva) **6** GRAMÁTICA variar a terminação de (Do lat. *inflectĕre*, «id.»)

inflexão /cs/ *n.f.* **1** ato ou efeito de infletir, de curvar ou de inclinar **2** mudança de tom de voz; modulação **3** mudança de direção; desvio **4** FÍSICA difração da luz **5** GRAMÁTICA ⇒ **flexão 6**; *ponto de* ~

inflexibilidade

MATEMÁTICA ponto em que muda o sentido da concavidade de uma curva e no qual esta é atravessada pela tangente (Do lat. *inflexiōne-*, «id.»)

inflexibilidade /cs/ *n.f.* **1** qualidade de inflexível **2** firmeza **3** austeridade (Do lat. *inflexibĭle-*, «inflexível» +-*i*-+-*dade*)

inflexível /cs/ *adj.2g.* **1** que não é flexível **2** que não se dobra **3** [fig.] rígido; rigoroso **4** [fig.] sereno; impassível (Do lat. *inflexibĭle-*, «id.»)

inflexivelmente /cs/ *adv.* de modo inflexível; inexoravelmente (De *inflexível*+-*mente*)

inflexivo /cs/ *adj.* **1** que tem ou causa inflexão **2** GRAMÁTICA (palavra) invariável (Do lat. *inflexu-*, «id.», part. pass. de *inflectĕre*, «dobrar; curvar» +-*ivo*)

inflexo /cs/ *adj.* **1** dobrado; curvado **2** (folha) inclinado de fora para dentro **3** rijo; que não dobra; inflexível (Do lat. *inflexu-*, «id.», part. pass. de *inflectĕre*, «curvar; dobrar»)

inflição *n.f.* ato ou efeito de infligir (Do lat. *inflictiōne-*, «id.»)

inflicção ver nova grafia **inflição**

infligir *v.tr.* **1** aplicar ou impor (pena, castigo); cominar **2** impor **3** causar (Do lat. *infligĕre*, «id.»)

inflorescência *n.f.* **1** BOTÂNICA maneira como as flores estão dispostas numa planta **2** grupo de flores (não separadas entre si por folhas normais) e o respetivo eixo de inserção **3** [fig.] desenvolvimento (Do lat. *inflorescentĭa*, «id.», part. pres. neut. pl. subst. de *inflorescĕre*, «florescer»)

inflorescente *adj.2g.* **1** que floresce **2** referente à inflorescência (Do lat. *inflorescĕre*, «id.», part. pres. de *inflorescĕre*, «florescer»)

influença *n.f.* MEDICINA doença epidémica muito frequente que ataca os órgãos respiratórios e tem sido considerada uma espécie de gripe maligna, denominada também gripe e influenza (Do it. *influenza*, «id.»)

influência *n.f.* **1** ato ou efeito de influir **2** ação que uma pessoa ou coisa exerce noutra **3** efeito **4** autoridade moral ou financeira; preponderância **5** FÍSICA indução eletrostática (Do lat. med. *influentĭa-*, «id.», part. pres. neut. pl. subst. de *influĕre*, «correr para dentro; insinuar-se»)

influenciação *n.f.* ato ou efeito de influenciar (De *influenciar*+-*ção*)

influenciar *v.tr.* **1** exercer influência em **2** levar a agir de determinada maneira **3** dominar **4** afetar; mudar; alterar (rumo dos acontecimentos) (De *influência*+-*ar*)

influenciável *adj.2g.* **1** suscetível de ser influenciado **2** que se deixa moldar pelas opiniões e/ou manobras dos outros **3** (rumo dos acontecimentos) suscetível de ser modificado por ação de alguém (De *influenciar*+-*vel*)

influente *adj.2g.* **1** que influi ou exerce influência **2** importante ■ *n.2g.* aquilo ou aquele que influi ou exerce influência (Do lat. *influente-*, «id.», part. pres. de *influĕre*, «correr para dentro; insinuar-se», pelo fr. *influent*, «id.»)

influentemente *adv.* de modo influente; com influência (De *influente*+-*mente*)

influenza *n.f.* MEDICINA ⇒ **influença** (Do it. *influenza*, «id.»)

influição *n.f.* ⇒ **influxo** (De *influir*+-*ção*)

influidor *adj.,n.m.* que ou o que influi (De *influir*+-*dor*)

influir *v.tr.* **1** fazer correr (um líquido) para dentro de **2** exercer influência em **3** [fig.] comunicar; inspirar; incutir **4** insinuar-se em ■ *v.intr.* ter importância (Do lat. *influĕre*, «correr para dentro; insinuar-se»)

influxado /cs/ *adj.* constipado (De *influxo*+-*ado*)

influxo /cs/ *n.m.* **1** ato ou efeito de influir **2** influência **3** afluência; corrente abundante **4** maré cheia **5** transmissão através de certos órgãos do corpo (Do lat. *influxu-*, «corrimento», part. pass. de *influĕre*, «correr»)

infoalfabetização *n.f.* **1** acesso à informação digital **2** domínio das novas tecnologias da informação

info-alfabetização ver nova grafia **infoalfabetização**

infoexcluído *adj.,n.m.* que ou o que desconhece e/ou não tem acesso às tecnologias da informação

info-excluído ver nova grafia **infoexcluído**

infoexclusão *n.f.* **1** impossibilidade de aceder aos novos meios de informação **2** desconhecimento das novas tecnologias da informação

info-exclusão ver nova grafia **infoexclusão**

infografia *n.f.* recurso gráfico ou visual (diagrama, mapa, tabela, etc.) para apresentação, de forma clara e intuitiva, de informações ou dados complexos (De *info(rmação)*+-*grafia*)

infográfico *adj.* relativo à infografia ■ *n.m.* combinação de elementos visuais (desenhos, fotografias, gráficos, etc.) para a apresentação de dados e informações

infografista *n.2g.* pessoa que se dedica à produção de infográficos

in-fólio *adj.* diz-se de um livro em que as folhas de impressão apenas são dobradas em duas ■ *n.m.* livro ou volume com este formato (Do lat. *in folio*, «na folha»)

infonauta *n.2g.* INFORMÁTICA pessoa que procura informação na internet

informação *n.f.* **1** ato ou efeito de informar ou informar-se **2** comunicação **3** esclarecimento dado acerca do procedimento de outrem **4** indagação **5** notícia dada ou recebida; informe **6** conjunto de dados, em princípio imprevisíveis, recebidos do exterior, ou por um ser vivo (especialmente o homem) por intermédio dos seus sentidos, ou por uma máquina eletrónica **7** elemento ou sistema que pode ser transmitido por um sinal ou uma combinação de sinais **8** o que é transmitido (Do lat. *informatiōne-*, «id.»)

informador *n.m.* **1** aquele que informa **2** aquele que fornece à polícia informações relativas a atividades suspeitas ou criminosas ■ *adj.* que informa ou fornece informação (Do lat. *informatōre-*, «o que instrui»)

informal *adj.2g.* **1** desprovido de formalidades **2** não oficial **3** à vontade; descontraído **4** GRAMÁTICA diz-se do nível de língua caracterizado pela espontaneidade, usado entre pessoas com relação de familiaridade/proximidade; coloquial; familiar **5** diz-se do tipo de vestuário que uma pessoa usa quando está à vontade, sem formalidade (De *in-*+*formal*)

informante *adj.,n.2g.* que ou a pessoa que informa ■ *n.m.* LITERATURA unidade narrativa que tem como finalidade a produção do efeito de realidade, fornecendo indicações sobre o tempo, o espaço, as personagens, os objetos, etc. (Do lat. *informante-*, «id.», part. pres. de *informāre*, «dar forma a»)

informar *v.tr.* **1** dar informações a **2** pôr ao corrente; avisar; esclarecer **3** dar parecer a ■ *v.pron.* **1** colher informações; documentar-se **2** investigar; indagar (Do lat. *informāre*, «dar forma a»)

informática *n.f.* conjunto de ciência e técnica que tem por objeto o tratamento de dados relativos à informação por processos racionais e automáticos, que implicam a utilização de um computador e aparelhos complementares deste (Do fr. *informatique*, «id.»)

informático *adj.* relativo a informática ■ *n.m.* especialista em informática (Do fr. *informatique*, «id.»)

informativo *adj.* destinado a informar (De *informar*+-*tivo*)

informatização *n.f.* **1** ato ou efeito de informatizar **2** organização de um serviço (empresa, agência, firma) de acordo com as exigências da informática, isto é, por processos que implicam a utilização de um computador (De *informatizar*+-*ção*, ou do fr. *informatisation*, «id.»)

informatizado *adj.* diz-se de um serviço (firma, empresa, etc.) organizado nos seus aspetos fundamentais com base na utilização de computadores (Part. pass. de *informatizar*)

informatizar *v.tr.* estruturar informação (de uma empresa, firma, agência ou serviço), tornando-a automática nos seus aspetos fundamentais, com base na utilização racional de um computador e outros aparelhos complementares deste (Do fr. *informatiser*, «id.»)

informe[1] *adj.2g.* **1** sem forma determinada; irregular **2** de que não se pode definir a forma **3** cuja forma está inacabada; esboçado; tosco **4** cuja forma é grosseira; desgracioso; feio; pesado (Do lat. *informe-*, «sem forma»)

informe[2] *n.m.* **1** informação **2** parecer (Deriv. regr. de *informar*)

informidade *n.f.* **1** estado de informe; deformidade **2** falta de formalidades (Do lat. *informitāte-*, «falta de forma»)

infortificável *adj.2g.* que não é suscetível de se fortificar (De *in-*+*fortificável*)

infortuna *n.f.* infelicidade; desfortuna (De *in-*+*fortuna*)

infortunadamente *adv.* desgraçadamente (De *infortunado*+-*mente*)

infortunado *adj.* sem fortuna; desventurado; infeliz (Do lat. *infortunātu-*, «id.»)

infortunar *v.tr.* causar infortúnio a; tornar infeliz; desgraçar (De *infortuna*+-*ar*)

infortúnio *n.m.* infelicidade; desventura; má sorte (Do lat. *infortunĭu-*, «id.»)

infortunoso *adj.* que não é fortunoso ou afortunado; desventurado; desditoso; infeliz (De *in-*+*fortunoso*)

infra- elemento de formação de palavras que exprime a ideia de *posição inferior*, e se liga por hífen ao elemento seguinte, quando este começa por vogal, *h*, *r* ou *s* (Do lat. *infra*, «abaixo de»)

infra-assinado *adj.,n.m.* que ou aquele que assina abaixo de um texto

infra-axilar /cs/ adj.2g. BOTÂNICA que está situado por baixo da axila das folhas; inferaxilar
infração n.f. 1 ato ou efeito de infringir 2 violação de uma lei ou convenção; transgressão; delito (Do lat. *infractiōne-*, «ação de quebrar»)
infracção ver nova grafia infração
infracitado adj. citado abaixo (De *infra-+citado*)
infracto adj. 1 quebrado 2 quebrantado; abatido (Do lat. *infrāctu-*, «id.», part. pass. de *infringĕre*, «quebrar; despedaçar»)
infractor ver nova grafia infrator
infraescrito adj. escrito abaixo
infra-escrito ver nova grafia infraescrito
infraestrutura n.f. 1 parte inferior de uma construção; fundação 2 MILITAR conjunto das instalações e equipamentos necessários à atividade de forças militares 3 conjunto de instalações ou de meios prévios necessários ao funcionamento uma atividade ou conjunto de atividades 4 ECONOMIA conjunto de equipamentos e estruturas que possibilitam a produção e a circulação de bens de consumo e a troca de serviços 5 pl. (marxismo) organização económica da sociedade, constituída fundamentalmente pelas forças e relações de produção e considerada como o fundamento da ideologia (a superstrutura)
infra-estrutura ver nova grafia infraestrutura
infra-hepático adj. que fica situado por baixo do fígado
infra-humano n.m. 1 que se situa abaixo do nível atribuído ao ser humano 2 que não oferece condições dignas para a vida humana
inframencionado adj. mencionado abaixo (De *infra-+mencionado*)
infrangibilidade n.f. qualidade de infrangível (Do lat. **infrangibĭle-*, «infrangível» *+-i-+dade*)
infrangível adj.2g. que não se pode quebrar (Do lat. **infrangibĭle-*, «id.»)
infraoitava n.f. os seis dias compreendidos entre uma festa religiosa e a sua oitava
infra-oitava ver nova grafia infraoitava
infra-renal ver nova grafia infrarrenal
infrarrenal adj.2g. situado por baixo dos rins (De *infra-+renal*)
infra-som ver nova grafia infrassom
infrassom n.m. FÍSICA vibrações do ar, de frequência inferior a cerca de dezasseis ciclos por segundo, que não são distinguidas pelo ouvido como sons, mas como impulsos separados
infrator n.m. pessoa que infringe; transgressor (Do lat. *infractōre-*, «o que quebra»)
infratranscrito adj. transcrito abaixo (De *infra-+transcrito*)
infravermelho /ê/ adj. diz-se das radiações eletromagnéticas de frequência inferior à do extremo vermelho do espetro solar, caracterizadas por atividade calorífica (De *infra-+vermelho*)
infravioleta /ê/ adj.2g. diz-se dos raios luminosos cuja frequência é inferior à dos raios violeta (De *infra-+violeta*)
infrene adj.2g. 1 sem freio 2 [fig.] desordenado 3 [fig.] descomedido (Do lat. *infrēne-*, «id.»)
infrequência /qu-i/ n.f. falta de frequência (Do lat. *infrequentĭa-*, «pequeno número»)
infrequentado adj. 1 que não é frequentado 2 pouco concorrido 3 isolado (Do lat. *infrequentātu-*, «pouco usado»)
infrequente /qu-en/ adj.2g. não frequente; raro (Do lat. *infrequente-*, «pouco numeroso»)
infringente adj.2g. que infringe (Do lat. *infringente-*, «que quebra», part. pres. de *infringĕre*, «quebrar; infringir»)
infringir v.tr. não respeitar (uma lei ou um regulamento); transgredir; violar (Do lat. *infringĕre*, «quebrar; infringir»)
infringível adj.2g. que se pode infringir (De *infringir+-vel*)
infrondar-se v.pron. cobrir-se de frondes ou ramos (De *in-+fronde+-ar*)
infrutescência n.f. BOTÂNICA grupo de frutos proveniente de uma inflorescência agrupada, que teve já a designação de inflorescência frutífera (De *in-+frutescência*)
infrutescente adj.2g. em que há infrutescência (De *in-+frutescente*)
infrutífero adj. 1 que não produz fruto; estéril 2 [fig.] que não dá resultado; ineficaz; vão; inútil (Do lat. *infructifĕru-*, «id.»)
infrutuosamente adv. sem proveito (De *infrutuoso+-mente*)
infrutuosidade n.f. qualidade do que é infrutuoso; esterilidade (Do lat. *infructuositāte-*, «esterilidade»)
infrutuoso /ô/ adj. que não tem fruto; infrutífero; estéril (Do lat. *infructuōsu-*, «id.»)
infumável adj.2g. que não presta para fumar (De *in-+fumável*)

infumígeno adj. que não deita fumo (De *in-+fumígeno*)
infundado adj. 1 sem fundamento 2 que não tem razão de ser; injustificado (De *in-+fundado*)
infunde n.m. [Angola] CULINÁRIA massa de mandioca diluída em qualquer molho (Deriv. regr. de *infundir*?)
infundibuliforme adj.2g. que tem forma de funil (Do lat. *infundibŭlu-*, «funil» *+forma-*, «forma»)
infundíbulo n.m. ⇒ **funil** 1 (Do lat. *infundibŭlu-*, «funil»)
infundiça n.f. ⇒ **infundice** (De *infundir+-iça*)
infundice n.f. lixívia de urina onde se mete a roupa muito suja para se lavar com mais facilidade (De *infundir+-ice*)
infundir v.tr. 1 deitar um líquido dentro de ou sobre (alguma coisa); verter; vazar 2 pôr de infusão 3 [fig.] inspirar; incutir 4 [fig.] causar; provocar ■ v.pron. 1 introduzir-se 2 infiltrar-se (Do lat. *infundĕre*, «verter»)
infusa n.f. vaso para líquidos, com uma asa lateral; espécie de bilha (De *infuso*)
infusão n.f. 1 ato ou efeito de infundir ou infundir-se 2 operação que consiste em deixar macerar plantas ou outra substância num líquido a ferver, de forma a extrair-lhe os princípios alimentícios ou medicamentosos 3 o produto desta operação; tisana 4 cultura de microrganismos feita com a água, em regra com detritos vegetais (feno, por exemplo), em maceração 5 MEDICINA injeção lenta, geralmente por via endovenosa, de uma substância diluída num meio líquido 6 [fig.] insinuação (Do lat. *infusiōne-*, «ação de verter; infusão»)
infusibilidade n.f. qualidade do que é infusível (De *in-+fusibilidade*)
infusível adj.2g. que não se pode fundir (De *in-+fusível*)
infuso n.m. 1 FARMÁCIA produto medicamentoso obtido por infusão 2 líquido em que se faz a infusão ■ adj. 1 posto ou preparado em infusão; infundido 2 derramado 3 [fig.] que se adquiriu sem grande esforço; quase inato 4 [fig.] unido intimamente 5 [fig.] introduzido; incluso; *ciência infusa* saber inato, adquirido sem aprendizagem (Do lat. *infūsu-*, «derramado», part. pass. de *infundo*, «verter»)
infusor n.m. dispositivo, geralmente de aço ou cerâmica, onde se colocam as folhas de chá para preparar uma infusão (Do ing. *infuser*, «id.»)
infusórios n.m.pl. 1 ZOOLOGIA classe de protozoários com ciliatura, pelo menos nas primeiras idades, que compreende os ciliados e os tentaculíferos 2 ZOOLOGIA [ant.] microrganismos que se desenvolvem com frequência nas infusões vegetais, munidos de flagelos ou cílios (Do lat. *infusorĭu-*, «vasilha»)
infustamento n.m. [regionalismo] cheiro peculiar que tomam as vasilhas do vinho (De orig. obsc.)
infusura n.f. VETERINÁRIA inflamação nas extremidades das patas dos quadrúpedes, especialmente do cavalo (Do lat. *infusūra-*, «alimentos triturados»)
inganhável adj.2g. impossível de ganhar (De *in-+ganhável*)
ingarilho n.m. [regionalismo] janota magro e presumido; bonifrate; peralvilho (De orig. obsc.)
ingénito adj. que nasceu com o indivíduo; inato; congénito (Do lat. *ingenĭtu-*, «gerado pela natureza»)
ingente adj.2g. grande; enorme; desmedido (Do lat. *ingente-*, «id.»)
ingénua n.f. TEATRO papel de jovem inocente e crédula (De *ingénuo*)
ingenuamente adv. de modo ingénuo; candidamente (De *ingénuo+-mente*)
ingenuidade n.f. 1 qualidade de ingénuo 2 simplicidade; candura extrema 3 credulidade excessiva 4 parvoíce (Do lat. *ingenuitāte-*, «condição de homem livre»)
ingénuo adj. sem malícia; inocente; simples; natural ■ n.m. pessoa sem malícia, simples, natural (Do lat. *ingenŭu-*, «nascido de pais livres»)
ingerência n.f. ato ou efeito de ingerir ou de se ingerir; intervenção; intromissão (Do lat. *ingerentĭa*, part. pres. neut. pl. subst. de *ingerens*, «introduzir»)
ingerir v.tr. 1 introduzir pela boca; engolir 2 [fig.] aceitar como verdadeiro; acreditar ■ v.pron. intervir; intrometer-se; imiscuir-se (Do lat. *ingerĕre*, «introduzir»)
ingestão n.f. 1 ato de ingerir; deglutição 2 ZOOLOGIA fenómenos de captura dos alimentos por meio de pseudópodes, em alguns protozoários (Do lat. *ingestiōne-*, «introdução»)
inglês adj. da Inglaterra ou a ela relativo ■ n.m. 1 natural da Inglaterra 2 língua indo-europeia do grupo germânico, falada no Reino Unido, nos Estados Unidos da América, na Austrália, etc.; *para ~ ver* para dar nas vistas, para mostrar o que não é (Do fr. arc. *angleis*, «id.»)

inglesada *n.f.* 1 os ingleses 2 dito ou ato característico dos ingleses 3 grupo de ingleses (De *inglês+-ada*, ou part. pass. fem. subst. de *inglesar*)

inglesar *v.tr.* dar feição inglesa a ■ *v.pron.* adotar os costumes ingleses (De *inglês+-ar*)

inglesia *n.f.* 1 algazarra; barulho 2 linguagem confusa (De *inglês+-ia*)

inglesice *n.f.* palavra, expressão ou modos próprios dos ingleses (De *inglês+-ice*)

inglesismo *n.m.* ⇒ **anglicismo** (De *inglês+-ismo*)

inglório *adj.* 1 em que não há glória 2 de que não provém glória ou proveito; obscuro; modesto (Do lat. *ingloriŭ-*, «id.»)

inglorioso /ô/ *adj.* ⇒ **inglório** (Do lat. *ingloriōsu-*, «sem glória»)

ingluvial *adj.2g.* 1 que diz respeito ao papo das aves 2 diz-se da indigestão de certas aves que se revela pela dilatação e dureza do papo (Do lat. *ingluvĭe-*, «papo das aves»+-*al*)

inglúvias *n.f.pl.* 1 ZOOLOGIA dilatação do esófago de alguns animais, como o papo das aves que endurece e incha com indigestão 2 ZOOLOGIA goelas; garganta (Do lat. *ingluvĭes*, «garganta; papo»)

ingluvioso /ô/ *adj.* que come muito; voraz (Do lat. *ingluviōsu-*, «id.»)

ingovernável *adj.2g.* que não se pode governar; indisciplinável (De *in-+governável*)

ingracioso /ô/ *adj.* sem graça; desgracioso (De *in-+gracioso*)

ingramatical *adj.2g.* que não é conforme às regras da gramática (De *in-+gramatical*)

ingranzéu *n.m.* ⇒ **inglesia** (De *ingresia* × *escarcéu*?)

ingrão *n.m.* BOTÂNICA espécie de centeio branco, de cultura frequente (De orig. obsc.)

ingratamente *adv.* de modo ingrato (De *ingrato+-mente*)

ingratão *n.m.* [pop.] indivíduo muito ingrato (De *ingrato+-ão*)

ingratatão *n.m.* [pop.] ⇒ **ingratão** (De *ingrato+t+-ão*)

ingratidão *n.f.* 1 qualidade de ingrato; falta de gratidão 2 ação ingrata (Do lat. *ingratitudĭne-*, «id.»)

ingrato *adj.* 1 não agradecido pelos favores recebidos; falho de gratidão 2 que não compensa o trabalho que se lhe consagra; estéril; difícil; improdutivo 3 a que falta graciosidade; desgracioso; desagradável; feio ■ *n.m.* 1 pessoa não agradecida pelos favores recebidos 2 pessoa que não retribui a afeição ou o amor que lhe dedicam (Do lat. *ingrātu-*, «id.»)

ingre¹ *n.m.* BOTÂNICA planta de hastes compridas e lisas que produz uma espécie de baga tintória semelhante à do sabugueiro (De orig. obsc.)

ingre² *adj.2g.* 1 [regionalismo] insosso 2 (pedra) solto, sem argamassa (De orig. obsc.)

ingrediente *n.m.* qualquer substância que entra em preparações culinárias, medicamentosas, etc. (Do lat. *ingrediente-*, «que entra», part. pres. de *ingrĕdi*, «entrar em»)

ingreme *adj.2g.* [pop.] ⇒ **íngreme**

íngreme *adj.2g.* 1 que é muito inclinado; difícil de subir; abrupto 2 [fig.] árduo; difícil; trabalhoso (De orig. obsc.)

ingremidade *n.f.* qualidade do que é íngreme (De *íngreme+-i-+-dade*)

ingresia *n.f.* ⇒ **inglesia**

ingressão *n.f.* 1 ato de ingressar; entrada; ingresso 2 advento (Do lat. *ingressiōne-*, «entrada em»)

ingressar *v.tr.* 1 entrar em (determinado espaço ou recinto) 2 entrar para (grupo, associação ou instituição) 3 iniciar (determinado período) (De *ingresso+-ar*)

ingresso *n.m.* 1 ação de entrar; entrada 2 início; começo 3 processo de admissão num grupo, instituição, ou carreira 4 bilhete de entrada num qualquer tipo de espetáculo (Do lat. *ingressu-*, «entrada», part. pass. subst. de *ingrĕdi*, «entrar em; ir para»)

ingrime *adj.2g.* 1 [pop.] diz-se de uma espécie de alho cultivado nas hortas, cujo bolbo é inteiriço 2 diz-se do bolbo, fruto, etc., que, sendo normalmente constituído por várias partes separáveis, se apresenta inteiriço (De orig. obsc.)

íngua *n.f.* 1 MEDICINA ingurgitamento dos gânglios linfáticos 2 MEDICINA bubão nas virilhas (Do lat. *inguīna-*, «inchaço»)

inguinabdominal *adj.2g.* ANATOMIA referente à virilha e ao abdómen (De *inguino-+abdominal*)

inguinação *n.f.* [regionalismo] grande desejo de vingança, de desforra (De orig. obsc.)

inguinal *adj.2g.* ANATOMIA referente às virilhas, nelas situado ou com elas relacionado (como canal inguinal, fosseta inguinal, hérnia inguinal, etc.) (Do lat. *inguināle-*, «da virilha»)

inguino- elemento de formação de palavras que exprime a ideia de *virilha* (Do lat. *inguīne-*, «id.»)

inguinoscrotal *adj.2g.* ANATOMIA referente ao canal inguinal e ao escroto (De *inguino-+escrotal*)

ingurgitação *n.f.* ato ou efeito de ingurgitar ou ingurgitar-se; ingurgitamento (Do lat. *ingurgitatiōne-*, «id.»)

ingurgitamento *n.m.* ⇒ **ingurgitação** (De *ingurgitar+-mento*)

ingurgitar *v.tr.* 1 introduzir na garganta; fazer engolir 2 engolir com sofreguidão; enfartar 3 tornar repleto ■ *v.intr.* aumentar de volume; intumescer-se ■ *v.pron.* 1 encher-se; enfartar-se 2 [fig.] deixar-se dominar por vícios; degradar-se (Do lat. *ingurgitāre*, «engolir; mergulhar em orgias»)

inhaca¹ *n.f.* [Brasil] cheiro repugnante; fedor

inhaca² *n.f.* 1 [Moçambique] rei 2 [Moçambique] chefe supremo (De *Nyaka*, antropónimo, chefe notável de comunidade falante de ronga)

inhacoco /ô/ *n.m.* ZOOLOGIA crocodilo de Moçambique

inhame *n.m.* BOTÂNICA planta monocotiledónea, herbácea, em regra com rizoma tuberoso, alimentício, especialmente da família das Aráceas e da família das Dioscoreáceas, cultivada para fins alimentares e ornamentais (De orig. africana)

inhame-de-lagartixa *n.m.* [Madeira] BOTÂNICA ⇒ **conchelo**

-inhar sufixo verbal, de origem latina, que tem sentido diminutivo e, por vezes, pejorativo (*escrevinhar; raspinhar*)

inhenho /ê/ *adj.,n.m.* que ou indivíduo que é acanhado ou parvo; tonto (Do lat. *ingenŭu-*, «modesto; recatado»)

-inho sufixo nominal, de origem latina, de sentido diminutivo e, por vezes, aumentativo (*pontinho, sombreirinho, velhinho*)

iniala *n.f.* ZOOLOGIA espécie de antílope africano

inibição *n.f.* 1 ato ou efeito de inibir ou inibir-se 2 FISIOLOGIA fenómeno de origem nervosa que suspende temporariamente ou definitivamente uma função 3 PSICOLOGIA resistência a que um facto, sentimento ou conduta se torne consciente ou se produza 4 estado de impotência resultante dessa resistência psicológica 5 embaraço; insegurança (Do lat. *inhibitiōne-*, «ação de deter ou fazer parar»)

inibidor *adj.* que produz inibição ■ *n.m.* QUÍMICA substância cuja adição a um sistema em reação provoca uma diminuição na velocidade dessa reação ou a sua paragem (De *inibir+-dor*)

inibir *v.tr.* 1 obstar; impossibilitar 2 FISIOLOGIA exercer uma ação de inibição sobre 3 refrear ou impedir (um movimento natural, uma reação) 4 deixar inseguro; embaraçar 5 refrear o crescimento ou o desenvolvimento de ■ *v.pron.* 1 ficar inibido; conter-se; retrair-se 2 sentir-se embaraçado (Do lat. *inhibēre*, «deter; conter»)

inibitivo *adj.* 1 que inibe 2 proibitivo (De *inibir+-tivo*)

inibitória *n.f.* 1 decreto que inibe ou proíbe 2 embaraço; dificuldade 3 impossibilidade (De *inibitório*)

inibitório *adj.* ⇒ **inibitivo** (De *inibir+-tório*)

iniciação *n.f.* 1 ato ou efeito de iniciar 2 introdução ao conhecimento de coisas secretas 3 cerimónia com que se inicia alguém nos mistérios de uma religião ou culto ou num estado social particular 4 ação de instruir ou ser instruído nas primeiras noções sobre uma arte, ciência, prática, etc. (Do lat. *initiatiōne-*, «id.»)

iniciado *n.m.* 1 pessoa admitida a iniciação; noviço; neófito; principiante 2 pessoa que detém certos conhecimentos ■ *adj.* 1 começado; principiado 2 inaugurado (Do lat. *initiātu-*, «id.», part. pass. de *initiāre*, «iniciar; começar»)

iniciador *adj.,n.m.* que ou o que inicia (Do lat. *initiatōre-*, «id.»)

inicial *adj.2g.* 1 que inicia 2 que está no princípio ■ *n.f.* primeira letra de um nome ou de qualquer palavra (Do lat. *initiāle-*, «primordial»)

inicialização *n.f.* INFORMÁTICA conjunto de operações necessárias para preparar um dispositivo (hardware ou software) para ser utilizado (Do ing. *initialization*, «id.»)

inicializar *v.tr.* INFORMÁTICA preparar um dispositivo (hardware ou software) para ser utilizado, repondo os valores tidos como iniciais (Do ing. *initialize*, «id.»)

inicialmente *adv.* de princípio; no começo (De *inicial+-mente*)

iniciando *n.m.* aquele que vai ser admitido à cerimónia da iniciação (Do lat. *initiandu-*, ger. de *initiāre*, «iniciar»)

iniciar *v.tr.* 1 dar início a; começar 2 admitir à iniciação 3 INFORMÁTICA fazer o arranque de (computador) ■ *v.pron.* 1 adquirir os primeiros conhecimentos 2 receber a iniciação (Do lat. *initiāre*, «id.»)

iniciativa *n.f.* 1 ato de ser o primeiro a pôr em prática um plano, uma ideia, etc. 2 qualidade de uma pessoa que está disposta a ousar ou a empreender algo; diligência 3 ação; atividade; medida (De *iniciativo*)

iniciativo *adj.* ⇒ **inicial** *adj.2g.* (De *iniciar+-tivo*)

início *n.m.* 1 princípio; começo 2 estreia 3 iniciação (Do lat. *initĭu-*, «id.»)

inidóneo *adj.* que não é idóneo (De *in-+idóneo*)

inigualável *adj.2g.* 1 que não se pode igualar 2 incomparável (De *in-+igualável*)
iludível *adj.2g.* 1 que não se deixa iludir 2 que não admite dúvidas; evidente (De *in-+iludível*)
inimaginável *adj.2g.* 1 que não se pode imaginar 2 incrível 3 totalmente inesperado (De *in-+imaginável*)
inimicícia *n.f.* inimizade (Do lat. *inimicitĭa-*, «id.»)
inimicíssimo *adj.* {superlativo absoluto sintético de **inimigo**} muito inimigo (Do lat. *inimicissĭmu-*, «id.»)
inimigo *adj.* 1 que não é amigo; hostil; contrário; adverso 2 que prejudica; nocivo ▪ *n.m.* 1 aquele que tem ódio a alguém 2 pessoa que tem aversão a algo; adversário 3 pessoa ou facção oposta 4 país, conjunto de países ou exército contra o qual se está em guerra 5 [pop.] o Diabo (Do lat. *inimīcu-*, «id.»)
inimistar *v.tr.* ⇒ **inimizar** (Do cast. *enemistar*, «inimizar»)
inimitável *adj.2g.* que não se pode imitar (Do lat. *inimitabĭle-*, «id.»)
inimizade *n.f.* 1 ódio de inimigo 2 aversão; malquerença; hostilidade (Do b. lat. *inimicitāte-*, «id.»)
inimizar *v.tr.* 1 tornar inimigo 2 provocar inimizade entre; indispor (De *inimiz[ade]+-ar*)
inimputável *adj.2g.* 1 que não se pode imputar 2 DIREITO que, aos olhos da lei, não pode ser responsabilizado por um facto punível (De *in-+imputável*)
ininteligível *adj.2g.* 1 que não se pode entender 2 misterioso; obscuro (Do lat. *inintelligibĭle-*, «id.»)
ininterrupção *n.f.* falta de interrupção; sequência; continuidade (De *in-+interrupção*)
ininterruptamente *adv.* sem interrupção; continuamente (De *ininterrupto+-mente*)
ininterrupto *adj.* não interrompido; contínuo; constante (De *in-+interrupto*)
ininvestigável *adj.2g.* que não se pode investigar (De *in-+investigável*)
iniquamente *adv.* de modo iníquo; injustamente (De *iníquo-+-mente*)
iniquidade /qu-i/ *n.f.* 1 qualidade do que é iníquo 2 falta de equidade; injustiça 3 perversidade; corrupção nos costumes 4 ação iníqua; crime (Do lat. *iniquitāte-*, «id.»)
iníquo *adj.* 1 contrário à equidade; injusto 2 perverso; mau (Do lat. *iniquu-*, «id.»)
injeção *n.f.* 1 introdução de um líquido num órgão ou no tecido cutâneo, por meio de seringa 2 líquido que se injeta 3 [fig.] aquilo que ativa; estímulo 4 [coloq.] conversa enfadonha; maçada (Do lat. *injectiōne-*, «id.»)
injecção ver nova grafia **injeção**
injectado ver nova grafia **injetado**
injectar ver nova grafia **injetar**
injectável ver nova grafia **injetável**
injector ver nova grafia **injetor**
injetado *adj.* 1 introduzido por meio de injeção 2 diz-se dos vasos capilares corados pelo afluxo de sangue (Part. pass. de *injectar*)
injetar *v.tr.* 1 introduzir (um líquido) numa cavidade do corpo, num órgão, ou nos músculos 2 fazer penetrar por injeção 3 [fig.] investir ▪ *v.pron.* 1 consumir estupefacientes por via intravenosa 2 corar por afluxo de sangue; congestionar-se (Do lat. *injectāre*, «lançar sobre»)
injetável *adj.2g.* diz-se do preparado ou medicamento que pode ou deve ser administrado por meio de injeção (De *injectar+-vel*)
injetor *adj.* que injeta ▪ *n.m.* 1 aparelho para injeções 2 parte de um aparelho de sulfatar as vinhas 3 aparelho que alimenta de água as caldeiras das máquinas a vapor 4 dispositivo que pulveriza o óleo sob pressão na câmara de combustão de um motor (De *injectar+-or*)
injucundo *adj.* que não é jucundo; triste; desagradável (Do lat. *injucundu-*, «desagradável»)
injudicioso /ô/ *adj.* que não é judicioso; insensato (De *in-+judicioso*)
injulgado *adj.* que não é julgado (Do lat. *injudicātu-*, «não julgado»)
injunção *n.f.* 1 ato ou efeito de injungir 2 ordem formal; imposição (Do lat. *injunctiōne-*, «ação de pôr uma carga; imposição», pelo fr. *injonction*, «id.»)
injungir *v.tr.* impor como obrigação; obrigar (Do lat. *injungĕre*, «impor; juntar; ligar»)
injuntivo *adj.* 1 obrigatório; imperativo 2 LINGUÍSTICA que exprime uma ordem ou obrigação (De fr. *injonctif*, «id.»)
injúria *n.f.* 1 ato ou efeito de injuriar 2 ato contrário à justiça e ao direito 3 ato ou dito ofensivo; insulto; afronta 4 estrago; dano 5 DIREITO crime cometido por quem proferiu e dirigiu a outrem palavras ou expressões atentatórias da sua honra e dignidade (Do lat. *injurĭa-*, «id.»)
injuriado *adj.* 1 que sofreu injúria; insultado; difamado 2 maltratado 3 [regionalismo] desgrenhado (Part. pass. de *injuriar*)
injuriador *adj.,n.m.* que ou o que injuria (De *injuriar+-dor*)
injuriante *adj.2g.* que injuria (De *injuriar+-ante*)
injuriar *v.tr.* 1 fazer injúria a; ofender; insultar; ultrajar; afrontar 2 causar estragos a (Do lat. **injuriāre*, por *injuriāri*, «id.»)
injurioso /ô/ *adj.* que encerra injúria; ofensivo; insultuoso; afrontoso; ultrajante (Do lat. *injuriōsu-*, «injusto; prejudicial»)
injustamente *adv.* 1 de modo injusto 2 contra a justiça ou contra o direito 3 sem fundamento; sem razão (De *injusto+-mente*)
injustiça *n.f.* 1 falta de justiça 2 ação injusta 3 julgamento contrário à justiça (Do lat. *injustitĭa-*, «id.»)
injustiçado *adj.,n.m.* que ou aquele que foi alvo de injustiça
injustiçar *v.tr.* fazer injustiça a; tratar de forma injusta (De *injustiça+-ar*)
injustiçoso /ô/ *adj.* que pratica injustiças; injusto; iníquo (De *injustiça+-oso*)
injustificação *n.f.* falta de justificação (De *in-+justificação*)
injustificável *adj.2g.* que não se pode justificar (De *in-+justificável*)
injusto *adj.* 1 que não é justo 2 oposto à justiça; arbitrário; ilegal 3 infundado; inexato 4 inadequado ▪ *n.m.* aquele ou aquilo que não é justo (Do lat. *injustu-*, «id.»)
inlandsis *n.m.2n.* GEOGRAFIA grande massa de gelo continental, própria das regiões polares (Do escand. *inlandsis*, «id.»)
inlapidado *adj.* que não está lapidado (De *in-+lapidado*)
-ino sufixo nominal, de origem latina, que ocorre em adjetivos e exprime a ideia de *origem*, *autoria* (*amarantino*, *marroquino*, *vicentino*, *afonsino*)
inobediência *n.f.* falta de obediência; desobediência (Do lat. *inobedientĭa-*, «id.»)
inobediente *adj.2g.* que não obedece; desobediente (Do lat. *inobediente-*, «id.»)
inobliterável *adj.2g.* que não se pode obliterar (Do lat. *inobliterabĭle-*, «id.»)
inobservado *adj.* 1 não observado 2 que nunca se viu (Do lat. *inobservātu-*, «id.»)
inobservância *n.f.* 1 falta de observância 2 falta de cumprimento (Do lat. *inobservantĭa-*, «falta de observação»)
inobservante *adj.2g.* que não observa ou não cumpre o preceituado (Do lat. *inobservante-*, «id.»)
inobservável *adj.2g.* que não pode ser observado ou cumprido (Do lat. *inobservabĭle-*, «id.»)
inocência *n.f.* 1 qualidade ou estado de inocente 2 qualidade de pessoa que ignora o mal; pureza; candura; ingenuidade 3 ausência de culpa 4 virgindade; *estado de* ~ RELIGIÃO estado do homem antes do pecado original, estado da criança antes do pecado pessoal (Do lat. *innocentĭa-*, «id.»)
inocentar *v.tr.* 1 declarar inocente 2 considerar inocente; desculpar (De *inocente+-ar*)
inocente *adj.2g.* 1 que não cometeu crime ou pecado 2 que não é culpado 3 que possui uma grande ingenuidade; simples 4 que não causa dano; inofensivo 5 que não contém mal; casto; puro ▪ *n.2g.* 1 pessoa considerada não culpada 2 pessoa simples de espírito 3 criança de tenra idade (Do lat. *innocente-*, «id.»)
inocentemente *adv.* 1 de modo inocente 2 sem maldade (De *inocente+-mente*)
inoclusão *n.f.* falta de cerramento, ou cerramento incompleto de orifícios naturais (De *in-+oclusão*)
in octavo *loc.adj.* diz-se do formato de livro em que as folhas de impressão foram dobradas em oito, formando dezasseis páginas ▪ *n.m.2n.* livro com esse formato (Do lat. *in octavo*, «em oitavo»)
inocuidade *n.f.* qualidade de inócuo (De *inócuo+-i-+-dade*)
inoculabilidade *n.f.* qualidade do que é inoculável (Do lat. **inoculabĭle-*, «inoculável» *+-i-+-dade*)
inoculação *n.f.* 1 ato ou efeito de inocular 2 [fig.] transmissão; difusão (Do lat. *inoculatiōne-*, «enxerto»)
inoculador *adj.,n.m.* que ou o que inocula (Do lat. *inoculatōre-*, «enxertador»)
inocular *v.tr.* 1 introduzir no organismo por processo natural ou artificial (um agente patogénico, uma substância, etc.) 2 vacinar 3 enxertar de borbulha 4 inserir 5 [fig.] transmitir; propagar 6 [fig.] incutir 7 [fig.] contagiar (Do lat. *inoculāre*, «enxertar»)
inoculável *adj.2g.* suscetível de ser inoculado (De *inocular+-vel*)
inocultável *adj.2g.* que não se pode ocultar (De *in-+ocultável*)

inócuo *adj.* que não prejudica; inofensivo (Do lat. *innocŭu-*, «inofensivo»)

inocupado *adj.* que não está ocupado; desocupado (De *in-+ocupado*)

inodoro *adj.* que não tem odor; que não exala cheiro; inolente (Do lat. *inodōru-*, «id.»)

inofensivo *adj.* 1 que não ofende 2 que não faz mal; que não é nocivo (De *in-+ofensivo*)

inoficiosidade *n.f.* qualidade do que é inoficioso (De *inoficioso+-i-+-dade*)

inoficioso /ô/ *adj.* 1 que não é oficioso 2 lesivo dos direitos de outrem (Do lat. *inofficiōsu-*, «id.»)

inofuscável *adj.2g.* que não se pode ofuscar (De *in-+ofuscável*)

inolente *adj.2g.* que não é olente; sem cheiro; inodoro (Do lat. *inolente-*, «id.»)

inolvidável *adj.2g.* que não se pode olvidar; inesquecível (De *in-+olvidável*)

inominado *adj.* 1 que não é nomeado 2 sem nome 3 ZOOLOGIA em especial, designativo de alguns órgãos, ou partes destes, num organismo animal, como vasos sanguíneos, canais, peças ósseas, etc. (Do lat. tard. *innominātu-*, «id.»)

inominável *adj.2g.* que não se pode atribuir nome ou designação (Do lat. *innominabĭle-*, «que não pode ser nomeado»)

inoperação *n.f.* RELIGIÃO obra; realização; produto (Do lat. *inoperāri*, «efetuar; realizar»+-*ção*)

inoperância *n.f.* qualidade ou estado de inoperante (Do lat. *in-*, «negação» +*operantĭa*, part. pres. neut. pl. subst. de *operāri*, «trabalhar; ocupar-se»)

inoperante *adj.2g.* 1 que não opera 2 que não produz 3 que não é eficiente 4 que não concorre para qualquer resultado; ineficaz (De *in-+operante*)

inopexia /cs/ *n.f.* MEDICINA poder excessivo de coagulação do sangue (Do gr. *ís, inós*, «fibra» +*pêxis*, «coagulação» +-*ia*)

inópia *n.f.* 1 falta de riqueza; penúria 2 deficiência; defeito (Do lat. *inopĭa-*, «falta; carência»)

inopinado *adj.* 1 não previsto; inesperado; súbito 2 extraordinário; surpreendente (Do lat. *inopinātu-*, «inesperado»)

inopinável *adj.2g.* 1 que não se pode prever nem imaginar 2 que não se pode esperar (Do lat. *inopinabĭle-*, «inconcebível»)

inopino *adj.* ⇒ **inopinado** (Do lat. *inopīnu-*, «inesperado»)

inoportunamente *adv.* sem oportunidade; a despropósito (De *inoportuno+-mente*)

inoportunidade *n.f.* qualidade de inoportuno; falta de oportunidade (Do lat. *inopportunitāte-*, «id.»)

inoportuno *adj.* 1 que não é oportuno; que vem ou se faz fora do tempo conveniente 2 intempestivo (Do lat. *inopportūnu-*, «id.»)

inorgânico *adj.* 1 que não tem órgãos 2 a que falta a organização de um ser vivo 3 sem vida 4 QUÍMICA diz-se dos compostos químicos de origem mineral e da parte da química que os estuda (De *in-+orgânico*)

inorganismo *n.m.* substância desprovida de órgãos ou de constituição orgânica (De *in-+organismo*)

inorganizado *adj.* 1 não organizado 2 inorgânico (De *in-+organizado*)

inosculação *n.f.* MEDICINA anastomose direta entre dois vasos do mesmo calibre

inosite *n.f.* QUÍMICA glícido que existe em muitos tecidos dos organismos, especialmente nas fibras musculares; inositol (Do gr. *ís, inós*, «fibra» +-*ite*)

inositol *n.m.* (açúcar) ⇒ **inosite** (De *inosite+-ol*)

inositúria *n.f.* presença anormal de inosite na urina; inosúria (De *inosite+-úria*)

inospitaleiro *adj.* que não é hospitaleiro; inóspito (De *in-+hospitaleiro*)

inospitalidade *n.f.* falta de hospitalidade (Do lat. *inhospitalitāte-*, «id.»)

inóspito *adj.* 1 que não pratica a hospitalidade 2 que apresenta más condições para a vida do homem (Do lat. *inhospĭtu-*, «id.»)

inosúria *n.f.* ⇒ **inositúria** (Do gr. *ís, inós*, «fibra» +*oûron*, «urina» +-*ia*)

inovação *n.f.* 1 ato ou efeito de inovar 2 introdução de qualquer novidade na gestão ou no modo de fazer algo; mudança; renovação 3 criação de algo de novo; descoberta 4 BOTÂNICA rebento que renova a planta herbácea vivaz (Do lat. *innovatiōne-*, «renovação»)

inovador *adj.,n.m.* que ou aquele que inova (Do lat. tard. *innovatōre-*, «id.»)

inovar *v.tr.* 1 tornar novo 2 introduzir inovações em (governo, artes, etc.) 3 inventar; criar (Do lat. *innovāre*, «renovar»)

inox /cs/ *n.m.* aço inoxidável (Red. de *inoxidável*)

inoxidável /cs/ *adj.2g.* que não se oxida (De *in-+oxidável*)

inóxio /cs/ *adj.* não nocivo; inócuo (Do lat. *innoxĭu-*, «que não faz mal; inofensivo»)

input *n.m.* 1 INFORMÁTICA introdução de dados para processamento no computador ou num periférico, a partir de um dispositivo como o teclado ou um microfone 2 INFORMÁTICA conjunto dos dados introduzidos (Do ing. *input*, «entrada»)

inqualificável *adj.2g.* 1 que não se pode qualificar 2 indigno (De *in-+qualificável*)

inquartação *n.f.* operação que consiste em ligar ao ouro aproximadamente três vezes o seu peso líquido em prata

in-quarto *adj.* diz-se do formato de um livro em que as folhas de impressão são dobradas em quatro, formando oito páginas ■ *n.m.* livro com esse formato (De *in quarto*, «em quarto»)

inquebrantável *adj.2g.* 1 que não se pode quebrantar 2 inflexível 3 rijo; sólido (De *in-+quebrantável*)

inquebrável *adj.2g.* que não se pode quebrar (De *in-+quebrável*)

inquerição *n.f.* ato ou efeito de inquerir (De *inquerir+-ção*)

inquerideira *n.f.* corda com que se aperta a carga às bestas (De *inquerir+-deira*)

inquerir *v.tr.* apertar a carga a (Por *enquerir*)

inquérito *n.m.* 1 ato ou efeito de inquirir 2 DIREITO fase processual em direito penal que consiste na investigação acerca da existência ou não de um crime e do seu autor 3 pesquisa metódica baseada em questões e recolha de testemunhos; investigação 4 sondagem da opinião pública sobre uma questão política, social ou económica 5 indagação; ~ *parlamentar* investigação feita por uma comissão em nome de uma assembleia (Deriv. regr. do lat. **inquaeritāre*, «procurar com ardor»?)

inquestionável *adj.2g.* 1 que não é questionável; indiscutível 2 incontroverso 3 indubitável (De *in-+questionável*)

inquestionavelmente *adv.* indiscutivelmente; indubitavelmente (De *inquestionável+-mente*)

inquietação *n.f.* 1 perturbação causada por incerteza ou apreensão; ansiedade; apoquentação 2 estado de insatisfação 3 falta de sossego 4 excitação; nervosismo (Do lat. *inquietatiōne-*, «agitação»)

inquietador *adj.,n.m.* que ou aquele que inquieta (Do lat. *inquietatōre-*, «aquele que perturba»)

inquietamento *n.m.* ⇒ **inquietação** (De *inquietar+-mento*)

inquietante *adj.2g.* que causa inquietação; perturbante (Do lat. *inquietante-*, «id.», part. pres. de *inquietāre*, «agitar; inquietar»)

inquietar *v.tr.* 1 causar inquietação a; perturbar 2 agitar 3 excitar 4 perseguir ■ *v.pron.* 1 estar inquieto 2 afligir-se (Do lat. *inquietāre*, «id.»)

inquieto *adj.* 1 que não está quieto 2 desassossegado 3 que está ansioso; apreensivo; perturbado 4 irrequieto; travesso (Do lat. *inquiētu-*, «perturbado; agitado»)

inquietude *n.f.* ⇒ **inquietação** (Do lat. *inquietudĭne-*, «inquietação»)

inquilinato *n.m.* 1 estado de quem reside em casa alugada 2 contrato entre inquilino e senhorio (Do lat. *inquilinātu-*, «aluguer»)

inquilinismo *n.m.* 1 BIOLOGIA associação biológica de dois indivíduos em que um deles utiliza o outro como habitação 2 para alguns autores, modalidade de comensalismo 3 o facto de um animal se tornar hóspede de outro, vivendo no ninho deste (De *inquilino+-ismo*)

inquilino *n.m.* pessoa que mora em casa arrendada (Do lat. *inquilīnu-*, «id.»)

inquinação *n.f.* 1 ato ou efeito de inquinar 2 infeção 3 corrupção; mancha (Do lat. *inquinatiōne-*, «mancha»)

inquinamento *n.m.* ⇒ **inquinação** (Do lat. *inquinamentu-*, «imundície»)

inquinar *v.tr.* 1 infetar, misturando-se 2 corromper 3 sujar; manchar (Do lat. *inquināre*, «sujar; poluir»)

inquirição *n.f.* 1 ato ou efeito de inquirir 2 DIREITO audição pelo juiz dos depoimentos das testemunhas 3 sindicância; inquérito 4 interrogatório judicial; devassa 5 *pl.* HISTÓRIA inquéritos ordenados por alguns reis de Portugal, para averiguar a legitimidade das terras possuídas pela nobreza (De *inquirir+-ção*)

inquiridor *adj.,n.m.* que ou aquele que inquire (De *inquirir+-dor*)

inquiridoria *n.f.* 1 ofício ou cargo de inquiridor 2 gabinete do inquiridor (De *inquiridor+-ia*)

inquirimento *n.m.* ⇒ **inquirição** (De *inquirir+-mento*)

inquirir *v.tr.* 1 colher informações sobre; indagar; averiguar 2 interrogar (testemunhas) 3 perguntar (Do lat. *inquirĕre*, «investigar»)

inquisição n.f. 1 ato ou efeito de inquirir 2 [com maiúscula] RELIGIÃO tribunal eclesiástico onde se julgavam os acusados de heresia, apostasia e feitiçaria; Tribunal do Santo Ofício (Do lat. *inquisitiōne-*, «investigação»)

inquisidor n.m. juiz do tribunal da Inquisição (Do lat. *inquisitōre-*, «investigador»)

inquisidor-geral n.m. presidente do tribunal da Inquisição

inquisidor-mor n.m. ⇒ **inquisidor-geral**

inquisitivo adj. 1 relativo a inquisição 2 averiguativo; interrogativo (Do lat. tard. *inquisitīvu-*, «id.»)

inquisitorial adj.2g. 1 da inquisição 2 referente ao tribunal ou aos juízes da Inquisição 3 [fig.] desumano; duro (De *inquisitório*+-*al*)

inquisitório adj. ⇒ **inquisitorial** (Do lat. *inquisitōre-*, «investigador» +-*io*)

insaciabilidade n.f. qualidade de insaciável (Do lat. *insatiabilitāte-*, «id.»)

insaciado adj. não saciado; insatisfeito (Do lat. *insatiātu-*, «insaciável»)

insaciável adj.2g. que nunca se farta ou contenta; ávido; sôfrego (Do lat. *insatiabĭle-*, «id.»)

insaciedade n.f. apetite insaciável (Do lat. *insatietāte-*, «desejo insaciável»)

insalivação n.f. ato ou resultado de impregnar de saliva (geralmente os alimentos) (De *insalivar*+-*ção*)

insalivar v.tr. impregnar de saliva (geralmente os alimentos) (De *in-*+*salivar*)

insalubérrimo adj. {superlativo absoluto sintético de **insalubre**} muito insalubre (Do lat. *insaluberrĭmu-*, «id.»)

insalubre adj.2g. 1 que não é salubre; doentio 2 que causa insalubridade; poluidor (Do lat. *insalūbre-*, «id.»)

insalubridade n.f. qualidade ou estado do que é insalubre (Do lat. *insalubritāte-*, «id.»)

insalutífero adj. ⇒ **insalubre** (De *in-*+*salutífero*)

insanabilidade n.f. 1 qualidade do que é insanável 2 incurabilidade (Do lat. *insanabĭle-*, «insanável» +-*i-*+-*dade*)

insanável adj.2g. 1 que não se pode sanar 2 irremediável; incorrigível 3 incurável (Do lat. *insanabĭle-*, «incurável»)

insaneável adj.2g. que não se pode sanear (De *in-*+*saneável*)

insânia n.f. 1 estado de insano; loucura 2 falta de siso ou sensatez (Do lat. *insania-*, «loucura»)

insanidade n.f. 1 qualidade de insano; demência 2 insensatez 3 ato insensato (Do lat. *insanitāte-*, «doença»)

insanioso adj. [Angola] louco; demente; insensato

insano adj. 1 que não está são de espírito; louco 2 insensato 3 [fig.] custoso; difícil (Do lat. *insānu-*, «louco»)

insaponificável adj.2g. que não é suscetível de saponificação (De *in-*+*saponificável*)

insarável adj.2g. que não sara ou não se pode sarar; incurável (De *in-*+*sarável*)

insatisfação n.f. estado de insatisfeito; descontentamento (De *in-*+*satisfação*)

insatisfatório adj. 1 que não satisfaz 2 insuficiente (De *in-*+*satisfatório*)

insatisfeito adj. 1 não satisfeito; descontente 2 que não foi satisfeito 3 que não está pago (De *in-*+*satisfeito*)

insaturação n.f. QUÍMICA ligação dupla ou tripla, particularmente em compostos orgânicos (De *in-*+*saturação*)

insaturado adj. 1 que não está saturado 2 QUÍMICA diz-se de um composto orgânico passível de atingir um nível mais elevado de saturação 3 diz-se da gordura alimentar existente sobretudo em óleos vegetais, sendo líquida à temperatura ambiente (gordura à qual faltam átomos de hidrogénio)

insaturável adj.2g. 1 que não se pode saturar 2 insaciável (Do lat. *insaturabĭle-*, «id.»)

inscícia n.f. ⇒ **insciência** (Do lat. *inscitĭa-*, «ignorância»)

insciência n.f. 1 falta de ciência; ignorância 2 inaptidão (Do lat. *inscientĭa-*, «ignorância»)

insciente adj.2g. 1 que não sabe; ignorante 2 inepto (Do lat. *insciente-*, «que ignora»)

ínscio adj. insciente; ignorante (Do lat. *inscĭu-*, «id.»)

inscrever v.tr. 1 gravar em pedra, metal ou outro material; escrever em 2 esculpir 3 escrever num registo ou lista 4 incluir no número 5 anotar; assentar ■ v.pron. escrever ou fazer escrever o seu nome num livro, lista, etc.; matricular-se (Do lat. *inscribĕre*, «id.»)

inscrição n.f. 1 escrito gravado ou em relevo numa superfície de pedra, metal, madeira, etc., evocativo de pessoa ou acontecimento notável 2 ato ou efeito de inscrever ou inscrever-se; matrícula 3 letreiro 4 DIREITO anotação que define a situação jurídica dos prédios descritos mediante extratos dos factos sujeitos a registo e referentes a cada um deles (Do lat. *inscriptiōne-*, «id.»)

inscritível adj.2g. que se pode inscrever (De *inscrito*+-*vel*)

inscrito adj. 1 incluído em lista ou registo 2 GEOMETRIA diz-se da figura traçada dentro de outra, particularmente do polígono feito dentro de uma curva e com os vértices nela, ou de uma curva dentro de um polígono e tangente aos lados deste (Do lat. *inscriptu-*, «id.», part. pass. de *inscribĕre*, «inscrever»)

insculpir v.tr. 1 gravar; entalhar 2 esculpir em 3 inscrever (Do lat. *insculpĕre*, «gravar em»)

inscultor n.m. aquele que insculpe, grava ou entalha (Do lat. *insculptu-*, «insculpido» +-*or*)

inscultura n.f. arte ou obra de inscultor; gravação (Do lat. *insculptu-*, «insculpido» +-*ura*)

insecável[1] adj.2g. que não se pode secar (De *in-*+*secável*)

insecável[2] adj.2g. que se não pode cortar; indivisível (Do lat. *insecabĭle-*, «id.»)

insectário n.m. viveiro ou coleção de insetos (De *insecto*+-*ário*) ACORDO ORTOGRÁFICO também se pode escrever **insetário**

insecticida ver nova grafia **inseticida**

insecticídio ver nova grafia **inseticídio**

insectífero adj. que contém insetos (De *insecto*+-*fero*) ACORDO ORTOGRÁFICO também se pode escrever **insetífero**

insectiforme adj.2g. com forma ou aparência de inseto (De *insecto*+-*forme*) ACORDO ORTOGRÁFICO também se pode escrever **insetiforme**

insectífugo adj. que afugenta os insetos (De *insecto*+-*fugo*) ACORDO ORTOGRÁFICO também se pode escrever **insetífugo**

inséctil adj.2g. que não pode ser cortado; indivisível (De *in-*+*séctil*) ACORDO ORTOGRÁFICO também se pode escrever **insétil**

insectívoro a grafia mais usada é **insetívoro**

insecto ver nova grafia **inseto**

insectófilo adj. apreciador de insectologia (Do lat. *insectu-*, «inseto»+gr. *phílos*, «amigo») ACORDO ORTOGRÁFICO também se pode escrever **insetófilo**

insectologia n.f. ⇒ **entomologia** (Do lat. *insectu-*, «inseto»+gr. *lógos*, «estudo» +-*ia*) ACORDO ORTOGRÁFICO também se pode escrever **insetologia**

insectológico adj. relativo à insectologia (De *insectologia*+-*ico*) ACORDO ORTOGRÁFICO também se pode escrever **insetológico**

insectologista n.2g. ⇒ **entomólogo** (De *insectologia*+-*ista*) ACORDO ORTOGRÁFICO também se pode escrever **insetologista**

inseduzível adj.2g. que não se deixa seduzir (De *in-*+*seduzível*)

insegurança n.f. 1 falta de segurança 2 situação em que alguém se sente ameaçado ou se encontra exposto a um perigo 3 atitude de quem sente falta de confiança em si próprio 4 inquietação (De *in-*+*segurança*)

inseguridade n.f. ⇒ **insegurança** (De *inseguro*+-*i-*+-*dade*)

inseguro adj. 1 que não é seguro; instável 2 que sente falta de confiança (De *in-*+*seguro*)

inseminação n.f. 1 BIOLOGIA fecundação do óvulo 2 FISIOLOGIA colocação do sémen na cavidade uterina; ~ *artificial* colocação do sémen no colo do útero através de uma seringa, para provocar a conceção (De *inseminar*+-*ção*)

inseminar v.tr. FISIOLOGIA introduzir o sémen na cavidade uterina para permitir a fecundação (Do lat. *inseminăre*, «semear em; fecundar»)

insensatez /ê/ n.f. 1 qualidade de insensato 2 falta de sensatez 3 ato de insensato 4 loucura; temeridade (De *insensato*+-*ez*)

insensato adj. 1 carecido de senso; louco 2 que não revela bom senso 3 leviano; estroina ■ n.m. indivíduo que não revela bom senso (Do lat. *insensātu-*, «id.»)

insensibilidade n.f. 1 qualidade de insensível 2 falta de sensibilidade 3 [fig.] indiferença; desinteresse 4 [fig.] apatia; rigidez (Do lat. *insensibilitāte-*, «id.»)

insensibilização n.f. 1 ato ou efeito de insensibilizar 2 anestesia (De *insensibilizar*+-*ção*)

insensibilizar v.tr. 1 tornar insensível; dessensibilizar 2 anestesiar (Do lat. *insensibĭle-*, «insensível» +-*izar*)

insensitivo adj. 1 que não tem sensibilidade 2 insensível 3 impassível; indiferente (De *in-*+*sensitivo*)

insensível adj.2g. 1 que não é sensível 2 que não tem sensibilidade moral; insensitivo; frio; indiferente 3 que não se sente; impercetível 4 gradual (Do lat. *insensibĭle-*, «id.»)

insensivelmente adv. 1 de modo insensível 2 sem se sentir 3 impercetivelmente (De *insensível*+-*mente*)

inseparabilidade n.f. qualidade de inseparável (Do lat. *inseparabilitāte-*, «união indissolúvel»)

inseparável *adj.2g.* 1 que não se pode separar; indissociável 2 inerente 3 que está sempre na companhia de uma mesma pessoa (Do lat. *inseparabĭle-*, «id.»)

insepulto *adj.* 1 sem sepultura 2 por sepultar (Do lat. *insepultu-*, «id.»)

inserção *n.f.* ato ou efeito de inserir ou inserir-se (Do lat. *insertiōne-*, «enxerto»)

inserir *v.tr.* 1 introduzir de modo que fique adaptado e seguro; fixar; intercalar; cravar 2 registar; inscrever 3 juntar; incluir ▪ *v.pron.* 1 implantar-se 2 integrar-se num conjunto ou num grupo (Do lat. *inserĕre*, «intercalar; introduzir»)

inserto *adj.* 1 que se inseriu; incluído 2 publicado (Do lat. *insertu-*, «id.», part. pass. de *inserĕre*, «intercalar; inserir; introduzir»)

inservível *adj.2g.* 1 que não serve; que não tem utilidade 2 que não pode ser servido (De *in-+servível*)

insetário a grafia mais usada é **insectário**

inseticida *adj.2g.* que mata os insetos ▪ *n.m.* substância ou preparado químico que se usa para destruir insetos nocivos (De *insecto+-cida*, ou do fr. *insecticide*, «id.»)

inseticídio *n.m.* extermínio de insetos (De *insecto+-cídio*)

insetífero a grafia mais usada é **insectífero**

insetiforme a grafia mais usada é **insectiforme**

insetífugo a grafia mais usada é **insectífugo**

insétil a grafia mais usada é **inséctil**

insetívoro *adj.* 1 diz-se do animal, ou planta carnívora, que se alimenta normalmente de insetos 2 relativo ou pertencente aos insetívoros ▪ *n.m.* ZOOLOGIA espécime dos insetívoros ▪ *n.m.pl.* ZOOLOGIA ordem de mamíferos portadores de caninos fracos e molares perfurantes (De *insecto+-voro*) ACORDO ORTOGRÁFICO também se pode escrever **insectívoro**

inseto *n.m.* 1 ZOOLOGIA artrópode com o corpo dividido em cabeça, tórax e abdómen, com três pares de patas e respiração traqueal 2 [fig., pej.] pessoa insignificante ▪ *n.m.pl.* ZOOLOGIA classe de artrópodes com os caracteres referidos anteriormente (Do lat. *insectu-*, «inseto»)

insetófilo a grafia mais usada é **insectófilo**
insetologia a grafia mais usada é **insectologia**
insetológico a grafia mais usada é **insectológico**
insetologista a grafia mais usada é **insectologista**

insexuado /cs/ *adj.* 1 que não é sexuado; desprovido de órgãos sexuais diferenciados 2 neutro (De *in-+sexuado*)

insexual /cs/ *adj.2g.* que não é sexual; que não mostra interesse pelo sexo (De *in-+sexual*)

insexualidade /cs/ *n.f.* qualidade de insexual (De *in-+sexualidade*)

insídia *n.f.* 1 emboscada 2 traição 3 estratagema; ardil (Do lat. *insidĭa-*, «id.»)

insidiação *n.f.* ato ou efeito de insidiar (De *insidiar+-ção*)

insidiador *adj.,n.m.* que ou aquele que arma insídias; insidioso (Do lat. *insidiatōre-*, «id.»)

insidiar *v.tr.* 1 armar insídias ou ciladas a 2 atraiçoar 3 [fig.] procurar seduzir (Do lat. *insidiāre*, por *insidiāri*, «id.»)

insidiosamente *adv.* de maneira insidiosa; perfidamente (De *insidioso+-mente*)

insidioso /ô/ *adj.* 1 insidiador; traidor 2 pérfido; dissimulado (Do lat. *insidiōsu-*, «id.»)

insigne *adj.2g.* 1 distinto; notável 2 ilustre; famoso; célebre 3 extraordinário (Do lat. *insigne-*, «insigne; notável»)

insignemente *adv.* de modo insigne; distintamente (De *insigne+-mente*)

insígnia *n.f.* 1 sinal distintivo de dignidade, de funções ou de nobreza 2 medalha 3 estandarte 4 divisa; emblema (Do lat. *insignĭa*, neut. pl. de *insigne-*, «marca; sinal»)

insignificância *n.f.* 1 qualidade do que é insignificante 2 coisa insignificante, sem valor; ninharia; ridicularia; bagatela (Do lat. *in-*, «falta» *+significantĭa-*, «valor; significação»)

insignificante *adj.2g.* de muito pouco ou nenhum valor; reles ▪ *n.2g.* pessoa sem importância (De *in-*, «não» *+significante-*, «que tem importância»)

insignificativo *adj.* que não é significativo (De *in-+significativo*)

insimulação *n.f.* 1 ato ou efeito de insimular 2 acusação falsa (De *insimular+-ção*)

insimular *v.tr.* 1 atribuir um crime a 2 acusar falsamente (Do lat. *insimulāre*, «acusar falsamente»)

insinceridade *n.f.* falta de sinceridade; dissimulação (De *in-+sinceridade*)

insincero *adj.* que não é sincero; dissimulado (Do lat. *insincēru-*, «não genuíno; impuro»)

insinuação *n.f.* 1 indicação indireta; sugestão; alusão 2 coisa que se dá a perceber; subentendido 3 [pej.] acusação 4 menção de circunstância ou cláusula em documento público (Do lat. *insinuatiōne-*, «ação de se introduzir»)

insinuador *adj.,n.m.* que ou aquele que insinua (Do lat. *insinuatōre-*, «introdutor»)

insinuante *adj.2g.* 1 que se insinua 2 persuasivo 3 simpático (Do lat. *insinuante-*, «que insinua», part. pres. de *insinuāre*, «insinuar; insinuar-se»)

insinuar *v.tr.* 1 introduzir lentamente 2 fazer, habilmente, penetrar no ânimo; sugerir 3 fazer compreender e levar a aceitar qualquer coisa sem a referir expressamente 4 pretender provar 5 aconselhar ▪ *v.pron.* 1 penetrar 2 introduzir-se subtilmente; fazer-se admitir (Do lat. *insinuāre*, «id.»)

insinuativa *n.f.* arte de insinuar(-se) (De *insinuativo*)
insinuativo *adj.* ⇒ **insinuante** (De *insinuar+-tivo*)

insipidamente *adv.* 1 de modo insípido; sem sabor 2 desgraciosamente 3 de modo sensaboräo (De *insípido+-mente*)

insipidar *v.tr.* tornar insípido (De *insípido+-ar*)

insipidez /ê/ *n.f.* 1 qualidade de insípido; falta de sabor 2 sensaboria; monotonia (De *insípido+-ez*)

insípido *adj.* 1 que não tem sabor; insosso 2 [fig.] desengraçado 3 [fig.] monótono 4 [fig.] pouco interessante (Do lat. *insipĭdu-*, «id.»)

insipiência *n.f.* 1 falta de ciência; ignorância 2 insensatez (Do lat. *insipientĭa-*, «id.»)

insipiente *adj.2g.* 1 que não sabe nada; ignorante 2 insensato (Do lat. *insipiente-*, «id.»)

insistência *n.f.* 1 ato de insistir 2 teimosia; obstinação (Do lat. *insistentĭa*, part. pres. neut. pl. subst. de *insistĕre*, «insistir»)

insistente *adj.2g.* 1 que insiste 2 teimoso; obstinado 3 importuno (Do lat. *insistente-*, «id.», part. pres. de *insistĕre*, «insistir»)

insistentemente *adv.* com insistência; continuamente (De *insistente+-mente*)

insistido *adj.* [Guiné-Bissau] teimoso; persistente (Part. pass. de *insistir*)

insistir *v.tr.,intr.* 1 perseverar (em); teimar (em) 2 persistir (em) ▪ *v.intr.* manter ou repetir uma ação (Do lat. *insistĕre*, «id.»)

ínsito *adj.* 1 inserido; implantado 2 inerente; congénito; inato (Do lat. *insĭtu-*, «id.», part. pass. irreg. de *inserĕre*, «inserir»)

insobriedade *n.f.* falta de sobriedade; descomedimento (De *in-+sobriedade*)

insóbrio *adj.* que não é sóbrio (De *in-+sóbrio*)

insociabilidade *n.f.* qualidade de insociável (De *in-+sociabilidade*)

insocial *adj.2g.* estranho à vida em sociedade (De *in-+social*)

insociável *adj.2g.* 1 que não é sociável 2 intratável; esquivo (Do lat. *insociabĭle-*, «id.»)

insofismável *adj.2g.* que não se pode sofismar (De *in-+sofismável*)

insofridamente *adv.* de modo insofrido; com impaciência (De *insofrido+-mente*)

insofrido *adj.* 1 turbulento; indomável; fogoso 2 que não tolera sofrimento 3 impaciente; inquieto (De *in-+sofrido*)

insofrimento *n.m.* 1 falta de paciência para sofrer 2 intolerância 3 inquietação (De *in-+sofrimento*)

insofrível *adj.2g.* 1 que não se pode sofrer 2 insuportável; intolerável (De *in-+sofrível*)

insolação *n.f.* 1 ato ou efeito de insolar 2 MEDICINA estado patológico proveniente da ação dos raios solares quando recebidos diretamente por período excessivo; heliose 3 tempo, durante um dia, em que o Sol esteve descoberto 4 METEOROLOGIA número de horas durante o período considerado (dia, mês, ano) em que ocorre radiação solar direta, isto é, proveniente do disco solar sem sofrer nem reflexão nem absorção (Do lat. *insolatiōne-*, «exposição ao sol»)

insolar *v.tr.* 1 expor à continuada ação solar 2 tornar doente pela ação solar (Do lat. *insolāre*, «expor ao sol»)

insoldável *adj.2g.* que não se pode soldar (De *in-+soldável*)

insolência *n.f.* 1 falta de respeito; impertinência 2 atrevimento 3 ato ou dito insolente; grosseria; má-criação; insulto 4 orgulho ofensivo; arrogância (Do lat. *insolentĭa-*, «id.»)

insolente *adj.2g.* 1 que falta ao respeito; grosseiro; atrevido; impertinente; malcriado 2 arrogante; orgulhoso 3 que surge como um desafio; provocante ▪ *n.2g.* pessoa que diz ou faz insolências (Do lat. *insolente-*, «id.»)

insolidariedade *n.f.* falta de solidariedade (De *in-+solidariedade*)

insólito *adj.* 1 não costumado; desusado 2 que espanta; extraordinário; não habitual 3 anormal; anómalo 4 extravagante (Do lat. *insolĭtu-*, «id.»)

insolubilidade *n.f.* 1 qualidade de insolúvel 2 insolvência (Do lat. *insolubilitāte-*, «id.»)

insolúvel *adj.* 1 que não se dissolve 2 que não se desata 3 que não se pode resolver ou explicar; irresolúvel 4 que não se pode pagar ou cobrar (Do lat. *insolubĭle-*, «id.»)

insolvabilidade *n.f.* ⇒ **insolvência**

insolvência *n.f.* 1 qualidade ou estado de insolvente 2 impossibilidade de pagar uma dívida 3 situação do devedor ou da sociedade cujo património apresenta um passivo superior ao ativo (De in-+solvência)

insolvente *adj.,n.2g.* que ou aquele não pode pagar o que deve (Do lat. *in-+solvente*)

insolvibilidade *n.f.* 1 qualidade ou estado de quem não pode pagar o que deve; insolvência 2 défice patrimonial (De *in-+solvibilidade*)

insolvível *adj.2g.* que não se pode pagar ou solver (De *in-+solvível*)

insondabilidade *n.f.* qualidade de insondável; impenetrabilidade (Do lat. med. *insondabĭle-*, «insondável»+*-i-*+*-dade*)

insondado *adj.* 1 que não foi sondado; desconhecido 2 ainda por estudar (De *in-+sondado*)

insondável *adj.2g.* 1 que não é sondável 2 enigmático; misterioso; inexplicável (De *in-+sondável*, ou do fr. *insondable*, «id.»)

insone *adj.2g.* que tem insónias; que não dorme (Do lat. *insomne-*, «que não tem sono»)

insonhado *adj.* que nunca se sonhou ou imaginou (De *in-+sonhado*)

insonhável *adj.2g.* que não se pode sonhar; irrealizável; impossível (De *in-+sonhável*)

insónia *n.f.* falta de sono; dificuldade em dormir; estado de quem não consegue dormir (Do lat. *insomnĭa*, «id.»)

insonolência *n.f.* ⇒ **insónia** (De *in-+sonolência*)

insonoridade *n.f.* 1 qualidade do que é insonoro 2 falta de sonoridade (De *in-+sonoridade*)

insonorização *n.f.* ato ou efeito de insonorizar (De *insonorizar+-ção*)

insonorizar *v.tr.* tornar insonoro; isolar (um recinto) dos sons, ruídos, etc. (De *in-+sonorizar*)

insonoro *adj.* 1 que não emite som 2 que não vibra sob o efeito de ondas sonoras 3 que amortece os sons (De *in-+sonoro*)

insonso *adj.* ⇒ **insosso** (Do lat. *insulsu-*, «id.»)

insonte *adj.2g.* que não tem culpa; inocente (Do lat. *insonte-*, «id.»)

insopitável *adj.2g.* que não se pode sopitar, adormecer, abrandar ou acalmar (De *in-+sopitar+-vel*)

insossar *v.tr.* 1 tornar insosso 2 [fig.] tirar a graça a (De *insosso+-ar*)

insossego /ê/ *n.m.* ⇒ **desassossego** (De *in-+sossego*)

insosso /ô/ *adj.* 1 que não tem sal 2 que tem pouco sal; ensosso 3 que não tem sabor; insípido 4 [fig.] desengraçado; desinteressante (Do lat. *insulsu-*, «id.»)

inspeção *n.f.* 1 ato de ver, de examinar, de observar com cuidado; exame 2 cargo ou serviço de inspetor 3 exame para recrutamento dos jovens em idade de prestação do serviço militar 4 vistoria; vigilância 5 repartição encarregada de inspecionar (Do lat. *inspectiōne-*, «id.»)

inspecção ver nova grafia **inspeção**

inspeccionador ver nova grafia **inspecionador**

inspeccionar ver nova grafia **inspecionar**

inspecionador *adj.,n.m.* que ou aquele que inspeciona; inspetor; fiscal (De *inspeccionar+-dor*)

inspecionar *v.tr.* 1 fazer inspeção a; vistoriar 2 examinar 3 revistar (De *inspectiōne-*, «inspeção»+*-ar*)

inspetar ver nova grafia **inspetar**

inspector ver nova grafia **inspetor**

inspectorado ver nova grafia **inspetorado**

inspectoria ver nova grafia **inspetoria**

inspector-orientador ver nova grafia **inspetor-orientador**

inspetar *v.tr.* examinar com atenção; inspecionar (Do lat. *inspectāre*, «id.»)

inspetor *n.m.* indivíduo encarregado de inspecionar ou vistoriar alguma coisa ■ *adj.* que vê, observa ou inspeciona (De *inspectōre-*, «id.»)

inspetorado *n.m.* ⇒ **inspetoria** (De *inspector+-ado*)

inspetoria *n.f.* 1 área da jurisdição de um inspetor 2 cargo, dignidade ou repartição de inspetor (De *inspector+-ia*)

inspetor-orientador *n.m.* antigo inspetor do ensino primário que também exercia funções de orientador pedagógico

inspiração *n.f.* 1 FISIOLOGIA ação através da qual o ar entra nos pulmões 2 insuflação divina 3 faculdade criadora 4 ação de inspirar algo a alguém; influência 5 sugestão; lembrança 6 ideia ou pensamento súbito (Do lat. *inspiratiōne-*, «id.»)

inspirador *adj.* 1 que inspira ou sugere ideias 2 que entusiasma 3 que contribui para a inspiração ■ *n.m.* aquele que inspira ou sugere ideias (Do lat. *inspiratōre-*, «id.»)

inspirar *v.tr.,intr.* FISIOLOGIA introduzir (ar) nos pulmões ■ *v.tr.* 1 causar inspiração a 2 ser motivo de inspiração 3 provocar (ideias, pensamentos, etc.); suscitar; insuflar; originar 4 incutir; infundir 5 [coloq.] tentar ■ *v.pron.* receber inspiração (Do lat. *inspirāre*, «inspirar»)

inspirativo *adj.* que inspira; inspiratório (De *inspirar+-tivo*)

inspiratório *adj.* próprio para a inspiração; inspirativo (De *inspirar+-tório*)

inspirável *adj.2g.* que se pode inspirar (De *inspirar+-vel*)

inspissação *n.f.* ato ou efeito de inspissar (De *inspissar+-ção*)

inspissamento ⇒ **inspissação** (De *inspissar+-mento*)

inspissar *v.tr.* 1 tornar espesso; engrossar 2 concentrar por meio de evaporação (Do lat. *inspissāre*, «espessar; engrossar»)

instabilidade *n.f.* 1 estado de um corpo em equilíbrio instável 2 estado de um corpo que pode decompor-se facilmente 3 carácter do que não permanece; incerteza; precariedade 4 falta de estabilidade (financeira, social); flutuação 5 falta de estabilidade (psicológica); inconstância; fragilidade (Do lat. *instabilitāte-*, «mobilidade»)

instalação *n.f.* 1 ato ou efeito de se instalar num local; alojamento 2 ato ou efeito de instalar; estabelecimento; arranjo 3 conjunto de aparelhos ou artefactos para determinado fim 4 ARTES PLÁSTICAS obra de arte, geralmente uma construção ou um conjunto de materiais empilhados, em que o observador pode participar, manipulando-a, ou mesmo entrando nela 5 *pl.* alojamentos; acomodações 6 *pl.* edifício(s) ou conjunto de salas onde funcionam os serviços de uma empresa (Do fr. *installation*, «id.»)

instalador *adj.,n.m.* que ou o que instala (De *instalar+-dor*)

instalar *v.tr.* 1 colocar num local; alojar 2 estabelecer 3 dispor para funcionar; colocar para determinado fim 4 dar posse de um cargo a 5 INFORMÁTICA introduzir no computador (aplicações, software, hardware) ■ *v.pron.* 1 acomodar-se 2 estabelecer-se de forma duradoura 3 ir morar (Do fr. *installer*, «id.»)

instância *n.f.* 1 ato de instar; solicitação; empenho 2 força; pressão 3 foro; jurisdição 4 na discussão de uma tese designa uma nova objeção a um argumento do adversário alegado contra uma objeção precedente 5 FILOSOFIA categoria ou domínio particular de fatores ou de funções 6 PSICOLOGIA ação inibidora de censura (Freud, médico psicanalista austríaco, 1856-1939); *em última* ~ em último recurso; *instâncias superiores* DIREITO tribunais de jurisdição superior desde os da Relação até ao Supremo; *tribunal de 1.ª* ~ DIREITO tribunal de comarca, isto é, o que julga o caso; *tribunal de 2.ª* ~ DIREITO tribunal da Relação, isto é, o que julga os recursos interpostos das decisões do tribunal de comarca (Do lat. *instantĭa-*, «presença; insistência»)

instantaneamente *adv.* 1 de maneira instantânea 2 num instante (De *instantâneo+-mente*)

instantaneidade *n.f.* qualidade de instantâneo (De *instantâneo+-i-+-dade*)

instantâneo *adj.* 1 que ocorre de um momento para o outro; súbito; repentino 2 que sucede ou se faz num instante; momentâneo; fugaz 3 que se dissolve imediatamente ■ *n.m.* FOTOGRAFIA fotografia obtida com exposição muito reduzida (Do lat. **instantanĕu-*, «id.»)

instante *adj.2g.* 1 iminente 2 urgente 3 insistente ■ *n.m.* 1 lapso de tempo muito curto; momento 2 ocasião (Do lat. *instante-*, «que insta», part. pres. de *instāre*, «insistir; instar; pedir com instância»)

instantemente *adv.* 1 com instância 2 insistentemente (De *instante+-mente*)

instar *v.tr.,intr.* pedir com insistência ■ *v.intr.* 1 estar instante ou iminente 2 ser necessário; urgir ■ *v.tr.* solicitar (Do lat. *instāre*, «insistir; pedir com instância»)

instauração *n.f.* 1 ato ou efeito de instaurar 2 estabelecimento; fundação 3 inauguração (Do lat. *instauratiōne-*, «preparação; restauração»)

instaurador *adj.,n.m.* que ou aquele que instaura (Do lat. *instauratōre-*, «id.»)

instaurar *v.tr.* 1 estabelecer; instituir 2 fundar; inaugurar 3 inovar 4 pôr em juízo (Do lat. *instauraāre*, «preparar; renovar»)

instável *adj.2g.* 1 que se desagrega facilmente 2 que não é estável; mal equilibrado 3 que se desloca; que não está num sítio fixo 4 que não é fixo; inconstante; precário; variável 5 diz-se do indivíduo cujo carácter não tem unidade, nem constância; caprichoso; volúvel; **equilíbrio ~** FÍSICA diz-se do estado de equilíbrio de um corpo que, submetido a pequeno desvio desse estado, tende a tomar nova posição de equilíbrio estável (Do lat. *instabĭle-*, «id.»)

instigação *n.f.* 1 ato de levar alguém a fazer algo; incitamento 2 solicitação insistente 3 sugestão 4 estímulo (Do lat. *instigatiōne-*, «id.»)

instigador *n.m.* 1 aquele que instiga; promotor 2 [fig.] causa; motivo ■ *adj.* que instiga (Do lat. *instigatōre-*, «id.»)

instigar *v.tr.* fazer instigações a; incitar; induzir; estimular (Do lat. *instigāre*, «id.»)

instilação *n.f.* 1 ato ou efeito de instilar 2 penetração 3 introdução de líquido, gota a gota 4 [fig.] insuflação; insinuação 5 [fig.] persuasão (Do lat. *instillatiōne-*, «id.»)

instilador *adj.* que instila ■ *n.m.* 1 aquele que instila 2 aparelho para instilar medicamentos (De *instilar*+*-dor*)

instilar *v.tr.* 1 introduzir ou verter gota a gota em 2 [fig.] fazer penetrar 3 [fig.] insinuar (Do lat. *instillāre*, «id.»)

instintividade *n.f.* 1 qualidade do que é instintivo 2 espontaneidade (De *instintivo*+*-i-*+*-dade*)

instintivo *adj.* que provém do instinto; feito por instinto; inconsciente; involuntário (De *instinto*+*-ivo*)

instinto *n.m.* 1 atividade automática hereditária, adaptada às condições de vida, relativamente uniforme em cada espécie, inconsciente da sua aparente finalidade 2 tendência ou impulso espontâneo e irrefletido 3 intuição; inspiração; **~ diferido** instinto que se manifesta em estádio mais ou menos tardio de desenvolvimento (por exemplo, o instinto sexual) (Do lat. *instinctu-*, «instigação; excitação»)

institor *n.m.* pessoa que dirige ou administra um negócio ou empresa por nomeação do proprietário (Do lat. *institōre-*, «vendedor»)

institório *adj.* relativo a institor

institucional *adj.2g.* referente a uma instituição (Do lat. *institutiōne-*, «disposição»+*-al*)

institucionalização *n.f.* ato ou efeito de institucionalizar (De *institucionalizar*+*-ção*)

institucionalizar *v.tr.,pron.* dar ou adquirir forma de instituição; oficializar(-se) (De *institucional*+*-izar*)

institucionalmente *adv.* 1 de modo institucional 2 segundo as normas institucionais 3 de acordo com os regulamentos (De *institucional*+*-mente*)

instituição *n.f.* 1 ato ou efeito de instituir 2 coisa instituída 3 estabelecimento de utilidade pública; organização; fundação 4 *pl.* leis fundamentais por que se rege um país 5 *pl.* normas; preceitos (Do lat. *institutiōne-*, «disposição; sistema»)

instituidor *adj.,n.m.* 1 que ou aquele que institui 2 fundador; criador (Do lat. *institutōre-*, «fundador»)

instituir *v.tr.* 1 fundar 2 dar começo a 3 estabelecer de uma forma duradoura; erigir 4 marcar; fixar 5 nomear como; constituir; designar (Do lat. *instituĕre*, «instituir; estabelecer»)

instituto *n.m.* 1 coisa instituída 2 estabelecimento 3 regulamento 4 agremiação literária, artística ou científica 5 designação de certos estabelecimentos de instrução 6 constituição de uma ordem religiosa 7 a própria ordem religiosa (Do lat. *institūtu-*, «coisa estabelecida; plano»)

instrução *n.f.* 1 ato ou efeito de instruir 2 ensino; formação 3 conhecimentos adquiridos; saber 4 DIREITO fase processual não obrigatória em direito penal cujo objetivo é verificar se a acusação ou o arquivamento tinham fundamento com as provas recolhidas ou por apreciar 5 *pl.* explicações verbais ou escritas quanto ao uso ou modo de proceder em relação a algo; diretivas 6 *pl.* INFORMÁTICA parte do programa que indica ao computador o que se pretende que ele faça em seguida 7 *pl.* indicações de utilização de um produto (Do lat. *instructiōne-*, «id.»)

instrucional *adj.2g.* 1 relativo a instrução 2 que contém instruções 3 LINGUÍSTICA diz-se do texto que tem como objetivo ensinar o leitor a fazer algo, enumerando e caracterizando as fases sucessivas para alcançar um dado fim (De *instrução*, a partir do rad. erudito *instrucion-*+*-al*)

instruendo *n.m.* aquele que recebe instrução; aluno (Do lat. *instruendu-*, ger. de *instruĕre-*, «instruir»)

instruído *adj.* 1 que recebeu instrução 2 erudito; culto; ilustrado 3 adestrado 4 DIREITO (processo) acompanhado dos documentos necessários (Part. pass. de *instruir*)

instruidor *adj.,n.m.* ⇒ **instrutor** (De *instruir*+*-dor*)

instruir *v.tr.* 1 ministrar instrução a; ensinar 2 doutrinar 3 pôr ao corrente; informar; esclarecer 4 DIREITO juntar os documentos necessários a (um processo) ■ *v.pron.* 1 cultivar-se; educar-se 2 informar-se (Do lat. *instruĕre*, «id.»)

instrumentação *n.f.* MÚSICA arte ou modo de combinar as partes de uma composição musical; ato ou efeito de instrumentar; orquestração (De *instrumentar*+*-ção*)

instrumental *adj.2g.* 1 de instrumento 2 que serve de instrumento 3 diz-se da música interpretada apenas por instrumentos ■ *n.m.* conjunto dos instrumentos de uma orquestra, banda, etc. (De *instrumento*+*-al*)

instrumentalismo *n.m.* doutrina defendida por John Derwey, pedagogo e filósofo americano, 1859-1952, e outros, segundo a qual o valor da verdade, do pensamento, de uma teoria reside no seu carácter instrumental, isto é, no seu rendimento em ação (De ing. *instrumentalism*, «id.»)

instrumentalização *n.f.* ato ou efeito de instrumentalizar (De *instrumentalizar*+*-ção*)

instrumentalizar *v.tr.* usar como instrumento para atingir determinado fim (De *instrumental*+*-izar*)

instrumentalmente *adv.* por meio de instrumentos ou documentos; documentalmente (De *instrumental*+*-mente*)

instrumentar *v.tr.* MÚSICA escrever para cada instrumento (a parte que lhe cabe numa peça musical a executar em conjunto) (De *instrumento*+*-ar*)

instrumentária *n.f.* conjunto de instrumentos (De *instrumento*+*-ária*)

instrumentista *n.2g.* 1 pessoa que toca um instrumento musical 2 pessoa que compõe música instrumental 3 pessoa que auxilia o médico operador, pondo ao seu alcance os instrumentos cirúrgicos (De *instrumento*+*-ista*)

instrumento *n.m.* 1 tudo o que serve para executar algum trabalho ou fazer alguma observação 2 peça de ferramenta 3 equipamento; material 4 objeto para produzir sons musicais 5 [fig.] meio; agente 6 DIREITO qualquer espécie de ato público ou jurídico; ata; título; documento 7 original de um tratado (Do lat. *instrumentu-*, «equipamento; material»)

instrutivo *adj.* próprio para instruir (Do fr. *instructif*, «id.»)

instruto *adj.* ⇒ **instruído** (Do lat. *instructu-*, «instruído», part. pass. de *instruĕre*, «instruir»)

instrutor *n.m.* 1 aquele que instrui ou ensina; professor; monitor 2 DIREITO pessoa que faz a instrução de um caso ■ *adj.* que instrui ou ensina (Do lat. *instructōre-*, «preparador»)

instrutório *adj.* DIREITO designativo de atos que acontecem durante a fase processual de instrução em direito penal (De *instruir*+*-tório*)

instrutura *n.f.* 1 fábrica (de um edifício) 2 estrutura 3 disposição 4 arquitetura (Do lat. *instructūra-*, «id.»)

ínsua *n.f.* 1 pequena ilha de areia banhada por um rio ou levada; ilhota 2 lezíria 3 ilhota de areia na foz de um rio 4 terreno marginal de um rio (Do lat. *insŭla-*, «ilha»)

insuavidade *n.f.* falta de suavidade (Do lat. *insuavitāte-*, «amargor»)

insubmergível *adj.2g.* que não se pode submergir; insubmersível (De *in-*+*submergível*)

insubmersível *adj.2g.* ⇒ **insubmergível** (De *in-*+*submersível*)

insubmissão *n.f.* 1 falta de submissão; rebeldia 2 desobediência; insubordinação (De *in-*+*submissão*)

insubmisso *adj.* 1 não submisso; rebelde 2 desobediente; insubordinado 3 altivo 4 independente (De *in-*+*submisso*)

insubordinação *n.f.* 1 falta de subordinação 2 ato de indisciplina; rebelião (De *insubordinar*+*-ção*)

insubordinado *adj.,n.m.* que ou aquele que se insubordina, indisciplinado; insubmisso; rebelde; insurreto (Part. pass. de *insubordinar*)

insubordinador *adj.,n.m.* que ou aquele que promove insubordinação (De *insubordinar*+*-dor*)

insubordinar *v.tr.* 1 promover insubordinação em 2 tornar insubordinado; amotinar ■ *v.pron.* 1 cometer atos contra a disciplina 2 revoltar-se (De *in-*+*subordinar*)

insubordinável *adj.2g.* 1 que não se pode subordinar; incorrigível; indócil 2 que se pode insubordinar (De *in-*+*subordinável*)

insubornável *adj.2g.* que não se deixa subornar; incorruptível; íntegro (De *in-*+*subornável*)

insubsistência *n.f.* qualidade do que é insubsistente (De *in-*+*subsistência*)

insubsistente *adj.2g.* 1 que não pode subsistir 2 que não tem razão de ser; sem valor (De *in-*+*subsistente*)

insubstancial *adj.2g.* 1 não substancial 2 secundário (De *in-*+*substancial*)

insubstancialidade *n.f.* qualidade ou estado do que é insubstancial; espiritualidade (De *insubstancial+-i-+-dade*)

insubstituível *adj.2g.* 1 que não se pode substituir 2 inigualável (De *in-+substituível*)

insubversivo *adj.* 1 que não é subversivo 2 que não se pode subverter (De *in-+subversivo*)

insucessível *adj.2g.* que não é sucessível; incapaz de suceder a outro (De *in-+sucessível*)

insucesso *n.m.* 1 mau resultado 2 falta de êxito; fracasso 3 desastre (De *in-+sucesso*)

insueto /ê/ *adj.* 1 que não é usado 2 insólito (Do lat. *insuētu-*, «desusado»)

insuficiência *n.f.* 1 qualidade de insuficiente; exiguidade 2 incompetência; incapacidade 3 falta; míngua 4 deficiência (Do lat. *insufficientĭa-*, «insuficiência»)

insuficiente *adj.2g.* 1 que está abaixo do que se quer ou do que é preciso; que não é suficiente; escasso; deficiente; diminuto; exíguo 2 [fig.] incompetente; incapaz (Do lat. *insufficiente-*, «insuficiente»)

insuflação *n.f.* 1 ato ou efeito de insuflar ou de bafejar 2 introdução de ar ou gases num órgão ou cavidade (Do lat. *insufflatiōne-*, «id.»)

insuflador *adj.* que insufla ■ *n.m.* aparelho que serve para insuflações (De *insuflar+-dor*)

insuflar *v.tr.* 1 encher de ar, soprando 2 incutir; infundir 3 [fig.] insinuar; sugerir (Do lat. *insufflāre*, «soprar»)

insuflável *adj.2g.* que pode ser insuflado; que se pode encher de ar

ínsula *n.f.* 1 GEOGRAFIA ilha 2 [fig.] local isolado 3 ANATOMIA região do córtex cerebral oculta no fundo da fissura entre o lobo parietal e o lobo temporal do cérebro (rego de Sylvius) (Do lat. *insŭla-*, «ilha»)

insulação *n.f.* 1 ato ou efeito de insular ou insular-se 2 isolação (De *insular+-ção*)

insulado *adj.* separado; isolado; incomunicável (Part. pass. de *insular*)

insulador *adj.* que insula; que separa ■ *n.m.* isolador (De *insular+-dor*)

insulamento *n.m.* ⇒ **insulação** (De *insular+-mento*)

insulano *adj.* 1 de ilha 2 relativo à ilha ■ *n.m.* natural ou habitante de uma ilha (Do lat. *insulānu-*, «ilhéu»)

insular¹ *adj.2g.* 1 relativo ou pertencente a ilha 2 parecido com uma ilha ■ *n.2g.* pessoa natural ou habitante de uma ilha

insular² *v.tr.* 1 transformar em ilha 2 separar como em ilha 3 isolar (De *ínsula+-ar*)

insularidade *n.f.* 1 situação do que é insular 2 isolamento em ilha 3 situação de um país constituído por uma ou mais ilhas (De *insular+-i-+-dade*)

insulcado *adj.* que ainda não foi sulcado ou navegado (De *in-+sulcado*)

insulina *n.f.* FISIOLOGIA hormona segregada pelo pâncreas, importante no metabolismo dos hidratos de carbono, e cuja deficiência ou falta provoca diabetes (Do lat. *insŭla-*, «ilha» +*-ina*)

insulindiano *adj.,n.m.* natural ou habitante da Insulíndia (De *Insulíndia*, top. +*-ano*)

insulinoterapia *n.f.* tratamento por meio da insulina (De *insulino+terapia*)

insulsamente *adv.* insipidamente; sem graça (De *insulso+-mente*)

insulsez /ê/ *n.f.* qualidade de insulso; insipidez (De *insulso+-ez*)

insulsidade *n.f.* ⇒ **insulsez** (De *insulso+-i-+-dade*)

insulso *adj.* 1 sem sal; insosso 2 [fig.] que não tem graça; desenxabido (Do lat. *insulsu-*, «insípido»)

insultador *adj.,n.m.* que ou aquele que insulta (Do lat. *insultatōre-*, «o que insulta»)

insultante *adj.2g.* 1 que insulta 2 que envolve insulto; injurioso (Do lat. *insultante-*, «id.», part. pres. de *insultāre*, «saltar contra; insultar»)

insultar *v.tr.* dirigir um insulto a; injuriar; ofender; ultrajar (Do lat. *insultāre*, «atacar; insultar»)

insulto *n.m.* 1 ato ou palavra ofensiva; injúria; afronta; ofensa; agravo; ultraje 2 ataque súbito; ~ *apoplético* MEDICINA ataque de paralisia (Do lat. *insultu-*, «ataque; insulto»)

insultuosamente *adv.* de maneira insultuosa; injuriosamente (De *insultuoso+-mente*)

insultuoso /ô/ *adj.* ⇒ **insultante** (Do lat. *insultu-*, «insulto» +*-oso*)

insumo *n.m.* ECONOMIA cada um dos elementos necessários para produzir mercadorias ou serviços (Trad. do ing. *input*, por analogia com *consumo*)

insuperável *adj.2g.* 1 que não se pode superar 2 invencível (Do lat. *insuperabĭle-*, «id.»)

insuportável *adj.2g.* 1 que não se pode suportar; intolerável 2 irrequieto 3 extremamente aborrecido (De *in-+suportável*)

insuprível *adj.2g.* 1 que não se pode suprir 2 insubstituível (De *in-+suprível*)

insurdescência *n.f.* ⇒ **surdez** (Do lat. *in-*, «para dentro» + *surdescentĭa*, part. pres. neut. pl. subst. de *surdescĕre*, «ensurdecer»)

insurgente *adj.,n.2g.* que ou aquele que se insurge; rebelde (Do lat. *insurgente-*, «id.», part. pres. de *insurgĕre*, «insurgir-se»)

insurgir *v.tr.* sublevar; revoltar ■ *v.pron.* 1 revoltar-se; amotinar-se; sublevar-se 2 reagir (Do lat. *insurgĕre*, «levantar-se contra; insurgir-se»)

insurreccional ver nova grafia **insurrecional**

insurreccionar ver nova grafia **insurrecionar**

insurrecional *adj.2g.* 1 que diz respeito a insurreição 2 que tem carácter de insurreição (Do lat. *insurrectiōne-*, «insurreição» +*-al*)

insurrecionar *v.tr.* promover a insurreição de; insurgir; revoltar ■ *v.pron.* insurgir-se; revoltar-se (Do lat. *insurrectiōne-*, «insurreição» +*-ar*)

insurrecto ver nova grafia **insurreto**

insurreição *n.f.* 1 ato ou efeito de insurgir ou insurgir-se 2 rebelião contra o poder estabelecido; sublevação; revolta (Do lat. *insurrectiōne-*, «id.»)

insurreto *adj.* que se insurge; revoltoso; sublevado; indisciplinado ■ *n.m.* aquele que se insurge (Do lat. *insurrectu-*, «id.», part. pass. de *insurgĕre*, «insurgir-se»)

insusceptível ver nova grafia **insuscetível**

insuscetível *adj.2g.* que não é suscetível (de fazer algo); incapaz (De *in-+susceptível*)

insuspeição *n.f.* qualidade do que é insuspeito (De *in-+suspeição*)

insuspeito *adj.* 1 não suspeito; fidedigno 2 desinteressado; imparcial (De *in-+suspeito*)

insustentabilidade *n.f.* qualidade de insustentável; qualidade do que não tem fundamento ou defesa possível (Do lat. *insustentabĭle-*, «insustentável» +*-i-+-dade*)

insustentável *adj.2g.* 1 que não é sustentável; insubsistente 2 que não tem fundamento (Do lat. *insustentabĭle-*, «id.»)

intáctil *adj.2g.* não táctil; intangível (Do lat. *intactĭle-*, «id.») ACORDO ORTOGRÁFICO também se pode escrever **intátil**

intactilidade *n.f.* qualidade de intáctil (De *intáctil+-i-+-dade*) ACORDO ORTOGRÁFICO também se pode escrever **intatilidade**

intacto *adj.* 1 não tocado 2 que não sofreu dano 3 inteiro 4 [fig.] que não sofreu nenhum dano; puro; ileso (Do lat. *intactu-*, «não tocado»)

intangibilidade *n.f.* qualidade do que é intangível (De *intangível+-i-+-dade*)

intangível *adj.2g.* 1 que não é tangível; que não se pode tocar 2 inatacável; inatingível (De *in-+tangível*)

intátil a grafia mais usada é **intáctil**

intatilidade a grafia mais usada é **intactilidade**

-inte sufixo nominal, de origem latina, oriundo do part. pres. dos verbos de infinito em *īre*, que designa o *agente* (*pedinte, constituinte*)

integérrimo *adj.* {superlativo absoluto sintético de **íntegro**} muito íntegro (Do lat. *integerrĭmu-*, «id.»)

íntegra *n.f.* 1 texto completo 2 totalidade; *na* ~ sem faltar nada, totalmente (De *íntegro*)

integração *n.f.* 1 ato ou efeito de integrar(-se) 2 inclusão de novos elementos num sistema 3 processo pelo qual uma pessoa ou um grupo se adapta a uma sociedade ou a uma cultura; assimilação; adaptação (De *integrar+-ção*)

integracionismo *n.m.* atitude que se define pela defesa da integração de uma determinada comunidade minoritária numa outra de maior dimensão

integracionista *adj.* que é partidário do integracionismo ■ *n.2g.* partidário do integracionismo

integrado *adj.* 1 incluído 2 assimilado; adaptado (Part. pass. de *integrar*)

integrador *n.m.* 1 instrumento de medida que integra a quantidade a medir relativamente ao tempo 2 aparelho mecânico ou elétrico que efetua a operação matemática de integração (Do lat. *integratōre-*, «restaurador»)

integral *adj.2g.* 1 que não sofre nenhuma redução; total 2 que não falta nenhum elemento; completo; inteiro 3 diz-se do alimento que apresenta todos os seus componentes e propriedades originais 4 MATEMÁTICA diz-se do ramo das matemáticas superiores que estuda a determinação da função de que provém uma diferencial ou derivada ■ *n.f.* MATEMÁTICA função de que provém uma diferencial ou derivada; *equação* ~ MATEMÁTICA equação funcional em que a função incógnita ocorre sob o sinal de integral (Do lat. tard. *integrāle-*, «id.»)

integralismo *n.m.* prática integral de alguma doutrina; ~ *lusitano* HISTÓRIA movimento político português, iniciado em 1914, que visava criar uma mentalidade nova, católica, nacionalista, antiliberal e monárquica, contrária à democracia republicana de 1910 e à Monarquia Constitucional de 1820 (De *integral*+-*ismo*)

integralista *adj.2g.* do integralismo ou a ele respeitante ■ *n.2g.* pessoa partidária do integralismo (De *integral*+-*ista*)

integralmente *adv.* completamente (De *integral*+-*mente*)

integrante *adj.2g.* 1 que integra ou completa 2 GRAMÁTICA (conjunção, oração) ⇒ **completivo** (Do lat. *integrante-*, «que integra; que restaura», part. pres. de *integrāre*, «integrar; restaurar»)

integrar *v.tr.* 1 tornar inteiro 2 incluir num todo; incorporar 3 completar 4 MATEMÁTICA determinar a integral de ■ *v.pron.* 1 fazer-se parte integrante de 2 inserir-se; adaptar-se 3 insinuar-se (Do lat. *integrāre*, «integrar; restaurar»)

integrável *adj.2g.* que se pode integrar (De *integrar*+-*vel*)

integridade *n.f.* 1 estado do que não sofreu quebra ou modificação; totalidade 2 qualidade do que é íntegro 3 [fig.] retidão; honradez; honestidade; probidade (Do lat. *integritāte-*, «id.»)

integrismo *n.m.* 1 atitude caracterizada pelo desejo de manter inalterados os princípios de um sistema; conservadorismo 2 RELIGIÃO atitude ou movimento de defesa dos princípios religiosos tradicionais e ortodoxos sem admitir qualquer evolução ou mudança; fundamentalismo (De *íntegro*+-*ismo*)

integrista *adj.,n.2g.* 1 que ou pessoa que revela apego intransigente a um sistema; conservador 2 RELIGIÃO ou pessoa que refuta qualquer evolução ou mudança nos princípios religiosos tradicionais e ortodoxos; fundamentalista (De *íntegro*+-*ista*)

íntegro *adj.* 1 inteiro; completo 2 [fig.] honrado; imparcial; reto (Do lat. *intĕgru-*, «inteiro; intacto»)

inteiramente *adv.* 1 totalmente 2 perfeitamente (De *inteira*+-*mente*)

inteirar *v.tr.* 1 tornar inteiro; completar 2 tornar ciente; dar a conhecer; instruir; elucidar ■ *v.pron.* 1 tomar conhecimento 2 certificar-se (Do lat. *integrāre*, «integrar; restaurar»)

inteireza /ê/ *n.f.* 1 qualidade daquilo que é inteiro; totalidade 2 [fig.] integridade física e moral 3 [fig.] probidade; retidão; honestidade 4 [fig.] verdade 5 [fig.] justeza; exatidão (De *inteiro*+-*eza*)

inteiriçar *v.tr.* tornar inteiriço ou hirto ■ *v.pron.* entesar-se (De *inteiriço*+-*ar*)

inteiriço *adj.* 1 feito de uma só peça; maciço 2 hirto; inflexível (De *inteiro*+-*iço*)

inteiro *adj.* 1 que possui todas as suas partes; completo 2 que se conservou intacto; não quebrado 3 firme em opiniões e modo de ser 4 MATEMÁTICA diz-se do número que consta só de unidades 5 [fig.] austero; íntegro 6 [fig.] perfeito 7 [fig.] exato (Do lat. *intĕgru-*, «inteiro; intacto»)

inteleção *n.f.* 1 ato de entender; perceção; compreensão 2 inteligência (Do lat. *intellectiōne-*, «significado»)

intelecção ver nova grafia **inteleção**

intelectivo *adj.* relativo à inteligência; intelectual (Do lat. *intellectīvu-*, «compreensível»)

intelecto *n.m.* faculdade de compreender; inteligência; entendimento (Do lat. *intellectu-*, «compreensão»)

intelectual *adj.2g.* 1 do intelecto ou a ele referente 2 que tem uma atividade relacionada com o uso preponderante do intelecto 3 que tem predileção pelos assuntos da mente; cerebral ■ *n.2g.* 1 pessoa cuja atividade principal está relacionada com o uso preponderante do intelecto 2 pessoa de cultura 3 [pej.] pessoa com uma perspetiva excessivamente mental ou racional da existência (Do lat. *intellectuāle-*, «id.»)

intelectualidade *n.f.* 1 conjunto das faculdades intelectuais; intelecto 2 qualidade de intelectual 3 conjunto dos intelectuais (Do lat. *intellectualitāte-*, «compreensão»)

intelectualismo *n.m.* 1 carácter de espíritos, de atividades ou de obras em que predomina o pensamento intelectual 2 preponderância dos intelectuais 3 FILOSOFIA doutrina que afirma a primazia, quer de facto, quer de direito, das funções intelectuais, a que se reduzem ou subordinam a afetividade e a vontade (De *intelectual*+-*ismo*)

intelectualista *adj.2g.* relativo ao intelectualismo ■ *n.2g.* partidário do intelectualismo (De *intelectual*+-*ista*)

intelectualização *n.f.* ato ou efeito de intelectualizar ou intelectualizar-se (De *intelectualizar*+-*ção*)

intelectualizar *v.tr.* 1 tornar intelectual 2 elevar à categoria de intelectual 3 usar o pensamento abstrato em detrimento da intuição ou do aspeto emocional; teorizar ■ *v.pron.* tornar-se intelectual (De *intelectual*+-*izar*)

inteligência *n.f.* 1 conjunto de todas as funções mentais que têm por objeto o conhecimento; pensamento 2 faculdade de compreender 3 conhecimento conceptual e racional; intelecto 4 desenvolvimento mental normal ou acima da média 5 penetração de espírito; discernimento 6 pessoa de grandes dotes intelectuais 7 juízo; raciocínio 8 abstração 9 ato de interpretar 10 acordo; conluio 11 habilidade; ~ *artificial* área da informática cujo objetivo é a aplicação do conhecimento dos processos cognitivos humanos aos sistemas informáticos que reproduzem aqueles processos; ~ *emocional* capacidade de reconhecer e entender as próprias emoções e as dos outros, agindo de forma adequada em diferentes situações (Do lat. *intelligentĭa*, «faculdade de compreender; talento»)

inteligente *adj.2g.* 1 que tem a faculdade de compreender 2 que tem inteligência normal ou acima da média 3 que revela agudeza mental; esperto 4 hábil ■ *n.m.* TAUROMAQUIA diretor de uma tourada (Do lat. *intellegente-*, «id.», part. pres. de *intelligĕre*, «compreender; discernir»)

inteligibilidade *n.f.* qualidade do que é inteligível (Do lat. *intellegibĭle-*, «inteligível»+-*i*+-*dade*)

inteligível *adj.2g.* 1 que pode ser compreendido ou conhecido pela inteligência 2 que se entende bem; compreensível 3 que se ouve bem; distinto; claro (Do lat. *intellegibĭle-*, «id.»)

intemente *adj.2g.* não temente; que não teme (De *in*-+*temente*)

intemerato *adj.* não manchado; puro; íntegro; incorruptível (Do lat. *intemerātu-*, «puro»)

intemperado *adj.* que não tem temperança ou moderação; imoderado; descomedido; dissoluto (Do lat. *intemperātu-*, «imoderado; excessivo»)

intemperamento *n.m.* temperamento vicioso (De *in*-+*temperamento*)

intemperança *n.f.* 1 falta de temperança; imoderação; excesso 2 falta de sobriedade no comer e no beber; voracidade 3 corrupção (Do lat. *intemperantĭa-*, «id.»)

intemperante *adj.2g.* ⇒ **intemperado** (Do lat. *intemperante-*, «imoderado; excessivo»)

intemperar *v.tr.,intr.,pron.* ⇒ **destemperar** (De *in*-+*temperar*)

intempérie *n.f.* perturbação atmosférica; mau tempo; tempestade (Do lat. *intemperĭe-*, «id.»)

intemperismo *n.m.* 1 GEOLOGIA conjunto de processos que provocam a desagregação das rochas por ação dos agentes atmosféricos; meteorização 2 ⇒ **meteorismo** (De *intempérie*+-*ismo*)

intempestivamente *adv.* 1 de modo intempestivo 2 fora do tempo próprio 3 subitamente; inesperadamente (De *intempestiva*+-*mente*)

intempestividade *n.f.* 1 qualidade do que é intempestivo 2 inoportunidade (Do lat. *intempestivitāte-*, «id.»)

intempestivo *adj.* 1 que vem fora do tempo próprio; inoportuno; inopinado 2 súbito; imprevisto 3 prematuro (Do lat. *intempestīvu-*, «id.»)

intemporal *adj.2g.* 1 que está para além do tempo; eterno 2 invariável 3 imaterial (De *in*-+*temporal*)

intemporalidade *n.f.* qualidade do que é intemporal (De *intemporal*+-*i*-+-*dade*)

intenção *n.f.* 1 intento; propósito; desígnio 2 desejo 3 FILOSOFIA (fenomenologia) aplicação do espírito a um objeto de conhecimento (Do lat. *intentiōne-*, «vontade; desejo»)

intencionado *adj.* feito com intenção; propositado (Part. pass. de *intencionar*)

intencional *adj.2g.* 1 referente à intenção 2 intencionado (Do lat. *intentiōne-*, «vontade» +-*al*)

intencionalidade *n.f.* 1 carácter do que é de ordem representativa ou mental 2 qualidade de intencional (De *intencional*+-*i*+-*dade*)

intencionalmente *adv.* com intenção; de propósito (De *intencional*+-*mente*)

intencionável *adj.2g.* ⇒ **intencional** (De *intencionar*+-*vel*)

intencionismo *n.m.* opinião daqueles para quem nenhum ato é válido se não for praticado com intenção (Do lat. *intentiōne-*, «vontade» +-*ismo*)

intendência *n.f.* 1 cargo ou repartição do intendente 2 tempo que dura o cargo do intendente 3 MILITAR serviço logístico que tem por missão a obtenção, armazenamento e reabastecimento de víveres, fardamento e calçado, combustíveis e lubrificantes, material de expediente, material de aquartelamento, etc. (Do lat. *intendentĭa*, part. pres. neut. pl. subst. de *intendĕre*, «ter a intenção de; propor-se»)

intendente *n.2g.* aquele que tem a seu cargo a direção ou administração de um serviço público ou grande estabelecimento ■ *n.m.* [ant.] magistrado superior da polícia (Do lat. *intendente-*, «id.», part. pres. de *intendĕre*, «ter a intenção de»)

intender *v.tr.,intr.* exercer vigilância (sobre); superintender ■ *v.tr.* ter intenção de (Do lat. *intendĕre*, «ter a intenção de»)

intensão *n.f.* 1 aumento de tensão 2 intensidade; veemência; força 3 FILOSOFIA conjunto dos atributos ou das propriedades que caracterizam um conceito (Do lat. *intensiōne-*, «tensão»)

intensidade *n.f.* 1 qualidade do que é intenso 2 grau de atividade, energia ou poder 3 veemência; poder 4 valor numérico (escalar) de uma grandeza vetorial 5 LINGUÍSTICA quantidade de energia acústica de um som; ~ *de uma corrente elétrica* ELETRICIDADE razão entre a quantidade de eletricidade que atravessa uma dada secção de um circuito e o tempo durante o qual ela passou; ~ *de iluminação* ELETRICIDADE fluxo luminoso incidente por unidade de superfície; ~ *de magnetização* ELETRICIDADE momento magnético por unidade de volume (De *intenso*+*-i-*+*-dade*)

intensificação *n.f.* ato ou efeito de intensificar (De *intensificar*+*-ção*)

intensificador *adj.,n.m.* que ou aquele que intensifica

intensificar *v.tr.* 1 tornar mais forte; aumentar 2 tornar intenso ■ *v.pron.* tornar-se mais intenso (Do lat. *intensu-*, «intenso»+*ficāre*, de *facĕre*, «fazer»)

intensivo *adj.* 1 em que se acumulam esforços ou meios em pouco tempo 2 que torna intenso 3 veemente; ativo (Do lat. *intensu-*, «intenso»+*-ivo*)

intenso *adj.* 1 que age com intensidade; enérgico 2 forte; vivo 3 veemente; extremo (Do lat. *intensu-*, «id.»)

intentado *adj.* 1 [Cabo Verde] terrível 2 [Cabo Verde] traquinas 3 [Cabo Verde] teimoso (Do crioulo cabo-verdiano *intentádo*, «id.», a partir de *intentar*, «empreender»)

intentar *v.tr.* 1 formar o intento de 2 planear; projetar 3 tencionar; pretender 4 diligenciar 5 pôr em juízo 6 empreender; ~ *uma ação contra* DIREITO levar ao tribunal (Do lat. *intentāre*, «id.»)

intento *n.m.* 1 intenção; desígnio; propósito; plano 2 coisa intentada 3 mira; fim (Do lat. *intentu-*, «id.»)

intentona *n.f.* 1 intento louco; empresa insensata 2 tentativa de revolta (Do cast. *intentona*, «id.»)

inter- elemento de formação de palavras que exprime a ideia de *entre, dentro de, no meio*, e é seguido de hífen quando o elemento seguinte começa por *h* ou ainda por um *r* que não se liga foneticamente ao *r* anterior (Do lat. *inter*, «entre»)

interação *n.f.* 1 ação recíproca entre dois ou mais corpos ou indivíduos 2 intercâmbio de comunicação que se processa entre indivíduos ou grupos de um sistema de signos (De *inter-*+*acção*)

interacção ver nova grafia **interação**

interaccional ver nova grafia **interacional**

interacional *adj.2g.* 1 relativo a interação 2 que envolve interação (De *inter-*+*accional*)

interaçoriano *adj.* que se faz de ilha para ilha, nos Açores (De *inter-*+*açoriano*)

interactividade ver nova grafia **interatividade**

interactivo ver nova grafia **interativo**

interactuar ver nova grafia **interatuar**

interagir *v.tr.,intr.* 1 atuar em conjunto (com) 2 exercer interação (com) (De *inter-*+*agir*)

interajuda *n.f.* ajuda mútua; ajuda recíproca (De *inter-*+*ajuda*)

interaliado *adj.* que diz respeito às relações recíprocas entre aliados (De *inter-*+*aliado*)

interambulacrário *adj.* relativo a interambulacro (De *interambulacro*+*-ário*)

interambulacro *n.m.* espaço compreendido entre duas filas de ambulacro (De *inter-*+*ambulacro*)

interamnense *adj.2g.* 1 que fica entre rios 2 diz-se da região situada entre o Minho e o Douro (Do lat. *interamnense-*, por *interamnānu-*, «id.»)

interanular *adj.2g.* situado entre anéis (De *inter-*+*anular*)

interarticular *adj.2g.* ANATOMIA situado entre as articulações de dois ossos contíguos (De *inter-*+*articular*)

interastral *adj.2g.* situado ou realizado entre os astros (De *inter-*+*astral*)

interatividade *n.f.* 1 comunicação recíproca 2 possibilidade de interação entre indivíduos ou elementos de um sistema 3 INFORMÁTICA grau de intervenção do utilizador no sistema informático através da introdução de dados e comandos (De *inter-*+*actividade*, ou do ing. *interactivity*, «id.»)

interativo *adj.* 1 relativo a interação 2 em que existe interação ou interatividade 3 INFORMÁTICA que possibilita a troca de informação entre o sistema informático e o seu utilizador (De *inter-*+*activo*, ou do ing. *interactive*, «id.»)

interatómico *adj.* ⇒ **internuclear**; *distância interatómica* FÍSICA distância entre os átomos, numa molécula ou num cristal, normalmente tomada como a distância entre os núcleos dos átomos, distância internuclear (De *inter-*+*atómico*)

interatuar *v.tr.,intr.* atuar em conjunto (com); interagir (com)

interbancário *adj.* 1 que se realiza entre bancos 2 que diz respeito a diversos bancos (De *inter-*+*bancário*)

interbranquial *adj.2g.* que está compreendido entre as brânquias (De *inter-*+*branquial*)

intercadência *n.f.* 1 perturbação na regularidade dos movimentos 2 falta de continuidade; interrupção (De *inter-*+*cadência*)

intercadente *adj.2g.* que revela intercadência; intermitente; interrupto; irregular (De *inter-*+*cadente*)

intercalação *n.f.* 1 ato ou efeito de intercalar 2 adição de um dia ao ano bissexto, ou de uma palavra, linha ou frase a um texto (Do lat. *intercalatiōne-*, «id.»)

intercalar *v.tr.* meter de permeio; interpor; inserir no meio ■ *adj.2g.* que se intercala; intercalado (Do lat. *intercalāre*, «id.»)

intercambiar *v.tr.* fazer intercâmbio de; permutar (De *inter-*+*cambiar*)

intercâmbio *n.m.* troca recíproca; permuta (De *inter-*+*câmbio*)

interceção *n.f.* ato ou efeito de intercetar (Do lat. *interceptiōne-*, «subtração»)

intercedente *adj.,n.2g.* que ou pessoa que intercede (Do lat. *intercedente-*, «id.», part. pres. de *intercedĕre*, «interceder; interpor-se»)

interceder *v.tr.,intr.* intervir (a favor de alguém ou de alguma coisa); pedir (por outrem); instar (no interesse de alguém); ser intermediário (de) (Do lat. *intercedĕre*, «id.»)

intercelular *adj.2g.* que está entre as células (De *inter-*+*celular*)

intercentil *n.m.* ESTATÍSTICA classe de valores compreendidos entre dois centis (De *inter-*+*centil*)

intercepção ver nova grafia **interceção**

interceptação ver nova grafia **intercetação**

interceptar ver nova grafia **intercetar**

intercepto a grafia mais usada é **intercepto**

interceptor ver nova grafia **intercetor**

intercessão *n.f.* 1 ato de interceder; mediação 2 intervenção favorável (Do lat. *intercessiōne-*, «id.»)

intercessor *adj.,n.m.* 1 que ou aquele que intercede 2 mediador (Do lat. *intercessōre-*, «id.»)

intercetação *n.f.* ⇒ **interceção** (De *interceptar*+*-ção*)

intercetar *v.tr.* 1 interromper o curso de 2 ficar com (o que vai dirigido a outrem) 3 fazer parar; impedir (Do lat. *interceptu-*, «intercetado»+*-ar*)

interceto *adj.* 1 intercetado 2 posto de permeio (Do lat. *interceptu-*, «id.», part. pass. de *intercipĕre*, «intercetar») ACORDO ORTOGRÁFICO também se pode escrever **intercepto**

intercetor *n.m.* aquele ou aquilo que interceta (Do lat. *interceptōre-*, «id.»)

intercidades *adj.inv.,n.m.,2n.* diz-se de ou comboio que faz serviço de passageiros parando apenas nas estações principais (De *inter-*+*cidades*)

intercílio *n.m.* região entre as duas sobrancelhas (Do lat. *intercilĭu-*, «id.»)

intercisão *n.f.* corte; interrupção (Do lat. *intercisiōne-*, «id.»)

interciso *adj.* 1 cortado pelo meio 2 truncado; retalhado 3 interrompido (Do lat. *intercīsu-*, «id.», part. pass. de *intercidĕre*, «cortar; truncar»)

interclavicular *adj.2g.* situado entre as duas clavículas (De *inter-*+*clavicular*)

interclubista *adj.2g.* que se realiza entre clubes (De *inter-*+*clube*+*-ista*)

intercolonial *adj.2g.* que se faz entre as colónias da mesma nação (De *inter-*+*colonial*)

intercolunar *adj.2g.* referente a intercolúnio (De *inter-*+*colunar*)

intercolúnio *n.m.* espaço entre duas colunas (Do lat. *intercolumnĭu-*, «id.»)

intercomunicação *n.f.* comunicação recíproca (De *inter-+comunicação*)

intercomunicador *n.m.* aparelho emissor-recetor (telefónico ou radiofónico) para comunicação local (De *inter-+comunicador*, ou do ing. *intercommunicator*, «id.»)

intercomunitário *adj.* 1 que existe entre comunidades 2 que se efetua entre comunidades (De *inter-+comunitário*)

interconexão *n.f.* conexão simultânea e recíproca de vários elementos ou circuitos; interligação (Do lat. *inter*, «entre»+*conexão*)

interconsonântico *adj.* situado entre consoantes (De *inter-+consonântico*)

intercontinental *adj.2g.* 1 que se situa entre dois ou mais continentes 2 que se faz de continente para continente 3 referente a dois ou mais continentes (De *inter-+continental*)

intercorrência *n.f.* 1 ato de intercorrer 2 ato de se meter de permeio 3 ocorrência 4 variação; irregularidade (Do lat. *intercurrentĭa*, «id.», part. pres. neut. pl. subst. de *intercurrĕre*, «correr entre»)

intercorrente *adj.2g.* 1 que se mete de permeio 2 que sobrevém 3 irregular (Do lat. *intercurrente-*, «id.», part. pres. de *intercurrĕre*, «correr entre»)

intercorrer *v.intr.* 1 correr pelo meio 2 suceder entretanto; sobrevir (Do lat. *intercurrĕre*, «correr entre»)

intercósmico *adj.* que se move ou está situado entre os grandes corpos celestes; interastral (De *inter-+cósmico*)

intercostal *adj.2g.* 1 ANATOMIA que está situado ou se manifesta entre as costelas 2 ANATOMIA designativo de alguns órgãos ou regiões do corpo, como músculos, vasos sanguíneos, nervos, etc., relacionados com as regiões entre as costelas (De *inter-+costal*)

intercultura *n.f.* troca recíproca de relações culturais; intercâmbio intelectual (De *inter-+cultura*)

intercultural *adj.2g.* que diz respeito às relações culturais desenvolvidas entre países, regiões ou instituições; relativo à intercultura (De *inter-+cultural*, ou do fr. *interculturel*, «id.»)

intercutâneo *adj.* ⇒ **subcutâneo** (Do lat. tard. *intercutaneŭ-*, «id.»)

interdecil *n.m.* ESTATÍSTICA classe de valores compreendidos entre dois decis (De *inter-+decil*)

interdental *adj.2g.* que está entre os dentes (De *inter-+dental*)

interdependência *n.f.* dependência mútua (De *inter-+dependência*)

interdependente *adj.2g.* diz-se das pessoas ou coisas dependentes entre si (De *inter-+dependente*)

interdepender *v.intr.* depender reciprocamente (De *inter-+depender*)

interdição *n.f.* 1 ato ou efeito de interdizer ou interditar 2 proibição perpétua ou temporária de exercer certos atos 3 DIREITO situação jurídica de uma pessoa que se encontra privada do exercício dos seus direitos 4 impedimento 5 MILITAR ação de fogos destinada a impedir o inimigo de utilizar determinadas instalações ou pontos e áreas do terreno (Do lat. *interdictiōne-*, «id.»)

interdigital *adj.2g.* que está situado entre os dedos; *membrana ~* ZOOLOGIA expansão laminar, com variável desenvolvimento, que liga, entre si, os dedos de membros de muitos animais vertebrados pertencentes às classes dos batráquios, répteis, aves e mamíferos (Do lat. tard. *interdigitāle-*, «id.»)

interdisciplinar *adj.2g.* que diz respeito, simultaneamente, a duas ou mais disciplinas ou áreas do conhecimento (De *inter-+disciplinar*)

interdisciplinaridade *n.f.* qualidade daquilo que é interdisciplinar (De *interdisciplinar+-i-+-dade*)

interditar *v.tr.* 1 dar como interdito; formular interdito contra 2 proibir; interdizer (De *interdito+-ar*)

interditivo *adj.* em que há interdição; que interdita; proibitivo

interdito *adj.* 1 que tem interdição; não autorizado; impedido 2 proibido 3 ilegal ■ *n.m.* 1 proibição legal 2 condenação que visa a exclusão; proibição por parte de um grupo social; tabu 3 proibição interna; tabu interior 4 pessoa privada judicialmente de dispor dos seus bens 5 RELIGIÃO censura eclesiástica que proíbe a celebração e administração de quaisquer sacramentos (Do lat. *interdictu-*, «id.», part. pass. de *interdicĕre*, «proibir; interdizer»)

interdizer *v.tr.* 1 opor-se à execução de; impedir 2 proibir alguém de administrar a sua pessoa e os seus bens ou de exercer certos atos que eram da sua jurisdição (Do lat. *interdicĕre*, «id.»)

interescolar *adj.2g.* que diz respeito a duas ou mais escolas (De *inter-+escolar*)

interessado *adj.,n.m.* que ou aquele que tem interesse em alguma coisa ou tem parte nos lucros de uma empresa (Part. pass. de *interessar*)

interessante *adj.2g.* 1 que desperta interesse, curiosidade ou simpatia 2 diz-se do estado da mulher grávida (De *interessar+-ante*)

interessar *v.tr.* 1 despertar interesse, curiosidade ou simpatia a 2 despertar o interesse ou a atenção de; motivar 3 respeitar; dizer respeito a 4 associar 5 chegar a ■ *v.intr.* ser importante ou de interesse ■ *v.pron.* 1 tomar interesse por 2 entrar em qualquer negócio ou empresa (De *interesse+-ar*)

interesse *n.m.* 1 o que convém a alguém; proveito; lucro; vantagem 2 empenho 3 parte nos lucros de uma sociedade ou empresa 4 juro de capital 5 atenção espontânea dirigida para objetos ou atividades correspondentes às tendências do indivíduo 6 qualidade do que retém a atenção ou desperta a curiosidade; importância; utilidade; *método dos centros de ~* PEDAGOGIA método pedagógico de Decroly (médico e pedagogo belga, 1871-1932), que consiste em fazer de um interesse manifestado pelas crianças em certa idade o centro de um ensino, reunindo disciplinas diversas (R. Cousinet, pedagogo belga contemporâneo) (Do lat. *interesse*, «estar entre; estar presente; interessar; importar»)

interesseiro *adj.* que atende só ao próprio interesse; que só age por interesse; egoísta ■ *n.m.* aquele que cuida apenas dos seus interesses (De *interesse+-eiro*)

interestadual *adj.2g.* 1 que se realiza de Estado para Estado ou entre Estados federados 2 referente aos Estados federados (De *inter-+estadual*)

interestelar *adj.2g.* ⇒ **interstelar** (De *inter-+estelar*)

interétnico *adj.* relativo a etnias diferentes (De *inter-+étnico*)

interface *n.f.* 1 dispositivo de ligação entre sistemas 2 elemento de ligação de dois ou mais componentes de um sistema 3 INFORMÁTICA modalidade gráfica de apresentação dos dados e das funções de um programa; *~ gráfica de utilizador* INFORMÁTICA ambiente de interação entre o utilizador e um sistema operacional, que representa programas, ficheiros e opções através de ícones, menus e caixas de diálogo no ecrã (Do ing. *interface*, «id.»)

interfalangiano *adj.* localizado entre falanges (De *inter-+falangiano*)

interfase *n.f.* BIOLOGIA (genética) intervalo entre duas divisões celulares sucessivas durante a qual os cromossomas não são visíveis (De *inter-*, «entre»+ gr. *phásis* pelo lat. *phase-*, «fase»)

interfemínio *n.m.* 1 sítio onde se unem as coxas da mulher 2 partes pudendas da mulher (Do lat. *interfeminĭu-*, «id.», de *inter*, «entre»+ *femen, -ĭnis*, «coxa»)

interferão *n.m.* QUÍMICA, MEDICINA glicoproteína sintetizada por células do organismo quando são infetadas por um vírus (Do ing. *interferon*, «id.»)

interferência *n.f.* 1 ato de interferir; intervenção 2 FÍSICA fenómeno que se verifica quando se combinam dois ou mais movimentos vibratórios; *~ de luz* fenómeno que se dá quando se combinam dois feixes luminosos coerentes, que provenham, portanto, da mesma fonte luminosa (Do ing. *interference*, «id.»)

interferencial *adj.2g.* relativo a interferência (De *interferência+-al*)

interferente *adj.2g.* 1 que interfere 2 que apresenta o fenómeno da interferência (Do ing. *interferent*, «id.»)

interferir *v.tr.,intr.* 1 intervir (em); intrometer-se (em); imiscuir-se (em); ingerir-se (em) 2 interceder (em favor de algo ou alguém) ■ *v.intr.* 1 meter-se onde não é chamado 2 FÍSICA produzir interferência (Do lat. *inter*, «entre» +*ferīre*, «bater; ferir»)

interferometria *n.f.* FÍSICA aplicação dos fenómenos de interferência da luz à determinação de valores de certas grandezas físicas (De *interfer[ência]+-o-+-metria*)

interferómetro *n.m.* FÍSICA instrumento ótico baseado na interferência de ondas luminosas que se aplica à medida de comprimentos de onda muito pequenos, à comparação de comprimentos de onda, ao exame da estrutura hiperfina das riscas espetrais, etc. (De *interfer[ência]+-o-+-metro*)

interferon *n.m.* [Brasil] QUÍMICA, MEDICINA ⇒ **interferão** (Do ing. *interferon*)

interfixo /cs/ *adj.* MECÂNICA diz-se da alavanca que tem o fulcro entre a potência e a resistência ■ *n.m.* LINGUÍSTICA afixo que se localiza entre duas formas de base ou entre uma forma de base e um sufixo, como é o caso da vogal de ligação *i* em *agricultor* (De *inter-+fixo*)

interfloral *adj.2g.* BOTÂNICA diz-se, em especial, das brácteas de uma inflorescência em capítulo, na axila das quais se inserem as flores (De *inter-+floral*)

interflúvio *n.m.* GEOGRAFIA relevo situado entre cursos de água contíguos

interfoliação *n.f.* ato ou efeito de interfoliar (De *interfoliar*+-*ção*)
interfoliáceo *adj.* 1 BOTÂNICA que está situado entre as folhas 2 BOTÂNICA diz-se de um órgão vegetal, em especial a flor, que se insere entre as folhas do mesmo nó 3 BOTÂNICA diz-se da porção do caule entre duas folhas consecutivas geralmente designada por entrenó (De *inter*-+*foliáceo*)
interfoliar *v.tr.* colocar folhas (entrefolhas) não impressas entre as folhas de um livro ■ *adj.2g.* ⇒ **interfoliáceo** (De *inter*-+*foliar*)
intergaláctico *adj.* situado entre as galáxias (De *inter*-+*galáctico*)
intergeracional *adj.2g.* entre duas ou mais gerações (De *inter*-+*geracional*)
interglaciar *adj.2g.* que medeia entre os períodos glaciários (De *inter*-+*glaciar*)
interglaciário *adj.* ⇒ **interglaciar** (De *inter*-+*glaciário*)
interglúteo *adj.* ANATOMIA que se situa entre as nádegas (De *inter*-+*glúteo*)
intergovernamental *adj.2g.* que se realiza entre dois ou mais governos (De *inter*-+*governamental*)
inter-helénico *adj.* respeitante às relações dos Gregos entre si
inter-hemisférico *adj.* que está localizado entre dois hemisférios (De *inter*-+*hemisférico*)
inter-humano *adj.* realizado entre os homens
ínterim *n.m.* tempo intermédio ■ *adv.* entrementes; entretanto; *neste ~* neste entretanto (Do lat. *intĕrim*, «entretanto»)
interinado *n.m.* desempenho interino de um cargo (De *interino*+-*ado*)
interinamente *adv.* de modo interino; provisoriamente (De *interino*+-*mente*)
interinato *n.m.* ⇒ **interinado** (De *interino*+-*ato*)
interinidade *n.f.* 1 qualidade do que é interino 2 gerência interina (De *interino*+-*i*-+-*dade*)
interino *adj.* 1 provisório; que não é efetivo 2 passageiro (Do lat. *intĕrim*, «provisoriamente»+-*ino*)
interinsular *adj.2g.* 1 referente às relações existentes entre várias ilhas, sobretudo do mesmo arquipélago 2 realizado entre ilhas (De *inter*-+*insular*)
interior *adj.2g.* 1 relativo à parte de dentro; interno 2 que está dentro; interno 3 que se passa no íntimo de alguém; intestino; interno 4 (compartimento) sem janelas 5 que está longe das fronteiras ou do litoral 6 que diz respeito a uma nação, associação, etc., e ao que lá dentro ocorre ■ *n.m.* 1 parte interna de algo 2 habitação considerada do ponto de vista do seu espaço interno 3 parte de um país, ou a de um continente, para além da faixa litoral ou fronteiriça 4 [fig.] coração; âmago 5 [fig.] entranhas 6 [fig.] índole; ânimo (Do lat. *interiōre*-, «id.»)
interioridade *n.f.* 1 qualidade do que é interior 2 isolamento das terras do interior 3 conjunto de factos psicológicos internos (De *interior*+-*i*-+-*dade*)
interiorização *n.f.* 1 ato de tornar interior 2 atitude de recolhimento interior 3 assimilação de ideias, sentimentos, etc. (De *interiorizar*+-*ção*)
interiorizar *v.tr.* 1 tornar interior ou mais interior 2 recolher no seu interior 3 assimilar (uma ideia) 4 tomar consciência de (De *interior*+-*izar*, ou do fr. *intérioriser*, «id.»)
interiormente *adv.* 1 dentro 2 no íntimo (De *interior*+-*mente*)
interjacente *adj.2g.* que está no meio de outras coisas; interposto; intercalado (Do lat. *interjacente*-, «id.», part. pres. de *interjacēre*, «estar de permeio»)
interjeccional ver nova grafia **interjecional**
interjecional *adj.2g.* 1 referente a interjeição 2 com forma ou valor de interjeição (Do lat. *interjectiōne*-, «interjeição»+-*al*)
interjectivo ver nova grafia **interjetivo**
interjeição *n.f.* GRAMÁTICA vocábulo ou expressão de carácter sugestivo usada para traduzir um sentimento ou reação súbita (dor, alegria, admiração, etc.), para dar uma ordem, para chamar a atenção ou ainda para imitar um som (Do lat. *interjectiōne*-, «id.»)
interjetivo *adj.* expresso por interjeição; interjecional (Do lat. *interjectīvu*-, «id.»)
interligação *n.f.* ligação recíproca (De *inter*-+*ligação*)
interligado *adj.* em que existe ligação entre duas ou mais coisas (Part. pass. de *interligar*)
interligar *v.tr.,pron.* ligar(-se) entre si (De *inter*-+*ligar*)
interlinear *adj.2g.* 1 que está entre linhas 2 referente a entrelinhas (De *inter*-+*linear*)
interlocução *n.f.* conversação entre duas ou mais pessoas; conversa; diálogo (Do lat. *interlocutiōne*-, «interpelação»)
interlocutor *n.m.* 1 todo aquele que conversa com outro 2 aquele que é encarregado por vários companheiros de falar em nome de todos 3 LINGUÍSTICA cada um dos participantes numa situação de comunicação oral (De *inter*-+*locutor*)
interlocutória *n.f.* sentença ou despacho interlocutório (De *interlocutório*)
interlocutório *adj.* diz-se de um julgamento que prescreve uma instrução para se chegar ao julgamento definitivo (De *inter*-+*locutório*)
interlúcido *n.m.* intervalo lúcido (De *inter*-+*lúcido*)
interlúdio *n.m.* 1 MÚSICA pequeno trecho de música instrumental destinado a preencher o espaço entre dois atos ou partes de uma grande composição 2 MÚSICA peça instrumental autónoma 3 [fig.] lapso de tempo que interrompe alguma coisa; intervalo; interregno (Do lat. *inter*, «no meio» +*ludu*-, «jogo; divertimento», pelo ing. *interlude*, «interlúdio»)
interlunar *adj.2g.* respeitante ao interlúnio (De *inter*-+*lunar*)
interlúnio *n.m.* 1 tempo durante o qual, em cada lunação, não se vê a Lua por esta só andar acima do horizonte ao mesmo tempo que o Sol, desde um pouco antes até um pouco depois da conjunção 2 tempo entre dois períodos menstruais; intermênstruo; intermenstruação (Do lat. *interluniu*-, «id.»)
intermaxilar *n.m.* ZOOLOGIA ⇒ **pré-maxilar** (De *inter*-+*maxilar*)
intermediação *n.f.* 1 ato ou efeito de intermediar 2 qualidade ou ação de intermediário; mediação; intercessão (De *intermediar*+-*ção*)
intermediar *v.intr.* estar ou meter-se de permeio ■ *v.tr.,intr.* interceder (em); intervir (em) ■ *v.tr.* ⇒ **entremear** *v.tr.* (De *intermédio*+-*ar*)
intermediário *adj.* 1 que está entre dois pontos ou termos 2 que está numa posição mediana 3 que assegura uma ligação ou comunicação ■ *n.m.* 1 pessoa que faz a ligação entre outras pessoas ou grupos; medianeiro 2 ECONOMIA pessoa ou empresa que se interpõe, no circuito comercial, entre o produtor e o comprador (De *intermédio*+-*ário*)
intermédio *adj.* 1 que está entre dois pontos ou termos; do meio 2 que está de permeio; interposto ■ *n.m.* 1 intervenção 2 medianeiro 3 entreato (Do lat. *intermediu*-, «id.»)
intermenstruação *n.f.* intervalo entre dois períodos consecutivos de menstruação; intermênstruo; interlúnio (De *inter*-+*menstruação*)
intermenstrual *adj.2g.* que diz respeito ao intermênstruo (De *inter*-+*menstrual*)
intermênstruo *n.m.* 1 conjunção da lua nova 2 ⇒ **intermenstruação** (Do lat. *intermenstrŭu*-, «espaço entre duas luanções»)
intermeter *v.tr.* 1 meter de permeio 2 intrometer (Do lat. *intermittĕre*, «deixar um intervalo»)
intermezzo *n.m.* 1 MÚSICA (Itália, século XVI) divertimento musical inserido entre várias secções de uma peça musical de carácter mais sério ou de uma peça teatral 2 MÚSICA (Itália, século XVIII) peça musicodramática de carácter cómico que está na origem da ópera bufa; entreato 3 MÚSICA (século XIX) breve peça instrumental inserida numa ópera 4 MÚSICA andamento de uma obra instrumental ou breve peça instrumental autónoma (Do it. *intermezzo*)
interminável *adj.2g.* 1 que não termina; sem fim 2 que dura sempre 3 demorado; infindo (Do lat. *interminabĭle*-, «id.»)
interminavelmente *adv.* infindavelmente (De *interminável*+-*mente*)
interministerial *adj.2g.* 1 que se realiza entre ministros 2 relativo a dois ou mais ministérios (De *inter*-+*ministerial*)
intérmino *adj.* ⇒ **interminável** (Do lat. *intermĭnu*-, «infinito»)
intermissão *n.f.* 1 ato de intermitir 2 intervalo em que uma coisa se não manifesta 3 interrupção de uma coisa começada (Do lat. *intermissiōne*-, «interrupção»)
intermisturar-se *v.pron.* misturar-se reciprocamente; amalgamar-se (De *inter*-+*misturar*)
intermitência *n.f.* 1 qualidade do que é intermitente 2 interrupção momentânea; descontinuidade; intervalo 3 MEDICINA alternância de acessos febris com períodos de bem-estar (Do lat. *intermittentĭa*, «id.», part. pres. neut. pl. subst. de *intermittĕre*, «deixar um intervalo»)
intermitente *adj.2g.* 1 que se manifesta com intermitências 2 que não é contínuo; *febre ~* MEDICINA febre que alterna com períodos de temperatura normal (Do lat. *intermittente*-, «id.», part. pres. de *intermittĕre*, «deixar um intervalo»)
intermitir *v.intr.* 1 interromper-se; parar por intervalos; descontinuar 2 manifestar-se por acessos alternantes com acalmias (Do lat. *intermittĕre*, «deixar um intervalo»)
intermodal *adj.2g.* 1 diz-se do transporte em que a carga é transportada sucessivamente por diversos meios até chegar ao destino 2 designativo do sistema que inclui diversos meios de transporte

(autocarro, metro, comboio, etc.) permitindo ao utilizador optar por aquele(s) que desejar para efetuar vários percursos com um único bilhete (De *inter-+modal*)
intermodalidade *n.f.* **1** qualidade de intermodal **2** sistema de transportes públicos que permite ao utilizador ter acesso, com um único bilhete, a uma rede integrada de operadores e linhas, optando pelas ligações mais convenientes (De *intermodal+-i-+dade*)
intermolecular *adj.2g.* que se encontra ou realiza entre moléculas (De *inter-+molecular*)
intermúndio *n.m.* **1** espaço entre dois ou mais corpos celestes **2** [fig.] ermo; solidão (Do lat. *intermundĭu-*, «id.»)
intermunicipal *adj.2g.* **1** que se realiza entre municípios **2** que diz respeito a diversos municípios
intermural *adj.2g.* que fica entre muros (Do lat. *intermurāle-*, «id.»)
intermuscular *adj.2g.* ANATOMIA que fica entre músculos (De *inter-+muscular*)
internação *n.f.* ato ou efeito de internar; internamento (De *internar+-ção*)
internacional *adj.2g.* que é comum ou se realiza entre duas ou mais nações ■ *adj.,n.2g.* desportiva que tomou parte em competições desportivas internacionais, em representação do seu país ■ *n.f.* **1** [com maiúscula] associação de trabalhadores de todo o mundo **2** [com maiúscula] hino revolucionário dos trabalhadores socialistas; *direito* ~ conjunto de princípios que regulam as relações entre os diversos Estados e entre pessoas de Estados diferentes (Do fr. *international*, «id.»)
internacionalidade *n.f.* qualidade de internacional (De *internacional+-i-+-dade*)
internacionalismo *n.m.* **1** sistema de política internacional **2** doutrina que preconiza a aliança das classes operárias sem distinção de pátria (De *internacional+-ismo*)
internacionalista *adj.2g.* relativo ao internacionalismo ■ *n.2g.* pessoa adepta do internacionalismo (De *internacional+-ista*)
internacionalização *n.f.* ato ou efeito de internacionalizar (De *internacionalizar+-ção*)
internacionalizar *v.tr.* **1** tornar internacional **2** espalhar por várias nações (De *internacional+-izar*)
internacionalmente *adv.* **1** de modo internacional **2** de modo que abranja várias nações (De *internacional+-mente*)
internado *n.m.* **1** indivíduo a quem, durante uma guerra, é fixada residência **2** aquele que está interno em hospital, ou hospício ■ *adj.* colocado como residente ou doente numa instituição; fechado (Part. pass. de *internar*)
internalização *n.f.* PSICANÁLISE processo pelo qual o indivíduo interioriza de forma inconsciente o mundo exterior, com as suas regras e normas, adequando os seus comportamentos a essa realidade; interiorização (Do ing. *internalization*, «id.»)
internamente *adv.* interiormente (De *interno+-mente*)
internamento *n.m.* **1** ato ou efeito de internar **2** colocação de uma pessoa numa instituição de saúde ou num estabelecimento psiquiátrico (De *internar+-mento*)
internar *v.tr.* **1** enviar para o interior **2** colocar dentro; introduzir **3** colocar em colégio, asilo, hospital ou instituição psiquiátrica ■ *v.pron.* **1** entranhar-se **2** engolfar-se (De *interno+-ar*)
internato *n.m.* **1** estabelecimento de ensino em regime interno; pensionato **2** estabelecimento de assistência a crianças órfãs ou carenciadas **3** situação de um aluno interno **4** conjunto dos indivíduos internos **5** período de estágio, no final do curso de medicina, realizado em serviços hospitalares, em diversas especialidades (Do fr. *internat*, «id.»)
internauta *n.2g.* INFORMÁTICA pessoa que navega na internet
internet *n.f.* [também com maiúscula] INFORMÁTICA rede mundial de comunicação por computadores, de origem norte-americana, que permite aos seus utilizadores a troca de mensagens e o acesso a grande quantidade de informação (Do ing. *Internet*, «id.»)
internista *n.2g.* médico que exerce medicina geral; clínico geral (De *interno+-ista*)
interno *adj.* **1** de dentro; que está situado dentro; interior; intrínseco **2** (estudante) que reside no estabelecimento em que estuda **3** ANATOMIA que está situado no interior do corpo **4** que se passa no interior; intestino; íntimo ■ *n.m.* **1** aluno que reside no estabelecimento em que estuda **2** médico que está a fazer o internato geral ou o internato complementar da especialidade; *ponto* ~ MATEMÁTICA ponto do plano da curva, por onde não passa nenhuma tangente real a essa curva, ponto interior à curva; *secreção interna* FISIOLOGIA modo de secreção das glândulas endócrinas (Do lat. *internu-*, «id.»)

internodial *adj.2g.* **1** referente a entrenó **2** situado num entrenó (Do lat. *internodĭu-*, «entrenó»+-*al*)
internódio *n.m.* BOTÂNICA espaço entre os nós de uma planta
internuclear *adj.2g.* que está ou se processa entre núcleos (De *inter-+nuclear*)
internúncio *n.m.* **1** agente diplomático da Santa Sé que faz as vezes de núncio onde o não há **2** medianeiro; intermediário (Do lat. *internuntĭu-*, «id.»)
inter(o)- elemento de formação de palavras que exprime a ideia de *interior* (Do lat. *intĕru-*, «interior»)
interoceânico *adj.* **1** situado entre oceanos **2** que liga oceanos (De *inter-+oceânico*)
interoceptivo *adj.* relativo ao funcionamento dos interocetores (De *intero-+[re]ceptivo*)
interoceptor ver nova grafia **interocetor**
interocetor *n.m.* FISIOLOGIA categoria de recetores sensoriais cujas excitações habituais provêm de estímulos internos e são o ponto de partida de reflexos vegetativos (Sherrington, fisiologista inglês, 1857-1952) (De *íntero-+[re]ceptor*)
interocular *adj.2g.* que fica entre os olhos; *distância* ~ distância entre os centros de rotação dos olhos (aproximadamente 65 mm) (De *inter+-ocular*)
íntero-inferior *adj.2g.* situado dentro e na parte inferior
íntero-posterior *adj.2g.* situado dentro e na parte posterior
interósseo *adj.* ANATOMIA situado entre ossos (De *inter-+ósseo*)
íntero-superior *adj.2g.* situado dentro e na parte superior
interparietal *adj.2g.* ANATOMIA designativo do osso que entra na constituição do crânio de certos animais, situado entre os parietais (De *inter-+parietal*)
interparlamentar *adj.2g.* relativo a situações em que intervêm representantes de diversos parlamentos
interpelação *n.f.* **1** ato ou efeito de interpelar **2** DIREITO intimação judicial para responder **3** pedido de explicações a um ministro ou ao governo, no Parlamento (Do lat. *interpellatiōne-*, «intimação; interpelação»)
interpelador *adj.,n.m.* que ou aquele que interpela (Do lat. *interpellatōre-*, «o que interrompe»)
interpelante *adj.,n.2g.* ⇒ **interpelador** (Do lat. *interpellante-*, «id.», part. pres. de *interpellāre*, «interromper; interpelar»)
interpelar *v.tr.* **1** dirigir a palavra a alguém para lhe perguntar alguma coisa; interrogar **2** dirigir a palavra a alguém bruscamente; intimar a responder **3** pedir explicações a um ministro ou ao governo, no Parlamento **4** DIREITO fazer uma interpelação (Do lat. *interpellāre*, «id.»)
interpenetrar-se *v.pron.* penetrar-se reciprocamente (De *inter-+penetrar*)
interpeninsular *adj.2g.* **1** que fica entre penínsulas **2** que diz respeito a duas ou mais penínsulas (De *inter-+peninsular*)
interpersonalogia *n.f.* estudo das relações interpessoais (Do lat. *inter*, «entre» +*persōna-*, «pessoa»+gr. *lógos*, «estudo» +-*ia*)
interpessoal *adj.2g.* que se estabelece entre duas ou mais pessoas
interpicar *v.intr.* **1** [regionalismo] bulhar **2** [regionalismo] intrometer-se (Do lat. *interplicāre*, «entrelaçar; embaraçar»?)
interplanetário *adj.* que está ou tem lugar entre dois ou mais planetas (De *inter-+planetário*)
interpolação *n.f.* **1** ato de interpolar **2** interrupção **3** LITERATURA intercalação de palavras ou frases que não pertencem a um texto **4** MATEMÁTICA processo de achar o valor de uma função entre dois valores conhecidos por um processo diverso da lei que é dada pela própria função (Do lat. *interpolatiōne-*, «alteração; reparação»)
interpolado *adj.* **1** metido no meio; intercalado **2** intervalado **3** diz-se da rima quando recai em versos separados por dois ou mais versos **4** diz-se dos versos cuja rima tem essas características (Do lat. *interpolātu-*, «id.», part. pass. de *interpolāre*, «alternar; inserir»)
interpolador *adj.,n.m.* que ou aquele que interpola (Do lat. *interpolatōre-*, «o que altera»)
interpolar¹ *v.tr.* **1** meter uma coisa no meio de outra; intercalar; alternar **2** interromper; descontinuar **3** introduzir palavras ou expressões que não pertencem a um texto **4** MATEMÁTICA determinar o valor de uma função para um certo valor do argumento compreendido entre dois valores tabulados (Do latim *interpolāre*, «idem»)
interpolar² *adj.2g.* FÍSICA que fica entre os polos de qualquer aparelho elétrico (De *inter-+polar*)

interpor *v.tr.* **1** pôr entre **2** meter de permeio **3** fazer intervir ■ *v.pron.* **1** meter-se de permeio **2** surgir como obstáculo (Do lat. *interponĕre*, «id.»)

interporto /ô/ *n.m.* porto situado entre o porto da partida e o porto do destino (De *inter-+porto*)

interposição *n.f.* **1** ato de interpor ou de interpor-se **2** situação de uma coisa entre duas outras **3** intervenção **4** ocorrência de um obstáculo **5** DIREITO ato pelo qual se inicia um recurso (Do lat. *interpositĭvu*-, «id.»)

interposto /ô/ *n.m.* grande depósito de mercadorias; entreposto ■ *adj.* **1** posto entre **2** que interveio **3** que serve de intermediário (Do lat. *interposĭtu*-, «id.», part. pass. de *interponĕre*, «interpor»)

interpotente *adj.2g.* MECÂNICA diz-se da alavanca que tem a potência entre a resistência e o fulcro (De *inter-+potente*)

interprender *v.tr.* **1** empreender **2** assaltar de improviso (Por *entreprender*)

interpresa *n.f.* **1** assalto de improviso **2** empreendimento (Por *entrepresa*)

interpresar *v.tr.* **1** fazer interpresas em **2** empreender (De *interpresa+-ar*)

interpretação *n.f.* **1** ato ou efeito de interpretar **2** sentido em que se toma o que se ouve, se lê ou se vê fazer **3** maneira de representar no teatro ou no cinema ou de executar uma peça musical **4** compreensão; explicação **5** versão **6** comentário **7** PSICOLOGIA, MEDICINA atribuição de significações falsas a factos reais, com tendência para raciocínios dedutivos artificiais (Do lat. *interpretatiōne-*, «id.»)

interpretador *adj.,n.m.* que ou aquele que interpreta ■ *n.m.* INFORMÁTICA programa que altera instruções de uma linguagem para outra de forma que o computador interprete essas instruções e e consiga executá-las (Do lat. *interpretatōre-*, «intérprete»)

interpretante *adj.2g.* **1** que interpreta **2** interpretador ■ *n.m.* signo através do qual um intérprete recebe e compreende outro signo (Do lat. *interpretante-*, «id.», part. pres. de *interpretāri*, «interpretar»)

interpretar *v.tr.* **1** fazer a interpretação de **2** explicar o que há de obscuro ou confuso num texto, numa lei, num autor, etc. **3** tomar em determinado sentido; traduzir **4** reproduzir o pensamento de **5** esclarecer **6** (composição musical) cantar **7** CINEMA, TEATRO desempenhar; representar (Do lat. **interpretāre*, por *interpretāri*, «id.»)

interpretativo *adj.* que contém interpretação; explicativo (De *interpretar+-tivo*)

interpretável *adj.2g.* que se pode interpretar (Do lat. *interpretabĭle-*, «explicável»)

intérprete *n.2g.* **1** pessoa que interpreta **2** pessoa que traduz a outrem, numa língua, o que ouve ou lê noutra **3** pessoa que toca ou canta uma obra musical **4** ator que representa uma peça teatral **5** pessoa que explica ou comenta o sentido de um autor, de um discurso **6** todo o que revela ou indica o que não se conhecia ou estava oculto **7** agente que recebe e compreende um signo através de um interpretante (Do lat. *interprĕte-*, «id.»)

interquartil *n.m.* ESTATÍSTICA classe de valores compreendidos entre dois quartis (De *inter-+quartil*)

inter-racial *adj.2g.* que diz respeito a elementos de diferentes raças; *casamento ~* casamento misto

inter-radial *adj.2g.* **1** que fica entre raios **2** ZOOLOGIA que fica entre braços ou zonas ambulacrárias (interbranquial ou interambulacrário)

inter-rail *n.m.* modalidade de viagem ou passe de comboio que permite viajar por um ou mais países da Europa por um período de tempo pré-definido (Do ing. *Inter-Rail*®)

inter-regional *adj.2g.* **1** referente às relações entre regiões contíguas **2** comum a várias regiões

interregno *n.m.* **1** período entre dois reinados, em que não há rei hereditário ou eletivo **2** período em que algo deixa de estar em vigor ou um cargo deixa de ser preenchido **3** [fig.] interrupção temporária; intervalo (Do lat. *interregnu-*, «id.»)

inter-rei *n.m.* indivíduo que exercia as funções reais ou consulares (na República Romana) até ser eleito o novo rei ou cônsul (Do lat. *interrege-*, «id.»)

inter-relação *n.f.* **1** ato ou efeito de inter-relacionar ou inter-relacionar-se **2** estabelecimento de uma relação entre dois ou mais elementos (De *inter-+relação*)

inter-relacionar *v.tr.* estabelecer relação entre ■ *v.pron.* ter inter-relação com (De *inter-+relacionar*)

inter-resistente *adj.2g.* MECÂNICA diz-se da alavanca que tem a resistência entre a potência e o fulcro

interrogação *n.f.* **1** ato ou efeito de interrogar; pergunta; interrogatório **2** sinal gráfico indicativo de interrogação (Do lat. *interrogatiōne-*, «id.»)

interrogador *adj.,n.m.* que ou aquele que interroga (Do lat. *interrogatōre-*, «id.»)

interrogante *adj.,n.2g.* que ou quem interroga (Do lat. *interrogante-*, «id.», part. pres. de *interrogāre*, «interrogar»)

interrogar *v.tr.* **1** fazer perguntas; inquirir **2** proceder a um interrogatório **3** procurar conhecer; procurar obter informações; consultar **4** examinar com atenção; sondar; indagar ■ *v.pron.* colocar-se questões; questionar-se (Do lat. *interrogāre*, «id.»)

interrogativo *adj.* **1** que serve para interrogar **2** que envolve ou indica interrogação **3** GRAMÁTICA diz-se da frase que contém uma pergunta (Do lat. *interrogatīvu-*, «id.»)

interrogatório *n.m.* **1** ato de interrogar **2** série de perguntas; inquirição **3** processo de instrução de um caso em que um magistrado, uma entidade judicial ou uma entidade policial interroga um réu ou testemunha ■ *adj.* interrogativo (Do lat. *interrogatorĭu-*, «id.»)

interromper *v.tr.* **1** cortar, impedir a continuidade de alguma atividade ou situação; suspender; pôr termo a **2** cortar a palavra a ■ *v.pron.* **1** parar momentaneamente **2** não continuar **3** deixar de falar (Do lat. *interrumpĕre*, «id.»)

interrupção *n.f.* **1** ato ou efeito de interromper; paragem; suspensão **2** reticência **3** ação de interromper uma pessoa que fala **4** aquilo que se interrompe (Do lat. *interruptiōne-*, «id.»)

interrupto *adj.* **1** interrompido; suspenso; cortado (Do lat. *interruptu-*, «id.», part. pass. de *interrumpĕre*, «quebrar; interromper»)

interruptor *n.m.* **1** aquele ou aquilo que interrompe **2** aparelho ou pequeno manípulo que permite abrir ou fechar um circuito elétrico ■ *adj.* que interrompe (Do lat. *interruptōre-*, «id.») ACORDO ORTOGRÁFICO também se pode escrever **interrutor**

interrutor a grafia mais usada é **interruptor**

interscálmio *n.m.* NÁUTICA espaço entre os dois toletes a que se prende o remo (Do lat. *interscalmĭu-*, «id.»)

interseção *n.f.* **1** ato de cortar pelo meio **2** corte **3** ponto em que se cruzam duas linhas **4** linha de cruzamento de duas superfícies (Do lat. *intersectiōne-*, «id.») ACORDO ORTOGRÁFICO também se pode escrever **intersecção**

intersecção a grafia mais usada é **interseção**

interseccional a grafia mais usada é **intersecional**

interseccionismo a grafia mais usada é **intersecionismo**

intersecional *adj.2g.* que diz respeito à interseção (Do lat. *intersectiōne-*, «interseção» +*-al*) ACORDO ORTOGRÁFICO também se pode escrever **interseccional**

intersecionismo *n.m.* LITERATURA processo utilizado pelo escritor português Fernando Pessoa (1888-1935) caracterizado pela interseção ou sobreposição de elementos díspares assemelhando-se às sobreposições dinâmicas da pintura futurista ACORDO ORTOGRÁFICO também se pode escrever **interseccionismo**

intersectar a grafia mais usada é **intersetar**

interserir *v.tr.* inserir, metendo de permeio (Do lat. *interserĕre*, «meter de permeio»)

intersetar *v.tr.* **1** interromper o curso de; cortar **2** impedir a passagem de; deter (Do lat. *intersectu-*, «separado» +*-ar*) ACORDO ORTOGRÁFICO também se pode escrever **intersectar**

intersilhado *adj.* encantado; enfeitiçado; seduzido (De *entresilhado?*)

intersocial *adj.2g.* que se realiza entre sociedades ou camadas sociais distintas (De *inter-+social*)

interstelar *adj.2g.* situado entre estrelas; intercósmico; interastral; *gás ~* ASTRONOMIA gás constituído na sua quase totalidade por hidrogénio, com pequeníssimas percentagens de cálcio, sódio, etc., gasosos, com uma densidade extremamente pequena, que existe nos espaços entre as estrelas (De *inter-+estelar*)

intersticial *adj.2g.* pertencente ou respeitante aos interstícios; *células intersticiais* HISTOLOGIA elementos de importante função secretora que existem isolados ou agrupados nos testículos e ovários de muitos animais superiores; *substância ~* substância sólida ou líquida que existe entre as células de quase todos os tecidos animais, e que se denomina também substância fundamental e cimento (De *interstício+-al*)

interstício *n.m.* **1** intervalo que separa as moléculas ou células de um corpo **2** intervalo entre órgãos contíguos **3** pequeno espaço vazio; hiato **4** greta; fenda (Do lat. *interstitĭu-*, «id.»)

intersubjectividade ver nova grafia **intersubjetividade**

intersubjectivo ver nova grafia **intersubjetivo**

intersubjetividade *n.f.* 1 qualidade de intersubjetivo 2 situação comunicativa de conhecimento mútuo (De *intersubjectivo*+-*i*-+-*dade*)

intersubjetivo *adj.* 1 relativo à relação entre os vários seres humanos 2 que se pode estabelecer entre dois ou mais sujeitos 3 que é válido para qualquer sujeito (De *inter*-+*subjectivo*)

intertexto *n.m.* LINGUÍSTICA texto ou conjunto de textos que mantêm relações estilísticas e semânticas com um outro texto (De *inter*-+*texto*)

intertextual *adj.2g.* relativo ou pertencente a intertexto (De *inter*-+*textual*)

intertextualidade *n.f.* 1 influência de um texto literário sobre outro, que o toma como ponto de partida 2 utilização de uma multiplicidade de textos ou de partes de textos anteriores, de que resulta a elaboração de um novo texto literário 3 referência, na obra de determinado autor, a outras obras ou partes de obras do mesmo autor (De *intertextual*+-*i*-+-*dade*)

intertrigem *n.f.* MEDICINA eritema provocado pela fricção repetida da pele, principalmente das coxas (Do lat. *intertrigĭne*-, «escoriação»)

intertrigo *n.m.* MEDICINA ⇒ **intertrigem** (Do lat. *intertrīgo*, nominativo?, «escoriação»)

intertropical *adj.2g.* 1 de entre os trópicos 2 da zona tórrida (De *inter*-+*tropical*)

interuniversitário *adj.* que se realiza entre universidades (De *inter*-+*universitário*)

interurbano *adj.* 1 que une duas ou mais cidades 2 diz-se dos movimentos ou contactos que se executam entre duas ou mais cidades (De *inter*-+*urbano*)

intervaladamente *adv.* com intervalos (De *intervalada*+-*mente*)

intervalado *adj.* separado por intervalos; espaçado; alternado; entremeado (Part. pass. de *intervalar*)

intervalar *adj.2g.* que está num intervalo ■ *v.tr.* 1 abrir intervalos em 2 separar por intervalos; entremear 3 alternar (De *intervalo*+-*ar*)

intervalo *n.m.* 1 espaço entre dois pontos ou dois objetos 2 espaço de tempo entre dois atos, duas datas ou duas épocas 3 tempo que separa as diversas partes de uma peça de teatro, de um espetáculo ou de uma sessão de cinema 4 MÚSICA razão entre as frequências de dois sons 5 espaço entre duas linhas (na pauta musical) 6 intermitência (Do lat. *intervallu*-, «id.»)

intervenção *n.f.* 1 ato de intervir através da palavra ou pela ação 2 intercessão; mediação 3 ingerência do Estado em empresas ou setores de atividade 4 interferência de um país nos assuntos de outro país 5 ação concertada 6 operação cirúrgica 7 ação; papel; *forças de ~* MILITAR forças militares que têm por função exercer, em território subvertido, ação defensiva contra bandos armados ou guerrilha (Do lat. *interventiōne*-, «id.»)

intervencionismo *n.m.* conjunto de decisões económicas emanadas das autoridades públicas (Do lat. *interventiōne*-, «intervenção» +-*ismo*, ou do fr. *interventionnisme*, «id.»)

intervencionista *adj.2g.* referente a intervenção ■ *n.2g.* pessoa partidária do intervencionismo (Do lat. *interventiōne*-, «intervenção» +-*ista*, ou do fr. *interventionniste*, «id.»)

interveniência *n.f.* interposição; intervenção

interveniente *adj.2g.* 1 que intervém 2 medianeiro ■ *n.2g.* 1 pessoa que se apresenta para aceitar ou pagar uma letra protestada 2 pessoa que toma parte de uma discussão ou debate; participante (Do lat. *interveniente*-, «id.», part. pres. de *intervenīre*, «intervir»)

interventivo *adj.* relativo a intervenção (Do lat. *interventu*-, «intervindo», part. pass. de *intervenīre*, «intervir» +-*ivo*)

interventor *adj.,n.m.* ⇒ **interveniente** (Do lat. *interventōre*-, «o que sobrevém»)

interventricular *adj.2g.* ANATOMIA que fica entre os dois ventrículos (De *inter*-+*ventricular*)

interversão *n.f.* 1 ato ou efeito de interverter 2 inversão da ordem natural ou habitual (Do lat. *interversiōne*-, «interrupção; falsificação»)

intervertebral *adj.2g.* ANATOMIA que está situado entre duas vértebras (De *inter*-+*vertebral*)

interverter *v.tr.* 1 inverter 2 alterar a ordem natural de; pôr às avessas; desarranjar (Do lat. *intervertĕre*, «dar outra direção a»)

intervir *v.tr.,intr.* 1 ingerir-se (em); intrometer-se (em); interferir (em) 2 colocar-se entre 3 participar ativamente (numa ação) 4 exercer autoridade (sobre) 5 tomar parte (de um debate ou discussão); participar (em) ■ *v.intr.* 1 sobrevir; suceder 2 acudir 3 representar um papel; agir (Do lat. *intervenīre*, «sobrevir; intervir»)

intervocal *adj.2g.* GRAMÁTICA ⇒ **intervocálico**

intervocálico *adj.* GRAMÁTICA que está entre vogais (De *inter*-+*vocálico*)

intestado *adj.* 1 que faleceu sem ter feito testamento 2 cujo testamento não é válido (Do lat. *intestātu*-, «que não fez testamento»)

intestável¹ *adj.2g.* 1 que não pode testar 2 que não pode fazer testamento (Do lat. *intestabĭle*-, «que não pode testemunhar»)

intestável² *adj.2g.* 1 que não pode ser testado; que não pode ser submetido a teste (De *in*-+*testável*)

intestinal *adj.2g.* relativo ao intestino (De *intestino*-+-*al*)

intestino *n.m.* ANATOMIA parte do tubo digestivo, mais ou menos diferenciada, de comprimento variável, que em muitos animais, como o homem, se estende do estômago ao ânus ■ *adj.* 1 que se passa no interior; interno; íntimo 2 diz-se do conflito que opõe forças do mesmo país; *~ delgado* ANATOMIA porção inicial do intestino onde se dá a maioria dos processos de digestão e de absorção dos alimentos; *~ grosso* ANATOMIA parte do intestino, que inclui o cego, o apêndice, o cólon, ascendente, transverso e descendente, e o reto; *~ primitivo* EMBRIOLOGIA cavidade principal do embrião, da qual se origina o tubo digestivo, êntero (Do lat. *intestīnu*-, «intestino»)

inticar *v.intr.* [regionalismo] implicar

intifada *n.f.* revolta popular palestiniana contra a ocupação israelita de territórios da Faixa de Gaza e da Cisjordânia (Do ár. *intifada*, «agitação», de *fadda*, «libertar-se, rebelar-se»)

intimação *n.f.* 1 DIREITO ato ou efeito de intimar; citação 2 notificação (Do lat. *intimatiōne*-, «id.»)

intimador *adj.,n.m.* que ou aquele que intima (Do lat. *intimatōre*-, «id.»)

intimamente *adv.* 1 de modo íntimo 2 muito do fundo do coração; estreitamente (De *íntimo*+-*mente*)

intimar *v.tr.* 1 DIREITO citar; notificar 2 ordenar com intimativa ■ *v.intr.* falar com arrogância (Do lat. *intimāre*, «id.»)

intimativa *n.f.* 1 palavra, frase ou gesto enérgico, tendente a dominar a pessoa a quem é dirigido 2 ordem enérgica ou coerciva (De *intimativo*)

intimativo *adj.* 1 destinado a intimar; imperioso 2 enérgico (De *intimar*+-*tivo*)

intimidação *n.f.* 1 ato ou efeito de intimidar 2 ameaça; pressão (De *intimidar*+-*ção*)

intimidade *n.f.* 1 qualidade de íntimo; familiaridade 2 relações íntimas 3 vida íntima; privacidade 4 interioridade 5 qualidade do que proporciona bem-estar e privacidade (De *íntimo*+-*i*-+-*dade*)

intimidador *adj.,n.m.* que ou aquele que intimida (De *intimidar*+-*dor*)

intimidante *adj.2g.* intimidador; intimidativo

intimidar *v.tr.* 1 tornar tímido 2 inspirar receio, medo ou temor a; amedrontar; assustar ■ *v.pron.* sentir acanhamento ou receio (Do lat. ecl. *intimidāre*, «id.»)

intimidativo *adj.* 1 que serve para intimidar 2 intimidador (De *intimidar*+-*tivo*)

intimidatório *adj.* que intimida; intimidante (De *intimidar*+-*tório*)

intimismo *n.m.* 1 PINTURA escola ou tendência artística que se caracteriza pela representação de cenas de interior, da vida doméstica ou familiar 2 qualidade do que é íntimo ou privado 3 atmosfera tranquila, familiar ou caracterizada por afeição ou amizade (De *íntimo*+-*ismo*)

intimista *adj.2g.* 1 que é íntimo, pessoal ou privado 2 que tem um ambiente tranquilo, familiar ou caracterizado por afeição ou amizade (De *íntimo*+-*ista*)

íntimo *adj.* 1 situado muito dentro; interior 2 que une estreitamente; que liga 3 que tem uma ligação forte com outrem; muito unido 4 que goza de intimidade 5 que é privado; particular; secreto 6 familiar; doméstico ■ *n.m.* 1 âmago 2 consciência; interior 3 pessoa de intimidade; confidente (Do lat. *intĭmu*-, «id.»)

intimorato *adj.* que não é timorato; intrépido; valente; destemido (Do lat. ecl. *intimorātu*-, «id.»)

intina *n.f.* BOTÂNICA membrana interna, extensível e de natureza celulósica, do grão de pólen, também denominada endimenina (Do lat. *intus*, «dentro» +-*ina*)

intinção *n.f.* RELIGIÃO ato de lançar parte da hóstia no vinho consagrado (Do lat. ecl. *intinctiōne*-, «id.»)

intitulação *n.f.* ⇒ **intitulamento** (De *intitular*+-*ção*)

intitulamento *n.m.* 1 ato ou efeito de intitular ou intitular-se 2 determinação de título, nome, etc. (De *intitular*+-*mento*)

intitular *v.tr.* 1 dar título ou nome a 2 denominar ■ *v.pron.* chamar-se; nomear-se (Do lat. ecl. *intitulāre*, «id.»)

intocável *adj.2g.* 1 que não pode ou não deve ser tocado 2 [fig.] que não se pode criticar ■ *n.2g.* indivíduo de uma classe da população indiana segregada pela sociedade por força de preconceitos

sociais e religiosos, no antigo sistema de castas; pária (De *in-+tocar+-vel*)
intolerabilidade *n.f.* qualidade do que ou de quem é intolerável (Do lat. *intolerabilitāte-*, «id.»)
intolerância *n.f.* **1** falta de tolerância **2** recusa da liberdade de opinião ou crença **3** tendência a não aceitar as diferenças de opinião, crença ou conduta; intransigência **4** MEDICINA reação de rejeição do organismo (a um medicamento ou substância) (Do lat. *intolerantĭa-*, «insolência»)
intolerante *adj.2g.* **1** que não tolera **2** que não manifesta indulgência; intransigente ■ *n.2g.* **1** pessoa contrária aos princípios da liberdade **2** pessoa que não aceita ou compreende diferenças de opinião ou de conduta; intransigente; sectário (Do lat. *intolerante-*, «id.»)
intolerantismo *n.m.* atitude dos que não admitem opiniões opostas às suas em matéria religiosa ou política; fanatismo (De *intolerante+-ismo*)
intolerável *adj.2g.* **1** que não se pode tolerar; insuportável **2** que não se pode admitir; inadmissível (Do lat. *intolerabĭle-*, «id.»)
intonação *n.f.* **1** MÚSICA primeira frase de uma melodia de cantochão que determina a afinação e o tom a seguir **2** modulação na voz; entoação (Do fr. *intonation*, «id.»)
intonso *adj.* **1** não tosquiado **2** (barba, cabelo) não aparado; não cortado **3** hirsuto (Do lat. *intonsu-*, «id.»)
intoxicação *n.f.* **1** ação exercida no organismo por uma substância tóxica; envenenamento **2** conjunto dos sintomas resultantes de um envenenamento; **~ alimentar** ação nociva exercida no organismo por uma substância alimentar deteriorada (De *intoxicar+-ção*)
intoxicamento *n.m.* ⇒ intoxicação (De *intoxicar+-mento*)
intoxicar *v.tr.,intr.,pron.* causar ou sofrer envenenamento; envenenar(-se) (Do lat. *in-+toxĭcu-*, «veneno» +*-ar*)
intra- prefixo, de origem latina, que exprime a ideia de *dentro, no interior de*, e que leva hífen quando o segundo elemento começa por vogal, ou por *h*, *r* ou *s* (Do lat. *intra*, «dentro de»)
intra-arterial *adj.2g.* ANATOMIA que está dentro das artérias
intra-articular *adj.2g.* **1** relativo ao interior de uma articulação **2** que se situa ou ocorre no interior de uma articulação (De *intra-+articular*)
intra-auricular *adj.2g.* ANATOMIA que está dentro das aurículas
intracelular *adj.2g.* ANATOMIA que se realiza ou está na parte interna da célula ou das células (De *intra-+celular*)
intradérmico *adj.* ANATOMIA que se localiza no seio da derme (De *intra-+dérmico*)
intradorso /ô/ *n.m.* **1** ARQUITETURA superfície interior de um arco, de uma abóbada ou arcada **2** ARQUITETURA ⇒ **sofito** **3** AERONÁUTICA superfície inferior da asa de um avião (De *intra-+dorso*)
intraduzível *adj.2g.* **1** que não se pode traduzir **2** [fig.] que não se pode exprimir (De *in-+traduzível*)
intragável *adj.2g.* **1** que não se pode tragar **2** [fig.] que não se pode aguentar ou tolerar (De *in-+tragável*)
intra-hepático *adj.* ANATOMIA que está na parte interna do fígado
intramarginal *adj.2g.* BOTÂNICA diz-se de nervura que está entre as margens (De *intra-+marginal*)
intramedular *adj.2g.* ANATOMIA que se situa no interior da medula (De *intra-+medular*)
intramolecular *adj.2g.* que se realiza numa molécula (De *intra-+molecular*)
intramuros *adv.* dentro dos muros ou das muralhas de uma povoação (Do lat. *intra-+muros*, «id.»)
intramuscular *adj.2g.* ANATOMIA que existe ou se efetua nos músculos (De *intra-+muscular*)
intranasal *adj.* **1** ANATOMIA que se existe ou ocorre dentro da estrutura interna do nariz **2** que é administrado nessa zona (De *intra-+nasal*)
intranet *n.f.* INFORMÁTICA rede interna de computadores de uma organização que pode utilizar os protocolos da internet (Do ing. *intranet*, «id.»)
intranquilidade /qu-i/ *n.f.* falta de tranquilidade; inquietação; sobressalto (De *in-+tranquilidade*)
intranquilo /qu-i/ *adj.* que não está tranquilo; inquieto (De *in-+tranquilo*)
intransferível *adj.2g.* que não é transferível; que não se pode transferir; intransmissível (De *in-+transferível*)
intransigência *n.f.* **1** qualidade de quem é intransigente **2** falta de transigência; intolerância **3** falta de flexibilidade; rigidez (De *in-+transigência*)

intransigente *adj.2g.* **1** que não transige; intolerante **2** austero; rígido; inflexível ■ *n.2g.* **1** pessoa que não transige; intolerante **2** inflexível (De *in-+transigente*)
intransitado *adj.* (caminho, estrada) que não é transitado (De *in-+transitado*)
intransitável *adj.2g.* **1** por onde não se pode transitar **2** (caminho, estrada) em mau estado (De *in-+transitável*)
intransitivamente *adv.* GRAMÁTICA (verbo) sem pedir complemento direto; de modo intransitivo; como intransitivo (De *intransitiva+-mente*)
intransitivo *adj.* GRAMÁTICA diz-se de um verbo com sentido completo, não tendo complementos (Do lat. *intransitivu-*, «id.»)
intransmissibilidade *n.f.* qualidade do que é intransmissível (De *in-+transmissibilidade*)
intransmissível *adj.2g.* **1** que não é transmissível **2** que não se pode passar a outrem (De *in-+transmissível*)
intransparente *adj.2g.* que não é transparente; opaco; fosco (De *in-+transparente*)
intransponível *adj.2g.* que não se pode transpor; inultrapassável (De *in-+transponível*)
intransportável *adj.2g.* que não se pode transportar (De *in-+transportável*)
intraocular *adj.2g.* **1** ANATOMIA que está situado ou que acontece no interior do olho **2** (medicamento, produto) que se administra fazendo com que penetre no interior do olho
intra-ocular ver nova grafia intraocular
intrapulmonar *adj.2g.* ANATOMIA que está ou se passa no interior dos pulmões (De *intra-+pulmonar*)
intra-raquidiano ver nova grafia intrarraquidiano
intrarraquidiano *adj.* ANATOMIA que ocupa o interior do ráquis
intra-sinovial ver nova grafia intrassinovial
intrassinovial *adj.2g.* ANATOMIA que está no interior do saco sinovial
intratabilidade *n.f.* qualidade de intratável (Do lat. *intractabĭle-*, «intratável» +*-i-+-dade*)
intratável *adj.* **1** que não se pode tratar **2** com quem não se pode tratar; insociável **3** soberbo; arrogante (Do lat. *intractabĭle-*, «id.»)
intratelúrico *adj.* que existe ou se manifesta no interior da crusta terrestre (De *intra-+telúrico*)
intratorácico *adj.* ANATOMIA do interior do tórax (De *intra-+torácico*)
intrauterino *adj.* ANATOMIA que está ou se produz no interior do útero
intra-uterino ver nova grafia intrauterino
intravascular *adj.2g.* ANATOMIA que se encontra, se produz, ou se efetua no interior dos vasos sanguíneos (De *intra-+vascular*)
intravável *adj.2g.* que não se pode travar (De *in-+travável*)
intravenoso /ô/ *adj.* MEDICINA que está ou se aplica no interior das veias; endovenoso (De *intra-+venoso*)
intraventricular *adj.2g.* ANATOMIA que se encontra, se produz ou se efetua no interior de um ventrículo (De *intra-+ventricular*)
intraversão *n.f.* ⇒ **introversão** (De *intra-+versão*)
intravertebrado *adj.* que tem esqueleto vertebral no interior do corpo (De *intra-+vertebrado*)
intravertido *adj.,n.m.* ⇒ **introvertido** (De *intra-+vertido*)
intrepidamente *adv.* com coragem (De *intrépida+-mente*)
intrepidez /ê/ *n.f.* qualidade de intrépido; coragem ante o perigo; bravura; destemor (De *intrépido+-ez*)
intrépido *adj.* **1** que não é trépido **2** destemido; ousado **3** firme; resoluto (Do lat. *intrepĭdu-*, «id.»)
intricado *adj.* **1** embaraçado; emaranhado **2** difícil de compreender; confuso; obscuro; espinhoso (Part. pass. de *intricar*)
intricar *v.tr.* **1** enredar em tricas ou trapaças; embaraçar **2** tornar obscuro; tornar confuso; complicar (Do lat. *intricāre*, «embaraçar; enredar»)
intriga *n.f.* **1** história ou aventura secreta **2** maquinação destinada a obter ou destruir algo **3** manobra lesiva de outrem **4** bisbilhotice; mexerico **5** conjunto de acontecimentos que formam o fio condutor de uma peça, filme ou narrativa; enredo; história; ação (Deriv. regr. de *intrigar*)
intrigalhada *n.f.* muitas intrigas simultâneas; mexericos; enredos (De *intriga+-alha+-ada*)
intrigante *adj.2g.* que causa estranheza ou perplexidade ■ *adj.,n.2g.* que ou pessoa que faz intrigas; mexeriqueiro; intriguista (De *intrigar+-ante*)

intrigar *v.tr.,intr.* urdir intrigas (em) ■ *v.tr.* 1 excitar a curiosidade de; tornar perplexo 2 embaraçar (Do lat. *intricāre*, «embaraçar; enredar»)

intriguista *adj.,n.2g.* que ou o que produz intrigas; intrigante (De *intriga*+*-ista*)

intrincado *adj.* ⇒ **intricado** (Part. pass. de *intrincar*)

intrincar *v.tr.* ⇒ **intricar** (Do lat. *intricāre*, «embaraçar; enredar»)

intrinsecamente *adv.* de modo intrínseco (De *intrínseca*+*-mente*)

intrínseco *adj.* 1 que está no interior de um objeto, pessoa ou realidade; interno 2 que está ligado ou faz parte da essência de um objeto, pessoa ou realidade; essencial; inerente (Do lat. *intrinsĕcu-*, «interior»)

intro- ⇒ **intra-**

introdução *n.f.* 1 ato ou efeito de introduzir ou introduzir-se; entrada; admissão 2 ato ou efeito de introduzir, de fazer adotar; adoção; importação 3 ação de fazer entrar; penetração 4 o que prepara a compreensão de um tema ou a prática de uma atividade; iniciação 5 texto preliminar e explicativo de uma obra; prefácio; preâmbulo 6 apresentação de um tema 7 MÚSICA pequeno trecho musical que por vezes substitui a abertura ou o prelúdio de uma ópera (Do lat. *introductiōne-*, «id.»)

introdutivo *adj.* ⇒ **introdutório**

introdutor *adj.* que introduz ■ *n.m.* 1 aquele que introduz 2 o que proporciona a entrada ou difusão inicial de uma ideia ou inovação; iniciador (Do lat. *introductōre-*, «id.»)

introdutório *adj.* 1 que serve de introdução 2 introdutivo; preambular (Do lat. *introductoriu-*, «que introduz»)

introduzir *v.tr.* 1 fazer entrar num local ou objeto; inserir 2 fazer admitir; apresentar; apadrinhar 3 fazer adotar; importar; instaurar; implantar; lançar 4 incluir; incorporar ■ *v.pron.* 1 entrar; penetrar 2 meter-se 3 fazer-se admitir 4 insinuar-se 5 imiscuir-se; intrometer-se (Do lat. *introducĕre*, «id.»)

introito *n.m.* 1 parte inicial; começo; princípio 2 introdução 3 (liturgia católica) orações recitadas pelo sacerdote no princípio da missa, antes de subir ao altar (Do lat. *introĭtu-*, «entrada»)

intróito ver nova grafia introito

introjeção *n.f.* PSICOLOGIA termo psicanalítico que designa a incorporação imaginária de um objeto ou de uma pessoa amada ou odiada no eu do indivíduo (Do lat. *injectiōne-*, «injeção», com troca do pref. *in-* por *intro-*)

introjecção ver nova grafia introjeção

intrometediço *adj.,n.m.* que ou aquele que tem o costume de se intrometer (De *intrometer*+*-diço*)

intrometer *v.tr.* 1 meter para dentro 2 intercalar; inserir ■ *v.pron.* 1 tomar parte 2 meter-se de permeio; ingerir-se (Do lat. *intromittĕre*, «introduzir»)

intrometido *adj.* 1 metido para dentro; introduzido 2 [fig.] indiscreto; metediço 3 [fig.]; atrevido (Part. pass. de *intrometer*)

intrometimento *n.m.* ⇒ **intromissão** (De *intrometer*+*-i-*+*-mento*)

intromissão *n.f.* ato ou efeito de intrometer ou intrometer-se (Do lat. tard. *intromissiōne-*, «id.»)

intropatia *n.f.* ⇒ **empatia**

introrsar *v.tr.* voltar para dentro (De *introrso*+*-ar*)

introrso *adj.* 1 que está voltado ou se dirige para dentro 2 BOTÂNICA diz-se da antera cuja abertura (deiscência) se dá para o lado de dentro da flor (Do lat. *introrsu-*, «para dentro»)

introspeção *n.f.* 1 exame subjetivo dos factos psíquicos; análise interior 2 observação da consciência por si própria 3 método de investigação defendido pela escola espiritualista; ~ *provocada/experimental* PSICOLOGIA método de investigação psicológica que consiste em fazer descrever pelo paciente o que se passa na sua consciência, no decorrer de uma experiência em que o mesmo paciente foi sujeito a certos estímulos ou convidado a executar certas tarefas (método dito de Wurzburgo) (Do lat. *introspectiōne-*, «introspeção», pelo ing. *introspection*, «id.», pelo fr. *introspection*, «id.»)

introspecção ver nova grafia introspeção

introspectivo ver nova grafia introspetivo

introspetivo *adj.* 1 que examina o interior 2 que dirige a sua atenção para dentro (Do lat. *introspectu-*, «visto para dentro» part. pass. de *introspicĕre*, «olhar para dentro», pelo fr. *introspectif*, «introspetivo»)

introversão *n.f.* PSICOLOGIA em Jung (médico e psicólogo suíço, 1875-1961): orientação predominante da energia psíquica para o interior do próprio sujeito (Do lat. *introversu-*, «voltado para o interior», pelo al. *Introversion*, «introversão», pelo fr. *introversion*, «id.»)

introverso *adj.* 1 voltado para dentro 2 voltado para si mesmo; concentrado; absorto (Do lat. *introverso-*, «voltado para o interior»)

introverter *v.tr.,pron.* 1 voltar(-se) para dentro 2 tornar(-se) absorto; concentrar(-se) (Do lat. *intro*, «para dentro» +*vertĕre*, «voltar»)

introvertido *adj.,n.m.* PSICOLOGIA tipo ou designativo do tipo psicológico definido por Jung (médico e psicólogo suíço, 1875-1961): é ensimesmado e reservado e fixa o seu interesse na sua vida interior, indiferente ao mundo exterior (Part. pass. de *introverter*)

intruja *n.2g.* ⇒ **intrujão** *n.m.* (Deriv. regr. de *intrujar*)

intrujão *adj.* que intruja; impostor ■ *n.m.* aquele que intruja; burlão; embusteiro; impostor (De *intrujar*+*-ão*)

intrujar *v.tr.* 1 enganar com intrujice; lograr; burlar 2 explorar (De orig. obsc.)

intrujice *n.f.* ato ou efeito de intrujar; burla; logro; embuste (De *intrujar*+*-ice*)

intrusão *n.f.* 1 ato de se introduzir sem direito ou usando de astúcia; intromissão 2 posse ilegal e violenta; usurpação 3 GEOLOGIA introdução de matéria magmática no interior da crusta 4 GEOLOGIA corpo eruptivo que se instalou no meio de outras rochas (Do lat. med. *intrūsu-*, «introduzido à força» +*-ão*)

intrusivo *adj.* GEOLOGIA (rocha) agregado natural formado de substâncias minerais ou mineralizadas, resultante de determinado processo geológico, que constitui parte essencial da litosfera

intruso *adj.* 1 que se introduziu sem direito 2 empossado por violência ou fraude em qualquer cargo ou dignidade ■ *n.m.* 1 aquele que se introduziu sem direito 2 indivíduo que se apossou ilegalmente de um cargo, bens, etc. 3 pessoa que se apresenta em algum lugar ou evento sem ser convidada ou desejada; importuno (Do lat. med. *intrūsu-*, «introduzido à força»)

intubação *n.f.* 1 ato ou efeito de intubar 2 MEDICINA introdução de um tubo num canal ou numa cavidade do organismo

intubar *v.tr.* MEDICINA introduzir um tubo ou cânula num canal natural, nomeadamente na traqueia, através da laringe, com o objetivo de assegurar a passagem do ar para as vias respiratórias, ou no estômago, através do esófago, de modo a assegurar a nutrição

intuição *n.f.* 1 perceção de algo que não se pode verificar ou que ainda não aconteceu; pressentimento; inspiração; visão 2 ideia súbita 3 FILOSOFIA perceção direta, clara e imediata de uma verdade, sem o auxílio do raciocínio 4 FILOSOFIA contemplação pela qual se atinge uma verdade de ordem diversa das que se alcançam através da razão ou do conhecimento; ~ *empírica* intuição que tem por objeto factos da experiência externa (intuição sensível) ou interna (intuição psicológica); ~ *inventiva/divinatória/prospetiva* intuição que nos faz pressentir a verdade; ~ *metafísica* intuição que tem por objeto os seres, quer na sua existência, quer na sua essência (o Eu próprio, Deus); ~ *racional* intuição que tem por objeto relações (de semelhança, de causalidade, axiomáticas, etc.) (Do lat. tard. *intuitiōne-*, «id.»)

intuicionismo *n.m.* 1 doutrina que atribui papel essencial à intuição 2 FILOSOFIA doutrinas contemporâneas que defendem ser possível a intuição da realidade em si mesma ou de normas ou valores absolutos 3 MATEMÁTICA doutrina, oposta ao formalismo, segundo a qual as matemáticas são intuitivas e não podem ser puramente hipotético-dedutivas 4 PSICOLOGIA doutrina segundo a qual o espírito perceciona diretamente os objetos exteriores; percecionismo 5 RELIGIÃO doutrina teológica dos que afirmam que a existência de Deus é evidente por si mesma, sendo impossível demonstrá-la sem se cair num paralogismo (Do lat. tard. *intuitiōne-*, «intuição» +*-ismo*, pelo fr. *intuitionnisme*, «id.»)

intuicionista *adj.2g.* relativo ou pertencente ao intuicionismo ■ *n.2g.* partidário do intuicionismo

intuir *v.tr.* 1 ter a intuição de; pressentir 2 ver 3 descobrir (Do lat. *intuēri*, «considerar; meditar; ver»)

intuitivamente *adv.* de modo intuitivo (De *intuitivo*+*-mente*)

intuitivo *adj.* 1 relativo à intuição 2 recebido por intuição 3 que dá provas de intuição 4 que se percebe por intuição; que parece evidente; imediato ■ *n.m.* indivíduo que age por intuição (Do lat. *intuitu-*, «vista de olhos» +*-ivo*)

intuito *n.m.* aquilo que se tem em vista; intento; objetivo; fim (Do lat. *intuĭtu-*, «olhar; vista de olhos»)

intumescência *n.f.* ato ou efeito de intumescer; intumescimento; inchação; entumecência (Do lat. *intumescentĭa*, part. pres. neut. pl. subst. de *intumescĕre*, «inchar»)

intumescente *adj.2g.* que intumesce; túmido; entumecente (Do lat. *intumescente*, «id.», part. pres. de *intumescĕre*, «inchar»)

intumescer *v.tr.,intr.* 1 inchar; fazer(-se) túmido; inturgescer; entumecer 2 [fig.] ensoberbecer(-se) (Do lat. *intumescĕre*, «inchar»)

intumescimento n.m. ⇒ **intumescência** (De intumescer+-i-+-mento)

inturgescência n.f. qualidade ou estado de inturgescente (Do lat. inturgescentĭa, «id.», part. pres. neut. pl. subst. de inturgescĕre, «inchar»)

inturgescente adj.2g. que inturgesce (Do lat. inturgescente-, «id.», part. pres. de inturgescĕre, «inchar»)

inturgescer v.tr.,intr. tornar(-se) túrgido; turgescer (Do lat. inturgescĕre, «inchar»)

intusceção n.f. **1** ato de ingerir ou assimilar os alimentos **2** BIOLOGIA ⇒ **intussusceção** (Por intussusceção)

intuscepção ver nova grafia intusceção

intuspeção n.f. observação íntima de si próprio; introspeção (Do lat. intus, «dentro; para dentro» +spectiōne-, «observação»)

intuspecção ver nova grafia intuspeção

intuspectivo ver nova grafia intuspetivo

intuspetivo adj. relativo à intuspeção (Do lat. intus, «dentro; para dentro» +spectus, «observado» +-ivo)

intussusceção n.f. BIOLOGIA penetração no organismo de novas moléculas entre as já existentes, no decurso do crescimento; intusceção (Do lat. intus, «dentro; para dentro» +susceptiōne-, «ação de receber», pelo fr. intussusception, «id.»)

intussuscepção ver nova grafia intussusceção

inúbil adj.2g. que não está em idade de casar (De in-+núbil)

ínubo adj. solteiro; inupto (Do lat. innūbu-, «não casado»)

inulina n.f. BIOQUÍMICA substância semelhante ao amido, que se encontra como produto de reserva de algumas plantas (tubérculos das dálias), e se denomina também dalina (Do lat. inŭla-, «énula» +-ina)

inulto adj. não vingado; que não tirou desforra (Do lat. inultu-, «id.»)

inultrapassável adj.2g. que não se pode ultrapassar (De in-+ultrapassável)

inumação n.f. ato ou efeito de inumar; enterramento (De inumar+-ção)

inumanidade n.f. crueldade; desumanidade (Do lat. inhumanitāte-, «id.»)

inumano adj. desumano; cruel (Do lat. inhumānu-, «id.»)

inumar v.tr. enterrar (um cadáver); sepultar (Do lat. inhumāre, «meter na terra»)

inumerável adj.2g. **1** que não se pode contar **2** prodigioso; excessivo (Do lat. innumerabĭle-, «inumerável»)

inúmero adj. ⇒ **inumerável** (Do lat. innumĕru-, «inumerável»)

inumeroso /ô/ adj. ⇒ **inumerável** (De inúmero+-oso)

inundação n.f. **1** ato ou efeito de inundar ou inundar-se; cheia; alagamento **2** [fig.] grande afluência; enchente (Do lat. inundatiōne-, «id.»)

inundado adj. que sofreu inundação ■ n.m. aquele que foi prejudicado por inundações (Do lat. inundātu-, «id.», part. pass. de inundāre, «inundar»)

inundante adj.2g. **1** que inunda; que alaga **2** que cobre (Do lat. inundante-, «id.», part. pres. de inundāre, «inundar»)

inundar v.tr. **1** cobrir de água; alagar; banhar **2** [fig.] invadir tumultuosamente; encher; fartar **3** [fig.] espalhar por todo o lado ■ v.pron. **1** alagar-se **2** encher-se (Do lat. inundāre, «id.»)

inundável adj.2g. suscetível de ser inundado; fácil de inundar (De inundar+-vel)

inupto adj. que não é casado (Do lat. *innuptu-, de innupta-, «que não está casada»)

inurbanidade n.f. falta de urbanidade; descortesia (De in-+urbanidade)

inurbano adj. falto de urbanidade; descortês; grosseiro (Do lat. inurbānu-, «grosseiro»)

inusitado adj. **1** que não surge com frequência; desusado **2** que quase não se usa; raro **3** inabitual; extraordinário (Do lat. inusitātu-, «id.»)

inútil adj.2g. **1** que não é útil; supérfluo; improfícuo **2** infrutífero **3** vão **4** que não faz nada; desnecessário; parasita ■ n.2g. pessoa incapaz; pessoa que não faz nada (Do lat. inutĭle-, «id.»)

inutilidade n.f. **1** falta de utilidade **2** qualidade de inútil **3** incapacidade **4** coisa inútil (Do lat. inutilitāte-, «id.»)

inutilização n.f. ato ou efeito de inutilizar **2** anulação; invalidação (De inutilizar+-ção)

inutilizar v.tr. **1** tornar inútil; invalidar; anular **2** frustrar; baldar (De inútil+-izar)

inutilizável adj.2g. **1** que não se pode utilizar **2** que pode ser inutilizado (De inutilizar+-vel)

inutilmente adv. **1** sem utilidade; sem proveito **2** em vão (De inútil+-mente)

invadeável adj.2g. que não se pode vadear ou passar a vau (De in-+vadeável)

invadir v.tr. **1** entrar hostilmente em; ocupar por meio de força **2** alastrar-se por; dominar (Do lat. invadĕre, «id.»)

invaginação n.f. **1** ato ou efeito de invaginar ou invaginar-se **2** BIOLOGIA penetração natural de uma formação de células num conjunto com cavidade ou depressão, no seio de outra zona celular do mesmo órgão **3** processo de formação da gástrula, que também se designa embolia **4** insinuação acidental e perigosa de uma porção do tubo digestivo na região que lhe é contígua **5** BOTÂNICA prolongamento vegetal que se comporta como bainha **6** CIRURGIA operação cirúrgica que consiste na introdução de um dos topos de um intestino seccionado no outro topo (De invaginar+-ção)

invaginado adj. metido em vagem ou bainha (Part. pass. de invaginar)

invaginante adj.2g. **1** que forma bainha ou se comporta como ela **2** envolvente **3** BOTÂNICA diz-se da folha vegetal que se insere numa bainha desenvolvida que reveste total ou parcialmente o entrenó (De invaginar+-ante)

invaginar v.tr. **1** unir por meio de invaginação **2** envolver com bainha ■ v.pron. dobrar-se para dentro (De in-+vagina+-ar)

invalescer v.intr. fortalecer-se; robustecer-se (Do lat. invalescĕre, «tornar-se forte»)

invalidação n.f. ato ou efeito de invalidar; anulação (De invalidar+-ção)

invalidade n.f. **1** falta de validade; inutilidade **2** invalidez (De in-+validade)

invalidar v.tr. **1** tornar inválido; anular; inutilizar **2** tirar o crédito a alguém (De inválido+-ar)

invalidável adj.2g. que se pode invalidar (De invalidar+-vel)

invalidez /ê/ n.f. **1** estado de inválido **2** estado de quem, por incapacidade física ou mental permanente, não pode exercer a sua atividade profissional; incapacidade (De inválido+-ez)

inválido adj. **1** que não pode levar uma vida ativa; enfermo **2** que não tem validade; nulo ■ n.m. indivíduo incapaz de trabalhar (Do lat. invalĭdu-, «fraco»)

invar n.m. METALURGIA liga de níquel e aço, cujo coeficiente de dilatação térmica é muito baixo (Abrev. de invariável)

invariabilidade n.f. qualidade de invariável (De invariável+-i-+-dade)

invariância n.f. propriedade do que é invariante (De in-+variância)

invariante adj.2g. diz-se de uma grandeza, de uma propriedade ou de uma relação que se conserva numa transformação de natureza matemática ou física (De in-+variante)

invariável adj.2g. **1** que não é variável; inalterável; constante; imutável; firme **2** GRAMÁTICA diz-se da palavra que não tem flexão (De in-+variável)

invariavelmente adv. **1** de modo invariável **2** constantemente (De invariável+-mente)

invasão n.f. **1** ato ou efeito de invadir; incursão **2** [fig.] difusão geral; propagação (Do lat. ecl. invasiōne-, «id.»)

invasivo adj. **1** referente a invasão **2** que se propaga **3** caracterizado por agressão militar **4** MEDICINA diz-se da doença que invade rapidamente o organismo **5** MEDICINA diz-se do ato médico que envolve penetração no organismo ou em parte dele, por meio de incisão ou através da inserção de um instrumento (Do lat. invāsu-, «invadido», part. pass. de invadĕre, «invadir» +-ivo)

invasor adj. **1** que invade **2** que ocupa um território ■ n.m. **1** aquilo ou aquele que invade **2** força inimiga que faz uma invasão; ocupante (Do lat. invasōre-, «id.»)

invectiva ver nova grafia invetiva

invectivador ver nova grafia invetivador

invectivar ver nova grafia invetivar

invectivo ver nova grafia invetivo

invedável adj.2g. que não se pode vedar (De in-+vedável)

inveja n.f. desejo de possuir algo que outra pessoa possui ou de usufruir de uma situação semelhante à de outrem; cobiça (Do lat. invidĭa-, «id.»)

invejado adj. olhado com inveja; que suscita inveja; cobiçado (Part. pass. de invejar)

invejando adj. digno de ser invejado (De invejar+-ando)

invejar v.tr. ter inveja de; olhar com inveja; cobiçar (De inveja+-ar)

invejável adj.2g. **1** que é digno de inveja; desejável; tentador **2** que provoca inveja (De invejar+-vel)

invejidade n.f. [pop.] ⇒ **inveja** (De inveja+-i-+-dade)

invejoso /ô/ *adj.* que tem inveja ■ *n.m.* aquele que revela inveja (Do lat. *invidiōsu-*, «id.»)

invenção *n.f.* **1** ato de inventar; criação **2** coisa inventada; invento **3** faculdade de inventar; criatividade; imaginação criadora **4** parte da retórica que ensina a procurar os meios para agradar e para persuadir (Do lat. *inventiōne-*, «id.»)

invencibilidade *n.f.* qualidade de invencível (Do lat. *invencibĭle-*, «invencível» +-*i-*+-*dade*)

invencionar *v.tr.* adornar com artifício; enfeitar (De *inventiōne-*, «invenção» +-*ar*)

invencioneiro *adj.,n.m.* que ou aquele que inventa mentiras; embusteiro; extravagante (Do lat. *inventiōne-*, «invenção» +-*eiro*)

invencionice *n.f.* **1** ato ou dito de invencioneiro; mentira **2** extravagância **3** astúcia (Do lat. *inventiōne-*, «invenção» +-*ice*)

invencível *adj.2g.* que não pode ser vencido; insuperável; irresistível (Do lat. *invincibĭle-*, «id.»)

invendável¹ *adj.2g.* que não se pode vendar (De *in-*+*vendável*)

invendável² *adj.2g.* que não se consegue vender; invendível (Do fr. *invendable*, «invendível»)

invendível *adj.2g.* que não se consegue vender (Do lat. *invendibĭle-*, «id.»)

inventar *v.tr.* **1** criar; descobrir; inovar **2** imaginar para um fim específico **3** imaginar sem base real; forjar; mentir **4** urdir; tramar (Do lat. **inventāre*, freq. de *invenīre*, «achar»)

inventariação *n.f.* **1** ato ou efeito de inventariar **2** inventário (De *inventariar*+-*ção*)

inventariante *adj.* que inventaria ■ *n.2g.* **1** aquele que inventaria **2** pessoa que deu bens para inventário (De *inventariar*+-*ante*)

inventariar *v.tr.* **1** proceder ao inventário de **2** catalogar **3** enumerar minuciosamente (De *inventário*+-*ar*)

inventário *n.m.* **1** enumeração e descrição dos bens que pertenceram ou pertencem a uma pessoa, empresa, etc. **2** documento em que esses bens estão descritos **3** enumeração minuciosa; relação; lista **4** LINGUÍSTICA conjunto de unidades semiológicas que pertencem à mesma classe paradigmática; *processo de* ~ DIREITO processo judicial destinado a pôr termo à comunhão de bens de um casal ou à comunhão hereditária (Do lat. *inventarĭu-*, «id.»)

inventiva *n.f.* **1** faculdade de inventar; imaginativa **2** invento (De *inventivo*)

inventivo *adj.* **1** relativo a invenção **2** que tem a arte de inventar; criador **3** engenhoso (De *inventar*+-*ivo*, ou do fr. *inventif*, «id.»)

invento *n.m.* **1** coisa inventada; invenção **2** descoberta (Do lat. *inventu-*, «invento; descoberta»)

inventor *adj.* que inventa ■ *n.m.* **1** aquele que inventa; autor; criador **2** promotor **3** instigador (Do lat. *inventōre-*, «id.»)

inventriz *adj.,n.f.* (*masculino* **inventor**) ⇒ **inventor** (Do lat. *inventrīce-*, «id.»)

inverdade *n.f.* mentira (De *in-*+*verdade*)

inveridicidade *n.f.* qualidade de inverídico (De *inverídico*+-*i*+-*dade*)

inverídico *adj.* não verídico; falso (De *in-*+*verídico*)

inverificável *adj.2g.* que não é verificável (De *in-*+*verificável*)

invernada *n.f.* **1** Inverno prolongado e rigoroso; invernia **2** [Brasil] pastagem fechada que se utiliza para o repouso e fortalecimento do gado (Part. pass. fem. subst. de *invernar*)

invernadoiro *n.m.* ⇒ **invernadouro**

invernadouro *n.m.* **1** lugar onde se inverna; hibernáculo **2** estufa para guardar plantas no inverno (De *invernar*+-*douro*)

invernal *adj.2g.* do inverno; relativo ao inverno; hibernal (Do lat. *hibernāle-*, «do inverno»)

invernante *adj.,n.2g.* que ou a pessoa que inverna; hibernante (De *invernar*+-*ante*)

invernar *v.intr.* **1** passar o inverno (em lugar próprio para escapar aos seus rigores); hibernar **2** fazer mau tempo (Do lat. *hibernāre*, «id.»)

inverneira *n.f.* ⇒ **invernia** (De *inverno*+-*eira*)

invernia *n.f.* Inverno rigoroso (De *inverno*+-*ia*)

inverniço *adj.* **1** próprio do inverno **2** que se desenvolve no inverno (De *inverno*+-*iço*)

inverno *n.m.* **1** estação do ano entre o outono e a primavera, em que a duração dos dias vai aumentando mantendo-se sempre menores do que as noites, e que se caracteriza, nas zonas temperadas, pelo frio e pela chuva (no hemisfério norte, começa entre 21 e 22 de dezembro, e no hemisfério sul, entre 20 e 21 de junho) **2** [fig.] tempo frio **3** [fig.] velhice **4** *pl.* anos de idade (Do lat. *hibernu-*, «id.»)

invernoso *adj.* **1** próprio do inverno; invernal **2** frio e chuvoso (De *inverno*+-*oso*)

inverosímil *adj.2g.* **1** que não é ou não parece verdadeiro; incrível **2** pouco provável (De *in-*+*verosímil*)

inverosimilhança *n.f.* falta de verosimilhança; improbabilidade; coisa inverosímil (De *in-*+*verosimilhança*)

inverosimilhante *adj.2g.* ⇒ **inverosímil** (De *in-*+*verosimilhante*)

inversa *n.f.* proposição invertida (De *inverso*)

inversamente *adv.* de modo inverso; ao contrário (De *inverso*+-*mente*)

inversão *n.f.* **1** ato ou efeito de inverter ou inverter-se **2** troca da posição ou da direção de elementos ou objetos **3** mudança em sentido contrário **4** estado do está trocado ou em sentido oposto **5** uso contrário a uma função normal **6** [pej.] atração sexual e/ou relação amorosa entre pessoas do mesmo sexo; homossexualidade **7** ANATOMIA posição anómala de um órgão que se apresenta do lado oposto ao que normalmente deveria ocupar **8** GRAMÁTICA mudança da ordem habitual de um elemento numa frase **9** QUÍMICA transformação de uma substância oticamente ativa noutra que tem efeito de rotação oposto, com mudança de temperatura ou de concentração, ainda que possa não haver transformação de composição química **10** BIOLOGIA (genética) mutação cromossómica provocada pela colocação de uma parte do cromossoma em ordem inversa ao normal **11** BIOLOGIA (genética) mutação pontual provocada pela reversão de dois ou mais pares de bases na sequência do ADN de um gene; ~ *de temperatura* METEOROLOGIA cada um dos níveis da curva de estado térmico da atmosfera, onde a temperatura sofre uma inversão no sentido de subida/descida e que serve para distinguir as diferentes camadas atmosféricas, segundo o nível térmico; ~ *(do sentido) de marcha* mudança de direção num veículo em que se passa a seguir o caminho oposto (Do lat. *inversiōne-*, «id.»)

inversivo *adj.* que inverte; em que há inversão (Do lat. *inversu-*, «id.», part. pass. de *invertĕre*, «inverter; mudar» +-*ivo*)

inverso *adj.* **1** disposto em sentido contrário **2** invertido ■ *n.m.* **1** invés; contrário **2** inversão (Do lat. *inversu-*, «id.», part. pass. de *invertĕre*, «inverter»)

inversor *adj.* que inverte ■ *n.m.* **1** aquele ou aquilo que inverte **2** aparelho destinado a inverter à vontade o sentido de uma corrente elétrica (Do lat. *inversu-*, «invertido» +-*or*)

invertase *n.f.* ⇒ **invertina** (De *invert(er)*+-*ase*, ou do fr. *invertase*, «invertina»)

invertebrado *adj.* ZOOLOGIA diz-se dos animais desprovidos de endosqueleto desenvolvido (com vértebras) e crânio propriamente dito, em oposição aos vertebrados ou craniotas (De *in-*+*vertebrado*)

inverter *v.tr.* **1** mudar a ordem de; alterar **2** pôr às avessas ■ *v.pron.* voltar-se em sentido contrário; virar-se

invertido *adj.* que se inverteu; inverso ■ *n.m.* [pop., pej.] aquele que tem atração sexual por indivíduos do mesmo sexo; homossexual; *açúcar* ~ QUÍMICA mistura equimolecular de glicose e de frutose obtida a partir da sacarose (Part. pass. de *inverter*)

invertina *n.f.* BIOQUÍMICA fermento (diástase) existente no suco entérico (intestinal) e nos vegetais, que atua sobre a sacarose; invertase (De *inverter*+-*ina*)

invertível *adj.2g.* que se pode inverter (Do lat. tard. *invertibĭle-*, «id.»)

invés *n.m.* lado oposto; avesso; *ao* ~ *(de)* ao contrário (de) (Do lat. *inverse*, «ao contrário»)

investida *n.f.* **1** ato ou efeito de investir; ataque; assalto **2** tentativa (Part. pass. fem. subst. de *investir*)

investidor *adj.* que investe ■ *n.m.* **1** aquele que investe **2** pessoa que realiza operações de compra e venda para colher lucros (De *investir*+-*dor*)

investidura *n.f.* **1** ato ou cerimónia de investir ou dar posse **2** provimento (De *investir*+-*dura*)

investigação *n.f.* **1** ato ou efeito de investigar; inquirição; indagação **2** estudo ou série de estudos aprofundados sobre determinado tema, numa área científica ou artística; pesquisa (Do lat. *investigatiōne-*, «id.»)

investigador *adj.* que investiga ■ *n.m.* **1** aquele que investiga **2** pessoa que faz investigação; pesquisador; indagador (Do lat. *investigatōre-*, «id.»)

investigante *adj.2g.* que investiga (Do lat. *investigante-*, «id.», part. pres. de *investigāre*, «investigar; indagar»)

investigar *v.tr.* **1** seguir os vestígios de **2** indagar; pesquisar **3** inquirir; esquadrinhar (Do lat. *investigāre*, «id.»)

investigável *adj.2g.* que se pode investigar (Do lat. *investigabĭle-*, «id.»)

investimento *n.m.* **1** ato ou efeito de investir **2** ataque violento; investida; agressão **3** ECONOMIA aquisição de meios de produção

investir 4 ECONOMIA toda a aplicação de um capital com o fim de fazer aumentar o seu valor 5 [fig.] aplicação de esforço, tempo, recursos com a finalidade de conseguir algo; ~ *estrangeiro* ECONOMIA investimento realizado dentro do país por estrangeiros ou por nacionais residentes no estrangeiro (De *investir*+*-mento*)

investir v.tr. 1 conferir (cargo, função, dignidade) a; empossar 2 acometer; assaltar 3 ECONOMIA aplicar capitais com o intuito de obter um valor suplementar 4 PSICANÁLISE fixar um interesse afetivo sobre um objeto, uma pessoa, uma conduta ■ v.tr.,intr. lançar-se com ímpeto (contra); arremeter (contra) ■ v.intr. ECONOMIA aumentar o equipamento ou ampliar instalações de forma a aumentar a capacidade de produção ■ v.pron. 1 entregar-se a um projeto ou relação; implicar-se 2 entrar na posse de (Do lat. *investīre*, «id.», pelo fr. *investir*, «investir»)

inveteração n.f. 1 ato ou efeito de inveterar ou inveterar-se; arreigamento 2 envelhecimento (Do lat. *inveteratiōne-*, «doença crónica ou inveterada»)

inveterado adj. 1 muito antigo 2 arreigado; enraizado; entranhado (Do lat. *inveterātu-*, «id.»)

inveterar v.tr. 1 arreigar no ânimo 2 introduzir nos hábitos 3 tornar velho ■ v.pron. 1 adquirir hábitos 2 tornar-se hábito 3 arreigar-se (Do lat. *inveterāre*, «inveterar-se»)

invetiva n.f. ato ou efeito de invetivar; expressão injuriosa e violenta; diatribe (Do lat. *invectīva-*, «que contém invetivas»)

invetivador adj.,n.m. que ou aquele que invetiva (De *invectivar*+*-dor*)

invetivar v.tr. 1 dirigir invetivas a; injuriar; atacar 2 censurar (De *invectiva*+*-ar*)

invetivo adj. que tem o carácter de invetiva; injurioso; agressivo (Do lat. *invectīvu-*, «que contém invetivas»)

inviabilidade n.f. 1 qualidade do que é inviável 2 intransitabilidade (Do lat. tard. *inviabĭle-*, «inviável»+*-i-*+*-dade*)

inviabilizar v.tr. 1 tornar inviável 2 impedir a ocorrência de; impossibilitar (Do lat. tard. *inviabĭle-*, «inviável»+*-izar*)

inviável adj.2g. 1 que não é viável 2 intransitável 3 inacessível (Do lat. tard. *inviabĭle-*, «id.»)

invicto adj. 1 não vencido 2 invencível (Do lat. *invictu-*, «id.»)

invídia n.f. inveja (Do lat. *invidĭa*, «id.»)

invído adj. [poét.] invejoso (Do lat. *invĭdu-*, «id.»)

ínvio adj. em que não há caminho; intransitável; inacessível (Do lat. *invĭu-*, «id.»)

inviolabilidade n.f. 1 qualidade de inviolável 2 DIREITO prerrogativa de quem não está sujeito a responder em tribunal (Do lat. *inviolabĭle-*, «inviolável»+*-i-*+*-dade*)

inviolado adj. 1 não violado 2 [fig.] intacto; puro; ileso (Do lat. *inviolātu-*, «id.»)

inviolável adj.2g. 1 que não se deve ou não se pode violar 2 privilegiado (Do lat. *inviolabĭle-*, «id.»)

inviperar-se v.pron. assanhar-se como uma víbora; exasperar-se (Por *enviperar-se*)

inviril adj. que não é viril; efeminado (De *in-*+*viril*)

invirilidade n.f. qualidade ou estado de inviril; falta de virilidade (De *inviril*+*-i-*+*-dade*)

invisibilidade n.f. qualidade do que é invisível (Do lat. *invisibilitāte-*, «id.»)

invisível adj.2g. 1 que não se pode ver 2 escondido 3 que não recebe ninguém ■ n.m. o que não se vê ■ n.f. rede tenuíssima usada pelas senhoras para amparar a parte frisada do penteado (Do lat. *invisibĭle-*, «id.»)

invisual adj. que não vê; cego ■ n.2g. cego; pessoa cega (De *in-*+*visual*)

invitação n.f. convite (Do lat. *invitatiōne-*, «id.»)

invitador n.m. servo que, entre os Romanos, fazia os convites para os banquetes (Do lat. *invitatōre-*, «id.»)

invitar v.tr. convidar (Do lat. *invitāre*, «id.»)

invitatório adj. que serve para convidar ■ n.m. 1 RELIGIÃO antífona que se diz no princípio das matinas 2 invocação (Do lat. *invitatorĭu-*, «que convida»)

invite n.m. 1 convite 2 ato de dobrar a parada ao jogo (Do fr. *invite*, «convite discreto»)

invito adj. 1 que procede contra a própria vontade; constrangido 2 violentado (Do lat. *invītu-*, «id.»)

invitrescível adj.2g. que não é vitrescível ou vitrificável (De *in-*+*vitrescível*)

in vitro loc.adv. QUÍMICA, BIOLOGIA, MEDICINA usa-se para designar qualquer fenómeno fisiológico que se opera fora do organismo, num tubo de ensaio, numa proveta, etc. (Do lat. *in vitro*, «no vidro»)

invocação n.f. 1 ato ou efeito de invocar 2 chamamento 3 pedido de socorro ou proteção 4 [poét.] parte de um poema em que o poeta pede proteção ou inspiração a alguém ou às divindades 5 alegação (Do lat. *invocatiōne-*, «id.»)

invocado adj. [Brasil] cismado; zangado

invocador adj.,n.m. que ou aquele que invoca (Do lat. tard. *invocatōre-*, «id.»)

invocar v.tr. 1 pedir o auxílio ou a proteção de; suplicar; implorar 2 recorrer ao testemunho de (Do lat. *invocāre*, «id.»)

invocativo adj. que invoca; que encerra invocação (Do lat. tard. *invocatīvu-*, «id.»)

invocatória n.f. 1 chamamento 2 pedido de socorro ou proteção 3 súplica (De *invocatório*)

invocatório adj. ⇒ **invocativo** (De *invocar*+*-tório*)

invocável adj.2g. que pode ser invocado (De *invocar*+*-vel*)

involução n.f. 1 desenvolvimento inverso da evolução 2 regressão consecutiva a uma evolução (por exemplo, a involução da velhice) 3 movimento de um órgão que se enrola para dentro 4 BIOLOGIA evolução das células de um organismo por processo regressivo ou degenerativo 5 MEDICINA comportamento de um órgão que regressa ao seu estado normal, como acontece, por exemplo, com o útero após o parto; *psicose de* ~ MEDICINA perturbação mental que pode surgir no período que vai da menopausa (involução sexual) à velhice (involução senil) (Do lat. *involutiōne-*, «circunvolução»)

involucelo n.m. 1 pequeno invólucro 2 BOTÂNICA invólucro de cada uma das inflorescências parciais componentes de uma inflorescência composta (De *involuc[ro]*+*-elo*)

involucral adj.2g. que diz respeito ao invólucro (De *invólucro*+*-al*)

involucriforme adj.2g. semelhante a invólucro (Do lat. *involūcru-*, «invólucro»+*forma-*, «forma»)

invólucro n.m. 1 coisa que envolve, cobre ou reveste; cobertura; revestimento; capa; embrulho; envoltório 2 BOTÂNICA conjunto de brácteas basilares de uma inflorescência 3 MILITAR parte dos cartuchos das armas ligeiras que contém a carga (Do lat. *involūcru-*, «id.»)

involuir v.intr. sofrer involução (Provavelmente de *evoluir*)

involuntariamente adv. 1 de modo involuntário; sem querer 2 contra a vontade (De *involuntário*+*-mente*)

involuntário adj. 1 não voluntário 2 inconsciente; irrefletido; instintivo (Do lat. *involuntarĭu-*, «id.»)

involuto adj. BOTÂNICA diz-se do tipo de vernação em que as margens da folha se enrolam para a página superior (Do lat. *involūtu-*, «enrolado; escuro»)

involutuoso /ô/ adj. que tem os bordos enrolados para dentro (Do lat. *involūtu-*, «enrolado»+*-oso*)

invulgar adj.2g. que não é vulgar; fora do comum; desusado (De *in*+*vulgar*)

invulgarmente adv. de modo invulgar; raramente; especialmente (De *invulgar*+*-mente*)

invulnerabilidade n.f. qualidade do que é invulnerável (Do lat. *invulnerabĭle-*, «invulnerável»+*-i-*+*-dade*)

invulnerado adj. que não está ferido; ileso; intacto (Do lat. *invulnerātu-*, «id.»)

invulnerável adj.2g. 1 que não é vulnerável; que não pode ser ferido; invencível 2 [fig.] inatacável (Do lat. *invulnerabĭle-*, «id.»)

inxidro n.m. [pop.] quinteiro; pequeno pomar (De orig. obsc.)

inzona /ô/ n.f. 1 mentira; intriga 2 brinquedo com que se enganam crianças (De orig. obsc.)

inzonar v.intr. dizer ou fazer inzonas; mexericar (De *inzona*+*-ar*)

inzoneiro adj. mentiroso; intriguista ■ n.m. aquele que faz inzonas para as crianças (De *inzonar*+*-eiro*)

inzonice n.f. 1 hábito de mexericar 2 palermice; patetice (De *inzonar*+*-ice*)

-io sufixo nominal, de origem latina, que exprime a ideia de *conjunto, lugar, ação, semelhança* (*rapazio; mulherio; pastio; plantio; sombrio*)

ió interj. [Guiné-Bissau] designativa de agrado e aprovação (Do crioulo guineense *iòo!*, «id.»)

iodação n.f. 1 ato ou efeito de iodar 2 aplicação de iodo ou de tintura de iodo (De *iodar*+*-ção*)

iodar v.tr. 1 cobrir ou misturar com iodo 2 embeber em iodo (De *iodo*+*-ar*)

iodargírio n.m. MINERALOGIA mineral (iodeto de prata); minério de prata e ouro (Do gr. *iódes*, «cor de violeta»+*argyrós*, «prata» +*-io*)

iodargirite n.f. MINERALOGIA ⇒ **iodargírio** (De *iodo*+*argirite*)

iodato n.m. 1 QUÍMICA anião correspondente ao ácido iódico 2 QUÍMICA designação dos sais e dos ésteres do ácido iódico 3 QUÍMICA

iode

nome genérico dos iões ou compostos em que o iodo faz parte do anião (De *iodo*+-*ato*)

iode *n.m.* 1 letra do alfabeto hebraico 2 fonema semivogal 3 BOTÂNICA planta dicotiledónea da família das Sapindáceas 4 QUÍMICA ⇒ **iodo** (Do gr. *iódes*, «cor de violeta»)

iodeto /ê/ *n.m.* 1 QUÍMICA anião monatómico correspondente ao iodo 2 QUÍMICA designação dos sais e dos ésteres do ácido iodídrico (De *iodo*+-*eto*)

iódico *adj.* QUÍMICA designativo do ácido de fórmula HIO_3 (De *iodo*+-*ico*)

iodídrico *adj.* QUÍMICA designativo antiquado do ácido composto exclusivamente por iodo e hidrogénio (De *iodo*+*hidr[ogénio]*+-*ico*)

iodífero *adj.* que contém iodo (De *iodo*+-*i*-+-*fero*)

iodina *n.f.* QUÍMICA ⇒ **iodo** (De *iodo*+-*ina*)

iodirite *n.f.* MINERALOGIA ⇒ **iodargírio**

iodismo *n.m.* MEDICINA intoxicação através de iodo (De *iodo*+-*ismo*)

iodite *n.f.* MINERALOGIA minério de prata e ouro; iodargírio (De *iodo*+-*ite*)

iodo /ô/ *n.m.* QUÍMICA elemento com o número atómico 53, de símbolo I, não metal halogéneo, que se apresenta em palhetas de cor violeta-escura, sublimáveis, de brilho metálico; *tintura de ~* FARMÁCIA solução alcoólica de iodo com uma concentração estabelecida pela farmacopeia (Do gr. *iódes*, «cor de violeta»)

iodofórmio *n.m.* QUÍMICA composto de iodo, amarelo e cristalino, usado como antisséptico; tri-iodometano (De *iodo*+*form[eno]*+-*io*)

iodol *n.m.* sucedâneo do iodofórmio (De *iodo*+-*ol*)

iodómetro *n.m.* aparelho para dosear e inalar o iodo na terapêutica de certas doenças (De *iodo*+gr. *métron*, «medida»)

iodoterapia *n.f.* emprego terapêutico do iodo e dos seus compostos (De *iodo*+*terapia*)

iodoterápico *adj.* relativo à iodoterapia (De *iodoterapia*+-*ico*)

iofobia *n.f.* medo excessivo dos venenos (Do gr. *iós*, «veneno» +*phobeīn*, «ter medo»)

ioga *n.m.* 1 disciplina tradicional hindu que visa a libertação e a união com o absoluto através de práticas espirituais e corporais 2 disciplina baseada em posturas corporais e no controlo dos ciclos respiratórios, que visa estabelecer o equilíbrio entre a mente e o corpo pelo desenvolvimento da consciência corporal (Do sânsc. *yoga*, «união»)

iogue *adj.2g.* relativo ou pertencente ao ioga ▪ *n.2g.* 1 asceta indiano que procura desprender-se dos laços terrenos através de determinados processos que considera purificantes 2 praticante ou adepto de ioga (Do sânscrito *yogin*, «idem»)

iogurte *n.m.* alimento preparado com leite coalhado submetido à ação de fermentos lácteos, por vezes adoçado, aromatizado ou com pedaços de frutas (Do turc. *yogurt*, «leite coalhado»)

iogurteira *n.f.* aparelho para fazer iogurtes (De *iogurte*+-*eira*)

ioió *n.m.* brinquedo constituído por dois discos, geralmente de plástico, unidos no centro por um pequeno cilindro em volta do qual se prende um cordão que o faz subir e descer (De orig. obsc.)

ioiô *n.m.* [Brasil] ⇒ **ioió**

iole *n.f.* NÁUTICA canoa estreita, de remos, leve e rápida, de uso nos desportos aquáticos (Do neerl. *jol*, «id.», pelo norueg. *jolle*, «id.», pelo fr. *yole*, «iole»)

iologia *n.f.* aplicação dos venenos em terapêutica (Do gr. *iós*, «veneno» +*lógos*, «tratado» +-*ia*)

iónico[1] *adj.,n.m.* ⇒ **jónico** (Do lat. *ionĭcu*-, «id.»)

iónico[2] *adj.* relativo a iões; *condução iónica* condução elétrica efetuada pelo movimento de iões positivos ou negativos; *dissociação iónica* divisão de uma molécula em dois ou mais iões positivos e negativos, dissociação eletrolítica; *ligação iónica* ligação que resulta da forte atração entre dois iões de sinais opostos; *mobilidade iónica* velocidade adquirida por um ião quando sobre ele atua um campo elétrico unitário; *sólido ~* sólido cristalino formado por iões positivos e negativos, como, por exemplo, o cloreto de sódio (Do gr. *ión*, *íontos*, «que vai», part. pres. de *iénai*, «ir», pelo ing. *ionic*, «iónico; relativo a ião»)

iónio *adj.* ⇒ **jónico** (Do lat. *ionĭu*-, «id.»)

ionização *n.f.* FÍSICA formação de iões; *~ específica* número total de pares de iões produzidos por centímetro pela passagem de uma partícula carregada através da matéria (De *ionizar*+-*ção*)

ionizante *adj.2g.* que ioniza; *partícula ~* partícula (normalmente carregada) que, na sua passagem através da matéria, pode ionizar átomos que se encontram próximo da sua trajetória (De *ionizar*+-*ante*)

ionizar *v.tr.* formar iões em (Do ing. *ion*, «ião» +-*izar*)

ionosfera *n.f.* região da atmosfera, a partir de 80 km de altitude, fortemente ionizada, e subdividida em termosfera (até 500 km) e exosfera, separadas por uma zona de descontinuidade (termopausa) (Do gr. *ión*, *íontos*, part. pres. de *iénai*, «ir» +*sphaîra*, «esfera»)

iontoforese *n.f.* BIOQUÍMICA, MEDICINA introdução de iões dentro dos tecidos através de corrente elétrica, com fins de diagnóstico ou terapêuticos (Do ing. *iontophoresis*, «id.»)

iorquino *adj.* relativo à cidade inglesa de Iorque ou à cidade norte-americana do mesmo nome ▪ *n.m.* natural ou habitante de Iorque (De *Iorque*, top. +-*ino*)

ioruba *adj.* pertencente ou relativo aos Iorubas ▪ *n.m.* 1 indivíduo pertencente aos Iorubas 2 língua falada pelos Iorubas

Iorubas *n.m.pl.* ETNOGRAFIA povo da África Equatorial, que vive no Benim, na Nigéria e no Togo, notável pela evolução da sua arte (Do vernáculo *Iorubas*, top. ind. da região)

iota *n.m.* nome da nona letra do alfabeto grego (ι, Ι), correspondente ao I (Do gr. *ióta*, «id.», pelo lat. *iota*-, «id.»)

iotacismo *n.m.* 1 emprego excessivo do som *i* 2 dificuldade na articulação do *i* ou do *g* doce (Do gr. *iotakismós*, «id.», pelo lat. *iotacismu*-, «id.»)

iotização *n.f.* intercalação de um *i* consonântico entre o *a* ou o *e* final de uma palavra e o *a* ou o *e* tónico, inicial da palavra seguinte: *a i água* por *a água*; *é i é*, por *é é* (De *iotizar*+-*ção*)

iotizar *v.intr.* empregar o *i* por iotização (De *iota*+-*izar*)

ipê *n.m.* 1 BOTÂNICA nome vulgar usado no Brasil, São Tomé, etc., para designar uma árvore da família das Oleáceas (ipê-amarelo, ipê-batata, ipê-roxo, ipê-tabaco, etc.), também conhecida por peúva 2 madeira desta árvore (Do tupi *y'pê*, «árvore cascuda»)

ipeca *n.f.* ⇒ **ipecacuanha**

ipecacuanha *n.f.* 1 BOTÂNICA, FARMÁCIA nome vulgar de algumas plantas da família das Rubiáceas, Violáceas e Asclepiadáceas, algumas delas com raízes de aplicação terapêutica, frequentes no Brasil (ipecacuanha-branca, ipecacuanha-do-campo, etc.) 2 madeira fornecida por algumas destas plantas (Do tupi *ipeka'kwana*, «pénis de pato»)

iperite *n.f.* QUÍMICA ⇒ **gás-mostarda** (Do fr. *ypérite*, «id.»)

ipo *n.m.* BOTÂNICA árvore do arquipélago da Malásia, de cuja resina se extrai um veneno

-ipo sufixo nominal, de origem latina, com sentido *diminutivo* e *depreciativo* (*folipo*, *cornipo*, *galhipo*)

iPod® *n.m.* pequeno aparelho de áudio digital portátil, que permite armazenar e reproduzir música ou outro tipo de arquivos digitais (Do ing. *iPod*®)

ipombo *n.m.* ZOOLOGIA pequeno réptil de Angola

ipseidade *n.f.* FILOSOFIA carácter daquele que é ele próprio, do existente humano considerado como existência singular concreta; o próprio homem como existência (Do lat. *ipse*-, «ele próprio» +-*i*-+-*dade*)

ípsilo *n.m.* ⇒ **ípsilon**

ípsilon *n.m.* 1 nome da vigésima letra do alfabeto grego (υ, Υ) 2 nome da vigésima quinta letra do alfabeto português (y, Y) (Do gr. *ypsilón*, «y simples; y sem aspiração»)

ipsis verbis *loc.adv.* em palavras textuais; por (estas) mesmas palavras; tal e qual (Do lat. *ipsis verbis*)

ir *v.intr.* 1 passar de um lugar a outro; deslocar-se; andar; circular 2 evoluir; progredir 3 funcionar 4 passar (bem ou mal) de saúde 5 convir 6 passar de um estado ao outro 7 estar a fazer-se; estar a ser resolvido 8 seguir; continuar 9 acontecer ▪ *v.tr.,intr.* 1 dirigir-se (a); caminhar (para) 2 decorrer; suceder ▪ *v.tr.* 1 estar presente em; comparecer a 2 ocupar um espaço com um limite determinado; conduzir a; atingir 3 haver de distância, de diferença; distar 4 ter como destino; ser destinado a 5 condizer com 6 deixar-se levar por ▪ *v.pron.* 1 sair de um lugar 2 morrer 3 (coisas) desaparecer; passar 4 poder ser retirado 5 evaporar-se; desvanecer-se 6 gorar-se ▪ *v.aux.* estar prestes a; *~ à luta* esforçar-se para conseguir o que se quer; *~ à parede* [ant.] melindrar-se, zangar-se; *~ à praça* ser posto em leilão; *~ ao ar* 1 subir (na atmosfera); 2 [fig.] perder-se, frustrar-se; *~ ao cabo do mundo* fazer longas caminhadas; *~ ao chão* 1 cair; 2 [fig.] arruinar-se; *~ ao encontro de* ir ter com quem vem; *~ ao pelo a* bater, agredir; *~ a Roma e não ver o papa* ir procurar uma coisa, chegar junto dela e não a ver; *~ às do cabo* ameaçar com termos injuriosos, bater; *~ à serra* encavacar; *~ às nuvens* irritar-se, desesperar-se; *~ a terra* cair, malograr-se; *~ desta para melhor* morrer; *~ longe* justificar as expectativas de sucesso; *~-se abaixo* desanimar, desmoralizar-se, deixar de funcionar; *~-se embora* partir, desaparecer; *vá!* exclamação usada para aconselhar cautela ou moderação (Do lat. *ire*, «ir»)

ira *n.f.* sentimento que nos estimula contra quem nos ofende ou injuria; cólera; raiva; fúria (Do lat. *ira*-, «id.»)

irã *n.m.* [Guiné-Bissau] designação genérica de deus, protetor e castigador; espírito que aparece normalmente sob a forma de serpente mas que assume outras formas (Do crioulo *iran*, «ídolo, espírito protetor», do timené *an-iran*, «jiboia muito grande»)

irã-cego *n.m.* [Guiné-Bissau] jiboia (Do crioulo guineense *iran segu*, «id.», de *irã+segu*, «cego», por os olhos só poderem ser observados se fechados)

iracúndia *n.f.* qualidade de iracundo; disposição para encolerizar-se; irascibilidade (Do lat. *iracundĭa-*, «irascibilidade»)

iracundo *adj.* propenso à ira; irascível (Do lat. *iracundu-*, «id.»)

iraíba *n.f.* BOTÂNICA espécie de palmeira do Brasil (Do tupi *irá'yiba*, «id.»)

iraniano *adj.* 1 do Irão 2 relativo ao Irão 3 pérsico ■ *n.m.* natural ou habitante do Irão (Do pers. *Irán*, «Irão» +*-iano*, ou do fr. *iranien*, «iraniano»)

irânico *adj.* iraniano ■ *n.m.* uma das divisões do ramo linguístico indo-irânico (Do pers. *Irán*, «Irão» +*-ico*)

iraquiano *adj.* respeitante ao Iraque ou ao povo deste país ■ *n.m.* natural ou habitante do Iraque (De *Iraque*, top. +*-iano*)

irar *v.tr.* causar ira a; indignar ■ *v.pron.* encolerizar-se (De *ira+-ar*)

irara *n.f.* ZOOLOGIA mamífero da América do Sul, carnívoro voraz, pertencente à família dos Mustelídeos, portador de glândulas que segregam uma substância com forte cheiro a almíscar, e também denominado papa-mel, jaguapé, etc. (Do tupi *i'ra*, «mel» +*rá*, «tomar»)

irascibilidade *n.f.* qualidade de irascível; irritabilidade (Do lat. *irascibĭle-*, «irascível» +*-i-+-dade*)

irascível *adj.2g.* sujeito a irar-se; que se irrita facilmente (Do lat. *irascibĭle-*, «id.»)

iriação *n.f.* ato ou efeito de iriar ou iriar-se (De *iriar+-ção*)

iriado *adj.* que tem as cores da íris (Part. pass. de *iriar*)

iriante *adj.2g.* que iria; cintilante (De *iriar+-ante*)

iriar *v.tr.* 1 dar as cores da íris a; irisar; matizar 2 abrilhantar (De *íris+-ar*)

Iridáceas *n.f.pl.* BOTÂNICA família de plantas monocotiledóneas, rizomatosas ou bolbosas, bem representada em Portugal por espécies espontâneas e de cultura, também denominada Ixiáceas (Do lat. *irĭde-*, «arco-íris» +*-áceas*)

iridectomia *n.f.* CIRURGIA excisão de parte da íris (Do gr. *îris, -idos*, «íris»+*ektomé*, «excisão; corte; amputação»+*-ia*)

iridescência *n.f.* qualidade do que é iridescente (De *iridescente+-ência*)

iridescente *adj.2g.* que reflete as cores do arco-íris (Do lat. *irĭde-*, «arco-íris», pelo fr. *iridescent*, «iridescente»)

irídico *adj.* relativo ao irídio (De *irídio+-ico*)

iridífero *adj.* que contém irídio (De *irídio+-fero*)

irídio *n.m.* QUÍMICA elemento com o número atómico 77, de símbolo Ir, metálico, muito duro e muito denso, inatacável pelos ácidos (Do lat. *irĭde-*, «arco-íris» +*-io*)

iridologia *n.f.* MEDICINA método de diagnóstico utilizado em medicinas alternativas que se baseia no exame da íris (Do gr. *îris, -idos*, «íris»+*-logia*)

iridotomia *n.f.* CIRURGIA incisão cirúrgica na íris (Do gr. *îris, idos*, «íris» +*-tomia*)

íris *n.m./f.2n.* 1 ANATOMIA membrana pigmentada do globo ocular onde se encontra a abertura denominada pupila ou menina do olho 2 METEOROLOGIA ⇒ **arco-íris** 3 ZOOLOGIA borboleta diurna que vive, de preferência, nos sítios onde há choupos ou salgueiros, e cujo macho mostra, nas asas, irisações com reflexos violáceos 4 pó aromático obtido de algumas plantas iridáceas 5 conjunto de faixas diversamente coloridas que contornam as imagens fornecidas pelos sistemas ou pelas lentes, quando mal corrigidas (cromatismo) 6 variedade de quartzo irisado que tem sido considerada pedra preciosa 7 [fig.] paz; bonança (Do gr. *îris, -idos*, «íris», pelo lat. *iris, -īdis*, «arco-íris»)

irisação *n.f.* 1 ato ou efeito de irisar ou irisar-se 2 produção das cores do arco-íris à superfície de certos corpos (De *irisar+-ção*)

irisar *v.tr.* dar as cores do arco-íris a; iriar; matizar ■ *v.pron.* tomar as cores do arco-íris (De *íris+-ar*)

irish coffee *n.m.* bebida quente composta de café, whisky, açúcar e natas (Do ing. *Irish coffee*, «id.»)

irite *n.f.* inflamação da membrana íris (De *íris+-ite*)

iriz *n.m.* [Brasil] doença do cafezeiro (De orig. obsc.)

irizar *v.intr.* [Brasil] ser atacado pelo iriz (o cafezeiro) (De *iriz+-ar*)

irlanda *n.f.* tecido fino de algodão ou lã (De *Irlanda*, top.)

irlandês *adj.* relativo à Irlanda ■ *n.m.* 1 natural ou habitante da Irlanda 2 língua da Irlanda (De *Irlanda*, top. +*-ês*)

irmã *n.f.* 1 aquela que, em relação a outrem, é filha do mesmo pai e da mesma mãe, ou só do mesmo pai, ou só da mesma mãe 2 mulher que faz parte de uma irmandade ou confraria 3 mulher que faz parte de uma ordem religiosa, freira; **~ de caridade** religiosa dedicada a serviços hospitalares ou a obras de beneficência (Do lat. *germăna-*, «id.»)

irmãmente *adv.* como entre irmãos; fraternalmente; com igualdade (De *irmã+-mente*)

irmanar *v.tr.* 1 tornar irmão ou semelhante 2 igualar 3 unir; emparelhar (De *irmão+-ar*)

irmandade *n.f.* 1 parentesco de irmãos; fraternidade 2 relação de união como aquela que existe entre irmãos; confraternidade 3 associação com fins religiosos; confraria 4 confederação; liga 5 conformidade; afinidade (De *germanitäte-*, «id.»)

irmão *n.m.* (*feminino* **irmã**) 1 aquele que, em relação a outrem, é filho do mesmo pai e da mesma mãe, ou só do mesmo pai, ou só da mesma mãe 2 membro de confraria, da maçonaria, etc. 3 membro de ordem religiosa; frade 4 amigo íntimo ■ *adj.* igual; *irmãos consanguíneos* irmãos que são filhos do mesmo pai e de mães diferentes; *irmãos de leite* indivíduos que são ou foram amamentados pela mesma mulher (que é ama de um e mãe de outro); *irmãos germanos* irmãos que são filhos do mesmo pai e da mesma mãe; *irmãos uterinos* irmãos que são filhos da mesma mãe e de pais diferentes (Do lat. *germănu-*, «id.»)

iró *n.f.* ICTIOLOGIA ⇒ **enguia**

ironia *n.f.* 1 forma de humor que consiste em dizer o contrário daquilo que se pretende dar a entender 2 uso de palavra ou expressão em sentido oposto àquele que se deveria usar para definir algo 3 recurso estilístico que veicula um significado diferente ou contrário daquele que deriva da interpretação literal do enunciado (ex.: *bonito serviço!*) 4 sarcasmo; zombaria (Do gr. *eironeía*, «interrogação», pelo lat. *ironĭa-*, «ironia»)

ironicamente *adv.* de modo irónico (De *irónico+-mente*)

irónico *adj.* que encerra ironia; zombeteiro (Do gr. *eironikós*, «id.», pelo lat. *ironĭcu-*, «id.»)

ironista *n.2g.* pessoa que emprega ironias, falando ou escrevendo (De *ironia+-ista*)

ironizar *v.tr.* 1 tornar irónico 2 exprimir com ironia ■ *v.intr.* empregar ironia (De *ironia+-izar*)

iroquês *adj.* relativo aos Iroqueses ■ *n.m.* 1 indivíduo dos Iroqueses 2 uma das línguas dos indígenas da América do Norte (Do fr. *iroquois*, «id.»)

Iroqueses *n.m.pl.* ETNOGRAFIA tribo americana do Sul do Canadá (Do fr. *iroquois*, «id.»)

irós *n.f.2n.* ICTIOLOGIA ⇒ **enguia**

iroso /ô/ *adj.* cheio de ira; furioso (De *ira+-oso*)

irra *interj.* exprime impaciência, irritação, raiva ou repulsa; arre!; apre! (De orig. onom.)

irracional *adj.2g.* 1 não racional 2 que não possui raciocínio 3 FILOSOFIA o que não pode ser alcançado pela razão e é pressuposto como dado 4 MATEMÁTICA diz-se do número real que não é inteiro nem exprimível como quociente de inteiros 5 real, mas não racional ■ *n.m.* 1 animal que não raciocina 2 bruto (Do lat. *irrationăle-*, «id.»)

irracionalidade *n.f.* 1 qualidade do que é irracional 2 falta de raciocínio (De *irracional+-i-+-dade*)

irracionalismo *n.m.* teoria ou atitude intelectual que não admite o valor da razão ou a racionalidade do real (De *irracional+-ismo*)

irracionalmente *adv.* 1 de modo irracional 2 estupidamente (De *irracional+-mente*)

irracionável *adj.2g.* 1 que não tem fundamento 2 irracional (Do lat. *irrationabĭle-*, «irracionável»)

irradiação *n.f.* 1 ato ou efeito de irradiar 2 difusão; propagação 3 contágio 4 cintilação 5 afastamento 6 FÍSICA processo que consiste em submeter um organismo ou um objeto à ação de radiação ionizante de qualquer espécie, ou de neutrões (De *irradiar+-ção*)

irradiador *adj.* que irradia ■ *n.m.* aparelho para irradiar calor; calorífero (De *irradiar+-dor*)

irradiante *adj.2g.* que irradia (Do lat. tard. *irradiante-*, «id.», part. pres. de *irradiäre*, «irradiar; iluminar»)

irradiar *v.tr.* 1 lançar de si 2 difundir; espalhar; propagar 3 afastar ■ *v.intr.* 1 produzir radiação 2 espalhar-se 3 desenvolver-se (Do lat. tard. *irradiäre*, «id.»)

irradioso /ô/ *adj.* não radioso; que não irradia (Do lat. *in-*, «não» +*radiōsu-*, «radioso»)

irreal *adj.2g.* não real; fantástico (De *in-+real*)

irrealidade *n.f.* 1 falta de realidade 2 ficção (De *irreal+-i-+-dade*)

irrealista *adj.2g.* 1 que não é realista; a que ou a quem falta o sentido da realidade; utópico 2 teórico ∎ *n.2g.* pessoa a quem falta o sentido da realidade (De *in-+realista*)
irrealizável *adj.2g.* que não é realizável (De *in-+realizável*)
irreclamável *adj.2g.* que não pode ou não deve ser reclamado (De *in-+reclamável*)
irreconciliado *adj.* que não se reconciliou (De *in-+reconciliado*)
irreconciliável *adj.2g.* que não se pode reconciliar (Do lat. *irreconciliabĭle-*, «id.»)
irreconhecível *adj.2g.* 1 que não se pode reconhecer 2 muito modificado (De *in-+reconhecível*)
irrecorribilidade *n.f.* qualidade do que é irrecorrível; impossibilidade de uma decisão ser objeto de recurso (De *irrecorrível+-i-+-dade*)
irrecorrível *adj.2g.* de que não se pode recorrer (De *in-+recorrível*)
irrecuperável *adj.2g.* que não pode ser recuperado; perdido para sempre (Do lat. *irrecuperabĭle-*, «id.»)
irrecusável *adj.2g.* 1 que não se pode recusar 2 incontestável (Do lat. *irrecusabĭle-*, «id.»)
irredargüível *adj.2g.* que não é redargüível (De *in-+redargüível*)
irredentismo *n.m.* doutrina política dos que advogam que devem pertencer à Itália todas as regiões que se lhe ligam pela língua e pelos costumes, embora dela politicamente separadas (Do it. *irredentismo*, «id.»)
irredentista *adj.2g.* referente ao irredentismo ∎ *n.2g.* sequaz do irredentismo (Do it. *irredentista*, «id.»)
irredento *adj.* diz-se do território que não foi resgatado (Do it. *irredento*, «id.»)
irredimível *adj.2g.* 1 que não é redimível 2 que não se pode resgatar (De *in-+redimível*)
irredutibilidade *n.f.* qualidade do que é irredutível (De *in-+redutibilidade*)
irredutível *adj.2g.* 1 que não se pode reduzir ou decompor mais 2 que não pode voltar ao seu estado primitivo 3 MATEMÁTICA diz-se da fração numérica cujos termos são primos entre si, e que, portanto, não é simplificável (De *in-+redutível*)
irreduzível *adj.2g.* 1 irredutível 2 indomável (De *in-+reduzível*)
irreflectidamente ver nova grafia **irrefletidamente**
irreflectido ver nova grafia **irrefletido**
irrefletidamente *adv.* de modo irrefletido; estouvadamente (De *irreflectido+-mente*)
irrefletido *adj.* que não reflete; inconsiderado; impensado; estouvado (De *in-+reflectido*)
irreflexão /cs/ *n.f.* 1 falta de reflexão; precipitação 2 ato irrefletido; imprudência (De *in-+reflexão*)
irreflexivo /cs/ *adj.* 1 que não faz reflexo 2 feito sem reflexão; impensado; irrefletido (De *in-+reflexivo*)
irreflexo /cs/ *adj.* 1 que não faz reflexo 2 que não pondera; irrefletido; irreflexivo (Do lat. *irreflexu-*, «id.»)
irreformável *adj.2g.* que não pode ser reformado (Do lat. *irreformabĭle-*, «id.»)
irrefragável *adj.2g.* que não pode ser contestado ou negado; irrecusável; indiscutível (Do lat. *irrefragabĭle-*, «id.»)
irrefrangível *adj.2g.* que não se refrata (De *in-+refrangível*)
irrefreável *adj.2g.* que não se pode refrear, reprimir ou domar (Do lat. tard. *irrefrenabĭle-*, «id.»)
irrefutabilidade *n.f.* qualidade do que é irrefutável (Do lat. tard. *irrefutabĭle-*, «irrefutável» +-i-+-dade)
irrefutável *adj.2g.* que não pode refutar; incontestável; evidente (Do lat. tard. *irrefutabĭle-*, «id.»)
irregenerável *adj.2g.* que não se pode regenerar; incorrigível (De *in-+regenerável*)
irregressível *adj.2g.* 1 que não pode regressar 2 donde não há regresso 3 irremediável (Do lat. *irregressibĭle-*, «id.»)
irregular *adj.2g.* 1 que não é regular na sua forma, tamanho, disposição ou ritmo; assimétrico; desordenado; desigual 2 que varia em número; vário 3 (pessoa) que tem comportamento ou resultados variáveis; desigual 4 contrário às regras estabelecidas; ilegal 5 censurável 6 GRAMÁTICA diz-se do verbo cuja conjugação não segue o paradigma a que pertence a nível da flexão ou do radical 7 ZOOLOGIA relativo ou pertencente aos irregulares ∎ *n.m.* ZOOLOGIA espécime dos irregulares ∎ *n.m.pl.* ZOOLOGIA grupo sistemático de ouriços (equinoides) de simetria bilateral, com o ânus não oposto à boca (De *in-+regular*)
irregularidade *n.f.* 1 qualidade do que é irregular 2 falta de regularidade 3 procedimento irregular; erro; falta (De *irregular+-i-+-dade*)

irregularmente *adv.* 1 de modo irregular 2 diferentemente 3 erradamente (De *irregular+-mente*)
irrelevância *n.f.* qualidade do que não é relevante; insignificância
irrelevante *adj.2g.* 1 que não tem relevo; que não tem importância ou significado; insignificante 2 que não traz vantagem (De *in-+relevante*)
irreligião *n.f.* falta de religião; incredulidade; impiedade (Do lat. *irreligiōne-*, «id.»)
irreligiosidade *n.f.* qualidade de irreligioso; irreligião (Do lat. *irreligiosităte-*, «id.»)
irreligioso /ô/ *adj.* 1 contrário à religião 2 que não tem crenças religiosas; cético; ateu (Do lat. *irreligiōsu-*, «id.»)
irremeável *adj.2g.* donde não se pode voltar; irregressível (Do lat. *irremeabĭle-*, «id.»)
irremediável *adj.2g.* 1 que não pode ser remediado 2 [fig.] inevitável; fatal (Do lat. *irremediabĭle-*, «id.»)
irremediavelmente *adv.* de modo irremediável; fatalmente (De *irremediável+-mente*)
irremissibilidade *n.f.* qualidade do que é irremissível (De *irremissibĭle-*, «irremissível» +-i-+-dade)
irremissível *adj.2g.* 1 que não é remissível; imperdoável 2 infalível 3 irremediável (Do lat. ecl. *irremissibĭle-*, «id.»)
irremitente *adj.2g.* 1 que não é remitente 2 que não afrouxa ou diminui (De *in-+remitente*)
irremível *adj.2g.* que não é remível (De *in-+remível*)
irremovível *adj.2g.* 1 que não é removível 2 irremediável; inevitável (De *in-+removível*)
irremunerado *adj.* não remunerado; que não teve recompensa (Do lat. *irremunerātu-*, «id.»)
irremunerável *adj.2g.* que não se pode remunerar; impagável (Do lat. *irremunerabĭle-*, «id.»)
irrenunciável *adj.2g.* a que não se pode renunciar (De *in-+renunciável*)
irreparabilidade *n.f.* qualidade do que não se pode reparar; estado do que é irrecuperável (Do lat. *irreparabile*, «irreparável» +-i-+-dade)
irreparável *adj.2g.* 1 que não se pode reparar 2 irremediável; irrecuperável ∎ *n.m.* aquilo que não se pode reparar (Do lat. *irreparabĭle-*, «id.»)
irrepartível *adj.2g.* que não se pode repartir; indivisível (De *in-+repartível*)
irrepleto *adj.* que não está cheio ou saciado (Do lat. *irreplētu-*, «id.»)
irreplicável *adj.2g.* que não admite réplica; irrespondível (De *in-+replicável*)
irrepreensibilidade *n.f.* qualidade de irrepreensível (Do lat. *irreprehensibĭle-*, «irrepreensível» +-i-+-dade)
irrepreensível *adj.2g.* em que não há que repreender; perfeito; correto (Do lat. *irreprehensibĭle-*, «id.»)
irrepreensivelmente *adv.* de modo irrepreensível; perfeitamente (De *irrepreensível+-mente*)
irrepresentável *adj.2g.* 1 que não se pode representar 2 que não pode ter representante (De *in-+representável*)
irrepressível *adj.2g.* ⇒ **irreprimível** (De *in-+repressível*)
irreprimível *adj.2g.* que não se pode reprimir ou conter (De *in-+reprimível*)
irrequietismo *n.m.* qualidade ou estado de irrequieto (De *irrequieto+-ismo*)
irrequieto *adj.* 1 que nunca está quieto; desassossegado; impaciente 2 turbulento; revolto (Do lat. *irrequiētu-*, «id.»)
irresgatável *adj.2g.* que não se pode resgatar (De *in-+resgatável*)
irresignável *adj.2g.* 1 que não se pode resignar ou conformar 2 a que não se pode renunciar (De *in-+resignável*)
irresistência *n.f.* 1 falta de resistência 2 qualidade de irresistente (De *in-+resistência*)
irresistente *adj.2g.* que não pode resistir (De *in-+resistente*)
irresistibilidade *n.f.* qualidade de que é irresistível (Do lat. tard. *irresistibĭle-*, «irresistível» +-i-+-dade)
irresistível *adj.2g.* 1 a que não se pode resistir 2 insuperável 3 inevitável; necessário (Do lat. tard. *irresistibĭle-*, «id.»)
irresolução *n.f.* falta de resolução; indecisão; hesitação (De *in-+resolução*)
irresoluto *adj.* carecido de resolução; hesitante; indeciso (Do lat. *irresolūtu-*, «não afrouxado»)
irresolúvel *adj.2g.* que não tem resolução possível; insolúvel (Do lat. *irresolubĭle-*, «id.»)
irresolvível *adj.2g.* ⇒ **irresolúvel** (De *in-+resolvível*)

irrespeitável *adj.2g.* que não é digno de respeito (De *in-+respeitável*)
irrespeito *n.m.* falta de respeito (De *in-+respeito*)
irrespeitoso /ô/ *adj.* irreverente (De *in-+respeitoso*)
irrespirabilidade *n.f.* 1 qualidade de irrespirável 2 dificuldade de respiração (Do lat. *irrespirabĭle-*, «irrespirável» +*-i-+-dade*)
irrespirável *adj.2g.* 1 que não se pode respirar 2 [fig.] insuportável (Do lat. *irrespirabĭle-*, «id.»)
irrespondível *adj.2g.* a que não se pode responder; irreplicável; irrefutável (De *in-+respondível*)
irresponsabilidade *n.f.* qualidade de irresponsável (De *in-+responsabilidade*)
irresponsável *adj.2g.* que não é responsável (De *in-+responsável*)
irresponsavelmente *adv.* 1 sem assumir a responsabilidade 2 de modo irresponsável (De *irresponsável+-mente*)
irrestaurável *adj.2g.* que não se pode restaurar (De *in-+restaurável*)
irrestringível *adj.2g.* que não se pode restringir (De *in-+restringível*)
irrestrito *adj.* 1 que não é restrito; ilimitado 2 amplo (De *in-+restrito*)
irretorquível *adj.2g.* irrespondível (De *in-+retorquível*)
irretractável ver nova grafia **irretratável**[1]
irretratável[1] *adj.2g.* 1 que não se pode desdizer ou retirar 2 que não pode ser anulado ou modificado por uma ação posterior; irrevogável (Do lat. *irretractabĭle-*, «irrevogável»)
irretratável[2] *adj.2g.* que não é suscetível de ser reproduzido em retrato, fotografia; que não se pode retratar (De *in-+retratável*)
irretroactividade ver nova grafia **irretroatividade**
irretroatividade *n.f.* qualidade do que é retroativo, ou seja, do que não tem efeitos sobre factos passados (De *in-+retroatividade*)
irreverência *n.f.* 1 falta de reverência; desrespeito 2 ato irreverente 3 contestação em relação a regras ou situações estabelecidas (Do lat. *irreverentĭa-*, «id.»)
irreverenciar *v.tr.* 1 tratar com irreverência 2 desrespeitar (De *in-+reverenciar*)
irreverenciosamente *adv.* 1 com irreverência; irreverentemente 2 desrespeitosamente (De *irreverencioso+-mente*)
irreverencioso /ô/ *adj.* 1 carecido de reverência 2 incivil; desatencioso (De *in-+reverencioso*)
irreverente *adj.2g.* 1 não reverente; desrespeitoso 2 que não mostra respeito por regras ou situações estabelecidas (Do lat. *irreverente-*, «id.»)
irreverentemente *adv.* de modo irreverente; irreverenciosamente (De *irreverente+-mente*)
irreversibilidade *n.f.* qualidade de irreversível (De *in-+reversibilidade*)
irreversível *adj.2g.* 1 que não se pode reverter 2 que não se pode fazer no sentido inverso 3 FÍSICA, QUÍMICA diz-se de um fenómeno físico ou químico em que a evolução num dado sentido é incompatível com a evolução inversa (com passagem pelos mesmos estados intermédios) (De *in-+reversível*)
irreversivelmente *adv.* 1 de maneira irreversível 2 sem possibilidade de regresso (De *irreversível+-mente*)
irrevocabilidade *n.f.* ⇒ **irrevogabilidade** (Do lat. *irrevocabĭle-*, «irrevogável» +*-i-+-dade*)
irrevocável *adj.2g.* ⇒ **irrevogável**
irrevogabilidade *n.f.* qualidade do que é irrevogável (Do lat. *irrevocabĭle-*, «irrevogável» +*-i-+-dade*)
irrevogável *adj.2g.* 1 que não é revogável 2 que não se pode anular; definitivo (Do lat. *irrevocabĭle-*, «id.»)
irrevogavelmente *adv.* de modo irrevogável; definitivamente (De *irrevogável+-mente*)
irridente *adj.2g.* trocista; escarninho (Do lat. *irridente-*, «id.», part. pres. de *irridēre*, «troçar de»)
irrigação *n.f.* 1 rega artificial de terras 2 ANATOMIA circulação natural de líquidos (sangue, linfa, etc.) no organismo 3 MEDICINA lavagem terapêutica de uma cavidade ou ferida com água ou com um líquido medicamentoso; ~ *gota a gota* sistema de rega em que a água é fornecida de forma lenta, direta e em quantidade suficiente junto às raízes das plantas, através de canos ou mangueiras com dispositivos próprios, o que permite a poupança de água (Do lat. *irrigatiōne-*, «id.»)
irrigador *adj.* que irriga ■ *n.m.* 1 aquilo que irriga 2 regador 3 instrumento próprio para irrigações (Do lat. *irrigatōre-*, «id.»)
irrigar *v.tr.* 1 levar água a (terreno) através de canais, regos; regar 2 MEDICINA levar ou ir (sangue, linfa) para uma dada área do corpo 3 MEDICINA proceder a lavagem terapêutica de uma cavidade ou ferida com água ou com um líquido medicamentoso (Do lat. *irrigāre*, «id.»)
irrigatório *adj.* 1 relativo a irrigação 2 próprio para irrigação (De *irrigar+-tório*)
irrigável *adj.2g.* que se pode irrigar (De *irrigar+-vel*)
irríguo *adj.* que é banhado por águas ou atravessado por correntes (Do lat. *irrigŭu-*, «regado»)
irrisão *n.f.* ato de zombar; escárnio; mofa (Do lat. *irrisiōne-*, «zombaria; troça; escárnio»)
irrisor *adj., n.m.* que ou aquele que zomba; escarnecedor (Do lat. *irrisōre-*, «escarnecedor»)
irrisório *adj.* 1 que provoca irrisão; ridículo 2 insignificante (Do lat. *irrisorĭu-*, «id.»)
irritabilidade *n.f.* 1 qualidade de irritável 2 propensão para se irritar 3 excitabilidade 4 propriedade fisiológica da matéria viva que se manifesta pela reação às ações do meio externo (Do lat. *irritabilitāte-*, «id.»)
irritação *n.f.* 1 ato ou efeito de irritar ou de se irritar 2 aumento anómalo da sensibilidade ou atividade de um órgão 3 excitação 4 exasperação; exacerbação (Do lat. *irritatiōne-*, «id.»)
irritadiço *adj.* que se irrita facilmente; irritável (De *irritar+-diço*)
irritador *adj., n.m.* que, aquele ou aquilo que irrita (Do lat. *irritatōre-*, «excitador»)
irritamente *adv.* de modo írrito; sem validade (De *írrito+-mente*)
irritante *adj.2g.* 1 que irrita 2 próprio para irritar 3 enervante; incomodativo (Do lat. *irritante-*, «id.», part. pres. de *irritāre*, «provocar; excitar»)
irritantemente *adv.* de modo irritante; de modo exasperante (De *irritante+-mente*)
irritar[1] *v.tr.* 1 causar irritação a 2 excitar 3 exasperar; agastar 4 provocar; estimular 5 agravar ■ *v.pron.* enfurecer-se; encolerizar-se; zangar-se (Do latim *irritāre*, «idem»)
irritar[2] *v.tr.* [pouco usado] tornar nulo; tirar o valor a (documento, etc.) (De *írrito+-ar*)
irritativo *adj.* ⇒ **irritante** (De *irritar+-tivo*)
irritável[1] *adj.2g.* que se irrita facilmente; irritadiço; irascível (Do latim *irritabĭle-*, «idem»)
irritável[2] *adj.2g.* [pouco usado] que pode ser anulado (De *irritar* [=tornar nulo]*+-vel*)
írrito *adj.* sem efeito; sem validade; nulo (Do lat. *irrĭtu-*, «sem valor»)
irrogação *n.f.* ato ou efeito de irrogar; imposição (Do lat. *irrogatiōne-*, «id.»)
irrogar *v.tr.* 1 impor a alguém; infligir 2 fazer recair sobre; atribuir 3 rogar (Do lat. *irrogāre*, «id.»)
irromper *v.intr.* 1 entrar impetuosamente; invadir 2 surgir de repente 3 nascer; brotar (Do lat. *irrumpĕre*, «id.»)
irroração *n.f.* 1 ato ou efeito de irrorar 2 orvalhada 3 borrifo (Do lat. *irroratiōne-*, «rega»)
irrorar *v.tr.* 1 aspergir (como com orvalho); borrifar 2 humedecer 3 regar (Do lat. *irrorāre*, «cobrir de orvalho»)
irrupção *n.f.* 1 ato ou efeito de irromper 2 invasão súbita e impetuosa; ataque (Do lat. *irruptiōne-*, «id.»)
irruptivo *adj.* que produz irrupção (Do lat. *irruptu-*, part. pass. de *irrumpĕre*, «irromper; invadir» +*-ivo*)
-isa sufixo nominal, de origem latina, que ocorre em substantivos femininos (*poetisa, papisa*)
isabel *adj.2g.* de cor amarelo-esbranquiçada ■ *n.m.* cavalo com pelo desta cor ■ *n.f.* variedade de videira americana cultivada em Portugal, também denominada *isabela* (Do fr. *isabelle*, «de cor amarelo-clara»)
isabela *n.f.* (videira) ⇒ **isabel** *n.f.*
isabelino *adj.* relativo ao reinado de Isabel I de Inglaterra (1558--1603) (De *Isabel*, antr.+*-ino*)
isadelfia *n.f.* qualidade de isadelfo (De *isadelfo+-ia*)
isadelfo *adj.* 1 TERATOLOGIA designativo do ser duplo, que tem dois corpos iguais, perfeitamente desenvolvidos e ligados entre si 2 BOTÂNICA que tem os estames reunidos em dois fascículos iguais (Do gr. *ísos*, «igual» +*adelphós*, «irmão»)
isagoge *n.f.* 1 ciência de introdução; proémio 2 nome que certos teólogos dão ao estudo da Bíblia 3 noções rudimentares (Do gr. *eisagogé*, «introdução»)
isagógico *adj.* relativo à isagoge (Do gr. *eisagogikós*, «id.»)
isalóbaro *adj.* GEOGRAFIA diz-se da linha que, num mapa geográfico, une os pontos onde a variação da pressão atmosférica é a mesma, em determinado período (Do gr. *ísos*, «igual» +*állos*, «outro» +*báros*, «peso; pressão»)

isalotérmico *adj.* GEOGRAFIA diz-se da linha que, num mapa geográfico, une os pontos de igual variação de temperatura, num dia (Do gr. *ísos*, «igual» +*állos*, «outro» +*thérme*, «calor» +*-ico*)

isanómalo *adj.* GEOGRAFIA designativo da linha que, num mapa geográfico, une pontos de igual anomalia térmica em comparação com a temperatura média (Do gr. *ísos*, «igual» +*anomalós*, «irregular»)

isatina *n.f.* QUÍMICA composto heterocíclico obtido por oxidação do anil com aplicação na indústria dos corantes e em farmácia (Do lat. cient. *Isat(is)*+*-ina*)

isáxone /cs/ *adj.2g.* de eixos iguais (Do gr. *ísos*, «iguais» +*áxon*, *-onos*, «eixo»)

isba *n.f.* habitação de madeira das regiões florestais da Rússia, generalizada entre os povos do Norte da Europa e da Ásia (Do russo *izba*, «id.»)

isca *n.f.* **1** substância que se põe no anzol para engodo dos peixes **2** matéria combustível que se inflama com as faíscas do fuzil **3** CULINÁRIA fritura feita com tiras de bacalhau envolvidas em polme **4** CULINÁRIA fatia fina de fígado, temperada e frita, servida com molho de cebola **5** pequeno bocado **6** [fig.] atrativo; chamariz (Do lat. *esca-*, «id.»)

iscar *v.tr.* **1** pôr a isca em; engodar **2** untar **3** contaminar **4** escarmentar (Do lat. *escáre*, «id.»)

-iscar sufixo verbal, de origem germânica, com sentido diminutivo (*mordiscar, neviscar*)

iscariote *n.m.* **1** homem velhaco **2** traidor (De *Iscariotes*, antr., apelido do apóstolo Judas)

iscariotista *n.2g.* membro de uma seita extinta que venerava Judas Iscariotes, Caim e outras personagens bíblicas (De *Iscariotes*, antr., apelido do apóstolo Judas +*-ista*)

isco *n.m.* **1** fermento de que, quando está na sua máxima força, se tiram outros fermentos para a panificação **2** substância que se põe no anzol para engodo dos peixes **3** [fig.] chamariz (De *isca*)

-isco sufixo nominal, de origem germânica, que designa origem e tem sentido diminutivo (*mourisco, chuvisco, pedrisco*)

iscúria *n.f.* MEDICINA retenção anormal da urina, no organismo, ou a sua supressão (Do gr. *iskhouría*, «retenção da urina», pelo lat. *ischuría-*, «id.»)

isenção *n.f.* **1** ato de eximir ou isentar **2** estado de isento **3** dispensa de pagamento de uma taxa ou propina **4** libertação; independência de carácter **5** imparcialidade; neutralidade **6** autonomia parcial ou total de algumas ordens ou instituições religiosas em relação à autoridade do Ordinário do lugar (Do lat. *exemptiōne-*, «id.»)

isentálpico *adj.* FÍSICA diz-se de uma transformação termodinâmica que é efetuada com entalpia (calor total) constante (De *iso-*+*entalpia*+*-ico*)

isentar *v.tr.* **1** tornar isento; eximir **2** libertar **3** excetuar (De *isento*+*-ar*)

isento *adj.* **1** que está desobrigado de uma tarefa ou serviço; dispensado **2** diz-se do jovem dispensado de cumprir o serviço militar **3** que está preservado de; que está ao abrigo de **4** que não está sujeito a; livre **5** que não toma partido; imparcial; neutro (Do lat. *exemptu-*, «id.», part. pass. de *eximĕre*, «pôr de parte; retirar; livrar»)

isentrópico *adj.* FÍSICA diz-se de uma transformação termodinâmica a que é efetuada a entropia constante (uma transformação adiabática reversível é isentrópica) (De *iso-*+*entropia*+*-ico*)

isíaco *adj.* da deusa Ísis ou dos seus monumentos (Do gr. *isiakós*, «id.», pelo lat. *isiácu-*, «id.»)

islã *n.m.* ⇒ **islão** (Do ár. *islam*, «resignação à vontade de Deus», pelo fr. *islam*, «islão»)

islame *n.m.* ⇒ **islão** (Do ár. *islam*, «resignação à vontade de Deus», pelo fr. *islam*, «islão»)

islâmico *adj.* relativo a islamita e ao islamismo; muçulmano (De *islame*+*-ico*)

islamismo *n.m.* **1** religião monoteísta fundada pelo profeta árabe Maomé, cuja doutrina se encontra codificada no Alcorão, o livro sagrado dos muçulmanos; maometismo **2** movimento político e religioso de expansão da religião árabe (De *islame*+*-ismo*)

islamita *adj.2g.* relativo ao islamismo; islamítico ■ *adj.,n.2g.* que ou pessoa que segue o islamismo; maometano (De *islame*+*-ita*)

islamítico *adj.* relativo ao islamismo (De *islamita*+*-ico*)

islamizado *adj.* que se converteu à religião e aos costumes islâmicos (Part. pass. de *islamizar*)

islamizar *v.tr.* **1** converter à religião e aos costumes islâmicos **2** aplicar a lei islâmica ■ *v.pron.* converter-se à religião e aos costumes islâmicos (De *islame*+*-izar*)

islandês *adj.* da Islândia ■ *n.m.* **1** natural ou habitante da Islândia **2** língua falada na Islândia (De *Islândia*, top. +*-és*)

islão *n.m.* **1** ⇒ **islamismo** I **2** [com maiúscula] conjunto dos povos ou países muçulmanos (Do ár. *islam*, «resignação à vontade de Deus», pelo fr. *islam*, «islão»)

islenho /ê/ *adj.* insulano (Do cast. *isleño*, «de ilha; insular»)

ismaelita *adj.2g.* **1** relativo ou pertencente a Ismael, ficho de Abraão **2** relativo ou pertencente à tribo ou aos descendentes de Ismael ■ *n.2g.* **1** descendente de Ismael (filho de Abraão e da escrava Hagar) **2** HISTÓRIA pessoa que pertence a um povo antigo do Oriente Médio considerado descendente de Ismael **3** árabe, enquanto descendente de Ismael **4** RELIGIÃO adepto do ismaelismo (De *Ismael*, antr. +*-ita*)

-ismo sufixo nominal, de origem grega, que exprime as ideias de fenómeno linguístico, sistema político, doutrina religiosa, sistema filosófico, tendência literária (*castelhanismo, absolutismo, budismo, kantismo, gongorismo*)

is(o)- elemento de formação de palavras que exprime a ideia de igual (Do grego *ísos*, «igual»)

isoalina *n.f.* GEOGRAFIA linha que, num mapa marítimo, une os pontos de igual salinidade (Do gr. *ísos*, «igual» +*háls, halós*, «sal» +*-ina*)

isóbara *n.f.* GEOGRAFIA linha que, num mapa geográfico, une os pontos de igual pressão atmosférica, reduzida ao nível do mar, à temperatura de 0 °C e à gravidade de 45° de latitude (Do gr. *ísos*, «igual» +*báros*, «pressão» +*-ica*)

isobare *adj.2g.* ⇒ **isobárico**

isobárica *n.f.* ⇒ **isóbara**

isobárico *adj.* de igual pressão atmosférica; isobarométrico; *spin* ~ FÍSICA coordenada discreta introduzida para distinguir o neutrão do protão (Do gr. *ísos*, «igual» +*báros*, «pressão» +*-ico*)

isóbaro *adj.* **1** isobárico **2** FÍSICA diz-se dos núcleos atómicos que têm o mesmo número de massa, mas diferentes números atómicos, e possuem, portanto, o mesmo número de nucleões, embora tenham números diferentes de protões e neutrões (Do gr. *ísos*, «igual» +*báros*, «pressão»)

isobarométrico *adj.* que apresenta as mesmas pressões médias; isobárico (De *iso-*+*barométrico*)

isóbata *n.f.* GEOGRAFIA linha que une pontos do mar com a mesma profundidade (Do gr. *ísos*, «igual» +*báthos*, «profundidade»)

isobático *adj.* de profundidade igual (Do gr. *ísos*, «igual» +*báthos*, «profundidade» +*-ico*)

isoclinal *adj.2g.* ⇒ **isóclino**

isoclínico *adj.* FÍSICA que tem a mesma inclinação magnética; *linha isoclínica* FÍSICA lugar dos pontos da superfície terrestre que têm a mesma inclinação magnética

isóclino *adj.* **1** FÍSICA que tem a mesma inclinação magnética **2** GEOLOGIA designativo dos anticlinais e sinclinais com os estratos dobrados tão cerradamente que obriga os estratos das rochas dos dois flancos a ter a mesma inclinação; *dobra isóclina* GEOLOGIA dobra em que os flancos são quase paralelos (Do gr. *isoklinós*, «igualmente inclinado»)

isocolo *adj.* GRAMÁTICA diz-se do período gramatical cujos membros são iguais (Do gr. *isókolon*, «de membros iguais», pelo lat. *isocōlu-*, «id.»)

isocoloide *n.m.* QUÍMICA coloide em que a fase dispersa e o meio dispersor têm a mesma composição química (De *iso-*+*colóide*)

isocolóide ver nova grafia **isocoloide**

isocórico *adj.* FÍSICA diz-se da transformação termodinâmica a volume constante (Do gr. *ísos*, «igual» +*khóra*, «extensão; espaço» +*-ico*)

isocromático *adj.* **1** relativo à isocromia **2** que tem uma coloração uniforme (De *iso-*+*cromático*)

isocromia *n.f.* **1** imagem transparente que imita uma pintura **2** litocromia (De *isocromo*+*-ia*)

isocrómico *adj.* ⇒ **isocromático** (De *isocromo*+*-ico*)

isocromo /ô/ *adj.* isocromático (Do gr. *ísos*, «igual» +*khrôma*, «cor»)

isocronia *n.f.* LITERATURA técnica narrativa que consiste em apresentar o discurso narrativo com uma duração idêntica à do tempo real da história narrada (De *iso-*, do gr. *ísos*, «igual» +*khrónos*, «tempo»+*-ia*)

isocronismo *n.m.* qualidade ou estado de isócrono (De *isócrono*+*-ismo*)

isócrono *adj.* que se executa em tempo igual (Do gr. *isókhronos*, «id.»)

isodactilia *n.f.* igualdade dos dedos no mesmo indivíduo (De *isodáctilo*+*-ia*)

isodáctilo *adj.* ZOOLOGIA diz-se do animal que apresenta isodactilia (Do gr. *ísos*, «igual» +*dáktylos*, «dedo»)

isodiáforo *adj.* FÍSICA diz-se dos núcleos atómicos que têm o mesmo excesso de neutrões (Do gr. *ísos*, «igual» +*diáphoros*, «distinto»)

isodinamia *n.f.* equivalência energética de elementos diferentes, que permite a sua substituição recíproca numa ração alimentar (Do gr. *isodýnamos*, «de força igual» +*-ia*)

isodinâmico *adj.* da mesma força ou da mesma intensidade; **linha isodinâmica** FÍSICA lugar geométrico dos pontos que têm a mesma intensidade magnética total (Do gr. *isodýnamos*, «de igual força» +*-ico*)

isoédrico *adj.* CRISTALOGRAFIA cujas faces são iguais ou semelhantes (Do gr. *ísos*, «igual» +*hédra*, «face» +*-ico*)

Isoetáceas *n.f.pl.* BOTÂNICA família de plantas herbáceas, pteridófitas, licopodíneas, heterospóricas, de caule bulbiforme, representadas em Portugal por algumas espécies espontâneas pertencentes ao género-tipo *Isoetes* (Do gr. *isoetés*, «planta sempre verde», pelo lat. *isoëtes*, «id.» +*-áceas*)

isoetes *n.m.pl.* BIOLOGIA designação, por aportuguesamento do nome do género de plantas anfíbias e terrestres (*Isoetes*), da família das Isoetáceas, algumas com distribuição por todo o País e outras em regiões localizadas, sobretudo na Beira Alta e Alentejo

isofilo *adj.* BOTÂNICA diz-se das plantas que têm folhas iguais (Do gr. *ísos*, «igual» +*phýllon*, «folha»)

isófono *adj.* que tem o timbre de voz igual ao de outrem (Do gr. *ísos*, «igual» +*phoné*, «voz»)

isogamia *n.f.* BIOLOGIA reprodução em que os gâmetas que concorrem para a produção de um ovo são morfologicamente iguais (De *isógamo*+*-ia*)

isogâmico *adj.* FÍSICA diz-se da linha que é lugar geométrico dos pontos de igual aceleração da gravidade (De *isógamo*+*-ico*)

isógamo *adj.* caracterizado por isogamia (Do gr. *ísos*, «igual» +*gámos*, «casamento»)

isógeno *adj.* que tem a mesma origem (Do gr. *ísos*, «igual» +*génos*, «origem»)

isogeoterma *n.f.* GEOGRAFIA linha que une pontos do interior da Terra com a mesma temperatura média (Do gr. *ísos*, «igual» +*gê*, «terra» +*thérme*, «calor»)

isogeotérmico *adj.* diz-se dos pontos do interior da Terra com a mesma temperatura média (Do gr. *ísos*, «igual» +*gê*, «terra» +*thérme*, «calor» +*-ico*)

isogeotermo *adj.* ⇒ **isogeotérmico**

isógino *adj.* BOTÂNICA diz-se da flor que tem o mesmo número de estames e carpelos (Do gr. *ísos*, «igual»+*gyné*, «mulher»)

isoglossa *n.f.* linha convencional que limita regiões com as mesmas características glotológicas (Do gr. *ísos*, «igual» +*glôssa*, «língua»)

isoglóssico *adj.* ⇒ **isoglosso** (De *isoglosso*+*-ico*)

isoglosso *adj.* diz-se das regiões que pertencem ao mesmo domínio linguístico e apresentam particularidades glotológicas provenientes das mesmas causas (Do gr. *ísos*, «igual» +*glôssa*, «língua»)

isogonal *adj.2g.* **1** ⇒ **isógono 2** FÍSICA diz-se da linha que é lugar geométrico dos pontos de igual declinação magnética; **transformação ~** GEOMETRIA transformação que deixa todos os ângulos inalterados (De *isógono*+*-al*)

isogónico *adj.* ⇒ **isógono**

isogonismo *n.m.* CRISTALOGRAFIA propriedade de certos minerais de cristalizar em formas com ângulos idênticos, embora não apresentem a mesma composição química (De *isógono*+*-ismo*)

isógono *adj.* **1** que tem ângulos iguais **2** com a mesma declinação magnética (Do gr. *isogónios*, «equiângulo»)

isografia *n.f.* reprodução exata da letra manuscrita; fac-símile (De *iso-*+*-grafia*)

isográfico *adj.* relativo à isografia (De *isografia*+*-ico*)

isoiética *n.f.* GEOGRAFIA linha que, numa carta geográfica, une os pontos de igual pluviosidade média anual (Do gr. *ísos*, «igual» +*hyetós*, «chuva» +*-ica*)

isoiético *adj.* diz-se dos pontos de igual pluviosidade (Do gr. *ísos*, «igual» +*hyetós*, «chuva» +*-ico*)

isoípsa *n.f.* GEOGRAFIA linha que une pontos da mesma altitude (Do gr. *ísos*, «igual» +*hýpsos*, «altura»)

isoípso *adj.* diz-se dos pontos de igual altitude; **linha isoípsa** linha que une os pontos da mesma altitude (Do gr. *ísos*, «igual» +*hýpsos*, «altura»)

isolação *n.f.* **1** ato ou efeito de isolar **2** estado de pessoa ou coisa separada do que a rodeia; isolamento (Do ing. *isolation*, «isolamento», pelo fr. *isolation*, «id.»)

isolacionismo *n.m.* POLÍTICA doutrina que preconiza o isolamento de um país do cenário internacional, mediante a recusa em formar alianças e/ou assinar acordos bilaterais (Do ing. *isolationism*, «isolacionismo», pelo fr. *isolationnisme*, «id.»)

isolacionista *adj.2g.* relativo a isolacionismo ∎ *adj.,n.2g.* que ou quem que é adepto do isolacionismo (Do ing. *isolationist*, «isolacionista», pelo fr. *isolationniste*, «id.»)

isoladamente *adv.* em situação de separação relativamente ao que está à volta; à parte; só (De *isolado*+*-mente*)

isolado *adj.* **1** separado daquilo que o rodeia **2** afastado do convívio social; solitário **3** (pessoa) que está separado dos outros; incomunicável **4** que está fora do contexto **5** de que não se conhece outro exemplo; único **6** envolvido ou revestido com material que não se deixa atravessar pela corrente elétrica, pelo som ou pelo calor (Part. pass. de *isolar*)

isolador *adj.* **1** que isola **2** que não permite a passagem da corrente elétrica, do som ou do calor ∎ *n.m.* ELETRICIDADE substância que opõe uma resistência elétrica muito elevada à passagem de uma corrente; dielétrico (De *isolar*+*-dor*)

isolamento *n.m.* **1** ato ou efeito de isolar **2** estado de pessoa ou coisa separada do que a rodeia; isolação **3** revestimento de algo com material que impede a passagem da corrente elétrica, do som ou do calor (De *isolar*+*-mento*)

isolante *adj.2g.* **1** que isola **2** LINGUÍSTICA designativo das línguas em que as palavras pouco variam e em que as categorias e relações gramaticais são expressas por vocábulos e não por afixos ∎ *adj.2g.,n.m.* que ou material que não permite a passagem da corrente elétrica, do som ou do calor (De *isolar*+*-ante*)

isolar *v.tr.,pron.* pôr(-se) de parte; separar(-se) de outro; afastar(-se) ∎ *v.tr.* **1** interromper ou dificultar a comunicação de; pôr incomunicável **2** envolver ou revestir com material que impede a passagem da corrente elétrica, do som ou do calor **3** identificar e lidar com (algo) separadamente **4** QUÍMICA separar (substância) de um composto de modo artificial (Do fr. *isoler*, «id.»)

isólogo *adj.* QUÍMICA que tem composição análoga (Do gr. *ísos*, «igual» +*lógos*, «relação; proporção»)

isomagnética *n.f.* GEOGRAFIA linha que, numa carta geográfica, une os pontos de igual intensidade de campo magnético (De *isomagnético*)

isomagnético *adj.* diz-se dos pontos de igual intensidade de campo magnético (De *iso-*+*magnético*)

isomeria *n.f.* QUÍMICA qualidade dos compostos químicos que têm a mesma fórmula molecular mas diferente estrutura molecular ou diferente disposição dos átomos no espaço (De *isómero*+*-ia*)

isomérico *adj.* **1** relativo a isomeria **2** QUÍMICA ⇒ **isómero 4** (De *isómero*+*-ico*)

isomerismo *n.m.* QUÍMICA ⇒ **isomeria** (De *isómero*+*-ismo*)

isomerização *n.f.* transformação de um corpo em outro corpo isómero (De *isomerizar*+*-ção*)

isomerizar *v.tr.* QUÍMICA transformar (a estrutura de um composto orgânico), criando um composto isómero com propriedades sensivelmente diferentes (De *isómero*+*-izar*)

isómero *adj.* **1** relativo a isomeria **2** FÍSICA diz-se dos núcleos atómicos que têm mesmo número de protões e de neutrões (o mesmo número de massa e o mesmo número atómico), mas são capazes de existir, durante lapsos de tempo mensuráveis, em diferentes níveis de energia **3** GRAMÁTICA diz-se dos versos que têm a mesma medida **4** QUÍMICA diz-se das substâncias que têm os mesmos elementos, reunidos nas mesmas proporções, mas que têm propriedades físicas e químicas diferentes (Do gr. *isomerés*, «composto de partes iguais»)

isometria *n.f.* **1** igualdade de dimensões **2** MATEMÁTICA transformação biunívoca que preserva distâncias (De *iso-*+*-metria*)

isométrico *adj.* **1** de dimensões iguais **2** FÍSICA diz-se do processo de aquecimento de um gás a volume constante, mas com aumento de pressão **3** LITERATURA diz-se das estrofes e/ou dos poemas constituídos por versos com igual número de sílabas métricas (De *isometria*+*-ico*)

isomorfia *n.f.* ⇒ **isomorfismo** (De *isomorfo*+*-ia*)

isomorfismo *n.m.* **1** propriedade de dois ou vários corpos de igual constituição química terem formas cristalinas análogas **2** MATEMÁTICA correspondência biunívoca entre os elementos de dois grupos que preserva as operações de ambos (De *isomorfo*+*-ismo*)

isomorfo *adj.* **1** que possui a mesma forma **2** MINERALOGIA que cristaliza sob formas iguais ou idênticas às de outro (Do gr. *ísos*, «igual» +*morphé*, «forma»)

isónefa *n.f.* METEOROLOGIA linha que, numa carta meteorológica, une os pontos de igual nebulosidade (Do gr. *ísos*, «igual» +*néphos*, «nuvem»)

isonomia n.f. 1 qualidade de isónomo 2 igualdade perante a lei (Do gr. *isonomía*, «id.»)

isónomo adj. 1 em que há isonomia 2 que cristaliza segundo a mesma lei (Do gr. *isónomos*, «que vive sob as mesmas leis»)

isopata n.2g. pessoa que cura por meio de isopatia (Do gr. *ísos*, «igual» +*páthos*, «doença»)

isopatia n.f. MEDICINA processo de curar doenças pela aplicação, em determinadas condições, das mesmas causas que as podem provocar (Do gr. *ísos*, «igual» +*páthos*, «doença» +*-ia*)

isopétalo adj. BOTÂNICA de pétalas iguais (Do gr. *ísos*, «igual» +*pétalon*, «pétala»)

isopícnica n.f. METEOROLOGIA superfície em cujos pontos a densidade do ar atmosférico é constante (De *isopícnico*)

isópico adj. GEOLOGIA diz-se das formações geológicas originadas em meios idênticos (Do gr. *ísos*, «igual» +*óps, opós*, «face» +*-ico*)

isopiéstico adj. FÍSICA diz-se do processo de aquecimento de um gás a pressão constante, com variação de volume (Do gr. *ísos*, «igual» +*piézein*, «comprimir» +*-ico*)

isópode adj.2g. ZOOLOGIA que tem todas as patas iguais ou semelhantes ■ n.m. ZOOLOGIA espécime dos isópodes ■ n.m.pl. ZOOLOGIA ordem de crustáceos superiores (malacostráceos) de patas semelhantes entre si (Do gr. *ísos*, «igual» +*poús, podós*, «pata»)

isopor n.m. [Brasil] ⇒ **esferovite** (De *Isopor*®, «id.»)

isópora n.f. GEOGRAFIA linha que, numa carta geográfica, une os pontos de igual variação anual de qualquer dos elementos magnéticos (declinação, inclinação, intensidade) (Do gr. *ísos*, «igual» +*póros*, «passagem»)

isopórica n.f. GEOGRAFIA ⇒ **isópora** (De *isópora*+*-ica*)

isopreno /ê/ n.m. QUÍMICA hidrocarboneto líquido, incolor e volátil obtido do petróleo, que constitui a unidade estrutural básica de borrachas naturais e sintéticas (Do ing. *isoprene*, «id.»)

isóptero adj. 1 que tem asas iguais 2 relativo ou pertencente aos isópteros ■ n.m. ZOOLOGIA espécime dos isópteros ■ n.m.pl. 1 ZOOLOGIA grupo sistemático (ordem) de insetos (a que pertencem as térmites) cujas asas dos dois pares são sensivelmente iguais 2 ZOOLOGIA grupo de insetos da ordem dos arquípteros que apresentam estas características, e a que pertencem as libélulas (Do gr. *ísos*, «igual» +*pterón*, «asa»)

isoquímena n.f. GEOGRAFIA linha que, num mapa geográfico, une os pontos que têm a mesma temperatura média, reduzida ao nível do mar, do mês mais frio (Do gr. *ísos*, «igual» +*kheimón*, «inverno»)

isoquimémica n.f. GEOGRAFIA ⇒ **isoquímena** (De *isoquímena*+*-ica*)

isóscele adj.2g. ⇒ **isósceles**

isósceles adj.inv. (triângulo, trapézio) que tem dois lados iguais (Do gr. *isoskelés*, «que tem pernas (lados) iguais», pelo lat. *isoscĕles*, «id.»)

isospórico adj. BOTÂNICA diz-se do vegetal que produz só uma categoria de esporos (De *isósporo*+*-ico*)

isósporo n.m. BOTÂNICA esporo de uma planta isospórica (Do gr. *ísos*, «igual» +*spóros*, «semente»)

isossilábico adj. GRAMÁTICA que tem igual número de sílabas (De *iso-*+*silábico*)

isossista n.f. GEOGRAFIA linha que, numa carta geográfica, une os pontos onde a intensidade de um sismo é a mesma (Do gr. *ísos*, «igual» +*seistós*, «abalado»)

isóstase n.f. GEOLOGIA ⇒ **isostasia**

isostasia n.f. GEOLOGIA estado de equilíbrio hipoteticamente aproximado, realizado nas camadas superiores da crusta terrestre (Do gr. *ísos*, «igual» +*stásis*, «situação» +*-ia*)

isostático adj. GEOLOGIA diz-se do movimento vertical de blocos da crusta terrestre que tende a restaurar a isostasia, perturbada, nomeadamente, por intensa erosão daqueles blocos (Do gr. *ísos*, «igual» +*stásis*, «situação» +*-ico*)

isostémone adj.2g. BOTÂNICA diz-se da flor (ou da planta) cujos estames são em número igual ao das peças florais de cada verticilo do perianto (Do gr. *ísos*, «igual» +*stémon*, «filete»)

isotérica n.f. GEOGRAFIA linha que, numa carta geográfica, passa pelos pontos onde a temperatura média é igual (De *isotérico*)

isotérico adj. 1 isotérmico 2 de igual temperatura no verão (Do gr. *ísos*, «igual; semelhante» +*théros*, «verão»)

isotérmica n.f. 1 FÍSICA curva representativa da variação interdependente do volume e tensão de um gás, a temperatura constante 2 GEOGRAFIA linha que, num mapa geográfico, passa pelos pontos de igual temperatura média anual ou mensal, reduzida ao nível do mar (De *isotérmico*)

isotérmico adj. 1 que tem a mesma temperatura média 2 FÍSICA diz-se da transformação termodinâmica que se efetua a temperatura constante (Do gr. *ísos*, «igual» +*thérme*, «calor» +*-ico*)

isótero adj. ⇒ **isotérico** (Do gr. *ísos*, «igual» +*théros*, «verão»)

isotonia n.f. QUÍMICA estado de equilíbrio osmótico de duas soluções (Do gr. *isótonos*, «com a mesma tensão» +*-ia*)

isotónico adj. QUÍMICA diz-se de um líquido em relação a outro, quando ambos têm a mesma pressão osmótica à mesma temperatura (De *isótono*+*-ico*)

isótono adj. FÍSICA diz-se das espécies nucleares que têm o mesmo número de neutrões, mas diferentes números atómicos (Do gr. *isótonos*, «com a mesma tensão»)

isotopia n.f. FÍSICA propriedade dos nuclídeos com o mesmo número atómico, mas com números de massa diferentes (De *isótopo*+*-ia*)

isotópico adj. relativo a isotopia ou a átomos isótopos (De *isótopo*+*-ico*)

isótopo adj. FÍSICA diz-se dos átomos que têm o mesmo número atómico (mesma carga nuclear ou igual número de protões no núcleo, e que, portanto, constituem o mesmo elemento), mas diferem no número de massa, e que têm propriedades químicas quase idênticas, tanto menos diferentes quanto mais pesados forem os elementos ■ n.m. FÍSICA qualquer dos nuclídeos isotópicos de um mesmo elemento (Do gr. *ísos*, «igual» +*tópos*, «lugar»)

isotropia n.f. FÍSICA característica de certos meios cujas propriedades físicas são as mesmas, qualquer que seja a direção em que forem medidas; **~ ótica** FÍSICA característica de um meio quando o índice de refração é o mesmo em todas as direções (De *isótropo*+*-ia*)

isotrópico adj. ⇒ **isótropo** (De *isotropia*+*-ico*)

isótropo adj. 1 BOTÂNICA designativo dos órgãos que não manifestam anisotropia 2 FÍSICA, QUÍMICA diz-se das substâncias que têm as mesmas propriedades em todas as direções (Do gr. *isótropos*, «que tem maneira semelhante de ser»)

isqueiro n.m. 1 utensílio, geralmente de metal ou matéria plástica, munido de um reservatório de gás ou de uma torcida humedecida de gasolina, que se inflama pelo atrito de uma roseta de aço, dentada, sobre uma pedra abrasiva apropriada 2 espécie de estojo onde outrora os fumadores traziam a isca e o fuzil 3 acendedor automático a gás ou à eletricidade (De *isca*+*-eiro*)

isquemia n.f. MEDICINA suspensão da circulação do sangue numa zona mais ou menos limitada do organismo (Do gr. *ískhein*, «deter» +*haîma*, «sangue» +*-ia*)

isquémico adj. 1 MEDICINA referente a isquemia 2 MEDICINA que sofre de isquemia ■ n.m. MEDICINA indivíduo que sofre de isquemia

isquiadelfo adj.,n.m. TERATOLOGIA que ou ser que apresenta dois corpos ligados pela bacia (Do gr. *iskhíon*, «quadril» +*adelphós*, «irmão»)

ísquio n.m. ANATOMIA peça do esqueleto que, nas formas adultas da maioria dos vertebrados, está soldada ao ílio e ao púbis, constituindo assim o osso ilíaco (Do gr. *iskhíon*, «id.»)

ísquion n.m. ANATOMIA ⇒ **ísquio**

isquiopúbico adj. ANATOMIA (buraco) diz-se do grande orifício do osso ilíaco, delimitado à frente pelo púbis, por cima pela cavidade cotiloide, e atrás pelo ísquio

israeliano adj. relativo ao Estado de Israel ■ n.m. natural ou habitante de Israel (De *Israel*, top. +*-iano*)

israelita adj.2g. 1 relativo ao povo de Israel; judeu; hebreu 2 relativo ao estado de Israel, no Sudoeste da Ásia ■ n.2g. 1 pessoa pertencente ao povo de Israel; judeu; hebreu 2 natural ou habitante do estado de Israel (Do lat. *israelīta-*, «id.»)

israelítico adj. ⇒ **israelita** adj.2g. (Do lat. *israelitĭcu-*, «id.»)

-íssimo sufixo nominal, de origem latina, que exprime a ideia de *superlativo* (*pouquíssimo, tardíssimo*)

isso pron.dem. 1 essa coisa; essas coisas 2 [pej.] essa pessoa; **~!** exclamação que designa aprovação; **nem por ~** não muito, não tanto como se diz; **por ~** por esse motivo, por essa razão (Do lat. *ipsu-*, «id.»)

-ista sufixo nominal, de origem grega, que exprime a ideia de *adepto de doutrina, teoria ou sistema artístico, político, filosófico ou religioso*, ou *que tem uma certa ocupação ou ofício* e ainda de *nomes gentílicos*

-ística sufixo nominal, de origem latina, que ocorre em substantivos femininos abstratos e exprime a ideia de *estudo* e *ciência* (*balística, anglística, germanística*)

-ístico sufixo nominal, de origem latina, que ocorre em adjetivos derivados de substantivos e exprime uma relação ou qualidade correspondente ao sentido da palavra primitiva (*cabalístico, faunístico*)

ístmico adj. relativo ou semelhante a istmo (Do gr. *isthmikós*, «id.», pelo lat. *isthmĭcu-*, «id.»)

Ístmicos *n.m.pl.* (heortónimo) jogos da antiga Grécia que se celebravam no istmo de Corinto em honra de Neptuno, de três em três, de quatro em quatro ou de cinco em cinco anos (Do gr. *isthmikós*, «id.», pelo lat. *isthmĭcu-*, «id.»)

istmo *n.m.* 1 GEOGRAFIA faixa estreita de terra que liga uma península ao continente 2 ANATOMIA estreitamento que liga duas partes de um órgão ou dois órgãos entre si 3 estrangulamento numa cavidade 4 espaço tubular relativamente estreito; ~ *das fauces* ANATOMIA parte posterior da cavidade bucal (Do gr. *isthmós*, «lugar por onde se vai», pelo lat. *isthmu-*, «istmo»)

isto *pron.dem.* 1 esta coisa; estas coisas 2 [pej.] esta pessoa; ~ *é* ou seja, quer dizer (Do lat. *istud*, «id.»)

itabirito *n.m.* PETROLOGIA rocha quartzosa e ferruginosa formada pela alternância de leitos quartzosos e leitos ferríferos (De *Itabira*, cidade brasileira do estado de Minas Gerais +-*ito*)

itacense *adj.2g.* de Ítaca, ilha do mar Egeu ■ *n.2g.* natural ou habitante de Ítaca (Do lat. *ithacense-*, «de Ítaca»)

itacolumite *n.f.* GEOLOGIA variedade de grés muito flexível (De *Itacolumi*, maciço da cidade brasileira de Ouro Preto, no estado de Minas Gerais +-*ite*)

italianada *n.f.* [depr.] linguagem incompreensível (De *italiano*+-*ada*)

italianismo *n.m.* 1 palavra ou locução própria da língua italiana 2 imitação afetada dos costumes italianos (De *italiano*+-*ismo*)

italianizar *v.tr.* dar carácter italiano a (De *italiano*+-*izar*)

italiano *adj.* relativo ou pertencente à Itália, país do sul da Europa ■ *n. m.* 1 natural ou habitante da Itália 2 língua falada na Itália, na Suíça italiana e em San Marino (De *Itália*, top. +-*ano*)

itálico *adj.* 1 ⇒ **italiano** 2 diz-se do tipo que imita a letra manuscrita; aldino ■ *n.m.* forma de letra, inclinada para a direita, conhecida também por grifo (Do gr. *italikós*, «id.», pelo lat. *italĭcu-*, «id.»)

Italiotas *n.m.pl.* 1 ETNOGRAFIA nome genérico dos habitantes da Itália central, antes do domínio romano 2 povos indo-europeus que invadiram a Itália (2000 a 1000 a. C.) (Do gr. *italiótes*, «id.»)

italo- elemento de formação de palavras que exprime a ideia de *itálico* e *italiano* (Do lat. *italŭ-*, «id.»)

ítalo *adj.* 1 italiano; romano 2 itálico ■ *n.m.* natural ou habitante da Itália (Do lat. *italŭ-*, «id.»)

ítalo-etíope *adj.2g.* relativo à Itália e à Etiópia

-itar sufixo verbal, de origem latina, com sentido repetitivo e diminutivo (*agilitar, passaritar, dormitar*)

-ite[1] sufixo nominal que exprime a ideia de *inflamação*

-ite[2] sufixo nominal utilizado na formação de vocábulos de terminologia geológica e fóssil

item *n.m.* cada um dos artigos de uma exposição escrita, de um contrato, de um regulamento, etc. (Do lat. *item*, «do mesmo modo; também»)

iteração *n.f.* ato ou efeito de iterar; repetição (Do lat. *iteratiōne-*, «id.»)

iterar *v.tr.* tornar a fazer; repetir (Do lat. *iterāre*, «id.»)

iteratividade *n.f.* qualidade do que é iterativo (De *iterativo*+-*i*+-*dade*)

iterativo *adj.* 1 reiterado; repetido 2 GRAMÁTICA diz-se dos verbos que exprimem uma ação repetida a nos sufixos que entram na sua formação; frequentativo (Do lat. *iteratīvu-*, «id.»)

iterável *adj.2g.* que pode ser iterado ou feito outra vez (Do lat. *iterabĭle-*, «que pode repetir-se»)

itérbio *n.m.* QUÍMICA elemento com o número atómico 70, de símbolo Yb, pertencente ao grupo das terras raras (De *Ytterby*, top., localidade da Suécia +-*io*)

iterícia a grafia mais usada é **icterícia**

itérico a grafia mais usada é **ictérico**

itinerância *n.f.* qualidade de itinerante

itinerante *adj.2g.* 1 que passeia 2 que se desloca no exercício de uma função 3 que se desloca; móvel; ambulante ■ *n.2g.* aquele que passeia (Do lat. *itinerante-*, «id.», part. pres. de *itinerāre*, «viajar»)

itinerário *adj.* relativo a caminho ■ *n.m.* 1 indicação do caminho a percorrer; roteiro 2 descrição de viagem (Do lat. *itinerarĭu-*, «de viagem»)

-ito[1] sufixo nominal com sentido diminutivo

-ito[2] sufixo nominal utilizado na terminologia geológica para exprimir a ideia de *rocha*

-ito[3] sufixo nominal que, na terminologia química, designa um sal resultante de um ácido de nome terminado em -*ico*

ítrio *n.m.* QUÍMICA elemento com o número atómico 39, metálico, de símbolo Y, que figura na composição das chamadas terras raras (Do lat. cient. *yttrĭu-*, «id.»)

itu *n.m.* [Brasil] BOTÂNICA pau-ferro, árvore da família das Leguminosas, notável pela madeira dura e pesada que fornece (Do tupi *i'tu*, «id.»)

ituá *n.m.* BOTÂNICA planta brasileira fornecedora de fibras têxteis (Do tupi *itu'a*, «id.»)

itupava *n.f.* [Brasil] cachoeira (Do tupi *itu'pewa*, «pequena queda de água»)

iúca *n.f.* BOTÂNICA designação de diversas plantas (género *Yucca*) da família das Agaváceas, acaules ou eretas de caules lenhosos, folhas rígidas, estreitas e compridas e flores geralmente brancas, nativas das regiões quentes da América, cultivada em Portugal com fins ornamentais (de algumas espécies extraem-se fibras e partes comestíveis) (Do taino *yucca*, «iúca», pelo cast. *yuca*, «id.», ou pelo fr. *yucca*, «id.»)

iva *n.f.* BOTÂNICA planta aromática, lenhosa na base, pertencente à família das Labiadas, espontânea nos lugares secos do Centro e do Sul de Portugal (Do gaul. **iva*, «língua-de-boi»)

IVA *n.m.* imposto que incide sobre o consumo e corresponde a uma taxa que tem de se pagar ao Estado para além do valor de um bem ou serviço que se adquire, estando sujeitas também as transações comerciais e as importações (Acrónimo de *imposto sobre o valor acrescentado*)

-ivo sufixo nominal, de origem latina, que ocorre em adjetivos derivados de verbos e traduz a ideia de *capacidade, efetividade* (*combativo, olfativo*)

íxia *n.f.* BOTÂNICA nome, por aportuguesamento do género, das plantas da família das Ixiáceas (Iridáceas), que compreende espécies sul-africanas, de folhas ensiformes e lineares, e com flores, na maioria, cor-de-rosa ou roxas

Ixiáceas /cs/ *n.f.pl.* BOTÂNICA família de plantas, bolbosas, de flores grandes e muito decorativas, também denominada Iridáceas (Do lat. *ixĭa-*, certa planta viscosa +-*áceas*)

ixode /cs/ *n.m.* ZOOLOGIA acarídeo terrestre que parasita os vertebrados, a que suga o sangue; carraça; carrapato (Do gr. *ixõdes*, «pegajoso; carraça»)

ixodíase /cs/ *n.f.* MEDICINA doença infeciosa transmitida pela carraça (De *ixode*+-*ase*)

Ixodídeos /cs/ *n.m.pl.* ZOOLOGIA família de acarídeos terrestres, parasitas dos vertebrados, incluindo o homem, a que sugam o sangue, podendo transmitir-lhes doenças (De *ixode*+-*ídeos*)

iza *n.f.* BOTÂNICA árvore tropical da família das Moráceas, existente em São Tomé, que tem aplicações medicinais e é também denominada izaquente

izal *n.m.* QUÍMICA substância antisséptica do género da creolina (De *iza*+-*al*)

izaquente *n.f.* BOTÂNICA ⇒ **iza**

izar *n.m.* 1 utensílio de caça usado pelos cabilas da Argélia 2 vestuário de algodão usado pelas mulheres muçulmanas de baixa condição

-izar sufixo verbal, de origem latina, que ocorre sobretudo em verbos derivados de adjetivos, com o sentido de *tornar, fazer, transformar* (*suavizar, fertilizar, vulgarizar*)

izé *n.m.* [São Tomé e Príncipe] camarão (Do lunguiê *ize*, «id.»)

izuqueiro *adj.* [regionalismo] diz-se do archote que não arde por estar húmido (De orig. obsc.)

J

j *n.m.* **1** décima letra e sétima consoante do alfabeto **2** letra que representa a consoante fricativa palatal sonora (ex. *janela*) **3** décimo lugar numa série indicada pelas letras do alfabeto **4** FÍSICA símbolo de *joule* (com maiúscula); *curva em j* ESTATÍSTICA designação de uma curva de frequências

já *adv.* **1** neste instante, imediatamente, agora mesmo, sem demora **2** antes, anteriormente, nesse tempo **3** antecipadamente, de antemão, previamente **4** naquele momento, naquela ocasião, nessa ocasião **5** neste momento, nesta ocasião, agora; *~ agora* afinal, visto isto, a propósito, então; *~... ~...* ora... ora..., quer... quer...; *~ que* visto que, uma vez que, dado que; *desde ~* neste momento, a partir deste momento, doravante; *para ~* presentemente, para agora, por enquanto (Do adv. lat. *iam*, «id.»)

jabá *n.m.* **1** [Brasil] carne bovina cortada em tiras largas e seca ao sol; charque **2** [Brasil] CULINÁRIA refeição preparada com essa carne (Do tupi *yabá*)

jabiru *n.m.* [Brasil] ⇒ **jaburu**

jabitá *n.m.* [Brasil] BOTÂNICA ⇒ **jabutá**

jaborandi *n.m.* [Brasil] BOTÂNICA designação extensiva a muitas plantas, em regra medicinais, da família das Rutáceas e da família das Piperáceas, incluindo a espécie arbustiva que fornece o alcaloide chamado pilocarpina (Do tupi *yaborã'di*, «que faz salivar»)

jabota *n.f.* [Brasil] ZOOLOGIA fêmea do jabuti (quelónio)

jaburu *n.m.* **1** [Brasil] ORNITOLOGIA ave pernalta brasileira, de plumagem branca e patas negras, pertencente à família dos Ciconiídeos **2** [Brasil] [fig.] indivíduo feio, desajeitado, tristonho (Do tupi *yabi'ru*, «id.»)

jabutá *n.m.* [Brasil] BOTÂNICA planta trepadeira da família das Cucurbitáceas, de sementes oleaginosas com aplicações medicinais (Do tupi *yabu'ta*, «id.»)

jabuti *n.m.* ZOOLOGIA réptil quelónio terrestre, comestível, que tem constituído o assunto de muitas histórias da imaginação popular, e é também conhecido por jabutim (Do tupi *yabu'ti*, «o que tem fôlego tenaz»)

jabuticaba *n.f.* **1** BOTÂNICA fruto da jabuticabeira **2** BOTÂNICA (árvore) ⇒ **jabuticabeira** (Do tupi *yapoti'kaba*, «frutos em botão»)

jabuticabeira *n.f.* BOTÂNICA árvore da família das Mirtáceas, produtora de frutos comestíveis (jabuticabas) e de que há várias espécies, como a jabuticabeira-macia, a jabuticabeira-de-cabinho, a jabuticabeira-branca, etc. (De *jabuticaba*+*-eira*)

jabutim *n.m.* ZOOLOGIA ⇒ **jabuti**

jaca[1] *n.f.* **1** BOTÂNICA fruto em forma de elipse, grande e com cheiro agradável, produzido pela jaqueira **2** BOTÂNICA (árvore) ⇒ **jaqueira** (Do malaiala *chakka*, «id.»)

jaca[2] *n.m.* chefe superior de várias tribos africanas

jacá *n.m.* cesto feito de tacuara que serve para transportar carne, peixe, queijo, etc., no dorso dos animais (Do tupi *aya'ka*, «id.»)

jaça *n.f.* **1** matéria estranha dentro de uma pedra preciosa; mancha **2** falha; defeito **3** [pop.] cama **4** [pop.] calabouço (De orig. obsc.)

jacami *n.m.* [Brasil] BOTÂNICA ⇒ **jacamim**

jacamim *n.m.* [Brasil] BOTÂNICA árvore da família das Apocináceas, vulgar na floresta da Amazónia, que fornece madeira de excelente qualidade, amarela e muito rija (Do tupi *yaka'mi*, «id.»)

jaçanã *n.m.* [Brasil] ORNITOLOGIA ave pernalta, com dedos e unhas muito compridos, frequente nas lagoas de algumas regiões do Brasil, também muito conhecida por piaçoca (Do tupi *ya sa nã*, «indivíduo que grita alto»)

jaçapé *n.m.* [Brasil] BOTÂNICA planta herbácea da família das Gramíneas (espécie de capim), também conhecida por sapé

jacapucaia *n.f.* [Brasil] BOTÂNICA ⇒ **sapucaia**

jacarácia *n.f.* [Brasil] BOTÂNICA ⇒ **jacaratiá**

jacarandá *n.m.* [Brasil] BOTÂNICA árvore de folhas compostas, pertencente à família das Bignoniáceas, que se desenvolve na América do Sul, fornece preciosa madeira escura (pau-santo), muito utilizada em marcenaria, que em Portugal é também utilizada na ornamentação das ruas e a cuja família pertencem outras espécies, nomeadamente árvores fornecedoras de valiosas madeiras, como o jacarandá-antã, o jacarandá-branco, o jacarandá-roxo, o jacarandá-preto, etc. (Do tupi *ya'kãg rã'ta*, «o que tem cabeça dura»)

jacarandana *n.f.* [Brasil] BOTÂNICA árvore silvestre da América

jacaratiá *n.m.* [Brasil] BOTÂNICA árvore da família das Caricáceas, própria das regiões tropicais, cujo fruto é uma baga comestível e que produz um látex usado como vermífugo violento (Do tupi *yakarati'a*, «id.»)

jacaratinga *n.f.* **1** [Brasil] BOTÂNICA planta da família das Mirtáceas **2** fruto desta planta

jacaré *n.m.* **1** ZOOLOGIA grande réptil da família dos Crocodilídeos (especialmente do género *Caiman*), que tem o focinho largo e curto, frequente na América do Sul, particularmente na Amazónia **2** utensílio para apertar rolhas que se usa nas farmácias **3** ELETRICIDADE terminal elétrico cuja forma se assemelha à cabeça do crocodilo e que se utiliza em ligações rápidas e não definitivas **4** [Brasil] BOTÂNICA árvore da família das Leguminosas, que fornece madeira para carvão (Do tupi *yaka're*, «o curvo»)

jacarearu *n.m.* BOTÂNICA arbusto da família das Gencianáceas, cujo caule e cuja raiz são amargos e dão um extrato venenoso (Do tupi *yakarea'ru*, «id.»)

jacaretinga *n.f.* ZOOLOGIA espécie de crocodilo com focinho mais comprido do que largo e mandíbula malhada de preto (De *jacaré*+tupi *'tinga*, «branco»)

jacarina *n.f.* [Brasil] ORNITOLOGIA pequeno pássaro brasileiro, da família dos Fringilídeos, semelhante ao pardal (Do tupi *yaka'rini*, «id.»)

jacatirão *n.m.* **1** [Brasil] BOTÂNICA árvore americana, pertencente à família das Melastomáceas, útil pela madeira que fornece **2** BOTÂNICA outra planta da família da mesma subespécie da mesma família, cujas folhas são utilizadas em infusão para chá (Do tupi *ya ka'ti ro*, «indivíduo que cheira demasiado»)

jacatupé *n.m.* [Brasil] BOTÂNICA planta herbácea, trepadeira, da família das Leguminosas, produtora de tubérculos usados na alimentação (Do tupi *yakatu'pe*, «id.»)

jácea *n.f.* [Brasil] BOTÂNICA planta herbácea, da família das Compostas, cujas raízes têm aplicação em medicina, e que é afim do rapúncio (Do lat. med. *jacẽa-*, «id.»)

jacente *adj.2g.* **1** que jaz **2** deitado; estendido **3** situado; localizado **4** imóvel; inalterável **5** DIREITO diz-se da herança aberta mas ainda não aceite, nem declarada vaga para o Estado ∎ *n.m.* **1** viga que assenta longitudinalmente, nas pontes **2** *pl.* rochedos sob a água, a pouca profundidade, perigosos para a navegação; baixios (Do lat. *jacente-*, «id.», part. pres. de *jacẽre*, «jazer»)

jacintino *adj.* **1** relativo ao jacinto **2** que tem a cor do jacinto (Do lat. *hyacinthĩnu-*, «id.»)

jacinto *n.m.* **1** BOTÂNICA nome vulgar de algumas plantas herbáceas, bolbosas, de flores perfumadas, vistosas, e dispostas em cachos, pertencentes especialmente à família das Liliáceas, espontâneas e cultivadas em Portugal **2** MINERALOGIA variedade de zircão, de cor vermelha, transparente, usada como gema (Do gr. *hyákinthos*, «id.», pelo lat. *hyacinthu-*, «id.»)

jackpot *n.m.* **1** prémio mais alto de um jogo resultante da sucessiva acumulação do valor em causa a partir de apostas falhadas **2** [fig.] sorte extraordinária (Do ing. *jackpot*, «id.»)

jacksoniano *adj.* MEDICINA designativo de uma forma de epilepsia parcial descrita pelo médico inglês J. H. Jackson (1835-1911) (De *Jackson*, antr. +*-iano*)

jacobeia[1] *n.f.* (*masculino* **jacobeu**) seita de jacobeus (De *escada jacobeia*, escada em que inicialmente se reuniam os sectários jacobeus em Coimbra)

jacobeia[2] *n.f.* BOTÂNICA planta da família das Compostas, do grupo dos cardos (Do latim científico *Jacobaea*)

jacobeu *n.m.* (*feminino* **jacobeia**) **1** membro de uma seita que existiu em Portugal no século XVIII e que sustentava que o penitente devia denunciar o cúmplice **2** [fig.] beato fingido **3** [fig.] hipócrita (De *Jacob*, antr. +*-eu*)

jacobice n.f. 1 ato ou dito próprio de jacobeu 2 hipocrisia (De *jacobeu+-ice*)

jacobinismo n.m. 1 POLÍTICA doutrina revolucionária dos jacobinos, que tinham como objetivo acabar com as diferenças de classes e com a realeza 2 POLÍTICA ideias democráticas avançadas ou revolucionárias 3 [Brasil] hostilidade relativamente aos estrangeiros (De *jacobino+-ismo*)

jacobino n.m. 1 POLÍTICA membro dum clube político francês revolucionário (Clube dos Jacobinos), fundado em Paris em 1789, cujas reuniões se faziam no antigo convento de frades com o mesmo nome 2 POLÍTICA democrata exaltado ou radical 3 [Brasil] pessoa que é hostil aos estrangeiros ■ adj. 1 relativo ou pertencente aos membros do Clube dos Jacobinos 2 que tem ideias revolucionárias (Do fr. *jacobin*, «id.»)

jacobita n.2g. membro de uma seita religiosa do Oriente, criada no século VI por Jacob Baraddai, bispo de Edessa, antiga cidade da Mesopotâmia (De *Jacob*, antr. +-*ita*)

jacquard n.m. 1 tear especialmente concebido para tecer padrões complexos 2 tecido ou peça de vestuário tricotada que apresenta um padrão complexo e colorido, frequentemente geométrico, sobre um fundo de cor diferente (Do fr. *jacquard*, «id.», do antr. Joseph-Marie *Jacquard* (1752-1834), criador do tear com o mesmo nome)

jacre n.m. açúcar extraído do coco, na Índia e na África Oriental

jactância n.f. 1 atitude ou comportamento de quem mostra e exibe as suas qualidades ou o elevado conceito que tem de si próprio 2 bazófia; ostentação 3 vaidade 4 altivez (Do lat. *jactantĭa*-, «id.»)

jactanciar-se v.pron. ⇒ **jactar-se** (De *jactância+-ar*)

jactanciosidade n.f. qualidade de jactancioso; presunção; gabarolice; arrogância; altivez (De *jactancioso+-i-+-dade*)

jactancioso /ô/ adj. que mostra e exibe as suas qualidades ou o elevado valor que atribui a si próprio; presunçoso; gabarola; arrogante (De *jactância+-oso*)

jactante adj.2g. ⇒ **jactancioso** (Do lat. *jactante*-, «que se gaba», part. pres. de *jactāre*, «gabar-se; empavonar-se»)

jactar-se v.pron. mostrar-se importante e superior de forma ostensiva; exibir as suas qualidades; gabar-se; bazofiar; pavonear-se (Do lat. *jactāre*, «gabar-se; empavonar-se»)

jacto ver nova grafia **jato**[1]

jacu n.m. [Brasil] ORNITOLOGIA ave galinácea da família dos Fasianídeos, silvestre mas domesticável, também conhecida por jacupemba, jacutinga, iacu (Do tupi *ya'ku*, «id.»)

jacuacanga n.f. [Brasil] BOTÂNICA planta da família das Boragináceas, também conhecida por borragem-brava, etc. (Do tupi *ya'ku*, «jacu» +*a'kãg*, «cabeça»)

jacuba n.f. [Brasil] bebida preparada com água, farinha, açúcar e mel e cachaça (Do tupi *y-a'kub*, «água morna»)

jacuguaçu n.m. [Brasil] ORNITOLOGIA espécie de jacu de grandes dimensões, que aparece no Sul do Brasil (Do tupi *ya'ku*, «jacu» +*wa'su*, «grande»)

jaculação n.f. 1 ato ou efeito de atirar; arremesso 2 saída impetuosa 3 tiro de artilharia 4 espaço percorrido pelo projétil 5 impulso (Do lat. *jaculatiōne*-, «ação de arremessar; lançamento»)

jaculador adj.,n.m. que ou aquele que arremessa uma arma ofensiva (Do lat. *jaculatōre*-, «o que arremessa»)

jacular v.tr. 1 atirar; arremessar 2 ejacular 3 ferir com dardo ou arma de arremesso (Do lat. **jaculāre*, por *jaculāri*, «arremessar»)

jaculatória n.f. oração curta e fervorosa que se reza nas novenas e em outras devoções (De *jaculatório*)

jaculatório adj. 1 que lança jatos ou que vem aos jatos 2 próprio para arremessar (Do lat. *jaculatorĭu*-, «id.»)

jaculo n.m. ZOOLOGIA pequeno mamífero roedor; gerbo (De orig. obsc.)

jáculo n.m. 1 tiro 2 arremesso (Do lat. *jacŭlu*-, «dardo»)

jacumã n.m. [Brasil] pá usada nas canoas como leme (Do tupi *yaku'mã*, «id.»)

jacupemba n.2g. [Brasil] ORNITOLOGIA ⇒ **jacu**

jacupiranguito n.m. GEOLOGIA rocha ígnea do grupo das piroxenas (De *Jacupiranga*, localidade do estado bras. de São Paulo +-*ito*)

jacuru n.m. [Brasil] ORNITOLOGIA ave da família dos Bucconídeos, de plumagem dorsal castanha e negra, bico vermelho, também conhecida por joão-bobo, jucuru, dormião, etc. 2 ZOOLOGIA designação de uma serpente brasileira (Do tupi *yaku'ru*, «id.»)

jacuruaru n.m. [Brasil] ZOOLOGIA grande sáurio da família dos Tejídeos (Do tupi *yakurua'ru*, «id.»)

jacurutu n.m. [Brasil] ORNITOLOGIA ave de rapina noturna que é um grande mocho-orelhudo, também conhecido por murucututu (Do tupi *yakuru'tu*, «id.»)

jacutinga n.f. [Brasil] ORNITOLOGIA ⇒ **jacu** (De *jacu*+tupi *'tĩga*, «branco»)

jacúzi n.m. banheira equipada com um dispositivo que provoca ondulações na água massajando o corpo (Do ing. *jacuzzi*, «id.», de Candido *Jacuzzi*, inventor americano de ascendência italiana)

jacuzzi n.m. ⇒ **jacúzi**

jade n.m. 1 MINERALOGIA pedra ornamental muito dura, semipreciosa, de aspeto esponjoso e cor esverdeada, cujas variedades são a jadeíte e a nefrite 2 cor verde ou semelhante a verde (Do fr. *jade*, «id.»)

jadeíte n.f. MINERALOGIA variedade de piroxena, existente em algumas rochas, utilizada para o fabrico de objetos de adorno (De *jade+-ite*)

jaez /ê/ n.m. 1 adorno das bestas 2 [fig.] espécie; qualidade; laia (Do ár. *janaz*, «arreio de camelo»)

jaezar v.tr. adornar de jaezes; ajaezar (De *jaez+-ar*)

jafético adj. relativo a Jafeth, filho de Noé, ou à sua descendência (De *Jafeth*, antr. +-*ico*)

jaga[1] n.f. [Brasil] buraco por onde se escoa a água da embarcação (Do inglês *jag*, «abertura»)

jaga[2] n.m. [Angola] chefe eletivo dos Bângalas (Do quicongo *yaka*, «grande homem»)

jágara n.f. açúcar mascavado, de cana ou de palmeira, vulgar na África e na Índia, também denominado xágara, jagra, jagre e jacre (Do malaiala *chákkara*, «id.»)

jagodes n.m.2n. 1 [depr., pop.] indivíduo ordinário; indivíduo que não merece confiança 2 [depr., pop.] indivíduo malfeito ou desproporcionado 3 [depr., pop.] indivíduo insignificante; joão-ninguém (De orig. obsc.)

jagra n.f. ⇒ **jágara**

jagre n.m. ⇒ **jágara**

jaguacatiguaçu n.m. ORNITOLOGIA espécie de pica-peixe do Brasil (Do tupi *yawaka'ti wa'su*, «id.»)

jaguané n.m. [Brasil] ZOOLOGIA ⇒ **zorrilho**

jaguapé n.m. ZOOLOGIA ⇒ **irara** (Do tupi *yawa'pe*, «id.»)

jaguar n.m. ZOOLOGIA mamífero carnívoro, da família dos Felídeos, de cor amarelada, com manchas pretas e irregulares em todo o corpo, parecido com o tigre mas de tamanho menor, que vive no continente americano; onça (Do tupi *ya-'wara*, «o que come gente»)

jaguaré n.m. [Brasil] ZOOLOGIA ⇒ **zorrilho** (Do tupi *yawa're*, «id.»)

jaguatirica n.f. [Brasil] ZOOLOGIA mamífero carnívoro da família dos Felídeos, que vive em quase toda a América do Sul, também conhecido por maracajá (Do tupi *ya'wara*, «onça» +*ti'rika*, «tímida»)

jagudi n.m. ORNITOLOGIA nome vulgar que designa, em algumas regiões africanas, uma ave de rapina diurna (abutre) da família dos Vulturídeos

jagunço n.m. [Brasil] indivíduo que serve de guarda-costas a uma personalidade influente; capanga (Por *zaguncho*, «azagaia»)

jaina adj.,n.2g. RELIGIÃO ⇒ **jainista** (Do sânscr. *jina*, «vencedor; conquistador», pelo ing. *Jain*, «jaina»)

jainismo n.m. RELIGIÃO religião da Índia, fundada no séc. VI a. C., muito próxima do budismo, que preconiza o ascetismo rigoroso e o respeito pela vida e pela sabedoria, e que considera que o Universo é formado de duas espécies de substâncias: as inanimadas, que são passageiras, e as animadas, que são eternas (De *jaina*+ -*ismo*, ou do ing. *Jainism*, «jainismo»)

jainista adj.,n.2g. RELIGIÃO que ou o que é partidário do jainismo (De *jaina*+-*ista* ou do ing. *Jainist*, «jainista»)

jalapa n.f. 1 BOTÂNICA planta da família das Convolvuláceas, oriunda do México e própria das regiões tropicais, que fornece a chamada resina de jalapa, aplicada em farmácia 2 algumas outras plantas desta ou de outras famílias, como a jalapa-branca (apocinácea), a jalapa-de-lisboa e a jalapa-de-são-paulo, que têm também aplicações medicinais idênticas 3 [regionalismo] vinho de má qualidade; zurrapa (De *Jalapa*, top., cidade do México)

jalapão n.m. [Brasil] BOTÂNICA planta euforbiácea brasileira, de raiz medicinal (De *jalapa+-ão*)

jalapina n.f. substância resinosa que se extrai da raiz da jalapa e é empregada como purgativo (De *jalapa+-ina*)

jalapinha n.f. [Brasil] BOTÂNICA designação comum a algumas plantas da família das Apocináceas e da família das Convolvuláceas, que têm aplicações de efeito purgativo (De *jalapa+-inha*)

jalde adj.2g. ⇒ **jalne** (Do cast. *jalde*, «amarelo-vivo»)

jaldinino adj. da cor do jalde ou jalne (Do lat. *galbĭnu*-, «verde pálido; amarelo» +-*ino*?)

jaleca n.f. casaco curto, sem abas, que só chega à cintura; jaqueta (De *jaleco*)
jaleco n.m. **1** peça de vestuário semelhante a casaco curto que apenas chega à cintura **2** fardeta (Do turc. *jelek*, «colete»)
jaleia n.f. NÁUTICA embarcação asiática de guerra e de comércio (Do mal. *jalur*, «barco pequeno»?)
jaleque n.m. ⇒ **jaleco**
jalne adj.2g. de cor amarelo-viva; da cor do ouro (Do fr. ant. *jalne*, mod. *jaune*, «amarelo»)
jalofo /ô/ adj. **1** relativo ou pertencente aos Jalofos **2** rude e grosseiro ■ n.m. **1** membro da tribo dos Jalofos **2** língua dos Jalofos **3** homem considerado rude ou grosseiro (De *Diolof*, top., nome de um ant. reino afr.)
Jalofos /ô/ n.m.pl. ETNOGRAFIA povo da África Ocidental (De *Diolof*, top., nome de um ant. reino afr.)
jaluto n.m. ICTIOLOGIA nome vulgar usado para designar uns peixes teleósteos, vulgares nas costas ocidentais da África
jamaicano adj. relativo ou pertencente à Jamaica ou aos seus habitantes ■ n.m. natural ou habitante da Jamaica (De *Jamaica*, top. +-*ano*)
jamais adv. **1** em tempo algum; nunca **2** alguma vez; nenhuma vez **3** sobretudo; principalmente (De *já*+*mais*)
jamanta n.f. **1** nome dado pelos pescadores à raia grande; raia manta **2** ICTIOLOGIA peixe seláquio, de corpo discoide e mais largo que comprido, pertencente à família dos Trigonídeos, que aparece nas costas marítimas de Portugal, e que é afim da raia (De orig. obsc.)
jamba[1] n.f. **1** cada uma das duas partes iguais que constituem uma porta ou janela, quando aparelhadas em colunas **2** [regionalismo] empenho (De orig. obsc.)
jamba[2] n.m. [Angola] elefante (Do umbundo *jamba*, «id.»)
jambatuto n.m. [Guiné-Bissau] espécie de pombo pequeno (Do crioulo guineense *jambatutu*, do mandinga *jamba*, «avezinha», + *tutu*, onomatopeia do canto)
jambeiro n.m. **1** BOTÂNICA árvore originária do Oriente, cultivada noutras partes do Globo, pertencente à família das Mirtáceas, produtora de frutos comestíveis (jambos) **2** outras árvores, em geral da mesma família, algumas das quais se encontram no Brasil e na Índia (De *jambo*+-*eiro*)
jambelegíaco adj. GRAMÁTICA (verso) formado por um dímetro jâmbico seguido de uma tripodia dactílica catalética (De *jambo*+*elegíaco*)
jâmbico adj. **1** (métrica) relativo ao jambo **2** (métrica) formado de jambos (Do gr. *iambikós*, «id.», pelo lat. *iambĭcu*-, «id.»)
jambo[1] n.m. BOTÂNICA fruto vermelho e saboroso do jamboeiro (Do sânscr. *jambu*-, «id.»)
jambo[2] n.m. (métrica) pé de verso formado por uma sílaba longa e outra breve; iambo (Do gr. *íambos*, «id.», pelo lat. *iambu*-, «id.»)
jamboeiro n.m. BOTÂNICA ⇒ **jambeiro** 1
jambol n.m. BOTÂNICA ⇒ **jambul**
jambolano n.m. BOTÂNICA ⇒ **jambolão**
jambolão n.m. BOTÂNICA nome vulgar de uma árvore frutífera da Índia e do Brasil, da família das Mirtáceas, que produz frutos comestíveis (Do conc. *jambulam*, pl. de *zambul*, «id.»)
jamboleiro n.m. BOTÂNICA ⇒ **jambolão**
jamboré n.m. ⇒ **jamboree**
jamboree n.m. congresso de escuteiros, frequentemente internacional (Do ing. *jamboree*, «id.»)
jambu n.m. BOTÂNICA planta alimentícia pertencente à família das Compostas, que se encontra no Brasil e na Índia, também conhecida por agrião-do-pará (Do tupi *yã'bu*, «id.»)
jambuaçu n.m. BOTÂNICA variedade de jambu (Do tupi *yã'bu wa'su*, «jambu grande»)
jambul n.m. BOTÂNICA árvore indiana, de madeira rosada; jambol (Do conc. *zambul* ou *jambul*, «id.»)
jam session n.f. MÚSICA sessão de improvisação musical, ao vivo, em que se reúnem músicos de jazz, rock ou música pop (Do ing. *jam session*, «id.»)
janambá n.m. BOTÂNICA árvore das matas brasileiras (cajueiro bravo) (Do tupi *yanã'ba*, «id.»)
janaúba n.f. BOTÂNICA planta brasileira, do mato, que produz frutos de aplicação medicinal (Do tupi *yãdi'iba*, «árvore do óleo»)
janda n.f. ORNITOLOGIA ave palmípede da família dos Anatídeos, frequente em algumas regiões africanas
jandaia n.f. [Brasil] ORNITOLOGIA ave da família dos Psitacídeos (periquitos), de cabeça e peito amarelos, também conhecida por nandaia (Do tupi *ya'naia*, «id.»)
jandaíra n.f. ZOOLOGIA abelha do Brasil, sociável e produtora de excelente mel (Do tupi *yãda'ira*, «id.»)

jandiá n.m. [Brasil] ICTIOLOGIA ⇒ **jundiá**
jandiroba n.f. **1** BOTÂNICA ⇒ **andiroba 2** BOTÂNICA planta trepadeira da família das Cucurbitáceas, que produz umas cabacinhas de que se extrai um óleo combustível utilizado no Brasil (Do tupi *yandi'rowa*, «óleo amargo»)
janeanes n.f.2n. casta de uva ■ n.2g.2n. [ant.] indivíduo considerado insignificante; joão-ninguém (De *Joane Eanes*, antr.)
janeirada n.f. **1** HISTÓRIA revolta absolutista contra o rei português D. João VI (1727-1826) **2** pl. [regionalismo] ⇒ **janeiras** (De *Janeiro*+-*ada*)
janeiras n.f.pl. **1** cantigas populares de boas-festas entoadas, por ocasião do Ano Novo, junto das casas mais importantes de uma aldeia ou de uma localidade **2** presentes oferecidos na altura do Ano Novo **3** votos de boas-festas **4** BOTÂNICA plantas que florescem em janeiro (De *Janeiro*)
janeireiro adj. relativo a janeiro ■ n.m. indivíduo que canta as janeiras (De *Janeiro* ou *janeiras*+-*eiro*)
janeirento adj. (gato) que anda com cio em janeiro (De *Janeiro*+-*ento*)
janeirinha n.f. lande serôdia (De *janeirinho*)
janeirinho adj. **1** relativo ao mês de janeiro **2** próprio do mês de janeiro (De *Janeiro*+-*inho*)
janeiro n.m. **1** primeiro mês do ano civil, com trinta e um dias **2** pl. anos de idade (Do lat. *januarĭu*-, «id.»)
janela n.f. **1** abertura na parede de um edifício, acima do pavimento, para deixar entrar o ar e a luz **2** caixilho móvel, envidraçado, que serve para tapar essa abertura **3** abertura semelhante a essa, coberta com vidraça móvel ou fixa, existente em automóveis, aviões, comboios, etc. **4** abertura por onde se faz uma ligação, se estabelece uma comunicação ou que serve para ver para o outro lado **5** [fig., irón.] buraco em peça de roupa ou calçado; rasgão **6** espaço em branco num texto causado por uma palavra que faltou **7** TIPOGRAFIA falha de impressão provocada por tipo caído ou pela existência de algo estranho entre a forma tipográfica e o papel **8** GEOLOGIA fenda provocada pela erosão, deixando a descoberto o substrato das camadas mais antigas **9** abertura existente em folha de papel, envelope, cartão, etc., tapada ou não com material transparente, deixando ver o que está por baixo **10** INFORMÁTICA parte da superfície do ecrã do computador, geralmente de forma retangular, destinada a mostrar uma aplicação ou um ficheiro **11** pl. [pop.] olhos; *deitar dinheiro pela* ~ *fora* gastar muito dinheiro, esbanjar, dissipar (Do lat. *januella*-, dim. de *janŭa*-, «porta»)
janeleira n.f. **1** [ant.] mulher que gosta de estar à janela **2** [ant.] rapariga namoradeira (De *janela*+-*eira*)
janeleiro adj., n.m. [ant.] que ou aquele que gosta muito de estar à janela (De *janela*+-*eiro*)
janelo /ê/ n.m. janela pequena; postigo (De *janela*)
janfa n.m. [Guiné-Bissau] burla; traição (Do crioulo guineense *janfa*, a partir do mandinga *janfaa*, «id.»)
janga n.f. [ant.] pequena embarcação de remos (Do mal. *changgah*, «id.»)
jangá n.f. [ant.] ⇒ **janga**
jangada n.f. **1** armação flutuante feita com tábuas, troncos ou outros objetos leves, como barris vazios, que serve para salvar náufragos ou para transportar pessoas ou coisas sobre a água **2** conjunto de pequenos barcos ligados uns aos outros **3** armação de madeira em forma de grade, com uma vela e um mastro, para transporte sobre a água; caranguejola (Do malaiala *changadam*, «balsa»)
jangadeira n.f. BOTÂNICA árvore brasileira da família das Tiliáceas, de madeira muito leve, própria para fazer jangadas (De *jangada*+-*eira*)
jangadeiro n.m. **1** dono ou arrais de uma jangada **2** barco de pesca em forma de jangada, com vela e um mastro (De *jangada*+-*eiro*)
jangaz n.m. [regionalismo] homem muito alto e desajeitado (De orig. obsc.)
jango n.m. [Angola] espécie de caramanchão, ponto de encontro da população, para comer e conversar (Do umbundo *onjo*, «casa» + *hango*, «conversa»)
janíçaro n.m. soldado turco de infantaria, geralmente destinado à guarda do sultão (Do turc. ant. *jañychari*, hoje *jeñicheri*, «nova tropa»)
janicefalia n.f. TERATOLOGIA conformação de janicéfalo (De *janicéfalo*+-*ia*)
janicéfalo n.m. TERATOLOGIA aquele que apresenta duas cabeças, cujas faces se orientam em sentido oposto; janícipe; janicípite (Do

janícipe n.2g. TERATOLOGIA ⇒ **janicéfalo**

janicípite n.2g. TERATOLOGIA ⇒ **janicéfalo** (Do lat. *Janu*-, mitol., «o deus Jano», que tinha duas caras+*caput*, «cabeça»)

janiparandiba n.f. [Brasil] BOTÂNICA planta arbustiva da família das Mirtáceas, cujas raízes têm aplicação terapêutica; japarandaba (Do tupi *ñan'di*, «óleo» +*pa'ri*, «vergada» +*iba*, «árvore»)

janira n.f. PALEONTOLOGIA, ZOOLOGIA designação de uns lamelibrânquios fósseis (do Cretácico) da família dos Pectinídeos

janistroques n.m.2n. [pop.] jagodes; joão-ninguém (Formação expressiva)

janízaro n.m. ⇒ **janíçaro**

janota adj.2g. **1** que tem muito cuidado com a apresentação; catita; bem-posto **2** que veste à moda **3** elegante; chique ■ n.2g. pessoa que tem muito cuidado com o que veste e com a aparência; pessoa que se aperalta (Do fr. *janot*, «parvo», de *Janot* ou *Jeannot*, antr., nome de um ator cómico fr. dos fins do séc. XVIII)

janotada n.f. [depr.] **1** grupo de janotas ou pessoas que chamam a atenção pelo facto de estarem muito bem arranjadas **2** [depr.] cuidado excessivo com a apresentação (De *janota*+-*ada*)

janotar v.intr. vestir-se, dando muita atenção à apresentação e à aparência; ser janota (De *janota*+-*ar*)

janotaria n.f. [depr.] ⇒ **janotada** (De *janota*+-*aria*)

janotice n.f. **1** cuidado excessivo com a apresentação **2** modos de janota **3** boa apresentação; elegância (De *janota*+-*ice*)

janotismo n.m. **1** cuidado excessivo com a apresentação **2** apuro extremo no trajar; elegância (De *janota*+-*ismo*, ou do fr. *janotisme*, «id.»)

jansenismo n.m. doutrina herética de Cornélio Jansen, teólogo e bispo de Ipres (Bélgica), relativamente ao livre-arbítrio e à graça, caracterizada pelo moralismo rígido e austero (Do fr. *jansénisme*, «id.»)

jansenista adj.2g. **1** relativo ao jansenismo **2** que segue o jansenismo ■ n.2g. pessoa partidária do jansenismo (Do fr. *janséniste*, «id.»)

janta n.f. **1** [pop.] refeição que se toma ao fim da tarde ou no início da noite; jantar **2** [pop.] comida que compõe essa refeição (Deriv. regr. de *jantar*)

jantar n.m. **1** refeição que se toma ao fim da tarde ou no início da noite **2** comida que compõe essa refeição ■ v.tr. comer (os alimentos que compõem essa refeição) ■ v.intr. tomar uma das principais refeições diárias ao fim da tarde ou no início da noite; **~ do ramo** refeição dada aos pedreiros e carpinteiros, depois de concluída uma casa; **sala de ~** compartimento da casa onde se tomam as refeições (Do lat. vulg. *jentare* ou *jantare*, «almoçar»)

jantarada n.f. **1** [coloq.] jantar abundante; comezaina **2** [coloq.] jantar de convívio entre amigos (De *jantar*+-*ada*)

jantarão n.m. [coloq.] ⇒ **jantarada** (De *jantar*+-*ão*)

jantarete n.m. jantar frugal (De *jantar*+-*ete*)

jantarola n.f. [coloq.] jantar festivo e abundante (De *jantar*+-*ola*)

jante n.f. **1** MECÂNICA aro metálico da roda de um veículo automóvel que se fixa ao cubo e se destina a receber o pneu **2** MECÂNICA peça da roda de um veículo automóvel, geralmente metálica, que se prende à parte externa das rodas usada como proteção da extremidade do eixo e das porcas ou como adorno (Do fr. *jante*, «id.»)

januário n.m. ORNITOLOGIA nome vulgar de um pássaro da família dos Fringilídeos, frequente em Angola (De *Januário*, antr.)

jaó n.m. [Brasil] ORNITOLOGIA ⇒ **zabelê** (De orig. onom.)

japacani n.m. [Brasil] ORNITOLOGIA ⇒ **japacanim**

japacanim n.m. **1** ORNITOLOGIA pequeno pássaro brasileiro da família dos Mimídeos, que vive nas margens alagadiças dos rios **2** ORNITOLOGIA ⇒ **batuquira** (Do tupi *yapaka'ni*, «id.»)

japana n.f. BOTÂNICA planta brasileira da família das Compostas, usada em medicina e, pelos Índios, como contraveneno nas mordeduras de cobra, também conhecida por aiapana (Do tupi *ya'pana*, «id.»)

japão n.m. **1** natural ou habitante do Japão; japonês **2** artefacto do Japão **3** [gír.] nome dado pela academia coimbrã aos forasteiros (De *Japão*, top.)

japaranduba n.f. [Brasil] BOTÂNICA ⇒ **janiparandiba** (Do tupi *yapara'ñuwa*, «id.»)

japi n.m. ORNITOLOGIA ⇒ **japim**

japim n.m. ORNITOLOGIA pássaro brasileiro da família dos Icterídeos, com plumagem negra e amarela, que aprende a imitar o canto de outros pássaros; japi; xexéu (Do tupi *ya'pi*, «id.»)

japona /ó/ n.f. [pop.] jaquetão

japoneira n.f. BOTÂNICA ⇒ **cameleira** (De *Japão*, top. +-*eira*)

japonense adj.2g. ⇒ **japonês** (De *Japão*, top. +-*ense*)

japonês adj. relativo ou pertencente ao Japão ou aos seus naturais ■ n.m. **1** indivíduo natural do Japão **2** língua falada no Japão (De *Japão*, top. +-*ês*)

japonesa /ê/ n.f. BOTÂNICA ⇒ **nespereira**

japonesar v.tr. ⇒ **japonizar** (De *japonês*+-*ar*)

japonesismo n.m. **1** imitação dos usos dos japoneses **2** predileção por tudo o que é japonês (De *japonês*+-*ismo*)

japonesista n.2g. pessoa que admira ou imita os usos ou coisas japonesas (De *japonês*+-*ista*)

japónico adj. relativo ou pertencente ao Japão ou aos japoneses (De *Japão*, top. +-*ico*)

japonismo n.m. ⇒ **japonesismo** (De *Japão*, top. +-*ismo*)

japonizar v.tr. **1** dar feição ou hábitos de japonês a **2** dar nova cozedura a (louça de porcelana) para imitar a louça do Japão (De *Japão*, top. +-*izar*)

japu n.m. [Brasil] ORNITOLOGIA grande pássaro americano da família dos Icterídeos, com longas penas na cabeça, também denominado iapu (Do tupi *ya'pu*, «id.»)

japué n.m. ORNITOLOGIA nome vulgar de uma pequena ave columbina do Brasil

japuí n.m. [Brasil] japu pequeno (Do tupi *yapu'i*, «id.»)

japuíra n.f. [Brasil] ORNITOLOGIA ⇒ **guaxe** (Do tupi *yapu'ira*, «id.»)

jaque n.m. NÁUTICA pequena bandeira vermelha, orlada de verde, com as armas nacionais ao centro, que se iça à proa dos navios de guerra de todas as nações, quando em estado de completo armamento (Do ing. *jack*, «bandeira de navio»)

jaqué n.m. [regionalismo] espécie de jaqueta usada pelas mulheres transmontanas (Do fr. *jaque*, «gibão»?)

jaqueira n.f. BOTÂNICA árvore tropical da família das Moráceas, produtora de boa madeira e grandes frutos (jacas) comestíveis (De *jaca*+-*eira*)

jaqueiral n.m. lugar onde abundam jaqueiras (De *jaqueira*+-*al*)

jaquejaque n.m. [Brasil] BOTÂNICA árvore brasileira, da família das Euforbiáceas, semelhante ao rícino ou mamoneiro (De orig. obsc.)

jaqueta /ê/ n.f. **1** casaco curto, sem abas, que chega apenas à cintura; jaleca **2** componente do uniforme dos oficiais, usado em certos atos sociais **3** MILITAR componente da parte externa do tubo--canhão de uma boca de fogo (Do fr. *jaquette*, «fraque»)

jaquetão n.m. **1** jaqueta larga, em geral feita de tecido grosso, que chega até abaixo da cintura **2** casaco masculino de trespasse com duas filas de botões, que vai até abaixo da cintura (De *jaqueta*+-*ão*)

jaquinzinho n.m. [pop.] ⇒ **carapau 1**

jaquiranaboia n.f. ZOOLOGIA ⇒ **jequitiranaboia** (Do tupi *yaki'rana*, «cigarra» +*mbói*, «cobra»)

jaquiranabóia ver nova grafia jaquiranaboia

jará n.f. [Brasil] BOTÂNICA palmeira também conhecida por jaraiuva, jaraiuba, etc. (Do tupi *ya'ra*, «id.»)

jaramataia n.f. BOTÂNICA árvore leguminosa do Brasil

jarapé n.m. [Brasil] BOTÂNICA ⇒ **juçapé**

jararaca n.f. **1** [Brasil] ZOOLOGIA designação extensiva a várias espécies de répteis ofídios, da família dos Crotalídeos que se alimentam de roedores, vivem isolados e medem entre 1 m e 1,50 m **2** BOTÂNICA nome vulgar de algumas plantas brasileiras, entre as quais uma da família das Aráceas **3** [fig.] pessoa de mau carácter; pessoa má (Do tupi *yara'raka*, «que agarra, envenenando»)

jararacuçu n.m. [Brasil] réptil ofídio, da família dos Crotalídeos, que mede até 2,20m (Do tupi *yara'raka*, «jararaca» +*wa'su*, «grande»)

jarda¹ n.f. medida de comprimento inglesa equivalente a 0,914 m (Do ing. *yard*, «id.»)

jarda² n.f. [regionalismo] ⇒ **járdia**

járdia n.f. [regionalismo] charneca de rosmaninho, alecrim, joina, etc.

jardim n.m. **1** extensão de terreno, em geral com muro ou grades à volta, onde se cultivam plantas de adorno e que se localiza num espaço público ou privado, podendo estar dependente ou não de uma habitação **2** região fértil e de culturas variadas **3** NÁUTICA varanda na popa dos antigos navios **4** [fig.] país ou região que apresenta vegetação abundante **5** [fig.] pessoa muito enfeitada; **~ botânico** aquele em que se cultivam diversas plantas para estudo científico; **~ de inverno** espaço fechado e envidraçado que faz parte de uma habitação e em que se cultivam plantas ornamentais; **~ zoológico** local onde vivem e estão expostos ao público animais de várias espécies (Do fr. *jardin*, «id.»)

jardim-de-infância ver nova grafia jardim de infância

jardim de infância n.m. estabelecimento de ensino que se ocupa de crianças em idade pré-escolar (geralmente até aos 6 anos) e onde estas recebem as primeiras noções educativas, através de jogos e atividades que as preparam para o primeiro ciclo do ensino básico

jardim-escola *n.m.* ⇒ jardim de infância

jardim-infantil *n.m.* ⇒ jardim de infância

jardinagem *n.f.* **1** atividade que consiste em tratar de um jardim, cultivando plantas ornamentais e ocupando-se da sua manutenção **2** arte de cultivar os jardins **3** cultura dos jardins (Do fr. *jardinage*, «id.»)

jardinar *v.intr.* **1** cultivar um jardim **2** dedicar-se à jardinagem **3** [pop.] passar o tempo, mexendo-se, sem fazer nada (Do fr. *jardiner*, «id.»)

jardineira *n.f.* **1** mulher que trata de jardins **2** móvel onde se colocam flores e outros objetos de adorno **3** recipiente onde se cultivam plantas ornamentais **4** CULINÁRIA guarnição de legumes frescos **5** CULINÁRIA guisado, geralmente de vitela, em que entram diversos legumes frescos **6** *pl.* peça de vestuário, geralmente calças ou calções, de ganga ou sarja, com peitilho e alças (Do fr. *jardinière*, «id.»)

jardineiro *n.m.* indivíduo que trata dos jardins; indivíduo que pratica jardinagem (Do fr. *jardinier*, «id.»)

jardinista *n.2g.* **1** pessoa que desenha jardins ou sabe cultivá-los **2** pessoa que gosta muito de jardins ou jardinagem (Do fr. *jardiniste*, «id.»)

jareré *n.m.* **1** [Brasil] rede de pesca **2** [Brasil] MEDICINA doença de pele contagiosa causada pela presença de um ácaro **3** BOTÂNICA planta de semente medicinal (Do tupi *yere're*, «id.»)

jargão *n.m.* **1** linguagem adulterada ou incompreensível **2** linguagem específica utilizada por setores profissionais ou sociais; gíria **3** linguagem codificada de determinados grupos, utilizada com o objetivo de evitar a sua compreensão por parte de elementos exteriores a esses grupos; gíria (Do fr. *jargon*, «id.»)

jarivá *n.f.* [Brasil] BOTÂNICA ⇒ **jeribá**

jarmelista *adj.,n.2g.* ZOOLOGIA bovino ou designativo de bovino oriundo da região montanhosa do Jarmelo, no distrito português da Guarda, afim dos bovinos da raça mirandesa (De *Jarmelo*, top. + -*ista*)

jaro *n.m.* BOTÂNICA ⇒ **jarro**[2]

jarra *n.f.* **1** recipiente onde se colocam flores ou que é utilizado como peça ornamental **2** recipiente mais ou menos bojudo, alto, com asa e bico, para servir água ou vinho; jarro **3** todo o líquido contido nesse recipiente **4** NÁUTICA depósito de água, em ferro, provido de uma torneira, que serve para abastecer os marinheiros **5** [Brasil] BOTÂNICA planta trepadeira da família das Aristoloquiáceas, com flores amarelas ■ *n.2g.* **1** [coloq., depr.] pessoa que veste mal e à antiga **2** [coloq., depr.] pessoa, geralmente idosa, considerada ridícula **3** [coloq., depr.] pessoa alcoólica; *par de jarras* [coloq.] duas pessoas que andam sempre juntas (Do ár. *jarrâ*, «id.», pelo cat. ant. *jarra*, «id.»)

jarrafa *n.f.* ICTIOLOGIA espécie de sável das costas da África

jarrão *n.m.* **1** jarra grande, utilizada essencialmente como elemento decorativo **2** [coloq.] pessoa que numa reunião permanece imóvel ou inativa (De *jarra*+-*ão*)

jarreta /ê/ *n.2g.* **1** [coloq., depr.] pessoa que veste mal e à antiga **2** [coloq., depr.] pessoa, geralmente idosa, considerada ridícula (De *jarra* [= velho ridículo]+-*eta*)

jarretar *v.tr.* **1** cortar os jarretes a **2** amputar; cortar; decepar **3** estragar; inutilizar (De *jarrete*+-*ar*)

jarrete /ê/ *n.m.* **1** ANATOMIA região ínfero-posterior do joelho **2** tendão da curva da perna dos quadrúpedes; curvilhão; curvejão (Do fr. *jarret*, «id.»)

jarreteira *n.f.* **1** fita elástica para cingir a meia à perna; liga **2** ordem de cavalaria, instituída em 1348 pelo rei Eduardo III de Inglaterra (1312-1377), que tem por distintivo uma liga (Do fr. *jarretière*, «liga elástica para segurar as meias»)

jarretice *n.f.* modos ou dito próprio de jarreta (De *jarreta*+-*ice*)

jarrilho *n.m.* BOTÂNICA ⇒ **salsaparrilha** (Do cast. *jarillo*, «id.»)

jarrinha *n.f.* **1** jarra pequena **2** [Brasil] BOTÂNICA designação de uma planta trepadeira da família das Aristoloquiáceas, com propriedades medicinais, e também conhecida por mil-homens (De *jarra*+-*inha*)

jarro[1] *n.m.* **1** recipiente mais ou menos bojudo, alto, com asa e bico, próprio para conter líquidos **2** recipiente bojudo, de tamanho grande e boca estreita, para lavatório; gomil **3** todo o líquido contido nesses recipientes (De *jarra*)

jarro[2] *n.m.* **1** BOTÂNICA nome vulgar de uma planta da família das Aráceas, espontânea e de cultura, com espata de tamanho, forma e cor variáveis **2** BOTÂNICA flor dessa planta (Do cast. *yaro*, «id.»)

jasmim *n.m.* **1** BOTÂNICA nome vulgar de diversas plantas ornamentais, pertencentes à família das Oleáceas, de caule flexível e trepador, e notáveis pelas suas flores aromáticas **2** BOTÂNICA pequeno arbusto ornamental, pertencente à família das Oleáceas, cujas flores são aromáticas e de cor branca ou amarela **3** BOTÂNICA flor desse arbusto **4** aroma que se extrai da flor desse arbusto (Do pers. *jaasmin*, «jasmim», pelo fr. *jasmin*, «id.»)

jasmim-do-cabo *n.m.* **1** BOTÂNICA planta subarbustiva da família das Asclepiadáceas, cultivada nos jardins, conhecida em Portugal por gardénia **2** [Brasil] BOTÂNICA planta trepadeira da família das Rubiáceas, produtora de grandes flores brancas

Jasmináceas *n.f.pl.* BOTÂNICA ⇒ **Oleáceas** (De *jasmim*+-*áceas*)

jasmináceo *adj.* do jasmim ou a ele relativo; jasmíneo (De *jasmim*+-*áceo*)

jasmineiro *n.m.* BOTÂNICA ⇒ **jasmim** (De *jasmim*+-*eiro*)

jasmineiro-do-monte *n.m.* BOTÂNICA ⇒ **jasmim**

jasmineiro-galego *n.m.* BOTÂNICA ⇒ **jasmim**

jasmíneo *adj.* ⇒ **jasmináceo** (De *jasmim*+-*eo*)

jaspe *n.m.* **1** MINERALOGIA variedade granular de quartzo, de textura homogénea, opaca e de cores diversas, usada em joias e peças decorativas **2** mármore betado **3** objeto artístico feito dessa pedra (Do gr. *íaspis*, «id.», pelo lat. *iaspe*-, «id.»)

jaspeador *n.m.* aquele que trabalha em jaspe (De *jaspear*+-*dor*)

jaspear *v.tr.* dar a aparência ou a cor de jaspe a (De *jaspe*+-*ar*)

jaspe-negro *n.m.* PETROLOGIA nome por que é conhecido também o lidito ou pedra de toque

jáspeo *adj.* que tem a aparência ou a cor do jaspe (De *jaspe*+-*eo*)

jaspoide *adj.2g.* com aspeto de jaspe (De *jaspe*+-*óide*)

jaspóide ver nova grafia **jaspoide**

jassaí *n.m.* ⇒ **jataí**

jataí *n.f.* [Brasil] ZOOLOGIA pequena abelha sociável, da família dos Meliponídeos, produtora de mel apreciável ■ *n.m.* BOTÂNICA nome vulgar de algumas plantas, como uma árvore da família das Leguminosas que fornece boa madeira e tem aplicações medicinais; jassaí; jataúba (Do tupi *yata'i*, «id.»)

jataíba *n.f.* [Brasil] ZOOLOGIA ⇒ **jataí**

jataúba *n.f.* [Brasil] ZOOLOGIA ⇒ **jataí** (Do tupi *yata'i*, «jataí»+'*iba*, «árvore»)

jato[1] *n.m.* **1** saída impetuosa de um líquido ou de um gás; jorro; esguicho **2** ato ou efeito de lançar ou de arremessar **3** o que se arremessa de uma vez **4** emissão repentina de um feixe de luz **5** deslocamento súbito de líquido ou fluido; fluxo; onda **6** corrente de fluido que sai de um orifício ou estrangulamento, como no escape de um avião **7** língua extensa de fogo **8** dejeção de matérias fecais **9** [fig.] manifestação súbita; impulso; ímpeto **10** [fig.] compreensão súbita; raciocínio rápido **11** [Brasil] avião que se move por propulsão a jato; *de ~* subitamente; *de um ~* de uma só vez, sem interrupção (Do lat. *jactu*-, «ação de arremessar; lançamento»)

jato[2] *n.2g.* [Cabo Verde] indivíduo de pouca ação; idiota (Do crioulo cabo-verdiano *jato*, «idem»)

jau *adj.,n.2g.* ⇒ **javanês** (Do ant. *Jaua*, top., por *Java*)

jaú *n.m.* [Brasil] ICTIOLOGIA grande peixe de água doce pertencente à família dos Pimelodídeos, frequente no Paraná e no Amazonas (Do tupi *ya'u*, «aquele que devora»)

jaula *n.f.* **1** caixa de grades, em geral de ferro, utilizada para abrigar ou transportar animais selvagens **2** [fig.] prisão (Do lat. *caveŏla*, dim. de *cavĕa*-, «jaula; gaiola», pelo fr. ant. *jaole*, mod. *geôle*, «id.»)

jauna *n.f.* [Brasil] BOTÂNICA planta brasileira, da família das Solanáceas, que vive especialmente no Pará

java *n.f.* INFORMÁTICA linguagem de programação orientada para objetos, que, sendo derivada da linguagem C++, permite criar programas ou aplicações para correr em computadores ligados à internet ■ *n.m.* [Brasil] variedade de café proveniente da ilha de Java (Do top. *Java*, ilha indonésia)

javali *n.m.* **1** ZOOLOGIA mamífero corpulento, artiodáctilo, da família dos Suídeos, de pelagem espessa e cinzenta, que constitui a variedade selvagem do porco e cuja carne é muito apreciada **2** ZOOLOGIA espécie de porco selvagem de menores dimensões, que vive na Índia (Do ár. *jabalii*, «montês»)

javalina *n.f.* ZOOLOGIA fêmea do javali (De *javali*+-*ina*)

javalino *adj.* relativo a javali (De *javali*+-*ino*)

javanco *n.m.* [pop.] porco; suíno (De orig. obsc.)

javanês *adj.* de, relativo ou pertencente à ilha de Java ou aos seus habitantes ■ *n.m.* **1** natural ou habitante da ilha de Java **2** língua falada em Java (Do fr. *javanais*, «id.»)

javardice *n.f.* **1** [depr., pop.] porcaria **2** [depr., pop.] confusão **3** [depr., pop.] abandonamento

javardo *n.m.* **1** ZOOLOGIA ⇒ **javali** **2** [pej.] homem bruto e mal asseado; porcalhão; grosseirão ■ *adj.* **1** diz-se de uma variedade de

javari¹ n.m. BOTÂNICA palmeira brasileira (Do tupi *yawa'ri*, «id.»)

javari² n.m. ZOOLOGIA antiga designação do javali (Do ár. *jabalii*, «montês»)

javite n.m. [Angola] machado (Do umbundo *ondyaviti*, «id.»)

javradeira n.f. instrumento para abrir javres nos tonéis (De *javrar+-deira*)

javrar v.tr. abrir javres em (De *javre+-ar*)

javre n.m. recorte ou entalhe na aduela, onde encaixa o fundo da vasilha (Do frânc. *gable*, «empena», pelo fr. *jable*, «javre»)

jazer v.intr. 1 estar deitado, estendido 2 estar morto ou como morto 3 estar sepultado 4 estar situado, localizado 5 estar imóvel; estar quieto 6 estar sereno 7 DIREITO (herança) ser jacente; não ter sido repartida ■ v.tr. apoiar-se em; basear-se em ■ n.m. jazida (Do lat. *jacēre*, «estar deitado»)

jazerão n.m. ⇒ **jazerina** (Do fr. ant. *jazerant* ou prov. *jazeran*, «id.»)

jazerina n.f. cota de malha muito miúda (Do ár. *jazairi*, «de Argel»)

jazerino adj. 1 feito de malha de aço ou de ferro 2 [fig.] forte; rijo (Do ár. *jazairi*, «de Argel»)

jazida n.f. 1 ato de jazer 2 posição de quem jaz 3 lugar onde se jaz 4 sepultura 5 GEOLOGIA concentração natural de minério; jazigo mineral 6 [fig.] quietação; serenidade (Part. pass. fem. subst. de *jazer*)

jazigo n.m. 1 local onde alguém é sepultado 2 pequena edificação, nos cemitérios, destinada a sepultar várias pessoas, em geral da mesma família; túmulo; sepultura 3 GEOLOGIA concentração natural de minério 4 NÁUTICA profundidade que é precisa para a navegação 5 [fig.] local onde se recolhe algo; depósito 6 [fig.] abrigo; refúgio 7 [fig.] oportunidade (De *jazer+-igo*)

jazz n.m. MÚSICA género de música vocal e instrumental, com origem nos músicos negros americanos no início do século XX, cujas características mais relevantes são a improvisação, o blues, o swing e a polirritmia (Do ing. *jazz*, «id.»)

jazzista adj.,n.2g. 1 que ou pessoa que toca jazz 2 que ou pessoa que é apreciadora de jazz (De *jazz+-ista*)

jazzístico adj. pertencente ou relativo ao jazz (De *jazz+-ístico*)

jê n.m. nome da letra *j* ou *J*

jeans n.m./f.pl. calças feitas de tecido de algodão resistente e de cor geralmente azul; calças de ganga (Do ing. *jeans* «id.»)

jecoral adj.2g. que se refere ao fígado; jecorário (Do lat. *jecorāle*, «id.»)

jecorário adj. ⇒ **jecoral** (Do lat. *jecorarĭu*-, «id.», de *jecŏre*-, «fígado»)

jecuíba n.f. [Brasil] BOTÂNICA árvore do Brasil, de madeira avermelhada (Do tupi *yeku'iba*, «id.»)

jeffersónia n.f. BOTÂNICA designação comum às ervas da família das berberidáceas, cultivadas como ornamentais (Do lat. cient. *Jeffersonia*, do antr. Thomas *Jefferson* +-*ia*)

jeggings n.m./f.pl. calças femininas justas, de ganga elástica ou tecido semelhante, que vão até ao tornozelo e não têm botões, fechos ou bolsos (Do ing. *jeggings*, «id.»)

jeira n.f. 1 AGRICULTURA terreno que uma junta de bois pode lavrar num dia; belga; courela; leira 2 salário do trabalho diário dessa junta de bois e do seu condutor 3 salário diário de um jornaleiro 4 antiga medida agrária de 240 pés de comprimento por 120 de largura (cerca de 25 ares); *à ~ a dias* (Do lat. *diarĭa*-, «salário diário»)

jeirão n.m. enfiteuta obrigado ao tributo de jugada (jeira) (De *jeira+-ão*)

jeiteira n.f. [coloq.] disposição natural ou habitual para fazer algo; jeito; queda; arte (De *jeito+-eira*)

jeito¹ n.m. 1 disposição natural ou habitual; habilidade; aptidão; propensão 2 maneira de colocar ou dispor algo 3 modo; forma; maneira 4 modo de ser ou de estar; feitio 5 movimento não comum de alguma parte do corpo 6 lesão num músculo ou tendão devida a movimento em falso, contusão, etc. 7 ligeiro movimento; gesto 8 arranjo; arrumação 9 cautela; cuidado 10 torcedura; volta; *a jeito* adequado ou apropriado; *a/em ~ de* como se fosse; *ao ~ de* à maneira de; *com ~* com cuidado, convenientemente; *dar ~* ter utilidade, ser conveniente; *dar um ~* dar uma arrumadela; *estar a ~* estar em posição conveniente; *fazer jeito* convir; *fazer um ~ a* favorecer, beneficiar; *não ter ~* não estar como devia (Do latim *jactu*-, «ato de lançar»)

jeito² n.m. [Moçambique] preservativo (De *Jeito*, marca de preservativo, que foi muito publicitada)

jeitoso /ô/ adj. 1 que tem jeito; hábil 2 apropriado; útil; conveniente 3 que tem boa aparência; bonito; elegante 4 de proporções consideradas equilibradas ou harmoniosas (De *jeito+-oso*)

jejuador adj.,n.m. que ou aquele que jejua ou tem o hábito de jejuar (Do lat. *jejunatōre*-, «id.»)

jejuar v.intr. 1 privar-se de comer 2 reduzir a porção de alimentos ingeridos ■ v.tr. 1 [fig.] abster-se ou privar-se de (algo geralmente considerado agradável) 2 [fig.] ignorar (alguma coisa) (Do lat. *jejunāre*, «id.»)

jejum n.m. 1 privação ou redução de alimentos, por vontade própria ou por imposição, durante um certo tempo 2 RELIGIÃO privação total ou parcial de alimentos, em certos dias, por espírito de penitência ou prescrição religiosa 3 estado da pessoa que jejua 4 [fig.] privação de algo geralmente considerado agradável; abstinência 5 [fig., coloq.] desconhecimento de qualquer coisa ou assunto; ignorância; *em ~* sem ingerir nada desde o dia anterior; *ficar em ~* [fig.] não compreender uma coisa, ficar alheio a; *quebrar o ~* fazer a primeira refeição depois de ter estado em jejum, ingerir alimentos antes do prazo previsto para o fim do jejum (Do lat. *jejūnu*-, «que está em jejum»)

jejuno n.m. ANATOMIA parte do intestino delgado entre o duodeno e o íleo ■ adj. que está em jejum (Do lat. *jejūnu*-, «que está em jejum»)

jelaba n.f. ⇒ **jilaba**

jenipapada n.f. [Brasil] CULINÁRIA doce feito do jenipapo (De *jenipapo+-ada*)

jenipapeiro n.m. [Brasil] BOTÂNICA árvore americana, da família das Rubiáceas, útil pelos frutos comestíveis (jenipapos), madeira e produtos tintoriais que fornece, também conhecida por jenipapo (De *jenipapo+-eiro*)

jenipapo n.m. 1 [Brasil] BOTÂNICA fruto do jenipapeiro, de forma arredondada, casca acastanhada e enrugada, aromático e agridoce, utilizado por certos indígenas para pintar a pele e para fabricar licores 2 [Brasil] BOTÂNICA árvore que dá esse fruto; jenipapeiro 3 [Brasil] madeira do jenipapeiro 4 [Brasil] sumo daquele fruto (Do tupi *yani'pawa*, «id.»)

jenolim n.m. 1 cor amarela usada em pintura 2 massicote (Do fr. *jaune*, «amarelo»?)

Jeová n.m. designação de Deus no Antigo Testamento (Do hebr. *Jehovah*)

jeovismo n.m. 1 tradição religiosa dos hebreus, em que Deus é designado por Jeová, como é documentado em alguns textos do Antigo Testamento 2 época histórica marcada por essa tradição religiosa 3 culto de Jeová (De *Jeová+-ismo*)

jeovista adj.2g. 1 relativo ao jeovismo 2 que segue o jeovismo 3 diz-se de alguns textos do Antigo Testamento em que se dá a Deus o nome de Jeová ■ n.2g. adepto do jeovismo; adorador de Jeová (De *Jeová+-ista*)

jequirioba n.f. [Brasil] BOTÂNICA planta da família das Solanáceas que tem aplicações medicinais (De *jequiri'oba*)

jequitiranaboia n.f. [Brasil] ZOOLOGIA designação extensiva a uns insetos hemípteros, da família dos Fulgorídeos, de configuração esquisita (a cabeça é muito grande, prolongada e entumecida), que a imaginação popular considera capazes de atacar o homem com uma picada fatal; jaquiranaboia (Do tupi *yaki'rana*, «cigarra» +*mbói*, «cobra»)

jequitiranabóia ver nova grafia **jequitiranaboia**

jerarca n.m. autoridade superior em matéria eclesiástica; hierarca (Do gr. *hierós*, «sagrado» +*arkhé*, «governo»)

jerarquia n.f. ⇒ **hierarquia** (Do gr. *hierarkhía*, «id.»)

jerárquico adj. ⇒ **hierárquico** (Do gr. *hierarkhikós*, «id.»)

jereba n.f. ORNITOLOGIA ⇒ **urubu-caçador** (Do tupi *ye'reba*, «id.»)

jeremiada n.f. [depr.] lamentação longa e importuna (Do fr. *jérémiade*, «id.»)

jeremiar v.tr.,intr. [depr.] lamentar(-se); choramingar; fazer jeremiadas (sobre) (De *Jeremias*, antr., profeta bíblico, 650-580 a. C. +-*ar*)

jeremias adj.inv.,n.2g.2n. [coloq., depr.] que ou pessoa que se queixa continuamente (De *Jeremias*, antr., profeta bíblico, 650-580 a. C.)

jereré n.m. ⇒ **jareré**

jeribá n.2g. BOTÂNICA variedade de palmeira brasileira também conhecida por jarivá (Do tupi *ya'ri i'bá*, «fruto de cacho»)

jeribazeiro n.m. [Brasil] BOTÂNICA ⇒ **jeribá** (De *jeribá+z+-eiro*)

jeribita n.f. [Brasil] aguardente (De orig. obsc.)

jericada n.f. 1 porção de jericos 2 passeio em jerico 3 asneira; burricada (De *jerico+-ada*)

jerical adj.2g. pertencente a jerico ou próprio de jerico (De *jerico+-al*)

jerico n.m. 1 ZOOLOGIA mamífero perissodáctilo, da família dos Equídeos, menos corpulento que o cavalo, mas com orelhas mais compridas; burro; jumento 2 [fig., pej.] pessoa de pouca inteligência; pessoa idiota (De orig. obsc.)

jerimu *n.m.* 1 [Brasil] BOTÂNICA planta da família das Cucurbitáceas que produz uma abóbora amarela e é também conhecida por jirimu e jirimum 2 outras plantas da mesma família 3 abóbora destas plantas (Do tupi *yuru'mu*, «id.»)

jerimum *n.m.* [Brasil] BOTÂNICA ⇒ **jerimu**

jeripiti *n.m.* [Brasil] aguardente (De orig. obsc.)

jerivá *n.2g.* BOTÂNICA ⇒ **jeribá**

jeroglífico *adj.* ⇒ **hieroglífico**

jeróglifo *n.m.* ⇒ **hieróglifo**

jeronimita *adj.2g.* RELIGIÃO referente à Ordem de S. jerónimo ■ *n.m.* RELIGIÃO membro da Ordem de S. jerónimo (De *Jerónimo*, antr. +-*ita*)

jerónimo *adj.,n.m.* ⇒ **jeronimita** (De *Jerónimo*, antr.)

jeropiga *n.f.* 1 bebida muito alcoólica feita de mosto, aguardente e açúcar 2 vinho a que se suspendeu a fermentação por meio de aguardente; vinho abafado 3 [pej.] vinho de fraca qualidade

jerosolimitano *adj.* relativo a Jerusalém ■ *n.m.* natural ou habitante de Jerusalém (Do lat. *hierosolymitānu-*, «id.»)

jérsei *n.m.* tecido de malha fabricado em ponto de meia a partir de linha de algodão, lã ou seda, natural ou sintética, muito usado na confeção de roupas (Do ing. *jersey*, «id.»)

jessaí *n.m.* [Brasil] BOTÂNICA ⇒ **jetaí**

jesuíta *n.m.* 1 RELIGIÃO membro da Companhia de Jesus, ordem religiosa fundada por Santo Inácio de Loiola (1491-1556) no séc. XVI 2 [fig., pej.] pessoa dissimulada; pessoa hipócrita 3 CULINÁRIA bolo de forma triangular constituído por massa folhada coberta por uma camada solidificada de claras batidas com açúcar ■ *adj.2g.* relativo ou pertencente à Companhia de Jesus ou aos seus membros (De *Jesus*+-*ita*)

jesuitada *n.f.* 1 [depr.] conjunto de jesuítas 2 [depr.] os jesuítas (De *jesuíta*+-*ada*)

jesuitice *n.f.* [depr.] atos ou modos de jesuíta (De *jesuíta*+-*ice*)

jesuítico *adj.* 1 relativo aos jesuítas 2 próprio de jesuíta 3 [fig., pej.] hipócrita; fingido 4 [fig., pej.] fanático (De *jesuíta*+-*ico*)

jesuitismo *n.m.* 1 RELIGIÃO doutrina, sistema ou carácter dos jesuítas com o objetivo de espalhar a palavra de Jesus 2 [fig., pej.] hipocrisia; falsidade 3 [fig., pej.] fanatismo (De *jesuíta*+-*ismo*)

jesuitofobia *n.f.* aversão aos jesuítas (De *jesuíta*+-*fobia*)

jesus *interj.* 1 exprime admiração, surpresa ou susto 2 usada para dar ênfase (De *Jesus*, antr.)

jetaí *n.m.* BOTÂNICA designação genérica de umas plantas americanas, especialmente do Brasil, pertencentes à família das Malváceas e à família das Leguminosas (Do tupi *yeta'i*, «id.»)

jetaíba *n.f.* BOTÂNICA ⇒ **jetaí**

jetaiuva *n.f.* BOTÂNICA ⇒ **jetaí**

jetica *n.f.* [Brasil] BOTÂNICA ⇒ **batata-doce** (Do tupi *ye'tika*, «a enterrada»)

jet lag *n.m.* perturbação do ritmo biológico causada por viagens muito longas de avião através de zonas com diferentes fusos horários, o que provoca cansaço, alteração do ciclo do sono, etc. (Do ing. *jet lag*, «id.», red. de *jet plane*, «avião a jato» +-*lag*, «atraso; retardamento»)

jet set *n.m.* grupo de pessoas ricas que desenvolvem uma vida social intensa (Do ing. *jet set*, «id.»)

jet ski *n.m.* 1 DESPORTO veículo aquático para uma pessoa, com sistema de propulsão a jato, que se desloca à superfície da água e cujo guiador sobe e desce possibilitando ao ocupante estar de pé ou de joelhos 2 DESPORTO modalidade desportiva praticada com esse veículo (Do ing. *Jet Ski®*)

ji *n.m.* [ant.] nome da letra *j* ou *J*

jiba *n.f.* BOTÂNICA erva medicinal são-tomense

jiboia *n.f.* ZOOLOGIA grande serpente, da família dos Boídeos, não venenosa, geralmente de cor acinzentada, que se alimenta de roedores e de aves e vive na América do Sul (Do tupi *yi'mboya*, «cobra das rãs»)

jibóia ver nova grafia **jiboia**

jiçara *n.f.* [Brasil] BOTÂNICA ⇒ **juçara**

jidiu *n.m.* [Guiné-Bissau] rapsodo africano que vai de terra em terra declamando as façanhas de personalidades célebres (Do crioulo *jidiyu*, a partir do bambara *djeluv*, «artistas; artesãos»; ou de *judeu*, «que viaja muito»)

jifingo *n.m.* BOTÂNICA planta da família das Leguminosas, que se encontra na África tropical, em Macau, em Timor, etc., cujas sementes servem para contas de rosários e colares

jiga *n.f.* dança popular antiga muito animada (Do prov. *giga*, «id.», pelo fr. ant. *gigue*, «id.»)

jigajoga *n.f.* 1 antigo jogo de cartas de quatro parceiros 2 jogo de crianças parecido com o da cabra-cega 3 coisa pouco estável 4 geringonça; engenhoca 5 ludíbrio; estratagema 6 contradança

jihad *n.f.* 1 RELIGIÃO, HISTÓRIA guerra santa muçulmana em defesa da fé islâmica e contra pessoas, entidades ou países considerados inimigos 2 RELIGIÃO obrigação religiosa, para os muçulmanos, de difusão da fé islâmica

jila *n.m.* [Guiné-Bissau] vendedor itinerante; comerciante (Do crioulo *jila*, «id.», a partir do mandinga *jula*, «comerciante»)

jilaba *n.f.* vestimenta mourisca constituída por um roupão comprido com mangas longas e capuz (Do ár. *jillaba*, «id.»)

jiló *n.m.* [Brasil] BOTÂNICA fruto do jiloeiro que consiste numa baga vermelha e comestível, com um sabor acre muito intenso (Do quimb. *njilu*, «id.»)

jiloeiro *n.m.* [Brasil] BOTÂNICA planta hortense, da família das Solanáceas, muito cultivada pelo seu fruto (jiló) (De *jiló*+-*eiro*)

jimbo¹ *n.m.* [Angola] ORNITOLOGIA abelharuco (Do quimbundo *njimbu*, «idem»)

jimbo² *n.m.* [Angola] ZOOLOGIA papa-formigas; porco formigueiro (Do umbundo *onjimbu*, «idem»)

jimboa *n.f.* [Angola] legume angolano, espontâneo na época das chuvas, e de alto valor nutritivo (Do quimb. *mboa*, «id.», a partir de *kuboba*, «alagar»)

jimbolamento *n.m.* [Angola] apresentação, no início de um encontro; receção

jimbolo /ô/ *n.m.* [Angola] espécie de pão feito de farinha e água, ou de farinha e ovos

jimbório *n.m.* [Angola] grande número de pardais ou de pequenos pássaros (Do quimb. *jimbório*, «id.»)

jimbumba *n.f.* [Angola] tatuagem (Do quimb. *jimbumba*, pl. de *mbumba*, «id.»)

jindaca *n.f.* [Angola] insulto (Do quimb. *ndaka*, «id.»)

jindungo *n.m.* 1 planta da família das Solanáceas, de pouca altura, folhas ovais, flores brancas e bagas em forma de fuso, vermelhas e por vezes amarelas; malagueta 2 baga desta planta, muito picante, usada como condimento e como ativador da digestão 3 molho preparado com esta baga (Do quimb. *jindungu*, pl. de *ndungu*, «id.», a partir de *kulungamena*, «agrupar-se», alusão à disposição)

jinga¹ *adj.2g.* relativo ou pertencente aos Jingas ■ *n.2g.* pessoa pertencente aos Jingas (De *Jingas*, etnónimo)

jinga² *n.f.* [Moçambique] bicicleta (Do nianja *njinga*, «idem»)

Jingas *n.m.pl.* ETNOGRAFIA povo do Congo (Do umbundo *njinga*, título de elevada autoridade, ou de *Njinga*, antr.)

jingo¹ *n.m.* patriota exagerado e ridículo que preconiza a guerra contra tudo que é estrangeiro (Do ing. *jingo*, «id.»)

jingo² *n.m.* [Angola] cachimbo

jingoísmo *n.m.* doutrina que defende, exagerada e belicosamente, o nacionalismo; xenofobia (Do ing. *jingoism*, «id.»)

jingoísta *adj.2g.* 1 relativo ou pertencente ao jingoísmo 2 que é adepto do jingoísmo ■ *n.2g.* adepto do jingoísmo (Do ing. *jingoistic*, «id.»)

jingondo *n.m.* [Angola] ouros; colares (Do quimb. *jingondo*, «id.», de *ngondo*)

jingongo *n.m.,adj.* [Angola] gémeo (Do quimb. *ngôngo*, «tribulações», a partir de *kungônga*, «lamentar-se»)

jinguba *n.f.* [Angola] amendoim

jinguna *n.f.* [Angola] formiga de asas (que surge após as chuvas) (Do quimb. *jinguna*, pl. de *nguna*, «id.»)

jinjimo *n.m.* 1 [Angola] BOTÂNICA fruto comestível, roxo ou vermelho, do tamanho de uma ameixa, e com uso medicinal 2 [Angola] BOTÂNICA arbusto que dá esse fruto (Do quimb. *jinjimu*, «id.», de *njimu*, «id.», a partir de *kujimuna*, «eliminar», alusão à ação terapêutica)

jipe *n.m.* veículo automóvel com tração às quatro rodas, capaz de circular em terrenos difíceis (Do ing. *jeep*, «id.»)

jipoúba *n.f.* [Brasil] BOTÂNICA ⇒ **manopé**

jirimu *n.m.* BOTÂNICA ⇒ **jerimu**

jirimum *n.m.* BOTÂNICA ⇒ **jerimu**

jiripiti *n.m.* ⇒ **jeripiti**

jitica *n.f.* ORNITOLOGIA ave brasileira

jito *n.m.* cano, usado na moldagem, que leva o metal fundido para o interior do molde (Do ing. *jet*, «jato»)

jitunar *v.tr.* [Angola] soltar; desamarrar (Do quimb. *kujitana*, «id.»)

jiu-jítsu *n.m.* DESPORTO arte marcial de defesa pessoal sem armas, em que se procura imobilizar o adversário através de movimentos ágeis e destros e não da força física (Do jap. *jujutsu*, de *ju* «calmo»+*jutsu* «arte, ciência»)

joalharia *n.f.* 1 arte de trabalhar materiais preciosos e semipreciosos para os transformar em joias 2 conjunto de joias 3 estabelecimento comercial onde são vendidas joias (Do fr. *joaillerie*, «id.»)

joalheiro n.m. **1** aquele que trabalha em joias **2** negociante de joias ■ adj. **1** relativo a joia(s) **2** que trabalha em joias (Do fr. *joaillier*, «id.»)

joanete /ê/ n.m. **1** deformação saliente na base do dedo grande do pé **2** NÁUTICA vela por cima da gávea **3** NÁUTICA mastro onde a gávea prende (Do cast. *juanete*, «id.»)

joanico n.m. janota; peralvilho (De *Joane*, antr. +-*ico*)

joaninha n.f. **1** ZOOLOGIA nome vulgar de um pequeno inseto coleóptero, da família dos Coccinelídeos, de corpo semiesférico, cabeça pequena, asas membranosas muito curtas, negra por baixo e vermelha por cima com diversos pontos pretos **2** ZOOLOGIA (inseto aquático) ⇒ **alfaiate 2 3** [regionalismo] ancoreta (De *Joana*, antr. +-*inha*)

joanino adj. **1** relativo a João ou Joana **2** referente a qualquer dos reis portugueses D. João I (1357-1433) ou D. João V (1689-1750) ou às suas épocas (De *Joane* ou *Joana*+-*ino*)

joão-barbudo n.m. [Brasil] ORNITOLOGIA ⇒ **barbudo** n.m. 2

joão-bobo n.m. [Brasil] ORNITOLOGIA ⇒ **jacuru**

joão-congo n.m. [Brasil] ORNITOLOGIA ⇒ **guaxe**

joão-de-barro n.m. [Brasil] ORNITOLOGIA ⇒ **forneiro 2**

joão-fernandes n.m. [pop.] indivíduo sem importância; joão-ninguém

joão-ninguém n.m. [depr., pop.] indivíduo insignificante ou com poucos recursos económicos

joão-pestana n.m. [coloq., infant.] vontade de dormir; sono

joão-pinto n.m. [Brasil] ORNITOLOGIA ⇒ **corrupião**

job n.m. [fig.] homem dotado de grande paciência e resignação, muito pobre (De *Job*, antr., personagem bíblica)

jobar v.intr. [Moçambique] trabalhar (Do ing. *job*, «id.»)

jocó n.m. **1** orangotango **2** ZOOLOGIA ⇒ **chimpanzé** (Do fr. *jocko*, «orangotango»?)

jocos n.m.pl. personificação poética do prazer, da alegria e do divertimento (Do lat. *jocos*, pl. de *jocu*-, «divertimento»)

joco-sério adj. sério e jocoso ao mesmo tempo (De *joco(so)*+*sério*)

jocosidade n.f. **1** qualidade do que é jocoso; graça **2** ato ou dito que suscita o riso; gracejo; chiste (De *jocoso*+-*i*-+-*dade*)

jocoso adj. **1** que provoca riso, particularmente através da troça **2** divertido; engraçado **3** trocista; chistoso (Do lat. *jocōsu*-, «id.»)

joeira n.f. **1** peneira grande para separar o trigo de outras sementes, em especial do joio; crivo; ciranda **2** ato de separar o trigo de outras sementes, nomeadamente o joio; ato de joeirar **3** [fig.] o que possibilita distinguir o que é bom do que é mau **4** [fig.] ato de separar aquilo que é bom daquilo que é mau (De *joio*+-*eira*)

joeiramento n.m. **1** ato de separar o trigo de outras sementes, nomeadamente o joio; ato de joeirar **2** [fig.] ato de separar aquilo que é bom daquilo que é mau (De *joeirar*+-*mento*)

joeirar v.tr. **1** passar (cereal) por uma grande peneira destinada a separá-lo de outros cereais; passar pela joeira ou pelo crivo **2** [fig.] separar (aquilo que é bom daquilo que é mau) **3** [fig.] escolher com critério **4** [fig.] investigar com pormenor; examinar minuciosamente (De *joeira*+-*ar*)

joeireiro n.m. **1** o que faz joeiras; peneireiro **2** o que passa um cereal (trigo) pela joeira para o separar de outros cereais (De *joeira*+-*eiro*)

joeiro n.m. ato de joeirar (Deriv. regr. de *joeirar*)

joelhada n.f. pancada dada com o joelho ou no joelho (De *joelho*+-*ada*)

joelhar v.tr.,intr.,pron. ⇒ **ajoelhar** (De *joelho*+-*ar*)

joelheira n.f. **1** parte da armadura que protegia o joelho **2** sítio das calças que cobre o joelho **3** deformação das calças na zona do joelho, devido ao uso **4** bocado de tecido, em geral de forma oval, cosido nas calças na zona do joelho para evitar que rompa **5** peça de malha elástica ou de lã que resguarda os joelhos do frio **6** DESPORTO peça almofadada que resguarda os joelhos dos jogadores **7** parte da bota de montar que está por cima do joelho **8** peça que resguarda os joelhos das bestas **9** ferimento nos joelhos das bestas **10** peça de madeira em que se apoiam os joelhos durante a execução de determinadas tarefas domésticas (De *joelho*+-*eira*)

joelheiro adj. que chega até ao joelho (De *joelho*+-*eiro*)

joelho /ê/ n.m. **1** ANATOMIA parte anterior, saliente, da região correspondente à articulação do fémur com a tíbia **2** ANATOMIA esta articulação **3** parte das calças que cobre aquela zona do corpo **4** ZOOLOGIA região do membro anterior de um quadrúpede que corresponde à articulação do antebraço com a canela **5** dispositivo que liga certos instrumentos aos tripés respetivos **6** ângulo em que fazem junção dois tubos dispostos em ângulo reto **7** [coloq.] cabeça sem cabelo **8** [fig.] curva pronunciada **9** [fig.] saliência; *de joelhos* com os joelhos no chão; *fazer em cima do* ~ fazer precipitadamente e sem grande cuidado; *pedir de joelhos* implorar (Do lat. *genuc(u)lu*-, dim. de *genu*-, «joelho»)

joga n.f. **1** pedra redonda e lisa boleada pelas correntes dos rios **2** pedra que os rapazes atiram (Deriv. regr. de *jogar*)

jogada[1] /ju/ n.f. **1** ato ou efeito de jogar **2** cada vez que se joga **3** procedimento do jogador, respeitando as regras do jogo; lance **4** movimentos feitos com a mesma finalidade, executados por jogadores de uma equipa num jogo **5** [coloq.] estratagema; esquema astucioso; golpe; *estar fora da* ~ [coloq.] não estar a par de uma dada situação (Part. pass. fem. subst. de *jogar*)

jogada[2] /jó/ n.f. ferimento ou pancada com joga (De *joga*, «pedra» +-*ada*)

jogador n.m. **1** pessoa que participa num jogo **2** pessoa que pratica uma modalidade desportiva com frequência **3** pessoa cuja profissão consiste em praticar uma modalidade desportiva **4** pessoa que tem o hábito de jogar a dinheiro **5** pessoa que é excelente num qualquer jogo **6** pessoa que arrisca ou se aventura ■ adj. **1** que joga **2** que sabe jogar **3** que tem a paixão ou o vício de jogar a dinheiro (De *jogar*+-*dor*)

jogadouro n.m. **1** [pop.] articulação dos ossos **2** [pop.] lugar ao ar livre, onde se joga (De *jogar*+-*douro*)

jogão n.m. [coloq.] jogo muito bom (De *jogo*+-*ão*)

jogar v.tr. **1** participar em (atividade lúdica ou competitiva), seguindo determinadas regras **2** praticar com regularidade (modalidade desportiva) **3** arriscar ao jogo **4** atirar; lançar; arremessar **5** movimentar, oscilando; agitar **6** manejar habilmente; manipular **7** expor à sorte; aventurar; arriscar **8** dizer subitamente ■ v.intr. **1** tomar parte numa atividade lúdica, por prazer ou recreio; brincar **2** participar numa atividade em que, geralmente, se arrisca dinheiro ou outra coisa **3** ter o hábito ou o vício de participar em atividades em que se arrisca dinheiro **4** mover-se, oscilando; oscilar; balancear **5** funcionar; ter um dado efeito **6** combinar; condizer; ~ *na alta* ECONOMIA comprar títulos com a cotação baixa, contando com uma subida rápida do seu valor; ~ *na baixa* ECONOMIA vender títulos cuja cotação se encontra alta, com o objetivo de os comprar de novo logo que a cotação baixe (Do lat. **jocāre*, por *jocāri*, «gracejar»)

jogata n.f. partida de jogo; jogada (De *jogo*+-*ata*)

jogatar v.intr. ⇒ **joguetear** (De *jogata*+-*ar*)

jogatina n.f. **1** hábito ou vício de jogar, especialmente a dinheiro **2** atividade em que se arrisca dinheiro; jogo (De *jogata*+-*ina*)

jogging n.m. DESPORTO atividade de manutenção física, sem fins competitivos, que consiste em correr a uma velocidade moderada e constante, ao ar livre (Do ing. *jogging*, «id.»)

jogo[1] /ô/ n.m. **1** atividade lúdica executada por prazer ou recreio; divertimento; distração **2** atividade lúdica ou competitiva em que há regras estabelecidas e em que os praticantes se opõem, pretendendo cada um ganhar ou conseguir melhor resultado que o outro; partida **3** série de regras a cumprir numa atividade lúdica ou competitiva **4** conjunto de peças que permitem a realização de uma atividade lúdica **5** conjunto de peças que formam um todo **6** atividade em que, geralmente, se arrisca dinheiro ou outra coisa **7** vício de jogar **8** cada uma das partes em que se divide uma atividade lúdica ou competitiva **9** o que é distribuído a cada jogador para poder jogar **10** valor das peças ou cartas repartidas por cada jogador **11** dinheiro que se arrisca em cada lance; parada **12** conjunto de bilhetes da lotaria **13** maneira de jogar; técnica utilizada por jogador ou equipa **14** manejo de uma arma **15** movimento normal das peças de um mecanismo **16** zona do veículo onde se encontram as rodas **17** mecanismo de direção de um veículo **18** oscilação de um navio **19** série de movimentos harmoniosos e coordenados **20** articulação de partes de um todo com um efeito artístico **21** MÚSICA maneira como um artista tira proveito dos recursos técnicos do seu instrumento **22** PSICOLOGIA atividade lúdica utilizada com objetivos terapêuticos **23** namoro por gestos e olhares **24** confronto de ideias ou planos em que se pretende conseguir vantagens **25** comportamento; maneira de atuar **26** troça; escárnio **27** manobra; manha; disfarce; ludíbrio **28** pl. sessão pública em decorrem atividades lúdicas e competitivas com a presença de espectadores; ~ *da argolinha* jogo popular infantil; argolinha; ~ *de azar* jogo cujo resultado depende exclusivamente da sorte (como a roleta ou o bingo), ou depende mais da sorte do que do jogador (como os jogos de tabuleiro ou de cartas); ~ *de cintura* **1** elasticidade e destreza física; **2** [fig.] flexibilidade na resolução de problemas; ~ *do empurra* atribuição de responsabilidades a uma pessoa, que, por sua vez, as atribui a outra; ~ *franco/limpo* propósitos honestos; *jogos florais* certames poéticos e literários, instituídos na Idade Média e que ainda hoje se realizam; *jogos olímpicos* série de provas de atletismo realizadas na Grécia antiga, de quatro em quatro anos, em honra de Zeus, competição desportiva internacional, em que estão representadas todas as modalidades aprovadas pelo COI (Comité Olímpico Internacional), e que se realiza de quatro em quatro anos, em país decidido previamente; *abrir/mostrar o ~* mostrar o que realmente se pretende; *aparar o ~* permitir o comportamento dissimulado de alguém que tenta conseguir o que quer, prejudicando outras pessoas; *entregar o ~* deixar de se empenhar em (alguma coisa), abrir mão de (algo); *esconder o ~* não mostrar as suas intenções; *estar em ~* estar em causa, ser matéria de discussão ou de decisão; *pôr em ~* arriscar, considerar; *ter o ~ na mão* dominar uma situação, controlar o desenrolar dos acontecimentos; *virar o ~* [Brasil] [fig.] acabar por vencer uma pessoa ou uma equipa que estava a ganhar, inverter uma dada situação (Do lat. *jocu-*, «divertimento»)

jogo[2] *n.m.* ⇒ **joga**

jogó *n.m.* [São Tomé e Príncipe] CULINÁRIA prato tradicional são-tomense, rico em vegetais e peixe (Do forro *djogó / idjogó*, «id.», contr. de *João Gomes*, árvore cujas folhas são adocicadas)

jogo-treino *n.m.* competição desportiva em que são ensaiadas táticas de defesa e de ataque, a composição da equipa, a posição dos jogadores, etc.

jogral *n.m.* **1** indivíduo que, na Idade Média, tocava vários instrumentos e cantava versos seus ou alheios, sendo pago para tal **2** TEATRO pessoa que interpreta textos literários, cantando e/ou recitando, em geral fazendo parte de um grupo **3** bobo; farsista; truão (Do prov. *joglar*, «id.», com met.)

jogralice *n.f.* ⇒ **jogralidade** (De *jogral+-ice*)

jogralidade *n.f.* **1** ato ou dito de jogral **2** chocarrice; chalaça (De *jogral+-i-+-dade*)

jogue *adj.2g.,n.2g.* ⇒ **iogue** (Do sânsc. *yogin*, «id.»)

joguetar *v.intr.* ⇒ **joguetear** (De *joguete+-ar*)

joguete /ê/ *n.m.* **1** objeto que serve para as crianças brincarem; brinquedo **2** [fig.] pessoa ou coisa que é alvo de troça ou diversão **3** [fig.] aquele que é manipulado por outra pessoa, atuando inconscientemente; pau-mandado **4** [fig.] troça; zombaria (De *jogo+-ete*)

joguetear *v.intr.* **1** dizer gracejos **2** zombar **3** esgrimir, brincando (De *joguete+-ear*)

joia *n.f.* **1** objeto de adorno, valioso pelas matérias utilizadas e pela arte com que foram trabalhadas **2** [fig.] coisa ou pessoa de grande valor ou especialmente importante **3** quantia que se paga pela inscrição em certas associações **4** prémio **5** prenda moral **6** MILITAR parte do perfil externo do tubo-canhão de uma boca de fogo, junto à boca (Do lat. *gaudĭa*, pl. de *gaudĭu-*, «contentamento», pelo fr. *joie*, «alegria»)

jóia ver nova grafia **joia**

joina *n.f.* BOTÂNICA designação de uma planta de flores amarelas, pertencente à família das Leguminosas, espontânea da Estremadura ao Algarve **2** [regionalismo] chamiço (Do fr. *jaune*, «amarelo»)

jóina ver nova grafia **joina**

joint venture *n.f.* ECONOMIA empreendimento conjunto de duas ou mais empresas com vista à exploração de uma atividade ou projeto, frequentemente suscetível de risco (Do ing. *joint venture*, «id.»)

joio /ô/ *n.m.* **1** BOTÂNICA planta herbácea da família das Gramíneas, que se desenvolve espontaneamente e com frequência nas searas, prejudicando o resultado destas culturas através dos seus frutos que, não sendo fáceis de separar dos outros cereais (especialmente do trigo), são portadores indiretos de uma substância tóxica (temulina) proveniente de um fungo **2** BOTÂNICA fruto dessa planta **3** [fig.] coisa má, que prejudica outra boa quando são misturadas; *separar o trigo do ~* separar o que é bom do que é mau (Do lat. *lolĭu-*, «id.»)

jojoba *n.f.* BOTÂNICA planta arbustiva da família das Buxáceas, originária do sudoeste dos Estados Unidos e noroeste do México, cuja semente produz um óleo rico em proteínas (Do esp. mex. *jojoba*, «id.»)

joker *n.m.* ⇒ **jóquer** (Do ing. *joker*)

jolar *v.tr.* [Angola] friccionar; massajar (Do quimb. *(ku)jola*, «farfalhar»)

jolda *n.f.* **1** bando de pessoas desprezíveis; choldra; corja **2** pândega **3** bando de animais **4** grupo de pessoas; rancho (Var. de *choldra*)

joldeiro *adj.* [regionalismo] que gosta de andar na jolda; pândego (De *jolda+-eiro*)

joldra *n.f.* ⇒ **choldra**

jónico *adj.* **1** relativo à Jónia, região da Grécia antiga **2** relativo ou pertencente aos Jónios **3** ARQUITETURA designativo de uma das três ordens da arquitetura grega, caracterizada por colunas providas de base, fuste delgado, canelado e liso, ou de arestas vivas, capitéis ornados de volutas simétricas, e frisos contínuos ■ *n.m.* **1** natural ou habitante da Jónia **2** dialeto dos Jónios (Do gr. *ionikós*, «id.», pelo lat. *ionĭcu-*, «id.»)

jónio *adj.* relativo ou pertencente aos Jónios; jónico ■ *n.m.* **1** indivíduo dos Jónios **2** natural ou habitante da Jónia, região da Grécia antiga (Do gr. *iónios*, «id.», pelo lat. *ionĭu-*, «jónio»)

Jónios *n.m.pl.* ETNOGRAFIA povo, de origem indo-europeia, que invadiu a Grécia antes dos Dórios e, expulso por estes, se estabeleceu na Jónia e na Ásia Menor (Do gr. *iónios*, «id.», pelo lat. *ionĭu-*, «id.»)

jóquei *n.m.* **1** DESPORTO corredor profissional nas corridas de cavalos **2** rapaz que monta um dos animais da parelha da frente, quando mais de uma puxa ao carro (Do ing. *jockey*, «id.»)

jóquer *n.m.* **1** carta extra de um baralho, geralmente com a figura de um bobo, utilizada em determinados jogos de cartas **2** sorteio de um número de série registado num boletim (Do ing. *joker*, «id.»)

jordânico *adj.* **1** relativo ao rio Jordão **2** relativo à Jordânia (De *jordano+-ico*)

jordano *adj.* relativo ou pertencente à Jordânia ■ *n.m.* natural ou habitante da Jordânia (De *Jordânia*, top.)

jorna *n.f.* **1** [pop.] salário diário; jornal **2** trabalho feito durante um dia, especialmente por um trabalhador rural; *à ~* por salário diário (Do lat. *diurna* [opĕra], «[trabalhos] de um dia»)

jornada *n.f.* **1** caminhada feita num dia **2** distância que se caminha por dia **3** viagem por terra; expedição **4** empresa militar **5** trabalho feito durante um dia **6** período entre o momento em que o sol nasce e aquele em que se põe **7** dia distinguido por um acontecimento importante **8** dia destinado à reflexão sobre um dado assunto ou à prática de determinadas atividades **9** DESPORTO dia em que decorre um acontecimento desportivo, num campeonato ou torneio **10** (teatro ibérico dos séculos XVI e XVII) ⇒ **ato** (Do prov. *jornada*, «id.»)

jornadear *v.intr.* **1** ir de jornada **2** fazer jornadas **3** andar de um lado para outro (De *jornada+-ear*)

jornal *n.m.* **1** publicação periódica constituída por uma série de folhas grandes de papel, dobradas em caderno, onde foram impressas notícias, reportagens, crónicas, entrevistas, anúncios e outro tipo de informação de interesse público **2** instituição que edita essa publicação **3** edifício onde se localizam as instalações dessa instituição **4** TELEVISÃO, RÁDIO série de notícias transmitidas pela televisão ou pela rádio; noticiário **5** salário correspondente ao trabalho de um dia; jorna **6** relação dos acontecimentos ou atividades do dia (Do lat. *diurnāle-*, «diário», pelo fr. *journal*, «id.»)

jornalada *n.f.* porção de jornais (De *jornal+-ada*)

jornaleco *n.m.* [depr.] jornal considerado de pouca importância e de má qualidade (De *jornal+-eco*)

jornaleiro *n.m.* **1** trabalhador a quem se paga um salário diário **2** [Brasil] ⇒ **ardina**[1] ■ *adj.* que trabalha por salário diário (De *jornal+-eiro*)

jornalismo *n.m.* **1** atividade profissional da pessoa que trabalha em comunicação social, seja em publicações periódicas, seja na televisão ou na rádio, podendo exercer diversas funções, entre as quais a redação de artigos, a realização de entrevistas, a elaboração de noticiários, etc.; profissão de jornalista **2** forma de expressão que caracteriza os meios de comunicação social **3** conjunto dos meios de difusão de informação; comunicação social **4** conjunto dos jornalistas; *~ cidadão* elaboração, por parte de cidadãos comuns, não profissionais, de trabalhos de cariz jornalístico, como notícias, reportagens, etc., que são divulgados geralmente através de meios tecnológicos recentes (internet, PDA, telemóvel) (De *jornal+-ismo*)

jornalista *n.2g.* profissional que trabalha em comunicação social, exercendo funções de pesquisa, recolha, seleção e tratamento de factos, notícias ou opiniões, através de texto, imagem ou som, destinados a ser divulgados através de publicações, agências noticiosas, televisão ou rádio (De *jornal+-ista*)

jornalístico *adj.* **1** relativo a jornais ou a outros meios de divulgação de informação **2** que diz respeito ao jornalismo ou aos jornalistas (De *jornalista+-ico*)

jórnea *n.f.* antiga veste; manto largo aberto aos lados e sem mangas (Do it. *giornea*, «veste diurna»)

jorneia *n.f.* vestimenta que cobria a cota de armas, e onde se bordava o escudo da família (Do fr. *journée*, «jornada»?)

jorra /ô/ *n.f.* **1** breu com que se untam interiormente as vasilhas de barro **2** escórias de ferro **3** [regionalismo] espécie de rocha (De orig. obsc.)

jorramento n.m. 1 ato de jorrar ou sair com força e abundância; jorro 2 inclinação do paramento de um elemento construtivo; alambor (De *jorrar*+*-mento*)

jorrão n.m. 1 espécie de grade para alisar a terra 2 zorra (De *zorra*+*-ão*)

jorrar¹ v.intr. 1 sair com força e abundância; irromper; brotar 2 surgir subitamente 3 fazer bojo; formar saliência ■ v.tr. fazer sair com ímpeto e abundantemente; deixar sair facilmente e em quantidade (Do ár. *jurr*, «arrastar» +*-ar*?)

jorrar² v.tr. untar com jorra (De *jorra*+*-ar*)

jorro /ô/ n.m. 1 saída impetuosa e abundante de um líquido 2 emissão repentina de um feixe de luz 3 o que aparece subitamente e em grande quantidade 4 aumento de espessura na base das construções de alvenaria; alambor; *a jorros* de forma violenta e abundante; *de um ~* de uma só vez; *em jorros* abundantemente (Deriv. regr. de *jorrar*)

josefino adj. relativo ao rei português D. José (1719-1777) ou ao seu reinado ■ n.m. partidário de José Bonaparte, rei de Espanha (1768-1844) (Do lat. *Josephu-*, «José» +*-ino*)

josezinho n.m. capote de cabeção, com pouca roda e sem mangas (De *José*, antr.+*z*+*-inho*)

jota¹ n.m. 1 nome da letra *j* ou *J* 2 [regionalismo] pouca coisa; bocadinho (Do gr. *iôta*, «iota», pelo lat. *iota-*, «id.»)

jota² n.m. 1 dança popular aragonesa 2 música que acompanha essa dança (Do cast. *jota*, «id.»)

Jotniano adj. GEOLOGIA divisão do Proterozoico superior, no Báltico

joule n.m. FÍSICA unidade de energia do Sistema Internacional, equivalente ao trabalho realizado por uma força de um newton quando desloca o seu ponto de aplicação um metro na sua própria direção; *efeito Joule* FÍSICA aquecimento produzido pela passagem de uma corrente elétrica num condutor (Do ing. *J. Joule*, físico ing., 1818-1889)

jovem adj.2g. 1 que tem pouca idade; novo; moço 2 que existe há pouco tempo; recente 3 [fig.] que mantém a frescura, a energia e o aspeto característicos de quem tem pouca idade 4 [pej.] imaturo 5 que se destina ou se adequa a pessoas com pouca idade 6 que é feito ou criado por pessoas com pouca idade 7 (animal, árvore) que está em fase de crescimento 8 (enologia) diz-se do vinho em geral frutado, pouco tânico, com acidez agradável e que não se presta ao envelhecimento ■ n.2g. pessoa com pouca idade; pessoa que não chegou à idade adulta ou que a atingiu há pouco tempo (Do lat. *juvĕne-*, «id.»)

jovial adj.2g. 1 que é naturalmente alegre e bem-disposto; prazenteiro 2 que gosta de rir e fazer rir ou causar boa disposição 3 que denota alegria (Do lat. tard. *joviāle-*, «de Júpiter»)

jovialidade n.f. qualidade de jovial; carácter alegre e prazenteiro; propensão para o bom humor (De *jovial*+*-i-*+*-dade*)

jovializar v.tr. 1 tornar jovial; tornar alegre e bem-disposto 2 dar nota alegre a ■ v.intr. mostrar-se jovial, bem-humorado (De *jovial*+*-izar*)

joystick n.m. INFORMÁTICA dispositivo manual ligado a um computador, constituído por uma alavanca que se move sobre uma base permitindo o controlo de um cursor, e por um número variável de botões correspondentes a diversos comandos (Do ing. *joystick*)

juá n.m. 1 [Brasil] BOTÂNICA designação de algumas plantas da família das Solanáceas, que têm aplicações medicinais 2 BOTÂNICA fruto (baga) destas plantas (Do tupi *yu'a*, «fruto de espinhos»)

juazeiro n.m. [Brasil] BOTÂNICA árvore da família das Ramnáceas, cujas folhas resistem às estiagens prolongadas, sendo os seus frutos comestíveis e a madeira apreciada (De *juá*+*z*+*-eiro*)

juba n.f. 1 pelo longo, áspero ou sedoso, que cresce ao longo do pescoço e na cabeça do leão 2 [coloq.] cabelo comprido e abundante (Do lat. *juba-*, «id.»)

jubado adj. que possui juba (De *juba*+*-ado*)

jubanete /ê/ n.m. espécie de gibão de malha de ferro usado no séc. XV (Do cast. *jubón*, «gibão» +*-ete*)

jubeba /ê/ n.f. [Brasil] BOTÂNICA planta arbustiva da família das Cactáceas, produtora de frutos comestíveis e com aplicações medicinais (De *jurubeba*)

jubeia n.f. BOTÂNICA palmeira do Chile, vulgar nas encostas dos Andes, que atinge uma altura superior a 20 m e que produz um fruto comestível semelhante ao coco (De orig. obsc.)

jubeu n.m. ARQUITETURA espécie de tribuna elevada, geralmente de madeira, transversal à nave principal da igreja, do alto da qual se fazia a leitura da Epístola e do Evangelho, e que, a partir do século XVII, foi substituída pelo púlpito (Do lat. *Jube, Domine*, «ordena, Senhor...», primeiras palavras de uma oração que também se lia naquele lugar)

jubilação n.f. 1 ato ou efeito de jubilar; grande alegria ou contentamento 2 aposentação honrosa, por limite de idade (do ensino ou de um cargo público) 3 [Brasil] afastamento de um aluno da Universidade por ter ultrapassado o tempo estabelecido para a frequência do ensino superior (Do lat. *jubilatiōne-*, «id.»)

jubilado adj. 1 que obteve a jubilação; aposentado por limite de idade 2 muito experiente e com prestígio; emérito 3 [Brasil] que foi afastado do ensino superior por ter excedido o prazo máximo permitido para a conclusão do curso ■ n.m. (ensino superior) professor aposentado por limite de idade (Part. pass. de *jubilar*)

jubilar v.tr. 1 encher de grande alegria, de júbilo; alegrar 2 aposentar com honra, por limite de idade ■ v.intr. encher-se de grande contentamento, de júbilo ■ v.pron. obter a jubilação; aposentar-se ■ adj.2g. 1 referente a jubileu 2 referente a jubileu ou a aniversário solene (Do lat. *jubilāre*, «soltar gritos de alegria»)

jubileu n.m. 1 RELIGIÃO indulgência plenária concedida pelo papa, por ocasião de certas solenidades 2 RELIGIÃO celebrações em que se recebe essa indulgência 3 RELIGIÃO ano santo durante o qual a Igreja concede graças espirituais especiais e que se celebra normalmente no fim de cada quarto de século 4 quinquagésimo aniversário de função, atividade, instituição, etc. 5 festa comemorativa de aposentação por limite de idade 6 aniversário solene 7 [pop.] grande espaço de tempo (Do lat. *jubilaeu-*, «id.»)

júbilo n.m. grande alegria ou contentamento; regozijo (Do lat. *jubīlu-*, «id.»)

jubiloso /ô/ adj. 1 cheio de júbilo; muito alegre e contente 2 festivo (De *júbilo*+*-oso*)

jucá n.m. BOTÂNICA ⇒ **pau-ferro** (Do tupi *yu'ka*, «matar»)

juçapé n.m. [Brasil] BOTÂNICA planta herbácea da família das Gramíneas, útil pelas fibras que fornece e ainda pelas aplicações medicinais; sapé (Do tupi *yasa'pe*, «id.»)

juçara n.f. 1 [Brasil] BOTÂNICA palmeira também conhecida por jiçara 2 [Brasil] BOTÂNICA fruto desta planta (Do tupi *yu'sara*, «árvore espinhosa»)

juciri n.m. [Brasil] BOTÂNICA planta pertencente à família das Solanáceas, cujo fruto é comestível; juquiri (Do tupi *yusi'ri*, «id.»)

jucundidade n.f. 1 qualidade de jucundo; alegria 2 agrado 3 prazer (Do lat. *jucunditāte-*, «id.»)

jucundo adj. 1 alegre 2 agradável 3 prazenteiro (Do lat. *jucundu-*, «id.»)

jucuru n.m. [Brasil] ORNITOLOGIA ⇒ **jacuru** 1

jucurutu n.m. [Brasil] ORNITOLOGIA ⇒ **jacurutu** 1

judaico adj. relativo aos Judeus ou ao judaísmo (Do gr. *ioudaïkós*, «id.», pelo lat. *judaïcu-*, «id.»)

judaico-cristão adj. 1 relativo aos judeus e aos cristãos 2 relativo ao judaísmo e ao cristianismo

judaísmo n.m. RELIGIÃO doutrina religiosa monoteísta, assente no Antigo Testamento e seguida pelos Judeus; religião judaica 2 conjunto dos indivíduos que professam essa religião 3 civilização e cultura judaicas (Do gr. *ioudaïsmós*, «id.», pelo b. lat. *judaismu-*, «id.»)

judaísta n.2g. 1 que ou pessoa que é versada em assuntos judaicos 2 que ou pessoa que pratica ou estuda a religião judaica (De *judaísmo*)

judaizante adj.,n.2g. que ou a pessoa que pratica o judaísmo ou converte ao judaísmo (De *judaizar*+*-ante*, ou do fr. *judaïsant*, «id.»)

judaizar v.tr. converter ao judaísmo ■ v.intr. observar os preceitos dos Judeus (Do gr. *ioudaízein*, «id.», pelo lat. ecl. *judaizāre*, «id.»)

judas n.m. 1 boneco de palha que se costuma queimar publicamente no Sábado de Aleluia 2 [fig.] traidor; falso amigo (De *Judas [Iscariotes]*, antr., o apóstolo que atraiçoou Cristo)

judenga n.f. HISTÓRIA antigo tributo de trinta dinheiros que os Judeus pagavam por cabeça por terem vendido Jesus por aquela quantia (De *judengo*)

judengo adj. relativo aos Judeus (De *judeu*+*-engo*)

judeu adj. (feminino **judia**) 1 relativo à Judeia, região meridional da Palestina 2 que segue a religião ou a tradição judaica; hebreu; israelita ■ n.m. (feminino **judia**) 1 natural ou habitante da Judeia 2 aquele que segue o judaísmo 3 [pej.] avarento 4 [pop., pej.] indivíduo materialista 5 [pop., pej.] indivíduo de má índole; indivíduo malvado 6 ICTIOLOGIA ⇒ **albacora**¹ (Do hebr. *ieudhi*, «da tribo de Judá», pelo lat. *judaeu-*, «id.»)

judia adj. (masculino **judeu**) da Judeia ■ n.f. (masculino **judeu**) 1 mulher natural da Judeia 2 a que segue o judaísmo 3 [pop., pej.] a que é avarenta, malvada ou materialista 4 espécie de capa mourisca 5 ICTIOLOGIA nome vulgar de uns peixes teleósteos das famílias dos Labrídeos e dos Bleniídeos, um deles raro em Portugal, conhecido na Madeira por peixe-verde, e outro também designado murte-fuge (De *judio*)

judiar *v.intr.* 1 observar as leis e os costumes judaicos 2 discutir o custo; regatear ■ *v.tr.* 1 troçar; zombar 2 fazer maldades a; praticar diabruras em (De *judio*+-*ar*)

judiaria *n.f.* 1 grande número de judeus 2 bairro de judeus 3 troça; escárnio 4 maldade; diabrura; maus tratos (De *judio*+-*aria*)

judicativo *adj.* 1 que tem a faculdade de julgar ou de sentenciar 2 que julga; sentencioso (Do lat. *judicatīvu*-, «id.»)

judicatório *adj.* 1 relativo a julgamento 2 próprio para julgar (Do lat. *judicatorĭu*-, «que julga»)

judicatura *n.f.* 1 estado, cargo, função ou dignidade de juiz 2 poder de julgar 3 lugar onde a justiça é exercida; tribunal (Do lat. med. *judicatūra*-, «julgamento; decisão»)

judicial *adj.2g.* 1 relativo à justiça 2 referente aos juízes ou aos tribunais (Do lat. *judiciāle*-, «id.»)

judicialmente *adv.* 1 conforme os trâmites judiciais 2 por ordem do poder judiciário ou dos tribunais (De *judicial*+-*mente*)

judiciar *v.intr.* decidir judicialmente (Do lat. *judicĭu*-, «ação de julgar» +-*ar*)

judiciário *adj.* 1 que diz respeito à organização da justiça; forense 2 que é feito por ordem dos tribunais (Do lat. *judiciarĭu*-, «id.»)

judicioso /ô/ *adj.* 1 que tem juízo e prudência; sensato 2 que procede com acerto 3 sentencioso; grave 4 moralista (Do lat. *judicĭu*-, «juízo» +-*oso*)

judio *adj.* (*feminino* **judia**) 1 ⇒ **judeu** *adj.* 2 [pop.] travesso; endiabrado ■ *n.m.* (*feminino* **judia**) 1 indivíduo natural da Judeia 2 aquele que segue o judaísmo 3 [pej.] avarento 4 [pop., pej.] indivíduo materialista 5 [pop., pej.] indivíduo de má índole; indivíduo malvado (Do cast. *judío*, «id.»)

judo *n.m.* DESPORTO modalidade desportiva que consiste na luta defensiva derivada do jiu-jítsu, mas menos violenta, baseando-se na agilidade e flexibilidade dos praticantes (Do jap. *ju*, «ágil» +*dô*, «modo»)

judoca *n.2g.* DESPORTO praticante de judo (Do jap. *judoka*, «id.»)

juga *n.f.* 1 lugar alto 2 cabeço (De *jugo*)

jugada *n.f.* 1 junta de bois 2 extensão de terra que uma junta de bois lavra num dia; jeira 3 [ant.] tributo que pagavam, em cereal, as terras lavradias, e que era proporcional ao número de jugos (juntas de bois) empregados no seu amanho 4 [ant.] aluguer da junta de bois (De *jugo*+-*ada*)

jugadar *v.tr.* medir (o pão da jugada) (De *jugada*+-*ar*)

jugadeiro *adj.* sujeito à jugada ■ *n.m.* feitor ou dono de jugada (De *jugada*+-*eiro*)

jugador *n.m.* faca de abater os carneiros, no matadouro (De *jugar*+-*dor*)

jugal *adj.2g.* 1 referente a jugo 2 ANATOMIA relativo ao osso malar ou à bochecha 3 conjugal; matrimonial (Do lat. *jugāle*-, «de jugo»)

jugar *v.tr.* abater com o jugador (Do lat. *jugulāre*, «degolar»)

jugaria *n.f.* 1 jugada 2 terra jugadeira (De *jugo*+-*aria*)

juglandácea *n.f.* BOTÂNICA espécime das Juglandáceas

Juglandáceas *n.f.pl.* BOTÂNICA família de plantas dicotiledóneas, arbustivas, com flores masculinas em amentilhos, a que pertence a nogueira (De lat. *juglande*-, «nogueira» +-*áceas*)

juglandina *n.f.* substância amarga, de ação vermífuga, que se obtém do pericarpo verde das nozes e das folhas da nogueira (De lat. *juglande*-, «nogueira» +-*ina*)

jugo *n.m.* 1 peça de madeira grossa, adaptada ao cachaço de um ou dois bois, que serve para apor o boi (ou os dois bois que formam a junta) ao carro ou ao arado; canga 2 junta de bois 3 HISTÓRIA espécie de forca composta de três lanças, duas a pique e uma horizontal, sob a qual os Romanos faziam passar os vencidos 4 [fig.] opressão; domínio; sujeição (Do lat. *jugu*-, «id.»)

jugoslavo *adj.* de, respeitante ou pertencente à antiga Jugoslávia ou aos seus naturais ■ *n.m.* indivíduo natural da antiga Jugoslávia (Do fr. *yougoslave*, «jugoslavo»)

jugueira *n.f.* [regionalismo] recorte na parte inferior do jugo ou da canga, que se adapta ao cachaço do boi (De *jugo*+-*eira*)

jugueiro *n.m.* 1 indivíduo que fabrica jugos 2 ⇒ **jugadeiro** *n.m.* ■ *adj.* ⇒ **jugadeiro** *adj.* (De *jugo*+-*eiro*)

jugulação *n.f.* ato de jugular (Do lat. *jugulatiōne*-, «id.»)

jugulante *adj.2g.* diz-se do método curativo que consiste em fazer abortar a doença (Do lat. *jugulante*-, «que mata», part. pres. de *jugulare*, «degolar; matar»)

jugular[1] *adj.2g.* 1 ANATOMIA referente ao pescoço ou à garganta 2 ANATOMIA diz-se de órgãos, regiões, saliências, etc., que estão relacionados com o pescoço ou a garganta ■ *n.m.pl.* ICTIOLOGIA grupo de peixes cujas barbatanas pélvicas estão situadas à frente das peitorais (Do lat. *jugŭlu*-, «garganta; pescoço» +-*ar*)

jugular[2] *v.tr.* 1 extinguir; debelar 2 dominar; subjugar 3 degolar; decapitar 4 matar (Do lat. *jugulāre*, «degolar; matar»)

juguleira *n.f.* ANATOMIA depressão no pescoço dos equídeos, por onde passam as veias jugulares (Do lat. *jugŭlu*-, «garganta» +-*eira*)

juiz *n.m.* (feminino **juíza**) 1 DIREITO magistrado que administra a justiça, tendo como função aplicar a lei 2 DIREITO membro do poder judicial 3 aquele que julga; aquele que tem o poder de julgar 4 o que é chamado para resolver uma questão ou julgar sobre algo 5 DESPORTO o que, em jogos ou provas desportivas, fiscaliza a observância das regras; árbitro 6 presidente de irmandade, confraria, festa, etc.; ~ **da festa** 1 o que preside a qualquer festa ou divertimento; 2 [fig.] o que faz das despesas de qualquer empresa ou negócio; ~ **da Relação** DIREITO magistrado judicial que exerce funções num tribunal de segunda instância; ~ **de direito** DIREITO magistrado judicial que exerce funções num tribunal de comarca, magistrado que aplica as leis e julga de acordo com as provas; ~ **de fora** DIREITO antigo magistrado com as mesmas funções do atual juiz de Direito; ~ **de linha** DESPORTO (futebol) pessoa que assinala com uma pequena bandeira a saída da bola pela linha lateral ou pela linha de fundo, árbitro auxiliar; ~ **de paz** DIREITO pessoa que administra a justiça num julgado de paz; ~ **presidente** DIREITO juiz que preside a tribunal coletivo; ~ **relator** DIREITO juiz que redige os acórdãos das Relações ou do Supremo Tribunal de Justiça (Do lat. *judĭce*-, «id.»)

juíza *n.f.* (masculino **juiz**) 1 DIREITO magistrada que administra a justiça, tendo como função aplicar a lei 2 mulher que preside a uma festa ou função religiosa

juiz de campo *n.m.* DESPORTO o que, em jogos ou provas desportivas, faz cumprir as regras estabelecidas; árbitro

juiz de linha *n.m.* DESPORTO (futebol) pessoa cuja principal função é auxiliar o árbitro, assinalando infrações, saídas de bolas, etc., com uma pequena bandeira; árbitro auxiliar

juiz-forano *adj.* [Brasil] relativo à cidade brasileira de Juiz de Fora, no estado de Minas Gerais ■ *n.m.* [Brasil] natural ou habitante dessa cidade

juiz-forense *adj.,n.2g.* [Brasil] ⇒ **juiz-forano**

juízo *n.m.* 1 ato ou faculdade intelectual de julgar 2 sensatez; bom senso; discernimento; siso; tino 3 apreciação sobre as pessoas ou as coisas; parecer; conceito; opinião 4 DIREITO decisão do tribunal; sentença 5 DIREITO tribunal; jurisdição 6 RELIGIÃO julgamento divino profetizado no livro do Apocalipse 7 FILOSOFIA processo pelo qual o espírito afirma a realidade de uma coisa ou de uma relação de duas ideias 8 LÓGICA ato de estabelecer a existência de uma relação determinada entre dois ou mais termos, para afirmar ou negar a sua conveniência 9 [pop.] mente; pensamento; ~ **a priori** opinião sem fundamento na experiência; ~ **a posteriori** opinião fundamentada na experiência; ~ **de Deus** prova judicial pelo fogo e outros tormentos, usada na Idade Média para decidir da culpabilidade ou inocência do acusado; **dar a volta ao ~** [coloq.] fazer endoidecer; **estar no seu ~** ter a noção do que se faz ou diz; **fazer um ~** dar uma opinião; **moer o ~** [coloq.] aborrecer, importunar; **perder o ~** endoidecer (Do lat. *judicĭu*-, «id.»)

jujuba *n.f.* 1 BOTÂNICA fruto drupáceo e comestível da jujubeira 2 BOTÂNICA (árvore) ⇒ **jujubeira** (Do gr. *zizyphón*, «jujuba», pelo lat. *zizỹphu*-, «id.», pelo fr. *jujube*, «id.»)

jujubeira *n.f.* [Brasil] BOTÂNICA árvore da família das Ramnáceas, semelhante ao juazeiro mas de menor dimensão, e subespontânea no Brasil (De *jujuba*+-*eira*)

jukebox *n.f.* aparelho que toca músicas escolhidas mediante a introdução de moedas ou fichas, geralmente em bares e cafés (Do ing. *jukebox*, «id.»)

julavento *n.m.* NÁUTICA ⇒ **sotavento** (Do it. *giu al vento*, «id.»)

julepo *n.m.* bebida calmante que tem por base um xarope (Do ár. *julab*)

julgado *adj.* 1 que é ou foi objeto de julgamento 2 decidido por tribunal ou juiz; sentenciado 3 pensado; imaginado 4 reputado; apreciado ■ *n.m.* 1 decisão judicial; sentença 2 decisão definitiva e não reversível 3 jurisdição do juiz; ~ **de paz** tribunal da paróquia, na reforma judiciária de Mouzinho da Silveira, estadista português, 1780-1849, espécie de tribunal que funciona a nível de concelho ou freguesia 4 term competência para julgar pequenas causas cíveis e criminais; ~ **municipal** tribunal que funciona em concelhos que não têm categoria de comarca; **transitar em ~** (sentença) tornar-se definitiva e irreversível, por ter passado o prazo legal para interpor recurso (Do lat. *judicātu*-, «função de juiz»)

julgador *n.m.* 1 o que julga 2 juiz 3 árbitro 4 apreciador ■ *adj.* que julga; que aprecia (De *julgar*+-*dor*)

julgamento *n.m.* **1** ato ou efeito de julgar ou de emitir um juízo **2** DIREITO decisão final de um tribunal sobre um processo; sentença **3** DIREITO audiência em que se produzem, se analisam e se criticam todas as provas trazidas ao conhecimento do tribunal, o qual aplica as regras de direito adequadas à situação apurada e profere uma decisão **4** exame; apreciação; avaliação (De *julgar*+*-mento*)

julgar *v.tr.* **1** decidir como juiz ou árbitro; sentenciar **2** formar opinião sobre; avaliar **3** achar; considerar **4** crer; supor **5** criticar **6** calcular; imaginar ■ *v.tr.,intr.* pronunciar sentença; decidir; resolver; ajuizar ■ *v.pron.* reputar-se; imaginar-se; supor-se; crer-se; *a ~ por* considerando, tendo em conta (Do lat. *judicāre*, «julgar»)

julho *n.m.* sétimo mês do ano civil, com trinta e um dias (Do lat. *Julĭu-*, «Júlio César», general e estadista romano, 101-44 a. C.)

juliana *n.f.* **1** mistura de legumes picados para sopa **2** CULINÁRIA sopa preparada com vários legumes picados **3** ICTIOLOGIA nome vulgar de alguns peixes teleósteos que aparecem na costa portuguesa, em especial o bacalhau ou badejo e outro da mesma família, conhecido também por peixe-pau (Do fr. *julienne*, «id.», de *Julien*, antr.)

juliana-dos-jardins *n.f.* [Brasil] BOTÂNICA planta subarbustiva, da família das Crucíferas, cultivada nos jardins e com aplicações medicinais

juliano *adj.* **1** relativo a Júlio César, general e estadista romano (101 - 44 a. C.) **2** relativo à reforma cronológica (calendário) ordenada por Júlio César (Do lat. *juliānu-*, «id.»)

jumbai *n.m.* [Guiné-Bissau] serão; convívio agradável; reunião (Do crioulo *jumbay*, «reunir-se para conversar», a partir de *bay juntu*, «ir junto»)

jumbair *v.intr.* [Guiné-Bissau] passar o tempo; reunir-se para conversar (Do crioulo guineense *jumbay*, «id.», de *bay juntu*, «ir juntamente»)

jumbeba /ê/ *n.f.* [Brasil] BOTÂNICA planta da família das Cactáceas, que também existe no Norte da África (Do tupi *yu*, «espinho» +*mbeb*, «plano»)

jumenta *n.f.* ZOOLOGIA fêmea do jumento

jumentada *n.f.* **1** agrupamento de jumentos **2** asneira; parvoíce (De *jumento*+*-ada*)

jumental *adj.2g.* referente a jumento; jumentil; asinino (De *jumento*+*-al*)

jumentico *n.m.* jumento pequeno (De *jumento*+*-ico*)

jumentil *adj.2g.* ⇒ **jumental** (De *jumento*+*-il*)

jumento *n.m.* **1** ZOOLOGIA mamífero perissodáctilo, da família dos Equídeos, menos corpulento que o cavalo, mas com orelhas mais compridas; burro; asno **2** [fig., pej.] pessoa de pouca inteligência; pessoa estúpida (Do lat. *jumentu-*, «animal de carga»)

junça *n.f.* BOTÂNICA nome vulgar extensivo a algumas plantas herbáceas da família das Ciperáceas (género *Cyperus*), espontâneas em Portugal, também conhecidas por albafor e juncinha (Do lat. *juncĕa-*, «do junco; semelhante ao junco»)

juncácea *n.f.* BOTÂNICA espécime das Juncáceas

juncáceas *n.f.pl.* BOTÂNICA família de plantas monocotiledóneas, herbáceas, com folhas lineares ou representadas apenas pelas bainhas, a que pertencem os juncos (Do lat. *juncu-*, «junco» + *-áceas*)

juncada *n.f.* **1** pancada com junco **2** grande quantidade de juncos **3** grande porção de ramos e folhas com que se cobre o chão, por ocasião de procissões, cortejos, etc. (De *junco*+*-ada*)

junça-de-conta *n.f.* BOTÂNICA ⇒ **juncinha**

juncagínácea *n.f.* BOTÂNICA espécime das Juncagináceas

Juncagináceas *n.f.pl.* BOTÂNICA família de plantas muito próximas das família das Juncáceas (Do lat. bot. *juncagĭne-*, de *juncu-*, «junco» +*-áceas*)

juncal *n.m.* terreno onde crescem juncos; junqueira (De *junco*+*-al*)

junçal *n.m.* lugar onde cresce a junça (De *junça*+*-al*)

junção *n.f.* **1** ato ou efeito de juntar; união; reunião **2** ponto onde duas ou mais coisas se reúnem ou se ligam; confluência; convergência **3** FÍSICA região de separação entre dois semicondutores de tipo de condutibilidade diferente (um a conduzir por eletrões, o outro por deficiência de eletrões), que se comporta como um retificador de corrente **4** MILITAR operação de reunião de duas unidades na frente de combate (Do lat. *junctiōne-*, «id.»)

juncar *v.tr.* **1** cobrir de juncos **2** espalhar em grande quantidade sobre **3** cobrir com profusão (De *junco*+*-ar*)

junceira *n.f.* BOTÂNICA ⇒ **junça** (De *junça*+*-eira*)

juncinha *n.f.* BOTÂNICA variedade de junça de caule triangular muito delgado e alto (De *junça*+*-inha*)

junco[1] *n.m.* **1** BOTÂNICA nome vulgar extensivo a plantas herbáceas, alongadas e flexíveis, da família das Juncáceas (género *Juncus*), representadas em Portugal por várias espécies espontâneas, aquáticas ou de terrenos húmidos ou alagadiços, como o junco-agudo, frequente na faixa marítima, o junco-das-esteiras, o junco-desmedulado, do centro e do Sul de Portugal, o junco-dos-sapos, dos lugares inundados de inverno, em quase todo o País, etc. **2** chibata **3** bengala flexível **4** [pop.] cacete (Do lat. *juncu-*, «id.»)

junco[2] *n.m.* NÁUTICA barco oriental, de tamanho grande, popa e proa elevadas, com dois ou três mastros e velas de esteira ou tela distendidas por meio de fasquias horizontais de bambu (Do mal. *jung*, «id.»)

junço *n.m.* [Brasil] cilindro de metal, oco e fechado nas extremidades, que serve de êmbolo nas bombas

juncoso /ô/ *adj.* abundante em juncos (Do lat. *juncōsu-*, «cheio de juncos»)

junçoso /ô/ *adj.* (terreno) em que abunda a junça (De *junça*+*-oso*)

jundiá *n.m.* [Brasil] ICTIOLOGIA designação extensiva a vários peixes do grupo dos Pimelodídeos; jandiá (Do tupi *yũdi'a*, «id.»)

jungir *v.tr.* **1** ligar por meio de jugo ou canga; emparelhar **2** atar; prender (a veículo ou máquina agrícola) **3** unir; ligar; prender **4** submeter (Do lat. *jungĕre*, «id.»)

jungo[1] *n.m.* ⇒ **jugo**

jungo[2] *n.m.* NÁUTICA ⇒ **junco**[2]

junguiano *adj.* **1** relativo ao psicanalista suíço Carl Gustav Jung (1875-1961), ou à sua obra **2** que é partidário das teorias e métodos preconizados por Jung ■ *n.m.* partidário das teorias e métodos preconizados por Jung (De *Jung*, antr.+*-iano*)

junho *n.m.* sexto mês do ano civil, com trinta dias (Do lat. *Junĭu-*, «de Juno», mitol., esposa de Júpiter)

júnior *adj.2g.* (plural **juniores**) **1** que tem menos idade; mais novo; mais jovem **2** DESPORTO que diz respeito a um grupo em que os praticantes têm idades entre os 16 e os 19 anos ■ *n.2g.* DESPORTO desportista praticante, cuja idade está compreendida entre os 16 e os 19 anos (Do lat. *junĭor*, «mais jovem»)

juniperácea *n.f.* BOTÂNICA espécime das Juniperáceas

Juniperáceas *n.f.pl.* BOTÂNICA família de plantas gimnospérmicas, da ordem das coníferas, cujo género-tipo é o junípero; Cupressáceas (De *junípero*+*-áceas*)

juniperáceo *adj.* relativo ou semelhante ao junípero (De *junípero*+*-áceo*)

junípero *n.m.* BOTÂNICA ⇒ **zimbro**[2] (Do lat. *juniperu-*, «zimbro; junípero»)

junónias *n.f.pl.* antigas festas em honra de Juno

junqueira *n.f.* terreno onde crescem juncos; juncal (De *junco*+*-eira*)

junquilho *n.m.* **1** BOTÂNICA planta herbácea, bolbosa, pertencente à família das Amarilidáceas, produtora de flores amarelas muito aromáticas, com subespécies espontâneas, e muito cultivada em Portugal **2** BOTÂNICA flor desta planta (Do cast. *junquillo*, «id.»)

junta *n.f.* **1** ANATOMIA [pop.] conjunto dos elementos através dos quais os ossos se mantêm unidos uns aos outros; articulação **2** ligação, linha ou superfície onde se unem dois ou mais objetos **3** encaixe para ligação de duas peças ou objetos **4** parelha de bois ou vacas **5** grupo de pessoas com um dado fim; comissão **6** entidade com funções políticas ou administrativas **7** organismo público de natureza administrativa ou consultiva **8** pequeno intervalo existente entre duas peças de uma construção para permitir a sua dilatação **9** BOTÂNICA designação de diversas plantas brasileiras **10** GEOLOGIA fenda de retração que ocorre nas rochas magmáticas já consolidadas, durante o seu arrefecimento; diáclase (Part. pass. irreg. fem. subst. de *juntar*)

juntada *n.f.* DIREITO termo de junção, num processo forense (Part. pass. fem. subst. de *juntar*)

junta-mão *n.m.* [São Tomé e Príncipe] agrupamento de ajuda mútua; apoio entre vizinhos (Do forro *djuntá-món*, «id.»)

juntamente *adv.* **1** preso ou unido a outra coisa **2** dentro **3** concomitantemente; ao mesmo tempo; *~ com* na companhia de, constituindo um conjunto com (De *junto*+*-mente*)

juntar *v.tr.* **1** unir; aproximar; pôr junto **2** fazer encontrar ao mesmo tempo no mesmo local; reunir; agrupar **3** misturar **4** acrescentar; adicionar; incluir **5** acumular **6** estabelecer ligação entre **7** alisar com a junteira (as extremidades das tábuas que se hão de sobrepor) ■ *v.pron.* **1** unir-se; aproximar-se; ficar junto **2** encontrar-se ao mesmo tempo no mesmo local; reunir-se; agrupar-se **3** associar-se; aliar-se **4** misturar-se **5** [pop.] passar a viver maritalmente, sem casar; *~ os trapinhos* [coloq.] passar a viver maritalmente, sem casar; *~ uns tostões* economizar dinheiro (De *junto*+*-ar*)

junteira *n.f.* espécie de plaina para abrir juntas nas beiras das tábuas (De *junta*+*-eira*)

junto *adj.* **1** unido; ligado **2** reunido; agrupado **3** próximo; chegado **4** que acontece ao mesmo tempo **5** misturado **6** acumulado **7** [pop.]

que vive maritalmente com outra pessoa sem estar casado com ela ■ *adv.* **1** preso ou unido a outra coisa; dentro; juntamente **2** ao pé; ao lado; **~ a/de** ao lado de, perto de; **~ com** misturado com, formando grupo com; **por ~** de uma só vez, por atacado, ao todo (Do lat. *junctu-*, «id.», part. pass. de *jungĕre*, «juntar; jungir»)

juntoira *n.f.* ⇒ **juntoura**

juntoura *n.f.* pedra que vai de uma à outra face da parede, ou que ressai para se embeber noutra parede contígua (De *juntar*+*-oura*)

juntura *n.f.* **1** ponto em que duas ou mais coisas se juntam ou ligam; junta; ligação **2** ANATOMIA articulação **3** série de peças que permitem jungir os bois ao carro (Do lat. *junctura-*, «id.»)

juó *n.m.* ORNITOLOGIA ⇒ **zabelê** (De orig. onom.)

jupiede *n.m.* BOTÂNICA planta da Índia Oriental, pertencente à família das Resedáceas

Júpiter *n.m.* **1** MITOLOGIA pai dos deuses, segundo a mitologia romana, equivalente a Zeus na mitologia grega **2** ASTRONOMIA o maior dos planetas do sistema solar, exterior, entre Marte e Saturno, com grande achatamento polar e 15 satélites, que executa uma rotação completa em 9 horas e 53 minutos e dá uma volta completa em torno do Sol em 12 anos, aproximadamente (Do lat. *Jupiter*, «id.»)

jupiteriano *adj.* **1** relativo ou pertencente ao planeta Júpiter **2** [fig.] imperioso **3** [fig.] majestoso **4** [fig.] altivo (De *Júpiter*, mitol. + *-iano*)

juquiri *n.m.* [Brasil] BOTÂNICA ⇒ **juciri**

juquiriaçu *n.m.* BOTÂNICA árvore da família das Leguminosas, semelhante ao juquiri (Do tupi *yukiria'su*, «juquiri grande»)

jura *n.f.* **1** ato ou efeito de jurar ou prometer solenemente; juramento; promessa **2** ato de pedir um mal para alguém; praga **3** fórmula utilizada para prometer solenemente (Deriv. regr. de *jurar*)

jurado *adj.* **1** que prestou juramento **2** declarado solenemente **3** manifesto; reconhecido; assumido ■ *n.m.* **1** DIREITO membro de um júri num tribunal **2** membro de um grupo constituído para avaliar o mérito de alguém ou alguma coisa (Do lat. *jurātu-*, «id.», part. pass. de *jurāre*, «jurar»)

jurador *adj.,n.m.* **1** que ou aquele que jura **2** que ou o pragueja frequentemente (Do lat. *juratōre-*, «o que presta juramento»)

juraico *adj.* **1** relativo ao Jura, cadeia de montanhas da França e da Suíça **2** GEOLOGIA que diz respeito ao período geológico do Jurássico (De *Jura*, top. +*-ico*)

juramentar *v.tr.* ⇒ **ajuramentar** (De *juramento*+*-ar*)

juramento *n.m.* **1** ato ou efeito de jurar **2** ato de afirmar ou prometer solenemente, invocando como prova de boa-fé algo que se considera sagrado **3** promessa solene; jura **4** fórmula usada para jurar **5** DIREITO ato de jurar perante um juiz, prometendo-se solenemente que se vai testemunhar com verdade ou que se vai desempenhar determinada função com rigor e empenho (por exemplo, a peritagem ou a curadoria); **~ de bandeira** MILITAR compromisso solene assumido pelos militares de defender o seu país; **~ de Hipócrates** compromisso solene assumido pelo médico na altura em que se forma, de seguir o código de deontologia médica atribuído a Hipócrates; **sob ~** conforme promessa solene que se fez (Do lat. tard. *juramentu-*, «id.»)

jurão *n.m.* [Brasil] casa levantada sobre estacaria para resistir às inundações (De orig. obsc.)

jurar *v.tr.* **1** declarar ou prometer solenemente, geralmente invocando como prova de boa-fé algo que se considera sagrado; afirmar sob juramento **2** afirmar com toda a certeza; assegurar; garantir; afiançar **3** invocar; chamar **4** praguejar ■ *v.intr.* prometer solenemente, invocando como prova de boa-fé algo que se considera sagrado; prestar juramento; **~ a pés juntos** jurar com toda a firmeza, jurar solenemente; **~ bandeira** (militar) prometer solenemente defender o país simbolizado pela bandeira; **~ pela pele (de)** prometer vingar-se na primeira ocasião propícia (Do lat. *jurāre*, «id.»)

Jurássico *n.m.* GEOLOGIA segundo período (ou sistema) do Mesozoico, que sucede ao Triásico e precede o Cretácico ■ *adj.* [com minúscula] GEOLOGIA que diz respeito ao Jurássico; **~ superior** período que se caracteriza pelo aparecimento de alguns crocodilos, tartarugas, e, na vegetação, pela predominância de Cicadáceas, coníferas e fetos (Do francês *jurassique*, «idem»)

juratório *adj.,n.m.* relativo a juramento (Do lat. *juratorĭu-*, «id.»)

jurema /ê/ *n.f.* BOTÂNICA árvore espinhosa (acácia) do Brasil, pertencente à família das Leguminosas (Do tupi *yu'rema*, «espinheiro suculento»)

júri *n.m.* **1** DIREITO série de pessoas selecionadas de modo aleatório, convocadas por um tribunal para julgar uma causa **2** conjunto de indivíduos encarregados de avaliar o mérito de uma pessoa, um grupo, uma obra, uma atuação, sujeitos a exame ou a concurso (Do ing. *jury*, misturado com, «id.»)

juridicamente *adv.* segundo o direito; conforme a lei (De *jurídico*+*-mente*)

juridicidade *n.f.* qualidade de jurídico

jurídico *adj.* **1** do direito ou a ele relativo **2** conforme aos princípios do direito **3** realizado perante a justiça (Do lat. *jurĭdĭcu-*, «id.»)

jurisconsulente *n.2g.* pessoa que faz uma consulta jurídica (Do lat. *jus, juris*, «direito» +*consulente-*, «id.», part. pres. de *consulĕre*, «consultar»)

jurisconsulto *n.m.* aquele que é versado em leis e que, no exercício da sua profissão, dá pareceres sobre questões jurídicas; jurista; jurisperito; jurisprudente (Do lat. *jurisconsultu-*, «id.»)

jurisdição *n.f.* **1** DIREITO poder ou autoridade legal para aplicar as leis ou administrar a justiça **2** DIREITO conjunto dos tribunais da mesma espécie **3** DIREITO extensão territorial em que um magistrado exerce as suas atribuições **4** alçada; competência **5** poder; influência (Do lat. *jurisdictiōne-*, «id.»)

jurisdicional *adj.2g.* relativo ou pertencente a jurisdição (Do lat. *jurisdictiōne-*, «jurisdição» +*-al*)

jurisperícia *n.f.* qualidade de jurisperito (Do lat. tard. *jurisperitĭa-*, «id.»)

jurisperito *n.m.* ⇒ **jurisconsulto** (Do lat. *jurisperītu-*, «id.»)

jurisprudência *n.f.* **1** ciência do direito **2** método de interpretação e aplicação das leis por parte dos tribunais **3** fonte de direito estabelecida pelas decisões dos tribunais sobre questões polémicas **4** modo como um tribunal julga normalmente determinadas questões (Do lat. *jurisprudentĭa-*, «id.»)

jurisprudente *n.2g.* ⇒ **jurisconsulto**

jurista[1] *n.2g.* DIREITO pessoa versada em leis e que, no exercício da sua profissão, dá pareceres sobre questões jurídicas; jurisprudente (Do lat. *jure-*, «direito» +*-ista*)

jurista[2] *n.2g.* **1** pessoa que empresta dinheiro a juros **2** pessoa que possui títulos de dívida pública e recebe os juros correspondentes (De *juro*+*-ista*)

juriti *n.m.* [Brasil] ORNITOLOGIA designação vulgar de uma ave afim da rola, pertencente à família dos Peristerídeos (Do tupi *yuru'ti*, «id.»)

juro *n.m.* **1** valor percentual que alguém recebe por dinheiro emprestado, investido ou depositado, por um determinado período **2** [fig.] recompensa; **~ moratório** indemnização pelo atraso de uma prestação em dinheiro; **à razão de juros** sem juízo, tresloucadamente; **por ~ de herdade** por direito hereditário (Do lat. *jure-*, «direito»)

jurubeba /ê/ *n.f.* [Brasil] BOTÂNICA planta americana medicinal, da família das Solanáceas (Do tupi *yuru'wewa*, «id.»)

jurubeba-menor *n.f.* BOTÂNICA ⇒ **jurupetinga**

jurujuba *n.f.* BOTÂNICA ⇒ **urgebão** (Do tupi *ju'ru*, «papagaio» +*juba*, «amarelo»)

jurupeba /ê/ *n.f.* BOTÂNICA ⇒ **jurupetinga**

jurupetinga *n.f.* [Brasil] BOTÂNICA uma das espécies de jurubebas (plantas solanáceas) (Do tupi *yuru'pewa*, «jurubeba» +*tĩga*, «branca»)

jururu *adj.2g.* [Brasil] triste; melancólico (Do tupi *xearu'ru*, «beiçudo; melancólico»)

juruva *n.f.* [Brasil] ORNITOLOGIA ⇒ **udu** (Do tupi *ji'riwa*, «id.»)

jus[1] *n.m.* direito; **fazer jus a** fazer por merecer (Do latim *jus* (nominativo), «direito»)

jus[2] *n.m.* [Guiné-Bissau] discussão; zaragata; polémica (Do crioulo guineense *djus*, «idem», do mandinga *djusu*, «fígado», entendido como sede dos sentimentos)

jusante *n.f.* **1** GEOGRAFIA lado de uma corrente contrário ao da nascente e para onde correm as águas **2** GEOGRAFIA maré vazante; baixa-mar; **a ~** para o lado da foz (Do fr. *jusant*, «maré baixa»)

jussivo *adj.* GRAMÁTICA (frase) que exprime uma ordem, um mandato ■ *n.m.* (modo verbal) imperativo (Do lat. *jussu-*, «ordem» +*-ivo*)

justa[1] *n.f.* **1** HISTÓRIA combate entre dois homens armados de lança, na Idade Média; torneio; duelo **2** [fig.] luta; confronto; contenda **3** [fig.] questão; pendência; desacordo (Do prov. *josta*, «id.»)

justa[2] *elem.loc.adv.* **à ~** nem mais nem menos; na medida certa

justa- elemento de formação de palavras que exprime a ideia de *junto de, ao lado de* (Do lat. *juxta*, «ao lado de; junto de»)

justador *adj.,n.m.* **1** que ou aquele que entra em justas **2** [fig.] competidor; rival (De *justar*+*-dor*)

justafluvial *adj.2g.* que fica nas margens de um rio (De *justa-*+*fluvial*)

justalinear *adj.2g.* (tradução) em que o texto de uma linha vem traduzido na linha imediata ou numa linha correspondente, ao lado (De *justa-*+*linear*)

justamente *adv.* 1 de modo justo; com justiça 2 precisamente; exatamente (De *justo+-mente*)

justapor /ô/ *v.tr.* pôr junto; pôr ao pé ■ *v.pron.* 1 pôr-se exatamente lado a lado 2 unir-se (De *justa-+pôr*)

justaposição *n.f.* 1 ato ou efeito de colocar ou colocar-se mesmo ao lado 2 situação de uma coisa ao lado de outra, sem nada a separá-las; aposição 3 BIOLOGIA agregação contínua de novas moléculas ao núcleo primitivo, nos corpos inorgânicos 4 segundo a gramática tradicional, junção de duas ou mais palavras em que cada elemento conserva a sua integridade gráfica e prosódica (De *justa-+posição*)

justaposto /ô/ *adj.* 1 posto junto e em contiguidade 2 unido (Part. pass. de *justapor*)

justar[1] *v.intr.* entrar em justa; lutar; competir (Do prov. *jostar*, «id.»)

justar[2] *v.tr.* 1 [pop.] ajustar 2 [pop.] assentar no preço de 3 [pop.] combinar a soldada de ■ *v.pron.* amoldar-se; adaptar-se (De *justo+-ar*)

justavertebral *adj.2g.* que está colado às vértebras (De *justa-+vertebral*)

justeza /ê/ *n.f.* 1 qualidade do que está em conformidade com a justiça 2 qualidade do que se adequa bem; conveniência 3 exatidão; precisão; certeza 4 bom senso; razão 5 verdade (Do lat. *justitĭa-*, «justiça; justeza»)

justiça *n.f.* 1 virtude moral que inspira o respeito pelos direitos de cada pessoa e a atribuição do que é devido a cada um; equidade 2 conformidade com o direito estabelecido 3 poder de aplicar as leis; poder judicial 4 aplicação das leis para solucionar litígios, julgar causas ou atribuir sanções 5 conjunto de pessoas, instituições e serviços que definem a organização do poder judicial 6 conjunto dos magistrados; a magistratura 7 alegoria que representa a imparcialidade da aplicação do direito, constituída por uma mulher de olhos vendados com uma balança numa mão e uma espada na outra 8 [pop.] funcionários de um tribunal; *~ comutativa* justiça que preside às trocas e consiste na igualdade de valor das coisas trocadas; *~ distributiva* justiça que preside à distribuição ou repartição dos bens e dos encargos, consoante a qualidade das pessoas; *~ pública* direito de ação judicial; *~ social* virtude que consiste em respeitar os direitos, quer naturais, quer positivos, que uma sociedade bem organizada deve reconhecer aos seus membros; *~ de Fafe* [pop.] forma violenta de resolver desacordos; *com ~* de maneira justa e imparcial; *dizer de sua ~* dizer o que se pensa, alegar em favor de si próprio; *em boa ~* segundo o que é devido; *fazer ~ por suas mãos* castigar sem recorrer aos poderes competentes (Do lat. *justitĭa-*, «justiça»)

justiçado *adj.,n.m.* que ou aquele que sofreu pena de morte (Part. pass. de *justiçar*)

justiçar *v.tr.* 1 punir com pena de morte 2 demandar em juízo 3 aplicar a justiça a (De *justiça+-ar*)

justiceiro *adj.,n.m.* 1 que ou pessoa que gosta de fazer justiça 2 que ou pessoa que é rigorosa e implacável na aplicação ou execução da lei (De *justiçar+-eiro*)

justicoso /ô/ *adj.* que faz justiça com rigor; justiceiro (De *justiça+-oso*)

justificação *n.f.* 1 ação ou efeito de justificar ou justificar-se 2 exposição das razões que legitimam determinada atuação, comportamento ou acontecimento; desculpa 3 prova judicial 4 DIREITO série de formalidades que se destinam à confirmação judicial ou notarial de um facto 5 RELIGIÃO ação divina que justifica ou torna justo, que confere a graça ao que não a tinha 6 TIPOGRAFIA fixação de um texto dentro da mancha (Do lat. *justificatiōne-*, «id.»)

justificador *adj.,n.m.* que ou o que justifica; que ou que explica os motivos de algo (Do lat. *justificatōre-*, «id.»)

justificante *adj.2g.* 1 que justifica ou que apresenta motivo para algo 2 RELIGIÃO que torna justo; que dá a graça divina ■ *n.2g.* DIREITO pessoa que solicita justificação em juízo (Do lat. *justificante-*, «id.», part. pres. de *justificare*, «justificar»)

justificar *v.tr.* 1 explicar o motivo de ou a razão para; fundamentar 2 tornar admissível ou justo; legitimar; desculpar 3 DIREITO provar em juízo 4 TIPOGRAFIA aumentar ou reduzir (as linhas de um texto), alterando o entrelinhamento ou o espaço entre letras ou colunas para fazer com que o texto termine dentro da mancha 5 RELIGIÃO fazer passar do pecado ao estado de graça; reabilitar ■ *v.pron.* 1 ter razão de ser 2 apresentar os motivos ou razões para algo; explicar 3 desculpar-se 4 provar a sua inocência (Do lat. *justificăre*, «id.»)

justificativa *n.f.* prova ou documento que demonstra a veracidade de um facto (De *justificativo*)

justificativo *adj.* 1 que serve para justificar 2 que confirma a verdade de algo (De *justificar+-tivo*)

justificatório *adj.* que serve para justificar (De *justificar+-tório*)

justificável *adj.2g.* 1 que se pode justificar ou explicar 2 que se pode aceitar ou perceber; compreensível (De *justificar+-vel*)

justilho *n.m.* corpete; espartilho (Do cast. *justillo*, «id.»)

justinianeu *adj.* 1 relativo ao imperador romano Justiniano do Oriente (482 - 565) 2 diz-se do código mandado compilar por este imperador e que serviu de base ao direito visigótico, que é uma das fontes do direito português (Do lat. *justinianĕu-*, «id.»)

justiniano *adj.* ⇒ **justinianeu** (Do lat. *justiniānu*, «de Justiniano»)

justo *adj.* 1 que age de forma moralmente correta; imparcial; equitativo 2 conforme ao direito ou à justiça 3 adequado; merecido 4 legítimo; justificado 5 exato; preciso 6 apropriado 7 que assenta bem; ajustado 8 apertado; cingido 9 razoável; lógico 10 que foi combinado 11 RELIGIÃO que respeita as leis morais ou religiosas ■ *n.m.* 1 pessoa imparcial e correta do ponto de vista moral 2 aquilo que está certo ou é conforme à justiça 3 RELIGIÃO pessoa virtuosa; *~ impedimento* DIREITO acontecimento imprevisível e alheio à vontade de uma parte ou do seu mandatário, e, que, impedindo-o de praticar um ato processual dentro do prazo, ao mesmo tempo lhe justifica tal falta; *justa causa* DIREITO fundamento importante que confere a uma parte o direito de resolver um contrato, uma vez que representa, em regra, a violação pela outra parte dos seus deveres contratuais; *ao ~* com precisão; *pagar o ~ pelo pecador* ser castigado o que não tem culpa, ficando o culpado sem punição; sofrerem todos o mesmo castigo, por não ser possível identificar os que têm a culpa (Do lat. *justu-*, «id.»)

justura *n.f.* 1 ato de justar ou ajustar 2 adaptação (De *justar+-ura*)

juta *n.f.* 1 BOTÂNICA planta herbácea, desenvolvida, da família das Tiliáceas, de folhas recortadas e pontiagudas, caule longo e não lenhoso, que fornece boa fibra têxtil 2 fibra têxtil fornecida por essa planta 3 tecido feito com a fibra dessa planta (Do sânsc. *júta*, «trança de cabelo», pelo ing. *jute*, «juta»)

jutaí *n.m.* BOTÂNICA planta (árvore) ⇒ **tamarindeiro** 2 BOTÂNICA (fruto) ⇒ **tamarindo** (Do tupi *yuta'i*, «id.»)

jutaipeba /ê/ *n.f.* BOTÂNICA ⇒ **pororoca** (Do tupi *yuta'i*, «jutaí» +'*pewa*, «plano»)

jutaúba *n.f.* BOTÂNICA árvore meliácea do Brasil, cuja madeira é boa para construções (Do tupi *yuta'uba*, «id.»)

jutlandês *adj.* relativo ou pertencente à Jutlândia ■ *n.m.* natural ou habitante da Jutlândia (Dinamarca) (De *Jutlândia+-ês*)

juvenalesco /ê/ *adj.* 1 relativo a Juvenal, poeta latino (60-140 d. C.) 2 semelhante ao estilo desse poeta; violentamente satírico (De *Juvenal*, antr. *+-esco*)

juvenco *n.m.* animal jovem de gado bovino; novilho; bezerro (Do lat. *juvencu-*, «novilho»)

juvenil *adj.2g.* 1 que diz respeito à juventude 2 próprio da juventude; jovem 3 destinado a jovens 4 DESPORTO formado por praticantes com idades entre os 14 e os 16 anos ■ *n.2g.* DESPORTO desportista praticante, cuja idade está compreendida entre os 14 e os 16 anos (Do lat. *juvenīle-*, «de jovem»)

juvenília *n.f.* LITERATURA produção literária da juventude de um autor (Do lat. *juvenīlĭa*, «coisas da mocidade»)

juvenilidade *n.f.* 1 qualidade de juvenil ou jovem 2 período da vida entre a infância e a idade adulta; idade juvenil; juventude (Do lat. *juvenilitāte-*, «mocidade»)

juventa *n.f.* ⇒ **juventude** (Do lat. *juventa-*, «id.»)

juventude *n.f.* 1 período da vida em que não se chegou à idade adulta ou em que se chegou a essa idade há pouco tempo; idade juvenil; mocidade 2 pessoas que estão nesse período da vida; gente jovem 3 série de características que são próprias das pessoas jovens (Do lat. *juventūte-*, «id.»)

júvia *n.f.* [Brasil] BOTÂNICA árvore mirtácea cujo fruto é a castanha-do-maranhão (De orig. obsc.)

k *n.m.* **1** décima primeira letra e oitava consoante do alfabeto, usada em palavras e abreviações de origem estrangeira **2** letra que representa a consoante oclusiva velar surda (ex. *k*etchup) **3** QUÍMICA símbolo de *potássio* (com maiúscula) **4** FÍSICA símbolo de *kelvin* (com maiúscula)

kafkiano *adj.* **1** relativo ao escritor checo de língua alemã Franz Kafka (1883-1924) ou à sua obra **2** [fig.] labiríntico; complicado **3** [fig.] absurdo ■ *n.m.* admirador ou conhecedor da obra de Kafka (De *Kafka*, antr. +-*iano*)

Kaiser *n.m.* imperador da Alemanha Guilherme II, desde a sua coroação, em 1888, até 1918 (fim da Primeira Grande Guerra)

kamikaze *n.m.* **1** na Segunda Guerra Mundial, aviador japonês treinado para se lançar em ataque suicida às posições inimigas **2** [fig.] indivíduo que pratica ações em que põe em risco a própria vida; indivíduo imprudente e autodestrutivo ■ *adj.2g.* **1** relativo a piloto suicida **2** relativo a ataque suicida contra posições inimigas **3** [fig.] que põe em risco a própria vida; imprudente; suicida; autodestrutivo

kantiano *adj.* relativo ao filósofo alemão Emmanuel Kant (1724-1804) ou à sua obra ■ *n.m.* **1** adepto da filosofia de Kant **2** discípulo de Kant (De *Kant*, antr. +-*iano*)

kantismo *n.m.* FILOSOFIA sistema filosófico de Emmanuel Kant (1724-1804), que patenteia no conhecimento modalidades a priori, que não resultam da experiência, mas são condições dela (De *Kant*, antr. +-*ismo*)

kantista *adj.2g.* relativo ou pertencente ao kantismo ■ *n.2g.* **1** adepto da filosofia de Kant **2** discípulo de Kant (De *Kant*, antr. +-*ista*)

karaoke *n.m.* **1** forma de entretenimento em que as pessoas cantam todo o tipo de músicas acompanhadas por um sistema de música pré-gravada, o qual permite ouvir a faixa relativa à canção que se escolhe, bem como ler a letra respetiva num ecrã **2** bar que oferece esse tipo de entretenimento (Do jap. *kara*, «vazio», + *oke*, abrev. de *ōkesutora*, «orquestra»)

karaté *n.m.* método de combate e defesa pessoal, de origem japonesa, em que não se faz uso de arma, e que consiste sobretudo no emprego de golpes, rápidos e vigorosos, de mão e de pé, desferidos sobre pontos vitais do adversário (Do jap. *karate*, «mãos nuas»)

karateca *n.2g.* pessoa que pratica o karaté (Do jap. *karateká*, «id.»)

karbovanet *n.m.* antiga unidade monetária da Ucrânia

Karroo *n.m.* GEOLOGIA planalto desértico, uma das mais importantes séries geológicas da África ao sul do equador, cuja idade vai do Carbónico superior ao Jurássico inferior (Do hotentote *karo*, «seco», pelo ing. *karoo*, «id.»)

kart *n.m.* pequeno veículo automóvel de competição, de um só lugar, com embraiagem automática, sem carroçaria nem suspensão (Do ing. *(go-)kart*)

karting *n.m.* **1** DESPORTO desporto automóvel em que cada praticante utiliza um kart **2** corrida de karts (Do ing. *(go-)kart+-ing*)

kartista *n.2g.* DESPORTO pessoa que pratica o karting (De *kart+-ista*)

kartódromo *n.m.* pista para corridas de karts (De *kart+-* [*aut*] *ódromo*)

kayak *n.m.* ⇒ **caiaque** (Do esquimó *kayak*, «id.», pelo fr. *kayak* ou *kayac*, «id.»)

Kazaniano *n.m.* GEOLOGIA andar do Pérmico (De *Kazan*, top., capital da República dos Tártaros [Rússia] +-*iano*)

Keewatiniano *n.m.* GEOLOGIA divisão estratigráfica correspondente às formações mais antigas do Pré-Câmbrico canadiano (De *Keewatin*, top., distrito do noroeste do Canadá +-*iano*)

kelvin *n.m.* FÍSICA unidade de temperatura termodinâmica do Sistema Internacional, de símbolo K, que equivale a 1/273,16 da temperatura termodinâmica do ponto triplo da água (De *William Kelvin, Lord Kelvin*, físico ing., 1824-1907)

kepléria *n.f.* BOTÂNICA palmeira indiana (De *J. Kepler*, antr. +-*ia*)

kepleriano *adj.* **1** relativo ao astrónomo alemão Johannes Kepler (1571-1638), que, a partir de dados experimentais e de observação, estabeleceu as leis que têm o seu nome e se referem à forma das órbitas dos planetas, às áreas descritas pelos raios vetores que unem os planetas ao Sol e aos tempos gastos nos movimentos de translação (leis que permitiram a Newton, físico, matemático e astrónomo inglês (1642-1727), estabelecer a lei da atração universal) **2** relativo a estas leis (De *J. Kepler*, antr. +-*iano*)

ketchup *n.m.* CULINÁRIA molho cremoso feito de concentrado de tomate aromatizado e outros condimentos (cebola, sal, açúcar, etc.) (Do ing. *ketchup*, «id.»)

Keuper *n.m.* GEOLOGIA andar superior do Triásico de fácies germânico formado por margas irisadas, cupríferas (Do al. *Keuper*, «marga arenífera»)

Keweenawiano *n.m.* GEOLOGIA andar do Pré-Câmbrico superior (De *Keweenaw*, top., península na margem sul do lago Superior, Canadá +-*iano*)

keynesianismo *n.m.* ECONOMIA doutrina do economista inglês John Maynard Keynes (1883-1946), que preconiza a promoção do pleno emprego pelo Estado, como via para fazer face às recessões económicas (De *Keynes*, antr. +-*iano*+-*ismo*)

keyserlinguiano *adj.* **1** relativo ao filósofo e escritor alemão A. H. Keyserling (1880-1946) ou à sua obra **2** que é seguidor ou admirador da obra de Keyserling (De *Keyserling*, antr. +-*iano*)

kibutz *n.m.* pequena propriedade agrícola coletiva em Israel (Do hebr. *quibbūs*, «ajuntamento»)

kickboxer *n.2g.* DESPORTO praticante de kickboxing (Do ing. *kickboxer*, «id.»)

kickboxing *n.m.* DESPORTO desporto de combate com raízes no boxe tailandês, em que são utilizadas combinações de karaté e boxe (Do ing. *kickboxing*, «id.»)

kierkegaardiano *adj.* **1** relativo ao filósofo dinamarquês S. Kierkegaard (1813-1855) ou à sua doutrina **2** que é adepto dessa doutrina ■ *n.m.* adepto da doutrina de Kierkegaard (De *Kierkegaard*, antr. +-*iano*)

kilo- ⇒ **quilo-**[2] (Do gr. *khílioi*, «mil»)

kilobit *n.m.* INFORMÁTICA ⇒ **quilobit** (Do ing. *kilobit*, «id.»)

kilobyte *n.m.* INFORMÁTICA ⇒ **quilobyte** (Do ing. *kilobyte*, «id.»)

kilohertz *n.m.2n.* FÍSICA ⇒ **quilohertz**

kilojoule *n.m.* FÍSICA ⇒ **quilojoule** (De *kilo-+joule*)

kilotonelada *n.f.* FÍSICA ⇒ **quilotonelada** (De *kilo+tonelada*)

kilovolt *n.m.* FÍSICA ⇒ **quilovolt** (De *kilo-+volt*)

kilovolt-ampere *n.m.* FÍSICA ⇒ **quilovolt-ampere**

kilowatt *n.m.* FÍSICA ⇒ **quilowatt** (De *kilo-+watt*)

kilowatt-hora *n.m.* FÍSICA ⇒ **quilowatt-hora**

kilt *n.m.* **1** saia até aos joelhos, de tecido de lã quadriculado, pregueada e com trespasse lateral, que faz parte do traje típico masculino escocês **2** saia de senhora com características semelhantes, mas de comprimento variável (Do ing. *kilt*, «id.»)

kimberlito *n.m.* PETROLOGIA rocha magmática brechoide, ultrabásica, da família dos peridotitos que constituem chaminés diamantíferas (De *Kimberley*, top., cidade da África do Sul +-*ito*)

Kimmeridgiano *n.m.* GEOLOGIA andar do Jurássico superior (De *Kimmeridge*, top., localidade do condado de Dorset, no Sul da Inglaterra +-*iano*)

kimono *n.m.* **1** peça do vestuário tradicional japonês, que pode ser usada por ambos os sexos e tem a forma de uma túnica comprida, de trespasse, com mangas largas, apertada por um cinto **2** peça de vestuário geralmente utilizada em casa, com características semelhantes a essa túnica

kina *n.m.* unidade monetária da Papua Nova Guiné

king *n.m.* jogo de cartas menos complexo que o bridge, em que jogam quatro pessoas e em que um naipe é trunfo (Do ing. *king*, «id.»)

kip *n.m.* unidade monetária do Laos

kírie *n.m.* RELIGIÃO parte da missa em que Deus é invocado três vezes (Do gr. *Kýrie*, vocativo de *Kýrios*, «Senhor»)

kirsch *n.m.* aguardente de cerejas que fermentaram com os caroços (Do al., da abreviação de *Kirschwasser*, «id.»)

kispo *n.m.* blusão de material impermeável, geralmente curto (De *Kispo®*)

kit *n.m.* **1** estojo com diversos artigos utilizados para um fim específico **2** conjunto de peças que se vendem soltas e acompanhadas de folheto explicativo para facilitar a sua montagem **3** sistema montado pelo próprio utilizador (Do ing. *kit*)

kitchenette *n.f.* pequena cozinha geralmente integrada em sala de apartamento (Do ing. *kitchenette*, dim. de *kitchen*, «cozinha»)

kitsch *adj.inv.,n.m.* **1** diz-se da ou manifestação cultural ou artística que explora estereótipos sentimentalistas, melodramáticos ou sensacionalistas **2** [pej.] que ou tendência, manifestação ou conjunto de objetos que são considerados de mau gosto ou de má qualidade pelo facto de terem características geralmente associadas ao gosto popular (Do al. *Kitsch*, «id.»)

kiwi *n.m.* ORNITOLOGIA, BOTÂNICA ⇒ **quivi**

kizomba *n.f.* **1** ritmo africano, de origem angolana, normalmente marcado por uma batida bastante forte **2** dança executada ao som desse ritmo **3** [Angola] batuque **4** [Angola] festa; divertimento (Do quimb. *kizomba*, «id.», a partir de *kuzomba*, «seguir pausadamente»)

kjökkenmödding *n.m.* ARQUEOLOGIA ⇒ **concheiro 2** (Do din. *kjökkenmödding*, «restos de cozinha»)

kneippismo *n.m.* sistema hidroterápico de Sebastian Kneipp, médico e naturalista alemão, 1821-1897 (De *Kneipp*, antr. +*-ismo*)

kneippista *adj.2g.* **1** relativo ou pertencente ao kneippismo **2** que é adepto do kneippismo ■ *n.2g.* pessoa que segue o kneippismo (De *Kneipp*, antr. +*-ista*)

knockout *n.m.* **1** DESPORTO (pugilismo) golpe que põe o adversário fora de combate **2** DESPORTO situação do pugilista que, depois de derrubado pelo adversário, se mantém caído durante mais de dez segundos **3** [fig.] situação de debilidade, fraqueza ou apatia **4** [fig.] avaria ou alteração do funcionamento ■ *adj.inv.* **1** DESPORTO (pugilismo) que está fora de combate **2** [fig.] que foi ou se reconhece vencido **3** [fig.] que está sem ânimo **4** [fig.] que não está ativo; que não está a funcionar bem (Do ing. *knock-out*, «id.»)

know-how *n.m.* ⇒ **saber-fazer** (Do ing. *know-how*, «id.»)

koala *n.m.* ZOOLOGIA ⇒ **coala**

kosher *adj.* **1** diz-se do alimento sancionado pela lei judaica **2** diz-se da pessoa que se comporta de acordo com a lei judaica; correto; digno de confiança **3** [fig.] genuíno (Do iídiche *kosher*, «id.»)

kosovar *adj.2g.* do Kosovo; relativo ou pertencente ao Kosovo ou aos seus habitantes ■ *n.2g.* natural ou habitante da região do Kosovo

koweitiano *adj.* relativo ou pertencente ao Koweit (país na Ásia Ocidental); kuwaitiano ■ *adj.,n.m.* natural ou habitante do Koweit; kuwaitiano (De *Koweit*, top.+*-iano*)

Krach *n.m.* **1** [ant.] desastre financeiro **2** [ant.] falência estrondosa; bancarrota **3** [ant.] desastre na Bolsa (Do al. *Krach*, «estrondo; bancarrota»)

krausismo *n.m.* FILOSOFIA sistema filosófico de Karl Krause, filósofo alemão, 1781-1832 (De *Krause*, antr. +*-ismo*)

krausista *adj.2g.* relativo a Karl Krause, filósofo alemão (1781-1832), ou à sua obra (De *Krause*, antr. +*-ista*)

kremlin *n.m.* **1** recinto murado; fortaleza **2** [com maiúscula] fortaleza de Moscovo, antiga residência dos czares e sede do governo russo, que ocupa a zona central da cidade **3** [com maiúscula] governo russo (Do russo *Kremlin*, «cidadela fortificada»)

krill *n.m.* ZOOLOGIA pequeno crustáceo, semelhante ao camarão, que habita os mares gelados e constitui a principal fonte de alimento de um grande número de espécies, como as baleias, focas, chocos, peixes e pinguins (Do norueg. *kril*, «pequeno peixe»)

kuduro *n.m.* género musical ritmado e dança muito popular, de origem angolana, que surgiu da fusão de várias influências (semba, zouk, hip-hop, etc.) (Do quimbundo *ku*, de *mataku*, «nádegas») +*duro*)

kúmel *n.m.* licor de cominhos (Do al. *Kümmel*, «cominho»)

kuna *n.m.* unidade monetária da Croácia

kung-fu *n.m.* arte marcial chinesa parecida com o karaté (Do chin. *gongfu*)

Kunguriano *n.m.* GEOLOGIA andar do Pérmico (De *Kungur*, top., cidade russa a noroeste dos montes Urales +*-iano*)

kurtschatóvio *n.m.* QUÍMICA [ant.] ⇒ **rutherfórdio** (De *Igor Kurtschatov*, físico russo, 1903-1960 +*-io*)

kuwaitiano *adj.,n.m.* ⇒ **koweitiano**

kwacha *n.m.* unidade monetária do Malawi e da Zâmbia

kwanza *n.m.* unidade monetária de Angola (De *Cuanza*, nome de um rio angolano)

kyat *n.m.* unidade monetária de Birmânia/Mianmar

l *n.m.* **1** décima segunda letra e nona consoante do alfabeto **2** letra que representa a consoante lateral alveolar (ex. *lata*) **3** duodécimo lugar numa série indicada pelas letras do alfabeto **4** (numeração romana) número 50 (com maiúscula) **5** símbolo de *litro* **6** GEOGRAFIA símbolo de *leste* (com maiúscula) **7** FÍSICA símbolo de *indutância própria* (com maiúscula)

la *pron.pess.,dem.* variante do pronome pessoal ou demonstrativo **a**, sempre que antecedido por formas verbais terminadas em *-r, -s* ou *-z*, depois dos pronomes átonos *nos* e *vos* e do advérbio *eis*, que perdem a consoante final (*comprá-la; estuda-la; trá-la; deram-no-la; compraram-vo-la; ei-la*) (Do lat. *illa-*, «aquela»)

lá¹ *adv.* **1** naquele lugar; ali **2** entre aquela gente **3** além; acolá **4** àquele lugar **5** nesse tempo; então (Do lat. *illac*, «por lá»)

lá² *n.m.* **1** MÚSICA sexta nota da escala musical natural **2** MÚSICA sinal representativo dessa nota **3** MÚSICA corda que reproduz o som correspondente a essa nota (Da primeira sílaba da pal. latina *labii* com que começa o sexto verso do hino de S. João Baptista)

lã *n.f.* **1** pelo ondulado do carneiro e de outros animais **2** tecido feito desse pelo **3** fazenda **4** lanugem **5** carapinha **6** [fig.] acanhamento **7** [fig.] bens de fortuna; riqueza; ~ *de vidro* material composto por de fibras de vidro, utilizado como isolante, em embalagens e em filtros de ar; *em pezinhos de ~* sorrateiramente, de mansinho; *ir buscar ~ e ficar tosquiado* ficar logrado quando pretendia lograr (Do lat. *lana-*, «lã»)

labaça¹ *n.f.* BOTÂNICA planta herbácea da família das Poligonáceas, espontânea e frequente em Portugal (Do lat. **lapathĭa-*, de *lapăthu-*, «labaça»)

labaça² *n.f.* [regionalismo] lábia (De *lábia*+*-aça*)

labaçal *n.m.* terreno onde crescem labaças (De *labaça*+*-al*)

labareda /ê/ *n.f.* **1** língua de fogo; chama alta **2** [fig.] ardor; vivacidade; energia; impetuosidade ■ *n.2g.* [pop.] pessoa azafamada e irrequieta (De orig. obsc.)

lábaro *n.m.* **1** estandarte imperial dos Romanos **2** estandarte militar do imperador Constantino **3** bandeira; pendão (Do lat. *labăru-*, «id.»)

lábdano *n.m.* ⇒ **ládano** (Do ing. *labdanum*, «id.»)

labelado *adj.* em forma de lábio (De *labelo*+*-ado*)

labelo *n.m.* **1** pequeno lábio **2** BOTÂNICA tépala média superior, em regra prolongada para trás em esporão, na flor das Orquidáceas **3** ZOOLOGIA parte de uma peça da armadura bucal de alguns insetos **4** ZOOLOGIA parte marginal da concha de alguns moluscos (Do lat. *labellu-*, «lábio pequeno»)

labéu *n.m.* mancha infamante; desonra; desdouro (Do lat. *labe-*, «ruína; infâmia; nódoa; desonra»?)

lábia *n.f.* [pop.] palavras melífluas para captar ou enganar; conversa fiada; manha; astúcia (Do lat. *labĭa*, pl. de *labĭu-*, «lábio»)

Labiadas *n.f.pl.* BOTÂNICA família de plantas dicotiledóneas, em regra odoríferas, espontâneas em Portugal, também designada Lamiáceas (De *labiado*)

labiado *adj.* **1** em forma de lábio **2** BOTÂNICA diz-se da corola irregular, de tubo comprido e com parte livre, saliente, a imitar dois lábios **3** BOTÂNICA diz-se da planta, da flor, etc., cuja corola tem estas características **4** ZOOLOGIA diz-se de alguns animais que têm formações labiais que se salientam por certos caracteres (De *lábio*+*-ado*)

labial *adj.2g.* relativo a lábio ■ *adj.2g.,n.f.* LINGUÍSTICA consoante que se articula com o(s) lábio(s) (Do lat. cient. *labiāle-*, «id.»)

labialização *n.f.* ato ou efeito de labializar (De *labializar*+*-ção*)

labializar *v.tr.* **1** tornar labial **2** pronunciar com os lábios (De *labial*+*-izar*)

labidómetro *n.m.* MEDICINA escala adaptada às hastes do fórceps para indicar o grau de afastamento daquelas quando aplicadas à cabeça do feto (Do gr. *labís, -ídos*, «tenaz; pinça» +*métron*, «medida»)

labiduro *adj.* ZOOLOGIA diz-se do animal cuja cauda (ou peças terminais do abdómen) se comporta como uma pinça (Do gr. *labís, -ídos*, «pinça» +*ourá*, «cauda»)

lábil *adj.2g.* **1** que escorrega ou cai com facilidade **2** [fig.] transitório **3** [fig.] instável (Do lat. *labĭle-*, «escorregadio; fugitivo»)

labilidade *n.f.* instabilidade (De *lábil*+*-i-*+*-dade*)

labio- elemento de formação de palavras que exprime a ideia de *lábio* (Do lat. *labĭu-*, «lábio»)

lábio *n.m.* **1** cada uma das duas partes carnudas, externas, que contornam a entrada da cavidade bucal; beiço **2** saliência externa, mais ou menos proeminente, da boca de muitos animais **3** [fig.] linguagem; palavras **4** ANATOMIA cada uma das pregas tegumentares que se dispõem simetricamente aos lados da vulva **5** BOTÂNICA cada uma das partes (lobos) do limbo de uma corola labiada **6** cada um dos rebordos de uma ferida **7** ZOOLOGIA cada uma das peças da armadura bucal dos insetos **8** bordo bem saliente do perístoma dos ouriços-do-mar irregulares; ~ *leporino* malformação congénita que pode aparecer no homem, em que o lábio está fendido como o lábio superior dos roedores, (Do lat. *labĭu-*, «id.»)

labiodental *adj.* LINGUÍSTICA (som) diz-se do som consonântico produzido pela aproximação ou contacto do lábio inferior com os dentes incisivos superiores; dentolabial ■ *n.f.* LINGUÍSTICA consoante produzida desta forma (De *labio-*+*dental*)

labionasal *adj.2g.* LINGUÍSTICA (som) produzido através da oclusão dos lábios e da saída do ar pelas fossas nasais ■ *n.f.* LINGUÍSTICA consoante produzida desta forma (De *labio-*+*nasal*)

labioplastia *n.f.* MEDICINA operação cirúrgica que consiste na correção estética dos lábios vaginais (De *labio-*+*plastia*)

labioso /ô/ *adj.* **1** de grandes lábios; beiçudo **2** que tem lábia (Do lat. *labiōsu-*, «que tem lábios grossos»)

labiovelar *adj.2g.* LINGUÍSTICA (som) produzido por arredondamento dos lábios e pela elevação da língua (parte posterior) em direção ao véu palatino ■ *n.f.* LINGUÍSTICA som produzido desta forma (De *labio-*+*velar*)

labiríntico *adj.* **1** relativo a labirinto **2** [fig.] complicado; confuso (Do lat. *labyrinthĭcu-*, «id.»)

labirinto *n.m.* **1** estrutura composta por vários caminhos interligados de tal forma que se torna difícil encontrar a única saída; dédalo **2** edifício cujas divisões são tão confusamente dispostas que tornam difícil a quem esteja dentro dele encontrar a saída **3** [fig.] confusão; enredo **4** [fig.] enleio; situação embaraçosa **5** ANATOMIA conjunto das cavidades que constituem o ouvido interno (vestíbulo, canais semicirculares e caracol) **6** ANATOMIA região superior do rim, onde se localizam os corpúsculos e parte dos tubos uriníferos **7** LITERATURA composição poética, frequente na literatura barroca, que pode ser lida em qualquer direção **8** PSICOLOGIA dispositivo experimental para estudar a aprendizagem e as suas condições (Do gr. *labýrinthu-*, «id.», pelo lat. *labyrinthu-*, «id.»)

labirintodontes *n.m.pl.* PALEONTOLOGIA animais fósseis do grupo dos estegocéfalos, que viveram no Pérmico e no Triásico (Do gr. *labýrinthos*, «labirinto» +*odoús, óntos*, «dente»)

labita *n.f.* [pop.] sobrecasaca ■ *n.m.* [fig.] empregado de mesa (Do lat. ecl. *levīta-*, «sobrecasaca», pelo fr. *lévite*, «id.», pelo cast. *levita*, «id.»)

labor *n.m.* trabalho; faina; lavor (Do lat. *labōre-*, «id.»)

laboração *n.f.* ato de laborar; trabalho; exercício (Do lat. *laboratiōne-*, «id.»)

laboral *adj.2g.* relativo ao trabalho (De *labor*+*-al*)

laborar *v.intr.* **1** exercer uma atividade; trabalhar; lidar **2** estar em funcionamento ■ *v.tr.* **1** realizar (alguma coisa); fazer **2** trabalhar (a terra); cultivar; lavrar (Do lat. *laborāre*, «id.»)

laboratorial *adj.2g.* relativo a laboratório (De *laboratório*+*-al*)

laboratório *n.m.* **1** lugar especialmente apetrechado para experiências ou trabalhos de índole científica ou para a aplicação prática dos conhecimentos científicos a nível de análises, exames, testes, preparação de medicamentos, etc. **2** FOTOGRAFIA, CINEMA lugar onde se fazem trabalhos fotográficos e cinematográficos, tal como revelação, ampliação, etc. **3** [fig.] lugar onde se realizam grandes transformações ou operações (Do lat. *laborāre*, «trabalhar», pelo fr. *laboratoire*, «laboratório»)

laboratorista n.2g. pessoa que trabalha num laboratório (De *laboratório+-ista*)
laboriosamente adv. de modo laborioso; com muito trabalho; à custa de fadigas (De *laborioso+-mente*)
laboriosidade n.f. 1 qualidade de laborioso 2 esforço; diligência (Do lat. *laboriositāte-*, «atividade»)
laborioso /ô/ adj. 1 que labora; diligente; ativo 2 [fig.] difícil; árduo; penoso (Do lat. *laboriösu-*, «id.»)
laborista n.2g. ⇒ **trabalhista** (Do lat. *labōre-*, «labor» +-*ista*)
labrador n.m. 1 MINERALOGIA ⇒ **labradorite** 2 cão de estatura média, forte e compacta, pelo espesso e curto, com temperamento sociável (De *Labrador*, top., região oriental do Canadá)
labradorite n.f. MINERALOGIA feldspato do grupo das plagióclases, de cor entre o castanho e o esverdeado, composto quimicamente por silicato de alumínio, sódio e cálcio, que cristaliza no sistema monoclínico e é comum em rochas magmáticas intermediárias e básicas (De *Labrador*, top., região oriental do Canadá +-*ite*)
labrega /é/ n.f. 1 [regionalismo] rede 2 [regionalismo] bateira de Murtosa (De *labrego*)
labregada n.f. 1 ato ou dito de labrego 2 grupo de labregos (De *labrego+-ada*)
labregar v.intr. proceder como labrego (De *labrego+-ar*)
labrego /é/ adj. 1 rude; grosseiro; malcriado ■ n.m. 1 aldeão 2 espécie de arado com um varredouro entre as aivecas, para limpar a terra das raízes e abrir bem os sulcos (De **labrar*, do lat. *laborāre*, «trabalhar» +-*ego*)
labreguice n.f. ⇒ **labregada** (De *labrego+-ice*)
labrestada¹ n.f. 1 ato de labrestar 2 vergastada (Part. pass. fem. subst. de *labrestar*)
labrestada² n.f. grande quantidade de labrestos (De *labresto+-ada*)
labrestar v.tr.,intr. [regionalismo] roubar (De *labresto+-ar*)
labresto /ê/ n.m. BOTÂNICA ⇒ **lâmpsana** (Do lat. *rapistru-*, «rábano silvestre»)
Lábridas n.m.pl. ⇒ **Labrídeos**
Labrídeos n.m.pl. ICTIOLOGIA família de peixes teleósteos, de lábios mais ou menos espessos, a cujo género-tipo, que se denomina *Labrus*, pertencem o bodião, o canário-do-mar, a judia, etc. (Do lat. *labru-*, «lábio» +-*ídeos*)
labro n.m. 1 lábio 2 BOTÂNICA lábio superior do cálice de certas flores, como nas Labiadas 3 BOTÂNICA bordo externo do ostíolo dos estomas, nos vegetais 4 ZOOLOGIA peça da parte superior da armadura bucal dos insetos 5 ZOOLOGIA peça que limita a margem posterior do perístomo de alguns ouriços-do-mar irregulares 6 formação marginal de algumas conchas (Do lat. *labru-*, «lábio»)
labrosca adj.2g.,n.2g. ⇒ **labrosta**
labroscas adj.inv.,n.m.2n. ⇒ **labrosta**
labroso /ô/ adj. diz-se da concha univalve cuja extremidade externa é espessa e revirada (Do lat. *labrōsu-*, «que tem lábios grossos»)
labrosta adj.2g.,n.2g. labrego; rústico; grosseiro (De **labrar*, «lavrar», do lat. *laborāre*, «trabalhar»)
labroste adj.,n.2g. ⇒ **labrosta**
labrusca n.f. BOTÂNICA casta de videira (ou os seus frutos) produtora de uva preta, usada em vinicultura e também conhecida por casteloa, castelã, trincadeira e labrusco ■ adj. designativo desta casta de videira (Do lat. *labrusca-*, «videira silvestre»)
labrusco¹ adj. agreste; grosseiro; inculto; imbecil (Do lat. *labrusco-*, «silvestre»)
labrusco² adj.,n.m. ⇒ **labrusca** (Do lat. *labruscu-*, «uva de videira silvestre»)
labugante n.m. ZOOLOGIA ⇒ **lavagante** (De *lavagante*)
laburno n.m. BOTÂNICA arbusto ornamental, da família das Leguminosas, com flores amarelas dispostas em racimos terminais pendentes (Do lat. *laburnu(m)*, «planta»)
labuta n.f. trabalho árduo; lida; labutação (Deriv. regr. de *labutar*)
labutação n.f. ato de labutar; labuta (De *labutar+-ção*)
labutador adj.,n.m. que ou aquele que labuta (De *labutar+-dor*)
labutar v.intr. trabalhar intensamente e com perseverança; esforçar-se; lidar ■ n.m. labutação (De orig. obsc.)
labuzar v.tr. ⇒ **lambuzar**
laca n.f. 1 resina ou goma resinosa obtida de muitas árvores do Oriente 2 verniz (charão), base da constituição de uma matéria que tem sido produzida e aplicada, na China e no Japão, na confeção de mobiliário e objetos decorativos 3 qualquer objeto revestido ou feito com esta matéria 4 substância proveniente de uma secreção que se forma sobre certas árvores onde se instalam alguns insetos hemípteros (como a chamada cochinilha-da-laca)

5 QUÍMICA nome dado às soluções de óleos secantes juntamente com dissolventes voláteis 6 substância com que se pulveriza o cabelo para o fixar 7 produto usado em pintura e tinturaria 8 substância utilizada como luto nas operações de técnica de preparações (Do ár. *lakka*, «id.», pelo it. *lacca*, «id.»)
laça n.f. 1 joia tradicional de ouro ou prata, com pedras preciosas e em forma de um laço com quatro alças no qual se prende um pingente 2 [regionalismo] laçada; aselha (De *laço*)
laçaço n.m. [Brasil] pancada com o laço (De *laço+-aço*)
laçada n.f. [regionalismo] pancada ou queda de uma roda de carro em lugar fundo da estrada (Part. pass. fem. subst. de *lacar*)
laçada n.f. 1 nó corredio que se desata facilmente 2 cada uma das alças de um laço (De *laça+-ada*)
lacado adj. revestido de laca (Part. pass. de *lacar*)
laçador n.m. [Brasil] aquele que apanha ou prende animais com um laço (De *laçar+-dor*)
lacaia n.f. 1 antiga criada que acompanhava a ama nos seus passeios ou viagens 2 mulher que, em peças teatrais, representa o papel de criada ladina (De *lacaio*)
lacaiada n.f. 1 ato ou dito próprio de lacaio 2 grupo de lacaios (De *lacaio+-ada*)
lacaiesco /ê/ adj. 1 próprio de lacaio 2 relativo a lacaio (De *lacaio+-esco*)
lacaio n.m. 1 criado que acompanhava o amo nos seus passeios ou viagens 2 [pej.] homem sem dignidade (Do prov. ant. *lacai*, «id.», pelo cast. *lacayo*, «id.»)
lacalaca n.f. [Moçambique] variedade de bambu; paus finos usados na construção de habitações (Do macua *lakalaka*, «id.»)
lacaniano adj. relativo ao médico e psicanalista francês Jacques Lacan (1901-1981) ou à sua obra, cujo objetivo principal é a reformulação dos princípios e dos conceitos da psicanálise do médico austríaco S. Freud ■ n.m. partidário da doutrina psicanalítica de J. Lacan (De *Lacan*, antr.+-*iano*, ou do fr. *lacanien*, «id.»)
lacão¹ n.m. [regionalismo] pernil de porco; presunto (Do lat. **laccōne-*, «id.», «tumor nas pernas dos animais»)
lacão² adj.,n.m. ⇒ **lacedemónio** (Do lat. *Lacōne-*, «id.»)
lacar v.tr. revestir de laca; pulverizar com laca ■ v.intr. [regionalismo] desmoronar-se; ruir; alagar-se (De *laca+-ar*)
laçar v.tr. prender com laço; atar; enlaçar (De *laço+-ar*)
laçaria n.f. 1 ornatos que representam objetos atados com laços de fitas 2 fitas enlaçadas 3 porção de laços (De *laço+-aria*)
laçarote n.m. laço grande e garrido (De *laço+r+-ote*)
lacear v.tr. enfeitar com laços (De *laço+-ear*)
lacedemónio adj. relativo à Lacedemónia ou Esparta, cidade-estado da Grécia antiga ■ n.m. espartano; lacónio (Do lat. *Lacedaemoniŭ-*, «id.»)
laceira n.f. 1 rama de cipós entrelaçados 2 [regionalismo] lodeiro 3 [regionalismo] película formada à superfície dos líquidos gordos (De *laço+-eira*)
laceração n.f. ato ou efeito de lacerar; dilaceração (Do lat. *laceratiōne-*, «id.»)
lacerante adj.2g. que lacera; dilacerante (Do lat. *lacerante-*, «id.», part. pres. de *lacerāre*, «dilacerar»)
lacerar v.tr. rasgar com violência; romper; dilacerar; despedaçar (Do lat. *lacerāre*, «id.»)
lacerável adj.2g. que se pode lacerar ou rasgar (Do lat. *lacerabĭle-*, «id.»)
lacerna n.f. 1 espécie de gabão usado pelos Romanos, no inverno 2 murça (Do lat. *lacerna-*, «id.»)
lácero adj. ANATOMIA designativo de cada um dos quatro orifícios da base do crânio (Do lat. *lacĕru-*, «rasgado»)
Lacértidas n.m.pl. ZOOLOGIA ⇒ **Lacertídeos**
Lacertídeos n.m.pl. ZOOLOGIA família de répteis sáurios, de membros relativamente robustos e dedos com extremidades estreitas (Do lat. *lacertu-*, «lagarto» +-*ídeos*)
lacertiforme adj.2g. que tem a forma de lagarto (Do lat. *lacertu-*, «lagarto» +*forma-*, «forma»)
lacete /ê/ n.m. 1 laço pequeno 2 parte da fechadura por onde passa o fecho 3 trecho de estrada constituído por duas curvas com as convexidades voltadas uma para a outra e concordadas por uma curva de pequeno raio, que, com economia de espaço, permite vencer uma encosta declivosa 4 movimento de rotação em torno de um eixo vertical que obriga a locomotiva a uma trajetória sinuosa 5 empedrado que se faz de onde em onde para evitar a ação corrosiva das enxurradas 6 MATEMÁTICA curva contínua cuja origem e extremidade são coincidentes (De *laço+-ete*)
lacínia n.f. 1 BOTÂNICA cada uma das partes estreitas e alongadas em certos órgãos vegetais (folhas, pétalas, etc.) 2 ZOOLOGIA peça da

maxila da armadura bucal de um inseto, especialmente quando trituradora (Do lat. *lacinĭa-*, «franja; extremidade; orla»)

laciniado *adj.* **1** dividido em lacínias **2** franjado (De *lacínia+-ado*)

lácio *adj.* referente ao Lácio, região da Itália central, junto do mar Tirreno ■ *n.m.* natural ou habitante do Lácio (Do lat. *Latīu-*, «Lácio»)

laço *n.m.* **1** nó que se desata facilmente e tem normalmente duas alças; laçada **2** acessório de vestuário que consiste numa tira de tecido que passa por baixo do colarinho e termina com um nó próprio, ficando com as duas pontas iguais, achatadas e uma para cada lado **3** armadilha de caça **4** [regionalismo] película que se forma à superfície de um líquido, produzida por uma substância gordurosa **5** espuma que se forma à superfície do vinho gaseificado **6** cal grossa que se estende com a colher sobre a taipa ou parede **7** [fig.] prisão **8** [fig.] traição **9** [fig.] união; aliança; vínculo; *cair no ~* deixar--se prender, ficar enamorado (Do b. lat. *lacĕu-*, do lat. cl. *laquĕu-*, «laço; nó corredio»)

lacobricense *adj.2g.* ⇒ **lacobrigense**

lacobrigense *adj.2g.* referente a Lacóbriga, antigo nome da cidade portuguesa de Lagos, no distrito de Faro ■ *n.2g.* natural ou habitante da cidade de Lagos (Do lat. *lacobrigense-*, «id.»)

lacólito *n.m.* GEOLOGIA massa intrusiva de forma lenticular (plano--convexa), instalada concordantemente entre camadas sedimentares (Do gr. *lákkos*, «cisterna» *+líthos*, «pedra»)

lacomancia *n.f.* adivinhação por meio de dados (Do gr. *lákhos*, «sorte» *+mantheía*, «adivinhação»)

lacónico *adj.* conciso; breve (Do gr. *lakonikós*, «id.», pelo lat. *laconĭcu-*, «id.»)

lacónio *adj.* lacónico ■ *n.m.* lacedemónio (Do lat. *laconĭu-*, «id.»)

laconismo *n.m.* modo lacónico de falar ou escrever (Do gr. *lakonismós*, «id.»)

laconizar *v.tr.* expor em estilo lacónico; resumir; sintetizar (Do gr. *lakonízein*, «laconizar; imitar os Lacedemónios»)

lacrador *n.m.* **1** aquele que lacra **2** encarregado de lacrar as garrafas, nos armazéns de vinhos ■ *adj.* que lacra (De *lacrar+-dor*)

lacraia *n.f.* **1** [regionalismo] (Aveiro) ⇒ **peixe-aranha 2** [Brasil] ZOOLOGIA ⇒ **centopeia 3** [Brasil] ZOOLOGIA ⇒ **tamaru 4** [Brasil] ZOOLOGIA inseto do Amazonas **5** [Brasil] espécie de canoa (Do ár. *al-'agrab*, «lacraia, escorpião»)

lacrar *v.tr.* fechar ou selar com lacre (De *lacre+-ar*)

lacrau *n.m.* ZOOLOGIA ⇒ **escorpião 1** (Do ár. *al-'agrab*, «id.»)

lacrau-do-mar *n.m.* ICTIOLOGIA peixe teleósteo da família dos Gradídeos, afim do badejo, também conhecido por pichelim

lacre *n.m.* **1** substância resinosa misturada com um corante, usada para garantir a inviolabilidade do fecho em correspondências, garrafas, etc. **2** BOTÂNICA nome de várias plantas do Brasil (Do ant. *lácar*, de *laca*)

lacreada *n.f.* ornato feito com esmalte, pintura ou verniz de laca (Part. pass. fem. subst. de *lacrear*)

lacrear *v.tr.* **1** dar a cor de lacre a **2** ornamentar com lacre (De *lacre+-ear*)

lacrimação *n.f.* derramamento de lágrimas; lagrimação (Do lat. *lacrimatiōne-*, «id.»)

lacrimal *adj.2g.* **1** que diz respeito às lágrimas **2** ANATOMIA diz-se da glândula que produz as lágrimas, e das vias por onde esse líquido é normalmente conduzido **3** diz-se de alguns órgãos ou partes destes, direta ou indiretamente relacionados com as glândulas que produzem as lágrimas, como apófise lacrimal, artéria lacrimal, fosseta lacrimal, nervo lacrimal, etc. ■ *n.m.* ANATOMIA osso que fica situado no interior da órbita; únguis (Do lat. *lacrimāle-*, «id.»)

lacrimante *adj.2g.* ⇒ **lacrimoso** (Do lat. *lacrimante-*, «id.», part. pres. de *lacrimāre*, «chorar; lacrimejar»)

lacrimatório *adj.* relativo a lágrimas ■ *n.m.* vaso de vidro em que se supunha que os Romanos recolhiam as lágrimas vertidas nos funerais (Do lat. *lacrimatorĭu-*, «id.»)

lacrimável *adj.2g.* digno de lástima; lamentável; deplorável (Do lat. *lacrimabĭle-*, «deplorável»)

lacrimejar *v.intr.* **1** verter lágrimas; lagrimejar **2** [fig.] gotejar (Do lat. *lacrĭma-*, «lágrima»*+-ejar*)

lacrimejo /ê/ *n.m.* ação de lacrimejar (Deriv. regr. de *lacrimejar*)

lacrimogéneo *adj.* que provoca a secreção de lágrimas; que faz chorar (Do lat. *lacrĭma-*, «lágrima»*+gr. génos*, «formação»)

lacrimoso /ô/ *adj.* banhado em lágrimas; que chora muito; lagrimoso (Do lat. *lacrimōsu-*, «id.»)

lacrimotomia *n.f.* CIRURGIA operação da incisão do canal lacrimal ou da extração da glândula lacrimal (Do lat. *lacrĭma-*, «lágrima»*+gr. tomé*, «corte» *+-ia*)

lacrimótomo *n.m.* instrumento com que se faz a lacrimotomia (Do lat. *lacrĭma-*, «lágrima»*+gr. tomé*, «corte»)

lactação *n.f.* **1** ato ou efeito de lactar **2** formação do leite nas glândulas mamárias e a sua condução para o exterior; *período de ~* tempo que decorre enquanto a fêmea é capaz de produzir leite normalmente utilizado na alimentação dos filhos (Do lat. *lactatiōne-*, «id.»)

lactalbumina *n.f.* BIOQUÍMICA albumina que o leite contém (De *lacto-+albumina*, ou do fr. *lactalbumine*, «id.»)

lactante *adj.2g.* **1** que lacta; que amamenta **2** que produz leite ■ *n.f.* mulher que amamenta (Do lat. *lactante-*, «id.», part. pres. de *lactāre*, «amamentar»)

lactar *v.tr.* aleitar; amamentar ■ *v.intr.* mamar (Do lat. *lactāre*, «id.»)

Lactariáceas *n.f.pl.* BOTÂNICA família de fungos basidiomicetes (em regra, com suco lactescente), alguns dos quais apreciados na alimentação (Do lat. *lactarĭu-*, «relativo ao leite» *+-áceas*)

lactário *adj.* que segrega leite ■ *n.m.* estabelecimento onde se fornece leite gratuito às crianças pobres (Do lat. *lactarĭu-*, «relativo ao leite»)

láctase *n.f.* BIOQUÍMICA enzima que divide a lactose em galactose e glicose (De *lacto-+-ase*, ou do fr. *lactase*, «id.»)

lactato *n.m.* QUÍMICA nome genérico dos sais derivados do ácido lático (De *lacto-+-ato*)

láctea *n.f.* líquido seminal dos peixes (Do lat. *lactĕa-*, «coisas leitosas»)

lactente *adj.,n.2g.* que ou criança que ainda mama (Do lat. *lactente-*, «id.», part. pres. de *lactēre*, «mamar»)

lácteo *adj.* **1** relativo a leite **2** que produz leite **3** que contém leite **4** da cor do leite (Do lat. *lactĕu-*, «id.»)

lactescência *n.f.* qualidade dos líquidos lactescentes (Do lat. *lactescentĭa*, part. pres. neut. pl. subst. de *lactescĕre*, «transformar-se em leite»)

lactescente *adj.2g.* **1** que encerra suco leitoso **2** semelhante ao leite **3** da cor do leite (Do lat. *lactescente-*, «id.», part. pres. de *lactescĕre*, «transformar-se em leite»)

lacti- elemento de formação de palavras que exprime a ideia de leite (Do lat. *lacte-*, «leite»)

lacticínio a grafia mais usada é laticínio

lacticinoso ver nova grafia laticinoso

láctico a grafia mais usada é lático

lacticolor *adj.2g.* que tem a cor do leite; branco (Do lat. *lacticolōre-*, «id.»)

lactífago *adj.* que se alimenta de leite; galactófago (De *lacti-+-fago*)

lactífero *adj.* **1** que conduz o leite **2** que produz leite ou suco lactiforme **3** lácteo (De *lacti-+-fero*)

lactifobia *n.f.* aversão ao leite (De *lacti-+-fobia*)

lactiforme *adj.2g.* que tem o aspeto de leite (De *lacti-+-forme*)

lactífugo *adj.* que faz secar o leite nas fêmeas ou provoca a diminuição da sua produção (De *lacti-+-fugo*)

lactígeno *adj.* que produz leite ou faz aumentar a sua produção; galactagogo; lactígero (De *lacti-+-geno*)

lactígero *adj.* ⇒ **lactígeno** (De *lacti-+-gero*)

lacto- ⇒ **lacti-**

lactoalbumina *n.f.* BIOQUÍMICA ⇒ **lactalbumina** (De *lacto-+albumina*)

lactobutirómetro *n.m.* ⇒ **butirómetro** (Do lat. *lacte-*, «leite»+gr. *boútyron*, «manteiga» *+métron*, «medida»)

lactodensímetro *n.m.* ⇒ **galactómetro** (De *lacto-+densímetro*)

lactómetro *n.m.* ⇒ **galactómetro** (De *lacto-+-metro*)

lactose *n.f.* QUÍMICA açúcar do leite, que é um holósido resultante da união de uma molécula de glicose com uma molécula de galactose (Do lat. *lacte-*, «leite» *+-ose*)

lactoso /ô/ *adj.* ⇒ **leitoso** (Do lat. *lactōsu-*, «id.»)

lactosúria *n.f.* MEDICINA presença anormal de lactose na urina (De *lactose+-úria*)

lactovegetariano *adj.* **1** diz-se do regime vegetariano que inclui laticínios (leite e seus derivados) **2** diz-se da pessoa cuja dieta vegetariana inclui laticínios ■ *n.m.* indivíduo que segue um regime vegetariano composto por alimentos de origem vegetal, leite e seus derivados (De *lact-+-o-+vegetariano*)

Lactucáceas *n.f.pl.* BOTÂNICA ⇒ **Compostas** (Do lat. *lactūca-*, «alface» *+-áceas*)

lactucário *n.m.* suco leitoso que se extrai por incisão no caule da alface, e que tem aplicações medicinais (Do lat. *lactūca-*, «alface» *+-ário*)

lactúceo *adj.* relativo à alface, ou semelhante a ela (Do lat. *lactūca-*, «alface» *+-eo*)

lactucina *n.f.* substância cristalizável que se extrai do lactucário (Do lat. *lactūca-*, «alface» *+-ina*)

lactucíneas *n.f.pl.* BOTÂNICA grupo de plantas da família das Asteráceas a que pertencem as alfaces (Do lat. *lactūca-*, «alface»+*-íneas*)

lactume *n.m.* espécie de crosta ou usagre que se forma na cabeça das crianças durante a lactação (Do lat. *lacte-*, «leite»+*-ume*)

lactúmen *n.m.* ⇒ **lactume**

lacuna *n.f.* **1** espaço vazio; interrupção; vão **2** omissão **3** enfraquecimento intelectual **4** interrupção deliberada ou involuntária num texto; falta **5** cavidade intercelular nos tecidos dos organismos **6** posição atómica numa rede cristalina, não ocupada por um átomo; ~ **na/da lei** DIREITO inexistência de legislação que regule uma determinada situação; vazio legal (Do lat. *lacūna-*, «id.»)

lacunar *adj.2g.* **1** que diz respeito a lacuna **2** que tem lacunas ■ *n.2g.* MEDICINA demente orgânico, intelectualmente enfraquecido por lesões circunscritas do cérebro; **amnésia** ~ amnésia que incide sobre período geralmente muito breve, em casos de acidente epilético ou de confusão mental (De *lacuna*+*-ar*)

lacunário *n.m.* **1** ornato nos intercolúnios das arquitraves **2** intervalo entre vigas (Do lat. *lacunarĭu-*, «painel de teto»)

lacunoso /ô/ *adj.* ⇒ **lacunar** (Do lat. *lacunōsu-*, «esburacado»)

lacustral *adj.2g.* ⇒ **lacustre** (De *lacustre*+*-al*)

lacustre *adj.2g.* **1** referente a lago **2** que vive nas margens ou sobre as águas de um lago (Do lat. cient. *lacustre-*, «id.»)

lada¹ *n.f.* **1** faixa de rio, navegável, paralela à margem **2** margem de um rio **3** corrente de água (De orig. obsc.)

lada² *n.f.* BOTÂNICA ⇒ **esteva** (Do gr. *léda*, «esteva», pelo lat. *lada-*, «id.»)

ladainha *n.f.* **1** série de breves invocações, algumas com nítido carácter místico e poético, dirigidas a Deus, à Virgem e aos santos, usadas no culto católico **2** [fig.] enumeração enfadonha; lengalenga (Do gr. *litaneía*, «id.», pelo lat. *litanīa-*, «oração»)

ladanífero *adj.* que produz ládano (Do lat. *ladănu-*, «ládano»+*fero*, de *ferre*, «produzir»)

ládano *n.m.* produto resinoso da esteva e de outras plantas cistáceas; lábdano (Do gr. *ládanon*, «id.», pelo lat. *ladănon*, «id.»)

ladário *n.m.* **1** procissão de penitência, para pagar uma promessa **2** *pl.* preces públicas para afastar uma calamidade (Do lat. **litanarĭu-*, de *litanīa-*, «oração»)

ladeamento *n.m.* ato de ladear (De *ladear*+*-mento*)

ladear *v.tr.* **1** acompanhar ao lado; estar ao lado de; flanquear **2** perseguir ou atacar de flanco **3** [fig.] rodear (um assunto); tratar (um assunto) com rodeios; não entrar abertamente em (assunto); sofismar (De *lado*+*-ear*)

ladeira *n.f.* inclinação de terreno; encosta; declive (De *ladeiro*)

ladeirar *v.intr.* deslizar por ladeira; escorregar (De *ladeira*+*-ar*)

ladeirento *adj.* em que há ladeiras; íngreme; declivoso (De *ladeira*+*-ento*)

ladeiro *adj.* **1** que pende para o lado **2** que está ao lado; que ladeia **3** diz-se de um prato pouco fundo ■ *n.m.* ⇒ **ladeira** (De *lado*+*-eiro*)

ladineza /ê/ *n.f.* qualidade de ladino; astúcia; esperteza (De *ladino*+*-eza*)

Ladiniano *n.m.* GEOLOGIA andar do Triásico médio

ladinice *n.f.* ⇒ **ladineza** (De *ladino*+*-ice*)

ladino *adj.* **1** traquinas; vivo **2** astuto; finório; manhoso ■ *n.m.* **1** romanço **2** rético (Do lat. *latīnu-*, «latino»)

lado *n.m.* **1** lugar ou parte que fica à direita ou à esquerda de alguma coisa; flanco; ilharga **2** posição; partido **3** lugar; sítio **4** direção **5** aspeto; feição **6** linha de parentesco **7** GEOMETRIA cada uma das linhas que formam um ângulo ou polígono; ~ *a* ~ um ao lado do outro; *de* ~ *a* ~ de lés a lés; *ficar de cara ao* ~ ficar vexado, envergonhado; *para os lados de* na direção de; *pôr de* ~ abandonar, desprezar (Do lat. *latu-*, «id.»)

ladra¹ *adj.* que furta; que rouba; ladroa; ladrona ■ *n.f.* (*masculino* **ladrão**) **1** aquela que furta; ladroa ou ladrona **2** vara para tirar fruta das árvores (Do lat. *latra*, «ladra»)

ladra² *n.f.* VETERINÁRIA ⇒ **chaveira** (Do lat. ecl. *Lazăru-*, «lázaro», pelo fr. *ladre*, «leproso»)

ladrado *n.m.* **1** [pop.] latido **2** [fig.] calúnia; maledicência (Do lat. *latrātu-*, «latido», part. pass. subst. de *latrāre*, «ladrar; latir»)

ladrador /ô/ *adj.,n.m.* que ou aquele que ladra (Do lat. *latratōre-*, «id.»)

ladradura *n.f.* latido (De *ladrar*+*-dura*)

ladranzana *n.2g.* [pop.] grande ladrão ou ladra; gatuno (De *ladro*+*z*+*-ana*)

ladrão *n.m.* (*feminino* **ladra** ou **ladrona**) **1** pessoa que rouba; gatuno; salteador **2** pessoa desonesta; tratante; biltre **3** [pop.] maganão; brejeiro **4** rebento que prejudica o desenvolvimento de uma planta ■ *adj.* que furta ou rouba; *cara de* ~ [fig.] má cara, cara de comprometido; *com pés de* ~ sem ser pressentido (Do lat. *latrōne-*, «id.»)

ladrar *v.intr.* **1** (cão) dar ladridos ou latidos; latir **2** [fig.] gritar desentoadamente **3** [fig.] falar sem sentido (Do lat. *latrāre*, «id.»)

ladraria *n.f.* [regionalismo] ⇒ **chaveira** (Do fr. *ladrerie*, «lepra»)

ladravão *n.m.* ⇒ **ladravaz** (De *ladrav[az]*+*-ão*)

ladravaz *n.m.* **1** grande ladrão **2** grande patife (Do cast. *ladrabaz*, «id.»?)

ladriço *n.m.* corda que ata o pé do cavalo ao travão (De orig. obsc.)

ladrido *n.m.* ⇒ **latido** (Part. pass. subst. de *ladrar*, com infl. de *latido*)

ladrilhador *adj.,n.m.* que ou aquele que ladrilha (De *ladrilhar*+*-dor*)

ladrilhar *v.tr.* revestir de ladrilhos (De *ladrilho*+*-ar*)

ladrilheiro *n.m.* **1** aquele que ladrilha **2** fabricante de ladrilhos (De *ladrilho*+*-eiro*)

ladrilho¹ *n.m.* **1** pequena laje de barro cozido ou argamassa de cimento ou de asfalto para revestimento de pavimentos **2** aquilo que tem forma ou aparência desta pequena laje **3** cubo de marmelada (Do lat. **laterĭcŭlu-*, dim. de *latĕre-*, «tijolo; ladrilho»)

ladrilho² *n.m.* [coloq.] gatuno (Do cast. *ladrillo*, «id.»)

ladripar *v.tr.* roubar coisas de pouco valor; surripiar (De *ladripo*+*-ar*)

ladripo *n.m.* indivíduo que rouba coisas de pouco valor (De *ladro*+*-ipo*)

ladrisco *n.m.* ladrão de pouca importância (De *ladro*+*-isco*)

ladro¹ *n.m.* latido (Deriv. regr. de *ladrar*)

ladro² *adj.* **1** que é ladrão **2** diz-se do piolho da região púbica (Do lat. *latro* (nominativo), «ladrão»)

ladroaço *n.m.* ⇒ **ladravaz** (De *ladro*+*-aço*)

ladroagem *n.f.* **1** os ladrões **2** ladroeira (De *ladro*+*-agem*)

ladroar *v.tr.* roubar (De *ladrão*+*-ar*)

ladroeira *n.f.* **1** ato de roubar; ladroagem; roubo; extorsão **2** [pop.] venda por preço exagerado (De *ladrão*+*-eira*)

ladroeirar *v.intr.* fazer ladroeiras (De *ladroeira*+*-ar*)

ladroeiro *n.m.* ⇒ **ladrão 4** (De *ladrão*+*-eiro*)

ladroíce *n.f.* ⇒ **ladroeira** (De *ladrão*+*-ice*)

laga *n.f.* [regionalismo] represa de água onde se afoga o linho para o curar (De *lago*)

lagalhé *n.m.* **1** indivíduo insignificante; badameco **2** pessoa miserável; farroupilha (De orig. obsc.)

lagamar *n.m.* **1** cova no fundo de um rio ou do mar; pego **2** golfo **3** lagoa de água salgada **4** lugar onde se pode fundear com segurança (De *lago*+*mar*)

laganha *n.f.* [regionalismo] remela (Do cast. *lagaña*, «id.»)

laganhento *adj.* ⇒ **laganhoso** (De *laganha*+*-ento*)

laganhoso /ô/ *adj.* que tem laganha; remeloso (De *laganha*+*-oso*)

lagão *n.m.* espécie de galera asiática (Do birm. *hlo-gah'*, «id.»)

lagar *n.m.* **1** espécie de tanque onde se espremem ou pisam certos frutos **2** casa com aparelhagem para fazer vinho ou azeite (Do lat. **lacāle-*, de *lacu-*, «reservatório para azeite ou vinho»)

lagarada *n.f.* quantidade de frutos que se espreme de cada vez num lagar para fazer vinho ou azeite (De *lagar*+*-ada*)

lagaragem *n.f.* **1** conjunto das atividades que se executam no lagar para fazer o vinho ou o azeite **2** retribuição, em azeite ou vinho, que se dá ao dono de um lagar por cada lagarada (De *lagar*+*-agem*)

lagareiro *n.m.* **1** dono do lagar **2** aquele que trabalha em lagares ■ *adj.* relativo a lagar (De *lagar*+*-eiro*)

lagareta /ê/ *n.f.* ⇒ **lagariça** (De *lagar*+*-eta*)

lagariça *n.f.* **1** lagar pequeno **2** [pop.] líquido entornado e espalhado no chão (De *lagar*+*-iça*)

lagariço *adj.* do lagar ou a ele relativo (De *lagar*+*-iço*)

lagarinho *n.m.* BOTÂNICA ⇒ **amieiro-negro** (De *lagar*+*-inho*)

lagarta *n.f.* **1** ZOOLOGIA larva dos insetos, em especial dos lepidópteros (borboletas), de corpo alongado e mole **2** [pop.] ⇒ **lagartixa 3** conjunto de chapas metálicas articuladas, interpostas entre as rodas do veículo e o solo, que lhe permite circular em terreno acidentado (Do lat. vulg. **lacarta*, por *lacerta*, «lagarta»)

lagarta-mede-palmos *n.f.* ZOOLOGIA ⇒ **geómetra**

lagartear *v.intr.* expor-se ao sol (como os lagartos) (De *lagarto*+*-ear*)

lagarteira *n.f.* toca ou buraco onde se alojam os lagartos (De *lagarto*+*-eira*)

lagarteiro *n.m.* ORNITOLOGIA ⇒ **peneireiro 2** (De *lagarto*+*-eiro*)

lagartixa *n.f.* **1** ZOOLOGIA pequeno réptil sáurio, da família dos Lacertídeos, de pequeno porte, cabeça achatada, órbitas salientes

lagarto

e coloração variável, muito frequente nos muros e locais pedregosos batidos pelo sol; sardanisca; sardonisca 2 [fig.] pessoa magra e feia 3 [fig.] mulher miúda, ágil e irrequieta 4 [Brasil] ZOOLOGIA ⇒ **osga** 1 (Do cast. *lagartija*, «id.»)

lagarto[1] *n.m.* 1 ZOOLOGIA réptil sáurio da família dos Lacertídeos, de dimensões maiores que as da lagartixa, de corpo longo, patas curtas e cauda comprida; sardão 2 ICTIOLOGIA peixe dos Açores 3 [pop.] designação de alguns dos músculos do braço e da perna; *~, ~!* esconjuro para afastar uma ideia má (Do lat. vulg. **lacartu-*, por *lacertu-*, «id.»)

lagarto[2] *n.m.* [Guiné-Bissau] crocodilo (Do crioulo guineense *lagártu*, «id.», do port. ant. *lagarto*, «crocodilo»)

lagarto-monitor *n.m.* ZOOLOGIA designação comum a diversos grandes lagartos predadores, da família dos Varanídeos, de tronco relativamente curto, pescoço e cauda compridos, sentidos de visão e olfato bastante apurados, dotados de cinco dedos com garras e língua profundamente bífida e protráctil, geralmente excelentes trepadores e nadadores; monitor

lagena /é/ *n.f.* 1 antigo vaso de colo estreito, semelhante a uma garrafa 2 vaso com asas (Do lat. *lagoena-*, «bilha de barro»)

lago *n.m.* 1 GEOGRAFIA acumulação permanente de águas numa depressão fechada 2 extensão de água num jardim, criada artificialmente; tanque 3 grande porção de líquido entornado no chão; *estar num ~* estar encharcado, estar banhado em suor (Do lat. *lacu-*, «id.»)

lago- elemento de formação de palavras que exprime a ideia de lebre (Do gr. *lagós*, «lebre»)

lagoa /ô/ *n.f.* 1 extensão de água mais pequena que um lago, rodeada de terra por todos os lados e com pouca profundidade 2 pântano; paul (Do lat. *lacūna-*, «charco»)

lagocéfalo *adj.* ZOOLOGIA que tem o focinho semelhante ao da lebre, isto é, que tem fendido o lábio superior (Do gr. *lagós*, «lebre» +*kephalé*, «cabeça»)

lagoeiro *n.m.* 1 depósito das águas das chuvas 2 porção de água entornada 3 sítio molhado (De *lagoa*+*-eiro*)

lagoftalmia *n.f.* MEDICINA paralisia do orbicular das pálpebras, que se traduz na impossibilidade de fechar completamente os olhos, que se tornam semelhantes aos da lebre (Do gr. *lagóphthalmos*, «lagoftalmo» +*-ia*)

lagoftalmo *adj.* atacado de lagoftalmia (Do gr. *lagóphtalmos*, «id.»)

lagópode *adj.2g.* 1 ZOOLOGIA diz-se do animal cujas patas são semelhantes às da lebre 2 BOTÂNICA diz-se do órgão vegetal que está coberto ou envolvido por pelos 3 ORNITOLOGIA relativo ou pertencente aos lagópodes ■ *n.m.* ORNITOLOGIA espécime dos lagópodes ■ *n.m.pl.* ORNITOLOGIA grupo de aves galináceas da família dos Fasianídeos, especialmente próprias das regiões frias do Globo, cuja carne é muito apreciada (Do gr. *lagópous*, «com pés de lebre», pelo lat. *lagopŏde-*, «id.»)

lagosta /ô/ *n.f.* 1 ZOOLOGIA crustáceo decápode, macruro, pertencente à família dos Palinurídeos, de grande porte, com corpo revestido de carapaça espessa provida de espinhos e com antenas longas, frequente nas costas portuguesas e utilizado na alimentação do homem 2 [coloq.] bofetada (Do lat. vulg. **lacusta-*, do lat. cl. *locusta-*, ou *lucusta-*, «id.»)

lagosta-das-pedras *n.f.* ZOOLOGIA crustáceo decápode, macruro, da família dos Cilariídeos, de porte médio, com antenas foliáceas, frequente nas costas de Portugal e também conhecido por lameiro

lagosteira *n.f.* embarcação empregada na pesca da lagosta (De *lagosta*+*-eira*)

lagosteiro *adj.* empregado na pesca da lagosta ■ *n.m.* lugar onde se faz a criação de lagostas (De *lagosta*+*-eiro*)

lagostim *n.m.* ZOOLOGIA crustáceo (pertencente à família dos Astacídeos) decápode, macruro, com corpo estreito e alongado, carapaça dura e patas compridos com pinças nas pontas, frequente nas costas portuguesas e utilizado na alimentação (De *lagosta*+*-im*)

lágrima *n.f.* 1 gota do líquido segregado pelas glândulas lacrimais 2 [fig.] pequeníssima quantidade de um líquido; um poucochinho 3 pingo; gota 4 pranto; choro; *lágrimas de crocodilo* choro ou queixumes fingidos; *chorar lágrimas de sangue* chorar muito (Do lat. *lacrĭma-*, ou *lacrȳma-*, «id.»)

lagrimação *n.f.* ⇒ **lacrimação**
lagrimal *adj.2g.,n.m.* ⇒ **lacrimal**
lagrimante *adj.2g.* ⇒ **lacrimoso**
lágrimas-de-job *n.f.pl.* BOTÂNICA antiga designação de uma planta indiana da família das Gramíneas, também conhecida por lágrimas-de-nossa-senhora

lágrimas-de-nossa-senhora *n.f.pl.* BOTÂNICA ⇒ **lágrimas-de-job**
lágrimas-de-sangue *n.f.pl.* BOTÂNICA ⇒ **casadinhos**
lagrimatório *adj.* ⇒ **lacrimatório**
lagrimejar *v.intr.* ⇒ **lacrimejar** (De *lágrima*+*-ejar*)
lagrimoso /ô/ *adj.* ⇒ **lacrimoso** (De *lágrima*+*-oso*)

laguna *n.f.* 1 GEOGRAFIA bacia litoral de águas paradas, separada do mar apenas por uma restinga de areia e com o qual mantém comunicação intermitente 2 canal entre bancos de areia ou ilhotas, na foz de um rio 3 pequena lagoa 4 ria (Do veneziano *laguna*, «id.»)

lagunar *adj.2g.* referente a laguna (De *laguna*+*-ar*)

lai *n.m.* 1 LITERATURA pequeno poema da Idade Média, narrativo ou lírico, em versos octossilábicos 2 canção (Do ing. med. *lai*, «canção», pelo fr. *lai*, «id.»)

laia *n.f.* 1 raça; casta 2 qualidade; jaez 3 feitio; *à ~ de* à maneira de (De orig. obsc.)

laicado *n.m.* 1 estado de laico 2 o conjunto dos leigos (De *laico*+*-ado*)

laical *adj.2g.* que não pertence à Igreja; laico; profano; de leigo (Do lat. *laicāle-*, «de leigo»)

laicidade *n.f.* qualidade ou estado de laico (De *laico*+*-i-*+*-dade*)

laicificar *v.tr.* tornar laical ou leigo; laicizar (Do lat. *laicu-*, «laico» +*ficāre*, por *facĕre*, «fazer»)

laicismo *n.m.* 1 doutrina que reclama para os leigos certos direitos no governo da Igreja 2 doutrina que pretende dar às diversas formas da vida social um carácter não religioso (Do lat. *laicu-*, «leigo» +*-ismo*)

laicização *n.f.* ato ou efeito de laicizar (De *laicizar*+*-ção*)

laicizar *v.tr.* dar o carácter de laico a; substituir o pessoal religioso por laico em; tirar o carácter religioso a (Do lat. *laicu-*, «leigo» +*-izar*)

laico *adj.* que não é religioso; leigo; secular (Do gr. *laikós*, «id.», pelo lat. *laicu-*, «laico; leigo»)

lais *n.m.* (plural *laises*) 1 NÁUTICA ponta da verga; penol 2 ⇒ **lai** 1 (Do fr. *laisse*, «cordão; trela»)

laivar *v.tr.* 1 pôr laivos em 2 besuntar (De *laivo*+*-ar*)

laivo *n.m.* 1 marca; pinta; nódoa 2 *pl.* [fig.] noções superficiais (Do lat. *labe-*, «mancha»)

laja *n.f.* ⇒ **laje**

laje *n.f.* 1 pedra lisa, geralmente quadrada ou retangular, utilizada para cobrir pavimentos 2 pedra lisa e retangular utilizada para cobrir sepulturas 3 ENGENHARIA placa de pequena altura de betão armado, utilizada na construção em pavimentos, tetos, etc., sujeita principalmente a esforços de flexão (Do lat. hisp. *lagĕna-*, «id.»)

lájea *n.f.* ⇒ **laje**

lajeado *adj.* que está coberto de lajes ■ *n.m.* 1 superfície coberta de lajes 2 pavimento de pedra (Part. pass. de *lajear*)

lajeador *adj.,n.m.* que ou aquele que lajeia (De *lajear*+*-dor*)

lajeamento *n.m.* 1 ato de lajear 2 pavimentação (De *lajear*+*-mento*)

lajear *v.tr.* cobrir de lajes; pavimentar (De *laje*+*-ar*)

lajedo /ê/ *n.m.* 1 pavimento coberto de lajes 2 sítio onde há muitas lajes (De *laje*+*-edo*)

lajem *n.f.* ⇒ **laje**

lajense[1] *adj.2g.* relativo ou pertencente a Lajes das Flores, no arquipélago dos Açores, ou que é seu natural ou habitante ■ *n.2g.* natural ou habitante de Lajes das Flores (De *Lajes [das Flores]*, topónimo +*-ense*)

lajense[2] *adj.2g.* relativo ou pertencente a Lajes do Pico, no arquipélago dos Açores, ou que é seu natural ou habitante ■ *n.2g.* natural ou habitante de Lajes do Pico (De *Lajes [do Pico]*, topónimo +*-ense*)

lajeoso /ô/ *adj.* em que há lajes (De *laje*+*-oso*)

lajota *n.f.* [Brasil] mosaico; pequena laje

lala[1] *n.f.* [Guiné-Bissau] depressão de fraca drenagem com savanas ervosas, sem árvores nem arbustos, onde, por vezes, se pode cultivar arroz

lala[2] *n.f.* [Moçambique] variedade de palmeira, do litoral (Do tsonga *nala*, pl. *milala*, «id.»)

lalação *n.f.* balbucio (Do lat. *lallatiōne-*, «canto para adormecer crianças»)

lalar *v.intr.* 1 cantar para adormecer as crianças 2 balbuciar (Do lat. *lallāre*, «id.»)

lalopatia *n.f.* MEDICINA nome comum a todas as perturbações da fala (Do gr. *laleín*, «falar» +*páthos*, «sofrimento» +*-ia*)

lama¹ *n.f.* **1** terra ensopada em água; lodo **2** baixeza; abjeção **3** [fig.] desonra; insulto; *levantar/tirar da ~* tirar da miséria, regenerar; *pôr/arrastar alguém pela ~* difamar (Do lat. *lama-*, «lamaçal»)

lama² *n.m.* ZOOLOGIA mamífero ruminante da família dos Camelídeos, originário da região andina da América do Sul, aproveitado para a produção de lã, pele e carne; alpaca (Do quích. *lhama*, «id.»)

lama³ *n.m.* sacerdote budista tibetano (Do tibet. *blama*, «id.»)

lamaçal *n.m.* sítio onde há muita lama; lamaceiro; lodaçal; atoleiro; tremedal (De *lamaço+-al*)

lamaceira *n.f.* ⇒ **lamaçal** (De *lamaço+-eira*)

lamaceiro *n.m.* ⇒ **lamaçal** (De *lamaço+-eiro*)

lamacento *adj.* **1** em que há muita lama; lodoso; lodacento **2** semelhante a lama (De *lamaço+-ento*)

lamaço *n.m.* atoleiro; lodaçal; lamaçal (De *lama+-aço*)

lamaísmo *n.m.* forma particular do budismo professado pelos lamas (sacerdotes budistas) (De *lama+-ismo*)

lamaísta *n.2g.* pessoa que segue o lamaísmo (De *lama+-ista*)

lamantim *n.m.* ZOOLOGIA ⇒ **manatim** (Do fr. *lamantin*, «id.»)

lamarão *n.m.* **1** grande lamaçal **2** grande porção de lodo que a baixa-mar deixa a descoberto junto dos portos (De *lama+r+-ão*)

lamarckismo *n.m.* BIOLOGIA doutrina transformista exposta por Jean-Baptiste Lamarck, naturalista francês (1744-1829), que considera a ação (direta ou indireta) do meio como a causa fundamental da evolução das espécies através dos tempos (De *Lamarck*, antr.+-ismo, ou do fr. *lamarckisme*, «id.»)

lamarckista *adj.2g.* **1** relativo ao lamarckismo **2** designativo da pessoa partidária do lamarckismo ■ *n.2g.* pessoa partidária do lamarckismo (De *Lamarck*, antr.+-ista, ou do fr. *lamarckiste*, «id.»)

lamaroso /ô/ *adj.* ⇒ **lamacento** (De *lama+r+-oso*)

lambaças *adj.inv.,n.2g.2n.* [regionalismo] comilão; lambão (De *lamb[er]+-aça*)

lambada¹ *n.f.* **1** pancada com a mão; bofetada **2** [fig.] descompostura (De *lombada*, de *lombo+-ada*)

lambada² *n.f.* **1** MÚSICA ritmo resultante da fusão de ritmos existentes no Brasil, como o forró e o carimbó, e outros ritmos da América Latina, como a cumbia e o merengue **2** MÚSICA dança popular cantada em que os participantes executam variações coreográficas muito próximas do samba

lambança¹ *n.f.* **1** coisa que se pode lamber ou comer **2** comezaina **3** [Brasil] serviço malfeito **4** intriga; enredo; mexerico **5** trapaça no jogo (De *lamber+-ança*)

lambança² *n.f.* **1** grande palavreado; gabarolice **2** barulho sem motivo (Do cast. *alabanza*, «aplauso; apologia»)

lambão *adj.,n.m.* **1** lambareiro; glutão **2** preguiçoso; madraço (De *lamber+-ão*)

lambarão *adj.,n.m.* ⇒ **lambão** (De *lamber+-ão*)

lambarar *v.intr.* **1** comer lambarices **2** gostar de lambarices (De *lambar[ão]+-ar*)

lambaraz *adj.2g.,n.m.* **1** que ou o que não sabe guardar segredos; chocalheiro **2** ⇒ **lambareiro** (De *lambar[ão]+-az*)

lambareiro *n.m.* **1** pessoa que gosta de lambarices; pessoa gulosa **2** pessoa que não guarda segredos **3** NÁUTICA cabo para levantar a âncora do seu lugar ■ *adj.* **1** guloso **2** intriguista; linguareiro (De *lambarar+-eiro*)

lambarejar *v.intr.* provar comidas, remexendo-as; lambariscar (De *lambarar+-ejar*)

lambarice *n.f.* **1** qualidade de quem é lambareiro; gulodice **2** guloseima (De *lambar[ão]+-ice*)

lambariscar *v.intr.* ⇒ **lambarejar** (De *lambarar+-iscar*)

lambarisco *n.m.* ⇒ **lambarice** (Deriv. regr. de *lambariscar*)

lambaz¹ *adj.,n.2g.* glutão; lambão; comilão (De *lamb[er]+-az*)

lambaz² *n.m.* vassoura de cordas e trapos usada a bordo **2** [regionalismo] tijolo grosso e quadrado (De orig. obsc.)

lambazar *v.tr.* varrer ou enxugar com o lambaz (vassoura) (De *lambaz+-ar*)

lambda *n.m.* **1** nome da décima primeira letra do alfabeto grego (λ, Λ), correspondente ao l **2** ANATOMIA ponto de encontro da sutura dos parietais com a sutura do occipital e dos parietais; *ponto ~* FÍSICA temperatura a que se efetua a transição entre as duas fases do hélio líquido (cerca de 2,19 K), isto é, a que podem coexistir as duas fases de hélio líquido sob a pressão de saturação (Do gr. *lámbda*, «id.», pelo lat. *lambda*, «id.»)

lambdacismo *n.m.* pronúncia viciosa caracterizada pelo emprego do l em vez do r (Do gr. *lambdakismós*, «id.», pelo lat. *lambdacismu-*, «id.»)

lambdoide *adj.2g.* com a forma de lambda ■ *n.f.* ANATOMIA sutura em forma de lambda que une o osso occipital aos dois ossos parietais

lambdóide ver nova grafia **lambdoide**

lambear *v.tr.* comer com sofreguidão; devorar (De *lamber+-ear*)

lambe-botas *n.2g.2n.* pessoa bajuladora; adulador

lambedela *n.f.* ⇒ **lambidela** (De *lambida+-ela*)

lambedor *n.m.* **1** aquele que lambe **2** FARMÁCIA xarope medicamentoso para crianças **3** [fig.] coisa muito doce **4** pessoa lisonjeira e hipócrita ■ *adj.* **1** que lambe **2** lisonjeiro; hipócrita (De *lamber+-dor*)

lambedura *n.f.* ⇒ **lambidela** (De *lamber+-dura*)

lambefe *n.m.* [pop.] lambada; tabefe (De *lambada* x *tabefe*)

lambeiro *adj.,n.m.* ⇒ **lambareiro** (De *lamber+-eiro*)

lambel *n.m.* pano listrado com que se cobriam bancos, mesas, etc. (Do ár. *al-hanbal*, espécie de tapete)

lambe-lhe-os-dedos *n.f.2n.* [regionalismo] BOTÂNICA variedade de pera chamada também amorim

lambe-olhos *n.f.2n.* [Brasil] ZOOLOGIA abelha minúscula da família dos Meliponídeos

lambe-pratos *n.2g.2n.* [pop.] indivíduo guloso; lambareiro; lambaz; comilão

lamber *v.tr.* **1** passar a língua por **2** [fig.] comer sofregamente; devorar **3** [fig.] apurar; polir **4** [fig.] destruir; arrasar; dilapidar ■ *v.pron.* **1** regalar-se; antegozar **2** andar satisfeitíssimo **3** adornar-se; *~ os beiços* deleitar-se; *~ as botas/os pés a* bajular, adular (Do lat. *lambĕre*, «lamber; acariciar»)

lambert *n.m.* FÍSICA (fotometria) unidade de medida de luminância do antigo sistema de unidades CGS, correspondente à emissão de fluxo luminoso de 1 lúmen por centímetro quadrado (De *J. H. Lambert*, matemático fr., 1728-1777)

lambeta /ê/ *n.f.* **1** guloseima **2** [fig.] coisa de pouca duração (De *lamber+-eta*)

lambida *n.f.* ⇒ **lambidela** (Part. pass. fem. subst. de *lamber*)

lambidela *n.f.* **1** ato de lamber **2** gorjeta **3** [fig.] adulação (De *lamber+-dela*)

lambido *adj.* **1** que se lambeu **2** sem pudor; descarado **3** [pej.] diz-se do cabelo liso, que parece molhado e colado à cabeça **4** [pop.] que revela cuidado excessivo no vestir **5** [Brasil] [pop.] que não tem graça; insípido (Part. pass. de *lamber*)

lambiscar *v.tr.* comer pouco; debicar (De *lamber+-iscar*)

lambisco *n.m.* **1** pequena porção de comida **2** gulodice; *andar ao ~* esquadrinhar; *num ~* num instante (Deriv. regr. de *lambiscar*)

lambisgoia *n.f.* **1** [depr.] mulher delambida **2** [depr.] mexeriqueira; pessoa intrometida (De *lambiscar*?)

lambisgóia ver nova grafia **lambisgoia**

lambisqueiro *adj.,n.m.* que ou aquele que lambisca; debiqueiro; lambareiro (De *lambiscar+-eiro*)

lambrequim *n.m.* **1** recorte de madeira, de metal ou de pano, que encima um pavilhão, o beiral de um telhado, um dossel, um cortinado de janela, etc. **2** ornatos que pendem do elmo sobre o escudo de armas (Do fr. *lambrequin*, «id.»)

lambreta *n.f.* **1** ⇒ **vespa**² **2** [coloq.] copo pequeno com cerveja tirada à pressão (Do it. *lambretta®*, de *Lambr(ate)*, top.+-etta, «pequena»)

lambri *n.m.* revestimento parcial ou total, de madeira ou outros materiais, aplicado em paredes interiores (Do fr. *lambris*, «id.»)

lambril *n.m.* ⇒ **lambri**

lambrim *n.m.* ⇒ **lambri**

lambrizar *v.tr.* revestir de lambris ou lambrins (De *lambri+-izar*, ou do fr. *lambriser*, «id.»?)

lambuça *n.f.* ⇒ **lambuzadela** (Deriv. regr. de *lambuçar*?)

lambuçadela *n.f.* ⇒ **lambuzadela** (De *lambuçar+-dela*)

lambuçar *v.tr.* ⇒ **lambuzar** (De *lamber*)

lambugem¹ *n.f.* **1** ato de comer gulodices; glutonaria **2** acepipe **3** restos que ficam nos pratos **4** pequeno lucro num negócio que serve de engodo **5** [Brasil] gratificação; suborno (De *lamber+-ugem*)

lambugem² *n.f.* casta de oliveira do Minho (De *zambujo*?)

lambuja *n.f.* **1** [Brasil] vantagem concedida a adversário, em jogo, aposta ou negócio **2** [Brasil] gratificação; luvas **3** [Brasil] resto de comida

lambujar *v.intr.* comer guloseimas; andar à lambugem (De *lambugem+-ar*)

lambujeiro *adj.,n.m.* que ou aquele que lambuja (De *lambujar+-eiro*)

lambuzada *n.f.* **1** besuntadela **2** lambedela (Part. pass. fem. subst. de *lambuzar*)

lambuzadela *n.f.* **1** ato de lambuzar **2** *pl.* vestígios de comida ou bebida **3** *pl.* [fig.] laivos; conhecimentos superficiais; noções ligeiras (De *lambuzar+-dela*)

lambuzar v.tr. pôr nódoas de gordura em; sujar; emporcalhar; engordurar (De *lambuzar*)
lamecense adj.2g. da cidade portuguesa de Lamego, no distrito de Viseu ▪ n.2g. natural ou habitante de Lamego (Do lat. *Lamaecu-, top., «Lamego» +-ense)
lamecha adj.2g. ridiculamente terno; que é demasiado sensível; amimado (Do cast. *lamer*, «lamber»?)
lamechar v.intr. dizer ou proceder como lamecha (De *lamecha*+-ar)
lamechice n.f. 1 qualidade de lamecha 2 ato ou dito lamecha (De *lamecha*+-ice)
lamechismo n.m. qualidade de lamecha (De *lamecha*+-ismo)
lamego /ê/ n.m. [regionalismo] arado de varredouro, chamado também labrego (De orig. obsc.)
lamegueiro n.m. [regionalismo] BOTÂNICA ⇒ **ulmeiro** (De *lamego*+-eiro)
lameira n.f. 1 lameiro pequeno 2 casta de uva trasmontana (De *lameiro*)
lameiral n.m. 1 lameiro grande 2 série de lameiros (De *lameiro*+-al)
lameirão n.m. lameiro grande (De *lameiro*+-ão)
lameirento adj. pantanoso; lamacento (De *lameiro*+-ento)
lameirinha n.f. BOTÂNICA planta subarbustiva da família das Ericáceas, espontânea em Portugal (De *lameiro*+-inha)
lameiro n.m. 1 terreno húmido onde cresce erva; pântano; lamaçal 2 ZOOLOGIA ⇒ **lagosta-das-pedras** 3 ORNITOLOGIA ⇒ **pisco-azul** (De *lama*+-eiro)
lamela n.f. 1 pequena lâmina 2 membrana muito delgada 3 lâmina de vidro, muito fina, que se coloca sobre o objeto nas preparações que se destinam a observações ao microscópio (Do lat. *lamella-*, «lâmina pequena»)
lamelação n.f. 1 ato ou efeito de lamelar 2 divisão em lamelas (De *lamelar*+-ção)
lamelado adj. 1 guarnecido de lamelas 2 dividido em lamelas (Part. pass. de *lamelar*)
lamelar v.tr. 1 guarnecer de lamelas 2 dividir em lamelas ▪ adj.2g. 1 cuja estrutura é feita de lamelas; lamelado 2 em forma de lamela (De *lamela*+-ar)
lameli- elemento de formação de palavras que exprime a ideia de lâmina, lamela (Do lat. *lamella-*, «lâmina pequena»)
lamelibrânquio adj. ZOOLOGIA diz-se do animal cujas brânquias são lamelares ▪ n.m. ZOOLOGIA espécime dos lamelibrânquios ▪ n.m.pl. ZOOLOGIA classe de moluscos com brânquias lamelares e desprovidos de região cefálica; acéfalos; pelecípodes (De *lameli-*+*brânquia*+-io)
lamelicórneo adj. ZOOLOGIA relativo aos lamelicórneos ▪ n.m. ZOOLOGIA espécime dos lamelicórneos ▪ n.m.pl. ZOOLOGIA grupo de insetos coleópteros cujas antenas terminam por uma formação que é um conjunto de peças lamelares (De *lameli-*+*córneo*)
lamelífero adj. que possui lâminas ou lamelas (De *lameli-*+-fero)
lameliforme adj.2g. em forma de lamela (De *lameli-*+-forme)
lamelípede adj.2g. que possui pés achatados (De *lameli-*+-pede)
lamelirrostro /ô/ adj. ORNITOLOGIA relativo aos lamelirrostros ▪ n.m. ORNITOLOGIA espécime dos lamelirrostros ▪ n.m.pl. ORNITOLOGIA grupo (subordem) de palmípedes cujo bico apresenta uma série de lamelas córneas, laterais (De *lameli-*+-*rostro*)
lameloso /ô/ adj. ⇒ **lamelado** (De *lamela*+-oso)
lamentação n.f. 1 ato ou efeito de lamentar ou lamentar-se 2 queixa dorida; queixume acompanhado de gemidos e gritos 3 expressão de mágoa; canto triste 4 elegia 5 pl. RELIGIÃO designação litúrgica de uns poemas elegíacos em que o profeta Jeremias deplorava a destruição do templo de Jerusalém (Do lat. *lamentatiōne-*, «id.»)
lamentador adj.,n.m. que ou aquele que lamenta (Do lat. *lamentatōre-*, «id.»)
lamentar v.tr. 1 chorar com gemidos ou gritos 2 lastimar; ter pena de; deplorar ▪ v.pron. queixar-se; lastimar-se (Do lat. *lamentāre*, «id.»)
lamentável adj.2g. 1 que é digno de ser lamentado, chorado 2 digno de dó; triste; lastimável (Do lat. *lamentabĭle-*, «id.»)
lamentavelmente adv. 1 de modo lamentável 2 deploravelmente (De *lamentável*+-mente)
lamento n.m. 1 queixa; lamentação 2 gemido; ai; choro 3 voz triste com que se exprime dor, amargura 4 LITERATURA composição poética que exprime dor ou saudade pela morte de alguém (Do lat. *lamentu-*, «id.»)
lamentoso /ô/ adj. 1 relativo a lamento 2 que tem o carácter ou o tom de lamento 3 lamentável; lastimoso (De *lamento*+-oso)
lâmia n.f. MITOLOGIA monstro fabuloso que era representado com cabeça de mulher e corpo de serpente, e que, segundo a lenda, chupava o sangue às crianças (Do gr. *lamía*, «vampiro», pelo lat. *lamĭa-*, «id.»)
Lamiáceas n.f.pl. BOTÂNICA ⇒ **Labiadas** (Do lat. cient. *lamĭu-*, «urtiga» +-*áceas*)
lamieira n.f. ORNITOLOGIA ⇒ **pisco-azul**
lamieiro n.m. ORNITOLOGIA ⇒ **pisco-azul** (De *lâmio*+-eiro)
lâmina n.f. 1 pedaço de metal chato e muito delgado; lasca 2 folha metálica de arma ou instrumento cortante 3 pequena chapa de vidro, em regra retangular, sobre a qual se monta a peça preparada para o exame ao microscópio, denominada também porta-objeto 4 folha ou chapa com uma gravura religiosa 5 carregador metálico de armas de repetição e de armas automáticas, no qual se dispõem os cartuchos paralelamente 6 [fig.] pessoa estúpida (Do lat. *lamĭna-*, «lâmina»)
laminação n.f. 1 ato ou efeito de laminar; laminagem 2 redução de um metal a lâminas ou chapas 3 passagem de folhas de papel por um cilindro compressor a fim de lhes retirar a rugosidade e os vincos, reduzir a sua espessura e uniformizar o tamanho (De *laminar*+-ção)
laminado adj. reduzido a lâmina (Part. pass. de *laminar*)
laminador n.m. 1 operário que lamina 2 máquina de laminar composta de dois cilindros de aço que giram em sentidos opostos, entre os quais se faz passar o metal a laminar (De *laminar*+-dor)
laminagem n.f. ⇒ **laminação** (De *laminar*+-agem)
laminar v.tr. 1 reduzir (um metal) a lâminas ou chapas; chapear; lamelar 2 cobrir com uma camada fina de material transparente 3 passar (papel) por processo de laminação 4 diminuir a espessura de; adelgaçar ▪ adj.2g. 1 em forma de lâmina 2 formado de lâminas; laminoso; *escoamento ~ flamelar* FÍSICA escoamento de um fluido que se faz por deslizamento de camadas delgadas umas sobre as outras (De *lâmina*+-ar)
laminária n.f. BOTÂNICA designação extensiva a algas castanhas da família das Laminariáceas, cujo talo (pelo menos o de algumas delas) é usado para dilatar o colo do útero (podendo ter ação abortiva) e outras cavidades do organismo animal (Do lat. cient. *laminarĭa-*, de *lamĭna*, «lâmina»)
Laminariáceas n.f.pl. BOTÂNICA família de algas marinhas feofíceas, castanhas, por vezes de grande porte, cujo género-tipo se designa *Laminarĭa* (De *laminária*+-*áceas*)
laminoso /ô/ adj. ⇒ **laminar** adj.2g. (Do lat. *laminōsu-*, «id.»)
lamínula n.f. pequena lâmina (Do lat. *laminŭla-*, «id.»)
lâmio n.m. BOTÂNICA ⇒ **urtiga-morta** (Do lat. *lamĭu-*, «urtiga»)
lamiré n.m. 1 diapasão 2 [fig.] sinal para começar alguma coisa (Das três notas musicais *lá*, *mi*, *ré*)
Lâmnidas n.m.pl. ICTIOLOGIA ⇒ **Lamnídeos**
Lamnídeos n.m.pl. ICTIOLOGIA família de peixes seláquios (esqualos) cujo género-tipo se denomina *Lamna* (Do gr. *lámna*, «tubarão» +-*ídeos*)
lamoja n.f. espécie de barrela em que entra barro e água, para tirar manchas de gordura (De *lama*+-*oja*)
lamoso /ô/ adj. ⇒ **lamacento** (De *lama*+-oso)
lampa¹ n.f. 1 BOTÂNICA variedade de figueira 2 fruta temporã colhida pelo S. João 3 BOTÂNICA rebento; *levar as lampas a alguém* levar-lhe vantagem (De *lampo*)
lampa² n.f. [pop.] ⇒ **lâmpada** (Do lat. *lampăda-*, «id.»)
lampa³ n.f. seda da China (Do fr. *lampas*, tecido de seda)
lâmpada n.f. 1 objeto de vidro, geralmente com forma de bolbo ou de cilindro alongado, no qual é produzida luz artificial por combustão ou eletricamente por incandescência de um filamento, por descarga num gás rarefeito ou por fluorescência 2 vaso em que arde uma luz alimentada a óleo 3 lampião; *~ fluorescente* lâmpada de forma tubular em que a corrente elétrica passa através de um gás (vapor de mercúrio) dando origem a radiação ultravioleta que ativa uma camada de material fluorescente aplicada na parede interna do vidro; *não ter azeite na ~* não ter forças (Do gr. *lampás, -ádos*, «archote», pelo lat. *lampăda-*, «id.»)
lâmpada-piloto n.f. ⇒ **luz-piloto** (De *lâmpada*+*piloto*)
lampadário n.m. grande candelabro com uma ou mais lâmpadas pendentes; lustre (Do lat. *lampadarĭu-*, «candelabro»)
lampadeiro n.m. 1 fabricante de lâmpadas 2 haste metálica ou de madeira que sustenta uma ou mais lâmpadas (Do lat. *lampadarĭu-*, «id.»)
lampadejar v.intr. brilhar como lâmpada; cintilar; bruxulear (De *lâmpada*+-ejar)
lampadomancia n.f. suposta adivinhação por meio das cores e dos movimentos da luz de uma lâmpada (Do gr. *lampás, -ádos*, «archote» +*manteía*, «adivinhação»)

lampana *n.f.* 1 [pop.] mentira 2 [pop.] bazófia 3 [pop.] bofetada (De *lampo+-ana?*)
lampão *adj.* ⇒ **lampo** (De *lampo+-ão*)
lamparejar *v.intr.* bruxulear como a luz da lâmpada; fulgir (De **lâmpara*, por *lâmpada+-ejar*)
lamparina *n.f.* 1 lâmpada pequena 2 objeto constituído por um recipiente de vidro que contém líquido combustível e é provido de uma torcida ao centro, que se acende para alumiar ou para aquecer pequenos volumes; luminária 3 [pop.] bofetão (De **lâmpara*, por *lâmpada+-ina*)
lampascópio *n.m.* espécie de lanterna mágica que pode adaptar-se a um candeeiro qualquer (Do gr. *lampás, -ádos*, «archote» *+skopeīn*, «observar» *+-io*)
lampassado *adj.* HERÁLDICA diz-se do animal representado no escudo com a língua de fora, ou da língua deste animal nestas condições (Do fr. *lampassé*, «id.»)
lampeiro *adj.* 1 lampo; temporão 2 lesto 3 atrevido; espevitado (De *lampo+-eiro*)
lampejante *adj.2g.* que lampeja; cintilante (De *lampejar+-ante*)
lampejar *v.intr.* brilhar como relâmpago; lançar faíscas; ter lampejos; coruscar; cintilar (De *lampo [= relâmpago]+-ejar*)
lampejo /ê/ *n.m.* 1 ato de lampejar; clarão repentino 2 [fig.] manifestação rápida de uma ideia (Deriv. regr. de *lampejar*)
lampianista *n.m.* aquele que acendia, apagava e cuidava dos lampiões da iluminação pública (De *lampião+-ista*)
lampião *n.m.* 1 peça de iluminação semelhante a uma lanterna, elétrica ou a gás, com um reservatório para combustível, portátil ou fixa em teto ou parede 2 poste de iluminação pública (Do it. *lampione*, «id.», pelo fr. *lampion*, «id.»)
lampinho *adj.* diz-se do indivíduo que não cria barba; imberbe (De *lampo+-inho*)
Lampírídas *n.m.pl.* ZOOLOGIA ⇒ **Lampirídeos**
Lampirídeos *n.m.pl.* ZOOLOGIA família de insetos coleópteros, de abdómen fosforescente, a que pertencem os pirilampos (Do lat. *lampyrĭde-*, «pirilampo» *+-ídeos*)
lampista *n.m.* 1 fabricante de lampiões e lanternas 2 lampianista (Do fr. *lampiste*, «id.»)
lampo *adj.* 1 que aparece ou amadurece muito cedo; temporão 2 diz-se especialmente de uns figos que amadurecem em junho 3 [fig.] lampeiro; espevitado ■ *n.m.* [pop.] relâmpago (De orig. obsc.)
lamprear *v.tr.* deitar abaixo (um fito), no jogo da bola, sem tocar nos outros (De *lampreia+-ar*)
lampreeira *n.f.* rede de emalhar usada na pesca das lampreias (De *lampreia+-eira*)
lampreia *n.f.* ZOOLOGIA nome vulgar extensivo a duas espécies de ciclóstomos, uma do mar, grande e muito apreciada em culinária, e outra, mais pequena, do rio, ambas de formato cilíndrico e alongado e de pele viscosa; ~ *de ovos* CULINÁRIA doce de fios de ovos com o formato deste animal (Do lat. tard. *lampraeda-*, «id.»)
Lamprídidas *n.m.pl.* ICTIOLOGIA ⇒ **Lamprídeos**
Lamprídeos *n.m.pl.* ICTIOLOGIA família de peixes teleósteos mal representada em Portugal, cujo género-tipo se denomina *Lampris* (Do gr. *lamprós*, «brilhante»)
lampr(o)- elemento de formação de palavras que exprime a ideia de *brilhante* (Do grego *lamprós*, «brilhante»)
lamprófiro *n.m.* PETROLOGIA rocha eruptiva, melanocrática ou mesocrática, muito rica em minerais ferromagnesianos (principalmente biotite e hornoblenda) pertencentes a duas gerações, uns com fenocristais, outros integrados na pasta (De *lampro-+[pór]firo*)
lampsana *n.f.* BOTÂNICA ⇒ **lâmpsana**
lâmpsana *n.f.* BOTÂNICA planta da família das Compostas, frequente e espontânea em Portugal, chamada também labresto e lapsana (Do gr. *lampsané*, «couve silvestre», pelo lat. *lampsăna-*, «id.»)
lamúria *n.f.* lamentação interminável e importuna; choradeira; queixume (Do lat. *Lemurĭa*, «festas em honra dos lémures»)
lamuriador *adj.,n.m.* que ou aquele que faz lamúrias ou choradeiras; lamuriante (De *lamuriar+-dor*)
lamuriante *adj.2g.* que tem o carácter de lamúria; lamentoso 2 que se vale da lamúria para conseguir alguma coisa (De *lamuriar+-ante*)
lamuriar *v.intr.* fazer lamúrias ou choradeiras ■ *v.tr.,pron.* lamentar(-se); prantear(-se) (De *lamúria+-ar*)
lamuriento *adj.* ⇒ **lamuriante** (De *lamúria+-ento*)
lamurioso /ô/ *adj.* ⇒ **lamuriante** (De *lamúria+-oso*)
lana-caprina *elem. expr.* ***coisa/questão de*** ~ coisa ou questão de pouca monta; insignificância; bagatela (Do lat. *lana caprina*, «lã de cabra»)

lanada *n.f.* utensílio revestido de peles de ovelha para limpar interiormente as peças de artilharia (Do lat. *lanāta-*, «coberta de lã; ovelha»)
lanar *adj.2g.* que diz respeito a lã; lanígero (Do lat. *lanāre-*, «lanígero»)
lança *n.f.* 1 arma ofensiva ou de arremesso formada de uma haste comprida que tem na extremidade uma lâmina pontiaguda 2 varal de carruagem 3 antena náutica 4 (Idade Média) unidade militar pequena, de efetivo variável, que apoiava um combatente a cavalo, podendo compreender homens na qualidade de escudeiros, besteiros, peões e pajens; ***meter uma*** ~ ***em África*** ter bom êxito em qualquer coisa difícil (Do lat. *lancĕa-*, «lança; dardo»)
lança-bombas *n.m.2n.* aparelho montado a bordo dos navios de guerra destinado ao lançamento de bombas de profundidade (De *lançar+bomba*)
lança-chamas *n.m.2n.* aparelho para lançar líquidos inflamados sobre o inimigo (De *lançar+chama*)
lançaço *n.m.* ⇒ **lançada** (De *lança+-aço*)
lançada *n.f.* golpe de lança (De *lança+-ada*)
lançadeira *n.f.* 1 peça do tear, em forma de naveta, com um pequeno cilindro ao meio (canela) em que se enleia o fio que os tecelões ou tecedeiras fazem passar pela urdidura 2 instrumento análogo, nas máquinas de costura (De *lançar+-deira*)
lançadiço *adj.* [pop.] próprio para se lançar fora; que não presta; desprezível (De *lançar+-diço*)
lançado *adj.* bem recebido na sociedade; bem sucedido ■ *n.m.* expulsão pela boca de alimentos ou líquidos rejeitados pelo estômago; coisa vomitada; ***bem*** ~ bem colocado na vida, com bom futuro (Part. pass. de *lançar*)
lançador *n.m.* 1 aquele que lança 2 o que oferece lanços em leilões ■ *adj.* que lança (De *lançar+-dor*)
lançadura *n.f.* ato ou efeito de lançar; arremesso (De *lançar+-dura*)
lança-foguetes *n.m.2n.* dispositivo destinado ao lançamento de projéteis táticos do tipo foguete (De *lançar+foguete*)
lança-granadas *n.m.2n.* aparelho de guerra para lançar granadas sobre o inimigo (De *lançar+granada*)
lançamento *n.m.* 1 ato ou efeito de lançar; arremesso 2 assentamento 3 ação publicitária com o fim de dar a conhecer ao público um novo livro ou revista, um novo produto, etc. 4 ECONOMIA (contabilidade) registo de uma operação a débito ou a crédito na contabilidade de uma empresa 5 BOTÂNICA rebento vegetal 6 distribuição das respetivas quotas pelos contribuintes; ~ *espacial* propulsão para colocar em órbita um satélite ou uma nave espacial (De *lançar+-mento*)
lança-minas *n.m.2n.* navio de guerra destinado ao lançamento de minas (De *lançar+mina*)
lança-mísseis *n.m.2n.* veículo especialmente preparado para o lançamento de mísseis (De *lançar+míssil*, ou do fr. *lance-missiles*, «id.»)
lançante *adj.2g.* que lança ■ *n.m.* [Brasil] declive de um cerro (De *lançar+-ante*)
lançar *v.tr.* 1 arremessar com força; atirar; arrojar; deitar 2 fazer nascer; produzir; dar início a 3 expelir; exalar; espalhar 4 vomitar 5 fazer recair sobre alguém; atribuir 6 fazer constar 7 dizer algo repentinamente 8 pôr em voga 9 derramar 10 dirigir; apontar ■ *v.pron.* 1 atirar-se; precipitar-se 2 avançar; ~ *em rosto* acusar, exprobrar; ~ *ferro* NÁUTICA fundear (o navio), ancorar; ~ *luz sobre* esclarecer, explicar; ~ *mão de* servir-se de; ~ *o barro à parede* aventurar-se para conseguir certo fim; ~ *poeira aos olhos de* pretender iludir; ~*-se de cabeça* iniciar algo sem pensar (Do lat. *lanceāre*, «manejar a lança»)
lança-torpedos *n.m.2n.* aparelho a bordo de alguns navios de guerra, para lançamento de torpedos (De *lançar+torpedo*)
lançável *adj.2g.* diz-se do imposto que pode ser lançado (De *lançar+-vel*)
lance *n.m.* 1 ato ou efeito de lançar 2 caso difícil; risco; perigo; conjuntura 3 acaso; ocorrência 4 facto notável 5 golpe 6 impulso; rasgo 7 peripécia de um romance ou drama 8 (leilão) oferta de preço para a aquisição de determinado bem no decurso de uma licitação 9 DESPORTO jogada; ~ *de olhos* olhar pouco demorado (Deriv. regr. de *lançar*)
lanceador *adj.* que lanceia (De *lancear+-dor*)
lancear[1] *v.tr.* 1 ferir com lança 2 [fig.] lancinar; atormentar; pungir (De *lança+-ear*)
lancear[2] *v.tr.* [Brasil] pescar com rede (De *lanço+-ear*)
lanceiro *n.m.* 1 soldado armado de lança 2 fabricante de lanças 3 cabide de armas 4 panóplia 5 caminho liso 6 *pl.* espécie de

lanceolado

quadrilha dançante com música adequada **7** *pl.* unidade pertencente à arma de cavalaria (De *lança+-eiro*)
lanceolado *adj.* **1** em forma de ferro de lança **2** BOTÂNICA diz-se da folha cujo limbo apresenta a forma de lança (Do lat. *lanceolătu-*, de *lanceŏla-*, «pequena lança»)
lanceolar *adj.2g.* ⇒ **lanceolado** (Do lat. *lanceŏla-*, «pequena lança»+*-ar*)
lanceta /ê/ *n.f.* **1** instrumento cirúrgico com que se praticam pequenas cirurgias (abertura de abcessos, por exemplo) **2** pequeno cutelo pontiagudo usado nos matadouros para abater reses (Do fr. *lancette*, «id.»)
lancetada *n.f.* incisão com lanceta (Part. pass. fem. subst. de *lancetar*)
lancetar *v.tr.* cortar ou abrir com lanceta (De *lanceta+-ar*)
lanceteira *n.f.* espécie de lima, utilizada por espingardeiros e serralheiros
lancha¹ *n.f.* pequena embarcação a motor para serviço dos navios, para tráfego costeiro, pesca, recreio, etc. (Do mal. *lancharan*, «rápido; ligeiro»)
lancha² *n.f.* **1** [regionalismo] pedra xistosa e grosseira **2** [regionalismo] laje (Do cast. *lancha*, «laje»)
lanchada *n.f.* carga de uma lancha (De *lancha+-ada*)
lanchal *n.m.* [regionalismo] lajedo (De *lancha+-al*)
lanchão *n.m.* **1** lancha grande **2** [regionalismo] laje (De *lancha+-ão*)
lanchar¹ *v.intr.* tomar uma refeição ligeira a meio da tarde; comer o lanche; merendar ■ *v.tr.* comer como lanche (De *lanche+-ar*)
lanchar² *v.tr.* [Moçambique] atirar (Do ing. *(to) launch*, «id.»)
lanche *n.m.* **1** pequena refeição entre refeições principais, sobretudo a do meio da tarde; merenda **2** qualquer refeição ligeira e geralmente rápida (Do ing. *lunch*, «almoço»)
lanche-convívio *n.m.* refeição ligeira entre o almoço e o jantar em que o propósito é a convivência entre as pessoas que nela participam
lancheira *n.f.* maleta de mão para transportar comida e conservá-la durante algumas horas (De *lanche+-eira*)
lancheiro *n.m.* condutor ou remador de lancha (De *lancha+-eiro*)
lancheta /ê/ *n.f.* lancha pequena (De *lancha+-eta*)
lanchonete *n.f.* [Brasil] estabelecimento que serve refeições ligeiras, geralmente ao balcão (Do ing. *luncheonette*, «id.»)
lancil *n.m.* elemento de cantaria, betão ou outro material, estreito e comprido, que se aplica nos bordos dos passeios, peitoris, etc. (De orig. obsc.)
lancinante *adj.2g.* que lancina; pungente; cruciante; doloroso; aflitivo (Do lat. *lancinante-*, «id.», part. pres. de *lancināre*, «despedaçar; rasgar»)
lancinar *v.intr.* fazer-se sentir de modo doloroso, aflitivo ■ *v.tr.* pungir; atormentar; afligir (Do lat. *lancināre*, «despedaçar; rasgar»)
lanço *n.m.* **1** ato ou efeito de lançar **2** oferta de preço para a aquisição de determinado bem no decurso de uma licitação **3** peixes apanhados de uma só vez na rede **4** secção de estrada ou muro **5** extensão de uma fachada **6** correnteza de casas **7** volta de lançadeira **8** conjunto de degraus de uma escada compreendido entre dois patamares **9** [fig.] análise rápida ou superficial **10** MILITAR faixa de terreno perpendicular à direção do ataque, em que a progressão é dividida para efeitos de ligação lateral e coordenação de fogos de apoio (Deriv. regr. de *lançar*)
landa *n.f.* terreno extenso, inculto e pouco fértil, por vezes arenoso, onde apenas cresce vegetação agreste; charneca arenosa (Do gaul. *landa*, «tojal», pelo fr. *lande*, «charneca»)
landaina *n.f.* [regionalismo] léria; história da carochinha (De orig. obsc.)
landau *n.m.* antiga carruagem de tração animal, de quatro rodas, com dois bancos frente a frente (Do al. *Landau*, top., cidade alemã do Estado da Renânia Palatinado, pelo fr. *landau*, «landau; landó»)
lande¹ *n.f.* BOTÂNICA ⇒ **glande** 1
lande² *n.f.* ⇒ **landa**
Landeiliano *n.m.* GEOLOGIA andar do Ordovícico (De *Llandeilo*, top., cidade inglesa do País de Gales +*-iano*)
landeira *n.f.* montado de sobreiros (De *lande+-eira*)
landeiral *n.m.* montado de sobreiros (De *landeira+-al*)
landeiro *adj.* diz-se da árvore que produz landes (Do lat. *lande+-eiro*)
Landeniano *n.m.* GEOLOGIA andar do Eocénico inferior (De *Landen*, top., localidade da Bélgica +*-iano*)
landês *adj.* relativo à região francesa das Landas ■ *n.m.* natural ou habitante das Landas (De *Landa+-ês*)
landgrave *n.m.* ⇒ **landgrávio**

landgrávio *n.m.* **1** título de alguns príncipes da Alemanha **2** magistrado alemão que julgava pleitos em nome do imperador (Do al. *Landgraf*, «conde de uma região»)
landim¹ *adj.2g.* relativo ao pertencente aos Landins ou à sua língua ■ *n.2g.* pessoa pertencente aos Landins ■ *n.m.* língua dos Landins (De *Landins*, etn.)
landim² *n.m.* BOTÂNICA árvore gutífera do Brasil (De *nandi*, a partir do tupi *guanandi*, «id.»)
landino *adj.* dos Landins ou a eles relativos (De *Landim+-ino*)
Landins *n.m.pl.* ETNOGRAFIA grupo étnico do sul de Moçambique, que tinha como idioma o ronga (Do vernáculo *ku-landya*, «seguir»)
landisco *n.m.* lande pequena da terceira camada (De *lande+-isco*)
landó *n.m.* ⇒ **landau** (Do fr. *landau*, «id.»)
lândoa *n.f.* [regionalismo] fenda natural nos troncos dos carvalhos, castanheiros, etc. (De orig. obsc.)
Landoveriano *n.m.* GEOLOGIA andar da base do Silúrico (De *Llandovery*, top., cidade inglesa do País de Gales +*-ano*)
landra *n.f.* BOTÂNICA ⇒ **glande** 2
landre *n.f.* BOTÂNICA ⇒ **glande** 2 (Do lat. *glande-*, «bolota»)
landreiro *n.m.* [regionalismo] varapau; cacete (De *landro+-eiro*)
landro *n.m.* [regionalismo] BOTÂNICA ⇒ **loendro**
laneiro *n.m.* **1** [regionalismo] casa ou compartimento onde se guarda a lã **2** [regionalismo] altercação (Do lat. *lanarĭu-*, «relativo a lã»)
langará *n.m.* **1** [pop.] esparrela; logro **2** [regionalismo] barulho; questão; embrulhada (De orig. obsc.)
langaré *n.m.* manuscrito feito à pressa (De orig. obsc.)
langarear *v.intr.* [regionalismo] fazer langará; altercar (De *langará+-ear*)
langonha /ô/ *n.f.* **1** [pop.] substância viscosa **2** [pop.] ranho **3** [vulg.] esperma ■ *n.m.* [regionalismo] indivíduo molengão (De orig. obsc.)
langor *n.m.* ⇒ **languidez** (Do lat. *languōre-*, «fraqueza»)
langoroso /ô/ *adj.* que tem langor; lânguido; frouxo (De *langor+-oso*)
languedor *n.m.* [regionalismo] casta de videira produtora de uva preta, cultivada em Portugal, especialmente no Sul (De orig. obsc.)
langueirão *n.m.* **1** homem alto, desajeitado, languento e preguiçoso **2** ZOOLOGIA lingueirão (De *languir*?)
languento *adj.* **1** doentio; enfermiço **2** piegas (De *languir+-ento*)
languescente *adj.2g.* fraco; lânguido; debilitado (Do lat. *languescente-*, «id.», part. pres. de *languescĕre*, «tornar-se lânguido; enfraquecer»)
languescer *v.intr.* enfraquecer; definhar (Do lat. *languescĕre*, «id.»)
languidescer *v.intr.* tornar-se lânguido; enfraquecer; debilitar-se (De *lânguido+-escer*)
languidez /ê/ *n.f.* **1** estado de lânguido; frouxidão; moleza; quebranto; desfalecimento **2** definhamento; morbidez; prostração (De *lânguido+-ez*)
lânguido *adj.* **1** que não tem forças; debilitado; abatido; fraco **2** voluptuoso (Do lat. *languĭdu-*, «id.»)
languinhento *adj.* **1** sem vigor; fraco **2** pegajoso **3** debiqueiro (De *languir*?)
languir *v.intr.* ⇒ **languescer** (Do lat. *languēre*, «estar lânguido; desfalecer»)
lanha *n.f.* [Índia] coco tenro de palmeira (Do tâm. *ilanir*, «líquido de coco tenro»)
lanhaço *n.m.* lanho grande; golpe profundo (De *lanho+-aço*)
lanhar *v.tr.* **1** dar lanhos em; ferir **2** estropiar; maltratar **3** [fig.] deturpar (um idioma) (Do lat. *laniāre*, «despedaçar»)
lanho *n.m.* **1** golpe de instrumento cortante **2** [Brasil] naco de carne cortado às tiras (Deriv. regr. de *lanhar*)
lanífero *adj.* que tem lã ou lanugem; lanígero (Do lat. *lanifĕru-*, «id.»)
lanifício *n.m.* artefacto de lã (Do lat. *lanificĭu-*, «id.»)
lanígero *adj.* ⇒ **lanífero** (Do lat. *lanigĕru-*, «id.»)
Laniidas *n.m.pl.* ORNITOLOGIA ⇒ **Laniídeos**
Laniídeos *n.m.pl.* ORNITOLOGIA família de pássaros de bico forte, comprimido e com uma formação característica muito saliente (dente), cujo género-tipo se denomina *Lanius* (Do lat. *laniu-*, «carniceiro» +*-ídeos*)
lanolina *n.f.* substância gorda que se obtém da lã do carneiro, e que tem emprego em farmácia (Do lat. *lana-*, «lã» +*olĕu-*, «óleo» +*-ina*, ou do fr. *lanoline*, «id.»)
lanosidade *n.f.* qualidade daquilo que é lanoso (Do lat. *lanositāte-*, «id.»)
lanoso /ô/ *adj.* **1** relativo a lã; lanudo **2** que tem lã ou lanugem; coberto de lã (Do lat. *lanōsu-*, «id.»)

lansquené *n.m.* antigo jogo de cartas semelhante ao trinta-e-um (Do al. *Landsknecht*, «criado de lavoura», pelo fr. *lansquenet*, «lansquené»)

lansquenete *n.m.* ⇒ **lansquené**

lantanídeo *n.m.* QUÍMICA cada um dos elementos químicos desde o cério ao lutécio inclusive (números atómicos 58 a 71) (De *lantânio*+ *-ídeo*)

lantânio *n.m.* QUÍMICA elemento químico com o número atómico 57, de massa atómica 138,9 e símbolo La, de características metálicas, semelhante ao ferro em muitas propriedades físicas, que pertence ao grupo das terras raras (Do gr. *lanthánein*, «passar despercebido», pelo lat. cient. *lanthănu-*, «lantânio»)

lantejoila *n.f.* ⇒ **lantejoula**

lantejoula *n.f.* **1** pequena chapa ou escama circular, brilhante, aplicável como adorno em peças de vestuário **2** *pl.* adornos; enfeites

lantejoular *v.tr.* adornar com lantejoulas

lanterna *n.f.* **1** peça de iluminação portátil ou fixa, cuja luz é resguardada por uma proteção de vidro **2** objeto portátil de iluminação alimentado a pilhas **3** parte superior do farol onde se encontra o foco de iluminação **4** [pop.] garrafa ou copo de vinho **5** fresta (Do lat. *lanterna-*, «id.»)

lanterna-de-aristóteles ver nova grafia lanterna de Aristóteles

lanterna de Aristóteles *n.f.* aparelho complexo, constituído essencialmente por peças calcárias e músculos, de que está munida a boca dos ouriços-do-mar e que serve para a mastigação

lanterna-mágica *n.f.* aparelho ótico que projeta imagens ampliadas

lanterna-vermelha *n.m.* DESPORTO último da classificação

lanterneiro *n.m.* **1** fabricante de lanternas **2** lampianista **3** faroleiro **4** o que leva a lanterna nas procissões (Do lat. *lanternarĭu-*, «o que alumia com lanterna»)

lanterneta /ê/ *n.f.* MILITAR caixa de metal cheia de bolas de ferro, que, funcionando como um cartucho de caça, era empregada pela artilharia na defesa próxima das posições (De *lanterna*+*-eta*)

lanternim *n.m.* **1** lanterna pequena **2** carrete que, nos moinhos de vento, transmite o movimento das velas à mó **3** fresta para dar ar e luz **4** parte de um zimbório aberta lateralmente (De *lanterna*+*-im*)

lanternino *n.m.* ⇒ **lanternim** (De *lanterna*+*-ino*)

lanudo *adj.* ⇒ **lanoso** (Do lat. *lana-*, «lã» +*-udo*)

lanugem *n.f.* **1** pelugem macia como a que reveste normalmente o corpo dos embriões ou dos recém-nascidos dos mamíferos **2** pelugem que cobre as faces do homem, antes do aparecimento da barba, e outras regiões do corpo; buço **3** camada aveludada (de pelos) que aparece em alguns vegetais, revestindo folhas, frutos, etc. (Do lat. *lanugĭne-*, «id.»)

lanuginoso /ô/ *adj.* **1** que tem lanugem **2** semelhante à lã ou ao algodão (Do lat. *lanuginōsu-*, «id.»)

Lanvirniano *n.m.* GEOLOGIA andar do Ordovícico (De *Llanvirn*, top. + *-iano*)

lanzoar *v.tr.,intr.* ⇒ **alanzoar**

lao *n.m.* ⇒ **laosiano** *n.m.* **2**

laociano *adj.,n.m.* ⇒ **laosiano**

laosiano /au/ *adj.* relativo ou pertencente à República Democrática Popular do Laos ■ *n.m.* **1** natural ou habitante do Laos **2** língua oficial do Laos; lao (De República do *Laos*, top. +*-iano*)

lapa *n.f.* **1** grande pedra ou laje que, ressaindo de um rochedo, forma debaixo de si um abrigo **2** gruta ou galeria originada por erosão; furna **3** ZOOLOGIA molusco gastrópode, de concha univalve, pertencente à família dos Patelídeos, utilizado na alimentação, que aparece com muita frequência preso aos rochedos do litoral e que, quando grande, é denominado laparão **4** [fig.] pessoa importuna; maçador **5** [pop.] bofetada (Do pré-célt. *lappa*, «pedra», pelo lat. lusitano *lapa-*, «id.»)

lapada *n.f.* **1** [regionalismo] pedrada **2** [regionalismo] bofetada (De *lapa*+ *-ada*)

lapalissada *n.f.* afirmação que expressa uma evidência ou banalidade; truísmo (Do fr. *lapalissade*, «id.»)

lapão¹ *adj.* **1** da Lapónia, região setentrional da Europa, comum à Noruega, Suécia, Finlândia e Rússia **2** relativo aos Lapões ■ *n.m.* **1** natural ou habitante da Lapónia **2** língua dos Lapões **3** [pop.] labrego (Do fr. *lapon*, «id.»)

lapão² *n.m.* lapa grande; laparão (De *lapa*+*-ão*)

laparão¹ *n.m.* ZOOLOGIA lapa (molusco) grande (De *lapa*+*r*+*-ão*)

laparão² *n.m.* **1** MEDICINA enfartamento ganglionar **2** VETERINÁRIA tumor cutâneo característico da doença denominada mormo (Do gr. *láparon*, «flanco»)

lapardão *adj.,n.m.* [regionalismo] estúpido; bruto (De *lapardo*+*-ão*)

lapardeiro *adj.,n.m.* ⇒ **lapardão** (De *lapardo*+*-eiro*)

lapardo *adj.* bruto; bronco; estúpido ■ *n.m.* indivíduo bronco (De orig. obsc.)

láparo *n.m.* [pop.] coelho ou lebre, quando pequenos (De orig. obsc.)

laparoscopia *n.f.* MEDICINA cirurgia praticada com endoscopia da cavidade peritoneal (Do gr. *láparon*, «flanco; ilharga»+*skopeîn*, «ver; observar»+*-ia*)

laparoto /ô/ *n.m.* **1** [regionalismo] láparo já crescido **2** [regionalismo] rapaz gordo e tolo **3** [regionalismo] palerma; pobre diabo ■ *adj.* **1** desajeitado **2** [regionalismo] astucioso (De *láparo*+*-oto*)

laparotomia *n.f.* CIRURGIA operação cirúrgica para abertura da cavidade abdominal; celiotomia (Do gr. *láparon*, «flanco; ilharga» +*tomé*, «corte» +*-ia*)

laparotomizar *v.tr.* praticar a laparotomia em (De *laparotomia*+ *-izar*)

lapedo /ê/ *n.m.* sítio onde há muitas lapas ou grutas (De *lapa*+ *-edo*)

lapeira *n.f.* **1** lapa grande **2** [regionalismo] recipiente de pedra por detrás da lareira, onde se guarda a cinza (De *lapa*+*-eira*)

lapela *n.f.* parte anterior e superior de um casaco, fraque, etc., voltada para fora (De orig. obsc.)

lapiaz *n.m.* PETROLOGIA forma de relevo calcário que, devido à ação erosiva da água gasocarbónica, aparece sulcado e rendilhado (Do fr. *lapiaz*, «id.»)

lápida *n.f.* ⇒ **lápide** (Do lat. *lapĭde-*, «pedra»)

lapidação *n.f.* **1** ato de lapidar; apedrejamento **2** operação de lapidar pedras preciosas; lapidagem **3** [fig.] aperfeiçoamento (Do lat. *lapidatiōne-*, «ação de atirar pedras»)

lapidado *adj.* **1** apedrejado; morto à pedrada **2** polido; desbastado **3** [fig.] aperfeiçoado; melhorado; educado (Do lat. *lapidātu-*, «id.», part. pass. de *lapidāre*, «apedrejar»)

lapidador *n.m.* **1** aquele que apedreja **2** indivíduo que lapida pedras preciosas **3** proprietário de empresa de lapidação de pedras preciosas

lapidagem *n.f.* operação de lapidar pedras preciosas (De *lapidar*+ *-agem*)

lapidar *v.tr.* **1** matar à pedrada; apedrejar **2** talhar e polir as facetas das pedras preciosas, vidros, etc. **3** [fig.] aperfeiçoar; educar ■ *adj.2g.* **1** que se diz respeito à lápide **2** que está gravado em pedra **3** [fig.] fundamental **4** [fig.] artístico **5** [fig.] perfeito; preciso **6** [fig.] nítido; claro (Do lat. *lapidāre*, «apedrejar; cobrir de pedras»)

lapidaria *n.f.* **1** arte de lapidar diamantes **2** oficina de lapidagem (De *lápide*+*-aria*)

lapidária *n.f.* ciência que se ocupa das inscrições lapidares antigas (De *lapidário*)

lapidário *n.m.* **1** artífice que lapida pedras preciosas **2** utensílio de polir diamantes, peças de relojoaria, etc. **3** tratado sobre as características físicas e as propriedades medicinais, mágicas, etc., dos diversos minerais e pedras preciosas ■ *adj.* **1** relativo a inscrições lapidares **2** (inseto) que se abriga entre pedras (Do lat. *lapidarĭu-*, «canteiro»)

lápide *n.f.* **1** pedra que contém uma inscrição comemorativa de um facto notável, ou celebra a memória de alguém **2** lousa tumular (Do lat. *lapĭde-*, «pedra»)

lapídeo *adj.* **1** que tem a dureza da pedra **2** da natureza da pedra (Do lat. *lapidĕu-*, «de pedra»)

lapidescente *adj.2g.* que se lapidifica (Do lat. *lapidescente-*, «id.», part. pres. de *lapidescĕre*, «petrificar-se»)

lapid(i)- elemento de formação de palavras que exprime a ideia de *pedra* (Do latim *lapĭde-*, «pedra»)

lapidícola *adj.2g.* diz-se do animal que vive nas fendas das pedras, ou faz ninho entre os rochedos (De *lapidi-*+*-cola*)

lapidificação *n.f.* ação ou efeito de lapidificar; consolidação de rochas (De *lapidificar*+*-ção*)

lapidificar *v.tr.* consolidar uma rocha detrítica, ligando entre si os seus elementos constituintes; petrificar (De *lapidi-*+*-ficar*)

lapidífico *adj.* próprio para a formação de pedras (De *lapidi-*+ *-fico*)

lapidoso /ô/ *adj.* em que há muitas pedras; pedregoso (Do lat. *lapidōsu-*, «id.»)

lapiez /ê/ *n.m.* ⇒ **lapiaz**

lapíli *n.m.pl.* GEOLOGIA ejetólitos lávicos, de dimensões entre 0,5 e 5 cm, de forma arredondada ou angulosa (Do it. *lapilli*, «id.», pl. de

lápis

lapillo, «pedrinha», pelo fr. *lapilli*, «fragmentos de pedras vulcânicas de pequenas dimensões»)

lápis *n.m.2n.* **1** objeto cilíndrico ou prismático, de madeira, que envolve uma haste fina de plumbagina ou outro material apropriado e que serve para escrever ou desenhar **2** objeto com que se escreve ou risca **3** pequena haste confecionada com substância medicamentosa ou cosmética para aplicação tópica (Do lat. *lapis* (nominativo), «pedra», pelo it. *lapis*, «lápis»)

lapisada *n.f.* traço a lápis (Part. pass. fem. subst. de *lapisar*)

lapisar *v.tr.* desenhar ou escrever a lápis (De *lápis+-ar*)

lapiseira *n.f.* **1** objeto, de forma tubular, ao qual se adapta uma ponta de lápis para escrever ou desenhar **2** objeto cilíndrico ou prismático, de metal ou material plástico, provido de fio de plumbagina para aqueles mesmos usos (De *lápis+-eira*)

lápis-lazúli *n.m.* MINERALOGIA mineral (aluminossilicato de sódio e cálcio, com enxofre) de cor azul; lazulite (Do fr. *lapis-lazuli*, «id.», do it. ant. *lapislazzuli*, «id.»)

lápis-tinta *n.m.2n.* lápis no qual a grafite foi substituída por outra substância, de modo que a escrita feita com ele adquire, por ação da humidade, aspeto e propriedades semelhantes aos da escrita com tinta

lapónio *adj.,n.m.* ⇒ **lapão**[1] (De *Lapónia*, top., região setentrional da Europa)

lapouço *n.m.* **1** [regionalismo] caçapo; láparo **2** [regionalismo] homem gordo ▪ *adj.* **1** [regionalismo] estúpido **2** [regionalismo] sujo (Do pré-célt. *lappa*, «pedra» +-*ouço*)

lapsana *n.f.* ⇒ **lâmpsana** (Do lat. *lapsăna-*, «espécie de couve brava»)

lapso *n.m.* **1** ato de correr o tempo; decurso; intervalo de tempo **2** erro; descuido **3** esquecimento; falta (Do lat. *lapsu-*, «escorregadela; erro; falta»)

laptop *n.m.* INFORMÁTICA ⇒ **portátil**[2] (Do ing. *laptop*, «id.»)

lapúrdio *adj.* grosseiro; rude ▪ *n.m.* ⇒ **lapuz** (De *lapa*?)

lapuz *adj.* grosseiro; rude; labrego ▪ *n.m.* indivíduo grosseiro (De *lapa*?)

laqueação *n.f.* operação de laquear (De *laquear+-ção*)

laquear[1] *v.tr.* MEDICINA ligar ou fechar (um vaso sanguíneo ou qualquer outro conduto orgânico) de modo definitivo ou temporário, geralmente através de fios (Do lat. *laqueăre*, «atar»)

laquear[2] *v.tr.* cobrir com laca (De *laca+-ear*)

laquear[3] *n.m.* dossel de leito com ornatos embutidos (Do lat. *laqueăre-*, «teto com molduras»)

laqueário *n.m.* gladiador armado de corda com um nó corredio para prender os movimentos do adversário, nos combates na arena (Do lat. *laqueaříu-*, «id.»)

laqueca *n.f.* espécie de mármore do Oriente, lustroso, avermelhado ou alaranjado (Do ár. *al-'aqīqa*, «cornalina»)

lar *n.m.* **1** casa de habitação **2** família **3** pátria **4** lugar onde se acende ao lume na cozinha **5** superfície inferior do pão **6** superfície plana de alguns objetos (Do lat. *lăre-*, «id.»)

laracha *n.f.* [pop.] chalaça; motejo ▪ *n.m.* indivíduo que graceja e conta piadas; piadista (De orig. obsc.)

larachar *v.intr.* dizer larachas (De *laracha+-ar*)

larachear *v.intr.* ⇒ **larachar** (De *larachar+-ear*)

larachista *n.2g.* pessoa que diz larachas (De *laracha+-ista*)

larada *n.f.* **1** cinza do lar; borralho **2** conjunto de pessoas à roda da lareira **3** nódoa produzida por um líquido entornado **4** [pop.] excremento aquoso muito espalhado **5** [gír.] grande quantidade (De *lar+-ada*)

laranja *n.f.* **1** BOTÂNICA fruto (hesperídio) da laranjeira, arredondado, dividido em gomos sumarentos e coberto por uma casca cuja cor varia entre o amarelo e o cor de laranja **2** BOTÂNICA variedade de pereira cultivada em Portugal ▪ *adj.inv.* que é da cor característica deste fruto ▪ *n.m.* cor resultante da adição de vermelho e amarelo; *estar a pão e laranjas* passar fome, ser castigado (De pers. *narang*, «laranja», pelo ár. *naranjâ*, «id.»)

laranjada *n.f.* **1** bebida em que entra sumo ou essência de laranja **2** grande quantidade de laranjas **3** arremesso de laranjas (no Entrudo) **4** doce de laranjas (De *laranja+-ada*)

laranja-de-umbigo *n.f.* BOTÂNICA variedade de laranja sumarenta e doce, de casca grossa, sem sementes e com uma protuberância arredondada na base; laranja-baía; laranja-da-baía

laranjal *n.m.* pomar de laranjeiras (De *laranja+-al*)

laranjeira *n.f.* BOTÂNICA árvore da família das Rutáceas, originária da China, com algumas variedades cultivadas de saborosos frutos (laranjas) (De *laranja+-eira*)

laranjinha *n.f.* **1** licor de laranja **2** espécie de jogo popular **3** mesa de jogo, conhecida por bilhar russo **4** [pop.] bomba explosiva de tamanho e formato de uma laranja **5** BOTÂNICA planta de jardim, de Cabo Verde (De *laranja+-inha*)

laranjo *adj.* [Brasil] designativo do boi que tem o pelo cor de laranja (De *laranja*)

larapiar *v.tr.* roubar; surripiar (De *larápio+-ar*)

larápio *n.m.* ladrão; gatuno (De orig. obsc.)

larário *n.m.* **1** espécie de capela onde os Romanos guardavam os deuses protetores do lar, chamados lares **2** o lar; a família (Do lat. *lararĭu-*, «id.»)

larcão *n.m.* [regionalismo] carne de porco tirada de entre o chispe e a parte mais gorda da espádua; presunto (De *lacão*)

lardeadeira *n.f.* agulha própria para lardear (De *lardear+-deira*)

lardear *v.tr.* **1** entremear pedacinhos de toucinho em (peça de carne) **2** entremear; intercalar (De *lardo+-ear*)

lardiforme *adj.2g.* em forma de lardo (Do lat. *lardu-*, «toucinho» +*forma*, «forma»)

lardívoro *adj.* que se alimenta de lardo (Do lat. *lardu-*, «toucinho» +*voráre*, «devorar»)

lardo *n.m.* **1** toucinho cortado em tiras para entremear em peças de outra carne **2** condimento ▪ *adj.* gordo (Do lat. *lardu-*, «toucinho»)

lardoeiro *n.m.* [regionalismo] cacete; varapau (Por *lodoeiro*)

laré *elem. expr.* *ao/no* ~ na vadiagem; na gandaia; *ó* ~! pois então! (De orig. obsc.)

larear *v.intr.* **1** [pop.] andar no laré; vadiar **2** [pop.] patuscar (De *laré+-ar*)

larego *n.m.* **1** [regionalismo] porco que não se destina à matança (em oposição a cevado) **2** [regionalismo] porco pequeno (De *lar+-ego*)

lareira *n.f.* **1** vão aberto na parede ou aparelho que comunica com a parte inferior de uma chaminé e que constitui uma fonte de calor para aquecer o ambiente **2** [ant.] pedra em que se acendia o lume para cozinhar ou aquecer; lar **3** reservatório para a cinza, por detrás do lar; lapeira; *doutor de* ~ pessoa inculta mas opiniosa (De *lar+-eira*)

lareiro *adj.* que diz respeito ao lar ou à lareira ▪ *n.m.* **1** [regionalismo] vara do fumeiro **2** [regionalismo] cacete (De *lar+-eiro*)

lares *n.m.pl.* deuses protetores do lar e da família, entre os antigos Romanos (Do lat. *lares*, «id.»)

laréu *elem.loc.adv.* *ao* ~ à vontade; à toa (De *laré* × *léu*)

larga *n.f.* **1** ato ou efeito de largar; largada **2** soltura; liberdade; folga **3** desenvolvimento; ampliação; ~! NÁUTICA voz de comando para soltar a amarra do navio ou qualquer objeto que se tem preso; *à* ~ com largueza, prodigamente; *à vara* ~ inteiramente à vontade, sem restrições; *dar largas a* **1** soltar as peias de; **2** exprimir efusivamente (Deriv. regr. de *largar*)

largada *n.f.* **1** ato de largar **2** partida de um lugar; saída **3** piada; chiste (Part. pass. fem. subst. de *largar*)

largamente *adv.* **1** à larga **2** extensamente (De *largo+-mente*)

largar *v.tr.* **1** deixar cair ou escapar (o que se tem na mão); deixar de segurar; soltar **2** deixar sair; expelir **3** deixar em determinado lugar; abandonar; desamparar **4** oferecer; ceder; dar **5** parar; interromper **6** NÁUTICA suspender (o ferro) e começar a navegar; zarpar ▪ *v.intr.* **1** ir-se embora; partir **2** soltar-se; escapar-se **3** arrancar (veículo, animal) ▪ *v.pron.* [coloq.] deixar sair gases pelo ânus (De *largo+-ar*)

largição *n.f.* grande dádiva; munificência; graça (Do lat. *largitiōne-*, «liberalidade»)

largífluo *adj.* [poét.] que corre abundantemente; copioso (Do lat. *largifluu-*, «que corre com abundância»)

largo *adj.* **1** que tem bastante largura; amplo; vasto; espaçoso; não apertado **2** grande; considerável **3** minucioso **4** copioso; generoso **5** prolixo **6** demorado ▪ *n.m.* **1** praça **2** alto mar **3** largura **4** MÚSICA andamento musical lento; *ao* ~ longe; *a passos largos* apressadamente; *milhões largos* muitos milhões (Do lat. *largu-*, «abundante»)

largueador *adj.,n.m.* que ou aquele que largueia; perdulário (De *larguear+-dor*)

larguear *v.tr.* gastar à larga; esbanjar; dissipar; prodigalizar (De *largo* ou *larga+-ear*)

largueto *n.m.* MÚSICA trecho musical de andamento menos lento que o largo, mas mais rápido do que o andante (Do it. *larghetto*, «id.»)

largueza /ê/ *n.f.* **1** qualidade do que é largo; largura **2** liberalidade; generosidade **3** dissipação **4** liberdade **5** franqueza (De *largo+-eza*)

largura *n.f.* **1** qualidade do que é largo; largueza **2** a menor das dimensões de uma superfície; dimensão na direção perpendicular ao comprimento (De *largo+-ura*)

lari n.m. unidade monetária da Geórgia (Do persa *lārī*, do topónimo *Lara*)

lárias n.f.pl. [regionalismo] cadeia de ferro suspensa do teto da cozinha, sobre a lareira, para suspensão de caldeiras, potes, etc.; cremalheira (De *lar*?)

larica n.f. **1** BOTÂNICA planta da família das Leguminosas, com vagens anegradas quando maduras, espontânea em todo o País e também conhecida por ralica **2** ⇒ **joio 1 3** [coloq.] fome (De orig. obsc.)

larício n.m. BOTÂNICA árvore conífera da família das Pináceas, de grande porte e folha caduca, que fornece madeira vermelho-escura, muito resistente e usada na construção de casas de montanha, e de cujo alburno se extrai uma resina da qual deriva a chamada terebintina de Veneza (Do lat. *larĭcĭu-*, de *larix, larĭcis*, «larício»)

Láridas n.m.pl. ORNITOLOGIA ⇒ **Larídeos**

Larídeos n.m.pl. ORNITOLOGIA família de aves palmípedes, longipenes, com as aberturas nasais abertas diretamente no bico, a que pertence a gaivota (Do gr. *larós*, «gaivota», pelo lat. *laru-*, «id.» + -*ídeos*)

larim n.m. **1** BOTÂNICA árvore espinhosa do Oriente **2** natural ou habitante da cidade de Lar ou Lara, capital do Laristão, no Irão **3** antiga moeda da Índia **4** moeda de prata da Pérsia (Do pers. *lari*, «da cidade de Lar ou Lara»)

laríneas n.f.pl. ORNITOLOGIA subfamília das aves da família dos Larídeos, a que pertencem as gaivotas (Do lat. *laru-*, «gaivota» +-*íneas*)

laringe n.f. ANATOMIA órgão situado na parte anterior e superior da traqueia, constituído essencialmente por cartilagens e músculos especiais, e que, nos mamíferos, produz os sons (Do gr. *lárygx, -yggos*, «id.»)

laringectomia n.f. CIRURGIA operação cirúrgica que consiste na ablação parcial ou total da laringe (Do gr. *lárygx*, «laringe» +*ektomé*, «ablação» +-*ia*)

laríngeo adj. da laringe ou a ela relativo; laringiano (De *laringe*+-*eo*)

laringiano adj. ⇒ **laríngeo** (Do fr. *laryngien*, «id.»)

laringite n.f. inflamação da laringe (De *laringe*+-*ite*)

laringologia n.f. tratado acerca da laringe e das suas doenças (Do gr. *lárygx, -yggos*, «laringe» +*lógos*, «tratado» +-*ia*)

laringoscopia n.f. MEDICINA exame à laringe com emprego do laringoscópio (De *laringoscópio*+-*ia*, ou do fr. *laryngoscopie*, «id.»)

laringoscópio n.m. aparelho utilizado para observação da parte interior da laringe (Do gr. *lárygx, -yggos*, «laringe» +*skopeīn*, «examinar» +-*io*)

laringotomia n.f. CIRURGIA operação cirúrgica de incisão da laringe (Do gr. *lárygx, -yggos*, «laringe» +*tomé*, «corte» +-*ia*, pelo fr. *laryngotomie*, «id.»)

laringotraqueotomia n.f. CIRURGIA incisão que diz respeito simultaneamente à laringe e à traqueia na sua parte proximal (Do gr. *lárygx, -yggos*, «laringe» +*trakheīa*, «traqueia» +*tomé*, «corte» +-*ia*)

laró n.m. [regionalismo] aresta reentrante do telhado por onde se faz o escoamento das águas pluviais; laroz; *andar/estar no ~* [coloq.] não fazer nada, descansar (De orig. obsc.)

larota n.f. [pop.] larica; fome (De orig. obsc.)

larote n.m. ICTIOLOGIA bodião que aparece nas costas marítimas de Portugal e é também denominado barbaísco, lulão, etc. (De orig. obsc.)

laroz n.m. ⇒ **laró**

larro n.m. ZOOLOGIA pato que aparece em Portugal e é também conhecido por catulo, caturro, tarrantana, etc. (De orig. obsc.)

larva n.f. BIOLOGIA embrião que se torna livre, abandonando normalmente os invólucros ovulares ou o organismo progenitor (Do lat. *larva-*, «máscara»)

larváceos n.m.pl. ZOOLOGIA ⇒ **apendiculado** n.m.pl. (De *larva*+-*áceo*)

larvado adj. **1** MEDICINA diz-se de todas as febres que se apresentam sob forma anormal, particularmente da malária, quando os acessos são benignos e pouco frequentes **2** [coloq.] maníaco; desequilibrado (Do lat. *larvātu-*, «furioso; endemoninhado»)

larval[1] adj.2g. **1** que diz respeito a larva **2** que é da natureza da larva (De *larva*+-*al*)

larval[2] adj.2g. **1** relativo a fantasmas **2** assustador (Do lat. *larvāle-*, «de fantasma; medonho»)

larvar adj.2g. ⇒ **larval**[1] (De *larva*+-*ar*)

larvário adj. ⇒ **larval**[1] (De *larva*+-*ário*, ou do fr. *larvaire*, «id.»)

larv(i)- elemento de formação de palavras que exprime a ideia de larva (Do latim *larva-*, «larva»)

larvicida adj.2g.,n.m. que ou o que destrói as larvas (De *larvi-*+-*cida*)

larvícola adj.2g. que se desenvolve no corpo da larva (De *larvi-*+-*cola*)

larviforme adj.2g. que tem a forma de larva (De *larvi-*+-*forme*)

larvíparo adj. diz-se do animal que dá à luz filhos no estado larvar (Do lat. *larva-*, «larva» +*parĕre*, «parir»)

larvívoro adj. diz-se do animal que devora larvas (De *larvi-*+-*voro*)

lasanha n.f. CULINÁRIA prato confecionado com tiras largas de massa de farinha de trigo entremeadas com um recheio, geralmente de carne picada, e molho branco (Do it. *lasagna*, «id.»)

lasca n.f. **1** fragmento ou estilha de madeira, pedra ou metal **2** bocado pequeno; fatia; tira **3** espécie de jogo de azar **4** [coloq.] mulher elegante e bonita **5** pl. [fig.] noções superficiais (Do gót. *laska*, «pedaço»)

lascar v.tr.,intr.,pron. partir(-se) em lascas; fender(-se); rachar; quebrar as bordas (de) ■ v.intr. **1** NÁUTICA folgar um cabo para que deslize suavemente; solecar **2** [pop.] defecar; evacuar (De *lasca*+-*ar*?)

lascari n.m. ⇒ **lascarim**

lascarim n.m. **1** soldado nativo da Índia, no tempo das conquistas portuguesas **2** [regionalismo] fedelho; criançola **3** [regionalismo] cavalo que faz filetes (Do pers. *laskhari*, «id.»)

lascarinho n.m. indivíduo velhaco, zombeteiro (De *lascarim*+-*inho*)

lascivamente adv. de modo lascivo; com luxúria (De *lascivo*+-*mente*)

lascívia n.f. qualidade do que é lascivo; sensualidade; luxúria (Do lat. *lascivĭa-*, «id.»)

lascivo adj. **1** sensual; libidinoso **2** brincalhão (Do lat. *lascīvu-*, «id.»)

laser n.m. FÍSICA dispositivo gerador de um feixe de radiações visíveis ou de frequências vizinhas, coerente, monocromático e de elevadíssima intensidade (Do ing. *laser*, de **l**ight **a**mplification by **s**timulated **e**mission of **r**adiation, «amplificação de luz por meio de emissão estimulada de radiação»)

lasionite n.f. MINERALOGIA designação obsoleta da wavellite, mineral que é um fosfato de alumínio (Do gr. *lásion*, «peludo» +-*ite*)

lassar v.tr. tornar lasso; afrouxar (Do lat. *lassāre*, «cansar»)

lasseiro adj. lasso; frouxo (De *lasso*+-*eiro*)

lassidão n.f. **1** qualidade de lasso **2** cansaço **3** tédio (De *lasso*+-*idão*)

lassitude n.f. ⇒ **lassidão** (Do lat. *lassitudĭne*, «lassidão; fadiga»)

lasso adj. **1** cansado; fatigado; esgotado **2** solto; largo; frouxo; bambo **3** gasto **4** [fig.] devasso **5** [fig.] aborrecido; entediado (Do lat. *lassu-*, «cansado»)

lástima n.f. **1** ato ou efeito de lastimar ou lastimar-se; lamentação **2** compaixão; dó **3** coisa que merece ser lastimada; miséria; desgraça **4** pessoa sem préstimo (Deriv. regr. de *lastimar*)

lastimador adj.,n.m. que ou aquele que lastima ou se lastima (De *lastimar*+-*dor*)

lastimar v.tr. **1** ter pena de; lamentar; deplorar **2** compadecer-se de ■ v.pron. queixar-se; chorar-se (Do lat. pop. *blastemāre*, «id.», pelo cast. *lastimar*, «id.»)

lastimável adj.2g. digno de lástima; deplorável; lamentável (De *lastimar*+-*vel*)

lastimoso adj. **1** que se lastima; lastimável; deplorável **2** que exprime dó, pena, pesar ou compaixão; choroso (De *lástima*+-*oso*)

lastra n.f. [regionalismo] pedra larga; laje (Do gaul. **lakstra*, pelo it. *lastra*, «id.»)

lastração n.f. ato ou efeito de lastrar o navio (De *lastrar*+-*ção*)

lastrador adj.,n.m. que ou aquele que lastra (De *lastrar*+-*dor*)

lastrar v.tr. **1** pôr lastro em; carregar com lastro **2** [fig.] tornar firme, aumentando o peso (De *lastro*+-*ar*)

lástrico n.m. espécie de betão usado na construção de terraços (Do it. *lastrico*, «id.»)

lastro n.m. **1** peso que se mete no porão do navio ou de outra embarcação para lhe aumentar a estabilidade **2** [pop.] pequena porção de comida com que se prepara o estômago para bebidas alcoólicas ou melhor refeição **3** [fig.] base; fundamento; *bacalhau de ~* espécie de bacalhau de má qualidade que se transportava como lastro (Do hol. *last*, «carga», ou do ing. *ballast*, «lastro»)

lata n.f. **1** folha de ferro, delgada e estanhada; folha de Flandres **2** recipiente feito desse material, frequentemente utilizado para alimentos enlatados **3** canudo de folha para guardar documentos **4** travessão de ramada **5** [coloq.] automóvel de fraca qualidade e já muito deteriorado **6** ⇒ **latada 1 7** [fig.] descaramento; atrevimento **8** [pop.] cara ■ n.m. [ant.] indivíduo maçador (Do it. *latta*, «id.»)

latada n.f. **1** grade de ripas para segurar parreiras e plantas trepadeiras; bardo; parreira **2** pancada com lata **3** [pop.] pancada na cara;

bofetada **4** barulho de latas a panelas, dirigido a recém-casados na noite de casamento **5** [acad.] evento que faz parte da receção aos caloiros no início do ano letivo, em que estes vão em cortejo arrastando latas pelas ruas (De *lata*+-*ada*)

latagão *n.m.* [coloq.] homem alto e robusto (De orig. obsc.)

latânia *n.f.* BOTÂNICA palmeira, vulgar nas ilhas Mascarenhas, de tronco alto, copa espessa e folhas espalmadas, cultivada como árvore ornamental (De orig. obsc.)

latão *n.m.* **1** METALURGIA liga de cobre e zinco, que pode também conter outros metais **2** vasilha grande de folha para transporte de líquidos (Do ár. *laton*, «cobre», do fr. ant. *laton*, «id.»)

late *n.m.* [regionalismo] engenho de tirar água dos poços; cegonha (Do conc. *lath*, «id.»)

latear *v.tr.* guarnecer de lata ou latão (De *lata*+-*ear*)

latebroso /ô/ *adj.* obscuro; oculto (Do lat. *latebrōsu*-, «escondido; obscuro»)

lategada *n.f.* pancada com látego (De *látego*+-*ada*)

látego *n.m.* **1** chicote de cordas ou correias; azorrague **2** [fig.] flagelo; castigo **3** ICTIOLOGIA peixe (espécie de bodião) da fauna marítima portuguesa (De orig. obsc.)

lateiro *n.m.* barrote que assenta nos esteios da latada (De *lata*+-*eiro*)

latejante *adj.2g.* que lateja; palpitante (De *latejar*+-*ante*)

latejar *v.intr.* palpitar; pulsar ■ *n.m.* palpitação (De orig. obsc.)

latejo /ê/ *n.m.* ato de latejar; palpitação (Deriv. regr. de *latejar*)

latência *n.f.* **1** PSICOLOGIA tempo que decorre entre o começo de um estímulo e a resposta do paciente **2** estado daquilo que é latente **3** PSICANÁLISE período que separa o fim da sexualidade infantil ou pré-genital (7 anos, aproximadamente) do início da puberdade (Do lat. *latentĭa*, part. pres. neut. pl. subst. de *latēre*, «estar escondido»)

latente *adj.2g.* que não se manifesta exteriormente; oculto; dissimulado; **calor ~** FÍSICA energia associada a uma transformação isotérmica e isobárica do estado físico de uma substância, em condições de equilíbrio (calor de fusão, de vaporização, de sublimação, etc.); **vida ~** BIOLOGIA estado de repouso de um organismo em que não se percebem as manifestações vitais que são as mais evidentes nos períodos de plena atividade (Do lat. *latente*-, «id.», part. pres. de *latēre*, «estar escondido»)

later¹ *v.intr.* [ant.] estar oculto (Do lat. *latēre*, «estar escondido»)

later² *v.intr.* [ant.] latejar (De orig. obsc.)

lateral *adj.2g.* **1** que está ao lado **2** do lado ou a ele referente **3** transversal **4** realizado à parte ■ *adj.2g.,n.f.* LINGUÍSTICA diz-se da consoante que se produz quando o ar expirado passa pelos dois lados da cavidade bucal, dado a língua estar encostada ao palato ou aos dentes (Do lat. *laterāle*-, «que fica ao lado»)

lateralidade *n.f.* **1** qualidade do que é lateral **2** PSICOLOGIA predominância de um ou de outro de dois dispositivos simétricos (mãos, olhos) que determina os destros e os sinistros, manuais ou oculares (De *lateral*+-*i*-+-*dade*)

lateralinérveo *adj.* BOTÂNICA diz-se da folha vegetal cuja nervura ou nervuras principais estão divididas lateralmente (Do lat. *laterāle*-, «lateral» +*nervu*-, «nervo» +-*eo*)

lateralmente *adv.* **1** ao lado **2** em separado (De *lateral*+-*mente*)

lateranense *adj.2g.* referente à igreja de S. João de Latrão, catedral de Roma, ou a qualquer dos cinco concílios ecuménicos que se realizaram nesta igreja (Do lat. tard. *lateranense*-, «id.»)

later(i)- elemento de formação de palavras que exprime a ideia de *lado, lateral* (Do latim *latēre*-, «lado; flanco»)

latericio *adj.* **1** que tem a cor vermelha do tijolo **2** de ladrilho (Do lat. *latericĭu*-, «de ladrilho»)

laterifloro *adj.* BOTÂNICA cujas flores se inserem nos flancos (Do lat. *latēre*-, «lado; flanco» +*flore*-, «flor»)

laterifólio *adj.* BOTÂNICA que nasce ao lado das folhas (Do lat. *latēre*-, «lado; flanco» +*folĭu*-, «folha»)

laterite *n.f.* PETROLOGIA rocha das regiões tropicais, formada essencialmente por hidróxidos de ferro e alumínio, em regra com concreções pisolíticas (Do lat. *latēre*-, «tijolo» +-*ite*, ou do fr. *latérite*, «id.»)

lateritização *n.f.* PETROLOGIA processo de alteração das rochas que se verifica nas regiões tropicais, e que consiste na lixiviação da sílica e concentração de hidróxidos de ferro e alumínio (Do fr. *latéritisation*, «id.»)

lateriversão *n.f.* MEDICINA reviramento do útero para um lado (De *lateri*-+*versão*)

latero- /á/ ⇒ **later(i)-**

lateroversão *n.f.* MEDICINA ⇒ **lateriversão** (De *latero*-+*versão*)

látex /cs/ *n.m.2n.* **1** suco leitoso segregado por alguns vegetais que depois de tratado quimicamente dá o cauchu **2** material resultante desse suco, bastante usado pela indústria para a confeção de preservativos e outros produtos de borracha sintética (Do lat. *latex*, «água; líquido»)

lat(i)- elemento de formação de palavras que exprime a ideia de *largo* (Do latim *latu*-, «largo»)

latíbulo *n.m.* **1** lugar oculto; esconderijo **2** [fig.] morada dos deuses (Do lat. *latibŭlu*-, «esconderijo; abrigo»)

látice *n.m.* ⇒ **látex** (Do lat. *latĭce*-, «água; líquido»)

laticífero *adj.* que produz, conduz ou contém látex (Do lat. *latĭce*-, «látice» +-*fero*, de *ferre*, «produzir»)

laticínio *n.m.* preparado comestível feito com leite ou com derivados de leite (Do lat. *lacticinĭu*-, «id.») ACORDO ORTOGRÁFICO também se pode escrever lacticínio

laticinoso /ô/ *adj.* que tem a cor ou a consistência do leite; lactescente; leitoso (Do lat. *lacticinĭu*-, «laticínio» +-*oso*)

laticlávio *n.m.* dignidade que dava o direito de usar o laticlavo (Do lat. *laticlavĭu*-, «que usa o laticlavo»)

laticlavo *n.m.* faixa de púrpura que os senadores romanos usavam sobre a toga como distintivo da sua dignidade (Do lat. *laticlāvu*-, «id.»)

lático *adj.* **1** relativo ao leite **2** QUÍMICA diz-se do ácido 2-hidroxipropanóico, que existe no leite azedo e tem aplicação na preparação de alimentos e bebidas e na indústria química **3** diz-se dos agentes e dos fenómenos que provocam a formação desse ácido (De *lacti*-+-*ico*) ACORDO ORTOGRÁFICO também se pode escrever láctico

laticórneo *adj.* de antenas ou hastes largas ou abertas (De *lati*-+*córneo*)

latido *n.m.* **1** ato ou efeito de latir; o ladrar dos cães **2** [fig.] remorso **3** [pop.] palavra vã (Part. pass. subst. de *latir*)

latifloro *adj.* que tem flores largas (Do lat. *latu*-, «largo» +*flore*-, «flor»)

latifoliado *adj.* ⇒ **latifólio** (De *latifólio*+-*ado*)

latifólio *adj.* que tem folhas largas; latifoliado (Do lat. *latifolĭu*-, «de largas folhas»)

latifundiário *adj.* que diz respeito a latifúndio ■ *n.m.* proprietário de latifúndio (De *latifúndio*+-*ário*)

latifúndio *n.m.* propriedade rural de grande extensão, geralmente de rendimento baixo (Do lat. *latifundĭu*-, «grande propriedade rústica»)

latílabro *adj.* que possui lábios grossos (Do lat. *latu*-, «largo» +*labru*-, «lábio»)

latim *n.m.* **1** língua espalhada pelo Império Romano, da qual derivaram as chamadas línguas românicas, neolatinas ou novilatinas (português, espanhol, francês, italiano, romeno); língua falada pelos antigos Romanos; língua latina **2** [fig.] coisa difícil de entender; **~ clássico** latim dos escritores da época clássica; **~ macarrónico** latim cheio de erros; **~ popular** latim, de sintaxe mais simples, falado pelas classes populares; **baixo ~** latim falado ou escrito depois da queda do Império Romano do Ocidente (durante a Idade Média); **perder o seu ~** perder o tempo e o esforço (Do lat. *latīne*, «em latim»)

latímano *adj.* que tem as mãos largas (Do lat. *latu*-, «largo» +*manu*-, «mão»)

latina *n.f.* NÁUTICA vela de forma triangular (De *latino*)

latinada *n.f.* **1** discurso em latim **2** erro contra as regras gramaticais do latim (Part. pass. fem. subst. de *latinar*)

latinar *v.intr.* falar ou escrever em latim (Do lat. *latināre*, «id.»)

latinice *n.f.* presunção de saber latim (De *latim*+-*ice*)

latinidade *n.f.* **1** estudo superior da língua latina **2** composição em latim perfeito **3** civilização latina **4** feição cultural latina (Do lat. *latinitāte*-, «id.»)

latiniparla *n.2g.* [depr.] pessoa que tem a presunção de saber muito latim (De *latim*+*parlar*)

latinismo *n.m.* **1** construção que imita a língua latina **2** palavra ou locução própria da língua latina (Do fr. *latinisme*, «id.»)

latinista *n.2g.* pessoa versada na língua e literatura latinas (Do fr. *latiniste*, «id.»)

latinização *n.f.* ato ou efeito de latinizar ou latinizar-se (De *latinizar*-*ção*, ou do fr. *latinisation*, «id.»)

latinizante *adj.2g.* **1** que latiniza **2** diz-se da pessoa que, vivendo num país onde se pratica o rito grego, segue o culto da Igreja latina (Do lat. *latinizante*-, «id.», part. pres. de *latinizāre*, «latinizar»)

latinizar *v.tr.* **1** dar forma, terminação ou inflexão latina a (uma palavra de outra língua) **2** dar civilização latina a ■ *v.intr.* empregar expressões latinas (Do lat. *latinizāre*, «id.», pelo fr. *latiniser*, «id.»)

latino *adj.* **1** do latim ou a ele relativo **2** escrito ou pronunciado em latim **3** relativo aos povos, às nações ou às línguas procedentes do antigo Império Romano **4** (embarcação) que tem velas triangulares ■ *n.m.* **1** pessoa natural de países cujas línguas derivam do latim e que foram influenciados pela civilização mediterrânica **2** natural ou habitante do Lácio, região da Itália central (Do lat. *latīnu-*, «id.»)

latino- elemento de formação de palavras que exprime a ideia de *romano* e de *civilização latina* (Do lat. *latīnu-*, «latino»)

latino-americano *adj.* que diz respeito à América latina ■ *n.m.* natural ou habitante de qualquer país da América latina (De *latino-*+*americano*)

latinório *n.m.* mau latim; latim mal traduzido ou mal aplicado (De *latim*+*-ório*)

latípede *adj.2g.* que tem pés largos (De *lati-*+*-pede*)

latipene *adj.2g.* que tem penas largas (Do lat. *latu-*, «largo» +*penna-*, «pena; pluma»)

latir *v.intr.* **1** (cão) soltar latidos; ladrar; ganir **2** [fig.] palpitar **3** [fig.] murmurar; dizer mal ■ *n.m.* ⇒ **latido** (Do lat. *glattīre*, «id.»)

latirina *n.f.* substância venenosa que existe em algumas plantas da família das Leguminosas do género *Lathyrus* (Do gr. *láthyros*, «grão-de-bico»+*-ina*)

latirismo *n.m.* intoxicação produzida pela latirina, que pode atingir o homem e outros animais (Do gr. *láthyros*, «grão-de-bico»+*-ismo*)

latirrostro /ô/ *adj.* **1** ORNITOLOGIA diz-se da ave cujo bico é largo **2** ORNITOLOGIA diz-se dos pássaros cujo bico é largo e achatado na base (De *lati-*+*-rostro*)

latitude *n.f.* **1** GEOGRAFIA amplitude do arco do meridiano terrestre compreendida entre o equador e o paralelo de determinado lugar, cujo valor varia entre 0° e 90° norte ou entre 0° e 90° sul; distância, em graus, de um lugar ao equador **2** [fig.] região **3** [fig.] amplitude; desenvolvimento **4** [fig.] largueza **5** [fig.] liberdade (Do lat. *latitūdĭne-*, «extensão»)

latitudinal *adj.2g.* **1** referente a latitude **2** que se toma no sentido da largura (Do lat. *latitudīne-*, «latitude» +*-al*)

latitudinalmente *adv.* **1** em sentido latitudinal **2** em largura; à largura (De *latitudinal*+*-mente*)

latitudinário *adj.* **1** arbitrário na interpretação **2** amplo; extensivo; amplificado (Do lat. *latitudīne-*, «extensão»+*ário*)

lato[1] *adj.* **1** que tem grande amplitude; largo **2** que se aplica a diversas coisas ou casos; extensivo (Do latim *latu-*, «largo»)

lato[2] *n.m.* [Cabo Verde] cinto de cabedal usado para fustigar ou castigar; látego (De *látego*)

latoada *n.f.* assuada que se faz, batendo em latas velhas (De *latão*+*-ada*)

latoaria *n.f.* oficina ou profissão de latoeiro (De *latão*+*-aria*)

latoeiro *n.m.* aquele que trabalha em lata ou latão; funileiro (De *latão*+*-eiro*)

latomia[1] *n.f.* **1** pedreira de granito ou mármore **2** ARQUEOLOGIA pedreira abandonada que era utilizada na Antiguidade como prisão para escravos, criminosos e prisioneiros de guerra (Do grego *latomía, as*, «pedreiras»)

latomia[2] *n.f.* **1** [Brasil] litania **2** [Brasil] choradeira **3** [Brasil] assuada; barulho; confusão (De origem obscura)

latosa *n.f.* [Colóq.] descaramento; atrevimento (De *lata*+*-osa*)

-latra sufixo nominal, de origem grega, que exprime a ideia de *que adora* (*alcoólatra*)

latrante *adj.2g.* **1** que ladra **2** que está em atitude de ladrar (Do lat. *latrante-*, «id.», part. pres. de *latrāre*, «ladrar»)

latria *n.f.* **1** culto devido a Deus **2** adoração (Do gr. *latreía*, «adoração»)

-latria sufixo nominal, de origem grega, que exprime a ideia de *adoração* (*alcoolatria*)

latrina *n.f.* lugar para dejeções; privada; retrete (Do lat. *latrīna-*, «id.»)

latrinário *adj.* **1** relativo a latrina **2** que se cria nas latrinas **3** imundo; repugnante; sórdido (De *latrina*+*-ário*)

latrineiro *n.m.* indivíduo encarregado da guarda e limpeza de latrinas (De *latrina*+*-eiro*)

latrocinar *v.tr.,intr.* cometer latrocínio contra; roubar violentamente (Do lat. **latrocināre*, por *latrocināri*, «roubar; assaltar»)

latrocínio *n.m.* roubo ou extorsão violenta à mão armada (Do lat. *latrocinĭu-*, «id.»)

lats *n.m.2n.* antiga unidade monetária da Letónia, substituída pelo euro

lauda *n.f.* **1** página de um livro **2** cada uma das faces de uma folha de papel (Do lat. *laudāre*, «louvar»)

laudabilidade *n.f.* qualidade do que é laudável (Do lat. *laudabilitāte-*, «id.»)

laudânico *adj.* narcótico; soporífico (De *láudano*+*-ico*)

laudanizar *v.tr.* **1** preparar com láudano **2** adormentar **3** [fig.] desvanecer (um sofrimento ou má impressão) (De *láudano*+*-izar*)

láudano *n.m.* FARMÁCIA medicamento cuja base é o ópio, e que se emprega para adormentar (Do lat. med. *laudănu-*, «id.», por *ladănu-*, «suco de lada»)

laudatício *adj.* laudativo; laudatório; que serve para louvar (Do lat. *laudaticĭu-*, «id.»)

laudativamente *adv.* de modo laudativo; com aprovação (De *laudativo*+*-mente*)

laudativo *adj.* que encerra louvor; laudatório (Do lat. *laudatīvu-*, «id.»)

laudatório *adj.* relativo a louvor; laudativo (Do lat. *laudatorĭu-*, «id.»)

laudável *adj.2g.* digno de louvor; louvável (Do lat. *laudabĭle-*, «id.»)

laúde *n.m.* **1** embarcação costeira, usada na pesca do atum **2** MÚSICA ⇒ **alaúde** (Por *alaúde*)

laudel *n.m.* veste antiga, forrada de lâminas metálicas ou couros, para preservar dos golpes da espada (De orig. obsc.)

laudémio *n.m.* antiga pensão ou prémio que o enfiteuta pagava ao senhorio e que mais tarde passou a estar integrada no foro (Do lat. med. *laudemĭu-*, de *laudāre*, «aprovar», pelo it. *laudemio*, «laudémio»)

laudes *n.m.pl.* parte das orações e leituras, no conjunto denominadas breviário, que os sacerdotes e religiosos católicos costumavam recitar em cada dia, a seguir às matinas (Do lat. *laudes*, «louvores»)

laudo *n.m.* opinião do louvado ou do árbitro (Do lat. *laudo*, «eu louvo» pres. do ind. de *laudāre*, «louvar»)

laura *n.f.* [ant.] designação oriental de cada uma das celas utilizadas por alguns anacoretas (Do gr. biz. *láura*, «mosteiro», pelo lat. *laura-*, «cela»)

Lauráceas *n.f.pl.* BOTÂNICA família de plantas dicotiledóneas, arbóreas ou arbustivas, de folhas persistentes e frutos que são bagas (Do lat. *lauru-*, «loureiro» +*-áceas*)

laurbanense *adj.2g.* que diz respeito a Lorvão, localidade portuguesa do concelho de Penacova, no distrito de Coimbra, ou ao seu convento (Do lat. *Laurbānu-*, top., «Lorvão» +*-ense*)

láurea *n.f.* **1** [poét.] coroa de louros; laurel **2** [poét.] galardão; prémio (Do lat. *laurĕa-*, «coroa de loureiro»)

laureado *adj.* **1** diz-se, em numismática, de uma figura coroada de louros **2** que, num concurso ou exame, obteve um prémio; premiado **3** louvado; enaltecido; elogiado **4** aplaudido; festejado ■ *n.m.* aquele que, num concurso ou exame, obteve um prémio (Do lat. *laureātu-*, «coroado de louros»)

laurear[1] *v.tr.* **1** coroar de louros; premiar; galardoar **2** festejar; aplaudir **3** adornar (Do lat. tard. *laureāre*, «id.»)

laurear[2] *v.intr.* [pop.] andar sem fazer nada; vadiar (Por *larear*)

laureio *n.m.* ato de laurear; vadiagem (Deriv. regr. de *laurear*)

laurel *n.m.* **1** coroa de louros; láurea **2** prémio; galardão **3** homenagem (Do prov. *laurier*, do lat. *lauru-*, «louro»)

laurêncio[1] *n.m.* QUÍMICA elemento transuraniano, metálico e radioativo, de número atómico 103 e símbolo Lr, obtido bombardeando o califórnio com núcleos de boro (De *E. O. Lawrence*, físico americano, 1901-1958 +*-io*)

laurêncio[2] *adj.* relativo a Laurento, antiga cidade do Lácio, perto de Roma (Do lat. *laurentiu*)

laurentino *adj.* **1** de Lourenço Marques (hoje Maputo), capital de Moçambique **2** ⇒ **láureo** ■ *n.m.* natural ou habitante de Lourenço Marques (Maputo) (Do lat. *Laurentīnu-*, «de Laurento»)

láureo *adj.* **1** relativo a louros **2** feito de louros (Do lat. *laurĕu-*, «de loureiro»)

lauréola *n.f.* **1** ⇒ **laurel 2** auréola **3** BOTÂNICA planta da família das Dafnáceas, cultivada nos jardins (Do lat. *laureŏla-*, «folha de loureiro»)

laurícomo *adj.* coroado de louros (Do lat. *lauricŏmu-*, «coberto de louros»)

laurífero *adj.* **1** que tem ou traz louros **2** coroado de louros (Do lat. *laurifĕru-*, «que produz loureiros»)

laurifólio *adj.* que tem folhas semelhantes às do loureiro (Do lat. *lauru-*, «louro» +*folĭu-*, «folha»)

laurígero *adj.* ⇒ **laurífero** (Do lat. *laurigĕru-*, «que produz loureiros»)

lauríneo *adj.* ⇒ **láureo** (Do lat. *laurīnu-*, «id.» +*-eo*)

laurino *adj.* ⇒ **láureo** (Do lat. *laurīnu-*, «id.»)

lausiano *adj.,n.m.* ⇒ **laosiano** (De *Laos*, top.+*-iano*, ou do fr. *laotien*, «id.»)

lausperene n.m. RELIGIÃO exposição permanente do Santíssimo Sacramento nas igrejas (Do lat. *laus*, «louvor» +*perenne*-, «contínuo»)

lautamente adv. abundantemente; opiparamente (De *lauto*+ *-mente*)

lauto adj. **1** abundante; opíparo **2** sumptuoso; magnífico (Do lat. *lautu*-, «magnífico»)

lava[1] n.f. **1** GEOLOGIA matéria em fusão expelida pelos vulcões e de cuja solidificação, por arrefecimento, resultam as rochas vulcânicas ou efusivas **2** [fig.] aquilo que consome; chama; torrente (Do it. *lava*, «id.»)

lava[2] n.f. ⇒ **lavagem** 1 (Deriv. regr. de *lavar*)

lavabo n.m. **1** ritual de lavagem dos dedos durante a missa por parte do sacerdote **2** oração proferida durante este ritual **3** pano com que o sacerdote limpa os dedos depois de os lavar **4** fonte de pedra destinada a abluções, localizada no claustro de mosteiros **5** bacia fixa na parede, com água corrente e escoamento, própria para lavar as mãos e a cara; lavatório **6** quarto de banho pequeno, com lavatório e sanita **7** pl. instalações sanitárias em lugares públicos como restaurantes, cafés, etc. (Do lat. *lavabo*, «eu lavarei», fut. de *lavāre*, «lavar»)

lavação n.f. ato ou efeito de lavar; lavagem (Do lat. *lavatiōne*-, «id.»)

lavacro n.m. **1** banho **2** [fig.] batismo (Do lat. *lavacru*-, «banho»)

lava-cu n.m. ORNITOLOGIA ave pernalta da família dos Caradriídeos, comum em Portugal, e também conhecida por areeiro, lavadeira, lavandeira, etc. (De *lavar*+*cu*)

lavada n.f. espécie de rede de pesca, usada em alguns pontos do Algarve (Part. pass. fem. subst. de *lavar*)

lavadaria n.f. casa para lavagem de roupa; lavandaria (De *lavado*+*-aria*)

lavadeira n.f. **1** mulher que lava roupa **2** máquina para lavagem das lãs **3** ORNITOLOGIA ⇒ **lavandeira** 2 (De *lavar*+*-deira*)

lavadeiro n.m. **1** cesto de medir sardinha, usado em algumas praias **2** homem que lava roupa por ofício ▪ adj. designativo de um pequeno roedor americano que costuma lavar o alimento antes de o comer (De *lavar*+*-deiro*)

lavadela n.f. lavagem ligeira (De *lavar*+*-dela*)

lava-dente n.m. **1** [pop.] beberete; pinga **2** pl. [regionalismo] descompostura; sarabanda (De *lavar*+*dente*)

lavadiço adj. que anda sempre a lavar-se (De *lavar*+*-diço*)

lavado n.m. **1** operação ou efeito de lavar **2** o que se lavou ▪ adj. **1** limpo **2** muito molhado; encharcado; banhado **3** [fig.] sincero (Do lat. *lavātu*-, «id.», part. pass. de *lavāre*, «lavar»)

lavadoiro n.m. ⇒ **lavadouro**

lavador adj. que lava ▪ n.m. **1** aquele ou aquilo que lava **2** utensílio que serve para cortar forragens para o arraçoamento do gado (Do lat. *lavatōre*-, «id.»)

lavadoura n.f. **1** espécie de degrau com que se forma a vedação das salinas, em Aveiro **2** [regionalismo] junta de bois que, atrelada a outras, ajuda a puxar (Por *levadoura*?)

lavadouro n.m. **1** tanque ou lugar onde se lava a roupa **2** tábua ou pedra própria para bater e esfregar a roupa, ao lavar **3** cova junto do tabuleiro do sal ▪ adj. que serve para lavar (Do lat. *lavatorĭu*-, «id.»)

lavadura n.f. **1** ato ou efeito de lavar **2** resíduos de lavagem **3** água em que se lavou a louça **4** água com farinha que se dá aos porcos (De *lavar*+*-dura*)

lavagante n.m. ZOOLOGIA crustáceo grande, decápode, macruro, da família dos Astacídeos, vulgar nas costas marítimas de Portugal, também conhecido por levagante, labugante, lobagante, lobegante e navegante (De orig. obsc.)

lavagem n.f. **1** ato ou efeito de lavar **2** irrigação de órgãos ou cavidades, como os intestinos ou o estômago, para remover substâncias nocivas; cister **3** separação, pela água, das partes úteis de um minério **4** comida para porcos **5** [pop.] comida sem tempero **6** [pop.] vinho aguado (De *lavar*+*-agem*)

lavajado adj. **1** emporcalhado; enlameado **2** sórdido (Part. pass. de *lavajar*)

lavajão n.m. **1** [pop.] indivíduo sujo **2** [pop.] aquele que come com muita sofreguidão (De *lavajar*+*-ão*)

lavajar v.tr. [regionalismo] emporcalhar na água do lavajo ▪ v.pron. sujar-se; lambuzar-se (De *lavajo*+*-ar*)

lavajo n.m. [regionalismo] [ant.] pântano; charco; lodaçal (Do cast. *lavajo*, «id.»)

lavajola n.f. [regionalismo] terreno baixo que, no inverno, se alaga com as chuvas (De *lavajo*+*-ola*)

lava-louça n.m. dispositivo de cozinha para lavagem da louça, instalado por baixo de torneiras de água, com uma ou mais bacias escavadas no tampo e providas de abertura de escoamento no fundo (De *lavar*+*louça*)

lavamento n.m. ato ou efeito de lavar; lavagem (De *lavar*+ *-mento*)

lavanco n.m. ORNITOLOGIA adem; pato-bravo (Do cast. *lavanco*, «ganso bravo»)

lavanda n.f. BOTÂNICA planta lamiácea, aromática e medicinal, semelhante à alfazema (Do it. *lavanda*, «alfazema»)

lavandaria n.f. **1** divisão de uma casa, de um hotel, etc., onde a roupa é lavada e passada a ferro **2** estabelecimento comercial onde se lava a roupa e se passa a ferro (Do lat. *lavanda*, ger. neut. pl. de *lavāre*, «coisas que se devem lavar» +*-aria*)

lavandeira n.f. **1** pessoa que lava roupa; lavadeira **2** ORNITOLOGIA nome vulgar extensivo a várias aves pernaltas da família dos Caradriídeos **3** ORNITOLOGIA ave da família dos Motacilídeos; lavandisca (De *lavandeiro*, ou do fr. *lavandière*, «lavadeira»)

lavandeiro n.m. aquele que lava roupa por ofício (Do lat. tard. *lavandarĭu*-, «id.»)

lavandisca n.f. ORNITOLOGIA nome vulgar extensivo a alguns pássaros da família dos Motacilídeos, comuns em Portugal, também conhecidos por alvela, alvéola, avoeira, boieira, lavandeira, chiria, chirina, gonçalinho, cia, pastorinha, etc. (Do lat. *lavandu*-, ger. de *lavāre*, «lavar» +*-isca*)

lava-pé n.m. BOTÂNICA planta lenhosa na base, pertencente à família das Compostas, espontânea e frequente no centro e no Sul de Portugal, também conhecida por viomal (De *lavar*+*pé*)

lava-pés n.m.2n. RELIGIÃO cerimónia que se realiza na quinta-feira da Semana Santa para comemorar os ensinamentos de Cristo ao lavar os pés aos apóstolos por ocasião da Última Ceia (De *lavar*+*pé*)

lava-pratos n.m.2n. [Brasil] BOTÂNICA ⇒ **mamanga** (De *lavar*+*prato*)

lavar v.tr. **1** tirar, com um líquido, as impurezas de; limpar **2** banhar; regar **3** [fig.] purificar **4** [fig.] inocentar; reabilitar; ilibar; absolver; justificar ▪ v.pron. limpar-se com água parcial ou totalmente; tomar banho; ~ *a honra* repor a dignidade perante a opinião pública; ~ *daí as mãos* não se responsabilizar por alguma coisa, eximir-se, declarar-se estranho a (Do lat. *lavāre*, «id.»)

lavareda /ê/ n.f. ⇒ **labareda** (De orig. obsc.)

lava-remo n.m. [Guiné-Bissau] gorjeta; gratificação (Do crioulo guineense *labaremu*, «id.»)

lavático adj. próprio para clister (De *lavar*+*t*+*-ico*)

lavativo adj. ⇒ **lavático** (De *lavar*+*-tivo*)

lavatório n.m. **1** móvel com bacia, próprio para lavagem do rosto e das mãos **2** bacia fixa na parede para os mesmos usos **3** ato de lavar **4** [fig.] purificação (Do lat. *lavatorĭu*-, «id.»)

lavável adj.2g. que se pode lavar (De *lavar*+*-vel*)

laverca n.f. **1** ORNITOLOGIA ave da família dos Alaudídeos, também conhecida por calandra, calhandra, cotovia, paspalhás, etc. **2** [pop.] pessoa muito magra **3** [pop.] fome (Do gót. *lawerka*, «id.»)

laverco n.m. **1** ORNITOLOGIA macho da laverca **2** [fig.] indivíduo embusteiro (De *laverca*)

lávico adj. **1** relativo a lava **2** de lava (De *lava*+*-ico*)

lavoira n.f. ⇒ **lavoura**

lavor n.m. **1** labor; trabalho **2** trabalho de agulha **3** adorno **4** ornamento em relevo; lavrado (Do lat. *labōre*-, «id.»)

lavorar v.tr. fazer lavores em; lavrar (De *lavor*+*-ar*)

lavoso /ô/ adj. **1** relativo à lava **2** que é da natureza da lava (De *lava*+*-oso*)

lavoura n.f. **1** amanho e cultivo da terra; agricultura **2** preparação da terra para a sementeira **3** o conjunto dos lavradores (Do lat. *laborĭa*, de *laborāre*, «trabalhar»)

lavourar v.tr.,intr. trabalhar na lavoura; cultivar (De *lavoura*+ *-ar*)

lavra n.f. **1** ato de lavrar; lavoura **2** terra lavrada **3** produção; fabrico; autoria **4** trabalho de extração de metais (Deriv. regr. de *lavrar*)

lavrada n.f. **1** lavra **2** o tempo de lavrar **3** terreno lavrado (Part. pass. subst. de *lavrar*)

lavradeira n.f. (masculino **lavrador**) mulher que faz serviços de lavoura; camponesa (De *lavrar*+*-deira*)

lavradeiro adj. diz-se do animal que se emprega nos serviços da lavoura (De *lavrar*+*-deiro*)

lavradio adj. diz-se do terreno que está em condições de ser lavrado; arável ▪ n.m. ato de lavrar; lavoura (Do lat. *laboratīvu*-, «da lavoura»)

lavrado adj. **1** arado **2** ornado de lavores **3** cinzelado **4** que foi registado; escrito ▪ n.m. **1** lavor **2** terra lavrada (Part. pass. de *lavrar*)

lavrador *n.m.* (feminino **lavradeira**) **1** aquele que lavra ou cultiva terras; trabalhador do campo **2** proprietário de herdades ■ *adj.* que lavra ou cultiva terras (Do lat. *laboratōre-*, «id.»)
lavragem *n.f.* ato ou efeito de lavrar; lavoura (De *lavrar+-agem*)
lavramento *n.m.* **1** ato de lavrar **2** feitio e cunhagem das moedas (De *lavrar+-mento*)
lavrante *adj.2g.* que lavra ■ *n.2g.* artista cinzelador de ouro ou prata (Do lat. *laborante-*, «id.», part. pres. de *laborāre*, «trabalhar; lavrar»)
lavrar *v.tr.* **1** remexer (a terra) com o arado ou a charrua **2** cultivar **3** cinzelar **4** aplainar **5** preparar (madeiras) **6** bordar **7** explorar (minas) **8** redigir (ata ou sentença) ■ *v.intr.* **1** desenvolver-se; alastrar; crescer; tomar vulto **2** aparecer; surgir; manifestar-se **3** produzir estrago ou dano (Do lat. *laborāre*, «id.»)
lawrêncio *n.m.* QUÍMICA ⇒ **laurêncio**¹
laxação *n.f.* ato ou efeito de laxar; frouxidão; lassidão (Do lat. *laxatiōne-*, «calmante»)
laxante *adj.2g.* que laxa; laxativo; que afrouxa ■ *n.m.* purgante ligeiro que se utiliza para facilitar a evacuação das fezes (Do lat. *laxante-*, «id.», part. pres. de *laxāre*, «afrouxar; amolecer»)
laxar *v.tr.* **1** tornar laxo; alargar **2** desimpedir (o ventre) de **3** [fig.] atenuar; aliviar (Do lat. *laxāre*, «afrouxar; amolecer»)
laxativo *adj.* ⇒ **laxante** *adj.2g.* **2** levemente purgativo (Do lat. *laxatīvu-*, «id.»)
laxi- /cs/ elemento de formação de palavras que exprime a ideia de *frouxo, solto* (Do lat. *laxu-*, «frouxo; solto»)
laxidão *n.f.* ⇒ **lassidão** (De *laxar+-idão*)
laxifloro /cs/ *adj.* que tem as flores muito distantes umas das outras (De *laxi-+-floro*)
laxismo *n.m.* **1** (teologia) tendência para não cumprir os deveres ou não seguir as normas morais com base em justificações circunstanciais **2** tolerância excessiva em relação à falta de cumprimento do dever e de obrigações (De *laxo+-ismo*)
laxista *adj.2g.* **1** pertencente ou relativo ao laxismo **2** que é demasiado tolerante ou permissivo ■ *n.2g.* **1** pessoa adepta do laxismo; pessoa que tende a minimizar as normas morais **2** pessoa que é demasiado tolerante ou permissiva
laxo *adj.* frouxo; lasso (Do lat. *laxu-*, «id.»)
layout *n.m.* INFORMÁTICA disposição da informação num documento, incluindo o formato, o tamanho, a distribuição ou a organização gráfica (Do ing. *layout*, «id.»)
lazão *n.m.* (cavalo) ⇒ **alazão** (Por *alazão*)
lazarar *v.tr.* tornar lázaro; lazeirar (De *lázaro+-ar*)
lazarento *adj.* **1** coberto de chagas ou pústulas **2** leproso **3** esfomeado (De *São Lázaro*, antr. +*-ento*)
lazareto /ê/ *n.m.* **1** edifício para quarentena de pessoas provenientes de países onde grassam epidemias **2** hospital de lázaros (Do it. *lazzaretto*, «id.»)
lazarina *n.f.* arma comprida e de pequeno calibre, de fabrico belga, outrora usada pelos negros africanos, semelhante às que eram fabricadas pelo armeiro Lázaro, de Braga (De *Lázaro*, antr. +*-ina*)
lazarista *n.2g.* membro da congregação religiosa de S. Vicente de Paulo (1576-1660), membro da Sociedade dos Padres da Missão, fundada pelo papa Urbano VIII (De *São Lázaro*, antr. +*-ista*)
lázaro *n.m.* **1** aquele que tem o corpo coberto de pústulas ou chagas; pustulento **2** leproso **3** miserável **4** pessoa pouco habilidosa; pessoa desastrada (De *São Lázaro*, antr.)
lazarone *n.m.* mendigo; madraço (Do it. *lazzarone*, «mendigo»)
lazeira *n.f.* **1** fome **2** miséria **3** preguiça (Deriv. regr. de *lazeirar*)
lâzeira *n.f.* doença que ataca em especial as cabras, provocando-lhes modificações do pelo, que se torna mais fino e encrespado, semelhando lã (De *lã+z+-eira*)
lazeirar *v.intr.* ter lazeira; estar esfomeado ■ *v.tr.* ⇒ **lazarar** (Do lat. **laceriāre*, por *lacerāre*, «rasgar»)
lazeirento *adj.* ⇒ **lazarento** (De *lazeira+-ento*)
lazer *n.m.* vagar; ócio; descanso; repouso (Do lat. *licēre*, «ser permitido»)
lazerar *v.tr.* fazer sofrer; martirizar ■ *v.intr.* **1** expiar; sofrer **2** mendigar com lazeira (Do lat. *lacerāre*, «rasgar»)
lãzinha *n.f.* tecido de lã pouco consistente (De *lã+z+-inha*)
lâzudo *adj.* **1** que tem muita lã **2** [gír.] grosseiro **3** [fig.] estúpido; lorpa (De *lã+z+-udo*)
lazúli *n.m.* ⇒ **lazulite** (Do lat. med. *[lapis] lazuli*, «pedra azul», pelo fr. *lapis-lazuli*, «id.»)
lazulite *n.f.* MINERALOGIA mineral de cor azul-violeta, que é um fosfato de alumínio, ferro e magnésio (Do fr. *lazulite*, «id.»)

lé *elem. expr.* ~ **com** ~, **cré com cré** cada qual com seu igual (De orig. obsc.)
lê *n.m.* nome da letra *l* ou *L*
leal *adj.2g.* **1** que não falta às suas promessas **2** sincero; franco; honesto **3** fiel; dedicado **4** conforme à lei ■ *n.m.* antiga moeda portuguesa de prata (Do lat. *legāle-*, «legal»)
lealdação *n.f.* ato de lealdar; verificação aduaneira (De *lealdar+-ção*)
lealdade *n.f.* qualidade de leal; fidelidade; sinceridade (Do lat. *legalitāte-*, «id.»)
lealdado *adj.* **1** manifestado; verificado **2** diz-se do açúcar muito limpo (Part. pass. de *lealdar*)
lealdador *n.m.* **1** o que lealda **2** antigo fiscal das mercadorias, nas barreiras das cidades (De *lealdar+-dor*)
lealdamento *n.m.* ⇒ **lealdação** (De *lealdar+-mento*)
lealdar *v.tr.* dar ao manifesto, na alfândega; verificar (Do lat. **legalitāre*, «legalizar»)
lealdoso /ô/ *adj.* ⇒ **leal** (De *leal+d+-oso*)
lealismo *n.m.* **1** obediência dos cidadãos ao respetivo governo **2** ⇒ **lealdade** (De *leal+-ismo*)
leão *n.m.* **1** ZOOLOGIA mamífero carnívoro e predador da família dos Felídeos, que vive nas selvas da África e da Ásia e tem pelo castanho-amarelado, sendo o macho provido de uma juba em redor da cabeça e considerado o rei dos animais **2** [fig.] homem muito robusto **3** [fig.] pessoa valente e corajosa **4** [fig.] pessoa com mau génio **5** [com maiúscula] ASTRONOMIA quinta constelação do zodíaco situada no hemisfério norte **6** [com maiúscula] ASTROLOGIA quinto signo do zodíaco, 23 de julho a 22 de agosto (Do lat. *leōne-*, «id.»)
leão-americano *n.m.* ZOOLOGIA puma
leão-do-mar ver nova grafia **leão do mar**
leão do mar *n.m.* marinheiro velho e experimentado; lobo do mar
leão-marinho *n.m.* ZOOLOGIA mamífero pinípede, corpulento, que aparece em algumas das costas marítimas da América do Sul
leãozete /ê/ *n.m.* ZOOLOGIA pequeno leão (De *leão+z+-ete*)
leasing *n.m.* **1** sociedade financeira que serve de intermediário entre o vendedor e o utilizador **2** sistema especial de financiamento de equipamento industrial por locação (venda do usufruto) (Do ing. *leasing*, «id.»)
leborinho *n.m.* BOTÂNICA planta herbácea da família das Gramíneas, espontânea na serra da Estrela (Do lat. *leporīnu-*, «de lebre»?)
lebracho *n.m.* ZOOLOGIA lebrão novo (De *lebre+-acho*)
lebrada *n.f.* [pop.] guisado de lebre (De *lebre+-ada*)
lebrão *n.m.* ZOOLOGIA macho da lebre (De *lebre+-ão*)
lebre *n.f.* **1** ZOOLOGIA mamífero roedor, de orelhas muito compridas, extremamente veloz, pertencente à família dos Leporídeos **2** CULINÁRIA prato preparado com este animal **3** NÁUTICA peça de madeira por onde passam os cabos bastardos de um navio **4** dispositivo mecânico com a forma daquele animal usado como chamariz nas corridas de galgos **5** [com maiúscula] ASTRONOMIA constelação austral ■ *n.2g.* DESPORTO atleta contratado para apressar o ritmo de uma corrida de atletismo, nomeadamente nas fases iniciais desta, para que um outro atleta estabeleça um novo recorde; **andar à** ~ não ter dinheiro; **comer gato por** ~ deixar-se enganar, enganar-se; **esta** ~ **está corrida** este assunto está arrumado; **levantar a** ~ chamar a atenção para um problema imprevisto (Do lat. *lepŏre-*, «id.»)
lebré *adj.,n.m.* ⇒ **lebreiro** (De *lebrel*)
lebre-da-patagónia *n.f.* ZOOLOGIA ⇒ **mará**¹
lebre-das-pampas *n.f.* ZOOLOGIA ⇒ **mará**¹
lebre-do-mar *n.f.* ZOOLOGIA ⇒ **aplísia**
lebreiro cão adestrado para a caça de lebres; galgo ■ *adj.* que caça lebres (Do lat. *leporarĭu-*, «de lebre»)
lebrel *n.m.* ⇒ **lebreiro** *n.m.* (Do cat. *lebrer*, «lebreiro», pelo cast. *lebrel*, «id.»)
lebréu *n.m.* ⇒ **lebreiro** *n.m.* (De *lebre+-éu*)
lecanomancia *n.f.* pretensa adivinhação do futuro pelo exame de líquidos oleosos (Do gr. *lekanomanteía*, «id.»)
leccionação ver nova grafia **lecionação**
leccionador ver nova grafia **lecionador**
leccionando ver nova grafia **lecionando**
leccionar ver nova grafia **lecionar**
leccionário ver nova grafia **lecionário**
leccionista ver nova grafia **lecionista**
lechetrez *n.m.* BOTÂNICA planta da família das Euforbiáceas, espontânea e frequente em Portugal, cuja seiva leitosa tem propriedades medicinais, também conhecida por maleiteira (Do cast. *lechetrezna*, «id.»)

lecionação *n.f.* ato ou efeito de lecionar; lição; explicação (De *leccionar+-ção*)
lecionador *adj.* que leciona ■ *n.m.* aquele que leciona; professor; explicador (De *leccionar+-dor*)
lecionando *n.m.* aquele que recebe lecionação; aluno; discípulo (De *leccionar+-ando*)
lecionar *v.tr.* dar lições ou explicações de/a; ensinar; explicar ■ *v.intr.* ser professor ou explicador (Do lat. *lectiōne-*, «lição» +*-ar*)
lecionário *n.m.* livro litúrgico com trechos bíblicos ou patrísticos (Do lat. *lectiōne-*, «lição» +*ário*)
lecionista *n.2g.* pessoa que leciona particularmente; explicador (Do lat. *lectiōne-*, «lição» +*-ista*)
Lecitidáceas *n.f.pl.* BOTÂNICA família de plantas dicotiledóneas, lenhosas, intertropicais (Do gr. *lékythos*, «frasco», pelo lat., bot. *Lecythis*, de *lecýthu-*, «almotolia» +*-áceas*)
lecitina *n.f.* BIOQUÍMICA substância (lípido) que se encontra nas células dos organismos e, com muita abundância, na gema do ovo, no tecido nervoso, na medula óssea, nas sementes vegetais, etc., com aplicação em medicina e nas indústrias químicas e alimentares (De gr. *lékithos*, «gema de ovo» +*-ina*, ou do fr. *lécithine*, «id.»)
lécito *n.m.* BIOLOGIA ⇒ **deutolécito** (Do gr. *lékithos*, «gema de ovo»)
leco *n.m.* 1 [Angola] vivacidade 2 [Angola] irritação; revolta (Do quimb. *díleku*, «id.», a partir de *kulekula*, «farfalhar»)
lecti- elemento de formação de palavras que exprime a ideia de *leito* (Do lat. *lectu-*, «leito; cama»)
léctica *n.f.* antiga cadeirinha para transportes; liteira (Do lat. *lectica-*, «liteira»)
lecticário *n.m.* encarregado da carga e do transporte da léctica; liteireiro (Do lat. *lecticarĭu-*, «id.»)
lectícola *adj.2g.* que habita nos leitos (percevejo, etc.) (De *lecti-*+*-cola*)
lectistérnio *n.m.* espécie de banquete oferecido aos deuses nos templos, colocando-se as suas imagens em magníficos leitos à volta da mesa (Do lat. *lectisternĭu-*, «id.»)
lectivo ver nova grafia **letivo**
led *n.m.* ELETRICIDADE díodo semicondutor que emite luz quando uma corrente elétrica passa por ele ■ *adj.inv.* 1 designativo das lâmpadas ou dos aparelhos que utilizam o led e que, por isso, consomem menos energia 2 que assenta na tecnologia que utiliza o led (Do ing. *LED*, de *l*ight *e*mitting *d*iode)
Lediano *n.m.* GEOLOGIA andar do Eocénico superior (De *Lede*, top., localidade belga a noroeste de Bruxelas +*-iano*)
ledice *n.f.* 1 contentamento; qualidade ou estado de ledo; alegria 2 *pl.* facécias; galantarias (Do lat. *laetitĭe-*, «alegria»)
ledo /ê/ *adj.* alegre; jubiloso; risonho (Do lat. *laetu-*, «id.»)
ledor *adj.,n.m.* que ou aquele que lê; leitor (De *ler*+*-dor*)
legação *n.m.* BOTÂNICA planta lenhosa, trepadeira, com gavinhas, pertencente à família das Liliáceas, produtora de bagas negras na maturação, espontânea no centro e no Sul de Portugal, e também conhecida por alegação, alegra-campo, salsaparrilha-bastarda e recama (De *alegra-campo*)
legação *n.f.* 1 ato de legar 2 representação diplomática permanente de um Governo, junto de outro, de categoria inferior à de embaixada e dirigida por um ministro 3 repartição do legado 4 edifício onde reside um diplomata em território estrangeiro e onde funcionam os serviços da missão por ele dirigida 5 missão diplomática (Do lat. *legatiōne-*, «delegação»)
legacia *n.f.* dignidade, cargo, jurisdição ou instalações de um legado (De *legação*+*-ia*)
legado¹ *n.m.* 1 enviado de um Governo junto do governo de outro país; embaixador 2 enviado do papa em missão especial; núncio apostólico (Do lat. *legātu-*, «enviado em embaixada»)
legado² *n.m.* 1 aquilo que se deixa por disposição testamentária a quem não é herdeiro legítimo; sucessão a título particular 2 aquilo que as gerações passadas transmitem às atuais 3 dádiva (Do lat. *legātu-*, «id.», part. pass. subst. de *legāre*, «delegar; deixar em testamento»)
legal *adj.2g.* 1 conforme à lei; prescrito por lei 2 justo 3 [Brasil] ótimo; giro 4 [Brasil] certo; de acordo (Do lat. *legāle-*, «id.»)
legalidade *n.f.* carácter daquilo que é legal; conformidade com a lei (Do lat. *legalitāte-*, «id.»)
legalismo *n.m.* atitude teórica ou prática que consiste em considerar apenas a legalidade, isto é, as exigências da lei positiva, sem ter em conta a lei natural, a equidade, a caridade (De *legal*+*-ismo*)
legalista *adj.2g.* 1 que observa rigorosamente as leis 2 que defende o cumprimento rigoroso da lei 3 que diz respeito às leis ■ *n.2g.* 1 pessoa que observa rigorosamente as leis 2 pessoa que defende o cumprimento rigoroso da lei (De *legal*+*-ista*)

legalização *n.f.* ato ou efeito de legalizar (De *legalizar*+*-ção*)
legalizar *v.tr.* 1 tornar legal 2 certificar a verdade de (uma assinatura); autenticar (De *legal*/+*-izar*)
legalmente *adv.* de modo legal; de harmonia com a lei (De *legal*+*-mente*)
legar *v.tr.* 1 transmitir por testamento; deixar por herança 2 deixar (um legado) 3 enviar como legado (Do lat. *legāre*, «delegar; deixar em testamento»)
legatário *n.m.* aquele em cujo favor o testador dispõe de valor ou objetos determinados ou de certa parte deles (Do lat. *legatarĭu-*, «id.»)
legatório *adj.* 1 relativo a legado 2 que envolve legado (De *legatorĭu-*, «de legado; de embaixador»)
legenda *n.f.* 1 inscrição 2 letreiro; rótulo; dístico 3 nota informativa que acompanha uma imagem ou um esquema 4 CINEMA, TELEVISÃO texto que corre em rodapé no ecrã com a tradução do texto original dos programas 5 lenda 6 coleção de vidas de santos (Do lat. *legenda*, «coisas que devem ser lidas», ger. neut. pl. subst. de *legĕre*, «ler»)
legendagem *n.f.* 1 inserção de legendas em (filme, gravura, etc.) 2 conjunto de legendas (De *legendar*+*-agem*)
legendar *v.tr.* fazer a legendagem de (De *legenda*+*-ar*)
legendário *adj.* 1 relativo a legenda 2 ⇒ **lendário** ■ *n.m.* autor de legendas (Do fr. *légendaire*, «id.»)
leggings *n.m./f.pl.* calças femininas justas, de malha ou algodão, que vão até meio da perna ou até ao tornozelo e não têm botões, fechos ou bolsos (Do ing. *leggings*, «id.»)
legi- elemento de formação de palavras que exprime a ideia de *lei* (Do lat. *lege-*, «lei»)
legião *n.f.* 1 MILITAR unidade do exército romano formada por tropas de infantaria e cavalaria 2 MILITAR corpo de tropas 3 multidão de anjos ou demónios 4 grande quantidade de pessoas ou animais; *Legião de Honra* ordem civil e militar francesa instituída por Napoleão Bonaparte, imperador francês, 1769-1821 (Do lat. *legiōne-*, «id.»)
legibilidade *n.f.* carácter do que é legível; nitidez (De *legível*+*-i-*+*-dade*)
legífero *adj.,n.m.* ⇒ **legislador** (Do lat. *legifĕru-*, «legislador»)
legionário *adj.* relativo a legião ■ *n.m.* soldado de uma legião (Do lat. *legionarĭu-*, «id.»)
legislação *n.f.* 1 coleção de leis de um país 2 direito de legislar 3 conjunto de preceitos legais que regulam certa matéria (Do fr. *législation*, «id.»)
legislador *adj.,n.m.* que ou aquele que legisla (Do lat. *legislatōre-*, «id.»)
legislar *v.tr.,intr.* 1 fazer leis (sobre, contra) 2 ordenar por lei (Deriv. regr. de *legislador*)
legislativas *n.f.pl.* eleições para o parlamento e o governo (De *legislativo*)
legislativo *adj.* 1 relativo à legislação ou ao poder de legislar 2 que legisla 3 que tem força de lei (Do fr. *législatif*, «id.»)
legislatório *adj.* ⇒ **legislativo** (Do lat. *legislatōre-*, «legislador» +*-io*)
legislatura *n.f.* 1 reunião de parlamentares em assembleia 2 período durante o qual os membros de uma assembleia legislativa exercem o seu mandato 3 codificação de leis (Do fr. *législature*, «id.»)
legislável *adj.2g.* que se pode legislar ou decretar; que se pode converter em lei (De *legislar*+*-vel*)
legisperito *n.m.* aquele que é perito em leis; legista (Do lat. *legisperītu-*, «jurisconsulto»)
legista *n.2g.* 1 especialista em leis; jurisconsulto; jurisperito 2 [Brasil] especialista em medicina legal; médico legista (Do lat. *legista*, «id.», pelo fr. *légiste*, «id.»)
legítima *n.f.* 1 porção de bens de que o testador não pode dispor, por ser legalmente destinada aos herdeiros em linha reta 2 divisão das salinas (De *legítimo*)
legitimação *n.f.* 1 ato ou efeito de legitimar 2 habilitação (De *legitimar*+*-ção*)
legitimado *adj.* tornado legítimo ■ *n.m.* filho natural que o matrimónio dos pais legitimou (Part. pass. de *legitimar*)
legitimador *adj.,n.m.* que ou aquele que legitima (De *legitimar*+*-dor*)
legitimamente *adv.* de modo legítimo; legalmente (De *legítimo*+*-mente*)
legitimar *v.tr.* 1 tornar legítimo; legalizar 2 dar (a um filho natural) o direito dos filhos legítimos 3 reconhecer como autêntico 4 justificar; explicar (De *legítimo*+*-ar*)

legitimidade n.f. 1 qualidade de legítimo 2 legalidade 3 boa lógica 4 autenticidade (De legítimo+-i-+-dade)

legitimista adj.2g. que diz respeito à legitimidade ■ n.2g. pessoa que advoga os direitos do rei D. Miguel (1802-1866) e seus descendentes ao trono de Portugal (De legítimo+-ista)

legítimo adj. 1 que é conforme à lei 2 fundado no direito, na razão ou na justiça 3 diz-se do filho procedente de matrimónio 4 genuíno; autêntico 5 racional (Do lat. legitĭmu-, «conforme às leis»)

legível adj.2g. que se pode ler facilmente (Do lat. legibĭle-, «id.»)

legivelmente adv. de modo legível; nitidamente (De legível+-mente)

legra n.f. MEDICINA instrumento utilizado no exame às fraturas do crânio ou nas raspagens de ossos 2 lâmina curva e cortante para escavar madeira (Do lat. ligŭla-, «colher»)

legração n.f. ato ou efeito de legrar (De legrar+-ção)

legradura n.f. ⇒ **legração** (De legrar+-dura)

legrar v.tr. MEDICINA operar, limpar ou examinar com a legra (De legra+-ar)

légua n.f. 1 antiga unidade de medida itinerária que equivalia a cinco quilómetros 2 [fig.] grande distância; *à ~ a grande distância*, distintamente; *conhecer à ~* conhecer muito bem, conhecer de ginjeira; *fugir à ~* fugir a toda a pressa (Do célt. leak, «pedra», pelo b. lat. leuca-, pelo prov. legoa, «légua»)

leguelhé n.m. ⇒ **lagalhé**

leguleio n.m. 1 aquele que interpreta a lei à letra, sem atender à intenção do legislador 2 [fig.] advogado rábula (Do lat. leguleĭu-, «id.»)

legulejo /ê/ n.m. ⇒ **leguleio**

legume n.m. 1 planta ou parte de planta leguminosa ou herbácea, usada na alimentação humana na forma de folhas, bolbos, talos, grão, etc., especialmente em saladas, na sopa ou como acompanhamento das refeições; verdura 2 semente das vagens (Do lat. legūmen (nominativo), «id.»)

legumeiro adj. 1 relativo a legumes 2 que produz legumes 3 apreciador de legumes ■ n.m. prato em que se servem legumes (De legume+-eiro)

legumina n.f. QUÍMICA substância de natureza protídica de vários legumes (De legume+-ina)

leguminário adj. 1 relativo a legumes 2 da natureza dos legumes (Do lat. leguminarĭu-, «id.»)

leguminiforme adj.2g. diz-se do órgão vegetal morfologicamente semelhante a uma vagem (Do lat. legumĭne-, «legume» +forma-, «forma»)

leguminista n.2g. ⇒ **legumista** (Do lat. legumĭne-, «legume» + -ista)

leguminívoro adj. que se nutre de legumes (Do lat. legumĭne-, «legume» +vorāre, «comer»)

Leguminosas n.f.pl. BOTÂNICA ⇒ **Faseoláceas** (De leguminoso)

leguminoso /ô/ adj. cujos frutos são vagens ou legumes (Do lat. cient. leguminōsu-, «id.»)

legumista n.2g. 1 pessoa que cultiva legumes 2 pessoa que só come legumes; vegetariano (De legume+-ista)

leguória n.f. [regionalismo] légua pequena (De légua+-ória)

lei n.f. 1 prescrição do poder legislativo cujo cumprimento visa a organização da sociedade 2 qualquer norma de conduta, geralmente jurídica; preceito emanado de autoridade soberana 3 obrigação; regra; norma 4 proposição geral que enuncia uma relação regular de fenómenos 5 relação invariável entre variáveis; *~ da oferta e da procura* ECONOMIA lei que determina o valor de troca ou preço das coisas, segundo a qual o preço varia na razão direta da procura e na razão inversa da oferta; *~ de Murphy* (aforismo) há sempre razões para as coisas que correm mal virem a correr ainda pior; *~ do menor esforço* falta de ânimo ou de vontade para fazer um esforço, desempenhar uma função ou terminar uma tarefa; preguiça, comodismo; *~ estatística* lei que apenas vale estatisticamente, isto é, que exprime uma probabilidade maior ou menor, mas não uma certeza; *~ marcial* lei que autoriza a aplicação da força armada, no caso de alteração da ordem pública; *~ repristinatória* lei que, expressamente, repõe em vigor uma lei revogada por outra (Do lat. lege-, «id.»)

leicenço n.m. ⇒ **furúnculo** (De orig. obsc.)

leigaço n.m. aquele que é completamente leigo em certos assuntos (De leigo+-aço)

leigal adj.2g. respeitante a leigo; laical (De leigo+-al)

leigar v.tr. tornar leigo (De leigo+-ar)

leigarraço n.m. ⇒ **leigaço** (De leigo+-arro-+-aço)

leigarrão n.m. ⇒ **leigaço** (De leigo+-arrão)

leigarraz n.m. ⇒ **leigaço** (De leigo+-arro-+-az)

leigo n.m. 1 aquele que não tem ordens sacras 2 [fig.] pessoa que desconhece um assunto ■ adj. 1 que não tem ordens sacras; laico; secular 2 [fig.] ignorante; desconhecedor (Do gr. laikós, «do povo», pelo lat. laĭcu-, «leigo»)

leiguice n.f. dito ou ato de leigo (De leigo+-ice)

leilão n.m. venda pública de objetos que se entregam a quem oferecer o maior preço; hasta pública; arrematação; almoeda (Do ár. al-a'lam, «bandeira; anúncio»)

leiloamento n.m. ato ou efeito de leiloar; venda em leilão (De leiloar+-mento)

leiloar v.tr. pôr ou vender em leilão (De leilão+-ar)

leiloeiro n.m. 1 pregoeiro num leilão 2 organizador de leilões (De leiloar+-eiro)

lei-quadro n.f. lei cujas disposições gerais devem servir de quadro a textos de aplicação

leira n.f. 1 faixa de terreno para cultivo entre duas balizas; courela; belga 2 rego aberto na terra para nele se lançar a semente; alfobre; tabuleiro; viveiro 3 casta de uva branca encontrada no Algarve 4 [regionalismo] mania (De orig. obsc.)

leirão¹ n.m. [regionalismo] ⇒ **ratazana** 2 (Do lat. *gliriōne-, de glis, gliris, «arganaz»)

leirão² n.m. 1 leira grande 2 faixa de terreno cultivado (De leira+-ão)

leiriense adj.2g. referente à cidade portuguesa de Leiria ■ n.2g. natural ou habitante de Leiria (De Leiria, top. +-ense)

leirioa /ó/ adj. diz-se de uma variedade de maçã criada em Leiria (De Leiria, top. +-oa)

leiroto /ó/ n.m. [regionalismo] leira pequena; courela (De leira+-oto)

leishmânia n.f. ZOOLOGIA flagelado parasita do homem e de outros animais, que pertence à família dos Tripanossomídeos e ao género Leishmania, e é causador das diversas formas de leishmaniose (De Leishman, antr., biólogo escoc., 1865-1926 +-ias)

leishmaniose n.f. MEDICINA designação geral das doenças provocadas pelos flagelados conhecidos por leishmânias, como a doença-negra ou calazar, o botão-do-oriente, etc. (De leishmânia+-ose, ou do fr. leishmaniose, «id.»)

leísmo n.m. na língua espanhola, uso do pronomes pessoais de 3.ª pessoa *le* e *les* como objeto direto, em vez de usar os pronomes *lo, la, los, las* (Do cast. leísmo, «id.»)

leita n.f. ova leitosa e mole (Do lat. lacta, pl. de lac, lactis, «leite»)

leitado adj. que tem suco leitoso (De leite+-ado)

leitão n.m. [feminino **leitoa**] 1 ZOOLOGIA porco muito novo que se alimenta de leite 2 CULINÁRIA prato preparado com este animal 3 ICTIOLOGIA peixe que faz parte da fauna marinha portuguesa; cação; *em ~ completamente despido, nu* (De leite+-ão)

leitar adj.2g. da cor do leite; branco ■ v.intr. criar leite ou suco leitoso (Do lat. lactāre, «amamentar; ter leite»)

leitaria n.f. 1 estabelecimento onde se vende leite 2 lugar destinado a receber leite para fazer a manteiga, o queijo, etc. (De leite+-aria)

leite n.m. 1 líquido branco segregado pelas glândulas mamárias das fêmeas dos mamíferos 2 suco branco segregado por alguns vegetais 3 [pop.] sorte; *~ condensado* leite concentrado por evaporação e preservado pela adição de açúcar, geralmente enlatado; *~ de limpeza* creme de limpeza facial; *~ do dia* leite aquecido a uma temperatura não superior a 100 °C e arrefecido depois rapidamente, de forma a eliminar os germes, leite pasteurizado; *~ em pó* leite transformado em partículas solúveis após um processo de evaporação; *~ gordo* leite cuja percentagem de gordura é, no mínimo, de 3,5 %; *~ magro* leite cuja percentagem de gordura é, no máximo, de 0,3 %; *~ meio-gordo* leite cuja percentagem de gordura é, no mínimo, de 1,5 % (Do lat. lacte-, «id.»)

leite-creme n.m. CULINÁRIA creme de leite, açúcar, ovos e farinha, que depois de preparado é coberto de açúcar e queimado com um ferro próprio aquecido

leite-de-cal ver nova grafia leite de cal

leite de cal n.m. QUÍMICA suspensão de cal apagada na água

leite-de-galinha n.m. BOTÂNICA planta herbácea, bolbosa, da família das Liliáceas, espontânea em Portugal

leitegada n.f. [pop.] conjunto de leitões nascidos de um só parto (De leitiga+-ada)

leiteira n.f. 1 mulher que vende leite 2 vaso em que se serve o leite 3 [Brasil] fervedor 4 [pop.] sorte (De leiteiro)

leiteiro adj. 1 que produz leite 2 relativo à produção de leite 3 próprio para conter leite ■ n.m. 1 vendedor de leite 2 [pop.] o que anda com sorte (Do lat. lactarĭu-, «relativo ao leite»)

leitelho /ê/ *n.m.* 1 líquido pobre em gorduras que fica depois de a nata ser batida para fazer manteiga 2 líquido resultante da fermentação do leite através da junção de bactérias do ácido lático, que por ser facilmente digerível é usado em diversos alimentos como o iogurte (De *leite+-elho*)

leitento *adj.* ⇒ **lácteo** (De *leite+-ento*)

leitiga *n.f.* ⇒ **leitoa** (Do lat. *lactīca-*, «de leite»)

leitmotiv *n.m.* tema base recorrente, em obra literária ou musical, que, no desenrolar de toda a ação ou composição, anda associado a uma personagem, a um objeto ou a um sentimento (Do al. *Leitmotiv*, «id.»)

leito *n.m.* 1 armação de madeira ou metal que sustenta o colchão da cama 2 qualquer superfície em que descansa um corpo 3 cama completa 4 estrado 5 superfície inferior de uma pedra 6 superfície de terreno ocupada pelos elementos essenciais da estrada (plataforma, valetas e taludes) 7 superfície da crusta terrestre sobre que descansa a hidrosfera 8 parte da crusta terrestre sobre a qual corre um rio; álveo (Do lat. *lectŭ-*, «id.»)

leitoa /ô/ *n.f.* (*masculino* **leitão**) 1 ZOOLOGIA fêmea do leitão 2 BOTÂNICA variedade de pera

leitoada *n.f.* 1 refeição feita com leitão 2 ⇒ **leitegada** (De *leitão+-ada*)

leitoado *adj.* nédio; gordo como o leitão (De *leitão+-ado*)

leitor *n.m.* 1 aquele que lê 2 aquele que tem a segunda das quatro antigas ordens menores da hierarquia eclesiástica 3 [ant.] professor universitário 4 professor que, em comissão de serviço, ensina as suas língua e literatura em universidades estrangeiras 5 aparelho utilizado para reproduzir som gravado em CD, DVD ou outro 6 [regionalismo] espécie de amuleto usado pelas mulheres enquanto amamentam ■ *adj.* que lê; **~ de discos** INFORMÁTICA dispositivo que põe o disco em movimento e aciona a cabeça de leitura ou de escrita em obediência aos sinais de comando que recebe do computador (Do lat. *lectōre-*, «id.»)

leitorado *n.m.* 1 cargo ou lugar de leitor (professor) 2 tempo que dura esse cargo (De *leitor+-ado*)

leitoso /ô/ *adj.* que tem cor ou aparência de leite; lácteo (Do lat. *lactōsu-*, «que tem aspeto de leite»)

leitra *n.f.* 1 líquido seminal dos peixes; láctea 2 [regionalismo] leituga (De *leite*)

leituado *adj.* 1 (trigo) que tem o grão em leite 2 lactescente (De *leite*)

leituga *n.f.* BOTÂNICA nome vulgar extensivo a algumas plantas herbáceas, de seiva leitosa, pertencentes à família das Compostas, espontâneas em Portugal, uma das quais é também conhecida por olho-de-mocho (Do lat. *lactūca-*, «alface»)

leituga-de-burro *n.f.* [Madeira] BOTÂNICA planta híspida da família das Compostas, que é também espontânea de Trás-os-Montes ao Algarve

leitura *n.f.* 1 ato ou efeito de ler 2 o que se lê 3 arte de ler 4 conhecimentos adquiridos pelo ato de ler (Do lat. tard. *lectūra-*, «leitura; lição»)

leiva *n.f.* 1 porção de terra levantada pelo arado ou por outro instrumento agrícola 2 sulco de arado 3 gleba 4 torrão 5 [pop.] aduela (Do lat. *gleba-*, «torrão de terra»)

leivanco *n.m.* [regionalismo] ⇒ **leivão**

leivão *n.m.* [regionalismo] rato do monte (De orig. obsc.)

leixão *n.m.* penedo destacado na costa marítima (De orig. obsc.)

leixa-prem *n.m.* LITERATURA antigo artifício poético que consistia em começar uma estrofe pelo verso ou pela palavra em que termina a estrofe anterior (Do prov. *laisar* ou *leisar*, «deixar» +*pren*, de *prendre*, «tomar»)

lelo *adj.* 1 leviano 2 [regionalismo] presunçoso; vaidoso 3 [regionalismo] maluco (Do cast. *lelo*, «tolo»)

lema /ê/ *n.m.* 1 proposição preliminar para preparar ou facilitar a demonstração de um teorema 2 norma de procedimento 3 divisa; emblema 4 preceito escrito; sentença 5 palavra que figura como entrada num dicionário ou num vocabulário (Do gr. *lêmma*, «proposição», pelo lat. *lemma*, «assunto»)

lemático *adj.* 1 do lema ou a ele relativo 2 que tem o carácter de lema (Do gr. *lemmatikós*, «id.»)

lematização *n.f.* ato ou efeito de lematizar (De *lematizar+-ção*)

lematizar *v.tr.* LINGUÍSTICA atribuir a uma palavra variável uma forma canónica (masculino singular, infinito, etc.) que serve de entrada num dicionário (Do ing. *to lemmatise*)

lembradiço *adj.* 1 que tem boa memória 2 que vem à lembrança com frequência (De *lembrar+-diço*)

lembrado *adj.* 1 recordado 2 mencionado 3 lembradiço 4 atento; desperto (Part. pass. de *lembrar*)

lembrador *adj.,n.m.* que, aquele ou aquilo que faz lembrar (De *lembrar+-dor*)

lembrança *n.f.* 1 ato ou efeito de lembrar; recordação; memória 2 comemoração 3 inspiração 4 brinde; presente 5 admoestação; alvitre 6 *pl.* cumprimentos 7 *pl.* recomendações (De *lembrar+-ança*)

lembrar *v.tr.* 1 trazer à memória; recordar 2 sugerir 3 comemorar; celebrar 4 advertir ■ *v.pron.* vir à memória; recordar-se (Do lat. *memorāre*, «id.»)

lembrete /ê/ *n.m.* 1 apontamento para ajudar a memória 2 [pop.] repreensão; castigo ligeiro (De *lembrar+-ete*)

leme *n.m.* 1 aparelho com que se dirigem as embarcações ou os aviões, colocado, respetivamente, à popa e na cauda 2 [fig.] governo; direção (De orig. obsc.)

lemingue *n.m.* ZOOLOGIA pequeno roedor da família dos Murídeos, de cauda curta, pelagem densa e amarelada, que vive nas regiões árticas (Do ing. *lemming*, «id.»)

lemiste *n.m.* tecido preto, fino, de lã (Do fr. *limistre*, «id.», pelo cast. *lemiste*, «id.»)

lemna *n.f.* BOTÂNICA planta aquática do género *Lemna*, da família das Lemnáceas

Lemnáceas *n.f.pl.* BOTÂNICA família de plantas muito pequenas, rudimentares, aquáticas, a cujo género-tipo, *Lemna*, pertencem as lentilhas-d'água (Do gr. *lémna*, «lentilha-d'água» +*-áceas*)

lemnáceo *adj.* semelhante a lentilha-d'água (Do gr. *lémna*, «lentilha-d'água» +*-áceo*)

lemniscata *n.f.* ⇒ **lemniscato**

lemniscato *n.m.* 1 curva geométrica com forma semelhante a um 8 2 lugar geométrico dos pontos tais que o produto das distâncias a dois pontos fixos é constante (Do lat. *lemniscātu-*, «ornado de fitas»)

lemnisco *n.m.* 1 fita que pendia das coroas de louro destinadas aos vencedores 2 sinal ortográfico, traço entre dois pontos (÷), ou traço encimado por dois pontos (∴), que indica, respetivamente, transcrição da Bíblia e transposição do período (Do gr. *lemnískos*, «fita», pelo lat. *lemniscu-*, «id.»)

lemo *n.m.* ZOOLOGIA género de mamíferos roedores do Norte da Europa, da família dos Murídeos

lemo- elemento de formação de palavras que exprime a ideia de peste, epidemia (Do gr. *loimós*, «peste»)

lemografia *n.f.* descrição da peste (De *lemo-+-grafia*)

lempa *n.f.* pérola que se obtém em algumas ilhas do Brasil (De orig. obsc.)

lempira *n.f.* unidade monetária das Honduras (De *Lempira*, antr., nome de um chefe indígena que se opôs à conquista espanhola)

lemural *adj.2g.* respeitante a lémure (De *lémure+-al*)

lémure *n.m.* ZOOLOGIA mamífero do grupo dos lémures ■ *n.m.pl.* 1 segundo os Romanos, almas errantes dos mortos 2 duendes 3 ZOOLOGIA ordem de mamíferos (ou subordem dos primatas) arborícolas, de cauda muito longa, largamente representados na ilha de Madagáscar, conhecidos também por maque e maqui 4 habitantes da Lemúria; lemuriano; lemúrios

lemúria *n.f.* região habitada pelos lémures (mamíferos) (De *lémure+-ia*)

lemuriano *adj.* relativo ou pertencente aos lémures (mamíferos) ■ *n.m.pl.* ⇒ **lémure** *n.m.pl.* 4 (Do fr. *lémurien*, «id.»)

Lemúrias *n.f.pl.* festas que os Romanos celebravam para aplacar os espíritos dos mortos, ou para conjurar fantasmas (Do lat. *Lemuria*, «festas em honra das almas dos mortos»)

Lemúridas *n.m.pl.* ZOOLOGIA ⇒ **Lemurídeos**

Lemurídeos *n.m.pl.* ZOOLOGIA família de mamíferos a que pertencem os lémures, cujo género-tipo se designa *Lemur* (De *lémure+-ídeos*)

lemúrio *adj.* relativo ou pertencente aos lémures (mamíferos) ■ *n.m.pl.* ⇒ **lémure** *n.m.pl.* 4 (De *lémure+-ios*)

lena[1] /ê/ *n.f.* 1 mulher que faz intriga amorosa; alcoviteira 2 [regionalismo] conversa (Do lat. *lena-*, «alcoviteira»)

lena[2] /ê/ *n.f.* 1 vestuário que os flâmines usavam sobre a toga 2 agasalho usado pelos Romanos mais distintos (Do lat. *laena-*, «tecido de lã; capa de lã que se usava sobre a túnica»)

lençalho *n.m.* [depr.] lenço grande e de má qualidade (De *lenço+-alho*)

lençaria *n.f.* 1 loja ou fábrica de lenços 2 conjunto de lenços 3 estabelecimento de panos de linho e algodão (De *lenço+-aria*)

lencinho *n.m.* espécie de jogo popular (De *lenço+-inho*)

lenço *n.m.* 1 pedaço de pano próprio para uma pessoa se assoar 2 pedaço de tecido, quadrado ou estreito e mais comprido, usado como acessório de vestuário para colocar à volta do pescoço ou na cabeça 3 [pop.] mesentério 4 [regionalismo] cabresto; **~ de papel**

pedaço de papel quadrado para uma pessoa se assoar (Do lat. vulg. *lentĕu-*, do lat. cl. *lintĕu-*, «tecido de linho»)

lençol *n.m.* **1** peça grande de tecido retangular usada para cobrir o colchão da cama ou a(s) pessoa(s) a dormir na cama **2** superfície extensa e pouco espessa **3** grande extensão de água ou petróleo **4** [pop.] mortalha **5** [pop.] nota do banco, de grande valor; *estar em maus lençóis* estar em situação difícil, embaraçosa; *vale de lençóis* a cama (Do lat. vulg. **lentĕŏlu-*, por *lintĕŏlu-*, «de linho; pedaço de tecido de linho»)

lenda *n.f.* **1** narrativa escrita ou tradição de acontecimentos duvidosos, fantásticos ou inverosímeis **2** conto **3** fantasia **4** mentira (Do lat. *legenda*, «coisas que devem ser lidas», ger. neut. pl. de *legĕre*, «ler»)

lendário *adj.* **1** relativo a lenda; imaginário; fabuloso **2** que tem o carácter de lenda (De *lenda*+-*ário*)

lêndea *n.f.* ovo depositado pelos piolhos nos cabelos (Do lat. **lendĭna-*, do lat. cl. *lende-*, «lêndea»)

lendeaço *n.m.* grande quantidade de lêndeas (De *lêndea*+-*aço*)

lendeoso /ô/ *adj.* que tem lêndeas (De *lêndea*+-*oso*)

lendroeira *n.f.* ⇒ **loendro 2**

lendroeiro *n.m.* ⇒ **loendro 2** (De *loendro*+-*eiro*, com met.)

lene *adj.2g.* suave; brando; macio (Do lat. *lene-*, «macio»)

Leneias *n.f.pl.* festas gregas em honra de Leneu ou Baco, deus do vinho (Do gr. *lénaia*, «festas de Leneu»)

lenga *n.f.* ICTIOLOGIA ⇒ **raia**² (De orig. obsc.)

lengalenga¹ *n.f.* narrativa extensa, monótona, fastidiosa (De orig. onom.)

lengalenga² *elem.loc.adv.* [Angola] *à* ~ à pressa; de qualquer maneira (Do quimb. *kulenga*, «correr»)

lengalengar¹ *v.intr.* **1** fazer lengalenga **2** falar muito e de forma aborrecida; arengar (De *lengalenga*+-*ar*)

lengalengar² *v.intr.* [Moçambique] manter um movimento regular monótono; balouçar (Do xi-ronga ou do xichangana *lenga-lenga*, «idem»)

lengar *v.intr.* [Angola] fugir (Do quimb. *kulenga*, «id.»)

lengue *n.m.* ORNITOLOGIA pássaro sindáctilo, insetívoro, da família dos Meropídeos, que vive na Ásia (De orig. obsc.)

lenha /ê/ *n.f.* **1** madeira utilizada para alimentar a combustão; madeira **2** [pop.] pancadaria; *arranjar ~ para se queimar* trabalhar em seu próprio prejuízo (Do lat. *ligna*, pl. de *lignu-*, «lenha»)

lenhador *n.m.* o que colhe, corta ou racha lenha; lenheiro (Do lat. *lignatōre-*, «id.»)

lenhal *n.m.* **1** lugar para arrumação de lenha **2** sequeiro (De *lenha*+-*al*)

lenhar *v.intr.* cortar ou rachar lenha (Do lat. **lignāre*, por *lignāri*, «apanhar lenha»)

lenheiro *n.m.* **1** lenhador **2** negociante de lenha **3** [Brasil] lugar destinado a lenha (Do lat. *lignarĭu-*, «id.»)

lenhi- elemento de formação de palavras, de origem latina, que exprime a ideia de *lenha*, *lenho* (Do lat. *lignu-*, «madeira; lenha para queimar»)

lenhificação *n.f.* impregnação da celulose da membrana de certas células pela lenhina, o que lhes dá considerável rigidez; lignificação (De *lenhificar*+-*ção*)

lenhificar *v.tr.* atuar, produzindo lenhificação em; lignificar (De *lenho*+-*ficar*)

lenhina *n.f.* substância rígida e permeável que aparece a impregnar a celulose de algumas paredes celulares de órgãos vegetais, dando-lhes rigidez; lignina (De *lenho*+-*ina*)

lenhite *n.m.* PETROLOGIA ⇒ **lignito**

lenhito *n.m.* PETROLOGIA ⇒ **lignito** (De *lenha*+-*ito*)

lenhívoro *adj.,n.m.* ⇒ **lignívoro** (De *lenhi-*+-*voro*)

lenho /ê/ *n.m.* **1** pernada ou ramo cortado **2** BOTÂNICA conjunto de tecidos vegetais, em regra lenhificados, que se formam na parte interna de um órgão pela ação do câmbio; vasos traqueanos; xilema **3** tronco; madeiro **4** tradição portuguesa, de origem ancestral, em que se acendem grandes fogueiras nas praças, largos ou nos adros das igrejas, geralmente na véspera de Natal **5** [fig.] navio; *Santo Lenho* cruz em que Jesus Cristo foi crucificado (Do lat. *lignu-*, «madeira»)

lenhose *n.f.* substância carbonada que incrusta a celulose e é o molde de fibra (De *lenho*+-*ose*)

lenhoso /ô/ *adj.* **1** relativo ao lenho **2** da natureza ou da consistência da madeira (Do lat. *lignōsu-*, «id.»)

lenidade *n.f.* qualidade de lene; brandura; suavidade (Do lat. *lenitāte-*, «suavidade»)

leniente *adj.2g.* ⇒ **lenitivo** *adj.* (Do lat. *leniente-*, part. pres. de *lenīre*, «suavizar»)

lenificar *v.tr.* aliviar; mitigar; abrandar; suavizar (Do lat. *lenificāre-*, «id.»)

lenimento *n.m.* **1** aquilo que abranda ou suaviza as dores; lenitivo **2** aquilo que amolece **3** [fig.] alívio; consolação (Do lat. *lenimentu-*, «id.»)

lenimentoso /ô/ *adj.* ⇒ **lenitivo** *adj.* (De *lenimento*+-*oso*)

leninismo *n.m.* doutrina de Lenine, político e revolucionário russo, 1870-1924 (De *V. Lenine*, antr. +-*ismo*)

leninista *adj.2g.* relativo ao leninismo ■ *n.2g.* partidário do leninismo (De *Lenine*, antr. +-*ista*)

lenir *v.tr.* ⇒ **lenificar** (Do lat. *lenīre*, «suavizar»)

lenitivo *adj.* diz-se do que suaviza ou acalma ■ *n.m.* **1** aquilo que abranda ou suaviza as dores; lenimento **2** [fig.] alívio; consolação (De *lenir*+-*tivo*)

lenocínio *n.m.* ato criminoso de provocar ou facilitar a corrupção ou a prostituição de outrem (Do lat. *lenocinĭu-*, «tráfico de escravas»)

lentamente *adv.* devagar; vagarosamente; paulatinamente (De *lenta*+-*mente*)

lentar *v.tr.,intr.* **1** tornar(-se) mole, frouxo **2** tornar(-se) lento (húmido); humedecer(-se) ■ *v.intr.* transpirar levemente (Do lat. *lentāre*, «demorar; tornar flexível»)

lente¹ *n.2g.* [ant.] professor universitário; professor catedrático ■ *adj.2g.* que lê (Do lat. *legente-*, «que lê», part. pres. de *legĕre*, «ler»)

lente² *n.f.* FÍSICA meio transparente limitado por duas faces curvas ou por uma plana e outra curva, destinado à modificação da direção dos feixes luminosos por refração, com eventual formação de imagens; *~ acromática* lente que dá imagens sem irisação, quando se emprega luz branca; *~ anamórfica* lente fotográfica com uma das faces cilíndrica, para produzir imagens deformadas; *~ biconvexa* lente divergente limitada por duas superfícies esféricas côncavas cuja espessura na parte central é menor que nas bordas; *~ biconvexa* lente convergente limitada por duas superfícies esféricas convexas cuja espessura na parte central é maior que nas bordas; *~ convergente* lente em que um feixe incidente de raios luminosos vai convergir, depois de refratado, num ponto, formando uma imagem real; *~ de contacto* lente corretora de anomalia visual que se adapta à córnea por simples aderência; *~ eletrónica* dispositivo elétrico ou magnético concebido para focalizar um feixe de eletrões, muito usado em microscopia eletrónica (Do lat. *lente-*, «lentilha»)

lentear *v.tr.* abrandar; afrouxar (De *lento*+-*ear*)

lenteiro *n.m.* terreno húmido; pântano; lameiro (Do lat. *lentu-*, «húmido»+-*eiro*)

lentejar *v.tr.,intr.* tornar(-se) lento (húmido); humedecer(-se) (De *lento*+-*ejar*)

lentejoila *n.f.* ⇒ **lantejoula**

lentejoilar *v.tr.* ⇒ **lantejoular** (De *lentejoila*+-*ar*)

lentejoula *n.f.* ⇒ **lantejoula** (Do cast. *lentejuela*, «id.»)

lentejoular *v.tr.* ⇒ **lantejoular** (De *lentejoula*+-*ar*)

lentescente *adj.2g.* **1** húmido **2** pegajoso; viscoso (Do lat. *lentescente-*, part. pres. de *lentescĕre*, «tornar-se viscoso»)

lentescer *v.tr.,intr.* ⇒ **lentar** (Do lat. *lentescĕre*, «tornar-se viscoso»)

lenteza /ê/ *n.f.* ⇒ **lentidão** (Do lat. *lentitĭa-*, «flexibilidade; viscosidade»)

lenti- elemento de formação de palavras que exprime a ideia de *lente*, *lentilha* (Do lat. *lente-*, «lentilha»)

Lentibulariáceas *n.f.pl.* BOTÂNICA família de plantas monocotiledóneas, de flores hermafroditas e fruto capsular, deiscente, com numerosas sementes (Do lat. bot. *Lentibularĭa* +-*áceas*)

lenticão *n.m.* **1** [regionalismo] excrescência nas espigas de cereais, em especial do centeio **2** [regionalismo] cravagem (De *dente-de-cão*?)

lenticela *n.f.* BOTÂNICA formação porosa que se apresenta na epiderme das plantas lenhosas e que funcionalmente substitui os estomas; lentícula (Do lat. **lenticella-*, por *lenticŭla-*, «lentilha»)

lentícula *n.f.* **1** lente pequena **2** BOTÂNICA ⇒ **lenticela** **3** BOTÂNICA recetáculo onde se formam esporos, em certos fungos **4** FARMÁCIA pequena pílula achatada (ou comprimido) confecionada em farmácia (Do lat. *lenticŭla-*, «lentilha»)

lenticular *adj.2g.* **1** que tem forma de lente; lentiforme **2** relativo a lentícula **3** ANATOMIA diz-se de um ossículo que faz parte do ouvido médio, nos vertebrados superiores (Do lat. *lenticulāre-*, «relativo a lentilha; semelhante a lentilha»)

lentidão *n.f.* **1** qualidade de lento; falta de ligeireza ou atividade no movimento; morosidade; vagar; demora **2** humidade leve (Do lat. *lentitudĭne-*, «lentidão; indolência»)

lentiforme *adj.2g.* em forma de lente; lenticular (De *lenti-*+-*forme*)

lentigem *n.f.* ⇒ **sarda**¹ (Do lat. *lentigĭne-*, «sarda do rosto»)
lentiginoso /ô/ *adj.* ⇒ **sardento** (Do lat. *lentiginōsu-*, «sardento»)
lentígrado *adj.* que anda com lentidão; tardígrado (Do lat. *lentigrădu-*, «id.»)
lentilha *n.f.* **1** BOTÂNICA planta herbácea, gavinhosa, da família das Leguminosas, de sementes comestíveis, cultivada e, por vezes, subespontânea no Sul de Portugal, e também denominada lentilheira **2** semente desta planta **3** [regionalismo] MEDICINA pústula carbunculosa (Do lat. *lenticŭla-*, «id.»)
lentilha-d'água *n.f.* BOTÂNICA ⇒ **nadabau**
lentilhão *n.m.* **1** BOTÂNICA variedade de lentilha **2** lenticão (De *lentilha+-ão*)
lentilheira *n.f.* [Índia] BOTÂNICA ⇒ **lentilha** 1 (De *lentilha+-eira*)
lentilhoso /ô/ *adj.* **1** que abunda em lentilhas **2** semeado de lentilhas (De *lentilha+-oso*)
lentisca *n.f.* BOTÂNICA ⇒ **durázia** (De *lentisco*)
lentiscal *n.m.* terreno onde crescem lentiscos (De *lentisco+-al*)
lentisco *n.m.* BOTÂNICA ⇒ **aroeira** (Do lat. *lentiscu-*, «id.»)
lentisqueira *n.f.* **1** ⇒ **lentiscal** 2 BOTÂNICA ⇒ **durázia** (De *lentisco+-eira*)
lento *adj.* **1** que revela falta de rapidez ou de agilidade; vagaroso; arrastado **2** que não tem pressa; pachorrento **3** que se prolonga no tempo; tardio; demorado **4** pouco intenso; fraco; brando **5** que não tem firmeza; frouxo; mole **6** MÚSICA diz-se de andamento musical vagaroso **7** um tanto húmido; viscoso; pegajoso (Do lat. *lentu-*, «id.»)
lentor *n.m.* **1** lentidão **2** humidade leve **3** relento; orvalho (Do lat. *lentōre-*, «flexibilidade»)
lentura *n.f.* ⇒ **lentor** (De *lento+-ura*)
leoa /ô/ *n.f.* **1** fêmea do leão **2** [fig., pej.] mulher de mau génio (Do lat. **leona-*, «id.», por *leaena-*, «leoa»)
leonado *adj.* ⇒ **aleonado** (Do lat. *leōne-*, «leão» +*-ado*)
leônculo *n.m.* leão pequeno (De *leão+-culo*)
leone *n.m.* unidade monetária da Serra Leoa
leoneira *n.f.* **1** esconderijo de leões **2** jaula para leões (Do lat. *leōne-*, «leão» +*-eira*)
leonês *adj.* relativo à cidade ou ao antigo reino de Leão (Espanha) ■ *n.m.* natural ou habitante de Leão (Do cast. *leonés*, «id.»)
leónico *adj.* relativo ao leão (Do lat. *leōne-*, «leão» +*-ico*)
leonino¹ *adj.* **1** relativo ou semelhante ao leão **2** próprio de leão **3** [fig.] desleal; pérfido **4** ASTROLOGIA pertencente ou relativo ao indivíduo nascido sob o signo de Leão **5** ASTROLOGIA pertencente ou relativo ao signo de Leão ■ *n.m.* ASTROLOGIA indivíduo nascido sob o signo de Leão (Do lat. *leonīnu-*, «id.»)
leonino² *adj.* LITERATURA diz-se dos versos latinos em que dois hemistíquios rimam entre si (Do fr. *léonin*, «id.»)
leontíase *n.f.* MEDICINA hipertrofia que afeta o tegumento da face ou os ossos desta e do crânio, provocando aspeto leonino (Do gr. *leontíasis*, «hipertrofia da face»)
leonuro *n.m.* BOTÂNICA ⇒ **cordão-de-são-francisco** 2 (Do gr. *léon*, «leão» +*ourá*, «cauda»)
leopardado *adj.* que tem a pele manchada como a do leopardo (De *leopardo+-ado*)
leopardo *n.m.* ZOOLOGIA mamífero carnívoro da família dos Felídeos, muito ágil e feroz, que vive nas florestas da África e de parte da Ásia, também conhecido por pantera (Do gr. *leópardos*, «id.», pelo lat. *leopardu-*, «id.»)
Lepádidas *n.m.pl.* ZOOLOGIA ⇒ **Lepadídeos**
Lepadídeos *n.m.pl.* ZOOLOGIA família de crustáceos cirrípedes, a que pertencem as percebas (Do gr. *lepás, -ádos*, «lapa; marisco» +*-ídeos*)
lepas *n.f.2n.* **1** concha univalve que adere aos rochedos **2** ZOOLOGIA género de crustáceos cirrípedes, da família dos Lepadídeos
lepes *n.m.2n.* [coloq.] antiga moeda de dez réis; *café de* ~ café de má qualidade
lepid(o)- elemento de formação de palavras que exprime a ideia de *escama* (Do gr. *lepís, -ídos*, «escama»)
lépido *adj.* **1** jovial **2** prazenteiro **3** lesto; expedito (Do lat. *lepĭdu-*, «gracioso»)
lepidoblástico *adj.* PETROLOGIA diz-se da textura das rochas metamórficas em que predominam os minerais filíticos (Do gr. *lepís, -ídos*, «escama» +*blastós*, «gérmen» +*-ico*)
lepidocarpo *adj..n.m.* BOTÂNICA que ou o vegetal que produz frutos escamosos (Do gr. *lepís, -ídos*, «escama» +*karpós*, «fruto»)
lepidócero *adj.* que tem pequenas escamas nas antenas (Do gr. *lepís, -ídos*, «escama» +*kéras*, «chifre; antena»)

lepidolite *n.f.* MINERALOGIA mineral do grupo das micas, de cor rósea ou lilás (mica lítica), que cristaliza no sistema monoclínico e é minério de lítio (Do gr. *lepís, -ídos*, «escama» +*líthos*, «pedra»)
lepidomelano *n.m.* MINERALOGIA variedade de biotite muito rica em ferro (Do gr. *lepís, -ídos*, «escama» +*melás*, «negro» +*-io*)
Lepidópidas *n.m.pl.* ICTIOLOGIA ⇒ **Lepidopídeos**
Lepidopídeos *n.m.pl.* ICTIOLOGIA família de peixes teleósteos de corpo muito longo e comprimido, cujo género-tipo se denomina *Lepidopus* (Do gr. *lepís, -ídos*, «escama» +*poús, podós*, «pé» +*-ídeos*)
lepidóptero *adj.* referente aos lepidópteros ■ *n.m.* espécime de lepidóptero **2** ZOOLOGIA ordem de insetos tipicamente com dois pares de asas escamosas, armadura bucal sugadora e com metamorfoses completas, correntemente denominados borboletas (Do gr. *lepís, -ídos*, «escama» +*pterón*, «asa»)
lepidossirene *n.m.* ICTIOLOGIA designação de um peixe dipnoico que vive no lodo de alguns rios do Brasil (Do gr. *lepís, -ídos*, «escama» +*seirén*, «sereia»)
Lepidossirénidas *n.m.pl.* ICTIOLOGIA ⇒ **Lepidossirenídeos**
Lepidossirenídeos *n.m.pl.* ICTIOLOGIA família de peixes dipnoicos, de corpo alongado, cujo género-tipo se designa *Lepidosirene* (De *lepidossirene+-ídeos*)
lepisma *n.m.* ZOOLOGIA inseto da ordem dos tisanuros, de cor cinzento-prateada, muito frequente entre papéis e em lugares húmidos das habitações; traça-dos-livros; bicho-de-prata; peixinho-de-prata (Do gr. *lépis*, «concha; crosta», pelo fr. *lépisme*, «lepisma»)
Lepóridas *n.m.pl.* ZOOLOGIA ⇒ **Leporídeos**
Leporídeos *n.m.pl.* ZOOLOGIA família de mamíferos roedores com quatro incisivos no maxilar superior e orelhas exageradamente grandes (Do lat. *lepŏre-*, «lebre» +*-ídeos*)
leporino *adj.* **1** relativo à lebre **2** diz-se do lábio fendido como o da lebre (Do lat. *leporīnu-*, «de lebre»)
lepra *n.f.* **1** MEDICINA infeção crónica, contagiosa, provocada por um bacilo (bacilo de Hansen), transmitida por contacto direto e caracterizada por lesões cutâneas típicas; hanseníase; morfeia **2** BOTÂNICA doença produzida por fungos em vegetais **3** [fig.] coisa nociva que se propaga **4** [regionalismo] gretamento das maçãs (Do gr. *lépra*, «id.», pelo lat. *lepra-*, «id.»)
leprocómio *n.m.* hospital para leprosos (Do gr. *lépra+komeín*, «tratar»)
leprologia *n.f.* tratado acerca da lepra (Do gr. *lépra*, «lepra» +*lógos*, «tratado» +*-ia*)
leprólogo *n.m.* aquele que é versado em leprologia (Do gr. *lépra*, «lepra» +*lógos*, «tratado»)
leproma /ô/ *n.m.* MEDICINA tumor causado pela lepra (De *lepra+-oma*)
leprosaria *n.f.* hospital para doentes de lepra (De *leproso+-aria*)
leprosário *n.m.* ⇒ **leprosaria** (De *leproso+-ário*)
leprose *n.f.* **1** MEDICINA ⇒ **lepra** 1 **2** BOTÂNICA doença dos limoeiros (Do gr. *lépra*, «lepra» +*-ose*)
leproso /ô/ *adj.* **1** aquele que está atacado de lepra **2** [fig.] pessoa corrupta e viciosa ■ *adj.* **1** que está atacado de lepra; lazarento **2** [fig.] corrupto; vicioso (Do lat. *leprōsu-*, «id.»)
leprósio *n.m.* ⇒ **leprosaria** (De *leproso+-ório*)
leptão *n.m.* FÍSICA partícula elementar de massa igual ou menor que a do mesão μ (mesão μ, eletrão, neutrino) (Do gr. *leptón*, «leve; fino; delgado, tênue, pelo fr. *lepton*, «delgado»)
leptinite *n.f.* PETROLOGIA rocha cristalofílica constituída por quartzo e feldspato alcalino, pobre de micas ou anfíbolas **2** ⇒ **granulite** (Do gr. *leptón*, «delgado» +*-ino+-ite*)
lepto- elemento de formação de palavras que exprime a ideia de *delgado, ténue, subtil* (Do gr. *leptón*, «delgado; fino»)
leptocéfalo *adj.* TERATOLOGIA que tem a cabeça fina ■ *n.m.* **1** TERATOLOGIA aquele que tem a cabeça fina **2** ICTIOLOGIA forma larvar do congro e da enguia (Do gr. *leptón*, «delgado» +*kephalé*, «cabeça»)
leptologia *n.f.* discurso ou estilo subtil, afetado e minucioso (De *lepto-+-logia*)
leptossómico *adj.* PSICOLOGIA ⇒ **asténico** 2 (Do gr. *leptón*, «delgado» +*sôma*, «corpo» +*-ico*)
lepturíneos *n.m.pl.* ZOOLOGIA subfamília de insetos coleópteros, cerambicídeos, que inclui o género *Leptura*, a que pertencem algumas espécies da fauna portuguesa (Do gr. *lépton*, «delgado» +*ourá*, «cauda» +*-íneos*)
leque *n.m.* **1** objeto constituído por varetas sobrepostas e presas por uma das pontas, que se abrem e fecham, cobertas por tecido ou papel e que se agita para produzir corrente de ar; abano **2** dispositivo das máquinas tipográficas que recebe a folha impressa e a coloca no tabuleiro **3** gama; conjunto **4** afastamento entre dois valores extremos **5** unidade monetária da Albânia **6** ZOOLOGIA

molusco marinho, lamelibrânquio, da família dos Pectinídeos, que é comestível, também conhecido por pente-do-mar, vieira, etc. **7** tejadilho de certas carruagens (Do chin. *Lieu Khieu*, top., «ilhas Léquias» situadas ao sul do Japão)

leque-do-mar *n.m.* ZOOLOGIA colónia de celenterados antozoários, cujo polipeiro é córneo e muito ramificado

ler *v.tr.* **1** enunciar ou percorrer com a vista ou com os dedos (palavra, texto) procurando interpretar o seu significado **2** interpretar (o que está escrito); compreender o sentido de **3** pronunciar em voz alta o que está escrito **4** perscrutar **5** decifrar **6** adivinhar **7** descobrir **8** prelecionar ou explicar como professor **9** INFORMÁTICA reproduzir ou visualizar (informação contida num dispositivo de armazenamento) ▪ *v.intr.* conhecer as letras do alfabeto, juntando-as em palavras; ~ *nas entrelinhas* entender algo que não foi dito com clareza (Do lat. *legĕre*, «id.»)

lerca *n.f.* **1** [pop.] vaca muito magra **2** [regionalismo] [joc.] mulher muito magra (De orig. obsc.)

lerdaço *adj.* muito lerdo; estúpido; pacóvio; parvo (De *lerdo+-aço*)

lerdeza *n.f.* ⇒ **lerdice**

lerdice *n.f.* qualidade do que é lerdo (De *lerdo+-ice*)

lerdo *adj.* **1** pouco ativo; vagaroso; lento **2** pateta; estúpido **3** bruto; estúpido (Do cast. *lerdo*, «pesado»)

léria *n.f.* **1** conversa astuciosa; palavreado; lábia **2** *pl.* ponto de croché **3** *pl.* bolo confecionado na cidade portuguesa de Amarante, no distrito do Porto ▪ *n.2g.* **1** [coloq., depr.] fala-barato **2** [coloq., depr.] palerma (De orig. obsc.)

leriar *v.intr.* [regionalismo] dizer lérias (De *léria+-ar*)

lérias *n.m.2n.* **1** fala-barato **2** palerma (De *léria*)

lerica *n.f.* [regionalismo] ⇒ **ervilhaca** (De *larica*)

lero-lero *n.m.* [Brasil] conversa fiada; cavaqueira

lés[1] *elem.loc.adv. de ~ a ~* de lado a lado; de uma face ou de um lado à face oposta ou ao lado oposto (Do fr. ant. *lez*, «lado»)

lés[2] *n.m.* ⇒ **leste**

lesa- elemento de formação de palavras que exprime a ideia de *ofensa, prejuízo* (Do lat. *laesa-*, «ferida», part. pass. fem. de *laedĕre*, «ferir; prejudicar»)

lesador *adj.,n.m.* que ou aquele que lesa (De *lesar+-dor*)

lesa-majestade *elem. expr. crime de ~* crime contra o rei ou contra algum membro da família real

lesante *adj.2g.* que lesa ou prejudica; lesador (De *lesar+-ante*)

lesão *n.f.* **1** ato ou efeito de lesar **2** qualquer doença num órgão **3** pancada; contusão **4** dano; prejuízo **5** DIREITO afetação de um interesse juridicamente protegido; violação de um direito **6** [fig.] ofensa à reputação de alguém (Do lat. *laesiōne-*, «id.»)

lesa-pátria *elem. expr. crime de ~* crime contra o poder soberano de um Estado

lesar *v.tr.* **1** causar lesão a; lesionar **2** causar prejuízo; prejudicar **3** ofender a reputação ou os interesses de **4** violar um direito de ▪ *v.pron.* sofrer ferimento ou lesão; lesionar-se (Do lat. *laesu-*, part. pass. de *laedĕre*, «ferir; lesar; prejudicar»+*-ar*)

lesbíaco *adj.* **1** diz-se do metro dos versos sáficos **2** ⇒ **lésbico** (Do lat. *lesbiăcu-*, «de Lesbos», top., ilha grega)

lesbiana *n.f.* mulher homossexual (De *lesbiano*)

lesbianismo *n.m.* homossexualismo feminino; prática de atos sexuais entre mulheres; safismo; tribadismo (De *lesbiano+-ismo*)

lesbiano *adj.* ⇒ **lésbico** ▪ *n.m.* pessoa natural ou habitante da ilha de Lesbos, na Grécia (De *Lesbos*, top.+*-iano*, ou do fr. *lesbien*, «id.»)

lésbica *n.f.* mulher homossexual; lesbiana

lésbico *adj.* **1** relativo ou pertencente à ilha de Lesbos, na Grécia **2** diz-se de mulher que sente atração sexual por mulheres **3** relativo à relação afetiva e/ou sexual entre mulheres ▪ *n.m.* **1** pessoa natural ou habitante da ilha de Lesbos **2** dialeto falado na ilha de Lesbos (Do lat. *lesbĭu-*, «de Lesbos», top. +*-ico*)

lésbio *adj.* ⇒ **lésbico** (Do lat. *lesbĭu-*, «de Lesbos»)

leseira *n.f.* [Brasil] tolice; patetice; palermice; idiotice

lesim *n.m.* **1** superfície de fracturação fácil em algumas pedras e mármores **2** veio da madeira (De orig. obsc.)

lesionar *v.tr.* causar lesão a; lesar ▪ *v.pron.* magoar-se; causar lesão a si próprio

lesivo *adj.* que produz lesão ou dano; prejudicial (Do lat. *laesu-*, part. pass. de *laedĕre*, «lesar; prejudicar» +*-ivo*)

lesma /ê/ *n.f.* **1** ZOOLOGIA molusco gastrópode, pulmonado, da família dos Limacídeos, nocivo à agricultura, que vive em locais húmidos e se alimenta exclusivamente de vegetais **2** [fig.] pessoa sem atividade, vagarosa, indolente **3** [fig.] pessoa desenxabida, sem graça (Do lat. **lemăce-*, por *limăce-*, «lesma»)

lesma-de-conchinha *n.f.* ZOOLOGIA ⇒ **testacela**

lesmar *v.intr.* **1** andar vagarosamente **2** [regionalismo] (vaca) andar com o cio (De *lesma+-ar*)

lesme *n.m.* ⇒ **lesma**

lesmento *adj.* **1** relativo a lesma **2** [fig.] mole; inconsistente **3** [fig.] indolente (De *lesma+-ento*)

lêsmia *n.f.* [pop.] ⇒ **lesma** (De *lesma*)

lés-nordeste *n.m.* ⇒ **és-nordeste** (De *leste+nordeste*)

leso *adj.* **1** ferido; contuso **2** lesado; prejudicado (Do lat. *laesu-*, «id.», part. pass. de *laedĕre*, «ferir; lesar; prejudicar»)

leso- elemento de formação de palavras que exprime a ideia de *ofensa, prejuízo* (Do lat. *laesu-*, «lesado», part. pass. de *laedĕre*, «ferir; lesar; prejudicar»)

leso-patriotismo *elem. expr. crime de ~* crime contra o patriotismo

leso-sentimento *elem. expr. crime de ~* falta que ofende os sentimentos de outrem

lés-sueste *n.m.* ⇒ **és-sueste** (De *leste+sueste*)

lestada *n.f.* vento que sopra de leste; lestia (De *leste+-ada*)

lestamente *adv.* **1** prontamente; rapidamente **2** decididamente (De *lesto+-mente*)

lestas *n.f.2n.* BOTÂNICA planta herbácea da família das Gramíneas (afim do feno-de-cheiro), espontânea especialmente no Norte de Portugal (De orig. obsc.)

leste *n.m.* **1** GEOGRAFIA ponto cardeal situado à direita do observador voltado para norte, designado pelo símbolo E; este; oriente; nascente; levante **2** vento que sopra desse ponto **3** [com maiúscula] região ou regiões situadas a oriente ▪ *adj.2g.* **1** de leste **2** relativo ao leste **3** situado a leste; *estar a ~* desconhecer uma situação, não perceber de um assunto (Do fr. *l'est*, «id.»)

lestes *adj.inv.* ⇒ **lesto**, com infl. de *prestes*

lestia *n.f.* vento de leste continuado (De *leste+-ia*)

lesto *adj.* **1** ligeiro; rápido; pronto **2** desembaraçado; ágil **3** NÁUTICA diz-se do navio despejado (De orig. obsc.)

lestras *n.f.2n.* BOTÂNICA ⇒ **lestas**

letal *adj.2g.* **1** que diz respeito à morte; mortal; mortífero; letífero **2** lúgubre; fatídico (Do lat. *letăle-*, «mortal; que causa a morte»)

letalidade *n.f.* **1** qualidade do que é letal **2** mortalidade (De *letal+-i+-dade*)

letão *adj.* **1** da Letónia **2** relativo à Letónia ▪ *n.m.* **1** natural ou habitante da Letónia **2** língua indo-europeia do grupo báltico falada na Letónia; lético (Do lat. tard. *lettōne-*, «da Letónia», pelo fr. *letton*, «letão»)

letargia *n.f.* **1** MEDICINA estado patológico de sono profundo, sem paragem das funções vitais e de duração variável, podendo ser causado por infeções graves que afetam os centros nervosos **2** sono artificial provocado quer pela sugestão (hipnose) quer por um medicamento (narcose) **3** [fig.] inação; apatia; inércia; torpor; indiferença **4** BIOLOGIA estado de inatividade que ocorre em alguns animais, especialmente nos peixes pulmonados, durante períodos prolongados de seca ou calor (Do gr. *lethargía*, «id.», pelo lat. *lethargĭa-*, «id.»)

letargiar *v.tr.* causar letargia a (De *letargia+-ar*)

letárgico *adj.* relativo à letargia; dormente; apático; insensível (Do gr. *lethargikós*, «id.», pelo lat. *lethargĭcu-*, «id.»)

letargo *n.m.* ⇒ **letargia** (Do gr. *léthargos*, «ócio que faz esquecer», pelo lat. *lethargu-*, «letargia»)

leteu *adj.* **1** [poét.] relativo ao Letes, rio dos Infernos **2** infernal (Do lat. *lethaeu-*, «id.»)

letícia *n.f.* [poét.] alegria; ledice (Do lat. *laetitĭa-*, «id.»)

lético[1] *adj.* relativo aos Letões ▪ *n.m.* dialeto dos Letões (Do fr. *lettique*, «id.»)

lético[2] *adj.* relativo ao Letes, rio dos Infernos (De *Letes+-ico*)

letífero *adj.* que produz a morte; letal (Do lat. *letifĕru-*, «id.»)

letificante *adj.2g.* que produz alegria (Do lat. *laetificante-*, «id.», part. pres. de *laetificāre*, «alegrar»)

letificar *v.tr.* causar alegria a; tornar ledo (Do lat. *laetificāre*, «alegrar»)

letífico[1] *adj.* que causa alegria (Do lat. *laetifĭcu-*, «que torna alegre»)

letífico[2] *adj.* que produz a morte (Do lat. *letu-*, «morte» +*facĕre*, «produzir»)

letissimulação *n.f.* qualidade que certos animais possuem de se fingirem mortos para iludirem os seus inimigos ou apanharem a presa (Do lat. *letu-*, «morte» +*simulatiōne-*, «simulação»)

letivo *adj.* **1** referente a lições ou ao ano escolar **2** em que há lições ou aulas (Do lat. **lectīvu-*, de *lectu-*, «lido», part. pass. de *legĕre*, «ler; escolher»+*-ivo*)

let(o)- elemento de formação de palavras que exprime a ideia de morte (Do lat. *letu-*, «morte»)
Letões n.m.pl. ETNOGRAFIA povo da Letónia (De *letão*)
letomania n.f. monomania do suicídio (De *leto-+-mania*)
letomaníaco adj.,n.m. que ou aquele que tem a monomania do suicídio (De *leto-+maníaco*)
letómano n.m. indivíduo que tem a monomania do suicídio (De *leto-+-mano*)
letónico adj. relativo à Letónia ou aos Letónios ■ n.m. língua da Letónia (De *Letónia*, top.+-*ico*)
letónio adj. relativo à Letónia ou aos Letónios ■ n.m. natural ou habitante da Letónia (De *Letónia*, top.)
letra /ê/ n.f. **1** cada um dos caracteres do alfabeto **2** forma representativa de escrever estes caracteres **3** TIPOGRAFIA tipo de impressão **4** aquilo que está escrito **5** sentido literal; sentido expresso claramente pelo que se escreve **6** palavras ou versos que acompanham a música em composições destinadas a serem cantadas **7** pl. carta **8** pl. literatura **9** pl. carreira literária; *~ a ~* palavra por palavra; *~ de câmbio* ECONOMIA título de crédito endossável, pelo qual um credor (sacador) ordena ao seu devedor (sacado) que pague, a si ou a um terceiro (tomador) uma dada importância numa certa data; *~ de forma/imprensa* letra maiúscula manuscrita, em estilo de carácter tipográfico, letra redonda; *~ dominical* letra que, no calendário eclesiástico, designa o domingo; *à ~* literalmente, rigorosamente; *em letras de ouro* de maneira saliente, relevantemente; *pessoa de letras gordas* pessoa pouco instruída (Do lat. *littĕra-*, «id.»)
letrache n.m. [regionalismo] aparelho de pesca usado no Guadiana (De orig. obsc.)
letradice n.f. [depr.] presunção de letrado; bacharelice (De *letrado+-ice*)
letrado n.m. **1** indivíduo que cultiva as letras; literato **2** jurisconsulto ■ adj. erudito (Do lat. *littĕrātu-*, «culto; sábio»)
letradura n.f. ⇒ **literatura** (Do lat. *littĕrātūra-*, «ciência relativa às letras; arte de escrever e ler»)
letra-morta n.f. **1** coisa que perdeu importância ou significado **2** disposição ou preceito que já não tem autoridade nem valor
letrear v.tr. **1** soletrar **2** ir descobrindo pouco a pouco (De *letra+-ear*)
letreira n.f. ORNITOLOGIA pássaro da família dos Fringilídeos, muito vulgar em Portugal, também conhecido por escrevedeira (De *letra+-eira*)
letreiro n.m. **1** legenda; rótulo; inscrição **2** tabuleta com informação de interesse público (De *letra+-eiro*)
letria n.f. ⇒ **aletria** (De *aletria*)
letrista n.2g. **1** pessoa que escreve a letra para ser musicada **2** [Brasil] artista especializado no desenho de letras
letrudo adj.,n.m. [pop.] letrado; sabichão (De *letra+-udo*)
leu n.m. unidade monetária da Moldávia e da Roménia (Do rom. *leu*, «leão»)
léu n.m. [pop.] ócio; vadiagem; *ao ~* a descoberto, nu (Do lat. *leve-*, «leve», pelo prov. *leu*, «id.»)
leucemia n.f. MEDICINA doença grave caracterizada fundamentalmente por um pronunciado e permanente aumento de glóbulos brancos (leucócitos) no sangue; leucocitose; leucocitemia (Do gr. *leukós*, «branco» +*haîma*, «sangue» +-*ia*)
leucina n.f. QUÍMICA aminoácido existente no sangue, que resulta da hidrólise de prótidos e pode ser obtido por síntese, com aplicação em dietética (Do gr. *leukós*, «branco» +-*ina*)
leucisco n.m. ICTIOLOGIA género de peixes teleósteos fisóstomos, da família dos Ciprinídeos
leucite n.f. MINERALOGIA mineral da família dos feldspatoides, que é quimicamente um silicato de alumínio e potássio, frequente nas rochas vulcânicas (Do gr. *leukós*, «branco» +-*ite*)
leucititо n.m. PETROLOGIA rocha extrusiva composta essencialmente de piroxena e leucite, que pode conter como minerais acessórios feldspatoides e, por vezes, plagióclase ou olivina, ou ambas (De *leucite+-ito*)
leucito n.m. BIOLOGIA ⇒ **plasta** (Do gr. *leukós*, «branco» +-*ito*)
leucitófiro n.m. PETROLOGIA fonólito com leucite (De *leucito+[pór] firo*)
leuc(o)- elemento de formação de palavras que exprime a ideia de branco (Do gr. *leukós*, «branco»)
leucocéfalo adj. que tem a cabeça branca (Do gr. *leukoképhalos*, «que tem cabeça branca»)
leucocitário adj. que diz respeito a leucócito (De *leucócito+-ário*)
leucocitemia n.f. ⇒ **leucemia** (De *leucócito*+gr. *haîma*, «sangue» +-*ia*)

leucócito n.m. HISTOLOGIA glóbulo branco do sangue (Do gr. *leukós*, «branco» +*kýtos*, «célula»)
leucocitometria n.f. avaliação da quantidade dos glóbulos brancos existentes no sangue e na linfa (De *leucócito+-metria*)
leucocitose n.f. MEDICINA aumento temporário de leucócitos no sangue; leucemia (De *leucócito+-ose*)
leucocrático adj. PETROLOGIA diz-se das rochas em que predominam os minerais félsicos (Do gr. *leukós*, «branco» +*krátos*, «força» +-*ico*)
leucoflegmasia n.f. MEDICINA hidropisia subcutânea, também denominada anasarca (De *leuco-+flegmasia*)
leucoma /ô/ n.m. MEDICINA mancha cicatricial opaca, que se forma na córnea e que pode perturbar profundamente a visão; belida (Do gr. *leúkoma*, «mancha branca», pelo lat. *leucōma*, «id.»)
lêucon n.m. ZOOLOGIA tipo estrutural de esponja calcária cujos coanócitos revestem divertículos complexos, ramificados, da cavidade central (Do gr. *leukón*, «branco»)
leucopenia n.f. MEDICINA diminuição anormal do número de leucócitos (glóbulos brancos) do sangue (Do gr. *leukós*, «branco» +*penía*, «pobreza»)
leucópode adj.2g. BOTÂNICA diz-se dos cogumelos de pé branco (Do gr. *leukópous, -ópodos*, «que tem pés brancos»)
leucopoese n.f. CITOLOGIA ⇒ **leucopoiese**
leucopoético adj. CITOLOGIA ⇒ **leucopoiético**
leucopoiese n.f. CITOLOGIA formação dos leucócitos; leucopoese (Do gr. *leukós*, «branco» +*poíesis*, «produção»)
leucopoiético adj. CITOLOGIA relativo ou pertencente à leucopoiese; leucopoético (Do gr. *leukós*, «branco» +*poietikós*, «que produz»)
leucóptero adj. que tem as asas brancas (Do gr. *leukós*, «branco» +*pterón*, «asa»)
leucorreia n.f. MEDICINA corrimento esbranquiçado das vias genitais da mulher; flores-brancas (Do gr. *leukós*, «branco» +*rheín*, «correr»)
leucorreico adj. relativo à leucorreia (De *leucorreia+-ico*)
leucose n.f. MEDICINA designação genérica das doenças que afetam os vasos linfáticos (Do gr. *leukós*, «branco» +-*ose*)
leucotomia n.f. CIRURGIA operação realizada em psicocirurgia (introduzida, em 1934, por Egas Moniz, médico e fisiologista português, 1874-1955), que secciona, na substância branca do cérebro, feixes de associação com centros afetivos diencefálicos; lobotomia pré-frontal (Do gr. *leukós*, «branco» +*tomé*, «corte» +-*ia*)
leucoxena /csê/ n.f. MINERALOGIA variedade de esfena resultante da alteração da ilmenite e de outros minerais titaníferos (Do gr. *leukós*, «branco» +*xénos*, «estrangeiro; estranho»)
lev n.m. unidade monetária da Bulgária (Do búlgaro *lev*, «id.»)
leva n.f. **1** grupo **2** magote **3** condução de militares ou de presos **4** processo improvisado e arbitrário de recrutamento em massa, em caso de crise **5** NÁUTICA ato de levantar a âncora **6** cabo delgado com que se inicia o levantamento das redes ou dos aparelhos de pesca (Deriv. regr. de *levar*)
leva-arriba interj. designativa de comando para levantar ou acordar (De *levar+arriba*)
levada n.f. **1** ato ou efeito de levar **2** corrente de água desviada de um rio e dirigida para as regas, para mover moinhos, etc. **3** na Madeira, canal de água artificial construído para levar água aos terrenos agrícolas inacessíveis e ao longo do qual é possível caminhar **4** queda de água por entre rochedos; cascata **5** ⇒ **açude**; *de ~* apressadamente, sem persistência (Part. pass. fem. subst. de *levar*)
leva-dente n.m. **1** [pop.] mordedura **2** [pop.] repreensão; censura (De *levar+dente*)
levadia n.f. movimento agitado das águas do mar (De *levada+-ia*)
levadiço adj. que se pode levantar ou baixar com facilidade; móvel (De *levar [= levantar]+-diço*)
levadinho adj. travesso; indisciplinado; *~ da breca* endiabrado, traquinas (De *levado+-inho*)
levadio adj. diz-se do telhado formado de telhas soltas (De *levado+-io*)
levado adj. **1** transportado; conduzido **2** travesso; que faz asneiras **3** pândego **4** enganado; ludibriado; *~ da breca* travesso, traquinas (Do lat. *levātu-*, «levantado», part. pass. de *levāre*, «levantar; sustentar»)
levadoira n.f. ⇒ **levadoura**
levador adj.,n.m. que ou aquele que leva ou transporta; condutor (De *levar+-dor*)

léxico

levadoura *n.f.* 1 embarcação com aparelhagem para tirar carga de outra 2 [regionalismo] alavanca de madeira que serve para regular a altura da mó do moinho (De *levar* [= *levantar*]+*-doura*)
levadura *n.f.* BIOQUÍMICA ⇒ **levedura**
levadurina *n.f.* ⇒ **levedurina**
leva-e-traz *n.2g.2n.* pessoa mexeriqueira que ouve de um e vai contar a outro (De *levar*+*trazer*)
levagante *n.m.* ⇒ **lavagante**
levamento *n.m.* 1 ato de levar 2 furto (De *levar*+*-mento*)
levantada *n.f.* 1 ato de levantar da cama 2 levante (Part. pass. fem. subst. de *levantar*)
levantadiço *adj.* 1 insubordinado; indisciplinado 2 assomadiço 3 leviano (De *levantar*+*-diço*)
levantado *adj.* 1 que se levantou; erguido; alçado a posição elevada 2 estroina; doidivanas; leviano 3 desatento 4 [pop.] diz-se da rapariga muito namoradeira 5 insubordinado; rebelde 6 nobre 7 (estilo) sublime (Part. pass. de *levantar*)
levantador *v.tr.* 1 que levanta ou excita à revolta 2 ANATOMIA diz-se do músculo que levanta qualquer parte do corpo 3 elevador ■ *n.m.* 1 aquele que levanta ou excita à revolta 2 elevador (De *levantar*+*-dor*)
levantadura *n.f.* ⇒ **levantamento** (De *levantar*+*-dura*)
levantamento *n.m.* 1 ato ou efeito de levantar ou levantar-se 2 elevação; crescimento 3 revolta 4 TOPOGRAFIA conjunto das operações de medida no terreno que permitem obter elementos para a sua representação gráfica; ~ *de rancho* recusa de comer feita pelos militares, em conjunto (De *levantar*+*-mento*)
levantante *adj.2g.* HERÁLDICA que está representado em pé no escudo (De *levantar*+*-ante*)
levantar *v.tr.* 1 pôr em pé; erguer; alçar; erigir 2 pôr mais alto; elevar 3 apanhar do chão 4 armar; montar 5 exaltar; excitar 6 suscitar 7 tirar da cama 8 tirar de uma situação precária 9 aumentar a intensidade de 10 chamar às armas 11 cobrar; receber 12 fazer ouvir 13 fazer cessar 14 inventar 15 TOPOGRAFIA proceder ao levantamento de (uma carta, uma planta) ■ *v.intr.* 1 subir de preço 2 deixar de chover 3 inchar ■ *v.pron.* 1 pôr-se em pé; erguer-se 2 sair da cama 3 [fig.] ir-se embora; partir; ~ *a grimpa* ensoberbecer-se, reagir; ~ *a lebre* suscitar uma questão; ~ *a mão contra* ameaçar; ~ *cabeça* restabelecer a sua posição ou a sua fortuna; ~ *ferro* levantar âncora (o navio) para encetar viagem (Do lat. **levantāre*, «levantar», de *levante-*, part. pres. de *levāre*, «levantar»)
levante *n.m.* 1 *este*² 2 levantamento; revolta 3 [com maiúscula] região asiática banhada pelo Mediterrâneo; Oriente; *de ~* sem persistência no mesmo sítio, irrefletidamente, prestes a partir (Do lat. *levante-*, part. pres. de *levāre*, «levantar»)
levântico *adj.* ⇒ **levantino** (De *levante*+*-ico*)
levantina *n.f.* tecido de lã ou seda proveniente do Levante (Do fr. *levantine*, «id.»)
levantino *adj.* relativo ao Levante ■ *n.m.* natural das regiões do Levante (De *Levante*, top. +*-ino*)
levanto *n.m.* ato de fazer levantar a caça (Deriv. regr. de *levantar*)
levar *v.tr.* 1 transportar consigo 2 conduzir à presença de alguém ou a um determinado local; guiar 3 acompanhar alguém a um local 4 trazer uma peça de vestuário ou um acessório 5 dar; oferecer 6 retirar; afastar 7 arrastar 8 exigir como paga 9 passar (a vida, o tempo) 10 enganar; ludibriar 11 ter capacidade para; comportar 12 induzir 13 tornar dócil ■ *v.intr.* 1 [pop.] apanhar pancada; receber castigo; ~ *a mal* não gostar; ~ *água no bico* ter uma intenção reservada; ~ *couro e cabelo* levar caro; ~ *jeito* estar conforme com determinado fim; ~ *para tabaco* apanhar pancada ou castigo; *~-se do diabo* zangar-se (Do lat. *levāre*, «levantar; tirar»)
leve *adj.2g.* 1 que tem pouco peso 2 ligeiro; brando; ténue 3 simples 4 aliviado 5 que não é grave 6 insignificante 7 ágil 8 de fácil digestão 9 leviano ■ *n.m.pl.* pulmões de alguns animais, em especial das aves e do porco; levianos; bofes; *de ~* levemente, levianamente (Do lat. *leve-*, «id.»)
levedação *n.f.* ato ou efeito de levedar (De *levedar*+*-ção*)
levedadura *n.f.* BIOQUÍMICA ⇒ **levedura** (De *levedar*+*-dura*)
levedar *v.tr.* 1 tornar lêvedo; fazer fermentar ■ *v.intr.* 1 (massa do pão) fermentar 2 [fig.] desenvolver-se (De *lêvedo*+*-ar*)
lêvedo *adj.* (massa) que fermentou (Do lat. *levĭtu-*, «levantado», por *levātu-*, part. pass. de *levāre*, «levantar»)
levedura *n.f.* BIOQUÍMICA grupo de fungos unicelulares, muitos dos quais são utilizados na panificação e na indústria de bolos e bebidas produzidos por fermentação; fermento; ~ *de cerveja* fermento que desdobra a glicose em álcool etílico e anidrido carbónico, levedurina (De *lêvedo*+*-ura*)

levedurina *n.f.* levedura de cerveja, especialmente a destinada a aplicações terapêuticas (De *levedura*+*-ina*)
leveiro *adj.* 1 pouco pesado; leve 2 que tem pouca força 3 [fig.] despreocupado (De *leve*+*-eiro*)
levemente *adv.* 1 de modo leve 2 ao de leve; superficialmente (De *leve*+*-mente*)
levez *n.f.* ⇒ **leveza** (De *leve*+*-ez*)
leveza *n.f.* 1 qualidade do que é leve 2 ligeireza 3 [fig.] falta de tino; leviandade; irreflexão 4 airosidade 5 tenuidade (De *leve*+*-eza*)
levi- elemento de formação de palavras que exprime a ideia de *leve* (Do lat. *leve-*, «id.»)
levianamente *adv.* de modo leviano; com leviandade; irrefletidamente (De *leviano*+*-mente*)
leviandade *n.f.* 1 qualidade de leviano; falta de reflexão 2 imprudência 3 ato de leviano (De *leviano*+*-idade*)
leviano *adj.* 1 que denota pouco juízo; desassisado 2 que julga de leve; precipitado; irrefletido; de cabeça leve 3 imprudente 4 inconstante 5 *pl.* pulmões das aves e do porco; leves (Do lat. tard. *leviānĭmu-*, «ânimo leve»)
leviatã *n.m.* ⇒ **leviatão**
leviatão *n.m.* 1 [com maiúscula] MITOLOGIA, RELIGIÃO grande monstro marinho de que se fala na Bíblia 2 coisa monstruosa, colossal (Do hebr. *liwjáthán*, «animal que se enrosca»)
levidade *n.f.* 1 leveza 2 [fig.] agilidade (Do lat. *levitāte-*, «id.»)
levidão *n.f.* 1 ⇒ **levidade** 1 2 [fig.] leviandade (De *leve*+*-idão*)
levigação *n.f.* QUÍMICA, FARMÁCIA operação de separação dos componentes de uma mistura previamente reduzida a pó por arrastamento em corrente de água (De *levigar*+*-ção*)
levigar *v.tr.* reduzir (uma substância) a pó muito fino, com ou sem a intervenção de um líquido; proceder à levigação de (Do lat. *levigāre*, «aplainar; polir; alisar»)
levípede *adj.2g.* 1 [poét.] que tem os membros (ou os pés) leves 2 [poét.] que anda com ligeireza (Do lat. *levipĕde-*, «de pé ligeiro; rápido na corrida»)
levirato *n.m.* obrigação (que a lei mosaica impunha) de o irmão de um morto casar com a cunhada viúva e sem filhos, para assegurar a continuação da família (Do b. lat. *levir*, «cunhado» +*-ato*, ou do fr. *levirat*, «levirato»)
levirrostro /ô/ *adj.* que tem o bico leve ■ *n.m.pl.* ORNITOLOGIA ordem de pássaros trepadores (De *levi-*+*-rostro*)
levita¹ *n.m.* 1 membro da tribo de Levi, terceiro filho de Jacob 2 sacerdote; clérigo (Do lat. *levīta-*, «id.»)
levita² *n.f.* [pop.] sobrecasaca; labita (Do cast. *levita*, «id.»)
levitação *n.f.* 1 vocábulo usado em espiritismo, para exprimir o levantamento das mesas ou outros objetos, sob a influência do médium; elevação 2 diz-se do êxtase dos santos, que alguns julgavam estar suspensos no ar (Do ing. *levitation*, «id.»)
levitar *v.intr.,pron.* (corpo) erguer-se e ficar no espaço sem nada visível que o suspenda; elevar-se (De *levar* [= *levantar*]+*-itar*)
levítico *adj.* referente aos levitas ■ *n.m.* [com maiúscula] RELIGIÃO um dos livros do Pentateuco (Do lat. *levitĭcu-*, «dos levitas»)
levogiro *adj.* QUÍMICA diz-se de uma substância que faz rodar, em sentido contrário ao do movimento dos ponteiros de um relógio, o plano de polarização da luz, quando se olha para a luz através dessa substância (Do lat. *laevu-*, «esquerdo»+gr. *gýros*, «volta»)
levulose *n.f.* QUÍMICA açúcar contido nos frutos e no mel; frutose (Do lat. *laevu-*, «esquerdo» +*-ose*)
levurómetro *n.m.* instrumento para reconhecer o poder de um fermento ou levedura (Do fr. *levuromètre*, «id.»)
lexema *n.m.* LINGUÍSTICA unidade linguística que combina a forma (gráfica ou fonética) e o significado, o qual não é divisível em unidades menores; unidade lexical (Do gr. *léxis*, «vocábulo», do ing. *lexeme* (1940), pelo fr. *lexème* (1950))
lexical /cs/ *adj.2g.* referente ao léxico, aos vocábulos clássicos, ou aos vocábulos de uma língua (Do fr. *lexical*, «id.»)
lexicalização *n.f.* LINGUÍSTICA processo através do qual duas ou mais unidades linguísticas se transformam numa unidade lexical autónoma (De *lexicalizar*+*-ção*)
lexicalizado *adj.* LINGUÍSTICA (forma, grupo) cujos constituintes são indissociáveis e que constitui um todo a nível semântico, exprimindo uma noção única (Part. pass. de *lexicalizar*)
lexicalizar *v.tr.* LINGUÍSTICA transformar (morfema) em unidade lexical (De *lexical*+*-izar*)
lexico- /cs/ elemento de formação de palavras que exprime a ideia de *léxico, dicionário* (Do gr. *lexikón*, «relativo às palavras»)
léxico /cs/ *n.m.* 1 LINGUÍSTICA conjunto ilimitado e aberto de todas as palavras e elementos morfológicos com significado possíveis numa língua 2 dicionário de antigas línguas clássicas 3 dicionário

abreviado **4** conjunto de palavras empregues por um autor ou por um grupo de pessoas; vocabulário **5** glossário de termos técnicos de uma área especializada ■ *adj.* ⇒ **lexical** (Do gr. *lexikón*, «relativo às palavras»)

lexicografar /cs/ *v.tr.* registar em léxico; dicionarizar (De *lexicógrafo*+-*ar*)

lexicografia /cs/ *n.f.* **1** ramo da linguística que se ocupa do estudo do vocabulário de uma língua, visando essencialmente a forma e a significação das palavras para a elaboração de dicionários, léxicos e terminologias **2** técnica de elaboração e redação de dicionários (De *lexicógrafo*+-*ia*)

lexicográfico /cs/ *adj.* relativo à lexicografia (De *lexicografia*+-*ico*)

lexicógrafo /cs/ *n.m.* **1** pessoa que se dedica à lexicografia **2** autor de um léxico; dicionarista (De *lexico*-+-*grafo*)

lexicologia /cs/ *n.f.* disciplina da linguística que estuda todos os aspetos que dizem respeito às unidades que constituem o léxico de uma língua: a origem e as características morfológicas, sintáticas e semânticas das palavras, as relações que criam entre si, e os recursos que permitem a formação de novos termos (Do gr. *lexikón*, «léxico» +*lógos*, «tratado» +-*ia*)

lexicológico /cs/ *adj.* relativo à lexicologia (De *lexicologia*+-*ico*)

lexicólogo /cs/ *n.m.* aquele que se dedica à lexicologia (Do gr. *lexikón*, «léxico» +*lógos*, «estudo»)

léxicon /cs/ *n.m.* ⇒ **léxico**

lexiologia /cs/ *n.f.* ⇒ **lexicologia** (Do gr. *léxis*, «vocábulo; expressão» +*lógos*, «estudo» +-*ia*)

lexiológico /cs/ *adj.* relativo à lexiologia (De *lexiologia*+-*ico*)

léxis /cs/ *n.f.sn.* LÓGICA termo utilizado pelos lógicos para designar uma proposição que se enuncia sem que seja afirmada nem negada a sua verdade (Do gr. *léxis*, «vocábulo»)

lezira *n.f.* ⇒ **lezíria**

lezirão *n.m.* lezíria grande ■ *adj.* designativo de um carro usado nas lezírias (De *lezira*+-*ão*)

lezíria *n.f.* **1** GEOGRAFIA terreno alagado pelas enchentes, nas margens de um rio **2** ínsula no meio de um rio, formada de lodos e detritos (Do ár. *al-jazîrâ*, «a ilha»)

lha contração do pronome pessoal *lhe* + *o pronome pessoal ou demonstrativo* a ■ contração do pronome pessoal *lhes* + *o pronome pessoal ou demonstrativo* a

lhama *n.f.* tecido de fio de ouro ou prata, ou com esse aspeto (Do lat. *flamma*-, «chama», pelo cast. *llama*, «id.»)

lhanamente *adv.* **1** de modo lhano; com lisura **2** afavelmente (De *lhana*+-*mente*)

lhaneza *n.f.* **1** qualidade de lhano; franqueza; lisura **2** simplicidade **3** afabilidade (Do cast. *llaneza*, «id.»)

lhano *adj.* **1** franco **2** afável; amável **3** despretensioso (Do cast. *llano*, «id.»)

lhanura *n.f.* lhaneza; planura (Do cast. *llanura*, «id.»)

lhe *pron.pess.* designa a terceira pessoa do singular e indica: 1 a pessoa ou coisa de que se fala ou escreve (*peguei-lhe*); 2 a pessoa a quem se fala ou escreve (*já lhe contei?*) (Do lat. *illi*, dativo de *ille*, «a ele; a ela»)

lherzólito *n.m.* GEOLOGIA peridotite com piroxena (bronzite e diálage) (De *Lherz*, top.+gr. *líthos*, «pedra»)

lho contração do pronome pessoal *lhe* + *o pronome pessoal ou demonstrativo* o ■ contração do pronome pessoal *lhes* + *o pronome pessoal ou demonstrativo* o

li[1] *adv.* ali

li[2] *n.m.* fórmula de tratamento respeitoso que se usa, na China, para certas pessoas (Do chin. *lie*, «id.»)

li[3] *n.m.* medida itinerária chinesa [= 576 m] (Do chin. *li*, «id.»)

li[4] *n.m.* pequena moeda chinesa, geralmente de estanho ou de cobre (Do chin. *le*, «id.»)

lia *n.f.* **1** bagaço da uva de que se faz aguapé **2** depósito que se forma nos líquidos fermentados; borra **3** fezes (Do gaul. *lia*, «borra», pelo fr. *lie*, «id.»)

liaça *n.f.* invólucro de palha em que se inserem os objetos frágeis para que se não partam durante o transporte (Do fr. *liasse*, «fardo de filaça»)

liação *n.f.* **1** ato ou efeito de liar **2** liame (De *liar*+-*ção*)

liadoiro *n.m.* ⇒ **liadouro**

liadouro *n.m.* pedra que ressai de uma parede e que se liga a outra para a segurar (De *liar*+-*douro*)

liamba *n.f.* BOTÂNICA planta herbácea da família das Canabináceas, usada para fumar como droga alucinogénia, e também conhecida por pango; cânhamo (Do quimb. *liamba*, «id.»)

liame *n.m.* **1** aquilo que prende ou liga uma coisa ou pessoa a outra; laço; vínculo **2** NÁUTICA designação genérica das peças que constituem a ossada de um navio (Do lat. *ligâmen*, «laço; cordão»)

liana *n.f.* BOTÂNICA trepadeira lenhosa muito comprida (Do fr. *liane*, «id.»)

liança *n.f.* **1** união; aliança **2** atadura; ligação **3** acordo; concórdia (De *liar*+-*ança*)

liar *v.tr.* ⇒ **ligar** (Do lat. *ligâre*, «id.»)

Lias *n.m.* GEOLOGIA Jurássico inferior (Do fr. ant. *liois*, «calcário duro», pelo ing. *lias*, «rocha calcária azul»)

liásico[1] *adj.* GEOLOGIA referente ao Lias ■ *n.m.* [com maiúscula] GEOLOGIA ⇒ **Lias** (De *Lias*+-*ico*)

liásico[2] *adj.* em que há lias (borras) (De *lias*+-*ico*)

libação *n.f.* **1** ato de libar **2** ato de derramar vinho ou outro líquido em honra de uma divindade **3** ato de beber vinho apenas por prazer e não por necessidade **4** *pl.* copos de vinho, bebidos mais por prazer do que por necessidade (Do lat. *libatiône*-, «id.»)

libamento *n.m.* ⇒ **libação** (Do lat. *libamentu*-, «id.»)

libanês *adj.* **1** do Líbano **2** relativo ao Líbano ■ *n.m.* natural ou habitante do Líbano (De *Líbano*, top. +-*ês*)

libar *v.intr.* beber em honra de alguém ■ *v.tr.* **1** beber **2** sugar **3** [fig.] gozar; saborear (Do lat. *libâre*, «fazer uma libação»)

libata *n.f.* grupo de casas pertencentes a uma família ou tribo africana; sanzala

libatório *n.m.* vaso em que se faziam as libações, nos sacrifícios pagãos (Do lat. *libatoríu*-, «relativo às libações»)

libelinha *n.f.* ZOOLOGIA nome vulgar de alguns insetos odonatos também conhecidos por libélulas (De *libelulinha*, dim. de *libélula*, com hapl.)

libelista *n.2g.* pessoa que formula acusações ou faz libelos (De *libelo*+-*ista*)

libelo *n.m.* **1** exposição escrita e articulada daquilo que o autor intenta provar contra o réu **2** o que envolve acusação de alguém (Do lat. *libellu*-, «livrinho; panfleto; libelo»)

libélula *n.f.* ZOOLOGIA nome vulgar de uns insetos odonatos da família dos Libelulídeos, frequentes no verão, que se encontram à superfície de acumulações de água doce (tanques, lagos), também conhecidos por donzelinha, tira-olhos ou cavalo-das-bruxas, libelinha, etc. (Do lat. *libellŭla*, dim. de *libella*, «nível de água», do voo em pairo, característico destes insetos)

Libelúlidas *n.m.pl.* ⇒ **Libelulídeos**

Libelulídeos *n.m.pl.* ZOOLOGIA família de insetos arquípteros, anisópteros (De *libélula*+-*ídeos*)

libente *adj.2g.* que faz qualquer coisa de boa vontade; prestável (Do lat. *libente*-, «id.», part. pres. de *libêre*, «agradar; dar prazer»)

líber *n.m.* **1** BOTÂNICA conjunto de vasos condutores, crivosos, nos órgãos vegetais, também denominado floema **2** parte crivosa de um feixe condutor (crivotraqueano) **3** livrilho **4** [pop.] entrecasca (Do lat. *liber* (nominativo), «entrecasca»)

liberação *n.f.* quitação ou remição de uma obrigação ou de uma dívida (Do lat. *liberatiône*-, «libertação»)

liberado *adj.* diz-se do título que já foi pago (Do lat. *liberâtu*-, «libertado», part. pass. de *liberâre*, «libertar; desobrigar»)

liberal *adj.2g.* **1** que gosta de dar; generoso **2** tolerante; largo de espírito **3** que é partidário da liberdade política, económica, religiosa, etc. **4** que convém a um homem livre **5** diz-se da profissão de caráter intelectual e independente ■ *n.2g.* **1** POLÍTICA aquele que professa ideias liberais **2** partidário do liberalismo (Do lat. *liberále*-, «id.»)

liberalão *adj.,n.m.* [depr.] que ou aquele que se arma em liberal (De *liberal*+-*ão*)

liberalidade *n.f.* **1** qualidade de liberal **2** generosidade; munificência (Do lat. *liberalitâte*-, «id.»)

liberalismo *n.m.* **1** atitude e comportamento daquele que é generoso **2** atitude e comportamento daquele que é respeitador da liberdade dos outros **3** POLÍTICA doutrina segundo a qual convém dar aos cidadãos as melhores garantias contra o arbítrio do governo, separando deste o poder legislativo e judiciário **4** POLÍTICA doutrina segundo a qual o Estado não deve intervir na economia (liberalismo económico) (De *liberal*+-*ismo*, ou do fr. *libéralisme*, «id.»)

liberalista *adj.2g.* que diz respeito ao liberalismo ■ *n.2g.* pessoa partidária do liberalismo (De *liberal*+-*ista*, ou do fr. *libéraliste*, «id.»)

liberalização *n.f.* ato ou efeito de liberalizar (De *liberalizar*+-*ção*)

liberalizar *v.tr.* **1** dar com liberalidade; prodigalizar **2** tornar liberal **3** tornar livre **4** conceder livre acesso, circulação ou aceitação a (De *liberal*+-*izar*)

liberalmente adv. 1 de modo liberal 2 com liberalidade; generosamente (De liberal+-mente)

liberar v.tr. 1 tornar livre 2 libertar de dívida ou obrigação; desobrigar 3 dar folga a; dispensar 4 permitir o acesso ao que antes estava vedado ou retido; desimpedir (Do lat. liberāre, «id.»)

liberativo adj. 1 que liberta 2 que desobriga (De liberar+-tivo)

liberatório adj. 1 que envolve liberação ou quitação 2 próprio para representar valores pecuniários (De liberar+-tório, ou do fr. libératoire, «id.»)

liberdade n.f. 1 condição do ser que pode agir livremente, isto é, consoante as leis da sua natureza (queda livre), da sua fantasia (tempo livre), da sua vontade (decisão livre) 2 poder ou direito de agir sem coerção ou impedimento (liberdade de execução ou de ação) 3 poder de se determinar a si mesmo, em plena consciência e após reflexão, e independentemente das forças interiores de ordem racional (liberdade de decisão) 4 livre arbítrio 5 poder de agir sem motivo (liberdade de indiferença) 6 personificação das ideias liberais 7 tolerância 8 licença; autorização 9 [fig.] ousadia; atrevimento; familiaridade demasiada 10 [fig.] franqueza 11 pl. regalias; imunidades; ~ *de consciência* direito de professar as opiniões religiosas e políticas que se julgarem verdadeiras; ~ *individual* garantia que todos os cidadãos têm de não serem impedidos do exercício dos seus direitos, exceto nos casos determinados pela lei; ~ *poética* LITERATURA uso de figuras e alterações morfológicas e sintáticas em poesia (Do lat. libertāte-, «id.»)

liberiano¹ adj. relativo à Libéria ■ n.m. natural ou habitante da Libéria (De Libéria, top. +-ano)

liberiano² adj. BOTÂNICA que pertence ao líber; liberino (De líber+-iano)

liberino adj. BOTÂNICA que diz respeito ao líber (nos vegetais) (De líber+-ino)

libério adj. da Libéria ■ n.m. natural ou habitante da Libéria (De Libéria, top.)

líbero n.m. [Brasil] (futebol) jogador que atua atrás dos companheiros da defesa, corrigindo as suas eventuais falhas (Do it. libero)

líbero-lenhoso adj. BOTÂNICA diz-se do feixe condutor que é duplo, isto é, que tem uma parte constituída por vasos crivosos e outra por vasos traqueanos; crivotraqueano (De liber[ino]+lenhoso)

libérrimo adj. {superlativo absoluto sintético de **livre**} muito livre; completamente livre (Do lat. liberrĭmu-, «id.»)

libertação n.f. 1 ato de libertar ou de libertar-se 2 independência; emancipação 3 ato de conceder a liberdade a alguém; alforria 4 extinção de uma dívida ou obrigação 5 manifestação de um desejo ou de uma faculdade 6 FÍSICA produção de energia causada por uma reação nuclear 7 QUÍMICA emissão de um gás ou de uma substância provocada por uma reação química (De libertar+-ção)

libertador adj.,n.m. que ou aquele que liberta (De libertar+-dor)

libertar v.tr. 1 tornar livre; soltar 2 aliviar 3 desobstruir 4 desobrigar; tornar quite (De liberto+-ar)

libertário adj.,n.m. 1 que ou aquele que não admite nenhuma restrição às liberdades individuais 2 anarquista (Do fr. libertaire, «id.»)

liberticida n.2g. indivíduo que atenta contra as liberdades ou imunidades políticas de um país (Do fr. liberticide, «id.»)

liberticídio n.m. destruição das liberdades ou imunidades políticas de um país (Do lat. libertāte-, «liberdade» +caedĕre, «matar»)

libertinagem n.f. 1 vida de libertino; devassidão; desregramento de costumes 2 os libertinos (De fr. libertinage-, «id.»)

libertino adj. que leva uma vida desregrada ou imoral; dissoluto; devasso; ímpio ■ n.m. pessoa devassa (Do lat. libertinu-, «filho de liberto»)

libertista n.2g. pessoa partidária do livre arbítrio (De liberto+-ista)

liberto adj. 1 posto em liberdade; solto 2 desoprimido 3 salvo 4 diz-se do escravo que obteve carta de alforria; forro (Do lat. libertu-, «id.»)

líbico adj. 1 da Líbia 2 relativo à Líbia ■ n.m. 1 antiga língua da Líbia 2 vento de sudoeste (Do gr. libykós, «id.», pelo lat. libўcu-, «id.»)

libidinagem n.f. vida de libidinoso; devassidão (Do lat. libīdo, -ĭnis, «luxúria» +-agem)

libidinosamente adv. de modo libidinoso; com sensualidade (De libidinosa+-mente)

libidinoso /ô/ adj. 1 que tem ou expressa forte desejo sexual; lascivo 2 relativo a sensualidade ■ n.m. indivíduo voluptuoso (Do lat. libidinōsu-, «id.»)

libido n.f. 1 desejo sexual; pulsão sexual 2 PSICANÁLISE para Freud (médico austríaco, 1856-1939), energia psíquica associada às pulsões vitais e particularmente à pulsão sexual 3 PSICANÁLISE para Jung (médico suíço, 1875-1961), energia psíquica, seja qual for o seu objeto (Do lat. libīdo, -ĭnis, «desejo sensual»)

líbido n.f. ⇒ **libido**

líbio adj. relativo à Líbia ■ n.m. natural ou habitante da Líbia (Do lat. libўu-, «id.»)

libitina n.f. [poét.] morte (Do lat. Libitina-, mitol., «deusa dos funerais»)

líbito n.m. 1 aquilo que apraz 2 arbítrio; talante (Do lat. libītu-, «agrado; vontade; capricho»)

libongo n.m. 1 pequena moeda africana 2 espécie de pano com que se traficava na costa africana (De orig. obsc.)

libra n.f. 1 unidade monetária de Reino Unido, Egito, Líbano, Síria, Sudão e Sudão do Sul 2 antiga unidade monetária da Irlanda, Chipre e Malta, substituída pelo euro 3 unidade de medida de massa do sistema anglo-saxónico, de símbolo lb, equivalente a cerca de 453,6 gramas 4 moeda de ouro inglesa correspondente a 20 xelins 5 antiga moeda portuguesa 6 ⇒ **arrátel** 7 [com maiúscula] ASTRONOMIA sétima constelação do zodíaco, situada no hemisfério sul, com quatro estrelas, das quais a α é dupla e a β é a única esverdeada visível à vista desarmada, também conhecida por Balança 8 [com maiúscula] ASTROLOGIA sétimo signo do Zodíaco (23 de setembro a 22 de outubro); Balança (Do lat. libra-, «libra»)

libração n.f. 1 ato de librar ou librar-se 2 oscilação de um corpo até ficar equilibrado; balanceamento 3 ASTRONOMIA oscilação aparente da Lua (de três tipos), que torna alternadamente visíveis e invisíveis os bordos do disco lunar (Do lat. libratiōne-, «nivelamento»)

librame n.m. grande quantidade de libras (moedas) (De libra+-ame)

librar v.tr. 1 pôr em equilíbrio 2 suspender 3 fazer oscilar; balancear 4 fundamentar ■ v.pron. estar suspenso no ar; pairar (Do lat. librāre, «equilibrar; nivelar»)

libratório adj. relativo à oscilação; oscilatório (De librar+-tório)

libré n.f. 1 espécie de uniforme de lacaios e cocheiros de casa nobre 2 [pop.] farda 3 [fig.] aparência (Do fr. livrée, «id.»)

libretista n.2g. pessoa que escreve libretos (De libreto+-ista)

libreto /ê/ n.m. MÚSICA texto (prosa ou verso) de uma ópera (Do it. libretto, «livrinho»)

libriano n.m. ASTROLOGIA indivíduo nascido sob o signo de Libra (Balança) ■ adj. 1 ASTROLOGIA pertencente ou relativo a este indivíduo 2 ASTROLOGIA pertencente ou relativo ao signo de Libra (Balança)

librina n.f. 1 chuvisco 2 neblina (Deriv. regr. de librinar)

librinar v.intr. cair chuva miúda; chuviscar (De nebrinar)

liburna n.f. espécie de embarcação ligeira muito usada pelos Romanos (Do lat. liburna-, «id.»)

libúrnica n.f. ⇒ **liburna** (Do lat. liburnĭca-, «id.»)

liburno n.m. escravo que, entre os antigos Romanos, transportava a cadeirinha ou a liteira de um patrício ■ adj. da Libúrnia, região da Ilíria, na antiga Jugoslávia (Do lat. liburnu-, «da Libúrnia»)

liça¹ n.f. 1 terreno fechado, destinado a torneios 2 luta; briga; combate (Do frânc. *listja, pelo fr. lice, «barreira; paliçada»)

liça² n.f. ICTIOLOGIA tainha, peixe que faz parte da fauna marinha portuguesa e que é também denominada fataça, tagana, muge, etc. (Do cast. lisa, «id.»)

liça³ n.f. peça de máquina de tecelagem, em forma de pente, para levantar os fios (De liço)

licanço n.m. ZOOLOGIA ⇒ **cobra-cega** (De licranço)

licantropia n.f. forma de delírio na qual o doente se julga transformado em lobo e se comporta como tal (atualmente muito rara) (Do gr. lykanthropía, «id.»)

licantropo /ô/ n.m. o que sofre de licantropia (Do gr. lykánthropos, de lýkos, «lobo» +ánthropos, «homem»)

lição n.f. 1 exposição oral ou escrita de qualquer matéria, feita com o fim de ser aprendida por outrem 2 exposição de conhecimentos estudados feita pelo aluno para o professor 3 unidade temática ou didática, na série de matérias de uma disciplina 4 leitura 5 [fig.] conhecimento que se adquiriu com um revés de fortuna 6 [fig.] exemplo 7 [fig.] repreensão; castigo 8 LITERATURA variante textual apresentada por um testemunho, manuscrito ou impresso (Do lat. lectiōne-, «leitura»)

liçarol n.m. cada uma das travessas que seguram os liços (De liço)

lice n.f. ⇒ **liça**¹ (Do frânc. *listja, pelo fr. lice, «barreira; paliçada»)

liceal adj.2g. do liceu; referente a liceu (De liceu+-al)

licença n.f. 1 permissão para fazer ou deixar de fazer uma coisa; autorização; consentimento; 2 autorização dada a um funcionário para se ausentar temporariamente das suas funções 3 liberdade 4 faculdade 5 abuso da liberdade 6 desregramento; vida dissoluta (Do lat. licentĭa-, «liberdade; indisciplina»)

licenciado *n.m.* 1 pessoa que possui o grau académico de licenciatura 2 MILITAR indivíduo que atinge a idade em que deixa de pertencer ao escalão da disponibilidade militar ▪ *adj.* 1 que tem licenciatura; formado 2 que tem licença 3 despedido 4 isento (Part. pass. de *licenciar*)

licenciador *adj.* que dá licença ▪ *n.m.* ⇒ **licenciante** (De *licencia[r]+-dor*)

licenciamento *n.m.* 1 ato ou efeito de licenciar ou de licenciar-se 2 licenciatura 3 autorização ou licença dada por uma entidade para a construção de edifícios ou instalação de indústria num determinado local (De *licenciar+-mento*)

licenciando *n.m.* 1 aluno de um curso superior 2 [ant.] estudante universitário de Letras que, tendo já sido aprovado em todas as cadeiras do seu curso, não tinha ainda feito o exame de licenciatura (prova escrita, provas orais e defesa da tese de licenciatura) (Do lat. med. *licentiandu-*, «id.»)

licenciante *n.2g.* DIREITO pessoa ou entidade com autoridade para conceder licenças (De *licencia[r]+-ante*)

licenciar *v.tr.* 1 conceder uma licença para determinado fim 2 despedir 3 isentar de serviço (tropas, operários, etc.) 4 conferir o grau de licenciado a ▪ *v.pron.* tomar o grau de licenciado; formar-se (Do lat. med. *licentiāre*, de *licentia*, «liberdade»)

licenciatura *n.f.* 1 grau académico obtido com a conclusão de um curso universitário, atualmente conferido a quem conclui o primeiro ciclo de estudos 2 curso exigido para obtenção desse grau 3 ato de conferir esse grau; licenciamento (Do lat. *licentiatura-*, part. fut. subst. de *licentiāre*, «licenciar»)

licenciosamente *adv.* de modo licencioso; dissolutamente (De *licencioso+-mente*)

licenciosidade *n.f.* qualidade de licencioso; devassidão; libertinagem (De *licencioso+-i-+-dade*)

licencioso /ô/ *adj.* 1 que leva uma vida desregrada, dissoluto; libertino; devasso 2 sensual (Do lat. *licentiōsu-*, «id.»)

liceu *n.m.* 1 [ant.] estabelecimento oficial de ensino secundário que dava acesso à Universidade 2 [com maiúscula] [ant.] escola fundada por Aristóteles, filósofo grego (384 - 322 a. C.), em Atenas (Do gr. *Lýkeion*, «id.», pelo lat. *lycēu-*, «id.»)

líchia *n.f.* 1 BOTÂNICA árvore da família das Sapindáceas, oriunda da Ásia tropical 2 BOTÂNICA fruto dessa árvore, arredondado e comestível, de polpa gelatinosa e translúcida, e casca avermelhada e rugosa (Do chin. *li-chi*, «id.»)

liciatório *n.m.* pente por onde passam os fios da teia; pente de tear (Do lat. *liciatoriu-*, «cilindro», órgão do tear)

licínia *n.f.* BOTÂNICA variedade de oliveira (ou azeitona); cordovil (De *Licínia*, antr.)

lício *adj.* da Lícia, antiga região do sudoeste da Ásia Menor ▪ *n.m.* natural ou habitante da Lícia (Do gr. *lýkios*, «id.», pelo lat. *lycīu-*, «id.»)

licitação *n.f.* ato de licitar; formulação dos lanços em leilão; declaração do valor por que cada um se propõe adquirir um bem (Do lat. *licitatiōne-*, «arrematação»)

licitador *adj.,n.m.* que ou aquele que licita; licitante (Do lat. *licitatōre-*, «id.»)

licitamente *adv.* de modo lícito; legalmente (De *lícito+-mente*)

licitante *adj., n.2g.* ⇒ **licitador** (Do lat. *licitante-*, «id.», part. pres. de *licitāri*, «licitar; oferecer o maior lanço»)

licitar *v.intr.* oferecer um lanço ou quantia para arrematar (o que se vende em leilão) ▪ *v.tr.* pôr em arrematação (Do lat. **licitāre*, por *licitāri*, «id.»)

lícito *adj.* 1 permitido por lei; conforme à lei; legal 2 que é permitido pelas normas da justiça ou qualquer princípio superior ▪ *n.m.* aquilo que é legal, legítimo ou justo (Do lat. *licĭtu-*, «id.»)

licitude *n.f.* qualidade de lícito; conformidade com a lei; legalidade (De lat. **licitudĭne-*, «id.»)

lícnide *n.f.* BOTÂNICA planta cariofilácea dicotiledónea, cujas sementes são venenosas (Do lat. *lychnĭde-*, «id.»)

licnídeas *n.f.pl.* BOTÂNICA subfamília de plantas da família das Silenáceas, a que pertencem os assobios, a erva-traqueira, etc. (Do lat. *lychnĭde-*, «lâmpada»+-*eas*)

liço *n.m.* cada um dos fios, entre dois liçaróis, através dos quais passa a urdidura do tear (Do lat. *licĭu-*, «id.»; fio; cordão; tecido»)

licómetro *n.m.* aparelho para avaliar a graduação alcoólica de certos líquidos (Do lat. *liquōre-*, «líquido»+gr. *métron*, «medida»)

Licoperdáceas *n.f.pl.* BOTÂNICA família de fungos gastromicetes (De *licoperdo+-áceas*)

licoperdo *n.m.* BOTÂNICA cogumelo gastromicete, em forma de odre, também designado bexiga-de-lobo (Do gr. *lýkos*, «lobo» +*pérdonai*, «produzir ventosidades», pelo fr. *lycoperdon*, «licoperdo»)

Licopodiáceas *n.f.pl.* BOTÂNICA família de plantas pteridófitas, de caules aéreos dicotómicos, com folhas e esporos pequenos, a que pertence o licopódio (De *licopódio+-áceas*)

licopodiáceo *adj.* que diz respeito ou é semelhante ao licopódio (planta) (De *licopódio+-áceo*)

licopódio *n.m.* 1 BOTÂNICA planta pteridófita da família das Licopodiáceas, de folhas lineares, espontânea, mas rara em Portugal 2 BOTÂNICA nome vulgar das plantas do género *Lycopodium* (Do gr. *lýkos*, «lobo» +*poús, podós*, «pata» +*-io*)

licor *n.m.* 1 bebida doce e aromática que tem por base a aguardente ou o álcool 2 qualquer líquido alcoólico 3 FARMÁCIA solução medicamentosa em álcool, vinagre, etc. 4 QUÍMICA designação frequente de certos reagentes de laboratório, não alcoólicos (Do lat. *liquōre-*, «líquido»)

licoreira *n.f.* ⇒ **licoreiro** (De *licor+-eira*)

licoreiro *n.m.* 1 frasco para licor 2 utensílio ou móvel com garrafas e copos para licor (De *licor+-eiro*)

licorista *n.2g.* pessoa que fabrica ou vende licores (De *licor+-ista*)

licorne *n.m.* 1 animal fabuloso com um chifre no meio da testa; unicórnio 2 [com maiúscula] ASTRONOMIA constelação austral (Do lat. *unicornu-*, «unicorne», pelo it. *alicorno*, «id.», pelo fr. *licorne*, «id.»)

licórnio *n.m.* ⇒ **licorne** (De *licorne+-io*)

licoroso *adj.* que tem as propriedades do licor; espirituoso e aromático (De *licor+-oso*)

licra *n.f.* tecido sintético elástico com que se fazem peças de vestuário (Do ing. *Lycra*®)

licranço *n.m.* ZOOLOGIA ⇒ **cobra-cega** (Do ár. *aqrab*, «lacrau»)

lictor *n.m.* oficial, portador de uma machadinha envolta num feixe de varas, que precedia os cônsules ou o ditador, na antiga Roma (Do lat. *lictōre-*, «id.»)

lictório *adj.* relativo a lictor (De *lictor+-ório*)

lida *n.f.* 1 ato de lidar; faina; tarefa; trabalho 2 azáfama (Deriv. regr. de *lidar*)

lidação *n.f.* 1 ⇒ **lida** 2 [regionalismo] convivência (De *lidar+-ção*)

lidado *adj.* diz-se de um touro que foi corrido ou farpeado (Part. pass. de *lidar*)

lidador *adj.,n.m.* 1 que ou aquele que lida (trabalhando ou combatendo); combatente 2 toureiro (De *lidar+-dor*)

lidar *v.tr.,intr.* 1 trabalhar com afã; labutar 2 combater ▪ *v.tr.* 1 ocupar-se de; manipular; enfrentar 2 conviver com 3 tourear (Do lat. *litigāre*, «litigar; disputar; combater»)

lide[1] *n.f.* 1 faina; labuta; lida 2 canseira 3 combate 4 duelo 5 questão judicial 6 toureio (Do lat. *lite-*, «combate; querela; disputa»)

lide[2] *n.m.* linha ou parágrafo inicial que apresenta de forma concisa e objetiva o assunto que se desenvolve na reportagem (Do ing. *lead*, «id.»)

líder *n.2g.* 1 chefe; orientador; pessoa que chefia uma empresa, uma corrente de opinião ou um grupo 2 representante de uma bancada parlamentar 3 DESPORTO equipa ou atleta que ocupa o primeiro lugar em qualquer competição desportiva (Do ing. *leader*, «chefe»)

liderado *adj.* que está sob o domínio de um líder; chefiado; dirigido (Part. pass. de *liderar*)

liderança *n.f.* função de líder; chefia; orientação (De *liderar+-ança*)

liderar *v.tr.* exercer a função de líder; dirigir; orientar (De *líder+-ar*)

lidimamente *adv.* legitimamente (De *lídimo+-mente*)

lidimar *v.tr.* ⇒ **legitimar** (De *lídimo+-ar*)

lídimo *adj.* 1 ⇒ **legítimo** 2 genuíno 3 vernáculo (Do lat. *legitĭmu-*, «legítimo»)

lídio *adj.* relativo à Lídia, antigo reino na Ásia Menor ▪ *n.m.* natural ou habitante da Lídia (Do lat. *lydĭu-*, «id.»)

lidite[1] *n.f.* PETROLOGIA ⇒ **lidito**

lidite[2] *n.f.* substância explosiva, de efeito semelhante ao da melinite, utilizada para carregar granadas (Do ing. *lyddite*, «id.»)

lidito *n.m.* PETROLOGIA rocha sedimentar, siliciosa, de cor escura, usada pelos joalheiros nos ensaios sobre ligas de ouro e prata, também conhecida por jaspe-negro e pedra de toque (Do lat. *Lydĭa*, ant. reino na Ásia Menor +*-ito*)

lido[1] *adj.* instruído pela leitura; sabedor; versado; entendido (Part. pass. de *ler*)

lido[2] *n.m.* espécie de colono ou servo de categoria superior, das tribos germânicas da Idade Média (Do lat. med. *litu-*, «id.»)

lido[3] *n.m.* tipo de costa baixa, de emersão, de praias com lagunas isoladas do mar por cordões de areia que a sedimentação vai aumentando; praia (Do it. *lido*, «lido; praia; orla marítima»)

lidocaína *n.f.* FARMÁCIA anestésico local forte, também usado no tratamento de certas arritmias cardíacas (Do ing. *lidocaine*, «id.»)

liechtensteiniense *adj.,n.2g.* ⇒ **listenstainiano**
lienal *adj.2g.* ⇒ **esplénico** (Do lat. *liēne-*, «baço» +*-al*)
lienite *n.f.* ⇒ **esplenite** (Do lat. *liēne-*, «baço» +*-ite*)
lienoso /ô/ *adj.* que sofre do baço (Do lat. *lienōsu-*, «id.»)
lienteria *n.f.* MEDICINA diarreia em que os alimentos são evacuados antes de completamente digeridos (Do gr. *leientería*, «id.», pelo lat. *lienterĭa-*, «id.»)
lientérico *adj.* 1 MEDICINA relativo à lienteria 2 MEDICINA designativo das fezes em que os alimentos não foram digeridos ▪ *n.m.* MEDICINA padecente de lienteria (Do gr. *leienterikós*, «id.», pelo lat. *lienterĭcu-*, «id.»)
lierne *n.m.* ARQUITETURA nervura com feitio de cruz, nas abóbadas góticas ou ogivais (Do fr. *lierne*, «id.»)
lifting *n.m.* operação de cirurgia estética que consiste em esticar a pele da face ou de outra parte do corpo (Do ing. *lifting*)
liga *n.f.* 1 ato ou efeito de ligar; união; ligação 2 sociedade ou associação com qualquer objetivo 3 aliança entre Estados com o objetivo de defender interesses comuns 4 mistura de substâncias heterogéneas resultando num produto final uniforme 5 fita elástica para cingir a meia à perna 6 obra de meia, feita com agulhas próprias 7 DESPORTO campeonato disputado por um conjunto de clubes ou de equipas de nível semelhante 8 METALURGIA material que resulta da fusão conjunta de dois ou mais metais, dando um corpo macroscopicamente homogéneo 9 [regionalismo] borras; *de faca na ~* irascível, de má pinta (Deriv. regr. de *ligar*)
ligação *n.f.* 1 ato ou efeito de ligar; união; vínculo; junção 2 laço de amizade 3 relação amorosa 4 nexo ou relação lógica entre as diversas partes ou frases de um discurso; *~ iónica* ligação que resulta da forte atração entre dois iões de sinais opostos (Do lat. *ligatiōne-*, «id.»)
ligado *adj.* 1 protegido com ligadura 2 relacionado 3 reunido; unido 4 que desenvolveu laços afetivos com algo ou alguém 5 diz-se do aparelho que está em funcionamento 6 MÚSICA diz-se do trecho executado sem interrupções; legato (Part. pass. de *ligar*)
ligadura *n.f.* 1 ato ou efeito de ligar(-se) 2 ato de ligar ou de apertar uma tira de pano em volta de uma parte do corpo magoada, para a proteger ou imobilizar; deligação 3 faixa de gaze ou de outro tecido para manter curativos; atilho 4 MÚSICA sinal gráfico da notação musical que indica a ligação de notas (ou seja, indica que as notas devem ser cantadas ou tocadas sem interrupção entre si) (Do lat. *ligatūra-*, «ação de ligar; ligadura»)
liga-liga *n.f.* [Brasil] BOTÂNICA ⇒ **liga-osso** (De *ligar*)
ligame *n.m.* ⇒ **ligâmen**
ligâmen *n.m.* laço; ligadura; ligação; nexo (Do lat. *ligāmen*, «laço; ligadura»)
ligamento *n.m.* 1 ato ou efeito de ligar 2 vínculo; ligação 3 liga; ligadura 4 argamassa com que se ligam materiais de construção 5 ANATOMIA formação conjuntiva que liga entre si ossos em articulação 6 ANATOMIA prega que liga órgãos contíguos (Do lat. *ligamentu-*, «ligamento»)
ligamentoso *adj.* da natureza do ligamento; fibroso (De *ligamento*+*-oso*)
liga-osso /ô/ *n.m.* BOTÂNICA planta brasileira da família das Urticáceas, com aplicações terapêuticas, também conhecida por liga-liga (De *ligar*+*osso*)
ligar *v.tr.* 1 prender com qualquer ligadura; deligar; atar 2 misturar intimamente por processos adequados (dois ou mais metais), para obter uma liga com certas propriedades 3 misturar; reunir 4 pôr em funcionamento; ativar 5 relacionar 6 vincular 7 fazer aderir 8 dar atenção (a); dar importância (a) 9 telefonar (a alguém) 10 combinar-se (com); condizer (com) ▪ *v.intr.* 1 fazer liga 2 tratar com respeito ▪ *v.pron.* 1 criar relações íntimas 2 associar-se; formar aliança (Do lat. *ligāre*, «id.»)
ligas-verdes *n.f.pl.* dança mirandesa
ligatura *n.f.* na escrita, traço que une uma letra a outra, em certos caracteres (Do lat. *ligatura-*, «ação de ligar»)
ligeira *n.f.* 1 celeridade; ligeireza 2 corda com que se prende o chifre de um boi novo ao carro 3 [Brasil] espécie de chicote 4 [colóq.] diarreia 5 [regionalismo] corda usada pelos pedreiros para segurar os paus que sustentam o calabre de içar pedras; *à ~* sem aparato, com simplicidade, rapidamente (De *ligeiro*)
ligeiramente *adv.* 1 ao de leve 2 à pressa (De *ligeiro*+*-mente*)
ligeireza *n.f.* 1 qualidade de ligeiro 2 rapidez de movimentos; agilidade; presteza 3 [fig.] irreflexão; leviandade (De *ligeiro*+*-eza*)
ligeirice *n.f.* ⇒ **ligeireza** (De *ligeiro*+*-ice*)
ligeirismo *n.m.* leviandade; superficialidade; falta de reflexão (De *ligeiro*+*-ismo*)

ligeiro *adj.* 1 que tem ligeireza; ágil; desembaraçado 2 leve 3 superficial; leviano 4 pouco trabalhoso 5 pouco firme; de construção pouco sólida 6 vago 7 diz-se da arma pequena e de rápido manejo 8 diz-se do género artístico que procura mais agradar e divertir do que comover ▪ *n.m.* veículo com um peso bruto que não excede os 3500 kg ou com lotação não superior a 9 lugares, incluindo o do condutor ▪ *adv.* depressa; *de ~* levemente (Do lat. vulg. **leviarĭu-*, de *levis*, «leve», pelo fr. *léger*, «id.»)
light *adj.inv.* 1 que tem um valor calórico mais baixo do que outros alimentos do mesmo género ou com um teor alcoólico mais baixo do que outras bebidas do mesmo género 3 [fig., pej.] que evita ou ignora os aspetos mais complexos de determinada questão 4 [fig., pej.] que é considerado pouco exigente do ponto de vista intelectual 5 [fig., colóq.] diz-se de abordagem suave, atenuada ou pouco profunda a determinado tema que geralmente não é tratado dessa forma (Do ing. *light*, «leve»)
lígio[1] *adj.* dizia-se do vassalo proprietário de grandes feudos doados pelo soberano, e que, por isso, além da prestação de serviços, comum a todos os vassalos, era obrigado a acompanhá-lo na paz e na guerra (Do lat. med. *ligĭu-*, «id.»)
lígio[2] *adj.* pertencente aos Lígios ▪ *n.m.* indivíduo pertencente aos Lígios (Do lat. *Ligĭos*, «Lígios»)
Lígios *n.m.pl.* ETNOGRAFIA povo da antiga Germânia (Do lat. *Ligĭos*, «Lígios»)
lígneo *adj.* ⇒ **lenhoso** (Do lat. *lignĕu-*, «id.»)
ligni- elemento de formação de palavras que exprime a ideia de *lenho, madeira* (Do lat. *lignu-*, «madeira»)
lignificação *n.f.* ⇒ **lenhificação** (De *lignificar*+*-ção*)
lignificar *v.tr.* ⇒ **lenhificar** (Do lat. *lignu-*, «madeira» +*facĕre*, «fazer»)
ligniforme *adj.2g.* da natureza ou do aspeto da madeira (Do lat. *lignu-*, «madeira» +*forma-*, «forma»)
lignina *n.f.* ⇒ **lenhina** (Do lat. *lignu-*, «madeira» +*-ina*)
lignite *n.f.* PETROLOGIA ⇒ **lignito**
lignito *n.m.* PETROLOGIA carvão fóssil, em que se reconhecem ainda restos de vegetais, com teor de carbono fixo inferior ao da hulha, de cor castanha ou negra, que arde com muito fumo (Do lat. *lignu-*, «madeira» +*-ito*)
lignívoro *adj.,n.m.* que ou aquele que rói madeira; xilófago; lenhívoro (De *ligni-*+*-voro*)
ligroína *n.f.* QUÍMICA mistura de hidrocarbonetos extraídos do petróleo bruto, de pontos de ebulição compreendidos entre 70 °C e 120 °C (Do ing. *ligroine*, «id.», pelo fr. *ligroïne*, «id.»)
ligueirão *n.m.* ICTIOLOGIA peixe teleósteo da família dos Amotidídeos, que faz parte da fauna marinha portuguesa, também conhecido por pescada-bicuda (De orig. obsc.)
lígula *n.f.* 1 BOTÂNICA membrana pequena e fina existente em algumas folhas vegetais à entrada da bainha 2 ZOOLOGIA parte do lábio inferior dos insetos 3 ANATOMIA designação indicada por alguns autores para a clavícula (osso) (Do lat. *ligŭla-*, «lingueta»)
liguláceo *adj.* relativo ou semelhante à lígula (De *lígula*+*-áceo*)
ligulado *adj.* 1 que tem lígula(s) 2 que tem forma de lígula 3 BOTÂNICA em especial, diz-se da corola irregular, simpétala, de tubo curto, mas com limbo alongado em forma de lígula para um dos lados (Do lat. *ligŭla*, «lingueta» +*-ado*)
ligulífero *adj.* ⇒ **ligulado** (Do lat. *ligŭla*, «lingueta» +*ferre*, «ter»)
ligulifloro *adj.* BOTÂNICA que possui flores liguladas (Do lat. *ligŭla-*, «lingueta» +*flōre-*, «flor»)
liguliforme *adj.2g.* em forma de lígula (Do lat. *ligŭla-*, «lingueta» +*forma-*, «forma»)
lígulo *n.m.* ⇒ **lígula** (De *lígula*)
ligulose *n.f.* verminose provocada pela forma larvar do parasita *Ligula intestinalis* (De *lígula*+*-ose*)
liguloso /ô/ *adj.* ⇒ **ligulado** (De *lígula*+*-oso*)
lígure *adj.,n.2g.* 1 da Ligúria, região do Norte da Itália 2 natural ou habitante da Ligúria (Do lat. *ligŭre-*, «lígure»)
Lígures *n.m.pl.* ETNOGRAFIA povo que habitou antigamente a Ligúria (Do lat. *Ligŭres*, «id.»)
ligúrico *adj.* relativo aos Lígures ou à Ligúria ▪ *n.m.* língua da Ligúria (De *lígure* ou *Ligúria*+*-ico*)
ligurino *adj.,n.m.* ⇒ **lígure** (De *lígure*+*-ino*)
ligustrina *n.f.* substância amarga e amarela que se extrai da casca do ligustro (De *ligustro*+*-ina*)
ligustro *n.m.* termo usado por alguns autores (por aportuguesamento do nome do género *Ligustrum*) para designar a alfena (planta) (Do lat. *ligustru-*, «id.»)
lila *n.f.* tecido que se fabricava em Lila, cidade francesa, capital do departamento do Norte (Do fr. *Lille*, top.)

lilá *n.m.* ⇒ **lilás**
liláceo *adj.* relativo ou semelhante ao lilás (De *lilá+-áceo*, ou do fr. *lilacé*, «id.»)
lilacíneo *adj.* que apresenta a cor arroxeada, comum no lilás; liláceo (De *lilác[eo]+-íneo*)
lilangeni *n.m.* unidade monetária da Suazilândia (Do suazi *lilangeni*)
lilás *n.m.* 1 BOTÂNICA planta arbustiva da família das Oleáceas, com flores odoríferas de corola lilacínea, roxa ou branca, muito cultivada nos jardins 2 BOTÂNICA flor desta planta, que é também denominada lilaseiro 3 cor arroxeada, vulgar nesta flor (Do ár. *lilak*, «azulado», pelo fr. *lilas*, «id.»)
lilaseiro *n.m.* BOTÂNICA ⇒ **lilás** (De *lilás+-eiro*)
Liliáceas *n.f.pl.* BOTÂNICA família de plantas monocotiledóneas, herbáceas ou sublenhosas, de flores com perianto mais ou menos petaloide, frequentes em Portugal (De *liliáceo*)
liliáceo *adj.* relativo ou semelhante ao lírio; lilial (Do lat. *liliacĕu-*, «relativo ao lírio»)
lilial *adj.2g.* semelhante ao lírio ou referente a ele; liliáceo (Do lat. *lilĭu-*, «lírio» *+-al*)
lilifloro *adj.* que apresenta flores semelhantes às do lírio (Do lat. *lilĭu-*, «lírio» *+flore-*, «flor»)
liliputiano *adj.* 1 muito pequeno 2 insignificante (Do ing. *Lilliputian*, «id.», de *Lilliput*, país imaginário com habitantes muito pequenos)
lima[1] *n.f.* 1 instrumento de aço com estrias dispostas regularmente, usado para desbastar ou polir metais ou outros materiais duros 2 utensílio comprido e estreito, de metal ou cartão, áspero numa das superfícies, usado para desbastar as unhas e dar-lhes forma 3 [fig.] aperfeiçoamento; retoque 4 [fig.] aquilo que corrói ou desgasta (Do lat. *lima-*, «id.»)
lima[2] *n.f.* 1 BOTÂNICA fruto da limeira, de tamanho pequeno, formato oval, casca amarelo-esverdeada e sabor amargo 2 BOTÂNICA limeira (Do ár. *limá*, «id.»)
lima-a-serra *n.m.* ORNITOLOGIA nome vulgar por que também é conhecido o chapim-real (pássaro) (De orig. onom.)
Limácidas *n.m.pl.* ZOOLOGIA ⇒ **Limacídeos**
Limacídeos *n.m.pl.* ZOOLOGIA família de moluscos gastrópodes, pulmonados, cujo género-tipo se denomina *Limax* e a que pertence a lesma (De lat. *limăce-*, «lesma; caracol»)
limado *adj.* 1 desbastado ou polido com lima 2 corroído 3 [fig.] apurado; correto; delicado (Do lat. *limātu-*, «id.», part. pass. de *limāre*, «limar; polir»)
limador *adj.,n.m.* que ou aquele que lima (Do lat. *limatōre-*, «id.»)
limadura *n.f.* 1 ato ou efeito de limar 2 [fig.] correção; aperfeiçoamento 3 *pl.* limalha (Do lat. *limatūra-*, «id.»)
limagem *n.f.* trabalho de limar; limadura (De *limar+-agem*)
limalha *n.f.* designação dos pequenos fragmentos ou do pó que se desprende de um corpo metálico quando se raspa com uma lima (Do fr. *limaille*, «id.»)
limalhas *n.f.pl.* [regionalismo] seios pouco volumosos de rapariga (De *limão+-alha*)
limão[1] *n.m.* 1 BOTÂNICA fruto (hesperídio) do limoeiro, de formato oval, com casca amarela quando maduro, e sabor ácido 2 BOTÂNICA limoeiro 3 suco desse fruto 4 BOTÂNICA variedade de maçã 5 *pl.* [pop.] seios de rapariga (Do ár. *limun*, «id.»)
limão[2] *n.m.* peça do carro de bois onde se metem os fueiros (Do fr. *limon*, «varal de carro»)
limão-bravo *n.m.* [Brasil] ⇒ **limãozinho**
limãozinho *n.m.* [Brasil] BOTÂNICA arbusto ornamental da família das Poligaláceas, também conhecido por limão-bravo (De *limão+z+-inho*)
limar[1] *v.tr.* 1 desbastar ou polir com a lima 2 corroer; desgastar 3 [fig.] aperfeiçoar 4 [fig.] civilizar (Do lat. *limāre*, «id.»)
limar[2] *v.tr.* temperar com azeite e limão (De *lima*, por *limão+-ar*)
limar[3] *v.intr.* (água) correr sem interrupção, pelos lameiros (De *limo+-ar*)
limarense *adj.2g.* referente a Ponte do Lima, vila portuguesa do distrito de Viana do Castelo ■ *n.2g.* natural ou habitante de Ponte do Lima (De *P. do Lima*, top.*+r +-ense*)
limatão *n.m.* lima grande (Do cast. *limatón*, «id.»)
límbico *adj.* relativo ou pertencente ao limbo (De *limbo+-ico*)
limbífero *adj.* que tem limbo ou rebordo colorido (Do lat. *limbu-*, «limbo» *+fero*, de *ferre*, «ter»)
limbo *n.m.* 1 bordo externo de muitos instrumentos ou aparelhos 2 fímbria; orla 3 arco do transferidor, onde estão marcados os graus para medida de ângulos 4 RELIGIÃO lugar onde, segundo a crença dos católicos, estavam as almas dos justos, antes da morte e ressurreição de Cristo, e onde estão as almas das crianças que morreram sem batismo 5 [fig.] lugar para onde se lançam as coisas que não têm valor 6 [fig.] esquecimento 7 BOTÂNICA a parte alargada de uma folha vegetal típica, de uma pétala ou de uma sépala 8 BOTÂNICA parte da corola simpétala ou do cálice sinsépalo, em que as folhas constituintes não estão ligadas entre si 9 ZOOLOGIA parte laminar, córnea, da unha (animal) 10 ZOOLOGIA parte das valvas dos pedicelários (Do lat. *limbu-*, «orla; tira que serve de debrum»)
limburguês *adj.* relativo à província holandesa de Limburgo ■ *n.m.* natural ou habitante de Limburgo (De *Limburgo*, top. *+-ês*)
limburguito *n.m.* basalto nefelínico (De *Limburg*, top., província holandesa *+-ito*)
limeira *n.f.* BOTÂNICA árvore da família das Rutáceas, afim dos limoeiros, que produz frutos comestíveis e aromáticos (limas), cultivada em Portugal e também designada lima (De *lima+-eira*)
limiano *adj.* referente ao rio Lima (Do cast. *limiano*, do rio Lima (cast. *Limia*))
limiar *n.m.* 1 soleira da porta; entrada; patamar 2 intensidade mínima de um excitante, necessária para provocar uma reação 3 PSICOLOGIA intensidade mínima de um estímulo capaz de provocar uma excitação 4 [fig.] começo; princípio; **~ diferencial** mínima variação de excitação que é percetível (Do lat. *liminăre-*, «da soleira; inicial»)
limícola *adj.2g.* que vive no lodo (Do lat. *limu-*, «lodo» *+colĕre*, «viver»)
limiforme *adj.2g.* que possui a aspereza da lima (Do lat. *lima-*, «lima» *+forma-*, «forma»)
liminar *adj.2g.* 1 que precede o assunto principal para o esclarecer; preliminar; prévio 2 relativo a ou que está no limite (entre duas situações, dois lugares, etc.) 3 DIREITO designativo de uma medida judicial provisória, que acontece no início de um ação, podendo ser confirmada ou revogada na sentença ■ *n.m.* ⇒ **limiar** (Do lat. *liminăre-*, «da soleira; inicial»)
limitação *n.f.* 1 ato ou efeito de limitar 2 limite; termo 3 moderação 4 restrição 5 incapacidade (Do lat. *limitatiōne-*, «id.»)
limitadamente *adv.* 1 de modo limitado; com limitações; com restrições 2 escassamente (De *limitado+-mente*)
limitado *adj.* 1 que é pouco extenso ou pouco significativo; reduzido; escasso 2 demarcado; marcado; fixado 3 que tem limites definidos; restrito 4 circunscrito; subordinado 5 que tem fim; finito; transitório; **conjunto ~** MATEMÁTICA conjunto real majorado e minorado, mais geralmente, conjunto de pontos de um espaço métrico cujas distâncias a um ponto dado são inferiores a um número positivo dado (Part. pass. de *limitar*)
limitar *v.tr.* 1 pôr limites a; demarcar 2 restringir; servir de limite 3 moderar 4 designar; fixar 5 confinar; fazer fronteira (com) ■ *v.pron.* 1 não passar além (de); cingir-se (a) 2 contentar-se (com) 3 reduzir as próprias despesas (Do lat. *limitāre*, «id.»)
limitativamente *adv.* 1 de modo limitativo 2 exclusivamente (De *limitativo+-mente*)
limitativo *adj.* que serve de limite; restritivo (De *limitar+-tivo*)
limite *n.m.* 1 linha que demarca a extensão de superfícies ou terrenos contíguos; marco; baliza; raia; fronteira 2 linha que marca o fim de uma extensão espacial ou temporal; termo; prazo 3 ponto que não se pode ou não se deve ultrapassar 4 [fig.] insuficiência; defeito; **~ de uma função (num ponto de acumulação do seu domínio)** MATEMÁTICA elemento do conjunto de chegada, que é aproximado tanto quanto se queira por valores da função tomados em pontos arbitrários do domínio, desde que estejam suficientemente próximos do ponto de acumulação considerado; **~ de uma variável** MATEMÁTICA valor fixo do qual uma grandeza variável pode aproximar-se indefinidamente (Do lat. *limĭte-*, «id.»)
limítrofe *adj.2g.* confinante (Do lat. *limitrŏphu-*, «id.»)
limívoro *adj.* que se alimenta de lama (Do lat. *limu-*, «lama; lodo»*+vorāre*, «devorar»)
Limnantáceas *n.f.pl.* BOTÂNICA família de plantas dicotiledóneas, de flores hermafroditas, que inclui algumas espécies da América (De *limnanto+-áceas*)
limnanto *n.m.* BOTÂNICA termo que tem sido usado para designar umas plantas dos sítios húmidos ou pantanosos, da família das Limnantáceas (Do gr. *límne*, «pântano» *+ánthos*, «flor»)
límnico *adj.* originado ou proveniente de lago (Do gr. *límne*, «pântano» *+-ico*)
limnígrafo *n.m.* instrumento destinado a registar as variações de nível das águas de lagos, rios, etc. (Do gr. *límne*, «pântano» *+gráphein*, «registar»)
limnímetro *n.m.* ⇒ **limnómetro** (Do gr. *límne*, «pântano» *+métron*, «medida»)

limnite n.f. variedade fosforosa e muito hidratada da limonite (Do gr. límne, «pântano» +-ite)

limn(o)- elemento de formação de palavras que exprime a ideia de lago, pântano (Do gr. límne, «pântano»)

limnófilo adj. que vive nas águas estagnadas; palustre (De limno-+-filo)

limnografia n.f. descrição dos lagos (De limno-+-grafia)

limnologia n.f. capítulo da geografia física que estuda os lagos e as águas estagnadas (De limno-+-logia)

limnológico adj. relativo à limnologia (De limnologia+-ico)

limnologista n.2g. ⇒ **limnólogo** (De limnologia+-ista)

limnólogo n.m. pessoa que se dedica ao estudo dos lagos e pântanos (De limno-+-logo)

limnómetro n.m. 1 instrumento destinado a observar e medir as oscilações do nível das águas dos lagos ou dos rios 2 escala hidrométrica (De limno-+-metro)

limo n.m. 1 BOTÂNICA vegetação verde, microscópica, que atapeta, manchando de verde, as pedras, as paredes, os troncos, etc., onde há humidade 2 BOTÂNICA vegetação, em especial representada por algas filamentosas verdes, que cobre ou se mistura no lodo dos fundos aquáticos 3 lodo; lama 4 imundície (Do lat. limu-, «lodo»)

limoal n.m. pomar de limoeiros (De limão+-al)

limoeiro n.m. BOTÂNICA árvore de folhas persistentes, da família das Rutáceas, produtora de apreciados frutos (limões) aromáticos e muito ácidos (De limão+-eiro)

limo-fita n.m. BOTÂNICA ⇒ **fita-do-mar**

limo-mestre n.m. BOTÂNICA planta herbácea, de folhas estreitas e espigas com duas flores, espontânea em Portugal, nos charcos, nas lagoas e nas rias da costa (faz parte do chamado moliço)

limonada n.f. 1 bebida preparada com sumo de limão, água e açúcar 2 bebida refrigerante ou medicamentosa em que entra o sumo do limão ou o ácido cítrico (Do fr. limonade, «id.»)

limonadeiro n.m. indivíduo que fabrica ou vende limonadas (De limonada+-eiro)

limoneno n.m. QUÍMICA terpeno que existe no limão e em outros citrinos e que é utilizado como aromatizante em perfumes, como dispersante, etc. (Do fr. limon, «limão» +-eno)

limonete /ê/ n.m. BOTÂNICA planta arbustiva, odorífera, da família das Verbenáceas, cultivada em Portugal e também conhecida por bela-aloísia, bela-luísa, doce-lima e lúcia-lima (De limão+-ete)

limónio n.m. BOTÂNICA planta herbácea da família das Plumbagináceas, espontânea nas areias e nos pântanos marítimos do litoral de Portugal (Do gr. leimónion, «id.», pelo lat. limoniu-, «id.»)

limonite n.f. MINERALOGIA designação de um mineraloide que abrange todas as misturas naturais de óxidos férricos hidratados (nomeadamente goethite), usado como minério de ferro e como pigmento (Do fr. limonite, «id.»)

limo-seval n.m. BOTÂNICA ⇒ **fita-do-mar**

limosidade n.f. 1 qualidade do que é limoso 2 porção de limos (De limoso+-i-+-dade)

limoso /ô/ adj. que tem limos (Do lat. limōsu-, «id.»)

limpa n.f. 1 ato de limpar 2 ato de retirar ervas nocivas de árvores, campos ou jardins; alimpa 3 parte da charneca onde não cresce mato; clareira 4 poda (das oliveiras) 5 [Brasil] ladroagem; saque 6 cachaça pura (Deriv. regr. de limpar)

limpa-botas n.m.2n. engraxador (De limpar+bota)

limpa-calhas n.m.2n. 1 instrumento destinado a limpar os vãos dos carris dos elétricos 2 encarregado desse serviço (De limpar+calha)

limpa-candeeiros n.m.2n. ⇒ **lampianista** (De limpar+candeeiro)

limpação n.f. ⇒ **limpadela** (De limpar+-ção)

limpa-chaminés n.m.2n. 1 objeto que serve para limpar o interior das chaminés dos fogões e dos candeeiros 2 indivíduo que tem o ofício de limpar chaminés (De limpar+chaminé)

limpadeira n.f. colher estreita e de cabo comprido, para limpar os furos feitos pela broca, na pedra (De limpar+-deira)

limpadela n.f. ato ou efeito de limpar (De limpar+-dela)

limpador adj. que limpa ■ n.m. 1 aquilo ou aquele que limpa 2 máquina de joeirar cereais 3 podador de oliveiras (De limpar+-dor)

limpadura n.f. 1 limpadela; alimpadura; limpeza 2 pl. restos de legumes e cereais (De limpar+-dura)

limpalho n.m. [mais usado no plural] restos dos cereais que ficam no celeiro depois de retirado o melhor grão (De limpar+-alho)

limpamento n.m. ato ou efeito de limpar; limpeza (De limpar+-mento)

limpa-neves n.m.2n. veículo munido de dispositivos apropriados, destinado à remoção da neve das estradas (De limpar+neve)

limpa-para-brisas n.m.2n. dispositivo com lâminas de borracha macia que, deslizando da esquerda para a direita e vice-versa sobre a superfície exterior do para-brisas de um automóvel, o limpa da sujidade (De limpar+pára-brisas)

limpa-pára-brisas ver nova grafia limpa-para-brisas

limpa-penas /ê/ n.m.2n. utensílio que serve para limpar a tinta das penas (De limpar+pena)

limpa-pés n.m.2n. espátula de metal que serve para limpar os cascos das bestas (De limpar+pé)

limpa-queixos n.m.2n. [regionalismo] bofetada (De limpar+queixo)

limpar v.tr. 1 tornar limpo 2 purificar 3 polir 4 enxugar 5 joeirar 6 [coloq.] ganhar tudo a 7 [coloq.] fazer desaparecer 8 [coloq.] esvaziar 9 [coloq.] matar ■ v.tr.,intr. desanuviar ■ v.intr. (árvore) ficar com as flores reduzidas à parte que se transformará em fruto (De limpo+-ar)

limpa-vidros n.m.2n. 1 utensílio que serve para limpar vidros 2 detergente próprio para lavar vidros 3 pessoa que se dedica a limpar janelas e outras superfícies vidradas (De limpar+vidro)

limpeza /ê/ n.f. 1 ato ou efeito de limpar 2 qualidade ou estado de limpo; asseio 3 coisa bem acabada 4 perfeição 5 esmero 6 desaparecimento total do conteúdo de alguma coisa 7 desenvoltura; eficiência 8 [regionalismo] bragal; ~ *étnica* pretensa purificação de uma raça pela eliminação dos indivíduos que a ela não pertencem (De limpo+-eza)

limpidez /ê/ n.f. 1 qualidade de límpido 2 nitidez; transparência 3 [fig.] ingenuidade; pureza (De límpido+-ez)

límpido adj. 1 transparente; claro; puro 2 desanuviado; sem nuvens 3 [fig.] sereno; tranquilo 4 [fig.] ingénuo 5 [fig.] franco (Do lat. limpĭdu-, «id.»)

limpo adj. 1 que não tem sujidade; asseado 2 que não tem mistura; puro 3 não contaminado; sem corpos estranhos 4 claro; nítido; desanuviado 5 sereno 6 joeirado; escolhido; *estar/ficar ~* estar ou ficar sem dinheiro; *pôr em pratos limpos* provocar o esclarecimento de, fazer desaparecer as dúvidas sobre; *tirar a ~* obter a explicação de (Do lat. limpĭdu-, «límpido»)

limposo /ô/ adj. que cuida muito do asseio (De limpo+-oso)

limusina n.f. automóvel luxuoso e longo, cujo habitáculo dos passageiros está separado do compartimento do motorista por vidro ou janela e isolado do exterior por vidros escuros (Do fr. limousine, «de Limoges», cidade francesa)

limusino adj. relativo à cidade francesa de Limoges ■ n.m. natural ou habitante de Limoges (Do fr. limousin, «id.»)

Lináceas n.f.pl. BOTÂNICA família de plantas dicotiledóneas, herbáceas ou arbustivas, cujo género-tipo se denomina Linum (Do lat. linu-, «linho» +-áceas)

lináceo adj. 1 semelhante ao linho 2 relativo ao linho (Do lat. linu-, «linho» +-áceo)

linária n.f. BOTÂNICA planta herbácea, da família das Escrofulariáceas, com caules eretos e ramosos, folhas semelhantes às do linho, e flores multicoloridas, também conhecida por valverde

lincar v.tr. ⇒ **linkar**

lince n.m. 1 ZOOLOGIA mamífero carnívoro da família dos Felídeos, que possui agudeza de visão e um pincel de pelos longos em cada pavilhão auricular, representado em Portugal, e também conhecido por lobo-cerval e gato-bravo 2 [com maiúscula] ASTRONOMIA constelação boreal; *ter olhos de ~* [fig.] ter visão excecional (Do gr. lýgx, «id.», pelo lat. lynce-, «id.»)

linchador adj.,n.m. que ou aquele que lincha (De linchar+-dor)

linchagem n.f. ato ou efeito de linchar (De linchar+-agem)

linchamento n.m. ato ou efeito de linchar; linchagem (De linchar+-mento)

linchar v.tr. 1 (multidão) executar ou justiçar sumariamente 2 fazer justiça por suas mãos (Do ing. to lynch, «id.», de W. Lynch, capitão americano dos fins do séc. XVIII, que terá praticado este tipo de justiça)

linda n.f. raia; estrema; limite; marco; padrão (Deriv. regr. de lindar)

linda-flor n.f. 1 BOTÂNICA planta brasileira semelhante ao malmequer 2 BOTÂNICA flor dessa planta

lindamente adv. 1 com perfeição 2 de forma bela (De lindo+-mente)

lindar v.tr. pôr lindas ou marcos em (Do lat. limitāre, «delimitar»)

linde n.m. (raia) ⇒ **linda** (Do lat. limĭte-, «fronteira»)

lindeira n.f. verga superior de porta ou janela; lintel (De lindeiro)

lindeiro adj. confinante; limítrofe (De linda ou linde+-eiro)

lindeza /ê/ n.f. 1 qualidade de lindo; formosura; beleza; graça 2 pessoa ou coisa linda 3 perfeição; primor (De lindo+-eza)

lindo adj. 1 belo; formoso; bonito; elegante 2 agradável; airoso; gentil 3 vistoso (Do lat. limpĭdu-, «límpido»)

lindote adj. um tanto lindo (De lindo+-ote)

lineação

lineação n.f. GEOLOGIA orientação linear de elementos das rochas (Do lat. *lineatiōne-*, «id.»)
lineal adj.2g. ⇒ **linear** (Do lat. *lineāle-*, «id.»)
lineamento n.m. 1 produção de uma linha; traço 2 pl. esboço; contornos 3 pl. rudimentos 4 pl. feições; traços fisionómicos (Do lat. *lineamentu-*, «linha geométrica; traços fisionómicos»)
lineano adj. referente a C. Lineu, naturalista sueco, 1707-1778 (De *Lineu*, antr. +*-ano*)
linear adj.2g. 1 referente a linha 2 que se representa por linhas geométricas 3 que só tem uma dimensão 4 [fig.] que segue uma linha reta; que não apresenta desvios; simples; direto 5 BOTÂNICA diz--se da folha muito estreita e comprida; *função* ~ MATEMÁTICA função cuja representação gráfica é uma reta que passa na origem das coordenadas (Do lat. *lineāre-*, «id.»)
linearidade n.f. qualidade do que é linear (De *linear*+-*i*-+-*dade*)
líneo adj. relativo ao linho (Do lat. *linĕu-*, «do linho»)
-líneo sufixo nominal, de origem latina, que exprime a ideia de linha (*longilíneo, curvilíneo*)
lineolar adj.2g. BOTÂNICA diz-se dos órgãos vegetais em que se notam linhas ou traços (Do lat. *lineŏla-*, dim. de *linĕa-*, «linha» +-*ar*)
linfa n.f. 1 HISTOLOGIA líquido esbranquiçado, ou levemente amarelado ou rosado, em circulação nos vasos linfáticos, que é constituído essencialmente pelo plasma e por glóbulos brancos 2 BOTÂNICA seiva 3 [poét.] água (Do lat. *lympha-*, «água»)
linfadenoma n.m. MEDICINA [ant.] ⇒ **linfoma**
linfangioma n.m. MEDICINA tumor benigno dos vasos linfáticos que se caracteriza pela deformação das estruturas vasculares (De *linf(o)*-+*angi(o)*-+-*oma*)
linfangite n.f. MEDICINA inflamação dos vasos e dos gânglios do sistema linfático (Do lat. *lympha-*, «água»+gr. *aggeîon*, «vaso» +-*ite*)
linfar v.tr. misturar com água; juntar com água (Do lat. *lymphāre*, «id.»)
linfático adj. 1 relativo à linfa 2 que contém este líquido 3 diz-se do indivíduo que sofre de linfatismo ■ n.m. PSICOLOGIA tipo fleumático, lento, mole, apático, passivo e indiferente (Do lat. *lymphatĭcu-*, «que tem delírio», pelo fr. *lymphatique*, «id.»)
linfatismo n.m. MEDICINA desenvolvimento físico e intelectual, em regra retardado, e com pouca resistência às doenças infeciosas, acompanhada de apatia e falta de vigor (Do fr. *lymphatisme*, «id.»)
linfocitário adj. relativo ou pertencente a linfócito (De *linfócito*+-*ário*)
linfócito n.m. HISTOLOGIA leucócito hialino que se encontra no sangue, na medula óssea, nos gânglios e na linfa (os linfócitos são fundamentais na imunidade) (Do lat. *limpha-*, «água»+gr. *kýtos*, «célula»)
linfocitose n.f. MEDICINA forma de leucocitose caracterizada pelo aumento de número de linfócitos no sangue (De *linfócito*+-*ose*)
linfogénese n.f. ⇒ **linfose** (Do lat. *lympha-*, «água»+gr. *génesis*, «formação»)
linfoide adj.2g. 1 MEDICINA pertencente ou relativo aos gânglios linfáticos ou à linfa 2 MEDICINA que se assemelha aos gânglios linfáticos ou à linfa
linfóide ver nova grafia linfoide
linfoma n.m. MEDICINA qualquer tumor, frequentemente maligno, constituído pela proliferação de tecido linfoide
linfopoético adj. ⇒ **linfopoiético**
linfopoiético adj. diz-se do órgão em que se originam leucócitos (Do lat. *lympha-*, «água»+gr. *poietikós*, «que produz»)
linforragia n.f. MEDICINA derrame de linfa por ter sido ferido um vaso linfático (De *linfa*+-*ragia*)
linfose n.f. elaboração da linfa; linfogénese (De *linfa*+-*ose*)
linga¹ n.f. cadeia de corda que cinge um fardo para ser içado (Do nórd. *slyngva*, «id.»)
linga² n.m. símbolo do falo, representativo do poder gerador, na Índia (Do sânsc. *linga*, «falo»)
lingada n.f. porção de coisas que se lingam de cada vez (Part. pass. fem. subst. de *lingar*)
lingar v.tr. 1 cingir com linga 2 içar com linga (De *linga*+-*ar*)
lingerie n.f. roupa interior ou de dormir feminina (Do fr. *lingerie*)
lingote n.m. 1 pequena barra de secção trapezoidal 2 barra de metal fundido (Do fr. *lingot*, «id.»)
lingoteira n.f. molde onde se vaza o metal fundido para fazer lingotes (De *lingote*+-*eira*)
lingrinhas adj.inv.,n.2g.2n. 1 que ou pessoa que apresenta aspeto franzino 2 que ou pessoa que é considerada medricas, cobarde ou fraca
língua n.f. 1 órgão mais ou menos musculoso e móvel, tipicamente alongado, existente na cavidade bucal, que serve para a degustação e a deglutição e, no homem e em alguns animais, tem um papel importante na articulação dos sons 2 (AVES) hipofaringe 3 sistema abstrato de signos e de regras gramaticais que possibilita a produção e a compreensão dos atos linguísticos; vocabulário de um idioma e suas regras gramaticais; idioma 4 objeto (ou parte dele) com a forma daquele órgão 5 ZOOLOGIA parte da armadura bucal de alguns insetos 6 ICTIOLOGIA solha (peixe) que aparece nas costas marítimas portuguesas (sendo vulgar no Sul), também denominada língua-de-vaca ■ n.2g. [ant.] intérprete; turgimão; ~ *comprida* a língua do maledicente; ~ *de oc* língua românica que se falava na Idade Média no Languedoc (Languedo), região da França ao sul do Loire; ~ *de prata* pessoa maldizente; ~ *gestual* língua com regras gramaticais e vocabulário próprios, expressa por gestos, especialmente das mãos, utilizada geralmente por pessoas com dificuldades auditivas; ~ *materna* língua adquirida por um falante na primeira infância (dos 0 aos 3 anos), em ambiente natural; ~ *morta* língua que já não se fala; ~ *viperina* pessoa maldizente; *dar à* ~ falar muito, ser indiscreto; *não ter papas na* ~ falar sem rodeios, dizer tudo o que sabe, ser franco; *pagar com* ~ *de palmo* ser coagido a pagar; *puxar pela* ~ *a* levar alguém a dizer ou a revelar o que se deseja saber; *saber alguma coisa na ponta da* ~ saber alguma coisa muito bem ou de cor; *ter alguma coisa debaixo da* ~ estar quase a lembrar-se de alguma coisa (Do lat. *lingŭa-*, «id.»)
língua-cervina n.f. BOTÂNICA planta pteridófita da família das Polipodiáceas, de folhas grandes e inteiras, espontânea nos lugares húmidos e sombrios do Minho à Estremadura
língua-da-sogra ver nova grafia língua da sogra
língua da sogra n.f. 1 bolacha de massa fina e estaladiça, enrolada em forma de cone, vendida geralmente nas praias 2 apito usado em ocasiões festivas, que, ao ser soprado, faz desenrolar uma tira de papel e produz um som estridente
língua-de-cobra n.f. BOTÂNICA nome vulgar extensivo a umas plantas herbáceas pertencentes a duas espécies de pteridófitas da família das Ofioglossáceas (língua-de-cobra-maior, língua-de--cobra-menor), ambas espontâneas em Portugal
língua-de-gato ver nova grafia língua de gato
língua de gato n.f. [mais usado no plural] variedade de biscoito miúdo com forma semelhante à da língua do gato
língua-de-ovelha n.f. BOTÂNICA planta herbácea, da família das Plantagináceas, espontânea em Portugal, aproveitada para forragens, também denominada calracho e carrajó
língua-de-sogra ver nova grafia língua de sogra
língua de sogra n.f. 1 ⇒ **língua da sogra** 2 falso testemunho; calúnia
língua-de-trapos ver nova grafia língua de trapos
língua de trapos n.2g. 1 pessoa maldizente 2 trapalhão ■ n.f. língua de quem fala incorretamente o idioma
língua-de-vaca n.f. 1 BOTÂNICA variedade de cogumelo comestível 2 BOTÂNICA ⇒ **buglossa**
linguado n.m. 1 ICTIOLOGIA designação extensiva a peixes de algumas espécies de teleósteos, pleuronéctidas, de corpo muito achatado e mais ou menos alongado, que aparecem nas costas marítimas portuguesas, muito apreciados na alimentação 2 tira de papel em que se escreve o original destinado a ser composto e impresso 3 língua grande 4 barra de ferro fundido, chata e comprida 5 [pop.] conversa ou linguagem inconveniente 6 [pop.] beijo em que as línguas se tocam (De *língua*+-*ado*)
linguafone n.m. sistema de ensino de línguas vivas baseado na utilização de gravações áudio (Do ing. *linguaphone*, «id.»)
linguagem n.f. 1 qualquer sistema ou conjunto de sinais convencionais, fonéticos ou visuais, que servem para a expressão dos pensamentos e sentimentos 2 qualquer sistema de símbolos instituídos como signos; código 3 LINGUÍSTICA conjunto de sons em cuja produção intervém a língua; articulação 4 modo particular pelo qual uma pessoa se exprime, oralmente ou por escrito; maneira de falar; estilo 5 sistema de comunicação natural usado pelos animais; meio de comunicação 6 sistema de representação que os membros de uma comunidade linguística usam como principal meio de comunicação, falado ou escrito; língua 7 forma de expressão própria de determinados grupos sociais, profissionais ou de determinadas áreas do saber; gíria 8 INFORMÁTICA conjunto de símbolos, palavras e regras que expressam comandos para computadores 9 aquilo que as coisas significam; ~ *assembly* INFORMÁTICA linguagem de baixo nível em que se utilizam instruções abreviadas e fáceis de recordar; ~ *de programação* INFORMÁTICA linguagem de precisão em que cada palavra tem um único significado e que pode traduzir-se em instruções exatas que o computador sabe interpretar; ~ *gestual* (uso indevido) linguagem expressa por gestos, especialmente das

mãos, utilizada geralmente por pessoas com dificuldades auditivas; **~ máquina** INFORMÁTICA linguagem de baixo nível, binária (constituída apenas por zeros e uns) que o computador entende (Do prov. *lenguatge*, «id.»)

linguajar *v.intr.* dar à língua; falar; tagarelar; linguarejar ▪ *n.m.* modo de falar com características próprias de uma região, classe, grupo, etc.; dialeto (De *linguagem+-ar*)

lingual *adj.2g.* referente à língua; glossiano (De *língua+-al*)

língua-mãe *n.f.* língua que deu origem a outras línguas

linguarão *n.m.* 1 língua comprida 2 ZOOLOGIA ⇒ **longueirão** (De *língua+r+-ão*)

linguaraz *adj.,n.2g.* ⇒ **linguareiro** (De *língua+r+-az*)

linguareiro *n.m.* pessoa que fala de mais sobre os outros ▪ *adj.* coscuvilheiro; maldizente (De *língua+r+-eiro*)

linguarejar *v.intr.* dar à língua; tagarelar (De *língua+r+-ejar*)

linguariça *n.f.* ⇒ **linguiça** (De *língua+r+-iça*)

linguarice *n.f.* tagarelice (De *língua+r+-ice*)

linguarudo *adj.* ⇒ **linguareiro** (De *língua+r+-udo*)

-lingue sufixo nominal, de origem latina, que exprime a ideia de *língua*

-língue /gu-e/ ⇒ **-lingue**

linguеirão /gu-ei/ *n.m.* ZOOLOGIA ⇒ **longueirão** (Por *linguarão*)

lingueta /gu-e/ *n.f.* 1 objeto semelhante a uma língua pequena 2 fiel da balança 3 lâmina móvel de certos instrumentos de sopro 4 parte móvel da fechadura que se desloca para dentro e para fora acionada pelo rodar da chave 5 peça que, no calçado de atacadores, protege o peito do pé 6 rampa de cais 7 atadura 8 compressa 9 MÚSICA palheta livre de metal, usada em determinados instrumentos como acordeão (De *língua+-eta*)

linguete *n.m.* alavanca que se introduz numa roda dentada para que não desande (De *língua+-ete*)

lingui- elemento de formação de palavras que exprime a ideia de *língua* (Do lat. *lingŭa-*, «língua»)

linguiça /gu-i/ *n.f.* 1 espécie de chouriço delgado feito de carne de porco 2 língua de porco curada ▪ *n.2g.* pessoa alta e magra (De orig. obsc.)

linguífero /gu-i/ *adj.* que possui língua ou órgãos linguiformes (De *lingui-+-fero*)

linguiforme /gu-i/ *adj.2g.* que tem forma de língua (De *lingui-+-forme*)

linguíni *n.m.* CULINÁRIA massa de sêmola de trigo em forma de fitas longas e estreitas (Do it. *linguine*, plural de *linguina*, «pequena língua»)

linguista /gu-i/ *n.2g.* 1 pessoa versada em línguas 2 pessoa que se dedica ao estudo da linguística (De *língua+-ista*)

linguística /gu-i/ *n.f.* 1 ciência que tem por objeto de estudo a linguagem humana, desde o plano da língua até ao plano do discurso 2 estudo comparativo das línguas humanas nos seus aspetos científico e histórico (Do al. *Linguistik*, «id.», pelo fr. *linguistique*, «id.»)

linguístico /gu-i/ *adj.* relativo à língua ou à linguística (De *linguista+-ico*)

língula *n.f.* ZOOLOGIA designação, por aportuguesamento, de um género de braquiópodes conhecido desde o Câmbrico (Do lat. *lingŭla-*, dim. de *lingua-*, «língua»)

linguo- ⇒ **lingui-**

linguodental *adj.2g.* 1 que diz respeito à língua e aos dentes 2 LINGUÍSTICA (som) que se articula com a língua encostada aos dentes ▪ *n.f.* LINGUÍSTICA consoante que se articula com a língua encostada aos dentes (De *linguo-+dental*)

linguopalatal *adj.2g.* GRAMÁTICA diz-se dos fonemas que se articulam encostando a língua ao céu da boca; palatolingual (De *linguo-+palatal*)

lingurteiro *adj.,n.m.* [regionalismo] ⇒ **linguareiro**

linha *n.f.* 1 traço contínuo, de espessura variável 2 fio de linho, algodão, seda, etc. 3 barbante com anzol para a pesca 4 serviço de transportes ou de comunicações entre dois pontos por determinada via ou fio condutor 5 GEOMETRIA figura geométrica gerada por um ponto que se desloca no espaço 6 conjunto das possíveis posições de um ponto que se desloca no espaço, de modo contínuo 7 traço real ou fictício que marca a separação entre duas zonas distintas 8 fiada horizontal de palavras num texto 9 traço horizontal num caderno ou folha sobre o qual se escreve 10 boa forma física; elegância física 11 sistema de carris sobre o qual circulam certos veículos, tal como o comboio, o elétrico, etc. 12 percurso seguido por um veículo de transporte público 13 série de graus que vinculam os parentes 14 direção; rumo 15 [fig.] regra; norma; orientação 16 plica 17 fileira 18 DESPORTO conjunto dos jogadores que formam a equipa que deve atuar em determinado jogo 19 MILITAR formação militar em que as tropas, as viaturas ou materiais se dispõem lado a lado 20 MILITAR conjunto de posições fortificadas dispostas segundo determinado alinhamento 21 traços da mão 22 [gír.] porção de droga em pó alinhada para ser aspirada pelo nariz 23 *pl.* feições 24 *pl.* carta curta; **~ agónica** lugar dos pontos de declinação magnética nula; **~ colateral** linha de parentesco que liga as pessoas que, não descendendo uma da outra, procedem de um ascendente comum; **~ de força** FÍSICA linha cuja tangente em qualquer dos seus pontos tem a direção do campo elétrico ou magnético nesses pontos; **~ de invasão** MILITAR região natural que, pela sua configuração topográfica e orientação das vias de comunicação, se presta ao movimento de forças militares que pretendem entrar num país; **~ de respeito** linha imaginária que determina a fronteira marítima de um Estado ou que demarca as águas territoriais; **~ direta** linha de parentesco que une as pessoas que descendem uma da outra; **~ na ~** comportar-se devidamente; *cada um sabe as linhas com que se cose* cada um sabe da sua vida; *em ~* 1 em fila; 2 INFORMÁTICA ligado à rede, online; *estar por uma ~* estar por pouco, estar por um triz; *fazer trinta por uma ~* fazer disparates, causar confusão; *fora de ~* INFORMÁTICA não ligado à rede, offline; *perder a ~* tomar atitudes censuráveis, perder a correção; *tensão de ~* diferença de potencial entre duas linhas condutoras; *ter ~* portar-se com correção, com aprumo (Do lat. *lineă-*, «id.»)

linhaça *n.f.* 1 semente do linho, que serve para infusões (água de linhaça), extração de óleo e, reduzida a farinha, para a preparação de cataplasmas 2 [pop.] grande linha 3 [fig.] apresentação esmerada; correção; compostura (De *linho* ou *linha+-aça*)

linhaceiro *n.m.* ORNITOLOGIA pequeno pássaro, de plumagem esverdeada, muito frequente nos campos de linho, onde procura a linhaça para seu alimento (De *linhaça+-eiro*)

linhagem[1] *n.f.* tecido grosseiro de linho (De *linho+-agem*)

linhagem[2] *n.f.* 1 série de gerações de uma família; genealogia; estirpe 2 condição social (Do fr. *lignage*, «id.»)

linhagista *n.2g.* pessoa que se dedica a investigações genealógicas; genealogista (De *linhagem+-ista*)

linhal *n.m.* campo semeado de linho (De *linho+-al*)

linhar *n.m.* ⇒ **linhal** (De *linho+-ar*)

linharada *n.f.* colheita do linho (De *linhar+-ada*)

linhavão *n.m.* aparelho de pesca, com linha e anzol, usado no Algarve (De orig. obsc.)

linheiro[1] *n.m.* 1 homem que prepara o linho para se fiar 2 negociante de linho 3 ⇒ **linho** 1 (De *linho+-eiro*)

linheiro[2] *n.m.* negociante de linhas ▪ *adj.* que tem linha (aprumo) (De *linha+-eiro*)

linho *n.m.* 1 BOTÂNICA planta herbácea, pertencente a algumas espécies da família das Lináceas, de flores azuis, cultivada (e por vezes subespontânea) em Portugal, que obtém fibras apreciadas especialmente na indústria de tecidos; linheiro 2 tecido fabricado com as fibras fornecidas por essa planta 3 essas fibras (Do lat. *linu-*, «id.»)

linho-de-cuco *n.m.* BOTÂNICA planta desprovida de clorofila, de caules avermelhados, da família das Convolvuláceas, parasita de muitas plantas, frequente em Portugal, e também conhecida por cuscuta, linho-de-raposa, etc.

linho-de-raposa *n.m.* BOTÂNICA ⇒ **linho-de-cuco**

linhol *n.m.* 1 fio grosso com que os sapateiros cosem o calçado 2 tecido de algodão semelhante ao linho (De *linho+-ol*)

linho-purgante *n.m.* BOTÂNICA planta linácea medicinal

linhoso /ô/ *adj.* 1 da natureza do linho 2 semelhante ao linho (De *linho+-oso*)

linifício *n.m.* 1 arte de trabalhar em obras de linho 2 obra de linho (Do lat. med. *linificĭu-*, de *linu-*, «linho» *+facĕre*, «fazer»)

linígero *adj.* 1 que tem linho 2 que anda vestido de linho (Do lat. *linigěru-*, «vestido de linho»)

linimentar *v.tr.* 1 aplicar liniment a 2 friccionar 3 [fig.] suavizar; acalmar (De *linimento+-ar*)

linimento *n.m.* medicamento para fricções (Do lat. tard. *linimentu-*, «id.»)

linina *n.f.* 1 CITOLOGIA substância acromática que forma o retículo nuclear de uma célula, ao qual aparecem ligados os grânulos de cromatina 2 substância que se obtém do linho e que é considerada o princípio ativo na ação purgativa desta planta (Do lat. *linu-*, «linho» *+-ina*)

link *n.m.* INFORMÁTICA ⇒ **hiperligação** (Do ing. *link*, «id.»)

linkar *v.tr.* INFORMÁTICA criar um link ou hiperligação para (parte de documento, ficheiro ou página de internet) (De *link+-ar*)

linografia n.f. 1 escrita sobre linho 2 impressão em pano (Do lat. *linu-*, «linho»+gr. *gráphein*, «escrever» +*-ia*)

linoleico adj. designativo do ácido graxo comum em óleos vegetais, com várias aplicações (Do ing. *linoleic*, «id.»)

linóleo n.m. tecido impermeável feito de juta e untado com uma mistura de óleo e cortiça em pó, usado como tapete ou cobertura (Do lat. *linu-*, «linho» +*olĕu-*, «óleo», pelo ing. *linoleum*, «id.»)

linómetro n.m. TIPOGRAFIA régua graduada em cíceros e centímetros, usada pelos tipógrafos e outros gráficos para medir as linhas e as dimensões da mancha tipográfica de uma página (Do lat. *lineā*, «linha»+gr. *métron*, «medida»)

linotipar v.tr. compor em linótipo (De *linótipo+-ar*)

linotipia n.f. arte de compor em linótipo (De *linótipo+-ia*)

linotipista n.2g. tipógrafo que compõe no linótipo (De *linótipo+-ista*)

linótipo n.m. máquina de compor e fundir os caracteres tipográficos por linhas inteiras (Do ing. *linotype*, «id.»)

lintel n.m. elemento resistente de betão armado ou outro material que se coloca na parte superior de uma porta ou de uma janela; dintel (Do fr. ant. *lintel*, hoje *linteau*, «id.»)

lio n.m. 1 aquilo que prende ou liga uma coisa ou pessoa a outra; liame; atilho 2 conjunto de coisas atadas; feixe (Deriv. regr. de *liar*)

lio- elemento de formação de palavras que exprime a ideia de *liso* (Do gr. *leîos*, «liso»)

liocarpo adj. que dá frutos lisos (Do gr. *leîos*, «liso» +*karpós*, «fruto»)

liócomo adj. que tem cabelos lisos; liótrico (Do gr. *leîos*, «liso» +*kóme*, «cabeleira»)

liodermo adj. que tem a derme lisa (Do gr. *leîos*, «liso» +*dérma*, «pele; derme»)

liofilização n.f. processo moderno de conservação de alimentos e outras substâncias (sangue, soro, tecidos vivos, antibióticos, etc.) por meio de congelação rápida, a baixa temperatura – uns 80 graus negativos – seguida de evaporação lenta no vácuo (De *liofilizar+-ção*)

liofilizar v.tr. fazer a liofilização de (Do gr. *lýein*, «soltar; dissolver» +*phílos*, «amigo» +*-izar*)

lionês adj. relativo à cidade francesa de Lião ■ n.m. natural ou habitante desta cidade (Do fr. *lyonnais*, «id.»)

liornês adj. relativo a Livorno, cidade portuária da Itália (De *Livorno*, top. +*-ês*)

liótrico adj. que tem cabelos lisos (Do gr. *leîos*, «liso» +*thríx, trikhós*, «cabelo»)

lioz n.m. PETROLOGIA calcário duro, branco, suscetível de polimento, muito empregado em estatuária e arquitetura, também denominado, indevidamente, mármore (Do fr. *liois*, hoje *liais*, «id.»)

lipa n.f. espécie de saia de algodão, que chega aos tornozelos, apertada na cintura por uma faixa larga, usada pelos timorenses de ambos os sexos e também chamada tais (Do tétum *liba, lipa*, «id.»)

liparito n.m. PETROLOGIA ⇒ **riólito** (De *Lípari*, top., ilha do mar Tirreno, ao norte da Sicília +*-ito*)

liparocele n.f. tumor sebáceo (Do gr. *liparós*, «gorduroso» +*kéle*, «tumor»)

lípase n.f. QUÍMICA fermento solúvel que saponifica as gorduras (Do gr. *lípos*, «gordura» +*-ase*)

lipemania n.f. espécie de alienação mental caracterizada por grande tristeza; melancolia (Do gr. *lýpe*, «tristeza» +*manía*, «loucura»)

lipemia n.f. quantidade de gorduras no sangue (Do gr. *lípos*, «gordura» +*haîma*, «sangue» +*-ia*)

lipes adj.inv. designativo vulgar do sulfato de cobre ou vitríolo azul (De *Lipes*, top., localidade da Bolívia)

lipídeo n.m. ⇒ **lípido**

lipídico adj. que diz respeito aos lípidos

lípido n.m. QUÍMICA nome genérico de substâncias orgânicas, insolúveis em água, cuja função é armazenar energia; gordura (Do gr. *lípos*, «gordura» +*-ido*)

lipo- elemento de formação de palavras que exprime a ideia de *gordura* (Do gr. *lípos*, «gordura»)

lipoaspiração n.f. CIRURGIA aspiração de gorduras subcutâneas excessivas através de uma cânula especial, ligada a uma bomba aspirante (De *lipo-+aspiração*)

lipoescultura n.f. tipo de cirurgia plástica com que se altera o aspeto exterior de algumas partes do corpo humano (frequentemente nádegas e seios) por meio da aspiração e injeção da própria gordura do indivíduo (De *lip(o)-+escultura*)

lipofrenia n.f. falta de atividade intelectual (Do gr. *leípein*, «faltar» +*phrén, phrenós*, «espírito» +*-ia*)

lipogénese n.f. formação de substâncias gordas no organismo (animal ou vegetal) (Do gr. *lípos*, «gordura» +*génesis*, «formação»)

lipograma n.m. escrito em que, propositadamente, não entram determinadas letras do alfabeto (Do gr. *lipográmma, -atos*, «falta de uma letra»)

lipogramático adj. 1 relativo ao lipograma 2 em que há lipograma (Do gr. *lipográmma, -atos*, «falta de uma letra» +*-ico*)

lipoide adj.2g. semelhante à gordura (Do gr. *lípos*, «gordura» +*eîdos*, «forma»)

lipóide ver nova grafia lipoide

lipólise n.f. BIOQUÍMICA desdobramento das gorduras pela ação da bílis e do suco pancreático; hidrólise de lípido (De *lipo-+-lise*)

lipoma /ô/ n.m. MEDICINA tumor proveniente de uma hipertrofia local do tecido adiposo; quisto sebáceo (Do gr. *lípos*, «gordura»+*[ógk]oma*, «tumor»)

lipomatoso adj. da natureza do lipoma, semelhante a lipoma (Do gr. *lípos*, «gordura» +*[ógk]oma, -atos*, «tumor» +*-oso*)

lipoproteína n.f. QUÍMICA composto orgânico constituído por uma proteína cuja molécula está associada a lípidos, e cuja função é transportar estas substâncias na circulação sanguínea (De *lipo-+proteína*)

liposo /ô/ adj. remeloso (Do lat. *lippu-*, «remelento» +*-oso*)

lipossolúvel adj.2g. que se dissolve nas gorduras e nos solventes das gorduras

lipossucção n.f. CIRURGIA ⇒ **lipoaspiração** (De *lipo+sucção*)

lipotimia n.f. perda brusca de conhecimento, mais ou menos completa, de curta duração, com abolição das funções motrizes, mas permanência das funções circulatória e respiratória; síncope (Do gr. *lipothymía*, «perda dos sentidos»)

lipsiense adj.2g. relativo à cidade alemã de Lípsia (forma vernácula pouco usada para Leipzig), no estado da Saxónia (Sachsen) (De *Lípsia*, top. +*-ense*)

lipúria n.f. MEDICINA presença, na urina, de quantidade excessiva de gordura (Do gr. *lípos*, «gordura»+*oûron*, «urina» +*-ia*)

liquação n.f. operação que consiste em separar, por fusão, dois ou mais metais de fusibilidade diferente (Do lat. *liquatiōne-*, «fusão»)

liquefação n.f. 1 FÍSICA passagem de uma substância do estado gasoso ao estado líquido; condensação 2 FÍSICA passagem de uma substância do estado sólido ao estado líquido (Do lat. tard. *liquefactiōne-*, «id.»)

liquefacção ver nova grafia liquefação

liquefactivo adj. que se liquefaz (Do lat. *liquefactu-*, «id.», part. pass. de *liquefacĕre*, sob a forma *liquefact-+-ivo*) ACORDO ORTOGRÁFICO também se pode escrever **liquefativo**

liquefacto adj. ⇒ **liquefeito** (Do lat. *liquefactu-*, «id.», part. pass. de *liquefacĕre*, «liquefazer; fundir»)

liquefactor ver nova grafia liquefator

liquefativo a grafia mais usada é **liquefactivo**

liquefator n.m. aparelho que permite a liquefação de um gás ou de um fluido no estado de vapor (Do lat. *liquefactōre*, «que liquefaz»)

liquefazer v.tr. 1 tornar líquido (um gás) 2 derreter (um sólido) ■ v.pron. 1 passar ao estado líquido 2 derreter (Do lat. *liquefacĕre*, «liquefazer; fundir»)

liquefeito adj. tornado líquido; derretido; liquefacto (Do lat. *liquefactu-*, «id.», part. pass. de *liquefacĕre*, «liquefazer; fundir»)

líquen n.m. 1 BOTÂNICA associação simbiótica de fungos com algas clorofíceas ou esquizófitas, que forma um grupo apêndice dos fungos, também designado talófitas 2 MEDICINA dermatose que ataca principalmente os indivíduos adultos (Do gr. *leikhén*, «planta rastejante», pelo lat. *lichen* (nominativo), «id.»)

liques n.m.2n. 1 cinco de ouros no jogo do truque 2 jogo do truque (De orig. obsc.)

liquescente adj.2g. que se liquefaz (Do lat. *liquescente-*, «id.», part. pres. de *liquescĕre*, «liquescer»)

liquescer v.intr. tornar-se líquido (Do lat. *liquescĕre*, «id.»)

liquidação n.f. 1 ato ou efeito de liquidar 2 apuramento de contas 3 pagamento de uma dívida 4 DIREITO pagamento do passivo e distribuição do ativo pelos sócios de uma casa ou empresa social, quando esta cessa 5 venda de bens ou mercadorias a preço reduzido, de forma a esgotar rapidamente o stock (De *liquidar+-ção*)

liquidado adj. 1 pago 2 tirado a limpo; esclarecido 3 morto (Part. pass. de *liquidar*)

liquidador /ô/ adj.,n.m. que ou aquele que liquida; liquidatário (De *liquidar+-dor*)

liquidâmbar n.m. 1 BOTÂNICA árvore, da família das Hamamelidáceas, de que se extraem resinas balsâmicas 2 suco resinoso extraído destas árvores, utilizado principalmente em perfumaria ou como estimulante das vias respiratórias

liquidar v.tr. 1 fazer a liquidação de; fazer o pagamento de (dívidas) 2 ECONOMIA vender (os stocks) a preços reduzidos 3 ECONOMIA realizar o ativo e pagar o passivo de uma empresa que cessa a sua atividade 4 tirar a limpo; esclarecer; apurar 5 ajustar; resolver 6 matar ▪ v.intr. 1 acabar; destruir 2 pagar o seu débito 3 saldar uma conta 4 ajustar contas (Do lat. *liquidāre*, «tornar líquido»)

liquidatário adj.,n.m. que ou pessoa que é encarregada de uma liquidação; liquidador (Do lat. *liquidātu-*, «liquidado» +*ário*)

liquidável adj.2g. que se pode liquidar (De *liquidar*+*-vel*)

liquidez /ê/ n.f. 1 qualidade ou estado daquilo que é líquido 2 propriedade de um ativo financeiro (De *líquido*+*-ez*)

liquidificação n.f. 1 passagem de uma substância para o estado líquido; liquefação 2 FÍSICA fusão (De *liquidificar*+*-ção*)

liquidificador /ô/ adj. que liquidifica ▪ n.m. 1 aquilo que provoca a liquidificação 2 aparelho elétrico de cozinha que serve para triturar e misturar determinados elementos, em especial bebidas e frutas (De *liquidificar*+*-dor*)

liquidificante adj.2g. que liquidifica; que provoca a liquidificação (De *liquidificar*+*-ante*)

liquidificar v.tr. tornar líquido; reduzir ao estado líquido (Do lat. *liquĭdu-*, «líquido»+*facĕre*, «fazer»)

liquidificável adj.2g. que se pode liquefazer; que pode transformar-se em líquido (De *liquidificar*+*-vel*)

líquido adj. 1 designativo do estado da matéria em que esta flui, tomando a forma dos recipientes em que se encontra 2 que flui ou corre 3 ECONOMIA livre de descontos ou despesas 4 ECONOMIA (investimento, produto interno) que não inclui as amortizações 5 apurado; final 6 perfeitamente determinado; claro 7 LINGUÍSTICA diz-se das consoantes que se combinam facilmente com outras, como o *l* e o *r* ▪ n.m. 1 um dos três estados da matéria (os outros são o sólido e o gasoso) caracterizado por esta não apresentar forma própria, mas apenas volume próprio 2 substância que flui, podendo adquirir a forma do recipiente que a contém 3 alimento líquido; bebida; ~ *amniótico* FISIOLOGIA líquido que envolve o feto durante a gestação; *degeneração líquida* FÍSICA processo pelo qual um líquido arrefecido abaixo de certa temperatura perde rapidamente toda a sua entropia de desordem líquida, sem passar ao estado sólido (Do lat. *liquĭdu-*, «id.»)

liquómetro n.m. instrumento para determinar a percentagem alcoólica de certos líquidos (Do lat. *liquor*, «líquido»+gr. *métron*, «medida»)

lira¹ n.f. 1 MÚSICA instrumento musical de cordas usado na Grécia Antiga, em forma de U com uma barra horizontal no topo, onde se fixam as suas cordas, que são dedilhadas com um plectro 2 símbolo da música 3 [fig.] arte poética; poesia; inspiração poética 4 LITERATURA estrofe de cinco versos constituída por dois versos decassílabos (o segundo e o quinto) e três hexassílabos, com um esquema fixo de rimas consoantes 5 [com maiúscula] ASTRONOMIA constelação boreal de que faz parte a estrela Vega (α), dupla, branco-azulada, de grandeza aparente 0,1 e que dentro de 11 000 anos será estrela polar (Do gr. *lýra*, «id.», pelo lat. *lyra-*, «id.»)

lira² n.f. 1 antiga unidade monetária de Itália, San Marino, Chipre, Vaticano e Malta, substituída pelo euro 2 unidade monetária da Turquia (Do it. *lira*, «id.», do lat. *lībra,ae*, «peso de uma libra»)

líria n.f. [regionalismo] (vinho) lia (Do cast. *liria*, «visco»?)

lírica n.f. 1 um dos géneros fundamentais da literatura; género literário, em geral manifestado em textos de poesia, em que a voz do autor exprime ficcionalmente a sua subjetividade 2 coleção de poesias líricas (Do lat. *lyrĭca-*, «id.»)

lírico adj. 1 LITERATURA, MÚSICA diz-se do género literário ou musical em que o autor exprime a sua subjetividade 2 dizia-se, na Antiguidade, da poesia que se podia cantar ao som da lira 3 diz-se da composição poética que pode ser cantada 4 relativo à ópera 5 que exprime sentimentalismo ▪ n.m. 1 poeta que cultiva o género lírico 2 [fig.] indivíduo muito sentimental, pouco prático, sonhador (Do gr. *lyrikós*, «id.», pelo lat. *lyrĭcu-*, «id.»)

lírico-dramático adj. relativo simultaneamente aos géneros lírico e dramático

lírio n.m. 1 BOTÂNICA planta rizomatosa ou bolbosa, em especial da família das Iridáceas, produtora de flores, espontânea, subespontânea e cultivada para fins ornamentais 2 BOTÂNICA flor destas plantas 3 [fig.] símbolo de pureza e inocência (Do gr. *leírion*, «id.», pelo lat. *lilĭu-*, «id.»)

lírio-das-areias n.m. BOTÂNICA planta herbácea, bolbosa, da família das Amarilidáceas, de grandes flores brancas e odoríferas, espontânea em Portugal, nas areias marítimas

lírio-dos-tintureiros n.m. BOTÂNICA planta herbácea da família das Resedáceas, de flores amareladas ou esverdeadas, espontânea em Portugal

lírio-ferro n.m. ICTIOLOGIA peixe teleósteo, de corpo longo e olhos grandes, pouco frequente nas costas marítimas portuguesas, também conhecido por peixe-cavalo e peixe-água

lírio-mártago n.m. BOTÂNICA planta da família das Liliáceas, de flores vistosas, inodoras e pendentes, com tépalas encurvadas, espontânea em Portugal, e também denominada martagão

lirismo n.m. 1 qualidade de lírico 2 estilo elevado, mavioso e apaixonado 3 sentimentalismo exacerbado 4 entusiasmo; exaltação de espírito 5 [pej.] falta de pragmatismo ou de espírito prático (Do fr. *lyrisme*, «id.»)

liró adj.2g. 1 [pop.] vestido com apuro; janota; catita 2 [pop.] amalucado (De orig. obsc.)

liru adj.2g. [pop.] ⇒ **liró**

lis n.m./f. 1 BOTÂNICA ⇒ **lírio** 2 HERÁLDICA adorno em forma da flor do lírio estilizada, que constitui um símbolo da antiga realeza francesa; flor de lis (Do fr. *lis*, «id.»)

lisboa /ô/ n.f. BOTÂNICA variedade de alface (De *Lisboa*, top.)

lisboês adj.,n.m. ⇒ **lisboeta** (De *Lisboa*, top. +*-ês*)

lisboeta /ê/ adj.2g. relativo a Lisboa ▪ n.2g. natural ou habitante de Lisboa (De *Lisboa*, top. +*-eta*)

lisbonense adj.,n.2g. ⇒ **lisboeta** (Do ant. *Lisbona*, top., «Lisboa» + *-ense*)

lisbonês adj.,n.m. ⇒ **lisboeta** (Do ant. *Lisbona*, top., «Lisboa» +*-ês*)

lisbonina n.f. antiga peça de ouro (De *lisbonino*)

lisbonino adj. ⇒ **lisboeta** adj.2g. (Do ant. *Lisbona*, top., «Lisboa» + *-ino*)

lise n.f. 1 MEDICINA declínio gradual e lento da febre 2 MEDICINA destruição de células ou de microrganismos 3 QUÍMICA decomposição de uma substância (Do gr. *lýsis*, «dissolução; libertação»)

-lise sufixo nominal, de origem grega, que exprime a ideia de *libertação, dissolução* (*hemólise*)

lisemia n.f. desintegração do sangue (Do gr. *lýsis*, «dissolução» +*haîma*, «sangue» +*-ia*)

lisérgico adj. BIOQUÍMICA designativo de um ácido complexo, produto da degradação hidrolítica dos alcaloides da cravagem do centeio (Do ing. *lysergic*, «id.»)

lisimáquia n.f. BOTÂNICA planta com flores amarelas, em panícula, pertencente à família das Primuláceas, espontânea em Portugal, nos lugares húmidos (Do gr. *lysimákhion*, «id.», pelo lat. *lysimachĭa-*, «id.»)

lisina n.f. BIOQUÍMICA aminoácido que é a base de várias proteínas (Do gr. *lýsis*, «dissolução» +*-ina*)

lísio adj. 1 que se liquefaz 2 que provém de uma dissolução química (Do gr. *lýsios*, «dissolvente; que desata»)

lismar v.tr. tirar o lismo a (enguias e outros peixes) (De *lismo*+*-ar*)

lismo n.m. 1 [regionalismo] substância viscosa que cobre o corpo dos peixes e de outros animais aquáticos 2 BOTÂNICA vegetação aquática ou dos sítios húmidos que se apresenta viscosa ao tato; limo (Por *limo*?)

liso adj. 1 que tem superfície plana e sem asperezas 2 que é suave ao tato; macio 3 que não tem pregas nem ornatos 4 que não é ondulado nem encaracolado 5 diz-se de um colorido uniforme 6 [fig.] franco; honesto; *ficar* ~ [coloq.] ficar sem dinheiro (De orig. obsc.)

lisol n.m. solução concentrada de sabão e ácido fénico, usada como desinfetante ou antisséptico (Do fr. *lysol*, «id.»)

lisonja n.f. 1 ato ou efeito de lisonjear; louvor afetado; adulação; dito lisonjeiro 2 mimo 3 HERÁLDICA ornato romboide num dos ângulos do escudo (Do franco *lausinga*, «mentira», pelo fr. ant. *losenge* ou prov. *lauzenja*, «id.», pelo cast. *lisonja*, «lisonja»)

lisonjaria n.f. ato ou hábito de lisonjear; lisonja (De *lisonja*+*-aria*)

lisonjeador adj.,n.m. que ou aquele que lisonjeia; lisonjeiro (De *lisonjear*+*-dor*)

lisonjear v.tr. 1 elogiar demasiadamente e com afetação; adular; bajular 2 agradar a; causar prazer a ▪ v.pron. 1 deleitar-se com lisonjas 2 honrar-se (De *lisonja*+*-ear*)

lisonjeiramente adv. 1 com lisonja 2 favoravelmente; satisfatoriamente (De *lisonjeiro*+*-mente*)

lisonjeiro adj. 1 que envolve lisonja ou deleite 2 agradável; elogioso; encantador 3 que louva com exagero ▪ n.m. lisonjeador; bajulador; adulador (Do fr. ant. *losengier*, ou prov. *lauzengier*, «id.», pelo cast. *lisonjero*, «lisonjeiro»)

lisossoma *n.m.* MEDICINA formação intracelular que contém enzimas hidrolíticas, responsáveis pela lise celular e que intervém na digestão das bactérias fagocitadas pelos leucócitos

lissa *n.f.* cordel vertical no tear ordinário (Do fr. *lisse*, «liço do tear»)

lissadeira *n.f.* máquina de alisar e lustrar os tecidos, couros, etc. (Do fr. *lisser*, «alisar» +-*deira*)

lisseira *n.f.* cada uma das quatro réguas horizontais do tear destinadas, duas a duas, a conservar entre si uma série de cordéis verticais (lissas) (De *lissa*+-*eira*)

lista *n.f.* **1** tira comprida e estreita de pano ou papel **2** risca em tecido, de cor diferente da do fundo; listra **3** em certos animais, risca de pelos mais escuros do que a pelagem geral **4** conjunto de nomes de pessoas ou coisas escritos uns a seguir aos outros e seguindo uma determinada ordem; rol; listagem **5** relação dos pratos disponíveis para refeição e preços respetivos nos restaurantes; ementa **6** relação oficial dos números da lotaria; **~ negra** lista de pessoas, firmas, instituições, etc., consideradas nocivas para um grupo ou sociedade, por terem ações opostas aos seus interesses; **em ~ de espera** a aguardar a sua vez (Do fr. *liste*, «id.»)

listagem *n.f.* **1** ato ou efeito de listar ou alistar **2** conjunto de listas **3** INFORMÁTICA apresentação de programas ou dados em ordem numérica ou segundo as posições que ocupam na memória do computador (Do fr. *listage*, «id.»)

listão *n.m.* **1** lista grande; faixa **2** esteira de embarcação **3** régua de carpinteiro ■ *adj.* diz-se do touro que tem uma lista de cor diferente da do resto do pelo (De *lista*+-*ão*)

listar *v.tr.* **1** pôr em lista; inscrever; alistar **2** catalogar **3** listrar (De *lista*+-*ar*)

listel *n.m.* moldura estreita que acompanha outra maior ou separa as caneluras de uma coluna; filete; listelo (Do it. *listello*, «id.», pelo fr. ant. *listel*, hoje *liteau*, «id.»)

listelão *n.m.* grande moldura quadrada e lisa (De *listel*+-*ão*)

listelo *n.m.* ⇒ **listel** (Do it. *listello*, «id.»)

listenstainiano *adj.* relativo ao Principado de Listenstaine (entre a Suíça e a Áustria), ou que é seu natural ou habitante ■ *n.m.* natural ou habitante de Listenstaine (De *Listenstaine*, top. +-*iano*)

listra *n.f.* risca, num tecido, de cor diferente da do resto do mesmo; lista (De *lista*)

listrado *adj.* que tem listras; às riscas (De *listra*+-*ado*)

listrão *n.m.* listra grande; listão (De *listra*+-*ão*)

listrar *v.tr.* ornar com listras (De *listra*+-*ar*)

lisura *n.f.* **1** qualidade de liso; macieza **2** [fig.] sinceridade; honestidade (De *liso*+-*ura*)

litação *n.f.* ato ou efeito de litar (Do lat. *litatiōne*-, «sacrifício»)

litania *n.f.* ⇒ **ladainha** (Do gr. *litaneía*, «oração», pelo lat. *litanīa*-, «id.»)

litão *n.m.* ICTIOLOGIA ⇒ **cação 1**

litar *v.tr.* oferecer (sacrifícios) ■ *v.intr.* ter bons presságios (Do lat. *litāre*, «sacrificar»)

litargírio *n.m.* **1** QUÍMICA protóxido de chumbo cristalizado em lâminas vermelho-alaranjadas, usado como pigmento **2** fezes de ouro (Do gr. *lithárgyros*, «mistura de prata e chumbo», pelo lat. *lithargýru*-, «fezes de prata» +-*io*)

litas *n.m.2n.* unidade monetária da Lituânia

-lite sufixo nominal, de origem grega, que exprime a ideia de *pedra* e ocorre em nomes de minerais (*picrolite*)

liteira *n.f.* **1** cadeirinha portátil, coberta e fechada, sustentada por dois varais compridos, que era conduzida por homens ou por animais de carga, colocados atrás e adiante **2** tecido de estopa e lã, usado pelas camponesas alentejanas (Do lat. *lectuarĭa*-, «do leito»)

liteireiro *n.m.* condutor de liteiras (De *liteira*+-*eiro*)

liteiro *n.m.* [regionalismo] manta de farrapos para a cama (Do lat. *lectuarĭu*-, «do leito»)

literacia *n.f.* capacidade de ler e escrever; alfabetismo (Do lat. *littĕram*, «letra»+*acia*)

literal *adj.2g.* **1** idêntico à letra do texto **2** diz-se de uma tradução feita palavra por palavra, ou quase **3** rigoroso; claro; terminante; formal (Do lat. *litterāle*-, «id.»)

literalidade *n.f.* qualidade do que é literal (De *literal*+-*i*-+-*dade*)

literalismo *n.m.* prática ou processo que consiste em fazer interpretação literal; tendência para adotar a interpretação literal

literalista *adj.,n.2g.* que ou pessoa que adota o literalismo

literalmente *adv.* **1** à letra **2** completamente (De *literal*+-*mente*)

literariamente *adv.* à maneira literária; em linguagem literária (De *literário*+-*mente*)

literariedade *n.f.* **1** qualidade do que é literário **2** conjunto de características específicas que permitem classificar um texto como texto literário (De *literário*+-*dade*)

literário *adj.* relativo a letras, à literatura ou a conhecimentos adquiridos pelo estudo (Do lat. *litterarĭu*-, «id.»)

literataço *n.m.* [depr.] literato pedante (De *literato*+-*aço*)

literatejar *v.intr.* [depr.] fazer literatura sem valor; ser literato ridículo (De *literato*+-*ejar*)

literatelho /ê/ *n.m.* [depr.] literato medíocre (De *literato*+-*elho*)

literatice *n.f.* [depr.] literatura ridícula **2** [depr.] qualidade de literato sem valor (De *literato*+-*ice*)

literatiqueiro *n.m.* [depr.] literato medíocre (De *literatice*+-*eiro*?)

literatismo *n.m.* [depr.] mania de literato; literatice (De *literato*+-*ismo*)

literato *adj.,n.m.* **1** que ou indivíduo que possui vastos conhecimentos de literatura **2** que ou o que produz obras literárias; escritor (Do lat. *litterātu*-, «letrado»)

literatura *n.f.* **1** arte de compor obras em que a linguagem é usada esteticamente, procurando produzir emoções no recetor **2** conjunto de produções literárias de um país ou de uma época **3** produção escrita relativa a determinado setor do conhecimento (literatura médica, literatura química, literatura jurídica) **4** disciplina que tem por objeto de estudo os estudos literários **5** carreira das letras; **~ de cordel** literatura de carácter popular (Do lat. *litteratūra*-, «erudição; ciência relativa às letras»)

lítia *n.f.* QUÍMICA ⇒ **litina** (De *lítio*)

litíase *n.f.* MEDICINA formação de areias ou pequenos cálculos no organismo (Do gr. *lithíasis*, «formação de pedras»)

lítico *adj.* relativo à pedra (Do gr. *lithikós*, «id.»)

litificação *n.f.* GEOLOGIA consolidação de sedimentos (Do gr. *líthos*, «pedra» +*facĕre*, «fazer»)

litigação *n.f.* DIREITO ⇒ **litigância** (Do lat. *litigatiōne*-, «contestação»)

litigância *n.f.* DIREITO situação em que uma questão está entregue aos tribunais para apreciação e decisão (De *litigar*+-*ância*)

litigante *adj.,n.2g.* **1** DIREITO diz-se de ou cada uma das partes envolvidas num processo que está em tribunal para apreciação e decisão **2** que ou o que está em conflito com outrem (Do lat. *litigante*-, «id.», part. pres. de *litigāre*, «disputar; pleitear»)

litigar[1] *v.tr.,intr.* **1** DIREITO entregar uma questão ou queixa aos tribunais no sentido de obter apreciação e decisão sobre uma determinada situação; contestar judicialmente; ter litígio; demandar **2** entrar em disputa; opor-se (a) (Do latim *litigāre*, «disputar»)

litigar[2] *v.intr.* **1** [Cabo Verde] procurar algo difícil de encontrar **2** [Cabo Verde] trabalhar para se alimentar ■ *v.tr.* [Cabo Verde] empenhar-se em (Do crioulo cabo-verdiano *litijâr*, «idem»)

litigável *adj.2g.* **1** que é objeto de litígio **2** discutível; contestável (De *litigar*+-*vel*)

litigiar *v.tr.,intr.* ⇒ **litigar**[1] (De *litígio*+-*ar*)

litígio *n.m.* **1** ação judicial que está entregue aos tribunais para apreciação e decisão sobre uma determinada situação em relação à qual as partes não se entendem; contestação judicial; demanda **2** conflito; disputa; divergência (Do lat. *litigĭu*-, «id.»)

litigiosamente *adv.* de modo litigioso; por meio de litígio (De *litigioso*+-*mente*)

litigioso /ô/ *adj.* **1** relativo a litígio **2** dependente de sentença judicial; que envolve litígio **3** conflituoso (Do lat. *litigiōsu*-, «id.»)

litina *n.f.* QUÍMICA hidróxido de lítio (De *lítio*+-*ina*)

litinado *adj.* que contém litina (De *litina*+-*ado*)

litínico *adj.* relativo a litina (De *litina*+-*ico*)

litinífero *adj.* que contém litina (De *litina*+-*fero*)

lítio *n.m.* QUÍMICA elemento químico com o número atómico 3 e símbolo Li, que é um metal alcalino, branco e pouco denso, utilizado em várias ligas para aumentar a rigidez e a resistência à corrosão (Do gr. *líthos*, «pedra» +-*io*)

litisconsórcio *n.m.* DIREITO junção de dois ou mais autores ou réus na mesma ação (Do lat. *litis*, «litígio» +*consórcio*)

litisconsorte *n.2g.* DIREITO pessoa que, juntamente com outra, demanda alguém em juízo (Do lat. *litis*, genitivo de *lis*, «litígio» +*consorte*, «companheiro»)

litispendência *n.f.* **1** DIREITO estado de um processo judicial em que se verifica existir um outro em que se discute precisamente a mesma causa entre as mesmas partes **2** DIREITO [ant.] decurso de um processo judicial (Do lat. *litis*, genitivo de *lis*, «litígio» +*pendentia*, «coisas pendentes», part. pres. neut. pl. de *pendēre*, «estar suspenso; pender»)

litizonte *n.m.* **1** espécie de pedra preciosa da Índia **2** espécie de granada (Do gr. *lithízon, -ontos*, «id.»)

lito- elemento de formação de palavras que exprime a ideia de *pedra* (Do gr. *líthos*, «pedra»)

-lito¹ (átono) sufixo nominal, de origem grega, que exprime a ideia de *pedra* (*aerólito, megálito*)

-lito² (átono) sufixo nominal, de origem grega, que exprime a ideia de *solúvel* (Do grego *lutós*, «que pode ser dissolvido»)

Litobíidas *n.m.pl.* ZOOLOGIA ⇒ **Litobiídeos**

Litobiídeos *n.m.pl.* ZOOLOGIA família de miriápodes da ordem dos quilópodes, cujo género-tipo se denomina *Lithobius* (De *litóbio*+*-ídeos*)

litóbio *n.m.* ZOOLOGIA miriápode (escolopendra de tamanho médio) com quinze pares de patas (Do gr. *líthos*, «pedra» +*bíos*, «vida»)

litocarpo *n.m.* fruto fóssil (De *lito*-+*carpo*)

litóclase *n.f.* GEOLOGIA fratura natural das rochas (Do gr. *líthos*, «pedra» +*klásis*, «fenda»)

litoclastia *n.f.* processo de fragmentar os cálculos da bexiga (Do gr. *líthos*, «pedra» +*klastós*, «quebrado» +*-ia*)

litocola *n.f.* betume feito de pó de pedra e resina fundida, para os lapidários segurarem as pedras a facetar (Do gr. *lithokólla*, «litocola», pelo lat. *lithocolla*-, «id.»)

litocromia *n.f.* imitação litográfica da pintura a óleo (De *lito*-+*cromia*)

litocrómico *adj.* relativo à litocromia (De *litocromia*+*-ico*)

litocromista *n.2g.* pessoa que se ocupa de litocromia (De *litocromia*+*-ista*)

litofácies *n.f.2n.* GEOLOGIA conjunto de características litológicas de uma rocha (Do gr. *líthos*, «pedra»+lat. *facies*, «forma; aspeto»)

litófago *adj.* diz-se das conchas que se introduzem nas pedras, para aí se alojarem (De *lito*-+*fago*, ou do fr. *lithofage*, «id.»)

litofania *n.f.* processo de obter efeitos de transparência na porcelana, no vidro opaco, etc. (Do gr. *líthos*, «pedra» +*phaínein*, «brilhar; transparecer» +*-ia*)

litófilo *adj.* diz-se do animal ou da planta que vive sobre os rochedos (De *lito*-+*-filo*)

litófito *n.m.* produção marinha pedregosa, de forma arborescente e segregada pelos polipeiros (Do gr. *líthos*, «pedra» +*phytón*, «planta»)

litogénese *n.f.* **1** GEOLOGIA ação e efeito da formação das rochas **2** fase de um ciclo geológico em que os materiais resultantes da destruição das rochas e acumulados nas depressões se sedimentam e lapidificam, resultando assim novas rochas consolidadas (Do gr. *líthos*, «pedra» +*génesis*, «formação»)

litogenesia *n.f.* capítulo das ciências geológicas que trata da formação das rochas e das leis que presidem a essa formação (Do gr. *líthos*, «pedra» +*génesis*, «formação» +*-ia*)

litoglifia *n.f.* arte de gravar em pedras preciosas (Do gr. *lithoglyphía*, «gravura em pedra»)

litóglifo *n.m.* gravador de pedras preciosas (Do gr. *lithoglýphos*, «id.»)

litografar *v.tr.* imprimir pelo processo litográfico (Do gr. *líthos*, «pedra» +*gráphein*, «escrever»)

litografia *n.f.* **1** desenho ou escrito feito numa substância gorda, sobre uma pedra, para reproduzir em papel **2** oficina de litógrafo **3** produção obtida pelo processo litográfico (Do gr. *líthos*, «pedra» +*gráphein*, «escrever» +*-ia*)

litográfico *adj.* relativo à litografia (De *litografia*+*-ico*)

litógrafo *n.m.* aquele que exerce a arte litográfica (De *lito*-+*-grafo*)

litoide *adj.2g.* que tem a aparência de pedra (Do gr. *lithoeidés*, «id.»)

litóide ver nova grafia litoide

litolatria *n.f.* culto da pedra (De *lito*-+*-latria*)

litologia *n.f.* GEOLOGIA parte da geologia que estuda especialmente a génese, a composição e as propriedades das rochas; petrografia (Do gr. *líthos*, «pedra» +*lógos*, «estudo» +*-ia*, ou do fr. *lithologie*, «id.»)

litológico *adj.* relativo à litologia (De *litologia*+*-ico*)

litologista *n.2g.* pessoa versada em litologia; litólogo (De *litologia*+*-ista*)

litólogo *n.m.* ⇒ **litologista** (Do gr. *líthos*, «pedra» +*lógos*, «estudo»)

litoral *adj.2g.* que diz respeito à beira-mar; litoráneo; litóreo ■ *n.m.* região junto ou próximo da costa (Do lat. *litorāle*-, «id.»)

litoráneo *adj.* ⇒ **litoral** *adj.2g.* (Do it. *litoraneo*, «id.»)

litóreo *adj.* [poét.] ⇒ **litoral** (Do lat. *litorĕu*-, «id.»)

Litorínidas *n.m.pl.* ⇒ **Litorinídeos**

Litorinídeos *n.m.pl.* ZOOLOGIA família de moluscos gastrópodes, a cujo género-tipo, que se designa *Litorina*, pertencem algumas espécies vulgares no litoral marítimo português (Do lat. *litus, -ōris*, «costa marítima» +*-ino*+*-ídeos*)

litosfera *n.f.* GEOLOGIA parte externa e rígida da Terra, que inclui a crusta terrestre e uma parte do manto superior (De *lito*-+*esfera*)

litospermo *adj.* BOTÂNICA diz-se do vegetal cujas sementes são duras como pedras (Do gr. *líthos*, «pedra» +*spérma*, «semente»)

litotâmnio *n.m.* PALEONTOLOGIA alga fóssil do grupo das coralinas (Do gr. *líthos*, «pedra» +*thámnios*, «vegetação; arbusto» +*-io*)

litoteca *n.f.* secção de uma oficina de litografia onde se guardam as pedras usadas nos trabalhos de gravura e impressão (De *lito*-+*-teca*)

litotes *n.f.2n.* ⇒ **lítotes**

lítotes *n.f.2n.* figura de retórica mediante a qual se afirma um conceito, negando ironicamente o seu contrário (ex.: *ele não está bem por está mal*) (Do gr. *litótes*, «simplicidade», pelo lat. *litōtes*, «id.»)

litotipografia *n.f.* arte de produzir litograficamente trabalhos tipográficos (De *lito*-+*tipografia*)

litotipográfico *adj.* que diz respeito à litotipografia (De *litotipografia*+*-ico*)

litotomia *n.f.* CIRURGIA operação cirúrgica com incisão da bexiga urinária (cistotomia), para extração de cálculos (pedras), e que é conhecida também por operação da talha (Do gr. *lithotomía*, de *líthos*, «pedra» +*tomé*, «corte» +*-ia*)

litotomista *n.2g.* MEDICINA médico que pratica a litotomia (De *litotomia*+*-ista*)

litótomo *n.m.* MEDICINA instrumento para extrair cálculos urinários (Do gr. *lithotómon*, «id.»)

litótopo *n.m.* GEOLOGIA zona de sedimentação uniforme caracterizada por determinado tipo de sedimento (Do gr. *líthos*, «pedra» +*tópos*, «lugar; local; espaço de terreno»)

litotripsia *n.f.* CIRURGIA esmagamento dos cálculos da bexiga (Do gr. *líthos*, «pedra» +*trípsis*, «trituração» +*-ia*)

Litráceas *n.f.pl.* BOTÂNICA família de plantas dicotiledóneas, com flores hermafroditas (inflorescência em cacho ou espiga), representada em Portugal por espécies herbáceas (Do gr. *lýthron*, «sangue impuro» +*-áceas*)

litro *n.m.* unidade de medida de volume ou capacidade, de símbolo l ou L, equivalente a 1 decímetro cúbico, ou seja, o volume de 1 quilograma de água à temperatura de 4 graus Celsius e sob a pressão normal **2** [gír.] chapéu alto (Do lat. med. *litra*, medida de capacidade, pelo fr. *litre*, «litro»)

lituânico *adj.* ⇒ **lituano** *adj.* ■ *n.m.* língua falada na Lituânia (De *Lituânia*, top.+*-ico*)

lituânio *adj.* ⇒ **lituano** *adj.*

lituano *adj.* relativo ou pertencente à Lituânia (país do nordeste da Europa) ■ *n.m.* **1** natural ou habitante da Lituânia **2** língua falada na Lituânia (De *Lituânia*, top.)

lítuo *n.m.* **1** bastão que os áugures usavam **2** trombeta com que, nas guerras da antiga Roma, se dava o sinal de combate (Do lat. *lituu*-, «id.»)

litura *n.f.* parte ilegível de um escrito por efeito de rasura (Do lat. *litūra*-, «correção; rasura»)

liturgia *n.f.* conjunto das cerimónias e orações determinadas pela autoridade competente para cada ato do culto oficial; rito (Do gr. *leitourgía*, «função pública», pelo lat. ecl. *liturgĭa*-, «liturgia»)

liturgicamente *adv.* segundo a liturgia; do ponto de vista litúrgico (De *litúrgico*+*-mente*)

litúrgico *adj.* **1** da liturgia ou a ela relativo **2** diz-se da língua adotada no culto de uma religião **3** designativo dos livros que contêm as orações e outras fórmulas empregadas durante o serviço religioso (Do gr. *leitourgikós*, «relativo às funções públicas», pelo lat. ecl. *liturgĭcu*-, «litúrgico»)

liturgista *n.2g.* **1** pessoa versada em liturgia **2** mestre de cerimónias (De *liturgia*+*-ista*)

livedo /ê/ *n.m.* mancha lívida na pele (Do lat. *livēdo*, «relativo às funções públicas» (nominativo), «id.»)

livel *n.m.* ⇒ **nível** (Do lat. *libellu*-, de *libella*, «instrumento para nivelar», pelo fr. ant. *livel*, «id.»)

livelar *v.tr.,pron.* ⇒ **nivelar** (De *livel*+*-ar*)

livermório *n.m.* QUÍMICA elemento químico, transuraniano, com o número atómico 116 e símbolo Lv, obtido artificialmente (Do ing. *livermorium*, «id.», de *Lawrence Livermor National Laboratory*, laboratório norte-americano)

lividescer *v.tr.,intr.* tornar(-se) lívido; empalidecer (De *lívido*+*-escer*)

lividez /ê/ *n.f.* estado de lívido **2** cor lívida (De *lívido*+*-ez*)

lívido *adj.* **1** que tem cor entre o negro e o roxo; violáceo **2** extremamente pálido; cadavérico **3** que tem cor pouco intensa (Do lat. *livĭdu*-, «id.»)

livoniano *adj.* da Livónia, província da Rússia setentrional ■ *n.m.* natural ou habitante da Livónia (De *Livónia*, top. +*-ano*)

livónico *adj.* da Livónia ■ *n.m.* língua da Livónia (De *Livónia*, top. +*-ico*)

livónio *adj.* da Livónia ▪ *n.m.* indivíduo natural ou habitante da Livónia (De *Livónia*, top.)
livor *n.m.* ⇒ **lividez** (Do lat. *livōre-*, «id.»)
livra *interj.* designativa de aversão, repugnância, espanto ou alívio; safa! (De *livrar*)
livração *n.f.* 1 ⇒ **livramento** 2 [Brasil] absolvição (Do lat. *liberatiōne-*, «id.»)
livrador *adj.*,*n.m.* que ou aquele que livra; libertador (Do lat. *liberatōre-*, «id.»)
livralhada *n.f.* grande quantidade de livros considerados pouco valiosos (De *livro*+*alho*+*ada*)
livramento *n.m.* 1 ato ou efeito de livrar 2 libertação; resgate (De *livrar*+*-mento*)
livrança *n.f.* 1 ato ou efeito de livrar(-se); livramento 2 ECONOMIA título de crédito pelo qual um devedor se compromete perante um credor a pagar-lhe determinada quantia em certa data (De *livrar*+*-ança*)
livrão *n.m.* depósito público para recolha de livros escolares usados (De *livro*+*-ão*)
livrar *v.tr.* 1 tornar livre; dar liberdade a; soltar; libertar 2 pôr a salvo; salvar 3 tirar de situação difícil 4 pôr ao abrigo de 5 preservar 6 isentar; desobrigar 7 [pop.] dar à luz ▪ *v.pron.* 1 defender-se 2 libertar-se 3 escapar; desenredar-se 4 desobrigar-se (Do lat. *liberāre*, «id.»)
livraria *n.f.* 1 estabelecimento comercial onde se vendem livros 2 coleção de livros dispostos ordenadamente; biblioteca 3 comércio de livros 4 profissão de livreiro 5 [pop.] grande quantidade de livros (De *livro*+*-aria*, ou do lat. *librarīa*, «livraria»)
livre *adj.2g.* 1 que tem liberdade; que goza de liberdade política, civil e religiosa 2 que não está privado da sua liberdade física; solto 3 que tem o poder de decidir por si próprio; não monopolizado; independente 4 que não está ocupado 5 não comprometido 6 salvo 7 desembaraçado; sem obstáculos 8 isento; dispensado 9 espontâneo 10 que foi absolvido de um crime 11 franqueado 12 [pej.] dissoluto; licencioso 13 LITERATURA diz-se do verso que não é construído segundo esquemas métricos preexistentes ▪ *adv.* 1 em liberdade 2 à vontade ▪ *n.m.* DESPORTO (futebol) sanção a uma equipa relacionada com infração das leis de jogo por parte de um ou mais jogadores dessa equipa e que se traduz por passar a posse da bola para a equipa adversária, que a pode pontapear a partir de situação estática, direta ou indiretamente, para a baliza do opositor; *ter pulso ~* ter carta-branca, ter possibilidade de trabalhar sem depender de nada nem de ninguém (Do lat. *libĕru-*, «livre»)
livre-arbítrio *n.m.* FILOSOFIA poder de escolher ou não escolher um ato ou uma atitude, quando não se tem razão para se inclinar mais para um lado do que para o outro
livre-câmbio *n.m.* ECONOMIA permuta de mercadorias entre países, sem direitos alfandegários
livre-cambismo *n.m.* ECONOMIA sistema económico dos que advogam o livre-câmbio (De *livre-câmbio*+*-ismo*)
livre-cambista *n.2g.* ECONOMIA pessoa que preconiza o livre-cambismo (De *livre-câmbio*+*-ista*)
livreco *n.m.* [depr.] livro pequeno e de pouco valor (De *livro*+*-eco*)
livre-cultismo *n.m.* doutrina daqueles que advogam a liberdade de culto
livre-docente *n.m.* [Brasil] título que o professor adquire no ensino superior e que o habilita a reger determinados cursos e/ou a examinar em concursos para magistério superior ▪ *n.2g.* [Brasil] pessoa que obteve este título
livreiro *adj.* relativo a livros ▪ *n.m.* comerciante de livros (Do lat. *librarĭu-*, «id.»)
livremente *adv.* de modo livre; com liberdade; sem coação (De *livre*+*-mente*)
livre-pensadeiro *n.m.* [depr.] livre-pensador que exagera ridiculamente as suas opiniões
livre-pensador *n.m.* aquele que, em matéria religiosa, pensa apenas segundo a razão, sem subordinação dogmática (Do fr. *libre penseur* ou do ing. *free-thinker*, «id.»)
livre-pensamento *n.m.* 1 doutrina dos que defendem a liberdade de opiniões em matéria religiosa 2 pensamento livre de qualquer crença religiosa (Do fr. *libre pensée*, «id.»)
livresco /ê/ *adj.* 1 relativo aos livros 2 baseado apenas no estudo ou na leitura dos livros, mas sem experiência (De *livro*+*-esco*)
livrete /ê/ *n.m.* 1 pequeno livro 2 caderneta 3 registo 4 documento de registo de um veículo (De *livro*+*-ete*)
livre-trânsito *n.m.* cartão que permite a entrada em certos lugares, transportes públicos ou espetáculos

livrilho *n.m.* 1 BOTÂNICA parte interna da casca dos vegetais, aderente ao alburno 2 BOTÂNICA líber 3 [pop.] livro de mortalhas para cigarro (Do cast. *librillo*, «livro de mortalhas»)
livro *n.m.* 1 reunião de cadernos, manuscritos ou impressos, cosidos ordenadamente, formando um volume encadernado ou brochado 2 obra literária ou científica, em prosa ou verso 3 divisão de uma obra 4 registo de certas atividades ou de atos simbólicos 5 ZOOLOGIA terceira parte do estômago dos ruminantes, que apresenta internamente numerosas pregas; folhoso; *~ de bolso* livro de tamanho reduzido e em geral com preço baixo; *~ de cheques* conjunto de impressos emitidos por um banco que, quando devidamente preenchidos e assinados, permitem ao seu titular movimentar dinheiro de uma conta; *~ de ouro* livro em que se regista o nome das pessoas que contribuíram para determinado fim altruístico, ou de visitantes ilustres; *~ de ponto* livro usado nas escolas pelos professores para fazer o registo diário das atividades letivas de uma turma; *ser um ~ aberto* ser franco, leal, saber muito (Do lat. *libru-*, «livre»)
livro-caixa *n.m.* ECONOMIA (contabilidade) livro que serve para registar as entradas e saídas de fundos
livro-diário *n.m.* ECONOMIA (contabilidade) livro em que se regista o débito e o crédito das transações diárias
livrório *n.m.* 1 livro de pouco mérito 2 cartapácio (De *livro*+*-ório*)
livroxada *n.f.* [depr.] ⇒ **livralhada**
lixa *n.f.* 1 papel ou pano coberto com uma camada mais ou menos áspera, muitas vezes impregnada de areia, utilizado em desgastes e polimentos 2 pele seca de alguns peixes empregada para forrar, alisar, polir, etc. 3 ICTIOLOGIA peixe seláquio de corpo alongado, que faz parte da fauna marítima portuguesa; *~ de unha* [Brasil] lima de unhas (Deriv. regr. de *lixar*)
lixadela *n.f.* 1 ato de lixar de forma superficial 2 [coloq.] ato de ser tramado; encravação (De *lixar*+*-dela*)
lixa-de-lei *n.f.* ICTIOLOGIA peixe seláquio, de corpo longo, pertencente à família dos Espinacídeos
lixa-de-pau *n.f.* ICTIOLOGIA peixe de uma das espécies de seláquios, conhecida também por arreganhada
lixadora /ô/ *n.f.* utensílio ou máquina que serve para lixar (De *lixar*+*-dora*)
lixanço *n.m.* [coloq.] encravação; entalação (De *lixar*+*-anço*)
lixar *v.tr.* 1 desgastar ou polir com lixa 2 [coloq.] causar prejuízo a; tramar 3 [coloq.] fazer estragos em; danificar 4 [coloq.] enfurecer; irritar ▪ *v.pron.* 1 [coloq.] ficar em situação difícil; tramar-se; prejudicar-se 2 [coloq.] não dar importância a; não ligar; *que se lixe!* não importa, não vale a pena fazer caso (Do lat. tard. *lixāre*, «extrair por meio de lixação»)
lixeira *n.f.* 1 local onde são acumulados indevidamente resíduos ou detritos indiscriminados 2 sítio imundo; sujeira (De *lixo*+*-eira*)
lixeiro *n.m.* encarregado de tirar e transportar o lixo (De *lixo*+*-eiro*)
lixento *adj.* ⇒ **lixoso** (De *lixo*+*-ento*)
lixinha-da-fundura *n.f.* ICTIOLOGIA ⇒ **gata-preta**
lixívia *n.f.* 1 QUÍMICA solução alcalina concentrada, utilizada para lavagem de tecidos e como desinfetante; solução de hipoclorito de sódio 2 [ant.] ⇒ **barrela** 2 (Do lat. *lixīvia*, «id.»)
lixiviação *n.f.* 1 ato ou operação de lixiviar 2 separação dos princípios solúveis contidos em certas substâncias, por meio de lavagem (De *lixiviar*+*-ção*)
lixiviador *n.m.* aparelho em que se faz a lixiviação (De *lixiviar*+*-dor*)
lixiviante *adj.2g.* QUÍMICA em que há lixiviação
lixiviar *v.tr.* lavar com lixívia; branquear; fazer a lixiviação de (De *lixívia*+*-ar*)
lixivioso /ô/ *adj.* semelhante à lixívia (De *lixívia*+*-oso*)
lixo *n.m.* 1 aquilo que se deita fora por não ter utilidade ou por ser velho 2 restos de cozinha e toda a espécie de resíduos desnecessários que resultam da atividade de uma casa 3 pó e sujidade acumulados 4 lixeira 5 imundície; sujidade 6 local onde se reúne tudo aquilo que é para deitar fora 7 [fig.] coisas inúteis 8 [pej.] ralé (Do lat. *lixa-*, «água da lixívia»)
lixoso /ô/ *adj.* que tem lixo; sujo; imundo (De *lixo*+*-oso*)
lizar *v.tr.* voltar num banho de tinta (qualquer tecido ou meada) (De orig. obsc.)
lo *pron.pess.,dem.* variante do pronome pessoal ou demonstrativo **o**, sempre que antecedido por formas verbais terminadas em *-r*, *-s* ou *-z*, depois dos pronomes átonos *nos* e *vos* e do advérbio *eis*, que perdem a consoante final (*amá-lo*; *aprecia-lo*; *di-lo*; *ofereceram-no-lo*; *venderam-vo-lo*; *ei-lo*) (Do lat. *illu-*, «aquele»)
ló[1] *n.m.* NÁUTICA lado do navio de onde vem o vento; *de ~* NÁUTICA para o lado do vento (Do neerl. *loef*, «id.», pelo fr. *lof*, «id.»)

ló² *n.m.* tecido fino, espécie de escumilha (De orig. obsc.)

loa /ô/ *n.f.* **1** discurso laudatório; apologia **2** prólogo de uma composição dramática **3** [pop.] mentira **4** *pl.* cânticos em honra da Virgem ou dos santos; *não ir em loas* [fig.] não ceder a lisonjas, não se deixar enganar (Deriv. regr. do arc. *loar*, «louvar»)

loasa *n.f.* BOTÂNICA planta herbácea, dicotiledónea, de fruto capsular, oriunda das zonas tropicais, de flores vistosas, cultivada para fins ornamentais (De orig. obsc.)

Loasáceas *n.f.pl.* BOTÂNICA família de plantas dicotiledóneas, herbáceas ou arbustivas, de fruto capsular, muitas delas ornamentais, que vivem, em regra, nas regiões tropicais (De *loasa*+-*áceas*)

loba¹ /ó/ *n.f.* tumor (De *lobo* [= parte de um órgão])

loba² /ô/ *n.f.* **1** fêmea do lobo **2** [regionalismo] terreno, junto das oliveiras, que tem de ser cavado porque o arado não chega lá **3** determinado jogo de cartas (Do lat. *lupa*-, «id.»)

loba³ /ô/ *n.f.* **1** batina de clérigo **2** veste talar preta usada por magistrados judiciais no exercício das suas funções ou nas solenidades em que tenham de participar; beca (Do lat. *alba*-, «veste branca», pelo fr. *l'aube*, «a alva; túnica branca dos sacerdotes»)

lobacho *n.m.* lobo pequeno (De *lobo*+-*acho*)

lobado *adj.* **1** que está dividido em lobos ou lóbulos; lobulado **2** BOTÂNICA diz-se da folha vegetal simples que tem recortes que a dividem em porções grandes, arredondadas, que não atingem o meio do limbo **3** BOTÂNICA diz-se do cálice sinsépalo ou da corola simpétala cujo limbo se apresenta dividido em lobos ■ *n.m.* ZOOLOGIA espécime dos lobados ■ *n.m.pl.* ZOOLOGIA grupo de protozoários rizópodes cujos pseudópodes são grossos e curtos (De *lobo* [= parte de um órgão]+-*ado*)

lobagante *n.m.* ZOOLOGIA ⇒ **lavagante** (Do cast. *lobagante*, «id.»)

lobal *adj.2g.* **1** referente a lobo; lupino **2** [fig.] voraz **3** [fig.] sanguinário (De *lobo*+-*al*)

lobão *n.m.* tumor no peito dos cavalos; carbúnculo (De *loba* [= tumor]+-*ão*)

lobato *n.m.* **1** lobo pequeno; lobacho **2** criança **3** garoto asselvajado (De *lobo*+-*ato*)

lobaz *n.m.* lobo grande **2** [fig.] grande comilão (De *lobo*+-*az*)

lobby *n.m.* **1** grupo de pressão **2** POLÍTICA grupo dos que frequentam as antecâmaras dos parlamentos com o objetivo de influenciar os deputados no sentido de votarem de acordo com os seus interesses (Do ing. *lobby*, «vestíbulo; corredor»)

lobecão *n.m.* ZOOLOGIA animal que resulta do cruzamento entre uma loba e um cão (De *lobo*+*cão*)

lobectomia *n.f.* CIRURGIA ablação cirúrgica de um lobo nos hemisférios cerebrais, geralmente um lobo pré-frontal, unilateralmente ou bilateralmente (Do gr. *lobós*, «lóbulo da orelha» +*ek-tomé*, «amputação» +-*ia*)

lobegante *n.m.* ZOOLOGIA ⇒ **lavagante** (De *lobagante*)

lobegão *n.m.* VETERINÁRIA ⇒ **baceira** (De orig. obsc.)

lobeiro¹ *adj.* **1** que caça lobos **2** (cão) que é bom caçador de lobos **3** diz-se de uma espécie de trigo rijo **4** diz-se de uma manta listrada, para agasalho ou para a cama ■ *n.m.* pessoa que caça lobos (Do lat. *luparĭu*-, «id.»)

lobeiro² *adj.* [regionalismo] agradável; ameno

lobélia *n.f.* BOTÂNICA planta da família das Lobeliáceas ou da família das Campanuláceas, de seiva cáustica e venenosa, que é utilizada em aplicações terapêuticas (De *Lobel*, antr. bot. belga do séc. XVI+-*ia*, ou do fr. *lobélie*, «id.»)

Lobeliáceas *n.f.pl.* **1** BOTÂNICA família de plantas dicotiledóneas com flores hermafroditas e fruto capsular, representada em Portugal por poucas espécies espontâneas e algumas cultivadas nos jardins **2** para alguns autores, subfamília das Campanuláceas (De *lobélia*+-*áceas*)

lobelina *n.f.* QUÍMICA, FARMÁCIA alcaloide que se obtém das lobélias e que tem aplicações medicinais como estimulante dos movimentos respiratórios, etc. (De *lobélia*+-*ina*)

lobete /ê/ *n.m.* ⇒ **lobeto**

lobeto /ê/ *n.m.* peça de ferro que encaixa no rodízio do moinho (De *loba* [= parte de um órgão]+-*eto*)

lóbi *n.m.* ⇒ **lobby**

lobinho *n.m.* [pop.] quisto sebáceo subcutâneo; lúpia (De *loba* [= parte de um órgão]+-*inho*)

lobisomem *n.m.* homem que, segundo a crença popular, se transforma em lobo ou em animal semelhante, e vagueia de noite para cumprir o seu destino (Do lat. *lupus* (nominativo), «lobo»+*homĭne*-, «homem»)

lobito *n.m.* **1** (mamífero) lobo pequeno **2** um dos graus do escutismo (De *lobo*+-*ito*)

lobo¹ /ó/ *n.m.* **1** ANATOMIA parte arredondada e saliente de um órgão **2** ANATOMIA parte inferior, mole e pendente, da orelha **3** BOTÂNICA cada uma das partes, geralmente arredondadas e recortadas, de uma folha **4** jogo popular (Do gr. *lobós*, «lóbulo da orelha»)

lobo² /ô/ *n.m.* ZOOLOGIA mamífero carnívoro da família dos Canídeos, feroz, semelhante a um cão grande, que habita regiões isoladas da Europa, Ásia e América do Norte **2** [fig.] indivíduo cruel **3** [com maiúscula] ASTRONOMIA constelação austral **4** [Brasil] ZOOLOGIA ⇒ **guará**¹; *~ com pele de cordeiro* pessoa que se faz passar por dócil quando não é, pessoa que oculta as suas verdadeiras intenções; *~ do mar* marinheiro velho e com muita experiência da vida do mar; *comer como um ~* comer muito e avidamente; *meter-se na boca do ~* ir ao encontro do perigo; *quem não quer ser ~, não lhe veste a pele* (provérbio) quem não quer ter trabalhos, não se deve envolver neles (Do lat. *lupu*-, «id.»)

lobo-cerval *n.m.* ZOOLOGIA ⇒ **lince** 1

lobo-do-mar *n.m.* ZOOLOGIA peixe teleósteo perciforme da família dos Anarricadídeos, com cerca de 2,50 m de comprimento, espinhos na barbatana dorsal, sem barbatanas pélvicas e com dentes cónicos fortes ACORDO ORTOGRÁFICO sem alteração

lobo do mar *n.m.* marinheiro velho e experimentado; leão do mar ACORDO ORTOGRÁFICO a grafia anterior era *lobo-do-mar*

lobo-gato *n.m.* ZOOLOGIA ⇒ **lince** 1

lobolar /ô/ *v.tr.* [Moçambique] realizar casamento tradicional (Do ronga *lobolo*, «arras ao pai da futura mulher» +-*ar*)

lobolo /ô/ *n.m.* [Moçambique] espécie de dote (dinheiro, gado ou objetos) que o noivo dá à família da noiva para legitimar o casamento (Do ronga *lobolo*, «id.»)

lobo-marinho *n.m.* ZOOLOGIA mamífero pinípede, da família dos Otariídeos, que habita os mares gelados

lobotomia *n.f.* CIRURGIA incisão cirúrgica praticada num lobo dos hemisférios cerebrais; *~ pré-frontal* CIRURGIA leucotomia (Do gr. *lobós*, «lóbulo» +*tomé*, «corte» +-*ia*)

lobotomizar *v.tr.* **1** fazer lobotomia em **2** [fig.] estupidificar; embrutecer

lobregar *v.tr.* tornar lôbrego; escurecer (De *lôbrego*+-*ar*)

lôbrego *adj.* **1** escuro; sombrio **2** medonho; cavernoso **3** triste (Do lat. *lugŭbre*-, «id.», com met.)

lobreguidão *n.f.* estado de lôbrego; negrume; escuridão (De *lôbrego*+-*idão*)

lobrigador *adj.,n.m.* que ou aquele que lobriga (De *lobrigar*+-*dor*)

lobrigar *v.tr.* **1** ver com dificuldade; enxergar; entrever **2** ver por acaso **3** perceber (Do lat. *lucubrāre*, «trabalhar à luz da candeia», com met.)

lobulação *n.f.* disposição ou divisão em lóbulos (De *lóbulo*+-*ção*)

lobulado *adj.* ⇒ **lobado** (De *lóbulo*+-*ado*)

lobular *adj.2g.* semelhante a lóbulo; lobuloso (De *lóbulo*+-*ar*)

lóbulo *n.m.* **1** ANATOMIA lobo pequeno **2** BOTÂNICA recorte pouco profundo, e geralmente arredondado, no bordo das folhas vegetais ou em qualquer órgão (De *lobo*+-*ulo*)

lobuloso /ô/ *adj.* que possui ou está dividido em lóbulos; lobular; lobado (De *lóbulo*+-*oso*)

loca *n.f.* **1** esconderijo de peixe **2** toca **3** furna; lapa (Do tupi *'roka*, «a casa de peixe»)

locação *n.f.* **1** ato de locar; aluguer; arrendamento **2** DIREITO contrato pelo qual uma das partes se obriga a proporcionar à outra o gozo temporário de uma coisa, mediante retribuição **3** delimitação de um terreno por meio de estacas; *~ financeira* DIREITO, ECONOMIA modalidade de financiamento em que uma das partes recebe de outra, através do pagamento de uma renda, o direito de utilização temporária de um bem que poderá comprar, por um valor residual, no final do prazo convencionado (Do lat. *locatiōne*-, «aluguer; arrendamento»)

locador *n.m.* aquele que dá de aluguer ou arrendamento (Do lat. *locatōre*-, «id.»)

locadora *n.f.* empresa de leasing que cede o direito de utilização temporária de um bem a um cliente mediante o pagamento de uma renda (Fem. subst. de *locador*)

locaia *n.f.* ⇒ **alvarelhão**

local *adj.2g.* respeitante a determinado lugar ■ *n.m.* localidade; sítio ■ *n.* **1** notícia dada por um jornal, relativa à localidade em que este se publica **2** narrativa de um acontecimento especial incluída no noticiário de um jornal (Do lat. *locāle*-, «id.»)

localidade *n.f.* **1** espaço determinado ou limitado; sítio; lugar **2** povoação (Do lat. *localitāte*-, «id.»)

localismo *n.m.* aceção, vocábulo ou expressão característicos dos falantes de um determinado local (De *local*+-*ismo*)

localista *n.2g.* 1 jornalista que redige locais 2 bairrista (De *local+-ista*)

localização *n.f.* 1 ato de localizar ou de estar localizado 2 determinação das coordenadas de um local ou de uma região 3 situação 4 qualidade do que está localizado 5 INFORMÁTICA adaptação de um produto (software, sites) a um mercado específico, diferente em termos linguísticos, culturais, técnicos e legais, tornando esse produto adequado ao público-alvo a que se destina; ~ **absoluta** GEOGRAFIA determinação da posição exata de um lugar à superfície da Terra, com base em coordenadas geográficas (latitude e longitude); ~ **relativa** GEOGRAFIA determinação da posição de um lugar em relação a outro (De *localizar+-ção*)

localizar *v.tr.* 1 determinar ou situar (alguma coisa) em um ponto ou pontos do espaço ou em um momento ou momentos do tempo; circunscrever 2 fixar; situar 3 INFORMÁTICA adaptar (um produto) a um mercado específico, diferente em termos linguísticos, culturais, técnicos e legais, tornando esse produto adequado ao público-alvo a que se destina ■ *v.pron.* 1 estar situado 2 fixar-se (em); circunscrever-se (a) (De *local+-izar*, ou do fr. *localiser*, «id.»)

localmente *adv.* 1 no próprio lugar 2 no lugar a que se está a fazer referência 3 regionalmente (De *local+-mente*)

locanda *n.f.* 1 baiuca; tasca 2 tenda; pequena mercearia (Do lat. *locanda-*, «que deve ser alugada», ger. de *locāre*, «alugar; arrendar»)

locandeiro *n.m.* 1 aquele que tem locanda 2 arrendatário (De *locanda+-eiro*)

loção *n.f.* 1 lavagem com esponja embebida em líquido; ablução 2 líquido próprio para lavagens medicinais 3 líquido perfumado para aplicar na pele ou no cabelo (Do lat. *lotiōne-*, «id.»)

locar *v.tr.* 1 dar de aluguer; arrendar 2 meter na loca (Do lat. *locāre*, «alugar»)

locatário *n.m.* aquele que toma alguma coisa de aluguer ou arrendamento; inquilino; arrendatário (Do lat. *locatarĭu-*, «id.»)

locativo *adj.* 1 relativo à locação 2 GRAMÁTICA designativo do caso que, em certas línguas, exprime uma relação de lugar ■ *n.m.* GRAMÁTICA caso que, em certas línguas, exprime uma relação de lugar (De *locar+-tivo*, ou do fr. *locatif*, «id.»)

locionar *v.tr.* aplicar loção a (Do lat. *lotiōne-*, «loção» *+-ar*)

lockiano *adj.* relativo ao filósofo inglês John Locke (1632-1704) ou à sua obra (De *Locke*, antr.+*-ano*)

lockout *n.m.* encerramento de um local de trabalho por iniciativa patronal, como forma de pressão face a reivindicações dos trabalhadores ou face a um movimento grevista (Do ing. *lockout*)

loco[1] *n.m.* corpo de exército, entre os Gregos (Do gr. *lókhos*, «qualquer tropa armada»)

loco[2] /ô/ *n.m.* 1 lugar 2 BOTÂNICA planta arbustiva do Brasil, da família das Plumbagináceas (Do lat. *locu-*, «id.»)

locomobilidade *n.f.* propriedade do que se pode locomover ou deslocar (Do lat. **locomobilitāte-*, de *locu-*, «lugar» *+mobilitāte-*, «mobilidade»)

locomoção *n.f.* 1 ato de se transportar de um lado para outro; deslocação 2 função animal que permite a si mesmo o deslocamento (Do lat. *locu-*, «lugar» *+motiōne-*, «movimento»)

locomotiva *n.f.* veículo automotor que utiliza uma de várias formas de energia (vapor, eletricidade, combustível, etc.) para se deslocar sobre carris, e que se destina a rebocar as carruagens de um comboio numa via-férrea (Do ing. *locomotive*, «id.», pelo fr. *locomotive*, «id.»)

locomotividade *n.f.* faculdade de locomoção, nos animais (De *locomotivo+-i-+-dade*)

locomotivo *adj.* relativo à locomoção (Do fr. *locomotif*, «id.»)

locomotor *adj.* (feminino **locomotriz**) que opera a locomoção; que permite a deslocação (Do fr. *locomoteur*, «id.»)

locomotriz *adj.* (masculino **locomotor**) que opera a locomoção (Do fr. *locomotrice*, «id.»)

locomóvel *adj.2g.* que pode mudar de lugar ■ *n.f.* máquina a vapor montada sobre rodas (Do fr. *locomobile*, «id.»)

locomover-se *v.pron.* passar de um ponto para outro; deslocar-se (Do lat. *locu-*, «lugar» *+movēre*, «mover-se»)

locução *n.f.* 1 maneira de pronunciar as palavras; dicção 2 forma particular de falar 3 conjunto de palavras com que se expressa uma ideia; expressão 4 GRAMÁTICA conjunto de palavras equivalente a uma só, a nível de sentido e de função gramatical (Do lat. *locutiōne-*, «maneira de falar»)

loculado *adj.* dividido em lóculos (Do lat. *loculātu-*, «id.»)

locular *adj.2g.* que tem lóculos separados por septos (De *lóculo+-ar*)

loculicida *adj.2g.* 1 BOTÂNICA diz-se da cápsula (fruto) plurilocular com deiscência valvular, e cujas aberturas se verificam ao longo da nervura principal das folhas carpelares 2 BOTÂNICA diz-se deste tipo de deiscência (Do lat. *locŭlu-*, «compartimento» *+caedĕre*, «matar»)

lóculo *n.m.* 1 cavidade pequena 2 BOTÂNICA cavidade ou divisão de vários órgãos vegetais, como o ovário, a antera, o fruto, etc. (Do lat. *locŭlu-*, «compartimento»)

loculoso *adj.* que possui lóculos (Do lat. *loculōsu-*, «dividido em compartimentos»)

locupletar *v.tr.* 1 tornar rico; enriquecer 2 tornar completamente cheio; encher ■ *v.pron.* 1 tornar-se rico; enriquecer 2 ficar completamente cheio; saciar-se (Do lat. *locuplētāre*, «enriquecer»)

locus *n.m.* (plural **loci**) BIOLOGIA (genética) posição de um gene num cromossoma ou numa molécula de ADN (Do lat. *lŏcus*, «lugar»)

lócus *n.m.2n.* BIOLOGIA (genética) ⇒ **locus**

locusta *n.f.* ZOOLOGIA inseto ortóptero, saltador, nocivo à agricultura, também conhecido por gafanhoto e saltão (Do lat. *locusta*, «gafanhoto»)

Locústidas *n.m.pl.* ZOOLOGIA ⇒ **Locustídeos**

Locustídeos *n.m.pl.* ZOOLOGIA família de insetos ortópteros, saltadores, a que pertencem os saltões e os gafanhotos, em regra muito nocivos à agricultura (De *locusta+-ídeos*)

locutivo *adj.* LINGUÍSTICA ⇒ **locutório**[2]

locutor *adj.* que fala ■ *n.m.* 1 aquele que fala em público por profissão 2 profissional que, na rádio ou televisão, apresenta programas, faz entrevistas, lê textos noticiosos, etc. 3 LINGUÍSTICA pessoa que fala numa situação de comunicação oral (Do lat. *locutōre-*, «aquele que fala»)

locutório[1] *n.m.* espaço separado por grades, através das quais as pessoas recolhidas em conventos ou mantidas em prisões podem falar com quem as procura; parlatório (Do lat. med. *locutorĭu-*, «id.»)

locutório[2] *adj.* LINGUÍSTICA designativo do simples ato de dizer alguma coisa, ou seja, a produção de um enunciado que consiste numa sequência de sons identificável com uma frase-exemplo gramatical e com significado (Do ing. *locutionary*, «id.»)

lodaçal *n.m.* 1 lugar onde há muito lodo; lamaçal; atoleiro 2 [fig.] vida dissoluta 3 [fig.] lugar de devassidão (De **lodaço+-al*)

lodacento *adj.* 1 em que há muito lodo; lamacento 2 semelhante a lodo (De **lodaço+-ento*)

lódão *n.m.* BOTÂNICA ⇒ **lótus** (Do lat. vulg. **lotōne-*, do lat. cl. *lotu-*, «id.»)

lódão-bastardo *n.m.* BOTÂNICA árvore da família das Ulmáceas, produtora de drupas negras, cultivada e subespontânea em Portugal, e também denominada agreira

lodeira *n.f.* ⇒ **lodeiro**

lodeiro *n.m.* lameiro; atoleiro (De *lodo+-eiro*)

lodo[1] /ô/ *n.m.* BOTÂNICA ⇒ **lótus** (Do lat. *lotu-*, «id.»)

lodo[2] /ô/ *n.m.* 1 solo aluvionar, geralmente argiloso, que contém matéria orgânica e se encontra em estado próximo do fluido; lama 2 [fig.] degradação; ignomínia (Do lat. *lutu-*, «id.»)

lodoso *adj.* 1 em que há lodo; lodacento; lamacento 2 sujo (Do lat. *lutōsu-*, «id.»)

loendral *n.m.* lugar onde crescem loendros (De *loendro+-al*)

loendreira *n.f.* BOTÂNICA ⇒ **loendro** 2 (De *loendro+-eira*)

loendro *n.m.* 1 BOTÂNICA arbusto da família das Apocináceas, também conhecido por cevadilha, aloendro, aloendreiro, landro e loendreira 2 [regionalismo] BOTÂNICA arbusto da família das Ericáceas; adelfa (Do lat. tard. *lorandru-*, «id.»)

loess *n.m.2n.* GEOLOGIA sedimento fino de grânulos de quartzo e calcário envolvidos em argila, transportado e acumulado pelo vento, vulgar na China, na Europa Central e no centro dos Estados Unidos (Do germ. *læsch*, «solto», pelo al. mod. *Löss* ou *Læss*, «id.»)

loessito *n.m.* PETROLOGIA rocha constituída por loess consolidado (De *loess+-ito*)

lofobrânquio *adj.* relativo ou pertencente aos lofobrânquios ■ *n.m.* ICTIOLOGIA espécime dos lofobrânquios ■ *n.m.pl.* ICTIOLOGIA subordem de peixes teleósteos, marinhos, de corpo por vezes muito alongado, com as lamelas branquiais num conjunto em forma de penacho, e cujo macho possui uma bolsa incubadora (Do gr. *lóphos*, «crista; penacho» *+brágkhia*, «brânquia» *+-ios*)

lofócomo *adj.* que possui cabeleira encrespada ou em forma de penacho (Do gr. *lóphos*, «penacho» *+kóme*, «cabeleira»)

lofodonte *adj.2g.* ZOOLOGIA designativo do tipo de dente molar provido de tubérculos baixos e vértices arredondados ligados por cristas transversais (Do gr. *lóphos*, «crista» *+odoús*, *-óntos*, «dente»)

lofóforo *n.m.* ZOOLOGIA coroa de tentáculos existente na cavidade paleal dos braquiópodes, também existente nos briozoários (Do gr. *lóphos*, «penacho» *+phorós*, «que traz»)

loft *n.m.* tipo de residência ou estúdio, adaptado a partir de um armazém, com um único espaço comum (Do ing. *loft*, «id.»)

logaédico *adj.* GRAMÁTICA diz-se do verso latino ou grego, formado de pés dáctilos e troqueus, que semelha mais prosa rimada do que verso (Do gr. *logaoidikós*, «id.», pelo lat. *logaoedǐcu-*, «id.»)

logânia *n.f.* BOTÂNICA nome de plantas da família das Loganiáceas, geralmente arbustivas, com folhas opostas e flores hermafroditas de cores vistosas, valiosas como plantas ornamentais e vulgares na Austrália e Nova Zelândia (De *J. Logan*, naturalista americano que morreu em 1928)

Loganiáceas *n.f.pl.* BOTÂNICA família de plantas dicotiledóneas, quase sempre lenhosas, em grande parte das regiões intertropicais, como a que produz a noz-vómica (De *logânia*+*-áceas*)

logaritmação *n.f.* operação pela qual, sendo dadas a potência e a base, se determina o expoente, e que se opõe à potenciação (De *logaritmo*+*-ção*)

logarítmico *adj.* 1 relativo aos logaritmos 2 que se baseia ou é expresso em logaritmos (De *logaritmo*+*-ico*)

logaritmo *n.m.* MATEMÁTICA expoente ao qual se deve elevar o número escolhido para base para se obter o número dado (Do gr. *lógos*, «relação» +*arithmós*, «número»)

-logia sufixo nominal, de origem grega, que traduz a ideia de *estudo, tratado* (*arqueologia, craniologia, metodologia*)

lógia *n.f.* ARQUITETURA termo arquitetónico para designar uma espécie de arcada, galeria, pórtico, varanda (Do it. *loggia*, «id.»)

lógica *n.f.* 1 disciplina normativa, tradicionalmente vinculada à filosofia, que se propõe determinar as condições da verdade nos diferentes domínios do saber 2 análise e teoria do pensamento válido; estudo e determinação dos modos de pensamento discursivo que permitem evitar as contradições e os erros 3 obra ou compêndio que sistematiza tal disciplina, teoria ou estudo 4 encadeamento regular ou coerente das ideias e das coisas; coerência; método; ~ **bivalente** lógica que apenas conhece dois valores: o verdadeiro e o não verdadeiro; **lógicas plurivalentes/polivalentes** lógicas que reconhecem mais de dois valores, habitualmente três: o verdadeiro, o falso e o indeterminado (Do gr. *logiké [tékhnē]*, «a arte de raciocinar», pelo lat. *logǐca-*, «lógica»)

logicamente *adv.* com lógica; de acordo com a lógica; coerentemente (De *lógica*+*-mente*)

logicismo *n.m.* 1 tendência para tratar as coisas do ponto de vista da lógica 2 tendência para elaborar a lógica independentemente da psicologia 3 tendência para reduzir as matemáticas à lógica (De *lógica*+*-ismo*)

lógico *adj.* relativo ou conforme à lógica; racional; coerente ■ *n.m.* aquele que estuda lógica ou é versado nesta ciência (Do gr. *logikós*, «hábil no raciocínio», pelo lat. *logǐcu-*, «lógico»)

login *n.m.* 1 INFORMÁTICA processo de identificação do utilizador perante um computador, que permite que este o reconheça; entrada no sistema 2 INFORMÁTICA nome que o utilizador usa para se identificar perante um computador; senha de entrada no sistema (Do ing. *login*, «id.»)

logística¹ *n.f.* 1 HISTÓRIA designação da arte do cálculo prático, distinta da aritmética, entre os gregos do período clássico; ciência teórica dos números 2 FILOSOFIA ciência que organiza um sistema de sinais ou de símbolos, decalcados sobre as formas do pensamento, e os combina segundo as regras que constituem a sua axiomática, abstraindo inteiramente de tais sinais ou símbolos; lógica simbólica; lógica algorítmica (Do lat. *logistǐca-*, «id.»)

logística² *n.f.* 1 MILITAR ramo da ciência da guerra que estuda a organização e o funcionamento dos diferentes serviços (intendência, material, saúde, transportes, etc.) com os quais se dá satisfação a todas as necessidades de vida e de combate das tropas em campanha 2 organização dos pormenores de uma operação ou de um processo (Do fr. *logistique*, «id.»)

logístico *adj.* relativo à logística ■ *n.m.* indivíduo que trata de logística (De *logística*)

logo¹ *adv.* 1 imediatamente, já, sem demora, prontamente 2 proximamente, daqui a pouco, mais tarde 3 próximo, seguido, em seguida 4 precisamente; ainda por cima ■ *conj.* portanto, consequentemente, por conseguinte; *logo que* quando, no momento em que; *desde logo* desde aquele momento (Do latim *loco*, «no lugar»)

logo² *n.m.* forma reduzida de *logótipo*

logo- elemento de formação de palavras que exprime a ideia de *discurso, palavra, razão, estudo* (Do gr. *lógos*, «id.»)

-logo sufixo nominal, de origem grega, que traduz a ideia de *estudioso, especialista* (*craniólogo, metodólogo*)

logoclonia *n.f.* MEDICINA repetição espasmódica de uma sílaba no meio ou no fim de uma palavra (Do gr. *lógos*, «palavra» +*klónos*, «movimento desordenado; agitação» +*-ia*)

logofobia *n.f.* 1 aversão a leituras e discursos 2 receio de falar, sintoma comum em gagos que sofrem de um bloqueio afetivo da palavra (Do gr. *lógos*, «palavra; conversação» +*phóbos*, «temor» +*-ia*)

logografia *n.f.* maneira de escrever tão depressa como se fala; estenografia (De *logógrafo*+*-ia*)

logógrafo *n.m.* 1 aquele que pratica a logografia 2 autor de um glossário (Do gr. *logográphos*, «prosador»)

logograma *n.m.* desenho correspondente a uma noção (ideograma) ou à sequência fónica constituída por uma palavra (fonograma)

logogrífico *adj.* 1 relativo a logogrifo 2 obscuro (De *logogrifo*+*-ico*)

logogrifo *n.m.* 1 espécie de enigma em que a palavra ou frase a adivinhar é formada por elementos de outras palavras que também foi preciso adivinhar 2 linguagem obscura (Do gr. *logógriphos*, «id.», de *lógos*, «discurso» +*gríphos*, «enigma»)

logomaquia *n.f.* 1 discussão sobre uma palavra tomada em sentido diferente pelos dois adversários 2 palavreado inútil (Do gr. *logomakhía*, «luta de palavras»)

logopedia *n.f.* parte da foniatria que se dedica ao estudo e tratamento dos distúrbios da fala (Por *logortopedia*, do lat. cient. *logoorthopaedǐa-*, «id.»)

logorreia *n.f.* MEDICINA necessidade patológica de falar 2 grande verbosidade (Do gr. *lógos*, «discurso» +*rheîn*, «correr», pelo lat. cient. *logorrhoea-*, «id.»)

logos *n.m.2n.* 1 FILOSOFIA termo grego que significa razão e palavra 2 FILOSOFIA a razão divina como organizadora do Mundo 3 [com maiúscula] RELIGIÃO o Verbo, segunda pessoa da Santíssima Trindade (Do gr. *lógos*, «razão; palavra»)

logotecnia *n.f.* estudo da significação e do emprego das palavras (Do gr. *lógos*, «palavra» +*tékhnē*, «tratado» +*-ia*)

logotipo *n.m.* ⇒ **logótipo**

logótipo *n.m.* 1 elemento gráfico representativo de uma marca, constituído por letras e/ou símbolos, usado como identidade visual de uma instituição, um serviço, um produto, etc. 2 TIPOGRAFIA grupo de duas ou mais letras fundidas em um só tipo para acelerar a composição tipográfica ou para formar sigla (Do gr. *lógos*, «palavra» +*týpos*, «tipo»)

logração *n.f.* ato ou efeito de lograr; engano; equívoco; logro (De *lograr*+*-ção*)

logradouro *n.m.* ⇒ **logradouro**

logrador *adj.,n.m.* que ou aquele que logra ou que desfruta; trapaceiro; mentiroso (De *lograr*+*-dor*)

logradouro *n.m.* 1 aquilo que pode ser logrado 2 terreno contíguo a uma habitação, para serventia 3 terreno público para pastagem de gados 4 terreno inculto 5 espaço ao ar livre para uso público (De *lograr*+*-douro*)

logramento *n.m.* ato de lograr ou de desfrutar (De *lograr*+*-mento*)

logrão *n.m.* 1 indivíduo interesseiro 2 burlão (De *lograr*+*-ão*)

lograr *v.tr.* 1 gozar a posse de; fruir 2 conseguir 3 enganar; intrujar ■ *v.intr.* ter bom resultado ■ *v.pron.* 1 aproveitar-se 2 gozar (Do lat. *lucrāre*, «ter de lucro»)

logrativo *adj.* 1 que logra ou ilude; trapaceiro 2 galanteador (Do lat. *lucratīvu-*, «id.»)

logreiro *adj.* ⇒ **logrativo** ■ *n.m.* [ant.] usurário; agiota (De *lograr*+*-eiro*)

logro /ô/ *n.m.* ato ou efeito de lograr; engano; ardil; fraude (Do lat. *lucru-*, «lucro; cupidez»)

logudorês *n.m.* dialeto da Sardenha, ilha italiana, falado especialmente na região de Logudoro, na mesma ilha (De *Logudoro*, top. +*-ês*)

loiça *n.f.* ⇒ **louça**

loiçaria *n.f.* ⇒ **louçaria**

loiceira *n.f.* ⇒ **louceira**

loiceiro *n.m.* ⇒ **louceiro**

loio *n.m.* membro da antiga congregação dos Cónegos de S. João Evangelista ■ *adj.* 1 designativo de membro da antiga congregação dos Cónegos de S. João Evangelista 2 designativo da cor do hábito dos frades loios, que era roxo-azulado (De *Santo [E]lói*, antr. +*-o*)

lóio ver nova grafia loio

loio-do-jardim *n.m.* BOTÂNICA nome vulgar comum a umas plantas da família das Compostas, algumas espontâneas e outras cultivadas em jardins

lóio-do-jardim ver nova grafia loio-do-jardim

loira *n.f.* ⇒ **loura**^{1,2}

loiraça n.f. ⇒ **louraça**
loirar v.tr.,intr. ⇒ **lourar**
loirecer v.tr.,intr. ⇒ **lourejar**
loireira n.f. ⇒ **loureira**
loireiral n.m. ⇒ **loureiral**
loireiro n.m. ⇒ **loureiro**
loirejante adj.2g. ⇒ **lourejante**
loirejar v.tr.,intr. ⇒ **lourejar**
loirejo n.m. ⇒ **lourejo**
loiro adj.,n.m. ⇒ **louro**[1,2]
loisa n.f. ⇒ **lousa**; *coisas e loisas* assuntos vários (Do lat. *lausa- ou lausĭa-, «pedra chata»)
loisão n.m. ⇒ **lousão**
loiseira n.f. ⇒ **louseira**
loiseiro n.m. ⇒ **louseiro**
loisífero adj. ⇒ **lousífero**
loja n.f. 1 lugar para exposição e venda de mercadorias; casa comercial 2 pavimento térreo de um prédio; cave 3 casa que serve de oficina ou de arrecadação 4 associação de maçonaria 5 lugar de reunião de uma associação de maçonaria; *~ de conveniência* estabelecimento onde se vendem produtos para consumo imediato (bebidas, comida, cigarros, revistas, etc.), e que está aberto por um período maior do que o habitual (Do frânc. *laubja*, «id.», pelo fr. *loge*, «id.»)
loja-âncora n.f. loja grande e muito conhecida localizada dentro de um centro comercial, que atrai consumidores e outros negócios; âncora
lojeca n.f. [depr.] loja pequena e de pouca importância (De *loja*+-eca)
lojista n.2g. 1 dono ou dona de loja 2 pessoa que comercia (De *loja*+-ista)
Loligínidas n.m.pl. ⇒ **Loliginídeos**
Loliginídeos n.m.pl. ZOOLOGIA família de moluscos cefalópodes, decápodes, a cujo género-tipo, que se denomina *Lolligo*, pertencem as lulas (Do lat. *lolligĭne-*, «choco»+-*ídeos*)
loló n.m. [gír.] homem efeminado (De orig. obsc.)
lomba n.f. 1 cumeada de um monte ou de uma serra 2 pequena elevação a toda a largura de um caminho ou de uma estrada, erguida para obrigar os veículos a reduzir a velocidade 3 montículo de areia ou terra formado pelo vento; médão 4 encosta 5 [regionalismo] preguiça (De *lombo*)
lombada n.f. 1 lomba prolongada 2 dorso do boi 3 parte da encadernação de um livro sobreposta ao topo em que os cadernos desse livro estão cosidos uns aos outros (De *lombo*+-ada)
lombal adj.2g. ⇒ **lombar**[1] (De *lombo*+-al)
lombalgia n.f. MEDICINA dor na região lombar (De *lombo*+-algia)
lombar[1] adj.2g. do lombo ou a ele referente (De *lombo*+-ar)
lombar[2] v.tr. [Cabo Verde] bater em; castigar (Do crioulo cabo-verdiano *lombâr*, «id.», de *lombo*, «costas»)
lombardeiro adj. ⇒ **lombardino** (De *lombardo*+-eiro)
lombardino adj. diz-se do touro que apresenta, na região lombar, uma mancha de coloração diferente da do resto do corpo (De *lombardo*+-ino)
lombardo n.m. natural ou habitante da Lombardia, região do Norte da Itália ∎ adj. 1 relativo ou pertencente à Lombardia 2 BOTÂNICA diz-se de uma variedade de couve, de folha muito enrugada, cultivada em Portugal e muito apreciada na culinária 3 ARQUITETURA designativo, na Itália, da arquitetura romana 4 ⇒ **lombardino** (Do lat. *longobardu-*, «lombardo», pelo it. *lombardo*, «id.»)
lombeira n.f. [pop.] preguiça; moleza; lomba (De *lomba*+-eira)
lombeiro adj. 1 do lombo ou a ele referente; lombar 2 [regionalismo] que tem lomba (preguiça); indolente 3 diz-se do couro do lombo de certos animais (De *lombo*+-eiro)
lombelo n.m. [regionalismo] cada um dos pedaços de carne que se tiram do lombo do porco, chamados também coelhos (Do lat. *lumbellu-*, dim. de *lumbu-*, «lombo»)
lombinho n.m. lombelo de suínos (De *lombo*+-inho)
lombo n.m. 1 parte carnuda pegada à espinha dorsal nos animais; dorso 2 carne dessa parte, muito utilizada na alimentação 3 [pop.] costas 4 lombada de um livro 5 elevação; *ir ao ~ a alguém* bater a alguém; *sair-lhe do ~* custar-lhe caro o que fez, ser fruto do trabalho (Do lat. *lumbu-*, «lombo»)
lombocostal adj.2g. ANATOMIA relativo às vértebras lombares e às costelas (De *lombo*+*costal*)
lombrical adj.2g. ⇒ **lumbrical** (Do lat. *lumbrīcu-*, «lombriga»+-*al*)
lombricoide adj.2g. 1 que se assemelha morfologicamente à lombriga 2 diz-se de alguns músculos da mão e do pé, nos vertebrados superiores ∎ n.m. lombriga (Por *lumbricóide*)

lombricóide ver nova grafia **lombricoide**
lombricompostagem n.f. enriquecimento de um solo humificado, provocando a proliferação de minhocas no seu interior, as quais, com os seus movimentos constantes e os seus dejetos, arejam e tornam o solo ainda mais fértil (Do fr. *lombricompostage*, «fertilização por meio de minhocas»)
lombriga n.f. 1 ZOOLOGIA nematode ascarídeo, geralmente parasita de muitos animais, incluindo o homem, também conhecido por bicha, verme, lombricoide, etc. 2 ZOOLOGIA designação por vezes extensiva a vermes da terra (Do lat. *lumbrĭcu-*, «lombriga; minhoca»)
lombrigueira n.f. 1 BOTÂNICA ⇒ **erva-formigueira** 2 [Brasil] BOTÂNICA planta da família das Urticáceas, utilizada como vermífugo, e também conhecida por guaxinguba (De *lombriga*+-*eira*)
lombudo adj. que tem lombo grande (De *lombo*+-*udo*)
lombumeral adj.2g. relativo à região lombar e à região umeral (De *lombo*+*úmero*+-*al*)
lomentáceo adj. BOTÂNICA diz-se dos frutos de algumas leguminosas que estão divididos transversalmente por falsos septos, ficando tipicamente uma só semente em cada divisão (Do lat. *lomentu-*, «farinha de fava»+-*áceo*)
lomento n.m. 1 farinha obtida da fava e de outras sementes ou frutos 2 BOTÂNICA tipo de vagem que se abre por septos principais (Do lat. *lomentu-*, «farinha de fava»)
lona[1] /ô/ n.f. tecido grosso e forte de que se fazem as velas dos navios, toldos, tendas de campanha, etc.; *estar nas lonas* [pop.] estar sem dinheiro, estar gasto (De *Olonne*, top., cidade francesa da Vendeia (Vendée), na região do Loire)
lona[2] /ô/ n.f. mentira; patranha ∎ n.m. indivíduo troca-tintas (De *loa*)
lonca n.f. [Brasil] tira fina de couro pelado e raspado para fazer trançados (Do fr. *longe*, «correia comprida», pelo cast. *lonja*, «id.»)
londrês adj. ⇒ **londrino** adj. (De *Londres*, top. +-*ês*)
londrino adj. relativo ou pertencente à cidade de Londres ∎ n.m. natural ou habitante de Londres (De *Londres*, top. +-*ino*)
longa[1] n.f. 1 GRAMÁTICA sílaba ou vogal cuja pronúncia é demorada 2 MÚSICA figura musical que vale duas breves 3 MÚSICA antiga trombeta comprida (De *longo*)
longa[2] n.f. [Cabo Verde] passada; passo largo (Do crioulo cabo-verdiano *lónga*, «id.», de *alongar*)
longa[3] n.f. [Guiné-Bissau] espingarda de fabrico artesanal; espingarda antiga, de carregar pela boca (Do crioulo guineense *lónga*, «id.», de *longa*, «certa arma antiga»)
longada n.f. ato de ir para longe; afastamento; *ir de ~* ir de viagem para longe (De *longo*+-*ada*)
longal adj.2g. 1 que é longo; comprido 2 diz-se de uma variedade de azeitona e de uma variedade de castanha de feitio alongado (De *longo*+-*al*)
longamente adv. 1 extensamente 2 por muito tempo (De *longo*+-*mente*)
longa-metragem n.f. CINEMA filme de longa duração (Do fr. *long métrage*, «id.»)
longa-mira n.f. óculo de ver ao longe
longana n.f. 1 [Brasil] BOTÂNICA árvore da família das Sapindáceas, que produz frutos saborosos muito apreciados na Índia 2 [Brasil] BOTÂNICA fruto desta planta (Do chin. *lung yen*, «olho de dragão»)
longânime adj.2g. ⇒ **longânimo** (Do lat. *longanĭme-*, «sofredor; paciente»)
longanimidade n.f. 1 qualidade de longânime; magnanimidade 2 paciência para suportar ofensas (Do lat. *longanimitāte-*, «id.»)
longânimo adj. 1 magnânimo 2 generoso 3 resignado 4 corajoso (Do lat. *longanĭme-*, «sofredor; paciente»)
longarina n.f. 1 cada uma das vigas longitudinais em que assenta o tabuleiro das pontes ou a carroçaria dos automóveis ou camiões; longrina 2 viga de madeira, ou tubo metálico, que sustenta a fuselagem do avião; longrina (Do it. *longarina*, «id.»)
longarino n.m. ⇒ **longarina**
longe adv. indica grande distância, no espaço ou no tempo ∎ adj.2g. distante; longínquo ∎ n.m.pl. 1 os objetos representados no último plano de um quadro 2 indícios; leve semelhança 3 suspeita; desconfiança 4 tempos passados; *ao ~* a grande distância; *de ~ a ~* de tempos a tempos; *ir ~* dar esperanças, propagar-se, ter consequências imprevistas; *ver ~* prever, ser perspicaz (Do lat. *longe*, «longe»)
longerão n.m. viga sobre que assenta um aparelho ou máquina (Do fr. *longeron*, «id.»)
longevidade n.f. qualidade de longevo; vida longa (Do lat. *longaevitāte-*, «id.»)
longevo adj. que dura muito; muito velho (Do lat. *longaevu-*, «id.»)

longi- elemento de formação de palavras que exprime a ideia de *comprido, longo* (Do lat. *longu-*, «longo»)

longicaule adj.2g. BOTÂNICA que tem o caule comprido (De *longi-+caule*)

longicórneo adj. cujos cornos ou antenas são compridos ■ n.m. ZOOLOGIA espécime dos longicórneos ■ n.m.pl. ZOOLOGIA grupo de insetos coleópteros, fitófagos, tipicamente de antenas muito compridas e corpo alongado, que compreende a família dos Cerambicídeos (De *longi-+córneo*)

longilíneo adj. 1 delgado e comprido 2 diz-se do animal de corpo esguio e alongado (De *longi-+-líneo*)

longilobado adj. dividido em lobos (lóbulos) alongados (De *longi-+lobado*)

longímano adj. que possui mãos (ou extremidade distal de alguns membros locomotores ou preensores) compridas (Do lat. *longimănu-*, «que tem mãos compridas»)

longimetria n.f. arte de medir distâncias entre pontos inacessíveis (De *longi-+-metria*)

longinquidade /qu-i/ n.f. 1 grande distância 2 afastamento (Do lat. *longinquităte-*, «afastamento; grande distância»)

longínquo adj. 1 que fica longe; distante; afastado 2 que está afastado no tempo; remoto (Do lat. *longinquŭu-*, «id.»)

longípede adj.2g. que tem órgãos locomotores (ou pés) compridos (Do lat. *longipěde-*, «id.»)

longipene adj.2g. ORNITOLOGIA diz-se da ave que tem asas (ou as rémiges) sensivelmente longas ■ n.f.pl. ORNITOLOGIA ordem de aves palmípedes de asas compridas, que atingem ou ultrapassam a extremidade da cauda (Do lat. *longu-*, «longo» +*penna-*, «asa; pena»)

longipétalo adj. BOTÂNICA que possui pétalas longas (De *longi-+pétala*)

longirrostro /ô/ adj. ZOOLOGIA de bico ou focinho alongado (De *longi-+-rostro*)

longitarso adj. ZOOLOGIA que possui os tarsos alongados (De *longi-+tarso*)

longitroante adj.2g. 1 que troa ao longe 2 que ressoa por muito tempo (De *longi-+troante*)

longitude n.f. GEOGRAFIA amplitude do arco do equador ou do paralelo de um dado lugar compreendida entre o semimeridiano superior de referência e o semimeridiano desse lugar, cujo valor varia entre 0° e 180° para leste ou para oeste; **~ celeste** ASTRONOMIA coordenada celeste eclíptica definida pela distância angular entre o semicírculo de latitude que passa pelo ponto vernal e o semicírculo de latitude que passa pelo astro considerado, contada para leste sobre a eclíptica, de 0° a 360° (Do lat. *longitudĭne-*, «distância; comprimento»)

longitudinal adj.2g. 1 que se toma no sentido do comprimento 2 colocado ao comprido 3 referente a longitude; **onda ~** FÍSICA onda em que o deslocamento das partículas do meio transmissor se faz ao longo da direção de propagação (Do lat. *longitudinăle-*, «id.»)

longitudinalmente adv. ao comprido; em sentido longitudinal (De *longitudinal+-mente*)

longo[1] adj. 1 extenso; comprido 2 dilatado 3 que dura muito; demorado; **ao ~ de** no sentido da maior dimensão de, seguindo paralelamente a, durante, no decorrer de (Do latim *longu-*, «idem»)

longo[2] n.m. terrenos na região longe de rios ou lagoas, o que só permite as culturas em época de chuvas (Do quimbundo *longo*, «idem», de *(ku)longola*, «impedir», alusão às culturas)

longobardo n.m. ⇒ **lombardo** n.m.

longor n.m. 1 comprimento 2 [fig.] demora (Do fr. *longueur*, «comprimento»)

longrina n.f. 1 viga sobre que se assentam as travessas dos carris de ferro; longarina 2 peça comprida ao longo de uma estacaria; longarina (It. *longherina*, pelo fr. *longrine*, «id.»)

longueirão n.m. ZOOLOGIA molusco lamelibrânquio comestível, da família dos Solenídeos, cuja concha alongada lembra um cabo de navalha, e também designado faca, lingueirão, navalha, etc. (Var. de *lingueirão*)

longueiro adj. amplo; vasto; largo (De *longo+-eiro*)

longueza /ê/ n.f. comprimento (De *longo+-eza*)

longuidão n.f. 1 comprimento 2 [fig.] delonga; demora (De *longo+-idão*)

longura n.f. ⇒ **longuidão** (De *longo+-ura*)

lonicera n.f. BOTÂNICA género de plantas sarmentosas e volúveis que compreende várias espécies, algumas comuns em Portugal e vulgarmente designadas por madressilva (De *Lonitzer*, bot. al., 1528-1586)

Loniceráceas n.f.pl. BOTÂNICA ⇒ **Caprifoliáceas** (De *loníceras+-áceas*)

lonjura n.f. 1 grande distância 2 espaço entre dois pontos (De *longe+-ura*)

lonquear v.tr. [Brasil] limpar e raspar o pelo a (couro) (De *lonca+-ear*)

lontra n.f. 1 ZOOLOGIA mamífero carnívoro, da família dos Mustelídeos, devorador de peixes, com membrana interdigital desenvolvida, o que o torna bom nadador, também conhecido por lontro 2 [pop.] embriaguez ■ n.m. 1 [fig.] bom pescador do rio 2 [fig.] indivíduo preguiçoso (Do lat. *lutra-* ou *lytra-*, «id.»)

lontro n.m. macho da lontra (De *lontra*)

looping /lúping/ n.m. manobra ou acrobacia aérea que descreve um círculo completo em sentido vertical (Do ing. *looping*, «id.»)

loquacidade n.f. 1 qualidade de loquaz; facúndia; logorreia 2 hábito de falar muito; verbosidade (Do lat. *loquacităte-*, «id.»)

loquaz adj.2g. 1 que fala muito; tagarela 2 eloquente (Do lat. *loquāce-*, «id.»)

loquazmente adv. de modo loquaz; com loquacidade; com verborreia (De *loquaz+-mente*)

loque n.m. doença que ataca e destrói os ovos e as larvas das abelhas, nos cortiços (Do ár. *lo'oq*, «o que se lambe»)

loquela /qu-é/ n.f. 1 faculdade de falar; fala 2 linguagem 3 loquacidade (Do lat. *loquella-*, «id.»)

loquete /ê/ n.m. ⇒ **aloquete** (Do ing. ant. *loc*, «fechadura», pelo fr. *loquet*, «loquete»)

lora n.f. 1 lura de coelho; toca; lorca; lorga 2 parte vivaz e filamentosa de certos líquenes (Do lat. *lura-*, «boca de saco»)

Lorantáceas n.f.pl. BOTÂNICA família de plantas dicotiledóneas, em regra tropicais ou subtropicais, que são parasitas de outras plantas, também designada Viscáceas (Do lat. *loru-*, «correia»+gr. *ánthos*, «flor» +-*áceas*)

lorca n.f. ⇒ **lorga**

lorcha[1] n.f. ligeira embarcação chinesa (Do chin. *long-chuen*, «id.»)

lorcha[2] n.f. BOTÂNICA fruto de uma árvore da África central

lorde n.m. 1 título de nobreza dado na Inglaterra aos nobres e aos pares do reino 2 título honorífico concedido em Inglaterra a membros do governo e a outros altos funcionários 3 membro da câmara alta do parlamento inglês 4 [pop.] aquele que vive com ostentação (Do ing. *lord*, «id.»)

lordose n.f. 1 ANATOMIA curvatura, de concavidade posterior, na coluna vertebral do homem, nas regiões cervical ou lombar 2 MEDICINA pronunciamento excessivo destas curvaturas, em virtude de lesões (Do gr. *lórdosis*, «ação de curvar para a frente»)

loreno adj. relativo à Lorena, região do Nordeste da França ■ n.m. natural ou habitante da Lorena (De *Lorena*, top., do fr. *Lorraine*, «id.»)

lorga n.f. buraco no solo ou no tronco de uma árvore onde se acolhem certos animais, como o coelho, o rato, etc.; lura (Do lat. *laurĭca-*, «lura de coelho», de *laurĭces*, «coelhos pequenos»)

loriga n.f. 1 saio de malha usado pelos antigos guerreiros, coberto de lâminas ou escamas de ferro 2 couraça quitinosa que envolve o corpo de alguns animais invertebrados, como, por exemplo, os rotíferos (Do lat. *lorīca-*, «cota de malha; couraça»)

lorigado adj. revestido de loriga ou couraça (Do lat. *loricātu-*, «id.», part. pass. de *loricāre*, «vestir de couraça»)

lorigão n.m. grande saio de malha mais reforçado que a loriga (De *loriga+-ão*)

lornhão n.m. lunetas providas de cabo, e usadas especialmente por senhoras (Do fr. *lorgnon*, «id.»)

loro[1] n.m. 1 correia dupla que liga o estribo ao selim 2 peça da boca de alguns insetos 3 parte da cabeça das aves, entre o bico e os olhos (Do latim *loru-*, «correia»)

loro[2] n. [tím.] sol (Do tétum)

lorpa /ô/ adj.n.2g. 1 imbecil; parvo; patego 2 grosseiro (De orig. obsc.)

lorpice n.f. qualidade, ação ou dito de lorpa; parvoíce; estupidez; imbecilidade (De *lorpa+-ice*)

losango n.m. GEOMETRIA paralelogramo de lados iguais que tem dois ângulos agudos e dois obtusos (Do fr. *losange*, «id.»)

losna n.f. BOTÂNICA ⇒ **absinto** 1 (De *alosna*)

lostra n.f. 1 [pop.] bofetada 2 [pop.] escarro 3 [regionalismo] vergastada 4 [regionalismo] mulher preguiçosa ou desleixada

lota n.f. 1 lugar onde se vende o pescado, sobretudo a revendedores, à chegada dos barcos de pesca 2 porção de pescado aí arrematada (Deriv. regr. de *lotar*)

lotação n.f. 1 ato ou efeito de lotar 2 determinação da capacidade de um lugar; número máximo de pessoas que um veículo, uma

lotado

sala, ou um recinto, pode comportar **3** determinação de quantidade **4** guarnição regulamentar de um navio de guerra **5** cálculo de quanto pode render um cargo, público ou não **6** beneficiação de vinhos por meio de mistura com outros (De *lotar+-ção*)

lotado *adj.* **1** que se encontra com a lotação completa; cheio **2** de que se calculou a lotação **3** dividido em lotes **4** (vinho) que se misturou com outro(s) (Part. pass. de *lotar*)

lotador /ô/ *adj.* que lota ■ *n.m.* **1** aquele que lota **2** aparelho de lotar a pólvora para cartuchos de diferente graduação **3** aparelho que serve para misturar vinhos de graduações diferentes **4** misturador de cafés de diferentes qualidades (De *lotar+-dor*)

lotar *v.tr.* **1** dividir em lotes; lotear **2** calcular ou determinar a lotação de **3** completar a lotação de; encher completamente **4** misturar (vinhos de diferentes graduações ou cafés de diferentes qualidades) (De *lote+-ar*)

lotaria *n.f.* **1** jogo de azar por meio de bilhetes numerados ou suas frações, com prémios pecuniários **2** rifa **3** sorteio **4** [fig.] coisa que está sujeita ao acaso (Do it. *lotteria*, «lotaria», pelo fr. *loterie*, «id.»)

Lotaringiano *n.m.* GEOLOGIA subandar do Sinemuriano (De *Lotaríngia*, ant. nome da Lorena, região do Nordeste da França +*-ano*)

lote *n.m.* **1** objeto ou reunião de objetos que se leiloam de uma vez **2** cada uma das partes de um todo que se reparte; quinhão **3** grupo; magote; conjunto; classe **4** qualidade de uma mercadoria **5** carga em toneladas ou metros cúbicos que um navio desloca **6** parcela de terreno para urbanização ou pequena exploração agrícola (Do franc. *lôt*, «id.», pelo fr. *lot*, «quinhão»)

loteamento *n.m.* **1** ato ou efeito de lotear; divisão de um terreno em lotes destinados à urbanização **2** terreno loteado (De *lotear+-mento*)

lotear *v.tr.* dividir em lotes ou partes; lotar (De *lote+-ear*)

loti *n.m.* unidade monetária do Lesoto

loto¹ /ó/ *n.m.* BOTÂNICA ⇒ **lódão** (Do gr. *lotós*, «id.», pelo lat. *lotu-*, «id.»)

loto² /ô/ *n.m.* jogo de azar, chamado também quino, que se joga com cartões cujos números são cobertos com marcas cilíndricas numeradas, tiradas de uma sacola (Do it. *lotto*, «sorte»)

lotófago *adj.* dizia-se de certos indivíduos mitológicos da antiga África que se alimentavam dos frutos de uma espécie de loto (Do gr. *lotophágos*, «id.», pelo lat. *lotophăgu-*, «id.»)

lótus *n.m.2n.* **1** BOTÂNICA designação comum a diversas plantas aquáticas, da família das Ninfeáceas, sendo o nenúfar uma das espécies mais comum; lódão; loto **2** BOTÂNICA flor dessas plantas

louça *n.f.* **1** produtos de cerâmica, manufaturados pelo oleiro, para uso doméstico, especialmente para serviço de mesa e de cozinha **2** objetos de metal ou de ferro esmaltado, etc., para os mesmos usos **3** vasilhame; *ser outra ~* ser de qualidade superior (Do lat. *lutĕa*, neut. pl. de *lutĕu*, «de barro»)

louçainha *n.f.* **1** traje muito ataviado **2** garridice **3** ornato; enfeite (De *louçã+-inha*)

louçainhar *v.tr.* adornar com louçainhas; enfeitar garridamente (De *louçainha+-ar*)

louçainho *adj.* enfeitado; garrido (De *loução+-inho*)

loucamente *adv.* com loucura; de modo louco; desvairadamente **2** muito (De *louca+-mente*)

louçania *n.f.* **1** qualidade de loução; elegância **2** garridice **3** enfeites (De *loução+-ia*)

loução *adj.* **1** garboso **2** garrido (Do lat. vulg. *lautiānu-*, de *lautu-*, «sumptuoso; brilhante»)

louçaria *n.f.* **1** estabelecimento onde se vende louça **2** grande quantidade de louça (De *louça+-aria*)

louceira *n.f.* mulher que negoceia em louça (De *louça+-eira*)

louceiro *n.m.* **1** armário onde se guarda a louça; guarda-louça **2** homem que fabrica ou vende louça (De *louça+-eiro*)

louco *adj.* **1** que perdeu a razão; doido; alienado; demente **2** insensato; imprudente; doidivanas **3** extraordinário; exagerado ■ *n.m.* indivíduo que perdeu a razão

loucura *n.f.* **1** estado de louco; alienação mental **2** ato próprio de louco **3** temeridade; imprudência **4** extravagância; exagero (De *louco+-ura*)

loudel *n.m.* ⇒ **laudel**

louletano *adj.* relativo à cidade portuguesa de Loulé, no distrito de Faro (Algarve) ■ *n.m.* natural ou habitante de Loulé (De *Loulé*, top.+*t +-ano*)

louquejar *v.intr.* **1** fazer ou dizer loucuras **2** cometer imprudências (De *louco+-ejar*)

louquice *n.f.* ⇒ **loucura** (De *louco+-ice*)

loura¹ *n.f.* **1** mulher que tem cabelo louro **2** [coloq.] libra esterlina **3** [pop.] cerveja de cor clara ■ *n.m.* [pop.] homem bonacheirão; simplório (De *louro*)

loura² *n.f.* ⇒ **lura 1** (De *lura*)

louraça *n.f.* mulher vistosa de cabelo louro (De *loura+-aça*)

lourar *v.tr.,intr.* tornar(-se) louro; alourar; lourejar; amarelecer (De *louro+-ar*)

lourecer *v.tr.,intr.* ⇒ **lourejar** (De *louro+-ecer*)

loureira *n.f.* **1** BOTÂNICA variedade de videira também conhecida por dourada **2** [regionalismo] mulher garrida, vistosa (De *louro+-eira*)

loureiral *n.m.* sítio onde abundam loureiros (De *loureiro+-al*)

loureiro *n.m.* BOTÂNICA planta subarbórea, pertencente à família das Lauráceas, espontânea e cultivada em Portugal, com frutos que são pequenas bagas empregadas em medicina e na indústria, com folhas odoríferas utilizadas como condimento, e também denominada loiro, louro e sempre-verde (De *louro+-eiro*)

loureiro-real *n.m.* BOTÂNICA árvore da família das Lauráceas, de folhas lanceoladas e flores esbranquiçadas, oriunda das ilhas da Madeira, Açores e Canárias e conhecida também por vinhático--das-ilhas

lourejante *adj.2g.* que loureja (De *lourejar+-ante*)

lourejar *v.tr.,intr.* tornar(-se) louro; ostentar cor loura; amarelecer (De *louro+-ejar*)

lourejo /ê/ *n.m.* **1** ato de lourejar **2** cor loura (Deriv. regr. de *lourejar*)

louro¹ *n.m.* **1** BOTÂNICA ⇒ **loureiro 2** folha do loureiro **3** pessoa com o cabelo de cor entre o dourado e o castanho-claro ■ *adj.* que tem uma cor intermédia entre o dourado e o castanho-claro ■ *n.m.pl.* glória; triunfo (Do lat. *lauru-*, «loureiro»)

louro² *n.m.* ZOOLOGIA [coloq.] papagaio (Do mal. *núri* ou *nóri*, «papagaio»)

louro-cerejo *n.m.* **1** BOTÂNICA planta da família das Rosáceas **2** BOTÂNICA ⇒ **loureiro-real**

lousa *n.f.* **1** PETROLOGIA rocha metamórfica muito físsil, escura por impregnação de substâncias carbonosas **2** placa de pedra que cobre um túmulo **3** ardósia encaixilhada, móvel ou fixa à parede, usada nas escolas, e também conhecida por pedra e quadro preto **4** lájea que serve de armadilha para pássaros; lousão **5** toca de coelhos; lura (Do lat. vulg. **lausa-* ou *lausĭa-*, «pedra chata»)

lousão *n.m.* **1** lousa grande **2** armadilha ■ *adj.* em que há lousa (De *lousa+-ão*)

louseira *n.f.* lugar donde se extraem lousas (De *lousa+-eira*)

louseiro *n.m.* aquele que extrai lousa, que trabalha em lousa ou vende lousas (De *lousa+-eiro*)

lousífero *adj.* diz-se do terreno onde há lousas (Do lat. vulg. *lausĭa-*, «lousa» +*-fero*, de *ferre*, «ter»)

louva-a-deus *n.m.2n.* ZOOLOGIA inseto ortóptero, carnívoro, marchador, da família dos Mantídeos, de corpo estreito e comprido, cuja postura, quando pousado, lembra a posição de uma pessoa ajoelhada (De *louvar+a+Deus*)

louvação *n.f.* **1** ato ou efeito de louvar; elogio **2** avaliação feita por louvados (Do lat. *laudatiōne-*, «elogio»)

louvada *n.f.* [regionalismo] saudação popular expressa por *louvado seja Nosso Senhor Jesus Cristo!* (Part. pass. fem. de *louvar*)

louvado *adj.* que recebeu louvor; elogiado ■ *n.m.* perito nomeado para avaliar; árbitro; perito (Do lat. *laudātu-*, «id.», part. pass. de *laudāre*, «louvar»)

louvador /ô/ *adj.,n.m.* que ou aquele que louva ou elogia (Do lat. *laudatōre-*, «id.»)

louvamento *n.m.* ⇒ **louvação** (De *louvar+-mento*)

louvaminha *n.f.* louvor exagerado; lisonja; adulação ■ *n.2g.* pessoa que gosta de adular; bajulador (Deriv. regr. de *louvaminhar*)

louvaminhar *v.tr.* dirigir louvaminhas a; lisonjear; bajular (De *louvam[ento]+-inhar*)

louvaminheiro *adj.,n.m.* que ou aquele que tem por costume louvaminhar; adulador; bajulador (De *louvaminha+-eiro*)

louvar *v.tr.* **1** dirigir louvores a; gabar; elogiar **2** bendizer **3** aprovar **4** avaliar ■ *v.pron.* **1** gabar-se **2** fazer sua a opinião de outrem; apoiar-se na opinião de outrem ■ *n.m.* louvor; *é um ~ a Deus!* exclamação designativa de admiração por qualquer facto extraordinário (Do lat. *laudāre*, «id.»)

louvável *adj.2g.* digno de louvor (Do lat. *laudabĭle-*, «id.»)

louvavelmente *adv.* de modo louvável; com louvor (De *louvável+-mente*)

louvor *n.m.* **1** ato de louvar **2** elogio; aplauso **3** panegírico; honra (Do lat. vulg. **laudōre-*, de *laudāre*, «louvar»)

low-cost *adj.inv.* que não exige gastos elevados; de baixo custo (Do ing. *low-cost*, «id.»)

loxo- /cs/ elemento de formação de palavras que exprime a ideia de *oblíquo, angular* (Do gr. *loxós*, «oblíquo»)

loxodromia /cs/ n.f. NÁUTICA linha de navegação que corta todos os meridianos sob o mesmo ângulo e que nas cartas geográficas é representada por uma reta (Do gr. *loxós*, «oblíquo» +*drómos*, «curso» +-*ia*)

loxodrómico /cs/ adj. relativo à loxodromia (De *loxodromia*+-*ico*)

loxodromismo /cs/ n.m. marcha em direção oblíqua (De *loxodromia*+-*ismo*)

LP n.m. disco em vinil usado para gravação e reprodução de som, sobretudo música (Do inglês *LP*, acrónimo de *long-playing (record)*, «disco de longa duração»)

LSD n.m. QUÍMICA substância alucinogénia que pode provocar alterações profundas na perceção e na disposição, produzindo sintomas psicóticos semelhantes aos da esquizofrenia (Do alemão *LSD*, acrónimo de *Lysergsäurediäthylamid*, «dietilamida do ácido lisérgico»)

lua n.f. **1** [com maiúscula] ASTRONOMIA planeta que gira em torno da Terra, de que é satélite **2** cada uma das formas da Lua vista da Terra; fase **3** ASTRONOMIA satélite natural de qualquer planeta **4** espaço de um mês, contado de acordo com as fases lunares **5** [pop.] mau humor **6** [pop.] cio **7** ICTIOLOGIA ⇒ **bezedor 8** processo de pesca angolana; ∼ **cheia** ASTRONOMIA fase da Lua em que a Terra se encontra entre o Sol e a Lua e esta nos mostra a face iluminada, plenilúnio; ∼ **nova** ASTRONOMIA fase da Lua em que esta se encontra entre o Sol e a Terra, com a face não iluminada voltada para a Terra, novilúnio; *andar na* ∼ estar distraído; *ladrar à* ∼ insultar quem está ausente, gritar em vão; *pedir a* ∼ pedir o impossível; *pôr nos cornos da* ∼ exaltar; *prometer a* ∼ prometer o impossível; *querer a* ∼ querer o impossível (Do lat. *luna*-, «id.»)

lua-bebé n.f. [pop.] primeiro satélite artificial da Terra lançado pela União Soviética em 1957

luada n.f. suposta influência da Lua (De *Lua*+-*ada*)

lua-d'água n.f. nenúfar branco

lua-de-mel ver nova grafia lua de mel

lua de mel n.f. **1** primeiros tempos após o casamento **2** viagem realizada pelos noivos imediatamente após o casamento; viagem de núpcias **3** [fig.] período de entendimento ou harmonia entre pessoas ou grupos (políticos, etc.)

luandense adj.2g. relativo a Luanda, cidade capital de Angola ■ n.2g. natural ou habitante de Luanda (De *Luanda*, top. +-*ense*)

luando n.m. **1** [Angola] ORNITOLOGIA ave passeriforme conirrostra africana **2** [Angola] esteira grossa feita com os caules do mabu (De *Luanda*, top.)

luar n.m. **1** luz do Sol refletida pela Lua; luz da Lua **2** espécie de jogo popular (Do lat. *lunāre*-, «lunar»)

luarejar v.tr. banhar de luar ■ v.intr. fazer luar (De *luar*+-*ejar*)

luarento adj. em que há luar (De *luar*+-*ento*)

luarizar v.tr.,intr. ⇒ **luarejar** (De *luar*+-*izar*)

lubricamente adv. sensualmente (De *lúbrico*+-*mente*)

lubricar v.tr. **1** tornar lúbrico **2** laxar (o ventre) com um medicamento (Do lat. *lubricāre*, «tornar escorregadio»)

lubricidade n.f. **1** qualidade de lúbrico ou de escorregadio **2** sensualidade; lascívia; luxúria (Do lat. *lubricitāte*-, «id.»)

lúbrico adj. **1** escorregadio **2** sensual; lascivo (Do lat. *lubrĭcu*-, «escorregadio; lascivo»)

lubrificação n.f. **1** ato ou efeito de lubrificar **2** aplicação ou introdução de partículas de óleo para reduzir o atrito entre superfícies em movimento relativo (De *lubrificar*+-*ção*)

lubrificador adj. ⇒ **lubrificante** adj.2g. ■ n.m. **1** peça ou mecanismo que serve para lubrificar **2** produto lubrificante (De *lubrificar*+-*dor*)

lubrificante adj.2g. que lubrifica ■ n.m. substância untuosa com a propriedade de lubrificar, como óleo, vaselina, cera, grafite (De *lubrificar*+-*ante*)

lubrificar v.tr. **1** tornar lúbrico ou escorregadio **2** untar **3** humedecer (Do lat. *lubrĭcu*-, «escorregadio»+ *facĕre*, «fazer», pelo fr. *lubrifier*, «id.»)

luca¹ n.f. [pop.] carta de jogar (Do cast. *lucas*, «os naipes»)

luca² n.f. ORNITOLOGIA ave de rapina da família dos Estrigídeos; coruja-do-mato (Do lat. *alūcu*-, «mocho»)

Lucânidas n.m.pl. ZOOLOGIA ⇒ **Lucanídeos**

Lucanídeos n.m.pl. ZOOLOGIA família de insetos coleópteros, lamelicórneos, a cujo género-tipo, que se denomina *Lucanus*, pertence a cabra-loira (De *lucanídeos*)

lucano¹ adj. da Lucânia ou relativo a esta província da Itália antiga ■ n.m. natural ou habitante da Lucânia (De *Lucânia*, top.)

lucano² n.m. ZOOLOGIA inseto coleóptero pentâmero, de mandíbulas denteadas, também conhecido por cabra-loira (Do lat. *lucānu*-, «id.»)

lucano³ n.m. [Angola] pulseira de cobre em que se enrolam nervos de feras e de inimigos vencidos, considerada insígnia da realeza, à semelhança da coroa dos monarcas europeus (Do chócue *lukano*)

lucão n.m. certa rede de pesca (De *lucánu*-, «da Lucânia», província da Itália antiga?)

lucarna n.f. abertura no telhado de uma casa para dar luz e ar ao sótão (Do lat. *lucerna*, «lâmpada», pelo fr. *lucarne*, «águas-furtadas»)

lucas n.m.2n. [pop.] tolo; palerma; *fazer-se* ∼ tornar-se ou fazer-se parvo (De *Lucas*, antr.)

lucata n.f. **1** [Angola] mala **2** [Angola] lugar onde se guardam coisas importantes (Do quicongo *lukata*, «id.»)

lucente adj.2g. ⇒ **luzente** (Do lat. *lucente*-, «id.», part. pres. de *lucēre*, «luzir»)

lucerna n.f. **1** abertura por onde entra luz num edifício; clarabóia; lucarna **2** pequena luz **3** lamparina; candeia (Do lat. *lucerna*-, «id.»)

lucernário n.m. **1** ofício religioso da noite celebrado à luz das lucernas **2** espécie de poço que dava acesso às catacumbas romanas (Do lat. *lucernarĭu*-, «começo da noite; hora a que se acendiam as lucernas»)

lucescente adj.2g. **1** [poét.] que começa a brilhar **2** [poét.] que se mostra brilhante (Do lat. *lucescente*-, «id.», part. pres. de *lucescĕre*, «começar a luzir»)

luchã n.m. [São Tomé e Príncipe] zona recôndita da localidade; aldeia (Do forro *luchan*, «id.»)

luchar v.tr. sujar; emporcalhar (De *lucho*+-*ar*)

lucho n.m. sujidade (Do lat. *luscu*-, «vesgo; suspeito», pelo fr. *louche*, «que não inspira confiança»)

luchoso /ô/ adj. sujo (De *lucho*+-*oso*)

luci- elemento de formação de palavras que exprime a ideia de *luz* (Do lat. *luce*-, «luz»)

lúcia-lima n.f. BOTÂNICA ⇒ **limonete**

lucidamente adv. **1** com lucidez **2** claramente (De *lúcido*+-*mente*)

lucidar v.tr. **1** passar para o papel vegetal (um desenho), à vista das linhas que estão por baixo **2** decalcar ou reproduzir (um desenho) contra a luz e sobre um vidro (Do lat. *lucidāre*, «id.»)

lucidez /ê/ n.f. **1** qualidade de lúcido; clareza de raciocínio **2** brilho **3** PSICOLOGIA fase de regresso a um pensamento normal, após um período de confusão mental ou de delírio **4** capacidade que, segundo se pretende, permite ter perceções extrassensoriais ou um conhecimento do futuro (De *lúcido*+-*ez*)

lúcido adj. **1** que luz; que brilha; cintilante **2** transparente; claro **3** [fig.] que mostra uso da razão (Do lat. *lucĭdu*-, «claro; brilhante»)

Lucifer n.m. ⇒ **Lúcifer**

Lúcifer n.m. **1** o maior dos demónios; diabo; Satanás **2** para os antigos Romanos, o planeta Vénus **3** aquele que é portador de luz **4** [fig.] indivíduo turbulento (Do lat. *Lucĭfer*, «id.»)

luciferário n.m. indivíduo que, numa procissão, leva uma lanterna (Do lat. *luciferu*-, «o que dá ou traz a luz»+-*ário*)

luciferase n.f. BIOLOGIA enzima própria dos seres vivos que apresentam o fenómeno da luminescência, como alguns insetos, crustáceos, celenterados, fungos dinoflagelados e bactérias (De lat. *lux, lucis*, «luz»+*fero*, «transportar»+-*ase*, suf. usado na terminologia química)

luciférico adj. ⇒ **luciferino** (Do lat. *luciferu*-, «o que dá luz; que traz a luz»+-*ico*)

luciferino adj. relativo a Lúcifer; diabólico (Do lat. *luciferu*-, «o que dá luz; que traz a luz»+-*ino*)

lucífero adj. [poét.] que dá luz; que traz a luz (Do lat. *luciferu*-, «id.»)

lucífilo adj. diz-se do animal aquático que procura locais iluminados (De *luci*-+-*filo*)

lucífugo adj. **1** que foge da luz, procurando viver em meios obscuros ou pouco iluminados **2** notívago (Do lat. *lucifŭgu*-, «que foge da luz»)

lucilação n.f. ato de lucilar (De *lucilar*+-*ção*)

lucilante adj.2g. que lucila; que brilha (De *lucilar*+-*ante*)

lucilar v.intr. brilhar com pouca intensidade; tremeluzir (De *luci*-+/+-*ar*)

luciluzir v.intr. ⇒ **lucilar** (De *luci*-+*luzir*)

lucímetro n.m. aparelho para comparar o brilho das diferentes regiões do céu (De *luci*-+-*metro*)

lucina¹ n.f. ZOOLOGIA género de moluscos lamelibrânquios, de concha arredondada, espalhados por todos os mares (Do lat. *luce*-, «luz»+-*ina*)

lucina² n.f. **1** [com maiúscula] nome poético dado à Lua **2** [com maiúscula] MITOLOGIA divindade que, entre os antigos Romanos, presidia aos partos (Do lat. *Lucīna*-, mitol.)

Lucínidas

Lucínidas n.m.pl. ZOOLOGIA ⇒ **Lucinídeos**

Lucinídeos n.m.pl. ZOOLOGIA família de moluscos lamelibrânquios, marinhos, a cujo género-tipo pertencem espécies existentes nas costas marítimas portuguesas (De *lucina*+*-ídeos*)

lúcio n.m. ICTIOLOGIA peixe teleósteo de água doce, voraz, da família dos Esocídeos, apreciado pela sua carne (Do lat. *lucĭu-*, «id.»)

lucipotente adj.2g. [poét.] que esparge luz intensa; que ilumina tudo (De *luci*-+*potente*)

lucivelo n.m. **1** aquilo que esconde a luz **2** quebra-luz (Do lat. *luce*-, «luz» +*velu*-, «véu»)

luco¹ n.m. bosque (Do lat. *lucu*-, «bosque»)

luco² n.m. **1** espécie de cereal cultivado na África e na Índia **2** [Moçambique] espécie de colher de pau (De orig. obsc.)

lucrar v.tr.,intr. tirar lucro ou vantagens de; ganhar ■ v.tr. conseguir (o que se queria); alcançar (Do lat. *lucrāre*, «id.»)

lucrativamente adv. de modo lucrativo; com lucro; vantajosamente (De *lucrativo*+*-mente*)

lucrativo adj. que dá lucro; rentável; vantajoso (Do lat. *lucratīvu*-, «id.»)

lucro n.m. **1** rendimento residual obtido por uma operação de compra e venda ou da produção depois de pagos os custos **2** ganho; benefício; proveito (Do lat. *lucru*-, «id.»)

lucroso /ô/ adj. ⇒ **lucrativo** (Do lat. *lucrōsu*-, «id.»)

luctífero adj. que produz luto ou calamidade; funesto (Do lat. *luctĭfĕru*-, «desastroso; sinistro»)

luctífico adj. ⇒ **luctífero** (Do lat. *luctifĭcu*-, «funesto»)

luctíssono adj. [poét.] que soa lugubremente (Do lat. *luctisŏnu*-, «id.»)

lucubração n.f. **1** trabalho intelectual nas horas destinadas ao repouso; serão; vigília **2** meditação profunda (Do lat. *lucubratiōne*-, «id.»)

lucubrar v.intr. **1** trabalhar ou estudar de noite **2** meditar profundamente (Do lat. *lucubrāre*, «fazer serão»)

lúcula n.f. ASTRONOMIA ruga brilhante, com o aspeto de granulação, da fotosfera solar, separada de outras por interstícios menos brilhantes denominados poros (Do lat. *luce*-, «luz» +*-ula*)

luculento adj. **1** luzente; brilhante **2** esplêndido (Do lat. *luculentu*-, «id.»)

luculiano adj. **1** próprio de um luculo; magnificente **2** [banquete] opíparo (Do lat. *lucullianu*-, de *Lucullus*, romano famoso pelas suas riquezas+*-iano*)

luculo n.m. [fig.] homem muito rico que dá lautos banquetes (Do lat. *Lucullu*-, antr., romano famoso pelas suas riquezas)

Ludiano n.m. GEOLOGIA andar do topo do Eocénico (De *Ludhiana*, cidade indiana a norte de Deli)

ludião n.m. FÍSICA aparelho de física, recreativo, geralmente com a configuração de um boneco ou diabrete, com que se põem em evidência as condições de equilíbrio de um corpo mergulhado num líquido, obrigando o dispositivo, por simples compressão, a imergir na água de um vaso (Do lat. *ludiōne*-, «histrião; dançarino»)

ludibriante adj.2g. que ludibria (De *ludibriar*+*-ante*)

ludibriar v.tr. **1** escarnecer de **2** iludir; enganar (De *ludíbrio*+*-ar*)

ludíbrio n.m. **1** escárnio **2** desprezo **3** engano; burla (Do lat. *ludibrĭu*-, «id.»)

ludibrioso /ô/ adj. **1** que envolve ludíbrio; escarnecedor **2** ultrajante (Do lat. *ludibriōsu*-, «ultrajante»)

lúdico adj. relativo a jogos ou divertimentos; recreativo (Do lat. *ludĭcru*-, «que diverte; recreativo»)

lúdio n.m. FÍSICA ⇒ **ludião** (Do lat. *ludĭu-*, «id.»)

Ludloviano n.m. GEOLOGIA época (ou série) do Silúrico superior (De *Ludlow*, top., cidade inglesa do Shropshire +*-iano*)

ludo n.m. **1** DESPORTO luta de atletas **2** DESPORTO jogo; torneio (Do lat. *ludu*-, «jogo»)

ludo- elemento de formação de palavras que exprime a ideia de jogo, brincadeira (Do lat. *ludu*-, «jogo; divertimento»)

ludomania n.f. mania dos divertimentos ou dos desportos (De *ludo*-+*-mania*)

ludoteca n.f. instituição onde as crianças podem conviver e brincar, utilizando os brinquedos que lhes são emprestados (De *ludu*-, «jogo»+gr. *théke*, «depósito; coleção; conjunto»)

ludoterapia n.f. terapêutica pelo jogo (De *ludo*+*terapia*)

ludra n.f. [regionalismo] massa de farinha de centeio e água fria com que se vedam vasilhas de madeira (De orig. obsc.)

ludreiro n.m. lamaçal; atoleiro; charco (De *ludro*+*-eiro*)

lúdrico adj. relativo a divertimentos, jogos ou torneios públicos (Do lat. *ludĭcru*-, «id.», com met.)

ludro adj. **1** diz-se da lã suja, antes de ser preparada; churdo **2** diz-se de líquido turvo, sujo, como a água das enxurradas (Provavelmente do lat. *lurĭdu*-, «pálido; amarelo», ou do lat. *lutŭ*-, «lama»)

ludroso /ô/ adj. ⇒ **ludro** (De *ludro*+*-oso*)

lues n.f.2n. MEDICINA ⇒ **sífilis** (Do lat. *lues* (nominativo), «epidemia; doença contagiosa»)

luético adj. ⇒ **sifilítico** adj. (Do lat. *lues* (nominativo), «epidemia»+*t*+*-ico*)

lufa¹ n.f. **1** afã; azáfama **2** lufada; rajada (De orig. onom.)

lufa² n.f. **1** NÁUTICA diz-se da vela que se iça, quando há lufadas **2** NÁUTICA contração dessa vela, sob ação do vento (Do ing. *loof*, «lado do vento»)

lufada n.f. rajada de vento (Part. pass. fem. subst. de *lufar*)

lufa-lufa n.f. **1** grande pressa **2** canseira; azáfama; *à* ~ afanosamente, com grande canseira

lufar v.intr. (vento) soprar com violência (De *lufa*+*-ar*)

lugar n.m. **1** espaço ocupado por um corpo; sítio; local **2** posição; ordem **3** localidade; pequena povoação; região **4** categoria social **5** loja onde se vendem hortaliças, frutas, galinhas, ovos **6** cargo; emprego **7** vagar; tempo; vez **8** ocasião; oportunidade **9** ensejo **10** trecho ou passo de um livro **11** [Guiné-Bissau] campo de cultivo itinerante no mato **12** [Guiné-Bissau] terreno **13** [Guiné-Bissau] arrozal; *lugar cativo* lugar reservado; ~ *geométrico* MATEMÁTICA conjunto de pontos que possuem uma propriedade comum e exclusiva; *Lugares Santos* RELIGIÃO lugares onde Cristo passou a Sua vida e sofreu a Sua paixão e morte; *em* ~ *de* em vez de; *tomar o* ~ *de* substituir; *um* ~ *ao sol* situação favorável ou vantajosa (Do lat. *locăle*-, «do lugar»)

lugar-comum n.m. **1** qualquer fonte donde se podem tirar provas aplicáveis a todos os assuntos **2** expressão banal; ideia trivial; banalidade

lugarejo /ê/ n.m. **1** lugar pequeno; aldeola **2** sítio; casal (De *lugar*+*-ejo*)

lugar-tenência n.f. função ou dignidade de lugar-tenente (Do fr. *lieutenance*, «id.»)

lugar-tenente n.2g. aquele que desempenha, por delegação, as funções de outrem (Do fr. *lieutenant*, «id.»)

lugdunense adj.2g. de Lião ou referente a esta cidade francesa ■ n.2g. natural ou habitante de Lião (Do lat. *lugdunense*-, «id.», de *Lugdūnu*-, «Lião» +*-ense*)

lugente adj.2g. plangente; lúgubre (Do lat. *lugente*-, «que chora», part. pres. de *lugēre*, «chorar; estar de luto»)

lugre¹ n.m. NÁUTICA navio de vela, geralmente com três mastros, que normalmente é usado na pesca do bacalhau (Do ing. *lugger*, «id.», pelo fr. *lougre*, «id.»)

lugre² n.m. ORNITOLOGIA ⇒ **pintassilgo-verde** (Do it. *lucherino*, «pintassilgo-verde; lugre»?)

lúgubre adj.2g. **1** fúnebre; sinistro **2** triste; taciturno; soturno **3** sombrio; escuro (Do lat. *lugŭbre*-, «id.»)

lugubridade n.f. qualidade de lúgubre (De *lúgubre*+*-i-*+*-dade*)

luís n.m. **1** antiga moeda de ouro ou prata que começou a ser cunhada em França a partir do reinado de Luís XIII **2** moeda de ouro de 20 francos (Do fr. *louis*, «id.», de *Louis*, antr.)

lula n.f. **1** ZOOLOGIA molusco cefalópode decápode, marinho, da família dos Loliginídeos, de corpo alongado e provido de pequenos tentáculos, muito apreciado na alimentação **2** ICTIOLOGIA peixe teleósteo, da família dos Bleniídeos, também conhecido por caboz, cabrito, marachomba, etc. (Do lat. *lura*-, «bolsa»)

lulão n.m. ICTIOLOGIA ⇒ **larote** (De *lula*+*-ão*)

lulu n.m. [coloq.] cãozinho de luxo, de pelo comprido (Do fr. *loulou*, «id.»)

lumaquela n.f. PETROLOGIA rocha sedimentar clástica formada por aglomeração de conchas (Do it. *lumachella*, «id.», de *lumaca*, «caracol»)

lumaréu n.m. **1** fogacho; labareda; chama viva **2** fogueira **3** grande clarão (De *lume*+*-aréu*)

lumbago n.m. sensação dolorosa na região lombar, em especial de origem reumática; reira (Do lat. tard. *lumbāgo*, *-ĭnis*, «id.», de *lumbu*-, «lombo»)

lumbrical adj.2g. referente a lombriga; lombrical; lombricário (Do lat. *lumbrīcu*-, «lombriga» +*-al*)

lumbricário adj. ⇒ **lumbrical** (Do lat. *lumbrīcu*-, «lombriga» +*-ário*)

lumbricida adj.,n.m. que ou produto que mata lombrigas; vermífugo; anti-helmíntico (Do lat. *lumbrīcu*-, «lombriga» +*caedĕre*, «matar»)

Lumbrícidas n.m. ZOOLOGIA ⇒ **Lumbricídeos**

Lumbricídeos n.m.pl. ZOOLOGIA família de anelados oligoquetas cujo género-tipo se designa *Lumbricus*, e a que pertencem algumas minhocas (Do lat. *lumbrīcu-*, «lombriga; minhoca» +*-ídeos*)

lumbricoide adj.2g..n.m. ⇒ **lombricoide** (Do lat. *lumbrĭcu-*, «lombriga»+gr. *eĩdos*, «forma»)

lumbricóide ver nova grafia lumbricoide

lume n.m. 1 fogo; fogueira 2 luz; clarão 3 vela; tocha; círio 4 [fig.] brilho; fulgor 5 [fig.] cores vivas 6 [fig.] perspicácia 7 [fig.] clareza 8 [fig.] doutrina 9 ANATOMIA ⇒ **lúmen** 10 [pop.] o que é utilizado para acender um cigarro (fósforo, isqueiro, etc.); *dar a ~* publicar; *ter ~ no olho* ser perspicaz, ser inteligente; *vir a ~* ser publicado (Do lat. *lumen*, «luz»)

lúmen n.m. 1 FÍSICA unidade de fluxo luminoso do Sistema Internacional, de símbolo lm, que é o fluxo de uma fonte luminosa com a intensidade invariável de 1 candela, num ângulo sólido de um esterradiano 2 ANATOMIA cavidade de um vaso ou de uma célula que corresponde ao espaço interno compreendido entre as suas paredes ou membranas, respetivamente; lume (Do lat. *lumen*, «luz»)

lume-pronto n.m. [ant.] fósforo de madeira e enxofre, de má qualidade, usado antes de terem aparecido os fósforos de cera

lumiar[1] v.tr. 1 ⇒ **alumiar** 2 [regionalismo] tirar (de um campo) a água do inverno (Do lat. *lumināre*, «alumiar»)

lumiar[2] n.m. ⇒ **limiar** 1

lumieira n.f. 1 objeto que alumia; lâmpada; castiçal 2 fresta; claraboia 3 archote; fogaréu (Do lat. *luminaria*, «archote»)

lumieiro n.m. 1 astro 2 pirilampo 3 ⇒ **lumieira** (De *lumieira*)

luminância n.f. FÍSICA quociente da intensidade luminosa emitida por uma superfície, pela área aparente dessa superfície, para um observador afastado (Do lat. *luminantĭa*, «coisas que iluminam», part. pres. de *lumināre*, «iluminar», pelo ing. *luminance*, «luminância»)

luminar adj.2g. que dá luz ■ n.m. 1 astro 2 [fig.] pessoa de grande saber (Do lat. *lumināre-*, «que dá luz»)

luminária n.f. 1 aquilo que alumia; lamparina; lâmpada; lanterna; candeia; iluminação 2 [fig.] pessoa de grande saber 3 pl. iluminação pública em sinal de festa 4 [Brasil] qualquer ponto de luz alimentado por energia elétrica; *pateta das luminárias* [fig.] pessoa que pasma diante de tudo, tolo (Do lat. *luminarĭa-*, «coisas que dão luz»)

luminescência n.f. 1 qualidade de luminescente 2 FÍSICA emissão de luz por um corpo, motivada por qualquer causa que não seja elevação de temperatura 3 emissão de luz por um fósforo (isto é, qualquer material luminescente) quando excitado por qualquer processo (Do lat. **luminiscentĭa-*, «id.»)

luminescente adj.2g. 1 que possui luminescência 2 diz-se de um material capaz de produzir luminescência (material que se chama fósforo) (Do lat. **luminiscente-*, «id.»)

luminímetro n.m. aparelho que serve para medir a intensidade dos fluxos luminosos (Do lat. *lumen*, «luz»+gr. *métron*, «medida»)

luminista n.2g. pintor ou pintora que procura exprimir nos seus quadros sobretudo efeitos de luz (Do lat. *lumĭne-*, «luz» +*-ista*)

luminosamente adv. 1 com brilho 2 claramente (De *luminoso*+*-mente*)

luminosidade n.f. 1 qualidade de luminoso 2 intensidade de luz emitida (De *luminoso*+*-i-*+*-dade*)

luminoso /ô/ adj. 1 que tem luz própria 2 que produz ou espalha luz 3 brilhante; resplandecente 4 [fig.] evidente; claro 5 [fig.] perspicaz; *intensidade luminosa* FÍSICA fluxo luminoso emitido, em dada direção, por cada unidade de ângulo sólido (Do lat. *luminōsu-*, «id.»)

luminotecnia n.f. conjunto das técnicas e dispositivos de iluminação aplicados a espetáculos teatrais ou musicais, programas televisivos, etc. (De *lumĕn, lumĭnis*, «resplandecer, brilhar» +*tékhne*, «arte, habilidade»)

luminotécnico adj. relativo à luminotecnia ■ n.m. indivíduo encarregado da luminotecnia (De *lumino-*+*técnico*)

luminoterapia n.f. MEDICINA tratamento de certas doenças pela ação da luz (Do lat. *lumĭne-*, «luz»+gr. *therapeía*, «tratamento»)

lumioso /ô/ adj. [pop.] ⇒ **luminoso** (Do lat. *luminōsu-*, «id.»)

lunação n.f. ASTRONOMIA tempo decorrido entre duas luas novas ou entre duas conjunções consecutivas da Lua com o Sol; mês lunar; revolução sinódica (Do lat. tard. *lunatiōne-*, «id.»)

lunado adj. que tem cornos em forma de meia-lua (Do lat. *lunātu-*, «em forma de lua»)

lunar[1] adj.2g. referente à Lua (Do lat. *lunāre-*, «id.»)

lunar[2] n.m. sinal congénito na pele, que os antigos atribuíam à influência da Lua (Do cast. *lunar*, «id.»)

lunária n.f. BOTÂNICA planta da família das Brassicáceas, cujo fruto tem um septo central resistente, redondo e prateado, que lembra uma lua pequena; medalha-do-papa (Do lat. *luna-*, «lua» +*-ária*)

lunário n.m. calendário em que o tempo é computado por luas (Do lat. *luna-*, «lua» +*-ário*)

lunático adj. 1 influenciado pela Lua 2 maníaco; tolo 3 fantasista; sonhador 4 excêntrico; extravagante ■ n.m. aquele que tem manias (Do lat. *lunatĭcu-*, «id.»)

lundês adj. relativo a Lunda, região de Angola ■ n.m. natural ou habitante de Lunda (De *Lunda*, top. +*-ês*)

lundu n.m. [Brasil] ⇒ **lundum**

lundum n.m. 1 dança de origem africana introduzida em Portugal no século XV e no Brasil no século XVII 2 música ou canto dessa dança 3 a partir do século XIX, canção interpretada a solo e acompanhada por guitarra ou piano 4 [São Tomé e Príncipe] expressão folclórica pela música e pelo canto, e antigamente também pela dança (Do forro *lundú*, «idem»)

luneta /ê/ n.f. 1 vidro ou lente que serve para corrigir ou ampliar a visão; óculo 2 par de vidros ou lentes, encaixilhados numa armação de metal, tartaruga, plástico, etc., que se fixa no nariz para auxiliar a visão 3 parte da guilhotina onde se atravessa o pescoço do condenado 4 peça da custódia onde se segura a hóstia 5 fresta circular ou oval em parede 6 instrumento para medir o calibre das balas (Do fr. *lunette*, «id.»)

lunfardo n.m. 1 gíria dos habitantes dos bairros degradados de Buenos Aires, capital da Argentina 2 [Brasil] [gír.] ladrão; marginal; delinquente (Do esp. argentino *lunfardo*, «id.»)

lunguié n.m. crioulo falado na ilha do Príncipe (De *lung-wiye*, «língua da ilha»)

lungungua n.f. ORNITOLOGIA ⇒ **quilúbio**

lunícola adj..n.2g. suposto habitante da Lua; selenita (Do lat. *luna-*, «lua» +*colĕre*, «habitar»)

luniforme adj.2g. que tem a forma que a Lua nos apresenta visível em qualquer das suas fases (Do lat. *lūna-*, «lua» +*forma-*, «forma»)

lunissolar adj.2g. dependente da Lua e do Sol, simultaneamente (Do lat. *luna-*, «lua» +*solāre-*, «solar»)

lúnula n.f. 1 lua pequena 2 objeto em forma de meia-lua 3 figura geométrica com a forma de um crescente 4 mancha esbranquiçada na base da unha 5 ASTRONOMIA cada um dos satélites dos planetas Júpiter e Saturno 6 MATEMÁTICA domínio plano, com forma de crescente, e cuja fronteira é constituída por dois arcos de circunferência (Do lat. *lunŭla-*, «lua pequena»)

lunulado adj. 1 que tem lúnula 2 luniforme (Do lat. *lunŭla-*, «pequena lua» +*-ado*)

lunular adj.2g. ⇒ **luniforme** (Do lat. *lunŭla-*, «pequena lua»+*-ar*)

lupa n.f. 1 lente convergente que aumenta o diâmetro aparente dos objetos 2 microscópio simples 3 VETERINÁRIA tumor nos joelhos de alguns animais (Do fr. *loupe*, «lupa; lente convergente; quisto sebáceo»)

lupamba n.f. ORNITOLOGIA ave de rapina africana (Do quimb. *lupamba*, «id.»)

lupanar n.m. casa de prostituição; bordel; prostíbulo (Do lat. *lupanāre-*, «id.»)

lupanário adj. relativo a lupanar; bordelesco (Do lat. *lupanarĭu-*, «id.»)

lupanga n.f. pequena espada usada pelos Cafres

lúparo n.m. [regionalismo] ⇒ **lúpuro**

Lupercais n.f.pl. (heortónimo) festas anuais que os Romanos celebravam em honra do deus Pã (Luperco) (Do lat. **lupercāles*, por *lupercalĭa*, «id.»)

lúpia n.f. ⇒ **lobinho** (De *lupa*+*-ia*)

lupinastro n.m. BOTÂNICA espécie de trevo (Do lat. **lupinastru-*, de *lupīnu-*, «tremoço»)

lupino adj. relativo ao lobo (animal) (Do lat. *lupīnu-*, «de lobo»)

lupulina n.f. BOTÂNICA planta de flores amarelas, pertencente à família das Leguminosas, espontânea no centro de Portugal 2 pó amarelo e amargo produzido pelas infrutescências do lúpulo (De *lúpulo*+*-ina*)

lúpulo n.m. BOTÂNICA planta herbácea, trepadora, aromática, da família das Canabináceas, espontânea de norte a sul de Portugal, utilizada no fabrico da cerveja (Do lat. med. *lupŭlu-*, «id.»)

lúpuro n.m. [regionalismo] espigo ou rebento de couves velhas; lúparo (De *lúpulo*)

lúpus n.m.2n. MEDICINA designação de alguns tipos de doenças crónicas da pele; *~ eritematoso* MEDICINA doença inflamatória crónica do tecido conjuntivo, afetando a pele e outros órgãos internos (Do lat. *lupus* (nominativo), «lobo»)

lura n.f. 1 esconderijo de coelhos e de outros animais; toca; lora; lorga 2 vaso de barro em que fazem criação os coelhos domésticos (Do lat. *lura-*, «boca de saco»)

lurar v.tr. 1 fazer luras em 2 escavar; esburacar ■ v.pron. esconder-se em lura (De *lura*+*-ar*)

lúria[1] n.f. ⇒ **lura** 1 (De *lura*+*-ia*)

lúria[2] n.f. [regionalismo] corda com que se aperta a carga do carro de bois; loro (Do lat. *lorêa*, pl. de *lorêu-*, adj. deriv. de *loru-*, «correia»?)

lúrido adj. 1 lívido; pálido 2 [poét.] negro; sombrio (Do lat. *lurĭdu-*, «pálido; plúmbeo»)

lusco adj. 1 que tem só um olho 2 vesgo 3 cego (Do lat. *luscu-*, «id.»)

lusco-fusco n.m. o anoitecer; crepúsculo vespertino

lusíada adj.,n.2g. 1 descendente de Luso, suposto fundador da família lusitana 2 lusitano; português (Do lat. *Luso*, antr. +*-íada*)

lusificar v.tr. tornar luso; aportuguesar (De *luso*+*-ficar*)

lusismo n.m. ⇒ **lusitanismo** (De *luso*+*-ismo*)

Lusitaniano n.m. GEOLOGIA andar do Jurássico superior (De *Lusitânia*, «Portugal» +*-ano*)

lusitânico adj.,n.m. ⇒ **lusitano** (Do lat. *lusitanĭcu-*, «id.»)

lusitanidade n.f. 1 qualidade de ser português ou lusitano 2 sentimento de amor por Portugal 3 conjunto dos portugueses (De *lusitano*+*-i-*+*-dade*)

lusitanismo n.m. 1 palavra ou locução genuinamente portuguesa 2 costume próprio dos Lusitanos (De *lusitano*+*-ismo*)

lusitanização n.f. ato ou efeito de lusitanizar (De *lusitanizar*+*-ção*)

lusitanizante adj.,n.2g. 1 que ou quem lusitaniza 2 que ou aquele que se interessa por tudo o que é lusitano 3 que ou aquele que se dedica ao estudo do que é caracteristicamente lusitano (De *luzitanizar*+*-nte*)

lusitanizar v.tr. 1 dar feição lusitana a; tornar lusitano 2 divulgar e fazer prevalecer (características lusitanas) ■ v.pron. 1 tornar-se lusitano 2 interessar-se pelo que é lusitano (De *lusitano*+*-izar*)

lusitano adj. 1 relativo ou pertencente aos Lusitanos (antigo povo pré-romano, estabelecido entre o Tejo e o Douro e as províncias espanholas de Cáceres e Badajoz) 2 relativo ou pertencente à Lusitânia (antiga província romana) 3 relativo ou pertencente a Portugal; português ■ n.m. 1 membro dos Lusitanos 2 natural ou habitante da Lusitânia 3 natural ou habitante de Portugal; português ■ adj.,n.m. designativo de ou raça de cavalos nascidos e criados em Portugal (Do lat. *lusitanu-*, «id.»)

luso adj.,n.m. ⇒ **lusitano** (Do lat. *Lusu-*, «id.»)

luso- elemento de formação de palavras que exprime a ideia de *lusitano, português, relativo a Portugal* (Do lat. *Lusu-*, «id.»)

luso-africano adj. que diz respeito a Portugal e à África

luso-brasileiro adj. relativo a Portugal e ao Brasil

luso-castelhano adj. 1 relativo a Portugal e a Castela 2 designativo de um sistema de serras da Península Ibérica que, em Portugal, fica entre os rios Mondego e Tejo, também chamado Sistema Central Divisório

lusodescendente adj.,n.2g. que ou pessoa que tem ascendência portuguesa (De *luso*-+*descendente*)

luso-descendente ver nova grafia **lusodescendente**

lusofilia n.f. qualidade de lusófilo (De *lusófilo*+*-ia*, ou de *luso*+*-filia*)

lusófilo adj.,n.m. que ou o que tem simpatia ou admiração por Portugal ou pelos Portugueses (De *luso*-+*-filo*)

lusofobia n.f. qualidade de lusófobo (De *lusófobo*+*-ia*, ou de *luso*-+*fobia*)

lusófobo adj.,n.m. que ou aquele que tem aversão a Portugal ou aos Portugueses (De *luso*-+*fobo*)

lusofonia n.f. 1 conjunto dos falantes de português 2 conjunto de países que têm o português como língua materna ou como língua oficial (De *luso*-+*fonia*)

lusófono adj. 1 que fala português 2 diz-se do país ou do povo cuja língua materna ou língua oficial é o português ■ n.m. aquele que fala português (De *luso*-+*fono*)

lusório adj. respeitante à brincadeira ou a jogos; recreativo (Do lat. *lusorĭu-*, «id.»)

lusque-fusque n.m. ⇒ **lusco-fusco** (De *lusco-fusco*)

lusquir-se v.pron. [regionalismo] esconder-se (De *lusco*+*-ir*?)

lustração n.f. 1 ato ou efeito de lustrar 2 purificação com água lustral 3 lavagem (Do lat. *lustratiōne-*, «id.»)

lustradeira n.f. aparelho usado nas fábricas de lanifícios para lustrar os panos (De *lustrar*+*-deira*)

lustradela n.f. ato ou efeito de lustrar (De *lustrar*+*-dela*)

lustrado adj. 1 a que se deu lustre 2 encerado; envernizado 3 [fig.] que é culto; cultivado (Part. pass. de *lustrar*)

lustrador adj.,n.m. que, aquilo ou aquele que lustra (Do lat. *lustratōre-*, «id.»)

lustral adj.2g. que serve para lustrar ou purificar; *água* ~ água do batismo (Do lat. *lustrāle-*, «id.»)

lustrar v.tr. 1 dar lustre a; tornar brilhante; polir 2 envernizar 3 engraxar 4 purificar; limpar ■ v.intr. brilhar (Do lat. *lustrāre*, «purificar»)

lustre n.m. 1 brilho que se dá a um objeto ou que ele tem naturalmente 2 candeeiro grande pendente do teto e com muitas luzes 3 [fig.] glória; honra 4 [fig.] gosto; brilhantismo (Deriv. regr. de *lustrar*)

lustrilho n.m. tecido de lã um tanto lustroso (De *lustre*+*-ilho*)

lustrina n.f. tecido muito lustroso; alpaca (Do fr. *lustrine*, «id.»)

lustrino adj. ⇒ **lustroso** (De *lustre*+*-ino*)

lustro[1] n.m. período de cinco anos (Do lat. *lustru-*, «id.»)

lustro[2] n.m. ⇒ **lustre** 1 (Deriv. regr. de *lustrar*)

lustroso /ô/ adj. 1 que tem lustre; luzidio; reluzente 2 [fig.] ilustre 3 [fig.] esplêndido (De *lustre*+*-oso*)

luta n.f. 1 ato de lutar 2 combate, com ou sem armas, entre pessoas ou grupos; disputa 3 antagonismo de ideias, interesses, etc.; oposição 4 confronto; contenda; conflito 5 debate 6 DESPORTO modalidade em que os adversários se agarram, procurando derrubar-se 7 [fig.] esforço; empenho; *dar* ~ resistir, tentar vencer; *ir à* ~ [coloq.] procurar alcançar o que se deseja, não recuar perante dificuldades (Do lat. *lucta-*, «id.»)

lutador adj. 1 que luta; combatente 2 que luta para alcançar um objetivo ■ n.m. 1 aquele que luta; combatente 2 DESPORTO atleta que pratica a modalidade de luta 3 pessoa que luta para alcançar um objetivo (Do lat. *luctatōre-*, «id.»)

lutagem n.f. 1 ato ou efeito de lutar 2 aplicação de um luto (substância) 3 operação da técnica de preparações, especialmente das destinadas a observações ao microscópio, que consiste em aplicar uma substância, em regra um luto, para ligar à lâmina os bordos da lamela (De *lutar*+*-agem*)

lutar[1] v.tr.,intr. 1 travar luta; combater 2 esforçar-se (por) (Do lat. *luctāre*, «id.»)

lutar[2] v.tr. fechar com luto (massa); indutar; revestir (De *luto*+*-ar*)

Luteciano n.m. GEOLOGIA andar do Eocénico (Do lat. *Lutetĭa-*, cidade gaulesa cuja situação correspondia ao coração de Paris +*-ano*)

lutécio[1] n.m. QUÍMICA elemento com o número atómico 71 e símbolo Lu, que é um dos metais que se podem extrair das chamadas terras raras (Do lat. *Lutetĭa-*, top. +*-io*)

lutécio[2] adj. relativo ou pertencente a Lutécia, antiga cidade da Gália (hoje Paris), ou que é seu natural ou habitante ■ n.m. natural ou habitante da Lutécia (De *Lutécia*, topónimo, por *luteci-*+*-o*)

luteicórneo adj. que tem cornos ou antenas amarelas (Do lat. *lutěu-*, «amarelo» +*cornu-*, «antena»)

luteína n.f. FISIOLOGIA ⇒ **progesterona** (Do lat. *lutěu-*, «amarelo» +*-ina*, pelo fr. *lutéine*, «id.»)

lúteo adj. de tom amarelado; *corpo* ~ ANATOMIA massa em que estão presentes células amarelas com luteína (progesterona), que prepara a mucosa do útero para a implantação do óvulo fecundado (caso o óvulo não seja fecundado, o corpo lúteo torna-se inativo e degenera)

luteranismo n.m. 1 RELIGIÃO doutrina do teólogo e reformador alemão Martinho Lutero (1483-1546), que se caracteriza pelo ataque ao culto dos santos e ao valor dos sacramentos e que defende a livre interpretação da Bíblia 2 RELIGIÃO grupo que segue a doutrina desse reformador (De *luterano*+*-ismo*)

luterano adj. relativo ao luteranismo ■ n.m. seguidor de Lutero ou do luteranismo (De *Lutero*, antr. +*-ano*)

luthier n.m. profissional que fabrica ou repara instrumentos musicais de corda com caixa de ressonância, como a guitarra, violino, etc. (Do fr. *luthier*, «fabricante de instrumentos de cordas»)

lutina n.f. 1 FISIOLOGIA ⇒ **progesterona** 2 MÚSICA ⇒ **mandola**

lutito n.m. PETROLOGIA sedimento de granularidade fina; pelito (Do lat. *lutu-*, «lodo» +*-ito*)

luto[1] n.m. 1 dor causada pela morte ou pela perda de alguém ou por grande calamidade; pesar; tristeza 2 traje escuro em sinal de tristeza pela morte de alguém 3 período em que este traje é usado; ~ *aliviado* luto menos rigoroso; ~ *nacional* cerimónias oficiais de pesar à memória de pessoa notável, ou que recordam a ocorrência de qualquer acontecimento funesto para a nação; ~ *pesado* luto rigoroso (Do lat. *luctu-*, «dor pela morte de alguém»)

luto[2] n.m. massa ou substância aplicada para tapar fendas e, em técnica de preparações, executar a lutagem (Do lat. *lutu-*, «barro»)

lutulência n.f. qualidade de lutulento (Do lat. *lutulentia-*, «id.»)

lutulento adj. lodoso; lamacento (Do lat. *lutulentu-*, «id.»)

lutuosa *n.f.* 1 antigo direito recebido pelo senhorio direto por morte do enfiteuta 2 noticiário do falecimento de pessoas; necrologia (De *lutuoso*)

lutuoso /ô/ *adj.* 1 coberto de luto 2 triste; lúgubre (Do lat. *luctuōsu-*, «doloroso»)

luva *n.f.* 1 peça de vestuário para a mão, como agasalho ou adorno 2 peça de borracha ou de outro material com que se cobre a mão, em determinadas circunstâncias, para a proteger ou a utilizar em esterilização 3 bolsa ou rede metálica para limpar o pelo aos cavalos, a casca das árvores, etc. 4 *pl.* gorjeta; recompensa 5 *pl.* importância recebida pela assinatura de um contrato 6 *pl.* [fig.] suborno; *assentar como uma ~* (peça de roupa ou calçado) ficar bem; *deitar a ~ a* agarrar, prender, roubar; *de ~ branca* delicadamente, com distinção; *macio como uma ~* de génio abrandado (depois de uma ira ou ameaça) (Do gót. *lôfa*, «palma da mão»)

luvaria *n.f.* fábrica de luvas ou estabelecimento onde se vendem luvas (De *luva*+*-aria*)

luveiro *n.m.* aquele que faz ou vende luvas (De *luva*+*-eiro*)

-lúvio sufixo nominal, de origem latina, que traduz a ideia de *lavagem, banho* (*pedilúvio*)

lux /cs/ *n.m.2n.* 1 FÍSICA unidade de intensidade de iluminação, que é a iluminação de um alvo que recebe o fluxo de um lúmen por metro quadrado 2 iluminação produzida por uma fonte luminosa pontual de uma candela sobre um alvo à distância de um metro (Do lat. *lux*, «luz»)

luxação *n.f.* MEDICINA lesão articular caracterizada pela saída de uma extremidade de um osso para fora do lugar onde normalmente está articulada (Do lat. *luxatiōne-*, «id.»)

luxado *adj.* MEDICINA que sofreu luxação; desarticulado (Do lat. *luxātu-*, «deslocado», part. pass. de *luxāre*, «deslocar; desconjuntar»)

luxar[1] *v.tr.* MEDICINA desarticular; deslocar (osso); desconjuntar (Do lat. *luxāre*, «id.»)

luxar[2] *v.intr.* 1 ostentar luxo 2 vestir com luxo (De *luxo*+*-ar*)

luxemburguês *adj.* relativo ao Luxemburgo ∎ *n.m.* natural ou habitante do Luxemburgo (De *Luxemburgo*, top. +*-ês*)

luxento *adj.* que usa luxo; luxuoso (De *luxo*+*-ento*)

luxo *n.m.* 1 ostentação da riqueza; magnificência; gala 2 fausto; sumptuosidade; pompa 3 qualquer bem ou objeto de custo elevado e que não é indispensável; *dar-se ao ~* permitir-se um certo capricho ou uma certa extravagância; *de ~* de qualidade excelente (Do lat. *luxu-*, «id.»)

luxoso /ô/ *adj.* [pop.] luxuoso (De *luxo*+*-oso*)

luxuário *adj.* relativo a luxo (Do lat. *luxu-*, «luxo» +*-ário*)

luxuosamente *adv.* com luxo; com ostentação; ricamente (De *luxuoso*+*-mente*)

luxuosidade *n.f.* qualidade de luxuoso (De *luxuoso*+*-i-*+*-dade*)

luxuoso /ô/ *adj.* que ostenta luxo; ostentoso; magnificente; esplêndido (Do lat. *luxu-*, «luxo» +*-oso*)

luxúria *n.f.* 1 viço dos vegetais 2 sensualidade; lascívia 3 RELIGIÃO segundo a doutrina cristã, um dos sete pecados capitais (Do lat. *luxurĭa-*, «id.»)

luxuriante *adj.2g.* 1 exuberante; viçoso 2 luxurioso; sensual (Do lat. *luxuriante-*, «id.», part. pres. de *luxuriāre*, «estar cheio de vida; viver na devassidão»)

luxuriar *v.intr.* 1 desenvolver-se; vicejar 2 praticar atos luxuriosos (De *luxuriāre*, «ser luxuriante»)

luxurioso /ô/ *adj.* 1 dado à luxúria; sensual 2 exuberante; viçoso (Do lat. *luxuriōsu-*, «exuberante; voluptuoso»)

luz *n.f.* 1 fluxo radiante capaz de estimular a retina para produzir a sensação visual 2 iluminação que provém do Sol durante o dia; luminosidade 3 claridade emitida ou refletida pelos corpos celestes 4 clarão produzido por uma substância em ignição 5 qualquer objeto usado como fonte de iluminação; lâmpada; candeeiro; vela 6 [fig.] brilho; fulgor; cintilação 7 [fig.] verdade; evidência; certeza 8 [fig.] perceção; intuição 9 [fig.] conhecimento público 10 [fig.] guia; orientação 11 RELIGIÃO [fig.] iluminação espiritual; fé 12 [fig.] coisa de grande apreço 13 FÍSICA designação que compreende as radiações visíveis do espetro eletromagnético que vão do vermelho ao violeta 14 *pl.* noções; conhecimentos; *~ cinzenta* ASTRONOMIA luz proveniente da dupla reflexão da luz solar da Terra para a Lua, e desta para a Terra, durante a Lua nova, permitindo distinguir a parte do hemisfério lunar voltado para a Terra que não está diretamente iluminada pelo Sol, obscuro da Lua nova; *~ do dia* a luz do Sol; *à ~ de* segundo o ponto de vista de, segundo o critério de; *dar à ~* pôr no mundo, parir; *filosofia das luzes* 1 a razão enquanto procede de Deus e ilumina o espírito humano; 2 iluminismo; *lançar ~ sobre* tornar claro ou percetível, explicar, esclarecer (Do lat. *luce-*, «id.»)

luze-cu *n.m.* ZOOLOGIA ⇒ **pirilampo** 1 (De *luzir*+*cu*)

luzeiro *n.m.* 1 coisa que dá luz 2 clarão 3 farol 4 [fig.] pessoa ilustre; luminar (De *luz*+*-eiro*)

luze-luze *n.m.* ZOOLOGIA ⇒ **pirilampo** 1 (De *luzir*)

luzência *n.f.* 1 ação de luzir 2 luminosidade; claridade 3 resplendor (Do lat. *lucentĭa*, «id.», part. pres. neut. pl. subst. de *lucēre*, «luzir; brilhar»)

luzente *adj.2g.* que luz ou brilha; luminoso (Do lat. *lucente-*, «id.», part. pres. de *lucēre*, «brilhar; luzir»)

luzerna *n.f.* 1 BOTÂNICA planta herbácea de flores violáceo-azuladas, pertencente à família das Leguminosas, cultivada e subespontânea de norte a sul de Portugal 2 BOTÂNICA nome vulgar extensivo a outras plantas afins da referida anteriormente (Do prov. *luzerno*, «verde brilhante», pelo fr. *luzerne*, «luzerna»)

luzerna-de-sequeiro *n.f.* BOTÂNICA ⇒ **cassoa**

luzernal *n.m.* ⇒ **luzerneira** (De *luzerna*+*-al*)

luzerneira *n.f.* terreno semeado de luzerna; terreno onde abunda luzerna (De *luzerna*+*-eira*)

luzetro *n.m.* [Brasil] BOTÂNICA ⇒ **maleiteira** (De orig. obsc.)

luzidamente *adv.* com esplendor (De *luzido*+*-mente*)

luzidia *n.f.* casta de uva branca do Minho (De *luzidio*)

luzidio *adj.* 1 que luz muito; brilhante 2 nítido (De *luzir*+*-dio*)

luzido *adj.* 1 vistoso 2 pomposo 3 brilhante 4 gordo; anafado (Part. pass. de *luzir*)

luzilume *n.m.* ZOOLOGIA ⇒ **pirilampo** 1 (De *luzir*+*lume*)

luziluzir *v.intr.* brilhar com intermitências, como os pirilampos (De *luzir*)

luzimento *n.m.* 1 ato de luzir 2 brilho 3 esplendor; fausto (De *luzir*+*-mento*)

luzincu *n.m.* [regionalismo] ⇒ **pirilampo** 1 (De *luze-cu*)

luzio *n.m.* espécie de embarcação dos Cafres

lúzio *n.m.* 1 [pop.] olho 2 [Brasil] [coloq.] lampião (De *luz*+*-io*)

luzir *v.intr.* 1 emitir luz; refletir a luz; brilhar 2 resplandecer 3 [fig.] desenvolver-se 4 [fig.] mostrar proveito (Do lat. *lucēre*, «id.»)

luz-piloto *n.f.* pequena luz num circuito elétrico que indica se um aparelho está a funcionar; lâmpada-piloto (De *luz*+*piloto*)

luzuângua *n.f.* BOTÂNICA árvore angolana

lycra *n.f.* ⇒ **licra**

m *n.m.* **1** décima terceira letra do alfabeto **2** letra que representa a consoante oclusiva nasal bilabial (ex. *mola*) **3** décimo terceiro lugar numa série indicada pelas letras do alfabeto **4** METROLOGIA símbolo de *metro* **5** (numeração romana) número 1000 (com maiúscula) **6** FÍSICA símbolo de *indutância mútua* (com maiúscula) **7** FÍSICA símbolo de *maxwell* (com maiúscula) **8** [uso indevido mas generalizado] símbolo de *minuto*

má[1] *n.f.* VETERINÁRIA espécie de tumor ou carbúnculo que ataca o gado (Do lat. *mala-*, fem. de *malu-*, «mau»)

má[2] *n.f.* BOTÂNICA ⇒ **cânhamo-de-manila** (Abrev. de *Manila*, top.)

mabeco *n.m.* **1** [Angola] ZOOLOGIA animal carnívoro selvagem semelhante ao cão **2** cão selvagem

mabeia *n.f.* BOTÂNICA planta euforbiácea da África e da América

mabela *n.f.* BOTÂNICA árvore africana cuja madeira é boa para construções, e de cujas folhas os indígenas fazem barretes

maboque *n.m.* [Angola] fruto do arbusto da família das Loganiáceas denominado maboqueiro, do tamanho e da cor da laranja, de casca muito dura, muito odorífico e ácido (Do quimb. *maboke*, pl. de *diboke*, «id.»)

mabounga *n.f.* ZOOLOGIA inseto díptero, africano, com reflexos esverdeados, semelhante a uma mosca grande

mabu *n.f.* [Angola] BOTÂNICA erva vivaz (*Cyperus papyrus*), da família das Ciperáceas, que se desenvolve em tufos flutuantes nas lagoas e águas mansas dos rios, ocupando milhares de hectares, e com cujos caules são produzidos os luandos; dibo

maca[1] *n.f.* **1** espécie de cama, assente numa armação móvel e articulada, com ou sem rodas, para transportar doentes ou feridos **2** cama de lona, suspensa, em que dormem os marinheiros a bordo **3** padiola para condução de mobílias ou bagagens (Do taino *hamaca*, «rede», pelo cast. *hamaca*, «rede baloucante»)

maca[2] *n.f.* **1** [Angola] questão; discórdia **2** [Angola] debate; conversa **3** [Angola] assunto **4** [Angola] história com fim instrutivo (Do quimb. *maka*, «palavra»)

macá *n.m.* ORNITOLOGIA ave palmípede doméstica, de plumagem vistosa de várias cores garridas (Do cast. *macá*, «id.»)

maça[1] *n.f.* **1** pau bastante pesado, mais grosso numa das extremidades, outrora usado como arma; clava **2** instrumento que serve para bater ou maçar o linho **3** pilão cilíndrico de madeira, com cabo, usado pelos calceteiros para alisar as calçadas; maço **4** polpa de noz-moscada, usada depois de seca como condimento (Do latim vulgar **mattĕa-*, de *mateŏla-*, «cabo da enxada; bastão»)

maça[2] *n.f.* [Angola] milho (Do quimbundo *masa*, plural de *disa*, «idem»)

maçã *n.f.* **1** BOTÂNICA fruto comestível da macieira, de forma arredondada e polpa consistente **2** qualquer objeto com a forma deste fruto **3** parte terminal da espada que fixa o espigão da lâmina; **~ do peito** carne da extremidade do peito da rês, considerada de boa qualidade; **maçãs do rosto** saliências das faces, formadas pelos ossos malares (Do lat. *[mala] matiāna*, «maçãs de Mácio», top., ant. *Mattĭum*, cidade da Germânia)

macabeu *n.m.* membro de uma ilustre família judaica do séc. II a. C. cujos membros travaram longa luta contra os Sírios, que dominavam a Judeia, e conseguiram a independência deste território em fins daquele século ■ *adj.* relativo a esta família ou aos seus membros (Do lat. *Macabaeu-*, «macabeu»)

macabrismo *n.m.* **1** qualidade do que é macabro **2** divertimento macabro (De *macabro+-ismo*)

macabro *adj.* **1** relativo a uma dança infernal em que, na Idade Média, se representava a Morte a presidir ao tripúdio dos mortos de todas as condições sociais **2** relativo a essa dança **3** que evoca a morte; relativo à morte; fúnebre; tétrico **4** que revela tristeza; melancólico; sombrio (Do fr. *macabre*, «id.»)

macaca *n.f.* **1** ZOOLOGIA fêmea do macaco **2** [pop.] infelicidade constante; azar **3** jogo infantil que consiste em saltar num pé sobre oito quadrados que compõem uma figura geométrica desenhada no chão, exceto sobre aquele onde cai a pedra que é lançada pelos participantes e que marca a sua progressão no jogo **4** ICTIOLOGIA ⇒ **cascarra** 2 **5** [fig., pej.] mulher feia (De *macaco*)

macacada *n.f.* **1** grande número de macacos; macacal; macacaria **2** gesto ou trejeito próprio de macaco; trejeito grotesco **3** imitação ridícula **4** coisa pouco séria; situação ridícula; palhaçada; **(ser) o fim da ~** [coloq.] (ser) uma grande confusão (De *macaco+-ada*)

macacal *adj.2g.* **1** relativo a macaco **2** próprio de macacos (De *macaco+-al*)

macacão *n.m.* **1** {*aumentativo de* **macaco**} macaco grande **2** peça de vestuário inteiriça e larga que cobre o tronco e os membros, usada como proteção por trabalhadores; fato-macaco **3** peça de vestuário que cobre os membros inferiores e o tronco, geralmente com alças **4** [pop.] pessoa experiente e astuta (De *macaco+-ão*)

macacaria *n.f.* **1** grande quantidade de macacos; macacada **2** gesto de macaco; macaquice (De *macaco+-aria*)

macacaúba *n.f.* **1** BOTÂNICA árvore brasileira da família das Leguminosas, cuja madeira avermelhada é muito apreciada **2** madeira de cor avermelhada fornecida por aquela árvore; granadilho (Do tupi *maca'yba*, «árvore do macaco»)

macaco *n.m.* **1** ZOOLOGIA nome comum extensivo a todos os mamíferos da ordem dos primatas, particularmente aos das subordens dos platirríneos e catarríneos, de corpo peludo, cérebro desenvolvido, membros superiores mais compridos que os inferiores e mãos e pés terminados em dedos ágeis **2** MECÂNICA aparelho que serve para levantar grandes pesos a pequena altura **3** fato inteiriço de ganga para resguardar a roupa; fato-macaco **4** máquina que serve para cravar estacas no solo; bate-estacas **5** [coloq.] secreção seca do nariz; burrié **6** *pl.* rabiscos sem nexo feitos geralmente pelas crianças; gatafunhos ■ *adj.* **1** [fig.] ardiloso; finório **2** [fig.] mau; inglório; desastroso; **~ hidráulico** aparelho que serve para levantar objetos pesados a pequena altura e que consta essencialmente de um pistão que se move dentro de um cilindro por compressão de um fluido (geralmente um óleo); **mandar pentear macacos** mandar bugiar; **sorte macaca** má sorte

macacoa /ô/ *n.f.* [pop.] doença de maior ou menor gravidade; indisposição; achaque (Do amer. da Venezuela, *mococoa*, «tristeza»?)

macacório *adj.* [pop.] traiçoeiro; ardiloso ■ *n.m.* indivíduo muito feio (De *macaco+-ório*)

macaçote *n.m.* BOTÂNICA ⇒ **soda**

maçacoto /ô/ *n.m.* peça de ferro a que se encosta a ponta do prego para que se arrebite (De *maço*?)

maçacuca *n.f.* **1** [regionalismo] cecídia produzida no carvalho manso **2** *pl.* BOTÂNICA planta da família das Plumbagináceas (De *maçã+cuco*)

maçada *n.f.* **1** pancada com maça ou maço; paulada **2** sova **3** armação usada para pescar lampreias **4** [fig.] trabalho penoso ou enfadonho **5** [fig.] conversa fastidiosa **6** [fig.] aborrecimento; estopada (Part. pass. fem. subst. de *maçar*)

macadame *n.m.* **1** sistema de pavimentação de estradas e ruas por meio de brita e saibro que se recalca com um cilindro **2** camada de pavimento coberta de pedra britada (De *J. Mac Adam*, engenheiro escoc., 1756-1836)

macadâmia *n.f.* **1** BOTÂNICA árvore exótica, originária da Austrália, de flores brancas ou róseas, que encerra uma noz comestível **2** BOTÂNICA fruto dessa árvore; noz-macadâmia (Do lat. cient. *Macadamia*)

macadamização *n.f.* ato ou efeito de macadamizar (De *macadamizar+-ção*)

macadamizar *v.tr.* pavimentar (rua ou estrada) com pedra britada (De *macadame+-izar*)

maçã-de-adão ver nova grafia maçã de Adão

maçã de Adão *n.f.* [pop.] saliência formada pela cartilagem tireoide, na parte anterior do pescoço dos homens; pomo de Adão

maçadeiro *n.m.* [regionalismo] pedra em que se bate ou maça o linho; maçadouro (De *maçar+-deiro*)

maçadiço *adj.* 1 que se maça com facilidade 2 ⇒ **malhadiço** (De *maçar+-diço*)
maçadoiro *n.m.* [regionalismo] ⇒ **maçadeiro** (De *maçar+-doiro*)
maçador *adj.* 1 que maça 2 [fig.] enfadonho; importuno; aborrecido ■ *n.m.* 1 aquele que maça 2 instrumento de maçar o linho 3 [fig.] indivíduo enfadonho ou importuno (De *maçar+-dor*)
maçadoria *n.f.* 1 conversa longa e aborrecida 2 grande maçada (De *maçador+-ia*)
maçadouro *n.m.* [regionalismo] ⇒ **maçadeiro** (De *maçar+-douro*)
maçadura *n.f.* 1 pancada com maço ou maça 2 vestígio de pancada; contusão; pisadura 3 ato de maçar o linho; maçagem (De *maçar+-dura*)
macaense *adj.2g.* referente a Macau ■ *n.2g.* natural ou habitante de Macau (De *Macau+-ense*)
maçagem *n.f.* ato de maçar ou bater o linho (De *maçar+-agem*)
macaguã *n.m.* [Brasil] ORNITOLOGIA ⇒ **uacauã** (Do tupi *makau'wa*, «comedor de frutos»)
macaio *n.m.* antigo tecido de seda ou lã (De *Macau*, top.?)
macaísta *adj.,n.2g.* [ant.] ⇒ **macaense** (De *Macau+-ista*)
maçal *n.m.* soro de leite proveniente da batedura do queijo
macambuzice *n.f.* qualidade de macambúzio (De *macambúzio+-ice*)
macambúzio *adj.* 1 que revela tristeza ou aborrecimento; tristonho; taciturno; sorumbático 2 que está mal-humorado; carrancudo
macaná *n.m.* [Brasil] espécie de clava ou maça usada pelos indígenas (Do tupi *maca'na*, «id.»)
maçaneta /ê/ *n.f.* 1 ornato globular ou piramidal que remata certos objetos; borla 2 puxador de forma globular 3 parte mais alta da sela, na dianteira 4 baqueta de tambor 5 maça de tocar o bombo (De *maçã+-eta*)
macanha *n.f.* [Angola] tabaco; rapé (Do quimb., a partir de *kukenya*, «desdenhar»)
maçanica *n.f.* [Moçambique] fruto da maçaniqueira (árvore), agridoce, semelhante a uma maçã muito pequena, muito usado em compota
maçanilha *n.f.* 1 {*diminutivo de* maçã} maçã pequena 2 [regionalismo] variedade de oliveira (ou os seus frutos) que produz azeitona boa para conserva (Do cast. *manzanilla*, «id.»)
macanjice *n.f.* 1 qualidade de macanjo 2 atitude maldosa ou falsa; velhacaria (De *macanjo+-ice*)
macanjo *adj.* [pop.] velhaco; manhoso ■ *n.m.* 1 [pop.] indivíduo velhaco ou manhoso 2 [ant.] pataco falso
mação¹ *n.m.* maço grande (De *maço+-ão*)
mação² *n.m.* membro da maçonaria; pedreiro-livre (Do fr. *maçon*, «pedreiro»)
maçapão *n.m.* 1 CULINÁRIA bolo feito de amêndoas pisadas, farinha, ovos e açúcar 2 CULINÁRIA massa preparada com amêndoa, clara de ovo e açúcar, usada para decorar bolos ou para rechear bombons (Do it. *marzapane*, «maçapão»)
macaqueação *n.f.* 1 ato ou efeito de macaquear 2 momice; trejeito; careta (De *macaquear+-ção*)
macaqueador *adj.,n.m.* que ou aquele que macaqueia (De *macaquear+-dor*)
macaquear *v.tr.* imitar grotescamente ■ *v.intr.* 1 fazer gestos semelhantes aos dos macacos 2 fazer trejeitos cómicos ou ridículos (De *macaco+-ear*)
macaqueiro *adj.* 1 relativo a macaco 2 próprio de macaco (De *macaco+-eiro*)
macaqueta /ê/ *n.f.* [regionalismo] pequeno pão que, na província portuguesa do Alentejo, é distribuído aos trabalhadores rurais
macaquice *n.f.* 1 ato ou efeito de macaquear; gesto de macaco 2 trejeito ridículo; momice 3 carinho interesseiro (De *macaco+-ice*)
macaquinho *n.m.* 1 macaco pequeno 2 [Brasil] peça de roupa inteiriça, informal e desportiva, que cobre o tronco e os braços e também as pernas até acima do joelho; ***ter macaquinhos no sótão*** ter pouco tino, ser amalucado; disparatar (De *macaco+-inho*)
maçar *v.tr.* 1 bater com maça ou maço 2 pisar; bater 3 friccionar 4 [fig.] enfadar com uma conversa longa 5 [fig.] aborrecer; importunar; incomodar ■ *v.pron.* 1 incomodar-se 2 cansar-se 3 aborrecer-se (De *maça+-ar*)
maçarandiba *n.f.* BOTÂNICA ⇒ **maçaranduba 1**
maçaranduba *n.f.* 1 BOTÂNICA árvore brasileira, da família das Saponáceas, cuja madeira é utilizada em marcenaria e construção civil, também conhecida por maçarandiba e maçarandubeira 2 BOTÂNICA fruto dessa árvore (Do tupi *mosarani'iwa*, «pau escorregadio»)
maçarandubeira *n.f.* BOTÂNICA ⇒ **maçaranduba 1** (De *maçaranduba+-eira*)
macareno /ê/ *adj.* 1 mau; ordinário 2 de mau aspeto ■ *n.m.* chapéu amarrotado (Do cast. *macareno*, «fanfarrão»)
macaréu *n.m.* NÁUTICA onda de maré formada pelas grandes massas de água recolhidas na preia-mar, à entrada de certos estuários, e que avança, em forma de muralha, pelo rio, após ter vencido a força da corrente deste; pororoca (Do guz. *makaró*, «monstro marinho»?)
maçarica *n.f.* ZOOLOGIA lebre pequena que se furta facilmente aos cães (De *maçarico*)
maçarico *n.m.* 1 aparelho destinado a produzir uma chama de elevada temperatura por meio de oxigenação proveniente do escape de ar ou oxigénio comprimido, através de um tubo 2 ORNITOLOGIA nome vulgar comum a várias aves pernaltas da família dos Caradriídeos, algumas das quais também designadas borrelhos
maçarico-das-rochas *n.m.* ORNITOLOGIA variedade de maçarico muito frequente em Portugal, também conhecida por areeiro, lavadeira, etc.
maçarico-de-bico-direito *n.m.* ORNITOLOGIA variedade de maçarico muito vulgar em Portugal
maçarico-galego *n.m.* ORNITOLOGIA ⇒ **fusela 2**
maçarico-preto *n.m.* ORNITOLOGIA ave pernalta, da família dos Ibidídeos, rara em Portugal
maçarico-real *n.m.* ORNITOLOGIA maçarico comum em Portugal, durante o outono e o inverno, e também designado grual, gruau, etc.
macarite *n.f.* designação comercial de um explosivo constituído por uma mistura de trotil e de nitrato de chumbo
maçaroca /ó/ *n.f.* 1 espiga de milho 2 porção de fio enrolada no fuso 3 conjunto de elementos compridos e finos atados ao meio; molho; feixe 4 fio de morrões para artilharia 5 rolo de cabelo em forma de espiga (Do cast. *mazorca*, «id.»?)
maçaroco /ô/ *n.m.* 1 madeixa de cabelo que, frisada a ferro, toma a forma de canudo ou de anel 2 pão cru 3 variedade de trigo duro cultivada em Portugal, sobretudo no centro litoral e no Alentejo, também chamada santo, maçaroquilho, etc. (De *maçaroca*)
macaron /mâcarôn/ *n.m.* pequeno doce arredondado, à base de pasta de amêndoas, clara de ovo e açúcar, que possui recheio e pode apresentar diversos sabores (baunilha, café, chocolate, etc.) (Do fr. *macaron*, «id.»)
maçaroqueira *n.f.* [Brasil] máquina de fazer maçarocas, que substitui o fuso (De *maçaroca+-eira*)
maçaroquilho *n.m.* ⇒ **maçaroco 3** (De *maçaroco+-ilho*)
macarrão *n.m.* 1 CULINÁRIA massa de farinha em forma de tubos comprimidos mais ou menos delgados 2 CULINÁRIA refeição preparada com aquela massa (Do it. *maccherone*, «id.»)
macarroeiro *n.m.* fabricante de macarrão e massas análogas (De *macarrão+-eiro*)
macarrónea *n.f.* composição literária em género macarrónico (Do it. *maccheronea*, título de um poemeto burlesco)
macarronete /ê/ *n.m.* 1 CULINÁRIA massa alimentar em forma de canudo estreito; macarrão delgado 2 CULINÁRIA refeição preparada com este tipo de massa (De *macarrão+-ete*)
macarrónico *adj.* 1 diz-se do escrito em que às palavras de uma língua se dão desinências de outras línguas 2 que mistura palavras de diferentes línguas 3 incompreensível (Do it. *maccheronico* ou do fr. *macaronique*, «burlesco»)
macarronismo *n.m.* género ou estilo que mistura palavras de diferentes línguas (Do fr. *macaronisme*, «id.»)
macarronista *n.2g.* pessoa que escreve em estilo macarrónico (Do fr. *macaroniste*, «autor de poemas burlescos»)
maçaruco *n.m.* [regionalismo] indivíduo mal trajado
macate *n.m.* [Moçambique] pão de milho (Do ronga, pl., *ma-kati*, «id.»)
macau *n.m.* bebida alcoólica que se extrai do fruto da massambala, planta originária da África, muito semelhante ao milho, depois de fermentado (De *Macau*, top.)
macavencar *v.intr.* levar uma vida estranha, excêntrica (De *macavenco+-ar*)
macavenco *adj.,n.m.* [regionalismo] esquisito; maluco; excêntrico (De orig. obsc.)
macaxeira *n.f.* [Brasil] BOTÂNICA ⇒ **mandioca**
maçãzeira *n.f.* ⇒ **macieira** (De *maçã+z+-eira*)
macedónia *n.f.* 1 CULINÁRIA iguaria açucarada feita de vários frutos; salada de frutas 2 CULINÁRIA mistura de legumes cortados aos quadradinhos 3 [fig.] mistura 4 [fig.] amálgama literária (Do fr. *macédoine*, «compota de frutas»)

macedónico

macedónico *adj.* relativo à Macedónia, região balcânica, ou aos seus habitantes ∎ *n.m.* língua outrora falada na Macedónia (Do lat. *macedonĭcu-*, «id.»)

macedónio *adj.* relativo ou pertencente à Macedónia, país do sudeste da Europa ∎ *n.m.* **1** natural da Macedónia **2** língua eslava falada na Macedónia e em parte da Grécia (Do lat. *Macedonĭu-*, «id.»)

macedo-romeno *n.m.* diz-se de um dialeto valáquio (De *macedó[nio]+romeno*)

macega *n.f.* BOTÂNICA erva daninha do Brasil, que aparece nas searas

macegal *n.m.* terreno onde crescem macegas (De *macega+-al*)

maceira *n.f.* ⇒ **macieira** (De *maçã+-eira*)

maceiro *n.m.* funcionário que leva, como distintivo, uma clava ou maça, em certas solenidades; porta-maça (De *maça+-eiro*)

macela *n.f.* **1** BOTÂNICA nome vulgar extensivo a algumas plantas da família das Compostas, frequentes em Portugal, cujas flores, amargas e aromáticas, são medicinais **2** BOTÂNICA camomila

macelão *n.m.* **1** BOTÂNICA variedade de macela **2** ⇒ **crista-de-galo** **1** (De *macela+-ão*)

maceração *n.f.* **1** ato ou efeito de macerar; maceramento **2** FARMÁCIA operação que consiste em submeter. uma substância à ação de um líquido, à temperatura ambiente, para que este se impregne dos princípios solúveis daquela **3** [fig.] mortificação do corpo por meio de jejuns e outras penitências (Do lat. *maceratiōne-*, «id.»)

macerado *adj.* **1** que foi submetido ao processo de maceração **2** [fig.] mortificado **3** [fig.] macilento ∎ *n.m.* FARMÁCIA líquido resultante da maceração (Do lat. *macerātu-*, «id.», part. pass. de *macerāre*, «macerar; mortificar»)

maceramento *n.m.* ⇒ **maceração** (De *macerar+-mento*)

macerar *v.tr.* **1** submeter (uma substância sólida) à maceração **2** amolecer (algo sólido) por meio de um líquido ou com pancadas **3** pisar **4** [fig.] mortificar **5** [fig.] torturar (Do lat. *macerāre*, «id.»)

maceria *n.f.* obra de alvenaria sem argamassa (Do lat. *macerĭa-*, «parede de vedação; muro»)

maceta /ê/ *n.f.* **1** martelo troncocónico de ferro atravessado por um cabo curto de madeira **2** peça cilíndrica para moer e desfazer tintas **3** maça para tocar o bombo (De *maça+-eta*)

macetar *v.tr.* bater com maceta (De *maceta+-ar*)

macete /ê/ *n.m.* **1** maço pequeno **2** embrulho **3** instrumento que usam os escultores que trabalham em madeira **4** pequeno conjunto de coisas ligadas, formando um volume, ou encerradas no mesmo invólucro **5** [Brasil] truque; manha (De *maço+-ete*)

macetear *v.tr.* ⇒ **macetar** (De *maceta+-ear*)

mach *n.m.* FÍSICA relação entre a velocidade de um projétil que se desloca na atmosfera e a velocidade do som também na atmosfera (1 mach é o limite entre a velocidade subsónica e a velocidade supersónica) (De *Ernst Mach*, antr., físico austríaco, 1838-1916)

macha *n.f.* **1** [pop.] animal do sexo feminino, resultante do cruzamento de burra com cavalo ou de égua com burro; mula **2** [coloq.] fechadura **3** [pop., pej.] mulher com aspeto masculino **4** [regionalismo] a primeira cortiça que se extrai do sobreiro (De *macho*)

machacaz *n.m.* indivíduo corpulento e desajeitado ∎ *adj.* finório; astucioso; machucho (De *macho+-aco+-az*)

machada *n.f.* machado pequeno e de cabo curto (De *machado*)

machadada *n.f.* golpe de machado ou machada (De *machado* ou *machada+-ada*, ou, part. pass. fem. subst. de *machadar*)

machadar *v.intr.* **1** trabalhar com machado ou machada; dar golpes com machado **2** rachar lenha com machado ou machada (De *machado* ou *machada+-ar*)

machadinha *n.f.* **1** machada pequena **2** machado utilizado geralmente pelos carniceiros (De *machada+-inha*)

machado *n.m.* instrumento cortante, formado por uma espécie de cunha de ferro afiada e fixa a um cabo de madeira, e que serve para abater árvores, rachar lenha, etc. (Do lat. **marculātu-*, de *marcŭlus*, «martelo»)

macha-fêmea *n.f.* **1** dobradiça constituída por duas peças que encaixam uma na outra; bisagra **2** ser vivo que apresenta características dos sexos feminino e masculino; hermafrodita **3** [pop., pej.] mulher com ar masculino ∎ *adj.* que apresenta características do sexo feminino e masculino

machamba *n.f.* [Moçambique] terreno agrícola para produção familiar; terreno de cultivo (Do changana *maxamba*, «id.»)

macha-mona *n.f.* fruto de polpa suculenta de uma cucurbitácea da África e da América

machão *n.m.* **1** [pop.] indivíduo que se gaba da sua masculinidade e gosta de exibir características tipicamente masculinas; machista **2** [pop.] homem alto e robusto; latagão (De *macho+-ão*)

macharrão *n.m.* animal macho e grande (De *macho+-arrão*)

macheado *adj.* **1** dobrado em machos ou pregas **2** que recebeu o macho ∎ *n.m.* tecido ou pano que apresenta pregas ou dobras contrapostas (Part. pass. de *machear*)

machear *v.tr.* **1** fazer machos ou pregas em (obra de costura) **2** encaixar (uma peça de madeira) na chanfradura de outra **3** (macho) ter coito com (a fêmea) (De *macho+-ear*)

macheia *n.f.* [pop.] aquilo que cabe na mão de uma só vez; mão-cheia (Por *mancheia*)

macheiro *n.m.* **1** sobreiro novo **2** árvore grande, mas que apenas serve para lenha, por ser defeituosa; chaparro grande (De *macho+-eiro*)

machetada *n.f.* golpe de machete (De *machete+-ada*)

machete /ê/ *n.m.* **1** grande faca de mato para abrir passagem nas florestas **2** MÚSICA ⇒ **cavaquinho** (Do cast. *machete*, «id.»)

machia *n.f.* [regionalismo] colmeia em que há grande número de zângãos (De *macho+-ia*)

machial *n.m.* terreno inculto destinado a pastagens; montado (De *machio+-al*)

machiar *v.intr.* **1** tornar-se macho, chocho ou seco (a planta) **2** tornar-se estéril (a planta); degenerar (De *machio+-ar*)

machieiral *n.m.* terreno plantado de sobreiros novos (De *machieiro*, por *macheiro+-al*)

machila *n.f.* cadeirinha ou palanquim usado na Índia e na África para transporte de pessoas (Do tetense *machira*, pl. de *chira*, «lona»)

machileiro *n.m.* condutor de machila (De *machila+-eiro*)

machim[1] *n.2g.* pessoa de uma casta de pescadores de Damão (Índia) (Do guz. *machhī*, «id.»)

machim[2] *n.m.* **1** articulação do pé do cavalo **2** [Brasil] ⇒ **cavaquinho** **3** [São Tomé e Príncipe] espécie de catana usada nos serviços agrícolas

machimbombo *n.m.* **1** ascensor mecânico **2** qualquer veículo pesado e ronceiro **3** [Angola, Moçambique] autocarro de transporte público (Do ing. *machine pump*, «bomba mecânica»)

machinho *n.m.* macho pequeno; *carregar os machinhos* embebedar-se (De *macho+-inho*)

machio *n.m.* doença que ataca os grãos de cereais e os faz mirrar ∎ *adj.* **1** peco; chocho **2** estéril (De *macho+-io*)

machira *n.f.* [Moçambique] ⇒ **machila** (Do tetense *machira*, pl. de *chira*, «lona»)

machismo *n.m.* **1** ideologia que defende a supremacia do macho **2** atitude de dominação do homem em relação à mulher baseada na não aceitação da igualdade de direitos (De *macho+-ismo*)

machista *adj.,n.2g.* **1** que ou pessoa que é defensora do machismo; que ou pessoa que não aceita a igualdade de direitos entre o homem e a mulher **2** [pop.] que ou pessoa que se gaba da sua masculinidade e acredita na superioridade das características tipicamente masculinas; machão (De *macho+-ista*)

macho *adj.* **1** masculino; másculo; varonil **2** [pop.] robusto ∎ *n.m.* **1** animal do sexo masculino **2** [pop.] homem com qualidades viris; indivíduo forte, robusto **3** animal (híbrido) do sexo masculino, proveniente do cruzamento de jumento com égua ou de cavalo com jumenta **4** [téc.] peça da dobradiça que encaixa na outra que é chamada fêmea **5** pequeno gancho metálico usado no vestuário, que prende na colcheta **6** molde de barro que se utiliza para fabricar peças ocas **7** dobra de pano com pregas contrapostas **8** crosta das pranchas de cortiça tirada por meio de raspagem (Do lat. *mascŭlu-*, «masculino; macho»)

machoca *n.f.* ⇒ **machoco** (De *macha+-oca*)

machoco /ô/ *n.m.* sobreiro pequenino; machuco (De *macha+-oco*)

macho-e-fêmea *n.m.* utensílio de carpinteiro para formar sulco a meio do bordo da tábua já aplainada

machona *n.f.* [depr.] mulher com características ou modos geralmente associados aos homens

machongo *n.m.* [Moçambique] terra fértil de solos argilosos (Do ronga *maxungu*, «pó de carvão vegetal»)

machorra *adj.* [pop.] (fêmea de animal) estéril (De *macha+-orra*)

machuca *n.f.* ⇒ **machucação** (Deriv. regr. de *machucar*)

machucação *n.f.* **1** ato ou efeito de machucar **2** trilhagem dos cereais (De *machucar+-ção*)

machucador *adj.,n.m.* que ou aquele que machuca (De *machucar+-dor*)

machucadura *n.f.* ⇒ **machucação** (De *machucar+-dura*)

machucar *v.tr.* **1** esmagar (qualquer corpo) com o peso ou a dureza de outro **2** trilhar; pisar; triturar **3** amarrotar **4** [fig.] magoar; ofender (Do cast. *machucar*, «id.»)

machucho *adj.,n.m.* 1 que ou o que é rico e influente 2 que ou aquele que é astuto; finório 3 que ou aquele que é robusto, corpulento (De *macho+-ucho*, ou do cast. *machucho*, «prudente; astuto»)

machuco *n.m.* ⇒ **machoco** (De *macha+-uco*)

machundade *n.f.* [Guiné-Bissau] virilidade; audácia (Do crioulo guineense *macundadi*, «id.»)

machuqueira *n.f.* ⇒ **machoco** (De *machuco+-eira*)

machuqueiro *n.m.* ⇒ **machoco** (De *machuco+-eiro*)

maciar *v.tr.* ⇒ **amaciar** (De *macio+-ar*)

macicez /ê/ *n.f.* 1 qualidade de maciço 2 dureza (De *maciço+-ez*)

maciço *adj.* 1 que não é oco; compacto; sólido 2 que tem uma constituição robusta; corpulento 3 que apresenta grande densidade; espesso ■ *n.m.* 1 conjunto de coisas ou pessoas muito juntas; massa 2 CRISTALOGRAFIA agregado cristalino de forma irregular 3 GEOLOGIA conjunto de elevações ramificadas em diversos sentidos 4 GEOLOGIA bloco rochoso irregular ao longo da crosta terrestre (Do cast. *macizo*, «id.»)

macieira *n.f.* BOTÂNICA árvore da família das Rosáceas, muito cultivada em Portugal por causa do seu fruto (maçã); maçãzeira; mançaneira; maceira (De *maçã+-eira*)

maciez /ê/ *n.f.* ⇒ **macieza** (De *macio+-ez*)

macieza /ê/ *n.f.* 1 qualidade daquilo que é macio 2 [fig.] doçura; afabilidade; amenidade (De *macio+-eza*)

macilência *n.f.* aspeto do que é macilento (De *macil[ento]+-ência*)

macilento *adj.* 1 magro e pálido 2 descarnado; escanzelado 3 sem brilho ou sem cor; descorado 4 cadavérico; mortiço (Do lat. *macilentu-*, «id.»)

macina *n.f.* substância gomosa extraída do macis (De *maci[s]+-ina*)

macinho *n.m.* variedade de arenito da Itália, cujo cimento é calcário ou argilocalcário (Do it. *macigno*, «id.»)

macio *adj.* 1 que é suave ao tato; que não é áspero; aveludado 2 que tem consistência mole; fofo 3 [fig.] que não apresenta dificuldade; fácil 4 [fig.] brando; ameno 5 [fig.] agradável; aprazível (De *massa+-io*)

maciota *n.f.* 1 macieza; suavidade 2 manha; astúcia 3 descanso; *na/pela* ~ com calma, como quem não quer a coisa (De *macio+-ota*)

macis *n.m.* (*plural* **macises**) 1 arilo ou invólucro aromático da semente da noz-moscada, utilizado em medicina 2 óleo extraído desse arilo (Do lat. *macir*, «casca aromática», pelo fr. *macis*, «id.»)

macla *n.f.* CRISTALOGRAFIA agrupamento cristalino de dois ou mais indivíduos da mesma substância, com orientação recíproca bem definida, segundo a chamada lei de macla; geminação (Do fr. *macle*, «id.»)

maclado *adj.* diz-se dos cristais com maclas (De *macla+-ado*)

maço *n.m.* 1 instrumento formado por um bloco de madeira dura, geralmente com a forma de paralelepípedo, encabado ao meio, para usos semelhantes aos do martelo; malho 2 conjunto de coisas ligadas, formando um volume, ou encerradas no mesmo invólucro 3 pilão cilíndrico usado pelos calceteiros; maça (De *maça*)

macoa *n.m.* [Angola, São Tomé e Príncipe] peixe de mar, azulado, abundante mas difícil de apanhar (Do quimb. *makoua*, «id.»)

macóbio *n.m.* [regionalismo] nome dado, na província portuguesa do Alentejo, ao trabalhador do Norte que se ocupa temporariamente da limpeza das herdades e do fabrico do pão (De *pacóvio*?)

macoca *n.f.* [Angola] mandioca (Do quimb. *makoka*, «id.»)

Macololos *n.m.pl.* ETNOGRAFIA tribo de indígenas do Alto Zambeze

macoma /ô/ *n.f.* [Brasil] fruto da macomeira, muito aromático e saboroso (Do tupi *ma'koma*, «id.»)

macomba *n.f.* ⇒ **macoma**

macombeira *n.f.* BOTÂNICA ⇒ **macomeira**

macomeira *n.f.* BOTÂNICA palmeira do Brasil produtora de frutos comestíveis (De *macoma+-eira*)

maçonaria *n.f.* sociedade secreta cuja doutrina tem como rótulo a fraternidade e a filantropia universais e que usa como símbolo os instrumentos do pedreiro e do arquiteto (o triângulo e o compasso); franco-maçonaria (Do fr. *maçonnerie*, «id.»)

maconde *adj.2g.* pertencente ou relativo aos Macondes ■ *n.2g.* indivíduo pertencente aos Macondes ■ *n.m.* língua desse povo

Macondes *n.m.pl.* ETNOGRAFIA etnia negra de certas regiões de Moçambique e da Tanzânia

maconha /ô/ *n.f.* [Brasil] BOTÂNICA variedade de cânhamo, cujas folhas e flores, são usadas como narcótico 2 [Brasil] droga de efeito entorpecente preparada com as folhas e flores do cânhamo; marijuana (Do quimb. *mak'aña*, «tabaco; erva-santa»)

maçónico *adj.* relativo à maçonaria; franco-maçónico ■ *n.m.* membro da maçonaria; mação; pedreiro-livre (Do fr. *maçonnique*, «id.»)

maçonismo *n.m.* ⇒ **maçonaria** (De *mação+-ismo*)

maçonizar *v.tr.* tornar mação ou membro da maçonaria (De *mação+-izar*)

macota *adj.2g.* 1 poderoso; superior 2 rico 3 grande; bom 4 sabedor 5 jeitoso; adequado ■ *n.m.* [Brasil] homem de influência ou de prestígio numa localidade (Do quimb. *ma'kota*, «os principais»)

maçote *n.m.* [gír.] nádegas do homem

macradénia *n.f.* BOTÂNICA planta das Antilhas, do grupo das orquídeas (Do gr. *makrós*, «grande» +*adén*, «glândula» +*-ia*)

macramé *n.m.* obra têxtil feita à mão com cordão entrelaçado e nós, formando desenhos variados (Do fr. *macramé*, «id.»)

macrandro *adj.* BOTÂNICA que possui órgãos sexuais muito desenvolvidos (Do gr. *makrós*, «grande» +*anér*, *andrós*, «homem»)

macranto *adj.* BOTÂNICA (planta) que tem flores grandes (Do gr. *makrós*, «grande» +*ánthos*, «flor»)

má-criação *n.f.* 1 ato ou dito que revela falta de educação; grosseria 2 qualidade de quem é malcriado; falta de educação

macro *n.f.* INFORMÁTICA em aplicações, sequência de comandos e instruções que se gravam com uma determinada designação, que ao ser digitada executa essas mesmas instruções, permitindo ao utilizador poupar tempo (Do gr. *makrós*, «comprido, grande»)

macr(o)- elemento de formação de palavras que exprime a ideia de *grande*, *longo* (Do gr. *makrós*, «grande»)

macrobia *n.f.* 1 estado ou qualidade de macróbio 2 idade muito avançada; longevidade (De *macróbio*)

macróbio *adj.* que vive muitos anos ■ *n.m.* 1 aquele que tem uma vida longa 2 pessoa de idade muito avançada (Do gr. *makróbios*, «id.»)

macrobiótica *n.f.* 1 arte de prolongar a vida através da observação de regras de higiene e de um regime alimentar adequado 2 regime alimentar à base de cereais integrais, peixe, legumes e frutos frescos (Do gr. *makrobíotos*, «que vive muito tempo» +*-ica*)

macrobiótico *adj.* diz-se de um regime alimentar destinado a prolongar a vida e que se baseia no uso de cereais, legumes, fruta fresca e peixe (De *macrobiótica*, ou do fr. *macrobiotique*)

macrobiotismo *n.m.* regime alimentar destinado a prolongar a vida e que se baseia no uso de cereais, legumes, fruta fresca e peixe (De *macrobiótica+-ismo*)

macrocefalia *n.f.* desenvolvimento excessivo da cabeça ou de uma parte dela (De *macrocéfalo+-ia*)

macrocefálico *adj.* relativo a macrocefalia (De *macrocéfalo+-ico*)

macrocéfalo *adj.,n.m.* que ou aquele que apresenta macrocefalia (Do gr. *makroképhalos*, «de cabeça grande», pelo lat. *macrocephălu-*, «id.»)

macrócero *adj.* 1 ZOOLOGIA que tem cornos ou antenas longas 2 ZOOLOGIA designativo de insetos himenópteros e dípteros (Do gr. *makrós*, «grande» +*kéras*, «chifre»)

macrociste *n.f.* CITOLOGIA célula que se forma no saco embrionário das angiospérmicas, que resulta da fusão de duas células preexistentes, e que é também denominada mesocisto e grande célula central (Do gr. *makrós*, «grande» +*kýstis*, «vesícula»)

macrocisto *n.m.* CITOLOGIA ⇒ **macrociste**

macroclima *n.m.* METEOROLOGIA clima que caracteriza uma extensa região geográfica (De *macro-+clima*)

macrócomo *adj.* que tem cabeleira longa ou filamentos compridos (Do gr. *makrókomos*, «que tem cabeleira longa»)

macrocomputador *n.m.* ⇒ **mainframe**

macroconsumidor *adj.,n.m.* BIOLOGIA que ou ser vivo heterotrófico que, não sendo capaz de transformar matéria orgânica em inorgânica, consome diretamente outros seres vivos como forma de alimento

macrocosmo *n.m.* 1 conjunto de todos os corpos que constituem o Universo 2 Universo considerado como um todo orgânico, por oposição ao ser humano (*microcosmo*) (Do gr. *makrós*, «grande» +*kósmos*, «mundo»)

macrodáctilo *adj.* que tem os dedos muito longos ou apêndices prolongados em forma de dedos (Do gr. *makrodáktylos*, «que tem dedos muito longos»)

macrodiagonal *n.f.* CRISTALOGRAFIA [ant.] eixo secundário mais comprido de uma cruz axial ortorrômbica ou triclínica (De *macro-+diagonal*)

macrodoma *n.m.* CRISTALOGRAFIA [ant.] forma cristalográfica ortorrômbica, cujas quatro faces são paralelas ao macroeixo (Do gr. *makrós*, «grande» +*dōma*, «casa»)

macrodonte *adj.2g.* que possui dentes grandes (Do gr. *makrós*, «grande» +*odoús*, *odóntos*, «dente»)

macroeconomia *n.f.* ECONOMIA ciência que estuda os aspetos económicos globais de um país ou região como um conjunto (De *macro-+economia*)

macroeconómico *adj.* pertencente ou relativo à macroeconomia

macrófago *n.m.* HISTOLOGIA leucócito mononuclear de maiores dimensões que o linfócito (De *macro-+-fago*)

macroglosso *adj.* ZOOLOGIA de língua muito desenvolvida ■ *n.m.* ZOOLOGIA espécime dos macroglossos ■ *n.m.pl.* ZOOLOGIA grupo de mamíferos da ordem dos quirópteros, de pequeno porte, da Ásia e da Austrália, caracterizados por possuírem língua muito longa (Do gr. *makrós*, «grande» +*glõssa*, «língua»)

macrologia *n.f.* **1** prolixidade de palavras **2** estilo difuso **3** redundância de palavras; pleonasmo (Do gr. *makrología*, «id.»)

macromelia *n.f.* TERATOLOGIA desenvolvimento excessivo de qualquer membro (Do gr. *makrós*, «grande» +*mélos*, «membro» +*-ia*)

macrómero *n.m.* BIOLOGIA categoria de células embrionárias (blastómeros), maiores que as restantes, como, tipicamente, na segmentação desigual (Do gr. *makrós*, «grande» +*méros*, «parte»)

macromolécula *n.f.* QUÍMICA molécula formada por um grande número de átomos

mácron *n.m.* GRAMÁTICA pequeno traço horizontal colocado sobre uma vogal para indicar que a vogal é longa (Do gr. *makrón*, «grande»)

macronúcleo *n.m.* ZOOLOGIA o maior dos dois núcleos que existem nos protozoários ciliados, e que é um núcleo trófico (Do gr. *makrós*, «grande»+lat. *nuclĕu-*, «núcleo»)

macropétalo *adj.* BOTÂNICA (flor) que tem pétalas grandes (Do gr. *makrós*, «grande» +*pétalon*, «pétala»)

macropia *n.f.* MEDICINA ⇒ **macropsia**

macrópode *adj.* ZOOLOGIA que tem pés, barbatanas ou pedúnculos muito desenvolvidos ■ *n.m.* ICTIOLOGIA peixe teleósteo do oceano Índico, apreciado em aquários pelas suas cores vistosas (De *macro-+-pode*)

macropsia *n.f.* MEDICINA fenómeno subjetivo que consiste no facto de o doente julgar os objetos que vê maiores do que são (Do gr. *makrós*, «grande» +*ópsis*, «vista» +*-ia*)

macróptero *adj.* ZOOLOGIA que tem asas, apêndices ou barbatanas muito desenvolvidas (Do gr. *makrópteros*, «de asas grandes»)

macrorrizo *adj.* BOTÂNICA que tem raízes grandes (Do gr. *makrórrhizos*, «id.»)

macroscelia *n.f.* desenvolvimento excessivo das pernas (Do gr. *makroskelés*, «de grandes pernas» +*-ia*)

Macroscélidas *n.m.pl.* ⇒ **Macroscelídeos**

macroscelídeo *adj.* ZOOLOGIA relativo ou pertencente aos Macroscelídeos ■ *n.m.* ZOOLOGIA espécime dos Macroscelídeos

Macroscelídeos *n.m.pl.* ZOOLOGIA família de mamíferos africanos, insetívoros, caracterizados especialmente por possuírem focinho alongado e patas posteriores muito compridas (Do gr. *makroskelés*, «de grandes pernas» +*-ídeos*)

macróscio *adj.,n.m.* habitante ou designativo do habitante da Terra, das latitudes elevadas, que, pela sua situação geográfica, recebe muito obliquamente os raios solares ao meio-dia verdadeiro e, por isso, projeta, a essa hora, sombra muito comprida (Do gr. *makróskios*, «que projeta sombra grande»)

macroscópico *adj.* **1** visível a olho nu **2** relativo à observação de coisas grandes (Do gr. *makrós*, «grande» +*skopeîn*, «examinar; observar»)

macrosporângio *n.m.* **1** BOTÂNICA esporângio que dá origem aos macrósporos **2** BOTÂNICA recetáculo onde os macrósporos se formam (De *macro-+esporângio*)

macrósporo *n.m.* BOTÂNICA esporo pertencente ao tipo dos de maiores dimensões (nas plantas heterospóricas) (Do gr. *makrós*, «grande» +*spóros*, «semente»)

macrosporofilo *n.m.* **1** BOTÂNICA esporofilo onde se formam os macrosporângios **2** BOTÂNICA carpelo (De *macro-+esporofilo*)

macrossismo *n.m.* GEOLOGIA tremor de terra de grande intensidade, percetível sem o auxílio de instrumentos (De *macro-+sismo*)

macróstico *adj.* escrito em linhas muito compridas (Do gr. *makrós*, «grande» +*stíkhos*, «linha»)

macrostilo *adj.* BOTÂNICA (gineceu) que tem estiletes muito compridos (Do gr. *makrós*, «grande» +*stýlos*, «estilete»)

macrotársico *adj.* ZOOLOGIA que tem os tarsos muito desenvolvidos (Do gr. *makrós*, «grande» +*tarsós*, «parte posterior do pé» +*-ico*)

Macrúridas *n.m.pl.* ⇒ **Macrurídeos**

Macrurídeos *n.m.pl.* ICTIOLOGIA família de peixes teleósteos, representada em Portugal por várias espécies (De *macruro+-ídeos*)

macruro *adj.* **1** ZOOLOGIA que tem cauda comprida **2** ZOOLOGIA pertencente ou relativo aos macruros ■ *n.m.* ZOOLOGIA espécime dos macruros ■ *n.m.pl.* ZOOLOGIA grupo de crustáceos decápodes caracterizados por terem o abdómen desenvolvido e por serem adelgaçados na cauda (Do gr. *makrós*, «grande; longo» +*ourá*, «cauda»)

macua *adj.2g.* relativo ou pertencente aos Macuas ■ *n.2g.* indígena do Norte de Moçambique pertencente a uma tribo de Macuas ■ *n.m.* língua falada no Norte e Centro de Moçambique, considerada língua nacional (Do quimb. *makuwa*, «id.»)

macuá *n.m.* pescador indiano (Do malaiala *makkwan*, «mergulhador»)

macuana *n.m.* ⇒ **macua**

Macuas *n.m.pl.* ETNOGRAFIA grupo étnico do norte e centro de Moçambique (Do macua *mmakhuwa*, «id.»)

macuca[1] *n.f.* antiga moeda portuguesa; macuta

macuca[2] *n.f.* ORNITOLOGIA ⇒ **macuco**[1] (Do tupi *ma'kuku*, «coisa boa para a alimentação»)

macuco[1] *n.m.* **1** ORNITOLOGIA ave galinácea do Brasil, da família dos Tinamídeos, de carne apreciada **2** ⇒ **melro-azul** (Do tupi *ma'kuku*, «coisa boa para a alimentação»)

macuco[2] *n.m.* BOTÂNICA árvore africana (pereira brava) (De orig. obsc.)

macucu[1] *n.m.* BOTÂNICA árvore do Brasil, da família das Ilicáceas (Do tupi *maku'ku*, «id.»)

macucu[2] *n.m.* [São Tomé e Príncipe] conjunto de três pedras dispostas em triângulo em volta do lume, para colocação das panelas (Do forro *makuku*, «id.»)

maçudo *adj.* **1** maçador; importuno; enfadonho **2** pesado **3** monótono; cansativo (De *maçar+-udo*)

mácula *n.f.* **1** nódoa; mancha **2** [fig.] infâmia; desonra (Do lat. *macŭla-*, «id.»)

maculado *adj.* **1** que tem mácula; manchado **2** [fig.] desonrado (Do lat. *maculātu-*, «id.», part. pass. de *maculāre*, «manchar; macular»)

maculador *adj.,n.m.* que ou aquele que macula (De *macular+-dor*)

macular *v.tr.* **1** pôr manchas ou nódoas em; sujar **2** [fig.] manchar a honra ou a reputação de (alguém); infamar; desonrar (Do lat. *maculāre*, «id.»)

maculatura *n.f.* **1** folha ou folhas sujas ou mal impressas **2** papel de fraca qualidade para embrulhos (De *macular+-tura*)

maculável *adj.2g.* **1** que se pode macular ou sujar com nódoas **2** que pode incorrer em culpa ou defeitos (De *macular+-vel*)

maculiforme *adj.2g.* que tem forma de mancha (Do lat. *macŭla-*, «mancha» +*forma-*, «forma»)

maculirrostro /ô/ *adj.* ORNITOLOGIA diz-se da ave que tem o bico malhado (Do lat. *macŭla-*, «mancha; malha» +*rostru-*, «bico»)

maculoso /ô/ *adj.* salpicado de nódoas; manchado (Do lat. *maculōsu-*, «manchado»)

macuma *n.f.* escrava ou criada que, na África ou no Brasil, auxiliava nos trabalhos domésticos e acompanhava as senhoras nos passeios; mucama (Do tupi *mu'kama*, «amante escrava»)

macumã *n.f.* substância extraída do miolo da palmeira e empregada como tempero culinário no Brasil ■ *n.2g.* indígena brasileiro da região do Amazonas

Macumãs *n.m.pl.* ETNOGRAFIA indígenas brasileiros que vivem na região do Amazonas

macumba *n.f.* **1** RELIGIÃO designação genérica dos cultos afro-brasileiros que associam elementos de crenças ameríndias, do catolicismo, do espiritismo, do ocultismo e de outras práticas **2** RELIGIÃO ritual celebrado nesses cultos **3** [sentido lato] magia negra; feitiçaria; feitiço (Do tupi *ma'kũba*, «id.»)

macumbeiro *adj.,n.m.* **1** [Brasil] que ou aquele que é praticante da macumba **2** [Brasil] feiticeiro; curandeiro

macunde *n.m.* [Angola] tipo de feijão miúdo, como o feijão frade (Do quimb. *makunde*, pl. de *dikunde*, «id.»)

macúria *n.f.* **1** [Angola] emolumentos **2** [Angola] comissões (Do quimb. *makúdia*, «id.»)

macuta *n.f.* **1** moeda de cobre africana, de pequeno valor **2** faixa de pano com que os Lundeses se cobrem da cinta até aos joelhos (Do quimb. *macuta*, «moeda»)

macuto *n.m.* [Angola] mentira (Do quimb. *makutu*, «id.»)

madagascarense *adj.2g.* referente a Madagáscar (ilha situada a leste da costa moçambicana) ■ *n.2g.* natural de Madagáscar (De *Madagáscar*, top. +*-ense*)

madala *n.m.* [Moçambique] indivíduo com mais de quarenta anos (Do changana *madala*, «id.»)

madalena *n.f.* **1** mulher chorosa e arrependida dos seus erros **2** CULINÁRIA pequeno bolo de forma retangular, preparado com ovos, açúcar, manteiga e farinha (De *Madalena*, antr.)

madama n.f. [pop.] ⇒ **madame**
madame n.f. 1 senhora 2 esposa 3 montículo de terra, espécie de marco, que se deixa no meio de uma escavação para se saber mais tarde a sua profundidade (Do fr. madame, «id»)
madamismo n.m. 1 [pop.] grupo de madamas ou senhoras 2 [pop.] as senhoras (De madama+-ismo)
madapolão n.m. tecido branco e consistente de lã ou algodão (De Madapolão, (top.), bairro da cidade de Narasapur (Índia))
madefação n.f. 1 ato ou efeito de madeficar ou madeficar-se 2 (substância, emplastro) amolecimento (Do lat. *madefactiōne-, de madefactu-, part. pass. de madefacĕre, «amolecer; molhar»)
madefacção ver nova grafia madefação
madefacto adj. 1 molhado; húmido 2 amolecido (Do lat. madefactu-, «humedecido»)
madeficar v.tr. 1 amolecer (uma substância) para a preparação de um medicamento 2 tornar húmido (Do lat. *madeficāre, por madefacĕre, «humedecer»)
madeira n.f. 1 parte lenhosa, compacta e dura, que compõe o tronco e os ramos de alguns vegetais 2 conjunto de tábuas, barrotes e outros materiais extraídos de plantas arbóreas e usados em carpintaria, construção, marcenaria, etc. 3 qualquer trabalho de carpintaria ■ n.m. 1 vinho generoso da ilha da Madeira 2 pl. MÚSICA conjunto dos instrumentos de sopro de uma orquestra, nos quais o som é obtido por vibração de ar dentro de coluna de madeira cilíndrica ou troncocónica e regulado por palheta simples e por chaves; **bater/tocar na ~** [coloq.] afastar um mau agouro (Do lat. materia-, «madeira»)
madeirada n.f. quantidade grande de madeira; madeirame; madeiramento (De madeira+-ada)
madeirame n.m. ⇒ **madeirada** (De madeira+-ame)
madeiramento n.m. 1 madeira utilizada numa obra 2 estrutura de madeira 3 quantidade grande de madeira; madeirada (De madeirar+-mento)
madeirar v.tr. pôr armação de madeira a; aplicar madeira em ■ v.intr. trabalhar em madeira (Do lat. materiāre, «construir com madeiramento»)
madeireiro n.m. 1 negociante de madeiras 2 aquele que trabalha em madeiras ■ adj. relativo ao comércio ou à indústria de madeiras (De madeira+-eiro)
madeirense adj.2g. referente à ilha portuguesa da Madeira, no oceano Atlântico ■ n.2g. natural da ilha da Madeira (De Madeira, top. +-ense)
madeiro n.m. 1 peça ou tronco grosso de madeira; trave de madeira 2 RELIGIÃO ⇒ **cruz** 4 3 tradição portuguesa, de origem ancestral, em que se acendem grandes fogueiras nas praças, largos ou nos adros das igrejas, geralmente na véspera de Natal 4 [pop.] indivíduo estúpido (De madeira)
madeixa n.f. 1 meada pequena 2 porção de fios de seda, de lã, etc. 3 pequena quantidade de cabelos juntos; mecha 4 pequena quantidade de cabelos descolorados ou pintados para adquirirem tonalidade diferente do resto do cabelo (Do lat. metaxa- ou mataxa-, «seda bruta; seda em rama»)
madeixar-se v.pron. cobrir-se de madeixas (De madeixa+-ar)
madepueira n.f. BOTÂNICA planta brasileira pertencente à família das Melastomáceas
madianita adj.2g. relativo à tribo dos Madianitas ■ n.2g. indivíduo dessa tribo (Do lat. madianīta-, «id.»)
Madianitas n.m.pl. ETNOGRAFIA povo de Madiã, região na costa noroeste da Arábia (Do lat. madianīta-, «id.»)
madidez /ê/ n.f. estado de mádido (De mádido+-ez)
mádido adj. humedecido; orvalhado; molhado (Do lat. madĭdu-, «id.»)
madoda n.m. [Moçambique] homem idoso, experiente e com autoridade moral na comunidade (Do ronga ma-doda, pl. de doda, «homem válido»)
madona /ô/ n.f. 1 RELIGIÃO Nossa Senhora 2 ARTES PLÁSTICAS imagem ou pintura que representa a Virgem (Do it. madonna, «minha senhora»)
madorna n.f. ⇒ **modorra**¹ (De modorra)
madorneira n.f. [regionalismo] BOTÂNICA planta da família das Compostas, afim da artemísia, que se encontra com frequência em Portugal, nos areais costeiros (De madorna+-eira)
madornice n.f. ⇒ **modorra**¹ (De madorna+-ice)
madorra /ô/ n.f. ⇒ **modorra**¹ (De modorra)
madraçaria n.f. 1 vida de mandrião ou preguiçoso; ociosidade 2 conjunto de pessoas que não gosta de trabalhar (De madraço+-aria)

madraceador adj.,n.m. que ou aquele que madraceia; ocioso; preguiçoso (De madracear+-dor)
madracear v.intr. levar vida de madraço; mandriar (De madraço+-ear)
madraceirão adj.,n.m. grande madraço (De madraceiro+-ão)
madraceirar v.intr. ⇒ **madracear** (De madraceiro+-ar)
madraceiro adj.,n.m. ⇒ **madraço** (De madraço+-eiro)
madracice n.f. qualidade de madraço; mandriice (De madraço+-ice)
madraço adj.,n.m. que ou aquele que não gosta de trabalhar; mandrião; preguiçoso; cábula (Do ár. matrah, «almofada», pelo cast. madrazo, «mandrião»)
madragoa /ô/ n.f. 1 [pop.] ⇒ **madrigueira** 2 [regionalismo] [pej.] mulher ordinária, desalinhada ou excêntrica
madrasta n.f. 1 mulher em relação aos filhos que o cônjuge ou companheiro(a) tem de matrimónio ou relacionamento anterior 2 [fig., pej.] mãe pouco carinhosa ■ adj. (sorte, vida, terra) que causa dissabores; ingrato; cruel (Do lat. vulg. *matrastra-, «mulher do pai»)
madre n.f. 1 freira superiora de um convento 2 ARQUITETURA viga horizontal da estrutura de suporte de uma cobertura em que assentam os caibros 3 ARQUITETURA terça 4 partículas existentes no vinho e no vinagre que assentam no fundo dos recipientes 5 nascente de água 6 leito de um rio 7 ANATOMIA órgão do aparelho reprodutor feminino onde se desenvolve o feto; útero; matriz; **~ caída** [pop.] prolapso uterino (Do lat. matre-, «id.»)
madrecravo n.m. BOTÂNICA planta brasileira da família das Compostas (De madre+cravo)
madrepérola n.f. camada interna, calcária, da concha dos moluscos, de brilho especial (nacarado), que serve para fabricar vários objetos, e que é também denominada nácar (De madre+pérola)
madrépora n.f. ZOOLOGIA nome comum dos celenterados marinhos, da família dos Madreporídeos, cujos esqueletos (polipeiros) formam os recifes (Do it. madrepora, «id.»)
madreporários n.m.pl. ZOOLOGIA subordem de coraliários caracterizada principalmente pelo esqueleto calcário que, por vezes, toma grande desenvolvimento e constitui os recifes dos mares tropicais, impropriamente designados por recifes de corais (De madrépora+-ários)
madrepórico adj. relativo a madrépora (De madrépora+-ico)
Madrepóridas n.m.pl. ⇒ **Madreporídeos**
Madreporídeos n.m.pl. ZOOLOGIA família de celenterados madreporários, cujo género-tipo se denomina Madrepora (De madrépora+-ídeos)
madreporífero adj. que produz ou contém madréporas (De madrépora+-fero)
madreporiforme adj.2g. com forma ou aspeto de madrépora (De madrépora+lat. forma-, «forma»)
madreporita n.f. ⇒ **madreporite**
madreporite n.f. antigo nome da madrépora fóssil; placa madrepórica (De madrépora+-ite)
madressilva n.f. BOTÂNICA nome vulgar das plantas trepadeiras do género Lonicera (família das Caprifoliáceas), comuns em Portugal, de flores aromáticas, folha caduca e ramos flexíveis (Do lat. med. matrisilva-, de matre-, «mãe» +silva-, «floresta»)
madria n.f. 1 encapelamento de ondas 2 ondas agitadas, revoltas 3 [regionalismo] açude (Do lat. mandra-, «rebanho de gado», pelo it. mandria, «manada; rebanho»)
madrigal n.m. 1 LITERATURA pequena composição poética que exprime um sentimento lisonjeiro, terno e amoroso 2 MÚSICA composição vocal para ser interpretada por uma ou várias vozes 3 cumprimento lisonjeiro; galanteio (Do it. madrigale, «id.»)
madrigalesco /ê/ adj. 1 com carácter de madrigal 2 idílico; amoroso (Do it. madrigalesco, «id.»)
madrigálico adj. ⇒ **madrigalesco** (De madrigal+-ico)
madrigalista n.2g. autor de madrigais (De madrigal+-ista)
madrigalizar v.intr. 1 fazer madrigais 2 dizer galanteios (De madrigal+-izar)
madrigaz n.m. ⇒ **magridaz** (De magridaz, com met.)
madrigoa /ô/ n.f. ⇒ **madrigueira** (De madragoa)
madrigueira n.f. 1 lura de coelhos e outros animais; toca 2 [fig.] esconderijo (Do cast. madriguera, «id.»)
madrilena /ê/ n.f. 1 mantilha de renda 2 natural ou habitante de Madrid, capital da Espanha (Do cast. madrileña, «id.»)
madrileno adj. relativo ou pertencente a Madrid ■ n.m. natural ou habitante de Madrid (Do cast. madrileño, «id.»)
madrilense adj.2g.,n.2g. ⇒ **madrileno** (De Madrid, top. +-ense)
madrilês adj.,n.m. ⇒ **madrileno** (De Madrid, top. +-ês)

madrilheira *n.f.* 1 aparelho de pescar peixe miúdo 2 lura de coelhos e outros animais; toca (Do cast. *madrillera*, «id.»)

madrinha *n.f.* (*masculino* **padrinho**) 1 mulher que serve de testemunha em batizado, crisma ou casamento 2 protetora 3 mulher que dá o nome a uma coisa ou que preside a uma inauguração (Do lat. tard. *matrīna*-, dim. de *mater*, «mãe»)

madriz *n.f.* caminho pelo qual se leva o sal da salina para a eira

madrugada *n.f.* 1 período que precede o nascer do Sol; aurora; alvorada 2 período de tempo compreendido entre a meia-noite e o amanhecer 3 ato de madrugar 4 [fig.] começo; início 5 *pl.* BOTÂNICA ⇒ **azuraque** (Part. pass. fem. subst. de *madrugar*)

madrugador *adj.,n.m.* que ou aquele que se levanta de madrugada (De *madrugar*+-*dor*)

madrugar *v.intr.* 1 levantar-se muito cedo da cama; sair cedo 2 praticar um ato ou iniciar uma coisa antes do tempo próprio; vir antes da hora marcada 3 anteceder outrem (Do lat. *maturicāre, «acordar cedo»)

maduração *n.f.* ato ou efeito de amadurecer; sazonamento; maturação (Do lat. *maturatiōne*-, «id.»)

madurador *adj.* que faz amadurecer (De *madurar*+-*dor*)

madural *n.f.* 1 variedade de oliveira 2 azeitona produzida por esta oliveira; negrainha (De *maduro*+-*al*)

maduramente *adv.* 1 com ponderação; atentamente 2 com prudência (De *maduro*+-*mente*)

madurão *adj.,n.m.* 1 muito maduro 2 [fig.] muito velho (De *maduro*+-*ão*)

madurar *v.tr.,intr.* ⇒ **amadurecer** (Do lat. *maturāre*, «id.»)

madurecer *v.tr.,intr.* ⇒ **amadurecer** (Do lat. *maturescĕre*, «id.»)

madureiro *n.m.* lugar onde se põe a fruta a amadurecer (De *maduro*+-*eiro*)

madurez /ê/ *n.f.* ⇒ **madureza** (De *maduro*+-*ez*)

madureza /ê/ *n.f.* 1 qualidade ou estado do que está maduro 2 [fig.] ponderação; tino; circunspeção 3 [pop.] mania; excentricidade 4 [pop.] patetice (De *maduro*+-*eza*)

maduro *adj.* 1 diz-se do fruto que atingiu o último grau de desenvolvimento e dá sinais de maturação; sazonado 2 designativo do vinho que é feito de uvas que atingiram o último grau de maturação 3 [fig.] que já não é novo 4 [fig.] refletido; prudente 5 [fig.] em estado de ser resolvido 6 [pop.] esquisito; palerma (Do lat. *matūru*-, «id.»)

mãe *n.f.* 1 mulher que deu à luz um ou mais filhos; ~-*coruja*/ ~-*galinha* mulher que protege demasiado os filhos 2 ZOOLOGIA fêmea que deu à luz um ou mais filhos 3 mulher que dispensa cuidados maternais 4 borra de vinho que se deposita no fundo da garrafa; madre 5 ⇒ **abelha-mestra** 6 [fig.] lugar onde uma coisa teve origem; berço 7 [fig.] fonte; causa (Do lat. *matre*-, «id.»)

mãe-d'água *n.f.* nascente ou reservatório de água

mãe-da-lua *n.f.* [Brasil] ORNITOLOGIA ⇒ **urutau**

mãe-de-santo ver nova grafia mãe de santo

mãe de santo *n.f.* [Brasil] RELIGIÃO sacerdotisa de candomblé, macumba e de outras práticas religiosas de origem popular

mãe-pátria *n.f.* país relativamente às suas colónias ou ex-colónias

maestoso *adj.* MÚSICA (andamento) de forma majestosa (Do it.)

maestria *n.f.* 1 mestria; perícia 2 perfeição na execução (Do prov. *maestria*, «id.»)

Maestrichtiano *n.m.* GEOLOGIA andar do Cretácico superior (De *Maestricht*, hoje Maastricht, cidade holandesa +-*iano*)

maestrina *n.f.* MÚSICA regente de orquestra, coro ou banda 2 MÚSICA compositora de música ligeira (Do it. *maestrina*, «id.»)

maestrino *n.m.* MÚSICA compositor de música ligeira (Do it. *maestrino*, dim. de *maestro*, «maestro»)

maestro *n.m.* 1 MÚSICA mestre, professor ou compositor de música 2 MÚSICA regente de orquestra, coro ou banda (Do it. *maestro*, «id.»)

mãezeiro *adj.* 1 muito amigo da mãe 2 que não deixa a mãe (De *mãe*+*z*+-*eiro*)

mafamede *n.m.* [ant.] maometano; mouro (De *Mafamede*, antr., profeta dos maometanos, fundador do islamismo, 571-632)

mafamético *adj.* 1 relativo a Mafamede; maometano 2 mouro (De *Mafamede*, antr. +-*ico*)

mafarrico *n.m.* 1 [pop.] Demónio 2 jogo de cartas 3 [fig.] pessoa endiabrada; criança travessa 4 [pej.] natural de Mafra

mafé *n.m.* [Guiné-Bissau] CULINÁRIA prato tradicional à base de carne ou de peixe cozido num molho de manteiga (Do crioulo guineense *mafé*, do mandinga *mafen*, «id.»)

má-fé *n.f.* intenção de prejudicar alguém; falsidade; deslealdade (De *má*+*fé*)

máfia *n.f.* 1 sociedade secreta fundada na Itália, no século XIX, para garantir a segurança pública, e mais tarde responsabilizada por numerosos crimes de grande vulto 2 organização criminosa secreta bem organizada (Do dial. siciliano *mafia*, «bazófia»)

mafiar *v.tr.* [coloq.] roubar; apoderar-se de (De *máfia*+-*ar*)

máfico *adj.* PETROLOGIA diz-se dos minerais ferromagnesianos das rochas eruptivas (mica preta, piroxena, anfíbola, etc.)

mafioso /ô/ *adj.* 1 que é membro da máfia 2 próprio de membro da máfia ■ *n.m.* 1 membro da máfia 2 [fig.] indivíduo hábil e sem escrúpulos (De *máfia*+-*oso*)

mafraíto *n.m.* PETROLOGIA rocha do tipo dos gabros, existente em Mafra, vila portuguesa do distrito de Lisboa (De *Mafra*, top. +-*ito*)

mafrense *adj.2g.* referente a Mafra ■ *n.2g.* natural ou habitante de Mafra (De *Mafra*, top. +-*ense*)

mafumeira *n.f.* BOTÂNICA árvore frondosa, africana, de cujo tronco os indígenas constroem pirogas e extraem madeira e que fornece uma espécie de lã vegetal muito fina e sedosa, designada capoca, semelhante à sumaúma, empregada em colchoaria, na qual estão envolvidas as sementes de que se extrai o óleo de capoca, usado em saboaria, também conhecida por poilão (Do quimb. *ma-fuma*, «id.» +-*eira*)

mafura *n.f.* 1 [Moçambique] BOTÂNICA fruto da mafureira 2 [Moçambique] óleo que se extrai da mafura (De orig. obsc.)

mafureira *n.f.* [Moçambique] BOTÂNICA árvore meliácea de cujas sementes se extrai um óleo usado para temperar alimentos (De *mafura*+-*eira*)

mafurra *n.f.* ⇒ **mafura**

mafurreira *n.f.* ⇒ **mafureira**

mafuta *adj.,n.2g.* [Moçambique] anafado; gordo (Do ronga *ma-futha*, «id.»)

maga¹ *n.f.* mulher que exerce a magia; feiticeira (Do lat. *maga*-, «id.»)

maga² *n.f.* [regionalismo] tripa de sardinha que serve para isca

magaça *n.f.* BOTÂNICA planta da família das Compostas, espontânea em Portugal, cujos capítulos são brancos na periferia e amarelos no centro (Do lat. *amaricacĕa-, «amarga», pelo cast. *magarza*, «matricária»)

magaíça *n.m.* [Moçambique] trabalhador moçambicano das minas da África do Sul (Do ronga *magayisa*, «id.», a partir da expr. dos regressados *ma inglisi*, «terra dos ingleses»)

magal *n.m.* [pop.] ⇒ **magala**

magala *n.m.* [pop.] soldado; recruta

magana *n.f.* 1 certa música antiga 2 mulher jovial e namoradeira 3 [pej.] mulher considerada dissoluta ■ *adj.* 1 namoradeira; desenvolta 2 [pej.] dissoluta (Do cast. *magaña*, «manha; ardil»?)

maganagem *n.f.* 1 grupo de pessoas que gostam de brincar, de se divertir 2 ato ou dito de magano (De *magano*+-*agem*)

maganão *adj.,n.m.* brejeiro; jovial; patusco (De *magano*+-*ão*)

maganear *v.intr.* dizer ou fazer maganices (De *magano*+-*ear*)

maganeira *n.f.* ⇒ **maganice** (De *magano*+-*eira*)

maganice *n.f.* dito ou ato de magano; brejeirice; brincadeira; jovialidade (De *magano*+-*ice*)

magano¹ *adj.,n.m.* malicioso; travesso; engraçado (De *magana*)

magano² *n.m.* 1 indivíduo sem escrúpulos, que usa de expedientes, que engana; mariola 2 negociante de animais 3 indivíduo que negociava em escravos (Do gr. *magganeía*, «astúcia; engano»)

magarça *n.f.* ⇒ **magaça**

magarebe *n.m.* oração que os Persas fazem ao pôr do sol

magarefe *n.m.* 1 aquele que mata e esfola reses; carniceiro 2 [fig., pop.] mau cirurgião 3 [fig.] tratante; patife (De orig. obsc.)

magarim *n.f.* BOTÂNICA variedade de jasmim da Índia

magazine *n.m.* 1 publicação periódica, geralmente ilustrada, que trata de vários assuntos; revista 2 programa televisivo ou radiofónico que aborda assuntos da atualidade (Do ing. *magazine*, «id.», pelo fr. *magazine*, «id.»)

Magdaleniano *n.m.* GEOLOGIA período pré-histórico do fim do Paleolítico superior (Do fr. *magdalénien*, «id.», de *La Madeleine*, localidade da região francesa de Dordonha, na Aquitânia)

magenta *n.m.* 1 cor-de-rosa forte escuro 2 ⇒ **fuchsina** ■ *adj.2g.* que é cor-de-rosa forte escuro (De *Magenta*, top., cidade italiana da Lombardia)

magia *n.f.* 1 arte que pretende agir sobre a natureza e obter resultados contrários às suas leis, por meio de fórmulas ou de ritos mais ou menos secretos, quer utilizando propriedades da matéria que se afirma serem desconhecidas (magia branca), quer fazendo intervir poderes demoníacos (magia negra); feitiçaria; bruxaria

2 prática de fazer aparecer e desaparecer objetos através de truques; ilusionismo **3** produção de efeitos extraordinários por meios artísticos; encanto; fascínio **4** religião e sortilégio dos magos **5** [fig.] fascinação; encanto; ~ **negra** prática mágica cuja intenção é causar danos ou prejudicar alguém, bruxaria; *por* ~ de forma inexplicável ou inesperada, misteriosamente (Do gr. *mageía*, «religião dos magos», pelo lat. *magīa-*, «magia»)

magiar *adj.2g.* que diz respeito à Hungria ou aos Húngaros ■ *n.2g.* natural da Hungria ■ *n.m.* língua dos Húngaros (Do húng. *magyar*, «id.»)

mágica *n.f.* **1** arte de agir sobre a natureza produzindo efeitos contrários às suas leis; magia **2** peça teatral com enredo fantástico **3** mulher que pratica magia **4** efeito produzido nos sentidos de forma inexplicável; fascínio (De *mágico*)

magicamente *adv.* **1** por magia **2** por encantamento; por feitiço **3** por meio de sortilégio (De *mágico+-mente*)

magicar *v.tr.,intr.* pensar continuamente (em); cismar (em) (De *mágico+-ar*)

mágico *adj.* **1** relativo à magia; que não tem uma explicação natural; sobrenatural **2** que produz efeitos extraordinários; fascinante; encantador ■ *n.m.* **1** indivíduo que pratica magia; mago; bruxo; feiticeiro **2** indivíduo que pratica truques de ilusionismo; ilusionista **3** [fig.] cismático; maníaco **4** [fig.] hipócrita; falso (Do gr. *magikós*, «de magia; misterioso», pelo lat. *magĭcu-*, «id.»)

magismo *n.m.* **1** prática da magia **2** sistema e religião dos magos (De *magia+-ismo*)

magíster *n.m.* aquele que ensina; mestre (Do lat. *magĭster*, «o que dirige»)

magistério *n.m.* **1** cargo do professor; ensino; docência **2** exercício da profissão de ensinar **3** classe dos professores **4** exemplo **5** reconhecida autoridade em ordem doutrinal, intelectual ou moral **6** FARMÁCIA antiga designação de certos pós obtidos por precipitação **7** [ant.] substância ou preparado a que se atribuíam virtudes maravilhosas (Do lat. *magisterĭu-*, «ofício de pedagogo»)

magistrado *n.m.* funcionário público com autoridade judicial ou administrativa; juiz; delegado do Ministério Público (Do lat. *magistrātu-*, «id.»)

magistral *adj.2g.* **1** referente a mestre **2** próprio de mestre **3** FARMÁCIA designativo dos remédios que se preparam no momento do uso, mediante prescrição médica **4** ENGENHARIA diz-se da linha principal de um plano ou de um traçado **5** [fig.] sentencioso **6** [fig.] perfeito; exímio; exemplar (Do lat. tard. *magistrāle-*, «id.»)

magistralidade *n.f.* **1** qualidade de quem é magistrado ou do que é magistral **2** tom ou atitude pedante; ostentação (De *magistral+-i-+-dade*)

magistralmente *adv.* de modo magistral; de forma excecional; muito bem; lindamente (De *magistral+-mente*)

magistrando *n.m.* candidato a mestre (Do lat. med. *magistrandu-*, «id.»)

magistrático *adj.* de ou relativo a magistrado (Do lat. *magistrātu-*, «magistrado» +*-ico*)

magistratura *n.f.* **1** dignidade de quem é investido de autoridade judicial ou administrativa **2** exercício das funções de magistrado **3** duração dessas funções **4** organização de magistrados; classe dos magistrados; ~ *do Ministério Público* corpo hierarquicamente organizado, composto pelo Procurador-Geral da República, Vice-Procurador-Geral da República e delegados do Procurador-Geral da República; ~ *judicial* corpo independente constituído pelos juízes de direito, juízes da Relação e juízes do Supremo Tribunal de Justiça (Do fr. *magistrature*, «id.»)

magma *n.m.* **1** GEOLOGIA massa pastosa de minerais em fusão, dotada de notável fluidez (em virtude da sua alta temperatura), que, na maioria dos casos, é uma mistura de silicatos no estado líquido, proveniente de zonas do interior da Terra **2** qualquer massa pastosa (Do lat. *magma*, *-ătis*, «resíduos de um perfume»)

magmático *adj.* **1** pertencente ao magma ou dele derivado **2** que é semelhante a magma (Do lat. *magma*, *-ătis*, «resíduos de um perfume», ou do fr. *magmatique*, «id.»)

magmatismo *n.m.* **1** GEOLOGIA desenvolvimento e movimento do magma no interior da Terra **2** corrente científica que admite que o granito e outras rochas são de origem magmática (Do lat. *magma*, *-ătis*, «resíduo de um perfume» +*-ismo*)

magnálio *n.m.* METALURGIA liga de alumínio e magnésio (De *magn[ésio]+al[umín]io*)

magnanimamente *adv.* **1** de modo magnânimo **2** com liberalidade (De *magnânimo+-mente*)

magnanimidade *n.f.* **1** qualidade de magnânimo **2** grandeza de alma; nobreza **3** generosidade; clemência **4** ato praticado por pessoa magnânima (Do lat. *magnanimitāte-*, «id.»)

magnânimo *adj.* que possui magnanimidade; generoso; liberal (Do lat. *magnanĭmu-*, «id.»)

magnata *n.2g.* **1** pessoa muito rica e influente; pessoa milionária **2** pessoa importante na área dos negócios ou das finanças; capitalista

magnate *n.2g.* ⇒ **magnata** (Do lat. tard. *magnāte-*, «nobre»)

magnésia *n.f.* QUÍMICA, FARMÁCIA substância alcalina usada como laxativo e como antídoto; óxido de magnésio hidratado (De *magnésio*)

magnesiano *adj.* **1** relativo a magnésio **2** que contém ou tem por base o magnésio (Do fr. *magnésien*, «id.»)

magnésico *adj.* ⇒ **magnesiano** (De *magnésio+-ico*)

magnésio *n.m.* QUÍMICA elemento com o número atómico 12 e símbolo Mg, metálico, esbranquiçado, pouco denso, que arde no seio do ar com chama deslumbrante, utilizado em ligas leves (Do lat. *magnesĭu-*, «da Magnésia», antiga cidade grega da Ásia Menor)

magnesite *n.f.* MINERALOGIA mineral composto quimicamente por carbonato de magnésio, de brilho vítreo, cor branca, cinzenta, amarela ou castanha, que cristaliza no sistema hexagonal (De *magnésio+-ite*)

magnetão *n.m.* FÍSICA constante fundamental que representa o momento magnético intrínseco de um eletrão (De *magnete+-ão*)

magnete *n.m.* objeto que tem a propriedade de atrair certos metais e suas ligas, como o ferro, e que pode ser constituído por esses mesmos metais ou por magnetite; íman; ~ *natural* magnetite (Do gr. *magnétes*, «da Magnésia», top., antiga cidade grega da Ásia Menor, pelo lat. *magnete-*, «id.»)

magneticamente *adv.* **1** por meio de magnetismo **2** por processo magnético (De *magnético+-mente*)

magnético *adj.* **1** relativo ao magnete ou ao magnetismo **2** que tem as propriedades do magnete **3** [fig.] atraente; *campo* ~ FÍSICA área nas proximidades de um corpo magnetizado ou de um circuito percorrido por corrente elétrica onde se manifestam ações magnéticas (uma força num pedaço de ferro, por exemplo) (Do lat. tard. *magnetĭcu-*, «da natureza da pedra-íman», pelo fr. *magnétique*, «id.»)

magnetismo *n.m.* **1** FÍSICA propriedade atrativa dos ímanes ou magnetes **2** FÍSICA estudo das propriedades dos ímanes e dos fenómenos que delas resultam ou a elas se podem ligar **3** [fig.] influência de um indivíduo sobre outro **4** [fig.] poder de encantar; atração; sedução (De *magnete+-ismo*)

magnetite *n.f.* MINERALOGIA mineral fortemente magnético que é, quimicamente, óxido salino de ferro, cristaliza no sistema cúbico e é importante minério de ferro; pedra-íman (De *magnete+-ite*)

magnetização *n.f.* **1** ato ou efeito de magnetizar **2** influência exercida sobre alguém; encantamento; atração (De *magnetizar+-ção*)

magnetizador *adj.,n.m.* **1** que ou o que magnetiza **2** que ou aquele que pratica o magnetismo; hipnotizador **3** [fig.] que ou aquele que exerce forte atração sobre alguém (De *magnetizar+-dor*)

magnetizante *adj.2g.* **1** que magnetiza **2** [fig.] encantador; atraente (De *magnetizar+-ante*)

magnetizar *v.tr.* **1** comunicar as propriedades de magnete a **2** [fig.] dominar a vontade de; exercer grande influência sobre; hipnotizar **3** [fig.] encantar; atrair; entusiasmar (De *magnete+-izar*)

magnetizável *adj.2g.* suscetível de ser magnetizado (De *magnetizar+-vel*)

magneto *n.m.* ELETRICIDADE gerador elétrico de indução em que o campo indutor é produzido por um magnete permanente (Do gr. *mágnes*, *-etos*, «ímane», pelo fr. *magnéto*, «id.»)

magnet(o)- elemento de formação de palavras que exprime a ideia de *magnete, íman* (Do gr. *mágnes*, *-etos*, «íman»)

magnetocalórico *adj.* diz-se do efeito de aquecimento e arrefecimento reversível de um corpo, por efeito de variação de magnetização (De *magneto-+calórico*)

magnetofone *n.m.* aparelho que serve para registo e reprodução de sons por magnetização de uma fita plástica recoberta de matéria ferromagnética; gravador (De *magneto-+-fone*, ou do fr. *magnétophone*, «id.»)

magnetogenia *n.f.* FÍSICA estudo dos efeitos magnéticos, característicos dos ímanes ou magnetes (Do gr. *mágnes*, *-etos*, «íman» +*génos*, «origem» +*-ia*)

magnetógrafo n.m. instrumento destinado a registar as variações do campo magnético terrestre (De *magneto-+-grafo*)

magnetograma n.m. gráfico produzido por um magnetógrafo (De *magneto-+-grama*)

magnetoidrodinâmica n.f. FÍSICA estudo dos efeitos da ação de um campo magnético sobre um fluxo de gás ionizado ou metal fundido (plasma) (De *magneto-+hidro-+dinâmica*)

magnetologia n.f. 1 FÍSICA tratado acerca dos magnetes e das suas propriedades 2 ciência que estuda o magnetismo animal (De *magneto-+-logia*)

magnetológico adj. relativo à magnetologia (De *magnetologia+-ico*)

magnetómetro n.m. FÍSICA aparelho que serve para medir as intensidades de campos magnéticos ou para comparar momentos magnéticos (De *magneto-+-metro*)

magneto-resistência ver nova grafia **magnetorresistência**

magnetorresistência n.f. FÍSICA variação de resistividade de um corpo por ação de um campo magnético (De *magneto-+resistência*)

magnetoscópio n.m. aparelho que possibilita o registo de imagens em fita magnética e a sua reprodução em aparelho de televisão (Do gr. *mágnes, -etos*, «íman» +*skopeīn*, «ver»)

magnetostática n.f. FÍSICA estudo dos fenómenos magnéticos que podem ser considerados invariáveis com o tempo (De *magneto-+estática*)

magnetostrição n.f. FÍSICA variação das dimensões físicas de um corpo por ação de um campo magnético (Do gr. *mágnes, -etos*, «íman»+lat. *strictione-*, «compressão; aperto»)

magnetotecnia n.f. arte de magnetizar (De *magneto-+-tecnia*)

magnetrão n.m. ELETRICIDADE válvula eletrónica, cuja corrente é controlada magneticamente, geradora de ondas ultracurtas como as empregadas no radar (De *magne[to]+[elec]trão*, ou do fr. *magnétron*, «id.»)

magni- elemento de formação de palavras que exprime a ideia de grande, grandeza (Do lat. *magnu-*, «grande»)

magnicida n.2g. pessoa que assassinou pessoa ilustre (De *magni-+-cida*)

magnicídio n.m. assassínio de pessoa ilustre (De *magni-+-cídio*)

magnífica n.f. [pop.] oração popular rezada quando troveja (Do lat. *magnificat*, de *magnificāre*, «exaltar»)

magnificação n.f. 1 ato ou efeito de magnificar, de engrandecer; exaltação 2 enaltecimento das qualidades ou dos feitos de alguém; elogio; louvor (Do lat. tard. *magnificatiōne-*, «id.»)

magnificador adj.,n.m. que ou aquele que magnifica (De *magnificar+-dor*)

magnificamente adv. 1 de modo magnífico; excelentemente 2 com magnificência; pomposamente (De *magnífico+-mente*)

magnificar v.tr. tornar magnífico; exaltar; engrandecer; glorificar (Do lat. *magnificāre*, «exaltar»)

magnificat n.m. MÚSICA hino da Virgem em que ela canta louvores a Deus, por ocasião da Anunciação (Do lat. *magnificat*)

magnificatório adj. que magnifica ou exalta; magnificador (De *magnificar+-tório*)

magnificência n.f. 1 qualidade de magnificente; carácter imponente; grandeza 2 sumptuosidade; pompa; fausto 3 atitude generosa ou tolerante; liberalidade (Do lat. *magnificentĭa-*, «id.»)

magnificente adj.2g. 1 que é imponente; grandioso 2 que impressiona ou causa admiração; sumptuoso 3 que revela generosidade ou tolerância; generoso; tolerante; liberal (Do lat. **magnificente-*, «id.», de *magnificentia*, «magnificência»)

magnificentíssimo adj. {superlativo absoluto sintético de **magnífico**} muito magnífico (Do lat. **magnificentissĭmu-*, «id.»)

magnífico adj. 1 que é muito bom; esplêndido; ótimo 2 grandioso; magnificente 3 que revela grandes qualidades; excelente 4 generoso ■ n.m. 1 ORNITOLOGIA espécie de ave-do-paraíso 2 [com maiúscula] qualificativo honorífico dado no tratamento cerimonioso aos reitores nas universidades (Do lat. *magnificu-*, «id.»)

magniloquência /qu-en/ n.f. 1 linguagem sublime 2 estilo elevado (Do lat. *magniloquentĭa-*, «id.»)

magníloquo adj. dotado de grande capacidade de expressão; eloquente (Do lat. tard. *magniloquŭu-*, «id.»)

magnissonante adj.2g. 1 que soa muito alto 2 que faz muito ruído (Do lat. *magnisonante-*, «id.»)

magnitude n.f. 1 qualidade de magno; grandeza 2 volume 3 carácter do que é grave; importância; gravidade 4 GEOLOGIA medida da quantidade de energia libertada por um sismo 5 GEOLOGIA, FÍSICA representação numérica da intensidade de um sismo 6 ASTRONOMIA representação numérica do brilho de um astro, cujo valor diminui quando esse brilho aumenta (Do lat. *magnitudĭne-*, «id.»)

magno adj. que é grande; que é importante ■ n.m. ZOOLOGIA concha de cochinilha silvestre, originária da América do Sul (Do lat. *magnu-*, «grande»)

magnólia n.f. 1 BOTÂNICA nome vulgar extensivo a umas árvores de flores grandes e aromáticas, da família das Magnoliáceas, cultivadas em Portugal como plantas ornamentais 2 BOTÂNICA qualquer espécime desse género ou a sua flor (Do fr. *magnolia*, «id.», de P. Magnol, antr., bot. fr., 1638-1715 +*-ia*)

Magnoliáceas n.f.pl. BOTÂNICA família de plantas dicotiledóneas, dialipétalas, lenhosas, com flores vistosas, cujo género-tipo se denomina *Magnolia*, e também denominada Tetracentráceas (De *magnólia+-áceas*)

magnoliáceo adj. BOTÂNICA relativo ou semelhante à magnólia (De *magnólia+-áceo*)

magnólio n.m. [regionalismo] ⇒ **nêspera 1**

magnório n.m. [regionalismo] ⇒ **nêspera 1** (De *magnólia*?)

mago n.m. 1 homem que pratica magia; mágico; feiticeiro 2 cada um dos três reis que visitaram Jesus em Belém, guiados por uma estrela 3 HISTÓRIA antigo sacerdote, entre os Medos e os Persas ■ adj. que exerce fascínio sobre; encantador; sedutor (Do gr. *mágos*, «id.», pelo lat. *magu-*, «mago»)

mágoa n.f. 1 efeito de magoar; nódoa ou marca produzida por contusão 2 tristeza; desgosto; amargura 3 dor de alma (Do lat. *macŭla-*, «mágoa»)

magoado adj. 1 ferido; pisado 2 ofendido; melindrado 3 pesaroso; lamentoso (Part. pass. de *magoar*)

magoar v.tr. 1 causar mágoa a 2 ferir; pisar; contundir 3 ofender; melindrar 4 contristar ■ v.pron. 1 ferir-se 2 ofender-se; melindrar-se (Do lat. *maculāre*, «manchar»)

magoativo adj. que produz mágoa (De *magoar+-tivo*)

magote n.m. 1 grande número de pessoas; multidão; rancho 2 grande quantidade de coisas; acervo (Do cast. *mogote*, «montão»)

magreira n.f. [pop.] ⇒ **magreza** (De *magro+-eira*)

magrelo adj. [Brasil] magro; magricela

magrém n.f. [Brasil] ⇒ **magreza** (De *magro*)

magrete /ê/ adj.2g. ⇒ **magrote** (De *magro+-ete*)

magreza /ê/ n.f. 1 qualidade ou estado de magro; ausência de gordura; magreira; magrém 2 [fig.] penúria; pobreza (De *magro+-eza*)

magricela adj.,n.2g. que ou pessoa que é magra, descorada e fraca; magrizela (De *magriço+-ela*)

magricelas adj.inv.,n.2g.2n. ⇒ **magricela**

magriço[1] n.m. pessoa magra, descorada e fraca; magricela (De *magro+-iço*)

magriço[2] n.m. 1 defensor das mulheres 2 defensor ridículo de coisas fúteis (De *Magriço*, antr., cavaleiro port. do tempo do rei D. João I, 1357-1433)

magridade n.f. qualidade de magro; magreza (De *magro+-i-+-dade*)

magridaz n.m. homem muito magro e feio (De *magrid[ade]+-az*)

magrizela adj.,n.2g. ⇒ **magricela**

magro adj. 1 que tem falta de tecido adiposo; que tem pouco peso 2 em que há pouca gordura ou sebo; descarnado 3 (alimento) que tem baixo teor de gorduras 4 diz-se do leite cuja percentagem de gordura é, no máximo, de 0,3 % 5 RELIGIÃO diz-se dos dias de abstinência e das refeições sem carne 6 [fig.] pouco produtivo; pobre 7 [fig.] é pouco abundante; escasso 8 que não é muito significativo; medíocre; fraco ■ n.m. parte da carne que não tem gordura (Do lat. *macru-*, «id.»)

magrote adj.2g. [pop.] um tanto magro; que pesa pouco; magrete (De *magro+-ote*)

maguilho n.m. BOTÂNICA macieira brava, espontânea, das regiões montanhosas do Minho, Trás-os-Montes e Beira (Do cast. *maguillo*, «macieira silvestre»)

magujo n.m. instrumento usado para tirar a estopa velha das juntas dos barcos (Do it. dial. *maguggiu*, «gancho de marinheiro», pelo cast. *magujo*, «id.»)

magumba n.f. [Moçambique] variedade de peixe semelhante à sardinha (Do ronga *ma-gumba*, «id.»)

magustal adj.2g. referente a magusto (De *magusto+-al*)

magusto n.m. 1 festa, geralmente ao ar livre, em que se assam castanhas 2 porção de castanhas assadas na fogueira 3 merenda de castanhas assadas

mahatma n.m. RELIGIÃO título atribuído na Índia a um grande mestre espiritual; guru (Do sânsc. *mahātman*, «dotado de grande alma»)

maia¹ *n.f.* **1** BOTÂNICA giesta de flor amarela que floresce em princípios de maio e como que anuncia a chegada desse mês **2** criança ou mulher muito enfeitada **3** antiga festa popular, no primeiro dia de maio (De *Maio*)

maia² *n.2g.* indivíduo pertencente a uma das tribos índias, que vivem na península do Iucatão, no México ■ *n.m.* língua falada pelos Maias ■ *adj.2g.* pertencente ou relativo aos Maias ou à sua língua (Do cast. *maya*, «id.»)

maianga *n.f.* [Angola] local anteriormente submerso pelas águas pluviais (Do quimb. *mazanga*, «lagoas»)

maiano *adj.,n.m.* ⇒ **maiato** (De *Maia*, top., cidade portuguesa do distrito do Porto +-*ano*)

Maias *n.m.pl.* ETNOGRAFIA tribo do México, descendente das populações maias que tinham criado uma civilização notavelmente evoluída, antes da chegada dos Espanhóis à América (Do cast. *mayas*, «id.»)

maiato *adj.* relativo à Maia, cidade portuguesa do distrito do Porto ■ *n.m.* natural ou habitante da Maia (De *Maia*, top. +-*ato*)

maiêutica *n.f.* FILOSOFIA método praticado por Sócrates, e depois inspirado nele, que consiste em levar os espíritos a tomar consciência daquilo que sabem implicitamente, a exprimi-lo e a julgá-lo (Do gr. *maieutiké*, «arte de fazer dar à luz»)

mainate *n.m.* ⇒ **mainato**

mainato *n.m.* [Moçambique] indivíduo que lava e engoma a roupa (Do malaiala *mannattan*, «id.»)

mainça *n.f.* **1** punhado; mão-cheia **2** remate inferior do fuso (Do lat. *manicĭa-, de *manu*-, «mão»)

mainel *n.m.* **1** corrimão **2** ARQUITETURA pilarete que divide verticalmente uma fresta, sustentando a respetiva bandeira ou laçarias (Do fr. ant. *mainel*, hoje *meneau*, «travessa de janela»)

mainelado *adj.* ARQUITETURA que tem mainel ou mainéis (De *mainel*+-*ado*)

mainframe *n.m.* INFORMÁTICA computador de grande capacidade concebido para processar grandes quantidades de dados a alta velocidade; macrocomputador (Do ing. *mainframe*, «id.»)

maio *n.m.* **1** quinto mês do ano civil, com trinta e um dias **2** [fig.] tempo das flores; primavera **3** [fig.] indivíduo muito garrido ■ *adj.* relativo ao mês de maio (Do lat. *Maiu*-, «id.»)

maiô *n.m.* **1** [Brasil] peça de vestuário, de tecido extensível, que se ajusta ao corpo e que é usada por banhistas e desportistas **2** [Brasil] fato de banho feminino (Do fr. *maillot*, «id.»)

maiólica *n.f.* ⇒ **majólica**

maionese *n.f.* **1** CULINÁRIA molho frio, feito de azeite, vinagre, gemas de ovos, sal e especiarias, tudo bem batido **2** CULINÁRIA prato preparado com legumes cozidos, nomeadamente a batata, misturados com carne ou peixe e temperados com maionese; salada russa **3** [fig.] confusão de várias coisas; miscelânea (Do fr. *mayonnaise*, «id.»)

maior *adj.2g.* **1** {*comparativo de superioridade de* **grande**} que excede outro em tamanho, espaço, intensidade ou número **2** que atingiu a idade legal de reger a sua pessoa e os seus bens ■ *n.m.pl.* antepassados; ascendentes; ~ *de idade* diz-se da pessoa que atingiu a idade legal que lhe permite reger a sua pessoa e os seus bens; *estar na* ~ [coloq.] estar despreocupado, tranquilo, alegre ou satisfeito; *por* ~ sem atenção, por alto; *ser o* ~ [coloq.] ser o melhor de todos, ser fantástico (Do lat. *maiōre*-, «id.»)

maioral *n.m.* **1** indivíduo que chefia ou dirige outros; chefe; cabeça; líder **2** aquele que se distingue pela sua superioridade; indivíduo mais importante **3** o maior animal de um rebanho **4** chefe dos pastores da mesma herdade; ~ *das mulas* encarregado principal das parelhas de muares que trabalham ao carro, arado e grade, na mesma herdade, capataz (De *maior*+-*al*)

maioria *n.f.* **1** a maior parte; o maior número **2** maior número de votos obtido numa votação; número mais elevado de votantes numa eleição **3** fação que tem o maior número de elementos numa assembleia ou parlamento; grupo preponderante **4** superioridade; excelência **5** *pl.* gratificação; ~ *absoluta* maioria que atinge mais de metade do total de votos; ~ *relativa* maioria que atinge um número de votos superior ao obtido por qualquer das outras propostas; ~ *silenciosa* número significativo de pessoas que optam por não manifestar as suas opiniões ou por não participar na vida política e cívica; *por* ~ com o maior número de votos; *por* ~ *de razão* com mais razão, com maior justiça (De *maior*+-*ia*)

maioridade *n.f.* **1** idade fixada pela lei a partir da qual se entra legalmente no gozo dos direitos civis; emancipação **2** estado de completo desenvolvimento de um grupo ou de uma sociedade (De *maior*+-*i*-+-*dade*)

maioríssimo *adj.* {*superlativo absoluto sintético de* **maior**} muito maior (De *maior*+-*íssimo*)

maioritariamente *adv.* **1** na sua maioria; principalmente; sobretudo **2** em termos absolutos (De *maioritário*+-*mente*)

maioritário *adj.* **1** relativo à maioria **2** que está em maioria; que representa a maior parte (Do fr. *majoritaire*, «id.»)

maiorquino *adj.* **1** da Maiorca, ilha espanhola do Mediterrâneo **2** relativo a Maiorca ■ *n.m.* **1** natural da Maiorca **2** dialeto da Maiorca (De *Maiorca*, top. +-*ino*)

mais *adv.* **1** em maior quantidade, grau ou intensidade **2** além disso; também; igualmente **3** de preferência; antes **4** outra vez; novamente ■ *det.indef.* >*quant. exist.* ᴰᵀ *,pron.indef.* **1** em maior quantidade; em maior número **2** outros; restantes; demais ■ *prep.* **1** MATEMÁTICA utiliza-se para indicar operações de adição, correspondendo ao sinal (+) (*um mais um são dois*) **2** [pop.] com (*o pai saiu mais a mãe*) ■ *conj.* e (*pagou o gás mais a luz*) ■ *n.m.2n.* **1** a maior parte; o maior número **2** resto; restante **3** MATEMÁTICA nome do sinal da operação de adição (+); ~ *dia, menos dia* em breve, dentro de pouco tempo; ~ *para lá do que para cá* prestes a morrer, extremamente cansado; *a* ~ *não poder* com toda a força, ao máximo; *de* ~ em excesso; *de a* ~ para além do que foi dito anteriormente; *não ...* ~ já não...; *para* ~ além disso, ainda por cima; *por de* ~ demasiado; *sem* ~ *nem menos* sem motivo (Do lat. *magis*, «id.»)

maís *n.m.* variedade de milho graúdo (Do taino *maisí*, *majisí* ou *mahisi*, «id.», pelo cast. *maíz*, «milho»)

maisal *n.m.* campo semeado de maís (De *maís*+-*al*)

maisena *n.f.* substância farinácea constituída por amido de milho (Do amer. *mahis*, «milho», pelo ing. *maizena*® –1850)

mais-que-perfeito *adj.,n.m.* GRAMÁTICA tempo verbal ou designativo do tempo verbal que exprime uma ação já passada em relação a uma época ou circunstância também já passada

mais-querer *v.tr.* **1** preferir **2** querer mais

mais-que-tudo *n.2g.2n.* **1** pessoa a quem se dedica o maior afeto **2** o mais querido; predileto

mais-valia *n.f.* **1** ECONOMIA aumento de valor adquirido por uma mercadoria ou por um bem patrimonial por influência de fatores estranhos ao proprietário **2** tudo o que corresponde a um benefício ou a uma vantagem em relação a algo ou alguém (De *mais*+*valia*)

maitaca *n.f.* [Brasil] ZOOLOGIA papagaio palrador e barulhento, também conhecido por baitaca; papagaio verde **2** [fig.] mulher tagarela (Do tupi *mbai'ta*, «id.»)

maituca *n.f.* ORNITOLOGIA ave brasileira nociva aos milharais

maiúscula *n.f.* uma das duas formas de representar uma letra do alfabeto, que corresponde ao tamanho maior e é usada no princípio dos nomes próprios e no começo de período; capital (De *maiúsculo*)

maiúsculo *adj.* diz-se da letra do alfabeto de tamanho maior, usada no princípio dos nomes próprios e no começo de período (Do lat. *maiuscŭlu*-, «um pouco maior»)

majaricão *n.m.* [pop.] ⇒ **manjericão** (Do gr. *basilikón*, «id.», pelo lat. *basilīcon*, «id.»)

majarico *n.m.* [pop.] ⇒ **manjerico** (Deriv. regr. de *majaricão*)

majengro *n.m.* ORNITOLOGIA pássaro comum em Portugal, da família dos Parídeos (Por *mejengra*)

majestade *n.f.* **1** grandeza suprema **2** sublimidade **3** imponência **4** poder real **5** título dado aos reis e às rainhas **6** [fig.] aparência grave e solene **7** soberba (Do lat. *majestāte*-, «id.»)

majestático *adj.* **1** relativo a majestade ou ao poder supremo **2** que provoca respeito ou admiração; grandioso; majestoso; *plural* ~ GRAMÁTICA emprego da 1.ª e 2.ª pessoas do plural (*nós* e *vós*) a indicarem a respetiva pessoa do singular (*eu* e *tu*), numa atitude respeitosa em relação ao interlocutor (Do lat. *majestāte*-, «majestade» +-*ico*)

majestosamente *adv.* **1** de modo majestoso **2** com imponência (De *majestoso*+-*mente*)

majestosidade *n.f.* qualidade de majestoso

majestoso [ô] *adj.* **1** que tem majestade **2** sumptuoso; imponente **3** soberbo; sublime (Do lat. *majestāte*-, «majestade» +-*oso*, com hapl.)

majoeira *n.f.* (pesca) rede de tresmalho flutuante (De orig. obsc.)

majólica *n.f.* obra de faiança italiana do tempo da Renascença, cujo género teria vindo da Maiorca, ilha espanhola do arquipélago das Baleares, no Mediterrâneo (Do it. *maiolica*, do lat. tard. *Majorīca*, «ilha Maiorca»)

majongue *n.m.* jogo de origem chinesa em que se utilizam 144 pedras com figuras e números, que são distribuídas por quatro jogadores (Pal. chin., prov. pelo ing. *mahjong* ou *mahjongg*)

major *n.m.* MILITAR posto de oficial superior do Exército e da Força Aérea, acima do de capitão e inferior ao de tenente-coronel, e cuja insígnia é constituída por galões paralelos, sendo um largo e um estreito ▪ *n.2g.* MILITAR oficial que ocupa esse posto ▪ *adj.2g.* maior; *ir para o ~ morrer* (Do lat. *maiōre-*, «maior», pelo fr. *major*, «id.»)

majoração *n.f.* ato ou efeito de majorar; subida; aumento (De *majorar+-ção*)

majorar *v.tr.* aumentar o valor de; elevar (Do fr. *majorer*, «aumentar, elevar»)

major-general *n.m.* MILITAR posto de oficial general do Exército e da Força Aérea, superior ao de brigadeiro-general e inferior ao de tenente-general, e cuja insígnia é constituída por duas estrelas ▪ *n.2g.* MILITAR oficial que ocupa esse posto

majoria *n.f.* cargo ou dignidade de major (De *major+-ia*)

majoritário *adj.* ⇒ **maioritário**

mal *n.m.* **1** tudo o que prejudica, fere ou incomoda **2** aquilo que é contrário ao bem **3** infelicidade; desgraça; calamidade **4** prejuízo; inconveniente; dano **5** defeito; problema; imperfeição **6** doença; enfermidade **7** ofensa **8** aflição; angústia ▪ *adv.* **1** de modo diferente do que devia ser; de forma irregular **2** imperfeitamente **3** de modo insatisfatório; pouco; escassamente **4** dificilmente **5** apenas ▪ *conj.* logo que; assim que; *~ e porcamente* [colóq.] sem qualquer cuidado, sem gosto ou zelo; *~ por ~* de preferência; *~ que* logo que; *arrancar/cortar o ~ pela raiz* resolver um problema atacando a sua causa; *de ~ a pior* cada vez pior; *para grandes males grandes remédios* (provérbio) nas grandes crises é absolutamente necessário tomarem-se resoluções enérgicas; *problema do ~* FILOSOFIA problema que resulta da dificuldade que se sente em conciliar a realidade do mal com a existência de um Deus criador, de poder e perfeição infinitos (Do lat. *male-*, «mal»)

mal- elemento de formação de palavras que exprime a ideia de *mal, mau*, e é seguido de hífen quando o segundo elemento começa por vogal ou h (Do lat. *male-*, «mal»)

mala¹ *n.f.* **1** saco de couro, tecido, ou outro material resistente, fechado ou não com cadeado, que se usa para transportar roupa ou objetos de uso pessoal **2** carteira de mão; bolsa **3** compartimento situado na parte traseira dos automóveis, destinado a transportar sacos ou outros objetos; porta-bagagens; *de malas aviadas* pronto para partir; *fazer as malas* preparar as malas para viajar, metendo-lhes dentro o que se considera necessário, preparar-se para viajar, preparar-se para se retirar ou sair de um lugar (Do francês *malle*, «idem»)

mala² *n.f.* [Moçambique] telheiro das ferramentas, que também pode servir de cozinha (Do xi-ronga *mhala*, «idem»)

malabar *adj.2g.* **1** referente à costa ocidental da Índia, ou ao povo que a habita **2** *pl.* designativo de certos jogos ou exibições com movimentos difíceis e extravagantes ▪ *n.2g.* natural do Malabar ▪ *n.m.* língua do Malabar (De *Malabar*, top.)

malabaresco /ê/ *adj.* parecido com os jogos malabares (De *Malabar*, top. +*-esco*)

malabárico *adj.* relativo ao Malabar ▪ *n.m.* idioma do Malabar (De *Malabar*, top. +*-ico*)

malabarismo *n.m.* **1** prática de jogos malabares; prática de jogos ou exibições com movimentos difíceis e extravagantes; equilibrismo **2** [fig.] coisas difíceis e engenhosas (De *malabar+-ismo*)

malabarista *n.2g.* **1** pessoa que executa jogos de destreza e agilidade; equilibrista **2** [fig.] pessoa que joga com as circunstâncias e que dá uma falsa aparência de si própria; oportunista ▪ *adj.2g.* **1** que pratica malabarismo **2** [fig.] falso; oportunista (De *malabar+-ista*)

malabruto *n.m.* [regionalismo] homem bruto; labrego (Do lat. *malu-*, «mau» +*brutu-*, «estúpido»)

malabsorção *n.f.* MEDICINA absorção inadequada pela mucosa intestinal dos nutrientes contidos nos alimentos (De *mal+absorção*)

malaca *n.f.* bengala feita com junco de Malaca, cidade da Malásia ▪ *n.2g.* membro de uma tribo de Angola, que vive próximo do rio Cassai (De *Malaca*, top.)

malacão *n.m.* MINERALOGIA variedade de zircão, de cor castanha ou castanho-avermelhada (De *Malaca*, top. +*-ão*)

malacara *adj.* (cavalo) que tem malha branca desde a parte anterior da cabeça até ao peito ▪ *n.m.* [regionalismo] indivíduo com mau aspeto (Do cast. *mala cara*, «má cara»)

malacate *n.m.* máquina destinada a utilizar a força dos animais, transformando-a em movimento circular contínuo (Do nauat. *malákatl*, «id.», pelo cast. *malacate*, «id.»)

malacia *n.f.* **1** calma; calmaria **2** [fig.] desalento **3** [fig.] debilidade **4** perversão do apetite (Do lat. *malacĭa-*, «calmaria»)

malaco- elemento de formação de palavras que exprime a ideia de *mole* (Do gr. *malakós*, «mole»)

malacoderme *adj.* de tegumentos moles ▪ *n.m.pl.* ZOOLOGIA grupo de insetos coleópteros que apresentam aquela particularidade e ao qual pertence o pirilampo (Do gr. *malakódermos*, «de pele macia»)

malacófilo *adj.* **1** designativo do indivíduo que coleciona moluscos, ou se dedica a estudos sobre estes animais **2** BOTÂNICA diz-se da planta, ou das suas flores, cuja polinização se faz com intervenção de moluscos **3** BOTÂNICA qualificativo deste processo de polinização ▪ *n.m.* indivíduo que coleciona moluscos, ou os estuda (De *malaco-+-filo*)

malacógamo *adj.* que se refere à polinização realizada com intervenção de moluscos; malacófilo (Do gr. *malakós*, «mole» +*gámos*, «casamento»)

malacologia *n.f.* ZOOLOGIA tratado acerca dos moluscos (De *malaco-+-logia*)

malacologista *n.2g.* pessoa especializada em assuntos de malacologia (De *malacologia+-ista*)

malacopterígio *adj.* ZOOLOGIA que tem barbatanas com raios flexíveis ▪ *n.m.pl.* ZOOLOGIA grupo de peixes teleósteos, de barbatanas com raios moles, flexíveis ou articuláveis (Do gr. *malakós*, «mole» +*ptéryx, -ygos*, «asa» +*-io*)

malacostráceo *adj.* ZOOLOGIA diz-se do crustáceo possuidor de moinho-gástrico e cujo corpo é constituído por vinte anéis ▪ *n.m.pl.* ZOOLOGIA grupo (subclasse) de crustáceos com as características acima mencionadas (Do gr. *malakós*, «mole» +*óstrakon*, «concha de ostra» +*-eo*)

malacozoário *adj.* ZOOLOGIA diz-se do animal de corpo mole como o dos moluscos ▪ *n.m.pi.* ZOOLOGIA moluscos (Do gr. *malakós*, «mole» +*zoárion*, «animalzinho»)

malacueco *adj.,n.m.* **1** [pop.] espertalhão **2** velhaco **3** esquisito; extravagante (De orig. obsc.)

maladia¹ *n.f.* HISTÓRIA terra habitada por malados (De *malado+-ia*)

maladia² *n.f.* [ant.] doença (Do fr. *maladie*, «id.»)

malado *n.m.* HISTÓRIA indivíduo que fazia parte da classe social inferior e vivia na dependência de um senhor, quer habitando em sua casa, em troca de serviços, quer cultivando as suas terras (Do gót. *mathl*, «praça pública; mercado»)

malafaia *n.f.* [regionalismo] aguardente de baixa graduação ▪ *n.m.* [pop.] indivíduo reles; biltre (De *Malafaia*, antr.?)

mal-afeiçoado *adj.* **1** de mau aspeto **2** que tem más inclinações

mal-afortunado *adj.* não afortunado; infeliz

málaga *n.m.* vinho licoroso procedente da cidade espanhola de Málaga, na Andaluzia (De *Málaga*, top.)

mal-agradecido *adj.* que não agradece; ingrato

malaguenha *n.f.* **1** mulher de Málaga **2** canção espanhola parecida com o fandango (Do cast. *malagueña*, «id.»)

malaguenho /ê/ *adj.* relativo à cidade espanhola de Málaga, na Andaluzia ▪ *n.m.* natural de Málaga (Do cast. *malagueño*, «id.»)

malaguês *adj.,n.m.* ⇒ **malaguenho** (De *Málaga*, top. +*-ês*)

malagueta /ê/ *n.f.* **1** BOTÂNICA fruto pequeno, de cor vermelha, oblongado, picante e aromático, muito usado como condimento **2** NÁUTICA cavilha que, num navio, dá volta aos cabos de laborar **3** NÁUTICA raio saliente da roda do leme (Do it. *malaghetta, meleghetta*, dim. de *melega*, «sorgo»)

malaiala *n.m.* língua que faz parte do grupo das línguas dravídicas faladas no Malabar (Índia Ocidental) (Do malaiala *malayala*, «id.»)

malaico *adj.,n.m.* **1** [Angola] amalucado **2** [Angola] maníaco (De *maluco*)

malaio *n.m.* **1** natural da Malásia **2** língua falada na Malásia ▪ *adj.* pertencente ou relativo à Malásia ou aos malaios (Do jav. *maláyu*, «id.»)

mal-ajambrado *adj.* ⇒ **mal-amanhado**

mal-ajeitado *adj.* **1** desajeitado; desordenado **2** malfeito

mal-amanhado *adj.* **1** com má apresentação; desajeitado

malambas *n.f.pl.* [Angola] amarguras; tormentos; penares (Do quimb. *dilamba*, no pl., «id.», a partir de *kulamba*, «dementar»)

mal-andança *n.f.* má sorte; infelicidade; desgraça

mal-andante *adj.2g.* **1** desditoso; infeliz **2** [regionalismo] malcomportado

malandra *n.f.* VETERINÁRIA ferida que se forma com frequência na parte interna do joelho das bestas (Do lat. *malandrĭa-*, «espécie de lepra»?)

malandraço *n.m.* ⇒ **malandrão** (De *malandro+-aço*)

malandragem *n.f.* **1** ato ou dito de malandro **2** grupo de malandros (De *malandro+-agem*)

malandrão *n.m.* grande malandro; malandraço (De *malandro+-ão*)

malandrar *v.intr.* 1 levar vida de malandro 2 preguiçar; mandriar (De *malandro+-ar*)

malandrete /ê/ *n.m.* pequeno malandro; malandrim; malandrote (De *malandro+-ete*)

malandrice *n.f.* 1 qualidade ou ato de malandro; brincadeira; traquinice 2 falta de ocupação profissional; ociosidade; vadiagem (De *malandro+-ice*)

malandrim *n.m.* 1 patife; vadio; gatuno 2 indivíduo que não gosta de trabalhar; preguiçoso (Do it. *malandrino*, «salteador», ou do cat. ant. *malandrí*, «velhaco»)

malandrino *adj.* 1 que tem modos e hábitos de malandrim ou de malandro 2 relativo a malandrim ou a malandro ■ *n.m.* ⇒ **malandro** *n.m.* (Do it. *malandrino*, «salteador; malandro»)

malandro *n.m.* 1 patife; gatuno; homem marginal; vadio 2 indivíduo que não gosta de trabalhar 3 aquele que gosta muito de pregar partidas; maroto ■ *adj.* 1 que não gosta de trabalhar; preguiçoso; parasita 2 brincalhão 3 que revela maldade 4 malicioso (Deriv. regr. de *malandrim* ou *malandrino*)

malandrote *n.m.* ⇒ **malandrete** (De *malandro+-ote*)

malapeira *n.f.* BOTÂNICA variedade de macieira, muito cultivada em Portugal, produtora de saborosos frutos (malápios) (De *malápio+-eira*)

malapeiro *n.m.* ⇒ **malapeira** (De *malápio+-eiro*)

malápio¹ *n.m.* variedade de maçã doce e temporã (De orig. obsc.)

malápio² *adj.* [regionalismo] malandro; larápio (De *malandro* × *larápio*?)

mala-posta *n.f.* antiga diligência para transporte de malas postais e passageiros (Do fr. *malle-poste*, «id.»)

malaquês *adj.* de Malaca ■ *n.m.* 1 natural ou habitante de Malaca, cidade da Malásia 2 moeda de prata mandada cunhar por Afonso de Albuquerque, governador da Índia Portuguesa (1453-1515) (De *Malaca*, top. +-*ês*)

malaquista *adj.2g.* de Malaca ■ *n.2g.* natural ou habitante de Malaca (De *Malaca*, top. +-*ista*)

malaquite *n.f.* MINERALOGIA mineral de cor verde, frequentemente botrioide ou reniforme (quimicamente carbonato hidratado de cobre), que cristaliza no sistema monoclínico, é minério de cobre e que, depois de polido, se usa como ornamento (Do gr. *malakhé*, «malva» +-*ite*)

malar *n.m.* ANATOMIA osso par da face, que forma o esqueleto das maçãs do rosto ■ *adj.2g.* ANATOMIA relativo a este osso ou à maçã do rosto (Do lat. *malāre-*, «relativo à maxila», de *māla-*, «maxila»)

malária *n.f.* MEDICINA ⇒ **paludismo** (Do it. *malaria*, «malária; paludismo»)

malárico *adj.* relativo à malária (De *malária+-ico*)

malarífero *adj.* que contém o parasita da malária (De *malária+-fero*)

malarígeno *adj.* ⇒ **malarífero** (De *malária+-geno*)

malariologia *n.f.* ⇒ **sezonologia** (De *malária+-logia*)

malariologista *n.2g.* ⇒ **sezonologista** (De *malariologia+-ista*)

malarioterapia *n.f.* MEDICINA tratamento de certas doenças nervosas, particularmente a paralisia geral, mediante a inoculação artificial do paludismo (De *malária+terapia*)

mal-armado *adj.* (touro) que tem hastes defeituosas

mal-arranjado *adj.* ⇒ **mal-amanhado**

mal-asado *adj.* 1 desajeitado 2 excêntrico

malas-artes *n.f.pl.* 1 coisas mal feitas; trapalhices 2 tramoias; manigâncias ■ *n.2g.2n.* pessoa trapalhona ou extravagante (Do cast. *malas artes*, «artes más»)

malas-caras *n.m.2n.* [pop.] homem mal-encarado, trombudo (Do cast. *mala cara*, «má cara»)

mal-assada *n.f.* CULINÁRIA ovos batidos e fritos, geralmente com algum recheio

mal-assombrado *adj.* 1 de aspeto sombrio; desagradável 2 enfeitiçado; embruxado

malateca *n.f.* [regionalismo] pequena herdade alentejana (De orig. obsc.)

malato *n.m.* [regionalismo] carneiro novo, de um ano ou da criação do ano anterior (De orig. obsc.)

malauiano *adj.,n.m.* ⇒ **malawiano**

mala-ventura *n.f.* desventura; desgraça; infelicidade (Do cast. *malaventura*, «desventura»)

mal-aventurado *adj.* pouco afortunado; infeliz; desventuroso

malaviano *adj.,n.m.* ⇒ **malawiano**

mal-avindo *adj.* desavindo; discorde

mal-avinhado *adj.* 1 diz-se de um recipiente para vinho que o faz azedar ou lhe comunica mau gosto 2 [pop.] desordeiro, quando bêbedo 3 [fig.] pessimista

mal-avisado *adj.* 1 que não tem juízo 2 que teve ideia infeliz 3 imprudente

malawiano *adj.* relativo ou pertencente à República do Malawi (país da África oriental) ■ *n.m.* natural da República do Malawi

malaxação /cs/ *n.f.* ato de malaxar (De *malaxar+-ção*)

malaxador /cs/ *n.m.* aparelho com que se malaxa a nata destinada a laticínios (De *malaxar+-dor*)

malaxagem /cs/ *n.f.* operação de malaxar a nata para os laticínios

malaxar /cs/ *v.tr.* 1 amassar ou mexer muito uma substância para a amolecer 2 dar massagem a (Do lat. *malaxāre*, «amolecer»)

mal-azado *adj.* 1 que não dá azo ou ensejo 2 inoportuno

malbaratador *adj.,n.m.* 1 que ou aquele que malbarata 2 gastador; dissipador; perdulário (De *malbaratar+-dor*)

malbaratamento *n.m.* ato ou efeito de malbaratar; desbarato; dissipação (De *malbaratar+-mento*)

malbaratar *v.tr.* 1 vender com prejuízo 2 dissipar; desperdiçar (De *mal-+barato+-ar*)

malbaratear *v.tr.* ⇒ **malbaratar**

malbarato *n.m.* 1 venda por preço muito baixo 2 menosprezo (Deriv. regr. de *malbaratar*)

malcasado *adj.* 1 que não se dá bem com o cônjuge 2 que casou com pessoa de condição muito inferior (De *mal-+casado*)

malcheiroso /ô/ *adj.* que exala mau cheiro; fétido; fedorento (De *mal-+cheiroso*)

malcomido *adj.* 1 que se alimenta mal 2 magro por insuficiência de alimento (De *mal-+comido*)

malcomportado *adj.* que procede ou se comporta mal

malcontente *adj.2g.* descontente; desgostoso (De *mal-+contente*)

malcorrente *adj.2g.* 1 que tem pouca destreza 2 indisposto; amuado 3 escandalizado (De *mal-+corrente*)

malcozer *v.tr.* cozer mal ■ *v.intr.* estar mal cozido (De *mal-+cozer*)

malcozinhado *adj.* 1 feito à pressa 2 mal-arranjado ■ *n.m.* taberna onde se vendem refeições mal preparadas (De *mal-+cozinhado*)

malcriadez /ê/ *n.f.* 1 qualidade de malcriado 2 dito ou ato próprio de malcriado (De *malcriado+-ez*)

malcriadice *n.f.* ⇒ **malcriadez** (De *malcriado+-ice*)

malcriado *adj.* 1 que não é bem-educado; mal-educado 2 grosseiro; rude 3 descortês; indelicado; incivil ■ *n.m.* indivíduo mal-educado ou grosseiro (De *mal-+criado*)

maldade *n.f.* 1 qualidade de mau; propensão para o mal; crueldade; perversidade 2 ato mau ou perverso 3 intenção maliciosa; malícia 4 birra; teimosia 5 [coloq.] travessura de criança 6 génio travesso (Do lat. *malitāte-*, «id.»)

maldição *n.f.* 1 ato ou efeito de amaldiçoar 2 imprecação; praga 3 [fig.] desgraça; calamidade (Do lat. *maledictiōne-*, «id.»)

maldiçoar *v.tr.* ⇒ **amaldiçoar** (De *maldição+-ar*)

maldisposto *adj.* 1 com má disposição; indisposto; enjoado 2 que está de mau humor; aborrecido (De *mal+disposto*)

maldita *n.f.* 1 [pop.] impigem que não desaparece com o tratamento 2 [pop.] pústula maligna 3 [Brasil] ⇒ **erisipela** (De *maldito*)

maldito *adj.* 1 que foi amaldiçoado; condenado 2 que exerce influência nefasta; pernicioso; muito mau 3 sinistro; perverso 4 rejeitado; desprezado 5 incómodo 6 detestável (Do lat. *maledictu-*, «id.»)

malditoso /ô/ *adj.* desditoso; desgraçado; infeliz (De *mal-+ditoso*)

maldivano *adj.* 1 das ilhas Maldivas, arquipélago do oceano Índico 2 relativo às ilhas Maldivas ■ *n.m.* 1 natural das ilhas Maldivas 2 idioma falado nessas ilhas (De *Maldivas*, top. +-*ano*)

maldizente *adj.,n.2g.* que ou pessoa que diz mal dos outros; detrator; difamador; má-língua; maledicente (Do lat. *maledicente-*, «id.», part. pres. de *maledicěre*, «dizer mal de»)

maldizer *v.tr.* 1 amaldiçoar; dizer mal de; dirigir imprecações contra 2 queixar-se de; lastimar-se de ■ *v.intr.* blasfemar; *cantiga de ~* poesia satírica medieval (Do lat. *maledicěre*, «id.»)

maldoente *adj.2g.* muito doente (De *mal-+doente*)

maldosamente *adv.* de maneira maldosa; com maldade; perversamente (De *maldoso+-mente*)

maldoso /ô/ *adj.,n.m.* 1 que ou o que tem maldade; mau 2 que ou aquele que interpreta tudo no mau sentido; malicioso 3 travesso (De *maldade+-oso*, com hapl.)

maleabilidade *n.f.* 1 qualidade de maleável; flexibilidade 2 [fig.] facilidade de adaptação a diferentes circunstâncias; docilidade

maleabilizar

3 propriedade de certos materiais poderem reduzir-se a lâminas finas (Do lat. *malleabilitāte-, «id.»)
maleabilizar v.tr. **1** tornar maleável ou flexível **2** [fig.] tornar dócil; suavizar (Do lat. *malleabĭle-, «maleável» +-izar)
maleáceo adj. semelhante ao martelo (Do lat. mallĕu-, «martelo» +-áceo)
maleador adj.,n.m. que ou aquele que maleia (Do lat. malleatōre-, «id.»)
malear v.tr. **1** converter em lâminas à força de marteladas **2** [fig.] tornar dócil; abrandar (Do lat. malleāre, «malhar»)
maleável adj.2g. **1** dotado de maleabilidade; flexível **2** [fig.] dócil; brando (Do fr. malléable, «id.»)
maledicência n.f. **1** qualidade de maldizente **2** ato de dizer mal; difamação; murmuração (Do lat. maledicentĭa-, neut. pl. subst. de maledicente-, «id.», part. pres. de maledicĕre, «dizer mal de»)
maledicente adj.,n.2g. ⇒ **maldizente** (Do lat. maledicente-, «id.», part. pres. de maledicĕre, «maldizer»)
maledico adj.,n.m. ⇒ **maldizente** (Do lat. maledĭcu-, «id.»)
maledo /ê/ n.m. bacelo de vinha muito baixa (De orig. obsc.)
mal-educado adj. **1** sem educação; malcriado; grosseiro **2** descortês; indelicado
maleficência n.f. qualidade de maléfico; maldade (Do lat. maleficentĭa-, «hábito de fazer mal»)
maleficente adj.2g. que faz mal; maléfico (Do lat. maleficente-, «id.», part. pres. de maleficĕre, «fazer mal a; prejudicar»)
maleficentíssimo adj. {superlativo absoluto sintético de **maléfico**} muito maléfico
maleficiar v.tr. **1** fazer mal a; prejudicar **2** fazer malefícios a alguém com bruxedos ou feitiços **3** enfeitiçar; encantar (De malefício+-ar)
malefício n.m. **1** ato de fazer mal ou prejudicar; maldade **2** sortilégio; feitiço (Do lat. maleficĭu-, «id.»)
maléfico adj. **1** que faz mal; nocivo; prejudicial; maligno **2** que tem propensão para o mal; malévolo; mau (Do lat. malefĭcu-, «id.»)
maleiforme adj.2g. que tem forma de martelo ou malho (Do lat. mallĕu-, «martelo» +-forme)
maleiro n.m. **1** o que faz ou vende malas e outros artigos de viagem **2** compartimento onde se guardam as malas (De mala+-eiro)
maleita n.f. **1** doença que não é muito grave; achaque **2** [Brasil] MEDICINA [coloq.] impaludismo; malária; *levado das maleitas* travesso (Do lat. maledicta-, «maldita»)
maleiteira n.f. BOTÂNICA planta espontânea, da família das Euforbiáceas, frequente em Portugal, e também designada por cobião e luzetro (De maleitas+-eira)
maleitoso /ô/ adj. **1** achacado a maleitas; adoentado **2** que causa maleitas (De maleitas+-oso)
mal-empregado adj. empregado em vão; mal aplicado; desperdiçado; **~!** exclamação que designa esforço vão, ação mal aproveitada ou funesta
mal-encarado adj. **1** que tem má cara; carrancudo **2** que revela maus instintos
mal-enganado adj. muito enganado; equivocado
mal-ensinado adj. malcriado; grosseiro
mal-entendido adj. **1** mal interpretado; incompreendido **2** mal apreciado ■ n.m. desentendimento; equívoco (Do fr. malentendu, «id.»)
maleolar adj.2g. referente aos maléolos (Do lat. malleolāre, «id.»)
maléolo n.m. ANATOMIA cada uma das saliências ósseas, externa e interna, do tornozelo (Do lat. malleŏlu-, «martelo pequeno»)
malês adj.,n.m. [Brasil] ⇒ **maliano**
malesso /ê/ adj. **1** diz-se do touro de mau sangue **2** [regionalismo] patife (De orig. obsc.)
mal-estar n.m. **1** incómodo físico ou moral; indisposição **2** sentimento de inquietação; desassossego
maleta¹ /ê/ n.f. mala pequena; mala de mão (De mala+-eta)
maleta² /ê/ n.m. toureiro com pouco mérito (Do cast. maleta, «toureiro sem mérito»)
malevolamente adv. **1** com malevolência; com má intenção **2** com aversão (De malévolo+-mente)
malevolência n.f. **1** qualidade de malévolo **2** má vontade **3** antipatia; aversão (Do lat. malevolentĭa-, «id.»)
malevolente adj.2g. ⇒ **malévolo** (Do lat. malevolente-, «id.»)
malevolentíssimo adj. {superlativo absoluto sintético de **malévolo**} muito malévolo
malévolo adj. **1** que quer mal a alguém **2** que tem mau carácter; mau (Do lat. malevŏlu-, «id.»)
maleza /ê/ n.f. abundância de ervas nocivas à sementeira (Do lat. malitĭa-, «malícia; má índole»)

malfadado adj. que tem mau fado ou má sorte; desditoso; desgraçado (Part. pass. de malfadar)
malfadar v.tr. **1** tornar infeliz; desgraçar **2** desejar má sorte a; prever desgraças (De mal-+fadar)
malfalante adj.2g. que fala mal; maldizente (De mal-+falante)
malfazejo /ê/ adj. **1** que gosta de fazer mal **2** nocivo; prejudicial (De malfazer+-ejo)
malfazente adj.2g. ⇒ **malfazejo** (De malfazer+-ente)
malfazer v.tr.,intr. fazer mal (a); prejudicar (Do lat. malefacĕre, «id.»)
malfeito¹ adj. **1** feito sem perfeição; mal executado **2** deselegante **3** [fig.] injusto; imerecido ■ n.m. [ant.] prejuízo; estrago (Particípio passado de malfazer)
malfeito² n.m. [Guiné-Bissau] feitiço (Do crioulo guineense malfitu, «idem»)
malfeitor n.m. **1** aquele que comete crimes ou atos condenáveis **2** criminoso; facínora ■ adj. **1** que gosta de fazer mal; malfazejo **2** prejudicial (Do lat. malefactōre-, «id.»)
malfeitoria n.f. **1** ato de malfeitor; malefício; crime **2** prejuízo (De mal-+feitoria)
malferir v.tr. **1** ferir gravemente, mortalmente **2** tornar renhido, sangrento (combate) (De mal-+ferir)
malformação n.f. **1** formação defeituosa ou imperfeita **2** MEDICINA deformação de uma parte do corpo, de origem congénita ou hereditária (De mal-+formação)
malformado adj. **1** que apresenta deformação, anomalia **2** que apresenta valores morais negativos (De mal-+formado)
malga n.f. tigela para sopa (Do gr. magĭda, «prato; escudela», pelo lat. magĭda-, depois madĭga-, «id.»)
malgalante adj.2g. descortês; indelicado; incivil (De mal-+galante)
malgastar v.tr. desperdiçar; malbaratar; esbanjar (De mal-+gastar)
malgável adj.2g. [regionalismo] amável; meigo (De orig. obsc.)
malgaxe adj.2g. referente à ilha de Madagáscar ou aos seus habitantes ■ n.2g. natural ou habitante da ilha de Madagáscar ■ n.m. idioma de Madagáscar (Do fr. malgache, «id.»)
malgovernar v.tr. **1** governar mal **2** fazer má administração de (De mal-+governar)
malgradado adj. contrariado; contrafeito; forçado (De malgrado+-ado)
malgrado n.m. **1** má vontade **2** desagrado; **~ meu** contra minha vontade (Do port. arc. mal(o), «mau»+lat. gratu-, «agradecido»)
malgueiro n.m. fabricante de malgas (De malga+-eiro)
malha¹ n.f. **1** cada um dos nós, voltas ou laçadas de um fio têxtil que formam um tecido com intervalos mais ou menos abertos **2** abertura que estes nós deixam entre si **3** tecido formado pelo encadeamento desses nós **4** peça de vestuário, em geral camisola ou casaco, feita desse tecido **5** peça única e justa, feita desse tecido, que cobre tronco e membros e é utilizada por ginastas, bailarinos, etc., devido à sua elasticidade **6** entrelaçado de fios metálicos usado na Idade Média para fazer as cotas e outras peças da armadura **7** conjunto de elementos contíguos que limitam um espaço numa estrutura reticular **8** cada uma das aberturas de um peneiro **9** [fig.] armadilha **10** [fig.] enredo; trama (Do lat. macŭla-, «id.»)
malha² n.f. mancha na pele dos animais (Do lat. macŭla-, «id.»)
malha³ n.f. **1** ato de malhar **2** tareia; sova (Deriv. regr. de malhar)
malha⁴ n.f. chapa redonda de ferro para jogar o fito (Por mealha, do b. lat. medalĭa-, «moeda de pouco valor»)
malha⁵ n.f. cabana; choça (Do lat. magalĭa, «cabanas; choupanas»)
malhação n.f. **1** [Brasil] ato ou efeito de bater com o malho **2** [Brasil] [fig.] troça; zombaria **3** [Brasil] [fig.] crítica severa (De malhar+-ção)
malhada¹ n.f. **1** ato de malhar; pancada com malho **2** lugar onde se malha **3** trabalho de malhar cereais executado por um grupo de pessoas (Part. pass. fem. subst. de malhar)
malhada² n.f. **1** conjunto de ações que compõem a intriga de uma história; enredo; trama **2** conspiração; tramoia; malhoada (De malhado)
malhada³ n.f. **1** cabana de pastores; choça **2** local onde se recolhe o gado; redil (De malha+-ada)
malhadal n.m. **1** faixa de terreno cultivada, entre a defesa e as valas paralelas aos tabuleiros do sal, nas salinas **2** [regionalismo] espécie de terreiro ao lado dos montes ou casais, onde os pastores fazem a sua malhada ou dormida (De malhada+-al)
malhadeira n.f. ⇒ **debulhadora** (De malhar+-deira)
malhadeiro n.m. **1** instrumento que serve para malhar (cereais); mangual **2** lugar onde se malham os cereais; eira **3** [fig.] aquele em quem todos batem; aquele que é objeto de maus tratos **4** [fig.] aquele de quem todos fazem troça; pateta ■ adj. que sofre maus tratos (físicos); que está habituado a ser agredido; malhadiço (De malhar+-deiro)

malhadela n.f. **1** ato de malhar; malha **2** antiga obrigação que os foreiros tinham de dar aos senhorios certo número de dias de trabalho durante a malhada **3** [pop.] tunda (De *malhar*+-*dela*)

malhadiço adj. **1** habituado a levar pancada, a sofrer maus tratos **2** incorrigível **3** manhoso; descarado (De *malhar*+-*diço*)

malhadil n.m. [regionalismo] terreno cultivado no meio de uma charneca (De *malhada*+-*il*)

malhado¹ adj. **1** (cereal) debulhado com o malho **2** que sofreu pancada com o malho; espancado (Part. pass. de *malhar*)

malhado² adj. **1** (animal) que tem malhas ou manchas **2** descarado ■ n.m. HISTÓRIA [pej.] epíteto com que os absolutistas designavam os constitucionais, durante as lutas liberais, por alusão à bandeira bicolor e às calças axadrezadas usadas por eles (De *malha*+-*ado*)

malhadoiro n.m. ⇒ **malhadouro**

malhador adj.,n.m. **1** o que aquele que malha (cereais) **2** que ou aquele que gosta de bater nos outros; desordeiro (Do lat. *malleatōre*-, «aquele que trabalha com martelo»)

malhadouro n.m. **1** lugar onde se malham os cereais; eira **2** [pop.] pessoa que é agredida frequentemente (De *malhar*+-*douro*)

malha-ferreiro n.m. ORNITOLOGIA pássaro da família dos Paridéos, muito frequente em Portugal, também conhecido por chapim, mejengra, cedo-vem, etc.

malhagem n.f. bitola ou padrão das malhas da rede (De *malha*+-*agem*)

malhal n.m. **1** travessa de madeira que se coloca sobre a prancha redonda (adufa) que assenta sobre o pé do bagaço de uva, e sobre a qual pega a vara do lagar **2** suporte que sustenta a pedra que o escultor trabalha **3** calço para assentar pipas e tonéis (De *malho*+-*al*)

malhante n.m. [Açores] oficial de ferreiro que afeiçoa os pregos com o malho (De *malhar*+-*ante*)

malhão¹ n.m. **1** tiro por alto, no jogo da bola **2** bola ou malha com que se atira aos paus (De *malha*+-*ão*)

malhão² n.m. **1** canção popular de ritmo alegre, com ou sem refrão e dançada em roda, que terá surgido no distrito do Porto **2** dança executada ao som desta canção (De orig. obsc.)

malhão³ n.m. [regionalismo] feixe de giestas e outras plantas empregado para vedar terras (De orig. obsc.)

malhar¹ v.tr. **1** bater com malho **2** separar os cereais da espiga, batendo-os com o mangual; debulhar **3** dar pancadas em; bater **4** [pop.] censurar; criticar; ~ *em centeio verde* bater sem piedade; ~ *em ferro frio* perder o tempo, não obter resultado (De *malho*+-*ar*)

malhar² v.intr. [regionalismo] cair na malha ou rede (De *malha* [= rede]+-*ar*)

malheirão n.m. jogo no qual uma pessoa se senta nos ombros de outra dando-lhe pancadas ou murros, até que a segunda adivinhe quantos dedos da outra mão aquele que lhe bate tem abertos (De *malhar*)

malheiro n.m. **1** peça cilíndrica em que se faz a malha das redes de pesca **2** rede de pesca fabricada com fio e malha **3** HISTÓRIA fabricante de malhas para cotas **4** [ant.] tratador de abelhas (De *malha*+-*eiro*)

malhetar v.tr. **1** fazer malhetes em **2** encaixar (uma peça) noutra (De *malhete*+-*ar*)

malhete /ê/ n.m. encaixe nos bordos de duas peças para se ajustarem (De *malho*+-*ete*)

malho n.m. **1** grande martelo, sem unhas ou orelhas, usado para bater o ferro **2** maço cilíndrico usado pelos calceteiros **3** instrumento de madeira formado por tábuas móveis que, quando agitadas, produzem uma série de estalidos; mangual **4** instrumento de madeira formado de tábuas com argolas móveis que se agitam para fazer barulho ou dar sinal; matraca **5** [pop.] coisa infalível **6** [coloq.] pessoa hábil e experiente **7** [coloq.] queda súbita (Do lat. *malléu*-, «martelo»)

malhoada n.f. [pop.] tramoia; enredo; conluio (De *malhão*+-*ada*)

malhorco n.m. ORNITOLOGIA ⇒ **alma-de-mestre** (Do cast. *Mallorca*, top., ilha espanhola do Mediterrâneo)

mal-humorado adj. **1** que tem mau humor; adoentado **2** que está de mau humor; zangado **3** desabrido; intratável

maliano adj. relativo ou pertencente à República do Mali ■ n.m. natural da República do Mali

malícia n.f. **1** tendência para o mal **2** interpretação em mau sentido **3** dito picante; provocação **4** dissimulação; astúcia (Do lat. *malĭtĭa*-, «id.»)

maliciar v.tr. **1** pôr malícia em; atribuir mau sentido a **2** suspeitar de ■ v.intr. usar de malícia (De *malícia*+-*ar*)

maliciosamente adv. de modo malicioso; com malícia (De *malicioso*+-*mente*)

malicioso adj. **1** que tem malícia; mordaz **2** astucioso; finório (Do lat. *malitiōsu*-, «id.»)

málico adj. **1** QUÍMICA diz-se de um ácido, o ácido hidroxibutanodioico, que se extrai dos frutos e outros órgãos de várias plantas, especialmente da maçã **2** relativo a maçã (Do lat. *malu*-, «maçã» + -*ico*)

maliforme adj.2g. com feitio de maçã (Do lat. *malu*-, «maçã» + -*forme*)

maligna n.f. **1** [pop.] doença grave **2** [pop.] febre tifoide; tifo (De *maligno*)

malignamente adv. **1** de modo maligno **2** com malícia (De *maligno*+-*mente*)

malignante adj.2g. **1** malicioso **2** mal-intencionado **3** maligno (Do lat. *malignante*-, «id.», part. pres. de *malignāre*, «preparar com má intenção»)

malignar v.tr. **1** tornar maligno; infecionar **2** corromper; viciar ■ v.intr. (doença) agravar-se; piorar (Do lat. *malignāre*, «id.»)

malignidade n.f. **1** qualidade de maligno **2** malvadez; maldade (Do lat. *malignitāte*-, «id.»)

maligno adj. **1** que tem inclinação para o mal; que gosta de fazer mal; mau **2** mórbido; doentio **3** moralmente mau; maldoso; perverso **4** de má natureza; pernicioso **5** malicioso ■ n.m. Demónio; *tumor ~* formação patológica, não inflamatória, de tecido novo, constituído por células atípicas, invadindo os tecidos vizinhos ou disseminando-se à distância (Do lat. *malignu*-, «id.»)

malim n.m. [regionalismo] almofada em que assenta a canga de jungir os bois; molhelha (De orig. obsc.)

malina n.f. **1** águas vivas das marés **2** [pop.] cheirete **3** [pop.] doença grave; maligna (De *maligno*)

malinar v.tr.,intr. ⇒ **malignar** (Do lat. *malignāre*, «comportar-se com má intenção»)

má-língua n.f. hábito de dizer mal de tudo e de todos; maledicência ■ adj.n.2g. que ou a pessoa que diz mal de tudo e de todos; difamador; intrigante; maldizente

mal-intencionado adj. **1** que ou aquele que tem intenções más **2** que ou aquele que tem má índole

malissimamente adv. de modo malíssimo; pessimamente (De *malíssimo*+-*mente*)

malíssimo adj. {superlativo absoluto sintético de **mau**} péssimo (Do lat. *malu*-, «mau» +-*íssimo*)

maljeitoso /ô/ adj. **1** sem jeito; desajeitado **2** disforme (De *mal*-+*jeitoso*)

Malm n.m. GEOLOGIA Jurássico superior (Do gót. *malma*, «areia», pelo ing. *malm*, «argila; marga»)

mal-mal adv. [Brasil] assim-assim

malmandado adj. que faz as coisas de má vontade (De *mal*-+*mandado*)

malmaridada adj. que se dá mal com o marido (De *mal*-+*marido*+-*ada*)

malmentinhos adv. [regionalismo] ligeiramente; de leve (De **malmente*+-*inho*)

malmequer n.m. BOTÂNICA planta da família das Compostas, de capítulos grandes, espontânea no Centro e no Sul de Portugal, também chamada pampilho; bem-me-quer (De *mal*+*me*+*quer*)

malmequer-da-praia n.m. BOTÂNICA variedade de malmequer própria das areias marítimas, que se encontra em quase toda a costa portuguesa

malmequer-dos-brejos n.m. ⇒ **calta**

malnascido adj. **1** nascido com má sorte; malfadado **2** de má índole; que tem mau carácter **3** que é originário de uma classe social baixa (De *mal*-+*nascido*)

malnutrição n.f. estado provocado por alimentação deficiente, por falta de equilíbrio na quantidade e qualidade dos alimentos, e carência de certos elementos essenciais, como proteínas e vitaminas (Do ing. *malnutrition*, «id.»)

malo elem.loc.adv. *alto e ~* a esmo; sem distinção (Do cast. *malo*, «mau»)

maloca n.f. **1** habitação índia, onde se alojam várias famílias **2** aldeia índia **3** conjunto de pessoas que não inspiram confiança (Do arauc. *malocan*, «fazer hostilidade», ou do tupi *mar'oca*, «casa de guerra; ranchada de índios»)

malogrado adj. **1** que se malogrou; que teve mau êxito; gorado; frustrado **2** que morreu prematuramente **3** infeliz (Part. pass. de *malograr*)

malograr v.tr. **1** fazer gorar; frustrar **2** inutilizar ■ v.pron. **1** gorar-se **2** não ir avante (De *mal*-+*lograr*)

malogro /ô/ n.m. **1** efeito de malograr; frustração; fracasso **2** acontecimento desfavorável; revés (Deriv. regr. de *malograr*)

maloio n.m. [pop.] aldeão; campónio; lapuz (De *malandro* × *saloio*?)

malónico adj. QUÍMICA diz-se de um ácido existente nas beterrabas e noutras plantas, intermediário na síntese de barbitúricos (Do fr. *malonique*, «id.»)

malotão n.m. **1** mala grande **2** pacote ou trouxa grande (De *malote*+-*ão*)

malote n.m. **1** mala pequena **2** [Açores] caixa de madeira onde são embalados os ananases para exportação (De *mala*+-*ote*)

malparado adj. **1** que corre perigo de perder-se; que vai por mau caminho **2** que não está bem seguro; arriscado; periclitante (Part. pass. de *malparar*)

malparar v.tr. **1** sujeitar a mau destino **2** arriscar (De *mal*-+*parar*)

malparida n.f. mulher que teve um aborto (De *mal*+*parida*)

malparir v.intr. **1** ter mau parto **2** abortar (De *mal*-+*parir*)

malpassado adj. CULINÁRIA não muito cozido ou frito (De *mal*- +*passado*)

malpecado adv. [pop.] por infelicidade; por mal dos nossos pecados (De *mal*-+*pecado*)

malpíghia n.f. BOTÂNICA planta frondosa pertencente à família das Malpighiáceas, cultivada em estufas, com fins ornamentais (De *Malpighi*, antr., médico it.,1628-1694 +-*ia*)

Malpighiáceas n.f.pl. BOTÂNICA família de plantas lenhosas, muitas vezes trepadoras, tropicais ou subtropicais, cujo género-tipo se designa *Malpighia* (De *malpíghia*+-*áceas*)

malpronto adj. mal vestido; mal-ajeitado; desalinhado (De *mal*- +*pronto*)

malpropício adj. **1** desfavorável **2** pouco adequado; impróprio **3** indecoroso (De *mal*-+*propício*)

malquerença n.f. **1** qualidade de malquerente; má vontade **2** aversão; inimizade **3** malevolência (De *mal*-+*querença*)

malquerente adj.2g. **1** que deseja mal a alguém **2** inimigo **3** que tem mau carácter; malévolo (De *malquerer*+-*ente*)

malquerer v.tr. **1** desejar mal a **2** ser inimigo de (De *mal*-+*querer*)

malquistar v.tr. tornar malquisto; indispor; inimizar ■ v.pron. zangar-se (De *malquisto*+-*ar*)

malquisto adj. **1** que não é querido; que é objeto de antipatia; odiado **2** que tem má fama **3** antipático (De *mal*-+*quisto*, «querido»)

malregido adj. **1** desgovernado **2** que se governa ou conduz mal (De *mal*-+*regido*)

malroupido adj. mal vestido; maltrapilho (Por *mal-roupado*, com infl. de *mal vestido*)

malsão adj. **1** nocivo à saúde; doentio; insalubre **2** mal curado **3** maléfico; maldoso (De *mal*-+*são*)

malsim n.m. **1** zelador dos regulamentos policiais **2** fiscal aduaneiro **3** espião **4** [ant., pej.] oficial de diligências ■ adj. denunciante (Do hebr. *malxin*, «denunciador»)

malsinação n.f. ato ou efeito de malsinar (De *malsinar*+-*ção*)

malsinar v.tr. **1** denunciar; delatar **2** caluniar **3** desvirtuar **4** augurar mau fim a (De *malsim*+-*ar*)

malsoante adj.2g. **1** que soa mal; que não tem eufonia **2** desafinado; dissonante **3** indecente (De *mal*-+*soante*)

malsofrido adj. que não é resignado; insofrido; impaciente (De *mal*-+*sofrido*)

malsonância n.f. qualidade de malsoante ou malsonante (De *mal*-+*sonância*)

malsonante adj.2g. ⇒ **malsoante**

malsorteado adj. que não tem sorte; infeliz (De *mal*-+*sorteado*)

malta n.f. **1** [coloq.] conjunto de pessoas de idade próxima e com interesses comuns; gente **2** bando; súcia; corja **3** malandragem; ociosidade; vida airada **4** grupo; multidão **5** grupo de pessoas de baixa condição; rancho **6** grupo de trabalhadores agrícolas que se deslocam temporariamente para trabalhar fora da sua terra **7** grupo de homens que se ocupa todo o ano nos serviços agrícolas e correlativos (à exceção da ceifa), nas herdades alentejanas, que também se denomina ganharia; *casa de* ~ casa onde habitam ou dormem vários trabalhadores itinerantes (De orig. obsc.)

maltagem n.f. ato de maltar; preparação do malte (Do fr. *maltage*, «id.»)

maltar v.tr. converter (a cevada) em malte (De *malte*+-*ar*)

máltase n.f. BIOLOGIA, QUÍMICA fermento solúvel que desdobra a maltose em duas moléculas de glicose, e que se encontra principalmente nas leveduras e no suco intestinal (De *malte*+[*diást*]*ase*)

malte n.m. cevada que, imediatamente após a germinação, se faz secar, e que serve para o fabrico da cerveja (Do ing. *malt*, «id.»)

maltês[1] adj. **1** de Malta ou relativo a Malta **2** diz-se de um gato cinzento ■ n.m. **1** natural ou habitante de Malta **2** língua falada na República de Malta (De *Malta*, top. +-*ês*)

maltês[2] n.m. **1** indivíduo que faz parte de um grupo de trabalhadores agrícolas que se deslocam para trabalhar temporariamente fora da sua terra **2** vadio; ocioso ■ adj. [regionalismo] finório; mentiroso (De *malta*+-*ês*)

maltesaria n.f. ⇒ **maltesia** (De *maltês*+-*aria*)

maltesia n.f. **1** grupo de malteses (trabalhadores) **2** alojamento habitual de malteses (De *maltês*+-*ia*)

malthusianismo n.m. **1** ECONOMIA doutrina do economista inglês T. Malthus (1766-1834), que defendia a restrição dos nascimentos pela continência e pelo casamento tardio para evitar o excesso de população do Globo, face aos meios de subsistência disponíveis **2** restrição sistemática dos nascimentos por meio de processos anticoncetivos (também designado neomalthusianismo); ~ *económico* restrição sistemática, ou mesmo destruição de uma parte da produção, a fim de impedir a baixa de preços; ~ *escolar* conjunto de medidas destinadas a limitar a frequência escolar (De *malthusiano*+-*ismo*)

malthusiano adj. relativo a T. Malthus ou às suas doutrinas ■ n.m. sectário da doutrina de T. Malthus (De *T. Malthus*, antr. +-*iano*)

maltina n.f. princípio ativo do malte (De *malte*+-*ina*)

maltose n.f. QUÍMICA açúcar existente no malte que se obtém por hidrólise do amido sob a ação de ácidos diluídos ou de fermentos (De *malte*+-*ose*)

maltrapido adj.,n.m. ⇒ **maltrapilho** (De *mal*-+*trapo*+-*ido*)

maltrapilho adj.,n.m. que ou aquele que anda mal vestido; farroupilha; pelintra (Do cast. *maltrapillo*, «id.»)

maltratar v.tr. **1** tratar mal; agredir **2** espancar; bater em **3** danificar; estragar **4** insultar; vexar (De *mal*-+*tratar*)

maltreito adj. que recebeu maus tratos **2** espancado (Do lat. *male tractu*-, «mal tratado»)

malucar v.intr. **1** dizer ou praticar maluquices; maluquear **2** andar pensativo ou cismático (De *maluco*+-*ar*)

maluco adj. **1** que não tem o juízo todo; maníaco **2** tonto; disparatado **3** extravagante **4** diz-se do tira-linhas com mobilidade na sua ligação ao cabo, e usado no traço de curvas não circulares ■ n.m. **1** homem destituído de juízo; doido **2** idiota **3** natural das ilhas Malucas, na Indonésia (De *maluco*, «natural das ilhas Malucas»)

malufo n.m. [Angola] vinho de sumo de caju ou de seiva de matebeira (Do quimb. *malufu*/*maluvu*, «id.»)

maluquear v.intr. **1** fazer ou dizer maluquices **2** proceder como maluco (De *maluco*+-*ear*)

maluqueira n.f. **1** doença, estado ou ato de maluco **2** mania; cisma **3** estroinice; extravagância (De *maluco*+-*eira*)

maluquice n.f. **1** ato ou dito próprio de maluco; maluqueira; disparate **2** extravagância; excentricidade (De *maluco*+-*ice*)

mal-usar v.tr. **1** usar mal **2** abusar de

malva n.f. BOTÂNICA nome vulgar extensivo a plantas herbáceas da família das Malváceas, empregadas como emolientes, e frequentes em Portugal; *ir às malvas* ir para o cemitério, morrer, frustrar-se, ir bugiar; *mandar às malvas* mandar bugiar, desfazer-se de (Do lat. *malva*-, «id.»)

Malváceas n.f.pl. BOTÂNICA família de plantas dicotiledóneas, herbáceas, de folhas alternadas e flores hermafroditas, a que pertencem as malvas (De *malva*+-*áceas*)

malvaceira n.f. BOTÂNICA malva ornamental brasileira (De *malváceo*+-*eira*)

malváceo adj. relativo ou semelhante à malva (Do lat. *malvaceu*-, «de malva»)

malvada n.f. [coloq.] barriga; *encher a* ~ comer muito, fartar-se

malvadamente adv. com malvadez (De *malvado*+-*mente*)

malvadez /ê/ n.f. qualidade ou ato de malvado; crueldade; perversidade (De *malvado*+-*ez*)

malvadeza /ê/ n.f. ⇒ **malvadez** (De *malvado*+-*eza*)

malvado adj.,n.m. que ou aquele que comete atos infames ou criminosos; perverso; mau (Do lat. vulg. *malifatĭu*-, «desgraçado», de *malu*-, «mau» +*fatu*-, «destino»)

malvaísco n.m. BOTÂNICA planta da família das Malváceas, mais alta do que a malva vulgar, também designada alteia (Do lat. *malva*-, «malva» +*hibiscu*-, «espécie de malva»)

malvaísco-silvestre n.m. BOTÂNICA ⇒ **álcea**

malvalistro n.m. BOTÂNICA planta brasileira da família das Malváceas (Alt. de *mavaísco*)

malvar n.m. terreno onde crescem malvas (De *malva*+-*ar*)

malva-rosa n.f. BOTÂNICA planta muito aromática, da família das Malváceas, também conhecida por alteia e gigantes

malvasia n.f. **1** BOTÂNICA casta de videira que produz uvas odoríferas e doces **2** BOTÂNICA uva dessa casta de videira **3** vinho feito com essas uvas (De *Malvasia*, top., península grega, pelo cast. *malvasia*, «malvasia», casta de uva e vinho desta uva)

malvasia-do-bairro n.f. BOTÂNICA casta de videira ou as suas uvas, também chamada almáfego

malvasia-grossa n.f. ⇒ **códega**

malveiro n.m. [regionalismo] sarampo benigno; sarampelo

malventuroso /ô/ adj. desventurado; desafortunado (De *mal-+venturoso*)

malversação n.f. **1** ato ou efeito de malversar **2** esbanjamento ou dissipação de dinheiros no exercício de um cargo **3** má administração; desgoverno (De *malversar+-ção*)

malversado adj. **1** malgovernado **2** fraudulento (Part. pass. de *malversar*)

malversador /ô/ adj.,n.m. que ou aquele que malversa (De *malversar+-dor*)

malversar v.tr. **1** desviar fundos do fim a que se destinam **2** administrar mal; dilapidar (De *mal+versar*)

malvis n.m.2n. **1** ORNITOLOGIA pássaro dentirrostro da família dos Turdídeos **2** ORNITOLOGIA variedade de tordo (Do cast. *malvis*, «id.», ou fr. ant. *malvis*, hoje *mauvis*, «id.»)

malvisto adj. **1** que tem má fama; desacreditado **2** odiado **3** antipático (De *mal-+visto*)

malvo n.m. [Brasil] fibra têxtil de certas árvores

malware n.m. INFORMÁTICA software cujo objetivo é perturbar ou danificar um computador ou uma rede de computadores (é o caso dos vírus informáticos) (Do ing. *malware*, «id.», de *malicious*, «mal-intencionado»+*software*, «id.»)

mama¹ n.f. **1** órgão glandular que segrega o leite, na mulher e nas fêmeas dos outros mamíferos **2** leite que as crianças sugam do seio da mãe **3** período da amamentação **4** [pop.] teta; chucha **5** [pop.] fonte lucrativa de rendimento; *querer/andar à ~* viver à custa dos outros, parasitar (Do lat. *mamma-*, «id.»)

mama² n.f. [Guiné-Bissau] avó (Do crioulo guineense *mama*, «id.», a partir de várias línguas nacionais)

mamã n.f. [infant.] mãe (Do fr. *maman*, «id.»)

mamaçudo adj. ⇒ **mamalhudo** (De *mama+-aça+-udo*)

mamada n.f. **1** ato de mamar **2** cada uma das refeições daquele que mama **3** tempo que dura a amamentação **4** [vulg.] ⇒ **felação** (Part. pass. fem. subst. de *mamar*)

mamadeira n.f. **1** [Brasil] frasco ao qual está adaptada uma tetina de borracha e que se emprega na lactação humana; biberão **2** [fig.] exploração; ladroeira (De *mamar+-deira*)

mamado adj. **1** que se mamou **2** [fig.] comido; gasto **3** [fig.] enganado; logrado (Part. pass. de *mamar*)

mamadouro n.m. ⇒ **mamadeira** (De *mamar+-douro*)

mamadura n.f. **1** ato de mamar **2** tempo que dura a amamentação (De *mamar+-dura*)

mamãe n.f. [Brasil] mãe; mamã (De *mamã*, com infl. de *mãe*)

mamal adj.2g. referente à mama; mamário (Do lat. tard. *mammāle-*, «id.»)

mamalhudo adj. que tem mamas grandes (De *mama+-alha+-udo*)

mamalogia n.f. **1** ZOOLOGIA ramo da zoologia que estuda os mamíferos **2** MEDICINA ramo da ciência que estuda a glândula mamária, o seu funcionamento e as suas anomalias e doenças; mastologia (Do lat. tard. *mamma-*, «mama»+gr. *lógos*, «estudo», pelo fr. *mammalogie*, «id.»)

mamana n.f. [Moçambique] mulher casada; mãe (Do ronga *mamana*, «id.»)

mamanga n.f. BOTÂNICA planta arbustiva, brasileira, da família das Leguminosas, considerada medicinal, e também conhecida por lava-pratos; mamangá (Do tupi *mamã'gana*, «id.»)

mamangá n.m. BOTÂNICA ⇒ **mamanga**

mamão¹ adj. (feminino **mamona**) que mama muito e frequentemente ■ n.m. **1** BOTÂNICA rebento que rouba o suco à planta **2** ZOOLOGIA animal que ainda mama **3** ZOOLOGIA bezerro ou burro de um ano (De *mamar+-ão*)

mamão² n.m. **1** BOTÂNICA fruto (baga) do mamoeiro **2** (planta) mamoeiro (De *mama+-ão*)

mamar v.tr. **1** sugar (o leite da mama ou teta) **2** sugar (qualquer coisa, como se fosse leite) **3** [fig.] aprender na infância **4** [pop.] apanhar; obter **5** [pop.] extorquir; enganar **6** [coloq.] consumir; engolir ■ v.intr. alimentar-se com leite sugado da mama ou teta (Do lat. *mammāre*, «dar de mamar»)

mamário adj. ⇒ **mamal** (De *mama+-ário*)

mamarracho n.m. **1** pintura ou escultura defeituosa ou sem qualidade **2** autor de pintura ou escultura sem qualidade **3** qualquer obra imperfeita ou sem valor **4** edifício demasiado grande ou de proporções desagradáveis (Do cast. *mamarracho*, «id.»)

mamata n.f. **1** [pop.] empresa ou administração em que dirigentes e dirigidos procuram unicamente a satisfação dos seus interesses pessoais **2** [pop.] negociata; ladroeira; roubalheira (De *mamar+-ata*)

mamba¹ n.f. ZOOLOGIA variedade de cobra venenosa (Do ronga *mamba*, «idem»)

mamba² n.f. **1** [Moçambique] RELIGIÃO ramo de ocanheira usado em rito mortuário **2** [Moçambique] cerimónia de integração do defunto nos espíritos da linhagem **3** [Moçambique] oferenda; sacrifício **4** [Moçambique] santuário (Do tsonga *mhamba*, «idem»)

mambar n.m. [ant.] negro das antigas colónias portuguesas que voltava para o sertão

mambo¹ n.m. música e dança originária de Cuba, representando uma mistura de cinco ritmos latino-americanos, dançada a quatro tempos (Do hispano-americano *mambo*, «id.»)

mambo² n.m. **1** [Angola] doutrina **2** [Angola] regra **3** [Angola] conversa sigilosa **4** [Angola] [coloq.] coisa (Do quimb. *mambu*, «id.»)

mambo³ n.m. **1** autoridade cafreal; administrador **2** pleito cafreal **3** [Angola] ICTIOLOGIA protóptero (Do zulo *im-amba*, «cobra»?)

mamelado adj. **1** que tem mamelões **2** em que há outeiros (Por *mamelonado*, de *mamelão+-ado*)

mamelão n.m. **1** eminência ou cume arredondado **2** outeiro; montículo (Do fr. *mamelon*, «id.»)

mameliforme adj.2g. ⇒ **mamiforme** (Do fr. *mamelliforme*, «id.»)

mameluco n.m. **1** HISTÓRIA soldado de uma tropa turco-egípcia primitivamente formada por escravos **2** [Brasil] filho de branco e de crioula ou de índia (Do ár. *mamluk*, «escravo»)

mamente adv. **1** com maldade; com ruindade **2** com maus modos; de má vontade (De *mau+-mente*)

mamífero adj. **1** que possui mamas **2** ZOOLOGIA pertencente ou relativo aos mamíferos **3** [pop.] explorador **4** [pop.] comedor ■ n.m. ZOOLOGIA espécime da classe dos mamíferos ■ n.m.pl. ZOOLOGIA classe de vertebrados superiores, homotérmicos, que se caracterizam essencialmente por terem mamas, coração com quatro cavidades, respiração pulmonar, o corpo mais ou menos revestido de pelos, e que, normalmente, se alimentam de leite nas primeiras idades (Do lat. *mamma-*, «mama» +*-fero*, de *ferre*, «trazer»)

mamiforme adj.2g. que tem forma de mama; mameliforme (Do lat. *mamma-*, «mama» +*-forme*)

mamila n.f. bico do peito; mamilo (Do lat. *mamilla-*, «mama pequena»)

mamilar¹ adj.2g. **1** referente ao mamilo **2** com forma de mamilo (De *mamilo+-ar*)

mamilar² n.m. faixa ou lenço com que as mulheres resguardavam os seios ou que usavam como espartilho (Do lat. *mamillāre-*, «cinta que segura os seios»)

mamiliforme adj.2g. que tem forma de mamilo (Do lat. *mamilla-*, «mama pequena» +*forma*, «forma»)

mamilo n.m. **1** formação cutânea, bem saliente, nas mamas da maioria dos mamíferos, e também denominada mamila; bico de mama **2** saliência em forma de bico de peito **3** montículo de cume arredondado (De *mamila*)

mamiloso /ô/ adj. **1** que tem mamilos **2** em forma de mamilo (De *mamilo+-oso*)

mamite n.f. MEDICINA processo inflamatório da mama; mastite

mamo- elemento de formação de palavras que exprime a ideia de mama (Do lat. *mamma*, «mama»)

mamoa¹ /ô/ n.f. disposição de pedras, da época pré-histórica, que se supõe ser construção sepulcral; anta (Do lat. *mammŭla-*, «mama pequena»)

mamoa² /ô/ n.f. **1** BOTÂNICA fruto do mamoeiro; mamão **2** (planta) mamoeiro

mamoca n.f. [pop.] mama ainda não completamente desenvolvida (De *mama+-oca*)

mamoeiro n.m. BOTÂNICA árvore da família das Caricáceas, da África e da América, cujo fruto é o mamão, também conhecida por papaieira (De *mamão+-eiro*)

mamografia n.f. MEDICINA exame radiográfico da glândula mamária (Do lat. *mamma-*, «mama»+*-grafia*)

mamola n.f. [regionalismo] pechincha

mamologia n.f. ZOOLOGIA ⇒ **mamalogia 1** (Do lat. *mamma-*, «mama»+*-logia*)

mamologista n.2g. especialista em mamologia (De *mamologia+-ista*)

mamólogo *n.m.* ⇒ **mamologista**
mamona¹ /ô/ *n.f.* **1** BOTÂNICA ⇒ **rícino 2** BOTÂNICA a semente do rícino **3** ICTIOLOGIA peixe açoriano (Do quimb. *mumono*, «id.», com infl. de *mamar*)
mamona² /ô/ *n.f.* **1** aquela que mama muito **2** [vulg.] mulher que pratica a felação (De *mamar*+*-ona*)
mamoneiro *n.m.* BOTÂNICA ⇒ **rícino** (De *mamona*+*-eiro*)
mamoplastia *n.f.* MEDICINA cirurgia plástica praticada sobre o seio (De *mamo-*+*plastia*)
mamoso /ô/ *adj.* **1** que tem mamas **2** em forma de mama **3** arredondado (Do lat. *mammōsu-*, «que tem mamas grandes»)
mamota *n.2g.* [pop.] pessoa atoleimada ■ *n.f.* castanha cozida e sem sal (De orig. obsc.)
mamparra *n.m.* [Moçambique] trabalhador inexperiente das minas da República da África do Sul ■ *adj.* [Moçambique] estúpido; ignorante; inexperiente (Do changana *mampara*, «id.», ou do sena *mambara*, «id.»)
mampataz *n.m.* [Guiné-Bissau] BOTÂNICA árvore de grande porte, da família das Rosáceas, de madeira muito apreciada em carpintaria, cujo fruto com o mesmo nome, de cor vermelho-acastanhada, áspero e de sabor doce, é comestível (Do crioulo *mampatas*, «id.», a partir do mandinga e do uolof *mampata*)
mamposta *n.f.* ato de prender ou levar alguém à cadeia (De *mão*+*posta*)
mampostaria *n.f.* ofício de mamposteiro (De *mamposta*+*-aria*)
mamposteiro *n.m.* **1** [ant.] procurador **2** [ant.] recebedor de esmolas para cativos **3** [ant.] homem encarregado de substituir outro num cargo ou negócio (De *mão*+*posta*+*-eiro*)
mamudo *adj.* que possui mamas grandes (De *mama*+*-udo*)
mamujar *v.intr.* **1** mamar aos poucos **2** chupar a miúdo (De *mamar*+*-ujar*)
mamulengo *n.m.* [Brasil] teatro de fantoches ou marionetas (De orig. obsc.)
mamunha *n.f.* montão cónico de pedras ou de terra que cobre sepulturas neolíticas (De orig. obsc.)
mamute *n.m.* PALEONTOLOGIA elefante fóssil, do Quaternário, que viveu na Europa e na Ásia (Do russo *mamot*, «id.», pelo fr. *mammouth*, «mamute»)
maná *n.m.* **1** RELIGIÃO (Bíblia) alimento caído do céu, que alimentou o povo de Deus (Israelitas) no deserto **2** suco resinoso e açucarado, utilizado, depois de seco, como purgativo **3** BOTÂNICA líquen comestível e de desenvolvimento muito rápido, próprio das estepes e dos desertos da Rússia, da Ásia Menor e do Norte de África **4** [fig.] alimento delicioso; coisa muito boa (Do hebr. *mana*, de *man hu*, «que é isto?», pelo lat. *manna*, «maná»)
manada *n.f.* **1** conjunto de animais de grande porte, como touros, búfalos, elefantes, etc. **2** [fig.] grupo de pessoas que se deixam conduzir passivamente **3** [regionalismo] pequena porção; mão-cheia (Do lat. **manuata* «que têm mãos», de *manu-*, «mão; chusma»)
manadeira *n.f.* ⇒ **manancial** *n.m.* (De *manar*+*-deira*)
manadeiro *n.m.* ⇒ **manancial** *n.m.* (De *manar*+*-deiro*)
manadinha *n.f.* **1** pequena manada **2** [regionalismo] mão-cheia (De *manada*+*-inha*)
manadio *adj.* **1** relativo a manada **2** que faz parte de uma manada (de animais) (De *manada*+*-io*)
manado *n.m.* ⇒ **braçado** (Do lat. *manuātu-*, «em gavelas ou braçados»)
manaia *n.f.* [regionalismo] calças curtas de varino; bragas
manajeiro *n.m.* aquele que dirige o trabalho das ceifas ou outros; capataz (Do fr. *ménager*, «caseiro; relativo ao governo da casa»)
manalvo *adj.* (cavalo) que tem malhas brancas nas extremidades dos membros anteriores (Do lat. *manu-*, «mão» +*albu-*, «branco»)
manana *n.f.* pulseira com varetas de metal, usada na Lunda, Angola
manancial *adj.2g.* **1** que mana **2** que corre abundantemente ■ *n.m.* **1** nascente abundante de água; manadeiro **2** [fig.] origem; fonte (Do cast. *manantial*, «id.», com orig. no lat. *manāre*, «correr; manar; nascer»)
manante *adj.2g.* **1** que mana **2** que corre (Do lat. *manante-*, «id.», part. pres. de *manāre*, «manar; correr»)
manantéu *n.m.* ORNITOLOGIA ⇒ **papa-figos 1** (De *marantéu*?)
manápula *n.f.* mão muito grande (Corrup. de *manopla*)
manaquim *n.m.* ORNITOLOGIA pássaro muito pequeno, dentirrostro, piprídeo, de cores brilhantes, que vive na América do Sul e na América Central (Do al. med. *manneken*, «homem pequeno; anão», pelo neerl. *mannekijn*, «id.»)

manar *v.tr.* **1** fazer verter incessantemente; derramar **2** produzir; originar **3** derivar de; provir de ■ *v.intr.* sair, correndo abundantemente; fluir; brotar (Do lat. *manāre*, «id.»)
manat *n.m.* unidade monetária do Azerbaijão e do Turquemenistão
manata *n.m.* **1** [pop.] pessoa que se aperalta; janota **2** [pop.] personagem importante; figurão; magnata; mandachuva **3** [pop.] velhaco; patife **4** [pop.] larápio; ladrão **5** [regionalismo] labrego; patego (De *magnate*)
manatim *n.m.* ZOOLOGIA mamífero aquático da ordem dos sirénios, das águas atlânticas costeiras e de alguns rios da América e da África, também conhecido por manato, lamantim e peixe-boi (Do taíno *manatin*, «peito de mulher», pelo cast. *manatí*, «manatim»)
manato *n.m.* ZOOLOGIA ⇒ **manatim** (Do lat. *manātu-*, «dotado de mãos»)
manatuto *n.m.* dialeto da língua galóli, falado na região de Manatuto (Timor-Leste) (De *Manatuto*, top.)
mancal *n.m.* **1** pau curto e ferrado que se atira ao alvo **2** peça do engenho de moer a cana **3** peça de metal formada por dois anéis unidos por um eixo, sobre o qual gira uma porta ou janela; dobradiça **4** suporte, geralmente feito de uma liga antifricção, onde gira o eixo ou veio de rotação; chumaceira (Do lat. *manicăle-*, «de manga», de *manĭca-*, «manga; braçal»?)
mançaneira *n.f.* [regionalismo] ⇒ **macieira** (Do cast. *manzanera*, «id.»)
mançanilha *n.f.* **1** variedade de azeitona **2** ⇒ **mançanilheira** (Do cast. *manzanilla*, «id.»)
mançanilheira *n.f.* BOTÂNICA árvore americana da família das Euforbiáceas, de frutos saborosos, e cujo tronco possui um suco venenoso, sendo por isso também chamada árvore-da-morte, mancenilheira e mancenilha (De *mançanilha*+*-eira*)
mancão *n.m.* ORNITOLOGIA ⇒ **adem** (De *mancar*+*-ão*)
mancar *v.intr.* **1** andar, inclinando-se mais para um lado do que para o outro; coxear; manquejar **2** não ter equilíbrio; oscilar ■ *v.tr.* **1** tornar manco **2** coxear (da perna direita/esquerda) **3** [Brasil] precisar de; necessitar de ■ *v.pron.* [Brasil] aperceber-se da própria inconveniência ou erro (De *manco*+*-ar*)
mancarra *n.f.* [Guiné-Bissau] amendoim
manceba /ê/ *n.f.* **1** mulher jovem; rapariga **2** mulher que vive em concubinato; amante (De *mancebo*)
mancebia *n.f.* **1** [ant.] juventude; mocidade **2** [ant.] conjunto de mancebos **3** [ant.] local de prostituição **4** [pej.] vida desregrada **5** estado de quem vive maritalmente, sem estar casado; concubinato (De *mancebo*+*-ia*)
mancebil *adj.2g.* referente a mancebo (De *mancebo*+*-il*)
mancebo /ê/ *n.m.* **1** indivíduo jovem; rapaz; moço **2** jovem em idade militar, desde a altura em que é recenseado até ao alistamento **3** fasquia com que se seguram as tábuas pregadas em lugar alto **4** pau suspenso da chaminé, com orifício ou gancho, para segurar a candeia **5** [Brasil] cabide de braços **6** [ant.] criado ■ *adj.* jovem; novo (Do lat. *mancipĭu-*, «prisioneiro de guerra; escravo»)
mancenilha *n.f.* BOTÂNICA ⇒ **mançanilheira** (Do cast. *manzanilla*, «id.»)
mancenilheira *n.m.* BOTÂNICA ⇒ **mançanilheira** (De *mancenilha*+*-eira*)
mancha *n.f.* **1** nódoa; mácula; laivo **2** pinta; malha **3** defeito; imperfeição **4** [fig.] desonra; deslustre **5** cama de javali **6** TIPOGRAFIA zona de uma página ocupada pela impressão de texto ou gravuras e limitada pelas margens: superior, inferior, direita e esquerda **7** [Brasil] doença do tabaco (Do lat. *macŭla-*, «mancha; nódoa»)
manchar *v.tr.* **1** pôr mancha em; enodoar; sujar **2** denegrir **3** [fig.] infamar; desonrar (Do lat. *maculāre*, «id.»)
manchego /ê/ *adj.* **1** relativo à província espanhola da Mancha **2** diz-se de Dom Quixote de la Mancha, herói do escritor espanhol Miguel de Cervantes (1547-1616); *carro de ~* carro de munições de artilharia (Do cast. *manchego*, «id.»)
mancheia *n.f.* ⇒ **mão-cheia** (De *mão*+*cheia*)
manchete *n.f.* **1** título de notícia ou artigo, em letras grandes e vistosas, na primeira página de um jornal ou de uma revista **2** notícia mais importante de um noticiário na televisão ou na rádio **3** DESPORTO técnica de receção usada no voleibol em que o jogador defende ou passa a bola com os braços estendidos e as mãos unidas, auxiliado pelo impulso dos joelhos (Do fr. *manchette*, «id.»)
manchil *n.m.* **1** faca ou cutelo de talhante **2** [ant.] foice **3** HISTÓRIA arma de guerra (Do ár. *manjil*, «foice»)
manchinha *n.f.* pequena quantidade (De *mancheia*+*-inha*)
manchoco /ô/ *n.m.* [regionalismo] ⇒ **mão-cheia** (De *mancheia*+*-oco*?)

manchoqueira n.f. acumulação de muitos rebentos de raízes (De *manchoco*+-*eira*)
manchoquinha n.f. ⇒ **manchinha** (De *manchoco*+-*inha*)
manchu adj.2g. da Manchúria, região do Nordeste da China ■ n.2g. natural ou habitante da Manchúria ■ n.m. idioma da Manchúria (Do chin. *Man Txeu*, «puro»)
-mancia sufixo nominal de origem grega que exprime a ideia de *adivinhação, adivinha* (*astromancia*)
mancinela n.f. ⇒ **mançanilha**
mancinismo n.m. ⇒ **canhotismo** (Do it. *mancinismo*, «id.»)
mancipação n.f. ⇒ **emancipação** (Do lat. *mancipatiōne*-, «alienação de propriedade»)
mancipar v.tr.,pron. ⇒ **emancipar** (Do lat. *mancipāre*, «alienar»)
mancípio n.m. 1 [ant.] escravo 2 aquele ou aquilo que não está independente (Do lat. *mancipĭu*-, «direito de propriedade»)
manco adj. 1 privado de um membro ou parte dele, ou impossibilitado de o utilizar 2 coxo; aleijado 3 [fig.] imperfeito 4 [fig.] defeituoso por falta de parte necessária ■ n.m. 1 indivíduo privado de um membro ou parte dele, ou impossibilitado de o utilizar 2 coxo; aleijado (Do lat. *mancu*-, «privado de braço ou mão»)
mancomunação n.f. ato ou efeito de mancomunar ou mancomunar-se; conluio; conspiração; combinação (De *mancomunar*+-*ção*)
mancomunadamente adv. de combinação; de acordo (De *mancomunado*+-*mente*)
mancomunar v.tr. pôr de acordo; ajustar; combinar ■ v.pron. combinar-se para certo fim; conluiar-se (De *mão*+*comum*+-*ar*)
mancornar v.tr.,intr. TAUROMAQUIA agarrar o touro pelos cornos e derrubá-lo (Do cast. *mancornar*, «id.»)
mançupir v.tr. [regionalismo] comer alarvemente (De orig. obsc.)
manda n.f. 1 sinal de referência que remete o leitor para outro ponto; chamada 2 [ant.] legado; testamento (Deriv. regr. de *mandar*)
mandacaru n.m. [Brasil] BOTÂNICA cato ornamental e medicinal, originário do México (Do tupi *mandaka'ru*, «feixe espinhoso»)
mandachuva n.2g. 1 [coloq.] pessoa importante e/ou influente; magnata 2 [coloq.] pessoa que lidera; líder; chefe (De *mandar*+*chuva*) ACORDO ORTOGRÁFICO também se pode escrever **manda-chuva**
manda-chuva a grafia mais usada é **mandachuva**
mandada n.f. roda que, nas engrenagens, recebe o movimento da roda mandante (Part. pass. fem. subst. de *mandar*)
mandadeiro adj. relativo a ordem ou mandado ■ n.m. aquele que faz mandados ou leva mensagens (De *mandado*+-*eiro*)
mandado adj. que recebeu ou recebe ordens ■ n.m. 1 ato ou efeito de mandar; ordem 2 recado 3 DIREITO determinação escrita emanada de autoridade judicial ou administrativa; ~ *de captura* ordem de prisão (Do lat. *mandātu*-, «id.»)
mandador adj.,n.m. 1 que ou aquele que manda 2 encarregado das armações da pesca do atum, no Algarve 3 diretor nos bailes de roda populares, no Algarve (Do lat. *mandatōre*-, «aquele que manda»)
mandala n.f. diagrama composto de formas geométricas concêntricas que representa o universo, usado no budismo, hinduísmo e no tantrismo como ponto focal na prática da meditação (Do sânsc. *mandala*, «círculo»)
manda-lua n.m. [Brasil] ORNITOLOGIA ⇒ **urutau** (De *mandar*+*lua*)
mandamento n.m. 1 ato ou efeito de mandar; mandado; ordem 2 voz de comando 3 princípio orientador; preceito; regra; norma 4 RELIGIÃO cada um dos dez preceitos religiosos e morais dados por Deus à Humanidade por intermédio de Moisés (Decálogo) 5 RELIGIÃO (catolicismo) cada um dos cinco preceitos que a Igreja impõe aos seus fiéis; *os cinco mandamentos* [coloq.] os dedos da mão (De *mandar*+-*mento*)
mandande n.m. [Moçambique] quiabo (Do changana *màndhandhè*, «id.»)
mandante adj.2g. 1 que dispõe de autoridade para mandar; que manda 2 diz-se da roda que recebe diretamente o movimento da manivela e o transmite à mandada ■ n.2g. 1 pessoa que manda 2 pessoa encarregada de dirigir certos trabalhos 3 pessoa que incita outra a cometer certos atos; instigador 4 DIREITO pessoa que confere mandato ou procuração (Do lat. *mandante*-, «id.», part. pres. de *mandāre*, «confiar; encarregar»)
mandão adj.,n.m. que ou aquele que manda com arrogância; autoritário; despótico; prepotente (De *mandar*+-*ão*)
mandaque n.m. BOTÂNICA planta amarantácea do Brasil (Do tupi 'mãda'ki, «feixes verdes»)
mandar v.tr. 1 dar ordens a; dirigir; governar 2 prescrever; preceituar 3 enviar; remeter; expedir 4 atirar; arremessar 5 nomear para um cargo 6 desterrar ■ v.intr. 1 exercer autoridade; dar ordens 2 dominar; ~ *à fava/àquela parte/bugiar* [coloq.] despedir alguém com indiferença; ~ *desta para melhor* matar; ~ *para o maneta* destruir, estragar, escangalhar; ~ *para o raio que o parta/à merda* [vulg.] despedir alguém com indiferença, despedir alguém com desprezo; ~ *por* mandar buscar (Do lat. *mandāre*, «id.»)
mandarete /ê/ n.m. 1 rapaz encarregado de fazer recados 2 recado; encomenda (De *mandar*+-*ete*)
mandarim n.m. 1 alto funcionário do antigo império chinês 2 língua oficial da China 3 [fig.] indivíduo considerado influente no seu meio; mandachuva 4 [fig., pej.] indivíduo mandão; presunçoso (Do mal. *mantari*, «id.»)
mandarinado n.m. ⇒ **mandarinato**
mandarinato n.m. 1 dignidade ou funções de mandarim 2 classe dos mandarins (De *mandarino*+-*ato*)
mandarinete /ê/ n.m. autoridade de categoria inferior à de mandarim (De *mandarim*+-*ete*)
mandarínico adj. relativo aos mandarins (De *mandarino*+-*ico*)
mandarinismo n.m. 1 sistema de provas e concursos exigidos na China aos candidatos a mandarim 2 governo de mandarins (De *mandarino*+-*ismo*)
mandarino n.m. ⇒ **mandarim** 2 (De *mandarim*)
mandatar v.tr. 1 constituir (alguém) seu mandatário; fazer-se representar por 2 delegar poderes ou responsabilidades em (De *mandato*+-*ar*)
mandatário n.m. 1 aquele que recebe mandato ou procuração de outrem para fazer certa coisa; procurador 2 delegado; representante; ~ *judicial* DIREITO advogado ou solicitador que recebe mandato de representação em processo judicial (Do lat. *mandatarĭu*-, «id.»)
mandato n.m. 1 DIREITO contrato pelo qual uma das partes se obriga a praticar um ou mais atos jurídicos por conta da outra; delegação 2 POLÍTICA poder concedido por meio de votação a uma pessoa ou a um partido para representar os seus interesses durante determinado período 3 POLÍTICA período de tempo durante o qual uma pessoa ou um partido detêm os poderes próprios do cargo para que foram eleitos 4 missão; encargo 5 sentença 6 RELIGIÃO cerimónia do lava-pés; ~ *judicial* DIREITO mandato que confere poderes de representação em juízo a um profissional do foro (Do lat. *mandātu*-, «id.»)
mandiba n.f. BOTÂNICA variedade de mandioca, também designada mandiva (Do tupi *man'diba*, «id.»)
mandíbula n.f. 1 maxila inferior do homem e de outros vertebrados; queixada 2 ZOOLOGIA peça da armadura bucal dos artrópodes 3 ORNITOLOGIA cada uma das peças constituintes do bico de uma ave 4 MECÂNICA qualquer peça ou ferramenta cujo funcionamento é semelhante ao do maxilar (Do lat. *mandibŭla*-, «id.»)
mandibulação n.f. ato de mandibular; mastigação (De *mandibular*+-*cão*)
mandibular adj.2g. referente à mandíbula ■ v.tr.,intr. dar à mandíbula; mastigar (De *mandíbula*+-*ar*)
mandibuliforme adj.2g. com forma de mandíbula (Do lat. *mandibŭla*-, «mandíbula» +-*forme*)
mandil n.m. 1 pano grosseiro para vestuário, aventais e esfregões 2 avental de cozinheiro (Do ár. *mandil*, «lenço»)
mandinga[1] n.f. 1 ato ou efeito de mandingar; feitiçaria; sortilégio 2 dificuldade que parece provocada por arte mágica 3 batota ■ n.2g. pessoa pertencente ao povo dos Mandingas ■ n.m. língua da etnia Mandinga, grupo Mandé, muito falada na África Ocidental ■ adj.2g. relativo ou pertencente aos Mandingas ou à sua língua (De *Mandinga*, topónimo, localidade da Guiné-Bissau, conhecida por «terra do feitiço»)
mandinga[2] n.f. 1 [Angola] cólera 2 [Angola] superstição (Do quimbundo *mandinga*, «idem»)
mandingar v.tr. fazer mandinga; enfeitiçar (De *mandinga*+-*ar*)
Mandingas n.m.pl. ETNOGRAFIA povo da Guiné-Bissau, dividido em castas, que habita as florestas da zona de transição para as savanas do interior (De *Mandinga*, top.)
mandingueiro n.m. 1 aquele que faz mandingas 2 feiticeiro (De *mandinga*+-*eiro*)
mandioca n.f. 1 BOTÂNICA planta arbustiva da família das Euforbiáceas, originária do Brasil (atualmente muito cultivada na África), cuja raiz é comestível e da qual se faz a farinha de pau e a tapioca 2 BOTÂNICA raiz desta planta 3 [pop.] qualquer comida; sustento (Do tupi *mandi'og*, «raiz da mandioca»)
mandiocaba n.f. [Brasil] mingau de arroz adoçado com suco de mandioca (De *mandioca*)

mandiocal *n.m.* terreno plantado de mandiocas (De *mandioca+-al*)
mandioquinha-do-campo *n.f.* [Brasil] BOTÂNICA arbusto da família das Bignoniáceas; bolsa-de-pastor
mandiple *n.m.* [Guiné-Bissau] BOTÂNICA arbusto da família das Anacardiáceas, cujo fruto, com o mesmo nome, de cor amarela e de gosto ácido, é apreciado quer pelo sabor, quer pelas propriedades medicinais (Do crioulo *mandipli*, «id.», talvez a partir do beafada *mandipul*, «id.»)
mandiva *n.f.* [Brasil] variedade de mandioca também chamada mandiba
mando *n.m.* **1** ato ou poder de mandar; autoridade; comando; governo **2** ordem **3** decreto **4** direito (Deriv. regr. de *mandar*)
mandó *n.m.* música monótona que, em certas festas, as bailadeiras indianas cantam, acompanhando-a com dança
mandola *n.f.* MÚSICA família de instrumentos de cordas dedilhadas e corpo arredondado (designação posterior ao século XVI) (Do it. *mandola*, «id.»)
mandolim *n.m.* MÚSICA ⇒ **bandolim** (Do it. *mandolino*, «id.»)
mandolina[1] *n.f.* MÚSICA ⇒ **bandolim** (Do it. *mandolino*, «id.»)
mandolina[2] *n.f.* utensílio de cozinha que consiste numa estrutura metálica com lâminas ajustáveis, que permitem cortar fatias de legumes e frutas com espessuras diferentes (Do fr. *mandoline*, «id.»)
mandolinata *n.f.* MÚSICA peça de música executada em mandolim (Do it. *mandolinata*, «id.»)
mandolinete /ê/ *n.m.* MÚSICA mandolim pequeno (De *mandolim+-ete*)
mandora *n.f.* ⇒ **mandola** (Do fr. *mandore*, «id.»)
mandovi *n.m.* ⇒ **mandovim**
mandovim *n.m.* antigo imposto aduaneiro da Índia (Do conc. *mandvi*, «id.»)
mandrágora *n.f.* BOTÂNICA nome vulgar de uma planta herbácea da família das Solanáceas, euro-asiática, venenosa pelos alcaloides que contém (Do gr. *mandragóras*, «id.», pelo lat. *mandragŏra-*, «id.»)
mandrana *n.2g.* pessoa que leva vida de mandrião ou preguiçoso (De *mandriar*)
mandranice *n.f.* qualidade ou vida de mandrana; mandriice (De *mandrana+-ice*)
mândria *n.f.* qualidade de mandrião; mandriice; indolência; ociosidade (Do it. *mandria*, «rebanho»)
mandriagem *n.f.* vida de mandrião; indolência (De *mândria+-agem*)
mandrianar *v.intr.* ⇒ **mandriar** (De *mandrião+-ar*)
mandrião *adj.* (*feminino* **mandriona**) preguiçoso; indolente; madraço ∎ *n.m.* **1** indivíduo que não trabalha; preguiçoso **2** ORNITOLOGIA ⇒ **moleiro 3** (De *mandria+-ão*)
mandriar *v.intr.* levar vida de mandrião; viver ociosamente; preguiçar (De *mândria+-ar*)
mandriice *n.f.* ⇒ **mândria** (De *mândria+-ice*)
mandril[1] *n.m.* **1** instrumento de alisar e alargar os furos grandes **2** peça cilíndrica de alisar o olhal das bocas de fogo **3** haste rígida que serve para dar resistência às sondas flexíveis e guiá-las (Do fr. *mandrin*, «id.»)
mandril[2] *n.m.* ZOOLOGIA macaco da costa ocidental da África (Do ing. *mandrill*, «id.»)
mandrilador *n.m.* **1** aquele que mandrila **2** operário especializado que se ocupa de trabalhos de mandrilagem, nos quais utiliza um aparelho designado mandril (De *mandrilar+-dor*)
mandrilagem *n.f.* operação de mandrilar (De *mandrilar+-agem*)
mandrilar *v.tr.* alisar com o mandril (De *mandril+-ar*)
mandriona /ô/ *n.f.* (*masculino* **mandrião**) **1** preguiçosa; indolente **2** NÁUTICA vela triangular dos barcos do rio Mondego
mandrionar *v.intr.* ⇒ **mandriar** (De *mandrião+-ar*)
mandronga *n.f.* [regionalismo] [depr.] mulher preguiçosa, desmazelada (De *mandriar*?)
mandronguice *n.f.* [regionalismo] preguiça; desleixo; desmazelo (De *mandronga+-ice*)
manduba *n.f.* [Brasil] ⇒ **mandioca** (De *mandiba*)
mandubi[1] *n.m.* [Brasil] ICTIOLOGIA peixe teleósteo de água doce, da família dos Silurídeos, frequente no Amazonas
mandubi[2] *n.m.* BOTÂNICA variedade de amendoim; mendubi (Do tupi *mãdu'bi*, «fruto enterrado; amendoim»)
manducação *n.f.* ato de manducar (De *manducar+-ção*)
manducar *v.tr.,intr.* comer; mastigar (Do lat. *manducāre*, «comer»)
manducativo *adj.* que diz respeito a manducação ou a comezainas (De *manducar+-tivo*)

manducável *adj.2g.* que se pode manducar; comestível (Do lat. *manducabĭle-*, «id.»)
manduco[1] *n.m.* árvore medicinal da Guiné
manduco[2] *n.m.* [Macau] rã (Do conc. *manduk*, «id.»)
manduco[3] *n.m.* [pop.] ganha-pão (Do lat. *manducŭ-*, «comilão», ou deriv. regr. de *manducar*)
mandupitiú *n.m.* [Brasil] BOTÂNICA planta da família das Leguminosas, afim do amendoim (Do tupi *mãdu'[bi]*, «amendoim» +*piti'u*, «mau cheiro»)
manduquiar *v.tr.* [Guiné-Bissau] sovar; bater com um cacete (Do crioulo guineense *mandukya*, «id.»)
mandureba /ê/ *n.f.* [Brasil] [pop.] cachaça (De orig. obsc.)
mané *adj.,n.m.* [Brasil] tolo; palerma (De *Manel*, por *Manuel*, antr.)
maneabilidade *n.f.* qualidade do que é maneável ou manejável (Do lat. *maneabĭle-*, «maneável» +*-i-+-dade*)
maneador *n.m.* **1** correia de couro no freio dos animais de carga **2** indivíduo que maneia os animais de carga (De *manear+-dor*)
manear[1] *v.tr.* manejar; manusear (Do lat. *manŭ-*, «mão» +*-ear*)
manear[2] *v.tr.* [Brasil] prender com maneia (De *maneia+-ar*)
maneável *adj.2g.* **1** fácil de manear ou manejar **2** que não emperra (De *manear+-vel*)
mané-coco *adj.,n.m.* ⇒ **mané**
maneia *n.f.* [Brasil] correia para prender um animal de carga (Do cast. *manea*, «id.»)
maneio *n.m.* **1** ato ou efeito de manear; manuseio **2** administração laboral; direção **3** trabalho manual **4** protuberância adiposa nas reses, por onde se aprecia a sua gordura; *fundo de ~* verba disponível para se fazer face a despesas imprevistas (Deriv. regr. de *manear*)
maneira *n.f.* **1** forma de ser ou de atuar; modo; jeito **2** arte; habilidade **3** método de fazer qualquer coisa; meio; processo **4** costume; hábito **5** situação específica; circunstância; condição **6** modo particular ou carácter de um artista; estilo **7** aspeto exterior; aparência; feitio **8** disposição harmoniosa de determinados elementos; configuração; arranjo **9** *pl.* modo de agir e de falar; atitude; conduta **10** *pl.* gestos ou palavras que revelam boa educação, afabilidade; cortesia; *à ~* [coloq.] como deve ser, impecavelmente; *de ~ a/ que* de modo que, de forma que, com o objetivo de; *ter maneiras* ser educado (Do lat. vulg. *manuaria*, «o que está ao alcance da mão»)
maneirado *adj.* **1** que tem boas maneiras **2** um tanto afetado (De *maneira+-ado*)
maneirinho *adj.* **1** ajeitado; muito cómodo **2** de formato pequeno **3** que se transporta com facilidade (De *maneiro+-inho*)
maneirismo *n.m.* **1** qualidade de maneirista **2** afetação do estilo **3** ARTES PLÁSTICAS estilo artístico que se desenvolveu primeiro na Itália no fim do séc. XVI e no séc. XVII e constitui uma transição do renascentismo para a arte barroca (De *maneira+-ismo*)
maneirista *n.2g.* **1** ARTES PLÁSTICAS artista que segue os preceitos do maneirismo **2** pessoa que usa estilo rebuscado e monótono ∎ *adj.2g.* **1** afetado; amaneirado **2** ARTES PLÁSTICAS relativo ao maneirismo (De *maneira+-ista*)
maneiro *adj.* **1** de manejo fácil; prático; cómodo; jeitoso **2** portátil **3** manual **4** diz-se do animal habituado a vir comer à mão **5** [Brasil] [coloq.] bom; bonito; interessante (Do lat. *manuarĭu-*, «que está ao alcance da mão»)
maneiroso /ô/ *adj.* **1** que tem boas maneiras **2** delicado; amável (De *maneira+-oso*)
manejador *adj.,n.m.* que ou aquele que maneja ou sabe manejar (De *manejar+-dor*)
manejar *v.tr.* **1** executar com as mãos; manobrar **2** governar com o auxílio da mão; dominar; dirigir **3** ter autoridade sobre; dirigir; administrar; mandar **4** praticar; exercer ∎ *v.intr.* trabalhar com as mãos (Do lat. *manu-*, «mão» +*-ejar*)
manejável *adj.2g.* **1** que se pode manejar **2** que pode ser executado à mão (De *manejar+-vel*)
manejo /ê/ *n.m.* **1** ato ou efeito de manejar **2** direção; gerência **3** aparelho que aumenta o movimento ou a força que o animal imprime a uma máquina **4** arte de domar, de ensinar cavalos **5** picadeiro **6** [fig.] manobra; artimanha **7** [fig.] trabalho; faina (Deriv. regr. de *manejar*)
manelo /ê/ *n.m.* **1** porção de coisas que a mão pode abranger; mão-cheia **2** manípulo **3** pequeno volume de estopa ou linho, depois de espadelado, ou de lã, que se coloca, de cada vez, na roca (Do lat. *manu-*, «mão» +*-elo*)
manente *adj.2g.* permanente; estável (Do lat. *manente-*, «id.», part. pres. de *manēre*, «ficar; permanecer»)

manequim *n.m.* espécie de boneco que representa uma figura humana, e que serve para estudos ou para assentar trabalhos de costura ▪ *n.2g.* **1** pessoa que exibe modelos de costureiros **2** [fig.] janota **3** [fig.] pessoa sem vontade própria (Do fr. *mannequin*, «id.», do neerl. med. *mannekijn*, dim. de *mann*, «homem»)

manes *n.m.pl.* **1** as almas dos mortos consideradas como divindades, entre os Romanos **2** deuses infernais do paganismo **3** [fig.] a memória dos antepassados (Do lat. *manes*, «os espíritos dos mortos»)

maneta /ê/ *adj.,n.2g.* que ou a pessoa que está privada de um braço ou de uma das mãos; *ir para o ~* **1** dar cabo de alguém ou de algo; destruir; **2** estragar-se; inutilizar-se; **3** morrer (De *mão+ -eta*)

manga¹ *n.f.* **1** parte de uma peça de roupa que cobre total ou parcialmente o braço **2** filtro para líquidos, em forma de funil **3** mangueira de bomba **4** MECÂNICA parte do eixo de um veículo **5** indicador da direção e intensidade do vento, vulgar nos aeroportos **6** dispositivo em forma de tubo de grande diâmetro que faz a ligação entre um avião parado na pista e o edifício do aeroporto, servindo de corredor aos passageiros **7** parte de jogo ou competição em diversos desportos **8** chocalho grande; choca **9** tromba-d'água **10** chaminé de candeeiro de trama metálica para aumentar a luz **11** grupo de gente; turma **12** hoste de tropas **13** peça da rede da sardinha; *~ japonesa* manga que é um prolongamento do tecido do corpo da túnica de que faz parte e que não tem costura na cava; *dar pano para mangas* ser objeto de muita polémica ou dar muito trabalho; *não ter nada na ~* não ter outros propósitos para além dos que se revelam, não esconder nada (Do lat. *manĭca*, «id.»)

manga² *n.f.* **1** BOTÂNICA fruto comestível da mangueira, uma drupa carnosa e saborosa **2** BOTÂNICA ⇒ **mangueira**² (Do malaiala *manga*, «id.»)

manga³ *n.m./f.* banda desenhada de origem japonesa, que se caracteriza pelo facto de a história ser contada de forma semelhante à dos filmes, e pelos traços muito estilizados dos bonecos, sobretudo os olhos grandes e expressivos (Do jap. *mangá*, «id.»)

manga⁴ *n.f.* [Brasil] [pop.] pastagem vedada para bois ou cavalos (Do cast. *manga?*)

manga⁵ *elem. expr.* [Guiné-Bissau] *~ de* grande quantidade; grande número; monte (Do crioulo *manga di*, «id.» de *manga*)

mangaba *n.f.* BOTÂNICA fruto da mangabeira; mangaíba (Do tupi *mã'gawa*, «id.»)

mangabal *n.m.* plantação de mangabeiras (De *mangaba+-al*)

mangabeira *n.f.* [Brasil] BOTÂNICA árvore da família das Apocináceas, de que se extrai borracha de inferior qualidade, e de que também se aproveitam os frutos e a madeira (De *mangaba+-eira*)

mangação *n.f.* **1** ato ou efeito de mangar **2** troça; zombaria; escárnio **3** engano; logração (De *mangar+-ção*)

mangada *n.f.* compota de manga (De *manga+-ada*)

manga-de-alpaca ver nova grafia **manga de alpaca**

manga de alpaca *n.m.* [depr.] funcionário de secretaria; funcionário rotineiro

manga-de-eixo ver nova grafia **manga de eixo**

manga de eixo *n.f.* MECÂNICA (automóvel) peça que liga o volante ao eixo das rodas dianteiras

mangador *adj.,n.m.* que ou aquele que manga ou gosta de mangar; trocista (De *mangar+-dor*)

mangaíba *n.f.* ⇒ **mangaba** (Do tupi *mã'ga[wa]*, «mangaba *+a'iba*, «ruim»)

mangal¹ *n.m.* mata de mangueiras (De *manga+-al*)

mangal² *n.m.* **1** [Guiné-Bissau] terreno pantanoso na foz dos rios, onde há influência de água salgada **2** [Angola, Guiné-Bissau, Moçambique] massa arbustiva na foz dos rios (De *mangue*, variedade de planta, + *-al*)

mangalaça *n.f.* **1** vadiagem; mandriice **2** mancebia (De orig. obsc.)

mangalaço *n.m.* **1** vadio **2** biltre; patife (De *mangalaça*)

mangalhão *n.m.* **1** manga grande **2** [pop.] homem desleixado (De *manga+alha+-ão*)

mangalô *n.m.* [Brasil] BOTÂNICA uma das variedades de angelim (planta) (De orig. obsc.)

manganato *n.m.* **1** QUÍMICA anião correspondente ao ácido mangânico **2** QUÍMICA designação dos sais e dos ésteres do ácido mangânico **3** QUÍMICA designação genérica dos aniões que contêm manganésio (De *mângano+-ato*)

manganaz¹ *n.m.* [Guiné-Bissau] BOTÂNICA arbusto de pequeno porte, cujo tubérculo é comestível e tem propriedades medicinais, com fruto vermelho e aveludado, apreciado pelos pássaros e pela farinha produzida pela pilagem dos caroços (Do crioulo *manganas*, «idem», a partir do bambara *mankana*)

manganaz² *adj.2g.* [Cabo Verde] que tem um corpo robusto e pernas muito delgadas (Do crioulo cabo-verdiano *manganaz*, «que manga; que faz pouco», alusão à disparidade de formas)

manganela *n.f.* espécie de catapulta medieval (Do it. *manganella*, «id.»)

manganés *n.m.* QUÍMICA ⇒ **manganésio**
manganês *n.m.* QUÍMICA ⇒ **manganésio**

manganésio *n.m.* QUÍMICA elemento com o número atómico 25 e símbolo Mn, de características metálicas, acinzentado, que se extrai da pirolusite e se emprega no fabrico de ligas metálicas; manganés; manganês (Do fr. *manganèse*, «magnésia negra»)

mangânico *adj.* **1** QUÍMICA relativo ao manganésio; que contém manganésio **2** QUÍMICA diz-se do ácido hipotético de fórmula H_2MnO_4 (De *mangan[ésio]+-ico*)

manganífero *adj.* que tem ou produz manganésio (De *mangan[ésio]+i+-fero*)

manganilha *n.f.* **1** artimanha; ardil **2** logro; armadilha (Do cast. *manganilla*, «id.»)

manganina *n.f.* METALURGIA, ELETRICIDADE liga de cobre, manganésio e níquel usada como resistência elétrica (De *mangano-+-ina*, ou do ing. *manganin*, «id.»)

manganite *n.f.* MINERALOGIA mineral de manganésio (óxido hidratado de manganésio), que cristaliza no sistema monoclínico (De *mangano-+-ite*)

mangan(o)- elemento de formação de palavras usado em nomenclatura química para indicar a presença de manganésio em certos compostos (De *manganésio*)

mangão¹ *n.m.* manga muito larga (De *manga+-ão*)
mangão² *adj.* que gosta de mangar; trocista (De *mangar+-ão*)

mangar¹ *v.tr.* [pop.] fazer troça de; escarnecer; motejar (Do cig. *mangar*, «mendigar»)

mangar² *v.tr.* [regionalismo] enfiar o cabo na ferramenta (De *mango+ -ar*)

mangará *n.m.* **1** [Brasil] BOTÂNICA bolbo de certas plantas **2** BOTÂNICA parte terminal da inflorescência da bananeira (Do tupi *mãga'ra*, «id.»)

mangarez /ê/ *n.m.* BOTÂNICA planta brasileira da família das Aráceas, de tubérculos comestíveis (De *mangará?*)

mangarobeira *n.f.* BOTÂNICA árvore gutífera do Brasil

mangas-de-veludo *n.f.2n.* ORNITOLOGIA ave palmípede, marítima, branca, de asas pretas, da família dos Procelariídeos, acidental em Portugal, também chamada ave-das-tempestades

mangativo *adj.* que envolve mangação (De *mangar+-tivo*)

mangaz¹ *adj.2g.* **1** de bom tamanho **2** grande na sua espécie (De *mango+-az*)

mangaz² *adj.2g.* **1** [pop.] brincalhão **2** [pop.] mandrião **3** [pop.] desavergonhado (De *mangar+-az*)

mango¹ *n.m.* **1** parte do mangual que se empunha **2** cabo de qualquer utensílio (Do lat. vulg. *manĭcu-*, de *manĭca-* «manga»)

mango² *n.m.* BOTÂNICA ⇒ **manga**² (De *manga*, «fruto»)

mango³ *n.m.* ZOOLOGIA mamífero carnívoro da África Ocidental

mango⁴ *n.m.* ICTIOLOGIA pequeno peixe africano

mangona /ô/ *n.f.* [pop.] indolência; preguiça ▪ *n.m.* homem indolente

mangonar *v.intr.* [pop.] entregar-se à mangona; preguiçar (De *mangona+-ar*)

mangonha *n.f.* [Angola] fingimento de atividade; falta de disposição para o trabalho; indolência; preguiça (Do quimb. *mangonha*, «id.»)

mangosta /ô/ *n.f.* ⇒ **mangustão** (Deriv. regr. de *mangostão*)

mangostão *n.m.* BOTÂNICA ⇒ **mangustão** (Do mal. *mangistan*, «id.»)

mangostina *n.f.* substância que se extrai do fruto do mangostão (De *mangosta+-ina*)

mangote *n.m.* **1** braçal **2** gancho donde pende o varal do carro **3** peça para ajudar a zonchar a bordo **4** parte da armadura que protegia os braços (De *manga+-ote*)

mangra *n.f.* **1** BOTÂNICA orvalho ou excesso de humidade que favorece a proliferação de fungos, sendo prejudicial às plantas, especialmente aos cereais **2** BOTÂNICA ferrugem dos trigos **3** [regionalismo] [ant.] qualquer doença (Do lat. *macŭla*, «mancha»)

mangrado *adj.* BOTÂNICA atacado de mangra; *comprar grado e ~* comprar bom e mau, sem escolher (Part. pass. de *mangrar*)

mangrar *v.tr.* **1** produzir mangra em **2** [fig.] tolher o desenvolvimento de ▪ *v.intr.* **1** definhar **2** malograr-se (De *mangra+-ar*)

mangual *n.m.* utensílio composto de duas peças de madeira ligadas por uma correia, uma delas comprida e delgada (mangueira), que serve de cabo, e a outra mais curta e grossa (pírtigo), com que

mangualada se malham cereais e legumes, na eira; malho; $de \sim$ à maneira do movimento do mangual, de alto a baixo (Do lat. *manuāle-*, «manual»)

mangualada *n.f.* 1 pancada com o mangual 2 [regionalismo] salto de cobra (De *mangual+-ada*)

manguço *n.m.* ZOOLOGIA ⇒ **mangusto**¹ (Do conc.-mar. *mungus* ou *mungas*, «id.»)

mangue *n.m.* 1 BOTÂNICA ⇒ **tarrafe** 2 terreno lodoso costeiro, alagado na preia-mar pela água salgada 3 vegetação desse terreno; mangal (De orig. obsc.)

manguear *v.tr.* [Brasil] guiar um animal quando passa algum rio a nado, ou conduzi-lo para a mangueira (curral) (De *manga+-ear*)

mangueira¹ *n.f.* tubo de comprimento variável, feito de lona, borracha ou substância plástica, para condução de líquidos ou de ar (De *manga+-eira*)

mangueira² *n.f.* BOTÂNICA árvore da família das Anacardiáceas, originária do Oriente, e muitíssimo cultivada no Brasil, que produz a manga, de que é também denominada ambó (De *manga+-eira*)

mangueira³ *n.f.* [Brasil] curral grande (Do cast. *manguera*, «id.»)

mangueiral *n.m.* terreno onde crescem mangueiras (De *mangueira+-al*)

manguezal *n.m.* [Brasil] ⇒ **mangal**¹ (De *manga+z+-al*)

manguito *n.m.* 1 pequena manga para resguardo dos punhos 2 [pop.] gesto ofensivo que consiste em dobrar um braço com o punho fechado e segurar na dobra interior do cotovelo desse braço com a outra mão; *fazer um ~ a* [pop.] recusar (De *manga+-ito*)

mangula *n.f.* ORNITOLOGIA ave de Angola parecida com o pica-pau (Do quimb. *mangula*, «id.»)

mangungo¹ *n.m.* [São Tomé e Príncipe] BOTÂNICA erva rizomatosa que produz frutos pequenos utilizados como substituto do açúcar e a cujas folhas é atribuída a capacidade de denunciar tanto a gravidade de uma doença como a autoria de um crime (Do forro *mangúngú*, «idem»)

mangungo² *n.m.* [Moçambique] merenda; farnel (Do ronga *mangungu*, «idem»)

mangusta *n.f.* ⇒ **mangustão** (Do fr. *mangouste*, «mangusto»)

mangustão *n.m.* 1 BOTÂNICA árvore das regiões tropicais, da família das Gutiferáceas, cujas folhas têm aplicações medicinais e cujos frutos castanho-avermelhados e de polpa mole e aromática, são muito apreciados; mangostão 2 fruto dessa árvore (Do mal. *mangustan*, «id.»)

mangusto¹ *n.m.* ZOOLOGIA mamífero carnívoro da família dos Viverrídeos, da África, da Ásia e do Sul da Europa, de corpo esguio, grande comedor de ofídios, também chamado manguço, rato-de-faraó, rato-do-egito, icnêumone (na Europa), etc. (Do mar. *manghūs*, «id.»)

mangusto² *n.m.* ⇒ **mangustão** 2 (Do fr. *mangouste*, «mangusto»)

manha¹ *n.f.* 1 astúcia 2 habilidade; arte; destreza 3 ardil; artimanha 4 engano; dolo 5 segredo 6 mania 7 *pl.* costumes (Do latim vulgar *maníā-*, «destreza de mãos», de *manus*, «mão»)

manha² *n.f.* 1 [Cabo Verde] gula; fome 2 [Cabo Verde] vontade de (Do crioulo cabo-verdiano *mánha*, «idem», a partir de *manha*, «astúcia» por referência à gula)

manhã *n.f.* 1 tempo que vai desde o nascer do Sol ao meio-dia 2 primeiras horas do dia; alvorecer 3 [fig.] princípio (Do lat. vulg. *maneana [hora-]*, «hora matinal»)

manhãzinha *n.f.* princípio da manhã; madrugada (De *manhã+z+-inha*)

manhentar *v.tr.* 1 [Cabo Verde] procurar guloseimas 2 [Cabo Verde] procurar comida 3 [Cabo Verde] lisonjear (Do crioulo cabo-verdiano *manhentâ*, «id.», a partir de *manha*)

manhento *adj.* [Cabo Verde] guloso (Do crioulo cabo-verdiano *manhente*, «id.», a partir de *manha*)

manhoco /ô/ *n.m.* 1 [regionalismo] feixe de vides muito apertado 2 ⇒ **manhuço** (Do lat. *manu-*, «mão» +*-oco*)

manhosice *n.f.* qualidade de manhoso; malícia

manhoso /ô/ *adj.* 1 que tem manha ou manhas 2 feito com manha; malicioso 3 hábil; destro 4 astuto 5 [pop.] ordinário; sem qualidade 6 [pop.] defeituoso (De *manha+-oso*)

manhuça *n.f.* [regionalismo] feixe de estrigas de linho depois de espadeladas (De *manhuço*)

manhuço *n.m.* [regionalismo] conjunto de coisas que se podem abarcar com a mão; mão-cheia; manelo (Do lat. *manu-*, «mão» +*-uço*)

mani- elemento de formação de palavras que exprime a ideia de mão (Do lat. *manu-*, «mão»)

mania *n.f.* 1 MEDICINA síndrome mental caracterizada por uma exaltação eufórica do humor, uma excitação psíquica com hiperatividade, insónia, etc., e, às vezes, por uma agitação motora mais ou menos acentuada (dança, gesticulação, etc.) 2 gosto excessivo por alguma coisa; obsessão 3 esquisitice; extravagância 4 capricho; teima (Do gr. *manía*, «loucura», pelo lat. *manīa-*, «id.»)

-mania sufixo nominal de origem grega que traduz a ideia de mau hábito, mania, loucura (*opiomania, tabacomania*)

maníaco *adj.,n.m.* 1 que ou aquele que tem mania 2 excêntrico; extravagante 3 apaixonado 4 aferrado a uma ideia; obstinado; teimoso; obcecado (Do lat. med. *maniăcu-*, «id.», pelo fr. *maniaque*, «id.»)

maniado *adj.* [Açores] adoidado (De *mania+-ado*)

maniatar *v.tr.* 1 impedir o movimento, geralmente prendendo as mãos 2 imobilizar; deter; prender 3 [fig.] tolher a liberdade de; constranger; render (De *mani-+atar*)

manicoba *n.f.* BOTÂNICA planta brasileira que se assemelha à mandioca e da qual se extrai borracha (Do tupi *mani'soba*, «id.»)

manicomial *adj.2g.* que diz respeito a manicómio (De *manicómio+-al*)

manicómio *n.m.* hospital para tratamento de doentes mentais; hospício (Do gr. *manías*, «louco» +*komeīn*, «tratar», pelo it. *manicomio*, «manicómio»)

manicórdio *n.m.* MÚSICA instrumento com teclado, da família do clavicórdio (De *monocórdio*, com infl. de *manu-*, «mão»)

manicu *n.m.* ZOOLOGIA designação extensiva a uns pequenos marsupiais americanos da família dos Didelfíideos, a que pertence o opossum ou sarigueia (Do tupi?)

manícula *n.f.* 1 ZOOLOGIA membro anterior dos mamíferos 2 luva que os sapateiros e os correeiros usam para não cortarem as mãos com o fio de coser (Do lat. *manicŭla-*, «mão pequena»)

manicure *n.f.* tratamento estético das mãos e dos pés, especialmente das unhas ■ *n.2g.* profissional especializado no tratamento estético das mãos; *~ francesa* forma de pintar as unhas que pretende obter uma unha de cor rosa natural com uma ponta branca, parecendo mais comprida (Do fr. *manucure*, «id.»)

manicuro *n.m.* (feminino **manicura**) ⇒ **manicure** *n.2g.* (Do fr. *manucure*, «id.»)

manicurto *adj.* 1 que tem mãos curtas 2 [fig.] sovina (Do lat. *manu-*, «mão» +*curtu-*, «curto»)

manidextro *adj.* que se serve de preferência da mão direita (Do lat. *manu-*, «mão» +*dextru-*, «direito»)

manietar *v.tr.* ⇒ **maniatar**

manif *n.f.* ⇒ **manife** (Do fr. *manif*, «id.»)

manife *n.f.* forma reduzida de *manifestação*, na aceção 2

manifestação *n.f.* 1 ato ou efeito de manifestar ou manifestar-se 2 expressão pública e coletiva de um sentimento ou de uma opinião 3 conjunto de pessoas que se reúnem publicamente para defender ou mostrar as suas ideias ou convicções 4 revelação; esclarecimento (Do lat. *manifestatiōne-*, «id.»)

manifestador *adj.,n.m.* que ou aquele que manifesta; manifestante (Do lat. tard. *manifestatōre-*, «id.»)

manifestamente *adv.* claramente; evidentemente; notoriamente (De *manifesto+-mente*)

manifestante *adj.,n.2g.* que ou aquele que participa numa manifestação; que ou aquele que se manifesta (Do lat. *manifestante-*, «id.», part. pres. de *manifestāre*, «manifestar; revelar»)

manifestar *v.tr.* 1 tornar manifesto; patentear; revelar; expor 2 exprimir; declarar 3 publicar ■ *v.pron.* 1 dar-se a conhecer; abrir-se 2 expor a sua opinião 3 revelar-se; mostrar-se (Do lat. *manifestāre*, «id.»)

manifesto *adj.* evidente; claro; patente; notório; público ■ *n.m.* 1 ato ou efeito de manifestar 2 declaração pública em que se expõem os motivos que levaram à prática de certos atos que interessam a uma coletividade 3 LITERATURA texto programático de uma escola literária ou de um movimento literário 4 relação apresentada em repartição pública, por obrigação legal, da produção agrícola ou industrial, da existência de mercadorias para vender, etc.; *dar o corpo ao ~* arriscar-se, expor-se (Do lat. *manifestu-*, «manifesto; evidente»)

maniflautista *n.2g.* pessoa que, com as mãos, imita os sons da flauta (De *mani-+flautista*)

maniforme *adj.2g.* que tem a forma da mão (De *mani-+-forme*)

manigância *n.f.* 1 manobra secreta; tramoia; ardil 2 prestidigitação; magia (Do fr. *manigance*, «id.»)

maniguete /ê/ *n.m.* semente do amomo (Do it. *meleghetta*, «id.», pelo fr. *maniguette*, «maniguete»)

manila *n.f.* 1 variedade de tabaco originário de Manila, nas Filipinas 2 ⇒ **abacá** 1 (De *Manila*, top., cidade capital das Filipinas)

manilha¹ *n.f.* **1** argola com que se adornam os pulsos e, por vezes, os tornozelos; pulseira **2** elo de cadeia **3** argola das algemas ou da grilheta **4** tubo de uma canalização de grés (Do lat. *manicŭla-*, «mão pequena», pelo cast. *manilla*, «pulseira»)

manilha² *n.f.* (jogos de cartas) carta de baralho com o algarismo sete (Do cast. *malilla*, «id.»)

manilha³ *n.f.* ⇒ **manila 1** (Do fr. *manille*, «charuto de Manila»)

manilhar *v.tr.* **1** adornar com manilhas (pulseiras) **2** canalizar com manilhas (tubos) (De *manilha*+-*ar*)

manilheiro *n.m.* fabricante de manilhas (pulseiras) (De *manilha*+-*eiro*)

manilúvio *n.m.* banho quente às mãos (Do lat. med. *maniluvĭu-*, de *manu-*, «mão» +*luvĭu-*, de *luĕre*, «lavar; remir»)

manimba *n.f.* designação da doença do sono, em algumas regiões africanas

maninelo /ê/ *adj.,n.m.* **1** atoleimado; idiota; bobo **2** maricas

maningue *pron.indef.,adv.* [Moçambique] muito (Do ing. *many*, «muito», pelo banto *maning*, «id.»)

maninha *n.f.* uma das matérias-primas empregadas em cordoaria

maninhádego *n.m.* tributo antigo, de um terço dos bens, que pagavam à Igreja ou ao Estado as pessoas casadas que morriam sem descendência (De *maninho*+-*ádego*)

maninhar *v.tr.* deixar sem cultura (terreno) (De *maninho*+-*ar*)

maninhez /ê/ *n.f.* estado de maninho (De *maninho*+-*ez*)

maninho *adj.* **1** não cultivado; estéril **2** que não tem dono conhecido ■ *n.m.* **1** terreno inculto **2** *pl.* bens de pessoa falecida sem deixar descendentes (Do lat. **maninu-*, «estéril», do lat. ibér. *manna*, «estéril»)

manino *adj.* diminuto (De *tamanino*)

maniota *n.f.* peça com que se prendem as mãos dos animais (Do cast. *maniota*, «id.»)

manipanso *n.m.* **1** ídolo africano **2** feitiço **3** [pop.] indivíduo muito baixo, gordo e barrigudo (De *mani-*+*pansu*, «aberto, estendido»)

manipresto *adj.* expedito de mãos; destro; prestímano (De *mani-*+*presto*)

manipueira *n.f.* princípio tóxico de algumas mandiocas, que pode destruir-se por cozedura (Do tupi *maniku'era*, «mandioca que já foi»)

manípula *n.f.* peça que serve para pegar em certos objetos (De *manípulo*)

manipulação *n.f.* **1** ato ou efeito de manipular; preparação manual; manuseamento **2** intervenção da atividade humana num processo natural **3** interferência ou influência indevida exercida sobre um processo natural; ~ *genética* conjunto de processos que permitem alterar ou combinar tecnicamente os genes de um organismo, engenharia genética (De *manipular*+-*ção*)

manipulado *adj.* **1** preparado à mão; manobrado **2** viciado; pervertido **3** FARMÁCIA designativo do medicamento preparado manualmente, em farmácia ou nos serviços farmacêuticos hospitalares, mediante prescrição médica (Part. pass. de *manipular*)

manipulador *adj.* que manipula ■ *n.m.* **1** aparelho de telegrafia para transmitir sinais telegráficos **2** aquele que manipula (De *manipular*+-*dor*)

manipular¹ *v.tr.* **1** preparar com as mãos; manobrar **2** colocar em funcionamento; manejar; utilizar **3** provocar alteração de; adulterar; falsear; viciar **4** [fig., pej.] influenciar (alguém), levando-o a atuar de determinada forma; pressionar **5** preparar manualmente (preparados farmacêuticos); condir (De *manípulo*+-*ar*)

manipular² *adj.2g.* referente a manípulo romano ■ *n.m.* soldado que fazia parte de um manípulo (Do lat. med. *manipulāre-*, «id.»)

manipulário *n.m.* chefe de um manípulo, na milícia romana (Do lat. *manipularĭu-*, «de soldado raso»)

manípulo¹ *n.m.* **1** o que a mão pode abranger **2** aquilo que se manobra com a mão **3** manivela **4** mão-cheia; punhado **5** RELIGIÃO (Catolicismo) pequena estola que o sacerdote usa no braço esquerdo durante a celebração da missa **6** MILITAR [ant.] subunidade da legião romana, no tempo da República (Do latim *manipŭlu-*, «punhado; parte de uma legião»)

manípulo² *n.m.* [Cabo Verde] fruto da árvore manipo, amarelo, do tamanho de uma ameixa, e que tem aplicações medicinais (Do crioulo cabo-verdiano *manipulu*, «idem»)

maniputo *n.m.* ídolo, entre os africanos **2** designação que alguns povos africanos davam ao rei de Portugal (De orig. africana)

maniqueísmo *n.m.* **1** seita herética criada no século III por Manes, heresiarca persa (215 - 275) **2** qualquer doutrina, como a de Manes, baseada na existência de dois princípios opostos e inconciliáveis – um do bem, outro do mal (De *maniqueu*+-*ismo*, ou do fr. *manichéisme*, «id.»)

maniqueísta *adj.,n.2g.* adepto do maniqueísmo; maniqueu (De *maniqueu*+-*ista*, ou do fr. *manichéiste*, «id.»)

maniquete /ê/ *n.m.* renda que guarnece a manga da alva dos sacerdotes (Do latim. *manǐca-*, «manga» +-*ete*)

maniqueu *adj.* relativo ao heresiarca persa Manes (215 - 275) ■ *n.m.* adepto do maniqueísmo; maniqueísta (Do lat. *manichaeu-*, «id.»)

manir *v.intr.* **1** [regionalismo] alastrar-se pouco a pouco; infiltrar-se **2** [regionalismo] ressumar (Do gót. *manwjan*, «preparar»)

manirroto /ô/ *adj.* gastador; perdulário (De *mani-*+*roto*)

manismo *n.m.* teoria de Herbert Spencer, filósofo inglês (1820-1903), segundo a qual a religião teria por origem o culto dos mortos (Do lat. *manes*, «os espíritos dos mortos» +-*ismo*)

manistérgio *n.m.* ⇒ **manutérgio** (Do lat. *manutergĭu-*, «toalha de mãos»)

manita¹ *n.f.* ⇒ **manitol** (De *maná*+-*ita*)

manita² *adj.,n.2g.* que ou a pessoa que está privada de um braço ou de uma das mãos; maneta (De *mão*+-*ita*)

manite *n.f.* ⇒ **manitol**

manitina *n.f.* substância laxativa extraída do maná (De *manita*+-*ina*)

manitol *n.m.* QUÍMICA hexa-álcool existente no maná e que tem aplicação na medicina e na indústria química; manita; manite (De *manita*+-*ol*)

manivela *n.f.* peça (em ângulo reto) utilizada para imprimir movimento de rotação a eixos, rodas, etc., a que está invariavelmente ligada por um dos seus extremos (Do fr. *manivelle*, «id.»)

manivelar *v.intr.* dar à manivela ■ *v.tr.* [fig.] lutar por; agenciar (De *manivela*+-*ar*)

manivérsia *n.f.* [pop.] tratantada; velhacaria; patifaria (Do lat. *manu-*, «mão» +*versu-*, de *vertĕre*, «virar» +-*ia*)

maniverso *adj.* ⇒ **adverso** *adj.* (Do lat. *manu-*, «mão» +*versu-*, part. pass. de *vertĕre*, «virar»)

manja *n.f.* **1** ato de comer **2** comida **3** [Brasil] brincadeira de crianças (Deriv. regr. de *manjar*)

manjaco *n.m.* **1** indivíduo que pertence aos Manjacos **2** língua falada pelos povos do subgrupo étnico Manjacos, nomeadamente na zona entre os rios Cacheu e Mansoa, na Guiné-Bissau ■ *adj.* relativo ou pertencente aos Manjacos

Manjacos *n.m.pl.* ETNOGRAFIA um dos povos que habitam a Guiné-Bissau (Do crioulo guineense *Mandjaku*, a partir do mandinga *Mandjaku*/*Mandjakó*, «id.»)

manjar *n.m.* **1** qualquer substância alimentar **2** comida saborosa; iguaria **3** [fig.] tudo o que pode deleitar ou fortalecer o espírito ■ *v.tr.,intr.* comer ■ *v.tr.* [coloq.] perceber; entender (Do latim *manducāre*, «comer», pelo francês *manger*, «idem» ou pelo italiano *mangiare*, «comer»)

manjar-branco *n.m.* **1** CULINÁRIA [ant.] iguaria feita com galinha cozida, misturada com açúcar, leite e farinha **2** CULINÁRIA sobremesa à base de leite e farinha fina de milho

manjedoira *n.f.* espécie de tabuleiro fixo em que se deita o alimento aos animais nas cortes e nas estrebarias (De *manjar*+-*doira*)

manjedoura *n.f.* ⇒ **manjedoira**

manjelim *n.m.* **1** BOTÂNICA árvore indiana cuja semente servia como unidade nas determinações de peso **2** peso com que se avaliavam os diamantes (Do telugo *manjali*, «id.»)

manjerão *n.m.* BOTÂNICA variedade de manjerico, de folhas maiores (De *manjericão*)

manjericão *n.m.* BOTÂNICA planta herbácea muito aromática, da família das Labiadas, bastante cultivada em Portugal (Do gr. *basilikón*, «id.», pelo lat. *basilīcon*, «id.»)

manjerico *n.m.* **1** BOTÂNICA planta afim do manjericão (mas de menores dimensões e folhas mais pequenas) e muito cultivada em Portugal, também denominada basílico **2** [pop.] indivíduo inútil (Deriv. regr. de *manjericão*)

manjerona /ô/ *n.f.* **1** BOTÂNICA planta muito aromática, da família das Labiadas, cultivada em Portugal **2** [pop.] mulher desajeitada (Do lat. med. *maiorāna-*, «id.»)

manjil *n.m.* ⇒ **manchil** (Do ár. *manjil*, «foice»)

manjorra /ô/ *n.f.* travessa fixa ao eixo da nora, a que se prende o animal, para extração de água de poços, cisternas, etc. (Do ár. *majarrâ*, «trave»)

manjua *n.f.* **1** [ant.] comida; alimento **2** [ant.] pastagem **3** [regionalismo] ⇒ **sardinha 1** (Do fr. ant. *manjue*, «comida»)

manjuandade *n.f.* [Guiné-Bissau] convívio; associação de pessoas da mesma idade (Do crioulo *manjuandadi*, de *manjua*, «classe de idade»)

mano *n.m.* 1 forma de tratamento informal entre indivíduos que são irmãos de sangue; irmão 2 [coloq.] aquele com quem se tem uma relação de afeto ou de amizade; amigo; companheiro 3 [ant.] cunhado ■ *adj.* 1 íntimo 2 inseparável; ~ *a* ~ de igual para igual, equilibradamente; [coloq.] intimamente (Do cast. *hermano*, «irmão»)

-mano¹ sufixo nominal de origem latina que exprime a ideia de *maníaco, louco* (*toxicómano, tabacómano*)

-mano² sufixo nominal de origem latina que exprime a ideia de *mão* (*dextrímano*)

manobra *n.f.* 1 ato de dirigir ou regular o funcionamento de uma máquina; manejo 2 movimento imprimido a um veículo ao conduzi-lo 3 evolução com uma locomotiva 4 NÁUTICA arte de governar um navio 5 NÁUTICA qualquer trabalho ou operação náutica 6 [fig.] modo de proceder para conseguir um fim; ardil; estratagema 7 *pl.* NÁUTICA cabos para governar as velas 8 *pl.* MILITAR operação destinada a colocar tropas, navios, aviões ou fogos, combinando os seus efeitos no tempo e no espaço, em situação de assegurar, com o mínimo esforço e a máxima segurança, o cumprimento da missão recebida; ~ *de diversão* 1 MILITAR movimentação de forças com o objetivo de iludir o inimigo; 2 [fig.] estratégia que visa desviar as atenções de um assunto ou de uma pessoa (Do fr. *manœuvre*, «id.», do lat. *manu-*, «mão» +*opera*, «obras; trabalhos»)

manobrador *n.m.* aquele que manobra (De *manobrar*+*-dor*)

manobrar *v.tr.* 1 fazer executar movimentos; manejar 2 dirigir com destreza 3 governar; gerir 4 [fig.] encaminhar habilmente 5 [fig.] manipular; influenciar atitudes de ■ *v.intr.* 1 fazer um exercício, evolução ou faina (militar ou náutica) 2 [fig.] operar; lidar; trabalhar (Do fr. *manœuvrer*, «id.»)

manobreiro *n.m.* 1 o que dirige ou é perito em manobras; aquele que manobra bem 2 livro que trata de manobras náuticas (De *manobra*+*-eiro*)

manobrista *n.2g.* 1 NÁUTICA pessoa que sabe e executa bem as manobras das embarcações 2 pessoa que conduz manobras políticas; político astucioso (De *manobra*+*-ista*)

manoca *n.f.* [Brasil] feixe ou rolo de folhas de tabaco (Do lat. *manu-*, «mão» +*-oca*)

manocar *v.tr.* [Brasil] formar manocas de (De *manoca*+*-ar*)

manojeiro *n.m.* aquele que junta e ata os velos que os tosquiadores deixam no lugar onde tosquiam o gado (De *manojo*+*-eiro*)

manojo /ô/ *n.m.* feixe ou molho que pode abarcar-se com a mão (Do cast. *manojo*, «id.»)

manola *n.f.* rapariga espanhola do povo (Do cast. *manola*, «moça de gente baixa de Madrid»)

manometria *n.f.* FÍSICA medida das tensões dos gases e dos vapores, ou pressões dos líquidos, por meio do manómetro (De *manómetro*+*-ia*)

manométrico *adj.* relativo ao manómetro ou à manometria (De *manometria*+*-ico*)

manómetro *n.m.* FÍSICA instrumento que serve para medir a tensão ou força elástica dos gases e vapores, ou as pressões exercidas pelos líquidos (Do gr. *manós*, «pouco denso; sem consistência; mole» +*métron*, «medida»)

manopé *n.m.* BOTÂNICA árvore brasileira, da família das Leguminosas, empregada em construções civis, e também conhecida por manopé-da-praia e jipoúba (Do tupi *mano'pe*, «id.»)

manopla *n.f.* 1 HISTÓRIA luva de ferro usada pelos antigos guerreiros; guante 2 [pop.] manápula 3 MILITAR chicote de cabo e trança comprida usado pelo sota-cocheiro das antigas viaturas puxadas por mais de um tiro de cavalos ou muares (Do lat. vulg. *manupŭlu-*, do lat. cl. *manipŭlu-*, «punhado», pelo cast. *manopla*, «manopla»)

manorexia *n.f.* anorexia que afeta pessoas do sexo masculino (Do ing. *manorexia*, «id.»)

manoscópio *n.m.* FÍSICA instrumento para indicar as variações da densidade atmosférica (Do gr. *manós*, «pouco denso; sem consistência; mole» +*skopeîn*, «ver» +*-io*)

manotaço *n.m.* [Brasil] pancada que o cavalo dá com uma ou as duas patas dianteiras para o lado ou para a frente, quando se sente perseguido ou em perigo (Do cast. *manotazo*, «palmada»)

manotear *v.tr.,intr.* dar (o cavalo) manotaços (a) (Do cast. *manotear*, «bater com as mãos»)

manquecer *v.tr.,intr.* ⇒ **emanquecer** (De *manco*+*-ecer*)

manqueira *n.f.* 1 característica do que é manco 2 ato de manquejar 3 [fig.] balda 4 [fig.] defeito (De *manco*+*-eira*)

manquejante *adj.2g.* que está ou anda manco; que manqueja (De *manquejar*+*-ante*)

manquejar *v.intr.* 1 estar manco; andar, mancando; coxear; manquitar; claudicar 2 (embarcação) ficar atrás 3 [fig.] ser defeituoso; ser ronceiro ■ *v.tr.* tornar manco (De *manco*+*-ejar*)

manquitar *v.intr.* mancar; andar, manquejando (De *manco*+*-itar*)
manquitó *adj.,n.2g.* [pop.] ⇒ **manquitola**
manquitola *adj.,n.2g.* [pop.] que ou pessoa que é coxa, que manca (De *manco*+*-ito*+*-ola*)

mansamente *adv.* 1 com mansidão; brandamente 2 devagar (De *manso*+*-mente*)

mansão *n.f.* 1 residência de grandes dimensões 2 morada; lugar 3 [fig.] situação (Do lat. *mansiōne-*, «id.»)

mansarda *n.f.* 1 ARQUITETURA tipo de telhado com duas inclinações, uma quase vertical (inclinação inferior) e a outra quase horizontal (inclinação superior) 2 ARQUITETURA vão do telhado de um edifício aproveitado para habitação; águas-furtadas 3 janela ou postigo aberto no telhado; trapeira 4 [fig.] morada reles (Do fr. *mansarde*, «id.»)

mansarrão *adj.* muito manso; bonacheirão; pachorrento (De *manso*+*-arrão*)

mansidão *n.f.* 1 qualidade de manso 2 índole pacífica; calma; brandura 3 serenidade; doçura; bondade 4 sossego; quietação 5 lentidão no falar e no agir (Do lat. *mansuetudĭne-*, «id.»)

mansinho *adj.* muito manso; *de* ~ ao de leve, com muito cuidado, sem fazer ruído (De *manso*+*-inho*)

mansionário *n.m.* indivíduo que tinha a seu cargo a guarda de uma igreja, e que, por isso, era obrigado a residir junto dela (Do lat. *mansionariŭ-*, «relativo a uma pousada ou mansão»)

manso *adj.* 1 que revela génio brando; calmo; sossegado 2 pacífico 3 domesticado 4 não silvestre ■ *adv.* 1 com mansidão 2 devagar (Do lat. vulg. *mansu-*, do lat. cl. *mansuētu-*, «id.», part. pass. de *mansuescĕre*, «amansar; domesticar»)

mansuetude *n.f.* ⇒ **mansidão** (Do lat. *mansuetudĭne-*, «id.»)

manta *n.f.* 1 peça de lã ou de outro tecido, semelhante a um cobertor, usada geralmente sobre a cama para agasalhar 2 lenço grande usado como xaile sobre os ombros 3 tira de tecido para pôr ao pescoço servindo de gravata 4 rego para plantação de bacelo 5 faixa de terra entre dois sulcos paralelos 6 pano de lã que se põe debaixo do selim das cavalgaduras; cobrejão 7 ICTIOLOGIA ⇒ **jamanta** 8 [Madeira] ORNITOLOGIA ⇒ **milhafre**; ~ *de retalhos* [fig.] conjunto de coisas heterogéneas, desconexas ou disparatadas; *pintar a* ~ fazer diabruras (De *manto*)

mantalona /ô/ *n.f.* tecido de algodão empregado para fabricar velas de embarcações (De *manta*+*lona*)

mantana *n.f.* 1 [Madeira] ORNITOLOGIA ⇒ **milhafre** 2 pessoa preguiçosa (De *manta*+*-ana*)

mantão *n.m.* [ant.] espécie de capote curto (De *manta*+*-ão*)

mantar *v.intr.* 1 cavar (a terra) em mantas para a plantação de bacelo 2 ⇒ **amantar** (De *manta*+*-ar*)

-mante sufixo nominal de origem grega que traduz a ideia de *adivinho* (*astromante; cartomante*)

manteação *n.f.* ato de mantear ou de ser manteado (De *mantear*+*-ção*)

manteador *adj.,n.m.* que ou aquele que manteia (De *mantear*+*-dor*)

mantear *v.tr.* 1 fazer saltar (alguém) sobre uma manta segura pelas quatro pontas 2 chamar (o touro) com a capa 3 [fig.] importunar ■ *v.intr.* lavrar a terra em mantas (De *manta*+*-ear*)

mantearia *n.f.* 1 [ant.] cargo de manteeiro 2 [ant.] casa onde se guardava tudo o que pertencia à mesa real (De *mantel*+*-aria*)

manteeiro *n.m.* 1 [ant.] oficial da casa real que tinha a seu cargo as roupas e alfaias da mesa 2 [regionalismo] vendedor ambulante de água transportada em burros 3 o que leva as refeições aos criados da lavoura (De *mantel*+*-eiro*)

manteiga *n.f.* 1 substância gorda e untuosa que se obtém a partir da nata do leite 2 banha de porco 3 substância gordurosa de alguns vegetais 4 [fig.] lisonja; lábia; *dar* ~ *a* lisonjear; *ser* ~ *em focinho de cão* ser coisa boa, ser coisa de pouca dura

manteigaria *n.f.* local ou estabelecimento onde se fabrica ou vende manteiga (De *manteiga*+*-aria*)

manteigoso /ô/ *adj.* que tem muita manteiga ou sabe a ela (De *manteiga*+*-oso*)

manteigueira *n.f.* recipiente em que se serve a manteiga (De *manteigueiro*)

manteigueiro *adj.* 1 que gosta muito de manteiga 2 [coloq.] lisonjeador; interesseiro ■ *n.m.* 1 aquele que fabrica ou vende manteiga 2 [coloq.] indivíduo que procura agradar por interesse; graxista; lisonjeador 3 ⇒ **feijão-manteiga** 2 (De *manteiga*+*-eiro*)

manteiguento *adj.* ⇒ **manteigoso** (De *manteiga*+*-ento*)

manteiguilha *n.f.* produto aromático em que entram essências extraídas de flores (De *manteiga*+*-ilha*)

manteiro n.m. aquele que faz ou vende mantas (De *manta*+-*eiro*)
mantel n.m. 1 toalha de mesa ou de altar 2 pl. roupas de mesa (Do lat. *mantēle*-, «toalha de mãos»)
mantelado adj. que tem manteler (De *mantel*+-*ado*)
mantelão n.m. mantelete grande usado por monsenhores (De *mantel*+-*ão*)
manteler n.m. HERÁLDICA figura formada de linhas curvas que se assemelham a dois meios escudos (De *mantel*)
manteleta /ê/ n.f. [regionalismo] espécie de lenço grande usado por mulheres para cobrir a cabeça (De *mantel*+-*eta*)
mantelete /ê/ n.f. 1 veste eclesiástica usada por cima do roquete 2 capa curta, leve e com rendas, para senhoras (Do fr. *mantelet*, «id.»)
mantém n.m. toalha de mesa (De *mantel*)
mantença n.f. 1 aquilo que mantém 2 alimentação 3 manutenção; conservação 4 defesa (De *manter*+-*ença*)
mantenedor adj.,n.m. que ou aquele que mantém ou sustenta; defensor; protetor (Do cast. *mantenedor*, «id.»)
mantenha n.f. 1 [Cabo Verde, Guiné-Bissau] cumprimentos; saudações 2 [Cabo Verde, Guiné-Bissau] saudade (Do crioulo *manteña*, a partir do port. *Que Deus te mantenha*)
manter v.tr. 1 pagar (a alguém) as despesas indispensáveis à vida 2 conservar; preservar 3 segurar; sustentar 4 observar; cumprir 5 guardar; reter 6 reafirmar ■ v.pron. 1 conservar-se 2 alimentar-se 3 resistir com êxito (Do lat. *manutenēre*, «segurar na mão»)
mantéu n.m. 1 capa com colarinho, usada por religiosos 2 colarinho largo com abas pendentes 3 saia lisa, sem pregas 4 [regionalismo] cueiro 5 [regionalismo] capa curta de senhora (Do fr. ant. *mantel*, hoje *manteau*, «capa»)
manteúdo adj. que é sustentado por outrem; mantido; alimentado ■ n.m. casta de uva branca muito cultivada no Algarve; *teúdo e ~* [Brasil] mantido, sustentado (Do lat. *manutenūtu*-, «seguro na mão»)
mântica n.f. 1 saco pequeno; alforge 2 bornal (Do lat. *mantĭca*-, «alforge; manga»)
Mântidas n.m.pl. ⇒ **Mantídeos**
Mantídeos n.m.pl. ZOOLOGIA família de insetos ortópteros marchadores, a cujo género-tipo, que se denomina *Mantis*, pertence o louva-a-deus (Do gr. *mántis*, «profeta» +-*ídeos*)
mantilha n.f. 1 manto de renda ou de seda com que as mulheres cobrem a cabeça 2 véu de seda ou renda que desce em pregas pelas costas, muito usado pelas mulheres espanholas 3 cueiro (Do cast. *mantilla*, «id.»)
mantimento n.m. 1 ato ou efeito de manter 2 tudo o que mantém 3 sustento; manutenção; provisão; conservação 4 pl. víveres (De *manter*+-*i*-+-*mento*)
mantissa n.f. MATEMÁTICA parte decimal, sempre positiva, dos logaritmos comuns (Do lat. *mantissa*-, «o excedente do peso»)
manto n.m. 1 espécie de capa de cauda que se prende sobre os ombros 2 peça de vestuário feminino, larga e sem mangas, para abrigar a cabeça e o tronco 3 hábito de algumas religiosas 4 véu preto e comprido que era utilizado em sinal de luto 5 cobertura 6 GEOLOGIA zona da Terra situada entre a crusta e o núcleo 7 ZOOLOGIA parte do cérebro anterior que, nos vertebrados inferiores, representa os hemisférios cerebrais 8 ZOOLOGIA fina camada epitelial que reveste os hemisférios cerebrais e os ventrículos laterais 9 ZOOLOGIA expansão tegumentar que envolve o corpo, e que produz e forra a concha nos moluscos 10 [fig.] coisa que cobre, encobre ou dissimula; disfarce 11 [fig.] escuridão; *~ da noite* a escuridão; *~ de cobertura* GEOLOGIA camada geológica que forma cobertura a outras; *fazer-se de ~ de seda* mostrar-se soberbo (Do lat. tard. *mantu*-, «id.»)
mantó n.m. espécie de manto usado pelas mulheres (Do fr. *manteau*, «capa»)
mantra n.m. (budismo e bramanismo) fórmula sagrada que tem o poder de materializar a divindade invocada (Do sânsc. *mantra*, «modo de pensar; meditação»)
mantuano adj. 1 de Mântua, cidade italiana da Lombardia 2 relativo a Mântua ■ n.m. natural ou habitante de Mântua; *o poeta ~ Virgílio* (Do lat. *mantuānu*-, «id.»)
manual adj.2g. 1 que diz respeito à mão 2 feito à mão; que se faz com as mãos 3 que se manuseia facilmente ■ n.m. 1 livro de pequeno formato que contém as noções de uma ciência ou arte; compêndio; sumário 2 folheto com indicações úteis à utilização de um mecanismo ou equipamento; livro de instruções 3 ritual (Do lat. *manuāle*-, «id.»)
manualmente adv. 1 por processo manual; à mão 2 com a mão (De *manual*+-*mente*)

manubial adj.2g. referente aos despojos do inimigo (Do lat. *manubiāle*-, «id.»)
manúbrio n.m. 1 ANATOMIA parte superior do esterno 2 ANATOMIA apófise do martelo (ossículo do ouvido) 3 ZOOLOGIA órgão apenso à face ventral das medusas (celenterados), na extremidade do qual se abre a boca 4 [ant.] cabo de qualquer instrumento (Do lat. *manubrĭu*-, «cabo; asa» de um utensílio)
manucodiata n.f. 1 ORNITOLOGIA nome dado pelos navegadores portugueses a umas aves da Oceânia, de plumagem com reflexos metálicos, que pertencem à família dos Paradiseídeos, na qual se incluem as chamadas aves-do-paraíso; manucódio 2 [com maiúscula] ASTRONOMIA constelação austral de onze estrelas (Do mal. *manuq-devata*, «ave dos deuses»)
manucódio n.m. ORNITOLOGIA ⇒ **manucodiata** 1
manudução n.f. ato de guiar pela mão (Do lat. *manu ductiōne*-, «condução pela mão»)
manudutor n.m. 1 aquele que guia pela mão 2 [ant.] regente de coro (Do lat. *manu ductōre*-, «condutor pela mão»)
manuê n.m. [Brasil] bolo de milho ou mandioca
manuelino adj. relativo a D. Manuel I (1469-1521) ou à sua época ■ n.m. ARQUITETURA aplicação ao estilo gótico florido de uma decoração feita de elementos da flora e da fauna do oceano, e do próprio aparelho dos navios, por influência dos descobrimentos marítimos portugueses (De *Manuel*, antr. +-*ino*)
manuelista adj.2g. ⇒ **manuelino** adj. (De *Manuel*, antr. +-*ista*)
manufacto n.m. ⇒ **artefacto** (Do lat. *manufactu*-, «feito à mão»)
manufactor ver nova grafia **manufator**
manufactura ver nova grafia **manufatura**
manufacturado ver nova grafia **manufaturado**
manufacturar ver nova grafia **manufaturar**
manufacturável ver nova grafia **manufaturável**
manufactureiro ver nova grafia **manufatureiro**
manufator adj. 1 que manufatura 2 relativo a manufatura 3 manual ■ n.m. aquele que manufatura; fabricante (Do lat. *manu*-, «à mão» +*factōre*-, «fabricante»)
manufatura n.f. 1 ato ou efeito de manufaturar; trabalho manual 2 obra feita à mão 3 estabelecimento industrial 4 produtos desse estabelecimento (Do lat. *manu*-, «à mão» +*factūra*-, «feitura»)
manufaturado adj. produzido à mão (Part. pass. de *manufaturar*)
manufaturar v.tr. 1 produzir por meio do trabalho manual 2 fabricar; elaborar (De *manufactura*+-*ar*)
manufaturável adj.2g. que se pode manufaturar (De *manufaturar*+-*vel*)
manufatureiro adj. relativo a manufatura (De *manufactura*+-*eiro*)
manulúvio n.m. ⇒ **manilúvio**
manumissão n.f. ato ou efeito de manumitir; libertação de escravos; alforria (Do lat. *manumissiōne*-, «id.»)
manumisso adj. que recebeu alforria; liberto ■ n.m. escravo que obteve alforria (Do lat. *manumissu*-, «id.», part. pass. de *manumittĕre*, «libertar» um escravo)
manumissor /ô/ adj.,n.m. que ou aquele que dá alforria (Do lat. *manumissōre*-, «id.»)
manumitente adj.2g. que manumite; que dá alforria a (Do lat. *manumittente*-, «id.», part. pres. de *manumittĕre*, «dar alforria a; libertar»)
manumitir v.tr. dar alforria a; libertar (escravo) (Do lat. *manumittĕre*, «id.»)
manuscrever v.tr. escrever à mão (Do lat. *manu*-, «à mão» +*scribĕre*, «escrever»)
manuscrito adj. escrito à mão ■ n.m. 1 obra escrita à mão 2 original de um texto (Do lat. *manu scriptu*-, «escrito à mão»)
manuseação n.f. ⇒ **manuseamento** (De *manusear*+-*ção*)
manuseamento n.m. ato ou efeito de manusear; manuseação; manuseio (De *manusear*+-*mento*)
manusear v.tr. 1 mexer com a mão; manejar; folhear 2 amarrotar; enxovalhar (Do lat. *manu*-, «mão» +*s*+-*ear*)
manuseio n.m. ⇒ **manuseamento** (Deriv. regr. de *manusear*)
manutenção n.f. 1 ato ou efeito de manter; conservação 2 administração; gerência 3 sustento; subsistência 4 alimentação diária; passadio 5 conjunto de medidas indispensáveis ao funcionamento normal de uma máquina ou de qualquer tipo de equipamento; *~ militar* estabelecimento fabril do exército português que se destina a assegurar o fornecimento de víveres e de material de

manutenência

combate às forças militares (Do lat. *manu tentiōne-*, «ato de segurar com a mão»)

manutenência *n.f.* ⇒ **manutenção** (Do lat. med. *manutenentĭa-*, «id.»)

manutenir *v.tr.* **1** manter; conservar **2** DIREITO conceder mandado de manutenção a (Do lat. *manu*, «com a mão» +*tenēre*, «manter»)

manutenível *adj.2g.* que pode manter-se (De *manutenir*+-*vel*)

manutérgio *n.m.* RELIGIÃO toalhete a que o celebrante da missa limpa os dedos; manistérgio (Do lat. *manutergĭu-*, «toalha de mãos»)

manvio *n.m.* NÁUTICA extremidade do cabo chamado chicote (De orig. obsc.)

manzari *n.m.* (Ásia) os cachos de cocos (Do malaiala *manjari*, «id.»)

manzorra /ô/ *n.f.* ⇒ **mãozorra**

mão *n.f.* **1** ANATOMIA órgão da extremidade dos membros superiores do homem, que serve especialmente para a preensão **2** ZOOLOGIA região terminal dos membros anteriores dos tetrápodes **3** extremidade dos membros das reses de talho, depois de cortadas **4** parte de um utensílio por onde este se empunha ou segura com a mão; pega; lado **5** (estrada, rua) faixa da pista de rodagem por onde os veículos devem circular em determinado sentido **6** aquilo que cabe na mão; punhado **7** camada de cal ou tinta sobre uma superfície; demão **8** (jogo de cartas) lance completo no jogo **9** DESPORTO cada um dos jogos de uma eliminatória **10** grupo de cinco objetos iguais, ou de vinte e cinco folhas de papel (cinco cadernos) **11** medida de dois palmos **12** peça com que se tritura no almofariz; pilão **13** [fig.] maneira; estilo **14** [fig.] ajuda; socorro **15** [fig.] favor; patrocínio **16** [fig.] poder; domínio; posse; ~ *amiga* pessoa que protege; ~ *de ensino* corretivo, reprimenda; ~ *de ferro* rigor, opressão; ~ *de mestre* mão prática; ~ *de rédea* governo do cavalo, bom governo; ~ *de sal* porção de sal que se deita nos cozinhados de cada vez; *abrir* ~ *de* renunciar a; *dar a* ~ *a* auxiliar; *dar de* ~ abandonar; *de* ~ *beijada* gratuitamente, sem dificuldade; *de* ~ *em* ~ de pessoa em pessoa; *em primeira* ~ novo; *em segunda* ~ usado; *fazer* ~ *baixa de* roubar; *fora de* ~ desviado, do lado oposto ao que devia ser; *letra de* ~ letra manuscrita; *meter a* ~ roubar furtivamente; *meter os pés pelas mãos* atrapalhar-se, mentir; *pedir a* ~ *de* pedir em casamento; *por baixo de* ~ às ocultas; *por própria* (correspondência) entregue apenas ao próprio destinatário; *ter* ~ *em* suster; *ter entre mãos* estar a tratar de (Do lat. *manu-*, «mão»)

mão-aberta *n.f.* [Brasil] ⇒ **mãos-largas**

mão-cheia *n.f.* aquilo que cabe na mão de uma só vez; punhado; mancheia; macheia; *de* ~ excelente, habilidoso, de boa qualidade

mão-comum *n.f.* testamento recíproco entre consortes

mão-curta *n.f.* [Brasil] ZOOLOGIA ⇒ **camocica**

mão-de-judas ver nova grafia mão de Judas

mão de Judas *n.f.* apagador usado nas igrejas

mão-de-obra ver nova grafia mão de obra

mão de obra *n.f.* **1** trabalho manual para executar uma obra ou fabricar um produto **2** conjunto de operários necessários para a execução de determinada obra **3** custo da execução de uma obra ou objeto, não incluindo o dos materiais nem o do equipamento

maoismo *n.m.* POLÍTICA desenvolvimento teórico e aplicação prática do marxismo-leninismo levado a efeito na China por Mao Tsé-Tung, estadista chinês (1893-1976) (De *Mao [Tsé-Tung]*, antr.+-*ismo*, ou do fr. *maoïsme*, «id.»)

maoista *adj.2g.* **1** relativo a Mao Tsé-Tung ou ao maoismo **2** próprio do maoismo **3** que é partidário do maoismo ■ *n.2g.* partidário do maoismo (De *Mao [Tsé-Tung]*, antr.+-*ismo*, ou do fr. *maoïste*, «id.»)

maometa *adj.2g.,n.2g.* ⇒ **maometano** (Do it. *maometta*, «id.»)

maometanismo *n.m.* ⇒ **maometismo** (De *maometano*+-*ismo*, ou do fr. *mahométanisme*, «id.»)

maometanizar *v.tr.* tornar adepto do maometismo (De *maometano*+-*izar*)

maometano *adj.,n.m.* que ou aquele que segue o maometismo; islamita (Do it. *maomettano*, «id.»)

maometismo *n.m.* RELIGIÃO doutrina monoteísta, pregada por Maomé, fundador do islamismo (571-632), segundo a qual Alá é o único Deus e Maomé o seu profeta, devendo os seus seguidores expandir pelas armas a nova religião, para assim os tornarem universal; islamismo (Do fr. *mahométisme*, «id.»)

mão-morta *n.f.* DIREITO [ant.] situação dos bens inalienáveis como os dos hospitais, comunidades religiosas, etc. (Do fr. *mainmorte*, «id.»)

mão-pendente *n.f.* dádiva com que se pretende subornar alguém; peita

mão-posta *n.f.* **1** coisa que se guarda para servir em ocasião oportuna **2** prevenção **3** comum acordo

mão-quadra *n.f.* mão estendida (De *mão*+*quadra*, de *quadrar*)

maori *adj.2g.* relativo aos Maoris ou à Nova Zelândia ■ *n.2g.* pessoa pertencente aos Maoris ■ *n.m.* idioma dos Maoris (Do maori *maori*, «id.», pelo ing. *Maori*, «id.»)

Maoris *n.m.pl.* ETNOGRAFIA povo indígena da Nova Zelândia, de origem polinésia (De *maori*)

mãos-largas *n.2g.2n.* **1** pessoa generosa **2** pessoa perdulária

mãos-livres *adj.inv.,n.m.2n.* que ou dispositivo de telecomunicação que permite comunicar sem ter de o levar ao ouvido com a mão

mãos-rotas *n.2g.2n.* pessoa perdulária ou esbanjadora

mão-tenente *n.f.* mão firme, segura; *à* ~ com mão firme, à queima-roupa, a pequena distância (Do lat. *manu tenente-*, «o que segura na mão»)

mão-tente *n.f.* ⇒ **mão-tenente**

mão-travessa *n.f.* medida correspondente à largura da mão, excluindo o dedo polegar

mãozada *n.f.* **1** mão-cheia; punhado **2** [pop.] aperto de mão para cumprimentar (De *mão*+*z*+-*ada*)

mãozeira *n.f.* **1** arame dobrado numa extremidade, que as crianças usavam para conduzir o arco; gancheta **2** [regionalismo] parte dos objetos com forma própria para se lhes pegar **3** [regionalismo] parte da rabiça por que se segura com a mão para guiar o arado (De *mão*+*z*+-*eira*)

mãozeiro *adj.* (animal) que só trabalha bem de um lado (De *mão*+*z*+-*eiro*)

mãozinha *n.f.* mão pequena; *dar uma* ~ dar uma ajuda (De *mão*+*z*+-*inha*)

mãozorra /ô/ *n.f.* mão grande; manápula (De *mão*+*z*+-*orra*)

mãozudo *adj.* que possui mãos grandes e grosseiras (De *mão*+*z*+-*udo*)

mapa *n.m.* **1** representação numa superfície plana em escala reduzida de um território; carta geográfica ou celeste **2** representação gráfica de dados, geralmente numéricos; quadro sinóptico; gráfico **3** representação gráfica da estrutura de uma organização ou de um serviço; organigrama **4** lista; relação; catálogo; ~ *astrológico* representação, numa superfície plana, da relação dos signos do zodíaco com os astros; ~ *cor-de-rosa* HISTÓRIA nome dado ao projeto português para unir Angola a Moçambique, apresentado no Congresso de Berlim de 1884 e que provocou forte reação da Inglaterra que culminou no ultimato de 1890; *não vir no* ~ não ter valor (Do it. *mappa*, «id.»)

mapa-múndi *n.m.* representação plana, em escala reduzida, de toda a superfície terrestre, projetada em dois hemisférios sobre o mesmo meridiano; mapa-mundo (Do lat. *mappa mundi*, «mapa do mundo»)

mapa-mundo *n.m.* ⇒ **mapa-múndi**

mapeamento *n.m.* **1** ato ou efeito de mapear **2** INFORMÁTICA distribuição de regiões de memória ou dados nelas armazenados (um recurso, uma unidade de disco, uma impressora) de forma que várias pessoas possam saber onde se encontram e aceder-lhes facilmente

mapear *v.tr.* **1** fazer o mapa de; representar uma área definida num mapa **2** INFORMÁTICA distribuir e disponibilizar regiões de memória ou dados nelas armazenados (um recurso, uma unidade de disco, uma impressora) de forma que várias pessoas possam saber onde se encontram e aceder-lhes facilmente **3** MATEMÁTICA estabelecer correlação entre elementos de mais de um conjunto

mapico *n.m.* [Moçambique] dança folclórica característica dos Macondes, executada por bailarinos mascarados imitando tipos humanos, e acompanhada por muitos tambores (Do maconde *mapiko*, «id.»)

mapira *n.f.* [Moçambique] sorgo ou milho miúdo, usado na alimentação e no fabrico de bebida fermentada, também chamado mapila (De orig. obsc.)

mapirunga *n.f.* **1** BOTÂNICA arbusto brasileiro da família das Mirtáceas **2** BOTÂNICA fruto deste arbusto (Do tupi *mapi'rūga*, «id.»)

maple *n.m.* poltrona baixa, inteiramente estofada; cadeirão estofado (De *Maple*, antr., nome da firma londrina que primeiramente exportou móveis deste tipo para Portugal)

mapoão *n.m.* [Brasil] BOTÂNICA planta venenosa cujo suco é utilizado pelos Índios para ervar as setas (De orig. obsc.)

maputense *adj.2g.* relativo ou pertencente a Maputo, capital de Moçambique ■ *n.2g.* natural ou habitante de Maputo (De *Maputo*, top. +-*ense*)

maque *n.m.* ⇒ **lémure** (Do malgaxe *máky*, «id.»)

maqueira n.f. [Brasil] rede de fibras de tucum para dormir (De *maca*+*-eira*)

maqueiro[1] n.m. indivíduo encarregado de transportar em maca pessoas feridas ou doentes (De *maca* [=cama] +*-eiro*)

maqueiro[2] adj.,n.m. [Angola] que ou indivíduo que é dado a macas; desordeiro (De *maca* [=questão; discórdia] +*-eiro*)

maquela n.f. [Moçambique] variedade de mandioca amarga (Do macua *makhela*, «id.»)

maquequê n.m. [São Tomé e Príncipe] planta anual ou bienal, cujas folhas e frutos são utilizados na alimentação (Do forro *makéké*, «id.»)

maqueta /ê/ n.f. ⇒ **maquete** (Do it. *macchietta*, «pequena mancha; maqueta», pelo fr. *maquette*, «id.»)

maquete n.f. 1 esboço em escala de redução, ou miniatura de obra de arte plástica, geralmente modelado em barro, gesso ou cera 2 reprodução em tamanho reduzido de um projeto arquitetónico ou de engenharia; réplica em miniatura de uma construção 3 projeto gráfico de livro, revista, jornal, folheto, etc., em que se estabelecem características como o formato, a encadernação, o tipo de papel utilizado e a paginação (Do it. *macchietta*, «pequena mancha; maqueta», pelo fr. *maquette*, «id.»)

maquetista adj.,n.2g. 1 que ou pessoa que faz maquetas 2 que ou pessoa que é especialista em maquetas para as artes gráficas (De *maqueta*+*-ista*, ou do fr. *maquettiste*, «id.»)

maqui[1] n.m. ⇒ **lémure** (Do malgaxe *máky*, «id.»)

maqui[2] n.m. 1 mata; selva 2 guerrilha (Do fr. *maquis*, «id.»)

maquia n.f. antiga unidade de medida de capacidade equivalente a dois celamins 2 porção que os moleiros tiram da farinha, e os lagareiros tiram do azeite que fabricam para outrem, como remuneração do seu trabalho 3 dinheiro; pé-de-meia 4 lucro; ganho (Do ár. vulg. *makilâ*, «medida para grãos»)

maquiador[1] adj.,n.m. que ou aquele que maquia ou recebe maquias (De *maquiar*+*-dor*)

maquiador[2] n.m. ⇒ **maquilhador**

maquiadura n.f. ato de maquiar (De *maquiar*+*-dura*)

maquiagem n.f. ⇒ **maquilhagem**

maquiar[1] v.tr. 1 cobrar em maquia 2 cobrar a maquia de 3 [fig.] desfalcar; subtrair parte de ■ v.intr. cobrar a maquia (De *maquia*+*-ar*)

maquiar[2] v.tr.,pron. ⇒ **maquilhar**

maquiavelice n.f. 1 dito ou ato maquiavélico 2 manha; ronha (De *Maquiavel*, antr., do it. *Machiavelli*, historiador it., 1469-1527 +*-ice*)

maquiavélico adj. 1 relativo a Maquiavel ou ao maquiavelismo 2 diz-se de um modo de proceder em que há maquiavelismo 3 [fig.] que revela falta de escrúpulos; traiçoeiro (De *Maquiavel*, do it. *Machiavelli*, antr. +*-ico*)

maquiavelismo n.m. 1 doutrina segundo a qual ao príncipe ou ao Estado é lícito recorrer a todos os meios (incluindo o assassínio) para alcançar os seus fins 2 [fig.] característica do que procede sem escrúpulos, unicamente para atingir os seus objetivos; velhacaria; perfídia (De *Maquiavel*, antr. +*-ismo*)

maquiavelista adj.,n.2g. que ou a pessoa que segue o sistema de Maquiavel; maquiavélico (De *Maquiavel*, antr. +*-ista*)

maquiavelizar v.intr. usar de maquiavelice (De *Maquiavel*, antr. +*-izar*)

maquidum n.m. [Brasil] pequena cadeira (De orig. obsc.)

maquidura n.f. [Brasil] ⇒ **maquidum**

maquieiro n.m. 1 medida com que o moleiro ou o lagareiro tira a sua maquia 2 [regionalismo] saco pequeno (De *maquia*+*-eiro*)

maquieta /ê/ n.f. ⇒ **maquete** (Do it. *macchietta*, «pequena mancha»)

maquilão n.m. [regionalismo] moço de moleiro que leva a farinha aos domicílios (Do cast. *maquilón*, «id.»?)

maquilhador n.m. aquele que se ocupa da maquilhagem 2 CINEMA, TEATRO, TELEVISÃO caracterizador (De *maquilhar*+*-dor*)

maquilhagem n.f. 1 ato ou efeito de aplicar produtos cosméticos na face para a embelezar ou alterar a sua aparência; pintura 2 conjunto de cosméticos usados para maquilhar (Do fr. *maquillage*, «id.»)

maquilhar v.tr.,pron. aplicar produtos cosméticos na face de (alguém ou da própria pessoa) para a embelezar ou alterar a sua aparência; pintar(-se) ■ v.tr. tornar menos evidente ou visível; disfarçar; mascarar (Do fr. *maquiller*, «id.»)

máquina n.f. 1 aparelho ou instrumento para comunicar movimento ou pôr em ação um agente natural; motor 2 qualquer utensílio formado de peças móveis; mecanismo 3 (comboio) locomotiva 4 estrutura composta por um sistema combinado de órgãos; organismo 5 [fig.] construção sumptuosa ou complexa 6 [fig.] pessoa muito ativa 7 [fig., pej.] pessoa sem iniciativa, sem energia, que só faz alguma coisa por hábito ou rotina; ~ *burocrática* toda a organização ou entidade que funciona segundo determinadas leis; ~ *de calcular* instrumento de pequenas dimensões que permite efetuar cálculos aritméticos, calculadora; ~ *de escrever* máquina composta por caracteres móveis associados a teclas, que permite imprimir letras e símbolos diretamente sobre um papel; ~ *de filmar* aparelho fotográfico especial, munido de um obturador próprio que permite obter instantâneos sucessivos sobre uma fita (filme) que se desenrola ao ritmo do obturador; ~ *de projetar* espécie de lanterna de projeção com dispositivos que permitem projetar numa tela as fotografias obtidas pela máquina de filmar em sucessão rápida e isócrona; ~ *fotográfica* aparelho munido de câmara escura que serve para tirar fotografias; ~ *registadora* aparelho que regista automaticamente os valores das vendas nas casas comerciais, emitindo ou não talões impressos com as quantias em causa, caixa registadora (Do gr. dórico *makhaná*, «invenção engenhosa», pelo lat. *machīna-*, «id.»)

maquinação n.f. 1 ato ou efeito de maquinar 2 intriga; trama; conspiração 3 enredo (Do lat. *machinatiōne-*, «id.»)

maquinador adj.,n.m. que ou aquele que maquina ou trama (Do lat. *machinatōre-*, «id.»)

maquinal adj.2g. 1 respeitante a máquinas 2 automático 3 [fig.] que se faz sem intenção nem premeditação; inconsciente; espontâneo (Do lat. *machināle-*, «relativo às máquinas»)

maquinar v.tr. 1 traçar; projetar; intentar 2 idear; imaginar 3 planear em segredo, com intenção má, contra alguém; tramar; urdir (Do lat. *machināri*, «id.»)

maquinaria n.f. conjunto de máquinas que concorrem para certo fim (De *máquina*+*-aria*)

maquineta /ê/ n.f. 1 pequena máquina para serviços auxiliares 2 RELIGIÃO trono ou santuário em que se expõe o Santíssimo; sacrário (De *máquina*+*-eta*)

maquinismo n.m. 1 conjunto das peças de uma máquina 2 aparelho; engenho 3 arte de maquinista 4 organismo 5 TEATRO cenário (De *máquina*+*-ismo*)

maquinista n.2g. 1 pessoa que inventa, faz ou dirige máquinas 2 pessoa que conduz uma locomotiva 3 pessoa encarregada da montagem e da desmontagem do cenário e acessórios de um palco 4 CINEMA, TELEVISÃO profissional que monta, desloca ou eleva a câmara e verifica o equipamento relacionado com esta (De *máquina*+*-ista*)

maquinofactura ver nova grafia **maquinofatura**

maquinofatura n.f. 1 produção de artefactos por meio de máquinas 2 produção industrial (De *máquina*+*factura*)

mar n.m. 1 grande massa e extensão de água salgada que cobre a maior parte (73%) da superfície da Terra 2 porção definida dessa extensão, com predomínio de plataforma continental, entre a costa e ilhas, entre massas continentais muito próximas ou encravada numa só massa continental 3 lago de grandes dimensões 4 [fig.] grande quantidade; imensidade 5 [fig.] abismo 6 aquilo que apresenta flutuações; ~ *alto* espaço marítimo que não pertence ao mar territorial nem às águas interiores de um país; ~ *de rosas* tranquilidade, serenidade; ~ *territorial* zona de mar adjacente às costas de um país a que se estende a soberania desse país; *deitar a carga ao* ~ vomitar; *nem tanto ao* ~ *nem tanto à terra* no meio-termo; *por* ~ por via marítima (Do lat. *mare-*, «id.»)

mará[1] n.m. ZOOLOGIA mamífero roedor da América do Sul, da família dos Caviídeos, afim da cobaia, conhecido ainda pela designação de lebre-das-pampas (Do arauc. *mara*, «id.»)

mará[2] n.m. 1 [Brasil] ramo delgado de árvore 2 [Brasil] vara que serve para pôr a canoa em movimento e para a amarrar no porto (Do tupi *ma'ra*, «id.»)

marabu n.m. 1 ORNITOLOGIA ave pernalta, da família dos Ciconiídeos, própria da África tropical, útil e protegida por se alimentar de detritos 2 mesquita muçulmana 3 asceta que serve essa mesquita 4 pl. adornos feitos de penas daquela ave (Do ár. *murâbit*, «monge», pelo fr. *marabout*, «monge muçulmano; marabu»)

marabumbo n.m. ICTIOLOGIA ⇒ **ratinho** 4 (De orig. *desconhecida*)

marabuto n.m. 1 (asceta) marabu 2 templo em que o marabu exerce as suas funções (Do ár. *murâbit*, «religioso», pelo fr. *marabout*, «id.»)

maraca n.m. 1 MÚSICA instrumento de percussão que consiste numa pequena cabaça oca que contém feijões secos ou pedrinhas, e que faz barulho quando se agita 2 [Brasil] conjunto dos elementos que formam o chamado guizo da extremidade da cauda da cobra cascavel (Do tupi *mbara'ka*, «id.»)

maracachão

maracachão n.m. ORNITOLOGIA pássaro africano da família dos Ploceídeos, notável pela beleza da sua plumagem (De orig. obsc.)

maracajá n.m. ZOOLOGIA ⇒ **jaguatirica** (Do tupi *mbaraka'ya*, «id.»)

maracanã n.f. ORNITOLOGIA designação comum a várias espécies da família dos Psitacídeos (Do tupi *maraka'nã*, «id.»)

maracatim n.m. [Brasil] pequena canoa dos indígenas do Pará (Do tupi *maraka'ti*, «id.»)

maracha n.f. 1 marachão pequeno 2 muro divisório, nas salinas; baracha 3 pequeno muro de terra que separa os canteiros dos jardins e os talhões das hortas (Do ár. *marajá*, «terreno alagadiço»)

marachão n.m. 1 dique 2 faixa de areia submersa no mar ou num rio, frequentemente emersa na maré baixa; restinga (De *maracha+-ão*)

marachomba n.f. ICTIOLOGIA nome vulgar de peixes teleósteos pertencentes à família dos Bleniídeos, que se encontram com abundância na costa portuguesa, especialmente nas praias rochosas, e também conhecidos por lula, ranhosa, caboz, cabrito, etc. (De orig. obsc.)

maracotão n.m. 1 BOTÂNICA designação de algumas variedades de pessegueiros, cujos frutos têm polpa aderente ao caroço e são cultivados em grande escala em Portugal; melocotão 2 BOTÂNICA fruto destes pessegueiros (Do lat. *malu-cotōnu-*, ou *malu-cydoniu-*, «marmelo», pelo cast. *melocotón*, «maracotão»)

maracoteiro n.m. BOTÂNICA pessegueiro que produz o maracotão (De *maracotão+-eiro*)

maracujá n.m. 1 BOTÂNICA fruto comestível do maracujazeiro, de tamanho variável, cujo interior apresenta pequenas sementes 2 BOTÂNICA (arbusto) maracujazeiro (Do tupi *mboruku'ya*, «id.»)

maracujazeiro n.m. BOTÂNICA arbusto trepador, originário da América do Sul, da família das Passifloráceas, cujo fruto é o maracujá; martírios (De *maracujá+z+-eiro*)

maracuta n.f. antiga moeda angolana, equivalente a um centavo

maracutaia n.f. [Brasil] negócio fraudulento; falcatrua

marafona /ô/ n.f. 1 [regionalismo] boneca de trapos, sem olhos, ouvidos, boca e nariz, constituída por uma cruz de madeira revestida de tecido colorido que lhe serve de traje 2 [cal., pej.] prostituta 3 [regionalismo] [pej.] mulher mal arranjada ou de aspeto rude (Do ár. *mara haina*, «mulher enganadora»)

marafonear v.intr. conviver ou tratar com marafonas (De *marafona+-ear*)

marafoneiro n.m. aquele que convive ou trata com marafonas (De *marafona+-eiro*)

marafunda n.f. [Brasil] barafunda; confusão (De *barafunda*)

maragota n.f. ICTIOLOGIA nome vulgar de uns peixes pertencentes a duas espécies da família dos Labrídeos, também conhecidos por bodião e melope; margota (De orig. obsc.)

marajá n.m. 1 título dos antigos imperadores e príncipes da Índia 2 [Brasil] político corrupto (Do sânsc. *maharaja*, de *maha*, «grande» +*raja*, «rei»)

maranduva n.f. 1 [Brasil] conto; história 2 [Brasil] mentira (Do tupi *morã'nuwa*, «id.»)

maranha n.f. 1 fios enredados 2 teia de lã antes de apisoada 3 conjunto de toldos para a apanha da azeitona 4 [fig.] enredo; intriga 5 [fig.] assunto intrincado (Do cast. *maraña*, «tojal; enredo»)

maranhão n.m. grande mentira; peta grossa; palão (De *maranha+-ão*)

maranhar v.tr.,pron. ⇒ **emaranhar** (De *maranha+-ar*)

maranhense adj.2g. relativo ao Maranhão, estado do Nordeste do Brasil ■ n.2g. natural do Maranhão (De *Maranhão*, top. +-*ense*)

maranho n.m. 1 molho de tripas de carneiro 2 CULINÁRIA arrozada com miúdos de carneiro, bocados de galinha, etc. (De *maranha*)

maranhona /ô/ n.f. 1 ORNITOLOGIA ave palmípede, da família dos Pufinídeos, com a extremidade do bico encurvada para baixo, comum em Portugal, de abril a outubro, e também conhecida por pardilhão, moira, etc. 2 BOTÂNICA variedade de batata, branca e grande (De *maranha+-ona?*)

maranhoso /ô/ adj. 1 que diz maranhas 2 intriguista (De *maranha+-oso*)

maranta n.f. BOTÂNICA planta monocotiledónea da família das Marantáceas, da zona tropical, cultivada pela beleza da sua folhagem e pelo valor dos seus rizomas vivazes, de que se extrai a araruta (fécula); araruta (De *B. Maranta*, bot. it. que morreu em 1570)

Marantáceas n.f.pl. BOTÂNICA família de plantas monocotiledóneas, herbáceas, com inflorescências em espiga ou cacho, a que pertence a maranta ou araruta (De *maranta+-áceas*)

marantéu n.m. ORNITOLOGIA ⇒ **papa-figos** 1 (De orig. obsc.)

marasca n.f. BOTÂNICA cereja amarga de que se faz o marasquino (Do it. *marasca*, «id.»)

marasmar v.tr. causar marasmo a ■ v.intr. cair em marasmo (De *marasmo+-ar*)

marasmático adj. 1 que possui marasmo 2 apático 3 extenuado (De *marasmo+-ático*)

marasmo n.m. 1 magreza e fraqueza extremas 2 apatia profunda 3 estagnação (Do gr. *marasmós*, «magreza extrema»)

marasmódico adj. semelhante ou relativo ao marasmo (Do gr. *marasmódes*, «id.» +-*ico*)

marasquino n.m. licor branco feito com marascas (Do it. *maraschino*, «id.»)

marata¹ n.f. casta de videira (ou a sua uva) cultivada no Sul de Portugal

marata² n.m. língua falada no Centro e no Sul da Índia (Do mar. *maráthá*, adj. deriv. de *Marasthra*, nome da região)

maratona n.f. 1 DESPORTO prova de corrida pedestre de 42,195 quilómetros 2 [fig.] grande distância 3 [fig.] ação que exige um esforço extraordinário (De *Maratona*, top., localidade perto de Atenas)

maratonista n.2g. DESPORTO atleta que corre na maratona (De *maratona+-ista*)

marau n.m. 1 finório; espertalhão 2 patife (Do fr. *maraud*, «maroto»)

maravalha n.f. 1 apara de madeira; caruma 2 o que serve para acender o lume; acendalha 3 [regionalismo] caruma seca 4 [fig.] coisa sem importância; bagatela (Do lat. *mala folia*, «folhas que não tam»)

maravedi n.m. antiga moeda portuguesa e espanhola com o valor de 27 réis (Do ár. *murabiti [dinar]*, «[dinar] dos Almorávidas»)

maravedil n.m. ⇒ **maravedi**

maravilha n.f. 1 coisa, pessoa ou ato que provoca admiração; prodígio 2 milagre 3 [Brasil] BOTÂNICA planta trepadeira da família das Convolvuláceas, também chamada bons-dias 4 BOTÂNICA planta da família das Asteráceas, cultivada em Portugal, nos jardins; **às mil maravilhas** otimamente; **contar maravilhas sobre** exaltar, louvar; **fazer maravilhas** distinguir-se extraordinariamente (Do lat. *mirabilia*, «maravilhas», «coisas dignas de admiração»)

maravilhador adj.,n.m. que ou aquele que maravilha ou faz coisas maravilhosas (De *maravilhar+-dor*)

maravilhar v.tr. causar maravilha a; encher de admiração; encantar ■ v.pron. admirar-se; ficar encantado (De *maravilha+-ar*)

maravilhosamente adv. 1 de maneira maravilhosa; estupendamente 2 admiravelmente (De *maravilhoso+-mente*)

maravilhoso /ô/ adj. 1 que maravilha ou causa admiração; admirável; perfeito; espantoso; surpreendente 2 impecável; primoroso 3 que utiliza elementos mágicos ou fantásticos; sobrenatural ■ n.m. 1 o que é ou parece sobrenatural 2 LITERATURA intervenção de seres sobrenaturais ou de elementos mágicos num poema (De *maravilha+-oso*)

marca n.f. 1 ato ou efeito de marcar 2 sinal que se coloca sobre algo para distinguir de outros ou servir de referência 3 vestígio; sinal 4 símbolo ou letra que identifica produtos comerciais ou industriais 5 nome do fabricante desses produtos 6 sinal natural na pele ou causado por ferida, contusão, etc. 7 letra ou outro sinal bordado, cosido ou pintado em peças de roupa, usado como identificador 8 sinal para lembrar ou recordar alguma coisa 9 sinal impresso nos objetos cunhados que têm os quilates exigidos por lei; cunho 10 carimbo que certifica algo 11 em certas competições, número que exprime um resultado alcançado 12 traço distintivo de algo; estilo 13 limite; fronteira 14 sinal gráfico, geralmente um pequeno círculo preto, usado em documentos para enumerar diferentes pontos ou tópicos de uma lista 15 medida reguladora; craveira; bitola 16 cada um dos passos ou evoluções de certas danças 17 [fig.] impressão que fica no espírito 18 [fig.] expressão de sentimentos 19 [fig.] categoria; espécie; tipo 20 antiga unidade monetária da Finlândia, substituída pelo euro 21 DESPORTO linha de partida numa pista de atletismo 22 HISTÓRIA nome dado às províncias militares situadas junto das fronteiras, segundo a divisão administrativa feita por Carlos Magno, rei dos Francos (742-814), no seu Império 23 DESPORTO tento; ponto 24 LINGUÍSTICA traço pertinente que, pela sua presença ou ausência, distingue entidades semiológicas pertencentes a categorias comuns 25 botão que se forra de fazenda 26 botão de ceroulas; **~ de água** desenho assinalado no papel por zonas deste com menor densidade (em notas de banco, ações, etc.); **~ registada** nome que identifica os produtos de um fabricante e que é utilizado exclusivamente por ele; **fora das marcas** extraordinário; **passar das marcas** exceder os limites razoáveis, abusar; **ser de ~** ser de categoria, ser de topete (Do germ. *marka*, «sinal; fronteira»)

marcação n.f. 1 ato ou efeito de marcar 2 colocação de um traço distintivo 3 sinal que permite distinguir uma coisa de outra; marca 4 fixação antecipada da data para a realização de alguma coisa 5 (bilhetes, lugares) ato de fazer uma reserva 6 TEATRO indicação dos movimentos dos atores de uma peça, dada pelo diretor 7 TEATRO gestos e movimentos dos atores em palco, coordenados pelo diretor 8 DESPORTO vigilância apertada a um adversário, para condicionar os seus movimentos 9 DESPORTO concretização de um golo; execução de uma penalidade após uma falta (De marcar+-ção)

marcado adj. 1 assinalado com marca; indicado 2 reservado 3 distinto; ilustre 4 estigmatizado; condenado (Part. pass. de marcar)

marcadoiro n.m. ⇒ marcadouro

marcador adj. que marca ■ n.m. 1 aquele que marca 2 aquilo que serve para marcar 3 espécie de caneta de ponta de feltro 4 tabela onde são registados os pontos alcançados durante um jogo; placar; quadro de afixação 5 pequeno aparelho para contagem de certos jogos 6 DESPORTO jogador que executa uma penalidade 7 DESPORTO jogador que concretiza um golo 8 livro com letras que servem de modelos para marcar roupa 9 DESPORTO jogador que vigia de perto um adversário para condicionar as suas jogadas 10 FÍSICA isótopo radioativo usado na localização de certas doenças (por exemplo, hipotireoidismo ou hipertireoidismo) e também no estudo das correntes marítimas junto à costa (De marcar+-dor)

marcadouro n.m. liga de ouro ou prata adotada como padrão nas contrastarias ■ adj. que está nas condições para ser marcado pelo contraste (De marcar+-douro)

marçagão n.m. março áspero e desabrido (De Março+g+-ão)

marçalino adj. relativo ao mês de março (Do lat. martiāle-, «de Marte»+-ino)

marçano n.m. aprendiz de caixeiro (De orig. obsc.)

marcante adj.2g. 1 que marca; que assinala 2 que sobressai; que se evidencia (De marcar+-ante)

marcar v.tr. 1 pôr marca em; assinalar; delimitar 2 notar 3 indicar; designar 4 estabelecer com precisão a natureza de; definir 5 fixar previamente uma data para determinado acontecimento 6 reservar (um bilhete, um lugar, etc.) 7 bordar a fio de marca 8 digitar (número de telefone) 9 indicar aos atores as suas posições em palco 10 indicar os passos de uma dança 11 acompanhar um ritmo com movimentos ou sons; bater; contar 12 DESPORTO concretizar (um golo) 13 DESPORTO vigiar de perto um adversário para lhe condicionar as jogadas 14 calcular; contar 15 ter repercussões nos sentimentos, no carácter (de alguém) 16 [fig.] ferir; magoar 17 [fig.] manchar 18 [fig.] estigmatizar; condenar ■ v.intr. distinguir-se; sobressair; ~ *passo* 1 MILITAR fazer batimentos com os pés sem avançar; 2 [fig.] não progredir; ~ *posição* fazer-se valer, vincar a sua opinião (De marca+-ar)

marcassite n.f. MINERALOGIA mineral que é sulfureto de ferro (polimórfico da pirite), que cristaliza no sistema ortorrômbico (Do aram. makkashitha, «pirite», pelo fr. marcassite, «id.»)

marcavala n.f. BOTÂNICA planta da família das Boragináceas, espontânea nas regiões altas de Portugal (De orig. obsc.)

marcela n.f. [pop.] ⇒ macela

marcelino adj. relativo a Marco ou a Marcelo (De Marcelo+-ino)

marcenaria n.f. 1 trabalho de carácter artesanal ou industrial feito com madeira 2 oficina onde se fazem objetos em madeira 3 obra de marcen[eiro]+-aria)

marceneirar v.intr. 1 trabalhar em obra de marcenaria 2 carpinteirar (De marceneiro+-ar)

marceneiro n.m. 1 fabricante de móveis e de outros objetos de madeira 2 aquele que trabalha em obras tauxiadas (Do lat. mercenariŭ-, «contratado a dinheiro»)

marcescência n.f. estado de marcescente (Do lat. marcescentĭa-, part. pres. neut. pl. subst. de marcescĕre, «murchar»)

marcescente adj.2g. 1 que murcha ou pode murchar 2 BOTÂNICA diz-se do cálice ou da corola persistentes depois da fecundação, e da folha que não se desprende da planta, depois de seca (Do lat. marcescente-, «que murcha», part. pres. de marcescĕre, «murchar»)

marcescível adj.2g. suscetível de murchar (Do lat. marcescibĭle-, «id.»)

marcha n.f. 1 ato ou efeito de marchar 2 curso; progresso; desenvolvimento 3 caminhada 4 andamento; música que marca o ritmo do passo 5 cortejo 6 DESPORTO desporto de montanha praticado em equipa e cujo objetivo é chegar ao fim de um percurso preestabelecido 7 DESPORTO modalidade em que os atletas têm de, na sua progressão passo a passo, manter sempre um apoio no solo 8 MILITAR movimento disciplinado e regular de tropas apeadas ou transportadas segundo dada formação e de acordo com certa velocidade; ~ *a ré* [Brasil] mudança na caixa de velocidades que permite a um veículo recuar, marcha-atrás; *pôr em* ~ fazer andar, colocar em funcionamento, ativar (Do fr. marche, «id.»)

marcha-atrás n.f. mudança na caixa de velocidades que permite a um veículo recuar

marchador n.m. 1 cavalo que marcha bem 2 aparelho de chapelaria ■ adj. diz-se do cavalo que marcha bem (De marchar+-dor)

marchantaria n.f. negócio ou ofício de marchante (De marchante+-aria)

marchante n.m. aquele que negoceia em gado para os açougues ou talhos (Do fr. ant. marchant, «mercador»)

marchar v.intr. 1 caminhar a passo de marcha; andar 2 progredir; prosseguir 3 seguir os devidos trâmites 4 [pop.] morrer ■ v.tr. investir sobre (Do fr. marcher, «id.»)

marche-marche n.m. MILITAR passo rápido da tropa; *a* ~ a passo acelerado (De marche+marche)

marcheta /ê/ n.f. 1 lugar do manto onde se pregam as fitas 2 ⇒ marchete (Deriv. regr. de marchetar)

marchetado adj. 1 que imita marchetaria 2 que tem embutidos; tauxiado 3 [fig.] matizado; esmaltado; enfeitado (Part. pass. de marchetar)

marchetar v.tr. 1 embutir; tauxiar 2 [fig.] matizar; esmaltar; adornar (Do fr. marqueter, «id.»)

marchetaria n.f. 1 arte de marchetar ou embutir 2 obra de embutidos (De marchetar+-aria, ou do fr. marqueterie, «id.»)

marchete /ê/ n.m. cada uma das peças que se marchetam ou embutem (Deriv. regr. de marchetar)

marcheteiro n.m. oficial de marchetaria (De marchetar+-eiro)

marcial adj.2g. 1 referente à guerra; bélico 2 próprio de militar; guerreiro 3 FARMÁCIA relativo aos compostos de ferro ou a preparados com esses compostos; *lei* ~ lei que autoriza a aplicação da força armada, no caso de alteração da ordem pública (Do lat. martiāle-, «de Marte», deus da guerra na mitol. romana)

marciano n.m. suposto habitante de Marte ■ adj. 1 relativo ao planeta Marte 2 relativo a Marco Aurélio, imperador romano (121-181) 3 relativo a Márcio, heresiarca do séc. II (85 - 160) (Do lat. martiānu-, «id.»)

marciático adj. ⇒ marciano adj. (Do lat. martiatĭcu-, «id.»)

márcido adj. 1 murcho 2 flácido; frouxo (Do lat. marcĭdu-, «id.»)

márcio adj. 1 referente à guerra; bélico 2 próprio de militar; guerreiro (Do lat. martĭu-, «de Marte»)

marco[1] n.m. 1 traço ou sinal de demarcação; baliza 2 aquilo que marca uma época ou uma data; facto decisivo 3 ponto de referência 4 fronteira; limite; ~ *fontanário* fonte em forma de coluna ou pilastra, provida de torneira; ~ *miliário* baliza de pedra que os Romanos colocavam nas estradas, de mil em mil passos (De marca)

marco[2] n.m. 1 antiga unidade monetária da Alemanha, substituída pelo euro 2 moeda de ouro ou prata usada em vários países, com diferente valor; ~ *convertível* unidade monetária da Bósnia e Herzegovina (Do al. Mark, «id.»)

marco[3] n.m. antigo peso de oito onças (Do frânc. *marka, «id.»)

março n.m. terceiro mês do ano civil, com trinta e um dias (Do lat. martĭu-, «de Marte»)

marco do correio n.m. pequena construção, geralmente de forma cilíndrica, com uma ranhura, onde se deposita a correspondência que depois é reunida nas estações de correios para ser enviada aos destinatários

marcomano adj. relativo aos Marcomanos (Do lat. marcomannu-, «id.»)

Marcomanos n.m.pl. ETNOGRAFIA antigos povos da Germânia (Do lat. Marcomannu-, «id.»)

marconigrama n.m. comunicação pela telegrafia sem fios; radiograma (De Marconi, antr., físico it., 1874-1937 +-grama)

marcuense adj.2g. referente ao Marco de Canaveses, cidade portuguesa do distrito do Porto ■ n.2g. natural ou habitante dessa cidade (De Marco, top. +-ense)

maré n.f. 1 GEOGRAFIA movimento periódico de subida (fluxo) e descida (refluxo) das águas do mar, produzido principalmente pela atração da Lua e do Sol, em geral com duas marés cheias e duas marés baixas por dia 2 [fig.] fluxo e refluxo dos acontecimentos sociais 3 ensejo; disposição; ~ *alta/cheia* nível mais alto atingido pelas águas dos mares nas marés; ~ *baixa* nível mais baixo atingido pelas águas dos mares nas marés; ~ *de sorte/rosas* [fig.] tempo de prosperidade; *estar de* ~ estar bem-disposto, ter ocasião; *remar contra a* ~ fazer esforços inúteis, ir contra a opinião da maioria (Do fr. marée, «id.»)

mareação n.f. ato ou efeito de marear (De marear+-ção)

mareagem *n.f.* **1** ato ou efeito de marear; mareação **2** conjunto das manobras para imprimir movimento ao navio **3** rumo do navio (De *marear*+*-agem*)
maré-alta *n.f.* ⇒ **maré-cheia**
mareamento *n.m.* [Cabo Verde] enjoo (De *marear*, «fazer enjoar»)
mareante *adj.2g.* que mareia ■ *n.m.* homem do mar; marinheiro (De *marear*+*-ante*)
marear *v.tr.* **1** NÁUTICA governar (a embarcação) **2** NÁUTICA orientar convenientemente as velas em relação ao vento, para que a embarcação navegue **3** fazer enjoar **4** tornar baço; oxidar **5** entontecer (o touro) **6** [fig.] deslustrar ■ *v.intr.* **1** andar embarcado **2** enjoar a bordo **3** perder o brilho; embaciar-se; manchar-se **4** perder as cores (De *mar*+*-ear*)
marechal *n.m.* MILITAR patente mais alta da hierarquia do Exército e da Força Aérea, concedida como distinção honorífica a certos oficiais generais e cuja insígnia é constituída por quatro estrelas ■ *n.2g.* MILITAR oficial general que recebeu essa distinção (Do ant. alto-al. *marahscalc*, «criado de cavalo», pelo fr. *maréchal*, «marechal»)
marechalado *adj.* ⇒ **marechalato**
marechalato *n.m.* dignidade de marechal (De *marechal*+*-ato*)
maré-cheia *n.f.* abundância; grande quantidade
marégrafo *n.m.* instrumento que regista automaticamente o fluxo e o refluxo das marés (De *maré*+*-grafo*, ou do fr. *marégraphe*, «id.»)
maregrama *n.m.* gráfico das diferenças de nível da água do mar provocadas pelas marés que é registado automaticamente pelo marégrafo (De *maré*+*-grama*)
mareiro *adj.* **1** diz-se do vento que sopra do mar **2** favorável para a navegação (De *mar*+*-eiro*)
marejada *n.f.* leve agitação das ondas; marulho (Part. pass. fem. subst. de *marejar*)
marejar *v.tr.,intr.* **1** ressumar (um líquido) pelos poros **2** gotejar; verter ■ *v.intr.* marulhar; agitar-se (o mar) ■ *v.pron.* **1** encher-se (de lágrimas) **2** [fig.] borbulhar (De *mar*+*-ejar*)
marel *adj.,n.m.* que ou o animal que é destinado à padreação; padreador (De orig. obsc.)
marelante *n.m.* ORNITOLOGIA ⇒ **papa-figos** 1 (De *amarelante*)
marelão *n.m.* ORNITOLOGIA ⇒ **pica-pau** 1 (De *amarelão*)
marema /ê/ *n.f.* nome que se dá na Itália central à faixa de terreno litoral que, no verão, é insalubre pelas emanações que dele se exalam (Do it. *maremma*, «pântano; marema»)
maremático *adj.* **1** relativo às maremas **2** propício às febres das maremas (Do it. *maremmatico*, «id.»)
marémetro *n.m.* ⇒ **marégrafo** (De *maré*+*-metro*)
maremoto *n.m.* **1** GEOGRAFIA grande agitação das águas marítimas por vibrações sísmicas, erupções vulcânicas submarinas ou fenómenos de abatimento do fundo, que originam ondas solitárias **2** invasão da costa e do litoral pela onda solitária devastadora (Do lat. *mare-*, «mar» +*motu-*, «movimento»)
mareógrafo *n.m.* ⇒ **marégrafo**
mareograma *n.m.* ⇒ **maregrama**
mareómetro *n.m.* ⇒ **marégrafo**
mareorama *n.m.* **1** representação ótica das marés e da navegação **2** panorama do mar (Do lat. *mare*, «mar»+gr. *hórama*, «vista»)
maresia *n.f.* **1** cheiro característico do mar, que se sente sobretudo quando a maré baixa **2** ⇒ **marejada** (De *marés*+*-ia*)
mareta[1] /ê/ *n.f.* **1** onda pequena **2** onda dos rios (De *maré*+*-eta*, ou do it. *maretta*, «id.»)
mareta[2] /ê/ *n.f.* BOTÂNICA ⇒ **sandará** (De orig. obsc.)
marfar *v.tr.* **1** ofender; irritar **2** enfadar; aborrecer ■ *v.pron.* [regionalismo] tornar-se hidrófobo ou raivoso (De orig. obsc.)
marfim *n.m.* **1** substância rija, calcificada, de origem mesodérmica, que entra, em grande parte, na constituição dos dentes dos mamíferos, e que é também denominada dentina **2** dentes do elefante e de outros animais **3** obra feita dessa substância **4** variedade de queijo muito fino; *deixar correr o* ~ esperar os acontecimentos sem se preocupar (Do ár. vulg. *malfíl*, «dente de elefante»)
marfim-vegetal *n.m.* BOTÂNICA endosperma, muito duro, das sementes de uma palmeira da América tropical, empregado no fabrico de botões e outros objetos pequenos, também conhecido por coroço ou corozo
marfinense *adj.2g.,n.2g.* ⇒ **costa-marfinense** (De *Marfim*+*-ense*)
marfinoso /ô/ *adj.* que é da qualidade ou tem o aspeto do marfim (De *marfim*+*-oso*)
marfolhar *v.intr.* [regionalismo] ondear como marfolho (a seara) (De *marfolho*+*-ar*)
marfolho /ô/ *n.m.* [regionalismo] seara tenra e folhuda que ondeia ao sabor do vento (De *mar*+*folha*)

marga *n.f.* **1** PETROLOGIA rocha sedimentar, calcária e argilosa, em que a argila e o calcário entram em proporções quase iguais, utilizada no fabrico de cimentos **2** ⇒ **marma** (Do lat. *marga-*, «argila; terra»)
margaça *n.f.* ⇒ **magaça** (Do lat. **amaricacěa-*, «amarga»)
margaça-das-boticas *n.f.* BOTÂNICA ⇒ **camomila**
margaça-das-valas *n.f.* BOTÂNICA planta da família das Compostas, espontânea em Portugal, nos lugares húmidos da Estremadura
margagem *n.f.* **1** ato ou efeito de corrigir ou adubar um terreno com marga **2** adubação ou correção (de terreno) com marga (De *margar*+*-agem*)
margar *v.tr.* corrigir um terreno com marga (De *marga*+*-ar*)
margarato *n.m.* QUÍMICA sal ou éster do ácido margárico (De *margar[ina]*+*-ato*)
margárico *adj.* QUÍMICA diz-se de um ácido gordo, situado na respetiva série entre os ácidos palmítico e esteárico, não existente normalmente nas gorduras naturais, com aplicação em sínteses orgânicas (De *margar[ina]*+*-ico*)
margarida *n.f.* **1** BOTÂNICA planta da família das Compostas, com capítulos de flores liguladas, brancas, espontânea em Portugal, e também conhecida por bonina e bem-me-quer; margarida **2** BOTÂNICA flor desta planta (Do lat. *margarīta-*, «pérola»)
margarida-do-monte *n.f.* BOTÂNICA planta afim da margarida e espontânea em Portugal
margarida-maior *n.f.* BOTÂNICA ⇒ **olho-de-boi** 2
margarida-menor *n.f.* BOTÂNICA ⇒ **margarida-do-monte**
margarina *n.f.* substância que substitui a manteiga, e que se prepara a partir de gorduras quase sempre vegetais, purificadas e hidrogenadas, a que se junta leite previamente desengordurado (Do gr. *márgaron*, «pérola», pelo fr. *margarine*, «margarina»)
margarita *n.f.* **1** pérola muito fina **2** ZOOLOGIA molusco lamelibrânquio que produz as pérolas, também denominado peroleira **3** cocktail preparado com tequila, sumo de lima ou limão, e licor de laranja, geralmente servido num copo arrefecido cujo rebordo foi coberto com uma camada fina de sal **4** BOTÂNICA ⇒ **margarida** **5** [Brasil] MINERALOGIA ⇒ **margarite** (Do gr. *margarítes*, «pérola», pelo lat. *margarīta-*, «id.»)
margarite *n.f.* MINERALOGIA mineral composto quimicamente por silicato hidratado de alumínio e cálcio, de brilho vítreo e cor rosada, branca a cinzenta, que cristaliza no sistema monoclínico; mica nacarada (Do gr. *margarítes*, «pérola», pelo lat. *margarīta-*, «id.»)
margaritífero *adj.* que produz margaritas (pérolas) (Do lat. *margaritiferu-*, «que produz pérolas»)
margarito *n.m.* [Brasil] BOTÂNICA ⇒ **taioba** 1 (De *margarita*)
margear *v.tr.* **1** ir pela margem ou ao longo de **2** estar na margem de; ladear **3** fazer margens em; marginar **4** fazer margens em (terreno que se vai semear) (De *margem*+*-ear*)
margeeiro *n.m.* [regionalismo] arado para lavrar as margens, num terreno de semeadura (De *margem*+*-eiro*)
margem *n.f.* **1** espaço em branco que rodeia a mancha escrita de uma página **2** limite exterior de alguma coisa; borda; periferia **3** terreno que ladeia um rio ou corrente de água; beira; riba **4** cada uma das faixas em que a seara se divide num terreno lavrado, por meio de regos paralelos **5** [fig.] grau de diferença aceitável em relação a um valor de referência **6** [fig.] ensejo; ocasião; pretexto **7** [fig.] limite; fronteira; ~ *de lucro* ECONOMIA percentagem ou valor acrescentado ao custo de produção de um bem ou serviço para determinar o seu preço de venda; ~ *de manobra* grau de liberdade para agir; *à* ~ junto a, fora de; *dar* ~ proporcionar ocasião, dar oportunidade; *pôr/deitar/lançar à* ~ desprezar, abandonar; *sem* ~ *para dúvida(s)* com toda a certeza, seguramente (Do lat. *margĭne-*, «id.»)
marginação *n.f.* ato ou efeito de marginar (De *marginar*+*-ção*)
marginado *adj.* **1** que tem margem **2** que foi escrito na margem de um texto ou de uma mancha gráfica (Part. pass. de *marginar*)
marginador *n.m.* **1** aparelho que regula automaticamente as margens, na impressão **2** operário que, na tipografia, mete na máquina as folhas para imprimir (De *marginar*+*-dor*)
marginal *adj.2g.* **1** da margem; que diz respeito à margem **2** que segue ao longo da margem **3** diz-se da pessoa que vive à margem da lei **4** ECONOMIA referente a pequenas variações **5** que é irrelevante ou pouco significativo; secundário; acessório ■ *n.2g.* pessoa que vive fora da lei, à margem da sociedade; vadio; delinquente ■ *n.f.* estrada ou avenida situada ao longo de um curso de água; *consciência* ~ PSICOLOGIA conteúdo da consciência mais ou menos confuso, à margem da consciência clara focalizada (W. James, filósofo

americano, 1842-1910); *utilidade* ~ ⇒ **marginalismo** (Do lat. *marginãle-*, «relativo à margem»)

marginalidade *n.f.* **1** qualidade do que é marginal ou está fora da lei **2** condição da pessoa que vive à margem da lei ou da sociedade (De *marginal*+*-i-*+*-dade*)

marginalismo *n.m.* ECONOMIA (economia política) teoria do valor segundo a qual ele é determinado pela sua utilidade marginal, isto é, pelo acréscimo de utilidade total que se obtém por cada unidade adicional do fator em causa (De *marginal*+*-ismo*)

marginalização *n.f.* **1** ato ou efeito de marginalizar **2** discriminação (De *marginalizar*+*-ção*)

marginalizado *adj.* **1** que está ou que foi afastado da sociedade, de um grupo, de uma atividade, etc.; marginal **2** que foi ou é objeto de segregação; discriminado **3** que está em desvantagem

marginalizar *v.tr.* **1** tornar marginal; pôr à margem **2** pôr de parte; exercer segregação sobre; discriminar **3** colocar em desvantagem; prejudicar (De *marginal*+*-izar*)

marginar *v.tr.* **1** guarnecer as margens de; margear **2** compassar as margens do papel; espacejar **3** anotar à margem (Do lat. *marginãre*, «cercar; marginar»)

marginário *adj.* ⇒ **marginado** (Do lat. *margĭne-*, «margem» + *-ário*)

marginiforme *adj.2g.* semelhante a uma cercadura (Do lat. *margĭne-*, «margem» +*-forme*)

margoso[1] *adj.* **1** que possui marga **2** semelhante a marga; argiloso (De *marga*+*-oso*)

margoso[2] *adj.* **1** [Cabo Verde, São Tomé e Príncipe] amargo **2** [Cabo Verde, São Tomé e Príncipe] zangado; irado (De *amargoso*, por redução)

margota *n.f.* ⇒ **maragota**

margrave *n.m.* título que, na Alemanha, tinham os chefes civis e militares das províncias fronteiriças (Do al. *Markgraf*, «conde da marca», pelo fr. *margrave*, «id.»)

margraviado *n.m.* ⇒ **margraviato**

margraviato *n.m.* dignidade ou cargo de margrave (Do fr. *margraviat*, «id.»)

margueira *n.f.* lugar onde há marga; concentração de marga (De *marga*+*-eira*)

margueiro *n.m.* trabalhador que se emprega na extração da marga (De *marga*+*-eiro*)

mari *n.m.* BOTÂNICA planta brasileira da família das Leguminosas, utilizada em medicina (Do tupi *ma'ri*, por *uma'ri*, «id.»)

maria *n.f.* **1** BOTÂNICA planta (ou a sua flor) de cultura, do grupo do malmequer e da margarida **2** BOTÂNICA variedade de pera (De *Maria*, antr.)

maria-antónia *n.f.* variedade de pera

maria-da-fonte ver nova grafia maria da fonte

maria da fonte *n.f.* tumulto; desordem; motim (De *Maria da Fonte*, designação por que ficou conhecida a revolta pop. que se iniciou na província portuguesa do Minho em 1846)

maria-das-pernas-compridas ver nova grafia maria das pernas compridas

maria das pernas compridas *n.f.* [regionalismo] chuva

maria-é-dia *n.f.* ORNITOLOGIA pássaro brasileiro, da família dos Tiranídeos, também conhecido por maria-já-é-dia, marido-é-dia, bem-te-vi-miúdo, etc. (De orig. onom.)

maria-gomes /ó/ *n.f.2n.* **1** casta de uva branca muito cultivada em Portugal **2** variedade de maçã

maria-já-é-dia *n.f.* ORNITOLOGIA ⇒ **maria-é-dia**

marial *adj.2g.* que diz respeito à Virgem Maria; mariano (De *Maria*, antr. +*-al*)

maria-leite *n.f.* BOTÂNICA planta medicinal do Brasil, também conhecida por erva-de-santa-luzia e erva-de-cabra

marialva *adj.2g.* **1** HISTÓRIA referente às regras de cavalgar à gineta **2** mulherengo; conquistador ■ *n.m.* **1** bom cavaleiro **2** [pej.] indivíduo de família distinta que se ocupa de cavalos e de touros e leva vida ociosa e dissoluta **3** [pej.] mulherengo; homem conquistador (De *Marialva*, antr.)

maria-mijona *n.f.* [Brasil] [pop.] miúda desajeitada; rapariga deselegante

mariana *n.f.* **1** BOTÂNICA planta brasileira da família das Solanáceas **2** ICTIOLOGIA um dos nomes vulgares por que é conhecido um peixe teleósteo da família dos Esparídeos, próprio das costas africanas, cuja presença, na costa portuguesa, é discutida, e que é também conhecido por capatão, pargo-de-mitra, etc. (De *Mariana*, antr.)

mariânico *adj.* GEOGRAFIA designativo do sistema orográfico derivado da serra Morena, na Espanha, e que, em Portugal, abrange as elevações entre os rios Guadiana e Chança, e os relevos do Algarve (De *mariano*+*-ico*)

mariano *adj.* RELIGIÃO relativo à Virgem Maria ou ao seu culto ■ *n.m.* RELIGIÃO membro da Ordem dos Marianos (Do lat. ecl. *mariãnu-*, «id.»)

Marianos *n.m.pl.* RELIGIÃO designação dos membros de congregações e ordens marianas (Do lat. ecl. *mariãnu-*, «id.»)

maria-rapaz *n.f.* rapariga ou mulher que apresenta modos e gostos considerados próprios do sexo masculino (De *Maria*+*rapaz*)

mariato *n.m.* conjunto de bandeiras e galhardetes, para comunicação entre navios a distância, ou entre um navio e a terra (De *F. Marryat*, antr., almirante ing., 1792-1848)

maria-vai-com-as-outras *n.2g.2n.* [coloq.] pessoa sem vontade própria, que faz o que vê fazer e se deixa influenciar facilmente

maribondo *n.m.* [Brasil] ZOOLOGIA designação extensiva aos insetos himenópteros da família dos Vespídeos, especialmente aos de uma espécie que faz o ninho nos beirais dos telhados, e cuja picada produz grande ardor; marimbondo (Do quimb. *maribundo*, de *ma-*, pref. designativo do pl. +*rimbondo*, «vespa»)

maricão *n.m.* [depr.] ⇒ **maricas** *adj.inv., n.m.2n.* (De *maricas*+*-ão*)

maricas *adj.inv.,n.2g.2n.* [coloq.] que ou indivíduo que tem medo de tudo; medricas; cagarola ■ *adj.inv.,n.m.2n.* **1** [depr.] que ou indivíduo que apresenta modos e gostos considerados próprios do sexo feminino; que ou o que é efeminado **2** [cal.] homossexual (De *Maria*, antr. +*-ica*)

maridagem *n.f.* **1** vida conjugal; casamento **2** [fig.] harmonia entre duas ou mais coisas (De *maridar*+*-agem*)

maridança *n.f.* ⇒ **maridagem** (De *maridar*+*-ança*)

maridar *v.tr.,intr.,pron.* **1** unir(-se) (a mulher) pelo casamento **2** [fig.] enlaçar(-se) (Do lat. *maritãre*, «id.»)

marido *n.m.* homem em relação à pessoa com quem está casado; cônjuge do sexo masculino; esposo (Do lat. *marītu-*, «id.»)

marido-é-dia *n.m.* ORNITOLOGIA ⇒ **maria-é-dia**

marijuana *n.f.* estupefaciente que se obtém das flores e folhas secas do cânhamo (*Cannabis sativa*); erva (Do cast. *Maria Juana*, antr.)

marimacho *n.m.* [depr.] mulher com aspeto e modos considerados próprios de homem; virago (De *Maria*+*macho*)

mari-mari *n.m.* BOTÂNICA árvore brasileira da família das Leguminosas, muito cultivada nas ruas do Rio de Janeiro, de flores róseas e vistosas (Do tupi *ma'ri m'ari*, «id.»)

marimba *n.f.* **1** espécie de tambor dos Cafres **2** MÚSICA instrumento formado de lâminas de vidro ou metal, graduadas em escala, que se percutem com martelinhos de madeira; xilofone (Do quimb. *ma-*, pref. designativo do pl. +*rimba*, «tambor»)

marimbar[1] *v.intr.* ganhar o jogo do marimbo ■ *v.tr.* [coloq.] lograr; enganar ■ *v.pron.* [coloq.] não fazer caso de; não ligar a (De *marimbo*+ *-ar*)

marimbar[2] *v.intr.* tocar marimba (De *marimba*+*-ar*)

marimbeiro *n.m.* tocador de marimba (De *marimba*+*-eiro*)

marimbo *n.m.* (jogo de cartas) jogo em que a dama de espadas é o trunfo de maior valor (De orig. obsc.)

marimbondo *n.m.* [Brasil] ZOOLOGIA inseto himenóptero da família dos Vespídeos, geralmente dotado de ferrão, maior do que a vespa e com as asas anteriores dobradas quando em repouso; vespão; caba **2** [Brasil] ZOOLOGIA vespa; caba **3** [Brasil] dança de roda executada ao som do instrumento de percussão **4** HISTÓRIA designação dada pelos portugueses aos brasileiros, na época da independência do Brasil (Do quimb. *marimbondo*, pl. de *rimbondo*, «id.»)

marina *n.f.* doca para barcos de recreio (Do it. *marina*, «praia; marina»)

marinada *n.f.* CULINÁRIA ⇒ **vinha-d'alhos** (Do fr. *marinade*, «id.»)

marinar *v.tr.* CULINÁRIA pôr em marinada ou vinha-d'alhos (Do fr. *mariner*, «id.»)

marinas *n.f.pl.* BOTÂNICA plantas que nascem e vivem no mar (Do lat. *marīnas*, «marinhas»)

marinha *n.f.* **1** o que diz respeito à navegação por mar **2** [com maiúscula] MILITAR organização militar que constitui um ramo integrante das Forças Armadas e que tem por objetivo cooperar na defesa militar do país, através da realização de operações navais, sendo uma força essencial na proteção da fronteira marítima portuguesa **3** região junto à costa; litoral; beira-mar; praia **4** quadro ou desenho representativo de cenas marítimas **5** profissão de marinheiro **6** represa de água do mar para a extração do sal; salina **7** ICTIOLOGIA peixe teleósteo, da família dos Singnatídeos, também designado cavalo-marinho **8** [regionalismo] pequena refeição que se dá aos indivíduos que conduzem o ataúde, num enterro; *~ de guerra* conjunto das forças militares navais de um país preparadas para a guerra no mar; *~ mercante* conjunto de todos os navios,

marinhadeira

pessoal e organismos de direção ligados às atividades marítimas de transporte de um país (Do lat. *marīna*-, «id.»)

marinhadeira *n.f.* ORNITOLOGIA ⇒ **trepadeira 3** (De *marinhar+-deira*)

marinhagem *n.f.* **1** conjunto de marinheiros; pessoal empregado na manobra de um navio **2** conhecimento das manobras náuticas (De *marinha+-agem*)

marinhão *adj.* (gado) criado no litoral (De *marinha+-ão*)

marinhar *v.tr.* prover (os navios) de marinhagem ■ *v.tr.,intr.* governar a manobra de (um navio) ■ *v.intr.* **1** saber navegar **2** [fig.] trepar (como um marinheiro) (De *marinho+-ar*)

marinharesco /ê/ *adj.* ⇒ **marinheiresco** (De *marinheiro+-esco*)

marinharia *n.f.* **1** conjunto de marinheiros; marinhagem **2** profissão de marinheiro (De *marinha+-aria*)

marinheira *n.f.* ORNITOLOGIA ⇒ **trepadeira 3** (De *marinhar+-eira*)

marinheirar *v.tr.,intr.* ⇒ **marinhar** (De *marinheiro+-ar*)

marinheiraria *n.f.* conhecimento prático da arte de bem manobrar um navio (De *marinheiro+-aria*)

marinheiresco /ê/ *adj.* relativo a, ou próprio de marinheiro (De *marinheiro+-esco*)

marinheiro *n.m.* **1** indivíduo que trabalha a bordo de uma embarcação **2** indivíduo entendido na arte da navegação **3** MILITAR designação comum aos militares que ocupam um dos postos superiores a grumete e inferiores a cabo (primeiro-marinheiro e segundo-marinheiro) **4** [Brasil] ZOOLOGIA crustáceo semelhante ao camarão, que tem por hábito marinhar no mangue **5** BOTÂNICA grupo de plantas brasileiras da família das Meliáceas **6** ORNITOLOGIA ⇒ **pica-peixe 1** ■ *adj.* relativo a marinhagem (De *marinho+-eiro*)

marinhesco /ê/ *adj.* ⇒ **marinheiresco** (De *marinho+-esco*)

marinhista *n.2g.* artista que pinta marinhas (De *marinha+-ista*)

marinho *adj.* relativo ou pertencente ao mar; marítimo ■ *n.m.* ORNITOLOGIA designação extensiva a duas aves pernaltas, da família dos Caradriídeos, também conhecidas por douradinha e por pildra-dourada (Do lat. *marīnu*-, «marinho; relativo ao mar»)

marinho-branco *n.m.* ORNITOLOGIA ⇒ **tarambola 1**

marinhoto /ô/ *n.m.* [regionalismo] marinheiro das águas costeiras **2** gado criado no litoral; gado marinhão (De *marinho+-oto*)

marinismo *n.m.* LITERATURA estilo afetado, semelhante ao que caracteriza as obras do poeta italiano Giambattista Marini, 1569-1625 (De *Marini*, antr. +-*ismo*)

marinista *n.2g.* seguidor do marinismo (De *Marini*, antr. +-*ista*)

marino *adj.* ⇒ **marinho** (Do lat. *marīnu*-, «id.»)

marioila *n.f.* BOTÂNICA planta da família das Labiadas, com folhas grossas, tomentosas, espontânea no Sul de Portugal, nos outeiros secos e pedregosos (De orig. obsc.)

mariola *n.m.* **1** pessoa de sentimentos vis; biltre; patife **2** moço de fretes **3** ORNITOLOGIA variedade de pombos **4** [regionalismo] monte de três pedras sobrepostas que, em certas serras ínvias, indica a direção a seguir ■ *adj.2g.* próprio de patife (Do it. *mariolo*, «patife; intrujão»)

mariolada *n.f.* **1** ato ou dito de mariola **2** bando de mariolas (De *mariola+-ada*)

mariolagem *n.f.* **1** conjunto de mariolas **2** mariolada (De *mariola+-agem*)

mariolão *adj.,n.m.* grande mariola; grande patife (De *mariola+-ão*)

mariolar *v.intr.* levar vida de mariola; malandrar; vadiar (De *mariola+-ar*)

mariolice *n.f.* ação ou dito de mariola; mariolada; intrujice (De *mariola+-ice*)

mariologia *n.f.* RELIGIÃO parte da teologia que se ocupa do culto da Virgem Maria (De *Maria+-logia*, ou do fr. *mariologie*, «id.»)

mariólogo *n.m.* teólogo que se ocupa sobretudo de assuntos relativos à Virgem Maria (De *Maria*, antr. +-*logo*)

marioneta *n.f.* **1** boneco articulado, em forma de pessoa ou animal, feito geralmente de pano e madeira, cujos movimentos são controlados por meio de fios; bonifrate; títere **2** [fig.] pessoa muito influenciável; fantoche (Do fr. *marionnette*, «id.»)

mariposa *n.f.* **1** DESPORTO estilo de natação derivado do de bruços, em que os braços são levantados simultaneamente para a frente enquanto se dá impulso com as pernas, movimentando-as juntas para cima e para baixo **2** ZOOLOGIA ⇒ **borboleta** (Do cast. *mariposa*, «id.»)

mariposear *v.intr.* pousar aqui e além; esvoaçar; borboletear; adejar (De *mariposa+-ear*)

mariquice *n.f.* **1** ato ou qualidade de maricas **2** [pop., pej.] mania; capricho (De *maricas+-ice*)

mariquinhas *adj.inv.,n.2g.2n.* ⇒ **maricas** *adj.inv., n.2g.2n.* (De *maricas+-inha*)

marisca *n.f.* ICTIOLOGIA truta própria das águas salgadas, pouco frequente na costa portuguesa (De *marisco*)

mariscada *n.f.* CULINÁRIA refeição preparada com diferentes tipos de marisco (De *marisco+-ada*)

mariscar *v.intr.* **1** apanhar mariscos **2** (aves marinhas) andar à procura de mariscos (De *marisco+-ar*)

marisco *n.m.* ZOOLOGIA designação comum que abrange os animais invertebrados marinhos, sobretudo crustáceos e moluscos comestíveis (De *mar+-isco*)

marisma *n.f.* **1** terreno alagadiço à beira-mar; sapal **2** alga que é produzida nesse terreno, utilizada na alimentação de animais (Do cast. *marisma*, «id.»)

marisqueira *n.f.* **1** estabelecimento onde se vendem mariscos **2** restaurante onde se comem mariscos **3** mulher que vende mariscos (De *marisco+-eira*)

marisqueiro *adj.* que apanha ou gosta de apanhar marisco ■ *n.m.* **1** aquele que apanha ou gosta de apanhar marisco **2** ORNITOLOGIA ⇒ **pica-peixe 1** (De *marisco+-eiro*)

maritabilidade *n.f.* grau de possibilidade que uma mulher tem de casar em determinada idade (Do lat. *maritabĭle*-, «conjugal» +-*i*-+-*dade*)

maritágio *n.m.* **1** dote que, na Idade Média, o pai dava à filha que ia casar **2** direito que o senhor cobrava do seu servidor que queria casar segundo a sua própria vontade (Do lat. med. *maritagĭu*-, «id.»)

marital *adj.2g.* **1** que diz respeito a marido **2** relativo a matrimónio; conjugal (Do lat. *maritāle*-, «id.»)

maritalmente *adv.* como um casal; como pessoas casadas (De *marital+-mente*)

mariticida *n.f.* pessoa que mata o próprio marido (Do lat. *marītu*-, «marido» +-*cida*)

mariticídio *n.m.* assassínio do próprio marido (De *mariticida+-io*)

marítimo *adj.* **1** do mar ou a ele relativo; marinho **2** situado à beira-mar **3** naval ■ *n.m.* **1** homem do mar; pescador **2** marinheiro (Do lat. *marítĭmu*-, «id.»)

marketing *n.m.* ECONOMIA conjunto de ações e técnicas que tem por objetivo a implantação de uma estratégia comercial nos seus variados aspetos, desde o estudo do mercado e suas tendências até à venda propriamente dita e ao apoio técnico após a venda; mercadologia (Do ing. *marketing*)

marlota *n.f.* **1** capote curto com capuz, usado entre os Mouros **2** antigo casaco de senhora (Do gr. *melotê*, «pele de ovelha», pelo ár. *malûtâ*, «capote curto», pelo cast. *marlota*, «capote mourisco, curto e com capuz»)

marlotar *v.tr.* **1** dar aspeto rugoso a **2** amarrotar; enxovalhar (Do cast. *marlotar*, «id.»)

marma *n.f.* **1** chapa lisa de ferro para arredondar o vidro, nas fábricas **2** ⇒ **merma** (Deriv. regr. de *mermar*)

marmanjão *n.m.* grande marmanjo; patifório; velhaco (De *marmanjo+-ão*)

marmanjaria *n.f.* **1** qualidade, ato ou dito de marmanjo **2** bando de marmanjos; marmanjos (De *marmanjo+-aria*)

marmanjo *n.m.* **1** [pop.] rapaz corpulento; homem feito; rapagão **2** [pop.] patife; tratante; velhaco; mariola (De orig. obsc.)

marmanjola *n.m.* grande marmanjo; velhaco (De *marmanjo+-ola*)

marmar *v.intr.* decrescer; minguar (Do cast. *mermar*, «diminuir»)

marmela *n.f.* **1** BOTÂNICA variedade de pera que se supõe ser híbrida de pera e marmelo **2** [regionalismo] BOTÂNICA pera flamenga (De *marmelo*)

marmelada *n.f.* **1** doce de marmelo cozido e misturado com calda de açúcar **2** [pop.] pechincha **3** [pop.] vantagem **4** [fig.] confusão; trapalhada **5** [Brasil] fruto da marmeladeira; *estar na ~* [coloq.] trocar carícias e beijos, jogos amorosos (De *marmelo+-ada*)

marmeladeira *n.f.* ⇒ **marmeleiro** (De *marmelada+-eira*)

marmeleiro *n.m.* **1** BOTÂNICA árvore da família das Rosáceas, muito cultivada (por vezes subespontânea) em Portugal, especialmente por motivo da aplicação dos seus frutos (marmelos) no fabrico da marmelada **2** varapau feito da haste dessa planta; cajado (De *marmelo+-eiro*)

marmelo *n.m.* **1** fruto (pomo) ácido e adstringente do marmeleiro, de pele amarela e aveludada **2** (árvore) marmeleiro **3** [pop.] marmanjo **4** [cal.] seio de mulher (Do gr. *melímelon*, «id.», pelo lat. **melimellu*-, por *melimelu*-, «maçã doce»)

marmita *n.f.* **1** recipiente de lata ou de outro metal, semelhante a uma panela, com tampa, usado para transportar refeições **2** panela para distribuir o rancho aos soldados **3** [coloq.] rameira que sustenta um rufião; *~ de Papin* FÍSICA espécie de caldeira inventada pelo físico francês Denis Papin (1674-1714), que serve para

marmorário *adj.* ⇒ **marmóreo** ▪ *n.m.* aquele que trabalha em mármore; marmorista (Do lat. *marmorarĭu-*, «id.»)

mármore *n.m.* **1** PETROLOGIA rocha metamórfica constituída por grânulos cristalinos de calcite **2** rocha compacta e de grão fino, que se presta a fácil polimento **3** [fig.] aquilo que é frio, insensível e branco como mármore (Do lat. *marmŏre-*, «id.»)

marmorear *v.tr.* **1** dar o aspeto de mármore a **2** revestir de mármore; marmorizar (De *mármore+-ear*)

marmoreira *n.f.* pedreira de mármore (De *mármore+-eira*)

marmoreiro *n.m.* cortador ou polidor de mármore; marmorista (Do lat. *marmorarĭu-*, «id.»)

marmóreo *adj.* **1** relativo ou semelhante ao mármore **2** feito de mármore **3** [fig.] frio **4** [fig.] duro; insensível **5** [fig.] branco (Do lat. *marmorĕu-*, «de mármore»)

marmoriforme *adj.2g.* que tem a aparência ou a constituição do mármore (Do lat. *marmŏre-*, «mármore» *+-forme*)

marmorista *n.2g.* pessoa que trabalha em mármore; marmoreiro (De *mármore+-ista*)

marmorite *n.f.* argamassa de cimento e grânulos de mármore utilizada como revestimento na construção (De *mármore+-ite*)

marmorização *n.f.* ato ou efeito de marmorizar (De *marmorizar+-ção*)

marmorizar *v.tr.* **1** dar o aspeto de mármore a **2** transformar em mármore **3** revestir de mármore (De *mármore+-izar*)

marmota *n.f.* **1** ZOOLOGIA mamífero da ordem dos roedores, da família dos Saurídeos, que tem por hábito cavar galerias onde vive e onde hiberna no tempo frio **2** ICTIOLOGIA pescada jovem (Do fr. *marmotte*, «id.»)

marmoto /ô/ *n.m.* [regionalismo] nome vulgar do castanheiro subespontâneo (De orig. obsc.)

marna *n.f.* ⇒ **marga** (Do fr. *marne*, «marna; marga»)

marneco *n.m.* ⇒ **marreco** *n.m.*

marnel *n.m.* terreno alagadiço pelo qual só se pode passar em pequenos barcos; paul (De *marna+-el*?)

marnoceiro *n.m.* **1** terreno alagadiço; paul **2** pescador ou barqueiro dos marnéis (Por *marnoteiro*)

marnota *n.f.* **1** terreno baixo suscetível de ser alagado pela água do mar ou de um rio **2** tabuleiro de salina (De *marna+-ota*)

marnotagem *n.f.* ofício ou indústria de marnoto (De *marnoto+-agem*)

marnotal *adj.2g.* respeitante a marnotas (salinas) (De *marnota+-al*)

marnoteiro *n.m.* ⇒ **marnoto** (De *marnota+-eiro*)

marnoto /ô/ *n.m.* trabalhador das salinas (De *marnota*)

maro *n.m.* BOTÂNICA planta herbácea ou subarbustiva da família das Labiadas, medicinal e aromática (Do gr. *máron*, «maro», pelo lat. *maru-*, «id.»)

maroiço *n.m.* ⇒ **marouço**

maroma /ô/ *n.f.* corda grossa sobre que se exibem os funâmbulos ou equilibristas (Do ár. vulg. *mabrumã*, «cordão», pelo cast. *maroma*, «id.»)

maromba *n.f.* **1** vara com que os funâmbulos mantêm o equilíbrio sobre a maroma **2** AGRICULTURA doença das videiras, caracterizada pela presença de manchas amareladas nas folhas e por baixa produção **3** [fig.] posição difícil que custa a sustentar **4** [Brasil] manada de bois **5** [Brasil] jangada para transporte de gado (Do ár. vulg. *mabrumã*, «cordão», pelo cast. *maroma*, «corda grossa»)

marombado *adj.* atacado de maromba (Part. pass. de *marombar*)

marombar *v.tr.* **1** utilizar a maromba **2** tentar equilibrar-se **3** hesitar ▪ *v.tr.* transmitir a maromba (doença) a (De *maromba+-ar*)

marombeiro *adj.* [Brasil] que adula com manha ou por interesse (De *maromba+-eiro*)

maronês *adj.* **1** do Marão, serra do Norte de Portugal **2** relativo ao Marão **3** criado no Marão (De *Marão*, top. *+-ês*)

maronita *adj.2g.* relativo aos cristãos do Líbano ▪ *n.2g.* cristão do Líbano (De *São Máron*, patriarca oriental, 350-443 *+-ita*)

Maronitas *n.m.pl.* ETNOGRAFIA membros de uma das seitas, consideradas heréticas, em que se fragmentou a Igreja Católica, no Oriente, aquando da divisão definitiva do Império Romano (De *maronita*)

marosca *n.f.* [pop.] trapaça; ardil (De orig. obsc.)

marotagem *n.f.* **1** ato de maroto; maroteira **2** bando de marotos (De *maroto+-agem*)

marotear *v.intr.* **1** fazer maroteiras **2** levar vida de maroto (De *maroto+-ear*)

maroteira *n.f.* **1** ato de maroto; marotice **2** patifaria; tratantada (De *maroto+-eira*)

marotice *n.f.* **1** ato próprio de maroto; brincadeira; travessura **2** carácter de quem é maroto (De *maroto+-ice*)

marotinho *n.m.* [regionalismo] lenço de assoar (De *maroto+-inho*)

maroto /ô/ *adj.* **1** travesso; irrequieto **2** velhaco **3** brejeiro **4** malicioso; lascivo ▪ *n.m.* **1** indivíduo que faz travessuras; tratante **2** indivíduo de mau carácter; patife **3** indivíduo de baixa condição (Do fr. *maraud*, «id.»)

marouco *n.m.* **1** [regionalismo] carneiro velho, pai do rebanho **2** [regionalismo] carneiro padreador (Do cast. *maroeco* ou *morueco*, «id.»)

marouço *n.m.* **1** onda encapelada **2** maré viva (De *mar+-ouço*)

maroufa *n.f.* [regionalismo] ⇒ **marouva**

marouva *n.f.* BOTÂNICA espécie de cereja miúda e desenxabida

marouvaz *n.m.* [regionalismo] patife; tratante; mariola

marquês *n.m.* **1** título de nobreza entre o de duque e o de conde **2** HISTÓRIA senhor que comandava a guarda das fronteiras de um Estado **3** AGRICULTURA casta de uva minhota **4** [regionalismo] meio quartilho (Do lat. med. *marchense-*, «governador de marca», província fronteiriça, pelo cast. *marqués*, «marquês»)

marquesa /ê/ *n.f.* **1** senhora que possui marquesado; esposa do marquês **2** cama com rodas onde se deitam os doentes para observação ou para serem transportados **3** espécie de canapé largo, com assento de palhinha **4** alpendre que cobre o cais das estações de caminho de ferro **5** galeria envidraçada, anexa a um edifício maior, virada, geralmente, para um jardim; marquise ▪ *adj.* diz-se de uma variedade de pera (De *marquês*)

marquesado *n.m.* cargo, dignidade ou domínio de marquês ou marquesa (De *marquês+-ado*)

marquesinha *n.f.* **1** sombrinha de senhora cujo cabo se dobrava pelo meio **2** casta de pera e de uva branca **3** BOTÂNICA planta da família das Liliáceas, por vezes subespontânea, e também cultivada como planta ornamental (De *marquesa+-inha*)

marquesota *n.f.* **1** rizoma comestível de uma planta indiana, da família das Dioscoreáceas **2** antigo mantéu para agasalho (De *marquesa+-ota*)

marquise *n.f.* varanda ou galeria envidraçada, anexa a um edifício maior (Do fr. *marquise*)

marra *n.f.* **1** sacho para mondar **2** valeta ao lado do caminho **3** jogo de rapazes **4** clareira em vinhedos ou olivais **5** grande maço de ferro para quebrar pedra (Do lat. *marra-*, «sacho»)

marrã *n.f.* **1** bácora que já deixou de mamar **2** toucinho fresco **3** [regionalismo] corcunda

marrabenta *n.f.* [Moçambique] dança típica, cheia de vivacidade, executada com um ritmo que implica movimentos para o lado e movimentos, mais fortes, da região pélvica para a frente e para trás (De *rebenta*, grito de incitamento)

marracho *n.m.* **1** ICTIOLOGIA ⇒ **marraxo** *n.m.* **3 2** ZOOLOGIA ⇒ **marrancho** **1**

marraco *n.m.* ⇒ **enxadão** (De *marra+-aco*)

marrada *n.f.* **1** ato de marrar **2** pancada que os animais dão com os chifres **3** cabeçada **4** [regionalismo] torrão em cru, mas coberto de leiva, que ficou na arada ou na cavada (Part. pass. fem. subst. de *marrar*)

marrado *adj.* [regionalismo] diz-se do vinho que se turvou na vasilha (Part. pass. de *marrar*)

marrafa *n.f.* **1** parte do cabelo riçado e pendente sobre a testa **2** cada uma das partes em que se divide o cabelo por meio de uma risca longitudinal na cabeça (De *Maraffi*, antr., dançarino it. (fins do séc. XVIII), que usava os cabelos caídos sobre a testa)

marrafão *n.m.* fadista que usa marrafa ▪ *adj.* dizia-se de uma espécie de tabaco ordinário (De *marrafa+-ão*)

marralhão *adj.* **1** [pop.] bonacheirão **2** [pop.] indolente ▪ *n.m.* aquele que marralha ou regateia (De *marralhar+-ão*)

marralhar *v.intr.* **1** procurar persuadir alguém; insistir **2** regatear no preço (Deriv. regr. de *marralheiro*)

marralharia *n.f.* ⇒ **marralhice** (De *marralhar+-aria*)

marralheiro *adj.* **1** que marralha **2** que emprega astúcias para convencer ou iludir **3** preguiçoso; indolente; vagaroso **4** cábula (Do cast. *marrullero*, «astucioso; marralheiro»)

marralhice *n.f.* **1** manha; indolência **2** lábia **3** ato de marralhar (De *marralhar+-ice*)

marrana *n.f.* corcunda; corcova; marreca ▪ *n.m.* indivíduo corcunda

marrancha *n.f.* **1** ⇒ **marrã 2** [regionalismo] corcunda; marrana (De *marrã+-acha*)

marrancho *n.m.* **1** bácoro desmamado; marrão **2** [regionalismo] namorado (De *marrão+-acho*)

marranço *n.m.* 1 [acad.] ato ou efeito de marrar ou decorar 2 [acad.] estudo afincado, geralmente na véspera de um exame (De *marrar*+*-anço*)

marraneiro *n.m.* [regionalismo] aquele que vende marrã (De *marrã*+*-eiro*)

marranica *n.f.* [regionalismo] corcunda ■ *n.m.* [regionalismo] indivíduo que tem corcunda (De *marrana*+*-ica*)

marranita *n.m.* indivíduo que tem corcunda; corcunda; marranica (De *marrana*+*-ita*)

marrano *n.m.* 1 [pej.] designação injuriosa que se dava aos judeus e mouros que viviam em Portugal 2 [regionalismo] porco de engorda, já crescido ■ *adj.* 1 [fig.] sujo 2 [fig.] maldito; excomungado (Do cast. *marrano*, «porco»)

marrão¹ *n.m.* ⇒ **marrancho** 1 (Do ár. *mharram*, «proibido»)

marrão² *n.m.* grande maço de ferro para quebrar pedra (De *marra*+*-ão*)

marrão³ *adj.,n.m.* 1 que ou animal que é selvagem e indomável; bravio 2 [coloq.] que ou pessoa que dificilmente muda de opinião ou de atitude; turrão; teimoso 3 [coloq., pej.] que ou pessoa que se dedica de forma excessiva aos estudos, que decora a(s) matéria(s) (De *marrar*+*-ão*)

marrão⁴ *n.m.* ZOOLOGIA ave pernalta da família dos Caradriídeos, comum em Portugal, principalmente no inverno e na primavera

marrar *v.tr.,intr.* 1 investir (o animal) com os chifres contra (algo ou alguém) 2 [coloq.] insistir (em); teimar (em) ■ *v.tr.* 1 dar marrada em; turrar contra 2 bater com marra ou marrão (maço de ferro) em 3 esbarrar com; chocar com ■ *v.intr.* 1 [acad.] não fazer mais nada a não ser estudar 2 [acad.] decorar a(s) matéria(s) 3 (cão) ficar parado e atento ao pressentir a caça 4 (vinho) toldar-se (De *marra*+*-ar*)

marrasquino *n.m.* ⇒ **marasquino** (Do it. *marraschino*, «id.»)

marraxo *adj.* que é astuto; matreiro ■ *n.m.* 1 vendedor ambulante de peixe 2 gato velho e brincalhão 3 ICTIOLOGIA peixe seláquio da família dos Lamnídeos, que vive nas costas do Sul de Portugal, também conhecido por anequim, arrequim e sardo (Do cast. *marrajo*, «matreiro; marraxom, peixe»)

marreca *n.f.* 1 corcunda 2 ORNITOLOGIA ⇒ **marreco** *n.m.* ■ *n.2g.* pessoa corcunda (De *marreco*)

marreco *n.m.* nome extensivo a umas aves palmípedes da família dos Anatídeos, muito frequentes em Portugal durante o inverno, também designadas por marreca, marrequinho, parreco, etc. ■ *adj.* 1 corcovado 2 sagaz; astuto

marrequinho *n.m.* ORNITOLOGIA ⇒ **marreco** *n.m.* (De *marreco*+*-inho*)

marreta /ê/ *n.f.* pesado martelo de ferro de cabeças quadradas (De *marra*+*-eta*)

marretada *n.f.* pancada com marreta (Part. pass. fem. subst. de *marretar*)

marretar *v.tr.* 1 bater com a marreta em 2 espancar (De *marreta*+*-ar*)

marroada¹ *n.f.* pancada com o marrão (maço de ferro)

marroada² *n.f.* vara de marrões (De *marrão*+*-ada*)

marroaz¹ *adj.2g.* diz-se de pessoa teimosa, obstinada (De *marrão*+*-az*)

marroaz² *n.m.* embarcação asiática (Do ár. *murauaj*, «usual; vulgar»?)

marroio *n.m.* BOTÂNICA nome vulgar extensivo a várias plantas da família das Labiadas, espontâneas em Portugal, como o marroio-branco, o marroio-negro, o marroio-d'água, o prásio, etc., algumas das quais exalam cheiro almiscarado (Do lat. *marrubĭu-*, «id.»)

marroio-branco *n.m.* BOTÂNICA variedade de marroio, com folhas e flores aromáticas

marroio-d'água *n.m.* BOTÂNICA variedade de marroio

marroio-negro *n.m.* BOTÂNICA planta labiada, espécie de balota

marrom *adj.2g.* que tem a cor castanha ■ *n.m.* castanho (Do fr. *marron*, «id.»)

marroquim *n.m.* pele de cabra, curtida, tingida do lado exterior e preparada para confeções (Do ár. *marroki*, «de Marrocos»)

marroquinar *v.tr.* transformar em marroquim (as peles) (De *marroquim*+*-ar*)

marroquinaria *n.f.* 1 fábrica onde se prepara o marroquim 2 arte de trabalhar o marroquim 3 indústria de transformação de peles para confeções 4 loja onde se vendem artigos de couro (De *marroquim*+*-aria*)

marroquino *adj.* 1 de Marrocos 2 relativo a Marrocos ■ *n.m.* natural de Marrocos (De *Marrocos*, top. +*-ino*)

marroteiro *n.m.* capataz dos marnotos, trabalhadores das salinas (Corrup. de *marnoteiro*)

marroxo /ô/ *n.m.* 1 [pop.] rebotalho; refugo; resto 2 [pop.] coto de vela

marruaz *n.m.* 1 [Brasil] novilho por domesticar 2 [Brasil] touro (De *marroaz*?)

marrucar *v.intr.* 1 [regionalismo] cabecear com sono; cochilar 2 (ovelhas) andar de cabeça baixa, no tempo quente

marrugem *n.f.* BOTÂNICA ⇒ **morugem** (De *morugem*)

marselhês *adj.* 1 de Marselha, cidade portuária do Sul da França 2 relativo a esta cidade ■ *n.m.* natural de Marselha (De *Marselha*, top.+*-és*, ou do fr. *marseillais*, «id.»)

Marselhesa /ê/ *n.f.* canto patriótico, tornado hino nacional francês (De *marselhês*, ou do fr. *marseillaise*, «id.»)

marsílea *n.f.* BOTÂNICA planta pteridófita, da família das Marsileáceas, própria de solos palustres, conhecida por trevo-de-quatro-folhas, por causa das suas folhas quadrifoliadas (De L. F. *Marsigli*, naturalista it., 1656-1730 +*-ea*)

Marsileáceas *n.f.pl.* BOTÂNICA família de plantas pteridófitas, filicíneas, próprias de solos palustres, representada na flora portuguesa (De *marsílea*+*-áceas*)

marsuíno *n.m.* ZOOLOGIA cetáceo também denominado boto em algumas regiões; porco-marinho (Do escand. ant. *marsvin*, «porco do mar», pelo fr. *marsouin*, «id.»)

marsupial *adj.2g.* 1 referente ao marsúpio, ou aos marsupiais 2 que tem forma de bolsa ■ *n.m.pl.* ZOOLOGIA ordem de mamíferos vivíparos providos, em geral, de uma bolsa ventral ou marsúpio, onde as mães colocam os filhos quando nascem, para aí completarem o seu desenvolvimento; metatérios; didelfos (Do gr. *marsýpion*, «pequena bolsa», pelo lat. *marsupĭu-*, «bolsa» +*-al*)

marsúpio *n.m.* 1 ZOOLOGIA bolsa ventral, cutânea, sustentada por uns ossos especiais (ossos marsupiais), que existe na maioria dos mamíferos marsupiais fêmeas 2 espécie de bolsa para transportar um bebé, usada ao peito ou às costas; porta-bebés (Do lat. *marsupĭu-*, «bolsa»)

marta *n.f.* 1 ZOOLOGIA mamífero carnívoro, da família dos Mustelídeos, com focinho pontiagudo e pelo longo e sedoso, que habita as regiões setentrionais da Eurásia 2 pele desse mamífero 3 casta de uva branca da América 4 [regionalismo] bebedeira (Do ant. alto-al. *mardar*, «marta», pelo fr. *marte* ou *martre*, «id.»)

martagão *n.m.* BOTÂNICA planta da família das Liliáceas que se encontra, em Portugal, desde o Gerês à serra da Estrela, também conhecida por lírio-mártago (Do turc. *martagán*, «turbante», pelo lat. cient. (lilium) *martágon*, «martagão»)

martaranho *n.m.* 1 ORNITOLOGIA ⇒ **bufo**² 1 2 ZOOLOGIA ⇒ **gineta**²

Marte *n.m.* 1 MITOLOGIA deus da guerra, entre os Romanos 2 ASTRONOMIA planeta primário exterior do sistema solar, entre a Terra e Júpiter, menor que a Terra, com dois satélites (Deimos e Fobos), e que faz uma rotação completa em 24 horas 37 minutos e 23 segundos, e uma translação em torno do Sol em 1 ano e 322 dias médios, aproximadamente 3 [com minúscula] [fig.] guerra 4 [com minúscula] [fig.] homem guerreiro (Do latim *Marte-*, mitologia, «idem»)

martelada *n.f.* 1 pancada com martelo 2 ruído semelhante ao da pancada do martelo (Part. pass. fem. subst. de *martelar*)

martelador *adj.,n.m.* 1 que ou aquele que martela 2 [fig.] que ou pessoa que é maçadora, importuna, insistente (De *martelar*+*-dor*)

martelagem *n.f.* ação de martelar; martelamento (De *martelar*+*-agem*)

martelamento *n.m.* ⇒ **martelagem** (De *martelar*+*-mento*)

martelão *n.m.* 1 martelo grande 2 [fig., coloq.] indivíduo que decora apenas à custa de muito repetir o assunto; marrão (De *martelar*+*-ão*)

martelar *v.tr.* 1 bater com martelo em 2 bater em (algo) como se fosse com martelo 3 [fig.] importunar; insistir 4 [fig.] repetir muitas vezes para decorar ■ *v.intr.* dar marteladas; ~ *em ferro frio* trabalhar em vão, insistir inutilmente (De *martelo*+*-ar*)

marteleiro *n.m.* 1 indivíduo que martela 2 indivíduo que falsifica o vinho 3 [regionalismo] caçador que raras vezes acerta com o tiro na caça (De *martelo*+*-eiro*)

martelejar *v.tr.* ⇒ **martelar** *v.tr.* ■ *v.intr.* soar como a pancada de um martelo (De *martelo*+*-ejar*)

martelete /ê/ *n.m.* 1 pequeno martelo 2 espora mourisca (De *martelo*+*-ete*)

martelinho *n.m.* 1 martelo pequeno 2 martelo pequeno usado por ocasião do S. João, geralmente com cabo de plástico, provido de uma cabeça com foles plásticos de ambos os lados, preso a um cabo pelo qual é manuseado 3 [coloq.] copo de meio quartilho 4 BOTÂNICA planta vivaz, da família das Amarilidáceas, que se encontra no litoral do Norte de Portugal (De *martelo*+*-inho*)

martelo n.m. 1 ferramenta constituída por uma cabeça de ferro que encaixa num cabo de madeira pelo qual é manuseada para bater, quebrar, pregar pregos, esmagar, etc. 2 peça do piano para percutir as cordas 3 peça que bate no sino ou na campainha 4 ANATOMIA um dos ossículos do ouvido 5 (atletismo) esfera de bronze presa a um cabo de aço que tem na extremidade uma argola na qual o atleta segura para fazer o lançamento 6 [fig.] pessoa aborrecida; maçador; ~ *pneumático* máquina acionada por ar comprimido destinada a efetuar desmontes, escavação de terras, compactações, etc.; *a* ~ à força, sem dever ser; *vinho a* ~ vinho falsificado, vinho de baixa qualidade (Do lat. *martellu-, por *martŭlu-, por *marcŭlu*-, dim. de *marcu*-, «malho»)

martim-gil n.m. BOTÂNICA variedade de maçã (De *Martim Gil*, antr.)

martim-gravata n.m. espécie de jogo popular

martim-pescador n.m. ORNITOLOGIA ⇒ **pica-peixe** 1

martinete /ê/ n.m. 1 espécie de martelão, movido a água ou a vapor, empregado nas indústrias metalúrgicas 2 martelo de piano 3 ponteiro de relógio de sol 4 ORNITOLOGIA pedreiro (pássaro) 5 ORNITOLOGIA gavião 6 penacho da frente de certos mochos, ou que encima a cabeça dos grous (Do fr. *martinet*, «id.»)

martinho-pescador n.m. ORNITOLOGIA ⇒ **pica-peixe** 1

mártir n.2g. 1 RELIGIÃO pessoa que sofreu tormentos ou a morte pela fé cristã 2 [fig.] aquele que sofre para sustentar as suas opiniões ou as suas crenças 3 [fig.] pessoa que sofre muito (Do gr. *mártyr*, «testemunha», pelo lat. *martyre*-, «mártir»)

martírio n.m. 1 tormentos ou morte suportada por um mártir 2 [fig.] grande padecimento 3 pl. BOTÂNICA ⇒ **maracujazeiro** (Do gr. *martýrion*, «testemunho», pelo lat. *martyrĭu*-, «martírio»)

martirizar v.tr. 1 fazer sofrer martírio 2 atormentar ■ v.pron. 1 inquietar-se 2 mortificar-se (De *martírio*+*-izar*)

martirológio n.m. rol ou catálogo dos mártires, com a história do martírio de cada um (Do gr. *mártyr*, «testemunha»+*lógos*, «estudo», pelo lat. ecl. *martyrologĭu*-, «id.»)

martirologista n.2g. pessoa que escreve martirológios (De *martirológio*+*-ista*)

martite n.f. MINERALOGIA pseudomorfose octaédrica da magnetite (De *Marte*+*-ite*)

marto n.m. [regionalismo] ⇒ **gato-bravo** 1 (De *marta*)

martrindinde n.m. [Angola] ZOOLOGIA inseto ortóptero do grupo dos acrídios, cujo macho produz com as asas um som estridente e cuja aparição ocorre com o início da estação do cacimbo (Do quimb. *matirindíndi*, pl. de *ditirindíndi*, «id.»)

marubá n.m. 1 BOTÂNICA planta brasileira, da família das Simarubáceas 2 BOTÂNICA fruto da quássia, utilizado em medicina (Do tupi *maru'ba*, «id.»)

marufle n.m. cola forte usada por pintores para colar as telas sobre pano ou madeira (Do fr. *maroufle*, «id.»)

marufo n.m. 1 bebida alcoólica extraída da seiva do bordão (planta) 2 [gír.] vinho (Do quimb. *ma'lufu*, «id.»)

marugem n.f. BOTÂNICA ⇒ **morugem**

maruí n.m. nome vulgar de alguns mosquitos das regiões pantanosas do Brasil (Do tupi *mbéru'i*, «mosca pequena»)

maruim n.m. ⇒ **maruí**

maruja n.f. 1 tripulação do navio; marinhagem 2 gente do mar; *à* ~ à moda dos marinheiros (De *marujo*)

marujada n.f. ⇒ **marinhagem** (De *marujo*+*-ada*)

marujar v.intr. 1 chuviscar; merujar 2 [regionalismo] ficar verde como a marugem (De *marugem*+*-ar*)

marujinha n.f. variedade de oliveira (ou os seus frutos) (De *marugem*+*-inha*)

marujo n.m. homem que trabalha a bordo de uma embarcação; marinheiro (De *mar*+*-ujo*)

marulhada n.f. 1 agitação das ondas do mar 2 [fig.] barulho; balbúrdia (Part. pass. fem. subst. de *marulhar*)

marulhado adj. banhado ou coberto pelas ondas em marulho (Part. pass. de *marulhar*)

marulhar v.intr. 1 (mar) agitar-se, formando ondas 2 imitar o barulho das ondas (De *marulho*+*-ar*)

marulheiro adj. (vento) que produz marulho (De *marulho*+*-eiro*)

marulhento adj. ⇒ **marulhoso** (De *marulho*+*-ento*)

marulho n.m. 1 agitação das ondas do mar 2 som provocado por esta agitação 3 [fig.] barulho; balbúrdia (De *mar* × *barulho*)

marulhoso /ô/ adj. 1 em que há marulho 2 picado; revolto; inquieto (De *marulho*+*-oso*)

maruorana n.f. BOTÂNICA planta brasileira, da família das Malváceas (Do tupi *maruo'rana*, «id.»)

marupá n.m. [Brasil] ⇒ **marupaúba** (Do tupi *maru'pa*, «id.»)

marupaúba n.f. BOTÂNICA árvore de grande porte, própria da região amazónica, da família das Simarubáceas, também denominada marupá (Do tupi *marupa'iwa*, «id.»)

marxismo /cs/ n.m. sistema doutrinário de Karl Marx (1818--1883), segundo o qual é a produção dos bens materiais que condiciona, de modo geral, a vida social, intelectual e política, e que considera o coletivismo dirigido pelo Estado como o termo fatal e necessário da evolução social (Do antr. *K. Marx* (economista alemão)+*-ismo*)

marxista /cs/ adj.2g. relativo a Karl Marx, à sua obra ou ao marxismo ■ n.2g. pessoa defensora do marxismo (De *Marx*, antr. +*-ista*)

mas conj. 1 porém; contudo; todavia; no entanto 2 usa-se para reforçar uma ideia (*saiu-se bem, mas mesmo bem!*) 3 estabelece relação com uma ideia anterior (*mas, afinal, vamos ou não?*) 4 usa-se com valor enfático (*para mas é com isso!*) ■ n.m. 1 dificuldade; obstáculo 2 defeito; *nem* ~ *nem meio* ~! nada de objeções! (Do lat. *magis*, «mais»)

masarulho n.m. [Madeira] novelo mal feito (De orig. *desconhecida*)

mascador adj.,n.m. que ou aquele que masca (De *mascar*+*-dor*)

mascar v.tr. 1 mastigar sem engolir 2 dar a entender por meias palavras 3 [fig.] planear 4 [fig.] meditar sobre; refletir sobre ■ v.intr. resmungar; falar por entre dentes (Do lat. *masticāre*, «mastigar»)

máscara n.f. 1 artefacto de cartão, pano, cera e/ou outros materiais, que representa uma cara ou parte dela, e destinado a cobrir o rosto para disfarçar a pessoa que o põe; mascarilha 2 peça para defesa da cara, na guerra, nos combates de esgrima ou na limpeza de colmeias 3 objeto que se eleva no terreno natural (sebe, moita, árvore), oferecendo abrigo contra as vistas inimigas, mas não contra os seus fogos 4 MEDICINA dispositivo que se adapta à boca e ao nariz de um doente para que este inspire certas substâncias, como no caso das anestesias 5 proteção de tecido esterilizada, para a boca e o nariz, usada por profissionais de saúde em certos atos médicos e por pacientes imunodeprimidos; máscara cirúrgica 6 camada de creme, pasta ou qualquer preparado cosmético, que se aplica no rosto para tratamento (limpeza, exfoliação, etc.) 7 [fig.] disfarce; dissimulação; falsa aparência; ~ *antigás* equipamento de borracha adaptável ao rosto, destinado a proteger os olhos e as vias respiratórias de gases tóxicos ou asfixiantes; *deixar cair a* ~ revelar o verdadeiro carácter ou a verdadeira intenção (Do it. *maschera*, «id.»)

mascarada n.f. 1 conjunto de pessoas com máscara 2 festa em que as pessoas aparecem mascaradas 3 coisa ou ação ridícula; fantochada (De *máscara*+*-ada*)

mascarado adj. 1 que traz máscara; disfarçado; fantasiado 2 diz-se de uma bateria de guerra oculta ou disfarçada 3 (boi ou cavalo) com focinho branco ■ n.m. indivíduo que traz máscara; disfarçado; fantasiado (Part. pass. de *mascarar*)

mascarão n.m. ornato de pedra em forma de carranca, usado em arcadas, cimalhas, chafarizes, etc. (Do fr. *mascaron*, «id.»)

mascarar v.tr. 1 disfarçar com máscara ou traje; ocultar à vista 2 [fig.] dissimular; dar falsa aparência a ■ v.pron. 1 pôr máscara 2 vestir-se de máscara; disfarçar-se; fantasiar-se (De *máscara*+*-ar*)

mascarilha n.f. 1 máscara de veludo ou cetim preto que se usa geralmente em festas carnavalescas; disfarce; máscara 2 máscara de veludo ou cetim preto que as mulheres usavam para defender a pele do sol das agressões do ar (Do cast. *mascarilla*, «id.»)

mascarino adj. BOTÂNICA diz-se da corola bilabiada, cujo lábio inferior apresenta uma formação intumescente que fecha a garganta; personado (De *máscara*+*-ino*)

mascarra n.f. 1 mancha na pele feita com tinta, carvão, etc.; enfarruscadela; farrusca; nódoa 2 [fig.] desonra; infâmia (Deriv. regr. de *mascarrar*)

mascarrar v.tr. 1 pôr mascarras em; emporcalhar; sujar; borrar 2 pintar ou escrever mal (Do cast. *mascarar*, «tisnar»)

masca-tabaco n.m. ICTIOLOGIA ⇒ **bufo**² 2 (De *mascar*+*tabaco*)

mascate n.m. 1 mulato; mestiço 2 sujeito muito trigueiro 3 [Brasil] vendedor ambulante de fazendas, joias, e outras mercadorias (De *Mascate*, top., cidade capital do Oman)

mascateação n.f. [Brasil] ofício de mascate (De *mascatear*+*-ção*)

mascatear v.intr. [Brasil] exercer a profissão de mascate (De *mascate*+*-ear*)

mascateira n.f. ORNITOLOGIA ⇒ **garrincho** (De *mascato*+*-eira*)

mascato n.m. ORNITOLOGIA ⇒ **alcatraz** 1 (De orig. obsc.)

mascavado adj. 1 diz-se do açúcar que não foi refinado; mascavo 2 adulterado; falsificado 3 [fig.] estragado; incorreto 4 [fig.] incompreensível (Part. pass. de *mascavar*)

mascavar v.tr. 1 separar o açúcar bom do pior qualidade 2 falsificar; adulterar 3 [fig.] pronunciar ou escrever mal (uma língua)

(Do ant. *mascabar*, de *menoscabar*, «desprezar por ser de má qualidade»)
mascavinho *n.m.* açúcar mascavado de melhor qualidade (De *mascavo*+*-inho*)
mascavo *adj.* ⇒ **mascavado** ■ *n.m.* ato de mascavar (Deriv. regr. de *mascavar*)
mascotar *v.tr.* **1** pisar com mascoto; moer **2** mascar (De *mascoto*+*-ar*)
mascote *n.f.* **1** pessoa, animal ou objeto a que se atribui a possibilidade de dar sorte **2** miniatura de pessoas ou de coisas a que se atribui esse condão (Do prov. *mascoto*, «talismã», pelo fr. *mascotte*, «id.»)
mascoto /ô/ *n.m.* **1** grande martelo para amassar fragmentos de metal **2** maço de pau **3** pisão de fula (Do it. *marzacotto*, «verniz dos oleiros», pelo fr. *massicot*, «mascoto», pó amarelo, monóxido de chumbo, usado em pintura)
masculifloro *adj.* BOTÂNICA que produz flores masculinas (Do lat. *mascŭlu-*, «masculino»+*flōre-*, «flor»)
masculinidade *n.f.* qualidade do que é masculino ou másculo; virilidade (De *masculino*+*-i-*+*-dade*)
masculinismo *n.m.* **1** qualidade de masculino **2** características do sexo masculino (De *masculino*+*-ismo*)
masculinizar *v.tr.* **1** tornar masculino **2** dar forma, hábitos ou aparência masculina a ■ *v.pron.* tomar modos de homem (De *masculino*+*-izar*)
masculino *adj.* **1** relativo ou pertencente a macho **2** relativo ou pertencente a homem **3** que é composto apenas por homens **4** que manifesta masculinidade; viril; varonil **5** GRAMÁTICA diz-se do género gramatical que se opõe ao género feminino **6** BOTÂNICA diz-se da flor que possui apenas estames ■ *n.m.* GRAMÁTICA categoria do género gramatical oposta à do género feminino (Do lat. *masculīnu-*, «id.»)
másculo *adj.* **1** relativo ao homem ou animal macho **2** varonil **3** [fig.] enérgico (Do lat. *mascŭlu-*, «id.»)
masdeísmo *n.m.* ⇒ **mazdeísmo**
masdeísta *adj.,n.2g.* ⇒ **mazdeísta**
maser *n.m.* FÍSICA amplificador de micro-ondas, baseado na emissão estimulada de radiação por um sólido (Do ing. *maser*, de *m*icro*w*ave *a*mplification by *s*timulated *e*mission of *r*adiation)
masmarro *n.m.* **1** [depr.] frade leigo **2** [depr.] marmanjo; patife (De orig. obsc.)
masmorra /ô/ *n.f.* **1** celeiro subterrâneo que servia também de prisão, entre os Mouros **2** cárcere subterrâneo; cadeia; enxovia **3** recinto isolado, sombrio e triste (Do ár. *matmorâ*, «prisão»)
masmorreiro *n.m.* **1** guarda de masmorra **2** carcereiro (De *masmorra*+*-eiro*)
masochismo *n.m.* ⇒ **masoquismo** (De *Masoch*, antr., escritor austríaco, 1835-1895+*-ismo*)
masochista *adj.,n.2g.* ⇒ **masoquista** (De *Masoch*, antr.+*-ista*, ou do fr. *masochiste*, «masochista»)
masoquismo *n.m.* **1** perversão sexual em que o prazer só pode ser obtido mediante sofrimentos físicos ou morais (flagelações, humilhação, insultos) impostos ao próprio **2** prazer que se tira do sofrimento causado a si próprio
masoquista *adj.,n.2g.* **1** que ou pessoa que só obtém prazer sexual por meio de sofrimento **2** que ou pessoa que procura a dor ou o sofrimento
massa *n.f.* **1** mistura de farinha com água ou com outro líquido, que forma uma pasta **2** qualquer substância parecida com esta mistura **3** mistura de cal ou cimento, areia e água; argamassa **4** conjunto de elementos da mesma natureza; aglomerado **5** CULINÁRIA preparado à base de sêmola de trigo, com várias formas e tamanhos, que geralmente se coze em água a ferver **6** maior número ou totalidade dos elementos de um conjunto; maioria **7** substância informe **8** FÍSICA razão existente entre a força aplicada a um dado corpo material e a aceleração do movimento que essa força lhe comunica **9** quantidade de matéria de um corpo; volume **10** [pop.] dinheiro **11** [fig.] largo conjunto social que constitui uma comunidade mais ou menos coesa **12** [fig.] conjunto da população; povo **13** [fig.] substância; essência **14** [fig.] grande número de pessoas reunidas; multidão; ~ **atómica** massa do átomo do elemento expressa em unidades de massa atómica, que é 1/12 da massa do isótopo 12 do carbono; ~ **de fartos** CULINÁRIA massa preparada ao lume com farinha, água (ou leite) e gordura, podendo ser enriquecida com ovos; ~ **específica de uma substância** FÍSICA massa da unidade de volume da substância; ~ **folhada** CULINÁRIA massa feita de farinha de trigo que se estende com rolo e se dobra sucessivamente em camadas entremeadas de manteiga, e que, depois de cozida, adquire a aparência de lâminas finas; ~ **salarial** conjunto dos salários e das quotizações sociais pagas, num determinado período de tempo, numa empresa, num setor de atividade ou numa economia; ~ **tenra** CULINÁRIA massa feita de farinha de trigo, estendida com um rolo até adquirir uma espessura de poucos milímetros, que se corta para servir de base a pastéis; **em** ~ na sua totalidade; *espetrógrafo/espetrómetro de* ~ FÍSICA instrumentos destinados à separação de um feixe de partículas com carga elétrica (iões, eletrões, protões) de massas diferentes (caso dos isótopos), por aplicação de campos elétricos e magnéticos; *estar com as mãos na* ~ estar a tratar do assunto; *estar na* ~ *do sangue a* estar na índole, nas propensões naturais de; *número de* ~ *de um núcleo atómico* FÍSICA número total de neutrões e protões existentes no núcleo; *perda de* ~ *de um núcleo* FÍSICA diferença entre a massa do núcleo e a soma das massas dos seus nucleões (Do lat. *massa-*, «id.»)
massacato *n.m.* [regionalismo] ICTIOLOGIA ⇒ **goraz** **1** (De orig. obsc.)
massacrar *v.tr.* **1** matar em massa e cruelmente (pessoas indefesas); chacinar **2** [fig.] aborrecer muito; importunar (Do fr. *massacrer*, «id.»)
massacre *n.m.* **1** ato ou efeito de massacrar **2** mortandade; carnificina; matança; chacina (Do fr. *massacre*, «id.»)
massagada *n.f.* [pop.] grande confusão de coisas; salgalhada; mistifório (De *massa*+*g*+*-ada*)
massagem *n.f.* fricção ou compressão da parte muscular ou de outras partes do corpo para obter resultados terapêuticos (Do fr. *massage*, «id.»)
massagista *n.2g.* pessoa que dá massagens (De *massagem*+*-ista*)
massajar *v.tr.* aplicar massagem ou massagens a (De *massagem*+*-ar*)
massala *n.f.* [Moçambique] BOTÂNICA fruto da árvore *nsala* ou massaleira, com forma de volumosa bola verde que se torna amarela quando amadurece e que tem papel importante na alimentação dos Rongas (Do ronga *ma-sala*, pl. de *sala*, «id.»)
massaleira *n.f.* [Moçambique] BOTÂNICA árvore que produz a massala, fruto importante na alimentação dos Rongas
massambala *n.f.* BOTÂNICA gramínea originária da África, de aspeto parecido com o do milho, cujo fruto é utilizado na alimentação sob a forma de farinha, e de que se extrai uma bebida alcoólica conhecida por macau
massambará *n.f.* BOTÂNICA planta herbácea, brasileira, da família das Gramíneas, utilizada como diurético (Do tupi *massamba'ra*, «id.»)
massame *n.m.* **1** lastro dos poços e das cisternas **2** NÁUTICA cordame do navio (De *massa*+*-ame*)
massamorda /ô/ *n.f.* **1** migas de migalhas de biscoitos para aves **2** misturada; salsada **3** comida mal feita (Do cast. *mazamorra*, «biscoito estragado; comida esmigalhada»?)
massangano *n.m.* [Angola] confluência; foz (Do quimb. *masanganu*, «id.»)
massango *n.m.* **1** [Angola] gramínea (*Pennisetum robustum*) que constitui base da alimentação em algumas regiões **2** [Moçambique] ⇒ **milho-miúdo** **3** [Moçambique] ⇒ **mexoeira**[1]
massapé *n.m.* GEOLOGIA nome usado no Norte do Brasil para designar solos pretos argilosos, calcíferos (De *massa*+*pé*?)
massaroca *n.f.* [pop.] dinheiro (De *massa* [= dinheiro]+*-oca*)
massaroco /ô/ *n.m.* porção de fermento com que se leveda o pão (De *massa*+*r*+*-oco*)
masseira *n.f.* **1** tabuleiro onde se amassa a farinha para o fabrico do pão **2** qualquer recipiente semelhante (de boca e fundo retangulares, este mais pequeno do que aquela) **3** calha que recebe a água dos alcatruzes da nora **4** zona cultivada no terreno arenoso das dunas, de forma semelhante a um tabuleiro **5** embarcação, em forma de tabuleiro, usada por pescadores no Norte de Portugal (De *massa*+*-eira*)
masseirão *n.m.* **1** masseira pequena para usos diversos, nomeadamente para servir alimentos aguados a animais domésticos **2** escudela **3** [fig.] mulher alentada (De *masseira*+*-ão*)
masséter *n.m.* ANATOMIA músculo que põe em movimento, juntamente com outros, a maxila inferior (Do gr. *masetér*, «mastigador», pelo fr. *masséter*, «id.»)
massetérico *adj.* ⇒ **masseterino** (De *masséter*+*-ico*)
masseterino *adj.* relativo ao masséter (De *masséter*+*-ino*)
masseve *n.2g.* [Moçambique] compadre; comadre (Do changana *màsèvè*, «id.»)
mássico *adj.* FÍSICA relativo a massa; *volume* ~ *de uma substância* volume ocupado pela unidade de massa dessa substância (De *massa*+*-ico*)

massicote n.m. 1 QUÍMICA monóxido amarelo de chumbo 2 ⇒ **litargírio** (Do fr. *massicot*, «id.»)

massificação n.f. 1 ato ou efeito de massificar ou massificar-se 2 ação ou resultado da ação exercida através dos meios de comunicação destinados ao grande público, com o objetivo de influenciar, orientar e uniformizar, no sentido que convenha, a conduta do maior número possível de indivíduos (De *massificar*+-*ção*)

massificar v.tr. influenciar, orientar e uniformizar, através dos meios de comunicação destinados ao grande público (mass media), no sentido que convenha, a conduta do maior número possível de indivíduos (De *massa*+-*ficar*)

massilha n.f. 1 polme feito de papel ou de outras substâncias maceradas 2 massa para segurar vidros (Do cast. *masilla*, «massa para fixar vidros; betume»)

massinguita n.f. [Moçambique] mau agoiro (Do changana *màsingìta*, «milagre; maravilha»)

massinha n.f. 1 massa miúda própria para sopa 2 ⇒ **massilha** 3 [Brasil] ⇒ **plasticina** (De *massa*+-*inha*)

massivamente adv. 1 de forma intensa ou significativa; consideravelmente 2 em grande quantidade; em grande número; em massa (De *massivo*+-*mente*)

massivo adj. 1 relativo a um grande número de pessoas; referente à massa 2 sólido; volumoso 3 significativo

mass media n.m.pl. conjunto de técnicas de difusão de mensagens (culturais, informativas ou publicitárias) destinadas ao grande público, tais como a televisão, a rádio, a imprensa, o cartaz; meios de comunicação social (Do ing. *mass media*)

massorá n.f. RELIGIÃO conjunto de comentários críticos ao texto hebraico do Velho Testamento, feito por um grupo de doutores judeus (Do hebr. *massôrâh*, «id.»)

massoreta n.m. RELIGIÃO cada um dos escribas judeus que, desde o século VI da era cristã e com o auxílio da tradição, se empenharam em determinar e fixar o texto hebreu do Antigo Testamento (Do hebr. *massôreth*, «tradição»)

massudo adj. 1 que tem aspeto de massa 2 grosso; volumoso (De *massa*+-*udo*)

massuícas n.f.pl. [Angola] pedras dispostas para servir de trempe (Do quimb. *disuíka*, pl. *masuika*, a partir de *kusuika*, «ser resistente»)

massulipatão n.m. tecido indiano com ornatos (De *Massulipatão*, top., cidade indiana do Decão)

mastaba n.f. ARQUITETURA túmulo egípcio em forma de tronco de pirâmide quadrangular, construído de pedra ou tijolo (Do ár. *mastaba*, «banco»)

mastalgia n.f. MEDICINA dor nos órgãos mamários; mastodinia (Do gr. *mastós*, «seio» +*álgos*, «dor» +-*ia*)

mastaréu n.m. 1 NÁUTICA cada uma das pequenas hastes de madeira com que se rematam, no topo, os mastros principais dos navios veleiros 2 NÁUTICA mastro pequeno (Do fr. ant. *mastarel*, dim. de *mast*, hoje *mât*, «mastro»)

mastectomia n.f. CIRURGIA ablação total ou parcial da mama (Do gr. *mastós*, «mama» +*ektomé*, «corte; amputação» +-*ia*)

máster n.m. INFORMÁTICA, ELETRÓNICA gravação original de sons e/ou imagens que será usada na reprodução de cópias (Do ing. *master*, «id.»)

masterização n.f. INFORMÁTICA, ELETRÓNICA produção de máster ou matriz de reprodução (De *masterizar*+-*ção*)

masterizar v.tr. INFORMÁTICA, ELETRÓNICA produzir máster ou matriz de reprodução (De *máster*+-*izar*)

mástica n.f. (resina) ⇒ **mástique** (Do gr. *mastikhē*, «resina de lentisco», pelo lat. *mastīche*-, pelo lat. vulg. *mastīcu*-, «id.», pelo fr. *mastic*, «id.»)

masticatório n.m. ⇒ **mastigatório** adj. (Do lat. *masticātu*-, part. pass. de *masticāre*, «mastigar» +-*ório*)

mastigação n.f. ato ou efeito de mastigar; trituração (Do lat. tard. *masticatiōne*-, «id.»)

mastigada n.f. 1 [regionalismo] mortandade; carnificina 2 [regionalismo] confusão; baralhada (Part. pass. fem. subst. de *mastigar*)

mastigado adj. 1 triturado pelos dentes 2 pronunciado de forma pouco clara 3 [fig.] bem preparado; bem planeado ■ n.m. aquilo que se mastigou (Do lat. *masticātu*-, «id.», part. pass. de *masticāre*, «mastigar»)

mastigadoiro n.m. ⇒ **mastigadouro**

mastigador adj.,n.m. que ou aquele que mastiga (De *mastigar*+-*dor*)

mastigadouro n.m. espécie de freio destinado a manter dentro da boca do cavalo um mastigatório (De *mastigar*+-*douro*)

mastigar v.tr. 1 triturar com os dentes 2 [fig.] ponderar; examinar ■ v.tr.,intr. [fig.] pronunciar (as palavras) de modo pouco claro; resmungar (Do lat. *masticāre*, «id.»)

mastigatório adj. relativo à mastigação ■ n.m. FARMÁCIA remédio que se mastiga para ativar a salivação (De *mastigar*+-*tório*)

mastim n.m. 1 cão de gado 2 cão que ladra muito 3 [fig.] agente da polícia; malsim 4 [fig.] pessoa maldizente (Do fr. ant. *mastin*, «cão de guarda de grande porte»)

mástique n.f. 1 almécega (resina); mástica 2 espécie de massa que se emprega para tapar fendas em canos ou paredes, a fim de evitar fugas de gases ou líquidos (Do gr. *mastikhé*, «resina de lentisco», pelo lat. *mastīche*-, pelo lat. vulg. *mastīcu*-, «id.», pelo fr. *mastic*, «id.»)

mastite n.f. MEDICINA processo inflamatório da mama (Do gr. *mastós*, «seio» +-*ite*)

mastócito n.m. HISTOLOGIA célula de tecido conjuntivo, de forma arredondada, que produz mediadores químicos, como a histamina

mastodinia n.f. ⇒ **mastalgia** (Do gr. *mastós*, «seio» +*odýne*, «dor» +-*ia*)

mastodonte n.m. 1 PALEONTOLOGIA mamífero proboscídeo fóssil de grande porte, da família dos Mastodontídeos, de que se têm encontrado restos em Portugal 2 [fig.] indivíduo grandalhão e mal-ajeitado; brutamontes 3 [fig.] qualquer objeto de dimensões gigantescas (Do gr. *mastós*, «seio; mamilo» +*odoús, odóntos*, «dente»)

mastodôntico adj. 1 relativo ao mastodonte 2 [fig.] de grande corpulência (De *mastodonte*+-*ico*)

Mastodôntidas n.m.pl. PALEONTOLOGIA ⇒ **Mastodontídeos**

Mastodontídeos n.m.pl. PALEONTOLOGIA família de mamíferos proboscídeos fósseis, considerados os antepassados dos atuais elefantes, e cujo género-tipo se designa *Mastodon* (De *mastodonte*+-*ídeos*)

mastoide adj.2g. semelhante à mama ou mamilo; *apófise* ~ ANATOMIA apófise da base do crânio formada no osso temporal (Do gr. *mastoeidés*, «em forma de seio»)

mastóide ver nova grafia **mastoide**

mastoidite n.f. MEDICINA processo inflamatório da apófise mastoide (De *mastóide*+-*ite*)

mastologia n.f. MEDICINA ramo da ciência que estuda a glândula mamária, o seu funcionamento e as suas anomalias e doenças (Do gr. *mastós*, «seio» +*lógos*, «estudo» +-*ia*)

mastoplastia n.f. MEDICINA ⇒ **mamoplastia**

mastoquino n.m. navalha curta, usada por marinheiros (Do fr. *mastoquin*, «id.»)

mastotomia n.f. MEDICINA incisão na mama (Do gr. *mastós*, «mama» +*tomé*, «corte» +-*ia*)

mastozoário adj. 1 que possui mamas 2 ZOOLOGIA pertencente ou relativo aos mastozoários ■ n.m. ZOOLOGIA espécime dos mastozoários ■ n.m.pl. ZOOLOGIA ⇒ **mamífero** n.m.pl. (Do gr. *mastós*, «mama» +*zoárion*, «animalzinho»)

mastozoologia n.f. ZOOLOGIA ⇒ **mamalogia** (Do gr. *mastós*, «mama» +*zôon*, «animal» +*lógos*, «estudo» +-*ia*)

mastozoótico adj. (terreno) que contém restos fósseis de mamíferos (Do gr. *mastós*, «mama» +*zoótes*, «natureza animal» +-*ico*)

mastreação n.f. 1 NÁUTICA ato ou efeito de mastrear 2 NÁUTICA conjunto dos mastros, mastaréus, vergas, cestos das gáveas, vaus e pegas de uma embarcação (De *mastrear*+-*ção*)

mastrear v.tr. 1 guarnecer de mastros (embarcação) 2 levantar os mastros a (navio) (De *mastro*+-*ear*)

mastro n.m. 1 haste comprida e vertical, de madeira ou metálica, aparelhada por forma a servir nos veleiros para sustentar as velas e em navios de propulsão mecânica para suportar paus de carga, faróis e aparelhagem que exija posição elevada 2 pau onde se hasteia a bandeira 3 madeiro alto e enfeitado para ornato de lugares onde passa um cortejo festivo 4 BOTÂNICA árvore da ilha de S. Tomé (Do frânc. *mast*, «id.», pelo fr. ant. *mast*, «id.»)

mastruço n.m. 1 BOTÂNICA nome vulgar extensivo a várias plantas da família das Crucíferas, euro-asiáticas e americanas, uma das quais é cultivada e subespontânea em Portugal 2 BOTÂNICA planta brasileira, da família das Crucíferas, de propriedades vermífugas 3 BOTÂNICA ⇒ **erva-formigueira** 4 BOTÂNICA fruto da murta (Do lat. **masturtĭu*-, de *nasturtĭu*-, «mastruço»)

masturbação n.f. obtenção de prazer sexual através da estimulação dos órgãos genitais (De *masturbar*+-*ção*)

masturbar v.tr.,pron. proporcionar a (alguém ou a si próprio) prazer sexual através da estimulação dos órgãos genitais (Do lat. *masturbāri*, «esfregar com a mão»)

mata *n.f.* **1** terreno cheio de árvores silvestres; bosque **2** arvoredo **3** grande porção de hastes **4** grande quantidade **5** ⇒ **matadura I** (Do lat. *matta-*, «esteira de junco»?)

matabala *n.f.* [São Tomé e Príncipe] planta herbácea espontânea, da família das Dioscoreáceas, de grandes folhas em forma de escudo, cujos tubérculos feculentos constituem alternativa à batata, embora menos macios (Do forro *matabala*, «id.», talvez a partir do quimb. *mbatata* e do quicongo *mbala*)

matabichar *v.intr.* tomar o mata-bicho (De *mata-bicho*+-*ar*)

mata-bicho *n.m.* **1** [pop.] pequena quantidade de bebida alcoólica que se toma em jejum **2** [pop.] dejejum (De *matar*+*bicho*)

mata-boi *n.m.* **1** [Brasil] tira de couro que une o eixo ao estrado das carretas **2** [regionalismo] cavilha que, passando pelo apeiro, une o cabeçalho à canga (De *matar*+*boi*)

mata-borrão *n.m.* **1** papel usado para absorver tinta **2** [fig.] o que bebe demasiado; bebedolas (De *matar*+*borrão*)

mata-cães *n.m.2n.* **1** preparado venenoso para matar cães **2** [fig.] indivíduo ocioso, vadio (De *matar*+*cão*)

mata-cana *n.f.* BOTÂNICA planta medicinal brasileira, da família das Escrofulariáceas (De orig. obsc.)

matacanha *n.f.* [Angola] ZOOLOGIA designação da nígua (pulga)

matacão *n.m.* **1** calhau para arremesso; pedregulho **2** pedaço grande; naco **3** barba em forma de suíças grandes **4** GEOLOGIA (num sedimento) fragmento de rocha, mais ou menos arredondado, com diâmetro superior a 25,6 centímetros (De *matar*+*cão*)

mata-cão *n.m.* BOTÂNICA ⇒ **acónito** (De *matar*+*cão*)

matação *n.f.* **1** ato ou efeito de matar; matança **2** aflição; cuidado **3** azáfama **4** insistência (De *matar*+-*ção*)

mata-cavalo *n.m.* **1** BOTÂNICA planta da família das Boragináceas **2** BOTÂNICA planta arbórea brasileira, da família das Solanáceas, cujos frutos são venenosos; *a ~(s)* a toda a pressa (De *matar*+*cavalo*)

mataco *n.m.* [Angola] traseiro (Do quimb. *mataku*, «id.»)

matadela *n.f.* ação de matar; *~ de bicho* dejejum com aguardente (De *matar*+-*dela*)

matado *adj.* [Brasil] (cavalo) com maduras (De *mata* [= *matadura*]+-*ado*)

matadoiro *n.m.* ⇒ **matadouro**

matador *adj.* **1** que mata; assassino **2** importuno ■ *n.m.* **1** aquele que mata; assassino **2** TAUROMAQUIA; aquele que mata o touro; espada **3** indivíduo importuno **4** sedutor **5** *pl.* (voltarete) trunfos maiores; *com todos os matadores* com todos os pormenores, com toda a perfeição (Do lat. *mactātōre-*, «assassino»)

matadouro *n.m.* **1** lugar destinado à matança de reses para consumo público **2** carnificina **3** [fig.] lugar onde se está exposto à morte (De *matar*+-*douro*)

matadura *n.f.* **1** VETERINÁRIA ferida causada pelo roçar dos arreios na besta **2** [fig.] balda **3** [fig.] defeito moral (De *matar*+-*dura*)

mata-fome *n.m.* **1** [Brasil] BOTÂNICA designação extensiva a algumas plantas, incluindo uma variedade de mandioca **2** CULINÁRIA espécie de bolo grande de farinha

matagal *n.m.* **1** bosque extenso e cerrado **2** extensão coberta de mato **3** [fig.] conjunto de coisas emaranhadas ou eriçadas (De *mata*+*g*+-*al*)

matagoso /ô/ *adj.* coberto de mata (De *mata*+*g*+-*oso*)

mata-juntas *n.m.2n.* peça de pequena secção e grande comprimento que serve para tapar a junta de dois painéis de madeira (De *matar*+*junta*)

mata-lobos *n.m.2n.* BOTÂNICA planta venenosa, da família das Ranunculáceas (De *matar*+*lobo*)

matalotado *adj.* provido de matalotagem (Part. pass. de *matalotar*)

matalotagem *n.f.* **1** provisão de mantimentos de um navio ou de uma praça sitiada **2** marinhagem **3** [fig.] confusão; amálgama (Do fr. *matelotage*, «marinharia»)

matalotar *v.tr.* **1** prover de matalotes ou de matalotagem **2** custodiar um navio (De *matalote*+-*ar*)

matalote *n.m.* **1** marinheiro **2** camarada a bordo; companheiro de serviço **3** navio que serve de baliza a outro **4** navio mal aparelhado **5** [pop.] rapaz já crescido (Do fr. *matelot*, «id.»)

matamatá *n.f.* **1** BOTÂNICA árvore brasileira da família das Lecitidáceas, de flores vistosas e aplicações medicinais, cuja madeira é forte e resistente **2** ZOOLOGIA tartaruga carnívora, de água doce, de cabeça achatada e pescoço longo, pertencente à família dos Quelidídeos, da América do Sul (Do tupi *matama'ta*, «id.»)

matambira *n.f.* [Moçambique] dinheiro (Do tauara *tatambira*, «dinheiro de dote»)

matambu *n.m.* BOTÂNICA árvore silvestre do Brasil, de boa madeira que é utilizada em carpintaria

mata-me-embora *n.m.* [Brasil] BOTÂNICA planta da família das Gramíneas que forma capim e é considerada medicinal pelas suas qualidades laxativas e diuréticas

mata-moiros *n.m.2n.* ⇒ **mata-mouros**

mata-moscas *n.m.2n.* **1** substância tóxica própria para matar moscas **2** objeto em forma de palmatória, de rede, plástico ou outra matéria flexível, para matar moscas

mata-mouros *n.m.2n.* fanfarrão; valentão; ferrabrás

matança *n.f.* **1** ato de matar; matação; mortandade **2** tempo em que se matam os porcos **3** ação de abater gado para consumo público (De *matar*+-*ança*)

mata-negro *n.f.* BOTÂNICA variedade de mandioca

matante *n.f.* **1** ICTIOLOGIA peixe da ria da cidade portuguesa de Aveiro **2** [ant.] valentão (De *matar*+-*ante*)

matapa *n.f.* [Moçambique] CULINÁRIA preparado culinário que consiste numa espécie de esparregado de folhas de plantas, sobretudo de mandioca (Do ronga *mathàpa*, «id.»)

mata-piolhos *n.m.2n.* [pop.] dedo polegar

mata-pulga *n.f.* BOTÂNICA planta da família das Escrofulariáceas, espontânea e frequente em Portugal, nos lugares secos, com se fazem pequenas vassouras

mata-pulgas *n.m.2n.* ⇒ **mata-piolhos**

matar *v.tr.,intr.* **1** causar a morte (a); privar (alguém) da vida; assassinar **2** mortificar; afligir; ferir **3** cansar; estafar; fatigar ■ *v.tr.* **1** fazer morrer (animal); abater **2** causar devastação a; destruir **3** extinguir; eliminar **4** aliviar; saciar (fome, sede, etc.) **5** prejudicar a saúde de **6** arruinar; desacreditar **7** decifrar; descobrir (enigma) **8** [Angola] negociar com especulação; vender fora dos circuitos legais ■ *v.pron.* **1** suicidar-se **2** [fig.] cansar-se; trabalhar muito **3** [fig.] afligir-se; *~ o bicho* [coloq.] tomar uma bebida alcoólica, de manhã, em jejum; *~ o tempo* [coloq.] procurar entreter-se; *estar/ficar a ~* [coloq.] estar ou ficar bem, condizer (Do lat. *mactāre*, «id.»)

matarana *n.f.* **1** BOTÂNICA planta da família das Zingiberáceas, produtora de frutos aromáticos e estimulantes **2** [Brasil] maça de madeira rija (Do tupi *mata'rana*, «id.»)

mata-ratos *n.m.2n.* **1** veneno para matar ratos **2** [pop.] vinho reles **3** [pop.] tabaco ordinário

mata-sanos *n.m.2n.* ⇒ **mata-sãos**

mata-sãos *n.m.2n.* **1** médico incompetente **2** curandeiro (Do cast. *matasanos*, «mau médico»)

mata-sete *n.m.* fanfarrão; mata-mouros; ferrabrás

matataúba *n.f.* [Brasil] BOTÂNICA árvore silvestre, brasileira, da família das Urticáceas, utilizada no fabrico de carvão, também denominada sambacuim (Do tupi *matata'uba*, «id.»)

match *n.m.* DESPORTO partida entre dois ou mais adversários (Do ing. *match*)

match point *n.m.* DESPORTO (ténis, vólei) ponto decisivo para o encerramento do jogo (Do ing. *match-point*)

mate[1] *n.m.* **1** (jogo do xadrez) lance final; xeque-mate **2** (ponto de meia) ponto em que de uma vez se apanham duas malhas para estreitar ou fechar (Do ár. *māt*, «morto»)

mate[2] *n.m.* BOTÂNICA arbusto da América do Sul, da família das Ilicáceas, cujas folhas contêm cafeína e servem para preparar o chá-mate ou congonha (Do quích. *mati*, «mate», pelo cast. *mate*, «id.»)

mate[3] *adj.2g.* **1** fosco; embaciado; sem brilho **2** pálido (Do fr. *mat*, «fosco; baço»)

matear *v.intr.* tomar chá-mate (De *mate*+-*ear*)

Matebeles *n.m.pl.* ETNOGRAFIA numeroso povo guerreiro da África austro-central, conhecido também por Zulos

mateira *n.f.* ⇒ **matagal** (De *mata*+-*eira*)

mateiro[1] *n.m.* **1** aquele que guarda matas **2** cortador de lenha em matas **3** [Brasil] explorador de matas ■ *adj.* que vive no mato (De *mata* ou *mato*+-*eiro*)

mateiro[2] *n.m.* vendedor de mate (De *mate*+-*eiro*)

matejar *v.intr.* **1** andar no mato; embrenhar-se pelo mato **2** cortar lenha nas matas (De *mata* ou *mato*+-*ejar*)

matemática *n.f.* **1** designação genérica das ciências de método essencialmente dedutivo que têm como objeto de estudo os números, figuras geométricas e outras entidades abstratas **2** *pl.* conjunto de ciências em que intervêm as teorias dos números **3** *pl.* conjunto daquelas ciências; *~ aplicada* matemática cujo conteúdo é dirigido sobretudo para as atividades profissionais ou de natureza técnica, em oposição à matemática pura; *~ pura* ramo da matemática que estuda os algarismos e os números enquanto quantidades abstratas, sem ter como objetivo central a aplicação prática dos conhecimentos (Do lat. *mathematĭca-*, «id.»)

matematicamente *adv.* 1 por processo matemático; por dedução matemática 2 rigorosamente; exatamente (De *matemático+-mente*)

matemático *adj.* 1 relativo à matemática 2 exato; muito rigoroso ■ *n.m.* aquele que é versado em matemática (Do lat. *mathematĭcu-*, «id.»)

matematização *n.f.* ato ou efeito de matematizar (De *matematizar+-ção*)

matematizar *v.tr.* construir (determinar) um modelo matemático para uma situação concreta, real ou figurada (De *matemát[ico]+-izar*)

mateologia *n.f.* estudo que se fundamenta em coisas que a inteligência humana não alcança, tornando-se inútil (Do gr. *mataiología*, «discurso frívolo»)

mateológico *adj.* relativo à mateologia (De *mateologia+-ico*)

mateologista *n.2g.* pessoa que se dedica à mateologia; mateólogo (De *mateologia+-ista*)

mateólogo *n.m.* ⇒ **mateologista** (Do gr. *mataios*, «inútil» +*lógos*, «estudo»)

mateotecnia *n.f.* ciência inútil, fantástica (Do gr. *mataiotekhnía*, «id.»)

máter-dolorosa *n.f.* quadro representativo da Virgem lacrimosa, aos pés da Cruz (Do lat. *mater dolorosa*, «mãe dolorosa»)

matéria *n.f.* 1 FÍSICA aquilo de que os corpos são feitos, que ocupa espaço e pode impressionar os sentidos; elemento constituinte do universo 2 qualquer substância (sólida, líquida ou gasosa) que ocupa lugar no espaço 3 FILOSOFIA (Aristóteles, Escolástica) aquilo que se contrapõe à forma 4 qualquer dado físico ou mental que uma atividade recebe e elabora ulteriormente 5 tudo o que não é espiritual; substância física; corporalidade 6 assunto; substância; tema 7 objeto de estudo; disciplina 8 aquilo que pode ser objeto de conhecimento ou de investigação; material 9 pretexto; causa 10 (jornalismo) artigo; reportagem 11 [pop.] pus que se forma num ferimento 12 *pl.* substância expelida pelo organismo; dejeções; *em ~ de* no que diz respeito a, quanto a; *teoria cinética da ~* FÍSICA primeiro modelo microscópico da matéria que teve sucesso, permitindo, pelo recurso a métodos estatísticos de médias e funções distribuição, deduzir grandezas macroscópicas (as que são mensuráveis, como temperatura e pressão) e suas relações (leis) (Do lat. *materĭa-*, «id.»)

material *adj.2g.* 1 que diz respeito à matéria 2 formado de matéria 3 não espiritual; corpóreo; concreto 4 relativo a bens materiais; referente a dinheiro 5 pesado; maciço 6 grosseiro; estúpido 7 sensual ■ *n.m.* 1 conjunto dos objetos e aparelhos que se usam numa indústria, numa construção, numa exploração 2 mobiliário, utensílios, aparelhos e instrumentos necessários à realização de determinada atividade 3 MILITAR armamento e apetrechos militares 4 conjunto de notas, factos, ideias e matérias que se reúnem para a produção de uma obra intelectual (Do lat. *materiāle-*, «id.»)

materialão *adj.,n.m.* que ou aquele que é extremamente materialista (De *material+-ão*)

materialeira *n.f.* 1 coisa material 2 ato ou dito sem espírito (De *material+-eira*)

materialidade *n.f.* 1 qualidade do que é material 2 tendência para o que a vida tem de material 3 estupidez; bruteza (De *material+-i-+-dade*)

materialismo *n.m.* 1 FILOSOFIA doutrina segundo a qual toda a realidade se reduz à matéria, que basta para explicar os fenómenos vitais e psíquicos 2 doutrina ou atitude prática daqueles para quem os valores supremos são de ordem material ou sensível, buscando os bens materiais ou o prazer 3 atitude de procura dos benefícios e prazeres materiais; obsessão pelos bens materiais ou pelo dinheiro; *~ histórico* ECONOMIA uma das teses do marxismo, segundo a qual «o modo de produção da vida material condiciona o processo de conjunto da vida social, política e espiritual» (De *material+-ismo*, ou do fr. *matérialisme*, «id.»)

materialista *adj.2g.* 1 referente ao materialismo 2 que é adepto do materialismo ■ *n.2g.* 1 pessoa partidária do materialismo 2 pessoa cujos sentimentos tendem apenas para coisas materiais 3 [Brasil] negociante de materiais de construção (De *material+-ista*, ou do fr. *matérialiste*, «id.»)

materialização *n.f.* 1 ato ou efeito de materializar ou materializar-se 2 FÍSICA processo de interação de fotões com a matéria, com o desaparecimento do fotão e a criação de um eletrão e um positrão (De *materializar+-ção*)

materializador *adj.* que materializa (De *materializar+-dor*)

materializante *adj.2g.* ⇒ **materializador** (De *materializar+-ante*)

materializar *v.tr.* 1 tornar material 2 considerar como material 3 concretizar 4 embrutecer ■ *v.pron.* 1 tornar-se material, concreto 2 concretizar-se; realizar-se (De *material+-izar*)

materialmente *adv.* 1 em relação à realidade; concretamente; objetivamente 2 em relação à matéria; fisicamente 3 relativamente a bens materiais, sobretudo dinheiro; economicamente (De *material+-mente*)

matéria-prima *n.f.* 1 substância principal ou essencial de que uma coisa é feita 2 fundamento de alguma coisa (Do lat. *materĭa-*, «matéria» +*prima-*, «primeira»)

maternal *adj.2g.* 1 próprio de mãe; materno 2 que demonstra afeto ou carinho; carinhoso; afetuoso (Do lat. *maternu-*, «materno» +*-al*, ou do fr. *maternel*, «id.»)

maternalmente *adv.* 1 de modo maternal 2 com afeto; carinhosamente (De *maternal+-mente*)

maternidade *n.f.* 1 qualidade ou estado de mãe 2 estado de gravidez; gestação 3 relação afetiva entre mãe e filho(s) 4 DIREITO vínculo jurídico que existe entre a mãe e o filho 5 estabelecimento hospitalar, público ou privado, ou parte desse estabelecimento em que é feito o acompanhamento de mulheres grávidas e em trabalho de parto 6 RELIGIÃO tratamento dado às religiosas que têm o título de madres (Do lat. med. *maternitāte-*, «id.», pelo fr. *maternité*, «id.»)

materno *adj.* 1 próprio de mãe; maternal 2 que, numa linha de parentesco, é relativo à mãe 3 que demonstra afeto ou carinho; carinhoso; afetuoso (Do lat. *maternu-*, «id.»)

matete[1] *n.m.* [Angola] CULINÁRIA papas de farinha de mandioca ou de milho (Do quimbundo *matete*, «idem», a partir de *(ku)teta*, «estalejão», alusão ao ruído da fervura)

matete[2] *n.m.* [Moçambique] caniço dos rios e lagos, muito abundante em algumas regiões (Do ci-iao *matete*, «caniços»)

matias *n.f.pl.* BOTÂNICA planta brasileira da família das Compostas ■ *adj.,n.2g.* [pop.] palerma; pateta; idiota (De *Matias*, antr.)

matical *adj.2g.* ⇒ **metical** (Do ár. *mithqāl*, «peso para matérias preciosas»)

maticar[1] *v.intr.* (cão) latir quando encontra caça (De *mato+-icar*)

maticar[2] *v.tr.* [Moçambique] rebocar com barro amassado (Do cinianja *matika*, «deitar o barro à parede»)

maticina *n.f.* princípio amargo extraído do mático (De *mático+-ina*)

mático *n.m.* 1 BOTÂNICA planta arbustiva de algumas regiões da América do Sul, pertencente à família das Piperáceas, de fruto drupáceo e folhas adstringentes 2 BOTÂNICA folhas desta planta (Do cast. *matico*, «id.»)

matilha *n.f.* 1 conjunto de cães que se levam à caça 2 [fig.] chusma; súcia 3 [fig.] bando de pessoas maldizentes (De orig. obsc.)

matilheiro *n.m.* 1 aquele que leva cães à trela para a caça 2 aquele que ensina os cães a caçar (De *matilha+-eiro*)

matina *n.f.* 1 hora da manhã 2 madrugada (De *matutína-*, «matutina; matinal», com hapl.)

matinada *n.f.* 1 ato de madrugar 2 madrugada 3 (liturgia) canto de matinas 4 vozearia; ruído 5 festa matinal (Do it. *mattinata*, «o espaço da manhã»)

matinal *adj.2g.* 1 da manhã; da parte da manhã; matutino 2 madrugador (Do fr. *matinal*, «id.»)

matinar *v.tr.* 1 fazer acordar de manhã 2 [fig.] persuadir; insinuar ■ *v.intr.* 1 madrugar 2 RELIGIÃO cantar matinas (De *matina+-ar*)

matinário *adj.,n.m.* que ou aquele que canta matinas (De *matina+-ário*)

matinas *n.f.pl.* RELIGIÃO primeira parte do ofício divino, que se reza pela manhã (Do lat. *[horas] matutinas*, «horas da manhã», com hapl.)

matiné *n.f.* ⇒ **matinée** (Do fr. *matinée*, «manhã»)

matinée *n.f.* 1 sessão de espetáculo que tem lugar durante a tarde (em oposição a soirée) 2 reunião social (Do fr. *matinée*, «manhã»)

matiz *n.m.* 1 combinação de cores diversas, misturadas em diferentes proporções, sob um único elemento 2 gradação de cor; cambiante; nuance 3 beleza de colorido 4 pintura 5 aspeto; carácter 6 [fig.] opinião ou cor política; facção 7 [fig.] colorido de estilo (Do cast. *matiz*, «id.»)

matização *n.f.* ato ou efeito de matizar (De *matizar+-ção*)

matizar *v.tr.* 1 pintar, bordar, ornar ou tecer de vários matizes ou cores; colorir 2 graduar 3 esmaltar 4 realçar; avivar (Do cast. *matizar*, «id.»)

mato *n.m.* 1 terreno inculto, coberto de plantas agrestes 2 conjunto de pequenas plantas agrestes 3 charneca; brenha; tojo; *ser ~* existir em abundância (De *mata*)

mato-branco n.m. BOTÂNICA planta lenhosa, da família das Labiadas, com folhas tomentosas, própria dos lugares secos do Sul de Portugal
mato-grossense adj.2g. relativo ao estado brasileiro de Mato Grosso ▪ n.2g. natural de Mato Grosso (De *Mato Grosso*, top. +*-ense*)
matola n.f. [pop.] cabeça
matolão n.m. [Brasil] saco de couro em que os sertanejos levam roupa e utensílios de viagem (De *malotão*, de *mala*, com met.)
matomana n.f. [Moçambique] variedade de grandes lagartas, comestíveis, que habitam em cajueiros e canhoeiros (Do tsonga *matomana*, «id.»)
matombo n.m. [Brasil] ⇒ **matumbo**¹ (Do tupi *ma'tumbu*, «id.»)
matonice n.f. [Moçambique] febre perniciosa (De orig. obsc.)
matoninha n.f. ORNITOLOGIA ⇒ **galispo**² (De *abetoninha*)
matope n.m. [Moçambique] terreno negro e impróprio para agricultura (Do cinianja *mathope*, pl. de *thope*, «lama; lodo»)
matorral n.m. ⇒ **matagal** (Do cast. *matorral*, «id.»)
mato-salema n.m. ⇒ **erva-das-sete-sangrias**
matosinhense adj.2g. relativo a Matosinhos, cidade limítrofe do Porto ▪ n.2g. natural ou habitante de Matosinhos (De *Matosinhos*, top. +*-ense*)
matoso /ô/ adj. 1 coberto de mato 2 em que cresce mato (De *mato*+*-oso*)
matraca n.f. 1 instrumento de madeira formado de tábuas com argolas móveis que se agitam para fazer barulho 2 arma usada em artes marciais, que consiste em dois bastões pequenos ligados numa das extremidades por uma corda ou corrente 3 [fig.] chacota; apupada 4 [coloq.] boca ▪ n.2g. [coloq.] pessoa que fala muito; tagarela (Do ár. *mitraqā*, «pau; cacete»)
matracar v.intr. 1 bater com força a uma porta para que a abram 2 [fig.] insistir com impertinência em alguma coisa ▪ v.tr. importunar; enfadar (De *matraca*+*-ar*)
matrácula n.f. [pop.] ⇒ **matraca** (De *matraca*+*-ula*)
matraqueado adj. 1 experimentado; batido 2 [fig.] importunado 3 [fig.] repetido; repisado (Part. pass. de *matraquear*)
matraqueador adj.,n.m. que ou aquele que matraqueia (De *matraquear*+*-dor*)
matraquear v.intr. fazer ruído com ou como a matraca ▪ v.tr. 1 apupar; amotinar 2 adestrar; calejar 3 [fig.] repetir; repisar 4 [fig.] importunar (De *matraca*+*-ear*)
matraquejar v.tr.,intr. ⇒ **matraquear** (De *matraca*+*-ejar*)
matraquilhos n.m.pl. jogo de futebol de mesa, em que os jogadores impulsionam uma pequena bola, manuseando varões a que estão presos bonecos (jogadores) que representam as duas equipas
matraz n.m. vaso de vidro, de boca estreita e fundo largo e chato, com forma aproximadamente cónica ou esférica, para operações químicas (Do ár. *matara*, «vaso», pelo fr. *matras*, «matraz»)
matrecos n.m.pl. [coloq.] ⇒ **matraquilhos**
matreirice n.f. qualidade de matreiro; astúcia; manha (De *matreiro*+*-ice*)
matreiro adj. 1 manhoso; astuto 2 experiente (Do cast. *matrero*, «id.»)
mátria n.f. a pátria vista pelo lado feminista (De *mãe* × *pátria*)
matriarca n.f. 1 a mulher considerada como base da família, segundo certo sistema sociológico 2 progenitora (Do lat. *matre-*, «mãe»+gr. *arkhé*, «governo»)
matriarcado n.m. 1 ANTROPOLOGIA, SOCIOLOGIA sistema social no qual as mulheres ocupam um lugar central, quer enquanto chefes de família, quer na vida política, e em que a transmissão patrimonial segue a via materna 2 preponderância da autoridade materna ou feminina num grupo ou numa sociedade (De *matriarca*+*-ado*)
matriarcal adj.2g. relativo a matriarca ou a matriarcado
matricária n.f. 1 BOTÂNICA nome aplicado a um grupo de plantas, da família das Compostas, no qual estão incluídas as camomilas 2 BOTÂNICA planta herbácea, da família das Compostas, existente em Portugal, nas margens dos rios e nos rochedos, também conhecida por artemísia-dos-ervanários (Do lat. *matricaria-*, «id.»)
matricial adj.2g. relativo a matriz (Do lat. *matrice-*, «fonte; orig.» + *-ial*)
matricida n.2g. pessoa que matou a própria mãe (Do lat. *matricīda-*, «id.»)
matricídio n.m. assassínio da própria mãe (Do lat. *matricidĭu-*, «id.»)
matrícula n.f. 1 ato ou efeito de matricular ou matricular-se 2 inscrição de uma pessoa (num curso, colégio, etc.) 3 inscrição do nome de uma pessoa que fica obrigada a certos deveres 4 verba paga por quem se matricula 5 lista das pessoas matriculadas 6 código do registo que identifica os veículos, inscrito em placas próprias de uso obrigatório 7 placa que contém esse código (Do lat. *matricŭla-*, «registo; matrícula»)
matricular v.tr.,pron. inscrever(-se) num determinado curso ou estabelecimento de ensino ▪ v.tr. inscrever; registar (veículo) (De *matrícula*+*-ar*)
matrilinhagem n.f. ETNOLOGIA linha de descendência genealógica pelo lado materno (De *matr(i/o)-*+*linhagem*)
matrimonial adj.2g. que diz respeito ao matrimónio (Do lat. *matrimoniāle-*, «id.»)
matrimonialmente adv. 1 à maneira de casados 2 por matrimónio (De *matrimonial*+*-mente*)
matrimoniar v.tr. ligar pelo matrimónio ▪ v.pron. casar-se (De *matrimónio*+*-ar*)
matrimónio n.m. DIREITO contrato civil entre duas pessoas para viverem em comum 2 união legítima, de carácter civil ou religioso, entre duas pessoas; casamento; união conjugal 3 bodas; núpcias 4 consórcio (Do lat. *matrimonĭu-*, «id.»)
matritense adj.,n.2g. ⇒ **madrileno** (Do lat. *Matritis*, «Madrid», top., capital da Espanha +*-ense*)
matriz adj. 1 que dá origem 2 principal ▪ n.f. 1 órgão do aparelho genital feminino onde se desenvolve o embrião; útero 2 lugar onde alguma coisa se gera; origem; fonte 3 igreja principal de uma localidade 4 ECONOMIA registo oficial de bens imóveis para efeitos tributários 5 ECONOMIA quadro de duas entradas onde se podem representar as relações de troca entre países, entre setores económicos de um mesmo país, etc. 6 TIPOGRAFIA molde para fundir caracteres tipográficos 7 MATEMÁTICA quadro retangular completo de valores (geralmente números), muito importante para a resolução de equações simultâneas, que obedece a certas regras de adição, multiplicação, etc., também chamadas coordenadas 8 FOTOGRAFIA [ant.] película ou chapa fotográfica ou de fotogravura; cliché; *mecânica das matrizes* FÍSICA (física quântica) forma de mecânica quântica devida a W. Heisenberg (físico alemão, 1901-1976) em que as grandezas observáveis do mundo físico (energia, quantidade de movimento, coordenadas, etc.) são calculáveis por meio de matrizes (Do lat. *matrīce-*, «fonte; origem; útero»)
matroca elem.loc.adv. *à* ~ à toa; sem ordem nem cuidado (De orig. obsc.)
matróclino adj. diz-se do descendente em que predominam os caracteres hereditários maternos (Do lat. *matre-*, «mãe»+gr. *klínein*, «inclinar-se»)
matrola n.f. ⇒ **matola**
matrona /ô/ n.f. 1 mulher casada, entre os antigos romanos 2 mulher respeitável devido à idade e ao modo de proceder; mãe de família 3 [pej.] mulher de meia idade corpulenta; mulher de aparência pesada (Do lat. *matrōna-*, «mãe de família»)
matronaça n.f. [pop.] mulher corpulenta (De *matrona*+*-aça*)
matronal adj.2g. referente a matrona (Do lat. *matronāle-*, «id.»)
matronaria n.f. 1 qualidade ou estado de matrona 2 grupo de matronas (De *matrona*+*-aria*)
matrucar v.tr. [regionalismo] amachucar; calcar; pisar (De *matruco*+*-ar*)
matruco n.m. [regionalismo] quarto de rês abatida (De orig. obsc.)
matuense adj.,n.2g. [Angola] que ou pessoa que nasceu no mato (De *mato*)
matula¹ n.f. súcia; multidão de vadios; corja; matulagem ▪ n.m. matulão; rapagão (Deriv. regr. de *matulagem*)
matula² n.f. [Brasil] farnel; alforge (Do lat. *matŭla-*, «vaso para líquidos»?)
matulagem n.f. 1 vida de vadio; vadiagem 2 conjunto de vadios (De *matulo*+*-agem*)
matulão n.m. 1 rapaz corpulento e de modos abrutados; rapagão 2 estroina; vadio (De *matulo*+*-ão*)
matulo n.m. ⇒ **matulão** (Do ár. *maftula*, «homem grosseiro»)
matumbo¹ n.m. 1 [Brasil] cova para plantar mandioca ou qualquer outro tubérculo 2 [Brasil] elevação de terra entre sulcos (Do tupi *ma'tumbu*, «id.»)
matumbo² adj.,n.2g. [Angola] ignorante; inexperiente (Do quimb. *matumbu*, «de longes terras»)
matundo n.m. figuração da divindade masculina, no Congo
matungada n.f. aglomeração de cavalos matungos (De *matungo*+*-ada*)
matungo adj. [Brasil] diz-se do cavalo velho ou inútil (Do cast. *matungo*, «id.»)
maturação n.f. 1 ato de maturar; amadurecimento 2 MEDICINA estado do abcesso em supuração (Do lat. *maturatiōne-*, «id.»)
maturador adj. ⇒ **maturativo** (De *maturar*+*-dor*)

maturar *v.tr.,intr.* tornar(-se) maduro ■ *v.tr.* **1** purificar (metal) **2** desenvolver; aperfeiçoar ■ *v.intr.* [fig.] tornar-se circunspecto por efeito da idade, ciência ou experiência (Do lat. *maturāre*, «amadurecer»)

maturativo *adj.* que promove ou auxilia a maturação ou a supuração; maturador (Do lat. *maturātu-*, «amadurecido», part. pass. de *maturāre*, «fazer maduro» +*-ivo*)

maturescência *n.f.* qualidade ou estado de maturescente ou maduro (Do lat. *maturescentĭa*, «id.», part. pres. neut. pl. subst. de *maturescĕre*, «amadurecer»)

maturescente *adj.2g.* que vai amadurecendo (Do lat. *maturescente-*, «id.», part. pres. de *maturescĕre*, «amadurecer»)

maturidade¹ *n.f.* **1** estado de maduro **2** condição de pleno desenvolvimento; madureza **3** último estado de desenvolvimento; auge **4** experiência ou ponderação própria da idade madura (Do lat. *maturitāte-*, «id.»)

maturidade² *n.f.* ECONOMIA termo de pagamento (de um empréstimo); data de vencimento (Do inglês *maturity*, «idem»)

maturo *adj.* ⇒ **maduro** (Do lat. *matūru-*, «id.»)

maturrangas *elem. expr.* [regionalismo] *dar-lhe nas ~* tocar-lhe no ponto vulnerável; descobrir-lhe as manhas (Do cast. *maturranga*, «treta; astúcia»)

maturrango *n.m.* [Brasil] mau cavaleiro (Do cast. *maturrango*, «id.»)

matusalém *n.m.* homem que vive muitos anos; macróbio (De *Matusalém*, antr., patriarca antediluviano que viveu muitos anos)

matutação *n.f.* **1** ato ou efeito de matutar; cisma **2** meditação (De *matutar*+*-ção*)

matuta-e-meia *n.f.* coisa, quantia ou motivo insignificante (De *uma macuta e meia*)

matutar *v.tr.,intr.* pensar (em); meditar (sobre); refletir (sobre); cismar (em) ■ *v.intr.* ter ideia fixa ■ *v.tr.* planear; conceber (De *matuto*+*-ar*)

matutice *n.f.* ato ou modos de matuto (De *matuto*+*-ice*)

matutinário *n.m.* RELIGIÃO livro por onde se rezam matinas (De *matutino*+*-ário*)

matutino *adj.* **1** relativo à manhã; matinal **2** que aparece de manhã **3** madrugador ■ *n.m.* jornal da manhã (Do lat. *matutīnu-*, «id.»)

matuto *adj.* **1** que vive no mato **2** relativo ou pertencente ao mato **3** que revela esperteza; matreiro; finório **4** que matuta ou medita; cismático ■ *n.m.* [Brasil] sertanejo; provinciano (De *mato*+*-uto*)

mau *adj.* (feminino **má**) **1** que não é de boa qualidade **2** que não tem bons instintos; que exprime maldade **3** sem talento ou arte; imperfeito **4** nocivo; prejudicial **5** difícil; perigoso **6** irrequieto **7** malvado; perverso **8** funesto **9** duro ■ *n.m.* **1** mal **2** indivíduo mal-intencionado **3** [acad.] classificação negativa e geralmente a mais baixa da escala; *~!* exclamação designativa de descontentamento ou reprovação; *~ grado* apesar de (Do lat. *malu-*, «id.»)

maúba *n.f.* BOTÂNICA árvore silvestre do Brasil, da família das Lauráceas, cuja madeira é utilizada em construção civil (Do tupi *ma'uba*, «id.»)

maubere *adj.2g.* relativo aos Mauberes ■ *n.2g.* indivíduo do povo dos Mauberes

Mauberes *n.m.pl.* ETNOGRAFIA povo asiático que é o habitante tradicional de Timor-Leste

maúça *n.f.* **1** parte do fuso que gira na mão **2** punhado; mão-cheia (Do lat. *manutĭa*, pl. de *manutĭum*, «luva»)

maújo *n.m.* NÁUTICA instrumento utilizado na calafetagem das embarcações e navios para tirar a estopa velha das fendas

maunça *n.f.* ⇒ **maúça**

mau-olhado *n.m.* condão de certas pessoas ou animais, segundo crença popular, poderem fazer mal àqueles a quem olham; feitiço

maurá *n.m.* **1** BOTÂNICA árvore da família das Saponáceas, originária da Índia **2** bebida alcoólica indiana (Do hind. *mahuá*, «id.»)

mauresco /ê/ *adj.* ⇒ **mauriense** (De *Mauro*, antr. +*-esco*)

mauriano *adj.* ⇒ **mauriense** (De *Mauro*, antr. +*-iano*)

mauriciano *adj.* relativo ou pertencente à República da Maurícia, arquipélago situado no oceano Índico ■ *adj.,n.m.* que ou o que é natural ou habitante da Maurícia (De *Maurícia*, top. +*-ano*)

mauriense *adj.2g.* relativo a S. Mauro, discípulo de S. Bento, século VI (De *Mauro*, antr. +*-ense*)

maurino *adj.* relativo à congregação religiosa de São Mauro, discípulo de São Bento, século VI (De *Mauro*, antr. +*-ino*)

mauritânia *n.f.* BOTÂNICA planta europeia, vivaz, da família das Cariofiláceas, cultivada nos jardins (Do lat. *Mauritanĭa-*, top., «Mauritânia»)

mauritano *adj.* relativo à Mauritânia (país do norte de África) ■ *n.m.* natural ou habitante da Mauritânia ■ *adj.,n.m.* mouro (Do lat. *mauritānu-*, «id.»)

mauro *n.m.* **1** [ant.] maravedi **2** ⇒ **mouro** *n.m.* ■ *adj.* ⇒ **mouro** *adj.* (Do lat. *mauru-*, «id.»)

maurrasismo *n.m.* doutrina política, antidemocrática, do escritor francês Charles Maurras (1868-1952) (De *Maurras*, antr. +*-ismo*)

mausóleo *adj.* que tem a grandeza do mausoléu (Do lat. *mausolēu-*, «de Mausolo», sátrapa da Círia, na antiga Pérsia (séc. IV a. C.), cujo túmulo, designado por Mausoléu, é muito célebre)

mausoléu *n.m.* monumento funerário sumptuoso; sepulcro (Do lat. *mausolēu-*, «id.»)

maus-tratos *n.m.pl.* DIREITO delito praticado por quem põe em risco a vida ou a saúde de uma pessoa que está sob a sua dependência ou guarda, privando-a de alimentos e cuidados indispensáveis, ou exercendo sobre ela qualquer forma de violência (física ou psicológica)

maviosamente *adv.* com maviosidade; suavemente; delicadamente (De *mavioso*+*-mente*)

maviosidade *n.f.* **1** qualidade de mavioso **2** suavidade (De *mavioso*+*-i-*+*-dade*)

mavioso /ô/ *adj.* **1** afável; afetuoso; terno **2** suave; agradável; harmonioso (Por *amavioso*, de *amavio*+*-oso*)

mavique *n.f.* [Moçambique] carregador da estiva (Do ing. *a week*, por ser pago à semana)

mavórcio *adj.* **1** relativo a Marte ou Mavorte, deus da guerra, entre os romanos **2** guerreiro; belicoso; aguerrido (Do lat. *mavortĭu-*, «id.»)

mavorcismo *n.m.* ⇒ **belicismo** (De *mavórcio*+*-ismo*)

mavórtico *adj.* ⇒ **mavórcio** (Do lat. *Mavorte-*, mitol., «Marte» +*-ico*)

maxi- /cs/ elemento de formação de palavras, de origem latina, que exprime a ideia de *muito grande, muito comprido*, e se liga por hífen ao elemento seguinte quando este começa por *h* ou *i*, aglutinando nos outros casos (se o elemento seguinte começar por *r* ou *s*, estas consoantes dobram) (Do lat. *maxĭmu-*, «muito grande; máximo»)

maxila /cs/ *n.f.* **1** ANATOMIA um dos ossos da arcada superior bucal dos vertebrados, onde geralmente se fixam dentes; maxilar **2** ANATOMIA arcada constituída por aqueles ossos; queixada **3** ZOOLOGIA peça da armadura bucal dos artrópodes; mandíbula (Do lat. *maxilla-*, «queixada»)

maxilar /cs/ *adj.2g.* **1** ANATOMIA da maxila ou a ela respeitante **2** ZOOLOGIA relativo à peça da armadura bocal dos artrópodes ■ *n.m.* ANATOMIA cada um dos dois ossos em que estão implantados os dentes nos animais vertebrados; maxila (Do lat. *maxillāre-*, «id.»)

maxiliforme /cs/ *adj.2g.* que apresenta a forma de maxila (Do lat. *maxilla-*, «maxila» +*forma-*, «forma»)

maxilite /cs/ *n.f.* MEDICINA inflamação das maxilas

maxilodental /cs/ *adj.2g.* relativo às maxilas e aos dentes (De *maxila*+*dental*)

maxiloso /cs/ *adj.* de maxilas desenvolvidas (De *maxila*+*-oso*)

maxim /chi/ *n.m.* [Angola] faca comprida para segar erva

máxima /ss/ *adj.* **1** pensamento adotado como regra de procedimento; norma de conduta **2** sentença que exprime uma regra moral **3** aforismo; apotegma; conceito **4** princípio aceite numa ciência ou arte; axioma **5** MÚSICA figura musical dos antigos sistemas de notação com um valor duracional muito alargado **6** FILOSOFIA em Kant, filósofo alemão, 1724-1804, princípio subjetivo da moral sem carácter imperativo; *termómetro de ~* termómetro que indica a temperatura mais elevada durante certo período (Do lat. *maxĭma- [sententĭa-]*, «a maior sentença»)

maximalista /cs/ *adj.,n.2g.* **1** POLÍTICA que ou pessoa que é partidária de uma posição radical; radical **2** POLÍTICA bolchevista (Do fr. *maximaliste*, «id.»)

maximamente /ss/ *adv.* **1** principalmente **2** sobretudo (De *máximo*+*-mente*)

máxime *adv.* principalmente (Do lat. *maxĭme*, «id.»)

maximização *n.f.* **1** efeito de maximizar **2** processo de determinação do maior valor que uma grandeza pode assumir **3** elevação ao máximo (De *maximizar*+*-ção*)

maximizar *v.tr.* **1** dar o mais alto valor possível a (facto, ideia) **2** levar ao mais alto grau (De *maximo*+*-izar*)

máximo /ss/ *adj.* **1** {superlativo absoluto sintético de **grande**} maior de todos **2** que está acima de todos os da sua espécie ou género **3** excelso; sumo ■ *n.m.* **1** aquilo que é maior, mais alto ou mais intenso **2** cúmulo **3** *pl.* luzes destinadas a iluminar a via para a

maxixe

frente do veículo numa distância não inferior a 100 m; luzes de estrada (Do lat. *maxĭmu-*, «id.»)

maxixe[1] *n.m.* BOTÂNICA fruto do maxixeiro (Do quimb. *maxixi*, «id.»)

maxixe[2] *n.m.* **1** dança urbana brasileira, originária do Rio de Janeiro e em voga no século XIX, resultante da fusão da polca e da habanera **2** música desta dança, em compasso binário (De *Maxixe*, antr., apelido de um velho carioca carnavalesco)

maxixeiro[1] *n.m.* BOTÂNICA planta brasileira da família das Cucurbitáceas, cujo fruto é o maxixe (De *maxixe+-eiro*)

maxixeiro[2] *adj.* que gosta de dançar o maxixe (De *maxixe+-eiro*)

maxwell *n.m.* FÍSICA unidade de medida de fluxo magnético do antigo sistema de unidades CGS, de símbolo Mx, equivalente a 10^{-8} webers (De *J. C. Maxwell*, físico escoc., 1831-1879)

maz *n.m.* **1** antiga unidade de peso de Malaca, na Malásia **2** moeda do século XVI equivalente a 50 réis (Do mal.-jav. *mas*, ou do sânsc. *masa*, designação do peso de joalheiro de 1,166 gramas)

mazagrã *n.m.* refresco de café frio servido com uma casca de limão e açúcar (Do top. *Mazagran*)

mazama *n.m.* ZOOLOGIA designação de um mamífero americano da família dos Cervídeos, afim do veado (Do lat. cient. *Mazama*, «id.»)

mazamorra /ô/ *n.f.* MEDICINA um dos nomes por que é conhecida a dermatose (urticária) dos pés e das mãos (Do cast. *mazammorra*, «coisa esmigalhada»)

mazanaria *n.f.* ⇒ **mazania** (De *mazane+-aria*)

mazane *n.m.* **1** designação que se dá, na Índia, ao fundador de um pagode ou a qualquer membro da família desse fundador **2** cada um dos membros da mazania (Do conc. *mhazan*, «grande homem»)

mazania *n.f.* corporação administrativa de um pagode ou templo hindu (De *mazane+-ia*)

mazarize *n.m.* grande tijolo empregado em abobadilhas, no Alentejo (Do cast. *mazarí*, «tijolo para pavimentos»?)

mazarulho *n.m.* **1** [regionalismo] novelo mal-ajeitado **2** [Madeira] grumo de farinha mal desfeita ■ *adj.* [regionalismo] mal feito de corpo; atarracado (De orig. obsc.)

mazdeísmo *n.m.* RELIGIÃO religião de Ahura-Mazda, deus do bem, cuja doutrina, que admite dois princípios antagónicos – o Bem e o Mal – foi difundida por Zoroastres, século VII a. C.; zoroastrismo (De *Ahura-Mazda*, deus do bem, ou do persa *mazda*, «sábio» +*-ismo*, ou do fr. *mazdéisme*, «id.»)

mazdeísta *adj.2g.* relativo ao mazdeísmo ■ *n.2g.* sectário do mazdeísmo (De *Ahura-Mazda*, deus do bem, ou do pers. *mazda*, «sábio» +*-ista*)

mazela *n.f.* **1** chaga; matadura **2** doença; mal **3** [fig.] defeito **4** [fig.] mancha na reputação; desonra (Do lat. vulg. *macella-*, por *macŭla-*, «mancha»)

mazelar *v.tr.* **1** causar mazela a; encher de mazelas **2** chagar **3** [fig.] infamar (De *mazela+-ar*)

mazelento *adj.* **1** que tem mazelas **2** chaguento; achacado **3** [fig.] defeituoso (De *mazela+-ento*)

mazombice *n.f.* **1** qualidade de mazombo ou sorumbático **2** tristeza; acabrunhamento (De *mazombo+-ice*)

mazombo *adj.* **1** mal-humorado **2** sorumbático ■ *n.m.* [depr.] brasileiro, filho de pais europeus (De orig. africana)

mazorral *adj.2g.* incivil; rude; mazorro (De *mazorro+-al*)

mazorro /ô/ *adj.* ⇒ **mazorral** ■ *n.m.* indivíduo rude, incivil, grosseiro (Do cast. *mazorro*, «id.»)

mazurca *n.f.* dança a três tempos, originária da Polónia (Do pol. *mazurka*, «id.», pelo fr. *mazurka*, «mazurca»)

mazurcar *v.intr.* dançar mazurcas (De *mazurca+-ar*)

me *pron.pess.* designa a primeira pessoa do singular e indica a pessoa que fala ou escreve (*viram-me; contou-me; magoei-me*) (Do lat. *me*, «id.»)

mê *n.m.* nome da letra *m* ou *M*

meã *adj.* (*masculino* **meão**) que ocupa o meio; mediana; média ■ *n.f.* refeição abundante dada aos malhadores a meio da tarde (Do lat. *mediāna-*, «do meio»)

meação *n.f.* **1** ato de mear **2** divisão ao meio **3** metade **4** AGRICULTURA regime de exploração agrícola em que o cultivador recebe metade dos produtos da terra (De *mear+-ção*)

meaço *n.m.* toldo de algumas embarcações asiáticas (De orig. obsc.)

mea culpa *loc.* expressão usada quando se reconhece a culpa e que faz parte da oração que se designa *confissão* (Do lat. *mea culpa*, «por minha culpa»)

meada *n.f.* **1** porção de fio dobado na dobadoura **2** [fig.] enredo **3** [fig.] mexerico (De *meado*)

meadeira *n.f.* máquina de fazer meadas; dobadoira (De *mear+-deira*)

meado *adj.* **1** dividido ao meio **2** que chegou ao meio **3** composto de dois elementos diferentes, em partes iguais ■ *n.m.* **1** meio **2** parte média **3** [regionalismo] mistura de centeio e milho em grão (Part. pass. de *mear*)

mealha *n.f.* **1** porção insignificante; migalha **2** antiga moeda de cobre equivalente a meio ceitil (Do lat. vulg. *medalĭa*, por *mediālĭa*, pl. de *[aes] mediāle*, «meio dinheiro», moeda de cobre)

mealheiro *n.m.* **1** recipiente com uma ranhura por onde se introduz o dinheiro que se pretende economizar **2** quantia economizada e posta de reserva **3** conjunto de mealhas ■ *adj.* **1** que consta de mealhas **2** que dá pouco lucro (De *mealha+-eiro*)

mealho *n.m.* [pop.] bocadinho; mealha (De *mealha*)

meandrar *v.intr.* **1** formar meandros **2** ziguezaguear; serpentear; serpear (De *meandro+-ar*)

meândrico *adj.* **1** que tem meandros **2** intrincado (Do lat. *meandrĭcu-*, «id.»)

meandro *n.m.* **1** GEOGRAFIA sinuosidade marcada do leito de um rio, formando duas margens assimétricas, sendo uma côncava e abrupta, escavada pela força do rio, e a outra, convexa, de águas calmas, onde se depositam aluviões **2** sinuosidade **3** volta **4** [fig.] enredo; intriga (Do lat. *Maeandru-*, nome de um rio muito sinuoso da Ásia Menor)

meandroso /ô/ *adj.* **1** cheio de meandros; meândrico **2** sinuoso (De *meandro+-oso*)

meante *adj.2g.* **1** que vai em meio **2** dividido ao meio (Do lat. *mediante-*, «id.», part. pres. de *mediāre*, «estar no meio»)

meão *adj.* (*feminino* **meã**) que ocupa o meio; mediano; médio ■ *n.m.* peça central do tampo das vasilhas ou da roda dos carros (Do lat. *mediānu-*, «do meio»)

mear *v.tr.* **1** dividir ao meio **2** concluir metade de ■ *v.intr.* chegar ao meio ■ *v.pron.* partir-se ao meio (Do lat. *mediāre*, «cortar pelo meio; estar no meio»)

meato *n.m.* **1** canal muito pequeno; ducto; passagem **2** abertura externa de um canal **3** BOTÂNICA espaço intercelular menor que as células circundantes; ~ *urinário* ANATOMIA orifício localizado na extremidade da uretra (Do lat. *meātu-*, «canal»)

meca[1] *n.f.* [pop.] mulher atrevida; brejeira (Do lat. *moecha-*, «concubina»)

meca[2] *n.f.* **1** lugar para onde afluem pessoas, por motivos específicos **2** [pop.] fim; objetivo; *por Ceca e Meca* [fig.] por toda a parte (Do ár. *Makka*)

mecânica *n.f.* **1** parte da física que tem por objeto o estudo dos movimentos dos corpos, das forças que produzem esses movimentos e do equilíbrio das forças sobre um corpo em repouso **2** FÍSICA teoria da conceção e do funcionamento das máquinas (mecânica aplicada) **3** combinação de elementos que, numa máquina, produzem o resultado pretendido **4** estrutura natural ou artificial de um corpo; mecanismo **5** conjunto de máquinas de um estabelecimento **6** aplicação das regras de uma arte ou ciência; ~ *celeste* FÍSICA teoria do movimento dos corpos celestes nos seus campos de gravitação mútuos; ~ *das matrizes* FÍSICA (física quântica) forma de mecânica quântica em que as grandezas observáveis do mundo físico (energia, quantidade de movimento, coordenadas, etc.) são calculáveis por meio de matrizes; ~ *estatística* FÍSICA método científico para exprimir e prever as propriedades macroscópicas da matéria a partir de modelos microscópicos adequados, das equações da mecânica e do conhecimento pormenorizado dos seus elementos estruturais e das interações que se manifestam a nível atómico; ~ *ondulatória* FÍSICA uma das formas de mecânica quântica, devida a Schrödinger (1887-1961) que, baseada em funções de onda e operadores associados às grandezas observáveis (posição, quantidade de movimento, energia) conduz a previsões probabilísticas; ~ *quântica* FÍSICA teoria físico-matemática que trata da mecânica dos sistemas atómicos e dos problemas com ela relacionados, utilizando só quantidades que podem ser medidas (Do gr. *mekhaniké [tékhne]*, «arte da construção de máquinas», pelo lat. *mechanĭca-*, «id.»)

mecanicamente *adv.* **1** de modo mecânico; automaticamente **2** por hábito (De *mecânico+-mente*)

mecanicismo *n.m.* **1** FILOSOFIA doutrina, oposta ao dinamismo, segundo a qual os fenómenos do mundo físico se explicam pelo movimento local dos elementos constitutivos da matéria, sem que tenha de supor-se neles nenhuma energia intrínseca **2** doutrina, oposta ao finalismo, segundo a qual os factos se explicam completamente pela ação de fatores determinantes de natureza mecânica **3** doutrina, oposta ao vitalismo, segundo a qual os fenómenos vitais se explicam pelas propriedades físico-químicas da matéria, sem recurso a um princípio de outra natureza ou princípio vital (De *mecânico*+*-ismo*)

mecanicista *adj.2g.* relativo ao mecanicismo ■ *adj.,n.2g.* partidário do mecanicismo (De *mecânico*+*-ista*)

mecânico *adj.* 1 relativo à mecânica 2 executado por máquina 3 [fig.] que se faz sem pensar; automático ■ *n.m.* 1 especialista em mecânica 2 pessoa cuja profissão consiste na montagem ou reparação de máquinas e motores (Do gr. *mekanikós*, «relativo à máquina», pelo lat. *mechanĭcu*-, «id.»)

mecanismo *n.m.* 1 disposição das partes que constituem uma máquina; maquinismo 2 estrutura ou disposição de uma máquina 3 organização de um todo; organização 4 modo como funciona um aparelho mecânico 5 teoria científica que explica os fenómenos físicos pelo movimento; mecanicismo 6 todo o processo no qual se pode determinar, pela análise, uma série de fases subordinadas e dependentes uma da outra 7 [fig.] combinação de meios 8 [fig.] enredo (Do fr. *mécanisme*, «id.»)

mecanização *n.f.* ato ou efeito de mecanizar (De *mecanizar*+*-ção*)

mecanizar *v.tr.* 1 organizar mecanicamente 2 efetuar por meio de máquina 3 tornar maquinal 4 MILITAR equipar uma força militar com viaturas blindadas e armadas, tais como carros de combate, autometralhadoras, etc. (De *mecânico*+*-izar*, ou do fr. *mécaniser*, «id.»)

mecan(o)- elemento de formação de palavras que exprime a ideia de *máquina* ou *trabalho mecânico* (Do gr. *mekhané*, «máquina»)

mecanografia *n.f.* 1 escrita mecânica 2 datilografia, taquigrafia ou cálculo por meio de máquinas 3 técnica de cálculo e tratamento de dados de ordem comercial, administrativa, técnica, científica, etc., por meio de máquinas apropriadas (De *mecano-*+*-grafia*)

mecanográfico *adj.* relativo a técnicas ou a operações de mecanografia (De *mecanografia*+*-ico*, ou do fr. *mécanographique*, «id.»)

mecanógrafo *n.m.* pessoa especializada em trabalho de mecanografia (De *mecano-*+*-grafo*, ou do fr. *mecanographe*, «id.»)

mecanoterapia *n.f.* MEDICINA tratamento das doenças por meio de aparelhos mecânicos (De *mecano-*+*terapia*)

mecanoterápico *adj.* relativo à mecanoterapia (De *mecanoterapia*+*-ico*)

meças *n.f.pl.* 1 medição; avaliação 2 confronto; *pedir/querer ~* pedir que se meça quando há desacordo na avaliação, julgar-se superior, disputar a primazia (Deriv. regr. de *medir*, da forma *meças*, da expr. *quero que meças*)

mecatrónica *n.f.* disciplina em que convergem a mecânica, a eletrónica, a eletrotecnia e a informática, e que trata da integração do controlo eletrónico computorizado em dispositivos mecânicos (De *mecâ(nica)*+*(elec)trónica*)

mecenas /ê/ *n.2g.2n.* pessoa protetora das letras e das artes; pessoa que apoia e promove a cultura (De *Mecenas*, antr., amigo do imperador romano Augusto, 69-8 a. C.)

mecenático *adj.* relativo a mecenas ou a mecenato (De *mecenato*+*-ico*, ou do fr. *mécénatique*, «id.»)

mecenato *n.m.* proteção dispensada às letras e às artes, bem como aos seus cultores, por pessoas ricas ou sábias (De *Mecenas*, antr.+*-ato*, ou do fr. *mécénat*, «id.»)

mecha *n.f.* 1 tira de papel ou de pano embebida em enxofre para defumar vasilhas de vinho 2 pedaço de gaze que se introduz numa ferida ou trajeto fistuloso para facultar a saída do pus ou serosidade 3 artifício pirotécnico que faz parte da espoleta de certas granadas, destinado a transmitir o fogo, com retardamento, ao detonador 4 espiga existente na extremidade superior da madre do leme, destinada a receber a cana do mesmo 5 torcida de candeia ou de vela; pavio 6 rastilho 7 espigão 8 parte vazada de uma peça de madeira onde a espiga encaixa 9 **= madeixa** 3 10 [fig.] importunação; maçada 11 [pop.] velocidade; pressa; *aguentar a ~* aguentar uma situação incómoda ou penosa; *a toda a ~* com grande velocidade; *na ~* [coloq.] com muita pressa, rapidamente (Do lat. *myxa-*, «mecha de candeeiro», pelo fr. *mèche*, «id.»)

mechagem *n.f.* ato ou efeito de mechar (De *mechar*+*-agem*)

mechar *v.tr.* 1 defumar com mecha 2 introduzir mecha em 3 comunicar fogo a (De *mecha*+*-ar*, ou do fr. *mécher*, «id.»)

mecheiro *n.m.* 1 orifício do bico da candeia ou do candeeiro, onde entra a mecha 2 fabricante de mechas (De *mecha*+*-eiro*)

mechoacão *n.m.* BOTÂNICA raiz medicinal de plantas da família das Convolvuláceas, muito comuns no México (De *Mechoacán*, top., região do México)

meco *n.m.* 1 [pop.] indivíduo espertalhão; maganão; libertino 2 um meco qualquer; tipo 3 objetivo; fito 4 [regionalismo] (Douro e Minho) pauzinho colocado de pé no jogo da malha 5 pequeno poste colocado num determinado lugar para impedir a passagem de veículos (Do gr. *moikós*, «adúltero», pelo lat. *moechu*-, «id.»)

mec(o)- elemento de formação de palavras que exprime a ideia de *comprimento*, *distância* (Do grego *mēkos*, «comprimento»)

mecómetro *n.m.* MEDICINA instrumento com que se mede o comprimento do feto (De *meco-*+*-metro*)

mecónio *n.m.* BIOLOGIA conteúdo do intestino dos fetos dos mamíferos, que constitui a primeira evacuação dos recém-nascidos (Do gr. *mekónion*, «suco de dormideira; excremento de recém-nascido», pelo lat. *meconĭu*-, «id.»)

mecon(o)- elemento de formação de palavras que exprime a ideia de *ópio* (Do gr. *mékon, -onos*, «dormideira»)

meconofagia *n.f.* hábito patológico de ingerir ópio (De *meconófago*+*-ia*)

meconófago *adj.,n.m.* que ou o que sofre de meconofagia (De *mecono-*+*-fago*)

mecópode *adj.2g.* que tem pés compridos (De *meco-*+*-pode*)

mecru *n.m.* BOTÂNICA planta monocotiledónea, medicinal, brasileira (De orig. obsc.)

meda /ê/ *n.f.* 1 montão cónico de feixes de cereais, palha, colmo, caruma, etc.; moreia 2 lugar onde há medas; medeiro 3 montão (Do lat. *meta-*, «figura cónica»)

medalha *n.f.* 1 chapa metálica que tem gravada alguma inscrição, data, efígie ou número; condecoração; venera 2 insígnia de ordem honorífica 3 prémio; galardão 4 peça que representa um objeto de devoção, e que geralmente é benzida 5 caixinha de tampa que as mulheres usavam ao pescoço como adorno 6 berloque na corrente do relógio; *o reverso da ~* [fig.] o lado mau de qualquer coisa, o lado oposto àquele que inicialmente se referiu (Do it. *medaglia*, «id.»)

medalha-do-papa *n.f.* BOTÂNICA planta da família das Brassicáceas, cujo fruto tem um septo central resistente, redondo e prateado; lunária (De *medalha*+*-eiro*)

medalhão *n.m.* 1 {aumentativo de **medalha**} medalha grande 2 baixo-relevo de forma oval ou circular 3 retrato ou quadro de moldura circular ou oval que se usa como ornato na construção de edifícios sumptuosos ou monumentos 4 caixinha com tampa de vidro que contém retrato, cabelos, etc., de pessoa querida 5 posta alta de carne sem osso ou de peixe sem espinhas 6 [fig.] pessoa importante (Do it. *medaglione*, «id.»)

medalhar *v.tr.* 1 gravar em medalha 2 honrar com medalha comemorativa; condecorar (De *medalha*+*-ar*)

medalhário *n.m.* 1 coleção de medalhas 2 móvel onde se guardam medalhas metodicamente dispostas 3 fabricante de medalhas (De *medalha*+*-ário*)

medalhista *n.2g.* 1 colecionador de medalhas 2 pessoa que é versada em medalhística (De *medalha*+*-ista*, ou do it. *medaglista*, «id.»)

medalhística *n.f.* estudo das medalhas (De *medalha*+*-ística*)

médão *n.m.* monte de areia junto ao mar, formado geralmente pela ação do vento; duna; medo (Do cast. *médano*, «id.»)

medeiro *n.m.* 1 [regionalismo] lugar onde há medas 2 [regionalismo] meda (De *meda*+*-eiro*)

medento *adj.* [Cabo Verde] medroso (Do crioulo cabo-verdiano *mèdènto*, «id.»)

média *n.f.* 1 valor ou termo que é equidistante dos pontos extremos; termo médio 2 (velocidade) quantidade calculada por unidade de tempo 3 quantidade mínima de pontos ou valores que é preciso obter para ser aprovado ou admitido num exame, numa escola ou num concurso 4 ESTATÍSTICA valor calculado a partir de uma distribuição, segundo uma regra previamente definida; valor esperado 5 [fig.] posição intermédia entre dois extremos 6 [Brasil] [coloq.] bebida de café com leite servida em chávena grande; meia de leite ■ *n.m.pl.* meios de comunicação de massas (imprensa, rádio, televisão, satélites de comunicação, etc.); *~ aritmética de n números reais* MATEMÁTICA quociente da soma desses números pelo número deles; *~ geométrica de n números reais* MATEMÁTICA valor da raiz de índice n do produto desses números; *velocidade ~* FÍSICA quociente da trajetória de um móvel pelo tempo gasto a percorrê-la (Do lat. *medĭa-*, fem. de *medĭu-*, «meio»)

mediação *n.f.* 1 ato ou efeito de mediar 2 intervenção; intercessão 3 interferência de uma pessoa ou entidade entre pessoas ou grupos, com o objetivo de alcançar um consenso; arbitragem 4 ASTRONOMIA momento em que um astro atinge a sua maior altura 5 FILOSOFIA na dialética hegeliana: a antítese ou a negação, meio de passar da tese à síntese, constituindo um progresso, ou ainda, o conjunto do processo ternário: tese-antítese-síntese; *~ de seguros*

mediador atividade profissional que consiste em realizar contratos de seguro, prestando assistência ao consumidor; **~ imobiliária** atividade comercial em que uma entidade, através de contrato escrito e mediante o pagamento de um determinado preço, se compromete a conseguir um interessado para a compra e venda ou arrendamento de imóveis, prestando assistência na realização dessas operações (Do lat. *mediatiōne-*, «id.»)

mediador adj.,n.m. que ou pessoa que serve de intermediário, promovendo o acordo entre partes em conflito e estabelecendo o diálogo; árbitro; **~ de seguros** pessoa, singular ou coletiva, que funciona como um intermediário entre a seguradora e o consumidor na contratação de seguros e que presta assistência nessa área; **~ imobiliário** entidade que, através de contrato escrito e mediante o pagamento de um determinado preço, se compromete a conseguir um interessado para a compra e venda ou arrendamento de imóveis, prestando assistência na realização dessas operações; **~ químico** FISIOLOGIA substância (acetilcolina, histamina, etc.) libertada por fibras nervosas ativadas que intervêm na transmissão sináptica da excitação nervosa e na excitação muscular; **plano ~ de um segmento** GEOMETRIA plano perpendicular a meio do segmento (Do lat. *mediatōre-*, «id.»)

medial adj.2g. **1** que está no meio; central **2** interno ■ n.f. letra que está no meio da palavra (Do lat. *mediāle-*, «id.»)

média-metragem n.f. CINEMA filme com duração média, entre a curta-metragem e a longa-metragem

mediana n.f. **1** ESTATÍSTICA valor da variável não inferior nem superior a metade dos valores observados, quando os valores da série foram dispostos por ordem crescente **2** GEOMETRIA (num triângulo) segmento de reta que une um dos vértices com o ponto médio do lado oposto **3** GEOMETRIA (num trapézio) segmento de reta que une os pontos médios dos lados não paralelos **4** GEOMETRIA (num paralelogramo) segmento de reta que une os pontos médios de dois lados opostos (De *mediano*)

medianamente adv. **1** de modo mediano; mediocremente **2** com mediania (De *mediano+-mente*)

medianeiro n.m. mediador; intermediário; intercessor (De *mediano+-eiro*)

mediania n.f. **1** qualidade de mediano **2** termo médio; meio-termo **3** mediocridade **4** suficiência **5** comedimento; moderação (De *mediano+-ia*)

medianímico adj. **1** relativo a médium **2** que tem a qualidade ou a faculdade de médium (Do lat. *medĭum*, «intermediário» +*anĭma-*, «alma» +-*ico*)

medianimidade n.f. propriedade ou estado de medianímico (Do lat. *medĭum*, «intermediário» +*anĭma-*, «alma» +-*i*-+-*dade*)

medianismo n.m. qualidade de médium (Por *mediumnismo*, de *médium+-ismo*)

medianiz n.f. espaço em branco entre duas páginas impressas (De *mediano+-iz*)

medianizar v.tr. **1** tornar mediano **2** estabelecer o termo médio de **3** moderar (De *mediano+-izar*)

mediano adj. **1** colocado no meio **2** que está entre dois extremos; meão **3** nem grande nem pequeno; regular **4** sofrível; medíocre (Do lat. *mediānu-*, «do meio»)

mediante adj.2g. que medeia ■ prep. **1** por meio de; através de; por intermédio de **2** atendendo a **3** a troco de ■ n.m. espaço de tempo decorrido entre dois factos (Do lat. *mediante-*, part. pres. de *mediāre*, «servir de mediador; estar no meio»)

mediar v.tr. **1** agir como mediador de; intervir acerca de **2** situar-se entre (duas coisas ou dois extremos) **3** decorrer entre (dois pontos ou duas épocas) **4** [pouco usado] dividir ao meio; repartir (Do lat. *mediāre*, «cortar pelo meio; servir de mediador; estar ao meio»)

mediastinal adj.2g. MEDICINA que pertence ou se refere ao mediastino

mediastínico adj. MEDICINA ⇒ **mediastinal**

mediastino n.m. ANATOMIA espaço da cavidade torácica situado entre os dois pulmões, onde se encontra o coração, etc. (Do lat. med. *mediastīnu-*, «que está no meio», ou do fr. *médiastin*, «id.»)

mediatamente adv. **1** de modo mediato **2** indiretamente (De *mediato+-mente*)

mediatário n.m. ⇒ **medianeiro** (De *mediato+-ário*)

mediateca n.f. **1** arquivo, devidamente organizado, de documentos informativos e culturais em diversos suportes (disco, CD, cassete, filme, papel, diapositivo, etc.), reunidos num só local e normalmente disponíveis ao público em geral, para consulta ou empréstimo **2** local onde se encontra este arquivo (De *média+-teca*, ou do fr. *médiathèque*, «id.»)

mediático adj. **1** que diz respeito aos meios de comunicação audiovisuais **2** transmitido por estes meios de informação **3** diz-se de um efeito positivo produzido na televisão (De *(mass) media+-t-+-ico*)

mediatização n.f. ato de mediatizar (De *mediatizar+-ção*)

mediatizado adj. diz-se de um Estado pequeno unido a outro ou a outros mais poderosos, quando não depende, senão mediatamente, do poder soberano (Part. pass. de *mediatizar*)

mediatizar[1] v.tr. **1** tornar mediato **2** servir de mediador **3** POLÍTICA fazer com que um soberano ou um Estado deixe de depender imediatamente do poder supremo de uma confederação (De *mediato+-izar*)

mediatizar[2] v.tr. difundir através dos meios de comunicação (Do francês *médiatiser*, «idem»)

mediato adj. que não age ou não está em relação com outro, a não ser através de um intermediário (Do lat. *mediātu-*, «intermediário; que está no meio»)

mediatriz n.f. GEOMETRIA perpendicular ao meio de um segmento de reta; **~ de um triângulo** GEOMETRIA qualquer das mediatrizes dos segmentos que constituem os seus lados (Do lat. *mediatrīce-*, «id.»)

médica n.f. BOTÂNICA espécie de luzerna que tem aplicações medicinais (Do lat. *medĭca-*, «luzerna»)

medicação n.f. **1** ato de medicar **2** emprego de remédios **3** terapêutica (Do lat. tard. *medicatiōne-*, «id.»)

medical adj.2g. que diz respeito a médico ou à medicina (Do fr. *médical*, «id.»)

medicamentar v.tr. ⇒ **medicar** (De *medicamento+-ar*)

medicamente adv. conforme os preceitos da medicina (De *médico+-mente*)

medicamento n.m. qualquer produto com propriedades curativas ou preventivas das doenças; remédio; fármaco (Do lat. *medicamentu-*, «id.»)

medicamentoso /ô/ adj. que tem propriedades medicinais; medicativo (Do lat. *medicamentōsu-*, «id.»)

medicando n.m. aquele que vai ser medicado (Do lat. *medicandu-*, «id.», ger. de *medicāre*, «medicar»)

medicante adj.2g. que medica (Do lat. *medicante-*, «id.», part. pres. de *medicāre*, «medicar»)

medição n.f. **1** ato ou efeito de medir **2** avaliação (Do lat. ecl. *meditiōne-*, «id.»)

medicar v.tr. **1** prescrever medicamento(s) para **2** tratar com medicamentos; medicamentar; medicinar (Do lat. *medicāre*, «id.»)

medicastro n.m. [depr.] pessoa que exerce a medicina sem diploma médico e sem os conhecimentos necessários; charlatão; curandeiro (De *médico+-astro*, ou do lat. *medicastro*, «id.»)

medicativo adj. ⇒ **medicamentoso** (De *medicar+-tivo*)

medicatriz adj.,n.f. que ou coisa que cura ou tem propriedades terapêuticas (Do lat. *medicatrīce-*, fem. de *medicatōre-*, «médico»)

medicável adj.2g. que pode ser medicado (Do lat. *medicabĭle-*, «id.»)

medicina n.f. **1** arte ou ciência que tem como objetivo prevenir, curar ou atenuar as doenças e promover a saúde **2** atividade profissional exercida pelos médicos **3** classe dos médicos; corpo médico **4** forma de tratamento; medicamento; remédio **5** [fig.] aquilo que remedeia ou atenua um mal; **~ dentária** área das ciências da saúde que se dedica ao estudo das doenças da cavidade oral e anexos; **~ do trabalho** MEDICINA especialidade que se dedica à prevenção e ao tratamento de problemas de saúde decorrentes do exercício da atividade profissional; **~ homeopática** MEDICINA conjunto de técnicas terapêuticas em que se utilizam, em doses pequenas e controladas, substâncias capazes de produzir efeitos idênticos aos que são causados pela doença, homeopatia; **~ interna** MEDICINA ramo da medicina que se dedica ao diagnóstico e tratamento das doenças dos órgãos internos; **~ legal** aplicação dos conhecimentos médicos aos casos de processo civil e criminal que por eles podem ser esclarecidos; **~ preventiva** MEDICINA ramo da medicina que se dedica ao estudo das diversas formas de prevenção das doenças e da promoção da saúde; **medicinas alternativas** conjunto de técnicas terapêuticas (acupuntura, homeopatia, etc.) que utilizam processos diferentes dos que são usados na medicina convencional, procurando atacar as causas das doenças, e não os seus sintomas (Do lat. *medicīna-*, «id.»)

medicinal adj.2g. **1** que é salutar **2** referente à medicina **3** que se utiliza como remédio; terapêutico (Do lat. *medicināle-*, «id.»)

medicinar v.tr. ⇒ **medicar** (De *medicina+-ar*)

medicineiro n.m. BOTÂNICA nome vulgar de algumas plantas brasileiras da família das Euforbiáceas, com látex e sementes purgativas, afins do rícino (De *medicina+-eiro*)

médico¹ *n.m.* 1 título obtido por quem possui o grau académico de licenciatura em medicina 2 pessoa que possui esse título e está inscrito na Ordem dos Médicos como membro efetivo; clínico 3 [fig.] o que cura um mal físico ou moral ■ *adj.* referente à medicina; medicinal; ~ *assistente* aquele que acompanha regularmente um paciente; ~ *de família* aquele que, num centro de saúde, acompanha regularmente os membros de uma família (Do lat. *medĭcu-*, «id.»)

médico² *adj.* relativo à Média (Pérsia) ou aos Medos (Do lat. *medĭcu-*, «da Média»)

médico-cirurgião *n.m.* médico que se dedica à cirurgia

médico-cirúrgico *adj.* relativo à medicina interna e à cirurgia

médico-dentista *n.m.* profissional com o curso de medicina dentária, que se ocupa do tratamento e da prevenção das doenças da boca e anexos (glândulas salivares) (De *médico+dentista*)

médico-legal *adj.2g.* que diz respeito à medicina legal

médico-legista *n.m.* especialista em medicina legal

medicomania *n.f.* mania de curar ou de receitar remédios (Do lat. *medĭcu-*, «médico»+gr. *manía*, «mania»)

médico-psicológico *adj.* diz-se das investigações que dizem respeito à psicologia e são realizadas através da observação das doenças cerebrais

médico-social *adj.2g.* relativo à medicina social

médico-veterinário *adj.* relativo à medicina e à veterinária ■ *n.m.* médico que se dedica à veterinária (De *médico+veterinário*)

medida *n.f.* 1 grandeza determinada que serve de padrão para avaliar outras 2 razão existente entre uma grandeza e outra tomada como unidade 3 medição 4 bitola 5 cômputo; cálculo 6 precaução 7 plano; projeto; intento 8 padrão; grau; proporção 9 regra; limite 10 ordem; decisão 11 providência 12 compasso 13 alcance; possibilidade 14 número de sílabas de um verso; *à ~ de* consoante, segundo, conforme; *à ~ que* conforme, enquanto, ao mesmo tempo que, na proporção em que; *com conta, peso e ~* com todas as condições necessárias, à justa; *encher as medidas* satisfazer; *tomar as suas medidas* acautelar-se, precaver-se (Part. pass. fem. subst. de *medir*)

medidagem *n.f.* 1 operação de medir 2 maquia que se pagava ao medidor do pão e do vinho 3 trabalho ou retribuição pelo serviço de medir (De *medida+-agem*)

medidor *adj.,n.m.* que ou aquele que mede (De *medir+-dor*)

medieval *adj.2g.* da Idade Média ou a ela referente (Do lat. *medĭu-*, «meio» +*aevu-*, «idade», pelo fr. *médiéval*, «medieval»)

medievalismo *n.m.* ⇒ **medievismo**

medievalista *n.2g.* ⇒ **medievista**

mediévico *adj.* ⇒ **medieval** (De *medievo+-ico*)

medievismo *n.m.* 1 estudo que se ocupa da Idade Média 2 carácter do que é medieval 3 amor pelas coisas da Idade Média (De *medievo+-ismo*)

medievista *n.2g.* pessoa versada em assuntos da Idade Média (De *medievo+-ista*, ou do fr. *médiéviste*, «id.»)

médievo *adj.* ⇒ **medieval** (Do lat. *medĭu-*, «meio»+*aevu-*, «idade»)

medio- elemento de formação de palavras que exprime a ideia de *médio, posição média, voz média* e de *medieval* (Do lat. *medĭu-*, «médio»)

médio *adj.* 1 que está no meio ou entre dois 2 que é o meio-termo; mediano 3 moderado 4 diz-se da classe social entre o proletariado e a alta burguesia 5 ANATOMIA designativo do dedo situado entre o indicador e o anular 6 LINGUÍSTICA diz-se do som entre o grave e o agudo 7 *adj.* diz-se do período histórico que medeia entre a Antiguidade e os tempos modernos (Idade Média) ■ *n.m.* 1 pessoa que, segundo os espíritas, serve de intermediária entre os vivos e a alma dos mortos; médium 2 DESPORTO jogador que, nas equipas de andebol, futebol, etc., assegura a ligação entre os atacantes e os defensores, no seu grupo 3 *pl.* luzes destinadas a iluminar a via para a frente do veículo numa distância até 30 m; luzes de cruzamento; *termo* ~ LÓGICA no silogismo, termo com que se comparam o termo maior (sujeito) e o menor (predicado) (Do lat. *medĭu-*, «meio»)

médio-centro *n.m.* DESPORTO (futebol) jogador que atua no centro da linha média

mediocracia *n.f.* 1 predomínio social das classes médias 2 burguesia 3 governo da classe média (Do lat. *medĭu-*, «médio»+gr. *krateîn*, «mandar»+*-ia*)

medíocre *adj.2g.* 1 que está entre o bom e o mau 2 que não é grande nem pequeno 3 quase sofrível ■ *n.m.* 1 aquilo ou aquele que tem pouco valor 2 [acad.] classificação escolar entre o mau e o suficiente, conforme a escala que se adotar (Do lat. *mediŏcre-*, «id.»)

mediocremente *adv.* 1 de modo medíocre 2 pouco; insuficiente (De *medíocre+-mente*)

mediocridade *n.f.* 1 qualidade de medíocre; insuficiência 2 vulgaridade 3 pessoa de pouco mérito (Do lat. *mediocritāte-*, «moderação»)

mediocrizar *v.tr.,pron.* tornar(-se) medíocre (De *medíocre+-izar*)

médio-oriental *adj.2g.* pertencente ou relativo ao Médio Oriente

médio-palatal *adj.2g.* referente à região média do palato (De *medio-+palatal*)

médio-passivo *adj.* GRAMÁTICA diz-se do verbo latino que tem conjugação passiva e significação ativa; depoente

medir *v.tr.* 1 avaliar ou determinar uma extensão ou quantidade, comparando-a com uma grandeza definida 2 calcular; considerar 3 moderar; refrear 4 ter como medida 5 percorrer com a vista 6 olhar com provocação 7 contar as sílabas de um verso ■ *v.pron.* 1 bater-se 2 rivalizar 3 arcar; ~ *as costelas a (alguém)* bater em (alguém); ~ *as palavras* falar cautelosamente; ~ *de alto a baixo* fitar com ar desdenhoso ou provocante; *não ter mãos a* ~ ter muito que fazer (Do lat. *metīri*, «id.»)

meditabundo *adj.* 1 que medita; pensativo 2 melancólico; sorumbático (Do lat. *meditabundu-*, «id.»)

meditação *n.f.* 1 ato ou efeito de meditar; reflexão 2 contemplação mental (Do lat. *meditatiōne-*, «id.»)

meditadamente *adv.* 1 com ponderação 2 pausadamente; calmamente (De *meditado+-mente*)

meditador *adj.,n.m.* que ou aquele que medita (Do lat. *meditatōre-*, «id.»)

meditar *v.tr.* 1 pensar sobre; considerar; ponderar 2 projetar; combinar ■ *v.intr.* refletir; pensar ■ *n.m.* meditação (Do lat. *meditāri*, «id.»)

meditativo *adj.* 1 propenso à meditação 2 pensativo; meditabundo (Do lat. med. *meditatīvo-*, «id.»)

meditável *adj.2g.* que se deve ou pode meditar (De *meditar+-vel*)

mediterrâneo *adj.* 1 diz-se do mar continental, apertado entre continentes muito próximos, com comunicação estreita com os oceanos 2 do mar Mediterrâneo ou dos países que ele banha 3 interior ■ *n.m.* mar continental, interior (Do lat. *mediterranĕu-*, «que está no meio de terras»)

mediterrânico *adj.* 1 do Mediterrâneo 2 banhado pelo Mediterrâneo (De *mediterrâneo+-ico*)

médium *n.2g.* pessoa que, segundo os espíritas, serve de intermediária entre os vivos e a alma dos mortos; médio (Do lat. *medĭum*, «intermediário»)

mediúnico *adj.* relativo a médium (De *médium+-ico*)

mediunidade *n.f.* qualidade de médium

medível *adj.2g.* que se pode medir; comensurável (De *medir+-vel*)

medo¹ /ê/ *n.m.* 1 sentimento de inquietação que surge com a ideia de um perigo real ou aparente 2 terror; susto 3 receio; temor 4 apreensão 5 [pop.] fantasma; alma do outro mundo; *a* ~ com hesitação (Do lat. *metu-*, «id.»)

medo² /é/ *adj.* relativo à Média ou aos Medos ■ *n.m.* natural da Média (Pérsia) (Do lat. *Medu-*, «id.»)

medo³ /é/ *n.m.* ⇒ **duna** (Deriv. regr. de *medão*)

medonho /ô/ *adj.* 1 que causa medo 2 pavoroso 3 tremendo; terrível 4 funesto; horrível 5 horroroso; hediondo; repugnante 6 grande ■ *n.m.* ORNITOLOGIA ⇒ **moleiro**3 (De *medo+-onho*)

medorreia *n.f.* MEDICINA corrimento pela uretra (Do gr. *mēdos*, «partes pudendas do homem» +*rheîn*, «correr»)

medouço *n.m.* [regionalismo] meda de centeio (De *meda+-ouço*)

medra *n.f.* 1 ato ou efeito de medrar 2 crescimento; medrança (Deriv. regr. de *medrar*)

medrança *n.f.* 1 estado do que está a medrar; crescimento; desenvolvimento 2 [fig.] mudança para melhor; avanço; progresso 3 *pl.* [regionalismo] pequenas erupções na face e no corpo das crianças (De *medrar+-ança*)

medrançoso /ô/ *adj.* 1 que apresenta crescimento; desenvolvido 2 que vai medrando (De *medrança+-oso*)

medrar *v.tr.,intr.* 1 (fazer) crescer; desenvolver(-se) 2 (fazer) prosperar (Do cast. *medrar*, «id.»)

medrica *n.2g.* ⇒ **medricas**

medricas *n.2g.2n.* pessoa medrosa (De *medr[oso]+-icas*)

medrincas *n.2g.2n.* ⇒ **medricas**

medrio *n.m.* ⇒ **medrança** (De *medrar+-io*)

medronhal *n.m.* terreno onde crescem medronheiros (De *medronho+-al*)

medronheiro *n.m.* BOTÂNICA planta lenhosa da família das Ericáceas, cujo fruto é o medronho, também chamada ervado, ervedeiro, ervedo, êrvedo, êrvodo, etc. (De *medronho+-eiro*)

medronho /ô/ *n.m.* BOTÂNICA fruto (bacáceo) do medronheiro apreciado pelo seu sabor agridoce e pela sua utilização no fabrico de álcool (Do lat. *maturoneu-, de matūru-, «maduro»?)

medroso /ô/ *adj.* 1 que se assusta facilmente 2 tímido; acanhado 3 cobarde; pusilânime ■ *n.m.* pessoa que é dada a ter medo ou que se assusta facilmente (Do lat. vulg. *metorōsu-, de metu-, «medo»)

medula *n.f.* 1 ANATOMIA designação de órgãos ou estruturas que ocupam uma posição central relativamente ao órgão ou à estrutura em que se encontram 2 [uso indevido mas generalizado] ANATOMIA parte do sistema nervoso contida no canal raquidiano; medula espinal 3 BOTÂNICA porção axial de tecido parenquimatoso do cilindro central das plantas vasculares 4 [fig.] parte mais interna; âmago; cerne 5 [fig.] parte mais importante; essência; ~ **espinal/espinhal** ANATOMIA parte do sistema nervoso contida no canal raquidiano (impropriamente designada medula); ~ **óssea** ANATOMIA, HISTOLOGIA tecido de funções hematopoéticas, que preenche o canal medular dos ossos compridos e as lacunas dos ossos esponjosos; **até à ~** profundamente, completamente, até ao âmago (Do lat. *medulla-*, «id.»)

medular *adj.2g.* 1 que diz respeito à medula 2 que contém a medula 3 da natureza da medula 4 [fig.] essencial ■ *v.intr.* percorrer as medulas (Do lat. *medullāre-*, «id.»)

medulina *n.f.* substância existente na medula de vegetais, especialmente do sabugueiro (De *medula*+-*ina*)

medulite *n.f.* MEDICINA inflamação da medula óssea; osteomielite (De *medula*+-*ite*)

meduloso /ô/ *adj.* 1 que tem medula ou canal medular 2 da natureza ou do aspeto da medula 3 ARTES PLÁSTICAS diz-se do processo de pintar ou esculpir um objeto macio e flexível 4 suave; aveludado (Do lat. *medullōsu-*, «id.»)

medusa *n.f.* 1 [com maiúscula] MITOLOGIA uma das três Górgonas 2 [fig.] mulher muito feia e perversa 3 ZOOLOGIA forma de celenterado adaptada à vida errante, com aspecto de campânula, disco ou sino; alforreca (Do lat. *Medūsa-*, mitol., deusa da maldade)

medusa-acalefa *n.f.* ZOOLOGIA celenterado cifozoário de grandes dimensões e desprovido de véu

medusário *adj.* semelhante à medusa ou alforreca (De *medusa*+-*ário*)

meduseu *adj.* 1 relativo a Medusa; medúsico 2 MITOLOGIA diz-se do cavalo Pégaso que nasceu do sangue de Medusa (Do lat. *medusaeu-*, «de Medusa»)

medúsico *adj.* ⇒ **meduseu** (De *medusa*+-*ico*)

medusoide *n.m.* ZOOLOGIA indivíduo sexuado, nos celenterados, que não se desenvolve de maneira a originar uma medusa e permanece na colónia a que pertence (De *medusa*+-*óide*)

medusóide ver nova grafia **medusoide**

meeiro *adj.* 1 partível em dois quinhões iguais 2 que faz meias com alguém ■ *n.m.* 1 aquele que tem metade em alguma coisa 2 AGRICULTURA agricultor que cultiva a meias com o proprietário do terreno; **parede meeira** parede que separa duas propriedades (ou é comum a duas casas) de donos diferentes e que pertence em partes iguais, considerada a sua espessura, aos dois proprietários (De *meio*+-*eiro*)

meeting *n.m.* 1 reunião; encontro 2 reunião pública para debater um problema de qualquer espécie: político, educativo, social, económico, desportivo, etc. 3 assembleia (Do ing. *meeting*)

mefistofélico *adj.* próprio de Mefistófeles; diabólico 2 sarcástico (De *Mefistófeles*+-*ico*, ou do fr. *mephistophélique*, «id.»)

mefítico *adj.* que tem exalações nocivas à saúde; insalubre; pestilencial; fétido; infeto (Do lat. *mephitĭcu-*, «id.»)

mefitismo *n.m.* 1 qualidade de mefítico; pestilência 2 [pouco usado] doença resultante de exalações nocivas à saúde (Do lat. *mephĭte-*, «exalação pestilencial»+-*ismo*)

mega[1] *n.m.* forma reduzida de *megabyte*

mega[2] *n.m.* ZOOLOGIA mosquito hematófago; muchão (De orig. obsc.)

mega[3] *n.f.* ICTIOLOGIA designação comum a uns peixes selácios, da família dos Espinacídeos; melga (De *melga*)

mega- 1 elemento de formação de palavras que exprime a ideia de *grande*, *enorme* 2 prefixo do Sistema Internacional de Unidades, de símbolo M, que exprime a ideia de *um milhão de vezes maior* e que equivale a multiplicar por um milhão (10^6) a unidade por ele afetada 3 [uso indevido mas generalizado] INFORMÁTICA este mesmo prefixo usado para multiplicar uma unidade por 2^{20} (Do gr. *mégas*, «grande»)

megabit *n.m.* INFORMÁTICA medida de capacidade de memória correspondente a 1024 kilobits (Do ing. *megabit*)

megabyte *n.m.* INFORMÁTICA unidade de medida de informação, de símbolo MB, correspondente a 1024 quilobytes (este valor é frequentemente arredondado para 1000 quilobytes) (Do ing. *megabyte*)

megacariócito *n.m.* CITOLOGIA célula da medula óssea que dá origem às plaquetas sanguíneas (Do gr. *mégas*, «grande» +*káryon*, «núcleo» +*kýtos*, «cavidade»)

megaciclo *n.m.* ELETRICIDADE antiga unidade equivalente a um milhão de oscilações por segundo, usada para indicar a frequência das ondas curtas da rádio (De *mega*-+*ciclo*)

megadine *n.m.* FÍSICA unidade de força equivalente a um milhão de dines (De *mega*+*dine*)

megadose *n.f.* dose enorme (De *mega*-+*dose*)

megafone *n.m.* aparelho destinado a amplificar e dirigir o som, também denominado altifalante (De *mega*-+-*fone*)

megahertz *n.m.* FÍSICA unidade de frequência equivalente a um milhão de hertz (De *mega*-+*hertz*, pelo ing. *megahertz*, «id.»)

megajoule *n.m.* FÍSICA unidade de medida de energia equivalente a um milhão de joules (De *mega*-+*joule*)

megalanto *adj.* BOTÂNICA que tem flores grandes (Do gr. *mégas*, -*gále*, «grande» +*ánthos*, «flor»)

megalegoria *n.f.* estilo pomposo; grandiloquência (Do gr. *megalegoría*, «id.»)

megalepatia *n.f.* MEDICINA aumento anormal do volume do fígado (Do gr. *mégas*, -*gále*, «grande» +*hēpar*, -*atos*, «fígado» +-*ia*)

megálio *n.m.* perfume feito com óleo de avelã-da-índia, de bálsamo, de cana-da-arábia, de canela, de junça, etc. (Do gr. *megaleîon* [mýron], «[perfume] excelente», pelo lat. *megalĭu-*, «id.»)

megalítico *adj.* 1 que é constituído por pedras muito grandes 2 relativo aos megálitos ■ *n.m.pl.* ARQUEOLOGIA monumentos pré-históricos feitos de pedras grandes (De *megálito*+-*ico*)

megalitismo *n.m.* termo que designa toda uma série de edificações (datadas de entre o V e o II milénio a. C., aproximadamente) feitas com pedras de grandes dimensões, simples ou aparelhadas, com fins funerários, simbólicos ou religiosos, em várias regiões do mundo, com destaque para a Europa

megálito *n.m.* ARQUEOLOGIA bloco de pedra de grandes dimensões, usado em construção pré-histórica (De *mega*-+-*lito*)

megal(o)- elemento de formação de palavras que exprime a ideia de *grande* (Do gr. *mégas*, -*gále*, «grande»)

megalocardia *n.f.* MEDICINA volume exagerado do coração (Do gr. *mégas*, -*gále*, «grande» +*kardía*, «coração»)

megalocefalia *n.f.* MEDICINA qualidade de megalocéfalo (De *megalocéfalo*+-*ia*)

megalocéfalo *adj.* MEDICINA que tem a cabeça excessivamente grande (Do gr. *megaloképhalos*, «id.»)

megalocele *n.f.* MEDICINA aumento anormal do volume do ventre (Do gr. *mégas*, -*gále*, «grande» +*kéle*, «tumor; hérnia»)

megalocélio *n.m.* ⇒ **megalocele**

megalodactilia *n.f.* qualidade de megalodáctilo (De *megalodáctilo*+-*ia*)

megalodáctilo *adj.* que possui dedos grandes (Do gr. *mégas*, -*gále*, «grande» +*dáktylos*, «dedo»)

megalografia *n.f.* 1 arte de pintar ou desenhar factos grandiosos 2 descrição ou pintura desses factos (Do gr. *megalographía*, «id.», pelo lat. *megalographĭa-*, «id.»)

megalomania *n.f.* 1 PSICOLOGIA, MEDICINA perturbação mental que se caracteriza por ideias delirantes de grandeza (força física, poder, riqueza, etc.); tendência patológica para sobrevalorizar as próprias qualidades 2 mania das grandezas (Do gr. *mégas*, -*gále*, «grande» +*manía*, «mania»)

megalomaníaco *adj.,n.m.* ⇒ **megalómano** (De *megalo*+*maníaco*)

megalómano *n.m.* 1 indivíduo que sofre de megalomania 2 indivíduo que tem a mania das grandezas ■ *adj.* 1 que sofre de megalomania 2 que só aprecia coisas de grande porte; que revela uma ambição desmedida 3 exagerado; excessivo (De *megalo*+-*mano*)

megalópode *adj.2g.* diz-se do animal cujos pés, ou extremidades dos membros, são excessivamente grandes (Do gr. *megalópous*, -*odos*, «de pés grandes»)

megalópole *n.f.* grande aglomeração populacional constituída pelo conjunto de várias áreas metropolitanas, cujas fronteiras se interpenetram

megalossauros *n.m.pl.* PALEONTOLOGIA grupo de grandes répteis fósseis da ordem dos dinossauros (Do gr. *mégas*, -*gále*, «grande» +*saûros*, «lagarto»)

megalóstomo *adj.* ZOOLOGIA que tem a boca grande (Do gr. *megalóstomos*, «id.»)

megâmetro[1] *n.m.* instrumento para medir as longitudes no mar pelas distâncias angulares entre os astros (Do gr. *mégas*, «grande» +*métron*, «medida»)

megâmetro² *n.m.* medida equivalente a um milhão de metros (De *mega-*+*metro*)
megaohm *n.m.* ELETRICIDADE unidade de medida de resistência elétrica que equivale a um milhão de ohms (De *mega-*+*ohm*)
megaoperação *n.f.* operação (policial, militar, de salvamento, etc.) em grande escala (De *mega-*+*operação*)
megapíxel *n.m.* valor equivalente a um milhão de píxeis, muito utilizado, por exemplo, para determinar o grau de resolução de máquinas fotográficas digitais (De *mega-*+*píxel*)
megascópio *n.m.* ÓTICA instrumento com que se obtêm imagens ampliadas de um objeto (Do gr. *mégas*, «grande» +*skopeīn*, «ver» + *-io*)
megasférico *adj.* PALEONTOLOGIA diz-se das formas de foraminíferos com grande câmara inicial (em oposição às formas microsféricas) (De *mega-*+*esférico*)
megassismo *n.m.* tremor de terra de grande amplitude, sentido em toda ou grande parte da superfície terrestre (Do gr. *mégas*, «grande» +*seismós*, «sismo»)
megatério *n.m.* PALEONTOLOGIA mamífero fóssil do Pleistocénico americano, de grande porte, que pertence ao grupo da preguiça (De *mega-*+*-tério*)
megaton *n.m.* [Brasil] ⇒ **megatonelada**
megatonelada *n.f.* 1 FÍSICA unidade de medida de massa, de símbolo Mt, equivalente a um milhão de toneladas 2 FÍSICA unidade de medida de potência de um explosivo nuclear igual à energia libertada pela explosão de uma carga de 1 milhão de toneladas de trinitrotolueno (De *mega-*+*tonelada*)
megavolt *n.m.* ELETRICIDADE, ELETRÓNICA unidade de medida de potencial elétrico equivalente a um milhão de volts (De *mega-*+*volt*)
megawatt *n.m.* ELETRICIDADE unidade de potência equivalente a um milhão de watts (1 000 000 W) (De *mega-*+*watt*)
megera *n.f.* 1 mulher cruel 2 mãe desnaturada (Do gr. *Mégaira*, «id.», mitol., uma das três Fúrias, pelo lat. *Megaera-*, «id.», pelo fr. *mégère*, «id.»)
meia¹ *n.f.* [também no plural] peça de vestuário de tecido de malha que cobre o pé e a perna, esta no todo ou em parte; *meias de cabrestilho* meias curtas e sem pé, que se ligavam por presilha; *meias de mousse* meias feitas de uma malha de nylon espessa e muito extensível; *meias de vidro* meias feitas de uma malha de nylon muito fina, transparente e muito extensível (Red. de *meia--calça*)
meia² *n.f.* [Brasil] representa o algarismo 6 de forma a não ser confundido com o algarismo 3 (De *meia [dúzia]*)
meia-calça *n.f.* ⇒ **meias-calças**
meia-cana *n.f.* 1 lima semicilíndrica 2 moldura côncava e arredondada com o feitio de cana fendida ao meio longitudinalmente 3 estria
meia-cara *n.m.* casta de feijão de pigmentação raiada, chamado também rajado
meia de leite *n.f.* bebida preparada com leite e café servida numa chávena almoçadeira
meia-desfeita *n.f.* CULINÁRIA prato preparado com bacalhau cozido, grão-de-bico e batata (De *meia [posta]*+*desfeita*)
meia-esquadria *n.f.* metade do ângulo reto
meia-estação *n.f.* época do ano que se caracteriza por temperatura amena, geralmente na primavera ou no outono
meia-final *n.f.* DESPORTO cada uma das duas competições que precedem a final numa prova a eliminar; semifinal
meia-galeota *n.f.* designação de um tamanho de prego de soalho
meia-hora *n.f.* doze horas e trinta minutos (no relógio)
meia-idade *n.f.* idade dos quarenta aos cinquenta anos, aproximadamente
meia-laranja *n.f.* 1 espaço em forma de semicírculo 2 NÁUTICA escotilha que dá serventia às antecâmaras do navio
meia-lona /ô/ *n.f.* tecido grosso de linho cru
meia-lua *n.f.* 1 ASTRONOMIA aspeto da Lua, depois do novilúnio, quando apenas uma das suas partes está iluminada, no quarto crescente ou no quarto minguante 2 aquilo que tem forma semicircular; semicírculo 3 na religião islâmica, símbolo com essa forma; crescente 4 [coloq.] semicírculo esbranquiçado na raiz das unhas; lúnula 5 ARQUITETURA edifício ou estrutura semicircular, como um anfiteatro 6 NÁUTICA embarcação de pesca costeira, de fundo chato e terminada em bico na proa e na popa
meia-luz *n.f.* penumbra; luminosidade fraca
meia-nau *n.f.* NÁUTICA linha reta que passa pela proa e pela popa, dividindo o navio em duas metades iguais; *a ~* equilibrado

meia-noite *n.f.* 1 momento que marca o fim de um dia (fim da vigésima quarta hora) e o começo do dia seguinte (início da primeira hora) 2 momento que divide a noite em duas partes
meia-noute *n.f.* ⇒ **meia-noite**
meia-pensão *n.f.* regime turístico em que as pessoas têm direito ao pequeno-almoço e ao almoço ou jantar
meia-rotunda *n.f.* construção semicircular
meias *n.f.pl.* 1 ECONOMIA sociedade em que os ganhos e perdas são divididos igualmente pelos sócios; metade para cada um 2 contrato em que o dono de um terreno agrícola recebe do arrendatário o que o trata metade da produção em géneros; *a ~* em duas partes iguais (De *meio*)
meias-calças *n.f.pl.* peça de vestuário interior, feita de malha extensível, constituída por um par de meias compridas, unidas em cima, que cobre dos pés à cintura; meia-calça
meias-medidas *n.f.pl.* 1 hesitação; dúvida 2 receio; *não estar com ~* não hesitar
meias-palavras *n.f.pl.* expressão que não diz tudo, antes deixa adivinhar; evasivas
meias-partidas *n.f.pl.* termos médios entre os rumos da rosa dos ventos
meia-tigela *n.f.* 1 objeto sem importância 2 objeto vulgar, medíocre; *de ~* sem valor
meia-tinta *n.f.* 1 tonalidade de cor entre a luz e a sombra 2 gradação de cores 3 *pl.* fingimento; dissimulação
meia-verdade *n.f.* afirmação que omite parte dos factos ou das informações, principalmente quando é feita propositadamente com o objetivo de enganar alguém
meia-volta *n.f.* 1 movimento circular do corpo que leva a que se fique de costas para o local que estava à frente; rotação de 180° sobre si próprio 2 MILITAR movimento através do qual uma tropa se coloca na direção oposta à que estava 3 NÁUTICA nó simples dado em torno de um objeto 4 TAUROMAQUIA manobra em que o toureiro provoca o touro por trás para que o animal se volte e lhe sejam metidos os ferros; *dar ~* voltar atrás, recuar
meigamente *adv.* 1 com meiguice; com ternura 2 afetuosamente 3 amavelmente (De *meigo*+*-mente*)
meigo *adj.* 1 carinhoso; terno; suave 2 afável (Do lat. *magīcu-*, «mágico»)
meiguice *n.f.* 1 qualidade de meigo; afabilidade; ternura 2 bondade 3 *pl.* carícias; mimos (De *meigo*+*-ice*)
meiguiceiro *adj.* que tem meiguice; meigo (De *meiguice*+*-eiro*)
meijengro *adj.* 1 diz-se do fruto que ficou chocho 2 sorumbático; cabisbaixo ■ *n.m.* indivíduo insignificante (De orig. obsc.)
meijoada *n.f.* ⇒ **ameijoada** 2 [fig.] vida dissoluta 3 [fig.] caso imoral (Por *ameijoada*)
meimendro *n.m.* BOTÂNICA designação de uma planta viscosa, da família das Solanáceas, espontânea ou subespontânea em Portugal, cujas folhas contêm os alcaloides hiosciamina e escopolamina; velenho (Do lat. med. *milimindru-*, «id.»)
meiminho *adj.*,*n.m.* (dedo) ⇒ **mendinho** (Do lat. **minimĭnu-*, dim. de *minĭmu-*, «mínimo»)
meio *n.m.* 1 ponto equidistante das extremidades ou do princípio e do fim; centro 2 facto ou diligência posta em ação para conseguir um fim 3 proposição 4 plano 5 interferência; intervenção 6 lugar onde se vive 7 esfera social ou moral; ambiente 8 metade de um todo 9 meio-termo 10 modo; maneira 11 circunstância 12 via; possibilidade 13 expediente; ardil 14 auxílio 15 aquilo que estabelece comunicação 16 *pl.* recursos 17 *pl.* bens; fortuna ■ *adj.* 1 que é metade de um todo 2 médio ■ *adv.* um tanto; *~ ambiente* o espaço que nos rodeia, o ar que se respira, o meio social em que se vive; ambiente; *~ de comunicação* canal ou cadeia de canais que permite a transmissão e a receção de mensagens entre uma fonte (emissor) e um destinatário (recetor); *~ geométrico* qualquer dos meios de uma proporção geométrica contínua, isto é, que tem os meios iguais; *~ proporcional* MATEMÁTICA nome dado ao 2.° e ao 3.° termos de uma proporção, quando são iguais; *lei de meios* lei orçamental; *por ~ de* com, através de (Do lat. *medĭu-*, «id.»)
meio-bilhete *n.m.* bilhete pelo qual se paga metade da tarifa normal
meio-branco *n.m.* antiga moeda portuguesa do valor de três ceitis
meio-busto *n.m.* efígie ou escultura que só representa a cabeça e o pescoço
meio-caixeiro *n.m.* aprendiz de caixeiro (De *meio*+*caixeiro*)
meio-campo *n.m.* 1 (futebol) zona central do campo 2 (futebol) conjunto dos jogadores que jogam nessa zona
meio-corpo *n.m.* metade superior de uma figura humana

meio-dia *n.m.* **1** GEOGRAFIA momento que divide o dia civil em duas partes iguais, ou em que o Sol passa superiormente no meridiano do lugar **2** 12 horas **3** GEOGRAFIA sul (ponto cardeal, ao norte do trópico de Câncer, visto que o Sol, ao meio-dia, indica a direção do sul àquelas latitudes)

meio-doce *adj.2g.* diz-se do vinho que contém até 45 gramas por litro de açúcar residual

meio-fio *n.m.* **1** NÁUTICA anteparo que se coloca no porão de um navio, no sentido longitudinal, para fixar a carga **2** chanfradura nos batentes das portas ou dos caixilhos **3** fiada de pedras de cantaria que borda as calçadas das ruas **4** alfaia de carpinteiro

meio-fundo *n.m.* DESPORTO (atletismo) designação do conjunto das provas de corrida que correspondem a distâncias situadas entre as categorias de velocidade e fundo, ou seja, entre os 800 m e os 3000 m (De *meio-*+*fundo*)

meio-gordo *adj.* diz-se do alimento que contém um teor de gordura médio na sua composição

meio-grosso *n.m.* qualidade de rapé ▪ *adj.* **1** designativo dessa qualidade de rapé **2** [pop.] um tanto bêbedo

meio-irmão *n.m.* irmão só por parte do pai ou só por parte da mãe

meio-maçarico *n.m.* ORNITOLOGIA ⇒ **sovela** 2

meio-médio *n.m.* [Brasil] DESPORTO pugilista da categoria que está entre a dos leves e a dos médios

meio-morto *adj.* **1** quase morto **2** muito cansado

meio-relevo *n.m.* ARTES PLÁSTICAS figura ou ornato que representa só meio vulto a ressair do fundo

meio-sangue *n.m.* [Brasil] ZOOLOGIA animal proveniente de reprodutores dos quais apenas um é puro-sangue

meios-bastos *n.m.pl.* NÁUTICA rede de pesca do aparelho de arrastar para terra, que está ligada ao saco

meiose *n.f.* BIOLOGIA conjunto de fenómenos da redução (a metade) do número de cromossomas, durante a divisão nuclear, em algumas células; mitose heterotípica ou de maturação; miose (Do gr. *meíosis*, «diminuição»)

meio-seco *adj.* diz-se do vinho que contém até 12 gramas por litro de açúcar residual

meios-meinhos *n.m.pl.* NÁUTICA rede do saco ligada aos meios-bastos

meio-soprano *n.m.* MÚSICA timbre de voz feminina mais claro, mais sonoro e mais grave que o soprano ▪ *n.f.* cantora com essa voz

meiote *n.m.* peúga (De *meia*+*-ote*)

meio-tempo *n.m.* **1** DESPORTO cada uma das duas partes regulamentares em que se divide um jogo **2** intervalo; pausa; *trabalhar a ~* trabalhar apenas durante uma parte do dia

meio-termo *n.m.* **1** solução igualmente distante dos extremos; solução intermédia **2** moderação; equilíbrio; comedimento

meio-tom *n.m.* **1** tonalidade intermédia **2** coloração esbatida **3** som suave; som pouco audível **4** MÚSICA o menor intervalo musical, equivalente a metade de um tom

meirinhado *n.m.* **1** cargo de meirinho (oficial de diligências) **2** território de jurisdição do meirinho (magistrado) (De *meirinho*+*-ado*)

meirinhar *v.intr.* exercer o cargo de meirinho (De *meirinho*+*-ar*)

meirinho *adj.* **1** diz-se do gado lanígero que, de verão, pasta nas montanhas, e, no inverno, na planície **2** diz-se também da lã desse gado ▪ *n.m.* **1** [ant.] oficial de diligências **2** [ant.] magistrado que governava uma comarca ou um território (Do lat. *maiorīnu-*, «um tanto maior»)

meitnério *n.m.* QUÍMICA elemento transuraniano, com o número atómico 109 e símbolo Mt, obtido artificialmente

mejengra *n.f.* ORNITOLOGIA ⇒ **chapim**² (De orig. obsc.)

mel *n.m.* (*plural* **meles** *ou* **méis**) **1** substância açucarada que as abelhas e outros insetos preparam com o suco das flores, e que depositam nos alvéolos dos seus favos **2** [fig.] doçura; suavidade; *dar ~ pelos beiços a* procurar ser agradável a alguém; *doce como ~* muito doce; *fazer-se de ~* transigir, tolerar; *por dez réis de ~ coado* por baixo preço (Do lat. *melle-*, «id.»)

mela *n.f.* **1** doença dos vegetais que os impede de crescer, e torna chochos os seus frutos **2** [fig.] doença **3** [fig.] envelhecimento; caquexia **4** falta de cabelo **5** [regionalismo] falha no gume de instrumentos cortantes; mossa **6** [Brasil] sova (Do lat. *magella-*, por *macella-*, dim. de *macŭla-*, «nódoa»)

melaceiro *n.m.* vendedor de melaço (De *melaço*+*-eiro*)

melaço *n.m.* **1** líquido espesso que fica depois da cristalização do açúcar **2** [fig.] coisa muito doce (De *mel*+*-aço*)

melacotão *n.m.* ⇒ **maracotão**

melada *n.f.* **1** a produção de mel de uma época **2** substância espessa rica em açúcares, geralmente excretada por diversos insetos enquanto se alimentam da seiva das plantas (De *mel*+*-ada*)

meladinha *n.f.* **1** BOTÂNICA planta brasileira da família das Lamiáceas **2** bebida feita de aguardente e mel (De *melado*+*-inha*)

melado¹ *adj.* **1** doce como mel **2** da cor do mel **3** adoçado com mel **4** melífluo **5** [regionalismo] choramingas **6** [Brasil] bêbedo ▪ *n.m.* líquido viscoso da cana-de-açúcar, limpo na caldeira (Part. pass. de *melar*)

melado² *adj.* **1** peco; chocho **2** fanado **3** apagado **4** magro; raquítico **5** que tem faltas parciais de cabelo **6** que tem mossas no gume (Part. pass. de *melar*)

meladura *n.f.* caldeirada de melado, ou sumo de cana-de-açúcar (De *melar*+*-dura*)

meláfiro *n.m.* PETROLOGIA basalto de fácies paleovulcânico (Do gr. *mélas*, «negro»+port. [pór]*firo*)

melambeira *n.f.* BOTÂNICA ⇒ **baobá** (De *melambo*+*-eira*)

melambo *n.m.* **1** BOTÂNICA árvore do Brasil, da família das Magnoliáceas, de flores brancas, também chamada casca-de-anta **2** casca resinosa e amarga dessa árvore (De orig. obsc.)

melamina *n.f.* QUÍMICA substância de fórmula $C_3H_6N_6$ usada na produção de resinas para revestimentos, laminados, tratamento de tecidos, etc. (Do fr. *melamine*, «id.»)

melampiro *n.m.* BOTÂNICA planta herbácea, muitas vezes parasita dos trigais (Do gr. *melámpyron*, «id.», de *mélas*, «negro» +*pýros*, «grão», pelo fr. *mélampyre*, «id.»)

melananto *adj.* que tem flores negras (Do gr. *mélas, -anos,* «negro» +*ánthos,* «flor»)

melancia *n.f.* **1** BOTÂNICA planta da família das Cucurbitáceas, originária da África, de caules herbáceos prostrados, apreciada pelos seus grandes frutos suculentos (pepónios) e comestíveis; melancieira **2** BOTÂNICA fruto da melancieira **3** BOTÂNICA variedade de maçã (Do ár. *balansia*, «valenciana», pelo port. ant. *balancia* e *belancia* [= *melancia*], por infl. de *melão*)

melancial *n.m.* **1** campo semeado de melancias **2** produção de melancias (De *melancia*+*-al*)

melancieira *n.f.* **1** BOTÂNICA (planta) melancia **2** vendedora de melancias (De *melancia*+*-eira*)

melancolia *n.f.* **1** tristeza profunda e duradoura **2** desgosto; abatimento **3** hipocondria **4** MEDICINA afeção mental caracterizada por uma depressão, mais ou menos acentuada, por um sentimento de incapacidade, um desgosto da existência, e, às vezes, por ideias delirantes de autoacusação, de indignidade, etc. (Do gr. *melagkholía*, «melancolia», pelo lat. *melancholĭa-*, «id.»)

melancólico *adj.* **1** que sofre de melancolia **2** triste; abatido; desconsolado (Do lat. *melancholĭcu-*, «id.»)

melancolizador *adj.* que causa melancolia ▪ *n.m.* aquele ou aquilo que causa melancolia (De *melancolizar*+*-dor*)

melancolizar *v.tr.* tornar melancólico; provocar melancolia a; entristecer (De *melancólico*+*-izar*)

melanésio *adj.* relativo à Melanésia, uma das três grandes divisões da Oceânia, de que fazem parte as ilhas da Nova Guiné, Salomão, Nova Caledónia, etc. ▪ *n.m.* **1** natural da Melanésia **2** nome comum a várias línguas que se falam na Melanésia (De *Melanésia*)

melania *n.f.* qualidade daquilo que é escuro ou sombrio (Do gr. *mélas, -anos,* «negro» +*-ia*)

melânia *n.f.* ZOOLOGIA nome comum a um grupo de moluscos gastrópodes, da família dos Melaniídeos, cuja concha tem coloração escura (Do gr. *mélas, -anos,* «negro» +*-ia*)

melânico *adj.* de cor preta (Do gr. *mélas, -anos,* «negro» +*-ico*)

melanina *n.f.* FISIOLOGIA pigmento escuro que se encontra na pele, nos pelos e nos olhos, responsável pelo bronzeamento da pele quando exposta ao sol (Do gr. *mélas, -anos,* «negro» +*-ina*)

melanismo *n.m.* MEDICINA estado anormal caracterizado por aumento patológico da melanina (Do gr. *mélas, -anos,* «negro» +*-ismo*)

melanite *n.f.* MINERALOGIA variedade negra de andradite (granada) (Do gr. *mélas, -anos,* «negro» +*-ite*)

melanizar *v.tr.* tornar escuro (De *melano*+*-izar*)

melan(o)- elemento de formação de palavras que exprime a ideia de *escuro, negro, preto* (Do gr. *mélas, -anos,* «negro»)

melanocarpo *adj.* BOTÂNICA que produz frutos negros (Do gr. *mélas, -anos,* «negro» +*karpós,* «fruto»)

melanocéfalo *adj.* ZOOLOGIA diz-se do animal que tem a cabeça negra (Do gr. *mélas, -anos,* «negro» +*kephalé,* «cabeça»)

melanócero *adj.* ZOOLOGIA diz-se do animal que tem cornos ou antenas pretas (Do gr. *mélas, -anos,* «negro» +*kéras,* «chifre»)

melanócito n.m. BIOLOGIA célula que contém um pigmento castanho-escuro ou negro (melanina) e que se encontra sobretudo na derme, na camada basal da epiderme e na corioide

melanócomo adj. que tem o cabelo ou o pelo escuro (Do gr. *melanókomos*, «id.»)

melanocrático adj. PETROLOGIA diz-se da rocha de cor escura, em especial da rocha magmática com 60 a 90% de minerais máficos (Do gr. *mélas, -anos*, «negro» +*krátos*, «força»+-*ico*)

melanoderme adj.2g. designativo das raças humanas e dos animais de tegumento escuro (Do gr. *mélas, -anos*, «negro» +*dérma*, «pele»)

melanodoncia n.f. MEDICINA doença de etiologia desconhecida que ataca o esmalte dos dentes, tornando-os pretos (Do gr. *mélas, -anos*, «negro» +*odóus, odóntos*, «dente»)

melanoftalmo adj. 1 que possui olhos pretos; melanope 2 que tem manchas rodeadas de um círculo preto, que se assemelha a um olho (Do gr. *melanóphthalmos*, «id.»)

melanoma /ô/ n.m. MEDICINA tumor cutâneo constituído por células produtoras de melanina (pigmento melânico) (De *melano-*+-*oma*)

melanope adj.2g. que tem os olhos negros; melanoftalmo (Do gr. *mélas, -anos*, «negro» +*óps, opós*, «olho»)

melanóptero adj. ZOOLOGIA que tem asas ou élitros negros (Do gr. *melanópteros*, «id.»)

melanose n.f. MEDICINA presença de depósitos anormais de melanina na pele e noutros tecidos

melanostimulina n.f. FISIOLOGIA ⇒ **melanotropina**

melanóstomo adj. ZOOLOGIA que tem a boca negra (Do gr. *mélas, -anos*, «negro» +*stóma*, «boca»)

melanotropina n.f. FISIOLOGIA hormona segregada pela hipófise e que estimula a síntese da melanina nas células capazes de a produzir

melanúria n.f. MEDICINA estado patológico caracterizado por presença de pigmento melânico na urina (De *melano-*+-*úria*)

melanuro adj. ZOOLOGIA diz-se do animal que tem cauda negra (Do gr. *melánouros*, «cauda negra»)

melão n.m. 1 BOTÂNICA fruto (pepónio) do meloeiro, de forma oval, com casca esverdeada ou amarelada e polpa doce e suculenta 2 BOTÂNICA (planta) meloeiro 3 [pop.] cabeça rapada; *aquilo com que se compram os melões* dinheiro (Do gr. *mēlon*, «melão», pelo lat. *melōne-*, «id.»)

melápio n.m. (fruto) ⇒ **malápio**¹

melar¹ v.tr. adoçar ou untar com mel ■ v.intr. produzir mel ■ v.tr.,pron. 1 dar ou adquirir a cor do mel 2 sujar(-se) com mel (De *mel*+-*ar*)

melar² v.tr. fazer mossa em ■ v.intr. 1 possuir mela 2 tornar-se peco ou chocho; estiolar; murchar (De *mela*+-*ar*)

melasma n.m. MEDICINA ⇒ **melasmo**

melasmo n.m. MEDICINA mancha escura que aparece na pele de pessoas idosas (Do gr. *melasmós*, «enegrecimento; nódoa negra»)

Melastomáceas n.f.pl. BOTÂNICA família de plantas dicotiledóneas, herbáceas ou lenhosas, e, em regra, com flores vistosas, próprias das regiões quentes, especialmente da América (Do lat., bot. *Melastoma*, do gr. *mélas*, «negro» +*stóma*, «boca» +-*áceas*)

melatonina n.f. FISIOLOGIA hormona produzida pela glândula pineal, cuja atividade no homem não é ainda bem conhecida, funcionando provavelmente como regulador do sono, do humor e dos ciclos ováricos

melatrofia n.f. MEDICINA atrofia de um membro (De *melo-*+*atrofia*)

melaxanto /cs/ adj. que é amarelo e negro (Do gr. *mélas*, «negro» +*xanthós*, «amarelo»)

melca n.f. ICTIOLOGIA ⇒ **melga**²

meleca n.f. 1 [Brasil] mucosidade nasal 2 [Brasil] sujidade; porcaria 3 [Brasil] coisa sem importância; qualquer coisa

meleiro n.m. vendedor de mel (De *mel*+-*eiro*)

melena¹ /ê/ n.f. 1 cabelo comprido ou desgrenhado 2 madeixa; guedelha 3 parte da crina do cavalo que lhe pende sobre a testa (Do cast. *melena*, «id.»)

melena² /ê/ n.f. MEDICINA evacuação pelo ânus de sangue negro digerido, misturado ou não com as fezes (Do gr. *melaína [émesis]*, «vómito-negro»)

melga¹ n.f. ZOOLOGIA mosquito comum, especialmente das regiões pantanosas, mais pequeno que o trombeteiro ■ n.2g. [coloq.] pessoa maçadora; pessoa importuna (De orig. obsc.)

melga² n.f. ICTIOLOGIA nome vulgar comum a uns peixes seláquios da família dos Espinacídeos, em regra pouco frequentes em Portugal, e também conhecidos por cação, galhudo, melca, etc. (Do cast. *mielga*, «melga, peixe seláquio»)

melgotão n.m. BOTÂNICA ⇒ **maracotão** (Do cast. *melocotón*, «pêssego»)

melgoteiro n.m. [regionalismo] variedade de pessegueiro que produz maracotões (De *melgotão*+-*eiro*)

melgueira n.f. 1 cortiço com favos de mel 2 [fig.] dinheiro guardado secretamente 3 [fig.] coisa excelente e lucrativa; pechincha 4 [pop.] gozo; tranquilidade (Do lat. *mellicaria-*, «id.»)

melharuco n.m. ORNITOLOGIA pássaro da família dos Meropídeos, destruidor de abelhas; abelharuco (De *abelharuco*, com infl. de *mel*)

melheirós n.m. ORNITOLOGIA ⇒ **melharuco** (De *abelheiro*, com infl. de *mel*)

melhor adj.2g. 1 {comparativo de superioridade de **bom**} que possui determinada qualidade em grau superior a outro(s) 2 menos doente 3 {superlativo de **bom**} que, em relação a determinada qualidade, é superior a todos os outros ■ adv. {comparativo de superioridade de **bem**} mais bem ■ n.m. 1 o que é considerado superior a tudo ou a todos 2 aquilo que é mais acertado ou sensato; *~!* exclamação designativa de satisfação; *faltar o ~* faltar o dinheiro; *ir desta para ~* morrer; *levar a ~* vencer; *no ~ da festa* quando menos se esperava, na melhor ocasião; *o ~ do tempo* a maior parte do tempo (Do lat. *meliōre-*, «id.»)

melhora n.f. 1 ato ou efeito de melhorar 2 diminuição de doença 3 alívio (Deriv. regr. de *melhorar*)

melhorado adj. 1 tornado melhor 2 mais perfeito 3 corrigido 4 mais valioso (Do lat. *melioratu-*, «id.», part. pass. de *meliorāre*, «melhorar»)

melhorador adj.,n.m. 1 que ou aquele que melhora ou faz melhoramentos 2 reformador (De *melhorar*+-*dor*)

melhoramento n.m. 1 ato ou efeito de melhorar; melhoria 2 benfeitoria 3 aperfeiçoamento; progresso 4 pl. obras (De *melhorar*+-*mento*)

melhorar v.tr.,intr. 1 tornar(-se) melhor 2 (fazer) prosperar; passar para situação mais próspera 3 fazer melhoramentos (em); aperfeiçoar(-se) 4 (fazer) sentir melhoras ou alívio de doença; (fazer) recuperar a saúde 5 progredir em (determinada área) ■ v.intr. abrandar (o tempo); amenizar ■ v.pron. aperfeiçoar-se (Do lat. *meliorāre*, «id.»)

melhoras n.f.pl. ⇒ **melhora**

melhorativo adj. que encerra melhoria ou conceito favorável (por oposição a pejorativo) (De *melhorar*+-*tivo*)

melhoria n.f. 1 mudança para melhor estado ou condição 2 melhoramento 3 diminuição da doença 4 vantagem 5 aquilo que é melhor (De *melhor*+-*ia*)

melhormente adv. em melhores condições (De *melhor*+-*mente*)

meli- elemento de formação de palavras que exprime a ideia de *mel* (Do lat. *melle-*, «mel»)

mélia n.f. BOTÂNICA ⇒ **conteira**² 3 (Do gr. *melía*, «freixo», pelo lat. *melía-*, «id.»)

Meliáceas n.f.pl. BOTÂNICA família de plantas lenhosas, próprias das regiões quentes, à qual pertence o mogno e outras, sendo algumas medicinais; Cedreláceas (Do gr. *melía*, «freixo», pelo lat. *melía-*, «id.» +-*áceas*)

meliana n.f. espécie de terra que faz conservar por muito tempo as cores das tintas nos quadros (Do fr. *mélienne*, «id.»)

meliante n.m. malandro; gatuno; vadio (Do cast. *maleante*, «perverso»)

melícia n.f. CULINÁRIA espécie de morcela doce feita com amêndoas pisadas, banha de porco, canela, mel, etc. (De *mel*+-*ícia*)

mélico¹ adj. 1 relativo a mel (De *mel*+-*ico*)

mélico² adj. 1 musical 2 harmonioso; suave (Do lat. *melĭcu-*, «harmonioso»)

melida n.f. ⇒ **molhelha** (De orig. obsc.)

melieiro adj. 1 lisonjeiro por interesse 2 meigo 3 que tem lábia (De *meli-*+-*eiro*)

melífago adj. que se nutre de mel; melívoro (De *meli-*+-*fago*)

melífero adj. que produz mel; melífico (Do lat. *mellĭfĕru-*, «id.»)

melificação n.f. 1 ato ou efeito de melificar 2 elaboração do mel pelas abelhas (De *melificar*+-*ção*)

melificador /ô/ n.m. vaso em que se aquecem os favos para o mel se desprender (De *melificar*+-*dor*)

melificar v.tr. 1 converter em mel 2 adoçar com mel ■ v.intr. fabricar mel (Do lat. *mellificāre*, «fazer mel»)

melífico adj. ⇒ **melífero** (Do lat. *mellĭfĭcu-*, «id.»)

melifluentar v.tr. 1 tornar melífluo 2 suavizar (De *meli-*+*fluente*+-*ar*)

melifluidade n.f. 1 qualidade de melífluo 2 [fig.] suavidade; doçura; ternura (De *melífluo*+-*i*-+-*dade*)

melífluo adj. 1 que corre como o mel 2 que destila mel 3 [fig.] suave; doce; harmonioso 4 [fig.] diz-se da voz, do gesto, da atitude de doçura de quem pretende insinuar-se (Do lat. *mellĭflŭu-*, «id.»)

meliloto /ô/ n.m. BOTÂNICA ⇒ **trevo-de-cheiro** (Do lat. *melilōtu*, «melioto»)

melindano adj. de Melinde ou relativo a Melinde, cidade na costa da África oriental ■ n.m. natural ou habitante de Melinde (De *Melinde*, top. +*-ano*)

melindrabilidade n.f. qualidade de melindrável (De **melindrábil* [=*melindrável*]+*-i-*+*-dade*)

melindrar v.tr. 1 ofender; magoar; ferir; suscetibilizar; tornar melindroso 2 escandalizar 3 [regionalismo] obsequiar ■ v.pron. 1 sentir-se ofendido 2 amuar (De *melindre*+*-ar*)

melindrável adj.2g. que se pode melindrar (De *melindrar*+*-vel*)

melindre n.m. 1 facilidade em se magoar ou ofender; suscetibilidade 2 coisa frágil, delicada 3 recato; pudor 4 delicadeza; escrúpulo 5 CULINÁRIA espécie de bolo em que entra mel 6 BOTÂNICA planta da família das Verbenáceas, cultivada em Portugal, nos jardins, também conhecida por rasteira e papagaios 7 BOTÂNICA flor desta planta 8 [Brasil] CULINÁRIA bolo de ovos, farinha e açúcar, com cobertura de açúcar 9 [regionalismo] presente (Do cast. *melindre*, «id.»)

melindrosamente adv. 1 em atitude melindrosa; com melindre 2 suscetivelmente (De *melindroso*+*-mente*)

melindroso /ô/ adj. 1 que tem melindre 2 que se ofende facilmente; suscetível 3 débil; frágil 4 difícil; arriscado 5 que deve ser tratado com cuidado; delicado 6 que envolve risco; arriscado (De *melindre*+*-oso*)

melinite n.f. explosivo de grande potência que se emprega no carregamento de granadas (Do gr. *mēlinos*, «da cor do marmelo», pelo lat. *melīnu-*, «id.», pelo fr. *mélinite*, «melinite»)

meliorismo n.m. FILOSOFIA doutrina segundo a qual o mundo e a vida podem ser tornados melhores se o esforço humano for orientado nesse sentido (Do lat. *melior*, «melhor», ou do ing. *meliorism*, «id.»)

melissa n.f. BOTÂNICA ⇒ **erva-cidreira** (Do gr. *melissophýllon*, «folha das abelhas», pelo lat. med. *melissa-*, «erva-cidreira»)

melisso- elemento de formação de palavras que exprime a ideia de *abelha, mel* (Do gr. *mélissa*, «abelha»)

melissofobia n.f. medo exagerado das abelhas (De *melisso-*+*-fobia*)

melissografia n.f. tratado acerca das abelhas (De *melisso-*+*-grafia*)

melito n.m. FARMÁCIA nome genérico que se dá aos preparados farmacêuticos em que entra o mel em vez do açúcar (Do lat. *mellītu-*, «de mel»)

melito- ⇒ **meli-** (Do gr. *méli*, *-itos*, «mel»)

melitófilo adj.,n.m. que ou aquele que gosta de mel (De *melito-*+*-filo*)

meliturgia n.f. trabalho ou indústria das abelhas (Do gr. *melitourgía*, «fabrico do mel»)

melitúria n.f. ⇒ **glicosúria** (De *melito-*+*-úria*)

melívoro adj. ⇒ **melífago** (Do lat. *melle-*, «mel» +*vorāre*, «comer»)

melo n.m. ICTIOLOGIA ⇒ **cardeal** (De orig. obsc.)

melo-[1] elemento de formação de palavras que exprime a ideia de *melodia, música, canto* (Do gr. *mélos*, «melodia»)

melo-[2] elemento de formação de palavras que exprime a ideia de *membro* (Do gr. *mélos*, «membro»)

melo-[3] elemento de formação de palavras que exprime a ideia de *maçã ou face* (Do gr. *mēlon*, «maçã»)

melo-[4] elemento de formação de palavras que exprime a ideia de *carneiro* (Do gr. *mēlon*, «ovelha; animal de gado menor»)

melo-[5] elemento de formação de palavras que exprime a ideia de *mel* (Do gr. *méli*, *-ictos*, «mel»)

meloa /ô/ n.f. 1 BOTÂNICA fruto com forma de melão pequeno e mais ou menos esférico 2 BOTÂNICA melão muito doce, proveniente das últimas flores do meloeiro 3 [pop.] cabeça ■ adj. diz-se de uma abóbora do feitio de melão

meloal n.m. campo semeado de meloeiros (De *melão*+*-al*)

melocotão n.m. ⇒ **maracotão** (Do cast. *melocotón*, «pêssego»)

melodia n.f. 1 conjunto de sons agradáveis ao ouvido 2 qualidade de um canto ou peça musical agradável 3 sucessão rítmica de sons musicais a intervalos diferentes, em que a força vital provém da acentuação determinada pelo ritmo 4 [fig.] suavidade no cantar, no falar, no escrever; doçura na voz ou no estilo (Do gr. *melodía*, «canto cadenciado», pelo lat. *melodĭa-*, «id.»)

melodiar v.tr. 1 tornar melodioso 2 cantar de forma melodiosa ■ v.intr. compor ou entoar melodias (De *melodia*+*-ar*)

melódica n.f. 1 MÚSICA instrumento musical de teclado, semelhante ao cravo ou clavicórdio, cujo som é produzido pelo atrito provocado por pontas de metal num cilindro de aço 2 MÚSICA teoria da melodia (De *melódico*)

melódico adj. 1 relativo à melodia 2 harmonioso (Do lat. *melodĭcu-*, «id.»)

melodino adj. referente ao escritor português D. Francisco Manuel de Melo (1608-1666) (De *melodia*+*-ino*, ou de *Melo*, antr. + *-d-*+*-ino*)

melodiosamente adv. 1 com melodia 2 com suavidade; com doçura; suavemente (De *melodioso*+*-mente*)

melodioso adj. 1 em que há melodia; harmonioso 2 agradável (De *melodia*+*-oso*)

melodista n.2g. 1 pessoa que compõe melodias 2 escritor cujas obras se caracterizam pela harmonia do estilo (De *melodia*+*-ista*)

melodizar v.tr. 1 tornar melodioso 2 suavizar o som de (De *melodia*+*-izar*)

melodrama n.m. 1 TEATRO género dramático desenvolvido a partir do século XVIII, em que o diálogo era entrecortado por música instrumental 2 TEATRO peça dramática de carácter popular caracterizada pela predominância de situações violentas e sentimentos exagerados 3 [pej.] composição dramática de má qualidade; *fazer (um) ~* [coloq.] exagerar o lado negativo de alguma coisa, reagir de forma exagerada (De *melo-*+*drama*)

melodramático adj. 1 relativo ao melodrama 2 que tem o carácter de melodrama (De *melo-*+*dramático*)

melodramatizar v.tr. tornar melodramático (De *melodramát[ico]*+*-izar*)

meloeiro n.m. BOTÂNICA planta herbácea, prostrada, da família das Cucurbitáceas, muito cultivada em Portugal pelos seus saborosos e suculentos frutos (melões) (De *melão*+*-eiro*)

melófago n.m. ZOOLOGIA inseto da ordem dos dípteros, pupíparo, cosmopolita e parasita do carneiro (Do gr. *mēlon*, «ovelha» +*phageīn*, «comer»)

melofilia n.f. gosto pela música; musicofilia (De *melo-*+*-filia*)

melófilo adj.,n.m. que ou o que gosta de música (De *melo-*+*-filo*)

melofone n.m. MÚSICA instrumento musical do feitio de uma viola, com foles, atualmente em desuso (De *melo-*+*-fone*)

melografia n.f. ato ou efeito de escrever música ou melodias (De *melo-*+*-grafia*)

melográfico adj. relativo à melografia (De *melografia*+*-ico*)

melógrafo n.m. 1 aquele que escreve ou copia música 2 MÚSICA instrumento registador dos sons do piano ou do órgão (De *melo-*+*-grafo*)

melolonta n.f. ZOOLOGIA inseto da ordem dos coleópteros, da família dos Escarabeídeos, cuja larva branca, subterrânea, é chamada vulgarmente rosca e besouro (Do gr. *melolónthe*, «besouro»)

melomania n.f. paixão exagerada pela música (De *melo-*+*mania*)

melomaníaco adj.,n.m. ⇒ **melómano** (De *melo-*+*maníaco*)

melómano adj.,n.m. que ou aquele que tem paixão pela música; musicómano (De *melo-*+*-mano*)

melomelia n.f. TERATOLOGIA qualidade de melómelo (De *melómelo*+*-ia*)

melómelo n.m. TERATOLOGIA aquele que tem membros suplementares inseridos nos normais (Do gr. *mélos*, «membro» +*mélos*, «membro»)

meloniforme adj.2g. que tem forma de melão (Do lat. *melōne-*, «melão» +*forma-*, «forma»)

melonite n.f. MINERALOGIA mineral (telureto de níquel) que cristaliza no sistema ortorrômbico (De gr. *mēlon*, «maçã» ou *fruto parecido com a maçã*+*-ite*)

melope n.m. ICTIOLOGIA peixe vulgar na fauna portuguesa, da família dos Labrídeos, caracterizado por cores variadas em que predominam tonalidades verdes, também designado bodião, maragota e serrão (De orig. obsc.)

melopeia n.f. 1 peça ou toada musical para acompanhamento de um recitativo 2 melodia recitada 3 canto monótono; cantilena 4 declamação agradável ao ouvido 5 (entre os Gregos) arte de compor os cantos em música (Do gr. *melopoiía*, «composição de cantos líricos», pelo lat. *melopoeĭa-*, «id.»)

meloplastia n.f. cirurgia plástica da face (Do gr. *mēlon*, «maçã-do-rosto» +*plástes*, «o que modela» +*-ia*)

meloso /ô/ adj. 1 semelhante ao mel 2 melífluo; doce 3 [pej.] lamecha; piegas (Do lat. *mellōsu-*, «id.»)

melota n.f. ⇒ **melote**

melote n.m. pele de carneiro com a lã (Do gr. *meloté*, «id.», pelo lat. *melōte-*, «id.»)

meloteca n.f. arquivo ou compilação de peças musicais (De *melo-*+*teca*)

meloterapia n.f. MEDICINA cura de certas doenças nervosas por meio da música (praticada antigamente) (De *melo-*+*terapia*)

melótropo n.m. instrumento que reproduz a música registada pelo melógrafo (Do gr. *mélos*, «melodia» +*trópos*, «maneira de expressar»)

melquetrefe n.m. [Brasil] ⇒ **mequetrefe**

melra n.f. ORNITOLOGIA fêmea do melro; mélroa (De *melro*)

melriacho n.m. ORNITOLOGIA ave passeriforme da família dos Cinclídeos, de cor escura, com mento, garganta e parte superior do peito brancos, sedentário e comum no Norte de Portugal, também chamado melro-d'água, melro-do-rio, melro-cachoeiro, melro-peixeiro, etc. (De *melro* × *riacho*)

melro n.m. 1 ORNITOLOGIA pássaro da família dos Turdídeos, com plumagem preta e com bico amarelo-alaranjado, muito comum em Portugal, a que também se dão os nomes de melro-preto e mérula 2 ICTIOLOGIA variedade de peixe 3 [pop.] indivíduo espertalhão (Do lat. *merŭlu-*, por *merŭla*, «id.», com met.)

mélroa n.f. ORNITOLOGIA **melra**

melroado adj. (cavalo) que tem a cor escura do melro (De *melro*+*-ado*)

melro-azul n.m. ORNITOLOGIA melro sedentário e comum em Portugal, também chamado merifela, murfela, murifela, solitário, etc.

melro-buraqueiro n.m. ORNITOLOGIA melro sedentário e comum em algumas regiões de Portugal, também conhecido por frade, melro-pedreiro, negrita, etc.

melro-cachoeiro n.m. ORNITOLOGIA ⇒ **melriacho**

melro-d'água n.m. ORNITOLOGIA ⇒ **melriacho**

melro-da-rocha n.m. ORNITOLOGIA ⇒ **melro-azul**

melro-do-rio n.m. ORNITOLOGIA ⇒ **melriacho**

melro-pedreiro n.m. ORNITOLOGIA ⇒ **melro-buraqueiro**

melro-peixeiro n.m. ORNITOLOGIA ⇒ **melriacho**

melro-preto n.m. ORNITOLOGIA ⇒ **melro** 1

mélton n.m. tecido inglês de lã e algodão, unido e rapado, utilizado em vestuário de caçadores, polainitos, etc. (De *Melton*, top., cidade inglesa do condado de Leicester)

melúria n.f. 1 qualidade do que é melífluo, doce, suave 2 suavidade quase sempre estudada, premeditada 3 lamechice; palavra untuosa 4 [pop.] lamentação habitual; lamúria ■ n.2g. pessoa dissimulada (De *lamúria*, com met.)

melusina n.f. HERÁLDICA figura nua, representada nos escudos, metade mulher e metade serpente, de cabelos desgrenhados, que se banha ou mira na água (De *Melusina*, mitol. *céltica*, nome de fada)

membrado adj. HERÁLDICA diz-se da ave que se representa no escudo com pernas de esmalte diferente do do corpo (De *membro*+*-ado*)

membrana n.f. 1 película 2 placa pequena, muito delgada 3 BIOLOGIA película histológica ou citológica, animal ou vegetal, que envolve e protege órgãos, células ou elementos destas 4 ENGENHARIA peça laminar não plana, sujeita a esforços existentes apenas nos planos tangentes ao seu folheto médio; ~ *alar* membrana das asas dos morcegos; ~ *celular* membrana que envolve as células; ~ *interdigital* expansão laminar, com desenvolvimento variável, que liga, entre si, os dedos de membros de muitos animais vertebrados pertencentes às classes dos batráquios, répteis, aves e mamíferos; ~ *nictitante* membrana que protege os olhos de certos vertebrados, como as aves, e que corre, como uma cortina, por baixo das pálpebras; ~ *nuclear* membrana que envolve o núcleo, carioteca (Do lat. *membrāna-*, «id.»)

membranáceo adj. que tem forma ou consistência de membrana (Do lat. *membranacĕu-*, «id.»)

membranela n.f. ANATOMIA lâmina ondulante formada a partir de duas ou três fileiras curtas de cílios (De *membrana*+*-ela*)

membrani- elemento de formação de palavras que exprime a ideia de *membrana*

membraniforme adj.2g. que tem forma de membrana (Do lat. *membrana-*, «membrana» +*forma-*, «forma»)

membrano- elemento de formação de palavras que exprime a ideia de *membrana*

membranofone n.m. MÚSICA instrumento cujo som é produzido por uma membrana retesada (tambor, pandeiro, adufe, etc.) (De *membrano-*+*-fone*)

membranoso /ô/ adj. que possui membranas ou é da natureza delas (De *membrana*+*-oso*)

membrânula n.f. pequena membrana (Do lat. *membranŭla-*, «id.»)

membro n.m. 1 cada um dos quatro apêndices do corpo do homem e de outros animais, ligados ao tronco por meio de articulações, sendo dois superiores e dois inferiores, e que realizam movimentos diversos, entre os quais a locomoção e a preensão 2 pessoa que faz parte de uma coletividade 3 parte de uma frase ou período com sentido parcial 4 [pop.] pénis 5 MATEMÁTICA cada uma das duas partes de uma equação ou inequação, separadas pelo sinal de igualdade ou pelo sinal de desigualdade 6 cada uma das partes de uma construção (Do lat. *membru-*, «id.»)

membrudo adj. 1 que tem membros grandes e fortes 2 [fig.] vigoroso (De *membro*+*-udo*)

membrura n.f. 1 conjunto dos membros de um indivíduo 2 qualidade de membrudo (De *membro*+*-ura*)

memento n.m. 1 RELIGIÃO oração que se reza pelos defuntos, e que principia pela palavra latina *memento*, que significa *lembra-te* 2 apontamento para lembrar uma coisa que tem de se fazer 3 livrinho onde estão resumidas as partes essenciais de um assunto (Do lat. *memento*, imp. de *meminisse*, «lembrar-se»)

memorabília n.f. 1 factos ou coisas dignos de memória ou que se guardam como lembrança 2 objetos que são colecionados ou guardados por se associarem a pessoas importantes, a grandes eventos ou a certas áreas de interesse (Do lat. *memoraribilĭa*, «id.»)

memoração n.f. ato ou efeito de memorar 2 ⇒ **comemoração** (Do lat. *memoratiōne-*, «id.»)

memorando adj. 1 digno de memória 2 memorável ■ n.m. 1 memorial; lembrança 2 nota destinada a lembrar qualquer coisa; apontamento 3 nota diplomática que uma nação envia a outra sobre o estado de determinada questão 4 participação; aviso 5 impresso usado no comércio para correspondência breve (Do lat. *memorandu-*, «que deve ser lembrado», ger. de *memorāre*, «lembrar; recordar»)

memorar v.tr. 1 trazer à memória 2 comemorar; tornar lembrado (Do lat. *memorāre*, «id.»)

memorativo adj. que comemora; comemorativo (Do lat. *memoratīvu-*, «id.»)

memorável adj.2g. 1 digno de ficar na memória 2 célebre; notável (Do lat. *memorabĭle-*, «id.»)

memória n.f. 1 função geral de conservação de experiência anterior, que se manifesta por hábitos ou por lembranças; tomada de consciência do passado como tal 2 lembrança; recordação 3 monumento comemorativo 4 nome; fama 5 INFORMÁTICA unidade de armazenamento de informação relativa a dados, instruções e programas 6 dissertação científica, literária ou histórica 7 exposição sumária 8 memorando 9 pl. escrito narrativo em que se compilam factos presenciados pelo autor ou em que este tomou parte; ~ *de elefante* grande capacidade de memorização, memória extraordinária; ~ *de grilo* memória fraca; ~ *descritiva* ARQUITETURA documento escrito que acompanha os desenhos de um projeto, no qual se apresentam e justificam o partido e os critérios adotados, as medidas tomadas e outros esclarecimentos, não fornecidos pelos desenhos, e onde se definem os materiais e as condições de construção da obra; ~ *visual* facilidade de recordar pessoa ou facto vistos anteriormente; *de ~* de cor; *refrescar a ~* recordar um assunto quase esquecido; *varrer da ~* esquecer completamente; *vir à ~* lembrar-se (Do lat. *memorĭa-*, «id.»)

memorial n.m. 1 relato de factos ou pessoas memoráveis 2 livro usado para anotar aquilo de que alguém deseja lembrar-se 3 monumento erguido em homenagem ou memória de algum acontecimento ou pessoa(s) 4 memória particular que serve para esclarecer uma questão 5 escrito em que se faz referência a um pedido já feito; memorável ■ adj.2g. 1 referente a memória 2 digno de ficar na memória; memorável (Do lat. *memoriāle-*, «que ajuda a memória»)

memorialista n.2g. pessoa que escreve memoriais (De *memorial*+*-ista*)

memorião n.m. boa memória (De *memória*+*-ão*)

memoriar v.tr. 1 reduzir a uma memória ou relação 2 fazer ou escrever uma memória sobre (De *memória*+*-ar*)

memoriável adj.2g. 1 que se pode memorizar 2 digno de ficar na memória; memorável (De *memorizar*+*-vel*)

memorioso /ô/ adj. de excelente memória (De *memória*+*-oso*)

memorista n.2g. pessoa que escreve memórias ou dissertações académicas (De *memória*+*-ista*)

memorização n.f. 1 ato ou efeito de memorizar 2 conjunto de operações voluntárias e metódicas que têm por fim a fixação de certos dados pela memória (De *memorizar*+*-ção*)

memorizar v.tr. 1 conservar na memória; decorar 2 tornar lembrado (De *memória*+*-izar*)

menacma n.f. período da vida da mulher em que há atividade menstrual (Do gr. *men, menós*, «mês» +*akmé*, «ponta; auge»)

ménade n.f. 1 antiga sacerdotisa de Baco 2 [fig.] mulher dissoluta (Do gr. *mainás, -ádos*, «mulher agitada», pelo lat. *maenăde-*, «ménade; bacante»)

menagem *n.f.* 1 detenção, fora do cárcere, concedida sob promessa do prisioneiro de não sair do lugar que lhe for atribuído 2 [ant.] homenagem; *torre de* ~ torre principal de uma fortaleza (De *homenagem*, com aférr.)

menálio *adj.* 1 relativo ao monte Ménalo, na Arcádia, região da Grécia antiga 2 [fig.] pastoril; bucólico (Do gr. *mainálios*, «id.», pelo lat. *maenalĭu-*, «do Ménalo»)

menarca *n.f.* FISIOLOGIA primeiro período de menstruação (Do gr. *mén, menós*, «mês» +*arkhé*, «princípio»)

menarquia *n.f.* FISIOLOGIA ⇒ **menstruação** 1 (De *menarca+-ia*)

menção *n.f.* 1 ato ou efeito de mencionar 2 referência 3 [pop.] atitude de quem se prepara para praticar um ato 4 tenção; ~ *honrosa* prémio honorífico (Do lat. *mentiōne-*, «id.»)

menchevique *n.2g.* HISTÓRIA, POLÍTICA membro da ala moderada do partido social-democrata russo posta em minoria no congresso de Londres de 1903, que se opunha aos bolchevistas radicais (Do russo *menchevik*, «minoritário»)

mencionado *adj.* citado; referido; nomeado (Part. pass. de *nomear*)

mencionar *v.tr.* 1 indicar 2 citar; referir (Do lat. *mentiōne-*, «menção» +*-ar*)

mendace *adj.2g.* ⇒ **mendaz**

mendácia *n.f.* mentira; intrujice (De *mendace+-ia*)

mendacidade *n.f.* qualidade de mendaz; falsidade; hipocrisia (Do lat. *mendacitāte-*, «mentira»)

mendáculo *n.m.* [Brasil] defeito moral; pecha (De *mendace+-ulo*)

mendaz *adj.2g.* que diz mentiras; falso (Do lat. *mendáce-*, «id.»)

mendelévio *n.m.* QUÍMICA nono elemento transuraniano, radioativo, artificial, com o número atómico 101 e símbolo Md (De *D. I. Mendeleĭev*, antr., químico russo, 1834-1907+*-io*, ou do fr. *mendélévium*, «id.»)

mendeliano *adj.* BIOLOGIA relativo a J. Mendel, cientista austríaco (1822-1884), ou ao mendelismo ■ *n.m.* BIOLOGIA indivíduo partidário do mendelismo (De *Mendel*, antr. +*-iano*)

mendelismo *n.m.* BIOLOGIA doutrina da hereditariedade que se refere ao comportamento, na descendência, dos caracteres transmissíveis, tomados como unidades independentes (De *Mendel*, antr. +*-ismo*)

mendicância *n.f.* 1 ato de mendigar 2 condição de quem vive de esmolas; mendicidade (Do lat. *mendicantĭa*, part. pres. neut. pl. subst. de *mendicāre*, «mendigar»)

mendicante *adj., n.2g.* 1 que ou a pessoa que exerce a mendicidade 2 ocioso; vadio; *ordens mendicantes* RELIGIÃO ordens religiosas cujos filiados faziam voto de pobreza, vivendo da caridade pública (Do lat. *mendicante-*, «id.», part. pres. de *mendicāre*, «mendigar»)

mendicidade *n.f.* 1 ato de mendigar 2 qualidade de mendigo 3 conjunto dos mendigos (Do lat. *mendicitāte-*, «id.»)

mendigação *n.f.* ato de mendigar; mendicidade (Do lat. *mendicatiōne-*, «ação de mendigar»)

mendigagem *n.f.* 1 vida de mendigo 2 conjunto dos mendigos (De *mendigar+-agem*)

mendigar *v.tr.* 1 pedir por esmola 2 solicitar com instância; rogar; suplicar ■ *v.intr.* 1 pedir esmolas 2 ser mendigo (Do lat. *mendicāre*, «id.»)

mendigo *n.m.* 1 aquele que vive de pedir esmolas; pedinte; indigente 2 pobre (Do lat. *mendīcu-*, «id.»)

mendinho *adj., n.m.* dedo ou designativo do dedo mínimo; meiminho; mindinho (De *mindinho*)

mendubi *n.m.* ⇒ **mandubi**²

meneador *adj., n.m.* que ou aquele que meneia (De *menear+-dor*)

meneamento *n.m.* 1 ato ou efeito de menear 2 meneio (De *menear+-mento*)

menear *v.tr.* 1 mover de um lado para outro; abanar; balançar 2 mover (corpo) ora para um lado ora para outro; saracotear 3 manejar; manusear ■ *v.pron.* 1 mover-se; oscilar 2 mover corpo ora para um lado ora para outro; saracotear-se (Por *manear* [= mover as mãos])

meneável *adj.2g.* 1 que se pode menear; flexível 2 dócil; brando (De *menear+-vel*)

meneio *n.m.* 1 ato de menear ou de menear-se; saracoteamento 2 aceno 3 trejeito; momice 4 custeamento 5 preparo; arranjo 6 [fig.] manejo 7 [fig.] ardil 8 [ant.] mão de obra (Deriv. regr. de *menear*)

menestrel *n.m.* 1 HISTÓRIA músico medieval que cantava e tocava, simultaneamente 2 músico ambulante (Do lat. tard. *ministeriāle-*, «servidor», pelo fr. *ménestrel*, «id.»)

menfita *adj.2g.* 1 respeitante a Mênfis, cidade egípcia 2 diz-se do período da história da Arte caracterizado pelos monumentos fúnebres de Mênfis ■ *n.2g.* natural de Mênfis; *império* ~ HISTÓRIA período da história do Egito durante o qual a capital foi Mênfis, também conhecido por império antigo (Do gr. *memphítes*, «id.», pelo lat. *memphīte-*, «id.»)

menfítico *adj.* ⇒ **menfita** *adj.2g.* (Do lat. *memphitĭcu-*, «id.»)

mengo *n.m.* lã pronta para ser trabalhada (De orig. obsc.)

menhir *n.m.* ⇒ **menir**

meniano *n.m.* terraço ou balcão na frontaria dos edifícios, sobretudo italianos (Do lat. *maeniānu-*, «varanda»)

Ménidas *n.m.pl.* ⇒ **Menídios**

Menídios *n.m.pl.* ICTIOLOGIA família de peixes acantopterígios, de pequenas dimensões, com queixada retráctil (Do gr. *maíne*, nome de um peixe pequeno, pelo lat. *maena-*, «sardinha»?)

menina *n.f.* 1 criança do sexo feminino 2 tratamento familiar e carinhoso que se dá a mulheres 3 tratamento dado a mulheres jovens e/ou solteiras 4 [pej.] rapaz efeminado 5 [cal., pej.] prostituta ■ *adj.* designativo de uma variedade de abóbora; *a* ~ *dos olhos de alguém* pessoa, animal ou objeto favorito ou de que se gosta muito; *querer a (alguém) como à* ~ *dos seus olhos* gostar de uma pessoa mais do que de todas as outras (De *menino*)

menina-de-cinco-olhos ver nova grafia menina de cinco olhos

menina de cinco olhos *n.f.* palmatória

menina-do-olho ver nova grafia menina do olho

menina do olho *n.f.* [coloq.] pupila

meninata *n.f.* mulher já entrada na idade que quer parecer menina (De *menina+-ata*)

menineiro *adj.* 1 que tem aparência ou modos de menino; infantil 2 que é amigo de crianças (De *menino+-eiro*)

meninez /ê/ *n.f.* ⇒ **meninice** (De *menino+-ez*)

meninge *n.f.* ANATOMIA cada uma das três membranas que envolvem o encéfalo e a medula espinhal (Do gr. *mēnigx, -iggos*, «membrana fina»)

meningencefálico *adj.* ANATOMIA relativo às meninges e ao encéfalo

meningencefalite *n.f.* MEDICINA inflamação das meninges e do encéfalo

meníngeo *adj.* relativo a meninge (De *meninge+-eo*)

meningite *n.f.* MEDICINA inflamação das meninges, sobretudo da aracnoide (De *meninge+-ite*)

meningítico *adj.* 1 que diz respeito à meningite 2 atacado de meningite (De *meningite+-ico*)

meningococo *n.m.* MEDICINA diplococo gram-negativo, em forma de grão de café, agente da meningite cerebrospinal

meningorragia *n.f.* MEDICINA hemorragia meníngea

meninice *n.f.* 1 idade ou qualidade de menino; infância 2 criancice; puerilidade (De *menino+-ice*)

menino *n.m.* 1 criança do sexo masculino 2 tratamento familiar entre adultos do sexo masculino ■ *adj.* 1 novo; moço 2 [pop.] indivíduo finório; espertalhão (De orig. obsc.)

meninó *n.m.* [pop.] homem espertalhão, finório (Alt. de *menino*)

menino-bonito *n.m.* 1 pessoa muito querida 2 favorito

menino-prodígio *n.m.* 1 criança que revela qualidades ou realiza coisas que estão acima da sua idade 2 criança muito precoce, sobredotada

menir *n.m.* ARQUEOLOGIA monumento megalítico composto por uma pedra grande e comprida, fixa verticalmente no solo (Do bret. *men*, «pedra» +*hir*, «comprida», pelo fr. *menhir*, «menir»)

menisco *n.m.* 1 ANATOMIA cartilagem intercalar existente em certas articulações dos ossos 2 FÍSICA lente com uma face côncava e outra convexa 3 objeto com essa forma 4 superfície curva segundo a qual se apresenta a superfície livre de um líquido num tubo capilar (que é côncava nos líquidos que molham e convexa nos que não molham); ~ *convergente* lente em forma de menisco, em que a face convexa tem maior curvatura do que a face côncava; ~ *divergente* lente em forma de menisco, em que a face côncava tem maior curvatura do que a convexa (Do gr. *menískos*, «crescente», «pequena lua»)

menisco-côncavo *adj.* FÍSICA diz-se da lente com uma face convexa e outra côncava, pertencendo esta última a uma esfera de menor raio de curvatura

menisco-convexo *adj.* FÍSICA diz-se da lente cuja face convexa pertence a uma esfera de maior raio de curvatura

meniscoide *adj.2g.* que tem forma de menisco (Do gr. *menískos*, «crescente» +*eîdos*, «forma»)

meniscóide ver nova grafia meniscoide

Menispermáceas *n.f.pl.* BOTÂNICA família de plantas dicotiledóneas, tropicais, geralmente arbustivas e trepadoras, com frutos drupáceos (muitas vezes venenosos) e raízes que contêm princípios amargos (De *menispermo+-áceas*)

menispermáceo *adj.* relativo ou semelhante ao menispermo (De *menispermo*+*-áceo*)

menispermo *n.m.* BOTÂNICA nome vulgar referente às plantas da família das Menispermáceas (Do lat., bot. *Menispermum*, do gr. *méne*, «lua» +*spérma*, «semente»)

menjengra *n.f.* ORNITOLOGIA ⇒ **chapim**² (De *mejengra*)

meno- elemento de formação de palavras que exprime a ideia de mês (Do gr. *mén, menós*, «mês»)

menológio *n.m.* 1 martirológio da Igreja grega 2 descrição dos meses entre os diferentes povos (Do gr. *menológion*, de *mén*, «mês» +*lógos*, «tratado» +*-io*, pelo lat. *menologĭu-*, «id.»)

menonismo *n.m.* RELIGIÃO doutrina da seita religiosa dos menonistas, fundada no século XVI pelo reformador religioso Menno Simonis (que morreu em 1559) (De *Menno*, antr. +*n*+*-ismo*)

menonista *n.2g.* RELIGIÃO membro de uma seita de anabatistas, fundada na Holanda em 1506 por Menno Simonis, que ainda hoje tem muitos adeptos, sobretudo na Holanda e nos Estados Unidos da América (De *Menno*, antr. +*n*+*-ista*)

menopausa *n.f.* 1 cessação definitiva da menstruação 2 fase da vida da mulher em que ocorre esse processo (Do gr. *mén*, «mês»; *mênstruo* +*paûsis*, «cessação»)

menor *adj.2g.* 1 {*comparativo de superioridade de* **pequeno**} mais pequeno 2 inferior 3 que ainda não atingiu a maioridade ■ *n.2g.* pessoa que ainda não atingiu a maioridade; *estar em trajes menores* estar só com roupa interior (Do lat. *minōre-*, «id.»)

menoridade *n.f.* estado da pessoa que ainda não atingiu a idade que a lei considera suficiente para essa pessoa se reger a si própria e administrar os seus bens (18 anos) (De *menor*+*i*+*-dade*)

menorita *n.2g.* 1 religioso ou religiosa da Ordem de S. Francisco 2 religioso ou religiosa de uma ordem menor (De *menor*+*-ita*)

menorítico *adj.* relativo aos menoritas (De *menorita*+*-ico*)

menorragia *n.f.* MEDICINA fluxo menstrual anormalmente abundante, ou de duração excessivamente longa (hipermenorreia) (Do gr. *mén*, «menstruação» +*rhăge*, «erupção» +*-ia*)

menorrágico *adj.* relativo à menorragia (De *menorragia*+*-ico*)

menorreia *n.f.* FISIOLOGIA ⇒ **menstruação** 1 (Do gr. *mén*, «menstruação» +*rheîn*, «correr»)

menos /ê/ *adv.* em menor quantidade, grau ou intensidade ■ *det.indef.* >*quant. exist.* ᴰᵀ *pron.indef.* em menor quantidade; em menor número ■ *prep.* 1 exceto; fora; salvo 2 MATEMÁTICA utiliza-se para indicar operações de subtração, correspondendo ao sinal (-) ■ *n.m.2n.* 1 a quantidade menor ou mínimo 3 MATEMÁTICA nome do sinal da operação de subtração ou de quantidade negativa (-); *a ~ que* a não ser que; *ao ~* quanto mais não seja; *nada ~ que* o próprio (objeto ou pessoa); *nem mais nem ~* exatamente; *pelo ~* no mínimo; *pouco mais ou ~* aproximadamente (Do lat. *minus*, «id.»)

menos- elemento de formação de palavras que exprime a ideia de *diminuição, inferioridade* (Do lat. *minus*, «menos»)

menoscabador *adj.,n.m.* 1 que ou aquele que menoscaba 2 depreciador (De *menoscabar*+*-dor*)

menoscabar *v.tr.* 1 deixar incompleto; tornar imperfeito 2 fazer pouco caso de; desprezar; depreciar 3 difamar; maldizer; infamar (Do lat. vulg. *minuscapāre*, de *minus*, «menos» +**accapāre*, «acabar»)

menoscabo *n.m.* 1 ato ou efeito de menoscabar 2 desprezo; desdém 3 depreciação 4 descrédito (Deriv. regr. de *menoscabar*)

menos-mal *adv.* sofrivelmente; assim-assim

menos-mau *adj.* sofrível; assim-assim

menospreço *n.m.* ⇒ **menosprezo** (Deriv. regr. de *menosprezar*, por *menosprezar*)

menosprezador *adj.,n.m.* que ou aquele que menospreza; depreciador (De *menosprezar*+*-dor*)

menosprezar *v.tr.* 1 dar pouco valor ou pouca importância a; ter em pouco apreço; depreciar; ignorar 2 tratar com desprezo ou desdém; desprezar; desdenhar (De *menos*+*prezar*)

menosprezativo *adj.* que envolve menosprezo (De *menosprezar*+*-tivo*)

menosprezável *adj.2g.* que pode ser ignorado; que pode não ser considerado; desprezável (De *menosprezar*+*-vel*)

menosprezível *adj.2g.* que pode ou deve ser menosprezado; desprezível; desdenhável

menosprezo /ê/ *n.m.* 1 ato ou efeito de menosprezar 2 pouco apreço ou estima; desprezo; desdém (Deriv. regr. de *menosprezar*)

menostasia *n.f.* MEDICINA suspensão ou supressão da menstruação; menopausa (Do gr. *mén*, «menstruação» +*stásis*, «paragem; suspensão» +*-ia*)

menos-valia *n.f.* ECONOMIA diferença negativa entre o preço de venda de um ativo e o seu preço de compra (De *menos*+*valia*)

mensageiro *adj.* 1 que é portador de mensagem 2 que anuncia ou pressagia; precursor ■ *n.m.* 1 aquele que leva e traz uma mensagem; emissário; portador; enviado 2 aquele que anuncia ou pressagia; precursor; anunciador; pressagiador 3 indivíduo encarregado de distribuir encomendas ou mensagens (De *mensagem*+*-eiro*)

mensagem *n.f.* 1 comunicação verbal ou escrita; notícia; recado 2 LINGUÍSTICA sequência ordenada de signos no âmbito de um processo de comunicação 3 INFORMÁTICA comunicação enviada ou recebida por meio de um serviço digital 4 MILITAR comunicação militar escrita em linguagem clara ou cifrada 5 felicitação ou discurso laudatório dirigido a uma autoridade 6 POLÍTICA comunicação oficial enviada ao Parlamento 7 POLÍTICA comunicação oficial trocada entre os altos poderes do Estado 8 conteúdo significativo do pensamento de um autor, de um documento, de um facto; ideia central de uma obra (filosófica, artística, literária) 9 RELIGIÃO conteúdo de uma revelação; ensinamento (Do lat. *missu*, part. pass. de *mittĕre*, «enviar», pelo fr. *message*, «mensagem»)

mensal *adj.2g.* 1 referente ao mês 2 que se realiza uma vez por mês 3 que dura um mês 4 que se paga ou se recebe uma vez por mês (Do lat. **mensāle-*, «id.», de *mense-*, «mês» +*-al*)

mensalidade *n.f.* 1 qualidade de mensal 2 quantia que se paga ou recebe por mês; mesada 3 verba que se paga todos os meses; prestação (De *mensal*+*-i*+*-dade*)

mensalmente *adv.* 1 em cada mês 2 uma vez por mês (De *mensal*+*-mente*)

mensário¹ *adj.* da mesa; relativo ao que se come à mesa (Do lat. *mensa-*, «mesa» +*ário*)

mensário² *n.m.* periódico que se publica uma vez por mês (Do lat. *mense-*, «mês» +*ário*)

menstruação *n.f.* 1 FISIOLOGIA corrimento fisiológico de sangue pela vagina, de origem uterina, que dura geralmente três a seis dias e ocorre periodicamente na mulher entre a puberdade e a menopausa; menorreia; regras 2 tempo que dura o fluxo menstrual (De *menstruar*+*-ção*)

menstruado *adj.* 1 que está com a menstruação 2 que teve a primeira menstruação (Do lat. *menstruāta-*, «id.»)

menstrual *adj.2g.* 1 da menstruação 2 relativo à menstruação (Do lat. *menstruāle-*, «id.»)

menstruar *v.intr.* ter a menstruação (De *mênstruo*+*-ar*)

mênstruo *n.m.* 1 FISIOLOGIA ⇒ **menstruação** 1 2 (alquimistas) líquido dissolvente usado para extrair de um sólido os seus princípios ativos (Do lat. *menstrŭu-*, «de cada mês; da menstruação»)

mensura *n.f.* ⇒ **medida** (Do lat. *mensūra-*, «id.»)

mensurabilidade *n.f.* qualidade do que pode ser medido; qualidade do que é mensurável (Do lat. *mensurabĭle-*, «mensurável» +*-i*+*-dade*)

mensuração *n.f.* 1 ⇒ **medição** 2 GEOMETRIA cálculo de comprimentos, áreas e volumes de figuras geométricas, a partir de dados obtidos por medida direta (Do lat. *mensuratiōne-*, «id.»)

mensurador *adj.* que mensura; que mede ■ *n.m.* 1 aquele que mede 2 funcionário que mede e identifica os criminosos nos postos antropométricos (Do lat. *mensuratōre-*, «id.»)

mensural *adj.2g.* que tem mensura ou compasso (Do lat. *mensurāle-*, «que serve para medir»)

mensuralista *n.2g.* HISTÓRIA (Idade Média) compositor ou compositora de música (Do lat. *mensurāle-*, «mensural» +*-ista*)

mensurar *v.tr.* 1 determinar a medida ou grandeza de; medir 2 avaliar (Do lat. *mensurāre*, «id.»)

mensurável *adj.2g.* que se pode medir (Do lat. *mensurabĭle-*, «id.»)

menta *n.f.* 1 BOTÂNICA nome genérico de plantas lamiáceas odoríferas, dotadas de pequenas flores brancas ou rosadas, como a hortelã, cultivada em hortas para tempero ou condimento, e com aplicações medicinais 2 essência ou aroma extraído daquelas plantas (Do gr. *mínthe*, «hortelã», pelo lat. *menta-*, ou *mentha-*, «id.»)

mentagra *n.f.* 1 MEDICINA impigem no mento 2 MEDICINA doença dos folículos pilosos, localizada no queixo (Do lat. *mentagra*, «id.»)

mental¹ *adj.2g.* 1 da mente ou a ela relativo; intelectual 2 que se faz de cor (Do lat. *mente-*, «mente» +*-al*)

mental² *adj.2g.* que diz respeito ao mento (Do lat. *mentu-*, «mento» +*-al*)

mentalidade *n.f.* 1 qualidade de mental 2 estado da mente 3 maneira individual de pensar e julgar 4 inteligência 5 estado de espírito 6 conjunto de opiniões ou de preconceitos que informam ou comandam o pensamento de um indivíduo ou de um grupo 7 talento; engenho (De *mental*+*-i*+*-dade*)

mentalismo *n.m.* 1 FILOSOFIA doutrina segundo a qual a realidade é o espírito, e não o mundo material 2 PSICOLOGIA doutrina segundo a qual, para além dos fenómenos físicos e fisiológicos, há também fenómenos espirituais ou mentais que podem ser estudados através da introspeção (De *mental+-ismo*, ou do ing. *mentalism*, «id.»)

mentalizar *v.tr.* 1 conceber na mente 2 idear; imaginar 3 recordar 4 fantasiar; projetar 5 consciencializar; convencer 6 refletir sobre ■ *v.pron.* 1 consciencializar-se; convencer-se 2 determinar-se (De *mental+-izar*)

mentalmente *adv.* 1 em espírito 2 exclusivamente com o pensamento 3 de cabeça (De *mental+-mente*)

mentar *v.tr.* 1 [ant.] trazer à memória; lembrar 2 [ant.] mencionar; nomear 3 [Brasil] [coloq.] planear; engendrar; arquitetar (De *mente+-ar*)

mentastre *n.m.* ⇒ **mentastro**

mentastro *n.m.* BOTÂNICA planta da família das Labiadas, afim das hortelãs, espontânea e comum em Portugal, em lugares húmidos, também denominada mentraste ou mentrasto (Do lat. *menthastru-*, «id.»)

mente *n.f.* 1 cérebro, considerado na sua função intelectual; inteligência; espírito; razão 2 intenção; intuito; plano; desígnio 3 ideia; resolução 4 imaginação 5 conceção; lembrança 6 tenção; *de boa ~* de boa vontade; *de má ~* de má vontade; *ter em ~* tencionar; *ter na ~* conservar na memória (Do lat. *mente-*, «id.»)

-mente sufixo adverbial de origem latina que ocorre em advérbios derivados de adjetivos (forma feminina) e traduz a ideia de *modo, maneira, disposição* (*amavelmente, facilmente, lindamente*)

mentecapto *adj., n.m.* 1 que ou aquele que perdeu o uso da razão; alienado 2 tolo; parvo; inepto (Do lat. tard. *mente captu-*, «privado da mente»)

mentes *adv.* [arc.] entretanto ■ *conj.* [arc.] enquanto (Do lat. *dum interim*, «entretanto», pelo port. ant. *domentre, demantre* e *mentres*, com o mesmo sentido)

mentideiro *n.m.* 1 lugar donde habitualmente se propagam boatos e mentiras 2 conjunto de pessoas que falam da vida alheia; soalheiro (Do cast. *mentidero*, «id.»)

mentido *adj.* falso; ilusório; vão (Part. pass. de *mentir*)

mentigem *n.f.* VETERINÁRIA doença cutânea dos cordeiros, semelhante à ronha (Do lat. *mentigĭne-*, «id.»)

mentigo *n.m.* ⇒ **mentigem** (Do lat. *mentĭgo* (nominativo), «mentigem»)

mentir *v.tr., intr.* afirmar como verdadeiro (o que se sabe ser falso), ou negar (o que se sabe ser verdade) ■ *v.tr.* enganar; iludir ■ *v.intr.* falhar; malograr-se (Do lat. *mentīre*, por *mentīri*, «id.»)

mentira *n.f.* 1 ato ou efeito de mentir 2 engano propositado; afirmação contrária à verdade, com a intenção de enganar; peta; falsidade 3 embuste; erro 4 ilusão 5 vaidade; *~ piedosa* mentira que se diz com a intenção de fazer bem a alguém; *detetor de mentiras* dispositivo capaz de discernir no mentiroso uma reação emocional (respiratória, cardíaca, vascular ou psicogalvânica) desencadeada por algo que, proposto bruscamente, se relacione com a sua mentira (De *mentir*)

mentireiro *adj., n.m.* ⇒ **mentiroso** (De *mentira+-eiro*)

mentirola *n.f.* mentira leve; patranha ■ *n.2g.* pessoa que diz mentiras sem importância (De *mentira+-ola*)

mentiroso /ô/ *adj.* 1 que diz mentiras 2 falso 3 aparente; ilusório ■ *n.m.* impostor; aquele que diz mentiras (De *mentira+-oso*)

mentismo *n.m.* MEDICINA desfile rápido e penoso de pensamentos que se sucedem e encadeiam de maneira incoercível (frequente na insónia, sobretudo em psicastenias) (De *mente+-ismo*)

mento *n.m.* 1 ANATOMIA parte do rosto correspondente à parte anterior da maxila inferior; queixo 2 saliência carnuda por debaixo do beiço inferior dos animais 3 cimalha (Do lat. *mentu-*, «queixo»)

-mento sufixo nominal de origem latina que ocorre em substantivos derivados de verbos, traduzindo a ideia de *ação, resultado de ação* (*polimento, fingimento*)

mentol *n.m.* QUÍMICA álcool terpénico extraído da essência da hortelã-pimenta (Do lat. *menta-*, ou *mentha-*, «hortelã»+-*ol*)

mentolabial *adj.2g.* 1 ANATOMIA referente ao mento e ao lábio 2 ANATOMIA designativo do sulco que limita por baixo o lábio inferior 3 ANATOMIA diz-se do músculo que vai do queixo ao lábio inferior (De *mento+labial*)

mentolado *adj.* preparado com mentol (De *mentol+-ado*)

mentólico *adj.* relativo ao mentol (De *mentol+-ico*)

mentor *n.m.* 1 pessoa experiente que encaminha e aconselha outra(s); orientador; guia; conselheiro 2 pessoa que concebe e orienta obra, plano, projeto, etc. (Do gr. *Méntor*, mitol., «Mentor», amigo de Ulisses, pelo lat. *Mentŏre-*, «id.»)

mentoria *n.f.* 1 sistema em que uma pessoa mais velha e experiente (mentor) orienta e encaminha outra mais jovem e com menos experiência 2 conjunto das funções exercidas por um mentor (De *mentor+-ia*)

mentraste *n.m.* BOTÂNICA ⇒ **mentastro**

mentrasto *n.m.* BOTÂNICA ⇒ **mentastro**

menu *n.m.* 1 (restaurante) lista de pratos disponíveis para escolha de refeição; ementa 2 INFORMÁTICA lista que aparece no ecrã do computador, apresentando as opções que determinado programa ou função permitem 3 combinação fixa de alimentos que geralmente inclui um elemento principal (prato, sande, salada, etc.) acompanhado de outros variáveis (sopa, batatas fritas, sobremesa, etc.) e uma bebida, por um determinado preço (Do fr. *menu*)

menúrida *n.m.* ORNITOLOGIA ⇒ **menurídeo**

Menúridas *n.m.pl.* ORNITOLOGIA ⇒ **Menurídeos**

menurídeo *adj.* ORNITOLOGIA relativo ou pertencente aos Menurídeos ■ *n.m.* ORNITOLOGIA espécime dos Menurídeos

Menurídeos *n.m.pl.* ORNITOLOGIA família de grandes pássaros tropicais, em regra australianos, notáveis pela beleza da sua plumagem, a que pertence a ave-lira (Do lat. cient. *Menura*, do gr. *méne*, «lua crescente» +*ourá*, «cauda» +*-ídeos*)

meote *n.m.* ⇒ **meiote** (De *meio+-ote*)

mequetrefe *n.m.* 1 [coloq.] indivíduo reles; biltre 2 [coloq.] intrujão; patife 3 [coloq.] vadio 4 [coloq.] intrometido (De orig. obsc.)

mera *n.f.* 1 suco oleoso e medicamentoso do zimbro 2 ICTIOLOGIA ⇒ **garoupa-preta** 3 [regionalismo] resina das árvores (De *mero*)

meramente *adv.* 1 simplesmente 2 unicamente 3 puramente (De *mero+-mente*)

merca *n.f.* 1 ato ou efeito de comprar para revender; compra 2 aquilo que se comprou (Deriv. regr. de *mercar*)

mercadejar *v.tr., intr.* negociar; comerciar; traficar (De *mercado+-ejar*)

mercadejável *adj.2g.* que se pode mercadejar; comerciável (De *mercadejar+-vel*)

mercado *n.m.* 1 lugar público onde se compram mercadorias postas à venda; feira 2 lugar de encontro da procura e da oferta dos produtos 3 ponto onde se faz o principal comércio de certos artigos 4 atividade de compra e venda de bens ou serviços; comércio 5 ECONOMIA relação entre a oferta e a procura de determinado bem ou serviço 6 ECONOMIA conjunto de potenciais compradores de um determinado produto; *~ de capitais* ECONOMIA mercado em que se negoceia com capitais, sobretudo através da compra e venda de ações; *~ de trabalho* relação entre a oferta e a procura de empregos num país ou numa região em determinado período; *~ financeiro* ECONOMIA mercado de capitais a longo prazo; *~ monetário* ECONOMIA mercado de capitais a curto prazo; *~ offshore* ECONOMIA mercado financeiro fora de controlo de qualquer autoridade monetária nacional ou internacional; *~ paralelo* ECONOMIA compra e venda de produtos à margem dos circuitos normais e dos preços fixados (Do lat. *mercātu-*, «comércio; tráfico; feira»)

mercadologia *n.f.* ECONOMIA ⇒ **marketing** (De *mercado+-logia*)

mercado negro *n.m.* comércio ilegal ou clandestino, a preços elevados, de bens ou produtos raros ou muito procurados

mercador *n.m.* 1 aquele que compra para revender 2 negociante de fazendas; *fazer ouvidos de ~* fingir que não ouve (Do lat. *mercatōre-*, «comerciante»)

mercadoria *n.f.* 1 aquilo que é objeto de compra ou venda 2 géneros em transporte 3 profissão de mercador (De *mercador+-ia*)

mercancia *n.f.* 1 ato ou efeito de mercanciar 2 negócio 3 tráfico 4 mercadoria (Do it. *mercanzia*, «id.», pelo cast. *mercancía*, «id.»)

mercanciar *v.tr.* 1 mercadejar 2 negociar (De *mercancia+-ar*)

mercante *adj.2g.* 1 do comércio 2 relativo ao movimento comercial ■ *n.2g.* mercador ■ *marinha/frota ~* conjunto de navios destinados ao transporte de passageiros, mercadorias e correspondências (Do lat. *mercante-*, «id.», part. pres. de *mercāri*, «negociar; comerciar»)

mercantil *adj.2g.* 1 que diz respeito a mercante ou a mercadoria 2 comercial 3 [fig.] especulador 4 [fig.] que põe os interesses económicos acima de tudo; interesseiro (De *mercante+-il*)

mercantilismo *n.m.* 1 tendência para subordinar tudo aos interesses económicos 2 apego excessivo ao dinheiro 3 predomínio do comércio 4 negócio 5 ECONOMIA, HISTÓRIA doutrina ou orientação que atingiu o clímax no século XVII e tinha por objetivo a formação de um estado forte e independente, mediante regulamentação centralizadora da vida económica do país, com vista a impulsionar as atividades industriais e mercantis e a fomentar as exportações (De *mercantil+-ismo*)

mercantilista n.2g. ECONOMIA, HISTÓRIA pessoa partidária do mercantilismo ■ adj.2g. 1 ECONOMIA, HISTÓRIA referente ao mercantilismo 2 ECONOMIA que valoriza a criação de riqueza 3 que põe os interesses económicos acima de tudo (De mercantil+-ista)

mercantilização n.f. ato ou efeito de mercantilizar (De mercantilizar+-ção)

mercantilizar v.tr. 1 tornar (uma coisa) artigo comercial; comercializar 2 negociar ■ v.intr. realizar transações mercantis (De mercantil+-izar)

mercar v.tr. 1 comprar para revender 2 comprar 3 [Brasil] apregoar para vender 4 [fig.] conseguir com esforço (Do lat. mercāri, «negociar»)

mercaria n.f. 1 depósito de mercadorias 2 profissão de mercador (De mercar+-aria)

mercatório adj. 1 que é objeto de comércio 2 mercantil (Do lat. mercatoriŭ-, «de comerciante»)

mercável adj.2g. 1 que se pode mercar; comercializável 2 suscetível de compra e venda (Do lat. mercabĭle-, «que pode ser comprado»)

merce n.f. [ant.] mercadoria (Do lat. merce-, «mercadoria»)

mercê n.f. 1 aquilo que se dá ou paga em retribuição de um trabalho 2 concessão de título honorífico 3 provimento em cargo público 4 indulto; perdão de culpa 5 benefício concedido; graça 6 favor; serviço prestado por amizade ou amabilidade; *à ~ de* ao capricho de, ao arbítrio de; *por ~* por favor (Do lat. mercēde-, «salário»)

mercearia n.f. 1 comércio ou loja de géneros alimentícios e produtos de uso doméstico 2 conjunto de géneros alimentícios 3 profissão de merceeiro (De merce+-aria)

merceeiro n.m. 1 dono de mercearia 2 [pej.] pessoa considerada grosseira ou pouco delicada (De merce+-eiro)

mercenário adj. 1 que trabalha ou serve por dinheiro 2 [fig.] que só age por interesse; interesseiro ■ n.m. 1 aquele que trabalha ou serve por dinheiro 2 MILITAR soldado que, por dinheiro, combate nos exércitos estrangeiros 3 [fig.] interesseiro 4 RELIGIÃO frade da Ordem de Nossa Senhora das Mercês (Do lat. mercenarĭŭ-, «id.»)

mercenarismo n.m. espírito mercenário ou interesseiro (De mercenário+-ismo)

merceologia n.f. parte da ciência comercial que se ocupa principalmente da compra e venda (De merce-, «mercadoria»+gr. lógos, «tratado»+-ia)

mercerizar v.tr. tornar (o algodão) lustroso por meio de imersão numa solução de soda cáustica, a certa temperatura e durante determinado tempo (Do ing. to mercerize, «id.», pelo fr. merceriser, «id.», de J. Mercer, antr., químico ing., 1791-1886)

merchandising n.m. 1 ECONOMIA conjunto de técnicas de promoção da venda de um produto, com base no estudo do comportamento e das expectativas do consumidor e procurando maximizar e rentabilizar as vendas 2 ECONOMIA publicidade não declarada a um produto serviço ou marca durante um programa de televisão ou de rádio, durante um espetáculo, em peças de vestuário, etc. (Do ing. merchandising, «id.»)

mércia n.f. [pop.] negócio ou tratado clandestino (Do lat. merce-, «mercadoria»+-ia)

mercurial adj.2g. QUÍMICA composto com mercúrio; que contém mercúrio ■ n.m. FARMÁCIA medicamento em que entra o mercúrio ■ n.f. BOTÂNICA planta herbácea, medicinal, de propriedades laxativas, da família das Euforbiáceas, muito comum em Portugal (Do lat. mercuriāle-, «de Mercúrio»)

mercurialismo n.m. MEDICINA intoxicação com remédios mercuriais; hidrargirismo (De mercurial+-ismo)

mercurialização n.f. ato ou efeito de mercurializar (De mercurializar+-ção)

mercurializar v.tr. causar mercurialismo a (De mercurial+-izar)

mercúrico adj. 1 QUÍMICA relativo ao mercúrio 2 que contém mercúrio 3 designativo antiquado dos compostos de mercúrio(II) (De mercúrio+-ico)

mercúrio n.m. 1 QUÍMICA elemento químico com o número atómico 80, de símbolo Hg, que é um metal prateado e líquido à temperatura ordinária, antigamente chamado hidrargírio (prata líquida) e vulgarmente denominado azougue 2 [com maiúscula] MITOLOGIA deus romano do comércio, dos viajantes e mensageiro dos deuses, que surgiu por analogia ao Hermes da mitologia grega, e cujos atributos incluem umas sandálias, um capacete com asas, uma varinha de condão e o caduceu 3 [com maiúscula] ASTRONOMIA planeta principal interior do sistema solar mais próximo do Sol, o mais pequeno, sem satélites, e que gasta 87,9 dias médios, tanto na revolução sideral como na rotação completa 4 [fig.] pessoa medianeira em negócio de amores 5 [fig.] mensageiro; arauto (Do lat. Mercurĭŭ-, mitol., «Mercúrio»)

mercurocromo n.m. FARMÁCIA soluto mercurial, de cor vermelha, muito vulgarizado como antisséptico de uso externo (De mercúrio+cromo, ou do fr. mercurochrome, «id.»)

mercuroso /ô/ adj. QUÍMICA designativo antiquado dos compostos de dimercúrio(I) (De mercúrio+-oso)

merda n.f. 1 [vulg.] excremento 2 [vulg.] porcaria; sujidade 3 [vulg.] coisa reles; coisa desagradável 4 [vulg.] insignificância; coisa sem valor ■ n.2g. [vulg.] pessoa sem préstimo; pessoa reles; *~!* [vulg.] exclamação que exprime descontentamento, indignação, repulsa, desprezo, impaciência ou irritação (Do lat. merda-, «id.»)

merdice n.f. 1 [vulg.] porcaria 2 [vulg.] ação indigna 3 [vulg.] coisa sem valor; insignificância (De merda+-ice)

merdícola adj.2g. ZOOLOGIA que vive nos excrementos (De merda+-cola)

merdívoro adj. ZOOLOGIA que se alimenta de excrementos (De merda+-voro)

merecedor adj. 1 que merece 2 digno 3 que reúne condições para ser objeto de alguma coisa (De merecer+-dor)

merecer v.tr. 1 ser digno de 2 estar nas condições de 3 incorrer em 4 atrair sobre si; granjear 5 ter direito à consideração, ao respeito de 6 ser credor de 7 pagar com serviços (qualquer artigo comprado) ■ v.intr. ter direito a algo (Do lat. vulg. *merescĕre, do lat. cl. merēre, «merecer; ganhar»)

merecidamente adv. 1 de modo merecido 2 sem favor 3 com justiça (De merecido+-mente)

merecido adj. 1 que se mereceu 2 dado ou atribuído de maneira adequada 3 justo; devido (Part. pass. de merecer)

merecimento n.m. 1 ato ou efeito de merecer 2 conjunto de requisitos que tornam uma pessoa digna de apreço; mérito; excelência 3 qualidade que torna alguém digno de prémio ou castigo 4 saber 5 capacidade; engenho; talento 6 grande valor; importância 7 idoneidade 8 pl. qualidades morais 9 pl. bons serviços 10 pl. habilitações (De merecer+-mento)

merencório adj. melancólico; sorumbático (De melancólico)

merenda n.f. 1 refeição leve da tarde; lanche 2 pequena refeição que se leva para uma viagem, para o trabalho ou para a escola; farnel (Do lat. merenda-, «id.»)

merendar v.tr. comer à merenda; lanchar ■ v.intr. tomar uma refeição ligeira; lanchar (Do lat. tard. merendāre, «id.»)

merendeira n.f. 1 pão pequeno próprio para merendas 2 cesta ou maleta em que se leva a merenda (De merenda+-eira)

merendeiro adj. 1 (cesto) em que se leva a merenda 2 (pão) que se destina a merendas ■ n.m. 1 esse cesto ou esse pão 2 merenda (De merenda+-eiro)

merendico n.m. [regionalismo] refeição que se servia a meio da manhã, durante os trabalhos das segadas ou das malhadas (De merenda+-ico)

merendola n.f. pequena merenda (De merenda+-ola)

merendona n.f. merenda grande (De merenda+-ona)

merengue n.m. 1 CULINÁRIA massa leve preparada com claras de ovo batidas com açúcar, usada geralmente como cobertura de bolos 2 CULINÁRIA bolo feito de claras de ovo batidas com açúcar e que contém recheio 3 dança originária da República Dominicana, executada com passo duplo e rápido 4 MÚSICA música escrita em compassos cortados e tocada com tambora, maracas e acordeão, que acompanha aquela dança (Do fr. méringue, «id.», pelo cast. merengue, «id.»)

meretrice n.f. 1 ⇒ **meretriz** 2 ZOOLOGIA termo que designa uns moluscos bivalves, marinhos, da família dos Venerídeos, de concha grande, alguns dos quais se encontram na costa portuguesa (Do lat. meretrīce-, «meretriz»)

meretrício adj. 1 relativo a meretriz 2 relativo à prostituição ■ n.m. prostituição (Do lat. meretricĭŭ-, «de meretriz»)

meretriz n.f. mulher que pratica atividades sexuais por dinheiro; prostituta (Do lat. meretrīce-, «id.»)

merganso n.m. ORNITOLOGIA mergulhão comum em Portugal (Do lat. mergu-, «mergulhão»+port. ganso ou de mergulhão × ganso)

mergulha n.f. ⇒ **mergulhia** (Deriv. regr. de mergulhar)

mergulhador adj. que mergulha ■ n.m. 1 aquele que mergulha 2 indivíduo que trabalha debaixo de água, revestido ou não de escafandro 3 pescador de pérolas (De mergulhar+-dor)

mergulhante adj.2g. que mergulha (De mergulhar+-ante)

mergulhão n.m. 1 grande mergulho 2 AGRICULTURA vara de vide que se mete na terra para criar raízes, sem a desprender da planta-mãe e deixando livre a sua parte terminal 3 ORNITOLOGIA nome extensivo a várias aves palmípedes, da família dos Colimbídeos, Podicipedídeos

mergulhar

e Anatídeos, também conhecidas por cagarraz, camilonga, merganso, mergulho, mobelha, etc. (De *mergulhar*+*-ão*)

mergulhar *v.tr.* 1 meter dentro de um líquido; submergir; afundar; imergir 2 envolver; embrenhar; entranhar 3 [fig.] concentrar-se em; dedicar-se a; absorver-se por 4 AGRICULTURA meter na terra (haste de planta) para criar raízes ■ *v.intr.* 1 lançar-se à água; meter-se debaixo de água 2 [fig.] avançar para o interior; embrenhar-se; engolfar-se 3 [fig.] esconder-se; desaparecer (Do lat. **merguliãre*, «mergulhar», de *mergŭlu-*, «mergulhão»)

mergulhia *n.f.* 1 AGRICULTURA operação que consiste em enterrar a haste de uma planta para criar novas raízes 2 AGRICULTURA haste ou vara enterrada durante essa operação (De *mergulhar*+*-ia*)

mergulho *n.m.* 1 ato ou efeito de mergulhar; ato de lançar-se à água 2 DESPORTO atividade de exploração dos fundos marinhos 3 AGRICULTURA operação que consiste em enterrar o ramo de uma planta para que crie novas raízes 4 ORNITOLOGIA ⇒ **mergulhão** 3 5 GEOLOGIA inclinação 6 AERONÁUTICA voo em que a aeronave realiza uma descida pronunciada; *dar um* ~ tomar um banho rápido em mar, piscina ou rio; *de* ~ de cabeça para baixo (Deriv. regr. de *mergulhar*)

mericarpo *n.m.* BOTÂNICA porção de um fruto monospérmico que se destaca do conjunto (Do gr. *méros*, «parte» +*karpós*, «fruto», pelo fr. *méricarpe*, «id.»)

mericismo *n.m.* MEDICINA perturbação digestiva em que os alimentos voltam do estômago à boca para serem mastigados (Do gr. *merikismós*, «ruminação»)

meridiana *n.f.* 1 relógio de sol 2 linha norte-sul; ~ *de um lugar* ASTRONOMIA diâmetro da esfera celeste que resulta da interseção do plano do meridiano do lugar com o plano do horizonte desse lugar (De *meridiano*)

meridiano *n.m.* 1 ASTRONOMIA círculo máximo que passa pelos polos e divide a Terra em dois hemisférios 2 GEOMETRIA secção obtida intersetando uma superfície de revolução por um plano que contenha o respetivo eixo de revolução 3 (acupunctura) canal por onde circula a energia do corpo e ao longo do qual são colocadas as agulhas ■ *adj.* 1 médio; mediano 2 ASTRONOMIA referente àquele círculo 3 GEOMETRIA diz-se de qualquer secção feita numa superfície de revolução por um plano que passa no eixo 4 relativo ao meio-dia; merídio 5 [fig.] luminoso 6 [fig.] transparente; evidente (Do lat. *meridiãnu-*, «meridional»)

merídio[1] *adj.* 1 relativo ao meio-dia; meridiano 2 relativo ao Sul; meridional (Do lat. *meridĭe-*, «meio-dia»)

merídio[2] *n.m.* anel ou zoonito do corpo segmentado de um animal (Do gr. *méros*, «parte» +*-ídio*)

meridional *adj.2g.* 1 do lado do sul; austral 2 relativo às regiões ou aos habitantes do Sul 3 relativo ao meridiano de um lugar ■ *n.2g.* natural ou habitante de país ou região do Sul (Do lat. *meridionãle-*, «id.»)

meriedria *n.f.* CRISTALOGRAFIA ⇒ **meroedria** (Do gr. *méros*, «parte» +*hédra*, «face» +*-ia*)

merifela *n.f.* ORNITOLOGIA ⇒ **melro-azul** (De orig. obsc.)

merinaque *n.m.* 1 peça com varas ou arcos para fazer roda em saia 2 saia de balão (Do cast. *meriñaque*, «id.»)

merino *n.m.* ZOOLOGIA diz-se de uma raça de carneiros muito apreciada pela qualidade superior da sua lã ■ *n.m.* 1 carneiro dessa raça 2 tecido feito com a lã desse carneiro (Do ár. *merīni*, «id.», pelo cast. *merino*, «id.»)

merinó *n.m.* [Brasil] ⇒ **merino** *n.m.* 2 (Do cast. *merino*, «id.», pelo fr. *mérino*, «id.»)

merisma *n.m.* divisão de um assunto em partes distintas (Do gr. *merismós*, «partilha; divisão»)

merismático *adj.* BIOLOGIA (reprodução, multiplicação) que se realiza pela divisão das células ou dos organismos (De *merisma*+*t*+*-ico*)

meristema /ê/ *n.m.* BOTÂNICA tecido vegetal constituído por células vivas, não diferenciadas, que ainda se podem dividir (Do gr. *meristós*, «partido; dividido», pelo fr. *méristème*, «meristema»)

meritalo *n.m.* BOTÂNICA distância entre os nós das plantas ou entre duas inserções de folhas num ramo; entrenó

meritíssimo *adj.* muito digno e merecedor de respeito (Do lat. *meritissĭmu-*, «digníssimo; justíssimo»)

mérito *n.m.* 1 características que tornam alguém digno de apreço 2 aquilo por que alguma coisa tem de bom, de apreciável 3 valor moral e intelectual 4 aptidão; capacidade 5 superioridade; excelência (Do lat. *merĭtu-*, «id.»)

meritocracia *n.f.* 1 forma de liderança que se baseia no mérito pessoal, em vez de se basear em riqueza ou estatuto social 2 sistema social que se baseia nessa forma de liderança

meritório *adj.* que é digno de apreço, louvor ou recompensa; louvável (Do lat. *meritoriŭ-*, «id.»)

merlante *n.m.* ORNITOLOGIA ⇒ **papa-figos** 1 (De *amarelante*)

merlão *n.m.* porção de muro entre duas ameias de uma fortaleza (Do fr. *merlon*, «id.»)

merlim *n.m.* 1 cordão branco ou alcatroado de três fios finos 2 tecido ralo e gomado para entretelas 3 machado para partir lenha (Do neerl. *meerlijn*, «id.», pelo fr. *merlin*, «id.»)

merma *n.f.* 1 quantidade que se perde no peso ou valor de qualquer coisa 2 diminuição (Deriv. regr. de *mermar*, ou do cast. *merma*, «diminuição»)

mermar *v.tr.* 1 tornar mais pequeno 2 cercear (Do lat. *minimãre*, «diminuir», pelo cast. *mermar*, «id.»)

mero *adj.* 1 simples 2 comum; vulgar 3 genuíno; puro ■ *n.m.* ICTIOLOGIA ⇒ **garoupa-preta** (Do lat. *meru-*, «puro»)

mero-[1] elemento de formação de palavras que exprime a ideia de *parte, parcial* (Do gr. *méros*, «parte»)

mero-[2] elemento de formação de palavras que exprime a ideia de *coxa* (Do gr. *merós*, «coxa»)

meroblástico *adj.* 1 BIOLOGIA diz-se do ovo animal que não se divide totalmente na segmentação 2 BIOLOGIA diz-se da segmentação parcial (Do gr. *méros*, «parte» +*blastikós*, «relativo à germinação»)

merocele *n.f.* MEDICINA hérnia na coxa (Do gr. *merós*, «coxa» +*kéle*, «hérnia»)

meroedria *n.f.* CRISTALOGRAFIA qualidade de meroédrico; *processos de* ~ processos por que se podem supor obtidas as formas meroédricas a partir das holoédricas (Do gr. *méros*, «parte» +*hédra*, «face» +*-ia*)

meroédrico *adj.* CRISTALOGRAFIA diz-se das formas e das classes de simetria que, em cada sistema, têm apenas parte dos elementos de simetria da cruz axial (De *meroedria*+*-ico*)

merologia *n.f.* tratado elementar de qualquer ciência ou arte (De *mero-*+*-logia*)

meronímia *n.f.* LINGUÍSTICA relação semântica entre duas palavras, em que uma indica uma parte (merónimo) relativamente à outra, que indica o todo (holónimo) (Do gr. *méros*, «parte»+*-onímia*)

merónimo *n.m.* LINGUÍSTICA palavra que denota uma parte relativamente a um todo (holónimo) (ex.: *manga ou punho* são merónimos de *camisa*) (Do gr. *méros*, «parte»+*-ónimo*)

merópida *n.m.* ORNITOLOGIA ⇒ **merópideo** *n.m.*

Merópidas *n.m.pl.* ORNITOLOGIA ⇒ **Merópideos**

merópideo *adj.* ORNITOLOGIA relativo ou pertencente aos Merópideos ■ *n.m.* ORNITOLOGIA espécime dos Merópideos

Merópideos *n.m.pl.* ORNITOLOGIA família de pássaros sindáctilos, com bico encurvado para baixo e retrizes medianas mais longas, cujo género-tipo se denomina *Merops* (Do gr. *mérops, -opos*, «melharuco» +*-ídeos*)

merostomáceos *n.m.pl.* ZOOLOGIA classe de artrópodes queliceradoes, marinhos, de grande porte, que compreende os gigantostráceos (fósseis) e os xifosuros; paleostráceos (Do gr. *merós*, «coxa» +*stóma*, «boca» +*-áceos*)

merouço *n.m.* [regionalismo] porção de excremento humano; morouço (De *morouço*)

merovíngio *adj.* HISTÓRIA relativo ou pertencente à dinastia de Meroveu, rei dos Francos, de 448 a 457, que deu o nome à dinastia dos Merovíngios; *idade merovíngia* diz-se da primeira fase do sistema feudal (Do fr. ant. *merovinge*, hoje *mérovingien*, «id.»)

Merovíngios *n.m.pl.* HISTÓRIA dinastia de reis dos Francos que conservou o poder durante três séculos, de 448 a 751, data em que o último rei merovíngio, Childerico III, foi encerrado num mosteiro por Pepino, o Breve, primeiro rei da dinastia dos Carolíngios (Do fr. *Mérovingiens*, «id.»)

merozoíto *n.m.* ZOOLOGIA esporo que se forma a partir da esquizogonia, no ciclo evolutivo de esporozoários (Do gr. *méros*, «parte» +*zōon*, «animal» +*-ito*)

merozóito ver nova grafia **merozoito**

mertolengo *adj.* ZOOLOGIA diz-se de uma sub-raça bovina do Alentejo (De *Mértola*, top., vila portuguesa do distrito de Beja +*-engo*)

mertolense *adj.2g.* relativo ou pertencente a Mértola ■ *n.2g.* natural ou habitante de Mértola (De *Mértola*, top. +*-ense*)

meru[1] *n.m.* ZOOLOGIA variedade de vespa (Do tupi *mbi'ru*, «que chupa a pele»)

meru[2] *n.m.* ZOOLOGIA mamífero da África oriental e da Ásia, da família dos Cervídeos (Do conc. *merum*, «veado»)

merufo *n.m.* [regionalismo] descaramento de rapaz presumido (De orig. obsc.)

meruge *n.f.* ⇒ **merugem**[1]

merugem¹ n.f. 1 água de lima 2 rega permanente 3 chuvisco (De *merujar*)
merugem² n.f. BOTÂNICA ⇒ **morugem**
meruginha n.f. [regionalismo] chuva miúda (De *meruja+-inha*)
meruja n.f. [regionalismo] ato ou efeito de merujar; chuvisco (De orig. obsc.)
merujar v.intr. [regionalismo] cair meruja; chuviscar ■ v.tr. [regionalismo] regar permanentemente com água (De *meruja+-ar*)
mérula n.f. 1 ORNITOLOGIA ⇒ **melro** 1 2 antigo engenho hidráulico em que o ruído da água semelhava a voz do melro (Do lat. *merŭla-*, «id.»)
mês n.m. 1 cada um dos doze períodos em que o ano se divide 2 período entre uma data qualquer de um mês até à data correspondente do mês seguinte 3 período de trinta dias seguidos 4 mensalidade 5 [pop.] menstruação; ~ *lunar* tempo que decorre entre duas fases iguais (geralmente novilúnios) e consecutivas da Lua, revolução sinódica, lunação (Do lat. *mense-*, «id.»)
mesa /ê/ n.f. 1 móvel cuja parte essencial é uma prancha horizontal, sobre a qual se servem as refeições, se escreve, se joga, etc. 2 banca 3 GEOGRAFIA elevação ou colina com o topo plano, constituída por estruturas horizontais 4 planalto vulcânico, no México 5 parte superior de um diamante quando lapidado 6 júri de exames 7 conjunto de indivíduos que dirigem uma instituição 8 órgão que dirige e secretaria os trabalhos de uma assembleia 9 o bolo, em jogos de vaza 10 balaustrada ou altar para a comunhão 11 [fig.] alimentação; comida; passadio; ~ *das enxárcias/de guarnição* NÁUTICA prancha presa à borda do navio, onde se entalham as chapas a que se ligam as bigotas para amarrar as enxárcias; ~ *de pé de galo* mesa redonda, cujo tampo assenta em uma só coluna que se divide em três pés; ~ *digitalizadora/gráfica* INFORMÁTICA periférico de um computador que consiste numa superfície plana sobre a qual o utilizador pode escrever, desenhar imagens usando uma caneta própria, podendo ainda ser usado como substituto do rato; *pôr a* ~ preparar a mesa para a refeição, dispondo nela louças, copos, talheres e tudo o mais necessário ao serviço; *Real Mesa Censória* instituição criada em Portugal, no século XVIII, para fiscalizar as publicações e os livros de tendência liberal que entrassem no País (Do lat. *mensa-*, «id.»)
mesada n.f. quantia que se dá ou se recebe por mês; mensalidade (De *mês+-ada*)
mesa-de-cabeceira ver nova grafia **mesa de cabeceira**
mesa de cabeceira n.f. pequeno móvel, junto à cabeceira da cama, onde se colocam e guardam os objetos de que se pode precisar principalmente durante a noite
mesão¹ n.m. FÍSICA partículas descobertas nos raios cósmicos, também produzidas artificialmente nos grandes aceleradores (atómicos) muito instáveis, cuja massa tem valores compreendidos entre os valores das massas do eletrão e do protão; ~ μ mesão de massa igual a 207 vezes a do eletrão e vida média aproximada de 2,2 microssegundos; ~ π mesão de massa igual a 273 vezes a do eletrão e vida média aproximada de alguns centésimos de microssegundo; ~ *pesado* mesão de massa igual a 966 vezes a do eletrão, cuja desintegração pode dar origem a mesões π, μ, eletrões e neutrinos (Do gr. *mésos*, «o ponto médio» +-ão)
mesão² n.m. casa (Do lat. *mansiōne-*, «morada», pelo fr. *maison*, «casa», ou pelo cast. *mesón*, «estalagem»)
mesa-redonda n.f. debate entre especialistas ou conhecedores de um determinado assunto, no qual é atribuída a mesma importância à participação de cada um dos intervenientes
mesário n.m. membro da mesa de uma corporação, confraria, etc. (Do lat. *mensarĭu-*, «banqueiro»)
mesatocefalia n.f. ANTROPOLOGIA estado do indivíduo mesatocéfalo (De *mesatocéfalo+-ia*)
mesatocéfalo adj. ANTROPOLOGIA (crânio, indivíduo) que tem índice cefálico compreendido entre o dos dolicocéfalos e o dos braquicéfalos (Do gr. *mésatos*, «médio» +*kephalé*, «cabeça»)
mescal n.m. 1 BOTÂNICA cato do México, de propriedades estupefacientes 2 licor mexicano obtido pela destilação das folhas torradas de agave (Do nauat. *mexcalli*, «id.», pelo mex. *mescal*, «id.»)
mescalina n.f. QUÍMICA alcaloide, extraído do mescal, capaz de provocar alucinações visuais notáveis pela vivacidade e pela riqueza das cores (De *mescal+-ina*)
méscia n.f. peça que empurra a azeitona para o caminho da galga do lagar (De orig. obsc.)
mescla n.f. 1 coisa composta por elementos diferentes; combinação; mistura 2 tecido com fios de várias cores 3 mistura de tintas variegadas 4 [fig.] impureza; imperfeição (Deriv. regr. de *mesclar*)

mesclado adj. 1 misturado; combinado 2 que apresenta tonalidades diferentes; variegado (Part. pass. de *mesclar*)
mesclar v.tr. 1 misturar (umas coisas com outras); combinar 2 matizar; ligar (tons variados) 3 incorporar 4 misturar pelo casamento (sangues de várias raças) (Do lat. tard. *misculāre*, freq. de *miscēre*, «misturar»)
mesencéfalo n.m. ANATOMIA parte inferior e média do cérebro; cérebro médio (Do gr. *mésos*, «médio» +*egképhalos*, «encéfalo»)
mesentérico adj. ANATOMIA do mesentério ou a ele relativo (De *mesentério+-ico*)
mesentério n.m. ANATOMIA parte do peritoneu que sustenta, em especial, o intestino delgado (Do gr. *mesentérion*, «membrana que envolve os intestinos»)
mesenterite n.f. MEDICINA inflamação do mesentério (De *mesentério+-ite*)
meseta /ê/ n.f. 1 GEOGRAFIA planalto muito regular 2 parte antiga da Península Ibérica, emersa desde a era secundária, dividida a meio pelo Sistema Central Divisório ou Sistema Luso-Castelhano (Do cast. *meseta*, «patamar»)
mésico adj. FÍSICA (átomo) em que se substituiu um dos eletrões orbitais por um mesão negativo, muito instável (Do gr. *mésos*, «médio» +-*ico*)
mesma /ê/ n.f. 1 o mesmo estado 2 as mesmas circunstâncias; *na* ~ da mesma forma, sem alteração (De *mesmo*)
mesmamente adv. 1 do mesmo modo; sem alteração 2 além disso (De *mesmo+-mente*)
mesmeriano adj. 1 relativo a F. Mesmer, médico alemão (1734--1815), ou ao mesmerismo 2 que é partidário do mesmerismo ■ n.m. partidário do mesmerismo (De *Mesmer*, antr.+-*iano*, ou do fr. *mesmérien*, «id.»)
mesmerismo n.m. 1 recurso ao magnetismo animal e ao hipnotismo como forma de tratamento e cura de doenças, segundo o método do médico alemão Mesmer (1734-1815) 2 designação dada, no século XIX, ao hipnotismo, por extensão da teoria defendida por Mesmer (De *Mesmer*, antr. +-*ismo*)
mesmerizar v.tr. 1 hipnotizar; magnetizar 2 [fig.] captar a atenção de (Do ing. *mesmerize*, «id.»)
mesmice n.f. 1 falta de variedade; monotonia 2 identidade (De *mesmo+-ice*)
mesmidade n.f. 1 o facto de ser o mesmo 2 monotonia 3 identidade (De *mesmo+-i-+-dade*)
mesmíssimo adj. {superlativo absoluto sintético de **mesmo**} perfeitamente o mesmo; absolutamente idêntico (De *mesmo+-íssimo*)
mesmo /ê/ det.,pron.dem. 1 não outro; de igual identidade ⟨*a mesma pessoa*⟩ 2 exatamente igual; idêntico ⟨*os mesmos amigos*⟩ 3 semelhante ⟨*os mesmo gostos*⟩ 4 em pessoa; próprio ⟨*ele mesmo veio falar connosco*⟩ 5 referido anteriormente; esse; este ⟨*do mesmo ano*⟩ ■ n.m. coisa ou pessoa idêntica ou semelhante ■ adv. 1 exatamente; justamente 2 até; inclusive 3 realmente; de facto; ~ *assim* apesar disso; ~ *que* ainda que; *dar ao* ~ ser igual; *ficar na mesma* não se alterar (Do lat. vulg. *metipsĭmu-*, superl. de *metipse*, «id.»)
mesnada n.f. [ant.] força militar com que os ricos-homens ou os senhores da Igreja contribuíam para o exército real em campanha; tropa mercenária (Do lat. *mansionāta-*, «criados da casa», pelo prov. *maisnada*, «id.»)
mesnadaria n.f. soldo do mesnadeiro (De *mesnada+-aria*)
mesnadeiro n.m. soldado ou chefe da mesnada (De *mesnada+-eiro*)
meso n.m. ANATOMIA ligamento entre a parede abdominal e alguma víscera (Do gr. *mésos*, «médio»)
meso- elemento de formação de palavras que exprime a ideia de médio, meio (Do gr. *mésos*, «médio»)
mesoblasto n.m. HISTOLOGIA ⇒ **mesoderma** 1 (Do gr. *mésos*, «médio» +*blastós*, «embrião»)
mesocárpico adj. BOTÂNICA relativo ao mesocarpo (De *mesocarpo+-ico*)
mesocárpio n.m. BOTÂNICA ⇒ **mesocarpo**
mesocarpo n.m. BOTÂNICA parte do pericarpo que fica entre o epicarpo e o endocarpo; mesocárpio (Do gr. *mésos*, «médio» +*karpós*, «fruto»)
mesocefalia n.f. estado do que é mesocéfalo (De *mesocéfalo+-ia*)
mesocefalite n.f. MEDICINA inflamação do mesocéfalo (De *mesocéfalo+-ite*)
mesocéfalo n.m. ANATOMIA saliência do istmo do encéfalo ■ adj. 1 que está situado no meio do encéfalo 2 que tem capacidade craniana média (Do gr. *mésos*, «médio» +*kephalé*, «cabeça»)

mesocisto n.m. CITOLOGIA ⇒ **macrociste** (Do gr. *mésos*, «médio» +*kýstis*, «bexiga; vesícula»)

mesóclise n.f. GRAMÁTICA intercalação de pronomes nas formas verbais; tmese (Do gr. *mésos*, «médio» +*klísis*, «inclinação»)

mesoclítico adj. 1 GRAMÁTICA relativo à mesóclise 2 GRAMÁTICA que está em mesóclise; que está no interior de uma forma verbal (De *mesóclise*+-*ico*)

mesocolo n.m. ANATOMIA ⇒ **mesocólon**

mesocólon n.m. ANATOMIA parte do peritoneu que liga os colos (intestino grosso) às paredes abdominais (Do gr. *mésos*, «médio» +*kôlon*, «cólon»)

mesocracia n.f. forma de governo em que preponderam as classes médias ou a burguesia (Do gr. *mésos*, «médio» +*krátos*, «força»+-*ia*)

mesocrático adj. relativo à mesocracia (De *mesos*, «médio» +*krátos*, «força»+-*ico*)

mesoderma n.m. 1 HISTOLOGIA folheto embrionário médio situado entre a exoderma e a endoderma; mesoblasto 2 camada média da teca dos musgos (De *meso*-+*derma*)

mesoderme n.f. HISTOLOGIA ⇒ **mesoderma** 1

mesofalange n.f. ANATOMIA falange média de um dedo; falanginha (De *meso*-+*falange*)

mesofilo n.m. BOTÂNICA tecido parenquimatoso das folhas vegetais, situado entre as epidermes das duas páginas (Do gr. *mésos*, «médio» +*phýllon*, «folha»)

mesófito n.m. 1 BOTÂNICA vegetal cujo desenvolvimento requer ambientes de humidade e temperatura moderada 2 BOTÂNICA faixa que separa a raiz do caule; colo (Do gr. *mésos*, «médio» +*phytón*, «planta»)

mesófrio n.m. ANATOMIA parte do rosto situada entre as sobrancelhas (Do gr. *mesóphryon*, «id.»)

mesogástrico adj. que está situado no meio do ventre (De *meso*-+*gástrico*)

mesogástrio n.m. ANATOMIA região do abdómen situada entre as regiões epigástrica e hipogástrica; região média do abdómen (Do gr. *mésos*, «médio» +*gastér*, -*trós*, «ventre» +-*io*)

Mesolítico n.m. ARQUEOLOGIA período da época pré-histórica que serviu de transição do Paleolítico para o Neolítico (de 10 000 a 5 000 a. C.) ■ adj. [com minúscula] ARQUEOLOGIA relativo ao Mesolítico (Do grego *mésos*, «médio» +*líthos*, «pedra» +-*ico*)

mesologia n.f. ciência que trata das relações dos seres viventes com o meio em que vivem; ecologia (Do gr. *mésons*, «meio» +*lógos*, «estudo» +-*ia*)

mesológico adj. relativo à mesologia (De *mesologia*+-*ico*)

mesomérico adj. relativo a mesómero (De *mesómero*+-*ico*)

mesómero n.m. 1 ZOOLOGIA célula embrionária que se forma na segmentação de alguns ovos (animais) 2 parte do embrião dos vertebrados que dá origem ao segmento renal (Do gr. *mésos*, «meio» +*méros*, «parte»)

mesónefro n.m. ZOOLOGIA rim primitivo do embrião dos répteis, aves e mamíferos, substituído depois, no indivíduo adulto, pelo metânefro (Do gr. *mésos*, «médio» +*nephrós*, «rim»)

mesopotâmia n.f. GEOGRAFIA região situada entre rios (Do gr. *mésos*, «médio» +*potamós*, «rio» +-*ia*)

mesopotâmico adj. 1 situado entre rios 2 relativo à Mesopotâmia, região asiática situada entre os rios Tigre e Eufrates (De *mesopotâmia*+-*ico*)

mesorrecto ver nova grafia **mesorreto**

mesorreto n.m. ANATOMIA prega peritoneal que liga o reto à parede da bacia (Do gr. *mésos*, «médio» +lat. *rectu*-, «reto»)

mesosfera n.f. METEOROLOGIA camada da atmosfera terrestre situada aproximadamente entre as altitudes de 55 quilómetros e de 80 quilómetros, na qual a temperatura diminui quando a altitude aumenta, à razão de 4 a 5 graus por quilómetro (De *meso*-+*esfera*)

mesospermo n.m. BOTÂNICA parte que fica entre os dois invólucros de uma semente (Do gr. *mésos*, «médio» +*spérma*, «semente»)

mesotenar n.m. ANATOMIA músculo que faz aproximar o polegar da palma da mão (Do gr. *mésos*, «médio» +*thénar*, «palma da mão»)

mesotimpânico n.m. ⇒ **simplético** (De *meso*-+*timpânico*)

mesotórax n.m.2n. ZOOLOGIA anel do tórax dos insetos (De *meso*-+*tórax*)

mesozeugma n.m. recurso estilístico que é uma espécie de zeugma em que a palavra subentendida está no meio de outra frase (Do gr. *mésos*, «médio» +*zeûgma*, «ligação»)

Mesozoico n.m. GEOLOGIA era geológica que sucede ao Paleozoico e antecede o Cenozoico, e que compreende os períodos Triásico, Jurássico e Cretácico; Secundário ■ adj. [com minúscula] GEOLOGIA relativo ao Mesozoico (De *meso*-+-*zóico*)

Mesozóico ver nova grafia **Mesozoico**

mesozona n.f. GEOLOGIA zona intermédia de metamorfismo regional (De *meso*-+*zona*)

mesquinhar[1] v.tr. 1 recusar por mesquinhez 2 regatear 3 julgar mesquinho ou infeliz ■ v.intr. 1 comportar-se de forma mesquinha ou pouco nobre 2 [Brasil] não deixar pôr o freio (o cavalo) (De *mesquinho*+-*ar*)

mesquinhar[2] v.tr. 1 [Guiné-Bissau] apoucar 2 [Guiné-Bissau] lamentar (Do crioulo guineense *miskĩña*, «idem»)

mesquinharia n.f. ⇒ **mesquinhez** (De *mesquinho*+-*aria*)

mesquinhez /ê/ n.f. 1 qualidade de mesquinho 2 sovinice; avareza 3 falta de generosidade 4 falta de nobreza; falta de elevação moral 5 pequenez de espírito; falta de visão 6 miséria 7 mediocridade (De *mesquinho*+-*ez*)

mesquinhice n.f. ⇒ **mesquinhez** (De *mesquinho*+-*ice*)

mesquinho adj. 1 escasso de recursos; pobre 2 sovina; avaro 3 pouco generoso 4 infeliz; desditoso 5 acanhado; estreito 6 mediocre; insignificante 7 desprezível; reles 8 [Brasil] (cavalo) que não deixa pôr o freio ■ n.m. 1 pessoa somítica ou avarenta 2 pessoa sem generosidade ou nobreza moral; pessoa medíocre (Do ár. *miskīnu*-, «pobre»)

mesquita n.f. local de culto da religião muçulmana; templo maometano (Do ár. *másjid*, «templo», pelo arménio *mzkit*, «id.»)

messa n.f. 1 época do ano em que se extrai a cortiça 2 tiragem da cortiça 3 parte da cortiça de um sobreiro tirada num ano (De orig. obsc.)

messalina n.f. 1 mulher considerada licenciosa ou dissoluta 2 prostituta (De *Messalina*, antr., mulher do imperador romano Cláudio, 10 a. C.-54 a. D.)

messalínico adj. 1 próprio de messalina 2 dissoluto; devasso; depravado (De *messalina*+-*ico*)

messar v.tr. tirar a cortiça de (De *messa*+-*ar*)

messe[1] n.f. 1 seara madura 2 colheita; ceifa 3 [fig.] aquisição; ganho; conquista (Do lat. *messe*-, «id.»)

messe[2] n.f. MILITAR instalação onde oficiais e sargentos tomam refeições e podem dispor de alojamentos (Do fr. ant. *mes*, hoje *mets*, «iguaria; prato», pelo ing. *mess*, «messe»)

messene n.m. [Angola] mestre; doutor (Do quimb. *mesène*, «id.»)

messiado n.m. missão ou funções do Messias (De *Messias*, do aram. *mexíah*, «o ungido», pelo gr. *Messías*, pelo lat. *Messías*, «id.» + -*ado*)

messiânico adj. 1 relativo ao Messias 2 relativo à vinda de um messias ou redentor 3 [fig.] que manifesta grande fervor ou devoção (Do lat. ecl. *messianīcu*-, «id.», pelo fr. *messianique*, «id.»)

messianismo n.m. 1 RELIGIÃO crença na vinda do Messias 2 crença na possibilidade de intervenção de uma pessoa ou de circunstâncias providenciais 3 PSICOLOGIA perturbação do comportamento assente na convicção profunda que o sujeito possui de ter um papel capital a desempenhar para benefício da humanidade inteira (Do fr. *messianisme*, «id.»)

messianista adj.2g. relativo ao messianismo ■ n.2g. adepto do messianismo (Do fr. *messianiste*, «id.»)

messias n.m.2n. 1 [com maiúscula] RELIGIÃO redentor prometido no Antigo Testamento, anunciado pelos profetas e que os cristãos reconhecem em Jesus Cristo 2 [fig.] pessoa esperada ansiosamente 3 [fig.] reformador social; salvador; redentor; libertador (Do aram. *mexîha*, «o ungido», pelo gr. *Messías*, pelo lat. *Messías*, «id.»)

Messidor n.m. décimo mês do calendário da primeira República Francesa (de 19 ou 20 de junho a 19 ou 20 de julho) (Do fr. *messidor*, do lat. *messe*-, «colheita»+gr. *dōron*, «dom»)

messório adj. 1 que ceifa ou recolhe cereais 2 que pertence ao segador (Do lat. *messoriŭ*-, «de ceifeiro»)

mesteiral n.m. [ant.] homem que tem um mester ou profissão manual; artífice (De *mester*+-*al*)

mester n.m. 1 arte ou profissão manual 2 ofício; mister (Do lat. *ministerĭu*-, «ofício de servo»)

mestiçagem n.f. 1 ato ou efeito de mestiçar 2 cruzamento de pessoas de raças diferentes; miscigenação 3 conjunto de pessoas mestiças 4 cruzamento de animais de raças ou de espécies diferentes 5 (artes) cruzamento ou fusão de estilos diferentes (De *mestiçar*+-*agem*)

mestiçamento n.m. ⇒ **mestiçagem** (De *mestiçar*+-*agem*)

mestiçar v.tr.,pron. cruzar(-se) entre si (indivíduos de raças, variedades ou subespécies distintas), gerando mestiços; miscigenar(-se) (De *mestiço*+-*ar*)

mestiço adj.,n.m. 1 que ou pessoa que descende de pais de raças ou etnias diferentes 2 que ou animal que provém do cruzamento

de espécies diferentes (Do lat. tard. *mixtícĭu-*, de *mixtu-*, «misturado»)

mesto *adj.* [poét.] que causa tristeza; lúgubre; triste (Do lat. *maestu-*, «triste; funesto»)

mestra *n.f.* 1 mulher que ensina; professora 2 raiz principal do sobreiro 3 amostra de cortiça para se verificar se está em condições de ser tirada (Do lat. *magistra-*, «id.»)

mestraço *n.m.* mestre muito hábil; aquele que sabe bem do seu ofício (De *mestre*+*-aço*)

mestrado *n.m.* 1 grau académico do ensino superior que se segue à licenciatura e que, atualmente, é conferido a quem conclui o segundo ciclo de estudos 2 curso exigido para obtenção desse grau 3 dignidade ou funções de mestre de uma ordem militar; ~ *integrado* ciclo de estudos académicos, com duração de cinco a seis anos, que visa a atribuição do grau de mestre (De *mestre*+*-ado*)

mestral *adj.2g.* que diz respeito a mestre (Do lat. *magistrāle-*, «id.»)

mestrança *n.f.* 1 conjunto dos mestres que fazem serviço num estaleiro ou arsenal marítimo 2 oficinas de um arsenal 3 depósito de material para embarcações 4 conjunto dos indivíduos mais graduados de uma arte ou corporação 5 professorado (De *mestre*+*-ança*)

mestrando *n.m.* aluno de um curso de mestrado (De *mestre*+*-ando*)

mestrão *n.m.* (feminino **mestrona**) grande mestre; sabichão; mestraço (De *mestre*+*-ão*)

mestre *n.m.* 1 pessoa que ensina ou orienta; professor; orientador 2 pessoa que sabe muito; sábio 3 pessoa perita em qualquer ciência, arte ou ramo profissional; especialista 4 artista de grande mérito; pessoa que inicia ou lidera uma tendência artística 5 guia espiritual; mentor 6 (universidade) grau académico concedido a quem concluiu o curso e defendeu a tese de mestrado 7 pessoa que dirige uma orquestra; regente 8 superior de qualquer ordem militar 9 [fig.] tudo o que serve de lição ou ensino 10 NÁUTICA aquele que, nos navios, tem a seu cargo o aparelho e o velame 11 encarregado ou chefe de uma oficina 12 indivíduo investido no terceiro grau da maçonaria ■ *n.2g.* (universidade) pessoa que concluiu o curso e defendeu a tese de mestrado ■ *adj.* 1 principal; fundamental 2 enorme; considerável 3 exemplar; inesquecível; *com/por mão de* ~ com perfeição (Do lat. *magistru-*, «id.», pelo fr. ant. *maistre*, «id.»)

mestre-de-cerimónias ver nova grafia mestre de cerimónias

mestre de cerimónias *n.2g.* 1 indivíduo que regula as cerimónias em atos oficiais 2 indivíduo que dirige as cerimónias nas festas religiosas

mestre-de-obras ver nova grafia mestre de obras

mestre de obras *n.m.* pessoa encarregada dos trabalhos de construção de um edifício, geralmente sob plano ou orientação de engenheiros ou arquitetos; construtor civil

mestre-escola *n.m.* 1 [ant.] professor do ensino primário 2 RELIGIÃO dignidade inferior em cabidos eclesiásticos

mestre-sala *n.m.* 1 indivíduo encarregado de dirigir um baile público ou uma cerimónia 2 oficial da casa real que dirigia o cerimonial, nas receções do paço

mestria *n.f.* 1 conhecimento profundo de qualquer matéria, no domínio prático e/ou teórico; competência; grande saber 2 perícia; habilidade; *cantiga de* ~ cantiga sem estribilho (De *mestre*+*-ia*, ou do prov. *maestria*, «id.»)

mestrona /ó/ *n.f.* (masculino **mestrão**) [depr.] sabichona (De *mestra*+*-ona*)

mesura *n.f.* reverência que se faz para cumprimentar; cortesia; vénia (Do lat. *mensūra-*, «medida»)

mesuradamente *adv.* 1 de modo mesurado 2 com reverência 3 atenciosamente 4 moderadamente; prudentemente (De *mesurado*+*-mente*)

mesurado *adj.* 1 cortês; atencioso 2 compassado 3 prudente; comedido; circunspecto (De *mesura*+*-ado*)

mesurar *v.tr.,intr.* fazer mesuras (a); dirigir cumprimentos (a); cortejar ■ *v.tr.* 1 dominar 2 [ant.] medir ■ *v.pron.* moderar-se; comedir-se (Do lat. *mensurāre*, «medir»)

mesureiro *adj.* 1 amigo de fazer mesuras; cumprimentador 2 cortês; atencioso 3 cerimonioso 4 cheio de salamaleques 5 [fig.] adulador (De *mesura*+*-eiro*)

mesurice *n.f.* 1 qualidade de mesureiro 2 salamaleque 3 lisonja 4 servilismo (De *mesura*+*-ice*)

meta *n.f.* 1 marca real ou imaginária que localiza e identifica o fim de uma corrida 2 fim; termo; limite 3 baliza 4 [fig.] algo que se quer atingir, conquistar ou realizar; objetivo; alvo (Do lat. *meta-*, «termo»)

meta- elemento de formação de palavras, de origem grega, que exprime a ideia de *mudança, união, transformação* no vocabulário científico, e a ideia de *nível superior, maior generalidade* no vocabulário filosófico (Do gr. *metá*, «além de; para além de»)

metábole *n.f.* recurso estilístico que consiste na acumulação de palavras ou expressões sinonímicas com um efeito de gradação semântica (Do gr. *metabolé*, «mudança»)

metabólico *adj.* 1 FISIOLOGIA relativo ao metabolismo 2 relativo a ou que apresenta metábole (Do gr. *metabolikós*, «id.»)

metabolismo *n.m.* FISIOLOGIA conjunto de reações intracelulares, umas construtivas (anabolismo) e outras destrutivas (catabolismo), necessárias à formação, desenvolvimento e renovação das estruturas celulares (Do gr. *metabolé*, «mudança» +*-ismo*)

metabolizar *v.tr.* realizar o metabolismo de

metabolizável *adj.2g.* que pode ser metabolizado

metábolo *adj.* ZOOLOGIA (inseto) que sofre metamorfoses (Do gr. *metabolé*)

metabologia *n.f.* MEDICINA disciplina que estuda as doenças do metabolismo

metacarpiano *adj.* ⇒ **metacárpico** (De *metacárpio*+*-ano*)

metacárpico *adj.* relativo ou pertencente ao metacarpo (De *metacárpio*+*-ico*)

metacárpio *n.m.* ANATOMIA ⇒ **metacarpo**

metacarpo *n.m.* ANATOMIA parte da mão que fica entre o carpo e os dedos (Do gr. *metakárpion*, «id.»)

metacêntrico *adj.* 1 FÍSICA relativo ao metacentro 2 NÁUTICA diz-se da curva formada pela reunião dos metacentros, correspondente a todas as inclinações possíveis de um navio

metacentro *n.m.* FÍSICA ponto de um corpo flutuante de cuja posição depende a estabilidade da flutuação desse corpo (De *meta*+*centro*)

metacismo *n.m.* ⇒ **mitacismo**

metacromasia *n.f.* HISTOLOGIA, CITOLOGIA processo que consiste na obtenção de uma coloração diferente da do corante utilizado; metacromatismo (Do gr. *metá*, «mudança» +*krōma, -atos*, «cor» +*-ia*)

metacromático *adj.* (corante, formação) que produz ou manifesta metacromasia (Do gr. *metá*, «mudança» +*krōma, -atos*, «cor» +*-ico*)

metacromatismo *n.m.* 1 ZOOLOGIA modificação da pigmentação da pele e seus derivados, por motivo da idade ou por ação patológica 2 HISTOLOGIA, CITOLOGIA ⇒ **metacromasia** (Do gr. *metá*, «mudança» +*krōma, -atos*, «cor» +*-ismo*)

metacronismo *n.m.* erro de datação que consiste em situar um acontecimento em data posterior à verdadeira (Do gr. *metákhronos*, «posterior» +*-ismo*)

metade *n.f.* 1 cada uma das duas partes iguais em que se divide uma unidade 2 ponto equidistante das extremidades ou do princípio e do fim; meio 3 cada um dos elementos de um casal (em relação ao outro); cara-metade; *fazer as coisas pela* ~ não concluir o que se começa, transigir (Do lat. *medietāte-*, «id.»)

metadona *n.f.* FARMÁCIA substância sintética, sucedânea da morfina, frequentemente usada no tratamento da toxicodependência

metafalange *n.f.* ANATOMIA última falange do dedo; falangeta (De *meta-*+*falange*)

metáfase *n.f.* BIOLOGIA fase da evolução cariocinética durante a qual os cromossomas se dispõem no plano equatorial da célula, ligados ao fuso acromático (Do gr. *metá*, «além de» +*phásis*, «aparição»)

metafísica *n.f.* 1 FILOSOFIA domínio da filosofia que se ocupa do ser enquanto ser, isto é, dos princípios essenciais do ser e do conhecer 2 conjunto de reflexões que visam a explicação racional da realidade, partindo da experiência, mas ultrapassando-a, de forma a chegar a realidades que a transcendem 3 busca do sentido ou significação do real e principalmente da vida humana 4 teoria do absoluto 5 abstração 6 subtileza no discorrer 7 [pej.] estudo das coisas consideradas como estáticas e independentemente umas das outras (Do gr. *tà metà physiká*, «para além da física», pelo lat. escol. *metaphysica-*, «id.»)

metafisicar *v.tr.* tornar metafísico, subtil (De *metafísica*+*-ar*)

metafisicismo *n.m.* 1 influência da metafísica 2 requinte da metafísica (De *metafísica*+*-ismo*)

metafísico *adj.* 1 relativo à metafísica 2 que transcende a natureza física; transcendente 3 [fig.] subtil 4 [fig.] abstrato; teórico; especulativo 5 [fig.] complexo; difícil de entender ■ *n.m.* indivíduo versado em metafísica (Do lat. escol. *metaphysĭcu-*, «id.»)

metafonia *n.f.* GRAMÁTICA modificação do som de um fonema vogal por influência de outro próximo (Do gr. *metá*, «mudança» +*phoné*, «voz; som» +*-ia*)

metafónico *adj.* relativo à metafonia (De *metafonia*+*-ico*)

metáfora *n.f.* **1** recurso expressivo que consiste em usar um termo ou uma ideia com o sentido de outro com o qual mantém uma relação de semelhança (ex.: *o fogo da paixão*) **2** representação simbólica de algo (Do gr. *metaphorá*, «transporte», pelo lat. *metaphŏra-*, «metáfora»)
metaforicamente *adv.* **1** através de metáfora(s); figuradamente **2** simbolicamente; alegoricamente (De *metafórico*+*-mente*)
metafórico *adj.* **1** em que há metáfora; figurado **2** simbólico; alegórico (Do gr. *metaphorikós*, «id.», pelo lat. *metaphorĭcu-*, «id.»)
metaforismo *n.m.* emprego de metáforas (De *metáfora*+*-ismo*)
metaforizar *v.tr.* exprimir por meio de metáfora(s) (De *metáfora*+*-izar*)
metáfrase *n.f.* comentário ou tradução de um texto que dá mais importância ao conteúdo do que à forma de expressão; paráfrase (Do gr. *metáphrasis*, «tradução», pelo lat. *metaphrăse-*, «metáfrase»)
metafrasta *n.2g.* pessoa que faz metáfrases (Do gr. *metaphrastés*, «id.»)
metafrástico *adj.* **1** relativo a metáfrase **2** interpretado à letra (Do gr. *metaphrastikós*, «id.»)
metagaláxia *n.f.* ASTRONOMIA conjunto total das galáxias exteriores à Via Láctea (De *meta-*+*galáxia*)
metagénese *n.f.* **1** BIOLOGIA ciclo evolutivo de um ser vivo, com alternância de gerações, em que uma fase sexuada alterna com outra agâmica **2** heterogonia (Do gr. *metá*, «mudança» +*génesis*, «geração»)
metageometria *n.f.* disciplina que engloba as geometrias não euclidianas e a geometria euclidiana, e de que esta será uma aplicação particular (De *meta-*+*geometria*)
metagoge *n.f.* recurso estilístico que consiste em atribuir sentimentos e paixões a seres inanimados (ex.: *as nuvens conversavam umas com as outras*); personificação (Do gr. *metagogé*, «transporte»)
metagrama *n.m.* transformação de uma letra numa palavra; metaplasmo (Do gr. *metá*, «mudança» +*grámma*, «letra»)
meta-história *n.f.* investigação que se propõe a determinação das leis que regem os factos históricos e o lugar destes factos, numa visão explicativa do mundo; filosofia da história (De *meta-*+*história*)
metal *n.m.* **1** QUÍMICA nome genérico dos elementos, mais ou menos maleáveis, dúcteis e fusíveis, bons condutores do calor e da electricidade, e cujos átomos têm tendência para se transformar em catiões monoatómicos por perda de eletrões **2** designação vulgar desses elementos e das suas ligas **3** [fig.] dinheiro **4** *pl.* MÚSICA conjunto dos instrumentos de sopro de uma orquestra, construídos em metal, cujo som é produzido pela coluna de ar vibrante dentro do tubo, acionada por vibração labial do executante dentro do bocal do instrumento; **~ nobre** metal que não se altera em presença do ar ou da humidade, e é muito dificilmente atacado pelos ácidos (platina, ouro e prata) (Do lat. *metallu-*, «id.», pelo cat. *metall*, «id.»)
metaldeído *n.m.* QUÍMICA composto orgânico usado como acendalha, com o nome comercial de «meta» (De *meta-*+*aldeído*, ou do fr. *métaldehyde*, «id.»)
metaleiro *n.m.* [coloq.] fã de heavy metal
metalepse *n.f.* recurso estilístico em que se toma o antecedente pelo consequente, e vice-versa, ou o sinal pela coisa significado (ex.: *ele viveu por ele está morto*) (Do gr. *metálepsis*, «tomada posterior», pelo lat. *metalepse-*, «metalepse»)
metaléptico *adj.* **1** referente à metalepse **2** em que há metalepse (Do gr. *metaleptikós*, «id.») ACORDO ORTOGRÁFICO também se pode escrever metalético
metalescência *n.f.* propriedade dos corpos metalescentes (De *metalescente*)
metalescente *adj.2g.* cuja superfície apresenta brilho ou reflexo metálico (Do fr. *métallescent*, «id.»)
metalético a grafia mais usada é metaléptico
metali- elemento de formação de palavras que exprime a ideia de *metal* (Do gr. *métallon*, «metal»)
metalicidade *n.f.* **1** qualidade de metálico **2** propriedades características de um metal (De *metálico*+*-i-*+*-dade*)
metálico *adj.* **1** relativo ou pertencente a metal ou metais **2** que é feito de metal; constituído por metal **3** [fig.] que soa como metal **4** [fig.] que tem um aspeto brilhante e com reflexos, como o metal (Do gr. *metallikós*, «id.», pelo lat. *metallĭcu-*, «id.»)
metalífero *adj.* que contém metal (Do lat. *metallifĕru-*, «id.»)
metalificação *n.f.* **1** redução de um corpo ao estado metálico **2** formação natural dos metais na terra (Do lat. *metallu-*, «metal» +*facĕre*, «fazer» +*-ção*)

metaliforme *adj.2g.* que tem aspeto de metal (De *metali-*+*-forme*)
metalinguagem *n.f.* **1** LINGUÍSTICA linguagem especialmente utilizada para tratar de assuntos linguísticos **2** linguagem construída para descrever a linguagem natural **3** linguagem utilizada para descrever outras linguagens (De *meta-*+*linguagem*, ou do fr. *métalangage*, «id.»)
metalinguístico /gu-i/ *adj.* **1** relativo à metalinguagem **2** cujo objeto é a linguagem ou código que utiliza **3** diz-se da capacidade que um falante possui para manipular e refletir sobre aspetos da sua língua (palavras, gramática, etc.)
metalino *adj.* de cor ou aparência metálica; metálico (De *metal*+*-ino*)
metalismo *n.m.* **1** representação do dinheiro por metal cunhado **2** circulação metálica (moeda) (De *metal*+*-ismo*)
metalista *n.2g.* **1** pessoa que se dedica à metalurgia **2** engenheiro de minas **3** partidário do metalismo (De *metal*+*-ista*)
metalização *n.f.* **1** ato ou efeito de metalizar **2** operação pela qual se metaliza uma superfície (De *metalizar*+*-ção*)
metalizar *v.tr.* **1** reduzir a metal **2** transformar em metal **3** dar brilho metálico a **4** cobrir com uma camada metálica (De *metal*+*-izar*)
metalo- elemento de formação de palavras que exprime a ideia de *metal* (Do gr. *métallon*, «metal»)
metalocromia *n.f.* arte de colorir a superfície dos metais (De *metalo-*+*cromia*)
metalogenia *n.f.* GEOLOGIA ramo da ciência que se ocupa do estudo e da génese dos jazigos minerais (De *metalo-*+*-genia*)
metalógica *n.f.* disciplina assente nos princípios comuns às diferentes lógicas (De *meta-*+*lógica*)
metalografia *n.f.* **1** estudo da estrutura interna dos metais e ligas metálicas a partir das suas propriedades **2** gravura em metal (De *metalo-*+*-grafia*)
metalográfico *adj.* relativo à metalografia (De *metalografia*+*-ico*)
metalógrafo *n.m.* aquele que se dedica à metalografia (De *metalo-*+*-grafo*)
metaloide *n.m.* **1** QUÍMICA designação antiquada dos elementos não metálicos **2** designação de certos destes elementos com algumas propriedades que os aproximam dos metais ▪ *adj.2g.* semelhante a um metal (De *metalo-*+*-óide*)
metalóide ver nova grafia metaloide
metalologia *n.f.* ⇒ **mineralogia** (De *metalo-*+*-logia*)
metalológico *adj.* relativo a metalologia (De *metalologia*+*-ico*)
metalologista *n.2g.* pessoa especializada em metalologia (De *metalologia*+*-ista*)
metalomecânica *n.f.* ramo da metalurgia que se dedica à transformação de metais em produtos desejados, estudando as propriedades dos materiais e respetivos fenómenos de resistência e os processos de deformação plástica como a laminagem, a extrusão, a trefilagem, etc.; metalurgia mecânica (De *metalo-*+*mecânica*)
metalomecânico *adj.* que diz respeito à metalomecânica ▪ *adj.,n.m.* que ou pessoa que trabalha em metalomecânica (De *metalomecânica*)
metaloplastia *n.f.* **1** arte de trabalhar metais para fins decorativos **2** CIRURGIA processo cirúrgico de consolidar fraturas pela aplicação de lâminas de um metal inalterável (Do gr. *métallon*, «metal» +*plastós*, «modelado» +*-ia*)
metaloquímica *n.f.* parte da química que estuda as propriedades químicas dos metais e das ligas (De *metalo-*+*química*)
metaloterapia *n.f.* sistema curativo pela aplicação de lâminas metálicas sobre a pele (De *metalo-*+*terapia*)
metalurgia *n.f.* **1** ramo da engenharia que se ocupa da produção de metais e ligas metálicas, de forma a obter produtos com utilidade prática **2** setor industrial que realiza a extração e a manipulação dos metais (Do gr. *metallourgía*, «trabalho de metais»)
metalúrgico *adj.* relativo à metalurgia ▪ *adj.,n.m.* que ou pessoa que trabalha em metalurgia; metalurgista (De *metalurgia*+*-ico*)
metalurgista *adj.,n.2g.* que ou pessoa que trabalha em metalurgia; metalúrgico (De *metalurgia*+*-ista*)
metamatemática *n.f.* estudo que tem por objeto a estrutura da teoria da matemática formal (De *meta-*+*matemática*)
metameria *n.f.* **1** qualidade de metâmero **2** multiplicação acentuada dos órgãos internos do corpo de um animal que é constituído por metâmeros (De *metâmero*+*-ia*)
metamérico *adj.* que apresenta metameria (De *metâmero*+*-ico*)
metamerismo *n.m.* ⇒ **metameria**

metamerização n.f. 1 BIOLOGIA segmentação em metâmeros 2 BIOLOGIA aparecimento de anéis no embrião (De *metâmero*+-*izar*)

metamerizado adj. BIOLOGIA dividido em metâmeros (Part. pass. de *metamerizar*)

metamerizar v.tr. 1 dividir em metâmeros 2 segmentar (De *metâmero*+-*izar*)

metâmero n.m. 1 ZOOLOGIA cada um dos anéis de um verme ou de um artrópode; segmento 2 cada uma das partes homólogas do corpo de um animal, identificadas pela disposição dos órgãos internos que se repetem em série linear, mostrando metameria ■ adj. QUÍMICA diz-se das espécies formadas por iguais números de átomos dos mesmos elementos, mas não todos ligados entre si da mesma maneira (Do gr. *metá*, «para além de» +*méros*, «parte», pelo fr. *métamère*, «id.»)

metamórfico adj. 1 relativo às metamorfoses dos seres vivos 2 PETROLOGIA (rocha) que sofreu metamorfismo (Do gr. *metá*, «mudança» +*morphé*, «forma» +-*ico*)

metamorfismo n.m. 1 mudança 2 faculdade de se transformar 3 PETROLOGIA conjunto de fenómenos que provocam alterações na composição e estrutura das rochas depois de consolidadas 4 ZOOLOGIA propriedade que têm certos animais (por exemplo, os insetos) de ser, em dados períodos da sua existência, alvo de mudanças que lhes alteram profundamente a forma exterior e o modo de viver 5 teoria das transformações naturais (Do gr. *metá*, «mudança» +*morphé*, «forma» +-*ismo*)

metamorfopsia n.f. MEDICINA perturbação percetiva que se traduz na modificação deformante da visão das formas, das dimensões de objetos ou de pessoas (Do gr. *metá*, «mudança» +*morphé*, «forma» +*ópsis*, «vista» +-*ia*)

metamorfose n.f. 1 mudança de forma ou de estrutura; transformação 2 BOTÂNICA modificação operada em certos órgãos vegetais, como a transformação dos estames em pétalas, e vice-versa 3 ZOOLOGIA alteração profunda que sofrem certos animais durante o seu desenvolvimento pós-embrionário 4 mudança radical de aspeto (de uma pessoa) (Do gr. *metamórphosis*, «mudança de forma», pelo lat. *metamorphōse*-, «id.»)

metamorfosear v.tr.,pron. 1 mudar(-se) a forma de; transformar(-se) 2 alterar(-se) radicalmente (De *metamorfose*+-*ear*)

metana n.f. [ant.] ⇒ **metano**

metanefrídio n.m. 1 ZOOLOGIA órgão que desempenha função excretora 2 nefrídio propriamente dito, como os anelídeos (Do gr. *metá*, «para além de» +*nephrídios*, «dos rins»)

metânefro n.m. ZOOLOGIA órgão excretor que substitui o mesónefro no desenvolvimento dos vertebrados amniados, e que constitui o seu rim funcional definitivo (Do gr. *metá*, «depois» +*nephrós*, «rim»)

metano n.m. QUÍMICA hidrocarboneto alifático, saturado, de um só átomo de carbono na molécula (CH_4), que é o principal componente do gás dos pântanos e do grisu (Do gr. *méthy*, «bebida fermentada», pelo fr. *méthane*, «metano»)

metanoia n.f. transformação de comportamento ou carácter; mudança de pensar e sentir, no caminho da perfeição; conversão interior (Do gr. *metánoia*, «id.»)

metanóia ver nova grafia **metanoia**

metanol n.m. QUÍMICA álcool metílico ou álcool da madeira (De *metano*+-*ol*)

metaplasia n.f. MEDICINA transformação de um tecido diferenciado noutro tecido, anormal pela sua localização

metaplasma n.m. 1 HISTOLOGIA conjunto de formações intercelulares que podem ser produzidas pelas células dos organismos 2 para alguns autores, conjunto de formações inertes, intracelulares; paraplasma (De *metaplasmo*)

metaplasmo n.m. GRAMÁTICA nome genérico que se dá a qualquer alteração na estrutura de uma palavra pela adição, supressão ou mudança de sons (Do gr. *metaplasmós*, «transformação», pelo lat. *metaplasmu*-, «id.»)

metaplástico adj. 1 relativo ao metaplasmo 2 em que há metaplasmo (Do gr. *metaplastikós*, pelo lat. *metaplastĭcu*-, «id.»)

metapsicologia n.f. 1 nome dado ao conjunto dos fenómenos psíquicos de aparência sobrenatural; parapsicologia 2 parte da teoria psicanalítica que pretende abranger todo o processo mental (De *meta*-+*psicologia*)

metapsicológico adj. referente ou característico da metapsicologia

metapsíquica n.f. ⇒ **metapsicologia** (De *meta*-+*psíquica*)

metapsíquico adj. referente a ou característico da metapsíquica

metassedimento n.m. GEOLOGIA rocha sedimentar parcialmente metamorfizada (De *meta*-+*sedimento*)

metassíncrise n.f. regeneração de parte ou de todo o corpo (Do gr. *metasýgkrisis*, «id.»)

metassomatismo n.m. GEOLOGIA substituição química de um mineral ou rocha preexistente por outro trazido em solução ou por gases magmáticos; metassomatose (Do gr. *metá*, «mudança» +*sōma*, -*atos*, «corpo» +-*ismo*)

metassomatose n.f. GEOLOGIA ⇒ **metassomatismo** (Do gr. *metá*, «mudança» +*sōma*, -*atos*, «corpo» +-*ose*)

metástase n.f. 1 recurso estilístico em que o orador declina de si para outrem a responsabilidade do que afirma 2 MEDICINA designação de cada um dos focos secundários de uma doença, nomeadamente o cancro, disseminados a partir de um foco principal (Do gr. *metástasis*, «mudança de lugar»)

metastático adj. relativo à metástase (Do gr. *metastatikós*, «mudável»)

metastável adj.2g. diz-se do estado em que a matéria se encontra, acidentalmente, em desacordo com as condições do meio que a rodeia (Do gr. *metá*, «mudança»+lat. *stabĭle*-, «estável»)

metastização n.f. MEDICINA desenvolvimento de metástases (De *metastizar*+-*ção*)

metastizado adj. em que se verifica metastização (Part. pass. de *metastizar*)

metastizar v.intr. MEDICINA criar metástases; desenvolver metástases (De *metástase*+-*izar*)

metastómio n.m. ZOOLOGIA segundo segmento da extremidade anterior dos poliquetas (e de mais alguns animais), situado posteriormente à boca e ao prostómio (Do gr. *metá*, «mudança» +*stóma*, «boca» +-*io*)

metatársico adj. do metatarso ou a ele relativo (Do gr. *metatarso*+-*ico*)

metatarso n.m. ANATOMIA parte do pé compreendida entre o tarso e os dedos (De *meta*-+*tarso*)

metatérios n.m.pl. ZOOLOGIA ordem de mamíferos vivíparos providos, em geral, de uma bolsa ventral ou marsúpio, onde as mães colocam os filhos quando nascem, para aí completarem o seu desenvolvimento; marsupiais; didelfos (Do gr. *metá*, «para além de» +*therion*, «animal», pelo fr. *métathérien*, «metatério», mamífero sem placenta)

metátese n.f. 1 CIRURGIA operação cirúrgica que consiste em mudar de um lugar para outro, onde seja menos nociva, a causa ou sede de uma doença 2 FILOSOFIA transposição dos termos de um raciocínio, de que se deduz uma consequência 3 GRAMÁTICA fenómeno fonético que consiste na transposição de fonemas ou sílabas dentro de uma mesma palavra (Do gr. *metáthesis*, «transposição», pelo lat. *metathēse*-, «metátese»)

metatipia n.f. mudança de tipo na natureza animal ou vegetal (Do gr. *metá*, «mudança» +*týpos*, «tipo» +-*ia*)

metátomo n.m. ARQUITETURA espaço entre dois dentículos de uma cornija (Do gr. *metá*, «depois de» +*tomé*, «corte»)

metatórax /cs/ n.m.2n. ZOOLOGIA anel posterior do tórax dos insetos (De *meta*-+*tórax*)

metaverso n.m. INFORMÁTICA tipo de mundo virtual em que se reproduz a realidade através de dispositivos digitais e em que os utilizadores interagem uns com os outros (De *meta*-+[*uni*]*verso*)

metazoário n.m. ZOOLOGIA animal constituído por mais de uma célula (De *meta*-+-*zoário*, ou do fr. *métazoaire*, «id.»)

metazoico adj. GEOLOGIA (terreno) que se formou depois do aparecimento dos animais (De *meta*-+-*zóico*)

metazóico ver nova grafia **metazoico**

metediço adj. 1 que se mete onde não é chamado; intrometido 2 atrevido (De *meter*+-*diço*)

metedor n.m. aquele que mete (De *meter*+-*dor*)

metempsicose n.f. teoria que admite a transmigração das almas, de um corpo para outro, quer de homens, quer de animais (Do gr. *metempsýkhosis*, «id.», pelo lat. *metempsychōse*-, «id.»)

metencéfalo n.m. ANATOMIA parte posterior do encéfalo, que encerra o cerebelo, e que é também denominada cérebro posterior (De *meta*-+*encéfalo*)

meteórico adj. 1 referente a meteoro 2 dependente do estado atmosférico 3 [fig.] passageiro; fugaz (De *meteoro*+-*ico*)

meteorismo n.m. MEDICINA tumefação do ventre pela acumulação de gases (Do gr. *meteorismós*, «ação de se elevar no ar»)

meteorito n.m. ASTRONOMIA corpo mineral, essencialmente constituído por silicatos, proveniente da fragmentação dos bólides, e que cai sobre a Terra; aerólito (De *meteoro*+-*ito*)

meteorização n.f. 1 ato ou efeito de meteorizar ou meteorizar-se 2 GEOLOGIA conjunto de processos que provocam a desintegração

meteorizar

e a decomposição das rochas e dos minerais, em virtude da ação dos agentes atmosféricos; intemperismo (De *meteorizar*+-*ção*)

meteorizar *v.tr.,pron.* 1 MEDICINA tornar ou tornar-se (o ventre) inchado por efeito de gases nele acumulados 2 GEOLOGIA causar ou sofrer (a rocha) desintegração ou decomposição 3 fazer passar ou passar do estado sólido ao gasoso (De *meteoro*+-*izar*)

meteoro *n.m.* 1 ASTRONOMIA qualquer fenómeno que ocorre na atmosfera: aurora boreal, estrela cadente, vento, chuva, raio 2 ASTRONOMIA pequena partícula de pedra ou ferro que se move em órbitas elípticas em volta do Sol 3 ASTRONOMIA partícula de matéria que, ao descer através da atmosfera terrestre, arde à altura de cerca de cem quilómetros, tornando-se por isso visível durante um curto lapso de tempo 4 [fig.] aparição ou fenómeno deslumbrante mas de curta duração (Do gr. *metéoros*, «elevado no ar»)

meteoro- elemento de formação que exprime a ideia de meteoro, fenómeno atmosférico (Do gr. *metéoros*, «elevado no ar»)

meteorografia *n.f.* descrição dos meteoros (De *meteoro*-+-*grafia*)

meteorográfico *adj.* relativo à meteorografia (De *meteorografia*+-*ico*)

meteorólito *n.m.* ASTRONOMIA meteoro que não é completamente queimado durante a sua passagem através da atmosfera, e que, por isso, atinge a superfície da Terra; aerólito (Do gr. *metéoros*, «elevado no ar» +*líthos*, «pedra»)

meteorologia *n.f.* ciência que estuda separadamente os elementos do tempo e da atmosfera (temperatura, humidade, vento e pressão); ~ **dinâmica** ramo da meteorologia que estuda a mecânica geral e a termodinâmica da atmosfera, considerando em conjunto os estados do tempo e as massas de ar; ~ **sinóptica** ramo da meteorologia que estuda os estados do tempo e prevê a sua evolução (Do gr. *meteorología*, «id.»)

meteorológico *adj.* que se refere à meteorologia (Do gr. *meteorologikós*, «id.»)

meteorologista *n.2g.* 1 profissional ou especialista de meteorologia 2 pessoa que é versada em meteorologia (De *meteorologia*+-*ista*)

meteoromancia *n.f.* suposta adivinhação pela observação dos meteoros (Do gr. *metéoros*, «meteoro» +*manteía*, «adivinhação»)

meteoronomia *n.f.* estudo das leis que presidem à manifestação dos meteoros (Do gr. *metéoros*, «meteoro» +*nómos*, «lei» +-*ia*)

meteoroscópio *n.m.* qualquer instrumento empregado em observações meteorológicas (Do gr. *metéoros*, «meteoro» +*skopeîn*, «examinar» +-*io*)

meter *v.tr.* 1 inserir; pôr dentro; fazer entrar; introduzir 2 incluir 3 [pop.] colocar 4 causar; infundir 5 incitar 6 internar 7 aplicar; investir 8 empregar; admitir (alguém) ao serviço 9 abastecer de ■ *v.tr.,pron.* 1 esconder(-se) 2 envolver(-se) 3 dirigir(-se); encaminhar(-se) 4 interpor(-se) ■ *v.pron.* 1 introduzir-se 2 intrometer-se 3 recolher-se 4 provocar; dirigir provocações a 5 atrever-se a 6 dedicar-se; entregar-se a; ~ **à bulha** provocar polémicas ou discórdias entre; ~ **a ferros** prender; ~ **água** deixar entrar água, mostrar fraqueza, errar; ~ **a mão** vender muito caro, furtar; ~ **dente em** compreender; ~ **na cabeça de** persuadir; ~ **num chinelo** confundir, suplantar; ~ **o nariz** intrometer-se; ~ **os dedos pelos olhos a** negar a alguém o que é evidente; ~ **os pés pelas mãos** perturbar-se, atrapalhar-se; ~ **pena** causar dó; ~ **raiva** causar indignação; ~*-se à cara* provocar, procurar ser visto; ~*-se nas encolhas* retrair-se, não fazer o que deve ou aquilo a que se comprometera (Do lat. *mittĕre*, «mandar»)

metical *n.m.* 1 unidade monetária de Moçambique 2 antiga moeda africana 3 antigo peso de ouro de Ormuz (Do ár. *mithqāl*, «peso de 24 quilates»)

meticulosamente *adv.* 1 de maneira meticulosa; com meticulosidade; cuidadosamente 2 escrupulosamente 3 com minúcia (De *meticuloso*+-*mente*)

meticulosidade *n.f.* 1 qualidade de meticuloso 2 cuidado minucioso; minúcia 3 escrúpulo (De *meticuloso*+-*i*-+-*dade*)

meticuloso /ô/ *adj.* 1 que é minucioso na execução das suas tarefas 2 escrupuloso; consciencioso 3 cauteloso; timorato (Do lat. *meticulōsu-*, «receoso»)

metido *adj.* 1 inserido; introduzido 2 colocado; posto 3 enfiado; entalado 4 intrometido 5 concentrado; absorto; pensativo 6 entretido 7 distraído 8 escondido; oculto 9 recolhido 10 relacionado; familiarizado (Part. pass. de *meter*)

metilénico *adj.* 1 QUÍMICA relativo ao metileno 2 QUÍMICA próprio do metileno (De *metileno*+-*ico*)

metileno *n.m.* QUÍMICA designação dada ao grupo CH_2, de cujo átomo de carbono podem partir duas ligações simples ou uma ligação dupla (De *metilo*+-*eno*, ou do fr. *méthylène*, «id.»)

metílico *adj.* 1 relativo ao metilo 2 QUÍMICA (composto) que tem na sua estrutura o grupo metilo (De *metilo*+-*ico*)

metilo *n.m.* QUÍMICA designação dada ao grupo CH_3, de cujo átomo de carbono pode partir uma ligação simples (Do gr. *méthe*, «vinho fermentado» +*hýle*, «madeira», pelo fr. *méthyle*, «metilo»)

metim *n.m.* tecido usado em forros de vestuário (Do ing. *dimity*, «tecido de algodão»)

metódica *n.f.* arte do procedimento metódico

metodicamente *adv.* 1 de modo metódico 2 com método 3 ordenadamente (De *metódico*+-*mente*)

metódico *adj.* 1 que tem método 2 ordenado 3 regular 4 comedido 5 pontual (Do gr. *methodikós*, «id.», pelo lat. *methodĭcu-*, «id.»)

metodismo *n.m.* RELIGIÃO doutrina religiosa do século XVIII, que originou a seita protestante metodista, caracterizada pela grande importância do papel religioso dos leigos e das mulheres (Do ing. *methodism*, «id.», pelo fr. *méthodisme*, «id.»)

metodista *adj.2g.* 1 RELIGIÃO relativo ou pertencente ao metodismo 2 que segue um método ■ *n.2g.* 1 RELIGIÃO membro do metodismo 2 pessoa que segue estritamente um método (Do ing. *methodist*, «id.», pelo fr. *méthodiste*, «id.»)

metodização *n.f.* ato ou efeito de metodizar; sistematização (De *metodizar*+-*ção*)

metodizar *v.tr.* 1 dispor com método 2 regularizar 3 sistematizar (De *método*+-*izar*)

método *n.m.* 1 programa que antecipadamente regulará uma sequência de operações a executar, com vista a atingir certo resultado 2 maneira ordenada de fazer as coisas; ordem 3 estratégia; modo de proceder; esforço para atingir um fim 4 processo técnico de cálculo ou de experimentação 5 sistema educativo ou conjunto de processos didáticos 6 obra que contém os princípios elementares de uma ciência ou arte 7 prudência; circunspeção (Do gr. *méthodos*, «id.», pelo lat. *methŏdu-*, «id.»)

metodologia *n.f.* 1 conjunto de regras ou princípios empregados no ensino de uma ciência ou arte 2 parte da lógica que estuda os métodos das diversas ciências 3 arte de dirigir o espírito na investigação da verdade (De *método*+-*logia*, ou do fr. *méthodologie*, «id.»)

metodológico *adj.* relativo ou pertencente à metodologia (De *metodologia*+-*ico*)

metodologista *n.2g.* ⇒ **metodólogo** (De *metodologia*+-*ista*)

metodólogo *n.m.* 1 especialista em metodologia 2 professor de metodologia 3 professor encarregado de dirigir e orientar alunos-mestres ou estagiários (De *método*+-*logo*)

metomania *n.f.* mania das bebidas espirituosas e fermentadas (Do gr. *méthe*, «bebida fermentada» +*manía*, «mania»)

metomaníaco *adj.* 1 relativo à metomania 2 que tem metomania ■ *n.m.* aquele que tem metomania (Do gr. *méthe*, «bebida fermentada»+port. *maníaco*)

metonímia *n.f.* recurso expressivo que consiste no emprego de uma palavra em vez de outra devido a uma relação de contiguidade existente entre elas, que se exprime nas relações da causa pelo efeito, do todo pela parte, do continente pelo conteúdo, etc., e vice-versa (ex.: *beber um copo* - conteúdo do copo) (Do gr. *metonymía*, «mudança de nome», pelo lat. *metonymĭa*, «id.»)

metonímico *adj.* em que há metonímia (Do gr. *metonymikós*, «id.», pelo lat. *metonymĭcu-*, «id.»)

metonomásia *n.f.* substituição de um nome próprio por outro por meio de tradução, geralmente latina, como *Carvalho* por *Quercus* (Do gr. *metonomasía*, «mudança de nome»)

métopa *n.f.* ARQUITETURA nos entablamentos da ordem dórica, intervalo quadrado entre os tríglifos do friso (Do gr. *metopé*, «id.», pelo lat. *metŏpa-*, «id.»)

metoposcopia *n.f.* arte de adivinhar, pelos traços fisionómicos, o que sucede a alguém (Do gr. *métopon*, «fonte» +*skopeîn*, «examinar» +-*ia*)

metopóscopo *n.m.* aquele que exerce a metoposcopia (Do gr. *métopon*, «fonte» +*skopeîn*, «examinar», pelo lat. *metoposcŏpos*, «fisionomista»)

metragem *n.f.* 1 medição em metros 2 número de metros 3 CINEMA comprimento de um filme proporcional à sua duração (De *metro*+-*agem*)

metralgia *n.f.* MEDICINA dor do útero; uteralgia (Do gr. *métra*, «útero» +*álgos*, «dor» +-*ia*)

metrálgico *adj.* relativo à metralgia (De *metralgia*+-*ico*)

metralha *n.f.* 1 pedaços de ferro com que antigamente se carregavam os canhões 2 conjunto de projéteis (balas e granadas) que caem sobre um objetivo; balas **3** [fig.] grande quantidade de qualquer coisa **4** [fig.] conjunto de argumentos ou de recursos a empregar numa discussão ou num lance; meios (Do fr. *mitraille*, «id.»)

metralhada *n.f.* descarga de várias armas carregadas de metralha (Do fr. *mitraillade*, «id.»)

metralhador *adj.,n.m.* que ou aquele que metralha (De *metralhar+-dor*)

metralhadora /ô/ *n.f.* arma de fogo automática que pode fazer tiro terrestre ou antiaéreo (De *metralhar+-dora*)

metralhar *v.tr.* **1** disparar metralha ou a metralhadora contra **2** ferir ou matar com metralha (De *metralha+-ar*, ou do fr. *mitrailler*, «id.»)

-metria sufixo nominal, de origem grega, que exprime a ideia de *medição, medida* (*calorimetria, volumetria*)

métrica *n.f.* **1** arte de medir versos **2** estrutura de um verso com respeito à medida **3** sistema de versificação próprio de um poeta (Do gr. *metriké [tekhné]*, «id.»)

metricamente *adv.* por meio de medida (De *métrico+-mente*)

métrico *adj.* **1** relativo ao metro ou às medidas **2** relativo à metrificação **3** posto em verso; *Palito Métrico* livro célebre, relativo à praxe académica de Coimbra; *sistema ~* conjunto de medidas que têm por base o metro (Do gr. *metrikós*, «id.», pelo lat. *metrĭcu-*, «id.»)

metrificação *n.f.* **1** ato ou efeito de metrificar; versificação **2** métrica (De *metrificar+-ção*)

metrificador *adj.,n.m.* que ou aquele que metrifica; versejador (De *metrificar+-dor*)

metrificar *v.tr.* pôr em verso ▪ *v.intr.* versejar (Do gr. *métron*, «medida de um verso» +*facĕre*, «fazer»)

metrite *n.f.* MEDICINA inflamação do útero; uterite (Do gr. *métra*, «útero» +-*ite*)

metro¹ *n.m.* **1** unidade de medida de comprimento do Sistema Internacional, de símbolo m, que equivale ao comprimento do trajeto percorrido pela luz no vazio, durante um intervalo de tempo de 1/299 792 458 do segundo **2** [ant.] unidade de valor aproximadamente igual à décima milionésima parte do comprimento de um quarto de um meridiano terrestre (primeira definição de metro) **3** objeto de madeira, metal ou fita, que representa essa medida **4** conjunto e disposição de sílabas que formam um verso **5** medida do verso; ritmo; *~ cúbico* GEOMETRIA unidade de medida de volume equivalente ao volume de um cubo com aresta de 1 metro; *~ padrão* barra de platina iridiada depositada no Instituto Internacional de Pesos e Medidas (BIPM), na cidade francesa de Sèvres, e que constitui o primeiro protótipo internacional do metro (1889); *~ quadrado* GEOMETRIA unidade de superfície equivalente à superfície de um quadrado com 1 metro de lado (Do gr. *métron*, «medida», pelo lat. *metru-*, «medida dum verso»)

metro² *n.m.* forma reduzida de *metropolitano*; *~ de superfície* metropolitano que circula num percurso não subterrâneo ou parcialmente subterrâneo

metr(o)-¹ elemento de formação de palavras que exprime a ideia de *medida* ou *metro* (Do gr. *métron*, «medida»)

metr(o)-² elemento de formação de palavras que exprime a ideia de *útero* (Do gr. *métra*, «útero»)

-metro sufixo nominal, de origem grega, que exprime a ideia de *medida* ou de *metro* (*marémetro, hectómetro*)

metrocele *n.f.* MEDICINA hérnia formada pelo útero (Do gr. *métra*, «útero» +*kéle*, «tumor»)

metrografia¹ *n.f.* descrição ou enumeração dos pesos e das medidas (Do gr. *métron*, «medida» +*gráphein*, «descrever» +-*ia*)

metrografia² *n.f.* descrição do útero (Do gr. *métra*, «útero» +*gráphein*, «descrever» +-*ia*)

metrógrafo¹ *n.m.* aquele que se ocupa de pesos e medidas (Do gr. *métron*, «medida» +*gráphein*, «descrever»)

metrógrafo² *n.m.* especialista de enfermidades do útero (Do gr. *métra*, «útero» +*gráphein*, «descrever»)

metrologia *n.f.* ciência que trata da medição das grandezas físicas, dos sistemas de unidades, dos instrumentos de medida e dos métodos e técnicas operatórias (Do gr. *métron*, «medida» +*lógos*, «estudo» +-*ia*)

metrológico *adj.* relativo à metrologia (De *metrologia+-ico*)

metrologista *n.2g.* pessoa versada em metrologia (De *metrologia+-ista*)

metromania¹ *n.f.* **1** mania de versejar **2** mania de medir a metro (Do gr. *métron*, «medida de um verso» +*manía*, «mania»)

metromania² *n.f.* PATOLOGIA ⇒ **ninfomania** (Do gr. *métra*, «útero» +*manía*, «loucura»)

metromaníaco¹ *adj.* **1** relativo a metromania (mania de versejar) **2** que tem metromania ▪ *n.m.* aquele que revela metromania (De *metro-*, «medida, metro» +*maníaco*)

metromaníaco² *adj.* PATOLOGIA ⇒ **ninfomaníaco** (De *metro-*, «útero» +*maníaco*)

metrómano *adj.* PATOLOGIA ⇒ **ninfomaníaco** (De *metro-+-mano*)

metrómetro *n.m.* ⇒ **metrónomo** (Do gr. *métron*, «medida» +*métron*, «medida»)

metronómico *adj.* referente ao metrónomo (De *metrónomo+-ico*)

metrónomo *n.m.* **1** aparelho utilizado para marcação de pequenos períodos sucessivos e iguais **2** marcador do compasso, nos diversos andamentos musicais (Do gr. *métron*, «medida» +*nómos*, «lei»)

metropatia *n.f.* MEDICINA doença do útero; uteropatia; histeropatia (Do gr. *métra*, «útero» +*páthos*, «sofrimento» +-*ia*)

metrópole *n.f.* **1** cidade principal de um país, de um Estado ou de uma província; capital **2** cidade importante ou com grande atividade comercial; empório comercial **3** nação, relativamente às suas colónias ou províncias ultramarinas **4** centro importante de civilização **5** capital de arquidiocese (Do gr. *metrópolis*, «cidade mãe», pelo lat. *metropŏle*, «id.»)

metropolita *n.m.* **1** RELIGIÃO prelado metropolitano **2** RELIGIÃO arcebispo que tem certas prerrogativas sobre os bispos da sua província eclesiástica (Do gr. *metropolités*, «id.», pelo lat. *metropolīta-*, «id.»)

metropolitano¹ *adj.* da metrópole ou a ela relativo ▪ *n.m.* prelado de metrópole em relação aos prelados seus sufragâneos (Do lat. *metropolitānu-*, «id.»)

metropolitano² *n.m.* sistema de transporte urbano de circulação rápida, composto por carruagens movidas a eletricidade que circulam num percurso total ou parcialmente subterrâneo (Do b. lat. *metropolitānu-*, «id.», pelo fr. *métropolitain*, «id.»)

metropolítico *adj.* relativo a metropolita (De *metropolita+-ico*)

metrorragia *n.f.* MEDICINA hemorragia uterina; uterorragia (De *metro-+-ragia*)

metrorrágico *adj.* relativo à metrorragia (De *metrorragia+-ico*)

metrorreia¹ *n.f.* MEDICINA corrimento proveniente do útero (Do grego *métra*, «útero» +*rheín*, «correr»)

metrorreia² *n.f.* [depr.] fecundidade em fazer versos (Do grego *métron*, «medida» +*rheín*, «correr»)

metrossexual *adj.2g.* relativo a metrossexualidade ▪ *n.m.* indivíduo jovem, moderno e com elevado poder de compra, que habita um meio urbano, excessivamente preocupado com a aparência e o seu estilo de vida (Do ing. *metrosexual*, de *metro(politan)*, «urbano, citadino» +*sexual*, «id.»)

metrossexualidade *n.f.* condição de metrossexual (De *metrossexual* + -*i*- + -*dade*)

metrotomia *n.f.* **1** ablação do útero **2** operação cesariana (De *métra*, «útero» +*tomé*, «corte» +-*ia*)

metuendo *adj.* [poét.] que mete medo; terrível; medonho (Do lat. *metuendu-*, «temível», ger. de *metuĕre*, «temer; recear»)

meu *det.,pron.poss.* (feminino **minha**) **1** refere-se à primeira pessoa do singular e indica, geralmente, posse ou pertença (*o meu carro*) **2** [coloq.] usa-se como forma de interpelação (*anda cá, meu*) (Do lat. *meu-*, «id.»)

mexão *n.m.* [regionalismo] grande colher de pau para mexer papas (De *mexer+-ão*)

mexedela *n.f.* ato de mexer ou de mexer-se (De *mexer+-dela*)

mexediço *adj.* **1** que se mexe muito; irrequieto **2** movediço (De *mexer+-diço*)

mexedor *adj.* **1** que mexe **2** [fig.] intriguista ▪ *n.m.* **1** aquilo ou aquele que mexe **2** instrumento de mexer **3** [fig.] intriguista (De *mexer+-dor*)

mexedura *n.f.* **1** ato ou efeito de mexer **2** [fig.] confusão **3** [fig.] mistura (De *mexer+-dura*)

mexelhão *adj.,n.m.* **1** que ou aquele que mexe ou se mexe muito **2** travesso **3** metediço (De *mexelhar+-ão*)

mexelhar *v.intr.* **1** ser mexelhão **2** mexer em tudo ▪ *v.tr.* remexer em; mexerucar (De *mexer+-alhar*)

mexelote *n.m.* instrumento típico da ilha da Madeira, usado para misturar os ingredientes na preparação de bebidas alcoólicas, como a poncha; caralhinho (De *mexer+-ote*)

mexer *v.tr.* **1** imprimir movimento a; agitar; mover **2** deslocar da posição ocupada **3** pôr a mão em; tocar em **4** revolver; misturar **5** vascolejar **6** alterar; modificar **7** afetar **8** lidar com ▪ *v.intr.,pron.* mover-se; agitar-se ▪ *v.pron.* **1** sair do lugar; deslocar-se **2** apressar-se **3** esforçar-se; *~ os pauzinhos/cordelinhos* fazer as diligências

mexericada *n.f.* grande quantidade de mexericos; intrigalhada (De *mexerico*+*-ada*, ou part. pass. fem. subst. de *mexericar*)

necessárias para obter o que se deseja, mover influências, intrigar; *pôr-se a ~* [coloq.] sair apressadamente (Do lat. *miscēre*, «misturar»)

mexericar *v.tr.* contar em segredo (alguma coisa), com o fim de comprometer alguém ■ *v.intr.* 1 falar sobre a vida alheia, geralmente com malícia; bisbilhotar; coscuvilhar 2 fazer mexericos; armar enredos; intrigar (De *mexer*+*-icar*)

mexerico *n.m.* 1 ato ou efeito de mexericar ou de falar sobre a vida alheia, geralmente tecendo intrigas 2 aquilo de que se fala ou que se presume sobre a vida alheia; bisbilhotice 3 enredo; intriga 4 rumor; boato (Deriv. regr. de *mexericar*)

mexeriqueiro *adj.* 1 que dedica grande parte do seu tempo a falar sobre a vida alheia, geralmente com malícia; coscuvilheiro; bisbilhoteiro 2 que cria rumores ou boatos geralmente baseados em presunções maliciosas sobre a vida alheia; intriguista ■ *n.m.* 1 bisbilhoteiro 2 indivíduo intriguista (De *mexerico*+*-eiro*)

mexeriquice *n.f.* 1 ato de fazer mexericos 2 má-língua; bisbilhotice (De *mexerico*+*-ice*)

mexerucar *v.tr.* mexer muito e amiúde em (De *mexer*+*-ucar*)

mexerufada *n.f.* 1 comida para porcos 2 [pop.] mistela (De orig. obsc.)

mexicana *n.f.* moeda de prata do México, que teve curso em Macau e Timor sob o nome de pataca mexicana (De *mexicano*)

mexicano *adj.* relativo ou pertencente ao México ■ *n.m.* natural ou habitante do México (De *México*, top. +*-ano*)

mexida *n.f.* 1 ato de mexer ou de mexer-se 2 confusão; desordem; rebuliço 3 alteração 4 reestruturação; remodelação 5 *pl.* intrigas; mexericos (Part. pass. fem. subst. de *mexer*)

mexido *adj.* 1 que se mexeu 2 revolvido 3 agitado 4 que é muito movimentado 5 (indivíduo) dinâmico; enérgico; ativo ■ *n.m.pl.* 1 intrigas; mexericos 2 CULINÁRIA doce típico do Natal preparado com pão, ovos, mel, manteiga, nozes, pinhões, uvas passas, etc.; formigos (Part. pass. de *mexer*)

mexilhão *n.m.* ZOOLOGIA molusco lamelibrânquio, comestível, da família dos Mitilídeos, muito comum nas costas marítimas portuguesas; *~ do rio* molusco lamelibrânquio, comestível, da família dos Unionídeos, frequente nos rios portugueses (Do lat. vulg. **muscelliōne-*, de **muscellu-*, dim. de *muscŭlu-*, «mexilhão»)

mexilhoeira *n.f.* sítio onde se criam muitos mexilhões (De *mexilhão*+*-eira*)

mexoalho *n.m.* caranguejos em putrefação para o adubo das terras; patelo (De orig. obsc.)

mexoeira¹ *n.f.* [Moçambique] BOTÂNICA variedade de cereal (*Pennisetum glaucum*) de grão pequeno, semelhante a milho miúdo, cuja farinha é muito utilizada na alimentação do homem e dos animais domésticos

mexoeira² *n.f.* [pop.] ameixoeira (De *ameixoeira*)

mexonada *n.f.* 1 movimento desordenado 2 mexida (De *mexer*?)

mezanino *n.m.* 1 andar pouco elevado, entre dois andares altos 2 janela desse andar 3 janela de porão de edifício (Do it. *mezzanino*)

mezena *n.f.* 1 NÁUTICA mastro mais próximo da ré, nas embarcações de três mastros 2 NÁUTICA vela latina, quadrangular, usada nesse mastro (Do it. *mezzana*, «a vela do mastro do meio»)

mezereão *n.m.* BOTÂNICA planta da família das Timeleáceas, de flores e pétalas perfumadas, e frutos drupáceos

mezinha *n.f.* 1 líquido para clister 2 [pop.] remédio caseiro (Do lat. *medicīna-*, «remédio»)

mezinhar *v.tr.* 1 aplicar mezinhas a 2 [coloq.] medicar (De *mezinha*+*-ar*)

mezinheiro *n.m.* 1 homem que tem o hábito de andar sempre a tomar ou a receitar mezinhas 2 curandeiro 3 bajulador 4 lamechas (De *mezinha*+*-eiro*)

mezinhice *n.f.* 1 remédio ou prática de mezinheiro 2 remédio caseiro 3 lisonja 4 carinho interesseiro (De *mezinha*+*-ice*)

mezungo *n.m.* [Moçambique] indivíduo branco (Do nianja *mzungo*, «id.»)

mezzo soprano *n.m./f.* MÚSICA ⇒ **meio-soprano** (Do it. *mezzo soprano*)

mho *n.m.* FÍSICA antigo nome da unidade de condutância elétrica, recíproca de ohm; siemens

mi¹ *n.m.* 1 MÚSICA terceira nota da escala musical natural 2 MÚSICA sinal representativo dessa nota 3 MÚSICA corda que reproduz o som correspondente a essa nota (Do lat. *mi[ra]*, pal. extraída de um hino religioso)

mi² *pron.pess.* 1 [arc.] meu 2 [arc.] mim (Do lat. *mihi*, «a mim»)

mi³ *n.m.* nome da décima segunda letra grega (μ, Μ), correspondente a **m** (Do gr. *my*, «mi»)

miada *n.f.* 1 ato de miar 2 o miar de muitos gatos (Part. pass. fem. subst. de *miar*)

miadela *n.f.* 1 ato de miar 2 mio que o gato dá de uma vez (De *miar*+*-dela*)

miado *n.m.* ⇒ **miadela** (Part. pass. de *miar*)

miador *adj.,n.m.* que ou o gato que mia muito (De *miar*+*-dor*)

miadura *n.f.* 1 miadas repetidas 2 ⇒ **miadela** (De *miar*+*-dura*)

mialgia *n.f.* MEDICINA dor nos músculos; miosalgia (Do gr. *mýs, myós*, «músculo» +*álgos*, «dor» +*-ia*)

mialhar *n.m.* 1 NÁUTICA fio de amarras velhas que se desfazem para fazer vassouras ou lambazes que servem para enxugar qualquer superfície molhada do navio 2 cordel (De orig. obsc.)

miar *v.intr.* 1 (gato) dar mios ou miados 2 [pop.] gemer; gritar (De *mio*+*-ar*)

miasma *n.m.* 1 emanação considerada outrora, erradamente, como causadora de doenças e proveniente de detritos orgânicos em decomposição ou de doenças contagiosas, e cuja ação se pode identificar, atualmente, com a dos micróbios 2 [fig.] má influência 3 [fig.] corrupção (Do gr. *míasma, -atos*, «exalação impura»)

miasmar-se *v.pron.* encher-se de miasmas (De *miasma*+*-ar*)

miasmático *adj.* 1 que exala ou em que há miasmas 2 pestilento (Do gr. *míasma, -atos*, «exalação impura» +*-ico*)

miastenia *n.f.* MEDICINA fraqueza muscular; *~ grave* MEDICINA doença neuromuscular crónica, de causa autoimune, que se caracteriza por uma perturbação da transmissão neuromuscular e se traduz por fadiga extrema e por fraqueza muscular (De *mýs, myós*, «músculo» +*astheneía*, «falta de vigor»)

miau¹ *n.m.* 1 mio do gato; miado 2 [infant.] gato (De orig. onom.)

miau² *n.m.* pagode chinês (Do chin. *miao*, «id.»)

mica *n.f.* 1 MINERALOGIA nome extensivo a vários minerais, filossilicatos de composição complexa (aluminossilicatos hidratados ou fluoretados de vários metais), monoclínicos, com clivagem muito fácil 2 pedaço pequeno; migalha 3 ⇒ **bolsa-catálogo**; *~ branca* ⇒ **moscovite**; *~ nacarada* ⇒ **margarite**; *~ preta* biotite; mica ferromagnesiana, também conhecida por biotite (Do lat. *mīca-*, «bocadinho»)

micáceo *adj.* 1 que contém mica 2 que é da natureza da mica ou semelhante (De *mica*+*-áceo*)

micado *n.m.* 1 título do imperador do Japão, como suprema autoridade religiosa 2 jogo de origem japonesa em que se lança um conjunto de pauzinhos sobre uma superfície, procurando retirar um a um, sem fazer mexer os outros (Do jap. *mikado*, «soberano»)

micaelense *adj.2g.* referente à ilha portuguesa de S. Miguel, do arquipélago dos Açores ■ *n.2g.* natural ou habitante de S. Miguel (Do lat. *Michaēle-*, antr., «Miguel» +*-ense*)

micaia *n.f.* [Moçambique] BOTÂNICA árvore da família das Leguminosas, de grande porte, com folhagem miúda e rara (Do ronga *m'kaia*, «id.»)

micante *adj.2g.* luzente como mica; brilhante (Do lat. *micante-*, «brilhante», part. pres. de *micāre*, «brilhar»)

micar *v.tr.* [coloq.] olhar fixamente; olhar com interesse para

micaxisto *n.m.* PETROLOGIA rocha metamórfica, um xisto constituído essencialmente por mica e quartzo (De *mica*+*xisto*)

micção *n.f.* ato ou efeito de mictar ou urinar (Do lat. *mictiōne-*, «ação de urinar»)

micela *n.f.* QUÍMICA agregado de moléculas em suspensão no seio de um coloide (Do lat. **micella-*, dim. de *mica-*, «migalha»)

micélio *n.m.* BOTÂNICA conjunto dos filamentos (hifas) que constituem a parte vegetativa dos fungos (Do gr. *mýkes*, «fungo», pelo lat. cient. *mycelīu-*, «talo de fungo»)

micetófago *adj.* que se alimenta de fungos (Do gr. *mýkes, -etos*, «fungo» +*phageīn*, «comer»)

micetografia *n.f.* descrição de fungos (Do gr. *mýkes, -etos*, «fungo» +*gráphein*, «descrever» +*-ia*)

micetologia *n.f.* 1 ciência que estuda os fungos 2 tratado acerca dos fungos (Do gr. *mýkes, -etos*, «fungo» +*lógos*, «tratado» +*-ia*)

micetozoários *n.m.pl.* ZOOLOGIA grupo de protozoários que, na fase plasmodial, se associam em massas gelatinosas (mixamebas) que se desenvolvem, em regra, sobre substâncias vegetais em decomposição 2 para alguns autores, talófitas sem clorofila, também designadas mixófitas e mixomicetes (Do gr. *mýkes, -etos*, «cogumelo; fungo» +*zoárion*, «animalzinho»)

micha *n.f.* fatia de pão fabricado com farinhas diversas (Do lat. *mica-*, «pedaço pequeno; migalha», pelo fr. *miche*, «pão redondo e grosseiro»)

michela *n.f.* [pop.] prostituta; meretriz (Do fr. *Michelle*, antr.)

michelo n.m. NÁUTICA pequeno cabo que, para segurança, liga o ferro do navio ao cabo de alar (De micha+-elo)
micho n.m. 1 ⇒ **micha 2** [ant., pej.] tipo; sujeito (Do fr. miche, «id.»)
mico n.m. 1 ZOOLOGIA o mais pequeno de todos os macacos, da família dos Hapalídeos, oriundo do Brasil, também conhecido por saguim-pequeno-do-maranhão **2** [pop.] pessoa de aspeto grotesco **3** [regionalismo] demónio (Do caraíba meku ou miko, «id.», pelo cast. mico, «id.»)
mico- elemento de formação que exprime a ideia de fungo, cogumelo (Do gr. mýkes, -etos, «fungo»)
micocó n.m. [São Tomé e Príncipe] BOTÂNICA arbusto da família das Labiadas, bienal ou vivaz, cujas folhas aromáticas, bem como a inflorescência têm larga aplicação nos cozinhados e na medicina regionais e cujas raízes são consideradas afrodisíacas (Do forro micocó, «id.»)
micoderma n.m. BOTÂNICA antiga designação de um grupo de plantas que eram erradamente consideradas fungos, mas que atualmente se sabe serem bactérias (Do gr. mýkes, «fungo» +dérma, «pele»)
micogenia n.f. produção de cogumelos (Do gr. mýkes, «fungo» +génos, «geração» +-ia)
micogénico adj. **1** relativo à micogenia **2** que produz cogumelos (De micogenia+-ico)
micologia n.f. ⇒ **micetologia** (De mico-+-logia)
micologista n.2g. ⇒ **micólogo** (De micologia+-ista)
micólogo n.m. especialista em micologia (De mico-+-logo)
micondó n.m. [São Tomé e Príncipe] BOTÂNICA embondeiro (Do forro micondó, «id.»)
micorrizas n.f.pl. BOTÂNICA ⇒ **micorrizos**
micorrizos n.m.pl. BOTÂNICA fungos que se associam, em simbiose, com gimnospérmicas, e que, penetrando parcialmente nas raízes de certas plantas, realizam a absorção (Do gr. mýkes, «fungo» +rhíza, «raiz»)
micose n.f. MEDICINA qualquer doença provocada por fungos (Do gr. mýkes, «fungo» +-ose)
micoterapia n.f. MEDICINA tratamento pela levedura de cerveja, empregado na furunculose
micra n.f. **1** pequeníssima quantidade **2** micro (Do gr. mikrós, «pequeno»)
micracústico adj. que serve para aumentar a intensidade do som (Do gr. mikrós, «pequeno» +akoustikós, «acústico»)
micro[1] n.m. FÍSICA ⇒ **mícron** (Do gr. mikrós, «pequeno»)
micro[2] n.m. forma reduzida de microfone
micro[3] n.f. forma reduzida de microrradiografia
micr(o)- **1** elemento de formação de palavras que exprime a ideia de pequenez **2** prefixo do Sistema Internacional de Unidades, de símbolo μ, que exprime a ideia de um milhão de vezes menor, milionésima parte e que equivale a dividir por um milhão ($\times 10^{-6}$) a unidade por ele afetada (Do gr. mikrós, «pequeno»)
microalga n.f. BOTÂNICA alga de dimensões microscópicas (De micro-+alga)
microampere n.m. ELETRICIDADE unidade de medida de intensidade de corrente elétrica equivalente a um milionésimo do ampere (De micro-+ampere)
microbalança n.f. balança capaz de determinar massas da ordem do micrograma (De micro-+balança)
microbar n.m. FÍSICA unidade de medida de pressão que equivale a 1 milionésimo do bar (De micro-+bar)
microbial adj.2g. **1** relativo a micróbio(s) **2** provocado por micróbio(s) (De micróbio+-al)
microbiano adj. ⇒ **microbial** (De micróbio+-ano)
microbicida adj.2g. que destrói os micróbios; germicida ▪ n.m. substância que destrói os micróbios (De micróbio+-cida)
micróbio n.m. **1** BIOLOGIA ser vivo, animal ou vegetal, de dimensões tão pequenas que só pode ser visto com o auxílio do microscópio **2** microrganismo suscetível de provocar uma doença **3** [fig.] origem; causa **4** [fig., pej.] aquilo que corrompe **5** [fig., pej.] indivíduo considerado desprezível e insignificante (Do gr. mikróbios, «micróbio; de vida curta»)
microbiologia n.f. **1** estudo dos organismos microscópicos **2** ciência que estuda os micróbios (Do gr. mikróbios, «micróbio» +lógos, «estudo» +-ia)
microbiológico adj. relativo à microbiologia (De microbiologia+-ico)
microbiologista n.2g. ⇒ **microbiólogo** (De microbiologia+-ista)
microbiólogo n.m. especialista em microbiologia (Do gr. mikróbios, «micróbio» +lógos, «estudo»)
microbismo n.m. presença, no organismo, de micróbios não patogénicos (De micróbio+-ismo)

microcarpo adj. BOTÂNICA que produz frutos muito pequenos (De micro-+-carpo)
microcaulia n.f. MEDICINA pequenez exagerada e congénita do pénis (Do gr. mikrós, «pequeno»+lat. caule-, «membro viril» +-ia)
microcefalia n.f. **1** MEDICINA qualidade de microcéfalo **2** idiotismo (De microcéfalo+-ia)
microcéfalo adj.,n.m. **1** MEDICINA que ou aquele que tem a cabeça excessivamente pequena **2** idiota (Do gr. mikroképhalos, «id.»)
microcentro n.m. CITOLOGIA ⇒ **centríolo** (De micro-+centro)
microchip n.m. INFORMÁTICA ⇒ **chip** (Do ing. microchip)
microcinematografia n.f. cinematografia de motivos microscópicos (De micro-+cinematografia)
microcircuito n.m. ELETRICIDADE circuito integrado (De micr(o)-+circuito)
microcirurgia n.f. CIRURGIA cirurgia que se pratica com o auxílio de um microscópio eletrónico que permite ampliação muito maior que a do microscópio vulgar (De micro-+cirurgia)
microcirurgião n.m. especialista em microcirurgia (De micro-+cirurgia+-ão)
microclima n.m. **1** METEOROLOGIA variação particular de clima numa região climatérica **2** clima ecológico particular a cada indivíduo (De micro-+clima)
microclina n.f. MINERALOGIA mineral da família dos feldspatos, com a mesma composição da ortóclase (silicato de alumínio e potássio), que cristaliza no sistema triclínico (Do gr. mikrós, «pequeno» +klínein, «inclinar»)
micrococo n.m. BIOLOGIA microrganismo com forma arredondada, gram-positivo e raramente patogénico
microcomputador n.m. INFORMÁTICA computador de pequenas dimensões, cujo órgão central é um microprocessador (De micro-+computador, ou do ing. microcomputer, «id.»)
microconsumidor adj.,n.m. BIOLOGIA que ou ser vivo que é capaz de transformar matéria orgânica em inorgânica
microcontrolador n.m. ELETRÓNICA circuito eletrónico que, além das funções que normalmente existem num microprocessador, tem também outras funções e periféricos (por exemplo, memória e funções de entrada e saída)
microcópia n.f. **1** cópia microfotográfica **2** cópia obtida por microfotografia (De micro-+cópia)
microcopiar v.tr. fazer microcópia de
microcósmico adj. relativo ao microcosmo (De microcosmo+-ico)
microcosmo n.m. **1** pequeno mundo **2** mundo em miniatura **3** FILOSOFIA o homem, considerado como uma imagem reduzida do macrocosmo, isto é, do Universo **4** pequena sociedade **5** versão reduzida de algo maior **6** conjunto que constitui uma unidade orgânica (Do gr. mikrókosmos, «id.», pelo lat. microcosmos, «id.»)
microcosmologia n.f. estudo descritivo do corpo humano (Do gr. mikrókosmos, «microcosmo» +lógos, «tratado» +-ia)
microcristalino adj. MINERALOGIA, PETROLOGIA (estrutura, rocha) que é constituído por cristais microscópicos (De micro-+cristalino)
microcronómetro n.m. aparelho que serve para medir períodos muito pequenos (De micro-+cronómetro)
microdáctilo adj. ZOOLOGIA que tem os dedos muito curtos (Do gr. mikrós, «pequeno» +dáktylos, «dedo»)
microdensitometria n.f. medição da absorção de radiação por pequenas áreas de um corpo (De micro-+densitometria)
microdiorito n.m. PETROLOGIA rocha diorítica com textura microcristalina (De micro-+diorito)
microdissecação n.f. dissecação de objetos microscópicos, realizada com aparelho especial (De micro-+dissecação)
microdonte adj.2g. ZOOLOGIA que tem dentes notavelmente pequenos (Do gr. mikrós, «pequeno» +odoús, odóntos, «dente»)
microdontismo n.m. MEDICINA estado de microdonte; nanismo dentário (De microdonte+-ismo)
microeconomia n.f. ECONOMIA ciência que estuda as características e comportamento dos indivíduos (produtores e consumidores) a nível económico, bem com os diversos tipos de mercados (De micro-+economia)
microeconómico adj. pertencente ou relativo a microeconomia; que diz respeito aos comportamento das entidades individuais que compõem a economia
microelectrónica ver nova grafia microeletrónica
microelemento n.m. BIOLOGIA ⇒ **micronutriente**
microeletrónica n.f. conjunto de técnicas de construção de circuitos eletrónicos miniaturizados (De micro-+electrónica)

microempresa n.f. ECONOMIA pequena empresa com um número reduzido de trabalhadores e com um rendimento que não pode exceder o que está estabelecido por estatuto (De *micro-*+*empresa*)

microengenharia n.f. engenharia mecânica que tem por objetivo o fabrico de mecanismos de dimensões muito reduzidas (De *micro-*+*engenharia*)

microengenheiro n.m. engenheiro mecânico especializado em microengenharia (De *micro-*+*engenheiro*)

microestado n.m. estado ou país de dimensões geográficas muito reduzidas (Andorra, Vaticano, San Marino, etc.) (De *micro-*+*estado*)

microestrutura n.f. estrutura pormenorizada de um sólido estudado por processos micrográficos

microfarad n.m. ELETRICIDADE unidade de capacidade elétrica igual a um milionésimo do farad (De *micro-*+*farad*)

microfibra n.f. fibra têxtil sintética muitíssimo fina e macia, utilizada na confeção de vestuário (De *micro-*+*fibra*)

microficha n.f. ficha de tamanho normalizado (105 x 148 mm) com espaço para um número considerável de microfotografias (De *micro-*+*ficha*)

microfilia n.f. BOTÂNICA qualidade de microfilo; pequenez das folhas de uma planta (De *microfilo*+*-ia*)

microfilmagem n.f. 1 ato ou efeito de microfilmar 2 processo de reprodução (de livros, documentos, etc.) em formato muito reduzido (microfilme) (De *microfilmar*+*-agem*)

microfilmar v.tr. converter (livro, documento, etc.) em microfilme (De *microfilme*+*-ar*)

microfilme n.m. filme em que estão fotografadas, em dimensões muito reduzidas, as páginas sucessivas de livros, documentos, etc., que é usado em bibliotecas e arquivos modernos, e cuja projeção evita o manuseamento incómodo ou inconveniente dos originais (De *micro-*+*filme*)

microfilo adj. BOTÂNICA (planta) que tem folhas pequenas (Do gr. *mikróphyllos*, «de folhas pequenas»)

microfísica n.f. ciência da natureza do infinitamente pequeno, que estuda as propriedades e as interações dos menores constituintes, eletrões, protões, neutrões, etc., e cujas partes principais são a física atómica e a física nuclear (De *micro-*+*física*)

micrófito n.m. 1 BOTÂNICA vegetal microscópico, unicelular 2 bactéria (Do gr. *mikrós*, «pequeno» +*phýton*, «planta»)

microflora n.f. BOTÂNICA flora constituída por uma vegetação microscópica (De *micro-*+*flora*)

microfone n.m. ELETRICIDADE aparelho componente de certas instalações sonoras que, pela transformação de vibrações sonoras em elétricas, permite a amplificação de sons (Do gr. *mikrós*, «pequeno» +*phoné*, «voz; som»)

microfonia n.f. 1 fraqueza da voz 2 fenómeno de reação acústica entre um altifalante e um microfone (Do gr. *mikrophonía*, «id.»)

microfónico adj. 1 que tem voz fraca 2 que torna fraco um som (De *microfonia*+*-ico*)

micrófono adj. ⇒ **microfónico** (Do gr. *mikrós*, «pequeno» +*phoné*, «voz; som»)

microfonógrafo n.m. aparelho usado pelos surdos, que torna percetíveis os sons mais fracos (De *micro-*+*fonógrafo*)

microfotografia n.f. fotografia obtida com imagens fornecidas pelo microscópio (De *micro-*+*fotografia*)

microftalmia n.f. MEDICINA pequenez anormal e congénita do globo ocular (De *micro*+*oftalmia*)

microgabro n.m. PETROLOGIA rocha gabroica com textura microcristalina (De *micro-*+*gabro*)

microgâmeta n.m. BIOLOGIA o menor dos gâmetas numa reprodução anisogâmica, em geral o masculino (De *micro-*+*gâmeta*)

microglosso adj. que tem língua curta ■ n.m. ORNITOLOGIA ave trepadora, afim da catatua, vulgar em toda a Oceânia (Do gr. *mikrós*, «pequeno» +*glôssa*, «língua»)

micrognatismo n.m. 1 MEDICINA qualidade de micrógnato; pequenez exagerada da maxila 2 queixo recolhido (De *micrógnato*+*-ismo*)

micrógnato adj. que tem maxilas pequenas (Do gr. *mikrós*, «pequeno» +*gnáthos*, «maxila»)

micrografia n.f. 1 descrição dos seres ou objetos que só podem ser observados com o microscópio 2 emprego do microscópio (Do gr. *mikrós*, «pequeno» +*gráphein*, «descrever» +*-ia*)

micrográfico adj. relativo a micrografia (De *micrografia*+*-ico*)

micrógrafo n.m. especialista em micrografia (Do gr. *mikrós*, «pequeno» +*gráphein*, «descrever»)

micrograma n.m. milionésima parte do grama (De *micro-*+*grama*)

microgravação n.f. ato ou efeito de microgravar (De *microgravar*+*-ção*)

microgravar v.tr. fazer gravação sonora em discos de rodagem lenta, com sulcos muito próximos, de forma a obter longa duração na reprodução (De *micro-*+*gravar*)

microinformática n.f. INFORMÁTICA parte da informática que se ocupa dos microcomputadores (De *micro-*+*informática*)

microleitor n.m. aparelho de projeção luminosa utilizado na leitura de microfilmes (De *micro-*+*leitor*)

microlepidóptero n.m. ZOOLOGIA borboleta de pequeno porte

microlite n.f. MINERALOGIA mineral das terras raras, que cristaliza no sistema cúbico e é minério de tântalo e nióbio (Do gr. *mikrós*, «pequeno» +*líthos*, «pedra»)

microlítico adj. 1 PETROLOGIA relativo a micrólito 2 diz-se da textura das rochas porfíricas com pasta microcristalina em que entram micrólitos (De *micrólito*+*-ico*)

micrólito n.m. PETROLOGIA cada um dos cristais diminutos, alongados ou tubulares, que constituem a pasta de certas rochas magmáticas (Do gr. *mikrós*, «pequeno» +*líthos*, «pedra»)

microlitro n.m. medida equivalente à milionésima parte do litro (De *micro-*+*litro*)

micrologia n.f. 1 tratado acerca dos seres ou objetos microscópicos 2 [fig.] discurso sem colorido (De *micro-*+*logia*)

micrológico adj. relativo à micrologia (De *micrologia*+*-ico*)

micrólogo n.m. 1 indivíduo versado em micrologia 2 [fig.] o que se prende com bagatelas 3 [fig.] discurso muito curto (Do gr. *mikrós*, «pequeno» +*lógos*, «tratado; estudo»)

micromanipulação n.f. manipulação de pequenos objetos ou partes de matéria realizada com o auxílio do microscópio e eventualmente de outros utensílios de precisão (De *micro-*+*manipulação*)

micromanipular v.tr. proceder à micromanipulação (de) (De *micro-*+*manipular*)

micromanómetro n.m. manómetro utilizado para a medição de diferenças de pressão muito pequenas (De *micro-*+*manómetro*)

micromecânica n.f. conjunto de técnicas utilizadas no fabrico de mecanismos de dimensões extremamente reduzidas (De *micro-*+*mecânica*)

micromelia n.f. TERATOLOGIA deformidade caracterizada pela excessiva pequenez de algum membro (Do gr. *mikromelés*, «de membros curtos ou delgados» +*-ia*)

micrómero adj. que possui todos os membros e apêndices delgados ■ n.m. ZOOLOGIA cada um dos blastómeros de menores dimensões que resultam da divisão de um ovo de segmentação desigual (Do gr. *mikrós*, «pequeno» +*méros*, «parte»)

micrometria n.f. determinação de dimensões extremamente pequenas (Do gr. *mikrós*, «pequeno» +*métron*, «medida» +*-ia*)

micrométrico adj. 1 relativo ao micrómetro 2 relativo à micrometria (De *micrometria*+*-ico*)

micrómetro n.m. 1 instrumento de medida para pequenos comprimentos ou pequenas espessuras 2 instrumento com graduação e adaptado a um microscópio, para medir as preparações observadas 3 instrumento que serve para medir o diâmetro aparente dos astros 4 instrumento usado em tipografia, com que se calibra uma linha-bloco 5 FÍSICA unidade de medida de comprimento, submúltiplo do metro, de símbolo μm, equivalente à milésima parte do milímetro (Do gr. *mikrós*, «pequeno» +*métron*, «medida»)

mícron n.m. (plural **mícrones**) FÍSICA antiga unidade de medida de comprimento, de símbolo μ, equivalente à milésima parte do milímetro; micrómetro (Do gr. *mikrón*, «pequeno»)

micronutriente n.m. BIOLOGIA cada um dos diversos elementos químicos, encontrados na forma dos seus compostos (sais), em quantidades diminutas, nos tecidos vegetais e animais, sendo considerados fundamentais nos processos fisiológicos da maioria das plantas e animais

microonda ver nova grafia micro-onda

micro-onda n.f. FÍSICA radiação eletromagnética cujos comprimentos de onda são da ordem de milímetros e centímetros (De *micro-*+*onda*)

microondas ver nova grafia micro-ondas

micro-ondas n.m.2n. forno de cozinha que é acionado por micro-ondas eletromagnéticas

micropaleontologia n.f. PALEONTOLOGIA ramo da paleontologia que se ocupa do estudo dos fósseis microscópicos (De *micro-*+*paleontologia*)

micropertite n.f. MINERALOGIA pertite muito fina, só visível ao microscópio (De *micro-*+*pertite*)

micropétalo adj. BOTÂNICA que tem pétalas relativamente pequenas (Do gr. *mikrós*, «pequeno» +*pétalon*, «pétala»)

micrópila n.f. 1 BOTÂNICA abertura do óvulo vegetal, por onde penetra o tubo polínico (angiospérmicas) ou o próprio grânulo do pólen (gimnospérmicas), também designada por canal micropilar e forâmen 2 ZOOLOGIA orifício da superfície de certos óvulos de animais por onde entra o espermatozoide para se dar a fecundação (Do gr. *mikrós*, «pequeno» +*pýle*, «porta», pelo lat. cient. *micropýla-*, «micrópila»)

micropilar adj.2g. referente a micrópila ou micrópilo (De *micrópila* ou *micrópilo*+*-ar*)

micrópilo n.m. ⇒ **micrópila**

microprocessador n.m. INFORMÁTICA circuito integrado complexo que efetua as operações básicas de um microcomputador (Do ing. *microprocessor*, «id.»)

micropsia n.f. MEDICINA defeito de visão caracterizado pelo facto de os objetos parecerem, ao observador, muito mais pequenos do que realmente são (Do gr. *mikrós*, «pequeno» +*ópsis*, «vista» +*-ia*)

micropsiquia n.f. fraqueza de espírito; pusilanimidade (Do gr. *mikropsykhía*, «pequenez de alma»)

microquímica n.f. QUÍMICA aplicação de princípios e técnicas da química a substâncias em escala extremamente reduzida (De *micro-+química*)

microrganismo n.m. BIOLOGIA organismo, animal ou vegetal, de dimensões microscópicas (De *micro-+organismo*)

microrradiografia n.f. 1 radiografia de objetos muito pequenos 2 radiografia em ponto muito pequeno (De *micro-+radiografia*)

microrregião n.f. GEOGRAFIA subdivisão de uma região natural; uma das partes em que se pode dividir uma região natural (De *micro-+região*)

microrrizo adj. BOTÂNICA que tem raízes pequenas (Do gr. *mikrós*, «pequeno» +*rhíza*, «raiz»)

microscopia n.f. 1 observação com o microscópio 2 conjunto de conhecimentos que se obtêm do estudo dos objetos microscópicos 3 micrologia (Do gr. *mikrós*, «pequeno» +*skopeîn*, «examinar» + *-ia*)

microscópico adj. 1 relativo à microscopia 2 feito com o auxílio do microscópio 3 que só se pode ver com o auxílio do microscópio 4 pequeníssimo 5 [fig.] extremamente minucioso (Do gr. *mikrós*, «pequeno» +*skopeîn*, «examinar» +*-ico*)

microscópio n.m. FÍSICA instrumento ótico que dá imagens muito ampliadas de objetos extremamente pequenos; ~ **binocular** microscópio com duas oculares e uma objetiva, que permite uma observação confortável durante mais tempo; ~ **eletrónico** microscópio em que a luz é substituída por eletrões, e que não utiliza elementos óticos, mas lentes eletrostáticas ou magnéticas, do que resulta uma amplificação muito maior; ~ **interferencial** microscópio ótico adaptado para examinar estruturas finas por meio de interferência de luz (Do gr. *mikrós*, «pequeno» +*skopeîn*, «ver; observar» +*-io*)

microscopista n.2g. pessoa que se ocupa de microscopia (De *microscopia*+*-ista*)

microsférico adj. PALEONTOLOGIA diz-se das foraminíferos com câmara inicial muito pequena (De *micro-+esférico*)

microsporângio n.m. BOTÂNICA esporângio onde se formam os microsporos (De *micro-+esporângio*)

micrósporo n.m. BOTÂNICA cada um dos esporos de menores dimensões de uma planta heterospórica, que dá origem ao protalo masculino (Do gr. *mikrós*, «pequeno» +*spóros* ou *spóra*, «semente»)

microsporofilo n.m. BOTÂNICA esporofilo produtor de micrósporos (De *micro-+esporofilo*)

microssegundo n.m. milionésimo do segundo (De *micro-+segundo*)

microssismo n.m. GEOLOGIA sismo de fraca intensidade, apenas registado pelos sismógrafos (Do gr. *mikrós*, «pequeno» +*seismós*, «sismo»)

microssismógrafo n.m. sismógrafo que regista microssismos (Do gr. *mikrós*, «pequeno» +*seismós*, «sismo» +*gráphein*, «descrever»)

microssociologia n.f. estudo das formas elementares da sociabilidade ou de organização social (De *micro-+sociologia*)

microstómida n.m. ZOOLOGIA ⇒ **microstomídeo**

Microstómidas n.m.pl. ZOOLOGIA ⇒ **Microstomídeos**

microstomídeo adj. ZOOLOGIA relativo ou pertencente aos Microstomídeos ■ n.m. ZOOLOGIA espécime dos Microstomídeos

Microstomídeos n.m.pl. ZOOLOGIA família de platelmintes turbelários, rabdocéleos, cujo género-tipo se designa *Microstomum* (De *micróstomo*+*-ídeos*)

micróstomo adj. ZOOLOGIA que tem a boca pequena ■ n.m. 1 ICTIOLOGIA nome vulgar extensivo a vários peixes, da família dos Salmonídeos, que se encontram nas costas do Mediterrâneo 2 nome vulgar de uns turbelários da família dos Microstomídeos (Do gr. *mikróstomos*, «de boca pequena»)

microtelefone n.m. aparelho constituído por um microfone e um ou dois telefones recetores

micrótomo n.m. aparelho destinado a cortar, em lâminas delgadas, os objetos de que se pretende fazer o estudo microscópico (Do gr. *mikrós*, «pequeno» +*tomé*, «corte»)

microtrauma n.m. MEDICINA lesão traumática microscópica; microtraumatismo

microtraumatismo n.m. MEDICINA ⇒ **microtrauma**

microtúbulo n.m. BIOQUÍMICA filamento de natureza proteica existente numa célula com núcleo individualizado que desempenha um papel importante em diversas funções, como na divisão celular

microzoário n.m. 1 ZOOLOGIA organismo animal microscópico 2 protozoário (De *micro-+zoário*)

mictar v.tr.,intr. ⇒ **urinar** (Do lat. vulg. *mictāre*, «id.», de *mictu-*, part. pass. de *mingěre*, «urinar»)

micterismo n.m. 1 zombaria 2 semblante carregado ou sombrio; cara feio; carranca; má cadadura (Do gr. *myktērismós*, «zombaria»)

mictório n.m. lugar ou sítio público onde as pessoas podem urinar; urinol ■ adj. que promove a micção; diurético (Do lat. *mictoriŭ-*, «diurético»)

micturição n.f. necessidade frequente de urinar (Do lat. *micturīre*, «urinar frequentemente» +*-ção*)

midríase n.f. 1 MEDICINA dilatação anormal do diâmetro da pupila ocular, a qual pode ser espontânea, provocada ou patológica 2 paralisia da íris (Do gr. *mydríasis*, pelo lat. cient. *mydriasi-*, «id.»)

midriático adj. 1 MEDICINA relativo à midríase 2 que provoca a midríase ■ n.m. medicamento que provoca a dilatação da pupila ocular (De *midríase*+*-ico*, ou do fr. *mydriatique*, «id.»)

mielencéfalo n.m. ANATOMIA bolbo raquidiano (Do gr. *myelós*, «medula» +*egképhalos*, «encéfalo»)

mielina n.f. HISTOLOGIA substância branca, fosforada, que constitui uma das bainhas de certas fibras nervosas (Do gr. *myelós*, «medula» +*-ina*)

mielínico adj. 1 que diz respeito à mielina 2 que possui mielina (De *mielina*+*-ico*)

mielite n.f. 1 MEDICINA inflamação da medula espinal 2 PETROLOGIA variedade de caulino compacto (Do gr. *myelós*, «medula» +*-ite*)

miel(o)- elemento de formação de palavras que exprime a ideia de *medula, miolo* (Do gr. *myelós*, «medula»)

mielografia n.f. radiografia da medula espinal (De *mielo-+[radio]grafia*)

mieloide adj.2g. ANATOMIA que diz respeito ou é semelhante à medula dos ossos (Do gr. *myelós*, «medula» +*eîdos*, «forma»)

mielóide ver *nova grafia* **mieloide**

mieloma /ô/ n.m. MEDICINA tumor maligno formado por células da medula óssea (De *mielo-+-oma*)

mielopatia n.f. MEDICINA afeção da medula espinal (De *mielo-+-patia*)

mielóplace n.f. HISTOLOGIA ⇒ **mieloplaxe** (Do gr. *myelós*, «medula» +*pláx, plakós*, «placa»)

mieloplaxe /cs/ n.f. HISTOLOGIA célula gigante e multinucleada da medula óssea primitiva e osteogénica do embrião (durante a formação dos ossos) (Do gr. *myelós*, «medula» +*pláx, plakós*, «placa»)

miga n.f. 1 espécie de búzio 2 pequeno fragmento de pão; migalha 3 pl. CULINÁRIA acompanhamento à base de pão com o aspeto de uma açorda grossa 4 pl. CULINÁRIA doce feito com pedacinhos de pão (Do lat. *mica-*, «migalha»)

migado adj. feito em migas; esfarelado; esmigalhado ■ n.m. pão que se migou ou esfarelou (Part. pass. de *migar*)

mígala n.f. ZOOLOGIA nome vulgar extensivo às aranhas da subordem *Theraphosa*, mas mais especialmente às espécies tropicais, de grande porte, capazes de capturar pequenas aves (Do gr. *mygalé*, «id.», pelo lat. cient. *mygăle-*, «musaranho»)

migalha n.f. 1 pequeno fragmento que se solta do pão ou de qualquer alimento farináceo quando se parte 2 pequena porção 3 pl. sobejos que se desprezam (De *miga*+*-alha*)

migalhar v.tr. ⇒ **esmigalhar** (De *migalha*+*-ar*)

migalharia n.f. 1 conjunto de migalhas 2 conjunto de coisas miúdas; miuçalha (De *migalha*+*-aria*)

migalheiro[1] adj. 1 que se preocupa com bagatelas 2 avarento; sovina ■ n.m. ⇒ **migalharia** (De *migalha*+*-eiro*)

migalheiro[2] n.m. ⇒ **mealheiro** adj. 1 (Corrup. de *mealheiro*)

migalhice n.f. bagatela; insignificância; frioleira (De *migalha*+*-ice*)

migalho

migalho *n.m.* bocado pequeno; migalha (De *migalha*)

migar *v.tr.* 1 deitar o pão desfeito em migalhas em (sopa) 2 deitar migas em 3 esfarelar (De *miga+-ar*)

migmatito *n.m.* PETROLOGIA rocha gnáissica, bandada, de origem mista, em que se observa a alternância de material de origem sedimentar e de origem magmática (Do gr. *mígma, -atos*, «mistura» +-*ito*)

migração *n.f.* 1 ato ou efeito de migrar 2 deslocação de populações de uma região para outra ou de um país para outro 3 conjunto de viagens periódicas que fazem certas espécies de animais 4 INFORMÁTICA transferência de dados, software ou hardware de um sistema para outro (Do lat. *migratiōne-*, «id.»)

migrador *adj.* ⇒ **migrante** (Do lat. *migratōre-*, «id.»)

migrante *adj.2g.* que muda de região ou de país (Do lat. *migrante-*, «id.», part. pres. de *migrāre*, «mudar de um lugar para outro; emigrar»)

migrar *v.tr.,intr.* mudar de (uma região ou país) para (outra região ou país) ■ *v.tr.* INFORMÁTICA passar (dados, software ou hardware) de um sistema para outro (Do lat. *migrāre*, «id.»)

migratório *adj.* 1 relativo à migração 2 (animal) que se desloca periodicamente para outra região (De *migrar+-tório*, ou do fr. *migratoire*, «id.»)

miguelismo *n.m.* 1 HISTÓRIA partido político do rei português D. Miguel I, 1802-1866; absolutismo 2 os miguelistas (De *Miguel*, antr. +-*ismo*)

miguelista *n.2g.* pessoa partidária do miguelismo; absolutista ■ *adj.2g.* que diz respeito a D. Miguel ou ao miguelismo (De *Miguel*, antr. +-*ista*)

miíase *n.f.* MEDICINA, VETERINÁRIA designação geral das doenças parasitárias produzidas pelas larvas de certos insetos dípteros (Do gr. *myîa*, «mosca» +-*ase*)

mii(o)- elemento de formação de palavras que exprime a ideia de *mosca* (Do grego *myîa*, «mosca»)

miiocéfalo *adj.* que tem cabeça de mosca ■ *n.m.* MEDICINA pequeno tumor arredondado e escuro que se forma na córnea (Do gr. *myîa*, «mosca» +*kephalé*, «cabeça»)

miiodopsia *n.f.* MEDICINA perturbação visual caracterizada pelo aparecimento de imagens de pequenas manchas negras; moscas-volantes (Do gr. *myiódes*, «semelhante a mosca» +*ópsis*, «vista» + -*ia*)

miite *n.f.* MEDICINA ⇒ **miosite** (Do gr. *mýs*, «músculo» +-*ite*)

mija *n.f.* 1 [pop.] ato ou efeito de mijar; micção 2 [pop.] urina (Deriv. regr. de *mijar*)

mijaburro *n.m.* BOTÂNICA ⇒ **narciso-de-inverno** (De *mijar+burro*)

mijaceira *n.f.* [pop.] grande quantidade de mijo no chão (De *mija+-aça+-eira*)

mijada *n.f.* [pop.] ato ou efeito de urinar (Part. pass. fem. subst. de *mijar*)

mijadeira *n.f.* [regionalismo] ⇒ **hipericão** (De *mijar+-deira*)

mijadeiro *n.m.* [pop.] ⇒ **mijadouro** (De *mijar+-deiro*)

mijadela *n.f.* 1 [pop.] jato de urina 2 [pop.] mancha produzida por urina (De *mijar+-dela*)

mijadoiro *n.m.* [pop.] ⇒ **mijadouro**

mijadouro *n.m.* [pop.] urinol; mictório (De *mijar+-douro*)

mija-mansinho *adj.,n.m.* [pop.] que ou indivíduo que, fazendo-se sonso, consegue os seus fins (De *mijar+-mansinho*)

mija-n'água *n.m.* [pop.] indivíduo que anda habitualmente embarcado (De *mijar na água*)

mijanceira *n.f.* [pop.] ⇒ **mijaceira**

mijão *adj.* 1 [pop.] que se mija 2 [pop.] que urina na cama ■ *n.m.* [pop.] aquele que mija muitas vezes (De *mijar+-ão*)

mijar *v.intr.* [pop.] urinar ■ *v.tr.,pron.* [pop.] molhar(-se) com urina ■ *v.pron.* [fig., pop.] sentir medo; *~-se a rir* [pop.] rir-se muito, às gargalhadas (Do lat. vulg. **meiāre*, «id.», do lat. cl. *mejĕre*, «urinar; mijar»)

mijina *n.f.* [regionalismo] ⇒ **urina** (De *mija+-ina*)

mijo *n.m.* [pop.] ⇒ **urina** (Deriv. regr. de *mijar*)

mijoca *n.f.* 1 [pop.] mijo 2 [pop.] bebida reles (De *mija* ou *mijo+-oca*)

mijona /ô/ *n.f.* variedade de uva que frequentemente apresenta bagos de polpa gorgulhada e sabor desagradável (De *mijar+-ona*)

mil *num.card. >quant.num.* DT 1 novecentos mais cem; um milhar 2 [fig.] muitos ■ *n.m.* 1 o número 1000 ou a quantidade representada por esse número; um milhar 2 o que, numa série, ocupa o milésimo lugar (Do lat. *mille*, «id.»)

mil- elemento de formação de palavras que exprime a ideia de *grande número, muitos* (Do lat. *mille*, «mil»)

milagre *n.m.* 1 facto extraordinário ou inexplicável pelas leis da natureza que é atribuído a causa divina ou sobrenatural 2 intervenção sobrenatural 3 figura de cera que o povo oferta aos santos em cumprimento de um voto 4 [fig.] coisa extraordinária de que se não está à espera ou que parece incompreensível 5 [fig.] maravilha (Do lat. *miracŭlu-*, «id.», com met.)

milagreira *n.f.* 1 a que faz milagres 2 [pej.] invenção estupenda; coisa nunca vista (De *milagre+-eira*)

milagreiro *adj.* 1 [pop.] que faz milagres; milagroso 2 que produz resultados extraordinários ■ *n.m.* aquele que faz milagres ou que a si mesmo atribui essa faculdade (De *milagre+-eiro*)

milagrento *adj.* ⇒ **milagreiro** *adj.* (De *milagre+-ento*)

milagrório *n.m.* [coloq.] milagre fingido (De *milagre+-ório*)

milagrosa *n.f.* 1 [Brasil] BOTÂNICA variedade de mandioca 2 palmatória (De *milagroso*)

milagrosamente *adv.* 1 por milagre 2 inesperadamente; surpreendentemente (De *milagroso+-mente*)

milagroso /ô/ *adj.* 1 que produz efeitos inexplicáveis 2 sobrenatural 3 tido na conta de fazer milagres 4 que produz efeitos extraordinários 5 que parece um milagre; prodigioso; maravilhoso; admirável 6 surpreendente; inesperado (De *milagre+-oso*)

milandeiro *adj.* [Moçambique] zaragateiro; conflituoso (De *milando*)

milanês *adj.* 1 de Milão, cidade do Norte da Itália 2 relativo a Milão ■ *n.m.* natural ou habitante de Milão; *à milanesa* CULINÁRIA à moda de Milão (Do it. *milanese*, «id.», ou de *Milano*, top., «Milão» + -*ês*)

milanesa /ê/ *n.f.* tecido antigo, originário de Milão (De *milanês*)

milano *n.m.* ORNITOLOGIA ⇒ **milhafre** (Do lat. *milǔu-*, «id.», pelo cast. *milano*, «id.»)

milão *n.m.* tecido de linho fabricado na cidade italiana de Milão (De *Milão*, top.)

milavo *n.m.* milésima parte (De *mil+-avo*)

milde *n.m.* [regionalismo] mangueira ou cabo do mangual (De orig. obsc.)

mil-diabos *n.m.2n.* [pop.] designação jocosa do míldio

míldio *n.m.* designação extensiva a umas doenças produzidas por fungos da família das Peronosporáceas, que atacam diversas plantas, como a videira, a batateira, etc. (Do ingl. *mildew*, «id.»)

milefólio *n.m.* BOTÂNICA planta de raiz medicinal, da família das Compostas, espontânea, subespontânea e cultivada em Portugal, também conhecida por mil-em-rama, mil-folhas, milfolhada, aquileia, etc. (Do lat. *millefolĭu-*, «id.»)

mil-em-rama *n.f.2n.* BOTÂNICA ⇒ **milefólio**

milenar *adj.2g.* 1 que contém mil 2 milenário (Do fr. *millénaire*, «milenário»)

milenário *adj.* 1 que tem mil anos 2 relativo a milha ■ *n.m.* milénio (Do lat. *millenarĭu-*, «que contém mil unidades»)

milenarismo *n.m.* 1 crença muito difundida entre os primitivos cristãos, segundo a qual Cristo reinaria sobre a Terra durante mil anos antes do dia do Juízo Final 2 crença mantida pelos primeiros séculos do cristianismo, segundo a qual o fim do mundo seria no ano 1000 3 movimento político-religioso para o qual o conceito de milénio é essencial, bem como a da ocorrência de catástrofes que antecedem o fim da ordem vigente, iniciando uma época de justiça e felicidade (De *milenar+-ismo*)

milenarista *adj.2g.* 1 relativo ao milenarismo 2 que é adepto do milenarismo ■ *n.2g.* pessoa adepta do milenarismo

milenga *n.f.* [Moçambique] perna (Do changana *mìlèngè*, «id.»)

milénio *n.m.* período de mil anos (Do lat. *mille*, «mil» +*annu-*, «ano»)

milésico *adj.* ⇒ **milésio** *adj.* ■ *n.m.* dialeto grego de Mileto

milésima *num.ord. >adj.num.* DT que ocupa o último lugar numa série de mil ■ *n.f.* cada uma das mil partes iguais em que se dividiu um todo (De *milésimo*)

milésimo *num.ord. >adj.num.* DT que, numa sequência, ocupa a posição imediatamente a seguir à nongentésima nonagésima nona; que ocupa o último lugar numa série de mil ■ *num.frac. >quant.num.* DT que resulta da divisão de um todo por mil ■ *n.m.* 1 o que, numa série, ocupa o lugar correspondente ao número 1000 2 uma das mil partes iguais em que se dividiu um todo; milésima parte 3 [fig.] espaço de tempo muito reduzido (Do lat. *millesĭmu-*, «id.»)

milésio *adj.* 1 relativo à cidade de Mileto 2 característico ou originário dessa cidade ■ *n.m.* natural ou habitante de Mileto (Do lat. *milēsĭu-*, «id.»)

mil-flores *n.m.2n.* essência fabricada com várias espécies de flores ■ *adj.* (cavalo) que tem o pelo mesclado de branco e vermelho (De *mil+flor*)

milfolhada *n.f.* BOTÂNICA ⇒ **milefólio** (De *mil+folhado*)

mil-folhas *n.f.2n.* BOTÂNICA ⇒ **milefólio** ■ *n.m.2n.* CULINÁRIA bolo de forma quadrangular composto por duas capas de massa folhada e recheado com um creme consistente à base de claras e gelatina (De *mil+folha*)

milfurada *n.f.* BOTÂNICA ⇒ **hipericão** (De *milfurado*)
milfurado *adj.* com muitos furos; crivado (De *mil+furo+-ado*)
milgrada *n.f.* [regionalismo] romã; miligrã (Do lat. *mille*, «mil» +*granu-*, «grão» +*-ada*)
milgranada *n.f.* [regionalismo] ⇒ **milgrada**
milha¹ *n.f.* **1** medida itinerária utilizada nos países de língua inglesa, equivalente a 1609 metros **2** antiga medida itinerária que valia mil passos geométricos, entre os Romanos; ~ *marítima* NÁUTICA unidade de distância utilizada em navegação equivalente a 1852 metros (Do lat. *milĭa*, «id.»)
milha² *adj.* (farinha, palha) de milho (De *milho*)
milhã *n.f.* BOTÂNICA nome vulgar extensivo a várias plantas herbáceas, espontâneas e subespontâneas, da família das Gramíneas, frequentes em Portugal, também conhecidas por milheira (De *milhão*)
milhaça *n.f.* farinha de milho (Do lat. *miliacĕa-*, «miliácea»)
milhado *adj.* [Brasil] diz-se do animal que adoece por ter apanhado uma indigestão de milho (De *milho+-ado*)
milhafo *n.m.* ORNITOLOGIA ⇒ **milhafre**
milhafre *n.m.* ORNITOLOGIA nome comum extensivo a várias aves de rapina, da família dos Accipitrídeos, também designadas bacalhoeiro, milano, milhano, mioto, minhoto, falcão, gavião, peneireiro, etc. (Do lat. **milŭu-*, por *milŭu-*, «milhafre» +*afer*, «africano»?)
milhagem *n.f.* **1** medida em milhas **2** contagem de milhas **3** BOTÂNICA nome vulgar por que também é designada a milhã (De *milhã+-agem*)
milhal *n.m.* terreno semeado de milho; milheiral (De *milho+-al*)
milhaneiro *adj.,n.m.* que ou aquele que caça milhanos (De *milhano+-eiro*)
milhano *n.m.* ORNITOLOGIA ⇒ **milhafre** (Do lat. *milŭu-*, «milhafre» +*-ano*)
milhano-real *n.m.* ORNITOLOGIA ⇒ **bacalhoeiro** *n.m.* **5**
milhão¹ *num.card. >quant.num.* ᴅᴛ mil vezes mil; a unidade seguida de seis zeros (10^6) **2** [fig.] número muito considerável, mas indeterminado (Do it. *milione*, «id.»)
milhão² *n.m.* **1** [regionalismo] BOTÂNICA ⇒ **milho 2** [regionalismo] BOTÂNICA milho de cana muito alta e grão muito graúdo (De *milho+-ão*)
milhar¹ *n.m.* **1** quantidade correspondente a dez centenas ou mil unidades **2** [fig.] grande número, mas indeterminado (Do lat. *milliarĭu-*, «milhar»)
milhar² *n.m.* ⇒ **milhal** (De *milho+-ar*)
milhara *n.f.* [regionalismo] papas de farinha de milho fervidas com leite (De *milho*)
milharada *n.f.* **1** milheiral **2** grande quantidade de milho (De *milho+r+-ada*)
milharal *n.m.* ⇒ **milhal** (De *milheiral*)
mílharas *n.f.pl.* **1** designação das ovas dos peixes **2** interior dos figos (De *mílhara*)
milharengo *n.m.* [regionalismo] ORNITOLOGIA pequeno pássaro, semelhante ao patachim, muito frequente em campos de milho ou de painço (De *milho+r+-engo*)
milheira *n.f.* **1** ORNITOLOGIA ⇒ **serzino 2** BOTÂNICA ⇒ **milhã** (De *milho+-eira*)
milheira-amarela *n.f.* ORNITOLOGIA ⇒ **verdelhão**
milheiral *n.m.* ⇒ **milhal** (De *milheiro+-al*)
milheirão *n.m.* ORNITOLOGIA nome vulgar de dois pássaros, da família dos Fringilídeos, um também conhecido por verdelhão, mourisco, etc., outro por trigueirão, tem-te-na-raiz, etc., ambos frequentes em Portugal (De *milheira+-ão*)
milheiriça *n.f.* ORNITOLOGIA ⇒ **serzino** (De *milheira+-iça*)
milheirinha *n.f.* ORNITOLOGIA ⇒ **serzino** (De *milheira+-inha*)
milheiro¹ *n.m.* **1** mil unidades **2** [fig.] quantidade grande e indeterminada (Do lat. *milliarĭu-*, «que contém o número mil»)
milheiro² *n.m.* **1** pé de milho **2** variedade de uva tinta **3** ORNITOLOGIA pintarroxo (De *milho+-eiro*)
milheiró *n.m.* **1** variedade de uva tinta **2** [Madeira] ORNITOLOGIA pintassilgo (De orig. obsc.)
milheirós *n.m.* ORNITOLOGIA ⇒ **abelharuco** (De orig. obsc.)
milhenta *n.f.* número superior a mil (De *milh[ar]+-enta*)
milhentos *adj.* designativo de número indeterminado e muito elevado; milhares (De *milh[ar]+-entos*)
milherango *n.m.* ORNITOLOGIA nome vulgar de duas aves pernaltas, da família dos Caradriídeos, que aparecem em Portugal, uma também conhecida por milhereu, sovela, etc., outra por maçarico-galego, parda, etc. (De *milharengo*?)
mílheras *n.f.pl.* ⇒ **mílharas**
milhereu *n.m.* ORNITOLOGIA ⇒ **milherango**
milhete /ê/ *n.m.* BOTÂNICA variedade de milho-miúdo (De *milho+-ete*)

milho *n.m.* **1** BOTÂNICA planta da família das Gramíneas, muito cultivada principalmente no Norte e no Centro de Portugal pelo valor do seu grão panificável, e pelo colmo e folhas que servem de forragem **2** grão desta planta **3** [pop.] dinheiro **4** *pl.* CULINÁRIA cozinhado usado em Trás-os-Montes que, à semelhança do arroz, pode constituir prato ou simples acompanhamento e se prepara com milho pouco moído e toucinho ou chouriço de carne e legumes, tudo cortado em pedaços muito pequenos ■ *adj.* diz-se da farinha feita de milho ou da palha de milho; *dinheiro como* ~ muito dinheiro (Do lat. *milĭu-*, «milho»)
milho-alvo *n.m.* BOTÂNICA designação vulgar de milho de grão branco
milho-das-vassouras *n.m.* BOTÂNICA ⇒ **milho-zaburro**
mil-homens *n.m.2n.* [Brasil] BOTÂNICA ⇒ **jarrinha**
milho-miúdo *n.m.* BOTÂNICA milho outrora muito cultivado em Portugal, especialmente no Norte, também designado painço e pão-de-passarinho
milho-rei *n.m.* [pop.] milho de grão vermelho
milho-zaburro *n.m.* BOTÂNICA variedade de milho cultivada em Portugal
mili-¹ prefixo do Sistema Internacional de Unidades, de símbolo *m*, que exprime a ideia de *mil vezes menor*, *milésima parte* e equivale a dividir por mil (×10^{-3}) a unidade por ele afetada (Do lat. *mill[esămu-]*, «milésimo»)
mili-² elemento de formação de palavras que exprime a ideia de *mil* (Do lat. *mille*, «mil»)
miliáceo *adj.* **1** relativo ao milho **2** semelhante a milho (Do lat. *miliacĕu-*, «id.»)
miliampere *n.m.* ELETRICIDADE milésima parte do ampere (De *mili+ampere*)
miliamperímetro *n.m.* FÍSICA instrumento que serve para medir a intensidade de uma corrente elétrica, graduado em miliamperes
miliar¹ *adj.2g.* **1** com forma de grão de milho **2** (animal) que tem dimensões pequeníssimas (Do lat. *milĭu-*, «milho» +*-ar*)
miliar² *adj.2g.* relativo a mil (Do lat. *mille*, «mil» +*-ar*)
miliare *n.m.* milésima parte do are (De *mili-*, «milésimo» +*are*, ou do fr. *milliare*, «id.»)
miliário¹ *adj.* **1** referente a milha **2** que serve para marcar distâncias itinerárias **3** [fig.] que assinala uma data memorável (Do lat. *milliarĭu-*, «milha; de milha»)
miliário² *adj.* ⇒ **miliar**² (Do lat. *milliarĭu-*, «que contém o número mil»)
milibar *n.m.* FÍSICA [ant.] unidade equivalente à milésima parte do bar, de símbolo mb, empregada na avaliação da pressão atmosférica (a pressão normal corresponde a 1013,3 mb) (De *mili-+bar*)
milícia *n.f.* **1** vida ou carreira militar **2** exército de um país; tropa **3** corporação que obedece à disciplina militar **4** força policial de reforço ou substituição de um exército regular **5** organização paramilitar de formação ilegal, cujo objetivo é defender pela força uma coletividade ou facção (Do lat. *militĭa-*, «id.; a arte da guerra»)
miliciano *adj.* relativo ou pertencente a milícia ■ *n.m.* soldado das milícias ■ *adj.,n.m.* MILITAR que ou oficial, sargento ou praça que não faz parte do quadro permanente das tropas militares (De *milícia+-ano*)
milicurie *n.m.* FÍSICA unidade de atividade radioativa equivalente à milésima parte do curie (De *mili-+curie*)
miligrã *n.f.* BOTÂNICA ⇒ **milgrada** (Do lat. *mille*, «mil» +*granu-*, «grão»)
miligrado *n.m.* GEOMETRIA milésima parte do grado
miligrama *n.m.* milésima parte do grama (De *mili-+grama*, ou do fr. *milligramme*, «id.»)
mililitro *n.m.* milésima parte do litro (De *mili-+litro*, ou do fr. *millilitre*, «id.»)
milímetro *n.m.* medida de comprimento, de símbolo mm, equivalente à milésima parte do metro (De *mili-+metro*, ou do fr. *millimètre*, «id.»)
milimícron *n.m.* ⇒ **nanómetro**
milimodo *adj.* **1** que se realiza ou faz de mil maneiras **2** variadíssimo (Do lat. *mille*, «mil» +*modu-*, «modo»)
miliólida *adj.* ZOOLOGIA ⇒ **miliolídeo**
Miliólidas *n.m.pl.* ZOOLOGIA ⇒ **Miliolídeos**
miliolídeo *adj.* ZOOLOGIA relativo ou pertencente aos Miliolídeos ■ *n.m.* ZOOLOGIA espécime dos Miliolídeos
Miliolídeos *n.m.pl.* ZOOLOGIA família de protozoários foraminíferos, cujo género-tipo se designa *Miliola* (De *Miliola*, do lat. *milĭu-*, «milho» +*-ola+-ídeos*)
milionário *adj.,n.m.* **1** que ou aquele que possui milhões **2** que ou o que é muito rico (Do fr. *millionnaire*, «id.»)

milionésima n.f. cada uma das partes iguais de um todo que foi dividido por um milhão (De milionésimo)

milionésimo num.ord. >adj.num. ᴰᵀ que é o último numa série de um milhão ■ num.frac. >quant.num. ᴰᵀ cada uma das partes iguais de um todo que foi dividido por um milhão (Do it. milionesimo, «id.»)

milípede adj.2g. 1 ZOOLOGIA que possui muitos pés 2 ZOOLOGIA designativo dado, por vezes, aos miriápodes (Do lat. mille, «mil» +pede, «pés»)

milissegundo n.m. milésimo de segundo (De mili-+segundo)

milistere n.m. milésima parte do estere (De mili-+estere)

milistéreo n.m. ⇒ **milistere** (De mili-+estéreo)

militança n.f. 1 vida ou carreira militar 2 conjunto dos militares (De militar+-ança)

militância n.f. 1 qualidade de militante 2 defesa ativa de algo, principalmente de uma causa ou de um partido; atividade militante 3 atitude das pessoas que trabalham ativamente por uma causa ou uma organização (De militar+-ância)

militante adj.2g. 1 que milita 2 que toma parte ativa na defesa de um partido ou de uma causa; que combate ou luta por algo 3 que exerce ativamente; efetivo ■ n.2g. 1 pessoa que milita ou que combate; combatente 2 pessoa que defende ativamente uma causa ou um movimento; partidário ativo 3 defensor; propagandista (Do lat. militante-, «id.», part. pres. de militāre, militante; ser militar»)

militar¹ adj.2g. que diz respeito à tropa ou à guerra ■ n.2g. 1 pessoa que faz parte das forças armadas (exército, marinha ou força aérea) como membro dos seus quadros permanentes, como praça ou como graduado miliciano 2 soldado (Do lat. militāre-, «id.»)

militar² v.intr. servir no exército ■ v.tr.,intr. combater; pugnar ■ v.tr. 1 tomar parte ativa na defesa de (um partido, uma causa) 2 POLÍTICA estar filiado em (partido) 3 fazer propaganda de (Do lat. militāre, «ser militar», pelo fr. militer, «id.»)

militarão n.m. 1 grande militar 2 militar autoritário e exigente no cumprimento dos deveres militares (De militar+-ão)

militarismo n.m. 1 forma de governo em que predominam os militares, ou que se apoia no exército 2 política de força a nível internacional baseada no aumento de efetivos e de equipamento militares 3 [pej.] ingerência do corpo militar na vida política e social (De militar+-ismo, ou do fr. militarisme, «id.»)

militarista adj.2g. 1 que diz respeito ao militarismo 2 que é partidário do militarismo ■ n.2g. pessoa partidária do militarismo (De militar+-ista, ou do fr. militariste, «id.»)

militarite n.f. [pop.] apreço doentio pelas coisas da tropa (De militar+-ite)

militarização n.f. 1 ato ou efeito de militarizar 2 organização militar (De militarizar+-ção, ou do fr. militarisation, «id.»)

militarizar v.tr. 1 dar feição militar a 2 organizar militarmente (De militar+-izar, ou do fr. militariser, «id.»)

militarmente adv. 1 de modo militar 2 com disciplina rigorosa (De militar+-mente)

mílite n.m. [poét.] soldado (Do lat. milĭte-, «id.»)

militofobia n.f. aversão à vida militar (Do lat. milĭte-, «soldado»+gr. phóbos, «horror»+-ia)

millerite n.f. MINERALOGIA mineral (sulfureto de níquel) de brilho metálico, que cristaliza no sistema trigonal (De H. Miller, geólogo escoc., 1802-1856 +-ite)

milonga n.f. 1 MÚSICA canto e dança populares inspirados na habanera cubana e no tango andaluz, e posteriormente absorvidos pelo tango argentino 2 baile onde se dançam ritmos como o tango, a milonga e o vals 3 local onde se realiza esse baile 4 [Brasil] MÚSICA música de ritmo triste, cantada com acompanhamento de guitarra ou violão 5 [Brasil] bruxedo; feitiço 6 pl. [Brasil] [coloq.] bisbilhotices; mexericos; enredos 7 pl. [Brasil] [coloq.] desculpas sem fundamento

milongo n.m. [Angola] medicamento; remédio (Do quimb. milongu, pl. de mulongo, «id.», a partir de kulongola, «tolher», alusão ao efeito na doença)

milongueiro adj. relativo ou pertencente à milonga ■ n.m. 1 pessoa que frequenta regularmente milongas (baile) 2 [Brasil] indivíduo que faz milongas; curandeiro

milorde n.m. 1 magnata inglês 2 espécie de cabriolé de quatro rodas 3 [fig.] indivíduo que tem aparência de rico, geralmente vivendo com ostentação (Do ing. my lord, «meu senhor», pelo fr. milord, «id.»)

mil-réis n.m.pl. antiga unidade monetária de Portugal e do Brasil (De mil+réis)

miltoniano adj. que diz respeito a J. Milton, poeta inglês (1608-1674), ou ao seu estilo (De Milton, antr. +-iano)

mílvio n.m. ORNITOLOGIA ⇒ **milhafre** (Do lat. milvĭu-, «id.»)

mim pron.pess. designa a primeira pessoa do singular e indica a pessoa que fala ou escreve (olhou para mim) (Do lat. mi ou mihi, «id.»)

mima n.f. atriz de comédias burlescas que se serve especialmente do gesto para imitar caracteres ou situações ridículas (Do lat. mima-, «comediante mímica»)

mimado adj. 1 tratado com mimo; acarinhado 2 [pej.] que tem mimo em excesso (Part. pass. de mimar)

mimalheiro adj. que tem muito mimo; mimalho (De mimalho+-eiro)

mimalhice n.f. 1 qualidade ou ato de mimalho 2 reação de melindre e pieguice 3 atitude caprichosa e egoísta (De mimalho+-ice)

mimalho adj.,n.m. 1 que ou aquele que tem muito mimo 2 que ou aquele que gosta de mimo(s) 3 [pej.] que ou aquele que é melindroso e piegas 4 [pej.] que ou aquele que tem um comportamento egoísta e caprichoso, porque foi educado com excessiva indulgência (De mimo+-alho)

mimança n.f. 1 muito mimo 2 ousadia (De mimar+-ança)

mimanço adj.,n.m. ⇒ **mimalho** (De mimar+-anço)

mimansa n.f. FILOSOFIA doutrina filosófica indiana que visa a realização espiritual do indivíduo

mimar v.tr. 1 dar mimo a; amimar; ser carinhoso com 2 [fig.] criar ou educar com excessiva indulgência 3 dizer ou fazer por mímica 4 representar por gestos (De mimo+-ar)

mimeco n.m. coisa boa, apetitosa (De mimo+-eco)

mimeografagem n.f. ato ou efeito de mimeografar (De mimeografar+-agem)

mimeografar v.tr. tirar cópias utilizando o mimeógrafo (De mimeógrafo+-ar)

mimeografia n.f. 1 processo de reprodução de originais por meio de um mimeógrafo 2 exemplar obtido por este processo (Do gr. mímesis, «imitação»+-grafia)

mimeográfico adj. relativo a mimeografia (De mimeografia+-ico)

mimeógrafo n.m. aparelho com o qual se reproduzem cópias a partir de originais escritos ou desenhados em estêncil, um papel fino especial com pequenas perfurações (Do ing. mimeograph, «id.»)

mimese n.f. 1 imitação verosímil da natureza que constitui, segundo a estética aristotélica e clássica, o fundamento de toda a arte 2 imitação do estilo, do gesto ou da voz de outrem (Do gr. mímesis, «imitação»)

mimético adj. 1 relativo ao mimetismo 2 diz-se do organismo capaz de realizar mimetismo (Do gr. mimetikós, «imitativo»)

mimetismo n.m. 1 ZOOLOGIA fenómeno de imitação que se observa em certas espécies animais que tomam a aparência do meio em que se encontram 2 transformação como forma de adaptação ao meio 3 qualquer forma de imitação considerada nos seus caracteres gerais e similitudes que produz 4 [fig.] imitação inconsciente pela qual alguém adota o comportamento, a linguagem, as ideias daqueles entre os quais vive 5 disfarce (Do gr. mimetés, «imitador»+-ismo)

mimetista adj.2g. referente ao mimetismo ■ n.2g. animal que possui mimetismo (Do gr. mimetés, «imitador»+-ista, ou do fr. mimétiste, «id.»)

mimetizar v.tr. 1 adquirir por mimetismo (a forma de) 2 imitar; reproduzir ■ v.pron. disfarçar-se por mimetismo; camuflar-se (De mimet(ismo)+-izar)

mimetomania n.f. imitação tornada sistemática, que se observa às vezes na criança (Do gr. mimetós, «imitável»+manía, «mania»)

mimiambo n.m. verso trímetro, jâmbico, de que os cómicos faziam uso nas suas farsas (Do gr. mimíamboi, «id.», pelo lat. mimiambos, «id.»)

mímica n.f. 1 expressão do pensamento por gestos, movimentos fisionómicos, etc., que imitam o que se quer significar 2 TEATRO arte da representação através de gestos e expressões corporais e fisionómicas, sem recurso à palavra 3 movimentos expressivos do corpo e, principalmente, do rosto e das mãos (De mímico)

mimicar v.tr. exprimir ou representar por gestos ■ v.pron. exprimir-se por gestos (De mímica+-ar)

mimice n.f. ⇒ **mimalhice** (De mimo+-ice)

mímico adj. 1 relativo à mímica 2 expresso por gestos ou por expressões corporais e fisionómicas ■ n.m. 1 autor de mimos 2 artista teatral que emprega a mímica (Do gr. mimikós, «id.», pelo lat. mimĭcu-, «id.»)

mímida n.m. ORNITOLOGIA ⇒ **mimídeo** n.m.

Mímidas n.m.pl. ORNITOLOGIA ⇒ **Mimídeos**

mimídeo *adj.* ORNITOLOGIA relativo ou pertencente aos Mimídeos ■ *n.m.* ORNITOLOGIA espécime dos Mimídeos

Mimídeos *n.m.pl.* ORNITOLOGIA família de pássaros de asas curtas e bico longo e encurvado, alguns dos quais são cantadores apreciados e frequentes na América (Do it. *mimmo*, «coisa bonita» +-*ídeos*)

mimo *n.m.* 1 gesto ou expressão carinhosa com que se trata outrem; carinho; meiguice; delicadeza 2 presente delicado, geralmente inesperado 3 afago; carícia 4 coisa encantadora; primor 5 [pej.] indulgência excessiva com que se trata e/ou educa uma criança ou um animal 6 TEATRO ator que representa através de gestos e expressões fisionómicas e corporais, sem recorrer à palavra 7 LITERATURA género teatral, usado na Antiguidade, em que o ator imitava os caracteres e os costumes do tempo 8 ator que representava peças desse género 9 [fig.] aquele que imita ou reproduz gestos ou maneiras de dizer de outrem 10 *pl.* regalos; comodidades; facilidades (Do gr. *mîmos*, «ator; imitador», pelo lat. *mimu-*, «comediante»)

mimodrama *n.m.* ação dramática representada por mímica; pantomima (De *mimo*+*drama*)

mimografia *n.f.* tratado acerca da mímica ou dos mímicos (Do gr. *mîmos*, «ato mímico» +*gráphein*, «escrever» +-*ia*)

mimógrafo *n.m.* indivíduo versado em mimografia (Do gr. *mimográphos*, «escritor de mimos», pelo lat. *mimográphu-*, «id.»)

mimologia *n.f.* 1 imitação da voz ou do modo de falar de alguém 2 linguagem mímica, utilizada por surdos-mudos (Do gr. *mimología*, «representação de mimos»)

mimologismo *n.m.* palavra formada por mimologia; onomatopeia (De *mimologia*+-*ismo*)

mimólogo *n.m.* 1 aquele que imita a voz, a pronúncia ou os gestos de outrem 2 aquele que é versado em mimologia (Do gr. *mimólogos*, «id.», pelo lat. *mimológu-*, «id.»)

mimosa *n.f.* 1 BOTÂNICA árvore vigorosa, pertencente à família das Mimosáceas, género *Acacia*, com flores de aroma agradável, cultivada especialmente com fins ornamentais 2 BOTÂNICA flor desta árvore, amarela, que se agrupa em cabeças ou espigas 3 BOTÂNICA variedade de cerejeira (Do lat. bot. *mimosa-[pudica-]*, «id.»)

mimosácea *n.f.* BOTÂNICA espécime das Mimosáceas

Mimosáceas *n.f.pl.* BOTÂNICA família de plantas dicotiledóneas, quase sempre lenhosas, tropicais e subtropicais, algumas adaptadas ao clima de Portugal (De *mimosa*+-*áceas*)

mimosear *v.tr.* 1 tratar com mimo 2 presentear; brindar com 3 obsequiar 4 [irón.] maltratar; ofender; insultar (De *mimoso*+-*ear*)

mimóseo *adj.* 1 relativo à mimosa 2 semelhante à mimosa (De *mimoso*+-*eo*)

mimoso /ô/ *adj.* 1 habituado a mimo; amimado 2 delicado 3 feito com primor; apurado; aprimorado 4 melindroso; sensível 5 suave; brando; ténue; ligeiro; leve 6 débil 7 macio; mole 8 cuidadoso 9 fértil 10 viçoso 11 meigo 12 favorecido 13 favorito 14 excelente ■ *n.m.* aquele que é favorecido pela sorte (De *mimo*+-*oso*)

mina¹ *n.f.* 1 engenho de guerra para explodir em terra ou no mar 2 passagem subterrânea para levar os sitiantes ao lugar sitiado 3 pedra preciosa 4 carga para lapiseiras 5 [fig.] o que dá riqueza 6 [fig.] fonte de benefícios; grande conveniência 7 [fig.] preciosidade 8 galeria subterrânea e estreita para conduzir a água de uma nascente, ou para a extração de minérios 9 nascente de água 10 jazigo (de minerais) 11 invólucro de madeira ou metal que contém matéria explosiva destinada a destruir veículos, barcos, pessoas, etc.; ~ *antipessoal* engenho explosivo usado essencialmente contra pessoas, e não contra materiais (Do célt. **mina*, «mineral», pelo fr. *mine*, «id.»)

mina² *n.f.* 1 antiga medida de peso de 100 dracmas, na Grécia e em Roma 2 moeda greco-romana de 100 dracmas (Do gr. *minã*, «id.», pelo lat. *mina-*, «moeda de 100 dracmas»)

mina³ *n.f.* [São Tomé e Príncipe] rapariga; menina (Do forro *mina*, de *menina*)

minacíssimo *adj.* {superlativo absoluto sintético de **minaz**} muito ameaçador; que ameaça gravemente (Do lat. *minacissĭmu-*, «id.»)

minado *adj.* 1 que se minou 2 em que se colocaram minas (Part. pass. de *minar*)

minador *n.m.* aquele que mina; mineiro (De *minar*+-*dor*)

minadouro *n.m.* [Brasil] nascente de água que dá origem a um córrego ou ribeirão (De *minar*+-*douro*)

minar¹ *v.tr.* 1 abrir uma mina em 2 escavar; furar 3 guarnecer (um local) de explosivos para fazer aluir 4 [fig.] enfraquecer ou arruinar de uma forma lenta e dissimulada; corroer lentamente; consumir 5 [fig.] atormentar; afligir 6 zelar; diligenciar 7 [pop.] angariar ■ *v.intr.* 1 espalhar-se 2 lavrar (De *mina*+-*ar*)

minar² *n.m.* pequena torre, junto às mesquitas, para anunciar a hora da oração (Do ár. *minareh*, «id.»)

minarete /ê/ *n.m.* torre alta, estreita e elegante, erguida geralmente ao lado das mesquitas, do alto da qual os Muçulmanos são chamados para a oração; almádena (Do ár. *manára*, «farol», pelo turc. *menâret*, pelo fr. *minaret*, «id.»)

minaz *adj.2g.* 1 ameaçador 2 arrogante (Do lat. *mināce-*, «ameaçador»)

mincção *n.f.* ⇒ **micção** (Do lat. *minctiōne-*, «ação de urinar; micção»)

minderico *adj.* relativo a Minde (freguesia portuguesa do concelho de Alcanena) ■ *n.m.* 1 natural ou habitante de Minde 2 variante linguística falada em Minde (De *Minde*, top. +-*r-*+-*ico*)

mindinho *n.m.* [coloq.] dedo mais pequeno da mão; dedo mínimo; mendinho ■ *adj.* [coloq.] relativo ao dedo mais pequeno da mão (Do lat. **minutīnu-*, de *minŭtu-*, «miúdo»)

minduba *n.f.* [Brasil] aguardente (Do tupi *mĩ'duba*, «cachaça»)

mineira *n.f.* 1 terreno abundante em minério 2 mina 3 [Brasil] ORNITOLOGIA ave do campo (De *mineiro*)

mineiro¹ *adj.* 1 relativo a mina 2 em que há minas ■ *n.m.* 1 indivíduo que trabalha em minas 2 proprietário de minas 3 ORNITOLOGIA ⇒ **pisco-ferreiro** (De *mina*+-*eiro*)

mineiro² *adj.* relativo a Minas Gerais, estado do Brasil ■ *n.m.* natural ou habitante de Minas Gerais (De *Minas Gerais*, top. +-*eiro*)

minense *adj.2g.* do ou relativo ao Estado brasileiro de Minas Gerais ■ *n.2g.* natural ou habitante do Estado brasileiro de Minas Gerais (De *Minas [Gerais]* top. +-*ense*)

mineração *n.f.* 1 ato ou efeito de minerar 2 exploração de minas 3 purificação dos minerais (De *minerar*+-*ção*)

mineral *adj.2g.* 1 referente a minerais 2 diz-se da água natural que contém substâncias minerais em dissolução ■ *n.m.* MINERALOGIA substância natural, sólida ou líquida, de composição química bem definida e propriedades físicas características; *os minerais* um dos reinos da natureza (Do lat. med. *minerāle-*, «mineral», pelo fr. *minéral*, «id.»)

mineralização *n.f.* 1 ato ou efeito de mineralizar 2 transformação em mineral (De *mineralizar*+-*ção*)

mineralizado *adj.* 1 transformado em mineral ou minério 2 que contém minério 3 semelhante a minério (Part. pass. de *mineralizar*)

mineralizador *adj.,n.m.* que ou substância que mineraliza outra (De *mineralizar*+-*dor*)

mineralizar *v.tr.* 1 transformar em mineral ou minério 2 modificar (a água) pela adição de substâncias minerais (De *mineral*+-*izar*, ou do fr. *minéraliser*, «id.»)

mineralogia *n.f.* parte da geologia que estuda os minerais na sua estrutura, composição e propriedades (De *mineral*+gr. *lógos*, «estudo» +-*ia*, ou do fr. *minéralogie*, «id.»)

mineralógico *adj.* relativo à mineralogia (De *mineralogia*+-*ico*)

mineralogista *n.2g.* 1 especialista em mineralogia 2 pessoa versada em mineralogia (De *mineralogia*+-*ista*)

mineraloide *adj.2g.* designativo de substâncias amorfas naturais que se formam em condições de pressão e temperaturas baixas, e, em geral, durante o processo de meteorização dos materiais constituintes da crusta terrestre (De *mineral*+-*óide*)

mineralóide ver nova grafia **mineraloide**

mineralurgia *n.f.* arte de aplicar os minerais à indústria, tirando deles o maior proveito (De *mineral*+-*urgia*)

mineralúrgico *adj.* que diz respeito à mineralurgia (De *mineralurgia*+-*ico*)

minerar *v.tr.* 1 explorar (mina) 2 extrair (minério) ■ *v.intr.* 1 trabalhar em minas 2 extrair minério (De *minério* ou *mineiro*+-*ar*)

minério *n.m.* 1 mineral utilizado na obtenção industrial de um metal 2 qualquer mineral explorado para um fim utilitário (De *miner[al]*+-*io*)

minero- elemento de formação de palavras que exprime a ideia de *mineral*, *minério* (Do lat. med. *minerāle-*, «id.»)

minerogenia *n.f.* parte da mineralogia que estuda a origem, transformação e modos de jazida dos minerais (De *minero-*+-*genia*)

minerografia *n.f.* descrição dos minerais (De *minero-*+-*grafia*)

minerográfico *adj.* relativo à minerografia (De *minerografia*+-*ico*)

minerógrafo *n.m.* aquele que é versado em minerografia (De *minero-*+-*grafo*)

minerva *n.f.* 1 TIPOGRAFIA pequena máquina impressora destinada a trabalhos tipográficos ligeiros 2 MEDICINA aparelho ortopédico destinado a imobilizar o pescoço (De *Minerva*, marca de fabrico)

minerval *adj.2g.* relativo a Minerva, deusa protetora de Roma e dos artistas, na mitologia romana (Do lat. *minervāle-*, «id.»)
minete *n.m.* [vulg.] ⇒ **cunilíngua** (Do fr. *minette*, «id.»)
minga *n.f.* [pop.] ⇒ **míngua**; *não fazer ~* [pop.] não fazer falta (Deriv. regr. de *mingar*)
mingacho *n.m.* cabaço com água onde o pescador lança os peixes para os conservar vivos (De orig. obsc.)
mingança *n.f.* [regionalismo] falta de fio nos teares (De *mingar+-ança*)
mingar *v.intr.* [pop.] ⇒ **minguar** (De *minguar*)
mingau *n.m.* [Brasil] CULINÁRIA espécie de papa doce feita com leite, açúcar e farinha (de aveia, maisena, etc.) (Do tupi *mĩ'gau*, «id.»)
míngua *n.f.* 1 falta do necessário; carência; penúria 2 escassez 3 diminuição 4 defeito; *à ~ de* à falta de; *não fazer ~* não fazer falta (Deriv. regr. de *minguar*)
minguado *adj.* 1 que tem míngua 2 falto 3 privado 4 escasso 5 curto; diminuto 6 diminuído 7 magro (Part. pass. de *minguar*)
minguante *adj.2g.* 1 que míngua ou diminui 2 diz-se do último quarto da Lua ■ *n.m.* fase da Lua nos sete dias seguintes à Lua cheia ■ *n.f.* 1 maré baixa 2 falta 3 quebra 4 diminuição (De *minguar+-ante*)
minguar *v.tr.,intr.* 1 tornar(-se) menor ou menos intenso; diminuir; decrescer 2 tornar ou ser cada vez mais raro; escassear ■ *v.intr.* passar (a Lua) de cheia a nova ■ *v.tr.* menosprezar; desvalorizar; apoucar (Do lat. **minuāre*, por *minuĕre*, «diminuir»)
minha *det.,pron.poss.* (masculino **meu**) 1 refere-se à primeira pessoa do singular e indica, geralmente, posse ou pertença (*a minha casa*) 2 [coloq.] usa-se como forma de interpelação (*ouve lá, minha*) (Do lat. *mea-*, «id.», pelo lat. vulg. *mia-*, pelo port. ant. *mĩa*, «minha»)
minhafre *n.m.* [regionalismo] ORNITOLOGIA ⇒ **milhafre**
minhoca *n.f.* 1 ZOOLOGIA nome vulgar extensivo a todos os vermes anelídeos, da família dos Lumbricídeos, muito frequentes nos lugares húmidos 2 *pl.* [pop.] preconceitos 3 *pl.* [pop.] manias; crendices; superstições; *cada cavadela, sua ~* 1 quanto mais se mexe num assunto, mais surpresas surgem; 2 a cada pergunta, sua asneira; *ter minhocas na cabeça* ter ideias preconcebidas, ter manias (Do quimb. *munhoca*, «verme»?)
minhocão *n.m.* 1 grande minhoca 2 ente fantástico das lagoas e dos açudes do Brasil, a que os Índios atribuem toda a espécie de malefícios (De *minhoca+-ão*)
minhoneta /ê/ *n.f.* BOTÂNICA ⇒ **reseda** *n.f.* (Do fr. *mignonette*, «cravina»)
minhoquices *n.f.pl.* 1 [pop.] manias 2 [pop.] preconceitos; ideias preconcebidas 3 [pop.] tolices (De *minhoca+-ice*)
minhoteira *n.f.* [regionalismo] ponte de tábuas, ou apenas uma trave, sobre cova ou precipício, para passagem de pessoas (De *minhoto+-eira*)
minhoteiro *adj.,n.m.* ⇒ **minhoto**¹ (De *minhoto+-eiro*)
minhotismo *n.m.* palavra ou locução usada no Minho, no Noroeste de Portugal (De *minhoto+-ismo*)
minhoto¹ /ô/ *adj.* 1 do Minho (antiga província portuguesa) 2 ZOOLOGIA diz-se de certa raça bovina, também chamada galega ■ *n.m.* natural ou habitante do Minho (De *Minho*, top. +*-oto*)
minhoto² /ô/ *n.m.* ORNITOLOGIA [pop.] ⇒ **milhafre**
mini- elemento de formação de palavras que exprime a ideia de *pequenez, miniatura, brevidade*, e se liga por hífen ao elemento seguinte quando este começa por *h* ou *i*, aglutinando nos outros casos (se o elemento seguinte começar por *r* ou *s*, estas consoantes dobram) (Do lat. *minĭmu-*, «mínimo»)
miniatura *n.f.* 1 versão reduzida de algo maior 2 pintura ou fotografia delicada e de pequenas dimensões 3 letra vermelha com que antigamente se iniciavam os capítulos das obras 4 resumo (Do it. *miniatura*, «miniatura; iluminura; desenho feito a mínio»)
miniatural *adj.2g.* 1 referente a miniatura 2 que representa algo em tamanho reduzido 3 muito pequeno (De *miniatura+-al*)
miniaturar *v.tr.* 1 representar ou reproduzir em miniatura 2 descrever minuciosamente (De *miniatura+-ar*)
miniaturista *n.2g.* pessoa que faz miniaturas (De *miniatura+-ista*)
miniaturização *n.f.* 1 criação de miniaturas 2 produção de peças e mecanismos de pequeníssimas dimensões (De *miniaturizar+-ção*)
miniaturizado *adj.* 1 que sofreu miniaturização 2 de tamanho muito reduzido; mínimo (Part. pass. de *miniaturizar*)
miniaturizar *v.tr.* 1 fazer miniatura de 2 reduzir a dimensões mínimas 3 descrever minuciosamente (De *miniatura+-izar*)
minibar *n.m.* pequeno frigorífico em quarto de hotel, com bebidas e snacks que o hóspede pode consumir em self-service (De *mini-+bar*)
miniconcurso *n.m.* [ant.] concurso para recrutamento de professores a nível regional com vista à distribuição de vagas a docentes que não foram colocados ou não concorreram nos concursos anteriores (De *mini-+concurso*)
minifundiário *adj.* relativo ou pertencente a minifúndio ■ *n.m.* proprietário de um minifúndio (De *minifúndio+-ário*)
minifúndio *n.m.* pequena propriedade rústica (De *mini-+*fúndio*, de *latifúndio*)
minigolfe *n.m.* DESPORTO atividade praticada com um taco e uma bola num pequeno percurso com obstáculos, como pequenos túneis ou pequenas pontes, através dos quais a bola tem de passar (De *mini-+golfe*)
mínima *n.f.* 1 valor mais baixo observado em determinado fenómeno, durante certo período 2 MÚSICA figura de valor igual a metade de uma semibreve; *não ligar a ~* [coloq.] não dar importância a, ignorar (De *mínimo*)
minimalismo *n.m.* 1 (artes) atitude ou conceção que reduz ao mínimo os elementos de uma obra, acentuando a sua estrutura 2 estilo ou atitude que defende a maior simplicidade possível (De *mínimo+-al+-ismo*)
minimalista *adj.2g.* 1 (artes) que utiliza um reduzido número de temas ou elementos, repetindo-os ou isolando-os no contexto da obra 2 que reduz ao mínimo 3 que defende a maior simplicidade possível ■ *n.2g.* 1 artista cuja obra é marcada pelas características principais do minimalismo 2 pessoa que procura ou defende a maior simplicidade possível (De *mínimo+-al+-ista*)
minimidade *n.f.* 1 qualidade do que é mínimo 2 pequenez 3 insignificância (De *mínimo+-i-+-dade*)
minimização *n.f.* 1 ato ou efeito de minimizar 2 processo pelo qual se determina o menor valor que uma grandeza pode assumir 3 [fig.] depreciação; desvalorização 4 [fig.] menosprezo; subestimação (De *minimizar+-ção*)
minimizado *adj.* 1 reduzido ao mínimo; diminuído 2 [fig.] que foi considerado de importância reduzida; desvalorizado 3 [fig.] menosprezado (Part. pass. de *minimizar*)
minimizar *v.tr.* 1 reduzir ao mínimo 2 diminuir 3 [fig.] considerar de reduzida importância 4 [fig.] depreciar; desvalorizar 5 [fig.] não atribuir o devido valor a; menosprezar (De *mínimo+-izar*)
mínimo *adj.* {*superlativo absoluto sintético de* **pequeno**} muito pequeno ■ *n.m.* 1 menor quantidade de uma coisa 2 dedo mais pequeno da mão; dedo mínimo 3 *pl.* luzes destinadas a assinalar a presença e a largura do veículo, quando visto de frente e da retaguarda; luzes de presença (Do lat. *minĭmu-*, «id.»)
mínio *n.m.* QUÍMICA óxido vermelho de chumbo; zarcão (Do lat. *miniŭ-*, «mínio; zarcão»)
minissaia *n.f.* saia muito curta, acima do joelho (De *mini-+saia*)
minissérie *n.f.* TELEVISÃO série de ficção ou documentário que é apresentada(o) num número reduzido de episódios
ministerial *adj.2g.* 1 de ministro ou a ele referente 2 do ministério ■ *n.2g.* pessoa que apoia um ministério ou a sua política (De *ministério+-al*)
ministerialismo *n.m.* POLÍTICA sistema dos que apoiam incondicionalmente um ministério ou Governo (De *ministerial+-ismo*)
ministerialista *n.2g.* pessoa que apoia os ministros ou o Governo (De *ministerial+-ista*)
ministeriável *adj.2g.* que tem as condições necessárias para ser ministro (De **ministeriar+-vel*)
ministério *n.m.* 1 POLÍTICA conjunto dos ministros, secretários de Estado e subsecretários de Estado que constituem o Governo 2 POLÍTICA cada um dos departamentos em que se divide o poder executivo 3 edifício onde estão as repartições de serviço de um ministro 4 cargo; profissão 5 RELIGIÃO sacerdócio 6 [fig.] missão nobre (Do lat. *ministerĭu-*, «função de servidor»)
Ministério Público *n.m.* magistratura judicial cujos representantes simbolizam o Estado junto de cada tribunal para velar pela aplicação e cumprimento das leis
ministra *n.f.* 1 membro do poder executivo que dirige um ministério 2 esposa do ministro 3 medianeira 4 roda que, nos conventos, passava a comida da cozinha para o refeitório 5 utensílio de madeira com um entalhe em que os sapateiros resguardam o fio da faca (Do lat. *ministra-*, «serva»)
ministrado *n.m.* cargo ou funções de ministro (De *ministro+-ado*)
ministrador *adj.,n.m.* que ou aquele que ministra (Do lat. *ministratōre-*, «servidor»)
ministral *adj.2g.* referente a ministro (De *ministro+-al*)
ministrante *adj.,n.2g.* que ou pessoa que exerce algum cargo, ofício ou ministério (Do lat. *ministrante-*, «id.», part. pres. de *ministrāre*; «servir; dirigir»)

ministrar v.tr. 1 dar; fornecer 2 prestar 3 servir 4 dar a tomar; administrar 5 conferir 6 ajudar 7 sugerir (Do lat. *ministrāre*, «servir; dirigir»)

ministrável adj.2g. ⇒ **ministeriável**

ministro n.m. 1 membro do poder executivo que dirige um ministério 2 aquele que está encarregado de um ofício ou função 3 servidor 4 executor; intermediário 5 designação de certos representantes diplomáticos 6 ORNITOLOGIA ⇒ **urubu-caçador**; **~ do altar/da Igreja/do Senhor** RELIGIÃO sacerdote; **~ evangélico** RELIGIÃO pastor do culto protestante (Do lat. *ministru-*, «servidor»)

minoração n.f. ato ou efeito de minorar; atenuação; diminuição (Do lat. *minoratiōne-*, «diminuição»)

minorado adj. atenuado; **conjunto ~** MATEMÁTICA conjunto que tem algum minorante; **sucessão minorada** MATEMÁTICA sucessão cujos termos têm algum minorante (Part. pass. de *minorar*)

minorante n.m. MATEMÁTICA número real que é igual ou menor que qualquer dos elementos de um conjunto de números reais (e diz-se estritamente minorante se é menor que qualquer elemento do conjunto) (Do lat. *minorante-*, «que diminui», part. pres. de *minorāre*, «diminuir»)

minorar v.tr. 1 tornar menor; diminuir 2 atenuar; aliviar (Do lat. *minorāre*, «id.»)

minorativo adj. 1 que minora 2 que alivia 3 suave (De *minorar*+*-tivo*)

minorca n.f. ORNITOLOGIA raça de galinhas com fama de grandes poedeiras, oriunda da ilha espanhola de Minorca, do arquipélago das Baleares, no mar Mediterrâneo ■ n.2g. [COLOQ.] pessoa de baixa estatura (De *Minorca*, top.)

minoria n.f. 1 inferioridade em número 2 parte menos numerosa num conjunto de pessoas ou de coisas 3 ANTROPOLOGIA comunidade com características étnicas, religiosas, de costumes ou nacionalidade diferentes das da sociedade em que está inserida, e que geralmente não vive em igualdade de condições relativamente à maioria 4 POLÍTICA grupo ou fação pouco numerosa no interior de um partido 5 grupo ou partido que obtém o menor número de votos numa eleição; **~ étnica** conjunto de pessoas que possuem unidade cultural, consciência de pertença ao grupo, sem dispor de território próprio (Do lat. *minōre-*, «menor» +*-ia*)

minorista n.m. RELIGIÃO aquele que tomou ordens menores (Do lat. *minōre*, «menor» +*-ista*)

minorita n.m. RELIGIÃO religioso da ordem de S. Francisco (Do lat. *minōre*+*-ita*)

minoritário adj. 1 relativo à minoria ou às minorias 2 que está em minoria; que tem um menor número de representantes (Do fr. *minoritaire*, «id.»)

minorquino adj. relativo ou pertencente a Minorca ■ n.m. natural ou habitante de Minorca, ilha espanhola no mar Mediterrâneo (De *Minorca*, top. +*-ino*)

minotaurizado adj. tornado semelhante ao Minotauro (Part. pass. de *minotaurizar*)

minotaurizar v.tr. 1 tornar semelhante ao Minotauro 2 guarnecer com chavelhos 3 trair; cornear (De *Minotauro*, mitol. +*-izar*)

minotauro n.m. 1 [com maiúscula] MITOLOGIA monstro fabuloso com corpo de homem e cabeça de touro 2 [fig., pej.] indivíduo traído pela esposa (Do gr. *Minótauros*, «id.», pelo lat. *Minotauru-*, «id.»)

minúcia n.f. 1 coisa muito miúda 2 pormenor; particularidade 3 bagatela; insignificância 4 cuidado extremo em relação ao mínimo pormenor (Do lat. *minutĭa-*, «parcela muito pequena»)

minuciosamente adv. de modo minucioso; com extremo cuidado em relação ao mínimo pormenor; pormenorizadamente (De *minucioso*+*-mente*)

minuciosidade n.f. 1 qualidade de minucioso 2 cuidado extremo em relação ao mínimo pormenor 3 escrúpulo excessivo 4 pormenor (De *minucioso*+*-i-*+*-dade*)

minucioso /ô/ adj. 1 que se ocupa com minúcias ou pormenores; meticuloso; cuidadoso; consciencioso 2 narrado com todos os pormenores; descrito por miúdo; detalhado; pormenorizado; circunstanciado (De *minúcia*+*-oso*)

minudar v.tr. ⇒ **minudear**

minudear v.tr. narrar minuciosamente; pormenorizar; minudenciar (Do cast. *menudear*, «id.»)

minudência n.f. 1 coisa muito miúda; pormenor 2 [fig.] observação cuidada; exame atento (Do cast. *menudencia*, «id.»)

minudenciar v.tr. 1 expor pormenorizadamente 2 pormenorizar; particularizar (De *minudência*+*-ar*)

minudencioso /ô/ adj. ⇒ **minucioso** (De *minudência*+*-oso*)

minudente adj.2g. 1 que emprega minudências 2 que é muito cuidadoso com cada pormenor; minucioso 3 meticuloso; escrupuloso (Por *minudante*, de *minudar*)

minuete /ê/ n.m. 1 MÚSICA antiga dança francesa de movimentos graves e delicados, muito em voga nos séculos XVII e XVIII, escrita em compasso ternário simples com acentuação no primeiro tempo 2 MÚSICA andamento de uma obra instrumental escrito na forma dessa dança 3 MÚSICA um dos andamentos da suite barroca francesa (Do fr. *menuet*, «id.», pelo it. *minuetto*, «id.»)

minuir v.tr.,intr. [pouco usado] ⇒ **diminuir** (Do lat. *minuĕre*, «diminuir»)

minúscula n.f. uma das duas formas de representar uma letra do alfabeto, que corresponde ao tamanho menor e é mais usada no texto em geral (De *minúsculo*)

minusculamente adv. 1 de modo minúsculo 2 [fig.] obscuramente (De *minúsculo*+*-mente*)

minúsculo adj. 1 muito pequeno; miúdo 2 de pouco valor; insignificante 3 diz-se da letra do alfabeto de tamanho menor, mais usada no texto em geral (Do lat. *minuscŭlu-*, «bastante pequeno»)

minuta n.f. 1 ato ou efeito de minutar 2 ato ou efeito de ditar ou fazer rascunho 3 fórmula escrita contendo os elementos fundamentais para o preenchimento de documentos oficiais 4 primeira redação de um escrito; rascunho; borrão 5 TOPOGRAFIA desenho traçado à vista do terreno, no levantamento de uma planta; **à la ~** no momento; de imediato (Do lat. med. *minūta-*, «pequena; diminuída», part. pass. fem. de *minuĕre*, «diminuir; reduzir»)

minutador adj.,n.m. que ou aquele que minuta (De *minutar*+*-dor*)

minutar v.tr. 1 ditar ou fazer a minuta de 2 rascunhar (um texto ou documento que depois será passado a limpo) (De *minuta*+*-ar*)

minuto n.m. 1 unidade de medida de tempo equivalente a 60 segundos, de símbolo min; sexagésima parte de uma hora 2 GEOMETRIA unidade de medida de ângulo plano, de símbolo ', equivalente à sexagésima parte do ângulo de 1 grau (do arco de 1 grau) 3 [fig.] período curto; instante; momento; **num ~** em pouco tempo, rapidamente, num instante; **por minutos/um ~** por muito pouco tempo, por pouco (Do lat. *minūtu-*, «pequeno; miúdo», part. pass. de *minuĕre*, «diminuir; reduzir»)

minutor n.m. o que faz as minutas na cúria romana; minutador (De *minutar*+*-or*)

mio n.m. voz do gato; miadela; miado (Deriv. regr. de *miar*)

mio-[1] elemento de formação de palavras que exprime a ideia de *menor*, *menos* (Do gr. *meíon*, «menor»)

mio-[2] elemento de formação de palavras que exprime a ideia de *contração* (Do gr. *mýein*, «contrair»)

mio-[3] elemento de formação de palavras que exprime a ideia de *músculo* e *rato* (Do gr. *mýs*, *myós*, «músculo; rato»)

miocárdio n.m. ANATOMIA tecido que constitui a parte contráctil da parede do coração, formado por músculo cardíaco (Do gr. *mýs*, *myós*, «músculo» +*kardía*, «coração»)

miocardite n.f. MEDICINA inflamação do miocárdio (De *miocárdio*+*-ite*)

Miocénico n.m. GEOLOGIA sistema ou período do Cenozoico, posterior ao Oligocénico e anterior ao Pliocénico ■ adj. [com minúscula] GEOLOGIA relativo ao Mioceno

Mioceno n.m. GEOLOGIA ⇒ **Miocénico** (Do *meíon*, «menor» +*kainós*, «recente»)

mioclonia n.f. MEDICINA contração violenta e involuntária de um músculo ou de um grupo muscular (Do gr. *mýs*, *myós*, «músculo» +*klónos*, «movimento tumultuoso» +*-ia*)

miocoma n.m. BIOLOGIA tabique conjuntivo que, em certos animais, separa, entre si, as massas musculares ou miótomos

mioepitelial adj.2g. HISTOLOGIA diz-se da célula epitelial que tem uma parte do citoplasma diferenciado em fibrilas contrácteis (De *mio-*+*epitelial*)

miografia n.f. ANATOMIA estudo descritivo dos músculos (Do gr. *mýs*, *myós*, «músculo» +*gráphein*, «escrever» +*-ia*)

miógrafo n.m. aparelho que regista graficamente as contrações musculares (Do gr. *mýs*, *myós*, «músculo» +*gráphein*, «escrever»)

miograma n.m. gráfico obtido por meio do miógrafo relativamente à atividade muscular (Do gr. *mýs*, *myós*, «músculo» +*gramma*, «letra; registo»)

miolada n.f. 1 mioleira; miolos 2 CULINÁRIA refeição preparada com miolos (De *miolo*+*-ada*)

mioleira n.f. 1 miolos 2 [fig.] juízo; tino (De *miolo*+*-eira*)

miolema /ê/ n.m. ANATOMIA tubo transparente que contém fibrilas musculares (Do gr. *mýs*, *myós*, «músculo» +*lémma*, «túnica; invólucro»)

miolo /ô/ *n.m.* 1 parte do pão recoberta pela côdea 2 BOTÂNICA polpa ou interior de certos frutos; parte interior de certos órgãos vegetais 3 BOTÂNICA (árvore) alburno 4 [coloq.] massa encefálica 5 [fig.] inteligência; juízo 6 [fig.] parte central ou mais importante de uma coisa; essência 7 [fig.] parte interior de qualquer coisa (Do lat. *medullu-*, de *medulla-*, «tutano; medula»)

miologia *n.f.* ANATOMIA parte da anatomia que trata dos músculos (Do gr. *mýs*, *myós*, «músculo» +*lógos*, «estudo» +*-ia*)

mioloso *adj.* ⇒ **mioludo** (De *miolo*+*-oso*)

mioludo *adj.* 1 que tem muito miolo 2 (vegetal) abundante em medula (De *miolo*+*-udo*)

mioma /ô/ *n.m.* MEDICINA tumor benigno do tecido muscular (De *mio-*+*-oma*)

miometrite *n.f.* MEDICINA inflamação do músculo uterino, também designada por metrite parenquimatosa (Do gr. *mýs*, *myós*, «músculo» +*métra*, «útero» +*-ite*)

miopatia *n.f.* MEDICINA afeção do sistema muscular, particularmente afeção degenerativa dos músculos, com diversas localizações, e em geral familiar e hereditária

míope *adj.2g.* 1 que sofre de miopia 2 [fig.] que revela falta de perspicácia ■ *n.2g.* 1 pessoa que sofre de miopia 2 [fig.] pessoa pouco perspicaz (Do gr. *myóps*, «míope»; que pisca os olhos para ver melhor», pelo lat. tard. *myópe-*, «id.»)

miopia *n.f.* 1 MEDICINA anomalia da refração ocular cujo resultado é a má visão à distância, visto que um objeto afastado se forma à frente da retina, levando a que se veja com nitidez apenas o que está mais próximo 2 [fig.] facto de encarar as coisas só pelo seu lado insignificante 3 [fig.] falta de perspicácia (Do gr. *myopía*, «id.»)

mioplasma *n.m.* líquido extraído dos músculos por compressão a 0 °C (Do gr. *mýs*, *myós*, «músculo» +*plásma*, «modulação»)

mioplastia *n.f.* 1 CIRURGIA processo de enxertar tecido muscular, muitas vezes para fechar o orifício de uma hérnia 2 CIRURGIA operação plástica realizada num músculo (Do gr. *mýs*, *myós*, «músculo» +*plástes*, «que modela» +*-ia*)

mioporácea *n.f.* BOTÂNICA espécime das Mioporáceas

Mioporáceas *n.f.pl.* BOTÂNICA família de plantas lenhosas, floríferas, cujo género-tipo se denomina *Mioporum* (De *mióporo*+*-áceas*)

mioporíneo *adj.* relativo ao mióporo (De *mióporo*+*-íneo*)

mióporo *n.m.* BOTÂNICA planta lenhosa, da família das Mioporáceas, originária da Austrália, de belas folhas alternas com manchas pequenas redondas e translúcidas, cultivada em Portugal como ornamental (Do gr. *myîa*, «mosca» +*póros*, «poro»)

miopótamo *n.m.* ZOOLOGIA grupo de mamíferos roedores, da família dos Octodontídeos, próprios da América meridional, frequentadores das águas doces, e apreciados por causa do valor da sua pele (Do gr. *mýs*, *myós*, «rato» +*potamós*, «rio»)

miopresbita *adj.,n.2g.* que ou pessoa que é míope de um olho e presbita do outro (De *mío[pe]*+*presbita*)

miorragia *n.f.* MEDICINA hemorragia proveniente de lesão muscular (Do gr. *mýs*, *myós*, «músculo» +*rhagé*, «erupção»)

miosalgia *n.f.* MEDICINA dor nos músculos; mialgia (Do gr. *mýs*, *myós*, «músculo» +*álgos*, «dor» +*-ia*)

miose[1] *n.f.* MEDICINA contração permanente da pupila (Do gr. *mýein*, «contrair»)

miose[2] *n.f.* BIOLOGIA ⇒ **meiose**

miosina *n.f.* BIOQUÍMICA proteína existente nas fibras musculares e que é, juntamente com a actina, essencial para a contração dos músculos (Do gr. *mýs*, *myós*, «músculo» +*-ina*)

miosite *n.f.* MEDICINA inflamação dos músculos; miite (Do gr. *mýs*, *myós*, «músculo» +*-ite*)

miosota *n.f.* BOTÂNICA ⇒ **miosótis**

miosótide *n.f.* BOTÂNICA ⇒ **miosótis**

miosótis *n.m.,f.2n.* 1 BOTÂNICA nome vulgar de umas plantas herbáceas, da família das Boragináceas, com flores miúdas e azuis, algumas espontâneas e outras cultivadas em Portugal, nos jardins 2 BOTÂNICA qualquer espécime dessa planta, ou a sua flor (Do gr. *myosotís*, *-ídos*, «orelha-de-rato; miosótis»)

miótico *adj.* relativo à miose (De *miose*+*-ico*)

mioto /ô/ *n.m.* ORNITOLOGIA ⇒ **milhafre**

miotomia *n.f.* MEDICINA dissecação ou corte de músculos (Do gr. *mýs*, *myós*, «músculo» +*tomé*, «corte» +*-ia*)

miótomo *n.m.* 1 BIOLOGIA cada um dos segmentos musculares do corpo de certos animais, perfeitamente metamerizados e separados entre si por tabiques conjuntivos denominados miocomas 2 MEDICINA instrumento cirúrgico para fazer incisão num músculo debaixo da conjuntiva

mique *elem. expr.* **nem chique nem ~** coisa nenhuma

miquelete *n.m.* 1 antigo bandoleiro espanhol das fronteiras da Catalunha e Aragão 2 soldado da guarda dos governadores das províncias, em Espanha 3 *pl.* bandeirolas (Do cast. *miguelete*, «id.»)

mira *n.f.* 1 ato de mirar 2 peça metálica para regular a pontaria, nas armas de fogo 3 instrumento auxiliar de topografia para a determinação indireta de distâncias e desníveis 4 [fig.] fim; intuito; desejo; *estar à ~* espreitar; *ter alguma coisa em ~* ter alguma coisa em vista (Deriv. regr. de *mirar*)

mirabela *n.f.* 1 BOTÂNICA planta herbácea da família das Quenopodiáceas, com caule ramoso, folhas alternas, muito miúdas, e flores pequenas e verdes 2 BOTÂNICA fruto dessa planta, de forma e sabor semelhante ao da ameixa, e de cor amarelada (Do fr. *mirabelle*, «id.»)

mirabolante *adj.2g.* 1 que dá muito na vista; espalhafatoso 2 surpreendente 3 fantástico 4 incrível (Do fr. *mirobolant*, «mirabolante; extraordinário»)

miraculado *adj.* diz-se de uma pessoa em quem se tenha operado um milagre ■ *n.m.* essa pessoa (Part. pass. de *miracular*)

miracular *v.tr.* operar milagre em (Do lat. *miracŭlu-*, «milagre» +*-ar*)

miraculosamente *adv.* 1 de modo miraculoso 2 surpreendentemente 3 prodigiosamente (De *miraculoso*+*-mente*)

miraculoso /ô/ *adj.* ⇒ **milagroso** (Do lat. *miraculōsu-*, «id.»)

mirada *n.f.* 1 ato de mirar 2 olhadela; espiadela (Part. pass. fem. subst. de *mirar*)

miradoiro *n.m.* ⇒ **miradouro**

miradouro *n.m.* lugar elevado donde se avista um horizonte largo; mirante; belveder (De *mirar*+*-douro*)

miragem *n.f.* 1 efeito de refração e reflexão (total) que, nos desertos, faz aparecer, dando a ilusão de próxima, a imagem invertida de lugares distantes como que refletidos na água 2 [fig.] visão enganadora 3 [fig.] ilusão (Do fr. *mirage*, «id.»)

miralmuminim *n.m.* califa ou chefe dos crentes, entre os Muçulmanos; miramolim (Do ár. *amir al-muminim*, «comendador dos crentes»)

miramar *n.m.* mirante que dá para o mar (De *mirar*+*mar*)

miramolim *n.m.* ⇒ **miralmuminim**

mirandelense *adj.2g.* relativo ou pertencente a Mirandela, no distrito de Bragança, ou que é seu natural ou habitante ■ *n.2g.* natural ou habitante de Mirandela (De *Mirandela*, top. +*-ense*)

mirandense[1] *adj.2g.* relativo ou pertencente a Miranda do Corvo, no distrito de Coimbra, ou que é seu natural ou habitante; mirandês; corvino ■ *n.2g.* natural ou habitante de Miranda do Corvo; mirandês; corvino (De *Miranda [do Corvo]*, topónimo +*-ense*)

mirandense[2] *adj.,n.2g.* ⇒ **mirandês** (De *Miranda do Douro*, topónimo +*-ense*)

mirandês *adj.* 1 relativo ou pertencente a Miranda do Douro, cidade portuguesa do distrito de Bragança 2 ZOOLOGIA diz-se de uma raça bovina de Trás-os-Montes, que tira o seu nome de Miranda do Douro ■ *n.m.* 1 natural ou habitante de Miranda do Douro 2 idioma que apresenta traços em comum com o ásture-leonês, com estatuto de segunda língua oficial em Portugal desde setembro de 1998 (De *Miranda*, top. +*-ês*)

mirante *n.m.* 1 local situado a maior ou menor altitude, de onde pode ver-se um vasto horizonte; miradouro 2 construção envidraçada, no cimo de um edifício ou num lugar elevado, de onde é possível desfrutar de uma vista panorâmica (De *mirar*+*-ante*)

mirão[1] *n.m.* 1 aquele que gosta de mirar; mirone 2 espetador do jogo (De *mirar*+*-ão*)

mirão[2] *n.m.* [Cabo Verde] ETNOLOGIA mastro festivo, decorado com elementos vegetais, que se coloca no adro das igrejas (Do crioulo cabo-verdiano *mirom*, «idem», de *meirão* ou *moirão*, «vara grossa; esteio»)

mira-olho *adj.* 1 que tem aspeto agradável 2 apetitoso ■ *n.m.* variedade de pêssego (De *mirar*+*olho*)

mirar *v.tr.* 1 fixar a vista em; observar 2 espreitar; divisar 3 encarar 4 [fig.] aspirar a; apetecer ■ *v.tr.,intr.* fazer pontaria (para) ■ *v.pron.* 1 olhar-se; contemplar-se 2 ver-se ao espelho (Do lat. *mirāre*, por *mirāri*, «admirar; olhar com admiração para»)

miri *n.m.* 1 BOTÂNICA planta brasileira da família das Sapotáceas 2 ORNITOLOGIA ave trepadora, brasileira, do grupo dos papagaios (Do tupi *mi'ri*, «id.»)

miri(a)- elemento de formação de palavras que exprime a ideia de *dez mil, muitos*

miríada *n.f.* ⇒ **miríade**

miríade *n.f.* 1 número de dez mil 2 [fig.] número grande, mas indeterminado (Do gr. *myriás*, *-ádos*, «dez mil», pelo lat. *myriăde-*, «id.»)

miriagrama n.m. medida de massa igual a dez mil gramas (De *miria-+grama*)

mirialitro n.m. medida ou capacidade de dez mil litros (De *miria-+litro*)

miriâmetro n.m. medida de comprimento equivalente a dez mil metros, de símbolo Mn (De *miria-+metro*)

miriápode adj.2g.,n.m. ⇒ **miriópode** (De *miria-+-pode*)

miriare n.m. superfície com dez mil ares (De *miria-+are*)

miriastere n.m. medida equivalente a dez mil esteres (De *miria-+estere*)

miriastéreo n.m. ⇒ **miriastere** (De *miria-+estéreo*)

miricácea n.f. BOTÂNICA espécime das Miricáceas

Miricáceas n.f.pl. BOTÂNICA família de plantas dicotiledóneas, lenhosas, aromáticas, de frutos drupáceos, cujo género-tipo se designa *Myrica*, que inclui muitas espécies subtropicais e está representada na flora portuguesa pela faia, a nogueira, etc. (Do gr. *myríke*, «tamarindo», pelo lat. *myrīca-*, «id.»)

mirificar v.tr. **1** tornar mirífico **2** causar admiração a; espantar; maravilhar (Do lat. *mirificāre*, «id.»)

mirífico adj. maravilhoso; portentoso; admirável (Do lat. *mirifĭcu-*, «id.»)

mirim adj.2g. [Brasil] pequenino ▪ n.m. **1** espécie de abelha pequenina **2** ⇒ **miri** (Do tupi *mi'ri*, «pequeno»)

-mirim sufixo nominal, de origem tupi, que exprime a ideia de *pequeno* (*ubimirim, uivamirim*)

mirina n.f. estatueta semelhante às de Mirina, cidade da Ásia Menor (De *Mirina*, top.)

mirindiba n.f. BOTÂNICA árvore brasileira da família das Litráceas, de flores grandes e vistosas, fornecedora de madeira de excelente qualidade (Do tupi *mirī'diba*, «id.»)

miringe n.f. ANATOMIA membrana do tímpano (Do lat. med. *miringa*, «id.»)

miringite n.f. MEDICINA inflamação da membrana do tímpano (De *miringe+-ite*)

miri(o)- elemento de formação de palavras que exprime a ideia de *dez mil, muitos* (Do gr. *mýrioi*, «dez mil»)

miriofilo n.m. BOTÂNICA planta da família das Halorragáceas ▪ adj. BOTÂNICA (planta) cujas folhas são extremamente fendidas ou recortadas

miriópode adj.2g. **1** ZOOLOGIA que tem muitos pés ou patas **2** ZOOLOGIA relativo ou pertencente aos miriópodes ▪ n.m. ZOOLOGIA espécime dos miriópodes ▪ n.m.pl. ZOOLOGIA classe de artrópodes caracterizada pela presença de numerosos segmentos pós-cefálicos, cada um dos quais com um ou dois pares de membros (Do gr. *myriópous*, *-odos*, «que tem dez mil pés»)

miristicácea n.f. BOTÂNICA espécime das Miristicáceas

Miristicáceas n.f.pl. BOTÂNICA família de plantas lenhosas, com elementos oleíferos e frutos carnudos de sementes com arilo, e cujo género-tipo se designa *Myristica* (Do gr. *myristiké*, «que serve para perfumes» +*-áceas*)

miristico adj. QUÍMICA diz-se de um ácido gordo que se encontra num grande número de gorduras vegetais

mirmecófago adj. que se alimenta de formigas (Do gr. *mýrmex, -ekos*, «formiga» +*phageîn*, «comer»)

mirmecologia n.f. parte da entomologia que tem por objetivo o estudo das formigas (Do gr. *mýrmex, -ekos*, «formiga» +*lógos*, «estudo»+*-ia*)

mirmeleonídeo adj. ZOOLOGIA relativo ou pertencente aos Mirmeleonídeos ▪ n.m. ZOOLOGIA espécime dos Mirmeleonídeos

Mirmeleonídeos n.m.pl. ZOOLOGIA família de insetos neurópteros da qual fazem parte todas as espécies popularmente designadas por formiga-leão

mirmequite n.f. PETROLOGIA intercrescimento de plagióclase e quartzo vermicular, frequente nas rochas eruptivas (Do gr. *mýrmex, -ekos*, «formiga» +*-ite*)

mirmidão n.m. ⇒ **mirmídone**

mirmídone n.m. **1** ajudante de cozinheiro **2** homúnculo (Do ing. *myrmidon*, «lacaio servil»)

mirmilão n.m. antigo gladiador romano, armado de escudo, espada e elmo encimado por um peixe (Do lat. *mirmillōne-*, «id.»)

mirolho /ô/ adj. que apresenta estrabismo; vesgo ▪ n.m. indivíduo estrábico (De *mirar+olho*)

miro(n)- elemento de formação de palavras que exprime a ideia de *essência, perfume* (Do grego *mýron*, «perfume líquido»)

mirone n.m. **1** aquele que gosta de mirar **2** espectador; observador (Do cast. *mirón*, «simples espectador»)

mirosina n.f. fermento contido nos grãos da mostarda, que, em presença da água, os torna ativos (Do gr. *mýron*, «perfume» +*-ina*)

mirospermina n.f. QUÍMICA essência extraída do mirospermo

mirospermo n.m. BOTÂNICA planta dicotiledónea da família das Leguminosas

miroxilina /cs/ n.f. substância insolúvel contida na essência do bálsamo-do-peru (Do gr. *mýron*, «perfume» +*xýlon*, «madeira» +*-ina*)

mirra¹ n.f. **1** BOTÂNICA planta da família das Burseráceas, vulgar nas margens do mar Vermelho **2** resina erómea e balsâmica produzida por esta planta (Do lat. *mýrra*, «id.», pelo lat. *myrrha-*, «id.»)

mirra² n.2g. **1** [pop.] magricela **2** [pop.] pessoa sovina (Deriv. regr. de *mirrar*)

mirração n.f. **1** ato de mirrar; definhamento **2** consumição (De *mirrar+-ção*)

mirrado adj. **1** seco; ressequido **2** murcho **3** magro **4** definhado; consumido **5** acabrunhado **6** exausto **7** gasto; corroído **8** tornado improdutivo (Part. pass. de *mirrar*)

mirrador adj.,n.m. **1** que ou aquele que mirra **2** importuno (De *mirrar+-dor*)

mirrar v.tr.,intr. **1** tornar(-se) seco; (fazer) perder a frescura **2** tornar(-se) magro; emagrecer ▪ v.tr.,intr.,pron. **1** definhar; consumir(-se) **2** encolher(-se) ▪ v.tr. **1** perfumar **2** defumar **3** embalsamar com mirra (De *mirra+-ar*)

mirrastes n.m.pl. molho de amêndoas pisadas (De orig. obsc.)

mírreo adj. [poét.] preparado ou perfumado com mirra (Do lat. *myrrhěu-*, «perfumado com mirra»)

mirsinácea n.f. BOTÂNICA espécime das Mirsináceas

Mirsináceas n.f.pl. BOTÂNICA família de plantas dicotiledóneas, lenhosas, das regiões quentes do Globo, cujo género-tipo se designa *Myrsine* (Do gr. *myrsíne*, «murta» +*-áceas*)

mirtácea n.f. BOTÂNICA espécime das Mirtáceas

Mirtáceas n.f.pl. BOTÂNICA família de plantas dicotiledóneas, lenhosas, cujo género-tipo se denomina *Myrtus* (De *mirto+-áceas*)

mirtáceo adj. **1** BOTÂNICA relativo à família das Mirtáceas **2** semelhante à murta ou a ela relativo (De *mirto+-aceo*)

mirtedo n.m. lugar onde crescem mirtos (Do lat. *myrtētu-*, «id.»)

mírteo adj. **1** do mirto **2** que diz respeito ao mirto **3** feito de mirto **4** onde há mirto (Do lat. *myrtěu*, «de mirto»)

mirtiforme adj.2g. semelhante ao mirto ou à folha deste (Do lat. *myrtu-*, «mirto» +*forma-*, «forma»)

mirtilo n.m. **1** BOTÂNICA planta subarbustiva da família das Ericáceas, de folhas ovaladas, flores brancas ou rosadas e frutos em forma de bagas, de cor azulada ou negra e sabor ligeiramente ácido; arando; uva-do-monte **2** BOTÂNICA fruto produzido por esta planta, muito apreciado na preparação de compotas e licores (Do lat. *myrtillus*, «id.»)

mirto n.m. BOTÂNICA ⇒ **murta** (Do gr. *mýrtos*, «id.», pelo lat. *myrtu-*, «id.»)

mirtoide adj.2g. semelhante ao mirto (De *mirto+-óide*)

mirtóide ver nova grafia **mirtoide**

mirtoso /ô/ adj. **1** que tem mirto **2** onde há mirto (De *mirto+-oso*)

mirzá n.m. título persa designativo de príncipe, sábio ou indivíduo de uma classe elevada (Do pers. *mirzâ*, «id.»)

misandria n.f. aversão ou desprezo pelos indivíduos do sexo masculino (De *mis(o)-+-andria*)

misândrico adj. **1** relativo a misandria **2** diz-se da pessoa que manifesta misandria (De *misandria+-ico*)

misantropia n.f. **1** qualidade de misantropo **2** aversão à convivência social **3** disposição sombria do espírito; melancolia profunda **4** hipocondria (Do gr. *misanthropía*, «id.»)

misantrópico adj. **1** relativo à misantropia **2** que não aprecia o convívio social; insocial **3** desconfiado **4** melancólico; sorumbático (De *misantropia+-ico*)

misantropismo n.m. ⇒ **misantropia** (De *misantropia+-ismo*)

misantropo /ô/ n.m. **1** aquele que tem aversão à convivência social; aquele que prefere o isolamento, manifestando desconfiança em relação a todas as pessoas em geral **2** aquele que manifesta uma melancolia profunda ▪ adj. **1** insocial **2** desconfiado **3** melancólico; sorumbático (Do gr. *misánthropos*, «que odeia a humanidade»)

míscaro n.m. BOTÂNICA cogumelo da família das Poliporáceas, cujo estroma amarelo é comestível, que se encontra com frequência em Portugal, nos estevais e pinhais, e é também cultivado (De orig. obsc.)

miscar-se v.pron. [coloq.] fugir; esgueirar-se; pisgar-se

miscelânea n.f. **1** coleção de escritos sobre diversos assuntos, no mesmo volume; coletânea **2** [fig.] mistura de diferentes coisas **3** [fig.] confusão; salgalhada (Do lat. *miscellanĕa*, «coisas misturadas; misturada»)

miscibilidade

miscibilidade *n.f.* qualidade do que é miscível (Do lat. *miscibĭle-*, «miscível» +-*i-*+-*dade*)

miscigenação *n.f.* cruzamento entre indivíduos de raças diferentes (especialmente de raças humanas); mestiçagem (Do lat. *miscēre*, «misturar» +*genĕre-*, «raça» +-*ção*)

miscível *adj.2g.* que se pode misturar ou tem facilidade em misturar-se com outra substância, formando uma mistura homogénea (Do lat. *miscibĭle-*, «id.»)

miscrar *v.tr.* 1 ⇒ **mesclar** 2 [pop.] espreitar; espiar (Do lat. tard. *musculāre*, freq. de *miscēre*, «misturar»)

mise *n.f.* ondulação artificial, mais ou menos forte, do cabelo; permanente (Do fr. *mise en plis*, «id.»)

mise-en-scène *n.f.* TEATRO direção artística; encenação; montagem (Do fr. *mise en scène*)

miserabilismo *n.m.* 1 estado ou condição de miserável 2 tendência para insistir na descrição dos aspetos mais miseráveis da vida 3 forma de populismo que se baseia na descrição da miséria e das condições de vida mais degradadas (Do fr. *misérabilisme*, «id.»)

miserabilista *adj.2g.* 1 relativo aos aspetos mais miseráveis da vida ou da sociedade 2 que descreve de forma populista as situações de miséria social ■ *n.2g.* 1 pessoa que retrata de forma populista as situações de miséria social 2 pessoa que tem tendência para insistir nos aspetos mais negativos ou miseráveis da vida social; pessoa muito pessimista (Do fr. *misérabiliste*, «id.»)

miseração *n.f.* ⇒ **comiseração** (Do lat. *miseratiōne-*, «id.»)

miseramente *adv.* 1 ⇒ **miseravelmente** 2 com mesquinhez (De *mísero*+-*mente*)

miserando *adj.* digno de miseração; lastimável; deplorável (Do lat. *miserandu-*, «id.», ger. de *miserāre*, por *miserāri*, «lastimar»)

miserar *v.tr.* tornar mísero; desgraçar ■ *v.pron.* lastimar-se, contando as suas misérias; chorar-se (Do lat. *miserāre*, por *miserāri*, «lastimar»)

miserável *adj.2g.* 1 que está na miséria 2 digno de dó; que inspira compaixão 3 pobre; indigente 4 desprezível; vil 5 mesquinho; avarento ■ *n.2g.* 1 pessoa desgraçada, que inspira compaixão 2 pessoa extremamente pobre 3 pessoa infame, que pratica atos considerados condenáveis do ponto de vista social e moral 4 pessoa avarenta (Do lat. *miserabĭle-*, «digno de compaixão»)

miseravelmente *adv.* 1 de modo miserável 2 pobremente (De *miserável*+-*mente*)

miserere *n.m.* 1 RELIGIÃO salmo do Antigo Testamento, que começa por esta palavra 2 MÚSICA música composta sobre as palavras deste salmo 3 [fig.] lamentação 4 [fig.] pedido de clemência (Do lat. *miserēre!*, «tem compaixão!», imp. de *miserēri*, «ter compaixão»)

miséria[1] *n.f.* 1 estado de falta de meios de subsistência; pobreza; indigência 2 estado que inspira compaixão; infelicidade; infortúnio 3 estado vergonhoso ou indigno; abjeção; sordidez 4 avareza; sovinice 5 [coloq.] pequena quantia de dinheiro; ninharia 6 [coloq.] coisa de má qualidade; porcaria 7 *pl.* privações; infortúnios; *tirar a barriga de misérias* aproveitar alguma coisa até então inexistente ou indisponível, regalar-se (Do latim *miserĭa-*, «idem»)

miséria[2] *n.f.* [Guiné-Bissau] BOTÂNICA fruto, espécie de ameixa pequena, ácido, que é comido com sal e malagueta (Do crioulo guineense *pè/pé (di) mizèria*, «idem», e árvore respetiva)

misericórdia *n.f.* 1 comiseração pela desgraça alheia; compaixão; piedade 2 perdão 3 instituição de caridade 4 punhal com que antigamente o cavaleiro matava o adversário depois de o derrubar; *~!* exclamação que exprime um pedido de compaixão, perdão ou socorro; *capa da ~* pessoa sempre disposta a encobrir ou a perdoar as faltas de outrem; *golpe de ~* golpe final, golpe mortal (Do lat. *misericordĭa-*, «id.»)

misericordiosamente *adv.* compassivamente; piedosamente (De *misericordioso*+-*mente*)

misericordioso *adj.* que usa de misericórdia; clemente; compassivo; piedoso (De *misericórdia*+-*oso*)

mísero *adj.* 1 miserável 2 desgraçado; infeliz 3 pobre 4 avarento; mesquinho (Do lat. *misĕru-*, «id.»)

misérrimo *adj.* {superlativo absoluto sintético de **mísero**} muito mísero (Do lat. *miserrĭmu-*, «id.»)

mísio *adj.* relativo ou pertencente aos Mísios ■ *n.m.* 1 indivíduo dos Mísios 2 natural ou habitante da Mísia (Do lat. *mysĭu-*, «mísio»)

Mísios *n.m.pl.* ETNOGRAFIA antigo povo da Mísia, região do Noroeste da Ásia Menor (Do lat. *mysĭu-*, «mísio»)

miso- elemento de formação de palavras que exprime a ideia de ódio, horror (Do gr. *mîsos*, «ódio»)

misofobia *n.f.* 1 medo mórbido dos contactos 2 receio obsessivo da sujidade, da poeira e dos micróbios (Do gr. *mîsos*, «objeto de aversão» +*phobeĩn*, «ter horror» +-*ia*)

misófobo *n.m.* aquele que padece de misofobia (Do gr. *mîsos*, «objeto de aversão» +*phóbos*, «medo»)

misogamia *n.f.* qualidade ou estado de misógamo; aversão ao casamento (De *misógamo*+-*ia*)

misógamo *adj.,n.m.* que ou aquele que tem horror ao casamento (Do gr. *misógamos*, «id.»)

misoginia *n.f.* 1 horror ou aversão às mulheres 2 aversão patológica do homem ao contacto sexual com as mulheres (Do gr. *misogynía*, «id.»)

misógino *adj.,n.m.* que ou aquele que manifesta misoginia (Do gr. *misogýnes*, «id.»)

misologia *n.f.* horror ao raciocínio, às ciências e às palavras (Do gr. *misología*, «id.»)

misólogo *n.m.* aquele que tem misologia (Do gr. *misológos*, «id.»)

misoneísmo *n.m.* aversão às inovações, a toda a transformação (Do gr. *mîsos*, «aversão» +*néos*, «novo» +-*ismo*)

misoneísta *adj.2g.* 1 que diz respeito ao misoneísmo 2 que manifesta aversão às inovações, a toda a transformação ■ *n.2g.* pessoa inimiga das inovações (Do gr. *mîsos*, «aversão» +*néos*, «novo» +-*ista*)

misopedia *n.f.* aversão mórbida às crianças e aos próprios filhos (Do gr. *mîsos*, «aversão» +*país*, *-dós*, «criança» +-*ia*)

mispíquel *n.m.* MINERALOGIA mineral que, quimicamente, é o sulfarsenieto de ferro e cristaliza no sistema monoclínico; pirite arsenical; arsenopirite (Do al. *Mißpickel*, «id.»)

missa *n.f.* 1 RELIGIÃO ato mais importante do culto católico e do culto ortodoxo, no qual o celebrante realiza a consagração eucarística, renovando o procedimento de Jesus na Última Ceia e o martírio de Jesus na Cruz 2 MÚSICA sequência de peças musicais, instrumentais, com coros e solistas, para acompanhar o desenrolar daquele ato religioso; *~ campal* missa celebrada ao ar livre; *~ cantada* missa em que certas partes fixas são cantadas e não rezadas; *~ de alva* missa celebrada ao romper da manhã; *~ de corpo presente* missa de sufrágio por alguém, que se celebra com o cadáver presente; *~ de notícia* missa que se celebra logo a seguir à morte de alguém; *~ de requiem* missa que se celebra por alma de um defunto; *~ do galo* missa que se celebra à meia-noite de 24 para 25 de dezembro; *~ nova* primeira missa celebrada por um sacerdote; *~ rezada* missa celebrada sem canto; *mandar à ~* mandar bugiar; *não saber da ~ a metade* estar mal informado; *ouvir sermão e ~ cantada* levar uma repreensão (Do lat. ecl. *missa-*, «id.»)

missagra *n.f.* ferragem em que as portas giram; dobradiça; gonzo (Do cast. *bisagra*, «dobradiça»)

missal *n.m.* RELIGIÃO livro que contém as orações próprias das missas e festas religiosas dos diferentes dias do ano, e de que os sacerdotes se servem no altar (Do lat. ecl. *missāle-*, «id.»)

missanga *n.f.* 1 contas miúdas de vidro, de variadas cores, usadas para enfeitar colares, pulseiras, bordados, etc. 2 ornato feito dessas contas 3 TIPOGRAFIA variedade de letra de imprensa muito miúda (Do tetense *maussanga*, pl. de *u[s]sanga*, «id.»)

missão *n.f.* 1 ato de enviar ou ser enviado 2 incumbência; encargo 3 ofício 4 comissão diplomática 5 série de sermões doutrinários 6 estabelecimento de missionários 7 [fig.] função nobre a cumprir (Do lat. *missiōne-*, «id.»)

missar *v.tr.,intr.* rezar ou celebrar missa (por) ■ *v.intr.* ouvir missa (De *missa*+-*ar*)

misseiro *adj.,n.m.* que ou aquele que gosta de assistir a muitas missas (De *missa*+-*eiro*)

míssil *n.m.* 1 projétil equipado com dispositivo motopropulsor, autoguiado ou teleguiado ou não guiado, que pode atingir velocidades supersónicas e alcançar distâncias da ordem dos milhares de quilómetros e é geralmente usado como arma, para atingir um alvo 2 nome dado aos veículos estratosféricos condutores dos satélites artificiais 3 ⇒ **foguetão** ■ *adj.2g.* que serve para ser arremessado (Do lat. *missĭle-*, «id.»)

missionação *n.f.* ato ou efeito de missionar; evangelização; catequização (De *missionar*+-*ção*)

missionar *v.tr.* 1 pregar a fé a; catequizar; evangelizar; instruir religião a 2 propagar; pregar ■ *v.intr.* fazer missões; pregar a fé cristã (De *missione-*, «missão» +-*ar*)

missionário *n.m.* 1 aquele que missiona ou evangeliza 2 padre encarregado de missionar ou espalhar a fé 3 [fig.] aquele que propaga uma ideia qualquer; propagandista (Do lat. *missiōne-*, «missão» +-*ário*)

missionarismo *n.m.* 1 vida ou funções de missionário 2 evangelização; missionação (De *missionário*+-*ismo*)

Mississipiano *n.m.* GEOLOGIA subperíodo inferior do Carbónico ■ *adj.* [com minúscula] GEOLOGIA relativo ao Mississipiano (De *Mississípi*, top., estado da América do Norte +-*ano*)

missiva n.f. carta ou bilhete que se manda a alguém (Do fr. *missive*, da expr. *lettre missive*, «carta de conteúdo político»)

missivo adj. 1 que se manda 2 que se arremessa (Do lat. *missu-*, «mandado», part. pass. de *mittĕre*, «mandar; enviar» +*-ivo*)

missongo n.m. subalterno do séquito dos sobas angolenses

missório adj. diz-se do encargo imposto aos possuidores de certos bens ou capelas de mandarem celebrar missas pelas almas dos instituidores das mesmas capelas ou vínculos (De *missa*+*-ório*)

mistagogia n.f. iniciação nos mistérios de uma religião (Do gr. *mystagogía*, «id.»)

mistagogo /ô/ n.m. 1 sacerdote que, entre os Gregos, iniciava nos mistérios da religião 2 mentor; guia (Do gr. *mystagogós*, «id.», pelo lat. *mystagōgu-*, «iniciador»)

mistão n.m. mistura de sebo e azeite usada pelos gravadores para cobrir os lugares da chapa que é preciso defender da água-forte (Do lat. *mixtiōne-*, «mistura»)

mistela n.f. 1 bebida feita de água, vinho, açúcar e canela 2 água-pé 3 bebida de mau sabor e/ou de má qualidade; zurrapa 4 comida mal feita 5 mistura desagradável; mixórdia (Do cast. *mistela* ou *mixtela*, «id.»)

mister n.m. 1 ofício; profissão; modo de vida; mester 2 incumbência; encargo; comissão 3 fim; intuito; propósito 4 necessidade; urgência; *ser ~* ser forçoso (Do lat. *ministerī [est]*, «é mister»)

míster n.m. [gír.] treinador de futebol 2 vencedor de um concurso de beleza masculino (Do ing. *mister*, «senhor»)

mistério n.m. 1 cerimónia a que, na antiguidade pagã, só podiam assistir os iniciados 2 RELIGIÃO verdade dogmática da religião católica que a razão humana não pode compreender 3 RELIGIÃO verdade da doutrina católica meditada em cada uma das quinze séries do rosário 4 aquilo que tem causa oculta ou parece inexplicável; aquilo que é vago, incerto, incompreensível; enigma 5 aquilo que é escondido; segredo 6 cautela; precaução; reserva 7 composição teatral da Idade Média, de assunto religioso 8 *pl.* [Açores] terreno de lava esponjosa, coberto de musgo e ervas; *ar de ~* aspeto misterioso, enigmático (Do gr. *mystérion*, «cerimónia secreta», pelo lat. *mysterĭu-*, «mistério»)

misteriosamente adv. 1 de maneira misteriosa; com mistério 2 inexplicavelmente 3 em segredo (De *misterioso*+*-mente*)

misterioso /ô/ adj. 1 que envolve mistério; oculto; secreto; enigmático 2 que não é compreensível; que é inexplicável 3 que é difícil de conhecer 4 reservado (De *mistério*+*-oso*)

misti- elemento de formação de palavras que exprime a ideia de *mistura* (Do lat. *mixtu-*, «mistura; misturado»)

mística n.f. 1 tratado ou estudo de coisas divinas espirituais 2 vida contemplativa 3 conjunto de práticas conducentes ao êxtase 4 atitude coletiva afetivamente assente na devoção a uma ideia, uma causa, uma personalidade, um clube, etc. 5 adesão entusiástica aos grandes valores, a princípios ideais 6 fanatismo (De *místico*)

misticidade n.f. qualidade de místico; misticismo (De *místico*+*-i-*+*-dade*)

misticismo n.m. 1 atitude caracterizada pela crença na possibilidade de comunicação direta com o divino ou a divindade 2 atitude essencialmente afetiva que dá prioridade às crenças intuitivas, que garantiriam revelações inacessíveis ao conhecimento racional 3 tendência para acreditar em verdades sobrenaturais 4 vida contemplativa 5 devoção exagerada (De *místico*+*-ismo*)

místico[1] adj. 1 relativo à mística 2 espiritual 3 devoto 4 contemplativo 5 misterioso 6 alegórico ■ n.m. 1 aquele que, através da contemplação espiritual, procura atingir a união direta com a divindade 2 pessoa que se afasta da vida mundana para se dedicar à vida contemplativa, espiritual (Do gr. *mystikós*, «id.», pelo lat. *mystĭcu-*, «id.»)

místico[2] adj. 1 [pop.] muito bom 2 [pop.] perfeito (Do caló *mistó*, «bom»)

mistificação n.f. 1 ato ou efeito de mistificar 2 logro 3 burla (De *mistificar*+*-ção*)

mistificador adj.,n.m. que ou aquele que mistifica (De *mistificar*+*-dor*)

mistificar v.tr. 1 abusar da credulidade de; iludir; enganar 2 burlar (Do fr. *mystifier*, «id.»)

mistifório n.m. mistura desordenada; salsada; confusão; miscelânea; embrulhada (Do lat. *mixti fori*, «de foro misto»)

mistilíneo adj. formado de linhas curvas e retas (Do lat. *mixtu-*, «misturado» +*linĕa-*, «linha»)

mistilingue adj.2g. relativo a várias línguas (De *misti-*+*-lingue*)

mistilíngue adj.2g. ⇒ **mistilingue**

mistinérveo adj. BOTÂNICA (folha) que apresenta as nervuras em vários sentidos (Do lat. *mixtu-*, «mistura» +*nervu-*, «nervo» +*-eo*)

misto adj. 1 formado de elementos diferentes 2 misturado; combinado 3 composto 4 constituído por pessoas de ambos os sexos 5 (número) que consta de parte inteira e parte decimal ou fracionária 6 (automóvel, comboio) que transporta passageiros e mercadorias ■ n.m. 1 mistura 2 composição (Do lat. *mixtu-*, «id.», part. pass. de *miscēre*, «misturar»)

misto-quente n.m. [Brasil] ⇒ **tosta-mista**

mistral n.m. METEOROLOGIA vento frio, seco e muito violento, que sopra, no fim do inverno, das altas pressões do maciço central da França para um centro de baixas pressões localizado no golfo de Génova, canalizado pelo vale do Ródano (Do prov. *mistral*, «id.»)

mistura n.f. 1 ato ou efeito de misturar 2 combinação, geralmente desordenada, de coisas diferentes; amálgama; mescla 3 agrupamento 4 QUÍMICA união, homogénea ou não, de substâncias diferentes, em proporções ponderais e volumétricas diferentes, conservando as suas propriedades específicas 5 trabalho de combinação de sons distintos (música, ruídos, diálogo sonoro, etc.), como ocorre, por exemplo, na elaboração da banda sonora de um filme; *à ~* juntamente; *de ~* conjuntamente (Do lat. *mixtūra*, «id.»)

misturada n.f. 1 agrupamento desordenado de coisas diferentes; mistela; miscelânea 2 junção de coisas disparatadas ou desagradáveis; embrulhada 3 [regionalismo] caldo de couves com feijão (Part. pass. fem. subst. de *misturar*)

misturadeira n.f. maquinismo de chapeleiro (De *misturar*+*-deira*)

misturador adj. 1 que mistura 2 em que se faz a mistura ■ n.m. 1 MECÂNICA aparelho que serve para fazer misturas 2 (construção civil) betoneira 3 (som) aparelho capaz de combinar e canalizar para uma única via correntes de baixa frequência com origem em diferentes microfones 4 recipiente com tampa que é agitado para misturar as bebidas que contém (De *misturar*+*-dor*)

misturadora /ô/ n.f. 1 máquina de misturar 2 aparelho eletrodoméstico munido de uma hélice cortante que serve para esmagar e misturar alimentos 3 MECÂNICA ⇒ **misturador** (De *misturador*)

misturar v.tr. 1 juntar (coisas diferentes) 2 unir desordenadamente; amalgamar 3 tomar (algo ou alguém) por outro; confundir 4 entremear 5 combinar (sons distintos) ■ v.pron. 1 juntar-se desordenadamente; amalgamar-se 2 confundir-se 3 fundir-se; unir-se 4 intrometer-se; *~ alhos com bugalhos* confundir as coisas, fazer trapalhada (De *mistura*+*-ar*)

misturável adj.2g. que se pode misturar (De *misturar*+*-vel*)

mistureiro n.m. 1 traficante que faz misturas fraudulentas 2 mixordeiro (De *mistura*+*-eiro*)

mísula n.f. 1 ARQUITETURA ornato saliente numa parede, para suporte de vasos, estatuetas, etc.; consola; cachorro 2 NÁUTICA curva em que assenta a varanda da popa dos navios de alto bordo (Do it. *mensola*, «mísula; consola»)

mitacismo n.m. 1 repetição exagerada da letra *m* na mesma frase 2 substituição de qualquer fonema por *m* (Do gr. *mytakismós*, «id.», pelo lat. *mytacismu-*, «id.»)

mitene n.f. luva que apenas cobre o metacarpo, deixando os dedos livres; luva sem dedos (Do fr. *mitaine*, «id.»)

mítico adj. 1 relativo aos mitos, ou da sua natureza 2 lembrado ou celebrado como maravilhoso, prodigioso ou digno de admiração (Do gr. *mithikós*, «id.», pelo lat. *mythĭcu-*, «id.»)

mitificação n.f. ato ou efeito de mitificar (De *mitificar*+*-ção*)

mitificar v.tr. 1 converter em mito 2 considerar admirável ou prodigioso, muitas vezes indevidamente (Do lat. *mythu-*, «mito» +*facĕre*, «fazer»)

mitigação n.f. ato ou efeito de mitigar; alívio; consolo; suavização; atenuação (Do lat. *mitigatiōne-*, «id.»)

mitigador adj.,n.m. que ou aquele que mitiga (De *mitigar*+*-dor*)

mitigar v.tr. abrandar; atenuar; aliviar; amansar; acalmar (Do lat. *mitigāre*, «amansar»)

mitigativo adj. próprio para mitigar (Do lat. *mitigatīvu-*, «id.»)

mitigatório adj. ⇒ **mitigativo** (De *mitigar*+*-tório*)

mitigável adj.2g. suscetível de mitigação; que pode ser atenuado (De *mitigar*+*-vel*)

mitilicultura n.f. criação artificial de mexilhões (Do lat. *mytĭlu-* ou *mitŭlu-*, «mexilhão» +*cultura-*, «cultura»)

mitílida n.m. ZOOLOGIA ⇒ **mitilídeo**

Mitílidas n.m.pl. ZOOLOGIA ⇒ **Mitilídeos**

mitilídeo adj. ZOOLOGIA relativo ou pertencente aos Mitilídeos ■ n.m. ZOOLOGIA espécime dos Mitilídeos

Mitilídeos n.m.pl. ZOOLOGIA família de moluscos lamelibrânquios com concha equivalve, cujo género-tipo se denomina *Mitỹlus* e a que pertence o mexilhão (Do lat. *mitỹlu-*, «mexilhão» +*-ídeos*)

mitismo n.m. ciência dos mitos (De *mito*+*-ismo*)

mito *n.m.* 1 relato das proezas de deuses ou de heróis, suscetível de fornecer uma explicação do real, nomeadamente no que diz respeito a certos fenómenos naturais ou a algumas facetas do comportamento humano 2 narrativa fabulosa de origem popular; lenda 3 elaboração do espírito essencialmente ou puramente imaginativa 4 alegoria 5 representação falsa e simplista, mas geralmente admitida por todos os membros de um grupo 6 algo ou alguém que é recordado ou representado de forma irrealista 7 exposição de uma ideia ou de uma doutrina sob forma voluntariamente poética e quase religiosa (Do gr. *mýthos*, «palavra expressa» pelo lat. *mythu-*, «fábula; mito»)

mito- elemento de formação de palavras que exprime a ideia de *mito* (Do gr. *mýthos*, «fábula»)

mitocôndria *n.f.* HISTOLOGIA organito citoplasmático, com a forma de grão, existente em todas as células vegetais ou animais, e que desempenha uma função importante nos fenómenos de respiração e nas reações energéticas da célula

mitocondrial *adj.2g.* pertencente ou relativo à mitocôndria

mitocôndrico *adj.* ⇒ **mitocondrial**

mitografia *n.f.* 1 descrição dos mitos 2 exposição de fábulas antigas 3 mitologia (Do gr. *mythographía*, «escrito fabuloso»)

mitográfico *adj.* relativo à mitografia (De *mitografia*+*-ico*)

mitógrafo *n.m.* aquele que escreve acerca dos mitos (Do gr. *mythográphos*, «id.»)

mitologia *n.f.* 1 história dos deuses e heróis fabulosos da antiguidade 2 conjunto dos mitos da antiguidade greco-romana ou de povos primitivos 3 disciplina que tem por objeto o estudo desses mitos 4 conjunto de fábulas 5 explicação mediante seres imaginários 6 conjunto de crenças e interpretações irracionais que se misturam com as conceções positivas dos contemporâneos (Do gr. *mythología*, «história da fábula»)

mitológico *adj.* 1 que diz respeito à mitologia 2 relativo ou pertencente a mito 3 lendário 4 [pej.] irracional; simplista; irrealista (Do gr. *mythologikós*, «id.»)

mitologista *n.2g.* pessoa versada em mitologia, ou que escreve acerca dessa ciência; mitólogo (De *mitologia*+*-ista*)

mitólogo *n.m.* ⇒ **mitologista** (Do gr. *mythológos*, «id.»)

mitomania *n.f.* 1 tendência patológica para a mentira 2 mania de certos indivíduos arquitetarem seres e histórias fantásticas em que eles próprios acreditam (Do gr. *mýthos*, «mito» +*manía*, «mania», pelo fr. *mythomanie*, «id.»)

mitomaníaco *adj.,n.m.* ⇒ **mitómano** (De *mito-*+*maníaco*)

mitómano *adj.,n.m.* que ou aquele que sofre de mitomania (De *mito-*+*-mano*, ou do fr. *mythomane*, «id.»)

mitombo *n.m.* [Moçambique] remédio; mezinha (Das línguas faladas em Sofala)

mitonímia *n.f.* parte da onomatologia que trata dos mitónimos (De *mitónimo*+*-ia*)

mitónimo *n.m.* nome de ser mitológico ou fabuloso (Do gr. *mýthos*, «fábula» +*ónyma*, por *ónoma*, «nome»)

mitose *n.f.* BIOLOGIA divisão da célula, animal ou vegetal, em que a bipartição do núcleo se antecipa à do corpo celular; cariocinese (Do gr. *mítos*, «filamento» +*-ose*)

mitótico *adj.* relativo ou pertencente à mitose (Do gr. *mítos*, «filamento» +*t*+*-ico*)

mitra *n.f.* 1 insígnia eclesiástica com que os bispos e outros prelados cobrem a cabeça em certas cerimónias 2 dignidade ou jurisdição episcopal; diocese 3 HISTÓRIA espécie de carapuço que se colocava na cabeça dos condenados da Inquisição 4 ZOOLOGIA nome vulgar extensivo a vários moluscos gastrópodes, marinhos, da família dos Mítridas, assim designados pela forma da sua concha 5 esta concha 6 coelho velho 7 [pop.] carapuça 8 ORNITOLOGIA extremidade da região caudal do corpo das aves; uropígio (Do gr. *mítra*, «turbante», pelo lat. *mitra-*, «mitra»)

mitrado *adj.* 1 que usa ou tem o direito de usar mitra 2 [fig.] esperto; sabido (Do lat. *mitrātu-*, «que usa mitra»)

mitraísmo *n.m.* RELIGIÃO religião oriental primitivamente consagrada ao deus Mitra e tornada depois religião oficial da Pérsia antiga, estendendo-se aos centros da Ásia Menor, Grécia e Roma

mitraísta *adj.2g.* relativo ao mitraísmo ■ *n.2g.* adepto do mitraísmo

mitral *adj.2g.* 1 que tem forma de mitra; mitriforme 2 ANATOMIA diz-se da válvula auriculoventricular esquerda do coração (também denominada bicúspide), e do orifício que ela tapa (De *mitra*+*-al*)

mitrar *v.tr.* 1 pôr ou conferir a mitra a 2 elevar à dignidade episcopal 3 [Brasil] ludibriar; burlar (De *mitra*+*-ar*)

mítrida *n.m.* ZOOLOGIA ⇒ **mitrídeo** *n.m.*

Mítridas *n.m.pl.* ZOOLOGIA ⇒ **Mitrídeos**

mitridatismo *n.m.* imunização contra certos venenos adquirida pela ingestão dos mesmos em doses gradualmente aumentadas (Do gr. *Mitridatés*, antr., rei do Ponto Euxino (135-63 a. C.), que, segundo a lenda, se teria habituado aos venenos +*-ismo*)

mitridatizar *v.tr.* imunizar; tornar imune ■ *v.pron.* imunizar-se, praticando o mitridatismo (Do gr. *Mitridatés*, antr. +*-izar*)

mitridato *n.m.* contraveneno que terá sido inventado por Mitrídates, rei do Ponto Euxino, na Ásia (135-63 a. C.) (Do gr. *Mitridatés*, antr.)

mitrídeo *adj.* ZOOLOGIA relativo ou pertencente aos Mitrídeos ■ *n.m.* ZOOLOGIA espécime dos Mitrídeos

Mitrídeos *n.m.pl.* ZOOLOGIA família de moluscos gastrópodes, prosobrânquios, representados na fauna portuguesa, cujo género-tipo se denomina *Mitra* (Do gr. *mítra*, «turbante» +*-ídeos*)

mitriforme *adj.2g.* com forma de mitra; mitral (Do lat. *mitra-*, «mitra» +*forma-*, «forma»)

miúça *n.f.* 1 miuçalha 2 [Brasil] gado miúdo 3 *pl.* dízimos eclesiásticos que se pagavam em géneros miúdos (Do lat. *minutĭa-*, «minúcia»)

miuçalha *n.f.* 1 conjunto de coisas miúdas 2 pequena porção 3 partícula; fragmento (De *miúça*+*-alha*)

miuçalho *n.m.* ⇒ **miuçalha**

miudagem *n.f.* 1 conjunto de miúdos; criançada; os mais pequenos 2 ⇒ **miudeza** 6 (De *miúdo*+*-agem*)

miudamente *adv.* 1 de modo miúdo; minuciosamente 2 meticulosamente (De *miúdo*+*-mente*)

miudar *v.tr.* ⇒ **amiudar**² (De *miúdo*+*-ar*)

miúdas *n.f.pl.* 1 lucros que vêm pouco a pouco 2 [regionalismo] gravetos de lenha; maravalhas (De *miúdo*)

miudear *v.tr.* 1 narrar ou descrever minuciosamente; contar por miúdo 2 examinar em pormenor; esmiuçar (De *miúdo*+*-ear*)

miudeiro *adj.* 1 (pessoa) que se prende com bagatelas 2 [Açores] exigente 3 impertinente (De *miúdo*+*-eiro*)

miudeza *n.f.* 1 qualidade do que tem pequenas dimensões; pequenez 2 delicadeza 3 rigor de observação; minúcia 4 mesquinharia 5 *pl.* pormenores 6 *pl.* bagatelas; bugigangas; objetos de pouco valor 7 *pl.* vísceras de certos animais; **loja de miudezas** retrosaria (De *miúdo*+*-eza*)

miudinho *adj.* 1 de dimensões muito reduzidas 2 que dedica uma grande atenção aos pormenores; minucioso 3 que se prende com bagatelas ou pormenores de pouco significado 4 mesquinho 5 sovina (De *miúdo*+*-inho*)

miúdo *adj.* 1 que dedica uma grande atenção aos pormenores; minucioso 2 sovina 3 que tem pequenas dimensões; diminuto 4 delicado ■ *n.m.* 1 criança; rapazinho 2 *pl.* dinheiro em moedas de pouco valor 3 *pl.* insignificância 4 *pl.* vísceras de alguns animais; **a ~** amiúde, frequentemente; **por ~** minuciosamente; **trocar em miúdos** explicar pormenorizadamente (Do lat. *minūtu-*, «diminuído; miúdo»)

miúlo *n.m.* parte central da roda do carro de bois; meão (De orig. obsc.)

miunça *n.f.* ⇒ **miúça** (Do lat. *minutĭa-*, «minúcia»)

miunçalha *n.f.* ⇒ **miuçalha** (De *miunça*+*-alha*)

miúro¹ *adj.* GRAMÁTICA diz-se de um hexâmetro que termina por um jambo em vez de terminar por um espondeu ou um troqueu (Do gr. *meíouros*, «de cauda cortada»)

miúro² *adj.* semelhante a uma cauda de rato 2 (pulso) que enfraquece gradualmente (Do gr. *mýs, myós*, «rato» +*ourá*, «cauda»)

mixagem /cs/ *n.f.* 1 CINEMA reunião e combinação de sinais sonoros provenientes de fontes distintas, como diálogos, músicas, ruídos, etc.; mistura 2 TELEVISÃO combinação de vários sinais de imagem por meio de corte, fusão, sobreposição, etc. 3 MÚSICA processo pelo qual se sobrepõem duas ou mais monofonias e se realiza a gravação do resultado (De *mixar*+*-agem*)

mixameba /cs/ *n.f.* ZOOLOGIA cada um dos elementos ameboides que entram na formação das massas gelatinosas da fase plasmodial dos micetozoários (Do gr. *mýxa*, «muco» +*amoibé*, «ameba; que muda constantemente»)

mixar¹ /cs/ *v.tr.* realizar a mixagem de (sinais de som ou de imagem) (Do inglês *to mix*, «misturar, combinar» +*-ar*)

mixar² /ch/ *v.intr.* 1 [Brasil] acabar; terminar 2 [Brasil] diminuir; enfraquecer ■ *v.tr.,intr.* [Brasil] (fazer) falhar; gorar(-se); frustrar(-se) (De *mixe*+*-ar*)

mixaria /ch/ *n.f.* [Brasil] [pop.] coisa sem valor; bagatela

mixedema /cs/ *n.m.* 1 MEDICINA perturbação resultante da hipofunção da tireoide, caracterizada por infiltração da pele e tecidos subcutâneos 2 MEDICINA doença causada por hipofunção da tiroide no adulto, caracterizada por aumento de peso, intolerância ao frio, sonolência e apatia (Do gr. *mýxa*, «muco» +*oídema*, -*atos*, «inchaço»)

mixedematoso /cs/ *adj.* **1** relativo a mixedema **2** que sofre de mixedema (De *mixedema*+*t*+-*oso*)

mixófitas /cs/ *n.f.pl.* ZOOLOGIA ⇒ **micetozoários** (Do gr. *mýxa*, «muco» +*phytón*, «planta»)

mixoma /cs/ *n.m.* MEDICINA tumor de tecido conjuntivo (Do gr. *mýxa*, «muco»+[*ógk*]*oma*, «tumor»)

mixomatose /cs/ *n.f.* VETERINÁRIA grave doença contagiosa que infeta os animais de caça (Do gr. *mýxa*, «muco» +[*ongk*]*oma*, -*atos*, «tumor» +-*ose*)

mixomicetes /cs/ *n.m.pl.* BOTÂNICA talófitas inferiores, desprovidas de clorofila, que passam por fase plasmodial e que correspondem aos micetozoários (admitindo-se que sejam seres animais); mixófitas (Do gr. *mýxa*, «muco» +*mýkes*, -*etos*, «cogumelo»)

mixordeiro *n.m.* **1** aquele que faz mixórdia **2** falsificador de bebidas ou géneros alimentícios (De *mixórdia*+*eiro*)

mixórdia *n.f.* **1** misturada; salsada; confusão; embrulhada **2** [pop.] vinho adulterado **3** [pop.] comida mal feita (De orig. obsc.)

mixuruca *adj.2g.* [Brasil] [coloq.] de má qualidade; fraco; sem valor

mizena /ê/ *n.f.* uma das redes, nos aparelhos da pesca de arrasto (De orig. obsc.)

mizocéfalo *adj.* ZOOLOGIA que tem a cabeça em forma de ventosa ou sugadouro (Do gr. *mýzein*, «sugar» +*kephalé*, «cabeça»)

mnemo(n)- elemento de formação de palavras que exprime a ideia de *memória, recordação, lembrança* (Do gr. *mnémon*, «que se recorda»)

mnemónica *n.f.* arte de facilitar as operações de memória por meios artificiais, ligando ideias e factos difíceis de reter a factos e a ideias mais familiares e mais simples; mnemotecnia (Do gr. *mnemoniké* [*tékhne*], «a arte de lembrar», pelo lat. *mnemonĭca*-, «id.»)

mnemónico *adj.* **1** relativo à mnemónica **2** conforme aos preceitos da mnemónica **3** que se grava facilmente na memória **4** que ajuda a lembrar **5** relativo à memória; mnésico (Do gr. *mnemonikós*, «relativo à memória»)

mnemonização *n.f.* ato de mnemonizar (De *mnemonizar*+-*ção*)

mnemonizar *v.tr.* tornar mnemónico; tornar fácil de lembrar (Do gr. *mnémon*, «que se recorda» +-*izar*)

mnemonizável *adj.2g.* que se pode mnemonizar ou fixar facilmente na memória (De *mnemonizar*+-*vel*)

mnemotecnia *n.f.* ⇒ **mnemónica** (Do gr. *mnéme*, «memória» +*tékhne*, «arte» +-*ia*)

mnemotécnico *adj.* relativo à mnemotecnia (Do gr. *mnéme*, «memória» +*tékhne*, «arte» +-*ico*)

mnésico *adj.* relativo à memória; mnemónico (Do gr. *mnēsis*, «memória» +-*ico*)

mo contração do pronome pessoal *me* + o pronome demonstrativo *o*

mó[1] *n.f.* **1** pedra circular e rotativa dos moinhos, que tritura e mói o grão dos cereais ou a azeitona **2** pedra de amolar **3** [regionalismo] dente queixal ou molar; *estar na ~ de baixo* estar em dificuldades (Do lat. *mola*-, «mó»)

mó[2] *n.f.* **1** agrupamento de pessoas **2** grande quantidade (Do lat. *mole*-, «multidão»)

moabita *n.2g.* natural do antigo país de Moab (corresponde a Transjordânia) ■ *adj.2g.* relativo a Moab ou aos Moabitas (Do lat. *moabīte*-, «id.»)

Moabitas *n.m.pl.* ETNOGRAFIA povo da Antiguidade que habitava o país de Moab, a leste do mar Morto (Palestina) (Do lat. *moabīte*-, «id.»)

moádi *n.m.* sacerdote muçulmano

moado *n.m.* [regionalismo] resto do caldo no fundo da malga, com pão migado (De orig. obsc.)

moageiro *n.m.* **1** dono de fábrica de moagem **2** moleiro; dono de moinho; aquele que trabalha em moagem (De *moagem*+-*eiro*)

moagem *n.f.* **1** ato ou efeito de moer; moedura **2** o que se mói de cada vez **3** indústria ou fábrica de conversão dos cereais em farinha (De *moer*+-*agem*)

mobbing *n.m.* qualquer comportamento abusivo (atitude, gesto, palavra) que atente contra a integridade psíquica ou física de uma pessoa, pondo em perigo o seu emprego e prejudicando o clima de trabalho; assédio moral no trabalho (Do ing. *mobbing*, «id.»)

mobelha /ê/ *n.f.* ORNITOLOGIA ⇒ **mergulhão 3** (De orig. obsc.)

móbil *n.m.* (*plural* **móbiles**) **1** incentivo principal; causa; razão; motor; agente **2** o que conduz à ação por efeito de forças mais ou menos irracionais, ou mesmo inconscientes **3** *pl.* artigo de decoração constituído por elementos de material leve que estão suspensos por fios e que se movem com as correntes de ar ■ *adj.2g.* ⇒ **móvel** *adj.2g.* (Do lat. *mobĭle*-, «id.»)

mobilação *n.f.* ato ou efeito de mobilar (De *mobilar*+-*ção*)

mobilador *adj.,n.m.* que ou aquele que mobila (De *mobilar*+-*dor*)

mobilar *v.tr.* **1** guarnecer de mobília **2** fornecer móveis para (Do lat. *mobĭle*-, «móvel» +-*ar*)

mobile *adj.inv.* que usa dispositivos ou serviços móveis (Do ing. *mobile*, «telemóvel», pelo lat. *mobĭle*-, «móvel»)

mobília *n.f.* conjunto de móveis que guarnecem um quarto, um compartimento, uma casa, etc. (Do lat. *mobĭlĭa*, neut. pl. de *mobĭle*-, «móvel»)

mobiliário *adj.* **1** referente a mobília **2** referente a bens móveis ■ *n.m.* mobília (De *mobília*+-*ário*)

mobilidade *n.f.* **1** propriedade do que é móvel ou do que obedece às leis do movimento **2** facilidade em mudar ou variar; mutabilidade **3** [fig.] facilidade em mudar de expressão **4** [fig.] volubilidade; inconstância **5** ELETRICIDADE velocidade adquirida por um transportador de carga elétrica sob a ação de um campo elétrico unitário; *mobilidade reduzida* limitação temporária ou permanente da capacidade de uma pessoa utilizar um meio ou um serviço para aceder a um determinado espaço físico (Do lat. *mobilitāte*-, «id.»)

mobilismo *n.m.* **1** sistema de apicultura que emprega colmeias de quadros móveis **2** FILOSOFIA doutrina filosófica que considera a mobilidade a essência das coisas (Do lat. *mobĭle*-, «móvel» +-*ismo*)

mobilista *adj.2g.* que diz respeito ao mobilismo ■ *n.2g.* pessoa que pratica o mobilismo (De *mobĭle*-, «móvel» +-*ista*)

mobilização *n.f.* **1** ato ou efeito de mobilizar **2** conjunto de medidas (convocação de tropas, etc.) de preparação de um país para determinada ação militar **3** convocação de pessoas para que participem numa iniciativa de carácter cívico ou político (De *mobilizar*+-*ção*)

mobilizador *adj.,n.m.* que ou aquele que mobiliza (De *mobilizar*+-*dor*)

mobilizar *v.tr.* **1** dar movimento a **2** pôr em ação (pessoas, recursos, etc.) **3** organizar (tropas) para prevenir necessidades militares **4** convocar (pessoas) para uma iniciativa de carácter cívico ou político **5** transformar (um imóvel) em móvel **6** pôr em circulação (capitais que estavam imobilizados) **7** obrigar (grevistas) a trabalhar por ordem do Governo (requisição civil) (Do lat. *mobĭle*-, «móvel» +-*izar*)

mobilizável *adj.2g.* que se pode mobilizar (De *mobilizar*+-*vel*)

mobinauta *n.2g.* pessoa que navega na internet a partir de um dispositivo móvel (De *mobile*+*nauta*)

moca[1] *n.f.* **1** cacete com uma maça na extremidade; clava; cacheira **2** [Brasil] zombaria **3** [Brasil] mentirola; peta **4** [Brasil] [coloq.] tolice **5** [coloq.] entorpecimento ou euforia induzido por drogas ou álcool; pedrada; ganza **6** [regionalismo] estúpido; bruto (De orig. obsc.)

moca[2] *n.m.* **1** café de Moca, cidade portuária da Arábia **2** [fig.] café (De *Moca*, top.)

moça /ô/ *n.f.* mulher ainda nova; rapariga; *~ de açafate* dama da corte que estava encarregada da roupa das senhoras da família real e a entregava num açafate (De *moço*)

moça-bonita *n.f.* [Brasil] BOTÂNICA planta herbácea, com propriedades desinfetantes e diuréticas

moça-branca *n.f.* [Brasil] ZOOLOGIA pequena abelha quase branca

mocada *n.f.* pancada com moca ou objeto semelhante (De *moca*+-*ada*)

moçada *n.f.* grupo de moços ou moças; rapaziada (De *moço* ou *moça*+-*ada*)

moçalhão *n.m.* rapagão; mocetão (De *moço*+-*alhão*)

moçambicanidade *n.f.* ETNOLOGIA conjunto dos caracteres e das maneiras de pensar, de sentir e de se exprimir próprios dos Moçambicanos (De *moçambicano*+-*i*+-*dade*)

moçambicanismo *n.m.* palavra, expressão ou construção de uma das línguas faladas em Moçambique, integrada noutra língua (De *moçambicano*+-*ismo*)

moçambicano *adj.* relativo ou pertencente a Moçambique ■ *n.m.* natural ou habitante de Moçambique (De *Moçambique*, top. +-*ano*)

moçambique *n.m.* **1** designação do indivíduo negro ou mulato, natural de Moçambique, no país de imigração onde trabalha **2** HISTÓRIA escravo das costas orientais de África **3** [Brasil] dança dramática de cunho guerreiro, afim da congada, com origem nos antigos escravos africanos de Moçambique ■ *n.2g.* natural ou habitante de Moçambique; moçambicano ■ *adj.* imigrado natural de Moçambique (De *Moçambique*, top.)

mocambo *n.m.* **1** [Brasil] [ant.] choça que os escravos construíam no mato para se esconderem quando andavam fugidos **2** [Brasil] grande moita onde se abriga o gado nos sertões **3** [Brasil] abrigo de quem vigia a lavoura ou as plantações (Do quimb. *mu*, pref. +*kambu*, «esconderijo»)

mocanco *adj.,n.m.* ⇒ **mogangueiro I**

mocanqueiro *adj.,n.m.* ⇒ **mogangueiro** *adj.,n.m.*

mocanquice *n.f.* ⇒ **moganguice**

moção¹ *n.f.* ato ou efeito de mover ou mover-se (Do lat. *motiōne-*, «movimento»)

moção² *n.f.* apresentação de um assunto para ser discutido em assembleia; proposta; ~ *de censura* POLÍTICA proposta pela qual um ou mais grupos parlamentares criticam a política do governo, procurando levar à sua demissão, caso a moção obtenha a maioria dos votos; ~ *de confiança* POLÍTICA proposta apresentada pelo governo ou por um grupo parlamentar com o objetivo de levar a assembleia a adotar um voto de confiança em relação a uma medida ou a um programa político (Do ing. *motion*, «id.»)

moçárabe *adj.,n.2g.* cristão ou designativo do cristão que durante o domínio muçulmano na Península Ibérica se converteu ao islamismo e que, após a reconquista cristã, voltou ao catolicismo, transmitindo a cultura árabe (Do ár. *musta'rib*, «que se tornou árabe»)

moçarábico *adj.* relativo aos Moçárabes (De *moçárabe*+*-ico*)

moçarabismo *n.m.* sistema político e social dos Moçárabes, que se caracterizou, respetivamente, pela incapacidade política e pela indiferenciação social (De *moçárabe*+*-ismo*)

mocassim *n.m.* **1** calçado de pele usado pelos índios da América do Norte, sem tacão e com a sola revirada dos lados e à frente, para melhor proteção do pé **2** qualquer sapato desportivo que se assemelhe a este calçado (Do algonquino)

mocedo /ê/ *n.m.* grupo ou rancho de moças (De *moça*+*-edo*)

mocela *n.f.* ⇒ **morcela** (De *morcela*)

mocetão *n.m.* rapaz corpulento e bem-parecido; rapagão (De *moço*+*-eto*+*-ão*)

mocha /ô/ *n.f.* [gír.] cabeça (De *mocho*)

mochadura *n.f.* ato de mochar; mutilação (De *mochar*+*-dura*)

mochar¹ *v.tr.* atirar-se para cima de uma ou mais pessoas, geralmente em concertos ou festivais (De *moche*+*-ar*)

mochar² *v.tr.* **1** tornar mocho; cortar um membro a; mutilar **2** [Brasil] enganar; iludir ■ *v.intr.* faltar a um compromisso (De *mocho*+*-ar*)

moche *n.m.* ato de se atirar para cima de uma ou mais pessoas, geralmente em concertos ou festivais (Do ing. *mosh*, «id.»)

mochela *n.f.* ORNITOLOGIA ⇒ **mocho**¹ (De *mocho*+*-ela*)

mocheta /ê/ *n.f.* **1** ARQUITETURA filete da coluna canelada; listel **2** ARQUITETURA parte saliente da goteira da cornija (Do fr. *mouchette*, «id.»)

mochila *n.f.* **1** saco que se transporta às costas e onde se guardam objetos de uso pessoal **2** [fig.] corcunda **3** ⇒ **gualdrapa 2 4** criado; lacaio (Do cast. *mochila*, «id.»)

mocho¹ /ô/ *n.m.* ORNITOLOGIA nome vulgar extensivo a várias aves de rapina noturnas, da família dos Estrigídeos, algumas das quais frequentes em Portugal, e também denominadas toupeirão, galhofa, chio, mocho-de-orelhas, mocho-real, bufo, martaranho, ujo, etc. (De orig. obsc.)

mocho² /ô/ *n.m.* banco de assento quadrado ou redondo, sem encosto, e destinado a uma só pessoa ■ *adj.* **1** diz-se do animal que não tem armação porque lha cortaram ou porque nasceu sem ela, devendo tê-la **2** mutilado **3** [regionalismo] sem grão (Do lat. *mutĭlu-*, «mutilado»)

mociço *adj.* [ant., pop.] ⇒ **maciço** *adj.* (De *maciço*)

mocidade *n.f.* **1** estado ou idade de moço; juventude **2** grupo de jovens **3** [fig.] imprudência; falta de reflexão (De *moço*+*-i-*+*-dade*)

moço /ô/ *adj.* **1** que está na idade juvenil; jovem **2** [fig.] inexperiente **3** [fig.] imprudente **4** [fig.] exuberante; expressivo ■ *n.m.* **1** rapaz **2** [regionalismo] criado de lavoura **3** instrumento com que os carpinteiros apertam peças largas **4** marinheiro inexperiente; ~ *de fretes* carrejão, carregador (De orig. obsc.)

mocoa /ô/ *n.f.* resina de uma árvore americana com que se prepara um verniz semelhante ao charão (De *Mocoa*, top., província do Equador)

moço-de-forcado ver nova grafia moço de forcado

moço de forcado *n.m.* TAUROMAQUIA elemento do grupo de forcados que, nas corridas, pega touros, à unha ou de cernelha, depois de lidados pelos cavaleiros; forcado

moçoilo *n.m.* rapaz ainda pequeno; rapazito (De *moço*+*-oilo*)

mocotó *n.m.* **1** [Brasil] pata de bovino, sem o casco, utilizada como alimento; mão de vaca **2** [Brasil] preparado culinário com feijão e mão de vaca; ~ *sem sal* sensaboria (Do tupi *mboko'tog*, «que faz balançar»)

mocozear *v.tr.* [Brasil] [coloq.] pôr em local retirado e de difícil acesso; esconder

moda *n.f.* **1** uso, hábito ou forma de agir característica de um determinado meio ou de uma determinada época; costume **2** uso corrente; prática que se generalizou **3** estilo prevalecente e passageiro de comportamento, vestuário ou apresentação em geral; tendência **4** indústria ou o comércio do vestuário **5** estilo pessoal; gosto **6** hábito repetido; mania; fixação **7** MÚSICA ⇒ **modinha 8** ESTATÍSTICA valor mais frequentemente representado numa série de observações; *à* ~ *de* segundo a maneira de conceber ou de organizar as coisas de; *andar à* ~ estar a par das últimas tendências (culturais, musicais, de vestuário, etc.), vestir o que se usa no momento; *passar de* ~ deixar de se usar, deixar de ser do gosto da maioria; *ver em que param as modas* esperar que se modifique qualquer conjuntura atual para se tomar uma atitude definitiva (Do lat. *modu-*, «medida; modo», pelo fr. *mode*, «moda»)

modal *adj.2g.* **1** que diz respeito a modo ou modalidade **2** GRAMÁTICA relativo aos modos verbais **3** GRAMÁTICA diz-se do verbo auxiliar que expressa noções como desejo, possibilidade, probabilidade, dever, necessidade, etc. (por exemplo, *querer, poder, dever, ter*); *proposições modais* LÓGICA proposições que enunciam o modo ou a maneira como o predicado convém ao sujeito (Kant, filósofo alemão, 1724-1804, por exemplo, distingua proposições assertórias, problemáticas e apodíticas) (De *modo*+*-al*)

modalidade *n.f.* **1** carácter de modal **2** modo de existir **3** maneiras particulares de cada um **4** aspeto ou variação que determinada coisa pode assumir **5** circunstâncias **6** carácter das proposições modais **7** DESPORTO cada uma das atividades desportivas, distribuídas por atletismo, ginástica e jogos **8** LINGUÍSTICA categoria gramatical que exprime a atitude do locutor em relação ao seu próprio enunciado e ao interlocutor (De *modal*+*-i-*+*-dade*)

modalismo *n.m.* RELIGIÃO heresia do século III que considerava as pessoas da Santíssima Trindade como meros nomes dos modos de ser, negando a distinção das três Pessoas; monarquianismo (De *modal*+*-ismo*)

modalização *n.f.* LINGUÍSTICA manifestação, na mensagem, das atitudes do locutor relativamente à mensagem que transmite

modalizador *n.m.* LINGUÍSTICA elemento (palavra, expressão, entoação, etc.) que revela as atitudes do locutor em relação ao seu próprio enunciado

modalizar *v.tr.* **1** dar feição diferente a **2** variar **3** LINGUÍSTICA inserir (num enunciado) elementos que expressam atitudes (De *modal*+*-izar*)

modelação *n.f.* **1** ato ou arte de modelar **2** obra de modelador **3** moldação (De *modelar*+*-ção*)

modelador *adj.,n.m.* que ou aquele que modela (De *modelar*+*-dor*)

modelagem *n.f.* ⇒ **modelação** (De *modelar*+*-agem*)

modelar *v.tr.* **1** fazer por molde ou modelo **2** reproduzir exatamente **3** dar forma a; moldar **4** contornar **5** regular ■ *v.pron.* **1** tomar como modelo **2** adaptar-se ■ *adj.2g.* que pode servir de modelo ou de exemplo; exemplar (De *modelo*+*-ar*)

modelarmente *adv.* **1** de maneira modelar; exemplarmente **2** perfeitamente (De *modelar*+*-mente*)

modelismo *n.m.* criação de modelos destinados às atividades profissionais e à indústria (De *modelo*+*-ismo*)

modelista *n.2g.* pessoa que se ocupa da criação de modelos destinados às várias atividades profissionais ou à indústria (De *modelo*+*-ista*)

modelo /ê/ *n.m.* **1** imagem ou desenho que representa o objeto que se pretende reproduzir esculpindo, pintando ou desenhando **2** pessoa exemplar, perfeita, digna de ser imitada **3** exemplo **4** forma **5** pessoa que serve de estudo aos pintores e escultores **6** protótipo de alta costura **7** esquema teórico em matéria científica representativo de um comportamento, de um fenómeno ou conjunto de fenómenos ■ *n.2g.* pessoa cuja atividade profissional consiste em desfilar ou posar perante um público interessado com o objetivo de promover a procura do vestuário ou dos adornos que exibe; manequim (Do it. *modello*, «id.»)

modem *n.m.* INFORMÁTICA dispositivo eletrónico que transforma sinais digitais de um computador em sinais sonoros, para que seja possível a sua transmissão por linha telefónica (Do ing. *mod[ulator]-dem[odulator]*, «modulador-desmodulador»)

moderação *n.f.* **1** ato ou efeito de moderar ou moderar-se **2** comedimento; temperança; parcimónia **3** prudência **4** compostura **5** mediania **6** redução; afrouxamento (Do lat. *moderatiōne-*, «id.»)

moderado adj. 1 que se moderou; regulado; regrado; atenuado 2 que revela moderação; comedido; refletido; prudente 3 que não é extremo; equilibrado; razoável; regular 4 diz-se do partido ou movimento que rejeita qualquer forma de radicalismo 5 diz-se do clima ameno ou temperado 6 MÚSICA ⇒ **moderato** (Do lat. *moderātu-*, «id.», part. pass. de *moderāre*, por *moderāri*, «moderar; regular»)

moderador adj. que modera, diminui, tempera ou atenua ■ n.m. 1 aquele que modera, diminui, tempera ou atenua 2 pessoa que dirige ou orienta uma mesa-redonda ou reunião similar 3 RELIGIÃO sacerdote que, na cúria diocesana, coordena todas as atividades da diocese 4 FÍSICA material usado nos reatores nucleares para diminuir a velocidade dos neutrões rápidos criados nos processos de cisão nuclear, de que os mais usuais são a água, a água-pesada, a grafite e o berílio (Do lat. *moderatōre-*, «id.»)

moderante adj.2g. que modera (Do lat. *moderante-*, «id.», part. pres. de *moderāre*, por *moderāri*, «moderar; regular»)

moderantismo n.m. 1 qualidade de moderado 2 sistema de ser comedido ou equilibrado nos atos e nas opiniões 3 procedimento refletido e prudente 4 opinião dos que combatem as opiniões extremas (De *moderante*+-*ismo*)

moderar v.tr. 1 regular com moderação; regrar; dominar 2 restringir; suster; reprimir 3 tornar menos extremo ou radical; suavizar; abrandar; afrouxar 4 dirigir (uma reunião) como moderador ■ v.pron. 1 controlar-se; dominar-se; ter mão em si 2 tornar-se comedido, prudente 3 passar a ter atitudes ou comportamentos menos extremos ou radicais (Do lat. *moderāre, por *moderāri*, «id.»)

moderativo adj. que modera ou pode moderar; moderador (De *moderar*+-*tivo*)

moderato n.m. 1 MÚSICA andamento entre o alegro e o andante 2 MÚSICA trecho musical com este andamento ■ adj. MÚSICA (andamento) que deve ser executado de forma moderada, sem rapidez excessiva (Do it. *moderato*)

moderável adj.2g. suscetível de ser moderado (Do lat. *moderabīle-*, «que se pode dominar»)

modernamente adv. 1 no tempo moderno 2 atualmente (De *moderno*+-*mente*)

modernice n.f. 1 [depr.] moda adotada apenas pela novidade e não pelo seu valor real 2 [depr.] uso exagerado do que é novo 3 [depr.] ideia, prática ou comportamento ainda não seguido ou aceite pela maioria (De *moderno*+-*ice*)

modernidade n.f. 1 estado ou qualidade do que é moderno 2 coisa nova (De *moderno*+-*i*-+-*dade*)

modernismo n.m. 1 adoção ou implementação de ideias, práticas ou comportamentos ainda não seguidos, conhecidos ou aceites pela maioria 2 gosto por inovações e coisas novas em geral 3 movimento artístico renovador que marcou as primeiras décadas do séc. XX, nomeadamente a literatura, a música e as artes plásticas, e se caracterizou pela rutura com as formas tradicionais 4 [pej.] modernice; *primeiro ~* movimento literário português, surgido em 1915 com a revista «Orpheu», que revelou Fernando Pessoa, Sá Carneiro e Almada Negreiros; 2 designação genérica de movimentos literários e artísticos das primeiras décadas do século XX, como o futurismo, o dadaísmo, o expressionismo, o super-realismo, etc.; *segundo ~* movimento literário português iniciado em 1927 com a revista «Presença», dirigido por João Gaspar Simões, José Régio, Miguel Torga, Branquinho da Fonseca (De *moderno*+-*ismo*)

modernista adj.2g. 1 relativo ou pertencente ao modernismo 2 que adota facilmente inovações ou gosta de coisas novas em geral ■ n.2g. 1 escritor, músico ou artista plástico cuja obra é marcada pelas características principais do modernismo 2 defensor e adepto de tudo o que é novo e/ou inovador (De *moderno*+-*ista*)

modernização n.f. 1 ato ou efeito de modernizar ou modernizar-se 2 reorganização de acordo com as tendências ou os métodos mais recentes ou avançados 3 atualização (De *modernizar*+-*ção*)

modernizar v.tr. 1 tornar moderno; pôr ao gosto moderno 2 reorganizar de acordo com as tendências ou métodos mais recentes ou avançados do ponto de vista tecnológico; atualizar 3 adaptar à moda (De *moderno*+-*izar*)

moderno adj. 1 dos nossos dias; atual; contemporâneo; hodierno 2 que segue os ditames da moda do momento; que se usa 3 novo; recente; inovador 4 avançado do ponto de vista científico ou tecnológico 5 relativo a ideias, práticas ou comportamentos ainda desconhecidos ou não seguidos pela maioria 6 (artes) relativo ou pertencente ao modernismo; modernista 7 [regionalismo] moderado (Do lat. tard. *modernu-*, «id.»)

modestaço adj. que finge modéstia (De *modesto*+-*aço*)

modestamente adv. 1 humildemente; com modéstia 2 moderadamente 3 sem grandes ambições ou pretensões (De *modesto*+-*mente*)

modéstia n.f. 1 ausência de vaidade ou de luxo; humildade; simplicidade 2 comedimento; sobriedade 3 ausência ou falta de ambições ou pretensões 4 honestidade 5 pudor; decência; recolhimento; *falsa ~* apreciação modesta ou até injusta sobre si mesmo, mas insincera, com o propósito de provocar apreciações lisonjeiras dos outros (Do lat. *modestĭa-*, «id.»)

modesto adj. 1 que tem ou revela modéstia; humilde; simples 2 que não tem grandes ambições ou pretensões; comedido; despretensioso 3 pudico; recatado (Do lat. *modestu-*, «moderado»)

modicar v.tr. 1 tornar módico 2 comedir; moderar 3 limitar; restringir; refrear 4 abrandar; diminuir (De *módico*+-*ar*)

modicidade n.f. qualidade do que é módico; exiguidade; parcimónia (Do lat. *modicitāte-*, «id.»)

módico adj. 1 pequeno; exíguo 2 moderado 3 económico 4 modesto 5 que tem pouco valor 6 que é pouco considerável (Do lat. *modĭcu-*, «moderado; exíguo»)

modificabilidade n.f. qualidade do que é modificável; possibilidade de modificação; suscetibilidade de modificação (De *modificável*+-*i*-+-*dade*)

modificação n.f. ato ou efeito de modificar ou modificar-se; mudança; alteração (Do lat. *modificatiōne-*, «estrutura»)

modificador adj.,n.m. que ou o que modifica ou transforma ■ n.m. LINGUÍSTICA função sintática desempenhada por um elemento cuja presença não é exigida por nenhum dos constituintes do grupo sintático a que pertence; *~ apositivo do nome* LINGUÍSTICA função sintática desempenhada pela palavra ou expressão que se junta a um nome para lhe acrescentar informação, mas que não restringe a sua referência, surgindo entre vírgulas; *~ restritivo do nome* LINGUÍSTICA função sintática desempenhada pela palavra ou expressão que qualifica um nome, restringindo a sua referência (Do lat. *modificatōre-*, «id.»)

modificar v.tr. 1 mudar a forma, a qualidade de; transformar; alterar 2 desviar 3 corrigir 4 moderar; atenuar; refrear; restringir 5 LINGUÍSTICA determinar ou qualificar o sentido de (palavra) ■ v.pron. sofrer mudança; transformar-se (Do lat. *modificāre*, por *modificāri*, «limitar; medir»)

modificativo adj. 1 que modifica 2 próprio para modificar (De *modificar*+-*tivo*)

modificável adj.2g. que se pode modificar (De *modificar*+-*vel*)

modilhão n.m. ARQUITETURA ornato em forma de S invertido, entre os florões da cornija (Do it. *modiglione*, «id.»)

modilhar v.intr. cantar modilhos ■ v.tr. modificar; variar (De *modilho*+-*ar*)

modilho n.m. música ligeira; cantiga; ária; modinha ■ adj. que observa escrupulosamente as modas (De *moda*+-*ilho*)

modilhonado adj. ARQUITETURA que ostenta modilhão ou modilhões (De *modilhão*+-*ado*)

modinatura n.f. ARQUITETURA conjunto de molduras de uma construção arquitetónica, segundo o carácter das ordens de arquitetura (Do it. *modanatura*, «id.»)

modinha n.f. 1 MÚSICA tipo de cantiga de salão, de grande sucesso em Portugal e no Brasil nos séculos XVIII e XIX 2 [Brasil] ária triste e sentimental (De *moda*+-*inha*)

modinho elem.loc.adv. *a ~* com cuidado; com jeito; devagar (De *modo*+-*inho*)

modíola n.f. 1 BOTÂNICA nome extensivo a um grupo de plantas da família das Malváceas comuns no Brasil por uma espécie 2 ZOOLOGIA nome vulgar extensivo a uns moluscos lamelibrânquios, frequentes na costa portuguesa, da família dos Mitilídeos, afins do mexilhão (Do fr. *modiole*, «id.»)

modíolo n.m. ARQUITETURA espaço entre os modilhões (Do lat. *modiŏlu-*, «medida pequena»)

modismo n.m. 1 expressão ou hábito com carácter passageiro ou efémero 2 modo de falar admitido pelo uso de uma língua mas frequentemente contrário às regras gramaticais da mesma língua (De *modo*+-*ismo*)

modista n.f. mulher que confeciona tudo o que diz respeito ao vestuário, especialmente de mulher ou criança (Do fr. *modiste*, «id.»)

modisto n.m. homem que trabalha em roupa de senhora; costureiro (De *modista*)

modo n.m. 1 forma particular de ser ou de estar; jeito; estilo 2 forma de se comportar; conduta; procedimento 3 maneira de fazer algo; método; sistema 4 posição ocupada por um ou mais elementos; arranjo; disposição 5 situação específica; condição;

circunstância 6 meio; possibilidade; via 7 estado de espírito; disposição 8 método de realizar algo; processo 9 feição; característica 10 espécie; variedade 11 norma; princípio 12 GRAMÁTICA cada uma das diferentes variações que os verbos tomam para exprimir as diversas maneiras por que se considera a ação ou a existência dos factos 13 LITERATURA categoria fundamental, de natureza supra-histórica, da literatura 14 MÚSICA ordenação específica de tons e meios-tons de uma escala diatónica (na música tonal, identificam-se os modos maior e menor) 15 PETROLOGIA composição mineral verdadeira de uma rocha, expressa em percentagem de peso e volume 16 *pl.* boas maneiras; educação 17 *pl.* forma de proceder em sociedade; atitude; conduta; ~ *de ser* modo especial da existência das coisas, índole; ~ *de vida* profissão da qual se auferem os recursos precisos para a subsistência; *a* ~ com jeito; *de* ~ *que* de tal maneira que; *pelos modos* ao que parece (Do lat. *modu-*, «medida; modo»)

modorra[1] *n.f.* 1 vontade patológica de dormir 2 sonolência 3 prostração; apatia; insensibilidade 4 VETERINÁRIA doença do gado lanígero (De orig. obsc.)

modorra[2] *n.f.* 1 [ant.] montão de pedras miúdas 2 túmulo romano (De *meda*+-*orra*)

modorral *adj.2g.* que causa modorra (De *modorra*+-*al*)

modorrar *v.tr.* 1 causar modorra a 2 prostrar ▪ *v.intr.* cair em modorra (De *modorra*+-*ar*)

modorrento *adj.* 1 que tem ou sente modorra; sonolento 2 apático 3 preguiçoso (De *modorra*+-*ento*)

modorro *adj.* ⇒ **modorrento** (De *modorra*)

modulação *n.f.* 1 ato ou efeito de modular; modulagem 2 MÚSICA passagem de um tom para outro modo ou tonalidade, dentro dos processos de harmonia 3 inflexão variada da voz 4 melodia; suavidade 5 variação subtil 6 ELETRICIDADE alteração provocada, propositadamente, nas características de uma oscilação elétrica 7 comando de um feixe de eletrões ou iões por meio de campos elétricos ou magnéticos 8 processo de sobrepor um sistema de ondas a outro de maior frequência; ~ *de frequência* a forma mais melódica e inteligível das transmissões de TSF (Do lat. *modulatiōne-*, «id.»)

modulador *adj.* que modula ▪ *n.m.* 1 aquele que modula 2 aparelho ou conjunto de aparelhos que modulam uma corrente, uma onda 3 lâmpada que efetua a mudança de frequência por modulação 4 INFORMÁTICA unidade funcional que converte um sinal num sinal modulado, adequado à transmissão (Do lat. *modulatōre-*, «aquele que mede ou regula»)

modulagem *n.f.* ⇒ **modulação** (De *modular*+-*agem*)

modular[1] *v.tr.* 1 cantar ou tocar, ter ou dizer com inflexões variadas da voz ou mudando de tom 2 cantar, tocar ou dizer segundo as regras da melodia 3 introduzir uma variação subtil em 4 ELETRICIDADE fazer variar as características de (uma corrente elétrica ou de uma onda) (Do lat. *modulāre, por *modulāri*, «id.»)

modular[2] *adj.2g.* referente a módulo (De *módulo*+-*ar*)

módulo[1] *n.m.* 1 medida que regula as proporções das partes de um edifício ou de qualquer peça arquitetónica 2 unidade ou peça autónoma que pode ser combinada com outras para formar um todo 3 diâmetro comparativo de moedas e medalhões 4 quantidade que se toma como unidade de qualquer medida 5 em pedagogia, cada uma das subdivisões de um curso de formação 6 (astronáutica) parte separável de uma nave espacial; ~ *de elasticidade* FÍSICA característica de um material que mede a sua resistência a esforços de tração, compressão e flexão, definido como a razão entre a tensão e a correspondente deformação, módulo longitudinal, módulo de Young; ~ *de transformação de um sistema de logaritmos* MATEMÁTICA fator constante que transforma o logaritmo de um número de uma base dada no logaritmo desse número noutra base, harmonioso, melodioso; ~ *de um número complexo* MATEMÁTICA valor aritmético da raiz quadrada da soma dos quadrados dos componentes do complexo; como estrutura algébrica: grupo aditivo comutativo; ~ *de um número real* MATEMÁTICA valor absoluto desse número (Do lat. *modŭlu-*, «medida; módulo; harmonia»)

módulo[2] *adj.* harmonioso; melodioso (De *modulado*)

moeda *n.f.* 1 peça geralmente metálica, cunhada com autorização legal, que serve para realizar transações financeiras 2 unidade monetária em vigor em determinada região 3 tudo o que representa um valor pecuniário 4 ECONOMIA instrumento que exerce as funções de meio de pagamento, medida de valor e meio de reserva 5 ECONOMIA conjunto dos meios de pagamento de uma economia (moeda metálica, papel-moeda, moeda bancária) 6 antiga moeda portuguesa, do valor de 4800 réis 7 [fig.] aquilo que serve como meio de troca; ~ *corrente/sonante* dinheiro em metal, em circulação num país, por oposição a papel-moeda; ~ *fiduciária* moeda em papel que não está garantida por igual valor em metal, circulando com base na confiança; ~ *forte* moeda com elevada aceitação, dada a sua estabilidade internacional; ~ *fraca* moeda com reduzida aceitação, devido à sua tendência para a depreciação; ~ *única* unidade monetária (euro) adotada pela maioria dos estados-membros da União Europeia, em substituição das moedas nacionais; **Casa da Moeda** estabelecimento oficial onde se fabrica moeda; *pagar na mesma* ~ [fig.] retribuir do mesmo modo (Do lat. *monēta-*, «moeda; dinheiro cunhado»)

moedagem *n.f.* 1 cunhagem e fabrico da moeda 2 aquilo que se paga pelo fabrico da moeda (De *moeda*+-*agem*)

moedeira *n.f.* 1 instrumento com que os ourives moem o esmalte 2 fadiga; cansaço 3 [pop.] dor surda e prolongada (De *moer*+-*deira*)

moedeiro *n.m.* fabricante de moeda (De *moeda*+-*eiro*)

moedela *n.f.* 1 ato de moer por cada vez 2 [pop.] espancamento; sova (De *moer*+-*dela*)

moedor *adj.,n.m.* 1 que ou aquele que mói ou maça 2 que ou pessoa que é importuna, maçadora (Do lat. *molitōre-*, «autor; maquinador», ou de *moer*+-*dor*)

moedouro *n.m.* 1 dor surda e prolongada 2 [fig.] impertinência; atrevimento (De *moer*+-*douro*)

moedura *n.f.* 1 ato ou efeito de moer; moagem 2 dor prolongada e surda 3 [regionalismo] tunda; sova (De *moer*+-*dura*)

moega *n.f.* 1 [regionalismo] ⇒ **tremonha** 2 [Brasil] depósito do trapiche (Do lat. **modiaeca- [capsa-]*, «recipiente que leva um moio»)

moeira *n.f.* 1 um dos cabos que sustentam as extremidades do eixo do círcio 2 cabo do mangual (Do lat. *manuarĭa-*, «manual»)

moela *n.f.* parte musculosa do tubo digestivo de muitos animais, que, em regra, constitui o estômago, e que executa funções de trituração (Do lat. **molella-*, dim. de *mola-*, «mó»)

moenda *n.f.* 1 mó de moinho ou peça que serve para moer ou pisar 2 moinho 3 moedura; moagem 4 quantidade de grão que se dá para moer (Do lat. *molenda*, «coisas que devem ser moídas», ger. neut. pl. de *molĕre*, «moer; triturar»)

moendeiro *n.m.* dono de moenda; moleiro (De *moenda*+-*eiro*)

moenga *n.f.* 1 mastigação; trincadeira 2 moedura 3 ⇒ **moenda**

moente *adj.2g.* que mói; ~ *e corrente* pronto para servir, parte do veio de uma máquina que se apoia nas chumaceiras (De *moer*+-*ente*)

moer *v.tr.* 1 reduzir a pó por meio de moinho ou outro instrumento parecido; triturar; pulverizar 2 esmagar para extrair o suco; macerar 3 [fig.] repetir; repisar 4 sovar; espancar; derrear ▪ *v.tr.,pron.* 1 fatigar(-se); cansar(-se) 2 aborrecer(-se); afligir(-se); ralar(-se) ▪ *v.intr.* (moinho) estar a trabalhar; ~ *o bicho do ouvido a* importunar, pedindo insistentemente (Do lat. *molĕre*, «id.»)

mofa[1] *n.f.* 1 ato ou efeito de mofar; escárnio; zombaria; chufa; motejo (Deriv. regr. de *mofar*)

mofa[2] /ô/ *n.f.* [regionalismo] cinza das faúlhas que fica onde se queima lenha (De *mofo*)

mofador *adj.,n.m.* que ou aquele que mofa; trocista (De *mofar*+-*dor*)

mofar[1] *v.tr.* fazer mofa de; troçar de (Do germ. *mupfen*, al. dial. *muffen*, «estar mal-humorado»)

mofar[2] *v.tr.* provocar a formação de mofo em; tornar mofento ▪ *v.intr.* criar mofo (De *mofo*+-*ar*)

mofareiro *adj.,n.m.* ⇒ **mofador** (De *mofar*+-*eiro*)

mofatra *n.f.* 1 transação fraudulenta 2 trapaça (Do ár. *mukhatrá*, «venda usurária», pelo cast. ant. *mofatra*, hoje *mohatra*, «trapaça; fraude»)

mofatrão *n.m.* aquele que faz mofatras; burlão (De *mofatra*+-*ão*)

mofento *adj.* 1 que tem ou causa mofo; bafiento 2 que mofa; trocista 3 [fig.] que traz ou causa infelicidade; funesto; fatal (De *mofo*+-*ento*)

mofeta /ê/ *n.f.* GEOLOGIA manifestação secundária de vulcanismo, que consiste na emanação acidental ou permanente de dióxido de carbono, à temperatura ambiente, e que é um tipo de fumarola (Do it. *mofetta*, «id.»)

mofina *n.f.* 1 infelicidade; má sorte 2 avareza; mesquinhez 3 mulher de mau génio, irrequieta 4 mulher infeliz 5 [Brasil] artigo anónimo e difamatório publicado em jornal (De *mofino*)

mofinento *adj.* 1 que tem modos de mofino 2 aziago; infeliz (De *mofino*+-*ento*)

mofino *adj.* 1 avaro; sovina 2 mesquinho; tacanho 3 escasso 4 acanhado 5 infeliz; funesto 6 turbulento ▪ *n.m.* indivíduo infeliz, mesquinho ou tacanho (Do árabe vulgar *mohín*, «desgostoso», por *mûhim*, «doentio»)

mofino² *adj.* [Cabo Verde] fraco de carácter; cobarde (Do crioulo cabo-verdiano *mufine*, «idem»)

mofo /ô/ *n.m.* **1** bolor **2** cheiro peculiar dos objetos húmidos não arejados; bafio **3** [coloq.] coisa grátis; borla; *a ~ de graça* (Deriv. regr. de *mofar*)

mofoso *adj.* ⇒ **mofento** (De *mofo+-oso*)

mofumbo *n.m.* BOTÂNICA planta trepadora, brasileira, da família das Leguminosas (Do tupi?)

mofungo *n.m.* BOTÂNICA planta trepadora, brasileira, da família das Amarantáceas (Do tupi?)

moganga *n.f.* **1** momice; trejeito; careta **2** ⇒ **mogangueiro** *n.m.* **3** BOTÂNICA variedade de abóbora usada em culinária (De orig. obsc.)

mogango *adj.,n.m.* que ou o que faz mogangas ou caretas

mogangueiro *adj.,n.m.* que ou aquele que faz moganguices ■ *n.m.* BOTÂNICA planta (aboboreira) que produz o mogango (De *moganga* ou *mogango+-eiro*)

moganguice *n.f.* momice; trejeito; careta (De *moganga+-ice*)

mogão *adj.,n.m.* touro ou designativo do touro cujas hastes não têm pontas (Do cast. *mogón*, «esmoucado»)

mogiganga *n.f.* **1** dança burlesca, de origem espanhola **2** bugiganga; quinquilharia **3** careta; momice (Do cast. *mojiganga*, «id.»)

mogno *n.m.* **1** BOTÂNICA designação extensiva a umas árvores tropicais, da família das Meliáceas, cuja madeira é muito apreciada em marcenaria **2** madeira dessas árvores (Do ing. *mahogany*, «id.»)

mogol *adj.,n 2g.,n.m.* ⇒ **mongol** (Do pers. *mugal*, «id.»)

mógono *n.m.* ⇒ **mogno**

mohair *n.m.* **1** lã fina e brilhante, obtida do pelo das cabras do Tibete e cabras angoras **2** tecido ou malha dessa lã

moiação *n.f.* antiga pensão paga em frutos, equivalente a certo número de moios, ou parte de um moio (De *moio+-ção*)

moicano *adj.* relativo ou pertencente aos Moicanos ■ *n.m.* membro da tribo dos Moicanos

Moicanos *n.m.pl.* ETNOGRAFIA tribo de índios dos Estados Unidos da América, atualmente extinta

moição *n.f.* [regionalismo] ⇒ **moedeira** 2 (De *moer+-ção*)

moído *adj.* **1** que se moeu; triturado **2** [fig.] cansado; fatigado (Part. pass. de *moer*)

moimento *n.m.* ato ou efeito de moer; moedura (De *moer+-mento*)

moina *n.f.* **1** [regionalismo] subscrição com pequenas quantias **2** [regionalismo] vida airada; borga **3** [cal.] ⇒ **polícia** *n.f.* **1** ■ *n.* **1** [coloq.] pessoa que vive de esmolas **2** [regionalismo] chourico que frequenta os tribunais e explora com conselhos aqueles que ali têm negócios pendentes **3** [cal.] ⇒ **polícia** *n.2g.*; *andar na ~* [coloq.] pedir esmola (De orig. obsc.)

moinante *adj.,n.2g.* **1** que ou quem anda sempre em festas **2** malandro; vadio (De *moinar+-ante*)

moinar *v.intr.* andar na moina; vadiar (De *moina+-ar*)

moinha *n.f.* **1** fragmentos miúdos de palha que ficam na eira depois da debulha dos cereais **2** alimpadura dos cereais **3** pó a que se reduz qualquer substância seca **4** dor fraca, mas persistente (De *moer*, com infl. de *farinha*?)

moinhar *v.intr.* (moinho) agitar as velas; molinhar (De *moinho+-ar*)

moinho *n.m.* **1** engenho ou máquina de moer grãos ou triturar determinadas substâncias **2** casa onde esse engenho ou máquina está instalada **3** lagar de azeite **4** azenha **5** [fig.] pessoa que come muito e depressa; *moinhos de vento* [fig.] coisas fantásticas, irrealizáveis; *levar a água ao seu ~* saber conseguir os seus intentos (Do lat. *molīnu-*, «id.»)

moinho-gástrico *n.m.* ZOOLOGIA aparelho triturador existente no estômago dos crustáceos superiores

moio *n.m.* antiga medida equivalente a sessenta alqueires (Do lat. *modĭu-*, «id.»)

moira¹ *n.f.* ⇒ **salmoura** (Do lat. *murīa-*, «id.»)

moira² *n.f.* **1** [regionalismo] chouriço de sangue **2** chinela de cordovão **3** ORNITOLOGIA ⇒ **maranhona** (De *moiro*)

moiral *n.m.* [regionalismo] chefe; cabeça; maioral (De *maioral*)

moirama *n.f.* ⇒ **mourama**

moirão *n.m.* ⇒ **mourão**

moiraria *n.f.* ⇒ **mouraria**

moirejar *v.tr.* ⇒ **mourejar**

moiresco *adj.,n.m.* ⇒ **mouresco**

moirisca *n.f.* ⇒ **mourisca**

moiriscado *adj.* ⇒ **mouriscado**

moirisco *adj.,n.m.* ⇒ **mourisco**

moirisma *n.f.* ⇒ **mourisma**

moirismo *n.m.* ⇒ **mourismo**

moiro *n.m.,adj.* ⇒ **mouro**

moisaico *adj.* relativo a Moisés, libertador e legislador dos Hebreus, séc. XIII a. C. (De *Moisés*, antr. +*-ico*)

moiseísmo *n.m.* doutrina religiosa de Moisés que, como todos os patriarcas, dizia que os Hebreus deveriam errar constantemente, até Deus lhes indicar a Terra da Promissão, onde se fixariam para sempre (De *Moisés*, antr. +*-ismo*)

moiseísta *adj.,n.2g.* que ou pessoa que segue o moiseísmo (De *Moisés*, antr. +*-ista*)

moita¹ *n.f.* **1** mata espessa de plantas de pouca altura **2** conjunto de castanheiros novos que nasceram juntos ■ *interj.* ⇒ **moita-carrasco** (De origem obscura)

moita² *n.f.* [Angola] espécie de seda crua de Benguela

moita-carrasco *interj.* designativa de silêncio ou teima em não responder

moitão¹ *n.m.* NÁUTICA peça de madeira ou de metal, com um só gorne, composto pela caixa e pela roda, por onde labora o cabo (Do esp. *motón*, «id.»)

moitão² *n.m.* ⇒ **moitedo** (De *moita+-ão*)

moitedo /ê/ *n.m.* lugar onde há moitas; moutedo (De *moita+-edo*)

moiteira *n.f.* **1** moita extensa **2** tufo (De *moita+-eira*)

moitense *adj.2g.* relativo ou pertencente a Moita, vila portuguesa do distrito de Setúbal ■ *n.2g.* natural ou habitante de Moita (De *Moita*, top. +*-ense*)

mola¹ *n.f.* **1** peça de aço ou de outro material dotado de elasticidade, geralmente laminar (muitas vezes enrolada em espiral), ou sob a forma de arame (muitas vezes enrolada em hélice), que se utiliza para imprimir movimentos, amortecer choques, prender, fazer regressar um objeto ao lugar de que foi deslocado, etc. **2** objeto ou utensílio cuja peça essencial é uma mola **3** [fig.] tudo o que concorre para um fim; aquilo ou aquele que desencadeia algo **4** [fig.] agente; instigador **5** [fig.] cabeça; inteligência; *ter pancada na ~* não ter o juízo todo (Do it. *molla*, «id.»)

mola² *n.f.* **1** MEDICINA degenerescência quística, vesiculosa, que se desenvolve na membrana que envolve o embrião nas primeiras semanas da gravidez, provocando a sua morte **2** CULINÁRIA bolo de farinha de trigo, torrado (Do lat. *mola-*, «bolo torrado»)

mola³ *n.f.* ICTIOLOGIA ⇒ **bezedor** (De orig. obsc.)

molada *n.f.* **1** quantidade de tinta que se mói de cada vez na moleta **2** água contida na caixa do rebolo de amolar (Do cast. *molada*, «id.»)

molagem *elem.loc.adv. de ~* a mofo; gratuitamente; à custa alheia (De orig. obsc.)

molancão *adj.,n.m.* ⇒ **molengão**

molancas *adj.inv.,n.2g.2n.* que ou pessoa que é mole, indolente, sem energia; molancão (De *mole+-anca*)

molanqueirão *adj.,n.m.* ⇒ **molengão** (De *molanqueiro+-ão*)

molanqueirice *n.f.* qualidade ou estado de molanqueiro; moleza; preguiça; apatia (De *molanqueiro+-ice*)

molanqueiro *n.m.* indivíduo mole, sem energia; molengão; preguiçoso; sujeito fraco (De *molancas+-eiro*)

molar¹ *adj.2g.* **1** referente à mó **2** que serve para moer ■ *n.m.* cada um dos dentes situados lateralmente depois dos pré-molares, cuja função é mastigar os alimentos; queixal (Do lat. *molāre-*, «de mó»)

molar² *adj.2g.* **1** que tem casca mole **2** que se parte facilmente **3** diz-se de uma variedade de pinhão e de uma variedade de amêndoa (Do lat. *molle-*, «mole» +*-ar*)

molar³ *adj.2g.* referente a mola (De *mola+-ar*)

mola-real *n.f.* incentivo principal; móbil

molariforme *adj.2g.* que tem forma de dente molar (Do lat. *molāre-*, «molar» +*forma-*, «forma»)

molarinha *n.f.* **1** BOTÂNICA casta de uva de bago mole **2** BOTÂNICA ⇒ **fumária** (De *molar+-inha*)

molarinho *n.m.* diz-se de uma variedade de tojo cujos espinhos são relativamente delgados e moles (De *molar+-inho*)

moldação *n.f.* ato ou efeito de moldar; modelação (De *moldar+-ção*)

moldado *adj.* **1** talhado ou feito por molde **2** modelado ■ *n.m.* trabalho de moldura (Part. pass. de *moldar*)

moldador *adj.* que molda ■ *n.m.* **1** aquele que molda **2** instrumento de entalhador para ornar as molduras de madeira rija **3** fabricante de moldes (De *moldar+-dor*)

moldagem *n.f.* **1** operação de moldar; moldação **2** certo género de escultura (De *moldar+-agem*)

moldar *v.tr.* **1** ajustar ao molde **2** formar o molde de **3** vazar (no molde) o metal derretido **4** dar forma a **5** [fig.] adaptar; conformar **6** [fig.] afeiçoar ■ *v.pron.* **1** regular-se **2** adaptar-se **3** sujeitar-se (De *molde+-ar*)

moldável *adj.2g.* **1** que se pode moldar **2** adaptável, flexível (De *moldar+-ável*)

moldávico *adj.* relativo ou pertencente à Moldávia, país a leste da Roménia ▪ *n.m.* dialeto falado na Moldávia (De *Moldávia*, top. *+-ico*)

moldávio *adj.* ⇒ **moldávico** *adj.* ▪ *n.m.* **1** pessoa natural da Moldávia **2** língua românica falada na Moldávia (De *Moldávia*, top.)

molde *n.m.* **1** peça oca que serve para dar forma a obras de fundição, a esculturas de gesso, etc. **2** chapa, folha de papel, etc., com forma ou recortes convenientes para serem reproduzidos em certos artefactos **3** forma para betão; cofragem **4** cércea utilizada para o corte de pedras **5** norma **6** modelo; exemplo; *de ~ a* propósito, convenientemente; *de ~ a* de forma a (Do cast. *molde*, «id.»)

moldura *n.f.* **1** caixilho para guarnecer quadros, espelhos, etc. **2** ARQUITETURA ornato saliente em arquitetura (De *moldadura*, de *moldar+-dura*, com hapl.)

molduragem *n.f.* **1** ato de moldurar **2** conjunto das molduras que ornam uma peça arquitetónica (De *moldurar+-agem*)

moldurar *v.tr.* **1** fazer molduras para **2** guarnecer de moldura; emoldurar (De *moldura+-ar*)

moldureiro *n.m.* **1** o que faz molduras **2** aquele que guarnece de molduras (De *moldura+-eiro*)

mole[1] *adj.2g.* **1** sem vigor; brando; frouxo **2** lento; vagaroso; indolente **3** inerte **4** tímido (Do lat. *molle-*, «id.»)

mole[2] *n.f.* **1** massa enorme **2** construção gigantesca e maciça **3** multidão numerosa e compacta (Do lat. *mole-*, «massa; volume; mole»)

mole[3] *n.f.* QUÍMICA unidade de quantidade de matéria do Sistema Internacional, equivalente à quantidade de matéria que contém tantas entidades elementares quantos os átomos que existem em 0,012 kg de carbono 12 (quando a mole é usada, deve-se especificar as entidades elementares, que podem ser átomos, moléculas, iões, eletrões, outras partículas, ou grupos específicos de outras partículas) (Do al. *Mol*, abrev. de *Molekulargewicht*, «peso molecular»)

moleca *n.f.* (*masculino* **moleque**) **1** [Brasil] rapariga negra **2** [Brasil] miúda; rapariguinha **3** [Brasil] pessoa em que não se pode confiar (De *moleque*)

molecada *n.f.* **1** [Brasil] grupo de moleques **2** [Brasil] ação própria de moleque (De *moleque+-ada*)

molécula *n.f.* QUÍMICA espécie química, eletricamente neutra, formada por um ou mais átomos, sempre em número limitado, de um elemento ou elementos diferentes e que é a menor porção dessa espécie capaz de participar em reações químicas; *chatear a ~* [coloq.] aborrecer, incomodar (Do lat. escol. *molecŭla-*, dim. de *moles, -is*, «massa»)

molécula-grama *n.f.* QUÍMICA designação antiquada para a massa, em gramas, de uma mole de moléculas de determinada espécie química

molecular *adj.2g.* QUÍMICA que diz respeito a molécula(s); *massa ~* QUÍMICA razão entre a massa da molécula de uma substância e 1/12 da massa do átomo de carbono 12, soma das massas atómicas de todos os átomos que constituem a molécula; *volume ~* QUÍMICA volume ocupado por uma mole de uma substância a uma dada temperatura e uma dada pressão (De *molécula+-ar*)

moledo /ê/ *n.m.* **1** pedra grande **2** monte de pedras **3** [regionalismo] aparelho de pesca com pedras dentro (De *mole+-edo*)

moleira[1] *n.f.* **1** dona de um moinho **2** mulher que se ocupa em trabalhos de moagem **3** mulher do moleiro (De *moleiro*)

moleira[2] *n.f.* ANATOMIA porção membranosa entre alguns ossos do crânio de bastantes animais, antes de atingir completa ossificação; moleirinha; cabeça; *ser duro da ~* ser pouco inteligente (De *mole+-eira*)

moleirinha *n.f.* **1** ANATOMIA ⇒ **moleira**[2] **2** [pop.] cabeça **3** [regionalismo] boa-nova; borboletinha ▪ *adj.* diz-se de uma casta de oliveira de azeitona negral (De *moleira+-inha*)

moleiro *n.m.* **1** dono de moinho **2** aquele que trabalha em moagem **3** ORNITOLOGIA nome vulgar extensivo a algumas aves da família dos Estercorariídeos, comuns em Portugal, especialmente no outono, também denominadas cágado, mandrião, medonho, saragoça, etc. **4** [regionalismo] BOTÂNICA variedade de feijão (Do lat. *molinarĭu-*, «id.»)

moleja /ê/ *n.f.* **1** protuberância de consistência carnosa que se forma principalmente na parte inferior do pescoço do gado vacum e porcino **2** [pop.] pâncreas das reses **3** [regionalismo] CULINÁRIA cozinhado à base de miúdos de porco; *criar ~* [fig.] tornar-se preguiçoso, engordar (Do lat. *mollicŭla*, «coisas miúdas e moles»)

molejar *v.intr.* [Brasil] atuar; funcionar (o molejo); *~ bem* ter as molas em perfeito funcionamento, ter andamento suave e confortável devido ao bom trabalho das molas (De *mola+-ejar*)

molejo /ê/ *n.m.* **1** [Brasil] jogo de molas de um carro **2** [Brasil] trabalho das molas **3** [Brasil] ação de molejar **4** [Brasil] [gír.] saracoteio (Deriv. regr. de *molejar*)

molendário *adj.* relativo a moagem (Do lat. *molendarĭu-*, «id.»)

molenga *adj.,n.2g.* ⇒ **molengão** (De *mole+-enga*)

molengão *adj.,n.m.* que ou aquele que é indolente, mole, sem energia, preguiçoso (De *molenga+-ão*)

molengar *v.intr.* estar molenga ou molengão; não fazer nada; preguiçar (De *molenga+-ar*)

molengueiro *adj.,n.m.* ⇒ **molengão** (De *molenga+-eiro*)

moleque *n.m.* (*feminino* **moleca**) **1** [Brasil] negro de pouca idade **2** [Brasil] miúdo; rapazinho **3** [Brasil] rapaz de rua **4** [Brasil] pessoa em que não se pode confiar; pessoa de maus sentimentos **5** [Brasil] pessoa irresponsável **6** [Brasil] [coloq.] bofetão ▪ *adj.2g.* **1** [Brasil] em que não se pode confiar; canalha; patife **2** [Brasil] irresponsável; acriançado (Do quimb. *mu'leke*, «menino»)

molestador *adj.,n.m.* que ou aquele que molesta (De *molestar+-dor*)

molestar *v.tr.* **1** causar moléstia a **2** maltratar **3** melindrar; ofender **4** incomodar; enfadar **5** inquietar **6** fazer doer; magoar **7** desgostar; penalizar **8** causar prejuízo a **9** abusar sexualmente de (Do lat. *molestāre*, «id.»)

moléstia *n.f.* **1** doença **2** achaque; incómodo físico **3** enfado **4** desgosto **5** inquietação **6** [fig.] pessoa franzina e doente (Do lat. *molestĭa-*, «mágoa; embaraço»)

molesto *adj.* **1** que molesta **2** que produz incómodo **3** mau; perverso; maligno **4** nocivo **5** enfadonho **6** árduo (Do lat. *molestu-*, «id.»)

moleta[1] /ê/ *n.f.* **1** pedra de mármore onde se pisam e moem tintas **2** utensílio laboratorial para porfirizar **3** [regionalismo] pequena mó em que se mói o milho para papas (Do cast. *moleta*, «mó pequena; pedra sobre a qual se mói»)

moleta[2] /ê/ *n.f.* HERÁLDICA figura do escudo em forma de estrela vazada ao centro (Do fr. *molette*, «roseta; estrela na testa do cavalo»)

moletão *n.m.* estofo macio de algodão ou lã (Do fr. *molleton*, «id.»)

molete *n.m.* [regionalismo] pão de trigo, pequeno e mole (Do fr. *[pain] mollet*, «id.»)

moleza /ê/ *n.f.* **1** qualidade ou estado de mole **2** falta de forças físicas ou morais **3** languidez; frouxidão; indolência **4** sono; soneira **5** preguiça; mandriice **6** ausência de vigor ou colorido numa representação ou descrição (De *mole+-eza*)

molha[1] *n.f.* **1** ato ou efeito de molhar ou de se molhar; molhadela **2** chuvada (Deriv. regr. de *molhar*)

molha[2] /ô/ *n.f.* [regionalismo] variedade do jogo do pião (De orig. obsc.)

molhada *n.f.* **1** molho ou feixe grande **2** porção de molhos pequenos que se levam de uma vez **3** braçado (De *molho [= feixe]+-ada*)

molhadela *n.f.* **1** ato ou efeito de molhar ou de se molhar; molhadura **2** banho (De *molhar+-dela*)

molhado *adj.* **1** coberto de água; encharcado; alagado **2** humedecido por um líquido **3** repassado de água; acompanhado de água **4** orvalhado **5** [Brasil] embriagado ▪ *n.m.* **1** parte humedecida ou coberta de água **2** *pl.* substâncias líquidas, que se vendem nas mercearias; *chover/escrever no ~* fazer qualquer coisa de que nada pode resultar (Part. pass. de *molhar*)

molhadura *n.f.* **1** ⇒ **molhadela 2** [pop.] gorjeta que se dá para comprar vinho **3** [pop.] gratificação (De *molhar+-dura*)

molhagem *n.f.* **1** ato de molhar ou pôr de molho **2** operação de pôr de molho a cevada para o fabrico da cerveja (De *molhar+-agem*)

molhança *n.f.* grande quantidade de molho (De *molho+-ança*)

molhanga *n.f.* ⇒ **molhança** (De *molho+-anga*)

molhar *v.tr.* **1** meter em líquido **2** derramar líquido sobre **3** embeber **4** humedecer; *~ a palavra* beber vinho ou outro líquido; *~ a sopa* ter parte ou quinhão, bater; *~ os pés* embriagar-se (Do lat. **molliāre*, por *mollīre*, «amolecer»)

molhe *n.m.* paredão que avança pelo mar dentro, à entrada de um porto, para quebrar o ímpeto das ondas e servir de abrigo aos navios (Do lat. *mole-*, «mole», pelo fr. *môle*, «id.», ou cat. *moth*, «id.»)

molheira *n.f.* recipiente, geralmente de louça, usado para servir molho (De *molho+-eira*)

molhelha /ê/ *n.f.* **1** espécie de almofada em que assenta a canga ou o jugo dos bois **2** almofada utilizada pelos carregadores no pescoço para nela apoiarem o peso; chinguiço **3** NÁUTICA chumaço nas peças do navio, onde laboram os cabos (Do lat. *mollicŭla*-, «coisas moles»)

molhelheiro *n.m.* aquele que faz ou conserta molhelhas (De *molhelha+-eiro*)

molhe-molhe *n.m.* [pop.] chuva miudinha; morrinha (De *molhar*)

molho[1] /ó/ *n.m.* 1 punhado; feixe; braçado; paveia 2 conjunto de coisas agrupadas (Do lat. *manuclu-, por *manupŭlu*-, por *manipŭlu*-, «molho; feixe»)

molho[2] /ô/ *n.m.* 1 CULINÁRIA preparado de consistência cremosa, geralmente à base de azeite, leite, farinha e ervas aromáticas, que se junta aos alimentos cozinhados para lhes realçar o sabor 2 CULINÁRIA líquido em que se refogam alimentos 3 CULINÁRIA preparado doce, com consistência de calda, usado para acompanhar sobremesas; *de molho* (alimento, roupa) mergulhado num líquido, geralmente água, durante determinado tempo; *estar de ~* [coloq.] estar acamado, estar doente; *pôr as barbas de ~* precaver-se, acautelar-se (Deriv. regr. de *molhar*)

moli *n.m.* peça de vestuário com que, na Índia, as bailadeiras cobrem os seios (De orig. obsc.)

moli- elemento de formação de palavras que exprime a ideia de *mole, brando* (Do lat. *molle*-, «mole»)

moliana *n.f.* [pop.] repreensão; sarabanda; *cantar a ~ a (alguém)* dar uma lição ou castigo a (alguém) (De orig. obsc.)

molibdénio *n.m.* QUÍMICA elemento químico com o número atómico 42 e símbolo Mo, metálico, semelhante ao ferro nalgumas das suas propriedades, empregado no fabrico de aços especiais (Do gr. *molýbdaina*, «massa de chumbo», pelo lat. *molybdaena*-, «id.»)

molibdenite *n.f.* MINERALOGIA mineral (sulfureto de molibdénio) que cristaliza no sistema hexagonal, tem cor cinzenta de chumbo e é minério de molibdénio (De *molibdénio+-ite*)

molibdeno *n.m.* QUÍMICA ⇒ **molibdénio**

molição *n.f.* grande esforço para conseguir um fim (Do lat. *molitiōne*-, «esforço; preparação laboriosa»)

moliceiro *adj.,n.m.* 1 que ou aquele que se ocupa na recolha do sargaço ou moliço; sargaceiro 2 NÁUTICA designativo do barco ou barco que transporta o moliço (De *moliço+-eiro*)

molícia *n.f.* 1 moleza; languidez 2 voluptuosidade (Do lat. *mollitĭa*-, «id.»)

molície *n.f.* ⇒ **molícia**

moliço *n.m.* 1 colmo que se usa para cobrir as choupanas 2 limos 3 algas, sargaços e outras plantas aquáticas que servem para adubos das terras (Do lat. *mollicĭu*-, de *molle*-, «mole», pelo cast. *mollicio*, «mole»)

molida *n.f.* [regionalismo] ⇒ **molídia**

molída *n.m.* ICTIOLOGIA ⇒ **molídeo** *n.m.*

Mólidas *n.m.pl.* ICTIOLOGIA ⇒ **Molídeos**

molídeo *adj.* ICTIOLOGIA relativo ou pertencente aos Molídeos ■ *n.m.* ICTIOLOGIA espécime dos Molídeos

Molídeos *n.m.pl.* ICTIOLOGIA família de peixes teleósteos, tipicamente de corpo muito comprimido, oval ou oblongo (Do lat. *mola*-, «mó» +-*ídeos*)

molídia *n.f.* [regionalismo] rodilha ou sogra que serve de proteção no transporte de carregos à cabeça; molhelha (De *mole*)

molieresco *adj.* 1 relativo a Molière, dramaturgo francês (1622-1673), ou ao seu gosto literário 2 que imita o estilo ou a feição literária de Molière 3 cómico; satírico (De *Molière*, antr. +-*esco*)

molificação *n.f.* 1 ato ou efeito de molificar ou molificar-se 2 [fig.] afago; mimo (De *molificar+-ção*)

molificante *adj.2g.* que molifica (De *mollificante*-, «id.», part. pres. de *mollificāre*, «amolecer»)

molificar *v.tr.* 1 tornar mole; amolecer 2 [fig.] amansar 3 [fig.] acalmar; aplacar; suavizar 4 [fig.] amimar (Do lat. *mollificāre*, «id.»)

molificativo *adj.* próprio para molificar; emoliente (De *molificar+-tivo*)

molificável *adj.2g.* que se pode molificar (De *molificar+-vel*)

molime *n.m.* 1 força de impulsão 2 aquilo que impulsiona 3 molição 4 FISIOLOGIA esforço desenvolvido na realização de uma função (Do lat. *molīmen*, «grande esforço»)

molímen *n.m.* ⇒ **molime**

molina *n.f.* tecido de lã fabricado na cidade espanhola de Molina (Aragão) (De *Molina*, top.)

molinar *v.intr.* agitar-se como o moinho (Do lat. *molīnu*-, «moinho» +-*ar*)

molineta /ê/ *n.f.* [regionalismo] moinho caseiro (Do lat. *molīnu*-, «moinho» +-*eta*, ou do fr. *moulinette*, «pequeno moinho caseiro»)

molinete /ê/ *n.m.* 1 NÁUTICA cabrestante colocado horizontalmente na proa dos navios pequenos, para suspender as âncoras 2 ventilador colocado numa vidraça 3 espécie de cruz de pau ou de ferro que gira em torno de um eixo vertical, para regular a entrada das pessoas em recintos muito frequentados 4 aparelho que serve para medir a velocidade de uma corrente aquática 5 TAUROMAQUIA passe de muleta executado pelo toureiro quando se firma nos calcanhares e dá uma volta rápida em frente do touro (Do lat. *molīnu*-, «moinho» +-*ete*, ou do fr. *moulinet*, «molinete; moinho pequeno»)

molinha *n.f.* chuva miudinha; molhe-molhe; molinheiro (Deriv. regr. de *molinhar*)

molinhã *n.f.* casta de uva de bago mole (De *mole*)

molinhar[1] *v.tr.* moer em pequenas quantidades e com frequência ■ *v.intr.* (moinho) trabalhar ou funcionar (Do lat. *molīnu*-, «moinho» +-*ar*)

molinhar[2] *v.intr.* cair molinha; chuviscar (De *molinha+-ar*)

molinheira[1] *n.f.* 1 moinho 2 azenha 3 atafona (De *molinhar+-eira*)

molinheira[2] *n.f.* chuva miudinha persistente (De *molinheiro*)

molinheiro *n.m.* ⇒ **molinha** (De *molinha+-eiro*)

molinhoso *adj.* em que há ou cai molinha (De *molinha+-oso*)

molinilho *n.m.* 1 moinho pequeno ou manual 2 círculo denteado com que se bate o chocolate (Do cast. *molinillo*, «id.»)

molinismo *n.m.* doutrina do teólogo espanhol Luís de Molina (1535-1600), professor em Coimbra e Évora, que tentava conciliar a eficácia da graça com a liberdade da vontade (De *Molina*, antr. +-*ismo*)

molinista *adj.2g.* relativo a Luís de Molina, teólogo espanhol, 1535-1600 (De *Molina*, antr. +-*ista*)

molinote *n.m.* 1 moenda de cana-de-açúcar 2 cabrestante usado nos engenhos de açúcar (Do lat. *molīnu*-, «moinho» +-*ote*)

molípede *adj.2g.* ZOOLOGIA que tem os pés moles (De *moli-+pede*)

molosso *n.m.* 1 grande cão de fila 2 pé de verso, latino ou grego, de três sílabas longas 3 [fig.] guarda-costas 4 [fig.] valentão (Do gr. *molossós*, «cão de fila», pelo lat. *molossu*-, «id.»)

molto piano *loc.adj.* MÚSICA (execução) muito suave (Do it. *molto piano*)

moluene *n.2g.* [Moçambique] criança abandonada; criança vagabunda (Do ronga *molwêni*, «id.»)

molura *n.f.* 1 moleza 2 orvalho (De *mole+-ura*)

molúria *n.f.* ⇒ **molura** 1 indivíduo acanhado 2 sorna; *fazer as coisas pela ~* fazer as coisas pela calada (De *mole+-úria*)

moluscicida *adj.2g.* que destrói os moluscos ■ *n.m.* designação genérica das substâncias químicas empregadas para eliminar moluscos (De *molusco+-cida*)

molusco *n.m.* ZOOLOGIA espécime dos moluscos; animal invertebrado de corpo mole ■ *n.m.pl.* ZOOLOGIA grupo de animais invertebrados marinhos, terrestres ou de água doce, de corpo mole e mucoso não dividido em anéis, em regra protegidos por concha calcária (Do lat. *molluscu*-, «mole»)

moluscoide *adj.2g.* 1 semelhante ao molusco 2 ZOOLOGIA relativo ou pertencente aos moluscoides ■ *n.m.* ZOOLOGIA espécime dos moluscoides ■ *n.m.pl.* ZOOLOGIA grupo (tipo) de animais invertebrados caracterizados por possuírem uma coroa de tentáculos ciliados, que compreende os briozoários, os foronídeos e os braquiópodes (De *molusco+-óide*)

moluscóide ver nova grafia **moluscoide**

momentaneamente *adv.* 1 por breves momentos; por instantes 2 rapidamente (De *momentâneo+-mente*)

momentâneo *adj.* 1 que só dura um momento; muito breve 2 transitório; passageiro 3 instantâneo 4 GRAMÁTICA diz-se das consoantes também designadas oclusivas (Do lat. *momentaněu*-, «id.»)

momento[1] *n.m.* 1 breve período de tempo; instante 2 pouca duração 3 tempo ou ocasião em que alguma coisa se faz ou acontece 4 circunstância; lance 5 ocasião oportuna 6 peso; importância; *~ de inércia* FÍSICA (de um ponto material em relação a um eixo) produto da massa do ponto material pelo quadrado da distância do ponto ao eixo; (de um sólido em relação a um eixo) soma dos momentos de inércia dos seus pontos materiais, em relação ao eixo considerado; *~ de uma força* (em relação a um ponto) vetor cuja grandeza é o produto da intensidade da força pela distância do ponto à reta, linha de ação da força; (em relação a um eixo) grandeza do momento da projeção da força sobre um plano perpendicular ao eixo (quanto ao ponto em que o plano interseta o eixo); *~ de um binário* produto da intensidade de uma das forças do binário pela distância entre as linhas de ação das duas forças; *~ fletor* FÍSICA componente, segundo o plano de uma secção, do momento, relativamente ao seu centro de gravidade, do esforço na secção; *a cada* ~ frequentemente; *de* ~ nesta ou naquela ocasião, agora; *de um* ~ *para outro* inesperadamente; *num* ~ imediatamente (Do lat. *momentu-*, «movimento; momento»)

momento² *adj.* que faz momices (De *momo+-ento*)

momentoso *adj.* 1 importante 2 grave (Do lat. *momentōsu-*, «rápido; pronto»)

momice *n.f.* trejeito; esgar; careta (De *momo+-ice*)

momo /ô/ *n.m.* 1 representação dramática por meio de mímica 2 momice 3 farsa satírica 4 ator dessa farsa 5 [fig.] zombaria (Do gr. *mômos*, «censura; crítica»)

mona¹ /ô/ *n.f.* 1 ZOOLOGIA fêmea do mono; macaca 2 [pop.] bebedeira 3 [pop.] cabeça (De *mono*)

mona² /ô/ *n.f.* 1 boneca de trapos 2 [coloq.] amuo (Do lat. **monna-*, por *nonna-*, «freira; ama»)

mona³ /ô/ *n.2g.* [Angola] filho; filha; rebento (Do quimb. *mona*, «id.»)

monacal *adj.2g.* 1 referente a monge ou à vida monástica 2 conventual (Do lat. *monachāle-*, «id.»)

monacato *n.m.* vida ou estado monacal (Do lat. ecl. *monachātu-*, «id.»)

monácido *n.m.* QUÍMICA ⇒ **monoácido**

mónaco *n.m.* pequena moeda de cobre do principado de Mónaco (De *Mónaco*, top.)

monada *n.f.* 1 porção de monos 2 gesto de mono 3 macaquices; trejeitos; visagens (De *mono+-ada*)

mónada *n.f.* FILOSOFIA ⇒ **mónade**

mónade *n.f.* 1 FILOSOFIA termo empregado por certos filósofos para designar os elementos das coisas 2 em Platão, filósofo grego (427 - 347 a. C.), termo de origem pitagórica, aplicado às ideias 3 em Leibniz, filósofo alemão, 1646-1716, substância simples, isto é, sem partes, que entra nos compostos 4 em Lalande, filósofo francês, 1867-1953, verdadeiros átomos da Natureza, ou seja, os elementos das coisas (Do gr. *monás*, *-ádos*, «mónade», pelo lat. *monăde-*, «id.»)

monadelfia *n.f.* BOTÂNICA estado de monadelfo (De *monadelfo+-ia*)

monadelfo *adj.* BOTÂNICA diz-se dos estames (ou da planta, da flor, etc. a que estes pertencem) que estão unidos pelos filetes num conjunto único (Do gr. *mónos*, «único»+*adelphós*, «irmão»)

monadismo *n.m.* FILOSOFIA sistema que admite que o universo é formado por mónades, unidades individuais bem definidas, tendo um princípio de unidade interior de ordem espiritual (por contraste com os átomos mecânicos) (De *mónade+-ismo*)

monadista *adj.2g.* 1 que diz respeito às mónades 2 relativo ao monadismo ■ *n.2g.* pessoa que partilha a doutrina do monadismo (De *mónade+-ista*)

monandengue /ô/ *n.2g.* [Angola] criança; jovem (Do quimb. *mona ndengue*, «id.»)

monândrico *n.f.* BOTÂNICA estado de monândrico (De *monandro+-ia*)

monândria *n.f.* BOTÂNICA classe do sistema sexual de C. Lineu (naturalista sueco, 1707-1778), que compreende as plantas monândricas (De *monandro+-ia*)

monândrico *adj.* BOTÂNICA ⇒ **monandro** (De *monandro+-ico*)

monandro *adj.* BOTÂNICA diz-se da flor que apresenta um só estame, que pertence à primeira classe do sistema botânico de C. Lineu, naturalista sueco, 1707-1778 (Do gr. *mónandros*, «que só tem um marido» +*-ico*)

monangamba /ô/ *n.m.* [Angola] carregador; moço de fretes; serviçal (Do quimb. *mona ngamba*, «id.»)

monanto *adj.* 1 BOTÂNICA que tem só uma flor 2 BOTÂNICA que tem flores solitárias (Do gr. *mónos*, «único»+*ánthos*, «flor»)

monaquismo *n.m.* vida monacal ou conventual; monacato (Do gr. *mónakhos*, «monge», pelo lat. *monăchu-*, «id.» +*-ismo*)

monarca *n.m.* 1 soberano vitalício de uma nação; rei 2 chefe absoluto 3 [fig.] pessoa ou coisa que domina 4 [fig.] pessoa muito poderosa (Do gr. *monárkhes*, «que governa só», pelo lat. tard. *monarcha-*, «monarca»)

monarcólatra *adj.,n.2g.* que ou a pessoa que pratica a monarcolatria (Do gr. *monárkhes*, «que governa só» +*latreueín*, «adorar»)

monarcolatria *n.f.* culto dos soberanos, muito praticado pelos antigos povos asiáticos (Do gr. *monárkhes*, «que governa só» +*latreía*, «adoração»)

monarcómaco *adj.* inimigo do monarca ou do poder absoluto (Do gr. *monárkhes*, «que governa só» +*mákhe*, «combate»)

monaria *n.f.* porção de monos; conjunto de objetos sem valor (De *mono+-aria*)

monarquia *n.f.* 1 estado governado por um monarca 2 forma de governo em que o poder é exercido por um monarca; ~ *absoluta* forma de governo em que o poder se concentra nas mãos do monarca; ~ *constitucional* forma de governo em que o monarca tem o poder limitado por uma Constituição (Do gr. *monarkhía*, «id.», pelo lat. *monarchīa-*, «id.»)

monarquianismo *n.m.* ⇒ **modalismo** (Do lat. ecl. *monarchiānu-*, «de uma só natureza» +*-ismo*)

monárquico *adj.* 1 relativo ao monarca ou à monarquia 2 que é partidário da monarquia ■ *n.m.* partidário da monarquia (Do gr. *monarkhikós*, «id.»)

monarquismo *n.m.* opinião ou sistema político dos monárquicos, que se caracteriza por considerar a monarquia (absoluta ou constitucional) como a única forma legítima de governo de um país (De *monarquia+-ismo*)

monarquista *n.2g.* pessoa partidária do sistema monárquico (De *monarquia+-ista*)

monarquizar *v.tr.* 1 converter em monarquia 2 tornar monárquico (De *monarquia+-izar*)

monastical *adj.2g.* ⇒ **monacal** (De *monástico+-al*)

monasticismo *n.m.* 1 condição de monástico 2 organização ou regra da vida monástica 3 conjunto das ordens monásticas (De *monástico+-ismo*)

monástico *adj.* 1 relativo aos monges 2 conventual (Do gr. *monastikós*, «solitário; monástico», pelo lat. *monastĭcu-*, «id.»)

monatómico *adj.* ⇒ **monoatómico**

monauricular *adj.2g.* termo que qualifica as circunstâncias de uma excitação ou de uma sensação auditiva respeitante a um só ouvido (Do gr. *mónos*, «único»+lat. *auriculăre*, «da orelha»)

monazite *n.f.* MINERALOGIA mineral (fosfato) das terras raras que cristaliza no sistema monoclínico e é minério de cério e de tório (Do gr. *monázein*, «ser único; ser raro», pelo al. *Monazit*, «monazite»)

monçanense *adj.2g.* relativo à Vila de Monção ou aos seus habitantes ■ *n.2g.* natural ou habitante de Monção

monção *n.f.* 1 METEOROLOGIA vento periódico, característico do Sul e Sueste da Ásia, que, na época mais quente, sopra do mar para a terra (monção marítima, húmida e pluviosa) e, na época mais fria, sopra da terra para o mar (monção terrestre, seca) 2 tempo favorável à navegação 3 [fig.] bom ensejo; oportunidade (Do ár. *mausim*, «estação fixa», própria para a navegação)

moncar *v.intr.* limpar o monco; assoar-se (De *monco+-ar*)

monchiquito *n.m.* PETROLOGIA rocha eruptiva ocorrente em Monchique (vila portuguesa do distrito de Faro), que é um lamprófiro constituído por cristais de horneblenda titanífera, olivina alterada e analcite (De *Monchique*, top. +*-ito*)

monco *n.m.* 1 humor segregado pela mucosa do nariz; ranho 2 carúncula na cabeça do peru; *estar de* ~ *caído* estar amuado, estar triste (Do lat. **muccu-*, por *mucu-*, «muco»)

monco-de-peru *n.m.* BOTÂNICA planta herbácea, da família das Poligonáceas, cultivada nos jardins, e também subespontânea

moncoso /ô/ *adj.* 1 cheio de moncos; ranhoso 2 que segrega monco 3 [fig.] sujo; imundo (De *monco+-oso*)

monda *n.f.* 1 AGRICULTURA ato de mondar; arranque das ervas nocivas às sementeiras 2 AGRICULTURA época em que se faz a monda (Deriv. regr. de *mondar*)

mondadeira *n.f.* 1 AGRICULTURA mulher que monda, que trabalha nas mondas; mondina 2 AGRICULTURA sachinho de mondar (De *mondar+-deira*)

mondadeiro *adj.* que serve para mondar ■ *n.m.* AGRICULTURA indivíduo que monda, que trabalha nas mondas; mondino (De *mondar+-deiro*)

mondador *adj.* que monda ■ *n.m.* 1 AGRICULTURA indivíduo que monda; mondino 2 AGRICULTURA sachinho próprio para mondar (De *mondar+-dor*)

mondadura *n.f.* 1 monda 2 erva que se mondou (De *mondar+-dura*)

mondar *v.tr.* 1 arrancar (ervas nocivas) de junto dos cereais; limpar 2 cortar (ramos secos ou desnecessários); desramar 3 desbastar (frutos ou plantas, quando, pela demasia, se prejudicam mutuamente) 4 [fig.] expurgar de tudo o que é supérfluo ou prejudicial 5 [fig.] corrigir ■ *v.intr.* fazer a monda (Do lat. *mundāre*, «limpar; purificar»)

mondilho *n.m.* [regionalismo] ⇒ **caruma** 1 (De *mondar+-ilho*?)

mondina *n.f.* [regionalismo] ⇒ **mondadeira** (De *mondar+-ina*)

mondinense *adj.2g.* relativo ou pertencente a Mondim de Basto, no distrito de Vila Real, ou que é seu natural ou habitante ■ *n.2g.* natural ou habitante de Mondim de Basto (De *Mondim*, top. +*-ense*)

mondino *n.m.* [regionalismo] ⇒ **mondador** (De *mondar+-ino*)

mondonga *n.f.* 1 [depr.] mulher suja e desmazelada; mondongueira 2 [depr.] mulher desprezível (Do cast. *mondonga*, «criada boçal»)

mondongo n.m. 1 vísceras de certos animais 2 roupa velha; farrapo 3 [pej.] indivíduo sujo e desleixado 4 [pej.] indivíduo desprezível (Do cast. *mondongo*, «id.»)

mondongueira n.f. 1 mulher que vende intestinos e outros miúdos das reses; tripeira; fressureira 2 [pej.] mulher suja e desmazelada; mondonga (Do cast. *mondonguera*, «id.»)

mondongueiro n.m. 1 indivíduo que vende intestinos e outros miúdos das reses; tripeiro; fressureiro 2 trapeiro 3 [fig.] pessoa que se ocupa em serviços imundos (Do cast. *mondonguero*, «id.»)

monecia n.f. BIOLOGIA qualidade ou estado de monoico; monoicia (De *moneco*+-*ia*)

monécia n.f. BOTÂNICA classe de plantas monoicas (De *moneco*+-*ia*)

monécico adj. BOTÂNICA que possui, no mesmo pé, flores masculinas e femininas; monoico (De *moneco*+-*ico*)

moneco adj. ⇒ **monoico** (Do gr. *mónos*, «único» +*oîkos*, «casa»)

monegasco adj. natural ou habitante do Mónaco ■ adj. relativo ou pertencente ao Mónaco, pequeno estado europeu que forma um enclave a sul de França, ou que é seu natural ou habitante (Do fr. *monégasque*, «id.», ou do it. *monegasco*, «id.»)

monelha /é/ n.f. 1 NÁUTICA corda que se enrola nos mastros para os reforçar 2 [regionalismo] ⇒ **molhelha** 1 (Do lat. *monilĭa*, pl. de *monīle*, «colar»)

monema n.m. LINGUÍSTICA unidade mínima de primeira articulação (Do fr. *monème*, «id.»)

monera n.f. 1 NÁUTICA nau com uma só ordem de remos 2 BIOLOGIA designação do grupo de seres vivos sem núcleo individualizado (Do gr. *monéres*, «único; solitário»)

monere n.f. BIOLOGIA ⇒ **monera** 2

moneta /é/ n.f. NÁUTICA antiga vela, em forma de trapézio, que se cosia ao papa-figos quando o vento era bonançoso (Do fr. *bonnette*, «id.»)

monetariamente adv. 1 do ponto de vista monetário 2 com dinheiro (De *monetário*+-*mente*)

monetário adj. 1 relativo a dinheiro 2 relativo a moedas 3 numismático ■ n.m. 1 colecionador de moedas 2 numismata (Do lat. *monetarĭu*-, «cunhador de moedas»)

monetarismo n.m. ECONOMIA teoria quantitativa da moeda, que sustenta que as medidas monetárias são suficientes para manter a estabilidade económica

monetarista adj.2g. relativo ao monetarismo ■ n.2g. pessoa partidária do monetarismo

monete /é/ n.m. guedelha isolada na cabeça de pessoa que tem pouco cabelo; falripa; farripa; topete (Do cast. *moño*, «rolo de cabelo; topete» +-*ete*)

monetiforme adj.2g. que tem forma de moeda (Do lat. *monēta*-, «moeda» +*forma*-, «forma»)

monetizar v.tr. 1 converter em moeda 2 amoedar (Do fr. *monétiser*, «id.»)

mongariça n.f. [regionalismo] ⇒ **torga** 1 (De orig. obsc.)

monge n.m. (feminino **monja**) 1 membro de uma ordem religiosa; cenobita 2 [fig.] pessoa que vive isolada e não valoriza o convívio social 3 [fig.] pessoa que cultiva uma vida austera (Do lat. *monăchu*-, «id.», pelo prov. *monge*, «id.»)

mongil adj.2g. 1 próprio de monge 2 designativo de uma variedade de trigo rijo ■ n.m. 1 hábito de monja 2 antiga túnica de luto para mulher não viúva (De *monge*+-*il*)

mongol adj.2g..n.2g. que ou o que pertence à Mongólia ■ n.m. língua oficial da República Popular da Mongólia, da família uralo-altaica (Do mongol *Mong-hel*, uma das tribos de Gengiscão, conquistador tártaro, 1167-1227)

mongolão n.m. [Cabo Verde] espécie de feijão-frade (Do crioulo cabo-verdiano *mongolon*, «id.»)

mongólico adj. relativo à Mongólia ou aos Mongóis (De *mongol*+-*ico*)

mongolismo n.m. 1 religião do povo da Mongólia 2 MEDICINA [ant.] designação inadequada da deficiência congénita profunda, associada a uma alteração na estrutura ou no número de cromossomas, que se manifesta por défice cognitivo mais ou menos profundo e por características fisionómicas específicas, sobretudo pela face achatada e pela junção dos ossos nasais; síndrome de Down; trissomia 21 (De *mongol*+-*ismo*)

mongoloide adj.2g. 1 próprio dos mongóis 2 que apresenta características físicas semelhantes às dos mongóis 3 MEDICINA [ant.] forma inadequada para qualificar quem foi afetado por mongolismo, designação imprópria de síndrome de Down (trissomia 21) 4 pejorativo diz-se de quem apresenta qualquer tipo de limitação, em termos cognitivos ou de desempenho ■ n.2g. 1 MEDICINA [ant.] designação inadequada de pessoa afetada por mongolismo, forma imprópria para designar síndrome de Down (trissomia 21) 2 [pej.] pessoa que apresenta qualquer tipo de limitação, em termos cognitivos ou de desempenho (De *mongol*+-*óide*)

mongolóide ver nova grafia **mongoloide**

monha /ô/ n.f. 1 manequim de modista, alfaiate ou cabeleireiro 2 TAUROMAQUIA laço de fitas que adorna o pescoço dos touros nas touradas 3 TAUROMAQUIA espécie de topete que os toureiros usam na parte posterior da cabeça, por cima da coleta (Do cast. *moña*, «boneca; laço com que se enfeita o pescoço dos touros»)

monhé n.m. 1 [Moçambique] mestiço de árabe e negro 2 [Moçambique] comerciante de ascendência árabe, indiana ou paquistanesa 3 [pej.] pessoa de origem indiana, árabe ou paquistanesa

monhiço n.m. caruma seca (De orig. obsc.)

monho /ô/ n.m. 1 laço de fita para prender o cabelo 2 topete postiço (Do cast. *moño*, «laço de fita»)

mónica n.f. 1 [Açores] nêspera 2 [Brasil] BOTÂNICA variedade de mandioca 3 RELIGIÃO freira de Santa Mónica (331-387) ou de Santo Agostinho (354-430) (De *Mónica*, antr.)

monição n.f. aviso judicial que o bispo faz antes de decretar a monitória (Do lat. *monitiōne*-, «advertência»)

monice n.f. momice; macaquice; trejeito (De *mono*+-*ice*)

monília n.f. bolor que se desenvolve nos frutos, em círculos concêntricos, provocando rapidamente o seu apodrecimento (Do lat. *monilĭa*, pl. neut. de *monīle*, «colar de senhora»)

moniliforme adj.2g. com feitio de colar ou rosário (Do lat. *monīle*-, «colar» +*forma*-, «forma»)

monimiácea n.f. BOTÂNICA espécie das Monimiáceas

Monimiáceas n.f.pl. BOTÂNICA família de plantas dicotiledóneas, lenhosas, tropicais, com folhas opostas e frutos que são aquénios (Do gr. *mónimos*, «durável», pelo lat. cient. *monimĭa*-, «id.» +-*áceas*)

monismo n.m. FILOSOFIA nome genérico dado às doutrinas filosóficas que admitem um só princípio constitutivo (a matéria, o espírito, a ideia), onde outras doutrinas admitem dois (dualismo) ou vários (pluralismo) (Do gr. *mónos*, «único», pelo al. *Monismus*, «monismo», pelo fr. *monisme*, «id.»)

monista n.2g. pessoa sectária do monismo (Do gr. *mónos*, «único», pelo fr. *moniste*, «monista»)

monístico adj. respeitante ao monismo (De *monista*+-*ico*)

mónita n.f. advertência; admoestação; aviso (Do lat. *monĭta*, pl. de *monĭtu*-, «advertência; aviso»)

monitor n.m. 1 aquele que admoesta, adverte ou dirige 2 INFORMÁTICA aparelho no qual se visualiza a informação contida num computador; ecrã 3 aparelho de televisão que, nos estúdios, serve de guia à emissão 4 qualquer aparelho que avisa ou dá indicações de controlo 5 (universidade) primeiro grau da docência, desempenhado por estudantes dos últimos anos ou recém-licenciados 6 aquele que orienta os alunos em certas disciplinas ou desportos; instrutor 7 aluno que, por ser o mais adiantado de uma classe, auxilia o professor 8 vigilante que preside ao estudo e orienta os estudantes, num colégio; prefeito 9 antigo navio couraçado e fortemente artilhado para o ataque a baterias de costa e outros objetivos do litoral 10 ZOOLOGIA ⇒ **lagarto-monitor** (Do lat. *monitōre*-, «id.»)

monitorar v.tr. ⇒ **monitorizar** (De *monitor*+-*ar*)

monitoria n.f. cargo ou funções de monitor (De *monitor*+-*ia*)

monitória n.f. 1 aviso judicial que intima o público a ir depor o que sabe acerca de um facto 2 advertência; admoestação (Do lat. *monitorĭu*-, «que adverte»)

monitorial adj.2g. referente a monitor ou a monitória (De *monitória*+-*al*)

monitorização n.f. ato ou efeito de monitorizar; controlo; supervisão

monitorizar v.tr. 1 controlar; supervisionar 2 acompanhar e avaliar (dados fornecidos por aparelhagem elétrica)

monja n.f. (masculino **monge**) freira de uma ordem religiosa

monjal adj.2g. 1 que diz respeito a monge ou a monja 2 feito por mão de monja (De *monja*+-*al*)

mono /ô/ n.m. 1 macaco; bugio 2 [fig.] indivíduo pouco ativo e sem iniciativa 3 [fig.] indivíduo considerado feio 4 [fig.] mercadoria que não tem venda ou que ninguém procura 5 [fig.] objeto sem valor a que não se sabe o que fazer ■ adj. 1 pouco ativo; sem iniciativa 2 macambúzio; bisonho (De orig. obsc.)

mon(o)- elemento de formação de palavras que exprime a ideia de *um só, unidade* (Do grego *mónos*, «único»)

monoácido n.m. QUÍMICA ácido capaz de libertar um só protão (De *mono*-+*ácido*)

monoamina n.f. FISIOLOGIA substância cuja molécula contém uma só amina

monoatómico adj. QUÍMICA (molécula) formado por um só átomo (De *mono*-+*atómico*)

monobásico adj. QUÍMICA diz-se de um ácido que tem apenas um átomo de hidrogénio substituível em cada molécula (De *mono-+básico*)

monocarpelar adj.2g. BOTÂNICA (gineceu) que tem um só carpelo (De *mono-+carpelar*)

monocárpico adj. 1 BOTÂNICA relativo a monocarpo 2 BOTÂNICA que dá flor e fruto apenas uma vez (De *monocarpo+-ico*)

monocarpo adj. BOTÂNICA que tem só um fruto ■ n.m. BOTÂNICA fruto originado por uma única folha carpelar (Do gr. *mónos*, «único» +*karpós*, «fruto»)

monocarril adj.2g. 1 que comporta apenas um carril 2 que circula num só carril ■ n.m. 1 ENGENHARIA sistema de transporte de veículos sobre um carril ou trilho elevado, utilizado principalmente nos metropolitanos 2 viatura ou máquina que se desloca numa via-férrea de um só carril (De *mono-+carril*)

monocefalia n.f. TERATOLOGIA qualidade de monocéfalo (De *monocéfalo+-ia*)

monocéfalo adj. TERATOLOGIA designativo daqueles que têm uma só cabeça em dois ou mais corpos ligados (Do gr. *monoképhalos*, «de uma só cabeça»)

monocelular adj.2g. BIOLOGIA diz-se do organismo rudimentar constituído por uma só célula; unicelular (De *mono-+celular*)

monócero n.m. 1 ZOOLOGIA que tem um só corno 2 BOTÂNICA que apresenta um só prolongamento em forma de corno ■ n.m. ICTIOLOGIA peixe que apresenta uma excrescência córnea (como o peixe-espada) (Do gr. *monókheros*, «unicórnio», pelo lat. *monocĕros*, «id.»)

monoceronte n.m. ZOOLOGIA ⇒ **unicórnio** 1 (Do gr. *monókheros*, «unicórnio», com infl. do it. *rinoceronte*, «rinoceronte»)

monociclo n.m. velocípede de uma só roda, muito usado por acrobatas (Do gr. *monókyklos*, «de uma roda só»)

monocilíndrico adj. diz-se do motor que tem apenas um cilindro (De *mono-+cilíndrico*)

monócito n.m. HISTOLOGIA leucócito hialino de maiores dimensões que as dos linfócitos (Do gr. *mónos*, «único» +*kýtos*, «célula; cavidade»)

monoclinal n.m. GEOLOGIA flexura que afeta camadas paralelas, inicialmente horizontais ou quase (Do gr. *mónos*, «único» +*klínein*, «inclinar»+*-al*)

monoclínico adj. CRISTALOGRAFIA diz-se do sistema cristalográfico cuja cruz axial é constituída por dois eixos oblíquos entre si, e um terceiro normal ao plano desses dois (Do gr. *mónos*, «único» +*klínein*, «inclinar»+*-ico*)

monoclino adj. BOTÂNICA (vegetal) que tem flores hermafroditas (Do gr. *mónos*, «único» +*klíne*, «leito»)

monocórdico adj. 1 relativo a monocórdio 2 que tem apenas uma corda 3 [fig.] que não apresenta variação; monótono; enfadonho (De *monocordo+-ico*)

monocórdio n.m. MÚSICA instrumento musical, cuja origem remonta à Grécia Antiga, com uma só corda, com uma caixa de ressonância e um cavalete deslizante, utilizado no estudo acústico dos intervalos musicais ■ adj. [Brasil] que não apresenta variação; monótono; enfadonho (Do gr. *monókhordon*, «id.», pelo lat. *monochordon*, «id.»)

monocordo n.m. ⇒ **monocórdio**

monocotiledóneas n.f.pl. BOTÂNICA grupo de plantas angiospérmicas cujo embrião tem, tipicamente, uma só cotilédone, raiz fasciculada e folhas longinérveas (De *monocotiledóneo*)

monocotiledóneo adj. 1 BOTÂNICA que possui uma só cotilédone 2 BOTÂNICA relativo às plantas monocotiledóneas (De *mono-+cotiledóneo*)

monocromático adj. 1 que apresenta uma só cor; monocromo 2 FÍSICA do feixe de ondas da mesma frequência (Do gr. *monokhrómatos*, «de uma só cor» +*-ico*)

monocromatismo n.m. MEDICINA incapacidade, congénita ou adquirida, de distinguir as cores; acromatopsia (Do gr. *mónos*, «único» +*khrõma, -atos*, «cor» +*-ismo*)

monocromia n.f. qualidade do que tem uma só cor (De *monocromo+-ia*)

monocrómico adj. ⇒ **monocromático** (De *monocromia+-ico*)

monocromo adj. ⇒ **monocromático** (Do gr. *monókhromos*, «de uma só cor»)

monocular adj.2g. diz-se do modo de visão com um só olho (De *mono-+ocular*)

monoculizar v.tr. observar com monóculo (De *monóculo+-izar*)

monóculo n.m. luneta de uma só lente ■ adj. que tem um só olho (De *mono-+óculo*)

monocultura n.f. AGRICULTURA cultura de uma só espécie agrícola (De *mono-+cultura*)

monodáctilo adj. ZOOLOGIA que tem um só dedo ou uma só ramificação (Do gr. *monodáktylos*, «de um dedo só»)

monodelfo adj. ZOOLOGIA de um só útero (De *mono-+-delfo*)

monódia n.f. 1 TEATRO monólogo lírico, nas antigas tragédias gregas 2 MÚSICA (séc. XVI) canto de uma só voz, acompanhado de harpa, alaúde ou órgão 3 MÚSICA (atualmente) canto gregoriano na sua expressão mais simples, sem harmonias nem acompanhamento (Do gr. *monodía*, «solo musical», pelo lat. tard. *monodĭa-*, «solo; canto de uma pessoa só»)

monodiar v.intr. cantar uma monódia (De *monódia+-ar*)

monodisciplinar adj.2g. que diz respeito a ou que integra uma só disciplina ou área do conhecimento (De *mono-+disciplinar*)

monodisperso adj.,n.m. QUÍMICA sistema ou designativo do sistema coloidal cujas partículas da fase dispersa são aproximadamente do mesmo tamanho (De *mono-+disperso*)

monodocência n.f. regime de ensino em que um professor assegura todas as áreas curriculares (De *mono-+docência*)

monodonte adj.2g. que possui um só dente ■ n.m. ZOOLOGIA animal que possui um só dente (Do gr. *monódous, -ontos*, «de um só dente»)

monofagia n.f. ECOLOGIA qualidade de monófago (De *mono-+-fagia*)

monofágico adj. ECOLOGIA relativo à monofagia (De *mon(o)-+-fágico*)

monófago adj. 1 ECOLOGIA diz-se de organismo que se alimenta de um só tipo de alimento 2 ECOLOGIA diz-se de parasita que subsiste à custa de apenas um único hospedeiro ou uma única presa (De *mon(o)-+-fago*)

monofásico adj. 1 ELETRICIDADE diz-se de uma tensão ou de uma corrente alternada, independente, sem qualquer associação a outra 2 diz-se dos aparelhos geradores ou utilizadores deste tipo de corrente (De *mono+fase/+-ico*)

monofilético adj. BIOLOGIA diz-se do ser ou do grupo de seres que resulta de um só tronco genealógico ou filogenético (Do gr. *mónos*, «único» +*phylétes*, «membro de uma tribo»)

monofilo adj. 1 BOTÂNICA diz-se do vegetal que tem uma só folha 2 BOTÂNICA designativo do cálice (ou outro órgão vegetal) formado de uma só peça foliar 3 BOTÂNICA (especialmente em referência ao cálice e à corola) ⇒ **gamofilo** (Do gr. *monóphyllos*, «que tem uma só folha»)

monofiodonte adj.2g. 1 ZOOLOGIA relativo ou pertencente aos monofiodontes 2 ZOOLOGIA diz-se do mamífero que só tem uma dentição durante toda a vida 3 diz-se da primeira dentição nos animais em que ela é permanente ■ n.m. ZOOLOGIA espécime dos monofiodontes ■ n.m.pl. ZOOLOGIA grupo de mamíferos que tem só uma dentição durante toda a vida (Do gr. *mónos*, «único» +*phýein*, «nascer» +*odoús, -óntos*, «dente»)

monofisismo n.m. doutrina de uma seita herética, segundo a qual haveria em Cristo apenas uma natureza, a natureza divina (Do gr. *mónos*, «único» +*phýsis*, «natureza» +*-ismo*, ou do fr. *monophysisme*, «monofisismo»)

monofisita adj.2g. relativo ou pertencente ao monofisismo ■ n.2g. pessoa partidária do monofisismo (Do gr. *mónos*, «único» +*phýsis*, «natureza» +*-ita*, ou do fr. *monophysite*, «monofisita»)

monófito adj. BOTÂNICA (género de plantas) que se compõe de uma só espécie (Do gr. *mónos*, «único» +*phytón*, «planta»)

monofobia n.f. 1 medo de determinada espécie de objetos 2 horror à solidão (De *mono-+-fobia*)

monófobo adj.,n.m. que ou aquele que padece de monofobia (De *mono-+-fobo*)

monofonia n.f. 1 produção de um som único 2 MÚSICA composição musical constituída por uma única linha melódica, sem acompanhamento (Do gr. *mónos*, «único» +*phoné*, «som» +*-ia*)

monófono adj. (verso) que tem pouca variedade de vogais, ou que tem a mesma vogal muito repetida (Do gr. *monóphonos*, «que produz um só som», pelo lat. *monophōnos*, «id.»)

monoftalmo adj. TERATOLOGIA que nasce com um só olho; monope ■ n.m. TERATOLOGIA feto que apresenta um só olho (Do gr. *monóphthalmos*, «id.»)

monogamia n.f. 1 estado ou qualidade de monógamo 2 ANTROPOLOGIA organização familiar em que uma pessoa tem apenas um cônjuge 3 condição daquele que tem apenas um parceiro sexual em determinado período de tempo (Do gr. *monogamía*, «id.», pelo lat. *monogamĭa-*, «id.»)

monogâmico adj. 1 relativo à monogamia 2 ANTROPOLOGIA que tem apenas um cônjuge 3 que tem apenas um parceiro sexual em determinado período de tempo (De *monogamia+-ico*)

monógamo adj. 1 que tem um só cônjuge 2 que tem apenas um parceiro sexual em determinado período de tempo 3 BOTÂNICA (planta) que tem flores de um só sexo ■ *n.m.* aquele que adota a monogamia (Do gr. *monógamos*, «id.», pelo lat. *monogămu-*, «id.»)

monogástrico *adj.* ZOOLOGIA (animal) que possui apenas uma grande cavidade interna (Do gr. *mónos*, «único» +*gáster, -trós*, «estômago» +*-ico*)

monogénese *n.f.* 1 BIOLOGIA geração direta em que os seres vivos se desenvolvem sem metamorfoses ou fases alternantes 2 monogenismo (Do gr. *mónos*, «único» +*génesis*, «geração»)

monogenético *adj.* relativo à monogénese (Do gr. *mónos*, «único» +*genetikós*, «genético»)

monogenia *n.f.* BIOLOGIA modo de geração que consiste em separar-se de um corpo organizado uma parte que, mais tarde, se transforma num novo indivíduo semelhante ao da sua origem; reprodução assexuada (Do gr. *mónos*, «único» +*génos*, «origem» +*-ia*)

monogénico *adj.* relativo à monogenia (Do gr. *mónos*, «único» +*génos*, «origem» +*-ico*)

monogenismo *n.m.* 1 sistema antropológico que defende a unidade de origem da espécie humana 2 monogénese (Do gr. *monogenés*, «gerado só» +*-ismo*, pelo fr. *monogénisme*, «monogenismo»)

monogenista *adj., n.2g.* que ou pessoa que defende o monogenismo (Do gr. *monogenés*, «gerado só» +*-ista*)

monoginia *n.f.* BOTÂNICA estado de planta monógina (De *monógino*+*-ia*)

monógino *adj.* BOTÂNICA (vegetal) cujas flores têm um só carpelo (Do gr. *mónos*, «único» +*gyné*, «mulher»)

monoglota *adj., n.2g.* que ou pessoa que fala uma só língua

monoglótico *adj.* que se refere a uma só língua; **afasia monoglótica** MEDICINA afasia limitada a uma língua, num paciente poliglota (Do gr. *mónos*, «único» +*glottikós*, «glótico»)

monografar *v.tr.* fazer a monografia de (Do gr. *mónos*, «único» +*gráphein*, «escrever» +*-ar*)

monografia *n.f.* descrição, tratado ou estudo de um ponto particular de uma ciência ou arte, de uma só personagem, da geografia de um determinado país, etc. (Do gr. *mónos*, «único» +*gráphein*, «escrever» +*-ia*)

monográfico *adj.* referente a monografia (Do gr. *mónos*, «único» +*gráphein*, «escrever» +*-ico*)

monografista *n.2g.* pessoa que escreve monografias; monógrafo (Do gr. *mónos*, «único» +*gráphein*, «escrever» +*-ista*)

monógrafo *adj., n.m.* que ou aquele que faz monografias (Do gr. *mónos*, «único» +*gráphein*, «escrever»)

monograma *n.m.* entrelaçamento, mais ou menos artístico, das letras iniciais das palavras que constituem um nome (Do gr. *monógrammos*, «id.», de *mónos*, «único» +*gramma*, «letra»)

monogramático *adj.* relativo a monograma (Do lat. *monogramma, -ătis*, «monograma» +*-ico*)

monogramista *n.2g.* pessoa que faz monogramas ou a sua assinatura com monograma (De *monograma*+*-ista*)

monogramo *adj.* 1 diz-se de um trabalho de pintura formado só de linhas ou contornos 2 incorpóreo; impalpável (De *monogrammu-*, «formado só de linhas»)

monoicia *n.f.* BIOLOGIA ⇒ **monecia** (Do gr. *mónos*, «único» +*oikía*, «casa»)

monoico *adj.* 1 BOTÂNICA que possui, no mesmo pé, flores masculinas e femininas 2 ZOOLOGIA em que no mesmo indivíduo se formam gâmetas masculinos e femininos (Do gr. *mónos*, «único» +*oîkos*, «casa»)

monóico ver nova grafia monoico

monoide *adj.2g.* MATEMÁTICA diz-se de um conjunto munido de uma lei de composição interna, associativa, que admite elemento neutro (Do gr. *monós*, «único» +*eîdos*, «forma»)

monóide ver nova grafia monoide

monoideísmo *n.m.* 1 PSICOLOGIA estado para o qual, segundo T. Ribot, psicólogo francês (1839-1916), tende a atividade intelectual, e em que uma só ideia ocupa o espírito, e toda a atividade se concentra em torno dela 2 PSICOLOGIA estreitamento da consciência, por exemplo, nos estados históricos, em que não há lugar senão para uma só sensação, uma só imagem, uma só lembrança, ou no sonambulismo (natural ou provocado), em que uma ideia fixa, obsessiva, tende a realizar-se (P. Janet, psicólogo francês, 1859-1947) (Do gr. *mónos*, «único» +*idéa*, «ideia» +*-ismo*, pelo fr. *monoïdéisme*, «id.»)

monoinsaturado *adj.* designativo da gordura insaturada com apenas uma ligação dupla de carbono, presente no óleo de soja, azeite, e em alguns peixes e frutos gordos (De *mono*-+*insaturado*)

monolatria *n.f.* adoração de um único deus (De *mono*-+*latria*)

monolátrico *adj.* referente a monolatria (De *monolatria*+*-ico*)

monolépide *adj.2g.* ZOOLOGIA que tem uma só escama (Do gr. *mónos*, «único» +*lepís, lepídos*, «escama»)

monolépido *adj.2g.* ZOOLOGIA ⇒ **monolépide**

monolingue *adj.2g.* 1 que utiliza apenas uma língua 2 escrito numa só língua ■ *n.m.* indivíduo ou comunidade que utiliza apenas uma língua (De *mono*-+*lingue*)

monolinguismo /gu-i/ *n.m.* LINGUÍSTICA utilização fluente de uma só língua, por um indivíduo ou uma comunidade (De *mono*-+*linguismo*)

monolítico *adj.* 1 relativo ou semelhante a monólito 2 feito de uma só pedra 3 [fig.] diz-se de um todo unido, inseparável e homogéneo 4 [fig.] que é difícil de abalar ou fragmentar (De *monólito*+*-ico*)

monolitismo *n.m.* carácter daquilo que é monolítico ou fortemente unido (De *monólito*+*-ismo*)

monólito *n.m.* 1 obra ou monumento formado de uma só pedra, cujo simbolismo se desconhece 2 pedra de grandes dimensões (Do gr. *monólithos*, «de uma só pedra», pelo lat. *monolĭthu-*, «id.»)

monologar *v.tr.* dizer consigo ■ *v.intr.* 1 falar sozinho 2 recitar monólogos (De *monólogo*+*-ar*)

monologia *n.f.* costume de falar sozinho (De *monólogo*+*-ia*)

monológico *adj.* relativo a monólogo (De *monologia*+*-ico*)

monólogo *n.m.* 1 cena de peça de teatro escrita para representada por um só ator, que se dirige ao público ou fala consigo próprio 2 discurso que alguém dirige a si próprio; solilóquio 3 LITERATURA texto ou fragmento textual que apresenta o discurso de um único locutor que não se dirige diretamente a um interlocutor (Do gr. *monólogos*, «que fala só»)

monolugar *adj.2g.* que tem um só lugar ■ *n.m.* veículo, embarcação ou avião para um tripulante

monomania *n.f.* 1 (psiquiatria) delírio parcial caracterizado por uma preocupação obsessiva 2 ideia fixa (Do gr. *mónos*, «único» +*manía*, «loucura»)

monomaníaco *adj., n.m.* que ou aquele que padece de monomania (De *mono*-+*maníaco*)

monomaquia *n.f.* 1 combate entre duas pessoas 2 duelo singular 3 HISTÓRIA (Idade Média) meio de prova judicial pelo duelo (Do gr. *monomakhía*, «id.», pelo lat. *monomachīa*, «id.»)

monomérico *adj.* 1 formado por monómeros 2 QUÍMICA relativo a monómero (De *monómero*+*-ico*)

monómero *adj.* 1 ZOOLOGIA (inseto) cujos tarsos têm uma só articulação 2 BOTÂNICA (flor) que tem um só membro em cada verticilo ■ *n.m.* QUÍMICA composto formado de moléculas simples (ou entidades químicas) que, por polimerização, pode formar uma macromolécula com repetição de unidades estruturais (Do gr. *mónos*, «único; simples» +*merós*, «parte»)

monometalismo *n.m.* ECONOMIA sistema monetário que só admite uma espécie de metal como moeda (De *mono*-+*metalismo*, ou do fr. *monométallisme*, «id.»)

monometalista *adj.2g.* relativo ao monometalismo ■ *n.2g.* pessoa partidária do monometalismo (De *mono*-+*metalista*)

monométrico *adj.* 1 relativo ou pertencente ao monómetro 2 de uma só medida 3 CRISTALOGRAFIA diz-se do sistema cúbico, por os seus três eixos cristalográficos se medirem todos com a mesma unidade (De *monómetro*+*-ico*)

monómetro *n.m.* LITERATURA poema composto apenas de uma espécie de verso ■ *adj.* 1 de uma só medida 2 (verso grego ou latino) que é constituído por pés de uma só medida (Do gr. *monómetros*, «id.», pelo lat. *monomĕtru-*, «id.»)

monómio *n.m.* MATEMÁTICA produto, ou expressão deste produto, cujos fatores são uma constante e potências de expoente natural de uma ou mais variáveis (Do gr. *mónos*, «único» +*nómos*, «divisão» +*-io*)

monomórfico *adj.* que possui uma só forma (Do gr. *mónos*, «único» +*morphé*, «forma» +*-ico*)

monomotor *adj.2g.* AERONÁUTICA que ou avião que tem um único motor (De *mono*-+*motor*)

mononfalia *n.f.* TERATOLOGIA anomalia caracterizada pela união dos corpos de dois indivíduos pelo umbigo (Do gr. *mónos*, «único» +*omphalós*, «umbigo» +*-ia*)

mononucleose *n.f.* MEDICINA presença, no sangue, de leucócitos mononucleares em número anormalmente elevado (De *mono*-+*núcleo*+*-ose*, ou pelo fr. *mononucléose*, «id.»)

monoparental *adj.2g.* 1 relativo a apenas um progenitor 2 diz-se de uma família constituída apenas pela mãe, ou pelo pai, e filho ou filhos

monope *adj.2g.* que tem um só olho; monoftalmo (Do gr. *mónops, -pos*, «de um só olho»)

monopétalo *adj.* BOTÂNICA que tem uma só pétala (Do gr. *mónos*, «único» +*pétalon*, «pétala»)

monoplano *n.m.* AERONÁUTICA avião que tem um só plano de sustentação ou um só par de asas (De *mono*-+*plano*, ou do fr. *monoplan*, «id.»)

monoplástico *adj.* 1 formado de uma só peça 2 que tem a forma primitiva (Do gr. *mónos*, «único» +*plastós*, «modelado» +-*ico*)
monoplegia *n.f.* MEDICINA paralisia de um só membro ou grupo muscular (Do gr. *mónos*, «único» +*plegé*, «pancada» +-*ia*)
monopnêumone *adj.2g.* ZOOLOGIA que tem um só pulmão (Do gr. *mónos*, «único» +*pneúmon*, -*onos*, «pulmão»)
monópode *adj.2g.* que possui apenas um pé; monopódio (De *mono*-+-*pode*)
monopodia *n.f.* qualidade do que é monópode (De *monópode*+-*ia*)
monopodial *adj.2g.* ⇒ **monopódico** (De *monopodia*+-*al*)
monopódico *adj.* 1 que tem um só pé 2 relativo ou pertencente a monopódio; monopodial (De *monópode*+-*ico*)
monopódio *adj.* de um só pé; monópode ■ *n.m.* BOTÂNICA sistema de ramificação de uma planta cujo eixo é constituído por um ramo de uma só ordem, como o do cacho (Do gr. *monopódion*, «mesa de um só pé», pelo lat. *monopodĭu*-, «id.»)
monopólio *n.m.* 1 ECONOMIA situação de mercado em que um só vendedor controla toda a oferta de um serviço ou de uma mercadoria 2 ECONOMIA privilégio de fabricar ou vender certas mercadorias sem concorrência de outrem; direito exclusivo 3 ECONOMIA açambarcamento de certos géneros para serem vendidos por alto preço 4 controlo exclusivo (Do gr. *monopólion*, «id.», pelo lat. *monopolĭu*-, «id.»)
monopolista *adj.2g.* 1 que monopoliza ou tem monopólio 2 referente a monopólio ■ *n.2g.* ECONOMIA pessoa ou entidade que detém ou exerce um monopólio (De *monopólio*+-*ista*)
monopolização *n.f.* ato ou efeito de monopolizar (De *monopolizar*+-*ção*)
monopolizador *adj.,n.m.* que ou aquele que monopoliza; monopolista (De *monopolizar*+-*dor*)
monopolizar *v.tr.* 1 fazer ou conseguir monopólio de 2 açambarcar 3 possuir o exclusivo de 4 [fig.] tomar exclusivamente para si 5 [fig.] concentrar em si; abarcar (De *monopólio*+-*izar*)
monopsónio *n.m.* ECONOMIA monopólio da parte do consumidor; situação em que há várias empresas a produzir ou a vender e uma só entidade (empresa ou pessoa) a comprar (Do gr. *mónos*, «único» +*ópson*, «alimento» +-*io*)
monóptero *adj.* 1 ZOOLOGIA que possui uma só asa ou barbatana 2 ARQUITETURA (edifício) que é sustentado por uma só ordem de colunas, geralmente sem paredes e de forma circular (Do gr. *monópteros*, «de uma só asa», pelo lat. *monoptĕros*, «id.»)
monoquíni *n.m.* fato de banho de senhora constituído por apenas uma peça (slip) (De *mono*-+[*bi*]*quíni*)
monorrimo *adj.* LITERATURA diz-se da composição poética cujos versos têm todos a mesma rima (De *mono*-+*rima*)
monorrítmico *adj.* que tem uniformidade ou pouca variedade de ritmo (Do gr. *monórrhythmos*, «de um só ritmo» +-*ico*)
monospermia *n.f.* BIOLOGIA fecundação em que apenas um gâmeta masculino penetra no feminino (Do gr. *mónos*, «único» +*spérma*, «semente» +-*ia*)
monospérmico *adj.* BOTÂNICA ⇒ **monospermo** (De *monospermia*+-*ico*)
monospermo *adj.* BOTÂNICA que possui uma só semente; unispérmico; monospérmico (Do gr. *mónos*, «único» +*spérma*, «semente»)
monósporo *adj.* BOTÂNICA que produz um só esporo; que tem um só corpo reprodutor em cada esporângio (Do gr. *mónos*, «único» +*spóros*, «procriação»)
monossábio *n.m.* TAUROMAQUIA designação dada em Espanha aos moços que, nas praças de touros, tratam dos cavalos, ajudam os picadores a montar, etc. (De *mono*+*sábio*)
monossacárido *n.m.* BIOQUÍMICA glícido cuja molécula contém seis átomos de carbono (Do gr. *mónos*, «único» +*sákkaron*, «açúcar» +-*ido*)
monossemia *n.f.* LINGUÍSTICA qualidade de certas palavras terem apenas um significado (Do gr. *mónos*, «único» +*semeîon*, «sinal» +-*ia*)
monossépalo *adj.* BOTÂNICA (cálice) que só tem uma sépala (De *mono*-+*sépalo*)
monosseriado *adj.* formado de uma só série (Do gr. *mónos*, «único»+lat. *serĭe*-, «série» +-*ado*)
monossilábico *adj.* 1 que tem uma só sílaba 2 formado de monossílabos (De *monossílabo*+-*ico*)
monossilabismo *n.m.* carácter das palavras que só têm uma sílaba, ou das línguas cujas raízes são monossílabos (De *monossílabo*+-*ismo*)
monossílabo *n.m.* 1 palavra formada de uma só sílaba 2 *pl.* [fig.] meias-palavras; expressões incompletas ■ *adj.* que tem uma só sílaba (Do gr. *monosýllabos*, «monossilábico», pelo lat. *monosyllăbu*-, «id.»)
monostela *n.f.* BOTÂNICA formação estrutural do caule que apresenta uma só estela (Do gr. *mónos*, «único» +*stéle*, «coluna»)
monostélico *adj.* 1 BOTÂNICA relativo a monostela 2 BOTÂNICA (planta, caule) que apresenta monostela (De *monostela*+-*ico*)
monóstico *n.m.* LITERATURA epigrama ou inscrição de um só verso ■ *adj.* LITERATURA formado de um só verso (Do gr. *monóstikhos*, «id.», pelo lat. *monostĭchu*-, «id.»)
monostilo *adj.* BOTÂNICA (carpelo) que tem um só estilete (Do gr. *mónos*, «único» +*stýlos*, «estilete»)
monóstrofe *n.f.* LITERATURA composição poética formada de uma só estrofe (Do gr. *mónos*, «único» +*strophé*, «estrofe»)
monóstrofo *adj.* formado de uma só estrofe (Do gr. *monóstrophos*, «id.», pelo lat. *monostrŏphos*, «id.»)
monotalâmico *adj.* ⇒ **monotálamo** (De *monotálamo*+-*ico*)
monotálamo *adj.* 1 ZOOLOGIA (concha) que tem uma só cavidade 2 BOTÂNICA (flor) que tem um único gineceu 3 BOTÂNICA que apresenta autogamia, especialmente na polinização (Do gr. *mónos*, «único» +*thálamos*, «leito nupcial»)
monoteico *adj.* respeitante ao monoteísmo (Do gr. *mónos*, «único» +*théos*, «deus» +-*ico*, ou do fr. *monothéique*, «id.»)
monoteísmo *n.m.* sistema religioso ou doutrina filosófica que admite um só Deus (por oposição ao politeísmo) e distinto do mundo (por oposição ao panteísmo) (Do gr. *mónos*, «único» +*théos*, «deus» +-*ismo*, ou do fr. *monothéisme*, «id.»)
monoteísta *adj.2g.* 1 que defende o monoteísmo 2 referente ao monoteísmo ■ *n.2g.* pessoa partidária do monoteísmo (Do gr. *mónos*, «único» +*théos*, «deus» +-*ista*, ou do fr. *monothéiste*, «id.»)
monotelismo *n.m.* doutrina herética segundo a qual haveria em Cristo duas naturezas (a divina e a humana) e uma só vontade (a vontade divina) (Do gr. *mónos*, «único» +*thélein*, «querer» +-*ismo*)
monotelita *adj.,n.2g.* 1 que ou pessoa que é adepta do monotelismo 2 ⇒ **maronita** (Do gr. *monothelýtes*, «id.»)
monotelitismo *n.m.* ⇒ **monotelismo** (De *monotelita*+-*ismo*)
monotípico *adj.* 1 BIOLOGIA diz-se da categoria sistemática que é constituída por um só grupo de categoria imediatamente inferior 2 BIOLOGIA diz-se de uma geração de híbridos genotipicamente iguais (Do gr. *mónos*, «único» +*týpos*, «tipo» +-*ico*)
monotipista *n.2g.* TIPOGRAFIA operador que funde caracteres monótipos ou faz composição tipográfica com esses caracteres (De *monótipo*+-*ista*)
monótipo *n.m.* 1 TIPOGRAFIA máquina de compor que funde os caracteres letra a letra 2 TIPOGRAFIA tipo móvel que é fundido letra a letra na respetiva máquina 3 *pl.* NÁUTICA embarcações de recreio, a vela, com as mesmas dimensões, formas e aparelho (Do gr. *mónos*, «único» +*týpos*, «tipo»)
monotonamente *adv.* 1 de maneira monótona; com monotonia 2 uniformemente 3 fastidiosamente (De *monótono*+-*mente*)
monotonia *n.f.* 1 qualidade de monótono 2 uniformidade de tom 3 [fig.] falta de variedade 4 [fig.] insipidez; sensaboria (De *monótono*+-*ia*)
monotonizar *v.tr.* 1 tornar constante ou monótono 2 uniformizar (De *monótono*+-*izar*)
monótono *adj.* 1 em que há monotonia 2 que se repete continuamente; invariável 3 [fig.] sem variedade; uniforme 4 [fig.] enfadonho 5 [fig.] sensabor; desengraçado (Do gr. *monótonos*, «num tom só», pelo lat. *monotŏnu*-, «id.»)
monotrémato *adj.* ZOOLOGIA relativo ou pertencente à ordem dos monotrématos ■ *n.m.* ZOOLOGIA espécime dos monotrémátos ■ *n.m.pl.* ZOOLOGIA ordem de mamíferos inferiores ovíparos, providos de bico córneo quando adultos, uma única abertura para as excreções e desprovidos de mamilos, que habitam na Austrália; monotremos (Do gr. *mónos*, «único» +*trêma*, -*atos*, «orifício»)
monotremo /ê/ *adj.,n.m.,n.m.pl.* ZOOLOGIA ⇒ **monotrémato**
monotrilho *adj.,n.m.* [Brasil] ⇒ **monocarril**
monotrópico *adj.* que apresenta uma só forma estável (Do gr. *mónos*, «único» +*trópos*, «forma»)
monovalência *n.f.* carácter ou qualidade do que é monovalente
monovalente *adj.2g.* QUÍMICA diz-se dos elementos ou grupos atómicos que apresentam valência 1 ■ *n.m.* QUÍMICA átomo ou ião de valência 1 (Do gr. *mónos*, «único»+lat. *valente*-, «forte», part. pres. de *valĕre*, «ser forte; ser vigoroso»)
monovitelino *adj.* BIOLOGIA diz-se dos gémeos que provêm de um só ovo; monozigótico (De *mono*-+*vitelino*)
monovolume *n.m.* veículo automóvel cujos bancos podem ser removidos ou dispostos de forma diferente, permitindo um melhor

aproveitamento do espaço interno ■ *adj.2g.* (veículo automóvel) em que o espaço interior pode ser adaptado às necessidades de utilização

monóxeno /cs/ *adj.* ZOOLOGIA (animal) que parasita um só hospedeiro (Do gr. *mónos*, «único» +*xénos*, «estrangeiro»)

monóxido /cs/ *n.m.* QUÍMICA óxido com um único átomo de oxigénio por molécula; **~ *de carbono*** QUÍMICA gás tóxico, inodoro e incolor, resultante da oxidação incompleta do carbono (libertado pelo escape dos automóveis, no interior de minas, etc.) (De *mono*+*óxido*)

monóxilo /cs/ *adj.* formado de uma só peça de madeira ■ *n.m.* embarcação constituída por um único tronco escavado; dongo; piroga (Do gr. *monóxylos*, «id.», pelo lat. *monoxy̆lu-*, «id.»)

monozigótico *adj.* BIOLOGIA diz-se dos gémeos nascidos de um só ovo; uniovular (De gr. *mónos*, «único» +*zygotós*, «unido» +*-ico*)

monozigoto *adj.* BIOLOGIA ⇒ **monozigótico** (De *mono*+*zigoto*)

monozoicidade *n.f.* ZOOLOGIA qualidade de monozoico (De *monozóico*+*-i-*+*-dade*)

monozoico *adj.* ZOOLOGIA (animal) que tem vida individual isolada e independente (Do gr. *mónos*, «único» +*zoikós*, «relativo à vida»)

monozóico ver nova grafia monozoico

monquenquice *n.f.* 1 momice; trejeito; careta 2 lábia 3 indolência (De *moquenco*+*-ice*)

monquilho *n.m.* 1 (jogo do voltarete) ganho do bolo 2 (cães) esgana 3 VETERINÁRIA doença do gado lanígero (Do cast. *moquillo*, «mormo»)

monroísmo *n.m.* doutrina enunciada pelo presidente dos Estados Unidos da América James Monroe (1758-1831), segundo a qual esta potência não devia tolerar influências estranhas no continente americano, que ficaria, assim, sujeito à exclusiva influência estado-unidense (De *Monroe*, antr. +*-ismo*)

monroísta *adj.,n.2g.* que ou pessoa que é partidária do monroísmo (De *Monroe*, antr. +*-ista*)

monsenhor *n.m.* título honorífico eclesiástico (Do it. *monsignore*, «id.»)

monsenhorado *n.m.* dignidade de monsenhor (De *monsenhor*+*-ado*)

monsenhoria *n.f.* ⇒ **monsenhorado** (De *monsenhor*+*-ia*)

monstro *n.m.* 1 criatura fantástica de configuração fora do normal, geralmente considerada perigosa e de aspeto assustador 2 ser vivo que apresenta deformação ou estrutura anómala; aberração 3 [fig., pej.] pessoa considerada muito feia, perversa ou desnaturada 4 [fig.] animal ou objeto de grandeza extraordinária 5 [fig.] assombro; prodígio (Do lat. *monstru-*, «id.»)

monstruosamente *adv.* 1 de maneira monstruosa 2 brutalmente 3 prodigiosamente (De *monstruoso*+*-mente*)

monstruosidade *n.f.* 1 qualidade de monstruoso 2 objeto monstruoso 3 [fig.] coisa abominável 4 [fig.] coisa extraordinária (De *monstruoso*+*-i-*+*-dade*)

monstruoso /ô/ *adj.* 1 que tem a qualidade ou a natureza de monstro 2 que é contrário às leis da natureza 3 horrendo 4 que é contra a ordem moral; perverso 5 colossal 6 assombroso; extraordinário; desmedido (Do lat. *monstruōsu-*, «id.»)

monta *n.f.* 1 importância de uma conta; soma; valor 2 consideração 3 lanço (Deriv. regr. de *montar* [= somar])

monta-cargas *n.m.2n.* 1 elevador destinado a mercadorias 2 aparelho que serve para carregar peças de artilharia

montada *n.f.* 1 ato de montar 2 cavalgadura para montar 3 cavalo de sela 4 elevação dada à peça curva do freio, para que o cavalo passe com facilidade a língua para baixo (Part. pass. fem. subst. de *montar*)

montádego *n.m.* ⇒ **montádigo**

montádigo *n.m.* imposto que se pagava a certos senhorios para os gados poderem pastar nos seus montados (Do lat. med. *montatĭcu-*, «id.»)

montado¹ *n.m.* 1 região povoada de sobreiros ou azinheiras, onde pastam porcos, no Alentejo 2 ⇒ **montádigo** (De *monte*+*-ado*)

montado² *adj.* 1 posto sobre o cavalo 2 armado; assestado (Part. pass. de *montar*)

montã-do-outono *n.f.* BOTÂNICA planta herbácea, rizomatosa, da família das Ranunculáceas, espontânea em Portugal (Do lat. *montāna-*, «da montanha»)

montador *n.m.* 1 aquele que monta ou procede à montagem de algo 2 aquele que monta a cavalo; cavaleiro 3 TIPOGRAFIA pessoa que executa as várias ações de montagem de um livro ou de qualquer outro impresso (De *montar*+*-dor*)

montagem *n.f.* 1 ato ou efeito de montar 2 preparação e disposição de todas as partes de um conjunto para que possa realizar o fim a que se destina; instalação 3 CINEMA seleção e organização das cenas de uma filmagem, ligando-as em sequência 4 TELEVISÃO organização da sequência de apresentação de informações, notícias ou programas 5 (rádio) reunião e ligação conveniente das gravações parcelares, para obter a obra ou emissão acabada 6 operação de técnica de preparação destinada a conservar o objeto em condições de poder ser observado 7 TIPOGRAFIA todas as ações de acerto e separação das cores e colocação das páginas de um texto de acordo com as exigências da dobragem e encadernação 8 secção onde se executam estas ações (De *montar*+*-agem*, ou do fr. *montage*, «id.»)

monta-livros *n.m.2n.* pequeno elevador utilizado para transporte de livros ou cargas pouco pesadas entre diferentes andares de um edifício

montanha *n.f.* 1 GEOGRAFIA relevo da crusta terrestre de altitude considerável, de vertentes muito declivosas, que ocupa uma grande extensão 2 monte muito alto e extenso 3 [fig.] grande volume; grande quantidade; ***montanhas concordantes*** GEOGRAFIA montanhas paralelas à linha da costa; ***montanhas discordantes*** GEOGRAFIA montanhas oblíquas ou perpendiculares à costa (Do lat. tard. *montanĕa-*, «da montanha»)

montanhão *adj.,n.m.* [regionalismo] serrano; rústico (De *montanha*+*-ão*)

montanhaque *n.m.* tecido espesso de lã (De *Montagnac*, top., localidade do departamento de Hérault, no Sul da França)

montanha-russa *n.f.* divertimento de feira que consta de uma armação em que várias vagonetas (que transportam as pessoas) deslizam a grande velocidade sobre calhas de declives irregulares e bruscos, proporcionando aos utentes sensações violentas e inesperadas (Do fr. *montagnes russes*, «id.»)

montanheira *n.f.* 1 região povoada de sobreiros ou azinheiras, onde pastam porcos; montado 2 ceva de porcos, num montado, por meio de bolota (De *montanha*+*-eira*)

montanheiro *n.m.* 1 que vive no monte ou na montanha; montanhês 2 [regionalismo] (porco) que começou a criar-se com a bolota que cai de outubro a março ou abril ■ *n.m.* 1 aquele que vive no monte ou na montanha; montanhês 2 o que serve de guia nos montes (De *montanha*+*-eiro*)

montanhês *adj.* 1 que vive na montanha; alpestre 2 próprio do habitante da montanha ■ *n.m.* aquele que vive na montanha (De *montanha*+*-ês*)

montanhesco /ê/ *adj.* 1 relativo a montanha 2 que tem montanhas 3 alpestre; silvestre (De *montanha*+*-esco*)

montanhismo *n.m.* DESPORTO atividade desportiva que consiste em escalar montanhas (De *montanha*+*-ismo*)

montanhista *adj.2g.* 1 relativo ao montanhismo 2 que pratica montanhismo ■ *n.2g.* DESPORTO praticante de montanhismo (De *montanha*+*-ista*)

montanhoso /ô/ *adj.* 1 que tem montanhas 2 acidentado (De *montanha*+*-oso*)

montanismo *n.m.* seita herética criada no séc. II por Montano, sacerdote da Frígia, antiga região da Ásia Menor, segundo a qual, para além da doutrina pregada por Cristo, o Espírito Santo faria novas revelações (Do lat. ecl. *montanismu-*, «id.», de *Montanus*, antr.)

montanista *adj.,n.2g.* que ou pessoa que é sectária do montanismo (De *Montano*, antr. +*-ista*)

montanística *n.f.* estudo ou tratado acerca da extração e fusão dos metais (De *Montana*, top., estado do Noroeste dos Estados Unidos da América +*-ística*)

montanístico *adj.* relativo à montanística (De *Montana*, top., estado do Noroeste dos EUA +*-ístico*)

montano *adj.* 1 montanhês; montanhesco 2 alpestre 3 [fig.] rude; grosseiro (Do lat. *montānu-*, «da montanha»)

montante *adj.2g.* 1 que monta 2 que sobe ou que se eleva ■ *n.m.* 1 importância; soma; verba 2 cada uma das peças verticais do estore 3 HERÁLDICA peça do escudo 4 ENGENHARIA peça linear vertical de uma estrutura reticulada 5 grande espada antiga que se manejava com ambas as mãos ■ *n.f.* 1 GEOGRAFIA lado nascente 2 subida da maré; enchente; ***a ~ de*** GEOGRAFIA para o lado da nascente de um rio (De *montar*+*-ante*, ou do fr. *montant*, «que sobe»?)

montão *n.m.* 1 grande monte 2 grande quantidade 3 conjunto de coisas empilhadas sem qualquer preocupação de ordem; acervo; pilha; ***aos montões*** em grande quantidade (De *monte*+*-ão*)

montar *v.tr.,intr.* 1 colocar(-se) sobre (um cavalo) 2 colocar(-se) em cima de (veículo), pondo uma perna para cada lado 3 valer; importar ■ *v.tr.* 1 proceder à montagem de; armar 2 pôr sobre; sobrepor 3 crescer; subir; ascender 4 (montante) atingir; elevar-se (a); orçar 5 pôr pronto para funcionar; preparar; estabelecer 6 organizar (exposição, peça de teatro) 7 selecionar e combinar (materiais

montaraz 1088

gravados e filmados) dando-lhes uma determinada sequência **8** juntar (partes de algo) num só; encaixar **9** dispor; organizar ■ *v.intr.* andar a cavalo; praticar a equitação; ***tanto monta*** tanto importa, vale o mesmo, é a mesma coisa (De *monte+-ar*, ou do fr. *monter*, «subir»?)

montaraz *adj.2g.* montanhesco ■ *n.m.* guarda de mata; couteiro (De *monte*)

montaria *n.f.* **1** ato de correr caça grossa **2** lugar onde se corre essa caça **3** coutada **4** ofício de monteiro **5** provisão de cavalos para o exército **6** [Brasil] cavalgadura **7** baralho **8** [regionalismo] (Alentejo) canoa ligeira escavada num tronco **8** [fig.] perseguição a alguém feita por muitos **9** [fig.] assuada; vozearia; ***dar ~*** deixar-se defraudar, deixar-se levar (De *monte+ -aria*)

monte *n.m.* **1** elevação de terreno acima do solo circunjacente, menos extensa e menos alta do que a montanha **2** rima ou conjunto de quaisquer coisas empilhadas; acervo **3** [fig.] porção considerável **4** grupo; ajuntamento **5** jogo de azar com cartas **6** porção dos bens móveis de uma herança **7** baralho **8** [regionalismo] (Alentejo) sede de herdade formada por vários edifícios em torno de um pátio; designação por vezes atribuída à própria herdade **9** [regionalismo] (Trás-os-Montes) trato de terreno coberto de vegetação espontânea arbustiva (em geral, lenhosa) e herbácea; ***a ~*** a granel, confusamente; ***andar a ~*** andar fugido à justiça; ***aos montes*** em grande quantidade; ***de ~ a ~*** de lado a lado; ***por montes e vales*** por todos os lados, em todas as direções (Do lat. *monte-*, «id.»)

monteada *n.f.* **1** ⇒ **montaria 1 2** caçada (Part. pass. fem. subst. de *montear*)

monteador *adj.,n.m.* **1** que ou aquele que caça nos montes **2** monteiro (De *montear+-dor*)

montear¹ *v.tr.* caçar no monte ■ *v.intr.* fazer montaria; andar à caça no monte (De *monte+-ear*)

montear² *v.tr.* fazer a monteia de (De *monteia+-ar*)

monte-de-vénus ver nova grafia monte de Vénus

monte de Vénus *n.m.* ANATOMIA proeminência do púbis da mulher

monteia *n.f.* **1** esboço de uma construção com os respetivos alçados **2** área ocupada por um edifício (Deriv. regr. de *montear*)

monteira *n.f.* **1** mulher que caça nos montes **2** barrete ou carapuça de montanhês (De *monteiro*)

monteiria *n.f.* **1** cargo de monteiro **2** quinhão na multa imposta pelos monteiros aos que eram apanhados a caçar nas coutadas (De *monteiro+-ia*)

monteiro *adj.* relativo a monteiro ou a montaria ■ *n.m.* **1** indivíduo que caça nos montes **2** guarda de coutos e de montados; couteiro; monteador (De *monte+-eiro*)

montemorense¹ *adj.2g.* relativo ou pertencente a Montemor-o-Novo, no distrito de Évora, ou que é seu natural ou habitante ■ *n.2g.* natural ou habitante de Montemor-o-Novo (De *Montemor [-o-Novo]*, topónimo +*-ense*)

montemorense² *adj.2g.* relativo ou pertencente a Montemor-o-Velho, no distrito de Coimbra, ou que é seu natural ou habitante ■ *n.2g.* natural ou habitante de Montemor-o-Velho (De *Montemor [-o-Velho]*, topónimo +*-ense*)

montenegrino *adj.* relativo ou pertencente ao Montenegro, país do sudeste da Europa ■ *n.m.* natural ou habitante do Montenegro (De *Montenegro*, top. +*-ino*)

montepio *n.m.* instituição de socorros mútuos em que cada sócio, mediante uma prestação mensal, adquire o direito de uma pensão na invalidez, ou de, por morte, deixar um subsídio à família (De *monte+pio*)

montês *adj.* **1** que cresce ou vive nos montes; montanhesco **2** bravio; silvestre (Do lat. vulg. *montense-*, «id.»)

montes-de-ouro *n.m.pl.* BOTÂNICA planta herbácea, vivaz, da família das Compostas, originária da América do Norte, mas cultivada em Portugal como ornamental

montesinho *adj.* ⇒ **montês** (De *montês+-inho*)

montesino *adj.* ⇒ **montês** (De *montês+-ino*)

montevideano *adj.* relativo ou pertencente a Montevideu, capital do Uruguai ■ *n.m.* natural ou habitante desta cidade (De *Montevideu*, top. +*-ano*)

montícola *adj.2g.* (pessoa, animal) que é criado ou vive nos montes ou montanhas ■ *n.2g.* animal ou pessoa que é criada ou vive nos montes ou montanhas (Do lat. *monticŏla-*, «id.»)

montículo *n.m.* **1** pequeno monte; outeiro **2** pequeno amontoado de coisas (Do lat. *monticŭlu-*, «id.»)

montígeno *adj.* gerado ou produzido nos montes (Do lat. *montigĕnu-*, «id.»)

montijo *n.m.* [regionalismo] montículo de forma cónica (De *montículo*)

montívago *adj.* que vagueia pelos montes (Do lat. *montivăgu-*, «id.»)

montmorillonite *n.f.* MINERALOGIA um dos minerais das argilas (De *Montmorillon*, top., cidade francesa do departamento de Vienne +*-ite*)

montoeira *n.f.* **1** quantidade grande **2** aglomeração (De *montão+ -eira*)

montra *n.f.* **1** espaço, em estabelecimento comercial, onde se expõem artigos à venda e que é vedado por um vidro; vitrina **2** conjunto dos artigos que são expostos neste espaço (Do fr. *montre*, «id.»)

montuoso /ô/ *adj.* **1** que não é plano; que é acidentado **2** montanhoso (Do lat. *montuōsu-*, «id.»)

montureira *n.f.* ⇒ **monturo** (De *monturo+-eira*)

montureiro *n.m.* indivíduo que revolve o lixo ou monturo à procura de coisas; trapeiro; lixeiro (De *monturo+-eiro*)

monturo *n.m.* **1** montão de lixo ou esterco **2** lixeira **3** [fig.] acervo de coisas inúteis ou repugnantes (De *monte+-uro*)

monumental *adj.2g.* **1** que diz respeito a monumento **2** que tem proporções ou características de monumento; grandioso **3** extraordinário; magnífico (Do lat. *monumentāle-*, «id.»)

monumentalidade *n.f.* **1** qualidade do que é monumental **2** grandiosidade (De *monumental+-i+-dade*)

monumentalizar *v.tr.* dar carácter ou aspeto monumental a (De *monumental+-izar*)

monumento *n.m.* **1** construção ou obra de escultura destinada a perpetuar a memória de alguém ou de algum facto notável **2** edifício majestoso **3** obra digna de passar à posteridade **4** mausoléu **5** memória; recordação **6** *pl.* documentos literários, científicos, legislativos ou artísticos **7** *pl.* restos ou fragmentos materiais pelos quais podemos conhecer a história dos tempos passados (Do lat. *monumentu-*, «id.»)

monumentoso *adj.* ⇒ **monumental** (De *monumento+-oso*)

monvedro *n.m.* [regionalismo] casta de videira que produz bagos ovoides

monzonito *n.m.* PETROLOGIA rocha eruptiva plutónica, granular, em que o feldspato potássico e a plagióclase existem em quantidades mais ou menos iguais (De *Monzón*, top., localidade espanhola da Catalunha +*-ito*)

moqueação *n.f.* ato de moquear (De *moquear+-ção*)

moquear *v.tr.* **1** [Brasil] secar (a carne) no moquém **2** [Brasil] passar (a carne) pelo fogo para não se estragar **3** [Brasil] [pop.] matar (De *moquém+-ar*)

moqueca *n.f.* **1** [Brasil] CULINÁRIA guisado de peixe ou marisco **2** [Brasil] enfiada de peixes pequenos (Do tupi *mu'keka*, «id.»)

moquém *n.m.* **1** [Brasil] espécie de grelha grande onde se moqueia a carne **2** [Brasil] carne assada nesta grelha (Do tupi *mo ka'ē*, «assador»)

moquenca *n.f.* CULINÁRIA guisado de carne de vaca, com vinagre, alhos, pimenta, etc. (De *moqueca*)

moquenco *adj.,n.m.* **1** que ou aquele que faz caretas ou momices; mogangueiro **2** que ou aquele que é humilde, envergonhado, indolente **3** que ou o que é indolente ou preguiçoso (De *mogango*?)

moquenqueiro *adj.,n.m.* ⇒ **mogangueiro** *adj.,n.m.* (De *moquenco+ -eiro*)

moqueta /ê/ *n.f.* tecido de lã, muito tapado, próprio para estofos e alcatifas (Do fr. *moquette*, «id.»)

mor¹ /ó/ *adj.2g.* {redução de **maior**} ⇒ **maior**

mor² /ó/ *n.m.* {redução de **amor**} [pop.] amor; ***por ~ de*** por amor de, por causa de

mora¹ *n.f.* **1** demora; delonga **2** atraso no pagamento de uma dívida **3** unidade de duração na contagem da quantidade das sílabas ou vogais, nas línguas clássicas; ***juros de ~*** pagamento devido por atraso de pagamento ou de levantamento (Do lat. *mora*, «demora»)

mora² *n.f.* [pop.] ⇒ **amora** (Do lat. *mora*, pl. de *morum*, «amora»)

morabeza *n.f.* [Cabo Verde] amabilidade; afabilidade (Do crioulo *morabeza*, «id.»)

morabitinada *n.f.* **1** porção de morabitinos **2** antiga medida de secos (De *morabitino+-ada*)

morabitino *n.m.* HISTÓRIA maravedi (antiga moeda) da época de D. Afonso Henriques, primeiro rei de Portugal, 1111-1185 (Do ár. *murābiṭī [dinar]*, «[dinar] dos Almorávidas»)

morabito *n.m.* RELIGIÃO religioso muçulmano; marabuto (Do ár. *murābiṭ*, «religioso»)

morácea *n.f.* BOTÂNICA espécime das Moráceas

Moráceas *n.f.pl.* BOTÂNICA família de plantas dicotiledóneas, arbóreas, sobretudo de origem oriental, mas algumas aclimatadas em Portugal, como as amoreiras (Do lat. *moru-*, «amora» +*-áceas*)

morada *n.f.* 1 lugar onde se mora; domicílio 2 casa de habitação; residência 3 [fig.] lugar onde uma coisa ou animal está habitualmente 4 [Cabo Verde] cidade; centro da cidade (Part. pass. fem. subst. de *morar*)

moradia *n.f.* 1 casa de habitação separada e independente de qualquer outra 2 ⇒ **morada** (De *morada+-ia*)

moradilho *n.m.* variedade de madeira de cor pardo-violeta (De *morado+-ilho*)

moradio *n.m.* ⇒ **moradia** (De *morada+-io*)

morado *adj.* da cor da amora; violáceo (Do lat. *morātu*, de *moru-*, «amora», ou do port. ant. *mora* [= amora]+*-ado*)

morador *adj.* que mora; residente; habitante ■ *n.m.* 1 aquele que mora; residente; habitante 2 inquilino 3 ZOOLOGIA ⇒ **casa-alugada** (Do lat. *moratōre-*, «o que demora»)

moraís *n.m.* 1 medida de capacidade, na Índia 2 mês do calendário árabe, correspondente a agosto

moral *n.f.* 1 conjunto dos costumes e opiniões de um indivíduo ou de um grupo social respeitantes a comportamento 2 conjunto de normas de conduta consideradas mais ou menos absoluta e universalmente válidas 3 FILOSOFIA domínio da filosofia que se ocupa dos problemas relativos à conduta do homem na sua vida pessoal e na sua vida social 4 teoria, geralmente considerada normativa, do dever e do bem 5 tratado sobre o bem e o mal 6 sistema particular de ética (estoica, cristã, kantiana, existencial, etc.) 7 ⇒ **ética** ■ *n.m.* 1 conjunto das funções psíquicas 2 conjunto dos fenómenos da vida mental, por oposição à vida do corpo 3 estado de espírito 4 nível de tonicidade individual ou coletiva (da depressão profunda à confiança plena) ■ *adj.2g.* 1 referente aos costumes, ao psiquismo, à moral ou ética 2 que é de ordem espiritual e tem valor espiritual (os valores morais) 3 que é conforme às regras da ética 4 que respeita ao estudo filosófico do bem e do mal (Do lat. *morāle-*, «relativo aos costumes»)

moralidade *n.f.* 1 qualidade do que é moral 2 atitude e atuação em matéria de moral de um indivíduo ou de uma sociedade 3 doutrina ou significado moral de certos contos ou fábulas 4 LITERATURA composição dramática de inspiração religiosa e com propósitos didáticos e moralizantes (Do lat. *moralitāte-*, «id.»)

moralismo *n.m.* 1 doutrina ou atitude prática que tende a fazer da moral um absoluto que se basta a si mesmo 2 FILOSOFIA doutrina segundo a qual a moral é independente da metafísica, que, pelo contrário, depende dela 3 atitude de espírito de quem reconhece a existência de uma lei moral obrigatória 4 RELIGIÃO doutrina segundo a qual os deveres morais (para consigo mesmo e para com os outros) prevalecem sobre os deveres religiosos (para com Deus), ou mesmo constituem toda a moral 5 [pej.] atitude prática que consiste em procurar apenas o seu valor pessoal ou a sua própria perfeição moral, sem se preocupar com o bem objetivo a realizar (De *moral+-ismo*)

moralista *adj.2g.* 1 que é autor de obras de moral 2 que trata de moral 3 que aprecia e julga todos os atos com um critério essencialmente moral 4 que defende o moralismo como doutrina filosófica ■ *n.2g.* 1 pessoa que é autora de obras de moral 2 pessoa que defende o moralismo como doutrina filosófica 3 [pej.] pessoa que defende princípios morais rígidos, revelando por vezes intolerância (De *moral+-ista*)

moralização *n.f.* 1 ato ou efeito de moralizar 2 morigeração dos costumes (De *moralizar+-ção*)

moralizador *adj.* 1 que moraliza 2 que preconiza doutrinas morais 3 que dá bom exemplo 4 próprio para moralizar ■ *n.m.* aquele que moraliza (De *moralizar+-dor*)

moralizante *adj.,n.2g.* ⇒ **moralizador** (De *moralizar+-ante*)

moralizar *v.tr.* 1 adequar aos princípios da moral 2 infundir ideias sãs em; corrigir os costumes de ■ *v.intr.* fazer reflexão sobre questões morais (De *moral+-izar*)

moralmente *adv.* 1 segundo a moral 2 em sentido espiritual 3 do ponto de vista ético (De *moral+-mente*)

morança *n.f.* [Guiné-Bissau] conjunto de casas em que numa aldeia habita uma só família, em poligamia (Do crioulo guineense *moransa*, «id.»)

moranga *n.f.* 1 variedade de uva 2 BOTÂNICA planta medicinal brasileira, da família das Cucurbitáceas 3 BOTÂNICA morangueiro bravo ou o seu fruto (De *morango*)

morangal *n.m.* terreno plantado de morangueiros (De *morango+-al*)

morangar *v.intr.* [regionalismo] trabalhar pouco, fingindo que se trabalha muito; mandriar (De *molengar*)

morango *n.m.* 1 BOTÂNICA fruto múltiplo de aquénios implantados num recetáculo carnudo 2 BOTÂNICA (planta) morangueiro (Do lat. *moranĭcu-*, «da cor da amora»)

morangueiro[1] *n.m.* 1 BOTÂNICA planta herbácea, rastejante, da família das Rosáceas, espontânea em Portugal, mas também muito cultivada pelos seus apreciados frutos 2 BOTÂNICA designação dada em algumas regiões de Portugal e do Brasil ao vinho produzido a partir de castas de uva americana 3 indivíduo que vende morangos (De *morango+-eiro*)

morangueiro[2] *n.m.* [regionalismo] o que passa a vida a morangar ou mandriar (De *morangar+-eiro*)

morar[1] *v.tr.* 1 habitar; residir 2 [fig.] estar; permanecer 3 [fig.] frequentar assiduamente 4 [Brasil] [coloq.] entender; perceber (Do lat. *morāre*, por *morāri*, «demorar»)

morar[2] *v.intr.* [regionalismo] brincar (as crianças) (De *namorar*?)

morateira *n.f.* ORNITOLOGIA ⇒ **amoreira** 2 (De *mora* [= amora]+*t+-eira*)

morato *adj.* 1 bem organizado 2 em que se descrevem bem os caracteres (Do lat. *morātu-*, «adaptado ao carácter duma pessoa»)

moratória *n.f.* DIREITO adiamento do prazo do pagamento de uma dívida, concedido pelo credor ao devedor (De *moratório*)

moratório *adj.* 1 que concede espera para pagamento de uma dívida 2 que retarda; dilatório (Do lat. *moratorĭu-*, «id.»)

morb(i)- elemento de formação de palavras que exprime a ideia de *doença* (Do lat. *morbu-*, «doença»)

morbidade *n.f.* 1 qualidade ou estado de mórbido 2 MEDICINA capacidade de gerar doença(s) 3 MEDICINA número de portadores de uma determinada doença relativamente a um grupo de pessoas, num dado lugar e momento; morbilidade 4 MEDICINA incidência de uma doença (De *morbo+-i-+-dade*)

morbidez /ê/ *n.f.* 1 qualidade ou estado de mórbido 2 estado doentio 3 esgotamento de forças 4 enfraquecimento patológico 5 languidez 6 delicadeza ou suavidade nas cores de um retrato ou linhas de uma escultura 7 demonstração de interesse por assuntos geralmente considerados macabros ou horríveis, como a morte, por exemplo (De *mórbido+-ez*)

morbideza /ê/ *n.f.* ⇒ **morbidez** (De *mórbido+-eza*)

mórbido *adj.* 1 relativo a doença; patológico; doentio 2 lânguido 3 que demonstra interesse por assuntos geralmente considerados macabros ou horríveis 4 (artes) diz-se de uma pintura ou escultura delicada (Do lat. *morbĭdu-*, «id.»)

morbífico *adj.* 1 que causa doença; morbígeno; morbíparo 2 insalubre (De *morbi-+-fico*)

morbígeno *adj.* ⇒ **morbífico** (De *morbi-+-geno*)

morbígero *adj.* ⇒ **morbífico** (De *morbi-+-gero*)

morbilidade *n.f.* relação entre os casos de doença e o número de habitantes de um aglomerado populacional; morbidade (Do lat. **morbĭle-*, de *morbus*, «doença» +*-i-+-dade*)

morbíparo *adj.* ⇒ **morbífico** (De *morbi-+-paro*)

morbo *n.m.* estado patológico; doença (Do lat. *morbu-*, «doença»)

morbosidade *n.f.* qualidade de morboso; estado daquilo que causa doença (De *morboso+-i-+-dade*)

morboso *adj.* 1 doentio; mórbido 2 que causa doença; malsão (Do lat. *morbōsu-*, «doente»)

morca[1] /ó/ *n.f.* 1 pequeno peixe do rio Minho 2 certa rede de malha miúda proibida pelos regulamentos da pesca (De orig. obsc.)

morca[2] /ô/ *n.f.* [regionalismo] 1 nome vulgar com que por vezes é designada a lagarta da borboleta da couve 2 [regionalismo] pança; bandulho 3 [regionalismo] pão de milho (De orig. obsc.)

morcão *n.m.* 1 ZOOLOGIA [pop.] designação extensiva a lagartas e a larvas de insetos 2 [pop., pej.] indivíduo indolente, bisonho ou aparvalhado; lorpa; mandrião (Do cast. *morcón*, «pessoa indolente; pessoa suja»?)

morcas /ô/ *n.m.2n.* [pop., depr.] ⇒ **morcão** 2 (Do cast. *morcas*, «borras»)

morcegal *adj.2g.* 1 relativo a morcego 2 próprio de morcego (De *morcego+-al*)

morcegão *n.m.* morcego grande (De *morcego+-ão*)

morcegar *v.tr.* [Brasil] subir ou descer de um veículo em andamento (De *morcego+-ar*)

morcego /ê/ *n.m.* 1 ZOOLOGIA nome vulgar extensivo a todos os mamíferos da ordem dos quirópteros, que, em Portugal, compreende espécies, todas crepusculares e noturnas, que hibernam na estação fria 2 [pop.] pessoa que só gosta de sair de noite (Do lat. *mure- caecu-*, «rato cego»)

morcego-de-ferradura *n.m.* ZOOLOGIA morcego com apêndices nasais que dão um pouco o aspeto de ferradura

morcego-orelhudo *n.m.* ZOOLOGIA ⇒ **orelhudo** *adj.* 2

morcela n.f. CULINÁRIA enchido em que o elemento principal é o sangue de porco com gordura e condimentos; chouriço doce (Do lat. *mauricella-, «da cor do sangue»?)

mordaça n.f. 1 objeto com que se tapa a boca a alguém para que não fale 2 açaime que se coloca no focinho de certos animais para que não mordam ou não comam alimentos prejudiciais ou que lhes são vedados 3 [fig.] repressão da liberdade de falar ou de escrever (Do lat. vulg. *mordacīa-, do lat. mordāce-, «que morde; mordaz»)

mordacidade n.f. 1 qualidade do que é mordaz 2 sabor picante 3 [fig.] severidade e/ou agressividade crítica 4 [fig.] maledicência; murmuração (Do lat. mordacitāte-, «id.»)

mordaz adj.2g. 1 que morde 2 que corrói; corrosivo 3 acre; acerbo 4 [fig.] satírico; cáustico 5 [fig.] maledicente 6 [fig.] agressivo; pungente (Do lat. mordāce-, «id.»)

mordazmente adv. 1 com mordacidade 2 asperamente 3 corrosivamente 4 satiricamente (De mordaz+-mente)

mordedela n.f. ato ou efeito de morder; mordedura; ferradela (De morder+-dela)

mordedor adj. 1 que morde 2 [gír.] que pede dinheiro emprestado aos amigos e conhecidos (De morder+-dor)

mordedouro n.m. NÁUTICA peça de ferro cavilhada no convés destinada a travar as amarras de um navio (De morder+-douro)

mordedura n.f. 1 ato ou efeito de morder; mordedela 2 vestígio de dentada 3 [fig.] ofensa (De morder+-dura)

mordente¹ adj.2g. 1 que morde, fere ou arranha 2 mordaz; corrosivo 3 excitante; provocador 4 incisivo; penetrante 5 cáustico; satírico (Do latim mordente, «idem», particípio presente de mordēre, «morder»)

mordente² n.m. 1 espécie de verniz para fixar o ouro em objetos prontos a dourar 2 reagente usado para fixar os corantes nas fibras 3 TIPOGRAFIA instrumento dos tipógrafos para assinalar a linha a compor 4 MÚSICA ornamento musical formado de duas notas rápidas, como um trilo curto, que se marca com um sinal próprio (Do latim mordente, «idem», particípio presente de mordēre, «morder»)

morder v.tr. 1 cravar os dentes em; cortar com os dentes; ferrar 2 picar (o inseto) 3 corroer; desgastar 4 [fig.] afligir; atormentar 5 [fig.] falar mal de; criticar 6 [fig.] estimular; espicaçar 7 [coloq.] perceber; entender ■ v.tr.intr. 1 dar dentadas (em) 2 causar comichão ou prurido ■ v.pron. desesperar-se; atormentar-se; ~ *a isca e borrar o anzol* receber um favor e não se mostrar reconhecido; ~ *o pó* sucumbir na luta (Do lat. mordēre, «morder»)

mordexim n.m. 1 MEDICINA nome dado, na Índia, à cólera-morbo 2 ICTIOLOGIA peixe das costas do Índico (Do concani-marata *modxí* × guzerate *mórxi*, «quebrantamento»)

mordicação n.f. 1 ato ou efeito de mordicar 2 sensação produzida no corpo por um líquido acre ou corrosivo 3 formigueiro interior 4 [Índia] dor no ventre (Do lat. tard. mordicatiōne-, «id.»)

mordicante adj.2g. que mordica ou produz mordicação (Do lat. tard. mordicante-, «id.»)

mordicar v.tr. 1 morder de leve repetidas vezes 2 [fig.] espicaçar; estimular 3 [fig.] ferir; pungir 4 [regionalismo] tomar a refeição chamada mordico (Do lat. tard. mordicāre, «id.»)

mordicativo adj. ⇒ **mordicante** (De mordicar+-tivo)

mordico n.m. 1 mordo pequeno; mordedura ligeira 2 pequena dentada 3 [regionalismo] pequena refeição que outrora os trabalhadores agrícolas tomavam a meio da manhã (De mordo+-ico, ou deriv. regr. de mordicar)

mordidela n.f. ato ou efeito de morder; mordedura; ferradela (De morder+-dela)

mordimento n.m. 1 mordedura; mordedela 2 [fig.] remorso (De morder+-i-+-mento)

mordiscar v.tr. ⇒ **mordicar** (De morder+-iscar)

mordixim n.m. ⇒ **mordexim**

mordo /ô/ n.m. 1 ato de morder; mordedura; mordedela 2 dentada 3 bocado (Deriv. regr. de morder)

mordomado n.m. 1 ofício ou cargo de mordomo; mordomia 2 duração da mordomia (De mordomo+-ado)

mordomar v.tr. administrar como mordomo ■ v.intr. exercer o cargo de mordomo (De mordomo+-ar)

mordomeiro adj. respeitante ou pertencente a mordomo (De mordomo+-eiro)

mordomia n.f. 1 ofício ou cargo de mordomo 2 [pop.] bem-estar; conforto material 3 [pop.] regalia; privilégio (De mordomo+-ia)

mordomice n.f. [depr.] ⇒ **mordomia** (De mordomo+-ice)

mordomo n.m. 1 administrador de casa ou estabelecimento por conta de outrem 2 responsável ou contribuinte de uma festa de igreja 3 aquele que administra bens de confrarias ou irmandades 4 antigo magistrado encarregado de cobrar impostos, entregar citações e fazer execuções (Do lat. maiore- domu-, «o criado maior da casa»)

mordomo-mor n.m. despenseiro com funções de administração

moreáceo adj. BOTÂNICA relativo ou pertencente à amoreira (Do gr. móron, «amora», pelo lat. moru-, «amora» +-áceo)

moreão n.m. ICTIOLOGIA peixe teleósteo, da família dos Murenídeos, parecido com a moreia, mas de coloração castanha uniforme, habitante do Mediterrâneo e também frequente nas costas das ilhas adjacentes de Portugal (De moreia+-ão)

moreia¹ n.f. 1 conjunto de molhos de trigo ou outro cereal qualquer dispostos em montão de forma cónica; meda 2 [regionalismo] pilha de mato que se deixa no campo no inverno e se queima no verão para adubo da terra que se vai semear 3 [ant.] carrada (Do fr. moraine, «moreia»)

moreia² n.f. GEOLOGIA ⇒ **morena**²

moreia³ n.f. ICTIOLOGIA peixe teleósteo, anguiliforme, da família dos Murenídeos, de cor castanho-avermelhada, com manchas amarelas, comestível e frequente nas costas marítimas portuguesas (Do gr. mýraina, «id.», pelo lat. muraena-, «id.»)

moreira n.f. BOTÂNICA ⇒ **amoreira** 1 (Do lat. moru-, «amora» +-eira)

moreiredo n.m. lugar onde crescem amoreiras (De moreira+-edo)

morena¹ /ê/ n.f. 1 mulher com cabelo preto ou castanho e geralmente de tez mais escura do que as louras 2 variedade de maçã (De moreno)

morena² /ê/ n.f. GEOLOGIA acumulação de detritos provenientes da ação erosiva dos glaciares e que estes transportam e acumulam; moreia (Do fr. moraine, «moreia; morena»)

morenado adj. 1 um tanto moreno; amorenado 2 que se tornou moreno (De moreno+-ado)

moreno /ê/ adj. 1 que possui um tom de pele trigueiro ou acastanhado 2 que tem cabelo preto ou castanho 3 bronzeado ■ n.m. 1 aquele que tem cabelo preto ou castanho, tendo geralmente uma tez mais escura do que os louros 2 [regionalismo] mistura de limalha de ferro e pó de carvão que se deposita nas forjas (Do cast. moreno, «moreno»)

moreto¹ /ê/ n.m. CULINÁRIA cozinhado preparado pelos camponeses, entre os Romanos, feito de arruda, alho, azeite, vinagre, etc. (Do lat. morētu-, «id.»)

moreto² /ê/ n.m. variedade de uva preta (De orig. obsc.)

morfanho adj. 1 roufenho 2 fanhoso (De orig. onom.)

morfar v.tr.intr. [coloq.] comer (Do esp. morfar, «id.»)

morfe n.m. LINGUÍSTICA realização concreta de um morfema (Do gr. morphé, «forma»)

morfeia n.f. MEDICINA ⇒ **lepra** 1 (Do gr. morphé, «forma», pelo b. lat. morphēa-, «lepra»)

morfeico n.m. indivíduo atacado de morfeia; leproso; lázaro (De morfeia+-ico)

morfema /ê/ n.m. LINGUÍSTICA unidade linguística mínima, isto é indivisível, portadora de significado gramatical ou lexical (De morfo-+[fon]ema)

morfes n.m.pl. [coloq.] comida

morfético adj. relativo a morfeia (De morfeia+t+-ico)

mórfico adj. 1 relativo à forma ou ao modo como se manifestam os pensamentos ou sentimentos 2 LINGUÍSTICA relativo a morfema; morfémico (De morfo-+-ico, ou do fr. morphique, «mórfico»)

morfina n.f. FARMÁCIA alcaloide extraído do ópio, empregado, em injeções, como narcótico para acalmar as dores (De Morfeu, mitol., deus do sono+-ina, pelo fr. morphine, «morfina»)

morfinismo n.m. 1 MEDICINA intoxicação crónica proveniente do abuso da morfina ou dos seus sais 2 abuso de morfina como excitante ou calmante (De morfina+-ismo)

morfinizar v.tr. aplicar morfina a ■ v.pron. contrair o vício da morfinomania (De morfina+-izar)

morfinomania n.f. MEDICINA desejo compulsivo de morfina, alcaloide do ópio que propicia uma sensação de repouso, de calma, de supressão da cenestesia, etc. (De morfina+mania)

morfinomaníaco adj.,n.m. ⇒ **morfinómano** (De morfina+maníaco)

morfinómano adj.,n.m. que ou aquele que contraiu a morfinomania; morfinomaníaco (De morfina+-mano)

morfo- elemento de formação de palavras que exprime a ideia de forma (Do gr. morphé, «forma»)

-morfo sufixo nominal, de origem grega, que ocorre em adjetivos e traduz a ideia de forma, aspeto exterior, semelhança (andromorfo, sauromorfo)

morfogenia n.f. 1 conjunto de leis biológicas que presidem à produção da forma dos órgãos e dos seres, durante a evolução

2 disposição que as moléculas tomam na composição de um corpo (De *morfo-*+*-genia*)

morfografia *n.f.* arte de afigurar exatamente, pelo desenho ou pela perspetiva, a forma dos sólidos (De *morfo-*+*-grafia*)

morfologia *n.f.* **1** estudo da forma ou aparência externa da matéria **2** estudo da forma e da estrutura dos organismos, especialmente da forma externa **3** (gramática tradicional) parte da gramática que estuda as classes e as formas das palavras, os seus paradigmas de flexão e os processos de formação de novos vocábulos **4** LINGUÍSTICA disciplina da linguística que descreve e analisa a estrutura interna das palavras, bem como os processos de formação e variação de palavras **5** estrutura; forma; configuração (De *morfo-*+*-logia*)

morfologicamente *adv.* **1** do ponto de vista morfológico **2** quanto à forma (De *morfológico*+*-mente*)

morfológico *adj.* relativo à morfologia (De *morfologia*+*-ico*)

morfologista *n.2g.* especialista em morfologia (De *morfologia*+*-ista*)

morfólogo *n.m.* ⇒ **morfologista** (De *morfo-*+*-logo*)

morfopsicologia *n.f.* doutrina que tem por objeto as correlações que existem entre as estruturas morfológicas dos indivíduos e o seu psiquismo (De *morfo-*+*psicologia*)

morfoscopia *n.f.* processo de adivinhação baseado no estudo das formas humanas (Do gr. *morphé*, «forma» +*skopeīn*, «observar» +*-ia*)

morfossintáctico ver nova grafia **morfossintático**

morfossintático *adj.* pertencente ou relativo à morfossintaxe

morfossintaxe *n.f.* LINGUÍSTICA estudo de determinadas questões linguísticas que dizem respeito tanto à morfologia como à sintaxe

morgadelho /ê/ *n.m.* [depr.] morgado que auferia poucos rendimentos (De *morgado*+*-elho*)

morgadete /ê/ *n.m.* [depr.] ⇒ **morgadelho** (De *morgado*+*-ete*)

morgadia *n.f.* ⇒ **morgadio** (De *morgado*+*-ia*)

morgadio *n.m.* **1** HISTÓRIA regime em que os domínios senhoriais das famílias nobres eram inalienáveis e indivisíveis, transmitindo-se nas mesmas condições, por morte do seu titular, ao descendente primogénito varão **2** bens ou rendimentos não divisíveis nem alienáveis pertencentes a um morgado **3** conjunto dos herdeiros destes bens; classe dos morgados ■ *adj.* relativo a morgado (De *morgado*+*-io*)

morgado *n.m.* **1** conjunto de bens indivisível e inalienável que se transmitia, numa família, de primogénito em primogénito, mas em linha reta varonil **2** filho mais velho, herdeiro desses bens **3** primogénito de uma família **4** [fig.] qualquer fonte de muitos rendimentos **5** CULINÁRIA bolo à base de amêndoa, com recheio de chila e ovos moles, típico da zona do Algarve (Do lat. **maioricātu-*, de *maiōre-*, «mais velho»)

morganaticamente *adv.* de modo morganático (De *morganático*+*-mente*)

morganático *adj.* diz-se do casamento de uma pessoa nobre com uma pessoa plebeia, em que esta não recebe todos os direitos e bens como no casamento ordinário (Do lat. med. *morganatĭcu-*, «id.», pelo fr. *morganatique*, «id.»)

morganheira *n.f.* **1** BOTÂNICA ⇒ **tártago 2** [regionalismo] resíduos que ficam na eira, depois da malha dos cereais (De *morganho*+*-eira*)

morganheira-das-praias *n.f.* BOTÂNICA planta lenhosa, da família das Euforbiáceas, espontânea e frequente nas areias marítimas do litoral português

morganho *n.m.* [regionalismo] acervo de coisas; agrupamento (De orig. obsc.)

morgue *n.f.* lugar onde se expõem cadáveres cuja identidade se pretende averiguar e onde se fazem autópsias judiciais; necrotério (Do fr. *morgue*, «id.»)

moribundo *adj.* **1** prestes a morrer **2** [fig.] que vai desaparecer **3** [fig.] exânime; sem forças; sem alento ■ *n.m.* aquele que está prestes a morrer (Do lat. *moribundu-*, «id.»)

morigeração *n.f.* **1** ato ou efeito de morigerar ou morigerar-se **2** moderação **3** boa educação (Do lat. *morigeratiōne-*, «docilidade»)

morigerado *adj.* **1** que tem bons costumes **2** moderado (Do lat. *morigerātu-*, «dócil», part. pass. de *morigerāre*, por *morigerāri*, «condescender»)

morigerador *adj.* **1** edificante **2** moralizador **3** instrutivo; educativo

morigerar *v.tr.* **1** corrigir os costumes de **2** educar moralmente **3** edificar com bons exemplos ■ *v.pron.* **1** moderar-se **2** adquirir bons costumes (Do lat. *morigerāre*, por *morigerāri*, «condescender»)

morígero *adj.* [poét.] ⇒ **morigerado** (Do lat. *morigĕru-*, «complacente»)

morilhão *n.m.* ZOOLOGIA pulgão que ataca frequentemente as faveiras e outras plantas (De orig. obsc.)

morilho *n.m.* [regionalismo] espécie de cavalete de ferro em que se apoia a lenha que arde na lareira; trasfogueiro (Do cast. *morillo*, «id.»)

morim *n.m.* pano branco e fino de algodão (Do mal. *muri*, «id.»)

morina *n.f.* **1** substância corante da amoreira **2** BOTÂNICA planta herbácea, da família das Dipsacáceas (Do lat. *moru-*, «amora» +*-ina*)

moringa *n.f.* ⇒ **moringue**

moringo *n.m.* ⇒ **moringue**

moringue *n.m.* bilha de barro com dois gargalos, um para introduzir a água e outro para a tirar, que serve para manter a água fresca (Do quimb. *mu'ringi*, «id.»)

morisco *n.m.* [regionalismo] nome com que o boieiro costuma designar os bois mais escuros (Por *mourisco*)

mormaceira *n.f.* estado do tempo quente e húmido (De *mormaço*+*-eira*)

mormacento *adj.* **1** (tempo) quente e húmido **2** semelhante ao mormo (De *mormaço*+*-ento*)

mormaço *n.m.* tempo quente e húmido (De *mormo*+*-aço*?)

mormente *adv.* principalmente; sobretudo (De *mor-*+*-mente*)

mormo /ô/ *n.m.* VETERINÁRIA doença infeciosa que ataca as raças cavalar e asinina, que se transmite ao homem e é caracterizada por secreção nasal, purulenta ou sanguínea, abundante ■ (Do lat. *morbu-*, «doença»)

mórmon *n.2g.* (plural *mórmones*) seguidor do mormonismo ■ *adj.2g.* relativo ou pertencente ao mormonismo (De *Mormon*, antr., suposto profeta judeu do séc. IV a. C.)

mormonismo *n.m.* doutrina social e religiosa preconizada pelo americano José Smith (1805-1844) estabelecida no estado do Utah (De *mórmon*+*-ismo*)

mormonista *adj.2g.* relativo ou pertencente ao mormonismo ■ *n.2g.* seguidor do mormonismo; mórmon (De *mórmon*+*-ista*)

mormoso *adj.* que tem mormo (De *mormo*+*-oso*)

morna *n.f.* **1** [Cabo Verde] canção popular de Cabo Verde, de andamento lento e carácter sentimental, interpretada ao som da viola e do cavaquinho **2** [Cabo Verde] dança popular executada ao som desta canção (De *morno*?)

mornar *v.tr.* tornar morno; amornar (De *morno*+*-ar*)

morneiro *n.m.* [regionalismo] rima de cereal disposto de modo que as espigas fiquem abrigadas da chuva e escondidas dos pássaros (De orig. desconhecida)

mornidão *n.f.* **1** estado das coisas mornas; tepidez **2** [fig.] falta de entusiasmo; tibieza; frouxidão **3** [fig.] indolência; moleza; inércia (De *morno*+*-idão*)

morno /ô/ *adj.* **1** pouco quente; tépido **2** [fig.] sem energia; frouxo; sem vivacidade **3** [fig.] que revela pouco entusiasmo **4** [fig.] sereno **5** [fig.] monótono; amolecedor **6** [fig.] insípido; sensaborão; *águas mornas* paliativos (Do frânc. *mornón*, «estar triste», pelo fr. *morne*, «triste»)

moroiço *n.m.* ⇒ **morouço**

morosamente *adv.* devagar; com lentidão (De *moroso*+*-mente*)

morosidade *n.f.* **1** qualidade do que é moroso; lentidão **2** vagar **3** frouxidão (Do lat. *morositāte-*, «enfado»)

moroso /ô/ *adj.* **1** vagaroso; lento **2** que demora a fazer; que exige muito tempo **3** [pej.] que não faz as coisas no tempo devido **4** tardio (Do lat. *morōsu-*, «rabugento»)

morouço *n.m.* **1** monte de pedras **2** montão; rima **3** montículo **4** montão de porcaria **5** pessoa pouco limpa (De orig. obsc.)

morraça *n.f.* **1** vinho ordinário **2** mercadoria que não tem extração **3** estrume vegetal dos pântanos e terrenos lamacentos; moliço **4** pedra miúda **5** BOTÂNICA planta, da família das Gramíneas, frequente e espontânea nas areias marítimas do Centro e do Sul de Portugal **6** [regionalismo] chuva miudinha; chuvisco (De orig. obsc.)

morraçal *n.m.* sítio onde há morraça (planta) (De *morraça*+*-al*)

morraçar *v.intr.* [regionalismo] chuviscar (De *morraça*+*-ar*)

morraceira *n.f.* [regionalismo] chuva miúda (De *morraça*+*-eira*)

morraceiro *n.m.* indivíduo que prepara e vende morraça (vinho ordinário) (De *morraça*+*-eiro*)

morraco *n.m.* isca feita de trapos enrolados para acender lume (De *morrão*+*-aco*)

morrão *n.m.* **1** pedaço de corda breada com a qual se comunicava o fogo à pólvora dos antigos canhões **2** extremidade da mecha ou da torcida depois de carbonizada **3** BOTÂNICA fungão dos cereais; cravagem (De orig. obsc.)

morrão-dos-fogueteiros *n.m.* BOTÂNICA planta da família das Tifáceas, espontânea nos terrenos pantanosos do Norte e do centro de Portugal, também designada tabua

morraque *n.m.* ⇒ **morraco**

morraria *n.f.* série de morros (De *morro*+*-aria*)

morrediço adj. 1 que está a morrer 2 mortiço 3 morrinhento (De *morrer+-diço*)

morredoiro adj.,n.m. ⇒ **morredouro**

morredouro adj. 1 que há de morrer; mortal 2 caduco 3 efémero 4 frágil ■ n.m. lugar insalubre onde há muitos óbitos (De *morrer+-douro*)

morremorrer v.intr. morrer lentamente (De *morrer+morrer*)

morrer v.intr. 1 deixar de viver; terminar a existência; falecer; expirar 2 extinguir-se; desaparecer 3 cair no esquecimento 4 perder o vigor; murchar 5 não chegar a concluir-se; interromper-se ■ v.tr.,intr. acabar (em); terminar (em) ■ v.tr. 1 sofrer; experimentar 2 sentir (algo) de forma muito intensa 3 lançar as suas águas (em); desaguar (em) 4 ter paixão (por alguém, algo); amar muito ■ v.cop. liga o predicativo ao sujeito, indicando: deixar de viver, falecer (*ele morreu jovem*); ~ *de morte macaca* morrer de morte desgraçada, ingloriamente; ~ *por mais* desejar mais depois de ter provado ou experimentado; *morra!* exclamação designativa de reprovação, desagrado, ódio ou vingança; *de* ~ assustadoramente feio; *não* ~ *de amores por* não simpatizar com (Do lat. vulg. *morĕre, por mori, «morrer»*)

morrião[1] n.m. antigo capacete de ferro, de abas levantadas, sem viseira, com o topo por vezes enfeitado com crista metálica, muito usado no século XVI (Do cast. *morrión*, «id.»)

morrião[2] n.m. BOTÂNICA nome vulgar extensivo a várias plantas herbáceas, da família das Primuláceas, espontâneas e subespontâneas em Portugal (Do fr. *mouron*, «id.»)

morrinha[1] n.f. chuva miúda e persistente; molhe-molhe (De *molinha?*)

morrinha[2] n.f. 1 VETERINÁRIA qualquer doença epidémica que ataca o gado 2 VETERINÁRIA ⇒ **gafeira** 3 3 [coloq.] doença passageira e sem gravidade; indisposição ligeira 4 sentimento de tristeza; melancolia 5 [Brasil] mau cheiro exalado por pessoa ou animal; catinga ■ adj.,n.2g. 1 [Brasil] [coloq.] lento; vagaroso 2 [Brasil] [coloq.] entediante; maçador (De orig. obsc.)

morrinhar v.intr. cair morrinha; chover miudinho; chuviscar (De *morrinha* [=chuva miúda]+-*ar*)

morrinhento[1] adj. (tempo) que se apresenta com chuva miudinha e persistente; chuvoso (De *morrinha* [=chuva miúda]+-*ento*)

morrinhento[2] adj. 1 VETERINÁRIA (gado) atacado de morrinha; gafado 2 que adoece com facilidade; achacado; enfermiço 3 triste; melancólico 4 [Brasil] [coloq.] entediante; maçador 5 [Brasil] [coloq.] que tem mau cheiro (De *morrinha* [=doença]+-*ento*)

morrinhice n.f. 1 chuva miúda; morrinha 2 trabalho que exige muito cuidado e paciência (De *morrinha* [=chuva miúda]+-*ice*)

morro /ô/ n.m. 1 monte de pouca altura; outeiro; cabeço; colina 2 pedreira 3 [Brasil] ⇒ **favela** (Do pré-lat. **murra-*, «montão de pedras»)

morsa n.f. ZOOLOGIA nome vulgar extensivo aos mamíferos da família dos Triquequídeos (ordem dos pinípedes), afins das focas, e próprios das regiões polares (Do lapónio *morsa*, «id.»)

morsegão n.m. 1 bocado que se arranca com os dentes; dentada 2 beliscão (De *morsegar+-ão*)

morsegar v.tr. 1 tirar um morsegão a; mordicar 2 beliscar 3 partir ou arrancar com os dentes (Do lat. *morsicāre*, «morder frequentemente»)

morso n.m. [poét.] mordedura (Do lat. *morsu-*, «mordido», part. pass. de *mordĕre*, «morder»)

morso-diabólico n.m. BOTÂNICA planta herbácea, vivaz, da família das Dipsacáceas, própria dos terrenos húmidos, espontânea nalgumas regiões de Portugal

mortadela n.f. CULINÁRIA certo tipo italiano de salpicão grande (Do it. *mortadella*, «id.»)

mortal adj.2g. 1 sujeito à morte 2 efémero 3 que causa a morte; fatal 4 mortiço 5 [fig.] (mau sentimento) profundo; perigoso 6 [fig.] enfadonho ■ n.m. 1 ser humano 2 pl. humanidade (Do lat. *mortāle-*, «id.»)

mortalha n.f. 1 lençol ou outra cobertura que envolve o cadáver que vai ser sepultado 2 pequeno retângulo de papel em que se envolve o tabaco picado para fumar 3 vestidura branca que certos penitentes levam quando vão cumprir um voto (Do lat. *mortalĭa* ou *mortualĭa*, «vestidos de luto»)

mortalhar v.tr. ⇒ **amortalhar** (De *mortalha+-ar*)

mortalidade n.f. 1 condição de mortal 2 quantidade de indivíduos que morrem em determinado intervalo de tempo em certa região; ~ *infantil* número de crianças mortas até completarem um ano de idade, para cada mil nados vivos, no período de um ano; *taxa de* ~ razão entre o número de óbitos num ano e a população total a que respeita (Do lat. *mortalitāte-*, «id.»)

mortalmente adv. de forma a causar a morte (De *mortal+-mente*)

mortandade n.f. 1 grande número de mortes; massacre; matança; carnificina 2 mortalidade (Do lat. *mortalitāte-*, «id.»)

morte n.f. 1 ato ou efeito de morrer 2 interrupção definitiva da vida; termo da existência 3 MEDICINA cessação das funções vitais 4 desaparecimento gradual; acabamento; fim 5 ato ou efeito de matar; homicídio 6 extinção total; destruição 7 [fig.] causa de ruína; desgraça 8 [fig.] grande desgosto; sofrimento intenso 9 pena capital; ~ *aparente/clínica* MEDICINA cessação de algumas funções vitais, geralmente com paragem cardíaca e respiratória e perda de consciência, em que pode ocorrer reanimação; ~ *cerebral* MEDICINA cessação permanente da regulação cerebral das funções respiratórias, circulatórias e outras atividades reflexas, mantendo-se a vida apenas com recurso a dispositivos mecânicos que colmatam essa falta; ~ *natural* morte que ocorre na sequência de um processo natural (de envelhecimento ou doença); ~ *súbita* morte repentina e inesperada; 2 DESPORTO situação de que, após um empate, ganha quem primeiro marcar pontos; *às portas da* ~ prestes a morrer; *caso de vida ou* ~ situação de emergência; *pensar na* ~ *da bezerra* estar distraído; *ser a* ~ *do artista* [irón.] ser um fracasso (Do lat. *morte-*, «id.», «morrer»)

morte-cor n.f. ARTES PLÁSTICAS (pintura) conjunto das primeiras cores, geralmente esbatidas, que os pintores aplicam nos seus quadros; cor ténue em pintura

morte-em-pé ver nova grafia **morte em pé**

morte em pé n.f. 1 pessoa indolente, ronceira 2 pessoa com doença que se prolonga sem a obrigar a estar de cama 3 pessoa que está ou parece estar próxima da morte

morteirada n.f. 1 tiro ou série de tiros de morteiro 2 pancada com a cabeça (De *morteiro+-ada*)

morteirete /ê/ n.m. morteiro de assalto de pequeno calibre e curto alcance (De *morteiro+-ete*)

morteiro n.m. 1 peça de ferro de pequenas dimensões que se enche de pólvora para dar tiros, imitando salvas de artilharia, nas festas de arraial 2 arma coletiva de carregar pela boca, de percussor fixo, cano largo, alma lisa, boca boleada, de tiro curvo, para lançamento de granadas com empenagens 3 almofariz (Do lat. *mortariŭ-*, «almofariz», pelo it. *mortaio*, «id.»)

morte-luz n.f. ARTES PLÁSTICAS (pintura) ⇒ **morte-cor**

mort(i)- elemento de formação de palavras que exprime a ideia de *morte* ou *morto* (Do lat. *morte-*, «morte», ou *mortu-*, «morto»)

morticínio n.m. 1 matança; carnificina 2 grande número de mortes; mortandade 3 hecatombe (Do lat. ecl. *morticinĭu-*, «id.»)

mortiço adj. 1 que está a morrer; moribundo 2 prestes a apagar-se 3 sem energia nem vivacidade; frouxo; fraco 4 sem brilho; desmaiado (De *morto+-iço*)

mortífero adj. que produz a morte; letal; mortal (Do lat. *mortiferu-*, «id.»)

mortificação n.f. 1 ato ou efeito de mortificar ou mortificar-se 2 tortura do corpo por meio de penitência 3 domínio 4 repressão de certos sentimentos 5 tormento; aflição 6 humilhação (Do lat. *mortificatiōne-*, «morte»)

mortificado adj. 1 atormentado; apoquentado; ralado 2 desgostoso; triste (Part. pass. de *mortificar*)

mortificador adj.,n.m. que ou o que mortifica (De *mortificar+-dor*)

mortificante adj.2g. que mortifica; mortificativo (Do lat. *mortificante-*, «id.», part. pres. de *mortificāre*, «mortificar»)

mortificar v.tr. 1 enfraquecer ou extinguir a vitalidade de (alguma parte do corpo) 2 torturar (o próprio corpo) com penitências; penitenciar; castigar 3 atormentar; afligir 4 reprimir 5 apagar; extinguir (Do lat. *mortificāre*, «id.»)

mortificativo adj. ⇒ **mortificante** (De *mortificar+-tivo*)

mortinatalidade n.f. conjunto dos indivíduos que nascem mortos ou morrem no momento do parto (De *morti-+natalidade*)

morto /ô/ adj. 1 privado da vida; defunto; falecido 2 extinto 3 assassinado 4 [fig.] abatido 5 [fig.] muito fatigado 6 [fig.] apagado 7 [fig.] sem animação 8 [fig.] de que já não se fala; esquecido 9 [fig.] que já não tem aplicação 10 [fig.] pesaroso 11 [fig.] ansioso; preocupado 12 [fig.] muito desejoso ■ n.m. aquele que morreu; defunto; falecido; ~ *e enterrado* completamente terminado ou esquecido; *estar* ~ *por* desejar muito, estar ansioso por; *não ter onde cair* ~ ser extremamente pobre; *nem* ~ nunca, jamais; *olhos de carneiro mal* ~ olhos lânguidos; *tempo* ~ tempo em que se não faz nada (Do lat. *mortŭu-*, «id.», part. pass. de *mori*, «morrer»)

mortório n.m. 1 cortejo fúnebre 2 enterro; funeral 3 sítio da seara onde a sementeira não germinou 4 [regionalismo] terreno estéril; *estar em* ~ estar em desuso; *ficar em* ~ ficar por semear ou

morto-vivo *n.m.* **1** ser sem alma que voltou à vida depois de morto; zombie **2** pessoa que está ou parece estar próxima da morte **3** indivíduo sem energia e sem vivacidade; indivíduo absorto e que não reage

mortualha *n.f.* grande número de cadáveres (Do lat. *mortualĭa*, «vestuário de luto»)

mortuária *n.f.* catacumba; ossário (De *mortuário*)

mortuário *adj.* relativo à morte ou aos mortos; fúnebre (Do lat. *mortuarĭu-*, com infl. do suf. *-ário*)

mortulho *n.m.* funeral; exéquias (De *morto+-ulho*)

mortuório *adj.* que pertence ou se refere a defuntos ou a serviços fúnebres (Do lat. *mortuōrum*, «dos mortos», genitivo pl. de *mortuu-*, «morto», com infl. do suf. *-ário*)

mortuoso *adj.* cadavérico (Do lat. *mortuōsu-*, «id.»)

morubixaba *n.m.* chefe de cabilda, entre os indígenas do Brasil (Do tupi *morubi'xawa*, «que faz a inspeção da terra»)

morugem *n.f.* BOTÂNICA planta herbácea, da família das Cariofiláceas, frequente em Portugal, nos campos cultivados e incultos, também denominada merugem, murugem, nevasqueira, etc. (Do lat. *mollugĭne-*, «id.»)

morula *n.f.* [Moçambique] BOTÂNICA ⇒ **canhoeiro**

mórula[1] *n.f.* pequena demora (Do lat. *morŭla-*, «curta demora»)

mórula[2] *n.f.* BIOLOGIA fase embrionária que se segue à segmentação do ovo, em que os blastómeros se dispõem de modo a formarem um corpo globoso, semelhante a uma amora (Do lat. *moru-*, «amora» +*-ula*)

morzelo *adj.,n.m.* ⇒ **murzelo**

mosa *n.f.* ZOOLOGIA mamífero americano, da família dos Bovídeos, afim da corça (De orig. obsc.)

mosaico[1] *n.m.* **1** combinação de pequenas pedras de várias cores ligadas por um cimento **2** pavimento feito de ladrilhos variegados **3** BOTÂNICA doença infeciosa das plantas, causada por vírus, e cujo sintoma principal é uma coloração variegada nas folhas, quando observadas contra a luz **4** [fig.] combinação de coisas diferentes; miscelânea (Do it. *mosaico*, «id.»)

mosaico[2] *adj.* relativo a Moisés; moisaico (Do fr. *mosaïque*, «id.»)

mosaísmo *n.m.* ⇒ **moiseísmo** (Do fr. *mosaïsme*, «id.»)

mosaísta[1] *adj.,n.2g.* que ou pessoa que trabalha em obra de mosaico (Do fr. *mosaïste*, «id.»)

mosaísta[2] *adj.2g.* relativo ao mosaísmo ■ *n.2g.* pessoa que professa esta religião (Do lat. ecl. *Moses*, «Moisés» +*-ista*)

mosassaurídeo *adj.* PALEONTOLOGIA relativo ou pertencente aos Mosassaurídeos ■ *n.m.* PALEONTOLOGIA espécime dos Mosassaurídeos

Mosassaurídeos *n.m.pl.* PALEONTOLOGIA família de sáurios fósseis que tem por tipo o mosassauro, lagarto do Mosa, rio do Nordeste da França (De *mosassáurio+-ídeos*)

mosassauro *n.m.* PALEONTOLOGIA grande lagarto marinho que viveu durante o Cretácico

mosca /ó/ *adj.f.* **1** ZOOLOGIA nome vulgar extensivo a vários insetos dípteros, espalhados por todos os continentes, em especial aos da família dos Muscídeos, a cujo género-tipo, que se designa *Musca*, pertence a mosca doméstica **2** [fig.] pessoa importuna, maçadora; pessoa impertinente **3** sinal preto e postiço no rosto **4** tufo isolado de barba por debaixo do lábio inferior do homem **5** remate de costura, geralmente em forma de triângulo ou losango, a ponto cheio **6** [coloq.] pequeno cálice de aguardente, servido nos cafés; *andar às moscas* preguiçar, não fazer nada; *estar com a ~ estar* irritado; *estar/ficar às moscas* estar ou ficar vazio, abandonado; *não é com vinagre que se apanham moscas* não é com maus modos que se conquistam simpatias; *não fazer mal a uma ~* ser incapaz de prejudicar alguém (Do lat. *musca-*, «id.»)

moscada *n.f.* BOTÂNICA fruto da moscadeira (Do lat. *moschata-*, «almiscarada»)

mosca-da-azeitona *n.f.* ZOOLOGIA (inseto) ⇒ **daco** *n.m.*

moscadeira *n.f.* BOTÂNICA árvore da família das Miristicáceas, originária das Molucas, mas atualmente cultivada em todas as regiões tropicais, cujos frutos dão a noz-moscada e o macis (De *moscada+-eira*)

moscadeiro *n.m.* ⇒ **enxota-moscas** (De *moscar+-deiro*)

moscadim *n.m.* peralvilho; casquilho (De *moscado+-im*)

moscado *adj.* **1** almiscarado **2** aromático (Do lat. *moschātu-*, «almiscarado»)

mosca-do-vinagre *n.f.* ZOOLOGIA pequeno inseto díptero, cosmopolita, frequente sobre os líquidos fermentados (vinagre), frutos em decomposição, etc.

mosca-morta *n.2g.* **1** [depr.] pessoa indolente e pouco dinâmica; pessoa apagada, sem vivacidade **2** [depr.] pessoa sonsa e dissimulada

moscanho *n.m.* ORNITOLOGIA pássaro da família dos Muscicapídeos, também designado taralhão, papa-moscas, mosqueiro, etc. (De *mosca+-anho*)

moscão *n.m.* mosca grande; moscardo (De *mosca+-ão*)

moscardo *n.m.* **1** grande mosca **2** ZOOLOGIA ⇒ **tavão 3** [coloq.] tabefe; sopapo; bofetão (De *mosca+-ardo*)

moscaria *n.f.* grande quantidade de moscas (De *mosca+-aria*)

moscar-se *v.pron.* **1** fugir das moscas **2** [fig.] desaparecer da presença de alguém; sumir-se

moscas-de-milão ver nova grafia moscas de Milão

moscas de Milão *n.f.pl.* vesicatório que tem por base a cantárida

moscas-volantes *n.f.pl.* MEDICINA certas manchas, filamentos ou pontos que parecem passar no campo visual depois de se ter fitado um objeto muito luminoso; miiodopsia

moscatel *adj.2g.* designativo de uma casta de uva muito saborosa e aromática ■ *n.m.* **1** vinho feito dessa uva **2** variedade de figo, maçã, laranja e pera (Do it. *moscatello*, «moscatel»)

mosco[1] /ó/ *adj.* relativo ou pertencente a Moscovo ■ *n.m.* natural ou habitante de Moscovo; moscovita (De *Moscovo*, top.)

mosco[2] /ô/ *n.m.* mosquito (De *mosca*)

mosco[3] /ô/ *n.m.* [coloq.] furto por meio de violência (Deriv. regr. de *moscar-se*)

moscou *n.m.* variedade de tecido fino mas encorpado, especial para fato de homem (Do russo *Moskwa*, nome de um rio da Rússia, pelo fr. *Moscou*, «Moscovo»)

moscóvia *n.f.* couro da Rússia para revestimento de baús, cadeiras, etc. (De *Moscóvia* [= Moscovo], top.)

Moscoviano *n.m.* GEOLOGIA época ou série do Carbónico superior (De *Moscóvia* [= Moscovo], top. +*-ano*)

moscovita *adj.2g.* relativo ou pertencente a Moscovo ■ *n.2g.* natural ou habitante de Moscovo ■ *n.m.* dialeto que serviu de base à língua russa (De *Moscóvia* [= Moscovo], top.+*-ita*, ou do fr. *moscovite*, «id.»)

moscovite *n.f.* MINERALOGIA mineral do grupo das micas, de lâminas de clivagem geralmente incolor e transparente, usado especialmente como isolador elétrico, e denominado também mica branca e vidro de moscóvia (De *Moscóvia* [= Moscovo], top. +*-ite*)

moscovítico *adj.* em que há moscovite (De *moscovite+-ico*)

moslém *adj.,n.2g.* ⇒ **mosleme**

mosleme *adj.,n.2g.* ⇒ **muçulmano** (Do ár. *muslim*, «o que se entregou ao islame»)

moslemia *n.f.* ⇒ **mourisma** (De *moslem[e]+-ia*)

moslémico *adj.* relativo aos Moslemes ou Muçulmanos (De *mosleme+-ico*)

moslemita *n.2g.* cristão renegado que abraçou o maometismo (De *mosleme+-ita*)

mosqueado *adj.* que tem pintas ou manchas escuras; sarapintado (Part. pass. de *mosquear*)

mosquear *v.tr.* salpicar de pintas ou manchas escuras; sarapintar ■ *v.pron.* cobrir-se de pintas ou sinais (De *mosca+-ear*)

mosquedo /ê/ *n.m.* grande porção de moscas; moscaria; mosqueiro (De *mosca+-edo*)

mosqueiro *n.m.* **1** mosquedo **2** lugar repleto de moscas **3** ninho de moscas **4** espécie de armário para resguardar os alimentos do contacto das moscas, conservando-os arejados através de rede fina **5** qualquer objeto próprio para apanhar ou afugentar moscas **6** BOTÂNICA ⇒ **ulmeiro 7** ORNITOLOGIA ⇒ **papa-moscas** ■ *adj.* (gado) que se inquieta por causa das moscas (De *mosca+-eiro*)

mosquem-se *n.m.* [Brasil] espécie de jogo popular semelhante ao esconde-esconde (De *moscar-se*)

mosqueta /ê/ *n.f.* BOTÂNICA planta da família das Rosáceas, cujas flores são brancas e têm aroma almiscarado (Do cast. *mosqueta*, «id.»)

mosquetaço *n.m.* tiro de mosquete (Do cast. *mosquetazo*, «id.»)

mosquetada *n.f.* **1** mosquetaço **2** ferida causada pelo tiro do mosquete (De *mosquete+-ada*)

mosquetão *n.m.* **1** peça metálica, na extremidade de uma corrente, onde prende a argola de um objeto pendente (relógio, espada, etc.) **2** qualquer peça semelhante para fins análogos **3** fuzil pequeno (De *mosquete+-ão*)

mosquetaria *n.f.* **1** descarga de muitos mosquetes **2** grande número de mosquetes ou de mosqueteiros (De *mosquete+-aria*)

mosquete /ê/ *n.m.* **1** antiga arma de fogo, portátil, de cano largo e ignição por pederneira, inicialmente apoiada numa forquilha para disparar e muito usada no século XVI **2** [coloq.] bofetada; tabefe **3** [Brasil] cavalo de pequena estatura (Do it. *moschetto*, «id.», pelo fr. *mousquet*, «id.»)

mosquetear *v.tr.,intr.* disparar tiros de mosquete (contra) (De *mosquete+-ear*)

mosqueteiro *n.m.* 1 soldado de infantaria que nos séc. XVI e XVII combatia armado de mosquete 2 [fig.] defensor; paladino (De *mosquete+-eiro*)

mósquida *n.m.* ZOOLOGIA ⇒ **mosquídeo** *n.m.*

Mósquidas *n.m.pl.* ZOOLOGIA ⇒ **Mosquídeos**

mosquídeo *adj.* ZOOLOGIA relativo ou pertencente aos Mosquídeos ▪ *n.m.* ZOOLOGIA espécime dos Mosquídeos

Mosquídeos *n.m.pl.* ZOOLOGIA família de mamíferos ruminantes pequenos, desprovidos de chifres, cujo género-tipo se denomina *Moschus*, a que pertence o almiscareiro (Do lat. cient. *Moschu-+-ídeos*)

mosquinha-morta *n.2g.* [depr.] ⇒ **mosca-morta**

mosquitada *n.f.* grande porção de mosquitos (De *mosquito+-ada*)

mosquiteiro *n.m.* 1 cortinado ou rede finíssima que resguarda dos mosquitos 2 lugar onde há muitos mosquitos (De *mosquito+-eiro*)

mosquito *n.m.* 1 ZOOLOGIA nome vulgar extensivo a vários insetos dípteros, picadores, especialmente da família dos Culicídeos, distribuídos por todos os continentes 2 [Brasil] diamante pequeno; *mosquitos por cordas* [pop.] barulho, distúrbios, confusão, pancadaria (De *mosca+-ito*)

mossa *n.f.* 1 marca de uma pancada ou pressão; amolgadura 2 boca no fio de uma lâmina cortante 3 [pop.] abalo; impressão; *não fazer ~* não causar impressão (Do lat. *morsa-*, «mordida», part. pass. fem. de *mordēre*, «morder»)

mossado *adj.* com mossas; amachucado; amolgado (Part. pass. de *mossar*)

mossar *v.tr.* 1 torcer ou amachucar com as mãos 2 fazer mossas em; amolgar (De *mossa+-ar*)

mossegão *n.m.* ⇒ **morsegão**

mossegar *v.tr.* ⇒ **morsegar**

mostaço *n.m.* grande quantidade de mosto (De *mosto+-aço*)

mostajeiro *n.m.* 1 BOTÂNICA pequena árvore da família das Rosáceas, de frutos vermelhos, afim da sorveira, que se encontra em Portugal 2 BOTÂNICA mostardeira-preta (De *mostajo+-eiro*)

mostajo *n.m.* fruto do mostajeiro (Do cast. *mostajo*, «id.»)

mostarda *n.f.* 1 BOTÂNICA planta da família das Brassicáceas, de cujas sementes se retira um pó amarelo usado como condimento culinário; mostardeira 2 BOTÂNICA semente da mostardeira, pequena, redonda e de cor amarela, acastanhada ou preta, com sabor picante 3 CULINÁRIA molho cremoso preparado com pó das sementes da mostardeira, vinagre, sal e temperado com especiarias, que é usado como condimento 4 farinha obtida destas sementes, que tem aplicações terapêuticas 5 [fig.] estímulo; incentivo 6 [pop.] pancadaria ▪ *n.m.* cor amarelo-acastanhada ▪ *adj.inv.* que apresenta a cor amarelo-acastanhada; *chegar/subir a ~ ao nariz a* irritar-se, ficar zangado (Do fr. ant. *moustarde*, hoje *moutarde*, «id.»)

mostardal *n.m.* terreno semeado de mostardeiras (De *mostarda+-al*)

mostardeira *n.f.* 1 BOTÂNICA nome vulgar extensivo a várias plantas da família das Brassicáceas, cujas sementes são usadas como condimento, e das quais, em Portugal, existem algumas cultivadas ou espontâneas, como a mostardeira-branca, a mostardeira-dos-campos, a mostardeira-preta ou mostardeira-ordinária e o mostajeiro, conhecidas também por mostardas 2 recipiente em que se serve à mesa molho ou farinha de mostarda; mostardeiro (De *mostarda+-eira*)

mostardeiro *n.m.* 1 vendedor de mostarda 2 (recipiente) mostardeira (De *mostarda+-eiro*)

mosteia *n.f.* 1 carro usado na província portuguesa do Minho para serviços de lavoura 2 carrada ou molho de palha (De orig. obsc.)

mosteiro *n.m.* casa onde vivem, em comunidade, religiosos ou religiosas; convento; cenóbio (Do gr. *monastérion*, pelo lat. *monastēriu-*, «mosteiro»)

mosteiró *n.m.* pequeno mosteiro (Do lat. *monastēriŏlu-*, dim. de *monastēriu-*, «mosteiro»)

mostífero *adj.* 1 que produz mosto 2 em que há mosto (Do lat. *mustu-*, «vinho doce, não fermentado» +*ferre*, «produzir; ter»)

mosto /ô/ *n.m.* 1 sumo da uva antes de se completar a fermentação 2 suco de qualquer fruta que contenha açúcar, quando em fermentação (Do lat. *mustu-*, «vinho doce»)

mostra *n.f.* 1 ato ou efeito de mostrar 2 amostra 3 exposição 4 indício 5 relação dos vencimentos das praças nas unidades do exército 6 *pl.* manifestações; aparências; ares; *à ~* à vista; *dar mostras de* demonstrar, revelar (Deriv. regr. de *mostrar*)

mostradela *n.f.* [pop.] ato de mostrar (De *mostrar+-dela*)

mostrador *n.m.* 1 balcão envidraçado em que, nas lojas, se expõem os objetos destinados a venda 2 superfície dos relógios onde são indicadas as horas e as suas frações ▪ *adj.* que mostra ou que indica; indicador (Do lat. *monstratōre-*, «aquele que mostra»)

mostragem *n.f.* 1 ação de mostrar 2 experimentação; ensaio (De *mostrar+-agem*)

mostrança *n.f.* 1 exterioridade 2 aparência (De *mostrar+-ança*)

mostrar *v.tr.* 1 expor à vista 2 fazer ver 3 exibir; patentear 4 dar sinais ou indícios de 5 aparentar 6 indicar; apontar 7 manifestar; demonstrar; evidenciar 8 ensinar 9 simular ▪ *v.pron.* 1 expor-se à vista; aparecer 2 exibir-se 3 manifestar-se; revelar-se (Do lat. *monstrāre*, «id.»)

mostrengar *v.tr.,pron.* tornar(-se) mostrengo (De *mostrengo+-ar*)

mostrengo *n.m.* 1 ente fantástico, geralmente considerado perigoso e assustador, dotado de uma configuração fora do normal e desagradável 2 [fig., pej.] pessoa considerada muito feia 3 [fig., pej.] pessoa considerada desajeitada, ociosa ou inútil 4 [fig., pej.] aquilo que foge da normalidade e é considerado extremamente desagradável (De *monstro+-engo*)

mostruário *n.m.* 1 lugar ou móvel onde se expõem mercadorias ao público; vitrina 2 coleção de amostras (De *mostrar+-ário*)

mota[1] *n.f.* forma reduzida de *motocicleta*; *~ de água* DESPORTO veículo aquático semelhante ao jet ski, mas cujo guiador é fixo em vertical e em que o ocupante vai geralmente sentado (Do prov. *mota*, «id.»)

mota[2] *n.f.* 1 aterro à beira dos rios para resguardar os terrenos marginais das inundações 2 terra amontoada junto do tronco ou da haste de uma planta (Do lat. *motu-*, «movimento»)

mota[3] *n.f.* designação dada em Timor aos cursos de água

motacé *n.m.* [ant.] ⇒ **almotacé** (De *almotacé*)

motacílida *n.f.* ORNITOLOGIA ⇒ **motacilídeo** *n.m.*

Motacílidas *n.m.pl.* ORNITOLOGIA ⇒ **Motacilídeos**

motacilídeo *adj.* ORNITOLOGIA relativo ou pertencente aos Motacilídeos ▪ *n.m.* ORNITOLOGIA espécime dos Motacilídeos

Motacilídeos *n.m.pl.* ORNITOLOGIA família de pássaros elegantes, tenuirrostros, cujo género-tipo se denomina *Motacilla*, bem representada em Portugal (Do lat. *motacilla-*, «alvéloa» +*-ídeos*)

motar *n.2g.* ⇒ **motard**

motard *n.2g.* 1 pessoa que conduz uma motocicleta; motociclista 2 pessoa dedicada ao motociclismo, geralmente participando em atividades com aqueles que partilham o mesmo gosto e interesse (Do fr. *motard*)

motazé *n.m.* [ant.] ⇒ **almotacé** (De *almotacé*)

mote *n.m.* 1 LITERATURA pensamento expresso em um ou mais versos para ser desenvolvido na glosa 2 tema; assunto 3 epígrafe 4 divisa; legenda 5 remoque (Do fr. *mot*, «palavra»)

motejador *adj.,n.m.* que ou aquele que moteja; chocarreiro; trocista (De *motejar+-dor*)

motejar *v.tr.,intr.* fazer motejos (de); zombar (de); troçar (de) ▪ *v.intr.* 1 fazer motes 2 dar motes para glosas (Do cast. *motejar*, «id.»)

motejo /ê/ *n.m.* 1 ato ou efeito de motejar; zombaria; troça 2 dito picante ou jocoso; dichote (Deriv. regr. de *motejar*, ou do cast. *motejo*, «id.»)

motel *n.m.* 1 hotel localizado junto a uma estrada com bastante movimento, especialmente equipado para receber automobilistas de passagem 2 hotel para encontros amorosos (Do ing. *motel*, «id.», de *motor × hotel*)

moteno /ê/ *n.m.* [regionalismo] feixe de lenha para aquecer o forno caseiro ou para outros fins domésticos (De orig. obsc.)

motete /ê/ *n.m.* 1 gracejo; motejo 2 trecho de música religiosa, de origem francesa, com letra 3 canção (Do fr. *motet*, «id.»)

moteteiro *adj.,n.m.* que ou aquele que faz motete(s); gracejador

moteto /ê/ *n.m.* ⇒ **motete**

motherboard *n.f.* INFORMÁTICA ⇒ **placa-mãe** (Do ing. *motherboard*)

motilidade *n.f.* faculdade de mover ou de se mover; mobilidade; motricidade (Do lat. **motilitāte-*, «id.»)

motim *n.m.* 1 rebelião, geralmente organizada, contra a autoridade estabelecida; tumulto popular; sublevação; revolta; arruaça 2 estrondo forte; fragor (Do fr. ant. *mutin*, «revoltoso»)

motinada *n.f.* ⇒ **motim** (De *motim+-ada*)

motinar *v.tr.,pron.* ⇒ **amotinar** (De *motim+-ar*, ou do fr. *mutiner*, «id.»)

motineiro *adj.* que provoca motins; desordeiro (De *motim+-eiro*)

motinoso *adj.* 1 relativo a motim 2 com carácter de motim (De *motim+-oso*)

motivação n.f. 1 ato de motivar 2 ato de despertar o interesse para algo 3 conjunto de fatores que determinam a conduta de alguém 4 processo que desencadeia uma atividade consciente 5 exposição de motivos 6 LITERATURA relação intrínseca e natural existente entre um signo e o seu referente 7 apresentação de um centro de estudo que visa despertar o interesse e mobilizar a atividade do aluno (De motivar+-ção)

motivacional adj.2g. 1 relativo a motivação 2 ECONOMIA (pesquisa) que procura identificar motivações inconscientes dos consumidores através da análise dos comportamentos de pequenos grupos

motivado adj. 1 que tem motivo, causa ou fundamento; justificado; fundado 2 interessado; entusiasmado

motivador adj. 1 que motiva; que desperta o interesse 2 que é causa ■ n.m. aquele ou aquilo que motiva (De motivar+-dor)

motivante adj.2g. motivador; que motiva; que desperta interesse

motivar v.tr. 1 dar motivo a 2 originar 3 causar; ocasionar 4 despertar o interesse de; entusiasmar 5 expor os motivos de; fundamentar (De motivo+-ar)

motivo n.m. 1 causa; razão 2 fundamento 3 escopo; intuito; objetivo 4 consideração racional que explica ou justifica uma decisão 5 LITERATURA unidade mínima da intriga de um texto narrativo ou dramático 6 MÚSICA o mais curto elemento ou a ideia principal que caracteriza o tema de uma obra e que intervém no seu desenvolvimento ■ adj. 1 que move ou serve para mover; motor 2 que determina ou causa alguma coisa (Do lat. tard. motivu-, de motu-, «movimento» +-ivo)

moto¹ /mótó/ n.m. forma reduzida de motocicleta

moto² /mótú/ n.m. 1 movimento 2 agitação; circulação; giro 3 abalo; ~ *contínuo* suposto movimento que se executava sem intervenção de energia; *de ~ próprio* espontaneamente, por iniciativa própria (Do lat. motu-, «movimento»)

moto³ /mótú/ n.m. 1 ARTES PLÁSTICAS sinal que os artistas põem nas suas obras para as autenticar 2 HERÁLDICA palavras que os cavaleiros usavam como divisa nos brasões, bandeiras, etc., durante a Idade Média (De mote)

moto- elemento de formação de palavras que exprime a ideia de motor, movimento (Do lat. motu-, «movimento»)

motocicleta n.f. ⇒ **motociclo** (De motociclo+-eta)

motociclismo n.m. 1 transporte em motocicleta 2 DESPORTO atividade que consiste em corridas de motocicletas (De motociclo+-ismo)

motociclista n.2g. 1 pessoa que conduz uma motocicleta 2 DESPORTO praticante de motociclismo (De motociclo+-ista)

motociclo n.m. veículo automóvel de duas ou mais rodas, sem pedais e com motor de cilindrada superior a 50 cm³, por construção, exceda em patamar a velocidade de 45 km/h (Do lat. motu-, «movimento»+gr. kýklos, «roda»)

motocross n.m. DESPORTO ⇒ **motocrosse** (Do ing. motocross)

motocrosse n.m. DESPORTO corrida de motocicletas e motorizadas realizada num circuito fechado com um piso muito acidentado (Do ing. motocross, «id.»)

motocultivador n.m. veículo com motor de propulsão, de um só eixo, que se destina a trabalhos agrícolas ligeiros, podendo ser conduzido por um condutor a pé ou em semirreboque atrelado ao próprio veículo (De moto-+cultivador)

motódromo n.m. DESPORTO complexo para corridas de motocicletas (De moto-+-dromo)

motonáutica n.f. DESPORTO desporto com barcos a motor (De moto-+náutica)

motoniveladora n.f. niveladora com motor próprio (De moto-+niveladora)

motopropulsor adj.,n.m. 1 que ou sistema propulsor que é usado para desencadear o funcionamento de máquinas 2 que ou mecanismo que transforma energia calórica em energia cinética (De moto+propulsor)

moto quatro n.f. veículo de quatro ou mais rodas, próprio para terrenos acidentados

motoqueiro n.m. [pop.] motociclista; motard (De moto+-oca+-eiro)

motor adj. 1 que move ou serve para mover 2 que determina ou causa alguma coisa ■ n.m. 1 o que produz movimento ou dá impulso 2 o que induz, instiga ou dirige; agente 3 toda a potência ou força que imprime movimento a uma máquina; *de arranque* MECÂNICA dispositivo de um veículo que põe o motor a funcionar; *~ de pesquisa* INFORMÁTICA (internet) programa que permite aos utilizadores localizarem especificamente a informação que procuram numa base de dados ou num grande conjunto de dados através de uma pesquisa por palavra-chave ou por tema; *primeiro ~* Deus, como causa de toda a mudança; *tempo ~* tempo em que, num motor alternativo, há de facto transformações energéticas de que resulta trabalho útil; *trabalho ~* FÍSICA trabalho positivo, trabalho com deslocação do ponto de aplicação da força em sentido concordante com o desta (Do lat. motōre-, «o que movimenta», pelo fr. moteur, «motor»)

motor diesel n.m. motor térmico de combustão interna, em que esta se dá nos cilindros por autoignição e que utiliza óleos pesados obtidos por destilação do petróleo bruto (De motor+diesel, de Diesel, antr., engenheiro al., 1858-1913)

motoreta /ê/ n.f. motocicleta de quadro aberto, de pequena potência e com rodas de pequeno diâmetro (De motor+-eta)

motorista n.2g. pessoa que conduz um veículo motorizado (automóvel, autocarro, etc.); condutor (De motor+-ista, ou do ing. motorist, «id.»)

motorização n.f. 1 ato ou efeito de motorizar 2 emprego da energia mecânica em substituição da tração animal (De motorizar+-ção)

motorizada n.f. veículo de duas rodas com motor de cilindrada inferior à de uma motocicleta (Part. pass. fem. subst. de motorizar)

motorizado adj. 1 que tem motor 2 acionado por motor

motorizar v.tr. 1 substituir a tração animal pela tração mecânica em 2 prover de motor (De motor+-izar)

motosserra n.f. serra portátil, acionada por um motor, que é usada especialmente para cortar madeira, árvores etc. (De moto-+serra)

mototáxi n.m. motocicleta cujo condutor assegura um serviço pago de transporte de pessoas (De moto-+táxi)

motricidade n.f. 1 qualidade de força motriz 2 conjunto das faculdades e características psicofísicas associadas à capacidade de movimento no ser humano (Do lat. *motricitāte-, «id.», pelo fr. motricité, «id.»)

motriz adj. 1 que move ou serve para mover 2 que determina ou causa alguma coisa ■ n.f. força ou coisa que produz movimento (Do lat. *motrīce-, «id.», pelo fr. motrice, «id.»)

moucarrão adj. muito mouco (De mouco+-arrão)

mouchão n.m. 1 terreno arborizado e um tanto elevado, no meio de lezírias 2 pequena ilha nos rios ou à beira-mar, formada pela acumulação de aluviões (Do lat. hisp. *mutulōne-, de mutŭlus, «saliência de pedra ou de madeira»)

mouche n.f. ⇒ **muche** (Do fr. mouche)

mouco adj.,n.m. que ou aquele que ouve pouco ou nada; surdo (De orig. obsc.)

mouqueira n.f. ⇒ **mouquice** (De mouco+-eira)

mouquice n.f. estado de mouco; surdez (De mouco+-ice)

mouquidão n.f. ⇒ **mouquice** (De mouco+-idão)

moura n.f. ⇒ **salmoura** (Do lat. maura-, «id.»)

mourama n.f. 1 grande multidão de mouros 2 povo mouro; Mouros 3 terra de mouros (De mouro+-ama)

mourão n.m. 1 BOTÂNICA planta da família das Brassicáceas, vulgar em Portugal nos campos cultivados 2 cada uma das varas grossas em que se apoiam as estacas 3 estaca para empar a videira

mourar¹ v.intr. 1 trajar ou proceder como mouro 2 praticar a religião islâmica (De mouro+-ar)

mourar² v.intr. depositar (a água salgada das marinhas) o sal na borda dos caldeirões (De moura+-ar)

mouraria n.f. bairro onde habitavam antigamente os Mouros (De mouro+-aria)

mourejado adj. ganho ou conseguido à custa de muito trabalho (Part. pass. de mourejar)

mourejar v.intr. 1 trabalhar sem descanso; trabalhar muito 2 esforçar-se; fazer pela vida (De mouro+-ejar)

mouresco /ê/ adj. relativo a, ou próprio dos Mouros ■ n.m.pl. ornatos de ourivesaria (De mouro+-esco)

mourisca n.f. 1 antiga dança dos Mouros, com música de carácter medieval 2 [Açores] pantomima ao ar livre, com trajos apropriados (De mourisco)

mouriscado adj. (telhado) em que as telhas são ligadas com argamassa em todas as filas (De mourisco+-ado)

mourisco adj. 1 relativo aos Mouros 2 feito ou inventado pelos Mouros 3 designativo de uma variedade de uva tinta do Douro e de certa variedade de trigo rijo ■ n.m. 1 mouro 2 língua dos Mouros 3 ORNITOLOGIA ⇒ **verdelhão** (De mouro+-isco)

mourisma n.f. 1 religião dos Mouros 2 mourama (De mouro+-isma)

mourismo n.m. os Mouros (De mouro+-ismo)

mouro adj. 1 relativo ou pertencente aos Mouros (povo árabe que conquistou a Península Ibérica) 2 que segue o islamismo;

muçulmano ■ *n.m.* 1 pessoa pertencente aos Mouros 2 seguidor do islamismo 3 [fig.] pessoa que trabalha muito (Do lat. *mauru-*, «id.»)
mousse *n.f.* 1 CULINÁRIA doce cremoso feito com claras de ovo batidas e um ingrediente aromático (chocolate, limão ou outro), que se serve frio 2 creme com a textura de espuma usado para modelar o cabelo 3 espuma para barbear (Do fr. *mousse*, «id.»)
mouta *n.f.* ⇒ **moita**^{1,2}
moutão *n.m.* NÁUTICA ⇒ **moitão**^{1}
moutedo *n.m.* ⇒ **moitedo** (De *mouta+-edo*)
mouteira *n.f.* ⇒ **moiteira** (De *mouta+-eira*)
movediço *adj.* 1 que se move facilmente 2 que se pode transportar com facilidade; portátil 3 que é pouco firme; solto; instável 4 [fig.] volúvel; inconstante (De *mover+-diço*)
movedor *adj.,n.m.* 1 que ou aquele que move 2 promotor (De *mover+-dor*)
móvel *adj.2g.* 1 que se move; que não está fixo 2 que pode mover-se; movediço 3 [fig.] volúvel ■ *n.m.* 1 peça de mobília 2 causa motriz; móbil; razão de ser (Do lat. *mobĭle-*, «id.»)
movente *adj.2g.* 1 que move 2 que se move; móvel (Do lat. *movente-*, «id.», part. pres. de *movēre*, «mover»)
mover *v.tr.* 1 imprimir movimento a; deslocar 2 mexer 3 menear 4 agitar 5 impelir; causar 6 instigar 7 comover 8 convencer ■ *v.pron.* 1 mexer-se 2 agitar-se 3 pôr-se em movimento; andar 4 deslocar-se 5 comover-se 6 convencer-se (Do lat. *movēre*, «id.»)
movido *adj.* 1 posto em movimento 2 impelido; instigado; levado; arrastado; impulsionado 3 ocasionado 4 comovido; perturbado; sensibilizado 5 convencido 6 determinado 7 dominado (Part. pass. de *mover*)
movimentação *n.f.* 1 ato de movimentar ou movimentar-se 2 movimento 3 deslocação 4 agitação; animação (De *movimentar+-ção*)
movimentado *adj.* 1 em que há movimento 2 em que há muita ação; dinâmico 3 em que há muita gente ou animação; animado; concorrido; frequentado (De *movimento+-ado*)
movimentar *v.tr.* 1 imprimir movimento a; deslocar 2 pôr em ação; fazer agir 3 dinamizar; animar ■ *v.pron.* mover-se; deslocar-se (De *movimento+-ar*)
movimento *n.m.* 1 ato de mover ou de se mover 2 mudança de posição no espaço em função do tempo; deslocação; mudança de lugar ou de posição 3 circulação de veículos; trânsito 4 evolução de ideias; agitação política 5 alteração; mudança 6 estímulo; impulso interior 7 animação; dinamismo 8 MECÂNICA (veículo automóvel) velocidade que é engrenada no sistema de transmissão do veículo através da caixa de velocidades 9 MÚSICA andamento 10 ECONOMIA compras e vendas de um estabelecimento comercial 11 FILOSOFIA passagem da potência ao ato 12 MILITAR deslocamento de tropas que utilizam os seus meios orgânicos de transporte ou outros recebidos de reforço 13 ⇒ **marcha**; *quantidade de ~* FÍSICA produto da massa pela velocidade (De *mover+-mento*)
móvito *n.m.* 1 parto prematuro 2 aborto (Do lat. vulg. **movĭtu-*, por *motu-*, «posto em movimento»)
movível *adj.2g.* que se pode mover; móvel (De *mover+-vel*)
moxa *n.f.* 1 MEDICINA mecha de algodão ou cotão, que na medicina tradicional chinesa é aplicada acesa sobre a pele, para a cauterizar 2 MEDICINA pequeno cone composto de plantas ou de folhas de artemísia, usado na técnica de moxibustão (Do jap. *mókusa*, contr. de *moe kusa*, «erva para queimar»)
moxama *n.f.* 1 peixe seco e salgado de conserva 2 tira seca do lombo do atum (Do ár. *muxama'a*, «seco»)
moxamar *v.tr.* secar (peixe) ao fumo, tornando-o moxama (De *moxama+-ar*)
moxameiro *n.m.* 1 aquele que prepara ou vende moxama 2 local onde é preparada a moxama (De *moxama+-eiro*)
moxara *n.f.* gratificação estipulada
moxibustão *n.f.* prática da medicina tradicional chinesa de aplicar moxas em determinados pontos do corpo (Do ing. *moxibustion*, «id.»)
moxinifada *n.f.* 1 salsada; mixórdia; miscelânea 2 embrulhada; trapalhada 3 comida mal preparada; mistela 4 discurso mal preparado e confuso
mozarela *n.m./f.* queijo de origem italiana, macio e esbranquiçado, apresentado em fatias arredondadas, que deve ser consumido fresco, em preparações culinárias ou como sobremesa (Do it. *mozzarella*, «id.»)
mozartiano *adj.* relativo ao compositor austríaco Wolfgang Amadeus Mozart (1756-1791) ou à sua obra (De *Mozart*, antr. *+-iano*)
mozeta /ê/ *n.f.* murça de cónego ou de prelado (Do it. *mozzetta*, «id.»)
mozzarella *n.m./f.* ⇒ **mozarela**

mu^1 *n.m.* (feminino **mua**) mulo; muar (Do lat. *mulu-*, «macho»)
mu^2 *n.m.* ⇒ **mi**^{3} (Do gr. *my*, «mi»)
mua *n.f.* (masculino **mu**) ⇒ **mula** 1
muamba^1 *n.f.* 1 [Brasil] canastra para transporte de mercadorias 2 [Brasil] produto contrabandeado; contrabando 3 [Brasil] compra e venda de objetos roubados; negócio ilegal 4 [Brasil] fraude (Do quimb. *muhamba*, «carga»)
muamba^2 *n.f.* [Angola] CULINÁRIA guisado de galinha ou carne de vaca ou peixe, temperado com sal, alho e jindungo, e ao qual se adicionam dendês, sendo servido com pirão ou funje (Do quimb. *muamba*, «id.», a partir de *kuambuka*, «desmaiar», pelo tom do óleo)
muambeiro *n.m.* 1 [Brasil] [coloq.] candongueiro 2 [Brasil] [coloq.] trapaceiro (De *muamba+-eiro*)
muana *n.2g.* [Moçambique] criança (Do macua *mwàna*, «filho(a), criança»)
muar *adj.2g.* que é da raça dos mus ■ *n.m.* ZOOLOGIA animal, híbrido de burro e égua, ou de cavalo e burra (Do lat. *mulāre*, «relativo ao macho»)
muave *n.m.* 1 BOTÂNICA planta venenosa, africana, da família das Leguminosas, usada pelos indígenas em provas judiciais chamadas ordálios 2 veneno dessa planta
mubafo *n.m.* 1 [Angola] árvore de grande porte, cujo tronco ultrapassa um metro de diâmetro 2 [Angola] resina desta árvore usada como inseticida, perfumante e medicamento 3 [São Tomé e Príncipe] resina do safuzeiro, importante na medicina tradicional (Do quimb. *mubafu*, «id.», de *kubafuka*, «cair, de buraco»)
mucama *n.f.* ⇒ **macuma** (Do quimb. *mu'kama*, «concubina escrava»)
mucanda^1 *n.f.* [Angola] carta; mensagem escrita; livro (Do quimb. *mukanda*, «pele», por semelhança com o pergaminho)
mucanda^2 *n.f.* 1 [Angola] recinto da circuncisão 2 [Angola] rito da circuncisão (Do quicongo e chócue *mu nkanda*, «no recinto da circuncisão; corte da pele»)
mucano *n.m.* [Angola] culpa; condenação (Do quimb. *mukanu*, «id.»)
mucedíneo *adj.* relativo a bolor ou às mucoráceas (Do lat. *mucīdu-*, «bolorento» +-*íneo*)
muchacharia *n.f.* [coloq.] bando de muchachos ou de muchachas (De *muchacho+-aria*)
muchacho *n.m.* 1 [coloq.] rapaz; moço 2 [Brasil] pau em que descansa o cabeçalho da carreta 3 [regionalismo] aparelho para tirar dos tonéis o vinho quando este já não chega à torneira (Do cast. *muchacho*, «rapaz»)
muchão *n.m.* ZOOLOGIA mosquito hematófago, também chamado trombeteiro (Do lat. *mustiōne-*, «mosquito do mosto»)
mucharra *n.f.* ICTIOLOGIA nome vulgar por que também é conhecido um sargo (peixe); sefia
muche *n.f.* zona central de um alvo de tiro; *acertar na ~* atingir o objetivo procurado (Do fr. *mouche*)
muchém *n.m.* nome que, na África, se dá à formiga-branca (salalé) ou aos seus montículos (morros de salalé)
muciforme *adj.2g.* que tem o aspeto de muco (Do lat. *mucu-*, «muco» +*forma-*, «forma»)
mucilagem *n.f.* 1 substância gomosa que se encontra em quase todos os vegetais 2 líquido gomoso (Do lat. *mucilagĭne-*, «mucosidade»)
mucilaginoso /ô/ *adj.* (vegetal) que contém mucilagem (Do lat. *mucilagĭno-*, «mucilaginoso» +-*oso*)
mucina *n.f.* BIOQUÍMICA substância mucilaginosa que se encontra no muco e noutros produtos vegetais, na urina e na bílis, e funciona como antisséptico fraco que protege as mucosas contra os agentes microbianos (Do lat. *mucu-*, «muco» +-*ina*)
mucíparo *adj.* que segrega muco (Do lat. *mucu-*, «muco» +*parĕre*, «produzir»)
mucívoro *adj.* que se alimenta de mucosidades (Do lat. *mucu-*, «muco» +*vorāre*, «devorar»)
muco *n.m.* 1 secreção viscosa das mucosas; mucosidade 2 [fig.] líquido viscoso e relativamente espesso 3 BOTÂNICA árvore da família das Malváceas (Do lat. **muccu-*, por *mucu-*, «id.»)
mucoco /ô/ *n.m.* BOTÂNICA ⇒ **mucuco** 2
mucocutâneo *adj.* que diz respeito à mucosa e à cútis (De *muco[sa]+cutâneo*)
mucoide *adj.2g.* que tem a aparência de muco (Do lat. *mucu-*, «muco»+gr. *eîdos*, «forma»)
mucóide ver nova grafia **mucoide**
mucolo /ô/ *n.m.* [Angola] corda (Do quimb. *mukolo*, «id.»)
mucombe *n.2g.* [Angola] varredor (Do quimb. *mukombe*, «id.»)
mucongo *n.m.* [Angola] caçador (Do quimb. *mukongo* ou do quicongo *nkongo*, «id.»)
mucopurulento *adj.* que tem muco e pus (De *muco+purulento*)

mucorácea n.f. espécime das Mucoráceas
Mucoráceas n.f.pl. família de fungos ficomicetes chamados vulgarmente bolores (Do lat. *mucŏre-*, «bolor» +*-áceas*)
mucosa n.f. membrana que reveste cavidades existentes nos órgãos animais, e que estão em comunicação com o exterior (De *mucoso*)
mucosidade n.f. 1 qualidade do que é mucoso 2 viscosidade 3 muco (De *mucoso+-i-+-dade*)
mucoso /ô/ adj. 1 relativo ou semelhante a muco 2 que tem muco 3 viscoso (Do lat. *mucōsu-*, «id.»)
mucosseroso adj. que é formado de muco e serosidade (De *muco+seroso*)
mucrão n.m. 1 BOTÂNICA ponta curta e aguçada por que terminam vários tipos de folha 2 aguilhão (Do lat. *mucrōne-*, «id.»)
mucronado adj. que apresenta mucrão; que termina em ponta curta e aguçada (Do lat. *mucronātu-*, «que termina em ponta»)
múcua n.f. [Angola] BOTÂNICA fruto do embondeiro, cujas sementes, envolvidas por uma massa feculenta e ácida, se usam para fazer refrigerantes e têm propriedades laxativas (Do quimb. *múkua*, «id.», de *kukuua*, «evacuar»)
mucuco n.m. 1 ORNITOLOGIA nome vulgar extensivo a algumas aves africanas afins dos cucos 2 BOTÂNICA planta arbórea, africana, da família das Moráceas; mucoco (De orig. obsc.)
muçulmanismo n.m. RELIGIÃO ⇒ **islamismo** (De *muçulmano+-ismo*)
muçulmano n.m. RELIGIÃO seguidor da religião islâmica ■ adj. RELIGIÃO relativo ao muçulmanismo ou aos adeptos de Maomé, fundador do islamismo (571-632); maometano; islamita (Do ár. *muslim*, «resignado», pelo turc. *muslimán*, «id.»)
mucume n.m. [Moçambique] capulana grande para cobertura de todo o corpo (Do macua *mukhumi*, «id.»)
mucunda n.f. [Angola] conjunto de localidades correspondente a uma freguesia (Do humbe *omukunda*, «id.»)
mucunha n.f. [Moçambique] indivíduo de raça branca (Do macua *mukunha*, «variedade de abóbora branca»)
muda n.f. 1 ato ou efeito de mudar; mudança 2 deslocação de uma habitação para outra 3 substituição dos animais de tração, em jornadas longas 4 roupa para mudar 5 ZOOLOGIA renovação das penas, do pelo, da couraça, etc. (Deriv. regr. de *mudar*)
mudadiço adj. que muda frequentemente; mutável (De *mudar+-diço*)
mudado adj. 1 transformado 2 diferente 3 deslocado (Part. pass. de *mudar*)
mudador adj.,n.m. que ou aquele que muda ou produz mudança (Do lat. *mutatōre-*, «id.»)
mudamente adv. 1 sem palavras 2 em silêncio 3 sem ruído (De *mudo+-mente*)
mudança n.f. 1 ato ou efeito de mudar; muda 2 movimento de um lugar (país, região, residência, etc.) para outro; deslocação 3 modificação; transformação; alteração 4 colocação de algo ou alguém no lugar de outro; troca; substituição 5 transformação decorrente de um fenómeno; variação 6 (veículo automóvel) engrenagem que permite a alteração de marcha e velocidade (De *mudar+-ança*)
mudar v.tr. 1 levar de um lugar para outro; deslocar 2 dispor de outro modo 3 modificar; alterar; transformar 4 dar outra direção a; desviar 5 substituir (uma coisa por outra) 6 renovar ■ v.intr. 1 variar de habitação, de penas, de pelo, de pele, etc. 2 tomar outro aspeto 3 seguir nova direção 4 variar de comportamento, de génio, etc. ■ v.pron. 1 transferir-se para outro lugar 2 trocar de roupa; *~ a água às azeitonas* [coloq.] urinar; *~ de cor* enrubescer ou empalidecer; *~ de estado* [ant.] casar-se; *~ de vida* perder os hábitos anteriores (Do lat. *mutāre*, «id.»)
mudável adj.2g. 1 que se pode mudar; móvel 2 sujeito a mudança 3 volúvel (Do lat. *mutabĭle-*, «id.»)
mudéjar adj.2g. 1 relativo aos indivíduos árabes que, depois da reconquista cristã, ficaram na Península Ibérica e se conservaram muçulmanos 2 mourisco ■ n.2g. indivíduo árabe que, depois da reconquista cristã, ficou na Península Ibérica e se conservou muçulmano ■ n.m. 1 ARQUITETURA estilo caracterizado por ornatos de linhas retas e entrelaçadas 2 ornato com estas características (Do ár. *mudajjam*, «autorizado a ficar», pelo cast. *mudéjar*, «id.»)
mudejarismo n.m. predileção pela arquitetura mudéjar (De *mudéjar+-ismo*)
mudez /ê/ n.f. 1 qualidade ou estado de quem é mudo; impossibilidade física de falar 2 recusa de usar palavras 3 ausência de palavras 4 silêncio 5 quietação (De *mudo+-ez*)

mudo adj. 1 temporariamente privado do uso da fala, geralmente devido a uma forte emoção 2 que se manifesta sem recorrer às palavras 3 que se manifesta sem recorrer às palavras 4 diz-se do cinema que não apresenta som gravado 5 calado; silencioso 6 designativo do som que não se pronuncia ■ n.m. pessoa que não tem ou perdeu a capacidade de falar (Do lat. *mutu-*, «id.»)
muela n.f. BOTÂNICA árvore leguminosa de São Tomé
muemar v.intr. [Angola] sorrir (Do quimb. *muémua*, «id.»)
muenar v.tr. 1 [Angola] aproveitar 2 [Angola] mendigar (Do quicongo *muena*, «id.»)
muende n.2g. [Angola] caminhante; caminheiro (Do quimb. *muendi*, «id.»)
muesli n.m. mistura de flocos de cereais e frutos secos a que geralmente se junta leite ou iogurte (Do al. *Müsli*, «id.»)
muezim n.m. mouro que, do alto dos minaretes, cinco vezes por dia, chama os crentes à oração; almocadem (Do ár. *mo'adhdhin*, «que chama para a oração», pelo fr. *muezzin*, «id.»)
mufana n.m. [Moçambique] criança (Do ronga *mu-fana*, «rapaz; moço»)
mufete /ê/ n.m. [Angola] CULINÁRIA prato típico, preparado com peixe com escamas e tripas, assado na brasa com limão e jindungo (Do quimb. *mufete*, «id.», de *mufetela*, «segredar», alusão ao ruído de assar)
muffin n.m. pequeno bolo em forma de queque, geralmente com frutos secos (Do ing. *muffin*, «id.»)
mufito n.m. [Angola] área acima dos areais, não inundável e com aptidão agrícola (Do cuanhama *omufitu*, «id.»)
mufla¹ n.f. ornato em forma de focinho (Do fr. *mufle*, «focinho»)
mufla² n.f. 1 vaso de barro para levar ao fogo certos corpos sem que a chama os toste 2 forno metálico para cozer barro, em cerâmica artística 3 cobertura com alguns furos, usada em certas forjas (Do fr. *moufle*, «id.»)
muflão n.m. ZOOLOGIA nome vulgar extensivo a uns mamíferos artiodáctilos, da família dos Bovídeos, possuidores de grandes chifres, existentes em todos os continentes (Do it. *muflone*, «id.», pelo fr. *mouflon*, «cabrito-montês»)
muflo n.m. ZOOLOGIA ⇒ **muflão**
mufti n.m. 1 nome dado aos doutores mais categorizados da lei do Alcorão, no Próximo e Médio Oriente 2 intérprete da lei muçulmana (Do ár. *muftí*, «id.»)
mufundiça n.m. [Moçambique] pastor (Do changana *mùfundhìsa*, «id.»)
mufuneza /ê/ n.f. [Guiné-Bissau] azar; desgraça (Do crioulo guineense *mufunèsa*, «id.», do termo *acr. mofineza*)
muge n.f. ICTIOLOGIA nome vulgar de peixes teleósteos, da família dos Mugilídeos, muito apreciados, e também conhecidos por bicudo, fataca, garranto, garrento, liça, mugem, mugueira, tainha, etc. (Do lat. *mugĭle-*, «id.», pelo prov. *muge*, «id.»)
mugeiro n.m. ORNITOLOGIA nome vulgar por que também é conhecida a águia-pesqueira, por ser o muge uma das suas pescas preferidas (De *muge+-eiro*)
mugem n.f. ICTIOLOGIA ⇒ **muge**
mugido n.m. 1 voz dos animais bovídeos 2 bramido (Do lat. *mugītu-*, «mugido»)
mugidor adj.,n.m. que ou o que solta mugidos (Do lat. *mugitōre-*, «id.»)
mugílida n.m. ICTIOLOGIA ⇒ **mugilídeo**
Mugílidas n.m.pl. ICTIOLOGIA ⇒ **Mugilídeos**
mugilídeo adj. ICTIOLOGIA relativo ou pertencente aos Mugilídeos ■ n.m. ICTIOLOGIA espécime dos Mugilídeos
Mugilídeos n.m.pl. ICTIOLOGIA família de peixes acantopterígios, que tem por tipo o género *Mugil*, a que pertence o muge (Do lat. *mugĭle-*, «muge» +*-ídeos*)
mugir v.intr. 1 emitir a sua voz característica (animal bovídeo); soltar mugidos 2 bramir 3 estrondear; retumbar (Do lat. *mugīre*, «id.»)
mugre n.m. ferrugem ou sujidade que o uso dá aos metais (Do cast. *mugre*, «id.»)
mugueira n.f. ICTIOLOGIA ⇒ **tainha**
mui¹ adv. [arc.] forma apocopada de *muito*
mui² n.m. espécie de ameixa de Macau
muito det.indef. >quant. exist.^DT ,pron.indef. em grande número ou quantidade ■ adv. 1 em grande quantidade 2 com intensidade 3 em excesso 4 frequentemente ■ n.m. grande quantidade (Do lat. *multu-*, «id.»)
mujimbo n.m. [Angola] notícia; zunzum; boato (Do quimb. *mujimbu*, «id.»)
mujimbuíce n.f. [Angola] interesse pelas pequenas notícias; coscuvilhice; murmuração (De *mujimbo*)

mujique *n.m.* camponês russo (Do russo *muznik*, «camponês», pelo fr. *moujik*, «id.»)

mula *n.f.* 1 ZOOLOGIA fêmea de mulo 2 monte de sal em forma de prisma triangular 3 ORNITOLOGIA ⇒ **galispo** 2 4 [vulg.] bubão inguinal de origem venérea 5 [fig.] pessoa teimosa ▪ *adj.2g.* 1 manhoso; esperto 2 teimoso (Do lat. *mula-*, «mula»)

mulada *n.f.* manada de mulas (De *mula*+*-ada*)

muladar *n.m.* 1 esterqueira; monturo 2 lugar onde se enterram animais mortos 3 [fig.] tudo o que suja ou enodoa (De *muradal*, com met.)

mulala *n.f.* [Moçambique] BOTÂNICA arbusto cuja raiz é usada para limpar os dentes e avermelhar os lábios (Do changana *mulala*, «id.»)

mulataria *n.f.* 1 grupo de mulatos 2 os mulatos (De *mulato*+*-aria*)

mulatinho *n.m.* mulato jovem ▪ *adj.* diz-se de uma variedade de feijão-preto (De *mulato*+*-inho*)

mulato *n.m.* 1 pessoa descendente de pai branco e mãe negra ou de mãe branca e pai negro 2 [fig.] homem muito moreno ▪ *adj.* 1 designativo de pessoa descendente de pai branco e mãe negra ou de mãe branca e pai negro 2 [regionalismo] designativo de uma variedade de pêssegos, de uma casta de figos e de uma variedade de batata (De *mulo* [= híbrido]+*-ato*)

mulemba *n.f.* [Angola] BOTÂNICA árvore da família das Moráceas, de elevado porte e copa volumosa muito ramificada, considerada a árvore da realeza angolana, pois à sua sombra se reuniam os chefes das tribos (Do quimb. *mulemba*, a partir de *kulemba*, «escurecer»)

mulembare *n.m.* BOTÂNICA árvore de Angola

muleta /ê/ *n.f.* 1 haste metálica que, na extremidade superior, tem uma base almofadada adaptada à axila ou um encosto ajustado ao antebraço e um suporte para a mão, e que é usada como apoio por pessoas que não conseguem andar normalmente 2 [fig.] apoio; suporte; auxílio 3 manivela de realejo 4 TAUROMAQUIA pano vermelho suspenso de uma vara de cerca de 50 cm (pau da muleta) ou do estoque, que o matador empunha para lidar o touro na terceira e última parte da tourada 5 NÁUTICA pequena embarcação de vela usada na pesca de arrasto, no rio Tejo (Do cast. *muleta*, «id.»)

muletada¹ *n.f.* pancada com muleta (De *muleta*+*-ada*)

muletada² *n.f.* récua de muares (Do cast. *muletada*, «id.»)

muleteiro *n.m.* 1 arrieiro de muares 2 burro de cobrição de éguas para a produção de mus (Do fr. *muletier*, «id.»)

muletim *n.m.* NÁUTICA pequena vela de muleta (embarcação) (De *muleta*+*-im*)

mulher *n.f.* 1 pessoa adulta do sexo feminino; pessoa do sexo feminino depois da puberdade 2 mulher em relação à pessoa com quem está casada; cônjuge do sexo feminino; esposa 3 [coloq.] companheira; namorada; amante 4 conjunto das pessoas do sexo feminino 5 espécie de jogo popular; ~ *de má vida* [pej.] prostituta; ~ *de virtude* bruxa, feiticeira (Do lat. *muliĕre-*, «mulher»)

mulheraça *n.f.* [coloq.] mulher alta, corpulenta e vistosa (De *mulher*+*-aça*)

mulher-a-dias ver nova grafia **mulher a dias**

mulher a dias *n.f.* mulher que se encarrega de serviços domésticos, não pernoita na casa onde exerce a sua atividade e recebe um salário por cada dia ou hora de trabalho

mulherão *n.m.* [coloq.] ⇒ **mulheraça** (De *mulher*+*-ão*)

mulherengo *adj.,n.m.* 1 que ou o que é muito dado a mulheres; que ou o que anda sempre metido com mulheres 2 [pej.] que ou o que tem ocupações consideradas femininas; efeminado (De *mulher*+*-engo*)

mulher-homem *n.f.* [depr.] mulher de aspeto varonil e modos geralmente associados ao homem; virago

mulhericas *n.m.2n.* [depr.] ⇒ **maricas** *adj.inv., n.m.2n.* (De *mulher*+*-icas*)

mulherico *adj.* [pop., depr.] efeminado; fraco (De *mulher*+*-ico*)

mulheril *adj.2g.* que se refere ou pertence a mulher; feminil (De *mulher*+*-il*)

mulherinha *n.f.* 1 mulher pequena 2 rapariga que, pelo seu desenvolvimento físico, parece já uma mulher 3 [pej.] bisbilhoteira 4 [pej.] mulher de má nota (De *mulher*+*-inha*)

mulherio *n.m.* 1 grande quantidade de mulheres 2 as mulheres (De *mulher*+*-io*)

mulher-polícia *n.f.* agente policial do sexo feminino (De *mulher*+*polícia*)

mulherum *n.m.* [regionalismo] ⇒ **mulherio** (De *mulher*+*-um*)

mülleriano *adj.* relativo a uma espécie de mimetismo em que várias espécies impalatáveis tóxicas se assemelham (De *Müller*+*-iano*)

mulo *n.m.* ZOOLOGIA animal (híbrido) do sexo masculino, proveniente do cruzamento de jumento com égua ou de cavalo com jumenta; mu; macho (Do lat. *mulu-*, «macho»)

mulso *n.m.* ⇒ **hidromel** (Do lat. *mulsu-*, «misturado com mel», part. pass. de *mulcēre*, «acariciar; adoçar; suavizar»)

multa *n.f.* 1 ato ou efeito de multar 2 pena pecuniária; coima 3 qualquer pena ou condenação (Do lat. *multa-*, «id.»)

multangular *adj.2g.* que tem muitos ângulos (geralmente mais de quatro); multiangular (Do lat. *multu-*, «muito» +*angular*)

multar *v.tr.* 1 aplicar multa a 2 condenar em multa (Do lat. *multāre*, «id.»)

multi- elemento de formação de palavras que exprime a ideia de *muito*, *muitas vezes* (Do lat. *multu-*, «id.»)

multiangular *adj.2g.* ⇒ **multangular** (De *multi-*+*angular*)

multiatómico *adj.* formado por vários átomos, todos iguais ou não (De *multi-*+*atómico*)

multiaxífero /cs/ *adj.* que tem muitos eixos (De *multi-*+*axífero*)

multibanco *n.m.* designação genérica de um sistema interbancário que disponibiliza diversos serviços, tais como o levantamento de dinheiro e a realização de vários movimentos de conta, mediante a introdução de um cartão magnético, com código, que dá acesso à conta do titular

multicâmara *n.f.* sistema de filmagem com a utilização de diversas câmaras em simultâneo (De *multi-*+*câmara*)

multicapsular *adj.2g.* BOTÂNICA (fruto) que tem muitas cápsulas (De *multi-*+*capsular*)

multicarpelar *adj.2g.* ⇒ **policárpico** 3 (De *multi-*+*carpelar*)

multicaule *adj.2g.* BOTÂNICA (vegetal) de cuja raiz saem muitos caules (De *multi-*+*caule*)

multicelular *adj.2g.* BIOLOGIA que tem muitas células; pluricelular; policelular (De *multi-*+*celular*)

multicolor *adj.2g.* que apresenta muitas cores; multicor (Do lat. *multicolōre-*, «id.»)

multicolorido *adj.* que tem muitas cores (Part. pass. de *multicolorir*)

multicolorir *v.tr.* 1 dar muitas cores a 2 matizar (De *multicolor*+*-ir*)

multicor *adj.2g.* ⇒ **multicolor** (Do lat. *multicolōre-*, «id.»)

multicultor *adj.,n.m.* que ou aquele que se dedica a várias culturas (De *multi-*+*cultor*)

multicultural *adj.2g.* 1 pertencente ou relativo a várias culturas simultaneamente 2 constituído por vários grupos culturais distintos

multiculturalidade *n.f.* qualidade do que é multicultural

multiculturalismo *n.m.* coexistência de várias culturas diferentes num mesmo país ou numa mesma zona (De *multicultural*+*-ismo*)

multicúspide *adj.2g.* que tem muitas cúspides (pontas) (De *multi-*+*cúspide*)

multidão *n.f.* 1 grande número de pessoas ou coisas; grupo numeroso 2 grande número; montão 3 abundância 4 povo; população; turba (Do lat. *multitudĭne-*, «id.»)

multidigitado *adj.* 1 que possui muitos dedos ou prolongamentos digitiformes 2 BOTÂNICA (órgão vegetal) que apresenta vários recortes em forma de dedos (De *multi-*+*digitado*)

multidimensional *adj.2g.* 1 que tem mais de três dimensões 2 que apresenta várias facetas ou aspetos; multifacetado; complexo 3 que deve ser considerado de vários pontos de vista

multidimensionalidade *n.f.* 1 qualidade do que tem mais de três dimensões 2 multiplicidade de aspetos a considerar 3 complexidade

multidireccional ver nova grafia **multidirecional**

multidirecional *adj.2g.* 1 que atua ou funciona em várias direções 2 que lida com diferentes aspetos de algo 3 que tem diversos objetivos

multidisciplinar *adj.2g.* 1 relativo ou pertencente a várias disciplinas 2 que abrange várias disciplinas

multidisciplinaridade *n.f.* qualidade ou condição do que é multidisciplinar

multietnicidade *n.f.* coexistência de diversas etnias no mesmo local ou país

multiétnico *adj.* 1 relativo ou pertencente a várias etnias 2 que abrange várias etnias

multiface *adj.2g.* 1 que tem muitas faces ou muitos aspetos 2 que se aplica a vários assuntos (De *multi-*+*face*)

multifacetado *adj.* que apresenta várias facetas ou aspetos; multidimensional (De *multi-*+*facetado*)

multifário *adj.* 1 de vários aspetos 2 que se apresenta sob vários aspetos ou modos 3 variado (Do lat. *multifarĭu-*, «id.»)

multífero *adj.* 1 que produz muito; fértil; fecundo 2 multíparo (Do lat. *multifĕru-*, «id.»)

multífido *adj.* 1 fendido em muitas partes 2 multilobado (Do lat. *multifĭdu-*, «id.»)

multifloro *adj.* BOTÂNICA que tem ou produz muitas flores (Do lat. *multiflŏru-*, «id.»)
multifluo *adj.* que flui ou corre com abundância (Do lat. *multiflŭu-*, «id.»)
multifoliado *adj.* BOTÂNICA que tem muitos folíolos (De *multi-+foliado*)
multiforme *adj.2g.* que se apresenta sob muitas formas ou aspetos (Do lat. *multiforme-*, «id.»)
multifunção *adj.inv.* ⇒ **multifunções** (De *multi-+função*)
multifunções *adj.inv.* designativo dos aparelhos ou equipamentos que reúnem várias funções (De *multi-+funções*)
multifuro *adj.inv.* com muitos furos (De *multi-+furo*)
multígeno *adj.* que abrange muitos géneros ou espécies (Do lat. *multigĕnu-*, «id.»)
multijogador *adj.inv.* (jogo de computador) em que podem jogar várias pessoas
multilateral *adj.2g.* 1 que se realiza com a intervenção de várias partes (instituições, países, etc.) 2 ⇒ **multilátero** (De *multi-+lateral*)
multilateralismo *n.m.* princípio segundo o qual vários países devem cooperar para que sejam alcançados determinados objetivos de interesse comum
multilátero *adj.* GEOMETRIA (figura) que tem mais de quatro lados (Do lat. *multilatĕru-*, «id.»)
multilingue *adj.2g.* 1 que possui muitas línguas 2 que fala muitas línguas (De *multi-+-lingue*)
multilíngue /gu-e/ *adj.2g.* ⇒ **multilingue**
multilinguismo /gu-i/ *n.m.* 1 coexistência de sistemas linguísticos diferentes (língua, dialeto, etc.) numa comunidade 2 utilização simultânea de várias línguas por uma pessoa ou por um grupo, com idêntica fluência ou com proeminência de uma delas (De *multilíngue+-ismo*)
multilobado *adj.* dividido em muitos lobos ou lóbulos (De *multi-+lobado*)
multilocular *adj.2g.* que possui muitos lóculos ou cavidades; plurilocular (De *multi-+locular*)
multíloquo *adj.* falador; verboso; loquaz; palavroso; que fala muito (Do lat. *multilŏquu-*, «falador»)
multimédia *n.2g.* INFORMÁTICA tecnologia informática de comunicação que combina som e imagem ■ *adj.inv.* INFORMÁTICA que tem as características dessa tecnologia
multímetro *n.m.* ELETRICIDADE instrumento de medida universal, que dá os valores de intensidade de corrente, tensão e resistência elétricas (De *multi-+-metro*)
multimilenário *adj.* 1 que é muitas vezes milenário 2 antiquíssimo (De *multi-+milenário*)
multimilionário *adj.,n.m.* que ou aquele que é muitas vezes milionário; que ou aquele que é muitíssimo rico (De *multi-+milionário*)
multímodo *adj.* que se faz ou apresenta de diversos modos; multifário; vário (Do lat. *multimŏdu-*, «id.»)
multinacional *adj.2g.* 1 que diz respeito a vários países 2 realizado entre vários países 3 que integra vários países ■ *n.f.* empresa que possui ou controla outras empresas implantadas em vários países, o que lhe permite elaborar uma estratégia à escala internacional; empresa transnacional (De *multi-+nacional*)
multinérveo *adj.* BOTÂNICA (folha) que apresenta nervuras múltiplas (De *multi-+nérveo*)
multinfeção *n.f.* infeção em várias partes do corpo (De *multi-+infecção*)
multinfecção ver nova grafia **multinfeção**
multiparidade *n.f.* qualidade ou condição de multíparo (De *multíparo+-i-+-dade*)
multíparo *adj.* 1 que num só parto dá à luz muitos filhos 2 fecundo 3 que teve já vários partos (De *multi-+-paro*)
multipartidário *adj.* 1 relativo ao multipartidarismo 2 relativo ou pertencente a vários partidos (De *multi-+partidário*)
multipartidarismo *n.m.* POLÍTICA sistema político que admite a existência legal de vários partidos (De *multipartidário+-ismo*)
multipartido *adj.* BOTÂNICA (órgão vegetal) dividido em muitas tiras mais ou menos estreitas (Do lat. *multipartitu-*, «id.»)
multípede *adj.2g.* que tem muitos pés (Do lat. *multipĕde-*, «id.»)
multipétalo *adj.* BOTÂNICA (corola) que tem muitas pétalas; polipétalo (Do lat. *multu-*, «muito»+gr. *pétalon*, «pétala»)
multipistilado *adj.* BOTÂNICA (flor) que tem o gineceu constituído por vários pistilos independentes, e dá, por isso, origem a um fruto múltiplo (De *multi-+pistilo+-ado*)
multiplano *n.m.* AERONÁUTICA aeroplano que tem muitas superfícies de sustentação, sobrepostas e escalonadas (De *multi-+plano*)

multiplataforma *adj.inv.* INFORMÁTICA diz-se de um programa que pode correr em mais de uma plataforma (De *multi-+plataforma*)
multiplexador /cs/ *n.m.* INFORMÁTICA unidade funcional que torna possível que muitos sinais diferentes entrem e saiam do computador pelo mesmo meio de transmissão (Do ing. *multiplexor*, «id.»)
multiplicação *n.f.* 1 ato ou efeito de multiplicar(-se); reprodução 2 difusão; propagação 3 aumento; crescimento 4 MATEMÁTICA operação aritmética que consiste em repetir um número (multiplicando) tantas vezes quantas são as unidades de outro número (multiplicador) para achar um terceiro número, que se denomina o produto dos dois (Do lat. *multiplicatiōne-*, «id.»)
multiplicador *adj.* que multiplica ■ *n.m.* 1 vidro que reproduz várias imagens do mesmo objeto 2 MATEMÁTICA número que indica as vezes que outro número (multiplicando) se há de repetir; coeficiente (Do lat. *multiplicatōre-*, «id.»)
multiplicando *adj.* que deve ser multiplicado ■ *n.m.* MATEMÁTICA número que, na multiplicação, se repete, como parcela, tantas vezes quantas as unidades do multiplicador (Do lat. *multiplicandu-*, «id.», ger. de *multiplicāre*, «multiplicar»)
multiplicar *v.tr.,pron.* 1 aumentar em número ou quantidade; (fazer) crescer 2 tornar(-se) mais intenso; intensificar(-se) ■ *v.tr.,intr.* MATEMÁTICA efetuar a operação da multiplicação ■ *v.pron.* 1 reproduzir-se; propagar-se 2 fazer muitas coisas ao mesmo tempo; desdobrar-se (Do lat. *multiplicāre*, «id.»)
multiplicativo *adj.* 1 que multiplica ou serve para multiplicar 2 (numeral) que indica multiplicação (Do lat. *multiplicativu-*, «id.»)
multiplicável *adj.2g.* que pode ser multiplicado (Do lat. *multiplicabĭle-*, «id.»)
multíplice *adj.2g.* 1 que não é único; múltiplo 2 numeroso 3 variado 4 complexo (Do lat. *multiplĭce-*, «id.»)
multiplicidade *n.f.* 1 qualidade de multíplice 2 número considerável 3 abundância 4 variedade; *grau de ~ de um fator primo* MATEMÁTICA expoente que esse fator apresenta na decomposição de um número em fatores primos (Do lat. *multiplicitāte-*, «id.»)
múltiplo *adj.* 1 que não é simples ou único 2 que implica ou inclui diferentes elementos 3 GEOMETRIA diz-se do ponto comum por onde passam vários ramos da mesma curva 4 BOTÂNICA (fruto) formado de muitos carpelos isolados 5 MATEMÁTICA diz-se do número que contém outro duas ou mais vezes exatamente ■ *n.m.* MATEMÁTICA número que contém outro duas ou mais vezes exatamente; *~ de um número* produto desse número (inteiro) por outro número inteiro (os múltiplos de 0 são iguais a 0); *eco ~* FÍSICA eco que se repete muitas vezes; *reflexão múltipla* FÍSICA reflexão da luz e formação de várias imagens quando dois ou mais espelhos refletem a luz várias vezes (Do lat. *multĭplu-*, «id.»)
multipolar *adj.2g.* 1 que tem vários polos 2 (célula nervosa) que tem vários prolongamentos (De *multi-+polar*)
multipontuado *adj.* que tem muitas pintas ou manchas; mosqueado (De *multi-+pontuado*)
multipotente *adj.* 1 que pode muito 2 muito enérgico (Do lat. *multipotente-*, «id.»)
multiprocessador *n.m.* INFORMÁTICA sistema que possui vários processadores, nos quais podem correr simultaneamente um ou mais programas, sendo permitido o processamento em paralelo (Do ing. *multiprocessor*, «id.»)
multiprocessamento *n.m.* INFORMÁTICA modo de exploração que permite o processamento em paralelo por diversos processadores de um multiprocessador (Do ing. *multiprocessing*, «id.»)
multiprogramação *n.f.* INFORMÁTICA modo de operação de um computador que permite a execução intercalada, ou simultânea, de vários programas com um único processador (De *multi-+programação*)
multirracial *adj.2g.* 1 que respeita a várias raças 2 constituído de muitas raças (De *multi-+racial*)
multirracialidade *n.f.* coexistência de diversas raças no mesmo local ou país
multirradiado *adj.* que tem muitos raios (De *multi-+radiado*)
multirradicular *adj.2g.* (dente) que tem raízes múltiplas (De *multu-*, «muito» +*radicŭla*, «raiz» +-*ar*)
multirrisco *adj.inv.,n.m.2n.* diz-se do ou o seguro que contempla vários tipos de riscos (De *multi+risco*)
multisciente *adj.2g.* que sabe muito; erudito (Do lat. *multisciente-*, «id.»)
multíscio *adj.* ⇒ **multisciente** (Do lat. *multiscĭu-*, «id.»)
multissecular *adj.2g.* 1 que tem muitos séculos 2 muito antigo (De *multi-+secular*)
multíssono *adj.* que produz muitos ou variados sons (Do lat. *multisŏnu-*, «id.»)

multitarefa *n.f.* INFORMÁTICA capacidade que um sistema informático tem de executar mais de uma tarefa em simultâneo (Do ing. *multitasking*, «id.»)
multitubular *adj.2g.* 1 que tem vários tubos 2 (caldeira) em que a água é aquecida num grande número de tubos expostos à ação do fogo (De *multi-+tubular*)
multitudinário *adj.* que provém de muitos ou de uma multidão (Do lat. *multitudĭne-*, «multidão» +*ário*)
multiungulado *adj.* ZOOLOGIA (animal) que tem mais de dois cascos em cada pé (De *multi-+ungulado*)
multiúsos *adj.inv.* que pode servir para vários tipos de funções; polivalente (De *multi-+usos*)
multívago *adj.* que vagueia por muitas partes; errante; vagabundo (Do lat. *multivăgu-*, «id.»)
multivalve *adj.2g.* ZOOLOGIA que tem muitas valvas (Do lat. *multu-*, «muito»+*valva-*, «batente de porta»)
multivalvular *adj.2g.* BOTÂNICA que tem muitas válvulas (De *multi-+valvular*)
multivértice *adj.2g.* que tem vários vértices (De *multi-+vértice*)
multívio *adj.* atravessado ou servido por muitos caminhos (Do lat. *multivĭu-*, «id.»)
multivitamínico *adj.* designativo do conjunto de diversas vitaminas, geralmente tomado como suplemento alimentar (De *multi-+vitamínico*)
multívolo *adj.* 1 que deseja muitas coisas ao mesmo tempo 2 ambicioso 3 exigente (Do lat. *multivŏlu-*, «id.»)
mulundo *n.m.* [Angola] morro (Do quimb. *mulundu*, «id.»)
mulungo[1] *n.m.* BOTÂNICA árvore angolana medicinal, da família das Leguminosas (Do quimb. *mu'lūgo*, «id.»)
mulungo[2] *n.m.* [Moçambique] homem branco (Do ronga *mu-lungu*, «id.»)
mulungu *n.m.* BOTÂNICA ⇒ **mulungo**[1]
múmia *n.f.* 1 no antigo Egito, corpo de pessoa ilustre (faraó, sacerdote, etc.) preservado, após a morte, por meio de um processo de utilização de substâncias balsâmicas 2 cadáver embalsamado e conservado por um processo semelhante ao que era usado pelos antigos Egípcios 3 [fig.] pessoa parada, sem iniciativa 4 [fig. pej.] pessoa muito velha e magra (Do ár. *múmai*, «que está em cera»)
mumificação *n.f.* 1 ato ou efeito de mumificar 2 transformação em múmia 3 estado de múmia (De *mumificar+-ção*)
mumificador *adj.,n.m.* que ou aquele que mumifica (De *mumificar+-dor*)
mumificante *adj.2g.* que mumifica (De *mumificar+-ante*)
mumificar *v.tr.* 1 converter em múmia 2 dissecar para embalsamar ■ *v.pron.* 1 tornar-se múmia 2 [fig.] emagrecer; definhar 3 [fig.] petrificar-se; não evoluir; ressequir-se intelectualmente; agarrar-se a ideias e teorias antigas (De *múmia*+lat. *facĕre*, «fazer»)
mumificável *adj.2g.* que pode mumificar-se (De *mumificar+-vel*)
munda[1] *n.f.* [Angola] morro
munda[2] *adj.2g.* relativo ou pertencente aos Mundas ■ *n.2g.* 1 dialeto indiano 2 indivíduo da tribo dos Mundas (Índia)
mundanal *adj.2g.* ⇒ **mundano** (De *mundano+-al*)
mundanalidade *n.f.* ⇒ **mundanidade** (De *mundanal+-i-+-dade*)
mundanário *adj.* ⇒ **mundano** (De *mundano+-ário*)
mundanidade *n.f.* 1 qualidade do que é mundano 2 gosto pelas coisas mundanas (De *mundano+-i-+-dade*)
mundanismo *n.m.* 1 vida mundana 2 preocupação com os prazeres materiais; mundanidade (De *mundano+-ismo*)
mundano *adj.* 1 relativo ao mundo (do ponto de vista material e transitório); profano; temporal 2 dado aos prazeres do mundo 3 não virtuoso 4 diz-se da vida considerada contrária à espiritualidade, que privilegia os prazeres materiais ■ *n.m.* 1 indivíduo que valoriza os prazeres materiais 2 indivíduo que aprecia a vida social (Do lat. *mundānu-*, «id.»)
Mundas *n.m.pl.* ETNOGRAFIA tribo indiana que habita o planalto do Decão, no Sul da Índia, limitado ao norte pela planície do Ganges
mundial *adj.2g.* 1 relativo ao mundo como um todo 2 geral; universal ■ *n.m.* 1 DESPORTO campeonato em que participam equipas de todo o mundo 2 atividade ou evento internacional (Do lat. *mundiăle-*, «id.»)
mundialização *n.f.* 1 inter-relação dos fenómenos de natureza política, económica, tecnológica e cultural dos diversos países do mundo, independentemente das suas fronteiras e diferenças linguísticas, étnicas e outras; globalização 2 processo pelo qual se gera essa inter-relação (De *mundial+-izar-+-ção*)
mundializar *v.tr.* 1 proceder à mundialização de 2 dar uma dimensão mundial a 3 globalizar (De *mundial+-izar*)

mundialmente *adv.* 1 em todo o mundo 2 universalmente 3 geralmente 4 em toda a parte (De *mundial+-mente*)
mundícia *n.f.* 1 qualidade de asseado; limpeza; asseio 2 [fig.] decência (Do lat. *mundĭtĭa-*, «id.»)
mundície *n.f.* ⇒ **mundícia** (Do lat. *mundĭtĭe-*, «id.»)
mundificação *n.f.* 1 ato ou efeito de mundificar ou mundificar-se 2 mundícia (De *mundificar+-ção*)
mundificador *adj.,n.m.* 1 que ou aquele que mundifica 2 purificador (De *mundificar+-dor*)
mundificante *adj.2g.* 1 que mundifica; que limpa 2 (medicamento) que cura (Do lat. *mundificante-*, part. pres. de *mundificāre*, «limpar»)
mundificar *v.tr.* 1 limpar; assear 2 curar 3 [fig.] expurgar; purificar ■ *v.pron.* 1 tornar-se limpo 2 curar-se 3 [fig.] purificar-se (Do lat. *mundificāre*, «id.»)
mundificativo *adj.* ⇒ **mundificante** (De *mundificar+-tivo*)
mundinóvi *n.m.* espécie de câmara ótica (Do it. *mondi nuovi*, «mundos novos», câmara ótica)
mundividência *n.f.* 1 FILOSOFIA visão do mundo; conceção do mundo 2 conceção do mundo que penetra a vida espiritual do Homem 3 ideia geral da organização do cosmos de acordo com as descobertas científicas 4 conjunto de intuições características de um tipo humano ou cultural que condicionam a ciência e, de modo especial, as formas normativas (De *mundo+vidência*)
mundivisão *n.f.* ⇒ **mundividência**
mundo *n.m.* 1 conjunto de tudo quanto existe 2 tudo o que o desejo e a inteligência podem abranger 3 Universo 4 parte do Universo e os seres que nele habitam; Terra 5 género humano 6 planeta ou sistema de planetas 7 multidão; grande quantidade de coisas 8 cada um dos dois grandes continentes: o antigo e o novo 9 vida terrestre 10 classe; categoria social 11 esfera armilar 12 prazeres materiais 13 opinião pública 14 a maioria das pessoas 15 a vida secular, em oposição à vida monástica 16 meio ambiente ■ *adj.* 1 limpo 2 puro; *mundos e fundos* grande quantidade, grande riqueza; *atirar ao ~* abandonar; *correr ~* viajar muito; *enquanto o ~ for ~* durante toda a vida, para sempre; *ir para o outro ~* morrer; *meio mundo* grande quantidade de pessoas; muita gente; *no melhor dos mundos* otimamente, da melhor maneira; *o fim do ~* lugar muito afastado, grande barulho; *o outro ~* a vida futura; *vir ao ~* nascer (Do lat. *mundu-*, «id.»)
mundombe *adj.2g.* [Angola] moreno; escuro (Do quimb. *mundombe*, «id.»)
mundongo *n.m.* ⇒ **mondongo**
mundongueira *n.f.* ⇒ **mondongueira**
mundongueiro *n.m.* ⇒ **mondongueiro**
mundovisão *n.f.* transmissor de imagens de televisão para todo o mundo, via satélite (De *mundo+[tele]visão*)
munerário *n.m.* aquele que promovia espetáculos de gladiadores, entre os Romanos (Do lat. *munerarĭu-*, «id.»)
mungida *n.f.* ⇒ **mungidura** (Part. pass. fem. subst. de *mungir*)
mungidura *n.f.* 1 ato de mungir 2 porção de leite mungido (De *mungir+-dura*)
mungil *n.m.* ⇒ **mongil** *n.m.* (De *monja* ou *monge+-il*)
mungimento *n.m.* ato de mungir; mungidura (De *mungir+-mento*)
mungir *v.tr.* 1 extrair o leite das tetas de; ordenhar 2 espremer 3 [fig.] explorar (Do lat. *mulgĕre*, «id.»)
munha *n.f.* 1 [regionalismo] caruma seca 2 restos de palha miúda que ficam na eira depois de malhado ou debulhado o cereal (De *moinha*)
munhão *n.m.* eixo colocado a meio comprimento da peça de artilharia e que permite que a mesma se possa elevar ou baixar (Do cast. *muñón*, «id.»)
munheca *n.f.* ponto de junção da mão com o braço; pulso (Do cast. *muñeca*, «pulso»)
munhoneira *n.f.* encaixe em que o munhão assenta (Do cast. *muñonera*, «id.»)
munhungo *n.m.* [Angola] vida dissoluta; libertinagem (A partir do quimb. *kunhungujuka*, «rodear»)
múni *n.m.* homem piedoso e sábio, entre os Índios (Do sânsc. *muni*, «id.»)
munição *n.f.* 1 MILITAR provisões necessárias a uma unidade 2 *pl.* pólvora, cartuchos, projéteis 3 *pl.* chumbo miúdo para caçar pássaros; *munições de boca* mantimentos para a tropa, em tempo de guerra (Do lat. *munitĭōne-*, «fortificação»)
municiador *n.m.* soldado encarregado de municiar uma arma automática (De *municiar+-dor*)
municiamento *n.m.* ⇒ **municionamento** (De *municiar+-mento*)
municiar *v.tr.* ⇒ **municionar** (Do lat. *munitio* (nominativo), «munição» +*-ar*)

munício n.m. 1 [coloq.] casqueiro 2 [Brasil] gado que acompanha uma força em marcha, para seu alimento (Do lat. *munitĭo* (nominativo), «munição»)

municionador n.m. ⇒ **municiador** (De *municionar*+*-dor*)

municionamento n.m. 1 ato ou efeito de municionar; municiamento 2 conjunto de munições (De *municionar*+*-mento*)

municionar v.tr. 1 prover de munições 2 abastecer (Do lat. *munitiōne-*, «munição» +*-ar*)

municionário n.m. encarregado de municionar tropas ou uma praça (Do lat. *munitiōne-*, «munição» +*-ário*)

municipal adj.2g. do município ou a ele referente ■ n.m. [pop.] soldado da antiga Guarda Municipal (Do lat. *municipāle-*, «id.»)

municipalidade n.f. 1 conjunto de indivíduos encarregados, por eleição, de gerir os interesses de um município 2 vereação 3 município (De *municipal*+*-i-*+*-dade*)

municipalismo n.m. 1 POLÍTICA sistema político que pretende a maior autonomia possível para os municípios 2 POLÍTICA descentralização da administração pública em favor dos municípios (De *municipal*+*-ismo*)

municipalista adj.2g. referente ao municipalismo ■ n.2g. pessoa adepta do municipalismo (De *municipal*+*-ista*)

municipalização n.f. ato ou efeito de municipalizar (De *municipalizar*+*-ção*)

municipalizar v.tr. 1 pôr a cargo do município 2 transformar (cidade, distrito) em município (De *municipal*+*-izar*)

munícipe adj.2g. do município ■ n.2g. pessoa que habita na área de um município (Do lat. *municĭpe-*, «id.»)

município n.m. 1 circunscrição territorial em que uma vereação exerce a sua jurisdição 2 concelho 3 conjunto dos munícipes 4 HISTÓRIA cidade a que os Romanos concediam o direito de se governar pelas próprias leis (Do lat. *municipĭu-*, «id.»)

munido adj. 1 provido de munições 2 abastecido 3 [fig.] preparado 4 [fig.] dotado (Do lat. *munītu-*, «id.», part. pass. de *munīre*, «fortificar; defender»)

munificência n.f. qualidade ou ato de munificente; magnanimidade; generosidade; liberalidade (Do lat. *munificentĭa-*, «generosidade»)

munificente adj.2g. magnânimo; generoso; liberal (Do lat. *munificente-*, «id.»)

munífico adj. ⇒ **munificente** (Do lat. *munifĭcu-*, «generoso»)

munir v.tr. 1 prover de munições 2 abastecer ■ v.pron. 1 armar-se 2 abastecer-se 3 preparar-se (Do lat. *munīre*, «fortificar»)

munquém n.m. [São Tomé e Príncipe] ORNITOLOGIA ave da família das Columbinas, semelhante à rola, muito vulgar no país (Do forro *munken*, «id.», com orig. no quicongo)

munquir v.intr. 1 [regionalismo] mastigar sem abrir a boca 2 comer pouco e frequentemente (De orig. obsc.)

munto adv. [pop.] ⇒ **muito** (Do lat. *multu-*, «id.»)

múnus n.m.2n. 1 funções obrigatórias exercidas por um indivíduo 2 cargo; ofício; emprego 3 encargo; obrigação (Do lat. *munus*, «cargo»)

mupanda n.f. [Angola] BOTÂNICA árvore africana, da família das Leguminosas, cuja casca é utilizada no curtimento de peles

mupeque n.m. BOTÂNICA árvore africana de cujos frutos se obtém um óleo utilizado para untar o corpo

múpi n.m. expositor geralmente protegido por um vidro, por vezes dotado de iluminação interior e com um motor que permite a rotação de anúncios, que é colocado em pontos bem visíveis, destinando-se a publicidade, mapas e outras informações úteis (Do acrónimo fr. MUPI, de *Mobilier Urbain pour l'Information*, «Mobiliário Urbano Para Informação»)

mupira n.f. [Moçambique] borracha (Do suaíli *mpira*, «árvore da borracha», «borracha», «bola»)

mupondo n.m. BOTÂNICA ⇒ **mupanda**

muque n.m. [Brasil] [coloq.] força muscular; músculo

muqueca n.f. [Angola] CULINÁRIA guisado de peixe com fatias de pão torrado (Do quimb. *mukeka*, «id.»)

muquete n.m. [Brasil] soco; murro

muquirana n.2g. [Brasil] avarento; agarrado (Do tupi *mbiquib*, «piolho da pele» +*-rana*)

mura n.f. (gato) ato de murar (Deriv. regr. de *murar*)

murada n.f. fiada de malhas em toda a largura de uma rede de pesca (De *muro*+*-ada*)

muradal n.m. 1 sítio cheio de entulho 2 montão de caliça (De *murada*+*-al*)

murador adj.,n.m. que ou o gato que é caçador de ratos; *gato farto não é ~* (provérbio) a abundância traz a indolência (De *murar*+*-dor*)

muradouro n.m. estaca arqueada com que os marnotos das salinas da cidade portuguesa de Aveiro abrem as barachas (De *murar*+*-douro*)

mural adj.2g. 1 relativo a muro ou a parede 2 próprio para parede; parietal ■ n.m. 1 pintura, geralmente de grandes dimensões, feita diretamente sobre uma parede ou sobre um muro 2 [Brasil] quadro fixado numa parede para colocação de publicidade, avisos, informações, etc.; quadro mural (Do lat. *murāle*, «id.»)

muralha n.f. 1 muro que guarnece uma fortaleza 2 muro bastante elevado e com alguma espessura; paredão 3 [fig.] aquilo que impede o acesso a algo 4 [fig.] aquilo que funciona como uma forma de defesa (Do lat. *muralĭa*, neut. pl. de *murāle-*, «mural»)

muralhado adj. 1 cercado de muralhas 2 encerrado como se fosse dentro de muralhas 3 fortificado 4 que está bem protegido (Part. pass. de *muralhar*)

muralhar v.tr. 1 cercar de muralhas 2 servir de muralha a 3 defender; proteger (De *muralha*+*-ar*)

muramento n.m. 1 ato ou efeito de murar 2 fortificação 3 muralha (De *murar*+*-mento*)

murar¹ v.tr. 1 guarnecer de muros 2 muralhar 3 defender contra assaltos; fortificar (Do lat. tard. *murāre*, «id.»)

murar² v.tr. (gato) espreitar para caçar (ratos) ■ v.intr. (gato) caçar ratos (Do lat. *mure-*, «rato» +*-ar*)

murário adj. 1 mural 2 formado de muros (De *muro*+*-ário*)

murça n.f. 1 espécie de romeira, de cor vermelha ou purpúrea, que os cónegos e os bispos vestem por cima da sobrepeliz 2 lima com serrilha ou grão fino (Do lat. *muricĕa-*, «de cor púrpura», «cheia de puas»)

murceiro n.m. aquele que fabrica ou vende murças (De *murça*+*-eiro*)

murcha n.f. ato ou efeito de murchar (Deriv. regr. de *murchar*)

murchar v.tr.,intr. 1 tornar(-se) murcho; (fazer) perder o viço 2 (fazer) perder o brilho, a frescura, o vigor, a animação 3 apagar(-se); extinguir(-se) (De *murcho*+*-ar*)

murchecer v.tr.,intr. ⇒ **emurchecer** (De *murcho*+*-ecer*)

murchidão n.f. 1 estado de murcho 2 [fig.] falta de vivacidade ou energia; desalento; *~ do freixo* doença grave dos freixos, causada por um fungo (*Chalara fraxinea*) e que apresenta diversos sintomas, como a morte progressiva dos ramos, a perda anormal de folhas, descoloração da madeira, etc. (De *murcho*+*-idão*)

murcho adj. 1 que perdeu a frescura, a turgidez, a cor, a beleza, a energia, a animação 2 [fig.] triste; desalentado; abatido; caído; desanimado 3 [fig.] apagado (Do lat. *murcĭdu-*, «indolente»)

murchoso adj. BOTÂNICA ⇒ **marcescente**

murciana adj. BOTÂNICA diz-se de uma variedade de couve oriunda de Múrcia, cidade do Sul da Espanha ■ n.f. BOTÂNICA variedade de couve oriunda de Múrcia (De *murciano*)

murciano adj. relativo a Múrcia, cidade do Sul da Espanha ■ n.m. 1 natural ou habitante de Múrcia 2 [fig.] boémio 3 [fig.] vadio (De *Múrcia*, top. +*-ano*)

mureira n.f. monte de estrume, geralmente junto de um muro; montureira (De *muro*+*-eira*)

murénida n.m. ICTIOLOGIA ⇒ **murenídeo**

Murénidas n.m.pl. ICTIOLOGIA ⇒ **Murenídeos**

murenídeo adj. ICTIOLOGIA relativo ou pertencente aos Murenídeos ■ n.m. ICTIOLOGIA espécime dos Murenídeos

Murenídeos n.m.pl. ICTIOLOGIA família de peixes teleósteos a que pertence a moreia (Do lat. *muraena-* ou *murēna-*, «moreia» +*-ídeos*)

murete /ê/ n.m. muro baixo que serve para vedação, suporte ou proteção (De *muro*+*-ete*)

murfela n.f. ORNITOLOGIA ⇒ **melro-azul** (De orig. obsc.)

murganho n.m. 1 ZOOLOGIA ⇒ **musaranho** 2 [regionalismo] criança pouco desenvolvida (Do lat. **muricanĕu-*, de **murĭcu-*, de *mus, muris*, «rato»)

múria n.f. 1 salmoura feita do pingo do atum 2 água que fica depois da cristalização do sal (Do lat. *murĭa-*, «salmoira»)

muriático adj. QUÍMICA [ant.] ⇒ **clorídrico** (Do lat. *muriatĭcu-*, «de salmoura»)

múrice n.m. ZOOLOGIA molusco gastrópode marinho, da família dos Muricídeos, do qual os antigos extraíam a púrpura (Do lat. *murĭce*, «múrice», molusco de que se extrai a púrpura)

muricida adj.2g. que serve para matar ratos ■ n.m. veneno para matar ratos; raticida; mata-ratos (Do lat. *mure-*, «rato» +*caedĕre*, «matar»)

murícida n.m. ZOOLOGIA ⇒ **muricídeo**

Murícidas n.m.pl. ZOOLOGIA ⇒ **Muricídeos**

muricídeo adj. ZOOLOGIA relativo ou pertencente aos Muricídeos ■ n.m. ZOOLOGIA espécime dos Muricídeos

Muricídeos

Muricídeos n.m.pl. ZOOLOGIA família de moluscos gastrópodes, do género-tipo *Murex*, a que pertence o múrice, que segrega uma tinta a partir da qual os fenícios produziam púrpura (Do lat. *murīce-*, «múrice» +-*ídeos*)

muriçoca n.f. [Brasil] mosquito (Do tupi *muri'soka*)

murícola adj.2g. BOTÂNICA (planta) que vive nos muros (Do lat. *muru-*, «muro» +*colĕre*, «habitar»)

múrida n.m. ZOOLOGIA ⇒ **murídeo**

Múridas n.m.pl. ZOOLOGIA ⇒ **Murídeos**

murídeo adj. ZOOLOGIA relativo ou pertencente aos Murídeos ∎ n.m. ZOOLOGIA espécime dos Murídeos

Murídeos n.m.pl. ZOOLOGIA família de mamíferos roedores a que pertencem os ratos e cujo género-tipo se designa *Mus* (Do lat. *mure-*, «rato» +-*ídeos*)

murifela n.f. ORNITOLOGIA ⇒ **melro-azul**

murino adj. 1 de rato 2 relativo ou semelhante ao rato (Do lat. *murīnu-*, «de rato»)

murmulhante adj.2g. [Brasil] que murmulha; rumorejante (De *murmulhar*+-*ante*)

murmulhar v.intr. [Brasil] ramalhar (a árvore); rumorejar (De *murmurar* × *ramalhar*)

murmulho n.m. 1 ato ou efeito de murmulhar 2 ramalhar das árvores 3 murmúrio das ondas (Deriv. regr. de *murmulhar*)

múrmur n.m. 1 murmúrio 2 sussurro das águas correntes (Do lat. *murmur* (nominativo), «murmúrio»)

murmuração n.f. 1 ato de murmurar 2 maledicência; má-língua; detração (Do lat. *murmuratiōne-*, «id.»)

murmuradeira n.f. 1 aquela que tem o costume de murmurar 2 má-língua; maldizente (De *murmurar*+-*deira*)

murmurador n.m. 1 que murmura 2 que produz murmúrio; sussurrante 3 que diz mal dos outros ∎ n.m. 1 aquele que murmura 2 detrator; maldizente (Do lat. *murmuratōre-*, «id.»)

murmurante adj.2g. que murmura ou produz murmúrio (De *murmurante-*, «id.», part. pres. de *murmurāre*, «murmurar»)

murmurar v.tr. 1 dizer em voz baixa; segredar 2 falar mal de (alguém ou alguma coisa); censurar ocultamente ∎ v.intr. 1 produzir murmúrio; sussurrar 2 queixar-se; lastimar-se; lamentar-se (Do lat. *murmurāre*, «id.»)

murmurativo adj. que encerra murmuração; murmurante (De *murmurar*+-*tivo*)

murmurejar v.intr. produzir murmúrio; sussurrar (De *múrmur* ou *murmúrio*+-*ejar*)

murmurejo /ê/ n.m. ato de murmurejar; sussurro (Deriv. regr. de *murmurejar*)

murmurinhar v.intr. 1 produzir murmurinho; burburinhar 2 falar em voz baixa; sussurrar (De *murmurinho*+-*ar*)

murmurinho n.m. 1 sussurro de muitas pessoas que falam ao mesmo tempo 2 som confuso; burburinho 3 ruído brando das águas, das folhas; murmúrio (De *murmúrio*+-*inho*)

murmúrio n.m. 1 ruído leve produzido pela água corrente, pelos ramos das árvores, etc. 2 rumor surdo de muitas vozes juntas 3 som mal distinto 4 [fig.] lamento 5 som plangente 6 zumbido 7 maledicência; murmuração 8 protesto; reclamação; queixa (Do lat. *murmurĭu-*, por *murmŭre-*, «id.»)

múrmuro adj. murmurante; sussurrante (Deriv. regr. de *murmurar*)

murmuroso /ô/ adj. que faz murmurinho; murmurante (De *múrmur*+-*oso*)

muro n.m. 1 obra, geralmente de alvenaria, que cerca um terreno ou separa terrenos contíguos; parede 2 muralha 3 sebe; tapamento 4 resguardo 5 [fig.] aquilo que impede o acesso a algo; **~ de suporte** 1 muro destinado a suportar terras; 2 [fig.] defesa (Do lat. *muru-*, «id.»)

murra¹ n.f. 1 mancha na pele causada pela proximidade do fogo 2 nódoa (De orig. obsc.)

murra² n.f. ⇒ **mirra**¹ (Do gr. *mýrra*, «mirra», pelo lat. *murrha* ou *myrrha*, «id.»)

murraça n.f. [pop.] murro forte; soco (De *murro*+-*aça*)

murre-murre elem. expr. *estar em* ~ estar entre a vida e a morte (De *morrer*)

murro n.m. pancada desferida com a mão fechada; punhada; soco (De orig. obsc.)

murta n.f. BOTÂNICA planta arbustiva pertencente à família das Mirtáceas, com flores brancas, cheirosas, cultivada em Portugal e também conhecida por mirto, arraião, murteira e murtinheira (Do gr. *mýrtos*, «id.», pelo lat. *murta-*, por *myrta-*, «id.»)

murtal n.m. terreno onde há murtas (De *murta*+-*al*)

murtefuge n.m. ICTIOLOGIA nome vulgar extensivo a peixes teleósteos, acantocéfalos, da família dos Bleniídeos, alguns também conhecidos por marachomba, peixe-diabo, ranhosa e judia (De orig. obsc.)

murteira n.f. BOTÂNICA ⇒ **murta** (De *murta*+-*eira*)

murteiro n.m. variedade de uva (De *murta*+-*eiro*)

murtinheira n.f. BOTÂNICA ⇒ **murta** (De *murtinho*+-*eira*)

murtinho n.m. 1 BOTÂNICA fruto bacáceo da murta 2 BOTÂNICA planta da família das Mirtáceas, parecida com a murta e utilizada como febrífugo, em veterinária (Do lat. vulg. *murtīnu-*, por *myrtīnu-*, de *myrtu-*, «mirto»)

murtoseira n.f. NÁUTICA embarcação (bateira) construída ou manipulada por pessoas da Murtosa, vila portuguesa do distrito de Aveiro, junto da ria (De *Murtosa*, top. +-*eira*)

murtoseiro adj.2g. relativo ou pertencente a Murtosa, no distrito de Aveiro, ou que é seu natural ou habitante ∎ n.m. natural ou habitante da Murtosa (De *Murtosa*, top. +-*eiro*)

muru¹ n.m. BOTÂNICA planta brasileira da família das Canáceas, com propriedades medicinais (Do tupi *mu'ru*, «idem»)

muru² n.m. 1 [Guiné-Bissau] muçulmano 2 [Guiné-Bissau] chefe religioso 3 [Guiné-Bissau] feiticeiro (De *mouro*, talvez pelo mandinga *moori*)

murucututu n.m. [Brasil] ORNITOLOGIA ⇒ **jacurutu** (Do tupi *murukutu'tu*, «id.»)

murugem n.f. BOTÂNICA ⇒ **morugem**

mururu n.m. 1 [Brasil] BOTÂNICA planta aquática, da família das Urticáceas 2 [Brasil] [coloq.] achaque; mal-estar intermitente (Do tupi *muru'ru*, «id.»)

murzá n.m. ⇒ **mirzá**

murzelo /ê/ adj. diz-se do cavalo negro, cor de amora ∎ n.m. cavalo preto (Do lat. **moricellu-*, de *mōru-*, «amora»)

musa¹ n.f. 1 MITOLOGIA cada uma das nove divindades que, segundo a mitologia romana, presidem às letras, ciências e artes liberais 2 génio ou entidade inspiradora de um poeta; númen; estro 3 pl. [fig.] poesia (Do gr. *moũsa*, «id.», pelo lat. *musa-*, «id.»)

musa² n.f. 1 bananeira 2 banana (Do lat. cient. *Musa*, do ár. *muza*, «bananeira»)

musácea n.f. BOTÂNICA espécime das Musáceas

Musáceas n.f.pl. BOTÂNICA família de plantas monocotiledóneas, herbáceas, próprias das regiões tropicais, de que é tipo o género *Musa*, a que pertence a bananeira (De *musa*+-*áceas*)

musáceo adj. relativo ou semelhante à musa (bananeira) (De *musa*+-*áceo*)

muságeta adj.2g. que conduz as musas (prosónimo de Apolo e de Hércules) (Do lat. *musagĕtes*, «id.»)

musal adj.2g. relativo às musas (De *musa*+-*al*)

musaranho n.m. ZOOLOGIA mamífero insetívoro, da família dos Macrocelídeos, possuidor de glândula de almíscar, frequente em Portugal, e também conhecido por rato-musgo e murganho (Do lat. med. *musaranĕu-*, «rato-aranha», pelo cast. *musaraño*, «musaranho»)

muscardina n.f. VETERINÁRIA doença epidémica dos bichos-da-seda, em que estes se cobrem de uma eflorescência farinhosa (Do prov. *moscardino*, «id.», pelo fr. *muscardine*, «muscardina»)

muscardínico adj. 1 relativo à muscardina 2 atacado de muscardina (De *muscardina*+-*ico*)

muscari n.m. BOTÂNICA erva bolbosa, da família das Liliáceas, originária da Ásia, ornamental, de flores azuis urceoladas e perfumadas

muscarina n.f. QUÍMICA alcaloide básico extraído do cogumelo *Amanita muscaria*, que produz uma grave intoxicação do sistema nervoso autónomo

muscicápida n.m. ORNITOLOGIA ⇒ **muscicapídeo**

Muscicápidas n.m.pl. ORNITOLOGIA ⇒ **Muscicapídeos**

muscicapídeo adj. ORNITOLOGIA relativo ou pertencente aos Muscicapídeos ∎ n.m. ORNITOLOGIA espécime dos Muscicapídeos

Muscicapídeos n.m.pl. ORNITOLOGIA família de pássaros insetívoros espalhados por quase todo o Globo, cujo género-tipo se denomina *Muscicapa*, a que pertence o papa-moscas (Do lat. *musca-*, «mosca» +*capĕre*, «apanhar» +-*ídeos*)

muscícola adj.2g. que vive ou vegeta entre os musgos (Do lat. *muscu-*, «musgo» +*colĕre*, «habitar»)

múscida n.m. ZOOLOGIA ⇒ **múscideo**

Múscidas n.m.pl. ZOOLOGIA ⇒ **Múscideos**

múscideo adj. ZOOLOGIA relativo ou pertencente aos Múscideos ∎ n.m. ZOOLOGIA espécime dos Múscideos

Múscideos n.m.pl. ZOOLOGIA família de insetos dípteros, a cujo género-tipo, que se denomina *Musca*, pertencem muitas moscas (Do lat. *musca-*, «mosca» +-*ídeos*)

muscínea n.f.,n.f.pl. BOTÂNICA ⇒ **briófita** (Do lat. *muscu-*, «musgo» + -*íneas*)

muscíneo adj. BOTÂNICA relativo ou semelhante ao musgo (Do lat. *muscu-*, «musgo» +-*íneo*)

muscívoro *adj.* ZOOLOGIA que se alimenta de moscas (Do lat. *musca-*, «mosca» +*vorāre*, «devorar»)
muscoide *adj.2g.* semelhante ao musgo (Do lat. *muscu-*, «musgo»+gr. *eîdos*, «forma»)
muscóide ver nova grafia muscoide
muscologia *n.f.* BOTÂNICA ramo da botânica que estuda os musgos
muscológico *adj.* relativo à muscologia
muscologista *n.2g.* 1 BOTÂNICA especialista em muscologia 2 pessoa que se dedica à muscologia
muscoso /ô/ *adj.* ⇒ **musgoso** (Do lat. *muscōsu-*, «musgoso»)
musculação *n.f.* 1 conjunto dos músculos 2 exercício para desenvolvimento das massas musculares 3 DESPORTO conjunto de exercícios físicos destinados especificamente a desenvolver e fortalecer os músculos do corpo (De *muscular*+-*ção*)
musculado *adj.* 1 provido de músculos 2 que possui músculos desenvolvidos 3 [fig.] forte (Part. pass. de *muscular*)
muscular *adj.2g.* 1 que diz respeito aos músculos 2 próprio ou da natureza dos músculos ∎ *v.tr.* provocar o desenvolvimento das massas musculares de (De *músculo*+-*ar*)
musculatura *n.f.* 1 conjunto dos músculos; musculosidade 2 força muscular (Do fr. *musculature*, «id.»)
musculina *n.f.* 1 FISIOLOGIA substância, espécie de globulina, extraída dos músculos 2 preparação de carne crua de vaca, sem gordura, seca, moída, peneirada e recoberta de açúcar (Do lat. *muscŭlu-*, «músculo» +-*ina*)
músculo *n.m.* 1 ANATOMIA órgão constituído por tecido muscular, portanto dotado de contractilidade, destinado a produzir os movimentos nas diversas partes do corpo dos animais 2 [fig.] força; energia 3 [ant.] máquina de guerra usada nos cercos; ~ **estriado** ANATOMIA músculo constituído por fibras musculares muito longas, dividido longitudinalmente em fibrilas (com estrias transversais), que assegura os movimentos voluntários; ~ **liso** ANATOMIA músculo constituído por células fusiformes e fibrilas finas, e afeto às funções da vida vegetativa (músculo visceral) (Do lat. *muscŭlu-*, «id.»)
musculomembranoso *adj.* ANATOMIA designativo do tecido membranoso onde entram elementos musculares (De *musculo[so]*+*membranoso*)
musculosidade *n.f.* 1 qualidade de musculoso 2 musculatura (De *musculoso*+-*i*-+-*dade*)
musculoso /ô/ *adj.* 1 que tem músculos desenvolvidos 2 robusto; forte (Do lat. *musculōsu-*, «id.»)
Múseas *n.f.pl.* (heortónimo) festas em honra das Musas, na antiga Grécia (Do lat. *musēa-*, «das Musas»)
museografia *n.f.* 1 descrição de um museu 2 estudo do funcionamento de um museu (Do gr. *mouseîon*, «museu» +*gráphein*, «descrever» +-*ia*)
museógrafo *n.m.* 1 especialista em museografia 2 autor de museografia(s) (Do gr. *mouseîon*, «museu» +*gráphein*, «descrever»)
museologia *n.f.* ciência que trata da construção, disposição e equipamento dos museus, no sentido de criar as condições internas que mais bem valorizem a exposição do recheio e lhe assegurem a longevidade em perfeito estado, bem como o arranjo e realce da distribuição desse recheio (Do gr. *mouseîon*, «museu» +*lógos*, «tratado; estudo» +-*ia*)
museológico *adj.* 1 relativo à museologia 2 digno de estar em museu 3 que tem valor histórico (De *museologia*+-*ico*)
museologista *n.2g.* ⇒ **museólogo** (De *museologia*+-*ista*)
museólogo *n.m.* 1 especialista em museologia 2 pessoa que se dedica à museologia (Do gr. *mouseîon*, «museu» +*lógos*, «estudo»)
museu *n.m.* 1 estabelecimento público onde estão reunidas e expostas coleções de objetos de arte, de ciência, etc. 2 grande coleção de objetos de arte ou de qualquer ciência 3 [fig.] coleção de coisas várias 4 [ant.] templo das Musas (Do gr. *mouseîon*, «museu», pelo lat. *museu-*, «museu; biblioteca»)
musgar *v.tr.* [regionalismo] queimar o pelo de (porco) depois de morto; chamuscar (De *chamuscar*?)
musgo *n.m.* 1 BOTÂNICA nome extensivo a todas as plantas muscíneas (briófitas) com protonema bem desenvolvido e arquegónio com trunfa 2 [regionalismo] [fig.] caruma seca 3 *pl.* BOTÂNICA classe das briófitas constituída por plantas com os caracteres referidos anteriormente ∎ *adj.* diz-se de certos animais de orelhas proporcionalmente muito pequenas (ovelhas e carneiros, em particular) (Do lat. *muscu-*, «musgo»)
musgoso /ô/ *adj.* 1 coberto de musgo; musguento 2 que produz musgo 3 semelhante a musgo (Do lat. *muscōsu-*, «id.»)
musguento *adj.* ⇒ **musgoso** (De *musgo*+-*ento*)
música *n.f.* 1 arte de combinar harmoniosamente vários sons, frequentemente de acordo com regras definidas 2 qualquer composição musical 3 concerto vocal ou instrumental 4 conjunto de músicos 5 filarmónica; orquestra 6 conjunto de sons agradáveis; harmonia 7 cadência; ritmo 8 [coloq.] arte de atrair, de seduzir 9 [coloq.] conversa que aborrece 10 [coloq.] treta; lábia; ~ **clássica** música da tradição ocidental dos séculos anteriores ao séc. XIX, música resultante de processos de composição elaborados, distinguindo-se do popular, do folclore e do jazz, música erudita; *dar ~ a alguém* [coloq.] fazer troça de alguém, tentar convencer alguém através de conversa aliciante (Do gr. *mousiké*, «relativo às musas», pelo lat. *musĭca-*, «música; poesia»)
musicado *adj.* (texto) a que se acrescentou música; acompanhado por música (Part. pass. de *musicar*)
musical *adj.2g.* 1 que diz respeito à música 2 (espetáculo, filme) em que predomina a música 3 agradável ao ouvido; melodioso; harmonioso ∎ *n.m.* CINEMA, TELEVISÃO filme em que a música, o canto ou a dança têm um papel fundamental (De *música*+-*al*)
musicalidade *n.f.* 1 qualidade de musical 2 sonoridade agradável ou harmoniosa (De *musical*+-*dade*)
musicalmente *adv.* 1 por música 2 melodiosamente 3 com suavidade; suavemente (De *musical*+-*mente*)
musicante *adj.2g.* que toca ou canta música (De *musicar*+-*ante*, ou de ir. *musicante*, «id.»)
musicar *v.tr.* pôr em música (um texto) ∎ *v.intr.* 1 compor música 2 cantar ou tocar algum trecho ou peça musical 3 trautear; cantarolar (De *música*+-*ar*)
musicata *n.f.* 1 tocata 2 fanfarra 3 filarmónica 4 música (De *música*+-*ata*)
musicável *adj.2g.* que se pode pôr em música (De *musicar*+-*vel*)
music-hall *n.m.* 1 lugar onde se executam músicas e se dança 2 café-concerto (Do ing. *music hall*)
musicista *n.2g.* 1 compositor ou executante de música 2 músico 3 [Brasil] pessoa que toca sem ter estudado música (De *música*+-*ista*)
musico- elemento de formação de palavras que exprime a ideia de *música* (Do gr. *musikḗ*-, «música»)
músico *n.m.* 1 aquele que compõe, canta e/ou toca música profissionalmente ou como passatempo 2 membro de uma orquestra, banda ou filarmónica 3 [coloq.] indivíduo que fala muita treta 4 [coloq.] mau estudante ∎ *adj.* musical (Do gr. *mousikós*, «relativo às musas», pelo lat. *musĭcu-*, «relativo à música»)
musicofilia *n.f.* paixão pela música (De *musico*+-*filia*)
musicografia *n.f.* 1 tratado sobre a arte de escrever música 2 arte de escrever a respeito de música (De *musico*-+-*grafia*)
musicógrafo *n.m.* 1 aquele que escreve sobre música ou sobre a arte musical 2 instrumento para escrever música (De *musico*-+-*grafo*)
musicologia *n.f.* ciência que trata dos assuntos musicais, que não seja composição e execução, como a acústica, a estética, o ensino, o folclore (De *musico*-+-*logia*)
musicólogo *n.m.* 1 especialista em musicologia 2 indivíduo que se dedica à musicologia (De *musico*-+-*logo*)
musicomania *n.f.* gosto excessivo pela música (De *musico*-+-*mania*)
musicomaníaco *adj.,n.m.* ⇒ **musicómano** (De *musico*+*maníaco*)
musicómano *adj.,n.m.* que ou aquele que tem paixão pela música (De *musico*-+-*mano*)
musicoterapia *n.f.* tratamento de certas perturbações nervosas por meio de música (De *musico*+*terapia*)
musiqueta /ê/ *n.f.* [depr.] trecho de música de pouco ou nenhum valor; música de má qualidade (De *música*+-*eta*)
musiquim *n.m.* 1 músico ambulante 2 músico de pouca qualidade (De *músico*+-*im*)
muslemia *n.f.* mourisma (De *muslemo*+-*ia*)
muslemo /ê/ *adj.,n.m.* muçulmano; maometano (Do ár. *muslim*, «muçulmano»)
muslim *adj.,n.m.* ⇒ **muslemo** (Do ár. *muslim*, «muçulmano»)
muslímico *adj.* relativo a muslim (De *muslim*+-*ico*)
musofágida *n.m.* ORNITOLOGIA ⇒ **musofagídeo**
Musofágidas *n.m.pl.* ORNITOLOGIA ⇒ **Musofagídeos**
musofagídeo *adj.* ORNITOLOGIA relativo ou pertencente aos Musofagídeos ∎ *n.m.* ORNITOLOGIA espécime dos Musofagídeos
Musofagídeos *n.m.pl.* ORNITOLOGIA família de aves africanas, cujo género-tipo se denomina *Musophaga* (De *musófago*+-*ídeos*)
musófago *n.m.* ORNITOLOGIA designação de um mucuco (ave) (Do lat. *musa-*, «banana» +*phageîn*, «comer»)
mussamba[1] *n.f.* BOTÂNICA árvore (*Brachystegia tamarindoides*) da família das Leguminosas, com cerca de dez metros, densamente ramificada, de casca escura muito áspera, fendida longitudinalmente, que é utilizada na curtimenta, pelo tanino que contém (Do quimbundo *musamba*, «idem»)

mussamba[2] *n.f.* [São Tomé e Príncipe] antigo instrumento musical, espécie de pequeno bombo (Do forro *mussamba*, «idem»)

musse *n.f.* ⇒ **mousse**

musselina *n.f.* tecido leve e transparente, de algodão, lã ou seda, muito usado no vestuário feminino (Do ár. *musili*, «relativo a Mossul», cidade iraquiana, pelo it. *mussolina*, «musselina», pelo fr. *mousseline*, «id.»)

musseque *n.m.* 1 [Angola] terrenos arenosos à volta da cidade de Luanda 2 [Angola] bairros suburbanos de Luanda ocupados por população com menos recursos (Do quimb. *mu seke*, «local arenoso»)

mussitação *n.f.* 1 ato ou efeito de mussitar 2 movimento automático dos lábios que produz um som como o de quem fala por entre os dentes 3 dificuldade em articular sons (Do lat. *mussitatiōne-*, «murmuração»)

mussitar *v.intr.* 1 falar por entre dentes 2 cochichar; murmurar (Do lat. *mussitāre*, «murmurar»)

mussosso /ô/ *n.m.* [Angola] história; romance; narração com peripécias frequentes (Do quimb. *kusosomona*, «fazer soltar faúlhas»)

mussuruco *n.m.* [Moçambique] dinheiro (Do macua *musurukhu*, «id.»)

mussurungo *n.m.* [Brasil] ICTIOLOGIA designação extensiva a uns peixes teleósteos, da família dos Gobiídeos, também conhecidos por amboré, babosa, etc. (De orig. obsc.)

mustélida *n.m.* ZOOLOGIA ⇒ **mustelídeo**

Mustélidas *n.m.pl.* ZOOLOGIA ⇒ **Mustelídeos**

mustelídeo *adj.* 1 semelhante à doninha 2 ZOOLOGIA relativo ou pertencente aos Mustelídeos ■ *n.m.* ZOOLOGIA espécime da família dos Mustelídeos (Do lat. *mustela-*, «doninha» +*-ídeo*)

Mustelídeos *n.m.pl.* ZOOLOGIA família de mamíferos carnívoros que tem por tipo o género *Mustela*, a que pertence a doninha (Do lat. *mustēla-* ou *mustella-*, «doninha» +*-ídeos*)

mustelino *adj.* relativo ou semelhante à doninha (Do lat. *mustelīnu-*, «de doninha»)

mustímetro *n.m.* areómetro para avaliação da concentração do açúcar nos mostos (Do lat. *mustu-*, «mosto»+gr. *métron*, «medida»)

mutabilidade *n.f.* 1 qualidade do que é mutável ou muda com facilidade; volubilidade; versatilidade 2 inconstância; instabilidade (Do lat. *mutabilitāte-*, «id.»)

mutação *n.f.* 1 ato ou efeito de mudar(-se); muda; mudança 2 BIOLOGIA, MEDICINA (genética) alteração no material genético de um ser biológico, que não está relacionada com os seus ascendentes mas que pode ser herdada pelos seus descendentes 3 tendência para mudar com facilidade; inconstância; mutabilidade; volubilidade 4 alteração súbita ou brusca; reviravolta 5 mudança de cenário nos teatros (Do lat. *mutatiōne-*, «id.»)

mutacionismo *n.m.* BIOLOGIA teoria que considera a transformação das espécies (transformismo) como consequência de mutações fixas e hereditárias (Do lat. *mutatiōne-*, «mutação» +*-ismo*)

mutacismo *n.m.* ⇒ **mitacismo**

mutala *n.f.* [Angola] plataforma montada nos ramos de uma árvore, para espera de animais selvagens (Do quimb. *mutala*, «id.», de *kuta*, «pôr», + *kukála*, «permanecer»)

mutante *adj.2g.* que sofreu ou pode vir a sofrer uma ou mais mutações ■ *n.2g.* BIOLOGIA ser vivo que sofreu uma ou mais mutações e, por isso, apresenta caracteres marcadamente diferentes dos dos seus ascendentes (Do lat. *mutante-*, «id.», part. pres. de *mutāre*, «mudar»)

mutatório *adj.* 1 relativo a muda 2 que muda ou serve para operar mudança (Do lat. *mutatoriu-*, «id.»)

mutável *adj.2g.* 1 suscetível de ser mudado 2 que pode sofrer mutação 3 que muda com facilidade 4 instável; inconstante; volúvel (Do lat. *mutabĭle-*, «id.»)

mutelina *n.f.* BOTÂNICA planta medicinal, da família das Umbelíferas, também conhecida por funcho-dos-alpes

mutiáti *n.m.* [Angola] BOTÂNICA pequena árvore, cuja madeira, pela grande dureza, é usada sobretudo em estacaria (Do umbundo *mutyaty*, «id.»)

mutilação *n.f.* 1 ato ou efeito de mutilar 2 corte; amputação 3 [fig.] deterioração; estrago (Do lat. *mutilatiōne-*, «id.»)

mutilado *adj.,n.m.* que ou aquele que foi privado de algum membro ou parte do corpo; estropiado (Do lat. *mutilātu-*, «id.», part. pass. de *mutilāre*, «mutilar; truncar»)

mutilador *adj.,n.m.* que ou aquele que mutila (De *mutilar*+*-dor*)

mutilar *v.tr.* 1 privar de um membro 2 cortar um membro ou parte dele a 3 [fig.] deturpar 4 [fig.] truncar 5 [fig.] destruir parte de; estragar ■ *v.pron.* fazer mutilação a si próprio (Do lat. *mutilāre* «id.»)

mutismo *n.m.* 1 qualidade ou estado de mudo; mudez 2 silêncio 3 PSICOLOGIA atitude, às vezes adotada por certos doentes mentais, que consiste em não falar, nem espontaneamente, nem em resposta às perguntas feitas (Do lat. *mutu-*, «mudo» +*-ismo*, ou do fr. *mutisme*, «id.»)

mutopa *n.f.* [Angola] cachimbo grande (Do umbundo *omutopa*, «id.»)

mutóvana *n.m.* [Moçambique] amuleto (Do changana *mùthòvànà*, «amavios; filtros para atrair mulheres»)

mutreta *n.f.* 1 [Brasil] [coloq.] conversa fiada 2 [Brasil] [coloq.] logro; trapaça

mutuação *n.f.* 1 ato ou efeito de mutuar 2 troca; permutação 3 empréstimo a juros (Do lat. *mutuatiōne-*, «id.»)

mutuado *adj.* dado ou tomado como empréstimo (Part. pass. de *mutuar*)

mutuador *adj.,n.m.* que ou aquele que mutua (De *mutuar*+*-dor*)

mutual *adj.2g.* 1 ⇒ **mútuo** 2 relativo a mutualismo ■ *n.f.* associação baseada nos princípios de ajuda recíproca entre os seus membros (De *mútuo*+*-al*)

mutualidade *n.f.* 1 qualidade do que é mútuo 2 reciprocidade 3 permutação 4 associação baseada nos princípios de ajuda recíproca entre os seus membros (De *mutual*+*-i*+*-dade*)

mutualismo *n.m.* 1 sistema das instituições de previdência, socorro e auxílio mútuo 2 sistema de associação baseada nos princípios de ajuda recíproca entre os seus membros 3 ECOLOGIA forma de simbiose em que os associados tiram proveito da ligação (De *mutual*+*-ismo*)

mutualista *adj.2g.* relativo a mutualidade ■ *n.2g.* pessoa que faz parte de uma companhia de seguros ou de uma sociedade de socorros mútuos (De *mutual*+*-ista*)

mutuamente *adv.* reciprocamente (De *mútuo*+*-mente*)

mutuante *adj.,n.2g.* que ou pessoa que mutua ou empresta (Do lat. *mutuante-*, «id.», part. pres. de *mutuāre*, por *mutuāri*, «mutuar; permutar»)

mutuar *v.tr.* 1 trocar entre si; permutar 2 dar ou tomar por empréstimo sobre penhor (Do lat. *mutuāre*, «tomar dinheiro de empréstimo»)

mutuário *n.m.* aquele que recebe por empréstimo (Do lat. *mutuarĭu-*, «id.»)

mutuatário *n.m.* ⇒ **mutuário**

mutuca *n.m.* [Brasil] ZOOLOGIA designação popular dos insetos dípteros da família dos Tabanídeos, de corpo forte e cujas picadas são dolorosas (Do tupi *mu'tuka*)

mutula *n.f.* [Angola] espécie de leito, formado de quatro forquilhas que sustentam duas varas onde se atravessam paus cobertos por uma esteira

mútulo *n.m.* ARQUITETURA modilhão quadrado em cornija de ordem dórica (Do lat. *mutŭlu-*, «modilhão»)

mútuo *adj.* 1 que se faz reciprocamente entre duas ou mais pessoas; recíproco 2 fundado num conjunto de sentimentos ou ações que se correspondem ■ *n.m.* DIREITO contrato pelo qual uma das partes empresta à outra dinheiro ou outra coisa fungível, ficando a segunda obrigada a restituir outro tanto do mesmo género e qualidade (Do lat. *mutŭu-*, «empréstimo»)

muturi *n.f.* [Angola] viúva (Do quimb. *mutudi*, «id.»)

muxaxa *n.f.* BOTÂNICA árvore africana da família das Euforbiáceas, cuja casca e folhas são venenosas

muxinga *n.f.* 1 [Brasil] sova; tunda 2 [regionalismo] casa pouco limpa (Do quimb. *mu'xĩga*, «açoite»)

muxito *n.m.* [Angola] bosque; floresta; selva (Do quimb. *muxitu*, «id.», de *kuxîta*, «vedar»)

muxoxar /ô/ *v.intr.* [Angola] dar muxoxo; manifestar desprezo através de muxoxos (De *muxoxo*+*-ar*)

muxoxo /ô/ *n.m.* [Angola] chio de boca, produzido por compressão de ar, em sinal de desprezo (Do quimb. *kuxoxa*, «escarnecer»)

muzenze *n.m.* BOTÂNICA ⇒ **muzungo**[1]

muzimo *n.m.* [Moçambique] espírito; ser imaterial (Do tauara *muzimu*, «id.»)

muzungo[1] *n.m.* [Angola] BOTÂNICA pequena árvore leguminosa da família das Mimosáceas, também chamada muzenze (De *muzumba*, «id.»)

muzungo[2] *n.m.* [Moçambique] português europeu branco (Do suaíli *mzunzu*, «id.»)

muzuzuro *adj.,n.m.* membro ou designativo de membro de uma das tribos cafreais de Tete e do Zumbo (Moçambique)

Muzuzuros *n.m.pl.* ETNOGRAFIA grupo populacional das regiões de Tete e do Zumbo, em Moçambique

n *n.m.* 1 décima quarta letra e décima primeira consoante do alfabeto 2 letra que representa a consoante oclusiva nasal alveolar (ex. *nata*) 3 décimo quarto lugar numa série indicada pelas letras do alfabeto 4 GEOGRAFIA símbolo de *norte* (com maiúscula) 5 QUÍMICA símbolo de *azoto* (com maiúscula) 6 FÍSICA símbolo de *newton* (com maiúscula) 7 MATEMÁTICA símbolo de *número inteiro indeterminado* 8 [coloq.] quantidade indefinida 9 MATEMÁTICA símbolo de *conjunto dos números naturais* (com maiúscula) 10 QUÍMICA símbolo de *constante de Avogadro* (número de átomos de carbono existentes em exatamente 12 g de carbono 12)

na¹ *pron.pess.,dem.* forma do pronome pessoal ou demonstrativo **a**, quando precedido de forma verbal terminada em som nasal (*chamaram-na; compraram-na*)

na² *contração da preposição* em + *o artigo definido ou pronome demonstrativo* a

nababesco /ê/ *adj.* 1 próprio de nababo 2 relativo a nababo (De *nababo+-esco*)

nababia *n.f.* dignidade ou área jurisdicional do nababo (De *nababo+-ia*)

nabábico *adj.* ⇒ **nababesco** (De *nababo+-ico*)

nababo *n.m.* 1 título de príncipe ou governador de província, na Índia muçulmana 2 [fig.] pessoa que vive na opulência e no fausto (Do hind. *naváb*, pl. do ár. *nayáb*, «deputado; lugar-tenente»)

nabada *n.f.* 1 roda que formam os quatro braços da fateixa 2 CULINÁRIA doce ou guisado feito com cabeças de nabo (De *nabo+-ada*)

nabal *n.m.* terreno semeado de nabos (De *nabo+-al*)

nabantino *adj.* 1 relativo ou pertencente a Nabância, cidade romana cujas ruínas se encontram na atual cidade de Tomar, no distrito de Santarém, ou que é seu natural ou habitante 2 relativo ou pertencente ao rio Nabão 3 relativo ou pertencente a Tomar, no distrito de Santarém, que fica em frente do local onde se situava Nabância ▪ *n.m.* 1 natural ou habitante de Nabância 2 natural ou habitante de Tomar (Do lat. **nabantīnu-*, «natural de Nabância»)

nabiça *n.f.* 1 BOTÂNICA planta herbácea, da família das Brassicáceas, afim do nabo, de que se aproveitam as folhas e que é cultivada em Portugal 2 rama de nabo que ainda não atingiu desenvolvimento completo (De *nabo+-iça*, ou do cast. *nabiza*, «id.»)

nabiçal *n.m.* terreno semeado de nabiças (De *nabiça+-al*)

Nábidas *n.m.pl.* ZOOLOGIA ⇒ **Nabídeos**

Nabídeos *n.m.pl.* ZOOLOGIA família de insetos hemípteros, de corpo oblongo ou oval, representada em Portugal, cujo género-tipo se designa *Nabis* (Do lat. cient. *Nabis+-ídeos*)

nabinha *n.f.* 1 [regionalismo] semente de nabo ou de nabiça 2 BOTÂNICA planta da família das Brassicáceas, espontânea em Portugal (De *nabo+-inha*)

nabinheira *n.f.* ZOOLOGIA nome vulgar de vários pássaros da família dos Motacilídeos, alguns dos quais também conhecidos por cias, frequentadores dos nabais à procura de nabinha (De *nabinha+-eira*)

náblio *n.m.* MÚSICA ⇒ **nablo**

nablo *n.m.* MÚSICA antigo instrumento musical semelhante à harpa, mas só com doze cordas; nébel (Do hebr. *nevel*, pelo lat. tard. *nablu-*, «id.»)

nabo *n.m.* 1 BOTÂNICA planta herbácea, da família das Brassicáceas, anual ou bienal, de folhas esverdeadas e rugosas utilizadas na alimentação, e de tubérculos carnudos e comestíveis, arredondados ou pontiagudos e de cor branca ou roxa 2 tubérculo (raiz) dessa planta 3 [pop.] pessoa desajeitada; pessoa desastrada; *comprar nabos em saco* [pop.] realizar qualquer transação sem examinar previamente as condições; *tirar nabos da púcara* [coloq.] interrogar habilidosamente alguém para saber alguma coisa ou chegar a uma conclusão (Do lat. *napu-*, «id.»)

nabo-da-américa *n.m.* BOTÂNICA ⇒ **rutabaga**

nabo-da-suécia *n.m.* BOTÂNICA ⇒ **rutabaga**

naca¹ *n.f.* 1 ZOOLOGIA crustáceo malacostráceo, decápode, braquiúro, parecido com a arola, que aparece na costa portuguesa e é comestível 2 ⇒ **naco**¹ (De orig. obsc.)

naca² *n.f.* [Angola] terreno húmido para cultura (Do umbundo *onaka*, «id.»)

nacada *n.f.* grande naco (De *naco+-ada*)

nação *n.f.* 1 conjunto de indivíduos ligados pela mesma língua e por tradições, interesses e aspirações comuns; povo 2 POLÍTICA conjunto de indivíduos que constituem uma sociedade política autónoma, fixada num determinado território, regida por leis próprias e subordinada a um poder central 3 POLÍTICA território definido onde habita esse conjunto de indivíduos 4 país onde alguém nasceu e é cidadão; pátria; naturalidade 5 casta; raça 6 [Moçambique] sede nacional de qualquer instituição; cidade; capital (Do lat. *natiōne-*, «id.»)

nácar *n.m.* 1 camada interna, calcária, da concha de vários moluscos, de cor branca ou rosada, brilhante, de reflexos matizados, utilizada para fabricar diversos objetos (brincos, botões, etc.); madrepérola 2 cor-de-rosa forte; cor do carmim (Do ár. *naqqára*, «tambor», pelo cast. *nácar*, «nácar»)

nacara *n.m.* MÚSICA ⇒ **nagara**

nacarado *adj.* 1 que tem nácar 2 da cor do nácar 3 parecido com o nácar no brilho ou no aspeto (Part. pass. de *nacarar*)

nacarar *v.tr.* 1 dar a cor, o brilho ou o aspeto do nácar a 2 revestir de nácar 3 [fig.] ruborizar; fazer corar (De *nácar+-ar*)

nacarino *adj.* ⇒ **nacarado** (De *nácar+-ino*)

naceja /ê/ *n.f.* ORNITOLOGIA ⇒ **narceja** 1 (Do lat. *acceĭa-*, «galinhola»)

nacela *n.f.* ARQUITETURA moldura côncava na base da coluna; escócia (Do b. lat. *navicella-*, «barco pequeno», dim. de *navis*, «barco», pelo fr. *nacelle*, «navio pequeno»)

nacibo *n.m.* [Moçambique] sorte; destino; acaso (Do suaíli *nasibu*, «id.», a partir do ár. *nasib*)

nacional *adj.2g.* 1 da nação; pátrio 2 referente a nação 3 que pertence à nação ou que representa a nação ou o país 5 que é natural de um país 6 produzido ou feito num país ▪ *n.2g.* pessoa natural de um país (Do lat. *natiōne-*, «nação» +-*al*)

nacionalidade *n.f.* 1 grupo social unido pela mesma origem histórica, pela mesma língua e por tradições, interesses e aspirações comuns; nação 2 comunidade política autónoma; Estado independente 3 série de particularidades que definem uma nação 4 unidade dos grupos de pessoas que constituem uma nação 5 país onde alguém nasceu e de que é cidadão; pátria; naturalidade 6 condição jurídica e política própria de um cidadão nacional, adquirida por nascimento ou por naturalização (De *nacional+-i-+-dade*)

nacionalismo *n.m.* 1 preferência pelo que é próprio da nação a que se pertence; patriotismo 2 POLÍTICA doutrina política em que se pretende impor a predominância da nação à qual se pertence em todas as áreas 3 POLÍTICA movimento político que reclama o direito de um povo de constituir uma nação (De *nacional+-ismo*)

nacionalista *adj.2g.* 1 que diz respeito à independência e aos interesses da nação; patriótico 2 POLÍTICA que é partidário do nacionalismo ▪ *n.2g.* POLÍTICA pessoa partidária do nacionalismo, da doutrina política que faz da nação um valor absoluto (De *nacional+-ista*)

nacionalização *n.f.* 1 ato de nacionalizar ou nacionalizar-se 2 naturalização 3 apropriação por um Estado de uma indústria ou outra atividade económica anteriormente explorada por uma entidade privada (De *nacionalizar+-ção*)

nacionalizador *adj.,n.m.* que ou aquele que nacionaliza (De *nacionalizar+-dor*)

nacionalizar *v.tr.* 1 tornar nacional; dar carácter nacional a 2 fazer passar para a posse do Estado; transformar em propriedade do Estado 3 conceder (a estrangeiro) os direitos e privilégios de que desfrutam os naturais de um país; naturalizar ▪ *v.pron.* (estrangeiro) adquirir os direitos e privilégios de cidadania nacional; naturalizar-se (De *nacional+-izar*)

nacional-sindicalismo *n.m.* POLÍTICA movimento político, de curta duração, que se iniciou em Portugal em 1932
nacional-sindicalista *adj.,n.2g.* POLÍTICA adepto ou designativo do adepto do nacional-sindicalismo
nacional-socialismo *n.m.* **1** HISTÓRIA, POLÍTICA movimento ideológico e político chefiado por Adolfo Hitler, que assentava fundamentalmente na supremacia do Estado sobre o indivíduo e na exaltação da superioridade da raça ariana em relação a todas as outras; nazismo **2** HISTÓRIA, POLÍTICA regime político totalitário instituído por Adolfo Hitler entre 1933 e 1945 na Alemanha, baseado nessa doutrina ideológica; nazismo
nacional-socialista *adj.2g.* **1** HISTÓRIA, POLÍTICA relativo ao nacional-socialismo **2** POLÍTICA que é partidário dessa doutrina ou regime político ■ *n.2g.* **1** HISTÓRIA, POLÍTICA membro ativo do partido nacionalista alemão, instaurado por Hitler **2** POLÍTICA pessoa partidária do nacional-socialismo
naco¹ *n.m.* pedaço de qualquer coisa (sobretudo de pão) (De origem obscura)
naco² *n.m.* [Guiné-Bissau] horta familiar (Do mandinga *nako*, «idem»)
nacre *n.m.* [pop.] ⇒ **nácar**
nacrite *n.f.* MINERALOGIA mineral polimórfico da caulinite e da alumina, que cristaliza no sistema monoclínico (Do fr. *nacrite*, «id.»)
nada *pron.indef.* coisa nenhuma ■ *adv.* de modo nenhum; não ■ *n.m.* **1** ausência, quer absoluta, quer relativa, de ser ou de realidade; o que não existe **2** nenhuma coisa; zero **3** pequena porção ou quantidade **4** coisa sem importância; bagatela; *~ de novo* nenhuma novidade; *~ feito* sem resultado; *~ mais ~ menos* precisamente, justamente; *coisa de ~* coisa mínima; *como se ~ fosse* sem dar atenção nenhuma; *de ~!* exclamação que constitui resposta a um agradecimento; *não dar ~ por* não atribuir valor a algo ou alguém, não esperar muito de algo ou alguém; *não dar por ~* não notar, não dar conta de; *não ser ~ a* não ter relação de parentesco com; *por tudo e por ~* por qualquer coisa, à mais pequena coisa; *um ~* um pouco, uma bagatela (Do lat. [re] *nata*, «coisa nascida»)
nadabau *n.m.* [regionalismo] BOTÂNICA planta aquática, monocotiledónea, da família das Lemnáceas, muito usada na alimentação dos patos, espontânea em Portugal, nas águas presas da bacia do Vouga e de todo o centro e Sul do território, também chamada lentilha-d'água (De orig. obsc.)
nadadeira *n.f.* [Brasil] barbatana (especialmente nos peixes) (De *nadar*+*-deira*)
nadador *adj.* **1** que nada ou sabe nadar **2** que serve para nadar ■ *n.m.* **1** pessoa que nada **2** pessoa que domina uma ou diversas técnicas de natação (Do lat. *natatore-*, «id.»)
nadador-salvador *n.m.* indivíduo encarregue de vigiar a praia, para evitar situações de perigo e eventualmente realizar operações de salvamento; salva-vidas
nadadura *n.f.* **1** ato ou efeito de nadar **2** natação (De *nadar*+*-dura*)
nadante *adj.2g.* **1** que nada ou tem o hábito de nadar **2** que se mantém à superfície; flutuante (Do lat. *natante-*, «id.», part. pres. de *natāre*, «nadar; flutuar»)
nadar *v.intr.* **1** sustentar-se e mover-se à superfície ou dentro de um líquido, através de movimentos coordenados de braços e pernas **2** praticar um dado estilo de natação **3** estar mergulhado num líquido **4** estar com roupa muito folgada **5** (peça de vestuário ou calçado) estar exageradamente largo ■ *v.tr.* **1** percorrer (uma dada distância) deslocando-se à superfície ou dentro de um líquido **2** possuir em grande abundância; *~ como um prego* não saber nadar, ir ao fundo; *~ contra a maré* tentar conseguir algo, apesar das contrariedades; *~ em seco* não prosseguir, não prosperar; *ficar a ~* [pop.] ficar sem perceber nada; ficar atrapalhado (Do lat. *natāre*, «id.»)
nádega *n.f.* **1** ANATOMIA cada uma das partes carnudas e globosas, onde se evidenciam os músculos glúteos, que formam a parte superior e posterior das coxas **2** parte carnuda que fica por baixo e atrás da garupa das cavalgaduras **3** *pl.* traseiro; assento; rabo (Do lat. vulg. *natĭca-*, «nádega», de *nates*, «nádegas»)
nadegada *n.f.* **1** pancada com as nádegas **2** pancada nas nádegas (De *nádega*+*-ada*)
nadegudo *adj.* que tem nádegas muito desenvolvidas (De *nádega*+*-udo*)
nadegueiro *adj.* **1** relativo às nádegas **2** situado nas nádegas ■ *n.m.* ANATOMIA cada um dos músculos que constituem a nádega, também chamados glúteos (De *nádega*+*-eiro*)
nadica *adv.* [Brasil] [pop.] nada; nada de nada
nadinha *n.m.* porção pequeníssima; quase nada (De *nada*+*-inha*)

nadir *n.m.* **1** ASTRONOMIA ponto da esfera celeste diametralmente oposto ao zénite **2** [fig.] o menor grau (Do ár. *naṭir*, «ponto oposto a outro»)
nadiral *adj.2g.* referente ao nadir (De *nadir*+*-al*)
nadivo *adj.* **1** nativo **2** que foi constituído no lugar onde se encontra (Do lat. *natīvu-*, «nascido; nativo»)
nado¹ *n.m.* **1** ato de nadar **2** o que se nadou ou pode nadar de uma vez; *a ~* nadando (Deriv. regr. de *nadar*)
nado² *adj.* nascido; nato (Do lat. *natu-*, «id.», part. pass. de *nasci*, «nascer»)
nado-morto *adj.* **1** que foi dado à luz sem vida **2** [fig.] que fracassou logo no começo ■ *n.m.* feto que foi dado à luz sem vida
nafé *n.m.* [Brasil] BOTÂNICA ⇒ **quiabo** (Do ár. *nafahâ*, «salutar»)
náfega *n.f.* BOTÂNICA ⇒ **açofeifa** (Do ár. *nabiq*, «fruto do loto»)
náfego *adj.* diz-se do cavalo que tem uma das ancas menor que a outra *~* fratura do osso ilíaco do cavalo (Por *náfrego*, alt. de *náufrago*?)
nafta *n.f.* **1** QUÍMICA mistura de hidrocarbonetos resultante da destilação do petróleo natural **2** designação frequente (imprópria) do petróleo natural (Do lat. *naphtha-*, «id.», ou do ár. *naftā*, «id.»)
naftagil *n.m.* espécie de betume natural (De *nafta*)
naftalânio *n.m.* substância extraída especialmente das naftas do Cáucaso, que tem aplicações medicinais (De *nafta*+*/*+*-ânio*)
naftaleno /ê/ *n.m.* QUÍMICA hidrocarboneto aromático, de fórmula $C_{10}H_8$, sólido, sublimável, branco, de cheiro característico, que pode ser extraído do alcatrão da hulha; naftalina (De *nafta*+*/*+*-eno*, ou do fr. *naphtalène*, «id.»)
naftalina *n.f.* **1** designação comum do naftaleno **2** naftaleno industrializado e utilizado para proteger tecidos, roupas, peles, etc., de traças e outros insetos (De *nafta*+*/*+*-ina*, ou do fr. *naphtaline*, «id.»)
nafteína *n.f.* QUÍMICA espécie de cera fóssil, substância mineral complexa, descoberta nalguns terrenos de França
nafténico *adj.* QUÍMICA designativo de certos ácidos extraídos dos petróleos, principalmente não parafínicos, de importantes aplicações industriais (fabrico de detergentes, inseticidas, etc.) (De *nafteno*+*-ico*)
nafteno /ê/ *n.m.* QUÍMICA designação corrente, embora imprópria, de hidrocarboneto cíclico saturado (De *nafta*+*-eno*)
naftol *n.m.* QUÍMICA nome genérico de fenol derivado do naftaleno (De *nafta*+*-ol*)
naga *n.f.* ZOOLOGIA ⇒ **naja** (Do sânsc. *naga*, «id.»)
nagalhé *n.m.* ⇒ **lagalhé**
nagalho *n.m.* ⇒ **negalho**
nagana *n.f.* VETERINÁRIA doença do sono do gado, dos animais domésticos, etc. (De orig. obsc.)
nagara *n.m.* MÚSICA atabale (tambor) oriental (Do ár. *naqqára*, «id.», pelo mar. *nagárá*, «id.»)
nágera *n.f.* ORNITOLOGIA ⇒ **galeirão** (De orig. obsc.)
náiada *n.f.* MITOLOGIA ⇒ **náiade 1** (De *náiade*)
Naiadáceas *n.f.pl.* BOTÂNICA família de plantas monocotiledóneas, aquáticas, existentes em todas as regiões do Globo, representada em Portugal por várias espécies (De *náiade*+*-áceas*)
náiade *n.f.* **1** MITOLOGIA divindade secundária que presidia às fontes e aos rios, na mitologia greco-romana; ninfa dos rios e das fontes **2** BOTÂNICA planta da família das Naiadáceas, que se desenvolve em águas doces da Europa Central (Do lat. *naiăde-*, «id.»)
Naidas *n.m.pl.* ZOOLOGIA ⇒ **Naídeos**
Naídeos *n.m.pl.* ZOOLOGIA família de vermes anelados, da ordem dos oligoquetas, a que pertence o género *Nais*, representado em Portugal (Do gr. *naís, naídos*, «ninfa» +*-ídeos*)
naïf *adj.inv.* **1** que confia; ingénuo; simples **2** que acredita em tudo o que se lhe diz; crédulo **3** ARTES PLÁSTICAS diz-se da arte, principalmente da pintura natural, ingénua, sem artifícios (Do fr. *naïf*)
naifa *n.f.* [pop.] ⇒ **navalha** (Do ing. *knife*, «faca; navalha»)
naifada *n.f.* [pop.] golpe de navalha; navalhada (De *naifa*+*-ada*)
naifista *n.2g.* [pop.] pessoa que usa naifa; faquista (De *naifa*+*-ista*)
naipada *n.f.* conjunto de cartas que pertencem ao mesmo naipe (De *naipe*+*-ada*)
naipe *n.m.* **1** sinal gráfico pelo qual se distinguem as cartas de cada um dos quatro grupos de um baralho **2** cada um desses grupos **3** grupo com particularidades comuns; conjunto **4** MÚSICA grupo de vozes, do mesmo tipo, num coral **5** MÚSICA grupo de instrumentos do mesmo tipo, numa orquestra **6** [fig.] condição; qualidade (Do cast. *naipe*, «id.»)
naipeiro *adj.* relativo a naipe (De *naipe*+*-eiro*)
naira *n.m.* unidade monetária da Nigéria

nairangia *n.f.* suposta adivinhação, entre os Árabes, fundada nos diversos fenómenos do Sol e da Lua (De orig. obsc.)
naire *n.m.* **1** militar nobre, entre os Índios do Malabar **2** domador de elefantes (Do malaiala *nayar*, «id.»)
naja *n.f.* ZOOLOGIA nome com que se designam, de forma geral, os ofídios do género *Naja*, pertencentes à família dos Colubrídeos (Do sânsc. *nágáh*, «serpente», pelo ing. *naga*, «id.»)
nakfa *n.m.* unidade monetária da Eritreia
nala *n.f.* **1** [Moçambique] variedade de palmeira **2** [Moçambique] fita de palmeira usada como luto **3** [Moçambique] palha de palmeira usada em cestaria (Do changana *nàla*, «id.»)
nalga *n.f.* ⇒ **nádega** (Do lat. vulg. *natĭca-*, «id.», do lat. cl. *nates*, «nádegas»)
nalgada *n.f.* ⇒ **nadegada** (De *nalga*+*-ada*)
nalgum contração da preposição em + o pronome indefinido algum
Namarrais *n.m.pl.* ETNOGRAFIA povo aguerrido da costa oriental da África, pertencente ao grupo étnico dos Macuas (De *Namarrói*, top., de *nama*, «carne; caça» +*mirrobe*, «variedade de peixe», alusão à abundância)
namarral *adj.2g.* que diz respeito aos Namarrais ■ *n.2g.* pessoa do povo dos Namarrais
namaz *n.m.* RELIGIÃO ⇒ **namázi**
namázi *n.m.* RELIGIÃO oração que os fiéis turcos devem dizer cinco vezes por dia (Do pers. *namaz*, «id.»)
namibiano *adj.* pertencente ou relativo à Namíbia ■ *n.m.* natural ou habitante da Namíbia
namoração *n.f.* ⇒ **namoro** (De *namorar*+*-ção*)
namoradeiro *adj.,n.m.* ⇒ **namorador** (De *namorar*+*-deiro*)
namoradiço *adj.* que gosta de namorar; namoradeiro (De *namorar*+*-diço*)
namorado *adj.* **1** enamorado; apaixonado **2** que é cortejado **3** que expressa amor **4** terno; suave; amoroso ■ *n.m.* pessoa com quem se mantém um relacionamento amoroso; pessoa com quem se namora (Part. pass. de *namorar*)
namorador *adj.* **1** que namora ou gosta de namorar; que gosta de fazer a corte ou de ser cortejado **2** característico da pessoa que gosta de namorar ■ *n.m.* **1** pessoa que gosta de namorar **2** pessoa que muda muitas vezes de namorada/o (De *namorar*+*-dor*)
namoramento *n.m.* ato de namorar; namoração; namoro (De *namorar*+*-mento*)
namorar *v.tr.* **1** pretender o amor de; cortejar; requestar; galantear **2** procurar inspirar amor em **3** manter uma relação amorosa com; andar de namoro com **4** cativar; atrair; seduzir **5** desejar muito; apetecer; cobiçar ■ *v.intr.,pron.* manter uma relação amorosa com alguém; ter namoro ■ *v.pron.* **1** apaixonar-se; enamorar-se **2** afeiçoar-se **3** ficar encantado; enlevar-se; *~ as paredes* namorar em vão (De *enamorar*, com afér.)
namoratório *adj.* relativo a namoro (De *namorar*+*-tório*)
namoricar *v.tr.,intr.* ⇒ **namoriscar** (De *namorico*+*-ar*)
namorico *n.m.* **1** relação afetiva efémera à qual não se atribui grande valor **2** pessoa que mantém esse tipo de relação com outra (De *namoro*+*-ico*)
namoriscar *v.tr.,intr.* manter uma relação afetiva passageira, à qual não se dá muita importância, com (alguém); namoricar (De *namorar*+*-iscar*)
namorismo *n.m.* [coloq.] arte ou hábito de namorar (De *namorar*+*-ismo*)
namorista *adj.,n.2g.* ⇒ **namorador** (De *namorar*+*-ista*)
namoro /ô/ *n.m.* **1** ato ou efeito de namorar; relação amorosa **2** pessoa com quem se mantém um relacionamento amoroso; pessoa com quem se namora (Deriv. regr. de *namorar*)
Namuriano *n.m.* GEOLOGIA época (ou série) do Carbónico (De *Namur*, top., província da Bélgica meridional +*-iano*)
nana *n.f.* [infant.] canto para adormecer crianças **2** [infant.] sono de criança (Do it. *nanna*, voz infantil)
nanar *v.intr.* [infant.] dormir (De *nana*+*-ar*)
nandaia *n.f.* ORNITOLOGIA ⇒ **jandaia**
nandiroba *n.f.* BOTÂNICA ⇒ **andiroba** (Do tupi *ñani'roba*, «azeite amargo»)
nandrolona *n.f.* BIOQUÍMICA substância esteroide com propriedades anabolizantes (Do ing. *nandrolone*, «id.»)
nandu *n.m.* ORNITOLOGIA ⇒ **ema** (Do tupi *nã'du*, «a que corre com estrépito»)
nanequismo *n.m.* doutrina religiosa de alguns povos da Índia, misto de bramanismo e de islamismo, criada por Nanak ou Nanaque, 1469-1538; siquismo (De *Nanaque*, antr. +*-ismo*)
nanequista *adj.2g.* relativo ao nanequismo ■ *n.2g.* adepto do nanequismo (De *Nanaque*, antr., fundador do manequismo +*-ista*)

nangor *n.m.* ZOOLOGIA [ant.] mamífero ruminante, de pequeno porte, com pontas curtas, curvadas para dentro; gazela marroquina (De orig. obsc.)
nanico *adj.* que tem o corpo pequeno; de tamanho pequeno; acanhado ■ *n.m.* pessoa pequena de corpo; anão (Do lat. *nanu-*, «anão» +*-ico*)
nanismo *n.m.* **1** MEDICINA pequenez anormal da estatura relativamente à média dos indivíduos com a mesma idade e da mesma raça; estado de anão **2** BIOLOGIA anomalia que não permite que alguns animais ou vegetais atinjam o tamanho normal; *~ dentário* MEDICINA anomalia caracterizada pelo pequeno volume dos dentes; microdontismo (Do gr. *nánnos*, «anão», pelo lat. *nanu-*, «anão» + *-ismo*)
nanja *adv.* [pop.] não; nunca (De *não*+*já*)
nano- **1** elemento de formação de palavras que exprime a ideia de *pequeno, reduzido* **2** prefixo do Sistema Internacional de Unidades, de símbolo *n*, que equivale a dividir por mil milhões (×10⁻⁹) a unidade por ele afetada (Do gr. *nánnos*, «anão»)
nanocefalia *n.f.* MEDICINA pequenez anormal da cabeça; microcefalia (De *nanocéfalo*+*-ia*)
nanocéfalo *adj.,n.m.* MEDICINA que ou o que tem a cabeça anormalmente pequena; microcéfalo (Do gr. *nánnos*, «anão» +*kephalé*, «cabeça»)
nanocormia *n.f.* pequenez anormal do tronco humano (De *nanocormo*+*-ia*)
nanocormo *adj.* que tem nanocormia (Do gr. *nánnos*, «anão» +*kormós*, «tronco»)
nanomedicina *n.f.* MEDICINA ramo em que se aplica os conhecimentos da nanotecnologia pelo tratamento e manipulação de átomos e moléculas, com o objetivo de prevenir, diagnosticar e tratar doenças (De *nano-*+*medicina*)
nanomédico *n.m.* especialista em nanomedicina (De *nano-*+*médico*)
nanomelia *n.f.* defeito congénito do corpo humano, caracterizado pela pequenez dos membros (De *nanómelo*+*-ia*)
nanómelo *adj.* que tem nanomelia (Do gr. *nánnos*, «anão» +*mélos*, «membro»)
nanómetro *n.m.* FÍSICA unidade de medida de comprimento, de símbolo nm, equivalente a 10^{-9} m; milimícron (De *nano-*+*metro*)
nanopartícula *n.f.* pequeno objeto que apresenta um comportamento de uma unidade inteira em termos de transporte e propriedades (De *nano-*+*partícula*)
nanoplâncton *n.m.* BIOLOGIA plâncton constituído por seres unicelulares (De *nano-*+*-plâncton*)
nanossegundo *n.m.* unidade de medida de tempo, de símbolo ns, equivalente a 10^{-9} de um segundo (De *nano-*+*segundo*)
nanossomia *n.f.* ⇒ **nanismo** (Do gr. *nánnos*, «anão» +*sõma*, «corpo» +*-ia*)
nanotecnologia *n.f.* tecnologia que tem por objetivo o fabrico de mecanismos de dimensões extremamente reduzidas (De *nano-*+*tecnologia*)
nanotubo *n.m.* QUÍMICA estrutura tubular com um nanómetro (10^{-9} m) de diâmetro; *~ de carbono* QUÍMICA estrutura cilíndrica formada por átomos de carbono, de dimensões nanométricas (De *nano-*+*tubo*)
nanquim *n.m.* **1** tinta preta, originária da cidade de Nanquim, utilizada em desenhos e aguarelas; tinta da China **2** traço preto semelhante ao que é feito com essa tinta **3** desenho em que essa tinta é utilizada **4** tecido de algodão amarelo que antigamente só se fabricava em Nanquim, cidade chinesa **5** cor semelhante à desse tecido (De *Nanquim*, top.)
não *adv.* **1** partícula negativa oposta à afirmativa sim **2** de modo nenhum **3** negativamente **4** partícula interjetiva ou interrogativa equivalente a porventura ■ *n.f.* negativa; recusa; *levar um ~* sofrer uma recusa; *pelo sim, pelo ~* por causa das dúvidas (Do lat. *non*, «id.»)
não-afixal ver nova grafia não afixal
não afixal *adj.,n.2g.* LINGUÍSTICA diz-se do processo de formação de palavras em que um nome se forma a partir do radical verbal (na gramática tradicional, designa-se derivação regressiva)
não-agressão ver nova grafia não agressão
não agressão *n.f.* **1** ato de não agredir **2** intenção declarada entre dois países de não iniciarem hostilidades beligerantes
não-alinhado ver nova grafia não alinhado
não alinhado *adj.,n.m.* POLÍTICA que ou país que não adere à orientação política de um bloco de Estados ou de uma grande potência (Do fr. *non-aligné*, «id.»)
não-alinhamento ver nova grafia não alinhamento

não alinhamento

não alinhamento *n.m.* POLÍTICA atitude política dos países que não aderem às tomadas de posição assumidas por uma grande potência ou por um bloco de Estados (Do fr. *non-alignement*, «id.»)

não-apoiado ver nova grafia não apoiado

não apoiado *n.m.* **1** desaprovação **2** vaia

não-beligerância ver nova grafia não beligerância

não beligerância *n.f.* atitude de um país que não toma parte num conflito armado, sem, todavia, manifestar a sua neutralidade

não-beligerante ver nova grafia não beligerante

não beligerante *adj.,n.2g.* que ou país que não toma parte num conflito armado, sem, todavia, manifestar a sua neutralidade

não-combatente ver nova grafia não combatente

não combatente *adj.,n.2g.* que ou pessoa que, pertencendo ao pessoal militar de um país beligerante, não toma parte efetiva nos combates

não-conformismo ver nova grafia não conformismo

não conformismo *n.m.* atitude de discordância relativamente aos valores estabelecidos

não-conformista ver nova grafia não conformista

não conformista *adj.,n.2g.* que ou pessoa que não se conforma com os usos, modos e costumes do tempo ou do meio em que vive

não-contável ver nova grafia não contável

não contável *adj.2g.* GRAMÁTICA diz-se do nome que se refere a algo que não se pode enumerar ou em que não é possível distinguir partes singulares

não-cooperação ver nova grafia não cooperação

não cooperação *n.f.* **1** recusa em cooperar; falta de colaboração **2** POLÍTICA forma de manifestar oposição ou rebelião, recusando-se a obedecer a normas oficiais ou a participar da vida cívica e política; desobediência civil

não-cumprimento ver nova grafia não cumprimento

não cumprimento *n.m.* recusa em cumprir; desobediência

não-eu ver nova grafia não eu

não eu *n.m.* FILOSOFIA mundo externo; realidade objetiva (Fichte) (De *não+eu*)

não-euclidiano ver nova grafia não euclidiano

não euclidiano *adj.* que não aceita os postulados da geometria euclidiana

não-existente ver nova grafia não existente

não existente *adj.2g.* que não existe ■ *n.2g.* aquele que não existe

não-filho ver nova grafia não filho

não filho *n.m.* [regionalismo] ⇒ enteado

não-fumador ver nova grafia não fumador

não fumador *adj.,n.m.* que ou pessoa que não fuma

não-intervenção ver nova grafia não intervenção

não intervenção *n.f.* **1** POLÍTICA posição de um Estado que se abstém de intervir nos assuntos internos de outro país ou nas divergências entre diversos Estados **2** DIREITO princípio do direito internacional que preceitua essa posição

não-me-deixes *n.m.2n.* BOTÂNICA planta anual da família das Compostas, cuja inflorescência (capítulo) tem as lígulas vermelhas e disco amarelo, subespontânea e cultivada como ornamental

não-me-esqueças *n.m.2n.* BOTÂNICA ⇒ miosótis

não-metal ver nova grafia não metal

não metal *n.m.* QUÍMICA elemento químico de propriedades opostas às dos metais

não-me-toques *n.m.2n.* **1** BOTÂNICA planta da família das Mimosáceas, cujas folhas se retraem quando tocadas **2** [Brasil] pessoa muito sensível, que se melindra facilmente

não-presta ver nova grafia não presta

não presta *n.m.* **1** [coloq.] bazófia; presunção **2** [coloq.] má disposição; mal-estar; **cheio de não prestas** [coloq.] presunçoso, vaidoso, empregado (De *não+prestar*)

não-sei-quê *n.m.2n.* coisa indefinida, incerta ou duvidosa

não-te-rales *n.2g.2n.* [coloq.] pessoa que não liga às coisas à sua volta nem ao seu comportamento e respetivas consequências ■ *n.m.* [coloq.] desinteresse; ociosidade; moleza

não-violência ver nova grafia não violência

não violência *n.f.* atitude filosófica e política dos que não aceitam que se use violência contra a violência e preconizam a utilização de meios pacíficos para resistir à agressão

napa *n.f.* **1** espécie de pelica fina e macia, feita de pele de carneiro, usada na confeção de luvas, bolsas, etc. **2** material sintético semelhante a essa pelica (De *Napa*, top., cidade americana da Califórnia)

napáceo *adj.* diz-se das raízes que se parecem com a cabeça do nabo (Do lat. *napu-*, «nabo» *+-áceo*)

napalm *n.m.* QUÍMICA gasolina gelificada por meio de palmitato de sódio ou alumínio, utilizada no fabrico de bombas incendiárias (Do ing. *napalm*, «id.», de *na(phtenic)*, «nafténico» *+palm(itic acid)*, «ácido palmítico»)

napeia *n.f.* MITOLOGIA ninfa dos bosques (Do gr. *napaía*, «id.», pelo lat. *napaea-*, «id.»)

napeiro *adj.* **1** dorminhoco **2** indolente (De orig. obsc.)

napelo *n.m.* BOTÂNICA planta da família das Ranunculáceas, muito venenosa, que é uma espécie de acónito

naperão *n.m.* ⇒ **naperon** (Do fr. *napperon*, «id.»)

naperon *n.m.* pano de renda ou bordado colocado em cima de mesa ou móvel para proteger ou decorar (Do fr. *napperon*, «id.»)

napiforme *adj.2g.* que tem a forma de nabo (Do lat. *napu-*, «nabo» *+forma-*, «forma»)

napoleão *n.m.* **1** moeda francesa, de ouro, equivalente a vinte francos (aproximadamente 3,05 euros) **2** moeda francesa, de prata, equivalente a cinco francos (aproximadamente 76 cêntimos) **3** [fig.] indivíduo dominador, imperialista **4** CULINÁRIA pastel de forma quadrangular composto por massa folhada e recheado com creme (Do fr. *napoléon*, «id.»)

napoleónico *adj.* relativo a Napoleão Bonaparte, imperador francês (1769-1821), ou ao seu sistema político e militar ■ *n.m.* sectário do sistema político de Napoleão Bonaparte (Do fr. *Napoléon*, antr. *+-ico*)

napoleonismo *n.m.* **1** partido político que tinha por chefe Napoleão, e defendia a sua política interna e o seu imperialismo **2** bonapartismo (Do fr. *napoléonisme*, «id.»)

napoleonista *n.2g.* pessoa adepta do napoleonismo (Do fr. *napoléoniste*, «id.»)

napolitano *adj.* de, pertencente ou respeitante à cidade italiana de Nápoles ou aos seus habitantes ■ *n.m.* natural ou habitante de Nápoles (Do lat. *neapolitãnu-*, «id.»)

naquele /ê/ *contração da preposição* em + *o pronome demonstrativo* aquele

naqueloutro *contração da preposição* em + *o pronome demonstrativo* aqueloutro

naquilo *contração da preposição* em + *o pronome demonstrativo* aquilo

narbonense *adj.2g.* ⇒ **narbonês** (Do lat. *narbonense-*, «id.»)

narbonês *adj.* de, pertencente ou respeitante à cidade francesa de Narbona, na costa do Mediterrâneo, ou aos seus habitantes ■ *n.m.* natural ou habitante de Narbona (De *Narbona*, top. *+-ês*)

narceína *n.f.* QUÍMICA alcaloide extraído do ópio (Do gr. *nárke*, «torpor» *+-ina*)

narceja /ê/ *n.f.* **1** ORNITOLOGIA nome comum extensivo a algumas aves pernaltas da família dos Escolopacídeos, que habitam os sítios pantanosos e alagadiços e são também conhecidas por cabra-do-monte, berra, arregacha, naceja, serzeta, etc. **2** [pop.] embriaguez **3** [pop.] bofetada (Do lat. *una accéia*, «uma galinhola»)

Narcisáceas *n.f.pl.* BOTÂNICA antiga designação da família das Amarilidáceas (De *narciso+-áceas*)

narcisar-se *v.pron.* rever-se na sua beleza ou nos seus méritos pessoais, à semelhança de Narciso, jovem de grande beleza que, segundo a mitologia grega, se mirava na água, enamorado da própria imagem; envaidecer-se (De *Narciso*, mitol. *+-ar*)

narcisismo *n.m.* **1** amor excessivo por si próprio; atenção exagerada com o próprio corpo **2** PSICOLOGIA persistência ou regresso a um estádio psicossexual, em que o objeto de amor é a própria personalidade ou um objeto com o qual o sujeito se identifica (De *Narciso*, mitol. *+-ismo*)

narcisista *adj.,n.2g.* que ou aquele que admira em especial a própria pessoa (De *narciso+-ista*)

narciso *n.m.* **1** BOTÂNICA planta monocotiledónea, da família das Amarilidáceas, de folhas muito estreitas e compridas, flores solitárias e aromáticas, em geral de cor amarela ou branca, espontânea e cultivada em Portugal **2** BOTÂNICA flor produzida por essa planta **3** [fig.] pessoa enamorada de si própria **4** [fig.] pessoa que dá atenção excessiva ao próprio corpo (Do gr. *nárkissos*, «narciso», pelo lat. *narcissu-*, «id.»)

narciso-de-inverno *n.m.* BOTÂNICA narciso de folha larga, com flores que cheiram mal quando secam, também designado mija-burro

narcisoide *adj.2g.* semelhante ao narciso (Do gr. *nárkissos*, «narciso» *+-eîdos*, «forma»)

narcisóide ver nova grafia narcisoide

narco- elemento de formação de palavras que exprime a ideia de *narcótico, torpor, entorpecimento* (Do gr. *nárke*, «id.»)

narcoanálise *n.f.* MEDICINA processo de exploração do inconsciente que consiste em reduzir as resistências ou a censura pela introdução de narcóticos no organismo (De *narco-*+*análise*)

narcoipnose *n.f.* MEDICINA estado de sugestibilidade hipnótica obtida num estádio da ação narcótica de diversos produtos (De *narco-*+*hipnose*)

narcolepsia *n.f.* MEDICINA crise brusca e passageira de sono; hipnolepsia (Do gr. *nárke*, «torpor» +*lēpsis*, «acesso» +*-ia*)

narcomania *n.f.* MEDICINA tendência patológica para usar exageradamente medicamentos narcóticos (De *narco-*+*-mania*)

narcose *n.f.* **1** MEDICINA estado de sonolência em que há perda ou diminuição da sensibilidade geral ou local, resultante da ação de anestésicos; anestesia **2** MEDICINA estado de sonolência e insensibilidade causado pela ação de um narcótico que cria habituação e dependência; narcotismo (Do gr. *nárkosis*, «entorpecimento»)

narcossíntese *n.f.* MEDICINA psicoterapia que utiliza elementos escolhidos pela narcoanálise (De *narco-*+*síntese*)

narcoterapia *n.f.* MEDICINA método de tratamento das doenças mentais que consiste em manter o paciente em sono artificial durante um tempo prolongado (De *narco-*+*terapia*)

narcótico *adj.* MEDICINA, FARMÁCIA que faz adormecer e reduz ou elimina a sensibilidade; que entorpece ■ *n.m.* **1** MEDICINA, FARMÁCIA substância que causa sono, reduzindo ou eliminando a sensibilidade **2** substância que provoca diminuição de sensibilidade e sensação de bem-estar, conduzindo à habituação ou à dependência, se usado exageradamente **3** [fig.] pessoa aborrecida; coisa monótona (Do gr. *narkotikós*, «entorpecedor»)

narcotina *n.f.* QUÍMICA substância alcaloide que se extrai do ópio (De *narcót[ico]*+*-ina*)

narcotismo *n.m.* conjunto dos efeitos produzidos pelos narcóticos (De *narcót[ico]*+*-ismo*)

narcotização *n.f.* **1** ato ou efeito de narcotizar ou narcotizar-se **2** anestesia (De *narcotizar*+*-ção*)

narcotizador *adj.,n.m.* que ou o que narcotiza (De *narcotizar*+*-dor*)

narcotizar *v.tr.* **1** adicionar um narcótico a **2** aplicar ou administrar um narcótico a; anestesiar **3** ter propriedades narcóticas; fazer dormir; entorpecer **4** [fig.] tornar insensível **5** [fig.] provocar sono; entediar; aborrecer (De *narcót[ico]*+*-izar*)

narcotraficante *adj.,n.2g.* que ou pessoa que negoceia em narcóticos ou estupefacientes (De *narco-*+*traficante*)

narcotráfico *n.m.* negócio de drogas estupefacientes; tráfico de narcóticos (De *narco-*+*tráfico*)

narda *n.f.* [regionalismo] embriaguez (De orig. obsc.)

nardino *adj.* **1** do nardo **2** semelhante ao nardo (Do lat. *nardĭnu-*, «id.»)

nardo *n.m.* **1** BOTÂNICA planta da família das Gramíneas, aromática, espontânea nas regiões elevadas do centro de Portugal **2** BOTÂNICA planta da família das Liliáceas, de folhas estreitas e compridas, flores brancas e aromáticas, cultivada como ornamento e utilizada em perfumaria **3** BOTÂNICA flor dessas plantas **4** perfume ou bálsamo extraído da raiz de uma espécie dessas plantas (Do gr. *nárdos*, «id.», pelo lat. *nardu-*, «id.»)

narguilé *n.m.* cachimbo turco com fornilho, tubo e reservatório de água perfumada que o fumo atravessa antes de chegar à boca (Do pers. *narguileh*, «cachimbo-d'água», pelo fr. *narguilé*, «id.»)

narícula *n.f.* **1** cada uma das duas fossas nasais **2** narina **3** *pl.* ventas; nariz (Do lat. *naricŭla-*, dim. de *nares*, «nariz»)

narigada *n.f.* **1** pancada com o nariz **2** pitada (Do lat. cl. *naris*, «nariz», pelo lat. vulg. *narīcae*, pl., «ventas» +*-ada*)

nariganga *n.f.* {aumentativo de **nariz**} nariz grande ■ *adj.,n.m.* que ou aquele que tem o nariz grande (Do lat. cl. *naris*, «nariz», pelo lat. vulg. *narīcae*, pl., «ventas» +*-anga*)

narigão *n.m.* **1** {aumentativo de **nariz**} nariz muito grande **2** pessoa com nariz grande ■ *adj.* que tem nariz grande; narigudo (Do lat. cl. *naris*, «nariz», pelo lat. vulg. *narīcae*, pl., «ventas» +*-ão*)

narigudo *adj.* que possui nariz grande ■ *n.m.* pessoa com nariz grande (Do lat. cl. *naris*, «nariz», pelo lat. vulg. *narīcae*, pl., «ventas» +*-udo*)

narigueiro *adj.* relativo a nariz (Do lat. cl. *naris*, «nariz», pelo lat. vulg. *narīcae*, pl., «ventas» +*-eiro*)

narigueta /ê/ *n.f.* [coloq.] nariz ■ *n.2g.* pessoa que tem um nariz mal feito, achatado ou torto (Do lat. cl. *naris*, pl. (nominativo), «nariz», pelo lat. vulg. *narīcae*, pl., «ventas» +*-eta*)

narina *n.f.* **1** ANATOMIA cada um dos dois orifícios que fazem a comunicação entre as fossas nasais e o exterior **2** *pl.* nariz; ventas (Do lat. *narina-*, «nariz», pelo fr. *narine*, «id.»)

nariz *n.m.* **1** ANATOMIA parte saliente do rosto, situada acima da boca, onde se encontra a parte anterior das fossas nasais, e que constitui o órgão do olfato **2** ANATOMIA narinas **3** focinho dos animais **4** parte saliente e dianteira de algo **5** [fig.] olfato **6** [fig.] faro **7** [fig.] sagacidade; tino; *~ do ferrolho* parte que sai do meio da trave e que serve para mover ou para firmar o ferrolho; *torcido* pessoa rabugenta; *chegar-lhe a mostarda ao ~* zangar-se; *dar/bater com o ~ na porta* não encontrar a pessoa ou coisa que se procurava; *ficar de ~ à banda* ficar desapontado; *ficar de ~ torcido* ficar zangado, ficar despeitado; *meter o ~* intrometer-se; *muito senhor do seu ~* cioso ou vaidoso do que faz; *não ver um palmo à frente do ~* ser estúpido, não discorrer; *torcer o ~* mostrar desagrado, arrepender-se (Do lat. vulg. *narīcae*, «ventas; nariz»)

nariz-de-cera ver nova grafia **nariz de cera**

nariz de cera *n.m.* **1** [coloq.] conjunto de lugares-comuns ou frases feitas **2** [coloq.] preâmbulo enfático

narração *n.f.* **1** ato ou efeito de narrar; relato minucioso de um facto, acontecimento ou sequência de eventos **2** exposição minuciosa, verbal ou escrita, de um universo constituído por personagens e eventos reais ou imaginários situados no tempo e no espaço; conto; história (Do lat. *narratiōne-*, «id.»)

narrado *adj.* que foi contado, referido ou relatado ■ *n.m.* o que se narrou ou contou; narração (Do lat. *narrātu-*, «id.», part. pass. de *narrāre*, «narrar»)

narrador *adj.* que narra, conta ou relata ■ *n.m.* **1** o que narra, conta ou relata **2** LITERATURA entidade que conta a história ou enuncia o discurso (Do lat. *narratōre-*, «id.»)

narrar *v.tr.* **1** expor, oralmente ou por escrito, as particularidades de (um facto, um evento ou uma sequência de ações); relatar; contar; descrever **2** referir **3** historiar (Do lat. *narrāre*, «id.»)

narratário *n.m.* LITERATURA destinatário de um texto narrativo (Do fr. *narrataire*, «id.»)

narrativa *n.f.* **1** relato minucioso de um facto, acontecimento ou sequência de eventos **2** LITERATURA texto em que se expõe um universo constituído por personagens e eventos reais ou imaginários situados no tempo e no espaço; conto; história (De *narrativo*)

narratividade *n.f.* **1** qualidade do que é narrativo **2** LITERATURA conjunto das características específicas da narrativa (Do fr. *narrativité*, «id.»)

narrativo *adj.* **1** relativo à narração **2** próprio da narração; expositivo **3** LINGUÍSTICA designativo do texto em que se expõe um universo constituído por personagens e eventos reais ou fictícios localizados no tempo e no espaço; que tem carácter de narração **4** que tem inclinação para narrar (Do lat. *narratīvu-*, «id.»)

narratologia *n.f.* LITERATURA disciplina da crítica literária dedicada ao estudo da narrativa

narrável *adj.2g.* que se pode narrar (Do lat. *narrabĭle-*, «id.»)

nartece *n.m.* **1** ARQUITECTURA vestíbulo à entrada das primitivas basílicas, destinado aos catecúmenos e aos penitentes **2** pórtico (Do gr. *nárthex*, «férula» [arbusto]; «caixa de férula» [para medicamentos], pelo lat. *narthēce-*, «caixa para medicamentos ou perfumes»)

nártex *n.m.* ARQUITECTURA ⇒ **nartece 1**

narval *n.m.* ZOOLOGIA mamífero cetáceo dos mares boreais, cujo macho é portador de um dente muito desenvolvido na maxila superior (2 a 3 metros) (Do din. *narhval*, «baleia com nariz», pelo fr. *narval*, «unicórnio marinho»)

nasal *adj.2g.* **1** relativo ou pertencente a nariz **2** que soa como se fosse dito pelo nariz **3** LINGUÍSTICA diz-se do som produzido com a passagem do ar pelas cavidades bucal e nasal ■ *n.m.* ANATOMIA cada um dos dois ossos que formam a cana do nariz (Do lat. *nasāle-*, «id.», de *nasu-*, «nariz»)

nasalação *n.f.* **1** ato ou efeito de nasalar **2** LINGUÍSTICA ⇒ **nasalização** (De *nasalar*+*-ção*)

nasalado *adj.* **1** pronunciado com som nasal **2** que se distingue por uma forte ressonância nasal (Part. pass. de *nasalar*)

nasalar *v.tr.* **1** tornar nasal **2** LINGUÍSTICA ⇒ **nasalizar** (De *nasal*+*-ar*)

nasalidade *n.f.* qualidade de nasal (De *nasal*+*-i-*+*-dade*)

nasalização *n.f.* GRAMÁTICA processo fonológico que consiste na transformação de uma vogal oral em nasal, por influência de outro som nasal (De *nasalizar*+*-ção*)

nasalizar *v.tr.* **1** LINGUÍSTICA transformar (vogal oral) em nasal **2** ⇒ **nasalar** (De *nasal*+*-izar*)

nascediço *adj.* que está a nascer ou para nascer (De *nascer*+*-diço*)

nascedoiro *n.m.* ⇒ **nascedouro**

nascedouro *n.m.* **1** [pop.] colo do útero **2** aparecimento da cabeça da criança fora do útero **3** lugar onde se nasceu **4** origem; começo (De *nascer*+*-douro*)

nasceiro *n.m.* fonte; nascente (De *nascer*+*-eiro*)

nascença *n.f.* **1** ato de nascer **2** instante em que se nasce; nascimento **3** instante ou ponto em que algo começa; origem; começo **4** BOTÂNICA desenvolvimento ou germinação de vegetação, frutos, etc. **5** ENGENHARIA linha de interseção da superfície de intradorso de um arco ou de uma abóbada com o paramento interior do encontro **6** [pop.] tumor; furúnculo; *à ~* no momento de nascer, no princípio; *de ~* congénito; *morrer à ~* [fig.] fracassar na origem, no princípio, não se desenvolver (Do lat. *nascentĭa-*, «nascimento»)

nascente *adj.2g.* **1** que nasce **2** que começa a aparecer **3** que começa a formar-se **4** (Sol) que começa a surgir no horizonte ■ *n.m.* **1** lado onde o Sol nasce; levante; oriente **2** nascer do Sol ■ *n.f.* **1** GEOLOGIA lugar onde brota água **2** GEOLOGIA água que nasce de forma natural num dado local **3** [fig.] lugar onde qualquer coisa tem origem; princípio (Do lat. *nascente-*, «id.», part. pres. de *nasci*, «nascer»)

nascer *v.intr.* **1** iniciar (uma pessoa, um animal) a vida de modo autónomo; vir ao mundo **2** rebentar; germinar; brotar (uma espécie vegetal) **3** começar a brotar (a água) **4** romper; apontar **5** aparecer no horizonte (o Sol) **6** aparecer no firmamento; despontar (o astro) **7** aparecer; formar-se; constituir-se **8** gerar-se; ser inventado; surgir **9** acontecer; suceder ■ *v.tr.* **1** ter aptidão natural para; ter talento nato para **2** ter princípio ou origem em; principiar em **3** derivar de; provir de **4** ter (um curso de água) a sua origem em **5** começar a interessar-se por; abrir-se para; despertar para ■ *v.cop.* liga o predicativo ao sujeito, indicando: vir ao mundo com determinadas características (*ele nasceu rico*) ■ *n.m.* nascimento; *~ em berço de ouro* nascer rico; *não ter nascido ontem* perceber tudo muito bem, não ser ingénuo (Do lat. vulg. **nascĕre*, por *nasci*, «id.»)

nascida *n.f.* furúnculo; tumor (Part. pass. fem. subst. de *nascer*)

nascidiço *adj.* nativo; natural; nascediço

nascido *adj.* **1** que nasceu **2** natural; oriundo ■ *n.m.* **1** aquele que nasceu **2** [pop.] tumor; furúnculo (Part. pass. de *nascer*)

nascimento *n.m.* **1** início da vida autónoma de um ser vivo **2** instante em que se verifica a separação completa entre o feto e o corpo materno **3** ESTATÍSTICA pessoa nascida **4** origem; procedência; princípio **5** estirpe; casta **6** início da existência de algo ou instante em que aparece; começo **7** (astro) aparecimento; *de ~* por natureza, de origem (De *nascer*+*-mento*)

nascituro *adj.,n.m.* **1** que ou o que há de nascer **2** DIREITO diz-se de ou ser humano concebido, mas que ainda não nasceu (Do lat. *nascitūru-*, «que há-de nascer», part. fut. de *nasci*, «nascer»)

nascível *adj.2g.* que pode nascer (Do lat. *nascibĭle-*, «id.»)

nasicórneo *adj.* ZOOLOGIA que tem uma saliência córnea sobre o focinho ■ *n.m.* ZOOLOGIA inseto coleóptero ■ *n.m.pl.* ZOOLOGIA grupo de mamíferos a que pertence o antílope (Do lat. *nasu-*, «nariz»+*cornĕu-*, «córneo»)

naso- elemento de formação de palavras que exprime a ideia de nariz (Do lat. *nasu-*, «nariz»)

nasofaringe *n.f.* ANATOMIA parte superior da faringe, situada atrás das fossas nasais; rinofaringe (De *naso-*+*faringe*)

nasopalpebral *adj.2g.* **1** que diz respeito ao nariz e às pálpebras **2** ANATOMIA designativo do sulco que separa o nariz das pálpebras (De *naso-*+*palpebral*)

nasoscópio *n.m.* aparelho destinado a examinar as fossas nasais (Do lat. *nasu-*, «nariz»+*skopeīn*, «olhar»+*-io*)

nassa[1] *n.f.* **1** espécie de cesto de verga, em forma de funil, para apanhar peixe **2** armadilha para pássaros (Do lat. *nassa-*, «id.»)

nassa[2] *n.f.* [coloq.] ⇒ **moca**[1] 5

nassada *n.f.* porção de peixe apanhado de uma vez pela nassa (De *nassa*+*-ada*)

nastro *n.m.* **1** fita estreita e resistente de linho ou de algodão **2** tira estreita e comprida; faixa (Do it. *nastro*, «id.»)

nata *n.f.* **1** camada gordurosa, branca ou amarelada, que se forma à superfície do leite; creme **2** camada gordurosa formada à superfície de molhos ou outros líquidos **3** camada de lama fina e fértil **4** [fig.] parte melhor ou mais valiosa de algo **5** [fig.] o que é melhor ou mais distinto num grupo; escol; fina flor (Do lat. tard. *natta-*, por *matta-*, «esteira de junco»)

natação *n.f.* **1** atividade que consiste em sustentar-se e mover-se à superfície ou dentro de um líquido, através de movimentos coordenados de braços e pernas **2** DESPORTO prática dessa atividade **3** sistema de locomoção próprio dos animais aquáticos; *~ sincronizada* DESPORTO natação com coreografia e executada ao som da música (Do lat. *natatiōne-*, «id.»)

natadeira *n.f.* vasilha em que se deita o leite para criar nata (De *natado*+*-eira*)

natado *adj.* **1** coberto de nata **2** coberto de nateiro ou lama (De *nata*+*-ado*)

natal *adj.2g.* **1** respeitante ao nascimento; natalício **2** pátrio ■ *n.m.* **1** [com maiúscula] RELIGIÃO festa cristã que se realiza todos os anos em que comemora o nascimento de Jesus Cristo **2** [com maiúscula] época em que se celebra essa festa (Do lat. *natāle-*, «nascimento»)

natalense *adj.2g.* referente à província de Natal (região da África do Sul) ou à cidade brasileira do Natal, no Rio Grande do Norte ■ *n.2g.* natural ou habitante dessa região ou dessa localidade (De *Natal*, top. +*-ense*)

natalício *adj.* **1** relativo ao dia do nascimento **2** relativo ao nascimento **3** referente ao Natal ■ *n.m.* aniversário do nascimento (Do lat. *nataliciu-*, «id.»)

natalidade *n.f.* número de nascimentos ocorridos em determinado período de tempo numa dada região; *taxa de ~* GEOGRAFIA relação entre o número de nascidos-vivos durante um ano e o total da população, expressa em permilagem (Do lat. *natalitāte-*, «id.»)

natalista *adj.2g.* designativo do conjunto de medidas ou políticas que visam estimular o aumento do número de nascimentos (De *natal*+*-ista*)

natário *adj.,n.m.* ⇒ **natatório** (Do lat. *natāre*, «nadar» +*-ário*)

natátil *adj.2g.* que boia à tona da água; que flutua; que sobrenada (Do lat. *natatĭle-*, «que nada»)

natatório *adj.* **1** relativo à natação **2** próprio para nadar ■ *n.m.* **1** local adequado para nadar; piscina **2** aquário (Do lat. *natatorĭu-*, «que serve para nadar»)

nateirado *adj.* coberto de nateiros (De *nateiro*+*-ado*)

nateiro *n.m.* **1** GEOLOGIA conjunto de partículas muito finas de argila, misturadas com areia, limonite, matéria orgânica, etc., que constitui uma rocha sedimentar detrítica **2** camada de lodo formada por poeira e por detritos orgânicos misturados com a água que alagou um terreno e o fecunda **3** terreno coberto com essa camada (De *nata*+*-eiro*)

natento *adj.* **1** nateirado **2** fértil **3** amanteigado (De *nata*+*-ento*)

natiforme *adj.2g.* semelhante a nádega (Do lat. *nates*, «nádegas» +*forma*, «forma»)

natio *n.m.* terreno em que há vegetação espontânea (Do lat. *nativu-*, «nascido»)

natividade *n.f.* **1** dia ou época do nascimento **2** [com maiúscula] RELIGIÃO nascimento de Nossa Senhora ou S. João Baptista **3** [com maiúscula] RELIGIÃO comemoração desses nascimentos **4** [com maiúscula] RELIGIÃO dia ou época em que se celebra o nascimento de Cristo; Natal (Do lat. *nativitāte-*, «nascimento»)

nativismo *n.m.* **1** FILOSOFIA conceção geral que atribui a origem de certas noções, particularmente a de espaço, a estruturas congénitas, por oposição ao empirismo, ou ao geneticismo, que as faz derivar de uma aquisição progressiva pela experiência **2** valorização excessiva de tudo o que é nacional e, ao mesmo tempo, aversão aos estrangeiros **3** qualidade de nativista (De *nativo*+*-ismo*)

nativista *adj.2g.* **1** inimigo dos estrangeiros **2** referente aos indígenas ■ *n.2g.* **1** partidário do nativismo **2** pessoa que detesta os estrangeiros (De *nativo*+*-ista*)

nativo *adj.* **1** que nasce com o indivíduo; inato **2** que nasce ou procede; natural; originário **3** que pertence, de origem, ao país onde nasceu; nacional **4** conferido pelo nascimento **5** que nasce ou brota naturalmente **6** sem artifício; singelo **7** diz-se do locutor que fala a sua língua materna; falante **8** MINERALOGIA diz-se do metal encontrado na natureza em estado livre, não combinado ■ *n.m.* **1** indivíduo nascido em determinado lugar; natural **2** indígena **3** ASTROLOGIA indivíduo nascido sob determinado signo do zodíaco (Do lat. *nativu-*, «nascido; nativo»)

nato *adj.* **1** nascido **2** que nasceu com a pessoa; natural; congénito **3** por nascimento ou por inclinação natural; inerente (Do lat. *natu-*, «id.», part. pass. de *nasci*, «nascer»)

natrão *n.m.* MINERALOGIA carbonato hidratado de sódio que cristaliza no sistema monoclínico (Do gr. *nítron*, «id.», pelo cast. *natrón*, «id.»)

nátrio *n.m.* QUÍMICA ⇒ **sódio** (Do lat. *natrĭu-*, «id.»)

natro *n.m.* MINERALOGIA ⇒ **natrão**

natrólito *n.m.* MINERALOGIA mineral (um aluminossilicato hidratado de sódio) do grupo dos zeólitos, que cristaliza no sistema ortorrômbico e é fusível à chama de uma vela (De *natro*+*-lito*)

natrómetro *n.m.* aparelho para medir a quantidade de soda ou de potassa dos produtos comerciais (De *natro*+*-metro*)

natronite *n.f.* nitrato de sódio natural (De *natrão*+*-ite*)

natronitro *n.m.* MINERALOGIA mineral (nitrato de sódio) que se forma nas regiões desérticas por lixiviação de rochas vulcânicas, e cristaliza no sistema ortorrômbico (De *natro*+*nitro*)

natura *n.f.* [poét.] ⇒ **natureza** (Do lat. *natūra*, «id.»)

natural *adj.2g.* **1** da natureza ou a ela respeitante **2** produzido pela natureza ou regulado pelas suas leis **3** que existe na natureza

4 que nasce com o indivíduo; inato **5** segundo o uso ou a norma; normal **6** próprio; peculiar; inerente **7** que não tem artifício; espontâneo; não constrangido; simples **8** que não é conseguido artificialmente; genuíno **9** que não tem mistura; puro **10** diz-se da bebida que está a temperatura ambiente **11** originário; oriundo **12** presumível; verosímil; provável ■ *n.2g.* pessoa que nasceu num dado lugar ou país; indígena ■ *n.m.* **1** maneira de ser; índole; carácter **2** aparência ou forma apresentada pela natureza **3** aquilo que é conforme à natureza **4** qualidade do que é simples e sem artifício; *ao ~* de acordo com a própria natureza, sem alteração (Do lat. *naturāle-*, «id.»)

naturalidade *n.f.* **1** qualidade do que é natural; qualidade do que está de acordo com as leis da natureza **2** ausência de artifício ou embaraço; espontaneidade; simplicidade **3** terra onde se nasceu **4** origem; nascimento **5** situação de um estrangeiro que adquiriu, num país, os direitos e regalias dos cidadãos aí nascidos (Do lat. *naturalitāte-*, «id.»)

naturalismo *n.m.* **1** estado do que resulta da ação da natureza **2** FILOSOFIA doutrina que não admite outra realidade ou outra norma além da da natureza, rejeitando a existência do sobrenatural **3** FILOSOFIA doutrina segundo a qual a maneira de viver deve estar em conformidade com as leis da natureza **4** ARTES PLÁSTICAS teoria que defende a imitação direta e o mais fiel possível da natureza **5** LITERATURA movimento literário da segunda metade do século XIX que defende a representação da natureza e a descrição de factos observáveis da forma mais objetiva possível, sem idealizações nem preconceitos morais ou estéticos **6** teoria que sustenta que as doenças podem ser tratadas através de produtos naturais (De *natural+-ismo*)

naturalista *adj.2g.* **1** ARTES PLÁSTICAS, LITERATURA que segue o naturalismo **2** que usa produtos naturais **3** referente ao naturalismo ■ *n.2g.* **1** pessoa que se dedica ao estudo de um dos ramos das ciências naturais **2** ARTES PLÁSTICAS, LITERATURA sectário do naturalismo **3** pessoa que defende a maneira de viver em conformidade com as leis da natureza; naturista (De *natural+-ista*)

naturalização *n.f.* **1** ato ou efeito de naturalizar ou naturalizar-se **2** aclimatação **3** introdução, numa língua, de uma locução ou palavra estrangeira **4** ato pelo qual um estrangeiro se torna cidadão de um país que não é o seu (De *naturalizar+-ção*)

naturalizado *adj.* **1** diz-se de um estrangeiro que se tornou cidadão de outro país que não é o seu **2** familiarizado (Part. pass. de *naturalizar*)

naturalizar *v.tr.* **1** conceder (a estrangeiro) os direitos e privilégios de que desfrutam os naturais de um país **2** adaptar (animais, plantas) a clima ou ambiente diferente; aclimatar **3** adotar (algo estrangeiro); tornar nacional **4** adotar (locução ou palavra de língua estrangeira) ■ *v.pron.* **1** tornar-se cidadão de um país estrangeiro; adquirir os direitos e regalias dos naturais de um país **2** tornar-se nacional; ser adotado **3** tornar-se natural, comum ou familiar (De *natural+-izar*)

naturalmente *adv.* **1** de modo natural; com naturalidade; espontaneamente **2** simplesmente **3** facilmente **4** de nascença **5** evidentemente; com certeza **6** provavelmente; certamente; *~!* exclamação utilizada para enfatizar o que é óbvio ou para exprimir concordância com o que foi dito antes (De *natural+-mente*)

natureza /ê/ *n.f.* **1** mundo exterior ao homem **2** sistema das leis que regem e explicam o conjunto do mundo exterior **3** conjunto das coisas que apresentam uma ordem, que realizam tipos ou se produzem segundo leis **4** manifestação das forças naturais num dado local **5** ordem lógica das coisas **6** conjunto dos caracteres que fazem que uma coisa ou um ser pertença a uma espécie ou a uma categoria determinada; essência **7** conjunto dos traços característicos de um indivíduo; temperamento; carácter; compleição **8** aquilo com que nasce um ser **9** estado primitivo do homem que precede a civilização **10** espécie; qualidade; tipo **11** órgãos genitais **12** [com maiúscula] conjunto de todos os seres, animados ou não, que constituem o Universo **13** ARTES PLÁSTICAS objeto do mundo real que constitui um modelo; *~ naturante* FILOSOFIA segundo Espinosa, filósofo holandês (1632-1677), o mundo como substância infinita, isto é, Deus, por oposição a natureza naturada, considerada na diversidade dos seus modos finitos; *estado de ~* estado da humanidade anterior à vida social (para J. J. Rousseau, filósofo e escritor francês, 1712-1778, uma simples ficção); *estado de ~ pura* conceção teológica de uma natureza humana fictícia anteriormente à sua elevação ao estado sobrenatural; *pagar o tributo à ~* morrer (Do lat. *natūra-*, «natureza» *+-eza*)

natureza-morta *n.f.* **1** PINTURA pintura que representa seres inanimados (animais ou vegetais) **2** PINTURA quadro que representa esse tipo de pintura

naturismo *n.m.* **1** FILOSOFIA doutrina segundo a qual a religião teria origem na personificação e divinização das forças da natureza **2** FILOSOFIA culto religioso da natureza **3** teoria que preconiza um regime de vida próximo da natureza (ar livre, alimentos naturais, nudismo) **4** teoria que defende o tratamento de doenças através de meios naturais (De *natura+-ismo*)

naturista *adj.2g.* **1** referente ao naturismo ou fundado nele **2** que defende e pratica o naturismo ■ *n.2g.* **1** pessoa que defende um regime de vida próximo da natureza (ar livre, alimentos naturais, nudismo) **2** pessoa que põe em prática esse tipo de regime; naturalista **3** pessoa que recorre a meios naturais para tratar doenças (De *natura+-ista*)

naturopata *n.2g.* pessoa que promove e pratica a naturopatia

naturopatia *n.f.* estudo e tratamento das doenças através de processos naturais, deixando que o próprio corpo reaja com os seus mecanismos de defesa

nau *n.f.* **1** embarcação de grande porte e de longo curso **2** antigo navio de vela, de armação redonda, com dois a quatro mastros principais, de borda alta e com grande calado, com castelos de proa e popa elevados, utilizado na marinha de guerra ou mercante **3** qualquer navio **4** conjunto de marinheiros que trabalham numa embarcação; tripulação; *grande ~, grande tormenta* quanto mais alta é a função, maior é a responsabilidade (Do lat. *nave-*, «navio», pelo cat. *nau*, «id.»)

nauatle *adj.2g.* relativo ou pertencente aos Nauatles ■ *n.2g.* indivíduo que pertence aos Nauatles ■ *n.m.* língua ou dialeto falado no México (Do nauat. *nahuatl*, «língua harmoniosa»)

Nauatles *n.m.pl.* ETNOGRAFIA grupo de povos que habitavam o Sul do México e que incluía os Astecas

naufragante *adj., n.2g.* que ou o que naufraga; náufrago (Do lat. *naufragante-*, «id.», part. pres. de *naufragāre*, «naufragar»)

naufragar *v.intr.* **1** ir (o navio) ao fundo; destruir-se devido a acidente no mar; soçobrar ou perder-se no mar; sofrer naufrágio **2** [fig.] perder-se **3** [fig.] ter mau êxito; fracassar; malograr-se (Do lat. *naufragāre*, «id.»)

naufragável *adj.2g.* que pode naufragar (De *naufragar+-vel*)

naufrágio *n.m.* **1** perda de um navio no mar **2** [fig.] desgraça; ruína completa (Do lat. *naufragĭu-*, «id.»)

náufrago *adj.* **1** que sofreu naufrágio; que sobreviveu de barco afundado **2** que resulta de naufrágio **3** que causa naufrágio ■ *n.m.* **1** pessoa que sobreviveu de um barco afundado; vítima de naufrágio **2** [fig.] pessoa destruída, arruinada (Do lat. *naufrăgu-*, «id.»)

naufragoso /ô/ *adj.* **1** que causa naufrágios **2** [fig.] muito perigoso (Do lat. *naufragōsu-*, «tempestuoso»)

naumaquia *n.f.* **1** combate naval simulado, entre os Romanos **2** lugar onde se dava esse combate (Do gr. *naumakhía*, «combate naval», pelo lat. *naumachĭa-*, «id.»)

naupatia *n.f.* enjoo do mar (Do gr. *naũs*, «navio» *+páthos*, «doença»)

nauscópio *n.m.* instrumento ótico usado para avistar navios a grande distância (Do gr. *naũs*, «navio» *+skopeĩn*, «observar» *+-io*)

náusea *n.f.* **1** vontade de vomitar; enjoo **2** nojo; repugnância (Do gr. *nausía*, «enjoo do mar», pelo lat. *nausĕa-*, «id.»)

nauseabundo *adj.* **1** que produz náuseas; que dá vontade de vomitar **2** nojento; repugnante (Do lat. *nauseabundu-*, «que sofre de enjoo do mar»)

nauseado *adj.* que tem náuseas; enjoado (Part. pass. de *nausear*)

nauseante *adj.2g.* **1** que produz náuseas; que dá vontade de vomitar **2** nojento; repugnante (Do lat. *nauseante-*, «id.», part. pres. de *nauseāre*, «ter náuseas»)

nausear *v.tr., intr.* causar ou sentir náuseas; dar ou sentir vontade de vomitar ■ *v.tr.* **1** sentir repugnância por **2** aborrecer; entediar (Do lat. *nauseāre*, «ter náuseas»)

nauseativo *adj.* ⇒ **nauseabundo** (De *nausear+-tivo*)

nauseento *adj.* achacado a náuseas (De *náusea+-ento*)

nauseoso /ô/ *adj.* ⇒ **nauseabundo** (Do lat. *nauseōsu-*, «que causa náuseas»)

nauta *n.2g.* aquele que navega; mareante; marinheiro (Do gr. *naútes*, «id.», pelo lat. *nauta-*, «id.»)

náutica *n.f.* **1** arte ou ciência de navegar **2** processos utilizados na navegação (Do gr. *nautiké [tékhne]*, «arte de navegar», pelo lat. *nautĭca-*, «id.»)

náutico *adj.* relativo à navegação (Do gr. *nautikós*, «id.», pelo lat. *nautĭcu-*, «id.»)

Nautílidas *n.m.pl.* ZOOLOGIA ⇒ **Nautilídeos**

Nautilídeos *n.m.pl.* ZOOLOGIA família de cefalópodes tetrabranquiados, com numerosos tentáculos sem ventosas, com um único género (*Nautilus*) na atualidade (De *náutilo*+-*ídeos*)

náutilo *n.m.* ZOOLOGIA molusco da família dos Nautilídeos, de concha espiralada, bem desenvolvida, conhecido desde o Triásico (Do gr. *nautílos*, «marinheiro», pelo lat. *nautĭlu*-, «id.»)

nautiloide *adj.2g.* semelhante ao náutilo (Do gr. *nautílos*, «marinheiro» +*eîdos*, «forma»)

nautilóide ver nova grafia **nautiloide**

nautismo *n.m.* conjunto das atividades náuticas (De *nauta*+-*ismo*)

nautografia *n.f.* descrição do aparelho dos navios e das respetivas manobras (Do gr. *náutes*, «marinheiro» +*gráphein*, «escrever» + -*ia*)

nautógrafo *n.m.* aquele que se ocupa de nautografia (Do gr. *náutes*, «marinheiro» +*gráphein*, «escrever»)

nava *n.f.* **1** planície; planura **2** vale (Do vasc. *nava*, «id.»)

naval *adj.2g.* **1** que diz respeito a navios ou à navegação **2** referente à marinha de guerra; *batalha* ~ jogo em que dois adversários procuram, alternadamente, por meio de coordenadas, acertar numa série de embarcações desenhadas num papel quadriculado; *escola* ~ instituto para a preparação de oficiais da armada (Do lat. *navāle*-, «id.»)

navalha *n.f.* **1** instrumento cortante constituído por um cabo com uma fenda longitudinal em que se pode resguardar a lâmina que com ele se articula **2** objeto cortante **3** dente afiado e cortante de diversos animais **4** ZOOLOGIA molusco lamelibrânquio comestível, da família dos Solenídeos, cuja concha alongada lembra o cabo daquele instrumento cortante **5** [fig.] frio intenso **6** [fig.] pessoa de má língua (Do lat. *novacŭla*-, «navalha; punhal»)

navalhada *n.f.* **1** golpe de navalha **2** ferroada (De *navalha*+-*ada*)

navalhão¹ *n.m.* navalha grande (De *navalha*+-*ão*)

navalhão² *n.m.* [regionalismo] pedaço de terreno húmido entre as searas, que se não cultiva, para que dê erva (Do vasc. *nava*, «vale»)

navalhar *v.tr.* **1** golpear ou cortar com navalha; dar navalhadas em **2** [fig.] torturar; fazer sofrer (De *navalha*+-*ar*)

navalheira *n.f.* **1** ZOOLOGIA caranguejo grande, de cor relativamente escura, muito comum em Portugal **2** ⇒ **longueirão** (De *navalha*+-*eira*)

navalhista *n.2g.* pessoa que dá golpes de navalha; faquista (De *navalha*+-*ista*)

navarco *n.m.* comandante de frota ou de navio de guerra, na Grécia (Do gr. *nauárkhes*, «id.», pelo lat. *navarchu*-, «id.»)

navarrino *adj.,n.m.* ⇒ **navarro** (De *Navarra*, top. +-*ino*)

navarro *adj.* de ou relativo a Navarra, província espanhola, ou aos seus habitantes ■ *n.m.* **1** indivíduo natural ou habitante de Navarra **2** dialeto falado em Navarra (De *Navarra*, top.)

nave *n.f.* **1** (astronáutica) veículo, tripulado ou não, apto para explorar o espaço e para fazer viagens entre planetas **2** navio; embarcação **3** ARQUITETURA espaço longitudinal entre muros ou filas de colunas e arcadas que sustentam a abóbada das igrejas ou templos **4** divisão de habitação **5** local sagrado; templo; ~ *central* ARQUITETURA espaço longitudinal entre duas fileiras de colunas; ~ *lateral/colateral* ARQUITETURA espaço entre uma fileira de colunas e a parede exterior de um templo (Do lat. *nave*-, «navio»)

navegabilidade *n.f.* qualidade do que é navegável (Do lat. *navigabĭle*-, «navegável»+-*i*-+-*dade*)

navegação *n.f.* **1** viagem ou transporte sobre ou dentro das águas do mar, sobre a superfície dos rios e dos lagos ou na atmosfera **2** arte ou ciência de dirigir um barco; náutica **3** arte ou ciência de dirigir uma aeronave; aeronáutica **4** movimentação no espaço marítimo ou aéreo, em percursos estabelecidos, com objetivos comerciais **5** INFORMÁTICA ato ou efeito de percorrer a internet através de uma aplicação adequada (browser) (Do lat. *navigatiōne*-, «id.»)

navegador *adj.* **1** que navega **2** que percorre longas distâncias pelo mar **3** que se especializou na orientação de barcos ou aeronaves ■ *n.m.* **1** aquele que navega **2** pessoa que percorre longas distâncias pelo mar; marinheiro **3** tripulante que se especializou na orientação de barcos ou aeronaves **4** DESPORTO tripulante de automóvel em prova de rali que informa o piloto (motorista) das características do trajeto **5** [Brasil] INFORMÁTICA browser (Do lat. *navigatōre*-, «id.»)

navegante¹ *adj.2g.* **1** que navega **2** que percorre o mar **3** que se desloca sobre a água ■ *n.2g.* **1** aquele que navega; navegador **2** pessoa que percorre longas distâncias pelo mar (Do lat. *navigante*-, «id.», part. pres. de *navigāre*, «navegar»)

navegante² *n.m.* ZOOLOGIA lavagante (Corrup. de *lavagante*)

navegar *v.tr.,intr.* percorrer, atravessar (água, atmosfera, espaço) em veículo adequado ■ *v.intr.* **1** viajar por mar; andar no mar **2** dirigir meio de transporte aquático ou aéreo **3** seguir; avançar **4** INFORMÁTICA percorrer a internet através de uma aplicação adequada (browser) ■ *v.tr.* transportar por água ou pelo ar (Do lat. *navigāre*, «id.»)

navegável *adj.2g.* por onde se pode navegar (Do lat. *navigabĭle*-, «id.»)

naveta /ê/ *n.f.* **1** vaso em forma de barco que contém o incenso destinado aos turíbulos, nas cerimónias da igreja **2** instrumento cujas extremidades terminam em ponta aguçada, utilizado para tecer **3** instrumento com o qual as redes de pesca são tecidas e remendadas **4** peça das máquinas de costura que faz a condução da linha inferior **5** BOTÂNICA conjunto de duas pétalas inferiores da corola papilionácea **6** navio pequeno (De *nave*+-*eta*, ou do fr. *navette*, «id.»)

navi- elemento de formação de palavras que exprime a ideia de navio (Do lat. *nave*-, «navio»)

navicela *n.f.* **1** ⇒ **naveta 2** taça em forma de barco, nas fontes antigas (Do lat. *navicella*-, «navio pequeno»)

navícula *n.f.* peça ou órgão em forma de navio (Do lat. *navicŭla*-, «navio pequeno»)

navicular *adj.2g.* **1** em forma de navícula **2** relativo a navícula (Do lat. *naviculāre*, «id.»)

naviculário *n.m.* armador ou dono de navios, na Antiguidade (Do lat. *naviculariu*-, «armador»)

naviforme *adj.2g.* com forma de navio (De *navi*-+-*forme*)

navífrago *adj.* **1** que despedaça navios **2** naufragoso (Do lat. *navifrăgu*-, «id.»)

navigabilidade *n.f.* ⇒ **navegabilidade**

navígero *adj.* [poét.] ⇒ **navegável** (Do lat. *navigĕru*-, «que traz navios»)

navimodelismo *n.m.* arte de construir modelos de navios ou de quaisquer embarcações (De *navi*-+*modelismo*)

navio *n.m.* **1** embarcação de grande tonelagem **2** qualquer embarcação mastreada **3** [pop.] esterno ou quilha de ave; ~ *de guerra* navio próprio para entrar em combate ou destinado a serviços militares; ~ *mercante* embarcação que se utiliza no transporte de mercadorias, de passageiros, ou de ambas as coisas; ~ *em lastro* navio não carregado; *ficar a ver navios* [coloq.] não se obter o que se desejava, sofrer uma deceção (Do lat. *navigĭu*-, «id.»)

navio-cisterna *n.m.* navio equipado com reservatórios para transporte de líquidos

navio-escola *n.m.* navio da marinha de guerra destinado à formação de futuros oficiais

navio-hospital *n.m.* navio que se destina a recolher e tratar feridos e doentes de outros barcos

náxio /cs/ *n.m.* pedra própria para polir o mármore ou para facetar e polir pedras preciosas (Do gr. *náxios*, «da ilha grega de Naxos», pelo lat. *naxiu*-, «id.»)

nazareno¹ /ê/ *adj.* relativo ou pertencente a Nazaré, cidade da antiga Judeia, ou que é seu natural ou habitante ■ *n.m.* **1** natural ou habitante de Nazaré **2** [com maiúscula] RELIGIÃO denominação dada a Cristo (Do latim *nazarēnu*-, «idem»)

nazareno² /ê/ *adj.* relativo ou pertencente a Nazaré, no distrito de Leiria, ou que é seu natural ou habitante ■ *n.m.* natural ou habitante de Nazaré (De *Nazaré*, topónimo +-*eno*)

nazáreo *adj.* ⇒ **nazareno**¹,² *adj.* (Do lat. *nazaraeu*-, «id.»)

nazarita *n.2g.* sectário do nazaritismo (Do hebr. *nezir*, «consagrado» +-*ita*)

nazaritismo *n.m.* doutrina religiosa espalhada entre os Judeus, segundo a qual os princípios que os devem orientar são a consagração a Deus, a vida pura, a abstinência e a devoção (De *nazarita*+-*ismo*)

nazi *adj.2g.* **1** POLÍTICA relativo ao nazismo **2** POLÍTICA que defende a ideologia do nacional-socialismo; que segue o nazismo ■ *n.2g.* pessoa partidária do nazismo; nacional-socialista (Do al. *nazi*, abrev. de *Nationalsozialist*, «socialista nacional»)

názir *n.m.* **1** superintendente das mesquitas, entre os Orientais **2** supremo tribunal, na Pérsia (Do ár. *nazir*, «inspetor»)

nazismo *n.m.* doutrina político-social, de carácter totalitário, baseada em ideias de superioridade de raça, cujos princípios foram adotados pelo Partido Nacional-Socialista, fundado por Hitler na Alemanha; nacional-socialismo (De *nazi*+-*ismo*)

nazista *adj.2g.* que diz respeito ao nazismo; nazi; nacional-socialista ■ *n.2g.* pessoa partidária do nazismo; nazi (De *nazi*+-*ista*)

nê *n.m.* nome da letra *n* ou *N*

nearómetro *n.m.* aparelho elétrico que serve para medir o grau de frescura de um corpo, utilizado, de modo especial, para medir o grau de frescura do peixe (Do gr. *nearós*, «fresco; recente» +*métron*, «medida»)

nébel n.m. 1 MÚSICA ⇒ **nablo** 2 antiga medida de capacidade dos Hebreus (Do hebr. *nevel*, «id.», pelo lat. *nablu-*, «náblio»)

neblina n.f. 1 névoa densa e rasteira; nevoeiro 2 [fig.] escuridão; sombra (Do cast. *neblina*, «id.»)

neblinar v.intr. [Açores, Brasil] chuviscar (De *neblina+-ar*)

nebri adj.2g. designativo do falcão adestrado para a caça ▪ n.m. falcão adestrado para a caça (Do cast. *neblí*, «id.»)

nébride n.f. pele de gamo com que se cobriam os sacerdotes de Deméter, deusa da fertilidade entre os Gregos antigos, e as bacantes, nos mistérios de Elêusis, cidade grega a noroeste de Atenas (Do gr. *nebrís, -ídos*, «pele de gamo», pelo lat. *nebride-*, «id.»)

Nebríidas n.m.pl. ZOOLOGIA ⇒ **Nebriídeos**

Nebriídeos n.m. ZOOLOGIA família de insetos coleópteros, carnívoros, representada em Portugal por várias espécies (Do lat. cient. *Nebria*, do gr. *nebrós*, «veado» +*-ídeos*)

nebrina n.f. ⇒ **neblina** (Do cast. *neblina*, «id.»)

nebrinagem n.f. [regionalismo] neblina muito densa (De *nebrina+-agem*)

nebrinar v.intr. [Açores, Brasil] ⇒ **neblinar** (De *nebrina+-ar*)

nebrinoso /ô/ adj. relativo a nebrina (De *nebrina+-oso*)

nébula n.f. 1 névoa; nevoeiro pouco denso 2 [fig.] mancha (Do lat. *nebŭla-*, «id.»)

nebular¹ v.tr. tornar nebuloso; enevoar (De *nébula+-ar*)

nebular² adj.2g. relativo a nebulosa

nebulitos n.m.pl. PETROGRAFIA variedade de migmatitos homogéneos em que as micas formam conjuntos nebulosos (Do lat. *nebŭla-*, «névoa; mancha» +*lithos*, «pedra»)

nebulização n.f. 1 difusão de um líquido em pequenas gotas; vaporização; pulverização; atomização 2 aplicação de substâncias medicamentosas, em forma de vapor, através de um nebulizador, com fins terapêuticos (De *nebulizar+-ção*)

nebulizador n.m. aparelho que serve para lançar um líquido em pequeníssimas gotas; pulverizador (De *nebulizar+-dor*)

nebulizar v.tr. 1 transformar (um líquido) em nuvem ou em vapor; vaporizar; atomizar 2 espalhar (um líquido) em forma de pequenas gotas sobre; pulverizar 3 inalar (pequenas gotas de vapor de substâncias medicamentosas) (Do lat. *nebŭla-*, «névoa; nevoeiro; vapor» +*-izar*)

nebulosa n.f. 1 ASTRONOMIA mancha esbranquiçada e difusa, semelhante a uma nuvem, visível no céu estrelado, produzida por corpos siderais, gases, estrelas e poeiras 2 [fig.] falta de clareza ou nitidez (De *nebuloso*)

nebulosidade n.f. 1 METEOROLOGIA qualidade ou estado do que é nebuloso ou está coberto de nuvens 2 METEOROLOGIA maior ou menor porção de céu coberto por nuvens 3 nuvem leve 4 [fig.] falta de clareza, de precisão (Do lat. *nebulosĭtate-*, «id.»)

nebuloso /ô/ adj. 1 obscurecido pelas nuvens ou por vapores densos; enevoado; nublado 2 METEOROLOGIA que diz respeito a nebulosidade 3 constituído por nuvens, vapores, poeiras ou algo parecido 4 sem transparência; turvo 5 difuso; pouco nítido; indistinto 6 [fig.] pouco compreensível; obscuro; enigmático 7 [fig.] que aconteceu há muito; longínquo 8 [fig.] incerto 9 [fig.] triste; sombrio 10 [fig.] ameaçador (Do lat. *nebulōsu-*, «id.»)

neca¹ pron.indef. [Brasil] [coloq.] coisa nenhuma; nada ▪ adv. [Brasil] [coloq.] exprime negação; não (Provavelmente do lat. *nec*, «nem, não»)

neca² n.f. [Moçambique] ⇒ **macaca** 3

necear v.intr. dizer disparates ou parvoíces; disparatar (Do cast. *necear*, «id.»)

necedade n.f. ato ou dito de néscio; disparate; estupidez (Do cast. *necedad*, «id.»)

nécessaire n.m. bolsa ou estojo para guardar objetos de uso pessoal ou de toilete (Do fr. *nécessaire*, «id.»)

necessária n.f. latrina; privada (De *necessário*)

necessariamente adv. 1 por ser mesmo preciso ou necessário 2 inevitavelmente; infalivelmente 3 de modo obrigatório; por força; sem falta (De *necessário+-mente*)

necessário adj. 1 de que se tem necessidade; de que se precisa mesmo; indispensável; imprescindível 2 importante; útil 3 preciso; requerido; exigido 4 que não pode ser de outro modo, nem deixar de ser; inevitável; forçoso 5 FILOSOFIA subsistente por si mesmo 6 LÓGICA que decorre obrigatoriamente do que foi admitido antes; não contingente ▪ n.m. 1 o que é preciso ou requerido 2 o que é indispensável 3 o que é essencial ou básico 4 o que não pode ser de outro modo 5 LÓGICA aquilo cujo oposto implica contradição (Do lat. *necessarĭu-*, «id.»)

necessidade n.f. 1 carácter do que se precisa mesmo; carácter do que é indispensável ou imprescindível 2 falta; carência 3 privação; pobreza; miséria 4 precisão; aperto 5 obrigação; imposição 6 o que é forçoso; inevitabilidade; *fazer as necessidades* [pop.] defecar ou urinar; *por ~* por imposição material ou moral (Do lat. *necessĭtāte-*, «id.»)

necessitado adj. 1 que tem falta de algo 2 que não tem o indispensável; pobre; indigente 3 obrigado pela necessidade (Part. pass. de *necessitar*)

necessitante adj.2g. que tem necessidade (Do lat. *necessitante-*, «id.», part. pres. de *necessitāre*, «necessitar»)

necessitar v.tr. 1 ter necessidade de; precisar de; carecer 2 exigir; requerer 3 tornar necessário ou imprescindível 4 privar do necessário 5 obrigar; forçar ▪ v.intr. sofrer necessidades; ter privações (Do lat. *necessitāre*, «id.»)

necessitário n.m. sectário do fatalismo (De *necessitar+-ário*)

necessitoso adj. ⇒ **necessitante** (De *necessitar+-oso*)

necídalo n.m. ZOOLOGIA inseto coleóptero, longicórneo, de élitros curtos, da família dos Cerambicídeos, género *Necydalus* (Do gr. *nekýdalos*, «crisálida do bicho-da-seda», pelo lat. *necydălu-*, «id.»)

necr(o)- elemento de formação de palavras que exprime a ideia de *morte, cadáver* (Do grego *nekrós*, «cadáver»)

necróbia n.f. ZOOLOGIA inseto coleóptero, de coloração vermelha e verde, que vive de matéria orgânica em decomposição (Do gr. *nekrós*, «cadáver» +*bíos*, «vida»)

necrobiose n.f. MEDICINA morte gradual de células, resultante de processos lentos de degeneração (Do gr. *nekrós*, «cadáver» +*bíos*, «vida» +*-ose*)

necrodulia n.f. ⇒ **necrolatria** (Do gr. *nekrós*, «cadáver» +*douleía*, «culto»)

necrofagia n.f. alimentação à base de cadáveres ou substâncias em decomposição (De *necro-+-fagia*)

necrófago adj.,n.m. ZOOLOGIA que ou animal que se alimenta de cadáveres ou substâncias em decomposição (Do gr. *nekrophágos*, «id.»)

necrofilia n.f. aberração da sexualidade que leva à profanação de cadáveres (De *necro-+-filia*)

necrófilo adj.,n.m. que ou aquele que sofre de necrofilia (De *necro-+-filo*)

necrofobia n.f. MEDICINA horror patológico e obsessivo à morte ou aos mortos (De *necrófobo+-ia*)

necrófobo adj. que manifesta necrofobia (Do gr. *nekrós*, «cadáver» +*phobeīn*, «ter horror a»)

necróforo n.m. ZOOLOGIA inseto coleóptero do género *Necrophorus*, que enterra pequenos animais mortos para neles depositar os seus ovos (Do gr. *nekrophóros*, «que transporta cadáveres»)

necrogéneo adj. BOTÂNICA diz-se de um vegetal que nasce sobre uma planta já morta ou prestes a morrer (Do gr. *nekrós*, «cadáver» +*génos*, «nascimento» +*-eo*)

necrografia n.f. estudo descritivo dos corpos mortos

necrógrafo n.m. o que se dedica ao estudo de corpos mortos

necrolatria n.f. culto dos mortos (Do gr. *nekrolatreía*, «culto aos mortos»)

necrolátrico adj. relativo à necrolatria

necrologia n.f. 1 registo das pessoas falecidas numa determinada data ou durante um dado intervalo de tempo; obituário 2 parte de uma publicação periódica onde se noticiam falecimentos 3 texto geralmente elogioso, escrito ou falado, sobre pessoas que faleceram; elogio fúnebre (De *necro-+-logia*)

necrológico adj. relativo a necrologia, a morte ou a funeral (De *necrologia+-ico*)

necrológio n.m. 1 texto geralmente elogioso, escrito ou falado, sobre pessoas falecidas; elogio fúnebre 2 parte de uma publicação periódica onde se noticiam falecimentos 3 registo das pessoas falecidas numa determinada data ou durante um dado intervalo de tempo; obituário (Do gr. *nekrós*, «cadáver» +*lógos*, «tratado» +*-io*)

necrologista n.2g. ⇒ **necrólogo** (De *necrologia+-ista*)

necrólogo n.m. autor de textos biográficos, em geral elogiosos, sobre pessoas que faleceram; autor de necrológios (De *necro-+-logo*)

necromancia n.f. pretensa arte de adivinhar pela evocação de pessoas mortas (Do gr. *nekromanteía*, «id.», pelo lat. *necromantĭa-*, «id.»)

necromante n.2g. pessoa que pratica a necromancia (Do gr. *nekrómantis*, «id.»)

necromântico adj. relativo a necromancia (De *necromante+-ico*)

necropatia n.f. propensão para necroses (Do gr. *nekrós*, «cadáver» +*páthos*, «moléstia» +*-ia*)

necrópole n.f. 1 ARQUEOLOGIA escavação subterrânea em que certos povos da Antiguidade depositavam os mortos 2 local destinado à sepultura dos mortos; cemitério 3 [fig.] lugar onde não há vida e onde tudo parece adormecido (Do gr. *nekrópolis*, «cidade dos mortos»)

necropsia *n.f.* ⇒ **necrotomia** (Do gr. *nekrós*, «cadáver» +*ópsis*, «vista; exame» +-*ia*)

necróptico *adj.* relativo à necropsia (Do gr. *nekrós*, «cadáver» +*óptico*, segundo o padrão grego)

necrosar *v.tr.* MEDICINA produzir a morte de célula ou tecido; causar necrose em ■ *v.intr.* MEDICINA sofrer necrose; gangrenar (De *necrose*+-*ar*)

necroscopia *n.f.* **1** exame ou dissecação de cadáveres **2** necropsia (Do gr. *nekrós*, «cadáver» +*skopeīn*, «examinar» +-*ia*)

necroscópico *adj.* relativo à necroscopia (De *necroscopia*+-*ico*)

necrose *n.f.* **1** BOTÂNICA doença das plantas caracterizada pelo aparecimento de manchas negras, sob as quais os tecidos se desintegram **2** PATOLOGIA morte rápida das células, devida a uma causa determinada, que apresenta ou não sinais histológicos visíveis **3** PATOLOGIA morte dos tecidos em geral (e em especial, do tecido ósseo) causada por infeção (Do gr. *nékrosis*, «mortificação», pelo fr. *nécrose*, «morte das células ou dos tecidos»)

necrotério *n.m.* lugar onde são colocados cadáveres que vão ser sujeitos a autópsia ou cuja identidade se pretende averiguar; morgue (De *necro*-+[*cemi*]*tério*)

necrótico *adj.* relativo a necrose (Do gr. *nekrotikós*, «id.»)

necrotomia *n.f.* dissecação de um cadáver; necropsia; autópsia (Do gr. *nekrós*, «cadáver» +*tomé*, «corte» +-*ia*)

néctar *n.m.* **1** MITOLOGIA bebida dos deuses **2** [fig.] bebida muito saborosa ou excelente **3** [fig.] delícia; encanto **4** BOTÂNICA suco doce e aromatizado com óleos essenciais, segregado por um órgão que se encontra nas flores ou plantas (nectário) (Do gr. *néktar*, «id.», pelo lat. *nectăre*-, «id.»)

nectáreo *adj.* relativo ou semelhante ao néctar (Do lat. *nectarĕu*-, «id.»)

nectarífero *adj.* BOTÂNICA que produz néctar (Do lat. *nectăre*-, «néctar» +*ferre*, «produzir»)

nectarina *n.f.* BOTÂNICA variedade de pêssego de casca lisa, com caroço descolado da polpa; pêssego-careca (Do gr. *néktar*, «bebida dos deuses»+-*ina*, ou do fr. *nectarine*, «id.»)

nectário *n.m.* BOTÂNICA órgão glandular, especialmente na flor, que produz o néctar e desempenha, assim, um papel importante na polinização entomófila (Do lat. *nectarĭu*-, «id.»)

nectarizar *v.tr.* [fig.] adoçar; dulcificar (De *néctar*+-*izar*)

nécton *n.m.* BIOLOGIA conjunto de animais marinhos, pelágicos, ativos, que nadam livremente e podem realizar migrações (Do gr. *nektón*, «nadador; que nada»)

nectópode *adj.2g.* ZOOLOGIA que tem pés achatados e membranosos, próprios para nadar ■ *n.m.* ZOOLOGIA animal dotado de um apêndice que lhe permite nadar ■ *n.m.pl.* **1** ZOOLOGIA moluscos que apenas possuem uma barbatana no abdómen **2** ZOOLOGIA insetos coleópteros **3** ZOOLOGIA pássaros com pés membranosos

nediez /ê/ *n.f.* **1** qualidade de nédio **2** aspeto lustroso **3** gordura (De *nédio*+-*ez*)

nédio *adj.* **1** luzidio **2** gordo; anafado (Do lat. *nitĭdu*-, «brilhante»)

neerlandês *adj.* de ou referente aos Países Baixos, ou aos seus habitantes; holandês ■ *n.m.* **1** natural ou habitante dos Países Baixos; holandês **2** língua germânica falada nos Países Baixos, na Bélgica, no Suriname e nas Antilhas (De *Neerlândia*, top. +-*ês*)

nefandamente *adv.* **1** de modo nefando **2** sacrilegamente (De *nefando*+-*mente*)

nefando *adj.* **1** que não deve dizer-se por ser abominável; execrável; odioso; ímpio **2** contrário à natureza; depravado; perverso; malvado (Do lat. *nefandu*-, «id.»)

nefário *adj.* ⇒ **nefando** (Do lat. *nefarĭu*-, «id.»)

nefas *n.m.* **1** aquilo que só se deve dizer porque é injusto ou ilícito **2** o que não se deve nomear, por indigno, abominável; **por fás e por ~** lícita ou ilicitamente, a torto e a direito (Do lat. *nefas*, «violação da lei divina»)

nefasto *adj.* **1** de mau agouro **2** prejudicial; funesto; nocivo **3** mau; perverso **4** triste; trágico; lutuoso (Do lat. *nefastu*-, «proibido pela lei divina»)

nefelibata *adj.2g.* **1** que não tem o sentido das realidades **2** (escritor) que cultiva a forma em demasia ■ *n.2g.* **1** pessoa que anda nas nuvens, longe da realidade **2** escritor que cultiva exageradamente a forma, fugindo aos processos literários simples e conhecidos (Do gr. *nephéle*, «nuvem» +*bátes*, «que anda»)

nefelibatice *n.f.* [depr.] dito, ato ou escrito de nefelibata (De *nefelibata*+-*ice*)

nefelibático *adj.* que diz respeito a nefelibata (De *nefelibata*+-*ico*)

nefelibatismo *n.m.* **1** qualidade de quem é nefelibata **2** sistema literário dos nefelibatas (De *nefelibata*+-*ismo*)

nefelina *n.f.* MINERALOGIA mineral (um aluminossilicato de sódio e potássio) do grupo dos feldspatoides, que cristaliza no sistema hexagonal, se apresenta com várias cores e tem brilho vítreo (Do gr. *nephéle*, «nuvem» +-*ina*)

nefelinito *n.m.* PETROLOGIA rocha vulcânica, com ou sem olivina, composta essencialmente de augite e nefelina (De *nefelina*+-*ito*)

nefélio *n.m.* MEDICINA mancha na camada exterior da córnea que não é totalmente opaca

nefelometria *n.f.* FÍSICA, QUÍMICA medição do grau de turbidez de um meio, originada pela presença, nesse meio, de pequenas partículas que o tornam oticamente não homogéneo (Do gr. *nephéle*, «nuvem» +*métron*, «medida» +-*ia*)

nefoscópio *n.m.* METEOROLOGIA instrumento utilizado nas observações das características das nuvens e dos nevoeiros (velocidade, direção, nebulosidade, etc.) (Do gr. *néphos*, «nuvem» +*skopeīn*, «observar» +-*io*)

nefralgia *n.f.* MEDICINA cólica dos rins, com tremuras, vómitos e abundância de urina (Do gr. *nephrós*, «rim» +*álgos*, «dor» +-*ia*)

nefrálgico *adj.* relativo à nefralgia (De *nefralgia*+-*ico*)

nefrectomia *n.f.* CIRURGIA extração de um rim (Do gr. *nephrós*, «rim» +*ektomé*, «ablação» +-*ia*, ou do fr. *néphrectomie*, «id.»)

nefrídio *n.m.* ZOOLOGIA órgão tubular de alguns invertebrados que desempenha a função excretora, ligando a cavidade geral com o exterior (metanefrídio) (Do gr. *nephrídios*, «relativo ao rim»)

nefrite *n.f.* **1** MEDICINA inflamação crónica ou aguda do rim **2** MINERALOGIA variedade de anfíbola, constituinte de muitos jades, compacta, translúcida, esverdeada ou azulada (Do gr. *nephrĩtis*, «id.», pelo lat. *nephrītis*, «id.»)

nefrítico *adj.* **1** que sofre de uma doença de rins **2** relativo a nefrite ou aos rins **3** utilizado contra as doenças dos rins ■ *n.m.* aquele que sofre de nefrite (Do gr. *nephritikós*, «id.», pelo lat. *nephritĭcu*-, «id.»)

nefr(o)- elemento de formação de palavras que exprime a ideia de *rim* (Do gr. *nephrós*, «rim»)

nefrocele *n.f.* MEDICINA hérnia no rim (Do gr. *nephrós*, «rim» +*kéle*, «tumor»)

nefrografia *n.f.* **1** MEDICINA estudo descritivo dos rins **2** MEDICINA exame radiológico do rim depois da opacificação do parênquima renal por urografia intravenosa ou arteriografia renal

nefrográfico *adj.* relativo a nefrografia

nefroide *adj.2g.* semelhante ao rim (Do gr. *nephroeidés*, «id.»)

nefróide ver nova grafia **nefroide**

nefrolitíase *n.f.* MEDICINA litíase renal; formação de cálculos nos rins

nefrólito *n.m.* MEDICINA cálculo que se forma nos rins

nefrologia *n.f.* MEDICINA ramo que compreende o estudo dos rins e o tratamento das doenças renais (Do gr. *nephrós*, «rim» +*lógos*, «tratado» +-*ia*)

nefrologista *n.2g.* especialista em doenças dos rins (Do gr. *nephrós*, «rim» +*lógos*, «estudo» +-*ista*)

nefrólogo *n.m.* ⇒ **nefrologista** (Do gr. *nephrós*, «rim» +*lógos*, «estudo»)

néfron *n.m.* ⇒ **nefrónio**

nefrónio *n.m.* FISIOLOGIA parte do rim dos vertebrados que tem a seu cargo a produção de urina, constituída pelo glomérulo de Malpighi, a cápsula de Bowman, a ansa de Henle e os tubos proximal e distal

nefróstoma *n.m.* ⇒ **nefróstomo**

nefrostomia *n.f.* CIRURGIA abertura provocada de uma fístula renal quando há obstrução nos canais de escoamento da urina (De *nefróstoma*+-*ia*)

nefróstomo *n.m.* ZOOLOGIA abertura do nefrídio na cavidade geral; nefróstoma (Do gr. *nephrós*, «rim» +*stóma*, «boca»)

nefrotomia *n.f.* CIRURGIA incisão nos rins para extração de cálculos (Do gr. *nephrós*, «rim» +*tomé*, «corte» +-*ia*)

nega *n.f.* **1** [coloq.] recusa; rejeição **2** [coloq.] falta de vocação **3** jogo, no bilhar, em favor do parceiro contrário **4** falha; insucesso **5** recusa a dar lição ou a ser chamado à lição **6** [cal.] fracasso erótico ocasional, em que não se consegue a ereção ou o orgasmo **7** (construção) fase da cravação de uma estaca em que, para a energia de cravação utilizada, a penetração irreversível da estaca no solo é inferior ao valor satisfatório **8** [acad.] nota escolar inferior a metade do valor máximo da escala e correspondente a prova que não satisfaz; negativa **9** BOTÂNICA cerejeira da América (Deriv. regr. de *negar*)

negaça n.f. 1 coisa ou animal utilizado para atrair; engodo; isca 2 gesto, movimento ou comportamento para atrair ou provocar alguém, enganando ou iludindo 3 não aceitação; recusa (Do cast. añagaza, «id.»)

negação n.f. 1 ato ou efeito de afirmar que algo não é verdadeiro ou não existe 2 recusa; rejeição 3 o que contradiz ou é contrário a algo 4 incapacidade; inaptidão 5 falta; carência 6 LÓGICA, MATEMÁTICA relação entre proposições pela qual x é verdadeira senão y é falsa, e x é falsa senão y é verdadeira 7 MILITAR ação levada a efeito através de destruições e obstruções com o fim de negar ou dificultar o progresso do inimigo (Do lat. negatiōne-, «id.»)

negaceador adj., n.m. 1 que ou o que faz gestos para atrair alguém 2 que ou o que provoca (De negacear+-dor)

negacear v.tr. 1 atrair, provocar com ofertas ilusórias ou enganadoras 2 recusar; negar ■ v.intr. fazer negaças (De negaça+-ear)

negaceiro adj., n.m. ⇒ **negaceador** (De negacear+-eiro)

negado adj. 1 recusado 2 contestado 3 proibido (Part. pass. de negar)

negador adj., n.m. que ou aquele que nega (Do lat. negatōre-, «id.»)

negalho n.m. 1 [pop.] pequena porção de linha para coser 2 cordel; atilho 3 bocado pequeno de qualquer coisa 4 [pej.] pessoa de pequena estatura (Do lat. *ligacŭlu-, de ligāre, «ligar»)

negar v.tr. 1 afirmar que uma coisa não é verdadeira ou não existe 2 dizer que não 3 não aceitar a existência de; contestar 4 não confessar; não assumir 5 rejeitar; recusar 6 desmentir 7 proibir; não permitir ■ v.intr. dizer que não ■ v.pron. recusar-se (Do lat. negāre, «id.»)

negativa n.f. 1 proposição que é a negação doutra ou que serve para negar 2 não aceitação; negação; recusa 3 GRAMÁTICA partícula que indica negação 4 [acad.] nota escolar inferior a metade do valor máximo da escala e correspondente a prova que não satisfaz (De negativo)

negativamente adv. 1 de modo negativo; afirmando que não; com negação; com recusa 2 de modo desfavorável ou destrutivo (De negativo+-mente)

negativar v.tr. 1 tornar negativo 2 reproduzir em negativo (De negativo+-ar)

negatividade n.f. 1 qualidade de negativo 2 recusa constante do mérito de outras pessoas 3 ELETRICIDADE, FÍSICA estado de um corpo que revela eletricidade negativa (De negativo+-i-+-dade)

negativismo n.m. 1 espírito de negação sistemática 2 comportamento que consiste em dizer não, sempre ou frequentemente, às ideias, solicitações ou propostas de outros 3 FILOSOFIA sistema caracterizado pela recusa a toda a realidade e conhecimento 4 PSICOLOGIA comportamento patológico caracterizado por atitudes ou gestos contrários aos que são esperados ou solicitados (De negativo+-ismo)

negativista adj., n.2g. 1 que ou pessoa que nega ou recusa toda a realidade e conhecimento 2 que ou pessoa que recusa sistematicamente ideias ou solicitações de outros (De negativo+-ista)

negativo adj. 1 que encerra ou exprime negação 2 nulo; sem resultado 3 proibitivo 4 contraproducente; que produz efeitos contrários 5 que só critica 6 que não tem uma atitude construtiva 7 [acad.] designativo da nota escolar inferior a metade do valor máximo da escala e correspondente a prova que não satisfaz 8 GRAMÁTICA que exprime negação 9 MATEMÁTICA diz-se do número menor que zero 10 METEOROLOGIA diz-se da temperatura inferior a zero graus 11 MEDICINA que indica ausência de irregularidades ou elementos patológicos 12 FÍSICA que se manifesta nos corpos resinosos, quando friccionados com um pano de lã 13 FOTOGRAFIA diz-se da imagem (prova) fotográfica que apresenta as partes claras e as partes escuras em oposição com as escuras e as claras do objeto fotografado 14 QUÍMICA diz-se da partícula, ião ou grupo químico que possui um excesso de eletrões ■ n.m. 1 FOTOGRAFIA filme revelado que apresenta as partes claras e as partes escuras em oposição com as escuras e as claras do objeto fotografado; diapositivo 2 MATEMÁTICA número menor que zero (Do lat. negatīvu-, «id.»)

negatório adj. que nega ou encerra negação (Do lat. negatoriŭ-, «id.»)

negatoscópio n.m. alvo luminoso para exame de radioscopias (Do fr. négatoscope, «id.»)

negatrão n.m. FÍSICA eletrão negativo (De nega[tivo]+[elec]trão)

negável adj.2g. suscetível de ser negado (De negar+-vel)

négligé n.m. roupão feminino fino e leve (Do fr. négligé)

negligência n.f. 1 desleixo; falta de cuidado; descuido 2 desprezo; desdém 3 preguiça; indolência 4 ação ou dito ou pessoa desleixada ou desinteressada 5 DIREITO ato de omitir ou esquecer algo que devia ter sido feito de maneira a evitar um facto que produz lesão ou dano (Do lat. neglegentĭa-, «id.»)

negligenciar v.tr. 1 não dar atenção a; não dar os devidos cuidados a; tratar com desleixo; descurar 2 omitir; esquecer (De negligência+-ar)

negligente adj.2g. 1 que não tem os devidos cuidados com algo; descuidado; desleixado 2 desatento; desinteressado 3 sem energia; preguiçoso; frouxo (Do lat. neglegente-, «id.», part. pres. de neglegĕre, «negligenciar, não fazer caso de»)

negligentemente adv. 1 descuidadamente; com descuido; sem atenção 2 com negligência (De negligente+-mente)

negociabilidade n.f. qualidade daquilo que é negociável (Do lat. *negotiabĭle-, «negociável» +-i-+-dade)

negociação n.f. 1 ato ou efeito de negociar ou comerciar; ato ou efeito de comprar, vender ou trocar; negócio 2 contrato; ajuste 3 pl. conversações entre parceiros sociais com o objetivo de se chegar a um acordo 4 pl. conversações diplomáticas entre representantes de Estados para se definir soluções para um dado problema, estabelecer um acordo ou ajustar um tratado (Do lat. negotiatiōne-, «negócio; negociação»)

negociador adj. 1 que negoceia; que estabelece relações comerciais 2 que está incumbido de resolver problemas ou questões através da realização de acordos ■ n.m. 1 pessoa que negoceia; comerciante 2 pessoa que se ocupa de negócios de outras pessoas; intermediário 3 pessoa encarregada de promover conversações de forma a resolver questões ou problemas através de acordos 4 agente político que representa um dado Estado e está encarregado de obter um acordo (Do lat. negotiatōre-, «id.»)

negociamento n.m. ⇒ **negociação** (De negociar+-mento)

negociante n.2g. 1 pessoa que negoceia; pessoa que se dedica a uma atividade comercial; comerciante 2 pessoa que se ocupa de negócios de outras pessoas; intermediário 3 [pej.] pessoa que pretende obter lucros excessivos com a atividade comercial que exerce (Do lat. negotiante-, «id.»)

negociar v.tr. 1 comprar, vender ou trocar 2 ajustar; agenciar 3 favorecer o andamento ou a conclusão de (assunto, projeto) para obter um acordo 4 promover; preparar 5 procurar conseguir; diligenciar 6 alcançar; pactuar ■ v.intr. fazer negócios; comerciar; traficar (Do lat. vulg. *negotiāre, por negotiāri, «id.»)

negociarrão n.m. {aumentativo de **negócio**} negócio muito lucrativo; negócio importante (De negócio+-arrão)

negociata n.f. negócio em que geralmente há trapaça (De negócio+-ata)

negociável adj.2g. que se pode negociar ou transacionar (Do lat. *negotiabĭle-, «id.»)

negócio n.m. 1 transação comercial 2 atividade definida pela troca, compra e venda de produtos, bens, serviços, etc., destinada à obtenção de lucro; comércio; tráfico 3 empresa dedicada ao comércio; empreendimento 4 ocupação; atividade 5 assunto pendente; qualquer assunto que exige resolução; questão 6 ajuste 7 [Brasil] coisa; ~ **da China** transação (comercial ou outra) de lucro certo e fácil; ~ **feito** tudo resolvido; *fazer* ~ comerciar; *ter olho para* ~ ter jeito para selecionar e realizar os negócios vantajosos (Do lat. negotĭu-, «id.»)

negocioso /ó/ adj. 1 cheio de negócios; muito ocupado; atarefado 2 ativo; diligente (Do lat. negotiōsu-, «id.»)

negocista n.2g. [Brasil] pessoa que faz negócios ilícitos (De negócio+-ista)

negra /ê/ n.f. 1 [pop.] mancha de coloração variável originada pela infiltração de sangue no tecido subcutâneo e que se deve, em geral, a traumatismo; equimose 2 mulher que pertence ao grupo genético caracterizado por ter a pele muito pigmentada 3 variedade de azeitona; negrainha 4 ORNITOLOGIA nome vulgar de umas aves palmípedes, da família dos Anatídeos, comuns em Portugal, uma das quais é também conhecida por negrinha, negrela, etc., e outra por negrola, pato-negro, ferragoso, ferrusco, etc. 5 [gír.] partida decisiva, em certos jogos (De negro)

negraço n.m. homem muito negro e corpulento; negralhão; negrão (De negro+-aço)

negrada n.f. conjunto de negros; negralhada (De negro+-ada)

negrainha n.f. 1 casta de videira produtora de uva preta pouco apreciada 2 variedade de azeitona; negra; madural; negral; negroa; negrão (De negra+-inha)

negral adj.2g. 1 de cor muito escura; quase negro; próximo do negro 2 BOTÂNICA diz-se de uma variedade de carvalho de folhagem caduca, característica do interior de Portugal continental, ao norte do Tejo ■ n.f. variedade de azeitona; negrainha (De negro+-al)

negralhada n.f. [depr.] ⇒ **negrada** (De negro+-alho+-ada)

negralhão *n.m.* [depr.] ⇒ **negraço** (De *negro+-alhão*)
negrão *n.m.* 1 mancha muito escura 2 nódoa preta 3 casta de uva 4 ICTIOLOGIA nome vulgar extensivo a uns peixes teleósteos, da família dos Mugilídeos, a que pertencem algumas espécies comestíveis e comuns em Portugal 5 variedade de azeitona; negrainha (De *negro+-ão*)
negraria *n.f.* multidão de negros; negrada (De *negro+-aria*)
negregado *adj.* 1 desgraçado; infeliz 2 que custa muito; difícil; árduo 3 que se amaldiçoa; detestável 4 que causa desgraça; funesto; fatal (Do lat. *nigricătu-*, «denegrido», part. pass. de *nigricăre*, «negrejar; ser escuro»)
negregoso /ô/ *adj.* muito negro; muito escuro (De *negro+g+-oso*)
negregura *n.f.* ⇒ **negrura** (De *negro+g+-ura*)
negreira *n.f.* ORNITOLOGIA ⇒ **negrinha** 2 (De *negro+-eira*)
negreiro *n.m.* indivíduo que traficava negros ou escravos ■ *adj.* 1 que fazia o tráfico de negros ou escravos 2 diz-se do navio utilizado outrora no tráfico de negros ou escravos (De *negro+-eiro*)
negrejamento *n.m.* ato de negrejar (De *negrejar+-mento*)
negrejante *adj.2g.* que negreja (De *negrejar+-ante*)
negrejar *v.intr.* 1 ser ou mostrar-se negro ou escuro 2 parecer negro 3 estar coberto de luto 4 [fig.] infundir tristeza 5 [fig.] mostrar-se triste, sombrio ■ *v.tr.,intr.* 1 causar sombra ou escuridão (sobre) 2 aparecer de modo sombrio, soturno (em) (De *negro+-ejar*)
negrela *n.f.* ORNITOLOGIA ⇒ **negra** 4 (De *negra+-ela*)
negridão *n.f.* ⇒ **negrura** (De *negro+-idão*)
negrilho *n.m.* 1 tecido preto de lã 2 rapazinho negro 3 BOTÂNICA ulmeiro (que dá madeira escura) 4 *pl.* vidrilhos pretos (Do cast. *negrillo*, «id.»)
Negrilhos *n.m.pl.* ETNOGRAFIA povo de anões, de pele muito negra, da África equatorial, que são os antigos pigmeus (De *negro+-ilho*)
negrinha *n.f.* 1 rapariga de raça negra 2 ORNITOLOGIA pássaro da família dos Prunelídeos, sedentário e comum no Norte de Portugal, também conhecido por castanheira, ferreirinha, ferrugenta, pretinha, negreira, serrana, etc. 3 ORNITOLOGIA ave palmípede, também designada negra 4 BOTÂNICA planta herbácea, com raiz fibrosa, da família das Ciperáceas, que aparece nos terrenos inundados ou húmidos do centro e do Sul de Portugal 5 vara que servia de insígnia ao mordomo-mor da casa real (De *negro+-inha*)
negrinho *n.m.* 1 rapaz de raça negra 2 variedade de uva tinta 3 chouriço de sangue, de cor negra (De *negro+-inho*)
negrita *n.f.* 1 ⇒ **cigarrilha** 1 2 ORNITOLOGIA ⇒ **melro-buraqueiro** 3 TIPOGRAFIA [ant.] tipo semelhante aos caracteres egípcios, de traço levemente negro (De *negro+-ita*)
negrito *n.m.* 1 TIPOGRAFIA tipo de impressão de traço mais encorpado que o normal 2 [regionalismo] chouriço de sangue, de cor negra (De *negro+-ito*)
negritude *n.f.* 1 carácter ou qualidade daquele que é negro 2 movimento cultural e político de valorização da identidade africana, por oposição à cultura dos povos colonizadores (De *negro+-tude*)
negro /ê/ *adj.* 1 que se caracteriza pela ausência de cor, por receber a luz e não a reflectir; preto 2 que tem cor muito escura 3 escurecido; sujo 4 escuro; sombrio 5 que está escuro ou azulado devido a traumatismo 6 [fig.] lúgubre; triste 7 [fig.] funesto; fúnebre; tétrico 8 FÍSICA diz-se do corpo que absorve todas as radiações ■ *n.m.* 1 ausência total de cor, total absorção de todas as radiações luminosas; preto 2 TIPOGRAFIA tipo de impressão de traço mais encorpado que o normal ■ *adj.,n.m.* que ou pessoa que tem a pele escura, devido à elevada pigmentação (Do lat. *nigru-*, «id.»)
negroa /ô/ *n.f.* ⇒ **negrainha** 2 (De *negro*)
negro-de-fumo ver nova grafia negro de fumo
negro de fumo *n.m.* QUÍMICA pó constituído por carbono quase puro, obtido por combustão incompleta do gás natural e outras substâncias ricas em carbono, que se emprega no fabrico de tintas, derivados da borracha, etc.
negrófilo *adj.* que tem simpatia pela raça negra ■ *n.m.* partidário da abolição da escravatura (De *negro+-filo*)
negrófobo *n.m.* indivíduo que odeia a raça negra (De *negro+-fobo*)
negroide *adj.2g.* referente a negro ■ *n.2g.* 1 pessoa de raça negra 2 pessoa com traços semelhantes aos da raça negra (De *negro+-óide*)
negróide ver nova grafia negroide
negrola *n.f.* ORNITOLOGIA ⇒ **negra** 4 (De *negro+-ola*)
negror *n.m.* 1 qualidade do que tem cor muito escura; negrura 2 estado do que se encontra sem luz; escuridão; negrume (Do lat. *nigrōre-*, «id.»)
negrotins *n.m.pl.* ⇒ **gregotins** (De *gregotins*)

negrume *n.m.* 1 qualidade do que tem cor muito escura; negrura 2 estado do que se encontra sem luz; escuridão 3 trevas 4 nevoeiro denso; cerração 5 mancha escura 6 [fig.] tristeza; melancolia (De *negro+-ume*)
negrura *n.f.* 1 qualidade do é muito escuro ou negro; negridão 2 estado do que se encontra sem luz; escuridão 3 [fig.] perversidade; crueldade 4 [fig.] tristeza; melancolia 5 [fig.] crime; mácula; labéu (De *negro+-ura*)
negus *n.m.* (*plural* **neguses**) título do soberano da Abissínia (Do etíope *negûs [negusti]*, «rei dos reis»)
nele[1] /ê/ contração da preposição em + o pronome pessoal *ele*
nele[2] /é/ *n.m.* [Índia] [ant.] variedade de arroz, com casca (Do dravíd. *nel*, «id.»)
nelúmbio *n.m.* BOTÂNICA ⇒ **nelumbo**
nelumbo *n.m.* BOTÂNICA planta da família das Ninfeáceas, que aparece nos lugares pantanosos, por vezes em lagos, na América do Norte e na Austrália (Do lat. cient. *Nelumbiu-*, do cing. *nelumbu*, «id.»)
nem *conj.* 1 e não, e também não 2 e sem ■ *adv.* 1 não 2 nenhum; ~ *que* ainda que, mesmo que; ~ *um* ao menos um, pelo menos um, sequer um; *que* ~ como, do mesmo modo, mais do que (Do lat. *nec*, «não»)
nematelmintes *n.m.pl.* ZOOLOGIA grupo (tipo) zoológico de metazoários, geralmente parasitas, cujo corpo, não metamerizado e desprovido de apêndices, está revestido de quitina (Do gr. *nêma, -atos*, «fio» + *hélmis, -inthos*, «verme»)
nemático *adj.* FÍSICA diz-se do estado intermediário entre o estado cristalino e o estado líquido, caracterizado por serem paralelas as dimensões longitudinais das moléculas, sem a existência de qualquer outra regularidade (Do gr. *nêma, -atos*, «fio» +*-ico*)
nematode *adj.* ZOOLOGIA sem tromba e com tubo digestivo desenvolvido ■ *n.m.* ZOOLOGIA espécime dos nematodes ■ *n.m.pl.* ZOOLOGIA grupo de nematelmintes desprovidos de tromba e com tubo digestivo desenvolvido (Do gr. *nematódes*, «em forma de fio»)
nematoide *adj.2g.* 1 semelhante a um fio 2 filiforme (Do gr. *nêma, -atos*, «fio» +*eîdos*, «forma»)
nematóide ver nova grafia nematoide
nembo[1] *n.m.* 1 troço de parede compreendido entre dois vãos consecutivos 2 casta de videira (De *membro*)
nembo[2] *n.m.* [Moçambique] seiva de árvore com as propriedades do látex; goma (Do changana *nèmbù*, «id.»)
nemésia *n.f.* 1 BOTÂNICA designação de umas plantas herbáceas e arbustivas da família das Escrofulariáceas, existentes na África do Sul, e cultivadas como ornamentais 2 ZOOLOGIA aracnídeo pertencente ao género *Nemesia*, da família dos Aviculídeos (Do gr. *némesis*, «vingança» +*-ia*)
nemésico *adj.* que é instrumento de vingança (Do gr. *némesis*, «vingança» +*-ico*)
nemeu *adj.* 1 da Nemeia, célebre vale no Nordeste do Peloponeso (Grécia) 2 diz-se de Hércules por ter matado um leão temível do bosque de Nemeia ■ *n.m.* [fig.] caçador de animais ferozes (Do gr. *némeios*, «da Nemeia», pelo lat. *nemeaeu-* ou *nemeïu-*, «id.»)
Nemeus *n.m.pl.* jogos públicos celebrados pelos Gregos em honra de Zeus (Nemeu) ou, segundo outra tradição, em honra de Hércules (Do gr. *némeios*, «da Nemeia», pelo lat. *nemeaeu-* ou *nemeïu-*, «id.»)
nemólito *n.m.* rocha arborizada
nemoral *adj.2g.* 1 que diz respeito a bosques 2 que existe nos bosques (Do lat. *nemorăle-*, «de bosque»)
nemoroso *adj.* 1 cheio de bosques 2 coberto de arvoredo (Do lat. *nemorōsu-*, «id.»)
nena /ê/ *n.f.* 1 [pop.] boneca de pano 2 [regionalismo] grande bebedeira
nêndi *n.m.* ORNITOLOGIA ave columbina, africana, também chamada bango
nené *n.2g.* [coloq.] criança recém-nascida (Do fr. *néné*, «seio; mama»)
nenecar *v.tr.* [Moçambique] trazer uma criança às costas; adormecer; embalar (Do niungue *nenekar*, «id.»)
nengra *n.f.* [regionalismo] menina recém-nascida (De orig. obsc.)
nenhum *det.indef.* >*quant.univ.*[DT] ,*pron.indef.* 1 nem um (*nenhum aluno faltou*) 2 qualquer (*lia mais do que nenhuma outra pessoa*) 3 nulo (*o interesse é nenhum*); *de maneira nenhuma* nunca, em caso algum; *não fazer* ~ não fazer nada, não trabalhar (Do lat. *unu-*, «nem um»)
nenhures *adv.* em nenhum lugar (De *nenhum+[alg]ures*)
nénia *n.f.* 1 canto fúnebre 2 elegia (Do lat. *nenĭa-*, «id.»)
nente *adv.* [pop.] ⇒ **nentes**
nentes *adv.* 1 [pop.] nada 2 não (Do lat. *nec*, «nem» +*ente-*, «ente»)

nenúfar *n.m.* 1 BOTÂNICA planta aquática, da família das Ninfeáceas, com rizoma longo e nodoso, de limbo flutuante, folhas grandes e arredondadas, flores solitárias de diversas cores, que se desenvolve em locais quentes ou temperados; gólfão; ninfeia 2 BOTÂNICA ⇒ **flor-de-lótus** (Do ár. *nainúfar*, «id.», pelo fr. *nénuphar*, «id.»)

neo- elemento de formação de palavras que exprime a ideia de *novo* e se liga por hífen ao elemento seguinte quando este começa por vogal, *h*, *r* ou *s* (Do gr. *néos*, «novo»)

neoárico *adj.* que se refere aos Árias dos últimos tempos ■ *n.m.* língua dos modernos Árias

neo-árico ver nova grafia **neoárico**

neobarroco *adj.* relativo ao neobarroquismo (De *neo-+barroco*)

neobarroquismo *n.m.* estilo surgido na Europa, na segunda metade do séc. XIX, inspirado no Barroco; neobarroco (De *neo-+barroquismo*)

neocalamitas *n.f.pl.* PALEONTOLOGIA plantas fósseis do grupo das equissetíneas, cujas características se assemelham às das calamitas (De *neo-+calamitas*)

neocaledónio *adj.* da Nova Caledónia, ilha do oceano Pacífico ■ *n.m.* natural ou habitante da Nova Caledónia (De *neo-+caledónio*)

neocatolicismo *n.m.* RELIGIÃO sistema doutrinário que pretende interpretar de modo diferente o catolicismo tradicional, adaptando-o às questões atuais (De *neo-+catolicismo*)

neocatólico *n.m.* RELIGIÃO partidário do neocatolicismo ■ *adj.* 1 RELIGIÃO relativo ao neocatolicismo 2 RELIGIÃO que é partidário do neocatolicismo (De *neo-+católico*)

neocéltico *adj.* diz-se das línguas vivas que derivam do celta (bretão, galês, etc.) (De *neo-+céltico*)

neoceratódio *n.m.* ICTIOLOGIA peixe da Austrália pertencente ao grupo dos dipnoicos (De *neo-+ceratodo+-io*)

neoclassicismo *n.m.* 1 LITERATURA movimento literário e artístico, baseado nos princípios estéticos do classicismo francês, que predominou na Europa no séc. XVIII, contrapondo-se, por um lado, ao barroco e, por outro, ao romantismo 2 imitação atual dos antigos artistas e escritores clássicos (De *neo-+classicismo*)

neoclássico *adj.* relativo ao neoclassicismo (De *neo-+clássico*)

neocolonial *adj.2g.* relativo a ou próprio do neocolonialismo ■ *adj.2g.,n.m.* que ou o que se inspira na arte colonial, em especial na arquitetura e no mobiliário (De *neo-+colonial*)

neocolonialismo *n.m.* POLÍTICA, ECONOMIA forma de colonialismo que se define pelo domínio económico de um país sobre outro menos desenvolvido, podendo encobrir cumulativamente a dominação a nível tecnológico, científico ou cultural (De *neo-+colonialismo*)

neocolonialista *adj.2g.* 1 referente ao neocolonialismo 2 que pratica o neocolonialismo ■ *n.2g.* pessoa que pratica o neocolonialismo (De *neo-+colonialista*)

Neocomiano *n.m.* GEOLOGIA subépoca inferior do Cretácico (Do lat. *Neocomum*, «Neuchâtel», cidade suíça +-iano)

neócoro *n.m.* encarregado da guarda, limpeza e boa ordem dos templos, entre os pagãos

neocriticismo *n.m.* FILOSOFIA ⇒ **neokantismo** (De *neo-+criticismo*)

neodarwinismo *n.m.* BIOLOGIA teoria transformista que, baseada nas teorias de Darwin (biólogo inglês, 1809-1882) sobre a origem das espécies, explica, pela simples seleção dessas espécies, o desenvolvimento ou a atrofia de certos órgãos e nega a hereditariedade dos caracteres adquiridos – a seleção natural, como fator principal da evolução, atua, portanto, não sobre caracteres adquiridos, como afirmava Darwin, mas sim sobre variações genotípicas (De *neo-+darwinismo*)

neodarwinista *adj.2g.* relativo ao neodarwinismo ■ *n.2g.* pessoa adepta do neodarwinismo (De *neo-+darwinista*)

neodímio *n.m.* QUÍMICA elemento metálico, com o número atómico 60 e símbolo Nd, que faz parte das chamadas terras raras (Do al. *Neodym*, «id.», do gr. *néos*, «novo; jovem» +*dídymos*, «dobrado; gémeo»)

neoescolástica *n.f.* FILOSOFIA ⇒ **neotomismo** (De *neo-+escolástica*)

neo-escolástica ver nova grafia **neoescolástica**

neoescolástico *adj.,n.m.* ⇒ **neotomista**

neo-escolástico ver nova grafia **neoescolástico**

neofascismo *n.m.* movimento político que surgiu após a Segunda Guerra Mundial, baseado na ideologia política e propaganda fascistas

neofascista *adj.2g.* relativo ao neofascismo ■ *n.2g.* pessoa partidária do neofascismo

neofilia *n.f.* 1 apetência por tudo o que é novidade 2 desejo de progresso (De *neófilo+-ia*)

neófilo *adj.,n.m.* que ou aquele que manifesta neofilia (De *neo-+-filo¹*)

neófito *n.m.* 1 RELIGIÃO pessoa que acabou de ser batizada 2 RELIGIÃO pessoa ordenada recentemente 3 RELIGIÃO pessoa que recentemente se converteu ao cristianismo ou foi iniciada numa ordem religiosa 4 pessoa que foi recentemente admitida numa associação ou corporação ou que acabou de aderir a uma causa ou doutrina (Do gr. *néophytos*, «plantado recentemente», pelo lat. *neophӯtu-*, «neófito»)

neofobia *n.f.* aversão a todo o progresso, a todas as inovações (De *neo-+-fobia*)

neófobo *adj.,n.m.* que ou aquele que revela neofobia (De *neo-+-fobo*)

neoformação *n.f.* formação recente de rocha, vocábulo, tecido orgânico, etc. (De *neo-+formação*)

neoformado *adj.* (rocha, vocábulo, tecido) de formação recente (De *neo-+-formado*)

neógala *n.m.* o primeiro leite segregado depois do colostro (Do gr. *néos*, «novo» +*gála*, «leite»)

neógamo *n.m.* indivíduo recém-casado (Do gr. *neógamos*, «id.»)

neogarrettiano *adj.* relativo ao neogarrettismo ■ *n.m.* indivíduo partidário do neogarrettismo (De *neo-+garrettiano*)

neogarrettismo *n.m.* LITERATURA estilo literário em que se renovam o estilo e os processos de Almeida Garrett, romancista, poeta e dramaturgo português (1799-1854) (De *neo-+garrettismo*)

Neogéneo *adj.* GEOLOGIA ⇒ **Neogénico** (Do grego *neogenés*, «recém-nascido» +-*eo*)

Neogénico *n.m.* GEOLOGIA período do Cenozoico que abrange duas épocas: o Miocénico e o Pliocénico ■ *adj.* [com minúscula] GEOLOGIA relativo ou pertencente ao Neogénico (Do grego *neogené*, «recém-nascido», +-*ico*)

neogótico *adj.* 1 diz-se de qualquer decoração ou trabalho artístico moderno que imita o gosto ou o estilo gótico 2 que se inspira no estilo gótico ■ *n.m.* estilo moderno (século XIX) inspirado no gótico; *reação neogótica* reconquista cristã da Península Hispânica dominada pelos Árabes (De *neo-+gótico*)

neografia *n.f.* novo sistema ortográfico; nova grafia (Do gr. *néos*, «novo» +*gráphein*, «descrever» +-*ia*)

neógrafo *n.m.* o que admite ou pratica uma ortografia nova

neo-helénico *adj.* relativo à Grécia moderna ■ *n.m.* língua dos Gregos modernos

neoimpressionismo *n.m.* ARTES PLÁSTICAS (pintura) moderno sistema que se propõe obter o máximo de brilho luminoso, acentuando e sistematizando os processos do impressionismo

neo-impressionismo ver nova grafia **neoimpressionismo**

neoimpressionista *adj.2g.* 1 relativo ao neoimpressionismo 2 que usa as técnicas do neoimpressionismo ■ *n.2g.* pintor que segue os princípios e usa as técnicas do neoimpressionismo

neo-impressionista ver nova grafia **neoimpressionista**

neokantismo *n.m.* FILOSOFIA movimento filosófico iniciado cerca de 1860, como reação contra um exagerado metafisicismo e por um retorno a Kant, filósofo alemão (1724-1804), no que toca às condições do conhecimento (De *neo-+kantismo*)

neokantista *n.2g.* pessoa adepta do neokantismo (De *neo-+kantista*)

neolamarckismo *n.m.* BIOLOGIA escola evolucionista que renova e desenvolve a teoria de Lamarck, naturalista francês (1744-1829), pondo em relevo influências mecânicas como causa da evolução (De *neo-+lamarckismo*)

neolamarckista *n.2g.* pessoa adepta do neolamarckismo (De *neo-+lamarckista*)

neolatino *adj.* designativo das línguas modernas que derivam da latina, como o português, o castelhano, o catalão, o provençal, o italiano, o francês e o romeno, ou das nações ou povos procedentes dos antigos Romanos; novilatino (De *neo-+latino*)

neoliberalismo *n.m.* POLÍTICA, ECONOMIA forma de liberalismo que concede ao Estado intervenção muito reduzida nos assuntos económicos (De *neo-+liberalismo*)

Neolítica *n.f.* ARQUEOLOGIA ⇒ **Neolítico**

Neolítico *n.m.* ARQUEOLOGIA estádio cultural do homem pré-histórico (de 5000 a 2500 a. C.), caracterizado pelo aparecimento da indústria da pedra polida, e que, seguindo-se ao Mesolítico, precede a Idade dos Metais; Idade da Pedra Polida ■ *adj.* [com minúscula] ARQUEOLOGIA relativo ou pertencente ao Neolítico (Do grego *néos*, «novo» +*líthos*, «pedra», +-*ico*)

neolitização *n.f.* processo histórico de transição da era paleolítica para a era neolítica

neologia *n.f.* 1 emprego de palavras novas ou de novas aceções 2 GRAMÁTICA processo de formação de novas unidades lexicais para

neológico

designar novas realidades (Do gr. *néos*, «novo» +*lógos*, «palavra» + -*ia*)

neológico *adj.* que se refere à neologia (Do gr. *néos*, «novo» +*lógos*, «palavra» +-*ico*)

neologismo *n.m.* 1 GRAMÁTICA palavra ou expressão nova formada no interior da língua ou importada de outro sistema linguístico 2 GRAMÁTICA aceção nova de palavra já existente na língua 3 GRAMÁTICA utilização de palavras formadas recentemente ou de novos sentidos de palavras já existentes na língua 4 doutrina ou teoria nova (Do gr. *néos*, «novo» +*lógos*, «palavra» +-*ismo*)

neologista *adj.,n.2g.* ⇒ **neólogo** (Do gr. *néos*, «novo» +*lógos*, «palavra» +-*ista*)

neólogo *adj.,n.m.* que ou a pessoa que faz uso frequente de neologismos (Do gr. *néos*, «novo»+*lógos*, «palavra»)

neomalthusianismo *n.m.* ⇒ *malthusianismo* (De *neo*-+*malthusianismo*)

neomalthusiano *n.m.* indivíduo partidário do neomalthusianismo ■ *adj.* relativo ao neomalthusianismo (De *neo*-+*malthusiano*)

neoménia *n.f.* lua nova, entre os Gregos (Do gr. *neomenía*, «lua nova», pelo lat. *neomenĭa*-, «lua nova; primeiro dia da lua ou do mês»)

Neoménias *n.f.pl.* (heortónimo) festas com que os Gregos celebravam o novilúnio (Do gr. *neomenía*, «lua nova», pelo lat. *neomenĭa*-, «lua nova; primeiro dia da lua ou do mês»)

néon *n.m.* QUÍMICA elemento transuraniano com o número atómico 10 e símbolo Ne, que é um dos gases nobres e existe no ar em pequena quantidade, sendo utilizado na composição da mistura de gases rarefeitos dos tubos de descarga luminosa (anúncios luminosos) (Do gr. *néon*, de *néos*, «novo»)

neonatal *adj.2g.* 1 relativo a recém-nascido até o 28.º dia de vida 2 que ocorre nas quatro primeiras semanas de vida (De *neo*-+*natal*)

neonato *adj.,n.m.* diz-se de ou recém-nascido até o 28º dia de vida (Do gr. *néos*, «novo»+lat. *natu*-, «nascido», part. pass. de *nasci*, «nascer»)

neonatologia *n.f.* MEDICINA ramo que se ocupa dos cuidados médicos e preventivos referentes aos recém-nascidos (De *neo*-+*nato*-+*logia*)

neonazi *adj.,n.2g.* ⇒ **neonazista**

neonazismo *n.m.* POLÍTICA movimento político inspirado na ideologia nacionalista e, sobretudo, racista do nacional-socialismo, e que se caracteriza por atitudes xenófobas

neonazista *adj.2g.* relativo ao neonazismo ■ *n.2g.* partidário do neonazismo (De *neo*-+*nazista*)

neónio *n.m.* QUÍMICA ⇒ **néon**

neopilina *n.f.* ZOOLOGIA gastrópode marinho, considerado uma relíquia (ou fóssil vivo), que foi dragado no golfo do Panamá (De orig. obsc.)

neoplasia *n.f.* 1 MEDICINA formação de um tecido novo de origem patológica 2 MEDICINA tecido novo de origem patológica; tumor (Do gr. *néos*, «novo» +*plásis*, «formação» +-*ia*)

neoplásico *adj.* relativo a neoplasia (De *neoplasia*+-*ico*)

neoplasma *n.m.* 1 MEDICINA tecido orgânico de formação recente 2 tumor patológico (Do gr. *néos*, «novo» +*plásma*, «formação»)

neoplastia *n.f.* MEDICINA restauração de tecidos orgânicos destruídos através de operação plástica (Do gr. *neóplastes*, «recentemente modelado» +-*ia*)

neoplástico *adj.* referente a neoplastia (Do gr. *neóplastes*, «recentemente modelado» +-*ico*)

neoplatónico *adj.* relativo ao neoplatonismo ■ *n.m.* sectário do neoplatonismo (De *neo*-+*platónico*)

neoplatonismo *n.m.* FILOSOFIA doutrina resultante da fusão do platonismo com a teologia, fundada em Alexandria por Amónio Sacca (século II d. C.), que retoma as linhas essenciais da filosofia platónica e cujos representantes mais destacados são Plotino, Jâmblico e Proclo (De *neo*-+*platonismo*)

neopositivismo *n.m.* FILOSOFIA positivismo lógico (De *neo*-+*positivismo*)

neopreno /ê/ *n.m.* QUÍMICA variedade de borracha sintética incombustível, constituída por polímeros do cloropreno, mais resistente aos dissolventes orgânicos do que a borracha natural (De *neo*-+[*cloro*]*preno*)

neoquinhentismo *n.m.* LITERATURA corrente literária dos que pretendem imitar o estilo dos escritores quinhentistas (De *neo*-+*quinhentismo*)

neoquinhentista *adj.2g.* relativo ao neoquinhentismo (De *neo*-+*quinhentista*)

neorama *n.m.* espécie de panorama representativo do interior de um edifício no qual o espectador tem a impressão de estar colocado (Do gr. *néos*, «novo» +*hórama*, «vista»)

neo-realismo ver nova grafia **neorrealismo**

neo-realista ver nova grafia **neorrealista**

neórnitas *n.f.pl.* PALEONTOLOGIA designação que agrupa as aves do Cretácico, as do Terciário e as atuais (Do gr. *néos*, «novo» +*órnis*, -*ithos*, «ave»)

neo-romântico ver nova grafia **neorromântico**

neo-romantismo ver nova grafia **neorromantismo**

neorrealismo *n.m.* 1 forma moderna do realismo filosófico 2 movimento artístico e doutrina estética que, de maneira geral, se apoiam nos princípios filosóficos do materialismo dialético

neorrealista *adj.2g.* relativo ao neorrealismo ■ *n.2g.* pessoa que professa o neorrealismo

neorromântico *adj.* relativo ao neorromantismo

neorromantismo *n.m.* renascimento do romantismo na atualidade

neotenia *n.f.* BIOLOGIA atraso no desenvolvimento morfológico do indivíduo, o que ocasiona, por vezes, o aparecimento de maturidade sexual na forma larvar, ou, pelo menos, numa forma atrasada (Do gr. *néos*, «novo» +*teínein*, «estender» +-*ia*)

neotérico *adj.* 1 que introduz novas doutrinas 2 próprio de quem é novo 3 moderno (Do gr. *neoterikós*, «id.»)

neoterismo *n.m.* 1 introdução de novas doutrinas 2 modernismo (Do gr. *neóteros*, «mais novo» +-*ismo*)

neótipo *n.m.* BIOLOGIA em sistemática, o exemplar que, à falta de proterótipos, se toma como tipo, por satisfazer a descrição original (Do gr. *néos*, «novo» +*týpos*, «tipo; imagem»)

neotomismo *n.m.* FILOSOFIA doutrina filosófica que, pretendendo renascer da filosofia tomista, procura, simultaneamente, reconciliá-la com a filosofia e a ciência modernas; neoescolástica (De *neo*-+*tomismo*)

neotomista *adj.2g.* 1 referente ao neotomismo 2 que segue o neotomismo ■ *n.2g.* pessoa adepta do neotomismo (De *neo*-+*tomista*)

neozelandês *adj.* da ou relativo à Nova Zelândia ou aos seus naturais ■ *n.m.* natural da Nova Zelândia (De *neo*-+*zelandês*)

Neozoico *n.m.* GEOLOGIA ⇒ **Cenozoico** (Do gr. *néos*, «novo» +*zoikós*, «relativo à vida»)

Neozóico ver nova grafia **Neozoico**

nepalês *adj.* do ou relativo ao Nepal ou aos seus naturais ■ *n.m.* 1 natural do Nepal 2 língua indo-europeia falada no Nepal (De *Nepal*, top. +-*ês*)

nepentes *n.m.2n.* BOTÂNICA planta carnívora da Ásia tropical e de Madagáscar (Do gr. *nepenthés*, «que faz desaparecer a dor»)

neperiano *adj.* referente a John Neper, matemático escocês (1550-1617), ou à sua invenção (logaritmos) (De *Neper*, antr. +-*iano*)

népia *n.f.* [coloq.] coisa nenhuma; nada

nepotismo *n.m.* 1 HISTÓRIA posição de relevo, no campo honorífico ou administrativo, dada por alguns papas a pessoas da própria família 2 preferência dada por alguém que tem poder a familiares ou amigos, independentemente do seu mérito pessoal; favoritismo (Do lat. *nepōte*-, «sobrinho» +-*ismo*, ou do it. *nipotismo*, «nepotismo»)

Neptunais *n.f.pl.* (heortónimo) festas que os antigos Romanos realizavam em honra de Neptuno, deus do mar (Do lat. vulg. *Neptunāles, por *Neptunalĭa*, «id.»)

neptuniano *adj.* 1 relativo a Neptuno 2 relativo ou pertencente ao mar 3 GEOLOGIA diz-se dos terrenos que devem a sua origem a depósitos formados pelas águas do mar (Do lat. *Neptūnu*-, mitol., «Neptuno» +-*iano*)

neptunino *adj.* 1 relativo ou pertencente ao mar 2 neptuniano (Do lat. *Neptūnu*-, «Neptuno» +-*ino*)

neptúnio *n.m.* QUÍMICA primeiro elemento transuraniano, radioativo, artificial, de símbolo Np e número atómico 93, obtido do urânio por meio de bombardeamento de neutrões (Do lat. *neptunĭu*-, «de Neptuno», planeta)

neptunismo *n.m.* GEOLOGIA teoria que atribuía a origem de todas as rochas a formações depositadas pelas águas (De *Neptuno*, mitol. +-*ismo*)

neptunista *adj.,n.2g.* que ou pessoa que é adepta do neptunismo (De *Neptuno*, mitol. +-*ista*)

Neptuno *n.m.* 1 MITOLOGIA deus do mar, segundo os Romanos 2 ASTRONOMIA planeta do nosso sistema solar, entre Urano e Plutão, maior do que a Terra, com 8 satélites, e que faz uma rotação completa em 16 h e uma translação em volta do Sol em 165 anos, aproximadamente **3** [fig.] o mar (Do latim *Neptūnu-*, mitologia, «idem»)

nequícia /qu-i/ *n.f.* **1** maldade; perversidade **2** malícia (Do lat. *nequitĭa-*, «id.»)

nerd /nârde/ *n.2g.* pessoa que manifesta interesse extremo por questões tecnológicas, especialmente por computadores, geralmente pouco sociável e considerada aborrecida (Do ing. *nerd*, «id.»)

nereida *n.f.* ⇒ **nereide**

nereide *n.f.* **1** ZOOLOGIA anelídeo, de corpo distintamente segmentado e com sedas locomotoras, do género *Nereis* **2** [com maiúscula] MITOLOGIA cada uma das ninfas do mar, filhas de Nereu, deus marinho **3** [com maiúscula] ASTRONOMIA satélite de Neptuno, com cerca de 300 quilómetros de diâmetro (Do gr. *nereís, nereídos*, «id.», pelo lat. *nereïde-*, «id.»)

neriáceas *n.f.pl.* BOTÂNICA grupo de plantas Apocíneas que tem por tipo o nério (Do gr. *nérion*, «loendro», pelo lat. *nerĭu-*, «id.» +*-áceas*)

nério *n.m.* BOTÂNICA ⇒ **loendro 2** (Do gr. *nérion*, «loendro», pelo lat. *nerĭu-*, «id.»)

nerítico *adj.* **1** diz-se de uma das fácies marítimas caracterizada por apresentar sedimentos heterogéneos e grosseiros, e uma fauna e uma flora típicas e abundantes **2** diz-se da região marinha compreendida entre 0 e 200 metros de profundidade (Do gr. *nerítes*, «conchas; moluscos» +*-ico*)

nervação *n.f.* **1** BOTÂNICA conjunto e disposição das nervuras nas folhas ou nos órgãos foliares dos vegetais **2** conjunto das nervuras de uma asa de inseto **3** [fig.] disposição das veias semelhante à ramificação das nervuras das plantas (De *nervar*+*-ção*)

nervado *adj.* **1** que possui nervuras **2** diz-se daquilo que apresenta nervos ou tendões **3** feito de tiras de couro (Part. pass. de *nervar*)

nerval *adj.2g.* dos nervos, ou a eles referente; nervoso; nervino (De *nervo*+*-al*)

nérveo *adj.* ⇒ **nerval** (De *nervo*+*-eo*)

nervino *adj.* **1** relativo a nervos **2** nervoso **3** diz-se do medicamento que atua sobre os nervos ■ *n.m.* FARMÁCIA substância ou medicamento que atua sobre os nervos (Do lat. *nervīnu-*, «de nervo»)

nervo /ê/ *n.m.* **1** ANATOMIA órgão em forma de cordão, condutor e transmissor de impulsos nervosos, constituído por feixes de fibras envolvidas por tecido conjuntivo **2** [pop.] parte terminal de um músculo pela qual este se insere num osso, constituída por tecido conjuntivo branco, denso e resistente; tendão **3** ligamento **3** saliência transversal na lombada de um livro encadernado **4** BOTÂNICA cada um dos fascículos vasculares líbero-lenhosos, às vezes salientes, que se encontram nas folhas e nos órgãos delas derivados **5** ARQUITETURA moldura saliente que separa os panos de uma abóbada **6** [fig.] energia; robustez; força **7** [fig.] motor principal **8** *pl.* sistema nervoso como fonte de emoções e tensões de natureza psicológica **9** *pl.* excitação nervosa; irritabilidade; **~ ótico** ANATOMIA nervo sensorial que liga o olho ao cérebro e que transmite as impressões causadas pela luz na retina; **~ craniano** ANATOMIA nervo que emerge do encéfalo; **~ raquidiano** nervo que emerge da medula espinal; *andar com os nervos à flor da pele* andar muito enervado, irritar-se facilmente; *causar/meter nervos* irritar, excitar; *estar uma pilha de nervos* estar muito enervado, estar irritado; *ser uma pilha de nervos* possuir um temperamento de fácil excitação nervosa (Do lat. *nervu-*, «id.»)

nervosamente *adv.* **1** por influência dos nervos **2** de modo agitado; de maneira tensa; com nervosismo **3** de modo enérgico; ativamente (De *nervoso*+*-mente*)

nervosidade *n.f.* qualidade ou estado do que é nervoso; nervosismo (Do lat. *nervositāte-*, «id.»)

nervosismo *n.m.* **1** estado caracterizado pelo excesso de inquietação, irritabilidade e tensão; perturbação do sistema nervoso **2** grande agitação; energia excessiva (De *nervoso*+*-ismo*)

nervoso /ô/ *adj.* **1** ANATOMIA de ou relativo aos nervos ou ao sistema nervoso; nervino; nérveo **2** que se enerva com facilidade; irritável **3** excitado; inquieto; tenso **4** referente ao sistema nervoso como fonte de emoções e tensões de natureza psicológica **5** vigoroso; enérgico **6** que possui nervos ou tendões; nervado **7** BOTÂNICA que possui nervuras ■ *n.m.* **1** pessoa que se enerva facilmente; pessoa facilmente irritável **2** [coloq.] estado caracterizado pelo excesso de irritabilidade, tensão e emotividade; **~ miudinho** [coloq.] estado de inquietação e irritabilidade excessivas; *sistema ~* ANATOMIA conjunto de elementos nervosos em estreita conexão, que ordena as várias atividades de um indivíduo em relação com o mundo exterior (Do lat. *nervōsu-*, «id.»)

nervudo *adj.* **1** que tem nervos ou tendões grossos e salientes **2** [fig.] robusto; vigoroso; musculoso (De *nervo*+*-udo*)

nervura *n.f.* **1** BOTÂNICA cada um dos fascículos vasculares líbero-lenhosos, às vezes salientes, que se encontram nas folhas e nos órgãos delas derivados **2** ZOOLOGIA ramificação, mais ou menos resistente, nas asas dos insetos **3** ARQUITETURA moldura saliente que separa os panos de uma abóbada **4** formação fina e longa numa superfície **5** saliência transversal na lombada dos livros encadernados **6** prega muito fina costurada num tecido, em geral como ornamento (De *nervo*+*-ura*)

nesciamente *adv.* **1** idiotamente; estupidamente **2** sem tino; sem prudência (De *néscio*+*-mente*)

néscio *adj.* **1** que não sabe ou não é muito inteligente; ignorante; estúpido; inepto **2** que não é sensato ou prudente; irresponsável ■ *n.m.* **1** indivíduo que não sabe ou não compreende bem; ignorante **2** pessoa irresponsável (Do lat. *nescĭu-*, «id.»)

nesga /ê/ *n.f.* **1** peça triangular de pano que se cose entre as folhas de uma peça de vestuário para lhe dar mais folga **2** pequeno pedaço; retalho **3** pequeno espaço; fenda (Do ár. *nasj*, «tecido; entretecido», pelo cast. *nesga*, «nesga»?)

nesografia *n.f.* GEOGRAFIA parte da geografia física que estuda as ilhas (Do gr. *nêsos*, «ilha» +*gráphein*, «descrever» +*-ia*)

nêspera *n.f.* BOTÂNICA **1** fruto da nespereira, comestível e de forma arredondada, carnudo, saboroso e doce, de casca mole e cor amarelada ou alaranjada, contendo diversos caroços (sementes) no interior; magnório; magnólio **2** [regionalismo] embriaguez (Do gr. *méspilos*, «id.», pelo lat. *nespīla-*, por *mespīlu-*, «id.», pelo lat. vulg. **nespīra-*, «id.»)

nespereira *n.f.* BOTÂNICA **1** árvore frutífera, de folhas persistentes, da família das Rosáceas, produtora de frutos amarelados (nêsperas), muito cultivada, e também denominada nespereira-do-japão, japonesa, etc. **2** BOTÂNICA arbusto de folhas caducas, da mesma família, produtor de frutos comestíveis, pouco cultivado em Portugal, também conhecido por nespereira-da-europa (De *nêspera*+*-eira*)

nêspero *n.m.* (fruto) ⇒ **nêspera 1** (De *nêspera*)

nesse /ê/ contração da preposição **em** + o pronome demonstrativo **esse**

nessora *adv.* **1** nessa hora **2** então (De *nessa*+*hora*)

neste /ê/ contração da preposição **em** + o pronome demonstrativo **este**

nestorianismo *n.m.* RELIGIÃO doutrina herética relativa à natureza de Cristo, criada no séc. V por Nestório, patriarca de Constantinopla (De *nestoriano*+*-ismo*)

nestoriano *adj.* **1** relativo ao nestorianismo **2** que segue o nestorianismo ■ *n.m.* pessoa adepta do nestorianismo (Do lat. *nestoriānu-*, «id.»)

neta[1] /é/ *n.f.* **1** filha de filho ou de filha, em relação ao avô ou à avó **2** [regionalismo] CULINÁRIA pão de ló de formato pequeno **3** *pl.* cachos de uvas muito pequenos; gaipas (Do lat. vulg. **nepta-*, por *nepte-*, «id.»)

neta[2] /ê/ *n.f.* **1** aparelho de pesca de arrastar para terra **2** [Brasil] a espuma mais fina que o melaço deita quando ferve nos engenhos de açúcar (Do ing. *net*, «rede»)

netalhada *n.f.* grande número de netos (De *neto*+*-alha*+*-da*)

netbook *n.m.* computador portátil, leve e de tamanho reduzido, que depende da internet para acesso remoto a aplicações baseadas na web (Do ing. *net book*, «id.»)

netiqueta *n.f.* INFORMÁTICA conjunto de regras e conselhos para uma boa utilização da internet, de forma a evitar erros próprios de principiantes quando da interação com outros utilizadores mais experientes (Do ing. *netiquette*, «id.»)

neto *n.m.* **1** filho de filho ou filha, em relação ao avô ou à avó **2** [regionalismo] rebento de couve **3** TAUROMAQUIA figura que serve de pajem nas corridas de touros à moda antiga **4** [gír.] copo de quartilho **5** [regionalismo] pequena chouriça ou chouriço **6** *pl.* descendentes; vindouros (Do lat. vulg. **neptu-*, por *nepōte-*, «id.»)

netsplit *n.m.* (internet) situação que ocorre quando há grandes atrasos na transmissão entre servidores de IRC, em que a rede fica interrompida, parecendo que muitos utilizadores desligaram e voltaram a ligar ao mesmo tempo logo que tudo voltou ao normal (Do ing. *netsplit*)

neuma *n.m.* **1** MÚSICA sinal gráfico próprio dos sistemas de notação medieval que constituí a primeira forma conhecida de notação musical no ocidente europeu **2** sinal de assentimento ou de recusa (Do gr. *pneûma, -atos*, «sopro», pelo lat. med. *neuma-*, «id.»)

neumático *adj.* **1** relativo a neuma **2** anotado com neumas (Do gr. *pneûma, -atos*, «sopro» +*-ico*)

neura *n.f.* **1** [pop.] mau humor acompanhado de irritabilidade **2** [pop.] disposição depressiva ■ *adj.2g.* **1** [pop.] mal humorado e irritado **2** [pop.] perturbado interiormente; em estado depressivo

neural *adj.2g.* 1 ANATOMIA referente ao sistema nervoso 2 próprio dos nervos (Do gr. *neûron*, «nervo» +*-al*)

neuralgia *n.f.* MEDICINA ⇒ **nevralgia** (Do gr. *neûron*, «nervo» +*álgos*, «dor» +*-ia*)

neurálgico *adj.* relativo à neuralgia (Do gr. *neûron*, «nervo» +*álgos*, «dor» +*-ico*)

neurastenia *n.f.* 1 MEDICINA estado caracterizado pela debilidade física e psíquica, acompanhada de perturbações psíquicas (tristeza, insónia, angústia, indecisão) e funcionais (digestivas, cardiovasculares, sexuais), e dores em diversos locais do corpo 2 [coloq.] mau humor acompanhado de irritabilidade 3 [coloq.] estado de depressão acompanhado de tristeza (Do gr. *neûron*, «nervo» +*asthéneia*, «fraqueza»)

neurasténico *adj.* 1 MEDICINA relativo à neurastenia 2 MEDICINA que sofre de neurastenia ■ *n.m.* aquele que sofre de neurastenia (De *neurastenia*+*-ico*)

neurastenizar *v.tr.,pron.* tornar(-se) neurasténico (De *neurastenia*+*-izar*)

neurilema /ê/ *n.m.* HISTOLOGIA membrana contínua de revestimento superficial da fibra nervosa (Do gr. *neûron*, «nervo» +*eílema*, «envoltório»)

neurilemite *n.f.* inflamação do neurilema (De *neurilema*+*-ite*)

neurilidade *n.f.* propriedade que têm as fibras nervosas de transmitir as impressões e as ordens da vontade (Do gr. *neûron*, «nervo» +*-l-+-i-+-dade*)

neuriloma /ô/ *n.m.* MEDICINA inflamação ou tumorização das fibras nervosas (Do gr. *neûron*, «nervo» +*l+[ógk]oma*, «tumor»)

neurite *n.f.* MEDICINA inflamação de um nervo (Do gr. *neûron*, «nervo» +*-ite*)

neur(o)- elemento de formação de palavras que exprime a ideia de *nervo, fibra, corda* (Do grego *neûron*, «nervo»)

neuroanatomia *n.f.* ramo da anatomia que se dedica ao estudo do sistema nervoso (De *neuro-+anatomia*)

neurobiologia *n.f.* BIOLOGIA disciplina que estuda as características anatómicas, fisiológicas e patológicas do sistema nervoso (De *neuro-+biologia*)

neuroblasto *n.m.* BIOLOGIA célula nervosa embrionária que antecede o neurónio (De *neuro-+-blasto*)

neurociência *n.f.* qualquer ciência ou estudo científico que se ocupa do sistema nervoso (De *neuro-+ciência*)

neurocirurgia *n.f.* cirurgia do sistema nervoso (De *neuro-+cirurgia*)

neurocirurgião *n.m.* médico especializado em cirurgia do sistema nervoso (De *neuro-+cirurgião*)

neurocirúrgico *adj.* relativo à neurocirurgia (De *neuro-+cirúrgico*)

neurófilo *adj.* MEDICINA diz-se das toxinas e dos micróbios que atacam principalmente os nervos (Do gr. *neûron*, «nervo» +*phílos*, «amigo»)

neurofisiologia *n.f.* MEDICINA disciplina clínica que estuda os órgãos do sistema nervoso e respetivas funções (De *neuro-+fisiologia*)

neurofisiológico *adj.* relativo à neurofisiologia (De *neurofisiologia+-ico*)

neurofrenia *n.f.* MEDICINA qualquer alteração do comportamento, sintomática de afeção do sistema nervoso central (Do gr. *neûron*, «nervo» +*phrén*, «inteligência; alma; vontade» +*-ia*)

neuróglia *n.f.* HISTOLOGIA ⇒ **nevróglia**

neuroléptico *adj.* FARMÁCIA que exerce ação sedativa sobre os centros nervosos ■ *n.m.* FARMÁCIA medicamento que exerce ação sedativa sobre os centros nervosos, diminuindo a agitação e a hiperatividade (Do gr. *neûron*, «nervo» +*léptos*, «delgado; fraco» +*-ico*, pelo fr. *neuroleptique*, «id.»)

neurolinguista /gu-i/ *n.2g.* especialista em neurolinguística (De *neuro-+linguista*)

neurolinguística /gu-i/ *n.f.* ramo da linguística que trata das relações entre a estrutura do cérebro humano e a capacidade linguística, principalmente no que diz respeito à aquisição da linguagem e às afasias (distúrbios da linguagem) (De *neuro-+linguística*)

neurologia *n.f.* MEDICINA especialidade médica dedicada ao diagnóstico e tratamento das doenças do sistema nervoso; nevrologia (Do gr. *neûron*, «nervo» +*lógos*, «tratado» +*-ia*)

neurológico *adj.* relativo à neurologia (Do gr. *neûron*, «nervo» +*lógos*, «tratado» +*-ico*)

neurologista *n.2g.* pessoa que se dedica ao estudo e tratamento das doenças do sistema nervoso (De *neurologia+-ista*)

neurólogo *n.m.* ⇒ **neurologista** (Do gr. *neûron*, «nervo» +*lógos*, «tratado»)

neuroma /ô/ *n.m.* MEDICINA tumor desenvolvido num tecido nervoso (Do gr. *neûron*, «nervo»+*[ógk]oma*, «tumor»)

neuromuscular *adj.2g.* ANATOMIA que diz respeito aos nervos e aos músculos (De *neuro-+muscular*)

neurónico *adj.* dos neurónios ou a eles relativo (De *neurónio+-ico*)

neurónio *n.m.* HISTOLOGIA célula nervosa com todos os seus prolongamentos (cilindro-eixo e dendrites) (Do gr. *neûron*, «nervo» +*-io*)

neuroparalisia *n.f.* MEDICINA paralisia dos nervos (De *neuro-+paralisia*)

neuropata *n.2g.* MEDICINA o que sofre de neurose (Do gr. *neûron*, «nervo» +*páthos*, «doença»)

neuropatia *n.f.* MEDICINA afeção do sistema nervoso, central ou periférico (Do gr. *neûron*, «nervo» +*páthos*, «doença» +*-ia*)

neuropático *adj.* MEDICINA relativo à neuropatia (De *neuropatia+-ico*)

neuropatologia *n.f.* MEDICINA especialidade médica dedicada ao diagnóstico e tratamento das doenças do sistema nervoso (De *neuro-+patologia*)

neuropsicologia *n.f.* MEDICINA parte da psicologia que tem por objeto o estudo das funções mentais e do seu relacionamento com as estruturas cerebrais, na sua qualidade de centros nervosos (De *neuro-+psicologia*)

neuropsiquiatra *n.2g.* especialista em neuropsiquiatria (De *neuro-+psiquiatra*)

neuropsiquiatria *n.f.* MEDICINA ramo da medicina que engloba a neurologia e a psiquiatria (De *neuro-+psiquiatria*)

neurópteros *n.m.pl.* ZOOLOGIA grupo (ordem) de insetos caracterizados por terem armadura bucal trituradora, dois pares de asas membranosas reticuladas e metamorfoses incompletas; nevrópteros (Do gr. *neûron*, «nervo» +*ptéron*, «asa»)

neurorradiologia *n.f.* radiologia cujo objetivo é o sistema nervoso central (De *neuro-+radiologia*)

neurorradiologista *n.2g.* especialista em neurorradiologia (De *neuro-+radiologista*)

neurose *n.f.* MEDICINA distúrbio psicológico caracterizado por perturbações afetivas e emocionais (angústia, depressão, obsessão, fobia) que o paciente não pode controlar, mas de que tem consciência e que não afetam a integridade das suas funções mentais (Do gr. *neûron*, «nervo» +*-ose*)

neurótico *adj.* 1 relativo à neurose 2 diz-se do indivíduo perturbado por disfunções afetivas e emocionais, como angústias, fobias e obsessões, de que está consciente, mas que não pode controlar ■ *n.m.* indivíduo que sofre de neurose (De *neuro-+t-+-ico*)

neurotomia *n.f.* CIRURGIA corte cirúrgico dos nervos (De *neuro-+-tomia*)

neurotómico *adj.* 1 da neurotomia 2 relativo à neurotomia (De *neurotomia+-ico*)

neurótomo *n.m.* 1 CIRURGIA escalpelo especial, comprido e de dois gumes, que se utiliza na dissecação de um nervo 2 parte do sistema nervoso embrionário correspondente a um metâmero (De *neuro-+-tomo*)

neurotoxina *n.f.* MEDICINA toxina que lesa o sistema nervoso provocando a paralisia (De *neuro-+toxina*)

neurotransmissor *n.m.* BIOQUÍMICA substância que, sendo libertada pelas terminações dos neurónios, transmite o impulso nervoso; neuromediador (De *neuro-+transmissor*)

neurovegetativo *adj.* MEDICINA relativo ao sistema nervoso autónomo (simpático e parassimpático), que regula a vida vegetativa (De *neuro-+vegetativo*)

nêurula *n.f.* HISTOLOGIA estado do desenvolvimento embrionário no princípio da formação do tubo neural (Do gr. *neûron*, «nervo» +*-ula*)

neutral *adj.2g.* 1 que não se declara nem por um nem por outro; imparcial; neutro 2 DIREITO, POLÍTICA que, ao abrigo de convenções internacionais, não participa em conflitos existentes entre outros (Do lat. *neutrãle-*, «neutro»)

neutralidade *n.f.* 1 qualidade ou estado do que é neutral; imparcialidade 2 DIREITO, POLÍTICA situação de um país que não toma parte nas hostilidades entre outros países beligerantes 3 indiferença 4 QUÍMICA qualidade do que não é ácido nem alcalino (De *neutral+-dade*)

neutralismo *n.m.* 1 DIREITO, POLÍTICA posição de independência que alguns Estados pretendem assumir perante as orientações políticas e ideológicas dominantes numa determinada conjuntura, associadas ou não a interesses de outras potências, conflitos, resoluções económicas, etc. 2 tendência ou atitude de quem não toma partido sistematicamente (De *neutral+-ismo*)

neutralização *n.f.* 1 ato ou efeito de neutralizar 2 anulação; extinção 3 ação de tornar inofensivo ou inativo 4 QUÍMICA designação vulgar, embora não muito correta, de reação de ácido-base, isto é, adição de um ácido a uma base, ou vice-versa, geralmente com o significado de adição em proporções estequiométricas 5 LITERATURA eliminação, em certas posições e em certos contextos, das oposições distintivas entre entidades semiológicas 6 MILITAR ação de fogos sobre instalações, armas e vias de comunicação do inimigo para impedir ou reduzir a sua atividade (De *neutralizar+-ção*)

neutralizante *adj.2g.* que extingue ou torna inativas certas propriedades de um corpo; que neutraliza (De *neutralizar+-ante*)

neutralizar *v.tr.* 1 DIREITO, POLÍTICA tornar ou declarar neutral; considerar (região, país) como não participante em conflitos entre Estados 2 anular; extinguir 3 tornar inofensivo ou inativo 4 QUÍMICA tornar neutro (ácido ou base) 5 MILITAR destruir ou reduzir (força inimiga) por meio de ataque (De *neutral+-izar*)

neutralmente *adv.* 1 de modo neutral 2 imparcialmente (De *neutral+-mente*)

neutrão *n.m.* FÍSICA partícula elementar de massa ligeiramente maior que a do protão, sem carga elétrica, existente nos átomos de todos os elementos à exceção do hidrogénio; **~ de cisão** neutrão criado durante uma cisão nuclear; **~ diferido** neutrão emitido com certo atraso relativamente a uma cisão nuclear, por um fragmento de cisão; **~ frio** neutrão com energia cinética média menor que a de um neutrão térmico; **~ livre** neutrão que não faz parte de um núcleo e se desintegra, originando um protão e um eletrão; **~ rápido** neutrão cujo domínio de energia é da ordem do megaeletrão-volt ou superior; **~ virgem** neutrão originado em qualquer fonte e que ainda não sofreu qualquer interação; **captura de ~** captura de um neutrão por um núcleo atómico para formar um núcleo composto que, em seguida, se desintegra com emissão, em muitos casos, de uma partícula alfa, de um protão, um fotão, ou neutrões; **neutrões térmicos/lentos** neutrões em equilíbrio térmico com as moléculas (ou átomos) do meio através do qual se estão a difundir; **termalização de neutrões** perda de energia cinética de neutrões, até se tornarem neutrões térmicos, efetuada por um moderador (Do fr. *neutron*, «id.»)

neutreto /ê/ *n.m.* FÍSICA mesão neutro (De *neutro+-eto*)

neutrino *n.m.* FÍSICA partícula elementar, de massa e momento magnético, praticamente nulos, sem carga elétrica, spin 1/2, postulada para explicar a deficiência de energia nas desintegrações beta, mas hoje com existência confirmada, bem como a da sua antipartícula, o antineutrino (De *neutro+-ino*)

neutro *adj.* 1 que não toma partido; neutral; imparcial 2 diz-se do país que não participa em conflitos existentes entre outros países 3 indefinido; vago; impreciso 4 indiferente; insensível 5 diz-se de cor ou tom que não é muito forte 6 BIOLOGIA sem órgãos sexuais 7 GRAMÁTICA diz-se do género, existente em algumas línguas, que não é masculino nem feminino 8 QUÍMICA que não é ácido nem alcalino 9 FÍSICA diz-se do corpo que não apresenta carga elétrica positiva nem negativa ■ *n.m.* 1 ELETRICIDADE polo (de uma tomada de corrente) ou o fio condutor que, numa instalação trifásica em estrela, está ligado à terra 2 GRAMÁTICA género, existente em algumas línguas, que não é masculino nem feminino (Do lat. *neutru-*, «nenhum dos dois; neutro»)

neutrófilo *adj.* que é corado por corantes neutros ■ *n.m.* HISTOLOGIA glóbulo branco (do sangue), polinucleado, cujas granulações citoplasmáticas são coradas eletivamente pelos corantes neutros (Do lat. *neutru-*, «neutro»+gr. *phílos*, «amigo»)

neutrónica *n.f.* FÍSICA ciência que estuda o comportamento dos neutrões (De *neutrónico*)

neutrónico *adj.* FÍSICA relativo aos neutrões (De *neutrão+-ico*)

nevação *n.f.* 1 ato de nevar 2 erosão provocada pela neve; nivação (De *nevar+-ção*)

nevada *n.f.* 1 queda de neve 2 quantidade de neve caída de uma vez (Part. pass. fem. subst. de *nevar*)

nevado *adj.* 1 coberto de neve 2 branco como a neve; alvo 3 frio como a neve 4 que branqueou; que ficou branco 5 diz-se do touro que tem pequenas manchas brancas ■ *n.m.* 1 espécie de pó branco em que o calor solar transforma os cristais que formam a neve 2 *pl.* grandes acumulações de neve que se formam em bacias de receção das regiões de neves persistentes, e que originam glaciares de vale e glaciares de circo (Part. pass. de *nevar*)

nevão *n.m.* 1 grande queda de neve 2 tempestade de neve 3 grande quantidade de neve amontoada (De *neve+-ão*)

nevar *v.intr.* 1 cair neve 2 tornar-se frio como a neve; branquejar ■ *v.tr.* 1 cobrir de neve 2 tornar branco como a neve 3 esfriar como gelo (De *neve+-ar*)

nevasca *n.f.* queda de neve acompanhada de tempestade (De *neve × borrasca*)

nevasqueira *n.f.* [regionalismo] BOTÂNICA ⇒ **morugem** (De *nevasca+-eira*)

neve *n.f.* 1 METEOROLOGIA água congelada em pequeníssimos cristais hexagonais (que formam as estrelas de neve) provenientes da sublimação do vapor de água ou da congelação lenta de gotas de água nas altas camadas da troposfera, e que, em certas condições, pode precipitar-se sobre a superfície terrestre em flocos brancos e leves 2 porção desses flocos depositados uniformemente numa superfície 3 [fig.] frio intenso 4 [fig.] extrema brancura 5 [fig.] cabelo branco; cãs; *de* ~ muito branco, muito frio, insensível (Do lat. *nive-*, «id.»)

nêveda *n.f.* BOTÂNICA ⇒ **erva-das-azeitonas** (Do lat. *nepēta-*, «nêveda»)

neveira *n.f.* 1 lugar onde se conserva ou fabrica gelo; geleira 2 sorveteira (De *neveiro*)

neveiro *n.m.* fabricante ou vendedor de gelo ou sorvetes; sorveteiro (Do lat. *nivariŭ-*, «relativo à neve; cheio de neve»)

neviscar *v.intr.* nevar em pequena quantidade (De *nevar+-iscar*)

nevo *n.m.* mancha ou sinal congénito na pele (Do lat. *naevu-*, «mancha no corpo»)

névoa *n.f.* 1 METEOROLOGIA massa de água suspensa em pequeníssimas gotas no ar, junto ao solo, menos densa que o nevoeiro 2 o que impede de ver nitidamente 3 o que dificulta o entendimento 4 [pop.] mancha, na córnea, que perturba a visão 5 substância que aparece na urina, tornando-a turva 6 *pl.* [pop.] (olhos) cataratas; *ir-se em* ~ desfazer-se; *ter névoas nos olhos* ver mal, compreender mal (Do lat. *nebūla-*, «névoa; nevoeiro pouco denso»)

nevoaça *n.f.* ⇒ **nevoeiro** (De *névoa+-aça*)

nevoado *adj.* enevoado; toldado (De *névoa+-ado*)

nevoar-se *v.pron.* 1 cobrir-se de névoa; enevoar-se 2 obscurecer-se; toldar-se (De *névoa+-ar*)

nevoeira *n.f.* 1 casta de uva preta, cujos cachos aparecem cobertos de um pó branco, o que justifica o nome de farinhota, por que também é conhecida; padeira; tinta-dos-pobres 2 névoa muito densa 3 ICTIOLOGIA peixe seláquio, da família dos Raiídeos, com parte do corpo um tanto achatada e larga, que aparece na costa portuguesa (De *névoa+-eira*)

nevoeirada *n.f.* [regionalismo] nevoeiro muito denso e prolongado (De *nevoeiro+-ada*)

nevoeirento *adj.* em que há nevoeiro; nevoento (De *nevoeiro+-ento*)

nevoeiro *n.m.* 1 METEOROLOGIA suspensão de pequeníssimas gotas de água na camada inferior da atmosfera em contacto com a superfície terrestre, produzida pelo ou pelo arrefecimento de ar húmido ou pela evaporação da água para o ar já saturado, levando à redução da visibilidade horizontal a menos de 1 km 2 [fig.] obscuridade; **~ estelar** ASTRONOMIA conjunto de estrelas dispersas num volume enorme e que fazem parte da Via Láctea; **~ noctilúcio** METEOROLOGIA fenómeno que ocorre, raramente, nas noites de verão, dando a aparência de um nevoeiro luminoso no céu (De *névoa+-eiro*)

nevoentar-se *v.pron.* 1 enevoar-se 2 [fig.] tornar-se obscuro, ininteligível (De *nevoento+-ar*)

nevoento *adj.* 1 coberto de névoa; enevoado; anuviado 2 [fig.] obscuro; pouco compreensível; pouco claro (De *névoa+-ento*)

nevómetro *n.m.* METEOROLOGIA aparelho que serve para medir a quantidade de neve caída num período determinado; nivómetro (De *neve+-metro*)

nevoso /ô/ *adj.* 1 em que há ou caiu neve; nevado; nivoso 2 relativo a neve (De *nevo+-oso*)

nevralgia *n.f.* MEDICINA dor intensa, aguda, que irradia para a região enervada por um nervo periférico (Do gr. *neûron*, «nervo» +*álgos*, «dor» +-*ia*)

nevrálgico *adj.* relativo ou semelhante à nevralgia; *ponto* ~ [fig.] o ponto mais delicado, importante ou perigoso (Do gr. *neûron*, «nervo» +*álgos*, «dor» +-*ico*)

nevralgismo *n.m.* estado doloroso difuso, ordinariamente bilateral, em região mais ou menos extensa do corpo (Do gr. *neûron*, «nervo» +*álgos*, «dor» +-*ismo*)

nevrilema *n.m.* HISTOLOGIA ⇒ **neurilema**

nevriloma /ô/ *n.m.* MEDICINA ⇒ **neuriloma**

nevrite *n.f.* MEDICINA ⇒ **neurite**

nevrítico *adj.* FARMÁCIA que serve para curar as doenças nervosas; nervino (De *nevrite+-ico*)

nevróglia *n.f.* HISTOLOGIA tecido conjuntivo específico do sistema nervoso central, sem função nervosa mas com papel de suporte e nutrição das células nervosas; neuróglia; glia (Do gr. *neûron*, «nervo» +*glía*, «cola»)
nevrologia *n.f.* MEDICINA ⇒ **neurologia**
nevrológico *adj.* MEDICINA ⇒ **neurológico**
nevrologista *n.2g.* ⇒ **neurologista**
nevrólogo *n.m.* ⇒ **neurologista**
nevroma /ô/ *n.m.* MEDICINA ⇒ **neuroma**
nevroparalisia *n.f.* MEDICINA ⇒ **neuroparalisia**
nevropata *n.2g.* MEDICINA ⇒ **neuropata**
nevropatia *n.f.* MEDICINA ⇒ **neuropatia**
nevropático *adj.* MEDICINA ⇒ **neuropático**
nevropatologia *n.f.* MEDICINA ⇒ **neuropatologia**
nevrópteros *n.m.pl.* ⇒ **neurópteros**
nevrose *n.f.* MEDICINA ⇒ **neurose**
nevrostenia *n.f.* ⇒ **neurastenia**
nevrótico *adj.* ⇒ **neurótico**
nevrotomia *n.f.* CIRURGIA ⇒ **neurotomia**
newsletter *n.f.* comunicado, normalmente de carácter periódico, contendo informações sobre a atividade e/ou serviços de uma organização, empresa ou outra entidade, enviado por correio eletrónico aos seus subscritores; boletim informativo (Do ing. *newsletter*, «id.»)
newton *n.m.* FÍSICA unidade de força no Sistema Internacional, que é a força que imprime à massa de um quilograma a aceleração de 1 m/s^2 (De *I. Newton*, antr., físico, matemático e astrónomo ing., 1642-1727)
newtoniano *adj.* referente a Newton, físico, matemático e astrónomo inglês, 1642-1727; *fluido ~* FÍSICA fluido cuja viscosidade é independente da velocidade de escoamento do fluido; *força newtoniana* FÍSICA força que varia na razão inversa do quadrado das distâncias; *potencial ~* FÍSICA potencial que varia com a distância, de modo idêntico ao da variação do potencial gravitacional (De *Newton*, antr. +*-iano*)
nexo /cs/ *n.m.* 1 ligação entre duas ou mais coisas; união; conexão; vínculo 2 relação lógica entre factos ou ideias; sentido 3 HISTÓRIA aquele que, entre os Romanos, servia o seu credor como escravo até pagar a sua dívida; *~ causal* DIREITO relação que liga uma causa ao seu efeito; *sem ~* sem sentido, que não se compreende (Do lat. *nexu-*, «ligação; encadeamento»)
nganga *n.m.* [Moçambique] adivinhador por ossículos divinatórios; curandeiro (Do iao *nganga*, «id.», a partir de raiz banta generalizada)
ngultrum *n.m.* unidade monetária do Butão
nham *interj.* exprime satisfação ou entusiasmo (sobretudo em relação a alimentos) (De orig. onom.)
nhama *n.f.* [Moçambique] carne; animal comestível (Do ronga *nyama*, «id.»)
nhambi *n.m.* [Brasil] BOTÂNICA planta herbácea, aromática, da família das Compostas, utilizada pelos Índios como medicamento para o fígado (Do tupi *ña'mi*, «id.»)
nhamussoro /ô/ *n.m.* [Moçambique] sacerdote adivinho; feiticeiro; médium (De cinianja *nha*, «aquele que» e do sena *nsolo* ou do tetense *mussoro*, «a cabeça»)
nhandi *n.m.* ORNITOLOGIA ⇒ **nhandu**
nhandu *n.m.* ORNITOLOGIA ⇒ **ema** (Do tupi *ña'nu*, «a que corre com estrépito»)
nhangue *n.m.* ORNITOLOGIA nome usado pelos indígenas de Caconda para designar uma ave pernalta da África Ocidental
nhanido *adj.* 1 [Cabo Verde] com fome; esfomeado 2 [Cabo Verde] sofrido (De *ganido*, «gemido; chorado»)
nhoca *n.f.* [Moçambique] cobra; serpente (Do changana *nyoka*, «id.»)
nhu *n.m.* ZOOLOGIA antílope africano
nhumbo *n.m.* ZOOLOGIA mamífero da Zambézia (Moçambique), de grande porte, semelhante ao búfalo
nhúndi *n.m.* BOTÂNICA arbusto moçambicano
ni *n.m.* nome da décima terceira letra do alfabeto grego (ν, N), correspondente ao **n**; nu (Do gr. *ný*, «id.»)
nial *n.m.* [regionalismo] ninho (Do lat. *nidāle-*, de *nidu-*, «ninho»)
nianja *adj.2g.* relativo ou pertencente aos Nianjas ■ *n.2g.* indivíduo dos Nianjas ● *n.m.* ⇒ **cinianja**
Nianjas *n.m.pl.* ETNOGRAFIA grupo étnico de matriz banta que vive na região do lago Niassa, metade Norte do distrito de Tete (Moçambique) (Do vernáculo *nyanja*, «mar; lago grande»)
nica *n.f.* 1 [pop.] trabalho pequeno mas aborrecido 2 [pop.] impertinência; exigência excessiva 3 [pop.] puerilidade 4 [pop.] coisa insignificante; bagatela 5 [cal.] cópula 6 [regionalismo] ferroada de um pião noutro; *pião das nicas* pessoa sempre pronta para aguentar qualquer sacrifício (Do lat. *nichil*, por *nihil*, «nada»?)
nicada *n.f.* 1 ato ou efeito de nicar 2 picadela de ave 3 [cal.] cópula (Part. pass. fem. subst. de *nicar*)
nicanço¹ *n.m.* ⇒ **nicada** (De *nicar*+*-anço*)
nicanço² *n.m.* [regionalismo] licanço (De *licanço*)
nicar *v.tr.* 1 ferir (com o bico) com o ferrão de outro 2 picar com o bico (a ave) 3 [coloq.] prejudicar (De *nica*+*-ar*)
nicaraguano *adj.* relativo à Nicarágua ■ *n.m.* natural ou habitante da Nicarágua (De *Nicarágua*, top. +*-ano*)
niceno /ê/ *adj.* de Niceia, cidade da Ásia Menor ■ *n.m.* natural ou habitante de Niceia (Do lat. *nicaenu-*, «id.»)
nicho *n.m.* 1 cavidade aberta numa parede para colocação de uma imagem, estátua, vela, etc. 2 cavidade de dimensões reduzidas 3 divisão de estante ou armário 4 [fig.] casa pequena 5 [fig.] local abrigado ou escondido 6 [coloq.] emprego rendoso e de pouco trabalho; sinecura; *~ de mercado* ECONOMIA segmento restrito de mercado que oferece novas oportunidades de negócio (Do fr. *niche*, «id.»)
nicles *adv.* [pop.] coisa nenhuma; nada; *~ de bitocles* coisíssima nenhuma (Do lat. *nichil*, por *nihil*, «nada»)
nico *n.m.* porção diminuta (De *nica*)
nicociana *n.f.* BOTÂNICA designação extensiva às plantas, do género *Nicotiana*, da família das Solanáceas, a que pertence grande número de espécies, entre as quais aquela em que está incluído o tabaco (Do lat. cient. *[herba] nicotiana*, «[erva] nicociana», pelo fr. *nicotiane*, «id.»)
nicol *n.m.* FÍSICA prisma ótico, de calcite, para obter luz polarizada e analisar luz planopolarizada (De *W. Nicol*, antr., físico britânico, 1768-1851)
nicotina *n.f.* QUÍMICA, FARMÁCIA alcaloide tóxico extraído do tabaco, sem cor e de cheiro intenso, que escurece ao entrar em contacto com o ar (Do fr. *nicotine*, «id.», de *J. Nicot*, antr., diplomata fr., 1530--1600, que introduziu o tabaco na França)
nicotinamida *n.f.* QUÍMICA, FARMÁCIA amida do ácido nicotínico, que é um dos componentes do complexo B e é usada no combate à pelagra (Do fr. *nicotinamide*, «id.»)
nicotínico *adj.* 1 QUÍMICA, FARMÁCIA relativo à nicotina 2 QUÍMICA, FARMÁCIA diz-se de um ácido orgânico derivado da piridina, o qual, como a nicotinamida, se usa no combate à pelagra (De *nicotina*+*-ico*)
nicotinismo *n.m.* MEDICINA intoxicação devida ao abuso do tabaco; tabagismo (De *nicotina*+*-ismo*)
nicotino *adj.* 1 próprio do tabaco 2 soporífero (De *nicotina*)
nicotizar *v.tr.* 1 impregnar do vapor ou do fumo do tabaco 2 intoxicar pela nicotina (De *nicot(ina)*+*-izar*)
nictação *n.f.* ato de pestanejar sob a impressão de luz intensa; pestanejo (Do lat. *nictatiōne-*, «ato de piscar os olhos»)
Nictagináceas *n.f.pl.* BOTÂNICA família de plantas herbáceas ou lenhosas, frequentes nos países quentes, e cultivadas como ornamentais em muitas regiões do Globo (Do lat. cient. *Nyctagĭne-*, do gr. *nýx*, *nyktós*, «noite» +*-áceas*)
nictagíneo *adj.* relativo ou semelhante às Nictagináceas (Do lat. cient. *Nyctagĭne-*, do gr. *nýx*, *nyktós*, «noite» +*-eo*)
nictalope *n.2g.* pessoa que sofre de nictalopia (Do gr. *nyktálops*, *-opos*, «id.», pelo lat. *nyctalōpe-*, «id.»)
nictalopia *n.f.* MEDICINA ⇒ **hemeranopsia** (Do gr. *nyktalopía*, «visão noturna», pelo lat. *nyctalopīa-*, «id.»)
nictalópico *adj.* referente a nictalopia ou a nictalope (Do gr. *nyktalopikós*, «id.»)
nictanopia *n.f.* ⇒ **hemeralopia** (Do gr. *nýx*, *nyktós*, «noite» +*ops*, *opós*, «vista» +*-ia*)
nictante *adj.2g.* ⇒ **nictitante** (Do lat. *nictante-*, «pestanejante», part. pres. de *nictāre*, «pestanejar»)
nicti- elemento de formação de palavras que exprime a ideia de *noite*; nicto- (Do gr. *nýx*, *nyktós*, «noite»)
nictitante *adj.2g.* que faz pestanejar
nicto *n.m.* nome usado em alguns pontos da África para designar a doença do sono (Do gr. *nýx*, *nyktós*, «noite»)
nicto- elemento de formação de palavras que exprime a ideia de *noite*; nicti- (Do gr. *nýx*, *nyktós*, «noite»)
nictofobia *n.f.* receio mórbido da noite ou da obscuridade (De *nicto-*+*-fobia*)
nictófobo *adj.,n.m.* que ou pessoa que sofre de nictofobia (De *nicto-*+*-fobo*)
nictografia *n.f.* arte de escrever às escuras, ou sem ver o que se escreve (Do gr. *nyktographía*, «id.»)
nictográfico *adj.* relativo à nictografia (De *nictografia*+*-ico*)

nictógrafo n.m. máquina de escrever de noite, ou sem se verem os traços que se fazem (De *nicto-*+*-grafo*)

nictómetro n.m. instrumento para medir o brilho de pequenas fontes luminosas (De *nicto-*+*-metro*)

nictoscópio n.m. aparelho destinado a medir a acuidade visual crepuscular (Do gr. *nýx, nyktós*, «noite»+*skopeîn*, «observar»+*-io*)

nictúria n.f. MEDICINA eliminação de urina durante a noite (De *nicto-*+*-úria*)

nidação n.f. BIOLOGIA fixação do ovo na mucosa uterina (caso normal) ou noutro local do aparelho sexual feminino (Do lat. *nidu-*, «ninho»+*-ção*)

nidi- elemento de formação de palavras que exprime a ideia de *ninho* (Do lat. *nidu-*, «ninho»)

nidícola adj.2g. ORNITOLOGIA diz-se da ave que se mantém no ninho até ser capaz de voar (Do lat. *nidu-*, «ninho»+*colĕre*, «habitar»)

nidificação n.f. ato ou maneira de nidificar (De *nidificar*+*-ção*)

nidificar v.intr. fazer o ninho (Do lat. *nidificāre*, «id.»)

nidiforme adj.2g. que tem forma de ninho (De *nidi-*+*-forme*)

nidífugo adj. ORNITOLOGIA diz-se da ave que abandona o ninho pouco depois do seu nascimento (De *nidi-*+*-fugo*)

nidor n.m. mau hálito proveniente de certas perturbações digestivas (Do lat. *nidōre-*, «cheiro forte»)

nidoroso adj. I que cheira a podre ou a ovos chocos; que exala mau hálito 2 bafiento (Do lat. *nidorōsu-*, «que tem cheiro ativo»)

nieiro n.m. [regionalismo] lugar habitual onde a galinha vai pôr os ovos; ninheiro (Do lat. *nidu-*, «ninho»+*-eiro*)

nielo n.m. I esmalte preto 2 ornato gravado em ouro por meio de esmalte preto; nigelo (Do lat. *nigellu-*, «um tanto negro», pelo it. *niello*, «nielo», ou pelo fr. *nielle*, «id.»)

nife n.m. I GEOLOGIA designação antiga da zona central da Terra que se supõria formada de níquel e ferro 2 [regionalismo] bocadinho (De *ní[quel]*+*fe[rro]*)

nigela n.f. I BOTÂNICA planta herbácea, silvestre, da família das Ranunculáceas, de sementes pretas, vulgar nas searas 2 ornato com embutidos de metal e esmalte preto (Do lat. *nigella-*, «um tanto negra», dim. de *nigra-*, «negra»)

nigelar v.tr. ornar com nigelas (De *nigela*+*-ar*)

nigelina n.f. substância amarga que se extrai da nigela (planta) (De *nigela*+*-ina*)

nigelo n.m. ornato gravado em ouro por meio de esmalte preto (Do lat. *nigellu-*, dim. de *nigru-*, «negro»)

nigeriano adj. de ou relativo à Nigéria, ou aos seus naturais ■ n.m. natural da Nigéria (De *Nigéria*, top.+*-ano*)

nigerino adj. de ou relativo ao Níger, ou aos seus naturais ■ n.m. natural do Níger (De *Níger*, top.+*-ino*)

nigérrimo adj. {superlativo absoluto sintético de **negro**} muito negro (Do lat. *nigerrĭmu-*, «id.»)

nigiri n.m. CULINÁRIA prato japonês que consiste num bolinho de arroz cozido, avinagrado e doce, coberto por um pedaço de peixe cru ou fruto do mar

nigri- elemento de formação de palavras que exprime a ideia de *negro, escuro, preto* (Do lat. *nigru-*, «negro»)

nigrícia n.f. I região habitada por negros 2 coloração escura em certas partes da pele ou mucosas (Do lat. *nigritĭa-*, «a cor negra»)

nigricórneo adj. ZOOLOGIA que tem cornos negros ou antenas negras (De *nigri-*+*córneo*)

nigrípede adj.2g. ZOOLOGIA que tem pés, ou as extremidades dos membros locomotores, negros ou de cor quase negra (Do lat. *nigru-*, «negro»+*pede-*, «pé»)

nigripene adj.2g. ZOOLOGIA que tem asas ou élitros negros (Do lat. *nigru-*, «negro»+*penna-*, «asa»)

nigrirrostro /ô/ adj. ZOOLOGIA que tem o bico ou a tromba escura (Do lat. *nigru-*, «negro»+*rostru-*, «bico»)

nigromancia n.f. ⇒ **necromancia** (Do lat. *nigra-*, «negro»+gr. *manteía*, «adivinhação»)

nigromante n.2g. pessoa que pratica a nigromancia (De *nigru-*, «negro»+*-mante*)

nigromântico adj. relativo à nigromancia (De *nigromante*+*-ico*)

nígua n.f. I ZOOLOGIA pequeno inseto (díptero) semelhante à pulga, próprio das regiões quentes, cuja fêmea põe os ovos na pele do homem e de outros animais, também conhecido por bicho-de-pé, tunga e matacanha 2 ZOOLOGIA larva desse inseto (Do taino *nigua*, «nígua; bicho-de-pé», pelo cast. *nigua*, «id.»)

niilificação n.f. I ato de reduzir a nada 2 ato de considerar ou minimizar algo, como se não existisse (neologismo filosófico de Sartre, filósofo francês, 1905-1980); nulificação (De *nihil*, «nada»+*ficāre*, por *facĕre*, «fazer»+*-ção*)

niilismo n.m. I FILOSOFIA doutrina que nega a existência de qualquer realidade substancial (niilismo ontológico) 2 FILOSOFIA doutrina que nega a possibilidade da verdade (niilismo crítico) 3 FILOSOFIA doutrina, ou atitude, que não aceita nenhuma norma moral (niilismo ético) 4 POLÍTICA doutrina, difundida particularmente na Rússia oitocentista, que não aceita nenhuma coerção sobre o indivíduo, que nega a necessidade do Estado (niilismo político ou anarquismo) (Do lat. *nihil*, «nada»+*-ismo*, ou do fr. *nihilisme*, «id.»)

niilista adj.2g. I que é partidário do niilismo 2 relativo ao niilismo ou próprio dele ■ n.2g. pessoa que é partidária do niilismo (Do lat. *nihil*, «nada»+*-ista*, ou do fr. *nihiliste*, «id.»)

nil n.m. ORNITOLOGIA ⇒ **hortulana** (De orig. onom.?)

nilgó n.m. ZOOLOGIA antílope indiano bastante corpulento (Do hind. *nilgāu*, «boi azul», pelo fr. *nilgaut*, «nilgó»)

niliáco adj. ⇒ **nilótico**

nílico adj. I do Nilo 2 relativo ao Nilo (De *Nilo*, top. +*-ico*)

nilómetro n.m. I coluna de mármore, usada desde o tempo dos faraós, para medir as cheias do Nilo 2 GEOGRAFIA ⇒ **fluviómetro** (Do gr. *Neîlos*, «Nilo»+*métron*, «medida»)

nilótico adj. referente ao Nilo ou às regiões marginais deste rio (Do lat. *nilotĭcu-*, «do Nilo»)

nimbar v.tr. I cercar com nimbo ou auréola 2 [fig.] sublimar; exaltar (De *nimbo*+*ar*)

nimbífero adj. I portador de chuva 2 chuvoso (Do lat. *nimbifĕru-*, «que traz chuva»)

nimbo n.m. I METEOROLOGIA nuvem escura, espessa, baixa, de contornos vagos, que se desfaz em chuva ou neve 2 chuva ligeira 3 círculo resplandecente que cinge as cabeças dos santos e das pessoas divinas; auréola 4 qualquer círculo luminoso a envolver um objeto (Do lat. *nimbu-*, «nuvem espessa»)

nimbo-estrato n.m. METEOROLOGIA nuvem da quarta família, oitavo género, cinzento-escura, muito espessa, que se desfaz em chuvisco

nimboso /ô/ adj. I coberto de nimbos; toldado 2 chuvoso (Do lat. *nimbōsu-*, «pluvioso»)

nimiamente adv. I demasiadamente 2 excessivamente (De *nímio*+*-mente*)

nimiedade n.f. I qualidade do que é nímio 2 excesso; demasia (Do lat. *nimietāte-*, «id.»)

nímio adj. demasiado; exagerado; excessivo (Do lat. *nimĭu-*, «muito grande»)

nina n.f. I [coloq.] menina 2 nana 3 arruela (Do it. *ninna*, «id.»)

ninar v.tr. fazer adormecer; acalentar ■ v.intr. dormir; adormecer (a criança) (De *nina*+*ar*)

ninfa n.f. I MITOLOGIA divindade secundária feminina da mitologia grega, que presidia aos rios, fontes, bosques, montanhas, etc. 2 ZOOLOGIA uma das metamorfoses dos insetos, caracterizada por imobilidade completa; pupa; crisálida 3 cada um dos pequenos lábios da vulva 4 [fig.] mulher jovem e formosa (Do gr. *nýmphe*, «ninfa», pelo lat. *nympha-*, «id.»)

Ninfálidas n.m.pl. ⇒ **Ninfalídeos**

Ninfalídeos n.m.pl. ZOOLOGIA família de insetos lepidópteros, representada em Portugal por algumas espécies (Do lat. *nympha-*, «ninfa»+*l-*+*-ídeos*)

Ninfeáceas n.f.pl. BOTÂNICA família de plantas dicotiledóneas, aquáticas, de flores regulares, hermafroditas, cujo género-tipo se denomina *Nymphaea*, representada em Portugal por duas espécies conhecidas pelos nomes vulgares de nenúfares e golfos ou gólfãos (Do gr. *nymphaía*, «nenúfar», pelo lat. *nymphaea-*, «id.» +*-áceas*)

ninfeáceo adj. relativo às ninfeáceas (Do gr. *nymphaía*, «nenúfar», pelo lat. *nymphaea-*, «id.»+*-áceo*)

ninfeu n.m. lugar consagrado às ninfas, entre os Gregos e os Romanos ■ adj. I relativo às ninfas 2 próprio das ninfas 3 GEOLOGIA designativo do terreno ou das rochas formadas pela água doce (Do lat. *nympheu-*, «relativo ou consagrado às ninfas»)

ninfo- elemento de formação de palavras que exprime a ideia de *ninfa, mulher recém-casada* (Do gr. *nýmphe*, «id.»)

ninfoide adj.2g. que tem forma de ninfa (Do gr. *nýmphe*, «ninfa» +*eîdos*, «forma»)

ninfóide ver nova grafia ninfoide

ninfómana n.f. PATOLOGIA mulher ou fêmea que padece de ninfomania; ninfomaníaca; histerómana (Do gr. *nýmphe*, «mulher recém-casada»+*-mana*)

ninfomania n.f. PATOLOGIA desejo sexual compulsivo e considerado excessivo em mulher ou fêmea dos mamíferos; uteromania; furor uterino; histeromania (Do gr. *nýmphe*, «mulher recém-casada» +*manía*, «loucura»)

ninfomaníaca n.f. PATOLOGIA ⇒ **ninfómana** (De *ninfo-*+*maníaca*)

ninfomaníaco *adj.* 1 que tem desejo sexual compulsivo e considerado excessivo 2 relativo à ninfomania (De *ninfo-*+*maníaco*)
ninfose *n.f.* ZOOLOGIA passagem ao estado de ninfa (metamorfose) (Do gr. *nýmphe*, «ninfa»+-*ose*)
ninfotomia *n.f.* CIRURGIA excisão parcial das ninfas vulvares (Do gr. *nýmphe*, «ninfa»+*tomé*, «corte»+-*ia*)
ningres-ningres *n.m.2n.* 1 indivíduo acanhado 2 joão-ninguém
ningrimanço *n.m.* utensílio para lavrar as marinhas
ninguém *pron.indef.* 1 nenhuma pessoa 2 qualquer pessoa ▪ *n.m.* pessoa de pouca importância (Do lat. *ne[c]quem*, de *nec*, «nem»+*quem*, «que»)
ninhada *n.f.* 1 ovos ou aves recém-nascidas contidas num ninho 2 conjunto dos animais nascidos do mesmo parto 3 [coloq.] porção de filhos pequenos; filharada 4 abrigo; asilo 5 [fig.] grande quantidade (De *ninho*+-*ada*)
ninhal *n.m.* lugar onde há muitos ninhos (De *ninho*+-*al*)
ninhar *v.intr.* [pop.] fazer ninho (De *ninho*+-*ar*)
ninharia *n.f.* 1 coisa ou dito de pouco valor 2 quantia muito pequena; bagatela; insignificância (Do cast. *niñeria*, «infantilidade»)
ninhego /ê/ *adj.* que foi tirado do ninho (De *ninho*+-*ego*)
ninheiro[1] *adj.* [regionalismo] que gosta muito de estar na cama; dorminhoco ▪ *n.m.* [regionalismo] lugar onde habitualmente a galinha põe os ovos; ninho (De *ninho*+-*eiro*)
ninheiro[2] *adj.,n.m.* que ou aquele que se preocupa com ninharias ou coisas de pouco valor (Do cast. *niñero*, «menineiro»)
ninho *n.m.* 1 pequena construção feita pelas aves com penas, palhas, fios, etc., para pôr os ovos e criar os filhos 2 lugar onde se recolhem e dormem certos animais 3 abrigo; esconderijo 4 local onde se recolhem pessoas de má índole; covil; toca 5 [coloq.] cama; leito 6 [coloq.] casa paterna 7 [coloq.] pátria; berço; terra natal 8 meio favorável ao desenvolvimento de algo; ~ *de empresas* infraestrutura que acolhe as empresas no período inicial da sua constituição, disponibilizando instalações e serviços partilhados a baixo preço, ajuda especializada, etc.; incubadora; ~ *de fósseis* PALEONTOLOGIA local particularmente fértil em fósseis; ~ *de ratos* [coloq.] local em desarrumação total, cabelo despenteado e emaranhado, abrigo; *fazer o ~ atrás da orelha a* enganar, ludibriar (Do lat. *nidu-*, «id.»)
nini *n.2g.* [coloq.] menino ou menina (Repetição da sílaba tónica)
ninivita *adj.2g.* relativo a Nínive, cidade da antiga Fenícia ▪ *n.2g.* natural ou habitante dessa cidade (Do lat. *ninivīta-*, «id.»)
ninja *n.2g.* 1 HISTÓRIA lutador japonês treinado na arte do ninjútsu para atividades como espionagem, sabotagem ou assassinatos 2 aquele que domina a arte do ninjútsu 3 pessoa mascarada com o traje que é associado a este lutador (Do jap. *ninja*, «id.»)
ninjútsu *n.m.* arte marcial de origem oriental, baseada em movimentos furtivos e nas técnicas do disfarce (Do jap. *ninjutsu*, «id.»)
nino *n.m.* [pop.] menino (De *[me]nino*)
nióbio *n.m.* QUÍMICA elemento com o número atómico 41, de símbolo Nb, que é um metal raro semelhante ao ferro (De *Níobe*, mitol.+-*io*)
nipa *n.f.* [Moçambique] aguardente de caju ou de outros frutos (Do macua *niphá*, «id.»)
nipo- elemento de formação de palavras que exprime a ideia de *japonês, referente ao Japão* (Do jap. *Nippon*, «Sol nascente; Japão»)
nipo-chinês *adj.* que diz respeito ao Japão e à China
niponense *adj.2g.* ⇒ **nipónico** *adj.* (Do jap. *Nippon*, «Japão»+-*ense*)
nipónico *adj.* 1 relativo ao Japão ou aos seus naturais 2 do Japão; japonês ▪ *n.m.* indivíduo natural do Japão (Do jap. *Nippon*, «Sol nascente; Japão»+-*ico*)
niqueiro *adj.* ⇒ **niquento** (De *nica*+-*eiro*)
níquel *n.m.* 1 QUÍMICA elemento com o número atómico 28, de símbolo Ni, que é um metal esbranquiçado, pouco alterável ao ar, magnético, muito usado no revestimento protetor de objetos metálicos 2 moeda desse metal (Do al. *Nickel*, «id.»)
niquelado *adj.* coberto por um depósito eletrolítico de níquel ▪ *n.m.* objeto coberto por um depósito eletrolítico de níquel (Part. pass. de *niquelar*)
niquelagem *n.f.* ato ou operação de niquelar (De *niquelar*+-*agem*, ou do fr. *nickelage*, «id.»)
niquelar *v.tr.* cobrir com uma camada de níquel (De *níquel*+-*ar*, ou do fr. *nickeler*, «id.»)
niquelífero *adj.* que contém níquel (Do fr. *nickélifère*, «id.»)
niquelina *n.f.* 1 MINERALOGIA mineral constituído por arsenieto de níquel, Ni As, de cor avermelhada 2 liga de níquel, cobre e zinco (De *níquel*+-*ina*)

niquento *adj.* 1 que se preocupa com bagatelas; que dá muita atenção a ninharias 2 difícil de contentar; esquisito; impertinente (De *nica*+-*ento*)
niquice *n.f.* 1 qualidade daquele que é difícil de contentar; esquisitice; impertinência 2 coisa insignificante; nica (De *nica*+-*ice*)
niquita *n.f.* bebida típica da Madeira feita de gelado, açúcar, ananás, vinho branco e/ou cerveja branca, que se misturam com o pau da poncha até se obter uma consistência cremosa (De *Nikita*, título de uma música de Elton John que estava na moda em 1985, data em que a bebida foi criada)
nirvana *n.m.* 1 no Budismo, extinção do desejo, da aversão e da ignorância que conduz à libertação de todo o sofrimento 2 estado de libertação suprema (Do sânsc. *nirvána*, «extinção»)
nirvânico *adj.* relativo a nirvana (De *nirvana*+-*ico*)
nirvanismo *n.m.* ⇒ **budismo** (De *nirvana*+-*ismo*)
nirvanista *adj.,n.2g.* ⇒ **budista** (De *nirvana*+-*ista*)
níscaro *n.m.* [regionalismo] BOTÂNICA ⇒ **míscaro** (De *míscaro*)
niscato *n.m.* [pop.] ⇒ **biscato** (De *biscato*)
nisso contração da preposição *em* + *o* pronome demonstrativo *isso*
nisto *adv.* 1 neste instante 2 de repente
nitente *adj.2g.* 1 que resplandece; nítido 2 que se esforça; resistente (Do lat. *nitente-*, «brilhante», part. pres. de *nitēre*, «brilhar; ser brilhante»)
nitescência *n.f.* 1 esplendor; brilho 2 claridade (Do lat. *nitescentĭa-*, «id.», part. pres. neut. pl. subst. de *nitescĕre*, «começar a brilhar»)
nitidamente *adv.* 1 com nitidez 2 com clareza (De *nítido*+-*mente*)
nitidez /ê/ *n.f.* 1 qualidade de nítido 2 brilho; fulgência 3 clareza; limpidez 4 qualidade do que é definido ou distinto; precisão 5 ausência de ambiguidade; qualidade do que facilmente se compreende 6 franqueza; sinceridade (De *nítido*+-*ez*)
nitidifloro *adj.* BOTÂNICA que tem flores brilhantes (Do lat. *nitĭdu-*, «brilhante»+*flore-*, «flor»)
nítido *adj.* 1 brilhante; fulgente; resplandecente; luzidio 2 que se distingue bem; definido; claro; distinto 3 em que não há ambiguidade; que facilmente se compreende; evidente 4 limpo; asseado 5 franco; aberto (Do lat. *nitĭdu-*, «brilhante»)
nitração *n.f.* QUÍMICA reação de substituição de um átomo ou um radical pelo radical nitro (NO_2) (De *nitrar*+-*ção*)
nitrado *adj.* 1 QUÍMICA que contém nitro (uma mistura) 2 QUÍMICA que sofreu nitração (um composto) (Part. pass. de *nitrar*)
nitral *n.m.* ⇒ **nitreira** (De *nitro*+-*al*)
nitrar *v.tr.* QUÍMICA fazer a nitração de (De *nitro*+-*ar*)
nitratação *n.f.* QUÍMICA ato ou efeito de nitratar (De *nitratar*+-*ção*)
nitratar *v.tr.* 1 QUÍMICA tratar com um nitrato 2 QUÍMICA converter em nitrato (De *nitrato*+-*ar*)
nitratina *n.f.* ⇒ **natronite** (De *nitrato*+-*ina*)
nitrato *n.m.* 1 QUÍMICA anião correspondente ao ácido nítrico 2 QUÍMICA designação genérica dos aniões que contêm azoto 3 QUÍMICA designação genérica dos sais e dos ésteres do ácido nítrico 4 *pl.* MINERALOGIA classe de minerais, de que são exemplos a nitratina e o salitre, que podem ser considerados como sais do ácido nítrico e contêm na sua fórmula química o radical nitrato (NO_3) (De *nitro*+-*ato*)
nitreira *n.f.* 1 lugar onde se forma nitro 2 depósito onde convergem líquidos dos estábulos, sentinas, montureiras, etc. (Do lat. *nitrārĭa-*, «id.»)
nítrico *adj.* 1 relativo a nitro 2 QUÍMICA designativo do ácido de fórmula química HNO_3; azótico (De *nitro*+-*ico*)
nitrido *n.m.* ato de nitrir; relincho (Part. pass. subst. de *nitrir*)
nitridor *adj.* que nitre; rinchão (De *nitrir*+-*dor*)
nitrificação *n.f.* 1 QUÍMICA transformação do amoníaco ou dos sais amoniacais em nitratos 2 QUÍMICA ato ou efeito de cobrir ou ficar coberto de nitro 3 enriquecimento do solo, devido à atividade da sua flora bacteriana, que transforma as diferentes substâncias orgânicas em nitratos (De *nitrificar*+-*ção*)
nitrificante *adj.2g.* que nitrifica (De *nitrificar*+-*ante*)
nitrificar *v.tr.* 1 QUÍMICA converter (amoníaco ou sais amoniacais) em nitritos e estes em nitratos 2 QUÍMICA cobrir de nitro ▪ *v.pron.* 1 QUÍMICA transformar-se em nitro 2 QUÍMICA cobrir-se de nitro (Do lat. *nitru-*, «nitro»+*facĕre*, «fazer»)
nitrilo *n.m.* QUÍMICA nome genérico dos compostos orgânicos de grupo funcional –C ≡ N, que podem derivar-se das amidas por desidratação, e são isómeros metâmeros das carbilaminas; ~ *fórmico* QUÍMICA ácido prússico, cianeto de hidrogénio (Do gr. *nítron*, «nitro»+*hýle*, «madeira»)
nitrir *v.intr.* (cavalo) rinchar ou relinchar (Do it. *nitrire*, «id.»)
nitrito *n.m.* 1 QUÍMICA anião correspondente ao ácido nitroso 2 QUÍMICA designação dos sais e dos ésteres do ácido nitroso (De *nitro*+-*ito*)

nitro n.m. 1 QUÍMICA nitrato de potássio; salitre 2 QUÍMICA designação do radical monovalente NO$_2$ (Do gr. nítron, «nitro», pelo lat. nitru-, «id.»)

nitro- elemento de formação de palavras que exprime a ideia de nitro (Do gr. nítron, «id.»)

nitrobenzeno n.m. QUÍMICA composto nitrado de benzeno, que é um líquido amarelado, muito venenoso; nitrobenzina (De nitro-+benzeno)

nitrobenzina n.f. QUÍMICA ⇒ **nitrobenzeno** (De nitro-+benzina)

nitrocelulose n.f. QUÍMICA éster do ácido nítrico e da celulose (De nitro-+celulose)

nitrofenol n.m. QUÍMICA nome genérico dos compostos nitrados do fenol, muito empregados na indústria dos corantes (De nitro-+fenol)

nitrogenado adj. ⇒ **azotado** (De nitrogén(io)+-ado)

nitrogénio n.m. QUÍMICA nome por que também é conhecido o azoto (De nitro-+-génio)

nitroglicerina n.f. QUÍMICA substância líquida que se emprega na preparação da dinamite, e que é um éster do ácido nítrico e da glicerina (De nitro-+glicerina)

nitrosidade n.f. qualidade de nitroso (De nitroso+-i-+-dade)

nitrosilo n.m. QUÍMICA radical monovalente do ácido nitroso (NO) (Do lat. nitrōsu-, «nitroso»+gr. hýle, «madeira»)

nitroso /ô/ adj. 1 QUÍMICA que contém nitro; salitroso 2 QUÍMICA designativo do ácido de fórmula HNO$_2$ (Do lat. nitrōsu-, «id.»)

niungue n.m. dialeto do grupo sena falado pelos Niungues, grupo de povos centrados em Tete e na bacia inferior do Zambeze, em Moçambique

nivação n.f. ⇒ **nevação** (De nive-, «neve»+-ação)

niveal adj.2g. 1 que floresce durante o inverno 2 que diz respeito ao inverno 3 que vive na neve 4 da cor da neve (De nive-+-al)

niveína n.f. substância gordurosa que substitui a manteiga ou a banha de porco (De níveo+-ina)

nível n.m. 1 instrumento que serve para verificar se um plano está horizontal ou vertical 2 linha que se define por pontos localizados num mesmo plano horizontal; horizontalidade 3 grau de elevação de um plano horizontal relativamente a outro que lhe é paralelo; altura 4 valor atingido relativamente a um ponto de referência 5 posição de alguém ou algo 6 altura relativa numa escala de valores 7 cada um dos graus de um grupo organizado segundo uma ordem hierárquica 8 regra; norma 9 TOPOGRAFIA aparelho especialmente destinado à definição de planos paralelos ao plano horizontal; ~ *de bolha de ar* instrumento que marca a horizontalidade de uma linha ou superfície, fundando-se na diferente densidade do ar e da água; ~ *de vida* condições de vida determinadas pelos bens e serviços a que os rendimentos de uma pessoa dão acesso; *ao* ~ à mesma altura; *a todos os níveis* em todos os graus, em qualquer plano; *ter* ~ comportar-se de uma forma que merece respeito, ser competente (Do lat. libellu-, dim. de libra-, «balança»)

nivelação n.f. ato ou efeito de nivelar; aplanação (De nivelar+-ção)

nivelador adj. 1 que nivela 2 que mede com nível (instrumento) 3 que torna horizontal 4 que iguala ■ n.m. 1 o que torna plano 2 que mede com nível (instrumento) 3 aquele que torna plano 4 pessoa que coloca ao mesmo nível, que equipara (De nivelar+-dor)

niveladora /ô/ n.f. máquina de terraplenagem utilizada para alisar o terreno, executar pequenas escavações, abrir valetas, regularizar superfícies, espalhar materiais em camadas, etc. (De niveladora)

nivelamento n.m. 1 ato ou efeito de medir a diferença de altura entre dois ou mais pontos utilizando um nível (instrumento) 2 ato ou efeito de tornar plano; aplanação 3 ato ou efeito de pôr ao mesmo nível; igualação (De nivelar+-mento)

nivelar v.tr. 1 medir com o nível (instrumento) 2 pôr ao mesmo nível; tornar horizontal; aplanar 3 [fig.] colocar no mesmo plano; igualar ■ v.pron. 1 ficar no mesmo nível; tornar-se horizontal 2 [fig.] igualar-se; equiparar-se (De nível+-ar)

níveo adj. 1 referente à neve 2 da cor da neve; muito branco (Do lat. nivĕu-, «de neve»)

nivícola adj.2g. 1 que vive na neve 2 que se dá bem em região muito fria (Do lat. nive-, «neve»+colĕre, «viver»)

niviforme adj.2g. semelhante à neve (Do lat. nive-, «neve»+-forma-, «forma»)

nivómetro n.m. METEOROLOGIA ⇒ **nevómetro** (Do lat. nive-, «neve»+-métron, «medida»)

nivoso /ô/ adj. coberto de neve ■ n.m. [com maiúscula] quarto mês do calendário da primeira República Francesa, que abrangia o período de 21 de dezembro a 19 de janeiro (Do lat. nivōsu-, «cheio de neve»)

niza n.f. 1 espécie de casaco curto 2 jaquetão de saragoça (Do turc. nizan, «soldado da 1.ª linha»)

nízaro n.m. [regionalismo] ⇒ **niza**

no[1] pron.pess.,dem. forma do pronome pessoal ou demonstrativo **o**, quando precedido de forma verbal terminada em som nasal (*mandaram-no; confessaram-no*) (Do ant. lo [= o])

no[2] contração da preposição *em* + *o artigo definido ou pronome demonstrativo* o (Do port. ant. enno, de em+ant. lo [= o])

nó n.m. 1 laço apertado feito com fita, linha ou corda 2 ornato com a forma desse laço apertado 3 rosca ou torção da serpente 4 ponto onde convergem vias de comunicação 5 ponto essencial 6 laço; vínculo moral 7 estorvo; embaraço 8 grande dificuldade 9 [coloq.] casamento; enlace 10 espessamento de um órgão filiforme 11 ANATOMIA articulação das falanges dos dedos 12 MEDICINA concreção nos dedos gotosos 13 BOTÂNICA zona circular e engrossada de uma haste donde sai um ou mais ramos 14 BOTÂNICA lugar do caule ou dos ramos onde se inserem as folhas 15 NÁUTICA unidade de velocidade constante correspondente a 1 milha marítima por hora 16 [pop.] vértebra caudal dos animais 17 área da madeira que é mais dura 18 FÍSICA ponto de amplitude nula num sistema de vibrações estacionárias; nodo; ~ *cego* nó difícil de desatar; ~ *de ligação* conjunto de estradas, na vizinhança de um cruzamento a níveis diferentes, que assegura a ligação das vias que aí se cruzam; ~ *górdio* dificuldade séria; ~ *na garganta* sensação de pressão na garganta, por efeito de qualquer comoção; ~ *na tripa* [pop.] obstrução intestinal, com cólica, provocada por torção num ponto do intestino, vólvulo; ~ *vital* ANATOMIA ponto situado no vértice do quarto ventrículo (bolbo raquidiano), no qual reside o comando dos movimentos respiratórios; *nós dos dedos* ANATOMIA as articulações das falanges dos dedos; *cortar o* ~ *górdio* vencer uma dificuldade; *dar o* ~ [coloq.] casar; *estar ao* ~ [pop.] estar mesmo como deve ser; *não dar ponto sem* ~ agir apenas com intuitos interesseiros (Do lat. nodu-, «id.»)

noa[1] n.f. hora canónica, que se canta ou recita antes das vésperas, e que corresponde às quinze horas (Do latim nona [hora], «hora nona»)

noa[2] n.m. [São Tomé e Príncipe] tudo o que é normal e acessível a todos, que não está limitado por qualquer tabu (Do forro noa, «idem»)

nobel n.m. [também com maiúscula] prémio que é atribuído anualmente às pessoas que se destacaram pelo seu contributo nos domínios da Física, Medicina, Literatura, Química, Economia e Paz ■ n.2g. pessoa galardoada com este prémio (De Alfred Bernhard Nobel, antr., químico sueco, 1833-1896)

nobélio n.m. QUÍMICA décimo elemento radioativo artificial, com o número atómico 102 e de símbolo No (De A. Nobel, antr., químico sueco, 1833-1896)

nobiliário adj. que diz respeito à nobreza ■ n.m. registo das origens e tradições das famílias nobres, seus apelidos, brasões, armas, etc. (Do lat. nobĭle-, «nobre»+-ário)

nobiliarista n.2g. 1 pessoa que faz o registo das origens e tradições das famílias nobres, seus apelidos, brasões, armas, etc.; autor de nobiliários 2 pessoa versada em nobiliários ou nas famílias aí registadas (De nobiliário+-ista)

nobiliarquia n.f. 1 tratado ou livro que contém as origens e tradições das famílias nobres, seus apelidos, brasões, armas, etc. 2 estudo das origens, história e tradições dessas famílias (Do lat. nobĭle-, «nobre»+arkhé, «governo»+-ia)

nobiliárquico adj. relativo à nobiliarquia (De nobiliarquia+-ico)

nobilíssimo adj. {superlativo absoluto sintético de **nobre**} muito nobre (Do lat. nobilissĭmu-, «id.»)

nobilitação n.f. 1 ato ou efeito de tornar ou tornar-se nobre; enobrecimento 2 engrandecimento (De nobilitar+-ção)

nobilitante adj.2g. que nobilita (Do lat. nobilitante-, «id.», part. pres. de nobilitāre, «tornar famoso»)

nobilitar v.tr. 1 conceder privilégios de nobreza a; tornar nobre 2 engrandecer; ilustrar; exaltar ■ v.pron. 1 adquirir privilégios de nobreza; tornar-se nobre 2 engrandecer-se; elevar-se (Do lat. nobilitāre, «id.»)

nobilitário adj. dos nobres (Do lat. nobilitāte-, «nobreza»+-ário)

nobre adj.2g. 1 que, por direito de nascimento ou decisão régia, possui determinados títulos e goza de regalias em relação a outros grupos sociais; que faz parte da nobreza 2 relativo à nobreza 3 próprio da nobreza 4 que revela elevação de carácter ou superioridade moral 5 ilustre; honroso; excelente 6 distinto; notável 7 majestoso; magnânimo 8 elevado; sublime ■ n.2g. pessoa que, por descendência ou decisão régia, possui títulos e goza de regalias em relação a outros grupos sociais; membro da nobreza (Do lat. nobĭle-, «id.»)

nobrecer v.tr. ⇒ **enobrecer** (De nobre+-ecer)
nobremente adv. 1 com nobreza 2 generosamente (De nobre+-mente)
nobreza /ê/ n.f. 1 condição de pessoa que, por descendência ou decisão régia, possui títulos e goza de regalias em relação a outros grupos sociais 2 classe constituída por essas pessoas 3 qualidade do que é nobre; distinção; excelência 4 mérito; superioridade moral; elevação de sentimentos 5 majestade; grandeza 6 generosidade 7 gravidade; austeridade (De nobre+-eza)
noca n.f. 1 [regionalismo] cada um dos nós dos dedos 2 [regionalismo] esconderijo (De it. nocca, «nó do dedo»)
nocada n.f. pancada com os nós dos dedos (De noca+-ada)
noção n.f. 1 conhecimento simples ou pouco profundo que se tem de algo 2 conhecimento que se tem de algo por intuição; ideia 3 FILOSOFIA representação geral e abstrata; conceito (Do lat. notiōne-, «id.»)
nocaute n.m. ⇒ **knockout**
nocebo n.m. MEDICINA preparado inócuo, teoricamente sem efeitos, mas que, aliado a fatores psicológicos, pode produzir reações negativas no paciente (Do lat. nocebo, 1.ª pess. sing. do fut. do ind. de nocēre, «causar dano»)
nocente adj.2g. que prejudica; nocivo; daninho (Do lat. nocente-, «id.», part. pres. de nocēre, «prejudicar; fazer mal a»)
nochatro n.m. amoníaco (Do ár. vulg. nuxátar, «sal amoníaco»)
nociceptor n.m. FISIOLOGIA recetor de estímulos dolorosos, que provêm de agentes nocivos para o organismo (De nocivo × receptor)
nocilho n.m. BOTÂNICA planta verbenácea da Índia (Do lat. nuce-, «noz» +-ilho?)
nocional adj.2g. 1 referente a noção 2 com carácter de noção 3 que expressa um conhecimento superficial ou simples 4 abstrato; conceptual (Do lat. notiōne-, «noção» +-al)
nocivamente adv. de modo nocivo; prejudicialmente (De nocivo+-mente)
nocividade n.f. qualidade de nocivo (De nocivo+-i-+-dade)
nocivo adj. que causa prejuízo; que faz mal; danoso (Do lat. nocīvu-, «id.»)
noctambulação n.f. 1 ato de andar de noite 2 realização de atos coordenados durante o sono, dos quais a pessoa não se lembra ao acordar (De noctambular+-ção)
noctambular v.intr. andar, deambular de noite (Do lat. nocte-, «noite» +ambulāre, «andar»)
noctambulismo n.m. 1 estado de pessoa que, durante o sono, realiza movimentos coordenados e automáticos, dos quais não se recorda quando desperta; sonambulismo 2 hábito de andar de noite ou sair à noite (De noctâmbulo+-ismo)
noctâmbulo adj.,n.m. 1 que ou pessoa que anda de noite ou sai à noite por hábito; que ou pessoa que gosta da noite; notívago 2 que ou pessoa que, durante o sono, realiza movimentos coordenados e automáticos, dos quais não se recorda quando desperta (Do lat. nocte-, «noite» +ambŭlo, «eu ando», 1.ª pess. pres. do ind. de ambulāre, «andar; ir à volta»)
noct(i)- a grafia mais usada é not(i)-
nocticolor adj.2g. da cor da noite; escuro; sombrio (Do lat. nocticolōre-, «id.»)
noctifloro adj. BOTÂNICA diz-se do vegetal cujas flores se abrem ao anoitecer e se fecham de manhã (De nocti-+-floro)
noctífobo adj.,n.m. ⇒ **nictófobo** (De nocti-+-fobo)
noctígeno adj. 1 que espalha trevas 2 que produz sombra (De nocti-+-geno)
noctígero adj. ⇒ **noctígeno** (De nocti-+-gero)
noctilúcio adj. que dá luz de noite; **nevoeiro ~** METEOROLOGIA fenómeno que ocorre, raramente, nas noites de verão, dando a aparência de um nevoeiro luminoso no céu (Do lat. noctilūcu-, «que luz durante a noite» +-io)
noctívago a grafia mais usada é **notívago**
noctivisão n.f. processo de ver um objeto tornado invisível pela escuridão, nevoeiro, etc., utilizando raios infravermelhos (De nocte-, «noite» +visiōne-, «visão»)
noctívolo adj. que só voa de noite (Do lat. nocte-, «noite» +volāre, «voar»)
noctuídeo adj. relativo ou pertencente aos Noctuídeos ■ n.m. ZOOLOGIA espécime dos Noctuídeos
Noctuídeos n.m.pl. ZOOLOGIA família de insetos lepidópteros, geralmente noturnos, com larvas muito vorazes, prejudiciais à agricultura (Do lat. noctŭa-, «ave noturna; coruja» +ídeos)
nocturnal ver nova grafia **noturnal**
nocturno ver nova grafia **noturno**

nodal adj.2g. que diz respeito a um nó ou a um nodo; **pontos nodais** pontos do eixo de um sistema centrado, tais que um raio-objeto que passa pelo primeiro ponto nodal tem o seu conjugado a passar pelo segundo ponto nodal e a sair numa direção paralela à do raio-objeto (Do lat. nodu-, «nó» +-al)
nó-de-adão ver nova grafia **nó de Adão**
nó de Adão n.m. ANATOMIA protuberância na parte ântero-superior do pescoço; maçã de Adão
nod(i)- elemento de formação que exprime a ideia de nó, nodosidade, protuberância (nodifloro)
nodifloro adj. BOTÂNICA (planta) cujas flores nascem dos nós (De nod(i)-+-floro)
nodo n.m. 1 MEDICINA tumor que se forma em volta das articulações 2 ASTRONOMIA cada um dos pontos em que a trajetória da Lua interceta a eclíptica 3 FÍSICA ponto de amplitude nula numa onda estacionária 4 FÍSICA ponto, reta ou superfície onde se anula uma função de onda; **linha dos nodos** ASTRONOMIA interseção do plano da órbita da Lua com o da eclíptica (Do lat. nodu-, «nó»)
nódoa n.f. 1 sinal deixado por um corpo que suja; mancha 2 [fig.] desonra; ignomínia 3 [fig.] vergonha; mácula 4 [coloq.] pessoa que não sabe nada ou é incompetente; **~ negra** mancha de coloração variável originada pela infiltração de sangue no tecido subcutâneo e que se deve, em geral, a traumatismo; equimose; **no melhor pano cai a ~** [coloq.] até a pessoa mais honesta ou competente está sujeita a errar (Do lat. notŭla-, dim. de nota-, «sinal»)
nodoar v.tr.,pron. ⇒ **enodoar** (De nódoa+-ar)
nó-do-diabo n.m. BOTÂNICA planta carnívora, capaz de devorar mesmo pequenos mamíferos
nodosidade n.f. 1 estado ou qualidade do que é nodoso 2 conjunto ou disposição dos nós 3 estrutura arredondada e dura; nó (Do lat. nodositāte-, «id.»)
nodoso adj. 1 que tem nós 2 proeminente; saliente 3 próprio de nó ou nodo (Do lat. nodōsu-, «id.»)
nodular adj.2g. 1 cheio de nós 2 referente a nó 3 que tem forma de nódulo 4 constituído por nódulos (De nódulo+-ar)
nodular-se v.pron. criar ou encher-se de nós (De nódulo+-ar)
nódulo n.m. 1 pequeno nó 2 pequena quantidade de matéria junta e arredondada 3 ANATOMIA estrutura anatómica constituída por uma massa de células que tem uma dada função 4 MEDICINA pequeno inchaço ou saliência com a forma de um nó 5 GEOLOGIA cada uma das concreções de diversa natureza contidas num terreno 6 ZOOLOGIA ponto de nervação da parte média da margem anterior das asas de alguns insetos 7 ZOOLOGIA artículo elementar das antenas dos insetos; **~ de Morgani** ANATOMIA pequena nodosidade que se encontra no orifício aórtico do ventrículo direito (coração) situado nas válvulas sigmoides (Do lat. nodŭlu-, «pequeno nó»)
noduloso adj. 1 que tem nódulos 2 característico de nódulo 3 parecido com o nódulo (De nódulo+-oso)
noelista adj.2g. designativo da associação de senhoras que se dedicam à propaganda católica e a obras de caridade ■ n.f. senhora que pertence a esta associação (Do fr. noëliste, «id.»)
noema /ê/ n.m. 1 unidade mínima de significado 2 na filosofia fenomenológica, aquilo que se pensa 3 a representação mental correlativa da noese (Do gr. nóema, «pensamento»)
noemático adj. que se refere ao noema (Do gr. nóema, -atos, «pensamento» +-ico)
noese n.f. FILOSOFIA na fenomenologia, o ato de conhecer ou de pensar algo (Do gr. nóesis, «faculdade de pensar»)
noete n.f. espécie de rodízio onde convergem as varetas do guarda-chuva (Do fr. nouet, de nouer, «ligar; juntar; prender»)
noética n.f. estudo ou teoria do pensamento ou do conhecimento; gnosiologia (Do gr. noetós, «intelectual» +-ica)
noético adj. que se refere à noese (Husserl, filósofo alemão, 1859-1938); **esfera noética** conjunto das funções intelectuais (Do gr. noetós, «intelectual» +-ico)
nogada n.f. 1 BOTÂNICA flor da nogueira 2 CULINÁRIA molho em que entram nozes pisadas 3 CULINÁRIA doce feito com nozes (Do lat. vulg. nucăta-, de nuce-, «noz»)
nogado n.m. CULINÁRIA bolo doce feito com nozes, amêndoas ou pinhões, misturados com açúcar ou mel (Do lat. vulg. *nucătu-, de nuce-, «noz», ou do fr. nougat, «id.»)
nogal n.m. ⇒ **nogueiral** (Do lat. vulg. nucāle-, «id.»)
nogão n.m. {aumentativo de **noz**} [regionalismo] variedade de noz graúda (De noz+-ão)
nogueira n.f. 1 BOTÂNICA árvore da família das Juglandáceas, de tronco robusto, coloração acinzentada, copa ampla e arredondada, folhas pontiagudas, dentadas e aromáticas, que produz

frutos comestíveis (nozes) e cuja madeira, bastante dura, é usada em marcenaria e escultura **2** madeira da mesma árvore **3** termo que também designa a madeira da nogueira-americana, nogueira-do-japão e nogueira-do-brasil (Do lat. *nucarĭa- [arbŏre-]*, «árvore da noz»)

nogueirado *adj.* da cor da madeira de nogueira (De *nogueira+-ado*)

nogueiral *n.m.* pomar de nogueiras; nogal (De *nogueira+-al*)

noia *n.f.* [coloq.] paranoia; afetação

nóia ver nova grafia **noia**

noiante *adj.2g.* [coloq.] que causa problemas; que causa confusão

noitada *n.f.* **1** intervalo de tempo que dura uma noite **2** [coloq.] noite em que não se dorme e que geralmente se dedica a uma atividade recreativa ou profissional; direta **3** divertimento que dura toda a noite ou parte dela **4** serão prolongado (De *noite+-ada*)

noite *n.f.* **1** espaço de tempo entre o momento em que o Sol se põe e em que nasce; tempo em que o Sol está abaixo do horizonte **2** obscuridade que caracteriza esse espaço de tempo; escuridão **3** [coloq.] atividades de divertimento e lazer realizadas durante esse período de tempo; vida noturna **4** período noturno em que se comemoram festividades **5** [fig.] tristeza **6** [fig.] morte **7** [fig.] ignorância; *~ e dia* incessantemente; *a altas horas da ~* a uma hora adiantada da noite, muito tarde; *ao cair da ~* quando se faz noite; *boa ~!* saudação feita à noite; *de ~ todos os gatos são pardos* de noite todas as coisas parecem ter a mesma cor; *passar a ~ em claro/branco* passar a noite sem dormir, não adormecer durante toda a noite; *pela calada da ~* quando tudo está em silêncio (Do lat. *nocte-*, «id.»)

noite-boa *n.f.* ORNITOLOGIA ⇒ **boa-noite 2**

noitecer *v.intr.* ⇒ **anoitecer** *v.intr.* (Do lat. *noctescĕre*, «id.»)

noitibó *n.m.* ORNITOLOGIA ⇒ **boa-noite 2** (Do lat. *noctivŏla-*, «que voa de noite»)

noitinha *n.f.* fim da tarde; anoitecer (De *noite+-inha*)

noiva *n.f.* mulher que está para casar ou que está casada há pouco (Do cruzamento do lat. *nupta-*, «casada», part. pass. de *nubĕre*, «casar», com o adj. *nova-*, «jovem; nova», pelo lat. vulg. *novĭa-*, «noiva»?)

noivado *n.m.* **1** compromisso mútuo de casamento **2** intervalo de tempo entre o momento em que é feita a promessa de casamento e a altura em que este é celebrado **3** dia ou festa do casamento **4** estado de noivo (Part. pass. subst. de *noivar*)

noival *adj.2g.* que diz respeito aos noivos (De *noiva+-al*)

noivar *v.intr.* **1** cortejar a pessoa de quem se ficou noivo ou noiva **2** ficar noivo ou noiva **3** celebrar as bodas; casar **4** (aves) preparar a reprodução (De *noiva+-ar*)

noivo *n.m.* **1** indivíduo que está para casar ou que está casado há pouco ou que está a casar **2** *pl.* casal que tem compromisso de casamento ou recém-casado (De *noiva*)

nojeira *n.f.* **1** coisa que causa nojo; coisa repugnante **2** coisa mal executada ou sem valor **3** ato desprezível (De *nojo+-eira*)

nojento *adj.* **1** que causa nojo; repugnante **2** desprezível; vil; miserável **3** contrário à moral; obsceno **4** que sente repugnância de tudo; que se enoja com facilidade (De *nojo+-ento*)

nojice *n.f.* **1** coisa que causa nojo; coisa repugnante **2** coisa mal executada ou sem valor (De *nojo+-ice*)

nojo /ô/ *n.m.* **1** repugnância; asco; repulsa **2** o que causa asco ou repugnância **3** náusea **4** aborrecimento; fastio **5** pesar; tristeza **6** luto; *licença de ~* dias concedidos de licença aos funcionários, por motivo de falecimento de um parente próximo (De *enojo*, deriv. regr. de *enojar*, com aférese.)

nojoso *adj.* **1** desprezível; vil; miserável **2** aborrecido; enfadado **3** desgostoso; pesaroso **4** que está de luto **5** que causa nojo; repugnante (De *nojo+-oso*)

nolição *n.f.* ato ou efeito de não querer; recusa; oposição (Do lat. *nolle*, «não querer» +-ção)

no-lo *contração do pronome pessoal enclítico* nos + *o pronome pessoal enclítico ou pronome demonstrativo* o

noma /ô/ *n.f.* MEDICINA estomatite que se observa mais em pessoas desnutridas ou com condições higiénicas más (Do gr. *nomé*, «estrago feito por uma úlcera», pelo lat. *nome-*, «úlcera roedora»)

nómada *adj.2g.* **1** que não tem habitação fixa e se desloca com frequência para garantir a sobrevivência **2** que está sempre a mudar de habitação ou ocupação; errante **3** relativo às pessoas ou aos povos que se deslocam permanentemente **4** ZOOLOGIA que se desloca de região para região de acordo com as estações do ano ■ *n.2g.* **1** pessoa que pertence a um povo que se desloca permanentemente para garantir a sobrevivência **2** pessoa que vive mudando continuamente de lugar; pessoa errante (Do gr. *nomás, -ádos*, «que apascenta», pelo lat. *nomădes*, «nómadas»)

nómade *adj.,n.2g.* ⇒ **nómada**

nomadismo *n.m.* **1** modo de vida dos nómadas **2** modo de vida de quem está sempre a mudar de habitação ou ocupação; modo de vida de pessoa errante; *~ pastoril* género de vida das populações das estepes e dos subdesertos, forçadas à deslocação por necessidade de pastagem para os gados, e cuja habitação é a tenda desmontável; *~ restrito* deslocação da população, na primavera, para povoações situadas fora dos vales, nos Alpes e nos Cárpatos, para cultivar a terra e apascentar o gado, que, no verão, acompanhado só pelos pastores, vai para as altas pastagens de montanha (De *nómada+-ismo*)

nomadização *n.f.* MILITAR atuação de forças militares de efetivo reduzido, muito móveis, em zona afetada pela subversão, com o fim de colher informações, destruir meios de combate e atacar pequenos objetivos (De *nomadizar+-ção*)

nomadizar *v.tr.* tornar nómada ■ *v.pron.* **1** tornar-se nómada **2** errar; vaguear (De *nómada+-izar*)

nomarca *n.m.* chefe de um nomo (Do gr. *nomárkhes*, «id.»)

nome /ô/ *n.m.* **1** palavra com que se designam seres, coisas, qualidades, estados ou ações; designação; denominação **2** linhagem; família **3** pessoa célebre numa dada época **4** nomeada; fama; reputação **5** apelido; alcunha **6** poder; influência **7** palavra ou qualificação injuriosa; insulto **8** título **9** GRAMÁTICA núcleo do grupo nominal que designa entidades concretas (pessoa, objeto, animal, etc.) ou entidades abstratas (ação, estado, qualidade, etc.), e que pode variar em género, número e grau **10** GRAMÁTICA designação genérica para as categorias de substantivo, adjetivo e pronome; *~ de batismo* o que é atribuído a uma pessoa na altura do batismo e que precede o nome de família; *~ de família* nome comum a todo um grupo familiar, apelido; *~ literário* nome com o qual um escritor subscreve e individualiza a sua obra; *~ vulgar* (sistemática) nome por que é correntemente designado um ser vivo; *chamar os bois pelos nomes* falar claramente, falar sem subterfúgios; *conhecer de ~* conhecer só por ouvir falar; *em ~ de* em lugar de, por consideração a, sob o pretexto de; *ganhar ~* tornar-se célebre (Do lat. *nomen*, «id.»)

nomeação *n.f.* **1** ato ou efeito de dar um nome a **2** eleição ou escolha de pessoa para cargo, função ou dignidade; indigitação **3** direito de conferir cargo, função ou dignidade **4** documento oficial através do qual se atribui cargo, função ou dignidade; provisão **5** escolha de alguém para candidato a um prémio (Do lat. *nominatiōne-*, «id.»)

nomeada *n.f.* fama; reputação; celebridade; *de ~* notável, célebre (Part. pass. fem. subst. de *nomear*)

nomeadamente *adv.* **1** em particular; especialmente **2** sobretudo; principalmente; mormente (De *nomeado+-mente*)

nomeado *adj.* **1** designado pelo nome de **2** determinado; indicado **3** designado ou despachado para exercer cargo ou função **4** escolhido para se candidatar a um prémio **5** afamado; célebre ■ *n.m.* **1** pessoa mencionada **2** pessoa selecionada para exercer cargo ou função **3** pessoa escolhida para se candidatar a um prémio (Do lat. *nominātu-*, «id.», part. pass. de *nomināre*, «nomear»)

nomeador *adj.,n.m.* que ou aquele que nomeia (Do lat. *nominatōre-*, «id.»)

nomeadura *n.f.* ⇒ **nomeação** (De *nomear+-dura*)

nomeante *adj.2g.* que nomeia (Do lat. *nominante-*, «id.», part. pres. de *nomināre*, «nomear»)

nomear *v.tr.* **1** atribuir um nome a; designar pelo nome; apelidar **2** proferir o nome de **3** mencionar; indicar **4** escolher; eleger (para cargo, função, dignidade) ■ *v.pron.* **1** dizer o próprio nome **2** chamar-se (Do lat. *nomināre*, «id.»)

nomenclador *adj.* que classifica (em nomenclatura) ■ *n.m.* indivíduo que se dedica à nomenclatura ou classificação no campo da ciência (Do lat. *nomenclatōre-*, «aquele que diz o nome de»)

nomenclar *v.tr.* organizar a nomenclatura de (Do lat. *nomenclāre*, «dar o nome de»)

nomenclatura *n.f.* **1** conjunto de vocábulos de um léxico **2** lista de entradas de um dicionário ou enciclopédia **3** coleção dos termos técnicos de uma ciência ou arte **4** método para classificar esses termos **5** lista; relação; catálogo **6** capítulo da sistemática em que se estabelecem as regras internacionais para dar nomes aos agrupamentos constituídos pela taxionomia **7** HISTÓRIA grupo de indivíduos que, nos países de Leste e na antiga União Soviética, exerciam funções importantes e gozavam de privilégios especiais **8** grupo de indivíduos associados ao Estado e que gozam de benefícios específicos; *~ binária* tipo de nomenclatura introduzida como obrigatória por Lineu, naturalista sueco (1707-1778), nas

ciências naturais, e pela qual a espécie é designada por dois termos latinos ou latinizados (Do lat. *nomenclatūra-*, «id.»)

nómina *n.f.* **1** bolsa com relíquias ou qualquer amuleto **2** objeto guardado nessa bolsa **3** prego dourado em arreios de animais de carga **4** ornato parecido com esse prego (Do lat. *nomĭna*, «nomes», pl. de *nomen*)

nominação *n.f.* recurso estilístico que consiste em dar um nome a uma coisa que não o tem, ou um nome mais expressivo do que o que ela já tem (ex.: *caicai*, por *sutiã sem alças*) (Do lat. *nominatiōne-*, «id.»)

nominal *adj.2g.* **1** relativo a nome **2** que só existe em nome; que não é real **3** que se realiza dizendo o nome **4** que se compõe ou consta de nomes **5** diz-se do sistema de votação em que o nome do votante é indicado por meio de chamada **6** diz-se do cheque ou título comercial em que se declara o nome do possuidor ou do portador **7** ECONOMIA diz-se do valor inscrito numa moeda ou num título de crédito, que pode ser diferente do valor real **8** GRAMÁTICA que corresponde ou é relativo a nome **9** GRAMÁTICA diz-se da flexão que diz respeito à mudança de género e número dos nomes e adjetivos (Do lat. *nomināle-*, «id.»)

nominalidade *n.f.* qualidade de nominal (De *nominal*+-*i*-+-*dade*)

nominalismo *n.m.* FILOSOFIA doutrina filosófica segundo a qual as ideias gerais ou conceitos são irrepresentáveis, limitando-se o espírito a representar sinais ou palavras (nomes) evocativas das coisas, que são puramente singulares; **~ científico** FILOSOFIA doutrina segundo a qual os factos científicos e as leis ou as teorias são construções do espírito e não uma representação das coisas (De *nominal*+-*ismo*)

nominalista *adj.2g.* **1** referente ao nominalismo **2** que é seguidor do nominalismo ■ *n.2g.* pessoa adepta do nominalismo (De *nominal*+-*ista*)

nominalização *n.f.* **1** ato ou efeito de nominalizar **2** GRAMÁTICA processo morfológico que consiste em atribuir a função de nome a uma palavra de outra classe gramatical; substantivação **3** GRAMÁTICA processo de formação de nomes através da adjunção de sufixos nominais a outras palavras **4** GRAMÁTICA transformação de uma oração num grupo nominal que é encaixado numa outra oração de nível superior (De *nominalizar*+-*ção*)

nominalizar *v.tr.* **1** GRAMÁTICA empregar como nome (palavra de outra categoria gramatical); substantivar **2** GRAMÁTICA transformar (palavra) em nome através da adjunção de sufixo nominal **3** GRAMÁTICA transformar (oração) em grupo nominal (De *nominal*+-*izar*)

nominativo *adj.* **1** que denomina ou encerra nome ou nomes; nominal **2** em que se menciona o nome da pessoa a quem pertence um título ou ação ■ *n.m.* **1** GRAMÁTICA nas línguas que têm declinação, caso que designa o sujeito ou o predicativo do sujeito **2** LINGUÍSTICA forma dos pronomes pessoais quando desempenham a função sintática de sujeito (Do lat. *nominatīvu-*, «que serve para nomear»)

nominho *n.m.* [Cabo Verde] nome familiar, em paralelo com o nome de batismo e com o diminutivo (De *nome*, dim.)

nomo[1] *n.m.* HISTÓRIA cada uma das antigas circunscrições independentes, de tipo feudal, em que estava dividido o Egito, antes do período designado Império Antigo (Do grego *nomós*, «divisão», pelo latim *nomos*, «distrito»)

nomo[2] *n.m.* **1** [Moçambique] boca **2** [Moçambique] lábio **3** [Moçambique] abertura **4** [Moçambique] palavra **5** [Moçambique] [fig.] porta-voz; opinião (Do xichangana *nomo*, «idem»)

nom(o)-[1] elemento de formação de palavras que exprime a ideia de *lei, norma, regra; canto* (Do grego *nómos*, «lei»)

nom(o)-[2] elemento de formação de palavras que exprime a ideia de *região, província, distrito* (Do grego *nomós*, «id.»)

nomofobia *n.f.* receio exagerado e inexplicável de ficar incontactável por não se ter um telemóvel ou dispositivos semelhantes para comunicar (Do ing. *nomophobia*, «id.», de *no*+*mo(bile)*+*phobia*)

nomografia *n.f.* **1** ciência da legislação **2** tratado acerca das leis e da sua interpretação **3** MATEMÁTICA conjunto dos métodos que consistem em representar as leis científicas por gráficos ou ábacos **4** MATEMÁTICA método gráfico baseado em pontos colineares, cujo objetivo é resolver todas as equações de determinado tipo por meio de um diagrama chamado nomograma (Do gr. *nomographía*, «redação de leis»)

nomográfico *adj.* relativo a nomografia (De *nomografia*+-*ico*)

nomograma *n.m.* diagrama utilizado em nomografia (De *nomo*-+-*grama*)

nomologia *n.f.* **1** estudo das leis que presidem aos fenómenos naturais **2** estudo das leis que regem um país, uma sociedade (De *nomo*-+-*logia*)

nomológico *adj.* relativo a nomologia (De *nomologia*+-*ico*)

nomotético *adj.* diz-se dos processos naturais que ocorrem com perfeita regularidade, segundo leis invariáveis (Do gr. *nomothétes*, «legislador»+-*ico*)

nona[1] /ô/ *n.f.* **1** LITERATURA estrofe composta de nove versos **2** MÚSICA intervalo de nove graus na escala musical **3** HISTÓRIA uma das horas em que era dividido o dia entre os Romanos, equivalente às três da tarde (Do lat. *nona-*, «nona»)

nona[2] /ô/ *n.f.* freira (Do lat. tard. *nonna-*, «id.», de *nonnus*, «frade»)

nona[3] /ô/ *n.f.* BOTÂNICA (árvore, fruto) ⇒ **anona**[2] (De *anona*, com aférese)

nonada *n.f.* coisa de pouca monta; ninharia; bagatela (Do port. ant. *non*+*nada*)

nonagenário *adj., n.m.* que ou aquele cuja idade está na casa dos noventa anos (Do lat. *nonagenarĭu-*, «id.»)

nonagésimo *num.ord.* >*adj.num.*^DT que, numa série, ocupa a posição imediatamente a seguir à octogésima nona; que é o último lugar numa série de noventa ■ *num.frac.* >*quant.num.*^DT que resulta da divisão de um todo por noventa ■ *n.m.* **1** o que, numa série, ocupa o lugar correspondente ao número 90 **2** uma das noventa partes iguais em que se dividiu um todo (Do lat. *nonagesĭmu-*, «id.»)

nonandro *adj.* ⇒ **eneandro** (Do lat. *nonu-*, «nono»+gr. *anér, andrós*, «homem; estame»)

nonas /ô/ *n.f.pl.* nono dia antes dos idos, no antigo calendário romano, ou seja, o dia 5 de cada mês, exceto dos meses de março, maio, julho e outubro, em que era o dia 7 (Do lat. *nonas* [*dies*], «nonos dias» antes dos Idos)

nonato *adj., n.m.* criança ou designativo da criança que não nasceu naturalmente, mas foi extraída do ventre materno por intervenção cirúrgica, ou que foi tirada do ventre da mãe depois da morte desta (Do lat. *non natu-*, «não nascido»)

nones *adj.inv., n.m.pl.* ⇒ **nunes** (Pl. de *non*, «não»)

nongentésimo *num.ord.* >*adj.num.*^DT que, numa série, ocupa a posição imediatamente a seguir à octingentésima nonagésima nona; que é o último numa série de novecentos ■ *num.frac.* >*quant.num.*^DT que resulta da divisão de um todo por novecentos ■ *n.m.* **1** o que, numa série, ocupa o lugar correspondente ao número 900 **2** uma das novecentas partes iguais em que se divide um todo (Do lat. *nongentesĭmu-*, «id.»)

nonilião *num.card.* >*quant.num.*^DT, *n.m.* **1** um milhão de octiliões; a unidade seguida de cinquenta e quatro zeros (10^{54}) **2** [Brasil] mil octiliões; a unidade seguida de trinta zeros (10^{30})

noningentésimo *adj., quant., n.m.* ⇒ **nongentésimo**

nónio *n.m.* pequena régua que desliza ao longo de outra e permite avaliar frações da menor divisão desta última; **~ circular** MATEMÁTICA pequena peça circular que desliza ao longo da circunferência de um círculo graduado e cuja construção e uso são análogos aos do nónio retilíneo (Do lat. *Nonĭus*, nome latino usado por Pedro Nunes, cosmógrafo e matemático port., 1492-1578)

nono[1] /ô/ *num.ord.* >*adj.num.*^DT que, numa série, ocupa a posição imediatamente a seguir à oitava; que é o último lugar numa série de nove ■ *num.frac.* >*quant.num.*^DT que resulta da divisão de um todo por nove ■ *n.m.* **1** o que, numa série, ocupa o lugar correspondente ao número 9 **2** uma das nove partes iguais em que se dividiu um todo (Do lat. *nonu-*, «id.»)

nono[2] /ô/ *n.m.* RELIGIÃO frade; monge (Do lat. *nonnu-*, «monge»)

nonô *n.m.* [São Tomé e Príncipe] BOTÂNICA árvore que fornece madeira preciosa; pau-preto (Do forro *nó-nó*, «id.»)

nontronite *n.f.* MINERALOGIA mineral do grupo da montmorilonite, amarelo-clara e verde-maçã (De *Nontron*, top., cidade francesa da Aquitânia +-*ite*)

nónuplo *num.mult.* >*quant.num.*^DT que contém nove vezes a mesma quantidade ■ *adj.* **1** que é nove vezes maior **2** que consta de nove partes ■ *n.m.* valor ou quantidade nove vezes maior (Do lat. *nonu-*, «nono», com infl. de *centǔplu-*, «cêntuplo»)

noocentrismo *n.m.* FILOSOFIA doutrina ou atitude gnosiológica que faz gravitar o ser em torno do conhecer (Do gr. *nóos*, «espírito; razão» +*kéntron*, «centro» +-*ismo*)

noologia *n.f.* FILOSOFIA [ant.] ciência cujo objeto é o estudo do espírito humano; psicologia (Do gr. *nóos*, «espírito; razão» +*lógos*, «estudo; tratado» +-*ia*, ou do fr. *noologie*, «id.»)

noológico *adj.* **1** que diz respeito ao espírito **2** relativo à noologia; **ciências noológicas** FILOSOFIA as ciências do espírito, correlativas das cosmológicas, na classificação de Ampère, físico francês, 1775-1836 (Do gr. *nóos*, «espírito» +*lógos*, «tratado» +-*ico*, ou do fr. *noologique*, «id.»)

noosfera *n.f.* mundo do espírito e do pensamento, figurado, por analogia com a biosfera, por uma camada sobreposta à da vida (Do gr. *nóos*, «espírito» +*sphaĩra*, «esfera»)

nopal n.m. BOTÂNICA ⇒ **nopálea** (Do nauat. *nopalli*, «cato», pelo cast. *nopal*, «id.»)

nopálea n.f. BOTÂNICA designação de plantas de várias espécies da família das Cactáceas, entre as quais a conhecida por figueira-da-índia, e outra utilizada nas Canárias para a criação da cochinilha-tintureira (De *nopal*+-*ea*)

nora¹ n.f. mulher em relação aos pais do respetivo cônjuge ou companheiro(a); **noras e sogras** variedade de renda com motivos que ocupam posições opostas: um voltado para a esquerda, outro voltado para a direita (Do lat. vulg. *nura-*, por *nuru-*, «id.»)

nora² n.f. engenho de tirar água de poços, cisternas, etc., constituída essencialmente por uma roda que faz movimentar uma corda ou cadeia metálica à qual estão presos alcatruzes; estancarios; **andar à ~** ver-se em dificuldades, andar desorientado (Do ár. **anora*, *anoraʾurâ*, «id.»)

noradrenalina n.f. BIOQUÍMICA hormona segregada pela medula das cápsulas suprarrenais, que desempenha uma função de mediador químico na transmissão nervosa simpática pós-ganglionar, sendo administrada para reanimação cardíaca ou em caso de baixa brusca de tensão (Do ing. *noradrenaline*, «id.»)

norça n.f. BOTÂNICA nome vulgar de duas plantas também conhecidas por norça-branca e norça-preta (Do lat. *nodĭa-*, «id.»)

norça-branca n.f. BOTÂNICA planta herbácea, dicotiledónea, de caule longo, gavinhosa, da família das Cucurbitáceas

norça-preta n.f. BOTÂNICA planta trepadeira, volúvel, de florinhas amarelo-esverdeadas, da família das Dioscoreáceas, espontânea em Portugal

nordestada n.f. vento frio de nordeste; nordestia (De *nordeste*+-*ada*)

nordeste n.m. 1 GEOGRAFIA, NÁUTICA ponto colateral, ou rumo, equidistante do norte e do leste, designado abreviadamente por NE 2 vento que sopra desse ponto 3 [com maiúscula] região ou regiões situadas na direção definida pelo ponto colateral equidistante do norte e do leste 4 [com maiúscula] GEOGRAFIA uma das cinco regiões geográficas em que o Brasil se divide ■ adj.2g. 1 do nordeste 2 relativo ao nordeste 3 situado a nordeste (Do fr. *nord-est*, «id.»)

nordestear v.intr. 1 NÁUTICA declinar de norte para leste (a agulha magnética) 2 NÁUTICA seguir rumo de nordeste (De *nordeste*+-*ear*)

nordésteo adj. 1 do nordeste 2 relativo ao nordeste (De *nordeste*+-*eo*)

nordestia n.f. ⇒ **nordestada** (De *nordeste*+-*ia*)

nórdico adj. 1 pertencente ou relativo aos países do Norte da Europa ou às pessoas que neles habitam 2 designativo da língua e da literatura desses povos do Norte da Europa ■ n.m. natural ou habitante de um dos países do Norte da Europa (Do al. *nordisch*, «nórdico», pelo fr. *nordique*, «id.»)

norepinefrina n.f. BIOQUÍMICA ⇒ **noradrenalina** (Do ing. *norepinephrine*, «id.»)

Noriano n.m. GEOLOGIA andar do Triásico (De *Nore*, localidade norueguesa a oeste de Oslo +-*iano*)

nórico adj. da Nórica, província do Império romano entre o Danúbio e o Save ■ n.m. natural ou habitante da Nórica (Do lat. *norĭcu-*, «id.»)

norito n.m. PETROLOGIA rocha eruptiva (gabro com hiperstena) (De *Nor[uega]*+-*ito*)

norma n.f. 1 regra de procedimento 2 princípio; preceito 3 DIREITO lei 4 direção 5 modelo; padrão 6 FILOSOFIA tipo ideal, ou regra, em relação ao qual são formulados os juízos de valor 7 (gestão) critério generalizado a que um processo ou produto deve obedecer ou ponto de referência a que deve corresponder, com definição de tipos, eliminação de variedades supérfluas e fixação de dimensões, no intuito geral de simplificar e acelerar toda a atividade 8 PETROLOGIA composição mineral teórica de uma rocha, que se calcula a partir da análise química 9 GRAMÁTICA série de princípios que determinam o que deve ser escolhido entre os usos de uma língua, tendo em conta um dado ideal estético ou sociocultural 10 GRAMÁTICA tudo o que é de uso comum ou corrente num dado grupo linguístico; **por ~** geralmente, de modo habitual (Do lat. *norma-*, «norma; exemplo; modelo»)

normal adj.2g. 1 conforme à norma ou regra 2 que serve de modelo; exemplar 3 regular; habitual; ordinário 4 [ant.] que prepara ou se destina a preparar professores do ensino primário 5 que não sofre de perturbações a nível físico e/ou psicológico 6 QUÍMICA (solução) que contém um equivalente-grama do soluto por litro de solução 7 GEOMETRIA que é perpendicular, no ponto de tangência, à reta tangente a uma curva, ou ao plano tangente a uma superfície ■ n.f. GEOMETRIA perpendicular, no ponto de tangência, à reta tangente a uma curva, ou ao plano tangente a uma superfície ■ n.m. aquilo que é habitual (Do lat. *normāle-*, «id.»)

normalidade n.f. 1 qualidade ou estado de normal ou do que está de acordo com as regras 2 qualidade ou estado de frequente ou usual 3 qualidade do que não sofre de perturbações a nível físico e/ou psicológico; **fator de ~** QUÍMICA fator que, multiplicado pelo equivalente-grama, dá o valor da concentração de uma solução expresso em gramas por litro (De *normal*+-*i*-+-*dade*)

normalista n.2g. aluno de uma das antigas Escolas Normais, mais tarde chamadas Escolas do Magistério Primário (De *normal*+-*ista*)

normalização n.f. 1 ato ou efeito de normalizar ou normalizar-se 2 regularização 3 regulamentação, por entidade ou instituição oficialmente autorizada, de nomenclaturas, notações, definições, técnicas operatórias, características de aparelhos e produtos industriais, com o fim de obter uniformidade de critérios e padrões que facilitem as relações nos domínios da técnica e da indústria (De *normalizar*+-*ção*)

normalizado adj. 1 que voltou ao normal; regularizado 2 que obedece às regras de normalização 3 diz-se do leite cujo teor de gordura foi corrigido, em função do tipo pretendido (gordo, meio gordo e magro) (Part. pass. de *normalizar*)

normalizar v.tr. 1 tornar normal; regularizar 2 elaborar normas para; sujeitar a regras; regulamentar; uniformizar ■ v.pron. voltar à situação normal; regularizar-se (De *normal*+-*izar*)

normalizável adj.2g. 1 suscetível de normalização ou regulamentação 2 que tende a normalizar-se; regularizável (De *normalizar*+-*vel*)

normalmente adv. 1 sem alterações relativamente ao habitual; de modo normal 2 geralmente; regularmente 3 em situação normal ou regular 4 espontaneamente; naturalmente; de modo simples (De *normal*+-*mente*)

normando adj. 1 da Normandia, província do Noroeste da França 2 relativo à Normandia ou aos seus habitantes 3 proveniente da Normandia 4 TIPOGRAFIA diz-se de um tipo de caracteres tipográficos encorpados ■ n.m. 1 natural ou habitante da Normandia 2 dialeto do francês falado nesta província francesa 3 pessoa que pertence aos Normandos 4 TIPOGRAFIA tipo de caracteres tipográficos encorpados (Do germ. *nortman*, «homem do Norte», pelo fr. *normand*, «normando»)

Normandos n.m.pl. ETNOGRAFIA povos oriundos da Escandinávia, especialmente da Noruega e da Dinamarca, que formaram reinos na Inglaterra, na França, na Sicília, etc. (De *normando*)

normativo adj. 1 que diz respeito a normas ou regras 2 que tem força de norma ou preceito 3 que indica normas ou regras (Do fr. *normatif*, «id.»)

normógrafo n.m. utensílio de desenho constituído por uma placa fina de celuloide ou de plástico em que estão vazados ou recortados os algarismos, as letras do alfabeto, os sinais de pontuação e outros, em tamanhos e tipos diferentes, que servem de moldes para a elaboração de cartazes, legendas e letreiros (De *norma*+-*grafo*)

nor-nordeste n.m. 1 GEOGRAFIA, NÁUTICA ponto subcolateral (intermédio), ou rumo, equidistante do norte e do nordeste, designado pelo símbolo NNE 2 vento que sopra desse ponto ■ adj.2g. 1 do nor-nordeste 2 relativo ao nor-nordeste 3 situado a nor-nordeste (De *nor[te]*+*nordeste*)

nor-noroeste n.m. 1 GEOGRAFIA, NÁUTICA ponto subcolateral (intermédio), ou rumo, equidistante do norte e do noroeste, designado pelo símbolo NNO ou NNW 2 vento que sopra desse ponto ■ adj.2g. 1 do nor-noroeste 2 relativo ao nor-noroeste 3 situado a nor-noroeste (De *nor[te]*+*noroeste*)

noroeste n.m. 1 GEOGRAFIA, NÁUTICA ponto colateral, ou rumo, equidistante do norte e do oeste, designado pelo símbolo NO ou NW 2 vento que sopra desse ponto 3 [com maiúscula] região ou regiões situadas na direção definida pelo ponto colateral equidistante do norte e do oeste ■ adj.2g. 1 do noroeste 2 relativo ao noroeste 3 situado a noroeste (De *nor[te]*+*oeste*)

noroestear v.intr. 1 NÁUTICA declinar para oeste (a agulha magnética) 2 NÁUTICA seguir ou navegar na direção de noroeste 3 NÁUTICA (vento) inclinar para noroeste (De *noroeste*+-*ear*)

norreno /ê/ adj. ⇒ **nórdico** ■ n.m. grupo de línguas escandinavas (Do escand. *norrón*, «nórdico; setentrional», pelo fr. *norrois* ou *norois*, «norreno», língua dos antigos povos da Escandinávia)

nortada n.f. vento áspero e frio que sopra do norte (De *norte*+-*ada*)

norte n.m. 1 GEOGRAFIA ponto cardeal situado na direção da Estrela Polar, considerado o ponto de orientação de referência e designado pelo símbolo N 2 vento que sopra desse ponto 3 polo ártico

norteação

4 [com maiúscula] região ou regiões setentrionais **5** [fig.] destino; guia; rumo; direção ■ adj.2g. **1** do norte **2** relativo ao norte **3** situado a norte; ~ *magnético* direção do polo geomagnético norte, para o qual a agulha de uma bússola aponta quando não está sob influência magnética; *perder o* ~ desorientar-se, desnortear-se (Do angl.-sax. *north*, «id.», pelo fr. *nord*, «id.»)

norteação n.f. ato ou efeito de nortear ou nortear-se; orientação (De *nortear*+*-ção*)

norteado adj. **1** dirigido para o norte **2** [fig.] encaminhado; guiado; orientado (Part. pass. de *nortear*)

norte-americano adj. **1** de ou relativo à América do Norte **2** de ou relativo aos naturais de qualquer dos países que constituem a América do Norte (Canadá, Estados Unidos e México) **3** de ou relativo aos Estados Unidos da América ou aos seus naturais ■ n.m. **1** natural de qualquer dos países da América do Norte **2** natural dos Estados Unidos da América (De *norte*+*americano*)

nortear v.tr. **1** dirigir para o norte **2** [fig.] orientar; regular ■ v.pron. guiar-se; orientar-se (De *norte*+*-ear*)

norte-coreano adj. **1** da Coreia do Norte **2** relativo à Coreia do Norte ■ n.m. natural ou habitante da Coreia do Norte (De *norte*+*coreano*)

nortenho /ê/ adj. **1** de ou relativo ao Norte **2** de ou relativo aos naturais do Norte ■ n.m. natural do Norte (De *norte*+*-enho*)

norte-rio-grandense adj.2g. relativo ao estado brasileiro do Rio Grande do Norte (De *Norte*+*Rio*+*Grande*+*-ense*)

nortista adj.2g. **1** do Norte **2** relativo ao Norte ■ n.2g. [Brasil] pessoa natural de um dos estados brasileiros do Norte ■ n.m.pl. HISTÓRIA partidários da abolição da escravatura aquando da guerra da Secessão, nos Estados Unidos da América do Norte, de 1861 a 1865 (De *Norte*+*-ista*)

norueguense adj.,n.2g. ⇒ **norueguês** (De *Noruega*, top. +*-ense*)

norueguês adj. da Noruega ou a ela referente ■ n.m. **1** natural ou habitante da Noruega **2** língua falada na Noruega (De *Noruega*, top. +*-ês*)

nos pron.pess. **1** designa a primeira pessoa do plural e indica o conjunto de pessoas em que se inclui quem fala ou escreve (*encontrou-nos; ofereceu-nos flores; escrevemo-nos*) **2** usa-se como plural majestático ou de modéstia, substituindo a forma *me* (Do lat. *nos* ou *nobis*, «nos»)

nós pron.pess. **1** designa a primeira pessoa do plural e indica o conjunto de pessoas em que se inclui quem fala ou escreve (*nós saímos; falaram de nós*) **2** usa-se como plural majestático ou de modéstia, substituindo a forma *eu* (Do lat. *nos*, «nós»)

nosaria n.f. [regionalismo] muitos nós (De *nós*+*-aria*)

noseana n.f. MINERALOGIA mineral do grupo dos feldspatoides (Do fr. *noséane*, «id.»)

noso- elemento de formação de palavras que exprime a ideia de doença (Do gr. *nósos*, «moléstia»)

nosocomial adj.2g. relativo a hospital ou às doenças que aí se tratam; nosocómico (Do gr. *nosokomeĩon*, «hospital» pelo lat. *nosocomĭu-*, «id.» +*-al*)

nosocómico adj. ⇒ **nosocomial** (Do gr. *nosokomeĩon*, «hospital» pelo lat. *nosocomĭu-*, «id.» +*-ico*)

nosocrático adj. **1** MEDICINA que debela doenças **2** (medicamento) específico (Do gr. *nósos*, «moléstia» +*krateín*, «dominar» +*-ico*)

nosofobia n.f. MEDICINA horror excessivo às doenças; medo patológico de adoecer (Do gr. *nósos*, «doença» +*phobeĩn*, «ter horror a» +*-ia*)

nosófobo adj.,n.m. que ou aquele que padece de nosofobia (Do gr. *nósos*, «doença» +*phóbos*, «horror»)

nosogenia n.f. MEDICINA teoria da origem e desenvolvimento das doenças (Do gr. *nósos*, «doença» +*génos*, «origem» +*-ia*)

nosogénico adj. relativo a nosogenia (De *nosogenia*+*-ico*)

nosografia n.f. MEDICINA classificação e descrição das doenças (De *noso*-+*-grafia*)

nosográfico adj. relativo a nosografia (De *nosografia*+*-ico*)

nosologia n.f. MEDICINA parte da medicina que trata das doenças em geral (Do gr. *nósos*, «doença» +*lógos*, «tratado» +*-ia*)

nosológico adj. relativo a nosologia (De *nosologia*+*-ico*)

nosologista n.2g. pessoa que se ocupa da nosologia (De *nosologia*+*-ista*)

nosomancia n.f. ⇒ **nosomântica** (Do gr. *nósos*, «doença» +*manteía*, «adivinhação»)

nosomania n.f. MEDICINA mania daquele que se supõe doente, embora tenha saúde (Do gr. *nósos*, «doença» +*manía*, «loucura»)

nosomaníaco adj.,n.m. que ou aquele que padece de nosomania (De *noso*-+*maníaco*)

nosomântica n.f. pretensa arte de curar por meio de encantamento (Do gr. *nósos*, «doença» +*mantiké* [*tékhne*], «arte de predizer o futuro»)

nosomântico adj. relativo a nosomântica (De *nosomântica*)

nosso det.,pron.poss. refere-se à primeira pessoa do plural e indica, geralmente, posse ou pertença (*o nosso computador*); *os nossos* familiares, amigos ou pessoas do meio de quem fala ou escreve (ou do grupo em que está incluído) (Do lat. *nostru-*, «id.»)

nostalgia n.f. sentimento de tristeza motivado por profunda saudade, especialmente de quem se sente estranho, longe da pátria ou do seu lar (Do gr. *nóstos*, «regresso» +*algos*, «dor», pelo fr. *nostalgie*, «id.»)

nostálgico adj. **1** relativo à nostalgia **2** que sente nostalgia ■ n.m. pessoa que sente tristeza e melancolia devido a saudade profunda; pessoa que sente nostalgia (De *nostalgia*+*-ico*, ou do fr. *nostalgique*, «id.»)

nota n.f. **1** apontamento sobre um assunto ou acontecimento **2** apontamento para fazer lembrar alguma coisa **3** pedaço de papel onde se fazem esses apontamentos **4** sinal que distingue pessoa ou coisa **5** observação, comentário ou explicação inserida num documento para esclarecer uma palavra ou uma determinada parte do texto **6** exposição sucinta; comunicação breve; aviso **7** registo das escrituras dos notários **8** número ou letra que exprime o valor de um trabalho, de acordo com uma escala oficial; classificação escolar **9** conhecimento; atenção **10** reputação; fama; importância **11** crédito **12** MÚSICA sinal representativo da altura e duração de um som **13** MÚSICA som que é representado por esse sinal **14** MÚSICA qualquer som musical **15** papel que representa determinado valor, emitido por um banco do Estado e destinado a substituir a moeda metálica; papel-moeda **16** minuta; rascunho; ~ *de encomenda* ECONOMIA (contabilidade) documento emitido pelo comprador do qual constam as espécies, as quantidades e os preços das mercadorias desejadas, bem como outras condições relativas à transação; ~ *de remessa* ECONOMIA (contabilidade) documento emitido pelo vendedor que acompanha a mercadoria expedida para o comprador poder conferir a entrega; ~ *fiscal* [Brasil] fatura; ~ *preta* [Brasil] [coloq.] muito dinheiro, fortuna; *de má* ~ com má reputação, desonesto; *estar cheio de* ~ [coloq.] ter muito dinheiro; *forçar a* ~ exagerar; *ser digno de* ~ merecer atenção ou destaque; *sustentar a* ~ aguentar firme; *tomar* ~ *de* registar por escrito, ficar ciente de (Do lat. *nota-*, «escrito»)

nota bene loc. equivale, nos livros e cartas, a *observação* (Do lat. *nota bene*, «nota bem»)

notabilidade n.f. **1** qualidade de pessoa ilustre ou digna de atenção ou reparo; fama **2** pessoa que se distingue pelos seus méritos ou pela posição social; pessoa notável (Do lat. *notabilitāte-*, de *notabĭle-*, «notável»)

notabilizar v.tr.,pron. tornar(-se) notável, afamado; distinguir(-se) (De lat. *notabĭle-*, «notável» +*-izar*)

notação n.f. **1** ato ou efeito de notar **2** ação de indicar por sinais convencionais **3** conjunto desses sinais **4** marca ou sinal que distingue **5** apontamento; anotação **6** apreciação ou classificação do trabalho ou comportamento de alguém **7** no xadrez, método utilizado para descrever os movimentos de uma partida (Do lat. *notatiōne-*, «id.»)

notado adj. **1** de que se tomou nota **2** que tem explicações ou comentários; que foi anotado **3** que dá nas vistas; que chama a atenção **4** marcado; assinalado **5** que foi apreciado ou classificado (Do lat. *notātu-*, «id.», part. pass. de *notāre*, «notar; marcar»)

notador adj. **1** que nota **2** que anota **3** que avalia ■ n.m. **1** pessoa que nota ou que toma notas; apontador **2** pessoa que anota um texto, uma obra, etc. **3** pessoa que avalia ou classifica o trabalho ou o comportamento de alguém **4** observador (De *notar*+*-dor*)

notar v.tr. **1** tomar nota de; fazer um apontamento de; anotar **2** pôr sinal ou nota em; marcar; assinalar **3** representar através de sinais convencionais **4** redigir; fazer minuta de **5** registar no livro de notas (o notário) **6** reparar em; observar; atentar em **7** referir **8** acusar; censurar (Do lat. *notāre*, «id.»)

notariado n.m. **1** ofício de notário **2** conjunto dos notários **3** conjunto das funções a cargo dos notários (De *notário*+*-ado*)

notarial adj.2g. **1** referente a notário **2** atestado pelo notário (De *notário*+*-al*)

notário n.m. pessoa formada em Direito a quem compete redigir e arquivar documentos jurídicos, e atestar a autenticidade de outros documentos ou de determinados atos; tabelião (Do lat. *notarĭu-*, «secretário»)

notável adj.2g. **1** digno de nota, de atenção ou reparo **2** ilustre; insigne; extraordinário; distinto **3** com características especiais

4 apreciável; considerável **5** que não passa despercebido ■ *n.2g.* pessoa que se distingue pelos seus méritos ou pela posição social; pessoa importante (Do lat. *notabĭle-*, «id.»)

notavelmente *adv.* **1** de modo notável; de um forma digna de atenção ou reparo **2** consideravelmente; significativamente **3** manifestamente; de forma evidente (De *notável+-mente*)

noterófilo *adj.* BOTÂNICA diz-se da planta que apresenta características de adaptação a um meio medianamente húmido (Do gr. *noterós*, «húmido»+*phílos*, «amigo»)

not(i)- elemento de formação de palavras que exprime a ideia de *noite* (Do lat. *nocte-*, «noite») ACORDO ORTOGRÁFICO também se pode escrever noct(i)-

notícia *n.f.* **1** informação sobre algo ou alguém; novidade; conhecimento **2** relato sobre um acontecimento atual e de interesse público, difundido pelos meios de comunicação social **3** exposição breve de um tema ou de uma ocorrência **4** memória; lembrança **5** MILITAR facto, documento ou material cujo conhecimento possa ter interesse para o serviço de informações; *dar ~ de* dar a conhecer; divulgar; comunicar; *ser ~* ser novidade, estar em destaque (Do lat. *notitĭa-*, «id.»)

noticiador *adj.,n.m.* que ou aquele que noticia (De *noticiar+-dor*)

noticiar *v.tr.* **1** informar sobre (algo ou alguém); dar notícia de; dar a conhecer; notificar **2** anunciar; participar (De *notícia+-ar*)

noticiário *n.m.* **1** resenha de notícias **2** secção de um jornal destinada à publicação de notícias diversas **3** relato sobre um conjunto de acontecimentos atuais transmitido pela rádio ou pela televisão; serviço noticioso (De *notícia+-ário*)

noticiarista *n.2g.* **1** pessoa que dá notícias **2** pessoa que recolhe e escreve notícias (De *noticiário+-ista*)

noticioso *adj.* **1** que sabe de muitas notícias ou informações **2** referente a notícias; relativo à informação difundida pelos meios de comunicação social **3** que se dedica à recolha e divulgação de notícias **4** que é tema para notícia **5** que contém notícias (De *notícia+-oso*)

Notidânidas *n.m.pl.* ⇒ **Notidanídeos**

Notidanídeos *n.m.pl.* ICTIOLOGIA família de peixes selácios, mediterrânicos, com seis ou sete pares de fendas branquiais (Do gr. *notidanós*, nome de certo peixe +-*ídeos*)

notificação *n.f.* **1** ato ou efeito de notificar **2** participação **3** DIREITO meio de chamar uma pessoa a juízo; citação; intimação (De *notificar+-ção*)

notificado *adj.* **1** anunciado; comunicado **2** DIREITO diz-se da pessoa a quem foi comunicado um facto ou uma diligência pelo tribunal; intimado (Part. pass. de *notificar*)

notificador *adj.,n.m.* **1** que ou o que comunica ou dá a conhecer **2** que ou o que faz saber oficialmente (De *notificar+-dor*)

notificante *adj.2g.* que notifica (Do lat. *notificante-*, «id.», part. pres. de *notificāre*, «dar a conhecer; notificar»)

notificar *v.tr.* **1** dar conhecimento de; participar **2** fazer saber oficialmente **3** DIREITO avisar judicialmente; citar; intimar (Do lat. *notificāre*, «dar a conhecer»)

notificativo *adj.* que contém notícia ou serve para notificar (De *notificar+-tivo*)

notificatório *adj.* **1** que notifica **2** que contém notícia ou serve para notificar (De *notificar+-tório*)

notívago *adj.,n.m.* **1** que ou o que anda de noite ou sai à noite por hábito **2** que ou o que gosta da noite e da vida noturna, frequentando locais de diversão que funcionam durante esse período **3** que ou o que tem hábitos noturnos (Do lat. *noctivăgu-*, «id.») ACORDO ORTOGRÁFICO também se pode escrever noctívago

noto¹ *n.m.* vento do sul, entre os antigos Romanos (Do gr. *nótos*, «id.», pelo lat. *notu-*, «id.»)

noto² *adj.* notório; sabido; manifesto (Do lat. *notu-*, «conhecido»)

noto³ *n.m.* parte dorsal de cada segmento do corpo de um artrópode; tergo (Do gr. *nôtos*, «dorso; costas»)

notocórdio *n.m.* ZOOLOGIA corda dorsal, presente apenas nas fases embrionárias dos vertebrados, que sustenta o corpo (Do gr. *nôtos*, «dorso; costas» +*khordé*, «corda» +-*io*)

Notodôntidas *n.m.pl.* ⇒ **Notodontídeos**

Notodontídeos *n.m.pl.* ZOOLOGIA família de insetos lepidópteros representada em Portugal por algumas espécies (Do gr. *nôtos*, «dorso» +*odoús*, *odóntos*, «dente» +-*ídeos*)

notoriamente *adv.* manifestamente; evidentemente (De *notório+-mente*)

notoriedade *n.f.* **1** qualidade de notório; qualidade do que é do conhecimento público **2** fama; renome (De *notório+-idade*)

notório *adj.* **1** conhecido de todos; público **2** evidente; claro; manifesto (Do lat. *notoriŭ-*, «que notifica»)

notossáurio *n.m.* PALEONTOLOGIA réptil fóssil do grupo dos sauropterígeos (Do gr. *nôtos*, «dorso; costas» +*saûros*, «lagarto» +-*ios*)

nótula *n.f.* pequena nota; anotação curta; comentário breve (Do lat. *notŭla-*, «id.»)

noturnal *adj.2g.* da noite ■ *n.m.* ofício divino da noite; matinas (Do lat. *nocturnāle-*, «id.»)

noturno *adj.* **1** relativo à noite **2** que sucede ou se faz de noite **3** que anda de noite; notívago **4** que é ativo à noite ■ *n.m.* **1** RELIGIÃO parte do ofício divino que se reza à noite **2** MÚSICA composição musical sugerindo uma atmosfera melancólica e noturna **3** MÚSICA peça para piano, de expressão intimista e contemplativa (como os *Noturnos* de Chopin) (Do lat. *nocturnu-*, «noturno»)

noute *n.f.* ⇒ **noite** (Do lat. *nocte-*, «id.»)

noutrem contração da preposição em + o pronome indefinido outrem

noutro contração da preposição em + o pronome demonstrativo outro

noutrora *adv.* noutros tempos; antigamente; outrora (De *noutra+hora*)

nova *n.f.* **1** informação sobre algo ou alguém; notícia; novidade **2** ASTRONOMIA estrela já existente e que repentinamente explodiu com um aumento considerável da sua intensidade luminosa (cerca de 25 000 vezes mais); *Boa Nova* RELIGIÃO mensagem divina que anuncia a salvação do mundo; *fazer-se de novas* fingir que se ignora, não se dar por achado (De *novo*)

novação *n.f.* **1** inovação **2** DIREITO extinção de uma obrigação antiga em virtude da constituição de uma obrigação nova que vem ocupar o lugar da primeira **3** DIREITO renovação de contrato (Do lat. *novatiōne-*, «renovação»)

novador *adj.* **1** inovador **2** que dá ou traz novas ■ *n.m.* inovador (Do lat. *novatōre-*, «aquele que renova»)

nova-iorquino *adj.* **1** relativo ou pertencente à cidade norte-americana de Nova Iorque **2** de ou relativo aos naturais ou habitantes dessa cidade ■ *n.m.* natural ou habitante dessa cidade (De *Nova Iorque*, top. +-*ino*)

noval *n.f.* AGRICULTURA terra desbravada recentemente para ser cultivada; arroteia (Do lat. *novāle-*, «terra de pousio»)

novamente *adv.* de novo; outra vez (De *novo+-mente*)

novato *adj.* **1** que é novo **2** principiante; inexperiente **3** [pej.] incompetente ■ *n.m.* **1** pessoa ingénua ou inexperiente **2** estudante que frequenta pela primeira vez um curso ou uma escola; caloiro **3** aprendiz de um ofício, sobre o qual ainda não tem muitos conhecimentos (Do lat. *novātu-*, «feito há pouco», part. pass. de *novāre*, «inovar; renovar»)

nove *num.card. >quant.num.* ^{DT} oito mais um ■ *n.m.* **1** o número 9 e a quantidade representada por esse número **2** o que, numa série, ocupa o nono lugar **3** carta de jogar com nove pintas; *prova dos ~(s)* **1** verificação prática de contas que consiste na extração dos noves; **2** [fig.] processo para confirmar ou infirmar a veracidade de um facto (Do lat. *nove-*, «id.»)

novecentista *adj.2g.* relativo ao séc. XX (De *novecentos+-ista*)

novecentos *num.card. >quant.num.* ^{DT} oitocentos mais cem ■ *n.m.2n.* **1** o número 900 e a quantidade representada por esse número **2** o que, numa série, ocupa o nongentésimo lugar **3** o século XX (De *nove+cento*)

novedio *n.m.* rebento; vergôntea ■ *adj.* novo (De *novo+-dio*)

novel *adj.2g.* **1** novo **2** principiante **3** inexperiente (Do lat. *novellu-*, «novo», pelo cat. *novell*, «id.»)

novela *n.f.* **1** LITERATURA composição literária do género do romance, mas mais curta e simples que este, em que se dá preferência à narração, ao diálogo e ao resumo, evitando-se as longas descrições **2** série de episódios dramáticos transmitidos periodicamente pela rádio ou pela televisão **3** [fig.] patranha; enredo; ficção (Do it. *novella*, «id.»)

novelão *n.m.* [Açores] BOTÂNICA ⇒ **hortênsia** (De *novelo+-ão*)

novelar *v.intr.* escrever novelas (De *novela+-ar*)

noveleira *n.f.* **1** ⇒ **novelista 2** [Açores] BOTÂNICA ⇒ **hortênsia** (De *novela* ou *novelo+-eira*)

noveleiro¹ *n.m.* **1** o que conta ou escreve novelas; novelista ■ *adj.* **1** que conta ou escreve novelas **2** amigo de dar notícias **3** intriguista **4** trapaceiro (De *novela+-eiro*)

noveleiro² *n.m.* ⇒ **novedio** (Do lat. *novellu-*, «novo» +-*eiro*)

noveleiro³ *n.m.* BOTÂNICA ⇒ **folhado** *n.m.* **4** (De *novelo+-eiro*)

novelesco *adj.* **1** próprio de novela **2** semelhante a novela (De *novela+-esco*)

novelista *n.2g.* autor de novelas **2** [fig.] enredador; intriguista (De *novela+-ista*)

novelística *n.f.* **1** LITERATURA género literário da novela **2** LITERATURA estudo deste género literário **3** LITERATURA conjunto da prosa literária ficcional (contos, novelas, romances). (De *novela+-ística*)

novelo

novelo /ê/ *n.m.* 1 bola formada de fio dobado e enrolado sobre si próprio 2 o que se enrola, assemelhando-se a essa bola 3 [fig.] enredo; mexerico; intriga 4 *pl.* [regionalismo] plantas da família das Hidrangeáceas, cultivadas nos jardins pela beleza das suas flores; hidrângeas; **~ cromático** BIOLOGIA espirema; **andar com novelos** mexericar, criar intrigas (Do lat. *globellu-*, dim. de *globu-*, «bola; globo»)

novembro *n.m.* décimo primeiro mês do ano civil, com trinta dias (Do lat. **novembru-*, por *novembre-*, «id.»)

novena /ê/ *n.f.* 1 RELIGIÃO práticas ou exercícios de devoção que se fazem durante nove dias consecutivos 2 série de nove dias 3 grupo de nove coisas (Do lat. *novēna-*, «novena; nove para cada um»)

novenal *adj.2g.* referente a nove ou a novena (De *novena+-al*)

novenário *n.m.* RELIGIÃO livro de novenas (orações) (Do lat. *novenarĭu-*, «que consta de nove unidades»)

novenervado *adj.* BOTÂNICA que possui nove nervuras (De *nove+enervado*)

novénio *n.m.* período de nove anos (De *nove*, por analogia com biénio, triénio, decénio)

noveno /ê/ *adj.* 1 diz-se do nono dia de uma doença 2 nono (Do lat. *novēnu-*, «de nove em nove»)

noventa *num.card.* >*quant.num.*^{DT} oitenta mais dez ■ *n.m.* 1 o número 90 e a quantidade representada por esse número 2 o que, numa série, ocupa o nonagésimo lugar (Do lat. vulg. **novaginta*, por *nonaginta*, «id.»)

novenvirado *n.m.* ⇒ **novenvirato**

novenvirato *n.m.* cargo de novênviro (De *novênviro+-ato*)

novênviro *n.m.* 1 HISTÓRIA cada um dos nove arcontes superintendentes de Atenas 2 HISTÓRIA cada um dos nove magistrados que, em Roma, velavam pela saúde pública (Do lat. *novemvĭru-*, «id.»)

novi- elemento de formação de palavras que exprime a ideia de novo (Do lat. *novu-*, «novo»)

novice *n.f.* estado do que é novo; novidade (De *novo+-ice*)

noviciado *n.m.* 1 período de preparação pelo qual passam os candidatos ao ingresso numa ordem ou congregação religiosa 2 provas a que se submetem esses candidatos durante esse período 3 parte da casa religiosa onde vivem os noviços 4 conjunto de noviços 5 [fig.] tempo durante o qual alguém se prepara para uma profissão; aprendizado (Do lat. *novicĭu-*, «noviço»+*-ado*)

noviciar *v.intr.* 1 praticar o noviciado 2 [fig.] praticar para aprender; estrear-se; iniciar-se (Do lat. *novicĭu-*, «noviço»+*-ar*)

noviciaria *n.f.* casa ou parte do convento destinada aos noviços (Do lat. *novicĭu-*, «noviço»+*-aria*)

noviciário *adj.* relativo a noviço ou a noviciado (Do lat. *novicĭu-*, «noviço»+*ário*)

noviço *n.m.* 1 candidato ao ingresso numa ordem ou congregação religiosa durante o tempo de preparação que precede o momento de pronunciar os votos definitivos 2 [fig.] aprendiz; principiante; novato ■ *adj.* 1 inexperiente 2 ingénuo; inocente (Do lat. *novicĭu-*, «noviço»)

novidade *n.f.* 1 qualidade daquilo que é novo; carácter do que ainda não foi experimentado 2 o que é novo e provoca estranheza; inovação 3 originalidade 4 produto (tecido, artigo de vestuário, livro, peça teatral, etc.) que acaba de sair ou de ser lançado 5 primeira informação; notícia; nova 6 contratempo; contrariedade 7 [coloq.] bisbilhotice; indiscrição 8 primeiros frutos da colheita 9 motim (Do lat. *novitāte-*, «id.»)

novidadeiro *adj.* 1 amigo de dar novidades 2 intriguista (De *novidade+-eiro*)

novilatino *adj.* diz-se de uma língua proveniente do latim, ou do povo que a fala; neolatino (Do lat. *novu-*, «novo» +*latīnu-*, «latino»)

novilhada *n.f.* 1 manada de novilhos 2 corrida de novilhos (De *novilho+-ada*)

novilheiro *n.m.* toureiro de novilhos (De *novilho+-eiro*)

novilho *n.m.* 1 animal bovino jovem; boi novo; bezerro 2 carne desse animal que se destina à alimentação (Do cast. *novillo*, «id.»)

novilunar *adj.2g.* que diz respeito ao novilúnio (De *novilúnio+-ar*)

novilúnio *n.m.* 1 lua nova 2 tempo de lua nova (Do lat. *novu-*, «nova» +*luna-*, «lua»)

noviorquino *adj.,n.m.* ⇒ **nova-iorquino**

novíssimo *adj.* 1 {superlativo absoluto sintético de **novo**} completamente novo 2 último ■ *n.m.pl.* RELIGIÃO segundo o catolicismo, os destinos finais do homem: Morte, Juízo, e Inferno ou Paraíso (Do lat. *novissĭmu-*, «id.»)

novo /ô/ *adj.* 1 que tem pouca idade; jovem; moço 2 recente; moderno 3 não estreado 4 visto pela primeira vez 5 que tem pouco uso 6 que começa; inexperiente; principiante 7 estranho; desconhecido 8 original; inédito 9 outro; mais um; que se acrescenta ao já existente 10 repetido 11 renovado 12 reformado; emendado ■ *n.m.* 1 o que é recente 2 pessoa que acaba de chegar a um local de trabalho ou que entra num grupo onde todos se conhecem 3 *pl.* a gente jovem 4 *pl.* artistas ou literatos que começam a revelar-se; **~ em folha** não estreado ou utilizado; **de ~** outra vez; **em ~** quando tinha pouca idade, quando ainda não tinha sido muito utilizado; **ser ~ para** não ser conhecido para (Do lat. *novu-*, «novo»)

novo-rico *n.m.* [depr.] indivíduo de classe social baixa que enriqueceu rapidamente, apresentando gostos e modos considerados vulgares pelas pessoas de classe mais altas ■ *adj.* 1 [depr.] que apresenta as características associadas ao novo-riquismo 2 [depr.] de mau gosto

novo-riquismo *n.m.* 1 [depr.] qualidade de quem é novo-rico 2 [depr.] estilo de vida ou gosto próprio de novo-rico

nóxio /cs/ *adj.* prejudicial; nocivo (Do lat. *noxĭu-*, «id.»)

noz *n.f.* 1 BOTÂNICA fruto da nogueira, de casca dura, resistente, rugosa e de coloração acastanhada, coberta por outra casca, verde, que cai quando o fruto está formado, e cuja semente é oleaginosa e comestível 2 BOTÂNICA essa semente 3 BOTÂNICA qualquer fruto seco e indeiscente, que contém uma só semente 4 quantidade que corresponde ao tamanho do fruto da nogueira 5 MÚSICA peça móvel, de madeira, que, na extremidade inferior de um instrumento de cordas, é utilizada para dar maior ou menor tensão às cordas; **dá Deus as nozes a quem não tem dentes** (provérbio) proporcionam-se muitas vezes vantagens a quem, por deficiência ou negligência, não as sabe aproveitar; **são mais as vozes que as nozes** são mais as palavras que os actos (Do lat. **noce-*, por *nuce-*, «id.»)

nozado /ô/ *n.m.* [São Tomé e Príncipe] cerimónias rituais em memória dos mortos, em datas marcantes (uma semana, um mês, um ano após o falecimento) (Do forro *nozadu*, «id.» a partir de *nojo*, «luto»)

noz-de-areca *n.f.* BOTÂNICA fruto da areca ou arequeira

noz-de-galha ver nova grafia **noz de galha**

noz de galha *n.f.* BOTÂNICA galha do carvalho, de que se extrai o ácido tânico aplicado em tinturaria

nozelha *n.f.* 1 [regionalismo] parte mais espessa e dura da madeira; nó da madeira 2 [regionalismo] excrescência de certas árvores (Do lat. *nucicŭla-*, dim. de *nuce-*, «qualquer fruto de casca dura»)

noz-macadâmia *n.f.* BOTÂNICA fruto da macadâmia

noz-moscada *n.f.* 1 BOTÂNICA fruto da moscadeira, polposo, que contém apenas uma semente 2 BOTÂNICA árvore, da família das Miristicáceas, que produz este fruto; moscadeira 3 BOTÂNICA semente do fruto da moscadeira, de coloração vermelho-acastanhada, muito aromática, utilizada como condimento e para fins medicinais

noz-vómica *n.f.* 1 BOTÂNICA planta lenhosa (árvore ou arbusto) da família das Loganiáceas, de frutos esféricos que encerram sementes de onde se extrai a estricnina; fava-de-santo-inácio 2 fruto desta árvore

nu[1] *adj.* 1 que não está vestido; sem roupa 2 descalço 3 sem folhas; desfolhado 4 sem vegetação; sem verdura 5 desprovido de concha, revestimento, etc. 6 sem enfeites; desguarnecido 7 descoberto; exposto 8 sem disfarce; verdadeiro 9 sincero; simples; natural 10 que está fora da bainha ■ *n.m.* 1 pessoa que não tem o que vestir 2 estado do que não está vestido; nudez 3 ARTES PLÁSTICAS representação da figura humana ou parte dela sem roupa 4 ARTES PLÁSTICAS obra de arte em que é feita essa representação; **a olho ~** sem auxílio de lentes; **pôr a ~** patentear, descobrir, mostrar; **verdade nua e crua** verdade sem rodeios (Do lat. *nudu-*, «id.»)

nu[2] *n.m.* nome da décima terceira letra do alfabeto grego (ν, Ν), correspondente a N; ni

nuamente *adv.* 1 em estado de nudez 2 singelamente; de forma despojada (De *nu+-mente*)

nuance *n.f.* 1 gradação de cor; tonalidade; cambiante; matiz 2 diferença leve ou pequena 3 aquilo que é acrescentado para alterar levemente qualquer coisa 4 MÚSICA grau de força ou doçura que é conveniente dar aos sons (Do fr. *nuance*, «id.»)

nubécula *n.f.* MEDICINA ⇒ **nefélio**

nubente *adj.,n.2g.* que ou a pessoa que está para casar (Do lat. *nubente-*, «id.», part. pres. de *nubĕre*, «casar-se»)

nub(i)-[1] elemento de formação de palavras que exprime a ideia de nuvem (Do lat. *nube-*, «nuvem»)

nub(i)-[2] elemento de formação de palavras que exprime a ideia de casamento, núpcias (Do latim *nubĕre*, «desposar, casar»)

nubiano *adj.* relativo à Núbia, região africana ao sul do Egito ■ *n.m.* natural ou habitante da Núbia; núbio (De *Núbia*, top. +*-ano*)

nubífero *adj.* 1 que traz nuvens 2 que produz nuvens (Do lat. *nubifĕru-*, «id.»)

nubífugo *adj.* que espalha ou desfaz as nuvens (Do lat. *nubifŭgu-*, «id.»)

nubígena *adj.2g.* ⇒ **nubígeno**

nubígeno *adj.* que provém das nuvens; gerado nas nuvens (Do lat. *nubigĕna-*, «id.»)

núbil *adj.2g.* que está apto para casar; casadoiro (Do lat. *nubĭle-*, «id.»)

nubilar *n.m.* ⇒ **nubilário**

nubilário *n.m.* coberto, junto da eira, para recolher os cereais quando o tempo está nublado (Do lat. *nubilarŭ-*, «id.»)

nubilidade *n.f.* qualidade de núbil; puberdade (De *núbil+-i-+-dade*)

nubiloso /ô/ *adj.* ⇒ **nebuloso** (Do lat. *nubilōsu-*, «id.»)

núbio¹ *adj.,n.m.* ⇒ **nubiano** (De *Núbia*, top.)

núbio² *adj.* nublado; enevoado (Do lat. *nubĭlu-*, «id.»)

nubívago *adj.* 1 que vagueia pelas nuvens 2 [fig.] nefelibata 3 [fig.] elevado; sublime (Do lat. *nubivăgu-*, «id.»)

nublado *adj.* 1 coberto de nuvens; enevoado; toldado 2 [fig.] escuro; sombrio 3 [fig.]; triste 4 [fig.] inquieto; preocupado ■ *n.m.* 1 ajuntamento de nuvens 2 [fig.] contratempo; contrariedade (Part. pass. de *nublar*)

nublar *v.tr.,pron.* 1 cobrir(-se) de nuvens; enevoar(-se); anuviar(-se) 2 [fig.] escurecer 3 [fig.] entristecer (Do lat. *nubilāre*, «id.»)

nubloso /ô/ *adj.* ⇒ **nebuloso** (Do lat. *nubilōsu-*, «id.»)

nuca *n.f.* ANATOMIA parte posterior e superior do pescoço, sobre a vértebra chamada atlas (Do ár. *nukhâ*, «nuca», pelo lat. med. *nucha-* ou *nuca-*, «id.», pelo fr. *nuque*, «id.»)

nucal *adj.2g.* referente à nuca (De *nuca+-al*)

nução *n.f.* 1 assentimento; anuência 2 vontade; arbítrio (Do lat. *nutiōne-*, de *nutu-*, «movimento afirmativo de cabeça»?)

núcego *adj.* [regionalismo] totalmente despido; nu (De orig. obsc.)

nucela *n.f.* 1 BOTÂNICA noz pequena 2 BOTÂNICA tecido que ocupa a parte central do óvulo das plantas, que contém o saco embrionário; nucelo (Do lat. *nucella-*, «id.»)

nucelo *n.m.* BOTÂNICA tecido que ocupa a parte central do óvulo das plantas, que contém o saco embrionário; nucela (De *nucela*)

nuci- elemento de formação de palavras que exprime a ideia de *noz* (Do lat. *nuce-*, «noz»)

nucífero *adj.* que produz nozes ou frutos semelhantes às nozes (Do lat. *nucifĕru-*, «id.»)

nuciforme *adj.2g.* 1 com forma de noz 2 semelhante à noz (De *nuci-+-forme*)

nucífrago *adj.* que quebra nozes (Do lat. *nuce-*, «noz» *+frangĕre*, «quebrar»)

nucina *n.f.* substância cristalina que se extrai da noz (Do lat. *nuce-*, «noz» *+-ina*)

nucívoro *adj.* que se alimenta de nozes (De *nuci-+-voro*)

nucleal *adj.2g.* 1 relativo ou pertencente ao núcleo 2 relativo ao ponto essencial; nuclear (De *núcleo+-al*)

nucleão *n.m.* FÍSICA nome genérico das partículas que constituem os núcleos atómicos, que são protões e neutrões (é possível que ambos representem dois estados quânticos de uma mesma partícula pesada) (De *núcleo+-ão*)

nuclear¹ *adj.2g.* 1 relativo ou pertencente ao núcleo 2 relativo ao ponto mais importante; essencial; principal 3 BIOLOGIA que diz respeito ao constituinte essencial da célula 4 FÍSICA referente ao núcleo atómico 5 que faz uso da energia que se liberta da desintegração ou fusão dos constituintes do núcleo; *arma nuclear* arma de guerra, de grande potência, cujo funcionamento se baseia em reações nucleares; *desintegração nuclear* FÍSICA qualquer transformação que envolve núcleos atómicos; *emulsão nuclear* FÍSICA termo que designa qualquer tipo de emulsão fotográfica capaz de registar a passagem de partículas carregadas; *energia nuclear* FÍSICA energia libertada dos núcleos atómicos que se desintegram radioativamente, que sofrem cisão nuclear ou que se fundem (fusão nuclear de núcleos leves); *isomerismo nuclear* FÍSICA estado de núcleos atómicos que têm o mesmo número atómico e a mesma massa atómica, mas têm propriedades radioativas diferentes; *reação nuclear* FÍSICA interação entre um núcleo atómico e uma partícula ou um fotão bombardeante, com criação de um novo núcleo e a possível ejeção de uma ou mais partículas; *reator nuclear* FÍSICA dispositivo com material cindível e outros materiais dispostos de tal modo que se possa manter uma reação em cadeia, isto é, que a produção de neutrões por cisão equilibre a perda de neutrões por absorção e fuga do reator (De *núcleo+-ar*)

nuclear² *v.tr.* dispor ou organizar em núcleos (De *núcleo+-ar*)

nucleico *adj.* BIOQUÍMICA designativo do ácido orgânico complexo dos organismos vivos, que é constituído por uma cadeia de nucleótidos (De *núcleo+-ico*)

nucleína *n.f.* BIOQUÍMICA substância albuminoide que entra na constituição do núcleo celular; cromatina (De *núcleo+-ina*)

núcleo *n.m.* 1 BOTÂNICA miolo de frutos de casca dura 2 BOTÂNICA parte central e dura de diversos frutos polposos 3 parte interna do projétil das armas portáteis, constituída por um metal endurecido, geralmente o chumbo 4 parte central; ponto principal 5 âmago; essência 6 grupo; aglomeração 7 [fig.] o que é melhor ou mais distinto num grupo; escol; fina flor 8 ASTRONOMIA gases e vapores metálicos que formam a parte interior do Sol, a milhões de graus de temperatura, envolvidos pela fotosfera 9 ASTRONOMIA parte mais luminosa de um cometa 10 CITOLOGIA corpúsculo existente em quase todas as células vivas, que desempenha funções de importância capital na vida celular e que contém cromatina 11 zona central do globo terrestre 12 ELETRICIDADE parte do eletroíman, do transformador, etc., sobre a qual se enrola a bobina 13 LITERATURA função principal que abre ou encerra a sequência de uma narrativa; *~ atómico* FÍSICA região central do átomo, constituída por protões e neutrões; *~ fértil* FÍSICA núcleo atómico que, apesar de não ser cindível, pode tornar-se cindível depois da captura de um neutrão; *núcleos espelhos* FÍSICA dois núcleos que têm o mesmo número de nucleões, de modo que um tem um número de protões igual ao número de neutrões do outro e vice-versa (Do lat. *nuclĕu-*, «miolo de noz; centro»)

nucleófilo *n.m.* QUÍMICA ião ou átomo que pode ceder eletrões; *substituição nucleófila* QUÍMICA processo pelo qual um reagente cede ou compartilha os seus eletrões com um núcleo atómico estranho (Do lat. *nuclĕu-*, «núcleo»+gr. *phílos*, «amigo»+-*ico*)

nucléolo *n.m.* CITOLOGIA corpúsculo homogéneo, existente no núcleo das células e mais refringente que este (Do lat. *nucleŏlu-*, «amêndoa da noz; núcleo»)

nucleónica *n.f.* 1 ciência das transmutações atómicas; física nuclear 2 estudo das aplicações da ciência nuclear à física, química, biologia, etc. e das técnicas associadas a estas aplicações (Do fr. *nucléonique*, «id.»)

nucleótido *n.m.* BIOQUÍMICA cada um dos monómeros constituintes do ADN, constituído por uma pentose (açúcar com 5 carbonos), fosfato e uma base azotada

nuclídeo *n.m.* FÍSICA qualquer espécie nuclear, caracterizada essencialmente pelo número de protões e neutrões que possui (De *núcleo+-ídeo*)

núcula *n.f.* 1 BOTÂNICA pequena noz 2 BOTÂNICA fruto carnudo que apresenta muitas sementes (caroços) 3 BOTÂNICA cada uma das pequenas sementes (caroços) de um fruto (Do lat. *nucŭla*, «noz pequena»)

nuculâneo *n.m.* BOTÂNICA fruto (drupa) que apresenta muitas sementes distintas (caroços), como a nêspera (Do lat. *nucŭla*, «noz pequena»+-*âneo*)

nucular *adj.2g.* 1 BOTÂNICA referente a noz 2 BOTÂNICA que encerra uma núcula (noz) ou amêndoa (De *núcula+-ar*)

nuculoso /ô/ *adj.* BOTÂNICA que contém núculas (De *núcula+-oso*)

nudação *n.f.* 1 ato ou efeito de desnudar ou desnudar-se 2 estado de nudez (Do lat. *nudatiōne-*, «id.»)

nudez /ê/ *n.f.* 1 estado de nu 2 ausência de vegetação 3 ausência de folhagem 4 simplicidade; singeleza 5 privação; falta (Do lat. *nudu-*, «nu» +-*ez*)

nudeza /ê/ *n.f.* ⇒ **nudez** (Do lat. *nudu-*, «nu» +-*eza*)

nudi- elemento de formação de palavras que exprime a ideia de *nu* (Do lat. *nudu-*, «nu»)

nudibrânquio *adj.* ZOOLOGIA diz-se do animal que tem as brânquias a descoberto ■ *n.m.* ZOOLOGIA espécime dos nudibrânquios ■ *n.m.pl.* ZOOLOGIA grupo de moluscos gastrópodes desprovidos de concha e cavidade paleal (Do lat. *nudu-*, «nu»+gr. *brágkhia*, «brânquia»)

nudicaule *adj.2g.* BOTÂNICA que não tem folhas no caule (De *nudi-+-caule*)

nudípede *adj.2g.* ZOOLOGIA que tem os pés ou as extremidades dos membros locomotores nus, não guarnecidos (De *nudi-+-pede*)

nudismo *n.m.* prática da nudez completa ao ar livre; naturismo (Do lat. *nudu-*, «nu» +-*ismo*)

nudissexo /cs/ *adj.* BOTÂNICA diz-se das flores cujo androceu ou gineceu está a descoberto (Do lat. *nudu-*, «nu» +*sexu-*, «sexo»)

nudista *adj.2g.* 1 relativo ao nudismo 2 próprio do nudismo 3 adepto do nudismo ■ *n.2g.* pessoa adepta do nudismo; naturista (Do lat. *nudu-*, «nu» +-*ista*)

nuelo *adj.* 1 implume 2 recém-nascido (Do lat. *nudellu-, por nudŭlu-, dim. de nudu-, «nu»)

Nueres *n.m.pl.* ETNOGRAFIA povo negro que vive no Sudão e na Etiópia (Do ár. *Nuwayri*)

núfar *n.m.* BOTÂNICA nenúfar (De [*ne*]*núfar*)

nuga *n.f.* 1 ninharia; bagatela 2 futilidade; nugacidade (Do lat. *nuga*[*s*], «frivolidades»)

nugação *n.f.* 1 argumento ridículo 2 frivolidade (De *nuga+-ção*)

nugacidade *n.f.* 1 nuga; futilidade 2 afeição a coisas frívolas (Do lat. *nugacitāte-*, «frivolidade»)

nugativo *adj.* 1 fútil 2 ridículo (Do lat. *nugātu-*, part. pass. de *nugāri*, «dizer frioleiras»+-*ivo*)

nugatório *adj.* ⇒ **nugativo** (Do lat. *nugatorĭu-*, «id.»)

nulamente *adv.* 1 sem resultado ou efeito 2 sem validade (De *nulo+-mente*)

nuli- elemento de formação de palavras que exprime a ideia de nulo (Do lat. *nullu-*, «nulo»)

nulidade *n.f.* 1 qualidade do que é nulo; qualidade do que não tem efeito ou valor 2 falta de validade 3 DIREITO ineficácia de um ato jurídico, devido à falta de uma ou mais condições necessárias à sua validade 4 falta de mérito, de talento; incapacidade 5 insignificância; coisa vã 6 [coloq.] pessoa sem valor ou capacidade (De *nuli+-dade*)

nulificação *n.f.* ⇒ **niilificação** (Do lat. *nullificatiōne-*, «aniquilamento; destruição»)

nulificar *v.tr.* tornar nulo; anular; invalidar (Do lat. *nullificāre*, «aniquilar»)

nulinerve *adj.2g.* BOTÂNICA que não tem nervuras (Do lat. *nullu-*, «nenhum»+*nervu-*, «nervo; nervura»)

nulíparo *adj.* que nunca pariu (Do lat. *nullu-*, «nenhum»+*parĕre*, «parir»)

nulo *adj.* 1 sem efeito ou valor 2 DIREITO sem valor legal; que não é válido 3 que não produz resultados; ineficaz; vão 4 nenhum; inexistente 5 igual a zero; reduzido a nada 6 inepto; incapaz; sem mérito (Do lat. *nullu-*, «id.»)

num contração da preposição em + o artigo indefinido um ■ contração da preposição em + o pronome indefinido um

numantino *adj.* relativo a Numância, cidade da Espanha antiga, na região de Castela Velha ■ *n.m.* natural ou habitante de Numância (Do lat. *numantīnu-*, «id.»)

numária *n.f.* ⇒ **numismática** (Do lat. *nummarĭu-*, «relativo ao dinheiro»)

nume *n.m.* ⇒ **númen**

númen *n.m.* 1 divindade mitológica 2 poder celeste 3 inspiração; génio (Do lat. *numen*, «majestade divina»)

numenal *adj.2g.* relativo a númeno (De *númeno+-al*)

númeno *n.m.* FILOSOFIA para Kant, filósofo alemão (1724-1804): o que o espírito concebe para além do fenómeno mas não pode abranger; a coisa em si, a realidade absoluta, de que não temos conhecimento nem pela experiência, nem pelo entendimento; o incognoscível (Do gr. *noúmenon*, «concebido pelo espírito»)

numeração *n.f.* 1 ato ou efeito de numerar 2 arte de escrever e enunciar os números 3 aposição de números; ~ **árabe** sistema de representação dos números através de algarismos; ~ **romana** sistema de representação dos números através de sete letras do alfabeto latino (Do lat. *numeratiōne-*, «id.»)

numerado *adj.* 1 em que há numeração 2 posto por ordem numérica (Do lat. *numerātu-*, «id.», part. pass. de *numerāre*, «numerar»)

numerador *adj.* que numera ■ *n.m.* 1 pessoa que numera 2 instrumento para numerar 3 MATEMÁTICA termo que, numa fração da grandeza unidade, designa o número de partes iguais (partes alíquotas) que são tomadas de entre aquelas em que a unidade foi dividida (Do lat. *numeratōre-*, «contador»)

numeradora /ô/ *n.f.* máquina de numerar (De *numerador*)

numeral *adj.2g.* 1 referente a número 2 designativo de número ■ *n.m.* palavra que indica a quantidade numérica, a ordem numa série, ou a proporcionalidade numérica (Do lat. *numerāle-*, «id.»)

numerar *v.tr.* 1 pôr números em 2 dispor por ordem numérica 3 designar o número de 4 contar; calcular 5 expor detalhadamente; enumerar 6 incluir (Do lat. *numerāre*, «id.»)

numerário *adj.* relativo a dinheiro ■ *n.m.* moeda cunhada em metal ou papel (Do lat. *numerarĭu-*, «calculista», pelo fr. *numéraire*, «dinheiro»)

numerativo *adj.* que serve para numerar (De *numerar+-tivo*)

numerável *adj.2g.* que se pode numerar ou contar; **conjunto ~** MATEMÁTICA conjunto que pode pôr-se em correspondência biunívoca (um a um) com conjuntos dos números naturais (Do lat. *numerabĭle-*, «id.»)

numericamente *adv.* em números ou por meio de números (De *numérico+-mente*)

numérico *adj.* 1 relativo a números 2 expresso por números 3 designativo de número; numeral; **análise numérica** MATEMÁTICA ramo da análise matemática que trata das relações entre operações sobre números e dos processos algorítmicos de transformações recíprocas entre elas; **ordem numérica** ordem dos números naturais a partir da unidade (De *número+-ico*)

número *n.m.* 1 MATEMÁTICA expressão de quantidade que permite enumerar e expressar grandezas; unidade 2 conjunto de unidades 3 parte da unidade; porção 4 quantidade exata 5 quantidade indefinida 6 grande quantidade; abundância 7 posição de algo numa série ordenada 8 categoria; classe 9 exemplar de uma publicação periódica 10 fração de um bilhete da lotaria 11 cada uma das atrações de um espetáculo 12 símbolo da notação numérica; algarismo 13 medida de calçado ou peça de vestuário segundo o tamanho de uma pessoa 14 GRAMÁTICA categoria morfossintática que indica a unidade (singular) ou a pluralidade (plural) 15 LITERATURA harmonia que provém de uma dada disposição das palavras na frase 16 [coloq.] pessoa com sentido de humor; **~ atómico de um elemento** FÍSICA, QUÍMICA número de ordem desse elemento na classificação periódica, que é igual ao número de protões do núcleo do átomo do elemento e também igual ao número dos seus eletrões satélites; **~ áureo** número de ordem de certo ano, no ciclo lunar; **números quânticos** FÍSICA números essenciais que servem para caracterizar os eletrões da nuvem eletrónica que envolve o núcleo de cada um dos átomos do elemento; **em números redondos** aproximadamente; **fazer ~** figurar sem ser realmente útil, só para aumentar o número (Do lat. *numĕru-*, «id.»)

numerologia *n.f.* estudo da simbologia dos números e da influência que supostamente exercem sobre o carácter e o destino humanos (Do lat. *numĕru-*, «número»+gr. *lógos*, «estudo»+-*ia*, ou do ing. *numerology*, «id.»)

numerológico *adj.* relativo a numerologia (De *numerologia+-ico*)

numerólogo *n.m.* 1 pessoa que pratica a numerologia 2 especialista em numerologia (Do lat. *numĕru-*, «número»+gr. *lógos*, «estudo»)

numerosidade *n.f.* qualidade de numeroso; grande número (Do lat. *numerositāte-*, «grande número»)

numeroso /ô/ *adj.* 1 que consta de grande número; copioso; abundante 2 cadenciado; harmonioso (Do lat. *numerōsu-*, «numeroso»)

numerus clausus *n.m.* número fixo que determina a quantidade de pessoas que podem ser aceites em determinado grupo (Do lat. *numerus clausus*, «número fechado»)

numi- elemento de formação de palavras que exprime a ideia de dinheiro (Do lat. *nummu-*, «dinheiro; moeda»)

númida *adj.2g.* da Numídia, região da antiga África do Norte, ou a ela relativo ■ *n.2g.* natural ou habitante da Numídia (Do lat. *numĭda*, «id.»)

numídico *adj.* ⇒ **númida** (Do lat. *numidĭcu-*, «id.»)

numidídeo *adj.* ORNITOLOGIA pertencente ou relativo aos Numidídeos ■ *n.m.* ORNITOLOGIA espécime dos Numidídeos

Numidídeos *n.m.pl.* ORNITOLOGIA família de aves, de plumagem cinzenta ou negra, com pintas brancas, cabeça nua e patas fortes, a que pertence a pintada ou galinha-d'angola

numinoso /ô/ *adj.* relativo a númen (De *númen+-oso*)

numisma *n.m.* 1 moeda cunhada 2 medalha (Do gr. *nómisma*, «id.», pelo lat. *numisma*-, «moeda de ouro ou prata»)

numismal *adj.2g.* 1 que diz respeito a numisma 2 em forma de moeda (De *numisma+-al*)

numismata *n.2g.* 1 pessoa versada em numismática 2 colecionador de moedas ou medalhas antigas; numismatista (Do fr. *numismate*, «id.»)

numismática *n.f.* ciência que trata das moedas e das medalhas; numária (Do fr. *numismatique*, «id.»)

numismático *adj.* 1 referente à numismática 2 numismal ■ *n.m.* pessoa versada em numismática; numismata (Do fr. *numismatique*, «id.»)

numismatista *n.2g.* ⇒ **numismata** (Do fr. *numismatiste*, «id.»)

numular *adj.2g.* 1 referente a moeda cunhada 2 MEDICINA diz-se da expetoração de certos tuberculosos em que o escarro se apresenta redondo como uma moeda (Do lat. *nummŭlu-*, «pequena moeda»+-*ar*)

numulária *n.f.* 1 numismática; numária 2 BOTÂNICA ⇒ **lisimáquia** (Do lat. *nummularĭa*, «coisas relativas a moeda»)

numulite *n.f.* PALEONTOLOGIA foraminífero fóssil, cuja concha, discoide, se assemelha a uma moeda (Do lat. *nummŭlu-*, «pequena moeda»+*-ite*)

Numulítico *n.m.* GEOLOGIA o mais antigo período do Terciário, do qual as numulites são fósseis característicos, e que é também designado Paleogénico (De *numulite*+*-ico*)

nunalvariano *adj.* relativo a Nuno Álvares Pereira, notável guerreiro português (1360-1431), aos seus feitos ou às suas virtudes guerreiras (De *Nuno Álvares*, antr. +*-iano*)

nunca *adv.* 1 em tempo algum; jamais 2 em nenhuma circunstância 3 nenhuma vez; ~ *por* ~ em tempo algum, de maneira nenhuma; *dia de S. Nunca* nunca, jamais; *mais do que* ~ mais do que em qualquer outra altura passada; *quase* ~ raras vezes (Do lat. *nunquam*, «id.»)

nunciatura *n.f.* 1 qualidade, cargo ou residência de núncio 2 tribunal eclesiástico sujeito ao núncio (Do it. *nunziatura*, «id.»)

núncio *n.m.* 1 embaixador do papa junto de um governo estrangeiro 2 mensageiro; precursor; anunciador 3 prenúncio; ~ *apostólico* embaixador da Santa Sé (Do lat. *nuntĭu-*, «id.»)

nuncupação *n.f.* 1 DIREITO declaração verbal em juízo 2 DIREITO designação solene do herdeiro feita de viva voz perante testemunhas (Do lat. *nuncupatiōne-*, «id.»)

nuncupativo *adj.* feito de viva voz; oral (Do b. lat. *nuncupatīvu-*, «id.», pelo fr. *nuncupatif*, «id.»)

nuncupatório *adj.* 1 feito de viva voz; oral; nuncupativo 2 que contém dedicatória (Do b. lat. *nuncupatorĭu-*, «id.»)

núndinas *n.f.pl.* HISTÓRIA dias de mercado que se realizava, entre os Romanos, de nove em nove dias (Do lat. *nundĭna*, «dia de feira»)

nunes *adj.inv.* ímpar ■ *n.m.2n.* número ímpar (Corrup. de *nones*, pl. de *non*, «não»)

nuno *n.m.* [Moçambique] ZOOLOGIA coleóptero, de carapaça dura e faixas brancas nos élitros (Do tsonga *nunu*, «id.»)

nupcial *adj.2g.* 1 do casamento 2 relativo a casamento (Do lat. *nuptiāle-*, «id.»)

nupcialidade *n.f.* 1 estado de núbil 2 capacidade para casar 3 número de casamentos realizados num país ou numa região em determinado período (De *nupcial*+*-i*+*-dade*)

núpcias *n.f.pl.* cerimónias festivas por altura de um casamento; esponsais; boda (Do lat. *nuptĭas*, «id.»)

nuper- elemento de formação de palavras que exprime a ideia de recém- (Do lat. *nuper*, «recentemente; há pouco»)

nuperfalecido *adj.* recém-falecido (De *nuper*-+*falecido*)

nuperpublicado *adj.* publicado recentemente (De *nuper*-+*publicado*)

nutação *n.f.* 1 ato de nutar 2 oscilação 3 vertigem; tontura 4 ASTRONOMIA oscilação do eixo de rotação de um astro à volta da sua posição média 5 BOTÂNICA movimentos (tipicamente helicoidais) autónomos, executados por certos órgãos das plantas, quando em crescimento (Do lat. *nutatiōne-*, «oscilação; balanceamento»)

nutante *adj.2g.* 1 que oscila 2 BOTÂNICA diz-se de um órgão voltado para baixo por efeito de nutação (Do lat. *nutante*, «id.», part. pres. de *nutāre*, «balouçar; oscilar»)

nutar *v.intr.* oscilar; balancear (Do lat. *nutāre*, «id.»)

nutatório *adj.* em que se verifica nutação (De *nutar*+*-tório*)

nuto *n.m.* 1 ato de acenar com a cabeça em sinal de aprovação ou consentimento 2 arbítrio; vontade (Do lat. *nutu-*, «movimento afirmativo de cabeça»)

nutribilidade *n.f.* qualidade de nutrível (Do lat. *nutribĭle-*, «nutrível»+*-i*+*-dade*)

nutrição *n.f.* 1 ato ou efeito de nutrir ou nutrir-se 2 BIOLOGIA processo pelo qual os organismos vivos obtêm energia, em forma de alimento, para o crescimento, a manutenção e a regeneração 3 alimentação; sustento 4 [fig.] gordura (Do lat. *nutritiōne-*, «id.»)

nutrice *n.f.* ⇒ **nutriz**

nutrício *adj.* ⇒ **nutritivo** (Do lat. *nutricĭu-*, «que nutre»)

nutricionismo *n.m.* conjunto de atividades relativas à investigação e ao estudo aprofundado dos problemas da nutrição (Do b. lat. *nutritiōne-*, «nutrição» +*-ismo*)

nutricionista *adj.2g.* que diz respeito ao nutricionismo e à nutrição ■ *n.2g.* especialista em assuntos e problemas da nutrição (Do b. lat. *nutritiōne-*, «nutrição» +*-ista*)

nutrido *adj.* 1 que se alimentou; sustentado 2 gordo; robusto 3 mantido; continuado 4 educado (Do lat. *nutrītu-*, «id.», part. pass. de *nutrīre*, «nutrir; alimentar»)

nutridor *adj.,n.m.* que ou aquele que nutre (Do lat. *nutritōre-*, «id.»)

nutriente *adj.* próprio para nutrir; alimentício ■ *n.m.* 1 substância que se encontra nos alimentos e é indispensável à manutenção das funções vitais do organismo 2 tudo o que alimenta (Do lat. *nutriente-*, «id.», part. pres. de *nutrīre*, «nutrir; alimentar»)

nutrificar *v.tr.* nutrir; alimentar (Do lat. *nutrificāre*, «id.»)

nutrimental *adj.2g.* que serve para nutrir (Do lat. *nutrimentāle-*, «id.»)

nutrimento *n.m.* 1 ato ou efeito de nutrir ou nutrir-se 2 substância que se encontra nos alimentos e é indispensável à manutenção das funções vitais do organismo 3 tudo o que alimenta 4 alimentação; sustento 5 o que dá alento; o que encoraja (Do lat. *nutrimentu-*, «id.»)

nutrir *v.tr.* 1 alimentar; sustentar 2 produzir alimento para 3 engordar 4 [fig.] dar vigor a; alentar 5 [fig.] educar; instruir 6 [fig.] acalentar; conservar 7 [fig.] dar apoio a; favorecer ■ *v.pron.* 1 alimentar-se; sustentar-se 2 avigorar-se; fortificar-se (Do lat. *nutrīre*, «id.»)

nutritício *adj.* 1 relativo à mãe ou à ama de leite 2 próprio para nutrir; alimentício (Do lat. *nutrītu-*, «nutrido» +*-ício*)

nutritício *adj.* ⇒ **nutritício** (Do lat. *nutrītu-*, «nutrido» +*-ico*)

nutritivo *adj.* 1 próprio para nutrir; alimentício 2 relativo à nutrição 3 que tem muitas ou ótimas propriedades alimentícias; *buraco* ~ ANATOMIA orifício dos ossos que dá entrada à artéria que os irriga (De *nutrir*+*-tivo*)

nutrível *adj.2g.* suscetível de se nutrir (Do lat. *nutribĭle-*, «id.»)

nutriz *adj.* 1 que amamenta; que alimenta 2 que sustenta ■ *n.f.* [poét.] aquela que amamenta; ama de leite (Do lat. *nutrīce-*, «id.»)

nutrologia *n.f.* MEDICINA área do conhecimento que se ocupa da nutrição, estudando os alimentos e a sua utilização em dietas e terapias; ciência da nutrição (De *nutro-*+*-logia*)

nutrólogo *n.m.* MEDICINA especialista em nutrologia (De *nutro-*+*-logo*)

nuvem *n.f.* 1 METEOROLOGIA aglomerado espesso de pequenas gotas de água proveniente da condensação do vapor de água existente na atmosfera sobre núcleos de condensação e que se mantém em suspensão na atmosfera devido aos movimentos ascendentes do ar 2 tudo o que faz lembrar uma nuvem 3 fumo espesso 4 poeira flutuante no ar 5 grande quantidade de coisas, animais ou pessoas, geralmente em movimento 6 INFORMÁTICA conjunto de servidores remotos alojados na internet, utilizados para armazenar, gerir e processar dados em vez dos servidores locais ou de computadores pessoais 7 [fig.] aspeto sombrio; ar de tristeza ou melancolia 8 [fig.] o que perturba a boa harmonia; o que pressagia desgraça 9 [fig.] obstáculo que estorva a visão 10 [fig.] aquilo que impede de compreender; *andar nas nuvens* andar abstraído, distraído; *cair das nuvens* chegar inesperadamente, ficar muito admirado; *ir às nuvens* encolerizar-se; *tomar a* ~ *por Juno* iludir-se, tomar uma coisa por outra (Do lat. vulg. **nubīne*, por *nube-*, «nuvem»)

núveo *adj.* [regionalismo] coberto de nuvens; nublado (De *nuvem*+*-eo*)

nuvioso /ô/ *adj.* nublado; nubloso (Do lat. *nubilōsu-*, «id.»)

nylon *n.m.* material sintético, à base de poliamidas, mecânica e quimicamente muito resistente, de larga utilização na indústria têxtil (Do ing. *nylon*)

o¹ /ó/ *n.m.* **1** décima quinta letra e quarta vogal do alfabeto **2** letra que representa a vogal posterior semiaberta (ex. *pó*), a vogal posterior semifechada (ex. *tolo*) e a vogal posterior fechada (ex. *lado*) **3** décimo quinto lugar numa série indicada pelas letras do alfabeto **4** GEOGRAFIA símbolo de *oeste* (com maiúscula) **5** QUÍMICA símbolo de *oxigénio* (com maiúscula) **6** LÓGICA símbolo de *proposição particular negativa* (com maiúscula)

o² /u/ *art.def.* antecede um nome, indicando referência precisa e determinada (*o barco*) ■ *pron.pess.* designa a terceira pessoa do singular com a função de complemento direto (*eu encontrei-o*) ■ *pron.dem.* equivale a *isto, isso, aquilo, aquele* (Do lat. *illu-*, «aquele»)

ó *interj.* exprime chamamento ou invocação (Do lat. *o*, «id.»)

oaristo *n.m.* **1** colóquio terno, afetuoso entre marido e mulher, ou entre noivos **2** entretenimento íntimo (Do gr. *oaristýs*, «comércio íntimo»)

oasiano *adj.* relativo a oásis ■ *n.m.* natural ou habitante de um oásis (De *oásis+-ano*)

oásico *adj.* ⇒ **oasiano** (De *oásis+-ico*)

oásis *n.m.2n.* **1** lugar, em pleno deserto, onde, devido à existência de água, há vegetação, se fazem culturas e se cria gado **2** [fig.] coisa agradável no meio de muitas que o não são **3** [fig.] um gosto entre muitos dissabores (Do lat. tard. *oăsis*, «id.», pelo fr. *oasis*, «id.»)

ob- prefixo que exprime a ideia de *em frente, inversão, oposição*, é seguido de hífen quando o elemento seguinte começa por um *r* que não se liga foneticamente ao *b* anterior (Do lat. *ob*, «em frente de»)

obaudição *n.f.* **1** falta de audição **2** má interpretação do que se ouve (De *ob-+audição*)

obcecação *n.f.* **1** ato ou efeito de obcecar ou obcecar-se **2** cegueira de espírito **3** teimosia **4** persistência no erro **5** ideia fixa (Do lat. *obcaecatiōne-*, «id.»)

obcecadamente *adv.* **1** em que há obsessão; de forma obsessiva **2** pertinazmente; obstinadamente (De *obcecado+-mente*)

obcecado *adj.* **1** que tem a inteligência ou o entendimento obscurecido, geralmente por uma ideia fixa; ofuscado **2** obstinado; teimoso no erro (Do lat. *obcaecātu-*, «id.», part. pass. de *obcaecāre*, «cegar»)

obcecador *adj.,n.m.* que ou aquele que obceca (De *obcecar+-dor*)

obcecante *adj.2g.* **1** que obceca; que não deixa pensar em mais nada **2** que perturba o entendimento (Do lat. *obcaecante-*, «id.», part. pres. de *obcaecāre*, «cegar»)

obcecar *v.tr.* **1** ser uma ideia fixa de **2** perturbar o entendimento de; cegar; obscurecer; ofuscar; induzir em erro **3** fazer comportar-se como um louco; desvairar (Do lat. *obcaecāre*, «id.»)

obcónico *adj.* em forma de cone invertido (De *ob-+cónico*)

obcordado *adj.* BOTÂNICA ⇒ **obcordiforme** (Do lat. *ob-*, «invertido» +*cor, cordis*, «coração» +-*ado*)

obcordiforme *adj.2g.* BOTÂNICA (folha, folíolo) que é cordiforme, com a parte mais larga na extremidade livre; obcordado (De *ob-+cordiforme*)

obcorrente *adj.2g.* BOTÂNICA diz-se dos septos de um fruto que dividem a cavidade pericárpica em lóculos (Do lat. *obcurrente-*, «id.», part. pres. de *obcurri*, «ir contra; opor-se»)

obducto a grafia mais usada é **obduto**

obduração *n.f.* **1** ato ou efeito de obdurar ou obdurar-se **2** endurecimento **3** [fig.] obstinação (Do lat. *obduratiōne-*, «id.»)

obdurar *v.tr.* **1** endurecer; empedernir **2** [fig.] tornar obstinado; obcecar (Do lat. *obdurāre*, «tornar insensível; endurecer»)

obduto *adj.* **1** [poét.] oculto **2** [poét.] tapado; coberto (Do lat. *obductu-*, «coberto», part. pass. de *obducĕre*, «cobrir; recobrir») ACORDO ORTOGRÁFICO também se pode escrever **obducto**

obedecer *v.tr.* **1** submeter-se à vontade de (outrem) **2** reconhecer a autoridade, o poder de (alguém) **3** estar dependente de (poder ou autoridade) **4** executar as ordens de (alguém); cumprir; observar **5** sofrer a ação de; ceder a; deixar-se guiar por ■ *v.intr.* reagir corretamente a um dado comando; funcionar bem (Do lat. *obediscĕre*, inc. de *obedīre*, ou *oboedīre*, «obedecer»)

obediência *n.f.* **1** ato ou efeito de obedecer; acatamento **2** submissão a uma autoridade; sujeição **3** dependência em relação a determinada autoridade **4** vassalagem; preito **5** igreja, mosteiro ou propriedade dependente de uma ordem religiosa (Do lat. *oboedientĭa-*, «id.»)

obediencial *adj.2g.* referente a obediência ■ *n.m.* religioso com licença para passar a outro convento ou para sair com qualquer outro fim (De *obediência+-al*)

obediente *adj.2g.* **1** que obedece **2** dócil; submisso; humilde **3** manejável (Do lat. *oboediente-*, «id.», part. pres. de *oboedīre*, «obedecer»)

obélio *n.m.* ANTROPOLOGIA ponto craniométrico ímpar, médio, situado na sutura sagital onde esta se cruza com a linha que passa pelos dois buracos parietais (Do gr. *obelós*, «espeto; traço» +-*io*)

obélion *n.m.* ANTROPOLOGIA ⇒ **obélio**

obeliscal *adj.2g.* **1** relativo a obelisco **2** semelhante a obelisco (De *obelisco+-al*)

obelisco *n.m.* **1** monumento em forma de pilar, alto e de secção quadrangular, geralmente feito de uma só pedra, que termina numa ponta piramidal **2** objeto alto e alongado, com forma semelhante (Do gr. *obelískos*, «pequeno espeto», pelo lat. *obeliscu-*, «id.»)

óbelo *n.m.* sinal com que os antigos copistas marcavam as passagens erradas de um escrito para serem emendadas na reprodução (Do gr. *obelós*, «espeto», pelo lat. *obĕlu-*, «id.»)

oberar *v.tr.* **1** onerar com dívidas; endividar **2** sobrecarregar (Do lat. *obaerāre*, de *obaerătu-*, «endividado»)

obesidade *n.f.* **1** qualidade ou estado de obeso **2** MEDICINA estado patológico caracterizado pela acumulação excessiva de gordura no organismo e pelo aumento de peso (Do lat. *obesitāte-*, «id.»)

obeso /ê/ *adj.* **1** que sofre de obesidade **2** que tem excesso de peso; gordo (Do lat. *obēsu-*, «id.»)

óbice *n.m.* **1** obstáculo; impedimento; estorvo **2** dificuldade (Do lat. *obĭce-*, «id.»)

obidense *adj.2g.* relativo à vila portuguesa de Óbidos, no distrito de Leiria ■ *n.2g.* natural ou habitante de Óbidos (De *Óbidos*, top. +-*ense*)

óbito *n.m.* morte de pessoa; falecimento; passamento (Do lat. *obĭtu-*, «id.»)

obituário *adj.* relativo a óbito ■ *n.m.* **1** registo dos óbitos acontecidos durante certo tempo **2** número de mortes ocorridas num dado período; mortalidade (Do lat. *obĭtu-*, «óbito» +-*ário*)

objeção *n.f.* **1** ato ou efeito de objetar **2** contestação **3** argumento com que se replica ou impugna **4** dúvida **5** dificuldade; **~ de consciência** recusa de servir como soldado, em tempo de paz ou de guerra, por imperativo íntimo de consciência (Do lat. *objectiōne-*, «id.»)

objecção ver nova grafia **objeção**
objectado ver nova grafia **objetado**
objectal ver nova grafia **objetal**
objectante ver nova grafia **objetante**
objectar ver nova grafia **objetar**
objectável ver nova grafia **objetável**
objectiva ver nova grafia **objetiva**
objectivação ver nova grafia **objetivação**
objectivamente ver nova grafia **objetivamente**
objectivar ver nova grafia **objetivar**
objectividade ver nova grafia **objetividade**
objectivismo ver nova grafia **objetivismo**
objectivista ver nova grafia **objetivista**
objectivo ver nova grafia **objetivo**
objecto ver nova grafia **objeto**
objector ver nova grafia **objetor**

objetado *adj.* **1** aduzido; alegado **2** contestado; posto em dúvida (Do lat. *objectātu-*, «id.», part. pass. de *objectāre*, «objetar; censurar»)

objetal *adj.2g.* PSICANÁLISE relativo a uma tendência ou a uma conduta que visa um objeto, por oposição a uma conduta ou a uma tendência que visa a personalidade própria (De *objecto+-al*)

objetante *adj.,n.2g.* que ou aquele que objeta (Do lat. *objectante-*, «id.», part. pres. de *objectāre*, «objetar; censurar»)

objetar *v.tr.* **1** alegar em sentido contrário **2** opor-se a; manifestar-se contrário a **3** lançar em rosto; exprobrar (Do lat. *objectāre*, «objetar; censurar»)

objetável *adj.2g.* **1** que se pode objetar ou alegar em sentido contrário **2** que se pode contestar ou pôr em dúvida (De *objectar+-vel*)

objetiva *n.f.* **1** FÍSICA lente (ou sistema de lentes) que, num instrumento ótico, está mais próxima do objeto que se pretende examinar **2** FOTOGRAFIA lente ou sistema de lentes de uma máquina fotográfica (De *objectivo*)

objetivação *n.f.* **1** ato ou efeito de objetivar **2** concretização (De *objectivar+-ção*)

objetivamente *adv.* **1** de modo objetivo; concretamente **2** realmente **3** com representação do objeto **4** sem misturar subjetividade com existência real **5** com imparcialidade (De *objectivo+-mente*)

objetivar *v.tr.* **1** tornar objetivo ou concreto **2** ilustrar com exemplos concretos **3** considerar como tendo existência real distinta da do sujeito (De *objectivo+-ar*)

objetividade *n.f.* **1** qualidade do que é objetivo **2** característica de uma opinião ou atitude que não se deixa influenciar por sentimentos ou preferências, sendo imparcial **3** FILOSOFIA existência real daquilo que é concebido na mente **4** FILOSOFIA carácter de um objeto de pensamento válido, sendo critério de tal validez a universalidade do acordo dos espíritos, a convergência de resultados obtidos por métodos diferentes (De *objectivo+-i-+-dade*)

objetivismo *n.m.* **1** atitude prática que consiste numa referência ou subordinação sistemática aos dados objetivos, isto é, verificáveis pelos sentidos, que afetam os dados subjetivos da experiência vivida, da imaginação **2** FILOSOFIA doutrina que considera objetivas, isto é, como existentes fora do sujeito pensante, certas coisas de que os subjetivistas fazem um estado de espírito do sujeito (De *objectivo+-ismo*)

objetivista *adj.2g.* relativo ao objetivismo ▪ *n.2g.* partidário do objetivismo (De *objectivo+-ista*)

objetivo *adj.* **1** relativo ao objeto **2** que existe fora do espírito e independentemente do conhecimento que dele possua o sujeito pensante; exterior à consciência **3** assente em observação imparcial **4** independente das preferências individuais **5** assente no estudo dos fenómenos observáveis **6** procedente das sensações **7** designativo do complemento direto **8** que está voltado para o objeto que se examina ▪ *n.m.* aquilo que se pretende alcançar; fim; propósito; alvo (Do b. lat. *objectīvu-*, «id.», pelo fr. *objectif*, «id.»)

objeto *n.m.* **1** coisa material **2** tudo o que afeta os sentidos **3** aquilo de que se trata; assunto; matéria; questão; tema **4** fim; propósito; finalidade; fito **5** motivo; causa **6** alvo; destinatário **7** aquele ou aquilo que é afetado ou sofre uma ação **8** FILOSOFIA o que é pensado, ou representado, enquanto distinto do ato pelo qual é pensado **9** FILOSOFIA aquilo cuja existência é considerada como independente do conhecimento que dele tem o sujeito pensante (Do lat. *objectu-*, «lançado adiante», part. pass. de *objicĕre*, «lançar adiante»)

objetor *adj.* que objeta; que levanta objeções ▪ *n.m.* aquele que objeta; aquele que se opõe; **~ de consciência** indivíduo que se recusa a cumprir o serviço militar por razões de consciência (filosóficas, religiosas, etc.) (De *objectar+-or*)

objurgação *n.f.* **1** ato de objurgar; repreensão áspera; censura **2** arguição (Do lat. *objurgatiōne-*, «id.»)

objurgar *v.tr.* **1** censurar asperamente; repreender; exprobrar **2** arguir (Do lat. *objurgāre*, «id.»)

objurgatória *n.f.* censura; repreensão áspera; exprobração (De *objurgatório*)

objurgatório *adj.* que encerra objurgação; que censura ou repreende (Do lat. *objurgatoriŭ-*, «id.»)

oblação *n.f.* **1** oferecimento de alguma coisa à divindade, por meio de certas cerimónias litúrgicas; oblata **2** oferenda (Do lat. *oblatiōne-*, «id.»)

oblada *n.f.* [ant.] côngrua em milho ou trigo paga ao pároco por cada casal (Do lat. *oblāta-*, «oferta»)

oblata *n.f.* RELIGIÃO tudo o que se oferece a Deus ou aos santos, na igreja **2** RELIGIÃO contribuição para as despesas do culto, ou remuneração ao pároco pelos serviços prestados (Do lat. *oblāta-*, «oferta»)

oblatar *v.tr.* **1** [ant.] oferecer a Deus ou aos santos **2** fazer oferta de (De *oblata+-ar*)

oblatividade *n.f.* significação funcional das condutas pelas quais um indivíduo, renunciando ou sacrificando-se a si mesmo, prefere satisfazer as necessidades de outrem (De *oblativo+-i-+-dade*)

oblativo *adj.* **1** relativo a oblação **2** em que há oblata **3** em que há oblatividade (Do lat. *oblatīvu-*, «que se oferece por si mesmo»)

oblato *n.m.* **1** leigo que se oferecia para prestar serviços num convento **2** indivíduo que os pais dedicam ao serviço de Deus **3** religioso que doava todos os seus bens à comunidade da ordem em que ingressava ▪ *adj.* achatado nos polos (Do lat. *oblātu-*, «oferecido», part. pass. de *offerre*, «levar à frente; oferecer»)

obligulado *adj.* BOTÂNICA (corola, flor) que se divide do lado interno, formando linguetas (De *ob-+lígula+-ado*)

oblíqua *n.f.* MATEMÁTICA reta que forma com outra ou com uma superfície um ângulo agudo e outro obtuso (De *oblíquo*)

obliquamente *adv.* **1** de modo oblíquo **2** [fig.] de maneira indireta (De *oblíquo+-mente*)

obliquângulo *adj.* MATEMÁTICA (polígono) em que há algum ângulo cujos lados estão contidos em retas oblíquas (Do lat. *oblīquŭ-*, «oblíquo» +*angŭlu-*, «ângulo»)

obliquar *v.intr.* **1** caminhar em sentido oblíquo; ir de través **2** [fig.] proceder com malícia **3** [fig.] proceder sem franqueza; tergiversar (Do lat. *obliquāre*, «id.»)

obliquidade /qu-i/ *n.f.* **1** qualidade de oblíquo **2** direção oblíqua **3** MATEMÁTICA inclinação de uma linha ou superfície sobre outra **4** [fig.] astúcia **5** [fig.] falta de retidão na maneira de proceder; falsidade; **~ da eclíptica** ASTRONOMIA inclinação (23° 27' em média) do plano da eclíptica sobre o do equador celeste (Do lat. *obliquitāte-*, «id.»)

oblíquo *adj.* **1** inclinado sobre uma superfície; não perpendicular nem paralelo; em diagonal; enviesado **2** [fig.] de carácter dissimulado; malicioso **3** [fig.] ambíguo; indireto ▪ *n.m.* **1** GRAMÁTICA nas línguas que têm declinação, designação dos casos que exprimem as funções do atributivo, do genitivo e do ablativo **2** LINGUÍSTICA forma dos pronomes pessoais quando desempenham a função sintática de complemento oblíquo ou agente da passiva; **reta oblíqua a outra** GEOMETRIA reta que não lhe é perpendicular nem paralela; **reta oblíqua a uma superfície num ponto** GEOMETRIA reta que não é perpendicular ao plano tangente à superfície no ponto considerado nem faz parte dele (Do lat. *oblīquŭ-*, «id.»)

obliteração *n.f.* **1** ato ou efeito de obliterar **2** eliminação; anulação **3** desaparecimento; extinção **4** inutilização de selo ou bilhete, pelo seu carimbo **5** MEDICINA estado de um canal obstruído; obstrução (Do lat. *obllitteratiōne-*, «id.»)

obliterado *adj.* **1** quase extinto **2** quase apagado **3** esquecido **4** tapado; obstruído **5** inutilizado (Do lat. *obllitterātu-*, «id.», part. pass. de *obllitterāre*, «obliterar; abolir»)

obliterador *adj.* que oblitera ▪ *n.m.* máquina de controlo e obliteração (inutilização) de selos, bilhetes de viagem (De *obliterar+-dor*)

obliterante *adj.2g.* que oblitera (Do lat. *obllitterante-*, «id.», part. pres. de *obllitterāre*, «obliterar; abolir»)

obliterar *v.tr.* **1** fazer desaparecer pouco a pouco; apagar; riscar **2** fazer deixar de existir; dissipar **3** extinguir sem deixar vestígios; eliminar; suprimir **4** abolir **5** inutilizar, marcando ou carimbando **6** obstruir (um canal ou cavidade); fechar **7** fazer esquecer ▪ *v.pron.* **1** desaparecer gradualmente; apagar-se **2** deixar de existir; extinguir-se; dissipar-se **3** (canal, cavidade) fechar-se **4** ficar esquecido (Do lat. *obllitterāre*, «id.»)

oblívio *n.m.* olvido; esquecimento (Do lat. *oblivĭu-*, «esquecimento»)

oblongado *adj.* de forma oblonga (De *oblongo+-ado*)

oblongifólio *adj.* BOTÂNICA de folhas oblongas (Do lat. *oblongu-*, «oblongo» +*folĭu-*, «folha»)

oblongo *adj.* **1** cujo comprimento é maior do que a largura; alongado **2** que tem forma elíptica ou lanceolada (Do lat. *oblongu-*, «id.»)

obnóxio /cs/ *adj.* **1** que se submete ao castigo **2** servil; submisso **3** trivial **4** funesto **5** prejudicial; nocivo; nefasto **6** esquisito; estranho (Do lat. *obnoxĭu-*, «submetido a»)

obnubilação *n.f.* **1** MEDICINA perturbação do sentido da visão, que dá a impressão de que os objetos são vistos através de uma nuvem **2** MEDICINA perturbação da consciência caracterizada por um obscurecimento e um afrouxamento do raciocínio **3** turvação; enevoamento; perturbação (Do lat. *obnubilatiōne-*, «id.»)

obnubilar *v.tr.* **1** causar obnubilação em **2** [fig.] turvar; escurecer ▪ *v.pron.* **1** (vista) enevoar-se **2** escurecer (Do lat. *obnubilāre*, «cobrir com uma nuvem»)

obô /ô/ n.m. [São Tomé e Príncipe] floresta densa; floresta equatorial (Do forro, a partir do fr. *haut-bois*, «id.»)

oboé n.m. MÚSICA instrumento musical de sopro, de madeira, em forma de tubo troncocónico, com palheta dupla e chaves (Do fr. *haut-bois*, «id.», com a pronúncia antiga)

oboísta n.2g. MÚSICA pessoa que toca oboé (De *oboé*+*-ista*, ou do fr. *hautboïste*, «id.»)

óbolo n.m. 1 moeda grega antiga, de pouco valor 2 [fig.] esmola insignificante; pequena contribuição pecuniária 3 [fig.] valor mínimo (Do gr. *obolós*, «pequena moeda», pelo lat. *obŏlu-*, «id.»)

oboval adj.2g. em forma de ovo invertido; obóveo; obovoide (De *ob-*+*oval*)

obóveo adj. ⇒ **oboval** (De *ob-*+*ovo*+*-eo*)

obovoide adj.2g. ⇒ **oboval** (De *ob-*+*ovo*+*-óide*)

obovóide ver nova grafia obovoide

obra n.f. 1 resultado de uma ação ou de um trabalho; produto; efeito 2 edifício 3 edifício em construção 4 ação; feito 5 trabalho literário, científico ou artístico 6 malícia 7 trapaça 8 dificuldade 9 pl. ações; trabalhos 10 pl. construções, tais como pontes, viadutos, túneis e muros de suporte, necessárias ao estabelecimento de uma via de comunicação; ~ *de* pouco mais ou menos, quase; ~ *de arte* objeto ou construção executados com perfeição, gosto, e sentido de estética; ~ *de fancaria* obra mal executada, grosseira; ~ *de misericórdia* ação caritativa para com os outros; **obras de Santa Engrácia** coisa que leva muito tempo a fazer; *mãos à ~!* para a frente!, avante!; *pôr em ~* efetivar; *pôr mãos à ~* começar o trabalho; *por ~ e graça de* por intervenção de; *ser ~* ser difícil, ser coisa importante, ser coisa que leva muito tempo (Do lat. *opěra*, pl. de *opus*, «trabalho; obra»)

obração n.f. ⇒ **oblação** (Do lat. *oblatiōne-*, «id.»)

obrada n.f. ⇒ **oblata** (Do lat. *oblāta-*, «oferta»)

obrador adj.,n.m. 1 que ou aquele que obra; obreiro 2 artista (Do lat. *operatōre-*, «id.»)

obragem n.f. 1 ato de fazer obra, de construir 2 feitura; execução 3 labor (De *obrar*+*-agem*)

obra-mestra n.f. ⇒ **obra-prima**

obrante adj.2g. 1 que obra; obrador 2 que atua; eficaz (Do lat. *operante-*, «id.», part. pres. de *operāre*, por *operāri*, «trabalhar»)

obra-prima n.f. 1 obra primorosa, das mais importantes do seu género 2 o melhor trabalho de um escritor ou de um artista 3 trabalho executado pelo companheiro ou operário, na Idade Média, para subir à categoria de mestre (De *obra*+*prima* [= *primeira*])

obrar v.tr. 1 converter em obra; produzir; executar 2 fabricar; construir ■ v.intr. 1 proceder; portar-se 2 trabalhar 3 [pop.] defecar (Do lat. **operāre*, por *operāri*, «trabalhar»)

obreeiro n.m. aquele que faz obreias (De *obreia*+*-eiro*)

obreia n.f. 1 pasta de massa utilizada para fazer as hóstias para a comunhão 2 pasta de massa, de várias cores, geralmente utilizada para colar papéis e fechar cartas (Do fr. ant. *oublée*, «id.»)

obreira n.f. 1 mulher que executa um trabalho remunerado por salário 2 [fig.] a que trabalha para o desenvolvimento de qualquer ideia ou projeto 3 [fig.] autora; agente 4 ZOOLOGIA cada um dos indivíduos estéreis das associações de insetos, especialmente abelhas, vespas e formigas; operária (De *obreiro*)

obreiro n.m. 1 homem que executa um trabalho remunerado por salário; trabalhador; operário 2 cooperador 3 [fig.] o que trabalha para o desenvolvimento de qualquer ideia ou doutrina 4 [fig.] autor; agente ■ adj. que trabalha (Do lat. *operarĭu-*, «id.»)

ob-repção n.f. 1 arte de obter alguma coisa ardilosamente 2 astúcia 3 exposição falsa (Do lat. *obreptiōne-*, «id.»)

ob-reptício adj. obtido por ob-repção; doloso; fraudulento (Do lat. *obreptīcĭu-*, «id.»)

obriga n.f. 1 obrigação 2 imposto que se pagava antigamente pelo peixe que se exportava (Deriv. regr. de *obrigar*)

obrigação n.f. 1 ato ou efeito de obrigar(-se) 2 facto de estar obrigado; dever; encargo 3 imposição; preceito 4 direito de crédito 5 DIREITO vínculo jurídico por virtude do qual uma pessoa fica adstrita para com outra à realização de uma prestação 6 ocupação regular ou profissional; serviço; emprego 7 favor; benefício 8 ECONOMIA título de crédito representativo de uma fração de um empréstimo pelo qual a entidade emissora se obriga ao pagamento de juros e ao reembolso do capital dentro do prazo preestabelecido 9 pl. RELIGIÃO pessoas por cuja alma se deve rezar; *estar/ficar em ~* dever ou ficar a dever favores (Do lat. *obligatiōne-*, «obrigação; empenho da palavra»)

obrigacionário n.m. ⇒ **obrigacionista** (Do lat. *obligatiōne-*, «obrigação» +*ário*)

obrigacionista n.2g. pessoa que possui uma ou mais obrigações (títulos) (Do lat. *obligatiōne-*, «obrigação» +*-ista*)

obrigado adj. 1 agradecido; grato 2 imposto por lei, pelo uso ou pelas circunstâncias 3 que não pode ser de outro modo, nem deixar de ser; necessário; inevitável; forçoso 4 forçado; constrangido; contrariado; ~! exclamação que exprime agradecimento (Do lat. *obligātu-*, «id.», part. pass. de *obligāre*, «ligar; empenhar; comprometer»)

obrigador adj.,n.m. que, aquilo ou aquele que obriga ou dispensa atenções ou favores dignos de gratidão (De *obrigar*+*-dor*)

obrigante adj.2g. que obriga; obrigador (Do lat. *obligante-*, «que liga», part. pres. de *obligāre*, «ligar; comprometer»)

obrigar v.tr. 1 impor a obrigação de 2 forçar; constranger; impelir 3 ligar por gratidão ou reconhecimento 4 comprometer 5 dar como garantia; empenhar; hipotecar ■ v.pron. 1 contrair obrigação 2 forçar-se a fazer algo contra a própria vontade; constranger-se; sujeitar-se 3 responsabilizar-se (Do lat. *obligāre*, «ligar; comprometer»)

obrigatário n.m. ⇒ **obrigacionista** (Do lat. *obligātu-*, «obrigado» +*-ário*)

obrigativo adj. ⇒ **obrigatório** (De *obrigar*+*-tivo*)

obrigatoriamente adv. 1 de modo obrigatório 2 forçosamente 3 com obrigação (De *obrigatório*+*-mente*)

obrigatoriedade n.f. qualidade de obrigatório (De *obrigatório*+*-i-*+*-dade*)

obrigatório adj. 1 que tem o poder ou a força legal para obrigar 2 que envolve obrigação 3 que é forçoso; que não é facultativo 4 indispensável 5 [fig.] diz-se de um assunto de que se fala por toda a parte (Do lat. *obligatorĭu-*, «id.»)

ob-rogação n.f. ato ou efeito de ob-rogar (Do lat. *obrogatiōne-*, «id.»)

ob-rogar v.tr. derrogar (uma lei); invalidar ■ v.intr. contrapor-se uma lei a outra (Do lat. *obrogāre*, «id.»)

obscenidade n.f. 1 qualidade do que é obsceno 2 ato, dito, cena ou imagem considerada indecente ou ofensiva do pudor 3 palavra considerada indecente, grosseira ou ofensiva; palavrão (Do lat. *obscenitāte-*, «id.»)

obsceno /ê/ adj. 1 contrário à decência e ao pudor; indecoroso 2 que provoca vergonha, nojo ou repulsa; torpe (Do lat. *obscēnu-*, «id.»)

obscuração n.f. obscurecimento da atmosfera produzido por um eclipse (Do lat. *obscuratiōne-*, «obscurecimento»)

obscurante adj.2g. 1 que obscurece 2 obscurantista (Do lat. *obscurante-*, «id.», part. pres. de *obscurāre*, «obscurecer; escurecer»)

obscurantismo n.m. 1 estado de quem vive na escuridão, na ignorância 2 SOCIOLOGIA doutrina dos que se opõem ao desenvolvimento da instrução e do progresso, pelo facto de os considerarem perigosos para a estabilidade social (De *obscurante*+*-ismo*, ou do fr. *obscurantisme*, «id.»)

obscurantista adj.2g. 1 referente ao obscurantismo 2 que se opõe ao desenvolvimento da instrução e do progresso, pelo facto de os considerar perigosos para a estabilidade social ■ n.2g. pessoa partidária do obscurantismo (De *obscurante*+*-ista*, ou do fr. *obscurantiste*, «id.»)

obscurantizar v.tr. 1 levar ao estado de obscurantismo 2 dificultar o desenvolvimento intelectual de (De *obscurante*+*-izar*)

obscurecer v.tr. 1 tornar obscuro ou pouco visível 2 tornar escuro; fazer perder a claridade 3 tornar ininteligível ou difícil de entender 4 turvar o entendimento de; confundir 5 deslustrar; desonrar 6 suplantar; fazer parecer menos importante 7 [fig.] desvanecer; apagar 8 [fig.] fazer esquecer 9 [fig.] esconder ■ v.pron. 1 perder a luz, o brilho ou a claridade; apagar-se; escurecer 2 tornar-se difícil de entender 3 [fig.] desonrar-se (De *obscuro*+*-ecer*)

obscurecido adj. 1 toldado 2 ofuscado 3 suplantado 4 ignorado 5 [fig.] esquecido (Part. pass. de *obscurecer*)

obscurecimento n.m. 1 ato ou efeito de obscurecer 2 estado do que se obscureceu 3 enfraquecimento ou ausência de luz; escuridão 4 perda de clareza 5 perturbação do entendimento (De *obscurecer*+*-i-*+*-mento*)

obscuridade n.f. 1 estado de obscuro 2 ausência de luz; escuridão; cerração 3 [fig.] falta de clareza 4 [fig.] ausência de notoriedade 5 [fig.] vida isolada 6 [fig.] condição ou origem humilde 7 [fig.] esquecimento 8 [fig.] ignorância absoluta do que se passa ou está a acontecer 9 [fig.] falta de lucidez (Do lat. *obscuritāte-*, «escuridão»)

obscuro adj. 1 que não tem claridade, ou que tem pouca; sombrio 2 sem brilho 3 [fig.] difícil de entender; confuso 4 [fig.] ignorado; desconhecido 5 [fig.] humilde 6 [fig.] oculto (Do lat. *obscūru-*, «escuro»)

obsecração n.f. 1 ato ou efeito de obsecrar 2 súplica humilde e instante (Do lat. obsecratiōne-, «preces ardentes»)

obsecrar v.tr. 1 pedir em nome do que mais se venera 2 suplicar humilde e instantemente (Do lat. obsecrāre, «id.»)

obsequente /qu-en/ adj.2g. 1 que se submete; submisso 2 dócil; obediente 3 condescendente (Do lat. obsequente-, «obediente; submisso»)

obsequiador /z/ adj.,n.m. que ou aquele que obsequeia (De obsequiar+-dor)

obsequiar /z/ v.tr. 1 prestar favores ou serviços a 2 presentear; mimosear 3 tratar com agrado; cativar (De obséquio+-ar)

obséquio /z/ n.m. 1 ato ou efeito de obsequiar 2 serviço prestado de boa vontade; favor 3 gentileza; amabilidade; fineza (Do lat. obsequĭu-, «id.»)

obsequiosamente /z/ adv. por obséquio; de modo atencioso, amável (De obsequioso+-mente)

obsequiosidade /z/ n.f. 1 qualidade ou atitude de obsequioso 2 trato afável (De obsequioso+-i-+-dade)

obsequioso /z/ adj. 1 que ajuda ou está sempre pronto a ajudar; que faz obséquios; prestável 2 que encerra obséquio 3 amável; benevolente (Do lat. obsequiōsu-, «obediente; atento»)

observação n.f. 1 ato ou efeito de observar 2 consideração atenta de um facto para o conhecer melhor; exame 3 observância; cumprimento 4 comentário, geralmente à parte, para esclarecer; nota de esclarecimento 5 reparo; advertência; repreensão 6 conselho amigável 7 (CIÊNCIAS DOS FACTOS) momento preliminar da investigação científica (Do lat. observatiōne-, «id.»)

observador adj. 1 que observa com atenção; atento 2 que revela agudeza de espírito e rapidez de compreensão; perspicaz 3 cumpridor 4 crítico; censor ■ n.m. 1 aquele que observa com atenção 2 aquele que cumpre e respeita uma lei, uma regra, ou um princípio 3 aquele que assiste; espectador 4 testemunha não participante (Do lat. observatōre-, «id.»)

observância n.f. 1 ato ou efeito de observar 2 execução ou cumprimento de uma lei, ordem, regra ou princípio; acatamento 3 prática 4 RELIGIÃO cumprimento rigoroso da disciplina de uma ordem religiosa (Do lat. observantĭa-, «ação de observar; respeito»)

observante adj.2g. 1 que observa 2 que cumpre conscienciosamente; cumpridor; obediente ■ n.2g. pessoa que observa (Do lat. observante-, «id.», part. pres. de observāre, «prestar atenção a; observar»)

observar v.tr. 1 olhar com atenção para 2 examinar 3 reparar em; notar 4 espreitar 5 seguir as fases de 6 tomar por modelo 7 cumprir ou praticar (o que é prescrito por alguma lei ou princípio moral) 8 fazer ver; fazer notar 9 advertir; censurar 10 aconselhar 11 fazer objeção a 12 ponderar 13 replicar (Do lat. observāre, «id.»)

observatório n.m. 1 lugar de onde se observa 2 edifício onde se fazem observações astronómicas ou meteorológicas 3 ponto elevado de onde se observa alguma coisa; mirante; miradouro (Do fr. observatoire, «id.»)

observável adj.2g. 1 suscetível de ser observado 2 digno de observação 3 FÍSICA diz-se das grandezas da ciência física, que na mecânica quântica são representadas por matrizes (mecânica matricial) ou por operadores (mecânica ondulatória) (Do lat. observabĭle-, «admirável; notável; observável»)

obsessão n.f. 1 ato ou efeito de importunar alguém; perseguição diabólica 2 preocupação constante e absorvente; ideia fixa 3 estado da pessoa que se crê atormentada pelo espírito maligno, pelo Diabo 4 MEDICINA (psicologia patológica) estado sintomático de diversas neuroses, e muito particularmente da psicastenia, caracterizado pelo facto de uma ideia, palavra ou imagem se impor ao espírito, independentemente da vontade, por ação espontânea do automatismo psicológico; ~ *impulsiva* estado do doente que é impelido a realizar um ato contrário à sua personalidade; ~ *inibidora* medo de certos objetos, de certos atos; ~ *intelectual* estado do doente cuja consciência está ocupada por uma ideia que não pode expulsar (Do lat. obsessiōne-, «ação de sitiar; bloqueio»)

obsessivo adj. 1 em que há obsessão 2 que causa obsessão 3 que está constantemente no pensamento; que não sai da cabeça (Do lat. obsessu-, «sitiado», part. pass. de obsidēre, «sitiar; bloquear» +-ivo)

obsesso adj. 1 importunado; perseguido 2 atormentado por uma obsessão ■ n.m. indivíduo atormentado por obsessão (Do lat. obsessu-, «sitiado», part. pass. de obsidēre, «sitiar; bloquear»)

obsessor adj.,n.m. 1 que ou o que causa obsessão 2 que ou aquele que persegue ou importuna (Do lat. obsessōre-, «o que cerca»)

obsidente adj.2g. que cerca, sitia, persegue ou importuna; obsessor (Do lat. obsidente-, «id.», part. pres. de obsidēre, «sitiar; bloquear»)

obsidiana n.f. PETROLOGIA rocha vulcânica de composição riolítica, semelhante ao vidro, de cor negra ou verde-escura, utilizada antigamente no fabrico de espelhos e instrumentos cortantes (Do lat. obsidiāna [lapis], «pedra de Obsídio», pelo fr. obsidienne, «obsidiana»)

obsidiante adj.2g. que obsidia; que cerca, persegue ou importuna (De obsidiar+-ante)

obsidiar v.tr. 1 perseguir ou importunar com insistência; assediar; cercar 2 [fig.] espiar (a vida dos outros) (Do lat. *obsidiāre, por obsidiāri, «id.»)

obsidional adj.2g. 1 referente a cerco ou a assédio 2 dizia-se de uma coroa que os Romanos outorgavam ao general que repelisse os sitiantes de uma praça (Do lat. obsidionāle-, «id.»)

obsolescência n.f. qualidade de obsolescente ou obsoleto; qualidade do que está a cair em desuso, a tornar-se antiquado (Do lat. obsolescentĭa, part. pres. neut. pl. subst. de obsolescĕre, «cair em desuso»)

obsolescente adj.2g. que está a cair em desuso (Do lat. obsolescente-, «id.», part. pres. de obsolescĕre, «cair em desuso»)

obsoleto /ê/ adj. 1 que caiu em desuso; ultrapassado; antiquado 2 BOTÂNICA diz-se do órgão (ou parte deste) que se apresenta relativamente pouco desenvolvido ou pouco nítido (Do lat. obsolētu-, «id.», part. pass. de obsolescĕre, «cair em desuso; passar de moda»)

obstáculo n.m. 1 tudo o que impede o caminho ou a passagem; barreira 2 DESPORTO barreira que geralmente se dispõe em série para formar um percurso de corrida 3 tudo o que se opõe à concretização de um projeto, à obtenção de um determinado resultado; impedimento; estorvo; dificuldade 4 FÍSICA resistência que se opõe a uma força (Do lat. obstacŭlu-, «id.»)

obstante adj.2g. que obsta; *não* ~ apesar de, contudo, sem embargo (Do lat. obstante-, «que impede», part. pres. de obstāre, «dificultar; impedir; obstar»)

obstar v.tr. 1 causar estorvo a; empecer 2 servir de impedimento a; impedir 3 opor-se a (Do lat. obstāre, «impedir»)

obstativo adj. 1 que obsta 2 impeditivo (De obstar+-tivo)

obstetra n.2g. especialista em obstetrícia (Do lat. obstetrix, «parteira»)

obstétrica n.f. ⇒ **obstetrícia** (De obstétrico)

obstetrical adj.2g. ⇒ **obstétrico** (Do fr. obstétrical, «id.»)

obstetrícia n.f. parte das ciências médicas que trata da gravidez e dos partos; obstétrica; tocologia (Do lat. obstetricĭa, «funções da parteira»)

obstetrício adj. ⇒ **obstétrico** (Do lat. obstetricĭu-, «relativo à parteira»)

obstétrico adj. referente à obstetrícia; obstetrício; obstetrical (De obstetra+-ico)

obstinação n.f. 1 ato ou estado de pessoa que se obstina 2 persistência no erro; teimosia; renitência 3 inflexibilidade 4 pertinácia; firmeza (Do lat. obstinatiōne-, «id.»)

obstinadamente adv. 1 com obstinação 2 com teimosia; teimosamente 3 inflexivelmente (De obstinado+-mente)

obstinado adj. 1 que se obstina 2 pertinaz; persistente; teimoso 3 que não cede; inflexível (Do lat. obstinātu-, «id.», part. pass. de obstināre, «querer; obstinar-se»)

obstinar v.tr. tornar obstinado ■ v.pron. 1 teimar; não ceder 2 persistir no erro 3 porfiar (Do lat. obstināre, «id.»)

obstipação n.f. 1 ato ou efeito de obstipar 2 MEDICINA estado patológico caracterizado por dificuldade em defecar; prisão de ventre; coprostasia (De obstipar+-ção)

obstipante adj.2g. que obstipa (De obstipar+-ante)

obstipar v.tr. produzir obstipação em; causar prisão de ventre a (Do lat. med. obstipāre, «inclinar; curvar para a frente»)

obstringir v.tr. 1 apertar muito 2 ligar com força 3 estancar 4 constranger; obrigar (Do lat. obstringĕre, «id.»)

obstrito adj. 1 muito apertado 2 constrangido; obrigado (Do lat. obstrictu-, «id.», part. pass. de obstringĕre, «apertar; prender»)

obstrução n.f. 1 ato ou efeito de obstruir, de impedir a circulação ou a passagem 2 MEDICINA paragem ou dificuldade na progressão normal do conteúdo dos canais de um organismo, em especial do intestino ou da circulação 3 [fig.] oposição intencional e/ou sistemática 4 [fig.] impedimento; estorvo (Do lat. obstructiōne-, «ação de esconder»)

obstrucionismo n.m. 1 POLÍTICA oposição propositada e geralmente sistemática, utilizada numa assembleia ou num parlamento, para entravar a prossecução dos assuntos nela discutidos 2 impedimento; obstrução (Do lat. obstructiōne-, «ação de esconder» +-ismo, ou do fr. obstructionnisme, «id.»)

obstrucionista *adj.2g.* 1 em que há obstrução 2 que dificulta e prejudica intencionalmente ▪ *n.2g.* pessoa que faz obstrução (Do lat. *obstructiōne-*, «ação de esconder» +*-ista*, ou do fr. *obstructionniste*, «id.»)

obstruente *adj.2g.* 1 que causa obstrução; que estorva 2 que causa embaraço 3 que impede a passagem (Do lat. *obstruente-*, «id.», part. pres. de *obstruĕre*, «obstruir; tapar»)

obstruir *v.tr.* 1 causar obstrução em 2 tapar a passagem ou a circulação de; entupir 3 impedir 4 dificultar; embaraçar ▪ *v.pron.* 1 sofrer obstrução 2 tapar-se (Do lat. *obstruĕre*, «id.»)

obstrutivo *adj.* 1 que obstrui 2 próprio para obstruir (Do fr. *obstructif*, «id.»)

obstrutor *adj.,n.m.* 1 que, aquilo ou aquele que obstrui 2 obturador (Do lat. *obstructu-*, «obstruído» +*-or*)

obstupefação *n.f.* estado de obstupefacto; pasmo; estupefação; grande admiração (Do lat. **obstupefactiōne-*, «id.»)

obstupefacção ver nova grafia **obstupefação**

obstupefacto *adj.* pasmado; atónito; estupefacto (Do lat. *obstupefactu-*, «id.», part. pass. de *obstupefacĕre*, «espantar»)

obstúpido *adj.* ⇒ **obstupefacto** (Do lat. *obstupĭdu-*, «id.»)

obtemperação *n.f.* 1 ato ou efeito de obtemperar 2 ponderação 3 obediência; acatamento (Do lat. **obtemperatiōne-*, «id.»)

obtemperar *v.tr.* 1 responder humildemente 2 objetar com modéstia ▪ *v.tr.,intr.* obedecer (a); assentir (Do lat. *obtemperāre*, «moderar-se»)

obtenção *n.f.* 1 ato ou efeito de obter ou conseguir; consecução 2 aquisição 3 impetração (Do lat. **obtentiōne-*, de *obtinēre*, «obter»)

obtenível *adj.2g.* que se pode obter (Do lat. **obtenibĭle-*, de *obtinēre*, «obter»)

obtentor *adj.,n.m.* que ou aquele que obtém (Do lat. *obtentu-*, part. pass. de *obtinēre*, «obter» +*-or*)

obter *v.tr.* 1 alcançar (uma coisa que se pretende ou deseja); conseguir; conquistar; granjear 2 chegar a (determinado resultado) 3 adquirir (Do lat. *obtinēre*, «id.»)

obtestação *n.f.* 1 ato de obtestar 2 súplica em que se toma Deus por testemunha 3 protesto (Do lat. *obtestatiōne-*, «id.»)

obtestar *v.tr.* 1 tomar por testemunha 2 suplicar em nome de um poder superior 3 protestar (Do lat. **obtestāre*, por *obtestāri*, «id.»)

obtundente *adj.2g.* 1 que obtunde 2 que corrige ou acalma a acrimónia dos humores (Do lat. *obtundente-*, «id.», part. pres. de *obtundĕre*, «enfraquecer; diminuir»)

obtundir *v.tr.* 1 achatar, batendo 2 contundir 3 tornar obtuso 4 corrigir 5 abrandar a acrimónia dos humores de; acalmar (Do lat. *obtundĕre*, «enfraquecer; diminuir»)

obturação *n.f.* 1 ato ou efeito de obturar 2 tapamento ou enchimento da cavidade de um dente cariado com substância adequada 3 entupimento 4 operação do carregamento de uma arma pela qual se impede a fuga de gases pela culatra (Do lat. *obturatiōne-*, «id.»)

obturador *adj.* 1 que obtura 2 que serve para tapar ou fechar uma abertura 3 ANATOMIA (nervo, artéria, veia) que diz respeito à membrana obturadora ▪ *n.m.* 1 aquilo que obtura 2 objeto que se utiliza para tapar uma abertura ou uma cavidade 3 FOTOGRAFIA dispositivo que, num aparelho fotográfico, regula o tempo de exposição, intercetando ou deixando livre a passagem dos raios luminosos 4 dispositivo especial da culatra móvel de uma arma de fogo destinado a realizar a obturação desta; *membrana obturadora* ANATOMIA membrana que fecha quase totalmente o buraco isquiopúbico (De *obturar*+*-dor*)

obturante *adj.2g.* 1 que obtura 2 que tapa ou fecha uma abertura 3 que impede a passagem ou a circulação (Do lat. *obturante-*, «id.», part. pres. de *obturāre*, «tapar; obturar; fechar»)

obturar *v.tr.* 1 fechar por obturação 2 tapar ou encher (a cavidade de um dente cariado) com uma substância adequada 3 entupir 4 impedir a passagem de; obstruir 5 intercetar (Do lat. *obturāre*, «tapar»)

obturbinado *adj.* BOTÂNICA diz-se do invólucro de certos frutos e de outros órgãos vegetais que tem forma de pião invertido (Do lat. *ob-*, «invertido» +*turbinātu-*, «de forma cónica»)

obtusado *adj.* BOTÂNICA (folha) que tem a extremidade arredondada; obtuso (De *obtuso*+*-ado*)

obtusamente *adv.* 1 em ângulo obtuso 2 [fig.] estupidamente (De *obtuso*+*-mente*)

obtusangulado *adj.* que tem ângulos obtusos; obtusângulo (De *obtusângulo*+*-ado*)

obtusângulo *adj.* que tem um ângulo obtuso; *trapézio ~* GEOMETRIA trapézio em que não há ângulos retos; *triângulo ~* GEOMETRIA triângulo que tem um ângulo obtuso (Do lat. *obtūsu-*, «obtuso» +*angŭlu-*, «id.»)

obtusão *n.f.* 1 estado do que é obtuso 2 PSICOLOGIA dificuldade de compreensão, resultante de atraso mental, de enfraquecimento intelectual ou de estado de entorpecimento ou confusão (Do lat. *obtusiōne-*, «estado do que está embotado»)

obtusidade *n.f.* qualidade do que é obtuso (De *obtuso*+*-i-*+*-dade*)

obtuso *adj.* 1 que não é agudo ou bicudo; arredondado; rombo 2 tosco; rude 3 [fig., pej.] estúpido; tapado; inepto; *ângulo ~* GEOMETRIA ângulo convexo cuja amplitude é maior que a do ângulo reto e menor que a do ângulo raso (Do lat. *obtūsu-*, «embotado»)

obumbração *n.f.* 1 ato ou efeito de obumbrar ou obumbrar-se 2 escurecimento 3 [fig.] cegueira de espírito (Do lat. *obumbratiōne-*, «escuridão»)

obumbrar *v.tr.* 1 espalhar sombra em; assombrar 2 escurecer 3 toldar; nublar 4 ocultar; eclipsar 5 turvar o entendimento de ▪ *v.pron.* 1 anuviar-se 2 apagar-se 3 escurecer 4 diminuir de brilho ou de intensidade (Do lat. *obumbrāre*, «id.»)

obus *n.m.* 1 peça de artilharia semelhante a um morteiro de tubo comprido 2 projétil explosivo, geralmente cilíndrico e ogival, lançado por um obus (Do checo *houfnice*, «máquina de lançar pedras», pelo al. *Haubitze*, «obus», pelo fr. *obus*, «id.»)

obvenção *n.f.* 1 lucro ou receita eventual 2 antigo imposto eclesiástico (Do lat. *obventiōne-*, «renda casual»)

obverso *n.m.* ⇒ **anverso** (Do lat. *obversu-*, «voltado para», part. pass. de *obvertĕre*, «voltar contra»)

obviamente *adv.* claramente; evidentemente (De *óbvio*+*-mente*)

obviar *v.tr.* 1 tentar impedir; prevenir; remediar 2 mostrar resistência a; fazer frente a; opor-se a (Do lat. *obviāre*, «id.»)

obviável *adj.2g.* 1 a que se pode obviar 2 remediável (De *obviar*+*-vel*)

obviedade *n.f.* 1 qualidade do que é óbvio 2 coisa óbvia (De *óbvio*+*-dade*)

óbvio *adj.* 1 que ocorre 2 fácil de compreender; claro; intuitivo 3 evidente; manifesto; patente; que salta à vista (Do lat. *obvĭu-*, «id.»)

obvir *v.tr.* virem os bens ou legados a pertencer a (Estado ou alguém), quer por herança, quer por qualquer outra forma (Do lat. *obvenīre*, «apresentar-se diante de; sobrevir»)

oc *n.m.* palavra que, no dialeto provençal, significava *sim*; *língua de ~* língua que se falava outrora ao sul do Loire (França) (Do prov. *oc*, «sim», do lat. *hoc*, «isso»)

oca[1] /ó/ *n.f.* jogo que utiliza dados e um cartão ilustrado com certas figuras, também denominado jogo da glória e jogo do ganso (Do cast. *oca*, «id.»)

oca[2] /ó/ *n.f.* MINERALOGIA ⇒ **ocre** (De *ocre*)

oca[3] /ó/ *n.f.* BOTÂNICA nome vulgar de uma planta herbácea, da família das Oxalidáceas, que produz tubérculos utilizados na alimentação (Do quích. *okka*, «id.»)

ocá *n.m.* [São Tomé e Príncipe] BOTÂNICA ⇒ **mafumeira** (Do forro *ocá*, «id.»)

-oça /ó/ sufixo nominal, de origem latina, que exprime a ideia de semelhança (*palhoça*)

ocanho *n.m.* ⇒ **canho**[2] (De orig. africana)

ocapi *n.m.* ZOOLOGIA mamífero ruminante da África centro-ocidental, intermédio entre a girafa e o antílope, com pescoço mais curto do que o da girafa e com pelo listrado na parte posterior e nas patas (De orig. africana)

ocar *v.tr.* 1 tornar oco 2 escavar (Do lat. *occāre*, «gradar; tornar oco [a terra]»)

ocarina *n.f.* MÚSICA instrumento musical, de sopro, de forma ovoide e timbre semelhante ao da flauta (Do it. *ocarina*, «id.»)

ocarinista *n.2g.* 1 fabricante ou vendedor de ocarinas 2 tocador de ocarina (De *ocarina*+*-ista*)

ocasião *n.f.* 1 encontro de circunstâncias adequadas para a realização de alguma coisa; conjuntura 2 ensejo; oportunidade 3 lance; ocorrência 4 circunstância 5 altura; momento 6 vagar; tempo livre; *a ~ faz o ladrão* as circunstâncias influenciam o comportamento; *dar ~ a* originar, causar, fornecer, dar ensejo a; *de ~* (preço, negócio) muito vantajoso; *perder a ~* não aproveitar uma oportunidade; *perder uma boa ~ de estar calado* falar inoportunamente; *por ~ de* no tempo em que (Do lat. *occasiōne-*, «id.»)

ocasionador *adj.,n.m.* que, aquilo ou aquele que dá ocasião ou motivo; causador (De *ocasionar*+*-dor*)

ocasional *adj.2g.* 1 que serve de ocasião para alguma coisa 2 que se produz por acaso; fortuito; acidental 3 imprevisto 4 eventual (Do lat. *occasiōne-*, «ocasião» +*-al*, ou do fr. *occasionnel*, «id.»)

ocasionalidade *n.f.* qualidade do que é ocasional, do que acontece por acaso e sem ser previsto; mera contingência (De *ocasional*+*-i-*+*-dade*)

ocasionalismo n.m. 1 FILOSOFIA doutrina que nega aos seres finitos a atividade causal eficiente, de maneira que eles são meras causas ocasionais da ação divina 2 doutrina defendida por N. de Malebranche, orador francês (1638-1715), particularmente quando nega toda a interação do espírito e da matéria, cujos processos ocorrem na mesma ocasião pela vontade de Deus (De ocasional+-ismo, ou do fr. occasionalisme, «id.»)

ocasionalista n.2g. pessoa partidária do ocasionalismo (De ocasional+-ista, ou do fr. occasionnaliste, «id.»)

ocasionalmente adv. 1 por acaso 2 de vez em quando; de modo incerto e pouco frequente (De ocasional+-mente)

ocasionar v.tr. 1 dar ocasião a; proporcionar 2 provocar; causar; motivar; originar ■ v.pron. acontecer; dar-se (Do lat. occasiōne-, «ocasião»+-ar, ou do fr. occasionner, «id.»)

ocaso n.m. 1 desaparecimento do Sol, ou de qualquer astro, no horizonte 2 ocidente; poente 3 [fig.] decadência; declínio 4 [fig.] fim (Do lat. occāsu-, «id.»)

occídio n.m. 1 assassínio; occisão 2 massacre; mortandade (Do lat. occidio (nominativo), «homicídio; massacre»)

occíduo adj. 1 [poét.] ocidental 2 [poét.] decadente (Do lat. occidŭu-, «que se põe», falando de astros)

occipicial adj.2g. ANATOMIA ⇒ **occipital** (De occipício+-al)

occipício n.m. ANATOMIA região posterior do ínfero-posterior do crânio, em que se verifica a articulação com a coluna vertebral e onde (nos vertebrados de endosqueleto ósseo) se encontra o osso occipital; occiput; occipúcio (Do lat. occipitĭu-, «id.»)

occipital adj.2g. 1 ANATOMIA diz-se de região do crânio denominada occipício 2 ANATOMIA em especial, designativo do osso (ou ossos) que constitui o endosqueleto dessa região, que, no homem (e na maioria dos vertebrados), é uma peça ímpar 3 ANATOMIA designativo de vários órgãos animais (ou partes destes) que estão relacionados com a região ou o osso da parte posterior e inferior do crânio (Do lat. occipĭte-, «occipício»+-al)

occipúcio n.m. 1 ANATOMIA ⇒ **occipício** 2 ZOOLOGIA região da parte dorsal da cabeça situada atrás do vértex, considerada especialmente nos ortópteros (Do lat. occipitĭu-, «id.»)

occisão n.f. 1 ato de matar; assassinato 2 carnificina; matança (Do lat. occisione-, «assassínio»)

occisivo adj. 1 que causa occisão 2 seguido ou acompanhado de morte (Do lat. occīsu-, «assassinado», part. pass. de occidĕre, «matar; abater»+-ivo)

occitânico adj. ⇒ **occitano** ■ n.m. língua de oc (Do lat. med. [lingŭa-] occitāna, «[língua] d'oc»+-ico)

occitano adj. 1 relativo à Occitânia, conjunto das regiões de língua de oc 2 relativo aos falares franceses geralmente conhecidos como língua de oc, especialmente o antigo provençal (Do lat. med. [lingŭa-] occitāna, «[língua] d'oc»)

oceanário n.m. 1 construção semelhante a um aquário, mas de dimensões suficientemente amplas para albergar e recriar as condições de vida necessárias aos peixes e outros animais marinhos mais corpulentos 2 aquário de grandes dimensões para animais marinhos (De oceano×aquário)

oceanauta n.2g. especialista de explorações submarinas (Do fr. océanaute, «id.»)

oceanicidade n.f. GEOGRAFIA a maior ou menor proximidade e influência do mar em relação à terra (De oceânico+-i+-dade)

oceânico adj. 1 do oceano; marítimo 2 que vive no oceano 3 relativo à Oceânia 4 [fig.] abundante 5 [fig.] vasto; imenso (De oceano+-ico)

oceânide n.f. MITOLOGIA cada uma das ninfas marinhas, filhas de Oceano e Tétis (Do gr. okeanís, -ídos, «id.», pelo lat. oceanīde-, «id.»)

oceanito n.m. PETROLOGIA variedade de basalto rica em olivina e piroxena (De oceano+-ito)

oceano n.m. 1 GEOGRAFIA cada uma das três grandes extensões de água que separam os continentes (Atlântico, Índico e Pacífico) 2 parte dessa mesma extensão de água, caracterizada por ficar entre massas continentais muito afastadas, com comunicação ampla com os outros oceanos, e por ter plataforma continental apenas em 10% a 15% da sua superfície 3 grande mar 4 [fig.] grande quantidade 5 [fig.] vastidão; imensidade (Do gr. okeanós, «rio que corre em torno da terra», pelo lat. Oceănu-, «o oceano Atlântico»)

oceanografia n.f. ciência que estuda os oceanos nos seus aspetos físico, químico e biológico (Do gr. okeanós, «oceano»+gráphein, «descrever»+-ia)

oceanográfico adj. relativo à oceanografia (De oceanografia+-ico)

oceanógrafo n.m. especialista em oceanografia; aquele que se dedica à oceanografia (Do gr. okeanós, «oceano»+gráphein, «descrever»)

oceanologia n.f. estudo da fauna e da flora oceânicas (Do gr. okeanós, «oceano»+lógos, «tratado»+-ia)

oceanológico adj. relativo ou pertencente à oceanologia (De oceanologia+-ico)

oceanologista n.2g. ⇒ **oceanólogo** (De oceanologia+-ista)

oceanólogo n.m. especialista em oceanologia; aquele que é versado em oceanologia (Do gr. okeanós, «oceano»+lógos, «tratado»)

ocelado adj. 1 ZOOLOGIA que tem ocelos, órgãos rudimentares de visão 2 BIOLOGIA que tem pintas ou manchas escuras; mosqueado; *sardão* ~ ZOOLOGIA sardão (o de maiores dimensões em Portugal) que apresenta coloração nitidamente mosqueada (Do lat. ocellātu-, «que tem olhos pequeninos»)

ocelo n.m. 1 ZOOLOGIA órgão rudimentar da visão que existe em certos animais 2 mancha pigmentar que aparece em alguns órgãos de certos animais (asas de borboletas, penas das aves, pele de répteis, etc.), cuja configuração lembra um órgão visual rudimentar; olhinho (Do lat. ocellu-, «olho pequeno»)

ocelote n.m. ZOOLOGIA animal carnívoro da família dos Felídeos

ocidental adj.2g. 1 do ocidente 2 relativo ao ocidente 3 situado para o lado do ocidente ■ n.2g. natural ou habitante do Ocidente ■ n.m.pl. ETNOGRAFIA povos que habitam o Ocidente da Europa (Do lat. occidentāle-, «id.»)

ocidentalidade n.f. qualidade de ocidental (De ocidental+-i+-dade)

ocidentalismo n.m. conjunto dos conhecimentos relativos às línguas, costumes, literatura e civilização dos povos do Ocidente da Europa (De ocidental+-ismo)

ocidentalista adj.2g. que se refere ao ocidentalismo ■ n.2g. pessoa versada em ocidentalismo (De ocidental+-ista)

ocidentalização n.f. ato ou efeito de ocidentalizar ou ocidentalizar-se (De ocidentalizar+-ção)

ocidentalizar v.tr. dar feição ou carácter ocidental a ■ v.pron. 1 adquirir características de ocidental 2 adaptar-se à civilização e cultura ocidentais (De ocidental+-izar)

ocidente n.m. 1 zona do horizonte onde o Sol se põe 2 poente; oeste 3 [com maiúscula] zona de um país ou continente situada a oeste 4 [com maiúscula] os países da Europa ocidental e da América 5 [fig.] fim; ocaso (Do lat. occidente-, «id.»)

ocimóideas n.f.pl. BOTÂNICA tribo de plantas da família das Labiadas a que pertencem o manjerico, o manjerição, etc. (Do gr. okimoeidés, «que tem o aspeto do manjerico», pelo lat. ocimoīde-, «id.»)

ócio n.m. 1 folga do trabalho; descanso; repouso 2 lazer 3 vagar 4 preguiça 5 inação; desocupação 6 quietação 7 trabalho ligeiro; ocupação muito leve (Do lat. otĭu-, «id.»)

ociosamente adv. 1 com ociosidade 2 negligentemente 3 com indolência (De ocioso+-mente)

ociosidade n.f. 1 qualidade ou estado de ocioso, de quem não trabalha nem faz nada de útil 2 descanso 3 preguiça; mandriice 4 vadiagem (Do lat. otiositāte-, «id.»)

ocioso /ó/ adj. 1 que está na ociosidade 2 que não tem que fazer 3 que não trabalha 4 que não quer fazer nada; preguiçoso; mandrião 5 apático; inativo 6 inerte 7 inútil ■ n.m. 1 pessoa que não trabalha ou não tem que fazer 2 pessoa que não quer fazer nada 3 vadio (Do lat. otiōsu-, «id.»)

oclo- elemento de formação de palavras, de origem grega, que exprime a ideia de *multidão, turba* (Do gr. ókhlos, «multidão; turba»)

oclocracia n.f. sistema de governo em que o poder é exercido pela multidão ou pela plebe (Do gr. okhlokratía, «governo exercido pela multidão»)

oclocrático adj. relativo à oclocracia (De oclocracia+-ico)

oclofobia n.f. PSICOLOGIA receio patológico das multidões (De oclo+fobia)

oclófobo adj. relativo a oclofobia ■ n.m. indivíduo que tem um receio patológico das multidões (De oclo-+-fobo)

ocluir v.tr. causar na oclusão de; fechar; cerrar (Do lat. occludĕre, «fechar, tapar»)

oclusão n.f. 1 ato ou efeito de fechar; cerramento 2 impedimento de passagem ou de circulação 3 FÍSICA, QUÍMICA retenção de impurezas (sólidas, líquidas ou gasosas) no interior de um sólido 4 MEDICINA obliteração ou obstrução de uma abertura ou de um canal natural do organismo ou de um vaso 5 MEDICINA contacto equilibrado e centrado dos dentes superiores com os inferiores, quando os maxilares se aproximam ou durante a mastigação; mordida 6 LINGUÍSTICA fechamento momentâneo da cavidade bucal num determinado

ponto **7** METEOROLOGIA fase final de uma perturbação da frente polar, configurada no desaparecimento do sistema frontal resultante da junção das duas frentes, fria e quente, de forma a desalojar por completo o ar quente, que é obrigado a subir   (Do lat. *occlusiõne-*, «id.»)
oclusiva *n.f.* LINGUÍSTICA consoante produzida através do fechamento momentâneo da cavidade bucal num determinado ponto
oclusivo *adj.* **1** que produz oclusão **2** oculto **3** dissimulado **4** LINGUÍSTICA (som) em cuja produção intervém oclusão ou fechamento momentâneo da cavidade bucal; momentâneo   (Do lat. *occlūsu-*, «fechado», part. pass. de *occludĕre*, «fechar; tapar» +*-ivo*)
ocluso *adj.* **1** em que há oclusão; cerrado **2** tapado; obstruído   (Do lat. *occlūsu-*, «id.», part. pass. de *occludĕre*, «fechar; tapar»)
oco[1] *adj.* **1** que não tem miolo ou medula **2** que não tem nada no interior; escavado; vazio **3** [fig.] que não tem sentido; que é vão **4** [fig.] pouco profundo do ponto de vista intelectual e/ou emocional; fútil; frívolo **5** [fig.] sem juízo ■ *n.m.* **1** espaço vazio; vão **2** espaço cavado num corpo sólido; cavidade   (Do latim vulgar **occu-*, de *occāre*, «gradar; tornar oco»)
oco[2] *adj.* **1** [Guiné-Bissau] faminto **2** [Guiné-Bissau] guloso   (Do crioulo guineense *uku*, «idem»)
-oco /ô/ sufixo nominal, de origem latina, de sentido diminutivo (*passaroco, pinoco*)
oco-do-coração ver nova grafia oco do coração
oco do coração *n.m.* ANATOMIA ⇒ **anticárdio**
ocorrência *n.f.* **1** ato ou efeito de ocorrer **2** algo que sucede ou acontece; acontecimento; situação **3** incidente **4** ocasião **5** encontro **6** LINGUÍSTICA realização de determinada entidade semiológica num discurso   (Do lat. *occurrentĭa*, «coisas que ocorrem», part. pres. neut. pl. subst. de *occurrĕre*, «ocorrer»)
ocorrente *adj.2g.* **1** que ocorre; que acontece **2** acidental **3** concorrente; *festas ocorrentes* festas litúrgicas que caem no mesmo dia   (Do lat. *occurrente-*, «que se encontra no mesmo dia», part. pres. de *ocurrĕre*, «ocorrer; encontrar-se [no mesmo dia]»)
ocorrer *v.tr.,intr.* **1** acontecer (a); suceder (a) **2** vir à memória (de) ■ *v.tr.* **1** acudir; vir em auxílio de **2** aparecer a; sobrevir a **3** ir ou vir ao encontro de; encontrar-se com   (Do lat. *occurrĕre*, «id.»)
ocra *n.f.* MINERALOGIA ⇒ **ocre**
ocráceo *adj.* **1** que contém ocre **2** que se refere a ocre **3** da cor do ocre   (Do lat. *ochra-*, «ocra» +*-áceo*)
ocre *n.m.* MINERALOGIA material terroso, pulverulento (óxidos de ferro, de alumínio, antimónio, bismuto; manganésio, molibdénio, tungsténio, etc., mais ou menos hidratados), de cor amarela, avermelhada ou acastanhada, usado como pigmento, e também denominado oca e ocra; *ocres artificiais* substâncias sintéticas, utilizadas com os mesmos fins   (Do gr. *ókhra*, «ocre», pelo lat. *ochra-*, «id.», pelo fr. *ocre*, «id.»)
ocre-amarelo *n.m.* MINERALOGIA variedade terrosa de limonite
ocreoso *adj.* ⇒ **ocráceo**   (De *ocre*+*-oso*)
ocre-vermelho *n.m.* MINERALOGIA variedade terrosa de hematite
ocricórneo *adj.* ZOOLOGIA que tem antenas amareladas   (Do lat. *ochra-*, «ocre» +*cornu-*, «corno»+*-eo*)
ocro- elemento de formação de palavras que exprime a ideia de *amarelo-pálido*   (Do gr. *okhrós*, «amarelo-pálido»)
ocrocéfalo *adj.* ZOOLOGIA que tem cabeça amarela   (Do gr. *okhrós*, «amarelo-pálido» +*kephalé*, «cabeça»)
ocrodermia *n.f.* MEDICINA cor amarelo-pálida da pele, por doença   (Do gr. *okhrós*, «amarelo» +*dérma*, «pele» +*-ia*)
ocrópode *adj.2g.* ZOOLOGIA que tem os pés ou as extremidades dos órgãos locomotores amarelos   (Do gr. *okhrós*, «amarelo-pálido» +*poũs, -odós*, «pé»)
ocróptero *adj.* ZOOLOGIA que tem asas amarelas   (Do gr. *okhrós*, «amarelo-pálido» +*pterón*, «asa»)
octa- elemento de formação de palavras que exprime a ideia de *oito*   (Do gr. *októ*, «oito», pelo lat. *octo*, «id.»)
octã *n.f.* MEDICINA febre que se repete de oito em oito dias; octana
octacordo *adj.* MÚSICA que tem oito cordas, oito notas, etc.   (Do lat. *octachordos*, «id.»)
octaédrico *adj.* **1** relativo ao octaedro **2** que apresenta oito faces **3** que tem a forma do octaedro   (De *octaedro*+*-ico*)
octaedriforme *adj.2g.* com forma de octaedro   (Do lat. *octaedros*, «octaedro» +*forma-*, «forma»)
octaedrite *n.f.* MINERALOGIA mineral que é quimicamente o dióxido de titânio [TiO_2] e cristaliza no sistema tetragonal em octaedros alongados   (De *octaedro*+*-ite*)
octaedro *n.m.* **1** GEOMETRIA sólido poliédrico que tem oito faces **2** CRISTALOGRAFIA forma cristalográfica de algumas classes do sistema cúbico, constituída por oito faces triangulares que cortam os três eixos coordenados a distâncias iguais, relativamente à origem dos eixos; **~ *regular*** GEOMETRIA octaedro cujas faces são triângulos equiláteros, todos geometricamente iguais   (Do gr. *oktáedros*, «id.», pelo lat. *octaedros*, «id.»)
octaetéride *n.f.* ciclo de oito anos   (Do gr. *oktaeterís, -ídos*, «id.»)
octana *n.f.* **1** MEDICINA febre que se repete de oito em oito dias; octã **2** QUÍMICA ⇒ **octano**   (De *octo-*, «oito»+*-ana*)
octandria *n.f.* qualidade de octandro   (De *octandro*+*-ia*)
octândria *n.f.* BOTÂNICA classe de plantas do sistema lineano, cujas flores têm oito estames   (De *octandro*+*-ia*)
octândrico *adj.* ⇒ **octandro**   (De *octandro*+*-ico*)
octandro *adj.* BOTÂNICA (vegetal, flor) que tem oito estames livres entre si   (Do gr. *októ*, «oito» +*anér, andrós*, «homem; estame»)
octangular *adj.2g.* que tem oito ângulos; octogonal   (De *octa-*+*angular*)
octano *n.m.* QUÍMICA hidrocarboneto alifático saturado cuja molécula tem oito átomos de carbono; ***índice de ~*** índice que exprime as qualidades antidetonantes de um combustível e a sua capacidade de suportar a compressão; octanagem   (De *octo*, «oito» +*-ano*)
octante *n.m.* ⇒ **oitante**
Octateuco *n.m.* RELIGIÃO os oito primeiros livros do Antigo Testamento   (Do gr. *októ*, «oito» +*teũkhos*, «livro», pelo lat. *octateuchu-*, «id.»)
octaviano ver nova grafia otaviano
octeto *n.m.* **1** MÚSICA composição musical destinada a oito vozes instrumentais ou vocais **2** MÚSICA conjunto de oito executantes **3** INFORMÁTICA ⇒ **byte**   (De *octo-*+*-eto*))
octi- elemento de formação de palavras que exprime a ideia de *oito*
octilião *num.card.* >*quant.num.*[DT] *,n.m.* **1** um milhão de septiliões; a unidade seguida de quarenta e oito zeros (10^{48}) **2** [Brasil] mil septiliões; a unidade seguida de vinte e sete zeros (10^{27})   (De *octi-*+*[bi]lião*)
octingentésimo *num.ord.* >*adj.num.*[DT] que, numa série, ocupa a posição imediatamente a seguir à septingentésima nonagésima nona; que é o último numa série de oitocentos ■ *num.frac.* >*quant.num.*[DT] que resulta da divisão de um todo por oitocentos ■ *n.m.* **1** que, numa série, ocupa o lugar correspondente ao número 800 **2** uma das oitocentas partes iguais em que se dividiu um todo   (Do lat. *octingentesĭmu-*, «id.»)
octípede *adj.2g.* que tem oito pés ou patas   (Do lat. *octipĕde-*, «id.»)
octo- elemento de formação de palavras que exprime a ideia de *oito*   (Do gr. *októ*, «oito», pelo lat. *octo*, «id.»)
octocoraliários *n.m.pl.* ZOOLOGIA coraliários coloniais dotados de oito tentáculos   (De *octo-*+*coraliários*)
octodôntida *n.m.* ZOOLOGIA ⇒ **octodontídeo**
Octodôntidas *n.m.pl.* ZOOLOGIA ⇒ **Octodontídeos**
octodontídeo *adj.* ZOOLOGIA relativo ou pertencente aos Octodontídeos ■ *n.m.* ZOOLOGIA espécime dos Octodontídeos
Octodontídeos *n.m.pl.* ZOOLOGIA família de pequenos mamíferos roedores com a aparência de ratos, que se encontram sobretudo na América do Sul e cujos dentes molares apresentam umas saliências dispostas em forma de 8   (Do gr. *októ*, «oito» +*odoús, -óntos*, «dentes» +*-ídeos*)
octogenário *adj.,n.m.* que ou aquele cuja idade está na casa dos oitenta anos   (Do lat. *octogenarĭu-*, «id.»)
octogésimo *num.ord.* >*adj.num.*[DT] que, numa série, ocupa a posição imediatamente a seguir à septuagésima nona; que é o último numa série de oitenta ■ *num.frac.* >*quant.num.*[DT] que resulta da divisão de um todo por oitenta ■ *n.m.* **1** que, numa série, ocupa o lugar correspondente ao número oitenta **2** uma das oitenta partes iguais em que se dividiu um todo   (Do lat. *octogesĭmu-*, «id.»)
octoginia *n.f.* BOTÂNICA qualidade de octógino   (De *octógino*+*-ia*)
octógino *adj.* BOTÂNICA que tem oito carpelos   (Do gr. *októ*, «oito» +*gyné*, «mulher; carpelo»)
octogonal *adj.2g.* **1** GEOMETRIA que tem oito ângulos **2** GEOMETRIA diz-se do sólido cuja base é um octógono   (De *octogono*+*-al*)
octógono *n.m.* **1** GEOMETRIA polígono que tem oito ângulos e oito lados **2** construção ou figura em forma de octógono ■ *adj.* ⇒ **octogonal**   (Do gr. *oktágonos*, «id.», pelo lat. *octogōnos*, «id.»)
octopétalo *adj.* BOTÂNICA que tem oito pétalas   (De *octo-*+*pétala*)
octópode *adj.2g.* ZOOLOGIA que possui oito membros locomotores ou tentáculos ■ *n.m.* ZOOLOGIA espécime dos octópodes ■ *n.m.pl.* ZOOLOGIA ordem de moluscos cefalópodes com oito tentáculos   (Do gr. *októpous, -odos*, «id.»)
octossépalo *adj.* BOTÂNICA que tem oito sépalas   (De *octo-*+*sépala*)
octossilábico *adj.* que tem oito sílabas   (De *octo-*+*silábico*)

octossílabo *n.m.* verso ou palavra de oito sílabas ▪ *adj.* que tem oito sílabas (Do lat. *octosyllăbo-*, «id.»)

octostémone *adj.2g.* BOTÂNICA que possui oito estames (Do gr. *októ*, «oito» +*stémon*, «estame»)

octostilo *adj.* de oito colunas ▪ *n.m.* fachada que tem oito colunas (Do gr. *októ*, «oito» +*stýlos*, «coluna»)

octuplicar *v.tr.,pron. stýlos,* multiplicar(-se) por oito; tornar(-se) oito vezes maior (De *óctuplo*+*-icar*)

óctuplo *num.mult. >quant.num.* DT que contém oito vezes a mesma quantidade ▪ *adj.* **1** que é oito vezes maior **2** que consta de oito partes ▪ *n.m.* valor ou quantidade oito vezes maior (Do lat. *octŭplo-*, «id.»)

oculação *n.f.* AGRICULTURA ato de enxertar numa árvore um olho ou gomo de outra (De *ocular*+*-ção*)

oculado *adj.* **1** que tem olhos **2** que tem ocelos; ocelado (Do lat. *oculātu-*, «que tem olhos»)

ocular[1] *adj.2g.* **1** referente aos olhos ou à vista **2** (testemunha) que presencia ▪ *n.f.* lente ou sistema de lentes de alguns instrumentos de ótica que ficam, durante a observação, próximo do olho do observador, como no microscópio composto (Do lat. *oculāre-*, «id.»)

ocular[2] *v.tr.* AGRICULTURA enxertar por oculação (Do lat. *ocŭlu-*, «olho; gomo de planta» +*-ar*)

ocularidade *n.f.* termo que designa uma predominância ocular no caso do emprego de um só olho: no tiro, na observação ao microscópio monocular, etc. (ocularidade direita, ocularidade esquerda) (De *ocular*+*-i-*+*-dade*)

oculi- elemento de formação de palavras que exprime a ideia de *olho* (Do lat. *ocŭlu-*, «olho; gomo de planta»)

oculífero *adj.* ZOOLOGIA que apresenta um olho (De *oculi-*+*-fero*)

oculiforme *adj.2g.* em forma de olho (De *oculi-*+*-forme*)

oculista *n.2g.* **1** pessoa que fabrica ou vende óculos **2** especialista em doenças dos olhos; optometrista ▪ *n.m.* estabelecimento onde se vendem óculos, lentes de contacto e outros produtos relacionados (De *óculo*+*-ista*)

oculística *n.f.* **1** ciência e arte do oculista **2** MEDICINA parte da medicina que estuda as doenças dos olhos; oftalmologia (De *oculista*+*-ica*)

óculo *n.m.* **1** instrumento equipado com lente que auxilia a vista **2** orifício circular ou ovalado em parede; ***ver por um ~*** não conseguir o desejado (Do lat. *ocŭlu-*, «olho»)

óculos *n.m.pl.* sistema de duas lentes fixas numa armação especial que se apoia no nariz e nas orelhas, destinado a auxiliar, corrigir ou proteger a vista (Pl. de *óculo*)

oculoso /ô/ *adj.* ⇒ **ocelado** (De *óculo*+*-oso*)

ocultação *n.f.* **1** ato ou efeito de ocultar ou de se ocultar **2** sonegação; encobrimento **3** ASTRONOMIA passagem de um astro por detrás de outro de maior diâmetro (Do lat. *occultatiōne-*, «id.»)

ocultador *adj.,n.m.* **1** que ou aquele que oculta **2** recetador (Do lat. *occultatōre-*, «id.»)

ocultamente *adv.* **1** às ocultas; às escondidas **2** secretamente **3** furtivamente (De *oculto*+*-mente*)

ocultante *adj.2g.* que oculta (Do lat. *occultante-*, «id.», part. pres. de *occultāre*; «ocultar; ocultar»)

ocultar *v.tr.* **1** subtrair à vista; esconder; não deixar ver **2** disfarçar **3** encobrir fraudulentamente; sonegar **4** guardar **5** não revelar; calar ▪ *v.pron.* **1** esconder-se **2** retrair-se (Do lat. *occultāre*, «id.»)

ocultas *elem.loc.adv.* **às ~** em segredo; às escondidas; ocultamente (De *oculto*)

ocultismo *n.m.* **1** crença na existência de realidades ocultas, suprassensíveis, e de métodos suscetíveis de as apreender **2** conjunto das artes ou ciências ocultas (magia, adivinhação, astrologia, espiritismo, etc.) (De *oculto*+*-ismo*, ou do fr. *occultisme*, «id.»)

ocultista *adj.2g.* referente ao ocultismo ▪ *n.2g.* pessoa que estuda e/ou pratica o ocultismo (De *oculto*+*-ista*, ou do fr. *occultiste*, «id.»)

oculto *adj.* **1** subtraído à vista; escondido; encoberto **2** que apenas se conhece pelos efeitos **3** invisível **4** ignorado **5** misterioso **6** que não pode ser explicado pelas leis naturais; sobrenatural **7** não explorado (Do lat. *occultu-*, «id.», part. pass. de *occulĕre*, «esconder; ocultar»)

ocupação *n.f.* **1** ato ou efeito de ocupar ou ocupar-se **2** ato de se apoderar de alguma coisa; posse **3** trabalho; emprego; profissão **4** atividade ou serviço em que se gasta algum tempo **5** MILITAR invasão e controle de uma área ou região por uma força inimiga (Do lat. *occupatiōne-*, «id.»)

ocupacional *adj.2g.* **1** relativo a ocupação **2** que consta do exercício de uma ocupação ou atividade; ***terapia/terapêutica ~*** PSICOLOGIA prática de uma atividade física ou mental com o fim de facilitar a recuperação após uma doença (Do ing. *occupational*, «id.»)

ocupado *adj.* **1** que se ocupou; preenchido **2** que tem que fazer; atarefado **3** que tem em que pensar **4** diz-se de lugar habitado **5** diz-se do dispositivo que está a ser usado; que não está livre **6** preenchido por nomeação; provido **7** diz-se do território obtido por conquista ou concessão; tomado **8** [pop., ant.] diz-se da mulher grávida (Do lat. *occupātu-*, «id.», part. pass. de *occupāre*, «ocupar; estar ocupado»)

ocupador *adj.,n.m.* que ou aquele que ocupa (De *ocupar*+*-dor*)

ocupante *n.2g.* **1** pessoa que ocupa **2** inquilino; residente **3** pessoa que preenche determinado lugar **4** pessoa, conjunto de pessoas ou força militar que se apodera ou toma posse de determinado espaço ou lugar, principalmente recorrendo à força; invasor ▪ *adj.2g.* **1** que ocupa **2** que reside; que habita **3** que preenche determinado lugar ou cargo **4** que toma posse de determinado espaço ou lugar, principalmente recorrendo ao uso da força; que invade (Do lat. *occupante-*, «id.», part. pres. de *occupāre*, «ocupar; estar ocupado»)

ocupar *v.tr.* **1** estar na posse de **2** habitar; morar em **3** preencher (determinado espaço ou lugar) **4** exercer; desempenhar **5** conquistar; invadir **6** dar ocupação a **7** ser objeto de; fixar ▪ *v.pron.* **1** dedicar-se **2** empregar-se **3** consumir tempo (Do lat. *occupāre*, «id.»)

odalisca *n.f.* **1** mulher de harém **2** [fig.] mulher bonita **3** [fig.] cortesã **4** espécie de divã para o centro de uma sala (Do turc. *odalik*, «criada de quarto», pelo fr. *odalisque*, «id.»)

odaxesmo /cs/ *n.m.* prurido das gengivas antes do despontar dos dentes (Do gr. *odaxysmós*, «prurido»)

ode *n.f.* **1** LITERATURA composição poética lírica de assunto elevado, própria para ser cantada **2** LITERATURA subgénero lírico cultivado, segundo modelos greco-latinos, desde o Renascimento até à época contemporânea, com os temas mais diversos (heroicos, amorosos, etc.) e esquemas métricos também diferentes, mas caracterizando-se pela eloquência, solenidade e elevação de estilo (Do gr. *odé*, «canto», pelo b. lat. *oda-*, «id.», pelo fr. *ode*, «id.»)

odeão *n.m.* **1** edifício destinado, entre os antigos Gregos, à exibição de músicos e de poetas **2** auditório que se destina à exibição de filmes, à realização de espetáculos (concertos, recitais, peças de teatro), etc. (Do gr. *odeîon*, «edifício para exercícios de canto»)

odemirense *adj.2g.* relativo à vila portuguesa de Odemira, no distrito de Beja ▪ *n.2g.* natural ou habitante de Odemira (De *Odemira*, top. +*-ense*)

odiar *v.tr.* **1** ter ódio a; detestar **2** sentir repugnância por; ter aversão a (De *ódio*+*-ar*)

odiável *adj.2g.* que merece ser odiado; execrável (De *odiar*+*-vel*)

odiento *adj.* que conserva ou revela ódio; rancoroso (De *ódio*+*-ento*)

odínico *adj.* relativo a Ódin, deus da mitologia escandinava (De *Ódin*+*-ico*)

odino- elemento de formação de palavras, de origem grega, que exprime a ideia de *dor* (Do gr. *odýne*, «dor»)

ódio *n.m.* **1** sentimento de grande rancor e antipatia por alguém **2** grande aversão que se sente por algo; horror; repulsa (Do lat. *odĭu-*, «id.»)

odiosamente *adv.* **1** de maneira odiosa **2** com ódio **3** com aversão **4** com malevolência (De *odioso*+*-mente*)

odioso /ô/ *adj.* **1** que inspira ódio **2** que merece ódio; detestável ▪ *n.m.* o que merece ou inspira ódio (Do lat. *odiōsu-*, «id.»)

odisseia *n.f.* **1** viagem cheia de aventuras e dificuldades **2** série de acontecimentos trágicos e variados **3** LITERATURA narrativa de aventuras extraordinárias (Do gr. *Odysseía*, «id.», pelo lat. *Odyssēa-*, «id.»)

odisseico *adj.* **1** relativo a odisseia **2** que é marcado por grandes aventuras e dificuldades **3** próprio do ciclo das odisseias (De *odisseia*+*-ico*)

odonados *n.m.pl.* ZOOLOGIA ordem de insetos artrópodes com quatro asas membranosas muito nervuradas, olhos grandes e antenas rudimentares, a que pertence a libélula ou a libelinha

odonatos *n.m.pl.* ZOOLOGIA ⇒ **odonados**

odontagogo *n.m.* tenaz ou pinça para extrair dentes; boticão (Do gr. *odontagogón*, «que arranca os dentes»)

odontagra *n.f.* ⇒ **odontalgia** (De *odont(o)-*+*-agra*)

odontalgia *n.f.* **1** dor de dentes, geralmente provocada por cárie **2** doença dos dentes (Do gr. *odontalgía*, «id.»)

odontálgico *adj.* **1** relativo a odontalgia **2** próprio para a higiene dos dentes (De *odontalgia*+*-ico*)

odontíase *n.f.* **1** nascença dos dentes **2** dentição com todos os fenómenos produzidos pelo desenvolvimento dos gérmenes dentais (Do gr. *odontíasis*, «dentição»)

odontite *n.f.* MEDICINA inflamação da polpa dentária (Do gr. *odoús, -óntos*, «dente» +*-ite*)

odont(o)- elemento de formação de palavras que exprime a ideia de *dente* ou *dentadura* (Do gr. *odoús, -óntos*, «dente»)

odontoblasto *n.m.* CITOLOGIA célula superficial na polpa dentária que atua na formação do marfim (Do gr. *odoús, -óntos*, «dente» +*blastós*, «gérmen; rebento»)

odontocetos /ê/ *n.m.pl.* ZOOLOGIA cetáceos providos de dentes (Do gr. *odoús, -óntos*, «dente» +*kêtos*, «baleia»)

odontóforo *n.m.* ZOOLOGIA formação muscular da cavidade faríngea (bolbo bucal) de muitos moluscos, que suporta a rádula e põe esta em movimento (Do gr. *odoús, -óntos*, «dente» +*phorós*, «portador»)

odontogénese *n.f.* ⇒ **odontogenia** (Do gr. *odoûs, -óntos*, «dente» +*génesis*, «origem»)

odontogenia *n.f.* parte da fisiologia que estuda a formação e o desenvolvimento dos dentes (Do gr. *odoús, -óntos*, «dente» +*génos*, «origem» +*-ia*)

odontografia *n.f.* 1 MEDICINA descrição da dentição de um paciente 2 MEDICINA tratado de odontologia (De *odonto-*+*grafia*)

odontográfico *adj.* MEDICINA referente à odontografia (De *odontografia*+*-ico*)

odontograma *n.m.* MEDICINA representação gráfica da dentição de um paciente

odonto-hemorragia *n.f.* MEDICINA ⇒ **odontorragia**

odontoide *adj.2g.* que se assemelha morfologicamente a um dente; *apófise ~* ANATOMIA saliência da vértebra áxis que corresponde ao corpo da vértebra atlas, com a qual se articula, servindo de eixo (Do gr. *odontoeidés*, «id.»)

odontóide ver nova grafia odontoide

odontolitíase *n.f.* formação de pedra ou tártaro dos dentes (De *odonto-*+*litíase*)

odontólito *n.m.* pedra dos dentes; tártaro (De *odonto-*+*-lito*)

odontologia *n.f.* MEDICINA especialidade que se ocupa das doenças e higiene dos dentes (De *odonto-*+*-logia*)

odontológico *adj.* relativo a odontologia (De *odontologia*+*-ico*)

odontologista *n.2g.* especialista em odontologia (De *odontologia*+*-ista*)

odontólogo *n.m.* ⇒ **odontologista** (De *odont(o)-*+*-logo*)

odontopediatria *n.f.* MEDICINA ramo da medicina que se ocupa do estudo e do tratamento das doenças dentárias das crianças (De *odonto-*+*pediatria*)

odontórnitas *n.f.pl.* PALEONTOLOGIA designação das aves fósseis do Cretácico, por possuírem dentes (Do gr. *odoús, -óntos*, «dente» +*órnis, órnithos*, «ave»)

odontorragia *n.f.* MEDICINA hemorragia pelo alvéolo dentário, vulgar depois da extração de um dente; odonto-hemorragia (De *odonto-*+*-ragia*)

odontose *n.f.* ⇒ **dentição** (De *odonto-*+*-ose*)

odontotecnia *n.f.* arte de tratar os dentes (Do gr. *odoús, -óntos*, «dente» +*tékhne*, «arte» +*-ia*)

odontotécnico *adj.* relativo à odontotecnia (De *odontotecnia*+*-ico*)

odor *n.m.* 1 cheiro; aroma 2 perfume; fragrância 3 [fig.] impressão; sensação (Do lat. *odōre-*, «id.»)

odorante *adj.2g.* 1 que exala odor; odoroso; odorífico 2 aromático; perfumado; fragrante (Do lat. *odorante-*, «id.», part. pres. de *odorāre*, «perfumar»)

odorar *v.intr.* ter aroma; exalar odor (Do lat. *odorāre*, «perfumar»)

odori- elemento de formação de palavras que exprime a ideia de *odor, cheiro* (Do lat. *odōre*, «odor»)

odorífero *adj.* ⇒ **odorante** (Do lat. *odorífĕru-*, «id.»)

odorífico *adj.* ⇒ **odorante** (De *odori-*+*-fico*)

odorifumante *adj.2g.* que exala cheiro e fumo ao mesmo tempo (De *odori-*+*fumante*)

odorimetria *n.f.* parte da olfática que diz respeito à medida da eficácia das fontes odorosas (De *odori-*+*-metria*)

odorizante *adj.2g.* que transmite odor agradável; que perfuma (De *odorizar*+*-ante*)

odorizar *v.tr.* transmitir odor agradável a; perfumar (De *odor*+*-izar*)

odoroso *adj.* ⇒ **odorante** (De *odor*+*-oso*)

odrada *n.f.* 1 porção de líquido que enche um odre 2 [pop.] baque ou pancada com o corpo no chão (De *odre*+*-ada*)

odre *n.m.* 1 saco feito de peles de certos animais para transporte de líquidos 2 [pop.] pessoa muito gorda e baixa 3 [pop.] pessoa que se embriaga (Do lat. *utre-*, «id.»)

odreiro *n.m.* o que fabrica ou vende odres (Do lat. *utrarĭu-*, «o que traz água em odre»)

oersted *n.m.* ELETRICIDADE unidade de medida de intensidade do campo magnético do antigo sistema de unidades CGS, de símbolo Oe (De *Ch. Oersted*, físico din., 1777-1851)

oés-noroeste *n.m.* 1 GEOGRAFIA, NÁUTICA ponto subcolateral (intermédio), ou rumo, equidistante do oeste e do noroeste, designado pelo símbolo ONO ou WNW 2 vento que sopra desse ponto ■ *adj.2g.* 1 do oés-noroeste 2 relativo ao oés-noroeste 3 situado a oés-noroeste (De *oes[te]*+*noroeste*)

oés-sudoeste *n.m.* 1 GEOGRAFIA, NÁUTICA ponto subcolateral (intermédio), ou rumo, equidistante do oeste e do sudoeste, designado pelo símbolo OSO ou WSW 2 vento que sopra desse ponto ■ *adj.2g.* 1 do oés-sudoeste 2 relativo ao oés-sudoeste 3 situado a oés-sudoeste (De *oes[te]*+*sudoeste*)

oeste *n.m.* 1 GEOGRAFIA ponto cardeal situado à esquerda do observador voltado para o norte, designado pelo símbolo O ou W; poente; ocaso 2 vento que sopra desse ponto 3 [com maiúscula] região ou regiões situadas a ocidente ■ *adj.2g.* 1 do oeste 2 relativo ao oeste 3 situado a oeste (Do ing. *west*, «id.», pelo fr. *ouest*, «id.»)

ofegante *adj.2g.* 1 que está a ofegar; que está sem fôlego; que está a respirar com dificuldade; arquejante 2 [fig.] muito cansado; exausto 3 [fig.] ansioso; anelante (Do lat. *offocante-*, «que sufoca», part. pres. de *offocāre*, «sufocar»)

ofegar *v.intr.* 1 respirar com dificuldade e ruidosamente; arquejar 2 [fig.] mostrar-se muito cansado 3 [fig.] estar muito ansioso (Do lat. *offocāre*, «sufocar»)

ofego /ê/ *n.m.* 1 respiração difícil e ruidosa produzida por cansaço, opressão ou doença 2 exaustão (Deriv. regr. de *ofegar*)

ofegoso *adj.* ⇒ **ofegante** (De *ofego*+*-oso*)

ofeguento *adj.* ⇒ **ofegante** (De *ofego*+*-ento*)

ofendedor *adj.,n.m.* que, aquele ou aquilo que ofende; ofensor (De *ofender*+*-dor*)

ofender *v.tr.* 1 fazer ofensa a (alguém) por atos ou palavras 2 injuriar 3 aborrecer; magoar; desgostar 4 transgredir; desrespeitar; pecar contra ■ *v.pron.* 1 sentir-se injuriado 2 escandalizar-se (Do lat. *offendĕre*, «id.»)

ofendículo *n.m.* 1 objeto material que faz tropeçar; empecilho 2 pequeno obstáculo (Do lat. *offendicŭlu-*, «obstáculo»)

ofendido *adj.* 1 que recebeu ofensa 2 lesado 3 injuriado 4 desconsiderado ■ *n.m.* 1 aquele que recebeu ofensa 2 queixoso (Part. pass. de *ofender*)

ofensa *n.f.* 1 ato ou efeito de ofender 2 ultraje ou lesão por palavras ou atos; injúria; agravo 3 transgressão de um preceito ou norma 4 desacato; *~ corporal* ofensa que causa sofrimento ou afetação da saúde de alguém (Do lat. *offensa-*, «id.»)

ofensão *n.f.* 1 ofensa por meio de armas 2 ataque 3 peleja (Do lat. *offensiōne-*, «revés; derrota»)

ofensiva *n.f.* 1 ato ou situação de quem ataca 2 iniciativa em atacar 3 ataque (De *ofensivo*)

ofensivo *adj.* 1 que ofende, física ou moralmente 2 lesivo 3 agressivo 4 atacante (Do lat. *offensu-*, «ofendido», part. pass. de *offendĕre*, «ofender» +*-ivo*)

ofenso *adj.* ⇒ **ofendido** (Do lat. *offensu-*, «ofendido», part. pass. de *offendĕre*, «ofender»)

ofensor *adj.,n.m.* 1 que ou aquele que ofende 2 agressor (Do lat. *offensōre-*, «id.»)

oferecedor *adj.,n.m.* que ou aquele que oferece; oferente; ofertante (De *oferecer*+*-dor*)

oferecer *v.tr.* 1 propor para que seja aceite 2 dar como oferta ou presente 3 dedicar 4 prometer 5 proporcionar 6 sugerir 7 manifestar 8 ameaçar com 9 levar à presença de ■ *v.pron.* 1 voluntariar-se; propor-se 2 prestar-se 3 dar-se; entregar-se 4 apresentar-se; proporcionar-se; acontecer 5 arriscar-se (Do lat. **offerescĕre*, inc. de *offerre*, «apresentar; oferecer»)

oferecimento *n.m.* 1 ato ou efeito de oferecer 2 o que se oferece; oferta; dádiva 3 *pl.* protestos de amizade (De *oferecer*+*-mento*)

oferenda *n.f.* aquilo que se oferece; oferta; oblata (Do lat. ecl. *offerenda*, «coisas que vão ser oferecidas»)

oferendar *v.tr.* fazer oferenda de; ofertar; oblatar (De *oferenda*+*-ar*)

oferente *adj.,n.2g.* o que ou a pessoa que oferece; oferecedor (Do lat. *offerente-*, «id.», part. pres. de *offerre*, «apresentar; oferecer»)

oferta *n.f.* 1 ato ou efeito de ofertar; oferecimento 2 aquilo que se oferece; dádiva; oferenda; donativo 3 RELIGIÃO oferta feita a Deus ou aos santos; oblata 4 preço oferecido 5 ECONOMIA quantidades de um bem ou serviço postos à disposição dos consumidores a certo preço; *lei da ~ e da procura* ECONOMIA lei que, para os economistas clássicos, determina o valor de troca ou preço das coisas, segundo a qual o preço varia na razão direta da procura e na razão inversa da oferta (Do lat. vulg. *offerta-, por oblata-, part. pass. fem. subst. de oferre, «oferecer»)

ofertamento n.m. ato de ofertar; oferecimento; dádiva (De ofertar+-mento)

ofertante adj.,n.2g. que ou aquele que oferta (De ofertar+-ante)

ofertar v.tr. **1** dar como oferta; oferecer **2** consagrar; oblatar (De oferta+-ar)

oferteira n.f. [pop.] mulher que leva a oferta à igreja (De ofertar+-eira)

ofertório n.m. **1** RELIGIÃO parte da missa em que o sacerdote oferece a hóstia e o cálice **2** RELIGIÃO ato de oferecer qualquer quantia para o culto ou em sufrágio das almas dos defuntos **3** oferta; dádiva (Do lat. offertoriu-, «id.»)

offline adj.inv. **1** INFORMÁTICA desligado da rede **2** INFORMÁTICA não ligado à internet ■ adv. INFORMÁTICA sem ligação à rede (Do ing. offline, «id.»)

off-line adj.inv.,adv. INFORMÁTICA ⇒ **offline**

offset n.m. TIPOGRAFIA processo de impressão, derivado da litografia, em que os caracteres são gravados numa folha de zinco ou alumínio e depois transferidos para o papel por meio de um cilindro de borracha (Do ing. offset, «transporte»)

offshore adj.inv. **1** que se localiza a alguma distância da costa **2** ECONOMIA fixado em território que não está sujeito às leis nacionais ■ n.m. **1** exploração de petróleo que se situa a alguma distância da costa **2** ECONOMIA zona financeira que não está sujeita à legislação fiscal do país de que faz parte (Do ing. offshore)

off the record loc.adv. **1** (informação) não destinado à publicação ou a ser divulgado **2** para informação particular (Do ing. off the record, «id.»)

ofíase n.f. MEDICINA espécie de alopecia em que os cabelos caem parcialmente, formando clareiras que lembram as marcas que as serpentes, rastejando, deixam no solo (Do gr. ophíasis, «id.»)

oficiador adj.,n.m. que ou aquele que oficia; oficiante (De oficiar+-dor)

oficial adj.2g. **1** proposto pela autoridade ou dela emanado **2** conforme com as formalidades legais **3** exigido pela natureza do cargo ou ofício **4** relativo ao funcionalismo; próprio das repartições públicas; burocrático **5** solene; formal **6** público ■ n.m. **1** pessoa que vive do seu ofício **2** operário que trabalha sob as ordens do mestre ■ n.2g. **1** MILITAR militar de graduação superior à de sargento **2** MILITAR marinheiro militar de graduação superior à de guarda-marinha **3** funcionário judicial ou administrativo que tem a seu cargo a realização de citações, intimações, etc.; [fig.] qualquer pessoa que está ao dispor de outra; *~ de dia* MILITAR oficial que é responsável pelo quartel durante um período de 24 horas; *~ de justiça/diligências* DIREITO funcionário encarregado de cumprir as resoluções judiciais (citações, notificações, penhoras, etc.); *~ general* MILITAR no exército e na força aérea, oficial de patente superior à de coronel (brigadeiro, general de 3 estrelas, general de 4 estrelas e marechal), na marinha, oficial de patente superior à de capitão de mar e guerra (comodoro, contra-almirante, vice-almirante e almirante); *~ miliciano* MILITAR oficial de qualquer ramo das forças armadas que não faz parte dos quadros permanentes; *~ subalterno* MILITAR no exército e na força aérea, oficial de patente inferior à de capitão (alferes e tenente), na marinha, oficial de patente inferior à de primeiro-tenente (guarda-marinha e segundo-tenente); *~ superior* MILITAR no exército e na força aérea, oficial de patente superior à de capitão e inferior à de brigadeiro (major, tenente-coronel e coronel), na marinha, oficial de patente superior à de primeiro-tenente e inferior à de comodoro (capitão-tenente, capitão de fragata e capitão de mar e guerra) (Do lat. officiäle-, «pessoa às ordens de um magistrado»)

oficial-às-ordens ver nova grafia **oficial às ordens**

oficial às ordens n.2g. MILITAR oficial que acompanha um superior ou desempenha funções de ajudante de uma entidade estrangeira

oficialato n.m. **1** MILITAR cargo ou patente de oficial **2** dignidade das ordens de mérito (De oficial+-ato)

oficialidade n.f. **1** qualidade de oficial **2** classe dos oficiais **3** MILITAR conjunto dos oficiais de determinada unidade do exército ou da força aérea, de um navio ou de um estabelecimento militar (De oficial+-i-+-dade)

oficialismo n.m. **1** conjunto dos empregados públicos **2** ⇒ **funcionalismo** (De oficial+-ismo)

oficialização n.f. **1** ato ou efeito de oficializar **2** submissão à orientação do Estado **3** ato de tornar oficial ou público (De oficializar+-ção)

oficializar v.tr. **1** tornar oficial **2** submeter à orientação do Estado **3** dar sanção oficial a (De oficial+-izar)

oficialmente adv. **1** de modo oficial **2** por encargo da autoridade ou do Governo (De oficial+-mente)

oficiante adj.,n.2g. RELIGIÃO que ou a pessoa que oficia ou preside ao ofício divino; celebrante (De oficiar+-ante)

oficiar v.intr. RELIGIÃO celebrar o ofício divino ■ v.tr. dirigir um ofício (comunicação) a (De ofício+-ar)

oficina n.f. **1** estabelecimento onde se fazem reparações em veículos automóveis **2** laboratório onde se preparam ou guardam produtos farmacêuticos **3** casa onde está o maquinismo de uma fábrica, ou os instrumentos de uma indústria, arte ou profissão **4** lugar onde se exerce algum ofício, ou onde trabalham os oficiais e aprendizes de alguma arte ou ofício **5** dependência de igreja ou convento destinada a refeitório, cozinha ou arrecadação (Do lat. officina-, «id.»)

oficinal adj.2g. **1** referente a oficina **2** FARMÁCIA relativo a medicamentos já preparados que se vendem nas farmácias **3** FARMÁCIA que entra nas preparações de farmácia (De oficina+-al)

ofício n.m. **1** qualquer arte manual ou mecânica **2** cargo; emprego; profissão **3** obrigação natural; dever **4** função **5** destino **6** RELIGIÃO oração religiosa **7** alcofa para ferramentas de sapateiro **8** carta de carácter oficial, enviada por uma autoridade, sobre assuntos de interesse público **9** pl. serviços **10** pl. intervenção; *~ divino* RELIGIÃO a missa, oração oficial da Igreja Católica; *fazer ~ de corpo presente* assistir a um ato sem nada contribuir para a sua realização; *fazer os bons ofícios* oferecer-se para tentar uma conciliação; *homem dos sete ofícios* indivíduo que se dedica a diversas atividades; *ossos do ~* dificuldades inerentes a um ofício, profissão ou tarefa; *Santo Ofício* HISTÓRIA tribunal da Inquisição (Do lat. officĭu-, «id.»)

oficiosidade n.f. **1** qualidade de oficioso **2** obséquio **3** complacência (De oficioso+-i-+-dade)

oficioso adj. **1** feito por obséquio **2** que gosta de agradar **3** prestável **4** sem carácter oficial **5** (informação) que emana de um departamento governamental ou de um órgão de informação que traduz a opinião de um governo constituído mas não tem carácter oficial (Do lat. officiösu-, «id.»)

ofídico adj. da serpente, ou a ela relativo; ofídio (De ofídio+-ico)

ofídio adj. relativo ou pertencente aos ofídios ■ n.m. ZOOLOGIA espécime dos ofídios ■ n.m.pl. ZOOLOGIA ordem de répteis, em regra ápodes, com fenda cloacal transversal, e uma só série de escamas ventrais (Do gr. ophídion, dim. de óphis, «cobra»)

ofidismo n.m. **1** estudo acerca do veneno das serpentes **2** MEDICINA estado doentio provocado pela mordedura de um ofídio venenoso (De ofídio+-ismo)

ofi(o)- elemento de formação de palavras que exprime a ideia de serpente (Do grego óphis, «serpente»)

ofiofagia n.f. hábito de comer serpentes (De ofiófago+-ia)

ofiófago adj.,n.m. que ou aquele que tem o hábito de comer serpentes (Do gr. ophiophágos, «id.», pelo lat. ophiophăgu-, «id.»)

ofioglossácea n.f. BOTÂNICA espécime das Ofioglossáceas

Ofioglossáceas n.f.pl. BOTÂNICA família de plantas pteridófitas, isospóricas, com esporângios incluídos num apêndice da folha, cujo género-tipo se designa *Ophioglossum* (Do gr. óphis, «serpente»+glõssa, «língua»+-áceas)

ofioglosso n.m. BOTÂNICA espécime do género-tipo *Ophioglossum* da família das Ofioglossáceas

ofioide adj.2g. ⇒ **ofióideo** (Do gr. ophioeidés)

ofióide ver nova grafia **ofioide**

ofióideo adj. semelhante a serpente (De ofióide+-eo)

ofiolatria n.f. culto tributado às serpentes (Do gr. óphis, «serpente»+latreía, «adoração»)

ofiomancia n.f. suposta adivinhação pela observação das serpentes (Do gr. óphis, «serpente»+manteía, «adivinhação»)

ofiurídeos n.m.pl. ZOOLOGIA classe de equinodermes (Do gr. ophíouros, «com cauda de serpente»+-ídeos)

ofiúro adj. pertencente ou relativo aos ofiúros ■ n.m. ZOOLOGIA espécime dos ofiúros ■ n.m.pl. ZOOLOGIA ordem de equinodermes diferentes das estrelas-do-mar por terem braços muito compridos, finos e flexíveis

oftalgia n.f. MEDICINA ⇒ **oftalmalgia** (De oft[alm]algia)

oftalmalgia n.f. MEDICINA dor dos olhos (Do gr. ophthalmós, «olho»+álgos, «dor»+-ia)

oftalmia n.f. MEDICINA inflamação dos olhos ou dos seus anexos (Do gr. ophthalmía, «doença dos olhos», pelo lat. ophthalmĭa-, «id.»)

oftálmico adj. **1** referente a oftalmia **2** que diz respeito aos olhos **3** diz-se de alguns órgãos relacionados com os olhos ou seus anexos ■ n.m. **1** FARMÁCIA medicamento que se aplica contra a oftalmia

oftalm(o)-

2 indivíduo que sofre de oftalmia (Do gr. *ophthalmikós*, «id.», pelo lat. *ophthalmĭcu-*, «id.»)

oftalm(o)- elemento de formação de palavras que exprime a ideia de *olho, vista* (Do grego *ophthalmós*, «olho»)

oftalmografia *n.f.* ANATOMIA descrição dos olhos e da sua estrutura (De *oftalmo-+-grafia*)

oftalmógrafo *n.m.* dispositivo de inscrição dos movimentos oculares por reflexão de um ponto luminoso na córnea (De *oftalmo-+-grafo*)

oftalmologia *n.f.* MEDICINA parte das ciências médicas que estuda os olhos sob todos os aspetos, nomeadamente anatómicos, fisiológicos e patológicos (De *oftalmo-+-logia*)

oftalmológico *adj.* relativo à oftalmologia (De *oftalmologia+-ico*)

oftalmologista *n.2g.* médico especialista em doenças dos olhos (De *oftalmologia+-ista*)

oftalmólogo *n.m.* ⇒ **oftalmologista** (De *oftalmo-+-logo*)

oftalmómetro *n.m.* instrumento para medir o raio de curvatura ou o astigmatismo da córnea (De *oftalmo-+-metro*)

oftalmoplastia *n.f.* CIRURGIA operação cirúrgica de substituição de um olho perdido por outro artificial (Do gr. *ophthalmós*, «olho» +*plástes*, «que modela» +*-ia*)

oftalmoplegia *n.f.* MEDICINA paralisia dos músculos do olho (Do gr. *ophthalmós*, «olho» +*plegé*, «ferida» +*-ia*)

oftalmorragia *n.f.* MEDICINA hemorragia na conjuntiva ocular (De *oftalmo-+-ragia*)

oftalmoscopia *n.f.* MEDICINA exame do globo ocular, com utilização do oftalmoscópio (Do gr. *ophthalmós*, «olho» +*skopeïn*, «examinar» +*-ia*)

oftalmoscópio *n.m.* aparelho especial, com iluminação própria, que os oftalmologistas usam para exame interior dos olhos (Do gr. *ophthalmós*, «olho» +*skopeïn*, «examinar» +*-io*)

oftalmoterapia *n.f.* MEDICINA terapêutica das doenças dos olhos (De *oftalmo-+-terapia*)

oftalmotomia *n.f.* 1 MEDICINA estudo anatómico dos olhos 2 MEDICINA operação da extirpação destes órgãos (Do gr. *ophthalmós*, «olho» +*tomé*, «corte» +*-ia*)

ofuscação *n.f.* 1 ato ou efeito de ofuscar 2 obscurecimento 3 [fig.] perturbação do entendimento 4 [fig.] obcecação; alucinação (Do lat. *offuscatiōne-*, «id.»)

ofuscamento *n.m.* ⇒ **ofuscação** (De *ofuscar+-mento*)

ofuscante *adj.2g.* que ofusca (Do lat. *offuscante-*, «id.», part. pres. de *offuscāre*, «ofuscar»)

ofuscar *v.tr.* 1 tornar fusco; escurecer; ensombrar 2 encobrir 3 (luz intensa ou excessiva) perturbar a visão de 4 [fig.] deslumbrar 5 [fig.] perturbar o entendimento de 6 [fig.] suplantar; fazer parecer menos importante (Do lat. *offuscāre*, «id.»)

ofuscável *adj.2g.* suscetível de se ofuscar (De *ofuscar+-vel*)

ogdoedria *n.f.* CRISTALOGRAFIA qualidade de ogdoédrico (Do gr. *ógdoos*, «oitavo» +*hédra*, «face» +*-ia*)

ogdoédrico *adj.* CRISTALOGRAFIA diz-se das formas meroédricas consideradas obtidas das holoédricas pela aplicação sucessiva de três processos de hemiedria, pelo que uma forma ogdoédrica tem, no caso geral, 1/8 das faces da forma holoédrica de que se supõe derivada (Do gr. *ógdoos*, «oitavo» +*hédra*, «face» +*-ico*)

ogiva *n.f.* 1 ARQUITETURA figura formada por dois arcos que se cruzam na parte superior 2 peça terminal dos foguetões e das granadas de artilharia de secção ogival (Do fr. *ogive*, «id.»)

ogivado *adj.* 1 que possui ogiva 2 em forma de ogiva (De *ogiva+-ado*)

ogival *adj.2g.* 1 relativo a ogiva 2 em forma de ogiva (Do fr. *ogival*, «id.»)

ogre *n.m.* 1 gigante voraz que, nos contos de fadas, come crianças; papão 2 [pop.] pessoa má e cruel 3 [fig.] comilão 4 [gír.] explorador de casa de hóspedes mal afamada (Do lat. *orcu-*, «inferno», pelo fr. *ogre*, «id.»)

ogro *n.m.* ⇒ **ogre**

oh *interj.* exprime admiração, espanto, alegria ou repugnância (Do lat. *oh!*, «id.»)

ohm *n.m.* FÍSICA unidade de resistência elétrica do Sistema Internacional, de símbolo Ω, definida como a resistência de um condutor elétrico no qual a diferença de potencial de 1 volt produz uma corrente de 1 ampere (De *Georg Simon Ohm*, antropónimo, físico al., 1789-1854)

ohmímetro *n.m.* ELETRICIDADE instrumento para avaliar resistências elétricas (De *ohm+-i-+-metro*)

oi *interj.* 1 [Brasil] usada como saudação ou chamamento 2 [Brasil] exprime espanto 3 [Brasil] indica que não se ouviu bem o que foi dito ou perguntado (Formação expressiva)

oiça *n.f.* 1 chavelha que prende o timão à canga 2 sentido da audição; ouvido (Deriv. regr. de *ouvir*)

-oico sufixo nominal, de origem grega, que, na nomenclatura química, ocorre em adjetivos que classificam os ácidos orgânicos (*etanoico*, *propenoico*)

-óico ver nova grafia -oico

-oide sufixo nominal, de origem grega, que traduz a ideia de *forma, aparência* (*piritoide, negroide, sepaloide*)

-óide ver nova grafia -oide

oídio *n.m.* 1 BOTÂNICA designação extensiva a uns fungos parasitas, ascomicetes, que atacam gravemente muitas plantas, também conhecidos por cinzeiro ou poeira da vinha, etc. 2 as doenças (oidiomicoses) provocadas por estes fungos (Do gr. *oón*, «ovo» + *-idion*, pelo lat. cient. *oidiŭm*, «id.»)

oidiomicose *n.f.* BOTÂNICA doença produzida pelo oídio (fungo) nas plantas (De *oídio+micose*)

oïl *n.m.* antiga palavra francesa correspondente ao atual *oui* (sim); *língua de ~* dialeto românico falado no Norte da França (Do fr. ant. *oïl*, «sim»)

-oilo sufixo nominal, de origem latina, de sentido diminutivo (*moçoilo*)

oira *n.f.* 1 larva 2 ⇒ **oura** (Do lat. *aura-*, «brisa»)

oirama *n.f.* ⇒ **ourama** (De *oiro+-ama*)

oirar¹ *v.tr.,intr.* ⇒ **ourar¹**

oirar² *v.tr.* ⇒ **ourar²**

oirega *n.f.* ICTIOLOGIA ⇒ **eiroga**

oirejar *v.intr.* ⇒ **ourejar**

oiriçar *v.tr.,pron.* ⇒ **ouriçar**

oiriceira *n.f.* ⇒ **ouriceira**

oiriço *n.m.* ⇒ **ouriço**

oiro *n.m.* ⇒ **ouro**

oitante *n.m.* 1 GEOMETRIA oitava parte de um círculo 2 GEOMETRIA ângulo de 45° 3 ASTRONOMIA, NÁUTICA instrumento ótico cujo limbo graduado corresponde à oitava parte de um círculo (45 graus) e que permite medir ângulos, a altura dos astros e as distâncias angulares dos astros (Do lat. *octante-*, «oitava parte»)

oitão *n.m.* ⇒ **outão**

oitava *n.f.* 1 cada uma das oito partes iguais de um todo 2 RELIGIÃO espaço de oito dias em que a Igreja celebra alguma festa solene 3 o último desses dias 4 antigo peso, oito vezes menor que a onça, equivalente a quatro gramas 5 LITERATURA estrofe de oito versos 6 MÚSICA intervalo entre duas notas musicais do mesmo nome, distanciadas oito graus (De *oitavo*)

oitavado *adj.* que tem oito faces ou quinas; octaédrico; octogonal (Part. pass. de *oitavar*)

oitavar *v.tr.* 1 dar forma oitavada a 2 dividir em oito partes iguais 3 MÚSICA tocar à oitava superior (De *oitavo+-ar*)

oitavário *n.m.* 1 RELIGIÃO festa religiosa que dura oito dias; oitava 2 RELIGIÃO livro que contém as orações das oitavas (De *oitavo+-ário*)

oitavo *num.ord.* >*adj.num.* ᴅᴛ que, numa série, ocupa a posição imediatamente a seguir à sétima; que é o último numa série de oito ■ *num.frac.* >*quant.num.* ᴅᴛ que resulta da divisão de um todo por oito ■ *n.m.* 1 o que, numa série, ocupa o lugar correspondente ao número 8 2 uma das oito partes iguais em que se dividiu um todo; *em ~* TIPOGRAFIA com dezasseis páginas (cada folha de impressão) (Do lat. *octăvu-*, «oitavo»)

oitavos-de-final ver nova grafia oitavos de final

oitavos de final *n.m.pl.* DESPORTO numa prova disputada por eliminatórias, fase em que se realizam oito partidas, envolvendo, portanto, dezasseis jogadores ou equipas

oiteirista *n.2g.* ⇒ **outeirista**

oiteiro *n.m.* ⇒ **outeiro**

oitenta *num.card.* >*quant.num.* ᴅᴛ setenta mais dez ■ *n.m.* 1 o número 80 e a quantidade representada por esse número 2 o que, numa série, ocupa o octogésimo lugar (Do lat. vulg. *octagīnta*, por *octoginta*, «id.»)

oito *num.card.* >*quant.num.* ᴅᴛ sete mais um ■ *n.m.* 1 o número 8 e a quantidade representada por esse número 2 o que, numa série, ocupa o oitavo lugar 3 carta de jogar ou peça de jogo com oito pontos; *estar feito num ~* ficar em mau estado, ficar cansado; *nem ~ nem oitenta* nem muito nem pouco; de forma equilibrada; no meio-termo; *ou ~ ou oitenta* ou tudo ou nada (Do lat. *octo*, «id.»)

oitocentista *adj.2g.* pertencente ou relativo ao século XIX ■ *n.2g.* pessoa que viveu no século XIX (De *oitocentos+-ista*)

oitocentos *num.card.* >*quant.num.* ᴅᴛ setecentos mais cem ■ *n.m.2n.* 1 o número 800 e a quantidade representada por este número 2 o que, numa série, ocupa o octingentésimo lugar 3 o século XIX (De *oito+cento*)

-oja sufixo nominal, de origem latina, que traduz a ideia de *semelhança* (*lamoja*)

OK *adv.* certamente; entendido; combinado ■ *adj.* **1** bom **2** adequado **3** correto ■ *aprovação* (Do ing. *OK*, «id.», abrev. de *oll korrekt*)

-ol[1] sufixo nominal, de origem latina, que exprime a ideia de *semelhança* ou *origem*

-ol[2] sufixo nominal, de origem latina, que, na nomenclatura química, exprime a ideia de *álcool*

ola[1] /ó/ *n.f.* folha de certas palmeiras indianas que servia para nela se escrever (Do malaiala *ola*, «id.»)

ola[2] /ó/ *n.f.* **1** [regionalismo] remoinho de água **2** buraco cavado pela água nos penedos de rios ou ribeiros (Do ár. *háula*, «remoinho»)

-ola sufixo nominal, de origem latina, de sentido diminutivo, por vezes pejorativo (*portinhola, merendola, tendola*)

olá *interj.* **1** usada como saudação ou chamamento **2** exprime espanto (Do cast. *hola!*, «id.»)

olaia *n.f.* BOTÂNICA árvore ornamental da família das Leguminosas, de origem asiática, cultivada em Portugal, e também conhecida por árvore-da-judeia (De orig. obsc.)

olaré *interj.* [pop.] exprime satisfação ou admiração

olaria *n.f.* **1** fabrico geralmente artesanal de peças de barro; indústria de oleiro **2** fábrica de louça de barro ou local onde se fazem peças de barro **3** conjunto de peças assim fabricadas (Do lat. *olla-*, «panela» +*-aria*)

olarila *interj.* [pop.] ⇒ **olaré**

oldemburguês *adj.* relativo ou pertencente a Oldemburgo, cidade alemã da Baixa-Saxónia ■ *n.m.* natural ou habitante de Oldemburgo (De *Oldemburgo*, top. +*-ês*)

olé *interj.* **1** usa-se como saudação ou chamamento **2** exprime espanto

oleácea *n.f.* BOTÂNICA espécime das Oleáceas

Oleáceas *n.f.pl.* BOTÂNICA família de plantas dicotiledóneas, em regra lenhosas e de frutos carnudos, representada em Portugal por várias espécies espontâneas e cultivadas, e também denominada Fraxináceas e Jasmináceas (Do lat. *oleăcĕu-*, «oleoso»)

oleáceo *adj.* **1** que contém ou produz óleo **2** da natureza do óleo **3** BOTÂNICA pertencente ou relativo às Oleáceas (Do lat. *oleacĕu-*, «oleoso»)

oleacidímetro *n.m.* instrumento para determinar a acidez do azeite (Do lat. *olĕu-*, «óleo» +*acĭdu-*, «ácido»+gr. *métron*, «medida»)

oleado *adj.* **1** que tem óleo **2** que foi untado com óleo ■ *n.m.* pano tornado impermeável através de verniz ou de outra substância semelhante; impermeável; encerado (Do lat. *oleātu-*, «feito com azeite»)

oleaginar *v.tr.* ⇒ **olear** (Do lat. *oleagĭnu-*, «de oliveira» +*-ar*)

oleagíneo *adj.* **1** relativo à oliveira **2** que contém ou produz óleo **3** que é da natureza do óleo (Do lat. *oleaginĕu-*, «id.»)

oleaginoso /ô/ *adj.* **1** que contém ou produz óleo **2** da natureza do óleo (Do lat. *oleagĭnu-*, «de oliveira» +*-oso*)

oleandro *n.m.* BOTÂNICA arbusto da família das Apocináceas, ornamental, de folhas persistentes e flores de coloração branca, rosa ou avermelhada; loendro (De *eloendro*, com met.)

olear *v.tr.* **1** untar com óleo **2** impregnar de uma substância oleosa **3** encerar (De *óleo*+*-ar*)

olearia *n.f.* fábrica onde se preparam óleos (De *óleo*+*-aria*)

oleastro *n.m.* BOTÂNICA ⇒ **zambujeiro** (Do lat. *oleastru-*, «id.»)

oleato *n.m.* QUÍMICA sal ou éster derivado do ácido oleico (Do lat. *oleātu-*, «feito com azeite»)

olecraniano *adj.* relativo ao olecrânio (De *olecrânio*+*-ano*)

olecrânio *n.m.* ANATOMIA ⇒ **olecrano**

olecrano *n.m.* ANATOMIA apófise saliente na extremidade superior do cúbito, que forma a articulação do cotovelo (Do gr. *olékranon*, «ponta do cotovelo»)

oleento *adj.* ⇒ **oleoso** (De *óleo*+*-ento*)

olefina *n.f.* QUÍMICA nome genérico dos hidrocarbonetos acíclicos de fórmula geral C_nH_{2n}, homólogos do etileno ou eteno C_2H_4 (Do fr. *oléfine*, «id.»)

oleico *adj.* QUÍMICA designativo de um ácido gordo insaturado que existe em muitos óleos animais e vegetais (por exemplo, o azeite) sob a forma de glicéridos (Do lat. *olĕu-*, «azeite; óleo» +*-ico*)

oleícola *adj.2g.* **1** que diz respeito à cultura da oliveira **2** que diz respeito ao comércio do azeite (Do lat. *olĕa-*, «oliveira» +*colĕre*, «cultivar»)

oleicultor *n.m.* indivíduo que se dedica à oleicultura (Do lat. *olĕa-*, «oliveira» +*cultōre-*, «cultivador»)

oleicultura *n.f.* **1** cultura das oliveiras **2** fabrico do azeite (Do lat. *olĕa-*, «oliveira» ou *olĕu-*, «azeite; óleo» +*cultūra-*, «cultura»)

oleífero *adj.* que contém ou produz óleo; oleificante (Do lat. *olĕu-*, «óleo» +*ferre*, «produzir»)

oleificante *adj.2g.* ⇒ **oleífero** (Do lat. *olĕu-*, «óleo» +*facĕre*, «fazer»)

oleifoliado *adj.* BOTÂNICA cujas folhas se assemelham às da oliveira (Do lat. *olĕa-*, «oliveira» +*folĭu-*, «folha» +*-ado*)

oleifólio *adj.* BOTÂNICA ⇒ **oleifoliado** (Do lat. *olĕu-*, «óleo» +*folĭu-*, «folha»)

oleígeno *adj.* que produz líquido semelhante ao óleo (Do lat. *olĕu-*, «óleo»+gr. *génos*, «origem»)

oleína *n.f.* QUÍMICA glicérido do ácido oleico, existente nas gorduras (Do lat. *olĕu-*, «óleo» +*-ina*, ou do fr. *oléine*, «id.»)

oleiro *adj.* **1** relativo à olaria **2** que trabalha em olaria ■ *n.m.* **1** aquele que trabalha em louça de barro **2** dono de olaria **3** [Brasil] ORNITOLOGIA ⇒ **forneiro 2** (Do lat. *ollarĭu-*, «relativo a panelas»)

olência *n.f.* **1** qualidade de olente **2** perfume (Do lat. *olentĭa-*, «cheiro»)

olente *adj.2g.* **1** que tem aroma **2** cheiroso (Do lat. *olente-*, «id.», part. pres. de *olēre*, «ter cheiro»)

oleo- elemento de formação de palavras que exprime a ideia de *óleo* (Do lat. *olĕu-*, «id.»)

óleo *n.m.* QUÍMICA designação de várias substâncias, líquidas à temperatura ambiente, gordurosas e inflamáveis, de origem vegetal, animal ou mineral; ~ *de amêndoas doces* óleo muito fino, extraído de amêndoas doces e usado sobretudo em farmácia e perfumaria; ~ *de amendoim* óleo extraído de amendoim, de coloração amarelada, geralmente utilizado na alimentação como substituto do azeite; ~ *de linhaça* óleo amarelado, extraído do linho, com vasta aplicação nas pinturas; ~ *de soja* substância extraída de sementes de soja, utilizada essencialmente na alimentação e na indústria; ~ *de vitríolo* [pop.] ácido sulfúrico; ~ *essencial* óleo volátil extraído de plantas, que apresenta geralmente o odor característico da sua origem vegetal; *santos óleos* os óleos consagrados usados pela Igreja na administração de alguns sacramentos e em outros atos litúrgicos (Do lat. *olĕu-*, «id.»)

oleoduto *n.m.* tubagem para condução de petróleo ou derivados a longas distâncias (Do lat. *olĕu-*, «óleo» +*ductu-*, «condução»)

oleogénese *n.f.* formação do petróleo (Do lat. *olĕu-*, «óleo»+gr. *génesis*, «génese»)

oleografia *n.f.* PINTURA reprodução em tela de um quadro a óleo (De *oleo-*+*-grafia*)

oleográfico *adj.* relativo à oleografia (Do lat. *olĕu-*, «óleo»+gr. *gráphein*, «descrever» +*-ico*)

oleogravura *n.f.* PINTURA processo de reproduzir, por meio de gravura, um quadro a óleo (De *óleo-*+*gravura*)

oleol *n.m.* FARMÁCIA óleo fixo natural (Do lat. *olĕu-*, «óleo» +*-ol*)

oleolado *n.m.* FARMÁCIA óleo medicinal obtido por infusão ou decocção (De *oleol*+*-ado*)

oleolato *n.m.* FARMÁCIA óleo essencial (De *oleol*+*-ato*)

oleómetro *n.m.* instrumento com que se avalia a densidade dos óleos (De *oleo-*+*-metro*)

oleorresina *n.f.* QUÍMICA, FARMÁCIA mistura semissólida de resina e óleo essencial exsudados da mesma planta (De *oleo-*+*resina*)

oleorresinoso *adj.* da natureza da oleorresina (De *oleorresina*+*-oso*)

oleosidade *n.f.* qualidade de oleoso (De *oleoso*+*-i-*+*-dade*)

oleoso *adj.* **1** que tem óleo **2** que é semelhante a óleo **3** que segrega alto teor de gordura; gorduroso **4** [fig.] untuoso; desagradavelmente bajulador (Do lat. *oleōsu-*, «id.»)

olfação *n.f.* **1** ato de aplicar o sentido do olfato **2** cheiro; olfato (Do lat. **olfactiōne-*, de *olfactu-*, «olfato»)

olfacção ver nova grafia olfação

olfactar ver nova grafia olfatar

olfáctica ver nova grafia olfática

olfáctico ver nova grafia olfático

olfactivo ver nova grafia olfativo

olfacto ver nova grafia olfato

olfactometria *n.f.* medida da sensibilidade olfativa (normal e patológica) (De *olfacto*+*-metria*) ACORDO ORTOGRÁFICO também se pode escrever olfatometria

olfactómetro *n.m.* instrumento destinado a medir os limiares olfativos (De *olfacto*+*-metro*) ACORDO ORTOGRÁFICO também se pode escrever olfatómetro

olfatar *v.tr.* aplicar o olfato a; cheirar (Do lat. *olfactāre*, «id.»)

olfática *n.f.* **1** ciência que estuda os órgãos e os fenómenos relativos ao olfato **2** estudo das origens, propriedades, intensidade, propagação, perceção e importância dos aromas (De *olfáctico*)

olfático *adj.* que diz respeito ao olfato; olfativo (Do lat. *olfactu-*, «olfato» +*-ico*)
olfativo *adj.* **1** que serve para o olfato **2** que intervém na percepção dos cheiros **3** que diz respeito ao olfato; olfático **4** designativo de alguns órgãos, ou partes destes, relacionados com o sentido do olfato (De *olfactar*+*-ivo*)
olfato *n.m.* **1** sentido que permite a percepção dos cheiros, e que, no homem, reside na pituitária, membrana das fossas nasais **2** olfação **3** faro dos animais (Do lat. *olfactu-*, «olfato»)
olfatometria a grafia mais usada é **olfactometria**
olfatómetro a grafia mais usada é **olfactómetro**
olga *n.f.* **1** propriedade agrícola destinada a horticultura **2** courela de terreno; leira; belga **3** [regionalismo] planície no meio de outeiros (De orig. obsc.)
olha /ô/ *n.f.* **1** CULINÁRIA caldo gordo **2** gordura do caldo **3** cozinhado feito de chouriço, carne, grão-de-bico ou ervilhas, pimentos, etc. **4** panela onde se faz a olha (Do lat. *olla-*, «panela», pelo cast. *olla*, «cozido de carnes»)
olhada¹ *n.f.* ⇒ **olhadela** (Particípio passado feminino substantivado de *olhar*)
olhada² *n.f.* [Cabo Verde] mau olhado; quebranto (Do crioulo cabo-verdiano *ojháda*, «idem»)
olhadela *n.f.* **1** ato de olhar **2** relance de olhos **3** vista de olhos rápida (De *olhar*+*-dela*)
olhado *adj.* **1** visto **2** considerado ■ *n.m.* **1** olhar **2** modo de olhar **3** relance de olhos; olhadela **4** feitiço atribuído pela crença popular ao olhar de certas pessoas, capaz de exercer influências negativas; mau-olhado (Part. pass. de *olhar*)
olhador *adj.,n.m.* **1** que ou aquele que olha **2** guardador (De *olhar*+*-dor*)
olhadura *n.f.* ⇒ **olhadela** (De *olhar*+*-dura*)
olhal *n.m.* **1** vão entre os pilares de pontes ou arcadas **2** buraco onde se rosca a espoleta que comunica o fogo às granadas de artilharia e às granadas de arremesso **3** peça de borracha a que nas lunetas se encosta o olho **4** orifício na parte dianteira de um atrelado, que, pela introdução de uma cavilha, permite a articulação móvel daquele com orifício idêntico na parte traseira da viatura motora **5** NÁUTICA argola fixa num ponto das vergas do aparelho do navio (De *olho*+*-al*)
olhalva *n.f.* AGRICULTURA terra que se lavra e produz duas vezes por ano (De orig. obsc.)
olhalvo *adj.* (cavalo) que tem manchas brancas em volta dos olhos, ou que põe os olhos em branco; olhibranco (De *olho*+*alvo*)
olhamento *n.m.* [regionalismo] gratificação; benefício (De *olhar*+*-mento*)
olhanense *adj.2g.* relativo ou pertencente a Olhão, cidade portuguesa do distrito de Faro ■ *n.2g.* natural ou habitante de Olhão (De *Olhão*, *o*g. +*-ense*)
olhar *v.tr.,pron.* fixar os olhos em; observar(-se); mirar(-se) ■ *v.tr.* **1** observar com atenção; examinar **2** considerar; contemplar; ponderar **3** ocupar-se de; tomar conta de **4** reparar em **5** velar por; vigiar **6** julgar; considerar **7** dispensar benevolência a **8** [fig.] estar voltado para; estar na direção de **9** [fig.] estar mais elevado em relação a ■ *v.intr.* aplicar o sentido da visão ■ *n.m.* **1** aspeto dos olhos **2** ato de fixar os olhos em **3** modo de fixar os olhos em; **~** *como boi para palácio* não dar apreço, não perceber nada; **~** *para a frente* pensar no futuro; *não* **~** *para trás* não hesitar; *olhe!* exclamação que serve para chamar a atenção (Do lat. *adoculāre*, de *ad*+*oculāre*, «dar vista a; esclarecer»)
olheiras *n.m.pl.* círculos arroxeados que aparecem por vezes à volta dos olhos, geralmente devido a cansaço, insónia ou doença (De *olho*+*-eira*)
olheirão *n.m.* **1** olho grande **2** nascente abundante de água (De *olheiro*+*-ão*)
olheirento *adj.* que tem olheiras (De *olheira[s]*+*-ento*)
olheiro *n.m.* **1** aquele que olha ou vigia certos trabalhos; encarregado **2** observador **3** informador **3** sítio onde brota água do solo; nascente de água; olho-d'água (De *olho*+*-eiro*)
olhento *adj.* **1** que tem muitos olhos ou buracos **2** que tem olheiras (De *olho*+*-ento*)
olhetado *n.m.* vara de videira que se deixa com poucos olhos para rebentar com mais força (De *olhete*+*-ado*)
olhete /ê/ *n.m.* **1** olho pequeno **2** pequeno buraco ou cavidade **3** depressão em forma de olho nas articulações dos braços e das pernas **4** gomo vegetal (De *olho*+*-ete*)
olhibranco *adj.* ⇒ **olhalvo** (De *olho*+*branco*)
olhinegro *adj.* que tem os olhos negros; olhipreto (De *olho*+*negro*)
olhipreto *adj.* ⇒ **olhinegro** (De *olho*+*preto*)

olhizaino *adj.,n.m.* que ou aquele que olha de revés; vesgo; zanaga (De *olho*+*zaino*)
olhizarco *adj.* **1** que tem os olhos azul-claros **2** (cavalo) que tem um olho de cada cor (De *olho*+*zarco*)
olho /ô/ *n.m.* **1** ANATOMIA órgão da visão constituído pelo globo ocular, situado na órbita e ligado ao cérebro pelo nervo ótico **2** abertura com a forma deste órgão **3** furo ou buraco redondo **4** nascente de água **5** gota de gordura na superfície de um líquido **6** BOTÂNICA gomo vegetal que origina um ramo normal **7** orifício de uma ferramenta por onde se mete e prende o cabo **8** cavidade no pão ou no queijo **9** cada uma das cavidades relativamente grandes de uma massa esponjosa **10** parte central, ainda nova e tenra, de plantas hortícolas, como a couve **11** [fig.] cuidado; atenção **12** [fig.] tino **13** [fig.] esperteza; finura; **~** *composto/facetado* órgão visual formado pela associação de vários olhos simples, e que se encontra, por vezes, muito desenvolvido, nos insetos; **~** *pineal/parietal/ epifisário* ZOOLOGIA olho rudimentar, ímpar, de função reduzida ou nula, existente em alguns sáurios; **~** *por* **~***, dente por dente* desforra correspondente à ofensa; *olhos de carneiro mal morto* olhos mortiços; *abrir os olhos a* fazer ver as coisas, tornar esperto; *a* **~** *sem medida*, a esmo; *a* **~** *nu* sem auxílio de óculos ou qualquer instrumento ótico; *a olhos vistos* claramente; *arregalar o* **~** *a* cobiçar; *cerrar/fechar os olhos* morrer; *chorar por um* **~** *azeite e por outro vinagre* lamentar, sem o sentir, o mal alheio; *custar os olhos da cara* ser muito caro, exigir grande esforço; *dar uma vista de olhos a* observar superficialmente; *deitar o rabo do* **~** *a* espreitar; *deitar poeira aos olhos a* procurar enganar; *de olhos fechados* sem necessidade de reflexão; *encher o* **~** agradar, satisfazer; *enquanto o Diabo esfrega um* **~** num instante, num ápice; *entrar pelos olhos* ser fácil de compreender, ser evidente; *estar debaixo de* **~** andar vigiado, estar prestes a ter solução; *irem-se os olhos em* cobiçar; *levantar os olhos* olhar a direito; *meter os dedos pelos olhos a* pretender enganar; *não pregar* **~** não dormir; *não tirar os olhos de* observar demoradamente, olhar com interesse especial; *num volver de olhos* num instante, de relance; *passar os olhos por* ver ou ler apressadamente; *pôr os olhos em* prestar atenção a, ver, cobiçar; *saltar aos olhos* ser evidente; *ter (alguém) debaixo de* **~** vigiar; *ter lume no* **~** ser inteligente; *ter* **~***/ter* **~** *vivo* ser esperto; *ter peneiras nos olhos* não ver as coisas como elas são; *um pau por um* **~** uma pechincha; *ver o argueiro no* **~** *alheio, e não ver a trave no seu* **~** criticar os defeitos alheios, mesmo quando pequenos, e não ver os próprios, mesmo quando são grandes (Do lat. *ocŭlu-*, «id.»)
olho-branco *n.m.* ZOOLOGIA peixe selácio com sete fendas branquiais, raro em Portugal; bico-doce
olho-de-boi *n.m.* **1** ICTIOLOGIA designação extensiva a uns sargos (peixes) que aparecem nas costas portuguesas, também conhecidos por choupa, mucharra, sefia, sargo-veado, sargueta, etc. **2** BOTÂNICA planta (ou as suas flores) da família das Compostas, com capítulos de lígulas amarelas, espontânea em Portugal ACORDO ORTOGRÁFICO sem alteração
olho de boi *n.m.* **1** abertura circular ou elíptica, em tetos ou paredes, para dar luz ao interior do edifício; claraboia **2** torneira que se encontra nas canalizações de um edifício **3** primeiro selo postal emitido no Brasil, com desenho que se assemelha a um olho ACORDO ORTOGRÁFICO a grafia anterior era **olho-de-boi**
olho-de-gato *n.m.* BOTÂNICA planta herbácea, da família das Boragináceas, de flores azuis, espontânea em Portugal ACORDO ORTOGRÁFICO sem alteração
olho de gato *n.m.* **1** MINERALOGIA variedade, opalescente e com acatassolamento, de crisoberilo, usada como gema **2** dispositivo ótico provido de pequenos prismas que refratam a luz, utilizado em grande escala na sinalização noturna das estradas ACORDO ORTOGRÁFICO a grafia anterior era **olho-de-gato**
olho-de-mocho *n.m.* BOTÂNICA planta herbácea da família das Compostas, com capítulos de flores amarelas e vermelho-escuras, espontânea em Portugal; leituga
olho-de-perdiz *n.m.* **1** BOTÂNICA variedade de figo arredondado e adocicado, de tamanho médio e coloração arroxeada **2** BOTÂNICA variedade de batata de polpa e pele amarelas, com manchas vermelhas **3** BOTÂNICA ⇒ **casadinhos** ACORDO ORTOGRÁFICO sem alteração
olho de perdiz *n.m.* **1** calo pequeno e redondo que se forma entre os dedos dos pés **2** tecido de lã cujo padrão parece ser a repetição de olhos de perdiz **3** qualidade de madeira utilizada em mobiliário ACORDO ORTOGRÁFICO a grafia anterior era **olho-de-perdiz**
olho-de-sapo *n.m.* BOTÂNICA variedade de uva branca própria para vinho ACORDO ORTOGRÁFICO sem alteração

olho de sapo n.m. GEOLOGIA rocha xística da Galiza com grandes cristais arredondados de feldspato e grãos de quartzo azul ACORDO ORTOGRÁFICO a grafia anterior era olho-de-sapo
olho-de-tigre ver nova grafia olho de tigre
olho de tigre n.m. MINERALOGIA variedade pseudomorfa de quartzo
olho-marinho n.m. nascente de água que aparece no meio de um campo
olho-meirinho n.m. ⇒ **olho-marinho**
olho-verde n.m. ICTIOLOGIA ⇒ **albafar**
olhudo adj. que tem olhos grandes ■ n.m. ICTIOLOGIA peixe teleósteo, com escamas em forma de pente, pertencente à família dos Queilodipterídeos, também conhecido por besouro, peixe-diabo, salmonete-preto, etc. (De olho+-udo)
olíbano n.m. espécie de incenso (Do gr. líbanos, «árvore de incenso», pelo lat. olibănu-, «id.»)
olifante n.m. trompa curva de marfim, usada pelos cavaleiros da Idade Média (Do fr. ant. olifant, «id.»)
oligarca n.2g. sectário ou membro de uma oligarquia (Do gr. oligárkhes, «id.»)
oligarquia n.f. I POLÍTICA governo em que o poder está concentrado nas mãos de pequeno número de indivíduos ou de poucas famílias 2 [fig.] predomínio de um grupo ou de um pequeno número de pessoas (Do gr. oligarkhía, «governo de poucos»)
oligárquico adj. I relativo à oligarquia 2 governado por uma oligarquia (Do gr. oligarkhikós, «id.»)
oligisto n.m. MINERALOGIA ⇒ **hematite** (Do gr. olígistos, «mínimo; muito pouco», por ser pouco rico)
oligo- elemento de formação de palavras que exprime a ideia de pouco, pequena quantidade (Do gr. olígos, «pouco; pequeno; breve»)
Oligocénico n.m. GEOLOGIA época (ou série) do Terciário, que sucede ao Eocénico e é anterior ao Miocénico (Do gr. olígos, «pouco»+kainós, «recente» +-ico)
Oligoceno n.m. GEOLOGIA ⇒ **Oligocénico** (Do gr. olígos, «pouco» +kainós, «recente»)
oligóclase n.f. MINERALOGIA plagióclase com 70% a 90% de albite (Ab70% An30% a Ab90% An10%) (Do gr. olígos, «pouco» +klásis, «fratura»)
oligoclásio n.m. MINERALOGIA ⇒ **oligóclase**
oligodacria n.f. secreção de lágrimas pouco abundante; derramamento muito escasso de lágrimas (Do gr. olígon, «pouco»+dákryon, «lágrima»+-ia)
oligodipsia n.f. pouca necessidade de beber; falta de sede (Do gr. olígon, «pouco»+dípsa, «sede»+-ia)
oligofilo adj. BOTÂNICA que tem poucas folhas; rarifoliado (Do gr. olígon, «pouco»+phýllon, «folha»)
oligofrenia n.f. MEDICINA atraso ou deficiência mental (Do gr. olígos, «pouco» +phrén, «mente; inteligência» +-ia)
oligofrénico adj. I que sofre de atraso ou deficiência mental 2 relativo a oligofrenia ■ n.m. aquele que sofre de oligofrenia (De oligofrenia+-ico)
oligolecítico adj. BIOLOGIA ⇒ **alecítico** (Do gr. olígos, «pouco» +lékithos, «gema de ovo» +-ico)
oligolécito adj. BIOLOGIA diz-se do óvulo ou ovo animal que quase não possui reservas nutritivas (Do gr. olígos, «pouco» +lékithos, «gema de ovo»)
oligopólio n.m. ECONOMIA situação de mercado em que um número reduzido de vendedores controla toda a oferta de serviços ou mercadorias
oligopsiquia n.f. inteligência débil; imbecilidade (Do gr. olígon, «pouco»+psykhé, «alma»+-ia)
oligopsónio n.m. ECONOMIA mercado em que existem muitas empresas a operar, confrontadas com uma procura de um pequeno número de consumidores
oligoquetas n.m.pl. ZOOLOGIA classe de anelídeos quetópodes, sem parápodes, e providos de sedas simples (Do gr. olígos, «pouco» +khaíte, «crina»)
oligospermia n.f. MEDICINA secreção de esperma muito escassa; pouca abundância de sémen (Do gr. olígon, «pouco»+spérma, «sémen»+-ia)
oligospermo adj. BOTÂNICA que tem ou produz poucas sementes (Do gr. olígon, «pouco»+spérma, «semente»)
oligúria n.f. MEDICINA excreção de uma quantidade de urina inferior à normal (Do gr. olígos, «pouco» +oûron, «urina» +-ia)
olimpíada n.f. I jogos olímpicos gregos 2 (antiguidade grega) período de quatro anos decorridos entre duas celebrações consecutivas dos Jogos Olímpicos 3 pl. DESPORTO competição internacional, que inclui todas as modalidades e se realiza desde 1896, de quatro em quatro anos, num país selecionado para o efeito; jogos olímpicos modernos 4 pl. competição em determinada área de conhecimento, na qual podem participar pessoas de diversas nacionalidades (Do gr. olympiás, -ádos, «a celebração dos jogos olímpicos», pelo lat. olympiăde-, «olimpíada; período de quatro anos»)
olimpíade n.f. ⇒ **olimpíada**
olimpiano adj. relativo ao Olimpo, monte entre a Macedónia e a Tessália; olímpico (Do fr. olympien, «id.»)
olímpico adj. I relativo ao Olimpo; olimpiano 2 relativo à cidade grega de Olímpia 3 epíteto de Júpiter 4 [fig.] divino; majestoso 5 DESPORTO relativo às olimpíadas; *jogos olímpicos* I série de provas de atletismo realizadas na Grécia antiga, de quatro em quatro anos, em honra de Zeus; 2 competição desportiva internacional, que se realiza de quatro em quatro anos, em país decidido previamente (Do gr. olympikós, «de Olímpia», pelo lat. olympĭcu-, «id.»)
olímpio adj. ⇒ **olímpico** (Do lat. olympĭu-, «olímpico»)
olimpismo n.m. I cultivo do espírito olímpico; desportivismo 2 movimento olímpico em geral (De olimpo+-ismo)
Olimpo n.m. I MITOLOGIA conjunto das divindades da mitologia grega, que moravam no Monte Olimpo, entre a Macedónia e a Tessália 2 MITOLOGIA morada dessas divindades 3 [com minúscula] lugar delicioso; céu; paraíso 4 [com minúscula] conjunto de pessoas importantes (Do latim Olympu-, «idem»)
olingo n.m. ZOOLOGIA designação comum aos mamíferos, do género Bassaricyon, da família dos Procionídeos, arborícolas e de hábitos noturnos, encontrados nas florestas tropicais da América Central e da Amazónia (Do esp. olingo, «id.»)
olinguito n.m. ZOOLOGIA mamífero carnívoro da família dos Procionídeos, com cerca de 35 centímetros de comprimento, pelo acastanhado e cauda, que se encontra nas florestas da Colômbia e do Equador (De olingo+-ito)
olisipo- elemento de formação de palavras, de origem latina, que exprime a ideia de Lisboa (Do lat. Olisĭpo, ōnis, «Lisboa»)
olisipografia n.f. HISTÓRIA escrito ou conjunto dos escritos relacionados com Lisboa, nomeadamente sobre o desenvolvimento histórico e urbanístico da cidade (Do pré-romano olisipo, top.+graphía)
olisipógrafo n.m. indivíduo que se dedica à olisipografia (De olisipo+grafo)
olisiponense adj.2g. relativo ou pertencente a Olisipo, atual Lisboa ■ n.2g. natural ou habitante de Olisipo; lisboeta (Do lat. olisiponense-, «id.»)
oliva n.f. I azeitona 2 oliveira 3 objeto com a forma de uma azeitona 4 ANATOMIA saliência ovoide, lateral, do bolbo raquidiano 5 ARQUITETURA ornamento em forma de azeitona, existente nos astrágalos, molduras, caneluras, etc. 6 ZOOLOGIA cada uma das glândulas parótidas do cavalo (Do lat. olīva-, «azeitona»)
oliváceo adj. da cor da azeitona; verde-escuro (Do lat. olīva-, «azeitona» +-áceo)
olival n.m. terreno plantado de oliveiras; olivedo; oliveiral (Do lat. olīva-, «oliveira» +-al)
olivar adj.2g. em forma de oliva ou azeitona (De oliva+-ar)
olivário adj. ⇒ **olivar** (De oliva+-ário)
olivedo n.m. ⇒ **olival** (Do lat. olivētu-, «id.»)
oliveira n.f. BOTÂNICA árvore de folhas persistentes, da família das Oleáceas, muito cultivada em Portugal, pelo valor dos seus frutos (azeitonas), dos quais se extrai o azeite, sendo conhecida também por oliva e cujas variedades mais vulgares são a verdeal, a madural, a bical, a lentisca e a cordovil (Do lat. olivaría [arbor], «árvore da azeitona»)
oliveira-do-paraíso n.f. BOTÂNICA ⇒ **eleagno**
oliveiral n.m. ⇒ **olival** (De oliveira+-al)
olíveo adj. relativo à oliveira (Do lat. olīva-, «oliveira» +-eo)
olivi- elemento de formação de palavras que exprime a ideia de oliveira ou azeitona (Do lat. olīva-, «oliveira; azeitona»)
olivícola adj.2g. relativo à olivicultura (Do lat. oliva, «oliveira; azeitona» +colĕre, «cultivar; tratar»)
olivicultor n.m. aquele que se dedica à olivicultura (De olivi-+cultor)
olivicultura n.f. cultura da oliveira; oleicultura (De olivi-+cultura)
olivífero adj. que produz oliveiras (Do lat. olīva-, «oliveira» +-fero, de ferre, «produzir»)
olivila n.f. princípio extraído do suco da azeitona (Do lat. olīva-, «azeitona» +-ila)
olivina n.f. MINERALOGIA mineral (um nesossilicato) que é, quimicamente, um silicato de magnésio e ferro, cristaliza no sistema ortorrômbico e tem cor esverdeada ou castanha (Do lat. olīva-, «azeitona» +-ina)

olmeca *adj.2g.* relativo ou pertencente aos Olmecas ▪ *n.2g.* indivíduo dos Olmecas

Olmecas *n.m.pl.* ETNOGRAFIA povo centro-americano cuja civilização floresceu nos séculos XII a V a. C. e que teve influência na cultura e na organização social de povos posteriores, como os Toltecas e os Astecas

olmedal *n.m.* terreno plantado de olmos; olmedo (De *olmedo+-al*)

olmedo /ê/ *n.m.* ⇒ **olmedal** (Do lat. *ulmētu-*, «id.»)

olmeiro *n.m.* BOTÂNICA ⇒ **ulmeiro** (Do lat. *ulmarĭu-*, «id.»)

olmo /ô/ *n.m.* BOTÂNICA árvore da família das Ulmáceas, de grande porte, com folhas caducas, dentadas e ásperas, e frutos constituídos por sâmaras; ulmeiro (Do lat. *ulmu-*, «id.»)

-olo /ô/ sufixo nominal, de origem latina, de sentido aumentativo (*rapazolo*)

olor *n.m.* 1 odor; cheiro 2 aroma; fragrância (Do lat. *olōre-*, «id.»)

olorizar *v.tr.* 1 tornar oloroso 2 perfumar 3 aromatizar (De *olor+-izar*)

oloroso *adj.* 1 que tem olor 2 aromático; cheiroso (De *olor+-oso*)

olvidar *v.tr.,pron.* esquecer(-se); não se lembrar; não vir à memória (Do lat. *oblitāre*, freq. de *oblivisci*, «esquecer»)

olvido *n.m.* 1 ato ou efeito de olvidar ou olvidar-se 2 esquecimento 3 repouso (Deriv. regr. de *olvidar*)

-oma /ô/ sufixo nominal, de origem grega, que traduz a ideia de tumor, tumefação (*fibroma, ganglioma*)

omagra *n.f.* [pop.] doença da gota localizada nas espáduas (Do gr. *ōmos*, «ombro» +*ágra*, «presa»)

omalgia *n.f.* MEDICINA dor de ombro; escapulalgia (Do gr. *ōmos*, «ombro» +*álgos*, «dor» +*-ia*)

omaso *n.m.* terceiro ventrículo do estômago dos ruminantes; folhoso (Do lat. *omāsu-*, «tripas de boi»)

ombrear *v.tr.* 1 levar ou pôr ao ombro 2 pôr-se ombro a ombro (com); pôr-se em paralelo (com); equiparar-se (a) 3 rivalizar (com); competir (com) (De *ombro+-ear*)

ombreira *n.f.* 1 parte do vestuário correspondente ao ombro 2 elemento de cantaria, natural ou artificial, colocado lateralmente nas aberturas de janelas ou portas 3 [fig.] entrada (De *ombro+-eira*)

ombro *n.m.* 1 ANATOMIA parte superior do braço, que corresponde à região onde o úmero se articula com a omoplata 2 espádua 3 [fig.] robustez 4 [fig.] esforço; diligência; *~ a ~* cara a cara, em pé de igualdade; *encolher os ombros* sofrer com paciência alguma coisa desagradável, não ligar importância, mostrar-se indiferente; *meter ombros a* encarregar-se de, dar início a (Do lat. *umĕru-*, «ombro»)

ómega *n.m.* 1 nome da vigésima quarta e última letra do alfabeto grego (ω, Ω), correspondente ao **o** fechado 2 [fig.] termo; fim (Do gr. *ô méga*, «o longo»)

omeleta *n.f.* CULINÁRIA ovos batidos que se fritam em qualquer gordura e se enrolam em forma de travesseiro; *não se fazem omeletas sem ovos* não se obtêm resultados sem os meios necessários (Do fr. *omelette*, «id.»)

omelete *n.f.* CULINÁRIA ⇒ **omeleta**

omental *adj.2g.* pertencente ou relativo ao omento (De *omento+-al*)

omento *n.m.* ANATOMIA ⇒ **epíploo**

ómicro *n.m.* nome da décima quinta letra do alfabeto grego (ο, Ο), correspondente ao **o** aberto (Do gr. *o mikrón*, «o breve»)

ómicron *n.m.* ⇒ **ómicro**

ominar *v.tr.* 1 agourar 2 detestar; abominar (Do lat. *omināri*, «pressagiar; agourar»)

ominoso *adj.* 1 agourento; funesto 2 abominável (Do lat. *ominōsu-*, «id.»)

omissão *n.f.* 1 ato ou efeito de omitir 2 aquilo que se omitiu 3 falta; lacuna 4 preterição (Do lat. *omissiōne-*, «id.»)

omisso *adj.* 1 em que há omissão 2 que ficou por fazer ou dizer 3 não mencionado 4 (lei, regulamento) que não preveniu certas hipóteses 5 descuidado; negligente (Do lat. *omissu-*, «id.», part. pass. de *omittĕre*, «deixar escapar; omitir»)

omissor *n.m.* que omite 2 que envolve omissão (Do lat. *omissu-*, part. pass. de *omittĕre*, «omitir» +*-or*)

omissório *adj.* que causa omissão (Do lat. *omissu-*, «omisso» +*-ório*)

omitir *v.tr.* 1 deixar de dizer ou fazer alguma coisa 2 não mencionar 3 passar em silêncio 4 olvidar (Do lat. *omittĕre*, «id.»)

omni- elemento de formação de palavras que exprime a ideia de todo, inteiro (Do lat. *omne-*, «todo; inteiro»)

omnicolor *adj.2g.* matizado de todas as cores (De *omnicolōre-*, «id.»)

omniforme *adj.2g.* que tem ou pode tomar todas as formas conhecidas (Do lat. *omniforme-*, «id.»)

omnifulgente *adj.2g.* que brilha por todos os lados (De *omni-+fulgente*)

omnigénero *adj.* relativo a todos os géneros (De *omni-+género*)

omnilingue *adj.2g.* que conhece todas as línguas (De *omni-+-lingue*)

omnilíngue *adj.2g.* ⇒ **omnilingue**

omnimodamente *adv.* de todos os modos possíveis (De *omnímodo+-mente*)

omnímodo *adj.* 1 que é de todos os modos 2 omniforme 3 sem restrições (Do lat. *omnimŏdu-*, «de todas as maneiras»)

omniparente *adj.2g.* que produz tudo ou cria tudo (Do lat. *omniparente-*, «que produz todas as coisas»)

omníparo *adj.* ⇒ **omniparente** (De *omni-+-paro*)

omnipatente *adj.2g.* 1 que está patente a todos 2 aberto 3 claro; evidente 4 público 5 acessível a todos (De *omni-+patente*)

omnipessoal *adj.2g.* GRAMÁTICA (verbo) que se conjuga em todas as pessoas (De *omni-+pessoal*)

omnipotência *n.f.* 1 qualidade de omnipotente; poder absoluto e supremo 2 faculdade de decidir soberanamente (Do lat. *omnipotentĭa-*, «id.»)

omnipotente *adj.2g.* que pode tudo; todo-poderoso ▪ *n.m.* RELIGIÃO Deus (com maiúscula) (Do lat. *omnipotente-*, «id.»)

omnipresença *n.f.* 1 faculdade de estar presente em toda a parte 2 dom de estar presente ao mesmo tempo em vários lugares; ubiquidade (De *omni-+presença*)

omnipresente *adj.2g.* que está ao mesmo tempo em toda a parte; ubíquo (De *omni-+presente*)

omnisciência *n.f.* qualidade de omnisciente; saber absoluto; ciência total e universal (Do lat. *omne-*, «todo» +*scientĭa-*, «ciência»)

omnisciente *adj.2g.* que possui omnisciência; que sabe tudo (Do lat. *omne-*, «todo» +*sciente-*, «que sabe», part. pres. de *scire*, «saber»)

omnívomo *adj.* que vomita tudo (Do lat. *omnivŏmu-*, «que tudo vomita»)

omnívoro *adj.* 1 BIOLOGIA (ser vivo) que utiliza na sua alimentação normal tanto as substâncias animais como vegetais, ou alimentos de qualquer natureza; polítrofo 2 [fig.] que devora tudo (Do lat. *omnivŏru-*, «que come tudo»)

om(o)-[1] elemento de formação de palavras que exprime a ideia de espádua, ombro (Do gr. *ōmos*, «ombro»)

om(o)-[2] elemento de formação de palavras que exprime a ideia de cru (Do grego *omós*, «cru»)

omoclavicular *adj.2g.* que se refere à omoplata e à clavícula (De *omo[plata]+clavicular*)

omofagia *n.f.* hábito de comer carne crua (Do gr. *omophagía*, «id.», pelo lat. *omophagĭa-*, «id.»)

omófago *adj.* que se alimenta de carne crua; crudívoro (Do gr. *omophágos*, «id.»)

omoplata *n.f.* ANATOMIA peça do esqueleto que entra na constituição da cintura escapular e também se designa escápula (Do gr. *omopláte*, «superfície chata da espádua»)

omosterno *n.m.* ZOOLOGIA ⇒ **episterno** (Do gr. *ōmos*, «ombro» +*stérnon*, «esterno»)

-ona /ó/ sufixo nominal, de origem latina, de sentido aumentativo (*merendona, regateirona*), ocorrendo também em certos substantivos femininos correspondentes a masculinos terminados em *-ão* (*trintona, quarentona*)

onagra *n.f.* ⇒ **ónagra**

ónagra *n.f.* 1 BOTÂNICA planta herbácea, de flores grandes e amarelas, pertencente à família das Onagráceas (Epilobiáceas), subespontânea no Norte e no Sul de Portugal, utilizada na alimentação, e também conhecida por zécora 2 ZOOLOGIA fêmea do ónagro (Do gr. *ónagra*, «id.»)

onagrácea *n.f.* BOTÂNICA espécime das Onagráceas

Onagráceas *n.f.pl.* BOTÂNICA família de plantas dicotiledóneas, em regra herbáceas, com folhas simples e flores hermafroditas; Epilobiáceas; Enoteráceas (Do gr. *ónagra*, «ónagra» +*-áceas*)

onagro *n.m.* ⇒ **ónagro**

ónagro *n.m.* 1 ZOOLOGIA mamífero perissodáctilo, da família dos Equídeos, que vive nos desertos da Ásia do Sul, cuja carne é comestível e cuja pele é utilizada na indústria do calçado, etc. 2 antiga máquina de guerra que atirava pedras (Do gr. *ónagros*, «id.», pelo lat. *onăgru-*, «id.»)

onanismo *n.m.* 1 qualquer forma de coito interrompido antes da ejaculação; coito interrompido 2 automasturbação masculina (De *Onan*, antr.+*-ismo*, ou do fr. *onanisme*, «id.»)

onanista *adj.,n.2g.* que ou pessoa que pratica o onanismo (De *Onan*, antr. +*-ista*)

onça¹ *n.f.* **1** ZOOLOGIA mamífero carnívoro da família dos Felídeos, que vive na Ásia e é semelhante ao leopardo, de pelagem acinzentada ou acastanhada, com manchas escuras **2** [fig.] pessoa enfurecida; *amigo da ~* amigo que toma atitude traiçoeira ou favorável ao inimigo de alguém; interesseiro (Do gr. *lýgx*, «lince», pelo lat. vulg. *luncĕa-, «id.», pelo fr. *lýnce*, «id.»)

onça² *n.f.* **1** peso antigo, equivalente à décima sexta parte do arrátel, ou seja, 28,6875 gramas **2** medida inglesa de peso equivalente a 28,349 gramas **3** moeda espanhola de 14672 réis **4** [ant.] pacotilha de tabaco em fio (Do lat. *uncĭa-*, «onça», duodécima parte do asse, pelo fr. *once*, «onça»)

onça-pintada *n.f.* ZOOLOGIA ⇒ **jaguar**

oncologia *n.f.* **1** MEDICINA estudo dos tumores em todos os seus aspetos e, por extensão, dos cancros **2** MEDICINA tratado acerca dos tumores (Do gr. *ógkos*, «tumor» +*lógos*, «tratado» +*-ia*)

oncológico *adj.* relativo a oncologia (De *oncologia*+*-ico*)

oncologista *n.2g.* especialista em oncologia (De *oncologia*+*-ista*)

oncólogo *n.m.* ⇒ **oncologista** (Do gr. *ógkos*, «tumor» +*lógos*, «estudo»)

oncotomia *n.f.* CIRURGIA corte cirúrgico de um tumor (Do gr. *ógkos*, «tumor» +*tomé*, «corte» +*-ia*)

oncotómico *adj.* relativo à oncotomia (De *ógkos*, «tumor» +*tomé*, «corte» +*-ico*)

onda *n.f.* **1** elevação e depressão da camada superficial de uma massa líquida, com sucessão rítmica; vaga **2** [fig.] forma ou figura ondeada, sinuosa **3** [fig.] grande abundância **4** [fig.] grande afluência **5** [fig.] porção grande de líquido que flui ou está derramado **6** FÍSICA perturbação, contínua ou transitória, que se propaga com transporte de energia através de um meio, quer em virtude das propriedades elásticas desse meio material, quer em virtude das propriedades elétricas ou magnéticas do espaço (onda eletromagnética) **7** [fig.] caracol ou anel no cabelo **8** [fig.] grande aglomeração de pessoas que se agitam, parecendo ondular **9** acesso de hidrofobia **10** [fig.] ira; ataque de fúria **11** [fig.] tumulto; turbilhão; *ondas curtas* ondas de comprimento entre 10 e 50 metros; *ondas gama* MEDICINA certo ritmo das ondas elétricas cerebrais observável no eletrencefalograma; *ondas hertzianas* ondas eletromagnéticas de comprimento superior ao das radiações infravermelhas; *ondas longas* ondas de comprimento maior que 1000 metros; *ondas médias* ondas de comprimento entre 200 e 500 metros; *ondas ultracurtas* ondas de comprimento de 1 a 10 metros; *comprimento de ~* a distância ou espaço de propagação, durante um período, num fenómeno ondulatório; *fazer ondas* levantar complicações ou problemas; *ir na ~* deixar-se enganar, ir com os outros; *número de ~* FÍSICA número de ondas por unidade de comprimento; *superfície de ~* o lugar geométrico dos pontos com a mesma fase num fenómeno ondulatório num dado instante (Do lat. *unda-*, «id.»)

onde *adv.interr.* em que lugar (*onde vives?*) ▪ *pron.rel. >adv.rel.* ᴰᵀ no lugar em que (*não há barulho onde moro*) **2** no qual; em que (*a casa onde moro é grande*); *~ quer que* em qualquer lugar que (Do lat. *unde*, «donde»)

ondeado *adj.* que tem ou imita as ondas; ondulado ▪ *n.m.* aquilo que apresenta a forma de ondas (Part. pass. de *ondear*)

ondeamento *n.m.* ato ou efeito de ondear (De *ondear*+*-mento*)

ondeante *adj.2g.* que ondeia ou ondula; ondeado (De *ondear*+*-ante*)

ondear *v.tr.* **1** fazer ondas ou ondulações em **2** tornar enrugado; frisar ▪ *v.intr.* **1** agitar-se, formando ondas **2** descrever ondas; serpear **3** propagar-se em ondas ▪ *v.tr.,intr.* fazer ou ficar com ondas, caracóis em (cabelo); ondular (De *onda*+*-ear*)

ondejante *adj.2g.* ⇒ **ondeante** (De *ondejar*+*-ante*)

ondejar *v.tr.,intr.* ⇒ **ondear** (De *onda*+*-ejar*)

ondímetro *n.m.* instrumento que serve para medir radiofrequências (De *onda*+*-metro*)

ondina *n.f.* **1** MITOLOGIA (países nórdicos e germânicos) ninfa ou génio das águas **2** [fig.] nadadora jovem e graciosa (De *onda*+*-ina*, ou do fr. *ondine*, «id.»)

ondinismo *n.m.* excitação sexual associada à função urinária no próprio indivíduo ou num parceiro do mesmo sexo ou do sexo oposto; urofilia (De *ondina*+*-ismo*)

ôndula *n.f.* pequena onda (Do lat. *undŭla-*, «id.»)

ondulação *n.f.* **1** ato ou efeito de ondular **2** movimento ou figura semelhante à onda **3** conjunto das elevações e depressões de uma superfície **4** ato ou efeito de tornar o cabelo ondulado (De *ondular*+*-ção*)

ondulado *adj.* **1** que apresenta ondulações; ondeado **2** (cabelo) que não é liso; que tem caracóis, anéis ou ondas; frisado **3** pregueado (Do lat. *undulātu-*, «id.»)

ondulante *adj.2g.* ⇒ **ondeante** (De *ondular*+*-ante*)

ondular *v.intr.* **1** formar pequenas ondas; ondear **2** formar ondas, anéis ou caracóis ▪ *v.tr.* **1** tornar ondulado **2** frisar; encaracolar ▪ *adj.2g.* ⇒ **ondulatório** (Do lat. *undŭla-*, «pequena onda» +*-ar*)

ondulatório *adj.* **1** que ondula; que forma onda(s) **2** relativo a onda **3** FÍSICA diz-se, em especial, do fenómeno resultante da propagação através de um meio elástico, de um abalo ou vibração produzida num ponto desse meio; *mecânica ondulatória* uma das formas de mecânica quântica, que se ocupa das propriedades ondulatórias das partículas e que é uma mecânica probabilística (De *ondular*+*-tório*)

onduloso /ô/ *adj.* ⇒ **ondulado** (Do lat. *undŭla-*, «pequena onda» +*-oso*)

onerante *adj.2g.* **1** que onera **2** opressor (Do lat. *onerante-*, «id.», part. pres. de *onerāre*, «sobrecarregar; agravar»)

onerar *v.tr.* **1** impor ónus ou obrigação a **2** obrigar **3** sobrecarregar com tributos **4** vexar **5** oprimir ▪ *v.pron.* sobrecarregar-se (Do lat. *onerāre*, «sobrecarregar»)

onerário *adj.* **1** que pode suportar peso **2** próprio para transporte de carga **3** que tem ónus ou obrigação (Do lat. *onerărĭu-*, «de carga»)

onerosamente *adv.* **1** com ónus **2** com agravamento **3** dispendiosamente **4** com custas (De *oneroso*+*-mente*)

onerosidade *n.f.* **1** qualidade do que é oneroso **2** encargo (Do lat. *onerositāte-*, «carga; encargo»)

oneroso *adj.* **1** que envolve ónus ou encargo; pesado **2** dispendioso **3** vexatório; molesto (Do lat. *onerōsu-*, «pesado»)

onfalite *n.f.* MEDICINA inflamação do umbigo (Do gr. *omphalós*, «umbigo» +*-ite*)

onfalo- elemento de formação de palavras que exprime a ideia de *umbigo* (Do gr. *omphalós*, «umbigo»)

onfalópago *n.m.* TERATOLOGIA ser formado por dois corpos com o umbigo comum (Do gr. *omphalós*, «umbigo» +*págos*, «que está fixo»)

onfalorragia *n.f.* MEDICINA hemorragia do umbigo (De *onfalo-*+*-ragia*)

onfalotomia *n.f.* corte do cordão umbilical (Do gr. *omphalós*, «umbigo» +*tomé*, «corte» +*-ia*)

onglete /é/ *n.m.* pequeno buril de gravador ou serralheiro (Do fr. *onglette*, «id.»)

-onho sufixo nominal, de origem latina, que traduz a ideia de *causa, origem, provocação* (*medonho, risonho, tristonho, enfadonho*)

ónibus *n.m.2n.* [ant.] ⇒ **diligência 6** (Do lat. *omnĭbus*, «para todos»)

onicofagia *n.f.* hábito de roer as unhas (Do gr. *ónyx, ónykhos*, «unha» +*phageîn*, «comer» +*-ia*)

onicófago *adj.,n.m.* que ou aquele que tem o hábito de roer as unhas (Do gr. *ónyx, ónykhos*, «unha» +*phageîn*, «comer»)

onicóforos *n.m.pl.* ZOOLOGIA grupo de animais com características intermediárias entre os anelídeos e os artrópodes (Do gr. *ónyx, ónykhos*, «unha» +*phorós*, «que traz»)

-ónio sufixo nominal, de origem latina, que traduz a ideia de *origem, proveniência* (*campónio, parvónio*)

oniomania *n.f.* tendência obsessiva para fazer compras (Do gr. *oné*, «compra» +*manía*, «loucura»)

onírico *adj.* **1** referente ao sonho **2** que se assemelha ao sonho (Do gr. *óneiros*, «sonho» +*-ico*)

onirismo *n.m.* MEDICINA alucinação visual, que se apresenta como um sonho, vivida frequentemente de maneira muito intensa, no decurso de estados de confusão mental e em estado de vigília (frequente na intoxicação alcoólica) (Do gr. *óneiros*, «sonho» +*-ismo*)

onir(o)- elemento de formação de palavras que exprime a ideia de *sonho* (Do grego *óneiros*, «sonho»)

onirocrisia *n.f.* arte ou técnica de interpretação dos sonhos (Do gr. *oneirokrisía*, «id.»)

onirogmo *n.m.* MEDICINA polução noturna causada por um sonho lascivo (Do gr. *oneirogmós*, «sonho lascivo»)

onirologia *n.f.* **1** conjunto de conhecimentos relativos aos sonhos **2** estudo acerca dos sonhos (De *oniro-*+*-logia*)

oniromancia *n.f.* suposta arte de adivinhar por meio dos sonhos (De *oniro-*+*-mancia*)

oniromante *n.2g.* pessoa que pratica a oniromancia (Do gr. *oneirómantis*, «id.»)

oníscida *n.m.* ZOOLOGIA ⇒ **oniscídeo**

Oniscídeos *n.m.pl.* ZOOLOGIA ⇒ **Oniscídeos**

oniscídeo *adj.* ZOOLOGIA relativo ou pertencente aos Oniscídeos ▪ *n.m.* ZOOLOGIA espécime dos Oniscídeos

Oniscídeos n.m.pl. ZOOLOGIA família de crustáceos isópodes a cujo género-tipo (que se denomina *Oniscus*) pertence o bicho-de-conta (Do lat. *oniscu-*, «bicho-de-conta» +*-ídeos*)
ónix n.m.2n. MINERALOGIA variedade de ágata, listada com faixas paralelas de diferentes cores, incluindo branco, castanho e negro, e utilizada como gema em joalharia (Do gr. *ónyx*, «unha», pelo lat. *onyx, ychis*, «ónix; espécie de ágata; vaso de ónix para perfume»)
online adj.inv. **1** INFORMÁTICA diz-se de atividades realizadas através da internet **2** INFORMÁTICA diz-se dos programas, funções e serviços que comunicam entre si ou estão disponíveis em rede ■ adv. INFORMÁTICA através de rede (Do ing. *online*, «id.»)
on-line adj.inv.,adv. INFORMÁTICA ⇒ **online**
onomancia n.f. ⇒ **onomatomancia** (De *onomatomancia*)
onomasiologia n.f. LINGUÍSTICA processo de estudo do sentido que parte de um conceito para procurar o signo linguístico que o exprime (Do gr. *onomasia*, «designação» +*lógos*, «tratado» +*-ia*)
onomástica n.f. **1** lista de nomes próprios **2** ciência que estuda a etimologia, as transformações e a classificação dos nomes próprios (Do gr. *onomastiké [tékhne]*, «arte de explicar nomes»)
onomástico adj. relativo aos nomes próprios (Do gr. *onomastikós*, «que serve para dar nome»)
onomático adj. referente a nome (Do gr. *onomatikós*, «id.»)
onomat(o)- elemento de formação de palavras que exprime a ideia de *nome* (Do gr. *ónoma, atos*, «nome»)
onomatologia n.f. tratado ou classificação de nomes (De *onomato-*+*-logia*)
onomatológico adj. relativo à onomatologia (De *onomatologia*+*-ico*)
onomatólogo n.m. aquele que se dedica à onomatologia (De *onomato-*+*-logo*)
onomatomancia n.f. suposta adivinhação pelo nome das pessoas, número de letras que o formam, etc. (Do gr. *onomatomanteía*, «adivinhação pelo nome»)
onomatomania n.f. **1** PATOLOGIA repetição mental obsidiante, impulsiva e irresistível de uma palavra ou de um nome, acompanhada de ansiedade **2** PATOLOGIA receio mórbido de pronunciar ou de ouvir pronunciar certas palavras ou certos nomes (De *onomato-*+*-mania*)
onomatopaico adj. ⇒ **onomatopeico**
onomatopeia n.f. **1** LINGUÍSTICA processo de formação de uma palavra por imitação de um som natural **2** LINGUÍSTICA palavra formada por imitação de um som natural **3** recurso estilístico pelo qual se procura sugerir a imagem auditiva de um objeto por meio de um concurso adequado de sons (Do gr. *onomatopoiía*, «ação de inventar palavras»)
onomatopeico adj. **1** relativo a onomatopeia **2** que apresenta os caracteres de onomatopeia **3** que imita o som daquilo que significa (De *onomatopeia*+*-ico*)
ontem adv. **1** no dia anterior àquele em que estamos **2** no passado; antigamente; *olhar para* ~ estar pensativo, distraído (Do lat. *ad noctem*, «até à noite passada»)
ôntico adj. **1** relativo ao ser **2** FILOSOFIA em Heidegger, filósofo alemão (1889-1976): que se refere ao existente, isto é, à ordem do dado concreto da experiência, e não ao ser em si mesmo (Do gr. *ón, óntos*, «ser» +*-ico*)
onto- elemento de formação de palavras que exprime a ideia de *ser, ente* (Do gr. *ón, óntos*, «id.»)
ontofagia n.f. ⇒ **coprofagia** (Do gr. *ónthos*, «esterco» +*phageîn*, «comer»)
ontófago adj.,n.m. ⇒ **coprófago** (Do gr. *onthóphagos*, «o que come excremento»)
ontófilo adj.,n.m. ⇒ **coprófilo** (Do gr. *ónthos*, «esterco» +*phílos*, «amigo»)
ontogénese n.f. BIOLOGIA série de transformações sofridas por um ser desde a sua geração até ao completo desenvolvimento; ontogenia (De *onto-*+*génese*)
ontogenia n.f. ⇒ **ontogénese** (De *onto-*+*-genia*)
ontogénico adj. relativo à ontogenia (De *ontogenia*+*-ico*)
ontogonia n.f. BIOLOGIA estudo histórico da formação dos seres vivos, da sua distribuição taxionómica e da sua evolução ontogénica (Do gr. *ón, óntos*, «ser» +*goneía*, «geração»)
ontogónico adj. relativo à ontogonia (Do gr. *ón, óntos*, «ser» +*goné*, «geração» +*-ico*)
ontologia n.f. **1** FILOSOFIA parte da metafísica que estuda o ser em si, as suas propriedades e os modos por que se manifesta **2** ciência que estuda os seres considerados em geral **3** metafísica geral **4** estudo das formas de um indivíduo no seu desenvolvimento embrionário e na forma definitiva (De *onto-*+*-logia*, ou do fr. *ontologie*, «id.»)
ontológico adj. **1** referente à ontologia **2** que se refere ao ser em si mesmo (De *ontologia*+*-ico*)
ontologista n.2g. especialista em ontologia (De *ontologia*+*-ista*)
ónus n.m.2n. **1** peso; carga **2** [fig.] obrigação; encargo **3** imposto pesado (Do lat. *onus*, «id.»)
onusto adj. **1** carregado **2** sobrecarregado (Do lat. *onustu-*, «id.»)
onze num.card. >quant.num. DT dez mais um ■ n.m. **1** o número 11 e a quantidade representada por esse número **2** o que, numa série, ocupa o décimo primeiro lugar **3** [gír.] (futebol) equipa convocada para um jogo (Do lat. *undĕcim*, «id.»)
onzena /ê/ n.f. **1** conjunto de onze objetos **2** juro de onze por cento **3** juro excessivo **4** usura (De *onze*+*-ena*)
onzenar v.intr. **1** emprestar a juro excessivo **2** mexericar; intrigar (De *onzena*+*-ar*)
onzenário adj. **1** relativo à onzena **2** que envolve usura ■ n.m. agiota; usurário (De *onzena*+*-ário*)
onzeneiro adj. **1** relativo à onzena **2** que envolve usura **3** que é mexeriqueiro, intriguista ■ n.m. **1** agiota; usurário **2** bisbilhoteiro; mexeriqueiro (De *onzena*+*-eiro*)
onzenice n.f. **1** usura **2** hábito de mexericar; bisbilhotice (De *onzena*+*-ice*)
onzeno /ê/ adj.,quant.,n.m. ⇒ **undécimo** (De *onze*+*-eno*)
oo- elemento de formação de palavras que exprime a ideia de *ovo, óvulo* (Do gr. *oón*, «ovo»)
oó n.m. [infant.] sono; *fazer* ~ dormir
ooblasto n.m. BIOLOGIA cada uma das células epiteliais, germinativas, do ovário, que, na fase inicial da oogénese, proliferam e originam oogónias; ovoblasto (Do gr. *oón*, «ovo» +*blastós*, «gérmen»)
oócito n.m. BIOLOGIA cada uma das células (citos) que, na oogénese, resultam do crescimento de uma oogónia (oócito de 1.ª ordem), ou desta depois de sofrer a redução cromática (oócito de 2.ª ordem); ovócito (Do gr. *oón*, «ovo» +*kýtos*, «cavidade; invólucro»)
ooforectomia n.f. CIRURGIA ⇒ **ovariectomia** (Do gr. *oophóros*, «que traz ovos» +*ektomé*, «corte» +*-ia*)
oogénese n.f. BIOLOGIA ⇒ **ovogenia** (De *oo-*+*-génese*)
oogenia n.f. BIOLOGIA ⇒ **ovogenia** (De *oo-*+*-genia*)
oogónia n.f. BIOLOGIA cada uma das células que, no início da oogénese, resultam da proliferação ativa dos ooblastos e vão originar oócitos; ovogónia (Do gr. *oón*, «ovo» +*gónos*, «geração» +*-ia*)
oogónio n.m. BOTÂNICA gametângio feminino unicelular, nas plantas talófitas (Do gr. *oón*, «ovo» +*gónos*, «geração» +*-io*)
oolítico adj. **1** relativo a oólito **2** PETROLOGIA que é formado por oólitos (De *oólito*+*-ico*)
oólito n.m. GEOLOGIA pequena concreção mineral, esférica ou elipsoidal, formada por camadas concêntricas, de natureza geralmente calcária, do tamanho de ovos de peixe (De *oo-*+*-lito*)
oologia n.f. parte da ornitologia que estuda especialmente os ovos; ovologia (De *oo-*+*-logia*)
oológico adj. relativo à oologia (De *oologia*+*-ico*)
oomancia n.f. suposta arte de adivinhar por meio de ovos (De *oo-*+*-mancia*)
ooscopia n.f. ⇒ **oomancia** (Do gr. *ooskopía*, «id.»)
oose n.f. GEOLOGIA depósito pelágico, de grão fino, com mais de 30% de materiais de origem orgânica (De *oo-*+*-ose*)
oosfera n.f. BOTÂNICA gâmeta feminino dos vegetais (De *oo-*+*esfera*)
ooteca n.f. ZOOLOGIA cápsula quitinosa onde são recolhidos os ovos após a postura, em alguns insetos (De *oo-*+*-teca*)
oótipo n.m. ZOOLOGIA órgão glandular que entra na constituição da parte feminina do aparelho genital dos trematodes, cestodes, etc. (Do gr. *oón*, «ovo» +*týpos*, «tipo»)
opa n.f. espécie de capa sem mangas mas com aberturas para os braços, usada pelos membros de irmandades e confrarias, em atos solenes (De orig. obsc.)
opacidade n.f. **1** qualidade de opaco **2** sombra espessa **3** lugar sombrio (Do lat. *opacitāte-*, «sombra»)
opacificação n.f. **1** MEDICINA introdução de um produto de contraste num órgão oco ou num canal, com o objetivo de os tornar visíveis ou delimitar os seus contornos ao longo de um exame radiológico **2** MEDICINA lesão cicatricial que altera a transparência normal da córnea ou do cristalino
opacimetria n.f. medida da opacidade de certas substâncias (Do lat. *opācu-*, «opaco»+gr. *métron*, «medida» +*-ia*)
opaco adj. **1** que não é transparente; que não deixa atravessar a luz nem ver os objetos através de si **2** espesso; compacto; denso **3** fechado **4** escuro **5** sombrio **6** obscuro **7** FILOSOFIA não permeável ao pensamento **7** LITERATURA diz-se de um termo que, em

certos contextos, não pode ser substituído por outro com a mesma referência sem que se altere a função de verdade do enunciado **8** LINGUÍSTICA diz-se de um discurso marcado pela presença do sujeito da enunciação (Do lat. *opăcu-*, «id.»)

opado *adj.* **1** grosso **2** inchado **3** balofo (Part. pass. de *opar*)

opal *n.m.* tecido de algodão muito fino, de cor leitosa, quase transparente, usado sobretudo em roupa interior de senhora (Do sânscr. *upala*, «pedra», pelo lat. *opălu-*, «opala», pelo al. *Opal*, «opala; opal»)

opala *n.f.* **1** MINERALOGIA mineraloide (sílica amorfa, mais ou menos hidratada) transparente ou translúcido, muitas vezes leitoso, com reflexos típicos (opalescência), que entra na constituição de muitas rochas, com muitas variedades usadas em joalharia, como a opala-arlequim (variegada), a opala de fogo (vermelha), etc. **2** ⇒ **opal** (Do sânscr. *upala*, «pedra», pelo lat. *opălu-*, «opala», pelo fr. *opale*, «id.»)

opalanda *n.f.* **1** opa grande **2** antigo vestuário talar (Do fr. ant. *houppelande*, «capa larga e comprida», pelo cast. *hopalanda*, «antigo hábito universitário»)

opalescência *n.f.* **1** qualidade de opalescente **2** reflexo opalino **3** QUÍMICA aparência leitosa, iridescente, de uma solução, originada pela reflexão da luz nas partículas em suspensão **4** MINERALOGIA jogo de cores observado em certos minerais - de modo especial na opala -, originado nos fenómenos de interferência na superfície de camadas muito finas formadas durante o crescimento do mineral (Do fr. *opalescence*, «id.»)

opalescente *adj.2g.* **1** da cor da opala; opalino **2** que tem reflexos irisados, como a opala (Do fr. *opalescent*, «id.»)

opalescer *v.tr.* dar reflexos (ou tonalidade) de opala a (De *opala*+-*escer*)

opalínida *n.m.* ZOOLOGIA ⇒ **opalinídeo**

opalinidade *n.f.* qualidade de opalino (De *opalino*+-*i*-+-*dade*)

Opalínidas *n.m.pl.* ZOOLOGIA ⇒ **Opalinídeos**

opalinídeo *adj.* relativo ou pertencente aos Opalinídeos ■ *n.m.* ZOOLOGIA espécime dos Opalinídeos

Opalinídeos *n.m.pl.* ZOOLOGIA família de protozoários plurinucleados que faz parte do grupo dos ciliados e que inclui parasitas intestinais de alguns animais (Do lat. *opălu-*, «opala», pelo fr. *opalin*, «opalino»+-*ídeos*)

opalino *adj.* **1** que brilha como a opala **2** que possui cor leitosa (De *opala*+-*ino*, ou do fr. *opalin*, «id.»)

opalização *n.f.* **1** ato ou efeito de opalizar **2** aspeto semelhante ao da opala **3** MINERALOGIA conjunto dos fenómenos que provocam transformações nos minerais que adquirem certas características da opala (De *opalizar*+-*ção*, ou do fr. *opalisation*, «id.»)

opalizar *v.tr.* dar o tom de opala a (De *opala*+-*izar*, ou do fr. *opaliser*, «id.»)

ópalo *n.m.* MINERALOGIA variedade de opala leitosa e azulada, utilizada em joalharia (Do lat. *opălu-*, «id.»)

opar *v.tr.* **1** fazer inchar **2** fazer intumescer **3** tornar balofo (De orig. obsc.)

op art *n.f.* ARTES PLÁSTICAS corrente do abstracionismo que utiliza a cor e padrões geométricos para criar a ilusão de movimento (Do ing. *op(tical) art*, «id.»)

opção *n.f.* **1** ato ou direito de optar; optação **2** livre escolha **3** preferência **4** tomada de posição **5** aquilo que se escolhe, ou por que se opta (Do lat. *optiōne-*, «id.»)

opcional *adj.2g.* **1** sujeito a opção **2** facultativo; não obrigatório (Do lat. *optionăle-*, «id.»)

open *n.m.* DESPORTO competição ou campeonato em que podem participar profissionais e amadores (Do ing. *open*)

ópera *n.f.* **1** MÚSICA peça dramática ou lírica originária da Itália, cantada com acompanhamento de orquestra **2** TEATRO espetáculo em que se representam essas peças **3** edifício onde se realizam esses espetáculos; **~ bufa** ópera totalmente cantada (sem diálogos) mas de carácter cómico e com personagens da vida real; **~ cómica** ópera, especialmente francesa (em princípio, de assunto faceto, depois, mesmo dramático ou trágico), em que o diálogo alterna geralmente com o canto (Do it. *opera*, «id.»)

operabilidade *n.f.* condição do que é passível de ser operado (De *operável*+-*i*-+-*dade*)

operação *n.f.* **1** ato ou efeito de operar **2** execução metódica **3** conjunto dos meios combinados para a consecução de um resultado **4** especulação comercial **5** CIRURGIA intervenção cirúrgica num doente **6** manipulação química ou farmacêutica **7** intervenção geralmente melindrosa e que é objeto de um cuidadoso planeamento **8** MILITAR ação de carácter militar que visa o cumprimento de uma missão **9** combate; **~ lógica/racional** PSICOLOGIA em J. Piaget, psicólogo suíço (1896-1980), ação interiorizada reversível e coordenada com outras segundo uma estrutura de conjunto (exemplo: dado um número, multiplicá-lo por 3, sabendo voltar ao número dado por meio de uma divisão por 3); **~ stop** conjunto de ações de vigilância realizadas pela polícia, em certos pontos da estrada, mandando parar as viaturas para controlar e detetar possíveis infrações (Do lat. *operatiōne-*, «trabalho»)

operacional *adj.2g.* **1** que pode ser utilizado em operações, quer dizer, contribuir para a consecução de um resultado que se pretende **2** pronto a funcionar; pronto para utilização **3** relativo a funcionamento **4** MILITAR pertencente ou respeitante a operações militares; *investigação* **~** método de análise científica de atividades ou operações com vista à tomada de decisões para obter os melhores resultados (Do lat. *operatiōne-*, «ação de trabalhar» +-*al*, ou do fr. *operationnel*, «id.»)

operacionalidade *n.f.* qualidade ou carácter do que é operacional (De *operacional*+-*i*-+-*dade*)

operacionalizar *v.tr.* **1** tornar operacional **2** preparar para realizar a sua função; tornar apto para levar a cabo uma tarefa (De *operacional*+-*izar*)

operado *adj.* **1** que sofreu intervenção cirúrgica **2** realizado; efetuado ■ *n.m.* aquele que sofreu intervenção cirúrgica (Do lat. *operātu-*, «operado», part. pass. de *operāre*, por *operāri*, «trabalhar; levar a efeito»)

operador *adj.* **1** que opera **2** que faz intervenções cirúrgicas **3** que é responsável pelo funcionamento de um ou vários instrumentos ou aparelhos ■ *n.m.* **1** aquele que opera **2** responsável pelo funcionamento de algo **3** MEDICINA médico cirurgião **4** MECÂNICA órgão de uma ferramenta mecânica que executa o trabalho útil que a máquina deve produzir **5** empresa que explora determinados serviços, como as telecomunicações, a eletricidade, etc.; operadora **6** MATEMÁTICA símbolo matemático que indica uma operação a realizar **7** LÓGICA símbolo, palavra, ou expressão que pertence a um determinado sistema linguístico (língua natural ou artificial) e que, anteposto a uma frase, gera uma outra mais complexa do que a inicial; **~ de câmara** CINEMA, TELEVISÃO profissional que se ocupa da captação e registo de imagens através de uma câmara (Do lat. *operatōre-*, «trabalhador»)

operadora *n.f.* **1** empresa responsável pela exploração de determinados serviços, públicos ou não, como por exemplo a eletricidade, as telecomunicações, etc. **2** empresa especializada na área do turismo, sobretudo em reserva e venda de viagens, pacotes turísticos, etc. (De *operador*)

operagem *n.f.* trabalho ou obra de operários (De *operar*+-*agem*)

operante *adj.2g.* **1** que opera **2** que funciona; eficiente **3** que realiza **4** que produz; produtivo **5** que trabalha (Do lat. *operante-*, «id.», part. pres. de *operāre*, por *operāri*, «trabalhar»)

operar *v.tr.* **1** atuar (em); agir (em) **2** fazer (operação matemática, química, farmacêutica, etc.) **3** fazer funcionar; acionar **4** executar; realizar ■ *v.tr.,intr.* **1** realizar uma intervenção cirúrgica (a) **2** produzir, surtir (um efeito); realizar ■ *v.intr.* **1** agir; obrar **2** MILITAR efetuar manobras ou movimentos militares ■ *v.pron.* **1** acontecer; suceder; realizar-se **2** sofrer uma intervenção cirúrgica (Do lat. *operāri*, «trabalhar»)

operária *n.f.* ZOOLOGIA abelha feminina que tem todo o trabalho da colmeia menos a postura de ovos; obreira (Do lat. *operaria-*, «jornaleira»)

operariado *n.m.* conjunto dos operários (De *operário*+-*ado*)

operário *n.m.* **1** o que exerce uma arte ou ofício; trabalhador; artífice **2** jornaleiro **3** [fig.] aquele que coopera na realização de uma ideia, ou promove o bem-estar comum; obreiro ■ *adj.* relativo ao trabalho ou ao operariado (Do lat. *operarĭu-*, «id.»)

operativo *adj.* **1** que opera; que funciona; que produz efeito **2** pronto para utilização; operacional **3** relativo a ação ou obra (De *operar*+-*tivo*)

operatória *n.f.* **1** arte de operar **2** cirurgia (De *operatório*)

operatório *adj.* **1** que diz respeito a operação cirúrgica **2** que consiste em operações metodicamente ordenadas **3** relativo a ação; *medicina operatória* cirurgia; *pensamento* **~** estádio do desenvolvimento em que a criança é capaz de processos mentais reversíveis (De *operar*+-*tório*, ou do fr. *opératoire*, «id.»)

operável *adj.2g.* **1** que pode operar-se **2** que pode submeter-se a uma operação (De *operar*+-*vel*)

operculado *adj.* que tem opérculos; operculífero (De *opérculo*+-*ado*)

opercular *adj.2g.* **1** que possui opérculo **2** que funciona como opérculo **3** que tapa **4** ICTIOLOGIA designativo do aparelho exosquelético de alguns peixes, peças constituintes e região onde ele está situado (De *opérculo*+-*ar*)

operculífero adj. ⇒ **operculado** (Do lat. opercŭlu-, «opérculo» +ferre, «trazer; ter»)

operculiforme adj.2g. em forma de opérculo (Do lat. opercŭlu-, «opérculo» +forma-, «forma»)

opérculo n.m. **1** peça móvel que tapa uma abertura ou cobre uma cavidade **2** tampa do turíbulo, objeto em que se queima o incenso em celebrações litúrgicas **3** BOTÂNICA espécie de tampa em alguns órgãos vegetais, como nas urnas dos musgos e em certos frutos **4** ZOOLOGIA formação córnea ou calcária que tapa a abertura de certas conchas, como em alguns moluscos **5** ZOOLOGIA peça valvular, membranosa, de que estão munidos os orifícios nasais externos em alguns animais **6** ICTIOLOGIA aparelho opercular (exosqueleto) que tapa a cavidade branquial de certos peixes, peça principal deste conjunto (Do lat. opercŭlu-, «tampa»)

opereta n.f. **1** {diminutivo de **ópera**} MÚSICA pequena ópera **2** MÚSICA ópera ligeira, de texto simples e feição popular (Do it. operetta, «id.»)

operetista n.2g. MÚSICA pessoa que compõe operetas (De opereta+-ista)

operista adj.2g. MÚSICA referente a ópera ∎ n.2g. MÚSICA pessoa que compõe óperas (De ópera+-ista)

operosidade n.f. qualidade de operoso (Do lat. operositāte-, «excesso de trabalho»)

operoso adj. **1** que opera **2** produtivo **3** laborioso (Do lat. operōsu-, «laborioso»)

opiáceo adj. **1** relativo ao ópio **2** da natureza do ópio **3** que contém ou é preparado com ópio ∎ adj.,n.m. FARMÁCIA que ou substância natural ou sintética que deriva do ópio, podendo ser usada com fins medicinais, geralmente para aliviar dores muito fortes (De ópio+-áceo)

opiado adj. **1** preparado com ópio **2** que contém ópio (Part. pass. de opiar)

opiar v.tr. misturar ou preparar com ópio (De ópio+-ar)

opiato n.m. **1** FARMÁCIA medicamento preparado com ópio **2** [ant.] pasta dentífrica (De ópio+-ato)

ópido n.m. lugar, vila ou cidade fortificada (Do lat. oppĭdu-, «cidade fortificada»)

opífero adj. [poét.] que presta auxílio; que socorre (Do lat. opifĕru-, «caritativo; benéfico»)

opifício n.m. **1** obra **2** trabalho **3** oficina (Do lat. opificĭu-, «obra»)

opilação n.f. **1** ato ou efeito de opilar **2** obstrução **3** oclusão (Do lat. oppilatiōne-, «id.»)

opilante adj.2g. ⇒ **opilativo** (Do lat. oppilante-, «que tapa», part. pres. de oppilāre, «tapar; obstruir»)

opilar v.tr. **1** causar opilação ou oclusão a; obstruir **2** tornar inchado (Do lat. oppilāre, «tapar; obstruir»)

opilativo adj. **1** que produz opilação **2** que tende a fechar ou a entupir (De opilar+-tivo)

opimo adj. **1** fecundo **2** abundante **3** excelente **4** rico (Do lat. opīmu-, «fértil»)

opinante adj.2g. **1** que opina; que manifesta a sua opinião **2** que tem direito a emitir uma opinião (Do lat. opinante, «id.», part. pres. de opināre, «ter opinião; pensar; opinar»)

opinar v.tr.,intr. emitir opinião (sobre); dizer o que se pensa (sobre) ∎ v.tr. julgar; entender (Do lat. opināre, «opinar»)

opinativo adj. **1** que se baseia na opinião particular **2** suscetível de discussão; discutível **3** incerto; duvidoso (Do lat. opinatīvu-, «id.»)

opinável adj.2g. **1** em relação ao qual pode opinar **2** sujeito à divergência de opiniões **3** que se baseia em conjeturas; conjetural (Do lat. opinabĭle-, «fundado na opinião; conjetural»)

opinião n.f. **1** modo de ver pessoal ou subjetivo **2** parecer emitido sobre um assunto **3** avaliação ou parecer de uma pessoa especializada numa determinada área **4** ideia; conceção **5** presunção **6** adesão do espírito a um juízo, sem exclusão do receio de errar; crença; convicção; sentimento **7** aquilo a que o espírito adere sem a certeza de se estar na verdade **8** pensamento geral ou atitude em relação a questões políticas, morais, filosóficas, religiosas **9** FILOSOFIA assentimento parcial; ~ **pública** o que passa por ser o pensamento comum da maioria dos membros de uma sociedade; **fazer** ~ conseguir a adesão de muitos a uma opinião ou conceito emitido (Do lat. opiniōne-, «id.»)

opiniático adj. **1** aferrado ao seu modo de ver ou de querer; opinioso **2** contumaz; teimoso **3** orgulhoso (Do lat. opini[one-], «opinião» +-ático)

opinionário n.m. PSICOLOGIA teste de sondagens de opinião constituído por séries de proposições a aceitar ou a rejeitar, ou então a hierarquizar (J. Stoetzel, psicólogo e sociólogo francês, 1910-1987) (Do lat. opin[iōne-], «opinião» +ário)

opinioso /ô/ adj. opiniático (Do lat. opiniōsu-, «firme na opinião»)

opio- elemento de formação de palavras que exprime a ideia de ópio (Do gr. ópion, «id.»)

ópio n.m. **1** suco narcótico obtido de algumas espécies de papoilas, como a dormideira, e que fornece importantes alcaloides (morfina, papaverina) de aplicações terapêuticas **2** droga que se obtém a partir dessa substância **3** [fig.] o que causa adormecimento, entorpecimento **4** [fig.] intrujice; manha (Do gr. ópion, «id.», pelo lat. opĭu-, «id.»)

opiofagia n.f. **1** ingestão de ópio **2** hábito de ingerir ou fumar ópio (De opiófago+-ia)

opiófago adj.,n.m. que ou aquele que ingere ou fuma ópio (De opio-+-fago)

opioide adj.2g.,n.m. FARMÁCIA que ou substância sintética, como é o caso da metadona, que apresenta propriedades semelhantes às de opiáceos naturais (De ópio+-óide)

opióide ver nova grafia opioide

opiologia n.f. estudo ou tratado acerca do ópio (De opiólogo+-ia)

opiólogo n.m. indivíduo que se dedica ao estudo do ópio (De opio-+-logo)

opiomania n.f. vício de fumar ou ingerir ópio (De opio-+-mania)

opiómano adj.,n.m. que ou aquele que tem o vício de ingerir ou fumar ópio (De opio-+-mano)

opíparo adj. **1** sumptuoso; magnificente **2** esplêndido **3** lauto; rico; abundante (Do lat. opipăru-, «id.»)

opístio n.m. ANATOMIA ponto craniométrico, ímpar, situado no bordo posterior do buraco occipital (Do gr. opísthion, «posterior»)

opístion n.m. ANATOMIA ⇒ **opístio**

opist(o)- elemento de formação de palavras que exprime a ideia de atrás, posterior (Do gr. ópisthen, «id.»)

opistobrânquio adj. relativo ou pertencente aos opistobrânquios ∎ n.m. ZOOLOGIA espécime dos opistobrânquios ∎ n.m.pl. ZOOLOGIA grupo de moluscos gastrópodes, marinhos, cuja brânquia está voltada para trás ou para o lado (De opisto-+brânquia)

opistocélico adj. ZOOLOGIA (vértebra) cujo corpo só apresenta côncava a face posterior (Do gr. ópisthen, «atrás» +koîlon, «cavidade» + -ico)

opistogástrico adj. ANATOMIA que fica situado atrás do estômago (De opisto-+gástrico)

opistóglifo n.m. dente dos opistóglifos ∎ n.m.pl. ZOOLOGIA grupo de ofídios da família dos Colubrídeos, com dentes posteriores sulcados, em regra inoculadores de uma substância anestésica e venenosa (Do gr. ópisthen, «atrás» +glýphein, «gravar; esculpir»)

opistografia n.f. hábito de escrever nas duas páginas de uma folha (De opisto-+-grafia)

opistógrafo adj. (folha, documento) que está escrito de ambos os lados ∎ n.m. folha ou documento escrito dos dois lados (Do gr. opisthógraphos, «escrito dos dois lados»)

opistopária n.f. PALEONTOLOGIA a mais importante das ordens de trilobites (De orig. obsc.)

opistótico n.m. osso da região ótica do crânio (Do gr. ópisthen, «detrás» +otikós, «auricular»)

opo-[1] elemento de formação de palavras que exprime a ideia de sumo, suco (Do gr. opós, «suco»)

opo-[2] elemento de formação de palavras que exprime a ideia de olho, rosto (Do gr. ops, opós, «olho»)

opobalsameira n.f. BOTÂNICA designação extensiva a umas árvores da família das Burseráceas, das quais se obtém o opobálsamo (De opobálsamo+-eira)

opobálsamo n.m. bálsamo líquido que se extrai da opobalsameira (Do gr. opobálsamon, «bálsamo líquido», pelo lat. opobalsămu-, «id.»)

opocéfalo n.m. TERATOLOGIA ser com uma só órbita, sem boca e sem nariz (De gr. ops, opós, «olho» +kephalé, «cabeça»)

opodeldoque n.m. FARMÁCIA linimento utilizado contra as dores reumáticas, à base de sabão, cânfora, amoníaco, sal marinho e essências (Do fr. opodeldoc, «id.»)

opoente adj.,n.2g. ⇒ **oponente**

oponente adj.2g. que se opõe; opositor; contrário ∎ n.2g. **1** o que se opõe **2** pessoa contrária a alguma coisa ou alguém; adversário (Do lat. opponente-, «id.», part. pres. de oponĕre, «pôr diante; opor»)

oponibilidade n.f. qualidade de oponível (Do lat. *opponibĭle-, «oponível» +-i-+-dade)

oponível adj.2g. que se pode opor (Do lat. *opponibĭle, «id.»)

opopânace n.m. goma obtida de umas plantas da família das Umbelíferas e das Burseráceas, que se encontram especialmente na Ásia, que já teve aplicações terapêuticas e é utilizada no fabrico de perfumaria (Do gr. opopánax, «suco de férula», pelo lat. opopanăce-, «id.»)

opópanax /cs/ n.m. (plural **opopânaces**) ⇒ **opopânace**
opor v.tr. 1 colocar ou elevar em frente de algo, de maneira a formar obstáculo 2 pôr diante de 3 pôr em paralelo ou em contraste; contrapor; confrontar; contrastar 4 apresentar como argumento contrário; objetar 5 impugnar 6 proceder de modo contrário a ■ v.pron. 1 obstar; ser contrário 2 resistir; não aderir 3 recusar 4 impedir; contrariar (De oportuno+, «id.»)
oportunamente adv. 1 a tempo 2 na ocasião própria (De oportuno+-mente)
oportunidade n.f. 1 qualidade de oportuno 2 ocasião favorável; ensejo 3 possibilidade de fazer algo (Do lat. opportunitāte-, «id.»)
oportunismo n.m. sistema de transigir com as circunstâncias, ou de se acomodar a elas, aproveitando-as geralmente de forma pouco ética (De oportuno+-ismo, ou do fr. opportunisme, «id.»)
oportunista adj.,n.2g. 1 relativo ao oportunismo 2 que pratica o oportunismo 3 MEDICINA (microrganismo, doença) que só infeta ou é perigoso quando a resistência do hospedeiro se encontra diminuída ■ n.2g. pessoa que se aproveita das circunstâncias, geralmente de forma pouco ética (De oportuno+-ista, ou do fr. opportuniste, «id.»)
oportuno adj. 1 que vem a tempo ou a propósito 2 apropriado; conveniente 3 favorável (Do lat. opportūnu-, «id.»)
oposição n.f. 1 ato ou efeito de opor ou de se opor 2 obstáculo; resistência 3 contraste 4 incompatibilidade; rivalidade 5 impugnação; contestação 6 POLÍTICA ação política dos que se opõem aos métodos do governo ou ao próprio governo 7 POLÍTICA grupo ou grupos que realizam tal atividade 8 ASTRONOMIA posição relativa de dois astros que diferem 180° nas suas longitudes celestes 9 LINGUÍSTICA correlação entre uma unidade linguística e outras unidades linguísticas no plano do paradigma 10 PSICOLOGIA atitude de certos psicopatas que consiste em oporem-se a todo o exame, a todo o contacto social, e que constitui uma forma de negativismo (Do lat. oppositiōne-, «id.»)
oposicionismo n.m. POLÍTICA oposição sistemática a um regime político ou a um governo (De oposição+-ismo)
oposicionista adj.,n.2g. 1 que ou a pessoa que faz oposição 2 que ou o que combate (Do lat. oppositiōne-, «oposição»+-ista)
oposipétalo adj. BOTÂNICA (peça floral) cuja inserção tem posição oposta a uma pétala (Do lat. opposĭtu-, «oposto», part. pass. de opponĕre, «opor»+gr. pétalon, «pétala»)
opositivo adj. 1 que implica ou inclui oposição; oposto 2 colocado um em frente do outro (Do lat. opposĭtu-, «oposto», part. pass. de opponĕre, «opor»+-ivo)
opositor n.m. 1 aquele que se opõe; oponente; adversário 2 concorrente; competidor (Do lat. opposĭtu-, «oposto», part. pass. de opponĕre, «opor»+-or)
opossum n.m. 1 ZOOLOGIA pequeno marsupial americano, arborícola ou aquático, de vida noturna, cuja pele é muito apreciada; sarigueia 2 pele desse animal depois de preparada (Do ing. opossum, «id.»)
oposto /ô/ adj. 1 colocado em frente a alguma coisa; que está defronte; fronteiro 2 que é totalmente diferente; inverso; contrário 3 contraditório 4 que faz oposição; antagónico 5 BOTÂNICA diz-se das folhas e dos ramos inseridos dois a dois e em frente um do outro, no caule ■ n.m. o que é contrário ou inverso (Do lat. opposĭtu-, «id.», part. pass. de opponĕre, «opor»)
opoterapia n.f. MEDICINA processo terapêutico por meio de extratos obtidos de órgãos animais (Do gr. opós, «suco»+therapeía, «tratamento»)
opoterápico adj. relativo à opoterapia (De opoterapia+-ico)
opressão n.f. 1 ato ou efeito de oprimir 2 estado de quem ou daquilo que se acha oprimido 3 ação de dominar pela força ou violência; tirania 4 repressão 5 aflição; angústia 6 vexame 7 dificuldade de respirar (Do lat. oppressiōne-, «id.»)
opressivo adj. 1 que oprime ou serve para oprimir; opressor 2 repressivo 3 que aflige; que angustia 4 sufocante (Do lat. oppressu-, «oprimido», part. pass. de opprimĕre, «oprimir»+-ivo)
opresso adj. ⇒ **oprimido** adj. (Do lat. oppressu-, «oprimido», part. pass. de opprimĕre, «oprimir»)
opressor adj. que oprime; opressivo; repressivo ■ n.m. 1 aquele que oprime 2 tirano; déspota (Do lat. oppressōre-, «id.»)
opressório adj. ⇒ **opriment** (Do lat. oppressu-, «oprimido», part. pass. de opprimĕre, «oprimir»+-ório)
opriment adj.2g. ⇒ **opressivo** (Do lat. oprimente-, «id.», part. pres. de opprimĕre, «oprimir»)
oprimido adj. 1 que sofre opressão; reprimido 2 perseguido 3 vexado 4 angustiado ■ n.m. 1 indivíduo que sofre opressão 2 indivíduo perseguido (Part. pass. de oprimir)

oprimir v.tr. 1 causar opressão a 2 exercer um domínio cruel e injusto sobre; tiranizar 3 reprimir 4 carregar; sobrecarregar 5 apertar 6 pressionar 7 afligir; atormentar; angustiar 8 vexar; humilhar (Do lat. opprimĕre, «id.»)
opróbrio n.m. 1 afronta vergonhosa; injúria 2 vexame; vergonha 3 desonra 4 abjeção; ignomínia 5 desprezo (Do lat. opprobrĭu-, «id.»)
oprobrioso /ô/ adj. 1 que causa ou envolve opróbrio 2 infamante; vergonhoso (Do lat. opprobriōsu-, «id.»)
opsígono adj. diz-se dos dentes cujo nascimento se verifica depois do dos molares, como os chamados dentes do siso (Do gr. opsígonos, «nascido tarde»)
opsi(o)- elemento de formação de palavras que exprime a ideia de olhar, vista (Do gr. ópsis, «vista»)
opsiometria n.f. determinação de certas qualidades da visão num indivíduo, como os limites de visão distinta; opticometria; optometria (De opsio-+-metria)
opsiométrico adj. relativo à opsiometria ou ao opsiómetro (De opsiometria+-ico)
opsiómetro n.m. instrumento empregado em opsiometria; opticómetro; optómetro (De opsio-+-metro)
optação n.f. 1 ato ou faculdade de optar; opção 2 recurso estilístico que consiste na expressão de um desejo, de um voto sob a forma exclamativa (Do lat. optatiōne-, «id.»)
optante adj.,n.2g. que ou aquele que opta ou tem direito de optar (Do lat. optante-, «id.», part. pres. de optāre, «escolher; optar»)
optar v.tr. fazer escolha (entre diversas possibilidades); decidir-se (por); preferir ■ v.intr. exercer o direito de opção (Do lat. optāre, «id.»)
optativo adj. 1 relativo a opção 2 que envolve uma escolha 3 que indica um desejo; desiderativo (Do lat. optatīvu-, «id.»)
óptica ver nova grafia ótica
opticidade ver nova grafia oticidade
opticista ver nova grafia oticista
optico- ver nova grafia otico-
óptico ver nova grafia ótico[1]
opticometria n.f. ⇒ **opsiometria** (Do gr. optikós, «relativo à visão»+métron, «medida»+-ia)
opticométrico adj. relativo à opticometria (De opticometria+-ico)
opticómetro n.m. ⇒ **optómetro** (De optico-+-metro)
optimacia n.f. ⇒ **optimatia**
optimamente ver nova grafia otimamente
optimate n.m. 1 aristocrata, na antiga Roma 2 magnate (Do lat. optimāte-, «nobre»)
optimatia n.f. 1 conjunto dos optimates 2 classe dos optimates 3 aristocracia (De optimate+-ia)
optimismo ver nova grafia otimismo
optimista ver nova grafia otimista
optimização ver nova grafia otimização
optimizar ver nova grafia otimizar
óptimo ver nova grafia ótimo
optofone n.m. aparelho que, utilizando as propriedades da célula fotoelétrica, transforma as ondas luminosas em ondas sonoras, permitindo assim aos cegos «ler» qualquer texto impresso (Do gr. optós, «visível»+phoné, «som»)
optografia n.f. conjunto de operações para a obtenção de optógrafos (Do gr. optós, «visível»+gráphein, «descrever»+-ia)
optógrafo n.m. fotografia da imagem na retina (Do gr. optós, «visível»+gráphein, «descrever»)
optometria n.f. determinação da acuidade visual; opticometria; opsiometria (De optómetro+-ia)
optométrico adj. relativo a optometria ou ao optómetro (De optometria+-ico)
optometrista n.2g. especialista em optometria (De optometria+-ista)
optómetro n.m. instrumento utilizado em optometria; opsiómetro; opticómetro (Do gr. optós, «visível»+metrón, «medida»)
opugnação n.f. 1 ato ou efeito de opugnar 2 oposição; impugnação 3 ataque 4 assalto (Do lat. oppugnatiōne-, «id.»)
opugnador adj.,n.m. 1 que ou aquele que opugna 2 assaltante 3 agressor (Do lat. oppugnatōre-, «id.»)
opugnar v.tr. 1 pugnar contra 2 investir ou acometer contra; assaltar 3 [fig.] refutar 4 [fig.] atacar por escrito (Do lat. oppugnāre, «id.»)
opulência n.f. 1 riqueza extraordinária 2 abundância 3 sumptuosidade; magnificência 4 [fig.] os riçaços (De lat. opulentĭa-, «id.»)
opulentar v.tr.,pron. 1 tornar(-se) opulento; enriquecer 2 engrandecer(-se); sublimar(-se); enobrecer(-se) (Do lat. opulentāre, «id.»)

opulento

opulento *adj.* 1 muito rico 2 muito abundante 3 magnífico; faustoso 4 muito desenvolvido (Do lat. *opulentu*-, «id.»)

Opunciáceas *n.f.pl.* BOTÂNICA ⇒ **Cactáceas** (Do lat. bot. *Opuntĭa*, de *opuntĭu*-, «de Opunte», top., cidade do Peloponeso, na antiga Grécia +-*áceas*)

opus *n.m.* 1 MÚSICA número de catalogação de uma ou mais obras no contexto da produção de determinado compositor 2 MÚSICA obra musical catalogada e numerada (Do lat. *opus*, «obra»)

opúsculo *n.m.* 1 pequena composição sobre arte, ciência ou literatura 2 folheto (Do lat. *opuscŭlu*-, «id.», dim. de *opus*, «obra»)

ora *conj.* 1 mas; porém; contudo (*ele adorou o livro; ora, eu detesto-o*) 2 além disso; pois bem; assim; portanto (*se quisesse vir, tinha dito; ora, se não disse, é porque não vem*) ▪ *adv.* agora; no momento presente; ~! exclamação que exprime impaciência, menosprezo ou dúvida; ~ *essa!* exclamação que exprime admiração ou espanto; *de ~ em diante* daqui para o futuro; *por ~* por agora (Do lat. *ad horam*, «para a hora»)

oração *n.f.* 1 invocação de Deus ou dos santos; prece; reza 2 RELIGIÃO meditação que inclui prece e contemplação 3 discurso 4 GRAMÁTICA frase simples ligada a outra(s) por coordenação ou subordinação e com a(s) qual(is) forma uma frase complexa; ~ *dominical* (liturgia católica) o pai-nosso (Do lat. *oratiōne*-, «id.»)

oracional *adj.2g.* respeitante ou equivalente a oração ou proposição (Do lat. *orationāle*-, «id.»)

oracular[1] *adj.2g.* 1 que diz respeito a oráculo 2 proferido em forma de oráculo (De *oráculo*+-*ar*, sufixo nominal)

oracular[2] *v.intr.* ⇒ **oraculizar** (De *oráculo*+-*ar*, sufixo verbal)

oraculino *adj.* próprio de oráculo (De *oráculo*+-*ino*)

oraculizar *v.tr.,intr.* proferir como oráculo (De *oráculo*+-*izar*)

oráculo *n.m.* 1 MITOLOGIA profecia, geralmente obscura e alegórica, feita por uma divindade em resposta a quem a consultava 2 MITOLOGIA a própria divindade que fazia a profecia 3 MITOLOGIA lugar onde se consultava essa divindade 4 RELIGIÃO mensagem de Deus transmitida pelos profetas 5 RELIGIÃO local mais sagrado no templo dos Judeus 6 [fig.] profecia 7 [fig.] revelação 8 [fig.] resposta infalível 9 [fig.] pessoa cujo conselho tem grande autoridade; *falar como um* ~ falar com acerto; *falar de* ~ falar com ar misterioso (Do lat. *oracŭlu*-, «id.»)

orada *n.f.* 1 lugar onde o povo vai orar 2 ermida fora do povoado (Do lat. *orāta*, «súplicas», part. pass. neut. pl. subst. de *orāre*, «orar; suplicar»)

orador *n.m.* 1 aquele que discursa em público 2 pregador 3 o que fala com eloquência (Do lat. *oratōre*-, «id.»)

orago *n.m.* 1 RELIGIÃO santo ou anjo a que é dedicado um templo, uma capela ou uma povoação; padroeiro 2 ⇒ **oráculo** (Do lat. *oracŭlu*-, «oráculo»)

oral *adj.2g.* 1 referente à boca 2 que é falado; dito de viva voz 3 que não está escrito 4 LINGUÍSTICA (SOM) que é produzido pela boca, sem ressonância nasal ▪ *n.f.* exame realizado com base em perguntas e respostas de viva voz e, portanto, sem ser por escrito; *estádio* ~ PSICOLOGIA segundo Freud, médico austríaco, fundador da psicanálise (1856-1939): o primeiro estádio pré-genital da sexualidade infantil, no qual os lábios e a boca constituem a zona erógena dominante (Do lat. *ore*-, «boca» +-*al*, ou do fr. *oral*, «id.»)

oralidade *n.f.* 1 qualidade daquilo que é falado 2 exposição oral 3 uso de processos orais 4 LINGUÍSTICA modalidade de realização da língua, concretizada por falantes em presença e que se caracteriza por ser efémera e irrepetível, pela presença marcante de diálogos, por utilizar um vocabulário menos cuidado do que na escrita, etc. (De *oral*-*i*-+-*dade*)

oralmente *adv.* 1 por via oral 2 sem ser por escrito; de viva voz (De *oral*+-*mente*)

-orama sufixo nominal, de origem grega, que exprime a ideia de espetáculo, vista (*panorama, diaporama*)

orangotango *n.m.* ZOOLOGIA símio antropomorfo da família dos Simiídeos, com pernas relativamente curtas, braços longos e pelagem avermelhada, que habita atualmente as ilhas de Bornéu e Samatra (Do mal. *órang*, «homem» +*ūtan*, «bosque»)

orar *v.tr.,intr.* 1 fazer oração (a); rezar 2 rogar; suplicar ▪ *v.intr.* proferir um discurso; falar em público (Do lat. *orāre*, «id.»)

orário *n.m.* lenço usado entre os Romanos para limpar a boca (Do lat. *orarĭu*-, «id.»)

orate *n.2g.* 1 pessoa doida; demente 2 idiota; *casa de orates* hospital de alienados, casa de malucos (Do cat. *orat*, «louco», pelo cast. *orate*, «id.»)

oratória *n.f.* 1 RETÓRICA arte de discursar em público; eloquência 2 LITERATURA, MÚSICA peça dramática, poema ou larga composição vocal e instrumental com coros e solistas, de assunto religioso, bíblico ou hagiográfico (Do lat. *oratorĭa*-, «id.»)

oratoriamente *adv.* à maneira de discurso (De *oratório*+-*mente*)

oratoriano *adj.* RELIGIÃO da Congregação do Oratório, introduzida em Portugal em 1668 ▪ *n.m.* RELIGIÃO membro dessa congregação (De *Oratório*+-*ano*)

oratório *adj.* 1 relativo à oratória 2 próprio de orador ▪ *n.m.* 1 móvel em forma de armário ou capela, que contém imagens de santos 2 compartimento de moradia que se transforma em capela ou se consagra à oração 3 lugar onde faziam oração os condenados à morte, antes de serem justiçados 4 LITERATURA, MÚSICA ⇒ **oratória** 1; *estar de* ~ [acad.] estar a estudar o ponto que se tirou para fazer exame (Do lat. *oratorĭu*-, «capelinha»)

orbe *n.m.* 1 esfera; globo; redondeza 2 corpo celeste; astro 3 área de órbita de um astro 4 área; setor (Do lat. *orbe*-, «id.»)

orb(i)- elemento de formação de palavras que exprime a ideia de *mundo, orbe, universo* (Do lat. *orbe*-, «id.»)

orbícola *adj.2g.* 1 que viaja por toda a parte 2 que pode habitar em qualquer parte do Globo 3 cosmopolita ▪ *n.m.* habitante do orbe (De *orbi*-+-*cola*)

orbícula *n.f.* ZOOLOGIA molusco acéfalo (Do lat. *orbicŭlu*-, «roda pequena»)

orbicular *adj.2g.* 1 em forma de orbe; esférico; circular 2 ANATOMIA diz-se de alguns músculos em forma de anel que rodeiam certos orifícios do organismo (músculo orbicular dos lábios, das pálpebras, etc.) (Do lat. *orbiculāre*-, «id.»)

orbículo *n.m.* 1 BOTÂNICA esporângio pedunculado em alguns fungos 2 formação que cobre ou protege alguns órgãos vegetais (Do lat. *orbicŭlu*-, «roda pequena»)

órbita *n.f.* 1 ANATOMIA cavidade óssea onde se aloja o globo ocular e alguns anexos 2 ASTRONOMIA trajetória descrita por um astro, planeta, cometa e outros corpos celestes no seu movimento, sob a ação atrativa do Sol (centro do sistema solar) 3 faixa periférica que contorna o olho das aves 4 [fig.] esfera de ação; área; *em* ~ alheado da realidade, distraído (Do lat. *orbīta*-, «linha circular»)

orbital *adj.2g.* 1 relativo à órbita 2 ANATOMIA ocular ▪ *n.f.* FÍSICA função que descreve o comportamento de um eletrão num átomo, ião ou molécula (De *órbita*+-*al*)

orbitar *v.intr.* descrever uma órbita; ~ *em torno de alguém* [fig.] viver sob a égide de determinada pessoa, ser totalmente influenciado por determinada pessoa

orbitário *adj.* ⇒ **orbital** *adj.2g.* (De *órbita*+-*ário*)

orbívago *adj.* que erra pelo orbe; orbícola (Do lat. *orbe*-, «orbe» +*vagāre*, «vaguear»)

orca *n.f.* 1 ZOOLOGIA grande cetáceo da família dos Delfinídeos, carnívoro voraz, com dentes afiados, que persegue as baleias, focas e peixes de grande porte para se alimentar, e habita os mares do Norte 2 pequena ânfora de barro 3 copo para dados 4 [regionalismo] dólmen; anta (Do lat. *orca*-, «id.»)

orça[1] *n.f.* ato de orçar ou calcular (Deriv. regr. de *orçar*)

orça[2] *n.f.* NÁUTICA cabo que se fixa ao lais de uma verga bastarda para a manobra; *meter à* ~ navegar à bolina, bolinar (Do it. *orza*, «id.», pelo cast. *orza*, «orça; bolina»)

orça[3] *n.f.* raça de cavalos corpulentos (Do ing. *horse*, «cavalo»)

orçador *adj.,n.m.* que ou aquele que orça ou faz orçamento (De *orçar*+-*dor*)

orçamentação *n.f.* cálculo ou elaboração de orçamento (De *orçamentar*+-*ção*)

orçamental *adj.2g.* que diz respeito a orçamento (De *orçamento*+-*al*)

orçamentar *v.tr.* 1 orçar; calcular 2 elaborar orçamento para (De *orçamento*+-*ar*)

orçamentário *adj.* relativo a orçamento (De *orçamento*+-*ário*)

orçamentista *n.2g.* 1 especialista em orçamentos 2 orçamentólogo (De *orçamento*+-*ista*)

orçamento *n.m.* 1 ato ou efeito de orçar ou calcular 2 cálculo prévio das despesas necessárias para realizar uma obra; estimativa 3 previsão das receitas e despesas de uma família, empresa ou outra organização, relativas a um determinado período de tempo; ~ *base zero* ECONOMIA projeção orçamental em que se analisa, revê e justifica todas as despesas propostas, em função de objetivos e programas a cumprir e não em função de orçamentos anteriores; *Orçamento do Estado* ECONOMIA previsão das receitas e despesas da Administração Pública relativas a um ano (De *orçar*+-*mento*)

orçamentologia *n.f.* técnica da organização de orçamentos (De *orçamento*+-*logia*)

orçamentologista *n.2g.* ⇒ **orçamentólogo** (De *orçamentologia*+-*ista*)

orçamentólogo *n.m.* técnico especializado na elaboração de orçamentos (De *orçamento*+-*logo*)

orçar v.tr. 1 calcular ou estimar (o preço ou o valor de); fazer o orçamento de; computar 2 ter aproximadamente; andar por; rondar ■ v.intr. 1 NÁUTICA meter ou ir à orça; navegar à bolina; bolinar 2 NÁUTICA manobrar o leme para levar a embarcação a aproximar a proa da linha do vento (Do italiano *orzare*, «idem»)

orçaz n.m. parte inferior de uma rede de pesca (De orig. obsc.)

orchata n.f. 1 espécie de xarope preparado com uma emulsão de cevada e amêndoas doces pisadas 2 refresco feito de pevides de melancia, água e açúcar (Do lat. *hordeăta-*, «feita com cevada», pelo cast. *horchata*, «orchata»)

orcina n.f. substância corante, de origem vegetal, que se obtém de líquenes, como a urzela, e da qual derivam a orceína, o tornassol, etc. (Do fr. *orcéine*, «id.»)

Orco n.m. 1 região dos mortos 2 o Inferno, segundo a crença dos antigos pagãos (Do lat. *orcu-*, «id.»)

ordálio n.m. prova jurídica, chamada também juízo de Deus, usada na Idade Média, que consistia em o acusado se submeter a torturas físicas que provariam a sua inocência, caso não lhe causassem dano (Do ing. ant. *ordâl*, «juízo; julgamento», ou do ant. alto-al. *urteili*, «id.», pelo lat. tard. *ordalĭa*, pl. de *ordalĭum*, «julgamento de Deus»)

ordeiro adj. 1 amigo da ordem 2 pacato 3 conservador (De *ordem+-eiro*)

ordem n.f. 1 posição, classe, categoria a que pertencem as pessoas ou as coisas num conjunto racionalmente organizado ou hierarquizado 2 disposição regular e metódica; organização; regularidade 3 sucessão; seriação cronológica 4 dinheiro depositado em banco 5 arranjo; arrumação 6 fila; fileira; renque 7 endosso de uma letra 8 modo; maneira 9 categoria; classe; série 10 espécie 11 sossego; paz 12 disciplina (militar ou civil) 13 boa administração 14 conveniência 15 mandado; autorização 16 regra; lei 17 ARQUITECTURA na arquitetura clássica, sistema caracterizado essencialmente pelo uso de um tipo específico de coluna e de entablamento, a partir dos quais se distinguem três ordens gregas (dórica, jónica e coríntia) e duas romanas (toscana e compósita) 18 confraria 19 RELIGIÃO comunidade religiosa 20 RELIGIÃO sacramento da Igreja pelo qual se conferem os vários graus das ordens sacras 21 instituição honorífica para premiar serviços ou enaltecer o mérito 22 BIOLOGIA categoria utilizada na classificação dos organismos, constituída por uma ou mais famílias similares ou muito proximamente relacionadas 23 [com maiúscula] associação profissional de direito público, criada com o objetivo de representar e autorregulamentar, de forma autónoma, profissões cujo exercício exige independência técnica (Ordem dos Médicos, Ordem dos Advogados); ~! exclamação que serve para lembrar a alguém que está fora da ordem; ~ *compósita* ARQUITECTURA na arquitetura romana, ordem também denominada triunfal, constituída por elementos das ordens jónica e coríntia e caracterizada pela riqueza decorativa; ~ *de batalha* MILITAR conjunto de dados sobre a constituição, a organização, o pessoal, o equipamento, a instrução, etc., de determinadas forças militares; ~ *de despejo* DIREITO mandato judicial para um arrendatário abandonar o prédio que ocupa; ~ *do dia* elenco dos assuntos sobre que uma assembleia é chamada a deliberar; ~ *numérica* ordem dos números naturais a partir da unidade; *ordens maiores/sacras* RELIGIÃO episcopado, presbiterado ou sacerdócio, diaconado, que são de instituição divina, e subdiaconado (suprimido em 1972); *ordens menores* RELIGIÃO (no rito latino e até 1972) ostiário, leitor, exorcista, acólito, que são de instituição eclesiástica, como o subdiaconado (presentemente apenas existem as funções de leitor e acólito, que já não são consideradas ordens); *à* ~ (valores no banco) que pode ser levantado em qualquer altura; *de primeira* ~ de primeira qualidade; *meter na* ~ obrigar ao cumprimento do dever (Do lat. *ordĭne-*, «id.»)

ordenação n.f. 1 ato ou efeito de ordenar 2 disposição regular e metódica 3 regulamento; lei 4 INFORMÁTICA conjunto de operações efetuadas por um computador 5 RELIGIÃO cerimónia religiosa para a imposição de ordens sacras aos ordinandos 6 pl. HISTÓRIA compilação de leis (Do lat. *ordinatiōne-*, «id.»)

ordenada n.f. GEOMETRIA uma das coordenadas que determinam a posição de um ponto em relação a um sistema de eixos (Part. pass. fem. subst. de *ordenar*)

ordenadamente adv. 1 por ordem 2 de forma ordeira 3 sucessivamente (De *ordenado+-mente*)

ordenado adj. 1 mandado 2 imposto por ordem 3 colocado por ordem 4 RELIGIÃO que recebeu ordens sacras ■ n.m. vencimento pecuniário de um empregado; salário (Do lat. *ordinātu-*, «id.», part. pass. de *ordināre*, «ordenar; pôr em ordem»)

ordenador adj. que ordena ■ n.m. 1 aquele que ordena 2 INFORMÁTICA termo genérico usado para designar computador, calculadora, cérebro eletrónico (Do lat. *ordinatōre-*, «id.»)

ordenamento n.m. ato ou efeito de ordenar ou pôr em ordem; ordenação; ~ *do território* processo integrado de organização do espaço biofísico, tendo como objetivo o uso e a transformação do território, de acordo com as suas capacidades e vocações e a permanência dos valores de equilíbrio biológico e de estabilidade geológica, numa perspetiva de aumento da sua capacidade de vida (De *ordenar+-mento*)

ordenança n.f. 1 MILITAR conjunto de normas regulamentares de obras e procedimentos militares 2 [pouco usado] arranjo; organização 3 [pouco usado] decisão de autoridade competente; lei; prescrição; mandado ■ n.2g. MILITAR soldado ao serviço particular de um oficial (De *ordenar+-ança*)

ordenar v.tr. 1 pôr por ordem; organizar; dispor metodicamente 2 mandar; determinar 3 regular 4 RELIGIÃO conferir o sacramento da ordem a ■ v.pron. 1 pôr-se em ordem; organizar-se 2 RELIGIÃO receber o sacramento da ordem, principalmente no grau de presbiterado (Do lat. *ordināre*, «id.»)

ordenável adj.2g. que se pode ordenar (Do lat. *ordinabĭle*, «id.»)

ordenha /ê/ n.f. ato ou efeito de ordenhar; mungidura (Deriv. regr. de *ordenhar*)

ordenhador adj.,n.m. que ou aquele que ordenha (De *ordenhar+-dor*)

ordenhar v.tr. espremer as tetas de (um animal fêmea) para lhe extrair o leite; mungir (Do lat. vulg. *ordinĭāre*, por *ordināre*, «pôr em ordem», pelo cast. *ordeñar*, «ordenhar»)

ordinal adj.2g. 1 que diz respeito à ordem ou posição numa série numérica 2 segundo a gramática tradicional, designativo dos numerais que indicam essa ordem ■ n.m. segundo a gramática tradicional, numeral que indica a ordem numa série numérica (Do lat. *ordināle-*, «id.»)

ordinando adj.,n.m. que ou aquele que pretende receber ordens sacras (Do lat. ecl. *ordinandu-*, «id.», ger. de *ordināre*, «ordenar»)

ordinante adj.,n.2g. que ou pessoa que confere as ordens aos ordinandos (Do lat. ecl. *ordinante-*, «id.», part. pres. de *ordināre*, «ordenar»)

ordinária n.f. 1 gastos ou receita diária ou periódica 2 pensão alimentícia 3 mulher de baixa condição, grosseira, malcriada (De *ordinário*)

ordinariamente adv. 1 de ordinário; geralmente; frequentemente 2 de modo ordinário; grosseiramente; malcriadamente (De *ordinário+-mente*)

ordinarice n.f. 1 qualidade de ordinário 2 dito ou comportamento grosseiro ou indecente (De *ordinário+-ice*)

ordinário adj. 1 que está dentro da ordem natural das coisas 2 normal; vulgar; habitual; comum 3 que não se salienta 4 regular 5 de baixa condição; grosseiro; mal-educado 6 de qualidade inferior; reles 7 MÚSICA diz-se do compasso quaternário, simples ■ n.m. 1 o que é de todos os dias; o frequente 2 juiz eclesiástico 3 orações que o sacerdote diz em todas as missas 4 passo de marcha 5 MÚSICA composição musical, em binário, que se destina à marcha regular das tropas 6 indivíduo de baixa condição, grosseiro, malcriado; ~ *do lugar* RELIGIÃO prelado com jurisdição ordinária eclesiástica sobre um território; *de* ~ geralmente (Do lat. *ordinarĭu-*, «conforme a ordem»)

Ordovices n.m.pl. ETNOGRAFIA antigo povo do País de Gales (Do lat. *Ordovīces*, «Ordovices»)

Ordoviciano n.m. ⇒ **Ordovícico**

Ordovícico n.m. GEOLOGIA período ou sistema do Paleozoico que sucede ao Câmbrico e é anterior ao Silúrico ■ adj. [com minúscula] GEOLOGIA relativo ou pertencente ao Ordovícico (Do latim *ordovīces*, «Ordovices» +*-ico*)

oréade n.f. MITOLOGIA divindade do paganismo que presidia aos bosques e às montanhas (Do gr. *oreiás, -ádos*, «id.», pelo lat. *oreăde-*, «id.»)

orear v.tr. 1 [Brasil] arejar 2 [Brasil] expor ao ar (roupa húmida) para secar (Do cast. *orear*, «arejar; pôr ao vento»)

orega n.f. ICTIOLOGIA raia que aparece na costa portuguesa e é também conhecida por nevoeira (De orig. obsc.)

orégão n.m. BOTÂNICA planta herbácea, fortemente aromática, da família das Labiadas, espontânea em Portugal, muito utilizada como tempero na culinária (Do gr. *oríganon*, «orégão», pelo lat. *origănu-*, «id.»)

orelana n.f. ⇒ **urucu** (De orig. obsc.)

orelha /ê/ n.f. 1 ANATOMIA expansão lamelar mais ou menos desenvolvida (e móvel em alguns animais), que constitui a parte externa

orelhada

do ouvido externo dos mamíferos; pavilhão; pavilhão auricular; pavilhão auditivo **2** ouvido **3** BOTÂNICA apêndice lamelar em alguns órgãos vegetais, como em certas folhas **4** BOTÂNICA cotilédones de uma planta juvenil **5** qualquer saliência ou apêndice de um objeto semelhante a uma orelha **6** parte da gáspea de alguns modelos de calçado **7** dobra no canto de uma página de livro; badana **8** dobra para dentro na capa ou na sobrecapa de um livro; badana **9** *pl.* parte de um martelo, oposta à cabeça, que é dividida em dois e é usada para arrancar ou endireitar pregos; unhas; *a palavras loucas, orelhas moucas* não se deve dar atenção a coisas ou ditos despropositados ou afirmações inconsistentes; *arrebitar a ~* pôr-se à escuta, vigiar, estar precavido contra qualquer surpresa desagradável; *até às orelhas* dos pés à cabeça, completamente; *de ~* de ouvido; *de trás da ~* muito bom, magnífico; *espírito santo de ~* indivíduo que, num exame ou numa chamada à lição, procura auxiliar outrem, murmurando-lhe as respostas que ele deveria dar ao examinador ou ao professor; *estar/ficar de ~ murcha* ter uma desilusão; *pelas orelhas* com dificuldade, contra a vontade; *torcer a ~* estar arrependido (Do lat. *auricŭla-*, dim. de *auris*, «orelha»)

orelhada *n.f.* **1** puxão de orelhas; orelhão **2** [regionalismo] bofetada (De *orelha*+*-ada*)

orelha-de-lebre *n.f.* **1** BOTÂNICA ⇒ **candelária 2** BOTÂNICA uma das plantas também conhecidas por cinoglossa ou cinoglossa-de-flor-fechada, espontânea e frequente em Portugal **3** BOTÂNICA planta da família das Plantagináceas, espontânea em Portugal **4** espécie de milho amarelo também conhecida por orelha-de-mula

orelha-de-mula *n.f.* **1** BOTÂNICA ⇒ **orelha-de-lebre 4 2** BOTÂNICA ⇒ **alface-romana**

orelha-de-pau *n.f.* BOTÂNICA ⇒ **urupê**

orelha-de-rato *n.f.* BOTÂNICA nome vulgar por que também são designados o miosótis, o não-me-esqueças e algumas outras plantas, no Brasil

orelha-de-urso *n.f.* BOTÂNICA planta herbácea da família das Primuláceas, cultivada nos jardins

orelhado *adj.* **1** que tem orelhas; auriculado **2** diz-se das folhas que têm orelhas ou apêndices em forma de orelhas (De *orelha*+*-ado*)

orelhão *n.m.* **1** orelha grande **2** puxão de orelhas **3** ICTIOLOGIA ⇒ **bezedor 4** [pop.] ⇒ **papeira 5** parte do tear, nas fábricas de seda **6** [Brasil] cabina de telefone público em forma de concha (De *orelha*+*-ão*)

orelhar *v.tr.* agarrar (o animal) pelas orelhas (De *orelha*+*-ar*)

orelhas-de-abade ver nova grafia **orelhas de abade**

orelhas de abade *n.f.pl.* **1** CULINÁRIA fritura de farinha e ovos coberta de açúcar e canela **2** [regionalismo] ervilhas

orelheira *n.f.* **1** orelha de porco **2** CULINÁRIA prato feito com orelha de porco **3** [regionalismo] cada um dos dois paus concorrentes, no arado, que servem de aivecas (De *orelha*+*-eira*)

orelhudo *adj.* **1** que tem orelhas grandes **2** ZOOLOGIA diz-se especialmente de um morcego da família dos Vespertilionídeos, cujas orelhas são excessivamente grandes e que existe em Portugal **3** [fig.] estúpido **4** [fig.] teimoso; cabeçudo ■ *n.m.* indivíduo considerado estúpido e teimoso (De *orelha*+*-udo*)

orélia *n.f.* BOTÂNICA planta arbustiva, trepadora, do Brasil, da família das Apocináceas (De orig. obsc.)

orelina *n.f.* ⇒ **bixina** (De *orel[ana]*+*-ina*)

oreopiteco *n.m.* PALEONTOLOGIA primata fóssil encontrado no Miocénio da Toscana, que alguns autores incluem no grupo dos hominídeos (Do gr. *óros*, «montanha»+*píthekos*, «macaco»)

oressa *n.f.* [regionalismo] aragem; brisa; viração (De orig. obsc.)

orexia /cs/ *n.f.* MEDICINA necessidade frequente e imperiosa de comer (Do gr. *órexis*, «apetite»+*-ia*)

orexomania /cs/ *n.f.* MEDICINA ⇒ **orexia** (Do gr. *órexis*, «apetite»+*manía*, «loucura»)

órfã *n.f.* (*masculino* **órfão**) aquela que perdeu pai e mãe, ou um deles

orfanado *n.m.* **1** orfanato **2** ⇒ **orfandade** (Do lat. *orphănu-*, «órfão»+*-ado*)

orfanar *v.tr.* **1** deixar órfão **2** [fig.] privar; destituir ■ *v.intr.* ficar órfão (Do lat. *orphănu-*, «órfão»+*-ar*)

orfanato *n.m.* estabelecimento de caridade onde se recolhem e educam órfãos (Do lat. *orphănu-*, «órfão»+*-ato*)

orfandade *n.f.* **1** estado de quem é órfão **2** conjunto de órfãos **3** [fig.] desamparo; abandono **4** [fig.] privação (Do lat. *orphanitāte-*, «id.»)

orfanologia *n.f.* **1** DIREITO legislação relativa aos órfãos **2** repartição que trata de assuntos orfanológicos (Do gr. *orphanós*, «órfão»+*lógos*, «tratado»+*-ia*)

orfanológico *adj.* relativo a órfão (De *orfanologia*+*-ico*)

órfão *adj.* **1** que perdeu pai e mãe, ou um deles **2** [fig.] desamparado; abandonado **3** [fig.] privado ■ *n.m.* (*feminino* **órfã**) aquele que perdeu pai e mãe, ou um deles (Do gr. *orphanós*, «id.», pelo lat. *orphănu-*, «id.»)

orfeão *n.m.* **1** MÚSICA agrupamento cujos membros se dedicam ao canto coral **2** MÚSICA escola de canto (Do fr. *orphéon*, «id.»)

orfeico *adj.* **1** do orfeão ou a ele relativo; orfeónico **2** musical (Do lat. *orpheīcu-*, «de Orfeu», mitol.)

orfeónico *adj.* **1** do orfeão ou a ele relativo **2** musical (Do fr. *orphéonique*, «id.»)

orfeonista *n.2g.* MÚSICA pessoa que faz parte de um orfeão (Do fr. *orphéoniste*, «id.»)

órfico *adj.* **1** relativo a Orfeu **2** relativo aos princípios filosóficos e religiosos atribuídos a Orfeu **3** feito ou celebrado em honra de Baco, deus do vinho (Do gr. *orphikós*, «id.», pelo lat. *orphĭcu-*, «id.»)

orgada *n.f.* **1** [regionalismo] esqueleto **2** [regionalismo] conjunto de ossos (De *órgão*+*-ada*)

organdi *n.m.* **1** espécie de cassa muito fina de algodão ou lã **2** musselina muito leve e transparente, com um preparo especial que lhe dá consistência (Do fr. *organdi*, «id.»)

organeiro *n.m.* **1** fabricante de órgãos **2** encarregado da limpeza e conservação do órgão de uma igreja (Do lat. *organu-*, «órgão»+*-eiro*)

organelo *n.m.* CITOLOGIA ⇒ **organito** (Do lat. cient. *organella*)

orgânica *n.f.* **1** disposição geral dos órgãos, e as leis que regem o seu funcionamento **2** lei; norma (De *orgânico*)

organicamente *adv.* **1** de modo orgânico **2** em relação com o organismo **3** sem recurso a fertilizantes ou pesticidas sintéticos (De *orgânico*+*-mente*)

organicismo *n.m.* **1** FILOSOFIA doutrina segundo a qual os fenómenos da vida, ainda que não requeiram um princípio vital distinto da matéria (contra o vitalismo), não se explicam por propriedades físico-químicas da matéria (contra o mecanismo), mas resultam da organização própria da matéria viva **2** MEDICINA teoria segundo a qual toda a doença tem a sua origem na lesão de um órgão **3** PSICOLOGIA conjunto das teorias tendentes a explicar as perturbações mentais por lesões orgânicas do sistema nervoso **4** SOCIOLOGIA teoria que encara as sociedades como seres vivos e tende assim a explicar o seu fundamento, inspirando-se nas leis biológicas (De *orgânico*+*-ismo*)

organicista *adj.2g.* relativo ao organicismo ■ *n.2g.* pessoa partidária do organicismo (De *orgânico*+*-ista*)

orgânico *adj.* **1** relativo a órgão **2** relativo a organização ou a ser organizado **3** inerente ao organismo **4** fundamental **5** conforme a uma regra geral **6** regulamentar **7** inveterado **8** que ataca os órgãos **9** (alimento) produzido sem recurso a fertilizantes ou pesticidas sintéticos; natural; *composto ~* QUÍMICA substância em que figura o carbono (excetuando os óxidos e o sulfureto desse elemento, os carbonatos e os carbonetos) (Do lat. *organĭcu-*, «de instrumento; mecânico»)

organigrama *n.m.* ⇒ **organograma**

organismo *n.m.* **1** BIOLOGIA ser organizado; ser vivo **2** BIOLOGIA sistema vivo com entidade própria, capaz de se reproduzir, desenvolver e manter **3** conjunto de partes ou elementos dispostos para funcionamento; sistema **4** entidade organizada; instituição; corporação **5** constituição; compleição (Do fr. *organisme*, «id.»)

organista *n.2g.* MÚSICA tocador de órgão (Do lat. *organu-*, «órgão»+*-ista*, ou do fr. *organiste*, «id.»)

organito *n.m.* CITOLOGIA parte especializada da célula dos organismos unicelulares (Do gr. *órganon*, «órgão»+*-ito*, ou do fr. *organite*, «id.»)

organização *n.f.* **1** ato ou efeito de organizar **2** preparação; planeamento **3** disposição; ordenação; estrutura **4** constituição; composição **5** instituição; corporação; organismo **6** disposição que permite uso ou funcionamento eficiente; ordem **7** relação de coordenação e coerência entre os diversos elementos que formam um todo (De *organizar*+*-ção*)

organizacional *adj.2g.* pertencente ou relativo a organização

organizado *adj.* **1** que tem órgãos **2** que é objeto de preparação e planeamento **3** que tem ordem; ordenado **4** que tem método **5** estruturado; coerente **6** disposto de forma a permitir funcionamento ou utilização eficiente (Part. pass. de *organizar*)

organizador *adj.,n.m.* que ou aquele que organiza (De *organizar*+*-dor*)

organizar v.tr. **1** constituir em organismo **2** dispor (as coisas) de modo que concorram para determinado fim **3** dispor para funcionar de forma eficiente **4** arranjar **5** instituir **6** criar; formar **7** adequar (Do lat. *orgănu-*, «órgão» +*-izar*)

organizativo adj. **1** relativo a organização **2** que organiza **3** capaz de organizar **4** destinado a organizar (De *organizar*+*-tivo*)

organizável adj.2g. suscetível de se organizar (De *organizar*+*-vel*)

organo- elemento de formação de palavras que exprime a ideia de órgão, instrumento de trabalho, utensílio, meio, obra (Do gr. *órganon*, «órgão; instrumento de trabalho», pelo lat. *orgănu-*, «id.»)

organogénese n.f. ⇒ **organogenesia**

organogenesia n.f. BIOLOGIA capítulo das ciências biológicas que descreve a maneira como se formam e desenvolvem os órgãos; organogenia (Do gr. *órganon*, «órgão» +*génesis*, «geração» +*-ia*)

organogenético adj. relativo à organogenia (De *organo-*+*genético*)

organogenia n.f. ⇒ **organogenesia** (De *organo-*+*-genia*)

organografia n.f. descrição dos órgãos dos seres organizados (De *organo-*+*-grafia*)

organográfico adj. relativo à organografia (De *organografia*+*-ico*)

organograma n.m. representação gráfica da estrutura de uma organização ou instituição, que representa os elementos que a constituem, as relações entre eles e as suas funções (De *organo-*+*-gramma*)

organoide adj.2g. que aparenta um órgão ou corpo organizado (De *organo-*+*-óide*)

organóide ver nova grafia **organoide**

organoléptico ver nova grafia **organolético**

organolético adj. **1** diz-se das propriedades dos corpos que impressionam agradavelmente os órgãos dos sentidos **2** diz-se da qualidade que deve ser comum a qualquer medicamento ministrado por via oral (Do gr. *órganon*, «órgão» +*leptikós*, «bom de tomar»)

organologia n.f. MÚSICA disciplina destinada à descrição e à classificação dos instrumentos musicais (De *organo-*+*-logia*)

organológico adj. MÚSICA relativo à organologia (De *organologia*+*-ico*)

organometálico adj. QUÍMICA diz-se do composto orgânico em cuja molécula há uma ligação entre o carbono e um metal (Do fr. *organométallique*, «id.»)

organonímia n.f. nomenclatura dos órgãos dos seres organizados (Do gr. *órganon*, «órgão» +*ónyma* por *ónoma*, «nome» +*-ia*)

organonímico adj. relativo à organonímia (De *organonímia*+*-ico*)

organopatia n.f. MEDICINA doença dos órgãos, em geral (Do gr. *órganon*, «órgão» +*páthos*, «doença» +*-ia*)

organoscopia n.f. MEDICINA conjunto dos meios empregados para verificar o estado dos órgãos (Do gr. *órganon*, «órgão» +*skopeĩn*, «examinar» +*-ia*)

organoscópico adj. relativo a organoscopia (De *organoscopia*+*-ico*)

organotáctico ver nova grafia **organotático**

organotático adj. relativo à organotaxia (Do gr. *órganon*, «órgão» +*taktikós*, «tático»)

organotaxia /cs/ n.f. BIOLOGIA capítulo das ciências biológicas que trata do agrupamento dos seres vivos, tendo por base as relações íntimas da sua organização (Do gr. *órganon*, «órgão» +*táxis*, «ordem» +*-ia*)

organsim n.m. o primeiro fio de seda que se deita no tear para formar a urdidura (Do it. *organzino*, «id.», pelo fr. *organsin*, «id.»)

organsinar v.tr. torcer (os fios da seda bruta) para obter o organsim (Do fr. *organsiner*, «id.»)

organsino n.m. ⇒ **organsim**

organza n.f. fazenda fina e transparente, feita de fio de seda e atualmente também produzida com fibras sintéticas, mais encorpada que o organdi (Provavelmente alt. de *Lorganza*®)

órgão n.m. **1** BIOLOGIA, ANATOMIA cada uma das partes independentes do corpo de um ser vivo, que tem a seu cargo uma função específica **2** MECÂNICA parte de um mecanismo que contribui para o funcionamento deste, exercendo uma função determinada **3** MÚSICA instrumento musical de teclado, formado de tubos que recebem o ar por um sistema de foles **4** pessoa ou objeto que serve de instrumento ou intermediário; meio **5** jornal, revista, ou outra publicação que veicula a opinião de um determinado grupo ou partido **6** organização ou entidade que desempenha funções de carácter político, administrativo, social, etc.; *órgãos dos sentidos* a visão, a audição, o olfato, o gosto e o tato; *órgãos sexuais* órgãos que servem para a reprodução (Do gr. *órganon*, «instrumento», pelo lat. *orgănu-*, «órgão»)

orgasmo n.m. **1** ponto mais alto da excitação de um órgão e, particularmente, dos órgãos sexuais **2** grau máximo de excitação ou prazer sexual (Do gr. *orgasmós*, «movimento impetuoso dos humores», pelo fr. *orgasme*, «orgasmo»)

orgástico adj. relativo ao orgasmo (Do fr. *orgastique*, «id.»)

orgevão n.m. BOTÂNICA ⇒ **urgebão**

orgia n.f. **1** festa desregrada, em que se come e bebe em excesso e/ou onde há promiscuidade sexual; bacanal **2** [fig.] devassidão; licenciosidade **3** [fig.] excesso; desregramento **4** [fig.] profusão; abundância **5** [fig.] desordem; anarquia (Do gr. *órgia*, «festas de Baco», pelo lat. *orgĭa-*, «id.»)

orgíaco adj. **1** próprio da orgia **2** que tem o carácter de orgia (Do gr. *orgiakós*, «id.»)

Orgias n.f.pl. (heortónimo) festas licenciosas em honra de Baco, na antiguidade pagã (Do gr. *órgia*, «festas de Baco», pelo lat. *orgĭa-*, «id.»)

orgiasta n.2g. pessoa que participa em orgias (Do gr. *orgiastés*, «id.»)

orgiástico adj. relativo a orgias; orgíaco (Do gr. *orgiastikós*, «id.»)

orgivão n.m. BOTÂNICA ⇒ **urgebão**

orgulhar v.tr.,pron. (fazer) sentir orgulho de (algo, alguém ou si próprio); envaidecer(-se); ufanar(-se); ensoberbecer(-se) (De *orgulho*+*-ar*)

orgulhecer v.tr.,pron. ⇒ **orgulhar** (De *orgulho*+*-ecer*)

orgulho n.m. **1** conceito exagerado que alguém faz de si próprio **2** vaidade **3** soberba; altivez **4** dignidade; brio; pundonor (Do germ. *urgôli*, «altivez», pelo cat. *orgull*, «orgulho», pelo cast. *orgullo*, «id.»)

orgulhosamente adv. **1** com orgulho **2** com vaidade **3** com altivez; com arrogância (De *orgulhoso*+*-mente*)

orgulhoso /ô/ adj. **1** que tem orgulho **2** soberbo; altivo **3** inspirado pelo orgulho **4** que manifesta orgulho (De *orgulho*+*-oso*)

ori- elemento de formação de palavras que exprime a ideia de boca (Do lat. *os, oris*, «boca»)

oriá n.m. língua indiana falada no Orixá, estado do Nordeste da Índia

oríbata n.m. volatim grego (Do gr. *oreibátes*, «que percorre as montanhas», pelo lat. *oribăta*, «id.»)

oribátida n.m. ZOOLOGIA ⇒ **oribatídeo**

Oribátidas n.m.pl. ZOOLOGIA ⇒ **Oribatídeos**

oribatídeo adj. ZOOLOGIA relativo ou pertencente aos Oribatídeos ■ n.m. ZOOLOGIA espécime dos Oribatídeos

Oribatídeos n.m.pl. ZOOLOGIA família de ácaros cujo género-tipo se denomina *Oribăta* (De *oribăta*+*-ídeos*)

oricterope n.m. ZOOLOGIA mamífero comum no Sul e no Centro da África, de focinho longo e cauda forte, com cerdas parecidas com as dos suínos, que anda sobre a ponta dos dedos e se alimenta de formigas e térmites (Do gr. *oryktér, ēros*, «cavador» +*poús, podós*, «pés»)

oricto- elemento de formação de palavras que exprime a ideia de fóssil (Do gr. *oryktós*, «fóssil; mineral»)

orictognosia n.f. ciência que ensina a conhecer e a distinguir os minerais; orictologia; mineralogia (Do gr. *oryktós*, «mineral; fóssil» +*gnõsis*, «conhecimento» +*-ia*)

orictologia n.f. **1** PALEONTOLOGIA ciência que estuda os fósseis **2** tratado sobre os fósseis (De *orictólogo*+*-ia*)

orictologista n.2g. ⇒ **orictólogo** (De *orictólogo*+*-ista*)

orictólogo n.m. perito em orictologia (De *oricto-*+*-logo*)

orientação n.f. **1** ato ou efeito de orientar ou de se orientar **2** determinação dos pontos cardeais (ou quaisquer outros da rosa dos ventos) a partir do lugar em que uma pessoa se encontra **3** situação de um edifício em relação aos pontos cardeais **4** acompanhamento de um trabalho de investigação, dando indicações sobre o melhor caminho a seguir, aconselhando sobre os métodos mais convenientes, etc. **5** direção; rumo; destino **6** o que guia a ação de alguém **7** tendência; inclinação **8** DESPORTO modalidade desportiva que consiste em encontrar e seguir o melhor itinerário através de um terreno desconhecido, sendo privilegiado o contacto com a natureza; *~ educacional* PEDAGOGIA conjunto de processos pedagógicos que consistem em guiar os estudantes na escolha dos ramos de ensino em função das suas aptidões e dos seus gostos; *~ profissional* conjunto de processos pelos quais os indivíduos são aconselhados na escolha da profissão (De *orientar*+*-ção*)

orientador adj. que orienta ou guia ■ n.m. **1** aquele que orienta; guia **2** diretor **3** instrumento que serve para determinar o oriente (De *orientar*+*-dor*)

oriental

oriental *adj.2g.* 1 do Oriente ou a ele relativo 2 que está situado no Oriente 3 que cresce ou vive no Oriente ■ *n.2g.* 1 natural ou habitante do Oriente; asiático ■ *n.m.pl.* os povos asiáticos (Do lat. *orientāle-*, «id.»)

orientalidade *n.f.* qualidade do que é oriental ou está situado no Oriente (De *oriental*+-*i*-+-*dade*)

orientalismo *n.m.* 1 conhecimento dos costumes, línguas e civilização dos povos orientais 2 gosto das coisas orientais 3 qualidade daquele que é oriental ou é influenciado pela civilização e cultura orientais (De *oriental*+-*ismo*)

orientalista *n.2g.* 1 pessoa versada em orientalismo 2 aquele que gosta das coisas orientais (De *oriental*+-*ista*)

orientalizar *v.tr.* dar feição ou carácter oriental a (De *oriental*+-*izar*)

orientar *v.tr.* 1 determinar a posição de (um lugar) em relação aos pontos cardeais 2 determinar qualquer ponto ou rumo da rosa dos ventos 3 virar para uma dada direção; dirigir 4 indicar a direção a seguir; encaminhar 5 informar 6 colocar em posição convencionada 7 acompanhar (trabalho de investigação), dando indicações sobre o melhor caminho a seguir, aconselhando sobre os métodos mais convenientes, etc. ■ *v.pron.* 1 guiar-se por um dado ponto de referência 2 reconhecer o lugar em que se está 3 dirigir-se 4 inteirar-se; informar-se (De *oriente*+-*ar*)

orientável *adj.2g.* que se pode orientar (De *orientar*+-*vel*)

oriente *n.m.* 1 zona do horizonte onde o Sol nasce; este; leste; nascente; levante 2 [com maiúscula] zona de um país ou continente situada a leste 3 [com maiúscula] conjunto dos países da Ásia 4 [com maiúscula] civilização e cultura asiática 5 [fig.] princípio; começo; *Grande Oriente* loja maçónica formada pelos representantes de todas as outras lojas maçónicas (Do lat. *oriente-*, «que se levanta», part. pres. de *orīri*, «levantar-se; surgir»)

orifício *n.m.* 1 abertura estreita 2 pequeno buraco; furo (Do lat. *orificĭu-*, «o que forma boca»)

oriflama *n.f.* ⇒ **auriflama** (Do fr. *oriflamme*, «chama de ouro»)

oriforme *adj.2g.* em forma de boca (Do lat. *ore-*, «boca» +-*forme*)

origâmi *n.m.* arte ou processo, de origem japonesa, de dobrar e recortar papel criando formas e figuras decorativas (Do jap. *orí-gami*, «a arte de trabalhar o papel»)

origem *n.f.* 1 primeira causa determinante 2 princípio; começo 3 nascença; nascimento 4 primórdio 5 fonte; nascente 6 naturalidade; procedência 7 causa; motivo; pretexto 8 etimologia (Do lat. *origĭne-*, «id.»)

originador *adj.,n.m.* que ou o que origina; causador (De *originar*+-*dor*)

original *adj.2g.* 1 referente a origem 2 primitivo 3 que não é copiado nem reproduzido; único; autêntico 4 que foi feito na origem 5 novo; inédito 6 que revela criatividade; que revela espírito de inovação 7 fora do vulgar; excêntrico; singular 8 que é peculiar a alguém ■ *n.m.* 1 obra do próprio punho do autor 2 escrito primitivo do qual se tiram cópias 3 modelo 4 pessoa de que se faz o retrato (Do lat. *origināle-*, «id.»)

originalidade *n.f.* 1 qualidade de original 2 criatividade; inovação 3 singularidade 4 excentricidade; extravagância (De *original*+-*i*-+-*dade*)

originar *v.tr.* 1 dar origem a 2 causar 3 predispor 4 determinar ■ *v.pron.* 1 ter origem; ser proveniente; proceder 2 resultar 3 nascer (Do lat. *origĭne-*, «origem» +-*ar*)

originariamente *adv.* 1 na origem 2 no princípio (De *originário*+-*mente*)

originário *adj.* 1 que teve a sua origem em; proveniente; oriundo 2 conservado desde a sua origem 3 primitivo (Do lat. *originarĭu-*, «id.»)

origma *n.m.* abismo onde eram lançados os criminosos, entre os Atenienses (Do gr. *órygma, -atos*, «id.»)

orilha *n.f.* orla que borda uma obra de ourivesaria; ourela; borda (Do cast. *orilla*, «margem; borda de um tecido»)

-ório sufixo nominal, de origem latina, que traduz a ideia de lugar onde se exerce uma atividade e que, por vezes, tem sentido depreciativo (*cartório, palavrório, teatrório, sujeitório*)

oriólida *n.m.* ORNITOLOGIA ⇒ **oriolídeo**

Oriólidas *n.m.pl.* ORNITOLOGIA ⇒ **Oriolídeos**

oriolídeo *adj.* ORNITOLOGIA relativo ou pertencente aos Oriolídeos ■ *n.m.* ORNITOLOGIA espécime dos Oriolídeos

Oriolídeos *n.m.pl.* ORNITOLOGIA família de pássaros com tarsos muito curtos e plumagem com bastante cor amarela ou esverdeada (Do lat. cient. *Oriŏlu-*, do lat. *aureŏlu-*, «da cor do ouro» +-*ídeos*)

Órion *n.m.* 1 ASTRONOMIA constelação equatorial, localizada a norte da Lebre, com sete estrelas visíveis a olho nu, três das quais são conhecidas como as Três Marias 2 ASTRONOMIA a mais brilhante das nebulosas difusas (Do lat. *Orīon*, «id.»)

Órion *n.m.* [uso indevido] ⇒ **Órion**

oriundo *adj.* 1 originário 2 proveniente 3 natural 4 descendente (Do lat. *oriundu-*, «id.»)

órix *n.m.2n.* ZOOLOGIA antílope africano, grande e forte, de pelagem cinzenta ou acastanhada, com chifres longos, cilíndricos e quase verticais (Do lat. cient. *Oryx*)

orixá *n.m.* RELIGIÃO designação genérica das divindades veneradas originalmente na região da atual Nigéria e do Benim, que personificam as forças da natureza, e cujo culto foi levado para o Brasil pelos escravos negros, fazendo parte de ritos religiosos afro-brasileiros, como o candomblé, a umbanda, etc. (Do ioruba *orixa*, «divindade»)

orízeas *n.f.pl.* BOTÂNICA tribo de plantas da família das Gramíneas, a cujo género principal, que se denomina *Oriza*, pertence o arroz (Do lat. *oryza-*, «arroz» +-*eas*)

orizi- elemento de formação de palavras que exprime a ideia de arroz (Do gr. *óryza*, «arroz», pelo lat. *oryza-*, «id.»)

orizícola *adj.2g.* referente à cultura do arroz (De *orizi*-+-*cola*)

orizicultor *n.m.* aquele que se dedica à cultura do arroz (De *orizi*-+*cultor*)

orizicultura *n.f.* cultura do arroz (De *orizi*-+*cultura*)

orizívoro *adj.* (animal) que se alimenta de arroz; orizófago (De *orizi*-+-*voro*)

orizo- elemento de formação de palavras que exprime a ideia de arroz (Do gr. *óryza*, «arroz»)

orizófago *adj.* ⇒ **orizívoro** (De *orizo*-+-*fago*)

orizoide *adj.2g.* que se assemelha ao arroz (De *orizo*-+-*óide*)

orizóide ver nova grafia **orizoide**

orla *n.f.* 1 guarnição na extremidade de uma peça de vestuário; fímbria 2 guarnição à volta de um objeto; cercadura 3 tira; faixa 4 bordo 5 margem; beira 6 GEOLOGIA contorno da cratera de um vulcão (Do lat. vulg. *orŭla-*, dim. de *ora-*, «borda»)

orlar *v.tr.* 1 guarnecer de orla; debruar 2 circundar; envolver; ficar situado à volta de (De *orla*+-*ar*)

orleã *n.f.* tecido lustroso para vestido (Do fr. *Orléans*, top., cidade da França central)

orleanês *adj.* de ou pertencente a Orleães, cidade francesa, capital do departamento do Loire ■ *n.m.* natural ou habitante de Orleães (Do fr. *Orléans*+-*és*)

orleanista *adj.,n.2g.* 1 partidário ou designativo do partidário da subida ao trono dos príncipes da Casa de França (Casa de Orleães) 2 [fig.] diz-se do sistema político parlamentarista em que o chefe de Estado tem importante papel político e governativo (Do fr. *orléaniste*, «id.»)

ornado *adj.* 1 adornado; enfeitado 2 embelezado 3 abrilhantado (Do lat. *ornātu-*, «id.», part. pass. de *ornāre*, «ornamentar; embelezar»)

ornador *adj.,n.m.* que ou aquele que orna (Do lat. *ornatōre-*, «id.»)

ornamentação *n.f.* 1 ato ou efeito de ornamentar; decoração 2 adorno; ornato (De *ornamentar*+-*ção*)

ornamentador *adj.,n.m.* que ou aquele que ornamenta (De *ornamentar*+-*dor*)

ornamental *adj.2g.* 1 referente a ornamentos 2 próprio para decorar, enfeitar ou adornar (De *ornamento*+-*al*)

ornamentar *v.tr.* 1 guarnecer de ornamentos; decorar; adornar 2 enfeitar 3 embelezar 4 [fig.] abrilhantar; tornar mais interessante (De *ornamento*+-*ar*)

ornamentária *n.f.* conjunto de elementos decorativos de um monumento de arte (De *ornamento*+-*ária*)

ornamentista *n.2g.* pessoa que ornamenta ou faz decorações; decorador (De *ornamentar*+-*ista*)

ornamento *n.m.* 1 tudo o que serve para ornamentar ou abrilhantar; adorno 2 (estilo) floreio; floreado 3 *pl.* RELIGIÃO (liturgia) paramentos e alfaias do culto (Do lat. *ornamentu-*, «id.»)

ornar *v.tr.* 1 adornar; enfeitar; ataviar 2 decorar 3 embelezar 4 paramentar 5 [fig.] florear (estilo) 6 [fig.] dar brilho ou glória a; tornar mais interessante (Do lat. *ornāre*, «id.»)

ornato *n.m.* 1 adorno; enfeite; ornamento 2 RETÓRICA flores de estilo (Do lat. *ornātu-*, «id.»)

ornear *v.intr.* ⇒ **zurrar** (De orig. onom.)

orneio *n.m.* ato de ornear; zurro; ornejo (Deriv. regr. de *ornear*)

ornejador *adj.,n.m.* que o animal que orneja ou zurra (De *ornejar*+-*dor*)

ornejar *v.intr.* ⇒ **zurrar**

ornejo /ê/ *n.m.* ⇒ **orneio** (Deriv. regr. de *ornejar*)

ornis n.m. conjunto das aves de um país, região, etc. (Do gr. órnis, -ithos, «ave»)
ornito- elemento de formação de palavras que exprime a ideia de ave, pássaro (Do gr. órnis, -ithos, «ave»)
ornitófilo adj. que gosta de aves ■ n.m. 1 aquele que gosta de pássaros 2 aquele que se dedica, por prazer, à ornitologia (De ornito-+-filo)
ornitofonia n.f. imitação do canto das aves (De ornito-+-fonia)
ornitógamo adj. BOTÂNICA (polinização) que se faz com a intervenção de aves (De ornito-+-gamo)
ornitologia n.f. parte da zoologia que se ocupa das aves (De ornito-+-logia)
ornitológico adj. relativo à ornitologia (De ornitologia+-ico)
ornitologista n.2g. ⇒ **ornitólogo** (De ornitologia+-ista)
ornitólogo n.m. 1 especialista em ornitologia 2 pessoa que se dedica ao estudo das aves (De ornito-+-logo)
ornitomancia n.f. suposta adivinhação por meio do canto ou do voo das aves (Do gr. ornithomanteía, «predição pelo voo das aves»)
ornitomania n.f. afeição patológica ou exagerada às aves (Do gr. ornithomanía, «id.»)
ornitópodes n.m.pl. PALEONTOLOGIA répteis fósseis avipélvicos, bípedes, sem armadura dérmica, com cauda forte e poderosa (De ornito-+-pode)
ornitorrinco n.m. ZOOLOGIA designação (por aportuguesamento do nome genérico Ornithorhynchus) de um mamífero monotrémato, ovíparo, com bico de pato e um só orifício urogenital – uma forma de transição entre os répteis e os mamíferos – que vive nas margens de cursos de água da Austrália e da Tasmânia (Do gr. órnis, -ithos, «ave» +rhýgkhos, «focinho»)
ornitotomia n.f. dissecação das aves (Do gr. órnis, -ithos, «ave» +tomé, «corte» +ia)
ornitotrofia n.f. arte de criar as aves (Do gr. ornithotrophía, «id.»)
oro- elemento de formação de palavras que exprime a ideia de montanha, altura (Do gr. óros, «montanha»)
orobancácea n.f. BOTÂNICA espécime das Orobancáceas
Orobancáceas n.f.pl. BOTÂNICA família de plantas dicotiledóneas, herbáceas, desprovidas de clorofila, parasitas das raízes de muitas plantas superiores (Do gr. orobágkhe, «erva-moura», pelo lat. orobanche-+-áceas)
órobo n.m. BOTÂNICA planta com folhos gavinhosas, pertencente à família das Leguminosas, espontânea em algumas regiões portuguesas, e também conhecida por ervilha-de-pombo (Do gr. órobos, «ervilhaca», pelo lat. oróbu-, «id.»)
orófito n.m. BOTÂNICA planta própria das montanhas altas (Do gr. óros, «montanha» +phytón, «planta»)
orogénese n.f. GEOLOGIA ⇒ **orogenia** (De oro-+génese)
orogenético adj. ⇒ **orogénico** (De orogén(ese)+-ético)
orogenia n.f. 1 GEOLOGIA parte da geologia que estuda a formação e estrutura das montanhas; orognosia 2 conjunto dos fenómenos de movimentos da crusta terrestre (De oro-+-genia)
orogénico adj. 1 relativo a orogenia 2 diz-se dos fenómenos de movimentos da crusta terrestre (De orogenia+-ico)
orognosia n.f. GEOLOGIA estudo da formação e constituição das montanhas; orogenia (Do gr. óros, «montanha» +gnôsis, «conhecimento» +-ia)
orognóstico adj. relativo a orognosia (Do gr. óros, «montanha» +gnostikós, «relativo ao conhecimento»)
orografia n.f. GEOGRAFIA estudo descritivo das montanhas (De oro-+-grafia)
orográfico adj. relativo a orografia (De orografia+-ico)
orógrafo n.m. GEOGRAFIA especialista em orografia (De oro-+-grafo)
oro-hidrografia n.f. GEOGRAFIA descrição das montanhas e das correntes de água
oro-hidrográfico adj. relativo a oro-hidrografia
orologia n.f. estudo dos fenómenos que determinam a formação das montanhas (De oro-+-logia)
orológico adj. relativo ou pertencente à orologia (De orologia+-ico)
orometria n.f. GEOLOGIA medição do relevo do solo (De oro-+-metria)
orómetro n.m. instrumento que serve para determinar as altitudes (De oro-+-metro)
orosfera n.f. parte montanhosa da superfície da Terra (De oro-+esfera)
orosférico adj. relativo à orosfera (De orosfera+-ico)
orquestídeo adj. ZOOLOGIA relativo ou pertencente aos Orquestídeos ■ n.m. ZOOLOGIA espécime dos Orquestídeos

Orquestídeos n.m.pl. ZOOLOGIA família de crustáceos anfípodes (Do gr. orkhestós, «bailarino» +-ídeos)
orquestra n.f. 1 MÚSICA conjunto alargado e organizado de instrumentos de cordas friccionadas, com mais de um executante por parte, ao qual podem ser adicionados instrumentos de sopro (madeiras e metais) e instrumentos de percussão 2 (França, finais do século XVII) lugar reservado aos músicos no teatro, entre o palco e os espectadores 3 [fig.] conjunto de sons harmoniosos (Do gr. orkhéstra, «parte do teatro grego destinada ao coro», pelo lat. orchestra-, «orquestra»)
orquestração n.f. 1 ato ou efeito de orquestrar 2 MÚSICA domínio da composição musical que consiste na arte de orquestrar; instrumentação 3 MÚSICA arranjo para orquestra de uma obra musical originalmente composta para outro meio 4 [fig.] coordenação harmoniosa de diversos elementos; preparação 5 [fig.] encenação; simulação (De orquestrar+-ção)
orquestrador adj. 1 que orquestra 2 que coordena; que organiza ■ n.m. 1 músico que faz uma orquestração 2 [fig.] responsável pela coordenação; organizador 3 [fig.] encenador (De orquestrar+-dor)
orquestral adj.2g. 1 de orquestra 2 relativo a orquestra (De orquestra+-al)
orquestrar v.tr. 1 MÚSICA compor ou adaptar (uma peça musical) para poder ser executada pelos diversos instrumentos de uma orquestra 2 [fig.] coordenar harmoniosamente 3 [fig.] preparar (uma trama); encenar (De orquestra+-ar)
orquialgia n.f. MEDICINA dor testicular (De orqui-+algia)
orquidácea n.f. BOTÂNICA espécime das Orquidáceas
Orquidáceas n.f.pl. BOTÂNICA família de plantas monocotiledóneas, com flores irregulares com ginostémio, e o pólen, em regra, a formar polinídias, representada em Portugal por muitas espécies espontâneas e de cultura, apreciadas pela beleza das suas flores (De orquidáceo)
orquidáceo adj. semelhante à orquídea (De orquídea+-áceo)
orquídea n.f. BOTÂNICA planta da família das Orquidáceas, representada em Portugal mas frequente sobretudo em climas tropicais, muito apreciada pela beleza e fragrância das suas flores (Do gr. órkhis, «testículo» +eîdos, «forma» +-ea)
orquiectomia n.f. CIRURGIA ablação de um ou dos dois testículos (Do gr. órkhis, «testículo» +ektomé, «amputação»)
orqui(o)- elemento de formação de palavras que exprime a ideia de testículo (Do gr. órkhis, «testículo»)
orquiocele n.f. MEDICINA tumor no testículo; hérnia testicular (Do gr. órkhis, «testículo» +kéle, «hérnia»)
orquiotomia n.f. CIRURGIA incisão no testículo (Do gr. órkhis, «testículo» +tomé, «corte»)
orquite n.f. MEDICINA inflamação do testículo (Do gr. órkhis, «testículo» +-ite)
orreta /ê/ n.f. 1 passagem estreita entre dois montes 2 [regionalismo] atalho através de campos (De orig. obsc.)
-orro /ô/ sufixo nominal, de origem vasconça, de sentido aumentativo e depreciativo (sapatorro, gatorro, cabeçorra)
orticonoscópio n.m. câmara destinada à tomada de vistas pela televisão (Do gr. órthos, «reto» +eikón, «imagem» +skopeîn, «ver; observar», ou do fr. orthiconoscope, «id.»)
ortiga n.f. 1 [ant.] canhão que atirava pelouros de pedra 2 BOTÂNICA ⇒ **urtiga** (Do lat. urtíca-, «id.»)
ortiga-do-mar n.f. ZOOLOGIA ⇒ **actínia**
ortigar v.tr. ⇒ **urtigar** (De ortiga+-ar)
ortite n.f. MINERALOGIA mineral pertencente ao grupo dos epídotos; allanite (Do gr. orthós, «reto» +-ite)
ortivo adj. 1 que nasce 2 oriental (Do lat. ortívu-, «relativo ao nascimento»)
orto n.m. 1 nascimento de um astro 2 [fig.] nascimento; origem (Do lat. ortu-, «id.»)
orto- elemento de formação de palavras que exprime a ideia de direito, exato, reto (Do gr. orthós, «reto; direito; correto»)
ortobárico adj. FÍSICA designativo das densidades das fases de um sistema termodinâmico em equilíbrio num sistema fechado (Do gr. orthós, «reto» +barýs, «pesado» +-ico)
ortocentro n.m. GEOMETRIA ponto de interseção das retas que contêm as alturas de um triângulo (Do gr. orthós, «reto» +kéntron, «centro»)
ortócera n.f. PALEONTOLOGIA cefalópode fóssil, de concha cónica, alongada, septada, direita ou curva, cujo apogeu se manifestou no Silúrico (Do gr. orthós, «reto» +kéras, «corno; antena»)
ortóclase n.f. MINERALOGIA mineral do grupo dos feldspatos, muito comum, que é, quimicamente, um aluminossilicato de potássio,

ortoclásio cristaliza no sistema monoclínico e apresenta clivagem segundo duas direções perpendiculares entre si (Do gr. *orthós*, «reto» +*klásis*, «fratura»)

ortoclásio n.m. MINERALOGIA ⇒ **ortóclase**

ortocromático adj. que goza de ortocromatismo (De *orto-*+*cromático*)

ortocromatismo n.m. FOTOGRAFIA propriedade de certas emulsões fotográficas de serem insensíveis à luz vermelha (De *orto-*+*cromatismo*)

ortodáctilo adj. ZOOLOGIA que tem os dedos direitos (Do gr. *orthós*, «reto» +*dáktylos*, «dedo»)

ortodiagonal n.f. CRISTALOGRAFIA designação obsoleta do eixo da cruz axial monoclínica, que é perpendicular ao plano dos outros dois eixos, os quais são oblíquos entre si (De *orto-*+*diagonal*)

ortodoma n.m. CRISTALOGRAFIA forma holoédrica de minerais constituída por um prisma transversal (Do gr. *orthós*, «reto; direito» +*dōma*, «casa»)

ortodonte adj.2g. que tem os dentes direitos (Do gr. *orthós*, «direito» +*odoús, -óntos*, «dente»)

ortodontia n.f. MEDICINA ramo da medicina dentária relacionado com a profilaxia e o tratamento da oclusão defeituosa e incompleta dos dentes do maxilar superior com os do maxilar inferior (De *ortodonte*+*-ia*)

ortodôntico adj. MEDICINA referente a ortodontia (De *ortodontia*+*-ico*)

ortodontopedia n.f. processo de corrigir, nas crianças, anomalias dentárias (Do gr. *orthós*, «direito» +*odoús, -óntos*, «dente» +*país, paidós*, «criança» +*-ia*)

ortodoxamente adv. 1 de modo ortodoxo 2 segundo a verdadeira doutrina (De *ortodoxo*+*-mente*)

ortodoxia /cs/ n.f. 1 qualidade do que é ortodoxo 2 conformidade de uma opinião com doutrina declarada verdadeira (Do gr. *orthodoxía*, «opinião sã»)

ortodoxo /cs/ adj. 1 conforme à ortodoxia 2 que professa a ortodoxia ▪ n.m. 1 aquele que professa a ortodoxia 2 cristão da Igreja Ortodoxa; *Igreja Ortodoxa* o conjunto dos cristãos do Oriente que se desligou da obediência ao papa em 1054 (Do gr. *orthódoxos*, «que está com a opinião certa», pelo lat. *orthodoxu-*, «ortodoxo»)

ortodromia n.f. NÁUTICA, AERONÁUTICA distância mais curta entre dois pontos extremos da rota de um navio ou de um avião, e que é, sempre que possível, um arco de círculo máximo (Do gr. *orthódromos*, «que corre em linha reta» +*-ia*)

ortoedria n.f. CRISTALOGRAFIA processo de hemiedria em que, conservando todos os sectantes, se suprime, em cada um deles, alternadamente, metade das faces, mas em posição adjacente de sectante para sectante (Do gr. *orthós*, «reto» +*hédra*, «face» +*-ia*)

ortoédrico adj. 1 relativo a ortoedria 2 CRISTALOGRAFIA diz-se da classe hemiédrica constituída por formas que podem ser consideradas derivadas de outras por ortoedria (De *ortoedria*+*-ico*)

ortoepia n.f. ⇒ **ortoépia**

ortoépia n.f. 1 GRAMÁTICA parte da gramática que ensina as regras da boa pronúncia 2 pronúncia correta (Do gr. *orthoépeia*, «linguagem correta»)

ortoépico adj. 1 relativo à ortoépia 2 corretamente pronunciado (De *ortoépia*+*-ico*)

ortofonia n.f. 1 articulação perfeita dos sons de uma língua 2 arte de corrigir os vícios da pronúncia (De *orto-*+*-fonia*)

ortofónico adj. 1 relativo à ortofonia 2 (SOM) perfeitamente articulado (De *ortofonia*+*-ico*)

ortogénese n.f. 1 evolução numa única direção 2 BIOLOGIA variação individual espontânea, que é devida a causa interna e que um organismo vivo sofre sem que a adaptação ao meio tenha atuado (De *orto-*+*génese*)

ortogenético adj. que diz respeito à ortogénese (De *orto-*+*genético*)

ortognaisse n.m. PETROLOGIA gnaisse derivado de uma rocha ígnea (De *orto-*+*gnaisse*)

ortogonal adj.2g. 1 GEOMETRIA perpendicular 2 que incide perpendicularmente; *plano ~ a outro* plano que é perpendicular a esse outro; *projeção ~ sobre uma superfície* aquela em que as projetantes são perpendiculares ao plano tangente à superfície (num ponto dado dessa superfície); *reta ~ a outra ou a um plano* reta que é perpendicular a essa outra ou a esse plano; *sistema de projeção ~* sistema em que as projetantes são perpendiculares ao plano de projeção (De *ortógono*+*-al*)

ortógono adj. ⇒ **ortogonal** (Do gr. *orthógonos*, «que tem ângulos retos», pelo lat. *orthogōnu-*, «id.»)

ortografar v.tr. escrever segundo as regras ortográficas ou segundo certa ortografia (Do gr. *orthós*, «correto; direito» +*gráphein*, «escrever»)

ortografia n.f. 1 GRAMÁTICA forma correta de escrever as palavras e de utilizar os sinais de pontuação numa língua, segundo uma dada norma 2 GRAMÁTICA conjunto de regras estabelecidas pela gramática para uma dada língua, que ensinam a grafia correta das palavras e a utilização dos sinais de pontuação 3 GRAMÁTICA parte da gramática que se dedica ao estudo dessas regras 4 ⇒ **grafia** 1 5 GEOMETRIA representação de uma figura ou de um sólido por meio de projeções ortogonais (Do gr. *orthographía*, «id.», pelo lat. *orthographĭa-*, «id.»)

ortograficamente adv. 1 em relação à ortografia 2 segundo os preceitos ortográficos (De *ortográfico*+*-mente*)

ortográfico adj. relativo ou conforme à ortografia (De *ortografia*+*-ico*)

ortografista n.2g. pessoa que trata de ortografia, ou é versada nela (De *ortografia*+*-ista*)

ortógrafo n.m. ⇒ **ortografista** (Do gr. *orthográphos*, «id.», pelo lat. *orthogrăphu-*, «id.»)

ortoidrogénio n.m. QUÍMICA variedade de hidrogénio cujos dois átomos da molécula têm núcleos com rotações do mesmo sentido (De *orto-*+*hidrogénio*)

ortolexia /cs/ n.f. forma correta de falar; dicção perfeita (Do gr. *ortholexía*, «linguagem correta»)

ortoléxico /cs/ adj. relativo à ortolexia (De *ortolexia*+*-ico*)

ortologia n.f. GRAMÁTICA pronúncia correta das palavras; ortoépia; prosódia (Do gr. *orthología*, «exatidão de linguagem»)

ortometamórfico adj. GEOLOGIA diz-se das rochas que são originadas a partir de rochas magmáticas (De *orto-*+*metamórfico*)

ortometria n.f. arte ou processo de medir com exatidão (De *orto-*+*-metria*)

ortomorfia n.f. CRISTALOGRAFIA processo de hemiedria em que se conservam homólogas as faces de sectantes adjacentes dois a dois (Do gr. *orthós*, «reto» +*morphé*, «forma» +*-ia*)

ortomórfico adj. CRISTALOGRAFIA diz-se das formas hemiédricas consideradas obtidas por ortomorfia (De *ortomorfia*+*-ico*)

ortoneurópteros n.m.pl. ZOOLOGIA ⇒ **pseudoneurópteros** (De *orto-*+*neuróptero*)

ortónimo n.m. nome verdadeiro, real (Do gr. *orthónymos*, «id.»)

ortopedia n.f. MEDICINA especialidade que se dedica ao estudo e ao tratamento das deformações, congénitas ou adquiridas, dos ossos, das articulações, dos músculos e dos tendões (Do gr. *orthós*, «reto» +*paideía*, «educação»)

ortopédico adj. da ortopedia ou a ela relativo (De *ortopedia*+*-ico*)

ortopedista adj.2g. que exerce ortopedia ▪ n.2g. especialista em ortopedia (De *ortopedia*+*-ista*)

ortopinacoide n.m. CRISTALOGRAFIA designação obsoleta de forma cristalográfica monoclínica constituída por duas faces paralelas ao eixo principal e à ortodiagonal (De *orto-*+*pinacóide*)

ortopinacóide ver nova grafia ortopinacoide

ortopneia n.f. MEDICINA forma grave de dispneia que obriga o doente a não estar deitado (Do gr. *orthópnoia*, «id.», pelo lat. *orthopnoea*, «id.»)

ortopnoico adj. relativo à ortopneia ▪ n.m. pessoa que sofre de ortopneia (Do gr. *orthopnoikós*, «id.», pelo lat. *orthopnoïcu-*, «id.»)

ortopnóico ver nova grafia ortopnoico

ortopsicopedia n.f. ciência que tem por fim corrigir ou bem dirigir as faculdades intelectuais das crianças (Do gr. *orthós*, «correto» +*psykhé*, «alma» +*paideía*, «educação»)

ortóptero adj. ZOOLOGIA relativo ou pertencente aos ortópteros ▪ n.m. ZOOLOGIA espécime dos ortópteros ▪ n.m.pl. ZOOLOGIA ordem de insetos que apresentam dois pares de asas (as anteriores, mais duras, designam-se pseudélitros), armadura bucal trituradora e metamorfoses incompletas (Do gr. *orthópteros*, «de asas retas»)

ortóptica n.f. ramo da oftalmologia em que se avalia os desvios oculares e se procura reeducar os olhos em caso de problemas de visão binocular (estrabismo, heteroforia, etc.) (De *orto-*+*óptica*)

ortóptico adj. 1 GEOMETRIA designativo do ponto ou local em que se encontram duas tangentes perpendiculares 2 MEDICINA que corrige determinadas perturbações da visão, especialmente a obliquidade de um ou dos dois eixos visuais (De *ort[o]-*+*óptico*)

ortoptista n.2g. técnico especializado na correção reeducativa do estrabismo e das heteroforias (Do gr. *orthós*, «reto; correto» +*optós*, «visível» +*-ista*)

ortoquartzito n.m. PETROLOGIA rocha sedimentar resultante de uma areia quartzosa ligada por cimento siliciosso (De *orto-*+*quartzito*)

ortorexia n.f. MEDICINA distúrbio do comportamento alimentar que consiste na obsessão patológica por uma alimentação à base de produtos biologicamente saudáveis (Do gr. *orthos*, «justo, reto»+*exia*, «apetência»)
ortoréxico adj. relativo a ortorexia ■ n.m. indivíduo que sofre de ortorexia (De *ortorexia*+*-ico*)
ortorrômbico adj. 1 CRISTALOGRAFIA diz-se de um sistema cristalográfico cuja cruz axial é constituída por três eixos desiguais e perpendiculares entre si 2 CRISTALOGRAFIA diz-se das formas deste sistema (De *orto-*+*rômbico*)
ortóscele n.m. aparelho que serve para endireitar pernas defeituosas (Do gr. *orthós*, «reto»+*skélos*, «perna»)
ortoscópico adj. 1 isento de distorção 2 diz-se de uma objetiva construída de forma a evitar qualquer deformação da imagem (Do gr. *orthós*, «reto»+*skopeīn*, «examinar»+*-ico*)
ortose n.f. MINERALOGIA ⇒ **ortóclase** (Do fr. *orthose*, «id.»)
ortostasia n.f. posição vertical (Do gr. *orthós*, «direito»+*stásis*, «posição»+*-ia*)
ortostático adj. relativo à ortostasia ou posição vertical (Do gr. *orthóstates*, «que está direito», pelo fr. *orthostatique*, «que está de pé»)
ortostilo n.m. fila de colunas que não formam pórtico (Do gr. *orthós*, «reto»+*stýlos*, «coluna»)
ortoterapia n.f. MEDICINA terapêutica para correção do desvio de órgãos, submetendo-os a determinada atitude (Do gr. *orthós*, «reto»+*therapeía*, «tratamento»)
ortotómico adj. FÍSICA (sistema ótico) que só contém raios que podem ser cortados normalmente por uma superfície devidamente construída (Do gr. *orthós*, «reto»+*tomé*, «corte»+*-ico*)
ortotropia n.f. propriedade de um corpo que tem simetria de características em relação a três planos ortogonais (De *orto-*+*tropia*)
ortótropo adj. BOTÂNICA ⇒ **átropo** (Do gr. *orthós*, «reto»+*trópos*, «volta»)
orvalhada n.f. 1 formação de orvalho 2 orvalho da manhã; orvalheira (De *orvalho*+*-ada*)
orvalhado adj. 1 coberto de orvalho 2 [fig.] humedecido 3 [pop.] embriagado (Part. pass. de *orvalhar*)
orvalhar v.tr. cobrir de orvalho 2 aspergir ou molhar com gotas de qualquer líquido ■ v.intr. 1 formar-se orvalho 2 [pop.] chuviscar (De *orvalho*+*-ar*)
orvalheira n.f. ⇒ **orvalhada** (De *orvalho*+*-eira*)
orvalhinha n.f. BOTÂNICA ⇒ **drósera** (De *orvalho*+*-inha*)
orvalho n.m. gotículas de água provenientes da condensação do vapor de água da camada atmosférica em contacto com a superfície terrestre, formadas durante a noite por arrefecimento da referida superfície ou dos objetos expostos à perda de calor por irradiação; rocio 2 [fig.] pequenas gotas 3 [pop.] chuva miudinha 4 [fig.] bálsamo (De orig. obsc.)
orvalho-do-sol n.m. BOTÂNICA ⇒ **pinheiro-baboso**
orvalhoso /ô/ adj. em que há orvalho (De *orvalho*+*-oso*)
orwelliano adj. relativo ao mundo imaginado por George Orwell, escritor inglês, 1903-1950 (De *G. Orwell*, antr. +*-iano*)
óscar n.m. 1 [também com maiúscula] CINEMA prémio atribuído anualmente a pessoas da indústria do cinema pela Academia de Hollywood 2 CINEMA estatueta dourada que representa esse prémio 3 pl. cerimónia durante a qual esse prémio é atribuído 4 [fig.] prémio atribuído a alguém por obra ou trabalho considerado excecional (Do ing. *Oscar®*, «id.»)
oscilação n.f. 1 ato ou efeito de oscilar 2 movimento alternativo, como o do pêndulo 3 movimento de vaivém; balanço 4 [fig.] hesitação; vacilação; *oscilações amortecidas* FÍSICA oscilações cuja amplitude diminui com o tempo e acaba por não existir; *oscilações forçadas* FÍSICA oscilações de um sistema elástico originadas pela ação de uma força exterior que varia periodicamente (Do lat. *oscillatiōne-*, «ação de balançar»)
oscilador adj. que oscila ■ n.m. FÍSICA circuito elétrico, dotado de autoindução, capaz de produzir oscilações eletromagnéticas; ~ *harmónico* sistema formado por uma partícula material que se move segundo uma linha reta e é atraída por um ponto da linha com uma força proporcional à distância (De *oscilar*+*-dor*)
oscilante adj.2g. 1 que oscila 2 que muda de sentido periodicamente 3 variável 4 [fig.] hesitante; vacilante (Do lat. *oscillante-*, «id.», part. pres. de *oscillāre*, «balançar»)
oscilar v.intr. 1 mover-se alternativamente em sentidos opostos; balançar-se 2 sofrer abalo; tremer ■ v.tr.,intr. 1 variar (entre) 2 hesitar (entre); vacilar (entre) (Do lat. *oscillāre*, «id.»)

oscilária n.f. BOTÂNICA ⇒ **oscilatória** (Do lat. *oscillu-*, «baloiço» +*-ária*)
oscilatória n.f. BOTÂNICA planta microscópica, cianófita, da família das Oscilariáceas (género *Oscillatoria*), que apresenta movimentos característicos, também denominada oscilária (De *oscilatório*)
oscilatoriácea n.f. BOTÂNICA espécime das Oscilariáceas
Oscilatoriáceas n.f.pl. BOTÂNICA família de talófitas cianófitas (algas azuis) cujo género-tipo se designa *Oscillatoria* (De *oscilatória*+*-áceas*)
oscilatório adj. 1 FÍSICA diz-se do movimento vibratório cuja velocidade muda, periodicamente, de sentido 2 ⇒ **oscilante** (De *oscilar*+*-tório*)
oscilógrafo n.m. 1 ELETRICIDADE aparelho usado no estudo das oscilações elétricas e de fenómenos que nelas se possam transformar, fundamentado na ação dos campos elétricos ou na dos campos magnéticos sobre os feixes de eletrões, e na destes sobre as chapas fotográficas ou sobre os alvos fluorescentes 2 ELETRICIDADE instrumento que produz um gráfico de uma quantidade elétrica variável com o tempo (Do lat. *oscillāre*, «oscilar»+gr. *gráphein*, «escrever; registar»)
oscilómetro n.m. MEDICINA aparelho que serve para medir as oscilações arteriais (Do lat. *oscillāre*, «oscilar»+gr. *métron*, «medida»)
osciloscópio n.m. ⇒ **oscilógrafo** (Do lat. *oscillāre*, «oscilar» +*skopeīn*, «ver»+*-io*)
oscitação n.f. ato ou efeito de oscitar ou bocejar (Do lat. *oscitatiōne-*, «id.»)
oscitante adj.2g. que oscita; que boceja (Do lat. *oscitante-*, «id.», part. pres. de *oscitāre*, «bocejar»)
oscitar v.intr. bocejar (Do lat. *oscitāre*, «id.»)
osco adj. 1 embuçado 2 relativo aos Oscos ■ n.m. 1 antigo idioma da Campânia, região da Itália meridional, que tinha grandes afinidades com o latim 2 indivíduo pertencente aos Oscos (Do lat. *oscu-*, «id.»)
Oscos n.m.pl. ETNOGRAFIA antigo povo da Campânia, região da Itália meridional (Do lat. *oscu-*, «id.»)
osculação n.f. 1 ato de oscular; beijo 2 GEOMETRIA contacto de duas curvas, de duas linhas ou duas superfícies (Do lat. *osculatiōne-*, «id.»)
osculador adj.,n.m. que ou aquele que oscula (De *oscular*+*-dor*)
oscular v.tr. 1 dar ósculos a; beijar 2 [fig.] tocar de leve (Do lat. *osculāre*, «id.»)
osculatório adj. relativo a ósculo (De *oscular*+*-tório*)
ósculo n.m. 1 beijo 2 ZOOLOGIA abertura de um espongiário através da qual sai da cavidade gastrovascular a água que entrou pelos poros inalantes (Do lat. *osculu-*, «boca pequena; beijo»)
ose n.f. QUÍMICA nome genérico dos glícidos simples que não se desdobram por hidrólise (De *[glic]ose*)
-ose sufixo nominal, de origem grega, que exprime a ideia de *doença, estado mórbido* (*avitaminose, toxicose, toxinose*) ou que, na nomenclatura química, ocorre em substantivos que designam *glícidos* (*lactose, maltose*)
osfresia n.f. olfato apurado; sensibilidade olfativa muito apurada (Do gr. *ósphresis*, «olfato»+*-ia*)
osfrésico adj. 1 relativo à osfresia 2 que tem olfato apurado (De *osfresia*+*-ico*)
osfresiologia n.f. parte da fisiologia que tem por objetivo o estudo dos odores e do sentido do olfato (Do gr. *ósphresis*, «olfato» +*lógos*, «tratado»+*-ia*)
osfresiológico adj. respeitante à osfresiologia (De *osfresiologia*+ *-ico*)
osfresiólogo n.m. especialista em osfresiologia (Do gr. *ósphresis*, «cheiro, olfato»+*lógos*, «estudo»)
osga n.f. 1 ZOOLOGIA pequeno sáurio insetívoro, da família dos Geconídeos, que tem as extremidades dos dedos alargadas em formações discoides, adaptadas à locomoção em paredes, muros e tetos, e é vulgar nas regiões mais quentes de Portugal 2 [pop.] aversão; asco; repulsa (De orig. obsc.)
ósido n.m. QUÍMICA nome genérico dos glícidos hidrolisáveis (De *ose*+ *-ido*)
osmandi n.m. língua oficial dos Turcos, que pertence ao grupo das línguas turânicas
osmanli n.m. membro da dinastia turca fundada por Osmã I (Do turc. *'oçmāli*, do nome do califa Osmã I (1258-1326), pelo fr. *osmanli*, «id.»)
osmático adj. ZOOLOGIA (animal) caracterizado pela preponderância da sensibilidade olfativa (Do gr. *osmé*, «odor»+*-ático*)
osmazoma n.f. substância nutritiva da carne que dá ao caldo o seu aroma (Do gr. *osmé*, «cheiro»+*zomós*, «caldo; sumo»)

ósmico *adj.* relativo a ósmio (De *ósmio*+*-ico*)

ósmio *n.m.* QUÍMICA elemento químico com o número atómico 76 e símbolo Os, metal raro que acompanha a platina nos seus minérios e é das substâncias mais densas que se conhecem (Do lat. cient. *osmium*, «ósmio», pelo fr. *osmium*, «id.»)

osmirídio *n.m.* METALURGIA liga de ósmio e de irídio em proporções variáveis (De *ósmio*+*irídio*)

osmologia *n.f.* tratado sobre os aromas (Do gr. *osmé*, «aroma» +*lógos*, «tratado» +*-ia*)

osmológico *adj.* respeitante à osmologia (De *osmologia*+*-ico*)

osmólogo *n.m.* 1 especialista em osmologia 2 estudioso dos odores e do sentido do olfato (Do gr. *osmé*, «odor; cheiro; olfato»+*lógos*, «estudo»)

osmómetro *n.m.* aparelho usado na medida de pressões osmóticas (Do gr. *osmós*, «impulso» +*métron*, «medida»)

osmonda *n.f.* BOTÂNICA feto comum nos bosques húmidos e também cultivado com fins ornamentais (Do lat. cient. *Osmunda*, pelo fr. *osmonde*, «id.»)

osmose *n.f.* 1 FÍSICA, QUÍMICA difusão de fluidos através de paredes porosas ou pouco permeáveis que separam soluções do mesmo solvente de diferentes concentrações 2 FÍSICA, QUÍMICA passagem do solvente de uma solução através de uma membrana porosa que dificulta a passagem do soluto 3 [fig.] influência recíproca; ~ *isotópica* separação de isótopos por difusão seletiva através de uma parede porosa (Do gr. *osmós*, «impulso» +*-ose*)

osmótico *adj.* relativo à osmose; *pressão osmótica* FÍSICA pressão que é necessário aplicar para impedir a osmose (Do fr. *osmotique*, «relativo à osmose»)

osmundácea *n.f.* BOTÂNICA espécime das Osmundáceas

Osmundáceas *n.f.pl.* BOTÂNICA família de plantas pteridófitas filicíneas, isospóricas, representada em Portugal pelo feto-real (género *Osmunda*) (De *osmundáceo*)

osmundáceo *adj.* BOTÂNICA relativo a plantas do género *Osmunda*, como o feto-real (Do lat. cient. *Osmunda*, pelo fr. *osmonde*, «osmunda» +*-áceo*)

-oso /ô/ sufixo nominal que ocorre em adjetivos derivados de substantivos e exprime as ideias de *quantidade, qualidade, presença* (numeroso, rendoso, tifoso)

ossada *n.f.* 1 grande porção de ossos 2 esqueleto; ossos de um cadáver 3 [fig.] corpo humano 4 [fig.] armação de um edifício 5 [fig.] destroços; restos; ruínas 6 NÁUTICA conjunto de peças que constituem a armação do casco de um navio (De *osso*+*-ada*)

óssame *n.m.* [São Tomé e Príncipe] BOTÂNICA planta herbácea da família das Zingiberáceas, vivaz, multicaule, com cerca de 1,5 m de altura, de folhas eretas e frutos ovoides, vermelhos, muito apreciados como condimento (Do forro *ossami*, «id.»)

ossamenta *n.f.* esqueleto ou ossada de um animal; ossatura (Do lat. ecl. *ossamentu*-, «ossada»)

ossamento *n.m.* ⇒ **ossamenta**

ossaria *n.f.* 1 montão de ossos 2 ossário (De *osso*+*-aria*)

ossário *n.m.* depósito onde se guardam ossos humanos (Do lat. *ossarĭu*-, «urna sepulcral»)

ossatura *n.f.* ⇒ **ossamenta** (Do fr. *ossature*, «id.»)

osseína *n.f.* BIOQUÍMICA substância orgânica dos ossos, que está impregnada de sais inorgânicos e que, por ação de água fervente, origina gelatina; osteína (Do fr. *osséine*, «id.»)

ósseo *adj.* 1 relativo a osso 2 da natureza ou consistência dos ossos; ossuoso 3 formado por peças ósseas 4 endurecido 5 HISTOLOGIA diz-se de um tecido conjuntivo cuja substância intersticial é sólida, resistente, constituída especialmente por osseína e sais calcários, e que constitui a parte essencial dos ossos (Do lat. *ossĕu*, «id.»)

ossi- elemento de formação de palavras que exprime a ideia de *osso* (Do lat. *os, ossis*, «osso»)

ossiânico *adj.* 1 relativo a Ossian, herói e poeta irlandês lendário do século III 2 sombrio, no género das poesias atribuídas àquele poeta (De *Ossian*, antr. +*-ico*)

ossiculado *adj.* 1 que tem ossículos 2 em forma de ossículo (De *ossículo*+*-ado*)

ossicular *adj.2g.* referente ou semelhante a ossículo (De *ossiculăre*-, «id.»)

ossículo *n.m.* 1 osso pequeno 2 ANATOMIA cada um dos quatro ossinhos do ouvido interno (Do lat. *ossicŭlu*-, «id.»)

ossífero *adj.* 1 que tem ossos 2 que contribui para a formação dos ossos (Do lat. *os, ossis*, «osso» +*-fero*, de *ferre*, «produzir»)

ossificação *n.f.* 1 ato ou efeito de ossificar 2 formação ou desenvolvimento das partes ósseas 3 génese de tecido ósseo (De *ossificar*+*-ção*)

ossificar *v.tr.,intr.,pron.* 1 transformar(-se) em tecido ósseo; converter(-se) em osso 2 endurecer ■ *v.tr.* originar tecido ósseo em (Do lat. *ossu*-, «osso» +*facĕre*, «fazer»)

ossiforme *adj.2g.* com forma de osso (De *ossi-*+*-forme*)

ossífrago *adj.* que provoca o amolecimento ou a fratura dos ossos ■ *n.m.* 1 ORNITOLOGIA ave de rapina diurna, da família dos Vulturídeos 2 ⇒ **brita-ossos** (Do lat. *ossifrăgu-*, «que quebra os ossos»)

ossívoro *adj.* 1 que come ossos; osteófago 2 MEDICINA que carcome ou destrói os ossos (De *ossi-*+*-voro*)

osso /ô/ *n.m.* 1 ANATOMIA cada uma das peças rígidas que entram na constituição do endoesqueleto da maioria dos vertebrados 2 [fig.] dificuldade 3 *pl.* [pop.] as mãos 4 *pl.* restos mortais; ~ *duro de roer* grande dificuldade; *ossos do ofício* dificuldades e encargos inerentes a um ofício, cargo ou emprego; *apertar os ossos a* cumprimentar de mão; *até à medula dos ossos* até ao mais íntimo do ser; *carne sem* ~ pechincha; *dar com os ossos em ir parar a*; *carne e* ~ em pessoa, na realidade; *não há carne sem* ~ todas as coisas têm a sua dificuldade; *não ter espinha nem* ~ não ter dificuldade; *pôr os ossos num feixe a* dar uma grande sova a; *roer um* ~ não obter o que desejava; *trinta cães a um* ~ muitos pretendentes (Do lat. *ossu-*, «id.»)

ossobó *n.m.* [São Tomé e Príncipe] ORNITOLOGIA ave da família dos Cuculídeos, de plumagem verde (Do forro *ossobó*, «melodioso»)

ossuário *n.m.* ⇒ **ossário** (Do lat. *ossuarĭu*-, «urna sepulcral»)

ossudo *adj.* que tem ossos desenvolvidos e salientes; ossuoso (De *osso*+*-udo*)

ossuoso *adj.* 1 da natureza ou consistência dos ossos; ósseo 2 ossudo (Do lat. *ossuosu-*, «id.»)

ostaga *n.f.* 1 NÁUTICA cabo usado para içar ou arriar horizontalmente as vergas da gávea, ao longo do respetivo mastro 2 NÁUTICA banco transversal onde se prende o mastro, nas pequenas embarcações veleiras (Do escand. ant. *uptaug*, de *upp*, «para cima» +*taug*, «cabo», pelo cast. *ostaga*, «ostaga»)

oste *n.f.* NÁUTICA vela latina do mastro grande (Do fr. *oste*, «estai»?)

ostealgia *n.f.* MEDICINA dor profunda nos ossos; osteodinia (Do gr. *ostéon*, «osso» +*álgos*, «dor» +*-ia*)

osteálgico *adj.* relativo à ostealgia (De *ostealgia*+*-ico*)

osteína *n.f.* BIOQUÍMICA ⇒ **osseína** (Do gr. *ostéon*, «osso» +*-ina*)

osteíte *n.f.* MEDICINA inflamação do tecido ósseo (Do gr. *ostéon*, «osso» +*-ite*)

ostensão *n.f.* 1 ato ou efeito de mostrar; exposição 2 ostentação (Do lat. *ostensiōne-*, «id.»)

ostensivamente *adv.* 1 de modo ostensivo; de modo a ser notado ou a dar nas vistas 2 propositadamente 3 acintosamente (De *ostensiva*+*-mente*)

ostensível *adj.2g.* 1 que se pode mostrar 2 próprio para ser visto; ostensivo; evidente (Do lat. *ostensu-*, «mostrado», part. pass. de *ostendĕre*, «estender; mostrar» +*-vel*)

ostensivo *adj.* 1 próprio para ser visto ou notado 2 que se pode mostrar 3 [fig.] propositado; acintoso 4 [fig.] provocatório 5 LINGUÍSTICA diz-se da definição que se realiza, mostrando ou apontando o referente de um termo (Do lat. *ostensu-*, part. pass. de *ostendĕre*, «estender; mostrar» +*-ivo*)

ostensor *adj.,n.m.* que ou aquele que mostra, que expõe à vista (Do lat. *ostensōre-*, «id.»)

ostensório *adj.* ⇒ **ostensivo** ■ *n.m.* RELIGIÃO (liturgia) objeto do culto católico no qual se expõe à adoração dos fiéis a hóstia consagrada; custódia (Do lat. *ostensu-*, part. pass. de *ostendĕre*, «estender; mostrar» +*-ório*)

ostentação *n.f.* 1 ato ou efeito de ostentar 2 manifestação 3 exibição vaidosa 4 espalhafato; alarde 5 aparato; pompa 6 luxo; magnificência (Do lat. *ostentatiōne-*, «id.»)

ostentador *adj.* 1 que ostenta 2 feito com ostentação ■ *n.m.* aquele que ostenta (De *ostentar*+*-dor*)

ostentar *v.tr.,intr.,pron.* mostrar(-se) com aparato; exibir(-se) com ostentação ■ *v.tr.* 1 alardear 2 aparentar (Do lat. *ostentăre*, «id.»)

ostentativo *adj.* 1 que ostenta 2 próprio para ser ostentado 3 jactancioso (De *ostentar*+*-tivo*)

ostentoso *adj.* 1 que é feito com ostentação 2 pomposo; aparatoso 3 magnífico; esplêndido; sumptuoso; monumental (De *ostent[ação]*+*-oso*)

osteo- elemento de formação de palavras que exprime a ideia de *osso* (Do gr. *ostéon*, «osso»)

osteoarticular *adj.2g.* ANATOMIA referente aos ossos e às articulações (De *osteo-*+*articular*)

osteoblasto *n.m.* 1 CITOLOGIA célula jovem, que pode ser considerada um elemento conjuntivo modificado e que vai originar a

célula óssea **2** CITOLOGIA osteócito (para certos autores)   (Do gr. *ostéon*, «osso» +*blastós*, «gérmen»)
osteocele *n.f.* MEDICINA hérnia cujo saco tem consistência óssea   (Do gr. *ostéon*, «osso» +*kéle*, «hérnia»)
osteócito *n.m.* **1** HISTOLOGIA célula adulta do tecido ósseo, de cujo corpo partem muitos prolongamentos **2** osteoblasto (para certos autores)   (Do gr. *ostéon*, «osso» +*kýtos*, «concavidade»)
osteoclasia *n.f.* **1** CIRURGIA operação que consiste em quebrar certos ossos para corrigir deformações **2** MEDICINA destruição do tecido ósseo por ação fagocitária de certos elementos celulares, como os osteoclastos   (Do gr. *ostéon*, «osso» +*klásis*, «fratura» +*-ia*)
osteoclastia *n.f.* ⇒ **osteoclasia**   (Do gr. *ostéon*, «osso» +*klastós*, «quebrado» +*-ia*)
osteoclasto *n.m.* **1** aparelho que serve para praticar a osteoclasia **2** HISTOLOGIA grande célula achatada da medula óssea que, por vezes, cava fossetas no tecido ósseo   (Do gr. *ostéon*, «osso» +*klastós*, «quebrado», pelo fr. *ostéoclaste*, «id.»)
osteocola *n.f.* carbonato de cálcio que se deposita nos corpos mergulhados na água impregnada deste sal, à qual se atribuía a propriedade de unir os ossos fraturados   (Do gr. *ostéon*, «osso» +*kólla*, «cola», pelo fr. *ostéocolle*, «id.»)
osteodermo *adj.* **1** que tem pele muito dura **2** ICTIOLOGIA relativo ou pertencente aos osteodermos ■ *n.m.* ICTIOLOGIA espécime dos osteodermos ■ *n.m.pl.* ICTIOLOGIA subordem de peixes cuja pele é revestida de placas ósseas   (Do gr. *ostéon*, «osso» +*dérma*, «pele»)
osteodinia *n.f.* MEDICINA ⇒ **ostealgia**   (Do gr. *ostéon*, «osso» +*odýne*, «dor» +*-ia*)
osteófago *adj.* ⇒ **ossívoro**   (Do gr. *ostéon*, «osso» +*phageīn*, «comer»)
osteofimia *n.f.* MEDICINA tuberculose óssea   (Do gr. *ostéon*, «osso» +*phýma*, «tumor» +*-ia*)
osteofítico *adj.* relativo ao osteófito   (De *osteófito*+*-ico*)
osteófito *n.m.* MEDICINA produção óssea exuberante, desenvolvida à custa do periósteo, que se apresenta como uma saliência rugosa e irregular na superfície do osso; **~ vertebral** MEDICINA formação óssea que se desenvolve num corpo vertebral, bico de papagaio   (Do gr. *ósteon*, «osso» +*phýton*, «planta; tudo o que cresce»)
osteoganoides *n.m.pl.* ICTIOLOGIA grupo de peixes ganoides cujo endosqueleto se apresenta ossificado   (De *osteo*-+*ganóide*)
osteoganóides ver nova grafia osteoganoides
osteogénese BIOLOGIA ⇒ **osteogenia**   (De *osteo*-+*génese*)
osteogenia *n.f.* BIOLOGIA conjunto dos fenómenos que presidem à formação dos ossos ou à génese do tecido ósseo   (De *osteo*-+*-genia*)
osteogénico *adj.* **1** da osteogenia **2** relativo à osteogenia   (De *osteogenia*+*-ico*)
osteografia *n.f.* descrição dos ossos   (De *osteo*-+*-grafia*)
osteográfico *adj.* relativo ou pertencente à osteografia   (De *osteografia*+*-ico*)
osteólito *n.m.* PALEONTOLOGIA osso petrificado; osso fóssil   (De *osteo*-+*-lito*)
osteologia *n.f.* ANATOMIA parte da anatomia que trata dos ossos   (Do gr. *osteología*, «tratado dos ossos»)
osteologista *n.2g.* ⇒ **osteólogo**   (De *osteologia*+*-ista*)
osteólogo *n.m.* especialista em osteologia   (Do gr. *osteológos*, «osteólogo»)
osteoma *n.m.* MEDICINA tumor benigno dos ossos   (Do gr. *ostéon*, «osso»+[*ógk*]*oma*, «tumor»)
osteomalacia *n.f.* MEDICINA amolecimento geral do esqueleto provocado pela insuficiência de cálcio e de fósforo ou pela carência de vitamina D$_2$ (Do gr. *ostéon*, «osso» +*malakía*, «moleza»)
osteometria *n.f.* MEDICINA medição dos ossos   (De *osteo*-+*-metria*)
osteométrico *adj.* relativo à osteometria   (De *osteometria*+*-ico*)
osteomielite *n.f.* MEDICINA inflamação da medula óssea   (Do gr. *ostéon*, «osso» +*myelós*, «medula» +*-ite*)
osteopata *n.2g.* terapeuta especializado em tratamentos de osteopatia   (Do gr. *ostéon*, «osso»+*páthos*, «doença»)
osteopatia *n.f.* **1** MEDICINA designação genérica de qualquer doença dos ossos **2** terapia manual segundo a qual o corpo possui a capacidade de se reequilibrar, tendo como principal objetivo restabelecer o equilíbrio e o bom funcionamento do todo orgânico através da intervenção sobre os tecidos (articulações, músculos, ligamentos, tecido nervoso, vascular e linfático)   (Do gr. *ostéon*, «osso»+*páthos*, «doença»+*-ia*)
osteoperiosteíte *n.f.* MEDICINA inflamação de um osso e do respetivo periósteo   (De *osteo*-+*periosteíte*)
osteoplastia *n.f.* CIRURGIA intervenção cirúrgica para reparação de tecido ósseo destruído   (Do gr. *ostéon*, «osso» +*plástes*, «que modela» +*-ia*)
osteoplasto *n.m.* HISTOLOGIA cada uma das pequenas cavidades na substância fundamental do tecido ósseo, onde se aloja um osteoblasto ou osteócito   (Do gr. *ostéon*, «osso» +*plastós*, «modelado»)
osteoporose *n.f.* **1** MEDICINA porosidade excessiva dos ossos, que origina a sua fragilidade **2** rarefação anormal dos ossos   (De *osteo*-+*poro*-+*-ose*)
osteose *n.f.* ⇒ **ossificação**   (De *osteo*-+*-ose*)
osteossarcoma *n.m.* MEDICINA tumor maligno nos ossos   (De *osteo*-+*sarcoma*)
osteoteca *n.f.* local onde se guardam ossos e esqueletos humanos para investigação científica   (De *osteo*-+*-teca*)
osteotomia *n.f.* **1** tratado da dissecção dos ossos **2** CIRURGIA operação cirúrgica para corte de um osso   (De *osteo*-+*-tomia*)
osteotómico *adj.* relativo à osteotomia   (De *osteotomia*+*-ico*)
osteótomo *n.m.* CIRURGIA serra própria para cortar ossos   (De *osteo*-+*-tomo*)
osteozoário *adj.,n.m.* ⇒ **vertebrado**   (Do gr. *ostéon*, «osso» +*zōon*, «animal» +*-ário*)
ostiariato *n.m.* **1** RELIGIÃO a primeira das antigas ordens menores **2** cargo de ostiário   (De *ostiário*+*-ato*)
ostiário *n.m.* **1** nome dado antigamente àquele que abria e fechava as portas do templo e guardava as alfaias do culto **2** o que recebeu o ostiariato   (Do lat. *ostiariŭ*-, «porteiro»)
ostíolo *n.m.* **1** orifício ou abertura muito pequena **2** BIOLOGIA designação de certos orifícios em órgãos vegetais e animais, como nos conceptáculos das algas, nos esporângios, nos estomas, etc. **3** ósculo (nos espongiários)   (Do lat. *ostiŏlu*-, «porta pequena»)
ostomia *n.f.* CIRURGIA intervenção cirúrgica que tem como objetivo criar uma abertura artificial no corpo do paciente
ostomizado *adj.,n.m.* que ou aquele que sofreu uma ostomia
ostra /ô/ *n.f.* ZOOLOGIA nome vulgar extensivo a uns moluscos lamelibrânquios, da família dos Ostreídeos, representados em Portugal por algumas espécies comestíveis e de elevado valor nutritivo, sendo por isso criados em viveiros   (Do lat. *ostrěa*-, «id.»)
ostraceiro *n.m.* ORNITOLOGIA ave pernalta da família dos Caradriídeos, com muita coloração preta e branca, que aparece em Portugal com alguma frequência, sendo também conhecida por pega-do-mar, pego e passa-rios   (De *ostráceo*+*-eiro*)
ostráceo *adj.* **1** relativo ou semelhante à ostra **2** ZOOLOGIA relativo ou pertencente aos ostráceos ■ *n.m.* ZOOLOGIA espécime dos ostráceos ■ *n.m.pl.* ZOOLOGIA grupo (subordem) de moluscos lamelibrânquios da ordem dos tetrabranquiados, a que pertencem os Ostreídeos   (De *ostra*+*-áceo*)
ostracino *adj.* que está ou vive sobre a concha da ostra   (Do gr. *ostrákinos*, «que tem concha»)
ostracismo *n.m.* **1** condenação a exílio por crimes políticos, decretada, entre os Atenienses, pela Assembleia do Povo, cujos membros costumavam exarar os seus sufrágios e sentenças em cacos de barro **2** exclusão de alguém (de um cargo ou de um lugar); afastamento; expulsão **3** proscrição; banimento; desterro   (Do gr. *ostrakismós*, «id.», pelo lat. *ostracismu*-, «ostracismo»)
ostracista *n.2g.* pessoa partidária do ostracismo   (Do gr. *óstrakon*, «concha» +*-ista*)
ostracizar *v.tr.* **1** HISTÓRIA votar ao ostracismo ou desterro **2** afastar (alguém) de um grupo, das suas funções ou do poder; marginalizar
ostracodermos *n.m.pl.* PALEONTOLOGIA vertebrados aquáticos, fósseis do Paleozoico, ágnatos inferiores aos ciclóstomos, com exosqueleto muito resistente, incluídos por alguns autores no grupo dos peixes couraçados   (Do gr. *óstrakon*, «concha» +*dérma*, «pele»)
ostracodes *n.m.pl.* ZOOLOGIA grupo de crustáceos inferiores, de pequenas dimensões, munidos de couraça que forma uma espécie de concha bivalve   (Do gr. *ostrakódes*, «semelhante a concha»)
ostracologia *n.f.* estudo das conchas   (Do gr. *óstrakon*, «concha» +*lógos*, «tratado» +*-ia*)
ostraria *n.f.* grande quantidade de ostras   (De *ostra*+*-aria*)
ostrei- elemento de formação de palavras que exprime a ideia de *ostra*   (Do lat. *ostrea*, «ostra»)
ostreícola *adj.2g.* que diz respeito à cultura de ostras   (Do lat. *ostrěa*-, «ostra» +*colěre*, «cultivar»)
ostreicultor *n.m.* aquele que se dedica à ostreicultura; ostricultor; ostreiro   (De *ostrei*-+*cultor*)
ostreicultura *n.f.* criação e tratamento das ostras; ostricultura   (De *ostrei*-+*cultura*)
ostreida *n.m.* ZOOLOGIA ⇒ **ostreídeo**

Ostreidas

Ostreidas *n.m.pl.* ZOOLOGIA ⇒ **Ostreídeos**
ostreídeo *adj.* ZOOLOGIA relativo ou pertencente aos Ostreídeos ■ *n.m.* ZOOLOGIA espécime dos Ostreídeos
Ostreídeos *n.m.pl.* ZOOLOGIA família de moluscos da subordem dos ostráceos, a cujo género-tipo, que se denomina *Ostrea*, pertencem as ostras (Do lat. *ostrĕa-*, «ostra» +*-ídeos*)
ostreífero *adj.* **1** que produz ostras **2** que tem ostras (De *ostrei-*+*-fero*)
ostreiforme *adj.2g.* que tem forma de ostra (De *ostrei-*+*-forme*)
ostreína *n.f.* substância especial extraída da carne da ostra (Do lat. *ostrĕa-*, «ostra» +*-ina*)
ostreira *n.f.* **1** viveiro de ostras **2** vendedora de ostras (De *ostra*+*-eira*)
ostreiro *adj.* próprio para a pesca das ostras ■ *n.m.* **1** vendedor de ostras **2** ostreicultor (De *ostra*+*-eiro*)
ostri- ⇒ **ostrei-**
ostricultor *n.m.* ⇒ **ostreicultor**
ostricultura *n.f.* ⇒ **ostreicultura**
ostrífero *adj.* ⇒ **ostreífero**
ostrogodo *adj.* relativo aos Ostrogodos ou Godos do Oriente ■ *n.m.* indivíduo dos Ostrogodos (Do lat. tard. *ostrogothu-*, «ostrogodo; godo do Oriente», pelo fr. *ostrogoth*, «id.»)
Ostrogodos *n.m.pl.* ETNOGRAFIA Godos do Oriente (Do lat. tard. *Ostrogothos*, «Ostrogodos»)
-ota sufixo nominal, de origem latina, que tem sentido diminutivo (*raparigota, risoṭa, casota*)
otalgia *n.f.* MEDICINA dor dos ouvidos (Do gr. *oũs, otós*, «orelha» +*álgos*, «dor» +*-ia*)
otálgico *adj.* **1** relativo à otalgia **2** aplicável contra a otalgia (De *otalgia*+*-ico*)
otária *n.f.* ZOOLOGIA mamífero pinípede da família dos Otariídeos, que vive nos mares do hemisfério sul (Do gr. *otárion*, «orelha pequena»)
otariída *n.m.* ZOOLOGIA ⇒ **otariídeo**
Otariídas *n.m.pl.* ZOOLOGIA ⇒ **Otariídeos**
otariídeo *adj.* ZOOLOGIA relativo ou pertencente aos Otariídeos ■ *n.m.* ZOOLOGIA espécime dos Otariídeos
Otariídeos *n.m.pl.* ZOOLOGIA família de mamíferos pinípedes, dos mares do hemisfério sul, cujo género-tipo se designa *Otaria* (De *otária*+*-ídeos*)
otário *n.m.* [pop.] indivíduo fácil de enganar; lorpa
otaviano *adj.* HISTÓRIA relativo ao imperador romano Octávio (63 a. C. - 14 d. C.) ou ao seu tempo (Do lat. *octaviānu-*, «id.»)
-ote sufixo nominal, de origem obscura, de sentido diminutivo, por vezes depreciativo (*fidalgote, franganote, caixote*)
ótica *n.f.* **1** parte da física que se ocupa da luz e dos fenómenos da visão **2** aspeto dos objetos vistos à distância **3** perspetiva **4** estabelecimento onde se vendem óculos, lentes de contacto e outros produtos relacionados; ~ *física* parte da ótica que toma em consideração a natureza ondulatória da luz (ondas eletromagnéticas transversais); ~ *geométrica* parte da ótica que estuda os fenómenos que se podem explicar sem considerar qualquer hipótese sobre a natureza da luz; *banco de ~* FÍSICA instrumento usado em laboratórios para estudo de lentes, espelhos e comparação de intensidades luminosas (Do gr. *optiké*, «ciência relativa à visão», pelo lat. *optĭce-*, «ótica»)
oticidade *n.f.* qualidade daquilo que é ótico, que se vê distintamente (De *óptico*+*-i-*+*-dade*)
oticista *adj.,n.2g.* que ou a pessoa que é versada em ótica (De *óptico*+*-ista*)
otico- elemento de formação de palavras que exprime a ideia de *ótica, olho* (Do gr. *optikós*, «relativo à visão»)
ótico[1] *adj.* **1** relativo à ótica **2** relativo ou pertencente à visão ou aos olhos ■ *n.m.* **1** especialista em ótica; oticista **2** o que fabrica instrumentos de ótica **3** especialista em oftalmologia; oculista; oftalmologista (Do gr. *optikós*, «relativo à visão»)
ótico[2] *adj.* **1** relativo ao ouvido **2** diz-se do medicamento contra as dores dos ouvidos (Do gr. *otikós*, «auricular», pelo lat. *otĭcu-*, «id.»)
otídida *n.m.* ORNITOLOGIA ⇒ **otidídeo**
Otídidas *n.m.pl.* ORNITOLOGIA ⇒ **Otidídeos**
otidídeo *adj.* ORNITOLOGIA relativo ou pertencente aos Otidídeos ■ *n.m.* ORNITOLOGIA espécime dos Otidídeos
Otidídeos *n.m.pl.* ORNITOLOGIA família de aves pernaltas, por vezes de grande porte, desprovidas de polegar, cujo género-tipo se designa *Otis* (Do gr. *otís, -ídos*, «abetarda» +*-ídeos*)
otim *n.m.* [Brasil] [coloq.] aguardente de cana; cachaça
otimamente *adv.* muito bem; muitíssimo bem (De *óptimo*+*-mente*)
otimismo *n.m.* **1** estado de confiança relativamente ao futuro em geral ou ao futuro de uma coisa em particular **2** tendência ou disposição geral para atender sobretudo ao lado positivo das coisas; ~ *absoluto* FILOSOFIA doutrina segundo a qual o mundo é, se não perfeito, pelo menos o melhor dos mundos possíveis, que recusa ao mal toda a existência positiva (Leibniz, filósofo alemão, 1646-1716); ~ *relativo* FILOSOFIA doutrina que afirma ser o mundo bom, ou que, na vida, o bem prevalece sobre o mal (De *óptimo*+*-ismo*)
otimista *adj.2g.* **1** referente ao otimismo **2** que manifesta confiança num bom resultado ou desenlace **3** confiante em relação ao futuro em geral ■ *n.2g.* **1** pessoa partidária do otimismo **2** pessoa que encara tudo com otimismo (De *óptimo*+*-ista*)
otimização *n.f.* **1** ato ou efeito de otimizar **2** reestruturação efetuada com o objetivo de obter o maior rendimento possível **3** determinação, no estudo de um problema, da solução que, de entre todas as soluções possíveis, conduza aos resultados mais satisfatórios **4** ESTATÍSTICA processo utilizado para se determinar o valor ótimo de uma grandeza (De *optimizar*+*-ção*)
otimizar *v.tr.* **1** tornar ótimo **2** proceder à otimização de; reestruturar com o objetivo de obter o maior rendimento possível **3** ECONOMIA resolver (um problema) com critério de otimização (De *óptimo*+*-izar*)
ótimo *adj.* **1** {*superlativo absoluto sintético de* **bom**} muito bom; magnífico; excelente **2** que representa o melhor resultado possível ■ *n.m.* o melhor possível; aquilo que há de melhor (Do lat. *optĭmu-*, «id.»)
ot(i/o)- elemento de formação de palavras que exprime a ideia de *ouvido* (Do gr. *oũs, otós*, «ouvido»)
otite *n.f.* MEDICINA inflamação do ouvido (Do gr. *oũs, otós*, «ouvido» +*-ite*)
-oto /ô/ sufixo nominal, de origem latina, com sentido diminutivo (*picoto, raboto*)
otocefalia *n.f.* TERATOLOGIA qualidade de otocéfalo (De *otocéfalo*+*-ia*)
otocéfalo *adj.* TERATOLOGIA designativo do ser desprovido de mandíbula inferior, e com as orelhas unidas (Do gr. *oũs, otós*, «ouvido» +*kephalé*, «cabeça»)
otociste *n.m.* BIOLOGIA formação pluricelular saquiforme que contém uma substância fluida no seio da qual estão otólitos (Do gr. *oũs, otós*, «ouvido» +*kýstis*, «bexiga»)
otocónia *n.f.* ⇒ **otólito** (Do gr. *oũs, otós*, «ouvido» +*konía*, «poeira»)
otolítico *adj.* relativo a otólito (De *otólito*+*-ico*)
otólito *n.m.* cada uma das concreções calcárias existentes na endolinfa, que pode considerar-se como sendo o mesmo que otocónia e poeira auditiva (Do gr. *oũs, otós*, «ouvido» +*líthos*, «pedra»)
otologia *n.f.* MEDICINA ramo da medicina que estuda o ouvido, as suas perturbações, a sua terapêutica e as prevenções das doenças ou dos acidentes do ouvido (De *oto-*+*-logia*)
otológico *adj.* relativo a otologia (De *otologia*+*-ico*)
otologista *n.2g.* especialista dos ouvidos (De *otologia*+*-ista*)
otomana *n.f.* **1** espécie de sofá mais largo que os vulgares **2** variedade de tecido para vestidos de senhoras (De *otomano*)
otomano *adj.* **1** relativo ou pertencente aos Otomanos **2** relativo ou pertencente à Turquia ■ *n.m.* **1** indivíduo dos Otomanos **2** turco (Do ár. *othomāni*, «relativo a Osmã I», fundador da dinastia otomana, 1258-1326)
Otomanos *n.m.pl.* ETNOGRAFIA povo originário do Turquestão Ocidental, que veio a formar e a dilatar o antigo império turco (Do ár. *othmānī*, «relativo a Osmã»)
otoplastia *n.f.* CIRURGIA restauração da parte externa do ouvido (Do gr. *oũs, otós*, «orelha» +*plástes*, «que modela» +*-ia*)
otorragia *n.f.* MEDICINA hemorragia pelo canal auditivo externo
otorreia *n.f.* MEDICINA corrimento do ouvido (Do gr. *oũs, otós*, «orelha» +*rhoía*, «fluxo»)
otorrino *n.2g.* forma reduzida de *otorrinolaringologista*
otorrinolaringologia *n.f.* MEDICINA parte da medicina que se ocupa dos ouvidos, do nariz e da laringe (De *otorrinolaringólogo*+*-ia*)
otorrinolaringologista *n.2g.* médico especializado em otorrinolaringologia (De *otorrinolaringologia*+*-ista*)
otorrinolaringólogo *n.m.* ⇒ **otorrinolaringologista** (Do gr. *oũs, otós*, «ouvido» +*rhís, rhinós*, «nariz» +*lárygx, yggós*, «laringe» +*lógos*, «estudo»)
otosclerose *n.f.* MEDICINA esclerose do ouvido (De *oto-*+*esclerose*)
otoscopia *n.f.* MEDICINA exame ao ouvido, com o otoscópio (Do gr. *oũs, otós*, «ouvido» +*skopeĩn*, «examinar» +*-ia*)
otoscópio *n.m.* MEDICINA instrumento empregado no exame do ouvido (Do gr. *oũs, otós*, «ouvido» +*skopeĩn*, «examinar; ver» +*-io*)

ototerapia *n.f.* MEDICINA tratamento das doenças do ouvido (Do gr. *oũs, otós*, «ouvido» +*therapeía*, «tratamento»)

ototerápico *adj.* relativo à ototerapia (De *ototerapia*+*-ico*)

ototomia *n.f.* CIRURGIA dissecção cirúrgica do ouvido (De *oto-*+*-tomia*)

otozamites *n.f.pl.* PALEONTOLOGIA designação de umas plantas gimnospérmicas fósseis afins das Cicadáceas (De *oto-*+lat. bot. *Zamia*, género-tipo das Zamiáceas (De *oto-*+lat. bot. *Zamia*, género-tipo das Zamiáceas +*-ite*)

ou *conj.* liga duas ou mais palavras, orações ou frases, com a ideia de: **1** alternativa (*água ou vinho?; ficamos em casa ou vamos ao cinema?*); **2** equivalência (*um metro ou cem centímetros*) (Do lat. *aut*, «id.»)

oução *n.m.* **1** ácaro que se encontra no queijo, nas farinhas, etc.; açã **2** [ant.] ⇒ **lêndea** (De orig. obsc.)

-ouço sufixo nominal, de origem obscura, e com sentido *aumentativo* (*marouço, pedrouço*)

ougar *v.intr.* **1** [pop.] salivar ao olhar para comida; ficar com água na boca; aguar **2** [pop.] sentir grande desejo (De *augar*)

ouguiya *n.m.* unidade monetária da Mauritânia

oura *n.f.* tontura; vertigem (Do lat. *aura-*, «sopro brando; brisa»)

ourama *n.f.* **1** dinheiro em ouro **2** muito ouro (De *ouro*+*-ama*)

ourar¹ *v.tr.,intr.,pron.* provocar ou sentir tonturas ■ *v.intr.,pron.* perder a razão; alucinar (De *oura*+*-ar*)

ourar² *v.tr.* **1** enfeitar com objetos de ouro **2** dar ouro a (Do lat. *aurāre*, «dourar»)

ourégão *n.m.* BOTÂNICA ⇒ **orégão**

ourego *n.m.* BOTÂNICA ⇒ **orégão**

ourejar *v.intr.* brilhar como o ouro (De *ouro*+*-ejar*)

ourela *n.f.* **1** margem; beira **2** orla; guarnição; cercadura (Do lat. vulg. **orella-*, por *orūla-*, dim. de *ora-*, «beira»)

ourelo /ê/ *n.m.* **1** tira de pano grosseiro **2** ⇒ **ourela** (De *ourela*)

ouriçar *v.tr.,pron.* **1** tornar(-se) semelhante ao ouriço **2** arrepiar(-se); eriçar(-se); encrespar(-se) **3** enervar(-se); irritar(-se) **4** [Brasil] [coloq.] excitar(-se); animar(-se) (De *ouriço*+*-ar*)

ouriceira *n.f.* depósito de castanhas dentro dos ouriços para as conservar frescas (De *ouriço*+*-eira*)

ouriço *n.m.* **1** fruto do castanheiro, espinhoso e em forma de cápsula, dentro do qual se encontra a semente, a castanha **2** MILITAR máquina de guerra, muito pesada, outrora usada no ataque a muralhas **3** MILITAR obstáculo contra carros de combate, constituído por três barrotes ou vigas de ferro entrecruzadas **4** [fig.] pessoa empertigada ou difícil **5** *pl.* MEDICINA conjuntivite (Do lat. *ericĭu-*, «ouriço»)

ouriço-cacheiro *n.m.* ZOOLOGIA mamífero insetívoro terrestre, da família dos Erinacídeos, que se enrola sobre o abdómen quando pressente o perigo e cuja região dorsal é coberta por uma camada de espinhos fortes, usados como defesa

ouriço-do-mar *n.m.* ZOOLOGIA equinoderme equinídeo, que apresentam uma carapaça dura e cujo corpo está coberto de espinhos

ouriço-marinho *n.m.* ZOOLOGIA ⇒ **ouriço-do-mar**

ourinque *n.m.* NÁUTICA cabo preso à boia e à âncora para indicar a posição desta; arinque (Do neerl. *oorring*, «anel da âncora», pelo fr. *orin*, «id.», pelo cast. *orinque*, «cabo que liga uma boia à âncora»)

ourique *n.m.* [Guiné-Bissau] dique e eclusa para canalizar a água nos arrozais (Do crioulo *ou rik* ou *urik*, do papel *o-rik*, «pequeno dique»)

ourives *n.2g.2n.* **1** pessoa que fabrica, conserta ou comercializa objetos de ouro e prata e pedras preciosas **2** ⇒ **ourivesaria 3** (Do lat. *aurifĭce-*, «id.»)

ourivesaria *n.f.* **1** arte de fabricar objetos utilizando metais preciosos como ouro ou prata **2** conjunto desses objetos **3** estabelecimento onde se fazem, vendem ou consertam objetos de ouro ou prata, sendo também comercializados outro tipo de artigos como pedras preciosas e relógios (De *ourives*+*-aria*)

ouro *n.m.* **1** QUÍMICA elemento químico com o número atómico 79 e símbolo Au, metal amarelo-brilhante, extremamente maleável e dúctil, inoxidável e inatacável pelos ácidos, empregado em joalharia e em moedagem **2** objeto ou moeda deste metal **3** cor amarela, brilhante **4** [fig.] coisa ou pessoa de grande valor **5** [fig.] dinheiro **6** [fig.] riqueza; fortuna **7** *pl.* um dos quatro naipes das cartas de jogar, cujo símbolo é um losango vermelho; **~ de lei 1** ouro que tem os quilates marcados por lei; **2** [fig.] substância ou produto de ótima qualidade; **~ negro** [fig.] petróleo; **~ sobre azul 1** [fig.] coisa ótima, coisa que combina perfeitamente com outra; **2** ótima oportunidade (Do lat. *auru-*, «id.»)

ouropel *n.m.* **1** lâmina de latão que imita o ouro **2** ouro falso **3** [fig.] falso brilho **4** [fig.] aparência enganadora (Do lat. *aurĕa pellis*, «pele de ouro», pelo prov. *auripel*, «id.»)

ouropeso /ê/ *n.m.* BOTÂNICA planta da família das Liliáceas, de raízes carnosas, com flores brancas, por dentro, e arruivadas, por fora, espontânea em Portugal, e também conhecida por cravo-do-monte (De orig. obsc.)

ouro-pigmento *n.m.* MINERALOGIA mineral (um sulfureto de arsénio) que cristaliza no sistema monoclínico, de cor amarelo-limão, muito venenoso, usado em farmácia e como fonte de arsénio (obtém-se artificialmente); auripigmento

ousadia *n.f.* **1** ato audacioso **2** arrojo; audácia; coragem; galhardia **3** atrevimento; insolência (De *ousado*+*-ia*)

ousado *adj.* **1** que não recua perante o perigo; corajoso; audaz **2** concebido ou executado com audácia; temerário **3** atrevido; insolente **4** que envolve risco (Part. pass. de *ousar*)

ousar *v.tr.* **1** atrever-se a (alguma coisa) **2** ter a ousadia, a coragem de **3** empreender (Do lat. **ausāre*, freq. de *audēre*, «querer; ter desejos de; ousar»)

ousio *n.m.* ⇒ **ousadia** (De *ousar*+*-io*)

outão *n.m.* parte lateral de um edifício (Do lat. *altănu-*, «vento que vem do alto mar»)

outar *v.tr.* ⇒ **joeirar** (Do lat. *optāre*, «escolher»)

outdoor *n.m.* painel, letreiro luminoso, cartaz, etc. com propaganda, exposto ao ar livre e colocado em pontos bem visíveis, geralmente de grandes dimensões (Do ing. *outdoor advertising*, «publicidade ao ar livre»)

outeirista *n.2g.* pessoa que trovava nos outeiros dos conventos; oiteirista (De *outeiro*+*-ista*)

outeiro *n.m.* **1** pequena elevação de terreno; oiteiro **2** concurso poético de glosadores de motes propostos pelas freiras, junto dos conventos (Do lat. *altarĭu-*, «altar»)

outiva *n.f.* **1** ouvido **2** audição; *falar de* **~** falar pelo que se ouviu, sem averiguar, de cor (Do lat. *auditīvu-*, de *audīre*, «ouvir»)

outlet *n.m.* estabelecimento comercial em que os produtos são comercializados a preços mais baixos ■ *adj.inv.* diz-se desse tipo de estabelecimento (Do ing. *outlet*, «mercado distribuidor»)

outo *n.m.* palhas que ficam na joeira depois de se joeirarem os cereais (Deriv. regr. de *outar*)

outonada *n.f.* **1** Outono **2** tempo próprio do outono **3** colheita que se faz no outono (De *Outono*+*-ada*)

outonal *adj.2g.* do outono ou a ele respeitante; outoniço (Do lat. *autumnāle-*, «id.»)

outonar *v.tr.* **1** cavar (as terras) e regá-las com a água das primeiras chuvas do outono **2** alqueivar ■ *v.intr.* **1** passar o outono **2** brotar no outono (Do lat. *autumnāre*, «pertencer ao outono»)

outoniço *adj.* **1** que nasce no outono **2** próprio do outono; outonal (De *Outono*+*-iço*)

outono *n.m.* **1** estação do ano entre o verão e o inverno, em que a duração dos dias vai diminuindo mantendo-se sempre menores do que as noites (no hemisfério norte, começa entre 22 e 23 de setembro e, no hemisfério sul, entre 20 e 21 de março) **2** idade que precede a velhice; ocaso **3** *pl.* frutos colhidos no outono (Do lat. *autumnu-*, «id.»)

outorga *n.f.* **1** ato ou efeito de outorgar **2** concessão; doação **3** aprovação; consentimento **4** DIREITO declaração em escritura pública ou em contrato particular (Deriv. regr. de *outorgar*)

outorgador *adj.,n.m.* que ou aquele que outorga; outorgante (De *outorgar*+*-dor*)

outorgamento *n.m.* ⇒ **outorga** (De *outorgar*+*-mento*)

outorgante *adj.,n.2g.* **1** que ou quem outorga (dá, aprova, consente); outorgador **2** DIREITO cada uma das partes que intervém como interessado em escritura pública ou em contrato particular (De *outorgar*+*-ante*)

outorgar *v.tr.* **1** conceder; conferir; dar (direito, bem título, etc.) **2** anuir; consentir **3** DIREITO declarar em escritura pública ou em contrato particular **4** DIREITO intervir como interessado em (escritura pública ou em contrato particular) (Do lat. *auctoricāre*, por *auctorāre*, «obrigar por contrato»)

output *n.m.* **1** ECONOMIA bem ou serviço que resulta do processo de produção; produto **2** INFORMÁTICA resultado do processamento interno realizado por um computador (dados destinados a um periférico, dados apresentados sob forma impressa (no papel) ou visual (monitor), etc.); saída **3** INFORMÁTICA processo de transferência de informação do processador central para outro dispositivo; saída (Do ing. *output*, «saída»)

outrem *pron.indef.* outra pessoa; outras pessoas (Do lat. *altĕri-*, «para outro»)

outro *det.,pron.indef.* **1** que não é o mesmo; diverso; diferente; distinto (*outras ideias*) **2** igual; semelhante (*é impossível encontrar outro a escrever como ele*) **3** mais um (*contratou outro funcionário*)

■ *det.,pron.dem.* designa pessoa ou coisa diferente das restantes mencionadas no contexto (*dá-me o casaco; esse não, o outro*); ~ *qualquer* quem quer que seja, qualquer que seja; ~ *que tal* outro semelhante; ~ *tanto* a mesma coisa; *os outros* quaisquer pessoas, outrem (Do lat. *altĕru-*, «id.»)
outrora *adv.* 1 noutro tempo 2 antigamente (De *outra*+*hora*)
outrossim *adv.* 1 também 2 igualmente 3 bem assim 4 do mesmo modo (De *outro*+*sim*)
outubro *n.m.* 1 décimo mês do ano civil, com trinta e um dias 2 oitavo mês do antigo calendário romano (Do lat. **octubru-*, por *octobre-*, «outubro»)
ouvida *n.f.* 1 ato ou efeito de ouvir 2 outiva 3 toada (Part. pass. fem. subst. de *ouvir*)
ouvido *n.m.* 1 ANATOMIA órgão da audição e do equilíbrio 2 sentido da audição 3 [fig.] facilidade em fixar de memória peças musicais, ou em distinguir pequenas faltas de afinação 4 MÚSICA abertura no tampo dos instrumentos, por onde os sons se transmitem à caixa de ressonância 5 orifício que nas antigas armas de fogo se enchia de pólvora, cuja combustão se transmitia à carga propulsora; ~ *absoluto* capacidade de reconhecer uma nota musical sem que outra tenha sido tocada como referência; ~ *externo* ANATOMIA parte do aparelho auditivo dos vertebrados superiores que, no homem, consta de orelha e canal auditivo externo; ~ *interno* ANATOMIA parte do órgão auditivo cavada no osso rochedo, constituída, nos vertebrados superiores, pelo vestíbulo, por três canais semicirculares e pelo caracol; ~ *médio* ANATOMIA cavidade irregular que é a parte do aparelho auditivo que, no homem e nos outros mamíferos, contém quatro ossículos; *de* ~ sem conhecimentos teóricos; *entrar por um* ~ *e sair pelo outro* não considerar, ignorar; *fazer ouvidos de mercador* fingir que não ouviu, fazer-se desentendido; *matar o bicho do* ~ *a* importunar (alguém) com palavras insistentes; *ser todo ouvidos* prestar muita atenção; *ter os ouvidos cheios* ter ouvido muitas vezes uma coisa que não agrada, ter sido influenciado por alguém; *ter ouvidos de ferreiro* não entender ou não ouvir bem o que se diz; *ter ouvidos de tísico* ouvir muito bem (Do lat. *audītu-*, «o sentido da audição; o ouvido»)
ouvidor *n.m.* 1 o que ouve; ouvinte 2 juiz especial junto de algum ministério ou tribunal (Do lat. *audītōre-*, «o que ouve»)
ouvidoria *n.f.* cargo de ouvidor (De *ouvidor*+*-ia*)
ouvinte *adj.,n.2g.* 1 que ou aquele que ouve 2 que ou pessoa que faz parte de um auditório 3 que ou pessoa que assiste a uma conferência, discurso ou programa 4 que ou estudante que assiste a aulas sem estar matriculado 5 LINGUÍSTICA que ou pessoa que recebe e interpreta uma mensagem, mas sem participar ativamente na interação discursiva (Do lat. *audiente-*, «id.», part. pres. de *audīre*, «ouvir»)
ouvir *v.tr.* 1 perceber pelo sentido da audição; escutar 2 [fig.] prestar atenção a 3 [fig.] levar em conta; tomar em consideração ■ *v.intr.* 1 ter o sentido da audição 2 [fig., coloq.] ser repreendido; levar descompostura (Do lat. *audīre*, «id.»)
ova *n.f.* 1 [mais usado no plural] [pop.] conjunto dos ovos dos peixes 2 VETERINÁRIA tumor mole entre a pele e o osso (nas bestas) causado por dilatação das bolsas sinoviais; *uma* ~*!* [pop.] exprime negação ou repulsa (Do lat. *ova*, pl. de *ovu-*, «ovo»)
ovação[1] *n.f.* 1 aplauso ruidoso e prolongado 2 aclamação pública (Do lat. *ovatiōne-*, «ovação; pequeno triunfo»)
ovação[2] *n.f.* ovário dos peixes (De *ovar*+*-ção*)
ovacionar *v.tr.* 1 aplaudir entusiasticamente 2 aclamar em público (Do lat. *ovatiōne-*, «pequeno triunfo» +*-ar*)
ovado *adj.* ⇒ **oval** (Do lat. *ovātu-*, «id.»)
oval *adj.2g.* que tem o feitio de ovo ■ *n.f.* GEOMETRIA curva plana fechada, com vários centros, formada por arcos de circunferência, sucessivamente concordantes e com dois eixos de simetria (De *ovo*+*-al*)
ovalar *v.tr.* dar forma oval a ■ *adj.2g.* ⇒ **oval** (De *oval*+*-ar*)
ovalização *n.f.* defeito de uma peça mecânica devido ao gasto desigual das paredes de um cilindro (De *ovalizar*+*-ção*)
ovalizar *v.tr.* dar forma oval a; tornar oval (De *oval*+*-izar*)
óvalo *n.m.* 1 ARQUITETURA ornato em forma de ovo alongado que decora frisos, cornijas e é característico no capitel da ordem jónica da arquitetura clássica 2 ARQUITETURA moldura arredondada, de perfil idêntico ao de um quarto de círculo; óvano; óvulo (Do cast. *óvalo*, «oval»)
ovante *adj.2g.* 1 triunfante; vitorioso 2 alegre 3 orgulhoso (Do lat. *ovante-*, «id.»)
ovar[1] *v.tr.* 1 aclamar; ovacionar 2 saudar (Do lat. *ovāre*, «soltar gritos de alegria; regozijar-se; exultar»)
ovar[2] *v.intr.* pôr ou criar ovos ou ovas (De *ovo* ou *ova*+*-ar*)

ovarense *adj.2g.* relativo a Ovar, cidade portuguesa do distrito de Aveiro ■ *n.2g.* natural ou habitante de Ovar (De *Ovar*, top., cidade portuguesa do distrito de Aveiro +*-ense*)
ovariano *adj.* ⇒ **ovárico** (De *ovário*+*-ano*, ou do fr. *ovarien*, «id.»)
ovárico *adj.* relativo ou pertencente ao ovário; ovariano (De *ovário*+*-ico*)
ovariectomia *n.f.* CIRURGIA operação cirúrgica para ablação do ovário (Do lat. *ovarĭu-*, «ovário»+gr. *ektomé*, «amputação» +*-ia*)
ovarino *adj.,n.m.* ⇒ **ovarense** (De *Ovar*, top. +*-ino*)
ovário *n.m.* 1 ZOOLOGIA órgão genital feminino dos animais ovíparos, onde se originam os óvulos (gâmetas) 2 ANATOMIA cada uma das duas glândulas genitais femininas situadas de cada lado do útero, que produzem os óvulos e segregam uma parte das hormonas sexuais da mulher 3 BOTÂNICA parte do carpelo (ou do gineceu sincárpico ou unicarpelar) que encerra os óvulos (Do lat. *ovarĭu-*, «id.»)
ovariotomia *n.f.* ⇒ **ovariectomia** (De *ovário*+*-tomia*)
ovarite *n.f.* MEDICINA inflamação do ovário (De *ovário*+*-ite*)
oveira *n.f.* 1 mulher que tem negócio de ovos 2 [pop.] ovário, em especial das aves; oveiro (De *ovo*+*-eira*)
oveiro *n.m.* 1 homem que tem negócio de ovos 2 [pop.] ovário das aves 3 vasilha para ovos (De *ovo*+*-eiro*)
ovelha /ê/ *n.f.* 1 ZOOLOGIA mamífero ruminante, com o corpo coberto de lã, criado essencialmente pela lã e carne que fornece; fêmea do carneiro 2 [fig.] paroquiano ou diocesano em relação ao seu pastor espiritual; ~ *negra* [fig.] elemento de um grupo que sobressai por más qualidades; ~ *ronhosa* [fig.] [embora erradamente, generalizou-se *ovelha ranhosa*] pessoa indesejável ou mal vista (Do lat. *ovicŭla-*, «ovelhinha»)
ovelhada *n.f.* rebanho de ovelhas (De *ovelha*+*-ada*)
ovelheiro *n.m.* guardador de ovelhas ■ *adj.* diz-se do cão criado junto do rebanho, ao qual serve de guarda (De *ovelha*+*-eiro*)
ovelhum *adj.2g.* relativo a ovelhas ou ao gado ovino em geral; ovino (De *ovelha*+*-um*)
ovém *n.m.* NÁUTICA cabo grosso encabeçado num mastro do navio, ao qual serve de amparo lateral (Do escand. ant. *höfudbendur*, «ligação do alto», pelo fr. *hauban*, «cabo de fixação do mastro»)
ovença *n.f.* [ant.] encargo da mesa e comedorias entre os cónegos regrantes (De orig. obsc.)
ovençadura *n.f.* 1 conjunto dos ovéns 2 enxárcia real (De *ovença*+*-dura*)
óveo *adj.* 1 que contém ovos 2 oval (De *ovo*+*-eo*)
overbooking *n.m.* ato de vender mais bilhetes ou lugares do que os disponíveis (em hotel, para um voo, etc.), de modo a compensar possíveis ausências ou desistências de passageiros (Do ing. *overbooking*, «id.»)
overdose *n.f.* 1 ingestão de dose excessiva de droga ou medicamento, que pode ser mortal 2 [fig.] dose excessiva; quantidade excessiva (Do ing. *overdose*)
overprint *n.m.* TIPOGRAFIA técnica de impressão que consiste na sobreposição de cores (Do ing. *overprint*, «id.»)
ovetense *adj.2g.* relativo ou pertencente a Oviedo, cidade espanhola da província das Astúrias ■ *n.2g.* natural ou habitante de Oviedo (Do lat. *Ovētu-*, top., «Oviedo» +*-ense*)
ovi- elemento de formação de palavras que exprime a ideia de *ovo*, *óvulo* (Do lat. *ovu-*, «ovo»)
oviário *n.m.* 1 ovil 2 rebanho de gado ovino (Do lat. *oviarĭu-*, «de ovelha»)
ovículo *n.m.* pequeno ornato oval (Do lat. *ovicŭlu-*, dim. de *ovu-*, «ovo»)
ovídeos *n.m.pl.* ZOOLOGIA grupo de mamíferos ruminantes, cavicórneos, a que pertencem os carneiros (De *ove-*, «ovelha» +*-ídeos*)
ovidiano *adj.* relativo a Ovídio, poeta latino (43 a. C. - 18 d. C.), às suas obras ou ao seu estilo (Do lat. *ovidiānu-*, «de Ovídio»)
oviduto *n.m.* ZOOLOGIA canal do aparelho genital feminino, ao longo do qual passam os óvulos (e, em certos casos, os ovos de fecundação interna) (Do lat. *ovu-*, «ovo» +*ductu-*, «ação de conduzir»)
ovificação *n.f.* ⇒ **ovulação** (Do lat. *ovu-*, «ovo» +*facĕre*, «fazer» +*-ção*)
oviforme *adj.2g.* que tem forma de ovo (De *ovi-*+*-forme*)
ovil *n.m.* curral de ovelhas; aprisco; redil (Do lat. *ovīle-*, «redil; aprisco»)
ovimbundo *adj.* relativo ou pertencente aos Ovimbundos ■ *n.m.* indivíduo dos Ovimbundos
Ovimbundos *n.m.pl.* ETNOGRAFIA povo que habita ao sul do rio Cuanza, principalmente no planalto de Benguela, em Angola
ovino *adj.* relativo a ovelha ou a carneiro; ovelhum; ovídeo (Do lat. *ovīnu-*, «id.»)

oviparidade *n.f.* ZOOLOGIA reprodução por meio de ovos (De *ovíparo*+-*i*-+-*dade*)

ovíparo *adj.* ZOOLOGIA diz-se do animal que põe ovos, isto é, cujo embrião se desenvolve à custa das substâncias do ovo e fora do organismo materno (Do lat. *oviparu-*, «id.»)

oviscapto *n.m.* ZOOLOGIA órgão mais ou menos alongado, que existe na extremidade livre do abdómen das fêmeas de alguns insetos e que serve no mecanismo da postura (Do lat. *ovu-*, «ovo»+gr. *skáptein*, «cavar; escavar»)

ovissaco *n.m.* ANATOMIA folículo de Graaf (De *ovi-*+*saco*)

ovívoro *adj.* ZOOLOGIA (animal) que se nutre normalmente de ovos (De *ovi-*+-*voro*)

óvni *n.m.* objeto voador não identificado, supostamente de origem extraterrestre (Da expr. **o**bjecto **v**oador **n**ão **i**dentificado)

ovnilogia *n.f.* estudo de informações, notícias e dados relativos à suposta existência de óvnis (De *ovni*+-*logia*)

ovnilogista *n.2g.* pessoa versada em ovnilogia

ovo /ô/ *n.m.* **1** BIOLOGIA célula que resulta da fecundação do gâmeta feminino (óvulo) pelo gâmeta masculino (espermatozoide) **2** BIOLOGIA corpo arredondado produzido pelas fêmeas ovíparas constituído por uma membrana e casca exterior que contém o embrião **3** este corpo, particularmente o das galinhas, quando ainda não foi fecundado e se destina à alimentação **4** cadeira para transportar um bebé desde o nascimento até atingir cerca de dez, ou no máximo treze, quilos de peso; coque **5** [fig.] gérmen; estado incipiente **6** [fig.] princípio **7** [fig.] origem; **~ de Colombo** algo que é aparentemente difícil, mas que, depois de alguém demonstrar como se faz, se torna fácil; ***de ~ virado*** [Brasil] [coloq.] de mau humor; ***parecerem-se como um ~ e um espeto*** não terem semelhança nenhuma; ***pisar ovos*** proceder com cautela, perder tempo, engonhar (Do lat. *ovu-*, «ovo»)

ovo- elemento de formação de palavras que exprime a ideia de *ovo*, *óvulo* (Do lat. *ovu-*, «ovo»)

ovoblasto *n.m.* BIOLOGIA ⇒ **ooblasto** (Do lat. *ovu-*, «ovo»+gr. *blastós*, «gérmen»)

ovócito *n.m.* BIOLOGIA ⇒ **oócito** (Do lat. *ovu-*, «ovo»+gr. *kýtos*, «cavidade; invólucro»)

ovofagia *n.f.* vício das aves, sobretudo das galinhas, que as leva a comer os seus próprios ovos (Do lat. *ovu-*, «ovo»+gr. *phageīn*, «comer» +-*ia*)

ovogénese *n.f.* BIOLOGIA ⇒ **ovogenia** (De *ovo-*+*génese*)

ovogenia *n.f.* BIOLOGIA conjunto dos fenómenos da formação e desenvolvimento do ovo (De *ovo-*+-*genia*)

ovogénico *adj.* relativo à ovogenia (De *ovogenia*+-*ico*)

ovogónia *n.f.* BIOLOGIA ⇒ **oogónia** (Do lat. *ovu-*, «ovo»+gr. *gónos*, «geração» +-*ia*)

ovoide *adj.2g.* que tem forma de ovo; oval; ovalar ▪ *n.f.* GEOMETRIA curva plana, com vários centros, obtida por concordância sucessiva de vários arcos de circunferência, com apenas um eixo de simetria (De *ovo-*+-*óide*)

ovóide ver nova grafia **ovoide**

ovolactovegetariano *adj.* diz-se do indivíduo ou regime vegetariano que inclui ovos e laticínios ▪ *n.m.* indivíduo que se alimenta apenas de produtos de origem vegetal, ovos e laticínios (De *ovo-*+*lacto-*+*vegetariano*)

ovologia *n.f.* ⇒ **oologia** (De *ovo-*+-*logia*)

ovológico *adj.* relativo à ovologia (De *ovologia*+-*ico*)

ovoscopia *n.f.* ⇒ **oomancia** (Do lat. *ovu-*, «ovo»+gr. *skopeīn*, «examinar» +-*ia*)

ovoscópio *n.m.* aparelho para verificar os ovos que pretendemos incubar (Do lat. *ovu-*, «ovo»+gr. *skopeīn*, «examinar» +-*io*)

ovos-moles *n.m.pl.* CULINÁRIA doce feito com ovos e açúcar

ovovíparo *adj.* ZOOLOGIA ⇒ **ovovivíparo**

ovovivíparo *adj.* ZOOLOGIA (animal) cujo embrião se desenvolve à custa das reservas do ovo, mas no interior do organismo materno (Do lat. *ovu-*, «ovo» +*viviparu-*, «vivíparo»)

ovulação *n.f.* BIOLOGIA fenómeno de libertação do óvulo, que atingiu a maturidade, do ovário (De *ovular*+-*ção*)

ovular[1] *adj.2g.* **1** relativo ou pertencente a óvulo **2** em forma de óvulo (De *óvulo*+-*ar*, sufixo nominal)

ovular[2] *v.intr.* libertar um óvulo (ou óvulos) do ovário para possível fertilização; ter ovulação (De *óvulo*+-*ar*, sufixo verbal)

ovulatório *adj.* que está associado à ovulação (De *ovular*+-*tório*)

ovuli- elemento de formação de palavras que exprime a ideia de *óvulo* (Do lat. *ovulu-*, «id.»)

ovulífero *adj.* **1** que produz óvulos **2** ovulígero (De *ovuli-*+-*fero*)

ovuliforme *adj.2g.* que tem a forma de óvulo (De *ovuli-*+-*forme*)

ovulígero *adj.* **1** que contém óvulos **2** ovulífero (De *ovuli-*+-*gero*)

óvulo *n.m.* **1** ovo pequeno **2** ZOOLOGIA gâmeta feminino maduro, formado em ovário **3** BOTÂNICA corpúsculo que origina a semente, na formação do fruto **4** FARMÁCIA medicamento em forma de pequeno ovo, que se introduz na vagina (Do lat. *ovulu-*, dim. de *ovu-*, «ovo»)

ovulogénese *n.f.* ZOOLOGIA conjunto de fenómenos que se verificam na formação do óvulo animal durante a gametogénese; oogénese (Do lat. *ovulu-*, «óvulo»+gr. *génesis*, «geração»)

ox- /cs/ elemento de formação de palavras que exprime a ideia de *azedo*, *vinagre*, *agudo*

oxácido /cs/ *n.m.* QUÍMICA ⇒ **oxoácido** (De *ox[igénio]*+*ácido*)

oxalá *interj.* exprime o desejo de que algo aconteça (Do ár. *ua xā illāh*, «e queira Deus», pelo cast. *ojalá*, «id.»)

oxalato /cs/ *n.m.* **1** QUÍMICA anião derivado do ácido oxálico por perda de dois protões **2** QUÍMICA designação dos sais e dos ésteres do ácido oxálico (Do gr. *oxalís*, «azeda» +-*ato*)

oxálico /cs/ *adj.* designativo do ácido, de fórmula $H_2C_2O_4$, muito venenoso, que se encontra na azeda (Do gr. *oxalís*, «azeda» +-*ico*)

oxalidácea /cs/ *n.f.* BOTÂNICA espécime das Oxalidáceas

Oxalidáceas /cs/ *n.f.pl.* BOTÂNICA família de plantas dicotiledóneas, herbáceas, com folhas trifoliadas e fruto capsular, cujo género-tipo se denomina *Oxalis* (Do gr. *oxalís*, -*ídos*, «azeda» +-*áceas*)

oxalífero /cs/ *adj.* **1** que tem ou produz oxalato **2** BOTÂNICA diz-se, em especial, de um tecido vegetal, secretório, que elabora oxalato de cálcio (De *oxal[ato]*+*í*/+-*fero*)

oxi- /cs/ elemento de formação de palavras que exprime a ideia de *azedo*, *vinagre*, *agudo* (Do gr. *oxys*, «agudo; pontiagudo»)

oxiacetilénico /cs/ *adj.* (maçarico) cuja chama resulta da combustão do acetileno misturado com oxigénio, num dispositivo apropriado (De *oxi[génio]*+*acetileno*+-*ico*)

oxícedro /cs/ *n.m.* BOTÂNICA planta gimnospérmica, da família das Pináceas, que é uma pequena árvore afim dos zimbros, com folhas terminadas em espinhos, espontânea em Portugal, que fornece o chamado óleo de zimbro, de aplicações terapêuticas, também designada cedro-de-espanha (Do gr. *oxýkedros*, «id.», pelo lat. *oxycedros*, «id.»)

oxicrato /cs/ *n.m.* mistura de vinagre e água em determinada proporção, que se dá a certos doentes (Do gr. *oxýkraton*, «id.»)

oxidabilidade /cs/ *n.f.* qualidade do que é oxidável (De *oxidável*+-*i*-+-*dade*)

oxidação /cs/ *n.f.* **1** ato ou efeito de oxidar ou oxidar-se **2** QUÍMICA aumento do número de oxidação de um elemento numa espécie química **3** QUÍMICA perda de eletrões de qualquer espécie química (átomo, ião, molécula, etc.) **4** criação de ferrugem; ***número de ~ (de um elemento numa espécie química)*** QUÍMICA diferença entre o número de eletrões dos átomos de um elemento isolado e o número de eletrões atribuídos a esse elemento numa espécie química (De *oxidar*+-*ção*)

oxidante /cs/ *adj.2g.* **1** QUÍMICA diz-se de qualquer substância ou espécie química que tem a propriedade de oxidar outras **2** que produz ferrugem ▪ *n.m.* **1** QUÍMICA substância que capta eletrões de outra **2** QUÍMICA espécie química que, numa reação, sofre redução **3** QUÍMICA espécie química que, numa reação, diminui o seu número de oxidação (De *oxidar*+-*ante*)

oxidar /cs/ *v.tr.* **1** QUÍMICA provocar a perda de eletrões de (qualquer espécie química: átomo, ião, molécula, etc.) **2** QUÍMICA aumentar o número de oxidação de (um elemento químico) **3** QUÍMICA converter em óxido **4** QUÍMICA fazer reagir com oxigénio ▪ *v.intr., pron.* QUÍMICA reagir com oxigénio, enferrujando ou perdendo o brilho (metal), escurecendo (fruto), etc. (De *óxido*+-*ar*)

oxídase /cs/ *n.f.* BIOQUÍMICA nome genérico das enzimas que atuam por oxidação (De *óxido*+-*ase*)

oxidável /cs/ *adj.* suscetível de se oxidar (De *oxidar*+-*vel*)

oxidimetria /cs/ *adj.2g.* QUÍMICA método de análise quantitativa baseado num fenómeno de oxidação-redução (De *óxido*+-*metria*)

óxido /cs/ *n.m.* QUÍMICA composto binário em que figura oxigénio (Do lat. *oxŷs*, «azedo; ácido» +-*ido*)

oxídrico /cs/ *adj.* (maçarico) cuja chama resulta da combustão do hidrogénio misturado com oxigénio, num dispositivo apropriado (De *ox(igénio)*+*hidr(ogénio)*+-*ico*)

oxidrilo /cs/ *n.m.* QUÍMICA radical formado por um átomo de oxigénio e outro de hidrogénio (De *ox(igénio)*+*hidr(ogénio)*+-*ilo*)

oxidulado /cs/ *adj.* **1** um tanto oxidado **2** oxídulo (Part. pass. de *oxidular*)

oxidular /cs/ *v.tr.* tornar oxídulo (De *oxídulo*+-*ar*)

oxídulo /cs/ *n.m.* primeiro grau inferior de oxidação de um corpo ▪ *adj.* diz-se do corpo com este grau de oxidação (De *óxido*+-*ulo*)

oxiemoglobina /cs/ *n.f.* composto instável que se forma durante a respiração devido à ação do oxigénio sobre a hemoglobina do sangue (De *oxi[génio]+hemoglobina*)

oxígala /cs/ *n.f.* leite azedo (Do gr. *oxýgala*, «id.», pelo lat. *oxygăla-*, «id.»)

oxigenabilidade /cs/ *n.f.* qualidade de oxigenável (De *oxigenável+-i-+-dade*)

oxigenação /cs/ *n.f.* **1** QUÍMICA ato ou efeito de oxigenar **2** QUÍMICA processo químico em que é adicionado oxigénio a uma substância ou espécie química **3** ação de aplicar água-oxigenada (De *oxigenar+-ção*)

oxigenante /cs/ *adj.2g.* **1** que oxigena **2** que tem a capacidade de oxigenar (De *oxigenar+-ante*)

oxigenar /cs/ *v.tr.* **1** QUÍMICA fixar oxigénio em **2** QUÍMICA fornecer oxigénio a (um composto) **3** MEDICINA administrar oxigénio através de equipamento apropriado **4** aplicar água-oxigenada; descolorar (cabelo) **5** introduzir oxigénio ou aumentar a sua densidade em (local) **6** [fig.] estimular; fortalecer (De *oxigénio+-ar*)

oxigenável /cs/ *adj.2g.* que se pode oxigenar (De *oxigenar+-vel*)

oxigénio /cs/ *n.m.* QUÍMICA elemento químico, gasoso, com o número atómico 8 e símbolo O, que constitui cerca de um quinto da atmosfera e que entra na formação de grande número de compostos (Do gr. *oxýs*, «azedo; ácido» +*génos*, «origem» +*-io*)

oxígono /cs/ *adj.* **1** GEOMETRIA que tem ângulos agudos; acutângulo **2** ZOOLOGIA que tem saliências aguçadas; anguloso (Do gr. *oxýgonos*, «id.», pelo lat. *oxygōnu-*, «id.»)

oxilite /cs/ *n.f.* QUÍMICA nome comercial do peróxido de sódio, que, por ação da água, desenvolve facilmente oxigénio

oxima /cs/ *n.f.* **1** QUÍMICA uma das funções simples da química orgânica **2** composto resultante da ação da hidroxilamina sobre um aldeído ou uma acetona (Do ing. *oxime*, «id.»)

oximel /cs/ *n.m.* bebida composta de água, vinagre e mel (Do gr. *oxýmeli*, «id.», pelo lat. *oxymĕli*, «id.»)

oximetria /cs/ *n.f.* MEDICINA método de determinação do grau de saturação do sangue em oxigénio (De *oxi-+-metria*)

oxímetro *n.m.* aparelho que se utiliza para medir a proporção de hemoglobina oxigenada no sangue (De *oxi-+-metro*)

oximoro /cs/ *n.m.* recurso estilístico que consiste em reunir, no mesmo conceito, palavras de sentido oposto ou contraditório (ex.: *silêncio expressivo*) (Do gr. *oxymóron*, «id.», de *oxýs*, «arguto» +*móron*, «estúpido»)

oxímoro *n.m.* ⇒ **oximoro**

oxirredução *n.f.* QUÍMICA reação química que envolve transferência de eletrões de uma partícula para outra (De *oxi(dação)+redução*)

oxisfera /cs/ *n.f.* GEOLOGIA ⇒ **litosfera** (De *oxi-+esfera*)

oxitocina *n.f.* BIOQUÍMICA hormona que estimula a lactação durante o aleitamento e promove as contrações do útero durante o parto (Do ing. *oxytocin*, «id.»)

oxitonizar /cs/ *v.tr.* tornar oxítono (um vocábulo) (De *oxítono+-izar*)

oxítono /cs/ *adj.* GRAMÁTICA (vocábulo) que tem o acento tónico na última sílaba; agudo (Do gr. *oxýtonos*, «com acento agudo»)

oxiúre /cs/ *n.m.* ⇒ **oxiúro**

oxiuríase /cs/ *n.f.* MEDICINA ⇒ **oxiurose** (De *oxiúro+-ase*)

oxiúrida /cs/ *n.m.* ZOOLOGIA ⇒ **oxiurídeo**

Oxiúridas /cs/ *n.m.pl.* ZOOLOGIA ⇒ **Oxiurídeos**

oxiurídeo /cs/ *adj.* ZOOLOGIA relativo ou pertencente aos Oxiurídeos ▪ *n.m.* ZOOLOGIA espécime dos Oxiurídeos

Oxiurídeos /cs/ *n.m.pl.* ZOOLOGIA família de pequenos nematodes parasitas a que pertencem os oxiúros (Do lat. cient. *Oxyuris*, do gr. *oxýs*, «agudo» +*ourá*, «cauda» +*-ídeos*)

oxiúro /cs/ *n.m.* designação extensiva a uns nematodes de pequenas dimensões, da família dos Oxiurídeos, que parasitam os intestinos de alguns animais, entre os quais o homem, provocando as doenças chamadas, na generalidade, oxiuroses (Do gr. *oxýs*, «agudo» +*ourá*, «cauda»)

oxiurose /cs/ *n.f.* MEDICINA doença provocada pelos oxiúros (De *oxiúro+-ose*)

oxoácido /cs/ *n.m.* QUÍMICA ácido que contém oxigénio (De *oxi-+ácido*)

ozena /ê/ *n.f.* MEDICINA doença resultante da ulceração da mucosa das fossas nasais, que produz pus e cheiro repugnante (Do gr. *ózaina*, «mau cheiro», pelo lat. *ozaena-*, «id.»)

ozénico *adj.* relativo à ozena (Do gr. *ozainikós*, «id.»)

ozocerite *n.f.* PETROLOGIA hidrocarboneto natural, compacto, ceroso, que apresenta cores variadas, em geral negro, sendo solúvel no clorofórmio; pez mineral (Do gr. *ózein*, «cheirar» +*kéros*, «cera», pelo fr. *ozocérite*, «id.»)

ozonar *v.tr.* impregnar de ozono (De *ozono+-ar*)

ozonificar *v.tr.* ⇒ **ozonar** (De *ozono+-ficar*)

ozonização *n.f.* ação de ozonizar (De *ozonizar+-ção*)

ozonizador *n.m.* aparelho que serve para obter ozono ou ar ozonizado (De *ozonizar+-dor*)

ozonizar *v.tr.* **1** transformar oxigénio em ozono **2** tratar com ozono (De *ozono+-izar*)

ozono *n.m.* QUÍMICA variedade alotrópica do oxigénio cujas moléculas são formadas por três átomos do elemento, fortemente oxidante e de cheiro particular, que se observa geralmente após uma descarga elétrica; *camada de ~* zona da atmosfera onde existe uma elevada concentração de ozono que protege a Terra e evita a passagem da radiação ultravioleta nociva à vida humana (Do gr. *ózein*, «exalar cheiro», pelo fr. *ozone*, «id.»)

ozono- elemento de formação de palavras que exprime a ideia de *ozono, exalar cheiro* (Do gr. *ózein*, «id.», pelo fr. *ozone*, «ozono»)

ozonometria *n.f.* QUÍMICA emprego do ozonómetro (De *ozono-+-metria*)

ozonométrico *adj.* relativo à ozonometria (De *ozonometria+-ico*)

ozonómetro *n.m.* QUÍMICA aparelho que serve para medir a quantidade de ozono que existe numa mistura gasosa (De *ozono-+-metro*)

ozostomia *n.f.* MEDICINA mau hálito; halitose (Do gr. *óze*, «mau hálito» +*stóma*, «boca» +*-ia*)

p *n.m.* 1 décima sexta letra e décima segunda consoante do alfabeto 2 letra que representa a consoante oclusiva bilabial surda (ex. *porta*) 3 décimo sexto lugar numa série indicada pelas letras do alfabeto 4 (numeração romana) número 400 (com maiúscula) 5 FÍSICA símbolo de *pressão* 6 FÍSICA símbolo de *potência* (com maiúscula) 7 FÍSICA símbolo de *poise* (com maiúscula) 8 QUÍMICA símbolo de *fósforo* (com maiúscula); *~-á-pá-santa-justa* com toda a exatidão

pá¹ *n.f.* 1 utensílio de ferro ou madeira para meter ou tirar o pão do forno, apanhar lixo, estender e alisar a argamassa, apanhar e deslocar terra, etc. 2 braço de uma hélice ou de outro mecanismo rotativo (remo, etc.) 3 a parte mais larga dos membros dianteiros das reses; *~ mecânica* MECÂNICA escavadora cuja peça de ataque é um balde (colher) de abrir pelo fundo, com dentes no bordo inferior da frente, montado num braço que trabalha na lança e ataca o terreno de baixo para cima, a partir do nível que a escavadora ocupa; *por uma ~ velha* em grande quantidade (Do lat. *pala-*, «id.»)

pá² *interj.* exprime o ruído da queda de um corpo ou do choque entre dois corpos (De orig. onom.)

pá³ *n.2g.* forma utilizada como vocativo para indivíduos de ambos os sexos (*eh pá!, ó pá!*) (De *ra(pa)z*)

pa'anga *n.m.* unidade monetária de Tonga

pabulagem *n.f.* 1 [Brasil] embuste 2 [Brasil] pedantismo (De *pabular*+*-agem*)

pabular *v.intr.* [Brasil] gabar-se (De *pábulo*+*-ar*)

pábulo *n.m.* 1 pasto; alimento 2 [fig.] assunto para maledicência ou escárnio 3 [Brasil] indivíduo presumido; gabarola (Do lat. *pabŭlu-*, «alimento; pasto»)

paca¹ *n.f.* ZOOLOGIA mamífero roedor, da família dos Caviídeos, de carne muito apreciada, que habita o Brasil, as Antilhas e o México (Do tupi *paka*, «desperta; vigilante; sempre atenta»)

paca² *n.f.* [Cabo Verde] maço; *dar paca* [Cabo Verde] provocar, com uma pancada, a queda de objeto segurado por outrem (Do crioulo cabo-verdiano *paka*, «idem»)

pacaça *n.f.* ZOOLOGIA mamífero ruminante, bovídeo bufalino, africano, frequente em Angola, que é caça muito apreciada (Do quimb. *mpa'kasa*, «id.»)

pacari¹ *n.m.* BOTÂNICA planta arbustiva medicinal, brasileira, da família das Litráceas (De orig. obsc.)

pacari² *n.m.* [Índia] alpendrada sobre as portas, para as resguardar das chuvas (Do conc.-mar. *pakhadi*, «id.»)

pacatamente *adv.* de modo pacato; sossegadamente (De *pacato*+*-mente*)

pacatez /ê/ *n.f.* qualidade de pacato; índole pacífica (De *pacato*+*-ez*)

pacato *adj.* 1 que gosta da calma e do sossego 2 que não gosta de arranjar problemas; pacífico; bonacheirão 3 calmo; tranquilo; sossegado ■ *n.m.* indivíduo calmo e sossegado (Do lat. *pacătu-*, «pacífico; tranquilo»)

pacatório *adj.* muito pacato; pachola (De *pacato*+*-ório*)

pacau *n.m.* antigo jogo de cartas (De orig. obsc.)

paceiro *adj.,n.m.* que ou aquele que frequenta o paço real; palaciano; cortesão (De *paço*+*-eiro*)

pacemaker *n.m.* MEDICINA aparelho que estimula o músculo do coração, regulariza as contrações cardíacas e normaliza o pulsar do coração (Do ing. *pacemaker*)

pacenho *adj.* relativo à cidade de La Paz, capital da Bolívia ■ *n.m.* natural ou habitante desta cidade (Do cast. *paceño*, «id.»)

pacense¹ *adj.2g.* referente à cidade portuguesa de Beja, cujo nome latino era Pax Julia; bejense ■ *n.2g.* natural ou habitante desta cidade; bejense (Do lat. *Pace-*, top. +*-ense*)

pacense² *adj.2g.* referente à vila portuguesa de Paços de Ferreira, no distrito do Porto ■ *n.2g.* natural ou habitante desta vila (De *Paço*+*-ense*)

pachacim *n.m.* ORNITOLOGIA ⇒ **patachim**

pacharil *n.m.* [Índia] arroz mal cozido (Do mal. *pachari*, «arroz mal cozido»)

pacharro *n.m.* [regionalismo] ICTIOLOGIA ⇒ **goraz** 1 (De orig. obsc.)

pachavelão *n.m.* pano com ramagens, da costa oriental da Índia (Do tâm. *pachaivalam*, «id.»)

pachecal *adj.2g.* 1 semelhante ao conselheiro Pacheco, personagem criada pelo escritor português Eça de Queirós, 1845-1900 2 conselheiral (De *Pacheco*, antr. +*-al*)

pachel *n.m.* [regionalismo] ICTIOLOGIA ⇒ **goraz** 1 (De orig. obsc.)

pachequice *n.f.* expressão ou atitude bombástica, mas oca; lugar-comum (De *Pacheco*, antr., personagem criada pelo escritor port. Eça de Queirós, 1845-1900 +*-ice*)

pacho *n.m.* ⇒ **parche**

pachochada *n.f.* ⇒ **pachouchada** (De *pachocho*+*-ada*)

pachocho /ô/ *n.m.* [regionalismo] indivíduo apalermado; palerma (De orig. obsc.)

pachola *adj.2g.* 1 [pop.] sossegado; bonacheirão 2 indolente; mandrião 3 que é divertido; que gosta de chalacear ■ *n.2g.* 1 pessoa indolente 2 pessoa com bom feitio, que só muito dificilmente se irrita 3 pessoa chalaceadora (De *pachocho* × *patola*)

pacholice *n.f.* 1 dito ou ato de pachola; patetice 2 mandriice; preguiça (De *pachola*+*-ice*)

pachorra /ô/ *n.f.* 1 grande paciência 2 falta de diligência ou de pressa 3 vagar; lentidão (Do cast. *pachorra*, «fleuma; indolência»)

pachorrentamente *adv.* 1 com pachorra; pacientemente 2 vagarosamente (De *pachorrento*+*-mente*)

pachorrento *adj.* 1 que tem pachorra 2 paciente 3 indolente; vagaroso; lento 4 feito com pachorra (De *pachorra*+*-ento*)

pachouchada *n.f.* 1 maneira obscena de falar 2 dito néscio ou obsceno 3 disparate; parvoiçada (De *pachocho*+*-ada*)

paciência *n.f.* 1 capacidade de suportar males, incómodos e dificuldades com tranquilidade 2 resignação 3 persistência; perseverança 4 passatempo que consiste em formar as diferentes combinações possíveis com as cartas de um ou mais baralhos 5 CULINÁRIA biscoito redondo, achatado e de pequenas dimensões, geralmente com sabor a limão; *~!* exclamação designativa de resignação; *~ de Job* grande capacidade para aguentar contrariedades; *perder a ~* irritar-se; *torrar a ~ a* alguém, irritar (Do lat. *patientĭa-*, «id.»)

paciente *adj.2g.* 1 que tem paciência 2 que tem a capacidade de esperar tranquilamente 3 que é capaz de suportar dificuldades e tristezas; resignado 4 que revela persistência; perseverante ■ *n.2g.* 1 pessoa que espera tranquilamente 2 pessoa que se encontra sob cuidados médicos; doente 3 pessoa que vai sofrer pena capital ■ *n.m.* LINGUÍSTICA aquele que sofre ou é objeto de uma ação (Do lat. *patiente-*, «que sofre», part. pres. de *pati*, «sofrer; suportar»)

pacientemente *adv.* 1 com paciência 2 resignadamente (De *paciente*+*-mente*)

pacificação *n.f.* 1 ato ou efeito de pacificar; apaziguamento 2 paz; sossego; quietação (Do lat. *pacificatiōne-*, «id.»)

pacificador *adj.,n.m.* que ou aquele que pacifica (Do lat. *pacificatōre-*, «id.»)

pacificar *v.tr.* 1 pôr em paz 2 apaziguar; tranquilizar; serenar; acalmar 3 restabelecer a paz em (Do lat. *pacificāre*, «id.»)

pacificidade *n.f.* qualidade de pacífico (De *pacífico*+*-i-*+*-dade*)

pacífico *adj.* 1 amigo da paz 2 amigo da ordem 3 tranquilo; sossegado 4 que não gosta de criar conflitos ou problemas 5 que não recorre à força armada 6 (assunto, questão) que não levanta discussão ■ *n.m.* [com maiúscula] oceano que banha o continente asiático e a Oceânia a oeste e as costas ocidentais do continente americano a leste (Do lat. *pacifĭcu-*, «id.»)

pacifismo *n.m.* doutrina política dos que defendem a paz mundial pelo desarmamento das nações e pelo recurso a tribunais internacionais, como solução dos conflitos e divergências (Do fr. *pacifisme*, «id.»)

pacifista *n.2g.* pessoa partidária do pacifismo (Do fr. *pacifiste*, «id.»)

pack *n.m.* conjunto que inclui um determinado produto e um ou vários produtos complementares, a um preço inferior ao dos produtos comprados individualmente (Do ing. *pack*, «id.»)

paco *n.m.* 1 [Angola] planta de madeira muito resistente usada na construção 2 [Angola] tronco da planta paco (Do quimb. *paku*, «id.», de *kupakujaka*, «pestanejar», alusão a manchas claras e escuras do tronco)

paço *n.m.* 1 palácio real 2 residência de uma dignidade eclesiástica 3 residência sumptuosa de uma personagem importante 4 [fig.] a corte; os cortesãos; *paços do concelho* edifício municipal onde a vereação se reúne e onde se encontram instalados os serviços administrativos do concelho (Do lat. *palatĭu-*, «palácio»)

pacoba *n.f.* BOTÂNICA banana grande, fruto da pacobeira, também conhecida por pacova (Do tupi *pa'kowa*, «folha de enrolar»)

pacobeira *n.f.* BOTÂNICA bananeira gigante do Brasil; pacoveira (De *pacoba+-eira*)

pacote[1] *n.m.* 1 invólucro de papel, plástico ou outro material, para conter, proteger e/ou transportar mercadorias; embrulho 2 conjunto de unidades incluídas num embrulho 3 quantidade de produtos ou bens negociados em conjunto 4 conjunto de medidas (económicas, sociais, etc.) 5 TELEVISÃO conjunto de programas vendido por uma emissora ou pelos seus produtores a outra emissora, geralmente a preço reduzido 6 [cal.] rabo; nádegas 7 [cal.] ânus; ~ *de férias* viagem turística vendida em agências de viagem ou por operadores turísticos, que geralmente inclui as passagens de ida e volta, transporte do aeroporto para o hotel e vice-versa, estadia e refeições, por um preço mais baixo do que o normal; ~ *laboral* conjunto articulado de medidas ou leis que regulamentam as condições de trabalho e os direitos de trabalhadores e empregadores (duração de contratos, horários de trabalho, política salarial, etc.) (Do neerl. *pak*, «fardo», pelo fr. med. *pakke*, «id.», pelo port. ant. *paca*, «id.» +*-ote*)

pacote[2] *n.m.* INFORMÁTICA sequência de dígitos binários, que inclui dados e sinais de controlo, transmitidos e comutados como um todo (Do ing. *packet*, «pacote»)

pacotilha *n.f.* 1 {diminutivo de *pacote*} porção de mercadorias que os passageiros ou tripulantes de um navio podem levar consigo na viagem, sem pagar 2 obra mal acabada e grosseira; *de* ~ de má qualidade, de pouco valor (Do cast. *pacotilla*, «id.»)

pacotilho *n.m.* pequeno pacote (De *pacote+-ilho*)

pacova *n.f.* [Brasil] ⇒ **pacoba**

pacoveira *n.f.* [Brasil] BOTÂNICA ⇒ **pacobeira**

pacovice *n.f.* ato ou qualidade de pacóvio; palermice; tolice (De *pacóvio+-ice*)

pacóvio *adj.,n.m.* 1 que ou o que é considerado ignorante e pouco inteligente 2 que ou o que é considerado rústico ou pouco evoluído 3 que ou o que é ingénuo ou se deixa facilmente enganar; simplório

pactear *v.tr.* ⇒ **pactuar** (De *pacto+-ear*)

pacto *n.m.* 1 ajuste ou combinação informal entre duas ou mais pessoas (sem carácter legal) 2 contrato entre duas ou mais pessoas ou entidades em que se estabelecem geralmente direitos e deveres para as partes envolvidas 3 convenção 4 POLÍTICA, MILITAR tratado entre dois ou mais estados; ~ *de sangue* pacto em que as pessoas fazem um pequeno golpe em si mesmas para misturar os seus sangues, simbolizando assim a garantia do seu cumprimento; ~ *federal* constituição política de uma confederação de estados; ~ *social* acordo celebrado entre o governo e representantes da sociedade civil (associações profissionais, sindicatos, etc.) com vista à resolução de determinados problemas; ~ *sucessório* 1 pacto tendente a excluir a liberdade de disposição por morte através de uma instituição contratual de herdeiros ou legatários; 2 HISTÓRIA tratado assinado entre o rei de Castela e D. Afonso Henriques, em que aquele reconhecia a este o direito de suceder a sua mãe na administração do Condado Portucalense, e de designar sucessor (Do lat. *pactu-*, «id.»)

pactuante *adj.,n.2g.* que ou a pessoa que pactua; pactuário (De *pactuar+-ante*)

pactuar *v.tr.* 1 fazer um pacto (com) 2 mostrar-se transigente (em relação a) 3 contratar; combinar; ajustar (De *pacto+-ar*)

pactuário *n.m.* cada uma das partes que pactuam; pactuante (De *pactuar+-ário*)

pada[1] *n.f.* 1 pequeno pão de farinha ordinária 2 [regionalismo] conjunto de pães que, durante a cozedura, se ligaram uns aos outros 3 [fig.] insignificância (Do latim *panāta-*, de *pane-*, «pão»)

pada[2] *n.f.* [Guiné-Bissau] construção provisória feita com folhagem e pedaços de materiais (Do crioulo guineense *padas*, «pedaços, parte»)

padaria *n.f.* 1 casa onde se fabrica ou vende pão 2 [Brasil] [pop.] rabo (De *pada+-aria*)

padecedor *adj.,n.m.* ⇒ **padecente** (De *padecer+-dor*)

padecente *adj.2g.* que padece; que sofre ■ *n.2g.* 1 pessoa que sofre 2 pessoa que vai sofrer a pena última 3 [pop.] pessoa apaixonada que não é correspondida (Do lat. *patescente-*, «id.», part. pres. de *patescĕre*, «abrir-se; manifestar-se»)

padecer *v.tr.* 1 sofrer de (mal físico ou espiritual); ser atormentado ou afligido por 2 suportar; aguentar 3 consentir em; permitir que ■ *v.intr.* 1 ser ou estar doente 2 sofrer dores físicas ou espirituais (Do lat. *patescĕre*, inc. de *patēre*, «abrir-se; manifestar-se»)

padecimento *n.m.* 1 sofrimento físico ou moral 2 doença; dor (De *padecer+-i-+-mento*)

padeira *n.f.* 1 mulher que fabrica ou vende pão 2 (uvas) ⇒ **nevoeira** 1 (De *padeiro*)

padeiro *n.m.* 1 homem que fabrica ou vende pão 2 dono de padaria (Do lat. *panatarĭu-*, «id.», de *panāta-*, de *pane-*, «pão»)

padejador *adj.,n.m.* que ou aquele que padeja (De *padejar+-dor*)

padejar[1] *v.tr.* 1 revolver com a pá (os cereais) 2 bambolear; sacudir (De *palejar*, do lat. *pala-*, «pá»)

padejar[2] *v.intr.* 1 fabricar pão 2 preparar a massa da farinha antes de a meter no forno (De *pada+-ejar*)

padejo /ê/ *n.m.* 1 ato de padejar 2 trabalho de padeira ou padeiro (Deriv. regr. de *padejar*)

padela *n.f.* 1 [regionalismo] tacho grande de barro 2 testo para tapar a panela (Do lat. *patella-*, «prato pequeno»)

padês *n.m.* ⇒ **pavês**

padida *n.f.* [Guiné-Bissau] parturiente; mulher que já teve filhos (De *parida*, «id.»)

padieira *n.f.* 1 verga superior de porta ou janela 2 face lateral do lagar

padinha *n.f.* [regionalismo] bolo doce feito com açúcar e banha de porco; regueifa (De *pada+-inha*)

padiola *n.f.* 1 espécie de tabuleiro retangular com dois varais paralelos, destinado a transportes 2 espécie de cama portátil, geralmente de lona, para transporte de doentes ou feridos

padioleiro *n.m.* 1 aquele que transporta a padiola 2 maqueiro (De *padiola+-eiro*)

padixá *n.m.* imperador dos Turcos; sultão (Do pers. *pad xāh*, «senhor rei»)

padixato *n.m.* dignidade e funções de padixá (De *padixá+-ato*)

pado *n.m.* BOTÂNICA ⇒ **azereiro-dos-danados** (Do gr. *pádos*, «ameixa», pelo lat. bot. *Padu-*, «id.»)

padralhada *n.f.* 1 [depr.] agrupamento de padres 2 [depr.] clero; classe dos padres (De *padre+-alho+-ada*)

padrão[1] *n.m.* 1 modelo oficial de pesos e medidas 2 norma; modelo de referência para avaliação 3 paradigma; protótipo 4 tipo ideal 5 título autêntico 6 desenho de um tecido 7 ferrete (Do lat. *patrōne-*, por *patrōnu-*, «patrono; defensor»)

padrão[2] *n.m.* monumento de pedra que os Portugueses erguiam nas terras que iam descobrindo e que significava posse 2 monumento monolítico destinado a comemorar qualquer acontecimento; marco (Por *pedrão*, de *pedra+-ão*)

padraria *n.f.* [depr.] ⇒ **padralhada** (De *padre+-aria*)

padrar-se *v.pron.* tomar ordens de padre (De *padre+-ar*)

padrasto *n.m.* homem em relação aos filhos que o cônjuge ou companheira(o) tem de matrimónio ou relacionamento anterior (Do lat. tard. *patrastu-*, «id.»)

padre *n.m.* 1 RELIGIÃO indivíduo que recebeu ordenação sacerdotal 2 pai; *Padre Eterno* Deus; *santos padres* antigos escritores eclesiásticos que explicaram e defenderam a doutrina cristã (Do lat. *patre-*, «id.»)

padreação *n.f.* ato de padrear (De *padrear+-ção*)

padreador *adj.,n.m.* que ou o animal que padreia (De *padrear+-dor*)

padrear *v.intr.* procriar; reproduzir-se (animal macho, especialmente o cavalo) (De *padre* [= *pai*]+-*ear*)

padreca *n.f.* [depr.] ⇒ **padreco** (De *padre+-eca*)

padreco *n.m.* [depr.] padre de pouco mérito

padre-cura *n.m.* pároco

padreiro *n.m.* [regionalismo] BOTÂNICA ⇒ **plátano-bastardo**

padre-mestre *n.m.* 1 padre que é professor 2 [fig.] sabichão

padre-nosso *n.m.* RELIGIÃO ⇒ **pai-nosso**

padre-santo *n.m.* o papa; o pontífice romano

padresco /ê/ *adj.* [depr.] relativo a padre; próprio de padre

padrinho *n.m.* (feminino **madrinha**) 1 aquele que serve de testemunha no batismo, em casamento, doutoramento ou duelo 2 aquele que dá o nome a alguém ou a alguma coisa **3** [fig.] protetor **4** [fig.] defensor; patrono (Do lat. vulg. *patrīnu*-, «id.»)

padroado *n.m.* **1** RELIGIÃO direito de conferir benefícios eclesiásticos **2** RELIGIÃO direito de protetor adquirido por quem fundava uma igreja; **~ *português do Oriente*** direito de jurisdição que a Igreja concedeu a Portugal em terras do Oriente, tanto portuguesas como estranhas à soberania de Lisboa (Do lat. *patronātu*-, «id.»)

padroeiro *adj.,n.m.* **1** RELIGIÃO que ou aquele que tem padroado **2** RELIGIÃO (santo) que ou o que se escolheu como protetor e intercessor junto de Deus **3** [fig.] patrono; protetor (Do lat. *patronarĭu*-, de *patrōnu*-,«patrono»)

padronizar *v.tr.* fazer segundo um padrão; estandardizar; uniformizar (De *padrão*+*-izar*)

paduano *adj.* relativo à cidade italiana de Pádua ■ *n.m.* natural ou habitante de Pádua (De *Pádua*, top. +*-ano*)

paelha *n.f.* CULINÁRIA prato típico espanhol à base de arroz, carnes, marisco e legumes (Do esp. *paella*, «id.»)

paelheira *n.f.* recipiente metálico, largo, pouco fundo e com duas asas, no qual se cozinha a paelha (Do esp. *paellera*, «idem»)

paella *n.f.* CULINÁRIA ⇒ **paelha**

paga *n.f.* **1** ato ou efeito de pagar **2** pagamento; remuneração **3** [fig.] agradecimento **4** [fig.] recompensa (Deriv. regr. de *pagar*)

pagador *n.m.* **1** aquele que paga ou faz pagamentos **2** tesoureiro ■ *adj.* que paga ou faz pagamentos; ***desculpas de mau ~*** desculpas inaceitáveis (De *pagar*+*-dor*)

pagadoria *n.f.* repartição onde se fazem os pagamentos; tesouraria (De *pagador*+*-ia*)

pagaia *n.f.* tipo de remo com pá nas duas extremidades

pagamento *n.m.* ato ou efeito de pagar; paga (De *pagar*+*-mento*)

paganismo *n.m.* **1** designação dada pelos cristãos à religião politeísta dos Gregos e dos Romanos, que se caracterizava pela crença em diversos deuses e pelo culto prestado a imagens **2** conjunto das pessoas consideradas pagãs ou gentias **3** RELIGIÃO estado de quem não é/foi batizado (Do lat. *paganismu*-, «id.»)

paganização *n.f.* ato ou efeito de paganizar ou paganizar-se; conversão ao paganismo (De *paganizar*+*-ção*)

paganizador *adj.* ⇒ **paganizante** (De *paganizar*+*-dor*)

paganizante *adj.2g.* que paganiza (De *paganizar*+*-ante*)

paganizar *v.tr.,pron.* converter(-se) ao paganismo ■ *v.intr.* pensar ou proceder como pagão (Do lat. *pagānu*-, «pagão»+*-izar*)

pagante *adj.,n.2g.* **1** que ou a pessoa que paga **2** contribuinte **3** [fig.] padecente; vítima (De *pagar*+*-ante*)

pagão *adj.,n.m.* **1** que ou o que segue uma religião assente na crença em vários deuses **2** [pej.] que ou o que não segue determinados princípios religiosos considerados verdadeiros (Do lat. *pagānu*-, «id.»)

pagar *v.tr.* **1** satisfazer (dívida ou encargo); liquidar; saldar **2** entregar uma dada quantia em troca de (bens ou serviços) **3** compensar de forma equivalente; retribuir **4** remunerar (alguém) por serviços prestados **5** sofrer as consequências de (algum mal praticado); expiar ■ *v.intr.* **1** satisfazer uma dívida ou um encargo **2** sofrer um castigo injustamente ■ *v.pron.* **1** indemnizar-se **2** vingar-se; desforrar-se **3** descontar, do que se há de entregar, a parte que lhe pertence; **~ *as favas*** ser castigado por aquilo que outrem fez; **~ *com língua de palmo*** pagar contra a vontade; receber o castigo merecido; **~ *na mesma moeda*** retribuir do mesmo modo; **~ *o justo pelo pecador*** ser castigado o inocente e não o culpado; **~ *uma visita*** retribuir uma visita (Do lat. *pacāre*, «apaziguar»)

pagastinas *n.f.pl.* [regionalismo] pequenas e diversas dívidas para pagar, aqui e além (De *pagar*)

pagável *adj.2g.* que se pode ou deve pagar (De *pagar*+*-vel*)

pagela *n.f.* **1** prestação **2** página pequena **3** RELIGIÃO folha de papel de pequenas dimensões que contém geralmente uma imagem sagrada e uma oração; ***pagar às pagelas*** pagar às prestações (Do lat. *pagella*-, «pequena página»)

pager *n.m.* pequeno aparelho eletrónico, portátil, com mostrador, que, por meio de sinais (luminosos ou sonoros) ou por vibração, informa que alguém deseja entrar em contacto com o seu portador (Do ing. *pager*)

página *n.f.* **1** qualquer das duas faces de uma folha de papel ou de uma folha vegetal **2** texto registado em cada uma das faces de uma folha de papel **3** INFORMÁTICA conjunto de informações (texto, gráficos, imagens e hiperligações) que podem ser visualizadas no ecrã do computador, de uma vez, e a que se pode aceder utilizando um browser **4** [fig.] excerto de um texto; trecho **5** [fig.] período ou facto notável da biografia de uma pessoa, de uma família ou de uma nação; **~ *de rosto*** página ímpar de abertura de um livro, onde se regista o nome do autor, o título da obra, o nome da editora e, por vezes, o ano de publicação; **~ *pessoal*** (internet) sítio (ou conjunto de páginas) com informações sobre uma pessoa, que frequentemente é responsável pela própria produção e edição dessas informações; ***a páginas tantas*** em determinado momento; ***virar a ~*** mudar de assunto (Do lat. *pagĭna*-, «id.»)

paginação *n.f.* **1** ato ou efeito de paginar **2** TIPOGRAFIA disposição gráfica dos elementos que constituem as páginas de livros ou outras publicações, geralmente com base num projeto gráfico decidido previamente **3** TIPOGRAFIA numeração das páginas de uma publicação **4** sequência ordenada de páginas de qualquer publicação **5** conjunto de páginas de uma publicação (De *paginar*+*-ção*)

paginador *n.m.* o que faz a paginação (De *paginar*+*-dor*)

paginar *v.tr.,intr.* **1** TIPOGRAFIA dispor graficamente os elementos (textos, imagens, etc.) nas páginas de livros ou outras publicações, geralmente com base num projeto gráfico decidido previamente **2** TIPOGRAFIA colocar o número da página em (livro ou publicação) (De *página*+*-ar*)

pago[1] *adj.* **1** entregue para pagamento **2** que recebeu paga; remunerado **3** (débito) liquidado **4** [fig.] recompensado **5** [fig.] vingado; desforrado; ressarcido (Part. pass. de *pagar*)

pago[2] *n.m.* paga (Deriv. regr. de *pagar*)

pago[3] *n.m.* [ant.] aldeola (Do lat. *pagu*-, «aldeia»)

pagode *n.m.* **1** designação genérica dos templos de certas religiões da Ásia, especialmente do budismo e do bramanismo **2** ídolo adorado nesses templos **3** antiga moeda de ouro da Índia **4** [fig., pop.] pândega; divertimento **5** [fig., pop.] troça **6** [Brasil] MÚSICA variação do samba que apresenta um estilo romântico e um andamento fácil de dançar (Do sânscr. *bhagavati*, «deusa», pelo dravíd. *pagôdî*, «casa de oração»)

pagodear *v.intr.* levar vida de pândego; divertir-se (De *pagode*+*-ear*)

pagodeira *n.f.* divertimento; pândega; estroinice (De *pagode*+*-eira*)

pagodeiro *adj.,n.m.* que ou aquele que é amigo do pagode; estroina (De *pagode*+*-eiro*)

pagodice *n.f.* ⇒ **pagodeira** (De *pagode*+*-ice*)

pagodista *n.2g.* pessoa que gosta de se divertir; pagodeiro (De *pagode*+*-ista*)

paguel *n.m.* ⇒ **paguer**

paguer *n.m.* antiga embarcação indiana

paguilha *n.2g.* pagante; pagante (De *pagar*+*-ilha*)

paguro *n.m.* ZOOLOGIA ⇒ **casa-alugada** (Do gr. *pagoûros*, «que tem a cauda em forma de chifre»)

pai *n.m.* **1** aquele que procriou um ou mais filhos; progenitor **2** homem que exerce as funções paternas **3** [fig.] autor; criador; fundador **4** [fig.] causa; origem **5** [fig.] benfeitor; protetor **6** [com maiúscula] RELIGIÃO a primeira pessoa da Santíssima Trindade **7** *pl.* casal formado pelo pai e pela mãe **8** *pl.* [fig.] antepassados; *da vida!* exprime admiração, espanto ou impaciência; ***Pai do Céu*** RELIGIÃO Deus; ***Nosso Pai*** RELIGIÃO Viático; ***os nossos primeiros pais*** Adão e Eva (Do lat. *patre*-, «pai»)

pai-d'égua *n.m.* **1** cavalo de padreação **2** [fig.] libertino; devasso

pai-de-meninos ver nova grafia pai de meninos

pai de meninos *n.m.* [ant.] magistrado que, na cidade do Porto, tinha a seu cargo velar pelos enjeitados

pai-de-santo ver nova grafia pai de santo

pai de santo *n.m.* [Brasil] (macumbas) chefe espiritual de um candomblé

pai-de-todos ver nova grafia pai de todos

pai de todos *n.m.* [pop.] o dedo médio

pai-de-velhacos ver nova grafia pai de velhacos

pai de velhacos *n.m.* [ant.] magistrado que, nas cidades de Lisboa e Porto, estava encarregado de coibir a vadiagem, proporcionando trabalho aos vadios

pailona /ô/ *n.f.* ICTIOLOGIA nome vulgar por que são conhecidos uns peixes seláquios da família dos Espinacídeos, também denominados arreganhada, bruxa, lixa, lixa-de-pau, carocho, etc.

paim *n.m.* ORNITOLOGIA ⇒ **alma-de-mestre** (De orig. onom.?)

paina *n.f.* **1** conjunto de fibras sedosas dos frutos de certas árvores brasileiras, que se utilizam no enchimento de almofadas **2** ⇒ **paineira** (Do malaiala *paññi*, «id.»)

Pai Natal *n.m.* **1** personagem representada por um velho de barbas brancas e roupas vermelhas, que, no Natal, supostamente distribui presentes pelas crianças **2** [com minúscula] representação dessa personagem (pessoa vestida, objeto, etc.)

painça *adj.* diz-se da palha e da farinha de painço (De *painço*)

painço *n.m.* **1** BOTÂNICA planta herbácea anual, da família das Gramíneas, abundante especialmente no Norte de Portugal, e cujo fruto se usa na alimentação de pequenas aves; milho-miúdo **2** [pop.] dinheiro (Do lat. *panicŭ-*, «id.»)

paineira *n.f.* BOTÂNICA nome vulgar extensivo a várias árvores brasileiras, da família das Bombacáceas, que produzem a paina (De *paina*+*-eira*)

painel[1] *n.m.* **1** trabalho de pintura executado sobre tela ou madeira; quadro **2** pintura ou obra decorativa que cobre parcial ou totalmente uma parede **3** almofada de porta, janela ou teto **4** baixo-relevo com a respetiva moldura **5** conjunto de partículas ou de fibras de madeira prensadas **6** ELETRICIDADE quadro onde estão instalados os instrumentos de controlo de uma instalação ou de um mecanismo **7** NÁUTICA conjunto dos panos cosidos de uma vela **8** NÁUTICA forro exterior da popa nas embarcações de tipo escaler **9** MILITAR pedaço de pano de forma geométrica para assinalar à aviação a posição das tropas amigas em terra **10** [fig.] cena; vista (Do fr. ant. *panel*, «id.»)

painel[2] *n.m.* **1** grupo de pessoas que participam num debate público **2** debate ou reunião sobre determinado tema em que participa um grupo de pessoas **3** ESTATÍSTICA pesquisa de mercado que tem por base informações, comentários ou reações de um grupo de pessoas selecionadas, e que se destina a avaliar os hábitos de consumo, a aceitação de um produto, etc. (Do ing. *panel*, «id.»)

painho[1] *n.m.* variedade de enchido (De *paio*+*-inho*)
painho[2] *n.m.* ORNITOLOGIA ⇒ **alma-de-mestre** (De *paim*)
pai-nobre *n.m.* ator que faz o papel de pai, numa tragédia ou em alta comédia

pai-nosso *n.m.* RELIGIÃO oração ensinada por Jesus aos Seus apóstolos, denominada também oração dominical, isto é, oração do Senhor

paintball *n.m.* atividade desportiva de estratégia e lazer em que as equipas participantes tentam acertar umas nas outras com bolas de tinta disparadas por uma pistola (Do ing. *paintball*, «id.»)

paio *n.m.* **1** enchido grosso de lombo de porco preparado com alho, pimento doce e vinho branco **2** [Brasil] indivíduo ingénuo (Do cast. *payo*, «rústico»)

paiol *n.m.* **1** parte do navio onde se guardam as munições **2** MILITAR construção onde se guardam explosivos e munições **3** depósito de provisões alimentares ou bagagens (Do lat. *palliŏlu-*, dim. de *pallĭu-*, «manto; toga», pelo cat. *pallol* ou *paiol*, «soalho do fundo do navio»)

paioleiro *n.m.* guarda do paiol (De *paiol*+*-eiro*)

pairar *v.tr.,intr.* **1** estar suspenso no ar, quase sem se mover; flutuar no ar **2** estar num plano superior (a) **3** estar iminente; ameaçar **4** [fig.] olhar de alto ■ *v.tr.* **1** permanecer (uma substância volátil) em (espaço) **2** estar irresoluto; hesitar; vacilar ■ *v.intr.* NÁUTICA navegar muito lentamente (a embarcação); parar sem fundear (Do prov. ant. *pairar*, «suportar; aguentar»)

pairo *n.m.* ato de pairar (Deriv. regr. de *pairar*)

país *n.m.* **1** espaço demarcado por fronteiras geográficas e dotado de soberania própria; estado; nação **2** terra em que se nasceu; pátria **3** região; terra (Do fr. *pays*, «id.»)

paisagem *n.f.* **1** porção de território que se abrange num lance de olhos; vista; panorama **2** espaço geográfico com determinadas características **3** PINTURA quadro que representa um sítio campestre; desenho sobre um motivo rústico (Do fr. *paysage*, «id.»)

paisagismo *n.m.* **1** reprodução de paisagem em pintura **2** ARQUITETURA conjunto das questões relativas ao ambiente vivo do homem e ao ordenamento da paisagem (Do fr. *paysagisme*, «id.»)

paisagista *n.2g.* artista que pinta ou descreve paisagens (Do fr. *paysagiste*, «id.»)

paisagístico *adj.* relativo a paisagem (De *paisagista*+*-ico*)

paisana *n.m.* indivíduo que não é militar; *à* ~ em traje civil (Do fr. *paysanne*, «camponesa»)

paisanada *n.f.* **1** grupo de paisanos **2** os paisanos (De *paisano*+*-ada*)

paisano *adj.* **1** que não é militar **2** compatriota **3** [fig.] inexperiente ■ *n.m.* **1** indivíduo que não é militar **2** compatriota **3** pessoa com pouca experiência ou domínio de determinado assunto (Do fr. *paysan*, «camponês»)

paisista *n.2g.* ⇒ **paisagista** (De *país*+*-ista*)

paivante *n.m.* **1** adepto do colonialista português Paiva Couceiro (1861-1944), nas incursões monárquicas, após o advento da República **2** [coloq.] cigarro de folha de tabaco (De *Paiva*, antr. + *-ante*)

pai-velho *n.m.* tradução literal de um clássico grego ou latino, a que os estudantes recorrem para preparar as suas lições e a que, em calão académico, é dada a designação de burro

paivense[1] *adj.2g.* relativo ou pertencente a Castelo de Paiva, no distrito de Aveiro, ou que é seu natural ou habitante ■ *n.2g.* natural ou habitante de Castelo de Paiva (De *[Castelo de] Paiva*, topónimo +*-ense*)

paivense[2] *adj.2g.* relativo ou pertencente a Vila Nova de Paiva, no distrito de Viseu, ou que é seu natural ou habitante ■ *n.2g.* natural ou habitante de Vila Nova de Paiva (De *[Vila Nova de] Paiva*, topónimo +*-ense*)

paivoto *adj.* diz-se de uma variedade de bois da raça arouquesa ■ *adj.,n.m.* ⇒ **paivense**[1,2] (De *Paiva*, top. +*-oto*)

paixão *n.f.* **1** sentimento intenso e geralmente violento (de afeto, ódio, alegria, etc.) que dificulta o exercício de uma lógica imparcial **2** objeto desse sentimento **3** grande predileção **4** parcialidade **5** grande desgosto; sofrimento intenso **6** [com maiúscula] RELIGIÃO martírio que precedeu a morte de Cristo **7** [com maiúscula] RELIGIÃO parte do Evangelho onde se descreve o martírio de Cristo **8** [com maiúscula] MÚSICA composição musical cujo motivo é o martírio de Cristo; *Semana da Paixão* a semana que precede imediatamente o Domingo de Páscoa (Do lat. *passiōne-*, «sofrimento»)

paixoneta /ê/ *n.f.* inclinação amorosa passageira e pouco intensa (De *paixão*+*-eta*)

paixonite *n.f.* [coloq.] paixão intensa (De *paixão*+*-ite*)

pajão *n.m.* utensílio com que os marnotos comprimem e alisam os montes de sal (De *pá*+*j*+*-ão*)

paje *n.m.* ⇒ **pajem** (De *pajem*)

pajeada *n.f.* classe dos pajens (De *paje*+*-ada*)

pajear *v.tr.* **1** servir de pajem a **2** [fig.] tratar com desvelo **3** [fig.] adular; lisonjear **4** comprimir e alisar os montes de sal com o pajão (De *paje*+*-ear*)

pajem *n.m.* **1** HISTÓRIA rapaz nobre que acompanhava um príncipe ou um fidalgo na guerra **2** NÁUTICA marinheiro encarregado da limpeza em navio de guerra ■ *n.f.* [Brasil] ama-seca (Do fr. ant. *page*, «rapazinho; criado»)

pala *n.f.* **1** peça geralmente rígida na parte dianteira e inferior de um boné, que resguarda os olhos da claridade **2** porção de tecido que tapa um olho ou peça de material plastificado colocado sobre uma lente, cujo objetivo é proteger a vista em situação de lesão ou corrigir um defeito de visão **3** (no automóvel) peça rectangular, móvel, situada na parte superior interna do para-brisas, que pode ser baixada para evitar a incidência direta de luz solar **4** parte do sapato que cobre o peito do pé **5** peça que se prende na carroçaria de um veículo, por trás das rodas, para impedir a projeção de água, lama, etc. **6** engaste de pedra preciosa **7** cartão ou tela com que o sacerdote cobre o cálice **8** [pop.] peta; mentira **9** [regionalismo] empenho; proteção **10** [regionalismo] abrigo natural **11** [regionalismo] bebedeira **12** embarcação oriental **13** HERÁLDICA barra ou faixa que divide o escudo de alto a baixo; *à* ~ *de* à custa de, a pretexto de; *bater a* ~ fazer continência; *meter/ferrar a* ~ mentir, pregar uma peta (Do lat. *pala-*, «pá», pelo cast. *pala*, «assento de metal para pedras preciosas»)

palacete /ê/ *n.m.* **1** palácio pequeno **2** casa grande, de arquitetura requintada e/ou aparatosa (De *palácio*+*-ete*)

palacianismo *n.m.* conjunto de características ou comportamentos típicos daqueles que vivem na corte (De *palaciano*+*-ismo*)

palaciano *adj.* **1** relativo a palácio **2** próprio de quem vive na corte **3** que deriva das características e dos hábitos da corte **4** cortês; obsequiador ■ *n.m.* cortesão (De *palácio*+*-ano*)

palácio *n.m.* **1** habitação sumptuosa de um soberano ou personagem importante **2** [fig.] edifício grandioso e de aparência nobre (Do lat. *palatĭu-*, «residência dos Césares; palácio»)

paladar *n.m.* **1** parte superior da cavidade bucal **2** sentido pelo qual se percebe o sabor de qualquer coisa; sentido do gosto **3** sabor **4** [fig.] maneira de ver **5** [fig.] capricho; vontade (Do lat. vulg. *palatāre-*, de *palātu-*, «palato; céu-da-boca»)

paladim *n.m.* ⇒ **paladino**

paladínico *adj.* **1** próprio de paladino **2** temerário; esforçado (De *paladino*+*-ico*)

paladino *n.m.* **1** HISTÓRIA cavaleiro andante **2** HISTÓRIA cada um dos cavaleiros que acompanhavam o imperador germânico Carlos Magno (768 - 814) durante os combates e que mais se distinguiam pela sua bravura **3** [fig.] homem intrépido e leal **4** [fig.] defensor acérrimo (Do lat. *palatīnu-*, «oficial do palácio imperial», pelo fr. ant. *paladin*, «do palácio»)

paládio *n.m.* **1** [com maiúscula] estátua de Palas, deusa protetora de Troia **2** garantia **3** proteção; salvaguarda **4** QUÍMICA elemento químico com o número atómico 46, metálico, de aspeto semelhante ao da prata, de símbolo Pd, muito usado nos relógios antimagnéticos (Do gr. *palládion*, «estátua da deusa Palas», pelo lat. *palladĭu-*, «de Palas»)

palado *n.m.* HERÁLDICA campo do escudo constituído por palas

palafita *n.f.* **1** cada uma das estacas em que assentam as habitações lacustres **2** habitação lacustre geralmente de madeira, assente em estacas em águas pouco profundas ■ *n.2g.* indivíduo que vive numa dessas habitações (Do it. *palafitta*, «tapume de estacas»)

palafrém *n.m.* **1** cavalo adestrado e elegante, particularmente destinado a uma senhora **2** cavalo em que os soberanos e nobres montavam quando faziam a sua entrada nas cidades (Do lat. tard. *paraverēdu-*, «cavalo de posta», pelo prov. *palafré*, «id.», pelo cast. *palafrén*, «palafrém»)

palafreneiro *n.m.* moço que cuidava do palafrém ou o acompanhava (De *palafrém+-eiro*, ou do prov. *palafreinier*, «id.»)

palagonito *n.m.* PETROLOGIA vidro basáltico alterado, de cor castanha ou amarela, que se encontra nos interstícios das lavas marinhas (De *Palagónia*, top., cidade da Sicília +*-ito*)

palaio *n.m.* [regionalismo] ⇒ **paio 1**

palamalho *n.m.* jogo de bola em que esta é impelida por um maço de madeira com cabo comprido (Do cast. *palamallo*, «id.»)

palamenta *n.f.* **1** NÁUTICA conjunto dos remos, mastros, vergas, etc., de qualquer embarcação **2** conjunto dos aparelhos empregados no serviço das bocas de fogo (Do it. *palamento*, «id.»)

pálamo *n.m.* membrana interdigital dos amniados voadores (Do gr. *palámē*, «palma da mão»)

palanca[1] *n.f.* **1** MILITAR obra de fortificação, construída para defesa sobre troncos enfiados verticalmente no chão, e geralmente coberta de terra **2** estaca **3** vedação de madeira **4** instrumento de caldeireiro para estanhar e alisar **5** alavanca; panca **6** [regionalismo] (Trás-os-Montes) pilha de palha moída e apertada para estrume **7** [regionalismo] (Algarve) cada um dos varais em que assenta o caixão mortuário, quando transportado **8** [regionalismo] (Açores) tranca; barrote (Do lat. pop. *palanca-*, «tranca; madeiro», pelo cast. *palanca*, «id.»)

palanca[2] *n.f.* ZOOLOGIA mamífero africano, da família dos Bovídeos, afim dos antílopes, de grande porte, de chifres grandes e arqueados, que é caça apreciada

palancada *n.f.* conjunto de palancas ou de palanques (De *palanca+-ada*)

palancar *v.tr.* guarnecer de palancas (De *palanca+-ar*)

palanco *n.m.* **1** NÁUTICA corda que se prende à vela, e que serve para a içar **2** BOTÂNICA planta da família das Gramíneas, parecida com a aveia (De orig. obsc.)

palanfrório *n.m.* palavreado (Corrup. de *palavrório*)

palangana *n.f.* **1** espécie de bacia pouco funda em que se serviam os assados **2** tigela grande **3** grande porção de uma iguaria qualquer (Do cast. *palangana*, «id.»)

palanque *n.m.* **1** estrado de madeira, com degraus, para instalar espectadores em festas ao ar livre; tribuna **2** MILITAR obra de fortificação, construída para defesa sobre troncos enfiados verticalmente no chão, e geralmente coberta de terra **3** [regionalismo] coreto; *assistir de ~* assistir de longe, sem se envolver (De *palanca*)

palanqueiro *n.m.* aquele que constrói palanques (De *palanque+-eiro*)

palanquim *n.m.* **1** espécie de liteira, usada no Oriente para transportar pessoas importantes **2** condutor dessa liteira (De *palanque+-im*, ou do neo-árico *palaki*, «id.»?)

palão *n.m.* grande peta; galga; carapetão (De *pala+-ão*)

palatal *adj.2g.* referente ao palato ■ *adj.2g.,n.f.* LINGUÍSTICA que ou som que se produz pelo contacto da língua com o palato (Do lat. *palātu-*, «palato» +*-al*)

palatalização *n.f.* ato ou efeito de palatalizar (De *palatalizar+-ção*)

palatalizar *v.tr.* tornar (som) palatal (De *palatal+-izar*)

palatina *n.f.* ornato de peles que as senhoras usam em volta do pescoço, posto em moda pela princesa Palatina, da corte de Luís XIV, rei da França, 1638-1715 (De *Palatina*, antr.)

palatinado *n.m.* **1** território da jurisdição de um nobre ou príncipe palatino **2** cada uma das províncias em que se dividia a Polónia (De *palatino+-ado*)

palatino[1] *adj.* relativo a palácio imperial ou pontifício ■ *n.m.* **1** indivíduo que tinha algum cargo na corte de um príncipe **2** governador de uma província polaca (Do lat. *palatīnu-*, «do palácio imperial; oficial do palácio imperial»)

palatino[2] *adj.* ANATOMIA do palato; relativo ao palato ■ *n.m.* ANATOMIA cada um dos dois ossos que, no homem e em outros animais, contribuem para a formação do palato; *abóbada palatina* ANATOMIA céu da boca, palato (De *palato+-ino*)

palatite *n.f.* MEDICINA inflamação da membrana palatina, derivada de uma estomatite (De *palato+-ite*)

palatização *n.f.* ⇒ **palatalização** (De *palatizar+-ção*)

palatizar *v.tr.* ⇒ **palatalizar** (De *palato+-izar*)

palato *n.m.* **1** ANATOMIA região côncava na parte superior da cavidade bucal que a separa das cavidades nasais **2** paladar **3** sentido do gosto **4** BOTÂNICA intumescimento do lábio inferior da corola personada que lhe tapa a fauce (Do lat. *palātu-*, «id.»)

palavão *n.m.* BOTÂNICA eucalipto de Timor, de que há as variedades palavão-branco e palavão-preto (De orig. obsc.)

palavra *n.f.* **1** unidade linguística dotada de sentido, constituída por fonemas organizados numa determinada ordem, que pertence a uma (ou mais) categoria(s) sintática(s) e que, na escrita, é delimitada por espaços brancos; termo; vocábulo **2** faculdade de falar **3** doutrina; ensinamento **4** promessa verbal **5** sentença **6** expressão conceituosa **7** opinião; parecer **8** afirmação **9** recado; mensagem **10** exortação; discurso **11** permissão de falar; *~!* exclamação designativa de afirmação; *~ de honra!* afirmação que se faz para garantir uma promessa ou a veracidade de uma asserção; *~ de ordem* frase curta e apelativa que exprime uma reivindicação, representa um apelo (geralmente de carácter político) ou que resume a posição de um determinado grupo, slogan; *~ de rei não volta atrás* palavra dada deve ser cumprida; *palavras leva-as o vento* o que se diz e não é escrito esquece facilmente; *a palavras loucas, orelhas moucas* não se deve perder tempo a ouvir disparates; *boas palavras* frases agradáveis; *cortar a ~ a (alguém)* interromper alguém quando está a falar; *dar a sua ~* prometer solenemente; *faltar à ~* violar uma promessa ou contrato; *homem de ~* homem que cumpre o que diz ou promete; *medir as palavras* falar com prudência; *molhar a ~* beber vinho; *numa ~* em suma, em resumo; *pedir a ~* pedir permissão para falar; *ser a última ~* ser o que há de mais moderno ou perfeito; *sob ~* sob promessa formal; *ter o dom da ~* falar bem, ter dotes oratórios; *última ~* decisão final, afirmação perentória, preço que não sofre alteração, perfeição máxima (Do gr. *parabolé*, «comparação», pelo lat. *parabŏla-*, «palavra»)

palavra-chave *n.f.* **1** palavra que resume o significado global de uma obra, de uma política, de um texto, etc. **2** palavra que serve para identificar elementos que tenham entre si alguma relação de semelhança ou que pertençam a um mesmo grupo, e que estejam integrados num conjunto estruturado e catalogado de informações **3** INFORMÁTICA (linguagens de programação) palavra ou expressão que desencadeia uma operação no computador

palavrada *n.f.* palavra ou frase grosseira ou obscena; palavrão; bravata (De *palavra+-ada*)

palavrão *n.m.* **1** palavra obscena, grosseira ou ofensiva **2** palavra comprida e de pronúncia difícil **3** termo pouco conhecido, considerado demasiado técnico ou rebuscado (De *palavra+-ão*)

palavra-passe *n.f.* ⇒ **password**

palavras-cruzadas *n.f.pl.* passatempo que consiste em preencher, com letras a descobrir, partindo de dados fornecidos, as casas de um quadriculado, de modo a formar palavras que se cruzam e se podem ler de cima para baixo e da esquerda para a direita

palavreado *n.m.* **1** conjunto de palavras sem importância; verborreia **2** discurso hábil através do qual se pretende persuadir, seduzir ou enganar alguém; lábia **3** loquacidade **4** linguagem obscena, grosseira ou ofensiva (Part. pass. subst. de *palavrear*)

palavreador *adj.,n.m.* **1** que ou aquele que tem muito palavreado; loquaz **2** tagarela; falador (De *palavrear+-dor*)

palavrear *v.intr.* falar muito e sem nexo; tagarelar (De *palavra+-ear*)

palavreiro *adj.,n.m.* ⇒ **palavreador** (De *palavra+-eiro*)

palavrinha *n.f.* **1** palavra alambicada **2** conversa a sós **3** conversa curta (De *palavra+-inha*)

palavrório *n.m.* **1** conjunto de palavras sem importância; verborreia **2** discurso fastidioso (De *palavra+-ório*)

palavroso *adj.* /ô/ *adj.* que tem ou emprega muitas palavras; prolixo; verboso; palavreador (De *palavra+-oso*)

palco *n.m.* **1** TEATRO parte do teatro onde os atores representam, geralmente uma plataforma ou um estrado **2** TEATRO [fig.] teatro; arte dramática **3** [fig.] local onde ocorre(u) determinado acontecimento (Do lomb. *palko*, «viga», pelo it. *palco*, «palco»)

pálea *n.f.* **1** BOTÂNICA pala do cálice **2** BOTÂNICA glumela

paleação *n.f.* ato de palear (De *palear+-ção*)

paleáceo *adj.* **1** feito de palha **2** da natureza da palha (Do lat. *palĕa-*, «palha» +*-áceo*)

paleantropologia *n.f.* estudo do homem primitivo (Do gr. *palaiós*, «antigo» +*ánthropos*, «homem» +*lógos*, «tratado» +*-ia*)

paleantropologista *adj.,n.2g.* que ou a pessoa que se dedica à paleantropologia (De *paleantropologia*+*-ista*)

palear[1] *v.intr.* [regionalismo] falar sobre futilidades; divagar (Do cast. *palear*, «aventar»)

palear[2] *v.tr.* bater com um pau em; espancar (Do lat. *palu-*, «pau; tranca», pelo cast. *apalear*, «espancar»)

paleárctico ver nova grafia **paleártico**

paleártico *n.m.* (também com maiúscula) região biogeográfica correspondente a Europa, à parte da Ásia a norte dos Himalaias, e à parte da África a norte do Sara (Do gr. *palaiós*, «velho» +*arktikós*, «ártico»)

paleiforme *adj.2g.* semelhante à palha (Do lat. *palĕa-*, «palha» +*forma-*, «forma»)

paleio *n.m.* **1** conjunto de palavras sem importância; verborreia **2** discurso hábil através do qual se pretende persuadir, seduzir ou enganar alguém; lábia **3** fluência e facilidade de expressão (Deriv. regr. de *palear*)

palémon *n.m.* **1** ZOOLOGIA espécie de camarão de grandes dimensões, vulgar no mar do Norte **2** ZOOLOGIA crustáceo decápode, macruro, da família dos Palemonídeos (Do gr. *Palémon*, mitol., divindade marítima)

Palemónidas *n.m.pl.* ZOOLOGIA ⇒ **Palemonídeos**

palemonídeo *adj.* ZOOLOGIA relativo ou pertencente aos Palemonídeos ▪ *n.m.* ZOOLOGIA espécime dos Palemonídeos

Palemonídeos *n.m.pl.* ZOOLOGIA família de crustáceos decápodes, macruros, comestíveis, cujo género-tipo é representado pelo palémon (De *palémon*+*-ídeos*)

paleo- elemento de formação de palavras que exprime a ideia de *antigo* (Do gr. *palaiós*, «antigo»)

paleoantropologia *n.f.* antropologia que tem por objeto o homem primitivo; estudo do homem primitivo (De *paleo-*+*antropologia*)

paleoantropólogo *n.m.* indivíduo que se dedica ao estudo do homem primitivo; especialista em paleoantropologia (De *paleo-*+*antropólogo*)

paleobiologia *n.f.* **1** parte da biologia que tem por objetivo o estudo dos fósseis de origem animal e de origem vegetal **2** parte da paleontologia que procura reconstituir os ambientes geográficos do passado e os climas que os caracterizavam (De *paleo-*+*biologia*)

paleobiólogo *n.m.* **1** especialista em paleobiologia **2** estudioso de paleobiologia (De *paleo-*+*biólogo*)

paleobotânica *n.f.* PALEONTOLOGIA parte da paleontologia que trata dos vegetais fósseis (De *paleo-*+*botânica*)

paleobotânico *adj.* relativo a paleobotânica

Paleocénico *n.m.* GEOLOGIA época mais antiga do período Terciário, que se caracteriza pelo desenvolvimento dos mamíferos primitivos ▪ *adj.* **1** [com minúscula] GEOLOGIA relativo ao Paleocénico **2** [com minúscula] GEOLOGIA relativo aos depósitos terciários mais antigos (Do gr. *palaiós*, «antigo» +*kainós*, «recente»)

paleoclimatologia *n.f.* ciência que tem por objetivo o estudo dos climas de uma época geológica antiga (De *paleo-*+*climatologia*)

paleoclimatologista *n.2g.* cientista perito em paleoclimatologia (De *paleoclimatologia*+*-ista*)

paleocristão *adj.* relativo às comunidades cristãs primitivas (De *paleo-*+*cristão*)

paleoecologia *n.f.* parte da ecologia que tem por objetivo o estudo das plantas extintas (De *paleo-*+*ecologia*)

paleoecologista *n.2g.* pessoa versada em paleoecologia (De *paleoecologia*+*-ista*)

Paleogénico *n.m.* GEOLOGIA ⇒ **Numulítico** (Do gr. *palaiós*, «antigo» +*génos*, «origem» +*-ico*)

paleogeografia *n.f.* estudo da configuração da superfície terrestre em épocas geológicas passadas

paleogeográfico *adj.* relativo a paleogeografia

paleogeógrafo *n.m.* aquele que se dedica a paleogeografia

paleografia *n.f.* **1** ciência que estuda as origens, as formas e o desenvolvimento da escrita **2** tratado ou descrição de escritos antigos **3** arte de decifrar esses escritos (Do gr. *palaiós*, «antigo» +*gráphein*, «escrever» +*-ia*)

paleógrafo *n.m.* **1** indivíduo que se ocupa de paleografia ou é versado em ler letra manuscrita **2** livro manuscrito que se usava antigamente nas escolas para familiarizar os alunos com os diversos tipos de letra manuscrita (Do gr. *palaiós*, «antigo» +*gráphein*, «escrever»)

paleoicnitologia *n.f.* ramo da paleontologia que estuda os icnitos (De *paleo-*+*icnito*+*-logia*)

Paleolítico *n.m.* ARQUEOLOGIA período mais antigo da época pré-histórica (até 10 000 a. C.), pelo facto de o homem usar utensílios de pedra trabalhada de forma rudimentar, também designado idade da pedra lascada ▪ *adj.* [com minúscula] ARQUEOLOGIA relativo ou pertencente ao Paleolítico (Do grego *palaiós*, «antigo» +*líthos*, «pedra», +*-ico*)

paleologia *n.f.* estudo das línguas antigas (Do gr. *palaiós*, «antigo» +*lógos*, «estudo» +*-ia*)

paleólogo *adj.,n.m.* que ou aquele que é versado em paleologia (Do gr. *palaiós*, «antigo» +*logos*, «estudo»)

paleontografia *n.f.* estudo descritivo dos fósseis vegetais e animais (Do gr. *palaiós*, «antigo» +*ón, óntos*, «ser» +*gráphein*, «descrever» +*-ia*)

paleontologia *n.f.* ciência que estuda os fósseis animais e vegetais (De *paleontólogo*+*-ia*)

paleontologista *n.2g.* ⇒ **paleontólogo** (De *paleontologia*+*-ista*)

paleontólogo *n.m.* aquele que se ocupa de paleontologia (Do gr. *palaiós*, «antigo» +*ón, óntos*, «ser» +*lógos*, «tratado; estudo»)

paleostráceo *adj.* relativo ou pertencente aos paleostráceos ▪ *n.m.* espécime dos paleostráceos ▪ *n.m.pl.* classe dos artrópodes quelicerados, marinhos, de grande porte, que compreende os gigantostráceos (fósseis) e os xifosuros (Do gr. *palaiós*, «antigo» +*óstrakon*, «concha» +*-eos*)

paleotemperatura *n.f.* termo usado para designar as temperaturas médias dos vários períodos geológicos (De *paleo-*+*temperatura*)

paleotério *n.m.* PALEONTOLOGIA mamífero fóssil do grupo dos perissodáctilos, que viveu no Cenozoico e tinha o tamanho de um rinoceronte (Do gr. *palaiós*, «antigo» +*theríon*, «animal» +*-ico*)

paleótipo *n.m.* documento escrito cuja antiguidade é demonstrada pela própria grafia (Do gr. *palaiós*, «antigo» +*týpos*, «tipo»)

Paleozoico *n.m.* GEOLOGIA era geológica que se iniciou no fim do Pré-Câmbrico e se prolongou até ao início do Mesozoico; Primário ▪ *adj.* [com minúscula] GEOLOGIA relativo ou pertencente ao Paleozoico (Do grego *palaiós*, «antigo» +*zôon*, «animal» +*-ico*)

Paleozóico ver nova grafia **Paleozoico**

paleozoologia *n.f.* parte da paleontologia que estuda os fósseis animais (De *paleo-*+*zoologia*)

palerma *adj.,n.2g.* **1** que ou pessoa que se deixa facilmente enganar e prejudicar **2** que ou pessoa que revela ingenuidade e falta de bom senso **3** que ou pessoa que é pouco inteligente (De *Palermo*, top., cidade italiana da Sicília?)

palermice *n.f.* qualidade, ato ou dito de palerma (De *palerma*+*-ice*)

palermitano *adj.* relativo à cidade italiana de Palermo, na Sicília ▪ *n.m.* natural ou habitante desta cidade (De *Palermo*, top. +*-ito*+*-ano*)

palestesia *n.f.* sensibilidade vibratória (Do gr. *pállein*, «vibrar» +*aísthesis*, «sensibilidade» +*-ia*)

palestina *n.f.* tipo de imprensa do corpo de vinte e dois pontos (Do fr. *palestine*, «id.»)

palestiniano *adj.* relativo ou pertencente ao Estado da Palestina (região do Médio Oriente), ou que é seu natural ou habitante ▪ *n.m.* natural ou habitante do Estado da Palestina (Do fr. *palestinien*, «id.»)

palestino *adj.,n.m.* ⇒ **palestiniano** (Do lat. *palestīnu-*, «id.»)

palestra *n.f.* **1** exposição verbal, em estilo ligeiro, acerca de determinado tema **2** conversa amena e informal **3** HISTÓRIA na Grécia e Roma antigas, lugar onde os jovens faziam exercícios de ginástica (Do gr. *palaístra*, «lugar de adestramento para a luta», pelo lat. *palaestra-*, «lugar onde se pratica a luta; ginásio»)

palestrador *n.m.* **1** que ou aquele que palestra **2** tagarela; falador (De *palestrar*+*-dor*)

palestrar *v.tr.,intr.* estar na palestra (com); cavaquear; conversar (Do lat. *palaestrāre*, «id.»)

palestrear *v.tr.,intr.* ⇒ **palestrar** (De *palestra*+*-ear*)

palestreiro *adj.* palrador; que gosta de conversar (De *palestra*+*-eiro*)

palestriniano *adj.* relativo ao compositor musical italiano G. Palestrina, 1525-1594 (De *G. Palestrina*, antr. +*-iano*)

paleta /ê/ *n.f.* **1** (pintura) pequena tábua com um orifício para se meter o polegar, onde o pintor dispõe e combina as tintas **2** [fig.] (pintura) conjunto de cores usadas por determinado pintor **3** [fig.] (pintura) conjunto das características de determinado estilo artístico ou de determinado artista **4** [fig.] arte ou génio do pintor **5** pau de modelar em cera ou barro **6** bloco de granito prismático, sempre da mesma dimensão, usado no Minho para construir habitações (Do it. *paletta*, «id.»)

palete *n.f.* plataforma de madeira sobre a qual se empilha carga a fim de ser transportada em grandes blocos

paletó *n.m.* [Brasil] casaco formal cujo comprimento vai até às ancas e que integra um fato juntamente com um par de calças e, por vezes, um colete (Do ing. médio *paltok*, «espécie de jaqueta», pelo fr. *paletot*, «id.»)

palha *n.f.* **1** haste de certas plantas gramíneas, quando seca e cortada **2** conjunto constituído por estas hastes secas, utilizado para vários fins (forragem, estrume, etc.) **3** caule seco com que se fabricam manualmente vários objetos (chapéus, cadeiras, etc.) **4** pequeno tubo fino e de plástico, usado para sorver líquidos **5** [fig.] coisa insignificante; banalidade **6** [fig.] palavreado vão; *dar ~ a* enganar com conversa agradável; *meter ~ na albarda a* ludibriar alguém com conversa vã; *não mexer uma ~* não fazer nada, ser mandrião; *palhas alhas* folhas secas dos alhos; *por dá cá aquela ~* por um motivo fútil; *todo o burro come ~, a questão é saber dar-lha* (provérbio) todos se deixam enganar desde que se utilizem os meios adequados (Do lat. *palĕa-*, «id.»)

palhabote *n.m.* NÁUTICA barco de dois mastros e velame latino (Do ing. *pilot-boat*, «barco do piloto»)

palhaboteiro *n.m.* o que dirige ou tripula um palhabote (De *palhabote+-eiro*)

palhaçada *n.f.* **1** ato ou dito de palhaço **2** grupo de palhaços **3** brincadeira que faz rir **4** [fig., pej.] cena ridícula **5** [fig., pej.] farsa; impostura (De *palhaço+-ada*)

palhaçal *adj.2g.* **1** próprio de palhaço **2** referente a palhaço (De *palhaço+-al*)

palhaço[1] *n.m.* **1** personagem cómica e burlesca de circo que diverte o público com brincadeiras, anedotas, etc. **2** [fig., pej.] pessoa que está sempre a brincar e/ou a dizer piadas sem nempre com muita graça **3** [fig., pej.] pessoa que não é possível levar a sério **4** [fig., pej.] pessoa que muda constantemente de opinião **5** [pop.] (dinheiro) escudo; *fazer de (alguém) ~* enganar ou troçar de (alguém) (Do it. *pagliaccio*, «id.»)

palhaço[2] *adj.* feito ou vestido de palha (De *palha+-aço*)

palhada *n.f.* **1** mistura de palha e erva para alimento do gado bovino **2** [fig.] carne de má qualidade **3** palavreado (De *palhaço+-ada*)

palha-d'aço *n.f.* emaranhado de fios de aço geralmente usado como esfregão de cozinha ou de soalho

palhal *n.m.* casa coberta de palha; palhoça; colmado; choça (De *palha+-al*)

palhar *n.m.* ⇒ **palhal** (De *palha+-ar*)

palharesco *adj.* de palha (De *palhar+-esco*)

palheira *n.f.* **1** [regionalismo] casa onde se guarda palha; palheiro **2** caule de trigo ou de outra planta congénere **3** [regionalismo] pedaço de colmo introduzido nas covas para caçar grilos **4** [regionalismo] pequeno tubo de colmo ou plástico para sorver refrescos (De *palha+-eira*)

palheirão *n.m.* **1** palheiro grande **2** [fig.] o que fala sem clareza nem precisão **3** [fig.] livro de leitura enfadonha (De *palheiro+-ão*)

palheireiro *n.m.* **1** aquele que vende palha **2** indivíduo que põe assentos de palhinha em cadeiras, etc. (De *palheiro+-eiro*)

palheiro *n.m.* **1** meda de palha **2** lugar onde se guarda palha **3** depósito de sal **4** habitação de pescadores, construída de madeira e coberta de estorno, e que ainda se encontra nas localidades do litoral oeste português **5** [fig.] casa pobre e modesta; *procurar agulha em ~* [fig.] procurar uma coisa muito difícil de achar (De *palha+-eiro*)

palheta /ê/ *n.f.* **1** lâmina ou espátula fina **2** cada uma das lâminas de uma persiana **3** MÚSICA lâmina de bambu, metal ou plástico que vibra com passagem do ar produzindo som nos instrumentos de embocadura (oboé, fagote e clarinete, entre outros) ou de fole (acordeão, bandoneon, entre outros) e em alguns tubos de órgão; lingueta **4** MÚSICA lâmina (de marfim, plástico, osso ou de tartaruga) usada para fazer vibrar as cordas de certos instrumentos musicais; plectro **5** MÚSICA cunhete coberto de feltro, usado pelos afinadores de pianos para isolar certas cordas **6** *pl.* MÚSICA naipe de instrumentos de sopro que utilizam a lâmina denominada palheta **7** [pop.] sapatos; calçado; *~ livre* MÚSICA lâmina de metal ou outro material que, com a passagem do ar, vibra livremente; *dar às palhetas* andar depressa; *dar de ~* trabalhar; *passar as palhetas a* esgueirar-se a, suplantar; *ter ~* [pop.] ter conversa, ter palavreado, ter lábia (De *palha+-eta*)

palhetada *n.f.* **1** ato ou movimento de palhetar **2** som produzido por esse movimento **3** obra de um momento; *de uma ~* em pouco tempo; num instante; *com duas palhetadas* sem dificuldade, rapidamente (Part. pass. fem. subst. de *palhetar*)

palhetão *n.m.* **1** palheta grande **2** parte da chave que entra na fechadura e faz girar a lingueta (De *palheta+-ão*)

palhetar *v.tr.* tocar (instrumento) usando palheta (De *palheta+-ar*)

palhetaria *n.f.* conjunto dos registos do órgão cujos tubos produzem o som por meio de palhetas (De *palheta+-aria*)

palhete /ê/ *adj.2g.* **1** que é da cor da palha **2** (vinho) com pouca cor ▪ *n.m.* **1** vinho tinto, de cor pouco carregada, macio e frutado **2** [regionalismo] espécie de formão estreito (De *palha+-ete*)

palhetear *v.intr.* **1** conversar em tom de mofa **2** gozar a pessoa com quem se fala (De *palheta+-ear*)

palheto /ê/ *adj.,n.m.* ⇒ **palhete** (De *palha+-eto*)

palhiça *n.f.* ⇒ **palhiço** *n.m.* (De *palha+-iça*)

palhiço *adj.* feito de palha ▪ *n.m.* **1** palha miúda, traçada ou moída **2** capa de palha **3** palhiça; palhuço (De *palha+-iço*)

palhinha *n.f.* **1** fragmento de palha **2** palha ou junça entrançada para assentos ou costas de cadeiras, canapés, etc. **3** pequeno tubo fino e de plástico, usado para sorver líquidos ▪ *n.m.* chapéu de palha para homem, de copa cilíndrica pouco alta e com abas curtas (De *palha+-inha*)

palhoça *n.f.* **1** casa coberta de palha; choça; colmado **2** capa de palha usada por pastores e camponeses como resguardo da chuva; croça (De *palha+-oça*)

palhoceiro *n.m.* o que faz capas de palha (De *palhoça+-eiro*)

palhota *n.f.* **1** cabana coberta de colmo ou palha [regionalismo] capa de palha usada por pastores e camponeses como resguardo da chuva (De *palha+-ota*)

palhote *n.m.* ⇒ **palhoça 1** (De *palha+-ote*)

palhuço *n.m.* [regionalismo] ⇒ **palhiço** *n.m.* (De *palha+-uço*)

páli *n.m.* língua sagrada dos budistas, das mais antigas da Índia, empregada ainda pelos sacerdotes do Sri Lanka (Ceilão) ▪ *adj.2g.* relativo a essa língua (Do sânsc. *pāli*, «linha; série»)

paliação *n.f.* ato de paliar; dissimulação; disfarce (De *paliar+-ção*)

paliar *v.tr.* **1** revestir de falsas aparências **2** disfarçar; esconder **3** atenuar; aliviar **4** tornar menos desagradável **5** entreter **6** demorar; adiar (Do lat. *palliāre*, «cobrir com capa»)

paliativo *adj.* **1** que serve para paliar **2** que tem eficiência apenas temporária **3** que serve apenas para remediar ou esconder um problema em vez de o resolver ▪ *n.m.* **1** remédio ou tratamento que fornece alívio mas não cura a doença **2** [fig.] meio ou expediente para atenuar momentaneamente uma crise (De *paliar+-tivo*)

paliçada *n.f.* **1** barreira de estacas para defesa; estacada **2** terreno fechado destinado a torneios; estacada; liça (Do prov. *palisada*, «id.»)

palicário *n.m.* **1** miliciano grego da guerra da independência **2** grego fiel aos antigos costumes nacionais (Do gr. mod. *pallekári*, «rapaz; moço»)

palicinesia *n.f.* MEDICINA repetição automática do mesmo gesto (em certos acidentes epiléticos) (Do gr. *pálin*, «de novo» +*kínesis*, «movimento» +*-ia*)

palidamente *adv.* com palidez; sem colorido (De *pálido+-mente*)

palidejar *v.intr.* mostrar cor pálida; empalidecer (De *pálido+-ejar*)

palidez /ê/ *n.f.* cor ou qualidade do que é pálido (De *pálido+-ez*)

pálido *adj.* **1** (tez, pele) que perdeu a cor normal; descorado **2** (cor, luz) claro; pouco intenso **3** [fig.] fraco **4** [fig.] sem colorido **5** [fig.] pouco vivo; sem animação (Do lat. *pallĭdu-*, «id.»)

palifemia *n.f.* MEDICINA manifestação primária da gaguez por repetição de uma palavra ou de uma sílaba (Do gr. *pálin*, «de novo» +*phéme*, «linguagem; expressão» +*-ia*)

palificar *v.tr.* segurar com estacas (Do lat. *palu-*, «estaca» +*facĕre*, «fazer»)

paligorsquite *n.f.* MINERALOGIA mineral do grupo das argilas, que, quimicamente, é um silicato hidratado de magnésio, branco, muito leve, e aparece em veios ou camadas delgadas

paligrafia *n.f.* MEDICINA forma de palicinesia com repetição da escrita de certas palavras (Do gr. *pálin*, «de novo» +*gráphein*, «escrever» +*-ia*)

palilalia *n.f.* PATOLOGIA forma especial de afasia que consiste na repetição anormal e involuntária de certas palavras (Do gr. *pálin*, «de novo»+*laleín*, «tagarelar; taramelar», pelo fr. *palilalie*)

palilho *n.m.* rolo de pau em que os tintureiros torcem e enxugam as meadas (Do cast. *palillo*, «pauzinho»)

palilogia *n.f.* MEDICINA perturbação da linguagem que consiste em intercalar no meio de uma série de palavras desconexas uma frase correta, repetida várias vezes (Do gr. *palillogía*, «id.», pelo lat. *palillogĭa-*, «id.»)

palimpséstico *adj.* relativo a palimpsesto (De *palimpsesto+-ico*)

palimpsesto

palimpsesto n.m. 1 pergaminho cujo manuscrito os copistas medievais raspavam para sobre ele escreverem de novo, mas do qual se tem conseguido, em parte, fazer reaparecer os caracteres primitivos 2 [fig.] texto que existe sob outro texto (Do gr. *palímpsestos*, «raspado de novo», pelo lat. *palimpsestu-*, «id.»)

palíndromo adj.,n.m. palavra ou designativo da palavra, número ou frase cuja leitura é a mesma, quer se faça da esquerda para a direita, quer da direita para a esquerda; capicua (Do gr. *palíndromos*, «que corre para trás»)

palinfrasia n.f. MEDICINA perturbação da elocução caracterizada pela repetição da última sílaba das palavras e, às vezes, de todas as sílabas de cada palavra (principalmente no atraso mental e na demência precoce) (Do gr. *pálin*, «de novo» +*phrásis*, «elocução» + *-ia*)

palingénese n.f. GEOLOGIA processo ultrametamórfico em que há nova fusão e mistura de rochas preexistentes (Do gr. *pálin*, «de novo» +*génesis*, «geração»)

palingenesia n.f. 1 reaparição de caracteres ancestrais durante gerações sucessivas 2 suposto renascimento após a morte real ou aparente (Do gr. *pálin*, «de novo» +*génesis*, «geração» +*-ia*)

palinódia n.f. 1 poema em que o autor retira o que dissera num poema anterior 2 [fig.] ato ou efeito de desdizer ou desfazer o que se disse ou fez anteriormente (Do gr. *palinodía*, «canto com outra música», pelo lat. *palinodïa-*, «palinódia»)

palinódico adj. relativo a palinódia (De *palinódia*+*-ico*)

palinodista n.2g. 1 pessoa que faz palinódias 2 pessoa que se desdiz (De *palinódia*+*-ista*)

palinologia n.f. ARQUEOLOGIA, BOTÂNICA estudo dos esporos e do pólen fósseis (Do gr. *pálin*, «de novo» +*lógos*, «estudo» +*-ia*)

Palinúridas n.m.pl. ZOOLOGIA ⇒ **Palinurídeos**

palinurídeo adj. ZOOLOGIA relativo ou pertencente aos Palinurídeos ■ n.m. ZOOLOGIA espécime dos Palinurídeos

Palinurídeos n.m.pl. ZOOLOGIA família de crustáceos decápodes, macruros, de grande porte, a que pertence a lagosta (De *palinuro*+*-ídeos*)

palinuro n.m. piloto; guia (Do lat. *Palinūru-*, «Palinuro», piloto de Eneias)

pálio n.m. 1 [ant.] manto usado pelos gregos e adotado pelos romanos 2 cobertura portátil, formada por um dossel de seda, sustentado por varas, transportado à mão nos cortejos e procissões solenes, e que serve para proteger a pessoa ou imagem que se pretende honrar 3 distintivo litúrgico do sumo pontífice que consiste numa faixa branca de lã adornada com cruzes pretas ou vermelhas, usado à volta do pescoço, com duas partes pendentes, no peito e nas costas, e que pode ser concedido pelo papa a alguns arcebispos e patriarcas 4 ANATOMIA parede dos ventrículos laterais do cérebro dos mamíferos 5 ZOOLOGIA manto (dos moluscos) 6 [pop.] fatiota; farpela 7 [fig.] pompa; luxo; ~ *rico* [pop.] vestimenta nova e luxuosa, fato novo; *receber com* ~ receber com grande pompa (Do lat. *pallĭu-*, «manto; toga»)

paliopsia n.f. MEDICINA perseveração visual patológica em certas afeções cerebrais: o doente continua a ver, intermitentemente, um objeto que desapareceu do seu campo visual (Do gr. *pálin*, «de novo» +*óps*, «olho» +*-ia*)

palitar v.tr. limpar (dentes) com um palito ■ v.intr. fazer troça de alguém (De *palito*+*-ar*)

paliteira n.f. 1 fabricante ou vendedeira de palitos 2 BOTÂNICA ⇒ **bisnaga** 4 (De *palito*+*-eira*)

paliteiro n.m. 1 fabricante ou vendedor de palitos 2 utensílio de mesa onde se guardam os palitos (De *palito*+*-eiro*)

palito n.m. 1 pequeno pau, fino e pontiagudo, geralmente de madeira macia, para limpar os dentes dos restos de alimentos 2 CULINÁRIA espécie de biscoito comprido e fofo 3 [fig.] pessoa muito esguia 4 [regionalismo] fósforo de madeira 5 pl. [pop.] cornos (símbolo de infidelidade); ~ *de champanhe/*~ *(de) la reine* biscoito comprido, leve e estaladiço, coberto com açúcar; *pôr os palitos a* [pop.] ser infiel a (namorado(a), companheiro(a), cônjuge); *ser ~/servir de ~* ser alvo de troça (De *paulito*, dim. de *pau*)

palma n.f. 1 BOTÂNICA folha de palmeira 2 BOTÂNICA palmeira ou espécime das Palmáceas 3 face interna e côncava da mão 4 palmatoada 5 [fig.] prémio 6 [fig.] vitória; sucesso; triunfo 7 pl. aplausos; *bater/dar palmas* aplaudir; *conhecer como a ~ da mão* conhecer muito bem; *levar a ~ a (alguém)* avantajar-se a, alcançar a vitória sobre; *sua alma, sua ~* expressão usada quando se pretende avisar alguém de que se agir mal, sofrerá as consequências; *trazer (alguém) nas palmas* tratar alguém com todos os cuidados (Do lat. *palma-*, «id.»)

palmácea n.f. BOTÂNICA espécime das Palmáceas

Palmáceas n.f.pl. BOTÂNICA família de plantas monocotiledóneas, próprias especialmente das regiões tropicais, algumas delas cultivadas em Portugal como plantas ornamentais (Do lat. *palma-*, «palma; palmeira» +*-áceas*)

palmada n.f. pancada com a palma da mão (De *palma*+*-ada*)

palma-de-cristo n.f. BOTÂNICA designação dada, no Brasil, ao rícino (Do lat. *palma Christi*, «palma de Cristo»)

palma-de-santa-rita n.f. BOTÂNICA nome dado vulgarmente a várias plantas da família das Iridáceas

palma-de-são-josé n.f. BOTÂNICA planta liliácea ornamental, de flores brancas

palmanço n.m. [pop.] furto (De *palmar*+*-anço*)

palmar[1] n.m. 1 bosque de palmeiras 2 povoação ou quinta situada num bosque de palmeiras (Do lat. *palmăre-*, «de palmeira»)

palmar[2] adj.2g. relativo à palma da mão ■ v.tr. 1 esconder na palma da mão 2 [coloq.] furtar habilmente; *erro* ~ erro digno de castigo, erro imperdoável (De *palma*+*-ar*)

palmar[3] adj.2g. do comprimento de um palmo (De *palmo*+*-ar*)

palmarés n.m.2n. 1 relação dos premiados de um concurso ou dos contemplados de uma distribuição de prémios 2 lista dos premiados de uma competição desportiva 3 lista dos prémios de um concurso ou de uma competição (Do fr. *palmarès*, «id.», do lat. *palmares.*, pl. de *palmaris*, «que merece a palma»)

palmatífido adj. BOTÂNICA diz-se do órgão vegetal cujos recortes profundos lhe dão o aspeto de palma (Do lat. *palmătu-*, «espalmado» +*findĕre*, «fender»)

palmatifloro adj. BOTÂNICA que tem flores em forma de palma (Do lat. *palmătu-*, «espalmado» +*flore-*, «flor»)

palmatifoliado adj. BOTÂNICA que tem as folhas em forma de palma (Do lat. *palmătu-*, «espalmado» +*folĭu-*, «folha» +*-ado*)

palmatilobado adj. BOTÂNICA diz-se da folha palminérvea com recortes que não chegam a metade do limbo (Do lat. *palmătu-*, «espalmado» +*lobu-*, «lobo» +*-ado*)

palmatipartido adj. BOTÂNICA diz-se da folha que, sendo palminérvea, apresenta recortes que atingem a vizinhança do ponto peciolar (Do lat. *palmătu-*, «espalmado» +*partītu-*, «partido», part. pass. de *partīre*, «partir; dividir em partes»)

palmatoada n.f. pancada com palmatória na palma da mão (Part. pass. fem. subst. de *palmatoar*)

palmatoar v.tr. dar palmatoadas em; palmatoriar ■ adj.2g. referente a palmatória (De *palmató[ria]*+*-ar*)

palmatória n.f. 1 instrumento de madeira, composto de um disco com cabo, que servia para castigar as crianças na palma da mão; férula 2 castiçal com prato e asa; *dar a mão à* ~ confessar o próprio erro, dar-se por vencido, concordar; *erro de* ~ erro imperdoável (Do lat. *palmatorĭa-* [*ferŭla-*], «férula que marca a palma da mão»)

palmatoriar v.tr. castigar com palmatória (De *palmatória*+*-ar*)

palmeador n.m. aquele que aplaude, batendo as palmas (De *palmear*+*-dor*)

palmear v.tr.,intr. aplaudir, batendo com as palmas das mãos uma na outra ■ v.tr. percorrer a pé; palmilhar (De *palma*+*-ear*)

palmeira n.f. BOTÂNICA nome vulgar comum a todas as plantas da família das Palmáceas, geralmente árvores, arbustos ou plantas com uma copa sem ramos mas dotada de folhas grandes com lacínias duras, flexíveis e pontiagudas (De *palma*+*-eira*)

palmeira-das-igrejas n.f. BOTÂNICA ⇒ **tamareira**

palmeira-do-azeite n.f. BOTÂNICA ⇒ **dendezeiro**

palmeiral n.m. ⇒ **palmar**[1] (De *palmeira*+*-al*)

palmeireiro n.m. aquele que cultiva palmeiras, na Índia (De *palmeira*+*-eiro*)

palmeiro[1] adj. que tem aproximadamente um palmo de comprimento (De *palmo*+*-eiro*)

palmeiro[2] n.m. peregrino que trazia na mão uma palma ou palmito (De *palma*+*-eiro*)

palmejar[1] v.intr. ⇒ **palmear** v.tr.,intr. (De *palma*+*-ejar*)

palmejar[2] n.m. prancha que reveste interiormente a carcaça do navio (Do cast. *palmejar*, «id.»)

palmelense adj.2g. relativo à cidade portuguesa de Palmela, no distrito de Setúbal ■ n.2g. natural ou habitante de Palmela (De *Palmela*, top. +*-ense*)

pálmer n.m. (plural *pálmeres*) FÍSICA dispositivo, baseado no parafuso micrométrico, para medir espessuras muito pequenas (De *Jean Louis Palmer*, antr., nome do inventor)

palmeta /ê/ n.f. 1 palmilha 2 espátula 3 cunha que faz levantar ou abaixar a culatra da peça de artilharia para regular o tiro 4 peça delgada com que se aperfeiçoa um furo feito com punção 5 ICTIOLOGIA

peixe teleósteo, da família dos Carangídeos, raro em Portugal, também chamado dourada (De *palma+-eta*)

palmetear *v.tr.* meter palmetas nos furos das peças dos caixilhos (De *palmeta+-ear*)

palm(i)- elemento de formação de palavras que exprime a ideia de *palma, palmeira* (Do lat. *palma*, «id.»)

palmier *n.m.* CULINÁRIA bolo fino com forma de folha de palmeira, que se confeciona enrolando sobre si mesmas várias vezes duas extremidades de uma massa folhada, que é, em seguida, cortada em fatias (Do fr. *palmier*)

palmífero *adj.* que produz palmeiras ou é abundante em palmeiras (Do lat. *palmifĕru-*, «que produz palmeiras»)

palmiforme *adj.2g.* em forma de palma (De *palmi-+-forme*)

palmilha *n.f.* 1 peça que reveste interiormente a sola do calçado 2 parte inferior do pé da meia 3 pegada; sulco deixado pelo pé; *andar em palmilhas* andar só com meias (Do cast. *palmilla*, «id.»)

palmilhadeira *n.f.* mulher que faz ou aplica palmilhas (De *palmilha+-deira*)

palmilhar *v.tr.* 1 deitar palmilhas em 2 percorrer a pé ■ *v.intr.* andar a pé (De *palmilha+-ar*)

palminérveo *adj.* BOTÂNICA diz-se da folha com várias nervuras principais, que divergem desde a base (De *palmi-+-nérveo*)

palminhas *elem. expr.* *trazer (alguém) nas ~* rodear (alguém) de comodidades; tratar (alguém) com muito carinho (De *palma[s]+-inhas*)

palminho *n.m.* pequeno palmo; *um ~ de cara/rosto* [fig.] cara muito bonita (De *palmo+-inho*)

palmípede *adj.2g.* 1 que tem os dedos dos pés unidos por uma membrana 2 relativo ou pertencente aos palmípedes ■ *n.m.* ORNITOLOGIA espécime dos palmípedes ■ *n.m.pl.* ORNITOLOGIA grupo (ordem) de aves que possuem os dedos dos pés unidos até às extremidades, ou orlados por uma membrana natatória (Do lat. *palmipĕde-*, «que tem o pé espalmado»)

palmiste *n.f.* 1 BOTÂNICA palmeira cuja extremidade superior é comestível 2 BOTÂNICA fruto desta árvore 3 óleo desse fruto (Do fr. *palmiste*, «id.»)

palmital *n.m.* terreno onde crescem palmitos (De *palmito+-al*)

palmitato *n.m.* QUÍMICA designação dos sais e dos ésteres do ácido palmítico (De *palmít[ico]+-ato*)

palmítico *adj.* QUÍMICA designativo de um ácido gordo saturado que ocorre sob a forma de ésteres em grande número de gorduras animais e vegetais (Do fr. *palmitique*, «id.»)

palmitina *n.f.* QUÍMICA nome geral dos glicéridos do ácido palmítico (Do fr. *palmitine*, «id.»)

palmito *n.m.* 1 ramo ou folha de palmeira 2 renovo tenro e comestível das palmeiras 3 variedade de palmeira de pequeno porte 4 designação extensiva a algumas espécies de palmeiras do Brasil 5 RELIGIÃO ramo de palma adornado com flores, benzido no Domingo de Ramos 6 palma ou ramo que se põe nas mãos das crianças e donzelas, quando mortas, como símbolo da virgindade 7 ZOOLOGIA sáurio africano que frequenta as palmeiras (De *palma+-ito*)

palmo¹ *n.m.* 1 antiga unidade de medida de comprimento equivalente a 0,22 m 2 medida que vai da extremidade do dedo polegar à ponta do dedo mínimo, com a mão aberta 3 pequena porção de algo; bocado pequeno; *conhecer um terreno a ~* conhecê-lo muito bem; *gente de ~ e meio* as crianças; *não ver um ~ adiante do nariz* não ver nada por causa da escuridão, nevoeiro, etc., ser estúpido; *pagar com língua de ~* pagar integralmente, embora contra vontade, receber o castigo merecido; *sete palmos de terra* a sepultura; *um ~ de terra* pequena porção de terreno (Do latim *palmu-*, «idem»)

palmo² *n.m.* (Guiné-Bissau) MÚSICA instrumento sonoro, de madeira, usado aos pares, para matraquear acompanhando o som da tina, em festas organizadas pelas e para as mulheres nas coletividades femininas (Do crioulo guineense *palmu*, «idem»)

palmoira *n.f.* [Brasil] ⇒ **palmoura**

palmoura *n.f.* 1 [Brasil] pé das aves palmípedes 2 [Brasil] membrana interdigital (De *palma+-oura*)

palmtop *n.m.* INFORMÁTICA computador portátil de tamanho reduzido, que se pode usar sobre a palma da mão (Do ing. *palmtop*, «palma da mão» + *computer*, «computador»)

palmura *n.f.* membrana que une os dedos de certas aves, especialmente palmípedes; palmoura (Do fr. *palmure*, «id.»)

paló *n.m.* [Índia] a colheita dos cocos ■ *adj.* designativo do pano ordinário

paloio *adj.* 1 [regionalismo] volumoso 2 [regionalismo] grosseiro (De orig. obsc.)

palóio ver nova grafia **paloio**

paloma /ô/ *n.f.* 1 NÁUTICA ⇒ **palomba** 2 [Brasil] [pop.] prostituta 3 [ant.] pomba (Do cast. *paloma*, «pomba»)

palomar *n.m.* fio grosso para coser velas ■ *v.tr.* coser a vela com este fio (Do cast. *palomar*, «id.»)

palomba *n.f.* 1 NÁUTICA relinga da vela do estai que segura os olhais da envergadura 2 NÁUTICA fio grosso com que se cose a tralha das velas; *~ de mialhar* NÁUTICA novelo de cabo fino, novelo de mialhar (Do lat. *palumba-*, «pombo bravo», pelo fr. *palombe*, «eslinga»)

palombar *v.tr.* coser com palomba (De *palomba+-ar*)

palombino *n.m.* mármore branco, muito duro e fino, que se encontra em monumentos antigos (Do lat. *Palumbīnu-*, top., «Palumbino», cidade do Sâmnio, região italiana a leste do Lácio)

palonço *adj.,n.m.* 1 que ou pessoa que se deixa facilmente enganar e prejudicar 2 que ou pessoa que revela ingenuidade e falta de bom senso 3 que ou pessoa que é pouco inteligente (De orig. obsc.)

palor *n.m.* ⇒ **palidez** (Do lat. *pallōre-*, «id.»)

palorejar *v.intr.* ter palor; palidejar (De *palor+-ejar*)

palpabilidade *n.f.* qualidade de palpável (Do lat. *palpabĭle-*, «palpável» +-i-+-dade)

palpabilizar *v.tr.* 1 tornar palpável 2 concretizar 3 evidenciar (Do lat. *palpabĭle-*, «palpável» +-izar)

palpação *n.f.* 1 ato de tocar ou examinar com a mão 2 tato 3 MEDICINA exame a uma parte do corpo pela aplicação externa de uma ou ambas as mãos (Do lat. *palpatiōne-*, «id.»)

palpadela *n.f.* ⇒ **apalpadela** (De *palpar+-dela*)

palpar *v.tr.* 1 tocar ou examinar com a mão; apalpar 2 tatear (Do lat. *palpāre*, «id.»)

palpável *adj.2g.* 1 que se pode palpar 2 material; concreto 3 manifesto; evidente (Do lat. *palpabĭle-*, «id.»)

pálpebra *n.f.* ANATOMIA cada uma das duas membranas móveis que protegem os olhos, e que, fechando-se, cobrem o globo ocular (Do lat. *palpĕbra-*, «id.»)

palpebração *n.f.* movimento anormal das pálpebras (De *pálpebra+-ção*)

palpebrado *adj.* provido de pálpebras (De *pálpebra+-ado*)

palpebral *adj.2g.* referente às pálpebras (Do lat. *palpebrāle-*, «id.»)

palpebrite *n.f.* MEDICINA inflamação da pálpebra; blefarite (De *pálpebra+-ite*)

palpitação *n.f.* 1 ato de palpitar 2 latejo 3 batimento cardíaco de que se tem perceção, por ser ou mais forte ou mais rápido do que o habitual 4 [fig.] grande emoção 5 [fig.] palpite (Do lat. *palpitatiōne-*, «id.»)

palpitante *adj.2g.* 1 que palpita 2 que manifesta ainda sinais de vida 3 [fig.] cheio de vida; muito movimentado 4 [fig.] que mostra ou provoca emoções fortes 5 [fig.] recente e notável; interessante (Do lat. *palpitante-*, «id.», part. pres. de *palpitāre*, «palpitar; estar agitado»)

palpitar *v.intr.* 1 ter palpitações; pulsar; bater; latejar 2 [fig.] comover-se; emocionar-se 3 [fig.] ser cheio de vida; ser muito movimentado 4 [fig.] agitar-se 5 [fig.] ficar mais animado; reviver ■ *v.tr.* 1 pressentir; adivinhar 2 expressar uma opinião ou suposição sobre; dar palpites sobre 3 procurar saber a opinião de (Do lat. *palpitāre*, «id.»)

palpite *n.m.* 1 batimento cardíaco de que se tem perceção, por ser ou mais forte ou mais rápido do que o habitual 2 [fig.] pressentimento 3 [fig.] opinião 4 [fig.] intuição 5 [fig.] intuição sobre o resultado de um jogo ou uma aposta (Deriv. regr. de *palpitar*)

palpiteiro *adj.* relativo a palpite ■ *n.m.* [Brasil] indivíduo que gosta de dar palpites (De *palpitar+-eiro*)

palpo *n.m.* ZOOLOGIA cada uma das peças articuladas do segundo par de apêndices bucais de muitos artrópodes, que servem de órgãos sensoriais e, por vezes, sexuais; pedipalpo; *em palpos de aranha* em situação difícil ou embaraçosa, em apuros (Do lat. *palpu-*, «carícia»)

palra *n.f.* 1 conversa; tagarelice 2 loquacidade (Deriv. regr. de *palrar*)

palração *n.f.* ⇒ **falatório** (De *palrar+-ção*)

palradeiro *adj.,n.m.* ⇒ **palrador** (De *palrar+-deiro*)

palrador *adj.,n.m.* que ou aquele que palra; falador; tagarela (De *palrar+-dor*)

palrão *adj.* que fala muito; palrador (De *palrar+-ão*)

palrar *v.intr.* 1 articular (o bebé) os primeiros sons da fala 2 emitir a sua voz (algumas aves) 3 falar muito; tagarelar (Do lat. *parolāre*, «falar», com met.)

palraria *n.f.* 1 vozearia 2 falatório 3 tagarelice (De *palrar+-aria*)

palratório *n.m.* 1 falatório; conversa 2 lugar separado por grades, onde as religiosas de um convento falam a quem as procura; parlatório (De *palrar*+*-tório*)
palreira *n.f.* ⇒ **palratório** (De *palrar*+*-eira*)
palreiro *adj.,n.m.* ⇒ **palrador** (De *palrar*+*-eiro*)
palrice *n.f.* 1 tagarelice 2 loquacidade (De *palrar*+*-ice*)
palude *n.m.* pântano; paul; lagoa (Do lat. *palūde-*, «id.»)
paludial *adj.2g.* de paul; referente a paul; paludoso; palúdico (Do lat. *palūde-*, «paul» +*-ial*)
palúdico *adj.* ⇒ **paludial** (Do lat. *palūde-*, «paul» +*-ico*)
paludismo *n.m.* MEDICINA grave doença parasitária provocada por esporozoários (hematozoários) inoculados no homem por um mosquito, e também conhecida por malária (Do lat. *palūde-*, «paul» +*-ismo*)
paludoso /ô/ *adj.* que tem pauis; paludial; pantanoso (Do lat. *paludōsu-*, «id.»)
palurdice *n.f.* ato, dito ou qualidade de palúrdio; patetice; lorpice (De *palúrdio*+*-ice*)
palúrdio *adj.* [pop.] tolo; estúpido; idiota; pacóvio (Do it. *balordo*, «tolo; pateta», pelo fr. *balourd*, «id.»)
palustre *adj.2g.* 1 referente a pântano; pantanoso; lodoso 2 que vive em paul 3 MEDICINA (doença) transmitido por mosquitos dos pântanos; *febre* ~ MEDICINA doença transmitida por mosquitos dos pântanos, malária, paludismo (Do lat. *palustre-*, «id.»)
pamonha /ô/ *adj.,n.2g.* [Brasil] que ou aquele que é estúpido ou preguiçoso ■ *n.f.* [Brasil] iguaria feita de milho verde ralado, leite de coco, erva-doce, canela, manteiga e açúcar, cozida e embrulhada em folhas (desse milho ou de bananeira) atadas nas extremidades (Do tupi *pa'muña*, «pegajoso»)
pampa *n.f.* grande planície coberta de vegetação rasteira, sobretudo de gramíneas, característica da parte meridional da América do Sul, especialmente da Argentina, e que constitui zona de boas pastagens, em parte já agricultada ■ *n.2g.* habitante das pampas ■ *adj.2g.* diz-se do cavalo ou da égua que tem uma orelha de cada cor, ou o corpo com duas cores (Do quích. *pampa*, «planície»)
pâmpalo *n.m.* ICTIOLOGIA ⇒ **pâmpano**²
pâmpano¹ *n.m.* 1 BOTÂNICA ramo tenro de videira; parra 2 ARQUITETURA ornato que imita ramos de videira com parras e, às vezes, com uvas (Do lat. *pampĭnu-*, «ramo de videira»)
pâmpano² *n.m.* ICTIOLOGIA peixe teleósteo, da família dos Estromateídeos, pouco frequente em Portugal, também chamado pâmpalo, pombo e pompo (De orig. obsc.)
pampanoso /ô/ *adj.* que tem pâmpanos (Do lat. *pampinōsu-*, «id.»)
pampeiro *n.m.* vento forte que sopra do sudoeste ou do lado das pampas da Argentina e do Uruguai (De *pampa*+*-eiro*)
pampilho *n.m.* 1 vara comprida terminada em aguilhão para picar o gado; aguilhada; garrocha 2 BOTÂNICA nome vulgar extensivo a várias plantas (em especial a também chamada malmequer), da família das Compostas, algumas das quais muito frequentes em Portugal (De *pâmpano*+*-ilho*?)
pampíneo *adj.* relativo ao pâmpano; pampanoso (Do lat. *pampinĕu-*, «coberto de pâmpanos»)
pampinoso /ô/ *adj.* ⇒ **pampanoso** (Do lat. *pampinōsu-*, «id.»)
pampo¹ *n.m.* BOTÂNICA ⇒ **pâmpano**¹ 1 (Do lat. *pampĭnu-*, «ramo de videira»)
pampo² *n.m.* [Brasil] ICTIOLOGIA nome vulgar de um peixe teleósteo da família dos Carangídeos, de carne muito saborosa (De orig. obsc.)
pampolinha *n.f.* [regionalismo] jogo popular, chamado também jogo da argolinha. (De orig. obsc.)
pampsiquismo *n.m.* doutrina filosófica que admite para a matéria, para além da vida, uma natureza psíquica semelhante à psique humana (Do gr. *pân*, «todo» +*psykhé*, «alma» +*-ismo*)
pan- elemento de formação de palavras que exprime a ideia de tudo, o universo, o mundo, todo, inteiro, completo, e é seguido de hífen quando o elemento seguinte começa por vogal, h, m ou n (Do gr. *pân*, *pantós*, «todo; inteiro»)
panaca *adj.,n.2g.* 1 [Brasil] [coloq.] que ou pessoa que se deixa facilmente enganar e prejudicar 2 [Brasil] [coloq.] que ou pessoa que revela ingenuidade e falta de bom senso 3 [Brasil] [coloq.] que ou o que é pouco inteligente (De orig. obsc.)
panaça *n.m.* 1 [regionalismo] marido que teme a mulher 2 panal de palha (De orig. obsc.)
panaceia *n.f.* 1 planta imaginária a que se atribuía a virtude de curar todas as doenças 2 [fig.] remédio para todos os males (Do gr. *panákeia*, «id.», pelo lat. *panacaea-*, «id.»)
panaché *n.m.* bebida composta por uma mistura de cerveja com um refrigerante com sabor a lima (Do fr. *panaché*)

panado *adj.* passado por ovo e coberto de pão ralado ou farinha de trigo ■ *n.m.* CULINÁRIA filete frito de peixe ou carne, previamente passado por ovo e coberto de pão ralado ou farinha de trigo (Part. pass. de *panar*)
pan-africano *adj.* relativo a todos os países africanos
panal *n.m.* 1 pano grande onde se estende ou embrulha alguma coisa 2 pau roliço que se coloca sob o barco para facilitar o seu arrastamento 3 vela de moinho ■ *adj.* [fig.] pacóvio; papalvo; basbaque; ~ *de palha* enxerga cheia de palha (De *pano*+*-al*)
panamá *n.m.* 1 chapéu flexível, feito com tiras de folhas de um arbusto da América Central 2 chapéu sem abas, de copa redonda e funda 3 [fig.] má gestão de uma empresa cujos administradores pretendem enriquecer à custa dos acionistas (De *Panamá*, top.)
panamense *adj.2g.* referente ao Panamá ■ *n.2g.* natural ou habitante do Panamá (De *Panamá*, top. +*-ense*)
pan-americanismo *n.m.* 1 doutrina segundo a qual os povos europeus que fundaram estados no Novo Mundo devem ser excluídos de toda a soberania territorial na América 2 doutrina que preconiza a manutenção de um vínculo político-económico entre todos os países das Américas 3 doutrina política imperialista que defende a hegemonia dos Estados Unidos da América do Norte sobre as restantes nações americanas e do Mundo 4 ⇒ **monroísmo** (De *pan-*+*americanismo*, ou do fr. *panaméricanisme*, «id.»)
pan-americanista *n.2g.* pessoa partidária do pan-americanismo (De *pan-*+*americanista*, ou do fr. *panaméricaniste*, «id.»)
panamista *adj.2g.* referente ao Panamá; panamense ■ *n.2g.* 1 natural ou habitante do Panamá; panamense 2 indivíduo comprometido em questões financeiras da companhia que tratava da abertura do canal do Panamá 3 [fig.] pessoa de carácter suspeito (De *Panamá*, top. +*-ista*)
panão *n.m.* 1 pano grande 2 [coloq.] pessoa ingénua, que é fácil enganar e prejudicar ■ *adj.* [coloq.] que se deixa facilmente enganar e prejudicar (De *pano*+*-ão*)
panar *v.tr.* 1 CULINÁRIA envolver (alimento) em ovo e pão ralado ou farinha de trigo, geralmente antes de fritar 2 deitar pão ralado em água, coando-a em seguida por um pano, para uso de doentes ■ *adj.2g.* referente a pão (Do lat. *pane-*, «pão» +*-ar*)
panarício *n.m.* MEDICINA abcesso fleimoso na extremidade de um dedo, junto à unha; paroníquia; unheiro (Do lat. *panaricĭu-*, «id.»)
panariz *n.m.* ⇒ **panarício**
panascal *n.m.* terreno onde abunda o panasco; panasqueira (De *panasco*+*-al*)
panasco *n.m.* 1 BOTÂNICA planta herbácea da família das Gramíneas, muito frequente e espontânea em Portugal 2 [regionalismo] terreno pantanoso onde cresce erva (De orig. obsc.)
panasqueira *n.f.* 1 terreno onde abunda o panasco 2 terra sertaneja de pouca importância 3 [regionalismo] nevoeiro (De *panasco*+*-eira*)
panasqueiro *n.m.* 1 terreno onde abunda o panasco 2 [pop., pej.] indivíduo considerado pouco evoluído, rude, tosco, grosseiro ■ *adj.* 1 [pop., pej.] que é considerado pouco evoluído, rude, tosco, grosseiro 2 [pop., pej.] que é considerado parolo ou de mau gosto (De *panasco*+*-eiro*)
Pan-Ateneias *n.f.pl.* (heortónimo) festas religiosas que os Atenienses celebravam em honra da deusa Atena, padroeira da cidade (Do gr. *panathénaia*, «festas em honra de Atena»)
panázio *n.m.* 1 [pop.] pontapé 2 [pop.] bofetada (De orig. obsc.)
panca *n.f.* 1 pau grosso empregado como alavanca para levantar grandes pesos 2 [fig.] maluqueira; mania pouco lógica ou irracional 3 [regionalismo] calcadeira 4 *pl.* dificuldades; apertos; *ver-se/andar em pancas* ver-se em dificuldades (De *palanca*)
pança *n.f.* 1 o maior dos quatro compartimentos do estômago de um ruminante; bandulho; rúmen; ruminadoiro 2 [pop.] ventre 3 [pop.] barriga volumosa (Do lat. *pantĭce-*, «barriga», pelo cast. *panza*, «pança»)
pancada *n.f.* 1 golpe ou conjunto de golpes dado(s) com panca, com pau, com a mão, etc.; ataque à paulada; agressão; bordoada 2 castigo corporal 3 ato ou efeito de bater ou embater 4 som produzido pelo martelo do relógio quando dá as horas 5 [fig.] choque; baque; palpitação 6 [fig.] pressentimento 7 [pop.] mania pouco lógica ou irracional; loucura; telha; tineta 8 [pop.] grande quantidade; ~ *de água* chuvada repentina; *às três pancadas* atabalhoadamente, *esperar pela* ~ esperar um desfecho desagradável; *ter* ~ *na mola* ser amalucado (De *panca*+*-ada*)
pançada *n.f.* 1 [pop.] barrigada; fartote 2 pancada na barriga ou no estômago (De *pança*+*-ada*)
pancadão *n.m.* 1 [pop.] grande mania 2 mulher forte e bem proporcionada (De *pancada*+*-ão*)

pancadaria *n.f.* **1** grande quantidade de pancadas **2** desordem ou tumulto em que as pessoas se agridem fisicamente (De *pancada+-aria*)

pancalismo *n.m.* FILOSOFIA doutrina segundo a qual o belo é o valor fundamental (Do gr. *pán*, «tudo» +*kállos*, «belo» +-*ismo*)

pancão *n.m.* **1** indivíduo maníaco **2** mania (De *panca+-ão*)

panclastite *n.f.* poderoso explosivo, usado no carregamento de bombas de avião, constituído por dióxido de azoto líquido e um hidrocarboneto combustível, os quais só momentos depois de a bomba ser largada são misturados por um dispositivo mecânico (Do gr. *pân*, «inteiro; completo» +*klástos*, «despedaçado; estilhaçado» +-*ite*)

pancrácio¹ *n.m.* HISTÓRIA exercício de luta e pugilato comum entre os antigos gregos e romanos (Do lat. *pancratĭum*, pelo gr. *pankrátion*)

pancrácio² *n.m.* [pop., depr.] pateta; idiota; simplório; pascácio (De *Pancrácio*, antr.)

pâncreas *n.m.2n.* ANATOMIA glândula abdominal, anexa ao tubo digestivo, que segrega o suco pancreático (que é lançado no duodeno) e também uma hormona, a insulina (Do gr. *págkreas*, «id.»)

pancreatalgia *n.f.* MEDICINA dor no pâncreas (Do gr. *págkreas*, -*atos*, «pâncreas» +*álgos*, «dor» +-*ia*)

pancreático *adj.* **1** ANATOMIA relativo ou pertencente ao pâncreas **2** (SUCO) segregado pelo pâncreas (Do gr. *págkreas*, -*atos*, «pâncreas» +-*ico*)

pancreatina *n.f.* extrato pancreático que tem a ação dos fermentos digestivos do pâncreas (Do gr. *págkreas*, -*atos*, «pâncreas» +-*ina*)

pancreatite *n.f.* MEDICINA inflamação aguda ou crónica do pâncreas (Do gr. *págkreas*, -*atos*, «pâncreas» +-*ite*)

pancromático *adj.* FOTOGRAFIA diz-se da emulsão fotográfica que é sensível a todas as cores do espetro visível, inclusivamente ao vermelho (Do gr. *pân*, «todo; completo» +*khromatikós*, «cromático»)

pançudo *adj.* que tem uma pança grande; barrigudo (De *pança+-udo*)

panda¹ *n.f.* boia de cortiça na tralha superior dos aparelhos de pesca de arrasto

panda² *n.m.* ZOOLOGIA mamífero carnívoro, plantígrado, com cauda em tufo, do Himalaia, atualmente em vias de extinção

panda³ *n.f.* BOTÂNICA planta da África Ocidental, da família das Pandáceas, cujos frutos, drupas, são oleosos

panda⁴ *n.f.* [Angola] bilha de barro em forma de moringue (Do quimb. *panda*, «id.»)

pandácea *n.f.* BOTÂNICA espécime das Pandáceas

Pandáceas *n.f.pl.* BOTÂNICA família de plantas a que pertence a panda da África Ocidental (De *panda+-áceas*)

pandanga *n.f.* [regionalismo] cena engraçada; coisa cómica (De *pândega?*)

pandarecos *n.m.pl.* cacos; destroços; estilhaços; *fazer em ~* escacar

pandear *v.tr.* tornar cheio ou bojudo; enfunar; inchar (De *pando+-ear*)

pandecta *n.f.* tipo de impressão de corpo 11 (Do lat. *pandectas*, «id.»)

Pandectas *n.f.pl.* compilação de todas as leis romanas, feita por ordem do imperador Justiniano (482 - 565); Digesto (Do lat. *pandectas*, «id.»)

pândega *n.f.* **1** [pop.] festa animada de comes e bebes **2** [pop.] divertimento; brincadeira **3** [pop.] estroinice; extravagância (Deriv. regr. de *pandegar*)

pandegar *v.intr.* andar na pândega; fazer pândega; divertir-se (Do lat. *panticāre, «encher a pança»)

pândego *adj.,n.m.* **1** que ou o que gosta de frequentar festas e outros tipos de divertimento semelhantes **2** que ou o que é cómico e/ou brincalhão (Deriv. regr. de *pandegar*)

pandegueiro *adj.* que gosta de pândega (De *pândega+-eiro*)

pandeireiro *n.m.* **1** fabricante ou vendedor de pandeiros **2** tocador de pandeiros (De *pandeiro+-eiro*)

pandeireta /ê/ *n.f.* MÚSICA instrumento de percussão de membrana vibrante, fixa num aro de madeira no qual se encontram inseridos uma série de discos metálicos, e que se toca percutindo a membrana e agitando o instrumento, por forma a fazer ressoar os discos metálicos (De *pandeiro+-eta*)

pandeiro *n.m.* **1** MÚSICA instrumento formado de um aro de madeira com uma pele distendida, guarnecido de guizos ou soalhas, que se tange, batendo-se com a mão, com os cotovelos, etc. **2** [pop.] bombo de festa (Do cast. *pandero*, «id.»)

pandemia *n.f.* MEDICINA doença que ataca ao mesmo tempo grande número de pessoas, na mesma região ou em grande número de países; grande epidemia (Do gr. *pân*, «todo» +*dêmos*, «povo» +-*ia*)

pandemónio *n.m.* **1** lugar imaginário onde se realizam as assembleias dos demónios **2** [fig.] reunião de indivíduos que se conluiam para praticar o mal **3** [fig.] confusão completa; balbúrdia (Do gr. *pân*, «todo» +*daímon*, «demónio», pelo ing. *pandemonium*, «habitação dos diabos todos»)

pandiculação *n.f.* ato de se espreguiçar, bocejando ou não; espreguiçamento (Do lat. *pandiculatiōne-, de *pandiculāri*, «espreguiçar-se»)

pandilha *n.2g.* **1** pessoa que entra em conluios para enganar outros **2** pessoa sem honra ■ *n.f.* **1** conjunto de pessoas que se reúnem, em geral, com fins pouco honestos **2** reunião ou associação de diversas pessoas para prejudicar outra(s) **3** bando de malfeitores ■ *n.m.* [regionalismo] BOTÂNICA espécie de milho (Do cast. *pandilla*, «id.»)

pandilhar *v.intr.* levar vida de pandilha; vadiar (De *pandilha+-ar*)

pandilheiro *n.m.* pandilha; vadio; gatuno (De *pandilha+-eiro*)

pândita *n.m.* [Índia] título honorífico dado, na Índia, aos brâmanes versados na ciência e aos fundadores de seitas; sábio (Do sânsc. *pandita*, «sábio»)

pando *adj.* **1** enfunado; inflado **2** cheio **3** bojudo **4** largo (Do lat. *pandu*-, «encurvado»)

pandora¹ *n.f.* MÚSICA instrumento de cordas dedilhadas e registo grave com seis a sete cordas metálicas (Do lat. *pandūra*-, «alaúde de três cordas», pelo it. *pandora*, «id.»)

pandora² *n.f.* [com maiúscula] personagem mitológica; *boceta/caixa de ~* origem de todos os males (Do lat. *Pandōra*-, «Pandora»)

pandorca *n.f.* **1** [pop.] música ruidosa, desafinada e descompassada; charivari **2** [pop., pej.] mulher muito gorda e lasciva (Do cast. *pandorga*, «mulher obesa»)

pandorga *n.f.* [pop.] ⇒ **pandorca**

pandura *n.f.* MÚSICA ⇒ **pandora**¹ (Do lat. *pandūra*-, «alaúde de três cordas», pelo it. *pandora*, «id.»)

pane *n.f.* **1** avaria num veículo **2** interrupção acidental de funcionamento; avaria (Do fr. *panne*, «id.»)

panegiricar *v.tr.* fazer o panegírico de; encomiar (De *panegírico+-ar*)

panegírico *adj.* elogioso; laudatório; encomiástico ■ *n.m.* **1** discurso laudatório **2** elogio **3** LITERATURA composição em prosa ou em verso em que se louvam e celebram virtudes de determinadas personalidades, ações, etc. (Do gr. *panegyrikós [lógos]*, «discurso próprio das assembleias gerais», pelo lat. *panegyrĭcu*-, «apologético»)

panegirista *n.2g.* pessoa que faz um panegírico; pessoa que louva ou elogia (Do gr. *panegyristés*, «id.», pelo lat. *panegyrista*-, «id.»)

paneiro¹ *n.m.* **1** espécie de cesto de vime com asas utilizado para transportar ou para guardar o pão **2** bancada na ré dos barcos pequenos, destinada aos passageiros **3** tábuas que se usam no fundo das embarcações pequenas, para apoio dos pés **4** carruagem cuja caixa é feita de palhinha ou verga (Do lat. *pane*-, «pão» +-*eiro*)

paneiro² *n.m.* **1** [regionalismo] vendedor ambulante de panos **2** [regionalismo] aquele que estende os toldos (panos) debaixo das oliveiras durante a apanha da azeitona (De *pano+-eiro*)

panejamento *n.m.* **1** ato ou efeito de panejar **2** arte de representar o vestuário em pintura e escultura (De *panejar+-mento*)

panejar *v.tr.* ARTES PLÁSTICAS representar o vestuário de (uma figura) ■ *v.tr.,intr.* agitar(-se); (fazer) tremular (De *pano+-ejar*)

panela *n.f.* **1** recipiente geralmente redondo, largo e de altura variável, com pegas ou cabo, usado para cozinhar alimentos **2** conteúdo desse recipiente **3** MECÂNICA câmara ligada ao tubo de escape nos veículos motorizados, cuja função é reduzir a energia dos gases libertados pelo motor antes de atingirem a atmosfera, atenuando o ruído produzido na expulsão **4** [pop.] respiração difícil; pieira (Do lat. vulg. *pannella-, dim. de *panna*-, «frigideira»)

panelada *n.f.* o conteúdo de uma panela cheia (De *panela+-ada*)

paneleiro *n.m.* **1** fabricante ou vendedor de panelas de barro **2** fabricante de panelas de barro; oleiro **3** [pop., pej.] homossexual (De *panela+-eiro*)

panelinha *n.f.* **1** panela pequena **2** [fig.] conjunto de pessoas que se reúnem para prejudicar outras **3** [fig.] combinação, em geral com fins pouco honestos; tramoia (De *panela+-inha*)

panelo /ê/ *n.m.* **1** pequena panela de barro; púcaro **2** [pop.] respiração ruidosa; pieira (De *panela*)

panema /ê/ n.2g. 1 [Brasil] pessoa infeliz 2 aquele que, tendo ido à caça, nada caçou ■ adj.2g. 1 ruim; mau 2 tolo; imbecil 3 molengão (Do tupi-guar. *pa'nema*, «id.»)

pan-eslavismo n.m. 1 doutrina política imperialista que defendia a hegemonia da antiga União Soviética sobre todos os povos eslavos e no Mundo 2 tendência para o predomínio dos povos eslavos 3 sistema que preconiza a unidade desses povos (De *pan-+eslavismo*)

pan-eslavista adj.2g. relativo ao pan-eslavismo ■ n.2g. pessoa partidária do pan-eslavismo (De *pan-+eslavista*)

panetone n.m. CULINÁRIA especialidade italiana, típica do Natal, que consiste num bolo de massa fermentada com ovos, leite, manteiga, açúcar, frutas cristalizadas e passas (Do it. *panettone*, «id.»)

panfletário adj. 1 relativo a panfletos 2 que tem carácter satírico e polémico ■ n.m. aquele que escreve panfletos (Do fr. *pamphlétaire*, «id.»)

panfleteiro n.m. ⇒ **panfletista** (De *panfleto+-eiro*)

panfletista n.2g. pessoa que escreve panfletos; panfletário (De *panfleto+-ista*)

panfleto /ê/ n.m. 1 folheto escrito em estilo satírico ou violento, especialmente sobre assuntos políticos 2 folheto informativo ou publicitário (Do ing. *pamphlet*, «id.», pelo fr. *pamphlet*, «id.»)

pangaia n.f. espécie de remo curto, de pá redonda, por vezes com uma pá em cada extremidade (De *pangaio*)

pangaiada n.f. conjunto de pangaios (De *pangaio+-ada*)

pangaiar v.intr. guiar um pangaio; remar (De *pangaio+-ar*)

pangaio[1] n.m. NÁUTICA pequena embarcação africana e asiática a remos, com proa afilada e proa larga (Pal. africana)

pangaio[2] n.m. 1 [regionalismo] indivíduo que trabalha pouco; mandrião; ocioso 2 [regionalismo] plataforma coberta nas estações de caminho de ferro (De orig. obsc.)

Pangeia n.f. GEOLOGIA hipotético supercontinente único que, por divisão ulterior, originou os continentes atuais (Do gr. *pãn*, «toda» +*gê*, «terra»)

pangermanismo n.m. 1 sistema político imperialista que visava o domínio da Alemanha sobre todos os povos germânicos e no Mundo 2 predomínio dos povos germânicos (De *pan-+germanismo*, ou do fr. *pangermanisme*, «id.»)

pangermanista adj.2g. relativo ao pangermanismo ■ n.2g. pessoa partidária do pangermanismo (De *pan-+germanista*, ou do fr. *pangermaniste*, «id.»)

pango[1] n.m. BOTÂNICA ⇒ **liamba** (De origem africana)

pango[2] n.m. 1 [Angola] modo de realizar; processo 2 [Angola] novidade; moda 3 [Angola] uso (Do quimbundo *pangu*, «idem», de *kubangulula*, «inovar»)

pangolim n.m. ZOOLOGIA mamífero insetívoro da família dos Manídeos, que se alimenta sobretudo de formigas, desdentado e com o corpo coberto de escamas, vulgar na África e no Sudoeste da Ásia (Do mal. *pang-goling*, «animal que se enrola», pelo fr. *pangolin*)

pan-helénico adj. relativo ao pan-helénico (De *pan-+helénico*)

pan-helenismo n.m. sistema político nacionalista que visa reunir numa só nação todos os Gregos metropolitanos, dos Balcãs, das ilhas do mar Egeu e da Ásia Menor (De *pan-+helenismo*, ou do fr. *panhellénisme*, «id.»)

pan-helenista adj.2g. ⇒ **pan-helénico** ■ n.2g. pessoa partidária do pan-helenismo

pânico n.m. terror súbito e violento, causado por uma ameaça de perigo, que desencadeia reações e comportamentos pouco racionais e por vezes perigosos ■ adj. 1 que assusta sem motivo 2 que provoca um comportamento irracional em face do medo (Do gr. *panikós*, «relativo a Pã», deus perturbador dos espíritos)

panícula n.f. BOTÂNICA cacho cujos pedicelos vão decrescendo, em tamanho, da base para o vértice (Do lat. *panicŭla-*, «espiga», inflorescência)

panicular adj.2g. 1 relativo a panícula 2 em forma de panícula (De *panícula+-ar*)

panículo n.m. ANATOMIA camada histológica subcutânea, por vezes excessivamente carregada de tecido adiposo, como sucede no porco; **~ adiposo** camada adiposa do tecido celular subcutâneo (Do lat. *pannicŭlu-*, «pedacinho de pano»)

panífero adj. [poét.] que produz cereais (Do lat. *pane-*, «pão» +*-fero*, de *ferre*, «produzir»)

panificação n.f. 1 conjunto de processos que constituem o fabrico do pão 2 empresa de fabrico e venda de pão (De *panificar+-ção*)

panificador n.m. aquele que fabrica pão; padeiro (De *panificar+-dor*)

panificar v.tr. transformar em pão (Do lat. *pane-*, «pão» +*facĕre*, «fazer»)

panificável adj.2g. suscetível de ser panificado (De *panificar+-vel*)

panike n.m. pastel de massa folhada com recheio doce ou salgado (De *Panike®*)

paninho n.m. 1 pano pequeno 2 pano fino de algodão 3 [ant.] toalhete para recolha do sangue menstrual; **não estar com paninhos quentes** não ter contemplações, não transigir (De *pano+-inho*)

pan-islamismo n.m. sistema político imperialista cujo objetivo é a união de todos os povos muçulmanos para os emancipar do domínio europeu (De *pan-+islamismo*, ou do fr. *panislamisme*, «id.»)

pan-islamista adj.2g. relativo ao pan-islamismo ■ n.2g. defensor do pan-islamismo

panja n.m. antiga medida de Moçambique, equivalente aproximadamente a um alqueire

panlecítico adj. BIOLOGIA diz-se do ovo em que as matérias lecíticas se acumulam especialmente na região oposta ao núcleo (Do gr. *pãn*, «tudo» +*lékithos*, «gema de ovo» +*-ico*)

panlogismo n.m. 1 FILOSOFIA termo criado por B. Erdmann, filósofo alemão (1851-1921), para designar a doutrina de Hegel, filósofo alemão (1770-1831), segundo a qual todo o real é racional, e todo o racional é real, de maneira que o real pode ser construído a partir das leis do pensamento racional 2 por extensão, doutrina segundo a qual o real é racional e pode ser explicado racionalmente (Do gr. *pãn*, «tudo» +*lógos*, «razão» +*-ismo*)

panmixia ver nova grafia **pan-mixia**

pan-mixia /cs/ n.f. BIOLOGIA estado de uma população em que os cruzamentos se fazem sem seleção (Do gr. *pãn*, «tudo» +*mīxis*, «mistura» +*-ia*)

pano n.m. 1 tecido de lã, linho, algodão ou fibra artificial 2 qualquer peça de fazenda que serve para tapar, cobrir ou envolver uma coisa 3 NÁUTICA cada uma das tiras de tecido que, no seu conjunto, formam uma vela 4 NÁUTICA conjunto de velas de uma embarcação; velame 5 coberta de mesa ou de outro móvel 6 em sala de espetáculos, tela que se levanta e baixa para descobrir ou ocultar os artistas no palco 7 manchas cutâneas, localizadas especialmente no rosto da mulher em estado adiantado de gravidez 8 porção de superfície plana (de parede, fachada, muro, etc.) compreendida entre dois elementos de referência (janelas, pilares, cantos, etc.) 9 [fig.] carácter; modo de ser 10 [fig.] qualidade 11 [Moçambique] antiga medida de fazendas, com 8 mãos de comprimento e um côvado de largura 12 [fig.] embotamento; **~ de amostra** amostra, exemplo; **~ de boca** TEATRO cortina que separa o palco do espaço reservado ao público; **~ de fundo** 1 TEATRO última tela situada no fundo do palco; 2 [fig.] paisagem ou ambiente que envolve uma pessoa ou uma situação numa fotografia, pintura, etc., conjunto de acontecimentos que acompanham um facto ou uma situação, contexto; **~ turco** tecido felpudo, usado no fabrico de toalhas; **panos quentes** medidas ou afirmações que visam contornar uma situação difícil ou adiar uma solução, desculpas, paliativos; **a todo o ~** com todas as velas içadas, a toda a velocidade, com toda a força; **o melhor ~ cai à nódoa** a pessoa mais confiável está sujeita a errar; **por baixo/debaixo do ~** [coloq.] de maneira oculta, à socapa, às escondidas; **ter/não ter ~ para mangas** ter/não ter todos os meios necessários para fazer alguma coisa (Do lat. *pannu-*, «id.»)

pano-cru n.m. variedade de tecido de algodão que não foi corado depois de tecido

panóplia n.f. 1 armadura completa usada antigamente pelos cavaleiros 2 espécie de troféu de armas agrupadas com arte e dispostas numa parede 3 casa de armas 4 [fig.] conjunto de elementos da mesma espécie ou usados para a mesma finalidade (Do gr. *panoplía*, «armadura completa»)

panorama n.m. 1 grande quadro cilíndrico e contínuo, colocado de tal modo em relação ao espectador, que este tem a impressão da perspetiva de uma cidade ou de uma paisagem 2 grande extensão de paisagem que se desfruta de um ponto elevado 3 [fig.] situação geral; aspeto geral 4 [fig.] condições gerais (Do gr. *pãn*, «todo» +*hórama*, «espetáculo», pelo ing. *panorama*, «vista de conjunto», pelo fr. *panorama*, «panorama»)

panorâmica n.f. 1 vista que abrange um vasto horizonte 2 exposição geral da obra de um artista ou de uma corrente artística 3 CINEMA, TELEVISÃO movimento de câmara em que esta gira sobre si mesma de modo a permitir uma visão geral 4 CINEMA, TELEVISÃO plano filmado dessa forma

panorâmico adj. 1 relativo a panorama ou a paisagens 2 que permite obter uma vista ou visão geral da paisagem envolvente (De *panorama+-ico*)

panoramista n.2g. pessoa que pinta panoramas (De *panorama*+ *-ista*)

panqueca n.f. CULINÁRIA alimento com forma circular e achatada que consta de massa fina feita com farinha, leite e ovos, e pode envolver recheios variados (Do ing. *pancake*, «id.»)

pânria n.f. [pop.] ou o efeito de panriar; ociosidade; mandriice; indolência ■ n.2g. pessoa que tem estes vícios (De orig. obsc.)

panriar v.intr. viver na ociosidade; mandriar (De *pânria*+*-ar*)

pansofia n.f. 1 sabedoria completa 2 ciência universal (Do gr. *pãn*, «todo» +*sophía*, «sabedoria»)

pantafaçudo adj. 1 bochechudo 2 monstruoso 3 grotesco; ridículo (De orig. obsc.)

pantagruélico adj. 1 digno de Pantagruel (personagem criada pelo escritor francês F. Rabelais, 1483-1553) 2 (refeição, banquete) com muitas e variadas iguarias 3 [fig.] abundante; excessivo (De *Pantagruel*, antr. +*-ico*)

pantagruelismo n.m. sistema dos que se preocupam apenas com os prazeres da mesa (De *Pantagruel*, antr. +*-ismo*)

pantalão n.m. 1 bobo das farsas italianas 2 aquele que usa pantalonas 3 [fig.] indivíduo que se arranja com exagero e/ou é muito afetado (De it. *pantalone*, «id.»)

pantalha n.f. 1 peça com que se resguarda uma luz para lhe atenuar a intensidade 2 pano branco sobre o qual se faz uma projeção luminosa 3 painel de um aparelho de televisão (Do cast. *pantalla*, «id.»)

pantalonas /ô/ n.f.pl. 1 calças de malha elástica que usam os acrobatas e dançarinos em cena 2 calças compridas, com boca de sino 3 calças grandes e desajeitadas (Do fr. *pantalons*, «calças»)

pantana n.f. [pop.] atascadeiro; lamaçal; *dar com alguma coisa em pantanas* dissipar, destruir; *dar em pantanas* arruinar-se, desmoronar-se (De *pântano*?)

pantanal n.m. terreno de grande extensão com água estagnada; grande pântano (De *pântano*+*-al*)

pantanizar v.tr. converter em pântano; tornar paludoso (De *pântano*+*-izar*)

pântano n.m. 1 terreno encharcado de água estagnada; paul; lodaçal; charco 2 [fig.] dificuldade 3 [fig., pej.] vida dissoluta (Do it. *pantano*, «id.»)

pantanoso adj. 1 que tem pântanos 2 que tem características dos pântanos; lamacento; alagadiço (De *pântano*+*-oso*)

panteão n.m. 1 HISTÓRIA templo que os Gregos e os Romanos consagravam a todos os deuses 2 edifício nacional onde se depositam os restos mortais daqueles que mais engrandeceram a pátria (Do gr. *Pántheion*, pelo lat. *Panthéon* ou *Pantheum*, «panteão», do gr. *pãn*, «todo» +*theós*, «deus»)

pantear v.intr. dizer graçolas ou banalidades ■ v.tr. zombar (de) (De orig. obsc.)

panteísmo n.m. doutrina segundo a qual Deus não é um ser pessoal distinto do mundo: Deus e o mundo seriam uma só substância (De *pan-*+*teísmo*, ou do fr. *panthéisme*, «id.»)

panteísta adj.2g. referente ao panteísmo ■ n.2g. pessoa partidária do panteísmo (De *pan-*+*teísta*, ou do fr. *panthéiste*, «id.»)

pantelegrafia n.f. FÍSICA sistema de reprodução telegráfica da escrita ou de desenhos (De *pan-*+*telegrafia*)

pantelégrafo n.m. aparelho de telegrafia capaz de transmitir tanto palavras e números como desenhos (De *pan-*, «tudo»+*telégrafo*)

panteologia n.f. história de todos os deuses do paganismo (De *pan-*+*teologia*)

panteonímia n.f. parte da onomatologia que trata dos panteónimos (De *panteónimo*+*-ia*)

panteónimo n.m. nome de animais, ventos, astros, etc. (Do gr. *pantoîos*, «de toda a sorte» +*ónyma*, por *ónoma*, «nome»)

pantera n.f. 1 ZOOLOGIA nome vulgar extensivo a uns mamíferos carnívoros da família dos Felídeos, das regiões da África e da Ásia, de pele negra ou manchada 2 [fig.] pessoa agressiva e furiosa (Do gr. *pánther*, «id.», pelo lat. *panthēra-*, «id.»)

panto- ⇒ **pan-** (Do gr. *pãn*, *pantós*, «todo; tudo; completo»)

pantofobia n.f. MEDICINA estado patológico que se caracteriza por um temor exagerado de todas as coisas (Do gr. *pantóphobos*, «que teme tudo» +*-ia*)

pantografia n.f. arte de aplicar o pantógrafo (De *pantógrafo*+*-ia*)

pantógrafo n.m. 1 instrumento próprio para copiar qualquer figura nas proporções desejadas 2 dispositivo articulado que recebe a corrente elétrica da catenária e que se encontra colocado no tejadilho de locomotivas, elétricos e automotoras (De *panto-*+ *-grafo*, ou do fr. *pantographe*, «pantógrafo»)

pantómetro n.m. instrumento de medir ângulos no terreno e traçar perpendiculares (De *panto-*+*-metro*)

pantomima n.f. 1 arte de exprimir os sentimentos, paixões e ideias por meio de gestos, sem recorrer à palavra 2 peça teatral em que os atores se exprimem apenas por gestos 3 [fig., pop.] conto ou história para enganar; farsa; embuste (Do gr. *pantómimos*, «peça de teatro», pelo lat. *pantomīma-*, «mulher que representa por gestos»)

pantomimar v.intr. fazer ou dizer pantomimas ■ v.tr. enganar (alguém) (De *pantomima*+*-ar*)

pantomimeiro n.m. 1 ator que representa pantomimas ou por meio de pantomimas 2 [fig., pej.] pessoa dissimulada, que engana os outros com mentiras 3 [fig.] pessoa divertida que faz muitas brincadeiras ou provoca o riso pelo exagero ■ adj. 1 [pej.] dissimulado; falso; fingidor 2 brincalhão; exagerado (De *pantomima*+*-eiro*)

pantomímico adj. relativo a pantomima (Do lat. *pantomimĭcu-*, «id.»)

pantomimo n.m. ⇒ **pantomimeiro** n.m. (Do gr. *pantómimos*, «id.», pelo lat. *pantomīmu-*, «id.»)

pantomina n.f. ⇒ **pantomima** (De *pantomima*)

pantominar v.tr.,intr. ⇒ **pantomimar** (De *pantomina*+*-ar*)

pantomineiro n.m.,adj. ⇒ **pantomimeiro** (De *pantomina*+*-eiro*)

pantominice n.f. 1 ato ou dito de pantomineiro; pantomina 2 intrujice (De *pantomina*+*-ice*)

pantone n.m. escala de cor, usada por várias indústrias, sobretudo a gráfica, em que cada cor se encontra identificada por uma combinação de números com letras (Do ing. *Pantone*®)

pantorrilha n.f. barriga da perna, natural ou postiça (Do cast. *pantorrilla*, «id.»)

pantropical adj.2g. diz-se do organismo existente em qualquer região dos trópicos (De *pan-*+*tropical*)

pantufa n.f. 1 chinelo ou sapato confortável que se usa em casa, geralmente feito de tecido quente ou forrado a pelo 2 [pop.] mulher mal vestida; mulher com fato muito largo 3 [pej.] mulher grosseira, mas muito enfeitada (Do fr. *pantoufle*, «pantufa»)

pantufada n.f. 1 pancada ou agressão com pantufa 2 [coloq.] embate; choque; colisão 3 [coloq.] o que provoca abalo emocional ou psicológico; bordoada (De *pantufa*+*-ada*)

pantufo n.m. 1 chinelo ou sapato confortável que se usa em casa, geralmente feito de tecido quente ou forrado a pelo 2 [pop.] homem gordo e pançudo (De *pantufa*)

panturra n.f. 1 barriga grande; pança 2 [fig.] prosápia; empáfia (Deriv. regr. de *pantorrilha*?)

panzootia n.f. doença que ataca ao mesmo tempo muitos animais (Do gr. *pãn*, «todo» +*zõon*, «animal» +*t*+*-ia*)

pão n.m. 1 alimento feito com farinha de trigo ou de outros cereais amassada, geralmente fermentada e cozida no forno 2 cereal de que se faz este alimento 3 [fig.] meios de subsistência; sustento 4 [fig.] auxílio moral 5 [fig., coloq.] pessoa atraente; *~ ázimo* pão sem fermento, com que se fazem as hóstias; *~ biju* [regionalismo] pão pequeno, arredondado, feito à base de farinha de trigo; *~ de forma* pão cozido numa forma semelhante a um paralelepípedo, que se corta às fatias e é usado especialmente para preparar torradas e sanduíches; *~ de leite* pão muito fino e leve, amassado com leite; *~ do espírito* a instrução, a educação; *~, ~, queijo, queijo* com clareza, francamente; *comer o ~ que o Diabo amassou* passar muitos trabalhos; *ficar a ~ e laranjas* ficar quase na miséria; *tirar o ~ a (alguém)* prejudicar alguém de forma que não possa angariar os meios de subsistência (Do lat. *pane-*, «id.»)

pão-de-açúcar ver nova grafia pão de açúcar

pão de açúcar n.m. domo rochoso com pendor muito íngreme, com uma ou duas centenas de metros de altura, em média, e com um perfil tipicamente parabólico

pão-de-galo n.m. ZOOLOGIA [pop.] nome vulgar das larvas de alguns insetos coleópteros, prejudiciais à agricultura

pão-de-leite n.m. BOTÂNICA ⇒ **queijadilho**

pão-de-ló ver nova grafia pão de ló

pão de ló n.m. CULINÁRIA variedade de bolo muito fofo, de farinha, ovos e açúcar

pão-de-passarinho n.m. BOTÂNICA ⇒ **milho-miúdo**

pão-do-chile n.m. espécie de mandioca

pão-duro adj.,n.2g. [Brasil] [coloq.] que ou o que revela avareza ■ n.m. [Brasil] [coloq.] ⇒ **salazar**

pão-e-queijo n.m. BOTÂNICA ⇒ **queijadilho**

pão-podre /ô/ n.m. CULINÁRIA bolo que tem como ingredientes principais azeite, mel e erva-doce

pão-porcino n.m. BOTÂNICA ⇒ **artanita**

pão-posto n.m. BOTÂNICA planta herbácea da família das Compostas, espontânea e frequente em Portugal

pãozeiro *adj.* que gosta muito de pão ■ *n.m.* entregador de pão ao domicílio (De *pão+z+-eiro*)
pãozinho *n.m.* pessoa presumida e piegas, que se presta ao ridículo (De *pão+z+-inho*)
papa[1] *n.m.* 1 [também com maiúscula] RELIGIÃO chefe supremo da Igreja Católica ou de qualquer outra igreja 2 [fig.] pessoa que é muito respeitada e reconhecida na sua área de especialidade (Do gr. *páppas*, «avô», pelo lat. *papa-*, «papa»)
papa[2] *n.f.* 1 alimento mais ou menos espesso, confecionado geralmente com farinha, leite e outros ingredientes, e usado especialmente na alimentação de bebés 2 qualquer substância de consistência pastosa, principalmente se alimentícia 3 [pop., infant.] qualquer alimento 4 lã felpuda, pesada e quente, utilizada para fazer cobertores; *papas de sarrabulho* CULINÁRIA alimento à base de sangue e carnes de porco desfeitas e cozinhadas com farinha de milho, louro e outras especiarias; *comer as papas na cabeça a (alguém)* iludir alguém com boas palavras, suplantar alguém; *fazer em ~* desfazer, estafar; *não ter papas na língua* ser totalmente franco (Do lat. *pappa-*, «id.»)
papá *n.m.* [infant.] pai (Do fr. *papa*, «id.»)
papa-abelhas *n.m.2n.* ORNITOLOGIA ⇒ **chapim**[2] (De *papar+abelha*)
papa-açorda /ô/ *n.2g.* pessoa molengona e apalermada (De *papar+açorda*)
papa-amoras *n.m.2n.* ORNITOLOGIA ⇒ **amoreira** 2 (De *papar+amora*)
papa-capim *n.m.* [Brasil] ORNITOLOGIA ⇒ **coleiro** (De *papar+capim*)
papada[1] *n.f.* 1 acumulação de carne adiposa nas faces e no pescoço; papeira 2 ZOOLOGIA desenvolvimento da pele por baixo do queixo; barbela 3 carne do peito das reses (De *papo+-ada*)
papada[2] *n.f.* cataplasma (De *papa[s]+-ada*)
papado *n.m.* 1 cargo ou dignidade de papa 2 tempo que dura esse cargo 3 o poder da Igreja (De *papa+-ado*)
papa-figos *n.m.2n.* 1 ORNITOLOGIA pássaro da família dos Oriolídeos, muito comum em Portugal durante a primavera e o verão, também conhecido por eivão, amarelante, figo-loiro, figo-maduro, flecha, bartolomeu, clérigo, marelante, etc. 2 ORNITOLOGIA ⇒ **felosa** 3 NÁUTICA cada uma das velas mais baixas de um navio 4 [Brasil] figura imaginária com que se assusta as crianças; papão (De *papar+figo*)
papa-fina *n.2g.* 1 pessoa ridícula 2 pãozinho ■ *adj.2g.* 1 saboroso 2 bem-feito 3 belo; magnífico
papa-formigas *n.m.2n.* 1 ORNITOLOGIA ave trepadora da família dos Picídeos, comum em Portugal, também conhecida por catapereiro, doidinha, formigueiro, gira-pescoço, peto-da-chuva, retorta, torticolo, engatadeira, etc. 2 ZOOLOGIA mamífero sul-americano, tropical, do grupo dos desdentados (xenartros), de focinho longo e tubular, cauda grande e volumosa, garras fortes e língua muito comprida e humedecida com a qual captura grandes quantidades de formigas e térmitas; urso-formigueiro; formigueiro; tamanduá [Brasil] (De *papar+formiga*)
papagaia *n.f.* ZOOLOGIA fêmea do papagaio (De *papagaio*)
papagaial *adj.2g.* 1 referente ao papagaio 2 próprio de papagaio (De *papagaio+-al*)
papagaio *n.m.* 1 ORNITOLOGIA nome vulgar extensivo a várias aves tropicais, do grupo das psitaciformes, em especial da família dos Psitacídeos, que têm a possibilidade de imitar a voz humana 2 ICTIOLOGIA peixe também chamado bodião 3 brinquedo de papel fino, composto por uma leve armação poligonal com varetas, à qual se prende uma tira e que se lança ao vento por meio de um fio 4 divisória entre duas janelas do mesmo lado 5 [fig.] pessoa muito faladora 6 [fig.] pessoa que repete coisas que ouviu ou leu sem as compreender verdadeiramente 7 faixa triangular com que se envolviam as nádegas dos bebés; cueiros 8 *pl.* BOTÂNICA (planta, flor) ⇒ **melindre** (Do prov. *papagai*, «id.»)
papagaio-do-mar *n.m.* 1 ORNITOLOGIA ⇒ **arau** 2 ICTIOLOGIA nome vulgar de dois peixes, um teleósteo e outro holocéfalo, fusiforme, de dorso cinzento e acastanhado, raro em Portugal, também conhecido por peixe-rato e quimera
papagueamento *n.m.* ato ou efeito de papaguear (De *papaguear+-mento*)
papaguear *v.intr.* falar muito, geralmente sobre assuntos pouco importantes; falar como o papagaio; tagarelar ■ *v.tr.* repetir (coisas que se ouviu ou leu) sem as compreender ou refletir sobre elas (De *papagaio+-ear*)
papagueio *n.m.* ⇒ **papagueamento** (Deriv. regr. de *papaguear*)
papa-hóstias *n.2g.2n.* [pop.] pessoa muito beata que comunga frequentemente (De *papar+hóstia*)
papai *n.m.* [Brasil] papá; *~ grande* [Brasil] [joc.] presidente da República (De *papá*)

papaia *n.f.* 1 BOTÂNICA fruto comestível da papaieira, de cor amarela ou amarelo-avermelhada quando maduro, e polpa cor de laranja com pevides escuras e brilhantes agrupadas no centro 2 BOTÂNICA ⇒ **papaieira** (Do caraíba *papaya*, «id.»)
papaieira *n.f.* BOTÂNICA planta tropical da família das Caricáceas, que produz as papaias, também designada papaia (De *papaia+-eira*)
papaína *n.f.* fermento proteolítico contido na papaia (De *papaia+-ina*)
Papai Noel *n.m.* [Brasil] ⇒ **Pai Natal**
papa-jantares *n.2g.2n.* 1 pessoa que tem por costume comer em casas alheias ou viver à custa de outrem 2 [fig.] pessoa que procura viver à custa de outrem; parasita (De *papar+jantar*)
papal *adj.2g.* relativo ou pertencente ao papa; papalino (De *papa+-al*)
papa-léguas *n.2g.2n.* pessoa que anda muito; andarilho; caminheiro (De *papar+légua*)
papalino *adj.* papal ■ *n.m.* soldado da extinta Guarda Pontifícia (De *papal+-ino*)
papalva *n.f.* 1 ZOOLOGIA mamífero carnívoro, da família dos Mustelídeos, vulgar em Portugal, que alguns consideram sinónimo de toirão e fueta, também conhecido por papalvo 2 ZOOLOGIA fêmea do papalvo 3 [fig.] mulher simplória (De *papalvo*)
papalvice *n.f.* 1 ato, qualidade ou dito de papalvo 2 os papalvos (De *papalvo+-ice*)
papalvo *n.m.* 1 indivíduo que se deixa enganar facilmente; pacóvio; simplório; lorpa 2 ZOOLOGIA ⇒ **gato-bravo** 3 ZOOLOGIA ⇒ **papalva** 1 4 ORNITOLOGIA ⇒ **codorniz** 5 ZOOLOGIA ⇒ **pedreiro** 3 (De *papo+alvo*)
papa-mel *n.m.* [Brasil] ZOOLOGIA ⇒ **irara** (De *papar+mel*)
papa-missas *n.2g.2n.* pessoa que frequenta muito a igreja e ouve muitas missas (De *papar+missa*)
papa-moscas /ô/ *n.m.2n.* 1 ORNITOLOGIA nome vulgar extensivo às aves da família dos Muscicapídeos, a que pertencem a boita, o mosqueiro, o taralhão ou tralhão, etc., vulgares em Portugal no verão e no outono 2 ZOOLOGIA lagarto pequeno que se alimenta de moscas 3 BOTÂNICA nome vulgar indicado por alguns autores para designar plantas carnívoras da família das Droseráceas ■ *n.2g.2n.* [fig.] pessoa simplória; papalvo (De *papar+mosca*)
papamóvel *n.m.* veículo usado pelo papa nas suas aparições públicas (De *papa+(auto)móvel*)
papança *n.f.* [pop.] comida; comezaina (De *papar+-ança*)
papanicolau *n.m.* MEDICINA exame citológico vaginal de um esfregaço colhido no colo do útero, para rastrear a existência de cancro ou outras doenças
papão *n.m.* 1 ser imaginário com que se mete medo às crianças 2 [fig., coloq.] pessoa que come muito; comilão 3 [fig.] ser ou coisa considerada perigosa e ameaçadora (De *papar+-ão*)
papa-ovo *n.m.* [Brasil] ZOOLOGIA ⇒ **caninana** 1 (De *papar+ovo*)
papa-pintos *n.m.2n.* 1 ORNITOLOGIA ⇒ **milhafre** 2 [Brasil] ZOOLOGIA cobra semelhante à caninana (De *papar+pinto*)
papar *v.tr.,intr.* [coloq.] ingerir (alimento); comer ■ *v.tr.* 1 [coloq.] conseguir; obter 2 [coloq.] roubar 3 [coloq.] vencer; derrotar 4 [coloq.] percorrer 5 [coloq.] acreditar 6 [vulg.] ter relações sexuais com; *~ moscas* estar de boca aberta a olhar tudo com indiferença (Do lat. *pappāre*, «id.»)
papa-ratos *n.m.2n.* ORNITOLOGIA ave pernalta da família dos Ardeídeos, afim das garças, rara em Portugal, também chamada lavadeira (De *papar+rato*)
paparazzi *n.m.pl.* designação atribuída aos fotógrafos que perseguem figuras públicas célebres para lhes tirarem fotografias não autorizadas e preferencialmente comprometedoras (Do it. *paparazzi*, plural de *paparazzo*, «id.»)
paparazzo *n.m.* ⇒ **paparazzi**
paparicar *v.tr.* 1 dar guloseimas ou paparicos 2 tratar com muito carinho ou muitas atenções; amimar; acarinhar ■ *v.intr.* 1 comer ou receber paparicos 2 comer com frequência mas pouco de cada vez; debicar (De *papar+-icar*)
paparico *n.m.* 1 [mais usado no plural] iguaria saborosa; gulodice 2 [mais usado no plural] mimo; afago; carícia (Deriv. regr. de *paparicar*)
paparoca *n.f.* [pop.] alimentação; comida (De *papar+r+-oca*)
paparote *n.m.* [regionalismo] caldo de castanhas piladas (De *papar+r+-ote*)
paparraz *n.m.* BOTÂNICA planta arbustiva, da família das Ranunculáceas, vulgar nas margens dos rios, no Centro e no Sul de Portugal, também chamada erva-piolheira (Do ár. *habb ar-rās*, «grão da cabeça»)

paparreta /ê/ n.2g. indivíduo presumido, mas sem qualquer valor; paparrotão (De papa+r+-eta)
paparrotada n.f. **1** comida própria para porcos; lavagem **2** [fig.] ato ou dito de paparrotão (Part. pass. fem. subst. de paparrotar)
paparrotagem n.f. ⇒ **paparrotada** (De paparrotar+-agem)
paparrotão n.m. **1** [pop.] impostor **2** parlapatão; bazófia; paparreta ■ adj. vaidoso; presumido (De paparrotar+-ão)
paparrotar v.tr. alardear com impostura; dizer à maneira de paparrotão ■ v.intr. dizer paparrotadas (De papa+arrotar)
paparrotear v.tr.,intr. ⇒ **paparrotar**
paparrotice n.f. **1** [pop.] ato ou dito de paparrotão; bazófia **2** impostura; aldrabice (De paparrotar+-ice)
papa-santos n.2g.2n. pessoa muito beata (De papa+santo)
papa-tabaco n.m. ICTIOLOGIA ⇒ **bufo**[2] **2** ■ n.2g. [coloq.] pessoa que fuma muito tabaco (De papar+tabaco)
papaúlha n.m. ORNITOLOGIA nome por que também é designada a boita (pássaro) (De orig. obsc.)
papável[1] adj.2g. **1** que se pode comer **2** [vulg.] diz-se de pessoa que desperta desejo sexual (De papar+-vel)
papável[2] adj.2g. que pode ser eleito papa (De papa+-vel)
papaverácea n.f. BOTÂNICA espécime das Papaveráceas
Papaveráceas n.f.pl. BOTÂNICA família de plantas dicotiledóneas, muitas delas ornamentais, representadas em Portugal pela papoila, dormideira, etc. (Do lat. papāver, ĕris, «papoila»+-áceas)
papaverina n.f. QUÍMICA, FARMÁCIA um dos alcaloides do ópio, usado em medicina como narcótico (Do lat. papāver, ĕris, «papoila»+-ina)
papazana n.f. comezaina (De papa+z+-ana)
papazes n.m.pl. sacerdotes gregos (Do gr. mod. papás, «padre»)
papear v.tr.,intr. conversar (com) ■ v.intr. **1** tagarelar; papaguear **2** chilrear **3** [regionalismo] mover a boca como quem reza; cochichar (De pipiar)
papeira n.f. MEDICINA doença contagiosa provocada por um vírus que afeta as glândulas salivares, provocando febre normalmente não muito elevada, e que ocorre geralmente em crianças e nos adultos jovens, podendo complicar-se com inflamação das glândulas sexuais (ovário, testículo); parotidite epidémica (De papo+-eira)
papeiro[1] n.m. vasilha para cozer papas, fazer migas ou guisar batatas desfeitas (De papa[s]+-eiro)
papeiro[2] adj. que tem papeira (De papo+-eiro)
Papéis n.m.pl. ETNOGRAFIA grupo étnico que habita a ilha de Bissau e Biombo, na Guiné-Bissau (Do vernáculo Pepel, etn.)
papejar v.intr. **1** ⇒ **latejar** v.intr. **2** ofegar (De papo+-ejar)
papel[1] n.m. **1** substância formada de matérias vegetais ou de trapos reduzidos a massa, e disposta em folhas, para se escrever, embrulhar, etc. **2** documento escrito **3** dinheiro em notas ou letras de câmbio **4** TEATRO, CINEMA, TELEVISÃO parte que cabe a cada ator numa peça ou num filme **5** atribuição; função **6** maneira de proceder **7** atos que se praticam **8** pl. documentos que certificam a idoneidade de um indivíduo **9** pl. títulos **10** pl. jornais; **~ de estanho** aquele que tem uma superfície metálica ou coberta por uma camada fina de estanho, sendo usado para revestir e proteger determinados produtos, como, por exemplo, alguns alimentos; **~ de tornassol** papel impregnado de tornassol, usado para revelar se uma solução aquosa é ácida pela coloração avermelhada que toma em contacto com ela; **~ higiénico** papel especial, solúvel na água, usado para limpeza individual, nos quartos de banho; **~ químico** papel fino, com um dos lados cobertos por uma camada de cera com pigmento, de modo a permitir decalques; **~ temático** LINGUÍSTICA função semântica que os argumentos desempenham em relação ao verbos ou preposições relacionados (ex.: agente, paciente, instrumento, locativo, etc.); **confiar ao ~** escrever; **fazer um triste/brilhante ~** fazer má/boa figura; **ficar no ~** não chegar a realizar-se, não passar de projeto (Do latim papȳru-, «papiro», pelo catalão papel, «idem»)
papel[2] adj.2g. relativo ou pertencente aos Papéis ou à sua língua ■ n.2g. pessoa pertencente aos Papéis ■ n.m. língua falada pelos povos do subgrupo étnico Papéis, na ilha de Bissau (De Papéis, etnónimo)
papelada n.f. **1** grande quantidade de papéis **2** papéis em desordem **3** escritos inúteis **4** conjunto de documentos (De papel+-ada)
papelão n.m. **1** papel encorpado e espesso, mais ou menos rígido, com aplicações diversas (embalagens, caixas, capas de livros); cartão **2** depósito público que se destina à recolha de papel para reciclar **3** [fig.] comportamento ridículo **4** [fig.] pessoa enfatuada; paspalhão; **fazer um ~** **1** desempenhar muito bem o seu papel; **2** [irón.] fazer triste figura (De papel+-ão)
papelaria n.f. estabelecimento onde se vendem papel e outros artigos de escritório (De papel+-aria)

papel-carbono n.m. [Brasil] papel químico
papeleira n.f. móvel onde se guardam papéis; secretária (De papel+-eira)
papeleiro n.m. **1** fabricante ou vendedor de papel **2** dono de papelaria ■ adj. relativo ao fabrico ou comércio de papel (De papel+-eiro)
papelejo /ê/ n.m. papel sem importância; papelucho (De papel+-ejo)
papeleta n.f. **1** papel afixado em lugar público para ser lido ou consultado; edital; anúncio; cartaz **2** papel solto a que geralmente se atribui pouca importância; papelucho **3** guia ou boletim de admissão de doente em hospitais e casas de saúde (De papel+-eta)
papeliço n.m. pequeno embrulho de papel (De papel+-iço)
papelinho n.m. **1** papel pequeno **2** pl. pedacinhos de papel de várias cores e formas que as pessoas atiram umas às outras no Carnaval (De papel+-inho)
papelista n.2g. **1** pessoa que examina e investiga documentos antigos **2** arquivista (De papel+-ista)
papel-moeda n.m. papel representativo de determinado valor, emitido por um banco do Estado e com a mesma função da moeda metálica
papelosa n.f. [gír.] conjunto de documentos; papelada (De papel+-osa)
papelote n.m. **1** cada um dos rolos de papel em que se enrola o cabelo para o encaracolar **2** CULINÁRIA folha de alumínio em que se envolve um alimento, para o cozer em pouca gordura tornando-o suculento (Do fr. papillotes, «id.», com infl. de papel)
papelucho n.m. **1** [pop.] papel de pouca importância **2** [pop.] papel de embrulho **3** [pop., pej.] periódico ou escrito desprezível (De papel+-ucho)
papi- elemento de formação de palavras que exprime a ideia de penacho (Do gr. páppos, «penacho», pelo lat. pappu-, «id.»)
papiforme adj.2g. BOTÂNICA diz-se do órgão vegetal em forma de penacho (De papi-+-forme)
papila n.f. BIOLOGIA pequena protuberância que existe nas membranas mucosas, na pele, etc., e na superfície de alguns órgãos vegetais (Do lat. papilla-, «borbulha»)
papilar adj.2g. **1** que diz respeito às papilas **2** que tem papilas **3** em forma de papila (De papila+-ar)
papilho n.m. **1** BOTÂNICA apêndice de pelos ou escamas que coroa vários frutos e sementes **2** pequeno papo (De papo+-ilho)
Papilionáceas n.f.pl. BOTÂNICA ⇒ **Faseoláceas** (Do lat. papiliōne-, «ácea», ou do fr. papilionacées, «id.»)
Papiliónidas n.m.pl. ZOOLOGIA ⇒ **Papilionídeos**
papilionídeo adj. ZOOLOGIA relativo ou pertencente aos Papilionídeos ■ n.m. ZOOLOGIA espécime dos Papilionídeos
Papilionídeos n.m.pl. ZOOLOGIA família de borboletas diurnas, grandes e coloridas, frequentes em Portugal e no Brasil, e cujo género-tipo se denomina Papilio (Do lat. papiliōne-, «borboleta»+-ídeos)
papiloma /ô/ n.m. **1** MEDICINA hipertrofia das papilas **2** nome genérico vulgar de verrugas, calos, pólipos, etc. **3** MEDICINA tumor formado por um núcleo central de tecido conjuntivo e coberto por epitélio (Do lat. papilla-, «borbulha»+gr. [ógk]oma, «tumor»)
papiráceo adj. **1** da natureza do papiro **2** semelhante ao papiro **3** fino e seco como o papel (Do lat. papyracĕu-, «id.»)
papíreo adj. relativo ao papiro (De papiro+-eo)
papirífero adj. diz-se da planta cujo líber serve para o fabrico do papel (Do lat. papyrifĕru-, «fértil em papiro»)
papiriforme adj.2g. que tem forma de papel (Do lat. papȳru-, «papiro»+forma-, «forma»)
papiro n.m. **1** BOTÂNICA planta da família das Ciperáceas, própria de terrenos inundados, de que os antigos Egípcios faziam folhas finas para escrever **2** manuscrito antigo feito sobre folhas desta natureza (Do gr. pápyros, «papiro», pelo lat. papȳru-, «id.»)
papiro- elemento de formação de palavras que exprime a ideia de papel, papiro (Do gr. pápyros, «papiro; papel»)
papirólito n.m. pasta de papel prensada, usada em construções (Do gr. pápyros, «papiro; papel»+líthos, «pedra»)
papironga n.f. [Brasil] logro; **dar ~ a** lograr, ludibriar (Formação expressiva)
papisa n.f. **1** RELIGIÃO mulher que exerce as funções de chefe supremo de determinada Igreja **2** RELIGIÃO mulher que exerce as funções de papa (aludindo à mulher que se diz ter exercido as funções de papa sob o nome de João VIII, no século IX) (De papa+-isa)

papismo n.m. doutrina que defende a influência ou supremacia dos papas, não só no campo espiritual como no político (De *papa+-ismo*)

papista n.2g. 1 pessoa seguidora do papismo 2 nome que os protestantes dão aos católicos; *ser mais ~ que o papa* interessar-se por um assunto mais que o próprio interessado (De *papa+-ista*)

papo n.m. 1 ORNITOLOGIA dilatação existente no esôfago da maioria das aves, onde se armazenam os alimentos antes de passarem ao estômago 2 dilatação no tubo digestivo dos insetos 3 [fig.] estômago 4 fole que o vestuário forma quando não assenta bem 5 [Brasil] [coloq.] conversa; cavaqueira; troca de impressões; *bater um ~* [Brasil] [coloq.] ter uma conversa; trocar impressões; *estar no ~* [pop.] estar seguro ou garantido; *falar de ~* [pop.] falar com arrogância ou prosápia; *querer um no saco e outro no ~* querer usufruir de duas coisas simultaneamente, ser ambicioso (Deriv. regr. de *papar*)

papo-de-anjo ver nova grafia papo de anjo

papo de anjo n.m. 1 CULINÁRIA pequeno bolo de ovos-moles e amêndoa moída, exteriormente revestido de hóstia, em forma de meia-lua, que faz parte da doçaria tradicional da cidade portuguesa de Amarante 2 CULINÁRIA bolo de massa fofa feito com ovos batidos e cozidos no forno, e depois mergulhados em calda de açúcar

papo-de-peru n.m. [Brasil] BOTÂNICA ⇒ **jarrinha** 2

papo-furado adj.,n.2g. [Brasil] [coloq.] que ou quem não cumpre o que promete ■ n.m. [Brasil] [coloq.] conversa fiada; bazófia

papoila n.f. 1 BOTÂNICA planta herbácea da família das Papaveráceas, de suco leitoso, com pétalas geralmente vermelhas e maculadas de negro na unha, espontânea e frequente em Portugal; papoula 2 NÁUTICA peça de poleame por baixo da mesa das malaguetas onde se faz o retorno dos cabos de laborar 3 ICTIOLOGIA ⇒ **leitão** 3; *cor de ~* corado, rubicundo (Do lat. vulg. *papa[v]ūra-*, por *papavēre-*, «id.»)

papo-seco n.m. 1 [pop.] pão pequeno de farinha de trigo fina 2 indivíduo esmerado no vestir; janota; peralta

papoula n.f. BOTÂNICA ⇒ **papoila** 1

paprica n.f. pó de pimentão-doce, utilizado como tempero (Do húng. *paprika*, «id.», pelo fr. *paprika*)

Papuas n.m.pl. ETNOGRAFIA povo negro da ilha de Nova Guiné, com que parecem ser aparentados outros povos da Melanésia (Do mal. *puwa puwa*, «de cabelo crespo»)

papudo adj. 1 que tem papo grande 2 [fig.] carnudo 3 [fig.] proeminente (De *papo+-udo*)

papujar v.intr. 1 produzir um som especial em consequência da formação de bolhas gasosas, como as papas quando estão a cozer 2 latejar; papejar (De *papa[s]+-ujar*)

pápula n.f. 1 borbulha vermelha da pele 2 impigem 3 protuberância nas folhas de certas plantas (Do lat. *papŭla-*, «borbulha»)

papuliforme adj.2g. que tem forma de pápula (Do lat. *papŭla-*, «borbulha» *+forma-*, «forma»)

papuloso adj. que tem pápulas; coberto de pápulas (De *pápula+-oso*)

papuses n.m.pl. chinelas usadas pelos Orientais; babuchas (Do turc. *papux*, «id.»)

paquebote n.m. 1 [ant.] barco que transportava correspondência; paquete 2 [ant.] espécie de pequena carruagem (Do ing. *packet-boat*, «paquete; vapor»)

paqueboteiro n.m. tripulante de paquebote (De *paquebote+-eiro*)

paquera n.f. [Brasil] [coloq.] engate; conquista

paquerador n.m. [Brasil] [coloq.] engatatão; mulherengo

paquerar v.tr. [Brasil] [coloq.] fazer a corte a; namoriscar com ■ v.intr. [Brasil] [coloq.] procurar namoro ou aventura amorosa (De *paca+-eiro+-ar*)

paquete[1] /ê/ n.m. conjunto de diversas qualidades de pelo empregado no fabrico dos chapéus (Do fr. *paquet*, «pacote; conjunto de várias coisas»)

paquete[2] /ê/ n.m. 1 grande navio que transporta passageiros, carga e correspondência 2 [fig.] mocinho de recados (Do ing. *packet[-boat]*, «vapor; paquete»)

paqui- elemento de formação de palavras que exprime a ideia de *espesso, grosso* (Do gr. *pakhýs*, «espesso»)

paquidactilia n.f. TERATOLOGIA anomalia caracterizada pela grossura demasiada dos dedos (Do gr. *pakhýs*, «espesso» *+dáktylos*, «dedo» *+-ia*)

paquiderme adj.2g. 1 ZOOLOGIA que tem pele muito grossa e rugosa 2 relativo ou pertencente aos paquidermes ■ n.m. ZOOLOGIA espécime dos paquidermes ■ n.m.pl. ZOOLOGIA antigo grupo de mamíferos ungulados, não ruminantes, que compreendia os proboscídeos e os suídeos, caracterizados especialmente pela grande espessura da pele (Do gr. *pakhýdermos*, «de pele espessa»)

paquife n.m. 1 HERÁLDICA folhagem ornamental que sai do elmo e se espalha pelo escudo 2 ARQUITETURA ornato arquitetónico de folhagem; lambrequim (De orig. obsc.)

paquímetro n.m. aparelho de precisão com que se medem espessuras e pequenas distâncias (De *paqui-+-metro*)

paquinha n.f. [Brasil] ZOOLOGIA ⇒ **ralo**[7]

paquistanês adj. relativo ou pertencente ao Paquistão ■ n.m. natural ou habitante do Paquistão (De *Paquistão*, top. *+-ês*)

par adj.2g. 1 que não apresenta diferença em relação a outro; igual; semelhante 2 colocado de forma simétrica; equivalente 3 MATEMÁTICA (número inteiro) que é divisível por dois; que é múltiplo de dois ■ n.m. 1 conjunto de duas pessoas ou de dois objetos da mesma espécie; parelha 2 conjunto de duas pessoas, geralmente homem e mulher, na dança 3 macho e fêmea de um casal de aves 4 conjunto de duas pessoas ligadas por um interesse, afeto ou uma atividade comum 5 pessoa que se encontra ao mesmo nível de outra em condição profissional, social, etc. 6 MATEMÁTICA conjunto com dois elementos 7 POLÍTICA membro da câmara alta (num sistema bicameralista) 8 peça de vestuário formada por duas partes iguais; *~ de galhetas* duas pessoas que andam sempre juntas; *a ~* a preço igual, lado a lado, ao corrente; *de ~ em ~* às escâncaras; *estar a ~* estar bem informado, estar lado a lado, equivaler-se; *estar a ~ de* estar ao corrente de, saber, conhecer (Do lat. *pare-*, «id.»)

para prep. 1 introduz expressões que designam: 1 direção (*virado para sul*); 2 lugar de destino (*foi para França*); 3 intenção, objetivo (*saiu para ir às compras*); 4 tempo (*para a semana*); 5 lugar (*estava para o Porto*); 6 destinatário (*fiz isto para ti*); 7 fim (*pano para limpar*); 8 perspetiva (*para ele, não é importante*) 2 estabelece uma relação entre quantidades (*três para sete*); *~ com* relativamente a; *~ que* a fim de que (Do lat. *per ad*, «por; para», pelo port. ant. *pera*, «para»)

para- prefixo que exprime a ideia de *aproximação, proximidade*; *para além de*; *oposição*; *defeito, vício*; *semelhança* (Do gr. *pará*, «cerca de»)

para-águas n.m.2n. ⇒ **guarda-chuva** (De *pára+água*)

pára-águas ver nova grafia para-águas

parábase n.f. LITERATURA, TEATRO parte da antiga comédia grega em que o ator se dirigia aos espectadores para lhes expor as suas queixas pessoais, os seus sentimentos e as suas opiniões políticas (Do gr. *parábasis*, «digressão»)

parabém n.m. ⇒ **parabéns** (De *para+bem*)

parabenizar v.tr. [Brasil] dar os parabéns a; felicitar (De *parabéns+-izar*)

parabeno n.m. QUÍMICA classe de substâncias químicas muito utilizadas em cosméticos como conservantes (Do ing. *paraben*, «id.»)

parabéns n.m.pl. felicitações; congratulações (De *parabém*)

parabentear v.tr. dar os parabéns a; felicitar (De *parabém+t+-ear*)

parablasto adj. PATOLOGIA (doença) acompanhado de alteração anatómica nos tecidos ■ n.m. BOTÂNICA camada intermédia, entre a ectoderme e a endoderme, que provém da proliferação da membrana vitelina e da qual resultam os elementos conjuntivos e o sangue

parábola n.f. 1 LITERATURA narração alegórica que encerra algum preceito de moral ou verdade importante 2 GEOMETRIA curva plana, cujos pontos distam igualmente de um ponto fixo, chamado foco, e de uma reta chamada diretriz, ambos situados no plano da curva 3 GEOMETRIA curva de interseção de uma superfície cónica de revolução com um plano paralelo a uma geratriz da superfície 4 forma divergente de palavra (Do gr. *parabolé*, «comparação», pelo lat. *parabŏla-*, «comparação; parábola»)

parabólica n.f. antena em forma de parábola que capta programas de televisão via satélite (De *parábola+-ica*)

parabólico adj. 1 GEOMETRIA relativo a parábola (linha) 2 GEOMETRIA que tem a forma de parábola (Do gr. *parabolikós*, «id.»)

parabolismo n.m. qualidade de parabólico (De *parábola+-ismo*)

parabolista n.2g. autor de parábolas (De *parábola+-ista*)

parabolizar v.intr. expor, usando parábolas (De *parábola+-izar*)

paraboloide adj.2g. em forma de parábola (curva geométrica) ■ n.m. GEOMETRIA superfície quádrica (definida por uma equação do 2.º grau a três incógnitas), desprovida de centro, e cuja equação cartesiana é redutível ao tipo $ay^2 + bz^2 = 2kx$; *~ de revolução* GEOMETRIA paraboloide gerado pela rotação de uma parábola em torno do seu eixo de simetria (De *parábola+-óide*)

parabolóide ver nova grafia paraboloide

para-brisas *n.m.2n.* chapa de vidro ou substância plástica colocada na frente do condutor do veículo ou do piloto do avião, para o proteger da ação do ar provocada pela deslocação do veículo (Do fr. *pare-brise*, «id.»)

pára-brisas ver nova grafia **para-brisas**

paracéfalo *n.m.* TERATOLOGIA ser de cabeça volumosa, disforme e incompleta (Do gr. *pará*, «com defeito» +*kephalé*, «cabeça»)

paracentese *n.f.* MEDICINA punção de uma cavidade para evacuar o líquido que lá se encontra acumulado (Do lat. cient. *paracentēsis*, pelo gr. *parakénēsis*)

paracetamol *n.m.* FARMÁCIA substância que suprime ou suaviza a dor e combate a elevação da temperatura corporal (Do ing. *paracetamol*, «id.»)

para-choques *n.m.2n.* **1** dispositivo horizontal de material resistente colocado na frente e na retaguarda de um veículo, para atenuar qualquer choque **2** *pl.* [cal.] seios da mulher (De *pára*+*choque*)

pára-choques ver nova grafia **para-choques**

pára-chuva *n.m.* ⇒ **guarda-chuva** (De *pára*+*chuva*)

pára-chuva ver nova grafia **para-chuva**

paráclase *n.f.* GEOLOGIA fenda produzida numa rocha por motivo de causa externa; falha (Do gr. *pará*, «ao lado» +*klásis*, «fratura»)

paracletear *v.tr.* sugerir a (alguém) o que deve dizer ou responder, como o Paracleto fez aos Apóstolos (De *Paracleto*+*-ear*)

Paracleto *n.m.* **1** RELIGIÃO nome dado ao Espírito Santo **2** [com minúscula] aquele que sugere a outrem o que há de responder; espírito santo de orelha (Do grego *parákletos*, «defensor», pelo latim *Paraclētu-*, «idem»)

Paráclito *n.m.* ⇒ **Paracleto** (Por *paracleto*)

paracronismo *n.m.* erro de cronologia que consiste em colocar um acontecimento em data posterior àquela em que ele se realizou; metacronismo (Do gr. *pará*, «além» +*khronismós*, «tempo»)

parada *n.f.* **1** ato ou efeito de parar **2** [Brasil] (autocarros, etc.) paragem; estação **3** demora; pausa; interrupção **4** MILITAR espaço no interior de um quartel onde se realizam formaturas, instruções, revistas, etc. **5** MILITAR demonstração de força militar **6** dinheiro que se arrisca, de cada vez, ao jogo **7** [fig.] aquilo que se arrisca; aquilo que está em jogo **8** combate; luta **9** DESPORTO defesa contra um golpe; *subir a ~* aumentar o valor daquilo que se arrisca ou está em jogo (Part. pass. fem. subst. de *parar*)

paradeiro *n.m.* **1** lugar onde se para; paragem **2** sítio onde alguma coisa ou pessoa se encontra **3** morada (Do cast. *paradero*, «id.»)

paradela *n.f.* **1** ⇒ **paragem 2** [regionalismo] exposição (ao vento) (De *parar*+*-dela*)

paradigma *n.m.* **1** exemplo que serve como modelo; padrão **2** GRAMÁTICA modelo de declinação ou conjugação **3** LINGUÍSTICA conjunto de elementos linguísticos que podem ocorrer no mesmo contexto **4** (investigação) sistema ou modelo conceptual que orienta o desenvolvimento posterior das pesquisas, estando na base da evolução científica (Do gr. *parádeigma, -atos*, «modelo», pelo lat. *paradigma*, «id.»)

paradigmal *adj.2g.* referente ao paradigma (De *paradigma*+*-al*)

paradigmático *adj.* **1** relativo a paradigma **2** que serve de paradigma, de norma **3** exemplar (Do gr. *parádeigma, -atos*, «modelo» + *-ico*, ou do fr. *paradigmatique*, «id.»)

paradiseídeo *adj.* ORNITOLOGIA relativo ou pertencente aos Paradiseídeos ■ *n.m.* ORNITOLOGIA espécime dos Paradiseídeos

Paradiseídeos *n.m.pl.* ORNITOLOGIA família de aves a que pertence a chamada ave-do-paraíso (Do lat. *Paradīsu-*, «Paraíso» +*-ídeos*)

paradisíaco *adj.* **1** belo; maravilhoso **2** extremamente agradável **3** RELIGIÃO relativo ou pertencente ao Paraíso (Do lat. *paradisiăcu-*, «id.»)

paradísico *adj.* ⇒ **paradisíaco** (Do lat. *Paradīsu-*, «Paraíso» +*-ico*)

parado *adj.* **1** que não está em movimento; quieto; destituído de mobilidade **2** não corrente; estagnado **3** (dinheiro) não investido **4** [fig.] sem animação; sem vivacidade **5** [fig.] inexpressivo (Part. pass. de *parar*)

paradoiro *n.m.* ⇒ **paradeiro**

paradouro *n.m.* ⇒ **paradeiro**

paradoxal /cs/ *adj.2g.* **1** que envolve paradoxo **2** que desafia a lógica e o senso comum **3** contraditório **4** (indivíduo) contraditório nas opiniões, nos sentimentos e no comportamento (De *paradoxo*+*-al*)

paradoxalmente /cs/ *adv.* contraditoriamente (De *paradoxal*+*-mente*)

paradoxar /cs/ *v.intr.* dizer paradoxos (De *paradoxo*+*-ar*)

paradoxo /ócs/ *n.m.* **1** afirmação contraditória que desafia a lógica e o senso comum **2** figura de retórica que consiste em associar afirmações aparentemente contraditórias **3** situação que vai contra o senso comum e a lógica; absurdo **4** coisa incrível **5** opinião contrária ao sentir comum (Do gr. *parádoxon*, «opinião ao lado de outra», pelo lat. *paradoxon*, «paradoxo»)

paraense *adj.2g.* relativo ou pertencente ao estado brasileiro do Pará ■ *n.2g.* natural ou habitante do Pará (De *Pará*, top. +*-ense*)

paraescolar *adj.2g.* **1** que não faz parte e é desenvolvido fora do âmbito do trabalho escolar **2** que não pertence à escola (De *para-* +*escolar*)

paraestatal *adj.2g.* com intervenção do Estado, do setor público

parafasia *n.f.* PATOLOGIA afasia parcial em que se verifica o uso de palavras completamente estranhas ao contexto, de que resulta a falta de sentido (De *para-*+*afasia*)

parafernais *n.m.pl.* certos bens extradotais da mulher casada (De *parafernal*)

parafernal *adj.2g.* extradotal (Do gr. *parápherna*, «bens extradotais» +*-al*)

parafernália *n.f.* **1** conjunto de objetos de uso pessoal; pertences **2** equipamento próprio de qualquer profissão ou atividade humana **3** conjunto de objetos a que se atribui pouco valor; tralha (Do lat. med. *paraphernalĭa* (neut. pl.), «id.»)

parafernalidade *n.f.* estado ou qualidade dos bens parafernais (De *parafernal*+*-i-*+*-dade*)

parafilia *n.f.* MEDICINA cada um dos distúrbios psíquicos e sexuais caracterizados por um desvio na escolha do objeto sexual, como a pedofilia, ou por uma deformação do ato sexual, como o sadismo, masoquismo, etc. (De *para-*+*-filia*)

parafina *n.f.* **1** QUÍMICA substância sólida e branca, semelhante à cera, que é uma mistura de hidrocarbonetos saturados ou alcanos de elevada massa molecular **2** QUÍMICA designação de hidrocarbonetos saturados designados atualmente pelo nome genérico de alcanos, cujo primeiro termo é o metano (Do lat. *parum affinis*, «pouco afim», pelo fr. *paraffine*, «id.»)

parafinagem *n.f.* ato ou efeito de parafinar (Do fr. *paraffinage*, «id.»)

parafinar *v.tr.* **1** converter em parafina **2** dar a natureza de parafina a **3** untar com parafina (Do fr. *paraffiner*, «id.»)

parafínico *adj.* relativo às parafinas (De *parafina*+*-ico*)

parafinizar *v.tr.* ⇒ **parafinar** (De *parafina*+*-izar*)

paráfise *n.f.* BOTÂNICA elemento estéril, filamentoso, que, em maior ou menor número, acompanha as células reprodutoras das plantas, especialmente os esporos dos fungos (Do gr. *paráphysis*, «excrescência»)

para-fogo *n.m.* peça móvel que se coloca diante dos fogões para resguardar do calor direto do fogo; guarda-fogo (De *parar*+*fogo*)

pára-fogo ver nova grafia **para-fogo**

parafonia *n.f.* modificação inesperada da voz motivada por afonia parcial (De *para-*+*afonia*)

paráfrase *n.f.* **1** ato ou efeito de parafrasear **2** explicação ou nova apresentação de um texto ou documento que procura tornar mais compreensível a informação nele contida **3** LINGUÍSTICA enunciado ou texto que reformula, com fins explicativos ou interpretativos, a mesma informação de outro enunciado ou de outro texto, mas utilizando outros recursos linguísticos **4** tradução livre e desenvolvida **5** [coloq.] comentário que revela maldade (Do gr. *paráphrasis*, «id.», pelo lat. *paraphrăse-*, «id.»)

parafraseador *n.m.* ⇒ **parafrasta** (De *parafrasear*+*-dor*)

parafrasear *v.tr.* **1** fazer a paráfrase de **2** desenvolver, falando ou escrevendo (De *paráfrase*+*-ear*)

parafrasta *n.2g.* pessoa que faz paráfrases (Do gr. *paraphrástes*, «id.», pelo lat. *paraphraste-*, «id.»)

parafrástico *adj.* que tem carácter de paráfrase ou lhe diz respeito (Do gr. *paraphrastikós*, «id.»)

parafusação *n.f.* ato ou efeito de parafusar (De *parafusar*+*-ção*)

parafusador *n.m.* **1** aquele ou aquilo que parafusa **2** instrumento de parafusar; chave de parafusos **3** [fig.] aquele que indaga ou esquadrinha; coca-bichinhos **4** matuto ■ *adj.* **1** que parafusa **2** [fig.] coca-bichinhos **3** matuto (De *parafusar*+*-dor*)

parafusar *v.tr.,intr.* ⇒ **aparafusar** (De *parafuso*+*-ar*)

parafusaria *n.f.* fábrica de parafusos (De *parafuso*+*-aria*)

parafuso *n.m.* **1** peça cilíndrica ou cónica, roscada, destinada especialmente a segurar ou fixar duas peças **2** acrobacia aérea em que se descreve uma espiral fechada em torno do seu eixo vertical de descida **3** [fig., coloq.] juízo; bom senso; *~ de Arquimedes* ENGENHARIA instrumento composto de um cilindro que se move em torno de um eixo inclinado ao qual está fixada uma superfície helicoidal; *~ micrométrico* instrumento de precisão usado para medidas de pequenas deslocações lineares, constituído essencialmente por um parafuso de passo muito pequeno e por um tambor ou limbo graduado; ~ **sem fim** dispositivo constituído por um parafuso e uma roda dentada, engrenados entre si; **entrar em** ~ perder a cabeça, ficar muito nervoso e sem saber o que fazer; **ter um** ~ **a menos** ser mentalmente desequilibrado (De *para-+fuso*)

paragem *n.f.* **1** ato de parar **2** cessação de movimento **3** interrupção; pausa; intervalo **4** lugar onde se para **5** lugar onde determinados autocarros param para descida e/ou subida de passageiros **6** *pl.* bandas; sítios; região; ~ **cardíaca** interrupção do batimento do coração de um indivíduo em que se observa perda de consciência (De *parar+-agem*)

paragénese *n.f.* MINERALOGIA associação de minerais originados pelo mesmo processo genético (Do gr. *paragénesis*, «id.»)

paragoge *n.f.* GRAMÁTICA fenómeno fonético que consiste na adição de um fonema ou de uma sílaba não etimológicos no fim de uma palavra (Do gr. *paragogé*, «id.», pelo lat. *paragōge-*, «id.»)

paragógico *adj.* **1** em que há paragoge **2** diz-se do som ou sílaba que se juntou no fim de uma palavra (De *paragoge+-ico*)

paragonar *v.tr.* comparar; assemelhar (Do it. *paragonare*, «id.», pelo cast. *paragonar*, «id.»)

paragrafar *v.tr.* dividir em parágrafos (De *parágrafo+-ar*)

parágrafo *n.m.* **1** divisão de um discurso que apresenta sentido completo e unidade entre as ideias tratadas, iniciando-se numa nova linha e sendo delimitada por um sinal de pontuação (ponto final, de interrogação, de exclamação ou reticências) **2** cada uma das subdivisões de um artigo de lei, decreto ou contrato **3** sinal gráfico (§) que representa um parágrafo; alínea; **abrir** ~ deixar a linha em que se escrevia e começar na seguinte, um pouco dentro (Do gr. *parágraphos*, «escrito ao lado», pelo lat. *paragrăphu-*, «id.»)

paragrama *n.m.* **1** GRAMÁTICA erro ortográfico proveniente da troca de uma letra por outra, como em *visinho* e *vizita* **2** disseminação fónica e gráfica de uma palavra ou de um enunciado no âmbito de outra palavra ou de outro enunciado (Do gr. *parágramma*, «apostila», pelo lat. *paragramma*, «erro de copista»)

paragramatismo *n.m.* **1** ocorrência de paragramas **2** distúrbio da linguagem falada que se manifesta pela desorganização da sintaxe (De gr. *paragrammatismós*, «id.»)

paraguaiano *adj.* relativo ou pertencente ao Paraguai ■ *n.m.* natural ou habitante do Paraguai (Do cast. *paraguayano*, «id.»)

paraguaio *adj.,n.m.* ⇒ **paraguaiano** (Do cast. *paraguayo*, «id.»)

paraidrogénio *n.m.* QUÍMICA ⇒ **paridrogénio**

Paraíso *n.m.* **1** RELIGIÃO lugar de delícias onde, segundo o Antigo Testamento, Deus colocou Adão e Eva; Éden **2** RELIGIÃO morada dos anjos e dos bem-aventurados e justos depois da morte **3** [com minúscula] lugar delicioso; sítio muito aprazível; **paraíso fiscal** país ou lugar onde se fazem grandes depósitos bancários e onde empresas multinacionais estabelecem filiais, tirando proveito dos baixos impostos ou da isenção fiscal (Do persa antigo *paridaeza*, «recinto circular», pelo grego *parádeisos*, «parque; paraíso», pelo latim *paradisu-*, «paraíso»)

paral *n.m.* [Madeira] cada uma das duas peças longitudinais de madeira que constituem a base do carrinho do monte, muito usado na ilha da Madeira no transporte de turistas, a cujas extremidades dianteiras se prendem as cordas com que os condutores guiam aquele veículo, que desliza naturalmente no pavimento das estradas calcetadas e íngremes das encostas da ilha (De *varal?*)

paralalia *n.f.* MEDICINA desaparecimento temporário ou permanente da faculdade de expressão oral, caracterizado pela conservação interna do pensamento, da formação e combinação de ideias, com impossibilidade de encontrar as palavras que as exprimem ou de coordenar as que ainda se podem pronunciar acerca dessas ideias (Do gr. *pará* «com defeito»+*laleín*, «falar»+*-ia*)

para-lamas *n.m.2n.* dispositivo que cobre a roda dos veículos para proteger o condutor e o próprio veículo dos salpicos da lama; guarda-lamas (De *pára+lama*)

pára-lamas ver nova grafia para-lamas

paralambdacismo *n.m.* vício de pronúncia que consiste em trocar o l por outra letra (De *para-+lambdacismo*)

paralaxe /cs/ *n.f.* ASTRONOMIA diferença entre as direções em que um astro é visto quando observado de dois pontos da Terra, diferença que é tanto mais acentuada quanto mais próximos esses pontos ficarem; ~ **das estrelas** o maior ângulo sob o qual um observador situado no centro de uma estrela veria o semieixo maior da órbita da Terra; ~ **de um astro** paralaxe do centro do astro em relação ao raio da Terra dirigido para o lugar de observação; ~ **de um ponto em relação a outros dois** ângulo que as duas semirretas que unem o ponto aos outros dois; ~ **do Sol** ângulo sob o qual um observador situado no centro do Sol veria o raio terrestre; ~ *espetroscópica* paralaxe medida por processos espetroscópicos; ~ *secular* deslocamento angular aparente do movimento do Sol imprimiu a uma estrela; **erro de** ~ erro cometido na leitura de uma escala graduada, como consequência de os raios visuais do observador não serem perpendiculares ao plano da escala (Do gr. *parállaxis*, «mudança»)

paraldeído *n.m.* QUÍMICA polímero de um aldeído, em especial o trímero do aldeído acético empregado em medicina como hipnótico (De *para-+aldeído*)

paralela *n.f.* **1** linha ou superfície que tem todos os seus pontos equidistantes de outra linha ou superfície **2** *pl.* DESPORTO aparelho de apoio e suspensão da ginástica desportiva constituído por duas barras paralelas e suporte respetivo (De *paralelo*)

paralelamente *adv.* ao lado; a par (De *paralelo+-mente*)

paralelepípedo *n.m.* **1** bloco de granito usado para calcetar ruas **2** GEOMETRIA poliedro cuja superfície é constituída por seis faces que são paralelogramos, cada duas geometricamente iguais e contidas em planos paralelos; ~ *oblíquo* GEOMETRIA paralelepípedo que não é reto nem retângulo; ~ *retângulo* GEOMETRIA paralelepípedo cujas faces são retângulos; ~ *reto* GEOMETRIA paralelepípedo em que há dois pares de faces cujos planos são perpendiculares aos das outras duas (Do gr. *parallelepípedon*, «corpo de superfícies planas paralelas», pelo lat. *parallelepipědu-*, «paralelepípedo»)

paralelinérveo *adj.* **1** BOTÂNICA diz-se da folha que tem várias nervuras principais, não ramificadas, que, no limbo, se dispõem paralelamente umas às outras **2** BOTÂNICA nervação dessas folhas (Do lat. *parallēlu-*, «paralelo» +*nervu-*, «nervo»)

paralelismo *n.m.* **1** característica do que é paralelo **2** posição de duas linhas paralelas **3** MATEMÁTICA relação binária que associa a cada reta (ou plano) outra reta (ou outro plano) que lhe é paralela (paralelo) **4** evolução no mesmo sentido; analogia; semelhança **5** recurso expressivo que consiste na repetição de ideias ou de construções sintáticas em determinadas frases ou no início de estâncias **6** FILOSOFIA doutrina segundo a qual duas ou várias séries de factos são rigorosamente paralelas, entendendo-se que a cada variação de uma corresponde uma variação da outra, do mesmo sentido e da mesma importância **7** [fig.] correspondência entre as fases de desenvolvimento de dois fenómenos; ~ *psicofisiológico* teoria segundo a qual os fenómenos psíquicos, de um lado, e os fenómenos fisiológicos (especialmente os nervosos), de outro, constituem duas séries tais que: a) nenhuma ação se exerce de uma sobre a outra; b) a um fenómeno psíquico corresponde sempre um fenómeno nervoso, e vice-versa (Cuvillier) (De *paralelo+-ismo*)

paralelizar *v.tr.* tornar paralelo ■ *v.intr.* **1** seguir paralelamente **2** conjugar-se em esforço comum (De *paralelo+-izar*)

paralelo *adj.* **1** (linha, superfície) que nunca se interseta com outra linha ou superfície em relação à qual tem todos os seus pontos equidistantes **2** análogo; semelhante; correspondente **3** (atividade) que se realiza ao mesmo tempo que outra coisa; simultâneo **4** (evolução, projeto) que se desenvolve na mesma direção ■ *n.m.* **1** GEOGRAFIA círculo menor da esfera terrestre cujo plano é perpendicular ao eixo da Terra **2** GEOGRAFIA lugar geométrico dos pontos da superfície terrestre que têm a mesma latitude **3** GEOMETRIA circunferência obtida pela interseção de uma superfície de revolução com um plano perpendicular ao seu eixo **4** comparação entre duas coisas; confronto; símile; **planos paralelos** GEOMETRIA dois planos que não têm pontos comuns; **reta paralela a um plano** GEOMETRIA reta que está contida no plano ou que não tem pontos comuns com ele; **retas paralelas** GEOMETRIA retas complanares que não têm pontos comuns (Do gr. *parállelos*, «um ao lado do outro», pelo lat. *parallēlu-*, «paralelo»)

paralelogramo *n.m.* GEOMETRIA quadrilátero plano que tem os lados opostos paralelos e geometricamente iguais (Do gr. *parallelógrammon*, «id.», pelo lat. *parallelogrammu-*, «id.»)

paralergia *n.f.* MEDICINA estados de alergia persistente em que se verifica reação a estímulos de vária ordem (De *para-+alergia*)

paralexia /cs/ *n.f.* MEDICINA perturbação patológica da leitura que se traduz em confusões: as palavras são tomadas umas pelas outras (Do gr. *pará*, «com defeito» +*léxis*, «palavra» +*-ia*)

paralheiro *n.m.* vasilha em que se baldeia o melaço, nos engenhos de açúcar (De orig. obsc.)

parálico *adj.* GEOLOGIA designativo dos depósitos ou formações que se originam próximo do litoral e compreendem quase sempre intercalações marinhas (Do gr. *parálios*, «próximo ao mar»+*-ico*)

paralímpico *adj.* ⇒ **paraolímpico** (Do ing. *paralympic*, amálgama de *para(plegic)+(o)lympics*, «id.»)

paralinguagem *n.f.* LINGUÍSTICA conjunto de tons de voz ou sons não linguísticos que acompanham a fala e que revelam o estado psicológico do falante (De *par(a)-+linguagem*)

paralinguística /gu-i/ *n.f.* LINGUÍSTICA estudo da paralinguagem (De *par(a)-+linguística*)

paralinguístico /gu-i/ *adj.* LINGUÍSTICA relativo ou pertencente a paralinguagem ou a paralinguística (De *par(a)-+linguístico*)

Paralipómenos *n.m.pl.* **1** (bíblico) suplemento ao Livro dos Reis, do Antigo Testamento **2** [com minúscula] aditamento em qualquer obra literária (Do latim *paralipomĕnu-*, em vez do neutro plural *paralipomĕna*, «coisas omissas»)

paralipse *n.f.* recurso estilístico pelo qual o orador ou o autor finge não querer falar de uma coisa em que, no entanto, vai falando (Do gr. *paráleipsis*, «id.»)

paralisação *n.f.* **1** ato ou efeito de paralisar ou paralisar-se **2** perda do movimento ou da sensibilidade; entorpecimento **3** interrupção **4** demora **5** greve (De *paralisar+-ção*)

paralisar *v.tr.,intr.* **1** tornar(-se) paralítico **2** tornar ou ficar incapaz de agir; entorpecer ■ *v.tr.* **1** suspender o funcionamento de **2** fazer parar; neutralizar ■ *v.intr.,pron.* não progredir; sofrer interrupção (Do fr. *paralyser*, «id.»)

paralise *n.f.* ⇒ **paralisia** (Do lat. *paralÿse-*, «paralisia»)

paralisia *n.f.* **1** MEDICINA perda leve ou definitiva da função motora de um músculo, de vários músculos ou de uma parte do corpo, por causa de uma lesão nervosa **2** [fig.] entorpecimento **3** [fig.] falta de ação; estagnação; marasmo **4** [fig.] impossibilidade de agir; ~ *geral* MEDICINA doença mental ligada a lesões do encéfalo provocadas pela sífilis; ~ *infantil* doença que ataca as crianças e pessoas adultas, principalmente a medula espinal e membros inferiores, também designada poliomielite (Do gr. *parálysis*, «fraqueza», pelo lat. *paralÿse*, «paralisia» +*-ia*)

paralítico *adj.,n.m.* que ou aquele que é atacado de paralisia (Do gr. *paralytikós*, «id.», pelo lat. *paralytĭcu-*, «id.»)

Páralo *n.m.* navio sagrado ateniense que transportava ao templo de Apolo, em Delos, os presentes de Atenas (Do gr. *páralos [naûs]*, «nau sagrada de Atenas»)

paralogia *n.f.* **1** MEDICINA confusão na palavra por demora do pensamento **2** LINGUÍSTICA deformação de uma palavra por errada analogia com outra (Do gr. *paralogía*, «falsa analogia»)

paralogismo *n.m.* erro de raciocínio cometido de boa-fé (Do gr. *paralogismós*, «id.»)

paralta *adj.,n.2g.* [pop.] ⇒ **peralta**

paraltice *n.f.* ⇒ **peraltice** (De *paralta+-ice*)

para-luz *n.m.* ⇒ **abajur** (De *pára+luz*)

pára-luz ver nova grafia para-luz

paramagnético *adj.* **1** FÍSICA que manifesta paramagnetismo **2** diz-se de uma substância cuja suscetibilidade magnética é positiva e cuja permeabilidade magnética relativa é, portanto, superior à unidade **3** que se magnetiza como o ferro, mas muito mais fracamente (De *para-+magnético*)

paramagnetismo *n.m.* **1** FÍSICA propriedade que têm certas substâncias de possuir uma suscetibilidade magnética superior à do vazio ou uma permeabilidade magnética relativa superior à unidade, pelo que são atraídas para a região onde haja maior densidade de linhas de força num campo magnético não uniforme **2** complexo de fenómenos magnéticos exibidos por materiais formados de átomos ou moléculas que possuam momentos magnéticos permanentes (De *para-+magnetismo*)

parambulacrário *adj.* ZOOLOGIA diz-se de um sistema tubular, nos equinodermes, que completa, nestes animais, com o aparelho ambulacrário, um conjunto circulatório (De *para-+ambulacrário*)

paramécia *n.f.* ZOOLOGIA protozoário ciliado, da família dos Paramecídeos, abundante, por vezes, nas infusões (Do gr. *paramékes*, «oblongo» +*-ia*)

Paramécidas *n.m.pl.* ⇒ **Paramecídeos**

paramecídeo *adj.* ZOOLOGIA relativo ou pertencente aos Paramecídeos ■ *n.m.* ZOOLOGIA espécime dos Paramecídeos

Paramecídeos *n.m.pl.* ZOOLOGIA família de protozoários, ciliados, holótricos, a que pertencem as paramécias (Do lat. cient. *Paramecĭum*, do gr. *paramékes*, «oblongo» +*-ídeos*)

paramedicina *n.f.* **1** conjunto de atividades complementares à medicina **2** conjunto de procedimentos médicos de emergência (De *para-+medicina*)

paramédico *adj.* **1** relativo a atividades relacionadas com a medicina **2** que complementa ou auxilia os serviços médicos ■ *n.m.* **1** profissional treinado para executar cuidados médicos de emergência (como, por exemplo, um enfermeiro que acompanha uma ambulância) **2** indivíduo que exerce a sua profissão no campo da medicina, realizando atividades auxiliares ou complementares às de um médico (De *para-+médico*)

paramentar *v.tr.* **1** ornar ou vestir com paramentos **2** enfeitar; adornar ■ *v.pron.* **1** vestir-se com paramentos **2** enfeitar-se (De *paramento+-ar*)

paramenteiro *n.m.* aquele que confeciona paramentos eclesiásticos (De *paramentar+-eiro*)

paramento *n.m.* **1** veste com que o sacerdote celebra a missa e outras cerimónias religiosas **2** superfície exterior de um elemento construtivo **3** adorno; enfeite (Do b. lat. *paramentu-*, «preparativo»)

paramentoso /ô/ *adj.* **1** relativo a paramentos **2** que serve para paramentar **3** bem vestido; aperaltado (De *paramento+-oso*)

paramétrico *adj.* **1** que contém um ou mais parâmetros **2** relativo a um parâmetro; *coordenadas paramétricas* MATEMÁTICA coordenadas que se exprimem em um ou mais parâmetros (De *parâmetro+-ico*)

parâmétrio *n.m.* ANATOMIA tecido que envolve o útero e lhe serve de meio de fixação (De *para-+métrio*)

parametrite *n.f.* MEDICINA inflamação do tecido que envolve o útero (De *para-+metrite*)

parametrização *n.f.* criação de parâmetros; definição de parâmetros

parametrizado *adj.* em relação ao qual foram criados ou definidos parâmetros

parametrizar *v.tr.* criar ou definir parâmetros para

parâmetro *n.m.* **1** princípio ou norma a ter em conta na estruturação de um problema ou sistema de problemas **2** MATEMÁTICA variável que, funcionando como constante arbitrária, faz depender dos seus valores o conjunto das soluções **3** variável de que dependem as coordenadas de um ponto num espaço dado (Do gr. *pará*, «ao lado» +*métron*, «medida»)

paramilitar *adj.2g.* de organização semelhante à do exército (De *para-+militar*)

paramiloidose *n.f.* MEDICINA doença hereditária caracterizada pela degenerescência progressiva das estruturas, nomeadamente o sistema nervoso periférico, devido à deposição de amiloide em diversos tecidos e órgãos; doença dos pezinhos

paramimia *n.f.* expressão mímica discordante, não adaptada à situação (Do gr. *pará*, «com defeito» +*mîmos*, «imitação» +*-ia*)

paramnésia *n.f.* **1** MEDICINA perturbação da perceção (ilusão) que consiste na impressão de reviver em todas as suas circunstâncias uma situação anteriormente vivida quando ela é efetivamente nova **2** falso reconhecimento (Do gr. *pará*, «com defeito» +*mnêsis*, «memória; recordação» +*-ia*)

páramo *n.m.* **1** campo solitário, raso e deserto **2** lugar ermo e desabrigado **3** campos das altas montanhas (3000 a 4000 metros de altitude) da América do Sul **4** abóbada celeste; firmamento **5** cume; ponto mais alto (Do lat. *parămu-*, «id.»)

paranaense *adj.2g.* referente ao estado brasileiro do Paraná ■ *n.2g.* natural ou habitante do Paraná (De *Paraná*, top. +*-ense*)

parança *n.f.* **1** ato de parar **2** descanso; folga (De *parar+-ança*)

paranefrite *n.f.* MEDICINA inflamação dos tecidos próximos dos rins (De *para-+nefrite*)

paraneia ■ *n.f.* ⇒ **paranoia** (Do gr. *paránoia*, «delírio»)

paraneico *adj.* ⇒ **paranoico** (De *paraneia+-ico*)

parangona /ô/ *n.f.* **1** tipo de impressão, de corpo grande (carateres tipográficos de 18 ou 21 pontos), muito utilizado em anúncios e cartazes **2** notícia publicada nos jornais em lugar de relevo e em caracteres grandes **3** [fig.] grande palavreado, sem jeito (Do cast. *parangona*, «id.»)

parangonar *v.tr.* combinar ou nivelar na mesma linha (diversos tipos de impressão) (Do cast. *parangonar*, «id.»)

paraninfa *n.f.* **1** madrinha **2** [fig.] protetora (Do lat. *paranympha-*, «madrinha de casamento»)

paraninfar *v.tr.* **1** servir de paraninfo ou paraninfa a **2** apadrinhar (De *paraninfo+-ar*)

paranínfico *adj.* **1** relativo a paraninfo **2** que diz respeito a noivos (De *paraninfo+-ico*)

paraninfo *n.m.* **1** padrinho ou testemunha de casamento **2** padrinho de batismo **3** [fig.] protetor (Do gr. *paránymphos*, «id.», pelo lat. *paranymphu-*, «id.»)

paranoia *n.f.* **1** MEDICINA perturbação mental que se caracteriza pela tendência para a interpretação errónea da realidade em consequência da suscetibilidade aguda e da desconfiança extrema do indivíduo, que pode chegar até ao delírio persecutório **2** [fig.] desconfiança desmedida **3** [fig.] delírio das grandezas; megalomania **4** [ant.] termo genérico que designava as doenças mentais; *entrar*

paranóia

em ~ [coloq.] perder o controlo da situação, descontrolar-se, desatinar (Do gr. *paránoia*, «delírio»)
paranóia ver nova grafia **paranoia**
paranoico *adj.* **1** que padece de paranoia ou paraneia; paraneico **2** relativo à paranoia ou paraneia; paraneico (De *paranóia*+-*ico*)
paranóico ver nova grafia **paranoico**
paranoide *adj.2g.* **1** que diz respeito à paranoia **2** que faz lembrar a paranoia (De *paranóia*+-*óide*)
paranóide ver nova grafia **paranoide**
paranomásia *n.f.* ⇒ **paronomásia** (Por *paronomásia*)
paranormal *adj.2g.* **1** que está fora do normal **2** que não é explicável cientificamente ▪ *n.m.* conjunto de fenómenos que não é possível explicar cientificamente
paraolimpíadas *n.f.pl.* DESPORTO competição desportiva internacional, de estrutura e objetivo idênticos aos das olimpíadas, destinada a atletas portadores de deficiência(s) (De *par(a)-*+*olimpíada*)
paraolímpico *adj.* relativo aos jogos destinados a atletas portadores de deficiência(s), que se realizam de quatro em quatro anos à semelhança dos jogos olímpicos ▪ *n.m.* atleta deficiente que participa nestes jogos (De *para-*+*olímpico*)
parapeitar *v.tr.* defender ou guarnecer com parapeito (De *parapeito*+-*ar*)
parapeito *n.m.* **1** peça geralmente de madeira que, sensivelmente à altura do peito, compõe a parte interior de uma janela e é usada como apoio pelas pessoas que nela se debruçam **2** massa de terra que protege o defensor dos fogos frontais e permite a eclosão do tiro da sua arma **3** resguardo à borda dos cais, das pontes, dos terraços, etc. (De *parar*+*peito*, ou do it. *parapetto*, «id.»)
parapente *n.m.* **1** DESPORTO planador constituído por uma cadeira de pilotagem suspensa de asa não rígida, inflável ao vento e manobrável, e que é semelhante a um paraquedas quadrangular de queda livre **2** DESPORTO atividade desportiva integrada no grupo de desportos sob a categoria de voo livre, e que consiste em saltar com este planador a partir do solo e não de um avião
paraplasma *n.m.* ⇒ **metaplasma** **2** (De *para-*+*plasma*)
paraplegia *n.f.* MEDICINA paralisia total ou parcial dos membros inferiores e da parte inferior do tronco (Do gr. *paraplegía*, «paralisia parcial»)
paraplégico *adj.* **1** que sofre de paraplegia **2** relativo à paraplegia ▪ *n.m.* indivíduo que sofre de paraplegia (Do gr. *paraplegikós*, «id.»)
parapleura *n.f.* ZOOLOGIA cada uma das peças que formam o tórax dos insetos (Do gr. *pará*, «ao lado» +*pleurá*, «flanco; pleura»)
paraplexia /cs/ *n.f.* MEDICINA paralisia que inclui uma paraplegia (Do gr. *paraplexía*, «paralisia parcial», pelo lat. *paraplexĭa-*, «id.»)
parápode *n.m.* ZOOLOGIA protuberância tegumentar dos poliquetas onde se inserem as sedas locomotoras (Do gr. *pará*, «ao lado» +*poús, podós*, «pé»)
parapraxia /cs/ *n.f.* realização de atos diversos daqueles que convêm à situação (De *para-*+*praxia*)
parapsicologia *n.f.* estudo dos fenómenos que parecem transcender as leis da natureza e a normalidade psicológica e para os quais ainda não se encontrou explicação científica (De *para-*+*psicologia*)
parapsicólogo *n.m.* pessoa versada em parapsicologia (De *para-*+*psicólogo*)
para-quê *n.m.* objetivo ou motivo de uma ação (De *para*+*quê*)
paraquedas *n.m.2n.* aparelho composto por uma superfície de tela ou outro material, que toma forma abaulada e se liga, através de tiras de sustentação, a uma pessoa ou a um objeto lançado de grande altura de forma a diminuir a velocidade de queda; *cair de* ~ **1** aparecer de forma inesperada; **2** iniciar determinada atividade sem a mínima habilitação ou preparação prévia (De *parar*+*queda*) ACORDO ORTOGRÁFICO também se pode escrever **para-quedas**
para-quedas a grafia mais usada é **paraquedas**
pára-quedas ver nova grafia **paraquedas**
paraquedismo *n.m.* DESPORTO desporto aéreo que consiste em saltar de paraquedas de um avião ou de um helicóptero (De *pára-quedas*+-*ismo*) ACORDO ORTOGRÁFICO também se pode escrever **para-quedismo**
para-quedismo a grafia mais usada é **paraquedismo**
pára-quedismo ver nova grafia **paraquedismo**
paraquedista *n.2g.* **1** pessoa que se lança de paraquedas **2** DESPORTO praticante de paraquedismo **3** MILITAR militar treinado para se lançar de paraquedas em determinado local e executar uma ação estratégica **4** [fig., pej.] profissional improvisado, sem a necessária habilitação **5** [fig., coloq.] pessoa que aparece num local onde não é conhecida (De *pára-quedas*+-*ista*) ACORDO ORTOGRÁFICO também se pode escrever **para-quedista**
para-quedista a grafia mais usada é **paraquedista**
pára-quedista ver nova grafia **paraquedista**
parar *v.tr.,intr.* **1** interromper ou cessar o movimento ou a ação; imobilizar(-se); deter(-se); estacar **2** (fazer) deixar de funcionar **3** (fazer) chegar ao fim; acabar (com); terminar **4** (fazer) não ter seguimento **5** estacionar ▪ *v.tr.* **1** permanecer (em) **2** chegar a (lugar, situação) **3** estar; achar-se **4** defender-se de (golpe, ataque) **5** apostar ao jogo **6** residir **7** diminuir a intensidade de ▪ *v.intr.* descansar ▪ *v.aux.* [valor aspetual] deixar (de); cessar (Do lat. *parāre*, «preparar»)
para-raios *n.m.2n.* **1** haste metálica que se instala no alto dos edifícios, em comunicação com o solo, para os proteger dos efeitos da eletricidade atmosférica **2** [fig.] proteção **3** [fig.] protetor (De *parar*+*raio*)
pára-raios ver nova grafia **para-raios**
parasanga *n.f.* medida itinerária dos antigos persa equivalente a 5250 metros
parasceve *n.f.* RELIGIÃO sexta-feira, dia de preparação dos Judeus para a celebração do sábado (Do gr. *paraskeué*, «preparação», pelo lat. *parascēue-*, «véspera de sábado»)
parasita *n.m.* **1** BIOLOGIA animal ou planta que, associado com outro ser vivo, o prejudica de qualquer modo **2** [fig., pej.] pessoa que vive à custa de outrem **3** *pl.* ruídos que perturbam a receção dos sinais radioelétricos (rádio, televisão) ▪ *adj.2g.* **1** BIOLOGIA (animal, planta) que, associado com outro ser vivo, o prejudica de qualquer modo **2** que vive à custa de outrem **3** inútil; supérfluo (Do gr. *parásitos*, «comensal», pelo lat. *parasīta-*, «id.»)
parasitação *n.f.* ato ou efeito de parasitar (De *parasitar*+-*ção*)
parasitagem *n.f.* **1** vida de parasita; parasitismo **2** os parasitas (De *parasitar*+-*agem*)
parasitar *v.tr.* viver à custa de ▪ *v.intr.* levar vida de parasita (Do lat. *parasitāre*, «levar vida de parasita»)
parasitariamente *adv.* à maneira de parasita (De *parasitário*+-*mente*)
parasitário *adj.* **1** relativo a parasita **2** que vive à custa de outrem **3** que é devido ou tem as propriedades de um parasita (Do lat. *parasītu-*, «parasita» +*ário*)
parasitear *v.tr.,intr.* ⇒ **parasitar** (De *parasita*+-*ear*)
parasiticida *adj.2g.* que mata os parasitas ▪ *n.m.* substância destinada a destruir os parasitas (Do lat. *parasītu-*, «parasita» +*caedĕre*, «matar»)
parasítico *adj.* relativo a parasita (Do gr. *parasitikós*, «id.», pelo lat. *parasitĭcu-*, «id.»)
parasitífero *adj.* que tem ou sustenta parasitas (Do lat. *parasītu-*, «parasita» +*fero*, de *ferre*, «ter»)
parasitismo *n.m.* **1** qualidade, hábitos ou estado de parasita; enga **2** BIOLOGIA associação biológica de dois seres, em que um (parasita) prejudica o outro (parasitado ou hospedeiro) (De *parasita*+-*ismo*)
parasito *adj.,n.m.* ⇒ **parasita**
parasitofobia *n.f.* **1** horror mórbido aos parasitas **2** medo excessivo de contrair doenças veiculadas por parasitas (De *parasita*+-*fobia*)
parasitologia *n.f.* BIOLOGIA capítulo da biologia (ou das ciências médicas) que trata dos parasitas e das doenças por eles provocadas (Do gr. *parásitos*, «comensal» +*lógos*, «tratado» +-*ia*)
parasitologista *n.2g.* especialista em parasitologia (De *parasitologia*+-*ista*)
parasitólogo *n.m.* ⇒ **parasitologista** (Do gr. *parásitos*, «comensal» +*lógos*, «estudo»)
parasitose *n.f.* MEDICINA afeção devida a parasitas e o conjunto de manifestações patológicas que ela provoca (De *parasita*+-*ose*)
para-sol *n.m.* **1** ⇒ **guarda-sol 2** cogumelo; frade (De *parar*+*sol*)
pára-sol ver nova grafia **para-sol**
parasselénio *n.m.* **1** falsa Lua, similar do parélio, formada no halo que por vezes parece rodear a Lua, à máxima distância angular de 22°, se esta estiver próxima do horizonte **2** círculo luminoso em volta da Lua (Do gr. *pará*, «ao lado» +*seléne*, «Lua» +-*io*)
parassífilis *n.f.2n.* MEDICINA manifestações patológicas, tardias, observadas em doentes sifilíticos, mas que não são de natureza propriamente sifilítica (De *para-*+*sífilis*)
parassifilítico *adj.* **1** que diz respeito à parassífilis **2** diz-se do doente que apresenta parassífilis (De *para-*+*sifilítico*)
parassigmatismo *n.m.* vício de pronúncia em que se troca o *s* por outra letra (De *para-*+*sigmatismo*)
parassimpático *adj.,n.m.* ANATOMIA sistema ou designativo do sistema de nervos motores dos músculos lisos e das glândulas,

originado no cérebro e na região sagrada da medula espinal (De *para-+simpático*)
parassimpaticotonia *n.f.* MEDICINA ⇒ **vagotonia** (De *para-+simpaticotonia*)
parassíntese *n.f.* 1 HISTOLOGIA união longitudinal dos cromossomas homólogos 2 GRAMÁTICA processo de formação de palavras através da adjunção simultânea de prefixo e sufixo a uma forma de base (De *para-+síntese*)
parassintético *adj.* GRAMÁTICA diz-se da palavra formada pela adição simultânea de um prefixo e de um sufixo (ex.: *des-+confort(o)+-ável*) (De *para-+sintético*)
parastática *n.f.* ARQUITETURA coluna que decorava as extremidades angulares dos antigos edifícios (Do gr. *parastatiké*, «pilar», pelo lat. *parastatĭca-*, «coluna; pilastra»)
paratáctico a grafia mais usada é paratático
paratático *adj.* relativo à parataxe (Do gr. *parataktikós*, «id.») ACORDO ORTOGRÁFICO também se pode escrever paratáctico
parataxe /cs/ *n.f.* 1 HISTÓRIA, MILITAR formação do exército (grego) em ordem de batalha 2 GRAMÁTICA interligação de orações sem recurso a conjunções (Do gr. *parátaxis*, «id.»)
paratexto *n.m.* LINGUÍSTICA conjunto dos elementos que enquadram um texto ou uma obra e que têm como função identificá-lo, apresentá-lo ou comentá-lo, assegurando uma correta receção (exemplos: título, subtítulo, prefácio, índice, nota de rodapé) (De *para-+texto*)
paratextual *adj.2g.* LINGUÍSTICA relativo ao paratexto (De *para-+textual*)
parati¹ *n.m.* [Brasil] ICTIOLOGIA peixe da família dos Mugilídeos, afim da tainha (Do tupi *pira'ti*, «peixe prateado»)
parati² *n.m.* aguardente de cana (De *Parati*, top., cidade brasileira do estado do Rio de Janeiro)
paratífico *adj.* 1 relativo ao paratifo 2 MEDICINA designativo de micróbio que dá origem a febre paratifoide (De *paratifo+-ico*)
paratifo *n.m.* MEDICINA febre paratifoide (De *para-+tifo*)
paratifoide *adj.2g.* MEDICINA diz-se de uma febre semelhante à tifoide, mas de evolução mais benigna e causada por bacilos chamados paratíficos (De *para-+tifóide*)
paratifóide ver nova grafia paratifoide
parátipo *n.m.* BIOLOGIA exemplar da série original de uma espécie, escolhido, na descrição, para acompanhar o holótipo (De *para-+tipo*)
paratireoide *n.f.* ANATOMIA cada uma das glândulas endócrinas situadas na vizinhança da tireoide, ou mesmo incluídas nesta (De *para-+tireóide*)
paratireóide ver nova grafia paratireoide
paratiroide *n.f.* ⇒ **paratireoide**
paratiróide ver nova grafia paratiroide
paratitlário *n.m.* autor de paratitlos (De *paratitlo+-ário*)
paratitlo *n.m.* breve explicação ou glosa dos títulos do Digesto ou de qualquer outra compilação de leis, para se lhes conhecer a matéria e a ligação (Do gr. *parátitla*, do gr. *pará*, «ao lado»+lat. *titŭlu-*, «título»)
parau *n.m.* pequeno barco asiático (Do dravíd. *padavu*, «id.», pelo mal. *parahu* ou *parau*, «id.»)
paravante *n.m.* NÁUTICA parte do navio desde o mastro grande até à proa (De *para+avante*)
parável *adj.2g.* 1 que se pode parar 2 que é fácil de parar (De *parar+-vel*)
para-vento *n.m.* 1 reposteiro ou anteparo de madeira dentro dos templos e de outros edifícios, para resguardar o interior do vento ou da vista dos transeuntes 2 estrutura desdobrável que inclui um pano ou plástico protetor assente em estacas, que é usada principalmente nas praias para proteger contra o vento (De *pára+vento*)
pára-vento ver nova grafia para-vento
paraxial /cs/ *adj.2g.* FÍSICA diz-se do raio próximo do eixo principal de um sistema ótico e cuja inclinação sobre o eixo é pequena, de modo que se possa substituir o seno do ângulo de inclinação pelo próprio ângulo de inclinação (De *para-+axial*)
parbiça *n.f.* [Cabo Verde] parvoíce; tolice ■ *adj.2g.* [Cabo Verde] parvo; tolo (Do crioulo cabo-verdiano *parbisa*, «id.», a partir de parvoíce)
parca¹ *n.f.* 1 [com maiúscula] MITOLOGIA cada uma das três divindades da mitologia latina que presidiam à duração da vida 2 [fig.] morte (Do lat. *Parca*, mitol., «id.»)
parca² *n.f.* ⇒ **parka**
parcamente *adv.* de modo parco; com parcimónia (De *parco+-mente*)
parçaria *n.f.* ⇒ **parceria** (Por *parceria*)

parceiro *adj.* 1 que faz par com outro 2 que não apresenta diferença em relação a outro; semelhante; par ■ *n.m.* 1 pessoa com quem se joga, dança, atua ou pratica alguma atividade; companheiro; cúmplice; sócio 2 cada um dos indivíduos ou empresas que se associam para realizar ou desenvolver projetos comuns, permitindo a cada uma das partes servir melhor os interesses da outra 3 [pop.] tratamento familiar entre os sogros de um casal; ***parceiros sociais*** entidades que representam forças sociais, como o patronato ou os trabalhadores, e que participam em negociações diretas com o governo em questões de natureza laboral que interferem na situação económica e social do país (Do lat. *partiarĭu-*, «que tem uma parte»)
parcel *n.m.* baixio; escolho; cachopo; restinga (Do cat. *placer*, «planície submarina», pelo cast. *placel*, «recife; escolho»)
parcela *n.f.* 1 MATEMÁTICA cada um dos números que se adicionam, para formar um único chamado soma 2 pequena parte de um todo; fragmento (Do fr. *parcelle*, «id.»)
parcelado¹ *adj.* 1 dividido em parcelas 2 (exame) que é feito separadamente, por disciplinas (De *parcela+-ado*)
parcelado² *adj.* que tem parcéis (De *parcel+-ado*)
parcelamento *n.m.* ato ou efeito de parcelar ou fragmentar (diz-se especialmente de propriedade rústica) (De *parcelar+-mento*)
parcelar *adj.2g.* 1 dividido em parcelas 2 que é parte de um todo 3 que não considera a totalidade ■ *v.tr.* dividir em parcelas ou partes (De *parcela+-ar*)
parcelário *adj.* ⇒ **parcelar** *adj.2g.* (De *parcela+-ário*)
parceria *n.f.* 1 associação ou sociedade de indivíduos que tem por fim a preservação de interesses comuns 2 associação cujos sócios só são responsáveis pela parte com que entraram e só lucram na proporção dessa mesma parte (De *parceiro+-ia*)
parcha *n.f.* casulo do bicho-da-seda em que este inseto morreu de doença; casulo tocado (De orig. obsc.)
parche *n.m.* pedaço de pano embebido num líquido antisséptico, que se aplica como penso sobre feridas ou inflamações; pacho (Do fr. ant. *parche*, «pele curtida»)
parchear *v.tr.* pôr ou aplicar parche(s) em (De *parche+-ear*)
parcial *adj.2g.* 1 que é parte de um todo 2 que não considera a totalidade; que se realiza em partes 3 favorável a uma parte em detrimento de outra; faccioso; partidário 4 particular; privativo ■ *n.2g.* pessoa que serve um partido ou pertence a determinada facção (Do lat. *partiāle-*, «id.»)
parcialidade *n.f.* 1 qualidade de parcial; facciosidade 2 predileção por aqueles que pensam da mesma forma 3 falta de isenção ou de objetividade (De *parcial+-i-+-dade*)
parcialista *n.2g.* 1 pessoa que serve um partido ou pertence a determinada facção; parcial 2 pessoa que só estuda parte das disciplinas que constituem um ano, na divisão de um curso (De *parcial+-ista*)
parcialização *n.f.* ato ou efeito de parcializar (De *parcializar+-ção*)
parcializar *v.tr.* 1 tornar parcial 2 associar a um partido (De *parcial+-izar*)
parcialmente *adv.* 1 de modo parcial 2 em parte 3 a pouco e pouco (De *parcial+-mente*)
parciário *adj.,n.m.* 1 participante 2 quinhoeiro (Do lat. *partiarĭu-*, «que tem uma parte»)
parcimónia *n.f.* 1 moderação 2 sobriedade; simplicidade 3 frugalidade 4 ato de poupar (Do lat. *parcimonĭa-*, «id.»)
parcimoniosamente *adv.* 1 de modo parcimonioso; com parcimónia 2 economicamente
parcimonioso *adj.* 1 que usa de parcimónia 2 sóbrio 3 moderado 4 poupado; económico (De *parcimónia+-oso*)
parco *adj.* 1 moderado nas comidas e nas despesas; frugal 2 económico; poupado 3 de pouca monta; pouco avultado 4 diminuto 5 sóbrio; moderado (Do lat. *parcu-*, «id.»)
parcómetro *n.m.* ⇒ **parquímetro**
parda *n.f.* 1 BOTÂNICA ⇒ **farroba** 2 BOTÂNICA ⇒ **lentilha** 3 ORNITOLOGIA nome vulgar de uma ave pernalta, pertencente à família dos Caradriídeos, que aparece em Portugal nas suas passagens e é também conhecida por fusela-nova, fuselo, grualeta, galego, milherango, etc. 4 [regionalismo] aguardente de medronho (De *pardo*)
pardacento *adj.* um tanto pardo (De *pardaço+-ento*)
pardaço *adj.* ⇒ **pardacento** (De *pardo+-aço*)
pardal *n.m.* 1 ORNITOLOGIA nome vulgar extensivo a uns pássaros da família dos Fringilídeos, um dos quais sedentário e muito frequente em Portugal, junto das habitações, e também conhecido por pardal-dos-telhados, pardal-ladro, tarrote, pardejo, etc. 2 [gír.]

espião policial **3** [pop.] indivíduo finório ■ *adj.* diz-se de uma casta de uva (De *pardo*+-*al*)
pardalada *n.f.* **1** porção de pardais **2** os pardais (De *pardal*+-*ada*)
pardalão *adj.,n.m.* indivíduo finório; mariola (De *pardal*+-*ão*)
pardal-boi *n.m.* ORNITOLOGIA ⇒ **abetoira**
pardal-castanheiro *n.m.* ORNITOLOGIA ⇒ **tentilhão 1**
pardal-do-monte *n.m.* ORNITOLOGIA ⇒ **pardal-francês**
pardal-do-norte *n.m.* ORNITOLOGIA ⇒ **bico-grosso**
pardaleja /ê/ *n.f.* ORNITOLOGIA fêmea do pardal; pardoca; pardaloca; pardeja (De *pardal*+-*eja*)
pardal-francês *n.m.* ORNITOLOGIA nome vulgar de dois pássaros da família dos Fringilídeos, comuns em algumas regiões de Portugal, um deles conhecido também por bico-grosso, e o outro por pardal-do-monte, piriz, pardaloca-francesa, pardal-manso e tarrote--do-monte
pardaloca *n.f.* ORNITOLOGIA ⇒ **pardaleja** (De *pardal*+-*oca*)
pardal-real *n.m.* ORNITOLOGIA ⇒ **barrete 5**
pardau¹ *n.m.* nome de duas moedas da antiga Índia Portuguesa, uma de ouro e a outra de prata, no valor de 36 e 30 centavos, respetivamente
pardau² *n.m.* [Madeira] espécie de pardal (De *pardal*)
pardavasco *n.m.* [Brasil] indivíduo de pele escura, geralmente descendente de negro e índio; índio amulatado (De *pardo*+-*asco*?)
pardeja /ê/ *n.f.* ORNITOLOGIA ⇒ **pardaleja** (De *pardo* ou *pardal*+-*eja*)
pardejo /ê/ *n.m.* ORNITOLOGIA ⇒ **pardal 1** (De *pardo*+-*ejo*)
pardela *n.f.* ORNITOLOGIA nome vulgar extensivo a várias aves palmípedes, da família dos Pufinídeos, como a pardela-de-bico-preto, a pardela-de-bico-branco, pardilhão, maranhona, noiva, etc., comuns, e a pardela-preta, rara em Portugal (De *parda*+-*ela*)
pardelha /ê/ *n.f.* ICTIOLOGIA nome vulgar extensivo a uns peixes da família dos Ciprinídeos, por vezes abundantes em alguns rios, conhecidos também por ruivaca, murtefuge, serpentina, etc. (De *parda*-*elha*)
pardês *interj.* exprime espanto, impaciência ou irritação (De *por*+*Deus*)
pardeus *interj.* ⇒ **pardês** (De *por*+*Deus*)
pardieiro *n.m.* **1** casa arruinada; edifício velho **2** casa pobre e tosca (Do lat. *paretinarĭu*-, por *parietinarĭu*-, deriv. de *parietĭnu*-, «de parede»)
pardilhão *n.m.* ORNITOLOGIA ⇒ **maranhona 1** (De *pardo*+-*ilha*+-*ão*)
pardilheira *n.f.* ORNITOLOGIA ave palmípede, da família dos Anatídeos, afim dos marrecos (De *pardilho*+-*eira*)
pardilho *n.m.* **1** ICTIOLOGIA ⇒ **cherne 2** [ant.] espécie de pano pardo ■ *adj.* pardacento (Do cast. *pardillo*, «pano de cor parda»)
pardinha *n.f.* ORNITOLOGIA ⇒ **chasco**¹ (De *pardo*+-*inha*)
pardo *adj.* **1** de cor intermédia entre o cinzento-escuro e o cinzento-claro **2** nublado **3** de pele escura ■ *n.m.* **1** ORNITOLOGIA nome vulgar de uma ave palmípede da família dos Larídeos, também conhecida por falcoeira **2** [regionalismo] burel de cor parda; *al ~* [Madeira] ao anoitecer; *de noite todos os gatos são pardos* de noite dificilmente se reconhecem as pessoas (Do gr. *párdos*, «leopardo», pelo lat. *pardu*-, «id.»)
pardoca *n.f.* ORNITOLOGIA ⇒ **pardaleja** (De *pardo*+-*oca*)
pardoca-francesa *n.f.* ORNITOLOGIA fêmea do pardal-francês (pássaro)
pardo-lindo *n.m.* variedade de maçã
pardusco *adj.* ⇒ **pardacento** (De *pardo*+-*usco*)
parear *v.tr.* **1** pôr a par ou aos pares **2** aparelhar, medir ou aferir com a pareia (pipas, tonéis, etc.) (De *par*+-*ear*, ou do lat. *pariāre*, «igualar»)
páreas *n.f.pl.* **1** MEDICINA placenta e anexos embrionários expulsos após o parto; secundinas **2** antigo tributo que um estado soberano pagava a outro como sinal de obediência ou vassalagem (Do lat. *parĕre*, «parir; gerar; dar à luz»)
parecença *n.f.* qualidade do que é parecido; semelhança (De *parecer*+-*ença*)
parecente *adj.2g.* que parece; semelhante; parecido (De *parecer*+-*ente*)
parecer *v.cop.* liga o predicativo ao sujeito, indicando: **1** ter parecença com, ser semelhante a, ser parecido com (*o João parece o pai*); **2** ter a aparência de, aparentar (*ele parece tímido*); **3** dar mostras de, revelar (*tu pareces feliz*) ■ *v.tr.,intr.* representar-se no entendimento de (alguém); afigurar-se ■ *v.intr.* ser crível, provável ou verosímil ■ *v.pron.* assemelhar-se (a); ser parecido (com) ■ *n.m.* **1** opinião; juízo; voto **2** aspeto; aparência; presença **3** opinião de um especialista sobre um determinado assunto **4** interpretação fundamental de um professor de Direito, de um causídico, de um juiz (Do lat. *parescĕre*, de *parēre*, «aparecer»)

parecido *adj.* que se parece; semelhante (Part. pass. de *parecer*)
paréctase *n.f.* GRAMÁTICA junção de fonemas intermédios para tornar uma palavra eufónica (Do gr. *paréktasis*, «alongamento»)
paredão *n.m.* **1** muro alto e com alguma largura, construído geralmente para segurar terras ou refrear águas **2** parede grande (De *parede*+-*ão*)
parede /ê/ *n.f.* **1** obra de alvenaria que delimita as partes externas de um edifício e divide os compartimentos internos **2** muro que serve para fechar um espaço ou dividi-lo **3** vedação de qualquer espaço; tapume; tabique; sebe **4** ANATOMIA qualquer formação do organismo que limita um órgão ou uma cavidade **5** [fig.] estorvo **6** [fig.] barreira **7** greve; *paredes meias* paredes comuns a edifícios contíguos; *conversar/falar com as paredes* falar consigo próprio, não ser escutado; *dar com a cabeça nas paredes* cometer desatinos; *encostar (alguém) à ~* forçar (alguém) a tomar uma decisão; *fazer ~* juntar-se para teimar, resistir a uma ordem, vencer qualquer questão; *ir à ~* irritar-se, corar; *levar à ~* vencer, levar a melhor sobre, fazer irritar; *pôr os pés à ~* oferecer resistência eficaz, teimar, opor-se tenazmente; *subir pelas paredes* irritar-se, enfurecer-se (Do lat. *parĭĕte*-, «id.»)
paredeiro *adj.* próprio de parede ■ *n.m.* **1** pedreiro **2** pardieiro (De *parede*+-*eiro*)
parede-mestra *n.f.* parede que suporta as principais cargas de uma construção
paredista *n.2g.* grevista (De *parede*+-*ista*)
paredro *n.m.* **1** diretor **2** conselheiro **3** precetor (Do gr. *páredros*, «que se senta ao lado», pelo lat. *parĕdros*, «o que acompanha alguém»)
paregórico *adj.* MEDICINA (medicamento) que suaviza ou acalma as dores; calmante; narcótico (Do gr. *paregorikós*, «id.», pelo lat. *paregorĭcu*-, «id.»)
pareia *n.f.* régua com que se mede a altura das pipas e dos tonéis (Deriv. regr. de *parear*)
parelha /ê/ *n.f.* **1** par (especialmente de cavalos ou muares) **2** [coloq.] conjunto de dois indivíduos muito semelhantes em opiniões e atitudes, na estrutura e no carácter **3** pessoa ou coisa que é semelhante a outra **4** unidade elementar das formações de combate da aviação de caça, constituída por dois aviões **5** LITERATURA estrofe de dois versos; dístico **6** [fig., coloq.] resposta torta; *correr parelhas* ir a par, rivalizar, ombrear; *dar parelhas* escoucinhar; *fazer ~* emparelhar, igualar; *sem ~* sem igual (De *parelho*)
parelho /ê/ *adj.* **1** que forma par ou parelha **2** igual; semelhante (Do lat. *paricŭlu*-, de *pare*-, «par»)
parélico *adj.* ASTRONOMIA designativo de um anel branco, paralelo ao horizonte, à altura do Sol, que passa por todos os parélios ou falsos sóis e que resulta da reflexão total da luz nas faces verticais dos cristais prismáticos do gelo dos cirros (De *parélio*+-*ico*)
parélio *n.m.* ASTRONOMIA imagem muito brilhante do Sol, com as cores do espetro solar, que, por vezes, se observa nos halos solares, formada a grande altitude pela refração da luz nos cristais de gelo dos cirros e dos cirros-estratos, rara em todas as nuvens das regiões polares (Do gr. *parélios*, «id.», pelo lat. *parelion*, «id.»)
parémia *n.f.* alegoria breve; provérbio (Do gr. *paroimía*, «parábola; provérbio», pelo lat. *paroemĭa*-, «id.»)
paremiologia *n.f.* tratado sobre os provérbios **2** coleção de provérbios (Do gr. *paroimía*, «parémia» +*lógos*, «tratado» +-*ia*)
paremiológico *adj.* relativo à paremiologia
parénese *n.f.* **1** discurso moral **2** exortação **3** FILOSOFIA domínio da moral que prescreve deveres e preceitos da vida prática (Do gr. *paraínesis*, «exortação», pelo lat. *paraenĕse*-, «id.»)
parenética *n.f.* **1** arte de pregar **2** coleção de sermões ou obras morais (De *parenético*)
parenético *adj.* relativo à parénese (Do gr. *parainetikós*, «próprio para aconselhar»)
parênquima *n.m.* **1** BOTÂNICA tecido vegetal constituído por células vivas ou mortas, de parede celulósica fina ou pouco espessa **2** ZOOLOGIA tecido conjuntivo que, nos animais, preenche os espaços que ficam entre outros tecidos ou certas cavidades do organismo (Do gr. *parégkyma*, *-atos*, «expansão ao lado; parênquima»)
parenquimático *adj.* ⇒ **parenquimatoso** (Do gr. *parégkyma*, *-atos*, «parênquima» +-*ico*)
parenquimatoso /ô/ *adj.* **1** que diz respeito ao parênquima **2** formado de parênquima (Do gr. *paregkyma*, *-atos*, «parênquima» +-*oso*)
Parentais *n.f.pl.* (heortónimo) festas em honra dos pais, entre os Romanos (Do lat. *Parentalĭa*, «id.»)
parental *adj.2g.* **1** relativo a pai e mãe **2** relativo a parente (Do lat. *parentāle*-, «dos pais»)

parentalidade n.f. 1 estado ou qualidade de pai e mãe 2 DIREITO vínculo jurídico que existe entre um progenitor e o seu filho ou entre um adulto e o menor a seu cargo, e que acarreta direitos e obrigações (De *parental*+-*i*+-*dade*)

parente n.2g. pessoa que, em relação a outra(s), pertence à mesma família ■ adj.2g. 1 que tem parentesco (com); que pertence à mesma família 2 semelhante; análogo (Do lat. *parente*-, «pai; mãe»)

parentear v.intr. [ant.] ser parente; ter parentesco (De *parente*+-*ear*)

parentela n.f. 1 conjunto dos parentes; família 2 [fig.] conjunto de pessoas com determinada relação (afinidade, semelhança, etc.) entre si (Do lat. *parentēla*-, «parentesco»)

parenteral adj.2g. ⇒ **parentérico** (Do gr. *pará*, «ao lado» +*énteron*, «intestino» +-*al*)

parentérico adj. MEDICINA que se processa ao lado do intestino; *por via parentérica* por via estranha ao aparelho digestivo (Do gr. *pará*, «ao lado» +*énteron*, «intestino» +-*ico*)

parentesco /ê/ n.m. 1 vínculo que une duas pessoas, em consequência de uma delas descender da outra ou de ambas procederem de um progenitor comum; consanguinidade 2 relação de pessoas por vínculo de casamento; afinidade 3 [fig.] semelhança (De *parente*+-*esco*)

parêntese n.m. 1 GRAMÁTICA palavra, expressão ou frase que se intercala num texto para dar informação adicional, mas não essencial para a compreensão do sentido desse texto 2 sinal gráfico ( ) que identifica e delimita essa frase 3 MATEMÁTICA sinal usado para significar que as operações indicadas dentro dele se devem considerar efetuadas 4 [fig.] desvio momentâneo do tema de conversa ou do assunto em discussão; digressão; *parênteses retos* sinais constituídos por traços verticais com pequenos traços horizontais [ ]; *pôr entre parênteses* FILOSOFIA na filosofia fenomenológica, ação pela qual o espírito, sem rejeitar a crença espontânea no mundo das existências e dos valores, se abstém de toda a afirmação a seu respeito (Do gr. *parénthesis*, «interposição», pelo lat. *parenthĕse*-, «id.»)

parêntesis n.m.2n. ⇒ **parêntese**

parentético adj. 1 relativo a parêntese 2 expresso em parêntese 3 GRAMÁTICA (proposição) intercalado (Do gr. *paréntethos*, «interposto» +-*ico*)

páreo¹ n.m. 1 HISTÓRIA corrida a cavalo ou a pé em que os dois competidores se deslocavam a par 2 prémio dessas corridas 3 [fig.] disputa; competição (Deriv. regr. de *parear*)

páreo² n.m. 1 porção de tecido de forma retangular usada como peça de vestuário pelos taitianos 2 espécie de quadrado de tecido utilizado, em forma de saia, por homens e mulheres, como indumentária de praia (Do polinésio *páre'u* ou *pári'u*, «id.»)

parere n.m. 1 parecer comercial 2 documento escrito que autentica um costume (Do it. *parere*, «id.»)

párese n.f. ⇒ **paresia**

paresia n.f. MEDICINA paralisia parcial, leve ou temporária (Do gr. *páresis*, «relaxação; enfraquecimento» +-*ia*)

paresiação n.f. ato ou efeito de paresiar (De *paresiar*+-*ção*)

paresiar v.tr. causar paresia a (De *paresia*+-*ar*)

parestatal adj.2g. ⇒ **paraestatal**

parestesia n.f. MEDICINA perturbação em que o indivíduo acusa sensações anormais (picadas, formigueiro, etc.) não causadas por qualquer estímulo (Do gr. *pará*, «com defeito» +*aísthesis*, «sensação» +-*ia*)

parga n.f. rima de cereal disposto de modo que as espigas fiquem abrigadas da chuva; pilha; morneiro (De orig. obsc.)

pargasite n.f. MINERALOGIA variedade de horneblenda, de cor verde-escura ou verde-azulada (De *Pargas*, top., ilha finlandesa +-*ite*)

pargata n.f. ⇒ **alpercata** (De *[al]pargata*)

pargo n.m. ICTIOLOGIA nome vulgar extensivo a uns peixes teleósteos, comestíveis, da família dos Esparídeos, alguns frequentes nas costas portuguesas, também conhecidos por capatão, dentão, dentelha, mariana, pargo-de-mitra, tereso, tolho, etc. (Do gr. *phárgos*, «id.», pelo lat. *pagru*-, «id.»)

pargo-de-mitra n.m. ICTIOLOGIA ⇒ **capatão**

parguete /ê/ n.m. ICTIOLOGIA ⇒ **capatão** (De *pargo*+-*ete*)

pari- elemento de formação de palavras que exprime a ideia de par, igual (Do lat. *pare*-, «par»)

pariá n.2g. ⇒ **pária**

pária n.f. 1 indiano que, segundo o antigo sistema de castas, pertencia à casta mais baixa, sendo segregado pela sociedade e privado de todos os direitos religiosos 2 [fig.] pessoa marginalizada ou excluída pela sociedade (Do tâm. *pareiyan*, «tangedor de bombo»)

parlamentar

pariambo adj.,n.m. pé de verso ou designativo do pé de verso latino formado de duas sílabas breves, chamado também pírrico (Do gr. *paríambos*, «próximo de jambo», pelo lat. *pariambu*-, «id.»)

pariato n.m. título ou dignidade dos antigos pares do reino (Do lat. *pariātu*-, «igual», part. pass. de *pariāre*, «ser igual; igualar»)

parição n.f. 1 (animais) ato de parir 2 [Brasil] multiplicação anual do gado (De *parir*+-*ção*)

paridade n.f. 1 qualidade do que é par 2 igualdade 3 analogia; equivalência 4 semelhança 5 POLÍTICA composição de assembleia ou comissão em que os elementos com direito a voto pertencem a dois grupos igualmente representados 6 ECONOMIA igualdade de taxas de câmbio entre moedas de dois países 7 FÍSICA propriedade de simetria de uma função de onda 8 rebanho de ovelhas paridas (Do lat. *paritāte*-, «id.»)

Páridas n.m.pl. ORNITOLOGIA ⇒ **Parídeos**

parideira n.f. 1 fêmea que está em idade de parir 2 fêmea muito fecunda (De *parir*+-*deira*)

paridela n.f. ação de parir; parto (De *parir*+-*dela*)

paríedo adj. ORNITOLOGIA relativo ou pertencente aos Parídeos ■ n.m. ORNITOLOGIA espécime dos Parídeos

Parídeos n.m.pl. ORNITOLOGIA família de pássaros com o bico pouco grosso, e com a base não alargada, cujo género-tipo se denomina *Parus* (Do lat. *paru*-, «id.» +-*ídeos*)

parido¹ adj. 1 [pop.] que se queixa à menor dor 2 [pop.] apaixonado (Particípio passado de *parir*)

parido² adj. [Cabo Verde] (plantas) carregado de frutos (Do crioulo cabo-verdiano *parido*, «que tem filhos»)

paridrogénio n.m. QUÍMICA variedade de hidrogénio em que os dois núcleos atómicos da molécula têm rotações de sentidos opostos, comportando-se como ímanes antiparalelos (De *para*-+*hidrogénio*)

paridura n.f. ⇒ **paridela** (De *parir*+-*dura*)

parietal adj.2g. 1 referente a parede 2 que forma parede 3 (planta) que nasce nas paredes 4 ANATOMIA designativo de cada um dos ossos que formam os lados e a abóbada do crânio ■ n.m. ANATOMIA cada um dos ossos que formam os lados e a abóbada do crânio (Do lat. *parietāle*-, «id.»)

parietária n.f. BOTÂNICA ⇒ **alfavaca-de-cobra** (Do lat. *parietarĭa-[herba]*, «erva de parede»)

parietário adj. ⇒ **parietal** adj.2g. (Do lat. *parietarĭu*-, «id.»)

parietina n.f. substância extraída de um líquen que cresce nas paredes (Do lat. *parĭēte*-, «parede» +-*ina*)

pariforme adj.2g. de forma igual (Do lat. *pare*-, «igual» +*forma*-, «forma»)

parilidade n.f. paridade; conformidade (Do lat. *parilitāte*-, «id.»)

paripinulado adj. BOTÂNICA diz-se da folha composta, pinulada, que tem na extremidade um par de pínulas ou folíolos (Do lat. *pare*-, «par» +*pinnŭla*-, «asa pequena» +-*ado*)

parir v.tr.,intr. expelir do útero (feto, placenta e anexos embrionários); dar à luz (filhos, crias) ■ v.tr. 1 [fig.] fazer sair de dentro de si 2 [fig.] produzir; criar (Do lat. *parĕre*, «produzir; gerar»)

parisiense adj.2g. referente a Paris ■ n.2g. natural ou habitante de Paris (Do lat. *Parisii*, «capital dos Parísios» +-*ense*)

Parísios n.m.pl. ETNOGRAFIA povo da Gália céltica, que tinha por capital *Parisii* (hoje Paris) (Do lat. *Parisii*, «id.»)

parissílabo adj.,n.m. 1 [sentido original] GRAMÁTICA que ou nome declinável que, na gramática latina, tem o mesmo número de sílabas no nominativo e no genitivo 2 GRAMÁTICA que ou palavra que tem o mesmo número de sílabas (Do lat. *pare*-, «igual» +*syllaba*-, «sílaba»)

paritário adj. em que os elementos com direito a voto pertencem a dois grupos igualmente representados

parka n.f. casaco com capuz, de material impermeável, para proteger do vento e da chuva (Do russo *parka*, «id.»)

parkinsoniano adj. 1 MEDICINA referente à doença de Parkinson 2 MEDICINA que sofre da doença de Parkinson ■ n.m. MEDICINA indivíduo portador da doença de Parkinson (De *Parkinson*, antr. +-*iano*)

parkinsonismo n.m. MEDICINA doença nervosa degenerativa cujos sintomas mais evidentes são tremor, rigidez muscular, lentidão de movimentos e instabilidade postural; doença de Parkinson (De *Parkinson*, antr. +-*ismo*)

parla n.f. fala; conversa (Deriv. regr. de *parlar*)

parlamentação n.f. ato ou efeito de parlamentar (De *parlamentar*+-*ção*)

parlamentar¹ adj.2g. respeitante ao parlamento ■ n.2g. deputado ao parlamento; membro do parlamento (De *parlamento*+-*ar*)

parlamentar² v.intr. propor e discutir condições entre partes beligerantes, para um acordo; fazer ou aceitar propostas para a

parlamentário

conclusão de um armistício, para a capitulação de uma praça, etc. ■ *v.tr.,intr.* entrar em negociações ou conversações com (alguém) para chegar a um acordo (De *parlamento*+-*ar*, ou do fr. *parlementer*, «id.»)

parlamentário *adj.* que serve para parlamentar ■ *n.m.* delegado enviado ao inimigo para fazer ou receber propostas (De *parlamento*+-*ário*, ou do fr. *parlementaire*, «id.»)

parlamentarismo *n.m.* sistema político em que a ação e a estabilidade do poder executivo dependem do Parlamento; regime parlamentar (Do fr. *parlementarisme*, «id.»)

parlamentarista *adj.2g.* referente ao parlamentarismo ■ *n.2g.* pessoa partidária do parlamentarismo (De *parlamentário*+-*ista*)

parlamentear *v.tr.,intr.* ⇒ **parlamentar**[2] (De *parlamento*+-*ear*)

parlamento *n.m.* 1 assembleia eleita pelo povo, onde se discutem os assuntos de Estado 2 câmara legislativa 3 instituição legislativa, por vezes constituída por duas câmaras, ambas possivelmente eletivas, mas segundo normas diferentes (Do ing. *parliament*, «id.», pelo fr. *parlement*, «id.»)

parlanda *n.f.* 1 palavreado oco 2 discussão; rixa (De *parlar*+-*anda*)

parlapatão *adj.,n.m.* 1 pantomineiro 2 impostor 3 fanfarrão (De *parlapatear*+-*ão*)

parlapatear *v.tr.* alardear com bazófia ■ *v.intr.* proceder como parlapatão (De *parlapatão*+-*ear*)

parlapatice *n.f.* ato, dito ou modos de parlapatão (De *parlapatão*+-*ice*)

parlapatório *n.m.* [Brasil] falatório (De *parlapatão*+-*ório*)

parlar *v.tr.,intr.* ⇒ **parolar** (Do prov. *parlar*, «id.»)

parlatório *n.m.* 1 ⇒ **locutório**[1] 2 conversa longa e animada; cavaqueira (De *parlar*+-*tório*)

parlenda *n.f.* ⇒ **parlanda**

parlenga *n.f.* ⇒ **parlanda**

parma *n.f.* escudo circular e leve, usado antigamente pelos Romanos (Do lat. *parma*, «pequeno escudo redondo»)

parmesão *adj.* 1 relativo ou pertencente a Parma ou aos seus habitantes 2 CULINÁRIA designativo do queijo fabricado com leite desnatado e açafrão, à maneira de Parma (Itália) ■ *n.m.* 1 natural ou habitante de Parma 2 CULINÁRIA aquele queijo (De it. *parmigiano*, «de Parma; parmesão», pelo fr. *parmesan*, «id.»)

parnão *adj.* ⇒ **pernão**[2]

parnasianismo *n.m.* escola poética que cultivava a delicadeza e a perfeição da forma, reagindo contra o lirismo romântico e ultrarromântico (De *parnasiano*+-*ismo*)

parnasiano *adj.* 1 MITOLOGIA que pertence ao Parnaso ou habita nele 2 LITERATURA que é adepto do parnasianismo; que procura a delicadeza e a perfeição da forma; que não cultiva as tendências do lirismo romântico ou ultrarromântico ■ *n.m.* LITERATURA adepto do parnasianismo (Do fr. *parnassien*, «id.»)

Parnaso *n.m.* 1 monte da antiga Grécia consagrado a Apolo e às Musas 2 [com minúscula] a poesia e/ou os poetas em geral 3 [com minúscula] coleção de poesias (Do grego *Parnassós*, «idem», pelo latim *Parnasu*-, «idem»)

paro *n.m.* 1 ato de parar; paragem 2 sossego (Deriv. regr. de *parar*)

-paro sufixo nominal, de origem latina, que exprime a ideia de produzir, dar à luz (*germíniparo*, *multíparo*, *ramíparo*)

pároco *n.m.* RELIGIÃO sacerdote encarregado da direção de uma paróquia, sobre a qual tem jurisdição ordinária, sujeita, embora, ao bispo diocesano; cura; prior (Do lat. *parŏchu*-, «dono da casa; anfitrião»)

paródia *n.f.* 1 imitação de um texto literário, de uma personagem ou de um tema, com propósitos irónicos ou cómicos 2 imitação ridícula ou cínica de qualquer coisa 3 [coloq.] pândega; divertimento (Do gr. *parodía*, «canto ao lado de outro», pelo fr. *parodie*, «paródia»)

parodiador *n.m.* ⇒ **parodista** (De *parodiar*+-*dor*)

parodiante *adj.,n.2g.* 1 que ou pessoa que faz paródias 2 que ou pessoa que gosta de parodiar 3 que ou pessoa que gosta de andar na paródia; pândego (De *parodiar*+-*ante*)

parodiar *v.tr.* fazer a paródia de; imitar com propósitos irónicos ou cómicos (De *paródia*+-*ar*)

parodista *n.2g.* autor de paródias (De *paródia*+-*ista*)

parodontia *n.f.* MEDICINA dor localizada nas gengivas (Do gr. *pará*, «ao lado» +*odoús*, -*óntos* «dente» +-*ia*)

parol *n.m.* espécie de tina onde se apara o sumo da cana, nos engenhos de açúcar (Do cat. *perol*, «id.», pelo cast. *perol*, «vasilha de metal de forma semiesférica»)

parola *n.f.* 1 palavreado; conversa oca; tagarelice 2 [regionalismo] peta; *estar à ~* estar na conversa com muita despreocupação (Do it. *parola*, «palavra»)

parolador *adj.,n.m.* 1 que ou aquele que parola ou paroleia; paroleiro 2 mentiroso; embusteiro (De *parolar*+-*dor*)

parolagem *n.f.* 1 ato de parolar 2 os parolos (De *parolar*+-*agem*)

parolar *v.tr.,intr.* palrar; tagarelar; conversar (De *parola*+-*ar*)

parolear *v.tr.,intr.* ⇒ **parolar** (De *parola*+-*ear*)

paroleira *n.f.* 1 parol 2 vasilha de barro para azeitonas (De *parol*+-*eira*)

paroleiro *adj.* 1 que gosta de parolar ou tagarelar 2 mentiroso (De *parolar*+-*eiro*)

parolice[1] *n.f.* 1 ato de parolar (tagarelar); conversa 2 qualidade do que gosta de tagarelar (De *parola*+-*ice*)

parolice[2] *n.f.* 1 qualidade, ato ou dito de parolo ou simplório; saloiice 2 o que é considerado próprio de parolo (De *parolo*+-*ice*)

parolo /ô/ *adj.,n.m.* 1 [depr.] que ou o que é considerado pouco evoluído, rude, grosseiro 2 [depr.] que ou o que é considerado como tendo ou exibindo mau gosto 3 [depr.] que ou o que se comporta de forma ingénua e pouco inteligente; *cantar um ~ a (alguém)* admoestar, corrigir (De orig. obsc.)

paronímia *n.f.* GRAMÁTICA relação entre palavras com pronúncias e grafias parecidas mas significados diferentes (Do gr. *paronymía*, «id.»)

paronímico *adj.* ⇒ **parónimo** (De *paronímia*+-*ico*)

parónimo *adj.* GRAMÁTICA diz-se de ou cada uma das palavras que têm pronúncias e grafias parecidas, mas significados diferentes (Do gr. *parónymos*, «id.», pelo lat. *paronymu*-, «id.»)

paroníquia *n.f.* 1 BOTÂNICA nome que alguns autores usam para designar a erva-prata 2 MEDICINA inflamação que atinge uma região próxima da unha; panarício (Do gr. *paronykhía*, «abcesso na raiz da unha», pelo lat. *paronychĭa*-, «id.»)

paronomásia *n.f.* 1 figura de retórica que consiste em empregar, na mesma frase, palavras semelhantes no som ou na escrita, mas diferentes no sentido; agnominação 2 ⇒ **adnominação** (Do gr. *paronomasía*, «id.», pelo lat. *paronomasĭa*-, «id.»)

paropsia *n.f.* MEDICINA nome genérico de qualquer perturbação da visão (Do gr. *pará*, «com defeito» +*ópsis*, «vista» +-*ia*)

paróquia *n.f.* 1 RELIGIÃO parte do território de uma diocese confiada à direção de um sacerdote, que tem a denominação de pároco 2 conjunto dos paroquianos 3 igreja da sede de paróquia (Do gr. *paroikía*, «habitação vizinha», pelo lat. *parochĭa*-, «paróquia»)

paroquial *adj.2g.* respeitante ou pertencente à paróquia ou ao pároco (De *paróquia*+-*al*)

paroquialidade *n.f.* qualidade de paroquial (De *paroquial*+-*i*+-*dade*)

paroquiamento *n.m.* ato ou efeito de paroquiar (De *paroquiar*+-*mento*)

paroquiano *adj.,n.m.* que ou aquele que é habitante de uma paróquia; que ou o que faz parte da comunidade correspondente a determinada paróquia (Do lat. ecl. *parochiānu*-, «id.»)

paroquiar *v.tr.* administrar (uma freguesia) como pároco ■ *v.intr.* exercer funções de pároco (De *paróquia*+-*ar*)

parorase *n.f.* perversão da vista caracterizada pela dificuldade em distinguir a cor dos objetos (Do gr. *parórasis*, «olhar descuidado»)

parosmia *n.f.* perversão do olfato (Do gr. *pará*, «com defeito» +*osmé*, «cheiro» +-*ia*)

parótico *adj.* situado perto da orelha (Do gr. *pará*, «ao lado» +*oũs*, *otós*, «orelha» +-*ico*)

parótida *n.f.* ANATOMIA cada uma das glândulas salivares situadas atrás das orelhas ou nas regiões póstero-laterais da cabeça (Do gr. *parotís*, -*ídos*, «perto da orelha», pelo lat. *parotĭde*-, «parótida»)

parótide *n.f.* ⇒ **parótida**

parotídeo *adj.* ⇒ **parotidiano** (De *parótida*+-*eo*)

parotidiano *adj.* relativo às parótidas (Do fr. *parotidien*, «id.»)

parotidite *n.f.* MEDICINA inflamação das parótidas; *~ epidémica* MEDICINA doença contagiosa provocada por um vírus que afeta as glândulas salivares, provocando febre normalmente não muito elevada, e que ocorre geralmente em crianças e nos adultos jovens, podendo complicar-se com inflamação das glândulas sexuais (ovário, testículo); papeira, trasorelho, orelhão (De *parótida*+-*ite*)

par-ou-pernão *n.m.* jogo popular com pinhões, pela quadra do Natal (De *par*+*ou*+*pernão* por *par não*)

parouveia *n.f.* [regionalismo] lugar alto e exposto ao vento (De orig. obsc.)

parouvela *n.f.* 1 [regionalismo] palavreado 2 [regionalismo] tolice (Deriv. regr. de *parouvelar*)

parouvelar *v.tr.,intr.* ⇒ **parolar** (De *parolar*?)

paroxismal /cs/ *adj.2g.* ⇒ **paroxísmico** (De *paroxismo*+-*al*)

paroxísmico /cs/ *adj.* **1** respeitante ao paroxismo **2** em que há paroxismo (De *paroxismo*+*-ico*)

paroxismo /cs/ *n.m.* **1** a maior intensidade de um acesso, de uma dor, de um prazer **2** MEDICINA período de uma doença em que os sintomas são mais agudos; *últimos paroxismos* agonia antes da morte (Do gr. *paroxysmós*, «auge»)

paroxístico /cs/ *adj.* ⇒ **paroxísmico**

paroxítono /cs/ *adj.,n.m.* GRAMÁTICA que ou palavra que tem o acento tónico na penúltima sílaba; grave (Do gr. *paroxýtonos*, «ao lado do oxítono», pelo lat. *paroxytŏnu-*, «paroxítono»)

parque *n.m.* **1** extensão de terreno arborizado e/ou com jardins, frequentado pela população em geral para fins recreativos (prática de desporto, piqueniques, e outras formas de lazer) **2** região natural de país colocada sob proteção do governo de forma a garantir a preservação da sua flora e/ou fauna **3** local onde se guardam viaturas e bocas de fogo **4** estrutura portátil composta por uma pequena plataforma cercada por uma rede ou malha protetora, onde os bebés podem brincar e equilibrar-se quando começam a dar os primeiros passos; *~ de campismo* espaço de lazer devidamente equipado e organizado para permitir o alojamento das pessoas em tendas e caravanas; *~ de diversões* espaço de lazer, geralmente no exterior, equipado com uma grande variedade de estruturas (montanha-russa, carrosséis, carrinhos de choque) para o divertimento das pessoas, geralmente mediante pagamento; *~ de estacionamento* área de um edifício ou zona delimitada ao ar livre para guardar temporariamente automóveis, em geral mediante pagamento; *~ industrial* conjunto de fábricas e unidades industriais de uma cidade, de uma região ou de um país; *~ infantil* local, geralmente cercado, equipado com construções e materiais próprios para as crianças brincarem; *~ temático* tipo de parque de diversões em que o ambiente, as estruturas e as atrações são inspiradas num determinado tema (Do b. lat. *parrĭcu-*, «cerca; tapada», pelo fr. *parc*, «terreno cercado; parque»)

parqué *n.m.* ⇒ **parquê**

parquê *n.m.* revestimento do pavimento formado por pequenas tiras de madeira que desenham desenhos e figuras geométricas (Do fr. *parquet*, «id.»)

parqueamento *n.m.* **1** ato ou efeito de estacionar um veículo em local autorizado **2** local destinado ao estacionamento de veículos; parque de estacionamento

parquear *v.tr.* **1** delimitar um espaço para estacionamento **2** parar temporariamente (um veículo); estacionar (Do ing. *to park*, «estacionar um veículo»)

parquete *n.m.* ⇒ **parquê**

parquímetro *n.m.* aparelho que serve para medir o tempo de estacionamento de um veículo automóvel em parque público ou em certas ruas ou praças, e, consequentemente, determina a quantia a pagar (De *parque*+*metro*)

parra *n.f.* **1** folha de videira; pâmpano **2** [regionalismo] boia superior, de cortiça, das redes de arrasto **3** [fig.] palavreado; parlapatice; *muita ~ e pouca uva* muitas palavras e poucas obras (De orig. obsc.)

parracho *adj.* que é baixo e atarracado ■ *n.m.* ICTIOLOGIA designação de um peixe também conhecido por pregado, rodovalho e solha (De orig. obsc.)

parrado *adj.* **1** diz-se das plantas que estendem muito os ramos para os lados **2** disposto em parreira **3** orelhudo **4** apatetado (De *parra*+*-ado*)

parrana *adj.,n.2g.* **1** mal trajado **2** vulgar; ordinário **3** molengão **4** retardatário **5** sem mérito **6** coisa ordinária, de mau gosto e valor ínfimo **7** patarata; pacóvio (De orig. obsc.)

parrancice *n.f.* ⇒ **parranice**

parranice *n.f.* **1** qualidade ou modos de parrana **2** mandriice; moleza (De *parrana*+*-ice*)

parrar-se *v.pron.* **1** cobrir-se de parras **2** estender os ramos como a videira **3** alastrar (De *parra*+*-ar*)

parrascana *n.f.* [regionalismo] bebedeira (De *parrascano*?)

parrascano *n.m.* **1** [regionalismo] serrano **2** parrana (De *parrana*?)

parreco *n.m.* [regionalismo] pato; marreco (De *pato* × *marreco*)

parreira *n.f.* **1** armação mais ou menos horizontal em que as videiras se apoiam **2** videira cujos ramos se estendem formando latada **3** videira **4** rede para emalhar o peixe fora da água (ria da cidade portuguesa de Aveiro) (De *parra*+*-eira*)

parreiral *n.m.* **1** lugar onde há parreiras **2** conjunto de parreiras ■ *adj.2g.* (vinho) de parreira (De *parreira*+*-al*)

parrésia *n.f.* **1** liberdade oratória **2** afirmação arrojada (Do gr. *parresía*, «liberdade de falar», pelo lat. *parrhesĭa-*, «confissão»)

parricida *n.2g.* pessoa que assassinou o pai ou ascendente próximo (Do lat. *parricīda-*, «id.»)

parricídio *n.m.* assassínio do próprio pai ou ascendente próximo (Do lat. *parricidĭu-*, «id.»)

parrilha *n.f.* espécie de saragoça grosseira ■ *adj.2g.* que cria muito sarmento (Do cast. *parrilla*, «grade»)

parrudo *adj.* **1** com muitas parras; folhudo **2** baixo; atarracado ■ *n.m.* [pop.] homem atarracado (De *parra*+*-udo*)

parse *n.m.* **1** indivíduo pertencente ao grupo humano dos Parses **2** partidário da doutrina de Zoroastres seguida pelos Parses (Do neo-árico *parsi*, «persa»)

parsec *n.m.* ASTRONOMIA unidade de distância usada em astronomia, tal que uma estrela a um parsec de distância teria uma paralaxe anual de um segundo de arco equivalente a $3{,}086 \times 10^{13}$ km (Do ing. *parsec*, «id.», de *par[allax]*, «paralaxe» +*sec[ond]*, «segundo»)

Parses *n.m.pl.* ETNOGRAFIA grupo humano de raça branca originária da Pérsia, de que atualmente se encontram vários núcleos no Indostão (Do neo-árico *parsi*, «persa»)

parsiano *adj.* relativo a parse ou aos Parses (De *parse*+*-iano*)

partasana *n.f.* alabarda larga e pontiaguda, usada antigamente pela infantaria ■ *n.m.* [pop.] homem rústico; labrego (Do it. *partigiana*, «arma» de milícia de partido», pelo cast. *partesana*, «alabarda»)

parte *n.f.* **1** porção de um todo; fração **2** quinhão **3** região de um organismo ou corpo vivo **4** lote **5** divisão de uma obra **6** lugar **7** partido **8** cada uma das melodias que competem a cada voz ou a cada instrumento, numa peça musical **9** papel de cada ator **10** comunicação escrita ou verbal **11** litigante em juízo **12** outorgante num contrato **13** compartilhação **14** porção que, numa partilha, coube a cada um dos compartilhantes **15** *pl.* habilidades; momices; palhaçadas **16** *pl.* [coloq., joc.] órgãos genitais; *à boa/má ~* em bom/mau sentido; *à ~* exceto, sem falar em, em particular, de lado, isoladamente; *à sua ~* por sua vez; *dar ~ de* comunicar; *dar ~ de fraco* mostrar fraqueza, hesitação; *de ~ a ~* reciprocamente; *estar com partes* brincar, macaquear; *mandar àquela ~* mandar embora de modo indelicado ou agressivo; *mandar ~* comunicar, convidar; *pôr de ~* desprezar, esquecer; *por partes* especificando; *tomar ~* participar (Do lat. *parte-*, «id.»)

parteira *n.f.* **1** mulher que assiste aos partos, ajudando ou socorrendo as parturientes **2** enfermeira diplomada ou médica que assiste aos partos ou que é especialista em obstetrícia (De *parteiro*)

parteiro *adj.,n.m.* que ou médico que assiste aos partos ou que é especialista em obstetrícia (De *parto*+*-eiro*)

partejamento *n.m.* ato de partejar (De *partejar*+*-mento*)

partejar *v.tr.* auxiliar como parteira ou parteiro ■ *v.pron.* **1** aparecer à luz **2** brotar (De *parto*+*-ejar*)

partejo /ê/ *n.m.* **1** partejamento **2** ofício de parteira (Deriv. regr. de *partejar*)

partenaire *n.2g.* ⇒ **parceiro** *n.m.* **1**

partenão *n.m.* **1** HISTÓRIA aposento reservado a donzelas, no lugar mais defeso das habitações, entre os antigos Gregos **2** [com maiúscula] templo grego dedicado à deusa Atena (Do gr. *parthenón*, «habitação de virgens», pelo lat. *Parthenōne-*, «partenão» templo de Minerva, em Atenas)

partenariado *n.m.* ⇒ **parceria** (Do ing. *partner(ship)*+*-i-*+*-ado*)

parteno- elemento de formação de palavras que exprime a ideia de *virgem* (Do gr. *parthénos*, «virgem»)

partenogénese *n.f.* BIOLOGIA processo de reprodução, normal ou provocada, dos seres vivos, no qual intervém um só gâmeta, não havendo, portanto, fecundação (Do gr. *parthénos*, «virgem» +*génesis*, «geração»)

partenogenético *adj.* **1** relativo à partenogénese **2** que se realiza por partenogénese (Do fr. *parthénogénétique*, «id.»)

partenomancia *n.f.* pretensa adivinhação do estado de virgindade (Do gr. *parthénos*, «virgem» +*manteía*, «adivinhação»)

pártenon *n.m.* ⇒ **partenão** (Do gr. *parthenón*, «habitação de virgens», pelo lat. *Parthenōne-*, «partenão» templo de Minerva, em Atenas)

partenopeu *adj.* relativo à cidade italiana de Nápoles, cujo antigo nome era Parténope ■ *n.m.* natural ou habitante de Nápoles (Do gr. *parthenopaîos*, «id.», pelo lat. *parthenopaeu-*, «id.»)

partição *n.f.* ato ou efeito de partir; repartição; divisão (Do lat. *partitiōne-*, «id.»)

participação *n.f.* **1** ato ou efeito de participar **2** envolvimento em determinada atividade **3** aviso; comunicação **4** parte; *~ financeira* ECONOMIA situação em que uma empresa possui parte do capital de outra empresa (Do lat. *participatiōne-*, «id.»)

participador *adj.,n.m.* que ou aquele que participa (De *participar*+-*dor*)

participal *adj.2g.* GRAMÁTICA ⇒ **participial**

participante *adj.,n.2g.* que ou a pessoa que participa ou toma parte; interveniente (Do lat. *participante*-, «id.», part. pres. de *participāre*, «ter a sua parte em; comunicar»)

participar *v.tr.* **1** fazer saber; informar; anunciar; comunicar **2** tomar parte (em); intervir (em) **3** compartilhar (de) **4** fazer parte integrante (de) **5** ter qualidades comuns (a); ser parte (de) **6** associar-se pelo pensamento ou sentimento (a) **7** fazer queixa (de); denunciar (Do lat. *participāre*, «ter a sua parte em; comunicar»)

participativo *adj.* **1** que participa ativamente em algo **2** POLÍTICA (sistema) que favorece a participação **3** [fig.] comunicativo

participável *adj.2g.* que se pode participar (De *participar*+-*vel*)

partícipe *adj.,n.2g.* ⇒ **participante** (Do lat. *particĭpe*-, «que toma parte»)

participial *adj.2g.* **1** GRAMÁTICA do particípio; relativo ao particípio **2** GRAMÁTICA diz-se de uma oração de particípio (Do lat. *participiāle*-, «da natureza do particípio»)

particípio *n.m.* GRAMÁTICA forma não finita de um verbo, usada em tempos compostos ou na passiva, que exprime o resultado do processo verbal (Do lat. *participĭu*-, «id.»)

partícula *n.f.* **1** parte muito pequena; fragmento **2** corpo de dimensões infinitamente pequenas; corpúsculo **3** GRAMÁTICA pequena palavra invariável **4** RELIGIÃO (liturgia católica) hóstia; **~ de realce** GRAMÁTICA, LINGUÍSTICA palavra ou expressão que pode ser suprimida sem alterar o sentido da frase (ex.: Ela *é que* sabe essa história); **~ elementar** FÍSICA partícula que não é composta de constituintes mais simples; **~ elementar pesada** FÍSICA partícula elementar cuja massa é superior à massa do mesão π; **~ expletiva** GRAMÁTICA, LINGUÍSTICA palavra ou expressão que pode ser suprimida sem alterar o sentido da frase (ex.: Ela *é que* sabe essa história); **~ relativista** FÍSICA partícula cuja velocidade é uma fração importante da velocidade da luz; **acelerador de partículas** FÍSICA aparelho destinado a acelerar eletrões ou iões, comunicando-lhes grandes energias (Do lat. *particŭla*-, «id.»)

particular *adj.2g.* **1** que pertence apenas a uma pessoa ou coisa, ou a certas pessoas ou coisas **2** peculiar; próprio; individual **3** não oficial ou público; privado; pessoal; privativo **4** singular; excecional; raro **5** minucioso **6** especial **7** característico **8** íntimo **9** reservado ■ *n.m.* **1** uma pessoa qualquer **2** entidade privada **3** singularidade **4** mania **5** *pl.* pormenores; **proposição ~** LÓGICA aquela em que o predicado é afirmado acerca de alguma parte incompletamente especificada do sujeito (Do lat. *particulāre*-, «id.»)

particularidade *n.f.* **1** estado ou qualidade do que é particular **2** característica especial ou única; singularidade **3** pormenor; minuciosidade (Do lat. *particularitāte*-, «id.»)

particularismo *n.m.* **1** interesse particular **2** característica especial ou única; singularidade **3** privilégio dos interesses individuais **4** qualidade dos povos ou grupos étnicos em que prepondera a defesa das suas características distintivas (De *particular*+-*ismo*)

particularista *adj.2g.* que diz respeito ao particularismo ■ *n.2g.* pessoa que particulariza ou individualiza (De *particular*+-*ista*)

particularização *n.f.* **1** ato ou efeito de particularizar **2** separação (De *particularizar*+-*ção*)

particularizar *v.tr.* **1** referir com todas as particularidades; caracterizar **2** distinguir; individualizar **3** fazer menção especial de ■ *v.pron.* distinguir-se; singularizar-se (De *particular*+-*izar*)

particularmente *adv.* **1** em particular; em especial **2** intimamente; em segredo (De *particular*+-*mente*)

partida *n.f.* **1** ato de sair de um lugar, geralmente em direção a outro **2** local ou momento de início de um percurso **3** jogo **4** competição desportiva **5** número de jogos necessários para se ganhar **6** brincadeira que visa surpreender quem é objeto dela, e provocar o riso ou troçar **7** nota de crédito ou de débito, num livro de escrituração comercial **8** reunião de pessoas amigas com o fim de se distraírem **9** MILITAR pequena força militar **10** corpo de gente armada **11** guerrilha **12** *pl.* partes do mundo; regiões; **estar de ~** encontrar-se prestes a deixar um local (Part. pass. fem. subst. de *partir*)

partidão *n.m.* **1** grande partido **2** partido vantajoso; casamento rico **3** bom emprego (De *partido*+-*ão*)

partidário *adj.,n.m.* **1** que ou aquele que segue algum partido ou facção **2** adepto; defensor (De *partido*+-*ário*)

partidarismo *n.m.* dedicação excessiva ou adesão cega a um partido ou grupo político, que conduz a atitudes parciais; faccio-sismo; sectarismo (De *partidário*+-*ismo*)

partidarista *adj.,n.2g.* **1** que ou pessoa que segue um partido **2** que ou pessoa que revela adesão cega a um partido político; fanático **3** [raramente usado] que ou pessoa que gosta de pregar partidas (De *partidário*+-*ista*)

partidarizar *v.tr.* **1** tornar (alguém) membro de um partido; filiar num partido **2** submeter (uma instituição, uma iniciativa) à influência ou aos interesses de um partido (De *partidário*+-*izar*)

partidismo *n.m.* ⇒ **partidarismo** (De *partido*+-*ismo*)

partidista *adj.,n.2g.* **1** que ou pessoa que gosta muito de pregar partidas **2** [raramente usado] que ou pessoa que segue um partido (De *partido*+-*ista*)

partido *adj.* **1** que se partiu; quebrado **2** que foi dividido em partes; rachado; fragmentado **3** BOTÂNICA diz-se da folha que apresenta o limbo com recortes profundos, que quase atingem a nervura central **4** HERÁLDICA diz-se do escudo dividido perpendicularmente **5** [coloq.] muito cansado; exausto ■ *n.m.* **1** associação de pessoas com objetivos, interesses ou ideais comuns; liga **2** posição; preferência; lado **3** decisão sobre determinado assunto; resolução **4** recurso; expediente **5** utilidade; vantagem; proveito **6** [coloq.] pessoa solteira, considerada em função das suas boas condições económicas **7** MEDICINA [ant.] área onde o médico, remunerado pelo município, tem obrigação de prestar assistência **8** [ant.] remuneração recebida por essa assistência **9** [Brasil] grande plantação de cana-de-açúcar; **~ político** POLÍTICA associação de cidadãos que partilham uma conceção política ou interesses políticos e sociais e que se propõe alcançar o poder, facção; **estar de melhor ~** estar em melhores condições; **tirar ~ de** tirar proveito de, aproveitar-se de; **tomar o ~ de** estar do lado de alguém, proteger; **um bom ~** pessoa considerada boa candidata a noivo/noiva devido às suas qualidades ou à sua situação económica favorável (Do lat. *partītu*-, «id.», part. pass. de *partīre*, «dividir; partir»)

partidoiras *n.f.pl.* ⇒ **partidouras**

partidor *adj.,n.m.* **1** que ou aquele que parte ou faz partilhas de heranças **2** distribuidor; divisor (Do lat. *partitōre*-, «id.»)

partidouras *n.f.pl.* ORNITOLOGIA penas que algumas aves têm na parte inferior das asas (De *partir*+-*doura*)

partilha *n.f.* **1** ato ou efeito de partilhar **2** divisão em partes e distribuição de qualquer coisa **3** ato destinado a fazer cessar a indivisão de um património **4** divisão dos bens de uma herança **5** sentimento de identificação com a maneira de pensar e/ou sentir existente entre duas ou mais pessoas (Do lat. *particŭla*-, dim. de *parte*-, «parte»)

partilhar *v.tr.* **1** fazer partilha de; repartir; distribuir **2** experimentar (o mesmo sentimento, vivência, opinião, etc.); tomar parte (em); participar (em); compartilhar **3** ter o mesmo ponto de vista sobre; estar de acordo com ■ *v.pron.* [fig.] desdobrar-se (De *partilha*+-*ar*)

partimento *n.m.* ato de partir; divisão (De *partir*+-*mento*)

partir *v.tr.,pron.* **1** separar(-se) em partes ou porções; dividir(-se) **2** fazer ou ficar (um todo) em pedaços; quebrar(-se); danificar(-se) **3** causar ou sofrer fratura **4** afligir(-se); (fazer) sofrer ■ *v.tr.* **1** distribuir; repartir **2** separar; dividir **3** ter origem (em); começar; começar-se **4** ter com fundamento; basear-se (em) **5** iniciar (nova experiência, atividade, etc.) **6** [coloq.] dar uma tareia a; bater (em) ■ *v.tr.,intr.* sair (de um lugar em direção a outro); pôr-se a caminho; retirar-se ■ *v.intr.* **1** começar a deslocar-se; arrancar **2** morrer; falecer; **partir-se a rir** [coloq.] rir muito e de forma descontrolada; escangalhar-se a rir; **a ~ de** de ... em diante (Do lat. *partīre*, «dividir; partir; repartir»)

partitivo *adj.* **1** que reparte **2** que limita a significação de uma palavra **3** que designa uma parte de um todo **4** diz-se dos numerais fracionários (Do fr. *partitif*, «id.»)

partitura *n.f.* MÚSICA conjunto das partes que formam uma obra musical, escritas umas por baixo das outras, para execução simultânea (Do it. *partitura*, «id.»)

partível *adj.2g.* suscetível de se partir (Do lat. *partibĭle*-, «id.»)

parto[1] *n.m.* **1** ato ou efeito de parir, de dar à luz **2** MEDICINA conjunto de fenómenos fisiológicos que resultam na saída do feto do corpo materno; parturição **3** [fig.] processo de criação e produção **4** [fig.] produto; **~ induzido/provocado** parto acelerado por meios artificiais, especialmente por substâncias químicas; **~ natural/normal** parto que ocorre pelas vias normais (pela vagina), sem necessidade de meios artificiais; **~ prematuro** parto que ocorre antes do fim do período de gestação (normalmente antes da 37.ª semana de gravidez); **~ sem dor** método de preparação do parto através de uma ginástica própria acompanhada de técnicas de controlo da respiração que auxiliam a parturiente durante as contrações e no momento da expulsão do feto; *ser um ~ difícil* [fig.] ser difícil de produzir (Do latim *partu-*, «idem»)

parto² *adj.* relativo ou pertencente à Pártia, antiga região da Ásia, ou que é seu natural ou habitante ■ *n.m.* natural ou habitante de Pártia (Do latim *parthi, ōrum*, «idem»)

part-time *adj.inv.* que não abrange o horário completo normal de trabalho ■ *adv.* a meio tempo ■ *n.m.* trabalho com horário reduzido (Do ing. *part-time*, «id.»)

parturejar *v.tr.* [fig.] dar à luz; produzir (muitas coisas) (De *parturir+-ejar*)

parturição *n.f.* parto normal (Do lat. *parturitiōne-*, «id.»)

parturiente *adj.2g.,n.f.* que ou a que está em trabalho de parto ou acaba de dar à luz (Do lat. *parturiente-*, «id.», part. pres. de *parturīre*, «dar à luz; parir»)

parturir *v.tr.,intr.* ⇒ **parir** (Do lat. *parturīre*, «dar à luz; parir»)

parusia *n.f.* 1 RELIGIÃO no cristianismo primitivo, regresso de Cristo, aguardado como próximo 2 RELIGIÃO proximidade de um segundo advento do Messias, em glória, de acordo com a crença dos cristãos primitivos (Do gr. *parousía*, «chegada»)

parva *n.f.* 1 pequena refeição correspondente ao primeiro almoço; dejejuadouro 2 pequena quantia de dinheiro (De *parvo*)

parvajão *n.m.* ⇒ **parvalhão** (De *parvo+j+-ão*)

parvajola *n.2g.* 1 pessoa idiota; pateta 2 labrego (De *parvo+j+-ola*)

parvalhão *n.m.* [depr.] parvo; imbecil (De *parvo+-alhão*)

parvalheira *n.f.* 1 [coloq., depr.] pequena localidade cuja população é considerada avessa ao desenvolvimento 2 [coloq., depr.] lugar onde nada de interessante parece poder acontecer 3 [coloq., depr.] atitude que revela falta de inteligência ou de bom senso; parvoíce (De *parvo+alho+-eira*)

parvalhice *n.f.* ⇒ **parvoíce** (De *parvo+-alho+-ice*)

parvamente *adv.* à maneira de parvo, de idiota; tolamente; estupidamente (De *parvo+-mente*)

parv(i)- elemento de formação de palavras que exprime a ideia de pequeno, exíguo (Do lat. *parvu-*, «pequeno»)

parvidade *n.f.* qualidade de parvo; pequenez; exiguidade (Do lat. *parvitāte-*, «id.»)

parvo *adj.* 1 pouco inteligente 2 insensato 3 pequeno ■ *n.m.* 1 indivíduo que revela falta de inteligência e de bom senso 2 indivíduo cujo comportamento é considerado desagradável e irritante (Do lat. *parvŭlu-*, «insignificante»)

parvoeira *n.f.* ⇒ **parvoíce** (De *parvo+-eira*)

parvoeirão *n.m.* ⇒ **parvalhão** (De *parvoeira+-ão*)

parvoeirar *v.intr.* proceder como parvo; dizer parvoíces (De *parvoeira+-ar*)

parvoejar *v.intr.* ⇒ **parvoeirar** (De *parvo+-ejar*)

parvoiçada *n.f.* ato ou dito de parvo; tolice (De *parvoíce+-ada*)

parvoíce *n.f.* 1 falta de inteligência e de bom senso 2 tendência para adotar comportamentos considerados desagradáveis e irritantes 3 atitude que revela falta de inteligência ou de bom senso; disparate; tolice (De *parvo+-ice*)

parvoidade *n.f.* ⇒ **parvoíce** (De *parvo+-i-+-dade*)

parvoide *adj.2g.* um tanto parvo; que parece parvo (De *parvo+-óide*)

parvóide ver nova grafia parvoide

parvoinho *n.m.* idiota; pateta ■ *adj.* próprio de parvo; disparatado (De *parvo+-inho*)

parvónia *n.f.* 1 [coloq., depr.] pequena localidade cuja população é considerada avessa ao desenvolvimento e ao progresso 2 [coloq., depr.] lugar onde nada de interessante parece poder acontecer (De *parvo+-ónia*)

parvulez /ê/ *n.f.* 1 pequenez; parvoíce 2 criancice; puerilidade (De *párvulo+-ez*)

parvuleza /ê/ *n.f.* ⇒ **parvulez** (De *párvulo+-eza*)

párvulo *n.m.* criança ■ *adj.* 1 humilde 2 pequeno 3 parvo (Do lat. *parvŭlu-*, «pequenino»)

pascacice *n.f.* ato ou dito de pascácio; ingenuidade; simplicidade; lorpice (De *pascácio+-ice*)

pascácio *adj.* lorpa; pateta; idiota; simplório (Do cast. *pascasio*, «estudante que ia passar as férias da Páscoa fora da cidade»)

pascal¹ *adj.2g.* da Páscoa ou referente à Páscoa (Do lat. *paschāle-*, «id.»)

pascal² *adj.2g.* que diz respeito a pasto (Do lat. *pascāle-*, «id.»)

pascal³ *n.m.* 1 FÍSICA unidade de medida de pressão no Sistema Internacional, de símbolo Pa, definida como a pressão da força de 1 newton sobre uma superfície de 1 m² 2 INFORMÁTICA linguagem de alto nível criada especialmente para o ensino da programação, sendo também adequada para aplicações comerciais (De *B. Pascal*, antr., físico e matemático fr., 1623-1662)

pascalina *n.f.* máquina de calcular, da invenção de Pascal, físico e matemático francês, 1623-1662 (De *Pascal*, antr. +*-ina*)

pascentar *v.tr.* ⇒ **apascentar** (Do lat. *pascente-*, «que pasta», part. pres. de *pascĕre*, «pastar; apascentar» +*-ar*)

pascente *adj.2g.* HERÁLDICA diz-se do animal representado, no escudo, a pastar (Do lat. *pascente-*, «id.», part. pres. de *pascĕre*, «pastar; apascentar»)

pascer *v.tr.,intr.* comer (pasto); pastar ■ *v.tr.,pron.* 1 alimentar(-se); nutrir(-se) 2 dar ou sentir prazer; deliciar(-se); deleitar(-se) (Do lat. *pascĕre*, «pastar»)

pascigo *n.m.* sítio onde o gado pasta; pastagem (De *pascer × abrigo?*)

pascigoso /ô/ *adj.* abundante em pascigos (De *pascigo+-oso*)

Páscoa *n.f.* 1 RELIGIÃO festa anual dos Judeus, em memória da sua saída do Egito 2 RELIGIÃO festa anual dos Cristãos para comemorar a ressurreição de Jesus Cristo; *~ Florida* segundo uns, o domingo que se segue ao da Páscoa, segundo outros, o próprio domingo da Ressurreição (Do hebr. *pesakh*, «passagem», pelo lat. vulg. *pascŭa-*, «pastagem», pelo lat. ecl. *Pascha-*, «Páscoa»)

pascoal *adj.2g.* ⇒ **pascal**¹ (Do lat. *pascuāle-*, por *paschāle-*, «id.»)

pascoar *v.intr.* festejar a Páscoa; passar a Páscoa (De *Páscoa+-ar*)

Pascoela *n.f.* 1 domingo seguinte ao da Páscoa dos Cristãos 2 semana a seguir à Páscoa dos Cristãos (De *Páscoa+-ela*)

pascoinhas *n.f.pl.* BOTÂNICA planta arbustiva, da família das Papilionáceas, espontânea no litoral do Centro e do Sul de Portugal, por vezes cultivada, também conhecida por sena-do-reino (De *páscoa+-inhas*)

pasigrafia *n.f.* sistema de escrita imaginado para ser compreendido por todos os povos, independentemente da sua língua (Do gr. *pãs*, «todo» +*gráphein*, «escrever» +*-ia*)

pasigráfico *adj.* relativo à pasigrafia (De *pasigrafia+-ico*)

pasmacear *v.intr.* andar na pasmaceira; levar vida ociosa; passear, olhando para tudo, para não estar aborrecido (De *pasmaceira+-ar*)

pasmaceira *n.f.* 1 ato ou efeito de estar pasmado 2 inexistência de acontecimentos interessantes; marasmo; monotonia 3 admiração parva; pasmo 4 contemplação sem razão ou interesse (De *pasmo+c+-eira*)

pasmado *adj.* 1 muito admirado; espantado; boquiaberto 2 inexpressivo 3 sem vivacidade; frouxo; indolente (Part. pass. de *pasmar*)

pasmar *v.tr.* causar pasmo ou admiração a; espantar; deslumbrar ■ *v.intr.* ficar pasmado; ficar estupefacto; embasbacar-se (De *pasmo+-ar*)

pasmatório *n.m.* 1 pasmaceira 2 lugar público frequentado por ociosos (De *pasmar+-tório*)

pasmo *n.m.* 1 grande admiração; assombro; espanto 2 delíquio (Do gr. *spasmós*, «puxão; convulsão», pelo lat. vulg. **pasmu-*, «id.»)

pasmoso /ô/ *adj.* que causa pasmo; assombroso; espantoso; admirável (De *pasmo+-oso*)

pasodoble *n.m.* 1 estilo musical, de origem espanhola, em ritmo de marcha 2 dança que se executa ao som desta música (Do esp. *pasodoble*, «id.»)

paso doble *n.m.* ⇒ **pasodoble**

paspalhaça *n.f.* ORNITOLOGIA ⇒ **codorniz** (De orig. onom.)

paspalhaço *n.m.* ORNITOLOGIA ⇒ **codorniz** (De orig. onom.)

paspalhão *adj.,n.m.* 1 tolo; parvo; lorpa 2 que ou pessoa que não tem préstimo ■ *n.m.* [regionalismo] ⇒ **codorniz** (De *paspalho+-ão*)

paspalhás *n.m.2n.* ORNITOLOGIA ⇒ **codorniz** (De orig. onom.)

paspalhice *n.f.* qualidade, ato ou dito de paspalhão; parvoíce (De *paspalho+-ice*)

paspalho *n.m.* 1 [depr.] pessoa apalermada 2 [depr.] imbecil 3 [depr.] pessoa inútil e importuna (De orig. onom.)

paspalhós *n.m.2n.* ORNITOLOGIA ⇒ **codorniz** (De orig. onom.)

paspalhuça *n.f.* ORNITOLOGIA ⇒ **cotovia** (De *paspalho+-uça*)

pasquim *n.m.* 1 escrito afixado em lugar público com expressões injuriosas ao governo ou pessoa constituída em autoridade 2 panfleto difamatório 3 [fig.] jornal que publica calúnias e artigos difamatórios 4 [pej.] jornal de pouca qualidade (Do it. ant. *Pasquino*, nome de uma estátua mutilada em Roma, onde se afixavam panfletos satíricos)

pasquinada *n.f.* 1 pasquim 2 crítica mordaz (Do it. *pasquinata*, «pasquinada; pasquim», pelo fr. *pasquinade*, «id.»)

pasquinagem *n.f.* 1 difamação por meio de pasquins 2 os pasquins (De *pasquim+-agem*)

pasquinar *v.tr.* criticar por meio de pasquins ■ *v.intr.* escrever pasquins (De *pasquim+-ar*)

pasquineiro *n.m.* 1 autor de pasquins 2 difamador (De *pasquinar*+*-eiro*)

passa *n.f.* 1 bago de uva seco 2 fruto seco 3 [coloq.] ato de inalação profunda do tabaco ou droga que se está a fumar (Do lat. *passa-*, «seca ao sol; que sofreu ao sol», part. pass. fem. de *pati*, «sofrer; aturar»)

passa-culpas *n.2g.2n.* 1 pessoa inclinada à indulgência, que desculpa tudo 2 confessor muito indulgente (De *passar*+*culpa*)

passada¹ *n.f.* 1 ato de dar um passo 2 espaço mínimo compreendido entre os pontos em que pousam os pés ao andar; passo 3 antiga medida de quatro palmos 4 [fig.] diligência; medida; *perder as passadas* não obter resultado de uma diligência empreendida (Part. pass. fem. subst. de *passar*)

passada² *n.f.* [Guiné-Bissau] história; anedota (Do crioulo guineense *pasada*, «id.», de história *passada*)

passadeira *n.f.* 1 espécie de tapete relativamente comprido e estreito, de tecido, oleado, etc., que se estende nos pavimentos, corredores, escadas, para se passar sobre ele ou proteger o chão do desgaste e da sujidade 2 faixa transversal, geralmente marcada a branco, numa rua, que se destina à passagem de peões 3 tapete rolante com velocidade e inclinação reguláveis, podendo ter sensores de medição cardíaca e arterial, usado para exercício físico ou para realizar provas de esforço cardíaco 4 cada uma das pedras dispostas em fila através de um curso de água, por cima das quais se passa a pé enxuto de uma margem para a outra; alpondra 5 cada um dos degraus que se fazem sobre os telhados para se poder andar por cima deles 6 anel ou nó corredio 7 braçadeira 8 aro da bainha da espada 9 cabo branco ou alcatroado de três cordões (De *passar*+*-deira*)

passa-dez *n.m.* jogo de dados em que se perde quando sai número superior a dez (De *passar*+*dez*)

passadiço *adj.* passageiro; transitório ■ *n.m.* 1 passagem estreita para encurtar caminho 2 corredor de comunicação entre dois corpos de um edifício 3 MILITAR processo de transposição de um curso de água que permite a passagem de tropa apeada 4 [Brasil] NÁUTICA ponte de comando (De *passar*+*-diço*)

passadio *n.m.* comida habitual; alimentação diária ou habitual (De *passar*+*-dio*)

passadismo *n.m.* 1 culto ou gosto pelo passado; saudosismo 2 aversão às inovações (De *passado*+*-ismo*)

passadista *adj.2g.* relativo ao passadismo (De *passado*+*-ista*)

passado *adj.* 1 que passou; que decorreu 2 antiquado 3 (comida) seco; assado de mais 4 [fig.] espantado; banzado; atordoado 5 [fig.] envergonhado 6 [coloq.] descontrolado; de cabeça perdida 7 [coloq.] sob o efeito de drogas; drogado ■ *n.m.* 1 tempo e acontecimentos anteriores ao presente 2 o que se fez ou disse anteriormente; antecedentes (Part. pass. de *passar*)

passadoiro *n.m.* ⇒ **passadouro** (De *passar*+*-doiro*)

passador *adj.* que passa, deixa passar ou faz passar ■ *n.m.* 1 ovelha ou aquilo que passa, deixa passar ou faz passar 2 aquele que troca coisas falsas por verdadeiras 3 [pop.] traficante de droga 4 divulgador 5 utensílio culinário onde se espremem legumes, massas, etc. 6 coador 7 DESPORTO (voleibol) jogador que faz o passe de forma que o rematador possa executar o remate nas melhores condições 8 [regionalismo] homem que escolhe a cortiça (De *passar*+*-dor*)

passadouro *n.m.* lugar por onde se passa; sítio de passagem; ponto de comunicação com outro lugar (De *passar*+*-douro*)

passa-fomes *n.m.2n.* ORNITOLOGIA ⇒ **peto** 1 (De *passar*+*fome*)

passa-fora *interj.* designativa de desprezo e empregada para enxotar alguém (De *passar*+*fora*)

passagear *v.tr.* ⇒ **passajar** (De *passagem*+*-ar*)

passageiro¹ *n.m.* 1 pessoa transportada num veículo (carro, comboio, avião, barco, etc.) 2 indivíduo que passa; transeunte (Do fr. *passager*, «id.»)

passageiro² *adj.* 1 que dura ou demora pouco tempo; transitório 2 leve 3 de pouca importância 4 (sítio) onde passa muita gente (De *passagem*+*-eiro*)

passagem *n.f.* 1 ato ou efeito de passar 2 lugar por onde se passa 3 preço que paga quem transita por certos lugares, ou viaja de navio, comboio ou em qualquer outro meio de transporte 4 ponteado que se faz para unir uma peça rasgada ou tapar um buraco 5 frase ou trecho de um texto ou obra literária 6 lance 7 caso; acontecimento 8 conjuntura 9 transição de um tom para outro 10 DESPORTO lançamento da bola a um companheiro da mesma equipa para a furtar ao ataque do adversário; **~ de ano** mudança de um ano para outro, à meia-noite do dia 31 de dezembro, festa de comemoração dessa mudança, na noite de 31 de dezembro; **~ de modelos** mostra de modelos de artigos de vestuário e acessórios, apresentados ao público por manequins que desfilam geralmente numa passarela; **~ de nível** cruzamento de nível de uma estrada com uma linha de caminho de ferro; **~ inferior** galeria subterrânea destinada ao trânsito de peões sob uma estrada ou via de grande circulação de trânsito; **de ~** por alto, de leve, sem demora (Do francês *passage*, «idem»)

passagem² *n.f.* 1 [Cabo Verde] narrativa de acontecimentos transmitidos como se tivessem sido vividos 2 [Cabo Verde] anedota (Do crioulo cabo-verdiano *passaji*, «idem»)

passajar *v.tr.* pontear (roupa rasgada, buraco, rasgão) para consertar; passagear (De *passagem*+*-ar*)

passal *n.m.* 1 propriedade agrícola anexa à igreja ou residência paroquial para rendimento do pároco 2 antiga medida agrária (De *passar*+*-al*)

passamanar *v.tr.* adornar com passamanes (De *passamane[s]*+*-ar*)

passamanaria *n.f.* arte, indústria, obra ou comércio de passamanes (De *passamane[s]*+*-aria*, ou do it. *passamaneria*, «id.»?)

passamaneiro *n.m.* aquele que faz ou vende passamanes (De *passamane[s]*+*-eiro*)

passamanes *n.m.pl.* fitas ou galões entretecidos de fios de ouro, prata ou seda, com que se adornam móveis, peças de vestuário, etc. (Do fr. *passements*, «id.»)

passamento *n.m.* 1 ato de passar da vida à morte; falecimento 2 agonia (De *passar*+*-mento*)

passa-montanhas *n.m.* espécie de gorro que envolve toda a cara, deixando apenas a boca, os olhos e por vezes o nariz a descoberto, geralmente utilizado como proteção contra o frio

passa-muros *n.m.2n.* canhão de ferro usado antigamente (De *passar*+*muro*)

passante *n.2g.* pessoa que circula nas ruas; transeunte ■ *adj.2g.* 1 que passa 2 que excede; **~ de** além de, mais de (De *passar*+*-ante*)

passa-pé *n.m.* dança antiga em que os pés dos dançarinos se cruzam e entrecruzam, a escorregar (Do fr. *passe-pied*, «id.»)

passa-piolho /ô/ *n.m.* [pop.] talhe de barba de uma orelha à outra, passando por baixo do queixo (De *passar*+*piolho*)

passaporte *n.m.* 1 documento oficial de identificação que permite a saída e/ou a entrada de alguém do/no país 2 licença escrita para alguém viajar ou percorrer livremente determinada zona 3 licença ampla para executar determinada atividade ou tarefa 4 [fig.] aquilo que facilita ou auxilia; forma de acesso (Do fr. *passeport*, «id.»)

passar *v.tr.* 1 ir para além de; transpor 2 ultrapassar; exceder 3 atravessar; percorrer 4 transportar; conduzir; levar 5 entregar 6 transmitir 7 impingir (algo desagradável) 8 [coloq.] vender; traficar (droga) 9 experienciar 10 emitir e assinar; lavrar (documento) 11 empregar; utilizar (tempo) 12 projetar (filme) num ecrã 13 entrar (em); introduzir-se (em) 14 viver (além de); sobreviver (a) 15 pôr em circulação (notas, moedas, boato, etc.) 16 pôr (substância) sobre (algo); aplicar 17 filtrar 18 moer (legumes em sopa) 19 fritar ou grelhar (alimento) 20 transferir (chamada telefónica) 21 trespassar (negócio) 22 fazer de novo; ensaiar 23 mudar (de comportamento, estado, condição, etc.) 24 [coloq.] não ocorrer (à memória, ao pensamento) ■ *v.tr.intr.* 1 ir (de um lugar para o outro); transitar 2 engomar (roupa) 3 exibir ou ser exibido (um filme) 4 (fazer) entrar pelo interior de (algo) ■ *v.intr.* 1 cessar; acabar; extinguir-se 2 decorrer (o tempo) 3 falecer 4 sobreviver; subsistir 5 sentir-se física ou psicologicamente 6 ser aprovado (numa lei, um aluno, um projeto, etc.) 7 ser aceite 8 não ser aproveitado; fugir (a oportunidade) 9 correr (curso de água); deslizar 10 acontecer 11 secar; desidratar-se 12 ser sofrível, razoável ■ *v.pron.* 1 acontecer 2 mudar de uma situação para outra 3 decorrer (período de tempo); transcorrer 4 [coloq.] perder a cabeça; descontrolar-se; **~ adiante** avantajar-se; **~ à espada** matar indistintamente; **~ a ferro** 1 alisar (uma peça do vestuário) com o ferro; 2 [coloq.] atropelar; **~ à história** 1 perdurar na memória dos vindouros; 2 [pop.] deixar de ter interesse, esquecer; **~ a limpo** copiar um original que estava em rascunho; **~ a patacos** trocar por dinheiro, vender; **~ as passas do Algarve** [coloq.] ter dificuldades, sofrer muito; **~ de mão em mão** 1 transmitir, fazer circular; 2 (algo desagradável) impingir; **~ desta para melhor** morrer; **~ pelas armas** fuzilar; **~ pelas brasas** dormitar; **~ pelas malhas** escapar-se sem se dar por isso; **~ uma escala/teoria** dar uma descompostura; **~ uma esponja sobre** esquecer; **não ~ de** ser apenas (Do lat. vulg. *passāre*, freq. de *pandĕre*, «abrir caminho; afastar»)

passarada *n.f.* 1 bando de pássaros; passaredo 2 os pássaros (De *pássaro*+*-ada*)

passarão *n.m.* 1 pássaro grande 2 [pop.] indivíduo manhoso; espertalhão 3 [Brasil] ORNITOLOGIA ⇒ **tuiuiú** 4 [regionalismo] pré da quinzena (De *pássaro+-ão*)

passaredo /ê/ *n.m.* grande quantidade de pássaros; passarada (De *pássaro+-edo*)

passareira *n.f.* 1 gaiola para criação de pássaros 2 aviário (De *pássaro+-eira*)

passareiro *n.m.* o que caça ou vende pássaros; passarinheiro ■ *adj.* designativo do cão que, no campo, se interessa pelos pássaros (De *pássaro+-eiro*)

passarela *n.f.* 1 ponte para peões, geralmente estreita, construída por cima de uma rua ou estrada 2 passagem em plano superior por onde desfilam manequins exibindo vestuário e outros acessórios, candidatos de concursos de beleza, etc. (Do fr. *passerelle*, «id.»)

passarinha *n.f.* 1 baço do porco, das aves, etc. 2 variedade de azeitona (De *pássaro+-inha*)

passarinhada *n.f.* ⇒ **passarada** (De *passarinho+-ada*)

passarinhar *v.intr.* 1 andar à caça de passarinhos 2 [pop.] andar de um lado para o outro sem fazer nada (De *passarinho+-ar*)

passarinheiro *n.m.* 1 caçador, criador ou vendedor de pássaros 2 aquele que passarinha (De *passarinho+-eiro*)

passarinho *n.m.* 1 pássaro pequeno 2 casta de uva tinta; *ver ~ verde* [coloq.] sentir alegria ou satisfação por ver alguém ou alguma coisa ou por ter uma agradável surpresa (De *pássaro+-inho*)

passarinho-do-egipto ver nova grafia passarinho-do-egito

passarinho-do-egito *n.m.* ORNITOLOGIA ⇒ **pintassilgo-verde**

passa-rios *n.m.2n.* 1 ORNITOLOGIA ⇒ **pica-peixe** 1 2 ORNITOLOGIA ⇒ **ostraceiro** (De *passar+rio*)

passaritar *v.intr.* 1 andar a passos miúdos; passarinhar 2 passar muitas vezes de um lado para o outro (De *passarito+-ar*, ou de *passar+-itar*)

passarito *n.m.* pássaro pequeno (De *pássaro+-ito*)

pássaro *n.m.* 1 [pop.] ave pequena 2 [fig.] indivíduo astuto 3 ORNITOLOGIA ave pertencente à ordem dos pássaros 4 *pl.* ORNITOLOGIA ordem de aves de tamanho pequeno ou médio, caracterizadas por possuírem polegar dirigido para trás, inserido ao nível dos restantes dedos e mais forte que o dedo anterior médio (Do lat. vulg. *passăru-*, por *passĕre-*, «pardal»)

passaroco /ô/ *n.m.* pássaro pequeno (De *pássaro+-oco*)

pássaro-da-morte *n.m.* ORNITOLOGIA ⇒ **bufo**[2] 1

pássaro-do-linho *n.m.* ORNITOLOGIA ⇒ **chapim**[2]

pássaro-do-mel *n.m.* ORNITOLOGIA pequena ave africana

passarola *n.f.* 1 pássaro grande 2 nome dado ao aeróstato inventado em 1709 pelo matemático português Bartolomeu de Gusmão (1685-1724) (De *pássaro+-ola*)

passarolo /ô/ *n.m.* pássaro grande (De *pássaro+-olo*)

pássaro-rei *n.m.* ORNITOLOGIA ⇒ **pica-peixe** 1

pássaro-ribeiro *n.m.* ORNITOLOGIA ⇒ **pica-peixe** 1

passatempo *n.m.* ocupação agradável com que se preenche o tempo livre; diversão (De *passar+tempo*)

passavante *n.m.* espécie de arauto da casa real encarregado de anunciar a paz ou a guerra (De *passar+avante*)

passável *adj.2g.* 1 que se pode passar 2 em condições de passar; sofrível 3 capaz (De *passar+-vel*)

passe *n.m.* 1 determinação pela qual se autoriza algum poder ou licença; permissão 2 autorização para passar 3 bilhete de trânsito geralmente emitido por empresa de transportes públicos e válido durante determinado período 4 TAUROMAQUIA ato de passar um touro à capa 5 afago; meiguice; ternura 6 DESPORTO passagem da bola por um jogador a outro da sua equipa 7 vínculo negociável existente entre um atleta profissional e o clube ou a organização que o contrata 8 *pl.* movimento de mãos; *~ de mágica* gesto, geralmente imperceptível, com que os prestidigitadores fazem aparecer ou desaparecer objetos; *casa de ~* bordel (Deriv. regr. de *passar*)

passeadoiro *n.m.* ⇒ **passeadouro**

passeador *adj.,n.m.* que ou aquele que passeia muito; passeante (De *passear+-dor*)

passeadouro *n.m.* 1 lugar por onde se passeia; passeio 2 ação frequente de passear (De *passear+-douro*)

passeante *adj.,n.2g.* 1 que ou a pessoa que passeia; passeador 2 ocioso; vadio (De *passear+-ante*)

passear *v.intr.* 1 caminhar devagar para se entreter ou exercitar; andar passo a passo 2 ir dar uma volta num veículo (carro, bicicleta, etc.) ou num animal (cavalo) com o fim de espairecer ou de se entreter, etc. 3 mover-se devagar; fluir; deslizar ■ *v.tr.* 1 levar a passeio 2 (olhos, pensamento) dirigir para um e outro lado; fazer percorrer devagar 3 exibir 4 carregar, andando devagar de um lado para o outro; *mandar ~* despachar alguém indelicadamente (De *passo+-ear*)

passeata *n.f.* [pop.] pequeno passeio; excursão (Do it. *passaggiata*, «passeio; volta»)

passeio *n.m.* 1 ato ou efeito de passear 2 lugar onde habitualmente se passeia 3 parte da via pública, normalmente sobrelevada, que ladeia a faixa de rodagem e se destina ao trânsito de peões 4 pequena jornada (Deriv. regr. de *passear*)

passeira *n.f.* 1 lugar onde se secam frutas; passeiro 2 sítio onde se guardam passas; passeiro (De *passa+-eira*)

passeiro[1] *adj.* que anda a passo; vagaroso; pachorrento (De *passo+-eiro*)

passeiro[2] *n.m.* ⇒ **passeira** (De *passa+-eiro*)

passento *adj.* diz-se das substâncias que um líquido atravessa facilmente; hidrófilo (De *passar+-ento*)

passe-partout *n.m.2n.* moldura para retratos (Do fr. *passe-partout*)

passe-passe *n.m.* 1 jogo de destreza; prestidigitação 2 empalmação; escamoteação (De *passar*)

passerelle *n.f.* ⇒ **passarela** 2 (Do fr. *passerelle*)

passeriforme *adj.2g.* 1 semelhante a pássaro 2 com as características gerais dos pássaros ■ *n.m.* ORNITOLOGIA ave pertencente à ordem dos passeriformes ■ *n.m.pl.* ordem das aves constituída por vários milhares de espécies, todas de porte pequeno ou médio e com certas características morfológicas comuns (Do lat. *passĕre-*, «pássaro; pardal» +*forma-*, «forma»)

passe-vite *n.m.* CULINÁRIA utensílio culinário usado para esmagar batata ou legumes cozinhados

passibilidade *n.f.* 1 qualidade de passível ou passivo 2 suscetibilidade (Do lat. *passibilitāte-*, «id.»)

passiflora *n.f.* BOTÂNICA designação extensiva a um grupo de plantas da família das Passifloráceas, umas ornamentais, outras medicinais, e ainda outras de frutos comestíveis, também conhecidas por martírio (Do lat. *passu-*, part. pass. de *pati*, «sofrer» +*flore-*, «flor»)

Passifloráceas *n.f.pl.* BOTÂNICA família de plantas dicotiledóneas, em geral americanas, de fruto capsular ou bacáceo e sementes com endosperma carnudo, cujo género-tipo se denomina *Passiflora* (De *passiflora+-áceas*)

passinhar *v.intr.* dar passos pequenos (De *passinho+-ar*)

passional *adj.2g.* 1 referente a paixão 2 motivado pela paixão ■ *n.m.* RELIGIÃO livro que descreve a paixão de Cristo segundo os Evangelistas; passionário (De *passionăl-*, «id.»)

passionalidade *n.f.* qualidade de passional (De *passional+-i-+ -dade*)

passionário *n.m.* RELIGIÃO livro que descreve a paixão de Cristo segundo os Evangelistas

passiva *n.f.* GRAMÁTICA construção em que participam verbos transitivos e que indica que a ação é sofrida pelo sujeito da frase (por oposição a ativa) (De *passivo*)

passivamente *adv.* 1 de modo passivo; sem reagir 2 indiferentemente; sem iniciativa (De *passivo+-mente*)

passivar *v.tr.* 1 GRAMÁTICA ⇒ **apassivar** 1 2 [fig.] tornar passivo ou indiferente (De *passivo+-ar*)

passível *adj.2g.* que pode sofrer ou ser objeto (de); que se sujeita (a); suscetível (de) (Do lat. *passibĭle-*, «suscetível de sofrimento»)

passividade *n.f.* natureza, estado ou qualidade de passivo (Do lat. *passivităte-*, «confusão»)

passivo *adj.* 1 que não toma parte ativa naquilo em que está envolvido 2 que não toma a iniciativa 3 que sofre ou recebe uma ação, impressão, etc., sem agir ou reagir 4 que obedece sem reagir 5 que nunca se revolta 6 paciente; indiferente; inerte 7 (fumador) que inala involuntariamente o fumo dos fumadores ativos que estão próximos 8 (sexualidade) que se submete ao parceiro 9 GRAMÁTICA (verbos, frases) em que o sujeito sofre a ação ■ *n.m.* ECONOMIA classe de valores patrimoniais negativos, representativa das dívidas, obrigações, compromissos ou responsabilidades de uma unidade económica; *não ter voz ativa nem passiva* não ter o direito de se pronunciar por palavras ou atos, sobre determinado assunto; *obediência passiva* obediência cega, absoluta (Do lat. *passīvu-*, «id.»)

passo[1] *n.m.* 1 ato de mover um pé para andar 2 modo de andar 3 espaço percorrido de cada vez que se desloca e pousa no chão um pé 4 andamento; marcha 5 andamento mais lento do cavalo e de outros quadrúpedes 6 medida itinerária 7 MILITAR cada uma das várias maneiras de a tropa marchar 8 cada uma das diversas posições dos pés na dança 9 facto, acontecimento 10 deslocamento longitudinal de um parafuso por cada volta inteira 11 passagem estreita e difícil 12 braço de mar 13 estreito 14 [fig.] ato 15 [fig.]

passo resolução 16 [fig.] conjuntura; situação 17 [fig.] negócio 18 RELIGIÃO cada uma das fases da paixão de Cristo 19 episódio ou trecho de uma obra literária; **~ geométrico** antiga medida linear equivalente a 5 pés, ou seja, cerca de um metro e meio; **~ a ~** devagar, cautelosamente, aos poucos; **a cada ~** a cada momento, amiudadas vezes; **a dois passos** muito perto; **a ~** lentamente; **a ~ largo** depressa; **ao ~ que** à medida que, enquanto, ao mesmo tempo que; **dar um bom ou mau ~** [fig.] proceder bem ou mal, sair-se bem ou mal; **dar um ~ em falso** [fig.] cometer um erro; **marcar ~** 1 bater no chão com os pés alternadamente sem avançar nem recuar; 2 [fig.] não progredir (Do lat. *passu-*, «afastamento das pernas»)

passo[2] *adj.* diz-se de fruto que secou; passado (Do lat. *passu-*, part. pass. de *pandēre*, «estender; secar ao sol»)

passopa *interj.* [Moçambique] indica que há um perigo e que é necessário parar (Do macua *Pasòpe!*, «id.», a partir do africânder *Bas op*)

password *n.f.* conjunto de caracteres alfanuméricos que identificam o utilizador de um computador e que permitem o acesso a dados, programas ou sistemas; palavra-passe; senha de acesso (Do ing. *password*, «id.»)

pasta *n.f.* 1 massa ou substância de consistência semissólida ou mole que resulta da mistura de substâncias sólidas e líquidas 2 porção de metal fundido e por trabalhar 3 matéria-prima celulósica e fibrosa, de origem vegetal, destinada ao fabrico de papel 4 folha de papelão dobrada 5 [fig.] amálgama 6 saco geralmente retangular de cabedal, plástico, pano, etc., onde se guardam papéis, livros, etc.; bolsa ou mala portátil para documentos ou livros 7 POLÍTICA cargo de ministro de Estado 8 INFORMÁTICA arquivo de documentos representado numa interface gráfica pelo ícone de uma mala ou bolsa 9 [pop.] dinheiro 10 [fig., pej.] pessoa molengona; **~ de dentes** substância ligeiramente abrasiva que se coloca numa escova para limpar e proteger os dentes; **casa de ~** [regionalismo] casa rural (região de Monção, vila do extremo norte de Portugal), feita de pranchas de granito, delgadas e regularmente talhadas, colocadas verticalmente e ligadas umas às outras por argamassa caiada; **passar a ~** transferir a responsabilidade de um trabalho para alguém (Do gr. *páste*, «caldo grosso», pelo lat. *pasta-*, «id.»)

pastadoiro *n.m.* ⇒ **pastadouro**

pastadouro *n.m.* lugar onde o gado pasta (De *pastar+-douro*)

pastagem *n.f.* 1 terra coberta de erva onde o gado pasta 2 erva para alimento do gado (De *pastar+-agem*)

pastar *v.tr.* 1 comer a erva ou o pasto de 2 levar ao pasto; apascentar ▪ *v.intr.* 1 (gado) comer pasto 2 [coloq.] estar sem fazer nada 3 [coloq.] não progredir (Do lat. *pastu-*, «pasto; pastagem» +-*ar*)

pastejar *v.intr.* (gado) comer pasto; pastar (De *pasto+-ejar*)

pastel[1] *n.m.* 1 CULINÁRIA pequena porção de massa de farinha cozida no forno ou frita, com recheio doce ou salgado 2 TIPOGRAFIA caracteres tipográficos baralhados, após ou ter desmanchado uma composição 3 [fig., pej.] pessoa pouca ativa e sem vontade de fazer alguma coisa 4 [coloq.] dinheiro (Do it. *pastello*, «id.»)

pastel[2] *n.m.* 1 lápis de giz a que se adicionam pigmentos de cor que permitem uma pintura de esbatidos suaves com aparência aveludada 2 técnica de pintura com esses lápis 3 quadro ou desenho elaborado através dessa técnica ▪ *adj.inv.* (tom, cor) suave ou esbatido

pastelada *n.f.* 1 manchas suaves ou esbatidas 2 borrão 3 [fig.] misturada; confusão (De *pastel+-ada*)

pastelão *n.m.* 1 pastel grande 2 CULINÁRIA empadão de massa folhada com recheio 3 CULINÁRIA prato confecionado com ovos, cebola e aproveitamento de carnes ou peixe que vão a fritar 4 [fig., pej.] pessoa indolente que demora muito tempo a fazer qualquer coisa (De *pastel+-ão*)

pastelaria *n.f.* 1 ofício de pasteleiro 2 conjunto de bolos 3 estabelecimento onde se confecionam e/ou vendem e consomem bolos, bebidas, salgados, etc. (De *pastel+-aria*)

pastel-dos-tintureiros *n.m.* BOTÂNICA planta da família das Crucíferas, de que se extrai anil, espontânea nas margens do Douro e outrora também cultivada

pasteleiro *n.m.* fabricante ou vendedor de pastéis (De *pastel+-eiro*)

pastelinho *n.m.* 1 pastel pequeno 2 [fig.] pessoa sem préstimo (De *pastel+-inho*)

pastelista *n.2g.* pessoa que desenha ou pinta a pastel (De *pastel+-ista*)

pasteuriano *adj.* que diz respeito a L. Pasteur, biólogo e químico francês (1822-1895) ou aos seus métodos e aplicações (Do fr. *pasteurien*, «id.»)

pasteurização *n.f.* processo de conservação dos alimentos em que estes são aquecidos a uma temperatura não superior a 100 °C e arrefecidos depois rapidamente, de forma a eliminar os germes (Do fr. *pasteurisation*, «id.»)

pasteurizado *adj.* que foi submetido a um processo de pasteurização (Part. pass. de *pasteurizar*)

pasteurizador *n.m.* 1 aquele que pasteuriza 2 aparelho próprio para pasteurizar (De *pasteurizar+-dor*)

pasteurizar *v.tr.* esterilizar (produtos alimentares como leite, cerveja, vinho, etc.) aquecendo-os a uma temperatura não superior a 100 °C e arrefecendo-os depois rapidamente (Do fr. *pasteuriser*, «id.»)

pastichar *v.tr.,intr.* imitar ou decalcar frequentemente com objetivos satíricos ou humorísticos (Do fr. *pasticher*, «id.»)

pastiche *n.m.* imitação ou decalque de uma obra literária ou artística, frequentemente com objetivos satíricos ou humorísticos (Do fr. *pastiche*, «id.»)

pasticho *n.m.* ⇒ **pastiche** (Do fr. *pastiche*, «id.»)

pastilha *n.f.* 1 guloseima, em geral de forma circular e achatada, confecionada com açúcar, com sabor a frutas ou com licores ou chocolate 2 FARMÁCIA drageia obtida por compressão de substâncias medicamentosas secas, própria para ser engolida ou mastigada 3 [coloq.] bofetada; tabefe 4 [coloq.] coisa enfadonha 5 pequena peça de cerâmica ou vidro, de formato geralmente quadrado ou retangular, que se combina com outras para revestir paredes e pavimentos interiores; mosaico 6 [coloq.] ⇒ **tecno** 7 [coloq.] comprimido que contém substâncias estupefacientes 8 [regionalismo] disco de cortiça para tapar; **aplicar a ~** castigar; **chupar a ~** suportar uma coisa de que não se gosta; **engolir a ~** ser enganado (Do cast. *pastilla*, «id.»)

pastilha elástica *n.f.* guloseima fabricada com goma de certas plantas, envolvida com substâncias açucaradas de sabor variado, de consistência elástica e pegajosa, e que não se dissolve com a mastigação

pastinaga *n.f.* BOTÂNICA planta herbácea, da família das Umbelíferas, de raiz carnosa comestível e de sabor intenso, cultivada na região da Serra da Estrela (Do lat. *pastinaca-*, «pastinaga», espécie de cenoura)

pastinhar *v.intr.* 1 [pop.] comer pouco e sem apetite; debicar 2 [pop.] provar iguarias em vez de as comer; debicar (De *pastar+-inhar*)

pastinheiro *adj.* debiquento (De *pastinhar+-eiro*)

pastio *n.m.* lugar onde há pastagens; pasto; pascigo (De *pasto+-io*)

pasto *n.m.* 1 ato de pastar 2 erva para alimento do gado 3 comida 4 [fig.] doutrina que alimenta o espírito 5 [fig.] assunto 6 [fig.] satisfação; regozijo; **casa de ~** estabelecimento de nível modesto, onde se servem refeições (Do lat. *pastu-*, «id.»)

pastor *n.m.* 1 pessoa que guarda, guia ou apascenta gado; zagal; pegureiro 2 [fig.] guia 3 RELIGIÃO sacerdote protestante; **o Bom Pastor** RELIGIÃO Jesus Cristo (Do lat. *pastōre-*, «id.»)

pastorado *n.m.* 1 RELIGIÃO dignidade ou duração do exercício de pastor 2 orientação espiritual (De *pastor+-ado*)

pastoral *adj.2g.* 1 referente a pastor 2 rústico 3 campestre; bucólico 4 (composição) inspirado por temas ou sons relacionados com a vida do campo, nomeadamente com os pastores ▪ *n.f.* 1 RELIGIÃO carta de um prelado dirigida aos seus diocesanos 2 RELIGIÃO trabalho coordenado do apostolado, em conjunto 3 LITERATURA écloga 4 MÚSICA composição instrumental ou vocal que colhe inspiração nos sons e melodias típicos dos pastores (Do lat. *pastorāle-*, «id.»)

pastor-alemão *n.m.* ZOOLOGIA cão com cerca de sessenta centímetros de altura, robusto e de corpo comprido, com pelo grosso e curto, focinho longo e pontiagudo, e orelhas espetadas

pastorar *v.tr.* ⇒ **pastorear** (De *pastor+-ar*)

pastoreação *n.f.* 1 ato de pastorear; pastoreio 2 direção espiritual (De *pastorear+-ção*)

pastorear *v.tr.* 1 guardar (o gado que anda a pastar) 2 levar ao pasto; apascentar 3 RELIGIÃO governar espiritualmente (freguesia, diocese, etc.) 4 [fig.] dirigir (De *pastor+-ear*)

pastoreio *n.m.* ação de pastorear (Deriv. regr. de *pastorear*)

pastorejar *v.tr.* ⇒ **pastorear** (De *pastor+-ejar*)

pastorela *n.f.* LITERATURA canção trovadoresca que encena o diálogo entre uma pastora e um cavaleiro (Do fr. *pastourelle*, «id.»)

pastorícia *n.f.* 1 conjunto das atividades do pastor 2 ação de apascentar (De *pastorício*)

pastoricida *n.2g.* HISTÓRIA designação dada aos anabatistas fanáticos que, na Inglaterra, no século XVI, matavam os padres católicos (Do lat. *pastōre-*, «pastor» +*caedĕre*, «matar»)

pastorício *adj.* relativo a pastor ou à criação de gado (Do lat. *pastoriciu-*, «id.»)

pastoril *adj.2g.* 1 próprio de pastores 2 rústico 3 campestre; bucólico 4 (COMPOSIÇÃO) que pinta ou descreve os costumes do campo, nomeadamente dos pastores ■ *n.m.* LITERATURA representação dramática, geralmente realizada entre o dia de Natal e o dia de Reis, constituída por várias cenas que incluíam partes declamadas, cantos e danças relacionados com os costumes dos pastores (De *pastor+-il*)

pastorinha *n.f.* 1 pequena pastora 2 ORNITOLOGIA ⇒ **lavandisca** (De *pastora+-inha*)

pastosidade *n.f.* qualidade de pastoso; viscosidade (De *pastoso+-i-+-dade*)

pastoso /ô/ *adj.* 1 da natureza de pasta, ou em estado de pasta em termos de consistência e textura 2 [fig.] (VOZ) arrastado; pouco claro (De *pasta+-oso*)

pastrano *adj.* 1 próprio de pastor 2 campestre 3 rústico; grosseiro (Do lat. *pastorānu-, «id.»)

pata[1] *n.f.* 1 pé de animal 2 [coloq.] pé grande de pessoa; pé 3 extremidade da âncora 4 extremidade do anzol a que se prende a linha 5 *pl.* BOTÂNICA planta herbácea, vivaz, da família das Umbelíferas, espontânea na província portuguesa do Minho 6 [fig.] tirania; domínio; jugo; *à ~* a pé (Do germ. *pauta*, «pata; pé de animal», pelo lat. *patta, «id.»)

pata[2] *n.f.* ZOOLOGIA fêmea do pato (De *pato*)

-pata sufixo nominal, de origem grega, que exprime a ideia de *experiência, sofrimento* (*psicopata*)

pataca *n.f.* 1 antiga moeda brasileira de prata 2 [regionalismo] moeda açoriana correspondente a um escudo (dois cêntimos) 3 moeda com curso em Macau e que teve curso em Timor 4 ZOOLOGIA molusco lamelibrânquio, marinho, da família dos Aviculídeos, muito abundante nos fundos próximos das costas portuguesas; *árvore das patacas* símbolo da obtenção de dinheiro sem se trabalhar (Do it. *patacca*, «id.», ou do prov. *patac*, «id.»)

patacão *n.m.* 1 moeda de cobre do tempo do rei D. João III, 1502-1557 2 antiga moeda brasileira, mexicana e uruguaia 3 [fig.] palerma; idiota; estúpido; *ser o rei do ~* fazer distúrbios (De *pataca+-ão*)

patacaria *n.f.* 1 grande quantidade de patacos 2 dinheiro (De *pataco+-aria*)

patachim *n.m.* ORNITOLOGIA pássaro pequeno, azulado, frequente de norte a sul de Portugal, também conhecido por chapim (De orig. onom.)

patacho[1] *n.m.* NÁUTICA embarcação ligeira de dois mastros (Do ár. *batáx*, «id.», pelo cast. *patache*, «id.»)

patacho[2] *n.m.* [Brasil] facalhão (De orig. obsc.)

pata-choca *n.f.* 1 [depr.] mulher gorda e indolente 2 ZOOLOGIA ⇒ **guaiamu**

pataco *n.m.* 1 antiga moeda portuguesa, de bronze, que valia dois vinténs ou quatro centavos 2 [fig., pej.] indivíduo estúpido 3 [pop.] dinheiro; *estar sem ~* estar sem dinheiro; *não valer um ~* não ter nenhum valor (De *pataca*)

patacoada *n.f.* 1 ato ou dito estúpido; disparate 2 fanfarronice 3 gracejo; brincadeira (De *patacão+-ada*)

patada *n.f.* 1 pancada com a pata ou com o pé 2 som dessa pancada 3 [fig.] ato ou dito estúpido; asneira 4 [fig.] ato ou dito agressivo que magoa outra pessoa 5 [fig.] ingratidão (De *pata+-ada*)

patagão *adj.,n.m.* ⇒ **patagónio**

patágio *n.m.* 1 ZOOLOGIA membrana existente no galeopiteco, que permite a este mamífero deslocar-se em voo planado 2 [ant.] franja larga que guarnecia os vestidos das damas romanas (Do gr. *patageîon*, «franja», pelo lat. *patagǐu-*, «id.»)

patagónio *adj.* 1 da Patagónia, região da Argentina meridional 2 relativo à Patagónia ■ *n.m.* 1 natural ou habitante da Patagónia 2 língua dos Patagões (De *Patagónia*, top.)

patamar[1] *n.m.* 1 espaço mais ou menos largo, no topo de cada lanço de escada 2 painel de inclinação nula 3 [fig.] fase de um percurso evolutivo ou ascendente (De orig. obsc.)

patamar[2] *n.m.* 1 NÁUTICA embarcação indiana de dois mastros para serviço costeiro 2 [ant.] portador de correspondência; andarilho (Do conc. *pathmár*, «papa-léguas»)

patamarim *n.m.* ⇒ **patamar**[2] (Do conc. *patamarim, patmari*, «id.»)

patamaz *n.m.* [pop.] santarrão; sandeu; parvo (De orig. obsc.)

patameira *n.f.* [regionalismo] chuva miúda e persistente (De *patameiro*)

patameiro *n.m.* [regionalismo] lamaçal (De orig. obsc.)

patanisca *n.f.* 1 [pop.] isca de bacalhau envolta em farinha e depois frita 2 chispa de uma faísca elétrica (De *badana+-isca*?)

patão[1] *n.m.* pato grande (De *pato+-ão*)

patão[2] *n.m.* tamanco rústico (De *pata+-ão*)

pataqueiro *adj.* 1 designativo de um jogo em que se arrisca pouco dinheiro 2 [fig.] ordinário; que não tem valor material, nem mérito mental ou moral 3 [fig.] muito barato; que se vende a pataco (De *pataco+-eiro*)

patarata *n.f.* mentira; impostura ■ *adj.,n.2g.* 1 que ou pessoa que diz mentiras 2 que ou pessoa que se gaba de qualidades que não tem 3 que ou pessoa que é tola, pretensiosa, afetada (Do cast. *patarata*, «id.»)

pataratar *v.intr.* dizer pataratas; bazofiar (De *patarata+-ar*)

pataratear *v.intr.* ⇒ **pataratar** (De *patarata+-ear*)

patarateiro *adj.,n.m.* que ou aquele que diz pataratas ou patranhas (De *patarata+-eiro*)

pataratice *n.f.* ato ou dito de paratateiro (De *patarata+-ice*)

pataratismo *n.m.* 1 hábitos de patarata 2 os pataratas 3 pataratice (De *patarata+-ismo*)

pata-roxa /ô/ *n.f.* ICTIOLOGIA ⇒ **bruxa** 6

patarral *n.m.* ⇒ **patarrás**

patarrás *n.m.2n.* NÁUTICA grande cabo que prende os mastros ao costado do navio (Do it. *patarasso*, «id.», pelo fr. *pataras*, «id.»)

patarreca *n.2g.* [regionalismo] pessoa atarracada e baixa (De *pato+-arro+-eca*)

patau *adj.,n.m.* parvo; estúpido; simplório; *pagar o ~* sofrer as más consequências de algum ato (De orig. obsc.)

patavina *n.f.* coisa nenhuma; nada ■ *n.m.* [regionalismo] pateta; idiota; *não perceber ~* não entender nada (Do lat. *patavīnu-*, «de Pádua», cidade italiana)

patavinice *n.f.* ato ou dito de patavina; parvoíce (De *patavina+-ice*)

patavinidade *n.f.* modo de escrever obscuro dos Patavinos de que há vestígios nas obras de Tito Lívio (Do lat. *patavinitāte-*, «id.»)

patavinismo *n.m.* ⇒ **patavinidade** (De *patavino+-ismo*)

patavino *adj.* relativo a Pádua ■ *n.m.* natural ou habitante de Pádua (Do lat. *patavīnu-*, «id.»)

pataz *n.m.* ZOOLOGIA macaco africano da família dos Cercopitecídeos, também chamado macaco-vermelho por causa do pelo ruivo do dorso (Do jalofo *pata*, «id.», pelo fr. *patas*, «id.»)

patchwork *n.m.* 1 trabalho de costura que consta de pequenos retalhos de tecido de vários tamanhos, feitios e cores, cosidos ou unidos uns aos outros 2 qualquer trabalho formado de pequenos pedaços ou fragmentos (Do ing. *patchwork*)

pate[1] *n.m.* chefe de povoação índia (Do sânsc. *pati*, «senhor», pelo mal.-jav. *pátih*, «id.»)

pate[2] *n.m.* [pop.] empate ■ *adj.2g.* empatado (Do lat. *pactu*, «acordo», pelo it. *patta*, «quite», no jogo, pelo fr. *pat*, «id.»)

patê *n.m.* CULINÁRIA preparação de consistência pastosa e sabor forte e condimentado, confecionada a partir de carne, peixe ou legumes (Do fr. *pâté*, «id.»)

pateada *n.f.* manifestação de desagrado, que consiste em bater com os pés no chão (Part. pass. fem. subst. de *patear*)

pateado *adj.,n.m.* [Cabo Verde] que ou o que tem pacto com o demónio; que ou o que se julga que tem sorte em tudo o que empreender (Do crioulo *patear*, «ter pacto com o diabo», a partir de *páte*, «pacto»)

pateadura *n.f.* ⇒ **pateada** (De *patear+-dura*)

patear *v.intr.* bater com as patas no chão ■ *v.tr.* manifestar desagrado ou reprovação em relação a (algo), batendo com os pés no chão (De *pata+-ear*)

pateca[1] *n.f.* pata pequena (De *pata+-eca*)

pateca[2] *n.f.* [regionalismo] melancia (Do ár. *batikhâ*, «melão»)

pateca[3] *n.f.* [gír.] pataca (moeda de prata)

pategada *n.f.* 1 grupo de pategos 2 dito ou ato de patego (De *patego+-ada*)

pategar *v.intr.* proceder como patego; ser patego (De *patego+-ar*)

patego /ê/ *adj.,n.m.* 1 que ou o que é ignorante e pouco inteligente 2 que ou o que é ingénuo e se deixa facilmente enganar; simplório 3 que ou o que é considerado pouco evoluído, rude, grosseiro (De *pato+-ego*?)

pateguice *n.f.* 1 qualidade de patego 2 ato, dito ou modos de patego (De *patego+-ice*)

pateira *n.f.* 1 espingarda para caçar patos 2 designação de vários pontos da bacia hidrográfica do rio Vouga, encharcados de água, que formam como que pequenas lagoas 3 cozinheira de malteses, no Alentejo (De *pato+-eira*)

pateiro[1] *adj.* que guarda ou cria patos ■ *n.m.* 1 aquele que guarda ou cria patos 2 frade leigo que cuidava da copa, nos conventos 3 ⇒ **bilharda** (De *pato+-eiro*)

pateiro[2] *adj.* [regionalismo] vagaroso no andar (De *pata+-eiro*)

patela *n.f.* 1 ANATOMIA ⇒ **rótula** 2 2 disco de ferro usado no jogo da malha 3 jogo deste nome (Do lat. *patella-*, «prato pequeno»)
patelar *adj.2g.* relativo à rótula ou patela (De *patela*+*-ar*)
patelha /ê/ *n.f.* NÁUTICA ⇒ **patilha 8** (De *patilha*?)
pateli- elemento de formação de palavras que exprime a ideia de *prato* (Do lat. *patella-*, «prato pequeno»)
Patelidas *n.m.pl.* ZOOLOGIA ⇒ **Patelídeos**
patelídeo *adj.* ZOOLOGIA relativo ou pertencente aos Patelídeos ■ *n.m.* ZOOLOGIA espécime dos Patelídeos
Patelídeos *n.m.pl.* ZOOLOGIA família de moluscos gastrópodes, a cujo género-tipo, que se designa *Patella*, pertencem espécies frequentes em Portugal (Do lat. *patella-*, «prato pequeno» +*-ídeos*)
pateliforme *adj.2g.* com forma de prato ou de patela (De *pateli-*+*-forme*)
patelo /ê/ *n.m.* 1 ICTIOLOGIA raia pequena 2 [regionalismo] ⇒ **mexoalho** (De orig. obsc.)
patena /ê/ *n.f.* 1 RELIGIÃO prato metálico onde o sacerdote coloca a hóstia quando celebra missa 2 [regionalismo] cada uma das penas do rodízio da azenha (Do lat. *patēna-*, «id.», pelo fr. *patène*, «id.»)
patença *n.f.* ICTIOLOGIA peixe teleósteo da família dos Pleuronectídeos, afim das solhas (De orig. obsc.)
patente *adj.2g.* 1 aberto; acessível 2 manifesto; evidente 3 visível ■ *n.f.* 1 documento oficial que concede um privilégio 2 DIREITO documento que garante ao respetivo titular o direito exclusivo, de duração limitada, de fabricar, utilizar ou alienar o seu invento, e de, por consequência, impedir que outros o façam sem a sua autorização 3 MILITAR categoria, graduação ou posto na hierarquia militar 4 diploma de confrade, membro ou associado 5 contribuição que pagam os que entram de novo numa sociedade, em benefício dos mais antigos; *pagar a ~* [pop.] pagar a despesa feita para festejar com comes e bebes, em conjunto com outros, qualquer acontecimento agradável (Do lat. *patente-*, «id.»)
patenteação *n.f.* ato ou efeito de patentear; exposição; demonstração (De *patentear*+*-ção*)
patentear *v.tr.* 1 tornar patente; mostrar 2 tornar claro e evidente 3 conceder patente a ■ *v.pron.* mostrar-se; manifestar-se; evidenciar-se (De *patente*+*-ear*)
patera *n.f.* escápula de onde pendem as braçadeiras das cortinas (Do fr. *patère*, «*patera*»)
pátera *n.f.* taça usada nos sacrifícios, nos tempos antigos (Do lat. *patĕra-*, «taça»)
páter-famílias *n.m.2n.* indivíduo casado e com filhos; pai de família (Do lat. *paterfamilīas*, «pai de família»)
paternal *adj.2g.* 1 relativo, pertencente ou inerente ao pai 2 [fig.] protetor 3 [fig.] benévolo (Do lat. *paternu-*, «paterno» +*-al*)
paternalidade *n.f.* qualidade de paternal (De *paternal*+*-i-*+*-dade*)
paternalismo *n.m.* 1 ANTROPOLOGIA sistema de relações baseado na autoridade do pai ou do chefe 2 POLÍTICA regime em que o excesso de autoridade assume formas de suposta proteção 3 [pej.] atitude protetora que menospreza as potencialidades e limita o desenvolvimento daquele que é objeto dela (De *paternal*+*-ismo*)
paternalista *adj.2g.* 1 relativo ao paternalismo 2 que adota ou defende o paternalismo 3 [pej.] que exerce autoridade ou domínio sob a aparência de proteção ■ *n.2g.* adepto do paternalismo (De *paternal*+*-ista*)
paternalmente *adv.* 1 de modo paternal 2 benevolamente (De *paternal*+*-mente*)
paternidade *n.f.* 1 estado ou qualidade de pai 2 DIREITO vínculo jurídico dum progenitor ao filho, que acarreta direitos e obrigações 3 antiga forma de tratamento que se dava aos religiosos 4 [fig.] autoria (Do lat. *paternitāte-*, «id.»)
paterno *adj.* 1 relativo, pertencente ou inerente ao pai 2 que, numa linha de parentesco, é relativo ao pai 3 [fig.] protetor (Do lat. *paternu-*, «paterno»)
pateta *adj.,n.2g.* 1 que ou pessoa que demonstra falta de bom senso; tolo 2 que ou pessoa que revela ingenuidade; ingénuo; simplório (Do cast. *pateta*, «id.»)
patetar *v.intr.* 1 fazer ou dizer patetices 2 vacilar; hesitar; titubear (De *pateta*+*-ar*)
patetear *v.intr.* ⇒ **patetar** (De *pateta*+*-ear*)
pateticamente *adv.* 1 de modo patético 2 com enternecimento (De *patético*+*-mente*)
patetice *n.f.* ato ou dito de pateta; sandice; parvoíce (De *pateta*+*-ice*)
patético *adj.* 1 que suscita piedade; que comove 2 [pej.] que é considerado ridículo por explorar as emoções até ao excesso ■ *n.m.* 1 arte de despertar nos outros emoção ou piedade 2 aquilo que comove (Do gr. *pathetikós*, «comovente», pelo lat. *pathetĭcu-*, «id.»)
patetoide *adj.,n.2g.* que ou a pessoa que parece pateta; parvoide (De *pateta*+*-óide*)
patetóide ver nova grafia patetoide
pati *n.m.* [Brasil] BOTÂNICA ⇒ **jeribá** (Do tupi *pa'ti*, «id.»)
-patia sufixo nominal, de origem grega, que traduz a ideia de *experiência, sofrimento* (*mielopatia*)
patibular *adj.2g.* 1 que diz respeito ao patíbulo 2 digno de patíbulo 3 lúgubre 4 (cara) que tem aspeto de criminoso; medonho 5 que traz à ideia o crime e o remorso (Do lat. *patibulo*+*-ar*)
patíbulo *n.m.* lugar onde os condenados sofrem a pena capital (por guilhotina, forca, garrote, etc.) (Do lat. *patibŭlu-*, «id.»)
pático *adj.* [poét.] que se presta à devassidão; libidinoso (Do lat. *pathĭcu-*, «id.»)
patifão *n.m.* grande patife; patifório (De *patife*+*-ão*)
patifaria *n.f.* ato de patife; maroteira; desaforo (De *patife*+*-aria*)
patife *adj.,n.m.* (*feminino* **patifa**) 1 que ou aquele que prejudica outros 2 que ou aquele que revela mau carácter 3 que ou aquele que revela malícia ou malvadez (De orig. obsc.)
patifório *n.m.* 1 patife hábil 2 patifão (De *patife*+*-ório*)
patiguá *n.m.* [Brasil] cesto onde os índios, no Brasil, guardam as redes (Do tupi *pati'wa*, «id.»)
patilha *n.f.* 1 parte posterior do selim 2 parte inferior de um carril de via-férrea 3 palheta de ouro ou prata 4 [mais usado no plural] pelos da barba que descem pelas faces, em frente das orelhas, no homem; suíça 5 canto 6 peça que assenta sobre a roda da bicicleta e a impede de girar 7 peça móvel manejável, componente de dispositivos mecânicos ou elétricos 8 NÁUTICA parte saliente da quilha em que o leme se move; patelha (Do cast. *patilla*, «id.», parte saliente dum encaixe de madeira)
patim[1] *n.m.* 1 pequeno pátio 2 patamar de uma escada; pataréu (De *pátio*+*-im*)
patim[2] *n.m.* peça de calçado provida de lâmina vertical baixa de aço, para deslizar sobre o gelo, ou de pequenas rodas, para rolar sobre um pavimento liso; *patins em linha* DESPORTO patins com quatro rodas dispostas numa só linha de forma a permitir movimentos mais flexíveis (Do fr. *patin*, «id.»)
pátina *n.f.* 1 oxidação das tintas pela ação do tempo ou a sua transformação lenta pelo efeito da luz; patine 2 concreção terrosa à superfície dos mármores antigos 3 espécie de verdete que se forma sobre o bronze antigo e objetos pré-históricos 4 [fig.] aparência de antiguidade ou envelhecimento considerada elegante ou requintada (Do lat. *patĭna-*, «caçarola; tacho de bronze», pelo it. *patina*, «pátina», pelo fr. *patine*, «id.»)
patinador *adj.,n.m.* que ou aquele que patina (De *patinar*+*-dor*)
patinagem *n.f.* 1 ato ou efeito de patinar 2 DESPORTO atividade que consiste em deslizar sobre o gelo ou outra superfície em patins; *~ artística* DESPORTO modalidade que consiste em dançar ou fazer coreografias deslizando sobre uma superfície gelada, individualmente ou em pares (Do fr. *patinage*, «id.»)
patinar[1] *v.tr.* 1 alterar (objetos de cobre e bronze) devido à passagem do tempo e à ação da luz 2 aplicar colorido artificial sobre (certos objetos) para reproduzir um efeito de envelhecimento decorativo 3 provocar a formação de concreções terrosas à superfície de (mármores antigos) (De *pátina*+*-ar*)
patinar[2] *v.intr.* 1 deslizar com patins de rodas 2 deslizar sobre o gelo com patins de lâmina 3 girarem (as rodas de um veículo), sem que este ande 4 escorregar; deslizar 5 [fig.] titubear; hesitar (Do fr. *patiner*, «id.»)
patine *n.f.* ⇒ **pátina** (Do fr. *patine*)
patinete *n.f.* ⇒ **trotineta**
patinha *n.f.* 1 pata pequena 2 ORNITOLOGIA ⇒ **petinha** (De *pata*+*-inha*)
patinhar *v.intr.* 1 agitar a água como fazem os patos; bater com as mãos ou os pés na água 2 girarem (as rodas de um veículo), sem que este ande; patinar ■ *v.tr.* deixar os vestígios das patas ou dos pés em (De *patinho*+*-ar*)
patinheiro *n.m.* [regionalismo] caminho ou lugar lamacento onde ficam impressos os vestígios das patas dos animais ou dos pés das pessoas que por lá passam (De *patinhar*+*-eiro*)
patinho *n.m.* 1 pato pequeno 2 [pop.] aquele que facilmente se deixa enganar, sobretudo ao jogo; lorpa; pateta; patau 3 jogo popular; *cair como um ~* [coloq.] deixar-se enganar (De *pato*+*-inho*)
pátio *n.m.* 1 recinto descoberto, no interior de um edifício 2 terreno murado contíguo à casa 3 vestíbulo; átrio 4 conjunto de casas pobres, nos bairros antigos de Lisboa 5 [ant.] nome por que se designavam as aulas de Humanidades, nos conventos dos Jesuítas

(Do lat. *pactu-*, «convénio», pelo prov. *pătu*, *păti*, «lugar de pasto comum»)

patível *adj.2g.* **1** que se pode sofrer; suportável; tolerável **2** conciliável (Do lat. *patibĭle-*, «id.»)

pato¹ *n.m.* **1** ORNITOLOGIA nome comum extensivo a várias aves palmípedes da família dos Anatídeos; parreco **2** [pop.] ingénuo; idiota; parvo; *cair como um ~* deixar-se enganar (De orig. onom.?)

pato² *adj.* empatado; pate (Do lat. *pactu-*, «acordo», pelo it. *patto*, «quite», pelo fr. *pat*, «id.»)

pato- elemento de formação de palavras que exprime a ideia de doença, sofrimento (Do gr. *páthos*, «doença»)

patoá *n.m.* **1** dialeto de uma província francesa **2** gíria **3** linguagem incorreta **4** dialeto de qualquer idioma **5** [pop.] palavreado; lábia; conversa fiada (Do fr. *patois*, «id.»)

pato-assobiadeiro *n.m.* ORNITOLOGIA ⇒ **alfanado** *n.m.*

pato-bravo *n.m.* **1** ORNITOLOGIA ave anseriforme da família dos Anatídeos, de plumagem negra e uma pequena faixa branca por baixo das asas **2** [fig.] construtor civil improvisado e de má qualidade **3** [fig., coloq.] espertalhão; chico-esperto

pato-colhereiro *n.m.* ORNITOLOGIA ⇒ **colhereiro**

pato-do-mar *n.m.* ORNITOLOGIA ⇒ **negra**

patofobia *n.f.* MEDICINA receio patológico de qualquer doença (De *pato-*+*-fobia*)

patogénese *n.f.* estudo da origem das doenças e dos fenómenos que presidem ao seu desenvolvimento; patogenia (De *pato-*+*génese*)

patogenia *n.f.* ⇒ **patogénese** (De *pato-*+*-genia*)

patogénico *adj.* **1** relativo à patogenia **2** que produz doença (De *patogenia*+*-ico*)

patognomónica *n.f.* MEDICINA parte da medicina que trata dos sintomas das doenças (De *patognomónico*)

patognomónico *adj.* que diz respeito aos sinais próprios e característicos das doenças (Do gr. *pathognomonikós*, «indicador de moléstia»)

patola¹ *n.f.* [pop.] pata ou pé grande ■ *adj.,n.2g.* parvo; estúpido; palonço (De *pata*+*-ola*)

patola² *n.f.* tecido de seda estampado, fabricado na Índia (Do malaiala *pattuda*, «id.»)

patologia *n.f.* **1** MEDICINA parte da medicina que estuda as origens, os sintomas e a natureza das doenças **2** estado de saúde considerado anormal ou desviante; doença; *~ clínica* ramo da medicina que se dedica à aplicação dos conhecimentos obtidos pelo estudo laboratorial dos produtos biológicos ao diagnóstico e tratamento das doenças (De *pato-*+*-logia*)

patologicamente *adv.* do ponto de vista patológico (De *patológico*+*-mente*)

patológico *adj.* **1** relativo à patologia **2** relativo a uma doença **3** [fig.] obsessivo; excessivo; doentio (Do gr. *pathologikós*, «id.»)

patologista *n.2g.* especialista em patologia (De *patologia*+*-ista*)

pato-marreco *n.m.* ORNITOLOGIA ⇒ **marreco** *n.m.*

patomimia *n.f.* simulação, pelos histéricos, dos sintomas de uma doença (paralisia, febre, etc.) (Do gr. *páthos*, «doença» +*mîmos*, «ator» +*-ia*)

pato-mudo *n.m.* indivíduo que, nas assembleias deliberativas, de modo especial no parlamento, não faz uso da palavra

pato-negro *n.m.* ORNITOLOGIA ⇒ **negra**

pato-real *n.m.* ORNITOLOGIA ⇒ **adem**

patorra /ô/ *n.f.* **1** [coloq.] pata ou pé grande **2** casta de uva tinta **3** ORNITOLOGIA ⇒ **cotovia** (De *pata*+*-orra*)

pato-trombeteiro *n.m.* ORNITOLOGIA ⇒ **colhereiro 3**

patranha *n.f.* história mentirosa; peta (Do lat. **pastoranĕa*, «contos de pastores», pelo cast. *patraña*, «id.»)

patranhada *n.f.* série de patranhas (De *patranha*+*-ada*)

patranheiro *adj.,n.m.* que ou aquele que conta ou diz patranhas; mentiroso (De *patranha*+*-eiro*)

patranhento *adj.,n.m.* ⇒ **patranheiro** (De *patranha*+*-ento*)

patranhoso /ô/ *adj.* **1** relativo a patranha **2** que contém patranha (De *patranha*+*-oso*)

patrão *n.m.* **1** chefe ou proprietário de um estabelecimento comercial ou industrial, em relação aos seus funcionários **2** pessoa em relação aos seus empregados **3** NÁUTICA arrais de uma embarcação **4** aquele que manda (Do lat. *patrōnu-*, «id.», pelo fr. *patron*, «id.»)

patrão-mor *n.m.* funcionário que dirige certos serviços ou oficinas do Estado

patrasana *n.m.* **1** soldado da antiga Guarda Nacional **2** [pop.] homem gordo e bonacheirão **3** qualquer sujeito **4** [pop.] homem rústico; labrego; partasana (De *partasana*)

patri- elemento de formação de palavras que exprime a ideia de pai e pátria (Do lat. *patre-*, «pai» e *patrĭa-*, «pátria»)

pátria *n.f.* **1** país em que cada um nasceu e de que é cidadão **2** lugar de origem **3** [fig.] lugar onde uma pessoa se sente melhor ou em relação ao qual nutre um sentimento de pertença; *~ celeste* o Céu (Do lat. *patrĭa-*, «id.»)

patriarca *n.m.* **1** chefe de família, entre os povos antigos **2** nome dado aos chefes político-religiosos que dirigiram os Hebreus durante a sua vida nómada, e que foram anteriores aos Juízes **3** título dado aos prelados de algumas dioceses importantes **4** [fig.] indivíduo idoso respeitável e com numerosa descendência **5** [fig.] figura masculina tutelar encarada e respeitada como um líder simbólico ou orientador de determinado grupo (Do gr. *patriárkhes*, «id.», pelo lat. *patriarcha-*, «id.»)

patriarcado *n.m.* **1** dignidade ou área jurisdicional do patriarca **2** diocese administrada por um patriarca **3** residência do patriarca **4** ANTROPOLOGIA, SOCIOLOGIA sistema social no qual os homens ocupam um lugar central, quer enquanto chefes de família, quer na vida política, e em que a transmissão patrimonial segue a via paterna (De *patriarca*+*-ado*)

patriarcal *adj.2g.* **1** referente ao patriarca **2** [fig.] respeitável; venerável **3** residência do patriarca **2** sé do patriarcado (Do lat. *patriarchāle-*, «id.»)

patriarcalmente *adv.* à maneira dos patriarcas (De *patriarcal*+*-mente*)

patriciado *n.m.* **1** HISTÓRIA estado de patrício, entre os Romanos **2** conjunto dos patrícios (Do lat. *patriciātu-*, «id.»)

patriciato *n.m.* ⇒ **patriciado**

patrício *n.m.* **1** conterrâneo **2** aristocrata **3** HISTÓRIA indivíduo que, em Roma, fazia parte da classe privilegiada, e que, por isso, primitivamente, tinha exclusivo direito de cidade, isto é, de ser cidadão romano ■ *adj.* **1** conterrâneo **2** aristocrático; nobre **3** distinto; privilegiado (Do lat. *patricĭu-*, «id.»)

patrilateral *adj.2g.* (parente, parentesco, etc.) do lado paterno (De *patri-*+*lateral*)

patrilinear *adj.2g.* diz-se da sucessão pela linha paterna (De *patri-*+*linear*)

patrilinhagem *n.f.* ETNOLOGIA linha de descendência genealógica pelo lado paterno (De *patr(i/o)-*+*linhagem*)

patrimoniado *adj.* que recebeu ou possui património (De *património*+*-ado*)

patrimonial *adj.2g.* relativo a património (Do lat. *patrimoniāle-*, «id.»)

património *n.m.* **1** herança paterna **2** bens que se herdaram dos pais ou avós; bens de família **3** zonas, edifícios e outros bens naturais ou materiais de determinado país que são protegidos e valorizados pela sua importância cultural **4** RELIGIÃO dote necessário para a ordenação de um eclesiástico **5** [fig.] riqueza (Do lat. *patrimonĭu-*, «id.»)

pátrio *adj.* **1** pertencente ou relativo à pátria **2** pertencente ou relativo ao pai (Do lat. *patrĭu-*, «id.»)

patriófobo *adj.,n.m.* que ou aquele que tem aversão à sua pátria (Do lat. *patrĭa-*, «pátria»+gr. *phobeīn*, «ter horror a»)

patriota *adj.,n.2g.* **1** que ou pessoa que manifesta amor e orgulho pela pátria **2** que ou pessoa que defende a pátria (Do gr. *patriótes*, «patrício»)

patrioteirismo *n.m.* **1** atitude própria de patrioteiro **2** falso patriotismo (De *patrioteiro*+*-ismo*)

patrioteiro *adj.* **1** que exibe o amor e orgulho pela pátria de forma excessiva **2** que explora em excesso temas e motivos relativos à pátria e ao amor à pátria ■ *n.m.* **1** aquele que faz alarde do seu patriotismo **2** aquele que explora excessivamente temas e motivos habitualmente associados ao patriotismo (De *patriota*+*-eiro*)

patrioticamente *adv.* com patriotismo; com amor à pátria (De *patriótico*+*-mente*)

patriótico *adj.* relativo a patriota; que revela amor à pátria (Do gr. *patriotikós*, «relativo aos patriotas», pelo lat. *patriotĭcu-*, «id.»)

patriotismo *n.m.* **1** qualidade de patriota **2** amor, dedicação e orgulho pela pátria (De *patriota*+*-ismo*)

patrística *n.f.* RELIGIÃO parte da teologia que estuda a doutrina dos Santos Padres quanto à fé, à moral e à disciplina eclesiástica (Do fr. *patristique*, «id.»)

patrístico *adj.* relativo aos Santos Padres ou à sua doutrina (Do fr. *patristique*, «id.»)

patroa /ô/ *n.f.* **1** chefe de um estabelecimento comercial ou industrial, em relação aos seus funcionários **2** pessoa em relação aos seus empregados; pessoa em relação aos que a servem; ama **3** [pop.] esposa (Do lat. *patrōna-*, «protetora; defensora»)

patrocinador adj., n.m. 1 que ou aquele que patrocina 2 protetor (De patrocinar+-dor)

patrocinar v.tr. 1 contribuir com fundos ou serviços para (determinado projeto), geralmente obtendo contrapartidas publicitárias ou outras 2 favorecer; apoiar 3 proteger (Do lat. *patrocināre, «id.» por atrocinari, «id.»)

patrocinato n.m. ato de patrocinar; patrocínio; patronato (Do lat. patrocinātu-, «id.», part. pass. de patrocināri, «proteger; defender»)

patrocínio n.m. 1 ato ou efeito de patrocinar 2 contribuição (em dinheiro e/ou serviços) de instituição ou entidade para determinado projeto, geralmente com contrapartidas publicitárias ou outras 3 proteção 4 auxílio (Do lat. patrociniŭ-, «id.»)

patróclino adj. diz-se do descendente em que predominam os caracteres hereditários paternos (Do gr. patér, -trós, «pai» +klínein, «inclinar»)

patrologia n.f. 1 conhecimento ou estudo da vida e das obras dos Santos Padres da Igreja 2 coleção dos seus escritos (Do gr. patér, -trós, «pai» +lógos, «tratado» +-ia, ou do fr. patrologie, «id.»)

patrológico adj. relativo à patrologia (De patrologia+-ico)

patrona /ô/ n.f. 1 protetora; padroeira 2 bolsa onde os soldados de infantaria levavam os cartuchos; cartucheira (Do lat. patrōna-, «protetora; defensora», pelo fr. patronne, «id.»)

patronado n.m. ⇒ **patronato** (Do lat. patronātu-, «id.»)

patronagem n.f. ⇒ **patrocínio** (Do fr. patronage, «id.»)

patronal adj.2g. 1 referente a patrão 2 próprio de patrão 3 que é constituído por patrões (Do lat. patronāle-, «id.»)

patronato n.m. HISTÓRIA na antiga Roma, direito de um cidadão nobre, rico e poderoso, sobre outras pessoas, de condição inferior, a que estava ligado e as quais protegia e ajudava, em troca de alguns serviços 2 proteção, defesa ou ajuda de um patrono; patrocínio 3 instituição que ajuda, protege e dá instrução a menores 4 autoridade ou qualidade do que emprega trabalhadores, mediante uma remuneração; autoridade de patrão 5 conjunto dos que empregam trabalhadores, mediante remuneração; grupo dos patrões (Do lat. patronātu-, «id.»)

patronear v.tr. 1 dirigir como patrão 2 dar ajuda ou apoio; patrocinar; apoiar ■ v.intr. falar ou agir com autoritarismo (De patrão+-ear)

patronímico adj. 1 relativo ao nome dos pais 2 (antropónimo) que derivou do nome dos pais e que é comum a todos os descendentes de uma pessoa ■ n.m. nome que designa uma filiação ou uma linhagem de sangue ou de adoção (Do gr. patronymikós, «id.», pelo lat. patronymĭcu-, «id.»)

patrono /ô/ n.m. 1 HISTÓRIA na antiga Roma, cidadão nobre, rico e poderoso, ligado a outras pessoas, de condição inferior, as quais protegia e ajudava, em troca de alguns serviços 2 pessoa que defende uma causa ou ideia; defensor 3 personalidade ilustre que apadrinha e patrocina uma pessoa, entidade, classe de profissionais, etc. 4 santo protetor de uma congregação; padroeiro 5 advogado em relação a cliente ou a estagiário sob a sua orientação 6 [Brasil] pessoa falecida, de reconhecido valor numa área do conhecimento, escolhida por uma academia para ser o tutor de uma das suas cadeiras (Do lat. patrōnu-, «id.»)

patruça n.f. ICTIOLOGIA nome vulgar de um peixe da família dos Pleuronectídeos, afim da solha (De orig. obsc.)

patrúcia n.f. ICTIOLOGIA ⇒ **patruça**

patruicídio n.m. assassínio de tio paterno (Do lat. patrŭu-, «tio paterno» +caedĕre, «matar» +-io)

patrulha n.f. 1 MILITAR pequeno destacamento de soldados encarregado de fazer rondas 2 MILITAR força militar de pequeno efetivo com missões de combate ou reconhecimento 3 MILITAR grupo de aviões de combate com a missão de intercetar aviões inimigos 4 MILITAR navio de guerra com a missão de vigiar as águas oceânicas ou o litoral 5 grupo de pessoas encarregadas de vigiar determinada zona com o fim de manter a segurança e a ordem pública 6 ronda de vigilância (Do fr. patrouille, «id.»)

patrulhamento n.m. ato ou efeito de patrulhar; vigilância feita por patrulhas (De patrulhar+-mento)

patrulhar v.tr. 1 guarnecer de patrulhas 2 vigiar com patrulhas 3 vigiar de forma sistemática (um dado local) ■ v.intr. rondar em patrulha (Do fr. patrouiller, «id.»)

patrulheiro n.m. 1 indivíduo que patrulha 2 NÁUTICA embarcação que faz parte de uma patrulha (De patrulha+-eiro)

patuá n.m. [Brasil] ⇒ **patuguá**

patudo adj. que possui patas grandes (De pata+-udo)

patuguá n.m. [Brasil] ⇒ **patuguá**

patuleia n.f. 1 [com maiúscula] HISTÓRIA nome por que se designava o partido popular, na revolução de outubro de 1846, em Portugal 2 povo; plebe ■ n.2g. HISTÓRIA membro da ala esquerda do partido liberal português, também chamado setembrista (Deriv. regr. de *patulear, por *patolear [de patola], «pisar forte, fazendo ruído com os pés»)

pátulo adj. [poét.] patente; franqueado; aberto (Do lat. patŭlu-, «aberto»)

paturi n.m. [Brasil] ORNITOLOGIA pequeno pato frequente na América do Sul (Do tupi patu'ri, «id.»)

patuscada n.f. 1 reunião festiva de pessoas para comer e beber 2 [pop.] divertimento 3 [pop.] brincadeira (Part. pass. fem. subst. de patuscar)

patuscar v.intr. fazer patuscadas; divertir-se (De patusco+-ar)

patusco adj. 1 que é amigo de patuscadas; pândego 2 cómico; brincalhão 3 extravagante; excêntrico ■ n.m. 1 aquele que é amigo de patuscadas; pândego 2 cómico; brincalhão 3 extravagante; excêntrico 4 [regionalismo] pequeno bolo de trigo, às vezes doce 5 [regionalismo] pãozinho de centeio ou milho (De orig. obsc.)

patusqueiro adj. [regionalismo] alegre; pândego; divertido (De patusco+-eiro)

pau n.m. 1 qualquer pedaço de madeira 2 substância sólida com a forma semelhante à de um pau (por exemplo, pau de giz, pau de canela, etc.) 3 cacete; bordão; cajado 4 cada um dos chifres dos animais 5 NÁUTICA haste; mastro 6 [São Tomé e Príncipe] BOTÂNICA árvore, como base da designação das espécies: pau de sangue, pau de ferro 7 [fig.] paulada; castigo 8 [vulg.] pénis 9 pl. um dos naipes do baralho das cartas de jogar, geralmente representado através da imagem de um trevo preto com três folhas 10 [regionalismo] massa aglomerada de cortiça; cortiça fraca 11 pl. [ant., coloq.] escudos; ~ *de virar tripas* pessoa muito magra; ~ *para toda a obra* pessoa ou coisa que serve para tudo; *a dar com um* ~ [coloq.] em grande quantidade; *cara de* ~ [fig.] indivíduo trombudo, de cara dura; *dar/levar uma carga de* ~ dar/levar muita pancada; *dar por paus e por pedras* encolerizar-se a ponto de cometer disparates; *enquanto o* ~ *vai e vem folgam as costas* não nos preocupemos com coisas que ainda não sucederam; *estar a meio* ~ ter comido pouco; *jogar com um* ~ *de dois bicos* servir ao mesmo tempo duas partes opostas; *pôr-se a* ~ acautelar-se; *ser* ~ *para toda a colher* servir para tudo; *ter* ~ ser esperto; *um* ~ *por um olho* pechincha (Do lat. palu-, «pau»)

pau-a-pique ver nova grafia pau a pique

pau a pique n.m. [Angola, Moçambique, São Tomé e Príncipe] estrutura de uma habitação, formada por um esqueleto de paus ou canas, verticais e horizontais, revestido de barro e de outros materiais pouco resistentes (De pau+a pique, «paus levantados»)

pau-batido n.m. cortiça que sai completamente

pau-brasil n.m. 1 BOTÂNICA árvore tropical da família das Leguminosas, de lenho avermelhado, utilizada em marcenaria e para extrair matéria corante, abundante no Brasil, também conhecida por arabutã 2 madeira desta árvore

pau-cetim n.m. BOTÂNICA árvore brasileira da família das Apocináceas, que fornece madeira amarelada e luzidia, muito apreciada em marcenaria

pau-d'água n.m. 1 [Brasil] aquele que anda habitualmente embriagado 2 BOTÂNICA planta são-tomense

pau-d'alho n.m. BOTÂNICA árvore medicinal são-tomense

pau-d'áquila n.m. BOTÂNICA ⇒ **aquilária**

pau-d'arco n.m. BOTÂNICA designação comum a diversas árvores e arbustos da família das Bignoniáceas, cultivadas como ornamentais

pau-de-cabeleira ver nova grafia pau de cabeleira

pau de cabeleira n.m. pessoa que acompanha um par de namorados; *servir de* ~ acompanhar um par de namorados

pau-de-campeche n.m. ⇒ **campeche** 2

pau-de-cobra n.m. BOTÂNICA ⇒ **gafanhoto** 2

pau-de-fileira ver nova grafia pau de fileira

pau de fileira n.m. parte mais alta do vigamento, onde estão apoiadas as extremidades dos caibros

pau-de-praga n.m. BOTÂNICA ⇒ **cordão-de-são-francisco**

pau-de-sabão n.m. BOTÂNICA ⇒ **saboeira**

pau-d'óleo n.m. BOTÂNICA árvore burserácea são-tomense

pau-dos-feiticeiros n.m. BOTÂNICA ⇒ **muave** 1

pau-ferro n.m. 1 BOTÂNICA nome vulgar extensivo a árvores da família das Casuarináceas, Sapotáceas (África e Ásia tropicais) e Verbenáceas (Américas), que têm de comum a dureza e a cor escura do seu lenho, que é utilizado em marcenaria, também conhecidas por jucá e itu 2 madeira destas árvores

paul *n.m.* terreno alagadiço; pântano (Do lat. vulg. *pădūle-*, por *palūde-*, «id.»)

paulada *n.f.* pancada com pau; cajadada (Do lat. *palu-*, «pau» + *-ada*)

paulatinamente *adv.* pouco a pouco; lentamente (De *paulatino*+*-mente*)

paulatino *adj.* que é feito aos poucos, devagar (Do lat. *paulatīnu-*, «id.»)

paulista *n.2g.* 1 religioso ou religiosa pertencente à Ordem de S. Paulo 2 natural ou habitante do estado brasileiro de São Paulo 3 [fig.] teimoso (De *[São] Paulo*, top. +*-ista*)

paulistano *adj.* relativo à cidade brasileira de São Paulo ou aos seus habitantes ▪ *n.m.* natural ou habitante da cidade de São Paulo (De *paulista*+*-ano*)

paulitada *n.f.* ato de um jogador derrubar um paulito (De *paulito*+*-ada*)

pauliteiro *n.m.* indivíduo que toma parte na dança dos paulitos (De *paulito*+*-eiro*)

paulito *n.m.* 1 pedaço redondo de madeira que serve de fito em certos jogos 2 meco 3 cada um dos paus usados na célebre dança dos paulitos, de Miranda do Douro, cidade portuguesa do distrito de Bragança 4 [pop.] fósforo de madeira; **dança dos paulitos** dança popular executada por indivíduos que seguram em cada mão um pequeno pau com que efetuam diversas coreografias bastante rápidas ao som da música do tamboril e da gaita de foles (De *pau* × *palito*)

pau-mandado *n.m.* 1 [depr.] pessoa subserviente que aceita fazer tudo o que se lhe mande; joguete; pessoa sem personalidade 2 *pl.* [regionalismo] jogo popular para duas pessoas, que consta do lançamento de um arco de madeira que se arremessa e se apanha com o auxílio de dois pauzinhos

pau-manteiga *n.m.* BOTÂNICA árvore silvestre

pau-pereira *n.m.* [Brasil] BOTÂNICA ⇒ **ubá-açu**

paupérie *n.f.* falta de meios básicos de subsistência; miséria (Do lat. *pauperie-*, «id.»)

pauperismo *n.m.* estado de pobreza extrema em determinada comunidade (Do lat. *paupĕre-*, «pobre» +*-ismo*)

paupérrimo *adj.* {superlativo absoluto sintético de **pobre**} muito pobre (Do lat. *pauperrĭmu-*, «id.»)

pau-preto /ê/ *n.m.* BOTÂNICA designação extensiva a certas árvores tropicais e à sua madeira de cor quase preta, muito usada em marcenaria e também conhecida por nonô

pau-quime *n.m.* [São Tomé e Príncipe] BOTÂNICA árvore da família das Bignoniáceas, de folha persistente, utilizada na formação de sebes vivas, cuja casca cozida tem ação terapêutica em problemas brônquicos (Do forro *pau-kimi*, «id.»)

pau-rosa *n.m.* 1 BOTÂNICA designação extensiva a umas árvores da família das Litráceas e da família das Leguminosas, cuja madeira, muito utilizada em marcenaria, é castanho-avermelhada 2 madeira destas árvores

pau-roxo *n.m.* BOTÂNICA árvore brasileira da família das Leguminosas

pausa *n.f.* 1 suspensão de ação ou movimento 2 interrupção momentânea; intervalo 3 vagar 4 MÚSICA sinal gráfico indicativo da ausência de som 5 silêncio (mais ou menos longo) 6 LINGUÍSTICA interrupção no discurso oral, que pode equivaler a uma suspensão de voz ou à articulação de sons não linguísticos 7 LITERATURA momento de suspensão da ação da narrativa (Do gr. *paũsis*, «id.», do lat. *pausa-*, «id.»)

pausadamente *adv.* de modo pausado; vagarosamente (De *pausado*+*-mente*)

pausado *adj.* 1 feito com pausa 2 lento 3 com ritmo lento e compassado 4 prudente; ponderado (Do lat. *pausātu-*, «id.», part. pass. de *pausāre*, «parar; cessar»)

pau-sangue *n.m.* [São Tomé e Príncipe] BOTÂNICA arbusto (*Harungana madagascariensis*) da família das Hipericáceas, de 4 a 9 metros de altura, com folhas revestidas de um tegumento de cor castanha, usada em tinturaria, cujo tronco, quando golpeado, exsuda uma espécie de resina de cor vermelha intensa, e cujas raízes, cascas e folhas têm aplicação medicinal (De *pau*+*sangue*)

pau-santo *n.m.* BOTÂNICA ⇒ **guaiaco**

pausar *v.tr.* 1 tornar pausado, lento, vagaroso 2 demorar 3 [fig.] ponderar ▪ *v.intr.* 1 fazer pausa(s); parar 2 [fig.] descansar (De *pausāre*, «id.»)

pau-seringa *n.m.* BOTÂNICA ⇒ **seringueira**

pauta *n.f.* 1 papel com traços paralelos que, posto sob a folha translúcida em que se escreve, serve para regular a mão de quem o faz, a fim de que as linhas escritas fiquem horizontais 2 ordem 3 estabilização 4 regularização 5 rol; lista 6 tarifa 7 tabela 8 modelo 9 relação dos alunos de uma turma ou curso 10 MÚSICA as cinco linhas paralelas em que se escrevem as notas da música (Do lat. *pacta*, pl. de *pactum*, «acordo; convenção», pelo cast. *pauta*, «pauta; modelo»)

pautado *adj.* 1 riscado ou marcado com traços paralelos 2 feito por pauta 3 regulado 4 limitado 5 consignado em pauta ou rol 6 comedido 7 metódico 8 regular (Part. pass. de *pautar*)

pautal *adj.2g.* 1 referente a pauta 2 marcado na pauta (De *pauta*+*-al*)

pautar *v.tr.* 1 riscar à maneira de pauta 2 regular 3 modelar 4 pôr em pauta ou rol 5 catalogar 6 tornar moderado ou metódico (De *pauta*+*-ar*)

pautear *v.tr.* ⇒ **pautar** (De *pauta*+*-ear*)

pauteiro *n.m.* [Guiné-Bissau] vidente; mágico (Do crioulo guineense *pautèru*, «id.»)

pauzeiro *n.m.* [regionalismo] carpinteiro que prepara os paus para tamancos (De *pau*+*z*+*-eiro*)

pauzinho *n.m.* 1 pau pequeno 2 designação dada ao número onze, no jogo do loto 3 *pl.* par de pauzinhos, de origem oriental, que se usam como talheres; fachi; hashi; **mexer os pauzinhos** [fig.] diligenciar para atingir um fim, intrigar (De *pau*+*z*+*-inho*)

pavana *n.f.* 1 antiga dança espanhola, de movimentos pausados e graves 2 música que acompanhava essa dança; **tocar a ~ a (alguém)** bater em (alguém), sovar, espancar (Do cast. *pavana*, «id.»)

pavão *n.m.* 1 ORNITOLOGIA ave galinácea, da família dos Fasianídeos, doméstica em Portugal, cujos machos têm uma bela plumagem em tons brilhantes de azul, principalmente no pescoço e na cabeça, com reflexos verdes, violeta e dourados, especialmente na cauda, que se levanta em leque 2 [fig.] indivíduo vaidoso (Do lat. *pavōne-*, «id.»)

paveia *n.f.* 1 feixe pequeno de palha ou de feno 2 monte de mato roçado (De orig. obsc.)

pavejar *v.intr.* reunir em paveias (a palha, o mato, etc.) (De *paveia*+*-ejar*)

pavês *n.m.* 1 HISTÓRIA escudo grande que cobria quase todo o corpo do soldado 2 NÁUTICA anteparo de madeira para defesa da tripulação de um navio (Do it. *pavese*, «pertencente a Pavia», cidade italiana, pelo cast. *pavés*, «pavês»)

pavesada *n.f.* resguardo feito com paveses (De *pavês*+*-ada*)

pavesadura *n.f.* ⇒ **pavesada** (De *pavesar*+*-dura*)

pavesar *v.tr.* guarnecer de paveses (De *pavês*+*-ar*)

pavia *n.f.* variedade de pêssego do fim do verão (De *Pavia*, top., cidade italiana)

pávido *adj.* que tem pavor; medroso; assustado (Do lat. *pavĭdu-*, «espantado»)

pavilhão *n.m.* 1 construção de madeira desmontável e portátil 2 recinto coberto, de grandes dimensões, que pode ser usado para a prática desportiva ou para os mais diversos fins 3 construção anexa ao corpo principal de um edifício 4 armação de cama 5 cortinado do sacrário 6 estandarte 7 bandeira 8 marinha; força naval de um país 9 ANATOMIA parte externa do ouvido dos mamíferos 10 orelha (Do lat. *papiliōne-*, «borboleta», pelo fr. *pavillon*, «pavilhão»)

pavimentação *n.f.* 1 ato ou efeito de pavimentar 2 pavimento (De *pavimentar*+*-ção*)

pavimentar *v.tr.* 1 fazer pavimento em 2 construir com pavimentos (Do lat. *pavimentāre*, «id.»)

pavimento *n.m.* 1 revestimento do solo ou do piso 2 chão; solo 3 cada um dos andares de um edifício; piso 4 parte da estrada 5 rua ou pista que suporta diretamente o tráfego e transmite as suas solicitações à infraestrutura (terreno, obras de arte, etc.) (Do lat. *pavimentu-*, «id.»)

pavio *n.m.* torcida comprida e fina, revestida de cera, que serve para alumiar ou acender luzes; **de fio a ~** do princípio ao fim; **gastar ~** perder tempo (Do lat. *papyru-*, «papiro», pelo cast. *pabilo*, «pavio; torcida»)

paviola *n.f.* [regionalismo] ⇒ **padiola**

pavo *n.m.* [São Tomé e Príncipe] cobertura de casas ou alpendres com folhas de palmeira cruzadas (Do forro *npávu*, «id.»)

pavoa /ô/ *n.f.* fêmea do pavão

pavonada *n.f.* 1 leque formado pela cauda do pavão, quando aberta 2 [fig.] jactância; bazófia (Do lat. *pavōne-*, «pavão» +*-ada*)

pavonado *adj.* que possui as cores ou o aspeto do pavão (Do lat. *pavōne-*, «pavão» +*-ado*)

pavoncinho *n.m.* ⇒ **pavoncino**

pavoncino n.m. nome por que também se designa o galispo (ave) (Do cast. *pavoncino*, dim. de *pavón*, «pavão»)

pavonear v.tr. 1 mostrar com vaidade; ostentar 2 enfeitar com garridice ■ v.pron. 1 exibir-se 2 vangloriar-se (Do lat. *pavōne-*, «pavão»+-*ear*)

pavoneio n.m. 1 ato de exibicionismo 2 bazófia (Deriv. regr. de *pavonear*)

pavor n.m. 1 grande medo; terror 2 grande susto 3 [fig.] pessoa, coisa ou situação considerada extremamente desagradável (Do lat. *pavōre-*, «id.»)

pavorosa n.f. 1 boato de revolução 2 motim 3 conluio dos detentores do poder para simularem uma revolta que justifique medidas de repressão (De *pavoroso*)

pavorosamente adv. com pavor (De *pavoroso*+-*mente*)

pavoroso /ô/ adj. 1 que infunde pavor; medonho; terrífico 2 horroroso (De *pavor*+-*oso*)

paxá n.m. 1 governador de província ou chefe militar, na Turquia 2 [fig.] nababo; indivíduo rico e ocioso (Do turc. *pasha*, «comandante de navio»)

paxalique n.m. província governada por um paxá (Do turc. *pasha-lik*, «id.»)

pax-vóbis /cs/ n.m.2n. indivíduo simplório; paz de alma; palerma (Do lat. *pax vobis*, «a paz esteja convosco»)

paz n.f. 1 ausência de guerra 2 serenidade; tranquilidade 3 sossego 4 repouso 5 silêncio 6 boa harmonia 7 conciliação 8 paciência; ~ *otaviana* grande sossego como no tempo de Octaviano César Augusto, imperador romano (63 a. C. - 14 d. C.); ~ *podre* paz aparente; ~ *virgiliana* paz bucólica; *gente de* ~ gente pacífica; *juiz de* ~ juiz que administra justiça dentro de certos limites (Do lat. *pace-*, «id.»)

pazada n.f. 1 o que uma pá pode comportar 2 pancada com a pá (De *pá*+z+-*ada*)

pazão n.m. ZOOLOGIA mamífero indiano, da família dos Bovídeos, afim das gazelas, maior que o veado, cinzento-escuro, malhado de branco (Do pers. *pazan*, «id.»)

paz-de-alma ver nova grafia paz de alma

paz de alma n.2g. 1 pessoa pachorrenta, bonacheirona 2 pessoa indolente

pazear v.intr. 1 estabelecer a paz ou a harmonia 2 jogar numa só aposta tudo o que se ganhou do adversário, de forma que este tenha hipótese de recuperar o que perdeu (De *paz*+-*ear*)

paziguar v.tr. ⇒ **apaziguar** (Do lat. *pacificāre*, «id.»)

PC n.m. computador com microprocessador, destinado a ser usado apenas por uma pessoa, em casa ou no local de trabalho (Do ing. *PC*, acrónimo de *personal computer*, «computador pessoal»)

PDA n.m. computador portátil de dimensões reduzidas, com um microprocessador, usado para armazenar e organizar informação pessoal (agenda, números de contacto, etc.) (Do ing. *PDA*, acrónimo de *personal digital assistant*, «assistente pessoal digital»)

pé n.m. 1 ANATOMIA segmento distal do membro inferior do homem (ou posterior de outros animais) que se articula com a extremidade inferior da perna 2 nome extensivo a grande número de órgãos de locomoção dos animais 3 pata; chispe 4 peça que serve para sustentar certos móveis e utensílios 5 unidade de comprimento do sistema inglês e americano equivalente a 30,480 cm 6 cabo de um utensílio 7 planta completa 8 haste; tronco; raiz 9 LITERATURA unidade métrica do verso grego ou latino que consta de duas até quatro sílabas 10 [fig.] motivo; razão; pretexto 11 [fig.] estado de um negócio, de um assunto 12 parte inferior de livro ou de página; ~ *ante* ~ devagarinho, na ponta dos pés; cuidadosamente; ~ *de talude* aresta inferior de um talude; *pés de lótus* pés muito pequenos, considerados como um atributo de beleza feminina e que se conseguiam enfaixando-os desde criança de forma que não crescessem para além dos 10 centímetros, tendo sido sendo esta uma prática corrente na China; *a* ~ *firme* obstinadamente, com firmeza; *a* ~ *quedo* sem se mexer; *andar a* ~ deslocar-se sem utilizar meio de transporte; *ao* ~ *da letra* literalmente, em sentido estrito, rigorosamente; *ao* ~ *de* junto de, muito perto de; *bater a* ~ insistir, teimar; *do* ~ *para a mão* de um momento para o outro, rapidamente, inesperadamente; *em* ~ *de guerra* com os ânimos exaltados, com grande agitação; *em* ~ *de igualdade* em situação idêntica, no mesmo nível; *entrar/começar com o* ~ *direito* entrar/começar bem; *entrar/começar com o* ~ *esquerdo* entrar/começar mal; *estar de* ~ *atrás* estar prevenido, estar desconfiado; *não arredar* ~ não se deslocar, não mudar de opinião, não ceder; *meter os pés pelas mãos* confundir-se ao fazer ou dizer alguma coisa, atrapalhar-se; *negar a pés juntos* negar com firmeza; *pôr os pés à parede* obstinar-se; *ter os pés (bem assentes) na terra* ser realista, ser objetivo; *ter pés de barro* ser frágil ou vulnerável, apesar da aparência segura (Do lat. *pede-*, «id.»)

pê n.m. nome da letra *p* ou *P*

peaça n.f. correia que liga os chifres do boi à canga (De *peia*+-*aça*)

peadoiro n.m. ⇒ **peadouro**

peadouro n.m. lugar onde se colocam as peias às cavalgaduras (De *pear*+-*douro*)

peal n.m. 1 [regionalismo] presilha que liga a planta do pé à meia, quando esta só cobre a perna 2 [regionalismo] escarpim (Do lat. *pedāle-*, «feito para o pé»)

peanha n.f. pequeno pedestal onde assenta uma imagem ou estatueta; plinto (Do lat. *pedanĕa-*, «do comprimento de um pé»)

peanho n.m. NÁUTICA quilha e parte inferior do navio (Do lat. *pedanĕu-*, «do comprimento de um pé»)

peão n.m. (feminino **peã** ou **peona**) 1 indivíduo que anda a pé 2 plebeu 3 MILITAR soldado que combate a pé 4 indivíduo que assiste de pé a um espetáculo 5 cada uma das peças menores do jogo do xadrez 6 [fig.] pessoa de pouca importância que é fácil manipular (Do lat. *pedōne-*, «id.»)

pear v.tr. 1 prender com peia 2 [fig.] pôr obstáculo(s) a 3 [fig.] impedir o progresso de (De *peia*+-*ar*)

peça n.f. 1 cada uma das partes de um todo 2 pedaço; porção 3 fragmento 4 objeto 5 acessório 6 móvel 7 cada uma das pedras ou figuras, nos jogos de tabuleiro 8 divisão de uma casa 9 antiga moeda de ouro portuguesa que valia 8000 réis (oito escudos, ou seja, cerca de quatro cêntimos) 10 obra teatral ou musical 11 documento que faz parte de um processo 12 boca de fogo de comprimento superior a 30 calibres, com trajetórias muito tensas e grande velocidade inicial 13 canhão 14 porção de tecido que sai da fábrica 15 [fig.] engano 16 [fig.] impostura 17 [fig.] partida 18 [fig., pej.] pessoa de mau carácter; *pregar uma* ~ *a (alguém)* causar pirraça a alguém, arreliar; *ser má* ~ ser mau, não ser de confiança (Do lat. pop. de orig. galega *pettĭa-*, «peça; pedaço de terra»)

pecabilidade n.f. suscetibilidade de pecar (Do lat. *peccabĭle-*, «pecável»+-*i*-+-*dade*)

pecadaço n.m. ⇒ **pecadão** (De *pecado*+-*aço*)

pecadão n.m. grande pecado (De *pecado*+-*ão*)

pecadilho n.m. 1 [diminutivo de **pecado**] pequeno pecado 2 culpa leve 3 defeito insignificante (Do cast. *pecadillo*, «id.»)

pecado n.m. 1 RELIGIÃO transgressão de uma lei ou princípio religioso 2 transgressão de qualquer preceito ou regra, principalmente ético ou moral; culpa; falta 3 [fig.] defeito 4 [fig.] maldade; ~ *mortal* RELIGIÃO pecado que faz perder a graça de Deus e leva à condenação da alma se não for objeto de confissão, arrependimento e penitência; ~ *original* RELIGIÃO pecado que foi cometido no paraíso terreal por Adão e Eva, e que, segundo a Igreja Católica, só é purgado no indivíduo pelo batismo; ~ *venial* RELIGIÃO pecado leve, que não faz perder a graça divina; *por mal dos meus pecados* por infelicidade minha (Do lat. *peccātu-*, «id.»)

pecador adj.,n.m. 1 que ou aquele que peca 2 penitente (Do lat. *peccatōre-*, «id.»)

pecadoraço n.m. grande pecador (De *pecador*+-*aço*)

pecaminosamente adv. de modo pecaminoso; com pecado (De *pecaminoso*+-*mente*)

pecaminoso /ô/ adj. 1 RELIGIÃO que envolve pecado 2 condenável do ponto de vista moral ou ético (Do lat. *peccamĭne-*, «pecado»+-*oso*)

pecante adj.,n.2g. 1 que ou a pessoa que peca habitualmente; pecador 2 que tem uma falha (Do lat. *peccante-*, «id.», part. pres. de *peccāre*, «pecar»)

pecar[1] v.tr.,intr. 1 transgredir lei ou princípio religioso 2 transgredir determinado preceito ou regra, principalmente ético ou moral ■ v.tr. 1 incorrer em erro; ser censurável 2 ter falha, defeito (Do lat. *peccāre*, «id.»)

pecar[2] v.intr. tornar-se peco (De *peco*+-*ar*)

pecari n.m. ZOOLOGIA espécie de porco selvagem; caititu

pecável adj.2g. suscetível de pecar (De *pecar*+-*vel*)

pecha n.f. 1 defeito; imperfeição 2 mácula; vício (Do cast. *pecha*, de *pechar*, «peitar»)

pechada n.f. 1 [Brasil] embate de dois cavaleiros vindos de lados opostos 2 encontrão 3 pedido de dinheiro 4 logro (De esp. argentino *pechada*, «id.»)

pechblenda n.f. MINERALOGIA importante minério de urânio e de rádio (óxidos de urânio, outros metais e rádio) existente em Portugal (Do al. *Pechblende*, «uraninite», pelo fr. *pechblende*, «id.»)

pechelingue n.2g. 1 ladrão; larápio; ratoneiro 2 comerciante marítimo sem escrúpulos; corsário; pirata (De orig. obsc.)

pechilingue n.2g. ⇒ **pechelingue**

pechincha *n.f.* 1 compra vantajosa 2 bom negócio; ganho fácil 3 [pop.] grande conveniência (Do quích. *pisincha*, «lucro excessivo»)

pechinchar *v.tr.* 1 lucrar inesperadamente ou sem esforço 2 discutir o preço de; regatear ■ *v.intr.* 1 receber uma pechincha 2 receber vantagens inesperadas ou imerecidas 3 fazer bom negócio (De *pechincha*+*-ar*)

pechincheiro *adj., n.m.* 1 que ou aquele que pechincha 2 chupista; interesseiro (De *pechincha*+*-eiro*)

pechincho *adj., n.m.* [regionalismo] pequenito; miúdo (De *pechincha*?)

pechisbeque *n.m.* 1 liga de cobre e zinco, de cor semelhante à do ouro, usada sobretudo em joalharia barata 2 ouro falso 3 [fig.] aparência enganadora 4 [fig., pej.] pessoa ou coisa insignificante (Do ing. *pinchbeck*, «id.», de C. Pinchbeck, antr., relojoeiro ing., 1670--1732)

pechoso *adj.* 1 que tem pecha 2 que põe pecha a tudo; escrupuloso (De *pecha*+*-oso*)

pecilotérmico *adj.* ZOOLOGIA (animal) cuja temperatura varia de acordo com a do meio ambiente (Do gr. *poikílos*, «diverso»+*thérme*, «calor»+*-ico*)

peciolado *adj.* que tem pecíolo; peciolar (De *pecíolo*+*-ado*)

peciolar *adj.2g.* referente a pecíolo; peciolado (De *pecíolo*+*-ar*)

pecíolo *n.m.* BOTÂNICA parte da folha que liga o limbo ao caule, ou à bainha, quando esta existe; pé da folha (Do lat. *petiŏlu-*, «id.»)

peco /ê/ *adj.* 1 doença dos vegetais que os faz estiolar 2 definhamento 3 [fig., pej.] indivíduo estúpido ■ *adj.* 1 que não chegou a medrar 2 definhado 3 [fig., pej.] estúpido; bronco (De orig. obsc.)

peçonha *n.f.* 1 líquido venenoso segregado por alguns animais e que se inocula por meio de picada ou mordedura 2 veneno 3 [fig.] malícia 4 [fig.] maldade (Do lat. vulg. **potionĕa-*, de *potiōne-*, «beberagem envenenada; droga»)

peçonhentar *v.tr.* ministrar peçonha a; envenenar (De *peçonhento*+*-ar*)

peçonhento *adj.* 1 que tem peçonha; venenoso; envenenado 2 que revela maldade; pérfido (De *peçonha*+*-ento*)

pécora *n.f.* 1 cabeça de gado 2 [pej., coloq.] mulher de má nota; prostituta 3 [regionalismo] [pej.] rapariga leviana (Do lat. *pecŏra*, pl. de *pecus, -ŏris*, «rebanho», pelo it. *pecora*, «ovelha»)

pé-coxinho *n.m.* 1 ato de caminhar ou saltar com um pé só, suspendendo o outro 2 jogo de crianças feito desta maneira

péctico *adj.* 1 QUÍMICA (ácido complexo) que pode obter-se a partir de uma pectina 2 (substância) que dá a consistência às geleias vegetais (Do gr. *pektikós*, de *pektós*, «espesso»)

pectina *n.f.* QUÍMICA classe de polissacáridos complexos que se encontram nas plantas e, em particular, nos frutos (Do gr. *pektós*, «espesso», pelo fr. *pectine*, «pectina»)

pectíneo *adj.* 1 em forma de pente 2 ANATOMIA designativo do músculo da região póstero-interna da coxa, que é adutor desta ■ *n.m.* ANATOMIA músculo da região póstero-interna da coxa, que é adutor desta (Do lat. *pectĭne-*, «pente»+*-eo*)

pectinibrânquio *adj.* ZOOLOGIA que tem as brânquias em forma de pente ■ *n.m.* ZOOLOGIA espécime dos pectinibrânquios ■ *n.m.pl.* ZOOLOGIA subordem de moluscos gastrópodes (Do lat. *pectĭne-*, «pente»+gr. *brágkhia*, «brânquia»)

pectinicórneo *adj.* que tem os cornos ou as antenas em forma de pente ■ *n.m.pl.* ZOOLOGIA grupo de insetos coleópteros com esse carácter (Do lat. *pectĭne-*, «pente»+*cornu-*, «corno; antena»+*-eo*)

Pectínidas *n.m.pl.* ⇒ **Pectinídeos**

pectinídeo *adj.* ZOOLOGIA relativo ou pertencente aos Pectinídeos ■ *n.m.* ZOOLOGIA espécime dos Pectinídeos

Pectinídeos *n.m.pl.* ZOOLOGIA família de moluscos lamelibrânquios de concha de valvas quase iguais, cujo género-tipo se denomina Pecten (De *pectĭne-*, «pente»+*-ídeos*)

pectoral *adj.2g.* ⇒ **peitoral** *adj.2g.* (Do lat. *pectorāle-*, «de peito»)

pecuária *n.f.* atividade ou indústria de criação e tratamento de gado (Do lat. *pecuariă-*, «id.»)

pecuário *adj.* relativo à pecuária ou ao gado (Do lat. *pecuariŭ-*, «de rebanho»)

peculador *n.m.* aquele que comete peculato (Do lat. *peculatōre-*, «id.»)

peculato *n.m.* desvio ou má administração de dinheiros ou rendimentos públicos por pessoa encarregada de os guardar ou administrar (Do lat. *peculātu-*, «id.»)

peculiar *adj.2g.* 1 que diz respeito a pecúlio 2 próprio ou específico de uma pessoa ou coisa; particular; especial 3 invulgar (Do lat. *peculiāre-*, «id.»)

peculiaridade *n.f.* 1 qualidade do que é peculiar 2 característica particular ou especial; especificidade 3 invulgaridade (De *peculiar*+*-i-*+*-dade*)

peculiarmente *adv.* 1 de modo peculiar 2 especialmente (De *peculiar*+*-mente*)

pecúlio *n.m.* 1 quantia adquirida pelo trabalho e posta de reserva 2 bens 3 reserva de dinheiro; capital 4 património 5 acervo de notícias ou apontamentos acerca de um assunto ou especialidade 6 [fig.] conjunto de conhecimentos (Do lat. *peculĭu-*, «id.»)

pecúnia *n.f.* [pop.] dinheiro (Do lat. *pecuniă-*, «riqueza em gado»)

pecuniariamente *adv.* 1 de modo pecuniário 2 em dinheiro contado 3 quanto a dinheiro (De *pecuniário*+*-mente*)

pecuniário *adj.* 1 relativo a dinheiro 2 feito com dinheiro (Do lat. *pecuniāriŭ-*, «id.»)

pecunioso /ô/ *adj.* que possui muito dinheiro; opulento; rico; argentário (Do lat. *pecuniōsu-*, «rico em gado»)

pedação *n.m.* 1 pedaço grande 2 período longo (De *pedaço*+*-ão*)

pedaço *n.m.* 1 parte (de um todo); porção; bocado 2 breve espaço de tempo 3 trecho 4 [fig., coloq.] pessoa considerada atraente e bem--feita de corpo (Do gr. *pittákion*, «remendo; parte», pelo lat. *pitacĭu-*, por *pittacĭu-*, «rótulo de uma vasilha; pedaço de pergaminho»)

pedaço-de-asno ver nova grafia pedaço de asno

pedaço de asno *n.m.* toleirão; palerma

pedágio *n.m.* [Brasil] ⇒ **portagem** (Do lat. med. *pedicātu-*, «id.», pelo it. *pedaggio*, «portagem»)

pedagogia *n.f.* teoria da arte, filosofia ou ciência da educação, com vista à definição dos seus fins e dos meios capazes de os realizar (Do gr. *paidagogía*, «id.»)

pedagogicamente *adv.* 1 de modo pedagógico 2 à maneira de pedagogo (De *pedagógico*+*-mente*)

pedagogice *n.f.* presunção de pedagogo (De *pedagogo*+*-ice*)

pedagógico *adj.* relativo ou conforme à pedagogia (Do gr. *paidagogikós*, «id.»)

pedagogismo *n.m.* processo ou sistema dos pedagogos (De *pedagogo*+*-ismo*)

pedagogista *n.2g.* pessoa versada em pedagogia; pedagogo (De *pedagogo*+*-ista*)

pedagogo /ô/ *n.m.* 1 HISTÓRIA escravo que, na Antiguidade, acompanhava as crianças à escola 2 [ant.] professor de crianças 3 pessoa que se dedica à pedagogia; pedagogista 4 pessoa que aplica a pedagogia, que ensina; professor 5 [pej.] pessoa que se gaba de ser erudita; pedante 6 [pej.] pessoa que se julga com o direito de julgar os outros (Do gr. *paidagogós*, escravo que levava os meninos à escola, pelo lat. *paedagōgu-*, «precetor; mestre»)

pé-d'água *n.m.* chuva forte mas passageira; aguaceiro

pedal *n.m.* alavanca anexa a certos instrumentos e máquinas (como bicicletas, máquinas de costura, etc.), que se move com o pé para gerar movimento (Do lat. *pedāle-*, «feito para o pé»)

pedalada *n.f.* 1 cada impulso dado ao pedal 2 [fig., coloq.] energia; dinamismo; *ter ~ para* [fig., coloq.] ter estofo para, aguentar (Part. pass. fem. subst. de *pedalar*)

pedalagem *n.f.* 1 os pedais 2 ato de pedalar (De *pedalar*+*-agem*)

pedalar *v.intr.* acionar o pedal ou os pedais (de) ■ *v.intr.* 1 [pop.] andar de bicicleta (De *pedal*+*-ar*)

pedaleira *n.f.* 1 teclado do órgão, acionado pelos pés 2 [coloq.] bicicleta (De *pedal*+*-eira*)

pedaleiro *n.m.* mecanismo da bicicleta que compreende os pedais, a roda pedaleira e os rolamentos ■ *adj.* 1 relativo a pedal 2 do pedal (De *pedal*+*-eiro*)

pedaliácea *n.f.* BOTÂNICA espécime das Pedaliáceas

Pedaliáceas *n.f.pl.* BOTÂNICA família de plantas dicotiledóneas, em regra herbáceas, com pelos glandulosos (Do gr. *pedálion*, «leme»+*-áceas*)

pedálico *adj.* ZOOLOGIA relativo ao pé dos moluscos (Do lat. *pedāle-*, «feito para o pé»+*-ico*)

pedaliforme *adj.2g.* com forma de pé (Do lat. *pedāle-*, «feito para o pé»+*forma-*, «forma»)

pedâneo *adj.* dizia-se antigamente dos juízes que, nas aldeias, julgavam de pé (Do lat. *pedanĕu-*, «do comprimento de um pé»)

pedantaria *n.f.* 1 qualidade ou modos de pedante; pedantismo; afetação 2 ostentação de erudição 3 os pedantes (Do it. *pedanteria*, «id.»)

pedante *adj., n.2g.* 1 que ou aquele que alardeia de sábio ou censor dos outros 2 que ou aquele que é vaidoso no falar e na apresentação; pretensioso (Do it. *pedante*, «id.»)

pedantear *v.intr.* 1 agir ou comportar-se de forma pedante 2 alardear ciência ou autoridade que não se possui (De *pedante*+*-ear*)

pedantesco /ê/ *adj.* 1 que revela ou encerra pedantismo; afetado 2 próprio de pedante (Do it. *pedantesco*, «id.»)

pedantice *n.f.* ato ou dito de pedante; pedantismo (De *pedante*+*-ice*)

pedantismo *n.m.* qualidade de pedante; pedantaria (Do it. *pedantismo*, «id.»)
pedantocracia *n.f.* predomínio ou influência dos pedantes ou dos medíocres ambiciosos (De *pedante*+gr. *krátos*, «força» +-*ia*)
pedantocrático *adj.* relativo à pedantocracia (De *pedante*+gr. *krátos*, «força» +-*ia*)
pedantório *n.m.* [depr.] pedante desprezível (De *pedante*+-*ório*)
pedarquia *n.f.* governo de criança (Do gr. *país, paidós*, «criança» +*arkhé*, «poder» +-*ia*)
-pede sufixo nominal, de origem latina, que exprime a ideia de pé, perna (*latípede, alternípede*)
pé-de-alferes ver nova grafia pé de alferes
pé de alferes *n.m.* namoro; *fazer* ~ requestar, namorar
pé-de-altar ver nova grafia pé de altar
pé de altar *n.m.* rendimento que os párocos usufruem dos serviços religiosos prestados aos paroquianos
pé-de-atleta ver nova grafia pé de atleta
pé de atleta *n.m.* MEDICINA micose superficial da pele dos pés, devido a fungos
pé-de-banco ver nova grafia pé de banco
pé de banco *n.m.* [ant., acad.] aluno do terceiro ano da universidade de Coimbra
pé-de-boi ver nova grafia pé de boi
pé de boi *n.m.* indivíduo aferrado aos costumes antigos; indivíduo contrário a inovações
pé-de-burro *n.m.* BOTÂNICA planta monocotiledónea, bolbosa, da família das Iridáceas, espontânea no Centro e no Sul de Portugal
pé-de-cabra ver nova grafia pé de cabra
pé de cabra *n.m.* alavanca de ferro com uma extremidade fendida, à semelhança do pé da cabra
pé-de-cana ver nova grafia pé de cana
pé de cana *n.m.* [Brasil] [pop.] o que bebe muito
pé-de-candeeiro ver nova grafia pé de candeeiro
pé de candeeiro *n.m.* [ant., acad.] quartanista da Universidade de Coimbra
pé-de-cantiga ver nova grafia pé de cantiga
pé de cantiga *n.m.* [pop.] pretexto
pé-de-chumbo ver nova grafia pé de chumbo
pé de chumbo *n.m.* 1 pessoa que anda com muita lentidão 2 [fig.] pessoa que não revela agilidade de pensamento
pé-de-galinha *n.m.* BOTÂNICA planta forrageira da família das Gramíneas ACORDO ORTOGRÁFICO sem alteração
pé de galinha *n.m.* ruga no canto do olho ACORDO ORTOGRÁFICO a grafia anterior era pé-de-galinha
pé-de-galo *n.m.* BOTÂNICA lúpulo
pé-de-ganso *n.m.* BOTÂNICA planta herbácea, da família das Quenopodiáceas, frequente em Portugal, nas margens dos caminhos e nos muros
pé-de-leão *n.m.* BOTÂNICA planta herbácea da família das Rosáceas, espontânea na província portuguesa do Alto Alentejo
pé-de-lebre *n.m.* BOTÂNICA planta herbácea, da família das Papilionáceas, frequente nas searas, nos campos incultos e nas margens dos caminhos
pé-de-meia *n.m.* quantia economizada e posta de reserva; poupanças ACORDO ORTOGRÁFICO também se pode escrever pé de meia
pé de meia a grafia mais usada é pé-de-meia
pé-de-perdiz *n.m.* 1 BOTÂNICA variedade de pera 2 BOTÂNICA casta de uva branca
pederasta *n.m.* 1 homem que pratica sexo com rapaz jovem 2 [pej.] homossexual (Do gr. *paiderastés*, «id.»)
pederastia *n.f.* 1 prática homossexual do homem com o rapaz 2 [pej.] toda a prática homossexual (Do gr. *paiderastía*, «id.»)
pedernal *n.m.* 1 pederneira 2 veio de pederneira ■ *adj.2g.* referente a pedra; pétreo (Do lat. *petrīnu-*, «de pedra» +-*al*)
pederneira *n.f.* 1 MINERALOGIA variedade criptocristalina do quartzo, também conhecida por sílex 2 pedra fixada no cão da espingarda e peças de artilharia, que comunicava o lume à pólvora para disparar o tiro 3 ORNITOLOGIA ⇒ **pedreiro** (Do lat. **petrinarĭu-*, de *petrīnu-*, «de pedra»)
pé-descalço *n.m.* indivíduo extremamente pobre; *de* ~ 1 com poucos recursos financeiros; 2 (turista, turismo) que procura não gastar muito dinheiro
pedestal *n.m.* peça, geralmente quadrada, com base e cornija, em que se assenta uma estátua ou outro elemento geralmente decorativo; *colocar alguém num* ~ dedicar grande admiração (nem sempre justificada) a alguém (Do it. *piedistallo*, «assento do pé», pelo fr. *piédestal*, «pedestal»)

pedestre *adj.2g.* 1 que anda a pé 2 percorrido a pé 3 (estátua) que representa uma pessoa de pé 4 [fig.] humilde; simples 5 [fig., pej.] que é vulgar ou banal ■ *n.2g.* [Brasil] indivíduo que anda a pé; peão (Do lat. *pedestre-*, «id.»)
pedestrianismo *n.m.* 1 exercício ou desporto de andar a pé 2 competição desportiva entre corredores a pé (Do ing. *pedestrianism*, «id.»)
pedestrianista *n.2g.* pessoa que pratica o pedestrianismo (De *pedestriano*+-*ista*)
pedestriano *n.m.* o que marcha ou corre a pé, ao desafio com outrem (Do ing. *pedestrian*, «pedestre»)
pé-de-vento ver nova grafia pé de vento
pé de vento *n.m.* 1 lufada de ar 2 [fig.] tumulto
ped(i)- elemento de formação de palavras que exprime a ideia de pé (Do lat. *pede-*, «pé»)
pedialgia *n.f.* MEDICINA doença caracterizada por uma dor intensa na planta do pé (Do lat. *pede-*, «pé»+gr. *álgos*, «dor» +-*ia*)
pediatra *n.2g.* MEDICINA especialista das doenças das crianças (Do gr. *país, paidós*, «criança» +*iatrós*, «médico»)
pediatria *n.f.* MEDICINA especialidade que estuda as crianças e as suas doenças (Do gr. *país, paidós*, «criança»+*iatreía*, «medicina»)
pediátrico *adj.* relativo à pediatria (De *pediatria*+-*ico*)
pediatro *n.m.* MEDICINA ⇒ **pediatra**
pedicelado *adj.* BOTÂNICA, ZOOLOGIA que tem pedicelo (De *pedicelo*+-*ado*)
pedicelário *n.m.* ZOOLOGIA pequeno órgão profusamente espalhado na superfície de alguns equinodermes, terminado por pinça, e que serve para preensão e defesa (De *pedicelo*+-*ário*)
pedicelo *n.m.* 1 BOTÂNICA, ZOOLOGIA haste curta e delgada que sustenta um órgão ou organismo 2 ZOOLOGIA segundo segmento da antena dos insetos 3 BOTÂNICA porção de ramo que sustenta a flor ou o fruto; pedículo (Do lat. *pedicellu-*, «pequeno pé»)
pediculado *adj.* 1 que tem pedículo 2 que está ligado ao pedículo; preso por pedículo (De *pedículo*+-*ado*)
pedicular *adj.2g.* referente a pedículo (De *pedículo*+-*ar*)
pediculídeo *adj.* ZOOLOGIA relativo ou pertencente aos Pediculídeos ■ *n.m.* ZOOLOGIA espécime dos Pediculídeos
Pediculídeos *n.m.pl.* família de insetos anopluros, vulgarmente designados piolhos (Do lat. *pedicŭlu-*, «piolho»+-*ídeos*)
pedículo *n.m.* 1 ⇒ **pedicelo** 2 MEDICINA haste curta e fina que liga alguns tumores ao tecido normal de onde se originaram 3 CIRURGIA fino retalho de pele usado em cirurgia plástica (Do lat. *pedicŭlu-*, «pé pequeno»)
pedicure *n.f.* tratamento estético e cuidados de beleza dos pés ■ *n.2g.* profissional especializado no tratamento estético e cuidados de beleza dos pés ou das unhas dos pés (Do fr. *pédicure*, «id.»)
pedicuro *n.m.* (*feminino* **pedicura**) ⇒ **pedicure** *n.2g.* (Do fr. *pédicure*, «id.»)
pedida *n.f.* carta que, no jogo do trinta-e-um, o jogador pede, para perfazer o número pedido (De *pedido*)
pedido *adj.* 1 solicitado 2 rogado ■ *n.m.* 1 ato de pedir 2 rogo; súplica 3 o que se pediu 4 ordem de compra; encomenda (Do lat. *petītu-*, «id.»)
pedidor *adj.,n.m.* 1 que ou aquele que pede 2 pedinte 3 peticionário; solicitador; requerente (Do lat. *petitōre-*, «pretendente; candidato»)
pedífero *adj.* que tem pé ou pedúnculo (De *pedi-*+-*fero*)
pediforme *adj.2g.* com forma de pé (De *pedi-*+-*forme*)
pedigolho /ô/ *adj.,n.m.* ⇒ **pedigonho**
pedigonho *adj.,n.m.* pedinchão (De *pedir*+*g*+-*onho*)
pedigree *n.m.* 1 genealogia de um animal de raça pura 2 certificado que atesta a pureza de linhagem de um animal 3 [fig., irón.] árvore genealógica (Do ing. *pedigree*, «id.»)
pedilúvio *n.m.* banho aos pés, com fins terapêuticos (De *pedi-*+-*lúvio*, do lat. *pediluve*, «id.»)
pedímano *adj.* ZOOLOGIA diz-se do mamífero que tem preênseis as quatro extremidades dos membros, servindo-se dos pés como se fossem mãos (Do lat. *pede-*, «pé» +*manu-*, «mão»)
pedimento *n.m.* 1 ato de pedir 2 súplica; rogo 3 petição (De *pedir*+-*mento*)
pedímetro *n.m.* aparelho usado nas sapatarias para tomar a medida do pé (De *pedi-*+-*metro*)
pedincha *n.f.* ato de pedinchar ■ *adj.,n.2g.* que ou aquele que pede muito ou está sempre a pedir (Deriv. regr. de *pedinchar*)
pedinchão *adj.,n.m.* que ou aquele que pede muito ou está sempre a pedir (De *pedinchar*+-*ão*)
pedinchar *v.tr.,intr.* pedir insistentemente e com lamúria; pedir muito; pedintar (De *pedintar*)

pedinchas *n.2g.2n.* ⇒ **pedincha** (Deriv. regr. de *pedinchar*)
pedinchice *n.f.* 1 ato de pedinchar 2 qualidade de pedinchão (De *pedinchar+-ice*)
pedintão *adj.,n.m.* ⇒ **pedinchão** (De *pedinte+-ão*)
pedintar *v.tr.,intr.* ⇒ **pedinchar** (De *pedinte+-ar*)
pedintaria *n.f.* 1 os pedintes 2 mendicidade (De *pedinte+-aria*)
pedinte *adj..n.2g.* que ou a pessoa que pede ou mendiga (De *pedir+-inte*)
pedipalpo *adj.* ZOOLOGIA relativo ou pertencente aos pedipalpos ▪ *n.m.* 1 ZOOLOGIA ⇒ **palpo** 2 ZOOLOGIA espécime dos pedipalpos ▪ *n.m.pl.* ZOOLOGIA ordem de aracnídeos tropicais, caracterizados por terem quelíceras terminadas por unha e o primeiro par de membros em forma de chicote (Do lat. *pede-*,«pé»+*palpu-*,«carícia»)
pedir *v.tr.* 1 solicitar (alguma coisa a alguém) 2 rogar; implorar 3 requerer 4 exigir 5 ter necessidade de 6 pôr como preço 7 ter por conveniente ▪ *v.intr.* 1 fazer pedido(s) 2 mendigar; pedir esmola 3 orar; ~ *a mão* de pedir em casamento; ~ *a palavra* pedir licença para falar; ~ *contas* obrigar alguém a dar a razão dos seus atos; ~ *vénia* pedir licença (Do lat. **petĕre*, por *petĕre*, «id.»)
pé-direito *n.m.* distância entre o nível superior do pavimento e o nível inferior do teto de um compartimento ou andar de edifício
pédite *adj.2g.* [poét.] relativo à infantaria (Do lat. *pedĭte-*, «soldado de infantaria»)
peditório *n.m.* 1 ato de pedir a várias pessoas para fins beneficentes, religiosos ou outros 2 [fig.] solicitação insistente e repetida (Do lat. *petitorĭu-*, «id.»)
ped(o)-[1] elemento de formação de palavras que exprime a ideia de *criança* (Do gr. *país, paidós*, «criança»)
ped(o)-[2] elemento de formação de palavras que exprime a ideia de *solo* (Do gr. *pédon, ou*, «id.»)
pedodontia *n.f.* MEDICINA ramo da odontologia que trata da dentição e da doenças dos dentes das crianças (De *pedo-+-odonto+-ia*)
pedofilia *n.f.* 1 atração sexual patológica de um adulto por crianças 2 prática de atos sexuais com crianças, considerada crime (De *pedo-+-filia*)
pedófilo *adj.* relativo à pedofilia ▪ *n.m.* 1 pessoa que se sente sexualmente atraída por crianças 2 pessoa que pratica pedofilia
pedogamia *n.f.* BIOLOGIA ⇒ **endogamia** 1 (Do gr. *país, paidós*, «criança»+*gámos*, «matrimónio»+-*ia*)
pedogénese *n.f.* reprodução (partenogenética) de um animal no estado larvar (De *pedo-+génese*)
pedoiro *n.m.* [regionalismo] ⇒ **pedouro**
pedologia[1] *n.f.* estudo da educação infantil; ciência do primeiro ensino (De *pedo-+-logia*)
pedologia[2] *n.f.* ramo da ciência que se ocupa do estudo dos solos; edafologia (Do gr. *pédon*, «solo»+*lógos*, «tratado»+-*ia*)
pedómetro *n.m.* aparelho para contar os passos de quem anda, ou para medir a velocidade da marcha (De *pede-+-metro*)
pedonal *adj.2g.* reservado a peões; que apenas pode ser percorrido a pé
pedonomia *n.f.* PEDAGOGIA parte da pedagogia que estabelece as leis e as regras aplicáveis à educação das crianças (Do gr. *paidonomía*, «id.»)
pedopsiquiatra *n.2g.* MEDICINA especialista de pedopsiquiatria (De *pedo-+psiquiatra*)
pedopsiquiatria *n.f.* MEDICINA disciplina médica consagrada ao estudo e ao tratamento das perturbações mentais da infância (De *pedo-+psiquiatria*)
pedouro *n.m.* [regionalismo] último resto do mealheiro; pedoiro (De *pé+de+ouro*?)
pedra *n.f.* 1 substância dura e compacta que forma as rochas 2 calhau 3 peça de diversos jogos 4 lápide de sepultura; lapa 5 designação vulgar de pedra preciosa 6 granizo 7 MEDICINA concreção dura que se forma na bexiga, rins, fígado, etc., também chamada cálculo 8 concreção calcária que se forma nos dentes 9 lousa escolar 10 quadro preto 11 [fig., pej.] pessoa considerada pouco inteligente 12 [coloq.] estado de entorpecimento ou euforia induzido por drogas ou álcool 13 [gír.] féria da semana, para os sapateiros; ~ *alectória* pedra que se julgava formar-se no estômago ou no fígado do galo, à qual se atribuíam propriedades maravilhosas; ~ *angular* 1 pedra fundamental de um edifício; 2 [fig.] fundamento, base; ~ *de ara* RELIGIÃO pedra benzida, colocada no altar, e sobre a qual o sacerdote faz a consagração, na missa; ~ *lascada* 1 designação da primeira idade da pedra; 2 Paleolítico; ~ *polida* 1 designação da última parte da idade da pedra; 2 Neolítico; ~ *preciosa* mineral com brilho e coloração especiais, valioso pela sua raridade e dureza, que é usado em joalharia, gema; *atirar a primeira* ~ ser o primeiro a acusar, estando comprometido; *atirar a* ~ *e esconder a mão* fazer o mal, fingindo-se inocente; *chamar (alguém) à* ~ repreender (alguém); *com quatro pedras na mão* agressivamente; *dar por paus e por pedras* zangar-se muito; *de fazer chorar as pedras* muito comovente; *de* ~ *e cal* [fig.] muito seguro, firme, inabalável, absolutamente determinado; *estar com a* ~ *no sapato* andar desconfiado (Do lat. *petra-*, «id.»)
pedra-argueirinha *n.f.* MINERALOGIA ⇒ **magnetite**
pedraço *n.m.* [regionalismo] saraiva; granizo (De *pedra+-aço*)
pedrada *n.f.* 1 ato de arremessar uma pedra 2 pancada ou ferimento com pedra arremessada 3 [fig.] insulto; ofensa 4 [fig.] crítica agressiva, geralmente inesperada 5 [coloq.] estado de entorpecimento ou euforia induzido por drogas ou álcool (De *pedra+-ada*)
pedra-da-lua ver nova grafia pedra da lua
pedra da lua *n.f.* MINERALOGIA ⇒ **adulária** 1
pedra-de-afiar ver nova grafia pedra de afiar
pedra de afiar *n.f.* pedra usada para afiar objetos cortantes; pedra de amolar
pedra-de-água ver nova grafia pedra de água
pedra de água *n.f.* MINERALOGIA ⇒ **aetite**
pedra-de-amolar ver nova grafia pedra de amolar
pedra de amolar *n.f.* ⇒ **pedra de afiar**
pedra-de-cevar ver nova grafia pedra de cevar
pedra de cevar *n.f.* MINERALOGIA ⇒ **magnetite**
pedra-de-raio ver nova grafia pedra de raio
pedra de raio *n.f.* designação vulgar do aerólito
pedra-de-toque ver nova grafia pedra de toque
pedra de toque *n.f.* 1 rocha siliciosa de cor escura, usada para determinar a pureza de um metal; jaspe-negro; lidito 2 [fig.] meio de avaliar; padrão; referência
pedrado *n.m.* doença micótica que ataca muitas espécies de árvores de fruto (macieira, pereira, nespereira e outras), dando origem a necroses por vezes fortemente esclerosadas na epiderme dos frutos e manchas negras deformantes nas folhas ▪ *adj.* [coloq.] sob o efeito de drogas ou álcool (De *pedra+-ado*)
pedra-do-ar ver nova grafia pedra do ar
pedra do ar *n.f.* [pop.] ⇒ **aerólito**
pedra-do-sol ver nova grafia pedra do sol
pedra do sol *n.f.* associação de minerais (feldspato com hematite) que, por reflexão, apresenta tons dourados
pedra-escrófula *n.f.* nome por que se designa, em algumas regiões da África, a doença do sono
pedra filosofal *n.f.* 1 substância que, segundo a crença na Idade Média, teria o condão de converter qualquer metal vil em ouro 2 [fig.] coisa muito desejada mas difícil de atingir ou realizar
pedra-íman *n.f.* MINERALOGIA ⇒ **magnetite**
pedra-infernal *n.f.* QUÍMICA nitrato de prata, geralmente fundido e moldado em pequenos lápis, usado como cautério
pedral *adj.2g.* 1 referente a pedra 2 cheio de pedras ▪ *n.m.* pedregal (De *pedra+-al*)
pedra-lipes *n.f.* sulfato de cobre hidratado (De *pedra+Lipes*, top., localidade da Bolívia)
pedranceira *n.f.* montão de pedras (De *pedra* com infl. de *ribanceira*?)
pedrão *n.m.* forma antiga de padrão (De *pedra+-ão*)
pedra-pomes *n.f.* PETROLOGIA rocha vulcânica, de textura vítrea, acinzentada, vacuolar, de fraca densidade, muito utilizada para polir ou limpar, também chamada pomes, pómice ou pomito
pedraria *n.f.* 1 pedra de cantaria 2 coleção ou grande quantidade de pedras preciosas (De *pedra+-aria*)
pedrar-se *v.pron.* (fruta) endurecer (De *pedra+-ar*)
pedra-ume *n.f.* 1 sulfato de alumínio e potássio 2 alúmen
pedregal *n.m.* sítio cheio de pedras (Do lat. **petrīca*, «pedra»+-*al*, ou de *pedra+g-al?*)
pedregoso /ô/ *adj.* cheio de pedras (Do lat. **petricōsu-*, «id.», ou de *pedra+g-oso?*)
pedregulhento *adj.* que tem muitos pedregulhos; pedregoso (De *pedregulho+-ento*)
pedregulho *n.m.* 1 pedra grande 2 montão de pedras miúdas 3 ENGENHARIA pedra britada em pedaços miúdos com diâmetro entre os 45 e os 75 milímetros, destinada à construção (Do lat. **petrīca-*, «pedra»+-*ulho*, ou de *pedra+g-ulho?*)
pedreira *n.f.* 1 lugar donde se extrai pedra; canteira 2 nome por que também se designa a andorinha-dos-poços (De *pedra+-eira*)
pedreirinho *n.m.* ORNITOLOGIA ⇒ **andorinha** 1 (De *pedreiro+-inho*)
pedreiro *n.m.* 1 operário que trabalha na construção civil, em obras de pedra e cal 2 morteiro antigo que lançava grandes projéteis de pedra 3 ORNITOLOGIA pássaro negro ou muito escuro, com reflexos, pertencente à família dos Cipselídeos, afim do andorinhão, mas de

menores dimensões, e também conhecido por aivão, arvião, avão, avoão, chião, gaivão, gaivoto, galriço, guincho, guizo, marinete, papalvo, pederneira, zirro, etc. (De *pedra*+-*eiro*)
pedreiro-livre *n.m.* ⇒ **mação**²
pedreneira *n.f.* ⇒ **pederneira** (Do lat. *petrinarĭu*-, de *petrīnu*-, «de pedra»)
pedrês *adj.2g.* **1** sarapintado de preto e de branco **2** feito de pedras brancas e pretas **3** (ave) com a pigmentação branca e preta distribuída em mosaico ▪ *n.m.* fecho de porta que entra na pedra (De *pedra*+-*ês*)
pedrisco *n.m.* saraiva muito miúda, por vezes chuva gelada, constituída por gotas de chuva que atravessaram uma camada de ar muito fria e congelaram (De *pedra*+-*isco*)
pedrista *n.2g.* HISTÓRIA membro do partido do rei português D. Pedro IV (1798-1834), por ocasião das lutas liberais (De *Pedro*, antr. +-*ista*)
pedroiço *n.m.* ⇒ **pedrouço**
pedro-quinto *n.m.* capa curta, de mangas falsas
pedrosito *n.m.* PETROLOGIA rocha eruptiva cujo componente principal é a horneblenda (De *[Serra de] Pedroso*, na província espanhola de Badajoz +-*ito*)
pedroso /ô/ *adj.* que é da natureza ou da consistência da pedra; pedregoso (Do lat. *petrōsu*-, «id.»)
pedrouço *n.m.* **1** monte de pedras; pedranceira **2** obstáculo; empecilho (De *pedra*+-*ouço*)
pedunculado *adj.* BOTÂNICA que tem pedúnculo; pedunculoso (De *pedúnculo*+-*ado*)
peduncular *adj.2g.* **1** do pedúnculo **2** referente ao pedúnculo (De *pedúnculo*+-*ar*)
pedúnculo *n.m.* **1** BOTÂNICA pé, haste ou suporte da flor, do fruto, etc. **2** ANATOMIA estrutura estreita que serve de suporte ou de ligação a outras estruturas anatómicas (Do lat. *pede*-, «pé» +-*úncolo*)
pedunculoso /ô/ *adj.* ⇒ **pedunculado** (De *pedúnculo*+-*oso*)
peeira *n.f.* ulceração da pele, entre as unhas, no gado bovídeo (Do lat. *pedarīa*-, «do pé»)
peeling *n.m.* tratamento estético ou dermatológico que consiste na remoção das camadas superficiais da pele (Do ing. *peeling*, «id.»)
peer-to-peer *adj.inv.* **1** INFORMÁTICA designativo de uma rede em que os computadores comunicam e trocam dados entre entre si diretamente, sem a necessidade de um servidor central a gerir essa comunicação; posto a posto; ponto a ponto; par a par **2** diz-se do que é realizado diretamente, sem intermediários, entre duas pessoas ou entidades (Do ing. *peer-to-peer*, «id.»)
pé-frio *adj.* **1** [Brasil] [pop.] azarento **2** [Brasil] [pop.] tímido; covarde ▪ *n.m.* [Brasil] [pop.] pessoa sem sorte
pega¹ /é/ *n.f.* **1** ato de pegar **2** parte por onde se segura um objeto **3** pequeno pano ou tecido para tirar os tachos e panelas do lume **4** [fig.] briga; discussão **5** TAUROMAQUIA ato de agarrar o touro com as mãos; ~ *de cara* TAUROMAQUIA ato de agarrar o touro, de frente; ~ *de cernelha* TAUROMAQUIA pega feita por um forcado que se atira à cernelha do touro para o dominar, com a ajuda do rabejador (Deriv. regr. de *pegar*)
pega² /é/ *n.f.* braga de ferro com que se prendiam os pés dos escravos fugitivos (Do lat. *pedĭca*-, «peia; ferro para prender os pés»)
pega³ /é/ *n.f.* **1** ORNITOLOGIA pássaro da família dos Corvídeos, de grande cauda, comum especialmente no Norte de Portugal **2** NÁUTICA uma das peças da mastreação **3** [vulg.] prostituta (Do lat. *pīca*-, «pega»)
pegada¹ /pe/ *n.f.* ação de pegar; pega (Part. pass. fem. subst. de *pegar*)
pegada² /pé/ *n.f.* **1** vestígio que o pé deixa impresso no solo **2** [fig.] sinal; vestígio; ~ *de carbono* quantidade de dióxido de carbono libertado para a atmosfera como resultado das atividades diárias de uma pessoa, organização ou comunidade, calculada durante um determinado período; ~ *ecológica* quantidade de terra e água necessária para manter o estilo de vida de uma pessoa ou de uma população, calculada com base nos recursos consumidos por essa pessoa ou grupo no seu dia a dia e pelos resíduos que produz (Do lat. *pedicata*-, de *pede*-, «pé»)
pegadeira *n.f.* **1** parte por onde se pega e se fazem mover algumas máquinas **2** peça que, nas máquinas de impressão, toma o papel e o guia durante a passagem pela forma (De *pegar*+-*deira*)
pegadiço *adj.* **1** que se pega facilmente; pegajoso; viscoso **2** contagioso (De *pegar*+-*diço*)
pegadilha *n.f.* **1** desavença; questiúncula; altercação **2** pretexto para contender (De *pegada*+-*ilha*)
pegado *adj.* **1** colado; agarrado **2** unido; preso **3** que está próximo; contíguo **4** (planta) que pegou e criou raízes **5** [coloq.] que se

prolonga sem interrupção; contínuo **6** [coloq.] diz-se das pessoas que se desentenderam; zangado (Part. pass. de *pegar*)
pegadoiro *n.m.* ⇒ **pegadouro**
pega-do-mar /ê/ *n.f.* ORNITOLOGIA ⇒ **ostraceiro**
pegador *n.m.* **1** aquele que pega **2** TAUROMAQUIA moço de forcado **3** ICTIOLOGIA ⇒ **rémora** ▪ *adj.* que pega (De *pegar*+-*dor*)
pegadouro *n.m.* parte por onde se pega num objeto; cabo; pega (De *pegar*+-*douro*)
pegadura *n.f.* ato de pegar; pega (De *pegar*+-*dura*)
pega-flor *n.m.* ORNITOLOGIA nome por que também se designa o beija-flor (pássaro) (De *pegar*+*flor*)
pegajento *adj.* ⇒ **pegajoso** (De *pegar*+*j*+-*ento*)
pegajoso /ô/ *adj.* **1** que se pega ou cola facilmente; viscoso **2** [fig., pej.] que impõe a sua companhia aos outros (Do cast. *pegajoso*, «id.»)
pegamassa *n.f.* BOTÂNICA ⇒ **bardana** (De *pegar*+*massa*)
pegamasso *n.m.* **1** massa para grudar **2** salpico de lama que fica aderente ao fato quando seca **3** [fig.] indivíduo importuno **4** BOTÂNICA ⇒ **bardana** (De *pegar*+*massa*)
pegamento *n.m.* ⇒ **pegadura** (De *pegar*+-*mento*)
peganhar *v.intr.* ⇒ **peguilhar** (De *pegar*+-*anho*+-*ar*)
peganhento *adj.* ⇒ **pegadiço** (De *peganhar*+-*ento*)
peganhoso /ô/ *adj.* ⇒ **pegadiço** (De *peganhar*+-*oso*)
pegão¹ *n.m.* [regionalismo] emplastro de pez, fortemente adesivo, que costuma aplicar-se sobre as partes luxadas dos animais (De *pegar*+-*ão*)
pegão² *n.m.* **1** pilar; suporte **2** grande pé de vento (De *pé*+*g*+-*ão*)
pegão³ *n.m.* pego grande (De *pego*+-*ão*)
pegar *v.tr.,intr.,pron.* (fazer) aderir; colar(-se); fixar(-se) ▪ *v.tr.* **1** segurar; agarrar **2** comunicar por contacto ou contágio **3** implicar (com); embirrar (com) **4** começar ou desenvolver (trabalho, atividade) **5** escolher (objeto, pessoa) **6** fazer desenvolver (gosto, hábito, comportamento, etc.) **7** confinar **8** [Brasil] encontrar **9** [Brasil] capturar **10** [Brasil] passar a ter; adquirir **11** [Brasil] surpreender (alguém numa dada situação) **12** [Brasil] tomar (meio de transporte) ▪ *v.intr.* **1** começar a funcionar (um motor, um veículo, etc.) **2** difundir-se; generalizar-se **3** acender; inflamar-se **4** dar bom resultado; funcionar **5** ganhar raízes e desenvolver-se (a planta); fixar-se ▪ *v.pron.* **1** transmitir-se por contágio; ser contagioso **2** envolver-se em discussão ou conflito (com) **3** afeiçoar-se; dedicar-se **4** [coloq.] impor a sua companhia a outros; colar-se; ~ *de estaca* criar raízes facilmente, firmar-se; ~ *na palavra* aproveitar-se do que alguém disse; ~ *no sono* adormecer; *pegarem as bichas* obterem bom êxito os meios usados para se alcançar um fim; ~-*lhe com um trapo quente* diz-se de um facto consumado que poderia ter sido evitado, não haver nada a fazer (Do lat. *picāre*, «untar de pez»)
pega-rabuda *n.f.* ORNITOLOGIA pega que é comum nas Beiras e no Nordeste de Portugal
pegas /ê/ *n.m.2n.* [coloq., depr.] advogado rábula (De *Pegas*, antr.)
Pégaso *n.m.* **1** MITOLOGIA cavalo alado nascido do sangue de Medusa decapitada, que se colocou ao serviço de Zeus, carregando-lhe o raio, e que foi transformado em constelação **2** ASTRONOMIA constelação boreal, com várias estrelas, das quais são mais visíveis as α, β, ε (dupla) e π (dupla) (Do lat. *Pegăsu*-, «id.»)
pegmático *adj.* **1** GEOLOGIA designativo de certas rochas eruptivas **2** diz-se da textura holocristalina em que os cristais se encontram todos bem desenvolvidos **3** designativo da fase de solidificação do magma em que se efetua a solidificação completa dos materiais que ainda ficaram líquidos da fase anterior; *granito* ~ rocha de composição mineralógica igual à do granito, cujos componentes são cristais bem desenvolvidos (Do gr. *pêgma*, -*atos*, «concreção» +-*ico*)
pegmatito *n.m.* PETROLOGIA granito de grão grosso com mica branca (Do gr. *pêgma*, -*atos*, «concreção» +-*ito*)
pegmatito-gráfico *n.m.* PETROLOGIA rocha eruptiva pegmática, da família do granito, pobre em mica, em que o quartzo toma o aspeto de caracteres de escrita cuneiforme
pegmatitoide *adj.2g.* que tem semelhança com o pegmatito ▪ *n.m.* pegmatito de gabros (De *pegmatito*+-*óide*)
pegmatitóide ver nova grafia **pegmatitoide**
pego¹ /ê/ *n.m.* **1** o sítio mais fundo, num rio, onde não se tem pé **2** [fig.] voragem; abismo (Do gr. *pélagos*, «id.», pelo lat. *pelăgu*-, «id.»)
pego² /ê/ *n.m.* **1** [regionalismo] ORNITOLOGIA macho da pega **2** ORNITOLOGIA ⇒ **ostraceiro**
pego³ /ê/ *n.m.* **1** [regionalismo] pequena refeição de trabalhadores, entre o almoço e o jantar **2** [regionalismo] petisqueira (Deriv. regr. de *pegar*)

pegueiro *n.m.* fabricante ou vendedor de pez (Do lat. *picarĭu-*, de *pice-*, «pez»)
peguilha *n.f.* **1** começo de discussão **2** discussão sobre coisa sem importância **3** provocação (De *pega+-ilha*)
peguilhar *v.intr.* levantar questões sobre futilidades; provocar disputas por questões sem importância (De *peguilha+-ar*)
peguilhento *adj.* que gosta de peguilhar; que costuma peguilhar; provocador (De *peguilhar+-ento*)
peguilho *n.m.* **1** aquilo que pega, cola, prende ou estorva **2** pretexto para discussão **3** discussão sobre coisa sem importância (De *pegar+-ilho*)
peguinhar *v.tr.,intr.* entrar em conflito (com); implicar (com); embirrar (com) ■ *v.tr.* [ant.] espezinhar (De *pegar+-inhar*)
pegulhal *n.m.* algumas ovelhas pertencentes ao pastor, e que este apascenta juntamente com o rebanho do patrão (Do lat. *peculiăre-*, «particular»)
pegulho *n.m.* **1** [pouco usado] pecúlio **2** [regionalismo] criança que discorre como pessoa adulta **3** [regionalismo] amendoim (Do lat. *peculĭu-*, «id.»)
pegural *adj.2g.* de pegureiro; pastoril (Do lat. *pecorăle-*, «id.»)
pegureiro *n.m.* aquele que guarda gado; pastor; zagal (Do lat. *pecorarĭu-*, «id.»)
peia *n.f.* **1** tudo o que serve para prender os pés das bestas para lhes moderar o andamento **2** [fig.] embaraço; estorvo; impedimento **3** *pl.* NÁUTICA cabos náuticos (Do lat. *pedĭca-*, «grilhão para os pés»)
peidar-se *v.pron.* [cal.] dar traques; dar peidos (Do lat. *pedĕre-*, «id.»)
peido *n.m.* [cal.] ventosidade, ruidosa ou não, expelida pelo ânus (Do lat. *pedĭtu-*, «id.»)
peina *n.f.* [regionalismo] pequeno pente de madeira (Do cast. *peine*, «id.»)
peinar-se *v.pron.* [regionalismo] pentear-se com peina (Do cast. *peinar*, «pentear»)
peita *n.f.* **1** dádiva ou promessa com o fim de subornar; suborno **2** HISTÓRIA tributo pago por aqueles que não eram fidalgos (Do lat. *pacta-*, «ajustada», part. pass. de *pacisci*, «ajustar; pactuar»)
peitaca *n.f.* [ant.] câmara, em certos barcos ou juncos asiáticos (Do mal.-jav. *petaq*, «id.»)
peitaça *n.f.* peito grande; peito forte e largo (De *peito+-aça*)
peitaço *n.m.* ⇒ **peitaça** (De *peito+-aço*)
peitada *n.f.* **1** embate de um peito com outro **2** empurrão dado com o peito (De *peito+-ada*)
peitar *v.tr.* **1** aliciar com ofertas ou promessas; subornar com peitas **2** corromper (De *peita+-ar*)
peiteiro *adj.,n.m.* **1** que ou aquele que peita ou suborna; corruptor **2** que ou aquele que pagava o tributo de peita (De *peitar+-eiro*)
peitilho *n.m.* **1** tudo o que reveste o peito **2** parte da camisa que assenta sobre o peito **3** peça de pano que se coloca sobre o peito para suprir ou simular o peito da camisa; plastrão **4** ZOOLOGIA parte ventral da couraça dos quelónios (De *peito+-ilho*)
peito *n.m.* **1** parte anterior e externa do tronco, entre o pescoço e o abdómen do homem e dos animais **2** parte do vestuário que cobre esta região **3** os seios femininos em conjunto ou apenas um deles **4** órgãos que se localizam dentro da cavidade torácica **5** parte inferior do tórax dos animais usados como alimento humano, como bovinos, suínos e aves **6** [fig.] lugar de origem dos afetos; alma; coração **7** [fig.] lugar de origem da força interior; ânimo; coragem; *dar o ~ a* amamentar; *de ~ feito* deliberadamente, com intenção; *do ~* do coração, com sinceridade; *tomar a ~* tomar a sério, empenhar-se (em) (Do lat. *pectu-*, «id.»)
peitoral *adj.2g.* **1** respeitante ao peito **2** bom para o peito (órgãos respiratórios) **3** fortificante ■ *n.m.* **1** medicamento bom para o peito (órgãos respiratórios) **2** ANATOMIA músculo do peito **3** arreio que cinge o peito do cavalo **4** insígnia que os prelados trazem ao peito (Do lat. *pectorāle-*, «do peito»)
peitoril *n.m.* **1** parte inferior da janela que serve de apoio às pessoas **2** pedra saliente, na parte inferior da boca do forno (Do lat. **pectorīle-*, «id.»)
peito-vermelho *n.m.* **1** ORNITOLOGIA pintarroxo **2** ORNITOLOGIA pisco
peitudo *adj.* **1** que tem peito forte ou grande **2** (mulher) que tem seios grandes **3** [fig.] valentão (De *peito+-udo*)
peituga *n.f.* **1** [ant.] largura do peito nas cavalgaduras **2** [regionalismo] músculos do peito dos animais; titela; peito de ave (De *peito*, com infl. do cast. *pechuga*, «peituga»)
peixada *n.f.* CULINÁRIA iguaria de peixe cozido (De *peixe+-ada*)
peixão *n.m.* **1** peixe grande **2** ICTIOLOGIA goraz (peixe), quando jovem **3** [pop.] mulher corpulenta e bonita (De *peixe+-ão*)

peixaria *n.f.* **1** estabelecimento de venda de peixe **2** grande quantidade de peixe (De *peixe+-aria*)
peixe *n.m.* ICTIOLOGIA designação comum aos animais vertebrados, aquáticos, com o corpo coberto de escamas, respiração branquial, e os membros em forma de barbatanas; *estar como ~ na água* sentir-se bem, à vontade (em determinado assunto, lugar, etc.); *fazer render o ~* prolongar uma conversa ou uma situação em proveito próprio; *não ser carne nem ~* não ser coisa definida; *pregar aos peixes* perder o seu tempo; *vender o seu ~* expor habilidosamente as suas ideias ou pontos de vista (Do lat. *pisce-*, «id.»)
peixe-água *n.m.* [Madeira] ICTIOLOGIA ⇒ **lírio-ferro**
peixe-agulha *n.m.* ICTIOLOGIA nome vulgar extensivo a uns peixes teleósteos da família dos Xifiídeos e da família dos Escombrídeos, alguns frequentes na costa portuguesa, e também conhecidos por agulha, agulhão, espadarte, marabumbo, ratinho, etc.
peixe-alecrim *n.m.* ICTIOLOGIA ⇒ **raposo 2**
peixe-anjo *n.m.* ICTIOLOGIA peixe teleósteo da ordem dos seláquios, a que se dá também o nome de anjo e viola
peixe-aranha *n.m.* ICTIOLOGIA peixe teleósteo da família dos Traquinídeos com corpo alongado e espinhos venenosos na primeira barbatana dorsal
peixe-barroso *n.m.* ICTIOLOGIA peixe seláquio da família dos Espinacídeos, também conhecido por barroso, guelmo, quelme, etc.
peixe-boi *n.m.* ZOOLOGIA ⇒ **manatim**
peixe-cabeçudo *n.m.* ⇒ **cabeçudo** *n.m.* **1**
peixe-cabra *n.m.* ICTIOLOGIA nome por que, em algumas regiões, se designa a bergela
peixe-cão *n.m.* ICTIOLOGIA cação costeiro, da família dos triaquídeos
peixe-cavalo *n.m.* ICTIOLOGIA ⇒ **lírio-ferro**
peixe-cornudo *n.m.* ICTIOLOGIA ⇒ **cornuda**
peixe-cravo *n.m.* ICTIOLOGIA peixe da família dos Lamprídideos, raro nas costas portuguesas, de coloração brilhante, com manchas esbranquiçadas e arredondadas
peixe-diabo *n.m.* **1** ICTIOLOGIA ⇒ **lula 2 2** ICTIOLOGIA ⇒ **murtefuge 3** ICTIOLOGIA ⇒ **olhudo** *n.m.* **4** ICTIOLOGIA ⇒ **xarroco 1**
peixe-dourado *n.m.* ICTIOLOGIA ⇒ **pimpão** *n.m.* **5**
peixe-escama *n.m.* ICTIOLOGIA ⇒ **caboz**
peixe-espada *n.m.* ICTIOLOGIA peixe teleósteo da família dos Lepidopídeos, de corpo muito alongado, brilhante e prateado, comestível, e que aparece em águas portuguesas
peixe-espada-preto *n.m.* ICTIOLOGIA nome vulgar de uns peixes (duas espécies) teleósteos, da família dos Lepidopídeos, que aparecem em Portugal e são conhecidos por espada e, uma das espécies, também por geribé
peixe-espinho *n.m.* ICTIOLOGIA ⇒ **esgana-gata**
peixe-frade *n.m.* ICTIOLOGIA ⇒ **carago**[1]
peixe-galo *n.m.* ICTIOLOGIA ⇒ **alfaqui**[2]
peixe-gato *n.m.* ICTIOLOGIA peixe seláquio da família dos Espinacídeos, afim do cação, e também conhecido por peixe-porco e peixe-rato
peixeira *n.f.* **1** mulher que vende peixe **2** travessa para peixe **3** [pop., pej.] a que fala alto e de modo rude; regateira (De *peixe+-eira*)
peixeirada *n.f.* [pop.] discussão acalorada, confusa e barulhenta (De *peixeira+ada*)
peixeiro *n.m.* aquele que apanha ou vende peixe (De *peixe+-eiro*)
peixe-judeu *n.m.* ICTIOLOGIA ⇒ **albacora**[1]
peixelim *n.m.* peixe miúdo do mar (De *peixe+l+-im*)
peixe-lima *n.m.* ICTIOLOGIA ⇒ **besouro 2**
peixe-lua *n.m.* ICTIOLOGIA ⇒ **bezedor**
peixe-martelo *n.m.* ICTIOLOGIA ⇒ **cornuda**
peixe-pau *n.m.* **1** ICTIOLOGIA ⇒ **aranha 4 2** ICTIOLOGIA ⇒ **juliana 3 3** ICTIOLOGIA ⇒ **cavalo-marinho 1**
peixe-pimenta *n.m.* ICTIOLOGIA peixe teleósteo, afim do peixe-aranha
peixe-piolho *n.m.* ICTIOLOGIA ⇒ **rémora**
peixe-porco *n.m.* ICTIOLOGIA ⇒ **peixe-gato**
peixe-prego *n.m.* ICTIOLOGIA ⇒ **prego**
peixe-raposo *n.m.* ICTIOLOGIA ⇒ **raposo 2**
peixe-rato *n.m.* **1** ICTIOLOGIA ⇒ **batage 2** ICTIOLOGIA ⇒ **papagaio-do-mar 2 3** ICTIOLOGIA ⇒ **xuxo**[1]
peixe-rei *n.m.* **1** ICTIOLOGIA ⇒ **camarão-bruxo 2** ICTIOLOGIA ⇒ **canário 5**
Peixes *n.m.pl.* **1** ASTRONOMIA décima segunda constelação do zodíaco situada no hemisfério norte **2** ASTROLOGIA décimo segundo signo do zodíaco (19 de fevereiro a 20 de março) (Do lat. *pisce-*, «id.»)
peixe-sapo *n.m.* ICTIOLOGIA nome vulgar de uns peixes teleósteos, da família dos Cotídeos e da família dos Calionimídeos, também

peixe-serra

conhecidos por peixe-diabo, aranha, xarroco, sarronca, tamboril, etc.

peixe-serra *n.m.* ICTIOLOGIA ⇒ **espadarte** 2
peixe-verde *n.m.* ICTIOLOGIA ⇒ **judia** *n.f.* 5
peixe-vermelho *n.m.* ICTIOLOGIA ⇒ **pimpão** *n.m.* 5
peixe-voador *n.m.* ICTIOLOGIA nome vulgar de um peixe teleósteo, da família dos Escombresocídeos, próprio dos mares tropicais, mas que também se encontra no Algarve, e cujas barbatanas desenvolvidas lhe permitem, durante o salto, sustentar-se algum tempo acima das águas
peixe-zorro /ô/ *n.m.* ICTIOLOGIA ⇒ **raposo** 2
peixinho-de-prata *n.m.* ZOOLOGIA ⇒ **lepisma**
peixota *n.f.* 1 ICTIOLOGIA ⇒ **pescada** 2 posta de peixe 3 [regionalismo] peça de bacalhau salgado (De *peixe+-ota*)
peixote *n.m.* peixe mediano e grosso (De *peixe+-ote*)
pejado *adj.* 1 cheio; carregado 2 envergonhado 3 [pop.] diz-se da mulher que está grávida (Part. pass. de *pejar*)
pejadoiro *n.m.* [regionalismo] ⇒ **pejadouro**
pejadouro *n.m.* [regionalismo] aparelho que corta a água ao moinho e o faz parar (De *pejar+-douro*)
pejamento *n.m.* 1 ato ou efeito de pejar ou de pejar-se 2 embaraço; estorvo (De *pejar+-mento*)
pejar *v.tr.* 1 encher; carregar 2 estorvar; impedir 3 causar pejo ou embaraço a 4 [regionalismo] fazer parar (o moinho) ■ *v.intr.* [pop.] engravidar ■ *v.pron.* 1 ficar com receio; hesitar 2 envergonhar-se (De orig. obsc.)
pejo /ê/ *n.m.* 1 pudor; vergonha 2 acanhamento; timidez 3 [regionalismo] reservatório das marinhas de sal; viveiro 4 [ant.] estorvo; impedimento (Deriv. regr. de *pejar*)
pejorar *v.tr.* depreciar; aviltar; tornar pior (Do lat. *pejorāre*, «piorar»)
pejorativamente *adv.* de modo pejorativo; em sentido depreciativo; desfavoravelmente (De *pejorativo+-mente*)
pejorativo *adj.* 1 que piora ou agrava 2 que tem conotação desfavorável para aquele ou aquilo que designa 3 que expressa menosprezo; que rebaixa 4 que expressa reprovação (De *pejorar+-tivo*)
pela[1] *n.f.* 1 bola revestida de pele 2 bola para jogo ou para brincar 3 jogo antigo, considerado como precursor do ténis, em que se batia uma bola com uma raqueta (Do lat. vulg. **pilla-*, por *pila-*, «bola»)
pela[2] *n.f.* 1 cada uma das camadas de cortiça que o sobreiro vai dando 2 ato de pelar; descortiçamento (Deriv. regr. de *pelar*)
péla ver nova grafia **pela**[1,2]
pelada *n.f.* 1 clareira no mato 2 MEDICINA dermatose que ataca o couro cabeludo, fazendo cair os pelos por zonas 3 zona sem cabelo (Part. pass. fem. subst. de *pelar*)
peladela *n.f.* [regionalismo] queimadela ou escaldadela (De *pelar+-dela*)
peladinha *n.f.* DESPORTO jogo de futebol disputado amigavelmente, sem árbitro nem relação com qualquer campeonato, em campo geralmente não relvado (De *pelada+-inha*)
pelado *adj.* 1 sem pelo ou pele 2 calvo 3 [fig.] finório 4 [Brasil] [coloq.] nu (Part. pass. de *pelar*)
pelador *adj.,n.m.* que ou aquele que pela (De *pelar+-dor*)
peladura *n.f.* 1 ato ou efeito de pelar 2 calvície 3 grande temor; susto (De *pelar+-dura*)
pelagem *n.f.* revestimento de pelos dos animais; pelame (De *pêlo+-agem*)
pelagiano[1] *n.m.* ORNITOLOGIA ⇒ **alcatraz** 1 (De *pélago+-iano*)
pelagiano[2] *n.m.* sectário da heresia do monge inglês Pelagius (360-420), sobre a graça e o livre arbítrio (Do lat. med. *pelagiānu-*, de *Pelagĭu-*, «Pelágio»)
pelágico *adj.* 1 relativo a pélago 2 (ser) que vive no alto mar 3 (fenómeno meteorológico) que tem origem no alto mar 4 marítimo; oceânico; *depósitos pelágicos* sedimentos depositados no mar, ao largo da costa (Do gr. *pelagikós*, «id.», pelo lat. *pelagĭcu-*, «id.»)
pélago *n.m.* 1 mar alto 2 profundidade do mar 3 [fig.] abismo; voragem 4 [fig.] imensidade (Do gr. *pélagos*, «id.», pelo lat. *pelăgu-*, «id.»)
pelagoscopia *n.f.* observação do fundo das águas (Do gr. *pélagos*, «pélago»+*skopeīn*, «examinar»+*-ia*)
pelagoscópio *n.m.* instrumento para observar o fundo da água ou os objetos aí depositados (Do gr. *pélagos*, «pélago»+*skopeīn*, «examinar»+*-io*)
pelagra *n.f.* MEDICINA afeção devida a uma avitaminose (PP, nicotinamida) e caracterizada por um eritema generalizado, perturbações de sensibilidade e da motricidade, e, nos casos graves, por perturbações mentais (estado de depressão, alucinações) (Do lat. *pelle-*, «pele»+gr. *ágra*, «presa», pelo fr. *pellagre*, «id.»)
pelagroso /ô/ *adj.* 1 relativo a pelagra 2 que sofre de pelagra ■ *n.m.* o que padece de pelagra (De *pelagra+-oso*)
pelame[1] *n.m.* 1 porção de peles; courama 2 curtume de peles 3 pele dos animais (De *pele+-ame*)
pelame[2] *n.m.* conjunto de filamentos que se assemelha a uma cabeleira; cabelame (De *pêlo+-ame*)
pelanca *n.f.* ⇒ **pelanga** (De *pele+-anca*)
pelanga *n.f.* 1 pele mole e pendente 2 carne mole e magra (De *pele+-anga*)
pelangana *n.f.* ⇒ **palangana**
pelão[1] *elem.loc.adv.* *em ~* nu; em pelote (De *pele* ou *pêlo+-ão*)
pelão[2] *n.m.* [regionalismo] alvo onde deve bater a pela (bola usada no jogo popular do mesmo nome) (De *péla+-ão*)
pelar *v.tr.* 1 tirar a pele, o pelo ou a casca a 2 [fig.] tirar os haveres a (alguém), deixando-o ficar sem nada 3 escaldar; queimar ■ *v.pron.* 1 perder a pele, o pelo ou a casca 2 queimar-se ou escaldar-se; *~-se por* gostar muito de (De *pele* ou *pêlo+-ar*)
pelargónio *n.m.* BOTÂNICA ⇒ **sardinheira** (Do gr. *pelargós*, «cegonha», pelo lat. bot. *pelargonĭu-*, «pelargónio»)
pelaria *n.f.* 1 grande quantidade de peles; pelame 2 estabelecimento onde se vendem peles 3 indústria da preparação de peles (De *pele+-aria*)
pelasgo *adj.* relativo ou pertencente aos Pelasgos ■ *n.m.* língua dos Pelasgos (Do gr. *pelasgós*, «id.», pelo lat. *pelasgu-*, «id.»)
Pelasgos *n.m.pl.* ETNOGRAFIA povo que habitou a Grécia antes dos Helenos (Do gr. *pelasgós*, «id.», pelo lat. *pelasgu-*, «id.»)
pele *n.f.* 1 ANATOMIA revestimento externo do corpo humano constituído pela epiderme e pela derme e unido ao tecido celular subcutâneo 2 revestimento externo do corpo da grande maioria dos animais vertebrados 3 couro tratado de determinados animais 4 camada de pelos finos e sedosos de certos animais, usada como ornamento ou na fabricação de determinados agasalhos 5 invólucro de certos frutos e legumes; casca 6 [fig.] o próprio corpo; a própria pessoa; *cortar na ~ de alguém* dizer mal de alguém que está ausente; *estar na ~ de* estar na situação de, estar na posição de; *não caber na ~* ser muito gordo, envaidecer-se; *quem não quer ser lobo não lhe veste a ~* quem não quer sofrer contrariedades não se mete em perigos; *sentir na ~* sentir profundamente em si próprio; *ser da ~ do diabo* ser mau, agressivo, perigoso; *tirar a ~ a* explorar (Do lat. *pelle-*, «id.»)
peleano *adj.* GEOLOGIA diz-se do tipo de erupção vulcânica muito violenta e catastrófica (Do vulcão da montanha *Pelée*, top., na ilha Martinica, uma das Pequenas Antilhas +*-ano*)
pelecanídeo *adj.* relativo ou pertencente aos Pelecanídeos ■ *n.m.* ORNITOLOGIA espécime dos Pelecanídeos
Pelecanídeos *n.m.pl.* ORNITOLOGIA família de aves de tamanho considerável, constituída por oito espécies, a que pertence o *pelicano*
pelecípode *adj.,n.m.,n.m.pl.* ZOOLOGIA ⇒ **lamelibrânquio** (Do gr. *pélekys*, «machado»+*poús*, *podós*, «pé»)
pele-de-vinho ver nova grafia **pele de vinho**
pele de vinho *n.f.* antiga medida de capacidade equivalente a três almudes
pelego[1] *n.m.* [Brasil] indivíduo bronco; patego (De *pêlo+-ego*)
pelego[2] *n.m.* xairel de pele de carneiro (De *pele+-ego*)
peleira[1] *n.f.* mulher que arranja o pelo das peles para a fula (De *pêlo+-eira*)
peleira[2] *n.f.* 1 vendedora de peles 2 [regionalismo] fraqueza; doença (De *pele+-eira*)
peleira[3] *n.f.* bebedeira (De *piela+-eira*?)
peleiro *n.m.* aquele que prepara ou vende peles (De *pele+-eiro*)
peleja /ê/ *n.f.* 1 ato de pelejar 2 batalha; combate 3 [fig.] conflito 4 [fig.] discussão (Deriv. regr. de *pelejar*)
pelejador *adj.,n.m.* que ou aquele que peleja (De *pelejar+-dor*)
pelejante *adj.2g.* que peleja (De *pelejar+-ante*)
pelejar *v.intr.* 1 batalhar; combater 2 brigar; discutir ■ *v.tr.* 1 lutar (por causa, princípio, etc.) 2 esforçar-se por conseguir um dado objetivo) 3 insistir (com alguém para que faça algo) (Do prov. se *pelejar*, «arrepelar-se; discutir»)
pelém *n.m.* 1 pessoa fraca ou doente 2 pessoa muito magra e de aparência frágil (De *pele*?)
Peles-Vermelhas *n.m.pl.* ETNOGRAFIA tribos aborígenes da América do Norte e da América do Sul
pélete *n.m.* 1 cada uma das pequenas pastilhas de forma cilíndrica constituídas por resíduos de madeira seca, triturados e comprimidos, que são utilizadas como combustível ecológico em caldeiras, salamandras e recuperadores de calor 2 medicamento sólido

com a forma de pequena bola que, inserido debaixo da pele, é absorvido muito lentamente pelo organismo **3** cada um dos grânulos de madeira utilizados para a higiene de animais domésticos **4** pequena bola constituída por partículas de ferro prensadas (Do ing. *pellet*, «bolinha»)

pelhanca *n.f.* ⇒ **pelanga**

pelhancaria *n.f.* porção de pelhancas (De *pelhanca*+-*aria*)

pelharanca *n.f.* ⇒ **pelhanca**

pelica *n.f.* pele fina de carneiro ou cabrito, para luvas, calçado, etc. (Do lat. *pellicŭla*-, «pele fina»)

peliça *n.f.* **1** vestimenta ou cobertura feita ou forrada de peles finas e macias **2** [ant.] artigo de abafo dos uniformes dos oficiais do exército com alamares de seda preta e guarnições de astracã (Do lat. *pellicĕa*-, «feita de pele», pelo fr. *pelisse*, «id.»)

pelicanas *n.f.pl.* [regionalismo] brincos em forma de argola; arrecadas

pelicano *n.m.* **1** ORNITOLOGIA nome vulgar de uma ave da família dos Pelecanídeos, de bico comprido e provido de uma bolsa membranosa onde armazena o peixe que apanha **2** [ant.] instrumento cirúrgico usado para extrair dentes, nos séculos XVII e XVIII **3** antiga peça de artilharia **4** [regionalismo] penduricalho (Do gr. *pelekán*, «id.», pelo lat. *pelicānu*-, «id.»)

pelico *n.m.* **1** espécie de sobretudo, sem mangas, feito de peles de carneiro, usado pelos pastores alentejanos **2** placenta e anexos embrionários expulsos após o parto; secundinas (De *pele*+-*ico*)

película *n.f.* **1** pele ou membrana muito delgada **2** camada muito fina formada à superfície de algo **3** folha fina de gelatina com uma camada sensível à luz, usada em fotografia **4** filme cinematográfico (Do lat. *pellicŭla*-, «pele fina»)

pelicular¹ *adj.2g.* semelhante a película (De *película*+-*ar*)

pelicular² *v.tr.* cobrir de película (um objeto) (Do lat. *pelliculāre*, «cobrir com pele»)

pelidar *v.intr.* [pop.] gritar por socorro (De *apelidar*)

pelífero *adj.* ZOOLOGIA que tem pelos ■ *n.m.* ⇒ **mamífero** *n.m.* (Do lat. *pilu*-, «pelo» +-*fero*, de *ferre*, «ter»)

pelintra *adj.2g.* **1** que procura aparentar um estatuto mais elevado que o seu **2** que não tem dinheiro **3** reles; ordinário **4** mesquinho; avarento **5** maltrapilho ■ *n.2g.* **1** pessoa sem dinheiro que procura aparentar um estatuto mais elevado **2** pessoa pobre (De orig. obsc.)

pelintragem *n.f.* **1** qualidade de pelintra **2** ação de pelintra **3** os pelintras (De *pelintra*+-*agem*)

pelintrão *n.m.* [pop.] indivíduo maltrapilho, esfarrapado (De *pelintra*+-*ão*)

pelintrar *v.tr.* reduzir à condição de pelintra (De *pelintra*+-*ar*)

pelintraria *n.f.* ⇒ **pelintragem** (De *pelintra*+-*aria*)

pelintrice *n.f.* ato ou condição de pelintra; pelintrismo (De *pelintra*+-*ice*)

pelintrismo *n.m.* ⇒ **pelintrice** (De *pelintra*+-*ismo*)

peliqueiro *n.m.* **1** aquele que trabalha em pelica **2** negociante de pelicas e peles (De *pelica*+-*eiro*)

pelito *n.m.* PETROLOGIA sedimento clástico de grão fino (silte e argila) (Do gr. *pelós*, «lodo» +-*ito*)

pellet *n.m.* ⇒ **pélete**

pelmatozoário *adj.* PALEONTOLOGIA, ZOOLOGIA relativo ou pertencente aos pelmatozoários ■ *n.m.* PALEONTOLOGIA, ZOOLOGIA espécime dos pelmatozoários ■ *n.m.pl.* PALEONTOLOGIA, ZOOLOGIA subdivisão dos equinodermes que abrange os equinodermes fixos por um pedúnculo (Do gr. *pélma, -atos*, «planta dos pés» +*zoárion*, «animalzinho»)

pelo¹ /ê/ *n.m.* **1** cada um dos órgãos filiformes, de origem epidérmica, que revestem a superfície do corpo dos mamíferos **2** produção filiforme à superfície da pele de muitos animais **3** lanugem dos frutos **4** cabelo **5** penugem; *chegar a roupa ao ~ a* sovar, espancar; *dar o ~* irritar-se, dar sorte; *em ~* nu, despido; *ir ao ~ a (alguém)* bater em (alguém), sovar; *passar a mão pelo ~ a* lisonjear, bajular; *por um ~* por um triz, quase; *ter ~ na venta* ter mau génio; *vir a ~* vir a propósito (Do lat. *pilu*-, «id.»)

pelo² /ê/ contração da preposição *por* + *o artigo definido o* ■ contração da preposição *por* + *o pronome demonstrativo o*

pêlo ver nova grafia pelo¹

peloirada *n.f.* ⇒ **pelourada**

peloirinho *n.m.* ⇒ **pelourinho**

peloiro *n.m.* ⇒ **pelouro**

peloso /ô/ *adj.* que tem muito pelo; peludo (Do lat. *pilōsu*-, «id.»)

pelota *n.f.* **1** CIRURGIA aparelho de compressão **2** bala; granada **3** jogo de rapazes **4** bola ou pela pequena de certos jogos **5** pequena bola de ferro ou de chumbo **6** bola de neve **7** CULINÁRIA almôndega **8** madeixa de cabelo; caracol; *em ~* nu, despido (De prov. *pelota*, «id.», pelo fr. ant. *pelote*, «id.»)

pelotada *n.f.* batalha com pelotas de neve (De *pelota*+-*ada*)

pelotão¹ *n.m.* **1** reunião de pessoas ou coisas; multidão **2** MILITAR pequena unidade do comando de um oficial subalterno que constitui uma subdivisão de uma companhia, bateria ou esquadrão (Do fr. *peloton*, «id.»)

pelotão² *n.m.* grande pelota (bola) (De *pelota*+-*ão*)

pelote *n.m.* **1** antigo vestuário de abas grandes **2** peliça; *em ~* nu, despido (De *pele* ou *pêlo*+-*ote*)

pelotense *adj.2g.* referente à cidade brasileira de Pelotas, no estado do Rio Grande do Sul ■ *n.2g.* natural ou habitante de Pelotas (De *Pelotas*, top. +-*ense*)

pelotica *n.f.* **1** bolinha de que se serve o pelotiqueiro **2** trapaça; farsa **3** entremez **4** prestidigitação (De *pelota*+-*ica*)

pelotiqueiro *n.m.* **1** aquele que faz peloticas **2** prestidigitador **3** saltimbanco (De *pelotica*+-*eiro*)

pelotiquice *n.f.* ⇒ **pelotica** (De *pelotica*+-*ice*)

pelourada *n.f.* tiro de pelouro (De *pelouro*+-*ada*)

pelourinho *n.m.* coluna levantada em lugar público, onde outrora se expunham e se castigavam os criminosos (Do fr. *pilori*, «id.»)

pelouro *n.m.* **1** cada um dos ramos de serviço em que se divide a administração de uma câmara municipal ou junta de freguesia **2** [fig.] funções; atribuições **3** [ant.] bala com que se carregavam as antigas armas de fogo (De *péla*+-*ouro*)

pelta *n.f.* escudo antigo (Do gr. *péltē*, «id.», pelo lat. *pelta*-, «id.»)

peltado *adj.* **1** em forma de escudo **2** BOTÂNICA diz-se das folhas cujo pecíolo parece estar inserido no meio do limbo (De *pelta*+-*ado*)

peltasta *n.m.* soldado da antiga infantaria grega provido de pelta e lança curta (Do gr. *peltastés*, «id.», pelo lat. *peltasta*-, «id.»)

pelti- elemento de formação de palavras que exprime a ideia de escudo (Do gr. *péltē*, «escudo»)

peltiforme *adj.2g.* com forma de pelta ou escudo (De *pelti*-+-*forme*)

pelto- elemento de formação de palavras que exprime a ideia de escudo (Do gr. *péltē*, «escudo»)

peltocéfalo *adj.* que tem a cabeça larga e achatada em forma de pelta (Do gr. *péltē*, «escudo» +*kephalé*, «cabeça»)

peluche *n.m.* **1** tecido aveludado e felpudo de um lado, feito de algodão, lã ou seda **2** boneco revestido com esse material

pelúcia *n.f.* ⇒ **peluche** 1 (Do lat. **piluccĭu*-, de *pilu*-, «pelo»)

pelúcido *adj.* diáfano; translúcido; transparente (Do lat. *pellucĭdu* ou *perlucĭdu*-, «id.»)

peluda *n.f.* MILITAR [gír.] vida de paisano (De *peludo*)

peludo *adj.* **1** que tem muito pelo **2** coberto de pelo **3** [fig.] tímido **4** [fig.] desconfiado **5** [fig.] irritável ■ *n.m.* **1** aquele que tem muito pelo **2** [fig.] aquele que se irrita facilmente **3** [fig.] tímido **4** [fig.] novato; caloiro (De *pêlo*+-*udo*)

pelugem *n.f.* conjunto de pelos curtos, finos e macios; penugem (De *pêlo*+-*ugem*)

peluginoso /ô/ *adj.* que tem pelugem ou pelos (De *pelugem*+-*oso*)

pelve *n.f.* ⇒ **pélvis** (Do lat. *pelve*-, «bacia»)

pelv(i)- elemento de formação de palavras que exprime a ideia de bacia, taça (Do lat. *pelve*-, «bacia»)

pélvico *adj.* relativo ou pertencente à pelve (De *pelve*+-*ico*)

pelviforme *adj.2g.* que tem forma de bacia ou escudela (De *pelvi*-+-*forme*)

pelvímetro *n.m.* MEDICINA instrumento que serve para medir a bacia pélvica (De *pelvi*-+-*metro*)

pélvis *n.f.2n.* ANATOMIA cavidade na parte inferior (ou posterior) do tronco onde se aloja o reto e uma grande parte dos aparelhos urinário e genital; bacia (Do lat. *pelvis*, «bacia»)

pelvitomia *n.f.* CIRURGIA intervenção cirúrgica na bacia pélvica (Do lat. *pelve*-, «bacia»+gr. *tomé*, «corte» +-*ia*)

pemba *n.f.* **1** [Angola, Moçambique] calcário margoso; espécie de gesso **2** [Angola, Moçambique] processo de caracterização ritual (Do quimb. *pemba*, «id.», ou do chope *pemba*, «cal»)

pen *n.f.* pequeno dispositivo portátil que se liga a um computador através de uma porta USB e que é utilizado para armazenar e/ou transferir dados (Do ing. *pen drive*, «id.»)

pena¹ *n.f.* **1** castigo; punição **2** DIREITO sanção aplicada pelo tribunal ao autor de um crime **3** desgosto; tristeza; dor; *~ capital* DIREITO condenação à morte; *~ de prisão* DIREITO sanção punitiva de um crime, proferida por um juiz após realização de julgamento, que priva alguém da liberdade, e que é cumprida em estabelecimento prisional do Estado; *~ suspensa* DIREITO suspensão da execução da pena de prisão decretada por um juiz durante determinado período de tempo, no qual a sentença não produz efeito; *sob ~ de*

sujeito a; **valer a ~** merecer um esforço, um trabalho (Do lat. *poena-*, «id.»)
pena² *n.f.* **1** ORNITOLOGIA cada um dos órgãos cutâneos que revestem o corpo das aves, protegendo-o e permitindo a execução e a orientação do voo **2** utensílio munido de bico para escrever **3** cada uma das peças que formam o círculo do rodízio do moinho (Do lat. *penna-*, «id.»)
pena³ *n.f.* elevação de terreno; rocha; fraga (Do lat. *pinna-* ou *penna-*, «merlão [de muralha]; rochedo»)
penação *n.f.* ato de penar ou de cumprir uma pena (De *penar+-ção*)
penáceo *adj.* semelhante à pena (pluma) (De *pena+-áceo*)
penacheiro *n.m.* indivíduo ostentador (De *penacho+-eiro*)
penacho *n.m.* **1** conjunto de penas que constitui um tufo **2** BOTÂNICA inflorescência de aspeto plumoso **3** [fig.] ostentação **4** [fig.] poder; comando **5** BOTÂNICA espécie de erva-toira, robusta e cariosa, frequente em Portugal, especialmente nos favais; **gostar do ~** procurar ou gostar de lugares de representação (Do it. *pennacchio*, «id.», pelo fr. *panache*, «id.»)
penada *n.f.* **1** traço feito com pena **2** tinta que a pena toma de cada vez que se molha no tinteiro **3** palavras escritas com essa quantidade de tinta **4** voto **5** opinião; **de uma ~** de uma só vez, rapidamente, sem esforço (De *pena+-ada*)
penado *adj.* **1** que tem penas; desgostoso; aflito **2** padecente **3** que está a sofrer um castigo (Part. pass. de *penar*)
pena-do-mar *n.f.* ZOOLOGIA nome vulgar extensivo a umas colónias peniformes de celenterados, muitas vezes fosforescentes, das quais algumas aparecem nos mares portugueses
penafidelense *adj.2g.* relativo ou pertencente a Penafiel, no distrito do Porto, ou que é seu natural ou habitante ■ *n.2g.* natural ou habitante de Penafiel (Do lat. med. *Penafidēle-*, «Penafiel» + *-ense*)
penaguiota *adj.2g.* relativo ou pertencente a Santa Marta de Penaguião, no distrito de Vila Real, ou que é seu natural ou habitante ■ *n.2g.* natural ou habitante de Santa Marta de Penaguião (De *Penaguião*, top. +*-ota*)
penal *adj.2g.* **1** que diz respeito ao direito de punir **2** relativo a penas judiciais **3** que impõe penas ou castigos; cominatório (Do lat. *poenāle-*, «id.»)
penalidade *n.f.* **1** sistema de penas impostas pela lei **2** castigo; punição **3** [fig.] desgraça; **grande ~** DESPORTO ⇒ **penalty** (De *penal+-i-+-dade*)
penalista *n.2g.* DIREITO jurista que se especializou em direito penal (De *penal+-ista*)
penalização *n.f.* **1** ato ou efeito de penalizar **2** castigo; corretivo **3** pena; condenação (De *penalizar+-ção*)
penalizante *adj.2g.* **1** que penaliza **2** que causa pena; pungente (De *penalizar+-ante*)
penalizar *v.tr.* **1** aplicar castigo ou penalidade a **2** pôr em desvantagem; prejudicar **3** causar pena, dor, aflição a ■ *v.pron.* sentir pena ou desgosto (De *penal+-izar*)
penálti *n.m.* DESPORTO ⇒ **penalty**
penalty *n.m.* DESPORTO castigo que corresponde a falta grave cometida por um jogador de futebol dentro da sua grande área e que se traduz num pontapé da equipa contrária a 11 metros da baliza, que só pode ser defendido pelo guarda-redes; grande penalidade (Do ing. *penalty*, «penalidade»)
penamacorense *adj.2g.* relativo à vila portuguesa de Penamacor, no distrito de Castelo Branco ■ *n.2g.* natural ou habitante de Penamacor (De *Penamacor*, top. +*-ense*)
penamar *adj.2g.* diz-se da pérola que tem pouco lustro (De orig. obsc.)
penante *n.m.* [gír.] chapéu alto (De *penar+-ante*)
penão¹ *n.m.* bandeira (Do prov. ou fr. ant. *penon*, «cata-vento»)
penão² *n.m.* pluma grande (De *pena+-ão*)
penar *v.intr.* **1** sofrer uma pena **2** padecer; sofrer ■ *v.tr.* **1** causar dor a; fazer sofrer **2** sofrer as consequências de ■ *v.pron.* afligir-se ■ *n.m.* sofrimento; amargura; mágoa (De *pena+-ar*)
penates *n.m.pl.* **1** [com maiúscula] MITOLOGIA deuses protetores do lar, entre os Romanos **2** lar paterno; família (Do lat. *Penātes*, «id.»)
penati- elemento de formação de palavras que exprime a ideia de *emplumado, guarnecido de penas* (Do lat. *penātu-*, «emplumado; que tem penas»)
penatifendido *adj.* BOTÂNICA diz-se da folha peninérvea cujos recortes do limbo quase atingem metade da distância entre a margem e a nervura principal (De *penati-+fendido*)

penatilobado *adj.* BOTÂNICA diz-se da folha peninérvea cujos recortes do limbo atingem metade da distância entre a margem e a nervura principal (De *penati-+lobado*)
penatipartido *adj.* BOTÂNICA diz-se da folha peninérvea cujos recortes do limbo ultrapassam metade da distância entre a margem e a nervura principal, sem no entanto atingirem esta (De *penati-+partido*)
penatissecto ver nova grafia penatisseto
penatisseto *adj.* BOTÂNICA diz-se da folha peninérvea cujos recortes do limbo atingem a nervura principal (Do lat. *pennātu-*, «semelhante a uma pena [pluma]» +*sectu-*, «cortado», part. pass. de *secāre*, «cortar; separar»)
penca *n.f.* **1** variedade de couve, de folha relativamente grossa, com caule curto e talos carnudos, muito apreciada em culinária **2** folha grossa e carnuda de alguns vegetais **3** [pop.] nariz grande **4** [pop.] embriaguez; **em ~** em grande quantidade (De orig. obsc.)
pencada *n.f.* pancada com a penca (De *penca+-ada*)
pencudo *adj.* que tem penca ou nariz grande; narigudo (De *penca+-udo*)
pendão *n.m.* **1** espécie de bandeira grande ou estandarte que é levado em algumas procissões; pavilhão **2** insígnia **3** bandeira **4** BOTÂNICA inflorescência terminal do milho, também designada bandeira **5** [fig.] símbolo de uma causa **6** ICTIOLOGIA ⇒ **bezedor** (Do prov. ant. *penon*, «id.», pelo cast. *pendón*, «pendão; bandeira»)
pendência *n.f.* **1** conflito; desavença **2** DIREITO período durante o qual uma questão judicial aguarda resolução do tribunal **3** inclinação; simpatia (Do lat. *paenitentĭa-*, «id.»)
pendenciador *n.m.* amigo de armar pendências; brigão (De *pendenciar+-dor*)
pendenciar *v.intr.* ter pendência (conflito) com alguém (De *pendência+-ar*)
pendente *adj.2g.* **1** que pende ou está suspenso **2** inclinado **3** descaído **4** que ainda não foi colhido **5** diz-se de mensagem, enviada por telemóvel, que ainda não foi entregue **6** [fig.] que depende **7** [fig.] atento **8** [fig.] que não está ainda resolvido **9** [fig.] que está prestes a acontecer; iminente ■ *n.m.* pequeno objeto ou ornamento que pende ou se pendura; pingente (Do lat. *pendente-*, «que está suspenso», part. pres. de *pendēre*, «pender; estar suspenso»)
pender *v.tr.,intr.* **1** estar pendurado ou suspenso (de) **2** pôr ou estar inclinado ou descaído ■ *v.tr.* **1** ter vocação, propensão (para) **2** estar sujeito (a); depender (de) **3** ser favorável (a); inclinar-se (para) **4** estar iminente (sobre) **5** estar disposto (a) **6** tornar murcho e fazer descair ■ *v.intr.* **1** estar para cair **2** estar por resolver **3** estar ameaçado de ruína **4** cair inerte, ficando pendurado **5** cabecear com sono (Do lat. *pendēre*, «pender; estar suspenso»)
pendericalho *n.m.* ⇒ **penduricalho** (De *pender+-ico+-alho*)
pendoado *adj.* que tem pendão (De *pendão+-ado*)
pendoar *v.intr.* ⇒ **apendoar** *v.intr.* (De *pendão+-ar*)
pendor *n.m.* **1** obliquidade **2** peso; carga **3** GEOLOGIA inclinação das camadas de terra primitivamente horizontais **4** vertente **5** [fig.] tendência **6** [fig.] índole (De *pender+-or*)
pendorado *n.m.* série de pendores ou encostas (De *pendor+-ado*)
pendre *n.m.* ORNITOLOGIA ⇒ **galispo**²
pendro *n.m.* ORNITOLOGIA ⇒ **galispo**²
pêndula *n.f.* **1** relógio com pêndulo **2** pêndulo (De *pêndulo*)
pendular¹ *adj.2g.* **1** referente a pêndulo **2** oscilatório **3** regular **4** (comboio) que tem suspensão oscilante como a de um pêndulo, para maior segurança (De *pêndulo+-ar*)
pendular² *v.intr.* mover-se à maneira de pêndulo; oscilar (De *pêndulo+-ar*)
pendulifloro *adj.* BOTÂNICA (planta) que tem as flores pendentes (Do lat. *pendŭlu-*, «pendente» +*flore-*, «flor»)
pendulifoliado *adj.* BOTÂNICA (planta) que tem as folhas pendentes (Do lat. *pendŭlu-*, «pendente» +*folĭu-*, «folha» +*-ado*)
pêndulo *n.m.* **1** corpo suspenso de um eixo horizontal fixo que não passa pelo seu centro de gravidade e que oscila livremente quando afastado da posição de equilíbrio e largado sem velocidade inicial **2** peça metálica que regula o movimento do maquinismo do relógio **3** qualquer corpo que oscila sob a ação da gravidade, em torno de um eixo horizontal; **~ balístico** pêndulo composto, de grande massa, usado na medição da velocidade dos projéteis; **~ simples** pêndulo ideal constituído por uma partícula suspensa de um ponto fixo por um fio inextensível e sem peso (Do lat. *pendŭlu-*, «pendente»)
pendura *n.f.* **1** ato de pendurar; dependura **2** coisa pendurada **3** porção de cachos de uva atados para se guardarem dependurados

■ *n.2g.* **1** [pop., pej.] pessoa que se associa a outras para beber, comer, viajar ou viver à custa delas; parasita **2** (competições automobilísticas) tripulante que vai fornecendo ao piloto informações e instruções sobre o trajeto; navegador **3** [pop.] pessoa que, para não pagar bilhete, viaja pendurada no estribo do carro elétrico **4** [pop., pej.] caloteiro (Deriv. regr. de *pendurar*)

pendurada *n.f.* **1** ato de pendurar **2** coisa suspensa ou presa sem tocar no chão (Part. pass. fem. subst. de *pendurar*)

pendural *n.m.* **1** peça de madeira da armação de uma construção, que permite a ligação de uma verga ao frechal que lhe fica imediatamente superior **2** pequena viga onde se apoia a asna

pendurar *v.tr.* **1** prender (um objeto) de modo que não toque no chão; suspender; fixar **2** colocar alto ■ *v.pron.* **1** estar suspenso **2** elevar-se **3** [pop., fig.] viver à custa (de) **4** [pop., fig.] impor a sua companhia a outros **5** [pop., fig.] enforcar-se (Do lat. *pendulāre, «*pender; suspender»)

penduricalho *n.m.* **1** coisa pendurada para enfeite; berloque; pingente **2** [joc.] condecoração (De *pendurar+-ico+-alho*)

pene *n.m.* ⇒ **pénis** (Do lat. *pene-*, «id.»)

pen(e)- elemento de formação de palavras que exprime a ideia de *quase, aproximadamente* (Do lat. *paene* ou *pene*, «quase»)

penedia *n.f.* **1** conjunto ou série de penedos; fraguedo **2** rocha (De *penedo+-ia*)

penedo *n.m.* **1** rochedo **2** penhasco, penha **3** pedra grande **4** calhau **5** [fig., pej.] pessoa considerada pouco inteligente **6** [fig.] pessoa teimosa e difícil de demover **7** [fig.] dificuldade (Do lat. *pinna*, «rocha», pelo ant. *pena*, «id.» *+-edo*)

peneídeo *adj.* ZOOLOGIA relativo ou pertencente aos Peneídeos ■ *n.m.* ZOOLOGIA espécime dos Peneídeos

Peneídeos *n.m.pl.* ZOOLOGIA família de crustáceos decápodes da subdivisão dos macruros (Do lat. *penna-*, «pena» *+-ídeos*)

peneira *n.f.* **1** instrumento circular de madeira com o fundo em trama de metal, seda ou crina, por onde passa a farinha ou outra substância moída **2** joeira **3** [fig.] seleção; prova **4** *pl.* [pop.] pretensão de superioridade **5** *pl.* [pop.] vaidade; orgulho excessivo **6** [fig., pop.] chuva miúda ■ *n.2g.* [pop.] pessoa sem dinheiro; pelintra; *tapar o sol com a ~* negar o que é óbvio; *ter peneiras* presumir, convencer-se de que é bom; *ter peneiras nos olhos* estar iludido; *tirar as peneiras a alguém* desfazer as ilusões a alguém fazendo-o ver claro (Do lat. **panaria-*, de *pane-*, «pão»)

peneiração *n.f.* ato de peneirar (De *peneirar+-ção*)

peneirada *n.f.* **1** o que se peneira de cada vez **2** peneiração (Part. pass. fem. subst. de *peneirar*)

peneirado *adj.* **1** que se peneirou **2** [fig.] que se saracoteia; mexido (Part. pass. de *peneirar*)

peneirador *adj.,n.m.* que ou aquele que peneira (De *peneirar+-dor*)

peneirar *v.tr.* **1** passar pela peneira; joeirar **2** filtrar **3** selecionar ■ *v.intr.* chuviscar ■ *v.pron.* **1** saracotear-se **2** mostrar-se vaidosamente; ostentar-se (De *peneira+-ar*)

peneireiro *n.m.* **1** o que fabrica ou vende peneiras **2** ORNITOLOGIA ave de rapina, diurna, da família dos Falconídeos, comum em Portugal **3** [fig., coloq.] indivíduo que rouba, que anda na rapina **4** [regionalismo] Diabo (De *peneira+-eiro*)

peneirento *adj.* **1** [pop., depr.] vaidoso **2** [pop., depr.] afetado **3** [pop., depr.] pretensioso (De *peneira+-ento*)

peneiro *n.m.* **1** peneira grande usada nas padarias **2** ralo com que se protege no verão durante a cresta das colmeias **3** ventilador **4** fresta **5** ENGENHARIA dispositivo, provido de aberturas com dimensões iguais e uniformemente espaçadas, destinado à separação de materiais granulares por categorias de dimensões (De *peneira*)

penejar *v.tr.* escrever ou desenhar à pena (De *pena+-ejar*)

penela *n.f.* **1** outeiro **2** penha pequena (De *pena* [= rocha] *+-ela*)

penélope *n.f.* esposa fiel e virtuosa (De *Penélope*, mitol., mulher de Ulisses)

peneplanície *n.f.* GEOGRAFIA região quase plana constituída por várias superfícies de erosão imperfeitas em que se verifica uma pequena diferença de altitude entre os vales e os interflúvios (De *pene-+planície*)

peneta /ê/ *n.f.* [São Tomé e Príncipe] infelicidade; azar (Do crioulo *peneta*, «id.»)

penetra *adj.,n.2g.* **1** que ou o que é atrevido, metediço e insolente **2** que ou o que entra em festa(s), cinema(s), teatro(s), sem convite ou bilhete de entrada **3** que ou o que é manhoso, finório (Deriv. regr. de *penetrar*)

penetrabilidade *n.f.* qualidade do que é penetrável (Do lat. *penetrabĭle-*, «penetrável»*+-i-+-dade*)

penetração *n.f.* **1** ato ou efeito de penetrar **2** entrada **3** ato ou efeito decorrentes da introdução de pénis na outra parte do corpo, ou de um objeto, nos orifícios vaginal e anal ou na cavidade bucal, de pessoas ou animais **4** DESPORTO (voleibol) deslocamento de um jogador da defesa para a zona de ataque, a fim de desempenhar as funções de passador **5** MILITAR operação ofensiva que visa abrir uma brecha ou efetuar uma rutura na posição inimiga **6** [fig.] acuidade; perspicácia; sagacidade **7** [fig.] grau de difusão e aceitação em determinado meio ou mercado (Do latim *penetratiōne-*, «id.»)

penetrador *adj.,n.m.* **1** que ou aquele que penetra **2** [fig.] que ou o que é perspicaz, inteligente (Do lat. *penetratōre-*, «id.»)

penetrais *n.m.pl.* **1** a parte mais recôndita de um objeto ou de um edifício; o íntimo **2** ádito; entrada (Do lat. *penetrāle-*, «id.»)

penetrâmetro *n.m.* FÍSICA instrumento utilizado para medir o poder de penetração de um feixe de raios X (De *penetrar+-metro*)

penetrante *adj.2g.* **1** que penetra **2** próprio para penetrar **3** [fig.] profundo **4** [fig.] intenso **5** [fig.] perspicaz (Do lat. *penetrante-*, «id.», part. pres. de *penetrāre*, «penetrar; entrar em»)

penetrar *v.tr.* **1** passar através de; trespassar; atravessar **2** chegar ao interior de; passar para dentro de **3** invadir; difundir-se (em); entrar (em) **4** infiltrar-se (em); meter-se (em) **5** [fig.] tocar profundamente **7** [fig.] chegar a perceber; entender ■ *v.pron.* compenetrar-se; convencer-se intimamente (Do lat. *penetrāre*, «id.»)

penetrativo *adj.* ⇒ **penetrante** (De *penetrar+-tivo*)

penetrável *adj.2g.* em que pode penetrar-se (Do lat. *penetrabĭle-*, «id.»)

penha *n.f.* rocha; penhasco; fraguedo (Do lat. *pinna-*, «merlão de muralha; rochedo», pelo cast. *peña*, «rocha; rochedo»)

penhado *adj.* humilhado; vexado (Do quimb. *okupenya*, «humilhar, vexar»)

penhascal *n.m.* série de penhascos; penhasqueira (De *penhasco+ -al*)

penhasco *n.m.* penha grande e elevada; grande rochedo (Do cast. *peñasco*, «id.»)

penhascoso /ô/ *adj.* em que há penhascos; alcantilado (Do cast. *peñascoso*, «id.»)

penhasqueira *n.f.* ⇒ **penhascal** (De *penhasco+-eira*)

penhor *n.m.* **1** DIREITO objeto, móvel ou imóvel, que garante o pagamento de uma dívida **2** garantia; prova; segurança; *casa de penhores* estabelecimento onde é possível obter um empréstimo de dinheiro em troca de objeto(s), geralmente valioso(s), que funcionam como garantia da restituição do dinheiro ao prestamista (Do lat. *pignōre-*, «id.»)

penhora *n.f.* **1** DIREITO apreensão judicial dos bens do devedor para, à custa deles, serem pagos os credores **2** [regionalismo] gratificação em dinheiro dada aos trabalhadores em rancho; *estar livre de uma ~* não ter onde cair morto (Deriv. regr. de *penhorar*)

penhorado *adj.* **1** tomado em penhora; em que recaiu penhora **2** [fig.] muito grato; muito agradecido (Part. pass. de *penhorar*)

penhorante *adj.2g.* **1** que penhora **2** que torna grato (Do lat. *pignorante-*, «id.», part. pres. de *pignorāre*, «dar como penhor; empenhar»)

penhorar *v.tr.* **1** DIREITO efetuar a penhora de; apreender, por meio de execução judicial, os bens de (um devedor insolvente) **2** dar como garantia de pagamento de dívida ou empréstimo **3** impor ou exigir por obrigação **4** [fig.] tornar grato **5** [fig.] cativar (Do lat. *pignorāre*, «empenhar»)

penhorável *adj.2g.* que se pode penhorar (De *penhorar+-vel*)

penhorista *n.2g.* dono ou dona de casa de penhores; agiota (De *penhor+-ista*)

péni *n.m.* moeda inglesa equivalente à centésima parte da libra (Do ing. *penny*, «id.»)

penicar *v.tr.* [regionalismo] ⇒ **depenicar**

penicheiro *adj.,n.m.* ⇒ **penichense** (De *Peniche*, top. *+-eiro*)

penichense *adj.2g.* referente a Peniche, cidade portuguesa do distrito de Leiria ■ *n.2g.* natural ou habitante de Peniche (De *Peniche*, top. *+-ense*)

penicilina *n.f.* MEDICINA poderoso antibiótico extraído de um fungo do género *Penicillium*, com aplicação eficaz no tratamento de várias doenças infeciosas (De *penicílio+-ina*)

penicílio *n.m.* BOTÂNICA designação extensiva aos fungos (bolores) do género *Penicillium*, da família das Aspergiláceas, que se desenvolvem em substâncias orgânicas, e cujo aparelho esporífero tem forma de pincel (Do lat. *penicillu-*, «pincel»)

penico *n.m.* [pop.] recipiente próprio para se urinar e defecar; bacio; pote; bispote (De orig. obsc.)

pénico *adj.,n.m.* ⇒ **cartaginês** (Do lat. *poenĭcu-*, «de Cartago»)

penífero *adj.* que tem penas; penígero (Do lat. *pennifĕru-*, «id.»)

peniforme *adj.2g.* que tem forma de pena (Do lat. *penna-*, «pena» +*forma-*, «forma»)

penígero *adj.* que cria penas; penífero; penudo (Do lat. *pennĭgĕru-*, «id.»)

penina *n.f.* MINERALOGIA variedade de clorite (De *Alpes Peninos*, top.)

peninervado *adj.* 1 BOTÂNICA diz-se da folha cuja nervura principal se ramifica em nervuras secundárias dispostas como as barbas de uma pena de ave 2 diz-se da nervação com estas características (Do lat. *penna-*, «pena» +*nervu-*, «nervo» +-*ado*)

peninérveo *adj.* ⇒ **peninervado** (Do lat. *penna-*, «pena» +*nervu-*, «nervo» +-*eo*)

peninite *n.f.* MINERALOGIA ⇒ **penina** (De *Alpes Peninos*+-*ite*)

península *n.f.* GEOGRAFIA quase ilha constituída por uma massa de terra que avança no mar, estando ligada ao continente por uma faixa estreita a que se dá o nome de istmo (Do lat. *paenīnsŭla-*, «id.», de *poene*, «quase» +*insŭla-*, «ilha»)

peninsular *adj.2g.* 1 da península ou a ela referente 2 da Península Ibérica ■ *n.2g.* natural ou habitante de uma península (De *península*+-*ar*)

penipotente *adj.2g.* que tem grande vigor nas asas (Do lat. *pennipotente-*, «id.»)

peniqueira *n.f.* [pop.] mesa de cabeceira onde se guarda o penico (De *penico*+-*eira*)

pénis *n.m.2n.* ANATOMIA órgão sexual masculino através do qual o sémen e a urina são excretados, e que intervém na cópula como órgão penetrador (Do lat. *penis*, «id.»)

penisco *n.m.* BOTÂNICA semente de pinheiro bravo; pinhão (Do lat. *pinu-*, «pinheiro» +-*isco*)

penitência *n.f.* 1 castigo 2 sofrimento relacionado com o arrependimento; expiação 3 RELIGIÃO um dos sete sacramentos da Igreja, que consiste na acusação dos próprios pecados a um confessor; confissão 4 RELIGIÃO pena imposta pelo confessor ao penitente para remissão dos seus pecados 5 RELIGIÃO arrependimento de ter ofendido a Deus (Do lat. *poenitentĭa-*, «id.»)

penitencial *adj.2g.* referente a penitência ■ *n.m.* ritual das penitências (Do lat. *poenitentiāle-*, «id.»)

penitenciar *v.tr.* 1 impor penitência a 2 castigar ■ *v.pron.* 1 arrepender-se 2 castigar-se 3 sujeitar-se a sacrifícios para remir os pecados ou faltas (De *penitência*+-*ar*)

penitenciaria *n.f.* tribunal eclesiástico para resolver casos que só o papa pode decidir (De *penitência*+-*aria*)

penitenciária *n.f.* edifício destinado à reclusão de criminosos, segundo o sistema penitenciário (De *penitência*+-*ária*)

penitenciário *adj.* 1 relativo a penitência 2 relativo ao sistema de prisões em células separadas ■ *n.m.* 1 indivíduo preso em penitenciária 2 RELIGIÃO delegado do papa na penitenciaria, para resolver os casos reservados (Do lat. med. *poenitentiarĭu-*, «id.»)

penitente *adj.,n.2g.* 1 que ou a pessoa que faz penitência ou se arrepende das suas faltas 2 que ou pessoa que confessa a um sacerdote os seus pecados ■ *n.m.pl.* 1 membros de certas confrarias religiosas 2 frades franciscanos (Do lat. *poenitente-*, «id.»)

penível *adj.2g.* ⇒ **penoso** (Do fr. *pénible*, «penoso»)

peno /ê/ *adj.,n.m.* ⇒ **cartaginês** (Do lat. *poenu-*, «púnico; cartaginês»)

penol *n.m.* NÁUTICA ponta da verga dos navios (Do cast. *penol*, «id.»)

penologia *n.f.* tratado acerca das penalidades (Do gr. *poiné*, «pena; castigo» +*lógos*, «tratado» +-*ia*)

penosa *n.f.* [gír.] galinha magra (De *penoso*)

penoso /ô/ *adj.* 1 que dá pena 2 que aflige 3 que custa a fazer ou a suportar; incómodo; árduo; fatigante (De *pena*+-*oso*)

pensado *adj.* 1 considerado; meditado; refletido 2 preparado; planeado; *de caso* ~ assente com antecedência, com premeditação (Do lat. *pensātu-*, «id.», part. pass. de *pensāre*, «pesar; apreciar»)

pensador *n.m.* 1 aquele que pensa 2 pessoa que reflete sistematicamente sobre grandes questões (filosóficas, económicas, sociais, etc.), sintetizando os seus aspetos principais e fornecendo novas perspetivas para a sua abordagem 3 [fig.] indivíduo que age com sabedoria e reflexão ■ *adj.* 1 que pensa; que reflete 2 que se interroga sobre as grandes questões; filosófico (De *pensar*+-*dor*)

pensadura *n.f.* 1 ato de pensar (alimentar) animais 2 ração 3 [Brasil] cuidados com uma criança (De *pensar*+-*dura*)

pensamento *n.m.* 1 faculdade, ato ou efeito de pensar 2 modo de pensar 3 qualquer ato de espírito ou operação da inteligência 4 ideia 5 opinião 6 reflexão 7 recordação; evocação; lembrança 8 razão; inteligência; espírito; entendimento 9 imaginação; fantasia 10 intenção 11 cuidado; solicitude; preocupação 12 sentença; máxima; *vir ao* ~ lembrar (De *pensar*+-*mento*)

pensante *adj.2g.* que pensa ou é capaz de pensar (Do lat. *pensante-*, «id.», part. pres. de *pensāre*, «apreciar; pesar; pensar»)

pensão *n.f.* 1 renda vitalícia ou temporária 2 casa de hóspedes; hospedaria 3 o que se paga pela educação e sustento de um aluno no colégio 4 [fig.] obrigação; encargo; ónus; ~ *de alimentos* DIREITO prestação mensal em dinheiro que alguém é obrigado a pagar a um filho ou a um cônjuge, por força de uma decisão judicial (Do lat. *pensiōne-*, «pagamento»)

pensão-completa *n.f.* regime turístico em que as pessoas têm direito a todas as refeições diárias incluídas no valor total do pacote de férias que adquiriram

pensar[1] *v.intr.* 1 fazer uso da razão para depreender, julgar ou compreender; encadear ideias de forma lógica; raciocinar 2 refletir ■ *v.tr.* 1 refletir sobre; meditar 2 ter em conta; considerar 3 ser de opinião; achar 4 lembrar-se (de); recordar 5 fazer tenção de; pretender 6 considerar provável ou verosímil; julgar; supor 7 cuidar (de); tratar (de) 8 conceber; criar ■ *n.m.* 1 pensamento 2 prudência; ~ *na morte da bezerra* [COLOQ.] estar distraído (Do lat. *pensāre*, «pesar; apreciar»)

pensar[2] *v.tr.* 1 dar penso a; dar ração a (gado) 2 aplicar penso em; fazer curativo a 3 tratar convenientemente; cuidar de (De *penso* [= ração]+-*ar*)

pensativo *adj.* 1 absorto em algum pensamento 2 preocupado (De *pensar*+-*tivo*)

pensável *adj.2g.* 1 em que se pode pensar; que pode ser pensado; que se pode considerar ou apreciar 2 imaginável (De *pensar*+-*vel*)

pênsil *adj.2g.* 1 suspenso; pendurado 2 construído sobre abóbadas ou colunas (Do lat. *pensīle-*, «id.»)

Pensilvaniano *n.m.* GEOLOGIA época mais recente do período Carbónico ■ *adj.* [com minúscula] GEOLOGIA relativo ao Pensilvaniano

pensionar *v.tr.* 1 obrigar a pensão 2 dar ou pagar pensão a 3 sobrecarregar com trabalhos (Do lat. *pensiōne-*, «pensão» +-*ar*)

pensionário *adj.* relativo a pensão ■ *n.m.* pensionista (Do lat. *pensiōne-*, «pensão» +*ário*)

pensionato *n.m.* 1 casa que recebe pensionistas; internato 2 patronato (Do lat. *pensiōne-*, «pensão» +-*ato*)

pensioneiro *adj.* que paga pensão (Do lat. *pensiōne-*, «pensão» +-*eiro*)

pensionista *adj.,n.2g.* 1 que ou pessoa que recebe uma pensão, sobretudo do Estado; reformado; aposentado 2 que ou estudante que é subsidiado pelo Estado 3 que ou pessoa que paga pensão 4 que ou noviça que paga pensão no convento (Do lat. *pensiōne-*, «pensão» +-*ista*)

penso[1] *n.m.* 1 alimentação de animais 2 curativo aplicado 3 aplicação de produtos antissépticos em ferida, úlcera, incisões cirúrgicas como forma de tratamento 4 produto(s) farmacêutico(s) (incluindo gaze, adesivo, antissépticos) necessários para esse tratamento 5 limpeza e tratamento do vestuário das crianças; ~ *higiénico* faixa com fibras absorventes usada para conter o fluxo de sangue principalmente durante o período menstrual; ~ *rápido* adesivo que integra uma gaze que se aplica sobre um ferimento ligeiro (Do lat. *pensu-*, «id.»)

penso[2] *adj.* [Brasil] inclinado (Do lat. *pensu-*, «id.», part. pass. de *pendēre*, «pender; estar pendurado»)

penta- elemento de formação de palavras que exprime a ideia de *cinco* (Do gr. *pénte*, «cinco»)

pentacampeão *adj.,n.m.* DESPORTO que ou atleta (ou equipa) que se sagrou campeão pela quinta vez em competição ou prova desportiva (De *penta-*+*campeão*)

pentacampeonato *n.m.* DESPORTO campeonato ganho pela quinta vez (De *penta-*+*campeonato*)

pentacarpo *adj.* BOTÂNICA diz-se do fruto que tem cinco carpelos (Do gr. *pénte*, «cinco» +*karpós*, «fruto»)

pentacórdio *n.m.* MÚSICA ⇒ **pentacordo**

pentacordo *n.m.* MÚSICA espécie de lira de cinco cordas (Do gr. *pentákhordon*, «id.», pelo lat. *pentachordu-*, «id.»)

pentadáctilo *adj.* 1 que tem cinco dedos 2 que tem cinco folíolos (Do gr. *pentadáktylos*, «id.», pelo lat. *pentadactўlu-*, «id.»)

pentadecagonal *adj.2g.* que tem a forma de pentadecágono, ou que lhe diz respeito (De *pentadecágono*+-*al*)

pentadecágono *n.m.* GEOMETRIA polígono plano que tem quinze ângulos (e, por isso, tem quinze lados) (De *penta-*+*decágono*)

pentaedro *n.m.* GEOMETRIA poliedro que tem cinco faces (Do gr. *pénte*, «cinco» +*hédra*, «face»)

pentagonal *adj.2g.* 1 GEOMETRIA que diz respeito ao pentágono 2 que tem cinco ângulos 3 cuja base é um pentágono (De *pentágono*+-*al*)

pentágono *n.m.* GEOMETRIA polígono que tem cinco ângulos (e, por isso, tem cinco lados) (Do gr. *pentágonos*, «de cinco ângulos», pelo lat. *pentagōnu-*, «id.»)

pentagrama *n.m.* 1 MÚSICA pauta musical de cinco linhas 2 figura simbólica ou mágica, formada de cinco letras (Do gr. *pentágrammos*, «de cinco linhas», pelo fr. *pentagramme*, «id.»)

pentâmero *adj.* que tem cinco divisões ▪ *n.m.* ZOOLOGIA espécime dos pentâmeros ▪ *n.m.pl.* ZOOLOGIA grupo de insetos coleópteros que têm o tarso constituído por cinco artículos (Do gr. *pentamerés*, «com cinco partes», pelo lat. *pentamĕre-*, «id.»)

pentâmetro *n.m.,adj.* LITERATURA verso ou designativo do verso grego ou latino de cinco pés (Do gr. *pentámetros*, «id.», pelo lat. *pentamĕtru-*, «id.»)

pentandro *adj.* BOTÂNICA que tem cinco estames (Do gr. *pénte*, «cinco» +*anér, andrós*, «homem»)

pentano *n.m.* QUÍMICA hidrocarboneto saturado, de fórmula C_5H_{12}, que figura na composição do petróleo (Do gr. *pénte*, «cinco» +-*ano*, ou do fr. *pentane*, «id.»)

pentapétalo *adj.* BOTÂNICA que tem cinco pétalas (De *penta-*+*pétala*)

pentápole *n.f.* nome dado a um território que abrange cinco cidades (Do gr. *pentápolis*, «id.», pelo lat. *pentapŏle-*, «id.»)

pentaprisma *n.m.* prisma com cinco vértices

pentáptero *adj.* que tem cinco asas (carcérula) (Do gr. *pénte*, «cinco» +*pterón*, «asa»)

pentarca *n.m.* cada um dos membros de uma pentarquia (Do gr. *pénte*, «cinco» +*arkhé*, «poder»)

pentarquia *n.f.* governo exercido por cinco chefes (Do gr. *pentarkhía*, «id.»)

pentarreme *n.f.* embarcação com cinco ordens de remos (Do gr. *pénte*, «cinco»+lat. *remu-*, «remo»)

pentassépalo *adj.* BOTÂNICA diz-se do cálice que tem cinco sépalas (De *penta-*+*sépala*)

pentassílabo *n.m.* verso ou palavra que tem cinco sílabas ▪ *adj.* que tem cinco sílabas (Do gr. *pentasýllabos*, «id.», pelo lat. *pentasyllăbu-*, «id.»)

Pentateuco *n.m.* conjunto dos cinco primeiros livros do Antigo Testamento (Do gr. *pentáteukhos*, «id.», de *pénte*, «cinco» +*teûkhos*, «livro», pelo lat. *Pentateuchu-*, «id.»)

pentatlo *n.m.* 1 DESPORTO nome coletivo dos cinco exercícios (salto, corrida, arremesso do disco, luta e lançamento do dardo) que constituíam os jogos em que entravam os atletas da Grécia 2 DESPORTO competição em que o concorrente presta provas em cinco modalidades diferentes, sendo classificado pelo melhor conjunto de resultados; *~ moderno* DESPORTO competição olímpica que engloba provas de corrida, natação, hipismo, esgrima e tiro (Do gr. *péntathlon*, «id.», pelo lat. *penathlu-*, «id.»)

pentatómico *adj.* QUÍMICA (molécula, ião, radical) que possui cinco átomos (De *penta-*+*atómico*)

Pentatomidas *n.m.pl.* ZOOLOGIA ⇒ **Pentatomídeos**

pentatomídeo *adj.* ZOOLOGIA relativo ou pertencente aos Pentatomídeos ▪ *n.m.* ZOOLOGIA espécime dos Pentatomídeos

Pentatomídeos *n.m.pl.* ZOOLOGIA família de insetos hemípteros, heterópteros, com antenas constituídas por cinco artículos, e o rostro por quatro segmentos (Do gr. *pénte*, «cinco» +*tomé*, «corte» + -*ídeos*)

pentavalente *adj.2g.* QUÍMICA (átomo, grupo de átomos) de que podem partir cinco ligações químicas (De *penta-*+*valente*)

pente *n.m.* 1 instrumento dentado com que se limpa, alisa ou segura o cabelo 2 caixilho com fendas paralelas por onde passam os fios da teia no tear 3 instrumento de ferro usado para cardar a lã 4 ZOOLOGIA ⇒ **vieira** 1 5 [regionalismo] extremidade das aduelas, do javre para a frente 6 ZOOLOGIA órgão do globo ocular dos répteis e das aves, que atua na acomodação 7 ZOOLOGIA conjunto de pelos curtos na extremidade das patas dos insetos; *passar a ~ fino* verificar com o máximo cuidado, fazer inspeção rigorosa a, percorrer palmo a palmo (Do lat. *pectĭne-*, «id.»)

penteação *n.f.* 1 ato ou efeito de pentear ou pentear-se 2 operação que tem por fim eliminar, em algumas matérias têxteis, as fibras inferiores a determinado comprimento e tornar as outras o mais possível paralelas (De *pentear*+-*ção*)

penteadela *n.f.* ato ou efeito de pentear ou de pentear-se ligeiramente ou à pressa (De *pentear*+-*dela*)

penteado *n.m.* arranjo e disposição dos cabelos da cabeça; toucado ▪ *adj.* 1 (cabelo) que se ajeitou com o pente 2 (pessoa) que tem o cabelo arranjado 3 [fig.] que é muito aprumado (Part. pass. subst. de *pentear*)

penteador *adj.* que penteia ▪ *n.m.* 1 roupão ou pano que a pessoa que se penteia veste ou põe sobre os ombros 2 indivíduo que penteia (De *pentear*+-*dor*)

penteadura *n.f.* ato ou efeito de pentear ou de se pentear (De *pentear*+-*dura*)

pentear *v.tr.* 1 compor, alisar ou limpar (cabelo, pelos) com pente 2 eliminar impurezas de (fibras têxteis) ▪ *v.pron.* 1 passar o pente pelo cabelo para o desemaranhar e/ou arranjar 2 [fig.] preparar-se para; *mandar ~ macacos* [coloq.] mandar embora com desprezo, por não querer ouvir ou aturar mais (De *pente*+-*ear*)

pentearia *n.f.* oficina ou loja de penteeiro (De *pente*+-*aria*)

pentecostalismo *n.m.* RELIGIÃO movimento surgido no final do século XIX, na América do Norte, que valoriza sobretudo a receção sacramental do Espírito Santo, celebrada no Pentecostes (De *pentecostal*+-*ismo*)

pentecostalista *adj.2g.* RELIGIÃO relativo ao pentecostalismo ▪ *n.2g.* RELIGIÃO pessoa crente no pentecostalismo (De *pentecostal*+-*ista*)

Pentecostes *n.m.* 1 RELIGIÃO festa dos Judeus em memória do dia em que Moisés recebeu de Deus as tábuas da Lei 2 RELIGIÃO festa dos Cristãos em memória da descida do Espírito Santo sobre os Apóstolos, celebrada no quinquagésimo dia depois da Páscoa (Do gr. *pentekosté*, «id.», pelo lat. *pentecoste-*, «id.»)

pente-do-mar *n.m.* ZOOLOGIA ⇒ **leque** 6

penteeiro *n.m.* 1 fabricante de pentes 2 vendedor de pentes (De *pente*+-*eiro*)

penteiro *n.m.* ⇒ **penteeiro**

pentelho /ê/ *n.m.* 1 [vulg.] pelo púbico 2 [Brasil] [vulg.] pessoa aborrecida, maçadora (De *pente*+-*elho*)

pentemímere *adj.2g.* designativo do verso ou da cesura do verso pentâmero, greco-latino, quando depois da primeira parte, e no terceiro pé, fica uma sílaba (Do gr. *penthemimerés [ársis]*, «cesura que vale cinco meias partes», pelo lat. *penthemimĕre-*, «id.»)

pentlandite *n.f.* MINERALOGIA mineral que é, quimicamente, sulfureto de níquel e ferro e cristaliza no sistema cúbico (Do ing. *Pentland [Hills]*, «montes de Pentland» no Norte da Escócia +-*ite*)

pêntodo *n.m.* ELETRICIDADE válvula termiónica com cinco elétrodos e, portanto, com três grelhas (Do gr. *pénte*, «cinco» +*hodós*, «via»)

pentose *n.f.* QUÍMICA nome genérico de glícidos de fórmula molecular $C_5H_{10}O_5$, não hidrolisáveis, nem suscetíveis de fermentação alcoólica (De *penta-*+-*ose*)

penudo *adj.* ⇒ **penígero** (De *pena*+-*udo*)

penugem *n.f.* 1 conjunto de pequenas penas macias que revestem o corpo das aves juvenis e também certas partes do das aves adultas 2 conjunto de pelos curtos, finos e macios 3 lanugem que cobre certos frutos, folhas, etc. (De *pena*+-*ugem*)

penugento *adj.* que tem penugem; penujoso (De *penugem*+-*ento*)

penujar *v.intr.* mostrar-se coberto de penugem ▪ *v.tr.* cobrir de penugem (De *penugem*+-*ar*)

penujoso /ô/ *adj.* ⇒ **penugento** (De *penugem*+-*oso*)

pénula[1] *n.f.* espécie de palheta com que os jograis do século XVIII tocavam cítara (Do lat. *pennŭla-*, «barbatana pequena»)

pénula[2] *n.f.* capa curta usada pelos Romanos apenas na guerra ou em viagem (Do lat. *paenŭla-* ou *penŭla-*, «capa com capuz»)

pénulo *adj.,n.m.* peno; púnico; cartaginês (Do lat. *poenŭlu-*, dim. de *poenu-*, «cartaginês»)

penúltimo *adj.* que precede imediatamente o último (Do lat. *paenultĭmu-*, «id.»)

penumbra *n.f.* ponto de transição da luz para a sombra; quase sombra; meia-luz; *ficar na ~* ficar meio obscurecido, quase esquecido (Do lat. *paene*, «quase» +*umbra-*, «sombra»)

penumbrar *v.tr.* causar penumbra em (De *penumbra*+-*ar*)

penumbroso /ô/ *adj.* onde há penumbra; mal iluminado (De *penumbra*+-*oso*)

penúria *n.f.* 1 pobreza extrema; miséria; indigência 2 escassez (Do lat. *penurĭa-*, «id.»)

penurioso /ô/ *adj.* que sofre de penúria (De *penúria*+-*oso*)

péon *n.m.* pé de verso grego ou latino, formado de três sílabas breves e uma longa (Do gr. *paión*, «id.», pelo lat. *paeōne-*, «id.»)

peonagem *n.f.* 1 conjunto dos soldados que combatem a pé; infantaria 2 peões (De *peão*+-*agem*)

peónia *n.f.* BOTÂNICA nome vulgar extensivo a um grupo de plantas com grandes flores, da família das Ranunculáceas, espontâneas em Portugal, e também cultivadas para fins ornamentais (Do gr. *paionía*, «rosa-albardeira», pelo lat. *paeonĭa-*, «id.»)

pepa *n.f.* [infant.] chupeta

peperito n.m. PETROLOGIA rocha constituída pela mistura de fragmentos de rochas vulcânicas e de elementos sedimentares (margas e calcários) (Do it. *peper[ino]*, «id.» +*-ito*)
pepinal n.m. plantação de pepinos; pepineira (De *pepino*+*-al*)
pepineira n.f. 1 porção de terreno em que se cultivam pepinos; pepinal 2 [fig.] brincadeira; pândega 3 [fig.] troça 4 [fig.] assunto, sessão ou tema de pouca importância e pouco agradável 5 [fig.] cena reles (De *pepino*+*-eira*)
pepineiro n.m. BOTÂNICA planta herbácea, da família das Cucurbitáceas, de caule prostrado, cultivada em Portugal, cujos frutos (pepinos) são apreciados em culinária; pepino (De *pepino*+*-eiro*)
pepino n.m. 1 BOTÂNICA fruto do pepineiro, cilíndrico e longo, de polpa branca com sementes ovais e achatadas, e com casca verde, que se come geralmente em saladas; cogombro 2 BOTÂNICA ⇒ **pepineiro** (Do cast. *pepino*, «id.»)
pepino-de-são-gregório n.m. BOTÂNICA planta herbácea, prostrada, da família das Cucurbitáceas, espontânea em Portugal
pepita n.f. 1 grão ou palheta de metal nativo, principalmente ouro 2 pequena lasca de cereal ou chocolate (Do cast. *pepita*, «id.»)
peplo n.m. manto comprido usado pelas matronas romanas, de rico tecido de cores vivas, bordado a ouro, e ornamentado de figuras de deuses e heróis (Do gr. *péplos*, «id.», pelo lat. *peplu-*, «id.»)
pepónide n.f. BOTÂNICA variedade de baga (fruto) cuja parte central se liquefaz, como o melão, o pepino, etc. (Do lat. *pepŏne-*, «melão» +*-ide*)
pepónio n.m. BOTÂNICA ⇒ **pepónide** (Do lat. *pepŏne-*, «melão» +*-io*)
pepsia n.f. digestão dos alimentos no estômago (Do gr. *pépsis*, «digestão» +*-ia*)
pepsina n.f. BIOQUÍMICA enzima produzida no estômago, que, num meio ácido, decompõe as proteínas e as transforma em peptonas (Do gr. *pépsis*, «digestão» +*-ina*)
péptico adj. 1 que auxilia a digestão dos alimentos 2 que se refere ao estômago ou aos órgãos digestivos (Do gr. *peptikós*, «id.», pelo lat. *peptĭcu-*, «id.»)
péptido n.m. BIOQUÍMICA nome genérico de complexos de aminoácidos desdobráveis por fermentação (Do gr. *peptós*, «digerido» +*-ido*)
peptização n.f. FÍSICA, QUÍMICA dispersão espontânea de uma substância sólida num líquido quando se adiciona uma pequena quantidade de uma terceira substância, o agente peptizante (a peptização é o inverso da floculação) (De *peptizar*+*-ção*)
peptizante adj.2g. que provoca a peptização (De *peptizar*+*-ante*)
peptizar v.tr. provocar a peptização de (De *péptico*+*-izar*)
peptona /ô/ n.f. BIOQUÍMICA grupo de substâncias resultantes da hidrólise das proteínas pela ação da pepsina (Do gr. *peptós*, «digerido» +*-ona*)
peptonização n.f. ato de peptonizar (De *peptonizar*+*-ção*)
peptonizar v.tr. transformar (os alimentos albuminoides) em peptonas (De *peptona*+*-izar*)
pequena /ê/ n.f. 1 rapariga nova 2 criança do sexo feminino 3 [coloq.] namorada (De *pequeno*)
pequena-burguesia n.f. SOCIOLOGIA camada inferior da burguesia
pequenada n.f. 1 conjunto de crianças 2 conjunto de filhos (De *pequeno*+*-ada*)
pequename n.m. [coloq.] raparigas em idade de namorar (De *pequena*+*-ame*)
pequenez n.f. 1 exiguidade 2 meninice; infância 3 mesquinhez 4 baixeza 5 humildade (De *pequeno*+*-ez*)
pequeneza n.f. ⇒ **pequenez** (De *pequeno*+*-eza*)
pequenino adj. muito pequeno ■ n.m. 1 menino 2 antiga moeda de Goa (De *pequeno*+*-ino*)
pequenitates n.2g.2n. 1 pessoa pequena em relação à idade 2 pequerrucho; criança (De *pequenito*)
pequenito adj. muito pequeno ■ n.m. rapazito; criança (De *pequeno*+*-ito*)
pequenitote adj.,n.m. ⇒ **pequenito** (De *pequenito*+*-ote*)
pequeno adj. 1 de dimensões exíguas 2 de pequena estatura 3 curto 4 pouco apreciável; de pouco valor 5 acanhado 6 mesquinho 7 de condição humilde ■ n.m. 1 menino; criança 2 [coloq.] namorado 3 pl. crianças; miúdos 4 pl. [fig.] os mais pobres (Do lat. vulg. *pittīnu-*, pelo lat. vulg. hisp. *peccuīnu-*, «id.»?)
pequeno-almoço n.m. primeira refeição do dia; café da manhã (Adaptado do fr. *petit déjeuner*, «id.»)
pequeno-burguês adj. 1 SOCIOLOGIA da pequena-burguesia 2 [pej.] de mentalidade estreita e prosaica ■ n.m. indivíduo que faz parte da camada mais baixa da burguesia (Do fr. *petit-bourgeois*, «id.»)

pequenote n.m. um tanto pequeno; rapazola (De *pequeno*+*-ote*)
pequerruchada n.f. ⇒ **pequenada** (De *pequerrucho*+*-ada*)
pequerrucho adj.,n.m. {*diminutivo de* **pequeno**} muito pequeno; criança; menino (De *pequeno*+*-ucho*)
pequice n.f. 1 ato ou dito de pessoa peca; tolice; estupidez 2 qualidade de peco 3 birra (De *peco*+*-ice*)
per prep. [arc.] ⇒ **por**; *de ~ si* sozinho; por si mesmo (Do lat. *per*, «por»)
per- prefixo que significa *através de, acima de, muito* (Do lat. *per*, «através de»)
pera[1] /ê/ n.f. (*plural* **peras**) 1 BOTÂNICA fruto (pomo) da pereira, com polpa branca, sumarenta e doce quando madura, arredondado na base e mais estreito na outra extremidade 2 porção de barba na parte inferior do queixo 3 interruptor elétrico com a forma daquele fruto 4 punho com a forma daquele fruto para campainha ou luz elétrica 5 [coloq.] murro; soco; *ter para peras* ter trabalhos, doença, etc., para muito tempo (Do lat. cl. *piru-*, pelo lat. vulg. *pira-*, «id.»)
pera[2] /é/ n.f. [ant.] ⇒ **pedra** (Do lat. *petra-*, «pedra»)
pera[3] prep. [arc.] ⇒ **para** (Do lat. *per*+*ad*)
péra ver nova grafia pera[2]
pêra ver nova grafia pera[1]
perada n.f. 1 doce de pera 2 bebida alcoólica obtida pela fermentação de peras (De *pêra*+*-ada*)
pera-da-terra n.f. BOTÂNICA ⇒ **girassol-batateiro**
pêra-da-terra ver nova grafia pera-da-terra
pera-de-arrátel n.f. BOTÂNICA ⇒ **três-em-prato**
pêra-de-arrátel ver nova grafia pera-de-arrátel
pera-de-bom-cristão n.f. BOTÂNICA variedade de pera
pêra-de-bom-cristão ver nova grafia pera-de-bom-cristão
perado n.m. BOTÂNICA árvore ou arbusto da família das Aquifoliáceas, que se encontra no Algarve e nas Ilhas Adjacentes (De *pêra*+*-ado*)
perafita n.f. 1 pedra muito grande 2 monumento antigo construído com pedras grandes; monumento megalítico (Do lat. *petra-*, «pedra» +*ficta-*, «esculpida», part. pass. fem. de *fingěre*, «modelar; esculpir»)
peral adj.2g. relativo ou semelhante a pera ■ n.m. pomar de pereiras ou de pereiros (De *pêra* ou *pêro*+*-al*)
peralta adj.,n.2g. que em pessoa que é afetada nos modos e no vestir (De orig. obsc.)
peraltear v.intr. levar vida de peralta; casquilhar; janotar (De *peralta*+*-ear*)
peraltice n.f. qualidade ou vida de peralta (De *peralta*+*-ice*)
peraltismo n.m. 1 peraltice; modos de peralta 2 classe dos peraltas (De *peralta*+*-ismo*)
peralvilhada n.f. 1 peralvilhice 2 os peralvilhos (De *peralvilho*+*-ada*)
peralvilhar v.intr. ser peralvilho; peraltear (De *peralvilho*+*-ar*)
peralvilhice n.f. ato, qualidade ou modos de peralvilho; peraltice (De *peralvilho*+*-ice*)
peralvilho n.m. indivíduo afetado nas maneiras, no falar e no vestir; casquilho; peralta (De orig. obsc.)
perambulação n.f. ato ou efeito de perambular; passeio (De *perambular*+*-ção*)
perambular v.intr. andar sem rumo; vaguear; deambular (Do lat. *perambulāre*, «percorrer»)
perambulatório adj. relativo a perambulação (De *perambular*+*-tório*)
perante prep. diante de; na presença de; ante (Do lat. *per*, «por» +*ante*, «diante»)
pé-rapado n.m. [Brasil] [pop.] pessoa sem recursos financeiros
perau n.m. 1 linha inferior da margem do rio onde começa o leito e que a maré cobre e descobre 2 [Brasil] poça profunda (Do tupi *pe'rau*, «caminho falso»)
perborato n.m. designação dos produtos resultantes do tratamento de boratos, particularmente o de sódio, com peróxido de hidrogénio, produtos muito utilizados como branqueadores e desinfetantes, por originarem peróxido de hidrogénio, quando dissolvidos em água (De *per-*+*borato*)
perca[1] n.f. ICTIOLOGIA nome vulgar extensivo a um grupo de peixes teleósteos, da família dos Percídeos, com espécies fluviais, de carne saborosa (Do gr. *pérke*, «id.», pelo lat. *perca-*, «id.»)
perca[2] n.f. [pop.] ⇒ **perda**
percal n.m. tecido de algodão, fino e liso (Do pers. *pergal*, «id.», pelo fr. *percale*, «percal»)
percalço n.m. 1 lucro 2 ganho resultante de prejuízo alheio 3 problema característico de determinada situação, profissão ou

estatuto 4 [pop.] contrariedade inesperada; transtorno (Do cast. *percance*, «id.»?)
percalina *n.f.* tecido de algodão, forte e lustroso, empregado em forros, encadernações, etc. (Do fr. *percaline*, «id.»)
perca-negra *n.f.* ICTIOLOGIA ⇒ **achigã**
per capita *loc.adj.* para cada indivíduo; por pessoa (Do lat. *per capita*, «por cabeça»)
perceba *n.f.* ZOOLOGIA nome vulgar de uns crustáceos marinhos, comestíveis, fixos a corpos submersos, pertencentes à família dos Lepadídeos, muito frequentes na costa marítima portuguesa; percebe; perceve (Do b. lat. *pollicipĕde-*, «id.»)
percebe *n.m.* ZOOLOGIA ⇒ **perceba**
percebelho *n.m.* ZOOLOGIA [pop.] ⇒ **percevejo 1**
perceber *v.tr.,intr.* **1** ter a percepção (de algo), por meio dos sentidos ou da intuição; distinguir; notar **2** entender; compreender **3** saber muito de (algo) ■ *v.tr.* receber (Do lat. *percipĕre*, «id.»)
percebimento *n.m.* ato de perceber; apercebimento (De *perceber+-mento*)
percebível *adj.2g.* que se percebe; percetível (De *perceber+-vel*)
perceção *n.f.* **1** ato ou efeito de perceber **2** tomada de conhecimento sensorial de objetos ou de acontecimentos exteriores **3** resultado ou dados da percepção **4** noção; conhecimento **5** [fig.] discernimento; **~ intelectual** ação de conhecer, pela inteligência ou entendimento, independentemente dos sentidos (Do lat. *perceptiōne-*, «id.»)
percecionar *v.tr.* **1** perceber ou conhecer através dos sentidos **2** ter a percepção ou a noção de **3** [fig.] entender; interpretar (Do lat. *perceptiōne+-ar*)
percecionismo *n.m.* teoria segundo a qual temos uma consciência imediata do mundo exterior; intuicionismo (Do lat. *perceptiōne-*, «perceção» +-*ismo*, ou do fr. *perceptionnisme*, «id.»)
percecionista *n.2g.* partidário do percecionismo (Do lat. *perceptiōne-*, «perceção» +-*ista*, ou do fr. *perceptionniste*, «id.»)
percentagem *n.f.* **1** fração centesimal de uma grandeza **2** proporção em relação a cem **3** número de partes em cada cem partes **4** quantia paga ou recebida na razão de uns tantos por cento; comissão (Do ing. *percentage*, «id.»)
percentagista *n.2g.* pessoa que aufere determinada percentagem (De *percentagem+-ista*)
percentil *n.m.* ESTATÍSTICA denominam-se centis 0, 1, 2, ... 10 os valores de uma variável estatística tais que 0%, 1%, 2%, ... 10% das observações lhes são inferiores; centil (Do lat. *per centum*, «por cento»+-*il*)
percentual *adj.2g.* relativo a percentagem ■ *n.m.* percentagem (Do lat. *per centum*, «por cento»+-*ual*)
percepção ver nova grafia perceção
percepcionar ver nova grafia percecionar
percepcionismo ver nova grafia percecionismo
percepcionista ver nova grafia percecionista
perceptibilidade ver nova grafia percetibilidade
perceptível ver nova grafia percetível
perceptivelmente ver nova grafia percetivelmente
perceptivo ver nova grafia percetivo
percepto a grafia mais usada é perceto
perceptual ver nova grafia percetual
percetibilidade *n.f.* **1** qualidade do que é percetível **2** faculdade de perceber (Do lat. *perceptibĭle-*, «percetível» +-*i-+-dade*)
percetível *adj.2g.* **1** que pode ser percebido **2** inteligível; que pode ser compreendido **3** cobrável (Do lat. *perceptibĭle-*, «id.»)
percetivelmente *adv.* **1** de modo percetível **2** claramente (De *percetível+-mente*)
percetivo *adj.* **1** relativo à perceção **2** que tem a faculdade de perceber **3** [fig.] que é capaz de perceber com facilidade; perspicaz (Do lat. *perceptu-*, «percebido» +-*ivo*, ou do fr. *perceptif*, «id.»)
perceto *adj.* **1** recebido **2** percebido ■ *n.m.* PSICOLOGIA o resultado ou o dado da percepção (Do lat. *perceptu-*, «percebido», part. pass. de *percipĕre*, «perceber; compreender») ACORDO ORTOGRÁFICO também se pode escrever percepto
percetual *adj.2g.* diz-se do modo de pensamento ou de comportamento dirigido pela perceção, a um nível concreto, abaixo do nível conceptual, abstrato (Do lat. *perceptu-*, «percebido» +-*al*)
perceve *n.m.* ZOOLOGIA ⇒ **perceba**
percevejada *n.f.* grande quantidade de percevejos (De *percevejo+-ada*)
percevejo /ê/ *n.m.* ZOOLOGIA designação extensiva a diversos insetos hemípteros da subordem dos heterópteros, que se alimentam, na sua maioria, de sucos de vegetais; percevelho **2** prego curto e de cabeça chata, para fixar o papel, tecido, plástico, etc.; pionés (De orig. obsc.)
percevejo-d'água *n.m.* ZOOLOGIA designação extensiva a diversos insetos hemípteros aquáticos, frequentes nas águas dos charcos
percevejo-do-monte *n.m.* ZOOLOGIA nome vulgar de uns hemípteros de cheiro fétido da família dos Pentatomídeos, que se alimentam de sucos dos vegetais, e dos quais alguns são muito comuns, como o que é também conhecido pelos nomes de fedavelha, fedevelha, fede-fede, fedegosa, etc.
percevelho *n.m.* ZOOLOGIA [pop.] ⇒ **percevejo 1**
percha *n.f.* **1** vara comprida de madeira, usada em exercícios de ginástica **2** cada uma das molduras que ornam a proa do navio **3** máquina que serve para puxar o pelo dos estofos, depois de apisoados (Do lat. *pertĭca*, «vara», pelo fr. *perche*, «id.»)
perchar *v.tr.* sujeitar à percha (máquina) (De *percha+-ar*)
Pércidas *n.m.pl.* ICTIOLOGIA ⇒ **Percídeos**
percídeo *adj.* ICTIOLOGIA relativo ou pertencente aos Percídeos ■ *n.m.* ICTIOLOGIA espécime dos Percídeos
Percídeos *n.m.pl.* ICTIOLOGIA família de peixes acantopterígios, cujo género-tipo se denomina *Perca* (De *perca*+-*ídeos*)
percinta *n.f.* ⇒ **precinta**
percintar *v.tr.* ⇒ **precintar**
perclorato *n.m.* QUÍMICA designação de um sal ou de um éster do ácido perclórico (De *per-*, por *hiper-*+*clorato*)
perclórico *adj.* QUÍMICA designação do ácido de fórmula $HClO_4$ (De *per-*, por *hiper-*+*cloro*+-*ico*)
percluso *adj.* **1** impossibilitado de se mover parcial ou totalmente **2** paralítico **3** [fig.] fixo; imóvel (Do lat. *perclūsu-*, «id.», part. pass. de *preclūdĕre*, «deter; intercetar; fechar»)
percolação *n.f.* ato ou efeito de percolar; lixiviação (De *percolar+-ção*)
percolar *v.tr.* fazer passar lentamente um líquido através de materiais sólidos para o filtrar (coar) ou para extrair substâncias desses materiais (Do lat. *percolāre*, «coar; filtrar»)
percorrer *v.tr.* **1** passar através de **2** correr por **3** visitar em toda a extensão **4** explorar **5** investigar; examinar (Do lat. *percurrĕre*, «id.»)
percuciente *adj.2g.* que percute ou fere (Do lat. *percutiente-*, «id.», part. pres. de *percutĕre* [*percutir*; atravessar; rasgar»)
perculso *adj.* [poét.] abalado violentamente (Do lat. *perculsu-*, «fortemente abalado», part. pass. de *percellĕre*, «abalar; ferir com força»)
percurso *n.m.* **1** ato ou efeito de percorrer **2** espaço percorrido **3** trajeto; roteiro; caminho **4** DESPORTO (atletismo) trajeto que um atleta deve completar para terminar uma prova **5** ASTRONOMIA movimento de um astro **6** [fig.] opções, atividades e experiências de uma pessoa durante a vida (Do lat. *percursu-*, «id.», part. pass. de *percurrĕre*, «percorrer»)
percursor *adj.,n.m.* que ou o que percorre (Do lat. *percursōre-*, «id.»)
percussão *n.f.* **1** ato ou efeito de percutir **2** pancada **3** embate; choque **4** MÚSICA conjunto de instrumentos em que o som é produzido através de batimentos **5** MEDICINA processo de exploração clínica de órgãos internos através de pequenas pancadas sobre a região a estudar **6** ECONOMIA (finanças) incidência fiscal sobre o contribuinte (Do lat. *percussiōne-*, «id.»)
percussionista *n.2g.* indivíduo que toca instrumentos de percussão (De *percussão-*+-*ista*)
percussor *adj.* que percute ■ *n.m.* haste metálica que, chocando contra o fundo da cápsula do projétil, provoca a inflamação da sua carga; percutor (Do lat. *percussōre-*, «o que fere»)
percutidor *adj.,n.m.* ⇒ **percussor** (De *percutir+-dor*)
percutir *v.tr.* **1** bater em **2** embater contra **3** ferir **4** (SOM) ecoar em; ser reproduzido por **5** MEDICINA explorar (órgãos internos) através de pequenas pancadas sobre a região a estudar (Do lat. *percutĕre*, «id.»)
percutor *n.m.* ⇒ **percussor** (De *percutir+-or*)
perda /ê/ *n.f.* **1** ato ou efeito de perder **2** privação de uma coisa que se possuía **3** carência **4** extravio **5** mau sucesso **6** dano; prejuízo **7** destruição **8** ruína **9** morte **10** fuga de um líquido ou fluido contido num recipiente (Do lat. *perdĭta-*, «perdida», part. pass. fem. de *perdĕre*, «perder»)
perdão *n.m.* remissão de pena, ofensa ou dívida; indulto; indulgência; **~!** exclamação que indica um pedido de desculpas (Do lat. tard. *perdōnu-*, «id.»)
perdediço *adj.* que se perde facilmente (De *perder+-diço*)
perdedor *adj.,n.m.* **1** que ou aquele que sofre perda **2** que ou aquele que é derrotado **3** [fig.] que ou aquele que não tem espírito ou mentalidade de vencedor; **mau ~** aquele que reage agressivamente à derrota (De *perder+-dor*)

perder v.tr. 1 ficar privado de (uma coisa ou qualidade física ou moral que se possuía) 2 ser separado de (alguém), especialmente pela morte 3 desperdiçar; dissipar; deixar escapar 4 dar cabo de; destruir 5 corromper 6 não chegar a tempo a 7 deixar de ter a consideração ou a estima de 8 empregar sem proveito ■ v.intr. 1 passar a valer menos 2 ser suplantado por um concorrente ou competidor 3 sofrer dano, quebra ou diminuição 4 deixar de merecer 5 ser vencido ao jogo ■ v.pron. 1 ficar sem saber o caminho a percorrer para chegar ao lugar pretendido; ficar sem saber onde está 2 extraviar-se 3 ficar desnorteado 4 ficar sem saber o que fazer ou dizer 5 desaparecer 6 arruinar-se 7 gostar muito 8 extinguir-se 9 corromper-se; ~ *a tramontana/as estribeiras* enervar-se, descontrolar-se, atrapalhar-se; ~ *o fio à meada* esquecer-se do que faltava dizer; ~ *o seu latim* não tirar proveito do que se diz ou faz por alguém, falar ou atuar em vão; ~ *o tempo e o feitio* perder o tempo e o esforço; ~ *os sentidos* desmaiar; ~ *terreno* 1 recuar em vez de avançar; 2 ser suplantado pelo adversário; *a* ~ *de vista* muito longe; *deitar* *a* ~ arruinar, malograr (Do lat. *perdĕre*, «id.»)
perdição n.f. 1 ato ou efeito de perder-se 2 desonra 3 ruína 4 desgraça 5 imoralidade (Do lat. *perditiōne-*, «id.»)
perdida n.f. 1 [depr.] mulher de maus costumes 2 [depr.] prostituta (De *perdido*)
perdidamente adv. 1 exageradamente 2 loucamente (De *perdido+-mente*)
perdidiço adj. ⇒ **perdediço**
perdidinho adj. 1 totalmente perdido 2 loucamente apaixonado 3 apaparicado (De *perdido+-inho*)
perdido adj. 1 extraviado 2 desaparecido 3 dissipado 4 disperso 5 inutilizado 6 esquecido 7 louco 8 corrupto 9 sem esperança de salvação 10 extremamente apaixonado ■ n.m. 1 o que se perdeu ou está sumido 2 pessoa corrompida, desgraçada; ~ *de riso* que não pode conter o riso; *ser* ~ *por* gostar muito de (Do lat. *perdĭtu-*, «id.», part. pass. de *perdĕre*, «perder»)
perdigão n.m. ORNITOLOGIA macho da perdiz (Do lat. vulg. *perdicōne-*, aum. de *perdīce-*, «perdiz»)
perdigotar v.tr.,intr. [pop.] deitar perdigotos ou salpicos de saliva (sobre algo ou alguém) ao falar (De *perdigoto+-ar*)
perdigoto /ô/ n.m. 1 [pop.] salpico de saliva 2 perdiz nova, não adulta (Do lat. *perdicottu-*, dim. de *perdīce-*, «perdiz»)
perdigueiro adj. que caça perdizes ■ n.m. designação comum a diferentes espécies de cães de focinho curto e orelhas pendentes com aptidão para a caça, principalmente de perdizes (Do lat. *perdicarĭu-*, «perdigueiro», de *perdīce-*, «perdiz»)
perdimento n.m. ⇒ **perdição** (De *perder+-mento*)
perdível adj.2g. 1 suscetível de se perder 2 de lucro ou resultado duvidoso (De *perder+-vel*)
perdiz n.f. ORNITOLOGIA ave galinácea da família dos Fasianídeos, frequente em Portugal, que constitui caça muito apreciada (Do gr. *pérdix*, «id.», pelo lat. *perdīce-*, «id.»)
perdizada n.f. 1 bando de perdizes 2 CULINÁRIA preparado culinário com perdizes (De *perdiz+-ada*)
perdiz-cinzenta n.f. ORNITOLOGIA ⇒ **charrela**
perdiz-do-norte n.f. ORNITOLOGIA ⇒ **charrela**
perdoador adj.,n.m. que ou aquele que perdoa facilmente; indulgente (De *perdoar+-dor*)
perdoar v.tr.,intr. 1 conceder perdão a; desculpar; absolver 2 isentar do pagamento de (dívida) ■ v.tr. 1 não fazer caso de; tolerar 2 poupar (Do b. lat. *perdonāre*, «id.»)
perdoável adj.2g. que se pode perdoar; digno de perdão; desculpável (De *perdoar+-vel*)
perdulariamente adv. de modo perdulário; com dissipação (De *perdulário+-mente*)
perdulariar v.tr. gastar como perdulário; dissipar; esbanjar (De *perdulário+-ar*)
perdulário adj.,n.m. que ou aquele que gasta em excesso; gastador; dissipador (Do cast. *perdulario*, «id.»?)
perdurabilidade n.f. qualidade do que é perdurável (Do lat. *perdurabĭle-*, «perdurável» +-*i*-+-*dade*)
perduração n.f. 1 ato de perdurar 2 grande duração (Do lat. *perduratiōne-*, «id.»)
perdurante adj.2g. ⇒ **perdurável** (Do lat. *perdurante-*, «id.», part. pres. de *perdurāre*, «durar muito; perdurar»)
perdurar v.intr. 1 durar muito 2 existir durante muito tempo; subsistir 3 ser lembrado pelos séculos fora (Do lat. *perdurāre*, «id.»)
perdurável adj.2g. que dura muito; duradouro (Do lat. *perdurabĭle-*, «id.»)
perduravelmente adv. 1 de modo perdurável 2 eternamente (De *perdurável+-mente*)

perecedoiro adj. ⇒ **perecedouro**
perecedouro adj. que há de perecer; perecível; mortal (De *perecer+-douro*)
perecer v.intr. 1 deixar de ser ou de existir; desaparecer; acabar 2 morrer prematura ou violentamente (Do lat. *perescĕre*, freq. de *perīre*, «morrer»)
perecimento n.m. 1 ato de perecer; definhamento; fim 2 acabamento; esgotamento 3 extensão (De *perecer+-mento*)
perecível adj.2g. sujeito a morrer; perecedoiro; perecedouro (De *perecer+-vel*)
peregrinação n.f. 1 viagem a algum lugar santo, por devoção ou promessa 2 excursão por lugares longínquos ou considerados exóticos 3 [fig., coloq.] viagem longa e cansativa (Do lat. *peregrinatiōne-*, «id.»)
peregrinador adj.,n.m. que ou a pessoa que peregrina; peregrino (Do lat. *peregrinatōre-*, «o que viaja muito»)
peregrinamente adv. de modo peregrino; extraordinariamente; admiravelmente (De *peregrino+-mente*)
peregrinante adj.,n.2g. ⇒ **peregrinador** (Do lat. *peregrinante-*, «o que viaja», part. pres. de *peregrināre*, por *peregrināri*, «viajar no estrangeiro; peregrinar»)
peregrinar v.tr.,intr. 1 andar em romaria (por lugares santos ou de devoção) 2 viajar (por terras longínquas ou consideradas exóticas) ■ v.intr. 1 [fig.] divagar 2 [fig.] vaguear (Do lat. *peregrināre*, por *peregrināri*, «viajar em país estrangeiro»)
peregrinismo n.m. ⇒ **estrangeirismo** 1 (De *peregrino+-ismo*)
peregrino n.m. 1 aquele que vai ou anda em viagem em lugar santo, por devoção ou promessa; romeiro 2 viajante em países longínquos ou considerados exóticos ■ adj. 1 que peregrina 2 estrangeiro 3 transitório 4 raro 5 extraordinário; excecional (Do lat. *peregrīnu-*, «que viaja no estrangeiro»)
pereiópode n.m. ZOOLOGIA apêndice torácico dos artrópodes, em especial dos crustáceos (Do gr. *peraîos*, «situado do outro lado» +*poús, podós*, «pé»)
pereira n.f. BOTÂNICA nome extensivo a várias plantas arbóreas, da família das Rosáceas, umas silvestres e outras intensamente cultivadas em Portugal, cujos frutos (peras) são comestíveis e muito apreciados (De *pêra+-eira*)
pereiral n.m. pomar de pereiras; peral (De *pereira+-al*)
pereiro n.m. 1 BOTÂNICA variedade de macieira que dá maçãs com forma de pera 2 BOTÂNICA ⇒ **catapereiro** (De *pêro+-eiro*)
perempção ver nova grafia **perenção**
perempto ver nova grafia **perento**
peremptoriamente ver nova grafia **perentoriamente**
peremptório ver nova grafia **perentório**
perenal adj.2g. ⇒ **perene** (De *perene+-al*)
perenção n.f. DIREITO prescrição de um processo por este não ter sido interposto ou preparado dentro dos prazos legais (Do lat. *peremptiōne-*, «destruição; assassínio»)
perene adj.2g. 1 que dura ou permanece por muito tempo 2 que não tem fim; perpétuo 3 ininterrupto; incessante 4 BOTÂNICA (planta) que vive dois ou mais anos (Do lat. *perenne-*, «perene»)
perenemente adv. 1 de modo perene 2 continuamente 3 infindavelmente (De *perene+-mente*)
perenibrânquio adj. ZOOLOGIA relativo ou pertencente aos perenibrânquios ■ n.m. ZOOLOGIA espécime dos perenibrânquios ■ n.m.pl. ZOOLOGIA grupo de batráquios urodelos que conservam as brânquias toda a vida (Do lat. *perenne-*, «perene» +*branchĭa*, «brânquias»)
perenidade n.f. 1 qualidade de perene 2 perpetuidade 3 constância (Do lat. *perennitāte-*, «id.»)
perento adj. (processo judicial) prescrito por haver decorrido o tempo legal (Do lat. *peremptu-*, «morto», part. pass. de *perĕmi*, «destruir; matar»)
perentoriamente adv. de modo perentório; terminantemente (De *perentório+-mente*)
perentório adj. 1 que perime 2 terminante; decisivo (Do lat. *peremptorĭu-*, «que mata»)
perequação n.f. ato de atribuir uma coisa igualmente a muitas pessoas (Do lat. *peraequatiōne-*, «conformidade perfeita»)
perestroika n.f. política de reformas sociais, económicas e institucionais conduzida pelo presidente soviético M. Gorbachov na década de 1980 (Do russo *perestroika*)
perfazer v.tr. 1 acabar de fazer; concluir 2 completar 3 preencher 4 executar; cumprir (Do lat. cl. *perficĕre*, pelo lat. vulg. *perfacĕre*, «id.»)
perfazimento n.m. ato ou efeito de perfazer; acabamento; conclusão (De *perfazer+-mento*)
perfeccional a grafia mais usada é **perfecional**

perfeccionismo a grafia mais usada é perfecionismo
perfeccionista a grafia mais usada é perfecionista
perfecional *adj.2g.* que diz respeito à perfeição (Do lat. *perfectiōne-*, «perfeição» +-*al*) ACORDO ORTOGRÁFICO também se pode escrever **perfeccional**
perfecionismo *n.m.* **1** vontade obsessiva de atingir a perfeição **2** tendência para exigir a perfeição (Do lat. *perfectiōne-*+-*ismo*, pelo ing. *perfectionism*, «id.») ACORDO ORTOGRÁFICO também se pode escrever **perfeccionismo**
perfecionista *n.2g.* pessoa que procura realizar na perfeição uma obra ou tarefa (Do lat. *perfectiōne-*+-*ista*) ACORDO ORTOGRÁFICO também se pode escrever **perfeccionista**
perfectibilidade a grafia mais usada é perfetibilidade
perfectibilizar a grafia mais usada é perfetibilizar
perfectível a grafia mais usada é perfetível
perfectivo a grafia mais usada é perfetivo
perfeição *n.f.* **1** execução ou acabamento completo **2** qualidade daquilo que é perfeito; primor; mestria; requinte **3** bondade, beleza ou excelência em grau elevado (Do lat. *perfectiōne-*, «id.»)
perfeiçoar *v.tr.,pron.* ⇒ **aperfeiçoar** (De *perfeição*+-*ar*)
perfeitamente *adv.* **1** de modo perfeito; com perfeição **2** completamente **3** muito bem **4** incontestavelmente (De *perfeita*+-*mente*)
perfeito *adj.* **1** que não tem defeito, falha ou erro **2** completo; total; acabado **3** que tem todas as características adequadas a determinada finalidade ou função **4** modelar; exemplar **5** belo **6** magistral **7** ARQUITETURA (arco em ogiva) em que a distância entre os pontos de nascença é igual à distância de cada um deles ao vértice **8** GRAMÁTICA (tempo verbal) que exprime uma ação terminada no passado; *número* ~ MATEMÁTICA número que é igual à soma dos seus divisores, excluído ele próprio (Do lat. *perfectu-*, «id.»)
perfetibilidade *n.f.* qualidade de perfetível (Do lat. **perfectibĭle*, «perfetível» +-*i*-+-*dade*) ACORDO ORTOGRÁFICO também se pode escrever **perfectibilidade**
perfetibilizar *v.tr.* **1** aperfeiçoar **2** tornar perfeito (Do lat. **perfectibĭle*, «perfetível» +-*izar*) ACORDO ORTOGRÁFICO também se pode escrever **perfectibilizar**
perfetível *adj.2g.* capaz de aperfeiçoamento (Do lat. **perfectibĭle*, «id.», de *perfectu-*, «perfeito») ACORDO ORTOGRÁFICO também se pode escrever **perfectível**
perfetivo *adj.* **1** que aperfeiçoa; aperfeiçoador **2** que mostra perfeição **3** que perfaz, completa ou preenche **4** GRAMÁTICA (aspeto verbal) que expressa uma ação completa (Do lat. *perfectīvu-*, «id.») ACORDO ORTOGRÁFICO também se pode escrever **perfectivo**
perficiente *adj.2g.* **1** completo; total; acabado **2** que perfaz, completa ou preenche (Do lat. *perficiente-*, «id.»)
perfidamente *adv.* de modo pérfido; com perfídia; traiçoeiramente (De *pérfido*+-*mente*)
perfídia *n.f.* **1** qualidade de pérfido **2** ação pérfida; traição; deslealdade (Do lat. *perfidĭa-*, «id.»)
pérfido *adj.,n.m.* **1** que ou o que falta à sua fé ou à sua palavra **2** que ou o que é traiçoeiro e desleal (Do lat. *perfĭdu-*, «id.»)
perfil *n.m.* **1** contorno do rosto de uma pessoa, visto de lado **2** aspeto **3** delineamento de um objeto, visto de um dos lados **4** conjunto de características ou competências necessárias ao desempenho de uma atividade, cargo ou função **5** (desenho técnico) representação do contorno de certas secções planas **6** GEOLOGIA corte que deixa ver a disposição e a natureza das camadas dos terrenos **7** GEOMETRIA (projeções ortogonais) diz-se dos lados planos e das figuras planas perpendiculares à linha de terra **8** relato breve, em que, a traços rápidos, se apresenta a vida de uma pessoa **9** carácter; temperamento **10** MILITAR ato de perfilar; ~ *psicológico* representação gráfica das aptidões de um indivíduo, apreciadas por provas psicométricas; *de* ~ de lado (Do it. *profilo*, «id.»)
perfilar *v.tr.* **1** traçar o perfil de **2** alinhar (soldados) **3** aprumar; endireitar **4** comparar ■ *v.pron.* **1** colocar-se direito; endireitar-se **2** (soldados) alinhar-se (Do it. *profilare*, «id.»)
perfilhação *n.f.* **1** ato ou efeito de perfilhar **2** DIREITO reconhecimento voluntário e legal da paternidade **3** [uso generalizado] aceitação legal de alguém como filho; adoção **4** ato de adotar ou seguir uma ideia, teoria, opinião, etc. (De *perfilhar*+-*ção*)
perfilhado *adj.* **1** recebido como um filho **2** adotado (Part. pass. de *perfilhar*)
perfilhador *adj.,n.m.* que ou aquele que perfilha (De *perfilhar*+-*dor*)
perfilhamento *n.m.* ⇒ **perfilhação** (De *perfilhar*+-*mento*)
perfilhante *n.2g.* pessoa que perfilha (De *perfilhar*+-*ante*)
perfilhar *v.tr.* **1** DIREITO assumir legalmente a paternidade de **2** [uso generalizado] aceitar alguém como filho; adotar **3** abraçar (uma ideia, uma doutrina, etc.) (De *per*-+*filhar*)
perfloração *n.f.* ⇒ **florescência** (De *per*-+*floração*)
perfolhada *n.f.* BOTÂNICA planta anual, da família das Umbelíferas, espontânea no Centro e no Sul de Portugal (De *perfolhado*)
perfolhado *adj.* BOTÂNICA diz-se da folha séssil de aurículas grandes e adunadas, parecendo que o caule a atravessa (Do lat. *per*, «por» +*foliātu-*, «guarnecido de folhas»)
performance *n.f.* **1** atuação; desempenho **2** realização **3** proeza **4** (artes) manifestação artística assente numa encenação que pode combinar dança, música, meios audiovisuais **5** LINGUÍSTICA manifestação da competência linguística de um falante (Do ing. *performance*, «id.»)
performativo *adj.* **1** LINGUÍSTICA diz-se do ato de fala que implica a realização simultânea pelo locutor, da ação evocada nesse enunciado **2** LINGUÍSTICA diz-se do verbo cujo enunciado realiza a ação que significa (ex.: *declarar, prometer*)
performer *n.m.* **1** executante; intérprete **2** artista cuja atuação combina várias artes, como o teatro, a música, a dança, etc. (Do ing. *performer*, «id.»)
perfulgência *n.f.* qualidade de perfulgente; resplendor; resplandecência (Do lat. *perfulgentĭa*, part. pres. neut. pl. subst. de *perfulgĕre*, «brilhar»)
perfulgente *adj.2g.* que fulge ou brilha muito; resplandecente (Do lat. *perfulgente-*, «id.», part. pres. de *perfulgĕre*, «fulgir; brilhar muito»)
perfumado *adj.* que tem ou exala perfume; aromático (Part. pass. de *perfumar*)
perfumador *adj.* que perfuma ■ *n.m.* vaso em que se queimam substâncias aromáticas (De *perfumar*+-*dor*)
perfumadura *n.f.* **1** ato de perfumar **2** perfume (De *perfumar*+-*dura*)
perfumante *adj.2g.* que perfuma (De *perfumar*+-*ante*)
perfumar *v.tr.* **1** encher de perfume **2** aromatizar **3** deitar perfume sobre **4** [fig.] suavizar **5** [fig.] dulcificar (Do prov. *perfumar*, «id.»)
perfumaria *n.f.* **1** estabelecimento onde se preparam ou vendem perfumes **2** perfume intenso (De *perfume*+-*aria*)
perfume *n.m.* **1** emanação, agradável ao olfato, que exalam os corpos aromáticos; aroma; odor; cheiro agradável **2** produto líquido preparado com essências aromáticas, geralmente à base de álcool, usado na pele ou sobre a roupa **3** qualquer preparado aromático **4** [fig.] deleite **5** [fig.] doçura **6** [fig.] lembrança agradável (Do prov. *perfum*, «id.»)
perfumismo *n.m.* espécie de embriaguez por meio de perfumes (De *perfume*+-*ismo*)
perfumista *n.2g.* pessoa que prepara ou vende perfumes (De *perfume*+-*ista*)
perfumoso /ô/ *adj.* que exala perfume; aromático; odorífero (De *perfume*+-*oso*)
perfunctoriamente *adv.* de relance; superficialmente (De *perfunctório*+-*mente*)
perfunctório *adj.* **1** que se pratica em cumprimento de uma obrigação ou sem qualquer fim útil **2** superficial **3** passageiro **4** leve (Do lat. *perfunctorĭu-*, «ligeiro»)
perfuração *n.f.* **1** ato ou efeito de perfurar **2** furo; abertura **3** MEDICINA abertura ocasional na continuidade dos órgãos do corpo, causada por uma lesão externa, ou proveniente de afeção interna (De *perfurar*+-*ção*)
perfurador *adj.,n.m.* que, aquele ou aquilo que perfura; perfurante (De *perfurar*+-*dor*)
perfuradora /ô/ *n.f.* máquina de perfurar (rochas, madeira, metais, etc.) (De *perfurador*)
perfurante *adj.2g.* que perfura (Do lat. *perforante-*, «id.», part. pres. de *perforāre*, «perfurar; furar»)
perfurar *v.tr.* **1** penetrar, fazendo furo **2** furar **3** [fig.] desvendar (Do lat. *perforāre*, «id.»)
perfurativo *adj.* próprio para perfurar; perfurante (De *perfurar*+-*tivo*)
perfusão *n.f.* **1** MEDICINA introdução lenta e contínua de um líquido terapêutico na circulação sanguínea **2** MEDICINA passagem de um líquido através de um órgão **3** aspersão (Do lat. *perfusiōne-*, «ação de molhar»)
pergamináceo *adj.* semelhante a pergaminho (Do lat. *pergamīna-*, por *pergamēna-*, «pergaminho» +-*áceo*)
pergaminharia *n.f.* indústria ou comércio de pergaminhos (De *pergaminho*+-*aria*)

pergaminheiro

pergaminheiro n.m. aquele que prepara ou vende pergaminhos (De *pergaminho*+*-eiro*)

pergaminho n.m. 1 pele de carneiro, cabra, ovelha ou cordeiro preparada para nela se escrever 2 documento feito com essa pele 3 pl. títulos de nobreza (Do gr. *pergaméne*, «de Pérgamo», antiga cidade da Ásia Menor, pelo lat. *pergamēna-*, «pergaminho»)

pergamoide n.m. produto industrial que imita a pele, empregado no revestimento de assentos de cadeiras, de automóveis, etc. (De *pergam[inho]*+*-óide*)

pergamóide ver nova grafia **pergamoide**

pergelícola adj.2g. BOTÂNICA (planta) que se desenvolve nos terrenos humosos mais ou menos ácidos (De *per-*, por *hiper*+*gelícola*)

pérgula n.f. 1 espécie de passeio com cobertura em forma de ramada decorativa 2 terraço coberto (Do lat. *pergŭla-*, «varanda exterior»)

pergunta n.f. 1 palavra ou frase com que se interroga; interrogação 2 pedido de informação 3 questão de um teste ou de uma prova; **~ de algibeira** pergunta feita a uma pessoa com o objetivo de a confundir ou embaraçar; **~ retórica** questão colocada com outro objetivo que não o de obter resposta (Deriv. regr. de *perguntar*)

perguntador adj.,n.m. 1 que ou aquele que pergunta 2 curioso (De *perguntar*+*-dor*)

perguntante adj.,n.2g. ⇒ **perguntador** (De *perguntar*+*-ante*)

perguntão n.m. o que pergunta muito (De *perguntar*+*-ão*)

perguntar v.tr.,intr. 1 fazer pergunta(s) a; interrogar 2 pedir informação, esclarecimentos a/sobre 3 inquirir; investigar; tentar saber; indagar (Do lat. cl. *percontāri*, «sondar; perguntar», pelo lat. vulg. *praecuntāre*, «id.»)

peri- prefixo que exprime a ideia de *à volta de, em redor* (Do gr. *perí*, «ao redor»)

periadenite n.f. MEDICINA inflamação do tecido celular que envolve um gânglio (De *peri-*+*adenite*)

periambo n.m. LITERATURA pé de verso grego ou latino formado de duas sílabas breves; pirríquio (Do lat. *periambu-*, «id.»)

perianal adj.2g. situado à volta do ânus (De *peri-*+*anal*)

periândrico adj. BOTÂNICA que rodeia os estames (Do gr. *perí*, «ao redor» +*anér, andrós*, «homem» +*-ico*)

periântio n.m. ⇒ **perianto**

perianto n.m. BOTÂNICA conjunto das peças florais que constituem o invólucro da flor, e que pode estar diferenciado em cálice e corola (Do gr. *perí*, «ao redor» +*ánthos*, «flor»)

períbolo n.m. 1 recinto que fica entre um edifício e o muro que o circunda 2 HISTÓRIA terreno, geralmente arborizado, em redor de um templo (Do gr. *perívolos*, «circuito», pelo lat. *peribŏlu-*, «galeria exterior»)

pericárdico adj. relativo ao pericárdio (De *pericárdio*+*-ico*)

pericárdio n.m. ANATOMIA membrana serosa que envolve o coração; teca cardíaca (Do gr. *perikárdion*, «id.»)

pericardite n.f. MEDICINA inflamação no pericárdio (De *pericárdio*+*-ite*)

pericarpial adj.2g. que se desenvolve no pericárpio (De *pericárpio*+*-al*)

pericárpico adj. 1 relativo ao pericárpio 2 próprio do pericárpio (De *pericárpio*+*-ico*)

pericárpio n.m. BOTÂNICA parte externa do fruto, que encerra as sementes e que, em regra, resulta das paredes do ovário (Do gr. *perikárpion*, «id.», pelo lat. *pericarpĭu-*, «id.»)

pericarpo n.m. ⇒ **pericárpio**

perícia n.f. 1 qualidade de quem é perito 2 habilidade; destreza 3 prática; experiência 4 sabedoria; proficiência 5 DIREITO função exercida por um perito nomeado em processo judicial (Do lat. *peritĭa-*, «id.»)

pericial adj.2g. 1 relativo a perito 2 feito por perito (De *perícia*+*-al*)

periciclo n.m. BOTÂNICA faixa circular de células, de parede celulósica, que fica entre a endoderme e os fascículos vasculares de certos órgãos vegetais, como na raiz e no caule (Do gr. *perikyklos*, «circunferência»)

períclase n.f. MINERALOGIA mineral que é, quimicamente, óxido de magnésio (Do gr. *perí*, «ao redor» +*klasis*, «fratura»)

periclina n.f. MINERALOGIA variedade de albite (Do gr. *perí*, «ao redor» +*klínein*, «inclinar»)

periclinal adj.2g. PETROLOGIA diz-se da disposição das dobras, quando estas terminam bruscamente e inclinadas em vários sentidos (Do gr. *perí*, «ao redor» +*klínein*, «inclinar»+*-al*)

periclitante adj.2g. 1 que periclita 2 que corre perigo; pouco seguro (Do lat. *periclitante-*, «id.», part. pres. de **periclitāre*, por *periclitāri*, «estar em perigo; correr risco»)

periclitar v.intr. 1 correr perigo 2 ameaçar ruína ■ v.tr. 1 pôr em perigo 2 ameaçar (Do lat. vulg. **periclitāre*, por *periclitāri*, «estar em perigo; correr risco»)

pericôndrio n.m. ⇒ **pericondro** (De *pericondro*+*-io*)

pericondrite n.f. MEDICINA inflamação no pericondro (De *pericondro*+*-ite*)

pericondro n.m. ANATOMIA membrana conjuntiva que envolve as cartilagens; pericôndrio (Do gr. *perí*, «ao redor» +*khóndros*, «cartilagem»)

pericrânio n.m. ANATOMIA periósteo que reveste a superfície externa do crânio (Do gr. *perikránion*, «id.»)

periculosidade n.f. 1 qualidade de perigoso 2 DIREITO probabilidade de um delinquente ou criminoso praticar novos crimes (Do lat. *periculōsu-*, «perigoso» +*-i-*+*-dade*)

peridental adj.2g. que envolve a raiz dos dentes (Do lat. *perī*, «ao redor»+lat. *dente-*, «dente» +*-al*)

peridentário adj. ⇒ **peridental** (Do lat. *peri-*, «ao redor de» +*dente-*, «dente» +*-ário*)

peridotite n.f. PETROLOGIA ⇒ **peridotito**

peridotito n.m. PETROLOGIA rocha magmática holocristalina, constituída apenas por minerais máficos, com predomínio da olivina (Do fr. *péridotite*, «id.»)

peridoto /ô/ n.m. MINERALOGIA ⇒ **olivina** (Do fr. *péridot*, «id.»)

peridotoso adj. que contém grãos de peridoto (De *peridoto*+*-oso*)

perídromo n.m. galeria coberta, em volta de um edifício (Do gr. *perídromos*, «id.»)

periecos n.m.pl. 1 habitantes de um lugar da superfície terrestre em relação aos de outro, quando estes lugares ficam na interseção de um mesmo meridiano com um mesmo paralelo, isto é, quando têm igual latitude e as longitudes respetivas diferem de 180° 2 HISTÓRIA nome dado aos membros de uma das classes sociais na antiga Esparta (Do gr. *períoikos*, «vizinho»)

periélio n.m. ASTRONOMIA ponto da órbita de um planeta ou cometa, mais perto do Sol (Do gr. *perí*, «ao redor» +*hélios*, «Sol»)

periencefalite n.f. MEDICINA inflamação dos tecidos que circundam o encéfalo (De *peri-*+*encefalite*)

periergia n.f. apuro excessivo na linguagem (Do gr. *periergía*, «excesso de cuidado»)

periferia n.f. 1 contorno exterior 2 GEOMETRIA superfície externa de um sólido 3 GEOMETRIA contorno de figura geométrica curvilínea 4 região afastada do centro urbano 5 [fig.] posição ou situação de pouco envolvimento em determinado assunto ou questão (Do gr. *periphéreia*, «id.»)

periférico adj. 1 que diz respeito à periferia 2 situado na periferia 3 distante de um centro urbano 4 [fig.] pouco importante; insignificante; menor ■ n.m. INFORMÁTICA dispositivo adicional que pode ser ligado à unidade central do computador (CPU), permitindo a entrada e/ou saída de dados e informação, como é o caso do teclado, do monitor, da impressora ou do scanner (De *periferia*+*-ico*)

periforme adj.2g. com forma de pera; piriforme (De *pêra*+*forma*)

perífrase n.f. recurso estilístico que consiste em exprimir por muitas palavras aquilo que se poderia ser dito em poucas; **~ verbal** segundo a gramática tradicional, sequência constituída por um verbo auxiliar, no tempo que se quer conjugar, e um verbo principal no infinitivo ou no gerúndio (Do gr. *períphrasis*, «id.», pelo lat. *periphrăse-*, «id.»)

perifrasticamente adv. com perífrase; por meio de perífrase (De *perifrástico*+*-mente*)

perifrástico adj. 1 expresso por uma perífrase 2 segundo a gramática tradicional, diz-se da conjugação em que é usado um verbo auxiliar, no tempo que se quer conjugar, e um verbo principal, no gerúndio ou no infinitivo (ex: *esteve a chover muito*) (Do gr. *periphrastikós*, «id.»)

perigalho n.m. pele da cara ou do pescoço, descaída por magreza ou velhice; pelanca (Por **pelegalho*, de *pelego*+*-alho*)

perigar v.intr. 1 estar em perigo; periclitar 2 [regionalismo] abortar involuntariamente (De *perigo*+*-ar*)

perigeu n.m. 1 ASTRONOMIA o ponto da órbita da Lua, da órbita aparente anual do Sol ou de um satélite artificial que fica mais próximo da Terra 2 [fig.] ponto ou grau mais alto (Do gr. *perígeion*, «ao redor da Terra»)

perigínico adj. 1 BOTÂNICA que se insere à volta do gineceu 2 BOTÂNICA (estame) que se insere na corola ou no perianto (Do gr. *perí*, «ao redor» +*gyné*, «mulher» +*-ico*)

periglacial adj.2g. diz-se da área ou zona que rodeia um glaciar (De *peri-*+*glacial*)

perigo n.m. 1 situação que ameaça a existência de uma pessoa ou coisa; risco 2 [regionalismo] raio 3 [regionalismo] aborto involuntário; *estar em ~ de vida* estar em risco de morrer (Do lat. *pericŭlu-*, «id.»)

perigosamente adv. 1 de modo perigoso 2 gravemente (De *perigosa+-mente*)

perigosidade n.f. 1 qualidade de perigoso 2 tendência para o perigo 3 probabilidade de um perigo futuro 4 DIREITO carácter perigoso de um delinquente ou criminoso, isto é, a probabilidade de ele praticar novos crimes; periculosidade (De *perigoso+-i-+-dade*)

perigoso /ô/ adj. 1 em que há perigo; arriscado 2 que corre perigo 3 que pode causar dano (Do lat. *periculōsu-*, «id.»)

perilha n.f. ornato com feitio de pera (Do cast. *perilla*, «pera pequena»)

perilhão n.m. ZOOLOGIA inseto lepidóptero, da família dos Piralídeos, que ataca, quando lagarta, as folhas das videiras (Do gr. *pyralís*, «da cor do fogo»+*-ão*)

perilinfa n.f. ANATOMIA fluido existente entre as paredes do labirinto ósseo e do labirinto membranoso, e cuja composição parece ser semelhante à do líquido cerebrospinal

perimetria n.f. avaliação do perímetro (De *perímetro+-ia*)

perimétrico adj. relativo a perímetro (De *perímetro+-ico*)

perímetro n.m. 1 GEOMETRIA contorno de uma figura traçada num plano ou numa superfície 2 medida desse contorno 3 linha que limita uma determinada área ou região 4 [fig.] âmbito; contexto; *~ de um polígono/círculo* GEOMETRIA medida do comprimento da fronteira de um polígono/círculo; *~ urbano* limite físico que define a área do lugar rigorosamente traçado na cartografia de pormenor da base geográfica de referenciação espacial (Do gr. *perímetros*, «medida de contorno»)

perimir v.tr. 1 prescrever, extinguir, por ter decorrido o prazo legal 2 fazer perder o valor de (por ter expirado o prazo de validade) 3 pôr termo a (ação judicial) 4 causar a perenção de (Do lat. *perimĕre*, «destruir»)

perimísio n.m. ANATOMIA delicada membrana de tecido conjuntivo que rodeia exteriormente os feixes de várias ordens dos músculos estriados (Do gr. *perí*, «ao redor» +*mýs*, «músculo» +*-io*)

perimorfose n.f. ZOOLOGIA transformação da larva em crisálida ou ninfa (Do gr. *perí*, «ao redor» +*mórphosis*, «formação»)

perineal adj.2g. referente ao períneo (De *períneo+-al*)

períneo n.m. 1 ANATOMIA conjunto de partes moles que fecha interiormente a bacia dos mamíferos 2 ANATOMIA zona compreendida entre o ânus e os órgãos sexuais (Do gr. *períneon*, «id.», pelo lat. *perinēon*, «id.»)

perineu n.m. ⇒ **períneo** 2

periodal adj.2g. GRAMÁTICA diz-se da frase (oração) que abrange um período (De *período+-al*)

periodato n.m. QUÍMICA designação de cada um dos sais e ésteres de qualquer ácido periódico (De *per-+iodato*)

periodical adj.2g. referente a periódicos ou a jornais (De *periódico+-al*)

periodicamente adv. com intervalos iguais (De *periódico+-mente*)

periodicidade n.f. 1 estado daquilo que é periódico 2 intervalo de tempo previsto entre ocorrências 3 intermitência (De *periódico+-i-+-dade*)

periodicista n.2g. pessoa que escreve num periódico ou jornal; periodista (De *periódico+-ista*)

periódico[1] adj. 1 relativo a período 2 que acontece ou ocorre em intervalos regulares; frequente; cíclico 3 diz-se da publicação (jornal, revista, etc.) que sai em dias fixos ou regulares 4 FÍSICA diz-se de certos fenómenos (como os movimentos oscilatórios) que são repetição contínua da mesma ocorrência, em intervalos de tempo constantes 5 MATEMÁTICA diz-se da dízima em que a parte que se segue à vírgula apresenta repetição ilimitada e consecutiva de um algarismo ou sequência de algarismos 6 GRAMÁTICA diz-se da frase (oração) que abrange um período ■ n.m. publicação (jornal, revista, etc.) que sai em dias fixos ou regulares (Do gr. *periodikós*, «id.», pelo lat. *periodĭcu-*, «id.»)

periódico[2] adj. QUÍMICA designativo do ácido de fórmula HIO_4 para o distinguir de outros oxácidos de iodo em que este elemento tem o número de oxidação + 7, também chamado metaperiódico (De *per-+iódico*)

periodiqueiro n.m. [depr.] ⇒ **periodiquista** (De *periódico+-eiro*)

periodiquista n.2g. [depr.] periódista reles (De *periódico+-ista*)

periodismo n.m. 1 estado daquilo que é periódico; periodicidade 2 jornalismo (De *período+-ismo*)

periodista n.2g. ⇒ **periodicista** (De *período+-ista*)

periodização n.f. ato ou efeito de periodizar (De *periodizar+-ção*)

periodizar v.tr. 1 tornar periódico 2 dividir por períodos (De *período+-izar*)

período n.m. 1 intervalo de tempo que medeia entre dois acontecimentos ou duas datas; época; ciclo 2 qualquer intervalo de tempo, determinado ou não 3 intervalo de tempo caracterizado por determinados acontecimentos ou fenómenos 4 cada uma das divisões do ano escolar 5 ASTRONOMIA tempo que um planeta leva a descrever a sua órbita 6 FÍSICA tempo que decorre entre duas circunstâncias idênticas e consecutivas, num fenómeno periódico 7 FÍSICA numa reação física ou química, tempo preciso para reduzir a metade a quantidade inicial de átomos radioativos idênticos 8 MEDICINA tempo que medeia entre dois acessos consecutivos, nas doenças intermitentes 9 GEOLOGIA cada uma das grandes divisões da existência da Terra que corresponde ao sistema (conjunto de séries) 10 GRAMÁTICA parte de um parágrafo que contém uma ou mais frases simples ou complexas e é delimitada por um sinal de pontuação (ponto final, de interrogação, de exclamação ou reticências) 11 [coloq.] tempo que dura o fluxo menstrual 12 [coloq.] fluxo menstrual 13 [coloq.] unidade de contagem de tempo num chamada telefónica; impulso; *~ de uma dízima* MATEMÁTICA algarismo ou grupo de algarismos que, na dízima periódica, se repete ou repetem indefinidamente, a partir de certa ordem decimal, e sempre da mesma maneira; *~ de uma função* MATEMÁTICA qualquer valor que, adicionado ao argumento da função, conserva o valor da função (Do gr. *períodos*, «circuito», pelo lat. *periŏdu-*, «período»)

periodontal adj.2g. ANATOMIA pertencente ou relativo ao periodonto

periodontite n.f. MEDICINA inflamação do periodonto (De *periodonto+-ite*)

periodonto n.m. ANATOMIA conjunto formado pela zona de tecido ósseo em que um dente está implantado e pelos ligamentos que se encontram à sua volta e lhe servem de apoio (Do gr. *perí*, «ao redor»+*adoús, -óntos*, «dente»)

perioftalmia n.f. MEDICINA inflamação no bordo das pálpebras (De *peri-+oftalmia*)

perioral adj.2g. MEDICINA à volta da boca

periorbital adj.2g. MEDICINA à volta da órbita

periostal adj.2g. ⇒ **periosteal**

periosteal adj.2g. que se refere ao periósteo (De *periósteo+-al*)

periosteíte n.f. PATOLOGIA inflamação do periósteo; periostite (De *periósteo+-ite*)

periósteo n.m. ANATOMIA membrana conjuntiva que envolve os ossos (De *peri-+ósteon*, «osso»)

periosteogénese n.f. HISTOLOGIA formação de tecido ósseo, a partir do periósteo; osteogénese (De *periósteo+génese*)

periostite n.f. PATOLOGIA ⇒ **periosteíte**

perióstraco n.m. ZOOLOGIA camada superficial, orgânica, da concha dos braquiópodes (Do gr. *perí*, «ao redor»+*óstrakon*, «concha»)

peripateticamente adv. 1 à maneira dos peripatéticos 2 em passeio; passeando (De *peripatético+-mente*)

peripatético adj. 1 relativo ou pertencente a Aristóteles ou à sua filosofia 2 que ensina passeando 3 [fig.] extravagante; exagerado ■ n.m. adepto ou seguidor do aristotelismo (Do gr. *peripatetikós*, «que gosta de passear»; que ensina, passeando»)

peripatetismo n.m. FILOSOFIA doutrina de Aristóteles, filósofo grego (384 - 322 a. C.); aristotelismo 2 FILOSOFIA conjunto de doutrinas da Antiguidade inspiradas na filosofia de Aristóteles (De *peripatético+-ismo*)

peripatetizar v.intr. passear (De *peripatético+-izar*)

perípato n.m. FILOSOFIA ⇒ **peripatetismo** (Do gr. *perípatos*, «passeio»)

peripécia n.f. 1 brusca mudança do estado das personagens de um drama, um poema, etc. 2 caso estranho e imprevisto (Do gr. *peripéteia*, «incidente»)

peripétalo adj. BOTÂNICA que está em volta das pétalas (De *peri-+pétala*)

periplo n.m. 1 navegação à volta de um mar ou das costas marítimas de um país 2 descrição de uma viagem desse género 3 viagem ou visita efetuada em torno de determinado espaço central (Do gr. *períplous*, «circum-navegação», pelo lat. *perĭplu-*, «périplo»)

peripneumonia n.f. VETERINÁRIA doença infetocontagiosa que ataca a espécie bovina e que provoca lesões no pulmão (De *peri-+pneumonia*)

peripneumónico adj. relativo à peripneumonia (De *peripneumonia+-ico*)

periproctal *adj.2g.* que rodeia o ânus; periprocto (De *periprocto+ -al*)
periprocto *adj.* ZOOLOGIA que rodeia o ânus ∎ *n.m.* ZOOLOGIA região do corpo dos ouriços-do-mar que rodeia o ânus (Do gr. *perí*, «ao redor» *+proktós*, «ânus»)
periptério *adj.* ⇒ **períptero**
períptero *adj.* designativo de um edifício cercado de colunas isoladas (Do gr. *perípteron*, «id.», pelo lat. *periptĕron*, «id.»)
periquito *n.m.* ORNITOLOGIA nome vulgar extensivo a várias aves trepadoras, exóticas, especialmente da família dos Psitacídeos, mais pequenas que os papagaios e com cores variadas (Do cast. *periquito*, «id.»)
periquito-de-cabeça-amarela *n.m.* ORNITOLOGIA ⇒ **jandaia**
períscios *adj.* diz-se daquilo cuja sombra se projeta em todas as direções ∎ *n.m.pl.* habitantes das zonas polares, assim chamados porque a sua sombra, durante um dia, se projeta sucessivamente para todos os lados do horizonte (Do gr. *perískios*, «que dá sombra para todos os lados»)
periscópico *adj.* 1 relativo a periscópio 2 (lente, sistema ótico) que permite aumentar a amplitude do campo visual (De *periscópio+ -ico*)
periscópio *n.m.* FÍSICA aparelho ótico usado nos submarinos, nos carros de assalto, nas trincheiras, etc., formado de um tubo munido de espelhos ou de prismas de reflexão total, destinado a dar imagens de objetos inacessíveis à visão direta do observador (Do gr. *perí*, «ao redor» *+skopeīn*, «ver» *+-io*)
perisperma *n.m.* BOTÂNICA tecido de reserva que se forma em algumas sementes, originário das células do nucelo (Do gr. *perí*, «ao redor» *+spérma*, «semente»)
perispérmico *adj.* 1 que possui perisperma 2 relativo ao perisperma (De *perisperma+-ico*)
perissarco *n.m.* ZOOLOGIA substância rija, quitinosa ou calcária, que envolve o cenossarco nas formações coloniais de celenterados ou briozoários (Do gr. *perisarkos*, «carnudo»)
perissodáctilo *adj.* ZOOLOGIA (mamífero ungulado) que assenta no solo um número ímpar de dedos (por exemplo, o cavalo) ∎ *n.m.* ZOOLOGIA espécime dos perissodáctilos ∎ *n.m.pl.* grupo de mamíferos ungulados, com membros providos de um número ímpar de dedos, que inclui os cavalos, os rinocerontes e as antas (Do gr. *perissodáktylos*, «com dedos em número ímpar»)
perissologia *n.f.* repetição, por palavras diferentes, de um pensamento já expresso; redundância de palavras (Do gr. *perissología*, «excesso de palavras», pelo lat. *perissología-*, «id.»)
peristáltico *adj.* diz-se da contração normal e progressiva dos órgãos do tubo digestivo (Do gr. *peristaltikós*, «compressor»)
peristaltismo *n.m.* conjunto dos fenómenos peristálticos (De *peristáltico+-ismo*)
perístase *n.f.* assunto de um discurso com todos os seus detalhes (Do gr. *perístasis*, «id.», pelo lat. *peristăse-*, «id.»)
Peristéridas *n.m.pl.* ORNITOLOGIA ⇒ **Peristerídeos**
peristerídeo *adj.* ORNITOLOGIA relativo ou pertencente aos Peristerídeos ∎ *n.m.* ORNITOLOGIA espécime dos Peristerídeos (Do gr. *peristerá*, «pomba» *+-ídeos*)
Peristerídeos *n.m.pl.* ORNITOLOGIA família de aves elegantes, afins das rolas e das pombas, com algumas espécies frequentes no Brasil (Do gr. *peristerá*, «pomba» *+-ídeos*)
peristilo *n.m.* 1 galeria formada por colunas isoladas, à volta de um edifício ou à frente dele 2 [fig.] aquilo que serve de introdução; preâmbulo (Do gr. *perístylon*, «id.», pelo lat. *peristȳlu-*, «id.»)
perístoma *n.m.* 1 BOTÂNICA região ou órgão dos vegetais que rodeia a abertura da cápsula e que regula a saída dos esporos 2 ZOOLOGIA região que circunda a boca de alguns invertebrados 3 ZOOLOGIA depressão que, em certos ciliados, como a paramécia, conduz os alimentos ao serem ingeridos (Do gr. *perí*, «ao redor» *+stóma*, «boca»)
peritagem *n.f.* exame feito por peritos (De *perito+-agem*)
perito *adj.* 1 que tem perícia 2 hábil 3 conhecedor; versado 4 experiente ∎ *n.m.* 1 indivíduo que tem muita prática e/ou conhecimento de determinada matéria; especialista 2 aquele que é nomeado judicialmente para fazer um exame, uma vistoria ou uma avaliação (Do lat. *perītu-*, «id.»)
peritoneal *adj.2g.* referente ao peritoneu (De *peritoneu+-al*)
peritoneu *n.m.* ANATOMIA membrana serosa que reveste interiormente as paredes do abdómen e recobre os órgãos nele contidos, fixando-os às próprias paredes da cavidade abdominal; zerbo; zirbo (Do gr. *peritónaion*, «id.», pelo lat. *peritonaeu-*, «id.»)
peritónio *n.m.* ANATOMIA ⇒ **peritoneu**

peritonite *n.f.* MEDICINA inflamação do peritoneu (De *peritoneu+ -ite*)
perivascular *adj.2g.* ANATOMIA que se situa à volta dos vasos sanguíneos
perjurar *v.tr.* 1 renunciar formalmente a (crença, sentimento, doutrina) 2 faltar a (promessa ou juramento); atraiçoar ∎ *v.intr.* 1 quebrar juramento ou promessa 2 jurar falso 3 DIREITO prestar falsas declarações sob juramento (Do lat. *perjurāre*, «id.»)
perjúrio *n.m.* 1 ato ou efeito de perjurar 2 juramento falso 3 quebra de juramento 4 renúncia solene à crença, sentimento ou doutrina 5 DIREITO falso testemunho (Do lat. *perjurĭu-*, «id.»)
perjuro *adj.,n.m.* que ou aquele que perjura ou jura falso (Do lat. *perjūru-*, «id.»)
perla *n.f.* [pop.] ⇒ **pérola** (Do lat. cl. *perna-*, «ostra perlífera», pelo lat. vulg. **pernŭla-* ou *perla-*, dim. de *perna-*, pelo it. *perla*, «pérola»)
perlar *v.tr.* 1 dar forma ou cor de pérola a 2 cobrir de pérolas ou de algo semelhante a pérolas (De *perla+-ar*)
perlasso *adj.* designativo que se dá, no comércio, à potassa mais pura e branca (Do al. *Perlasche*, «cinza de pérola»)
perlavar *v.tr.* lavar completamente; purificar (Do lat. *perlavāre*, «id.»)
perlenda *n.f.* [pop.] ⇒ **parlanda**
perlenga *n.f.* [pop.] ⇒ **parlanda**
perlengada *n.f.* palavreado extenso (De *perlenga+-ada*)
perleúdo *adj.* muito lido; sabedor (De *per-+leúdo*, part. pass. do port. ant. *leer* [= ler])
perlífero *adj.* que produz pérolas (De *perla+-fero*)
perlimpimpim *elem. expr.* [pop.] *pós de ~* pó imaginário de efeitos maravilhosos (Formação expressiva)
perliqueto *adj.* ⇒ **perliquitetes**
perliquitetes *adj.inv.* presumido; espevitado (Formação expressiva)
perlocução *n.f.* LINGUÍSTICA efeito produzido no interlocutor por aquilo que é dito (o interlocutor pode sentir-se encorajado, assustado, convencido, etc.) (De *per-+locutção* ou do ing. *perlocution*, «id.»)
perlocutivo *adj.* LINGUÍSTICA ⇒ **perlocutório**
perlocutório *adj.* LINGUÍSTICA designativo do ato de fala que é constituído pelos efeitos produzidos no interlocutor por aquilo que é dito (o interlocutor pode sentir-se encorajado, assustado, convencido, etc.) (De *per-+locutório* ou do ing. *perlocutionary*, «id.»)
perlonga *n.f.* 1 ato de perlongar 2 demora fraudulenta; delonga (Deriv. regr. de *perlongar*)
perlongar *v.tr.* 1 ir ao longo de; costear 2 demorar; adiar (Do lat. *perlongu-*, «muito longo» *+-ar*)
perluí *n.m.* ORNITOLOGIA ⇒ **alcaravão**
perluís *n.m.2n.* ORNITOLOGIA ⇒ **alcaravão** (De orig. onom.)
perlustração *n.f.* ato de perlustrar (De *perlustrar+-ção*)
perlustrador *adj.,n.m.* que ou aquele que perlustra; observador (De *perlustrar+-dor*)
perlustrar *v.tr.* percorrer com a vista, observando ou examinando (Do lat. *perlustrāre*, «percorrer»)
perluxo¹ /cs/ *adj.* prolixo; demasiado minucioso (Por *prolixo*)
perluxo² *adj.* [regionalismo] muito luxuoso (De *per-*, por *híper+luxo*)
perluxoso /ô/ *adj.* muito luxuoso (De *perluxo+-oso*)
perluzir *v.intr.* luzir muito (Do lat. *perlucēre*, «id.»)
permacultura *n.f.* AGRICULTURA, ECOLOGIA sistema que procura aliar as práticas agrícolas tradicionais ao conhecimento científico e tecnológico (Do ing. *permaculture*, de *perma(nent)+(agri)culture*)
permanecente *adj.2g.* 1 que permanece; permanente 2 estável; duradouro (De *permanecer+-ente*)
permanecer *v.cop.* liga o predicativo ao sujeito, indicando: conservar-se, manter-se, ficar (*ele permaneceu sentado*) ∎ *v.tr.* 1 demorar-se em (determinado lugar) 2 perseverar (em); persistir (em) ∎ *v.intr.* 1 manter-se; conservar-se 2 continuar a existir (Do lat. **permanescĕre*, freq. de *permanēre*, «ficar»)
permanência *n.f.* 1 estado de permanente 2 ato de permanecer 3 continuidade 4 perseverança 5 constância (Do lat. *permanentĭa*, part. pres. neut. pl. subst. de *permanēre*, «ficar»)
permanente *adj.2g.* 1 que permanece 2 duradouro 3 ininterrupto 4 constante 5 imutável 6 definitivo 7 vitalício 8 designativo da segunda dentição ∎ *n.f.* ondulação artificial dos cabelos; *caneta de tinta ~* caneta com depósito de tinta em ligação com o aparo (Do lat. *permanente-*, «id.», part. pres. de *permanēre*, «que permanece; duradouro»)
permanentemente *adv.* 1 de modo permanente; constantemente; sempre 2 com perseverança; continuamente (De *permanente+-mente*)

permanganato n.m. 1 QUÍMICA sal do ácido permangânico 2 QUÍMICA designação vulgar do permanganato de potássio (De *per-*, por *hiper-*+*manganato*)

permangânico adj. QUÍMICA designativo do ácido de fórmula $HMnO_4$, composto muito instável, a não ser a temperaturas muito baixas (De *per-*, por *hiper-*+*mangânico*)

permanganização n.f. ato ou efeito de permanganizar (De *permanganizar*+*-ção*)

permanganizar v.tr. tornar (a água) potável por meio do permanganato de potássio (De *permanganato*+*-izar*)

permarexia n.f. MEDICINA distúrbio do comportamento alimentar que consiste numa preocupação obsessiva com o valor calórico dos alimentos, o que leva a pessoa a fazer permanentemente dieta sem acompanhamento médico (Do ing. *permarexia*, «id.»)

permeabilidade n.f. FÍSICA qualidade de permeável; **~ magnética** constante magnética do meio na expressão algébrica das leis de Coulomb (sistema CGS); **~ magnética absoluta** razão entre o campo magnético e a excitação magnética (Sistema Internacional); **~ magnética relativa** razão entre a permeabilidade absoluta de um meio e a do vazio (Do lat. *permeabĭle-*, «permeável» +-*i-*+-*dade*)

permeabilização n.f. ato ou efeito de permeabilizar (De *permeabilizar*+-*ção*)

permeabilizar v.tr. tornar permeável (Do lat. *permeabĭle-*, «permeável» +-*izar*)

permeação n.f. ato ou efeito de permear (De *permear*+-*ção*)

permeâmetro n.m. FÍSICA instrumento destinado a medir as características magnéticas, particularmente a permeabilidade das substâncias ferromagnéticas (De *permear*+-*metro*)

permeância n.f. FÍSICA grandeza inversa da relutância magnética (De *permear*+-*ância*)

permear v.tr. 1 fazer passar através de; penetrar; atravessar; trespassar 2 fazer passar pelo meio 3 estar entre 4 pôr de permeio; colocar no meio de ■ v.intr. sobreviver (Do lat. *permeāre*, «penetrar em»)

permeável adj.2g. 1 que pode ser atravessado pelo ar, pela água, etc. 2 [fig.] suscetível de ser influenciado 3 [fig.] flexível (Do lat. *permeabĭle-*, «id.»)

permeio adv. no meio; *de* **~** no meio; 2 através; *meter-se de* **~** interpor-se, intervir (De *per*+*meio*)

Pérmico n.m. GEOLOGIA último período ou sistema do Paleozoico, que sucede ao Carbónico e precede o Triásico ■ adj. [com minúscula] GEOLOGIA relativo ou pertencente ao Pérmico (De *Perm*, topónimo, cidade russa a oeste dos montes Urais +-*ico*)

permilagem n.f. 1 proporção em relação a mil 2 número de partes em cada mil partes (define-se, por exemplo, a salinidade da água do mar pela permilagem de gramas de sais que contém) (De *per*+*mil*+-*agem*)

permissão n.f. 1 ato de permitir 2 licença; autorização; consentimento 3 faculdade 4 liberdade (Do lat. *permissiōne-*, «id.»)

permissivamente adv. 1 de modo permissivo; licenciosamente 2 com tolerância (De *permissivo*+-*mente*)

permissível adj.2g. 1 que se pode permitir 2 admissível; tolerável 3 lícito (Do lat. *permissu-*, «permitido», part. pass. de *permittĕre*, «deixar passar; permitir» +-*vel*)

permissividade n.f. qualidade do que é permissivo; tolerância (De *permissivo*+-*i-*+-*dade*)

permissivo adj. 1 que permite 2 que aceita comportamentos que outros reprovariam; tolerante 3 indulgente (Do lat. *permissu-*, «permitido», part. pass. de *permittĕre*, «deixar passar; permitir» +-*ivo*)

permissor adj.,n.m. que ou aquele que permite (Do lat. *permissōre-*, «o que permite»)

permissório adj. 1 que envolve permissão 2 permissivo (Do lat. *permissōre-*, «o que permite» +-*io*)

permisto adj. muito misturado; confundido (Do lat. *permixtu-*, «misturado», part. pass. de *permiscĕre*, «misturar; confundir»)

permitir v.tr. 1 dar permissão ou licença de; consentir em; autorizar 2 dar ocasião a 3 tolerar ■ v.pron. 1 tomar a liberdade (de) 2 atrever-se; ousar (Do lat. *permittĕre*, «id.»)

permitividade n.f. ELETRICIDADE razão entre o deslocamento elétrico num meio e o campo elétrico que o produz; **~ relativa** ELETRICIDADE razão entre a permitividade de um meio e a do vazio; constante dielétrica (De *permitir*+-*ivo*+-*i-*+-*dade*)

Permocarbónico n.m. ⇒ **Antracolítico** (De *pérm[ico]*+*carbónico*)

permuta n.f. 1 câmbio ou troca de uma coisa por outra; permutação 2 transferência 3 transação (Deriv. regr. de *permutar*)

permutabilidade n.f. qualidade do que é permutável (Do lat. *permutabĭle-*, «permutável» +-*i-*+-*dade*)

permutação n.f. 1 ato ou efeito de permutar 2 troca de uma coisa por outra; substituição; câmbio 3 alteração dos elementos que formam um todo, para se obter uma nova combinação 4 MATEMÁTICA aplicação bijetiva de um conjunto sobre si mesmo (Do lat. *permutatiōne-*, «id.»)

permutador adj.,n.m. que ou aquele que permuta (De *permutar*+-*dor*)

permutar v.tr. 1 trocar (uma coisa por outra) 2 transferir 3 mudar 4 comunicar 5 partilhar (Do lat. *permutāre*, «id.»)

permutável adj.2g. que se pode permutar (Do lat. *permutabĭle-*, «id.»)

perna n.f. 1 ANATOMIA segmento de cada um dos membros inferiores do corpo humano compreendido entre o joelho e o tornozelo, cujo esqueleto é constituído pelos ossos chamados tíbia e perónio 2 cada um dos membros inferiores do corpo humano 3 cada um dos órgãos de locomoção de vários animais (mamíferos, aves, insetos) 4 haste inferior de certas letras 5 suporte de vários objetos 6 haste comprida que se bifurca em ramos; ramificação 7 parte das calças onde se mete cada um dos membros inferiores 8 cada uma das hastes do compasso; *com uma* **~** *às costas* facilmente; *de pernas para o ar* desorganizado, em confusão; *passar a* **~** *a (alguém)* suplantar (alguém); *pernas pra que vos quero!* exclamação indicativa do ato de fugir (Do lat. *perna-*, «id.»)

pernaça n.f. {aumentativo de **perna**} [coloq., pop.] perna grossa (De *perna*+-*aça*)

pernada n.f. 1 movimento violento ou pancada com a perna 2 pontapé 3 passada larga 4 ramo grosso de árvore 5 braço de rio (De *perna*+-*ada*)

perna-de-moça n.f. ICTIOLOGIA nome vulgar de uns peixes seláquios do grupo dos esqualos, também conhecidos por boca-doce, olhudo-branco, cação, cascarra, chião, dentudo, bico-doce, etc.

pernadinha n.f. pequeno ramo de árvore (De *pernada*+-*inha*)

perna-longa n.f. ORNITOLOGIA ⇒ **pernilongo** n.m.

pernalta adj.2g. 1 ORNITOLOGIA pertencente ou relativo às pernaltas 2 [coloq.] que tem pernas altas ■ n.f. ORNITOLOGIA espécime das pernaltas ■ n.f.pl. ORNITOLOGIA antiga ordem das aves caracterizadas por terem, tipicamente, os tarsos muito compridos, e que atualmente se encontra fragmentada noutras ordens ■ n.2g. [coloq.] pessoa com pernas altas (De *pernalto*)

pernalto adj. que tem pernas altas (De *perna*+*alto*)

pernambucano adj. de Pernambuco, estado brasileiro ■ n.m. natural ou habitante do estado de Pernambuco (De *Pernambuco*+-*ano*)

pernão[1] n.m. perna gorda (De *perna*+-*ão*)

pernão[2] adj. ímpar (Corrup. de *par*+*não*)

perna-vermelha n.f. ORNITOLOGIA nome vulgar extensivo a várias aves pernaltas da família dos Caradriídeos, também conhecidas por borrelho, maçarico, chalreta, rola-do-mar, etc.

pernear v.intr. 1 mover as pernas com violência; espernear 2 pular; saltar 3 [fig.] impacientar-se; exaltar-se (De *perna*+-*ear*)

pernegudo adj. que tem pernas grandes; pernudo (De *perna*+*g*+-*udo*)

perneira n.f. 1 doença das vinhas 2 VETERINÁRIA doença que se manifesta por lesões nas patas dos bovinos 3 [pop.] bocado de cortiça que se ata às pernas para as proteger 4 pl. polainas de couro ou pano grosso 5 [regionalismo] pé de certos vegetais (De *perna*+-*eira*)

perneta n.f. 1 perna pequena 2 [pop.] teima; birra ■ adj.,n.2g. 1 que ou aquele que tem uma perna mais curta 2 que ou aquele que tem falta de uma perna (De *perna*+-*eta*)

pernície n.f. 1 estrago 2 prejuízo 3 destruição; ruína (Do lat. *perniciē-*, «perda; ruína»)

perniciosa n.f. [coloq.] ⇒ **paludismo** (De *pernicioso*)

perniciosamente adv. 1 de modo pernicioso 2 com prejuízo (De *pernicioso*+-*mente*)

perniciosidade n.f. qualidade daquilo que é pernicioso (De *pernicioso*+-*i-*+-*dade*)

pernicioso /ô/ adj. 1 que é prejudicial 2 perigoso (Do lat. *perniciōsu-*, «id.»)

pernicurto adj. que tem pernas curtas (Do lat. *perna-*, «perna» +*curtu-*, «curto»)

pernil n.m. 1 parte mais fina da perna de alguns animais, especialmente do porco 2 [fig.] perna fina; *esticar o* **~** [pop.] morrer (De *perna*+-*il*)

pernilongo adj. que tem pernas compridas ■ n.m. ORNITOLOGIA ave pernalta, da família dos Caradriídeos, comum em Portugal, no verão, também conhecida por esparela, sovela, tremilongo, granjo, fusiloa, pernalta, perna-longa, etc. (De *perna*+*longo*)

perningau n.m. [regionalismo] esgalho de cacho de uva (De orig. obsc.)
pernitrato n.m. QUÍMICA ⇒ **peroxonitrato**
pernítrico adj. ⇒ **peroxonítrico**
perno n.m. 1 pequeno eixo cilíndrico de vários mecanismos 2 parafuso sem cabeça (De perna)
pernoca n.f. {aumentativo de **perna**} [pop.] perna gorda; pernaça (De perna-+-oca)
pernoita n.f. ato ou efeito de pernoitar (Deriv. regr. de pernoitar)
pernoitamento n.m. ⇒ **pernoita** (De pernoitar+-mento)
pernoitar v.intr. passar a noite (Do lat. pernoctāre, «id.»)
pernoite n.m. [Brasil] ⇒ **pernoita**
pernóstico adj. 1 pedante; presumido; pretensioso 2 que emprega palavras difíceis cujo sentido ignora 3 espevitado; repontão (De pronóstico)
pernoutar v.intr. ⇒ **pernoitar** (De per+noute+-ar)
pernudo adj. que tem pernas grandes; pernegudo (De perna+ -udo)
pero[1] /ê/ n.m. 1 BOTÂNICA variedade de maçã alongada e doce; malápio 2 [regionalismo] variedade de pera pequena e temporã 3 [coloq.] murro; *são como um* ~ de boa saúde, forte e saudável (Do lat. pīru-, «pero»)
pero[2] conj. 1 [arc.] mas; porém 2 [arc.] ainda que (Do lat. per, «por» +hoc, «isto»)
pêro ver nova grafia pero[1]
peroba n.f. BOTÂNICA nome vulgar de algumas árvores brasileiras cuja madeira é utilizada em construções, pertencentes a várias famílias (especialmente à das Apocináceas) e das quais se extrai um óleo utilizado na conservação de móveis (Do tupi ipe'rob, «de casca amargosa»)
pérola n.f. 1 glóbulo calcário, nacarado, produzido por certos lamelibrânquios, especialmente pelas ostras perlíferas, como processo de defesa contra parasitas ou corpos estranhos que nele ficam envolvidos 2 conta feita desse glóbulo, usada em objetos de adorno 3 cápsula gelatinosa que contém um medicamento 4 [fig.] pequena gota de água 5 [fig.] pessoa muito bondosa 6 [fig.] coisa excelente 7 BOTÂNICA ⇒ **aljofareira** 8 BOTÂNICA variedade de pera e de uva 9 BOTÂNICA variedade de chá ■ cor branca com um brilho pálido e amarelado ■ adj.inv. que é branco com um brilho pálido e amarelado; *deitar pérolas a porcos* dar uma coisa muito valiosa a quem não sabe apreciá-la (Do lat. cl. perna-, «ostra perlífera», pelo lat. vulg. pernŭla- ou perla-, dim. de perla, pelo it. perla, «pérola»)
perolar v.tr. 1 ornar de pérolas 2 aljofarar; rociar (De pérola+-ar)
peroleira n.f. ZOOLOGIA ⇒ **margarita** 2 (De pérola+-eira)
perolífero adj. 1 que produz ou tem pérolas 2 (MOLUSCOS) em que se formam pérolas (De perol(i)-+-fero)
perolino adj. da pérola ou a ela relativo (De pérola+-ino)
perolizar v.tr. dar cor ou aspeto de pérola a (De pérola+-izar)
peronial adj.2g. referente ao perónio (De perónio+-al)
perónio n.m. ANATOMIA osso longo e externo que, juntamente com a tíbia, forma o esqueleto da perna (Do gr. perónion, «pequena cravelha»)
peronismo n.m. sistema político do presidente da Argentina J. Perón (1895-1974), deposto em 1955, que defendia a ditadura do Estado e o regime de monopólios como meio de socialização progressiva (De Perón, antr.+-ismo)
peronosporácea n.f. BOTÂNICA espécime das Peronosporáceas
Peronosporáceas n.f.pl. BOTÂNICA família de fungos a que pertence o míldio (Do gr. peróne, «gancho» +sporá, «semente» +-áceas)
peroração n.f. 1 parte final de um discurso; epílogo 2 pequeno discurso (Do lat. perorationē-, «id.»)
perorador adj.,n.m. que ou aquele que perora; orador; pregador (De perorar+-dor)
perorar v.intr. 1 concluir um discurso 2 falar em estilo afetado ■ v.tr. 1 falar em favor de; defender 2 discursar pretensiosamente (Do lat. perorāre, «falar do princípio até ao fim»)
peroxidação /cs/ n.f. oxidação no mais alto grau (De peroxidar+ -ção)
peroxidar /cs/ v.tr. oxidar no mais alto grau (De per-, por hiper- +oxidar)
peróxido /cs/ n.m. QUÍMICA composto binário que contém o anião peróxido, O_2^{2-}, ou que dele se pode supor derivado (De per- +óxido)
peroxo- /cs/ QUÍMICA prefixo designativo do grupo -O-O- (De per-, por hiper-+oxo [= oxigénio])
peroxoanião /cs/ n.m. QUÍMICA anião que acusa maior quantidade de oxigénio do que a que seria normal para aquela combinação; anião em que entra -O-O- (De peroxo-+anião)

peroxoborato /cs/ n.m. QUÍMICA designação genérica dos peroxoaniões de boro, como $[B_2O_2(HO)_4]^{2-}$, existentes nos chamados perboratos (De peroxo-+borato)
peroxodissulfato /cs/ n.m. QUÍMICA designação dos sais e ésteres do ácido peroxodissulfúrico, usados como oxidantes enérgicos (De peroxo-+di-+sulfato)
peroxodissulfúrico /cs/ adj. QUÍMICA designativo do ácido de fórmula $H_2S_2O_8$, muito instável, exceto a temperaturas muito baixas (De peroxo-+di-+sulfúrico)
peroxonitrato /cs/ n.m. QUÍMICA anião de fórmula NO_4^- (De peroxo- +nitrato)
peroxonítrico /cs/ adj. designativo do ácido de fórmula HNO_4 (De peroxo-+nítrico)
perpassar v.tr. 1 passar junto de, ou ao longo de 2 roçar levemente 3 passar para além de 4 revelar-se através de (algo) 5 deixar para trás; preterir ■ v.intr. 1 seguir uma mesma direção 2 decorrer (o tempo) 3 manifestar-se quase impercetivelmente (De per-+passar)
perpassável adj.2g. 1 que se pode perpassar 2 desculpável; tolerável (De perpassar+-vel)
perpendicular adj.2g. GEOMETRIA que forma um ângulo reto em relação a uma reta ou a um plano ■ n.f. linha ou configuração que forma um ângulo reto em relação a uma reta ou a um plano; *plano ~ a outro* plano que, intersetando esse outro, forma com ele diedros retos, isto é, diedros cujo retilíneo é um ângulo reto; *reta ~ a outra reta* reta que, concorrente ou não com outra, forma com ela um ângulo reto; *reta ~ a uma superfície, num ponto* reta que é perpendicular ao plano tangente à superfície, nesse ponto (Do lat. perpendicŭlu-, «fio-de-prumo» +-ar)
perpendicularidade n.f. qualidade ou estado de perpendicular (De perpendicular+-i-+-dade)
perpendicularmente adv. MATEMÁTICA de modo perpendicular, isto é, formando ângulo reto (De perpendicular+-mente)
perpendículo n.m. fio de prumo (Do lat. perpendicŭlu-, «fio-de- -prumo»)
perpetração n.f. ato ou efeito de perpetrar; execução (Do lat. perpetratiōne-, «id.»)
perpetrador adj.,n.m. que ou aquele que perpetra; autor (Do lat. perpetratōre-, «autor»)
perpetrar v.tr. praticar (em geral, ato condenável); realizar; cometer (Do lat. perpetrāre, «fazer completamente»)
perpetuação n.f. ato ou efeito de perpetuar; perpetuidade (De perpetuar+-ção)
perpetuador adj.,n.m. que ou aquele que perpetua (De perpetuar+-dor)
perpetuamente adv. para sempre; perenemente (De perpétuo+ -mente)
perpetuar v.tr. 1 tornar perpétuo; eternizar 2 imortalizar 3 propagar por sucessão ■ v.pron. 1 durar sempre ou por muito tempo 2 transmitir-se por gerações sucessivas (Do lat. perpetuāre, «id.»)
perpétuas n.f.pl. BOTÂNICA nome vulgar extensivo a várias plantas, da família das Asteráceas, cujos capítulos apresentam invólucros de brácteas escariosas, como as saudades-perpétuas, as sempre- -vivas, etc. (De perpétuo)
perpetuidade n.f. 1 qualidade de perpétuo 2 duração perpétua (Do lat. perpetuitāte-, «id.»)
perpétuo adj. 1 que dura sempre; eterno 2 que nunca cessa; contínuo; constante; ininterrupto 3 que não se altera; inalterável 4 que dura a vida inteira; vitalício; *movimento ~ de primeira espécie* FÍSICA operação contínua de uma máquina que criasse a sua própria energia, em desacordo com o primeiro princípio da termodinâmica; *movimento ~ de segunda espécie* conversão completa de energia calorífica em energia mecânica por uma máquina, o que violaria o segundo princípio da termodinâmica; *neves perpétuas* massas de água solidificada que se mantêm durante todo o ano em algumas montanhas (Do lat. perpetŭu-, «id.»)
perpianho n.m. 1 pedra para construção, da largura da parede em que entra, e aparelhada em ambas as faces 2 parede feita de perpianho (Do cast. perpiaño, «id.»)
perplexamente /cs/ adv. 1 com perplexidade 2 sem orientação 3 embaraçadamente (De perplexo+-mente)
perplexão /cs/ n.f. ⇒ **perplexidade** (Do lat. perplexiōne-, «id.»)
perplexidade /cs/ n.f. 1 qualidade ou estado de perplexo 2 hesitação; indecisão; irresolução 3 dúvida (Do lat. perplexitāte-, «id.»)
perplexo /cs/ adj. 1 que não sabe o que pensar ou fazer; hesitante; irresoluto 2 que tem dúvida(s) (Do lat. perplexu-, «emaranhado»)
perponte n.m. ⇒ **perponto**

perponto n.m. antigo gibão acolchoado usado por guerreiros (Do cast. *perpunte*, «id.»)

perquirição n.f. 1 ato de perquirir 2 investigação minuciosa; inquirição; perquisição (De *perquirir*+-*ção*)

perquirir v.tr. 1 inquirir minuciosamente; indagar 2 investigar com escrúpulo (Do lat. *perquirĕre*, «inquirir»)

perquisição n.f. ⇒ **perquirição** (Do lat. *perquisitiōne*-, «id.»)

perra /ê/ n.f. 1 ORNITOLOGIA ⇒ **zarro**¹ 2 [ant.] cadela (De *perro*)

perraria n.f. 1 grande número de cães 2 algo que se faz com o objetivo de aborrecer ou irritar alguém; pirraça; partida (De *perro*+-*aria*)

perrê n.m. revestimento de um talude de pedra arrumada para impedir o desgaste da água da chuva e o desprendimento de terras (Do fr. *perré*, «id.»)

perrear v.tr. ⇒ **aperrear** (De *perro*+-*ear*)

perreiro n.m. 1 [Brasil] guarda de matilha 2 [Brasil] enxota-cães (De *perro*+-*eiro*)

perrexil /cs/ n.m. aperitivo (Do prov. ant. *pe[i]ressil*, «salsa»)

perrexil-do-mar /cs/ n.m. BOTÂNICA planta herbácea, da família das Umbelíferas, espontânea nos rochedos de toda a costa marítima portuguesa, também conhecida por funcho-marítimo

perrice n.f. 1 teimosia; obstinação; birra 2 algo que se faz com o objetivo de aborrecer ou irritar alguém; perraria (De *perro*+-*ice*)

perricho adj. muito pequeno (De *pequerricho [= pequerrucho], com sínc.)

perro /ê/ adj. 1 que não funciona 2 cujas engrenagens não deslizam ou deslizam mal; emperrado 3 [fig.] que está com dificuldade de raciocínio 4 [fig.] que não cede; teimoso; obstinado 5 [fig.] resistente 6 [fig.] zangado; arreliado ■ n.m. 1 [pouco usado] cão 2 [fig., pej.] pessoa desprezível; patife; canalha 3 [fig., pej.] denominação insultuosa que se atribuía principalmente a mouros e judeus (Do cast. *perro*, «cão»)

perrum n.m. casta de uvas brancas do Alentejo e do Algarve (De orig. obsc.)

perruna n.f. 1 pão de farelo para cães 2 coice (Do cast. *perruna*, «pão ordinário para os cães»)

persa adj.2g. da Pérsia ■ n.2g. natural ou habitante da Pérsia ■ n.m. 1 língua oficial do Irão 2 gato doméstico de pelo longo, originário do Médio Oriente (Do lat. *persa*-, «id.»)

Persas n.m.pl. ETNOGRAFIA povo que construiu um dos grandes impérios da Antiguidade, surgido no atual Irão no séc. VI a. C. e que se estendeu pelo Médio Oriente

perscrutação n.f. ato ou efeito de perscrutar; exame atento (Do lat. *perscrutatiōne*-, «id.»)

perscrutador adj.,n.m. que ou aquele que perscruta; indagador (Do lat. *perscrutatōre*-, «id.»)

perscrutar v.tr. 1 examinar minuciosamente; investigar; sondar 2 procurar conhecer (Do lat. *perscrutāre*, «id.»)

perscrutável adj.2g. que se pode perscrutar (Do lat. *perscrutabĭle*-, «id.»)

persecução n.f. 1 ⇒ **perseguição** 2 envidamento de esforços para a realização de determinado(s) objetivo(s) (Do lat. *persecutiōne*-, «id.»)

persecutório adj. 1 que tem o caráter de perseguição 2 que procura deliberadamente prejudicar 3 diz-se da ação intentada contra uma pessoa por causa do que ela possui (Do lat. *persecūtu*-, «perseguido», part. pass. de *persĕqui*, «perseguir»+-*ório*)

perseguição n.f. 1 ato ou efeito de perseguir 2 insistência; persistência 3 MILITAR operação ofensiva contra uma força inimiga que perdeu a capacidade de resistir e tenta escapar-se (De *perseguir*+-*ção*)

perseguidor adj.,n.m. que ou aquele que persegue (De *perseguir*+-*dor*)

perseguimento n.m. ⇒ **perseguição** (De *perseguir*+-*mento*)

perseguir v.tr. 1 ir no encalço de 2 dar caça a 3 seguir ou procurar (alguém) com uma insistência que incomoda e/ou assusta 4 procurar prejudicar sempre que possível 5 tentar alcançar ou realizar (objetivo) (Do lat. vulg. *persequīre, por *persĕqui*, «id.»)

pérseo adj. ⇒ **persa** adj.2g. (Do lat. *persĕu*-, «dos Persas»)

persevão n.m. pavimento do coche onde o passageiro apoia os pés (Do cast. *pesebrón*, «id.»)

perseveração n.f. PSICOLOGIA manifestação de inércia mental que se traduz pela sustentação de uma forma de atividade quando uma forma diferente deveria tê-la substituído (De *perseverar*+-*ção*)

perseverança n.f. 1 ato de perseverar 2 qualidade daquele que persevera; constância; firmeza; pertinácia 3 PSICOLOGIA capacidade de sustentação voluntária de uma atividade implicada por uma tarefa prolongada (Do lat. *perseverantĭa*, «id.»)

perseverante adj.2g. 1 que se conserva firme e constante 2 que não desiste facilmente 3 que não cede (Do lat. *perseverante*-, «id.», part. pres. de *perseverāre*, «perseverar; teimar»)

perseverantemente adv. de modo perseverante; com firmeza; com insistência (De *perseverante*+-*mente*)

perseverar v.tr.,intr. conservar-se firme, constante (em); persistir (em) ■ v.tr. não ceder (em); teimar (em) ■ v.intr. permanecer; perdurar ■ v.cop. liga o predicativo ao sujeito, indicando: continuar, ficar, manter-se (*ele perseverou corajoso*) (Do lat. *perseverāre*, «id.»)

persiana n.f. 1 peça composta por lâminas paralelas, fixas ou móveis, colocada no interior ou no exterior das janelas, que se destina a resguardar da luz do Sol e a impossibilitar a visão do exterior 2 peça constituída por lâminas de metal ou plástico que se enrolam e desenrolam por meio de um mecanismo adequado, e que se desce para tapar a luz (Do fr. *persienne*, «id.»)

persiano adj. ⇒ **persa** adj.2g. (Do lat. med. *persiānu*-, «id.»)

persicária n.f. BOTÂNICA ⇒ **erva-pessegueira** (Do lat. med. *persicarĭu*-, «pessegueiro»)

persicária-mordaz n.f. BOTÂNICA planta da família das Poligonáceas, própria dos lugares húmidos, vulgar em Portugal e cujas folhas têm sabor apimentado, também conhecida por pimenta-d'água

pérsico adj. 1 relativo à Pérsia 2 relativo a persa (Do lat. *persĭcu*-, «id.»)

persigal n.m. pocilga; cortelho; vara de porcos (De *presigo*+-*al*)

persignação n.f. ato de persignar-se (De *persignar*+-*ção*)

persignar-se v.pron. fazer três cruzes com o dedo polegar da mão direita, uma na testa, outra na boca e a outra no peito, pronunciando uma fórmula religiosa (Do lat. *per signum*, «pelo sinal» +-*ar*)

pérsio adj.,n.m. ⇒ **persa** (De *Pérsia*, top.)

persistência n.f. 1 ato de persistir 2 qualidade de persistente; perseverança; firmeza; constância (Do lat. *persistentĭa*, part. pres. neut. pl. subst. de *persistĕre*, «persistir»)

persistente adj.2g. 1 que persiste 2 que não desiste facilmente; perseverante; tenaz 3 que se mantém apesar de contrariedades ou dificuldades 4 duradouro 5 BOTÂNICA (folha) que não tomba durante as estações frias (Do lat. *persistente*-, «id.», part. pres. de *persistĕre*, «persistir»)

persistentemente adv. com persistência; com firmeza; continuamente (De *persistente*+-*mente*)

persistir v.tr.,intr. manter-se constante (numa ação, atitude); perseverar (em) ■ v.intr. durar muito tempo; permanecer; manter-se ■ v.cop. liga o predicativo ao sujeito, indicando: continuar, permanecer (*a porta persistia aberta*) (Do lat. *persistĕre*, «id.»)

personado adj. 1 que tem a forma de máscara 2 BOTÂNICA diz-se da corola bilabiada, cujo lábio inferior apresenta uma formação intumescente que fecha a garganta, e que também é conhecida por mascarina; mascarino (Do lat. *personātu*-, «mascarado»)

personagem n.m./f. 1 figura fictícia de peça teatral, romance, filme, etc. 2 papel representado por um ator ou por uma atriz para personificar uma figura criada por um autor 3 pessoa famosa ou que goza de prestígio social 4 pessoa excêntrica 5 pessoa definida pelo seu papel social (Do fr. *personnage*, «id.»)

personagem-tipo n.m./f. CINEMA, LITERATURA figura humana que representa um determinado tipo de comportamento

personalidade n.f. 1 unidade integrativa de uma pessoa, compreendendo o conjunto das suas características essenciais (inteligência, caráter, temperamento, constituição) e as suas modalidades próprias de comportamento 2 consciência da unidade e da identidade do eu 3 caráter daquele que é uma pessoa, quer física, quer moral (personalidade jurídica) 4 indivíduo que goza de certo prestígio pessoal, moral ou social 5 celebridade; notabilidade 6 autoridade; sumidade (Do b. lat. *personalitāte*-, «personalidade», pelo fr. *personnalité*, «id.»)

personalismo n.m. FILOSOFIA doutrina filosófica que considera a pessoa humana como o valor fundamental (no domínio social e moral, a valorização da pessoa como distinta do indivíduo opõe o personalismo ao individualismo e ao estatismo) (Do fr. *personnalisme*, «id.»)

personalíssimo adj. {*superlativo absoluto sintético de* **pessoal**} muito pessoal

personalista adj.2g. 1 relativo ao personalismo 2 que é partidário do personalismo 3 pessoal; subjetivo ■ n.2g. partidário do personalismo (Do fr. *personnaliste*, «id.»)

personalização n.f. ato ou efeito de personalizar ou personalizar-se (De *personalizar*+-*ção*)

personalizar v.tr. 1 tornar pessoal 2 adaptar à personalidade de 3 aludir especificamente a (determinadas pessoas); individualizar 4 indicar, nomear, mencionar a pessoa de 5 atribuir uma existência pessoal a (um ser inanimado ou a uma abstração); personificar 6 conceber (algo) a pensar no gosto ou nas necessidades do cliente ■ v.intr. fazer alusões pessoais, geralmente injuriosas ■ v.pron. adquirir personalidade (Do lat. personāle-, «pessoal» +-izar)

personificação n.f. 1 ato ou efeito de personificar ou personificar-se 2 pessoa que representa a concretização de determinado modelo ou princípio 3 exemplo perfeito; tipo ideal; protótipo 4 atribuição de características humanas a outros seres animados ou a seres inanimados 5 recurso expressivo que consiste em atribuir propriedades humanas a uma coisa, a um ser inanimado ou abstrato; metagoge (De personificar+-ção)

personificar v.tr. 1 atribuir qualidades humanas a (seres animados ou inanimados); personalizar 2 representar sob a forma de pessoa 3 ser o exemplo perfeito de ■ v.pron. representar-se numa pessoa (Do lat. persona-, «pessoa» +facĕre, «fazer» +-ar)

personologia n.f. ciência da personalidade humana considerada como unidade (Do lat. persona-, «pessoa»+gr. lógos, «tratado» +-ia)

perspéctico ver nova grafia perspético
perspectiva ver nova grafia perspetiva
perspectivação ver nova grafia perspetivação
perspectivar ver nova grafia perspetivar
perspectividade ver nova grafia perspetividade
perspectivismo ver nova grafia perspetivismo
perspectivo ver nova grafia perspetivo
perspectógrafo ver nova grafia perspetógrafo

perspético adj. 1 relativo a perspetiva 2 em perspetiva (Do lat. perspectu-, «bem observado» +-ico)

perspetiva n.f. 1 arte de representar os objetos tais como se apresentam à vista, conforme a sua posição e distância 2 desenho ou pintura com essa representação 3 aspeto de um objeto ou conjunto de objetos em função do lugar de onde é observado (ponto de vista) 4 [fig.] esperança ou receio de uma coisa provável 5 [fig.] aparência 6 [fig.] ponto de vista; ~ **cavaleira** GEOMETRIA perspetiva que determina a projeção oblíqua de um objeto sobre um plano de frente (Do b. lat. perspectiva, neut. pl. de perspectīvu-, «perspetivo»)

perspetivação n.f. 1 ato ou efeito de perspetivar 2 abordagem (De perspetivar+-ção)

perspetivar v.tr. 1 representar (os objetos) tal como se apresentam à vista, conforme a sua posição e distância 2 pôr em perspetiva; analisar 3 dar uma ideia antecipada de; prever (De perspetiva+-ar)

perspetividade n.f. ⇒ homologia (De perspectivo+-i-+-dade)

perspetivismo n.m. 1 FILOSOFIA doutrina de Nietzsche, filósofo alemão (1844-1900), segundo a qual o conhecimento é relativo às necessidades vitais do homem 2 técnica narrativa que consiste em apresentar múltiplos pontos de vista sobre um evento, uma personagem, etc. (De perspectivo+-ismo)

perspetivo adj. 1 relativo à perspetiva 2 hábil em perspetivar (Do lat. perspectīvu-, «perspetivo; que observa bem»)

perspetógrafo n.m. aparelho que transforma em fotografia horizontal uma fotografia feita obliquamente de cima (De perspectiva+-grafo)

perspicácia n.f. qualidade de perspicaz; agudeza de espírito; argúcia; sagacidade (Do lat. perspicacĭa-, «id.»)

perspicaz adj.2g. 1 que revela agudeza de espírito e rapidez de compreensão; sagaz 2 talentoso (Do lat. perspicāce-, «id.»)

perspicuidade n.f. 1 qualidade de perspícuo 2 clareza; nitidez; transparência 3 inteligência; lucidez 4 perspicácia; finura 5 limpidez de estilo (Do lat. perspicuitāte-, «transparência»)

perspícuo adj. 1 que se pode ver ou perceber nitidamente; claro; transparente; evidente; manifesto 2 inteligente; perspicaz; agudo; penetrante 3 [fig.] fácil de entender 4 que expõe com clareza (Do lat. perspicŭu-, «transparente»)

perspiração n.f. 1 ato ou efeito de perspirar 2 eliminação de suor através da pele; transpiração (De perspirar+-ção)

perspirar v.intr. deitar suor pelos poros; suar; transpirar (Do lat. perspirāre, «transpirar»)

perspiratório adj. que resulta da perspiração (De perspirar+-tório)

persuadição n.f. ⇒ persuasão (De persuadir+-ção)
persuadimento n.m. ⇒ persuasão (De persuadir+-mento)
persuadir v.tr.,pron. levar a acreditar (alguém ou si próprio); convencer(-se) ■ v.tr. 1 convencer (alguém) a fazer, a praticar; mover; induzir 2 fazer aceitar 3 aconselhar ■ v.intr. convencer; satisfazer (Do lat. persuadēre, «id.»)

persuadível adj.2g. suscetível ou fácil de persuadir (De persuadir+-vel)

persuasão n.f. 1 ato ou efeito de persuadir 2 capacidade de convencer ou influenciar 3 convicção; crença 4 certeza adquirida por demonstração 5 juízo que se forma com base em algum fundamento (Do lat. persuasiōne-, «id.»)

persuasiva n.f. habilidade ou faculdade de persuadir (De persuasivo)

persuasivo adj. que tem força ou habilidade para persuadir (Do b. lat. persuasīvu-, «id.», pelo fr. persuasif, «id.»)

persuasor adj.,n.m. que ou aquele que persuade; que ou aquele que procura convencer ou induzir (Do lat. persuasōre-, «id.»)

persuasório n.f. motivo ou razão que persuade (De persuasório)
persuasório adj. que tem força ou habilidade para persuadir; persuasivo; convincente (Do lat. persuasorĭu-, «id.»)

pertença n.f. 1 parte de alguma coisa 2 propriedade 3 domínio 4 atribuição (Deriv. regr. de pertencer)

pertence n.m. 1 ⇒ **pertença** 2 declaração que se faz em certos títulos da dívida pública, quando se transmitem a outra pessoa 3 pl. haveres (Deriv. regr. de pertencer)

pertencente adj.2g. 1 que pertence 2 que faz parte de alguma coisa 3 que faz parte de um todo 4 próprio; relativo; concernente (De pertencer+-ente)

pertencer v.intr. 1 ser propriedade (de) 2 fazer parte (de) 3 ser das atribuições ou da competência (de); caber (a) 4 ser devido ou merecido 5 dizer respeito (a); ser relativo (a); ser próprio (de) (Do lat. *pertinescĕre, freq. de pertinēre, «referir-se; dizer respeito a»)

pertentar v.tr. 1 tornar a tentar 2 tentar muitas vezes (Do lat. pertentāre, «tentar; experimentar»)

pértica n.f. antiga medida gótica de dois palmos (Do lat. pertĭca-, «vara para medir»)

pértiga n.f. ⇒ **pírtiga** (Do lat. pertĭca-, «vara»)

pertinácia n.f. 1 obstinação; teimosia 2 tenacidade; persistência (Do lat. pertinacĭa-, «id.»)

pertinaz adj.2g. 1 obstinado; teimoso; persistente 2 tenaz (Do lat. pertināce-, «id.»)

pertinência n.f. 1 qualidade de pertinente 2 característica do que é relativo a determinada coisa 3 característica do que vem a propósito, do que é adequado e relevante 4 pertença (Do lat. pertinentĭa, part. pres. neut. pl. subst. de pertinēre, «pertencer»)

pertinente adj.2g. 1 que diz respeito (a); relativo; concernente; respeitante 2 que vem a propósito; apropriado; adequado 3 próprio para o fim em vista; relevante; importante 4 LINGUÍSTICA diz-se da propriedade que permite a uma unidade linguística apresentar um traço distintivo em relação a outras unidades linguísticas (Do lat. pertinente-, «id.», part. pres. de pertinēre, «pertencer; interessar»)

pertite n.f. MINERALOGIA variedade de feldspato caracterizada por intercrescimento de oligoclásio ou albite com ortoclásio ou microclina (De Perth, top., cidade escocesa +-ite)

perto adv. a pouca distância; próximo ■ n.m.pl. objetos próximos; ~ **de** próximo de, junto de, a ponto de, quase, em risco de, aproximadamente; **ao** ~ próximo, a pouca distância; **de** ~ a pouca distância, profundamente (Do lat. *pretto por presso, de pressu»)

pertransir v.tr. 1 atravessar de um lado ao outro; trespassar 2 afligir (Do lat. pertransīre, «passar além de»)

perturbabilidade n.f. qualidade de perturbável (Do lat. *perturbabĭle-, «perturbável» +-i-+-dade)

perturbação n.f. 1 ato ou efeito de perturbar 2 alteração da ordem; agitação; confusão; tumulto 3 desassossego; transtorno; abalo 4 perda de controlo ou de equilíbrio; tontura 5 MEDICINA desarranjo que ocorre numa função orgânica ou psíquica (Do lat. perturbatiōne-, «id.»)

perturbado adj. 1 que sofreu perturbação; que ficou agitado ou alterado 2 desordenado; desarranjado 3 comovido 4 confuso; toldado; atarantado 5 envergonhado; embaraçado 6 preocupado; transtornado (Do lat. perturbātu-, «id.», part. pass. de perturbāre, «perturbar muito; confundir»)

perturbador adj.,n.m. 1 que ou aquele que perturba 2 que ou o que provoca agitação ou tumulto; amotinador (Do lat. perturbatōre-, «id.»)

perturbante adj.2g. 1 que perturba 2 embriagador; estonteante (Do lat. perturbante-, «id.», part. pres. de perturbāre, «perturbar; confundir»)

perturbar v.tr. 1 causar perturbação, alteração ou agitação a; desassossegar 2 causar comoção; abalar; transtornar 3 confundir; desorientar; estontear 4 turvar; toldar 5 desarranjar 6 causar

perturbativo adj. que perturba; perturbante (De *perturbar*+*-tivo*)
perturbatório adj. ⇒ **perturbativo** (De *perturbar*+*-tório*)
perturbável adj.2g. suscetível de se perturbar (De *perturbar*+*-vel*)
peru n.m. 1 ORNITOLOGIA ave galinácea, doméstica, da família dos Fasianídeos, portadora de cauda grande (que, no macho, pode abrir em leque), originária da América, e muito apreciada em culinária 2 embarcação de carga, em forma de canoa 3 [Brasil] namorado ridículo (De *Peru*, top.?)
perua n.f. 1 ORNITOLOGIA fêmea do peru 2 [coloq.] bebedeira 3 [Brasil] [coloq., pej.] mulher de aparência espalhafatosa (De *peru*)
peruano adj. 1 relativo ao Peru 2 do Peru; peruviano ▪ n.m. natural ou habitante do Peru; peruviano (De *Peru*, top. +*-ano*)
peruca n.f. cabeleira postiça; chinó (Do it. *parruca*, «cabeleira postiça», pelo fr. *perruque*, «id.»)
perueiro adj. relativo a peru (De *peru*+*-eiro*)
pérula n.f. BOTÂNICA invólucro escamoso que protege os botões, nas palmeiras (Do lat. *perŭla-*, «saquinho»)
perulado adj. que tem pérula (De *pérula*+*-ado*)
peru-selvagem n.m. ORNITOLOGIA ⇒ **abetarda**
peruviano adj.,n.m. ⇒ **peruano** (Do cast. *peruviano*, de *Peru*, top.)
pervagar v.tr. percorrer em vários sentidos; cruzar; atravessar (Do lat. vulg. *pervagāre*, por *pervagāri*, «vaguear»)
perversamente adv. 1 de modo perverso; maldosamente 2 traiçoeiramente (De *perverso*+*-mente*)
perversão n.f. 1 ato ou efeito de perverter 2 mudança para mal 3 depravação; corrupção 4 alteração de uma função normal 5 desvio daquilo que é considerado bom, correto ou razoável 6 PSICOLOGIA modificação patológica das tendências afetivas e éticas normais, que se traduz por comportamentos estranhos, imorais e antissociais (Do lat. *perversiōne-*, «inversão»)
perversidade n.f. 1 qualidade de perverso 2 carácter do que é desumano, cruel 3 maldade; crueldade 4 depravação; corrupção 5 ato perverso 6 PSICOLOGIA tendência para a realização de atos imorais e para experimentar satisfação no exercício da maldade e da dissimulação (Do lat. *perversitāte-*, «depravação»)
perverso adj. 1 que revela perversão 2 que se desvia daquilo que é considerado bom, correto ou razoável 3 corrupto; vicioso 4 malvado 5 traiçoeiro 6 PSICOLOGIA que apresenta um comportamento antissocial irredutível e constitucional (Do lat. *perversu-*, «id.», part. pass. de *pervertĕre*, «perverter; corromper»)
perversor adj.,n.m. que ou aquele que perverte, que corrompe; pervertedor (Do lat. *perversu-*, «perverso» +*-or*)
pervertedor adj.,n.m. ⇒ **perversor** (De *perverter*+*-dor*)
perverter v.tr. 1 afastar ou desviar daquilo que é considerado bom, correto ou razoável 2 tornar mau 3 corromper; depravar; desmoralizar 4 deturpar; desvirtuar ▪ v.pron. 1 corromper-se 2 depravar-se (Do lat. *pervertĕre*, «perverter»)
pervertido adj.,n.m. 1 que ou aquele que se perverteu; depravado 2 PSICOLOGIA que ou aquele que apresenta perversão (Part. pass. de *perverter*)
pervicácia n.f. 1 pertinácia 2 teimosia; obstinação 3 perseverança (Do lat. *pervicacĭa-*, «obstinação»)
pervicaz adj.2g. pertinaz; perseverante; contumaz (Do lat. *pervicāce-*, «id.»)
pervígil adj.,n.2g. 1 que, a pessoa ou o animal que é muito vigilante 2 que ou o que não dorme (Do lat. *pervigĭle-*, «id.»)
pervigília n.f. vigília constante (Do lat. *pervigilĭa-*, «id.»)
pervinca n.f. BOTÂNICA ⇒ **congossa** (Do lat. *pervinca-*, «id.»)
pérvio adj. 1 que se pode atravessar 2 que dá passagem; aberto; patente; permeável (Do lat. *pervĭu-*, «id.»)
perxina n.f. ARQUITETURA triângulo curvilíneo que faz parte de uma abóbada em forma de meia-laranja, reforçando-a (Do cast. *pechina*, «id.»)
pesa /ê/ n.f. [regionalismo] feixe de doze estrigas de linho espadeladas (Deriv. regr. de *pesar*)
pesa-ácidos n.m.2n. areómetro destinado a medir a densidade de uma solução ácida (De *pesar*+*ácido*)
pesa-álcool n.m. ⇒ **alcoómetro** (De *pesar*+*álcool*)
pesa-cartas n.m.2n. pequena balança para determinar o peso de uma carta (De *pesar*+*carta*)
pesada n.f. 1 operação de pesagem 2 quantidade que se pesa de uma vez (Part. pass. fem. subst. de *pesar*)
pesadamente adv. 1 vagarosamente; arrastadamente 2 rudemente; abruptamente 3 monotonamente 4 [fig.] sem graça nem vivacidade (De *pesado*+*-mente*)

pesadão adj. 1 vagaroso 2 molengão 3 aborrecido; maçador (De *pesado*+*-ão*)
pesadelo n.m. 1 sonho pesado, mau e opressivo; sonho aflitivo 2 [fig.] pessoa, coisa ou pensamento extremamente desagradável ou que causa muitas dificuldades; importunação 3 [fig.] grande apreensão; angústia; medo (De *pesado*+*-elo*)
pesado adj. 1 que pesa muito 2 trabalhoso; árduo 3 molesto; incómodo 4 vagaroso; lento 5 profundo 6 enfartado 7 rude; grosseiro 8 compacto; denso 9 grave; sisudo; austero 10 cheio 11 carregado 12 autoritário 13 violento 14 caro 15 (alimento) difícil de digerir ▪ n.m. veículo com um peso bruto superior a 3500 kg ou com lotação superior a 9 lugares, incluindo o do condutor; *ser ~ a (alguém)* ser incómodo a (alguém), custar grande despesa a (alguém) (Do lat. *pensātu-*, «id.», part. pass. de *pensāre*, «pesar; apreciar»)
pesador adj.,n.m. 1 que ou aquele que pesa 2 que ou aquilo que serve para calcular o peso de alguma coisa (Do lat. *pensatōre-*, «id.»)
pesadora /ô/ n.f. máquina para pesar (De *pesador*)
pesadote adj. um tanto pesado (De *pesado*+*-ote*)
pesadume n.m. 1 peso; carga 2 [fig.] má vontade 3 tristeza; pesar 4 fartum (De *pesado*+*-ume*)
pesa-espíritos n.m.2n. FÍSICA areómetro para líquidos menos densos do que a água (De *pesar*+*espírito*)
pesagem n.f. 1 ato ou efeito de pesar 2 lugar onde são pesados os jóqueis que entram nas corridas de cavalos (De *pesar*+*-agem*)
pesa-leite n.m. ⇒ **galactómetro** (De *pesar*+*-leite*)
pesa-licores /ô/ n.m.2n. espécie de areómetro que indica a densidade dos licores (De *pesar*+*licor*)
pêsame n.m. ⇒ **pêsames**
pêsames n.m.pl. expressão de pesar pelo falecimento ou infortúnio de alguém (De *pesa-me*, de *pesar*)
pesa-mosto n.m. espécie de aerómetro usado para determinar a quantidade de açúcar contido no mosto (De *pesar*+*mosto*)
pesar v.tr.,pron. determinar o peso de (algo, alguém ou si próprio) ▪ v.tr.,intr. 1 ter (um dado peso) 2 causar tristeza, desgosto ou arrependimento (a) ▪ v.tr. 1 pôr na balança para verificar o peso de 2 avaliar com a mão o peso de; sopesar 3 considerar; ponderar 4 calcular as consequências, o resultado de 5 exercer influência (sobre); ter valor na escolha 6 ser responsável (por); recair (sobre) ▪ v.intr. 1 ter peso em excesso; ser pesado 2 exercer pressão 3 afligir; aborrecer; tornar-se incómodo ▪ n.m. 1 mágoa; desgosto 2 arrependimento; remorso; *~ bacalhau/figos* [pop.] cabecear com sono (Do lat. *pensāre*, «pesar; apreciar»)
pesaroso /ô/ adj. 1 que sente pesar 2 desgostoso 3 arrependido (De *pesar*+*-oso*)
pesa-sais n.m.2n. FÍSICA areómetro para líquidos mais densos do que a água (De *pesar*+*sal*)
pesa-vinho n.m. ⇒ **enómetro** (De *pesar*+*vinho*)
pesa-xarope n.m. aparelho que serve para medir a densidade de um xarope (De *pesar*+*xarope*)
pesca n.f. 1 ato, arte, desporto ou indústria de pescar 2 aquilo que se pescou; pescaria 3 [fig.] indagação; procura; *~ artesanal* pesca que se pratica nas zonas marinhas próximas da costa, nas águas continentais e que utiliza meios e técnicas pouco evoluídas e embarcações de pequena tonelagem, geralmente desprovidas de motor; *~ costeira* pesca que se pratica nas proximidades da costa, geralmente para além das 6 milhas, com embarcações com um comprimento superior a 9 metros e com autonomia previamente estabelecida; *~ de arrasto* pesca realizada por embarcações denominadas arrastões, que rebocam redes diretamente sobre o fundo do mar ou entre este e a superfície; *~ de largo/do alto* pesca que se efetua para lá das 12 milhas de distância da linha de costa por embarcações de tonelagem superior a 100 TAB (tonelagem de arqueação bruta) e com um mínimo de 15 dias de autonomia; *~ submarina* DESPORTO prática desportiva que consiste em mergulhar para apanhar peixe, geralmente com um arpão, caça submarina (Deriv. regr. de *pescar*)
pescada n.f. ICTIOLOGIA peixe teleósteo, da família dos Gadídeos, muito frequente nos mares portugueses, e bastante apreciado em culinária; peixota; *~ marmota* pescada jovem; *arrotar postas de ~* [pop.] gabar-se, exibir grandeza (sem motivo); vangloriar-se (Part. pass. fem. subst. de *pescar*)
pescada-bicuda n.f. ICTIOLOGIA ⇒ **ligueirão**
pescada-preta n.f. ICTIOLOGIA peixe teleósteo, de cor escura, que se encontra nas costas portuguesas e é chamado liro, na Madeira
pescadaria n.f. 1 lugar onde se vende peixe; peixaria 2 quantidade de pescadas (De *pescada*+*-aria*)

pescadinha *n.f.* 1 pescada pequena, também chamada marmota 2 peça metálica, cilíndrica e delgada, com que os chapeleiros fazem o rebordo dos chapéus (De *pescada*+-*inha*)

pescado *n.m.* 1 tudo o que se pesca 2 qualquer peixe 3 [ant.] imposto relativo ao produto da venda do peixe 4 [ant.] repartição pública onde se calculam os direitos a pagar pelos pescadores, conforme o valor do peixe que vendem (Do lat. *piscātu-*, «pescado», part. pass. de *piscāri*, «pescar»)

pescador *adj.* 1 que pesca 2 próprio para pescar ■ *n.m.* aquele que pesca; peixeiro (Do lat. *piscatōre-*, «id.»)

pescado-real *n.m.* ICTIOLOGIA [ant.] ⇒ **linguado** 1

pescanço *n.m.* [coloq.] ato de espreitar, no jogo, as cartas de um parceiro; espreitadela (De *pescar*+-*anço*)

pescar *v.tr.* 1 apanhar na água (o peixe) 2 retirar da água (objetos) de maneira semelhante à de apanhar o peixe 3 conseguir recolher; agarrar 4 [coloq.] ter conhecimentos de; saber de 5 [coloq.] perceber; entender 6 surpreender em flagrante 7 averiguar; sondar 8 obter ardilosamente 9 ver de relance ■ *v.intr.* praticar a pesca; ~ *da poda* ter um conhecimento especial sobre determinado assunto; ~ *em águas turvas* procurar proveito na confusão; *não se pescam trutas a bragas enxutas* não se devem esperar lucros sem trabalhar (Do lat. vulg. **piscāre*, por *piscāri*, «id.»)

pesca-rapazes *n.m.2n.* [pop.] caracol de cabelo feminino disposto sobre a testa em forma de anzol (De *pescar*+*rapaz*)

pescaria *n.f.* 1 arte ou indústria de pescar; pesca 2 grande quantidade de peixe (De *pescar*+-*aria*)

pescaz *n.m.* [regionalismo] cunha que une o arado à rabiça (De orig. obsc.)

pescoçada *n.f.* pancada ou mau jeito no pescoço (De *pescoço*+-*ada*)

pescoção *n.m.* 1 pescoço grande 2 ⇒ **pescoçada** (De *pescoço*+-*ão*)

pescoceira *n.f.* 1 [pop.] pescoço grande; cachaço 2 parte da armadura do cavalo, usada no século XV, destinada a proteger o pescoço do animal 3 armadilha que apanha os pássaros pelo pescoço (De *pescoço*+-*eira*)

pescócia *n.f.* [regionalismo] ⇒ **pescoceira** (De *pescoço*+-*ia*)

pescoço /ô/ *n.m.* 1 parte delgada do corpo entre a cabeça e o tronco; colo 2 zona posterior dessa parte do corpo; cachaço 3 gargalo 4 [fig.] altivez; arrogância; *até ao* ~ cheio; *estar com a corda no* ~ estar em situação embaraçosa; *não deixar pôr os pés no* ~ ser altivo; *torcer o* ~ *a* matar (Do cast. ant. *pescoço*, hoje *pescuezo*, «id.»)

pescoço-verde *n.m.* ORNITOLOGIA ⇒ **adem**

pescoçudo *adj.* que tem o pescoço grosso ou comprido (De *pescoço*+-*udo*)

pés-de-lebre ver nova grafia pés de lebre

pés de lebre *n.m.pl.* carris empregados no cruzamento das linhas-férreas, que fazem mudar a direção do comboio

pesebre *n.m.* lugar que cada cavalgadura tem na manjedoura (Do lat. *praesēpe-*, «estábulo; manjedoura», com met.)

peseta /ê/ *n.f.* 1 antiga unidade monetária da Espanha e de Andorra, substituída pelo euro 2 [pop.] pessoa de fraca reputação (Do cast. *peseta*, «id.»)

pesgar *v.tr.* barrar com pez (as vasilhas em que se deita a uva para fermentar) (Do lat. **picicāre*, «id.», de *pice-*, «pez»)

peso /ê/ *n.m.* 1 FÍSICA resultante das ações da gravidade sobre os corpos (peso absoluto) 2 objeto metálico aferido, utilizado como medida, nas pesagens feitas com certos tipos de balança 3 DESPORTO esfera metálica utilizada para arremesso, na modalidade do atletismo designada lançamento do peso 4 tudo o que exerce pressão 5 tudo o que carrega ou oprime 6 carga; carregamento 7 unidade monetária de Argentina, Chile, Colômbia, Cuba, Filipinas, México, República Dominicana e Uruguai 8 [fig.] influência; autoridade 9 [fig.] merecimento; valor; valia 10 [fig.] importância; consideração 11 ónus; encargo 12 incómodo; fardo 13 opressão 14 mal-estar 15 preocupação 16 responsabilidade 17 motivo 18 força; ímpeto; impulso 19 porção; quantidade 20 cuidado 21 sensatez; ~ *bruto* o que pesa o conteúdo com o seu invólucro ou recipiente; ~ *específico* FÍSICA peso da unidade de volume de uma substância; ~ *estatístico* FÍSICA número de vezes que um valor ocorre num conjunto de valores observados; ~ *líquido* o que pesa só o conteúdo, descontado o peso do invólucro ou do recipiente; ~ *morto* aquilo que está inerte, o que não tem utilidade; *a* ~ *de ouro* muito caro; *em* ~ na totalidade; *ter dois pesos e duas medidas* julgar de forma diferente duas situações iguais; *tirar um* ~ *de cima de* livrar de uma responsabilidade (Do lat. *pensu-*, «peso»)

pespegar *v.tr.* 1 dar, aplicar com força; impingir 2 colocar (De *pos-*+*pegar*)

pespego *n.m.* 1 estorvo; empecilho 2 estafermo (Deriv. regr. de *pespegar*)

pespita *n.f.* ORNITOLOGIA nome vulgar por que também se designa a alvéloa (pássaro) (Do cast. *pezpita*, «id.»)

pespontado *adj.* 1 cosido a pesponto 2 [fig.] recamado; enfeitado 3 [fig.] que revela afetação; pretensioso; presumido (Part. pass. de *pespontar*)

pespontar *v.tr.* 1 coser com pesponto; dar pesponto em 2 ter a presunção de; presumir (De *pesponto*+-*ar*)

pespontear *v.tr.* ⇒ **pespontar** (De *pesponto*+-*ear*)

pesponto *n.m.* ponto de costura em que a agulha entra atrás do lugar por onde saiu, formando uma linha de pontos consecutivos de um lado do tecido e do outro lado, pontos parcialmente sobrepostos uns aos outros; ponto-aquém (Do lat. *post*, «depois»+*punctu-*, «ponto»)

pesporrência *n.f.* [pop.] arrogância; bazófia; pedantismo (Formação expressiva)

pesporrente *adj.,n.2g.* [pop.] que ou a pessoa que revela pesporrência; arrogante; pedante (De *pesporrência*)

pesqueira *n.f.* 1 construção, geralmente de pedra, cimento, alvenaria ou madeira, que parte da margem dos rios e se prolonga para o leito, para colocação das nassas, redes e outras artes de pesca 2 ORNITOLOGIA espécie de águia que vive nas proximidades dos lagos e pântanos e se alimenta sobretudo de peixes (De *pesqueiro*)

pesqueiro *adj.* 1 relativo a pesca 2 próprio para pescar ■ *n.m.* 1 fio com uma aselha numa extremidade e um anzol na outra, para pescar 2 local onde os peixes se abrigam, comem ou vivem 3 lugar em que se pesca 4 barco de pesca (Do lat. *piscarĭu-*, «id.»)

pesquisa *n.f.* 1 ato de pesquisar; procura de informação; inquirição 2 estudo metódico de determinado assunto 3 investigação científica (Do lat. vulg. **perquīsa-*, por *perquīsīta-*, «procurada cuidadosamente», part. pass. fem. de *perquīrĕre*, «procurar cuidadosamente», pelo cast. *pesquisa*, «pesquisa»)

pesquisador *adj.,n.m.* que ou aquele que pesquisa; investigador (De *pesquisar*+-*dor*)

pesquisar *v.tr.* 1 procurar informação sobre (determinado assunto); inquirir 2 estudar metodicamente; investigar 3 procurar com diligência 4 esquadrinhar (De *pesquisa*+-*ar*)

pessário *n.m.* MEDICINA aparelho que se coloca no fundo da vagina para corrigir deslocamentos do útero, manter uma hérnia saliente da vagina, ou para impedir a entrada dos espermatozoides no útero, evitando a conceção (Do lat. *pessarĭu-*, «tampão de fios; penso»)

pessegada *n.f.* 1 doce de pêssego 2 [fig.] confusão; trapalhada 3 [fig.] coisa de baixa qualidade ou mal feita 4 [fig.] pândega; bambochata; estúrdia (De *pêssego*+-*ada*)

pessegal *n.m.* pomar de pessegueiros (De *pêssego*+-*al*)

pêssego *n.m.* BOTÂNICA fruto (drupa) comestível do pessegueiro, carnudo, sumarento, com caroço grande e duro, e pele aveludada (Do lat. *persĭcu-* [*malu-*], «maçã da Pérsia»)

pêssego-careca *n.m.* variedade de pêssego que se caracteriza pela pele lisa, sem pelos, e pela polpa macia; nectarina

pessegote *adj.* [coloq.] catita; giro (De *pêssego*+-*ote*)

pessegueiro *n.m.* BOTÂNICA árvore da família das Rosáceas, de crescimento e frutificação rápidos, originária da Pérsia, muito cultivada por causa dos seus frutos saborosos, os pêssegos (Do lat. vulg. **persicarĭu-*, «id.»)

pessimamente *adv.* {superlativo absoluto sintético de **mal**} de modo péssimo; muito mal (De *péssimo*+-*mente*)

pessimismo *n.m.* 1 tendência para esperar sempre que o pior aconteça 2 tendência para ver sempre o lado negativo das coisas e das pessoas 3 doutrina que afirma que o mundo é mau ou que, na vida, o mal prevalece sobre o bem (De *péssimo*+-*ismo*)

pessimista *adj.2g.* 1 relativo ao pessimismo 2 que é partidário do pessimismo 3 que vê sempre as coisas pelo lado negativo ■ *n.2g.* 1 pessoa partidária do pessimismo 2 pessoa que vê as coisas pelo lado pior (De *péssimo*+-*ista*)

péssimo *adj.* {superlativo absoluto sintético de **mau**} muito mau; o pior possível (Do lat. *pessĭmu-*, «id.»)

pessoa /ô/ *n.f.* 1 ser humano considerado na sua individualidade física e espiritual 2 indivíduo indeterminado, ou cujo nome não se refere; sujeito 3 GRAMÁTICA categoria morfossintática que indica a relação de quem fala com o(s) participante(s) do facto narrado (locutor ou 1.ª pessoa, interlocutor ou 2.ª pessoa, ou aquele que é referido ou 3.ª pessoa) 4 DIREITO sujeito de direito; indivíduo na sua existência civil 5 PSICOLOGIA ser humano enquanto aberto aos seus semelhantes, integrado numa comunidade e orientado para um ideal (por oposição a indivíduo); ~ **coletiva** DIREITO unidade jurídica que resulta de um agrupamento humano organizado, independente dos indivíduos que o formam e capaz de contrair obrigações e exercer direitos; ~ **física** DIREITO indivíduo humano enquanto sujeito de direitos e de deveres; ~ **jurídica** DIREITO entidade política ou moral, com existência jurídica, como os Estados e as associações com organização legal; ~ **moral** grupo de indivíduos ou instituições aos quais se reconhecem direitos e deveres; **em ~ pessoal**mente (Do lat. *persona*-, «id.»)

pessoal adj.2g. 1 da pessoa ou a ela respeitante 2 que diz respeito à vida privada de alguém 3 íntimo 4 individual 5 que varia de pessoa para pessoa 6 dirigido a alguém em particular 7 GRAMÁTICA diz-se do pronome que se refere aos participantes do discurso (ex.: *eu, tu, ele, me, nos*) ■ n.m. 1 conjunto de pessoas que trabalham num serviço ou num estabelecimento 2 [coloq.] conjunto de pessoas amigas ou com interesses comuns; grupo de amigos (Do lat. *personāle*-, «id.»)

pessoalidade n.f. 1 qualidade do que é pessoal 2 personalidade 3 originalidade (Do lat. *personāle*-, «pessoal» +-*i*-+-*dade*)

pessoalismo n.m. ⇒ **personalismo** (De *pessoal*+-*ismo*)

pessoalmente adv. 1 de modo pessoal 2 em pessoa (De *pessoal*+-*mente*)

pessoano adj. 1 respeitante ao poeta português Fernando Pessoa (1888-1935) ou à sua obra 2 da autoria de Fernando Pessoa (De *Pessoa*, antr. +-*ano*)

pessoeiro n.m. 1 cabeça de casal 2 cabecel (De *pessoa*+-*eiro*)

pestana n.f. 1 ANATOMIA cada um dos pelos que guarnecem o bordo das pálpebras; cílio; celha 2 MÚSICA em instrumentos de cordas dedilhadas, peça fixa no tampo superior onde estão fixas as cordas 3 MÚSICA em instrumentos de cordas friccionadas, rebordo na parte superior do ponto onde estão encastradas as cordas 4 NÁUTICA cada uma das unhas da âncora; ***queimar as pestanas*** [coloq.] estudar muito, ler muito (Do lat. **pistanna*, «id.»)

pestanear v.intr. ⇒ **pestanejar** (De *pestana*+-*ear*)

pestanejante adj.2g. que pestaneja (De *pestanejar*+-*ante*)

pestanejar v.intr. agitar as pestanas, abrindo e fechando os olhos rapidamente; ***sem ~*** sem fazer o menor movimento, sem a menor hesitação (De *pestana*+-*ejar*)

pestanejo /ê/ n.m. ato de pestanejar (Deriv. regr. de *pestanejar*)

pestanudo adj. que tem pestanas muito grandes (De *pestana*+-*udo*)

peste n.f. 1 MEDICINA doença infeciosa epidémica, endémica em algumas regiões da Ásia, onde deve ter tido a sua origem, produzida por uma bactéria bacilar e transmitida pela pulga do rato 2 VETERINÁRIA epidemia que ataca várias categorias de animais, como aves, porcinos, equídeos, etc., e que é causada por vírus 3 epidemia 4 [fig.] mau cheiro 5 [fig.] o que corrompe física e moralmente 6 [fig.] qualquer coisa perniciosa ou funesta 7 [pop.] pessoa de mau carácter 8 [pop.] coisa ordinária, mal feita; ~ **bubónica** MEDICINA uma das manifestações da peste caracterizada pelo aparecimento de gânglios linfáticos entumecidos (bubões), especialmente na virilha (Do lat. *peste*-, «id.»)

peste negra n.f. MEDICINA manifestação da peste caracterizada por hemorragias cutâneas (como as da púrpura), gengivais e nasais, e pelo vómito-negro (hematémese biliosa)

pesticida n.m. AGRICULTURA termo genérico das substâncias inseticidas empregadas para proteger as plantas do ataque de parasitas (Do lat. *peste*-, «peste» +*caedĕre*, «matar»)

pestiferar v.tr. ⇒ **empestar** (De *pestífero*+-*ar*)

pestífero adj. 1 que transmite a peste 2 pernicioso; funesto ■ n.m. doente atacado de peste (Do lat. *pestifĕru*-, «id.»)

pestilência n.f. 1 peste 2 epidemia 3 contágio 4 [fig.] cheiro nauseabundo 5 [fig.] depravação; corrupção (Do lat. *pestilentĭa*-, «id.»)

pestilencial adj.2g. 1 referente a peste 2 que tem o carácter da peste 3 que cheira mal; pestilento; mefítico 4 que transmite a peste; pestífero 5 contagioso (De *pestilência*+-*al*)

pestilencioso /ô/ adj. ⇒ **pestilencial** (Do lat. *pestilentiōsu*-, «id.»)

pestilento adj. ⇒ **pestilencial** (Do lat. *pestilentu*-, «id.»)

pestilo n.m. fecho, aldraba ou tranqueta da porta (Do lat. vulg. *pestellu*-, dim. de *pestŭlu*-, por *pessŭlu*-, «ferrolho»)

pesto n.m. CULINÁRIA molho de manjericão com azeite, pinhões, queijo e alho (Do it. *pesto*, «id.»)

pestoso /ô/ adj.,n.m. que ou aquele que sofre de peste (De *peste*+-*oso*)

peta[1] /ê/ n.f. 1 mentira; patranha 2 logro 3 machadinha nas costas do podão 4 orelha do sacho 5 [regionalismo] pedaço de fígado de porco, assado ou cozido 6 [regionalismo] sinal (De orig. obsc.)

peta[2] n.f. [infant.] forma reduzida de *chupeta*, na aceção 1

pétala n.f. BOTÂNICA cada uma das folhas florais que compõem a corola (Do gr. *pétalon*, «folha; pétala»)

petalado adj. BOTÂNICA que possui uma ou mais pétalas (De *pétala*+-*ado*)

petaliforme adj.2g. 1 BOTÂNICA que tem forma de pétala 2 BOTÂNICA semelhante a pétala; petaloide (Do gr. *pétalon*, «pétala»+lat. *forma*-, «forma»)

petalite n.f. MINERALOGIA mineral que é, quimicamente, silicato de alumínio e lítio (Do gr. *pétalon*, «pétala; lâmina» +-*ite*)

petaloide adj.2g. 1 BOTÂNICA semelhante a pétala 2 BOTÂNICA diz-se do perianto cujas tépalas se assemelham a pétalas (De *pétala*+-*óide*)

petalóide ver nova grafia **petaloide**

petanca n.f. DESPORTO jogo praticado em zonas planas e arenosas por equipas cujo número de jogadores pode variar, e que consiste no lançamento de um conjunto de bolas metálicas que deverão ficar o mais perto possível de uma pequena bola de madeira, lançada previamente (Do fr. *pétanque*, «id.»)

petar v.intr. 1 dizer petas; mentir 2 moer; repisar 3 ser importuno; maçar (De *peta*+-*ar*)

petarada n.f. série de petas (De *peta*+*r*+-*ada*)

petardada n.f. detonação de petardo (De *petardo*+-*ada*)

petardar v.tr. ⇒ **petardear** (De *petardo*+-*ar*)

petardear v.tr. fazer saltar com petardos ■ v.intr. explodir como petardos (De *petardo*+-*ear*, ou do fr. *pétarder*, «id.»)

petardeiro n.m. aquele que faz petardos ou lhes lança o fogo (De *petardo*+-*eiro*, ou do fr. *pétardier*, «id.»)

petardo n.m. 1 explosivo de forma prismática ou cilíndrica utilizado nas destruições militares 2 pequena peça de artifício que rebenta com estrondo 3 bomba 4 [fig.] (futebol) chuto com muita força (Do fr. *pétard*, «id.»)

petarola n.f. 1 peta mal metida 2 mentira evidente ■ n.2g. pessoa que gosta de dizer petas (De *peta*+*r*+-*ola*)

petarolar v.intr. dizer petarolas (De *petarola*+-*ar*)

petear v.intr. dizer petas; mentir; petar (De *peta*+-*ear*)

peteca n.f. 1 [Brasil] brinquedo que consiste numa pequena base arredondada e achatada, geralmente de couro, à qual se fixam várias penas, e que se lança ao ar com a palma da mão 2 [Brasil] [fig.] alvo de escárnio ou de zombaria; ***deixar a ~ cair*** [Brasil] [pop.] vacilar, falhar; ***não deixar a ~ cair*** [Brasil] [pop.] não desanimar, não esmorecer (Do tupi *petéka*)

petegar v.tr. cortar com a peta ou machadinha do podão (De *peta*+*g*+-*ar*)

peteiro adj.,n.m. que ou aquele que tem o hábito de dizer petas ou mentiras (De *peta*+-*eiro*)

petéquia n.f. MEDICINA mancha vermelha, semelhante a mordedura de pulga, que aparece na pele, no decurso de certas doenças, sobretudo da peste (Do it. *petecchia*, «id.»)

petequial adj.2g. 1 que diz respeito a petéquia 2 que tem petéquias (De *petéquia*+-*al*)

petição n.f. 1 ato ou efeito de pedir 2 pedido; súplica 3 requerimento que obedece a certas fórmulas legais; ~ **de princípio** LÓGICA paralogismo que consiste em supor admitido aquilo que se quer demonstrar (Do lat. *petitiōne*-, «id.»)

peticar v.intr. [regionalismo] comer algo entre o almoço e o jantar (De *petico*+-*ar*)

peticego adj.,n.m. 1 que ou o que tem a vista curta; míope 2 [pop.] que ou aquele que tem os olhos muito pequenos, inflamados ou remelosos (De *peto*+*cego*)

peticionar v.tr.,intr. requerer através de petição (Do lat. *petitiōne*-, «petição» +-*ar*)

peticionário n.m. 1 aquele que faz uma petição ou um requerimento 2 suplicante 3 DIREITO o que demanda outrem em juízo (Do lat. *petitiōne*-, «petição» +-*ário*)

petico n.m. [regionalismo] pequena refeição que antigamente se servia aos malhadores e segadores (De *petisco*)

petimetre adj. que tem modos de peralta; janota ■ n.m. janota ridículo; peralvilho; peralta; papo-seco (Do fr. *petit-maître*, «id.»)

petinga n.f. 1 sardinha muito pequena 2 peixe pequeno empregado como isca (De orig. obsc.)

petinha n.f. ORNITOLOGIA nome vulgar extensivo a alguns pássaros da família dos Motacilídeos, mais ou menos frequentes em Portugal, como a petinha-aquática, a petinha-das-árvores, a petinha-dos-prados, etc., que são também conhecidos por cia, cicia, cião, escrevedeira, sombria, carreirola, navinheira, patinha, etc. (De *peto*+-*inha*)

petintal *n.m.* 1 antigo despenseiro que servia a bordo das galés 2 calafate 3 fabricante de embarcações (De orig. obsc.)

petipé *n.m.* 1 escala de redução nos mapas 2 régua com divisões geralmente utilizada por arquitetos (Do fr. *[au] petit pied*, «em ponto pequeno»)

petisca *n.f.* 1 jogo que consiste em atirar pedrinhas a uma moeda colocada no chão, ganhando aquele que lhe acertar 2 [pop.] ponta de cigarro; beata (Deriv. regr. de *petiscar*)

petiscador *n.m.* 1 aquele que gosta de petiscar; lambiscador 2 guloso (De *petiscar*+*-dor*)

petiscar *v.tr.* 1 comer um pouco de (algo) para provar ou por falta de apetite 2 ter conhecimentos superficiais sobre (determinado assunto) 3 ferir (lume) na pederneira com o petisco ou fuzil ■ *v.intr.* 1 saborear comida saborosa e bem preparada 2 comer pequenos pedaços de alimentos (De *petisco*+*-ar*)

petisco *n.m.* 1 comida muito saborosa; pitéu; acepipe 2 gulodice 3 fuzil com que se fere lume 4 pequena refeição que se servia aos malhadores e aos segadores 5 [fig.] pessoa que se presta a ser objeto de troça; pãozinho 6 [fig.] indivíduo ridículo (De orig. obsc.)

petisqueira *n.f.* o que se petisca; pitéu; petisco (De *petisco*+*-eira*)

petisseco *adj.* 1 [pop.] quase seco 2 [pop.] murcho; entanguido (De *seco*)

petitar *v.intr.* reclamar; requerer (Do lat. *petītu-*, «pedido»+*-ar*)

petitório *adj.* 1 relativo a petição 2 DIREITO diz-se da ação em que se pede o reconhecimento do direito de propriedade ou de qualquer outro direito real sobre um imóvel (Do lat. *petitoriū-*, «id.»)

petiz *adj.* pequeno ■ *n.m.* menino (Do fr. *petit*, «pequeno»)

petizada *n.f.* 1 os petizes 2 grupo de petizes ou crianças (De *petiz*+*-ada*)

peto /é/ *n.m.* 1 ORNITOLOGIA nome vulgar extensivo a algumas aves trepadoras da família dos Picídeos, entre as quais se encontram o peto-malhado, o cardeal, o peto-amarelo, o peto-cuco, o pássaro-do-frio, o peto-da-chuva, o peto-espanhol, o peto-formigueiro, o peto-galego (pouco frequente em Portugal e também chamado peto-pequeno), o peto-real, o rincha-cavalos, o rinchão ou cavalo-rinchão, etc. 2 [regionalismo] machadinha nas costas do podão, do sacho ou do alvião 3 [regionalismo] mealheiro 4 [regionalismo] bico ■ *adj.* 1 impertinente; maçador 2 estrábico (De orig. obsc.)

peto-real *n.m.* ⇒ **peto**

petrarquesco *adj.* ⇒ **petrarquiano** (Do it. *petrarchesco*, «id.»)

petrarquiano *adj.* 1 relativo ao poeta italiano Francesco Petrarca (1304-1374) ou à sua obra 2 petrarquista (De *Petrarca*, antr.+*-iano*)

petrarquismo *n.m.* 1 imitação do estilo poético de Petrarca 2 modo poético ou estilístico característico de Petrarca (De *Petrarca*, antr.+*-ismo*)

petrarquista *adj.2g.* relativo ao estilo poético de Petrarca ■ *n.2g.* pessoa que imita o estilo poético de Petrarca (De *Petrarca*, antr.+*-ista*)

petrechamento *n.m.* ⇒ **apetrechamento** (De *petrechar*+*-mento*)

petrechar *v.tr.* 1 prover de petrechos 2 apetrechar 3 municionar 4 [fig.] preparar; dispor 5 [fig.] fornecer os meios precisos para ■ *v.pron.* 1 prover-se do necessário 2 equipar-se (Do cast. *pertrechar*, «id.»)

petrechos *n.m.pl.* 1 utensílios e instrumentos de guerra 2 munições 3 objetos e utensílios necessários para executar qualquer coisa; apetrechos (Do cast. *pertrechos*, «id.»)

pétreo *adj.* 1 de pedra 2 que tem a natureza ou a dureza da pedra 3 [fig.] rígido; duro 4 [fig.] insensível 5 [fig.] desumano (Do lat. *petrĕu-*, «id.»)

petri- elemento de formação de palavras que exprime a ideia de pedra (Do lat. *petra-*, «pedra»)

petrícola *adj.2g.* 1 que habita nas pedras 2 que vive no interior dos rochedos ■ *n.m.* ZOOLOGIA designação genérica dos moluscos que vivem no interior dos rochedos (Do lat. *petra-*, «pedra»+*colĕre*, «habitar»)

petrificação *n.f.* 1 ato ou efeito de petrificar ou petrificar-se 2 [fig.] permanência num estado que não evolui; estagnação (De *petrificar*+*-ção*)

petrificado *adj.* 1 transformado em pedra 2 [fig.] imóvel como pedra 3 [fig.] estupefacto; assombrado; estarrecido 4 [fig.] que não se desenvolve; que não evolui; estacionário

petrificador *adj.,n.m.* que ou aquilo que petrifica (De *petrificar*+*-dor*)

petrificante *adj.2g.* que petrifica; petrificador; petrífico (De *petrificar*+*-ante*)

petrificar *v.tr.,intr.,pron.* 1 converter(-se) em pedra; empedernir 2 tornar(-se) insensível; endurecer 3 [fig.] pasmar; embasbacar(-se) 4 [fig.] tornar ou ficar imóvel de espanto ou medo (De *petri-*+*-ficar*)

petrificável *adj.2g.* suscetível de petrificar ou de se petrificar (De *petrificar*+*-vel*)

petrífico *adj.* ⇒ **petrificante** (De *petri-*+*-fico*)

petrina *n.f.* 1 [ant.] presilha para prender a camisa a um botão da frente das ceroulas 2 [ant.] cinto com fivela 3 [ant.] parte do vestuário que se ajusta à cintura (Do gr. *pectorina-*, «relativo ao peito»)

petro- ⇒ **petri-** (Do gr. *petra-*, «pedra»)

petrodólar *n.m.* dólar proveniente de um país exportador de petróleo e colocado nos mercados financeiros internacionais (De *petró[leo]*+*dólar*)

petrogénese *n.f.* ⇒ **petrogenia** (De *petro-*+*-génese*)

petrogenia *n.f.* GEOLOGIA ramo da petrologia que estuda a origem das rochas 2 ação ou efeito respeitante à formação das rochas (De *petro-*+*-genia*)

petrogénico *adj.* relativo à petrogénese ou petrogenia (De *petrogenia*+*-ico*)

petróglifo *n.m.* gravura rupestre

petrografia *n.f.* GEOLOGIA ramo da petrologia que tem por objeto o estudo descritivo e sistemático das rochas (De *petrógrafo*+*-ia*)

petrográfico *adj.* relativo à petrografia (De *petrógrafo*+*-ico*)

petrografista *n.2g.* pessoa versada em petrografia; petrógrafo (De *petrógrafo*+*-ista*)

petrógrafo *n.m.* ⇒ **petrografista** (De *petro-*+*-grafo*)

petrolaria *n.f.* fábrica de refinação de petróleo (De *petróleo*+*-aria*)

petroleado *adj.* (ser vivo) que é/foi vítima dos efeitos do derramamento de petróleo (Part. pass. de *petrolear*)

petrolear *v.tr.* derramar petróleo em, especialmente para dar origem a incêndio (De *petróleo*+*-ar*)

petroleína *n.f.* ⇒ **vaselina** (De *petróleo*+*-ina*)

petroleiro *adj.* 1 que transporta petróleo 2 relativo a petróleo e seus derivados ■ *n.m.* 1 navio concebido para transporte de petróleo 2 o que incendeia com petróleo; petrolista; terrorista (De *petróleo*+*-eiro*)

petróleo *n.m.* 1 GEOLOGIA rocha sedimentar, líquida, que se apresenta frequentemente em grandes mananciais 2 óleo mineral constituído essencialmente por uma mistura de hidrocarbonetos, do qual se extrai, por destilação, grande número de substâncias de importantíssimo valor económico 3 líquido obtido por destilação do petróleo natural, empregado comummente como combustível em fogareiros e em candeeiros, que é vulgarmente conhecido por petróleo de iluminação 4 [pop.] gás 5 [pop.] vinho; *não dar para o ~* não chegar para o indispensável (Do lat. med. *petrolĕu-*, «óleo de pedra»)

petrolífero *adj.* que produz petróleo (De *petróleo*+*-fero*)

petrolista *n.2g.* pessoa que incendeia com petróleo; petroleiro (De *petróleo*+*-ista*)

petrologia *n.f.* GEOLOGIA ramo das ciências geológicas que trata do estudo das rochas, com aplicação de todos os métodos conhecidos, e que compreende a petrogenia e a petrografia (Do gr. *pētra*, «pedra; rocha»+*lógos*, «tratado»+*-ia*)

petrologista *n.2g.* especialista em petrologia (Do gr. *pētra*, «pedra; rocha»+*lógos*, «tratado»+*-ista*)

petrónio *n.m.* indivíduo que veste com muita elegância (De *Petrónio*, antr.)

petroquímica *n.f.* parte da química industrial que estuda os derivados do petróleo (De *petró[leo]*+*química*)

petroquímico *adj.* relativo à petroquímica ■ *n.m.* especialista em petroquímica (De *petroquímica*)

petroso /ô/ *adj.* ⇒ **pétreo** (Do lat. *petrōsu-*, «id.»)

petrossílex /cs/ *n.m.* (plural **petrossílices**) ⇒ **felsito** (De *petro-*+*sílex*)

petrossílice *n.m.* ⇒ **felsito** (Do lat. *petra-*, «pedra»+*silĭce-*, «sílex»)

petulância *n.f.* 1 qualidade de petulante 2 descaramento; atrevimento 3 insolência (Do lat. *petulantĭa-*, «id.»)

petulante *adj.2g.* 1 atrevido; descarado 2 insolente 3 imodesto; arrogante (Do lat. *petulante-*, «id.»)

petúnia *n.f.* BOTÂNICA planta da família das Solanáceas, ornamental, originária da América do Sul, de corola em funil, vulgar nos canteiros dos jardins, cultivada em grande escala pela beleza das suas flores de cores garridas (Do fr. *pétunia*, «id.»)

peúga *n.f.* meia curta (Do lat. *pedūca-*, de *pede-*, «pé»)

peugada *n.f.* 1 pegada 2 vestígio; rasto; *ir na ~ de* seguir os passos de, ir atrás de (De *peúga*+*-ada*)

peúva n.f. [Brasil] BOTÂNICA árvore americana pertencente à família das Bignoniáceas e também conhecida por ipê (Do tupi *ipe'iwa*, «árvore da casca»)
peva /ê/ n.f. [pop.] coisa nenhuma; nada (Red. de *pevide*?)
pevide n.f. 1 BOTÂNICA semente de alguns frutos carnudos polispérmicos, especialmente dos pepónios 2 proglote das ténias 3 película que aparece na língua de algumas aves e que as impede de beber 4 massa de farinha utilizada geralmente em sopa, com a forma de semente do pepino 5 morrão da torcida ou do pavio 6 PATOLOGIA distúrbio da fala em que é difícil ou impossível a pronúncia dos *rr*; *laurear a ~* [coloq.] estar sem fazer nada ou sem grandes preocupações (Do lat. vulg. *pipīta-, por pituīta-*, «mucosidade; pituíta»)
pevidoso /ô/ adj. PATOLOGIA que tem dificuldade em pronunciar os *rr* (De *pevide+-oso*)
pevitada n.f. poção feita com pevides pisadas e diluídas em água (Por *pevidada*, de *pevide+-ada*)
pexão n.m. 1 ⇒ **peixão** 2 casta de uva de Leiria (Por *peixão*, de *peixe+-ão*)
pexe /ê/ n.m. [ant., pop.] peixe (De *peixe*)
pexotada n.f. 1 série de pexotes 2 ato que denuncia inexperiência ou inabilidade 3 má jogada (De *pexote+-ada*)
pexote n.m. 1 pessoa que joga mal; inexperiente; novato 2 ignorante 3 simplório; parolo (Por *peixote*, de *peixe+-ote*)
pez /ê/ n.m. 1 substância resinosa, extraída do pinheiro e de outras plantas coníferas 2 alcatrão; breu; *~ mineral* ⇒ **ozocerite** (Do lat. *pice-*, «id.»)
pezenho adj. (cavalo) que é da cor do pez (Do cast. *peceño*, «id.»)
pezinho n.m. pé pequeno; *vir com pezinhos de lã* [fig.] vir de mansinho, falar com bons modos para conseguir o que deseja (De *pé+z+-inho*)
pezorro n.m. pé grande (De *pé+z+-orro*)
pezudo adj. que tem pés grandes (De *pé+z+-udo*)
pezunho n.m. 1 pé de porco; chispe 2 [pej.] pé (Do lat. *pedis ungŭla*, «unha do pé»)
pH n.m. QUÍMICA valor que exprime a acidez ou a alcalinidade de uma solução (7 corresponde a uma solução neutra, valores abaixo correspondem a uma solução ácida e valores acima a uma solução alcalina) (Acrónimo de *potencial de hidrogénio*)
phablet n.m. dispositivo móvel em formato retangular e com ecrã táctil, maior do que os smartphones e menor do que os tablets, reunindo funcionalidades que são comuns a estes dois aparelhos (Do ing. *phablet*, «id.», de *phone+tablet*)
pHmetria n.f. MEDICINA teste que permite medir o pH num determinado órgão
phubber n.2g. pessoa que ignora alguém por estar constantemente a olhar e a consultar um telemóvel (Do inglês *phubber*, «idem»)
phubbing n.m. ato de ignorar alguém por se estar constantemente a olhar e a consultar um telemóvel (Do inglês *phubbing*, «idem»)
pi n.m. nome da décima sexta letra do alfabeto grego (π, Π), correspondente ao **p**, usada em matemática para representar a razão constante entre o perímetro da circunferência e o respetivo diâmetro, e equivalente a 3,1416 (Do gr. *pī*, «id.»)
pia n.f. 1 recipiente de pedra para líquidos 2 carlinga do navio 3 bacia de cozinha, feita de pedra, louça ou metal, com torneiras e ralo, para lavar louça, alimentos, etc. 4 pequeno reservatório de cimento ou plástico, com água corrente e escoamento, próprio para lavar a roupa; tanque; *~ batismal* vaso de pedra, numa dependência da igreja, onde se deita água para o batismo, fonte batismal (Do lat. *pila-*, «almofariz; tina»)
piá n.m. 1 [Brasil] filho de caboclo 2 [Brasil] menino (Do tupi *pi'a*, «id.»)
piã n.m. doença tropical, com manifestações cutâneas (Do tupi *pi'ã*, «pele erguida; tumor»)
piaba n.f. [Brasil] ICTIOLOGIA ⇒ **tiririca** (Do tupi *pi'yawa*, «pele manchada»)
piaca n.f. BOTÂNICA árvore silvestre do Brasil, da família das Leguminosas (Do tupi *pi'aka*, «id.»)
piaçá n.f. ⇒ **piaçaba** (De *piaçaba*, com apóc.)
piaçaba n.f. 1 BOTÂNICA planta tropical, da família das Palmáceas, que produz fibras utilizadas no fabrico de vassouras e outros objetos 2 fibra desta planta 3 vassoura feita com essa fibra 4 vassoura pequena, de cabo comprido, utilizada para limpar o interior das sanitas (Do tupi *pi'a a'saba*, «amarrilho»)
piaçava n.f. ⇒ **piaçaba**
piaçoca n.f. [Brasil] ⇒ **jaçanã** (Do tupi *pia'soka*, «id.»)
piada[1] n.f. 1 pio das aves 2 [fig.] dito engraçado; chalaça; graça 3 [fig.] dito supostamente cómico em que está implícita uma censura a algo ou alguém 4 [fig.] coisa ou pessoa considerada ridícula ou pouco eficiente; *~ de mau gosto* história grosseira ou inconveniente (Part. pass. fem. subst. de *piar*)
piada[2] n.f. quantidade de azeitona que entra de cada vez no pio do lagar (De *pio+-ada*)
piadeira n.f. 1 muitos pios; piadouro 2 ⇒ **alfanado** n.m. 3 ⇒ **peto** (De *piadeiro*)
piadeiro n.m. ORNITOLOGIA ⇒ **peto** (De *piar+-deiro*)
piadético adj. 1 que tem piada 2 que diz muitas piadas; piadista
piadista adj.,n.2g. que ou pessoa que diz piadas (De *piada+-ista*)
piado n.m. 1 pio das aves 2 pieira (Part. pass. subst. de *piar*)
piadoiro n.m. ⇒ **piadouro**
piador adj.,n.m. que ou aquele que pia (De *piar+-dor*)
piadouro n.m. o piar constante (De *piar+-douro*)
piadozaua n.m. [São Tomé e Príncipe] MEDICINA curandeiro que baseia o diagnóstico na observação das urinas e que é elemento central da sociedade (Do forro *piadô záua*, «explicador de urinas»)
piafar v.intr. (cavalo) bater com os cascos no chão, mas sem andar (Do fr. *piaffer*, «id.»)
piafé n.m. movimento que o cavalo faz, batendo com os cascos no chão, quando parado (Do fr. *piaffer*, «piafar»)
pia-máter n.f. ANATOMIA a mais interna das membranas (meninges) que protegem o eixo cerebrospinal (Do lat. med. *pia mater*, «mãe piedosa»)
piamente adv. 1 com devoção 2 sinceramente (De *pio+-mente*)
pianinho adj. 1 muito suave 2 MÚSICA em tom baixo ■ adv. 1 brandamente 2 MÚSICA suavemente (De *piano+-inho*)
pianíssimo adj. 1 MÚSICA muito suave; muito piano 2 com fraquíssima intensidade sonora ■ adv. MÚSICA trecho executado muito suavemente (Do it. *pianissimo*, «id.»)
pianista n.2g. 1 pessoa que tem por profissão tocar piano 2 pessoa que toca ou sabe tocar bem piano (De *piano+-ista*)
pianizar v.tr. adaptar (música) às condições do piano (De *piano+-izar*)
piano n.m. 1 MÚSICA instrumento musical de teclas, cujas cordas são percutidas por martelos acionados pelas teclas 2 [fig.] todo o móvel que serve para trabalhar 3 [pop.] cama ■ adv. 1 MÚSICA com pouca intensidade sonora; baixinho 2 suavemente; devagar; *~ de armário* MÚSICA piano vertical de pequenas dimensões; *~ de cauda* MÚSICA piano cujas cordas se dispõem na horizontal, sob uma tampa que pode ser levantada para ampliar o som; *~ vertical* MÚSICA piano cujas cordas e caixa de ressonância se dispõem na vertical (Do it. *piano*, «id.»)
piano-bar n.m. estabelecimento onde se servem bebidas e se ouve música ao vivo, executada ao piano (Do ing. *piano bar*, «id.»)
piano-dos-pretos ver nova grafia piano dos pretos
piano dos pretos n.m. MÚSICA ⇒ **zanza**
pianola n.f. MÚSICA aparelho que se adapta ao teclado de um piano para o fazer tocar automaticamente; piano mecânico, automático; autopiano (Do ing. *pianola*, «id.»)
pião[1] n.m. 1 brinquedo de madeira em forma de pera com uma ponta metálica, que se lança com força com auxílio de um fio, fazendo-o girar sobre essa ponta 2 [coloq.] movimento brusco de inversão do sentido de marcha de um automóvel 3 na capoeira (jogo acrobático), movimento giratório do corpo, apoiado no chão apenas com a cabeça 4 [Moçambique] antigo funcionário dependente do meirinho; *apanhar o ~ à unha* aproveitar-se rapidamente de uma oportunidade (Do lat. *pedōne-*, «que tem pés grandes; que anda a pé ou de pé»)
pião[2] n.m. FÍSICA nome genérico dado a cada um dos três tipos de particulares elementares mais leves da família dos mesões (Do ing. *pion*, «id.»)
pião-das-nicas ver nova grafia pião das nicas
pião das nicas n.m. pessoa que aguenta com todos os males causados por outrem
piar v.intr. 1 produzir (uma ave) o som característico da sua espécie; dar pios 2 [coloq.] dizer algo; emitir opinião; falar ■ v.tr. [regionalismo] descascar (o milho); *~ fino* [coloq.] falar baixo ou calar-se, geralmente por imposição de outra pessoa; *sem ~* sem dizer nada (Do lat. *pipilāre*, «id.»)
piara n.f. 1 grande número de animais; manada 2 agrupamento de gente 3 [regionalismo] vara de porcos (Do cast. *piara*, «id.»)
piarda n.f. ICTIOLOGIA ⇒ **camarão-bruxo** (De orig. obsc.)
piartrose n.f. MEDICINA ⇒ **artropiose** (Do gr. *pýon*, «pus» +*árthron*, «articulação» +-*ose*)
piasca n.f. [regionalismo] pião pequeno que se joga sem auxílio de baraça; pioninha (De *pião+-asca*)

piastra *n.f.* moeda de prata, de valor variável conforme os países onde circula (Do it. *piastra*, «lâmina de metal»)

piastrão *n.m.* parte dianteira da couraça que cobre o peito; plastrão (Do it. *piastrone*, «cota de malha», pelo fr. *plastron*, «plastrão»)

piau *n.m.* [Brasil] ICTIOLOGIA ⇒ **tiririca** (Do tupi *pi'yau*, «pele manchada»)

piauiense *adj.2g.* referente ao estado brasileiro de Piauí ■ *n.2g.* natural ou habitante desse estado (De *Piauí*, top. +*-ense*)

piava *n.m.* [Brasil] ICTIOLOGIA ⇒ **tiririca** (Do tupi *pi'awa*, «de pele manchada»)

pibó *n.m.* [regionalismo] ferro aguçado que serve de eixo ao rodízio do moinho (Do fr. *pivot*, «perno; espigão; eixo vertical»)

pica[1] *n.f.* 1 [pouco usado] espécie de lança; pique 2 [infant.] injecção 3 [coloq.] energia; entusiasmo 4 [cal.] cigarro de droga 5 [vulg.] pénis 6 [regionalismo] ato de picar ou cavar de leve a terra 7 [regionalismo] pequeno sacho de picar ■ *n.2g.* [coloq.] pessoa que pica os bilhetes de passagem em veículos de transporte público (Deriv. regr. de *picar*)

pica[2] *n.f.* 1 ICTIOLOGIA ⇒ **camarão-bruxo** 2 ICTIOLOGIA ⇒ **escalo** (De *pico*)

piça *n.f.* [vulg.] pénis (Alt. de *pica*, por tabu)

pica-amoras *n.m.2n.* ORNITOLOGIA ⇒ **amoreira** 2 (De *picar+amora*)

picaço *adj.* [Brasil] diz-se do cavalo escuro, com os pés brancos; malhado; pigarço (Do cast. *picazo*, «id.»)

picada *n.f.* 1 ato ou efeito de picar 2 marca ou ferida feita com objeto pontiagudo 3 ferroada 4 bicada 5 [pop.] navalhada; facada 6 dor aguda e latente 7 caminho estreito através do mato 8 furo de inseto ou da sua larva 9 [fig.] sintoma 10 [fig.] desgosto (Part. pass. fem. subst. de *picar*)

picadeira *n.f.* 1 pequeno martelo terminado em gume dos dois lados 2 picareta (De *picar+-deira*)

picadeiro *n.m.* 1 lugar onde se fazem exercícios de equitação e se treinam cavalos 2 cepo sobre o qual os tanoeiros encurvam as aduelas 3 lugar de passeio habitual (De *picar+-deiro*)

picadela *n.f.* picada ligeira (De *picar+-dela*)

picadete /ê/ *adj.2g.* levemente picado, sentido ou irritado (De *picado+-ete*)

picadilho *n.m.* variedade de tabaco (De *picado+-ilho*)

picadinho *adj.* [pop.] que se melindra com facilidade (De *picado+-inho*)

picado *adj.* 1 cheio de picadas, pintas ou sinais 2 ferido por objeto pontiagudo; furado 3 [fig.] estimulado 4 [fig.] (mar) agitado 5 [fig.] irritado; ofendido ■ *n.m.* 1 aspereza de uma superfície que foi picada 2 CULINÁRIA mistura de carne ou peixe cortado aos bocadinhos ou triturado, guisada com temperos variados, e frequentemente usada para confecionar outros alimentos 3 recheio 4 MÚSICA trecho ou frase musical executada com notas destacadas (Part. pass. de *picar*)

picador *adj.* que pica ■ *n.m.* 1 aquele ou aquilo que pica 2 aquele que treina cavalos ou ensina equitação 3 instrumento para furar os bilhetes de transporte 4 utensílio utilizado para partir o gelo em bocados, na preparação de bebidas 5 aparelho de fazer picotagem 6 TAUROMAQUIA lidador montado que, nas touradas, tem por missão sangrar o touro para ele perder as forças (De *picar+-dor*)

picadora *n.f.* CULINÁRIA utensílio para picar carne, peixe, legumes e outros alimentos

picadura *n.f.* 1 picada 2 penso para o gado, cortado miúdo (De *picar+-dura*)

pica-flor *n.m.* ORNITOLOGIA ⇒ **beija-flor** (De *picar+flor*)

pica-folha *n.m.* BOTÂNICA ⇒ **azevinho** (De *picar+folha*)

pica-milho *n.m.* 1 [pop.] aquele que come muita broa; broeiro 2 [fig.] pessoa grosseira (De *picar+milho*)

pica-milhos *n.m.2n.* [pop.] alcunha de minhoto, pela preferência dada ao pão de milho; broeiro (De *picar+milho*)

pica-nariz *n.f.* BOTÂNICA ⇒ **candelária** 1 (De *picar+nariz*)

picanço *n.m.* 1 ORNITOLOGIA nome vulgar extensivo a várias aves, umas (pássaros) da família dos Laniídeos, outras (trepadoras) da família dos Picídeos, algumas comuns em Portugal 2 (engenho) ⇒ **cegonha** 3 [fig.] roubo; pilhagem 4 [acad.] trabalho de decorar (Do lat. *picu-*, «picanço»)

picanço-barreteiro *n.m.* 1 ORNITOLOGIA ⇒ **barrete** 2 ORNITOLOGIA ⇒ **cascarrolho** 3 ORNITOLOGIA ⇒ **toutinegra**

picanço-de-dorso-vermelho *n.m.* ORNITOLOGIA ⇒ **cascarrolho**

picanha *n.f.* 1 carne da região lombar posterior da rês, considerada de boa qualidade 2 CULINÁRIA prato confecionado com essa carne (De *picar*)

picante *adj.2g.* 1 que pica 2 que excita o paladar 3 apimentado 4 salgado 5 irritante 6 [fig.] que tem malícia; mordaz (De *picar+-ante*)

picão[1] *n.m.* 1 martelo pontiagudo de ambos os lados, utilizado para picar a pedra 2 picareta 3 [regionalismo] sacho para o milho 4 ferrão de aguilhada 5 [acad.] aquele que se dá ao trabalho de decorar 6 [ant., pop.] brigão (De *picar+-ão*)

picão[2] *n.m.* 1 ponto mais alto de um fraguedo 2 [regionalismo] pique de vinho verde 3 [regionalismo] carvão feito de ramos de árvores (De *pico* ou *pique+-ão*)

pica-osso /ô/ *n.m.* ORNITOLOGIA abutre sedentário e comum em algumas regiões de Portugal, também designado por abetarda, brita-ossos, fouveiro, grifo, etc. (De *picar+osso*)

pica-pau *n.m.* 1 ORNITOLOGIA nome vulgar extensivo a várias aves trepadoras, de bico forte, que perfuram a madeira para se alimentarem de insetos que apanham entre a casca das árvores, denominadas também corta-pau, marelão, trepadeira-azul, peto-malhado e peto-galego 2 espingarda antiga de carregar pela boca (De *picar+pau*)

pica-pau-cinzento *n.m.* ORNITOLOGIA ⇒ **trepadeira-azul**
pica-pau-malhado *n.m.* ORNITOLOGIA ⇒ **peto**
pica-pau-verde *n.m.* ORNITOLOGIA ⇒ **peto**

pica-peixe *n.m.* 1 ORNITOLOGIA pássaro da família dos Alcedinídeos, de bico forte e cauda curta, plumagem de cor verde dominante, sedentário e muito comum em Portugal, também denominado espreita-marés, marisqueiro, pássaro-ribeiro, marinheiro, passa-rios, guarda-rios, freirinha, martinho-pescador, pássaro-rei, rei-pescador, etc. 2 NÁUTICA pontalete de madeira que desce da pega do gurupés (De *picar+peixe*)

pica-ponto *n.m.* [regionalismo] utensílio de sapateiro para imprimir uma espécie de recorte na borda da sola do calçado (De *picar+ponto*)

pica-porco *n.m.* ORNITOLOGIA nome por que também se designam o picanço e o barrete (pássaros) (De *picar+porco*)

pica-porta *n.m.* [Açores] ⇒ **aldraba** (De *pica+porta*)

picar *v.tr.* 1 furar ou ferir com instrumento pontiagudo 2 ferir com ferrão (o inseto) 3 dar picadas com o bico; bicar 4 abrir pequenos buracos em; traçar (a roupa) 5 cortar em pequenos bocados (alimentos) 6 trabalhar (a pedra) com o picão 7 produzir uma sensação de ardência em 8 causar comichão a 9 estimular; espicaçar 10 provocar 11 furtar; roubar 12 irritar 13 esporear (animal) para fazer andar mais depressa 14 nos leilões, fazer subir o preço de 15 perseguir 16 [acad.] aprender de cor ■ *v.intr.* 1 cair no anzol (o peixe) 2 produzir uma sensação de ardência 3 causar comichão 4 mergulhar em direção ao chão (a ave, o avião) ■ *v.pron.* 1 ferir-se com objeto aguçado 2 tornar-se agitado (o mar) 3 irritar-se 4 [coloq.] injetar estupefaciente(s) em si próprio (Do lat. vulg. *piccāre*, «picar»)

picarço *adj.,n.m.* ⇒ **pigarço**

picardia *n.f.* 1 ação de pícaro 2 vileza; velhacaria 3 desfeita; desconsideração (De cast. *picardía*, «id.»)

picardo *adj.* da Picardia, região da França cuja capital era a cidade de Amiens ■ *n.m.* 1 natural ou habitante da Picardia 2 dialeto dessa região (Do fr. *picard*, «id.»)

picaresco /ê/ *adj.* 1 próprio de pícaro 2 burlesco; ridículo; cómico 3 LITERATURA (género) que assenta na narrativa (frequentemente satírica) das aventuras de uma personagem que vive de expedientes nem sempre honestos (Do cast. *picaresco*, «id.»)

picareta /ê/ *n.f.* 1 utensílio de ferro, encabado, de duas hastes aguçadas e levemente encurvadas, próprio para escavação em terrenos duros ou pedregosos 2 estalactite de gelo 3 caramelo 4 [pop.] chapéu de palha para homem 5 [pop.] nariz grande e recurvo; **chover picaretas** chover torrencialmente, chover a cântaros (De *picar+-eta*)

picaria[1] *n.f.* 1 arte de treinar cavalos 2 equitação 3 picadeiro (De *picar+-aria*)

picaria[2] *n.f.* 1 quantidade de piques (lanças) 2 tropa armada de piques (lanças) (De *pique+-aria*)

pícaro *adj.* 1 velhaco; malicioso; vil 2 ardiloso; astuto; esperto; finório 3 burlesco; ridículo ■ *n.m.* pessoa ou personagem que vive de expedientes nem sempre honestos (Do cast. *pícaro*, «id.»)

picaroto[1] /ô/ *n.m.* cume; cimo; vértice; picoto (De *pico+r+-oto*)
picaroto[2] /ô/ *adj.,n.m.* ⇒ **picuense** (De *Pico*, top.+*r+-oto*)

piçarra *n.f.* PETROLOGIA nome extensivo a um grupo de rochas sedimentares, xistosas, umas muito duras, constituídas essencialmente por quartzo e micas (filitos), outras menos duras, constituídas por grãos de quartzo e matéria argilosa, a que se associam outros componentes (piçarras argilosas), e a que pertencem a lousa ou

piçarral n.m. sítio onde há piçarra (Do cast. *pizarral*, «id.»)
piçarroso /ô/ adj. **1** que tem muita piçarra **2** da natureza da piçarra (Do cast. *pizarroso*, «id.»)
picas pron.indef. [Brasil] [vulg.] coisa alguma; nada
picassiano adj. relativo ao pintor espanhol Pablo Picasso (1881-1973) ou à sua obra (De *Picasso*, antr. +*-iano*)
picatoste n.m. CULINÁRIA picado feito de carne de carneiro, ovos e pão ralado (Do cast. *picatoste*, «fatia de pão torrada»)
píceo adj. **1** semelhante a pez **2** feito com pez **3** da natureza do pez (Do lat. *piceŭ-*, «de pez»)
picha n.f. **1** galheta **2** ZOOLOGIA [pop.] camarão pequeno **3** [vulg.] pénis (Por *pica*)
pichar v.tr. **1** revestir ou tapar com piche **2** escrever ou rabiscar em (muros, paredes, fachadas de edifícios, etc.) ▪ v.tr.,intr. [coloq.] dizer mal (de) (De *piche*+*-ar*)
piche[1] n.m. espécie de alcatrão muito escuro e muito viscoso, proveniente da destilação da hulha; pez (Do ing. *pitch*, «id.»)
piche[2] n.m. madeira de construção (De orig. obsc.)
picheira n.f. [regionalismo] bilha de formato elegante e de boca trilobada (De *picha*+*-eira*)
picheiro n.m. [regionalismo] vaso para líquidos (De *picha*+*-eiro*)
pichel n.m. **1** recipiente para tirar vinho das pipas ou dos tonéis **2** recipiente, geralmente de estanho, que se usava para beber vinho (Do fr. ant. *pichier*, «vasilha para vinho»)
pichela n.f. [regionalismo] caçarola de barro (De *picha*+*-ela*)
pichelaria n.f. oficina, obra ou ofício de picheleiro (De *pichel*+*-aria*)
picheleiro n.m. **1** o que faz ou vende pichéis ou obras de estanho, latão, etc. **2** ⇒ **canalizador** (De *pichel*+*-eiro*)
pichelim[1] n.m. **1** carne de carocho (peixe), preparada em salmoura e lavada depois de seca ao sol **2** ICTIOLOGIA ⇒ **lacrau-do-mar** (De orig. obsc.)
pichelim[2] n.m. [regionalismo] espécie de bilha pequena, semelhante ao pichel (De *pichel*+*-im*)
picho n.m. **1** [pop.] carrapicho de cabelo no alto da cabeça **2** [regionalismo] pequeno pote de barro **3** ⇒ **pichel** (Deriv. regr. de *pichel*)
pichorra /ô/ n.f. **1** pichel bicudo **2** [regionalismo] pequena cântara de barro, com bico (De *picho*+*-orra*)
pichorro /ô/ n.m. pichorra pequena (De *picho*+*-orro*)
Pícidas n.m.pl. ORNITOLOGIA ⇒ **Picídeos**
picídeo adj. ORNITOLOGIA relativo ou pertencente aos Picídeos ▪ n.m. ORNITOLOGIA espécime dos Picídeos (Do lat. *picu-*, «pica-pau» +*-ídeo*)
Picídeos n.m.pl. ORNITOLOGIA família de aves coraciiformes, geralmente trepadoras, de bico direito e longo e cauda robusta, que as auxilia na subida aos troncos das árvores (Do lat. *picu-*, «pica-pau» +*-ídeos*)
pickle n.m. CULINÁRIA legume (cebolinha, couve-flor, pepino, etc.) conservado em vinagre, muito usado como aperitivo ou acompanhamento (Do ing. *pickles*, «id.»)
picle n.m. ⇒ **pickle** (Do ing. *pickles*, «id.»)
pícnico adj. **1** BIOLOGIA diz-se do órgão (ou do indivíduo) curto e com extremidade dilatada **2** ANTROPOLOGIA tipo constitucional humano caracterizado por pequena estatura, desenvolvimento da região inferior da face, abdómen proeminente e membros curtos e grossos (Do gr. *pyknós*, «espesso» +*-ico*)
picn(o)- elemento de formação de palavras que exprime a ideia de *denso, espesso, condensado, apertado* (Do gr. *pyknós*, «espesso»)
picnogonídeo adj. PALEONTOLOGIA relativo ou pertencente aos picnogonídeos ▪ n.m. PALEONTOLOGIA espécime dos picnogonídeos ▪ n.m.pl. PALEONTOLOGIA classe de artrópodes conhecidos desde o Devónico, também chamados aranha-do-mar (Do gr. *pyknós*, «espesso» +*góny*, «joelho» +*-ídeos*)
picnometria n.f. FÍSICA medida da densidade dos corpos por intermédio do picnómetro (De *picno-*+*-metria*)
picnómetro n.m. FÍSICA utensílio destinado a avaliar a densidade de sólidos e de líquidos (De *picno-*+*-metro*)
picnoscopia n.f. ⇒ **radioscopia** (Do gr. *pyknós*, «denso» +*skopeīn*, «observar» +*-ia*)
picnose n.f. HISTOLOGIA condensação patológica da cromatina nuclear em blocos (Do gr. *pýknosis*, «condensação»)
picnostilo n.m. ARQUITETURA edifício com espaços intercolunares muito pequenos (Do gr. *pyknóstylos*, «de colunas apertadas»)
picnótico adj. HISTOLOGIA diz-se do núcleo celular que sofreu picnose (Do gr. *pyknotikós*, «id.»)
pico n.m. **1** cume aguçado **2** monte alto que termina em bico **3** ponta aguda; bico; pua **4** espinho; acúleo **5** instrumento de picar pedra; picão **6** (gráfico, processo) ponto mais elevado **7** momento alto; clímax; pique **8** [fig.] acidez **9** [fig.] graça; chiste **10** [fig.] malícia; *e picos* [coloq.] mais um pouco; *estar em picos* [coloq.] estar ansioso (Deriv. regr. de *picar*)
pico-[1] prefixo do Sistema Internacional de Unidades, de símbolo *p*, que exprime a ideia de *um bilião de vezes menor, bilionésima parte* e que equivale a dividir por um bilião ($\times 10^{-12}$) a unidade por ele afetada (Do inglês *pico-*, «idem», do espanhol *pico*, «bocadinho, pequena quantidade»)
pico-[2] elemento de formação de palavras que exprime a ideia de *pez* (Do latim *pix*, *pĭcis*, «pez»)
picola n.f. instrumento de canteiro que serve para alisar a pedra que se preparou com picão (De *pico*+*-ola*)
picolé n.m. [Brasil] sorvete solidificado que se consome segurando na extremidade de um pauzinho que o atravessa; gelado de pau (Do it. *piccolo*, «pequeno»?)
piçorelho /ê/ n.m. ORNITOLOGIA ⇒ **pica-peixe 1** (De orig. obsc.)
picoso /ô/ adj. **1** que tem picos **2** terminado em pico (De *pico*+*-oso*)
picota n.f. **1** [ant.] pau espetado a prumo onde se executavam as sentenças impostas aos criminosos **2** haste do êmbolo de uma bomba **3** (engenho) ⇒ **cegonha 2 4** [Brasil] galinha-da-índia (Do fr. *picot*, «id.»)
picotado adj. **1** com uma série de furos **2** (papel) que tem uma fiada de pequenos furos para facilitar o corte à mão ▪ n.m. conjunto de furos feitos em sequência num papel para facilitar o seu corte à mão (Part. pass. de *picotar*)
picotagem n.f. ato, efeito ou modo de picotar (Do fr. *picotage*, «id.»)
picotar v.tr. **1** picar **2** furar **3** abrir com o picador uma série de furos em (macetes, cheques, livros de notas, etc.), para as folhas se poderem separar pela linha desses furos (Do fr. *picoter*, «id.»)
picote[1] n.m. pano grosseiro de lã; burel (Do cast. *picote*, «id.»)
picote[2] n.m. **1** ponto de renda **2** recorte dentado dos selos e talões (Do fr. *picot*, «id.»)
picotilho n.m. variedade de picote (pano de lã) menos grosso (Do cast. *picotillo*, «id.»)
picoto /ô/ n.m. **1** cume elevado e agudo de um monte **2** marco geodésico, no cimo de um monte **3** pirâmide de triangulação (De *pico*+*-oto*)
picrato n.m. QUÍMICA sal ou éster do ácido pícrico (De *picr[ico]*+*-ato*)
pícrico adj. QUÍMICA diz-se de um ácido (trinitrofenol) explosivo e venenoso, que se emprega em carga de granadas e, em solução, como anestésico e cicatrizante de queimaduras (Do gr. *pikrós*, «amargo» +*-ico*)
picrina n.f. substância amarga da dedaleira (planta) (Do gr. *pikrós*, «amargo» +*-ina*)
picr(o)- elemento de formação de palavras que exprime a ideia de *amargo, áspero, picante* (Do gr. *pikrós*, «amargo»)
picrocarmim n.m. soluto de carmim e ácido pícrico, usado em microscopia para corar preparações fibrosas (De *picro-*+*carmim*)
picroeritrina n.f. QUÍMICA composto que se forma quando se junta água a ferver à eritrina (De *picro-*+*eritrina*)
picrolite n.f. MINERALOGIA variedade de serpentina que é um silicato natural de magnésio (De *picro-*+*-lite*)
pictografia n.f. **1** inscrição feita com tinta na face dos rochedos e das paredes de muitas cavernas da América do Sul **2** sistema primitivo de escrita no qual as ideias são expressas por meio de desenhos ou símbolos (Do lat. *pictu-*, «pintado», part. pass. de *pingĕre*, «pintar»+gr. *gráphein*, «escrever» +*-ia*)
pictográfico adj. respeitante à pictografia (De *pictografia*+*-ico*)
pictograma n.m. símbolo gráfico ou imagem que representa uma palavra ou ideia (Do lat. *pictu-*, «pintado», part. pass. de *pingĕre*, «pintar» +*-o-*+*-grama*)
pictórico adj. **1** relativo a pintura **2** relativo a imagem **3** que se presta a ser representado visualmente (Do lat. *pictōre-*, «pintor» +*-ico*)
pictural adj.2g. **1** relativo a pintura; pictórico **2** que é agradável à vista **3** que se presta a ser representado visualmente; pitoresco (Do lat. *pictūra-*, «pintura» +*-al*)
picuense adj.2g. referente à ilha do Pico, nos Açores ▪ n.2g. natural ou habitante da ilha do Pico, nos Açores (De *Pico*, top. +*-ense*)
picuinha n.f. **1** primeiro piar das aves **2** [fig.] remoque; piada **3** [fig.] dito picante **4** [fig.] ninharia **5** [fig.] implicância; cisma (De *pico*+*-inha*)
picuinhas adj.inv.,n.2g.2n. que ou pessoa que é muito exigente em relação a todos os pormenores; coca-bichinhos (De *pico*+*-inha*)
pida n.f. **1** [regionalismo] gandaia; vadiagem **2** [regionalismo] estroinice (Deriv. regr. de **pidir*, por *pedir*)

pidgin *n.m.* LINGUÍSTICA língua simplificada composta de elementos de duas ou mais outras línguas, utilizada como forma de comunicação entre comunidades linguísticas diferentes (Do ing. *pidgin*, «id.»)

piedade *n.f.* **1** amor e respeito pelas coisas religiosas; devoção; religiosidade **2** compaixão; dó; misericórdia (Do lat. *pietāte-*, «id.»)

piedoso /ô/ *adj.* **1** que tem piedade **2** misericordioso; compassivo **3** religioso (De *piedade+-oso*, com hapl.)

piegas *adj.inv.,n.2g.2n.* **1** que ou pessoa que é considerada excessivamente sensível ou sentimental; lamecha **2** que ou pessoa que é considerada medrosa e assustadiça; medricas **3** niquento (De orig. obsc.)

pieguice *n.f.* **1** qualidade de piegas **2** sentimentalismo exagerado; lamechice **3** niquice (De *piega[s]+-ice*)

pieira *n.f.* ruído produzido pela respiração das pessoas com doença nas vias respiratórias; piado (De *piar+-eira*)

piela *n.f.* [pop.] ⇒ **embriaguez 1** (Do cig. *piyelar*, «beber»?)

pielite *n.f.* MEDICINA inflamação do bacinete renal (Do gr. *pýelos*, «bacia» *+-ite*)

pielonefrite *n.f.* MEDICINA inflamação do bacinete extensiva ao parênquima renal (Do gr. *pýelos*, «bacia» *+nephrós*, «rim» *+-ite*)

piemontês *adj.* do Piemonte, região do Noroeste da Itália ▪ *n.m.* natural ou habitante do Piemonte (De *Piemonte*, top. *+-ês*)

pientíssimo *adj.* ⇒ **piíssimo** (Do lat. *pientissĭmu-*, «id.»)

piercing *n.m.* **1** perfuração da pele para uso de brincos em lugares do corpo diferentes do lóbulo das orelhas **2** orifício criado por esta perfuração **3** brinco usado neste orifício (Do ing. *piercing*, «id.»)

piério *adj.* [poét.] relativo às musas ou à poesia (Do gr. *piérios*, «da Piéria», Macedónia, pelo lat. *pierĭu-*, «das musas»)

pierrô *n.m.* ⇒ **pierrot** (Do fr. *pierrot*, «id.»)

pierrot *n.m.* **1** personagem tradicional na pantomima francesa, caracterizada pela roupa geralmente branca e larga, gola grande franzida e cara pintada de branco **2** representação dessa personagem (máscara de Carnaval, bonecos, etc.) (Do fr. *pierrot*, nome da personagem da comédia italiana)

pietismo *n.m.* RELIGIÃO movimento religioso, de intensificação da fé cristã, surgido na Igreja luterana alemã no século XVII, como reação contra o dogmatismo das Igrejas protestantes e defendendo a primazia do sentimento e do misticismo na experiência religiosa (Do fr. *piétisme*, «id.»)

pietista *adj.2g.* pertencente ou relativo ao pietismo ▪ *n.2g.* partidário do pietismo (Do fr. *piétiste*, «id.»)

piezelectricidade ver nova grafia piezeletricidade
piezeléctrico ver nova grafia piezelétrico
piezeletricidade *n.f.* electricidade desenvolvida em certos cristais quando se exercem pressões sobre as suas faces (De *piez-+electricidade*)

piezelétrico *adj.* diz-se do cristal em que pode desenvolver-se piezeletricidade (De *piez-+eléctrico*)

piez(o)- elemento de formação de palavras que exprime a ideia de *fazer pressão, comprimir, apertar* (Do gr. *piézein*, «fazer pressão»)

piezoelectricidade ver nova grafia piezoeletricidade
piezoeléctrico ver nova grafia piezoelétrico
piezoeletricidade *n.f.* ⇒ **piezeletricidade**
piezoelétrico *adj.* ⇒ **piezelétrico**
piezometria *n.f.* FÍSICA parte da física que estuda a compressibilidade dos líquidos (Do gr. *piézein*, «fazer pressão» *+métron*, «medida» *+-ia*)

piezómetro *n.m.* FÍSICA aparelho que serve para avaliar a compressibilidade dos líquidos (Do gr. *piézein*, «fazer pressão» *+métron*, «medida»)

pífano *n.m.* ⇒ **pífaro** (Do cast. *pífano*, «id.»)
pifão *n.m.* ⇒ **embriaguez 1** (De orig. obsc.)
pifar *v.tr.* [pop.] roubar disfarçadamente; bifar ▪ *v.intr.* **1** [coloq.] deixar de funcionar; sofrer avaria **2** [coloq.] falhar; fracassar; gorar-se **3** [coloq.] ficar exausto, sem forças (De *bifar*)

pífaro *n.m.* **1** MÚSICA instrumento de sopro semelhante à flauta, e de timbre agudo; pífano **2** gaita **3** [vulg.] pénis (Do alto-al. med. *pifer*, «id.», pelo it. *piffero*, «id.»)

pifiamente *adv.* **1** de modo pífio **2** grosseiramente (De *pífio+-mente*)

pífio *adj.* **1** de má qualidade **2** de mau gosto **3** desprezível; reles **4** vil (Do cast. *pifia*, «tacada em falso no bilhar; erro; engano»)

pifo *n.m.* [coloq.] bebedeira (De orig. obsc.)
pigarça *n.f.* variedade de pera (De *pigarço*)
pigarço *adj.,n.m.* diz-se de ou cavalo malhado de preto e branco, ou de cor grisalha; picarço (Do cast. *picazo*, «id.»)

pigargo *n.m.* ORNITOLOGIA ave de rapina, da família dos Falconídeos, de garras potentes e bico muito forte, cauda branca e de envergadura que atinge 2,5 metros, que vive à beira-mar e nas margens dos rios e lagos e se alimenta sobretudo de peixes (Do gr. *pygárgos*, «que tem cauda branca», pelo lat. *pygargu-*, «pigargo»)

pigarrar *v.intr.* ⇒ **pigarrear** (De *pigarro+-ar*)
pigarrear *v.intr.* tossir por causa do pigarro; ter pigarro (De *pigarro+-ear*)

pigarreira *n.f.* tosse provocada por pigarro (De *pigarro+-eira*)
pigarrento *adj.* que tem ou pode causar pigarro; pigarroso (De *pigarro+-ento*)

pigarro *n.m.* **1** perturbação na garganta produzida por mucosidade, fumo, etc. **2** [regionalismo] pequeno pau que sustenta o cabeçalho do carro para que não pouse no chão (De orig. obsc.)

pigarroso /ô/ *adj.* ⇒ **pigarrento** (De *pigarro+-oso*)
pigeonite *n.f.* MINERALOGIA mineral do grupo das piroxenas, monoclínico (mas quase uniaxial) e pobre em cálcio (De orig. obsc.)

pigídio *n.m.* **1** PALEONTOLOGIA, ZOOLOGIA parte abdominal, terminal, das trilobites e de alguns insetos **2** ⇒ **pós-abdómen** (Do gr. *pygídion*, «nádegas pequenas»)

pigmeia *n.f.* (*masculino* **pigmeu**) mulher muito pequena (De *pigmeu+-eia*)

pigmentação *n.f.* **1** ato e efeito de pigmentar **2** BIOLOGIA formação normal ou anormal de pigmento, em certos pontos do organismo **3** coloração produzida por pigmento (De *pigmentar+-ção*)

pigmentado *adj.* que tem pigmento (Do lat. *pigmentātu-*, «pintado»)

pigmentar¹ *v.tr.* **1** dar a cor da pele a **2** dar cor a ▪ *v.intr.* adquirir determinada cor (De *pigmento+-ar*)

pigmentar² *adj.2g.* ⇒ **pigmentário** (De *pigmento+-ar*)
pigmentário *adj.* relativo a pigmento; pigmentar (Do lat. *pigmentarĭu-*, «id.»)

pigmento *n.m.* **1** BIOLOGIA qualquer substância corada existente, de forma normal ou anormal, nas células ou nos tecidos de um organismo **2** corante natural ou sintético praticamente insolúvel na água **3** MINERALOGIA substância corante que dá a alguns minerais cores variadas; **~ respiratório** substância existente no sangue, que intervém nos fenómenos químicos da respiração (Do lat. *pigmentu-*, «substância corante»)

pigmeu *n.m.* (*feminino* **pigmeia**) **1** habitante de uma nação imaginária onde as pessoas não tinham mais de um côvado (0,66 m) de altura **2** [fig.] homem de pequena estatura **3** [fig.] indivíduo insignificante, sem mérito **4** *pl.* ANTROPOLOGIA etnia de indivíduos de estatura muito baixa, que vivem sobretudo na África Central (Do gr. *pygmaîos*, «que mede um côvado», pelo lat. *pygmaeu-*, «anão»)

pignoratício *adj.* **1** relativo a penhor **2** dizia-se do título de venda passado pelo devedor ou credor sob a estipulação de que o vendedor poderia usar, durante certo tempo, os bens vendidos, e que deles fruiria a título de aluguer, mediante certa soma paga ao comprador (Do lat. *pignoraticĭu-*, «id.»)

pigostílio *n.m.* ZOOLOGIA peça óssea terminal da região caudal das aves, também designada crupião (Do gr. *pygé*, «nádega» *+stýlos*, «ponta» *+-io*)

pigostilo *n.m.* ZOOLOGIA ⇒ **pigostílio**
piíssimo *adj.* {*superlativo absoluto sintético de* **pio**} muito pio; pientíssimo (Do lat. *piissĭmu-*, «id.»)

pijama *n.m.* vestuário ligeiro, de casaco e calças, para dormir (Do ing. *pyjama*, «id.»)

pila *n.f.* **1** [pop.] pénis **2** [regionalismo] galinha; **~!** exclamação usada no chamamento das galinhas (De orig. onom.)

pilado *adj.* **1** esmagado com o pilão (*castanha*) descascado e seco ▪ *n.m.* ZOOLOGIA caranguejo que se emprega como adubo das terras, também denominado navalheira, santolinha, etc. (Part. pass. de *pilar*)

pilador *adj.,n.m.* **1** que ou aquele que pila **2** instrumento para pilar (De *pilar+-dor*)

pilantra *adj.,n.2g.* [Brasil] que ou o que é desonesto ou tem mau caráter; malandro

pilão¹ *n.m.* **1** instrumento para pilar **2** gral de madeira rija, onde se descasca e tritura café, milho, etc. **3** peso cursor da balança romana **4** martelo pneumático **5** [Brasil] almofariz de madeira onde se descasca o arroz **6** [pop.] pelintra; pobretão **7** [regionalismo] picadeiro circular **8** [Cabo Verde] festa com baile, que precede em um ou mais dias um acontecimento social, e na qual se pila o milho (Do fr. *pilon*, «id.», ou do cast. *pilón*, «id.»)

pilão² *n.m.* pórtico egípcio (Do gr. *pylón, -ōnos*, «porta grande»)

pilar¹ *v.tr.* **1** pisar no gral com o pilão **2** descascar **3** secar ao fumo (*castanhas*) (Do cast. *pilar*, «id.»)

pilar² *n.m.* ARQUITETURA peça prismática simples, sem ornamentos, em que predomina a altura e que serve de apoio a uma edificação ou a uma estrutura (ponte, viaduto, etc.); coluna (Do lat. vulg. *pillāre-, de pila-, «pilar; coluna»)

pilarete /ê/ *n.m.* **1** pequeno pilar **2** elemento com a forma de um pequeno pilar, colocado numa via pública com o objetivo de impedir o acesso e o estacionamento de veículos em zonas reservadas a peões (De *pilar+-ete*)

pilarte *n.m.* antiga moeda portuguesa de prata, do reinado de D. Fernando, 1345-1383

pilastra *n.f.* pilar de quatro faces, isoladas ou, em parte, aderentes a uma parede (Do it. *pilastro*, «id.», pelo fr. *pilastre*, «id.»)

pilates *n.m.2n.* método de exercícios físicos que, trabalhando com o corpo e a mente, procura melhorar a flexibilidade, a força muscular, a postura física e a respiração (De *J. Pilates*, 1880-1967)

pilatos *n.m.2n.* indivíduo falso, traiçoeiro; *andar de Herodes para Pilatos* andar de um lado para outro, muito azafamado; *como Pilatos no credo* sem razão de ser, escusadamente (De *Pilatos*, antr., nome do procurador romano da Judeia de 26 a. C. a 36 a. D.)

pilau¹ *n.m.* CULINÁRIA prato de origem oriental feito com arroz salteado em gordura, a que se acrescenta um caldo bem temperado, legumes, carne, peixe ou marisco (Do turc. *pilaw*, *pilav* ou *pilaf*, «arroz cozido (com carne)»)

pilau² *n.m.* [pop.] pénis (De *pila*)

pildar *v.intr.* [pop.] safar-se; fugir (De orig. obsc.)

pildra *n.f.* **1** [pop.] leito; cama **2** [pop.] prisão **3** ORNITOLOGIA ave pernalta; tarambola **4** [regionalismo] roda hidráulica com alcatruzes (De orig. obsc.)

pildrar *v.pron.* [pop.] ⇒ **pildar**

pilé *adj.* (açúcar) cristalizado em fragmentos ou lascas (Do fr. *pilé*, «pilado»)

pileca *n.f.* [pop.] cavalo de pequena estatura e/ou magro; cavalo fraco (De *peleca*, de *pele?*)

pileorriza *n.f.* BOTÂNICA coifa da raiz (Do lat. *pilĕu-*, «barrete; coifa»+gr. *rhíza*, «raiz»)

pileque *n.m.* **1** [Brasil] argola de borracha **2** [Brasil] embriaguez; bebedeira (De orig. obsc.)

pilha¹ *n.f.* **1** conjunto de coisas colocadas umas sobre as outras; montão; monte **2** grande quantidade de coisas ou de pessoas; ajuntamento **3** FÍSICA aparelho que transforma em energia elétrica a energia desenvolvida numa reação química (gerador eletroquímico) **4** [coloq.] lâmpada elétrica portátil; lanterna **5** [coloq.] pessoa muito nervosa ou agitada **6** ORNITOLOGIA rola-do-mar; *~ atómica* FÍSICA dispositivo que contém um material cindível (urânio natural, urânio enriquecido, plutónio, etc.) disposto de modo que possa ser mantida uma reação em cadeia, isto é, tal que a produção de neutrões por cisão seja equilibrada por perda de neutrões por absorção e fuga, e que comporta um moderador (grafite, água, água-pesada, berílio) capaz de diminuir a energia dos neutrões, podendo o material cindível e o moderador estar intimamente misturados (pilha homogénea) ou separados (pilha heterogénea); *~ de nervos* pessoa extremamente nervosa; *estar numa ~* estar muito nervoso e preocupado (Do lat. *pila-*, «montão; pilha»)

pilha² *n.f.* ato ou efeito de pilhar; pilhagem; roubo ■ *n.m.* aquele que pilha ou rouba; larápio (Deriv. regr. de *pilhar*)

pilha-galinhas *n.m.2n.* **1** ladrão de capoeiras **2** ladrão de pequenas coisas **3** [pop.] gabão velho e grande (De *pilhar+galinha*)

pilhagem *n.f.* **1** ato ou efeito de pilhar ou roubar **2** aquilo que se pilhou **3** saque; furto **4** roubo no mar (De *pilhar+-agem*)

pilhanço *n.m.* ⇒ **pilhagem** (De *pilhar+-anço*)

pilhante *adj.,n.2g.* que ou aquele que pilha; salteador; ladrão (De *pilhar+-ante*)

pilhão *n.m.* depósito público que se destina à recolha de pilhas, acumuladores, baterias recarregáveis, etc., para reciclagem (De *pilha+-ão*)

pilhar *v.tr.* **1** roubar **2** saquear **3** apanhar **4** obter; conseguir **5** encontrar **6** alcançar; atingir ■ *v.pron.* encontrar-se ou achar-se inopinadamente em certas situações ou condições (Do lat. *pilāre*, «roubar; empilhar»)

pilha-ratos *n.m.2n.* ORNITOLOGIA ⇒ **tartaranhão** (De *pilhar+rato*)

pilharengo *adj.* relativo a pilhagem (De *pilhar+-engo*)

pilharete /ê/ *n.m.* ratoneiro; larápio (De *pilha+-ete*)

pilheira *n.f.* **1** lugar onde há coisas empilhadas **2** sítio anexo à lareira onde se juntam as cinzas **3** [regionalismo] cantareira aberta na parede **4** [regionalismo] correia de roca (De *pilha+-eira*)

pilheiro *n.m.* **1** lugar onde se juntam águas para qualquer fim **2** orifício nas paredes dos socalcos, por onde saem e crescem as videiras (De *pilheira*)

pilhéria *n.f.* dito engraçado; graça; piada; chiste; facécia (De orig. obsc.)

pilheriar *v.intr.* dizer piadas; chalacear; gracejar (De *pilhéria+-ar*)

pilhérico *adj.* que tem pilhéria; piadético; faceto (De *pilhéria+-ico*)

pilheta /ê/ *n.f.* espécie de selha, estreita no fundo e larga nas bordas (De *pilha+-eta*)

pilho *n.m.* gatuno; patife (Deriv. regr. de *pilhar*)

pilífero *adj.* **1** provido de pelos; piloso **2** que dá origem a pelos ■ *n.m.pl.* ZOOLOGIA [ant.] mamíferos (Do lat. *pilu-*, «pelo» +*ferre*, «ter»)

piliforme *adj.2g.* que tem pelo de forma (Do lat. *pilu-*, «pelo» +*forma-*, «forma»)

pilim *n.m.* [coloq.] dinheiro (De orig. onom.)

pilípede *adj.2g.* que tem pelos nos membros locomotores ou pés (Do lat. *pilu-*, «pelo» +*pede-*, «pé»)

pilo¹ *n.m.* prolongamento piliforme do citoplasma das bactérias (Do latim *pilu-*, «pelo»)

pilo² *adj.* relativo ou pertencente a Pilo, antiga cidade da Messénia (Grécia), ou que é seu natural ou habitante ■ *n.m.* natural ou habitante de Pilo (Do latim *pylĭus, a, um*, «idem»)

piloada *n.f.* pancada com pilão (De *pilão+-ada*)

pilocarpina *n.f.* QUÍMICA, FARMÁCIA alcaloide muito venenoso, obtido de uma planta do Brasil (jaborandi), que tem aplicações terapêuticas (Do gr. *pîlos*, «pelo» +*karpós*, «fruto» +*-ina*)

pilone *n.m.* ARQUITETURA construção maciça que servia de pórtico nos monumentos egípcios (Do gr. *pylón, -ônos*, «pórtico», pelo fr. *pylône*, «id.»)

piloro *n.m.* ANATOMIA orifício que dá passagem do estômago para o intestino delgado (Do gr. *pylorós*, «porteiro»)

pilosela *n.f.* BOTÂNICA nome vulgar extensivo a várias plantas herbáceas da família das Compostas, ornamentais e medicinais (Do lat. *pilōsu-*, «peludo» +*-ela*)

pilosela-das-boticas *n.f.* BOTÂNICA uma das piloselas, planta estolhosa, pilosa, espontânea nos terrenos secos e arenosos

pilosidade *n.f.* **1** qualidade do que é piloso **2** conjunto de pelos sobre a pele (De *piloso+-i-+-dade*)

piloso /ô/ *adj.* **1** provido de pelos **2** ⇒ **pubescente** (Do lat. *pilōsu-*, «coberto de pelos»)

pilota *n.f.* **1** cansaço por se ter corrido ou andado muito; estafa **2** tareia; pancada; sova **3** azar; contrariedade; prejuízo **4** derrota **5** [fig.] crítica severa; reprimenda (De *pilar+-ota*)

pilotagem *n.f.* **1** arte de pilotar **2** profissão ou serviço de piloto **3** os pilotos (De *pilotar+-agem*)

pilotar *v.tr.* **1** dirigir (navio, avião, etc.) como piloto **2** [fig.] dirigir; governar (De *piloto+-ar*)

pilotear *v.tr.* ⇒ **pilotar** (De *piloto+-ear*)

piloto /ô/ *n.2g.* **1** aquele que regula a direção de uma embarcação, aeronave ou automóvel de corrida **2** imediato do capitão, em navio mercante **3** [fig.] diretor; guia ■ *n.m.* BOTÂNICA planta lenhosa da família das Cistáceas, espontânea nas areias, charnecas e pinhais das províncias portuguesas da Estremadura e do Alentejo ■ *adj.* diz-se de uma variedade de pano, espécie de briche; *~ automático* dispositivo que mantém a rota de um avião ou navio sem necessitar de intervenção humana (Do it. *piloto*, «id.»)

piloura *n.f.* **1** [Brasil] [pop.] acesso de loucura **2** [Brasil] [pop.] síncope **3** [Brasil] [pop.] tontura (De orig. obsc.)

pilourada *n.f.* [Brasil] [pop.] ação de louco (De *piloura+-ada*)

pilrete /ê/ *n.2g.* **1** homem muito pequeno; homúnculo **2** criança vivaz (Deriv. regr. de *pilriteiro*)

pilriteiro *n.m.* BOTÂNICA nome vulgar de duas plantas arbustivas ou arborescentes, da família das Rosáceas, espinhosas, produtoras de pomos vermelhos, espontâneas e por vezes frequentes nas sebes e bosques de Portugal, uma das quais também conhecida por espinheiro-alvar, corníolo, estrepeiro e pilrito (Do cast. *pirlitero*, «pilriteiro»)

pilriteiro-negro *n.m.* BOTÂNICA ⇒ **catapereiro**

pilrito *n.m.* **1** fruto do pilriteiro; pirlito **2** ORNITOLOGIA nome vulgar extensivo a alguns borrelhos ou maçaricos que aparecem em Portugal (Deriv. regr. de *pilriteiro*)

pílula *n.f.* **1** FARMÁCIA medicamento em forma de pequena bola destinado a ser engolido inteiro; comprimido **2** [pop.] medicamento que evita a conceção; contracetivo oral **3** [fig.] coisa desagradável ou difícil de suportar; *~ do dia seguinte* [pop.] fármaco que evita que o óvulo fecundado adira à parede do útero, quando tomado nas 72 horas a seguir à fecundação; *dourar a ~* [fig.] procurar tornar agradável uma coisa penosa, usando palavras lisonjeiras; *engolir a ~* [fig.] decidir-se a uma coisa penosa, acreditar numa mentira, deixar-se convencer (Do lat. *pilŭla-*, «bola pequena»)

pilulador *n.m.* instrumento para dividir em pílulas a massa pilular (De *pilular*+*-dor*)

pilular *adj.2g.* 1 que tem a forma de pílula 2 que tem a consistência própria para se dividir em pílulas ■ *v.tr.* dividir em pílulas (De *pílula*+*-ar*)

piluleiro *n.m.* utensílio ou vaso em que se preparam pílulas (De *pílula*+*-eiro*)

pimba *interj.* indicativa de um acontecimento imprevisto ou o desfecho de uma ação ■ *adj.inv.* [depr.] considerado de mau gosto ou vulgar (De orig. onom.)

Pimelódidas *n.m.pl.* ICTIOLOGIA ⇒ **Pimelodídeos**

pimelodídeo *adj.* ICTIOLOGIA relativo ou pertencente aos Pimelodídeos ■ *n.m.* ICTIOLOGIA espécime dos Pimelodídeos

Pimelodídeos *n.m.pl.* ICTIOLOGIA família de peixes teleósteos cujo género-tipo se denomina *Pimelodus* (Do gr. *pimelés*, «gordo»)

pimenta *n.f.* 1 BOTÂNICA planta de origem oriental, da família das Piperáceas, cujos frutos bacáceos têm sabor picante e por isso são usados como condimento; pimenteira 2 fruto dessa planta 3 pó resultante da trituração desse fruto 4 qualquer substância de origem vegetal, de sabor picante, usada como condimento 5 [fig.] malícia (Do lat. *pigmenta*, pl. de *pigmentu-*, «substância corante»)

pimenta-d'água *n.f.* BOTÂNICA ⇒ **persicária-mordaz**

pimenta-da-jamaica *n.f.* BOTÂNICA árvore da família das Mirtáceas, oriunda da América Central e do México, de casca lisa e acinzentada, folhas coriáceas, flores pequenas e em cimeira e frutos em forma de baga, cujas sementes, fortemente aromáticas, são usadas como especiaria

pimenta-de-caiena *n.f.* BOTÂNICA arbusto da família das Solanáceas, oriundo do México, de folhas lanceoladas e frutos vermelho-amarelados, usados como especiaria

pimenta-de-macaco *n.f.* [Brasil] BOTÂNICA ⇒ **embira-de-caçador**

pimenta-do-reino *n.f.* 1 BOTÂNICA trepadeira da família das Piperáceas, intensamente cultivada no Brasil 2 fruto desta planta, seco ou moído 3 ⇒ **pimenta-preta**

pimenta-do-sertão *n.f.* BOTÂNICA ⇒ **embira-branca**

pimental *n.m.* plantação de pimenteiros (De *pimento*+*-al*)

pimentão *n.m.* BOTÂNICA ⇒ **pimento** (De *pimento*+*-ão*)

pimentão-cornicabra *n.m.* BOTÂNICA planta anual da família das Solanáceas, de pequenos frutos cónicos, vermelhos, de sabor ardente, cultivada em Portugal para condimento

pimentão-doce *n.m.* BOTÂNICA subarbusto de bagas globosas, vermelhas ou amarelas, subespontâneo nos valados e caminhos do Minho e da Estremadura, por vezes cultivado

pimenta-preta *n.f.* pimenta em pó que se obtém dos frutos da pimenta-do-reino, quando colhidos já maduros

pimenteira *n.f.* BOTÂNICA ⇒ **pimenta** 1 (De *pimenta*+*-eira*)

pimenteira-bastarda *n.f.* BOTÂNICA árvore da família das Anacardiáceas, de drupas globosas, vermelhas, que é cultivada em Portugal como ornamental

pimenteiro *n.m.* 1 BOTÂNICA ⇒ **pimento** 1 2 BOTÂNICA designação das variedades do pimentão-cornicabra 3 recipiente geralmente pequeno em que se serve a pimenta (De *pimento* ou *pimenta*+*-eiro*)

pimentinha *n.f.* BOTÂNICA ⇒ **cumari** (De *pimenta*+*-inha*)

pimento *n.m.* 1 BOTÂNICA nome vulgar extensivo a umas plantas da família das Solanáceas, herbáceas ou lenhosas e arbustivas, cultivadas em Portugal; pimenteiro; pimentão 2 BOTÂNICA fruto bacáceo destas plantas, geralmente cónico e de sabor acentuado, levemente picante, com a superfície polida, inicialmente verde, mas tornando-se vermelho ou amarelo à medida que amadurece (a partir dele é também preparado um pó vermelho, ou colorau, utilizado como condimento) (Do lat. *pigmentu-*, «substância corante»)

pimpalhão *n.m.* ORNITOLOGIA ⇒ **tentilhão** (Corrup. de *tentilhão*)

pimpampum *n.m.* 1 espécie de divertimento de feira e de festas que consiste em derrubar, com bolas de pano, bonecos colocados em fila 2 barraca onde há esse divertimento (De orig. onom.)

pimpante *adj.,n.2g.* ⇒ **pimpão** (Do fr. *pimpant*, «id.»)

pimpão *adj.* 1 fanfarrão 2 altivo; arrogante 3 valentão 4 janota; elegante; garboso ■ *n.m.* 1 pessoa fanfarrona 2 pessoa que se arma em valente 3 pessoa presunçosa 4 pessoa janota 5 ICTIOLOGIA peixe teleósteo da família dos Ciprinídeos, originário da China e do Japão, de cores variadas (muitas vezes vermelho), aclimatado em Portugal em alguns rios, e muito frequente, como ornamental, em lagos e tanques, também conhecido por peixe-vermelho, peixe-dourado, peixe-da-china, serasmão, etc. (Do fr. *pimpant*, «id.»)

pimpar *v.intr.* ⇒ **pimponar**

pimpim *n.m.* 1 ICTIOLOGIA peixe teleósteo, pouco frequente nas costas marítimas portuguesas, também conhecido por advim e rascasso 2 ORNITOLOGIA ⇒ **taralhão** (De orig. onom.)

pimpinela *n.f.* 1 BOTÂNICA planta herbácea, da família das Rosáceas, espontânea e frequente em Portugal, às vezes cultivada e considerada medicinal 2 BOTÂNICA género de plantas da família das Apiáceas a que pertencem o anis e a erva-doce-bastarda (Do lat. med. *pimpinela-*, por *pepinella-*, do lat. vulg. *pepine-*, «pepino»)

pimplar *v.intr.* TAUROMAQUIA florear o pimpleu com elegância (De *pimpleu*+*-ar*)

pimpleu *n.m.* TAUROMAQUIA pequena garrocha enfeitada, empregada no toureio (De orig. obsc.)

pimpol *n.m.* BOTÂNICA ⇒ **figueira-da-índia** (Do conc. *pimpal*, «id.»)

pimpolhar *v.intr.* 1 deitar pimpolhos ou rebentos 2 proliferar (De *pimpolho*+*-ar*)

pimpolho /ô/ *n.m.* 1 renovo ou rebento da videira; sarmento; vergôntea 2 [fig., coloq.] criança pequena e robusta 3 [fig., coloq.] rapazinho (Do cast. *pimpollo*, «id.»)

pimponar *v.intr.* 1 dar-se ares de pimpão; armar-se em valente; alardear valentia 2 vestir-se ou arranjar-se com um esmero considerado excessivo; janotar 3 gozar (De *pimpão*+*-ar*)

pimponear *v.intr.* ⇒ **pimponar** (De *pimpão*+*-ar*)

pimponice *n.f.* 1 ato ou modos de pimpão 2 vaidade; ostentação 3 arrogância 4 bazófia; fanfarrice (De *pimpão*+*-ice*)

pin *n.m.* pequena peça que se prende na roupa através de um fecho ou de uma ponta afiada de metal; alfinete de lapela (Do ing. *pin*, «id.»)

PIN *n.m.* número de identificação pessoal usado com um cartão que permite o acesso a um terminal de multibanco ou a um sistema telefónico (Do ing. *PIN*, acrónimo de *personal identification number*, «número de identificação pessoal»)

pina *n.f.* cada uma das peças curvas que formam as rodas de um veículo; camba (Do lat. *pinna-*, «pena de rodízio»)

pinácea *n.f.* BOTÂNICA espécime das Pináceas

Pináceas *n.f.pl.* BOTÂNICA família de plantas arbóreas ou arbustivas, resinosas, do grupo das Coníferas, bem representadas em Portugal, a que pertencem os pinheiros, e cujo género-tipo se denomina *Pinus* (Do lat. *pinu-*, «pinheiro» +*-áceas*)

pinacoidal *adj.2g.* relativo ou pertencente a pinacoide (De *pinacóide*+*-al*)

pinacoide *n.m.* CRISTALOGRAFIA forma cristalográfica constituída por duas faces paralelas entre si e equivalentes (Do gr. *pinakoeidés*, «em forma de prancha»)

pinacóide ver nova grafia pinacoide

pinacoteca *n.f.* 1 coleção de quadros 2 museu de pinturas (Do gr. *pinakothéke*, «depósito de quadros», pelo lat. *pinacothēca-*, «id.»)

pináculo *n.m.* 1 parte mais elevada de um edifício ou de um monte 2 parte superior de certos edifícios; cúpula 3 parte mais elevada de uma torre; coruchéu 4 [fig.] o mais alto grau; auge (Do lat. *pinnaculu-*, «id.»)

pinador *n.m.* instrumento de sapateiro para abrir os furos no calçado, a fim de se cravarem os pinos (De *pinar*+*-dor*)

pinar *v.tr.* cravar pinos em ■ *v.tr.,intr.* [vulg.] ter relações sexuais (com) (De *pino*+*-ar*)

pinatífido *adj.* 1 BOTÂNICA diz-se das folhas peninérveas cujos bordos apresentam incisões mais ou menos profundas 2 designativo de um órgão de forma idêntica (Do lat. *pinnātu-*, «provido de penas» +*findĕre*, «fender»)

pinázio *n.m.* cada uma das peças que, nos caixilhos das portas e das janelas, separa e sustenta os vidros (De orig. obsc.)

pinça *n.f.* 1 instrumento constituído por duas hastes articuladas ou ligadas entre si, utilizado para prender, segurar ou apertar; espécie de tenaz pequena 2 ZOOLOGIA extremidade dos membros preensores dos artrópodes ou de outros animais, que tem semelhança com aquele instrumento 3 região interna e inferior dos cascos dos cavalos 4 parte da ferradura que corresponde a essa mesma região (Do fr. *pince*, «id.», pelo cast. *pinza*, «id.»)

pinção *n.m.* 1 NÁUTICA ⇒ **pinçote** 2 [regionalismo] pedúnculo dos frutos 3 [regionalismo] ⇒ **canamão** (Do cast. *pinzón*, «tentilhão; alavanca»)

pinçar *v.tr.* 1 apertar ou arrancar com pinça 2 [fig.] apertar à maneira de pinça (Do fr. *pincer*, «id.»)

píncaro *n.m.* 1 ponto mais alto de um edifício; pináculo 2 ponto mais elevado de montanha ou monte; cume; cimo; *pôr nos píncaros da Lua* elogiar muito (De orig. obsc.)

pincel *n.m.* 1 instrumento formado por um tufo de pelos fortemente fixado a um cabo, que serve para estender tintas, ensaboar, etc. 2 [fig.] pintura 3 [fig.] maneira de pintar de cada artista 4 [fig.]

pintor 5 [fig.] colorido **6** [coloq.] situação aborrecida; maçada (Do lat. *penicŭlu-*, «cauda pequena», pelo fr. ant. *pinsel*, «pincel» ou pelo cat. *pinzell*, «id.»)

pincelada *n.f.* **1** traço ou toque de pincel **2** [fig.] retoque; *a grandes pinceladas* em linhas gerais; *dar a última ~* dar o último retoque (Part. pass. fem. subst. de *pincelar*)

pincelagem *n.f.* **1** ato ou efeito de pincelar **2** pincelada (De *pincelar+-agem*)

pincelar *v.tr.* **1** pintar com pincel **2** aplicar (verniz, tinta, etc.) com pincel **3** utilizar o pincel em; dar pinceladas em (De *pincel+-ar*)

pinceleiro *n.m.* o que faz ou vende pincéis (De *pincel+-eiro*)

pincha¹ *n.f.* **1** galheta; picha **2** pincho; pulo **3** jogo do botão (De *pincho*)

pincha² *n.f.* ORNITOLOGIA ⇒ **taralhão** (De orig. onom.)

pinchão *adj.* **1** que pincha **2** que anda aos saltos (De *pinchar+-ão*)

pinchar¹ *v.intr.* dar saltos ou pulos; saltar ■ *v.tr.* **1** transpor de um salto **2** lançar com força; arremessar **3** fazer dar saltos; empurrar; derrubar (Do lat. *pinctiăre*, «ferir»)

pinchar² *v.tr.* [regionalismo] correr a aldraba ou o ferrolho em; fechar com pincho (De *pincho+-ar*)

pincho¹ *n.m.* **1** salto; pulo **2** impulso **3** aparelho de pesca; *dar o ~* fugir, escapar-se (Deriv. regr. de *pinchar* [=saltar])

pincho² *n.m.* [regionalismo] lingueta que levanta a tranqueta da aldraba (De orig. obsc.)

pinçote *n.m.* NÁUTICA alavanca que faz girar a cana do leme; pinção (Do cast. *pinzote*, «id.»)

pindaíba *n.f.* **1** corda feita com fibras do coqueiro chamado ibira **2** BOTÂNICA planta arbórea, brasileira, da família das Anonáceas **3** [Brasil] falta de dinheiro (Do tupi *pi'da*, «anzol» *+'iwa*, «vara»)

pindaíva *n.f.* ⇒ **pindaíba**

pindárico *adj.* **1** LITERATURA relativo a Píndaro, poeta grego da Antiguidade (552-446 a. C.) **2** LITERATURA que imita o género poético de Píndaro **3** [fig.] ótimo; excelente (Do gr. *pindarikós*, «id.», pelo lat. *pindarĭcu-*, «id.»)

pindarismo *n.m.* LITERATURA imitação do género poético de Píndaro (ode) (De *Píndaro*, antr. *+-ismo*)

pindarizar *v.tr.* louvar exageradamente ■ *v.intr.* escrever poemas; versejar como Píndaro, poeta grego (552-446 a. C.) (De *Píndaro*, antr. *+-izar*)

pindaúba *n.f.* [Brasil] ⇒ **pindaíba**

pindérico *adj.* **1** [pop., depr.] pelintra; miserável **2** [coloq., depr.] mal vestido; piroso **3** [irón.] magnífico; excelente ■ *n.m.* **1** [pop., depr.] indivíduo pelintra, miserável ou pobre **2** [coloq., depr.] indivíduo que anda mal vestido e com um aspeto descuidado ou considerado de mau gosto (De *pindárico*)

pinderiquismo *n.m.* qualidade ou estado de pindérico (De *pindérico+-ismo*)

pindoba *n.f.* **1** [Brasil] BOTÂNICA designação extensiva a algumas palmeiras ou coqueiros **2** ZOOLOGIA (serpente) jararaca-verde (Do tupi *pin'owa*, «folha de palmeira»)

pineal *adj.2g.* do feitio da pinha; *glândula ~* ANATOMIA pequeno órgão existente no encéfalo que parece ter funções de glândula endócrina, também denominado epífise; *olho ~* ZOOLOGIA olho ímpar, rudimentar, existente na abóbada craniana de alguns sáurios (Do lat. cient. *pineăle-*, de *pinĕa-*, «pinha»)

pineno /ê/ *n.m.* QUÍMICA hidrocarboneto, $C_{10}H_{16}$, pertencente ao grupo dos terpenos, que faz parte da composição da essência de terebintina (Do lat. *pinu-*, «pinho» *+-eno*)

píneo *adj.* **1** de pinho **2** relativo a pinheiro (Do lat. *pinĕu-*, «de pinheiro»)

pinéu *n.m.* **1** antigo jogo infantil **2** [Brasil] ORNITOLOGIA ⇒ **serra-serra** **3** [Brasil] ORNITOLOGIA ⇒ **tizio** (De orig. obsc.)

pinga¹ *n.f.* **1** gota que cai; pingo **2** pequena quantidade de líquido **3** [fig.] gole **4** [fig.] vinho **5** [fig.] embriaguez **6** [Brasil] aguardente de cana; cachaça **7** [Macau] varal de cadeirinha ■ *adj.,n.m.* **1** que ou aquele que anda sempre sem dinheiro; pelintra; *beber uma ~* [pop.] beber vinho; *estar com a ~* [pop.] estar embriagado; *ficar sem ~ de sangue* perder a consciência de si perante um facto inesperado, ficar pálido ou paralisado por susto ou medo; *tomar-se da ~* [pop.] embriagar-se (Derivação regressiva de *pingar*)

pinga² *n.f.* [Moçambique] vara que, apoiada nos ombros de dois homens, permite o transporte da carga amarrada a ela; canga (Do xi-ronga *mpinga*, «idem»)

pinga-amor *adj.,n.2g.* que ou o que é muito sentimental e muito dado a paixões; namorador (De *pingar+-amor*)

pingaço *n.m.* [Brasil] cavalo bom e bonito (De *pingo+-aço*)

pingadeira *n.f.* **1** ato de pingar **2** série de gotas que caem ou pingam **3** aquilo que pinga **4** utensílio de cozinha que serve para aparar os pingos da carne que se assa no espeto ou no grelhador **5** [pop.] defluxo **6** [pop.] menstruação **7** [fig.] negócio que vai rendendo sempre **8** [fig.] despesa contínua (De *pingar+-deira*)

pingado *adj.* **1** que recebe pingos **2** cheio ou coberto de pingos **3** matizado; salpicado **4** [regionalismo] (bebida) com um pingo de leite ou de café **5** [pop.] embriagado **6** [ant.] queimado com pingos de azeite a ferver, por castigo ou tortura (Part. pass. de *pingar*)

pingalete *n.m.* ⇒ **pinguelete**

pingalhete *n.m.* ⇒ **pinguelete**

pingalho *n.m.* **1** [pop.] bebida; pinga **2** [pop.] indivíduo desmazelado no vestir (De *pinga+-alho*)

pingalim *n.m.* chicote comprido e fino para incitar os cavalos (De *bengalim*, dim. de *bengala*?)

pinganel *n.m.* [regionalismo] pingente de gelo nos beirais dos telhados; sincelo (De *pingar*)

pinganelo *n.m.* ⇒ **pinganel**

pingante *adj.2g.* que pinga ■ *n.2g.* pessoa muito pobre (De *pingar+-ante*)

pingão *adj.* **1** que tem a roupa cheia de pingos ou nódoas **2** desmazelado; desleixado **3** (roupa) mal confecionado; de má qualidade **4** que não tem dinheiro ■ *n.m.* **1** indivíduo que traz sempre a roupa cheia de pingos ou nódoas **2** indivíduo desmazelado **3** aquele que não tem dinheiro; pelintra (De *pingar+-ão*)

pingar *v.tr.,intr.* cair aos pingos ou às gotas (de) ■ *v.tr.* **1** deixar cair de si (um líquido) aos pingos **2** deitar pingos em; borrifar **3** [coloq.] estar encharcado **4** [regionalismo] cabecear com sono; *andar a ~* viver pobremente (Do lat. vulg. **pendicăre*, freq. de *pendĕre*, «estar pendurado»)

pingarelho /ê/ *n.m.* **1** [pop.] qualquer coisa mal feita, prestes a cair **2** [pop.] pessoa considerada insignificante **3** ⇒ **pinguelete**; *armar ao ~* **1** usar de artifícios para obter um favor alheio; **2** procurar sobressair, muitas vezes fazendo-se passar por aquilo que não se é (De *pingar*?)

pingato *n.m.* **1** [pop.] vinho bom **2** [pop.] pequena porção de vinho; pingoleta (De *pinga+-ato*)

pingente *n.m.* **1** coisa que pende em forma de pingo **2** pequeno objeto ou ornamento que pende ou se pendura; berloque **3** brinco das orelhas **4** [fig.] indivíduo de reduzida importância ou poder **5** [Brasil] passageiro que viaja pendurado num veículo, frequentemente um carro elétrico (Do cast. *pinjante*, «pingente»)

pingo *n.m.* **1** partícula líquida que cai; gota; pinga **2** banha de porco derretida **3** pequena porção de solda **4** [regionalismo] café com um pouco de leite, servido em chávena de café **5** [coloq.] mucosidade nasal **6** [coloq.] pequena porção **7** [pop.] dinheiro; *ser um ~ de gente* ser uma pessoa muito pequena, ser uma criança (Deriv. regr. de *pingar*)

pingo-de-mel *n.m.* BOTÂNICA variedade de figo grande, muito doce e bastante apreciado

pingola *n.f.* ⇒ **pingoleta** (De *pinga+-ola*)

pingolar *v.tr.* [pop.] beberricar (bebida alcoólica) (De *pingola+-ar*)

pingolas *n.2g.,2n.* pessoa dada ao vinho; bebedolas (De *pingola*)

pingoleta /ê/ *n.f.* **1** porção de vinho para beber; pingato **2** copo de qualquer bebida (De *pingola+-eta*)

pingoso /ô/ *adj.* **1** que deixa cair pingos ou gotas **2** [fig.] rendoso (De *pingo+-oso*)

pingota *n.f.* ⇒ **pingoleta** (De *pinga+-ota*)

pinguço *adj.,n.m.* [Brasil] ébrio; embriagado (De *pingo+-uço*)

pingue *adj.2g.* **1** gordo **2** fértil **3** abundante **4** que dá bom rendimento; rendoso; lucrativo ■ *n.m.* banha de porco; gordura (Do lat. *pingue-*, «banha; gordura»)

pingueiro¹ *adj.* embriagado (De *pinga+-eiro*)

pingueiro² *n.m.* tacho ou púcaro para o pingue (De *pingue+-eiro*)

pinguela *n.f.* ⇒ **pinguelo**

pinguelete /ê/ *n.m.* **1** [regionalismo] pauzinho de armar as esparrelas ou armadilhas de apanhar pássaros **2** NÁUTICA espécie de prego usado a bordo (De *pinguelo+-ete*)

pinguelim *n.m.* ⇒ **pingalim**

pinguelo /ê/ *n.m.* **1** peça da armadilha para pássaros; pinguelete **2** peia de falcão **3** tronco ou viga que se atravessa sobre uma corrente, para servir de ponte (Do cast. *pihuela*, «peia de falcão»)

pingue-pongue *n.m.* **1** DESPORTO espécie de ténis, que se joga sobre uma mesa dividida ao meio por uma rede, em que se usam raquetas e uma bola de celuloide; ténis de mesa **2** [fig.] jogo do empurra (Do ing. *ping-pong*, «id.»)

pingue-ponguista *n.2g.* DESPORTO pessoa que joga pingue-pongue (De *pingue-pongue+-ista*)

pinguicho *n.m.* [regionalismo] pequena quantidade de bebida (De *pinga+-icho*)

pinguim /gu-i/ *n.m.* **1** ORNITOLOGIA nome vulgar extensivo às aves palmípedes de asas muito curtas e plumagem muito densa (representadas em Portugal pela torda-mergulheira), especialmente às que são incapazes de voar por causa da redução extrema das suas asas, que vivem atualmente nas regiões antárticas **2** BOTÂNICA planta brasileira, prostrada, da família das Bromeliáceas (Do neerl. *pinguyn*, «pinguim», pelo fr. *pingouin*, «id.»)

pinguinhas *n.2g.2n.* **1** pessoa tacanha **2** maltrapilho **3** indivíduo fisicamente insignificante (De *pinguinha*)

pinha *n.f.* **1** BOTÂNICA infrutescência com escamas lenhosas presas a um eixo, cada uma das quais suporta uma ou mais sementes, como nas Coníferas **2** BOTÂNICA ⇒ **ateira 3** aglomeração de coisas ou pessoas; aglomerado **4** qualquer fruto ou objeto em forma daquela infrutescência **5** [pop.] cabeça; *comer a ~ a* enganar; *estar à ~* estar completamente cheio; *não ser bom da ~* ser amalucado, ter reações pouco sensatas (Do lat. *pinĕa*-, «fruto do pinheiro»)

pinhal *n.m.* **1** terreno onde crescem pinheiros **2** conjunto de pinheiros (De *pinho*+*-al*)

pinhão *n.m.* **1** semente branca e comestível do pinheiro que tem cobertura lenhosa de cor castanho-avermelhada e se encontra contida na pinha **2** [pop.] pancada que se dá ou recebe na cabeça; carolo **3** [Brasil] cavalo que tem a cor da casca daquela semente ■ *adj.2g.* da cor da casca daquela semente (De *pinha*+*-ão*)

pinhão-bravo *n.m.* BOTÂNICA arbusto da família das Euforbiáceas

pinhão-do-brasil *n.m.* BOTÂNICA ⇒ **arroz-dos-telhados**

pinhão-manso *n.m.* BOTÂNICA planta da família das Euforbiáceas

Pinhata *n.f.* RELIGIÃO primeiro domingo da Quaresma (Do it. *pignatta*, «panela; pote»)

pinheira *n.f.* **1** BOTÂNICA espécie de cogumelo comestível, de cor castanha, vulgar nos pinhais de Trás-os-Montes e das Beiras **2** casta de uva cultivada em Portugal **3** BOTÂNICA ⇒ **anona**² **4** [Brasil] espécie de purgueira (planta) **5** [regionalismo] pinheiro manso (De *pinheiro*)

pinheiral *n.m.* **1** terreno onde crescem pinheiros **2** conjunto de pinheiros (De *pinheiro*+*-al*)

pinheirame *n.m.* conjunto de muitos pinheiros (De *pinheiro*+*-ame*)

pinheiro *n.m.* BOTÂNICA nome vulgar extensivo às plantas coníferas, da família das Pináceas, de folhas aciculares e sempre verdes, muito úteis pela madeira e pela resina que fornecem (De *pinho*+*-eiro*)

pinheiro-alvar *n.m.* BOTÂNICA ⇒ **abeto**

pinheiro-baboso /ô/ *n.m.* BOTÂNICA planta herbácea, carnívora, da família das Droseráceas, de flores amarelas, folhas compridas e estreitas, com glândulas produtoras de um líquido pegajoso e fermentativo que prende e digere pequenos animais, também conhecida por orvalho-do-sol e erva-pinheira-orvalhada

pinheiro-bravo *n.m.* BOTÂNICA pinheiro de copa cónica, muito comum no Norte e Centro de Portugal

pinheiro-de-purga *n.m.* BOTÂNICA ⇒ **purgueira**

pinheiro-de-riga *n.m.* BOTÂNICA ⇒ **pinheiro-silvestre**

pinheiro-manso *n.m.* BOTÂNICA pinheiro de copa umbeliforme e cujos pinhões são comestíveis

pinheiro-silvestre *n.m.* BOTÂNICA pinheiro das zonas altas, vulgar em Portugal, na serra do Gerês, também chamado pinheiro-de-riga

pinho *n.m.* **1** madeira de pinheiro **2** pinheiro (Do lat. *pinu*-, «pinheiro»)

pinhoada *n.f.* doce ou pasta comestível, feita de mel e pinhões (De *pinhão*+*-ada*)

pinhoca *n.f.* **1** cada um dos canzis que seguram a canga no pescoço dos bois; cangalho **2** porção **3** cacho (De *pinha*+*-oca*)

pinho-de-flandres ver nova grafia pinho de Flandres

pinho de Flandres *n.m.* madeira de pinheiro-silvestre

pinho-de-riga ver nova grafia pinho de Riga

pinho de Riga *n.m.* madeira de pinheiro-de-riga

pinhões-de-rato *n.m.pl.* BOTÂNICA ⇒ **arroz-dos-telhados**

pinhola *n.f.* ZOOLOGIA molusco gastrópode, da família dos Conídeos, frequente na costa sul do Algarve (De *pinha*+*-ola*)

pinhota *n.f.* **1** BOTÂNICA inflorescência em corimbo **2** ARQUITETURA ornamento que se assemelha a um cacho de pinhas (De *pinha*+*-ota*)

pini- elemento de formação de palavras que exprime a ideia de pinheiro, pinha (Do lat. *pinu*-, «pinheiro»)

pinícola *adj.2g.* que habita nos pinheiros (De *pini*-+*-cola*)

pinicultura *n.f.* cultura de pinheiros (De *pini*-+*cultura*)

pinífero *adj.* que tem ou produz pinheiros; pinígero (Do lat. *piniferu*-, «id.»)

piniforme *adj.2g.* que tem forma de pinha (De *pini*-+*-forme*)

pinígero *adj.* ⇒ **pinífero** (Do lat. *pinigĕru*-, «que produz pinheiros»)

pinina *n.f.* substância açucarada que se extrai da seiva de certos pinheiros (Do lat. *pinu*-, «pinheiro» +*-ina*)

pinípede *adj.2g.* ZOOLOGIA relativo ou pertencente aos pinípedes ■ *n.m.* ZOOLOGIA espécime dos pinípedes ■ *n.m.pl.* ZOOLOGIA grupo (ordem) de mamíferos aquáticos, carnívoros, com membros espalmados e adaptados à natação (Do lat. *pinna*-, «barbatana» +*pede*-, «pé»)

pino *n.m.* **1** ponto mais alto a que o Sol chega; zénite **2** ponto culminante; auge **3** prego de pinho usado pelos sapateiros **4** (bowling) pequena haste de madeira, em forma de garrafa, colocada transversalmente em relação à pista e que, juntamente com outras iguais, deverá ser derrubada por uma bola atirada pelo jogador **5** (ginástica) posição vertical do corpo, com a cabeça para baixo; inversão vertical **6** cada um dos pequenos paus a que se atira, no jogo da malha; meco; *a ~ a* prumo; *fazer o ~* manter-se na posição vertical com a cabeça para baixo e os pés para cima; *no ~ do dia* ao meio-dia; *no ~ do inverno* no maior rigor do inverno (Do cast. *pino*, «levantado; a prumo; de pé»)

pinoca *adj.n.2g.* **1** [coloq.] que ou o que se veste ou arranja com um esmero considerado excessivo **2** [coloq., pej.] pedante (De *pino*+*-oca*)

pinocitose *n.f.* CITOLOGIA mecanismo de absorção de líquidos pelas células

pinoco /ô/ *n.m.* **1** o ponto mais alto de um monte **2** [regionalismo] marco geodésico **3** figura de neve feita por brincadeira (De *pino*+*-oco*?)

pinoia *n.f.* **1** [coloq., pej.] mulher que se veste de forma excessiva e tem uma vida considerada leviana **2** [Brasil] mau negócio **3** [Brasil] coisa sem valor **4** [Brasil] aborrecimento; maçada; *uma ~!* [coloq.] exclamação de surpresa exprimindo desacordo; o caraças! (De orig. obsc.)

pinóia ver nova grafia pinoia

pinoio *n.m.* **1** [regionalismo] homem ordinário e de maus costumes; vadio; gandaiero; tunante **2** [regionalismo] indivíduo que anda sempre na vida airada **3** [Brasil] objeto reles, de pouco valor (De *pinóia*)

pinóio ver nova grafia pinoio

pinote *n.m.* **1** salto de animal quando escoiceia **2** coice **3** pirueta; cabriola **4** salto; pulo (De *pino*+*-ote*)

pinotear *v.intr.* dar pinotes; escoicear; cabriolar (De *pinote*+*-ear*)

pinta¹ *n.f.* **1** pequena mancha **2** salpico; pingo **3** (jogos de cartas) cada um dos sinais gráficos que representam o naipe e definem o valor de determinada carta **4** [fig.] aspeto; aparência **5** [fig.] carácter; índole **6** [fig.] qualidade ■ *adj.* (galinha) que tem a plumagem às cores, branca e preta; pedrês (Deriv. regr. de *pintar*)

pinta² *n.f.* franga nova (De *pinto*)

pinta³ *n.f.* antiga medida portuguesa de um quarto de alqueire (Do lat. pop. *pincta*-, «pinta», medida de capacidade, pelo fr. *pinte*, «id.»)

pinta-caldeira *n.f.* ORNITOLOGIA ⇒ **chapim**²

pinta-cardeira *n.f.* ORNITOLOGIA ⇒ **pintassilgo** (De *pinta*+*cardo*-*eira*)

pinta-cardim *n.m.* ORNITOLOGIA ⇒ **pintassilgo**

pinta-cega *n.f.* ORNITOLOGIA ⇒ **boa-noite**

pintada *n.f.* ORNITOLOGIA ave galinácea da família dos Numidídeos, com cabeça e pescoço nus e plumagem de penas escuras salpicadas de branco, originária da África ocidental, onde abunda no mato, e também conhecida por galinha-da-índia, estou-fraca, galinhola, etc. (Part. pass. fem. subst. de *pintar*)

pinta-d'água *n.f.* ORNITOLOGIA ⇒ **frango-d'água**

pintadela *n.f.* **1** pintura ligeira ou superficial **2** demão de tinta (De *pintar*+*-dela*)

pintado *adj.* **1** que levou tinta **2** colorido **3** matizado **4** em que se aplicou maquilhagem ou cosméticos **5** que tem pintas **6** [fig.] representado por meio de pintura **7** [fig.] completo; perfeito (Part. pass. de *pintar*)

pinta-ferreira *n.f.* ORNITOLOGIA ⇒ **chapim**²

pintainhar *v.intr.* **1** imitar o pio dos pintainhos **2** mover-se como pintainho (De *pintainho*+*-ar*)

pintainho *n.m.* cria de galinha, recém-nascida ou ainda sem penas; pinto muito novo (De *pinto*+*-inho*)

pintalegrete *adj.,n.m.* **1** que ou aquele que é peralta, janota; pedante **2** [regionalismo] alegre; vivaz (De *pinto*+*alegrete*)

pintalgar *v.tr.* **1** pintar de várias cores; sarapintar **2** pintar ou colorir sem grande perfeição (De *pintar*)

pintalha *n.f.* **1** [regionalismo] cava, de espaço a espaço, num terreno, para o estremar de outro **2** caniço ou estacada com que, na ria de Aveiro, se limitam os viveiros de piscicultura ou o espaço onde se colhe o moliço (De orig. obsc.)

pintalhão *n.m.* ORNITOLOGIA nome vulgar de várias aves pertencentes à família dos Fringilídeos e dos Anatídeos, que são também designadas bico-grosso, tentilhão (pássaros) e colhereiro (ave palmípede) (De *pinto*+-*alhão*)
pintalhão-preto *n.m.* ORNITOLOGIA ⇒ **tentilhão**
pinta-monos *n.m.2n.* mau pintor (De *pintar*+*mono*)
pintão¹ *n.m.* pinto grande; frango; filho da galinhola (De *pinto*+-*ão*)
pintão² *adj.* [Brasil] sazonado (De *pintar*+-*ão*)
pintar *v.tr.* 1 cobrir com tinta 2 dar cor a; colorir 3 representar por traços ou cores 4 aplicar maquilhagem a 5 [fig.] descrever minuciosamente 6 [fig.] descrever com exagero ou mentindo 7 [pop.] enganar; iludir ■ *v.intr.* 1 dedicar-se à pintura; dominar a arte da pintura 2 começar a ganhar cor ■ *v.pron.* 1 aplicar cosméticos no próprio rosto ou corpo 2 tingir-se 3 preparar-se 4 manifestar-se; *~ a manta* fazer diabruras; *vir a ~* vir a propósito, vir no momento oportuno (Do lat. vulg. **pinctāre*, de *pictāre*, freq. de *pingĕre*, «pintar»)
pinta-ró-ró *n.m.* ORNITOLOGIA ⇒ **rouxinol-dos-pauis** (De orig. onom.)
pintarroxa /ô/ *n.f.* ICTIOLOGIA ⇒ **bruxa** 6 (De *pinta*+*roxa*)
pintarroxo /ô/ *n.m.* ORNITOLOGIA pequeno pássaro de bico resistente, grosso e cónico, granívoro, da família dos Fringilídeos, sedentário e muito comum em Portugal, também conhecido por tentilhão, pimpalhão, pimpim, milheirinha, chincho, serrazina, vermelhinho, etc. (Do cast. *pintarrojo*, «id.»)
pintassilgo *n.m.* ORNITOLOGIA pássaro canoro sedentário, de bico resistente, grosso e cónico, da família dos Fringilídeos, de plumagem preta, branca, amarela e vermelha (De orig. obsc.)
pintassilgo-verde *n.m.* ORNITOLOGIA pássaro conirrostro, de penas esverdeadas, que se alimenta sobretudo de sementes de cardo; passarinho-do-egito; canário-da-índia; lugre; tentilhão-de-bengala
pintassilvo *n.m.* ORNITOLOGIA ⇒ **pintassilgo**
pintassirgo *n.m.* ORNITOLOGIA ⇒ **pintassilgo**
pinto¹ *n.m.* filhote de galinha; franguinho (Por *pito*)
pinto² *n.m.* antiga moeda portuguesa equivalente a 48 centavos ■ *adj.* (galináceo) que é preto e branco (Do lat. vulg. **pinctu*, «pintalgado», por *pictu*, part. pass. de *pingĕre*, «pintar»)
pinto³ *n.m.* medida de capacidade equivalente a 56,825 centilitros no Reino Unido, e a 47,3176 centilitros nos Estados Unidos da América (Do ing. *pint*, «id.»)
pinto-bravo *n.m.* ORNITOLOGIA ave pernalta da família dos Ralídeos, pouco frequente em Portugal, também conhecida por codornizão, pita-da-erva, pita-do-mar, etc.
pintor /ô/ *n.m.* 1 indivíduo que domina ou exerce a arte de pintar 2 aquele cuja profissão é pintar 3 [fig.] escritor que representa com exatidão aquilo que descreve 4 [fig.] indivíduo fantasista 5 [fig.] indivíduo mentiroso 6 [regionalismo] os primeiros coloridos que aparecem nas uvas ou nas azeitonas (Do lat. **pictōre*-, pelo lat. vulg. *pinctōre*, «id.»)
pintura *n.f.* 1 cor aplicada a um objeto 2 obra executada por pintor 3 atividade profissional que utiliza o ato de pintar com fins pragmáticos 4 ARTES PLÁSTICAS representação estética realizada por um artista (pintor) através da aplicação de cor(es) sobre uma superfície 5 ARTES PLÁSTICAS conjunto de obras de arte de um país, de uma época, escola, temática e produção original de um pintor 6 curso ou disciplina onde se adquirem conhecimentos sobre a arte e as técnicas de representação pictórica 7 resultado da aplicação de tintas (óleo, têmpera, vernizes, lacas, etc.) sobre um suporte (tela, madeira, cobre, papel, etc.) 8 aplicação de cosméticos; maquilhagem 9 [fig.] descrição minuciosa 10 [fig.] pessoa ou coisa muito bonita; *borrar a ~* estragar a imagem boa que se tentou dar a alguém de si mesmo ou de uma situação qualquer (Do lat. *pictūra*, «id.»)
pintural *adj.2g.* relativo a pintura; pictórico (De *pintura*+-*al*)
pinturesco /ê/ *adj.* ⇒ **pitoresco** (De *pintura*+-*esco*)
pínula *n.f.* 1 cada uma das lâminas metálicas colocadas nas extremidades da alidade, que tem ao meio uma fenda por onde passam os raios visuais para estabelecer alinhamentos 2 BOTÂNICA cada um dos folíolos das folhas compostas pinuladas (Do lat. *pinnŭla*-, «asa pequena»)
pinulado *adj.* 1 BOTÂNICA que apresenta pínulas 2 BOTÂNICA (folha composta) cujos folíolos (pínulas) se inserem a alturas diferentes (De *pínula*+-*ado*)
pinyin *n.m.* LINGUÍSTICA sistema de transcrição alfabética e fonética dos caracteres chineses, que usa os caracteres do alfabeto latino, tendo sido introduzido na República Popular da China em 1958 aquando da reforma linguística (Do chin. *pīnyīn*, de *pīn* «juntar» + *yīn* «som»)

pio¹ *n.m.* 1 ato de piar 2 voz da cria de qualquer ave 3 voz do mocho ou da coruja; *dar o triste ~* acabar, chegar ao fim; *não dar ~* calar-se, não tugir nem mugir; *nem mais um ~!* expressão que se usa para impor silêncio, mandar calar; *perder o ~* não responder; *tirar o ~ a* fazer calar, matar, vencer (Deriv. regr. de *piar*)
pio² *n.m.* pia de lagar de azeite onde a azeitona é moída 2 instrumento de moer cereais (De *pia*)
pio³ *adj.* 1 inclinado à piedade 2 devoto 3 compassivo; misericordioso 4 benigno 5 caritativo (Do lat. *piu*-, «id.»)
piobeiro *n.m.* pedra que se amarra ao fundo do saco de pesca (De orig. obsc.)
piogénese *n.f.* MEDICINA produção de pus (Do gr. *pýon*, «pus» +*génesis*, «origem»)
piogenia *n.f.* ⇒ **piogénese** (Do gr. *pýon*, «pus» +*génos*, «origem» +-*ia*)
piolhada *n.f.* 1 grande quantidade de piolhos; piolheira 2 [fig.] miséria extrema (De *piolho*+-*ada*)
piolharia *n.f.* ⇒ **piolhada** (De *piolho*+-*aria*)
piolheira *n.f.* 1 porção de piolhos; piolhada 2 [pop.] pobreza extrema 3 [pop.] lugar imundo; pocilga 4 [pop.] conjunto de coisas imundas; porcaria 5 [pop.] negócio pouco lucrativo 6 [pop.] cabeça 7 [pop.] designação da geral ou dos lugares mais baratos, em salas de espetáculos; galinheiro (De *piolho*+-*eira*)
piolheiro *adj.* que cria ou faz criar piolhos (De *piolho*+-*eiro*)
piolhento /ê/ *adj.* 1 coberto de piolhos 2 propício à criação de piolhos (De *piolho*+-*ento*)
piolhice *n.f.* coisa fútil; mesquinharia; questiúncula (De *piolho*+-*ice*)
piolho /ô/ *n.m.* 1 ZOOLOGIA nome vulgar extensivo a vários insetos hemípteros (anopluros), parasitas do homem e de outros animais, pertencentes à família dos Pediculídeos 2 ZOOLOGIA nome extensivo aos insetos hemípteros, parasitas de várias plantas de cujos sucos se alimentam; pulgão 3 gau; *meter-se como ~ em costura* aparecer em toda a parte sem ser convidado, ser importuno (Do lat. *peducŭlu*-, por *pedicŭli*-, «id.»)
piolho-de-cobra ver nova grafia piolho de cobra
piolho de cobra *n.m.* artigo fastidioso de jornal
piolhoso /ô/ *adj.* 1 que tem piolhos; piolhento 2 [fig.] de baixa qualidade; miserável (Do lat. *peducŭlosu*-, por *pediculōsu*-, «id.»)
pioneirismo *n.m.* carácter ou qualidade de pioneiro (De *pioneiro*+-*ismo*)
pioneiro *n.m.* 1 aquele que primeiro descobre ou abre caminho através de uma região desconhecida 2 [fig.] aquele que é o primeiro a empreender algo ou a explorar determinado tema ou atividade 3 [fig.] aquele que trabalha para um fim útil, preparando os resultados futuros 4 [fig.] precursor ■ *adj.* que abre o caminho numa dada área; precursor (Do fr. *pionnier*, «id.»)
pionés *n.m.* espécie de prego de cabeça larga e chata, geralmente usado para fixar papéis; percevejo (Do fr. *punaise*, «id.»)
pioninha *n.f.* pião pequeno; piasca (De *pião*+-*inha*)
pio-nono *n.m.* 1 espécie de capa curta sem cabeção, para homem 2 [regionalismo] marco geodésico (De *Pio IX*, antr., nome de um papa, 1792-1878)
pior *adj.2g.* 1 {comparativo de superioridade de **mau**} que possui determinada qualidade em grau inferior a outro(s) 2 {superlativo de **mau**} que, em relação a determinada qualidade, é inferior a todos os outros ■ *adv.* {comparativo de superioridade de **mal**} mais mal ■ *n.m.* 1 o que é considerado inferior a tudo ou a todos 2 o que é mais inconveniente que outras coisas; *estar na ~* estar em má situação (financeira, emocional, etc.); *ir de mal a ~* piorar cada vez mais (Do lat. *peiōre*-, «id.»)
piora *n.f.* ato ou efeito de piorar (Deriv. regr. de *piorar*)
piorar *v.tr.,intr.* tornar(-se) pior; pôr ou ficar em pior estado; agravar ■ *v.tr.* agravar-se o estado de saúde (Do lat. *peiorāre*, «id.»)
pioria *n.f.* 1 ato de piorar; agravamento 2 qualidade de pior (De *pior*+-*ia*)
piorio *n.m.* [coloq.] o que há de pior; *ser do ~* ser terrível, portar-se muito mal (De *pior*+-*io*)
piornal *n.m.* campo onde crescem piornos (De *piorno*+-*al*)
piorno /ô/ *n.m.* BOTÂNICA nome extensivo a umas plantas arbustivas, da família das Leguminosas, semelhantes à giesta, espontâneas em Portugal (Do lat. *viburnu*-, «viburno», pelo cast. *piorno*, «id.»)
piorno-dos-tintureiros *n.m.* BOTÂNICA planta de flores amarelas, dispostas em cacho, espontânea nas sebes e matas de Trás-os-Montes, Beiras, incluindo a serra da Estrela, considerada de interesse medicinal e industrial
piorra /ô/ *n.f.* 1 ORNITOLOGIA designação de uma cotovia comum e sedentária em Portugal 2 pião pequeno 3 [pop.] rapariga baixa e roliça, mas mexida e ativa (De *pião*+-*orra*)

piorreia n.f. 1 MEDICINA estado patológico crónico da zona entre as gengivas e os dentes, caracterizado pela destruição progressiva dos tecidos fixadores dos dentes 2 qualquer corrimento de pus (Do gr. *pyórrhoia*, «supuração»)

piorreico adj. relativo a piorreia (De *piorreia+-ico*)

pipa n.f. 1 vasilha bojuda de madeira, para guardar vinho, azeite, etc. 2 medida de capacidade de 550 litros ou de 20 a 25 almudes 3 [fig., pej.] pessoa gorda e baixa 4 [pop.] pessoa que bebe em excesso (De orig. obsc.)

piparotar v.tr. dar piparotes a (De *piparote+-ar*)

piparote n.m. pancada com a cabeça do dedo médio ou indicador, depois de dobrado e apoiado contra a face interna do polegar, e despedido com força (De orig. obsc.)

pipeline n.m. tubo de grande calibre para transporte de fluidos, nomeadamente petróleo (oleoduto) ou gás (gasoduto), a grandes distâncias (Do ing. *pipeline*, «id.»)

piperácea n.f. BOTÂNICA espécime das Piperáceas

Piperáceas n.f.pl. BOTÂNICA família de plantas dicotiledóneas, herbáceas ou arbustivas, quase todas tropicais, produtoras de óleos de sabor picante (Do lat. *piper*, «pimenta»+-*áceas*)

piperáceo adj. relativo ou semelhante à pimenteira (Do lat. *piper*, «pimenta»+-*áceo*)

piperina n.f. alcaloide que se extrai de certas pimentas, utilizado em medicina (Do lat. *piper*, «pimenta»+-*ina*)

pipeta /ê/ n.f. 1 tubo graduado ou não, e aberto nas duas extremidades, para medição rigorosa ou simples transferência de pequenas quantidades de líquidos (por exemplo, em operações de laboratório) 2 tubo para transvasar líquidos 3 bomba das adegas (Do fr. *pipette*, «id.»)

pipetar v.tr. tirar um pouco de líquido com pipeta

pipi[1] n.m. 1 [infant.] qualquer ave, principalmente galinácea 2 [infant.] urina 3 [infant.] órgão sexual ■ adj.,n.2g. [pej.] que ou pessoa que é muito afetada ou que se arranja com cuidado excessivo (De orig. onom.)

pipi[2] n.m. 1 [Brasil] BOTÂNICA árvore medicinal da região amazónica 2 [Brasil] BOTÂNICA planta subarbustiva, da família das Fitolacáceas, tropical, de raiz com cheiro aliáceo, tóxica e medicinal, usada para matar peixes (Do tupi *pi'pi*, «id.»)

pipiar v.intr. produzir (a ave) os sons agudos característicos da sua espécie; pipilar; pipitar (Do lat. *pipilāre*, «id.»)

pipilante adj.2g. que pipila; que pia (Do lat. *pipilante-*, «id.», part. pres. de *pipilāre*, «pipilar»)

pipilar v.intr. ⇒ **pipiar** (Do lat. *pipilāre*, «id.»)

pipilo n.m. ⇒ **pipio** (Deriv. regr. de *pipilar*)

pipio n.m. ato de pipiar; chilro (Deriv. regr. de *pipiar*)

pipitar v.intr. ⇒ **pipiar** (De *pipiar+-itar*)

pipo n.m. 1 pipa pequena 2 barril 3 tubo que se adapta ao orifício de certas vasilhas para se extrair o líquido nelas contido 4 variedade de maçã e de pera 5 [pop.] ventre proeminente por motivo de gravidez; *andar de ~* [pop.] estar grávida (De *pipa*)

pipoca n.f. 1 BOTÂNICA variedade de milho de grão pequeno 2 este grão estalado ao calor do lume e pronto a comer simples ou com açúcar, sal, manteiga, etc. 3 dança 4 [Brasil] [pop.] borbulha (Do tupi *pi'poka*, «pele estalada»)

pipocar v.intr. [Brasil] estalar como pipoca (De *pipoca+-ar*)

pipoco /ô/ n.m. 1 [Brasil] ruído de coisas que estalam; estampido 2 [Brasil] fuzilaria 3 [Brasil] contenda ou discussão agitada 4 [Brasil] desordem (Deriv. regr. de *pipocar*)

pipote n.m. vasilha pequena, do feitio de pipa; barril (De *pipo+-ote*)

pipra n.f. ORNITOLOGIA designação extensiva a aves de várias espécies, de pequenas dimensões, cabeça de colorido berrante, pertencentes à fauna americana (De orig. obsc.)

píprida adj.,n.m. ⇒ **piprídeo**

Pípridas n.m.pl. ORNITOLOGIA ⇒ **Piprídeos**

piprídeo n.m. ORNITOLOGIA espécime dos Piprídeos ■ adj. ORNITOLOGIA relativo ou pertencente aos Piprídeos

Piprídeos n.m.pl. ORNITOLOGIA família de pequenos pássaros americanos, cujo género-tipo se designa *Pipra* (De *pipra+-ídeos*)

pique[1] n.m. lança muito antiga terminada em ponta aguçada; *a ~* verticalmente; *ir a ~* ir ao fundo; *meter a ~* meter no fundo (De fr. *pique*, «id.»)

pique[2] n.m. ICTIOLOGIA designação extensiva a uns cações que aparecem nas costas marítimas portuguesas (Do célt. *pic*, «ponta»)

pique[3] n.m. 1 cartão de cor com um desenho picado a alfinete, usado pelas rendeiras de bilros 2 sensação de ser picado 3 sabor acre; acidez 4 [fig.] birra 5 [fig.] acinte 6 [fig.] malícia

pique[4] n.m. [Brasil] [coloq.] garra; força (Do ing. *peak*)

piqué n.m. tecido atravessado por séries de pontos mais apertados que lhe diminuem a espessura (Do fr. *piqué*, «id.»)

piquenique n.m. refeição festiva e informal ao ar livre, no campo, num parque, ou num jardim (Do fr. *pique-nique*, «id.»)

piqueta[1] /ê/ n.f. estaca que se crava no chão para demarcar um terreno (Do fr. *piquet*, «id.»)

piqueta[2] /ê/ n.f. [regionalismo] pequena refeição entre o almoço e o jantar; merenda (De orig. obsc.)

piquetagem n.f. operação de piquetar (Do fr. *piquetage*, «id.»)

piquetar v.tr. cravar estacas num terreno para se definir temporariamente um traçado (Do fr. *piqueter*, «id.»)

piquete /ê/ n.m. 1 MILITAR conjunto de militares armados que se encontram no quartel prontos para atuar imediatamente 2 grupo de pessoas nomeadas por turnos para determinado serviço, de modo a assegurar qualquer emergência 3 grupo organizado de trabalhadores que, numa paralisação do trabalho, agem no sentido de persuadir os outros trabalhadores a aderirem à greve (Do fr. *piquet*, «id.»)

piquetear v.tr. [Brasil] encilhar frequentemente um animal de montaria, aproveitando-o para todo o serviço (De *piquete+-ear*)

pira[1] n.f. 1 fogueira onde se queimavam os cadáveres 2 [fig.] lugar em que ou circunstância através da qual se submete alguém ou algo à prova (Do gr. *pyrá*, «pira», pelo lat. *pyra*, «id.»)

pira[2] n.f. [coloq.] ação de se pirar; *dar o ~* desaparecer, fugir

piração n.f. [Brasil] [coloq.] doidice; maluqueira

pirado adj. [Brasil] enlouquecido; maluco

piraí n.m. [Brasil] azorrague de couro cru (Do tupi *pira'i*, «id.»)

pirajá n.m. [Brasil] aguaceiro brusco e de curta duração, acompanhado de vento (*De pára já?*)

pírale n.f. ZOOLOGIA termo que tem sido usado para designar alguns lepidópteros da família dos Piralídeos (Do lat. *pyrălis*, «inseto que vive no fogo»)

Pirálidas n.m.pl. ZOOLOGIA ⇒ **Piralídeos**

pirálide n.f. ⇒ **pírale** (Do lat. *pyrălis, -ĭdis*, «inseto que vive no fogo»)

piralídeo adj. ZOOLOGIA relativo ou pertencente aos Piralídeos ■ n.m. ZOOLOGIA espécime dos Piralídeos

Piralídeos n.m.pl. ZOOLOGIA família de insetos lepidópteros a que pertencem o perilhão e o bicho-da-farinha (pírale-da-farinha), e cujo género-tipo se designa *Pyralis* (De *pirálide+-ídeos*)

piramidal adj.2g. 1 respeitante ou pertencente a pirâmide 2 em forma de pirâmide 3 ANATOMIA diz-se das células nervosas (neurónios) do córtex cerebral 4 ANATOMIA designativo do osso da série superior do carpo, nos vertebrados superiores 5 ANATOMIA designativo de certos músculos, feixes, superfícies, etc., do organismo 6 [fig.] muito grande 7 [fig.] extraordinário 8 [fig.] monumental; colossal 9 [fig.] importante; *superfície ~* GEOMETRIA superfície gerada por uma reta (geratriz) que, tendo um ponto fixo (vértice), se move, apoiando-se constantemente numa linha poligonal (diretriz), cujo plano não contém aquela reta (a linha poligonal pode não ser uma linha plana); *superfície ~ aberta* GEOMETRIA superfície cuja diretriz é uma linha poligonal aberta; *superfície ~ fechada* GEOMETRIA superfície cuja diretriz é uma linha poligonal fechada (Do lat. tard. *pyramidāle-*, «id.»)

pirâmide n.f. 1 GEOMETRIA sólido geométrico limitado por uma folha de uma superfície piramidal e um plano que não contém o vértice e que corta todas as posições da geratriz (o polígono determinado pela interseção do plano com a superfície é a base da pirâmide, o vértice da superfície é o vértice da pirâmide) 2 qualquer objeto cuja forma seja a deste poliedro 3 GEOMETRIA sólido poliédrico que se obtém, intersetando uma superfície piramidal por um plano que, não passando pelo vértice da superfície, corta a geratriz da superfície em todas as suas posições 4 CRISTALOGRAFIA forma cristalográfica de faces triangulares, cujos planos são oblíquos aos eixos da cruz axial; *~ etária* GEOGRAFIA representação gráfica da estrutura etária de uma população (Do gr. *pyramís, -ídos*, «id.», pelo lat. *pyramĭde-*, «id.»)

piramidona /ô/ n.f. FARMÁCIA composto químico antipirético, derivado da antipirina e mais ativo do que esta (De *piro-+amido+-ona*, ou do fr. *pyramidon*, «id.»)

piranga[1] n.f. 1 pobreza; miséria 2 [pop.] nariz grande e vermelho 3 barro vermelho do Brasil ■ adj.2g. 1 reles; pelintra 2 vermelho; *andar na ~* ter falta de meios (Do tupi *pi'rã*, «id.»)

piranga[2] n.f. 1 ORNITOLOGIA ave canora também conhecida por sabiá-laranjeira 2 ICTIOLOGIA peixe fluvial do Brasil 3 [Brasil] BOTÂNICA ⇒ **carajuru** (Do tupi *pi'ra*, «peixe»)

pirangar v.intr. [pop.] mendigar (De *piranga+-ar*)

pirangaria n.f. falta de dinheiro; pelintrice (De *piranga+-aria*)

pirange n.m. carro de seis rodas usado no Oriente (Do mal.-jav. *pelánki*, «id.»)

pirangueiro adj. 1 reles; desprezível 2 ridículo (De *piranga*+*-eiro*)

piranguice n.f. 1 vida ou condição de piranga 2 miséria; penúria (De *piranga*+*-ice*)

piranha[1] n.f. [Brasil] ICTIOLOGIA peixe teleósteo de água doce que se desloca em cardumes, possui dentes cortantes semelhantes a navalhas, sente especial atração por animais que sangram e é muito conhecido pela extraordinária voracidade com que ataca e despedaça as suas presas, tornando, por isso, muito perigosos os rios e os lagos onde vive 2 [Brasil] [pej.] mulher que pratica atividades sexuais por dinheiro; prostituta 3 [Brasil] [pej.] mulher considerada libertina (Do tupi *pi'rãya*, «id.», de *pi'ra*, «peixe»+*ãya*, «dente»)

piranha[2] n.f. ORNITOLOGIA ave preta do Amazonas (Do tupi *pi'rãi*, «corta a pele»)

piranómetro n.m. aparelho que serve para medir a intensidade da radiação solar global incidente numa superfície (Do gr. *pýr, pyrós*, «fogo»+*métron*, «medida»)

pirão n.m. 1 [Brasil] CULINÁRIA papa de farinha de mandioca feita geralmente com caldo de peixe, carne ou ave cozidos com ou sem legumes 2 [Angola] CULINÁRIA papa de farinha de milho (fubá) que acompanha o prato principal (Do tupi *pi'rõ*, «papa grossa»)

pirar v.intr. [coloq.] enlouquecer; endoidecer ■ v.pron. [coloq.] ir-se embora; fugir; pôr-se a andar; safar-se; esgueirar-se (Do cig. *pirar*, «andar; fugir»)

pirargirite n.f. MINERALOGIA mineral (sulfureto de antimónio e prata) que cristaliza no sistema trigonal (Do gr. *pýr, pyrós*, «fogo»+*árgyron*, «prata»+*-ite*)

pirarucu n.m. ICTIOLOGIA o maior peixe teleósteo do Brasil, da família dos Clupeídeos, que vive na bacia amazónica e chega a atingir 2,5 metros de comprimento e 80 quilos de peso e cuja carne é muito apreciada, tanto fresca, como salgada ou seca (Do tupi *piraru'ku*, «peixe vermelho»)

pirata n.2g. 1 aquele que ataca e rouba navios; corsário 2 pessoa que se apodera do controlo de um avião, geralmente de forma violenta, e o obriga a desviar-se da rota, como meio de pressão para fazer determinadas exigências 3 pessoa que não respeita os direitos de autor, utilizando ou produzindo cópias de material protegido por copyright sem a devida autorização 4 INFORMÁTICA aquele que invade sistemas informáticos para obter ou alterar informação ilicitamente 5 aquele que enriquece à custa de outrem por meios violentos e/ou ilícitos; ladrão; malandro; velhaco 6 [fig.] pessoa cruel e/ou sem escrúpulos ■ adj.inv. 1 (programa informático, livro, videocassete) que não está licenciado pelos titulares dos direitos; produzido ou obtido de forma ilícita 2 (estação de rádio ou tv) que opera sem as devidas licenças (Do gr. *peiratés*, «id.», pelo lat. *pirata-*, «id.»)

piratagem n.f. 1 ato de piratear; pirataria 2 roubo de pirata (De *pirata*+*-agem*)

pirataria n.f. 1 vida ou ofício de pirata; corso 2 atividade criminosa que consiste na abordagem de uma embarcação com o objetivo de roubar a sua carga ou atacar os seus passageiros 3 desvio de um avião com o objetivo de fazer determinadas reivindicações 4 multidão de piratas 5 ato de produzir ou utilizar cópias ilícitas de material protegido por copyright 6 [fig.] extorsão; roubo; patifaria (De *pirata*+*-aria*)

piratear v.tr. 1 roubar como os piratas 2 apropriar-se ilegalmente de 3 produzir cópias de (material protegido por copyright) ou utilizá-lo, sem a devida autorização ■ v.intr. exercer a pirataria (De *pirata*+*-ear*)

pirático adj. 1 de pirata 2 relativo a pirata (Do gr. *peiratikós*, «id.», pelo lat. *piratĭcu-*, «id.»)

pírcingue n.m. ⇒ **piercing** (Do ing. *piercing*)

pirelectricidade ver nova grafia pireletricidade

piréctrico ver nova grafia pirelétrico

pireletricidade n.f. FÍSICA ⇒ **piroeletricidade**

pirelétrico adj. FÍSICA ⇒ **piroelétrico**

pirelióforo n.m. instrumento inventado pelo cientista português Padre Himalaia (1886-1933), destinado ao estudo das relações caloríferas solares (Do gr. *pýr*, «fogo»+*hélios*, «sol»+*phorós*, «portador»)

pireliómetro n.m. FÍSICA instrumento que serve para medir a intensidade da radiação solar direta numa superfície perpendicular aos raios solares (Do gr. *pýr*, «fogo»+*hélios*, «sol»+*métron*, «medida»)

pirenaico adj. relativo ou pertencente aos Pirenéus, conjunto de montanhas que separa a Espanha da França; pireneu (Do lat. tard. *pyrenaĭcu-*, «id.»)

pireneíte n.f. MINERALOGIA variedade de granada (mineral), de cor negra (Do lat. *Pyrenaeus*, «os Pirenéus»+*-ite*)

pireneu adj. dos Pirenéus; pirenaico (Do lat. *pyrenaeu-*, «id.»)

pireno /ê/ n.m. 1 QUÍMICA hidrocarboneto cíclico ($C_{16}H_{10}$), aromático, sólido, amarelo-cristalino, existente no alcatrão da hulha 2 produto constituído essencialmente por tetracloreto de carbono, empregado na extinção de incêndios (Do fr. *pyrène*, «id.»)

pirenoide adj.2g. em forma de caroço ■ n.m.pl. grânulos brilhantes, muitas vezes rodeados de amido, que aparecem em algumas algas (Do gr. *pyrenoeidés*, «em forma de caroço»)

pirenóide ver nova grafia pirenoide

pires[1] n.m.2n. pequeno prato sobre o qual se coloca uma chávena (Do mal. *pirins*, pl. de *piring*, «id.»)

pires[2] adj.inv. 1 [coloq.] que revela mau gosto 2 [coloq.] ridículo 3 [coloq.] vulgar 4 [coloq.] pretensioso (De *Pires*, «id.»)

pirético adj. que tem febre; febril (Do gr. *pyretós*, «febre»+*-ico*)

pireto- elemento de formação de palavras que exprime a ideia de *calor, febre* (Do gr. *pyretós*, «febre»)

piretogenético adj. que produz febre (De *pireto-*+*genético*)

piretologia n.f. MEDICINA tratado ou estudo das febres (Do gr. *pyretós*, «febre»+*lógos*, «tratado»+*-ia*)

piretologista n.2g. pessoa que se ocupa de piretologia ou é versada nesta ciência (De *piretologia*+*-ista*)

piretoterapia n.f. MEDICINA tratamento de uma doença com a aplicação de medicamento febrígeno, no sentido de, com a elevação da temperatura do doente, criar no organismo condições que podem levar à cura da doença (De *pireto-*+*terapia*)

píretro n.m. 1 BOTÂNICA nome vulgar de várias plantas da família das Compostas, uma das quais espontânea em Portugal, e outra, cultivada, originária da Jugoslávia, de cujos capítulos se obtém um pó inseticida 2 pó obtido destas plantas (Do gr. *pýrethron*, «píretro», pelo lat. *pyrĕthru-*, «id.»)

pireu n.m. altar de fogo, na religião dos Persas (Do gr. *Pyreîon*, pelo lat. *Pyrēu-*, «Pireu», santuário com fogo sagrado)

pirex n.m. 1 tipo de vidro com grande resistência às variações bruscas de temperatura e aos ataques químicos 2 recipiente feito desse vidro 3 conteúdo desse recipiente (De *Pyrex*®)

pírex n.m. ⇒ **pirex**

pirexia /cs/ n.f. MEDICINA estado febril; febre 2 [fig.] exaltação (Do gr. *pýrexis*, «acesso febril»+*-ia*)

pireza /ê/ n.f. ato de pirar-se; *pôr-se na ~* fugir, safar-se, esgueirar-se (De *piro*+*-eza*)

pirgeómetro n.m. instrumento que serve para medir a perda de calor, por radiação, da superfície da Terra (Do gr. *pýr*, «fogo»+*gê*, «Terra»+*métron*, «medida»)

piri n.m. 1 [Brasil] BOTÂNICA junco dos terrenos alagadiços 2 terreno pantanoso onde cresce este tipo de junco 3 ⇒ **piripíri** (Do tupi *pi'ri*, «junco»)

piri-[1] elemento de formação de palavras que exprime a ideia de *fogo* (Do grego *pur, purós*, «fogo; inflamação»)

piri-[2] elemento de formação de palavras que exprime a ideia de *pera* (Do latim *piru-*, «pera»)

pírico adj. 1 da pira 2 do fogo (Do gr. *pýr, pyrós*, «fogo»+*-ico*)

piridina n.f. QUÍMICA composto heterocíclico azotado de fórmula molecular C_5H_5N, estrutura análoga à do benzeno, de cheiro desagradável, que se encontra nos produtos da pirólise das substâncias naturais azotadas e é usado em medicina (Do gr. *pyrídion*, «fogo lento»+*-ina*)

piridoxina /cs/ n.f. BIOQUÍMICA vitamina B_6, que é um derivado da piridina (Do fr. *pyridoxine*, «id.»)

piriforme adj.2g. em forma de pera (De *piri-*+*-forme*)

pirilampejar v.intr. luzir como o pirilampo (De *pirilampo*+*-ejar*)

pirilâmpico adj. 1 que luz como o pirilampo 2 fosforescente (De *pirilampo*+*-ico*)

pirilampo n.m. 1 ZOOLOGIA nome vulgar extensivo a vários insetos coleópteros, da família dos Lampirídeos, vulgares em Portugal, que têm a propriedade de emitir luz na escuridão, são também conhecidos por vaga-lume, luze-cu, abre-cu, luze-luze, caga-lume, arincu, etc. 2 farol de luz rotativa ou intermitente colocado em cima do tejadilho de um veículo prioritário para assinalar marcha de urgência 3 fogo de artifício de pequeno efeito, usado principalmente nos festejos do S. João (Do gr. *pyrilampís*, «id.»)

pirilau n.m. [infant.] pénis (De formação expressiva)

pirimidina n.f. BIOQUÍMICA base orgânica azotada que dá origem à timina e à citosina que ocorrem nos ácidos nucleicos

piripíri n.m. 1 BOTÂNICA malagueta da Guiné 2 BOTÂNICA pimentão vermelho muito picante 3 CULINÁRIA molho picante 4 ORNITOLOGIA periquito da Amazónia (De *piri*+*piri*)

piririca n.f. [Brasil] cachoeira ■ adj.2g. áspero como a lixa (Do tupi *piri'rica*, «id.»)

pirite n.f. MINERALOGIA mineral da cor do latão (sulfureto de ferro), abundante em Portugal, que cristaliza no sistema cúbico, e se utiliza no fabrico do ácido sulfúrico; **~ de cobre** calcopirite (Do gr. *pýr*, «fogo» +*-ite*, pelo fr. *pyrite*, «pirite»)
piritífero adj. **1** que contém pirite **2** da natureza da pirite; piritoso (De *pirite*+*-fero*)
piritiforme adj.2g. que tem aspeto de pirite; piritoide (De *pirite*+*-forme*)
piritoide adj.2g. ⇒ **piritiforme** (De *pirite*+*-óide*)
piritóide ver nova grafia **piritoide**
piritoso /ô/ adj. **1** que contém pirite; piritífero **2** da natureza da pirite (De *pirite*+*-oso*)
piriz n.m. ORNITOLOGIA ⇒ **pardal-francês** (De orig. obsc.)
pirliteiro n.m. BOTÂNICA ⇒ **pilriteiro** (De *pilriteiro*, com met.)
pirlito n.m. ⇒ **pilrito 1** (De *pilrito*, com met.)
piro n.m. ato de pirar-se; fuga; *pôr-se no ~* fugir, esgueirar-se (Deriv. regr. de *pirar*)
piro-[1] elemento de formação de palavras que exprime a ideia de *fogo* (Do gr. *pur, purós*, «fogo; inflamação»)
piro-[2] elemento de formação de palavras que exprime a ideia de *pera* (Do lat. *pirum, i*, «pera»)
pirobalística n.f. MILITAR cálculo matemático do comportamento dos projéteis das armas de fogo no interior do cano e ao longo da sua trajetória (De *piro*-+*balística*)
pirobetume n.m. PETROLOGIA rocha (caustobiólito) formada por hidrocarbonetos, que, quando aquecida, produz substâncias semelhantes ao petróleo (De *piro*-+*betume*)
pirobologia n.f. ⇒ **pirotecnia** (Do gr. *pyróbolos*, «canhão» +*lógos*, «tratado» +*-ia*, com hapl.)
pirobologista n.2g. pessoa que exerce a arte de pirobologia; pirotécnico (De *pirobologia*+*-ista*)
piroca n.f. [cal.] pénis (Do tupi *pi'roka*, «careca»)
piroclástico adj. GEOLOGIA diz-se das rochas formadas pela acumulação de materiais sólidos emitidos pelos vulcões, constituídas por minerais alotígenos (Do gr. *pýr, pyrós*, «fogo» +*klastós*, «quebrado» +*-ico*)
piroclasto n.m. GEOLOGIA rocha formada pela acumulação de sedimentos projetados de um vulcão
pirocloro n.m. MINERALOGIA um dos minerais das terras raras que cristalizam no sistema cúbico (Do ing. *pyrochlore*, «id.»)
pyroelectricidade ver nova grafia **piroeletricidade**
piroeléctrico ver nova grafia **piroelétrico**
piroeletricidade n.f. cargas elétricas que aparecem nas faces opostas de certos cristais, como a turmalina, quando aquecidas; pireletricidade (De *piro*-+*electricidade*)
piroelétrico adj. relativo a piroeletricidade; pirelétrico (De *piro*+*-eléctrico*)
pirofilite n.f. MINERALOGIA mineral do grupo das argilas (silicato hidratado de alumínio) (Do gr. *pýr, pyrós*, «fogo» +*phýllon*, «folha» +*-ite*)
pirofobia n.f. horror ao fogo (De *pirófobo*+*-ia*)
pirófobo adj.,n.m. que ou o que tem horror ao fogo (De *piro*-+*-fobo*)
pirofórico adj. que se inflama espontaneamente em contacto com o ar (De *piróforo*+*-ico*)
piróforo n.m. qualquer substância inflamável em presença do ar, quando suficientemente dividida (por exemplo, pó de ferro e de níquel) (Do gr. *pyrophóros*, «que traz fogo»)
pirofosfato n.m. QUÍMICA designação dos sais que contêm o anião pirofosfato, ou melhor, difosfato, de fórmula $P_2O_7^{4-}$ (De *piro*-+*fosfato*)
pirofosfórico adj. QUÍMICA designativo do ácido difosfórico, $H_4P_2O_7$, que se pode obter por aquecimento do ácido fosfórico (De *piro*-+*fosfórico*)
piroga n.f. embarcação estreita e achatada, feita de um tronco de árvore escavado (Do caraíba *pirágua*, «piroga», pelo fr. *pirogue*, «id.»)
pirogalato n.m. QUÍMICA sal derivado do ácido pirogálico (De *pirogál[ico]*+*-ato*)
pirogálhico adj. QUÍMICA ⇒ **pirogálico**
pirogalhol n.m. QUÍMICA ⇒ **pirogalol**
pirogálico adj. QUÍMICA designativo de um ácido proveniente da destilação do ácido gálico (De *piro*-+*gálico*)
pirogalol n.m. QUÍMICA ácido pirogálico, usado em fotografia como agente revelador (De *pirogál[ico]*+*-ol*)
pirogenação n.f. QUÍMICA reação química que se obtém quando se submete um corpo a uma temperatura muito elevada (Do fr. *pyrogénation*, «id.»)

pirogénese n.f. produção de calor (De *piro*-+*génese*)
pirogenético adj. ⇒ **pirogenético**
pirogénico adj. produzido pelo calor ou pela ação do fogo (Do gr. *pýr, pyrós*, «fogo» +*génos*, «origem» +*-ico*)
pirogeómetro n.m. instrumento que serve para medir a perda de calor, por radiação, da superfície da Terra (Do gr. *pýr, pyrós*, «fogo» +*gê*, «Terra» +*métron*, «medida»)
pirógrafo n.m. instrumento usado na prática da pirogravura (De *piro*-+-*grafo*)
pirogranito n.m. material de construção formado por uma mistura de argilas refratárias e não refratárias (De *piro*-+*granito*)
pirogravação n.f. ato ou efeito de pirogravar (De *piro*-+*gravação*)
pirogravador n.m. aquele que faz pirogravura (De *piro*-+*gravador*)
pirogravar v.tr.,intr. gravar ou desenhar com ponta incandescente em madeira ou couro (De *piro*-+*gravar*)
pirogravura n.f. **1** processo de decoração de madeira ou couro que consiste em gravar ou desenhar com ponta incandescente **2** gravura conseguida por esse processo (De *piro*-+*gravura*)
pirólatra n.2g. pessoa que adora o fogo (De *piro*-+-*latra*)
pirolatria n.f. culto do fogo (De *piro*-+-*latria*)
pirolé n.m. ORNITOLOGIA ⇒ **alcaravão** (De orig. obsc.)
pirolenhoso /ô/ adj. QUÍMICA designativo do líquido ácido, de composição complexa, resultante da destilação destrutiva da madeira (De *piro*-+*lenhoso*)
pirólise n.f. QUÍMICA decomposição de uma substância por aquecimento a temperatura elevada, sem reação com o oxigénio (Do gr. *pýr, pyrós*, «fogo» +*lýsis*, «dissolução»)
pirolito n.m. **1** cantiga popular **2** bebida gasosa que era antigamente servida nos quiosques das praças e passeios públicos **3** gole de água engolido sem querer, quando se está dentro de água **4** pessoa muito pequena (De *pirlito*)
piroliz n.m. ORNITOLOGIA ⇒ **alcaravão** (De orig. obsc.)
pirolusite n.f. MINERALOGIA mineral de cor escura (dióxido de manganésio), pseudotetragonal, importante minério de manganésio (Do gr. *pýr, pyrós*, «fogo» +*lýsis*, «dissolução; lavagem», pelo ing. *pyrolusite*, «id.»)
pirómaco adj. que deita lume quando percutido com ferro ■ n.m. corpo que deita lume quando percutido com ferro; pederneira (Do gr. *pyromákhos*, «que resiste muito tempo ao fogo»)
piromancia n.f. pretensa adivinhação pelo fogo (Do gr. *pyromanteía*, «id.», pelo lat. *pyromantīa*-, «id.»)
piromania n.f. monomania de incendiar (De *piro*-+-*mania*)
piromaníaco adj. que ou indivíduo que tem piromania; incendiário; pirómano (De *piro*-+*maníaco*)
pirómano adj.,n.m. ⇒ **piromaníaco** (De *piro*-+-*mano* [= maníaco])
piromante n.2g. pessoa que pratica a piromancia (Do gr. *pyrómantis*, «id.»)
piromântico adj. que diz respeito à piromancia (De *piromante*+*-ico*)
pirometamórfico adj. relativo ao pirometamorfismo (De *piro*-+*metamórfico*)
pirometamorfismo n.m. GEOLOGIA metamorfismo provocado pelo calor do magma nas zonas de contacto com outras rochas (De *piro*-+*metamorfismo*)
pirometria n.f. avaliação de altas temperaturas (De *pirómetro*+*-ia*)
pirométrico adj. relativo à pirometria (De *pirómetro*+*-ico*)
pirómetro n.m. instrumento para avaliar temperaturas elevadas, particularmente de altos-fornos (Do gr. *pýr, pyrós*, «fogo» +*métron*, «medida»)
piromorfite n.f. MINERALOGIA mineral (clorofosfato de chumbo) que cristaliza no sistema hexagonal (Do gr. *pýr, pyrós*, «fogo» +*morphé*, «forma» +*-ite*)
piromotor n.m. AGRICULTURA aparelho usado na para produzir calor e conjurar o frio que prejudica os rebentos novos (De *piro*-+*motor*)
piropina n.f. produto albuminoide vermelho extraído dos dentes do elefante (Do gr. *pyropós*, «de cor vermelha» +*-ina*)
piropincel n.m. instrumento, usado em pirogravura, cuja ponta se mantém incandescente por meio de uma corrente de ar de mistura com vapor de benzina (De *piro*-+*pincel*)
piropneumático adj. que funciona por meio de ar quente (De *piro*-+*pneumático*)
piropo[1] /ô/ n.m. palavra ou frase lisonjeira que se dirige a uma pessoa revelando que se acha essa pessoa fisicamente atraente; galanteio (Do cast. *piropo*, «id.»)

piropo² /ô/ *n.m.* MINERALOGIA mineral do grupo das granadas, tipicamente de cor vermelho-escura semelhante ao sangue (Do gr. *pyropós*, «ardente; de cor vermelha», pelo lat. *pyrōpu-*, «id.»)

piróscafo *n.m.* designação dada aos primeiros barcos movidos a vapor (Do gr. *pýr, pyrós*, «fogo» +*skáphos*, «navio»)

piroscopia *n.f.* I suposta adivinhação pelas chamas dos sacrifícios, entre os antigos 2 piromancia (Do gr. *pýr, pyrós*, «fogo» +*skopeīn*, «ver» +*-ia*)

piroscópio *n.m.* I instrumento que assinala a temperatura ambiente a partir de determinado valor 2 detetor de incêndio (Do gr. *pýr, pyrós*, «fogo» +*skopeīn*, «ver» +*-io*)

pirose *n.f.* MEDICINA dispepsia com sensação de calor e ardor na parte inicial do aparelho digestivo, acompanhada de excessiva secreção salivar; azia (Do gr. *pýrosis*, «ação de queimar; cremação»)

pirosfera *n.f.* GEOLOGIA zona do interior da Terra, imediatamente abaixo da litosfera, que consideram possivelmente pastosa, quase sólida e constituída pelo magma (Do gr. *pýr, pyrós*, «fogo» +*sphaîra*, «esfera»)

pirosice *n.f.* I qualidade de piroso 2 ato próprio de piroso 3 objeto ou acontecimento piroso (De *piroso*+*-ice*)

piroso *adj.* [coloq.] de mau gosto; parolo ▪ *n.m.* [coloq.] indivíduo parolo (De *pir(es)*+*-oso?*)

pirotecnia *n.f.* I arte de se empregar o fogo 2 fabrico de fogo de artifício (Do gr. *pýr, pyros*, «fogo» +*tékhne*, «arte» +*-ia*)

pirotécnico *adj.* pertencente ou relativo à pirotecnia ▪ *n.m.* aquele que fabrica fogo de artifício; fogueteiro (Do gr. *pýr, pyrós*, «fogo» +*tekhnikós*, «artista»)

pirotecnizar *v.tr.* tornar pirotécnico (De *pirotécn[ico]*+*-izar*)

pirótico *adj.* I que tem a propriedade de queimar ou cauterizar 2 cáustico ▪ *n.m.* cautério (Do gr. *pyrotikós*, «cáustico»)

piroxena /cs/ *n.f.* MINERALOGIA designação genérica dos minerais constitutivos das rochas metamórficas e basálticas, que são silicatos de magnésio, ferro e cálcio e que cristalizam nos sistemas ortorrômbico (ortopiroxenas) ou monoclínico (clinopiroxenas) (Do gr. *pýr, pyrós*, «fogo» +*xénos*, «estranho; alheio»)

piróxila /cs/ *n.f.* ⇒ **piróxilo**

piroxilina /cs/ *n.f.* ⇒ **piróxilo** (De *piróxilo*+*-ina*)

piróxilo /cs/ *n.m.* produto explosivo de nitrificação elevada, derivado das celuloses; algodão-pólvora (Do gr. *pýr, pyrós*, «fogo» +*xýlon*, «madeira»)

pirozone *n.m.* ⇒ **pirozónio** (De *piro*-+*ozone*)

pirozónio *n.m.* mistura de éter e água-oxigenada, empregada pelos dentistas no tratamento dos dentes (De *piro*-+*ozónio*)

pirraça *n.f.* I palavra ou ato dirigido a alguém com o fim de o provocar ou irritar; partida; acinte 2 caturrice; birra (Por *perraça*, de *perro*)

pirraçar *v.tr.,intr.* fazer pirraça a; contrariar de propósito (De *pirraça*+*-ar*)

pirraceiro *adj.,n.m.* que ou aquele que gosta de fazer pirraças (De *pirraça*+*-eiro*)

pirralho *n.m.* I criança; garoto 2 indivíduo de pequena estatura (De orig. obsc.)

pírrica *n.f.* antiga dança militar, executada com as armas na mão (Do gr. *pyrríkhe*, «pírrica», dança guerreira, pelo lat. *pyrrhĭca-*, «id.»)

pírrico *adj.* I relativo a Pirro, rei do Epiro, na Grécia antiga (319-272 a. C.) 2 designativo de dança militar (De *Pirro*, antr. +*-ico*)

pirríquio *adj.,n.m.* LITERATURA que ou pé métrico que, no sistema de versificação greco-latino, é composto de duas sílabas breves (Do gr. *pyrríkhios*, «relativo à pírrica», pelo lat. *pyrrhichīu-*, «id.»)

pirronice *n.f.* I qualidade de pirrónico 2 desconfiança sistemática 3 obstinação; teimosia 4 perrice (De *Pyrron*, filósofo gr., 365--275 a. C. +*-ice*)

pirrónico *adj.* I relativo a Pírron, filósofo grego (365-275 a. C.), ou à sua escola 2 que duvida ou finge duvidar de tudo 3 [fig.] teimoso; obstinado (Do gr. *Pyrron*, antr. +*-ico*)

pirronismo *n.m.* I FILOSOFIA doutrina de Pírron, filósofo grego (365-275 a. C.), que defendia a impossibilidade para o espírito humano de alcançar a verdade e que preconizava a suspensão do juízo em todos os domínios, fundamentada na ideia de que, sobre qualquer assunto, é possível defender, de modo igualmente válido e verdadeiro, duas teses opostas; ceticismo 2 tendência para duvidar ou fingir que se duvida de tudo 3 [fig.] obstinação; teimosia (Do gr. *Pyrron*, antr. +*-ismo*)

pirrotina *n.f.* MINERALOGIA mineral (sulfureto de ferro, com níquel como impureza) que cristaliza no sistema hexagonal e pode ser minério de níquel, sempre que este metal se apresente em quantidade apreciável; pirite magnética (Do gr. *pyrrótes*, «cor avermelhada»+*-ina*)

pirrotite *n.f.* MINERALOGIA ⇒ **pirrotina**

pírtiga *n.f.* I vara; varapau 2 peça do leito do carro de bois que se estende até ao cabeçalho 3 cabeçalho do carro (Do lat. *pertĭca-*, «vara»)

pírtigo *n.m.* a parte mais curta do mangual (que bate nas espigas) (De *pírtiga*)

pirueta /ê/ *n.f.* I volta dada pelo cavalo sobre uma das patas 2 movimento circular sobre um pé; cabriola 3 [fig.] mudança brusca de opinião; reviravolta (Do fr. *pirouette*, «id.»)

piruetar *v.intr.* I fazer piruetas 2 saltar; cabriolar (Do fr. *pirouetter*, «id.»)

pírula *n.f.* I ORNITOLOGIA ⇒ **rola-do-mar** 2 [pop.] ⇒ **pílula** (Do lat. *pilŭla-*, «id.»)

pírulas *adj.,n.2g.* amalucado; que ou aquele que não tem o juízo todo

pirulito *n.m.* I [Brasil] guloseima fixa num palito próprio para a segurar e que se come chupando 2 [Brasil] [coloq.] pénis de menino (De *pírula* [= pílula]+*-ito*)

pisa *n.f.* I ato de pisar 2 porção de uvas ou azeitonas para uma lagarada 3 [fig.] tunda; sova (Deriv. regr. de *pisar*)

pisada *n.f.* I ato de pisar 2 pisada leve; pisadela 3 pisa das uvas no lagar 4 pegada; **seguir as pisadas de alguém** seguir o exemplo de alguém (Part. pass. fem. subst. de *pisar*)

pisadela *n.f.* I ato ou efeito de pisar ou calcar levemente 2 pisada leve; calcadela 3 trilhadela 4 pisadura; contusão (De *pisar*+*-dela*)

pisador *adj.* que pisa ▪ *n.m.* I aquele que pisa 2 máquina para pisoar os panos; pisão (De *pisar*+*-dor*)

pisadura *n.f.* I sinal que fica de uma contusão 2 contusão; equimose 3 pisadela; calcadela (De *pisar*+*-dura*)

pisa-flores *n.m.* I indivíduo efeminado; salta-pocinhas 2 indivíduo que se veste com apuro excessivo; casquilho (De *pisar*+*flores*)

pisa-mansinho *adj.,n.2g.* I que ou o que é dissimulado, velhaco, sonso, ou malicioso 2 que ou o que é delicado 3 que ou aquele que é insinuante (De *pisar*+*mansinho*)

pisamento *n.m.* I ato de pisar 2 pisadela (De *pisar*+*-mento*)

pisão *n.m.* máquina para pisoar os panos (De *pisar*+*-ão*)

pisa-papéis *n.m.2n.* objeto que se coloca sobre papéis para que não se espalhem ou desapareçam (De *pisar*+*papéis*)

pisar *v.tr.* I andar por cima de 2 esmagar com os pés; calcar 3 pôr os pés em; percorrer 4 causar pisadura; trilhar; contundir 5 moer com o pilão em almofariz 6 macerar 7 [fig.] tratar com desprezo; espezinhar; reprimir 8 [fig.] ofender; melindrar 9 [fig.] vencer; dominar; subjugar ▪ *v.intr.* dar passos; caminhar; **~ aos pés** melindrar, vexar, humilhar, passar por cima de; **~ os calos a** rebaixar, humilhar, abusar de (Do lat. *pinsāre*, «id.»)

pisa-verdes *n.m.2n.* [regionalismo] presumido, de passos miúdos e afetados; peralvilho (De *pisar*+*verde*)

pisca¹ *n.f.* I coisa mínima 2 grãozinho; chispa 3 pó 4 [regionalismo] ponta de cigarro (Do cast. *pizca*, «id.»)

pisca² *n.m.* ⇒ **pisca-pisca** (De *piscar*)

piscadela *n.f.* I ato de piscar o olho 2 sinal feito com um dos olhos, fechando-o e abrindo-o depressa (De *piscar*+*-dela*)

pisca-pisca *n.m.* (veículos) dispositivo de sinalização provido de uma luz intermitente, usado para indicar a mudança de direção do veículo ▪ *n.2g.* pessoa que pisca muito os olhos, por hábito ou doença nervosa (De *piscar*)

piscar *v.tr.* I fechar e abrir repetida e rapidamente (os olhos) 2 fechar um pouco (os olhos) ▪ *v.intr.* I dar sinal, fechando e abrindo os olhos 2 brilhar intermitentemente; bruxulear (Formação expressiva)

piscatória *n.f.* I composição literária que tem por assunto a pesca 2 diálogo poético entre pescadores ou homens do mar (De *piscatório*)

piscatório *adj.* relativo à pesca ou aos pescadores (Do lat. *piscatoriu-*, «de pescador»)

písceo *adj.* relativo a peixes (Do lat. *piscĕu-*, «id.»)

pisci- elemento de formação de palavras que exprime a ideia de peixe (Do lat. *pisce-*, «peixe»)

pisciano *n.m.* ASTROLOGIA indivíduo nascido sob o signo de Peixes ▪ *adj.* I ASTROLOGIA pertencente ou relativo a este indivíduo 2 ASTROLOGIA pertencente ou relativo ao signo de Peixes

piscícola *adj.2g.* que diz respeito à piscicultura (De *pisci*-+*-cola*)

piscículo *n.m.* peixe pequeno (Do lat. *piscicŭlu-*, «peixinho»)

piscicultor *n.m.* aquele que se dedica à piscicultura (De *pisci*-+*cultor*)

piscicultura *n.f.* arte de reproduzir e criar peixes (De *pisci*-+*cultura*)

pisciforme *adj.2g.* com forma de peixe; ictiomorfo (De *pisci-+ -forme*)

piscina *n.f.* 1 grande reservatório contendo água, usado para a prática de natação ou de mergulho 2 tanque ou reservatório de água com múltiplas funções 3 pia batismal; **~ *de saltos*** piscina muito profunda com trampolim, para a prática de saltos; **~ *olímpica*** piscina geralmente pouco profunda, com 50 metros de comprimento e pelo menos 21 m de largura (Do lat. *piscīna-*, «viveiro de peixes»)

piscinal *adj.2g.* que vive em piscina (De *piscina+-al*)

piscívoro *adj.* que se alimenta de peixes; ictiófago (De *pisci-+ -voro*)

pisco *adj.* 1 que tem o costume de piscar os olhos 2 semiaberto 3 zarolho ■ *n.m.* 1 ORNITOLOGIA pequeno pássaro da família dos Turdídeos, com mancha vermelha no mento, na garganta e no peito, sedentário e muito comum em Portugal 2 [fig.] pessoa que come pouco (Deriv. regr. de *piscar*)

pisco-azul *n.m.* ORNITOLOGIA pássaro da família dos Turdídeos, cujo macho tem plumagem azul na garganta e no peito e é também conhecido por pisco-de-peito-azul, gargulheira, lameiro e lameiro

pisco-chilreiro *n.m.* ORNITOLOGIA pássaro da família dos Fringilídeos, de plumagem vermelha, pouco comum em Portugal, também conhecido por cardeal, dom-fafe, etc.

pisco-de-peito-azul *n.m.* ORNITOLOGIA ⇒ **pisco-azul**

pisco-de-peito-ruivo *n.m.* ORNITOLOGIA ⇒ **pisco** *n.m.* 1

pisco-ferreiro *n.m.* ORNITOLOGIA pássaro da família dos Turdídeos, de plumagem escura, com penas ruivas na cauda, sedentário e vulgar em Portugal, também conhecido por rabirruivo, rabo-ruço, rabo-ruivo, carvoeiro, rabeta, rabisca, ferreiro, ferrugento, mineiro, etc.

pisco-ribeiro *n.m.* ORNITOLOGIA ⇒ **pica-peixe** 1

piscoso /ô/ *adj.* abundante em peixe (Do lat. *piscōsu-*, «id.»)

píseo *n.m.* certa casta de ervilha graúda (Do lat. *pisu-*, «ervilha» + *-eo*)

pisgar-se *v.pron.* [pop.] ir-se embora rapidamente; safar-se; pirar-se (De orig. obsc.)

pisiforme *adj.2g.* 1 ANATOMIA que tem a forma e o tamanho de um grão de ervilha 2 ANATOMIA designativo do osso mais interno da segunda fila dos ossos do carpo ■ *n.m.* ANATOMIA osso mais interno da segunda fila dos ossos do carpo (Do lat. *pisu-*, «ervilha» +*forma-*, «forma»)

piso *n.m.* 1 modo de pisar ou de andar 2 terreno ou lugar onde se anda; chão; pavimento; sobrado 3 face superior de um degrau 4 superfície periférica da roda ou da lagarta de um veículo destinada a contactar com o pavimento ou com o terreno (Deriv. regr. de *pisar*)

pisoada *n.f.* porção de qualquer substância (pano, lã, etc.) que se pisoa de uma vez (Part. pass. fem. subst. de *pisoar*)

pisoador *n.m.* aquele ou aquilo que pisoa (De *pisoar+-dor*)

pisoagem *n.f.* ⇒ **pisoamento** (De *pisoar+-agem*)

pisoamento *n.m.* ato ou operação de pisoar (De *pisoar+-mento*)

pisoar *v.tr.* bater (o pano) com o pisão para lhe dar mais corpo e resistência (De *pisão+-ar*)

pisoeiro *n.m.* o que pisoa; pisoador (De *pisoar+-eiro*)

pisolítico *adj.* PETROLOGIA diz-se da rocha, geralmente calcária, constituída por grânulos com o tamanho de grãos de ervilha (Do gr. *písos*, «ervilha» +*líthos*, «pedra» +*-ico*)

pisólito *n.m.* 1 PETROLOGIA concreção ou grânulo calcário do tamanho de um grão de ervilha, formado pela deposição concêntrica de aragonite ou calcite 2 PETROLOGIA rocha calcária formada por este tipo de concreções (Do gr. *písos*, «ervilha» +*líthos*, «pedra»)

pispirreta /ê/ *n.f.* [pop.] rapariga tagarela e irrequieta (Do cast. *pizpireta*, «id.»)

pisqueira *n.f.* 1 doença dos olhos 2 conjuntivite ocular (que obriga a piscar os olhos muitas vezes) (De *piscar+-eira*)

pisqueiro *adj.* 1 que pisca os olhos 2 [regionalismo] sonolento (De *piscar+-eiro*)

pisseleu *n.m.* substância oleosa que se extrai do pez (Do gr. *pissélaion*, «id.», pelo lat. *pisselaeon*, «id.»)

pissitar *v.intr.* produzir (o estorninho) a sua voz característica (Do lat. *pisitāre*, «cantar [a ave]»)

pista *n.f.* 1 rasto ou os animais deixam num terreno; peugada 2 [fig.] vestígio 3 [fig.] indício; sinal 4 [fig.] encalço; procura 5 recinto para espetáculos de circo, jogos e prática de desportos, particularmente corridas 6 parte do hipódromo onde correm os cavalos 7 parte de um campo de aviação onde aterram ou donde descolam as aeronaves 8 faixa tratada e pavimentada com vista a uma utilização especial (dança, circulação de veículos, pessoas, animais, etc.) 9 [téc.] linha de um suporte magnético; banda; **~ *de rodagem*** parte da plataforma de estrada ou rua especialmente preparada para o trânsito de veículos; faixa de rodagem (Do lat. *pista- [via-]*, «caminho calcado pelos pés» de *pista-*, part. pass. fem. de *pinsĕre*, «calcar; pisar»)

pistácia *n.f.* BOTÂNICA árvore resinosa da família das Anacardiáceas, de pequenas flores agrupadas em cacho e de frutos drupáceos, própria da região mediterrânea (Do lat. *pistaciŭ-*, «pistácia», pelo fr. *pistache*, «id.»)

pistácio *n.m.* 1 BOTÂNICA fruto da pistácia 2 grão do fruto da pistácia, com o aspeto de uma pequena amêndoa de tom esverdeado, utilizado em culinária e pastelaria (Do lat. *pistaciŭ-*, pelo fr. *pistache*, «id.»)

pistacite *n.f.* MINERALOGIA variedade de epídoto, de cor verde (De *pistácia+-ite*)

pistado *adj.* 1 avistado 2 entrevisto (De *pista+-ado*)

pistão *n.m.* 1 peça que se move num corpo cilíndrico por pressão de um fluido; êmbolo 2 MÚSICA instrumento musical de sopro também chamado cornetim e trompeta 3 êmbolo regulador do som nos metais (Do fr. *piston*, «id.»)

pistar *v.intr.* produzir (o taralhão) a sua voz característica (De *pissitar*, com sínc.)

pistiláceo *adj.* ⇒ **pistilar** (De *pistilo+-áceo*)

pistilar *adj.2g.* 1 do pistilo 2 relativo a pistilo (De *pistilo+-ar*)

pistilo *n.m.* BOTÂNICA ⇒ **gineceu** 1 (Do lat. *pistillŭ-*, «mão de pilão»)

pistiloso /ô/ *adj.* que possui pistilo (De *pistilo+-oso*)

pistola *n.f.* 1 arma de fogo, curta, de pequeno alcance e que se dispara com uma só mão 2 peça de fogo de artifício que dispara glóbulos luminosos de várias cores 3 instrumento com a forma daquela arma de fogo, munido de gatilho, que permite pintar, pulverizando a tinta por pressão através de um disparador 4 antiga moeda de ouro de alguns países (Do checo *pistal*, «arma de fogo», pelo fr. *pistole*, «id.»)

pistolada *n.f.* tiro de pistola (De *pistola+-ada*)

pistola-metralhadora *n.f.* arma de fogo, individual, automática e de grande cadência de tiro

pistolão *n.m.* 1 pistola grande 2 [Brasil] empenho ou recomendação de pessoa importante 3 [Brasil] pessoa importante que faz uma recomendação; cunha (De *pistola+-ão*)

pistoleira *n.f.* [Brasil] [coloq.] ⇒ **piranha**[1] 2

pistoleiro *n.m.* 1 aquele que fabrica ou vende pistolas 2 salteador; bandido 3 assassino profissional (De *pistola+-eiro*)

pistoleta /ê/ *n.f.* pistola pequena (De *pistola+-eta*, ou do fr. *pistolet*, «id.»)

pistolete *n.m.* ⇒ **pistoleta** (De *pistola+-ete*, ou do fr. *pistolet*, «id.»)

pistolóquia *n.f.* BOTÂNICA planta herbácea da família das Aristoloquiáceas, rizomatosa, espontânea no Centro e no Sul de Portugal (Do lat. *pistolochīa-*, «id.»)

pistor *n.m.* [poét.] ⇒ **padeiro** (Do lat. *pistōre-*, «id.»)

pistrina *n.f.* ⇒ **padaria** 1 (Do lat. *pistrīna-*, «id.»)

pita[1] *n.f.* 1 fibras das folhas da piteira 2 obra feita com essas fibras 3 piteira (Do quích. *pita*, «fio feito com as fibras da piteira»)

pita[2] *n.f.* 1 galinha nova 2 [pop., pej.] mulher muito jovem; rapariga; franga

pita-barranqueira *n.f.* ORNITOLOGIA ⇒ **abelharuco**

pita-cega *n.f.* ORNITOLOGIA ⇒ **boa-noite** 2

pitada *n.f.* 1 porção de qualquer substância pulverizada, especialmente de rapé, que se absorve de uma vez pelo nariz 2 [fig.] porção diminuta de qualquer coisa 3 mau cheiro; ***não perder ~*** 1 aproveitar todas as oportunidades; 2 não perder um pormenor; ***não valer ~*** ter muito pouco valor (Part. pass. fem. subst. de *pitar*)

pita-da-erva *n.f.* ORNITOLOGIA ⇒ **frango-d'água** 2 ORNITOLOGIA ⇒ **pinto-bravo**

pita-d'água *n.f.* ORNITOLOGIA ⇒ **frango-d'água**

pitadear *v.intr.* tomar pitadas de rapé ■ *v.tr.* sorver pelo nariz (De *pitada+-ear*)

pita-do-mar *n.f.* 1 ORNITOLOGIA ⇒ **pinto-bravo** 2 ORNITOLOGIA ⇒ **frango-d'água**

pitagórico *adj.* de Pitágoras, filósofo e matemático grego da Antiguidade (século VI a. C.), ou relativo às suas doutrinas ■ *n.m.* partidário do pitagorismo (Do lat. *pythagorĭcu-*, «id.»)

pitagorismo *n.m.* 1 FILOSOFIA escola ou doutrina filosófica e religiosa de Pitágoras, que pretendia explicar o cosmo por meio de combinações variadas dos números inteiros, que considerava como a razão de ser de tudo 2 tendência para fazer do número a lei suprema das coisas (De *Pitágoras*, antr. +*-ismo*)

pitagorista *adj.,n.2g.* partidário do pitagorismo (De *Pitágoras*, antr. +*-ista*)

pitança *n.f.* **1** [ant.] ração de alimentos extraordinária que se dava em comunidade, por ocasião de uma festa **2** iguaria saborosa **3** ração diária de alimentação **4** comida **5** dádiva em dinheiro **6** mesada; pensão **7** esmola da missa (Do cast. *pitanza*, «id.»)

pitanceiro *n.m.* o que distribui as rendas de uma comunidade religiosa, segundo os costumes da Ordem (De *pitança*+*-eiro*)

pitanga *n.f.* **1** fruto da pitangueira **2** pitangueira (Do tupi *pi'tanga*, «vermelho»)

pitangueira *n.f.* **1** BOTÂNICA nome vulgar extensivo a algumas plantas brasileiras da família das Mirtáceas, cujo fruto, semelhante à ginja, é a pitanga **2** BOTÂNICA (planta) pitanga (De *pitanga*+*-eira*)

pitão¹ *n.m.* **1** espécie de parafuso que tem um anel numa das extremidades **2** peça cónica ou pontiaguda existente na ponta da frente de alguns sapatos desportivos (Do fr. *piton*, «id.»)

pitão² *n.m.* **1** ZOOLOGIA serpente constritora não venenosa de grandes dimensões, da família dos Boídeos, vulgar no Sul da Ásia e da África, que esmaga a presa entre os seus anéis antes de a engolir **2** MITOLOGIA serpente fabulosa morta por Apolo (Do gr. *pýthon*, «id.», pelo lat. *pythōne-*, «id.»)

pitão³ *n.m.* [regionalismo] coto de tronco de sobreiro cortado (De orig. obsc.)

pitar¹ *v.intr.* [Brasil] fumar cachimbo; cachimbar (De orig. obsc.)

pitar² *v.tr.* [regionalismo] furar; fender (De orig. obsc.)

pitecantropo /ô/ *n.m.* PALEONTOLOGIA designação do antropoide fóssil do género *Pithecantropus*, uma espécie intermediária entre o género *Homo* e o macaco, de que foram encontrados, em 1890, ossos fósseis em Java (Do gr. *píthekos*, «macaco» +*ánthropos*, «homem»)

piteco *n.m.* ZOOLOGIA macaco sem cauda, da família dos Cercopitecídeos, único da Argélia e de Marrocos, e único também, no estado livre, na Europa, de que existem alguns exemplares, apenas, em Gibraltar (Do gr. *píthekos*, «macaco», pelo lat. *pithēcu-*, «id.»)

piteco- elemento de formação de palavras que exprime a ideia de *macaco* (Do gr. *píthekos*, «macaco»)

pitecoide *adj.2g.* referente ou semelhante ao macaco (Do gr. *pithekoeidés*, «id.»)

pitecóide ver nova grafia pitecoide

piteira¹ *n.f.* **1** BOTÂNICA planta monocotiledónea, da família das Amarilidáceas, de folhas espessas, carnudas, fibrosas e espinhosas, subespontânea em Portugal, que pode fornecer fibras têxteis, também conhecida por piteira-de-boi **2** [pop.] bebedeira **3** aguardente de figos **4** [regionalismo] calote (dívida) (De *pita*+*-eira*)

piteira² *n.f.* ⇒ **boquilha 1** (De *pitar*+*-eira*)

piteira-amarela *n.f.* BOTÂNICA planta da família das Amarilidáceas, existente no Algarve

piteireiro *adj.,n.m.* [pop.] que ou aquele que costuma beber piteira; bêbedo (De *piteira*+*-eiro*)

pitéu *n.m.* manjar apetitoso; petisco; gulodice (De orig. obsc.)

pítia *n.f.* sacerdotisa de Apolo que proferia oráculos em Delfos, cidade da Grécia antiga; pitonisa (Do gr. *pythía*, «id.», pelo lat. *pythīa-*, «id.»)

pitiático *adj.* **1** que cura pela persuasão **2** designação dos doentes e das doenças (histeria, mitomania) que podem curar-se pela persuasão (Do gr. *peitó*, «persuasão» +*iatikhós*, «curável»)

pítico *adj.* relativo à pítia ou aos jogos que se celebravam em Delfos, de 4 em 4 anos, em honra de Apolo e Diana (Do gr. *pythikós*, «id.», pelo lat. *pythĭcu-*, «id.»)

pito¹ *n.m.* **1** franguinho; pinto **2** [regionalismo] o interior podre da fruta **3** [vulg.] órgão sexual feminino (De *pinto*)

pito² *n.m.* **1** [Brasil] cachimbo **2** [Brasil] cigarro (Deriv. regr. de *pitar*)

pito³ *n.m.* [Brasil] reprimenda; descompostura (De orig. obsc.)

pito-barranqueiro *n.m.* ORNITOLOGIA ⇒ **abelharuco**

pitónico *adj.* **1** relativo a pitão **2** diabólico **3** mágico **4** nigromântico (Do lat. *pythonĭcu-*, «profético»)

pitonisa *n.f.* sacerdotisa de Apolo que proferia oráculos em Delfos, cidade da Grécia antiga; pítia (Do lat. *pythonissa-*, «id.»)

pitonissa *n.f.* ⇒ **pitonisa**

pitora *n.f.* CULINÁRIA fatias de lombo de porco ou de boi fritas com toucinho e condimentadas com pimenta (De orig. obsc.)

pitoresco /ê/ *adj.* **1** digno de pintar-se **2** pictórico **3** [fig.] ameno; deleitoso **4** [fig.] picante; imaginoso; original ■ *n.m.* **1** conjunto dos elementos que concorrem para tornar pitoresco um lugar ou uma obra **2** tudo o que é necessário para uma pintura (Do it. *pittoresco*, «id.»)

pitorra /ô/ *n.f.* pião pequeno; piorra ■ *n.2g.* [fig.] pessoa atarracada (De *pito*+*-orra*)

pitosca *adj.2g.* ⇒ **pitosga**

pitosga *adj.2g.* que vê pouco; pisco dos olhos ■ *n.2g.* pessoa que vê pouco; míope (De orig. obsc.)

pitosgar *v.intr.* [Moçambique] piscar os olhos (De *pitosga*+*-ar*)

Pitosporáceas *n.f.pl.* BOTÂNICA família de plantas dicotiledóneas, arbóreas, aromáticas, de fruto polispérmico, capsular ou bacáceo, representada em Portugal (De *pitósporo*+*-áceas*)

pitósporo *n.m.* BOTÂNICA ⇒ **incenso 2** (Do gr. *pítta*, «pez» +*spóros*, «semente»)

pitósporo-da-china *n.m.* BOTÂNICA arbusto da família das Pitosporáceas, de flores esbranquiçadas, com cheiro parecido com o da flor de laranjeira, cultivado em Portugal

pito-verdeal *n.m.* ORNITOLOGIA ⇒ **peto**

pitu *n.m.* [Brasil] ZOOLOGIA crustáceo da família dos Palemonídeos, de cor escura, de abdómen volumoso e pinças muito compridas (chegando a atingir um comprimento total aproximado de meio metro) e de carne muito apreciada (Do tupi *pi'tu*, «casca escura»)

pituíta *n.f.* FISIOLOGIA humor aquoso, de pouca consistência, que procede do nariz, brônquios ou estômago (Do lat. *pituīta-*, «id.»)

pituitária *n.f.* **1** ANATOMIA parte da mucosa nasal dos vertebrados que forra as fossas nasais, e que desempenha funções olfativas **2** ANATOMIA ⇒ **hipófise** (Do lat. *pituĭta*, «pituíta» +*-ária*)

pituitoso /ô/ *adj.* **1** cheio de pituíta **2** abundante em pituíta (De *pituíta*+*-oso*)

pium *n.m.* [Brasil] ZOOLOGIA nome vulgar usado para designar uns pequenos mosquitos hematófagos (as fêmeas), importunos (Do tupi *pi'ũ*, «que come a pele»)

piverada *n.f.* CULINÁRIA guisado condimentado com pimenta, azeite, alhos, sal e vinagre (Do lat. *piperātu-*, «apimentado; picante»)

pivete /ê/ *n.m.* **1** rolozinho ou pastilha de substância aromática para defumar quartos, etc. **2** mau cheiro **3** [regionalismo] criança espevitada com pretensões a pessoa adulta (Do cast. *pebete*, «id.»)

piveteiro *n.m.* vaso onde se queima o pivete (De *pivete*+*-eiro*)

pivô *n.m.* **1** eixo vertical fixo, à volta do qual gira uma peça móvel **2** MEDICINA (odontologia) pequena haste metálica que serve de suporte a um dente postiço ou a uma coroa aplicada a um dente **3** MEDICINA (odontologia) dente artificial fixado com haste metálica **4** [fig.] sustentáculo, base; princípio fundamental **5** [fig.] figura da qual depende o funcionamento de uma organização ■ *n.2g.* **1** (rádio, televisão) apresentador que estabelece a ligação com os repórteres nos programas informativos **2** DESPORTO jogador relativamente fixo cuja função é fazer girar ou coordenar certas jogadas da sua equipa (Do fr. *pivot*, «id.»)

pivot *n.m.,n.2g.* ⇒ **pivô**

píxel *n.m.* (plural **píxeis**) INFORMÁTICA a mais pequena superfície homogénea constitutiva de uma imagem (Do ing. *pixel*, de *pic[ture] el[ement]*)

píxide /cs/ *n.f.* **1** RELIGIÃO vaso em que se guardam as hóstias ou partículas consagradas **2** BOTÂNICA ⇒ **pixídio** (Do gr. *pyxís, -ídos*, «caixa de buxo», pelo lat. *pyxĭde-*, «caixa pequena; cofre pequeno»)

pixídio /cs/ *n.m.* BOTÂNICA cápsula (fruto) com deiscência transversal cuja parte superior se levanta como tampa (Do gr. *pyxídion*, «caixinha», pelo lat. *pyxidĭu-*, «id.»)

piza *n.f.* CULINÁRIA iguaria de origem italiana feita de massa de pão, geralmente de forma arredondada, guarnecida com molho de tomate, queijo, orégãos e ainda outros ingredientes ao gosto, como anchovas, fiambre, cogumelos, presunto, azeitonas, etc., e que é cozida no forno (Do it. *pizza*, «id.»)

pizaria *n.f.* **1** estabelecimento especializado na confeção e comercialização de pizas **2** restaurante onde predominantemente se servem pizas (Do it. *pizzeria*, «id.»)

pizza *n.f.* ⇒ **piza** (Do it. *pizza*, «id.»)

pizzaria *n.f.* ⇒ **pizaria** (De *pizza*+*-aria*, por infl. do it. *pizzeria*, «id.»)

pizzicato *adj.* MÚSICA dedilhado ■ *n.m.* MÚSICA ato de tocar com os dedos as cordas de um instrumento de arco (Do it. *pizzicato*)

placa *n.f.* **1** folha pouco espessa de material rígido; chapa; lâmina **2** elemento de construção em betão armado de caráter laminar; laje **3** espécie de tabuleta, geralmente de pedra ou metal, com inscrição **4** peça de metal utilizada como insígnia; condecoração **5** peça de metal ou de louça, fixa nas paredes, para sustentar um aparelho de iluminação **6** revestimento de fogão em material vitrocerâmico ou outro **7** ELETRICIDADE um dos elétrodos das válvulas termiónicas **8** MEDICINA crosta patológica na pele ou mucosa, especialmente de natureza sifilítica **9** dentadura postiça **10** [gír.] qualquer moeda de prata; **~ bacteriana** MEDICINA depósito bacteriano de cor esbranquiçada que se forma na superfície dos dentes e das gengivas, e que é uma das principais causas de cárie; **~ gráfica**

placá

INFORMÁTICA dispositivo de hardware que permite visualizar no monitor os sinais digitais tratados pelo computador e que pode ser adaptado à placa-mãe ou estar integrado nela; ~ **madrepórica** ZOOLOGIA placa calcária, perfurada, que pertence ao aparelho ambulacrário dos equinodermos e é também conhecida por madreporite; ~ **vitrocerâmica** revestimento de fogão em material vitrocerâmico que funciona a eletricidade ou gás (butano ou natural) (Do neerl. *placke*, «id.», pelo fr. *plaque*, «id.»)

placá *n.m.* [São Tomé e Príncipe] peixe bem fumado (De *placa*, alusão à rigidez, semelhante à da madeira)

placabilidade *n.f.* 1 qualidade do que se pode placar ou acalmar 2 serenidade (Do lat. *placabilitāte-*, «id.»)

placagem *n.f.* ato ou efeito de placar (De *placar*+*-agem*)

placa-mãe *n.f.* INFORMÁTICA grande placa de circuitos eletrónicos que contém a unidade central de processamento (CPU), suportes para circuitos integrados e fichas de expansão (De *placa*+*mãe*)

placar[1] *v.tr.,intr.* ⇒ **aplacar** (Do lat. *placāre*, «id.»)

placar[2] *v.tr.* DESPORTO (râguebi) fazer cair (o portador da bola) sem o derrubar com as pernas, impedindo a sua progressão no terreno (Do fr. *plaquer*, «id.»)

placar[3] *n.m.* 1 quadro onde se registam os pontos marcados numa competição desportiva 2 quadro onde se afixam cartazes publicitários (Do fr. *placard*, «id.»)

placard *n.m.* ⇒ **placar**[3] (Do fr. *placard*, «id.»)

placável *adj.2g.* que se pode placar ou acalmar; aplacável (Do lat. *placabĭle-*, «id.»)

placebo /ê/ *n.m.* MEDICINA medicamento inerte ministrado com fins sugestivos ou psicológicos, que pode aliviar padecimentos unicamente pela fé que o doente tem nos seus poderes (Do lat. *placēbo*, «agradarei», 1.ª pess. sing. do fut. do ind. de *placēre*, «agradar»)

Placenciano *n.m.* GEOLOGIA andar do Pliocénico (De *Placência*, top., cidade italiana da região de Emília +*-ano*)

placenta *n.f.* 1 HISTOLOGIA órgão esponjoso que se forma no útero e estabelece as relações entre o embrião e a mãe, nos mamíferos placentários, e através do qual se realizam trocas nutritivas 2 BOTÂNICA parte do carpelo a que se prendem os óvulos (Do gr. *plakoûs*, «pastel folhado», pelo lat. *placenta-*, «id.»)

placentação *n.f.* 1 HISTOLOGIA processo de formação da placenta 2 BOTÂNICA disposição dos óvulos no ovário das plantas; ~ **axial** tipo de placentação caracterizado pela disposição dos óvulos ao longo do eixo de um ovário que se mantém multilocular (De *placenta*+*-ção*)

placentário *adj.* 1 relativo ou pertencente à placenta 2 ZOOLOGIA diz-se do mamífero que possui placenta ou foi gerado com intervenção deste órgão ■ *n.m.* 1 BOTÂNICA parte do fruto constituída pela reunião de muitas placentas 2 *pl.* ZOOLOGIA grupo de mamíferos que possuem placenta ou foram gerados com intervenção deste órgão (De *placenta*+*-ário*)

placentino *adj.* relativo a Placência, cidade italiana da região de Emília ■ *n.m.* natural ou habitante de Placência (Do lat. *placentīnu-*, «de Placência»)

placentite *n.f.* MEDICINA inflamação da placenta (De *placenta*+*-ite*)

placidamente *adv.* de modo plácido; com calma; sossegadamente (De *plácido*+*-mente*)

placidez /ê/ *n.f.* 1 qualidade ou estado de plácido 2 calma; tranquilidade; serenidade; brandura de ânimo 3 fleuma (De *plácido*+*-ez*)

plácido *adj.* 1 tranquilo; sereno 2 calmo; sossegado 3 pacífico 4 fleumático (Do lat. *placĭdu-*, «id.»)

plácito *n.m.* 1 aprovação; beneplácito 2 voto que fazem os bispos de guardar castidade 3 promessa; pacto (Do lat. *placĭtu-*, «preceito; regra»)

placitude *n.f.* calma; sossego; tranquilidade; placidez (De *placĭtu-*, «plácido» +*-ude*)

placodermo *adj.* PALEONTOLOGIA relativo ou pertencente aos placodermos ■ *n.m.* PALEONTOLOGIA espécime dos placodermos ■ *n.m.pl.* PALEONTOLOGIA classe de peixes fósseis do Triásico superior, caracterizados por possuírem um esqueleto externo formado por placas ósseas (Do gr. *pláx, plakós*, «placa» +*dérma*, «pele»)

placodontes *n.m.pl.* PALEONTOLOGIA répteis fósseis que viveram nos mares do Triásico, possuidores de dentes palatinos (Do gr. *pláx, -akós*, «placa» +*odoús, -óntos*, «dente»)

plafom *n.m.* ⇒ **plafond** (Do fr. *plafond*)

plafonamento *n.m.* ato de plafonar (Do fr. *plafonnement*, «id.»)

plafonar *v.tr.* estabelecer um plafond (limite) para (Do fr. *plafonner*, «id.»)

plafond *n.m.* 1 ECONOMIA limite de despesas autorizadas pela lei de meios (orçamento de Estado) 2 ECONOMIA limite de crédito autorizado por um banco a um cliente (Do fr. *plafond*)

plaga *n.f.* 1 região; país 2 praia 3 trato de terreno (Do lat. *plaga-*, «extensão de terreno; região; território»)

plagiador *n.m.* o que atribui a si passagens ou obras de outro autor (Do lat. *plagiatōre-*, «id.»)

plagiar *v.tr.,intr.* 1 apresentar como seu aquilo (o trabalho, a obra de outrem) 2 imitar (obra alheia) (Do lat. *plagiāre*, «id.»)

plagiário *n.m.* ⇒ **plagiador** (Do lat. *plagiarĭu-*, «id.»)

plagiato *n.m.* ⇒ **plágio** (Do fr. *plagiat*, «id.»)

plagiedria *n.f.* CRISTALOGRAFIA processo de hemiedria em que se conservam homólogas as faces de compartimentos alternos, dentro de cada um dos sectantes cristalográficos e de sectante para sectante (Do gr. *plágios*, «oblíquo» +*hédra*, «face» +*-ia*)

plagiédrico *adj.* CRISTALOGRAFIA diz-se das formas hemiédricas consideradas obtidas por plagiedria (De *plagiedria*+*-ico*)

plagiedro *adj.* CRISTALOGRAFIA ⇒ **plagiédrico**

plagi(o)- elemento de formação de palavras que exprime a ideia de *oblíquo* (Do gr. *plágios*, «oblíquo»)

plágio *n.m.* 1 ato ou efeito de plagiar 2 apresentação feita por uma pessoa da obra ou do trabalho de outrem como se fosse seu; plagiato (Do gr. *plágios*, «oblíquo», pelo lat. *plagĭu-*, «plágio»)

plagióclase *n.f.* MINERALOGIA mineral do grupo dos feldspatos cálcicos ou calcossódicos que formam uma série isomorfa entre a albite e a anortite, arbitrariamente subdividida em seis membros (albite, oligóclase, andesina, labradorite, bytownite e anortite) e que cristalizam no sistema triclínico (Do gr. *plágios*, «oblíquo» +*klásis*, «fratura»)

plagioclasite *n.f.* MINERALOGIA mineral do grupo dos feldspatos, que se obtém através de misturas de albite e anortite e que cristaliza no sistema triclínico; anortosito (De *plagióclase*+*-ite*)

plagiomorfia *n.f.* qualidade do que é plagiomórfico (Do gr. *plágios*, «oblíquo» +*morphé*, «forma» +*-ia*)

plagiomórfico *adj.* CRISTALOGRAFIA diz-se da classe cristalográfica hemiédrica, cujas formas resultam das holoédricas por supressão das faces de metade dos sectantes, alternadamente (De *plagiomorfia*+*-ico*)

plagióstomo *adj.* que tem a boca oblíqua ou transversal ■ *n.m.* ICTIOLOGIA espécime dos plagióstomos ■ *n.m.pl.* ICTIOLOGIA grupo (ordem) de peixes marinhos com esqueleto cartilagíneo, brânquias situadas em fendas isoladas ao lado da faringe e boca ventral; seláquios (Do gr. *plágios*, «oblíquo» +*stóma*, «boca»)

plaina *n.f.* 1 instrumento de carpintaria que serve para alisar a madeira 2 [fig.] desbastador (Do lat. vulg. **planĕa*, por *plāna-*, «id.»)

plainete /ê/ *n.m.* utensílio que serve para cinzelar metais (De *plaina*+*-ete*)

plaino *n.m.* ⇒ **planície** ■ *adj.* plano (Do lat. vulg. **planĕu-*, por *plānu-*, «plano»)

plana *n.f.* 1 classe; ordem; categoria; graduação 2 plano 3 reputação (De *plano*)

planada *n.f.* planalto (De *planado*)

planado *adj.* diz-se do voo da ave quando paira no ar, ou do avião que se sustenta no ar com o motor parado (Part. pass. de *planar*)

planador *n.m.* aparelho que permite a sustentação no ar, à imitação do voo planado das aves, sem o recurso a energia motriz ■ *adj.* 1 diz-se do animal que pode executar normalmente o salto com voo planado 2 que plana; que paira (De *planar*+*-dor*)

planáltico *adj.* 1 relativo a planalto 2 que tem planaltos (De *planalto*+*-ico*)

planalto *n.m.* terreno extenso, quase plano, situado a altitude considerável; chã (De *plano*+*alto*)

planar *v.intr.* 1 sustentar-se no ar (a ave) com as asas estendidas, parecendo não as mexer; pairar 2 sustentar-se no ar (a aeronave), graças à sua estrutura e ao impulso que o ar exerce sobre ela 3 [fig.] viver numa posição elevada (Do fr. *planer*, «id.»)

planária *n.f.* ZOOLOGIA nome vulgar extensivo a uns platelmintes turbelários, livres, aquáticos, de pequenas dimensões, que se deslocam por meio de cílios (Do lat. *planarĭa-*, «id.»)

plancto *n.m.* BIOLOGIA ⇒ **plâncton**

plâncton *n.m.* BIOLOGIA conjunto de organismos aquáticos, na maior parte microscópicos, que flutuam em águas doces e nos oceanos e são arrastados pelas correntes, constituindo alimento de muitas espécies animais (Do gr. *plagktón*, «errante»)

planeador *adj.* que planeia ■ *n.m.* 1 o que planeia 2 pessoa especialista em planeamentos (De *planear*+*-dor*)

planeamento *n.m.* 1 ato ou efeito de planear 2 determinação dos objetivos e dos meios para os atingir 3 preparação de decisões

para alcançar objetivos específicos tendo como finalidade melhorar o uso e gestão dos recursos bem como a qualidade dos ambientes naturais e sociais **4** função ou serviço de preparação do trabalho; ~ *familiar* conjunto de cuidados de saúde que visam a planificação dos nascimentos e do número de filhos de acordo com as necessidades ou os desejos de um casal e tendo em conta as várias condicionantes fisiológicas, clínicas, económicas, culturais ou religiosas da família (De planear+-mento)

planear v.tr. **1** elaborar o plano ou a planta de; projetar **2** determinar os objetivos e meios para; planificar **3** elaborar programa ou plano para; programar **4** tencionar (De plano+-ear)

planejador adj.,n.m. [Brasil] ⇒ **planeador** (De planejar+-dor)

planejamento n.m. [Brasil] ⇒ **planeamento** (De planejar+-mento)

planejar v.tr. [Brasil] ⇒ **planear** (De plano+-ejar)

planeta[1] n.f. casula sacerdotal (Do b. lat. planēta-, «id.»)

planeta[2] /ê/ n.m. ASTRONOMIA corpo celeste que orbita em torno de uma estrela, com gravidade suficiente para ter uma forma quase esférica, descrevendo uma órbita com uma vizinhança livre de outros corpos celestes; ~ *anão* ASTRONOMIA corpo que orbita em torno de uma estrela, com gravidade suficiente para ter uma forma quase esférica, descrevendo uma órbita com uma vizinhança não livre de outros corpos celestes e que não é um satélite; ~ *primário/principal* ASTRONOMIA planeta que executa o seu movimento diretamente à volta do Sol; ~ *secundário/satélite* ASTRONOMIA planeta que executa o movimento de translação à volta de outro planeta acompanhando este à volta do Sol (Do gr. planétes, «errante», pelo lat. planēta-, «planeta»)

planetário adj. relativo ou pertencente aos planetas ■ n.m. **1** maquinismo que figura o movimento dos planetas **2** edifício concebido para a projeção da abóboda celeste com um objetivo educativo e lúdico (Do lat. tard. planetarŭ-, «astrólogo»)

planete /ê/ n.m. parte lisa, na moeda, um pouco mais alta que a gravura (De plano+-ete)

planetoide n.m. ASTRONOMIA pequeno planeta; asteroide (Do gr. planétes, «errante» +eîdos, «forma»)

planetóide ver nova grafia planetoide

planeza /ê/ n.f. **1** estado ou qualidade de plano **2** planície (De plano+-eza)

plangana n.f. ⇒ **palangana**

plangência n.f. **1** estado ou qualidade de plangente **2** queixume; tristeza; lamentação (Do lat. plangentĭa, «id.», part. pres. neut. pl. de plangĕre, «chorar; lamentar-se»)

plangente adj.2g. **1** que chora **2** lastimoso; triste; gemedor (Do lat. plangente-, «id.», part. pres. de plangĕre, «chorar; lamentar-se»)

planger v.tr.,intr. soar de forma triste ■ v.intr. lastimar-se; chorar (Do lat. plangĕre, «chorar; lamentar-se»)

plangor n.m. **1** choro; pranto **2** lamento (Do lat. plangōre-, «lamento»)

plani- elemento de formação de palavras que exprime a ideia de plano (Do lat. planu-, «plano»)

planície n.f. **1** extensa área da superfície terrestre lisa ou levemente ondulada, sem relevos, a baixa altitude; planura **2** campina (Do lat. planitĭe-, «id.»)

planificação n.f. **1** ato ou efeito de planificar **2** organização de acordo com um plano **3** MATEMÁTICA aplicação de uma superfície sobre um plano (De planificar+-ção)

planificar v.tr. **1** desenhar ou traçar num plano **2** representar em plano **3** organizar de acordo com um plano **4** preparar e estabelecer um plano de atividades para **5** MATEMÁTICA representar (um sólido geométrico) em desenhos no plano (De plani-+-ficar)

planificável adj.2g. que se pode planificar (De planificar+-vel)

planiforme adj.2g. de forma chata (De plani-+-forme)

planiglobo /ô/ n.m. ⇒ **planisfério** (De plani-+globo)

planimetria n.f. **1** MATEMÁTICA técnica de medição de áreas planas **2** geometria plana **3** ENGENHARIA projeção ortogonal dos pontos do terreno sobre uma superfície de nível (De plani-+-metria)

planímetro n.m. **1** instrumento empregado em planimetria para medir superfícies irregulares **2** MATEMÁTICA dispositivo mecânico que serve para medir áreas planas (De plani-+-metro)

planipene adj.2g. que possui penas ou asas achatadas (Do lat. planu-, «plano»+penna-, «pena; pluma»)

planirrostro adj. cujo bico é sensivelmente achatado (De plani-+-rostro)

planisférico adj. relativo ao planisfério (De planisfério+-ico)

planisfério n.m. **1** representação de um globo ou esfera sobre um plano **2** mapa que representa toda a superfície da Terra sobre um plano (Do lat. planu-, «plano»+gr. sphaîra, «esfera»)

planizar v.tr. ⇒ **planear** (De plano+-izar)

plano adj. **1** que não apresenta desigualdades de nível nem ondulações; liso; raso; chão **2** [fig.] claro; simples ■ n.m. **1** representação de uma construção ou conjunto de construções, de um jardim, terreno, etc., a duas dimensões; planta; traçado; desenho **2** reprodução à escala, geralmente de uma máquina; diagrama **3** projeto elaborado com um objetivo específico e em que se estabelecem as várias etapas para o atingir **4** conjunto das disposições necessárias para executar um projeto; planificação; programa **5** estrutura de uma obra ou trabalho; esboço **6** projeto; ideia **7** GEOMETRIA superfície lisa (que pode considerar-se gerada por uma reta que se move em torno de um eixo a ela perpendicular) **8** superfície lisa, perpendicular à direção do olhar, que representa as distâncias numa cena real ou figurada **9** imagem ou cena com uma determinada dimensão ou distância em relação a uma objetiva **10** terreno liso; planície **11** ECONOMIA instrumento coordenador da política económica; ~ *de pormenor* ARQUITETURA projeto minucioso de uma área restrita; *grande/primeiro* ~ CINEMA, FOTOGRAFIA, TELEVISÃO plano muito aproximado do objeto, pessoa ou pessoas filmados, close-up; *ir por um* ~ *inclinado* [fig.] caminhar para a desgraça, para a ruína (Do lat. planu-, «id.»)

plano-côncavo adj. FÍSICA diz-se da lente divergente com uma face côncava e outra plana

plano-convexo adj. FÍSICA diz-se da lente convergente com uma face convexa e outra plana

planogâmeta n.m. BOTÂNICA ⇒ **zoogâmeta** (De plano+gâmeta)

planopolarizado adj. diz-se da radiação eletromagnética com invariável plano de vibração (De plano+polarizado)

planta n.f. **1** BIOLOGIA designação do grupo de seres vivos eucarióticos, pluricelulares, autotróficos e fotossintéticos, com tecidos diferenciados e parede celular de natureza celulósica **2** desenho em projeção horizontal de construções, aglomerados populacionais, etc.; plano **3** carta topográfica; mapa **4** [pop.] presença; apresentação; ~ *de estufa* [fig.] pessoa delicada que exige grande assistência, pessoa suscetível, que se ofende com muita facilidade; ~ *do pé* parte inferior do pé, que assenta no chão; ~ *topográfica* representação convencional, pormenorizada, de uma pequena parte da superfície terrestre, mapa topográfico (Do lat. planta-, «id.»)

plantação n.f. **1** ato ou efeito de plantar; plantio; cultivo **2** conjunto de vegetais plantados num terreno; cultura **3** terreno cultivado; exploração agrícola **4** propriedade agrícola nos países tropicais (Do lat. plantatiōne-, «id.»)

plantador adj. que planta ■ n.m. **1** aquele que planta **2** utensílio que serve para plantar **3** dono de uma plantação (Do lat. plantatōre-, «id.»)

Plantagináceas n.f.pl. BOTÂNICA família de plantas dicotiledóneas, herbáceas, de flores com corola gamopétala e escariosa e frutos secos, cujo género-tipo se denomina *Plantago* (Do lat. plantagĭne-, «tanchagem» +-áceas)

plantão n.m. **1** serviço de vigia distribuído diariamente a um soldado dentro do aquartelamento **2** soldado que faz esse serviço **3** horário por turnos em determinados serviços, como hospitais e esquadras de polícia **4** serviço noturno ou em dias feriados em hospitais, esquadras de polícia, etc.; *de* ~ de vigia; à espera (Do fr. planton, «id.»)

plantar v.tr. **1** meter (uma planta) na terra **2** guarnecer (um terreno ou uma região) com vegetais; cultivar; semear **3** fincar na terra verticalmente **4** [fig.] incentivar o desenvolvimento ou crescimento de; implantar **5** [fig.] estabelecer; colocar; assentar **6** [fig.] sugerir; instilar ■ v.pron. **1** cultivar-se **2** colocar-se **3** conservar-se firme ■ adj.2g. referente à planta do pé; *mandar* ~ *batatas* [colo.] mandar bugiar (Do lat. plantāre, «id.»)

plantel n.m. **1** grupo de animais de boa qualidade reservados para reprodução **2** DESPORTO grupo de atletas ou de técnicos selecionados entre os melhores (Do cast. argentino plantel, «id.»)

plantígrado adj. diz-se do animal que se desloca normalmente, assentando no solo as plantas dos pés ■ n.m.pl. ZOOLOGIA antigo grupo de mamíferos carnívoros caracterizados por terem marcha plantígrada, como o urso (Do lat. planta-, «planta» +gradi, «andar»)

plantio n.m. plantação; cultivo; cultura (De plantar+-io)

plantonista adj.2g. [Brasil] que está de plantão

plântula n.f. **1** pequena planta nascida há pouco **2** para alguns autores, embrião vegetal contido na semente, que começa a desenvolver-se pela germinação; germe (Do lat. tard. plantŭla, dim. de planta-, «planta»)

plantulação n.f. [ant.] ⇒ **germinação** (De plântula+-ção)

planturoso /ô/ adj. 1 volumoso 2 crescido 3 [fig.] abundante; copioso; prolixo (Do fr. *plantureux*, «volumoso; abundante»)

planura n.f. 1 planície; chã 2 planalto (De *plano*+*-ura*)

plaqué n.m. casquinha dourada ou prateada que reveste certos objetos de metal vulgar (Do fr. *plaqué*, «metal coberto por lâmina de metal precioso»)

plaqueta /ê/ n.f. 1 {diminutivo de **placa**} pequena placa 2 HISTOLOGIA célula sanguínea sem núcleo, que intervém no processo de coagulação (Do fr. *plaquette*, «placa pequena»)

plasma n.m. 1 FISIOLOGIA parte líquida do sangue e da linfa 2 FÍSICA conjunto eletricamente neutro de eletrões e iões positivos, átomos normais e átomos excitados, numa descarga gasosa 3 FÍSICA gás a temperaturas muito elevadas 4 MINERALOGIA variedade verde-escura de calcedónia, usada como pedra semipreciosa 5 tipo de monitor de painel plano, que contém néon entre um conjunto horizontal e outro vertical de elétrodos que, quando são carregados, fazem brilhar o néon onde estes se intersetam, passando a representar um píxel; **~ sanguíneo** HISTOLOGIA líquido que se separa do sangue coagulado e que é também designado soro sanguíneo; *dinâmica dos plasmas* FÍSICA estudo da dinâmica dos gases ionizados, especialmente dos gases completamente ionizados, básico para a construção de dispositivos capazes de fornecer energia por fusão termonuclear controlada (Do gr. *plásma*, «obra modelada», pelo lat. *plasma-*, «criatura; ficção»)

plasmar v.tr. 1 modelar em gesso, barro, etc. 2 dar forma a; modelar (Do lat. *plasmāre*, «modelar; formar»)

plasmático adj. relativo ou pertencente ao plasma ou ao protoplasma (Do gr. *plasmatikós*, «fictício»)

plasmodial n.f. BIOLOGIA massa gelatinosa constituída por micetozoários, numa das fases da sua evolução (De *plasmódio*+*-al*)

plasmodiérese n.f. BIOLOGIA conjunto dos fenómenos de divisão do citoplasma; citocinese (Do gr. *plásma*, «obra modelada» +*diaíresis*, «divisão»)

plasmódio n.m. 1 BIOLOGIA formação protoplasmática com vários núcleos resultantes da divisão de um núcleo inicial 2 BIOLOGIA em especial, formação protoplasmática, de natureza vegetal, com vários núcleos; sincício 3 BIOLOGIA nome vulgar dos protozoários (esporozoários) que provocam a malária (Do lat. *plasmodĭu-*, «id.»)

plasmodióforo adj. que produz ou que tem plasmódios (De *plasmódio*+gr. *phorós*, «portador»)

plasmólise n.f. BIOLOGIA fenómeno biológico que consiste na saída de água das células, o que provoca a retração do citoplasma (De [proto]*plasma*+*lise*)

plasta n.m. BIOLOGIA cada um dos corpúsculos vivos celulares dos vegetais, de estrutura mais ou menos complexa, que se originam uns dos outros por divisão; leucito; plastídio (Do gr. *plástes*, «modelador»)

plastia n.f. MEDICINA operação cirúrgica para reparação de um órgão ou região (Do gr. *plástes*, «modelador» +*-ia*)

plástica n.f. 1 arte de plasmar 2 CIRURGIA processo de reconstruir artificialmente qualquer parte do corpo arruinada ou destruída 3 conjunto das formas do corpo humano 4 beleza de formas (Do gr. *plastiké*, «relativo às obras de barro», pelo lat. tard. *plastĭca-*, «id.»)

plasticão n.m. ⇒ **embalão** (De *plástico*+*-ão*)

plasticidade n.f. 1 qualidade de plástico 2 maleabilidade 3 propriedade que permite a deformação contínua e permanente, sem rutura, de certos materiais, sob a ação de forças que excedem determinados valores (De *plástico*+*-i*+*-dade*)

plasticina n.f. espécie de massa plástica, facilmente moldável, que serve para modelar (Do gr. *plastikós*, «relativo às obras de barro» +*-ina*)

plasticização n.f. 1 ato ou efeito de plasticizar 2 modelação (De *plasticizar*+*-ção*)

plasticizante adj.2g. ⇒ **plastificante** (De *plasticizar*+*-ante*)

plasticizar v.tr. 1 dar feição plástica 2 plastificar (De *plástico*+*-izar*)

plástico adj. 1 relativo à plástica 2 suscetível de ser modelado com os dedos 3 que forma ou serve para formar ■ n.m. material sintético que se caracteriza por ser facilmente moldado, por efeito do calor ou da pressão, ou de ambos, em certa fase da sua produção; *artes plásticas* as artes do desenho, da pintura, da escultura e da arquitetura (artes da forma) (Do gr. *plastikós*, «relativo às obras de barro», pelo lat. *plastĭcu-*, «plástico; relativo à modelação»)

plastídio n.m. 1 BIOLOGIA ⇒ **plasta** 2 [ant.] ⇒ **enérgide** (Do gr. *plastís*, *-ídos*, «modelador» +*-io*)

plastidoma /ô/ n.m. BIOLOGIA conjunto de plastídios de uma célula (Do gr. *plastís*, *-ídos*, «modelador» +[*ogk*]*oma*, «tumor»)

plastificante adj.2g. diz-se da substância que se junta a outra para lhe comunicar propriedades plásticas; plasticizante (De *plastificar*+*-ante*)

plastificar v.tr. 1 revestir de plástico 2 modelar 3 dar feição plástica a (De *plástico*+*-ficar*)

plastilina n.f. ⇒ **plasticina**

plastómetro n.m. instrumento que serve para determinar a plasticidade de uma substância (Do gr. *plastós*, «modelado» +*métron*, «medida»)

plastrão n.m. 1 espécie de colete almofadado que na esgrima protege o peito e o ventre contra os golpes do florete 2 gravata que cobre o peito 3 ⇒ **peitilho** 4 ZOOLOGIA parte ventral da couraça dos quelónios (Do fr. *plastron*, «id.»)

platabanda n.f. ⇒ **platibanda** (Do fr. *plate-bande*, «id.»)

plataforma n.f. 1 estrutura horizontal, mais ou menos elevada 2 terraço; açoteia 3 estrado na parte posterior da locomotiva, onde vai o maquinista 4 estrado nos carros elétricos, por onde se embarca ou desembarca 5 estrado elevado à altura do estribo ou do piso dos vagões para facilitar o embarque ou desembarque dos passageiros, nas estações dos caminhos de ferro 6 disco móvel em torno de um eixo central em que se colocam as locomotivas para as mudar de linha 7 MILITAR estrutura de terra, madeira ou aço sobre a qual assentam as bocas de fogo de artilharia ou quaisquer outros objetos pesados 8 INFORMÁTICA base composta por hardware, físico ou virtual, pelo sistema operativo, e por aplicações que são a base para o desenvolvimento de novas aplicações 9 [fig.] proposta ou medida conciliatória 10 [fig.] conjunto de ideias ou propostas que constituem a base de uma política comum 11 [fig., pop.] simulacro; aparência; **~ continental** zona marítima de fundo suavemente inclinado, que se segue ao litoral até profundidades de cerca de duzentos metros, estabelecida por ato soberano do país respetivo (Do fr. *plateforme*, «cobertura de casa»)

Plataleidas n.m.pl. ORNITOLOGIA ⇒ **Plataleídeos**

Plataleídeos n.m.pl. ORNITOLOGIA família de aves de bico longo e espalmado, a que pertence o colhereiro (Do lat. *platalĕa-*, «colhereiro» +*-ídeos*)

Platanáceas n.f.pl. BOTÂNICA família de plantas dicotiledóneas, lenhosas, de frutos secos, próprias das regiões temperadas do Norte e subtropicais, cujo género-tipo se denomina *Platanus* (Do lat. *platănu-*, «plátano» +*-áceas*)

plátano n.m. BOTÂNICA planta arbórea da família das Platanáceas, de grande porte e folhas largas, com ritidoma que se separa em placas (Do gr. *plátanos*, «id.», pelo lat. *platănu-*, «id.»)

plátano-bastardo n.m. BOTÂNICA árvore da família das Aceráceas, de fruto múltiplo (dissâmara), espontânea em Portugal, do Minho à Estremadura, mas também cultivada como árvore de sombra, e conhecida igualmente por padreiro

plátano-do-oriente n.m. BOTÂNICA plátano originário do Oriente

plateau n.m. CINEMA, TELEVISÃO cada um dos espaços de um estúdio que serve de cenário durante a rodagem de programas ou filmes (Do fr. *plateau*)

plateia n.f. 1 local destinado a espectadores, no pavimento inferior de uma casa de espetáculos 2 espectadores que ocupam esse local 3 cada uma das cadeiras colocadas nesse local (Do gr. *plateîa*, «praça pública», pelo lat. *platĕa-*, «id.»)

platelmintes n.m.pl. ZOOLOGIA grupo (tipo) de animais (em grande número, parasitas), caracterizados por terem o corpo achatado e tubo digestivo (quando existe) sem ânus (Do gr. *platýs*, «largo; chato» +*hélmis*, *-inthos*, «verme»)

platense adj.,n.2g. ⇒ **platino** (De *La Plata*, top., cidade da Argentina +*-ense*)

plateresco /ê/ adj. ARQUITETURA diz-se do estilo arquitetónico característico da primeira Renascença espanhola, cujos elementos decorativos imitam os que se encontram em peças de ourivesaria e revelam uma combinação de ornatos de gosto italiano com diversas formas de origem gótica (Do cast. *plateresco*, «id.»)

plati- elemento de formação de palavras que exprime a ideia de *plano, chato, dilatado* (Do gr. *platýs*, «largo; chato»)

platibanda n.f. 1 moldura chata mais larga do que saliente 2 prolongamento vertical da parede de uma casa, que assenta sobre a cornija 3 bordadura de um canteiro de flores (Do fr. *plate-bande*, «id.»)

platicéfalo adj. ICTIOLOGIA que tem a cabeça chata ■ n.m. ICTIOLOGIA espécime dos platicéfalos ■ n.m.pl. ICTIOLOGIA grupo de peixes teleósteos, acantopterígios, de cabeça larga, achatada e espinhosa, da família dos Triglídeos, próprios dos mares quentes, afins do ruivo (Do gr. *platyképhalos*, «de cabeça larga»)

platina¹ n.f. QUÍMICA elemento com o número atómico 78, de símbolo Pt, que é um metal branco, brilhante, muito denso, de elevado ponto de fusão, dificilmente atacado pelos ácidos, empregado em aparelhos científicos, em joalharia, e como catalisador (Do cast. *platina*, dim. de *plata*, «prata»)

platina² n.f. **1** presilha na camisa de trabalho ou no blusão, onde os militares seguram as correias, as divisas ou os galões **2** peça do microscópio onde se colocam as preparações para exame (Do fr. *platine*, «id.»)

platinado adj. **1** revestido de platina **2** que tem o aspeto da platina **3** diz-se do cabelo branqueado por processos químicos ■ n.m.pl. superfícies de contacto intermitente de certos interruptores automáticos de corrente elétrica, revestidas de um metal ou liga metálica especial (Part. pass. de *platinar*)

platinador n.m. o que platina (De *platinar*+-*dor*)

platinagem n.f. operação de platinar (De *platinar*+-*agem*)

platinar v.tr. **1** revestir com uma camada de platina **2** branquear com uma mistura de estanho e mercúrio **3** tornar platinado (o cabelo) (De *platina*+-*ar*)

platinífero adj. que possui platina (De *platina*+-*fero*)

platino adj. relativo à região do rio da Prata (América do Sul) ■ n.m. natural ou habitante dessa região (De *La Plata*, top. +-*ino*)

platinoso /ô/ adj. que contém ou produz platina (De *platina*+-*oso*)

platinotipia n.f. impressão fotográfica pela ação da luz sobre os sais de platina e de ferro (De *platina*+gr. *týpos*, «molde» +-*ia*)

platirríneos n.m.pl. ZOOLOGIA ⇒ **platirrinos**

platirrinos n.m.pl. ZOOLOGIA grupo de macacos da América que têm as narinas afastadas e a cauda muitas vezes preênsil (Do gr. *platyrrhís*, -*ínos*, «de narinas largas»)

platirrostro /ô/ adj. **1** ZOOLOGIA que tem o bico largo; latirrostro **2** ZOOLOGIA que tem o focinho largo (Do gr. *platýs*, «largo; chato»+lat. *rostru-*, «bico»)

platonicamente adv. **1** segundo a doutrina de Platão, filósofo grego (428-348 a. C.) **2** [fig.] castamente **3** [fig.] idealmente (De *platónico*+-*mente*)

platónico adj. **1** relativo a Platão, filósofo grego (428-348 a. C.), ou à sua filosofia **2** [fig.] alheio a interesses ou prazeres materiais; casto; ideal; puro ■ n.m. **1** indivíduo adepto do platonismo **2** [fig.] aquele que é alheio a interesses ou prazeres materiais; *amor ~* amor à distância, muitas vezes não confessado, e desprovido de sensualismo (Do gr. *platonikós*, «id.», pelo lat. *platonĭcu-*, «id.»)

platonismo n.m. **1** doutrina filosófica de Platão, filósofo grego (428-348 a. C.), segundo a qual as essências das coisas têm existência real e independente delas, constituindo as ideias puras ou arquétipos, de que os objetos são grosseiras imitações sensoriais **2** qualidade do que é platónico **3** [fig.] amor casto e ideal (Do lat. *Platōne-*, «Platão» +-*ismo*, ou do fr. *platonisme*, «id.»)

plausibilidade n.f. qualidade de plausível (Do lat. *plausibĭle-*, «plausível» +-*i-*+-*dade*)

plausível adj.2g. **1** digno de aplauso ou aprovação **2** aceitável; razoável (Do lat. *plausibĭle-*, «id.»)

plaustro n.m. [poét.] carro descoberto (Do lat. *plaustru-*, «carro de duas rodas»)

playback n.m. **1** gravação instrumental usada como base para a interpretação de um cantor ou de um instrumentista **2** interpretação em que o cantor ou o instrumentista acompanha uma música pré-gravada, fingindo estar a cantar ou a tocar (Do ing. *playback*, «id.»)

playboy n.m. indivíduo, geralmente elegante e rico, de vida social intensa e com fama de conquistador (Do ing. *playboy*)

plebe n.f. **1** classe popular da antiga sociedade romana por oposição aos patrícios **2** povo **3** [pej.] ralé (Do lat. *plebe-*, «id.»)

plebeado n.m. **1** conjunto dos plebeus **2** a plebe (Do port. ant. *plebeio*+-*ado*)

plebeidade n.f. qualidade ou condição de plebeu; plebeísmo (Do port. ant. *plebeio*+-*i-*+-*dade*)

plebeísmo n.m. **1** qualidade ou condição de plebeu **2** frases, palavras ou modos usados apenas pelo povo **3** defeito de linguagem que consiste em empregar, como correntes, essas frases ou palavras (Do port. ant. *plebeio*+-*ismo*)

plebeização n.f. **1** ato ou efeito de plebeizar **2** conversação com plebeísmos **3** rebaixamento; abastardamento (De *plebeizar*+-*ção*)

plebeizar v.tr. tornar plebeu (Do port. ant. *plebeio*+-*izar*)

plebeu adj. (feminino **plebeia**) **1** da plebe ou a ela relativo **2** que não é nobre ■ n.m. **1** indivíduo da plebe **2** membro da classe inferior da antiga Roma (Do lat. *plebēu-*, «id.»)

plebiscitar v.tr. **1** consultar por meio de plebiscito **2** resolver por meio de plebiscito (De *plebiscito*+-*ar*)

plebiscitário adj. relativo ou pertencente a plebiscito (De *plebiscito*+-*ário*)

plebiscito n.m. **1** lei decretada pelo povo romano, quando reunido em comício **2** votação por todo o eleitorado de um país para traduzir a resposta a perguntas formuladas pelos governantes (Do lat. *plebiscitu-*, «id.»)

plectógnato adj. ICTIOLOGIA pertencente ou relativo aos plectógnatos ■ n.m. ICTIOLOGIA espécime dos plectógnatos ■ n.m.pl. ICTIOLOGIA grupo de peixes teleósteos, acantopterígios, cujas maxilas se alongam em bico (Do gr. *plektós*, «amarrado; enlaçado» +*gnáthos*, «maxila»)

plectro n.m. **1** MÚSICA lâmina de marfim, plástico, de osso ou de tartaruga, com que se vibram as cordas de certos instrumentos musicais; palheta **2** ponteiro de marfim com que se feriam as cordas da lira **3** [fig.] génio poético **4** [fig.] poesia (Do gr. *plēktron*, «coisa com que se bate», pelo lat. *plectru-*, «id.»)

plêiade n.f. ⇒ **plêiade**

Plêiadas n.f.pl. ASTRONOMIA ⇒ **Sete-Estrelo**

plêiade n.f. **1** grupo de pessoas notáveis pelo seu talento ou títulos de nobreza **2** ASTRONOMIA cada uma das estrelas que formam a constelação das Plêiades (Sete-Estrelo) (Do lat. *Pleiădes*, «as Plêiades»)

Plêiades n.f.pl. ASTRONOMIA ⇒ **Sete-Estrelo**

Pleiocénico n.m. GEOLOGIA ⇒ **Plioceno**

Pleioceno n.m. GEOLOGIA ⇒ **Plioceno**

pleiotropia n.f. ⇒ **pliotropia**

pleiotrópico adj. ⇒ **pliotrópico**

pleiotropismo n.m. ⇒ **pliotropismo**

Pleistocénico n.m. GEOLOGIA ⇒ **Plistoceno**

Pleistoceno n.m. GEOLOGIA ⇒ **Plistoceno**

pleiteador adj.,n.m. **1** que ou a pessoa que pleiteia **2** litigante (De *pleitear*+-*dor*)

pleiteante adj.,n.2g. ⇒ **pleiteador** (De *pleitear*+-*ante*)

pleitear v.tr. **1** demandar em juízo; litigar **2** mostrar-se a favor de; defender **3** disputar; contestar **4** esforçar-se por obter **5** rivalizar; competir ■ v.intr. manter discussão com alguém (De *pleito*+-*ear*)

pleito n.m. **1** questão judicial; demanda; litígio **2** disputa **3** contestação **4** rivalidade (Do lat. *placĭtu-*, «decreto», pelo prov. *plait*, «id.»)

plenamente adv. **1** de modo pleno **2** completamente; inteiramente (De *pleno*+-*mente*)

plenário adj. **1** pleno **2** inteiro ■ n.m. **1** assembleia, reunião ou sessão em que participam todos os membros de um corpo ou jurisdição; assembleia geral **2** totalidade dos membros ou sócios de um grupo; *indulgência plenária* RELIGIÃO remissão completa, concedida pela Igreja Católica, de todas as penas temporais merecidas pelo pecado; *tribunal ~* tribunal coletivo, presidido por um juiz desembargador, onde são julgados normalmente os crimes políticos (Do lat. *plenarĭu-*, «completo»)

plen(i)- elemento de formação de palavras que exprime a ideia de *pleno, cheio, completo* (Do lat. *plenu-*, «pleno; cheio»)

plenidão n.f. **1** qualidade de pleno **2** plenitude (Do lat. *plenitudĭne-*, «id.»)

plenificar v.tr. tornar pleno; preencher (De *pleni-*+-*ficar*)

plenilunar adj.2g. do plenilúnio ou a ele referente (De *plenilúnio*+-*ar*)

plenilúnio n.m. lua cheia (Do lat. *plenilunĭu-*, «id.»)

plenipotência n.f. pleno poder (De *pleni-*+*potência*)

plenipotenciário adj. que tem plenos poderes ■ n.m. agente diplomático com plenos poderes para cumprimento de qualquer missão junto de outro governo soberano (Do lat. tard. *plenipotentiarĭu-*, «id.»)

plenirrostro /ô/ adj. ORNITOLOGIA diz-se das aves cujo bico tem bordos inteiros, desprovidos de dente ou chanfradura (De *pleni-*+-*rostro*)

plenismo n.m. sistema filosófico de Leibniz, filósofo alemão (1646-1716), segundo o qual o Universo é completamente ocupado pela matéria, não existindo o vácuo (Do lat. *plenu-*, «cheio» +-*ismo*)

plenista n.2g. pessoa sectária do plenismo (Do lat. *plenu-*, «cheio» +-*ista*)

plenitude n.f. **1** estado do que se encontra em toda a sua força **2** amplitude; desenvolvimento **3** grandeza **4** estado do que se encontra pleno, cheio ou completo **5** totalidade (Do lat. *plenitudĭne-*, «id.»)

pleno¹ adj. **1** que está cheio; completo **2** sem restrições; total; inteiro; absoluto **3** perfeito ■ n.m. **1** número da roleta em que se coloca toda uma importância **2** aposta num número; *~ emprego* ECONOMIA situação em que se verifica uma ocupação integral dos recursos produtivos (materiais e humanos de uma economia), com

pleno

a consequente obtenção de trabalho regular e permanente por parte da maioria da população; *a ~* inteiramente; *arco ~* arco que tem a flecha igual a metade do vão; *em ~* em cheio; *em ~ dia* a meio do dia   (Do latim *plenu-*, «idem»)

pleno² *n.m.* [Cabo Verde] muro de suporte dos terrenos em socalcos   (Do crioulo cabo-verdiano *pleno*, «idem»)

pleocroísmo *n.m.* MINERALOGIA propriedade que se verifica em certos minerais e se manifesta pela forma diferente como a luz relativa a determinada cor é absorvida segundo a direção em que vibra no seio do mineral considerado   (Do gr. *pléos*, «cheio» +*khróa*, «cor» +-*ismo*)

pleomorfismo *n.m.* 1 BIOLOGIA propriedade de certos seres inferiores apresentarem diferentes formas ou processos de multiplicação 2 MINERALOGIA propriedade que certas substâncias têm de cristalizar em duas ou mais formas cristalinas   (Do gr. *pléos*, «cheio; numeroso» +*morphé*, «forma» +-*ismo*)

pleonasmo *n.m.* 1 recurso estilístico que consiste em usar intencionalmente palavras e expressões repetitivas e redundantes para tornar uma ideia mais expressiva (ex.: *hemorragia de sangue*, etc.) 2 ato de exprimir por muitas palavras o que pode ser dito em poucas; circunlóquio 3 o que é supérfluo, desnecessário   (Do gr. *pleonasmós*, «superabundância», pelo lat. *pleonasmu-*, «pleonasmo»)

pleonástico *adj.* 1 que envolve pleonasmo; redundante 2 supérfluo   (Do gr. *pleonastikós*, «id.»)

pleópode *n.m.* ZOOLOGIA apêndice abdominal dos artrópodes, especialmente dos crustáceos; pliópode   (Do gr. *pléos*, «cheio; numeroso» +*poús, podós*, «pé»)

pleroma /ô/ *n.m.* 1 (gnosticismo) plenitude divina donde emanam todos os seres espirituais 2 (física antiga) conjunto de todos os seres 3 BOTÂNICA uma das três partes resultantes da primeira diferenciação do meristema primitivo   (Do gr. *plérōma*, «plenitude», pelo lat. *plerōma-*, «complemento»)

plesiossauro *n.m.* PALEONTOLOGIA nome vulgar de um réptil aquático, de vida pelágica, com cabeça pequena e pescoço longo, que faz parte da fauna fóssil do Mesozoico   (Do gr. *plesíos*, «vizinho; próximo» +*saûros*, «lagarto»)

plessímetro *n.m.* MEDICINA instrumento de medicina que servia para praticar a percussão mediata; anticoposcópio   (Do gr. *pléssein*, «bater» +*métron*, «medida»)

plessómetro *n.m.* MEDICINA ⇒ **plessímetro**

pletismografia *n.f.* 1 MEDICINA utilização do pletismógrafo 2 ANATOMIA estudo das alterações de volume de um órgão ou membro motivadas pelo afluxo de sangue   (De *pletismógrafo*+-*ia*)

pletismógrafo *n.m.* aparelho que serve para o estudo das alterações de volume dos órgãos provocadas pela circulação do sangue   (Do gr. *plethysmós*, «aumento»+*gráphein*, «escrever; registar»)

pletora *n.f.* 1 MEDICINA superabundância de humores ou de sangue 2 BOTÂNICA excesso de seiva 3 [fig.] qualquer excesso que produz efeito nocivo 4 [fig.] superabundância; profusão   (Do gr. *plethóra*, «grande quantidade»)

pletórico *adj.* 1 relativo a pletora 2 que tem pletora   (Do gr. *plethorikós*, «id.»)

pletorizar *v.tr.* produzir pletora em ■ *v.intr.* existir em excesso   (De *pletora*+-*izar*)

pleura *n.f.* 1 ANATOMIA membrana serosa que reveste os pulmões 2 PALEONTOLOGIA cada um dos dois lóbulos laterais e longitudinais das trilobites 3 ZOOLOGIA cada uma das formações membranosas, flexíveis, que, nos artrópodes, ligam lateralmente uma tergite à esternite correspondente   (Do gr. *pleurá*, «flanco; lado»)

pleural *adj.2g.* relativo a pleura   (De *pleura*+-*al*)

pleuris *n.m.2n.* MEDICINA ⇒ **pleurisia**   (Do lat. tard. *pleurĭse-*, «pleurisia»)

pleurisia *n.f.* MEDICINA inflamação da pleura   (Do lat. tard. *pleurĭse-*, «pleurisia», pelo fr. *pleurésie*, «id.»)

pleurite *n.f.* MEDICINA pleurisia seca   (Do gr. *pleurítis*, «moléstia da pleura», pelo lat. *pleurĭte-*, «id.»)

pleurítico *adj.* 1 relativo a pleurisia 2 causado por pleurisia 3 que sofre de pleurisia ■ *n.m.* indivíduo que sofre de pleurisia   (Do gr. *pleuritikós*, «id.», pelo lat. *pleuritĭcu-*, «id.»)

pleuro- elemento de formação que exprime a ideia de *relativo à pleura* ou de *relativo ao lado*   (Do gr. *pleurá*, «flanco; lado»)

pleurobrânquia *n.f.* ZOOLOGIA brânquia, especialmente nos crustáceos, que está ligada à parede do corpo   (De *pleuro-*+*brânquia*)

pleurodinia *n.f.* MEDICINA dor aguda dos músculos e nervos intercostais   (Do gr. *pleurá*, «costela; lado» +*odýne*, «dor» +-*ia*)

Pleuromeiáceas *n.f.pl.* PALEONTOLOGIA família de plantas fósseis que tem por tipo o género *Pleuromeia*   (Do lat. cient. *Pleuromeia-*, «id.» +-*áceas*)

Pleuronéctidas *n.m.pl.* ICTIOLOGIA ⇒ **Pleuronectídeos**

Pleuronectídeos *n.m.pl.* ICTIOLOGIA família de peixes teleósteos, acantopterígios, caracterizados por terem o corpo achatado e repousarem no fundo dos mares sobre uma das faces   (Do gr. *pleurá*, «lado» +*néktes*, «nadador», pelo lat. cient. *pleuronectes*, «id.» +-*ídeos*)

pleuropatia *n.f.* MEDICINA doença na pleura   (Do gr. *pleurá*, «lado» +*páthos*, «doença» +-*ia*)

pleuropneumonia *n.f.* MEDICINA congestão simultânea da pleura e do pulmão; pneumopleurisia   (De *pleuro-*+*pneumonia*)

pleuropneumónico *adj.* que diz respeito à pleuropneumonia ou simultaneamente à pleura e ao pulmão   (De *pleuropneumonia*+-*ico*)

pleurorragia *n.f.* MEDICINA hemorragia da pleura   (De *pleura*+-*ragia*)

pleurorreia *n.f.* MEDICINA derrame ou acumulação de líquidos na pleura   (Do gr. *pleurá*, «lado» +*rheín*, «correr» +-*ia*)

pleurotomia *n.f.* CIRURGIA intervenção cirúrgica com incisão na parede póstero-lateral do tórax, em certos espaços intercostais, com o fim de extrair o líquido da cavidade pleural, ou para endoscopia desta cavidade   (Do gr. *pleurá*, «lado» +*tomé*, «corte» +-*ia*)

plexiforme /cs/ *adj.2g.* com forma de rede   (Do lat. *plexu-*, «enlaçado» +*forma-*, «forma»)

plexiglas *n.m.* matéria acrílica dura e transparente, usada em vez do vidro, sobretudo nas indústrias aeronáutica e automobilística   (Do ing. *Plexiglas*®, «id.»)

plexo /cs/ *n.m.* 1 ANATOMIA rede formada por nervos, por vasos sanguíneos e outros ou pelas traqueias dos artrópodes 2 [fig.] encadeamento   (Do lat. *plexu-*, «enlaçado», part. pass. de *plectĕre*, «enlaçar; entrelaçar»)

plia *n.f.* [Cabo Verde] cisco; poeira   (De *polilha*, «pó miúdo»)

plica *n.f.* 1 sinal gráfico, particularmente usado à direita e ao cimo de uma letra (a'), de significação convencional, e que se lê *linha* 2 dobra; prega; ruga   (Do lat. vulg. *plica-*, «dobra; prega»)

plicar *v.tr.* 1 pôr plicas em 2 preguear; dobrar   (Do lat. *plicāre*, «dobrar»)

plicativo *adj.* BOTÂNICA diz-se da pétala que se dobra sobre si   (De *plicar*+-*tivo*)

plicatura *n.f.* dobra; prega   (Do lat. *plicatūra-*, «id.»)

Pliensbachiano *n.m.* GEOLOGIA andar do Jurássico inferior   (De *Pliensbach*, cidade alemã do estado de Bade-Vurtemberga +-*iano*)

plinto *n.m.* 1 ARQUITETURA peça chata e quadrangular sobre a qual assenta uma coluna, pedestal ou muralha; alaque 2 ARQUITETURA soco em que assenta a base de uma escultura; alaque 3 ARQUITETURA ábaco do capitel toscano 4 ARQUITETURA ⇒ **estilóbata** 5 DESPORTO aparelho de ginástica para saltos   (Do gr. *plínthos*, «plinto», pelo lat. *plinthu-*, «id.»)

Pliocénico *n.m.* GEOLOGIA época mais recente do Neogénico; Plioceno; Pleioceno; Pleiocénico ■ *adj.* [com minúscula] GEOLOGIA relativo ao Plioceno

Plioceno *n.m.* GEOLOGIA ⇒ **Pliocénico**   (Do grego *pleíon*, «mais» +*kainós*, «recente»)

pliópode *n.m.* ⇒ **pleópode**

pliotropia *n.f.* qualidade de pliotrópico   (Do gr. *pleíon*, «mais» +*trópos*, «forma» +-*ia*)

pliotrópico *adj.* BIOLOGIA diz-se do gene a que correspondem dois ou mais caracteres   (De *pliotropia*+-*ico*)

pliotropismo *n.m.* BIOLOGIA efeito resultante de um gene que condiciona dois ou mais caracteres   (Do gr. *pleíon*, «mais» +*trópos*, «forma» +-*ismo*)

plissado *adj.* que tem pregas bem dobradas e muito juntas ■ *n.m.* série de pregas muito próximas feitas numa peça de vestuário ou num tecido   (Part. pass. de *plissar*)

plissador *n.m.* máquina ou indivíduo que faz plissados   (De *plissar*+-*dor*)

plissagem *n.f.* 1 ato ou efeito de plissar 2 pregueado; plicatura   (De *plissar*+-*agem*)

plissar *v.tr.* 1 fazer plissado em 2 frisar   (Do fr. *plisser*, «id.»)

Plistocénico *n.m.* GEOLOGIA ⇒ **Plistoceno**   (Do grego *pleistós*, «o mais abundante» +*kainós*, «recente»)

Plistoceno *n.m.* GEOLOGIA época mais antiga do Quaternário, na qual se encontram os primeiros sinais da existência do homem e onde começa, portanto, a pré-história ■ *adj.* 1 [com minúscula] GEOLOGIA relativo ao Plistoceno 2 [com minúscula] GEOLOGIA diz-se dos terrenos do Plistoceno que mostram, por vezes, sinais de glaciação   (Do grego *pleistós*, «o mais abundante» +*kainós*, «recente»)

ploce *n.f.* recurso estilístico que consiste na correspondência de uma palavra do meio de uma frase ou oração à do princípio ou à do fim de outra (Do gr. *ploké*, «entrelaçamento»)

Ploceídeos *n.m.pl. ORNITOLOGIA* família de aves passeriformes granívoras, de bico longo e cónico (Do latim científico *Ploceidae*)

plombagina *n.f. MINERALOGIA* ⇒ **grafite**[1] (Do fr. *plombagine*, «id.»)

pluma *n.f.* **1** ZOOLOGIA cada uma das penas, de ráquis e rama não resistentes e barbas soltas, que formam a penugem das aves **2** penacho **3** pena de escrever **4** flâmula **5** NÁUTICA cabo náutico **6** anzol guarnecido daquelas penas, a imitar um inseto, utilizado na pesca **7** peça de carne bastante tenra, que se situa junto ao bico do lombo do porco preto, na parte magra (Do lat. *pluma-*, «pena»)

plumaceiro *n.m.* o que prepara ou negoceia em plumas (De *plumaço*+*-eiro*)

plumacho *n.m.* [Brasil] ⇒ **plumaço** (De *plumaço*)

plumaço *n.m.* **1** plumas que servem para ornamentar a cabeça de cavalos de coche ou de parada **2** [ant.] almofada de penas (Do lat. *plumacĭu-*, «leito de penas»)

plumagem *n.f.* conjunto das penas de uma ave (De *pluma*+*-agem*)

plumão *n.m.* **1** pluma grande **2** penacho de plumas (De *pluma*+*-ão*)

plumbagem *n.f.* ⇒ **dentilária** (Do lat. *plumbagĭne-*, «mina de chumbo»)

plumbagina *n.f. MINERALOGIA* ⇒ **grafite**[1] (Do lat. *plumbagĭne-*, «mina de chumbo», pelo fr. *plombagine*, «plumbagina»)

Plumbagináceas *n.f.pl. BOTÂNICA* família de plantas dicotiledóneas, herbáceas, subarbustivas ou trepadoras, próprias do litoral marítimo ou das montanhas, cultivadas como hortícolas ou ornamentais, cujo género-tipo se denomina *Plumbago* (Do lat. *plumbagĭne-*, «dentilária»+*-áceas*)

plumbagíneo *adj.* relativo ou semelhante a plumbago (De *plumbagina*+*-eo*)

plumbaginoso /ô/ *adj.* **1** da cor do chumbo **2** ⇒ **plumbagíneo** (De *plumbagina*+*-oso*)

plumbago *n.m. MINERALOGIA* ⇒ **grafite**[1] (Do lat. *plumbago*, «mina de chumbo»)

plumbaria *n.f.* **1** arte de trabalhar em chumbo **2** trabalho em chumbo (Do fr. *plomberie*, «id.»)

plumbear *v.tr.* dar cor ou aparência de chumbo a (Do lat. *plumbu-*, «chumbo»+*-ear*)

plúmbeo *adj.* **1** de chumbo **2** relativo a chumbo **3** da cor do chumbo (Do lat. *plumbĕu-*, «de chumbo»)

plumbeta /ê/ *n.f. ICTIOLOGIA* ⇒ **xaputa** (Do lat. *plumbu-*, «chumbo»+*-eta*)

plúmbico *adj.* **1** relativo ao chumbo **2** designativo de diversos compostos em que entra o chumbo (Do lat. *plumbu-*, «chumbo»+*-ico*)

plumbífero *adj.* que contém chumbo (Do lat. *plumbu-*, «chumbo»+*-fero*, de *ferre*, «ter»)

plumbo- elemento de formação de palavras que exprime a ideia de *chumbo* (Do lat. *plumbu-*, «chumbo»)

plumboso /ô/ *adj.* **1** que tem chumbo **2** diz-se de um óxido de chumbo (Do lat. *plumbōsu-*, «misturado com chumbo»)

plúmeo *adj.* **1** relativo a plumas **2** que tem plumas **3** plumoso (Do lat. *plumĕu-*, «de penas»)

plum(i)- elemento de formação de palavras que exprime a ideia de *pena, pluma* (Do lat. *pluma-*, «pena; pluma»)

plumiforme *adj.2g.* que tem a forma de pluma (De *plumi-*+*-forme*)

plumilha *n.f.* **1** pequena pluma **2** enfeite de toucado em forma de pluma (Do cast. *plumilla*, «id.»)

plumípede *adj.2g.* que tem os pés revestidos de penas (Do lat. *plumipĕde-*, «id.»)

plumista *n.2g.* pessoa que prepara ou vende plumas; plumaceiro (De *pluma*+*-ista*)

plumitivo *n.m.* **1** jornalista **2** escritor **3** [pej.] escritor ou jornalista incipiente ou sem mérito ■ *adj.* jornalístico (Do fr. *plumitif*, «id.»)

plumoso /ô/ *adj.* **1** que tem plumas; plúmeo **2** enfeitado de plumas **3** que tem penas; penífero (Do lat. *plumōsu-*, «que tem penugem»)

plúmula *n.f.* **1** pluma das aves, pequena e pouco consistente, que forma a penugem mais macia **2** BOTÂNICA parte do embrião vegetal oposto à radícula; gémula (Do lat. *plumŭla-*, «pequena pluma»)

plumuliforme *adj.2g.* que tem a forma de plúmula; plumiforme (Do lat. *plumŭla-*, «pequena pluma»+*forma-*, «forma»)

plural *adj.2g. GRAMÁTICA* designativo da forma gramatical que indica mais de um ■ *n.m.* **1** GRAMÁTICA flexão nominal ou verbal referente a mais de uma pessoa, coisa ou animal **2** GRAMÁTICA palavra com esta flexão; **~ majestático** GRAMÁTICA emprego da primeira e segunda pessoas do plural para indicar a respetiva pessoa do singular (Do lat. *plurāle-*, «id.»)

pluralidade *n.f.* **1** grande número; multiplicidade **2** diversidade **3** o maior número; generalidade **4** grupo grande de pessoas; multidão **5** qualidade de uma palavra que está no plural (Do lat. *pluralitāte-*, «id.»)

pluralismo *n.m.* **1** doutrina teórica ou situação prática que admite pluralidade e diversidade no seio de uma coletividade organizada **2** livre participação de grupos organizados no processo económico e político para evitar a concentração do poder **3** FILOSOFIA doutrina, oposta ao monismo, que admite que os seres que compõem o Universo não são redutíveis a um princípio constitutivo único (De *plural*+*-ismo*)

pluralista *adj.2g.* diz-se da situação em que se verifica o pluralismo ■ *n.2g.* partidário do pluralismo (De *plural*+*-ista*)

pluralização *n.f.* ato ou efeito de pluralizar (De *pluralizar*+*-ção*)

pluralizar *v.tr.* **1** usar ou pôr no plural **2** fazer crescer em número; multiplicar (De *plural*+*-izar*)

pluri- elemento de formação de palavras que exprime a ideia de *mais de um, vários* (Do lat. *plure-*, «mais»)

plurianual *adj.2g.* **1** relativo a vários anos **2** BOTÂNICA diz-se da planta que vive vários anos; vivaz (De *pluri*+*-anual*)

pluricarpelar *adj. BOTÂNICA* diz-se do gineceu originado por vários carpelos (De *pluri-*+*carpelar*)

pluricelular *adj.2g. BIOLOGIA* diz-se do ser vivo (órgão, região ou parte deste) constituído por várias células; multicelular (De *pluri-*+*celular*)

pluricêntrico *adj. GEOMETRIA* que tem mais de um centro; policêntrico; *arco* **~** arco formado por arcos de circunferência concordantes, que têm centros diferentes (Do lat. *plure-*, «mais»+*centru-*, «centro»+*-ico*)

pluridentado *adj.* que tem muitos dentes ou saliências dentiformes (De *pluri*+*-dentado*)

pluridisciplinar *adj.2g.* **1** que diz respeito a várias disciplinas **2** que integra várias disciplinas (De *pluri-*+*disciplinar*)

pluriemprego *n.m.* situação de uma pessoa que presta serviços profissionais a duas ou mais entidades empregadoras (De *pluri-*+*emprego*)

plurifloro *adj.* que tem muitas flores (Do lat. *plure-*, «mais»+*flore-*, «flor»)

pluriforme *adj.2g.* **1** que se apresenta sob várias formas; multiforme **2** MATEMÁTICA diz-se de uma correspondência (função) que a cada elemento do domínio associa mais de um valor (De *pluri-*+*-forme*)

plurigamia *n.f.* ⇒ **poligamia** (De *pluri-*+*-gamo*+*-ia*)

plurígamo *adj.,n.m.* ⇒ **polígamo** (De *pluri-*+*-gamo*)

plurilingue *adj.2g.* **1** que pertence a várias línguas **2** que fala várias línguas; poliglota (De *pluri-*+*-lingue*)

plurilobulado *adj.* que tem vários lóbulos (De *pluri-*+*lobulado*)

plurilocular *adj.* que tem vários lóculos; multilocular (De *pluri-*+*locular*)

pluripétalo *adj.* ⇒ **polipétalo** (De *pluri-*+*pétala*)

plurissecular *adj.2g.* que existe há muitos séculos (De *pluri-*+*secular*)

plurisseriado *adj.* disposto em muitas séries (De *pluri-*+*seriado*)

plurissignificação *n.f. LINGUÍSTICA* pluralidade de sentidos que um texto, sobretudo literário, pode ter

plurivalente *adj.2g.* ⇒ **polivalente** (De *pluri-*+*valente*)

plurivocidade *n.f.* carácter de um termo plurívoco (De *plurívoco*+*-i-*+*-dade*)

plurívoco *adj.* diz-se, por oposição a unívoco, do termo que tem vários sentidos (Do lat. *univŏcu-*, com substituição de *unu-*, «um», por *plure-*, «mais»)

plutão *n.m.* **1** GEOLOGIA corpo de rocha magmática consolidado em zonas profundas da crusta **2** [com maiúscula] ASTRONOMIA um dos planetas anões do Sistema Solar, situado na cintura de Kuiper, com um diâmetro de 2300 km e uma órbita muito excêntrica **3** [poét.] fogo (Do lat. *Plutōne-*, mitol., deus dos Infernos)

plutarco *n.m.* cronista de vidas ilustres; biógrafo (De *Plutarco*, antr., escritor da Grécia antiga, 50-125 a. D.)

plutarquizar *v.intr.* escrever a biografia de homens ilustres (De *Plutarco*, antr., escritor da Grécia antiga, 50-125 a. D.+*-izar*)

plúteo *n.m.* parede que fecha o espaço entre duas colunas (Do lat. *plutĕu-*, «tabique»)

pluto- elemento de formação de palavras que exprime a ideia de *riqueza* (Do gr. *ploûtos*, «riqueza»)

plutocracia *n.f.* 1 governo ou influência dos ricos no governo de uma nação 2 poder da riqueza e do dinheiro 3 classe que detém a riqueza e o poder (Do gr. *ploutokratía*, «domínio dos ricos»)

plutocrata *n.2g.* pessoa influente pela sua riqueza (Do gr. *ploûtos*, «riqueza» +*krátos*, «força»)

plutocrático *adj.* relativo a plutocracia ou a plutocrata (De *plutocrata*+*-ico*)

plutomania *n.f.* mania das riquezas (De *pluto-*+*-mania*)

plutónico *adj.* GEOLOGIA diz-se das rochas eruptivas, formadas pela solidificação do magma no interior da crusta terrestre, provavelmente a vários quilómetros de profundidade (Do lat. *Plutōne-*, «Plutão», mitol., deus dos Infernos +*-ico*)

plutónio *n.m.* QUÍMICA segundo elemento transuraniano, com o número atómico 94 e símbolo Pu, que se obtém como produto de certas reações nucleares (Do gr. *ploutónios*, «de Plutão», pelo lat. *plutonĭu-*, «plutónio»)

plutonismo *n.m.* GEOLOGIA teoria que atribui à ação do fogo interior a formação das rochas e da crusta da Terra (Do lat. *Plutōne-*, «Plutão» +*-ismo*)

plutonomia *n.f.* 1 tratado sobre a aplicação das riquezas 2 economia política 3 estudo das fontes da riqueza e da sua aplicação (Do gr. *ploûtos*, «riqueza» +*nómos*, «lei» +*-ia*)

pluvial *adj.2g.* 1 referente à chuva 2 que provém da chuva 3 próprio para receber a água da chuva 4 em que chove muito ■ *n.m.* capa que o sacerdote veste para fazer a aspersão de água benta (Do lat. *pluviăle*, «id.»)

pluviátil *adj.2g.* ⇒ **pluvial** *adj.2g.* (Do lat. *pluviatīle-*, «id.»)

pluvi(o)- elemento de formação de palavras que exprime a ideia de *chuva* (Do lat. *pluvĭa-*, «chuva»)

pluviógrafo *n.m.* METEOROLOGIA aparelho que regista, num gráfico, a quantidade de chuva caída em determinada região, durante certo período; udógrafo (De *pluvio-*+*-grafo*)

pluviometria *n.f.* METEOROLOGIA estudo da distribuição das chuvas por épocas e por regiões; técnica de aplicação do pluviómetro (De *pluvio-*+*-metria*)

pluviómetro *n.m.* METEOROLOGIA aparelho que mede a quantidade de chuva caída em determinada região, durante certo período; udómetro (De *pluvio-*+*-metro*)

pluvioscópio *n.m.* METEOROLOGIA instrumento que regista a hora, quantidade e duração da chuva, em tempo e lugar determinados (Do lat. *pluvĭa-*, «chuva» +*skopeîn*, «ver» +*-io*)

pluviosidade *n.f.* 1 qualidade ou estado de pluvioso 2 METEOROLOGIA quantidade de chuva caída em determinada região durante um certo período (De *pluvioso*+*-i-*+*-dade*)

pluvioso /ô/ *adj.* 1 caracterizado pela ocorrência de chuva; chuvoso 2 que traz ou anuncia chuva ■ *n.m.* [com maiúscula] quinto mês do calendário da primeira República Francesa (Do lat. *pluviōsu-*, «id.»)

pneo- elemento de formação de palavras que exprime a ideia de *respiração* (Do gr. *pneîn*, «soprar; respirar»)

pneometria *n.f.* medição da capacidade respiratória por meio do pneómetro (De *pneo-*+*-metria*)

pneómetro *n.m.* instrumento que serve para medir a quantidade de ar que entra nos pulmões ou sai deles em cada respiração (De *pneo-*+*-metro*)

pneu *n.m.* 1 aro de borracha insuflável, com ou sem câmara de ar, montado nas juntas das rodas de veículos automóveis, motocicletas e bicicletas; pneumático 2 [coloq.] pequeno volume formado por uma camada de gordura em excesso à volta da cintura 3 [regionalismo] bebida composta por água com gás misturada com açúcar e limão (Red. de *pneumático*)

pneuma *n.m.* nome com que os filósofos estoicos designavam um princípio espiritual constitutivo do Universo (Do gr. *pneûma*, «sopro», pelo lat. *pneuma-*, «o Espírito Santo»)

pneuma- ⇒ **pneum(o)-**² (Do gr. *pneûma*, «sopro»)

pneumática *n.f.* ciência que estuda as propriedades físicas dos gases (De *pneumático*)

pneumático *adj.* 1 que diz respeito aos gases 2 que funciona com ar comprimido 3 ANATOMIA diz-se dos ossos ocos, como os das aves, que possuem no interior uma reserva de ar ■ *n.m.* ⇒ **pneu** 1; *máquina pneumática* aparelho destinado a rarefazer qualquer gás dentro de um recipiente (Do gr. *pneumatikós*, «id.», pelo lat. *pneumatĭcu-*, «id.»)

pneumatismo *n.m.* doutrina médica do século I que atribuía a causa da vida e das doenças à ação de um fluido ou espírito aéreo, o pneuma, que modificava os sólidos e os líquidos (Do gr. *pneûma*, *-atos*, «sopro» +*-ismo*)

pneumato- ⇒ **pneum(o)-**² (Do gr. *pneûma*, *-atos*, «sopro»)

pneumatóforo *adj.* 1 que tem ar 2 diz-se dos órgãos que têm, no interior, ar ou outro gás, e servem de flutuadores a seres aquáticos, como os sifonóforos e certas plantas (De *pneumato-*+*-foro*)

pneumatólise *n.f.* GEOLOGIA processo pelo qual se formam os minérios pneumatolíticos e em que os fluidos magmáticos agem sobre as rochas encaixantes (Do gr. *pneûma*, *-atos*, «sopro» +*lýsis*, «dissolução»)

pneumatolítico *adj.* 1 GEOLOGIA diz-se da fase da solidificação do magma em que se verifica desprendimento de gases 2 diz-se dos gases que se desprendem nesta fase (De *pneumato-*+*-lito*+*-ico*)

pneumectomia *n.f.* CIRURGIA remoção parcial ou total do pulmão (Do gr. *pneúmon*, «pulmão» +*ektomé*, «ablação» +*-ia*)

pneum(o)-¹ elemento de formação de palavras que exprime a ideia de *pulmão* (Do gr. *pneúmon*, *-onos*, «pulmão»)

pneum(o)-² elemento de formação de palavras que exprime a ideia de *sopro, gás, vapor*; pneuma-; pneumato- (Do gr. *pneûma*, *-atos*, «sopro»)

pneumobrânquio *adj.* ZOOLOGIA diz-se do animal que respira por guelras e por pulmões, como os dipnoicos (De *pneumo-*+*brânquio*)

pneumocele *n.f.* MEDICINA hérnia produzida pela saída de uma parte do pulmão através dos espaços intercostais (Do gr. *pneúmon*, «pulmão» +*kéle*, «tumor»)

pneumococo *n.m.* MEDICINA bactéria com a forma de diplococo, que produz a pneumonia (Do gr. *pneúmon*, «pulmão» +*kókkos*, «pevide de fruto»)

pneumoconiose *n.f.* MEDICINA doença do pulmão provocada pela inalação prolongada de partículas minerais (carvão, ferro, etc.) ou vegetais (algodão, etc.) (Do gr. *pneúmon*, «pulmão» +*kónis*, «poeira» +*-ose*, pelo fr. *pneumoconiose*, «id.»)

pneumogástrico *adj.* ANATOMIA designativo do nervo craniano, do décimo par, que nasce no bolbo raquidiano e se ramifica pela laringe, faringe, pulmão e estômago, também chamado vago (De *pneumo-*+*gástrico*)

pneumografia *n.f.* 1 ANATOMIA descrição dos pulmões 2 FISIOLOGIA estudo dos movimentos respiratórios, por meio de gráficos (De *pneumo-*+*-grafia*)

pneumologia *n.f.* MEDICINA tratado ou estudo dos pulmões (De *pneumo-*+*-logia*)

pneumológico *adj.* MEDICINA relativo à pneumologia ou aos pulmões (De *pneumologia*+*-ico*)

pneumonia *n.f.* MEDICINA inflamação do parênquima pulmonar produzida por micróbio, em geral o pneumococo (Do gr. *pneumonía*, «id.»)

pneumónica *n.f.* MEDICINA manifestação pulmonar epidémica, grave e fortemente contagiosa, chamada também influenza, que provocou grande número de mortes em toda a Europa, após a Grande Guerra de 1914-1918 (De *pneumónico*)

pneumónico *adj.* 1 relativo à pneumonia 2 que sofre de pneumonia ■ *n.m.* aquele que é atacado de pneumonia (Do gr. *pneumonikós*, «id.»)

pneumopatia *n.f.* MEDICINA qualquer doença dos pulmões (Do gr. *pneúmon*, «pulmão» +*páthos*, «sofrimento» +*-ia*)

pneumoplegia *n.f.* MEDICINA paralisia do pulmão (Do gr. *pneúmon*, «pulmão» +*plegé*, «ferida» +*-ia*)

pneumopleurisia *n.f.* MEDICINA inflamação simultânea do pulmão e da pleura (De *pneumo-*+*pleurisia*)

pneumorragia *n.f.* MEDICINA hemorragia pulmonar (De *pneumo-*+*-ragia*)

pneumoscópio *n.m.* 1 instrumento médico utilizado na medição do movimento torácico, no mecanismo da respiração 2 aparelho que reproduz e transmite os ruídos da respiração (Do gr. *pneûma*, «sopro» +*skopeîn*, «ver» +*-io*)

pneumóstoma *n.m.* ⇒ **pneumostómio**

pneumostómio *n.m.* ZOOLOGIA abertura respiratória do pulmão dos gastrópodes pulmonados, como o caracol (Do gr. *pneúmon*, «pulmão» +*stóma*, «boca» +*-io*)

pneumoterapia *n.f.* MEDICINA processo de tratamento do enfisema pulmonar pela inspiração em ar comprimido e expiração em ar rarefeito (De *pneumo-*+*terapia*)

pneumotomia *n.f.* CIRURGIA dissecção do pulmão para evacuar um foco purulento ou extirpar um tumor (Do gr. *pneúmon*, «pulmão» +*tomé*, «corte» +*-ia*)

pneumotórax /ks/ *n.m.2n.* 1 MEDICINA presença de ar na cavidade pleural 2 MEDICINA método de tratamento da tuberculose pulmonar pela introdução de ar na cavidade pleural para provocar a compressão e a retração do pulmão e, finalmente, a cicatrização das lesões pulmonares (Do gr. *pneûma*, «sopro» +*thórax*, «tórax»)

pó *n.m.* **1** partículas muito finas e leves de terra e outras substâncias, que se encontram suspensas no ar e se depositam sobre os corpos; poeira **2** estado de um corpo reduzido a pequeníssimas partículas **3** substância pulverizada, de emprego medicinal ou industrial **4** [fig.] coisa sem valor **5** [fig.] morte **6** [fig.] terra; chão; **~ de talco** produto em pó muito fino feito de silicato de magnésio, muito usado para pulverizar a pele, conservar objetos de borracha, etc.; *morder o ~* cair por terra; *pós de perlimpimpim* pretensos pós mágicos a que se atribuía a virtude de curar todas as doenças; *reduzir a ~* vencer com argumentos irrefutáveis; *sacudir o ~ a (alguém)* espancar alguém (Do lat. *pulu-*, «id.», do lat. cl. *pulvĕre-*, «id.»)

pô *interj.* [Brasil] [vulg.] exprime admiração, aborrecimento ou desagrado (De *porra*)

Poáceas *n.f.pl.* BOTÂNICA ⇒ **Gramíneas** (Do gr. *póa*, «erva» +*-áceas*)

poalha *n.f.* poeira leve espalhada na atmosfera; polilha (De *pó*+*-alha*)

poalho *n.m.* chuva miúda e de pouca duração (De *poalha*)

pobre *adj.2g.* **1** que tem poucas posses; necessitado **2** que mostra pobreza; mísero; miserável **3** que produz pouco; estéril **4** escasso **5** que inspira piedade; coitado ■ *n.2g.* **1** pessoa sem recursos; necessitado **2** pessoa que vive da caridade pública; indigente; mendigo; pedinte **3** pessoa que inspira comiseração; miserável; infeliz; coitado; desprotegido; *~ de Cristo* pessoa desvalida, infeliz; *~ de espírito* pessoa simples, de boa-fé, sem intenções reservadas; pessoa sem espírito de apego às coisas materiais; *~ diabo* [pop.] indivíduo sem importância, tolo; *~ homem* homem inofensivo, bondoso (Do lat. vulg. *popĕre-*, do lat. cl. *paupĕre-*, «id.»)

pobremente *adv.* **1** com pobreza **2** miseravelmente (De *pobre*+*-mente*)

pobreta /ê/ *adj.,n.2g.* ⇒ **pobrete** (De *pobre*+*-eta*)

pobretana *adj.2g.* que é miserável, pobre ■ *n.2g.* ⇒ **pobretão** (De *pobrete*+*-ana*)

pobretão *n.m.* **1** indivíduo que mendiga sem necessidade **2** pobre **3** miserável **4** o que é muito pobre (De *pobrete*+*-ão*)

pobrete /ê/ *adj.2g.* que é pouco abastado ■ *n.2g.* **1** aquele que é pouco abastado **2** homem digno de compaixão; *~, mas alegrete* pessoa pobre, mas sempre bem-disposta (De *pobre*+*-ete*)

pobreza /ê/ *n.f.* **1** qualidade ou estado de uma pessoa com falta de meios materiais; necessidade **2** penúria **3** indigência; miséria **4** aspeto miserável **5** escassez **6** conjunto dos pobres **7** [fig.] falta de inteligência; mediocridade **8** [fig.] pouca abundância **9** [fig.] pequeno número; *~ franciscana* miséria extrema (De *pobre*+*-eza*)

pobrezinho *n.m.* mendigo; *~!* exclamação que exprime piedade ou dó (De *pobre*+*z*+*-inho*)

poça /ô/ *n.f.* cova pouco profunda, geralmente com água; *~!* exclamação que exprime espanto, surpresa, desapontamento ou contrariedade (De *poço*)

poçada *n.f.* **1** água represada para mover moinhos, para regar, etc. **2** poça cheia **3** porção de água que uma poça pode conter, quando cheia (De *poça*+*-ada*)

poçal *n.m.* antiga medida de capacidade correspondente a cinco almudes (De orig. obsc.)

poção[1] *n.f.* **1** FARMÁCIA líquido geralmente composto de água, xarope e substâncias ativas, que se destina a ser administrado por via oral; remédio **2** qualquer bebida; *~ mágica* [fig.] remédio milagroso (Do lat. *potiōne-*, «id.»)

poção[2] *n.m.* lugar mais fundo de um rio ou lago (De *poço*+*-ão*)

poceira *n.f.* [regionalismo] grande poça de águas pluviais; charco (De *poça*+*-eira*)

poceirão *n.m.* poça grande (De *poça*+*-eirão*)

poceiro *n.m.* **1** indivíduo que faz poços **2** cesto alto para lavar a lã (Do lat. *puteariu-*, «id.»)

pocema /ê/ *n.f.* **1** [Brasil] grito de guerra **2** [Brasil] gritaria; algazarra **3** sussurro (Do tupi *po'sema*, «batimento de mãos»)

pocha /ô/ *n.f.* [regionalismo] cadelinha; cachorra (De orig. obsc.)

poche /ô/ *interj.* usada para chamar e afagar um cão (De *pocha*)

pochete *n.f.* pequena bolsa geralmente utilizada na mão, a tiracolo ou presa à cintura (Do fr. *pochette*, «id.»)

pocilga *n.f.* **1** curral de porcos; cortelho **2** [fig.] casa ou lugar imundo (Do lat. vulg. *porcilĭca-*, de *porcĭle-*, de *porcu-*, «porco»)

pocilgão *n.m.* pocilga grande; montureira (De *pocilga*+*-ão*)

pocilgo *n.m.* alojamento de um ou muitos porcos; chiqueiro (De *pocilga*)

poço /ô/ *n.m.* **1** cavidade profunda, aberta no solo de forma a atingir um lençol de água **2** cavidade circular e profunda, em geral revestida de paredes de pedra de forma a servir de reserva de água **3** escavação feita no solo para a exploração de uma jazida **4** passagem ou canal vertical **5** abertura para descer a uma mina **6** sítio mais fundo de um rio; pego **7** [fig.] abismo **8** NÁUTICA altura de um navio, desde a aresta superior até ao convés; *~!* exclamação que exprime espanto, surpresa, desapontamento ou contrariedade; *~ de sabedoria* [fig.] pessoa de muito saber; *~ sem fundo* situação problemática que parece não ter solução (Do lat. *putĕu-*, «id.»)

poculiforme *adj.2g.* que tem a forma de copo (Do lat. *pocŭlu*, «copo» +*forma-*, «forma»)

poda *n.f.* **1** ato ou efeito de podar **2** podadura **3** corte **4** época própria para se podar **5** [fig.] cresta; desfalque; *saber/não saber da ~* entender/não entender de um assunto, ter/não ter conhecimento de determinado assunto ou ciência (Deriv. regr. de *podar*)

poda-a-vinha *n.m.* ORNITOLOGIA ⇒ **chapim**[2] (De orig. onom.)

podada *n.f.* [regionalismo] confissão geral, pela Semana Santa (Part. pass. fem. subst. de *podar*)

podadeira *n.f.* **1** aquela que poda **2** foice ou tesoura de podar (De *podar*+*-deira*)

podador *adj.,n.m.* que ou aquele que poda (Do lat. *putatōre-*, «id.»)

podadura *n.f.* ⇒ **poda** (De *podar*+*-dura*)

podagra *n.f.* MEDICINA gota, especialmente localizada nos pés (Do gr. *podágra*, «id.», pelo lat. *podăgra-*, «id.»)

podágrico *adj.* relativo à podagra (Do gr. *podagrikós*, «id.», pelo lat. *podagrĭcu-*, «id.»)

podal *adj.2g.* relativo a pé (Do gr. *poús, podós*, «pé» +*-al*)

podalíria *n.f.* BOTÂNICA planta leguminosa da família das Papilionáceas, oriundas da África do Sul, onde se conhecem várias espécies (De *podalíria*)

podalírio *n.m.* arte ou ciência de descobrir, nas plantas, o meio de curar as doenças (Do gr. *Podaleírios*, antr., médico do exército gr. no cerco de Troia)

podaliro *n.m.* ZOOLOGIA borboleta diurna, da família dos Papilionídeos, frequente em Portugal, cujas asas do segundo par apresentam um prolongamento posterior, também conhecida por borboleta-de-rabo (Do gr. *Podaleírios*, antr., médico do exército gr. no cerco de Troia?)

podão *n.m.* **1** instrumento recurvo, próprio para cortar madeira, podar árvores, etc. **2** podadeira **3** [fig.] pessoa trôpega ou desajeitada (De *podar*+*-ão*)

podar *v.tr.* **1** cortar a rama inútil de (árvores, vinhas, etc.) **2** [fig.] desbastar; cortar (Do lat. *putāre*, «id.»)

podcast *n.m.* programa de rádio guardado em formato digital, que se pode descarregar da internet e reproduzir num computador ou num leitor portátil (Do ing. *podcast*, «id.»)

podcasting *n.m.* gravação digital de programas de rádio que podem ser descarregados da internet (Do ing. *podcasting*, «id.»)

-pode sufixo nominal de origem grega que exprime a ideia de *pé, pata* ou *perna* (*cefalópode, miriápode*)

pó-de-arroz ver nova grafia **pó de arroz**

pó de arroz *n.m.* produto de beleza cuja base é o amido do grão de arroz reduzido a pó muito fino

pó-de-chipre ver nova grafia **pó de Chipre**

pó de Chipre *n.m.* perfume obtido das sementes do abelmosco

pó-de-goa ver nova grafia **pó de Goa**

pó de Goa *n.m.* substância medicinal extraída da casca triturada de uma árvore leguminosa oriunda da América e importada de Goa

podengo *n.m.* **1** cão próprio para a caça do coelho **2** qualquer cão de caça (Do gót. *pudings*, «cão-d'água», pelo cast. *podenco*, «id.»)

poder *v.tr.* **1** ter a faculdade ou a possibilidade de **2** ter autorização para **3** ter o direito de **4** estar arriscado a **5** ter razões para **6** ter força, coragem para **7** ser capaz de **8** ter ocasião ou oportunidade de ■ *v.intr.* ter possibilidade, influência ou força ■ *v.aux.* **1** [usado com valor modal] haver possibilidade **2** [usado com valor modal] ser possível ■ *n.m.* **1** facto de dispor de meios que possibilitam uma ação; faculdade; possibilidade **2** capacidade legal de fazer algo; direito **3** capacidade de agir sobre algo; autoridade; domínio; força; influência **4** recursos; meios **5** característica física de uma substância; potência; eficácia **6** força física ou moral **7** manifestação dessa força **8** situação dos que detêm autoridade; jurisdição **9** força política na sua relação com o cidadão; soberania **10** exercício ou manifestação dessa força política **11** conjunto dos órgãos que asseguram a administração de um Estado; governo de um Estado **12** força militar **13** *pl.* autorização que uma pessoa ou uma entidade recebe de outra para agir em seu nome; delegação; procuração; mandato; *~ de compra* capacidade financeira de um grupo social, de uma pessoa ou de uma moeda para adquirir produtos e serviços; **~ espiritual** autoridade eclesiástica; **~ executivo** órgão de soberania do Estado, encarregado de fazer executar as leis, exercer o governo e a administração, governo; **~ judicial** órgão de soberania do Estado a que compete assegurar a aplicação das leis que garantem os direitos de cada indivíduo, fazendo aplicar sanções àqueles que as transgredirem; **~ legislativo** órgão de soberania do Estado encarregado de fazer e discutir as leis; **~ resolutivo** ÓTICA qualidade dos sistemas óticos (ou equivalentes eletrónicos) que permite obter imagens nítidas dos pormenores do objeto observado, menor dimensão do objeto observado que pode ser distinguida ou resolvida pelo instrumento ótico ou eletrónico (microscópio); **plenos poderes** autorização concedida a alguém para a realização de um ato expressamente indicado (Do lat. vulg. *potēre, do lat. cl. posse, «id.»)

poderio n.m. 1 grande poder; muito poder 2 autoridade; domínio 3 jurisdição 4 riqueza (De poder+-io)

poderosamente adv. 1 fortemente 2 vigorosamente 3 em força (De poderoso+-mente)

poderoso /ô/ adj. 1 que tem poder; forte 2 que exerce poder; dominador 3 que tem grande influência 4 que produz muito efeito 5 de grandes posses; muito rico 6 persuasivo ■ n.m.pl. os que têm muito poder ou influência (De poder+-oso)̈

podicípede adj.2g. diz-se das aves que têm as patas junto do ânus (Do lat. podĭce-, «ânus» +pede-, «pé; pata»)

Podicipédidas n.m.pl. ⇒ **Podicipedídeos**

Podicipedídeos n.m.pl. ORNITOLOGIA família de aves palmípedes que têm as patas junto do ânus e os dedos orlados de uma membrana, cujo género-tipo se denomina Podiceps (De podicípede+ -ídeos)

pódio n.m. 1 muro baixo que circundava a arena do anfiteatro romano, sobre o qual tomavam lugar o imperador e outros dignitários 2 DESPORTO plataforma com três lugares, em que o lugar do centro fica mais elevado, para apresentação dos atletas mais bem classificados de certas competições desportivas 3 estrado realçado (Do lat. podīu, «id.»)

podoa n.f. ⇒ **podadeira** 2 (De podão)

podobrânquia n.f. ZOOLOGIA brânquia dos crustáceos superiores, que se insere na parte basilar de alguns dos apêndices (Do gr. poús, podós, «pé» +brágkhia, «brânquias»)

podobrânquio adj. ZOOLOGIA designativo do animal portador de podobrânquias (De podobrânquia)

podoftalmo adj. ZOOLOGIA que tem olhos pedunculados ■ n.m. ZOOLOGIA espécime dos podoftalmos ■ n.m.pl. ZOOLOGIA grupo de crustáceos superiores cujos olhos são pedunculados (Do gr. poús, podós, «pé +ophtalmós, «olho»)

podologia n.f. 1 estudo anatómico e patológico do pé 2 MEDICINA ciência que diagnostica, estuda, previne e trata das patologias do pé (Do gr. poús, podós, «pé» +lógos, «tratado» +-ia)

podometrar v.tr. medir uma distância com o podómetro (De podómetro+-ar)

podómetro n.m. 1 instrumento que serve para medir as distâncias percorridas; hodómetro; conta-passos 2 instrumento para medir o pé dos animais (Do gr. poús, podós, «pé» +métron, «medida»)

podre /ô/ adj.2g. 1 que está em decomposição; estragado; putrefacto 2 [fig.] corrupto 3 [fig.] pervertido 4 [fig.] contaminado ■ n.m. 1 parte putrefacta de alguma coisa 2 [fig.] lado fraco 3 pl. defeitos; vícios; **~ de rico** [coloq.] muito rico; **paz ~** paz falsa (Do lat. putre-, «id.»)

podredoiro n.m. ⇒ **podredouro**

podredouro n.m. lugar onde apodrecem substâncias (De podre+ -douro)

podricalho adj. [ant., pop.] pouco resistente; molengão; preguiçoso (De podre+-ico+-alho)

podridão n.f. 1 estado de podre; putrefação 2 [fig.] corrupção; desmoralização; perversão (De podre+-idão)

podrido adj. 1 apodrecido; podre 2 CULINÁRIA designativo de uma sopa feita de perdizes, galinha, carne de porco e legumes (Do cast. podrido, «id.»)

podriqueira n.f. 1 [regionalismo] preguiça 2 ⇒ **podridão** (De podriqueiro)

podriqueiro adj. 1 preguiçoso 2 débil; fraco (De podre+-ico+ -eiro)

poedeira adj.,n.f. fêmea ou designativo da fêmea dos ovíparos que já põe ovos ou que põe ovos em grande quantidade (Do lat. ponĕre, «pôr», pelo port. ant. poer, «id.» +-deira)

poedoiro n.m. ⇒ **poedouro**

poedouro n.m. 1 sítio onde a galinha põe os ovos 2 pl. fios ou trapos que se metiam no tinteiro para conservar a tinta embebida neles (Do lat. ponĕre, «pôr», pelo port. ant. poer, «id.» +-douro)

poeira n.f. 1 terra reduzida a partículas muito finas; pó 2 arquivo de antiguidades 3 tombo; arquivo 4 areeiro 5 [fig.] insignificância 6 [fig.] roda-viva; badanal 7 [pop.] presunção; **~ auditiva** concreções calcárias existentes na endolinfa; **deitar ~ aos olhos a** iludir, pretender enganar; **morder a ~** cair ferido ou vencido (De pó+-eira)

poeirada n.f. 1 grande quantidade de pó ou poeira 2 [fig.] barulho; rumor 3 [fig.] aparência enganadora 4 [fig.] vaidade; presunção (De poeira+-ada)

poeira-da-vinha ver nova grafia poeira da vinha

poeira da vinha n.f. (fungo) ⇒ **oídio** 1

poeirento adj. 1 cheio de poeira; coberto de pó; poento 2 [fig.] antigo (De poeira+-ento)

poeirinha n.f. casta de uva preta da Beira Central, que dá vinhos encorpados e adstringentes, com bastante tinta; baga (De poeira+ -inha)

poeiro n.m. (fungo) ⇒ **oídio** 1 (De pó+-eiro)

poejo /ê/ n.m. 1 BOTÂNICA planta dicotiledónea, herbácea, aromática, da família das Labiadas, frequente nos lugares húmidos ou inundados de Portugal, usada como condimento; pojo 2 pó mais fino da farinha (Do lat. pulegīu-, «poejo»)

poema /ê/ n.m. 1 obra em verso 2 [fig.] coisa ou assunto de carácter poético (Do gr. poíema, «obra», pelo lat. poēma-, «poema»)

poemeto n.m. pequeno poema (De poema+-eto)

poentar-se v.pron. [Moçambique] chegar ao ocaso; pôr-se (De poente+-ar)

poente n.m. região do horizonte onde o Sol se põe; ocidente ■ adj.2g. (Sol) que está no ocaso (Do lat. ponente-, «que põe», part. pres. de ponĕre, «pôr»)

poento adj. ⇒ **poeirento** (De pó+-ento)

poer v.tr. [ant.] pôr (Do lat. ponĕre, «pôr»)

poesia n.f. 1 arte que se distingue tradicionalmente da prosa pela composição em verso e pela organização rítmica das palavras, aliada a recursos estilísticos e imagéticos próprios 2 composição literária em verso 3 conjunto das obras em verso, escritas numa língua ou próprias de uma época, de uma escola literária, de um autor, etc. 4 característica poética que pode estar presente em qualquer obra de arte 5 carácter daquilo que, por ser considerado belo ou ideal, desperta uma emoção ou sentimento estético 6 [fig.] harmonia 7 [fig.] inspiração (Do gr. poíesis, «ação de fazer alguma coisa», pelo lat. poesia, «poesia»)

poeta adj. que faz poemas ou versos ■ n.m. 1 autor de poesia; vate; versejador 2 autor cuja obra tem características poéticas 3 aquele que tem inspiração poética ou imaginação inspirada 4 [fig.] idealista; sonhador 5 [fig.] indivíduo bem-falante, eloquente; **~ de água doce** poeta que faz maus versos (Do gr. poietés, «autor», pelo lat. poëta-, «poeta»)

poetaço n.m. [depr.] mau poeta; o que faz maus versos (De poeta+ -aço)

poetar v.tr. descrever ou cantar em verso ■ v.intr. fazer versos; versejar (Do lat. poetāre, «id.»)

poetastro n.m. [depr.] mau poeta; o que faz maus versos (De poeta+-astro)

poética n.f. 1 LITERATURA arte de poetar 2 teoria da versificação 3 disciplina que se ocupa, com fins normativos ou não, do estudo da poesia e dos seus géneros 4 teoria da criação literária 5 conjunto dos princípios estéticos, explícitos ou implícitos, que orientam a atividade de um escritor, de um artista ou de um movimento literário ou artístico (Do gr. poietiké, «id.», pelo lat. poetĭca-, «obra poética»)

poeticamente adv. 1 de modo poético 2 com poesia 3 segundo os preceitos da poética (De poético+-mente)

poético adj. 1 relativo à poesia 2 próprio para inspirar os poetas 3 que tem características atribuídas à poesia 4 que pelo seu carácter de beleza ou encanto provoca uma emoção estética 5 sublime; **liberdade poética** uso de figuras e alterações morfológicas e sintáticas permitido em poesia (Do gr. poietikós, «engenhoso; poético», pelo lat. poetĭcu-, «id.»)

poetisa n.f. 1 autora de poesia 2 mulher que tem sentir poético (De poeta+-isa)

poetismo n.m. 1 a poesia 2 os poetas (De poeta+-ismo)

poetização n.f. 1 ato ou efeito de poetizar 2 produto da imaginação (De poetizar+-ção)

poetizar v.tr. 1 dar forma poética a 2 tornar poético 3 sublimar ■ v.intr. fazer versos; poetar (De poeta+-izar)

pogoníase n.f. MEDICINA desenvolvimento da barba numa mulher (Do gr. *pógon, -onos*, «barba» +*-ase*)
pogonóforo adj. 1 que tem pelos 2 diz-se dos vertebrados superiores que têm vibrissas (Do gr. *pogonophóros*, «que tem barba»)
pogonópode adj.2g. diz-se do animal que tem as patas cobertas de pelos (Do gr. *pógon, -onos*, «pelo» +*poús, podós*, «pé»)
poh interj. designativa de espanto ou repulsão
poia n.f. 1 [regionalismo] pão alto 2 [regionalismo] bolo grande de trigo 3 [regionalismo] pagamento em géneros ao moleiro, ao forneiro ou ao lagareiro 4 [regionalismo] grande quantidade de dejetos; poio (De *poio*)
poial n.m. 1 lugar alto onde se põe alguma coisa 2 banco fixo de pedra (De *poio*+*-al*)
poilão n.m. [São Tomé e Príncipe] BOTÂNICA ⇒ **mafumeira** (De orig. obsc.)
poio n.m. 1 poial 2 [Madeira] designação dada aos socalcos das encostas escavados e cultivados 3 [pop.] montão de excrementos (Do lat. *podĭu-*, «balcão»)
poiquilotermia n.f. qualidade de poiquilotérmico (Do gr. *poikílos*, «variado; diverso» +*thérmos*, «calor» +*-ia*)
poiquilotérmico adj. 1 diz-se dos animais cuja temperatura corporal varia com a do meio ambiente 2 (peixes, anfíbios, répteis) de sangue frio (Do gr. *poikílos*, «variado» +*thérmos*, «calor» +*-ico*)
pois conj. 1 portanto; logo; por conseguinte; em vista disso 2 então; nesse caso 3 porque; visto que; porquanto 4 mas; no entanto; contudo ■ adv. sim; claro; evidentemente; **~ claro** locução que indica concordância, aprovação; **~ é!** exclamação que pode indicar assentimento ou ironia em relação ao que foi dito; **~ não** locução que indica concordância, aprovação; **~ que** porque; **~ sim!** exclamação que pode indicar assentimento, ironia ou dúvida em relação ao que foi dito (Do lat. *post*, «depois»)
poisa n.f. ⇒ **pousa**
poisada n.f. ⇒ **pousada**
poisadeira n.f. [pop.] ⇒ **nádega**
poisadia n.f. ⇒ **pousada**
poisadoiro n.m. ⇒ **pousadouro**
poisar v.tr.,intr. ⇒ **pousar**
poise n.m. FÍSICA unidade de medida de viscosidade dinâmica do antigo sistema de unidades CGS, de símbolo P, equivalente a 0,1 pascais segundo (Do fr. *J. L. Poiseuille*, antr., físico fr.,1799-1869)
poisio n.m. ⇒ **pousio**
poiso n.m. ⇒ **pouso**
poita n.f. ⇒ **pouta**
poitão n.m. ⇒ **poutão**
poitar v.tr. ⇒ **poutar**
poja n.f. 1 NÁUTICA parte inferior da vela do navio 2 NÁUTICA corda com que se vira a vela (Do it. *poggia*, «id.»)
pojadoiro n.m. ⇒ **pojadouro**
pojadouro n.m. parte interna e posterior da coxa do bovino; chã de dentro (De *pojar*+*-douro*)
pojadura n.f. ⇒ **apojadura** (De *pojar*+*-dura*)
pojante adj.2g. 1 NÁUTICA que navega de vento em popa 2 rápido; veloz (De *pojar*+*-ante*)
pojar v.intr. 1 NÁUTICA aportar; ancorar 2 NÁUTICA desembarcar ■ v.tr. aumentar de volume ou de grossura; entumecer; engrossar; enfunar (Do lat. **podiāre*, «aportar», de *podĭu-*, «balcão»)
pojeia n.f. 1 moeda antiga correspondente a metade de um dinheiro 2 moeda de pouco valor (De orig. obsc.)
pojo¹ /ô/ n.m. 1 lugar de desembarque 2 poial para pousar fardos (Do lat. *podĭu-*, «balcão»)
pojo² /ô/ n.m. BOTÂNICA ⇒ **poejo** 1 (De *poejo*)
pojo³ /ô/ n.m. 1 pó 2 poeira (De *pó*+*-ejo*)
pola¹ n.f. sova; tunda (De ou *poleia*)
pola² n.f. 1 rebento de árvore que nasce da raiz ou da base do tronco; ladrão 2 estaca (Do lat. *pullu-*, «filho ainda novo de um animal; rebento»)
póla ver nova grafia pola¹
pôla ver nova grafia pola²
polaca¹ n.f. 1 dança de ritmo sincopado, originária da Polónia; polonesa 2 MÚSICA música de carácter pomposo e movimento moderado que acompanha essa dança; polonesa (De *polaco*)
polaca² n.f. NÁUTICA embarcação do mar Mediterrâneo, de três mastros, velame quadrado e proa aguçada (Do fr. *polacre*, «id.»)
polaciúria n.f. MEDICINA necessidade frequente de urinar (Do gr. *pollákis*, «muitas vezes» +*oûron*, «urina»)
polaco adj. relativo ou pertencente à Polónia, ou que é seu natural ou habitante ■ n.m. 1 natural ou habitante da Polónia 2 língua indo-europeia, do ramo eslavo, falada na Polónia (Do al. *Polacke*, «polaco», designação pejorativa)

polaina n.f. peça de vestuário que resguarda a perna e a parte superior do calçado (Do fr. *poulaine*, «id.», fem. de *poulain*, «polaco»)
polainado adj. 1 que tem polainas grandes 2 diz-se do animal que tem a maior parte da perna coberta de pelos ou penas (De *polaina*+*-ado*)
polainito n.m. polaina curta que cobre apenas a região do tornozelo e o peito do pé (De *polaina*+*-ito*)
polainudo adj. ⇒ **polainado** (De *polaina*+*-udo*)
polar adj.2g. 1 relativo aos polos celestes ou terrestres 2 vizinho ou próximo dos polos terrestres 3 próprio das regiões polares e frias 4 referente aos polos magnéticos 5 designativo de uma lã sintética, fabricada a partir de microfibras de poliéster, licra e nylon, utilizada em vestuário e equipamentos, e que protege eficazmente do frio (De *pólo*+*-ar*)
polarão n.m. FÍSICA conjunto formado por um eletrão e o campo de polarização com o qual está em equilíbrio num cristal iónico (De *polar*+*-ão*)
polaridade n.f. 1 FÍSICA (magnetismo) propriedade que tem a agulha magnética de tomar a direção dos polos magnéticos da Terra 2 FÍSICA propriedade característica dos dipolos magnéticos (ocorrência inseparável de um polo norte e de um polo sul) 3 ELETRICIDADE propriedade que certos geradores elétricos têm de fornecer a corrente sempre no mesmo sentido 4 ELETRICIDADE propriedade que têm certos dispositivos elétricos (retificadores) de só permitir a passagem da corrente elétrica num sentido 5 BIOLOGIA característica de uma estrutura ou de um ser vivo que possui dois polos distintos quanto às suas potencialidades ou funções; polarização 6 LINGUÍSTICA valor afirmativo ou negativo de um enunciado (De *polar*+*-i-*+*-dade*)
polarimetria n.f. FÍSICA termo utilizado para designar a medição da rotação ótica e do poder rotatório ótico (De *polarímetro*+*-ia*)
polarímetro n.m. FÍSICA instrumento que permite a medição precisa da rotação do plano de polarização da luz por líquidos e sólidos oticamente ativos (De *polari[dade]*+*-metro*)
polariscópio n.m. instrumento destinado a verificar se um feixe luminoso se encontra polarizado (De *polar[ização]*+gr. *skopeîn*, «ver» +*-io*)
polarização n.f. 1 FÍSICA modificação de uma radiação luminosa, em virtude da qual as ondas refletidas ou refratadas deixam de apresentar propriedades idênticas em todas as direções em torno da direção da sua propagação 2 FÍSICA ação de polarizar um dielétrico 3 BIOLOGIA diferença de potencial elétrico entre as duas faces de uma membrana mesmo em repouso (por exemplo, a diferença de potencial entre o exterior e o interior de uma membrana é de 70 mV) 4 [fig.] ação de concentrar forças ou influências num determinado ponto por oposição a outro 5 [fig.] entusiasmo; animação; galvanização; **~ eletrolítica** aumento de resistência elétrica de um eletrólito, devido principalmente à acumulação de moléculas gasosas sobre o elétrodo positivo (De *polarizar*+*-ção*)
polarizador adj. que polariza ■ n.m. instrumento que serve para polarizar a luz (De *polarizar*+*-dor*)
polarizar v.tr. 1 FÍSICA desenvolver carga elétrica na superfície de dielétricos neutros por ação de um campo elétrico 2 [fig.] concentrar em si; atrair 3 [fig.] entusiasmar; galvanizar (De *polar*+*-izar*)
polarizável adj.2g. suscetível de se polarizar (De *polarizar*+*-vel*)
polarografia n.f. QUÍMICA método instrumental de análise química que se fundamenta numa eletrólise na camada de difusão junto à superfície de um microelétrodo (De *polar*+*-grafia*)
polarógrafo n.m. instrumento utilizado em polarografia (De *polar*+*-grafo*)
polaroide¹ n.f. FÍSICA película de nitrato de celulose coberta de cristais ultramicroscópicos, que funciona como polarizador da luz (De *polar*+*-óide*)
polaroide² n.f. 1 máquina fotográfica que utiliza o processo de polarização da luz para obter uma foto positiva e instantânea na própria máquina 2 foto obtida com essa máquina (Do ing. *Polaroid®*)
polaróide ver nova grafia polaroide[1,2]
polca n.f. 1 dança de ritmo vivo a dois tempos 2 música com a qual se executa essa dança (Do checo *pulka*, «meio passo»)
polcar v.intr. dançar a polca (De *polca*+*-ar*)
pólder n.m. área de terra de nível inferior ao do mar, protegida por diques e drenada para agricultura, pastagem ou habitação (Do hol. *polder*, «id.»)
poldra /ô/ n.f. 1 ZOOLOGIA égua de pouca idade; potra 2 pernada ou ramo inútil de árvore 3 (rebento) ladrão 4 pernada de árvore 5 ⇒ **alpondra** (Do lat. vulg. *pullĭtru-*, «poldro»)
poldril n.m. ⇒ **potril** (De *poldro*+*-il*)

poldro /ô/ *n.m.* ZOOLOGIA cavalo de pouca idade; potro (Do lat. vulg. *pullĭtru-*, de *pullu-*, «animal ainda novo»)

polé *n.f.* **1** antigo instrumento de tortura no qual se pendurava o punido pelas mãos com uma corda e se prendia pesos de ferro nos pés, deixando-o cair com violência **2** ⇒ **roldana 3** NÁUTICA ⇒ **moitão**¹; *sofrer tratos de ~* ser maltratado, sovado (Do prov. *poleya*, «id.»)

poleá *n.m.* homem do Malabar (Índia), de condição plebeia (Do malaiala *pulayan*, «poluidor»)

poleadela *n.f.* [pop.] sova; tunda; coça (De *polear*+-*dela*)

poleame *n.m.* NÁUTICA conjunto das polés, roldanas, moutões, sapatas, andorinhas, etc., que se empregam para passagem dos cabos náuticos (De *polé*+-*ame*)

polear¹ *v.tr.* **1** submeter a tratos de polé **2** [fig.] sovar; maltratar (De *polé* ou *poleia*+-*ar*)

polear² *n.m.* ⇒ **poleá** (De *poleá*)

polearia *n.f.* arte ou oficina de poleeiro (De *polé*+-*aria*)

poleeiro *n.m.* aquele que faz ou vende polés ou roldanas (De *polé*+-*eiro*)

polegada *n.f.* **1** medida aproximadamente igual ao comprimento da segunda falange do dedo polegar **2** medida de comprimento inglesa equivalente a 0,0254 m (Do lat. vulg. *pollicăta-*, de *pollĭce-*, «dedo polegar»)

polegar *adj.2g.* ANATOMIA designativo do dedo mais grosso correspondente ao bordo radial da mão dos tetrápodes ■ *n.m.* **1** ANATOMIA dedo da mão, o mais grosso, formado por duas falanges, que se opõe aos restantes; pólex; pólice **2** vara curta e forte de videira que se deixou da poda apenas com um, dois ou três olhos (Do lat. *pollicăre-*, «de uma polegada»)

poleia *n.f.* [pop.] tareia; coça; pola (Do prov. *poleya*, «polé»)

poleiro *n.m.* **1** vara, no interior das gaiolas ou capoeiras, onde as aves pousam **2** capoeira; galinheiro **3** lugar alto **4** [fig.] posição elevada e de autoridade **5** [fig.] poder **6** [fig.] governo **7** [pop.] galeria (nos teatros); *cantar/falar de ~* falar com arrogância, falar autoritariamente; *estar no ~* ocupar lugar de responsabilidade (Do lat. *pullarĭu-*, «relativo aos animais novos»)

polela *n.f.* ZOOLOGIA inseto lepidóptero cujas lagartas causam, por vezes, estragos nos tecidos, nas peles, nas plantas, etc., e que, por esse motivo, se inclui no grupo das traças; polilha (Do lat. *pullela-*, dim. de *pulla-*, fem. de *pullu-*, «animal novo»)

polémica *n.f.* **1** discussão acesa; controvérsia **2** debate (Do gr. *polemiké*, «guerreira»)

polemicar *v.tr.,intr.* ⇒ **polemizar** (De *polémica*+-*ar*)

polémico *adj.* **1** que pressupõe uma atitude crítica **2** que está sujeito a debate; controverso **3** que diz respeito a polémica (Do gr. *polemikós*, «relativo à guerra»)

polemista *adj.2g.* sujeito a polémica; polémico ■ *n.2g.* **1** pessoa que sustenta polémica **2** argumentador (Do gr. *polemistés*, «guerreiro»)

polemizar *v.tr.,intr.* travar uma discussão acesa (sobre); travar polémica; polemicar (Do gr. *pólemos*, «guerra» +-*izar*)

polemografia *n.f.* descrição de uma guerra ou de uma batalha (Do gr. *pólemos*, «guerra» +*gráphein*, «escrever» +-*ia*)

polemógrafo *n.m.* escritor que se dedica à polemografia (Do gr. *pólemos*, «guerra»+-*grafo*)

polemologia *n.f.* MILITAR estudo da génese e evolução dos grandes conflitos militares e dos fatores políticos, económicos, sociais, ideológicos e estratégicos que lhes dão origem (Do gr. *pólemos*, «guerra» +*lógos*, «estudo» +-*ia*)

polemoscópio *n.m.* luneta ou conjunto de espelhos, de duas refrações e duas reflexões, que permite ver objetos que não estão diretamente expostos aos olhos (Do gr. *pólemos*, «guerra» +*skopeīn*, «ver; olhar»)

pólen *n.m.* BOTÂNICA pó contido nos sacos polínicos (anteras) das espermatófitas, e de que cada grânulo corresponde a um micrósporo (Do lat. *pollen*, «flor de farinha; pó muito fino»)

polenda *n.f.* ⇒ **polenta**

polenta *n.f.* CULINÁRIA creme espesso à base de sêmola de milho (Do lat. *polenta-*, «farinha de cevada torrada»)

pólex /cs/ *n.m.* ANATOMIA dedo polegar; pólice (Do lat. *pollex* (nominativo), «id.»)

polha /ô/ *n.f.* **1** [ant.] franga **2** [fig.] rapariga (Do cast. *polla*, «id.»)

polhastro *n.m.* **1** frango grande **2** [fig.] rapagão; mocetão ■ *adj.* finório; azevieiro (Do cast. *pollastro*, «id.»)

polho /ô/ *n.m.* **1** [ant.] frango **2** [fig.] rapaz **3** casta de uva (Do cast. *pollo*, «id.»)

poli-¹ elemento de formação de palavras que exprime a ideia de cidade (Do grego *pólis*, «idem»)

poli-² elemento de formação de palavras que exprime a ideia de vários, grande número, muitos (Do gr. *polýs*, «muito»)

polia¹ *n.f.* roda ou correia transmissora de movimento (Do fr. *poulie*, «roldana»)

polia² *n.f.* **1** BOTÂNICA doença das plantas crucíferas originada por um fungo **2** [Brasil] designação comum a várias larvas de insetos que se desenvolvem em algumas substâncias orgânicas, sobretudo no couro e no toucinho (Do cast. *polilla*, «traça; inseto roedor; caruncho»)

poliacanto *adj.* que tem muitos espinhos (Do gr. *polyákanthos*, «id.»)

poliadelfia *n.f.* qualidade ou estado de poliadelfo (De *poliadelfo*+-*ia*)

poliadelfo *adj.* BOTÂNICA diz-se do androceu cujos estames, soldados pelos filetes, formam três ou mais grupos (Do gr. *polyádelphos*, «que tem muitos irmãos»)

poliamida *n.f.* **1** QUÍMICA polímero em que as unidades constituintes estão ligadas por grupos amida ou tioamida, muito usado como fibra têxtil, em rodas dentadas, acessórios de fotografia, etc. **2** fibra sintética muito resistente, facilmente lavável e de secagem rápida, utilizada na indústria têxtil (De *poli-*+*amida*)

poliandra *adj.,n.f.* que ou mulher que tem mais de um marido, ao mesmo tempo (Do gr. *polýandros*, «que tem muitos homens»)

poliandria *n.f.* **1** tipo de organização familiar em que a mulher tem vários maridos ao mesmo tempo, geralmente o irmão ou irmãos do primeiro marido **2** BOTÂNICA carácter dos vegetais poliandros (Do gr. *polyandría*, «grande número de homens»)

poliândria *n.f.* BOTÂNICA classe de vegetais poliandros (De *poliandro*+-*ia*)

poliândrico *adj.* relativo à poliandria (De *poliandria*+-*ico*)

poliandro *adj.* **1** relativo a poliandria **2** BOTÂNICA diz-se da planta ou do androceu que tem muitos estames (mais de vinte), todos livres entre si (Do gr. *polýandros*, «que tem muitos homens»)

polianite *n.f.* MINERALOGIA variedade de pirolusite, caracterizada pelo bom desenvolvimento dos seus cristais, por maior dureza e por ter a cor cinzenta do aço (Do gr. *poliós*, «cinzento» +-*ite*)

polianteia *n.f.* **1** lugar onde há muitas flores juntas **2** coleção de flores (Do gr. *polyanthéa*, «coleção de muitas flores»)

polianto *adj.* que tem muitas flores (Do gr. *polyanthés*, «com muitas flores»)

poliaquénio *n.m.* BOTÂNICA fruto constituído por numerosos aquénios (De *poli-*+*aquénio*)

poliarquia *n.f.* governo de muitos (Do gr. *polyarkhía*, «id.»)

poliarticulado *adj.* que tem muitos artículos ou articulações (De *poli-*+*articulado*)

poliarticular *adj.2g.* que interessa a várias articulações (De *poli-*+*articular*)

poliartrite *n.f.* **1** MEDICINA artrite generalizada a várias articulações **2** MEDICINA forma de reumatismo que ataca várias articulações ao mesmo tempo (De *poli-*+*artrite*)

poliatómico *adj.* QUÍMICA designativo de toda a espécie química com mais de um átomo ou de um núcleo atómico (De *poli-*+*atómico*)

polibã *n.m.* cabine de chuveiro, geralmente de forma quadrangular, delimitada por um rebordo baixo, que se fecha com cortinas ou portas de correr (Do ing. *Polybeam*®)

poliban *n.m.* ⇒ **polibã** (Do ing. *Polybeam*®)

polibásico *adj.* QUÍMICA [ant.] designativo do ácido que contém mais de um átomo de hidrogénio substituível por metais (De *poli-*+*básico*)

policarpelar *adj.2g.* BOTÂNICA que tem vários carpelos; policárpico (De *poli-*+*carpelar*)

policárpico *adj.* **1** BOTÂNICA relativo a policarpo **2** BOTÂNICA que dá flores e frutos mais de uma vez **3** BOTÂNICA diz-se da flor, do gineceu, etc., que tem vários carpelos; policarpelar; pluricarpelar; multicarpelar (Do gr. *polýkarpos*, «que tem muitos frutos» +-*io*)

policarpo *adj.* BOTÂNICA que tem ou produz muitos frutos ■ *n.m.* BOTÂNICA fruto indeiscente originado de vários carpelos (Do gr. *polýkarpos*, «que tem muitos frutos»)

pólice *n.m.* ANATOMIA dedo polegar; pólex (Do lat. *pollĭce-*, «id.»)

policéfalo *adj.* que tem muitas cabeças (Do gr. *polyképhalos*, «de muitas cabeças»)

policelular *adj.2g.* constituído por muitas células; multicelular; pluricelular (De *poli-*+*celular*)

policêntrico *adj.* diz-se da curva ou do arco com mais de um centro (formada pela junção de arcos de mais que uma circunferência); pluricêntrico (Do gr. *polýs*, «muito» +*kéntron*, «centro» +-*ico*)

polichinelo n.m. 1 personagem das farsas napolitanas 2 palhaço; bobo; saltimbanco 3 indivíduo de carácter versátil 4 homem apalhaçado 5 indivíduo que muda muitas vezes de opinião; *segredo de ~* segredo que é conhecido de muitos (Do it. *Pulcinello*, personagem da antiga comédia napolitana, pelo fr. *polichinelle*, «id.»)

polícia n.f. 1 instituição encarregada de garantir a segurança pública, os direitos dos cidadãos e o cumprimento das leis, reprimindo as infrações a essas leis 2 conjunto das regras que garantem a segurança e a ordem públicas 3 conjunto dos órgãos formados para garantir a segurança e a ordem públicas 4 disciplina; ordem 5 [pop.] processo judicial 6 [fig.] etiqueta; pragmática ■ n.2g. profissional que trabalha numa instituição policial; agente; *~ judiciária* instituição policial cuja função é cooperar com o Ministério Público e os juízes, desenvolvendo ações de prevenção, deteção e investigação criminal de acordo com as competências que lhe são atribuídas por lei (Do gr. *politeía*, «administração de uma cidade», pelo lat. *politīa-*, «governo»)

policial adj.2g. 1 da polícia ou respeitante à polícia 2 próprio da polícia 3 que diz respeito aos livros ou filmes de investigação de um crime ou mistério ■ n.m. romance ou filme de crime e mistério ■ n.2g. [Brasil] (agente) ⇒ **polícia** (De *polícia*+*-al*)

policiamento n.m. 1 ato ou efeito de policiar 2 guarda; vigilância; ronda (De *policiar*+*-mento*)

policiar v.tr. 1 vigiar com o auxílio da polícia ou segundo os regulamentos policiais 2 guardar; fiscalizar; zelar 3 civilizar (De *polícia*+*-ar*)

policíclico adj. 1 que contém vários ciclos 2 que se enrola muitas vezes sobre si mesmo (De *poli-*+*cíclico*)

policitação n.f. DIREITO promessa feita em juízo por uma das partes, mas ainda não aceite pela outra 2 oferecimento (Do lat. *pollicitatiōne-*, «id.»)

policitemia n.f. PATOLOGIA aumento do número de eritrócitos (glóbulos vermelhos) que circulam no sangue (De *poli-*+*cit(o)-*+*-emia*)

policlínica¹ n.f. 1 exercício da medicina aplicada à generalidade das doenças 2 instituição médica onde se dão consultas de clínica geral e de diversas especialidades (De *poli-*+*clínica*)

policlínica² n.f. 1 clínica exercida nas cidades 2 clínica exercida fora dos hospitais (Do gr. *pólis*, «cidade» +*kliniké*, «clínica»)

policlínico¹ adj. relativo à policlínica ou clínica geral ■ n.m. médico que exerce a policlínica ou clínica geral, que trata as doenças em geral e não se dedica especialmente a uma delas (De *policlínica*)

policlínico² adj. relativo à clínica urbana ■ n.m. médico que exerce a clínica na cidade, fora dos hospitais (Do gr. *pólis*, «cidade» +*klinikós*, «clínico»)

policópia n.f. técnica de reprodução de um texto escrito em que este é decalcado com uma tinta própria sobre um suporte de gelatina utilizado como molde (De *poli-*+*cópia*)

policopiar v.tr. reproduzir, geralmente em muitos exemplares, através do processo de policópia (De *poli-*+*copiar*)

polícreto /ê/ adj. que serve para usos variados (Do gr. *polýkhrestos*, «muito útil; muito utilizado», pelo lat. *polychrestos*, «id.»)

policroísmo n.m. fenómeno devido à polarização de radiações que permite observar sobre uma substância colorações variadas, conforme o ângulo, pelo facto de a absorção das radiações depender da incidência (Do gr. *polýs*, «muito» +*khroa*, «cor; tinta; coloração», pelo fr. *polychroïsme*, «policroísmo»)

policromático adj. de diversas cores; policromo (Do gr. *polykhrómatos*, «id.» +*-ico*)

policromia n.f. 1 multiplicidade de cores 2 estado de um corpo em que há diferentes cores (De *policromo*+*-ia*)

policromo adj. de várias cores (Do gr. *polýkhromos*, «id.»)

policultura n.f. processo de agricultura que explora, ao mesmo tempo e na mesma região, vários vegetais e produtos agrícolas (De *poli-*+*cultura*)

policurvo adj. 1 que tem muitas curvas 2 sinuoso (De *poli-*+*curvo*)

polidactilia n.f. TERATOLOGIA anomalia que consiste na existência de número de dedos superior ao normal (De *polidáctil*+*-ia*)

polidáctilo adj. 1 TERATOLOGIA que apresenta polidactilia 2 TERATOLOGIA que possui muitos dedos (Do gr. *polydáktylos*, «id.»)

polidamente adv. de modo polido; com polidez; delicadamente (De *polido*+*-mente*)

polidesportivo adj. DESPORTO diz-se dos recintos que podem ser utilizados para a prática de diversas modalidades desportivas ■ n.m. DESPORTO recinto com essas características (De *poli-*+*desportivo*)

polidez /ê/ n.f. 1 qualidade de polido 2 urbanidade; civilidade; boa educação; delicadeza (De *polido*+*-ez*)

polidipsia n.f. MEDICINA necessidade patológica de beber frequentemente (Do gr. *polýs*, «muito» +*dípsa*, «sede» +*-ia*)

polido adj. 1 liso 2 lustroso; brunido 3 [fig.] urbano; cortês; bem-educado; civilizado; delicado (Do lat. *polītu-*, «id.», part. pass. de *polīre*, «polir; lapidar»)

polidor n.m. 1 aquele que dá polimento 2 brunidor 3 envernizador (Do lat. *polītōre-*, «polidor»)

polidura n.f. ato ou efeito de polir 2 polimento (Do lat. *polītūra-*, «id.»)

poliédrico adj. que tem forma de poliedro; *sólido ~* GEOMETRIA porção de espaço limitada por uma folha de uma superfície piramidal fechada (De *poliedro*+*-ico*)

poliedro n.m. GEOMETRIA sólido geométrico delimitado apenas por polígonos (Do gr. *polýedros*, «de muitas faces»)

poliembrionia n.f. BIOLOGIA tipo de gestação em que se formam vários embriões a partir do mesmo ovo (Do gr. *polýs*, «muito» +*émbryon*, «embrião» +*-ia*)

poliemia n.f. excesso de sangue nos vasos sanguíneos (Do gr. *polýs*, «muito» +*haîma*, «sangue» +*-ia*)

poliéster n.m. 1 QUÍMICA plástico polímero sintético usado em tintas e vernizes e como fibra têxtil 2 fibra artificial sintética, resistente, elástica e não enrugável, usada na indústria do vestuário e em artigos como filtros, cordas, isolantes, etc. (De *poli-*+*éster*)

polietileno n.m. QUÍMICA plástico obtido por polimerização do etileno, empregado como isolador elétrico e no fabrico de tubos e outros objetos (De *poli-*+*etileno*)

polifacetado adj. ⇒ **multifacetado** (De *poli-*+*facetado*)

polifagia n.f. 1 ECOLOGIA qualidade de polífago 2 fome insaciável (Do gr. *polyphagía*, «voracidade»)

polífago adj. 1 ECOLOGIA diz-se de organismo que se alimenta das mais diversas substâncias 2 que come muito (Do gr. *polyphágos*, «id.», pelo lat. *polyphăgu*, «id.»)

polifásico adj. 1 que passa por diversas fases 2 diz-se da corrente elétrica que tem mais de uma fase (Do gr. *polýs*, «muito» +*phásis*, «fase» +*-ico*)

polifilético adj. que teve mais de uma origem (Do gr. *polýs*, «muitos» +*philetikós*, «respeitante a uma tribo»)

polífilo adj. 1 BOTÂNICA formado de muitos folíolos 2 BOTÂNICA que tem muitas folhas (Do gr. *polýphyllos*, «de muitas folhas»)

polífito adj. 1 BOTÂNICA que diz respeito a muitas plantas 2 BOTÂNICA diz-se do género que abrange muitas plantas (Do gr. *polýs*, «muito» +*phýton*, «planta»)

polifonia n.f. 1 MÚSICA combinação simultânea de duas ou mais linhas melódicas diferentes (em termos históricos, a era da polifonia estende-se da baixa Idade Média até ao final do Renascimento) 2 conjunto de sons diferentes dispostos de forma harmoniosa; multiplicidade de sons (Do gr. *polyphonía*, «abundância de vozes; polifonia»)

polifónico adj. 1 em que há polifonia 2 relativo à polifonia (De *polifonia*+*-ico*)

polífono adj. 1 que repete os sons muitas vezes 2 diz-se dos caracteres gramaticais ou letras que representam vários sons (Do gr. *polýphonos*, «que faz ouvir muitas vozes»)

poligala n.f. BOTÂNICA planta herbácea, de flores geralmente azuis, da família das Poligaláceas (Do gr. *polýgalon*, «polígala; erva-leiteira», pelo lat. *polygăla*, «id.»)

Poligaláceas n.f.pl. BOTÂNICA família de plantas dicotiledóneas, lenhosas ou herbáceas, cujo género-tipo se designa *Polygala* (De *polígala*+*-áceas*)

poligamia n.f. 1 sistema de organização familiar em que uma pessoa tem vários cônjuges ao mesmo tempo 2 ZOOLOGIA situação em que um animal acasala com mais do que um outro (Do gr. *polygamía*, «id.», pelo lat. *polygamĭa-*, «id.»)

poligâmico adj. relativo à poligamia; polígamo (De *poligamia*+*-ico*)

polígamo adj. 1 que vive em poligamia 2 relativo à poligamia; poligâmico ■ n.m. indivíduo que vive em poligamia (Do gr. *polýgamos*, «casado várias vezes»)

poligastricidade n.f. qualidade de poligástrico (De *poligástrico*+*-i-*+*-dade*)

poligástrico adj. ZOOLOGIA que tem várias cavidades digestivas; poligastro (Do gr. *polýs*, «numeroso» +*gastér, gastrós*, «estômago» +*-ico*)

poligastro adj., n.m. ZOOLOGIA que ou o que tem vários estômagos; poligástrico (Do gr. *polýs*, «numeroso» +*gastér, gastrós*, «estômago»)

poligenismo n.m. teoria que defende a existência de origens distintas para as diferentes raças humanas (Do gr. *polýs*, «muitos» +*génos*, «origem» +*-ismo*)

polígeno adj. que produz muito (Do gr. *polýs*, «numeroso» +*génos*, «origem»)

poliginia

poliginia *n.f.* 1 qualidade ou estado de polígino 2 tipo de organização familiar em que o marido pode ter, legalmente, várias esposas 3 BOTÂNICA existência de muitos pistilos em cada flor (De *polígino*+-*ia*)

polígino *adj.* BOTÂNICA com muitos pistilos em cada flor (Do gr. *polýgenes*, «que tem muitas mulheres»)

poliglota *adj.2g.* 1 que sabe ou fala muitas línguas 2 escrito em várias línguas ■ *n.2g.* pessoa que fala ou conhece várias línguas (Do gr. *polýglottos*, «id.»)

poliglótico *adj.* 1 relativo a poliglota 2 escrito em várias línguas (De *poliglota*+-*ico*)

poliglotismo *n.m.* 1 qualidade de poliglota 2 facilidade de falar muitas línguas (De *poliglota*+-*ismo*)

poligloto *adj.,n.m.* ⇒ **poliglota** (Do gr. *polýglottos*, «id.»)

Poligonáceas *n.f.pl.* BOTÂNICA família de plantas dicotiledóneas, geralmente herbáceas, algumas das quais medicinais, outras comestíveis, cujo género-tipo se denomina *Polygonus* (Do gr. *polýgonon*, «de muitos ângulos», pelo lat. *polygōnu-*, «id.»)

poligonal *adj.2g.* 1 respeitante ou pertencente a polígono 2 que tem muitos ângulos (e, por isso, tem também muitos lados) 3 que tem como base um polígono; *linha* ~ GEOMETRIA linha formada por segmentos de reta não colineares e unidos topo a topo (fechada ou aberta conforme a extremidade do último dos segmentos coincide ou não com a origem do primeiro) (De *polígono*+-*al*)

polígono *n.m.* 1 GEOMETRIA região do plano delimitada por uma linha poligonal fechada (pertence também ao polígono a linha poligonal que o delimita) 2 MILITAR terreno destinado ao exercício de tiro e manobras da artilharia 3 figura que determina a forma geral do traçado e uma praça de guerra ■ *adj.* ⇒ **poligonal** (Do gr. *polýgonon*, «de muitos ângulos», pelo lat. *polygōnu-*, «id.»)

poligrafia *n.f.* 1 coleção de diversas obras sobre vários ramos do saber humano 2 conjunto de conhecimentos diversos 3 enciclopédia 4 qualidade de quem é polígrafo (Do gr. *polygraphía*, «composição de muitas obras»)

poligráfico *adj.* referente à poligrafia (De *poligrafia*+-*ico*)

polígrafo *n.m.* 1 autor que escreve sobre assuntos diversos 2 máquina com que se obtém grande número de cópias do mesmo original 3 aparelho que, através do registo de alterações a nível fisiológico, se destina a determinar se as afirmações de alguém são verdadeiras ou não; detetor de mentiras (Do gr. *polýgraphos*, «id.»)

polilha *n.f.* 1 pó miúdo 2 ZOOLOGIA ⇒ **polela** (Do cast. *polilla*, «traça; inseto roedor; caruncho»)

polimastia *n.f.* TERATOLOGIA anomalia que consiste na existência, num indivíduo, de mamas em número superior ao normal (Do gr. *polýs*, «muito»+*mastós*, «mama» ■-*ia*)

polímate *adj.2g.* que estuda ou conhece muitas ciências (Do gr. *polymathés*, «que aprendeu muitas coisas»)

polimatia *n.f.* 1 saber vasto e variado 2 [pej.] erudição abundante, mas desordenada (Do gr. *polymathía*, «grande saber»)

polímato *n.m.* indivíduo que estuda ou conhece muitas ciências (Do gr. *polymathés*, «que aprendeu muitas coisas»)

polimento *n.m.* 1 ato ou efeito de polir; lustre; brunidura 2 cabedal lustroso de que se faz calçado 3 verniz 4 [fig.] polidez; civilidade; delicadeza 5 [fig.] beleza de estilo (De *polir*+-*mento*)

polimeria *n.f.* 1 BIOLOGIA teoria segundo a qual as partes do corpo e o próprio corpo dos organismos são formados pela repetição da mesma unidade diversamente modificada 2 BIOLOGIA produção de um carácter pela ação de dois ou mais genes 3 QUÍMICA caso particular de isomeria onde um dos compostos (polímero) tem massa molecular múltipla da do outro (Do gr. *polyméreia*, «multiplicidade de partes», pelo fr. *polymérie*, «polimeria»)

polimérico *adj.* 1 QUÍMICA relativo a polímero 2 QUÍMICA próprio de polímero (De *polímero*+-*ico*)

polimerismo *n.m.* ⇒ **polimeria** (De *polimeria*+-*ismo*)

polimerização *n.f.* 1 ato ou efeito de polimerizar 2 QUÍMICA união de duas ou mais moléculas ou iões iguais para formarem uma só molécula ou ião (De *polimerizar*+-*ção*)

polimerizar *v.tr.* tornar polímero (De *polímero*+-*izar*)

polímero *adj.* 1 BIOLOGIA diz-se de cada um dos genes em que há repetição da mesma unidade diversamente modificada 2 QUÍMICA (composto) que resulta de uma polimerização ■ *n.m.* QUÍMICA composto que resulta da união de várias moléculas (ou unidades estruturais) iguais ou semelhantes entre si (monómeros) e é caracterizado por uma elevada massa molecular (Do gr. *polymerés*, «composto de várias partes», pelo fr. *polymère*, «polímero»)

polimialgia *n.f.* MEDICINA dor em diversos músculos; ~ *reumática* MEDICINA doença caracterizada pela presença de polimialgias, fraqueza muscular, artralgias e velocidade de sedimentação globular elevada (De *poli-*+*mialgia*)

polimorfia *n.f.* ⇒ **polimorfismo** (De *polimorfo*+-*ia*)

polimórfico *adj.* que apresenta várias formas; multiforme (Do gr. *polýs*, «muito» +*morphé*, «forma» +-*ico*)

polimorfismo *n.m.* 1 propriedade das substâncias polimorfas 2 CRISTALOGRAFIA propriedade de o mesmo mineral apresentar duas ou mais formas cristalinas diferentes (Do gr. *polýs*, «muito» +*morphé*, «forma» +-*ismo*)

polimorfo *adj.* 1 que se apresenta sob aspetos diferentes 2 que se apresenta em mais de duas formas cristalinas diferentes ■ *n.m.* cada uma das diferentes formas cristalinas do mesmo mineral (Do gr. *polýmorphos*, «de muitas formas»)

políndromo *adj.,n.m.* LINGUÍSTICA que ou vocábulo que se lê da mesma forma da direita para a esquerda e vice-versa, como: *aba, ama, salas, sós* (Do gr. *polýs*, «muito» +*drómos*, «curso; corrida»)

polinervado *adj.* que tem muitas nervuras (De *poli-*+*nervado*)

polinésico *adj.,n.m.* ⇒ **polinésio** (De *Polinésia*, top. +-*ico*)

polinésio *adj.* relativo ou pertencente à Polinésia, conjunto de ilhas localizadas na parte central do oceano Pacífico; polinésico ■ *n.m.* natural ou habitante da Polinésia (De *Polinésia*, top.)

Polinésios *n.m.pl.* ETNOGRAFIA povos naturais da Polinésia (De *Polinésia*, top.)

polineurite *n.f.* MEDICINA afeção degenerativa simultânea de vários nervos periféricos (De *poli-*+*neurite*)

polinia *n.f.* BOTÂNICA massa compacta de grãos de pólen que se forma nas anteras de certas orquídeas (Do fr. *pollinie*, «id.»)

polínico *adj.* 1 BOTÂNICA relativo a pólen 2 BOTÂNICA que contém pólen; *saco* ~ parte essencial da antera onde o pólen tem a sua origem; *tubo* ~ formação que aparece quando germina o grão de pólen, que tem origem no alongamento da intina e serve para conduzir os gâmetas masculinos (Do lat. *pollĭne-*, «pólen» +-*ico*)

polinífero *adj.* que contém pólen (Do lat. *pollĭne-*, «pólen» +-*fero*, de *ferre*, «ter»)

polinização *n.f.* transferência do pólen da antera para o estigma na mesma flor ou entre flores diferentes, caso em que o pólen é transportado pelo vento, pela água ou por animais, especialmente os insetos (De *polinizar*+-*ção*)

polinizador *adj.* que pratica ou é agente da polinização (De *polinizar*+-*dor*)

polinizar *v.tr.* 1 levar o pólen dos estames para (o carpelo) 2 provocar a fecundação de (flor), utilizando o pólen (Do lat. *pollĭne-*, «pólen» +-*izar*)

polinomial *adj.2g.* 1 referente a polinómio 2 que tem forma de polinómio 3 que possui vários nomes; *função* ~ MATEMÁTICA função que é definida por um polinómio (De *polinómio*+-*al*)

polinómio *n.m.* MATEMÁTICA expressão que traduz uma soma de monómios, obtida por interposição dos sinais + ou - entre dois ou mais monómios (termos do polinómio) (Do gr. *polýs*, «muito» +*nómos*, «distribuição» +-*io*)

polinoso /ô/ *adj.* coberto de um pó amarelo semelhante ao pólen (Do lat. *pollĭne-*, «pólen» +-*oso*)

polinsaturado *adj.* 1 QUÍMICA que possui diversas insaturações na sua estrutura molecular 2 designativo da gordura insaturada que tem mais de uma ligação dupla de carbono, encontrada em peixes gordos e óleos vegetais, sendo considerada essencial por não ser produzida pelo organismo (De *poli-*+*insaturado*)

polinucleado *adj.* BIOLOGIA que tem vários núcleos; multinucleado ■ *n.m.* BIOLOGIA o que tem vários núcleos 2 para alguns autores, corresponde a polinuclear (granulócito) (Do gr. *polýs*, «muito»+lat. *nuclĕu-*, «núcleo» +-*ado*)

polinuclear *adj.* FÍSICA que contém mais de um núcleo atómico ■ *n.m.* HISTOLOGIA ⇒ **granulócito** (De *poli-*+*nuclear*)

pólio *n.f.* forma reduzida de *poliomielite*

poliomielite *n.f.* MEDICINA doença infeciosa que ataca as células da medula espinal e leva, por vezes, à paralisia; paralisia infantil (Do gr. *poliós*, «cinzento» +*myelós*, «medula espinal» +-*ite*)

poliomielítico *adj.* 1 relativo à poliomielite 2 que sofre de poliomielite ■ *n.m.* indivíduo atacado de poliomielite (De *poliomielite*+-*ico*)

poliónimo *adj.* 1 que é designado de várias formas 2 que tem vários significados (Do gr. *polyónymos*, «que tem muitos nomes», pelo lat. *polyonÿmu-*, «id.»)

poliopia *n.f.* MEDICINA doença oftálmica em que por um dos olhos se veem várias imagens de um mesmo objeto (Do gr. *polýs*, «muito» +*óps, opós*, «olho» +-*ia*)

poliorexia *n.f.* MEDICINA ⇒ **bulimia**

poliose *n.f.* QUÍMICA ⇒ **polissacárido** (Do gr. *polýs*, «muito» +-*ose*)

polipeiro n.m. ZOOLOGIA formação calcária elaborada por coraliários (celenterados coloniais) que vivem instalados nas cavidades da formação referida e, assim, originam recifes costeiros, recifes de barreira e atóis (De *pólipo*+*-eiro*)

polipeptídeo n.m. QUÍMICA composto formado por uma cadeia de aminoácidos ligados pelos grupos peptídicos (De *poli-*+*peptídeo*)

polipeptídico adj. QUÍMICA relativo a polipeptídeo (De *polipeptídeo*+*-ico*)

polipéptido n.m. QUÍMICA ⇒ **polipeptídeo**

polipétalo adj. BOTÂNICA que possui muitas pétalas; pluripétalo (Do gr. *polýs*, «muito» +*pétalon*, «pétala»)

poliploide adj.2g. BIOLOGIA diz-se do indivíduo (ou célula) em que o número de cromossomas é múltiplo do número primitivo (Do gr. *polýplous*, «múltiplo» +*eĩdos*, «forma»)

poliplóide ver nova grafia poliploide

poliploidia n.f. estado de poliploide (De *poliplóide*+*-ia*)

polipneia n.f. respiração rápida e superficial (Do gr. *polýs*, «numeroso» +*pnoé*, «respiração»)

pólipo n.m. 1 ZOOLOGIA forma que os celenterados e os briozoários podem apresentar e que se assemelha a um saco cuja abertura está rodeada de tentáculos 2 MEDICINA formação tumoral que geralmente se desenvolve nas cavidades revestidas de mucosas (bexiga, canal auditivo, fossas nasais, intestino, laringe, reto, etc.) (Do gr. *polýpous*, «polvo», pelo lat. *polȳpu-*, «id.»)

polípode adj.2g. que tem muitos pés (Do gr. *polýpous, -odos*, «id.»)

Polipodiáceas n.f.pl. BOTÂNICA família de plantas pteridófitas, com esporângios pedunculados, deiscentes transversalmente, cujo género-tipo se denomina *Polypodium* (De *polipódio*+*-áceas*)

polipódio n.m. BOTÂNICA planta de folhas penatipartidas, da família das Polipodiáceas, espontânea nos muros e sebes de Portugal (Do gr. *polypódion*, «id.», pelo lat. *polypodĭu-*, «id.»)

Poliporáceas n.f.pl. BOTÂNICA família de fungos basidiomicetes (Do gr. *polýporos*, «que tem muitas aberturas» +*-áceas*)

poliposo /ô/ adj. da natureza do pólipo (Do lat. *polypōsu-*, «id.»)

polipropileno n.m. QUÍMICA polímero de propileno semelhante ao polietileno no que diz respeito às suas propriedades

Poliptéridas n.m.pl. ICTIOLOGIA ⇒ **Polipterídeos**

Polipterídeos n.m.pl. ICTIOLOGIA família de peixes ganoides cujo género-tipo se denomina *Polypterus* (De *políptero*+*-ídeos*)

políptero adj. que tem muitas asas ou barbatanas ■ n.m. ICTIOLOGIA nome vulgar extensivo a uns peixes osteoganoides, da família dos Polipterídeos, habitantes dos rios da África central, que têm barbatana dorsal dividida em muitos lobos e características primitivas (Do gr. *polýpteros*, «que tem muitas asas ou barbatanas»)

políptico n.m. 1 retábulo composto de vários painéis 2 conjunto de dois ou mais painéis independentes mas subordinados ao mesmo assunto ■ adj. que é composto de dois ou mais painéis (Do gr. *polýs*, «numeroso» +*ptýx*, «dobra; prega», pelo lat. *polyptỳchu-*, «id.»)

poliptoto n.m. recurso estilístico que consiste no emprego de uma palavra sob diversas formas gramaticais, no mesmo período (ex.: *perceber, percebi, preferia não ter percebido*) (Do gr. *polýptoton*, «id.», pelo lat. *polyptōton*, «id.»)

poliptóton n.m. ⇒ **poliptoto**

poliquento adj. [regionalismo] debiqueiro (De orig. obsc.)

poliquetas /ê/ n.m.pl. ZOOLOGIA grupo de animais anelados, quetópodes, cujas sedas locomotoras estão dispostas em grupos inseridos em parápodes (Do gr. *polýs*, «muito» +*khaíte*, «crina; pelo»)

polir v.tr. 1 tornar liso por fricção; limar 2 dar lustre a; brunir 3 envernizar 4 [fig.] aperfeiçoar; aprimorar 5 [fig.] educar; corrigir 6 [fig.] tornar civil, cortês ■ v.pron. 1 [fig.] aperfeiçoar-se 2 [fig.] civilizar-se; educar-se (Do lat. *polīre*, «id.»)

polirreme n.f. embarcação com várias ordens de remos (Do gr. *polýs*, «numeroso»+lat. *remu-*, «remo»)

polirrítmico adj. que tem vários ritmos (De *poli-*+*rítmico*)

polirrizo adj. que tem ou deita muitas raízes (Do gr. *polýrrizos*, «id.»)

pólis n.f.2n. 1 HISTÓRIA ⇒ **cidade-estado** 2 HISTÓRIA (Antiguidade Clássica) comunidade organizada, formada pelos cidadãos (Do gr. *pólis, eós*, «cidade»)

polisarcia n.f. aumento de volume do corpo causado por desenvolvimento excessivo (resultante de exercício) do tecido muscular, ou do desenvolvimento anormal do tecido adiposo (Do gr. *polysarkía*, «corpulência»)

polispermia n.f. BIOLOGIA penetração de vários espermatozoides num só óvulo, para a fecundação (De *polispermo*+*-ia*)

polispérmico adj. ⇒ **polispermo**

polispermo adj. diz-se do fruto com várias sementes (Do gr. *polýspermos*, «id.»)

polissacarídeo adj. QUÍMICA relativo a polissacárido ■ n.m. ⇒ **polissacárido** (De *poli-*+*sacarídeo*)

polissacárido n.m. QUÍMICA nome genérico dos glícidos cujas moléculas são formadas pela condensação de moléculas de oses; poliose (Do gr. *polýs*, «muito» +*sákkaron*, «açúcar» +*-ido*)

polissemia n.f. LINGUÍSTICA qualidade das palavras que possuem mais de um sentido (Do gr. *polýs*, «muito» +*séma*, «sinal» +*-ia*)

polissémico adj. 1 relativo à polissemia 2 que apresenta polissemia (De *polissemia*+*-ico*)

polissépalo adj. BOTÂNICA diz-se do cálice que tem várias sépalas distintas (De *poli-*+*sépala*)

polissifónia n.f. termo que tem sido usado para designar algas vermelhas do género *Polysiphonia* (Do gr. *polýs*, «muito» +*síphon*, «tubo» +*-ia*)

polissilábico adj. 1 relativo a polissílabo 2 (gramática tradicional) diz-se da palavra formada por mais de uma sílaba 3 (nova terminologia gramatical) diz-se da palavra que é formada por mais de três sílabas (De *polissílabo*+*-ico*)

polissílabo adj.,n.m. 1 (gramática tradicional) que ou palavra que é formada por mais de uma sílaba 2 (nova terminologia gramatical) que ou palavra que é formada por mais de três sílabas (Do gr. *polysýllabos*, «que tem muitas sílabas», pelo lat. *polysyllăbu-*, «id.»)

polissilogismo n.m. LÓGICA conjunto de dois ou mais silogismos, encadeados em série, de forma que a conclusão do primeiro sirva de premissa maior (progressivo) ou menor (regressivo) ao seguinte (Do gr. *polýs*, «muito» +*syllogismós*, «silogismo»)

polissindáctilo n.m. TERATOLOGIA aquele que apresenta os dedos unidos lateralmente (Do gr. *polýs*, «muito» +*sýn*, «unidos; juntos» +*dáktylos*, «dedo»)

polissíndeto n.m. GRAMÁTICA emprego ou repetição intencional de uma mesma conjunção coordenativa entre palavras ouа frases (ex.: *estudou e trabalhou e viajou*) (Do gr. *polysýndeton*, «grande número de conjunções»)

polissíndeton n.m. ⇒ **polissíndeto**

polissíntese n.f. ⇒ **haplologia** (Do gr. *polýs*, «muito» +*sýnthesis*, «síntese»)

polissintético adj. LINGUÍSTICA designativo da língua em que as diversas partes da frase se contraem, formando uma só palavra extensa (Do gr. *polýs*, «muito» +*synthetikós*, «sintético»)

polissintetismo n.m. LINGUÍSTICA carácter da língua em que as diversas partes da frase se contraem, formando uma só palavra extensa (De *poli-*+*sintetismo*)

polistélico adj. diz-se da estrutura do caule ou da raiz com várias estelas (Do gr. *polýs*, «muito» +*stéle*, «estela»)

polistilo adj.,n.m. que ou o edifício que é sustentado por muitas colunas (Do gr. *polýstylos*, «id.»)

polistireno /ê/ n.m. QUÍMICA plástico obtido por polimerização do estireno, bom isolador térmico e empregado no fabrico de objetos variados (De *poli-*+*estireno*)

polistómio adj. que tem muitas aberturas ■ n.m. ZOOLOGIA espécime dos polistómios ■ n.m.pl. ZOOLOGIA grupo de trematodes ectoparasitas, com mais de duas ventosas (Do gr. *polýstomos*, «que tem muitas bocas»)

politeama n.m. teatro destinado a vários géneros de representação (Do gr. *polýs*, «muito» +*théama*, «espetáculo»)

politécnico adj. 1 designativo do ensino vocacionado para a formação de profissionais especializados em áreas essencialmente técnicas, educacionais e de gestão 2 designativo da instituição que integra duas ou mais escolas superiores ou outras unidades orgânicas similares orientadas para o ensino de áreas tecnológicas e humanísticas numa dada região ■ n.m. 1 esse ensino 2 essa instituição (Do gr. *polýtekhnos*, «hábil em muitas artes» +*-ico*)

politeísmo n.m. doutrina ou religião que admite uma pluralidade de deuses (Do gr. *polýs*, «muito» +*théos*, «deus» +*-ismo*)

politeísta adj.2g. 1 referente ao politeísmo 2 que segue o politeísmo ■ n.2g. pessoa que acredita em ou presta culto a vários deuses (Do gr. *polýs*, «muito» +*théos*, «deus» +*-ista*)

politelismo n.m. capacidade de atingir vários fins (Do gr. *polýs*, «muito» +*télos*, «fim» +*-ismo*)

politeno /ê/ n.m. QUÍMICA ⇒ **polietileno** (De *poli-*+*et[il]eno*)

política n.f. 1 ciência ou arte de governar 2 orientação administrativa de um governo 3 princípios diretores da ação de um governo 4 arte de dirigir as relações de um Estado com outro 5 conjunto dos princípios e dos objetivos que servem de guia a tomadas de decisão e que fornecem a base da planificação de atividades em determinado domínio 6 [fig.] habilidade para lidar com qualquer

politicagem

assunto de forma a se obter o que se deseja; estratégia; tática **7** [fig.] astúcia; esperteza; maquiavelismo **8** [fig.] cortesia; urbanidade; civilidade; cerimónia; **~ demográfica** tomada de posição por parte dos governos com base em argumentos políticos, religiosos, morais ou económicos para solucionar problemas levantados pelo crescimento demográfico; **~ económica** ECONOMIA conjunto de iniciativas de um governo destinadas a influenciar as decisões dos agentes económicos, no sentido da concretização de determinados objetivos; **~ externa** relações entre os Estados; **~ fiscal** ECONOMIA conjunto de medidas tomadas pelo governo relativamente ao orçamento, incluindo a fixação de impostos e o controlo dos gastos públicos (Do gr. *politiké*, «a arte de governar a cidade»)

politicagem *n.f.* **1** ato ou efeito de politicar **2** [pej.] política pouco escrupulosa ou que se rege por interesses pessoais **3** [pej.] ato de politiqueiro **4** [pej.] os maus políticos (De *política*+*-agem*)

politicalha *n.f.* [depr.] ⇒ **politiquice** (De *política*+*-alha*)

politicamente *adv.* **1** do ponto de vista político **2** no que diz respeito ao poder político **3** [fig.] astutamente; habilidosamente; **~ correto** que está de acordo com as convenções dominantes no seio de uma comunidade (De *político*+*-mente*)

politicante *adj.,n.2g.* **1** que ou pessoa que faz política partidária **2** [pej.] politiqueiro (De *politicar*+*-ante*)

politicão *n.m.* **1** político de fama; grande político **2** homem de atitudes exageradamente condicionadas pela política (De *político*+*-ão*)

politicar *v.intr.* **1** tratar de política; falar sobre política **2** fazer política (De *política*+*-ar*)

politicastro *n.m.* [depr.] político reles (De *político*+*-astro*)

político *adj.* **1** que pertence ou diz respeito à política ou aos negócios públicos **2** que diz respeito ao exercício do poder **3** relativo à teoria de governar **4** relativo ao Estado e às relações entre Estados **5** [fig.] astuto; finório **6** [fig.] delicado; cortês ■ *n.m.* **1** pessoa que tem responsabilidades de ordem política **2** pessoa que participa na vida política **3** pessoa que age de acordo com estratégias consideradas políticas **4** homem de estado; estadista (Do gr. *politikós*, «relativo aos cidadãos», pelo lat. *politĭcu-*, «id.»)

político- elemento de formação de palavras que exprime a ideia de *política* (Do gr. *politikós*, «do cidadão», pelo lat. *politĭcu-*, «político»)

politicoide *adj.2g.* **1** que tem pretensões a político **2** [pej.] politiqueiro ■ *n.m.* **1** aquele que tem pretensões a político **2** [pej.] político reles; indivíduo politiqueiro (De *político*+*-óide*)

politicóide ver nova grafia politicoide

politicologia *n.f.* ⇒ **politologia** (De *polític*[*a*]+*-o-*+*-logia*)

politicólogo *n.m.* ⇒ **politólogo** (De *polít*[*ica*]+*-o-*+*-logo*)

politicomania *n.f.* mania de tratar só de política (Do gr. *politiké*, «política» +*manía*, «mania; loucura»)

politiqueiro *adj.,n.m.* **1** [depr.] que ou aquele que se envolve muito em política partidária **2** [depr.] que ou aquele que, em política, utiliza meios pouco sérios (De *política*+*-eiro*)

politiquice *n.f.* **1** [depr.] política pouco escrupulosa **2** [depr.] ato de politiqueiro (De *política*+*-ice*)

politiquismo *n.m.* [depr.] ⇒ **politiquice** (De *política*+*-ismo*)

politização *n.f.* **1** ato ou efeito de politizar **2** resultado dessa ação (De *politizar*+*-ção*)

politizar *v.tr.* **1** dar um carácter político a **2** promover formação e informação políticas (De *polít*[*ico*]+*-izar*, ou do ing. *to politicize*, «id.»)

politologia *n.f.* ciência que tem por objetivo o estudo do fenómeno político ou do sistema governativo; ciência política

politologista *n.2g.* ⇒ **politólogo** (De *polit-* +*-o-*+*-logista*)

politólogo *n.m.* especialista em ciências políticas (De *polít*[*ica*]+*-o-*+*-logo*)

politonal *adj.2g.* MÚSICA relativo a politonalidade (De *poli-*+*tonal*)

politonalidade *n.f.* MÚSICA género de composição musical em que se faz a combinação de várias tonalidades diferentes (De *poli-*+*tonalidade*)

politraumatizado *adj.* com vários traumatismos (De *poli-*+*traumatizado*)

Politricáceas *n.f.pl.* BOTÂNICA família de musgos com folhas geralmente fortes, cápsula suportada por seta comprida, coifa peluda, cujo género-tipo se denomina *Polytrichum* (De *polítrico*+*-áceas*)

politrico *n.m.* BOTÂNICA nome vulgar genérico de uns musgos da família das Politricáceas, entre os quais há um muito frequente em Portugal, nas paredes e nas terras incultas (Do gr. *polýtrikhon*, «muito cabeludo», pelo lat. *polytrichon*, «erva capilar»)

politrofia *n.f.* MEDICINA alimentação excessiva (Do gr. *polytrophía*, «id.»)

politrófico *adj.* ⇒ **polítrofo**

polítrofo *adj.* **1** relativo à politrofia **2** ⇒ **omnívoro 1** (Do gr. *polýtrophos*, «bem alimentado»)

poliuretano *n.m.* QUÍMICA polímero que contém o grupo NHCOO e é utilizado em adesivos, tintas e vernizes de longa duração, plásticos e borrachas

poliúria *n.f.* MEDICINA secreção anormal e excessiva de urina (Do gr. *polýs*, «muito» +*oûron*, «urina» +*-ia*)

poliúrico *adj.* relativo à poliúria (De *poliúria*+*-ico*)

polivalência *n.f.* **1** qualidade do que apresenta várias possibilidades **2** qualidade de uma pessoa com capacidades diversas e que pode ter diferentes funções **3** QUÍMICA qualidade de um corpo polivalente (De *poli-*+*valência*)

polivalente *adj.2g.* **1** eficaz ou válido em muitos casos diferentes **2** relativo a vários domínios ou atividades **3** (pessoas) que pode exercer variadas funções **4** (coisas) que pode ter vários usos **5** QUÍMICA que pode formar várias ligações químicas ■ *n.m.* pavilhão utilizado para diversos fins, como atividades desportivas, convívio, etc. (Do gr. *polýs*, «muito»+lat. *valente-*, «valente», part. pres. de *valēre*, «valer»)

polivalve *adj.2g.* que possui muitas valvas; multivalve (De *polýs*, «muito»+lat. *valva-*, «valva»)

polivinílico *adj.* **1** do polivinilo **2** relativo a polivinilo (De *polivinilo*+*-ico*)

polivinilo *n.m.* QUÍMICA polímero que se obtém do cloreto de vinilo e do acetato de vinilo (De *poli-*+*vinilo*)

polmão *n.m.* [pop.] tumor; fleimão (Do lat. *pulmōne-*, «id.»)

polme *n.m.* CULINÁRIA massa para fritura mais ou menos consistente à base de farinha dissolvida em água ou leite, a que se adiciona ovo e temperos (Do lat. **pulmen*, de *pulmentu-*, «papa»)

polmo /ô/ *n.m.* turvação num líquido produzida pela presença de corpúsculos estranhos (De *polme*)

polo[1] /ó/ *n.m.* **1** GEOGRAFIA cada um dos pontos em que o eixo da Terra interceta a superfície terrestre **2** cada uma das regiões polares, compreendidas entre o círculo polar e os polos (Polo Norte e Polo Sul) **3** ponto que está em oposição a outro **4** ELETRICIDADE cada um dos elétrodos de uma pilha ou dos terminais de um gerador elétrico **5** [fig.] centro de atividade ou de interesse; núcleo **6** [fig.] termo oposto a outro **7** [fig.] secção; filial; **~ celeste** ASTRONOMIA cada um dos pontos em que o eixo do Mundo corta a esfera celeste, designando-se por polo norte o que fica no hemisfério norte, e por polo sul o que se situa no hemisfério sul; **~ negativo** FÍSICA polo de um magnete, aquele que orienta voltado para sul, polo de um gerador elétrico por onde (diz-se convencionalmente) entra a corrente elétrica; **~ positivo** FÍSICA polo de um gerador elétrico por onde se diz convencionalmente que a corrente elétrica sai; **polos da esfera terrestre** GEOGRAFIA os dois pontos (norte e sul) em que o eixo da Terra corta a superfície terrestre; **polos de um círculo máximo de uma esfera** GEOMETRIA as duas extremidades do diâmetro perpendicular ao plano desse círculo máximo; **polos de um gerador elétrico** FÍSICA terminais do gerador aos quais se ligam os fios condutores da corrente elétrica; **polos de uma pilha hidroelétrica** FÍSICA os dois elétrodos da pilha; **polos magnéticos** FÍSICA zonas de um magnete (ou íman) em que (por hipótese) se localizam as massas magnéticas: as positivas em uma das zonas, as negativas na outra zona (Do gr. *pólos*, «eixo», pelo lat. *polu-*, «id.»)

polo[2] /ó/ *n.m.* **1** DESPORTO espécie de hóquei que se joga a cavalo, com tacos de cabo muito comprido **2** peça de vestuário, tipicamente de algodão, que cobre o tronco, com colarinho abotoado, de manga curta ou comprida (Do tibet. *polo*, «bola», pelo ing. *polo*, «polo»)

polo[3] /ô/ *n.m.* ave de rapina com menos de um ano (Do lat. *pullu-*, «animal ainda novo»)

polo[4] /u/ [arc.] contração da preposição **por** + o artigo definido **o** ■ [arc.] contração da preposição **por** + o pronome demonstrativo **o**

pólo ver nova grafia polo[1,2]

pôlo ver nova grafia polo[3]

polo-aquático *n.m.* DESPORTO jogo disputado entre duas equipas compostas por seis jogadores e um guardaredes, praticado em piscina, e em que cada equipa procura introduzir a bola na baliza contrária

pólo-aquático ver nova grafia polo-aquático

polografia *n.f.* descrição astronómica do céu (Do gr. *polographía*, «id.»)

polonesa /ê/ *n.f.* **1** MÚSICA ⇒ **polaca**[1] **2** [ant.] casaco amplo e comprido de senhora **3** [ant.] segunda saia usada por cima do vestido (Do fr. *polonaise*, «polaca»)

polónio[1] *adj.,n.m.* ⇒ **polaco** (De *Polónia*, top.)

polónio[2] *n.m.* QUÍMICA elemento metálico, radioativo, com o número atómico 84 e símbolo Po (Do lat. cient. *polonium*)

polpa[1] *n.f.* **1** parte carnuda dos frutos e de algumas raízes **2** tecido muscular dos animais **3** carne sem osso e sem gordura **4** ANATOMIA parte palmar da extremidade dos dedos **5** [fig.] parte mais importante **6** [fig.] importância; autoridade; grande valor; ~ *dentária* ANATOMIA parte central e mole de um dente (Do latim *pulpa*-, «idem»)

polpa[2] *n.f.* [Cabo Verde] nádegas; traseiro (Sobre *popa* [=parte posterior] e *polpa* [=tecido muscular])

polpação *n.f.* ato de reduzir a polpa certas substâncias vegetais (De *polpa*+-*ção*)

polpectomia *n.f.* CIRURGIA intervenção cirúrgica para extração da polpa dentária (Do lat. *pulpa*-, «polpa»+gr. *ek*, «fora» +*tomé*, «corte» +-*ia*)

polposo *adj.* **1** que tem muita polpa **2** carnudo (Do lat. *pulpōsu*-, «carnudo»)

polpudo *adj.* ⇒ **polposo** (De *polpa*+-*udo*)

polquista *n.2g.* pessoa que dança a polca (De *polca*+-*ista*)

poltranaz *n.m.* grande poltrão (De *poltrão*+-*az*)

poltrão *adj.,n.m.* que ou a pessoa que não tem coragem; cobarde; medroso (Do it. *poltrone*, «id.»)

poltrona /ô/ *n.f.* **1** cadeira de braços, geralmente estofada **2** sela baixa de arções (Do it. *poltrona*, «id.»)

poltronaria *n.f.* qualidade ou ato de poltrão; cobardia; pusilanimidade (Do it. *poltroneria*, «id.»)

poltronear *v.intr.* **1** proceder como poltrão **2** tomar modos de poltrão (De *poltrão*+-*ear*)

poltronear-se *v.pron.* **1** repimpar-se **2** recostar-se em poltrona (De *poltrona*+-*ear*)

poltronice *n.f.* ato ou procedimento do poltrão (De *poltrão*+-*ice*)

polução *n.f.* **1** ato ou efeito de poluir **2** poluição **3** profanação **4** ejaculação espontânea de esperma (Do lat. *pollutiōne*-, «poluição»)

poluente *adj.2g.* **1** que polui **2** que suja; que mancha; que emporcalha ■ *n.m.* substância que polui (Do lat. *polluente*-, «id.», part. pres. de *polluĕre*, «poluir; manchar»)

poluição *n.f.* **1** ato ou efeito de poluir **2** contaminação do meio ambiente; ~ *atmosférica* modificação da composição química do ar causada por detritos industriais, pesticidas ou elementos radioativos, que prejudicam o equilíbrio do meio ambiente e consequentemente os seres vivos; ~ *da água* alteração das propriedades físicas, químicas ou biológicas da água provocada por resíduos agrícolas (de natureza química ou orgânica), resíduos industriais, esgotos, lixo ou sedimentos; ~ *do solo* deposição ou infiltração no solo ou no subsolo de substâncias ou produtos poluentes; ~ *sonora* produção de sons, ruídos ou vibrações que violam as disposições legais e podem causar problemas auditivos ou desencadear outros efeitos na saúde humana (De *poluir*+-*ção*)

poluidor *adj.,n.m.* que ou aquele que polui (De *poluir*+-*dor*)

poluir *v.tr.* **1** tornar sujo; contaminar (o ambiente); infetar **2** [fig.] manchar; conspurcar; macular; profanar ■ *v.pron.* **1** contaminar-se **2** praticar uma ação infamante (Do lat. *polluĕre*, «id.»)

poluível *adj.2g.* suscetível de se poluir (De *poluir*+-*vel*)

poluto *adj.* **1** manchado; maculado **2** profanado (Do lat. *pollūtu*-, «id.», part. pass. de *polluĕre*, «sujar; poluir»)

Pólux *n.m.* ASTRONOMIA estrela β da constelação dos Gémeos, atualmente mais brilhante que a estrela α (Castor), de grandeza aparente 1,2 e que é sêxtupla (Do lat. *Pollux*, herói mitológico)

polvilhação *n.f.* ato ou efeito de polvilhar (De *polvilhar*+-*ção*)

polvilhamento *n.m.* ⇒ **polvilhação** (De *polvilhar*+-*mento*)

polvilhar *v.tr.* **1** cobrir ou salpicar de substância em pó **2** cobrir de pó; empoar (De *polvilho*+-*ar*)

polvilho *n.m.* **1** pó fino **2** resíduo da lavagem da tapioca, quando seco **3** pó fino que cobre certos frutos; pruína **4** *pl.* pós com que se branqueia o cabelo **5** *pl.* condimento pulverizado (Do cast. *polvillo*, «id.»)

polvo /ô/ *n.m.* ZOOLOGIA molusco cefalópode, com oito tentáculos munidos de ventosas, frequente nos mares portugueses, muito apreciado na alimentação (Do gr. *pólypous*, «de muitos pés», pelo lat. *polȳpu*-, «polvo»)

pólvora *n.f.* mistura explosiva de nitrato de potássio, carvão e enxofre, que se deflagra através de chama, faísca ou filamento incandescente; ~ *ordinária* mistura de nitrato de potássio, carvão e enxofre em certas proporções; ~ *sem fumo* composto de nitrocelulose e nitroglicerina que deflagra sem produção de fumo; *estar como* ~ estar irritadíssimo, estar forte ou picante (falando-se de uma iguaria); *não inventou a* ~ diz-se de uma pessoa pouco inteligente (Do lat. vulg. *pulvĕra*, «pós», pelo cast. *pólvora*, «pólvora»)

polvorada *n.f.* **1** explosão de pólvora **2** fumo de pólvora (De *pólvora*+-*ada*)

polvoraria *n.f.* fábrica de pólvora (De *pólvora*+-*aria*)

polvoreira *n.f.* **1** lugar onde se guarda a pólvora **2** recipiente onde se transporta a pólvora; polvorinho **3** lugar onde se guardam munições; paiol (De *pólvora*+-*eira*)

polvorento *adj.* que se desfaz em pó (De *pólvora*+-*ento*)

polvorim *n.m.* **1** pólvora de grão miúdo **2** resíduo de pólvora (De *pólvora*+-*im*)

polvorinho *n.m.* **1** recipiente onde se leva pólvora para a caça **2** paiol **3** [regionalismo] redemoinho de poeira e vento (De *pólvora*+-*inho*)

polvorista *n.2g.* pessoa que fabrica ou vende pólvora (De *pólvora*+-*ista*)

polvorizar *v.tr.* ⇒ **escorvar** (De *pólvora*+-*izar*)

polvorosa *n.f.* **1** grande azáfama **2** agitação; *pôr os pés em* ~ fugir, escapulir-se (Do cast. *polvorosa*, «poeirenta»)

polvoroso *adj.* cheio de pó; pulveroso (Do cast. *polvoroso*, «poeirento»)

poma /ô/ *n.f.* **1** bola **2** esfera **3** *pl.* seios de mulher; peito; colo (De *pomo*)

pomáceas *n.f.pl.* BOTÂNICA nome que tem sido usado para designar o conjunto de plantas da família das Rosáceas que dão pomos baciformes (De *pomo*+-*áceas*)

pomáceo *adj.* **1** semelhante a pomo **2** cujos frutos são pomos (Do lat. *pomu*-, «fruto» +-*áceo*)

pomada *n.f.* **1** preparado farmacêutico para uso externo, de consistência untuosa, formado por um ou vários princípios ativos a que se adiciona uma matéria gordurosa **2** cosmético com a mesma consistência e untuosidade **3** produto para polimento, de consistência pastosa **4** [gír.] bom vinho; *dar* ~ *a* lisonjear (Do it. *pomata*, «id.», pelo fr. *pommade*, «id.»)

pomadista *n.2g.* [Brasil] pedante; pessoa vaidosa (De *pomada*+-*ista*)

pomar *n.m.* **1** terreno plantado de árvores frutíferas; vergel **2** estabelecimento onde se vende fruta; frutaria (Do lat. **pomāre*-, «pomar», de *pomāriu*-, «id.»)

pomarada *n.f.* série de pomares (De *pomar*+-*ada*)

pomareiro *adj.* **1** relativo a pomar **2** que sabe tratar de pomares ■ *n.m.* o que cultiva ou guarda pomares (De *pomar*+-*eiro*)

pomarejo /ê/ *n.m.* pomar pequeno (De *pomar*+-*ejo*)

pomba *n.f.* **1** fêmea do pombo **2** vasilha de cobre para onde se passa o caldo limpo da cana-de-açúcar **3** [fig.] pessoa bondosa; ~ *sem fel* pessoa ingénua; *coração de* ~ pessoa extremamente bondosa (Do lat. *palumba*-, «pomba brava»)

pombal *n.m.* **1** construção ou local onde as pombas domésticas se abrigam **2** casta de uva branca (De *pomba*+-*al*)

pombalense *adj.2g.* relativo a Pombal, cidade portuguesa do distrito de Leiria ■ *n.2g.* natural ou habitante dessa cidade (De *Pombal*, top. +-*ense*)

pombalesco /ê/ *adj.* ⇒ **pombalino** (De *marquês de Pombal*, estadista port., 1699-1782 +-*esco*)

pombalino *adj.* referente ao marquês de Pombal, estadista português (1699-1782), ou à sua época (De *Pombal*, antr. +-*ino*)

pombalismo *n.m.* HISTÓRIA sistema governativo do marquês de Pombal, que se caracterizava pelo absolutismo despótico e pela adoção do regime económico mercantilista, sob a forma de monopólios do Estado (De *Pombal*, antr. +-*ismo*)

pombalista *adj.,n.2g.* que ou a pessoa que era adepta do marquês de Pombal ou do seu sistema governativo (De *Pombal*, antr. +-*ista*)

pombe[1] *n.m.* [Angola] sertão (Do quimbundo *kipombo*, «idem»)

pombe[2] *n.m.* [Moçambique] bebida alcoólica, típica do Vale do Zambeze, obtida por destilação de resíduos de cereais, frutos ou raízes (Do achirima *pombi*, «idem»)

pombear *v.intr.* [Brasil] exercer a atividade de pombeiro (indivíduo que atravessava os sertões) ■ *v.tr.* [Brasil] ir no encalço de (alguém) (De *pombe*+-*ear*)

pombeirar *v.tr.,intr.* [Brasil] ⇒ **pombear** (De *pombeiro*+-*ar*)

pombeiro[1] *n.m.* [Brasil] HISTÓRIA indivíduo que atravessava os sertões, negociando com os indígenas (De *pombe*+-*eiro*)

pombeiro[2] *adj.* diz-se de uma variedade de milho branco ■ *n.m.* [Brasil] vendedor ambulante de pombos, galinhas, etc. (De *pombo*+-*eiro*)

pombeiro[3] *n.m.* engenho para elevar as águas, nas marinhas de sal (De *bombeiro*)

pombinha *n.f.* **1** pomba pequena **2** carne que cerca a cauda e as nádegas das reses **3** [pop.] rapariga ingénua **4** *pl.* BOTÂNICA planta

pombinho[1] *n.m.* 1 borracho 2 cor de pombo; cinzento-claro 3 *pl.* casal de namorados ■ *adj.* [fig., pop.] um tanto embriagado (De *pombo+-inho*)

pombinho[2] *adj.* diz-se de uma variedade de trigo (Do lat. *palumbīnu-*, «de pombo bravo»)

pombo[1] *n.m.* 1 ORNITOLOGIA ave da família dos Columbídeos, de bico curto com cera na base, e de cor que varia segundo as espécies 2 ICTIOLOGIA ⇒ **pâmpano**[2] (Do latim *palumbu-*, «pombo bravo»)

pombo[2] *n.m.* [Moçambique] ZOOLOGIA gafanhoto pequeno, verde ou castanho, destruidor das culturas de arroz, e que é comestível (Do echuabo *pombo*, «idem»)

pombo-bravo *n.m.* ORNITOLOGIA nome vulgar extensivo a algumas variedades columbinas, uma das quais sedentária e comum em algumas regiões de Portugal, onde é procurada como caça

pombo-correio *n.m.* ORNITOLOGIA pombo dotado de um excelente sentido de orientação, que pode ser usado para levar mensagens e que é treinado para participar em concursos

pombo-torcaz *n.m.* ORNITOLOGIA pombo muito comum na Europa e também o de maior porte, cinzento na parte superior e cor-de-rosa na parte inferior, de bico curto e fino, procurado para caça (De *pombo+torcaz*)

pomes *n.m.2n.* ⇒ **pedra-pomes** (Do lat. cl. *pumice-*, «pedra-pomes», pelo lat. vulg. *pomĭce-*, «id.»)

pomi- elemento de formação de palavras que exprime a ideia de *pomo* (Do lat. *pomu-*, «fruto»)

pómice *n.f.* ⇒ **pedra-pomes** (Do lat. cl. *pumĭce-*, pelo lat. vulg. *pomĭce-*, «pedra-pomes»)

pomícola *adj.2g.* referente à pomicultura (Do lat. *pomu-*, «fruto» +*colĕre*, «cultivar»)

pomicultor *n.m.* aquele que se dedica à pomicultura (Do lat. *pomu-*, «fruto»+*cultōre-*, «cultivador»)

pomicultura *n.f.* cultura de árvores pomíferas (Do lat. *pomu-*, «fruto» +*cultūra-*, «cultura»)

pomífero *adj.* diz-se das árvores que dão pomos (Do lat. *pomifĕru-*, «frutífero»)

pomificar *v.intr.* 1 produzir pomos 2 frutificar (De *pomi-+-ficar*)

pomiforme *adj.2g.* que tem a forma de um pomo (De *pomi+-forme*)

pomito *n.m.* PETROLOGIA ⇒ **pedra-pomes** (De *pomes+-ito*)

pomo /ô/ *n.m.* 1 BOTÂNICA fruto carnudo (variedade de baga) cujo sarcocarpo derivou do receptáculo da flor e tem endocarpo cartilagíneo 2 [poét.] seio de mulher; *~ de discórdia* aquilo que dá motivo a uma discórdia (Do lat. *pomu-*, «fruto»)

pomo- ⇒ **pomi-** (Do lat. *pomu-*, «fruto»)

pomo-de-adão ver nova grafia pomo de Adão

pomo de Adão *n.m.* ANATOMIA saliência na parte anterior do pescoço do homem, formada pela cartilagem tireoide

pomologia *n.f.* tratado sobre os pomos ou árvores pomíferas (Do lat. *pomu-*, «fruto»+gr. *lógos*, «tratado; estudo» +-*ia*)

pomológico *adj.* relativo à pomologia (De *pomologia+-ico*)

pomologista *n.2g.* pessoa que se ocupa de pomologia; pomólogo (De *pomologia+-ista*)

pomólogo *n.m.* indivíduo conhecedor de pomologia; pomologista (Do lat. *pomu-*, «fruto»+gr. *lógos*, «tratado; estudo»)

pompa *n.f.* 1 aparato solene; sumptuosidade; magnificência; fausto; luxo; gala 2 vaidade; *com ~ e circunstância* de forma solene, de acordo com a etiqueta (Do gr. *pompḗ*, «cortejo», pelo lat. *pompa-*, «pompa; aparato»)

pompadourismo *n.m.* orientação artística ou literária inspirada na figura histórica de Madame de Pompadour, favorita de Luís XV, rei da França (1721-1764), e na sua época (De *Pompadour*, antr. +-*ismo*)

pompeante *adj.2g.* 1 que pompeia; que ostenta; vaidoso 2 luxuoso (De *pompear+-ante*)

pompear *v.intr.* ostentar pompa ou luxo ■ *v.tr.* 1 exibir com vaidade; ostentar 2 mostrar com orgulho 3 dar a conhecer 4 deixar perceber (De *pompa+-ear*)

pompeiano *adj.* 1 relativo a Pompeios, antiga cidade italiana, vizinha de Nápoles 2 relativo a Pompeio, general romano (106-48 a. C.) ■ *n.m.* 1 natural ou habitante de Pompeios 2 partidário de Pompeio (Do lat. *pompeiānu-*, «de Pompeios»)

pompo *n.m.* ICTIOLOGIA ⇒ **pâmpano**[2] (De orig. obsc.)

pompom *n.m.* 1 pequena bola de fios de lã, usada como enfeite (em gorro, xaile, etc.) 2 pequena bola de algodão ou material absorvente, usada para aplicar pó de arroz no rosto 3 maçaneta (Do fr. *pompon*, «id.»)

pomporra /ô/ *n.f.* [Moçambique] arrogância; vaidade (Do ronga *pamporja*, «id.»)

pomposamente *adv.* com pompa; faustosamente (De *pomposo+-mente*)

pomposidade *n.f.* 1 pompa; fausto; luxo 2 ostentação (De *pomposo+-i-+-dade*)

pomposo /ô/ *adj.* 1 que ostenta pompa 2 realizado com pompa; magnificente; esplêndido 3 (estilo) empolado (Do lat. tard. *pompōsu-*, «id.»)

pómulo *n.m.* 1 pequena protuberância arredondada 2 maçã do rosto (Do lat. *pomŭlu-*, dim. de *pomu-*, «fruto»)

poncha *n.f.* bebida típica da Madeira preparada com aguardente, mel e sumo de limão, atualmente também servida com outros sumos de fruta (De *ponche*[1])

ponche[1] *n.m.* bebida preparada com rum ou conhaque, chá, açúcar, limão e passas, geralmente servida quente (Do hind. *pānch*, «cinco», por serem cinco os ingredientes de que é feito, pelo ing. *punch*, «ponche», pelo fr. ant. *ponche*, «id.»)

ponche[2] *n.m.* ⇒ **poncho** (De *poncho*)

ponche[3] *n.m.* 1 [regionalismo] vasilha de aduelas, larga e baixa 2 [fig.] pancada; tareia (De orig. obsc.)

poncheira *n.f.* vasilha em que se faz ou serve o ponche (De *ponche+-eira*)

poncho *n.m.* 1 vestimenta com uma abertura ao centro para enfiar a cabeça e duas pequenas aberturas laterais para os braços, usada principalmente pelos gaúchos e tradicional da América do Sul 2 antiga capa curta e com muita roda 3 guarda-pó para viagem (Do quích. *poncho*, «id.», pelo esp. argentino *poncho*, «id.»)

ponderabilidade *n.f.* qualidade de ponderável (Do lat. *ponderabĭle-*, «ponderável»+*i-+-dade*)

ponderação *n.f.* 1 ato ou efeito de ponderar; reflexão; consideração 2 equilíbrio nos julgamentos; moderação 3 circunspeção; gravidade; sisudez 4 peso; importância 5 MATEMÁTICA atribuição de um coeficiente a uma variável 6 ECONOMIA valor relativo atribuído a uma variável, avaliado na sua relação com outros valores ou outras variáveis (Do lat. *ponderatiōne-*, «id.»)

ponderado *adj.* 1 que tem ponderação 2 moderado 3 prudente; refletido; bem pensado 4 sisudo 5 MATEMÁTICA em que há ponderação das variáveis (Do lat. *ponderātu-*, «ponderado», part. pass. de *ponderāre*, «pensar; ponderar; pesar»)

ponderador *adj.,n.m.* 1 que ou aquele que pondera 2 observador 3 avaliador (Do lat. *ponderatōre-*, «aquele que pesa»)

ponderal *adj.2g.* relativo a peso (Do lat. *pondĕre-*, «peso» +-*al*)

ponderar *v.tr.* 1 avaliar minuciosamente; apreciar; medir; pesar 2 expor com argumentos convincentes 3 considerar; ter em atenção ■ *v.tr.,intr.* pensar (sobre); refletir; meditar (Do lat. *ponderāre*, «id.»)

ponderativo *adj.* 1 que pondera 2 cauteloso; prudente 3 digno de ponderação (De *ponderar+-tivo*)

ponderável *adj.2g.* 1 digno de ser ponderado 2 suscetível de ser pesado ou avaliado (Do lat. *ponderabĭle-*, «id.»)

ponderoso /ô/ *adj.* 1 que é pesado 2 ponderável 3 importante; grave 4 aceitável; atendível 5 convincente (Do lat. *ponderōsu-*, «pesado»)

pondo[1] *n.m.* unidade de peso, entre os Romanos (Do latim *pondus* (nominativo), «peso»)

pondo[2] *n.m.* 1 [Moçambique] libra esterlina 2 [Moçambique] antigos cem escudos portugueses 3 [Moçambique] cem meticais (Do changana *mpondho*, «idem», do inglês *pound*)

pondra *n.f.* ⇒ **alpondra** (De *alpondra*)

pónei *n.m.* 1 ZOOLOGIA cavalo fino e ágil, de raça pequena 2 ZOOLOGIA qualquer cavalo pequeno (Do ing. *pony*, «id.», pelo fr. *poney*, «id.»)

ponente *adj.2g.* que se põe ou esconde ■ *n.m.* ⇒ **poente** *n.m.* (Do lat. *ponente-*, «que se põe», part. pres. de *ponĕre*, «pôr; colocar; afastar»)

Pongídeos *n.m.pl.* ZOOLOGIA família de antropoides que abrange o orangotango, o gorila, o chimpanzé e o gibão (De *pongo+-ídeos*)

pongo[1] *n.m.* termo que tem sido aplicado ao orangotango, como nome vulgar (Do cong. *mpongi* ou *mpungu*, «id.»)

pongo[2] *n.m.* [Brasil] parte de um rio entre montes cortados a pique (Do quích. *puncu*, «porta»?)

ponjé *n.m.* tecido leve de uma mistura de lã e seda (Do chin. *pen chi*, «tecido em casa», pelo fr. *pongée*, «id.»)

ponta[1] *n.f.* 1 extremidade aguçada; bico 2 canto; esquina 3 extremidade de um objeto oblongo 4 resto de cigarro ou charuto 5 parte de um território que avança para o mar; cabo 6 objeto pontiagudo; chifre 7 [fig.] pequena quantidade; vestígio; sinal 8 princípio ou fim de uma série 9 período de máximo valor de um fenómeno variável no tempo, como o do consumo de energia elétrica numa rede ■ *n.2g.* DESPORTO (futebol) jogador que ocupa a extremidade da linha de avançados; **~ *de febre*** pouca febre; ***andar de ~*** andar desavindo; ***andar na ~ da unha*** andar muito bem vestido; ***até à ~ dos cabelos*** até mais não; ***de ~*** (indústria, tecnologia) de vanguarda; ***de ~ a ~*** do princípio ao fim; ***hora de ~*** período máximo de atividade, de consumo ou de tráfego, hora de afluência; ***portar-se na ~ da unha*** sair-se bem; ***segurar as pontas*** manter ou suportar uma situação difícil; ***ter na ~ da língua*** estar prestes a dizer, saber muito bem; ***tomar de ~*** ter raiva a, embirrar com (Do lat. *puncta-*, «estocada»)

ponta² *n.f.* [Guiné-Bissau] propriedade rural; horta; fazenda; concessão (Do crioulo *ponta*, «id.», a partir de *ponta*, «pequena quantidade»)

pontada *n.f.* **1** dor aguda e pouco duradoura **2** toque ou golpe com objeto pontiagudo (De *ponta*+*-ada*)

ponta-de-lança ver nova grafia ponta de lança

ponta de lança *n.2g.* DESPORTO (futebol) o jogador mais avançado de uma equipa; goleador

ponta-direita *n.2g.* DESPORTO (futebol) jogador que ocupa o extremo direito da linha de avançados

ponta-esquerda *n.2g.* DESPORTO (futebol) jogador que ocupa o extremo esquerdo da linha de avançados

pontal *n.m.* **1** NÁUTICA altura do navio, da quilha até à primeira coberta **2** ponta de terra ou penedia que entra um tanto pelo mar ou pelo rio; pontalete ■ *adj.* diz-se de uma variedade de prego graúdo (De *ponta*+*-al*)

pontaletar *v.tr.* segurar com pontaletes (De *pontalete*+*-ar*)

pontalete /ê/ *n.m.* **1** espécie de escora de madeira; espeque **2** forquilha para descansar o varal do andor (De *pontal*+*-ete*)

pontão¹ *n.m.* **1** ponte pequena **2** ponte de vão pequeno e sem apoios intermédios (De *ponte*+*-ão*)

pontão² *n.m.* escora para sustentar um muro, uma parede, etc.; espeque (De *ponta*+*-ão*)

pontão³ *n.m.* **1** barca chata para formar com outras a chamada ponte de barcas **2** navio sem propulsão, em geral fundeado, a servir de depósito, paiol, arrecadação, etc. (Do lat. *pontône-*, «barcaça para transporte»)

pontapé *n.m.* **1** pancada com a ponta do pé; biqueirada **2** [fig.] prejuízo; desastre **3** [fig.] contratempo; **~ *de canto*** DESPORTO (futebol) ⇒ **canto**¹ *s.m.*; **~ *de saída*** **1** DESPORTO (futebol) pontapé na bola, que dá início à partida de futebol; **2** [fig.] início de um trabalho; **~ *livre*** DESPORTO (futebol) pontapé dado com a bola colocada no sítio onde o jogador da equipa contrária infringiu as regras do jogo; ***andar aos pontapés*** andar aos baldões; ***correr a ~*** mandar embora de forma violenta; ***haver aos pontapés*** existir em abundância (De *ponta*+*pé*)

pontapear *v.tr.* dar pontapés a (De *pontapé*+*-ear*)

pontar¹ *v.tr.* ⇒ **apontar**² *v.tr.* **1** (De *ponta*+*-ar*)

pontar² *v.tr.* guarnecer de pontes (uma embarcação) (De *ponte*+*-ar*)

pontar³ *v.intr.* servir de ponto no teatro (De *ponto*+*-ar*)

pontarelo *n.m.* ponto de costura, grande e mal feito (De *ponto*+*r*+*-elo*)

pontaria *n.f.* **1** ato de apontar ou de assestar uma arma de fogo na direção do alvo; mira **2** ato pelo qual se dá ao eixo de uma arma a direção e a inclinação necessárias para que o projétil atinja o objetivo **3** aquilo que serve de apontar no alvo (De *ponto* ou *ponta*+*-aria*)

ponta-seca *n.f.* **1** utensílio usado pelos gravadores para abrir sulcos finos e delicados sobre chapa de cobre, ou desenhar sobre camada de verniz **2** gravura obtida por meio desse utensílio; ***compasso de pontas-secas*** compasso de desenho com pernas terminadas por agulhas fixas, que serve para transporte e comparação de medidas

pontavante *n.f.* NÁUTICA ponte ou anteparo na proa do navio (De *ponte*+*avante*)

ponte *n.f.* **1** ARQUITETURA construção sólida em betão, aço ou madeira, destinada a estabelecer comunicação entre dois pontos separados por um curso de água ou por uma depressão de terreno **2** [fig.] aquilo que serve de ligação entre coisas ou pessoas; intermediário **3** dia útil em que não se trabalha intercalado entre um feriado e um fim de semana **4** (ginástica) posição em que o corpo se estende para trás e fica apoiado sobre os pés e as mãos, formando um arco com as costas **5** NÁUTICA pavimento elevado, de bombordo a estibordo, de onde se comanda a manobra do navio **6** NÁUTICA coberta; convés **7** MEDICINA ligação feita entre dois canais anatómicos ou vasos, permitindo criar uma derivação para passagem de sangue (ex. ponte coronária) ou de outro fluido orgânico, como o líquido cefalorraquidiano (ponte ventricular); shunt **8** MEDICINA conjunto de dentes postiços ligados aos naturais por meio de uma placa metálica; **~ *aérea*** ligação por avião contínua entre dois pontos, estabelecida sobretudo em caso de guerra ou de calamidades; **~ *de Varólio*** ANATOMIA formação cordiforme transversal de substância branca colocada à frente do bolbo raquidiano, entre os dois hemisférios cerebelosos; protuberância anular; **~ *levadiça*** ponte de tabuleiro móvel em torno de um eixo horizontal; **~ *pênsil/suspensa*** ponte na qual o tabuleiro está suspenso dos cabos que suportam o sistema; ***estar como o tolo no meio da ~*** estar perplexo, estar indeciso; ***fazer (a) ~*** não trabalhar um dia útil entre um feriado e um fim de semana (Do lat. *ponte-*, «id.»)

ponteado *adj.* coberto ou marcado com pontinhos ■ *n.m.* **1** desenho realizado por meio de pontinhos **2** pesponto (Part. pass. de *pontear*)

pontear *v.tr.* **1** marcar com pontinhos **2** coser; alinhavar **3** MÚSICA fazer pressão nas cordas dos instrumentos musicais no sítio dos pontos **4** pôr pontos naturais em (De *ponto*+*-ear*)

ponteco *n.m.* [depr.] ponto feito atabalhoadamente (De *ponto*+*-eco*)

ponteira *n.f.* **1** peça metálica que reveste a extremidade inferior das bengalas, guarda-chuvas, bainha das armas brancas, canas de pesca, etc. **2** peça de metal que reforça a extremidade da bainha das armas brancas; conteira **3** extremidade postiça da boquilha **4** MÚSICA ⇒ **trasto** (De *ponta*+*-eira*)

ponteiro *n.m.* **1** pequena haste ou vara para apontar **2** utensílio aguçado dos canteiros para desbastar pedra **3** utensílio de ferir as cordas dos instrumentos de música **4** (relógio) espécie de agulha para indicar as horas e as suas frações ■ *adj.* **1** que está na ponta **2** que aponta **3** agudo; afiado; acerado **4** diz-se do vento que é contrário à navegação **5** designativo do cão que não obedece ao caçador (De *ponta*+*-eiro*)

pontel *n.m.* espécie de ponteiro com que se segura o vidro na caldeação (Do cast. *puntel*, «id.»)

ponte-limense *adj.2g.* de Ponte de Lima, vila portuguesa do distrito de Viana do Castelo ■ *n.2g.* natural ou habitante de Ponte de Lima (De *Ponte de Lima*, top. +*-ense*)

pontiagudo *adj.* que termina em ponta aguda (De *ponta*+*agudo*)

Pontiano *n.m.* GEOLOGIA andar do Miocénico superior (De *Ponto* [= mar Negro]+*-iano*)

ponticidade *n.f.* **1** qualidade do que é pôntico **2** acidez (De *pôntico*+*-i-*+*-dade*)

pôntico *adj.* **1** relativo ao Ponto Euxino (nome antigo do mar Negro) **2** [ant.] azedo (Do gr. *pontikós*, «do mar Negro», pelo lat. *pontícu-*, «id.»)

pontícula *n.f.* {diminutivo de **ponte**} pequena ponte ao lado da ponte levadiça, para serviço durante a noite (Do lat. *ponticŭlu-*, «pequena ponte»)

ponticular-se *v.pron.* mostrar-se como um pontículo (De *pontículo*+*-ar*)

pontículo *n.m.* {diminutivo de **ponto**} ponto pequeno (Do lat. *puncticŭlu-*, dim. de *punctu-*, «ponto»)

pontificação *n.f.* ato de pontificar (De *pontificar*+*-ção*)

pontificado *n.m.* **1** (Igreja Católica) dignidade de soberano pontífice **2** tempo que dura o exercício dessa dignidade; papado (Do lat. *pontificātu-*, «id.»)

pontifical *adj.2g.* pertencente ou respeitante aos pontífices ■ *n.m.* **1** (Igreja Católica) livro com o ritual de ordenação e ministério dos pontífices e bispos **2** capa comprida usada na celebração de certos ofícios religiosos (Do lat. *pontificāle-*, «de pontífice»)

pontificante *adj.2g.*, *n.m.* que ou o sacerdote que pontifica (Do lat. ecl. *pontificante-*, «que pontifica», part. pres. de *pontificāre*, «pontificar»)

pontificar *v.intr.* **1** celebrar missa pontifical **2** [fig.] falar ou escrever com autoridade sobre certo assunto **3** [fig.] ditar leis (Do lat. ecl. *pontificāre*, «id.»)

pontífice *n.m.* **1** RELIGIÃO dignitário eclesiástico; bispo **2** [também com maiúscula] RELIGIÃO chefe supremo da Igreja Católica; papa **3** dignidade sacerdotal da antiga Roma **4** [fig.] chefe de uma escola, doutrina ou seita; líder **5** [fig.] pessoa que exerce autoridade numa determinada área; **~ *romano/soberano ~/sumo ~*** chefe supremo da Igreja Católica, papa (Do lat. *pontifice-*, «id.»)

pontifício *adj.* **1** relativo ou pertencente ao pontífice **2** próprio ou proveniente do papa (Do lat. *pontificĭu-*, «de pontífice»)

pontilha *n.f.* **1** ponta muito aguda **2** franja estreita e delgada, de prata ou de ouro, para ornar ou guarnecer; espiguilha **3** ⇒ **pontilho** (Do cast. *puntilla*, «id.»)

pontilhação *n.f.* ato ou efeito de pontilhar (De *pontilhar*+*-ção*)

pontilhado *n.m.* série de pontos (Part. pass. subst. de *pontilhar*)

pontilhão *n.m.* pequena ponte (De *ponte*+*-ilho*+*-ão*)
pontilhar *v.tr.* 1 desenhar, ponteando o papel ou picando o pano 2 marcar com pontinhos; granir (De *ponto*+*-ilho*+*-ar*)
pontilheiro *n.m.* TAUROMAQUIA aquele que pica touros com pontilha ou aguilhão ■ *adj.* 1 relativo a pontilha 2 [fig.] que levanta questões ou problemas por qualquer insignificância (De *pontilha* ou *pontilho*+*-eiro*)
pontilhismo *n.m.* PINTURA técnica característica do neoimpressionismo, que surgiu na sequência do divisionismo, e que consiste na justaposição de pequenas manchas ou pontos de cores puras aplicadas diretamente sobre a tela (Do fr. *pontillisme*, «id.»)
pontilhista *adj.2g.* relativo ao pontilhismo ■ *n.2g.* adepto do pontilhismo (Do fr. *pontilliste*, «id.»)
pontilho *n.m.* arma pontiaguda com que o toureiro fere o touro depois de estoqueado (Do cast. *puntilla*, «id.»)
pontilhoso /ô/ *adj.* que não gosta de subterfúgios nem de procedimentos dúbios; que põe os pontos nos ii (Do cast. *puntilloso*, «cheio de pontinhos»)
pontinha *n.f.* 1 pequena porção ou quantidade 2 pouca intensidade 3 vestígio; sinal 4 rixa (De *ponta*+*-inha*)
pontino *adj.* relativo a uma antiga região do Lácio cheia de pântanos (Do lat. *pomptīnu-*, ou *pontīnu-*, «id.»)
pontizela *n.f.* [regionalismo] pequena ponte; pontilhão (De *ponte*+*z*+*-ela*)
ponto *n.m.* 1 pequena mancha arredondada e de superfície indeterminada 2 GEOMETRIA lugar de interseção de duas retas 3 parte do espaço sem dimensões definidas 4 sítio fixo e determinado; lugar 5 picada ou furo que se faz com uma agulha num tecido 6 porção de fio que fica entre dois furos de agulha, quando se cose 7 forma de executar uma sequência de pontos 8 laçada ou fio não feitos em diversos tipos de trabalhos de mãos; malha 9 cada um dos segmentos de uma sutura 10 sinal ortográfico ou de pontuação 11 sinal que separa a parte decimal da parte inteira de um número em certos sistemas de numeração 12 cada uma das pintas nas faces dos dados ou nas peças de dominó e que indica o seu valor 13 (jogo) valor atribuído a uma carta ou partida 14 grau de uma escala 15 CULINÁRIA grau de concentração de uma calda de açúcar 16 unidade de uma escala de valores 17 classificação atribuída a uma pergunta, uma prova, etc. 18 TIPOGRAFIA medida que regula a grandeza dos caracteres tipográficos 19 intervalo entre dois filetes consecutivos, no braço dos instrumentos de cordas 20 duração de tempo determinada; momento; instante 21 circunstância; situação; conjuntura 22 [fig.] estado atual; altura 23 [fig.] elemento de um conjunto 24 [fig.] parte de um texto ou discurso; passo 25 [fig.] matéria ou assunto de que se trata; questão; objeto 26 [fig.] termo; fim 27 prova escrita; exame 28 registo das entradas e saídas de um local de trabalho pelos funcionários 29 unidade de medida usada por sapateiros, carpinteiros, etc. 30 pessoa que, numa representação teatral, lê a peça em voz baixa, para auxiliar a memória dos atores 31 *pl.* remuneração mensal dos empregados de hotel; **~ de admiração/exclamação** sinal de pontuação (!) em fim de frases que exprimem admiração, alegria, dor, etc.; **~ de conflito** ENGENHARIA fulcro, ponto em que duas vias de tráfego se cruzam ao mesmo nível; **~ de honra** questão que afeta a dignidade pessoal; **~ de interrogação** sinal de pontuação (?) para indicar que a frase se deve ler com entoação de pergunta; **~ de partida** origem; **~ de vista** lugar donde se observa um objeto, modo particular de encarar um assunto ou problema; **~ e vírgula** sinal de pontuação (;) que indica uma pausa e é usado para separar itens de uma enumeração ou frases ligadas por advérbios conectivos dentro do mesmo período; **~ final** 1 sinal de pontuação (.) indicativo de fim de período ou fim de abreviatura; 2 [fig.] termo, fim; **~ negro** 1 pequena saliência com substância esbranquiçada com um ponto negro no meio, composta por secreções acumuladas numa glândula sebácea, comedão; 2 [fig.] dificuldade; **~ nevrálgico** ponto mais delicado, momento ou estado mais adequado a determinado fim; **~ por ~** pormenorizadamente; **pontos cardeais** GEOGRAFIA quatro pontos principais (o norte, o sul, o este e o oeste) usados como referência para orientação e a partir dos quais se determinam os outros pontos do horizonte; **pontos conjugados** GEOMETRIA (a respeito de uma cónica) dois pontos tais que cada um deles pertence à reta polar do outro; **pontos subcolaterais** GEOGRAFIA oito pontos da rosa dos ventos intermédios entre um ponto cardeal e um ponto colateral (nor-nordeste, és-nordeste, és-sudeste, su-sudeste, su-sudoeste, oés-sudoeste, oés-noroeste, nor-noroeste); *aí é que bate o ~!* essa é que é a questão principal!, aí é que está a dificuldade!; *a ~ de* de modo a, prestes a, quase a; *dar um ~ na boca* calar-se; *de ~ em branco* esmerado, apurado; *do ~ de vista de* sob o aspeto de; *em ~* à hora exata; *em ~ de rebuçado* 1 estado em que a calda do açúcar forma caramelo em apuro extremo; 2 [fig.] em ótimas condições, suficientemente preparado; *estar no ~* estar no momento certo, estar em condições ideais; *livro de ~* livro em que se registam a entrada e a saída dos estudantes, empregados, funcionários, operários, etc., dos respetivos estabelecimentos; *não dar ~ sem nó* fazer tudo por interesse, ter sempre em vista uma vantagem pessoal; *pôr os pontos nos ii* 1 falar ou expor sem subterfúgios; 2 pôr tudo em pratos limpos; *ser ~ assente* estar combinado, estar decidido; *ser um bom ~* ser alegre, espirituoso (Do lat. *punctu-*, «punctu-», «picada»)
pontoada *n.f.* pancada ou golpe com a ponta ou ponteira de um objeto (De *ponta*+*-ada*)
ponto-aquém *n.m.* ⇒ **pesponto**
pontoar *v.tr.* 1 marcar com pontos 2 coser com pontos largos; apontoar 3 desenhar com pontos miúdos; granir (De *ponto*+*-ar*)
pontófilo *adj.* que vive no fundo do mar (Do gr. *póntos*, «mar» +*phílos*, «amigo»)
ponto-halícola *adj.2g.* que vive normalmente no fundo dos pântanos salgados (Do gr. *póntos*, «mar» +*háls*, *halós*, «sal»+lat. *colĕre*, «habitar»)
ponto-morto *n.m.* 1 MECÂNICA posição dos elementos de uma máquina em que não pode haver transmissão de movimento para a produção de trabalho útil 2 [fig.] falta de atividade ou progresso; estagnação 3 [fig.] a parte mais vulnerável
pontoneiro *n.m.* 1 militar de arma de engenharia que se emprega na construção de pontões 2 construtor de pontões (De *pontão*+*-eiro*, ou do fr. *pontonnier*, «id.»)
ponto-subido *n.m.* mola em forma de crescente, que se coloca nos guarda-ventos para os conservar fechados
pontuação *n.f.* 1 ato ou efeito de pontuar 2 GRAMÁTICA sistema de sinais gráficos usados para indicar as pausas, as divisões de um texto, determinadas relações sintáticas e a entoação de certas passagens 3 GRAMÁTICA colocação dos sinais gráficos num texto escrito 4 atribuição de pontos em prova, competição ou concurso 5 [acad.] classificação de exame ou exercício; nota (De *pontuar*+*-ção*, ou do fr. *ponctuation*, «id.»)
pontuado *adj.* 1 marcado por meio de pontos 2 que tem pontos ou pequenas manchas 3 classificado (Part. pass. de *pontuar*)
pontual *adj.2g.* 1 referente a ponto 2 que diz respeito a um ou outro ponto de um programa ou de um assunto 3 que chega, parte ou começa à hora certa 4 que respeita os prazos estabelecidos no cumprimento das suas obrigações 5 feito com exatidão 6 brioso (Do lat. med. *punctuāle-*, «id.»)
pontualidade *n.f.* 1 qualidade de pontual 2 exatidão; rigor 3 propriedade (De *pontual*+*-i-*+*-dade*)
pontualmente *adv.* 1 com pontualidade 2 exatamente (De *pontual*+*-mente*)
pontuar *v.tr.,intr.* assinalar com pontuação; colocar sinais gráficos em (frase, texto) ■ *v.intr.* marcar pontos ■ *v.tr.* 1 classificar (trabalho) 2 [fig.] caracterizar; marcar (Do fr. *ponctuer*, «id.»)
pontudo *adj.* 1 que tem ponta 2 aguçado; bicudo 3 escabroso; eriçado; áspero 4 [fig.] agressivo 5 HERÁLDICA diz-se da cruz do escudo cuja haste inferior termina em ponta aguda ■ *n.m.* [pop., pej.] indivíduo atraiçoado pela mulher (De *ponta*+*-udo*)
poodle *n.m.* pequeno cão de água com pelo longo, denso e eriçado; caniche (Do ing. *poodle*, «id.»)
pool *n.m.* 1 ECONOMIA associação de várias empresas ligadas por participações financeiras com a finalidade de realizar um projeto específico; consórcio 2 ECONOMIA associação de Estados com o objetivo de gerir em comum uma parte dos seus recursos (por exemplo, formando o pool carvão-aço, o pool do ouro, etc.) 3 grupo de pessoas que trabalham em conjunto para o mesmo fim 4 designação de diversas variedades do jogo de bilhar em que, sobre uma mesa retangular revestida de feltro verde e com seis buracos, se fazem rolar bolas de diferentes cores e valores com um taco de madeira (Do ing. *pool*, «id.»)
pop *adj.inv.* 1 relativo ao gosto popular (urbano) 2 concebido para consumo em massa; comercial 3 MÚSICA diz-se do tipo de música popular, caracterizado por batidas fortes e pela utilização de instrumentos elétricos 4 ARTES PLÁSTICAS relativo a formas de representação em que o tema central é a sociedade de consumo ■ *n.m./f.* 1 MÚSICA tipo de música, de origem anglo-saxónica, caracterizado por melodia simples, ritmo repetitivo, batidas fortes e pela utilização de instrumentos elétricos, e que se dirige ao público em geral 2 ARTES PLÁSTICAS corrente artística surgida na segunda metade do século XX que partiu da cultura popular urbana, recorrendo a imagens e objetos dos meios de comunicação em massa, para

propor uma estética representativa da sociedade de consumo ocidental (Do ing. *pop*)

popa[1] /ó/ *n.m.* sacerdote de categoria inferior, entre os antigos Romanos; vitimário (Do lat. *popa-*, «id.»)

popa[2] /ô/ *n.f.* NÁUTICA parte posterior do navio oposta à proa; *ir de vento em ~* correr tudo muito bem (Do lat. *puppe-*, «id.»)

pope *n.m.* sacerdote ortodoxo russo (Do gr. *pápas*, «id.», pelo russo *pop*, «id.», pelo fr. *pope*, «id.»)

popelina *n.f.* tecido lustroso e fino de algodão geralmente usado para roupa interior, blusas e camisas (Do fr. *popeline*, «id.»)

popiar *v.intr.* [Angola] falar; conversar (Do umbundo *okupópia*, «falar»)

popinha *n.f.* [regionalismo] ORNITOLOGIA ⇒ **cotovia** (De *popa*, por *poupa+-inha*)

poples *n.m.2n.* ⇒ **póplite**

póplite *n.m.* ANATOMIA região posterior da articulação do joelho (Do lat. *poplĭte-*, «curva da perna»)

poplíteo *adj.* relativo a póplite (De *póplite+-eo*)

popó *n.m.* [infant.] automóvel; carro (De orig. onom.)

populaça *n.f.* 1 aglomeração de povo 2 multidão de populares 3 [pej.] ralé (Do it. *populaccio*, «id.», pelo fr. *populace*, «id.»)

população *n.f.* 1 totalidade dos indivíduos de um país, região ou localidade; habitantes 2 conjunto de indivíduos da mesma condição ou profissão 3 grande número; multidão 4 BIOLOGIA conjunto das espécies animais e vegetais que habitam determinado meio; *~ ativa* percentagem de pessoas disponíveis para exercerem atividades produtivas numa dada população (Do lat. *populatiōne-*, «id.»)

populacho *n.m.* 1 aglomeração de povo 2 multidão de populares 3 [pej.] ralé (Do lat. *populatiōne-*, «população» +-*al*)

populacional *adj.2g.* respeitante à população (Do lat. *populatiōne-*, «população» +-*al*)

popular *adj.2g.* 1 respeitante ou pertencente ao povo 2 próprio do povo 3 usado ou frequente entre o povo; vulgar 4 que se dirige ao povo; feito para o povo 5 promovido pelo povo 6 que agrada ao maior número de pessoas 7 que goza do favor público 8 democrático ■ *n.m.* homem do povo (Do lat. *populāre-*, «do povo»)

popularidade *n.f.* 1 qualidade de uma pessoa que tem ou busca as simpatias do povo ou do público 2 facto de ser conhecido e apreciado por muitos (Do lat. *popularitāte-*, «id.»)

popularização *n.f.* ato ou efeito de popularizar ou popularizar-se; vulgarização (De *popularizar+-ção*)

popularizar *v.tr.* 1 tornar popular 2 propagar entre o povo 3 vulgarizar; divulgar ■ *v.pron.* 1 tornar-se conhecido e apreciado pelo povo ou pelo grande público 2 adquirir popularidade 3 divulgar-se 4 vulgarizar-se (De *popular+-izar*)

popularmente *adv.* 1 de modo popular 2 democraticamente 3 agradavelmente (De *popular+-mente*)

populéo *adj.* [poét.] relativo ou pertencente ao álamo ou choupo (Do lat. *populĕu-*, «de choupo»)

populina *n.f.* substância cristalizável, extraída das folhas e da casca do choupo (Do lat. *popŭlu-*, «choupo» +-*ina*)

populismo *n.m.* 1 simpatia pelo povo 2 corrente literária e artística cuja temática aborda a vida do povo 3 doutrina e prática política que advoga a defesa dos interesses das camadas não privilegiadas da população, mas que geralmente se limita a ações de carácter paternalista, procurando assim o apoio popular (Do lat. *popŭlu-*, «povo» +-*ismo*, ou do fr. *populisme*, «id.»)

populista *n.2g.* 1 autor que se inspira na vida do povo 2 POLÍTICA seguidor do populismo ■ *adj.2g.* 1 (obra, autor) inspirado na vida do povo 2 POLÍTICA adepto do populismo (Do lat. *popŭlu-*, «povo» +-*ista*, ou do fr. *populiste*, «id.»)

populoso *adj.* que tem muita população; muito povoado (Do lat. *populōsu-*, «id.»)

póquer *n.m.* jogo de cartas para dois ou mais jogadores, em que cada um, dispondo de cinco cartas, pode ganhar a aposta se fizer a combinação de cartas mais fortes, ou se fizer os adversários acreditar que tem essa combinação (Do ing. *poker*, «id.»)

por *prep.* introduz expressões que designam: 1 lugar (*andar pela praia*); 1 lugar (*andar pela praia*); 2 causa (*agir por medo*); 3 período de tempo (*viajar por dois meses*); 4 modo ou meio (*mandar pelo correio*); 5 tempo aproximado (*pelas duas da tarde*); 6 distribuição (*dez por pessoa*); 7 fim (*trabalhar por dinheiro*); *~ que* por qual (Do lat. *pro*, «id.», pelo lat. vulg. *por*, «id.»)

pôr *v.tr.* 1 colocar (num determinado lugar); dispor; situar 2 colocar com firmeza; assentar; aplicar 3 dispor (num determinado estado ou lugar); acomodar; instalar 4 estabelecer 5 colocar nas proximidades; levar; chegar 6 colocar numa posição adequada; apoiar 7 guardar; depositar 8 fazer penetrar; incutir; instilar; introduzir 9 incluir; juntar; inserir 10 juntar, misturando ou dissolvendo; adicionar; misturar 11 usar habitualmente; cobrir-se com 12 usar; vestir 13 calçar 14 colocar como adorno; adornar 15 levar a (determinada situação); impelir; reduzir; deixar 16 concentrar; aplicar 17 dar; atribuir (nome); denominar 18 imputar; atribuir (culpa, defeito, erro) 19 apresentar como argumento ou oposição; objetar; opor 20 expor; propor 21 patentear; expor; mostrar 22 classificar segundo uma ordem de valores; colocar em determinado grau 23 passar para outra forma ou língua; traduzir; adaptar 24 colocar por escrito; escrever; anotar 25 usar ao escrever 26 enunciar; formular 27 inscrever 28 reduzir a estado ou condição 29 estabelecer (em emprego, posição); tornar 30 colocar em exibição; apresentar 31 dar como contribuição 32 gastar; investir (dinheiro) 33 abrir ao público; montar ■ *v.tr.,intr.* fazer a postura de (ovos) ■ *v.pron.* 1 (posição, lugar) colocar-se; situar-se 2 permanecer 3 dar início; começar 4 passar a ser; tornar-se 5 (dificuldade, sarilho) expor-se; ficar 6 passar ao estado de 7 chegar a determinada situação ou estado; reduzir-se 8 imaginar-se; supor-se 9 dedicar-se 10 (o Sol no ocaso) desaparecer; *~ ao corrente* informar; *~(-se) a salvo* salvar(-se), escapulir-se; *~ as barbas de molho* precaver-se contra um perigo iminente; *~ as mãos em (alguém)* bater em (alguém); *~ casa* constituir lar, mobilar um domicílio; *~-se ao fresco/a andar* ir-se embora; *~(-se) de mal* zangar-se; *~ em causa* questionar; *~-se à capa* pôr-se à espreita; *~-se em campo* apresentar-se preparado para atacar ou defender-se; *~-se em contacto com* travar conhecimento com; *~-se em dia* 1 pôr em ordem as suas coisas; 2 informar-se do que se passa; *~-se na alheta* fugir, esgueirar-se; *sem tirar nem ~* exatamente, tal e qual (Do lat. *ponĕre*, «id.»)

porão *n.m.* 1 NÁUTICA parte interior e mais baixa do navio ou do avião destinada à carga 2 [Brasil] cave 3 espaço que fica por baixo do palco 4 ⇒ **caixa de ar** (Do lat. *planu-*, «plano», pelo port. ant. *prão*)

porca *n.f.* 1 fêmea do porco 2 peça, geralmente prismática, de pequena altura, com cavidade roscada adaptável a um parafuso; fêmea de parafuso 3 [pej.] mulher suja e desleixada (Do lat. *porca-*, «id.»)

porcada *n.f.* 1 vara de porcos 2 [fig., pej.] porcaria; trabalho mal feito (De *porco+-ada*)

porcalhão *n.m.* aquele que é muito sujo ou faz as coisas sem perfeição ■ *adj.* sujo; imundo (De *porco+-alho+-ão*)

porcalho *n.m.* [ant.] porco pequeno; leitão; báçoro (De *porco+-alho*)

porcamente *adv.* indecentemente; *mal e ~* muito mal, de modo muito imperfeito (De *porco+-mente*)

porção *n.f.* 1 parte de um todo; bocado; fração 2 parcela; quinhão 3 retalho 4 quantidade (Do lat. *portiōne-*, «id.»)

porcaria *n.f.* 1 estado do que é porco ou de quem é sujo 2 estado do que está sujo; imundície; sujidade 3 coisa mal feita 4 obra mal acabada 5 coisa sem valor 6 [fig.] termo obsceno (De *porco+-aria*)

porcariço *n.m.* ⇒ **porqueiro** *n.m.* (Do lat. *porcaricĭu-*, «id.»)

porcelana *n.f.* 1 material cerâmico vitrificado, translúcido em pequenas espessuras, impermeável, preparado com argilas muito finas 2 louça feita deste material (Do it. *porcellana*, «id.»)

porcelânico *adj.* semelhante a porcelana (De *porcelana+-ico*)

porcelanito *n.m.* PETROLOGIA rocha metamórfica (corneana), resultante de margas e argilas, compacta, clara, com aspeto de porcelana (De *porcelana+-ito*)

porcélio *n.m.* ZOOLOGIA ⇒ **bicho-de-conta** (Do lat. *porcellu-*, «porco pequeno»)

porcento *n.m.* 1 importância recebida proporcional à venda 2 quantidade ou taxa que determina essa taxa 3 percentagem (De *por+cento*)

porcina *n.f.* doença do bicho-da-seda, principalmente quando começa a tecer os casulos (De *porcino*?)

porcino *adj.* relativo ao porco; suíno (Do lat. *porcīnu-*, «de porco»)

porcionário *n.m.* 1 aquele que recebe uma porção, pensão ou renda; beneficiário 2 ⇒ **coadjutor** (De *portiōne-*, «porção» +-*ário*, ou do fr. *portionnaire*, «id.»)

porcionista *n.2g.* aluno que paga a sua educação e sustento num colégio (Do lat. *portiōne-*, «porção» +-*ista*)

porciúncula *n.f.* 1 porção pequena 2 [com maiúscula] RELIGIÃO festa religiosa (2 de agosto) relacionada com a Ordem de S. Francisco 3 [com maiúscula] RELIGIÃO primeira capela e primitiva casa da Ordem de S. Francisco, fundada perto de Assis (Do lat. *portiuncŭla-*, «pequena porção»)

porco /ô/ *n.m.* 1 ZOOLOGIA mamífero artiodáctilo, doméstico, da família dos Suídeos, muito útil por fornecer carne para a alimentação

porco-bravo

do homem **2** carne deste animal **3** [pej.] indivíduo sujo e desleixado **4** ICTIOLOGIA ⇒ **peixe-gato** ■ *adj.* **1** [depr.] sujo; imundo **2** [depr.] obsceno; grosseiro; *dormir como um ~* [fig.] dormir profundamente (Do lat. *porcu-*, «id.»)

porco-bravo *n.m.* ZOOLOGIA ⇒ **javali 1**

porco-da-índia *n.m.* ZOOLOGIA pequeno mamífero roedor originário da América do Sul; cobaia

porco-do-mar *n.m.* ZOOLOGIA ⇒ **golfinho 1**

porco-espim *n.m.* ZOOLOGIA ⇒ **porco-espinho**

porco-espinho *n.m.* ZOOLOGIA nome vulgar extensivo a vários mamíferos roedores, caracterizados por terem o corpo revestido de picos eriçáveis

porco-marinho *n.m.* ZOOLOGIA ⇒ **golfinho 1**

porco-montês *n.m.* ⇒ **javali 1**

porco-sujo *n.m.* [pop.] Diabo

porco-veado *n.m.* ZOOLOGIA mamífero artiodáctilo (suíno), asiático, de presas fortes, recurvadas e voltadas para cima

pôr-do-sol ver nova grafia pôr do sol

pôr do sol *n.m.* **1** momento em que o Sol desaparece no horizonte; ocaso **2** leve refeição vespertina

porejar *v.tr.* verter pelos poros; ressumar; destilar ■ *v.intr.* **1** sair pelos poros **2** brotar; sair (De *poro+-ejar*)

porém *conj. >adv.* DT mas, contudo, todavia, apesar disso, não obstante ■ *n.m.* [Cabo Verde, Brasil] defeito; senão; mácula (Do port. ant. *por+en* ou *ende*, do lat. *pro+inde*, «por isso»)

porfender *v.tr.* abrir de alto a baixo; trespassar (De *por+fender*, ou do fr. *pourfendre*, «id.»)

porfia *n.f.* **1** discussão **2** contenda; disputa **3** constância; obstinação; pertinácia **4** teima; *à ~* ao desafio, em competição (Do lat. *perfidĭa-*, «perfídia»)

porfiada *n.f.* costura que une as testas das redes de pesca umas às outras (Part. pass. fem. subst. de *porfiar*)

porfiado *adj.* **1** em que houve porfia; teimoso **2** em que houve esforço aturado; persistente; constante **3** renhido (Part. pass. de *porfiar*)

porfiador *adj.,n.m.* que ou aquele que porfia, ou é teimoso, pertinaz, ou persistente (De *porfiar+-dor*)

porfiar[1] *v.intr.* disputar obstinadamente; altercar; contender ■ *v.tr.,intr.* **1** lutar por (algo) **2** teimar; insistir (De *porfia+-ar*)

porfiar[2] *v.tr.* reforçar com um fio (cabo ou tralha de navio) (De *pôr+fio+-ar*)

pórfido *n.m.* ⇒ **pórfiro**

porfioso *adj.* **1** em que há porfia **2** amigo de porfiar; porfiador; persistente (De *porfia+-oso*)

porfírico *adj.* **1** PETROLOGIA que tem pórfiro **2** PETROLOGIA diz-se da textura das rochas que apresentam cristais desenvolvidos (fenocristais) no seio de uma massa que pode ser microcristalina (textura holocristalina) ou total ou parcialmente vítrea (textura hemicristalina) (Do fr. *porphyrique*, «id.»)

porfirizar *v.tr.* **1** reduzir a pó finíssimo; pulverizar **2** [fig.] destruir (Do fr. *porphyriser*, «id.»)

pórfiro *n.m.* **1** PETROLOGIA rocha magmática filoniana, de textura porfírica, de composição mineralógica variada (sienítica, gabroica, etc., mas, mais frequentemente, granítica) **2** rocha em que sobressai um dos seus componentes, especialmente se for de natureza calcária, como o mármore **3** FARMÁCIA placa de pórfiro ou de outro material duro associada a um pilão (moleta) para reduzir certas substâncias medicamentosas a pó finíssimo (Do gr. *porphyrítés [líthos]*, «pedra púrpura», pelo it. *porfiro*, «pórfiro»)

poricida *adj.2g.* BOTÂNICA diz-se da deiscência de uma antena ou de um fruto, que se realiza através de poros (Do lat. *poru-*, «poro» +*caedĕre*, «cortar»)

porífero *adj.* **1** que tem poros **2** ZOOLOGIA que pertence aos poríferos ■ *n.m.* ZOOLOGIA espécime dos poríferos ■ *n.m.pl.* ZOOLOGIA ⇒ **espongiário** *n.m.pl.* (Do lat. *poru-*, «poro» +*-fero*, de *ferre*, «trazer»)

pormenor *n.m.* **1** circunstância particular; particularidade **2** minúcia; detalhe **3** minudência; *em ~* minuciosamente (De *por+menor*)

pormenorização *n.f.* **1** ato ou efeito de pormenorizar **2** exposição circunstanciada (De *pormenorizar+-ção*)

pormenorizadamente *adv.* **1** com todos os pormenores **2** circunstanciadamente (De *pormenorizado+-mente*)

pormenorizar *v.tr.* **1** expor os pormenores de **2** referir com todas as minúcias (De *pormenor+-izar*)

porno *adj.inv.,n.m.* forma reduzida de *pornográfico* e de *pornografia*

porno- elemento de formação de palavras que traduz a ideia de *prostituição* (Do gr. *pórne*, «cortesã; prostituta»)

pornocracia *n.f.* influência das cortesãs no governo de uma nação (Do gr. *pórne*, «cortesã» +*krátos*, «força» +*-ia*)

pornografar *v.tr.* descrever pornograficamente (De *porno-+-grafar*)

pornografia *n.f.* **1** representação de elementos de cariz sexual explícito, sobretudo quando considerados obscenos, em textos, fotografias, publicações, filmes, ou outros suportes **2** produção de filmes, revistas ou outros elementos de cariz sexual explícito, considerada como uma indústria (De *porno-+-grafia*)

pornográfico *adj.* **1** relativo à pornografia **2** (filme) que apresenta sexo explícito ou situações obscenas com o objetivo de despertar o desejo sexual **3** indecente; imoral (De *pornografia+-ico*)

pornografismo *n.m.* **1** predileção pela pornografia **2** uso de descrições pornográficas (Do gr. *pórne*, «cortesã» +*gráphein*, «escrever» +*-ismo*)

pornógrafo *n.m.* autor de obras pornográficas (Do gr. *pornográphos*, «id.»)

poro *n.m.* **1** ANATOMIA pequeno orifício cutâneo que atua como canal de saída das secreções das glândulas sudoríparas e sebáceas **2** qualquer pequeno orifício, especialmente na madeira; *~ inalante* ZOOLOGIA orifício das esponjas por onde a água penetra no interior (Do gr. *póros*, «passagem», pelo lat. *poru-*, «poro»)

pororoca *n.f.* **1** BOTÂNICA planta brasileira da família das Leguminosas, também denominada jutaipeba **2** BOTÂNICA ⇒ **pipoca 1 3** ⇒ **macaréu** (Do tupi *poro'roka*, «rebentar com estrondo»)

porosidade *n.f.* qualidade do que tem poros ou interstícios; *~ de um agregado* quociente do volume de vazios do agregado pelo seu volume aparente (De *poroso+-i-+-dade*)

poroso *adj.* **1** que tem poros ou interstícios **2** que não é compacto; perfurado **3** que deixa passar fluidos; absorvente (De *poro+-oso*)

porpianho *n.m.* ⇒ **perpianho** (De *perpianho*)

porquanto *conj.* porque, visto que, uma vez que, já que, por isso que (De *por+quanto*)

porque *conj.* uma vez que; já que; como; por causa de ■ *adv.interr.* **1** qual a razão; por que motivo **2** com que fim; para que (De *por+que*)

porquê *n.m.* causa; motivo; razão ■ *adv.interr.* por que razão (De *por+quê*)

porqueira *n.f.* **1** curral de porcos; pocilga **2** guardadora de porcos **3** casa imunda **4** porcaria (De *porqueiro*)

porqueiro *n.m.* **1** tratador ou negociante de porcos **2** guardador de porcos ■ *adj.* **1** relativo a porcos **2** diz-se de uma variedade de abóbora **3** BOTÂNICA designativo de uma variedade de couve, muito cultivada em Portugal e utilizada para a alimentação do gado (Do lat. *porcarĭu-*, «porqueiro»)

porquice *n.f.* ⇒ **porquidade** (De *porco+-ice*)

porquidade *n.f.* porcaria; imundície; sujidade (De *porco+-i-+-dade*)

porquidão *n.f.* ⇒ **porquidade** (De *porco+-idão*)

porquinho *n.m.* **1** bácoro; porco pequeno **2** molho de linho (De *porco+-inho*)

porquinho-da-índia *n.m.* ⇒ **cobaia 1**

porquinho-mealheiro *n.m.* pequeno cofre em forma de porco para guardar dinheiro que se pretende economizar

porra /ô/ *n.f.* **1** [ant.] moca; porro; porrete **2** [vulg.] pénis **3** [vulg.] esperma; *~!* [vulg.] exclamação que exprime irritação, impaciência ou descontentamento, irra!, arre! (De *porro*)

porrada *n.f.* **1** [pop.] pancada com porra (moca); sova; tareia **2** [pop.] tumulto em que as pessoas se agridem fisicamente; pancadaria **3** [pop.] grande quantidade (De *porra+-ada*)

porral *n.m.* terreno onde crescem porros (De *porro+-al*)

porrão *n.m.* espécie de pote ou talha bojuda e com duas asas; moringue (De *porro+-ão*)

porre *n.m.* **1** [Brasil] bebedeira **2** [Brasil] copo de aguardente **3** [Brasil] [coloq.] maçador; chato (Do cast. *porrón*, «vasilha de vidro, com gargalo muito comprido, usada para beber vinho»)

porreiro *adj.* **1** [coloq.] excelente; ótimo **2** [coloq.] simpático; afável **3** [coloq.] diz-se da pessoa leal, constante; *porreiro!* [coloq.] exclamação que exprime prazer, entusiasmo, satisfação, alegria, excelente!, ótimo!, maravilhoso! (De *porra+-eiro*)

porreta /ê/ *n.f.* **1** [regionalismo] maço de ferro; marreta **2** [regionalismo] talo verde dos alhos, das cebolas, etc. ■ *adj.2g.* [Brasil] [coloq.] ⇒ **porreiro** (De *porra+-eta*)

porretada *n.f.* pancada com porrete; mocada (De *porrete+-ada*)

porrete /ê/ *n.m.* cacete com uma das extremidades arredondada; moca (De *porra+-ete*)

porrigem *n.f.* MEDICINA ⇒ **tinha 1** (Do lat. *porrigĭne-*, «espécie de tinha»)

porriginoso *adj.* 1 que tem porrigem ou tinha; tinhoso 2 semelhante à tinha (Do lat. *porrigĭne-*, «espécie de tinha» +-*oso*)

porrigo *n.m.* MEDICINA ⇒ **tinha** 1 (Do lat. *porrĭgo* (nominativo), «espécie de tinha»)

porrinho *n.m.* espécie de porrete ou clava, usado pelos indígenas da África (De *porro*+-*inho*)

porro /ô/ *n.m.* 1 calo no sítio de uma fratura 2 moca; cacete 3 alho silvestre de talo muito alto (Do lat. *porru-*, «id.»)

porta *n.f.* 1 abertura em geral retangular, feita numa parede ao nível do pavimento, para permitir a entrada ou saída 2 peça que fecha essa abertura 3 peça ou estrutura que permite o acesso ao interior de algo (carro, móvel, cofre, etc.) 4 [fig.] entrada; acesso 5 [fig.] passagem estreita; desfiladeiro; garganta 6 [fig.] admissão 7 [fig.] solução; expediente 8 INFORMÁTICA componente eletrónico que permite a ligação de sistemas informáticos a outros aparelhos por meio de cabos; **~ aberta** convite, possibilidade; **~ a ~ ao domicílio**; **~ santa** porta de cada uma das quatro basílicas maiores de Roma que se abre só durante os anos santos; **ao pé da ~** na vizinhança; **à ~ fechada** em segredo; **burro como uma ~** muito estúpido; **dar com a ~ na cara** 1 recusar-se a atender ou receber alguém; 2 não ser atendido; **estar às portas da morte** estar prestes a morrer; **estar o Diabo atrás da ~** estar iminente uma desgraça; **fazer jogo de ~** tentar esquivar-se, usar de subterfúgios; **levar com a ~ na cara** receber uma negativa; **pela ~ do cavalo** de modo irregular ou através de cunha, sorrateiramente; **por portas travessas** por meios ocultos, indiretos ou ilícitos; **surdo como uma ~** muito surdo (Do lat. *porta-*, «id.»)

porta- elemento de formação de palavras que exprime a ideia de *que conduz, leva ou sustenta* (Do lat. *portāre*, «transportar»)

porta-aviões *n.m.2n.* navio de guerra, geralmente de grandes dimensões, em que o convés superior constitui a pista de descolagem e aterragem de aviões, servindo igualmente de parque onde estes estacionam

porta-bagagens *n.m.2n.* 1 prateleira ou rede, em qualquer meio de transporte, onde os passageiros colocam a sua bagagem 2 ⇒ **mala**¹ 3

porta-bandeira *n.m.* militar que leva a bandeira durante uma cerimónia

portabilidade *n.f.* 1 qualidade do que é portável 2 característica de um componente de software ou de hardware que permite utilizá-lo em diferentes tipos de computadores 3 facilidade disponibilizada pelas redes fixas e móveis que permite ao cliente mudar de operador, mantendo o mesmo número de telefone/telemóvel

porta-cartas *n.m.2n.* 1 bolsa em que o carteiro leva a correspondência; carteira 2 dispositivo destinado a transportar, fixar e permitir a consulta de cartas topográficas militares em campanha

porta-cartões *n.m.2n.* pequena carteira ou estojo para guardar cartões de visita

porta-chapéus *n.m.2n.* caixa de cartão, couro ou madeira para transporte de chapéus

porta-chaves *n.m.2n.* estojo ou pequeno objeto munido de uma argola para guardar as chaves

porta-clavina *n.m.* saco de couro em que se mete a clavina

porta-contentores *adj.inv.,n.m.2n.* que ou navio que foi concebido para transportar contentores (caixas de grandes dimensões com mercadorias)

portada *n.f.* 1 porta grande e ornamentada 2 peça de madeira ou outro material, desdobrável ou não, colocada do lado de fora ou de dentro de uma janela ou porta para a fechar e intercetar a luz 3 portal; frontispício (De *porta*+-*ada*)

portador *adj.* 1 que transporta de um lado para o outro 2 que traz consigo 3 diz-se de um animal, geralmente inseto ou carraça, que transmite passivamente um agente infecioso de um animal para outro ou de um animal para o homem (vetor) ■ *n.m.* 1 pessoa que transporta algo 2 pessoa que traz consigo alguma coisa 3 pessoa encarregada de levar a qualquer destino uma carta, uma encomenda, um recado, etc. 4 MEDICINA pessoa que aloja um microrganismo patogénico sem apresentar manifestações de doença, ou que contém um gene responsável por uma determinada anomalia genética, sem mostrar sinais desse defeito 5 pessoa que está na posse de um título ou papéis oficiais 6 pessoa a quem foi passado um título ou cheque (Do lat. *portatōre-*, «portador»)

porta-emendas *n.m.2n.* TIPOGRAFIA instrumento para levar à máquina as emendas a fazer numa composição tipográfica

porta-escovas *n.m.2n.* utensílio em que se guardam as escovas de uso pessoal

porta-espada *n.m.* peça aparafusada ao selim para suspender e segurar a espada do cavaleiro

porta-estandarte *n.2g.* pessoa que leva o estandarte; porta-bandeira

porta-facas *n.m.2n.* utensílio de madeira, metal ou plástico, com orifícios usados colocar diferentes tipos de facas de forma a que estejam sempre à mão

porta-fatos *n.m.2n.* saco ou bolsa para guardar ou transportar fatos

porta-fólio *n.m.* pasta ou cartão duplo desdobrável para guardar papéis; portefólio (Do ing. *portfolio*, pelo it. *portafoglio*)

porta-frasco *n.m.* cordão em que se pendurava o polvorinho, na caça

portageiro *n.m.* cobrador de portagens (De *portagem*+-*eiro*)

portagem *n.f.* 1 HISTÓRIA imposto que se cobrava à entrada de algumas cidades 2 taxa que se paga pela utilização de certas vias de comunicação (autoestradas, túneis, pontes) 3 instalação onde essa taxa é cobrada (Do fr. *portage*, «transporte»)

porta-guardanapos *n.m.2n.* 1 utensílio de mesa em forma de anel usado para colocar guardanapos individuais de pano 2 utensílio de mesa de diferentes formatos, usado para acondicionar vários guardanapos geralmente de papel

portajar *v.tr.* cobrar portagem em (De *portagem*+-*ar*)

porta-joias *n.m.2n.* estojo ou pequeno cofre onde se guardam as joias; guarda-joias; escrínio

porta-jóias ver nova grafia **porta-joias**

portal *n.m.* 1 porta principal de um edifício; portada; pórtico 2 ombreira de porta ou portão 3 átrio 4 abertura em muro, sebe ou valado, que se fecha com cancela 5 cancela; cancelo 6 (INTERNET) sítio que permite ao utilizador aceder a uma gama de serviços (notícias, informação meteorológica, compras, etc.) (De *porta*+-*al*)

porta-lápis *n.m.2n.* 1 ⇒ **lapiseira** 2 peça adaptável a uma das pernas do compasso de desenho, para com ele se trabalhar a lápis

portalegrense *adj.2g.* referente à cidade portuguesa de Portalegre ■ *n.2g.* natural ou habitante desta cidade (De *Portalegre*, top. + -*ense*)

porta-livros *n.m.2n.* [ant.] correia com que os estudantes atam os livros que têm de levar na mão

portaló *n.m.* abertura na amurada, por onde se entra num navio (Do cat. *portaló*, «id.»)

porta-luvas *n.m.2n.* pequeno compartimento, geralmente fechado, ao lado do volante de um automóvel, para guardar pequenos objetos ou documentos

porta-maça *n.m.* ⇒ **maceiro**

porta-machado *n.m.* 1 soldado que antigamente marchava na frente da tropa para abrir caminho por matas e florestas 2 soldado que nos exércitos do século XIX, à frente da sua unidade, transportava um machado, que simbolizava a execução de trabalhos de campanha

porta-malas *n.m.2n.* compartimento de um veículo destinado à bagagem

porta-manta *n.m.* 1 espécie de mala de viagem em que se leva a manta de viagem e outros artigos de vestuário 2 correias apropriadas para levar, pendente da mão, uma manta de viagem

porta-marmita *n.m.* 1 caixa ou dispositivo para transportar as marmitas do rancho para os soldados que se encontram em serviço fora do quartel 2 suporte para transportar marmitas

porta-mechas *n.m.2n.* CIRURGIA instrumento com que os cirurgiões introduzem mechas nas chagas profundas

portamento *n.m.* 1 ato ou efeito de portar ou conduzir; transporte 2 MÚSICA nos instrumentos de teclas, passagem rápida das unhas ou das pontas dos dedos sobre uma série de notas consecutivas 3 MÚSICA nos instrumentos de cordas friccionáveis, deslize de um dedo para cima e para baixo sobre as notas de uma corda, mantendo o arco em movimento (Do it. *portamento*, «comportamento; modo de andar»)

porta-moedas *n.m.2n.* pequena bolsa própria para trazer dinheiro

porta-novas *n.m.2n.* 1 aquele que traz e leva novidades; alvissareiro; noveleiro 2 mexeriqueiro

portante *adj.2g.* que leva ou conduz (Do lat. *portante-*, «id.», part. pres. de *portāre*, «transportar»)

portanto *conj.* logo, por isso, consequentemente; por conseguinte (De *por*+*tanto*)

portão *n.m.* 1 porta grande 2 porta que pode ter diversos tamanhos e formas e que, geralmente, fecha uma abertura num muro ou numa grade, impedindo o acesso da via pública a um local privado 3 portada 4 porta da rua 5 [Brasil] cancela (De *porta*+-*ão*)

porta-objeto ver nova grafia **porta-objeto**

porta-objeto *n.m.* lâmina transparente, geralmente de vidro, onde se colocam os objetos que queremos examinar ao microscópio; lâmina

porta-página *n.m.* TIPOGRAFIA papel encorpado que se coloca sob um granel tipográfico para lhe facilitar o transporte e evitar que caiam letras ou linhas

porta-paz *n.m.* quadro com uma cruz ou um passo da Paixão de Cristo, que se dá a beijar em cerimónias litúrgicas

porta-penas *n.m.2n.* haste em que se metem os aparos para se escrever; caneta

porta-pneumático *n.m.* dispositivo, num veículo automóvel, destinado a segurar ou guardar uma roda sobresselente

portar[1] *v.tr.* 1 levar 2 conduzir ■ *v.pron.* 1 haver-se 2 comportar-se; ~ *por fé* certificar (Do lat. *portāre*, «transportar»)

portar[2] *v.tr.,intr.* ⇒ **aportar** (De *porto*+-*ar*)

porta-recados *n.m.* objeto usado como suporte para recados, notas, lembretes ou fotografias

porta-rede *n.m.* embarcação que conduz a rede, na pesca

porta-retratos *n.m.2n.* suporte para retratos ou fotografias

porta-revistas *n.m.2n.* pequeno móvel ou suporte para revistas e jornais

portaria *n.f.* 1 receção de um edifício público ou privado, com serviço de acolhimento ao público ou a clientes, receção de correio, etc. 2 porta principal de convento ou edifício; portão 3 átrio 4 cargo de porteiro 5 diploma legal regulamentador, publicado por um ou mais ministros, por delegação do Governo (De *porta*+-*aria*)

porta-rolos *n.m.2n.* utensílio que segura o rolo de papel higiénico no quarto de banho

porta-seios *n.m.2n.* peça de vestuário feminino que serve para amparar e modelar os seios; sutiã

portátil[1] *adj.2g.* 1 que se pode transportar com facilidade 2 que se pode trazer no bolso 3 que se desarma para mais facilmente se poder transportar (Do fr. ant. *portatil*, «id.»)

portátil[2] *n.m.* INFORMÁTICA computador pessoal portátil, de pequenas dimensões e alimentado por bateria, com aspeto de uma pequena mala que ao abrir mostra o ecrã de cristal líquido e o teclado (Do ing. *portable*, «id.»)

portatório *adj.* que serve para transportar (Do lat. *portatorĭu*-, «id.»)

porta-vento *n.m.* MÚSICA tubo que conduz o vento dos foles para o someiro do órgão

porta-voz *n.2g.* pessoa que transmite as ideias, decisões ou opiniões de outrem, nomeadamente de uma entidade oficial ou particular ■ *n.m.* aparelho destinado a amplificar e dirigir o som; megafone

porte *n.m.* 1 ato de levar ou trazer 2 transporte 3 o que se paga pelo transporte de alguma coisa; frete 4 valor; preço 5 tonelagem de um navio 6 capacidade 7 desenvolvimento 8 modo de proceder; comportamento 9 consideração; importância 10 aspeto físico de uma pessoa; atitude; postura 11 estimação; *licença de uso e* ~ *de arma* licença de trazer e fazer uso de arma de fogo (Deriv. regr. de *portar*)

porteado *adj.* 1 franquiado 2 diz-se do selo da multa imposta por falta ou deficiência de franquia ■ *n.m.* multa imposta por falta ou deficiência de franquia (Part. pass. de *portear*)

portear *v.tr.* 1 pôr o porte ou selo em (carta ou qualquer remessa postal); franquiar 2 multar por falta ou insuficiência de franquia (De *porte*+-*ear*)

portefólio *n.m.* 1 pasta utilizada para guardar papéis, desenhos, mapas, etc.; porta-fólio 2 conjunto de trabalhos de um artista (fotógrafo, designer, etc.) ou de um ator ou modelo para divulgação junto de potenciais clientes 3 documento com o registo individual de habilitações para apresentação profissional 4 ECONOMIA carteira de títulos de um investidor (Do ing. *portfolio*, pelo it. *portafoglio*)

porteira *n.f.* 1 mulher que, no átrio de um edifício ou estabelecimento, está encarregada de controlar as entradas e saídas, dar informações, receber correspondência, etc. 2 mulher de porteiro 3 cancela de um terreno murado (De *porteiro*)

porteiro *n.m.* 1 indivíduo que, no átrio de um edifício ou estabelecimento, está encarregado de controlar as entradas e saídas, dar informações, receber correspondência, etc.; guarda-portão 2 aquele que apregoa em leilões judiciais 3 HISTÓRIA espécie de meirinho ou oficial de justiça; ~ *eletrónico* mecanismo eletrónico que estabelece a comunicação entre o exterior e o interior de um edifício, permitindo nomeadamente controlar as entradas e saídas de pessoas estranhas (Do lat. *portarĭu*-, «id.»)

portela *n.f.* 1 cotovelo de estrada ou caminho 2 depressão entre cumes de montanhas 3 passagem estreita entre montes; desfiladeiro (Do lat. *portella*-, «id.»)

portelo /ê/ *n.m.* 1 {*diminutivo de* **porta**} porta de cerca ou terreno murado; cancela 2 portela pequena; pequeno desfiladeiro (De *portela*)

portento *n.m.* 1 maravilha; prodígio 2 coisa singular, admirável 3 pessoa de talento extraordinário (Do lat. *portentu*-, «prodígio»)

portentoso *adj.* 1 que tem carácter de portento 2 extraordinário; singular 3 assombroso; prodigioso (Do lat. *portentōsu*-, «id.»)

portfólio *n.m.* ⇒ **portefólio**

pórtico *n.m.* 1 entrada monumental de um edifício nobre 2 porta principal de um edifício; portada 3 estrutura existente numa estrada, que permite registar os veículos que passam por ela, no sentido de permitir o pagamento eletrónico de portagens 4 ARQUITETURA átrio cuja abóbada é sustentada por colunas ou pilares, na frente de alguns edifícios 5 DESPORTO estrutura constituída por uma barra geralmente horizontal suportada por outras verticais, de onde se suspendem aparelhos de ginástica 6 MILITAR estrutura composta por barras horizontais apoiadas em barras verticais, sobre a qual é executado um exercício militar que consiste em transpor essa estrutura 7 ENGENHARIA estrutura contínua constituída por barras geralmente horizontais e verticais (por vezes inclinadas) (Do lat. *portĭcu*-, «id.»)

portilha *n.f.* 1 pequena abertura em parede 2 porta pequena 3 seteira (De *porta*+-*ilha*)

portilho *n.m.* porto pequeno (De *porto*+-*ilho*)

portimonense *adj.2g.* respeitante à cidade portuguesa de Portimão, no distrito de Faro ■ *n.2g.* natural ou habitante desta cidade (De *Portimão*, top. +-*ense*)

portinhola *n.f.* 1 pequena porta, especialmente de carruagem 2 pedaço de pano que tapa a abertura de uma algibeira 3 braguilha; cancela 4 espécie de porta que serve para tapar as aberturas das bocas de fogo dos navios 5 cada uma das peças que formam os taipais de um carro de bois (De *portinha*+-*ola*)

Portlandiano *n.m.* GEOLOGIA andar do Jurássico superior (De *Portland*, top., península inglesa no condado de Dorset +-*iano*)

porto /ô/ *n.m.* 1 sítio de uma costa ou de um rio onde os navios podem fundear 2 lugar onde se embarca ou desembarca; ancoradouro 3 [fig.] lugar de descanso 4 [fig.] refúgio; abrigo 5 vinho do Porto; ~ *de salvamento* [fig.] termo feliz de uma viagem ou de qualquer empreendimento acidentado; ~ *franco* porto de entrada livre, sem pagamento de direitos; *chegar a bom* ~ [fig.] terminar algo com sucesso (Do lat. *portu*-, «id.»)

porto-alegrense *adj.2g.* referente à cidade brasileira de Porto Alegre, no estado do Rio Grande do Sul ■ *n.2g.* natural ou habitante desta cidade (De *Porto Alegre*, top. +-*ense*)

porto-mosense *adj.2g.* relativo à vila de Porto de Mós, no distrito de Leiria ■ *n.2g.* natural ou habitante de Porto de Mós (De *Porto de Mós*, top. +-*ense*)

porto-riquenho *adj.* relativo à ilha de Porto Rico (Grandes Antilhas) ■ *n.m.* natural ou habitante de Porto Rico (Do cast. *portorriqueño*, «id.»)

porto-riquense *adj.,n.2g.* ⇒ **porto-riquenho** (De *Porto Rico*, top.+*ense*)

porto-santense *adj.2g.* relativo à ilha portuguesa de Porto Santo (arquipélago da Madeira) ■ *n.2g.* natural ou habitante da ilha de Porto Santo (De *Porto Santo*, top. +-*ense*)

portuário *adj.* relativo a porto (Do lat. *portu*-, «porto»+-*ário*)

portucalense *adj.2g.* designativo do condado que está na origem da formação de Portugal; portugalense (Do b. lat. *portucalense*-, «id.»)

portucha *n.f.* NÁUTICA cada um dos ilhós por onde, na vela, se enfiam os rizes (De orig. obsc.)

portuchar *v.tr.* NÁUTICA [ant.] rizar (a vela da embarcação) (De *portucha*+-*ar*)

portucho *n.m.* cada um dos orifícios da fieira dos ourives (De orig. obsc.)

portuense[1] *adj.2g.* 1 da cidade portuguesa do Porto 2 referente a esta cidade ■ *n.2g.* natural ou habitante do Porto; tripeiro (Do lat. *portuense*-, «id.»)

portuense[2] *adj.2g.* relativo ao antigo porto de Óstia, na foz do Tibre (Do latim *portuense*- ou *portense*-, «idem»)

portugalense *adj.2g.* ⇒ **portucalense** (Do b. lat. *portucalense*-, «id.»)

portugalidade *n.f.* 1 qualidade do que ou de quem é português 2 sentido nacional da cultura portuguesa (De *Portugal*, top. +-*i*--*dade*)

portugalizar v.tr. tornar parecido com as coisas e usos de Portugal (De *Portugal*, top. +*-izar*)

portugal-velho n.m. indivíduo de princípios rígidos, franco, leal

português adj. relativo ou pertencente a Portugal ■ n.m. **1** natural de Portugal **2** aquele que tem nacionalidade portuguesa **3** língua oficial de Portugal, Brasil, Angola, Cabo Verde, Guiné-Bissau, Moçambique, São Tomé e Príncipe e de Timor-Leste, também falada em Macau e Goa **4** antiga moeda de ouro; *em bom ~* sem rodeios, claramente (Do b. lat. *portucalense-*, «id.»)

portuguesa /ê/ n.f. **1** [com maiúscula] hino nacional português **2** antiga moeda de ouro, do Brasil **3** [regionalismo] pagamento anual dos casais ao pároco (De *português*)

portuguesar v.tr.,pron. ⇒ **aportuguesar** (De *português*+*-ar*)

portuguesismo n.m. **1** palavra ou locução peculiar à língua portuguesa **2** modo específico de ser e sentir inerente à índole dos Portugueses (De *português*+*-ismo*)

portuguesmente /ê/ adv. **1** segundo o uso português **2** à maneira dos Portugueses (De *português*+*-mente*)

Portulacáceas n.f.pl. BOTÂNICA família de plantas herbáceas ou subarbustivas, muitas vezes de folhas suculentas, de frutos capsulares, cujo género-tipo, a que pertence a beldroega, se denomina *Portulaca* (Do lat. *portulāca-*, «beldroega» +*-áceas*)

portulano n.m. **1** mapa dos fins da Idade Média, caracterizado por estar orientado ao norte magnético, representar portos, cabos e outros acidentes costeiros, e por ser um minucioso sistema de rosas dos ventos e rumos que se entrecruzam sobre todo o mapa **2** livro que contém todas as indicações técnicas dos portos para efeito de tráfego de navios (Do it. *portolano*, «id.»)

portuoso adj. cheio de portos ou abrigos (Do lat. *portuōsu-*, «id.»)

porventura adv. por acaso; por hipótese (De *por*+*ventura*)

porvindoiro adj. ⇒ **porvindouro**

porvindouro adj. que há de vir; futuro ■ n.m.pl. as gerações futuras (De *por*+*vindouro*)

porvir n.m. o tempo que está para vir; futuro (De *por*+*vir*)

pos- ⇒ **pós-**

pós prep. ⇒ **após** prep. (Do lat. *post*, «depois»)

pós- prefixo que exprime a ideia de *posterioridade*, no tempo ou no espaço, e se liga ao elemento seguinte por meio de hífen (Do lat. *post*, «depois»)

pós-abdome n.m. ⇒ **pós-abdómen**

pós-abdómen n.m. ZOOLOGIA região do corpo dos aracnídeos, especialmente dos escorpiões, que se segue ao abdómen propriamente dito (pré-abdómen) (De *pós-*+*abdómen*)

posar v.tr.,intr. assumir uma atitude de imobilidade para ser pintado ou fotografado; servir de modelo (Do fr. *poser*, «id.»)

pós-boca n.f. fundo da boca

poscénio n.m. parte que fica por detrás do palco; bastidores (Do lat. *poscaeniũ-* ou *posceniũ-*, «id.»)

pós-clássico adj. posterior aos clássicos ou à época literária clássica

pós-data n.f. data falsa colocada num documento, posterior à data verdadeira

pós-datar v.tr. pôr data posterior à verdadeira em

pós-diluviano adj. posterior ao dilúvio

pós-doutorado adj.,n.m. (universidade) que ou pessoa que concluiu um pós-doutoramento ■ n.m. [Brasil] ⇒ **pós-doutoramento** (De *pós-*+*doutorado*)

pós-doutoramento n.m. estágio ou curso de especialização realizado numa instituição de investigação ou de ensino, depois de concluir o doutoramento (De *pós-*+*doutoramento*)

pós-doutorando n.m. pessoa que está a fazer um pós-doutoramento

pose n.f. **1** período durante o qual se expõe um objeto que está a ser fotografado, e que, quando muito reduzido, é designado instantâneo **2** ato de servir de modelo a um pintor ou escultor **3** modos de quem quer dar nas vistas; posição afetada **4** atitude de orgulho (Do fr. *pose*, «id.»)

pós-embrionário adj. BIOLOGIA diz-se do desenvolvimento dos indivíduos após o período embrionário

pós-escolar adj.2g. que sucede ou se realiza depois do período escolar

pós-escrito n.m. o que se escreve no fim de uma carta, depois da assinatura

posfácio n.m. texto explicativo inserido numa obra após o fim do texto, escrito pelo autor ou por outra pessoa, e cuja função é semelhante à do prefácio (Do lat. **postfatio*, «conclusão; nota final», por analogia com *praefatio*, «prefácio»)

pós-frontal n.m. ⇒ **esfenótico**

pós-glacial adj.2g. ⇒ **pós-glaciário**

pós-glaciário adj. GEOLOGIA diz-se do decurso da história da Terra que se segue à última glaciação do Plistoceno

pós-graduação n.f. **1** grau de ensino que se destina, em geral, a pessoas que já concluíram um curso superior e que pretendem especializar-se numa dada área científica ou aperfeiçoar técnicas de investigação **2** curso exigido para obtenção desse grau

pós-graduado n.m. pessoa que terminou um curso de pós-graduação

pós-graduar v.tr. conferir o grau de pós-graduação a ■ v.pron. concluir uma pós-graduação

pós-guerra n.m. período que se segue a uma guerra e durante o qual ainda se fazem sentir as consequências sociais e económicas dela resultantes

posição n.f. **1** forma como uma pessoa ou coisa está colocada; colocação; disposição; orientação **2** lugar onde uma pessoa ou coisa está situada ou instalada **3** local ocupado ou que interessa que venha a ser ocupado por forças militares **4** postura do corpo ou de uma parte do corpo; atitude; pose **5** (dança clássica) forma de colocar os pés no solo **6** MÚSICA postura assumida pela mão ao tocar instrumentos de cordas **7** lugar ocupado numa escala de valores, numa hierarquia ou numa competição **8** conjunto de circunstâncias em que alguém se encontra; situação **9** situação social; classe; condição **10** opinião defendida por alguém em relação a algo; atitude (Do lat. *positiōne-*, «id.»)

posicional adj.2g. **1** referente a posição **2** ⇒ **tético** (Do lat. *positiōne-*, «posição» +*-al*)

posicionamento n.m. **1** ato ou efeito de colocar numa posição determinada **2** ação de determinar a posição de **3** tomada de posição; atitude (De *posicionar*+*-mento*)

posicionar v.tr. **1** colocar numa posição determinada; pôr em posição **2** determinar a posição de ■ v.pron. **1** tomar uma posição estratégica **2** tomar uma posição; situar-se; definir-se (Do lat. *positiōne-*, «posição» +*-ar*)

pós-impressionismo n.m. ARTES PLÁSTICAS (pintura) corrente estética (1880-1910) que prolongou algumas das pesquisas impressionistas, acentuando todavia a forma e a textura (respetivamente em Cézanne e Seurat) e que por outro lado pretendeu acrescentar algo de mais substancial à arte, através designadamente da expressão de emoções e sensações (Gauguin, Van Gogh e Tolosa--Lautrec) e até de um carácter simbólico (Odilon Redon)

pós-impressionista adj.2g. relativo ao pós-impressionismo ■ n.2g. artista seguidor do pós-impressionismo

positão n.m. ⇒ **positrão**

positiva n.f. [acad.] nota de classificação igual ou superior a metade da nota máxima da escala adotada (De *positivo*)

positivamente adv. **1** de modo positivo **2** certamente **3** afirmativamente (De *positivo*+*-mente*)

positivar v.tr. **1** tornar positivo; melhorar **2** afirmar **3** tornar real, efetivo; realizar **4** esclarecer **5** precisar **6** FOTOGRAFIA produzir um positivo de (um negativo) (De *positivo*+*-ar*)

positividade n.f. **1** estado ou qualidade do que é positivo **2** estado dos corpos em que se manifestam os fenómenos da eletricidade positiva **3** disposição para considerar o lado bom de tudo, mesmo em condições adversas; otimismo (De *positivo*+*-i-*+*-dade*)

positivismo n.m. **1** FILOSOFIA sistema filosófico de Augusto Comte, filósofo francês (1798-1857), que considera as questões metafísicas inacessíveis aos processos da inteligência, embora as admita, e defende que só é cognoscível o que a observação e a experiência podem verificar **2** tendência para encarar a vida unicamente pelo seu lado prático e útil; *~ lógico* FILOSOFIA movimento filosófico do séc. XX, iniciado pelo filósofo alemão Moritz Schlick (1882-1936), de carácter declaradamente antimetafísico, que pretende submeter os enunciados científicos e matemáticos a uma formalização lógica (De *positivo*+*-ismo*, ou do fr. *positivisme*, «id.»)

positivista adj.2g. que diz respeito ao positivismo ■ n.2g. pessoa sectária do positivismo (De *positivo*+*-ista*, ou do fr. *positiviste*, «id.»)

positivo adj. **1** que concorda; afirmativo; concordante **2** que não admite dúvida; certo; seguro; indiscutível **3** que se funda em fatores da vida real; verdadeiro; objetivo **4** que serve para corrigir ou aperfeiçoar; construtivo **5** que tem efeito benéfico; favorável **6** suscetível de aplicações práticas; prático; funcional **7** diz-se da eletricidade que se desenvolve no vidro pela fricção deste com um pano de lã **8** MATEMÁTICA diz-se do número maior que zero **9** MEDICINA diz-se do resultado de um exame que indica existir uma condição anormal **10** FOTOGRAFIA diz-se da imagem obtida a partir do negativo, cujos efeitos de luz e sombra estão de acordo com a realidade das condições do objeto **11** [fig.] que revela otimismo; confiante ■ n.m.

1 o que é certo **2** aquilo com que se pode contar **3** o que é materialmente útil e proveitoso **4** grau de significação de adjetivos que designa uma qualidade sem aumento nem diminuição **5** prova de uma fotografia obtida a partir do negativo, cujos efeitos de luz e sombra estão de acordo com a realidade das condições do objeto **6** MÚSICA tipo de órgão de câmara de dimensões reduzidas, constituído por uma série de registos flautados, muito popular no período barroco na execução de baixo contínuo; *iões positivos* FÍSICA partículas constituídas por átomos, isolados ou agrupados, que perderam eletrões; *raios positivos* FÍSICA feixes de iões positivos (Do lat. *positivu-*, «id.»)

positrão *n.m.* FÍSICA partícula de massa igual à do eletrão e de carga elétrica do mesmo valor absoluto, mas positiva, de vida efémera, existente nas radiações de certos elementos de radioatividade artificial, e nos raios cósmicos, cuja fusão com um eletrão provoca o aniquilamento das massas e o aparecimento de fotões; eletrão positivo; positão (De *posi[tivo]*+*[elec]trão*)

positrónio *n.m.* FÍSICA ligação, de duração muito curta, entre um eletrão e um positrão, de que resulta um átomo hidrogenoide, cujos centros de massa e carga são coincidentes e que se aniquila com a emissão de fotões (De *posi[tivo]*+*[elec]trónio*)

pós-laboral *adj.2g.* que ocorre depois do horário de trabalho

pós-meridiano *adj.* **1** que é posterior ao meio-dia **2** que sucede depois do meio-dia (Do lat. *postmeridiānu-*, «id.»)

pós-modernismo *n.m.* corrente que surgiu nos Estados Unidos, na arquitetura, na segunda metade do séc. XX, que pretendia reagir contra o racionalismo extremo e o esgotamento dos modelos vanguardistas, e que se alargou às artes plásticas e à literatura (De *pós-*+*modernismo*)

pós-modernista *adj.2g.* relativo ao pós-modernismo ■ *n.2g.* seguidor das teorias do pós-modernismo (De *pós-modern[ismo]*+*-ista*)

pós-moderno *adj.* pertencente ou relativo ao pós-modernismo ■ *n.m.* ⇒ **pós-modernismo** (De *pós-*+*moderno*)

pós-nupcial *adj.2g.* que se realiza ou tem efeito legal após as núpcias ou casamento

posologia *n.f.* MEDICINA indicação das doses em que se devem aplicar e tomar os medicamentos; dosologia (Do gr. *pósos*, «quanto» +*lógos*, «tratado» +*-ia*)

pós-operatório *adj.* **1** relativo ao período posterior a uma cirurgia **2** relativo aos exames e procedimentos realizados nesse período ■ *n.m.* período posterior a uma cirurgia

pós-oral *adj.2g.* que fica atrás da boca

pós-parto *n.m.* período que se segue ao parto

pospasto *n.m.* sobremesa (Do lat. *post*, «depois» +*pastu-*, «refeição»)

pospelo /ê/ *elem.loc.adv.* *a ~* contra o correr do pelo; a contrapelo; ao revés; ao arrepio; violentamente (De *pós-*+*pêlo*)

posperna *n.f.* parte superior da perna da besta, entre o curvilhão e o quadril (De *pós-*+*perna*)

posponto *n.m.* ⇒ **pesponto** (Do lat. *post*, «depois» +*punctu-*, «ponto»)

pospor *v.tr.* **1** pôr depois **2** deixar para mais tarde; adiar; procrastinar; postergar **3** não fazer caso de (Do lat. *postponĕre*, «id.»)

posposição *n.f.* ato ou efeito de pospor (Do lat. *post*, «depois» +*positiōne-*, «posição»)

pospositivo *adj.* **1** que se espõe **2** diz-se das palavras que não se podem utilizar como iniciais de frase; *partículas pospositivas* sufixos (Do lat. *postpositīvu-*, «id.»)

posposto *adj.* **1** posto depois **2** adiado; postergado **3** desprezado **4** omitido (Do lat. *postposĭtu-*, «id.»)

pós-produção *n.f.* CINEMA, TELEVISÃO última fase de produção de um filme ou gravação, em que se incluem geralmente a criação de efeitos especiais e a edição de imagem e som

pós-puerperal *adj.2g.* posterior ao parto

pós-romano *adj.* que é posterior ao Império Romano ou à dominação romana

pós-romântico *adj.* posterior ao romantismo

possança *n.f.* **1** poder; força **2** valentia **3** GEOLOGIA espessura de uma camada geológica ou de um filão (De *posse*+*-ança*)

possante *adj.2g.* **1** que tem muita força; robusto; forte **2** que detém poder; poderoso **3** grandioso; majestoso **4** que tem coragem, valentia; valente; valoroso ■ *n.m.* [Brasil] [coloq.] carro; automóvel (De *posse*+*-ante*)

posse *n.f.* **1** detenção ou fruição de uma coisa ou de um direito **2** estado de quem possui uma coisa ou a goza **3** poder que se manifesta quando alguém atua por forma correspondente ao exercício do direito de propriedade ou de outro direito real **4** *pl.* haveres; riqueza; meios **5** *pl.* aptidão **6** *pl.* alcance (Do lat. *posse*, «poder»)

posseiro *n.m.* quinhoeiro de um prédio indiviso (De *posse*+*-eiro*)

possessão *n.f.* **1** posse **2** território que um Estado possui; colónia **3** domínio **4** ato de alguém se tornar possesso **5** estado de possesso; *delírio de ~* PSICOLOGIA forma de delírio na qual o indivíduo se julga possuído por forças ocultas (Demónio, animais ou pessoas, etc.), que podem suplantar a sua vontade (Do lat. *possessiōne-*, «posse»)

possessibilidade *n.f.* qualidade de possessível (Do port. ant. *possessibil*, por *possessível*+*-i-*+*-dade*)

possessível *adj.2g.* que pode ser possuído (De *possessivo*+*-vel*)

possessividade *n.f.* sentimento de que algo ou alguém nos pertence em exclusivo; sentimento de posse (De *possessivo*+*-i-*+*-dade*)

possessivo *adj.* **1** relativo a posse **2** diz-se de pessoa que quer tudo para si; que não reparte **3** diz-se de pessoa que é muito ciumenta **4** GRAMÁTICA diz-se do determinante ou do pronome que indica posse por parte dos participantes do discurso (ex.: *meu, teu, seu, sua*) **5** PSICOLOGIA que tem sentimentos de posse exclusiva em relação a alguém (Do lat. *possessīvu-*, «id.»)

possesso *adj.* **1** diz-se do indivíduo que se julga possuído por uma entidade oculta; endemoninhado **2** furioso; irado ■ *n.m.* indivíduo que se julga possuído por uma entidade oculta (Do lat. *possessu-*, «possuído», part. pass. de *possidēre*, «ser possuidor de; possuir»)

possessor *adj.,n.m.* que ou aquele que possui; possuidor (Do lat. *possessōre-*, «id.»)

possessório *adj.* **1** relativo ou inerente à posse **2** DIREITO diz-se de uma ação judicial em que se pretende ser mantido ou reintegrado na posse de alguma coisa (Do lat. *possessoriu-*, «id.»)

possibilidade *n.f.* **1** qualidade do que pode realizar-se; eventualidade **2** aquilo que pode acontecer; alternativa; caso **3** capacidade de fazer ou realizar algo; faculdade **4** oportunidade **5** *pl.* meios de que se pode dispor **6** *pl.* posses; rendimentos **7** *pl.* capacidade (Do lat. *possibilitāte-*, «id.»)

possibilismo *n.m.* doutrina dos possibilistas (Do lat. *possibĭle-*, «possível» +*-ismo*)

possibilista *n.2g.* socialista oportunista (Do lat. *possibĭle-*, «possível» +*-ista*)

possibilitar *v.tr.* **1** tornar possível **2** facilitar **3** mostrar que é possível (Do lat. *possibĭle-*, «possível» +*-itar*)

possidente *adj.,n.2g.* que ou aquele que possui muitos bens; rico (Do lat. *possidente-*, part. pres. de *possidēre*, «possuir»)

possidónio *adj.* **1** [depr.] que revela mau gosto ou falta de educação; casca-grossa **2** [depr.] pretensioso; convencional ■ *n.m.* **1** [depr.] pessoa que revela mau gosto ou grosseria; casca-grossa **2** [depr.] político ingénuo e provinciano; simplório (De *Possidónio*, antr., filósofo gr., 135-50 a. C.)

possível *adj.* **1** que pode ser, acontecer ou fazer-se **2** exequível; praticável ■ *n.m.* **1** o que pode ser, acontecer ou realizar-se **2** [fig.] empenho; diligência; *fazer o ~* esforçar-se ao máximo (Do lat. *possibĭle-*, «id.»)

possivelmente *adv.* **1** com possibilidade **2** talvez; se calhar (De *possível*+*-mente*)

possuidor *n.m.* **1** o que possui; detentor **2** possessor; dono (De *possuir*+*-dor*)

possuinte *adj.,n.2g.* que ou o que possui (De *possuir*+*-inte*)

possuir *v.tr.* **1** estar na posse de; ter à sua disposição **2** ser proprietário de **3** fruir; desfrutar; gozar **4** ter; ser dotado de (qualidade, característica) **5** ter em si; conter **6** [fig.] conquistar; dominar **7** (entidade sobrenatural) subjugar **8** ter relações sexuais com ■ *v.pron.* **1** compenetrar-se **2** convencer-se (Do lat. *possidēre*, «estar na posse de; possuir»)

posta¹ *n.f.* **1** pedaço de peixe ou carne cortado em fatia **2** naco; fatia **3** [fig.] cargo com alta remuneração **4** [fig.] a remuneração desse cargo **5** [coloq.] opinião brejeira; dito provocatório; *arrotar postas de pescada* gabar-se de uma coisa que não se possui; bazofiar; *fazer/pôr em postas* despedaçar, esquartejar; *pôr-se em postas* cansar-se, sacrificar-se (Do lat. *posita*, «posta», part. pass. fem. de *ponĕre*, «pôr; pôr de lado; pôr na mesa»)

posta² *n.f.* **1** estação de muda de cavalos das antigas diligências **2** administração do correio (Do it. *posta*, «correio», pelo fr. *poste*, «id.»)

postal¹ *adj.2g.* **1** do correio **2** referente ao correio (Do fr. *postal*, «id.»)

postal² *n.m.* cartão franquiado, para correspondência escrita, geralmente com uma ilustração num dos lados; bilhete-postal (Do fr. *[carte] postale*, «bilhete-postal»)

postar[1] *v.tr.* pôr num posto ou lugar; colocar ■ *v.pron.* **1** colocar-se; permanecer muito tempo num lugar **2** pôr-se de vigia (De *posto+-ar*)

postar[2] *v.tr.* **1** colocar (mensagem) num grupo de discussão ou num blogue **2** [Brasil] pôr no correio (correspondência) (Do fr. *poster*, «id.» ou do ing. *(to) post*, «id.»)

posta-restante *n.f.* **1** indicação que se põe no sobrescrito da correspondência para que esta fique na estação do correio até ser solicitada **2** lugar, na estação dos correios, destinado a esta correspondência

poste *n.m.* **1** pau de madeira fixado verticalmente no solo **2** peça cilíndrica, de madeira, ferro ou cimento e com diâmetro variável, fixada perpendicularmente no chão junto às ruas e estradas, para nela se prenderem os cabos elétricos e as lâmpadas para iluminação pública **3** pilar; coluna; esteio **4** DESPORTO (futebol) cada uma das traves da baliza **5** DESPORTO jogador muito alto (Do lat. *poste-*, «pilar; ombreira de porta»)

postecipadamente *adv.* ECONOMIA (juros) no fim do respetivo período de contagem (De *postecipado+-mente*)

postecipado *adj.* ECONOMIA designativo do juro pago no fim do respetivo período de contagem (De *pos-+(an)tecipado*)

posteiro *n.m.* [Brasil] aquele que vive no posto de uma fazenda (De *posto+-eiro*)

posteja /ê/ *n.f.* [Brasil] bostela (Deriv. regr. de *postejar*)

postejar *v.tr.* partir em postas (De *posta+-ejar*)

postema /ê/ *n.f.* MEDICINA abcesso com pus abundante; apostema (De *apostema*)

postemão *n.m.* lanceta de alveitar para abrir postemas (De *postema+-ão*)

postemeiro *n.m.* **1** ⇒ **postemão 2** [fig.] remédio **3** [fig.] refrigério (De *postema+-eiro*)

pós-temporal *adj.,n.m.* ZOOLOGIA osso ou designativo do osso par, de origem membranosa, que entra na constituição da cintura escapular dos vertebrados inferiores, especialmente peixes

poster *n.m.* **1** cartaz impresso, geralmente decorativo ou publicitário **2** ampliação fotográfica do tamanho de cartaz (Do ing. *poster* «cartaz para se colocar em locais públicos»)

póster *n.m.* ⇒ **poster**

postergação *n.f.* ato de postergar; preterição (De *postergar+-ção*)

postergador *adj.,n.m.* que ou aquele que posterga (De *postergar+-dor*)

postergar *v.tr.* **1** deixar para trás; deixar em atraso; preterir **2** colocar em segundo lugar; desprezar **3** deixar para mais tarde; adiar (Do lat. vulg. **postergāre*, «id.», da expr. *post tergum*, «na retaguarda»)

posteridade *n.f.* **1** série de indivíduos provenientes da mesma origem **2** gerações futuras; vindouros; descendentes **3** tempo futuro **4** celebridade eterna; imortalidade; *passar à* ~ conservar-se na memória dos vindouros (Do lat. *posteritāte-*, «id.»)

posterior *adj.2g.* **1** que vem ou está depois; ulterior **2** situado atrás e que se segue; subsequente; seguinte **3** LINGUÍSTICA (som vocálico) produzido através da elevação da língua na parte de trás da cavidade bucal, aproximando-a do véu palatino ■ *n.m.* nádegas; traseiro (Do lat. *posteriōre-*, «id.»)

posterioridade *n.f.* carácter ou estado do que é posterior (De *posterior+-i-+-dade*)

posteriormente *adv.* num momento posterior ao presente; depois; futuramente (De *posterior+-mente*)

posterizar *v.tr.* **1** fazer passar à posteridade **2** imortalizar ■ *v.pron.* celebrizar-se (De *póstero+-izar*)

póstero *adj.* que há de vir depois de nós; vindouro; futuro ■ *n.m.pl.* os vindouros (Do lat. *postĕru-*, «que vem depois»)

póstero- elemento de formação de palavras que exprime a ideia de *posterioridade, atrás* (Do lat. *postĕru-*, «que vem depois»)

póstero-exterior *adj.2g.* situado atrás e na parte exterior

póstero-inferior *adj.2g.* situado atrás e na parte inferior

póstero-interior *adj.2g.* situado atrás e do lado de dentro

póstero-superior *adj.2g.* situado atrás e na parte superior

postiça *n.f.* acrescento feito no costado de um navio para o tornar mais alto e majestoso (De *postiço*)

postiço *adj.* **1** que se pode pôr e tirar **2** acrescentado a uma obra já concluída **3** que não é natural; artificial **4** fingido; falso ■ *n.m.pl.* TEATRO acessórios para caracterização (Do lat. tard. *aposticĭu-*, «id.»)

postigo *n.m.* **1** pequena abertura em biombo montado em balcão, nos bancos, repartições públicas, bilheteiras, etc. **2** pequena porta **3** pequena abertura ou pequena janela em porta grande ou janela **4** fresta (Do lat. *postīcu-*, «porta de trás»)

postila *n.f.* **1** livro **2** caderno de explicações manuscritas para uso de estudantes **3** explicação ditada pelo professor para o aluno escrever **4** apostila **5** comentário (Do lat. med. *post illa*, «depois daquelas coisas», pelo fr. *apostille*, «anotação»)

postilhão *n.m.* **1** [ant.] condutor de correspondência postal, que a transportava com rapidez de um lugar para outro **2** [ant.] o que monta num dos cavalos da frente, em carro puxado por mais de uma parelha **3** mensageiro (Do it. *postiglione*, «id.»)

post meridiem *loc.adv.* depois do meio-dia (Do lat. *post meridiem*)

post mortem *loc.adj.* após a morte (Do lat. *post mortem*)

posto /ô/ *adj.* **1** colocado **2** plantado **3** disposto **4** desaparecido (o Sol no ocaso) ■ *n.m.* **1** lugar que uma pessoa ou coisa ocupa com certa permanência **2** local em que está uma sentinela ou guarda de serviço **3** alojamento de tropas ou polícias **4** lugar fortificado, guarnecido de tropas **5** posição na hierarquia militar **6** dignidade **7** emprego; cargo **8** pequena instalação destinada à prestação rápida de socorros médicos ou de enfermagem **9** lugar que cada um deve ocupar no cumprimento das suas funções **10** lugar de venda; ~ *avançado* MILITAR posto que está mais próximo do inimigo e protege as tropas em posição defensiva ou simplesmente estacionadas, alertando-as e dando-lhes tempo para se prepararem para o combate; *estar a postos* estar pronto ou atento; ~ *que* **1** [valor concessivo] ainda que, embora, se bem que; **2** [valor causal] uma vez que, porque (Do lat. vulg. *postu-*, por *posĭtu-*, «id.», part. pass. de *ponĕre*, «pôr; pôr de lado; afastar»)

pós-tónico *adj.* GRAMÁTICA colocado depois da vogal tónica ou da sílaba tónica de uma palavra (De *pos-+tónico*)

pós-traumático *adj.* diz-se da condição psicológica que pode afetar pessoas que sofreram um forte trauma emocional, geralmente caracterizada por cansaço extremo, insónias, ansiedade e depressão

postre *n.m.* [também no plural] sobremesa; pospasto (Do cast. *postre*, «id.»)

postremo /ê/ *adj.* **1** derradeiro; último **2** extremo (Do lat. *postrēmu-*, «o último»)

pós-troika *n.m.* designação do período que se segue à atuação da troika num determinado país (equipa que negociou as condições de resgate financeiro em Portugal)

post scriptum *n.m.* aquilo que se escreve depois de já estar concluído e assinado um escrito (Do lat. *post scriptum*)

postulação *n.f.* **1** ato de postular **2** pedido; solicitação (Do lat. *postulatiōne-*, «demanda»)

postulado *n.m.* **1** proposição admitida implícita ou explicitamente como princípio de dedução ou de ação **2** LÓGICA, MATEMÁTICA no sentido clássico, proposição não evidente cuja veracidade se aceita sem demonstração **3** LÓGICA, MATEMÁTICA no sentido atual, proposição primitiva (axioma) que se estabelece como verdadeira e define uma ou mais relações entre os termos primitivos de um sistema hipotético-dedutivo (Do lat. *postulātu-*, «levado a juízo», part. pass. de *postulāre*, «pedir; solicitar»)

postulador *adj.,n.m.* que ou aquele que postula; postulante (Do lat. *postulatōre-*, «o que reclama em juízo»)

postulante *adj.2g.* que postula ou pede com instância ■ *n.2g.* **1** pessoa que postula ou pede com instância **2** pretendente; candidato (Do lat. *postulante-*, «id.», part. pres. de *postulāre*, «pedir; solicitar»)

postular *v.tr.* **1** pedir com instância **2** requerer, documentando a alegação **3** suplicar como postulante **4** pôr (uma proposição) como postulado (Do lat. *postulāre*, «id.»)

postumamente *adv.* depois da morte; após o falecimento (De *póstumo+-mente*)

póstumo *adj.* **1** que nasceu depois da morte do pai **2** publicado depois do falecimento do autor **3** que se faz ou sucede depois da morte da pessoa a quem diz respeito (Do lat. *postŭmu-*, «id.»)

postura *n.f.* **1** posição do corpo **2** atitude corporal **3** [fig.] atitude **4** lugar de estacionamento de táxis **5** deliberação camarária sobre matéria própria das atribuições do município **6** saída do óvulo, do ovo ou do corpo da fêmea para o exterior **7** quantidade de ovos que uma fêmea produz em certo período (Do lat. *positūra-*, «posição»)

postural *adj.2g.* relativo à postura ou atitude corporal; *sensibilidade* ~ sentido das atitudes, estatestesia (De *postura+-al*)

pós-verbal *adj.2g.* GRAMÁTICA designativo das palavras derivadas de verbos; deverbal

pota *n.f.* 1 ZOOLOGIA molusco cefalópode de corpo alongado e provido de pequenos tentáculos, comestível e também chamado lula-pota 2 [Açores] fragmentos de polvos grandes que aparecem na costa e denunciam a presença do cachalote na vizinhança 3 [regionalismo] cântaro de barro (Do cat. *pota*, «lula grande»)

potabilidade *n.f.* qualidade de potável (Do lat. *potabĭle*, «potável»+-*i*-+-*dade*)

potâmide *n.f.* MITOLOGIA ninfa dos rios (Do gr. *potamís, -ídos*, «id.», pelo lat. *potamĭdes*, «id.»)

potamita *adj.2g.* que vive normalmente nos rios (Do gr. *potamós*, «rio» +-*ita*)

potam(o)- elemento de formação de palavras que exprime a ideia de *rio* (Do gr. *potamós*, «rio»)

potamófilo *adj.* que tem predileção pelos rios (De *potamo-*+-*filo*)

Potamogetonáceas *n.f.pl.* ⇒ **Naiadáceas** (Do gr. *potamós*, «rio» +*geíton*, «vizinho» +-*áceas*)

potamografia *n.f.* descrição dos rios (De *potamo-*+-*grafia*)

potamolatria *n.f.* culto prestado aos rios (De *potamo-*+-*latria*)

potamologia *n.f.* estudo geográfico dos rios (De *potamo-*+-*logia*)

potamonímia *n.f.* estudo onomástico dos rios (De *potamónimo*+-*ia*)

potamónimo *n.m.* nome de rio (Do gr. *potamós*, «rio» +*ónyma*, por *ónoma*, «nome»)

potamoplâncton *n.m.* BIOLOGIA conjunto de organismos microscópicos que vivem em suspensão nas águas dos rios (De *potamo-*+-*plâncton*)

potamótoco *adj.* diz-se do animal que vive no mar e faz a postura nos rios, onde passa os primeiros tempos da vida (Do gr. *potamós*, «rio» +*tókos*, «parto»)

potassa *n.f.* QUÍMICA nome dado comercialmente a todas as variedades de carbonatos de potássio impuros; ~ **cáustica** hidróxido de potássio (Do al. *Pottasche*, «cinza de panela; potassa», pelo fr. *potasse*, «id.»)

potássico *adj.* 1 relativo ao potássio 2 que contém potássio (De *potassa*+-*ico*)

potássio *n.m.* QUÍMICA elemento químico de número atómico 19, de símbolo K, que é um metal alcalino cujos sais são muito utilizados como adubos (De *potassa*+-*io*)

potável *adj.2g.* próprio para beber (Do lat. *potabĭle*, «id.»)

pote *n.m.* 1 grande vaso de barro destinado a conter líquidos 2 [pop.] recipiente próprio para nele se urinar e defecar; bacio 3 [fig.] pessoa baixa e atarracada; *a* **potes** a cântaros, em abundância, torrencialmente (Do prov. *pot*, «id.», ou do fr. *pot*, «id.»)

poteia *n.f.* óxido de estanho pulverizado que serve para polir (Do fr. *potée*, «areia para polimento»)

potência *n.f.* 1 qualidade do que tem poder; poderio 2 Estado ou nação do ponto de vista do seu poder económico e militar 3 personagem de grande importância e influência; autoridade 4 qualidade do que tem força ou energia; vigor 5 capacidade de fornecer energia 6 capacidade de realizar o ato sexual 7 FÍSICA grandeza física cujo valor é o do quociente da energia absorvida ou cedida por um sistema, pelo tempo que durou a troca energética 8 FÍSICA energia por unidade de tempo 9 FÍSICA nome por que se designa a força que, nas máquinas simples, equilibra a resistência 10 FÍSICA poder convergente ou divergente das lentes e dos espelhos curvos que é igual ao inverso da respetiva distância focal 11 MATEMÁTICA produto de fatores iguais 12 MATEMÁTICA expressão gráfica desse produto, de forma ab, em que a (base) é o valor de cada um dos fatores, e b (expoente) é o número desses fatores 13 FILOSOFIA carácter do que se pode produzir, mas que não está atualmente realizado; virtualidade 14 FILOSOFIA o ser no seu estado virtual; *potências da alma* memória, entendimento e vontade; *elevar um número à quarta, quinta, etc.*, ~ atribuir o expoente 4, 5, etc., a um número; *em* ~ virtualmente (Do lat. *potentĭa-*, «força»)

potenciação *n.f.* 1 ato ou efeito de potenciar 2 MATEMÁTICA cálculo sobre potências 3 MATEMÁTICA operação binária que a cada par ordenado (k, a) faz corresponder a potência a^k (De *potenciar*+-*ção*)

potencial *adj.2g.* 1 que pertence ou diz respeito a potência 2 possível mas ainda não concretizado; virtual 3 diz-se do medicamento que só atua depois de certo tempo 4 FILOSOFIA em potência; em estado inacabado ■ *n.m.* 1 FÍSICA grandeza física cujo valor, em cada ponto de um campo de forças (gravítico, elétrico, etc.) é dado pelo trabalho realizado (por unidade da grandeza sensível às forças desse campo: massa para o campo gravítico, carga elétrica para o campo elétrico) na deslocação de uma pequena quantidade dessa grandeza desde uma distância infinita até esse ponto 2 conjunto de qualidades inatas de uma pessoa; capacidade; potencialidade 3 capacidade ou habilidade para realizações ou desenvolvimentos futuros; ~ *de ressonância* FÍSICA potencial mínimo necessário para acelerar eletrões, de modo a induzir estados excitados em átomos (De *potência*+-*al*)

potencialidade *n.f.* 1 qualidade de potencial 2 FILOSOFIA possibilidade de ser, ou não ser, determinada coisa (De *potencial*+-*i*-+-*dade*)

potencialmente *adv.* em potência; virtualmente (De *potencial*+-*mente*)

potenciar *v.tr.* 1 MATEMÁTICA elevar um número a um expoente 2 MATEMÁTICA simbolizar a potenciação de um número, dado o expoente 3 promover o desenvolvimento ou a eficácia de; intensificar; potencializar; reforçar 4 tornar um medicamento mais eficaz por ação de outra substância (De *potência*+-*ar*)

potenciómetro *n.m.* 1 ELETRICIDADE instrumento usado para comparar forças eletromotrizes e diferenças de potencial 2 ELETRICIDADE reóstato de regulação da intensidade ou da tonalidade num recetor de radiotelefonia (De *potência*+-*metro*)

potencióstato *n.m.* ELETRICIDADE instrumento destinado a manter constante o potencial de um elétrodo, quando as condições num eletrólito ou na superfície do elétrodo estão a variar (Do lat. *potentĭa-*, «força» +*statu-*, «fixo», part. pass. de *sistĕre*, «pôr; fixar»)

potentado *n.m.* 1 soberano absoluto de um Estado poderoso 2 príncipe soberano de grande autoridade ou poder material 3 [fig.] pessoa muito rica ou de grande influência (Do lat. *potentātu-*, «id.»)

potente *adj.2g.* 1 que tem potência ou poderio 2 que tem força 3 que tem a faculdade de fazer ou produzir 4 que exerce influência 5 ativo; enérgico 6 eficaz 7 valoroso; heroico (Do lat. *potente-*, «poderoso», part. pres. de *posse*, «poder»)

potentilha *n.f.* BOTÂNICA ⇒ **cinco-em-ramo** (Do lat. med. *potentilla-*, «id.»)

poterna *n.f.* galeria subterrânea ou porta falsa, para sair secretamente de uma praça fortificada (Do b. lat. *posterŭla-*, «porta das traseiras», pelo fr. *poterne*, «id.»)

potestade *n.f.* 1 potência; poder; força 2 pessoa que detém o poder ou a autoridade; potentado 3 a divindade 4 *pl.* RELIGIÃO os anjos da sexta hierarquia (Do lat. *potestāte-*, «id.»)

poto¹ *n.m.* [poét.] bebida (Do grego *pótos*, «bebida», pelo latim *potu-*, «que bebeu»)

poto² *n.m.* 1 [Cabo Verde] massa empapada; lameiro 2 [Cabo Verde] espelunca 3 [Cabo Verde] dificuldade (Do crioulo cabo-verdiano *pòtó*, «idem»)

poto- elemento de formação de palavras que exprime a ideia de *bebida* (Do gr. *pótos*, «bebida»)

potologia *n.f.* estudo acerca das bebidas (De *poto-*+-*logia*)

potomania *n.f.* 1 MEDICINA obsessão de beber, na ausência de um exagero real da sede 2 mania que alguns indivíduos têm de beber exageradamente (De *poto-*+-*mania*)

potómetro *n.m.* aparelho destinado a medir a quantidade de água que pode ser absorvida por uma planta (De *poto-*+-*metro*)

pot-pourri *n.m.* 1 MÚSICA miscelânea musical 2 mistura de flores secas 3 [fig.] miscelânea; mistura (Do fr. *pot-pourri*)

potra¹ /ô/ *n.f.* égua nova; poldra (De *potro*)

potra² /ó/ *n.f.* 1 hérnia intestinal; quebradura 2 BOTÂNICA doença dos vegetais caracterizada por saliências nodosas no caule ou na raiz 3 [regionalismo] doença das galinhas 4 [Brasil] boa sorte; felicidade 5 [Brasil] arrogância; soberba (Do lat. *putre*, «podre»?)

potrancada *n.f.* récua de potrancos ou potros com menos de três anos (De *potranco*+-*ada*)

potranco *n.m.* [Brasil] ⇒ **potrilho** (De *potro*+-*anco*)

potreia *n.f.* 1 [pop.] bebida estragada ou desagradável 2 [pop.] coisa que não presta; porcaria (De orig. obsc.)

potreiro *n.m.* 1 negociante de potros ou de gado cavalar 2 terreno cercado para recolher gado cavalar e muar (De *potro*+-*eiro*)

potril *n.m.* alpendre ou pátio onde se recolhem os potros para os adestrar; poldril (De *potro*+-*il*)

potrilho *n.m.* [Brasil] potro com menos de três anos (De *potro*+-*ilho*)

potrincas *n.m.2n.* indivíduo enfezado, achacadiço (De *potra* [doença]+-*incas*)

potro /ô/ *n.m.* 1 ZOOLOGIA cavalo novo de menos de quatro anos; poldro 2 HISTÓRIA instrumento de tortura em forma de cavalo; *estar no* ~ sofrer torturas ou perseguições (Do lat. vulg. *pullĭtru-*, de *pullu-*, «animal jovem»)

potroso *adj.* 1 atacado de potra 2 doente 3 inábil (De *potra*+-*oso*)

poucachinho *adv.,n.m.* muito pouco (De *poucacho*+-*inho*)

poucacho *adj.* [regionalismo] pouco (De *pouco*+-*acho*)

pouca-roupa *n.f.* ⇒ **fraca-roupa**

pouca-vergonha n.f. **1** [pop.] falta de vergonha **2** [pop.] ato vergonhoso; imoralidade **3** [pop.] patifaria; tratantada **4** [pop.] descaramento

pouco det.indef. >quant. exist. ^{DT},pron.indef. em pequeno número; em pequena quantidade ■ adv. **1** em pequena quantidade **2** não muito **3** raramente ■ adj. escasso; reduzido ■ n.m. **1** pequena quantidade **2** coisa de pequeno valor; bagatela; *~ a ~/a ~ e ~* em pequenas porções, gradualmente, lentamente; *fazer ~ de* menosprezar, gozar com; *há ~* ainda agora; *por um ~* quase, por um triz; *saber a ~* apetecer comer mais de algo que estava bom, desejar continuar a usufruir de algo que é bom (Do lat. *paucu-*, «id.»)

pouchochinho adv.,n.m. muito pouco; pouquinho (De *poucachinho*)

poula n.f. [regionalismo] terreno de pousio, inculto, mas cultivável (Do lat. *pabŭlu-*, «pastagem»)

poulo n.m. [regionalismo] ⇒ **poula**

poupa¹ n.f. **1** tufo de penas que adorna a cabeça de algumas aves **2** ORNITOLOGIA pássaro tenuirrostro da família dos Upupídeos, caracterizado pela poupa que apresenta na cabeça **3** [pop.] nó do cabelo, ou saliência do penteado, que lembra aquele tufo de penas (Do lat. *upŭpa-*, «id.»)

poupa² n.f. poupança; economia (Deriv. regr. de *poupar*)

poupado adj. **1** que poupa **2** que não é gastador; económico (Part. pass. de *poupar*)

poupador adj.,n.m. que ou aquele que poupa (De *poupar+-dor*)

poupança n.f. **1** ato ou efeito de poupar **2** dinheiro economizado; economias (De *poupar+-ança*)

poupar v.tr. **1** despender com moderação; economizar **2** evitar **3** tratar com indulgência; não fazer mal a **4** respeitar **5** pôr a salvo; subtrair ■ v.intr. viver economicamente; evitar despesas; economizar ■ v.pron. **1** proteger-se (de esforço, incómodo) **2** esquivar-se (a coisa desagradável) (Do lat. *palpāre*, «palpar; acariciar»)

poupinha n.f. [regionalismo] ⇒ **cotovia** (De *poupa+-inha*)

poupudo adj. que tem poupa (De *poupa+-udo*)

pouquidade n.f. **1** pequena porção; escassez **2** exiguidade (De *pouco+-i-+-dade*)

pouquidão n.f. ⇒ **pouquidade** (De *pouco+-idão*)

pouquinho adv.,n.m. ⇒ **poucochinho** (De *pouco+-inho*)

pouquíssimo adj. {superlativo absoluto sintético de **pouco**} muito pouco (De *pouco+-íssimo*)

pousa n.f. **1** ato ou efeito de pousar **2** quantidade de líquido que se bebe de uma vez; *de uma ~* de uma só vez (Do lat. *pausa-*, «pausa»)

pousada n.f. **1** ato ou efeito de pousar **2** paragem numa casa para descansar ou pernoitar **3** casa onde se faz essa paragem; albergaria; hospedaria; estalagem **4** estabelecimento hoteleiro de bom nível **5** domicílio **6** [fig.] abrigo; acolhimento; agasalho **7** [regionalismo] conjunto de cinco molhos de cereal ceifado; *~ de juventude* centro de acolhimento com camaratas e quartos individuais, que alberga membros a preços reduzidos (Part. pass. fem. subst. de *pousar*)

pousadeira n.f. [pop.] ⇒ **nádega** (De *pousar+-deiras*)

pousadeiro n.m. **1** [ant.] o que dava ou preparava a pousada **2** lugar onde a ave pousa; poleiro (De *pousar+-deiro*)

pousadia n.f. ⇒ **pousada** (De *pousada+-ia*)

pousadouro n.m. lugar onde se pousa (De *pousar+-douro*)

pousar v.tr. **1** colocar num lugar; assentar **2** fixar (o olhar) **3** morar; habitar ■ v.tr.,intr. descer do ar até a um ponto fixo onde possa assentar (a ave, a aeronave, etc.) ■ v.intr. **1** descansar; repousar **2** ficar algum tempo num sítio; permanecer **3** hospedar-se (Do lat. *pausāre*, «cessar; parar»)

pouseiro adj. **1** sedentário **2** pacato ■ n.m. as duas nádegas (De *pousar+-eiro*)

pousio n.m. **1** AGRICULTURA período, de um ano ou mais anos, em que um terreno não é semeado, para repousar **2** AGRICULTURA terra cuja cultura se interrompeu, de forma a torná-la mais fértil (De *pouso+-io*)

pouso n.m. **1** lugar onde se pousa alguma coisa **2** lugar onde alguém se acolhe ou se oculta temporariamente **3** facto de ficar em algum lugar; permanência; estadia **4** lugar de acolhimento; pousada **5** sítio onde alguma coisa costuma estar (Deriv. regr. de *pousar*)

pouta n.f. NÁUTICA peso amarrado a um cabo, que serve de fateixa a pequenas embarcações

poutão n.m. pouta grande (De *pouta+-ão*)

poutar v.tr. **1** segurar com pouta (o barco) **2** ancorar (De *pouta+-ar*)

povaréu n.m. [depr.] ⇒ **povoléu** (De *povoléu*)

poveira n.f. lancha do tipo das usadas pelos pescadores da Póvoa de Varzim, cidade portuguesa do distrito do Porto (De *Póvoa*, top. +-*eira*)

poveiro adj. relativo ou pertencente à Póvoa de Varzim, no distrito do Porto, ou que é seu natural ou habitante; povoense ■ n.m. **1** natural ou habitante da Póvoa; povoense **2** barco de Ovar, cidade portuguesa do distrito de Aveiro (De *Póvoa*, top. +-*eiro*)

poviléu n.m. [depr.] ⇒ **povoléu** (De *povoléu*)

povilhal n.m. [regionalismo] ⇒ **pegulhal**

povinho n.m. [pop.] povo (De *povo+-inho*)

povo /ô/ n.m. **1** conjunto de indivíduos que têm a mesma origem, a mesma língua, e partilham instituições, tradições, costumes e um passado cultural e histórico comum **2** conjunto de indivíduos que ocupam um território determinado e formam uma unidade política, com leis próprias e sob a direção do mesmo poder **3** população em geral **4** conjunto da maioria dos indivíduos de um país, por oposição às classes dirigentes ou às classes mais favorecidas material e culturalmente **5** comunidade de uma região, vila ou aldeia **6** pequena povoação; lugarejo **7** público **8** pl. as nações (Do lat. *popŭlu-*, «id.»)

póvoa n.f. pequena povoação; casal (Do lat. *popŭlu-*, «povo»)

povoação n.f. **1** ato ou efeito de povoar **2** as pessoas que habitam uma localidade **3** lugar povoado; lugarejo (De *povoar+-ção*)

povoado adj. **1** habitado **2** frequentado **3** percorrido ■ n.m. **1** lugar onde habita gente **2** aldeia; lugarejo (Part. pass. de *povoar*)

povoador adj.,n.m. que povoa ■ n.m. **1** aquele que povoa **2** aquele que funda uma povoação **3** colono (De *povoar+-dor*)

povoamento n.m. ato ou efeito de povoar (De *povoar+-mento*)

povoar v.tr. **1** prover (uma região ou país) de população; encher de habitantes **2** habitar; ocupar **3** fundar uma povoação em **4** dotar; enriquecer **5** encher **6** disseminar animais para a reprodução em (região ou local) **7** plantar ou semear grande quantidade de espécies vegetais em (região ou local) ■ v.pron. ocupar com habitantes (De *povo+-ar*)

povoeira n.f. ⇒ **poveira** (De *Póvoa*, top. +-*eira*)

povoense adj.,n.2g. ⇒ **poveiro** (De *Póvoa*, top. +-*ense*)

povoléu n.m. [depr.] ralé (De *povo+l+-éu*)

pozinhos n.m.pl. pequena quantia ou quantidade a acrescentar a outra (De *pó+z+-inho*)

pozolana n.f. **1** PETROLOGIA rocha vulcânica **2** tufo leucítico usado no fabrico de cimento hidráulico **3** ENGENHARIA cinzas ou escórias vulcânicas, naturais ou manufaturadas, usadas nos fabricos de cimentos pozolânicos (Do lat. *Puteolānu-*, «terra de Puteoli, cidade italiana da Campânia», pelo it. *pozzolana*, «id.»)

pra prep. {forma sincopada de *para*}

prà contração da preposição *para* + *o* artigo definido ou pronome demonstrativo *a*

praça n.f. **1** lugar público e amplo geralmente rodeado de edifícios e onde desembocam várias ruas; largo; rossio **2** largo onde se realiza uma feira ou um mercado **3** mercado **4** conjunto de todos os negociantes de uma cidade **5** hasta pública; leilão **6** povoação fortificada; fortaleza **7** MILITAR categoria de graduação mais baixa das forças armadas ■ n.2g. MILITAR militar com essa categoria; *~ de alimentação* num centro comercial, área reservada a diversos tipos de estabelecimentos de restauração; *~ de armas* local de formatura das tropas de uma guarnição; *~ de táxis* zona de estacionamento de táxis; *assentar ~* alistar-se no exército; *fazer ~ de* divulgar, expor; *ir à ~* ser posto em almoeda; *sair à ~* aparecer em público (Do gr. *plateîa*, «rua larga», pelo lat. *platĕa-*, «praça pública»)

praça-forte n.f. cidade ou povoação fortificada, organizada para compensar a falta de obstáculos naturais nas fronteiras ou nos pontos estratégicos de um país

pracear v.tr. pôr em praça; leiloar; licitar (De *praça+-ear*)

praceiro adj. **1** relativo a praça **2** que está à vista de todos **3** público (De *praça+-eiro*)

pracejar v.tr. **1** fazer praça de **2** [fig.] ostentar; divulgar (De *praça+-ejar*)

praceta n.f. praça pequena (De *praça+-eta*)

pracista n.2g. **1** empregado comercial de armazém por grosso que anda pelos estabelecimentos a vender aos retalhistas **2** [Brasil] indivíduo do campo com alguma educação ou alguma permanência na cidade (De *praça+-ista*)

pracrítico adj. relativo ao prácrito (De *pácrito+-ico*)

prácrito n.m. designação dada à língua popular da Índia, derivada do sânscrito (Do sânsc. *prakrta [bhasha]*, «língua vulgar»)

practor n.m. **1** magistrado ateniense **2** meirinho de um tribunal (Do gr. *práktor*, «executor; ator»)

pradaria *n.f.* 1 grande planície 2 seguimento de prados 3 estepe das planícies centrais da América do Norte (De *prado*+*-aria*)

pradejar *v.intr.* apresentar-se com aspeto de prado (De *prado*+*-ejar*)

Pradial *n.m.* nono mês do calendário da primeira República Francesa (De *prado*+*-ial*, ou do fr. *prairial*, «id.»)

prado *n.m.* 1 formação de plantas herbáceas 2 campo coberto de plantas forraginosas (Do lat. *prātu-*, «id.»)

pradoso /ô/ *adj.* 1 em que há prados 2 semelhante a prado 3 coberto de relva; arrelvado (De *prado*+*-oso*)

praga *n.f.* 1 ato de lançar uma maldição a alguém; imprecação 2 obscenidade; palavrão 3 conjunto dos insetos ou doenças que atacam plantas ou animais; flagelo 4 grande calamidade 5 [fig.] pessoa ou coisa importuna 6 [fig.] conjunto de coisas importunas ou nocivas (Do lat. *plaga-*, «calamidade»)

pragal *n.m.* terreno árido onde apenas crescem plantas bravias; panascal (De *praga*+*-al*)

pragana *n.f.* BOTÂNICA prolongamento rígido, filiforme, existente nalguns órgãos vegetais, também denominado aresta, arista e saruga

praganá *n.f.* uma das divisões administrativas, na Índia (Do mar.-hind. *parganá*, «id.»)

praganá *n.f.* ⇒ **praganá**

praganeira *n.f.* [regionalismo] ferida no lábio das cavalgaduras (De *pragana*+*-eira*)

praganoso /ô/ *adj.* que possui praganas (De *pragana*+*-oso*)

pragmática *n.f.* 1 conjunto de regras ou fórmulas que regulam os atos e cerimónias oficiais; protocolo 2 conjunto das formalidades e regras de etiqueta 3 preceito, determinação ou lei do poder legítimo acerca de certos assuntos que necessitam de regulamentação 4 HISTÓRIA diploma medieval em que se enunciavam certas leis de carácter geral 5 LINGUÍSTICA disciplina que estuda as relações existentes entre as formas linguísticas e os falantes, no sentido de descrever o uso que estes fazem da língua nas mais diversas situações de comunicação 6 parte da semiologia que se dedica ao estudo das relações existentes entre os signos e os falantes (De *pragmático*)

pragmaticamente *adv.* 1 de modo pragmático 2 de modo prático; de modo utilitário (De *pragmática*+*-mente*)

pragmaticismo *n.m.* ⇒ **pragmatismo** (De *pragmático*+*-ismo*)

pragmaticista *adj.,n.2g.* que ou a pessoa que é sectária do pragmatismo (De *pragmático*+*-ista*)

pragmático *adj.* 1 relativo ou conforme à pragmática 2 usual 3 prático 4 que diz respeito ao pragmatismo (Do gr. *pragmatikós*, «relativo a atos», pelo lat. *pragmatĭcu-*, «experiente»)

pragmatismo *n.m.* 1 FILOSOFIA teoria segundo a qual a função essencial da inteligência não é fazer-nos conhecer as coisas, mas permitir a nossa ação sobre elas (H. Bergson, filósofo francês, 1859-1941; W. James, filósofo americano, 1842-1910; E. le Roy, filósofo francês, 1870-1954) 2 FILOSOFIA teoria segundo a qual a verdade de uma ideia reside na sua utilidade, definindo-se pelo seu êxito (W. James, filósofo americano, 1842-1910; J. Dewey, filósofo americano, 1859-1952) (Do gr. *prágma, -atos*, «ação», pelo ing. *pragmatism*, «pragmatismo»)

pragmatista *n.2g.* pessoa adepta do pragmatismo ■ *adj.2g.* referente ao pragmatismo (Do ing. *pragmatist*, «id.»)

praguedo /ê/ *n.m.* grande quantidade de pragas (De *praga*+*-edo*)

praguejador *adj.* que pragueja; praguento ■ *n.m.* aquele que pragueja (De *praguejar*+*-dor*)

praguejamento *n.m.* 1 ato de praguejar 2 praga (De *praguejar*+*-mento*)

praguejar *v.tr.,intr.* rogar pragas (contra); vociferar; amaldiçoar ■ *v.intr.* [Brasil] encher-se (um terreno) de ervas daninhas (De *praga*+*-ejar*)

praguento *adj.* 1 que roga pragas 2 maldizente (De *praga*+*-ento*)

praia *n.f.* 1 área plana coberta de areia ou de pequenos seixos, que confina com o mar; beira-mar; margem 2 zona à beira-mar onde é possível tomar banhos de sol e de mar 3 faixa arenosa de um rio ou lago onde se pode tomar banho 4 região banhada pelo mar; ~ *fluvial* margem, geralmente arenosa, de um rio (Do gr. *plágia*, «transversal», pelo lat. tard. *plagĭa-*, «id.»)

praia-mar *n.f.* ⇒ **preia-mar**

praiano *adj.,n.m.* [Brasil] ⇒ **praieiro** (De *praia*+*-ano*)

praieira *n.f.* túnica curta, feminina, de tecido leve e fresco, sem manga ou com meia manga, para se usar na praia (Do cast. *playera*, «id.»)

praieiro *adj.* [Brasil] que mora junto da praia ou do litoral ■ *n.m.* 1 [Brasil] habitante de uma praia ou do litoral 2 [Brasil] homem liberal, não conservador (De *praia*+*-eiro*)

pralina *n.f.* ⇒ **pralinê** (Do fr. *praline*, «id.»)

pralinado *adj.* coberto de açúcar (Do fr. *praliné*, «id.»)

pralinê *n.m.* CULINÁRIA preparação à base de amêndoas e açúcar em caramelo que depois de endurecida é reduzida a pó (Do fr. *praliné*, «id.»)

prancha *n.f.* 1 peça de madeira longa e estreita; tábua muito grossa 2 tabuão que estabelece passagem de um barco para outro ou para terra 3 andaime 4 folha da espada ou do sabre 5 plataforma donde o nadador efetua saltos para a água 6 peça feita de um bloco permeável revestido de fibra de vidro, para a prática de desportos aquáticos 7 circular enviada por uma loja maçónica às outras 8 conjunto das várias tiras, geralmente horizontais, que compõem uma página de banda desenhada (Do fr. *planche*, «id.»)

pranchada *n.f.* 1 pancada com uma prancha 2 pancada com a prancha da espada ou do sabre, na sua maior largura (De *prancha*+*-ada*)

pranchão *n.m.* prancha grande (De *prancha*+*-ão*)

pranchar *v.tr.,intr.* dar pranchadas (a) (De *prancha*+*-ar*)

pranchear *v.intr.* (cavalo) estender-se ao comprido; chapar-se (De *prancha*+*-ear*)

prancheta /ê/ *n.f.* 1 prancha pequena, estreita ou delgada 2 instrumento empregado no levantamento de plantas topográficas 3 peça retangular de madeira ou cartão, própria para se desenhar sobre ela 4 ⇒ **parche** (De *prancha*+*-eta*, ou do fr. *planchette*, «id.»)

prandial *adj.2g.* respeitante às refeições (De *prândio*+*-al*)

prândio *n.m.* refeição suculenta; banquete (Do lat. *prandĭu-*, «refeição»)

prantar *v.tr.* 1 [pop.] plantar 2 [pop.] colocar (Do lat. *plantāre*, «id.»)

pranteadeira *n.f.* 1 [ant.] mulher que era paga para ir chorar os defuntos durante os funerais; carpideira 2 mulher que anda sempre a lastimar-se (De *prantear*+*-deira*)

pranteador *adj.,n.m.* que ou aquele que pranteia; lamentador (De *prantear*+*-dor*)

prantear *v.tr.* 1 chorar por alguém ou por alguma coisa; carpir 2 lastimar ■ *v.intr.* chorar (De *pranto*+*-ear*)

prantivo *adj.* 1 relativo a pranto 2 lastimoso; plangente (De *pranto*+*-ivo*, ou do fr. *plaintif*, «plangente»)

pranto *n.m.* 1 choro abundante 2 [fig.] lamentação; queixume 3 [fig.] lágrimas 4 LITERATURA composição poética medieval em que se lamenta a perda de alguém ou de alguma coisa (Do lat. *planctu-*, «pranto; lamentação»)

praseodímio *n.m.* QUÍMICA elemento com o número atómico 59, de símbolo Pr, que é um dos metais das chamadas terras raras (Do gr. *prásinos* ou *prásios*, «verde-claro» +*dídymos*, «gémeo», pelo al. *Praseodymium*, «id.»)

prásina *n.f.* terra verde que os pintores utilizam (Do lat. *prasĭnu-*, «verde»)

prásino *adj.* de cor verde ■ *n.m.* MINERALOGIA ⇒ **esmeralda** *n.f.* 1 (Do lat. *prasĭnu-*, «verde»)

prásio *n.m.* 1 MINERALOGIA variedade verde-escura de quartzo 2 BOTÂNICA ⇒ **marroio** (Do lat. *prasĭu-*, «pedra preciosa de cor verde»)

prata *n.f.* 1 QUÍMICA elemento com o número atómico 47, de símbolo Ag, que é um metal branco, muito maleável e dúctil, ótimo condutor da corrente elétrica, muito usado em ligas de moedas, em joalharia e em fotografia 2 BOTÂNICA variedade de laranja 3 *pl.* objetos feitos desse metal; baixela; ~ *da casa* recursos próprios, materiais ou humanos; *língua de* ~ [irón.] pessoa maldizente (Do b. lat. **platta*, de **plattu-*, «prata»)

pratada *n.f.* 1 aquilo que um prato pode conter 2 prato cheio (De *prato*+*-ada*)

pratalhada *n.f.* 1 muitos pratos 2 pratada

pratalhaz *n.m.* 1 prato grande 2 pratada

prataria[1] *n.f.* grande quantidade de pratos (De *prato*+*-aria*)

prataria[2] *n.f.* conjunto de utensílios de prata (De *prata*+*-aria*)

pratarrada *n.f.* ⇒ **pratada** (De *prato*+*-arro*+*-ada*)

pratarraz *n.m.* ⇒ **pratalhaz** (De *prato*+*-arro*+*-az*)

prateação *n.f.* ato ou efeito de pratear (De *pratear*+*-ção*)

prateado *adj.* 1 revestido de prata 2 com banho de prata 3 branco e brilhante como a prata ■ *n.m.* 1 revestimento de prata 2 aquilo que é prateado 3 cor da prata (Part. pass. de *pratear*)

prateador *adj.,n.m.* que ou aquele que prateia (De *pratear*+*-dor*)

prateadura *n.f.* ⇒ **prateação** (De *pratear*+*-dura*)

prateamento *n.m.* ⇒ **prateação** (De *pratear*+*-mento*)

pratear v.tr. 1 revestir com uma camada de prata 2 dar o aspeto ou o brilho da prata a ■ v.pron. tomar a cor ou o brilho da prata (De *prata*+-*ear*)

prateira n.f. lugar ou armário onde se guardam as pratas (De *prata*+-*eira*)

pratejar v.intr. 1 luzir como a prata 2 ter a cor da prata (De *prata*+-*ejar*)

pratel n.m. prato pequeno (Do fr. ant. *platel*, hoje *plateau*, «bandeja»)

prateleira n.f. 1 espécie de estante onde se colocam os pratos 2 cada uma das tábuas horizontais de um guarda-louça, armário ou estante 3 tábua fixa horizontalmente a uma parede para nela se colocarem vários objetos 4 pl. [pop.] seios de mulher quando muito desenvolvidos; *pôr na* ~ pôr de lado; *salto de* ~ salto raso de sapato com rebordo saliente (De *pratel*+-*eira*)

prateleiro n.m. o que trabalha em pratos (De *pratel*+-*eiro*)

pratense adj.2g. que nasce ou cresce nos prados; pratícola (Do lat. *pratense*-, «id.»)

prática n.f. 1 atividade que visa a obtenção de resultados concretos 2 aplicação das regras e dos princípios de uma arte ou ciência 3 maneira concreta de exercer uma arte ou conhecimento; experiência; exercício 4 forma habitual de agir; procedimento; conduta; costume 5 facto de seguir uma regra; observância 6 conjunto de exercícios, orações, etc., que fazem parte de uma religião ou disciplina espiritual 7 breve discurso, feito por um sacerdote, antes ou num intervalo da missa; homilia 8 conversa; palestra 9 licença dada a navegantes para comunicar com a terra; *pôr em* ~ efetuar (Do gr. *praktiké [tékhne]*, «a arte de fazer uma coisa», pelo lat. tard. *practíca*-, «id.»)

praticabilidade n.f. qualidade de praticável (Do lat. *practicabĭle*-, «praticável»+-*i*-+-*dade*)

praticador n.m. aquele que pratica (De *praticar*+-*dor*)

praticagem n.f. ⇒ **pilotagem** (De *praticar*+-*agem*)

praticamente adv. 1 de modo prático 2 segundo a experiência 3 para todos os efeitos 4 quase (De *prático*+-*mente*)

praticante adj.,n.2g. 1 que ou pessoa que pratica ou aprende uma profissão ou arte 2 que ou pessoa que segue a disciplina e as práticas da sua religião (De *praticar*+-*ante*)

praticar v.tr. 1 pôr em prática; pôr em ação; realizar; fazer 2 exercer com regularidade; exercitar; treinar (atividade) 3 usar de um meio ou procedimento 4 aplicar; observar (regra, prescrição) 5 ter relação ou trato com (alguém) 6 fazer as práticas prescritas por (religião ou disciplina) ■ v.intr. 1 procurar adquirir prática; adquirir experiência 2 exercitar-se; treinar 3 conversar (De *prática*+-*ar*)

praticável adj.2g. 1 que se pode pôr em prática; exequível 2 transitável ■ n.m. área retangular limitada própria para exercícios de ginástica e para desportos de combate (Do lat. *practicabĭle*-, «id.»)

prático adj. 1 que exerce profissão liberal, servido por conhecimentos adquiridos pela experiência e não pela formação teórica 2 que pertence ou diz respeito à prática 3 que diz respeito à ação e à obtenção de resultados concretos; pragmático 4 que diz respeito à realidade material 5 que se adapta a situações concretas 6 que tem sentido da realidade 7 que encara as coisas pelo lado positivo 8 (coisas) que está bem adaptado à sua função; funcional; eficaz 9 exequível 10 que tem prática; experiente; versado ■ n.m. NÁUTICA piloto conhecedor de certas paragens marítimas (Do gr. *praktikós*, «que atua», pelo lat. *practĭcu*-, «ativo»)

pratícola adj.2g. 1 relativo à cultura dos prados 2 ⇒ **pratense** (Do lat. *pratu*-, «prado» +*colĕre*, «cultivar»)

praticultor adj.,n.m. que ou aquele que se dedica à praticultura (Do lat. *pratu*-, «prado» +*cultōre*», «cultivador»)

praticultura n.f. cultura dos prados (Do lat. *pratu*-, «prado» +*cultūra*-, «cultura»)

pratilheiro n.m. aquele que toca pratos numa orquestra ou banda (De *pratilho*+-*eiro*)

pratilho n.m. 1 {*diminutivo* de **prato**} prato pequeno 2 prato de banda ou orquestra (Do cast. *platillo*, «id.»)

pratinho n.m. 1 prato pequeno 2 [pop.] coisa curiosa, extravagante ou escandalosa 3 [fig.] assunto; matéria para troça ou riso; ~ *de meio* [fig.] objeto de murmuração, troça ou risota, joguete; *ser um* ~ oferecer espetáculo, ser cómico, ser motivo de motejo (De *prato*+-*inho*)

prato n.m. 1 recipiente individual, geralmente circular e de louça, em que se come 2 conteúdo desse recipiente, que geralmente constitui uma refeição 3 manjar; acepipe 4 peça de vários maquinismos com a forma desse recipiente 5 concha de balança 6 pl. instrumento musical de percussão formado de duas peças circulares de metal sonante; ~ *de resistência* refeição substancial; ~ *ladeiro* prato de bordo largo e pouco fundo; ~ *sopeiro* prato mais fundo que o ladeiro, no qual se serve a sopa; *não quebrar um* ~ não fazer maldades; *pôr em pratos limpos* averiguar a verdade de um facto ou explicá-lo tal qual se deu; *ser um* ~ oferecer espetáculo, ser cómico (Do gr. *platýs*, «chato», pelo lat. vulg. *plattu-, «id.»)

pravidade n.f. maldade; perversidade (Do lat. *pravitāte*-, «id.»)

pravo adj. 1 mau; perverso; malvado 2 injusto (Do lat. *pravu*-, «defeituoso»)

praxar v.tr. [ACAD.] integrar (estudantes do primeiro ano de um curso superior) através de atividades que lhes permitem conhecer o meio académico e novos colegas (De *praxe*+-*ar*)

praxe n.f. 1 aquilo que se pratica habitualmente; costume 2 uso estabelecido; regra 3 execução; realização 4 conjunto de normas de conduta; etiqueta; ~ (*académica*) costumes e convenções usadas por estudantes mais velhos de uma instituição do ensino superior, de forma a permitir a integração dos mais novos no meio académico (Do gr. *práxis*, «ação», pelo lat. *praxe*-, «prática»)

praxeologia /cs/ n.f. ciência geral da atividade humana, que combina os pontos de vista da psicologia, da sociologia, da economia política e da cibernética (Do gr. *práxis*, «ação» +*lógos*, «estudo» +-*ia*)

praxia /cs/ n.f. PSICOLOGIA função que permite a realização de gestos coordenados e eficazes (Do gr. *práxis*, «ação» +-*ia*)

práxico /cs/ adj. 1 que se refere a ação 2 que se ordena para a ação (Do gr. *práxis*, «ação» +-*ico*)

práxis /cs/ n.f.2n. 1 PSICOLOGIA atividade fisiológica e principalmente psíquica, ordenada para um resultado 2 (filosofia marxista) conjunto das atividades que visam a transformação da organização social 3 ⇒ **praxe** (Do gr. *práxis*, «ação»)

praxismo n.m. 1 conjunto de praxes 2 qualidade de praxista (De *praxe*+-*ismo*)

praxista adj.,n.2g. 1 que ou a pessoa que conhece ou segue as praxes 2 pessoa versada nas praxes forenses 3 autor de tratados (De *praxe*+-*ista*)

praxologia /cs/ n.f. ciência da atividade em geral, incluindo o estudo do trabalho (Do gr. *práxis*, «ação» +*lógos*, «estudo» +-*ia*)

prazentear v.tr. adular; lisonjear ■ v.intr. mostrar-se prazenteiro; gracejar (Do lat. *placente*-, «que agrada», part. pres. de *placēre*, «agradar; aprazer» +-*ear*)

prazenteio n.m. 1 ato de prazentear 2 adulação; lisonja (Deriv. regr. de *prazentear*)

prazenteiro adj. 1 que denota prazer; jovial; alegre 2 agradável; simpático 3 insinuante (De *prazente* [= agradável]+-*eiro*)

prazer n.m. 1 estado afetivo agradável; satisfação; contentamento; alegria; deleite 2 gosto; agrado 3 bem-estar 4 divertimento; distração 5 satisfação sexual; gozo; volúpia ■ v.intr. agradar; aprazer; comprazer; *a* ~ *de* à vontade de (Do lat. *placēre*, «agradar»)

prazimento n.m. ⇒ **aprazimento** (De *prazer*+-*i*-+-*mento*)

prazível adj.2g. ⇒ **aprazível** (De *prazer*+-*i*-+-*vel*)

prazo n.m. 1 tempo determinado para a realização de alguma coisa; período 2 termo de certo período 3 emprazamento; aforamento 4 prédio sujeito ao regime enfitêutico; *a* ~ a pagar no futuro, em prestações, a crédito; *curto* ~ ECONOMIA pequeno período de tempo, geralmente inferior a um ano; *longo* ~ ECONOMIA período de tempo alargado, geralmente superior a cinco anos (Do lat. *placĭtu*- [*die*-], «dia aprovado pela autoridade»)

pre- prefixo que exprime a ideia de *anterioridade* (no tempo ou no espaço), *superioridade*, equivalendo a *pré*-, quando não aglutinado (Do lat. *prae*-, «id.»)

pré n.m. MILITAR quantia que outrora um soldado recebia diariamente; salário de soldado (Do fr. *prêt*, «id.»)

pré- prefixo que exprime a ideia de *anterioridade* (no tempo ou no espaço), *superioridade*, e se liga ao elemento seguinte por meio de hífen (Do lat. *prae*-, «id.»)

pré-abdome n.m. ZOOLOGIA ⇒ **pré-abdómen**

pré-abdómen n.m. ZOOLOGIA região do corpo dos aracnídeos, especialmente dos escorpiões, compreendida entre o tórax e o pós-abdómen (De *pré*-+*abdómen*)

pré-adamismo n.m. 1 RELIGIÃO doutrina segundo a qual Adão não foi o primeiro homem da Criação, mas apenas o antepassado dos Judeus 2 RELIGIÃO crença na existência do pré-adamita

pré-adamita adj.2g. anterior a Adão ■ n.m. designação do homem que, segundo alguns, teria existido antes de Adão

pré-adivinhar v.tr. 1 conhecer antecipadamente 2 prever (De *pre*-+*adivinhar*)

preado *adj.* 1 agarrado; preso 2 [regionalismo] hidrófobo (Part. pass. de *prear*)
pré-agónico *adj.* que precede a agonia ou a morte
prealegar *v.tr.* alegar previamente (De *pre-+alegar*)
preamar *n.f.* [Brasil] ⇒ **preia-mar** (De *preia-mar*)
preambular *adj.2g.* 1 que pertence ou diz respeito a preâmbulo 2 em forma de preâmbulo ▪ *v.tr.* fazer o preâmbulo de; prefaciar (De *preâmbulo+-ar*)
preâmbulo *n.m.* 1 ⇒ **prefácio** 1 2 relatório que precede uma lei ou um decreto 3 *pl.* palavras ditas para não se ir diretamente ao assunto; rodeios (Do lat. *praeambŭlu-*, «o que caminha na frente»)
pré-antepenúltimo *adj.* que precede o antepenúltimo
preanunciação *n.f.* ato de preanunciar (De *pre-+anunciar+-ção*)
preanunciador *adj.,n.m.* que ou aquele que preanuncia (De *preanunciar+-dor*)
preanunciar *v.tr.* anunciar com antecedência; prenunciar (De *pre-+anunciar*)
prear *v.tr.* 1 aprisionar; prender 2 agarrar 3 tomar; apossar-se de; conquistar ▪ *v.intr.* fazer presa ▪ *v.pron.* irritar-se; zangar-se (Do lat. vulg. **praedāre*, por *praedāri*, «fazer presas»)
pré-aviso *n.m.* 1 aviso prévio 2 documento que deve anteceder a prática da greve 3 modalidade de depósito bancário, em que o depositante pode fazer o depósito com aviso prévio por um tempo convencionado 4 sinal de orientação da circulação rodoviária, colocado antes de um cruzamento ou bifurcação, que contém informação antecipada sobre os destinos dos vários ramos da rodovia
prebenda *n.f.* 1 nome genérico dado a todos os benefícios eclesiásticos de ordem superior 2 rendimento pertencente a um canonicato 3 qualquer benefício eclesiástico 4 [fig.] emprego rendoso e de pouco trabalho; sinecura (Do lat. *praebenda-*, «id.»)
prebendado *adj.* 1 que tem prebenda 2 que goza de prebenda (Part. pass. de *prebendar*)
prebendar *v.tr.* conferir prebenda a (De *prebenda+-ar*)
prebendário *n.m.* o que possui prebenda; prebendado; prebendeiro (De *prebenda+-ário*)
prebendeiro *n.m.* ⇒ **prebendário** (De *prebenda+-eiro*)
prebostado *n.m.* cargo de preboste (De *preboste+-ado*)
prebostal *adj.2g.* do preboste ou a ele referente (De *preboste+-al*)
preboste *n.m.* chefe do serviço de polícia militar nas grandes unidades, onde tem várias funções (Do cat. *prebost*, «id.», pelo cast. *preboste*, «id.»)
precação *n.f.* rogação; súplica; prece; deprecação (Do lat. *precatiōne-*, «id.»)
Pré-Câmbrico *n.m.* GEOLOGIA conjunto de terrenos ou tempos anteriores ao Câmbrico
pré-campanha *n.f.* POLÍTICA período que antecede uma campanha eleitoral
precantar *v.tr.* vaticinar em verso (Do lat. *praecantāre*, «profetizar; predizer»)
Pré-Cão *n.m.* ASTRONOMIA [ant.] constelação boreal de que faz parte a estrela Prócion, de grandeza aparente 0,48, também denominada Cão Menor
precariamente *adv.* 1 pobremente 2 limitadamente 3 com dificuldade (De *precário+-mente*)
precariedade *n.f.* qualidade do que é precário (De *precário+-idade*)
precário *adj.* 1 que não é estável; que não é seguro; incerto 2 sujeito a contingências, a eventualidades; contingente 3 delicado; frágil 4 escasso 5 pouco rendoso 6 difícil; minguado; pobre; *conceder alguma coisa a título* ~ conceder alguma coisa com direito a reavê-la sem indemnização (Do lat. *precarĭu-*, «concedido a pedido»)
preçário *n.m.* 1 relação de preços 2 regulamento de preços aprovado oficialmente (De *preço+-ário*)
precatado *adj.* 1 que procede com cautela; prudente 2 precavido; feito com precaução (Part. pass. de *precatar*)
precatar *v.tr.* pôr de precaução; acautelar; prevenir ▪ *v.pron.* acautelar-se; prevenir-se (Do lat. *prae*, «de antemão» +*captu-*, «tomado», part. pass. de *capĕre*, «tomar; agarrar; apanhar» +*-ar*)
precatória *n.f.* DIREITO carta em que um juiz pede a outro, de uma circunscrição diferente, que o esclareça ou mande cumprir certas diligências judiciais (citação, inquirição de testemunhas, etc.) (De *precatório*)
precatório *adj.* 1 que pede algo 2 DIREITO que contém pedido; rogatório ▪ *n.m.* documento em que se solicita ou pede algo; *carta precatória* DIREITO carta em que um juiz pede a outro, de uma circunscrição diferente, que o esclareça ou mande cumprir certas diligências judiciais (citação, inquirição de testemunhas, etc.) (Do lat. *precatorĭu-*, «que encerra um pedido»)
precaução *n.f.* 1 medida tomada para evitar ou atenuar um mal ou algo que se receia; prevenção 2 cautela antecipada; prudência 3 circunspeção (Do lat. *praecautiōne-*, «id.»)
precaucional *adj.2g.* que implica ou encerra precaução; preventivo (Do lat. *praecautiōne-*, «precaução» +-*al*)
precaucionar-se *v.pron.* tomar precauções; precaver-se; acautelar-se (Do lat. *praecautiōne-*, «precaução» +-*ar*)
precautelar *v.tr.,pron.* ⇒ **precaver** (De *pre-+cautela+-ar*)
precautório *adj.* que implica ou encerra precaução; precaucional (Do lat. *praecautu-*, «com precaução» +-*ório*)
precaver *v.tr.* prevenir ▪ *v.pron.* 1 estar de sobreaviso 2 acautelar-se (Do lat. *praecavēre*, «acautelar-se; evitar»)
precavido *adj.* 1 acautelado; prevenido 2 prudente (Part. pass. de *precaver*)
prece *n.f.* 1 RELIGIÃO invocação a Deus ou aos santos; oração 2 pedido insistente; rogo; súplica 3 pedido respeitoso 4 *pl.* RELIGIÃO orações que se dirigem a Deus por ocasião de alguma calamidade pública (Do lat. *prece-*, «pedido»)
precedência *n.f.* 1 qualidade ou estado do que é precedente 2 preferência; primazia 3 direito de preceder (Do lat. *praecedentĭa-*, «coisas precedentes», part. pres. neut. pl. de *praecedĕre*, «preceder», à frente»)
precedente *adj.2g.* que está imediatamente antes; antecedente ▪ *n.m.* procedimento ou circunstância anteriores que permitem explicar ou autorizar acontecimentos ou circunstâncias análogas; *sem precedentes* nunca visto (Do lat. *praecedente-*, «que precede», part. pass. de *praecedĕre*, «preceder»)
precedentemente *adv.* antes (De *precedente+-mente*)
preceder *v.tr.* 1 ir ou estar colocado imediatamente antes de 2 ir ou estar adiante de; anteceder ▪ *v.intr.* adiantar-se; antecipar-se (Do lat. *praecedĕre*, «id.»)
preceito *n.m.* 1 regra considerada como norma de procedimento ou de conduta numa determinada área; princípio; prescrição; ditame; determinação 2 mandamento religioso 3 ensinamento; doutrina 4 dever; *a* ~ como deve ser, rigorosamente (Do lat. *praeceptu-*, «preceito», part. pass. de *praecipĕre*, «prescrever; ordenar»)
preceituação *n.f.* ato de preceituar (De *preceituar+-ção*)
preceituador *adj.,n.m.* que ou aquele que preceitua (De *preceituar+-dor*)
preceituar *v.tr.* estabelecer como preceito; prescrever ▪ *v.intr.* marcar a norma; prescrever regras; dar instruções (De *preceito+-ar*)
preceituário *n.m.* coleção de preceitos ou regras (De *preceito+-ário*)
preceituoso /ô/ *adj.* 1 que tem forma de preceito 2 sentencioso (De *preceito+-oso*)
preceptivamente a grafia mais usada é **precetivamente**
preceptivo a grafia mais usada é **precetivo**
preceptor a grafia mais usada é **precetor**
preceptorado a grafia mais usada é **precetorado**
preceptoral a grafia mais usada é **precetoral**
preceptoria a grafia mais usada é **precetoria**
preceptorial a grafia mais usada é **precetorial**
precessão *n.f.* 1 ato ou efeito de preceder 2 precedência 3 efeito observado num corpo que executa um movimento de rotação em torno de um eixo, quando se lhe aplica um binário, de tal modo que tende a modificar a direção do eixo de rotação; ~ *dos equinócios* GEOGRAFIA movimento retrógrado dos pontos equinociais (50,2'' por ano), derivado do movimento cónico do eixo de rotação da Terra, em sentido retrógrado (Do lat. tard. *praecessiōne-*, «id.»)
precetivamente *adv.* 1 à maneira de preceito 2 como quem manda (De *precetivo+-mente*) ACORDO ORTOGRÁFICO também se pode escrever preceptivamente
precetivo *adj.* que contém preceito (Do lat. *praeceptīvu-*, «didático») ACORDO ORTOGRÁFICO também se pode escrever preceptivo
precetor *adj.,n.m.* 1 que ou aquele que dá preceitos; mestre; mentor 2 aio (Do lat. *praeceptōre-*, «mestre») ACORDO ORTOGRÁFICO também se pode escrever preceptor
precetorado *n.m.* 1 influência; orientação 2 direção pedagógica (Do lat. *praeceptōre-*, «mestre» +-*ado*) ACORDO ORTOGRÁFICO também se pode escrever preceptorado
precetoral *adj.2g.* 1 referente a precetor 2 próprio de precetor (De *precetor+-al*) ACORDO ORTOGRÁFICO também se pode escrever preceptoral
precetoria *n.f.* 1 qualidade de mestre ou de comendador de uma ordem militar 2 prebenda conferida a magistrados ou lentes (De

preceptor+-ia) ACORDO ORTOGRÁFICO também se pode escrever **preceptoria**

precetorial *adj.2g.* referente a precetoria (De *preceptoria+-al*) ACORDO ORTOGRÁFICO também se pode escrever **preceptorial**

pré-científico *adj.* anterior ao aparecimento da ciência

precinção *n.f.* espaço que, nos anfiteatros da Roma antiga, separava as filas dos espectadores (Do lat. *praecinctiōne-*, «circuito»)

precingir *v.tr.* 1 cingir com cinta 2 cercar; encerrar; estreitar (Do lat. *praecingĕre*, «cingir»)

precinta *n.f.* 1 cinta ou atadura que serve para cingir ou atar alguma coisa 2 NÁUTICA tira de lona com que se forram os cabos do navio (Do lat. *praecincta-*, part. pass. fem. de *praecingĕre*, «cingir; rodear; cercar»)

precintar *v.tr.* 1 cingir com precinta 2 forrar (cabos) (De *precinta+-ar*)

precinto *n.m.* 1 recinto 2 circuito 3 ⇒ **precinta** (Do lat. *praecinctu-*, part. pass. de *praecingĕre*, «cingir; rodear; cercar»)

preciosa *n.f.* designação dada, em França, na primeira metade do século XVII, às mulheres que afetavam exagerada elegância nos sentimentos, nas maneiras e na linguagem 2 mulher elegante (Do lat. *pretiōsa-*, «id.»)

preciosamente *adv.* 1 de modo precioso 2 cuidadosamente 3 com preciosismo (De *precioso+-mente*)

preciosidade *n.f.* 1 qualidade do que é precioso 2 coisa preciosa 3 objeto de grande estima (Do lat. *pretiositāte-*, «id.»)

preciosismo *n.m.* 1 afetação requintada no falar e no escrever, à maneira do que se usou, em França, no século XVII 2 forma francesa do que na Península Ibérica se chamou gongorismo 3 delicadeza ou subtileza de estilo 4 [pej.] exagero (De *precioso+-ismo*)

precioso /ô/ *adj.* 1 de grande preço ou valor 2 a que se dá grande apreço ou valor 3 de grande importância 4 rico; magnífico; sumptuoso 5 utilíssimo 6 afetado; amaneirado (Do lat. *pretiōsu-*, «id.»)

precipício *n.m.* 1 passagem profunda e escarpada; abismo; despenhadeiro 2 lugar de onde se pode precipitar alguém 3 [fig.] desgraça; ruína; perdição (Do lat. *praecipitĭu-*, «id.»)

precipitação *n.f.* 1 ato ou efeito de (se) precipitar 2 descida rápida; queda 3 formação de um precipitado 4 pressa demasiada; atabalhoamento 5 ato impensado; irreflexão 6 METEOROLOGIA queda de água sob qualquer forma, da atmosfera para a superfície terrestre, que inclui chuva, neve, granizo e saraiva 7 queda de partículas e de poeiras radioativas após uma explosão nuclear; *rochas de ~* PETROLOGIA rochas sedimentares formadas por acumulação de material no fundo das águas (Do lat. *praecipitatiōne-*, «id.»)

precipitadamente *adv.* 1 com precipitação 2 imprudentemente 3 apressadamente (De *precipitado+-mente*)

precipitado *adj.* 1 feito com precipitação, à pressa 2 que procede impensadamente; irrefletido; imprudente 3 arrebatado ■ *n.m.* 1 o que faz as coisas irrefletidamente 2 QUÍMICA substância que se separou do líquido em que estava suspensa ou dissolvida, e se depositou, como sedimento, no fundo do recipiente 3 QUÍMICA substância pouco solúvel que se forma no seio de uma solução em consequência de uma reação química (Do lat. *praecipitātu-*, «id.», part. pass. de *praecipitāre*, «precipitar»)

precipitante *n.m.* QUÍMICA reagente que provoca precipitação ■ *adj.2g.* que provoca precipitação (Do lat. *praecipitante-*, «id.», part. pres. de *praecipitāre*, «precipitar»)

precipitar *v.tr.* 1 atirar ao precipício; despenhar; arrojar de alto 2 provocar a precipitação de 3 derrubar 4 empurrar com violência 5 [fig.] lançar em desgraça 6 fazer andar mais depressa; apressar; acelerar; ativar (situação, acontecimento) ■ *v.intr.* QUÍMICA formar precipitado ■ *v.pron.* 1 arrojar-se; despenhar-se 2 QUÍMICA depositar-se no fundo 3 lançar-se bruscamente; correr para 4 proceder impensadamente 5 (acontecimento) acelerar-se (Do lat. *praecipitāre*, «id.»)

precípite *adj.2g.* 1 que está em risco de precipitar-se 2 apressado 3 veloz (Do lat. *praecipĭte-*, «id.»)

precipitina *n.f.* MEDICINA anticorpo suscetível de dar um precipitado visível com o antigénio correspondente

precipitoso /ô/ *adj.* 1 que tem precipícios; barrancoso 2 que está em risco de precipitar-se 3 [fig.] impetuoso; arrojado; imprudente; temerário (De *precípite+-oso*)

precípuo *adj.* 1 principal 2 essencial ■ *n.m.* 1 vantagem que o testador ou a lei dá a um dos herdeiros 2 parcela de bens que se pode tirar da terça para um dos co-herdeiros, antes da divisão por todos (Do lat. *praecipŭu-*, «id.»)

precisamente *adv.* 1 com precisão 2 rigorosamente; *~!* exclamação que exprime assentimento ou concordância total (De *preciso+-mente*)

precisão *n.f.* 1 qualidade daquilo que é preciso, exato; exatidão 2 concisão 3 pontualidade 4 regularidade 5 reprodutibilidade dos valores obtidos em medições sucessivas da mesma grandeza 6 carência de alguma coisa necessária ou útil; necessidade; *instrumento de ~* instrumento muito exato para operações científicas (Do lat. *praecisiōne-*, «golpe»)

precisar *v.tr.* 1 calcular ou indicar de modo preciso; determinar; explicitar; particularizar 2 ter necessidade de; necessitar de; carecer de ■ *v.intr.* ser pobre (De *preciso+-ar*)

preciso *adj.* 1 que não deixa lugar para dúvidas; definido; claro 2 detalhado; explícito 3 que é percebido com nitidez 4 executado de maneira segura; rigoroso 5 determinado com exatidão; certo; exato 6 resumido; conciso 7 necessário 8 igual a outro valor medido para a mesma grandeza (Do lat. *praecisu-*, «cortado na extremidade»)

precito *adj.,n.m.* réprobo; condenado; maldito (Do lat. *praescītu-*, «conhecido antecipadamente», part. pass. de *praescīre*, «saber antes»)

preclaridade *n.f.* qualidade de preclaro; fama (Do lat. *praeclaritāte*, «id.»)

preclaro *adj.* 1 famoso; ilustre; ínclito 2 belo (Do lat. *praeclaru-*, «ilustre»)

pré-clássico *adj.* anterior ao classicismo ou aos clássicos

preclusão *n.f.* 1 GRAMÁTICA contacto prévio de dois órgãos para a produção de um fonema explosivo 2 DIREITO perda de um direito processual por não ter sido exercido no prazo devido, ou ter sido extinto ou exercido o número de vezes previsto na lei (Do lat. *praeclusiōne-*, «interceção»)

preço /ê/ *n.m.* 1 valor, em dinheiro, de um objeto, de um bem ou de um serviço; custo 2 [fig.] o que é necessário dar ou sacrificar para obter algo; contrapartida; prémio 3 [fig.] consideração; merecimento; valia 4 [fig.] estima; apreço; *~ de fábrica* valor de um produto quando vendido diretamente ao público, sem intermediários; *~ fixo* valor predeterminado, não sujeito a variação; *ao ~ da chuva* muito barato; *a qualquer ~* custe o que custar; *não ter ~* ser muito valioso (afetiva ou moralmente); *ter em (alto) ~* estimar, apreciar; *ter um ~* deixar-se comprar ou subornar (Do lat. *pretĭu-*, «id.»)

precoce *adj.2g.* 1 que amadureceu antes do tempo próprio; temporão 2 que surge antes do tempo habitual; prematuro 3 que se realiza antes do tempo considerado normal 4 cujo desenvolvimento intelectual é muito rápido ■ *adv.* prematuramente (Do lat. *praecŏce-*, «id.»)

precocemente *adv.* 1 prematuramente 2 antecipadamente; com antecipação (De *precoce+-mente*)

precocidade *n.f.* qualidade de precoce (De *precoce+-i-+-dade*)

precogitar *v.tr.* premeditar (Do lat. *praecogitāre*, «premeditar»)

precognição *n.f.* conhecimento antecipado; presciência (Do lat. *praecognitiōne-*, «id.»)

precógnito *adj.* 1 previamente conhecido 2 previsto (Do lat. *praecognĭtu-*, «id.»)

pré-colombiano *adj.* 1 anterior a Cristóvão Colombo, navegador italiano (1451-1506), ou aos seus descobrimentos 2 diz-se dos povos que habitavam a América Central e do Sul antes da chegada de Colombo, e das respetivas civilizações

preconceber *v.tr.* 1 conceber de antemão 2 idear ou supor com antecipação (De *pre-+conceber*)

preconcebido *adj.* 1 concebido antecipadamente 2 [pej.] elaborado sem fundamento sério (Part. pass. de *preconceber*)

preconceção *n.f.* conceção antecipada (De *pre-+conceção*)

preconceito *n.m.* 1 opinião (favorável ou desfavorável) formada antecipadamente, sem fundamento sério ou análise crítica 2 julgamento desfavorável formado sem razão objetiva 3 sentimento hostil motivado por hábitos de julgamento ou generalizações apressadas; intolerância (De *pre-+conceito*)

preconceituoso *adj.* que manifesta preconceito em relação a alguma coisa ou alguém (De *preconceito+-oso*)

preconcepção ver nova grafia **preconceção**

preconização *n.f.* 1 ato ou efeito de preconizar 2 RELIGIÃO declaração em consistório pontifício de que certo eclesiástico está apto para um bispado ou outro benefício (De *preconizar+-ção*)

preconizador *adj.,n.m.* 1 que ou pessoa que aconselha algo com entusiasmo 2 que ou pessoa que louva ou elogia (De *preconizar+-dor*)

preconizar *v.tr.* 1 recomendar com insistência; aconselhar 2 ser apoiante de; defender; propor 3 elogiar; louvar 4 RELIGIÃO fazer a preconização de (Do lat. ecl. *praeconizāre*, «anunciar a escolha de cardeais, bispos ou padres»)

pré-consciente *n.m.* PSICOLOGIA em Freud, médico psicanalista austríaco (1856-1939), conjunto dos processos psíquicos latentes que se podem tornar conscientes em qualquer momento

precordal *adj.2g.* que se situa à frente da corda dorsal, ou que se origina antes deste órgão (De *pre-*+*corda*+*-al*)

precordial *adj.2g.* que fica à frente do coração (De *pré-*+*cordial*)

pré-cozinhar *v.tr.* CULINÁRIA cozinhar ou preparar previamente (um alimento) (De *pré-*+*cozinhar*)

precursão *n.f.* **1** qualidade de precursor ou iniciador **2** antecedência (Do lat. *praecursiōne-*, «precedência»)

precursor *adj.* **1** que vai adiante **2** que anuncia com antecipação; anunciador ▪ *n.m.* **1** aquele que anuncia **2** coisa que precede imediatamente outra, fazendo prever o seu advento **3** indivíduo que influencia outros no plano intelectual, tecnológico, literário ou artístico (Do lat. *praecursōre-*, «o que vai à frente»)

predação *n.f.* BIOLOGIA tipo de interação entre seres vivos em que um (predador) se alimenta do outro (presa) (Do latim *praedatiōne-*, «pilhagem, rapina»)

predador *adj.* **1** que ou animal que ataca outro (presa) para se alimentar dele **2** [fig.] que ou pessoa que explora outra(s) de forma implacável **3** [fig.] que ou pessoa que destrói o ambiente em que atua ▪ *n.m.* (Do lat. *praedatōre-*, «ladrão»)

pré-datado *adj.* diz-se do cheque a vencer numa data futura

pré-datar *v.tr.* datar previamente

predatório *adj.* **1** relativo a predador **2** que diz respeito a roubos, particularmente aos de pirataria (Do lat. *praedatoriŭ-*, «próprio de ladrão»)

predecessor *n.m.* pessoa que precedeu alguém numa função; antecessor (Do lat. *praedecessōre-*, «id.»)

predefinição *n.f.* **1** ato ou efeito de predefinir **2** predeterminação **3** predestinação; prognóstico (De *pre-*+*definição*)

predefinir *v.tr.* **1** definir ou determinar antecipadamente; predeterminar **2** predestinar; prognosticar (De *pre-*+*definir*)

predestinação *n.f.* **1** determinação antecipada do que há de suceder; fatalidade **2** RELIGIÃO ato pelo qual Deus conduz os justos para o seu fim sobrenatural, ou seja, para a salvação (Do lat. *praedestinatiōne-*, «id.»)

predestinacionismo *n.m.* **1** RELIGIÃO doutrina segundo a qual o homem nada pode fazer pela salvação da sua alma, porque Deus teria antecipadamente traçado o seu destino **2** RELIGIÃO teoria da graça (Do lat. *praedestinatiōne-*, «predestinação»+*-ismo*)

predestinacionista *n.2g.* pessoa sectária do predestinacionismo (Do lat. *praedestinatiōne-*, «predestinação»+*-ista*)

predestinado *adj.* **1** destinado a realizações grandes ou especiais **2** reservado para **3** RELIGIÃO destinado por Deus a bem-aventurança celeste ou à realização de grandes coisas (Do lat. *praedestinātŭ-*, «id.»)

predestinar *v.tr.* **1** destinar antes **2** RELIGIÃO destinar, desde toda a eternidade, à salvação ou à condenação (Do lat. *praedestināre*, «id.»)

predeterminação *n.f.* **1** ato ou efeito de predeterminar **2** RELIGIÃO ação pela qual Deus determina a vontade humana, sem coartar a liberdade de ação (Do lat. ecl. *praedeterminatiōne-*, «id.»)

predeterminante *adj.2g.* que causa a predeterminação (Do lat. ecl. *praedeterminante-*, «id.»)

predeterminar *v.tr.* **1** mover e determinar (a vontade do homem) sem lhe constranger a liberdade de ação e de meios **2** determinar com antecedência (Do lat. ecl. *praedetermināre*, «id.»)

predial *adj.2g.* relativo a prédios; **contribuição ~** imposto que se aplica sobre o rendimento de prédios rústicos ou urbanos; **imposto ~** tributo que o proprietário paga ao Estado, proporcionalmente ao valor do prédio; **registo ~** repartição onde estão inscritos os prédios, para efeito de impostos (De *prédio*+*-al*)

prédica *n.f.* **1** prática; sermão **2** discurso (Deriv. regr. de *predicar*)

predicação *n.f.* **1** ato ou efeito de predicar **2** discurso religioso ou doutrinário; prédica; sermão **3** LINGUÍSTICA atribuição de uma propriedade a uma entidade ou estabelecimento de uma relação entre entidades, através de uma forma verbal (por exemplo, na frase *A Maria é inteligente.*, atribui-se à Maria a propriedade de «ser inteligente») **4** FILOSOFIA ato de afirmar ou negar um predicado de um sujeito (Do lat. *praedicatiōne-*, «proclamação»)

predicado *n.m.* **1** característica inerente a um ser; atributo; qualidade **2** qualidade positiva; virtude; mérito **3** segundo a gramática tradicional, elemento da oração que declara algo sobre outro (o sujeito) **4** LINGUÍSTICA função sintática desempenhada por um grupo verbal, isto é, verbo ou complexo verbal, ou verbo e os seus complementos e/ou modificadores **5** LÓGICA termo ou conjunto de termos de um juízo referidos, de modo afirmativo ou negativo, em relação a um sujeito (Do lat. *praedicātu-*, «proclamado», part. pass. de *praedicāre*, «proclamar; elogiar»)

predicador *adj.,n.m.* **1** que ou aquele que predica; predicante **2** LINGUÍSTICA que ou palavra que atribui propriedades ou estabelece um relação entre entidades referidas na frase (Do lat. *praedicatōre-*, «pregoeiro»)

predical *adj.2g.* que diz respeito à prédica ou sermão (De *prédica*+*-al*)

predicamental *adj.2g.* que diz respeito a predicamento (Do lat. *praedicamentu-*, «predicamento»+*-al*)

predicamentar *v.tr.* graduar com predicamento; classificar (De *predicamento*+*-ar*)

predicamento *n.m.* categoria; classe; graduação; dignidade (Do lat. *praedicamentu-*, «enunciação»)

predicante *adj.2g.* **1** que ou aquele que predica; predicador **2** diz-se de qualquer ministro protestante ▪ *n.2g.* **1** aquele que predica; predicador **2** indivíduo que difunde uma doutrina pela palavra falada (Do lat. *praedicante-*, «que proclama», part. pres. de *praedicāre*, «proclamar; elogiar»)

predição *n.f.* **1** ato ou efeito de predizer **2** coisa predita; vaticínio; prognóstico; profecia **3** operação pela qual é calculada a posição futura de um alvo móvel ao fim de certo tempo, com base na posição atual do mesmo (Do lat. *praedictiōne-*, «id.»)

predicar *v.tr.* **1** aconselhar através de prédica; pregar **2** LINGUÍSTICA atribuir uma propriedade (a uma entidade) (Do lat. *praedicāre*, «proclamar»)

predicativo *adj.* **1** relativo ao predicado **2** GRAMÁTICA diz-se do verbo que estabelece a ligação entre o sujeito e o predicativo do sujeito; copulativo ▪ *adj.,n.m.* GRAMÁTICA que ou constituinte que é selecionado por um verbo copulativo ou transitivo-predicativo, e que atribui características ao sujeito (predicativo do sujeito) ou ao complemento direto (predicativo do complemento direto); **juízo ~** LÓGICA juízo que afirma ou nega um predicado do sujeito (Do lat. *praedicatīvu-*, «enunciativo»)

predicatório *adj.* que elogia; encomiástico; lisonjeiro (Do lat. *praedicatoriŭ-*, «id.»)

predicável *adj.2g.* que se pode provar ou aconselhar (Do lat. *praedicabĭle*, «digno de louvor»)

predileção *n.f.* **1** preferência de gosto ou amizade por alguma coisa ou pessoa **2** afeto ou paixão extremosa (Do fr. *prédilection*, «id.»)

predilecção ver nova grafia **predileção**

predilecto ver nova grafia **predileto**

predileto *adj.* **1** preferido ou amado em extremo ▪ *n.m.* aquele que é estimado ou querido com preferência (Do lat. *prae-*, «antes» +*dilectu*, «querido; estimado», part. pass. de *diligĕre*, «estimar; gostar de»)

pré-diluviano *adj.* anterior ao dilúvio; antediluviano

prédio *n.m.* **1** porção delimitada de solo com as construções que nele existirem **2** propriedade rústica ou urbana; imóvel **3** herdade; fazenda; campo **4** edifício destinado a habitação; casa **5** edifício de vários andares; **~ rústico** prédio que se destina a fins agrícolas; **~ urbano** prédio destinado à moradia, não afeto à agricultura (Do lat. *praedĭu-*, «propriedade»)

predisponente *adj.2g.* **1** que predispõe **2** que dispõe gradualmente o organismo para determinado fim (Do lat. *prae-*, «antes» +*disponente-*, «que dispõe», part. pres. de *disponĕre*, «dispor»)

predispor *v.tr.* **1** dispor antecipadamente **2** preparar para receber uma impressão qualquer ▪ *v.pron.* preparar-se com antecedência (De *pre-*+*dispor*)

predisposição *n.f.* **1** disposição ou tendência natural **2** vocação **3** MEDICINA aptidão do organismo para contrair certas doenças (De *pre-*+*disposição*)

predisposto /ô/ *adj.* **1** que apresenta predisposição **2** preparado de antemão (Do lat. *praedisposĭtu-*, «predisposto»)

preditor *n.m.* MILITAR instrumento que fornece a uma boca de fogo os elementos relativos à posição de um alvo móvel (Do lat. *praedictōre*, «que prediz; que informa antecipadamente»)

predizer *v.tr.* **1** dizer ou anunciar com antecedência o que vai acontecer; vaticinar; prognosticar **2** anunciar por indícios; profetizar **3** conjeturar (Do lat. *praedicĕre*, «predizer; proclamar»)

predominação *n.f.* **1** ato ou efeito de predominar **2** preponderância; predomínio **3** influência (De *predominar*+*-ção*)

predominador *adj.,n.m.* que ou o que predomina (De *predominar*+*-dor*)

predominância *n.f.* **1** qualidade de predominante **2** predomínio (Do lat. *praedominantĭa*, «id.», part. pres. neut. pl. subst. de *praedomināre*, «predominar»)

predominante *adj.2g.* 1 que exerce predomínio 2 preponderante 3 GRAMÁTICA diz-se do acento tónico principal de uma palavra (Do lat. *praedominante-*, «que predomina», part. pres. de *praedomināre*, «predominar»)

predominantemente *adv.* 1 com predomínio 2 com preponderância (De *predominante+-mente*)

predominar *v.intr.* 1 exercer predomínio, poder ou ascendência; ser superior 2 ser em maior quantidade ou intensidade; prevalecer; preponderar 3 exceder em qualidade ou quantidade (Do lat. med. *praedomināre*, «id.»)

predomínio *n.m.* 1 domínio principal; preponderância 2 superioridade 3 ascendente; influência (Do lat. med. *praedominĭu-*, «id.»)

pré-eleitoral *adj.2g.* que antecede eleições

preeminência *n.f.* 1 qualidade de quem ou daquilo que é superior em hierarquia ou categoria; supremacia; primazia; preponderância 2 grandeza; importância; distinção 3 hegemonia (Do lat. tard. *praeeminentĭa*, part. pres. neut. pl. subst. de *praeeminēre*, «erguer-se acima de; exceder»)

preeminente *adj.2g.* 1 que tem preeminência 2 que ocupa lugar ou posição mais elevada 3 superior 4 distinto; nobre (Do lat. *praeeminente-*, «id.», part. pres. de *praeeminēre*, «erguer-se acima de; exceder»)

preempção *n.f.* 1 compra antecipada 2 direito de comprar antes de outrem (Do lat. *prae-*, «antes» *+emptiōne-*, «compra»)

preencher *v.tr.* 1 encher completamente; atestar; completar 2 ocupar (um espaço vazio) 3 ocupar (um espaço de tempo) 4 desempenhar (cargo); exercer 5 cumprir cabalmente 6 satisfazer plenamente 7 completar (um documento ou formulário) com as informações em falta (De *pre-+encher*)

preenchimento *n.m.* ato ou efeito de preencher (De *preencher+-i-+-mento*)

preensão *n.f.* ato de agarrar, apanhar ou segurar (Do lat. *prehensiōne-*, «direito de prender alguém»)

preênsil *adj.2g.* 1 que prende ou se prende 2 diz-se dos órgãos, como certos membros, apêndices, a cauda, etc., que podem realizar preensão (Do lat. *prehensu-*, «preso» *+-il*, ou do fr. *préhensile-*, «id.»)

pré-época *n.f.* DESPORTO período que precede um campeonato, e em que este é preparado

pré-escola *n.f.* 1 ⇒ **pré-escolar** *n.m.* 2 ⇒ **jardim de infância**

pré-escolar *adj.2g.* que precede o período escolar ■ *n.m.* período da educação das crianças antes da sua entrada no ensino obrigatório (geralmente entre os três e os seis anos de idade)

pré-esforçado *adj.* ENGENHARIA diz-se do aço ou de qualquer estrutura que foi sujeita a pré-esforço para melhorar a sua resistência ■ *n.m.* ENGENHARIA estrutura já submetida a pré-esforço (Part. pass. de *pré-esforçar*)

pré-esforçar *v.tr.* ENGENHARIA submeter (uma estrutura de cimento armado) a pré-esforço para melhorar a sua capacidade de resistência; protender (De *pré-+esforçar*)

pré-esforço *n.m.* ENGENHARIA solicitação que se aplica a uma estrutura com o fim de melhorar a sua capacidade de resistência

preestabelecer *v.tr.* 1 estabelecer previamente 2 ordenar de antemão 3 predispor (De *pre-+estabelecer*)

pré-estreia *n.f.* apresentação de um produto ou de um espetáculo a um público restrito, que precede a apresentação ao público em geral; antestreia

preexcelência *n.f.* 1 qualidade de preexcelente 2 superioridade (De *pre-+excelência*)

preexcelente *adj.2g.* 1 magnífico 2 superior a tudo (De *pre-+excelente*)

preexcelso *adj.* muito elevado; sublime (De *pre-+excelso*)

preexistência *n.f.* 1 qualidade do que é preexistente 2 prioridade de existência 3 existência anterior (De *pre-+existência*)

preexistencialismo *n.m.* doutrina teológica e filosófica segundo a qual as almas teriam sido criadas antes de serem infundidas nos corpos (De *pré-+existencialismo*)

preexistente *adj.2g.* que já existia (Do lat. ecl. *praeexistente-*, «id.»)

preexistir *v.tr.,intr.* existir anteriormente a (outro); existir em época anterior (a) (Do lat. ecl. *praeexistĕre*, «id.»)

pré-fabricação *n.f.* 1 ato de pré-fabricar 2 fabrico prévio (De *pré-fabricar+-ção*)

pré-fabricado *adj.,n.m.* 1 que ou edifício que é constituído por peças ou partes previamente construídas e prontas para serem montadas 2 que ou objeto/material que foi previamente construído para ser aplicado na sua posição numa estrutura ou num edifício

pré-fabricar *v.tr.* 1 construir com elementos pré-fabricados 2 fabricar elementos pré-fabricados para aplicar em construção ulterior

prefação *n.f.* 1 ato de falar antecipadamente 2 o que se diz antes 3 ⇒ **prefácio** 1 (Do lat. *praefatiōne-*, «id.»)

prefaciador *n.m.* aquele que prefacia (De *prefaciar+-dor*)

prefaciar *v.tr.* 1 fazer o prefácio de 2 servir de introdução a 3 preparar para fazer ou dizer alguma coisa (De *prefácio+-ar*)

prefácio *n.m.* 1 texto preliminar no princípio de uma obra, escrito pelo autor (para explicar as motivações da escrita, a forma como o texto está organizado, etc.,) ou por outrem, que geralmente faz uma apreciação da obra; introdução; preâmbulo; prefação 2 parte da missa católica anterior ao cânone (Do lat. *praefatĭo*, (nominativo), «prefácio; preâmbulo»)

prefeito *n.m.* 1 chefe de uma prefeitura 2 governador de um departamento, em França 3 alto cargo eclesiástico no Vaticano 4 superior de certos conventos 5 magistrado em alguns cantões da Suíça 6 [Brasil] chefe do poder executivo de um município 7 [ant.] pessoa encarregada de vigiar os estudantes, num colégio; vigilante (Do lat. *praefectu-*, «chefe»)

prefeitoral *adj.2g.* 1 referente a prefeito 2 ordenado pelo prefeito (Do fr. *préfectoral*, «id.»)

prefeitura *n.f.* 1 HISTÓRIA cada uma das grandes divisões do Império Romano estabelecidas por Constantino 2 cargo do prefeito 3 duração desse cargo 4 conjunto dos serviços de administração do prefeito departamental, em França 5 local onde estão instalados esses serviços 6 conjunto dos prefeitos 7 grupo de alunos de um seminário 8 [Brasil] edifício onde funcionam os órgãos da administração municipal; **~ apostólica** circunscrição eclesiástica que é o primeiro estádio da organização da hierarquia eclesiástica de um território (Do lat. *praefectūra-*, «id.»)

preferência *n.f.* 1 ato ou efeito de preferir 2 manifestação de distinção ou de atenção por alguém; predileção 3 escolha 4 primazia; *direito de* **~** direito de opção (Do lat. tard. *praeferentĭa*, «id.», part. pres. neut. pl. subst. de *praeferre*, «colocar adiante»)

preferencial *adj.2g.* em que há preferência (De *preferência+-al*)

preferencialmente *adv.* de preferência; de acordo com a escolha preferida (De *preferencial+-mente*)

preferente *adj.,n.2g.* que ou a pessoa que prefere (Do lat. *praeferente-*, «que leva adiante», part. pres. de *praeferre*, «levar adiante; colocar adiante»)

preferentemente *adv.* 1 com preferência 2 antes 3 melhor (De *preferente+-mente*)

preferir *v.tr.* 1 dar preferência a; dar primazia a; escolher 2 ter predileção por; gostar mais de 3 antepor (Do lat. vulg. **praeferĕre*, por *praeferre*, «levar adiante»)

preferível *adj.2g.* 1 que se pode ou deve preferir 2 melhor (De *preferir+-vel*)

prefiguração *n.f.* figuração ou representação de uma coisa que está para existir ou acontecer (Do lat. *praefiguratiōne-*, «id.»)

prefigurar *v.tr.* 1 figurar ou representar uma coisa futura 2 figurar, imaginando 3 pressupor ■ *v.pron.* 1 afigurar-se 2 parecer (Do lat. *praefigurāre*, «id.»)

prefinir *v.tr.* 1 determinar com antecipação 2 aprazar (Do lat. *praefinīre*, «id.»)

prefixação /cs/ *n.f.* 1 ato ou efeito de prefixar ou prefixar-se 2 GRAMÁTICA formação de palavras que consiste na associação de um prefixo a uma forma de base (radical, tema ou palavra) (De *prefixar+-ção*)

prefixal /cs/ *adj.2g.* referente a prefixo (De *prefixo+-al*)

prefixar /cs/ *v.tr.* 1 fixar com antecedência 2 determinar; prescrever 3 pôr prefixo em (Do lat. *praefixu-*, «prefixo», part. pass. de *praefigĕre*, «fixar na ponta; guarnecer na extremidade»)

prefixativo /cs/ *adj.* diz-se das línguas cuja flexão é feita por prefixos (Do lat. **praefixātu-*, por *praefixu-*, «fixado antes» *+-ivo*)

prefixo /cs/ *adj.* fixado ou determinado antecipadamente ■ *n.m.* GRAMÁTICA partícula (afixo) que se antepõe a uma forma de base para formar uma palavra nova (Do lat. *praefixu-*, «fixado antes»)

prefloração *n.f.* BOTÂNICA ⇒ **preflorescência** (De *pre-+floração*)

preflorescência *n.f.* BOTÂNICA disposição das peças florais, no botão, antes de a flor desabrochar; prefloração; estivação (De *pre-+florescência*)

prefoliação *n.f.* BOTÂNICA disposição relativa das diferentes folhas no gomo (Do lat. cient. *praefoliatiōne-*, «id.»)

preformação *n.f.* BIOLOGIA teoria embriológica que admitia que os seres se encontravam, já no ovo, constituídos por todos os seus órgãos (Do lat. *praeformatiōne-*, «formação antecipada»)

pré-frontal *adj.2g.* ANATOMIA localizado na área anterior do lobo frontal do cérebro ■ *n.m.* ANATOMIA osso par, de origem cartilagínea, da região etmoidal do crânio,; frontal anterior
prefulgência *n.f.* qualidade de prefulgente (Do lat. *praefulgentĭa*, «id.», part. pres. neut. pl. de *praefulgēre*, «prefulgir»)
prefulgente *adj.2g.* 1 que prefulge ou brilha primeiro 2 que tem muito brilho; resplandecente (Do lat. *praefulgente-*, «id.», part. pres. de *praefulgēre*, «prefulgir»)
prefulgir *v.intr.* 1 ser o primeiro a fulgir ou a brilhar 2 luzir muito; resplandecer (Do lat. *praefulgēre*, «brilhar adiante»)
prefulguração *n.f.* ato ou efeito de prefulgurar (De *prefulgurar*+-ção)
prefulgurar *v.intr.* brilhar com intensidade (Do lat. *praefulgurāre*, «id.»)
prega *n.f.* 1 parte dobrada ou franzida de um tecido ou outro material flexível; dobra 2 marca num tecido que foi dobrado ou amarrotado 3 ruga; gelha 4 GEOLOGIA curvatura dos estratos num terreno (Do lat. *plica-*, «dobra»)
pregação[1] *n.f.* ato de pregar; pregagem (De *pregar*+-ção)
pregação[2] *n.f.* 1 ato de pregar 2 prédica; sermão 3 [pop.] repreensão; ralho (Do lat. *praedicatiōne-*, «id.»)
pregadeira *n.f.* almofadinha em que se pregam alfinetes e agulhas para não se perderem (De *pregar*+-*deira*)
pregado *n.m.* ICTIOLOGIA ⇒ **rodovalho** (Part. pass. de *pregar*)
pregador[1] *adj.,n.m.* que, aquele ou aquilo que prega ou segura com pregos (De *pregar*+-*dor*)
pregador[2] *adj.* que prega ■ *n.m.* 1 aquele que prega ou faz pregações 2 orador sagrado 3 religioso dominicano; *Ordem dos Pregadores* ordem dos padres dominicanos (Do lat. ecl. *praedicatōre-*, «id.»)
pregadura *n.f.* conjunto dos pregos que seguram ou adornam uma peça; pregaria; pregagem (De *pregar*+-*dura*)
pregagem *n.f.* 1 ato de pregar 2 ⇒ **pregadura** (De *pregar*+-*agem*)
pregalho *n.m.* NÁUTICA cabo que serve de adriça aos toldos das embarcações (De *pregar*+-*alho*)
pregamento *n.m.* ⇒ **pregagem** (De *pregar*+-*mento*)
pregão *n.m.* 1 ato de apregoar 2 anúncio público feito em voz alta; proclamação 3 divulgação 4 *pl.* proclamas de casamento (Do lat. *praecōne-*, «pregoeiro»)
pregar[1] *v.tr.* 1 fixar ou segurar com prego 2 introduzir à força (um objeto pontiagudo); cravar 3 unir com pontos de costura ou por outro meio 4 preguear; franzir 5 fitar 6 [pop.] dar com força; pespegar 7 impingir 8 produzir; causar 9 arremessar; fazer cair 10 levar até algum sítio; *~-lha na menina do olho* enganar alguém na sua presença; *~ uma partida* causar uma arrelia, lograr, enganar; *~ um calote* não pagar; *não ~ olho* não dormir (Do lat. *plicāre*, «dobrar»)
pregar[2] *v.tr.* 1 anunciar ou desenvolver um assunto em prédica ou sermão 2 aconselhar 3 fazer propaganda de; preconizar; exaltar ■ *v.intr.* 1 fazer sermões 2 propagar a fé; evangelizar 3 [pop.] clamar; ralhar; *~ aos peixes/no deserto* pregar a quem não percebe ou não faz caso do que se lhe diz (Do lat. ecl. *praedicāre*, «id.»)
pregaria[1] *n.f.* 1 porção de pregos; pregagem; pregadura 2 fábrica de pregos 3 ato de pregar (De *prego*+-*aria*)
pregaria[2] *n.f.* 1 ralhos em voz alta; pregação 2 barulho 3 ruído de muitas vozes (De *pregar*+-*aria*)
pré-glacial *adj.2g.* GEOLOGIA designativo do tempo da história da Terra que antecede as glaciações do Plistoceno
pré-glaciar *adj.2g.* GEOLOGIA ⇒ **pré-glacial**
pregnância *n.f.* PSICOLOGIA força e, por conseguinte, estabilidade e frequência de uma organização psicológica privilegiada, entre todas as que são possíveis (Do lat. *praegnantĭa*, pl. de *praegnante-*, «cheio»)
prego *n.m.* 1 peça metálica com haste delgada, aguçada num dos extremos e com cabeça no outro, que serve para cravar ou fixar um objeto 2 cravo 3 prego curto de cabeça larga; brocha 4 [ant.] alfinete para segurar ou enfeitar chapéus de senhora 5 CULINÁRIA pão pequeno aberto a meio, com um bife dentro, para comer à mão 6 ICTIOLOGIA peixe seláquio de grandes dimensões, existente nos mares portugueses, conhecido também por peixe-prego 7 [pop.] casa de penhores; *~ no prato* CULINÁRIA bife pequeno acompanhado de um ovo estrelado, fiambre e batatas fritas, para comer no prato; *cortar ~* ter medo; *nadar como um ~* ir ao fundo, não saber nadar; *não meter ~ nem estopa em* não tomar parte num ato ou numa discussão, não emitir opinião, não ter nada a ver com o assunto; *pôr no ~* empenhar; *virar o bico ao ~* mudar de assunto propositadamente, desviar a conversa por conveniência (Deriv. regr. de *pregar*)
pregoar *v.tr.* 1 anunciar por meio de pregão; apregoar 2 divulgar; proclamar 3 elogiar publicamente 4 gritar; bradar 5 aconselhar; preconizar (De *pregão*+-*ar*)
pregoeiro *n.m.* 1 aquele que lança pregão 2 leiloeiro (De *pregão*+-*eiro*)
pregorexia *n.f.* transtorno alimentar raro, que pode ocorrer durante a gravidez e se manifesta na preocupação excessiva em controlar o excesso de peso, levando a grávida a fazer dietas radicais, exercício físico intenso e a negligenciar algumas refeições (Do ing. *pregorexia*, «id.»)
pregresso *adj.* 1 decorrido anteriormente; anterior; precedente 2 MEDICINA relativo à história patológica da família de um doente (Do lat. *praegressu-*, «que precedeu», part. pass. de *praegrĕdi*, «preceder; suceder antes»)
pregueadeira *n.f.* utensílio de costureira para preguear (De *preguear*+-*deira*)
pregueado *adj.* feito ou disposto em pregas ■ *n.m.* obra feita às pregas (Part. pass. de *preguear*)
pregueador *n.m.* ⇒ **pregueadeira** (De *preguear*+-*dor*)
preguear[1] *v.tr.* arranjar às pregas; franzir (De *prega*+-*ear*)
preguear[2] *v.tr.* ornamentar com pregos (De *prego*+-*ear*)
pregueiro *adj.,n.m.* que ou aquele que é fabricante ou vendedor de pregos (De *prego*+-*eiro*)
preguiça *n.f.* 1 tendência de uma pessoa para evitar ou recusar o esforço 2 indolência 3 inação; moleza; lentidão 4 mandriice; vadiagem 5 corda que dirige o peso dos guindastes 6 ZOOLOGIA mamífero desdentado, arborícola, filófago, da família dos Bradipodídeos, vulgar na América, que se desloca muito lentamente 7 [regionalismo] pequeno molho da meda do cereal ainda por malhar (Do lat. *pigritĭa-*, «id.», com met.)
preguiçar *v.intr.* dar-se à preguiça; não fazer nada; mandriar (De *preguiça*+-*ar*)
preguiceira *n.f.* 1 cadeira de encosto reclinável, com lugar para se estender as pernas 2 banco comprido de espaldar alto, com mesa móvel, que se encontra junto da lareira 3 tendência de uma pessoa que evita ou recusa o esforço; preguiça; indolência 4 *pl.* bolas ou cilindros em que se embebem os bicos das agulhas de meia para que não enferrujem (De *preguiça*+-*eira*)
preguiceiro *adj.* 1 preguiçoso 2 que convida ao descanso ■ *n.m.* 1 banco comprido e largo, de assento móvel, que constitui uma caixa a que o assento serve de tampa; escabelo 2 indivíduo preguiçoso, mandrião 3 ⇒ **preguiceira 2** (De *preguiça*+-*eiro*)
preguicento *adj.* ⇒ **preguiçoso** *adj.* (De *preguiça*+-*ento*)
preguiçosamente *adv.* com preguiça; indolentemente (De *preguiçosa*+-*mente*)
preguiçoso /ô/ *adj.* 1 que tem preguiça; indolente; mandrião 2 que não gosta de trabalhar 3 lento 4 tardio 5 desmazelado (De *preguiça*+-*oso*)
preguista *n.2g.* 1 pessoa que tem casa de prego; penhorista 2 agiota (De *prego*+-*ista*)
pregustação *n.f.* ato de pregustar (De *pregustar*+-*ção*)
pregustar *v.tr.* 1 provar (comida ou bebida) 2 saborear previamente; antegozar; prelibar (Do lat. *praegustāre*, «provar primeiro»)
pré-história *n.f.* período da história da humanidade que decorre desde as suas origens, no começo do Quaternário, até ao aparecimento de utensílios de metal (Idade do Cobre), que dá início à proto-história
pré-histórico *adj.* relativo à pré-história
prehnite *n.f.* MINERALOGIA mineral (silicato básico de cálcio e alumínio), verde-claro a amarelo-pálido
pré-hominídeos *n.m.pl.* primatas fósseis, supostos antepassados do homem, ou com ele estreitamente relacionados
preia *n.f.* ⇒ **presa 5** (Do lat. *praeda-*, «presa; animal caçado»)
preia-mar *n.f.* nível mais alto a que a maré sobe; maré alta; maré cheia; praia-mar (Do lat. *plenamare-*, «mar cheio»)
pré-imaginar *v.tr.* supor com antecipação
pré-impressão *n.f.* fase de preparação técnica (composição, paginação, etc.) pela qual passa um trabalho antes de ser imprimido
pré-industrial *adj.2g.* 1 anterior à revolução industrial 2 anterior à industrialização
pré-inscrição *n.f.* inscrição preliminar ou provisória
preitear *v.tr.* render preito a; prestar homenagem a (De *preito*+-*ear*)
preitejar *v.tr.* 1 [ant.] pactuar; ajustar 2 ⇒ **preitear** (De *preito*+-*ejar*)

preito n.m. 1 homenagem 2 HISTÓRIA tributo de vassalagem 3 dependência 4 testemunho de veneração 5 juramento solene 6 pleito 7 [ant.] pacto; ajuste (Do lat. *placĭtu-*, «preceito», pelo prov. *plait*, «id.»)

prejudicador adj.,n.m. que ou aquele que prejudica (De *prejudicar*+*-dor*)

prejudicar v.tr. 1 causar prejuízo a; lesar 2 danificar; deteriorar 3 diminuir o valor de 4 inutilizar; anular 5 embaraçar ■ v.pron. sofrer prejuízo (Do lat. *praejudicāre*, «id.»)

prejudicial adj.2g. 1 que causa prejuízo 2 nocivo; pernicioso (Do lat. *praejudiciāle-*, «id.»)

prejudicialmente adv. 1 de modo prejudicial 2 com prejuízo 3 desfavoravelmente (De *prejudicial*+*-mente*)

prejuízo n.m. 1 ato ou efeito de prejudicar 2 perda de um bem ou de uma vantagem 3 dano; perda 4 superstição; preconceito (Do lat. *praejudicĭu-*, «julgamento anterior»)

prelação n.f. preferência; *direito de* ~ direito que os filhos tinham de suceder, nos cargos, a seus pais (Do lat. *praelatiōne-*, «id.»)

prelacia n.f. ⇒ **prelazia**

prelacial adj.2g. 1 de prelado 2 relativo a prelado ou a prelacia; prelatício (De *prelacia*+*-al*)

prelaciar v.intr. exercer o cargo de prelado (De *prelacia*+*-ar*)

prelada n.f. 1 superiora de um convento; abadessa 2 [regionalismo] mulher sentenciosa (De *prelado*)

preladia n.f. ⇒ **prelazia** (De *prelado*+*-ia*)

prelado n.m. 1 título honorífico de certos dignitários da Igreja 2 antigo título do reitor da Universidade de Coimbra (Do lat. *praelātu-*, «levado diante»)

prelatício adj. relativo ou pertencente a prelado ou a prelazia (Do lat. *praelātu-*, «prelado» +*-ício*)

prelativo adj. 1 relativo a prelação 2 que envolve ou exprime preferência 3 superior (Do lat. *praelatīvu-*, «id.»)

prelatura n.f. ⇒ **prelazia** (Do lat. *praelātu-*, «prelado» +*-ura*)

pré-lavado adj. 1 que foi previamente lavado 2 que foi tratado com o objetivo de libertar impurezas

prelazia n.f. dignidade, cargo ou jurisdição do prelado (Do cast. ant. *prelazía*, «id.»)

preleção n.f. 1 ato ou efeito de prelecionar 2 discurso ou conferência didática 3 lição; sermão (Do lat. *praelectiōne-*, «id.»)

prelecção ver nova grafia **preleção**

preleccionar ver nova grafia **prelecionar**

preleccionista ver nova grafia **prelecionista**

prelecionar v.tr. 1 fazer preleção a 2 dar lição sobre; lecionar ■ v.intr. 1 dar lições 2 discursar; discorrer (Do lat. *praelectiōne-*, «preleção» +*-ar*)

prelecionista n.2g. pessoa que preleciona; preletor (Do lat. *praelectiōne-*, «preleção» +*-ista*)

prelector ver nova grafia **preletor**

preletor n.m. aquele que preleciona; professor; explicador (Do lat. *praelectōre-*, «id.»)

prelevar v.tr. 1 desculpar; perdoar 2 sobrelevar; exceder; suplantar ■ v.intr. sobressair; destacar-se (Do lat. *praelevāre*, «id.»)

prelibação n.f. 1 ato ou efeito de prelibar ou gozar com antecipação 2 antegosto (Do lat. *praelibatiōne-*, «id.»)

prelibador adj.,n.m. que ou aquele que preliba (De *prelibar*+*-dor*)

prelibar v.tr. 1 libar antes; antegostar 2 pregustar; provar (Do lat. *praelibāre*, «id.»)

preliminar adj.2g. 1 que precede o assunto principal para o esclarecer; preambular 2 que prepara algo considerado mais importante; prévio ■ n.m. 1 aquilo que precede 2 prólogo; preâmbulo 3 pl. aquilo que prepara ou dá início a um ato; princípios; começo ■ n.f. 1 DESPORTO prova que se realiza antes da principal 2 pl. regras que servem de base a outras (Do lat. *prae-*, «antes» +*limĭne-*, «soleira da porta», pelo fr. *préliminaire*, «id.»)

prélio n.m. 1 combate; batalha 2 luta desportiva; competição (Do lat. *proelĭu-*, «id.»)

prelista n.2g. TIPOGRAFIA operário ou operária que trabalha com o prelo (De *prelo*+*-ista*)

prelo n.m. máquina tipográfica manual; prensa; *estar no* ~ estar a imprimir-se (Do lat. *prelu-*, «prensa»)

pré-lógico adj. 1 LÓGICA diz-se do estádio, no desenvolvimento do pensamento da criança, em que não se verificam as regras da lógica 2 designativo do modo de pensar que Lévy-Bruhl, filósofo francês (1857-1939), nas suas primeiras obras, atribui à mentalidade dos povos primitivos

prelucidação n.f. elucidação prévia; esclarecimento preambular (De *pre-*+*elucidação*)

prelúcido adj. 1 muito brilhante; reluzente 2 muito lúcido (Do lat. *praelucĭdu-*, «id.»)

preludiar v.tr. 1 preceder de prelúdio; prefaciar 2 antecipar; anunciar 3 fazer o prelúdio ou a introdução de; inaugurar; iniciar ■ v.intr. 1 fazer prelúdio 2 ensaiar voz ou instrumento, antes de começar a cantar ou a tocar (De *prelúdio*+*-ar*)

prelúdio n.m. 1 ato ou exercício preliminar 2 texto introdutório; introdução; prólogo; preâmbulo 3 o que precede ou anuncia 4 sinal de algo que vai acontecer; indício; pressentimento 5 MÚSICA peça musical que antecede outra, como é o caso das fugas ou das suites de danças 6 MÚSICA peça instrumental autónoma (é o caso dos prelúdios de Chopin) (Do lat. *praeludĕre* «preludiar», pelo fr. *prélude*, «id.»)

preluzente adj.2g. que preluz; reluzente (Do lat. *praelucente-*, «id.», part. pres. de *praelucēre*, «luzir; reluzir»)

preluzir v.intr. 1 brilhar muito; refulgir 2 [fig.] realçar; sobressair (Do lat. *praelucēre*, «luzir»)

prematuração n.f. 1 maturação antes do tempo 2 precocidade (De *pre-*+*maturação*)

prematuramente adv. 1 de modo prematuro 2 antes do tempo (De *prematuro*+*-mente*)

prematuridade n.f. 1 qualidade do que é prematuro 2 prematuração (De *prematuro*+*-i-*+*-dade*)

prematuro adj. 1 que amadurece antes do tempo; temporão 2 feito ou sucedido antes do tempo normal; precoce 3 antecipado ■ n.m. criança nascida com menos de 37 semanas de gestação (Do lat. *praematūru-*, «id.»)

pré-maxilar /cs/ n.m. ZOOLOGIA osso par que forma a parte anterior da maxila superior, bem distinto em alguns grupos de vertebrados, também conhecido por intermaxilar (De *pre-*+*maxilar*)

premedeira n.f. pedal do tear (De *premer*+*-deira*)

premeditação n.f. 1 ato ou efeito de premeditar 2 propósito feito antes de atuar (Do lat. *praemeditatiōne-*, «id.»)

premeditadamente adv. com premeditação; com resolução antecipada (De *premeditado*+*-mente*)

premeditado adj. feito com premeditação; planeado (Part. pass. de *premeditar*)

premeditar v.tr. 1 meditar ou planear antes de executar 2 resolver antecipadamente (Do lat. vulg. **praemeditāre*, por *praemeditāri*, «id.»)

premência n.f. 1 ato de premer ou premir 2 qualidade de premente 3 urgência; insistência (De *premer*+*-ência*)

premente adj.2g. 1 que preme ou comprime 2 [fig.] que obriga com urgência (Do lat. *premente-*, «id.», part. pres. de *premēre*, «apertar; comprimir»)

premer v.tr. 1 fazer pressão em; comprimir; carregar em 2 apertar; espremer 3 [fig.] oprimir (Do lat. *premēre*, «apertar; comprimir»)

pré-messiânico adj. anterior à vinda do Messias

premiador adj.,n.m. que ou aquele que premeia ou dá prémios 2 remunerador (Do lat. *praemiatōre-*, «id.»)

premiar v.tr. 1 dar prémios a; recompensar 2 galardoar; laurear (Do lat. *praemiāre*, «recompensar»)

premiativo adj. 1 relativo a prémio 2 que premeia (De *premiar*+*-tivo*)

première n.f. primeira representação de uma peça teatral ou primeira projeção de um filme; estreia (Do fr. *première*)

pré-militar adj.2g. que diz respeito à instrução militar dada a rapazes que não têm ainda idade para servir no exército

prémio n.m. 1 recompensa atribuída a um vencedor ou a um dos melhores classificados num concurso ou competição 2 distinção conferida por certos trabalhos ou certos méritos; recompensa; galardão 3 valor que o segurado paga à seguradora, determinado por um contrato de seguro 4 valor em dinheiro extra; bónus; remuneração 5 juro 6 ágio; ~ *de consolação* prémio de valor simbólico, ou inferior ao principal, atribuído a quem se aproximou dos lugares premiados, mas não os atingiu; ~ *Nobel* prémio que é atribuído anualmente às pessoas que se destacaram pelo seu contributo nos domínios da Física, Medicina, Literatura, Química, Economia e Paz; *ter a cabeça a* ~ andar fugido à justiça, ser procurado pela polícia (Do lat. *praemĭu-*, «id.»)

premir v.tr. comprimir; premer (Do lat. *premēre*, «apertar; comprimir»)

premissa¹ n.f. antigo direito que os párocos tinham de receber certa parte das primeiras novidades que as terras produziam (De *primícia*)

premissa² n.f. 1 antecedente lógico de uma conclusão 2 conjunto de proposições que constituem os princípios fundamentais de um estudo (Do lat. *praemissa-*, «mandada antes»)

premoção n.f. RELIGIÃO doutrina segundo a qual Deus faz que nos determinemos em certo sentido, sem contudo deixar de ser livre a nossa determinação (Do lat. *praemotiōne-*, de *prae-*, «antes»+*motiōne-*, «ação de mover»)

pré-molar adj.2g. designativo de cada um dos dentes molares anteriores; antemolar ▪ n.m. cada um dos dentes molares anteriores

premonição n.f. 1 sensação que anuncia um facto; pressentimento 2 aviso prévio; advertência (Do lat. *praemonitiōne-*, «id.»)

premonitório adj. que adverte antecipadamente; que se deve tomar como aviso ou prevenção (Do lat. *praemonitoriŭ-*, «que adverte»)

premorso adj. BOTÂNICA diz-se da folha vegetal chanfrada desigualmente, como se tivesse sido mordida (Do lat. *praemorsu-*, «id.», part. pass. de *praemordēre*, «morder na ponta»)

premunição n.f. 1 ato ou efeito de premunir ou premunir-se 2 precaução; preparação; prevenção 3 MEDICINA estado de imunidade ou resistência a uma doença (Do lat. *praemunitiōne-*, «preparação»)

premunir v.tr. acautelar antecipadamente; prevenir; precaver ▪ v.pron. 1 acautelar-se; precatar-se; prevenir-se; precaver-se 2 preparar-se 3 evitar com antecipação (Do lat. *praemunīre*, «id.»)

premunitivo adj. 1 que protege 2 profilático; preventivo; precaucional (De *premunir*+*-tivo*)

pré-natal adj.2g. relativo ao período que antecede o nascimento de uma criança

prenda n.f. 1 objeto que se dá ou recebe como oferta; presente 2 [fig.] predicado; dote 3 [fig.] habilidade; aptidão 4 [pop.] pessoa difícil (Do lat. *pignŏra-*, «refém», pelo cast. *prenda*, «prenda; penhor»)

prendado adj. 1 dotado de prendas 2 [pop.] que tem dotes ou qualidades apreciáveis 3 [pop.] que recebeu educação esmerada (Part. pass. de *prendar*)

prendar v.tr. 1 dar prenda a 2 dotar com prendas 3 presentear; premiar (De *prenda*+*-ar*)

prendedor n.m. [Brasil] tudo o que prende ou se destina a prender, segurar ou fixar algo (roupa, cabelo, gravata, etc.)

prender v.tr. 1 segurar com a mão; agarrar 2 unir o que estava separado; atar; ligar 3 pregar; fixar 4 conter (respiração) 5 proceder à captura de; capturar 6 colocar numa prisão 7 impedir; embaraçar 8 pegar; ficar perro; emperrar 9 [fig.] ligar; vincular 10 [fig.] atrair; cativar 11 [fig.] enraizar ▪ v.pron. 1 ficar seguro; fixar-se; agarrar-se 2 [fig.] afeiçoar-se 3 [fig.] ligar-se; comprometer-se; casar-se (Do lat. vulg. *prendĕre*, por *prehendĕre*, «id.»)

prenhe adj.2g. 1 (fêmea) em estado de gravidez; grávida 2 [fig.] repleto; pleno; cheio 3 [fig.] embebido; repassado (Do lat. vulg. **praegne-*, por *praegnans*, «id.»)

prenhez n.f. estado da fêmea prenhe; gravidez (De *prenhe*+*-ez*)

prenhidão n.f. ⇒ **prenhez** (De *prenhe*+*-idão*)

prenoção n.f. 1 primeira noção; noção antecipada 2 noção superficial e imperfeita (Do lat. *praenotiōne-*, «conhecimento prévio»)

prenome /ô/ n.m. nome particular com que se distingue cada um dos membros da mesma família; nome do batismo (Do lat. *praenōmen*, (nominativo), «id.»)

prenomeação n.f. nomeação prévia (De *pre-*+*nomeação*)

prenominar v.tr. 1 dar ou pôr prenome a 2 designar pelo prenome (Do lat. *praenomināre*, «id.»)

prenotar v.tr. notar previamente (Do lat. *praenotāre*, «id.»)

prensa n.f. 1 máquina para comprimir certos corpos e para espremer frutos, sementes, etc. 2 caixilho de impressão usado em fotografia (Do lat. *prehensa-*, part. pass. fem. de *prehendĕre*, «segurar; prender; comprimir», pelo cat. *premsa*, «id.», ou deriv. regr. de *prensar*)

prensador adj. que aperta na prensa ▪ n.m. 1 aquele que trabalha na prensa 2 operário que prensa o peixe, nas fábricas de conserva (De *prensar*+*-dor*)

prensagem n.f. ato ou operação de prensar (De *prensar*+*-agem*)

prensar v.tr. 1 apertar na prensa; comprimir com a prensa 2 comprimir fortemente; espremer 3 esmagar 4 pisar 5 achatar (Do lat. *pressāre*, freq. de *premĕre*, «apertar», com infl. de *prehensa-*, part. pass. fem. de *prehendĕre*, «prender; segurar»)

prensista n.2g. operário que prensa a pasta nas chapelarias (De *prensa*+*-ista*)

prenunciação n.f. ato ou efeito de prenunciar; predição; prenúncio (Do lat. *praenuntiatiōne-*, «id.»)

prenunciador adj.,n.m. que ou aquele que prenuncia ou profetiza (Do lat. *praenuntiatōre-*, «id.»)

prenunciar v.tr. 1 anunciar antecipadamente; ser indício de 2 prever ou dizer antecipadamente o que há de suceder; profetizar; predizer; vaticinar; prognosticar 3 ser precursor de (Do lat. *praenuntiāre*, «id.»)

prenunciativo adj. 1 que prenuncia 2 que serve para prenunciar (Do lat. *praenuntiatīvu-*, «que avisa»)

prenúncio n.m. 1 anúncio ou sinal de uma coisa que há de acontecer; sinal precursor 2 ato ou efeito de prenunciar, de prever; vaticínio (Do lat. *praenuntiŭ-*, «aquele que anuncia; precursor»)

pré-nupcial adj.2g. anterior ao casamento; antenupcial

pré-objectal ver nova grafia **pré-objetal**

pré-objetal adj.2g. PSICOLOGIA anterior à distinção entre o eu, por um lado, e os objetos ou pessoas do meio, por outro

preocupação n.f. 1 ato ou efeito de preocupar ou de se preocupar 2 inquietação; cuidado; apreensão 3 desassossego 4 ideia fixa 5 opinião antecipada; prevenção (Do lat. *praeoccupatiōne-*, «ocupação prévia»)

pré-ocupação n.f. ocupação antecipada

preocupante adj.2g. que preocupa; que causa preocupação (De *preocupar*+*-ante*)

pré-ocupante adj.2g. aquele que pré-ocupa

preocupar v.tr. 1 causar preocupação a; causar inquietação; inquietar 2 dar cuidado a 3 absorver completamente; tornar apreensivo ▪ v.pron. 1 ter preocupação 2 recear (Do lat. *praeoccupāre*, «ocupar em primeiro lugar»)

pré-ocupar v.tr. ocupar antes

pré-operatório adj. 1 que se faz antes de qualquer operação 2 PSICOLOGIA anterior à existência das estruturas operatórias do pensamento

preopérculo n.m. ZOOLOGIA osso par que constitui a parte anterior do aparelho opercular, nos peixes (De *pré-*+*opérculo*)

preopinante adj.,n.2g. que ou a pessoa que opina antes de outrem (De *preopinar*+*-ante*)

preopinar v.intr. 1 dar a sua opinião antes de outrem 2 expor um parecer antes de outro (Do lat. *praeopināre*, «id.»)

pré-oral adj.2g. referente à parte anterior da boca

pré-orbitário n.m. ZOOLOGIA osso par que constitui, especialmente nos peixes, a parte anterior da série que contorna lateral e inferiormente a órbita, também denominado adorbital

preordenação n.f. ato ou efeito de preordenar (De *preordenar*+*-ção*)

preordenar v.tr. 1 ordenar antecipadamente 2 predestinar (Do lat. *praeordināre*, «id.»)

pré-pagamento n.m. pagamento adiantado

pré-palatal adj.2g. referente ao palato anterior

preparação n.f. 1 ato ou efeito de preparar algo de forma a poder ser utilizado 2 composição; fabricação 3 coisa preparada; preparado 4 QUÍMICA nome dado, em técnica laboratorial, ao material colocado em lâminas especiais para ser observado ao microscópio 5 organização e preparativos que tornam possível que algo aconteça 6 ação de preparar alguém ou de se preparar; formação; treino (Do lat. *praeparatiōne-*, «id.»)

preparado adj. 1 pronto; disposto 2 aprontado com antecedência; arranjado 3 limpo; asseado 4 prevenido 5 apto; capaz; habilitado; instruído 6 culto ▪ n.m. 1 produto resultante de uma preparação química ou farmacêutica 2 mistura de ingredientes, para fazer um prato culinário, que se faz ou se pode comprar já pronta (Do lat. *praeparātu-*, «id.», part. pass. de *praeparāre*, «preparar»)

preparador adj. que prepara ▪ n.m. 1 aquele que prepara 2 [Brasil] (escola) aquele que tem a seu cargo dispor os materiais destinados a uma demonstração que vai ser feita pelo professor; ~ **físico** aquele que tem a seu cargo preparar fisicamente um atleta ou conjunto de atletas, através da realização de exercícios adequados (Do lat. tard. *praeparatōre-*, «id.»)

preparar v.tr. 1 arranjar algo de forma a poder ser utilizado; compor 2 fazer uma preparação ou preparado 3 dispor algo com antecedência; aprontar 4 proceder aos preparativos necessários para que algo aconteça; organizar; prever; combinar; planear 5 tornar possível; fomentar; provocar 6 armar; maquinar 7 trabalhar em; estudar; aprender 8 pôr em condições de servir; tornar apto; adaptar 9 fazer a preparação de alguém; habilitar 10 exercitar; treinar 11 colocar alguém em situação de suportar algo de difícil 12 elaborar; fazer (refeição) ▪ v.pron. 1 vestir-se; arranjar-se 2 dispor-se a algo 3 adaptar-se 4 habilitar-se; ~ **o terreno** dispor as coisas para determinado fim (Do lat. *praeparāre*, «id.»)

preparativo adj. que prepara; preparatório ▪ n.m. 1 ato ou efeito de preparar ou preparar-se 2 *pl.* disposições preliminares tomadas com o objetivo de tornar algo realizável ou possível de acontecer; preparação (De *preparar*+*-tivo*)

preparatório *adj.* que prepara ou dispõe; preliminar; prévio ■ *n.m.pl.* [ant.] estudos prévios para acesso a um curso imediato ou superior (Do lat. tard. *praeparatoriu-*, «id.»)

preparo *n.m.* **1** preparação **2** disposição preliminar **3** preparação que se dá a um tecido, a um couro, etc. **4** modo de proceder; propósito **5** forma como alguém está arranjado **6** *pl.* DIREITO pagamentos exigidos a título de antecipação das custas de um processo **7** *pl.* coisas necessárias para o acabamento de uma peça de vestuário (Deriv. regr. de *preparar*)

prepau *n.m.* NÁUTICA peça de madeira junto ao mastro do navio para amarrar as escoteiras da gávea (De *pre-*+*pau*, ou do cat. *perpal*, «id.»)

preponderância *n.f.* **1** qualidade do que é preponderante; supremacia; predomínio **2** superioridade (Do lat. *praeponderantĭa-*, «id.», part. pres. neut. sl. de *praeponderāre*, «preponderar»)

preponderante *adj.2g.* **1** que tem mais peso que outro **2** que predomina **3** que tem mais autoridade **4** decisivo **5** altivo; soberbo **6** dominador (Do lat. *praeponderante-*, «que é mais pesado», part. pres. de *praeponderāre*, «predominar»)

preponderantemente *adv.* **1** com preponderância **2** predominantemente (De *preponderante*+*-mente*)

preponderantismo *n.m.* **1** carácter opressivo de certos chefes políticos **2** influência exagerada (De *preponderante*+*-ismo*)

preponderar *v.tr.,intr.* ter maior influência; predominar; prevalecer ■ *v.tr.* [pouco usado] ter mais peso do que (Do lat. *praeponderāre*, «id.»)

preponente *adj.,n.2g.* que ou a pessoa que prepõe (Do lat. *praeponente-*, «id.», part. pres. de *praeponĕre*, «colocar à frente; preferir»)

prepor *v.tr.* **1** pôr ou colocar antes **2** preferir **3** escolher; eleger; designar (Do lat. *praeponĕre*, «id.»)

preposição *n.f.* **1** ato de prepor **2** GRAMÁTICA palavra invariável que estabelece a relação entre uma palavra, que a antecede, e outra palavra ou expressão que se segue (Do lat. *praepositiōne-*, «id.»)

preposicional *adj.2g.* **1** referente a preposição **2** que tem preposição (Do lat. *praepositiōne-*, «preposição» +*-al*)

prepositivo *adj.* **1** GRAMÁTICA relativo a preposição **2** diz-se de uma palavra ou partícula que estabelece uma relação entre outras palavras (Do lat. *praepositīvu-*, «id.»)

prepósito *n.m.* **1** antiga designação de certos dignitários de ordens religiosas **2** ⇒ **propósito** (Do lat. *praeposĭtu-*, «preposto»)

preposteração *n.f.* ato ou efeito de preposterar (Do lat. *praeposteratiōne-*, «ordem inversa»)

preposterar *v.tr.* **1** inverter a ordem de **2** desordenar; transpor (Do lat. *praeposterāre*, «id.»)

preposteridade *n.f.* **1** qualidade do que é prepóstero **2** preposteração (Do lat. *praeposteritāte-*, «id.»)

prepóstero *adj.* **1** posto antes **2** posto às avessas; transposto; invertido **3** oposto à boa ordem (Do lat. *praepostĕru-*, «que está em sentido contrário»)

preposto /ô/ *adj.* posto antes ■ *n.m.* o que dirige ou administra um negócio ou empresa, por designação do seu proprietário (Do lat. *praepostu-* ou *praeposĭtu-*, «id.»)

prepotência *n.f.* **1** qualidade de prepotente **2** abuso do poder ou da autoridade **3** ato despótico (Do lat. *praepotentĭa-*, «omnipotência»)

prepotente *adj.2g.* **1** muito poderoso **2** muito influente **3** autoritário; despótico (Do lat. *praepotente-*, «id.»)

pré-primária *n.f.* [ant.] ⇒ **pré-escolar** *n.m.*

pré-primário *adj.,n.m.* [ant.] ⇒ **pré-escolar**

pré-programar *v.tr.* INFORMÁTICA programar (computador, aparelho) com antecedência

pré-puberdade *n.f.* idade imediatamente anterior à puberdade

pré-púbere *adj.2g.* que atingiu a fase da pré-puberdade

prepucial *adj.2g.* **1** que pertence ou diz respeito ao prepúcio **2** que aparece no prepúcio (De *prepúcio*+*-al*)

prepúcio *n.m.* ANATOMIA prega tegumentar na extremidade do pénis, que dobra sobre a glande (Do lat. *praeputĭu-*, «id.»)

pré-qualificação *n.f.* qualificação exigida ou apresentada antes de qualquer outra

pré-qualificar *v.tr.,pron.* qualificar(-se) antecipadamente

pré-rafaelismo *n.m.* corrente estética, com particular expressão nas artes plásticas e reflexos na literatura, surgida em meados do século XIX na Inglaterra, que valorizava a pintura italiana anterior a Rafael

pré-rafaelita *adj.2g.* **1** relativo ao pré-rafaelismo **2** que é anterior ao pintor italiano Rafael ■ *n.2g.* pessoa que cultiva o pré-rafaelismo (De *pré-*+*Rafael*+*-ita*)

pré-reforma *n.f.* situação de redução ou suspensão do trabalho de um colaborador, continuando este a receber uma remuneração mensal por parte da entidade empregadora, até que se reforme por limite de idade ou invalidez, retome as suas funções ou o contrato de trabalho acabe

pré-requisito *n.m.* **1** condição prévia; condição básica, primordial **2** exigência

pré-romano *adj.* anterior à dominação dos Romanos

pré-romântico *adj.* **1** que precedeu o período romântico **2** relativo ao pré-romantismo

pré-romantismo *n.m.* época da história literária que precedeu e preparou o romantismo

prerrogativa *n.f.* regalia; privilégio; direito; apanágio (Do lat. *praerogatīva-*, «id.»)

prerromper *v.intr.* ⇒ **prorromper** (Do lat. *praerumpĕre*, «quebrar»)

presa /ê/ *n.f.* **1** ato de apresar **2** apreensão; tomadia **3** dente canino **4** garra de ave de rapina **5** aquilo de que o animal se apodera para comer; preia **6** [fig.] aquilo que se toma por violência **7** poça em que se junta água para regas **8** mulher que está em prisão; prisioneira **9** ENGENHARIA endurecimento inicial do betão (Do lat. *prehensa-*, «id.», part. pass. fem. de *prehendĕre*, «prender»)

presador *n.m.* que presa ou apresa (De *presar*+*-dor*)

presar *v.tr.* [ant.] apresar; prender; aprisionar (Do lat. *prehensāre*, «id.»)

presbiacusia *n.f.* MEDICINA diminuição da acuidade auditiva para as frequências elevadas, quando a idade aumenta (Do gr. *présbys*, «velho» +*akousía*, «surdez»)

presbiofrenia *n.f.* MEDICINA demência senil, que consiste em falta de memória, confabulação, alucinações, angústia, delírio de perseguição, etc. (Do gr. *présbys*, «velho» +*phrén, phrenós*, «loucura» +*-ia*)

presbíope *n.2g.* pessoa que sofre de presbitismo (Do gr. *présbys*, «velho» +*óps, opós*, «olho»)

presbiopia *n.f.* ⇒ **presbitismo** (De *presbíope*+*-ia*)

presbiópico *adj.* MEDICINA relativo à presbiopia

presbita *adj.,n.2g.* que ou a pessoa que está afetada de presbitia; presbíope (Do gr. *presbýtes*, «velho»)

presbiterado *n.m.* **1** (protestantismo) terceira ordem sacra **2** dignidade de presbítero (Do lat. *presbyterātu-*, «sacerdócio»)

presbiteral *adj.2g.* relativo a presbítero; **conselho** ~ grupo que administra uma paróquia protestante em conjunto com o pastor (De *presbítero*+*-al*)

presbiteranismo *n.m.* organização da Igreja reformada em que a autoridade eclesiástica é delegada nas Igrejas locais, governadas pelo conselho presbiteral (De *presbiterano*+*-ismo*)

presbiterano *n.m.* partidário do presbiteranismo (De *presbítero*+*-ano*)

presbiterianismo *n.m.* ⇒ **presbiteranismo** (Do ing. *presbyterianism*, «id.»)

presbiteriano *n.m.* ⇒ **presbiterano** (Do ing. *presbyterian*, «id.»)

presbitério *n.m.* **1** residência do presbítero **2** habitação do pároco **3** igreja da freguesia **4** conjunto dos sacerdotes de uma diocese que dão colaboração ao bispo diocesano (Do gr. *presbytérion*, «id.», pelo lat. *presbytĕru-*, «padre; presbítero»)

presbítero *n.m.* clérigo que recebeu o presbiterado, isto é, a terceira ordem sacra; pastor protestante **2** padre; sacerdote (Do gr. *presbýteros*, «mais velho», pelo lat. *presbytĕru-*, «padre; presbítero»)

presbitia *n.f.* ⇒ **presbitismo** (De *presbita*+*-ia*)

presbitismo *n.m.* MEDICINA perturbação da visão originada pelo endurecimento do cristalino que não deixa ver com nitidez os objetos próximos, e que tem lugar com o avanço da idade; presbiopia; vista cansada (De *presbita*+*-ismo*)

presciência *n.f.* **1** faculdade de prever o que vai acontecer; pressentimento; premonição **2** ciência inata **3** RELIGIÃO atributo divino pelo qual Deus conhece o futuro (Do lat. *praescientĭa-*, «id.»)

presciente *adj.2g.* **1** dotado de presciência **2** que prevê o futuro (Do lat. *praesciente-*, «id.»)

prescindir *v.tr.* **1** passar sem; pôr de parte; dispensar; renunciar a **2** abstrair de; separar mentalmente (Do lat. *praescindĕre*, «separar»)

prescindível *adj.2g.* de que se pode prescindir; dispensável **2** escusável (De *prescindir*+*-vel*)

prescrever *v.tr.* **1** regular de antemão; ordenar; estabelecer; determinar **2** passar a receita de (medicamento); receitar **3** aconselhar ■ *v.intr.* **1** cair em desuso **2** ficar sem efeito por ter decorrido o prazo legal **3** ficar reprovado o número máximo de vezes previsto por lei, não podendo prosseguir os estudos naquele curso (Do lat. *praescribĕre*, «escrever na frente»)

prescribente adj.2g. 1 que prescreve 2 em que se dá prescrição (Do lat. praescribente-, «id.», part. pres. de praescribĕre, «escrever antes; prescrever»)

prescrição n.f. 1 ato ou efeito de prescrever 2 ordem formal; preceito; indicação 3 formulário 4 receita médica 5 DIREITO meio pelo qual se adquirem direitos reais através da posse (prescrição positiva ou aquisitiva - usucapião), ou se extinguem obrigações por não se exigir o seu cumprimento durante um certo lapso de tempo (prescrição negativa ou extintiva) (Do lat. praescriptiōne-, «id.»)

prescritível adj.2g. 1 que pode prescrever ou prescrever-se 2 suscetível de prescrição (Do lat. praescriptibĭle-, «id.»)

prescrito adj. 1 que prescreveu 2 ordenado formalmente (Do lat. praescriptu-, «id.», part. pass. de praescribĕre, «escrever antes; prescrever»)

prescritor n.m. aquele que prescreve ou preceitua (Do lat. praescriptōre-, «id.»)

pré-seleção n.f. seleção prévia; primeira seleção

pré-selecção ver nova grafia pré-seleção

presença n.f. 1 facto de estar num lugar determinado 2 facto de comparecer num lugar determinado 3 assiduidade 4 pessoa que comparece ou está presente 5 facto de algo estar num determinado local 6 aspeto físico; aparência 7 figura 8 [fig.] facto de participar em 9 [fig.] qualidade de uma pessoa que se faz notar pela sua personalidade ou aspeto exterior; individualidade; ~ *de espírito* serenidade em face de situações inopinadas ou melindrosas; sangue-frio; *em ~ de* 1 diante de, em face de; 2 devido a, em virtude de; *na ~ de* diante de, perante; *ter ~* ter boa apresentação, ser distinto (Do lat. praesentĭa, «presença»)

presencial adj.2g. 1 relativo a pessoa que está ou estava presente em (um acontecimento); que presenciou 2 feito à vista de alguém 3 em que é necessária ou exigida a presença de alguém (Do lat. praesentĭa, «presença»+-al)

presencialmente adv. 1 de modo presencial 2 com assistência 3 à vista (De presencial+-mente)

presenciar v.tr. 1 estar presente a 2 observar; ver (Do lat. praesentĭa, «presença»+-ar)

presencismo n.m. 1 LITERATURA conjunto de princípios estéticos e literários expostos na revista Presença (1927-1940), que consistiam essencialmente na defesa da intuição, da originalidade e da sinceridade do sujeito criador 2 conjunto dos presencistas (De Presença+-ismo)

presencista adj.2g. 1 relativo à revista literária Presença, cuja publicação teve início em 1927, ou ao grupo dos seus dirigentes e colaboradores 2 relativo ao presencismo ■ n.2g. 1 escritor do grupo da Presença 2 seguidor do presencismo (De Presença+-ista)

presentação n.f. ⇒ **apresentação** (Do lat. praesentatiōne-, «id.»)

presentâneo adj. 1 de efeito rápido 2 eficaz 3 momentâneo (Do lat. praesentanĕu-, «id.»)

presentar v.tr.,pron. ⇒ **apresentar** (Do lat. praesentāre, «id.»)

presente adj.2g. 1 que existe ou sucede no tempo em que se fala; atual 2 patente no espírito 3 evidente 4 que está no lugar em que se fala 5 que está, pelo pensamento, no lugar em que se fala 6 que assiste pessoalmente 7 que está à vista ■ n.m. 1 tempo atual 2 instante ou linha ideal que separa o passado, que já não é, do futuro, que não é ainda 3 porção do tempo de que podemos ter consciência imediata 4 pessoa que assiste ou assistiu a um facto 5 o que se dá ou recebe como oferta; prenda 6 GRAMÁTICA tempo de verbo que exprime a atualidade da ação 7 pl. as pessoas que estão num lugar, por oposição a ausentes 8 pl. as pessoas que existem atualmente; ~! exclamação indicativa da presença da pessoa que fala (Do lat. praesente-, «id.»)

presenteador adj.,n.m. que ou aquele que presenteia (De presentear+-dor)

presentear v.tr. 1 dar presente a 2 distinguir; brindar; mimosear (De presente+-ear)

presentemente adv. 1 atualmente 2 agora (De presente+-mente)

presepe n.m. ⇒ **presépio**

presépio n.m. 1 estábulo 2 representação do nascimento de Jesus num estábulo (Do lat. praesaepe-, ou praesepĭu-, «estábulo; manjedoura»)

preservação n.f. 1 ato ou efeito de preservar 2 ação que visa garantir a continuidade ou sobrevivência de algo; proteção 3 meio de preservar (De preservar+-ção)

preservador adj.,n.m. que ou aquele que preserva (De preservar+-dor)

preservar v.tr. 1 garantir a continuidade ou sobrevivência de; conservar 2 pôr ao abrigo; defender; proteger; resguardar ■ v.pron. 1 acautelar-se 2 livrar-se (Do lat. praeservāre, «id.»)

preservativo adj. que tem a propriedade de preservar ■ n.m. 1 aquilo que preserva 2 invólucro de borracha flexível e extensível que envolve o pénis durante o ato sexual, usado como contracetivo e como meio de proteção contra as doenças sexualmente transmissíveis 3 substância que se adiciona a um produto, destinada a evitar o aparecimento de microrganismos (De preservar+-tivo, ou do fr. préservatif, «id.»)

presidência n.f. 1 ato de presidir 2 cargo ou funções de presidente 3 tempo que duram essas funções 4 palácio onde o presidente reside 5 lugar onde o presidente se senta 6 presidente ou conjunto de pessoas que presidem 7 lugar de honra a uma mesa (Do lat. praesidentĭa, part. pres. neut. pl. subst. de praesidēre, «presidir»)

presidencial adj.2g. 1 do presidente ou a ele referente 2 da presidência ■ n.f.pl. eleições para a presidência da República (De presidência+-al)

presidencialismo n.m. POLÍTICA sistema político em que ao presidente da República é reservada ação preponderante na governação (De presidencial+-ismo)

presidencialista adj.2g. em que o presidencialismo domina ■ n.2g. pessoa partidária do presidencialismo (De presidencial+-ista)

presidenta n.f. [pop.] mulher que preside 2 [pop., pej.] esposa do presidente (De presidente)

presidente n.2g. 1 pessoa que preside 2 chefe de uma assembleia, tribunal, junta, etc. 3 título do chefe de Estado em algumas repúblicas ■ adj.2g. que preside; que dirige (Do lat. praesidente-, «governador de província»)

presidiar v.tr. 1 pôr presídio ou guarnição a 2 custodiar; defender (Do lat. praesidiāri, «id.»)

presidiário adj. 1 pertencente ou relativo a presídio 2 que faz parte de um presídio ou guarnição ■ n.m. indivíduo condenado a sentença num presídio; preso (Do lat. praesidiarĭu-, «colocado em posto avançado»)

presídio n.m. 1 guarnição de uma praça de guerra 2 prisão militar 3 prisão para reclusão de criminosos; penitenciária 4 socorro; defesa (Do lat. praesidĭu-, «id.»)

presidir v.tr. 1 ocupar a presidência de; governar; dirigir 2 ter a direção de; superintender 3 dirigir os debates de 4 ocupar o lugar de honra 5 guiar como chefe; comandar ■ v.intr. dar orientação; nortear (Do lat. praesidēre, «id.»)

presiganga n.f. navio que serve de prisão ou leva prisioneiros (De orig. obsc.)

presigar v.tr. acompanhar com presigo; condutar; apresigar (De presigo+-ar)

presigo n.m. 1 o que se come com o pão; conduto 2 carne de porco (De orig. obsc.)

presilha n.f. 1 tira de tecido ou outro material que tem, numa extremidade, uma casa onde entra um botão para prender, apertar, esticar, etc. 2 tira de tecido ou outro material usada em peças de vestuário ou calçado para ajustar ou segurar 3 extremidade da aba da rês 4 [Madeira] tacha para prender papel 5 [pop.] intrujice; lábia 6 [Brasil] gancho (para o cabelo) (Do cast. presilla, «id.»)

presilheiro n.m. [pop.] aquele que gosta de gozar os outros; intrujão; finório (De presilha+-eiro)

preso /ê/ adj. 1 que está ligado; atado 2 tolhido 3 recluso em prisão; detido 4 [fig.] embevecido 5 [fig.] perturbado 6 [fig.] impedido 7 [fig.] casado ■ n.m. pessoa que está em prisão; prisioneiro; ~ *por ter cão e ~ por não o ter* estar em dificuldade, qualquer que seja a resolução tomada ou o ato praticado ou a praticar (Do lat. prehensu-, «tomado; agarrado; seguro», part. pass. de prehendĕre, «prender; agarrar»)

pré-socrático adj. que é anterior a Sócrates ■ n.m. adepto das doutrinas filosóficas anteriores a Sócrates

pressa n.f. 1 necessidade premente de chegar a algum sítio ou atingir um objetivo; urgência 2 rapidez; velocidade 3 azáfama 4 impaciência 5 precipitação 6 situação aflitiva; aperto; *a toda a ~* sem demora, com a máxima rapidez; *dar ~ a* fazer ou mandar fazer com urgência; *feito à ~* feito atabalhoadamente, de pouco préstimo, de pouca competência (Do lat. pressa-, «apertada», part. pass. fem. de premĕre, «apertar; comprimir»)

pressagiar v.tr. 1 dizer ou anunciar com antecedência o que vai acontecer; vaticinar; prognosticar 2 ser indício de 3 pressentir (De presságio+-ar)

presságio n.m. 1 sinal através do qual se adivinha o futuro 2 sinal que anuncia algum acontecimento futuro; prenúncio; agouro 3 pressentimento (Do lat. *praesagiu-*, «id.»)

pressagioso /ô/ adj. que encerra ou denota presságio ou vaticínio (De *presságio*+-*oso*)

pressago adj. 1 que pressagia, prevê ou pressente 2 pressagioso (Do lat. *praesagu-*, «que prevê»)

pressão n.f. 1 ato ou efeito de premer ou premir 2 força exercida sobre um determinado ponto ou elemento de uma superfície 3 valor da força exercida 4 FÍSICA grandeza física definida pelo quociente entre a força exercida sobre um elemento de superfície de um corpo e a área da superfície sobre a qual se exerce 5 [fig.] ação de tentar persuadir ou obrigar alguém a; coação 6 [fig.] influência; ~ **arterial** tensão exercida pelo sangue nas paredes das artérias, tensão arterial; ~ **atmosférica** pressão exercida pela atmosfera terrestre num determinado ponto; ~ **social** influência ou força de coação exercida pela opinião pública ou pelo meio social; **estar sob** ~ ter urgência em, estar sobrecarregado (de problemas, trabalho, etc.); **exercer** ~ convencer alguém, constranger alguém a fazer algo, coagir (Do lat. *pressione-*, «id.»)

pressentido adj. 1 que se pressente 2 de que se tem o pressentimento 3 que se ouve ou se percebe ao longe 4 que tem desconfianças (Part. pass. de *pressentir*)

pressentimento n.m. 1 ato de pressentir 2 sentimento instintivo do que vai acontecer; palpite (De *pressentir*+-*mento*)

pressentir v.tr. 1 ter o pressentimento de; prever; pressagiar 2 ter suspeitas de 3 conjeturar; supor 4 ter palpite 5 ouvir de longe 6 perceber ao longe (Do lat. *praesentire*, «id.»)

pressionar v.tr. 1 fazer pressão sobre (algo ou alguém); comprimir 2 exercer pressão sobre (alguém); coagir; obrigar ■ v.intr. exercer pressão (Do lat. *pressione-*, «pressão» +-*ar*)

pressirrostro /ô/ adj. que tem o bico comprimido ■ n.m. espécime dos pressirrostros ■ n.m.pl. ORNITOLOGIA grupo de aves pernaltas com o bico comprido (Do lat. *pressu-*, «comprimido», part. pass. de *premĕre*, «apertar; comprimir» +*rostru-*, «bico»)

press release n.m. notícia ou informação promocional enviada aos órgãos de comunicação social com o objetivo de ser divulgada ou tratada como fonte de informação produzida por esses órgãos (Do ing. *press release*, «id.»)

pressupor v.tr. 1 concluir (algo) com base em informação obtida através de observação ou de intuição; supor antecipadamente; conjeturar; prever 2 dar a entender; levar a supor 3 acarretar necessariamente a existência de (algo); implicar (De *pre-+supor*)

pressuposição n.f. 1 ato ou efeito de pressupor; conjetura 2 LINGUÍSTICA processo presente em qualquer troca verbal e que consiste em deduzir, a partir do enunciado, a informação transmitida mas não explicitada (De *pre-+suposição*)

pressuposto /ô/ adj. que se pressupôs ■ n.m. 1 conjetura antecipada; pressuposição; suposição 2 condição prévia 3 propósito 4 desígnio; tenção 5 DIREITO o que é considerado como antecedente necessário de outro (De *pre-+suposto*)

pressurização n.f. ato ou efeito de pressurizar (De *pressurizar*+-*ção*)

pressurizar v.tr. submeter um ambiente a uma pressão comparável à pressão atmosférica normal, como no caso de um avião a grande altitude ou de uma nave espacial (Do lat. *pressura-*, «pressão» +-*izar*)

pressurosamente adv. 1 apressadamente 2 ativamente (De *pressuroso*+-*mente*)

pressuroso /ô/ adj. 1 apressado; azafamado 2 ativo 3 diligente (Do lat. *pressura-*, «pressão» +-*oso*)

prestabilidade n.f. 1 qualidade de prestável 2 utilidade (Do lat. *praestabĭle*, «prestável» +-*i*-+-*dade*)

prestação n.f. 1 ato ou efeito de prestar ou dispensar algo; fornecimento 2 quantia paga periodicamente para cumprir um contrato ou extinguir uma dívida 3 contribuição a que alguém está obrigado; cota (Do lat. *praestatione-*, «ação de satisfazer»)

prestadio adj. 1 prestável 2 pronto para ser útil; serviçal 3 proveitoso; útil (Do lat. *praestativu-*, de *praestāre*, «estar adiante»)

prestador adj.,n.m. que ou aquele que presta; prestadio (De *prestar*+-*dor*)

prestameiro n.m. 1 [ant.] designação de proprietário de bem da coroa, consignado para seu sustento ou côngrua, e de que recebia foros ou pensões de préstamos 2 [ant.] aquele que tinha pensão patrimonial 3 [ant.] mordomo ou rendeiro que cobrava os prestimónios (De *préstamo*+-*eiro*)

prestamista n.2g. 1 pessoa que empresta dinheiro a juros 2 dono de casa de penhores 3 pessoa que recebe juros de títulos da dívida pública (De *préstamo*+-*ista*)

préstamo n.m. antigo imposto, em fruta ou em dinheiro, consignado a um terreno, a favor da Coroa (De *prestar*)

prestança n.f. ⇒ **prestância** (De *prestar*+-*ança*)

prestância n.f. 1 qualidade do que é prestante 2 superioridade; excelência 3 préstimo (Do lat. *praestantĭa*, «id.», part. pres. neut. pl. subst. de *praestāre*, «estar à frente; exceder; ter préstimo»)

prestante adj.2g. 1 que presta; útil; prestadio 2 que ajuda ou está sempre pronto a ajudar; prestativo 3 ilustre; insigne (Do lat. *praestante-*, «que excede», part. pres. de *praestāre*, «exceder; estar à frente; ter préstimo»)

prestar v.tr.,intr. ter préstimo; ser útil (para); servir ■ v.intr. 1 ter boa índole; ser sério e íntegro 2 ter qualidade (uma coisa); ser bom ■ v.tr. 1 dispensar; conceder 2 realizar; efetuar 3 consagrar; dedicar ■ v.pron. 1 ser adequado a 2 acomodar-se 3 estar disposto a; condescender 4 ser suscetível de (Do lat. *praestāre*, «id.»)

prestativo adj. que ajuda ou está sempre pronto a ajudar; prestável (De *prestar*+-*tivo*)

prestável adj.2g. 1 que presta ou pode prestar; que serve; prestadio 2 que ajuda ou está sempre pronto a ajudar; prestativo (Do lat. *praestabĭle-*, «id.»)

prestes adj.inv. 1 que está quase a ponto de; pronto 2 disposto; preparado ■ adv. depressa (Do prov. *prest*, «id.»)

prestesmente adv. 1 de modo prestes 2 com presteza (De *prestes*+-*mente*)

presteza /ê/ n.f. 1 qualidade do que é presto 2 ligeireza 3 agilidade; celeridade (De *presto*+-*eza*)

prestidigitação n.f. 1 arte de prestidigitador 2 agilidade de mãos (Do fr. *prestidigitation*, «id.»)

prestidigitador n.m. aquele que faz habilidades por meio do movimento rápido dos dedos; prestímano 2 [fig.] pessoa que faz habilidades (Do fr. *prestidigitateur*, «id.»)

prestigiação n.f. ⇒ **bruxaria** (De *prestigiar*+-*ção*)

prestigiador n.m. 1 feiticeiro; mágico 2 escamoteador; burlão 3 ⇒ **prestidigitador** ■ adj. que prestigia (Do lat. *praestigiatōre-*, «id.»)

prestigiante adj.2g. que prestigia; que dignifica (De *prestigiar*+-*ante*)

prestigiar v.tr. 1 dar prestígio a 2 tornar prestigioso ■ v.pron. adquirir prestígio (Do lat. *praestigiāre*, «id.»)

prestígio n.m. 1 admiração ou respeito que se sente por pessoas, instituições, produtos, etc., devido à sua influência, importância ou sucesso; notoriedade 2 ilusão dos sentidos produzida por artes mágicas 3 [fig.] influência comparada à da magia; fascinação; encanto (Do lat. *praestigĭu-*, «malabarismo; artimanhas»)

prestigioso /ô/ adj. 1 que contém prestígio; que parece obra de magia; prodigioso 2 que confere prestígio 3 que exerce grande influência 4 respeitado e admirado (Do lat. *praestigiōsu-*, «id.»)

prestímano n.m. ⇒ **prestidigitador** (Do lat. *praesto-*, «pronto» +*manu-*, «mão»)

préstimo n.m. 1 qualidade do que presta ou é proveitoso 2 utilidade; serventia 3 auxílio 4 mercê; obséquio 5 serviço (Do port. ant. *préstamo*, «id.», de *prestar*)

prestimoniado adj.,n.m. que ou aquele que gozava de prestimónio (De *prestimónio*+-*ado*)

prestimonial adj.2g. relativo ou sujeito a prestimónio (De *prestimónio*+-*al*)

prestimoniário adj. ⇒ **prestimonial** (De *prestimónio*+-*ário*)

prestimónio n.m. pensão ou bens tirados das rendas de um benefício e destinados à sustentação de um sacerdote (Do lat. ecl. *praestimonĭu-*, «id.»)

prestimoso /ô/ adj. 1 que tem préstimo; útil; aproveitável 2 que ajuda ou está sempre pronto a ajudar; prestável (De *préstimo*+-*oso*)

prestíssimo adj. {superlativo absoluto sintético de **presto**} muito presto; rapidíssimo ■ adv. MÚSICA em andamento muito vivo, rápido ■ n.m. 1 MÚSICA trecho musical com esse andamento 2 MÚSICA sinal que indica esse andamento (De *presto*+-*íssimo*)

préstite n.m. indivíduo que presidia a certos atos solenes entre os Romanos (Do lat. *praestĭte-*, «que preside»)

préstito n.m. aglomerado de pessoas em marcha; cortejo; procissão (Do lat. *praestĭtu-*, «que está adiante»)

presto adj. feito com rapidez ■ adv. 1 depressa; prestes 2 MÚSICA em andamento vivo, apressado ■ n.m. MÚSICA trecho musical com esse andamento (Do it. *presto*, «id.»)

presumido *adj.* 1 vaidoso; presunçoso 2 afetado 3 que é uma hipótese; suposto; conjeturado ■ *n.m.* indivíduo com presunção ou vaidade (Part. pass. de *presumir*)

presumidor *adj.,n.m.* que ou aquele que presume (De *presumir+-dor*)

presumir *v.tr.* 1 julgar com base em probabilidades; supor; conjeturar 2 prever; pressupor 3 desconfiar de ■ *v.pron.* ter grande opinião de (si próprio); ter presunção; julgar-se; supor-se (Do lat. *praesumĕre*, «id.»)

presumível *adj.2g.* que se pode presumir ou supor; provável (De *presumir+-vel*)

presunção *n.f.* 1 ato ou efeito de presumir 2 vaidade; afetação 3 conjetura; suspeita 4 DIREITO consequência ou ilação que a lei ou o juiz deduzem de um facto conhecido para firmar um facto desconhecido; *~ e água benta, cada qual toma a que quer* para a vaidade e a devoção não há limites estabelecidos (Do lat. *praesumptiōne-*, «id.»)

presunçoso /ô/ *adj.* que tem presunção ou vaidade; presumido (Do lat. *praesumptuōsu-*, «id.»)

presunho *n.m.* 1 parte inferior do pé do porco 2 *pl.* [gír.] as mãos (De orig. obsc.)

presuntivo *adj.* 1 que pode presumir-se; presumível; provável 2 pressuposto (Do lat. *praesumptīvu-*, «id.»)

presunto *n.m.* 1 membro posterior do porco, depois de salgado, curado e seco 2 variedade de pera de Lamego (Do lat. vulg. *persunctu*, por *persuctu-*, de *per-+suctu*, «sugado; seco», part. pass. de *sugĕre*, «sugar; chupar»)

presuntuoso /ô/ *adj.* que tem muita presunção; vaidoso (Do lat. *praesumptuōsu-*, «id.»)

presúria *n.f.* 1 HISTÓRIA título especial a que eram concedidas aos nobres certas terras por eles conquistadas aos infiéis, durante a reconquista cristã e a formação territorial de Portugal 2 reivindicação ou reconquista à mão armada 3 posse justificada de um terreno 4 tomada; conquista 5 construção destinada a represar a água para regas; açude; levada (De orig. obsc.)

preta /ê/ *n.f.* uma das marcas dos tentos, no jogo do bilhar; *ali à ~* [pop.] assim mesmo, com vontade ou sem ela (De *preto*)

pretalhada *n.f.* [depr.] grande quantidade de negros 2 [depr.] os negros (De *preto+-alho+-ada*)

pretalhão *n.m.* [depr.] negro corpulento; negralhão (De *preto+-alhão*)

pretaria *n.f.* [depr.] ⇒ **pretalhada** (De *preto+-aria*)

pretendedor *adj.,n.m.* 1 que ou aquele que pretende; pretendente 2 candidato (De *pretender+-dor*)

pretendente *adj.2g.* 1 que pretende ou solicita alguma coisa 2 designativo de um príncipe que pretende ter direitos a um trono vago ou ocupado por outrem ■ *n.2g.* 1 pessoa que pretende ou solicita alguma coisa 2 candidato 3 solicitador 4 pessoa que aspira a ter uma relação amorosa ou a casar com alguém (Do lat. *praetendente-*, «que tende ou dobra para a frente», part. pres. de *praetendĕre*, «tender para a frente; dobrar para a frente»)

pretender *v.tr.* 1 desejar; apetecer 2 solicitar 3 exigir 4 ter o propósito de; intentar 5 diligenciar 6 reclamar como um direito; requerer 7 aspirar a 8 sustentar ou asseverar sem fundamento (Do lat. *praetendĕre*, «tender para diante; dobrar para a frente»)

pretendido *adj.* que é objeto de pretensão; desejado; querido ■ *adj.,n.m.* que ou aquele que é alvo de pretensão amorosa ou matrimonial (Part. pass. de *pretender*)

pretensamente *adv.* 1 supostamente 2 alegadamente 3 falsamente (De *pretenso+-mente*)

pretensão *n.f.* 1 ato ou efeito de pretender 2 suposto direito a alguma coisa 3 exigência 4 desejo ambicioso 5 aspiração infundada 6 *pl.* vaidade exagerada; jactância; bazófia (Do fr. *prétension*, «id.»)

pretensiosismo *n.m.* 1 atitude própria de quem é pretensioso 2 presunção; vaidade exagerada 3 soberba 4 impostura (De *pretensioso+-ismo*)

pretensioso /ô/ *adj.,n.m.* que ou aquele que tem pretensões, presunção, vaidade ou orgulho (De *pretensão+-oso*, ou do fr. *prétentieux*, «id.»)

pretenso *adj.* 1 que se pretende ou supõe; imaginado 2 alegado; fictício (De *praetensu-*, por *praetentu*, «id.», part. pass. de *praetendĕre*, «tender para diante; pretextar»)

pretensor *adj.,n.m.* que ou aquele que pretende; pretendente (De *pretenso+-or*)

preter- prefixo que exprime a ideia de *para além, excesso, anteriormente* (Do lat. *praeter*, «para além de»)

preterência *n.f.* ato ou efeito de preterir; preterição (Do lat. *praeterentĭa*, «coisas que ultrapassam», part. pres. neut. pl. subst. de *praeterīre*, «ultrapassar; passar adiante de»)

preterição *n.f.* 1 ato ou efeito de preterir 2 recurso estilístico pela qual se declara não querer falar de certa coisa, da qual, contudo, indiretamente se está a falar (ex.: *poderia falar-vos de todos os seus crimes... mas não queria muito tocar nesse assunto*) (Do lat. *praeteritiōne-*, «id.»)

preterir *v.tr.* 1 ir além de 2 deixar para trás; ultrapassar 3 deixar de prover num posto ou emprego uma pessoa a quem legalmente competia esse posto ou emprego 4 omitir; passar em claro 5 prescindir de 6 abstrair de (Do lat. *praeterīre*, «ir além»)

pretérito *adj.* que passou; passado ■ *n.m.* GRAMÁTICA tempo de um verbo que indica uma ação decorrida em tempo passado (Do lat. *praeterĭtu-*, «passado»)

preterível *adj.2g.* que pode ser preterido (Do lat. *preterir+-vel*)

pretermissão *n.f.* 1 ato ou efeito de pretermitir 2 preterição (Do lat. *praetermissiōne-*, «omissão»)

pretermitir *v.tr.* 1 não permitir 2 preterir (Do lat. *praetermittĕre*, «negligenciar; omitir»)

preternatural *adj.2g.* que está acima ou fora do natural; sobrenatural (Do lat. *praeter*, «além de» *+naturāle-*, «natural»)

pretexta *n.f.* toga branca, orlada de púrpura, usada em Roma por altos magistrados e jovens patrícios (Do lat. *praetexta-*, «id.»)

pretextado *adj.* vestido de pretexta (Do lat. *praetextātu-*, «id.»)

pretextar *v.tr.* alegar ou tomar como pretexto, desculpa ou escusa (De *pretexto+-ar*)

pretexto *n.m.* razão aparente que se alega para fazer ou deixar de fazer uma coisa; desculpa; *a ~ de* com o fim aparente de (Do lat. *praetextu-*, «id.»)

pré-textual *adj.2g.* 1 que antecede um texto 2 (obra impressa) diz-se do elemento que precede o texto propriamente dito

pretidão *n.f.* 1 qualidade do que é preto 2 negrura (De *preto+-idão*)

pretinha *n.f.* ORNITOLOGIA ⇒ **negrinha** 1 (De *pretinho*)

pretinho *n.m.* variedade de uva tinta do Minho (De *preto+-inho*)

preto /ê/ *adj.* 1 diz-se da cor oposta ou mais distante do branco, como a cor do azeviche 2 diz-se da ausência total de cor, pela absorção de todas as radiações luminosas 3 diz-se dos corpos com esta cor (ou ausência de cor) 4 que tem cor escura, por oposição a outra coisa da mesma natureza com uma tonalidade mais clara (é o caso de cerveja, uva, pimenta, etc.) 5 escuro; sombrio 6 [Brasil] [coloq.] difícil; complicado ■ *n.m.* 1 cor oposta ou mais distante do branco, como a cor do azeviche 2 luto ■ *adj.,n.m.* [pej.] que ou pessoa que tem a pele escura, devido a elevada pigmentação; negro; *pôr o ~ no branco* 1 lavrar documento escrito daquilo que se disse, prometeu ou ajustou; 2 esclarecer uma situação (Do lat.* *prettu-*, por *pressu* ?)

preto-e-branco *n.m.* combinação do preto e do branco; *a ~* (aparelho de televisão) que transmite a imagem em tons de preto, sem colorido

pretónico *adj.* GRAMÁTICA diz-se da vogal ou da sílaba que está antes da vogal ou da sílaba tónica (De *pre-+tónico*)

pretor *n.m.* 1 [Brasil] magistrado com funções administrativas e policiais 2 HISTÓRIA magistrado da antiga Roma que administrava a justiça ou governava uma província 3 HISTÓRIA alcaide-mor que, na Idade Média, exercia poder absoluto nas terras que lhe eram confiadas (Do lat. *praetōre-*, «id.»)

pretoria *n.f.* 1 dependência de um convento onde se julgavam pleitos 2 [Brasil] jurisdição do pretor 3 repartição do pretor (De *pretor+-ia*)

pretoriana *n.f.* HISTÓRIA (Antiga Roma) guarda do pretor (De *pretoriano*)

pretoriano *adj.* pertencente ou relativo ao pretor ■ *n.m.* soldado da guarda pretoriana, entre os antigos Romanos (Do lat. *praetoriānu-*, «de pretor»)

pretório *n.m.* 1 HISTÓRIA tenda de um general em campanha, na antiga Roma 2 HISTÓRIA tribunal do pretor, na antiga Roma 3 qualquer tribunal (Do lat. *praetorĭu-*, «do pretor»)

prevalecente *adj.2g.* 1 que prevalece 2 dominante (De *prevalecer+-ente*)

prevalecer *v.tr.,intr.* ter ou levar vantagem (sobre); preponderar; sobressair ■ *v.pron.* 1 tirar partido de; aproveitar-se 2 [pouco usado] insurgir-se; revoltar-se (Do lat. *praevalescĕre*, «tornar-se vigoroso»)

prevalecimento *n.m.* ato ou efeito de prevalecer; predomínio; prevalência (De *prevalecer+-mento*)

prevalência *n.f.* 1 qualidade do que prevalece 2 superioridade (Do lat. *praevalentĭa-*, «valor superior»)

prevaricação *n.f.* 1 ato ou efeito de prevaricar 2 falha no cumprimento de um dever por interesse pessoal ou má-fé; abuso de poder 3 transgressão (de norma ou princípio) (Do lat. *praevaricatiōne-*, «id.»)

prevaricador *adj.,n.m.* que ou aquele que prevarica (Do lat. *praevaricatōre-*, «id.»)

prevaricar *v.tr.,intr.* faltar, por interesse ou má-fé, aos seus deveres ▪ *v.intr.* 1 abusar do exercício das suas funções, cometendo injustiças ou lesando os interesses que devia acautelar 2 transgredir uma norma ou um princípio (Do lat. vulg. **praevaricāre*, por *praevaricāri*, «id.»)

prevenção *n.f.* 1 ato ou efeito de prevenir 2 aviso prévio 3 opinião antecipada 4 precaução 5 premeditação; *estar de* ~ (polícia, tropa) permanecer nos quartéis pronto a intervir em caso de necessidade (Do lat. tard. **praeventiōne-*, «avanço; antecipação»)

prevenido *adj.* 1 que recebeu prevenção 2 acautelado; precavido 3 prudente 4 desconfiado (Part. pass. de *prevenir*)

preveniente *adj.2g.* 1 que chega antes 2 diz-se da graça divina que nos compele à prática do bem (Do lat. *praeveniente-*, «id.»)

prevenir *v.tr.* 1 dizer ou fazer antes; antecipar 2 acautelar; precaver 3 advertir; informar 4 evitar; impedir ▪ *v.pron.* 1 antecipar-se 2 acautelar-se 3 dispor-se (Do lat. *praevenīre*, «vir antes»)

preventivamente *adv.* 1 de modo preventivo 2 de modo previdente (De *preventivo*+*-mente*)

preventivo *adj.* que tem por fim prevenir, acautelar ou impedir (Do lat. *praeventu-*, «prevenido», part. pass. de *praevenīre*, «prevenir; preceder»+*-ivo*)

preventor *adj.* que previne; preventivo (Do lat. *praeventōre-*, «esculca»)

preventório *n.m.* estabelecimento hospitalar destinado a receber e a tratar preventivamente as pessoas com disposição para contrair certas doenças (Do lat. *praeventu-*, «prevenido», part. pass. de *praevenīre*, «prevenir; preceder» +*-ório*)

prever *v.tr.* 1 ver com antecipação 2 supor 3 calcular; prognosticar 4 profetizar; predizer (Do lat. *praevidēre*, «id.»)

previamente *adv.* 1 com antecipação 2 anteriormente (De *prévio*+*-mente*)

previdência *n.f.* 1 ato ou qualidade do que é previdente 2 faculdade de ver antecipadamente 3 ação que resulta dessa faculdade 4 cautela; precaução 5 conjetura; previsão 6 conjunto de medidas de carácter assistencial em favor dos cidadãos de um país; *instituições de* ~ instituições que têm por objetivo a defesa do trabalhador no desemprego, na doença e na invalidez e a garantia de uma pensão de aposentação ou reforma (Do lat. *praevidentĭa*, part. pres. neut. pl. de *praevidēre*, «prever»)

previdente *adj.2g.* 1 que prevê 2 precavido; acautelado 3 prudente (Do lat. *praevidente-*, «id.», part. pres. de *praevidēre*, «prever»)

prévio *adj.* 1 dito ou feito antecipadamente 2 antecipado 3 preliminar; preambular; introdutório; *censura prévia* exame oficial feito a discurso antes de proferido, ou a jornal ou qualquer escrito antes de publicado, com o fim de consentir ou impedir, no todo ou em parte, que sejam tornados públicos (Do lat. *praevĭu-*, «que vem diante»)

previsão *n.f.* 1 ato ou efeito de prever 2 conjetura 3 presciência (Do lat. tard. *praevisiōne-*, «id.»)

previsibilidade *n.f.* qualidade do que é previsível (Do lat. **praevisibĭle-*, «previsível»+*-i-+-dade*)

previsível *adj.2g.* que é visível com antecipação (Do lat. **praevisibĭle-*, «id.»)

previsto *adj.* 1 calculado ou conjeturado previamente 2 mencionado com antecedência 3 prognosticado 4 profetizado 5 acautelado; prevenido (De *pre-*+*visto*)

previver *v.intr.* ter conhecimento antecipado de que não será esquecido pelas gerações futuras (De *pre-*+*viver*)

prezado *adj.* muito querido; estimado (Part. pass. de *prezar*)

prezador *adj.,n.m.* que ou aquele que preza (De *prezar*+*-dor*)

prezar *v.tr.* 1 ter em grande apreço ou consideração 2 estimar muito; respeitar 3 desejar 4 amar ▪ *v.pron.* 1 estimar-se; respeitar-se 2 orgulhar-se; timbrar (Do lat. *pretiāre*, «apreciar»)

prezável *adj.2g.* 1 digno de ser prezado 2 estimável (De *prezar*+*-vel*)

Priaboniano *n.m.* GEOLOGIA andar do Eocénico superior (De *Priabona-*, top., nome latino da cidade de Viena, capital da Áustria + *-iano*)

priapismo *n.m.* 1 MEDICINA ereção forte, persistente, anormal do pénis, muitas vezes dolorosa, por motivo patológico 2 excitação sexual exagerada (Do gr. *priapismós*, «id.», pelo lat. *priapismu-*, «id.»)

prima *n.f.* 1 filha de tio ou de tia, em relação aos sobrinhos destes 2 MÚSICA a primeira e a mais delgada corda de alguns instrumentos musicais 3 RELIGIÃO primeira das horas canónicas (6 da manhã) (De *primo*)

primacial *adj.2g.* 1 relativo ou pertencente a primaz 2 em que há primazia 3 principal 4 superior (Do b. lat. *primatĭa-*, «primazia»+*-al*)

primado *n.m.* 1 primazia; prioridade 2 supremacia (Do lat. *primātu-*, «primeira categoria»)

prima-dona *n.f.* MÚSICA cantora encarregada do papel principal de uma ópera (Do it. *prima donna*, «id.»)

primagem *n.f.* percentagem sobre o frete, que se paga, às vezes, ao capitão de um navio (Do fr. *primage*, «id.»)

primar *v.intr.* 1 ter a primazia; ser o primeiro em 2 distinguir-se por; destacar-se por 3 ser primoroso ou hábil em; esmerar-se (De *primo*+*-ar*)

primariamente *adv.* 1 principalmente 2 elementarmente (De *primário*+*-mente*)

primariedade *n.f.* qualidade daquele ou daquilo que é primário (De *primário*+*-dade*)

primário *adj.* 1 que está primeiro; principal; fundamental 2 relativo aos tempos primitivos; primitivo; original 3 ECONOMIA diz-se do conjunto de atividades económicas diretamente ligadas à natureza – agricultura, pesca, caça, extração de minerais, etc. 4 relativo ao nível de ensino que corresponde aos quatros primeiros anos de escolaridade obrigatória (atualmente designado primeiro ciclo do ensino básico) 5 [fig.] rude; grosseiro ▪ *n.m.* 1 tinta de características especiais que se aplica nas superfícies antes das demãos finais 2 PSICOLOGIA na caracterologia de Heymans-Le Senne (C. Heymans, médico fisiologista belga, 1892-1968; Le Senne, filósofo francês, 1882-1954) indivíduo em que a ressonância dos acontecimentos é imediata e limitada ao presente 3 [com maiúscula] GEOLOGIA [ant.] ⇒ **Paleozoico** (Do lat. *primarĭu-*, «primeiro»)

primarismo *n.m.* 1 qualidade de primário 2 simplismo 3 rudeza (De *primário*+*-ismo*)

primata *adj.* que pertence ou é relativo aos primatas ▪ *n.m.* ZOOLOGIA mamífero plantígrado, com dentição completa e polegares oponíveis aos outros dedos ▪ *n.2g.* [pej.] pessoa grosseira ▪ *n.m.pl.* ZOOLOGIA ordem de mamíferos que compreende o homem e os animais que mais se assemelham a ele, e que são caracterizados por serem plantígrados, terem mamas peitorais e polegares oponíveis aos outros dedos (Do lat. *primates*, «que são de primeira ordem»)

primatologia *n.f.* estudo dos primatas próximos do homem (De *primata*+*-logia*)

primavera *n.f.* 1 estação do ano (primeira do ano trópico, no hemisfério norte), que precede o verão e começa no momento em que o centro do Sol chega ao ponto equinocial de março (zona temperada do norte) e ao ponto equinocial de setembro (zona temperada do sul), no movimento anual aparente 2 [fig.] tempo primaveril 3 [fig.] juventude 4 [fig.] princípio; época primordial 5 *pl.* [fig.] anos de idade 6 *pl.* BOTÂNICA nome vulgar extensivo a umas plantas herbáceas, da família das Primuláceas, entre as quais uma espécie espontânea no Norte de Portugal, e outra (com variedades) cultivada nos jardins (Do lat. *prima- vera-*, «primeiro verão»)

primaveral *adj.2g.* ⇒ **primaveril** (De *Primavera*+*-al*)

primaverar *v.intr.* 1 passar a primavera 2 gozar a estação primaveril (De *Primavera*+*-ar*)

primaveril *adj.2g.* 1 da primavera 2 relativo à primavera 3 próprio da primavera 4 primaveral 5 [fig.] juvenil (De *Primavera*+*-il*)

primaz *n.m.* prelado de jurisdição ou dignidade superior à dos outros bispos de uma região ▪ *adj.2g.* 1 principal 2 que ocupa o primeiro lugar (Do lat. cl. *primātu-*, pelo lat. ecl. *primas*, «de primeira categoria», pelo cat. *primas*, «primaz»)

primazia *n.f.* 1 dignidade do primaz 2 primado; superioridade 3 [fig.] excelência 4 [fig.] rivalidade 5 [fig.] competência (Do b. lat. *primatĭa-*, «qualidade de ser o primeiro», pelo it. *primazia*, «primazia»)

primeira *n.f.* mudança mais potente de um veículo automóvel, utilizada sobretudo no arranque; *à* ~ logo no princípio, à primeira vista, de uma só vez; *de* ~ da melhor qualidade (De *primeiro*)

primeira-dama *n.f.* esposa de um chefe de Estado

primeiramente *adv.* 1 em primeiro lugar; primeiro 2 antes (De *primeiro*+*-mente*)

primeiranista *n.2g.* estudante que frequenta o primeiro ano de qualquer curso ou faculdade (De *primeiro*+*ano*+*-ista*)

primeira-volta *n.f.* DESPORTO primeira série de dezassete jogos de um campeonato de futebol

primeiríssimo *adj.* {superlativo absoluto sintético de **primeiro**} que é, sem contestação, o primeiro; *de primeiríssima ordem* do melhor que há, da mais alta categoria (De *primeiro+-íssimo*)

primeiro *num.ord. >adj.num.* ^{DT} que, numa série, ocupa a posição inicial ▪ *n.m.* o que, numa série, ocupa o lugar correspondente ao número 1 ▪ *adj.* **1** que revela supremacia relativamente a outros **2** fundamental; principal **3** o mais antigo **4** primitivo; inicial **5** primogénito **6** rudimentar ▪ *adv.* **1** antes de tudo ou de todos **2** de forma antecipada; *~ que* antes que; *~ que tudo* antes de mais nada; *em primeira mão* que ainda não foi usado, que é uma novidade absoluta (Do lat. *primariu-*, «o primeiro»)

primeiro-cabo *n.m.* MILITAR posto da categoria de praça do Exército e da Força aérea, superior ao de segundo-cabo e inferior ao de cabo-adjunto ▪ *n.2g.* MILITAR militar que ocupa esse posto

primeiro-grumete *n.m.* MILITAR posto da categoria de praça da Marinha, superior ao de segundo-grumete e inferior ao de segundo-marinheiro ▪ *n.2g.* MILITAR militar que ocupa esse posto

primeiro-marinheiro *n.m.* MILITAR posto da categoria de praça da Marinha, superior ao de segundo-marinheiro e inferior ao de cabo ▪ *n.2g.* MILITAR militar que ocupa esse posto

primeiro-ministro *n.m.* **1** o ministro principal na hierarquia do Governo, com atribuições de maior ou menor proeminência conforme o estatuto político do respetivo Estado **2** chefe do Governo

primeiro-sargento *n.m.* MILITAR posto de sargento das Forças Armadas, superior ao de segundo-sargento e inferior ao de sargento-ajudante, e cuja insígnia é constituída por quatro divisas ▪ *n.2g.* MILITAR militar que ocupa esse posto

primeiro-tenente *n.m.* MILITAR posto de oficial subalterno da Marinha, superior ao de segundo-tenente e inferior ao de capitão-tenente, e cuja insígnia é constituída por três galões estreitos ▪ *n.2g.* MILITAR oficial que ocupa esse posto

primevo *adj.* que diz respeito aos tempos primitivos (Do lat. *primaevu-*, «que está na primeira idade»)

primi- elemento de formação de palavras que exprime a ideia de *prioridade* (Do lat. *primu-*, «primeiro»)

primicério *n.m.* **1** aquele que é o primeiro em qualquer dignidade ou ofício **2** [ant.] chantre (Do lat. *primiceriu-*, «o primeiro»)

primícias *n.f.pl.* **1** primeiros frutos da terra em cada ciclo vegetativo **2** primeiros produtos de um rebanho **3** [fig.] primeiras produções **4** [fig.] primeiros efeitos **5** [fig.] primeiras vantagens **6** [fig.] começos (Do lat. *primitias*, «id.»)

primigénio *adj.* que é o primeiro da sua espécie; primitivo; primordial (Do lat. *primigeniu-*, «o que nasceu primeiro»)

primígeno *adj.* ⇒ **primigénio** (Do lat. *primigenu-*, «o primeiro, pela data»)

primina *n.f.* BOTÂNICA primeira (externa) das duas membranas que revestem os óvulos das angiospérmicas (Do lat. *primu-*, «primeiro» *+-ina*)

primípara *n.f.* **1** mulher que teve o primeiro parto **2** fêmea que pariu uma vez (Do lat. *primipăra-*, «id.»)

primiparidade *n.f.* **1** MATEMÁTICA função de cuja derivação resulta a função que é dada **2** estado da fêmea primípara (De *primíparo+-i-+-dade*)

primitiva *n.f.* origem; primeiros tempos; princípio (De *primitivo*)

primitivamente *adv.* **1** nos tempos primitivos **2** na origem (De *primitivo+-mente*)

primitivismo *n.m.* **1** carácter do que é primitivo **2** crença na bondade do estado original dos indivíduos e das sociedades **3** valorização, como modelos para a criação artística, da arte e dos objetos primitivos (De *primitivo+-ismo*)

primitivo *adj.* **1** que é o primeiro a existir; primeiro; inicial; original **2** relativo aos primeiros tempos (de uma civilização, cultura, etc.); remoto **3** que não é derivado; básico; primário **4** que tem a simplicidade e a ingenuidade comuns às origens (pintura primitiva, etc.) **5** diz-se de que a análise descobre na origem das realidades complexas (tempos primitivos dos verbos, etc.) **6** [pej.] relativo a civilizações consideradas inferiores **7** [pej.] que não evoluiu ou não se aperfeiçoou; atrasado; antiquado; arcaico **8** [fig.] que não tem refinamento; simples; rudimentar **9** [fig.] grosseiro **10** GRAMÁTICA diz-se da palavra que não é derivada de outra existente na mesma língua (ex.: *mãe, pedra*) **11** GRAMÁTICA diz-se do tempo ou forma verbal que serve para formar outros tempos **12** GEOLOGIA diz-se dos terrenos resultantes da primeira solidificação da crusta terrestre **13** GEOLOGIA diz-se da série de formações pós-arcaicas e pré-câmbricas **14** SOCIOLOGIA [ant.] diz-se do estado que se julgava ser o dos primeiros homens; dize-se do que teria subsistido desse estado até hoje sem evolução **15** SOCIOLOGIA diz-se do estado cultural mais simples dos grupos humanos conhecidos (Do lat. *primitivu-*, «id.»)

primo *n.m.* **1** pessoa em relação aos filhos do seu tio ou da sua tia ou aos respetivos descendentes **2** qualquer parente **3** [fig.] fundamento essencial de alguma coisa ▪ *adj.* que aparece em primeiro lugar; primeiro ▪ *adv.* primeiramente; *~ direito/coirmão* pessoa em relação ao filho de irmão ou de irmã do pai ou da mãe; *número ~* MATEMÁTICA número natural, não inferior a 2, que só tem dois divisores: a unidade e o próprio número (Do lat. *primu-*, «primeiro»)

primo- ⇒ **primi-** (Do lat. *primu-*, «primeiro»)

primogénito *adj.* que foi gerado em primeiro lugar ▪ *n.m.* aquele que foi gerado em primeiro lugar; primeiro filho (Do lat. *primogenitu-*, «id.»)

primogenitor *n.m.* **1** pai do primogénito; pai **2** *pl.* avós; antepassados (Do lat. *primogenitōre-*, «o ancestral»)

primogenitura *n.f.* **1** qualidade de primogénito **2** prioridade de idade entre irmãos; *direito de ~* direito que tinha o filho primogénito de receber, por herança dos pais, mais do que os irmãos (De *primogénito+-ura*)

primoinfeção *n.f.* MEDICINA primeira infeção provocada por uma bactéria ou por um vírus, sem que existam necessariamente manifestações clínicas (De *primo+infecção*)

primo-infecção ver nova grafia **primoinfeção**

primomovente *adj.2g.* diz-se da primeira causa ou do primeiro impulso (Do lat. *primu-*, «primeiro» *+movente-*, «móvel; móbil», part. pres. de *movēre*, «mover; agitar»)

primor *n.m.* **1** perfeição **2** obra-prima **3** delicadeza **4** esmero; requinte; *a ~* com todo o cuidado e perfeição (Do lat. *primōre-*, «o que ocupa o primeiro lugar»)

primordial *adj.2g.* **1** que diz respeito ao primórdio; primeiro; originário **2** de primeira importância; capital (Do lat. *primordiăle-*, «id.»)

primórdio *n.m.* **1** o que se organiza primeiro **2** princípio; começo; origem **3** *pl.* primeiros tempos da existência de algo (por exemplo, de uma cultura ou de uma civilização) (Do lat. *primordĭu-*, «id.»)

primorosamente *adv.* **1** com primor; com perfeição **2** admiravelmente (De *primoroso+-mente*)

primoroso *adj.* **1** feito com primor; perfeito; excelente **2** maravilhoso (De *primor+-oso*)

prímula *n.f.* BOTÂNICA designação que tem sido usada em referência a plantas da família das Primuláceas, (género *Primula*), a que pertencem as primaveras (Do lat. *primŭla-*, «a primeira»)

Primuláceas *n.f.pl.* BOTÂNICA família de plantas dicotiledóneas, herbáceas, de frutos capsulares, cujo género-tipo se designa *Primula* (De *prímula+-áceas*)

prínceps *adj.inv.* diz-se da primeira edição de uma obra (Do lat. *princeps*, «principal; que ocupa o primeiro lugar»)

princesa /ê/ *n.f.* **1** filha de família reinante **2** soberana de um principado **3** esposa de príncipe **4** [fig.] pessoa ou coisa mais distinta da sua categoria (Do fr. *princesse*, «id.»)

principado *n.m.* **1** dignidade de príncipe ou de princesa **2** Estado cujo soberano ou soberana tem o título de príncipe ou de princesa (Do lat. *principātu-*, «supremo mando»)

principal *adj.2g.* **1** que é primeiro **2** o mais importante; essencial; fundamental **3** que é muito importante pela sua hierarquia, pelo saber, pelo prestígio, pela riqueza **4** GRAMÁTICA designativo do verbo que, numa frase ou oração, determina a ocorrência ou não de um sujeito e de um ou mais complementos ▪ *n.m.* **1** aquilo que é mais importante; essencial; fundamental **2** ECONOMIA capital de uma dívida em relação aos juros **3** aquele que chefia um grupo de trabalhadores; capataz **4** aquele que chefia; comandante; líder **5** superior de uma comunidade religiosa **6** *pl.* pessoas importantes ou influentes (Do lat. *principăle-*, «id.»)

principalidade *n.f.* **1** qualidade do que é principal **2** primazia; superioridade (Do lat. *principalităte-*, «primazia»)

principalmente *adv.* **1** especialmente **2** sobretudo (De *principal+-mente*)

príncipe *n.m.* **1** filho de família reinante **2** herdeiro presuntivo da coroa em alguns países **3** filho primogénito de rei **4** título de nobreza em alguns países **5** soberano de um principado **6** [fig.] o primeiro ou o mais notável em talento ou noutros méritos; chefe ▪ *adj.2g.* ⇒ **prínceps** (Do lat. *princĭpe-*, «chefe»)

principelho /ê/ *n.m.* [depr.] príncipe ridículo, sem méritos (De *príncipe+-elho*)

principescamente /ê/ *adv.* **1** de modo principesco **2** faustosamente (De *principesco+-mente*)

principesco /ê/ *adj.* **1** relativo ou inerente a príncipe **2** próprio de um príncipe **3** [fig.] opulento; sumptuoso; esplêndido (Do it. *principesco*, «id.»)

principiador *adj.* que dá início a alguma coisa ■ *n.m.* aquele que dá princípio a alguma coisa; iniciador; inaugurador (De *principiar*+*-dor*)

principiante *adj.2g.* 1 que principia ou está em princípio 2 incipiente ■ *n.2g.* 1 pessoa que começa a aprender 2 praticante; aprendiz 3 novato (De *principiar*+*-ante*)

principiar *v.tr.* dar início a; começar; encetar; iniciar ■ *v.intr.* 1 ter princípio 2 começar a existir (Do lat. *principiăre*, «id.»)

principículo *n.m.* [depr.] ⇒ **principelho** (De *príncipe*+*-culo*)

princípio *n.m.* 1 ato de principiar 2 momento em que uma coisa tem origem; começo; início 3 causa primária; origem 4 base 5 matéria constitutiva 6 opinião 7 lei; regra 8 agente natural 9 preceito moral 10 máxima; sentença 11 FILOSOFIA O que o espírito descobre como primeiro no termo da sua análise, ou que põe como ponto de partida de um processo sintético 12 aquilo de que decorrem outras coisas, ou lhes serve de norma 13 LÓGICA o que está na origem de uma operação dedutiva como sua condição necessária 14 hipótese científica que explica grande número de casos, como a teoria, mas diferindo nisso da teoria, considerada como definitivamente verificada (princípio de Arquimedes, sábio grego, 287--212 a. C., sobre a conservação da energia) 15 *pl.* proposição, muitas vezes implícita, que orienta a atividade e serve de norma aos juízos práticos 16 *pl.* lei altamente geral ou inclusiva, exemplificada em grande número de casos (em física há numerosos princípios, dos quais os mais importantes são o da conservação da energia e o da conservação da quantidade de movimento, que em física atómica e nuclear são chamados princípios essenciais, pois regem as ações atómicas e nucleares) 17 *pl.* as primeiras épocas da vida 18 *pl.* antecedentes 19 *pl.* opiniões 20 *pl.* instrução 21 *pl.* educação; regras fundamentais e gerais 22 *pl.* rudimentos; ~ *ativo* QUÍMICA substância existente numa fórmula ou num medicamento, que é responsável por determinada ação terapêutica; *primeiros princípios/princípios racionais* proposições, normalmente implícitas, que são pressupostos de toda a operação racional, quer dedutiva, quer indutiva, e se denominam: *princípio da identidade*, enunciado correntemente como «o que é é, o que não é não é» e constitui pressuposto da dedução; e *princípio da razão suficiente*, que se enuncia «tudo quanto existe tem a sua razão de ser» e constitui pressuposto da indução (Do lat. *principĭu-*, «id.»)

prior *n.m.* (feminino **priora** ou **prioresa**) 1 designação do pároco, em certas freguesias 2 antigo superior de convento 3 dignitário de Ordem militar (Do lat. *priōre-*, «primeiro entre dois»)

priora /ô/ *n.f.* (masculino **prior**) ⇒ **prioresa** (De *prior*)

priorado *n.m.* 1 dignidade de prior ou de prioresa 2 área da jurisdição do prior 3 tempo de exercício de um prior (Do lat. *priorātu-*, «primazia»)

prioral *adj.2g.* relativo a prior ou a priorado (De *prior*+*-al*)

priorar *v.tr.* exercer funções de prior de (uma comunidade religiosa) (De *prior*+*-ar*)

priorato *n.m.* ⇒ **priorado** (Do lat. *priorātu-*, «primazia»)

prioresa /ê/ *n.f.* (masculino **prior**) superiora de convento em algumas ordens religiosas; abadessa (De *prior*+*-esa*)

prioridade *n.f.* 1 primazia de tempo, de ordem ou categoria 2 anterioridade 3 precedência; ~ *de passagem* direito, conferido ao tráfego de uma estrada, de ter a primazia de passagem nos cruzamentos com outras estradas (Do lat. *priōre-*, «primeiro entre dois»+*-i-*+*-dade*, ou do fr. *priorité*, «id.»)

prioritário *adj.* 1 que tem prioridade 2 que tem preferência (Do fr. *prioritaire*, «id.»)

priorização *n.f.* ato ou efeito de dar prioridade a (De *priorizar*+*-ção*)

prioste *n.m.* antigo cobrador de rendas eclesiásticas; *trigo ~ o melhor trigo de uma colheita* (De *preboste*)

prisão *n.f.* 1 ato ou efeito de prender 2 estado de privação de liberdade 3 cadeia; cárcere 4 encerramento; clausura 5 pena de detenção 6 aquilo que prende 7 [fig.] dificuldade no movimento 8 [fig.] tudo o que é vivido como uma perda de liberdade 9 [fig.] vínculo; laço 10 [fig.] obstáculo; encargo; ~ *correccional* pena de prisão até dois anos; ~ *de ventre* obstipação; ~ *maior celular* pena que vai além de dois anos e é cumprida em penitenciária; ~ *preventiva* prisão efetuada em caso de suspeita de um delito, quando há fortes indícios da autoria, para evitar a fuga do alegado autor, a destruição de provas ou a continuação da prática do crime (Do lat. *prensiōne-*, por *prehensiōne-*, «ato de prender», pelo fr. *prison*, «prisão»)

prisca *n.f.* ponta de cigarro ou charuto depois de fumado; beata; pirisca (De *pisca*)

priscilianismo *n.m.* doutrina de uma seita herética iniciada no século IV, que tinha por chefe o bispo espanhol Prisciliano, que foi decapitado em 381 (De *Prisciliano*, antr. +*-ismo*)

priscilianista *adj.,n.2g.* que ou pessoa que é partidária do priscilianismo (De *Prisciliano*, antr. +*-ista*)

prisco *adj.* [poét.] antigo (Do lat. *priscu-*, «id.»)

prisional *adj.2g.* referente a prisão (Do lat. *prensiōne-*, «prisão», pelo cast. *prisión*, «id.»+*-al*)

prisioneiro *adj.* 1 detido; encarcerado 2 [fig.] cativo; amarrado ■ *n.m.* 1 pessoa aprisionada pelo inimigo durante uma guerra 2 pessoa detida em prisão; recluso ; ~ *de guerra* aquele que foi aprisionado durante a guerra e que pertence às forças armadas, milícias ou corpos de voluntários (Do fr. *prisonnier*, «id.», com infl. do cast. *prisionero*, «id.»)

prisma *n.m.* 1 GEOMETRIA sólido limitado por uma superfície prismática fechada e dois planos paralelos entre si e não paralelos às arestas da superfície 2 objeto com a forma desse sólido 3 CRISTALOGRAFIA forma cristalográfica aberta, cujas faces (em número de 3, 4, 6, 8 ou 12) se intersetam segundo arestas paralelas entre si 4 [fig.] modo particular de ver ou considerar algo ou alguém; ponto de vista; perspetiva; ~ *ótico* FÍSICA meio transparente limitado por duas faces planas (dioptros) não paralelas (Do gr. *prísma*, *-atos*, «ato de serrar», pelo lat. *prisma-*, «prisma»)

prismático *adj.* 1 que tem forma de prisma 2 relativo ao prisma; *superfície prismática* GEOMETRIA superfície que pode considerar-se gerada por uma reta (geratriz) que, conservando-se constantemente paralela a si mesma, se desloca, apoiando-se continuamente sobre uma linha poligonal (diretriz) com a qual não é complanar (Do gr. *prísma*, *-atos*, «ato de serrar; prisma» +*-ico*)

prismatização *n.f.* disposição em forma de prisma (Do gr. *prísma*, *-atos*, «prisma» +*-izar*+*-ção*)

prismatoide *adj.2g.* ⇒ **prismoide** (Do gr. *prísma*, *-atos*, «id.» +*eĩdos*, «forma»)

prismatóide ver nova grafia **prismatoide**

prismoide *adj.2g.* que tem forma análoga à de um prisma (Do gr. *prísma*, «prisma» +*eĩdos*, «forma»)

prismóide ver nova grafia **prismoide**

prístino *adj.* [poét.] antigo; primitivo; prisco (Do lat. *pristĭnu-*, «id.»)

prítane *n.m.* 1 designação dada ao principal magistrado em muitas cidades gregas 2 representante das tribos no conselho dos Quinhentos, na antiga Grécia (Do gr. *prýtanis*, «id.», pelo lat. *prytăne-*, «id.»)

prítica *n.f.* [regionalismo] timão a que se prendem os animais que puxam o carro 2 ~ *pírtiga* 2 (Do lat. *pertĭca-*, «vara»)

prítico *adj.* ⇒ **pírtigo**

prítiga *n.f.* ⇒ **prítica**

privação *n.f.* 1 ato ou efeito de privar 2 *pl.* carência do necessário à vida; miséria; fome (Do lat. *privatiōne-*, «id.»)

privacidade *n.f.* 1 ambiente afastado da vida pública ou social 2 ambiente de recato e sossego; intimidade 3 vida íntima 4 seio da família (Do ing. *privacy*, «id.» +*-i-*+*-dade*)

privada *n.f.* 1 [Brasil] retrete; sanita 2 [Brasil] quarto de banho (De *privado*)

privado *adj.* 1 que não é público; particular 2 que não diz respeito aos assuntos públicos 3 que não pertence ao estado; privatizado 4 individual 5 íntimo; pessoal 6 desprovido; carecido ■ *n.m.* 1 setor que não é público 2 favorito; valido (Do lat. *privātu-*, «id.»)

privança *n.f.* 1 estado de quem é valido ou favorito; valimento 2 intimidade; amizade 3 favor (Do lat. *privantĭa*, «id.», part. pres. neut. pl. subst. de *privāre*, «pôr à parte; livrar; privar»)

privar *v.tr.* 1 tirar a propriedade de; desapossar 2 impedir (alguém) de ter posse ou usufruto de (alguma coisa) 3 conviver de modo familiar com; ter familiaridade com ■ *v.pron.* abster-se de; prescindir de (Do lat. *privāre*, «pôr à parte; livrar; privar»)

privativo *adj.* 1 que indica a privação 2 que é exclusivo 3 de que se tem o usufruto exclusivo; particular; próprio; restrito 4 peculiar (Do lat. tard. *privatīvu-*, «id.»)

privatização *n.f.* ato ou efeito de privatizar (De *privatizar*+*-ção*, ou do fr. *privatisation*, «id.»)

privatizar *v.tr.* 1 transformar (um bem público) em propriedade particular 2 transferir para o setor privado (uma propriedade do Estado) (De fr. *privatiser*, «id.»)

privilegiado *adj.* 1 que tem privilégio; que goza de privilégio 2 distinto; elevado 3 singular (Part. pass. de *privilegiar*)

privilegiar *v.tr.* 1 conceder privilégio a 2 tratar com consideração especial 3 conceder alguma coisa em exclusivo a (De *privilégio*+*-ar*)

privilégio *n.m.* 1 direito ou vantagem exclusiva concedida a alguém 2 diploma que confere essa vantagem 3 regalia 4 prerrogativa;

imunidade **5** condão; **~ creditório** faculdade que a lei concede a certos credores de serem pagos com preferência a outros, independentemente do registo dos seus créditos (Do lat. *privilegĭu-*, «lei excecional»)

pro-¹ prefixo que exprime a ideia de *para a frente, em favor de, substituição, extensão* (Do lat. *pro*, «id.»)

pro-² prefixo que exprime a ideia de *antes de* (Do gr. *pró*, «id.»)

pró *prep.* a favor de; em defesa de ■ *n.m.* vantagem; conveniência; *medir os prós e os contras* analisar previamente as vantagens e as desvantagens de qualquer ato a realizar (Do lat. *pro*, «a favor de»)

pró- elemento de formação de palavras que exprime a ideia de *a favor de, em defesa de, em substituição de*, e se liga ao elemento seguinte por meio de hífen

pró contração da preposição *para* + *o artigo definido ou pronome demonstrativo* o

proa /ô/ *n.f.* **1** parte dianteira do navio **2** frente **3** [fig.] vaidade; soberba **4** [fig.] bazófia (Do lat. *prōra-*, «id.»)

proactivamente ver nova grafia proativamente

proactividade ver nova grafia proatividade

proactivo ver nova grafia proativo

pró-activo ver nova grafia pró-ativo

proar *v.tr., intr.* ⇒ **aproar** (De *proa*+-*ar*)

proativamente *adv.* com iniciativa; energicamente; ativamente (por oposição a reativamente) (De *proactivo*+-*mente*)

proatividade *n.f.* capacidade de prever algo ou de fazer com que algo aconteça, tomando a iniciativa (Do ing. *proactivity*, «id.»)

proativo *adj.* **1** que antecipa algo; antecipatório **2** que toma a iniciativa, não atuando apenas em reação a algo; empreendedor (Do ing. *proactive*, «id.»)

pró-ativo *adj.* que é a favor da atividade (De *pró-*+*activo*)

probabilidade *n.f.* **1** qualidade do que é provável **2** indício de que algo venha a ocorrer; possibilidade; verosimilhança **3** frequência com que ocorre determinado acontecimento; *~ de um acontecimento* MATEMÁTICA num conjunto de acontecimentos igualmente prováveis, quociente do número de casos favoráveis à ocorrência do acontecimento pelo número de casos possíveis; *cálculo de probabilidades* MATEMÁTICA ramo da matemática que se dedica ao estudo dos fenómenos aleatórios e das leis que os regem (Do lat. *probabilitāte*, «id.»)

probabilismo *n.m.* **1** FILOSOFIA doutrina intermediária entre o dogmatismo e o ceticismo, segundo a qual o espírito humano não pode chegar a uma certeza absoluta, mas é capaz de alcançar opiniões prováveis **2** em moral (principalmente em moral teológica), doutrina segundo a qual, quando apenas está em causa o carácter lícito de um ato, é permitido seguir uma opinião seriamente provável; *~ científico* doutrina segundo a qual as leis científicas, por terem carácter estatístico, não têm, relativamente aos factos singulares, senão uma significação de probabilidade (De *probabile-*, «provável»+-*ismo*)

probabilista *n.2g.* pessoa que segue ou admite o probabilismo ■ *adj.2g.* que diz respeito ao probabilismo (Do lat. *probabĭle*, «provável»+-*ista*)

probabilizar *v.tr.* tornar provável (Do lat. *probabĭle*, «provável»+-*izar*)

probante *adj.2g.* **1** que prova **2** comprovativo (Do lat. *probante*, «id.», part. pres. de *probāre*, «provar; demonstrar»)

probatório *adj.* **1** relativo a prova **2** que contém prova; comprovativo **3** que serve de prova; experimental **4** que serve para provar que alguém tem a competência ou as qualidades necessárias para desempenhar uma dada função (Do lat. *probatorĭu-*, «id.»)

probidade *n.f.* **1** qualidade do que é probo **2** integridade de carácter; retidão **3** honradez; pundonor (Do lat. *probitāte-*, «id.»)

probiótico *n.m.* substância que contém organismos vivos favoráveis à saúde, quando tomado em doses certas, e que integra sobretudo a composição de produtos lácteos ou de suplementos alimentares (Do ing. *probiotic*, «id.»)

problema /ê/ *n.m.* **1** questão que se propõe para ser resolvida **2** coisa difícil de compreender, explicar ou fazer **3** dúvida **4** dificuldade; aborrecimento (Do gr. *próblema*, *-atos*, «questão proposta», pelo lat. *problēma-*, «problema»)

problemática *n.f.* conjunto dos problemas postos por um domínio do pensamento ou da ação (De *problemático*)

problemático *adj.* **1** relativo a problema **2** difícil de compreender; complexo; complicado **3** de difícil resolução; intricado **4** diz-se da pessoa que apresenta problemas psíquicos; perturbado **5** incerto; duvidoso; equívoco; *juízo ~* FILOSOFIA juízo que enuncia uma relação como possível (Do gr. *problematikós*, «id.», pelo lat. *problematĭcu-*, «id.»)

problematização *n.f.* ato ou efeito de problematizar (De *problematizar*+-*ção*)

problematizar *v.tr.* **1** tornar problemático **2** pôr em dúvida; pôr em questão **3** dar forma de problema a (Do gr. *próblema*, *-atos*, «questão proposta» +-*izar*)

probo /ô/ *adj.* **1** que tem probidade **2** justo **3** honrado; honesto; íntegro; reto (Do lat. *probu-*, «id.»)

probóscida *n.f.* ZOOLOGIA ⇒ **probóscide**

probóscide *n.f.* **1** ZOOLOGIA tromba do elefante **2** ZOOLOGIA tromba dos insetos dípteros **3** ZOOLOGIA aparelho bucal de outros animais (nomeadamente de alguns insetos), que tem forma de tromba (Do gr. *proboskís*, *-ídos*, «tromba», pelo lat. *proboscĭde-*, «id.»)

proboscídeo *adj.* **1** que tem probóscide **2** relativo ou pertencente aos proboscídeos ■ *n.m.* ZOOLOGIA espécime dos proboscídeos ■ *n.m.pl.* ZOOLOGIA ordem de mamíferos providos de tromba, como o elefante (Do gr. *proboskís*, *-ídos*, «tromba», pelo lat. *proboscĭde-*, «tromba» +-*eo*)

procace *adj.2g.* ⇒ **procaz** (Do lat. *procāce-*, «descarado»)

procacidade *n.f.* qualidade de procaz; insolência; impudência (Do lat. *procacitāte-*, «insolência»)

procariota *adj.2g., n.m.* BIOLOGIA que ou organismo em que o material genético não está encerrado por uma membrana nuclear, como é o caso das bactérias (Do gr. *pró-*, «antes de; em vez de»+*káryon*, «noz; núcleo», pelo fr. *procaryote*, «procariota»)

procariótico *adj.* BIOLOGIA diz-se dos seres vivos cujas células não apresentam núcleo individualizado

procaz *adj.2g.* insolente; impudente; petulante (Do lat. *procāce-*, «descarado»)

procedência *n.f.* **1** ato ou efeito de proceder **2** lugar donde se procede; origem; proveniência **3** estirpe; tronco; linhagem **4** progénie (Do lat. *procedentĭa*, part. pres. neut. pl. subst. de *procedĕre*, «ir para diante; aparecer; proceder»)

procedente *adj.2g.* **1** que procede ou deriva; proveniente; oriundo **2** consequente; concludente **3** lógico **4** fundamentado (Do lat. *procedente-*, «que aparece», part. pres. de *procedĕre*, «ir para diante; aparecer; proceder»)

proceder *v.tr.* **1** ser descendente; descender **2** ter como ponto de partida; provir **3** ter como origem; derivar; originar-se **4** começar a **5** executar; realizar **6** instaurar processo contra ■ *v.tr., intr.* agir; comportar-se; portar-se ■ *v.intr.* ir por diante; prosseguir ■ *n.m.* **1** procedimento **2** comportamento (Do lat. *procedĕre*, «aparecer; ir para diante; proceder»)

procedimento *n.m.* **1** comportamento; maneira de proceder **2** processo; ação (De *proceder*+-*mento*)

procela *n.f.* **1** tempestade no mar; tormenta; temporal **2** [fig.] grande agitação; exaltação de espírito (Do lat. *procēlla-*, «id.»)

procelária *n.f.* ORNITOLOGIA ⇒ **alma-de-mestre** (Do it. *procellaria*, «id.»)

Procelariídas *n.m.pl.* ⇒ **Procelariídeos**

Procelariídeos *n.m.pl.* ORNITOLOGIA família de aves procelariiformes cujo género-tipo se denomina *Procellaria* (Do lat. cient. *Procellaria*, de *procella*, «tempestade» +-*ídeos*)

procelariiformes *n.f.pl.* ORNITOLOGIA ordem de aves palmípedes, de narinas tubulares, que voam sobretudo no mar alto e a que também se dá o nome de tubinares, à qual pertence a alma-de-mestre (Do lat. cient. *procellarĭa*-+*forma-*, «forma»)

proceleusmático *adj.* GRAMÁTICA diz-se do pé do verso, grego ou latino, composto de quatro sílabas breves (Do gr. *prokeleusmatikós*, «id.», pelo lat. *proceleusmatĭcu-*, «id.»)

procélicas *adj.* ZOOLOGIA diz-se das vértebras côncavas na face anterior do corpo e convexas na posterior (Do gr. *pró*, «adiante» +*koîlos*, «côncavo» +-*icas*)

proceloso /ô/ *adj.* **1** relativo a procela **2** sujeito a procelas; tempestuoso; tormentoso **3** agitado; revolto (Do lat. *procellōsu-*, «id.»)

prócer *n.m.* ⇒ **prócere**

prócere *n.m.* homem importante; personagem eminente; magnata (Do lat. *procēre-*, «id.»)

proceridade *n.f.* **1** qualidade de prócero **2** altura; corpulência **3** vigor (Do lat. *proceritāte-*, «alongamento; grande estatura»)

procero *adj.* **1** importante **2** elevado **3** alongado; comprido (Do lat. *procēru-*, «id.»)

processador *n.m.* INFORMÁTICA circuito integrado que, constituindo o órgão central do computador, tem a faculdade de levar a efeito qualquer operação sobre dados; *~ de texto* INFORMÁTICA programa de computador usado para criar, modificar, guardar e imprimir texto (De *processar*+-*dor*, ou do ing. *processor*, «id.»)

processamento *n.m.* **1** ato de processar **2** formação de um processo **3** organização, tratamento (de dados de computador)

4 transformação física, química ou biológica de alimento, material, substância, etc.; **~ de texto** processo de redação, edição, formatação e impressão de textos com recurso a computador (De *processar*+*-mento*)

processão *n.f.* **1** (teologia) emanação de uma pessoa em relação a outra como seu princípio produtivo **2** ⇒ **procedência** (Do lat. *processiōne-*, «ação de ir para diante; marcha»)

processar *v.tr.* **1** DIREITO instaurar um processo a; intentar uma ação judicial contra **2** juntar em pasta (os documentos relativos a um assunto administrativo); organizar **3** conferir para validar; verificar **4** submeter (alimento, material, etc.) a um processo de transformação física, química ou biológica **5** INFORMÁTICA tratar (dados) de forma sistematizada num computador **6** INFORMÁTICA (computador) reconhecer e executar (as instruções fornecidas) **7** [fig.] compreender; assimilar; absorver (algo de novo) ■ *v.pron.* desenrolar-se; acontecer (De *processo*+*-ar*)

processável *adj.2g.* **1** que se pode processar **2** que pode ser processado criminalmente (De *processar*+*-vel*)

processional *adj.2g.* que diz respeito a procissão (Do lat. *processiōne-*, «marcha»+*-al*)

processionalmente *adv.* em forma de procissão (De *processional*+*-mente*)

processionária *n.f.* ZOOLOGIA nome vulgar extensivo aos insetos lepidópteros da família dos Notodontídeos, cujas lagartas se deslocam em fila indiana, entre as quais se incluem as que causam grandes prejuízos nos pinhais (Do lat. *processiōne-*, «procissão»+*-ária*)

processionário *n.m.* livro de preces e orações usado nas procissões ■ *adj.* relativo a procissão (Do lat. *processiōne-*, «procissão»+*-ário*)

processivo *adj.* **1** relativo a processo **2** conflituoso ■ *n.m.* PSICOLOGIA indivíduo com tendência patológica para provocar querelas, reclamar, invocar a lei, intentar processos (De *processo*+*-ivo*)

processo *n.m.* **1** modo de fazer uma coisa; norma; método; sistema **2** ato de proceder ou andar **3** processamento **4** seguimento; decurso **5** DIREITO ação judicial; demanda **6** conjunto das peças relativas a um negócio; *instaurar ~ a* demandar judicialmente; *meter em ~* chamar a juízo, processar (Do lat. *processu-*, «avanço»)

processo-crime *n.m.* ação judicial instaurada por se presumir ter sido praticado um crime

processologia *n.f.* conhecimento ou estudo dos processos que se utilizam numa arte ou numa ciência (Do lat. *processu-*, «processo»+gr. *lógos*, «estudo»+*-ia*)

processológico *adj.* relativo à processologia (De *processologia*+*-ico*)

processual *adj.2g.* DIREITO que diz respeito a processo; judicial (Do lat. *processu-*, «processo»+*-al*)

procidência *n.f.* MEDICINA prolapso ou queda, especialmente do cordão umbilical ou dos membros do feto, dentro do organismo materno (Do lat. *procidentĭa*, part. pres. neut. pl. subst. de *procidĕre*, «cair para diante; deslocar-se»)

procidente *adj.2g.* que cai ou se desloca para a frente (Do lat. *procidente-*, «id.», part. pres. de *procidĕre*, «cair para a frente; deslocar-se para diante»)

procissão *n.f.* **1** marcha solene de carácter religioso **2** cortejo; préstito **3** [fig.] série longa de pessoas que passam ou afluem com o mesmo fim; *ainda a ~ vai no adro* diz-se quando queremos dar a entender que os factos sucedidos não passam do prólogo de outros mais graves que hão de suceder (Do lat. *processiōne-*, «marcha»)

proclama *n.m.* **1** cada um dos anúncios de casamento lidos na igreja **2** banhos; proclamação (Deriv. regr. de *proclamar*)

proclamação *n.f.* **1** ato ou efeito de proclamar **2** aclamação **3** publicação solene **4** escrito que contém o que se proclama (Do lat. *proclamatiōne-*, «gritos violentos»)

proclamador *adj.,n.m.* que ou aquele que proclama (Do lat. *proclamatōre-*, «id.»)

proclamar *v.tr.* **1** anunciar em público, com solenidade e em voz alta **2** publicar oficialmente (lei, decreto); promulgar **3** declarar com ênfase ou veemência **4** anunciar em público a nomeação ou eleição de **5** intitular ou apelidar em público **6** celebrar; glorificar; exaltar ■ *v.pron.* **1** fazer-se aclamar **2** atribuir-se a qualidade de; arvorar-se em (Do lat. *proclamāre*, «gritar em alta voz; exclamar»)

proclamatório *adj.* **1** que tem o carácter de proclamação **2** proclamador (De *proclamar*+*-tório*)

proclinar *v.tr.* **1** inclinar para diante **2** abaixar ■ *v.pron.* debruçar-se (Do lat. *proclināre*, «inclinar para diante»)

próclise *n.f.* emprego de proclítica (Do gr. *pró*, «para adiante»+*klísis*, «inclinação»)

proclítica *n.f.* GRAMÁTICA palavra que, anteposta a outra, fica sujeita à acentuação desta, formando, pronunciada com ela, um todo fonético (ex.: ela não *me* enganou) (De *proclítico*)

proclítico *adj.* **1** relativo a próclise **2** em que há próclise (Do gr. *proklitós*, de *proklínein*, «pender para diante»+*-ico*)

proclive *adj.2g.* com inclinação para diante (Do lat. *proclīve-*, «id.»)

proclividade *n.f.* estado do que é proclive (Do lat. *proclivitāte-*, «id.»)

proco *n.m.* aquele que procura mulher para se casar (Do lat. *procu-*, «o que pretende casamento»)

procônsul *n.m.* antigo governador de uma província romana com autoridade de cônsul (Do lat. *proconsūle-*, «id.»)

proconsulado *n.m.* **1** cargo ou dignidade de procônsul **2** tempo de exercício desse cargo (Do lat. *proconsolātu-*, «id.»)

proconsular *adj.2g.* **1** de procônsul **2** relativo a procônsul (Do lat. *proconsulāre-*, «id.»)

procrastinação *n.f.* ato ou efeito de procrastinar; adiamento; delonga (Do lat. *procrastinatiōne-*, «id.»)

procrastinador *adj.,n.m.* que ou aquele que procrastina, atrasa ou adia (De *procrastinar*+*-dor*)

procrastinar *v.tr.,intr.* transferir para um momento futuro; adiar; protrair; protelar (Do lat. *procrastināre*, «id.»)

procrastinatório *adj.* que procrastina, demora ou adia (De *procrastinar*+*-tório*)

procriação *n.f.* **1** ato ou efeito de procriar; reprodução **2** germinação (Do lat. *procreatiōne-*, «id.»)

procriador *adj.* **1** que procria **2** produtivo ■ *n.m.* **1** aquele que procria **2** criador (Do lat. *procreatōre-*, «id.»)

procriar *v.tr.* **1** fazer nascer; gerar **2** fazer germinar **3** promover a criação de; produzir ■ *v.intr.* **1** germinar **2** multiplicar-se (Do lat. *procreāre*, «id.»)

procronismo *n.m.* anacronismo que atribui a um facto uma data anterior à verdadeira (Do gr. *prókhronos*, «anterior no tempo»+*-ismo*)

proctal *adj.2g.* relativo ao ânus (Do gr. *proktós*, «ânus»+*-al*)

proctalgia *n.f.* MEDICINA dor no ânus; retalgia (Do gr. *proktós*, «ânus»+*álgos*, «dor»+*-ia*)

proctite *n.f.* MEDICINA inflamação do ânus; retite (Do gr. *proktós*, «ânus»+*-ite*)

proct(o)- elemento de formação de palavras que exprime a ideia de *ânus, reto* (Do gr. *proktós*, «ânus»)

proctocele *n.f.* MEDICINA formação herniária no reto (Do gr. *proktós*, «ânus»+*kéle*, «tumor»)

proctologia *n.f.* MEDICINA estudo e tratamento das doenças do reto (De *procto-*+*-logia*)

proctólogo *n.m.* indivíduo que se dedica à proctologia (De *procto-*+*-logo*)

proctoplastia *n.f.* CIRURGIA restauração cirúrgica dos tecidos do reto (Do gr. *proktós*, «ânus»+*plástes*, «modelador»+*-ia*)

proctoscopia *n.f.* MEDICINA exame médico do reto; retoscopia (Do gr. *proktós*, «ânus»+*skopeīn*, «examinar»+*-ia*)

proctoscópio *n.m.* ⇒ **retoscópio** (Do gr. *proktós*, «ânus»+*skopeīn*, «examinar»+*-io*)

proctotomia *n.f.* ⇒ **retotomia** (De *proctótomo*+*-ia*)

proctótomo *n.m.* CIRURGIA instrumento para incisão no reto que se estreitou (Do gr. *proktós*, «ânus»+*tomé*, «corte»)

procumbir *v.intr.* **1** cair para diante **2** prosternar-se; curvar-se (Do lat. *procumbĕre*, «id.»)

procura *n.f.* **1** ato de procurar **2** busca; pesquisa **3** indagação **4** (produto) saída; venda; aceitação **5** ECONOMIA quantidade de um bem ou de um serviço que os consumidores estão dispostos a adquirir a certo preço; *lei da oferta e da ~* ECONOMIA lei que, para os economistas clássicos, determina o valor de troca ou preço das coisas, segundo a qual o preço varia na razão direta da procura e na razão inversa da oferta (Deriv. regr. de *procurar*)

procuração *n.f.* **1** DIREITO poder que alguém confere a outrem para, em seu nome, concluir um ou mais negócios jurídicos **2** DIREITO documento em que o mandante ou constituinte exprime o seu mandato; *~ forense* DIREITO procuração conferida pela parte ao advogado ou solicitador para a parte representar em juízo (Do lat. *procuratiōne-*, «cuidado que se toma a favor de alguém»)

procuradeira *n.f.* a que gosta de procurar, de indagar (De *procurar*+*-deira*)

procurador *adj.* **1** que procura **2** investigador ■ *n.m.* **1** aquele que tem procuração para tratar dos negócios de outrem **2** membro, por escolha ou eleição, de uma assembleia legislativa ou deliberativa

procurador-geral

3 medianeiro; representante 4 administrador; **~ da República** representante do Ministério Público junto de um Tribunal da Relação ou de 2.ª instância; *delegado do ~ da República* representante do Ministério Público junto dos tribunais de 1.ª instância (Do lat. *procuratōre-*, «id.»)

procurador-geral *n.m.* magistrado proposto pelo Governo e nomeado pelo Presidente da República, de importância máxima dentro da hierarquia do Ministério Público

procuradoria *n.f.* ofício, cargo, repartição ou emolumentos do procurador (De *procurador+-ia*)

procuradoria-geral *n.f.* instituição dirigida pelo procurador-geral, onde funcionam os serviços centrais do Ministério Público

procurar *v.tr.* 1 fazer diligências para encontrar; buscar 2 esforçar-se por descobrir por um esforço do pensamento; refletir; indagar; pesquisar; examinar; analisar 3 desejar encontrar-se com 4 dirigir-se para 5 pretender 6 tratar de 7 tentar conseguir; diligenciar 8 tentar obter 9 proporcionar ■ *v.pron.* buscar-se ■ *v.intr.* exercer as funções de procurador (Do lat. *procurāre*, «ocupar-se de»)

procuratoria *n.f.* ⇒ **procuradoria** (Do lat. *procuratōre-*, «procurador»+-*ia*)

procuratório *adj.* que pertence ou se refere a procuração ou ao procurador (Do lat. *procuratoriu-*, «id.»)

procuratura *n.f.* ⇒ **procuradoria** (Do lat. *procurātu-*, «ocupado de»+-*ura*)

procústeo *adj.* ⇒ **procustiano** (De *Procustes*, mitol., assaltante da Ática +-*eo*)

procustiano *adj.* 1 MITOLOGIA relativo ao leito de ferro em que Procustes, assaltante da Ática, torturava os viajantes 2 [fig.] lancinante 3 [fig.] despótico; tirânico (De *Procustes*, mitol. +-*iano*)

prodiagnóstico *n.m.* diagnóstico antecipado pelo qual se reconhecem as tendências que uma pessoa tem para contrair certas doenças (De *pro-+diagnóstico*)

prodigalidade *n.f.* 1 carácter do que é pródigo 2 liberalidade; generosidade 3 esbanjamento 4 profusão (Do lat. *prodigalitāte-*, «id.»)

prodigalíssimo *adj.* {superlativo absoluto sintético de **pródigo**} muito pródigo

prodigalizador *adj.,n.m.* que ou aquele que prodigaliza; pródigo (De *prodigalizar+-dor*)

prodigalizar *v.tr.* 1 gastar prodigamente; dissipar; desperdiçar; esbanjar 2 dar com profusão 3 [fig.] expor ao perigo; arriscar ■ *v.pron.* expor-se (Do lat. *prodigāle-*, «de pródigo» +-*izar*)

prodigamente *adv.* com liberalidade (De *pródiga+-mente*)

prodigar *v.tr.* ⇒ **prodigalizar** (De *pródigo+-ar*)

prodígio *n.m.* 1 coisa surpreendente 2 maravilha; portento 3 milagre (Do lat. *prodigĭu-*, «id.»)

prodigiosamente *adv.* 1 assombrosamente 2 milagrosamente (De *prodigiosa+-mente*)

prodigioso *adj.* 1 que tem o carácter de prodígio; portentoso 2 espantoso; extraordinário 3 estupendo (Do lat. *prodigiōsu-*, «id.»)

pródigo *adj.,n.m.* 1 que ou o que dissipa a fortuna ou a compromete com gastos supérfluos; perdulário; gastador 2 que ou o que é liberal 3 que ou o que é magnânimo; *filho ~* indivíduo arrependido que regressa ao seio da família, depois de ter levado vida desregrada (Do lat. *prodĭgu-*, «id.»)

proditor *n.m.* 1 traidor 2 denunciante (Do lat. *proditōre-*, «revelador; denunciante»)

proditório *adj.* 1 que encerra traição; traiçoeiro 2 aleivoso (Do lat. *proditorĭu-*, «traidor»)

prodrómico *adj.* que diz respeito aos pródromos de uma doença (De *pródromo+-ico*)

pródromo *n.m.* 1 o que anuncia um acontecimento 2 introdução; preâmbulo 3 MEDICINA conjunto de sintomas que indicam próxima manifestação de uma doença; propatia 4 *pl.* primeira produção de um escritor (Do gr. *pródromos*, «mensageiro», pelo lat. *prodrŏmu-*, «precursor»)

produção *n.f.* 1 ato ou efeito de produzir; fabrico 2 facto de produzir ou criar; génese 3 coisa produzida; obra; trabalho; produto 4 conjunto das obras de um autor ou de uma época 5 facto ou forma de se produzir; formação 6 ECONOMIA atividade económica que consiste na transformação de bens ou na prestação de serviços 7 ECONOMIA resultado da atividade de criar ou transformar bens e de prestar serviços 8 CINEMA, TEATRO, TELEVISÃO conjunto de todas as fases da elaboração de um filme, de um espetáculo ou de um programa; *~ de prova* DIREITO exibição de documentos ou testemunhas (Do lat. *productiōne-*, «id.»)

producente *adj.2g.* 1 que produz 2 lógico; concludente; procedente (Do lat. *producente-*, «id.», part. pres. de *producĕre*, «apresentar; produzir»)

produtibilidade *n.f.* qualidade do que é produtível ou produtivo (Do lat. **productibĭle-*, «produtível» +-*i-+-dade*)

produtivamente *adv.* 1 com proveito 2 de modo produtivo (De *produtiva+-mente*)

produtível *adj.2g.* que é suscetível de ser produzido (Do lat. **productibĭle-*, «id.»)

produtividade *n.f.* 1 qualidade daquilo que é produtivo 2 eficiência na produção de alguma coisa; rendimento 3 ECONOMIA relação entre uma dada quantidade produzida e um ou vários fatores necessários para a obter (De *produtivo+-i-+-dade*)

produtivismo *n.m.* doutrina social que considera o desenvolvimento da produção como alvo da evolução social (De *produtivo+-ismo*)

produtivo *adj.* 1 que produz ou pode produzir 2 fértil 3 rendoso; lucrativo (Do lat. *productīvu-*, «id.»)

produto *n.m.* 1 resultado de um processo natural 2 resultado de uma transformação ou de uma operação humana; produção 3 bem obtido da transformação de uma matéria-prima; mercadoria 4 substância química 5 proveito que se tira de uma atividade; benefício; rendimento 6 MATEMÁTICA resultado da multiplicação 7 [fig.] resultado; fruto; *~ interno bruto* ECONOMIA valor do conjunto da produção total de um país e das compras feitas ao exterior durante determinado período; *~ nacional bruto* ECONOMIA soma do valor de bens e serviços produzidos num ano por determinado país (Do lat. *productu-*, «produzido», part. pass. de *producĕre*, «apresentar; mostrar; produzir»)

produtor *adj.* que produz ■ *n.m.* 1 aquele que produz bens ou assegura serviços 2 responsável pelo financiamento e pela organização de um espetáculo, filme ou emissão 3 autor; criador 4 BIOLOGIA ser vivo heterotrófico que é capaz de produzir alimento transformando matéria inorgânica em matéria orgânica, que sintetizam (Do lat. *productōre-*, «id.»)

produtriz *adj.,n.f.* (*masculino* **produtor**) (raramente usado) produtora

produzido *adj.* 1 que se produziu; feito; fabricado 2 [coloq.] vestido de acordo com a última moda 3 [coloq.] elegante; vestido com requinte; bem-arranjado

produzidor *adj.,n.m.* [ant.] ⇒ **produtor** (De *produzir+-dor*)

produzir *v.tr.* 1 dar nascimento ou origem a; fazer existir; criar; gerar 2 estar na origem de; originar; levar a 3 ter como consequência; causar 4 compor (obra) 5 formar através de um processo natural; fornecer 6 dar nascimento a (animais); procriar 7 fazer produtos de consumo; fabricar 8 fornecer resultados através do trabalho; trabalhar 9 obter um benefício; render; frutificar 10 proporcionar 11 promover o aparecimento de 12 alegar (razão) 13 assegurar o financiamento e a organização de um filme, espetáculo ou emissão ■ *v.pron.* 1 fazer-se 2 (coisas) acontecer; passar-se (Do lat. *producĕre*, «id.»)

produzível *adj.2g.* ⇒ **produtível** (De *produzir+-vel*)

proeiro *n.m.* NÁUTICA marinheiro que vigia a proa do navio (De *proa+-eiro*)

proejar *v.tr.* NÁUTICA navegar (em certa direção); aproar (De *proa+-ejar*)

proemial *adj.2g.* pertencente ou respeitante a proémio; preambular (De *proémio+-al*)

proemiar *v.tr.* fazer o proémio a; prefaciar (Do lat. vulg. **prooemiāre*, por *prooemiāri*, «fazer um proémio para»)

proeminar *v.intr.* ser proeminente; sobressair (Do fr. *proéminer*, «id.»)

proeminência *n.f.* 1 qualidade ou estado de proeminente 2 parte proeminente; saliência; relevo 3 elevação de terreno; outeiro 4 [fig.] relevo; destaque (Do lat. *proeminentĭa*, part. pres. neut. pl. subst. de *proeminēre*, «elevar-se; sobressair»)

proeminente *adj.2g.* 1 que forma proeminência; saliente; elevado 2 [fig.] notável; distinto; superior 3 [fig.] importante; considerável (Do lat. *proeminente-*, «id.»)

proeminentemente *adv.* de modo proeminente (Do lat. *proeminente+-mente*)

proémio *n.m.* 1 ⇒ **prefácio** 1 2 ⇒ **exórdio** 3 princípio; início (Do gr. *prooímion*, «id.», pelo lat. *prooemĭu-*, «id.»)

proençal *adj.,n.2g.* ⇒ **provençal** (Do lat. *provinciāle-*, «provinciano», pelo prov. *proensal*, «id.»)

proencefalia *n.f.* TERATOLOGIA qualidade de proencéfalo (De *proencéfalo+-ia*)

proencéfalo n.m. TERATOLOGIA aquele que apresenta a maior parte do encéfalo fora do crânio, na região frontal (Do gr. *pró*, «adiante» +*egképhalos*, «encéfalo»)

proenzima n.f. BIOQUÍMICA substância que dá origem a fermentos; profermento (De *pro-*+*enzima*)

proeza /ê/ n.f. 1 ato de coragem, de valor; façanha 2 [pop.] ato censurável ou escandaloso (Do fr. ant. *proëce*, «id.», hoje *prouesse*, «id.»)

profanação n.f. 1 ato ou efeito de profanar 2 desrespeito ou violação daquilo que é santo; sacrilégio 3 irreverência contra pessoa ou coisa que merece respeito; afronta 4 [fig.] mau uso de uma coisa digna de apreço (Do lat. *profanatiōne-*, «id.»)

profanador adj., n.m. que ou aquele que profana; sacrílego (Do lat. *profanatōre-*, «id.»)

profanar v.tr. 1 dar uso profano a (objeto sagrado) 2 violar a santidade de; tratar com irreverência (coisas sagradas) 3 [fig.] fazer mau uso do que é precioso; macular (Do lat. *profanāre*, «id.»)

profanável adj.2g. suscetível de ser profanado (De *profanar*+-*vel*)

profanete /ê/ adj.2g. 1 um tanto profano 2 livre (De *profano*+-*ete*)

profanidade n.f. 1 qualidade de profano 2 ato ou dito profano; profanação; sacrilégio (Do lat. *profanitāte-*, «gentilidade»)

profano adj. 1 estranho à religião ou ao assunto 2 secular; leigo 3 que não pertence a certa classe ou seita 4 [fig.] que não tem ilustração; ignorante ■ n.m. 1 o que é estranho ou oposto à religião 2 aquele que não é iniciado numa religião 3 aquele que não é iniciado num assunto ou arte; leigo (Do lat. *profānu-*, «id.»)

prófase n.f. HISTOLOGIA primeira fase da cariocinese, quando os cromossomas se apresentam bem definidos no núcleo (Do gr. *pró-*, «diante» +*phásis*, «fase»)

profe n.2g. [coloq.] forma reduzida de *professor(a)*

profecia n.f. 1 predição do futuro por inspiração divina; oráculo 2 prognóstico; vaticínio (Do gr. *prophēteía*, «ação de predizer», pelo lat. *prophetīa-*, «profecia»)

profectício adj. diz-se dos bens que procedem de heranças de ascendentes (Do lat. *profecticĭu-*, «que provém do pai»)

proferição n.f. ato de proferir; prolação (De *proferir*+-*ção*)

proferir v.tr. 1 pronunciar em voz alta; articular; dizer 2 decretar 3 ler (Do lat. *proferĕre, por *proferre*, «levar por diante»)

profermento n.m. ⇒ **proenzima** (De *pro-*+*fermento*)

professante adj., n.2g. que ou a pessoa que professa ou faz profissão (De *professar*+-*ante*)

professar v.tr. 1 reconhecer ou confessar publicamente 2 exercer; praticar 3 [fig.] seguir; abraçar (crença, ideal) 4 dedicar ■ v.intr. proferir votos solenes, ao ingressar numa ordem religiosa ou militar (De *professo*+-*ar*)

professo adj. 1 que professou ou fez votos numa ordem religiosa 2 [fig.] adestrado; hábil ■ n.m. aquele que professou ou fez votos numa ordem religiosa (Do lat. *professu-*, «que declarou», part. pass. de *profitēri*, «declarar; anunciar»)

professor n.m. 1 indivíduo que ensina (uma ciência, uma atividade, uma língua, etc.) 2 pessoa cuja profissão é dar aulas numa escola, num colégio ou numa universidade; docente 3 [fig.] aquele que é versado ou perito em (alguma coisa) (Do lat. *professōre-*, «id.»)

professorado n.m. 1 cargo, funções ou instituição dos professores 2 classe dos professores (De *professor*+-*ado*)

professoral adj.2g. 1 relativo a professor ou ao professorado 2 próprio de professor (De *professor*+-*al*)

professorando n.m. o que está a preparar-se para professor (De *professorar*+-*ando*)

professorar v.intr. exercer o cargo de professor (De *professor*+-*ar*)

profeta n.m. 1 aquele que prediz o futuro por inspiração divina 2 vidente; adivinho 3 [com maiúscula] título que os maometanos dão a Maomé, fundador do islamismo (571 - 632) (Do gr. *prophḗtes*, «id.», pelo lat. *prophēta-*, «id.»)

profético adj. 1 relativo a profeta ou à profecia 2 que tem o dom de predizer o futuro (Do gr. *prophetikós*, «id.», pelo lat. *propheticŭ-*, «id.»)

profetisa n.f. 1 aquela que prediz o futuro por inspiração divina 2 vidente; adivinha (De lat. *prophetissa-*, «id.»)

profetismo n.m. sistema religioso baseado nas predições dos profetas (De *profeta*+-*ismo*)

profetizador adj., n.m. que ou aquele que profetiza (De *profetizar*+-*dor*)

profetizar v.tr. 1 predizer o futuro por inspiração divina; vaticinar 2 prever ou dizer antecipadamente o que há de suceder (Do lat. *prophetizāre*, «id.»)

proficiência n.f. 1 qualidade de proficiente 2 perfeito conhecimento de qualquer assunto 3 competência; mestria 4 utilidade (Do lat. *proficientĭa*, part. pres. neut. pl. de *proficĕre*, «avançar; ter bom êxito»)

proficiente adj.2g. 1 que tem perfeito conhecimento 2 que faz as coisas com proficiência; competente; hábil 3 conhecedor 4 profícuo; vantajoso (Do lat. *proficiente-*, «id.», part. pres. de *proficĕre*, «avançar; ter bom êxito»)

proficientemente adv. com proficiência (De *proficiente*+-*mente*)

proficuamente adv. 1 de modo profícuo 2 com vantagem (De *profícuo*+-*mente*)

proficuidade n.f. qualidade de profícuo; vantagem; utilidade (De *profícuo*+-*i*-+-*dade*)

profícuo adj. proveitoso; útil (Do lat. *proficŭu-*, «id.»)

profiláctico ver nova grafia **profilático**

profilático adj. 1 relativo à profilaxia 2 preventivo (Do gr. *prophylaktikós*, «id.»)

profilaxia /cs/ n.f. MEDICINA conjunto de providências que se tomam para prevenir uma doença ou um contágio; ~ *mental* higiene mental (Do gr. *prophýlaxis*, «precaução» +-*ia*)

profissão n.f. 1 ato ou efeito de professar 2 declaração pública 3 exercício habitual de uma atividade económica como meio de vida; ofício; mister; emprego; ocupação; ~ *de fé* declaração pública da crença religiosa ou opinião política, comunhão solene; ~ *liberal* profissão que se exerce livremente (medicina, advocacia, etc.), qualquer atividade lucrativa, por conta própria, que não seja de natureza comercial ou industrial (Do lat. *professiōne-*, «id.»)

profissional adj.2g. 1 pertencente ou respeitante à profissão 2 que prepara para certas profissões 3 que desempenha o seu trabalho de modo sério, rigoroso, competente ■ n.2g. 1 o que sabe de uma profissão 2 aquele que desempenha o seu trabalho com seriedade, rigor, competência (De *profissional*+-*al*)

profissionalismo n.m. 1 qualidade do que é profissional 2 cumprimento do trabalho com seriedade, rigor, competência; procedimento do que é bom profissional 3 conjunto de profissionais e sua atuação 4 carreira de profissional (De *profissional*+-*ismo*)

profissionalização n.f. ato ou efeito de profissionalizar ou profissionalizar-se (De *profissionalizar*+-*ção*)

profissionalizar v.tr. 1 tornar profissional 2 dar carácter profissional a 3 integrar numa profissão ■ v.pron. 1 tornar-se profissional 2 integrar-se numa profissão, assumindo os deveres e os direitos inerentes a essa profissão (De *profissional*+-*izar*)

profissionalmente adv. 1 relativamente à profissão 2 do ponto de vista profissional (De *profissional*+-*mente*)

profitente adj.2g. que professa uma doutrina ou religião (Do lat. *profitente-*, «id.», part. pres. de *profitēri*, «declarar publicamente; anunciar»)

profiterole n.m. CULINÁRIA pequeno bolo arredondado de massa fofa, geralmente recheado com creme abaunilhado e coberto com molho de chocolate quente e por vezes natas

profligação n.f. 1 ato ou efeito de profligar 2 derrocada; ruína (Do lat. *profligatiōne-*, «id.»)

profligador adj., n.m. que ou aquele que profliga, destrói ou derruba (Do lat. *profligatōre-*, «id.»)

profligar v.tr. 1 deitar por terra 2 deitar por terra; derrubar; destruir; arruinar; derrotar 3 corromper (Do lat. *profligāre*, «id.»)

profluente adj.2g. (CURSO DE ÁGUA) que corre em determinada direção (Do lat. *profluente-*, «id.», part. pres. de *profluĕre*, «correr para diante»)

proflúvio n.m. [ant.] corrimento; descarga (Do lat. *profluvĭu-*, «id.»)

pro forma loc.adv. por formalidade; para salvar as aparências (Do lat. *pro forma*)

pró-forma n.m. 1 formalidade 2 fórmula ■ adj.2g. 1 formal 2 que vale só pela forma (e não pelo conteúdo) 3 feito para salvar as aparências (Do lat. *pro*, «por; em razão de; segundo» +*forma-*, «forma»)

prófugo adj. 1 fugitivo; desertor 2 errante; vagabundo; vadio (Do lat. *profŭgu-*, «id.»)

profundador adj., n.m. 1 que ou aquele que profunda 2 investigador (De *profundar*+-*dor*)

profundamente adv. 1 intimamente 2 em alto grau 3 muito (De *profundo*+-*mente*)

profundar v.tr., pron. ⇒ **aprofundar** (De *profundo*+-*ar*)

profundas n.f.pl. 1 [pop.] parte mais funda 2 [pop.] Inferno (De *profundo*)

profundável adj.2g. que se pode profundar (De *profundar*+-*vel*)

profundez /ê/ n.f. ⇒ **profundidade** (De *profundo*+-*ez*)

profundeza /ê/ n.f. ⇒ **profundidade** (De *profundo*+-*eza*)

profundidade *n.f.* 1 qualidade do que é profundo 2 distância da superfície ou da entrada até ao fundo; fundura 3 uma das três dimensões dos corpos, equivalente à altura ou à espessura 4 densidade de pensamento 5 [fig.] qualidade do que vai ao fundo das coisas 6 [fig.] grande penetração de espírito 7 [fig.] qualidade do que é duradouro; qualidade do que não é superficial (Do lat. *profunditāte-*, «id.»)

profundo *adj.* 1 cujo fundo está muito baixo ou fica muito longe em relação às bordas ou à superfície; muito fundo; baixo; inferior 2 que penetra muito; que vai muito ao interior 3 cavado 4 (ruga, traço) muito marcado 5 (voz) grave 6 (cor) escuro; carregado 7 [fig.] (pensamento, saber) que vai ao fundo das coisas; que não é superficial; penetrante 8 [fig.] difícil de atingir; interior; impenetrável 9 [fig.] difícil de compreender 10 [fig.] (sentimento) intenso; forte 11 [fig.] grande; extremo; absoluto; completo ■ *adv.* 1 fundo 2 profundamente ■ *n.m.* 1 profundidade 2 inferno; *psicologia profunda* psicanálise (Do lat. *profundu-*, «id.»)

profundura *n.f.* ⇒ **profundidade** (De *profundo*+*-ura*)

profusamente *adv.* 1 abundantemente 2 largamente 3 de modo profuso (De *profuso*+*-mente*)

profusão *n.f.* 1 grande quantidade ou abundância 2 dispêndio excessivo; prodigalidade (Do lat. *profusiōne-*, «id.»)

profuso *adj.* 1 que se espalha com abundância 2 exuberante; copioso 3 prolixo 4 muito gastador; pródigo (Do lat. *profūsu-*, «id.», part. pass. de *profundĕre*, «espalhar com abundância»)

progamia *n.f.* BIOLOGIA antiga hipótese segundo a qual o sexo está determinado no óvulo, portanto, antes da fecundação (Do gr. *pró*, «antes» +*gámos*, «união legítima» +*-ia*)

progâmico *adj.* 1 BIOLOGIA relativo à progamia 2 que tem lugar antes da fecundação (Do gr. *pró*, «antes» +*gámos*, «união legítima» +*-ico*)

progénie *n.f.* 1 procedência; origem 2 ascendência; linhagem 3 progenitura; geração (Do lat. *progenĭe-*, «id.»)

progénito *adj.* 1 que provém por geração 2 descendente (Do lat. *progenĭtu-*, «id.», part. pass. de *progignĕre*, «gerar; dar ao mundo»)

progenitor *n.m.* 1 aquele que gera anteriormente ao pai; ascendente; avô 2 procriador; pai 3 iniciador; promotor; criador; fundador 4 *pl.* avós; antepassados; pais (Do lat. *progenitōre-*, «avô; antepassado»)

progenitura *n.f.* 1 descendência 2 progénie (De *progénito*+*-ura*)

pró-germânico *adj.* que defende ou simpatiza com o que é germânico ou alemão

progestativo *adj.* 1 FISIOLOGIA que permite a gravidez, ao provocar uma alteração da mucosa uterina favorável à implantação do ovo 2 FARMÁCIA que tem as propriedades da progesterona ■ *n.m.* FARMÁCIA substância hormonal natural ou sintética que tem as propriedades da progesterona (De *pro-*+*gesta*(*ção*)+*-t-*+*-ivo*)

progesterona *n.f.* FISIOLOGIA hormona sexual feminina que, segregada pelo ovário após a ovulação e mais tarde pela placenta, impede a ovulação durante a gravidez e regula o crescimento do útero (De *pro-*+*gest*(*ação*)+*ester*(*ol*)+*-ona*)

proglote *n.f.* ZOOLOGIA cada um dos segmentos de uma ténia, chamados vulgarmente pevides e sementes (Do gr. *proglottís, ídos*, «ponta da língua»)

proglótide *n.f.* ZOOLOGIA ⇒ **proglote**

prognatismo *n.m.* 1 ANTROPOLOGIA qualidade do que é prógnato 2 conformação da face que tem maxilas alongadas (De *prógnato*+*-ismo*)

prógnato *adj.* diz-se do indivíduo ou do crânio que tem maxilas alongadas ou proeminentes, tratando-se especialmente dos primatas (Do gr. *pró*, «para diante» +*gnáthos*, «maxila»)

progne *n.f.* 1 [poét.] andorinha 2 [fig., poét.] primavera (Do lat. *Progne-*, mitol., esposa de Tereu, rei da Trácia, que foi transformada em andorinha)

prognose *n.f.* 1 MEDICINA doutrina hipocrática das doenças agudas, febris, relativamente aos seus sintomas, marcha, crises e soluções 2 ciência da marcha e dos sintomas da doença 3 previsão de evolução futura com base no conhecimento da evolução de outras situações semelhantes e das condições aplicáveis (Do gr. *prógnosis*, «conhecimento prévio», pelo lat. tard. *prognōse-*, «id.»)

prognosticador *adj.,n.m.* que ou aquele que prognostica (De *prognosticar*+*-dor*)

prognosticar *v.tr.* 1 prever, com base em dados reais; fazer o prognóstico de 2 predizer; pressagiar; profetizar ■ *v.intr.* estabelecer o prognóstico de uma doença (De *prognóstico*+*-ar*)

prognóstico *n.m.* 1 conjetura sobre o que vai suceder, como base em dados reais; previsão 2 sinal de acontecimento futuro; indício 3 MEDICINA parecer do médico, baseado no diagnóstico do paciente, acerca da evolução e das consequências prováveis de uma doença ou de uma lesão ■ *adj.* [pop.] sentencioso; doutoral; pronóstico (Do gr. *prognostikós*, «indício do que deve acontecer», pelo lat. *prognostĭcu-*, «prognóstico»)

programa *n.m.* 1 descrição por escrito das diversas partes de uma cerimónia, festival, espetáculo ou concurso 2 conjunto dos espetáculos, das atividades ou emissões descritas 3 emissão radiofónica ou televisiva 4 índice das matérias de um curso 5 conjunto dos conhecimentos e temas abordados num ano letivo; ciclo de estudos que constituem a matéria de um exame ou de um concurso 6 exposição resumida que um partido ou governo faz dos seus princípios e do caminho que se propõe seguir 7 projeto 8 desígnio; objetivo 9 conjunto de condições a preencher na execução de um trabalho 10 atividade ou conjunto de atividades planeadas para um dado período 11 INFORMÁTICA conjunto completo de instruções, em linguagem de código, que indica ao computador, passo a passo, como determinada tarefa deverá ser executada (Do gr. *prógramma, -atos*, «cartaz», pelo lat. *programma*, «id.»)

programação *n.f.* 1 ato ou efeito de programar ou estabelecer um programa 2 conjunto e organização dos programas 3 plano; esboço 4 ECONOMIA técnica econométrica que visa distribuir por várias atividades os meios de produção, de modo a tornar máximo o aproveitamento desses meios 5 INFORMÁTICA elaboração de um programa para computador (De *programar*+*-ção*)

programador *n.m.* 1 aquele que programa ou organiza 2 INFORMÁTICA especialista que desenvolve e aperfeiçoa programas de computador ■ *adj.* que programa (Do ing. *programmer*, «id.»)

programar *v.tr.* fazer o programa ou a programação de (De *programa*+*-ar*)

programático *adj.* relativo a programa (Do gr. *prógramma, -atos*, «programa» +*-ico*)

programatizar *v.tr.* ⇒ **programar** (Do gr. *prógramma, -atos*, «programa» +*-izar*)

progredimento *n.m.* ato ou efeito de progredir; progresso (De *progredir*+*-mento*)

progredir *v.intr.* 1 fazer progresso 2 ir aumentando; desenvolver-se 3 prosseguir; avançar (Do lat. **progredēre*, por *progrĕdi*, «avançar»)

progressão *n.f.* 1 aumento gradual 2 progresso; ~ *aritmética* MATEMÁTICA sucessão de números ou quantidades em que é constante a diferença entre dois termos consecutivos (consequente-antecedente); ~ *geométrica* MATEMÁTICA sucessão em que é constante o quociente entre dois termos consecutivos (consequente-antecedente) (Do lat. *progressiōne-*, «progresso; desenvolvimento»)

progressismo *n.m.* 1 nome dado a um movimento político-religioso de meados do século XX, constituído por católicos, que procurava integrar no cristianismo certas conceções do marxismo comunista 2 doutrina política progressista (De *progresso*+*-ismo*, ou do fr. *progressisme*, «id.»)

progressista *adj.2g.* 1 que professa ideias políticas e sociais avançadas 2 que é partidário do progresso 3 que segue o progressismo ■ *n.2g.* 1 pessoa que professa ideias políticas e sociais avançadas 2 POLÍTICA partidário do progressismo (De *progresso*+*-ista*, ou do fr. *progressiste*, «id.»)

progressividade *n.f.* qualidade de progressivo (De *progressivo*+*-i-*+*-dade*)

progressivo *adj.* 1 que faz progressos 2 que avança gradualmente 3 que segue uma progressão (De *progresso*+*-ivo*)

progresso *n.m.* 1 movimento para diante 2 evolução gradual de um ser ou de uma atividade 3 aumento gradual 4 melhoramento; aperfeiçoamento 5 adiantamento (Do lat. *progressu-*, «que avançou», part. pass. de *progrĕdi*, «avançar; ir para diante»)

proibição *n.f.* 1 ato ou efeito de proibir; interdição 2 veto (Do lat. *prohibitiōne-*, «id.»)

proibicionismo *n.m.* prática de adotar medidas legais de restrição ou proibição de determinadas atividades ou produtos (De *proibição*+*-ismo*)

proibicionista *adj.2g.* 1 que realiza uma prática de proibicionismo 2 que proíbe ■ *n.2g.* partidário do proibicionismo (De *proibição*+*-ista*)

proibido *adj.* 1 que se proibiu; que não é consentido 2 que não é permitido por lei; ilícito; ilegal (Part. pass. de *proibir*)

proibidor *adj.,n.m.* que ou aquele que proíbe (Do lat. *prohibitōre-*, «o que proíbe»)

proibir *v.tr.* 1 impedir que se faça 2 ordenar que não se faça 3 obstar a; opor-se a 4 vedar 5 vetar 6 interdizer 7 opor-se à execução de (Do lat. *prohibēre*, «id.»)

proibitivamente adv. 1 de modo impeditivo 2 com proibição (De *proibitivo*+*-mente*)
proibitivo adj. 1 que proíbe ou impede 2 em que há proibição 3 impeditivo 4 tão elevado no preço, que torna impossível a compra (De *proibir*+*-tivo*)
proibitório adj. ⇒ **proibitivo** (Do lat. *prohibitoriŭ-*, «id.»)
proiz n.m. NÁUTICA cabo com que se amarra uma embarcação à terra pela proa (Do cast. *proís*, «id.»)
projeção n.f. 1 ato ou efeito de projetar ou projetar-se 2 ato de lançar, de projetar para a frente; lançamento; arremesso 3 o que é projetado ou lançado 4 ação de projetar uma imagem ou filme numa tela ou ecrã 5 imagem projetada 6 GEOGRAFIA sistema de representação de uma parte da Terra ou da esfera celeste, como projeção sobre um plano 7 PSICOLOGIA mecanismo pelo qual o indivíduo projeta inconscientemente fora de si o que experimenta em si mesmo; ato pelo qual o indivíduo atribui aos outros os seus próprios sentimentos ou manifesta nas suas obras a sua natureza própria 8 GEOMETRIA imagem sobre uma superfície e referida a determinado ponto de vista; *~ de um ponto sobre um plano* traço que tem, no plano de projeção, a reta que une o ponto a projetar com o centro de projeção; *sistema de ~* par ordenado, constituído por um plano (plano de projeção) e por um ponto exterior ao plano (centro de projeção); *sistema de ~ cilíndrica* sistema em que as projetantes são paralelas (centro de projeção a distância infinita); *sistema de ~ cónica* sistema em que as projetantes são concorrentes (centro de projeção a distância finita); *sistema de ~ ortogonal* sistema em que as projetantes são perpendiculares ao plano de projeção (Do lat. *projectione-*, «id.»)
projecção ver nova grafia projeção
projeccionista ver nova grafia projecionista
projecionista n.2g. profissional de projeções cinematográficas (Do lat. *projectiōne-*, «projeção» +*-ista*, ou do fr. *projectionniste*, «id.»)
projectação ver nova grafia projetação
projectante ver nova grafia projetante
projectar ver nova grafia projetar
projéctil ver nova grafia projétil
projectista ver nova grafia projetista
projectivo ver nova grafia projetivo
projecto ver nova grafia projeto
projector ver nova grafia projetor
projectura ver nova grafia projetura
projetação n.f. ⇒ **projeção** (De *projectar*+*-ção*)
projetante adj.2g. 1 que projeta 2 GEOMETRIA designativo da superfície definida por uma linha e a sua projeção sobre um plano ■ n.f. 1 GEOMETRIA reta que liga um ponto com a sua projeção numa superfície 2 GEOMETRIA superfície definida por uma linha e a sua projeção sobre um plano (De *projectar*+*-ante*)
projetar v.tr. 1 lançar longe; arremessar; arrojar 2 fazer cair sobre; fazer incidir 3 representar por meio de projeções 4 lançar de si 5 formar o projeto de; planear ■ v.pron. 1 delinear-se 2 prolongar-se 3 incidir; cair (Do lat. *projectāre*, «lançar para diante»)
projétil adj.2g. que pode ser arremessado ■ n.m. 1 qualquer objeto que se arremessa 2 MILITAR bala ou granada disparada por uma boca de fogo (Do fr. *projectile*, «id.»)
projetista adj.2g. 1 que elabora projetos 2 maquinador ■ n.2g. 1 pessoa que elabora projetos 2 pessoa que prepara projetos em atividade industrial 3 aquele que maquina ou trama (De *projecto*+*-ista*)
projetivo adj. 1 relativo a projeção 2 PSICOLOGIA que projeta estados interiores ou que suscita essa projeção; *teste ~* teste que tem por fim levar o indivíduo a manifestar o seu carácter ou a exteriorizar os seus complexos (De *projectar*+*-ivo*)
projeto n.m. 1 plano para a realização de um ato; esboço 2 representação gráfica e escrita, acompanhada de um orçamento que torne viável a realização de uma obra 3 cometimento; empresa 4 desígnio; tenção 5 FILOSOFIA na filosofia existencial, aquilo para que o homem tende e é constitutivo do seu ser verdadeiro; *~ de lei* DIREITO proposta apresentada à assembleia legislativa para ser discutida e convertida em lei (Do lat. *projectu-*, «lançado», part. pass. de *projicĕre*, «lançar para a frente»)
projetor n.m. 1 aparelho que envia à distância, e com grande intensidade, a luz de um foco 2 aparelho de projeção de imagens sobre uma tela, utilizando diapositivos, filmes, gravuras, etc. (Do fr. *projecteur*, «id.»)
projetura n.f. qualquer saliência externa da parede de um edifício, fora da linha de prumo (Do lat. *projectūra-*, «id.»)
prol n.m. 1 proveito 2 vantagem; *em ~ de* a favor de, em defesa de (Do lat. *prode-*, «útil», de *prodesse*, «ser útil»?)

prolação n.f. 1 ato ou efeito de proferir 2 pronúncia 3 delonga; adiamento (Do lat. *prolatiōne-*, «demora»)
prolactina n.f. FISIOLOGIA hormona segregada pela hipófise e que favorece a secreção da progesterona, protege a mucosa uterina durante a gravidez e induz a lactação depois do parto
prolapso n.m. MEDICINA deslocação de um órgão ou parte dele para fora do seu lugar normal, também denominada descida, queda, etc. (Do lat. *prolapsu-*, «que caiu», part. pass. de *prolābi*, «cair para a frente; resvalar para a frente»)
prolator n.m. aquele que promulga uma lei (Do lat. *prolatōre-*, «id.»)
prole n.f. 1 descendência; progénie; conjunto de filhos 2 [fig.] sucessão (Do lat. *prole-*, «id.»)
prolegómenos n.m.pl. 1 introdução expositiva de uma obra, onde assentam os princípios necessários à sua boa compreensão 2 conjunto de noções preliminares de uma ciência ou arte 3 período preparatório ou de iniciação (Do gr. *prolegómena*, «coisas que se dizem antes; preliminares»)
prolepse n.f. 1 ocorrência prematura de algo; antecipação 2 recurso estilístico que consiste em prevenir as possíveis objeções, refutando-as antecipadamente, ou fazendo-as a si próprio e refutando-as seguidamente 3 LITERATURA antecipação, no discurso narrativo, de um evento acontecido mais tarde no plano da história (opõe-se à analepse) (Do gr. *prólepsis*, «id.», pelo lat. *prolepse-*, «id.»)
proléptico adj. 1 relativo à prolepse 2 em que há prolepse (Do gr. *proleptikós*, «que se antecipa»)
proletariado n.m. 1 classe dos proletários 2 estado de pessoa proletária (De *proletário*+*-ado*)
proletário n.m. 1 HISTÓRIA membro de uma classe pobre que, na antiga Roma, só era útil à República, em vista dos filhos que procriava 2 aquele cujos recursos provêm apenas do seu trabalho manual 3 indivíduo pobre que vive do seu trabalho mal remunerado (Do lat. *proletariŭ-*, «id.»)
proletarizar v.tr.,pron. tornar(-se) proletário (De *proletário*+*-izar*)
prolfaça n.m. 1 (raramente usado) cumprimento que se dirige aos noivos por ocasião do casamento 2 ⇒ **parabéns** (De *prole*+*faça*, do v. *fazer*, [= «prole faça!»])
proliferação n.f. 1 ato de proliferar 2 multiplicação de uma célula por divisão 3 reprodução (De *proliferar*+*-ção*)
proliferar v.intr. 1 reproduzir-se; procriar; ter prole; prolificar 2 multiplicar-se (De *prolífero*+*-ar*)
prolífero adj. 1 que produz prole 2 que produz indivíduos da sua espécie 3 prolífico (Do lat. *prole-*, «prole» +*ferre*, «produzir»)
prolificação n.f. 1 ato ou efeito de prolificar 2 criação; geração 3 multiplicidade de órgãos rudimentares de carácter anormal (De *prolificar*+*-ção*)
prolificar v.intr. ⇒ **proliferar** (De *prolífico*+*-ar*)
prolificidade n.f. 1 qualidade do que é prolífico 2 fecundidade (De *prolífico*+*-i-*+*-dade*)
prolífico adj. 1 que tem prole numerosa 2 que tem a faculdade de gerar; fecundante 3 fecundo; produtivo 4 prolífero; prolígero (Do lat. *prole-*, «prole» +*facĕre*, «fazer»)
prolígero adj. 1 que produz 2 que contém germe reprodutor 3 prolífico (Do lat. *prole-*, «prole» +*gerĕre*, «produzir»)
prolina n.f. BIOQUÍMICA aminoácido que resulta da hidrólise das proteínas naturais e que contribui em grande escala para a formação dos açúcares (Do fr. *proline*, «id.»)
prolixidade /cs/ n.f. 1 qualidade ou defeito daquilo ou daquele que é prolixo 2 exposição fastidiosa e inútil de palavras ou argumentos 3 difusão (Do lat. *prolixitāte-*, «id.»)
prolixo /cs/ adj. 1 expresso por muitas palavras; difuso 2 superabundante 3 extenso 4 fastidioso; enfadonho (Do lat. *prolixu-*, «alongado; prolixo»)
prologal adj.2g. 1 relativo a prólogo 2 em forma de prólogo (De *prólogo*+*-al*)
prologar v.tr. fazer o prólogo de; prefaciar (De *prólogo*+*-ar*)
prólogo n.m. 1 pequeno discurso que antecede uma obra escrita; prefácio; preâmbulo 2 primeiro ato de um drama em que se representam sucessos anteriores à ação principal do mesmo 3 parte inicial de um acontecimento; início (Do gr. *prólogos*, «o que se diz antes», pelo lat. *prolŏgu-*, «prólogo»)
prolonga n.f. 1 ato de prolongar; delonga; demora 2 corda que, nas antigas peças de artilharia, ligava o reparo ao armão (Deriv. regr. de *prolongar*)
prolongação n.f. 1 ato ou efeito de prolongar 2 prolongamento; dilatação; dilação (De *prolongar*+*-ção*)
prolongamento n.m. 1 ato ou efeito de prolongar(-se); prolongação 2 aumento do tamanho ou da extensão; acréscimo

prolongar

3 aumento da duração de algo; continuação **4** transferência para data posterior; adiamento; dilação **5** aquilo que se acrescenta a alguma coisa para a tornar mais longa; ampliação **6** DESPORTO período suplementar de jogo para além dos 90 minutos regulamentares em caso de empate das equipas, quando é necessário apurar um único vencedor (De *prolongar*+*-mento*)

prolongar *v.tr.* **1** tornar mais longo; dilatar **2** continuar; estender **3** fazer durar mais tempo; demorar **4** dirigir ao longo de **5** espraiar ■ *v.pron.* **1** durar **2** continuar; estender-se (Do lat. *prolongāre*, «id.»)

prolongável *adj.2g.* que se pode prolongar, estender ou demorar (De *prolongar*+*-vel*)

proloquial *adj.2g.* **1** que diz respeito a prolóquio **2** que encerra um prolóquio **3** axiomático (De *prolóquio*+*-al*)

prolóquio *n.m.* dito sentencioso; provérbio; máxima; ditado; rifão (Do lat. *proloquĭu-*, «proposição»)

prolusão *n.f.* prelúdio; preâmbulo (Do lat. *prolusiōne-*, «id.»)

promanar *v.tr.* proceder; dimanar; provir (Do lat. *promanāre*, «id.»)

promécio *n.m.* QUÍMICA elemento radioativo, com o número atómico 61 e símbolo Pm, que faz parte dos chamados metais das terras raras (De *Prometeu*, mitol., génio do fogo)

promessa *n.f.* **1** ato ou efeito de prometer **2** coisa prometida; prometimento **3** compromisso de executar algo ou realizar um ato; contrato **4** voto feito a Deus ou aos santos para se obter uma graça **5** [fig.] esperança trazida por acontecimento ou coisa (Do lat. *promissa-*, «prometida», part. pass. fem. subst. de *promittĕre*, «prometer», pelo fr. *promesse*, «id.»)

prometedor *adj.,n.m.* **1** que ou o que promete **2** que ou o que dá esperanças (De *prometer*+*-dor*)

prometedoramente *adv.* **1** de modo prometedor **2** esperançosamente (De *prometedor*+*-mente*)

prometeico *adj.* relativo ou semelhante a Prometeu, génio do fogo na mitologia romana (De *Prometeu*, mitol. +*-ico*)

prometer *v.tr.* **1** obrigar-se a fazer ou a dar **2** certificar; asseverar **3** oferecer probabilidades ou esperanças de **4** predizer; anunciar ■ *v.intr.* **1** fazer prometimento ou promessa **2** dar sinais de bom ou mau futuro, de boa ou má produção; ~ *mundos e fundos* fazer oferecimentos exagerados (Do lat. *promittĕre*, «id.»)

prometido *adj.* **1** asseverado com promessa **2** reservado em consequência de promessa; destinado ■ *n.m.* **1** coisa que se prometeu **2** noivo (Part. pass. de *prometer*)

prometimento *n.m.* **1** ato ou efeito de prometer; promessa **2** compromisso (De *prometer*+*-mento*)

promiscuidade *n.f.* **1** reunião de indivíduos muito diferentes, cuja mistura ou intimidade é considerada contrária aos bons costumes **2** carácter do que se considera desagradável, pela vizinhança de grande número de pessoas, pela falta de higiene ou pela falta de intimidade **3** [fig.] mistura confusa e desordenada; ~ *sexual* facto de manter relações sexuais com grande número de parceiros (De *promíscuo*+*-i-*+*-dade*)

promiscuir-se *v.pron.* **1** misturar-se **2** intrometer-se (De *promiscuo*+*-ir*)

promíscuo *adj.* **1** em que há promiscuidade **2** misturado **3** confuso; indistinto **4** (PESSOA) que tem relações sexuais com inúmeros parceiros **5** [ant.] diz-se dos nomes epicenos (Do lat. *promiscŭu-*, «id.»)

promissão *n.f.* **1** promessa **2** coisa prometida; *Terra da Promissão* RELIGIÃO terra de Canaã, prometida por Jeová aos Hebreus como último local da sua vida errante, Paraíso, bem-aventurança (Do lat. *promissiōne-*, «promessa»)

promissivo *adj.* ⇒ **promissório** (Do lat. *promissīvu-*, «id.»)

promissor *adj.,n.m.* que ou aquele que promete; promitente (Do lat. *promissōre-*, «prometedor»)

promissória *n.f.* ECONOMIA título que representa uma quantia em depósito a prazo e no qual o emitente se confessa devedor; livrança (De *promissório*)

promissório *adj.* **1** relativo a promessa **2** que encerra promessa (Do lat. *promissōre-*, «que promete»+*-io*)

promitente *adj.,n.2g.* ⇒ **promissor** (Do lat. *promittente-*, «id.», part. pres. de *promittĕre*, «prometer»)

promoção *n.f.* **1** ato ou efeito de promover **2** acesso a cargo ou a categoria superior; nomeação **3** requerimento do Ministério Público para que se proceda a certos atos judiciais **4** conjunto das técnicas publicitárias utilizadas para fazer vender um produto ou para dar a conhecer um estabelecimento **5** redução de preços **6** [fig.] progresso; melhoria (De *promotiōne-*, «id.»)

promocional *adj.2g.* **1** relativo a promoção **2** que tem carácter de promoção (Do lat. *promotiōne-*+*-al* ou do ing. *promotional*, «id.»)

promontorial *adj.2g.* referente a promontório (De *promontório*+*-al*)

promontório *n.m.* GEOGRAFIA cabo formado por rochas escarpadas (Do lat. *promontorĭu-*, «id.»)

promotor *adj.* que promove ■ *n.m.* **1** aquele que promove **2** fomentador; excitador **3** impulsionador **4** causador; fautor **5** DIREITO funcionário judicial que promove o andamento das causas; ~ *de justiça militar* oficial que desempenha as funções de delegado do Ministério Público nos tribunais militares (Do lat. *promotōre-*, «que põe em movimento»)

promotoria *n.f.* cargo, secretaria ou repartição do promotor (De *promotor*+*-ia*)

promovedor *adj.,n.m.* que ou aquele que promove; promotor (De *promover*+*-dor*)

promover *v.tr.* **1** fazer avançar **2** dar impulso a; diligenciar; propagar; difundir **3** originar; fomentar; desenvolver **4** instituir **5** elevar a posto ou a dignidade superior **6** requerer, propondo a execução de certos atos (Do lat. *promovēre*, «impelir para adiante»)

promulgação *n.f.* **1** ato ou efeito de promulgar **2** ato pelo qual o chefe de Estado declara a existência de uma lei e ordena a sua execução (Do lat. *promulgatiōne-*, «id.»)

promulgador *adj.,n.m.* que ou aquele que promulga (Do lat. *promulgatōre-*, «id.»)

promulgar *v.tr.* **1** publicar oficialmente (lei, decreto) **2** tornar público; divulgar (Do lat. *promulgāre*, «id.»)

promulgativo *adj.* que promulga; promulgador (De *promulgar*+*-tivo*)

pronação *n.f.* **1** movimento dado à mão, de forma que o polegar fique ao lado do corpo e a palma para baixo **2** estado da mão nessa posição (Do fr. *pronation*, «id.»)

pronador *n.m.,adj.* ANATOMIA músculo ou designativo do músculo com que se executa a pronação (Do fr. *pronateur*, «id.»)

pronau *n.m.* ARQUITETURA vestíbulo de um templo grego formado pela colunata da fachada (Do gr. *prónaon*, «id.»)

prónefro *n.m.* BIOLOGIA formação no embrião dos vertebrados, relacionada com o desenvolvimento dos órgãos excretores, que antecede o mesónefro, que constitui o rim funcional dos ciclóstomos e que também se denomina rim precursor (Do gr. *pró*, «antes» +*nephrós*, «rim»)

proníg rado *adj.* **1** designativo da locomoção que se executa sobre os quatro membros locomotores e com o corpo horizontal **2** diz-se do animal que se desloca dessa forma (Do lat. *pronu-*, «inclinado para a frente»+*gradu-*, «modo de andar»)

prono *adj.* **1** inclinado para diante **2** prosternado **3** [fig.] propenso; disposto (Do lat. *pronu-*, «id.»)

pronome *n.m.* GRAMÁTICA palavra que se emprega em vez de um grupo nominal ou que refere diretamente os participantes do discurso (Do lat. *pronōmen*, «id.»)

pronominal *adj.2g.* **1** que diz respeito a pronome **2** equivalente a pronome **3** GRAMÁTICA designativo do verbo conjugado com pronomes pessoais átonos (Do lat. *pronomināle-*, «id.»)

pronominalização *n.f.* LINGUÍSTICA substituição de um nome ou de um grupo nominal por um pronome (De *pronominalizar*+*-ção*)

pronominalizar *v.tr.* LINGUÍSTICA substituir (nome ou grupo nominal) por um pronome (De *pronominal*+*-izar*)

pronominalmente *adv.* **1** de modo pronominal **2** juntamente com o pronome (De *pronominal*+*-mente*)

pronominar *v.tr.* apor pronomes a (Do lat. tard. *pronomināre*, «id.»)

pronóstico *n.m.* ⇒ **prognóstico** *n.m.* ■ *adj.* ⇒ **pernóstico** (De *prognóstico*)

pronoto *n.m.* ZOOLOGIA face dorsal do primeiro segmento dos insetos (Do gr. *pró*, «adiante»+*nōtos*, «costas»)

prontamente *adv.* **1** com prontidão **2** sem demora (De *pronto*+*-mente*)

prontidão *n.f.* **1** qualidade do que é pronto **2** presteza; desembaraço **3** brevidade **4** facilidade de perceção ou de execução (De *pronto*+*-idão*)

prontificação *n.f.* ato ou efeito de prontificar ou de se prontificar (De *prontificar*+*-ção*)

prontificar *v.tr.* **1** pôr pronto; aprontar **2** facilitar **3** ministrar **4** oferecer ■ *v.pron.* **1** declarar-se disposto a **2** oferecer o seu préstimo **3** oferecer-se (Do lat. *promptu-*, «pronto»+*facĕre*, «fazer»+*-ar*)

pronto *adj.* **1** que não se demora; rápido; instantâneo; imediato **2** que está acabado; terminado **3** livre **4** que está disposto a, preparado **5** apto **6** presente ■ *adv.* com prontidão ■ *n.m.* soldado que acabou com aproveitamento o seu período de instrução; *a* ~ em que a

dívida é saldada no ato de transação; *de ~* num instante, num abrir e fechar de olhos; *num ~* rapidamente (Do lat. *promptu*-, «id.»)

pronto-a-comer *n.m.* restaurante que serve rapidamente comida anteriormente preparada

pronto-a-vestir *n.m.* 1 vestuário de confeção produzido em diferentes medidas à escala industrial, para ser vestido tal como é apresentado ou depois de sofrer pequenos ajustamentos 2 loja comercial onde se vende vestuário deste tipo (Adaptado do fr. *prêt-à-porter*, «id.»)

pronto-socorro *n.m.* 1 viatura destinada a transportar ao hospital doentes ou feridos, em casos de urgência 2 veículo que serve para conduzir prontamente os bombeiros, material ou qualquer pessoal para acudir a um sinistro 3 [Brasil] ⇒ **urgência 5**

prontuário *n.m.* 1 livro que contém indicações úteis e dispostas de modo a achar-se facilmente aquilo que se deseja saber 2 lugar onde se colocam as coisas que são precisas a qualquer momento; *~ ortográfico* prontuário que regista a grafia correta dos vocábulos de uma língua (Do lat. *promptuariŭ*-, «despensa; armazém»)

prónubo *adj.* 1 [poét.] respeitante à noiva ou ao noivo 2 casamenteiro (Do lat. *pronŭbu*-, «nupcial»)

pronúcleo *n.m.* HISTOLOGIA nome que se dá aos núcleos do espermatozoide e do óvulo animal (Do lat. *pro*, «anterioridade» +*nuclĕu*-, «núcleo»)

pronúncia *n.f.* 1 ato ou modo de pronunciar 2 articulação dos sons ou sílabas; prolação 3 DIREITO despacho judicial que remete uma pessoa para julgamento, após ter sido admitida a existência de indícios suficientes para a considerar autora do crime em questão (Deriv. regr. de *pronunciar*)

pronunciação *n.f.* 1 ato, efeito ou modo de pronunciar 2 pronúncia (Do lat. *pronuntiatiōne*-, «declaração»)

pronunciadamente *adv.* 1 de modo pronunciado 2 com realce 3 com evidência (De *pronunciado*+*-mente*)

pronunciado *adj.* 1 proferido 2 que é marcado; acentuado; saliente 3 claro; nítido 4 declarado réu ou cúmplice de um crime (Part. pass. de *pronunciar*)

pronunciamento *n.m.* ato de se pronunciar coletivamente contra qualquer autoridade ou medida por ela tomada; sublevação; revolta; sedição (De *pronunciar*+*-mento*)

pronunciar *v.tr.* 1 exprimir por meio da voz; proferir; dizer; articular 2 recitar 3 decretar; publicar 4 tornar bem visível; dar realce a 5 dar despacho de pronúncia contra alguém ■ *v.pron.* 1 insurgir-se; revoltar-se 2 emitir opinião (Do lat. *pronuntiāre*, «id.»)

pronunciável *adj.2g.* que pode ser pronunciado (De *pronunciar*+*-vel*)

pronúncio *n.m.* eclesiástico provisoriamente encarregado das funções de núncio papal (De *pro*-+*núncio*)

pró-ocidental *adj.2g.* que está a favor do Ocidente

proótico *adj.* ANATOMIA que está situado adiante do ouvido ■ *n.m.* ANATOMIA osso da região ótica do crânio, que corresponde às grandes asas do esfenoide ou alisfenoide (Do gr. *pró*, «diante» +*oũs*, *otós*, «ouvido» +*-ico*)

propagação *n.f.* 1 ato ou efeito de propagar ou propagar-se 2 reprodução de um ser vivo; disseminação 3 divulgação; difusão 4 comunicação por contágio 5 modo de transmissão da luz e do som (Do lat. *propagatiōne*-, «extensão»)

propagador *adj.,n.m.* 1 que ou aquele que propaga 2 propagandista (Do lat. *propagatōre*-, «ampliador»)

propaganda *n.f.* 1 ato ou efeito de propagar ou difundir uma ideia, opinião ou doutrina 2 vulgarização de um produto industrial ou artigo de comércio 3 associação que tem por fim a propagação de doutrinas (Do lat. *propaganda*, «coisas que devem ser propagadas», ger. neut. pl. de *propagāre*, «propagar»)

propagandear *v.tr.* fazer propaganda de; propagar; divulgar (De *propaganda*+*-ear*)

propagandista *n.2g.* 1 pessoa que faz propaganda 2 membro de uma propaganda (De *propaganda*+*-ista*)

propagandístico *adj.* 1 relativo a propaganda ou a propagandista 2 que tem caráter de propaganda (De *propagandista*+*-ico*)

propagar *v.tr.* 1 multiplicar por meio de reprodução ou por geração; difundir; disseminar 2 fazer a propaganda de; divulgar; propalar 3 fazer crescer o número de ■ *v.pron.* 1 atravessar o espaço 2 transmitir-se 3 generalizar-se; pegar-se (Do lat. *propagāre*, «id.»)

propagativo *adj.* 1 que propaga 2 que tem a qualidade de se propagar (De *propagar*+*-tivo*)

propagável *adj.2g.* que se pode propagar (De *propagar*+*-vel*)

propágulo *n.m.* BIOLOGIA formação pluricelular que, separando-se das plantas onde se forma, vai originar nova planta 2 ZOOLOGIA gomo de algumas espécies animais (tunicados, por exemplo) que dá origem a novo indivíduo (Do lat. cient. *propagŭlu*-, dim. de *propāgo*, (nominativo), «rebento»)

propalador *n.m.* 1 aquele que propala; divulgador 2 vulgarizador (De *propalar*+*-dor*)

propalar *v.tr.* 1 tornar público; espalhar; divulgar; propagar 2 fazer circular ■ *v.pron.* divulgar-se; espalhar-se (Do lat. *propalāre*, «id.»)

propano *n.m.* QUÍMICA hidrocarboneto alifático saturado, gasoso, cuja molécula possui três átomos de carbono e que é empregado como combustível (Do fr. *propane*, «id.»)

propanoico *adj.* QUÍMICA designação de um ácido de fórmula C_2H_5COOH e que, em muito pequena quantidade, se encontra em algumas substâncias gordas

propanóico ver nova grafia propanoico

propanona *n.f.* QUÍMICA ⇒ **acetona** (De *propano*+[*acet*]*ona*)

proparoxítono /cs/ *adj.* GRAMÁTICA diz-se do vocábulo que tem o acento predominante na antepenúltima sílaba; esdrúxulo (Do gr. *proparoxýtonos*, «id.»)

propatia *n.f.* MEDICINA pródromos ou preliminares de uma doença (Do gr. *propátheia*, «id.»)

propedeuta *n.2g.* pessoa que se dedica à propedêutica (Do gr. *propaideutés*, «id.»)

propedêutica *n.f.* 1 preliminares de uma ciência, especialmente em relação às ciências médicas 2 ciência preparatória 3 introdução (De *propedêutico*)

propedêutico *adj.* 1 que serve de introdução 2 preliminar (Do gr. *pró*, «antes» +*paideutikós*, «próprio para instruir»)

propelir *v.tr.* 1 impelir para diante 2 arremessar (Do lat. *propellĕre*, «impelir para a frente»)

propenal *n.m.* QUÍMICA ⇒ **acroleína** (De *propeno*+*-al*)

propendente *adj.2g.* 1 que propende 2 inclinado para diante (Do lat. *propendente*-, «id.», part. pres. de *propendēre*, «pender para a frente»)

propender *v.tr.* 1 inclinar-se ou pender para (diante ou um dos lados) 2 mostrar propensão ou tendência para; tender (Do lat. *propendēre*, «pender para a frente»)

propeno /ê/ *n.m.* QUÍMICA hidrocarboneto etilénico, cuja fórmula é $CH_3-CH=CH_2$, obtido nas refinarias de petróleo e usado no fabrico de plásticos (polipropileno) e em sínteses orgânicas (detergentes) (Do ing. *propene*, «id.»)

propenoico *adj.* QUÍMICA ⇒ **acrílico** *adj.* (De *propeno*+*-óico*)

propenóico ver nova grafia propenoico

propensão *n.f.* 1 ato ou efeito de propender 2 [fig.] inclinação; tendência; vocação (Do lat. *propensiōne*-, «id.»)

propenso *adj.* 1 que tem propensão ou tendência; inclinado 2 propício; favorável (Do lat. *propensu*-, «id.», part. pass. de *propendēre*, «pender para a frente»)

propianho *n.m.* ⇒ **perpianho**

propiciação *n.f.* 1 ato ou efeito de propiciar 2 intercessão 3 devoção para obter o perdão da culpa ou dos pecados (Do lat. *propitiatiōne*-, «id.»)

propiciador *adj.,n.m.* que ou aquele que propicia (Do lat. *propitiatōre*-, «id.»)

propiciar *v.tr.* 1 tornar propício 2 proporcionar 3 deparar ■ *v.pron.* tornar-se propício, agradável (Do lat. *propitiāre*, «id.»)

propiciatório *adj.* 1 que tem a virtude de propiciar 2 que aplaca ■ *n.m.* RELIGIÃO cobertura de ouro da Arca da Aliança (Do lat. *propitiatorĭu*-, «id.»)

propício *adj.* 1 que protege; que auxilia 2 favorável; oportuno 3 benigno (Do lat. *propitĭu*-, «id.»)

propileno *n.m.* QUÍMICA ⇒ **propeno**

propileu *n.m.* entrada monumental, nos antigos edifícios gregos, aberta e ornada de colunas (Do gr. *propýlaion*, «id.», pelo lat. *propylaeon*, «id.»)

propina *n.f.* 1 quantia que se paga ao Estado para se poderem realizar certos atos escolares 2 quantia paga, por uma só vez, pelos indivíduos admitidos numa associação 3 joia 4 gratificação; gorjeta (Do lat. tard. *propīna*-, «id.»)

propinação *n.f.* ato ou efeito de propinar (Do lat. *propinatiōne*-, «convite para beber»)

propinador *adj.,n.m.* que ou aquele que propina (De *propinar*+*-dor*)

propinar *v.tr.* 1 dar a beber a 2 [fig.] ministrar (Do lat. *propināre*, «dar de beber»)

propinquidade /qu-i/ *n.f.* qualidade de propínquo; vizinhança; proximidade (Do lat. *propinquitāte*-, «id.»)

propínquo *adj.* próximo; vizinho; não distante ■ *n.m.pl.* parentes (Do lat. *propinquu*-, «id.»)

propiónico *adj.* QUÍMICA ⇒ **propanoico**

propiteco *n.m.* ZOOLOGIA nome vulgar extensivo a um grupo de primatas da família dos Lemurídeos, de Madagáscar, com cauda comprida e pelagem longa e sedosa (Do gr. *pró*, «antes» +*píthekos*, «macaco»)

proplástica *n.f.* arte de modelar o barro (De *proplástico*)

proplástico *adj.* relativo a trabalhos em barro ■ *n.m.* modelo de barro ou cera para obras de escultura (Do gr. *proplastós*, de *pro-plássein*, «modelar antes» +-*ico*)

própole *n.f.* substância resinosa que as abelhas utilizam para calafetar os cortiços e para envolver com resinosos os invasores corpulentos, mortos dentro da colmeia, e que não puderam arrastar para fora (Do gr. *própolis*, «entrada de uma cidade», pelo lat. *propŏle-*, «substância resinosa»)

própolis *n.f.2n.* ⇒ **própole**

propolização *n.f.* ato de propolizar (De *propolizar*+-*ção*)

propolizar *v.tr.* tapar (as fendas do cortiço) ou envolver com própole (De *própole*+-*izar*)

proponente *adj.,n.2g.* que ou a pessoa que propõe (Do lat. *proponente-*, «id.», part. pres. de *proponĕre*, «colocar diante; propor»)

propor *v.tr.* **1** apresentar para exame ou qualquer cargo **2** submeter à apreciação **3** lembrar; sugerir; alvitrar **4** oferecer **5** referir **6** determinar; dispor ■ *v.pron.* **1** formar o propósito **2** apresentar-se como pretendente; oferecer-se **3** destinar-se (Do lat. *proponĕre*, «id.»)

proporção *n.f.* **1** MATEMÁTICA expressão de uma relação de grandeza entre duas partes ou entre cada uma das partes e a grandeza total; expressão que traduz a igualdade entre duas razões (por quociente) **2** expressão de uma pressuposta harmonia entre as qualidades de um objeto, no respeitante às dimensões, tamanho, configuração; simetria **3** disposição regular, a respeito de um modelo de comparação **4** *pl.* dimensão; tamanho **5** *pl.* gravidade; importância **6** *pl.* intensidade **7** *pl.* comparação **8** *pl.* conformidade; *à ~ de/em ~ com* em relação a, em relação com, conforme; *à ~ que* MATEMÁTICA à medida que (Do lat. *proportiōne-*, «id.»)

proporcionado *adj.* **1** que tem as devidas proporções **2** bem conformado **3** disposto regularmente **4** harmónico (Do lat. *proportionātu-*, «id.»)

proporcionador *adj.,n.m.* que ou aquele que proporciona (De *proporcionar*+-*dor*)

proporcional *adj.2g.* **1** diz-se de valores equivalentes ou constantes **2** que varia na mesma relação que **3** proporcionado **4** regular; harmónico; *~ a* que está em proporção com (Do lat. *proportionāle-*, «id.»)

proporcionalidade *n.f.* **1** qualidade do que é proporcional **2** MATEMÁTICA propriedade que têm duas grandezas de serem proporcionais; *relação de ~ direta/inversa* MATEMÁTICA relação que traduz que duas variáveis (x e y) são diretamente/inversamente proporcionais (y = kx, ou xy = k), respetivamente (k é a constante de proporcionalidade) (Do lat. *proportionalitāte-*, «id.»)

proporcionalmente *adv.* **1** em proporção **2** de modo proporcional (De *proporcional*+-*mente*)

proporcionar *v.tr.* **1** fazer com que haja proporção entre duas ou mais coisas **2** tornar proporcional **3** dar ensejo a **4** tornar oportuno **5** oferecer; granjear ■ *v.pron.* **1** vir em ocasião oportuna; apresentar-se **2** prestar-se **3** harmonizar-se (Do lat. *proportiōne-*, «proporção» +-*ar*)

proporcionável *adj.2g.* que se pode proporcionar (De *proporcionar*+-*vel*)

proposição *n.f.* **1** ato ou efeito de propor, de submeter a exame ou deliberação **2** aquilo que se propõe; proposta **3** LÓGICA enunciado verbal suscetível de ser declarado verdadeiro ou não **4** GRAMÁTICA ⇒ **oração 4 5** LITERATURA, RETÓRICA primeira parte de um discurso ou de um poema onde se expõe o assunto que se vai tratar **6** asserção; máxima **7** LÓGICA enunciado de uma verdade que se pretende demonstrar ou de uma questão que se quer resolver; teorema **8** LÓGICA juízo (Do lat. *propositiōne-*, «id.»)

proposicional *adj.2g.* relativo a proposição; *cálculo ~* LÓGICA cálculo relativo às operações sobre proposições (ou seus valores lógicos) ou às operações sobre expressões proposicionais (condições); álgebra da lógica (Do lat. *propositiōne-*, «proposição» +-*al*)

propositadamente *adv.* **1** de propósito **2** intencionalmente (De *propositado*+-*mente*)

propositado *adj.* **1** que revela propósito ou intenção **2** premeditado **3** acintoso; provocatório (De *propósito*+-*ado*)

propósito *n.m.* **1** deliberação; resolução; decisão **2** intento; projeto **3** objeto; fim; mira **4** juízo **5** prudência **6** *pl.* modos; jeito; *a ~ convenientemente*; *a ~ de* a respeito de; *com ~* acertadamente; *de ~* de caso pensado; *fora de ~* sem vir ao caso (Do lat. *proposĭtu-*, «intenção»)

propositura *n.f.* ato de propor uma ação em juízo (Do lat. *proposĭtu-*, «propósito» +-*ura*)

proposta *n.f.* **1** ato de propor **2** proposição **3** projeto de lei; moção **4** condição que se propõe para chegar a um acordo **5** oferecimento **6** promessa; *~ de lei* iniciativa legislativa do Governo, projeto de lei (Part. pass. fem. subst. de *propor*)

proposto *n.m.* **1** aquilo que se propõe **2** indivíduo escolhido por alguém para exercer as suas funções **3** aspirante a um lugar (Do lat. *proposĭtu-*, «id.», part. pass. de *proponĕre*, «propor»)

propriador *n.m.* operário de chapelaria que trabalha em propriagem (De *propriar, por *apropriar*+-*dor*)

propriagem *n.f.* **1** todo o preparo dos chapéus desde que foram tintos até ao seu acabamento **2** oficina onde se executa esse trabalho (De *propriar, por *apropriar*+-*agem*)

propriamente *adv.* **1** com propriedade **2** no sentido próprio; exatamente **3** pessoalmente (De *próprio*+-*mente*)

propriedade *n.f.* **1** qualidade do que é próprio **2** qualidade especial ou característica **3** virtude particular **4** qualidade inerente **5** bom emprego das palavras **6** direito de dispor e usufruir de algo de acordo com as disposições da lei **7** tudo o que nos pertence e de que podemos dispor livremente **8** riqueza; património **9** prédio rústico ou urbano **10** exploração agrícola **11** terreno; *~ associativa* MATEMÁTICA propriedade que permite substituir duas ou mais parcelas pela sua soma, ou dois ou mais fatores pelo seu produto; *~ comutativa* MATEMÁTICA propriedade que permite trocar a ordem das parcelas ou dos fatores sem alterar o resultado; *~ horizontal* DIREITO situação em que duas ou mais pessoas são proprietárias de frações autónomas do mesmo edifício e comproprietárias das partes comuns do mesmo; *~ industrial* DIREITO direito de disposição, uso e fruição sobre criações ou invenções (ideias, processos, sistemas, métodos operacionais e conceitos) com aplicação industrial ou comercial; *~ intelectual* DIREITO direito de disposição, uso e fruição sobre criações de carácter intelectual (nos domínios literário, artístico e científico), direitos de autor, conjunto de normas legais que protegem os direitos sobre as criações de carácter intelectual (Do lat. *proprietāte-*, «id.»)

proprietariado *n.m.* classe dos proprietários (De *proprietário*+-*ado*)

proprietário *adj.* **1** que tem a propriedade de alguma coisa **2** que possui bens ■ *n.m.* **1** aquele que tem a propriedade de alguma coisa **2** aquele que possui prédios rústicos ou urbanos **3** pessoa que possui um imóvel em regime de aluguer (Do lat. *proprietarĭu-*, «id.»)

propriíssimo *adj.* {superlativo absoluto sintético de **próprio**} absolutamente próprio (De *próprio*+-*íssimo*)

próprio *adj.* **1** que pertence exclusivamente a alguém **2** apropriado; adequado **3** peculiar; característico **4** oportuno; conveniente **5** em pessoa; mesmo **6** privativo; particular **7** exato; preciso **8** verdadeiro; autêntico **9** reproduzido ou transcrito fielmente; textual **10** não figurado **11** primitivo **12** GRAMÁTICA diz-se do nome que se aplica a um referente único que designa individualmente um ser de uma classe (por oposição a comum) ■ *n.m.* **1** qualidade peculiar **2** mensageiro expresso **3** capital em relação ao juro **4** *pl.* bens ou propriedades que pertencem ao Estado; *fração própria* MATEMÁTICA quociente de números naturais, em que o numerador é menor que o denominador (Do lat. *proprĭu-*, «id.»)

proprioceptivo ver nova grafia **proprioceptivo**

proprioceptor a grafia mais usada é **propriocetor**

propriocetivo *adj.* relativo ao funcionamento dos propriocetores (De *próprio*+[re]*ceptivo*)

propriocetor *n.m.* MEDICINA categoria de recetores sensoriais estimulados pela atividade própria do organismo, excetuados os órgãos da vida vegetativa (Ch. Sherrington, fisiologista inglês, 1857-1952) (De *próprio*+[re]*ceptor*) ACORDO ORTOGRÁFICO também se pode escrever proprioceptor

proprioplástico *adj.* designativo da atividade definida pelas expressões da emoção, pelas mímicas e pelos factos de imitação, segundo H. Wallon, psicólogo francês (1879-1962) (De *próprio*+*plástico*)

proptoma *n.m.* **1** MEDICINA distensão excessiva de uma parte do corpo **2** MEDICINA deslocamento de um órgão para a frente (Do gr. *pró*, «para a frente» +*ptōma*, «queda»)

proptose *n.f.* MEDICINA ⇒ **proptoma** (Do gr. *próptosis*, «queda para a frente», pelo lat. *proptose-*, «id.»)

propugnação *n.f.* **1** ato de propugnar **2** defesa de interesses, de doutrina, etc. (Do lat. *propugnatiōne-*, «defesa»)

propugnáculo *n.m.* **1** lugar onde alguém se defende; baluarte; fortaleza **2** [fig.] defesa; proteção; sustentáculo (Do lat. *propugnacŭlu-*, «id.»)

propugnador *adj.,n.m.* 1 que ou aquele que propugna 2 defensor (Do lat. *propugnatōre-*, «id.»)
propugnar *v.intr.* lutar em defesa de; defender empenhadamente (Do lat. *propugnāre*, «id.»)
propulsão *n.f.* 1 ato ou efeito de propulsar 2 impulso (Do fr. *propulsion*, «id.»)
propulsar *v.tr.* 1 impelir para diante; impulsionar 2 [fig.] repelir 3 pôr em fuga (Do lat. *propulsāre*, «id.»)
propulsionador *adj.,n.m.* que ou aquele que propulsiona (De *propulsionar*+-*dor*)
propulsionar *v.tr.* ⇒ **propulsar** (Do fr. *propulsion*, «propulsão» + -*ar*)
propulsivo *adj.* propulsor; que propulsa (Do fr. *propulsif*, «id.»)
propulsor *adj.,n.m.* 1 que, aquele ou aquilo que imprime movimento de propulsão 2 que ou o que faz progredir ou avançar (Do fr. *propulseur*, «id.»)
proquestor *n.m.* magistrado que fazia as vezes de questor, entre os antigos Romanos (Do lat. *pro*, «em vez de» +*quaestōre-*, «questor»)
proquestura *n.f.* dignidade ou funções de proquestor (Do lat. *pro*, «em vez de» +*quaestūra-*, «questura»)
pró-reitor *n.m.* ⇒ **vice-reitor**
prorrogação *n.f.* 1 ato ou efeito de prorrogar 2 dilação; adiamento (Do lat. *prorogatiōne-*, «id.»)
prorrogador *n.m.* o que prorroga (Do lat. *prorogatōre-*, «id.»)
prorrogar *v.tr.* prolongar (o tempo) para além do prazo estabelecido; protelar; dilatar (Do lat. *prorogāre*, «id.»)
prorrogativo *adj.* que prorroga ou serve para prorrogar (Do lat. *prorogatīvu-*, «id.»)
prorrogável *adj.2g.* que pode ser prorrogado (De *prorrogar*+-*vel*)
prorromper *v.intr.* 1 sair com ímpeto 2 manifestar-se repentinamente (Do lat. *prorumpĕre*, «id.»)
prorrompimento *n.m.* ato ou efeito de prorromper (De *prorromper*+-*mento*)
prosa *n.f.* 1 forma do discurso oral ou escrito que não obedece às normas da versificação 2 palestra; conversa 3 MÚSICA sequência 4 [pop.] bazófia; lábia; empáfia 5 [pop.] palavreado 6 [pop.] vaidade ■ *n.m.* indivíduo pretensioso (Do lat. *prosa-*, «prosa»)
prosador *n.m.* aquele que escreve em prosa (De *prosar*+-*dor*)
prosaicamente *adv.* 1 de modo prosaico 2 de modo corriqueiro 3 com vulgaridade (De *prosaico*+-*mente*)
prosaico *adj.* 1 da natureza da prosa 2 sem elevação; comum; vulgar; corriqueiro 3 simples; terra a terra 4 material (Do lat. *prosaĭcu-*, «id.»)
prosaísmo *n.m.* 1 qualidade do que é prosaico; vulgaridade 2 materialidade (De *prosa*+-*ismo*)
prosápia *n.f.* 1 linhagem; ascendência; progénie 2 [fig.] vaidade; jactância; bazófia (Do lat. *prosapĭa*, «linhagem; nobreza»)
prosar *v.intr.* 1 escrever em prosa 2 [regionalismo] progredir; crescer ■ *v.tr.,intr.* [Brasil] conversar de forma descontraída (De *prosa*+-*ar*)
proscénio *n.m.* parte anterior do palco junto à ribalta; palco; cena (Do gr. *proskēnion*, «id.», pelo lat. *proscenĭu-*, «id.»)
proscrever *v.tr.* 1 exilar por sentença ou voto escrito; degredar 2 afastar; expulsar; banir 3 ab-rogar; extinguir (Do lat. *proscribĕre*, «id.»)
proscrição *n.f.* 1 ato ou efeito de proscrever 2 expulsão; degredo; exílio 3 extinção; abolição 4 proibição (Do lat. *proscriptiōne-*, «id.»)
proscrito *adj.* 1 que sofreu proscrição 2 proibido ■ *n.m.* aquele que foi condenado a sair do seu país; exilado; degredado (Do lat. *proscriptu-*, «id.», part. pass. de *proscribĕre*, «proscrever»)
proscritor *adj.,n.m.* 1 que ou aquele que proscreve 2 [fig.] tirano (Do lat. *proscriptōre-*, «id.»)
prosear *v.intr.* [Brasil] falar muito; conversar (De *prosa*+-*ear*)
proseirão *n.m.* indivíduo que só cuida dos interesses materiais; materialão; burguês (De *prosa*+-*eiro*+-*ão*)
proselítico *adj.* relativo ao proselitismo (De *prosélito*+-*ico*)
proselitismo *n.m.* 1 atividade ou zelo em fazer prosélitos 2 conjunto de prosélitos (De *prosélito*+-*ismo*)
prosélito *n.m.* 1 pagão convertido ao judaísmo 2 [fig.] aquele que abraça uma nova religião, seita, doutrina ou partido; partidário; sequaz; adepto (Do gr. *prosēlytos*, «id.», pelo lat. *proselÿtu-*, «id.»)
prosênquima *n.m.* BOTÂNICA tecido vegetal constituído por fibras de paredes espessas e lenhosas (Do gr. *prós*, «para diante» +*égkhyma*, «infusão»)
prosista *n.2g.* 1 pessoa que escreve em prosa; prosador 2 [Brasil] palrador (De *prosa*+-*ista*)
prosobrânquio *adj.* ZOOLOGIA que tem brânquias situadas à frente ■ *n.m.* ZOOLOGIA espécime dos prosobrânquios ■ *n.m.pl.* ZOOLOGIA grupo de moluscos gastrópodes caracterizados por terem as brânquias à frente do coração (Do gr. *prós*, «para diante» +*brágkhia*, «brânquia»)
prosódia *n.f.* 1 GRAMÁTICA parte da gramática que se dedica ao estudo da pronúncia correta das palavras; ortoépia 2 pronúncia correta de acordo com acentuação 3 LINGUÍSTICA domínio da fonologia que estuda os traços que afetam um segmento mais extenso do que o fonema, como a acentuação, a intensidade, a altura e a duração 4 LITERATURA estudo das particularidades fónicas que afetam a métrica, especialmente a acentuação e a quantidade (Do gr. *prosodía*, «acento musical sobre as vogais», pelo lat. *prosodĭa-*, «acento tónico»)
prosódico *adj.* pertencente ou relativo à prosódia; ortoépico (Do gr. *prosodikós*, «id.»)
prosodista *n.2g.* 1 pessoa que escreve sobre prosódia 2 foneticista (De *prosódia*+-*ista*)
prosonímia *n.f.* parte da onomatologia que trata dos prosónimos (Do gr. *prosonymía*, «id.»)
prosónimo *n.m.* cognome; alcunha (Do gr. *prós*, «para diante» +*ónyma*, por *ónoma*, «nome»)
prosonomásia *n.f.* recurso estilístico que se funda na semelhança de sons entre várias palavras de uma mesma frase (Do lat. *prosonomasĭa*, «id.»)
prosopagnosia *n.f.* MEDICINA perda do reconhecimento dos rostos de maneira dominante ou exclusiva (Do gr. *prósopon*, «face» +*agnosía*, «falta de conhecimento»)
prosopalgia *n.f.* MEDICINA nevralgia facial relacionada com o trigémeo (Do gr. *prósopon*, «face» +*álgos*, «dor» +-*ia*)
prosopografia *n.f.* 1 descrição de caracteres fisionómicos 2 esboço de uma figura (Do gr. *prósopon*, «face» +*gráphein*, «descrever» +-*ia*)
prosopologia *n.f.* estudo do rosto, utilizado em biotipologia (Do gr. *prósopon*, «face» +*lógos*, «estudo» +-*ia*)
prosopopaico *adj.* ⇒ **prosopopeico** (De *prosopopeico*)
prosopopeia *n.f.* 1 recurso estilístico que consiste em atribuir características exclusivamente humanas a outros seres animados ou inanimados e em que pessoas imaginárias, ausentes ou mortas falam (ex.: *o sapo ria-se muito*) 2 [fig.] discurso empolado (Do gr. *prosopopoiía*, «id.», pelo lat. *prosopopoeĭa-*, «id.»)
prosopopeico *adj.* relativo a prosopopeia (Do lat. *prosopopoeĭcu-*, «id.»)
prospeção *n.f.* 1 ação de prospetar 2 pesquisa 3 trabalhos geológicos e mineiros destinados a reconhecer o valor económico de um jazigo ou de uma região mineira; ~ **geotécnica** ENGENHARIA conjunto de operações realizadas no local de obra futura que visam a determinação da natureza e características do terreno, sua disposição e acidentes com interesse para essa obra (Do lat. *prospectiōne-*, «vista de olhos lançada para o futuro»)
prospecção ver nova grafia prospeção
prospectar ver nova grafia prospetar
prospectiva ver nova grafia prospetiva
prospectivo ver nova grafia prospetivo
prospecto ver nova grafia prospeto
prospector ver nova grafia prospetor
prosperamente *adv.* 1 com prosperidade; de modo próspero 2 com riqueza (De *próspero*+-*mente*)
prosperar *v.intr.* 1 tornar-se próspero 2 desenvolver-se; progredir 3 engrandecer-se 4 enriquecer ■ *v.tr.* 1 tornar próspero 2 proteger; auxiliar (Do lat. *prosperāre*, «favorecer»)
prosperidade *n.f.* 1 qualidade ou estado do que é próspero 2 boa fortuna; felicidade 3 riqueza; florescimento (Do lat. *prosperitāte-*, «id.»)
próspero *adj.* 1 que goza de prosperidade; florescente 2 feliz; venturoso 3 favorável; propício (Do lat. *prospĕru-*, «id.»)
prospérrimo *adj.* {*superlativo absoluto sintético de* **próspero**} muito próspero; que progride muito (Do lat. *prosperrĭmu-*, «id.»)
prospetar *v.intr.* 1 dominar; sobrestar 2 fazer sondagens para descobrir os filões ou jazigos de uma mina (Do lat. *prospectāre*, «olhar para diante»)
prospetiva *n.f.* conjunto de investigações que têm por fim a previsão a longo prazo no domínio das ciências humanas (De *prospectivo*)
prospetivo *adj.* que faz ver longe ou adiante (Do lat. *prospectīvu-*, «relativo a prospetiva»)
prospeto *n.m.* 1 ato de ver em frente 2 vista que uma coisa apresenta de frente 3 aspeto; plano; traçado 4 prospetiva; perspetiva 5 pequeno impresso para anunciar algo, em geral ilustrado 6 pequeno impresso explicativo a acompanhar um produto (Do lat. *prospectu-*, «visto ao longe», part. pass. de *prospicĕre*, «ver para a frente»)

prospetor *n.m.* 1 o que faz sondagens num terreno para descobrir jazigos ou filões 2 pesquisador de ouro (Do lat. *prospectōre-*, «o que prevê»)

prossector *n.m.* aquele que está incumbido de preparar as peças anatómicas destinadas à lição do professor (Do lat. *prosectōre-*, «aquele que corta»)

prossecução *n.f.* 1 ato ou efeito de prosseguir 2 continuação; prosseguimento (Do lat. *prosecutiōne-*, «id.»)

prossecutor *adj.,n.m.* ⇒ **prosseguidor** (Do lat. *prosecutōre-*, «id.»)

prosseguição *n.f.* ⇒ **prosseguimento** (De *prosseguir+-ção*)

prosseguidor *adj.,n.m.* que ou aquele que prossegue (De *prosseguir+-dor*)

prosseguimento *n.m.* ⇒ **prossecução** (De *prosseguir+-mento*)

prosseguir *v.tr.* 1 continuar (o que se tinha começado) 2 levar por diante ▪ *v.intr.* 1 ir por diante 2 ter continuidade, seguimento 3 continuar a falar ou a andar (Do lat. *prosequĕre, por *prosĕqui*, «id.»)

prostaglandina *n.f.* BIOQUÍMICA, MEDICINA designação genérica de substâncias hormonais que existem em vários tecidos orgânicos (cérebro, músculos, líquido seminal, etc.) e possuem diversas propriedades biológicas e terapêuticas (Do al. *Prostaglandin*, «id.»)

próstata *n.f.* 1 ANATOMIA órgão glandular situado em volta do início da uretra dos machos de quase todos os vertebrados 2 ZOOLOGIA nome dado a vários órgãos anexos aos órgãos sexuais de certos invertebrados, de função por vezes desconhecida (Do gr. *prostátes*, «que está adiante [dos testículos]», pelo fr. *prostate*, «id.»)

prostatalgia *n.f.* MEDICINA dor na próstata (Do gr. *prostátes*, «próstata» +*álgos*, «dor» +-*ia*)

prostatectomia *n.f.* CIRURGIA extirpação parcial ou total da próstata (Do gr. *prostátes*, «próstata» +*ektomé*, «ablação» +-*ia*)

prostático *adj.* pertencente ou relativo à próstata (Do gr. *prostatikós*, «relativo à próstata»)

prostatismo *n.m.* 1 PATOLOGIA estado patológico motivado por doença da próstata 2 PATOLOGIA conjunto de circunstâncias patológicas originadas pela hipertrofia da próstata (De *próstata+-ismo*)

prostatite *n.f.* MEDICINA inflamação da próstata (De *próstata+-ite*, ou do fr. *prostatite*, «id.»)

prosternação *n.f.* 1 ato ou efeito de prosternar ou prosternar-se 2 atitude de pessoa prosternada 3 reverência (De *prosternar+-ção*)

prosternamento *n.m.* ⇒ **prosternação** (De *prosternar+-mento*)

prosternar *v.tr.* 1 deitar por terra 2 prostrar ▪ *v.pron.* 1 fazer um reverência inclinando-se para a frente ou até ao chão 2 curvar-se como sinal de respeito 3 prostrar-se; humilhar-se (Do lat. vulg. *prosternāre, do lat. cl. *prosternĕre*, «fazer cair»)

prosterno *n.m.* ⇒ **episterno** (Do gr. *prósternon*, «colocado diante do peito»)

próstese *n.f.* ⇒ **prótese** (Do gr. *prósthesis*, «aposição», pelo lat. *prosthĕse-*, «id.»)

prostético *adj.* ⇒ **protético** *adj., n.m.* (Do gr. *prosthetikós*, «id.»)

prostibular *adj.2g.* 1 respeitante a prostíbulo 2 próprio de prostíbulo (De *prostíbulo+-ar*)

prostibulário *n.m.* 1 homem que frequenta os prostíbulos 2 libertino (De *prostíbulo+-ário*)

prostíbulo *n.m.* casa de prostituição; alcouce; lupanar; bordel (Do lat. *prostibŭlu-*, «id.»)

próstilo *n.m.* ARQUITETURA templo grego, de base retangular e cerrado, que na frontaria possui unicamente uma fileira de quatro a seis colunas, ou o espaço de entrada desse templo, delimitado por esses elementos (Do gr. *próstylon*, «que tem colunas à frente», pelo lat. *prostýlos*, «id.»)

prostituição *n.f.* 1 atividade que consiste em cobrar dinheiro por atos sexuais 2 exploração de pessoas a nível sexual com vista a ganhar dinheiro 3 conjunto das pessoas que se prostituem 4 [fig.] vida desregrada 5 [fig.] aviltamento; rebaixamento (Do lat. *prostitutiōne-*, «id.»)

prostituidor *adj.,n.m.* que ou aquele que prostitui (Do lat. *prostitutōre-*, «id.», ou de *prostituir+-dor*)

prostituir *v.tr.,pron.* 1 entregar(-se) à prática de atividades sexuais a troco de dinheiro 2 [fig.] degradar(-se); aviltar(-se) ▪ *v.pron.* [fig.] deixar-se corromper em troca de favores; vender-se (Do lat. *prostituĕre*, «id.»)

prostituível *adj.2g.* suscetível de se prostituir (De *prostituir+-vel*)

prostituta *n.f.* mulher que pratica atividades sexuais por dinheiro (Do lat. *prostitūta*, «id.»)

prostituto *n.m.* homem que pratica atividades sexuais por dinheiro (De *prostituta*)

prostómio *adj.* que fica à frente da boca ▪ *n.m.* ZOOLOGIA região pré-bucal dos moluscos e anelídeos (Do gr. *prostómion*, «da boca para diante»)

prostração *n.f.* 1 ato ou efeito de prostrar(-se) 2 estado de grande enfraquecimento físico ou de forte desânimo; debilidade física ou psicológica (Do lat. *prostratiōne-*, «id.»)

prostramento *n.m.* ⇒ **prostração** (De *prostrar+-mento*)

prostrar *v.tr.,pron.* 1 (fazer) cair ao chão; lançar ou cair por terra 2 tirar ou perder as forças; enfraquecer(-se); esgotar(-se) 3 tirar ou perder o ânimo; deprimir(-se) 4 [fig.] sujeitar(-se) pela força; humilhar(-se) ▪ *v.tr.* [fig.] extinguir; destruir ▪ *v.pron.* colocar-se no chão em postura de súplica ou de adoração (Do lat. *prostrāre, de *prostrātu-*, «deitado por terra», part. pass. de *prosternĕre*, «deitar por terra»)

protactínio *n.m.* QUÍMICA elemento metálico radioativo com o número atómico 91, de símbolo Pa, cujo isótopo 231, por emissão alfa, gera o actínio (Do al. *Protoaktinium*, «id.»)

protagonismo *n.m.* 1 qualidade de protagonista 2 destaque pessoal 3 distinção 4 [fig.] iniciativa (De *protagon[ista]+-ismo*)

protagonista *n.2g.* 1 LITERATURA personagem mais importante do teatro grego clássico, em torno da qual se constrói todo o enredo 2 principal personagem de uma obra literária, filme, série televisiva, etc. 3 [fig.] figura principal num acontecimento; promotor ▪ *adj.2g.* 1 que protagoniza 2 [fig.] que se destaca (Do gr. *protagonistés*, «ator encarregado do papel principal», pelo fr. *protagoniste*, «id.»)

protagonizar *v.tr.* desempenhar ou ocupar lugar central ou de destaque em qualquer acontecimento, filme ou obra literária (De *protagon[ista]+-izar*)

protalo *n.m.* BOTÂNICA corpo, independente ou não, que constitui a fase gametófita das plantas vasculares (Do gr. *pró*, «diante» +*thallós*, «rebento»)

protamina *n.f.* BIOQUÍMICA proteína simples hidrossolúvel, com baixo peso molecular, que gera aminoácidos, em particular a arginina, e é usada para controlar hemorragias e diabetes (Do al. *Protamin*, «id.»)

protandria *n.f.* BIOLOGIA hermafroditismo insuficiente por motivo de o amadurecimento dos espermatozoides se dar antes do amadurecimento dos óvulos (Do gr. *prõtos*, «primeiro» +*anér, andrós*, «varão»+-*ia*)

protândrico *adj.* diz-se do animal hermafrodita em que se verifica protandria (Do gr. *prõtos*, «primeiro» +*andrikós*, «masculino»)

protanopia *n.f.* MEDICINA incapacidade de visão para a cor vermelha (Do gr. *prõtos*, «primeiro» (o vermelho é a primeira das cores fundamentais - vermelho, verde e azul)+*an-*, «sem» +*ópsis*, «visão» +-*ia*)

protão *n.m.* 1 FÍSICA partícula elementar, constituinte dos núcleos atómicos, de massa quase igual à unidade (na escala de massas atómicas) e carga positiva, igual em valor absoluto à do eletrão 2 ião hidrogénio; ~ **negativo** FÍSICA partícula elementar que difere do protão por ter carga negativa, antiprotão (Do gr. *prõtos*, «primeiro»+[*electr*]ão)

protarso *n.m.* ANATOMIA parte do tarso constituída pelos ossos astrágalo e calcâneo (Do gr. *pró*, «diante» +*tarsós*, «planta do pé»)

prótase *n.f.* 1 LITERATURA primeira parte de uma tragédia clássica, na qual se faz a exposição do assunto 2 GRAMÁTICA primeira parte de um período 3 GRAMÁTICA proposição condicional, num período hipotético (Do gr. *prótasis*, «proposição», pelo lat. *protăse-*, «id.»)

protático *adj.* da prótase ou a ela relativo (Do gr. *protatikós*, «id.», pelo lat. *protatĭcu-*, «id.»)

Proteáceas *n.f.pl.* BOTÂNICA família de plantas, geralmente lenhosas, próprias do hemisfério sul, cujo género-tipo se designa *Protea*, de que em Portugal se utiliza uma espécie para sebes e outras para ornamento (Do lat. tard. *protĕa-*, «nenúfar» +-*áceas*)

protéase *n.f.* BIOQUÍMICA cada uma das enzimas que provocam o desdobramento das proteínas em aminoácidos (De *prote[ína]+-ase*)

proteção *n.f.* 1 ato de proteger 2 amparo; auxílio 3 abrigo 4 cuidado; atenção especial 5 pessoa que protege 6 privilégio; ~ **civil** conjunto de meios e medidas destinados a socorrer uma população, em caso de desastres naturais ou situações de conflito armado; *ares de* ~ modos superiores, arrogância (Do lat. *protectiōne-*, «id.»)

protecção ver nova grafia **proteção**

proteccional ver nova grafia **protecional**

proteccionismo ver nova grafia **protecionismo**

proteccionista ver nova grafia **protecionista**

protecional *adj.2g.* que diz respeito ao protecionismo (Do lat. *protectiōne-*, «proteção» +-*al*)

protecionismo *n.m.* sistema político-económico em que se considera como um dos deveres do Estado proteger o comércio ou a indústria nacional (Do lat. *protectiōne-*, «proteção» +-*ismo*, ou do fr. *protectionnisme*, «id.»)

protecionista *adj.2g.* 1 relativo ao protecionismo; protecional 2 que é partidário do protecionismo ▪ *n.2g.* pessoa que pratica ou defende o protecionismo (Do lat. *protectiōne*-, «proteção» +-*ista*, ou do fr. *protectionniste*, «id.»)

protectoderme *n.f.* folheto germinal, primitivo, externo, da gástrula; ectoderme primitiva (De *proto*-+*ectoderme*)

protector ver nova grafia protetor

protectorado ver nova grafia protetorado

protectoral ver nova grafia protetoral

protectoria ver nova grafia protetoria

protectório ver nova grafia protetório

protegedor *adj.,n.m.* ⇒ **protetor** (De *proteger*+-*dor*)

proteger *v.tr.* 1 dispensar proteção a 2 tomar a defesa de 3 colocar ao abrigo de; preservar; abrigar; guardar 4 favorecer o desenvolvimento de 5 auxiliar alguém (numa carreira); patrocinar; recomendar; apoiar 6 usar de proteccionismo (Do lat. *protegĕre*, «id.»)

protegido *adj.* 1 que recebe proteção especial de alguém 2 guardado; preservado ■ *n.m.* aquele que recebe proteção especial de alguém; favorito; valido (Part. pass. de *proteger*)

proteico[1] *adj.* QUÍMICA ⇒ **albuminoide** *adj.2g.* (Do gr. *proteía*, «primazia» +-*ico*)

proteico[2] *adj.* multiforme; polimorfo (Do gr. *Proteu*-, mitol., deus marinho, filho de Posídon, que podia mudar de forma à sua vontade, ou do fr. *protéique*, «relativo às proteínas ou aos proteídos»)

proteído *n.m.* QUÍMICA proteína, que, por hidrólise, se decompõe em aminoácidos (Do gr. *proteía*, «primazia» +-*ido*)

proteiforme *adj.2g.* que muda de forma frequentemente; polimorfo (Do lat. *Proteu*-, mitol.+*forma*-, «forma», ou do fr. *protéiforme*, «id.»)

proteína *n.f.* BIOQUÍMICA nome genérico dos compostos orgânicos de elevadas massas moleculares, constituídos por carbono, oxigénio, hidrogénio, azoto, e, por vezes, também enxofre e fósforo, e que fazem parte essencial da constituição da matéria viva, sendo designados também por prótidos, matérias proteicas e albuminoides (Do gr. *proteía*, «primeiro lugar» +-*ina*, ou do fr. *protéine*, «id.»)

protelação *n.f.* 1 ato ou efeito de protelar; procrastinação 2 demora; adiamento (Do lat. *protelatiōne*-, «id.»)

protelador *adj.,n.m.* que ou aquele que protela; procrastinador (De *protelar*+-*dor*)

protelar *v.tr.* 1 adiar; procrastinar; protrair 2 demorar (Do lat. *protelāre*, «id.»)

protencéfalo *n.m.* ⇒ **telencéfalo** (De *proto*-+*encéfalo*)

protender *v.tr.* 1 estender para a frente 2 ENGENHARIA fazer a protensão de; submeter (uma estrutura de cimento armado) a esforço prévio para melhorar a sua resistência (Do lat. *protendĕre*, «estender para a frente»)

protendido *adj.* ENGENHARIA submetido a esforço prévio para melhorar a sua resistência ■ *n.m.* ENGENHARIA estrutura de cimento armado já submetida a esforço prévio para melhorar a sua resistência (Part. pass. (subst.) de *protender*)

protensão *n.f.* ENGENHARIA ato ou efeito de protender; ato ou efeito de submeter (o cimento armado) a esforço prévio para melhorar a sua resistência (Do lat. *protensiōne*-, «ato de estender»)

próteo *adj.* que muda com facilidade de forma ou de opinião (De *Proteu*-, mitol., deus marinho que podia mudar à sua vontade)

proteólise *n.f.* BIOLOGIA, QUÍMICA desdobramento por via química ou bioquímica dos prótidos (Do gr. *proteîos*, «primário» +*lýsis*, «dissolução», ou do fr. *protéolyse*, «id.»)

proteolítico *adj.* 1 relativo à proteólise 2 que hidrolisa e desdobra as proteínas; *fermento* ~ diz-se de toda a enzima ou desdobramento hidrolítico dos prótidos (Do fr. *protéolytique*, «id.»)

proterótipo *n.m.* 1 tipo primitivo 2 em sistemática, exemplar tipo primário (Do gr. *próteros*, «primeiro» +*týpos*, «modelo; tipo»)

Proterozoico *n.m.* GEOLOGIA período que antecede o Câmbrico (Do gr. *próteros*, «primeiro» +*zoikós*, «relativo à vida»)

Proterozóico ver nova grafia Proterozoico

protérvia *n.f.* 1 qualidade de protervo 2 insolência 3 impudência; descaro 4 brutalidade (Do lat. *protervĭa*-, «audácia»)

protervo *adj.* 1 insolente; petulante 2 impudente; descarado 3 brutal (Do lat. *protervu*-, «impudente»)

prótese *n.f.* 1 GRAMÁTICA fenómeno fonético que consiste na adição de um fonema ou de uma sílaba no princípio de uma palavra, sem lhe alterar o significado 2 MEDICINA substituição de um órgão do corpo ou parte dele, por uma peça artificial 3 MEDICINA aparelho ou peça artificial que substitui um órgão do corpo ou parte dele; ~ *auditiva* MEDICINA dispositivo que amplifica os sons, usado por pessoas que apresentem dificuldades em ouvir; ~ *dentária* MEDICINA 1 estrutura fixa ou móvel constituída por um dente ou conjunto de dentes artificiais, que substitui dentes em falta; 2 especialidade da odontologia cujo objetivo principal é a reabilitação bucal, a nível estético, articulatório e de mastigação (Do gr. *próthesis*, «proposição», pelo lat. *prothēse*-, «id.»)

protésico *adj.* relativo a prótese ■ *n.m.* técnico que fabrica ou repara próteses (De *prótese*+-*ico*)

protesista *n.2g.* 1 médico especialista em prótese dentária 2 profissional que coloca unhas artificiais (De *prótese*+-*ista*)

protestação *n.f.* 1 ato ou efeito de protestar 2 protesto (Do lat. *protestatiōne*-, «id.»)

protestador *adj.,n.m.* que ou aquele que protesta (De *protestar*+-*dor*)

protestante *adj.2g.* 1 que protesta 2 relativo a protestantismo ■ *n.2g.* cristão pertencente a um dos grupos ou Igrejas que se constituíram como resultado da Reforma (Do lat. *protestante*-, «que protesta», part. pres. de *protestāre*, por *protestāri*, «protestar»)

protestantismo *n.m.* 1 conjunto das confissões e instituições cristãs, dissidentes do catolicismo, e nascidas da Reforma religiosa, movimento separatista do século XVI 2 crença dos protestantes 3 conjunto dos protestantes (De *protestante*+-*ismo*)

protestantizar *v.tr.* 1 converter à religião protestante 2 pregar a doutrina protestante (De *protestante*+-*izar*)

protestar *v.tr.,intr.* insurgir-se (contra); manifestar-se (contra); mostrar desagrado; reclamar ■ *v.tr.* 1 exigir em voz alta; clamar (por) 2 afirmar pública e terminantemente 3 prometer solenemente 4 fazer o protesto de (título comercial, letra) 5 prestar culto ou homenagem a; professar (Do lat. **protestāre*, por *protestāri*, «id.»)

protestativo *adj.* que protesta (De *protestar*+-*tivo*)

protestatório *adj.* 1 que envolve protesto 2 que serve para protestar (De *protestar*+-*tório*)

protesto *n.m.* 1 afirmação solene 2 declaração enérgica dos próprios sentimentos ou opiniões; protestação 3 declaração ou ato através do qual se demonstra desaprovação ou recusa de algo que se considera injusto 4 ato pelo qual se faz comprovar e certificar a falta de aceite ou de pagamento de uma letra de câmbio; reclamação 5 resolução inabalável; promessa (Deriv. regr. de *protestar*)

protético *adj.,n.m.* ⇒ **protésico** (Do gr. *prothetikós*, «id.»)

protetor *adj.* 1 que protege; defensor 2 ECONOMIA que defende ou aplica medidas proteccionistas 3 condescendente; tolerante ■ *n.m.* 1 aquele que protege; defensor 2 aquele que apoia o desenvolvimento de; patrocinador 3 pequena placa metálica que reveste a sola do calçado 4 estaca a que se ata ou apoia uma videira ou outra planta; ~ *solar* produto (creme, loção, óleo) usado especialmente na praia para proteger a pele dos efeitos nocivos das radiações ultravioleta (Do lat. *protectōre*-, «id.»)

protetorado *n.m.* 1 ligação entre dois Estados, pela qual um, mais forte (o Estado protetor), se obriga a defender o outro, mais fraco (o Estado protegido), mediante certas condições 2 país protegido por esse acordo (De *protector*+-*ado*)

protetoral *adj.2g.* relativo ao protetorado (De *protector*+-*al*)

protetoria *n.f.* qualidade ou missão do protetor (De *protector*+-*ia*)

protetório *adj.* 1 relativo a protetor 2 que protege ou pode proteger (Do lat. *protectoriŭ*-, «id.»)

protídico *adj.* relativo aos prótidos (De *prótido*+-*ico*)

prótido *n.m.* ⇒ **proteína** (De *prot*[*eína*]+-*ido*)

prótio *n.m.* FÍSICA isótopo de massa 1 do hidrogénio, cujo núcleo é formado por um só protão (Do gr. *prôtos*, «primeiro» +-*io*)

protista *n.m.* BIOLOGIA designação dos organismos unicelulares ou pluricelulares simples que possuem núcleo diferenciado ■ *adj.2g.* relativo ou pertencente a estes organismos (Do gr. *prótistos*, «o primeiro», pelo al. *Protist*, «protista»)

protisto *n.m.* BIOLOGIA ⇒ **protista** *n.m.*

protistologia *n.f.* BIOLOGIA estudo dos organismos unicelulares, especialmente os protistas (De *protista*+-*logia*)

prot(o)- elemento de formação de palavras que exprime a ideia de *primeiro, anterior*, e se liga por hífen ao elemento seguinte quando este começa por vogal, *h*, *r* ou *s* (Do gr. *prôtos*, «primeiro; anterior»)

protoárico *n.m.* língua donde provieram os dialetos áricos, chamados também indo-europeus

proto-árico ver nova grafia protoárico

protocanónico *adj.* designativo dos livros da Bíblia cuja origem divina foi sempre admitida pela Igreja (De *proto*-+*canónico*)

protoclástico *adj.* PETROLOGIA diz-se da textura de rochas eruptivas caracterizada pela fragmentação de minerais, ocorrida durante a solidificação (Do gr. *prôtos*, «primeiro» +*klastós*, «quebrado» +-*ico*)

protocolar *adj.2g.* 1 respeitante a protocolo 2 conforme o protocolo ■ *v.tr.* registar no protocolo (De *protocolo*+-*ar*)

protocolista *n.2g.* [Brasil] pessoa encarregada de escriturar o protocolo (De *protocolo*+-*ista*)

protocolizar *v.tr.* dar feição de protocolo a (De *protocolo*+-*izar*)

protocolo

protocolo n.m. **1** HISTÓRIA registo dos atos públicos, na Idade Média **2** conjunto de formalidades e preceitos que se devem observar em cerimónias oficiais ou atos solenes; cerimonial; etiqueta **3** acordo estabelecido entre entidades ou serviços **4** registo da correspondência expedida, com a assinatura dos destinatários **5** ata das conferências ou deliberações entre ministros plenipotenciários de diversos Estados, ou entre congressistas internacionais **6** convenção entre duas ou mais nações **7** INFORMÁTICA conjunto de regras que torna possível a execução de um programa de modo eficiente e sem erros **8** [ant.] registo, feito pelo escrivão do juízo, do que se passou na audiência (Do gr. *protókollon*, «folha colocada na frente», pelo lat. med. *protocollu*-, «protocolo»)

protocordado adj.,n.m. ZOOLOGIA que ou animal que pertence ao grupo dos cordados inferiores, que pode considerar-se constituído pelos acrânios e tunicados (De *proto*-+*cordado*)

protoestrela n.f. ASTRONOMIA estrela em formação (De *proto*-+*estrela*)

proto-estrela ver nova grafia protoestrela

protófito n.m. BOTÂNICA planta constituída por uma única célula (Do gr. *prõtos*, «primeiro» +*phýton*, «planta»)

protoginia n.f. BIOLOGIA hermafroditismo insuficiente por motivo de o amadurecimento dos óvulos se dar antes do amadurecimento dos espermatozoides (Do gr. *prõtos*, «primeiro» +*gyné*, «mulher» +-*ia*)

protogínico adj. diz-se do animal hermafrodita em que se verifica protoginia (Do gr. *prõtos*, «primeiro» +*gyné*, «mulher» +-*ico*)

proto-história n.f. **1** relato da existência humana e dos factos ocorridos anteriormente ao aparecimento da escrita **2** fase de transição da pré-história para a história (em geral, situa-se o começo da proto-história na Idade do Cobre)

proto-historiador n.m. especialista em proto-história

proto-histórico adj. relativo ou pertencente a proto-história

protolécito n.m. vitelo de formação (Do gr. *prõtos*, «primeiro» +*lékitos*, «gema»)

protólise n.f. reação de um ácido ou de uma base (no sentido de Brönsted, químico dinamarquês, 1879-1947), como solvente (Do gr. *prõtos*, «primeiro» +*lýsis*, «solução; dissolução»)

protomártir n.m. **1** primeiro mártir (numa religião ou seita) **2** designação especial dada ao mártir Santo Estêvão, séc. I da era cristã (Do gr. *protomártyr*, «id.»)

protonauta n.m. o que primeiro navegou por certas paragens marítimas (Do gr. *prõtos*, «primeiro» +*naútes*, «navegante»)

protonefrídio n.m. ZOOLOGIA nefrídio constituído por uma célula escavada, na qual vibra um flagelo, como os existentes em formas primitivas dos anelídeos e nas larvas deste grupo de animais (De *proto*-+*nefrídio*)

protonema /ê/ n.m. BOTÂNICA corpo pluricelular, taliforme, esverdeado, resultante da germinação do esporo dos musgos (Do gr. *prõtos*, «primeiro» +*nẽma*, «filamento; fio»)

protónico[1] adj. GRAMÁTICA diz-se da vogal ou da sílaba que está antes da vogal ou da sílaba tónica de uma palavra; pretónico (Do gr. *pró*, «antes» +*tonikós*, «tónico»)

protónico[2] adj. QUÍMICA diz-se de um ácido ou de uma base, no sentido de Brönsted, químico dinamarquês, 1879-1947 (De *protão*+-*ico*)

protonotariado n.m. dignidade ou funções de protonotário (De *proto*-+*notariado*)

protonotário n.m. notário-mor dos imperadores romanos; **~ apostólico 1** título de alguns prelados com função na Cúria Romana; **2** título honorífico concedido pelo papa a alguns sacerdotes (Do lat. med. *protonotariu*-, do gr. *prõtos*, «primeiro» +*notariu*-, «notário»)

protopapa n.m. **1** primeiro papa **2** dignitário do clero grego logo abaixo do patriarca (De *proto*-+*papa*)

protopatia n.f. MEDICINA doença primeira ou inicial

protopático adj. relativo a protopatia; ***sensibilidade protopática*** FISIOLOGIA designação atribuída a funções sensitivas que apenas comportam discriminações grosseiras, mas suscitam fortes repercussões afetivas (Do gr. *prõtos*, «primeiro» +*páthos*, «estado de alma» +-*ico*)

protoplasma n.m. BIOLOGIA substância viva das células constituída pela associação de citoplasma e cromatina, podendo estar contida no núcleo (Do gr. *prõtos*, «primeiro» +*plásma*, «formação», pelo lat. *protoplasma*, -*ãtis*, «protoplasma»)

protoplasmático adj. relativo ao protoplasma (Do lat. *protoplasma*-, -*ãtis*+-*ico*)

protoplásmico adj. ⇒ **protoplasmático**

protópode adj.2g. ZOOLOGIA designativo do animal que possui membros locomotores nos segmentos anteriores (Do gr. *prõtos*, «primeiro» +*poús*, *podós*, «pé»)

protóptero n.m. ICTIOLOGIA nome vulgar dado a um grupo de peixes dipnoicos, dipnêumones, da família dos Lepidossirenídeos, que podem atingir dois metros de comprimento, têm barbatanas pares muito alongadas e habitam os pântanos e pequenos cursos de água da África tropical (Do gr. *prõtos*, «primeiro» +*pterón*, «barbatana»)

protórax /cs/ n.m.2n. ZOOLOGIA segmento anterior do tórax dos insetos (Do gr. *pró*, «antes» +*thórax*, -*akos*, «tórax»)

prototério adj. pertencente ou relativo aos prototérios ■ n.m. ZOOLOGIA espécime dos prototérios ■ n.m.pl. ZOOLOGIA grupo de mamíferos caracterizados por terem cloaca e se reproduzirem por ovos (Do gr. *prõtos*, «primeiro» +*thér* ou *theríon*, «animal selvagem»)

prototípico adj. **1** relativo ao protótipo **2** que apresenta características de um protótipo (De *protótipo*+-*ico*)

protótipo n.m. **1** modelo original; primeiro tipo; padrão **2** exemplar mais exato, mais perfeito de algo **3** primeiro exemplar de um modelo, construído a partir de um projeto, que serve de teste antes do fabrico em série **4** versão preliminar de um sistema ou programa de computador, para ser testada e aperfeiçoada (Do gr. *protótypos*, «id.», pelo lat. *prototỹpu*-, «id.»)

prototórax /cs/ n.m.2n. ZOOLOGIA ⇒ **protórax** (Do gr. *prõtos*, «primeiro» +*thórax*, «tórax»)

prototrófico adj. BOTÂNICA diz-se das plantas que se nutrem de substâncias minerais (Do gr. *prõtos*, «primeiro» +*trophé*, «alimentação» +-*ico*)

protóxido /cs/ n.m. QUÍMICA óxido menos oxigenado de um metal (De *proto*-+*óxido*)

protozoário adj. relativo ou pertencente aos protozoários ■ n.m. ZOOLOGIA espécime dos protozoários ■ n.m.pl. ZOOLOGIA grupo (tipo) de seres heterotróficos, constituídos por uma única célula e normalmente móveis por cílios ou flagelos (De *proto*-+-*zoário*)

protozoologia n.f. capítulo da zoologia que trata dos protozoários (De *proto*-+*zoologia*)

protraimento n.m. **1** ato ou efeito de protrair **2** adiamento; delonga (De *protrair*+-*mento*)

protrair v.tr. **1** tirar para fora **2** prolongar; demorar **3** espaçar **4** protelar; adiar; procrastinar ■ v.pron. **1** prolongar-se **2** demorar-se (Do lat. *protrahẽre*, «id.»)

protraível adj.2g. que se pode protrair ou alongar para a frente (De *protrair*+-*vel*)

protraqueados n.m.pl. ZOOLOGIA grupo de animais com algumas características de anelídeos e outras de artrópodes, próprios do hemisfério sul, chamados também onicóforos (De *pro*-+*traqueia*+-*ado*)

protréptico n.m. LITERATURA género literário que tem por objeto a consolação na dor ou a exortação à virtude (Do gr. *pró*, «para a frente» +*trépein*, «caminhar» +-*ico*)

protrombina n.f. BIOLOGIA substância existente no plasma sanguíneo, e que, pela ação da tromboplastina, se transforma em trombina (Do gr. *pró*, «antes» +*thrómbos*, «coágulo» +-*ina*)

protrusão n.f. **1** MEDICINA situação de um órgão que, devido a crescimento anormal, se encontra à frente de outro órgão que aquele, em circunstâncias normais, não ultrapassaria **2** MEDICINA avanço anormal de um órgão por causa patológica **3** saliência; protuberância (Do lat. *protrũsu*-, part. pass. de *protrũdẽre*, «impelir para a frente», pelo ing. *protrusion*, «protrusão»)

protruso adj. **1** saliente; protuberante **2** desviado para a frente **3** empurrado para diante (Do lat. *protrũsu*-, «id.», part. pass. de *protrũdẽre*, «impelir para a frente»)

protuberância n.f. parte saliente; elevação; bossa; **~ anular** ANATOMIA formação cordiforme transversal de substância branca colocada à frente do bolbo raquidiano, entre os dois hemisférios cerebelosos; ponte de Varólio; ***protuberâncias solares*** ASTRONOMIA jatos de gases (hidrogénio, hélio e cálcio) e vapores metálicos, de cor rosada, provenientes da cromosfera do Sol (Do fr. *protubérance*, «id.»)

protuberante adj.2g. que forma uma ou mais protuberâncias; saliente (Do lat. med. *protuberante*-, «id.», pelo fr. *protubérant*, «id.»)

protusão n.f. ⇒ **protrusão**

protuso adj. ⇒ **protruso**

protutela n.f. **1** cargo ou funções de protutor **2** duração desse cargo (Do lat. *protũtela*, «pela tutela»)

protutor n.m. indivíduo nomeado pelo conselho de família para, conjuntamente com este, exercer a tutela (Do lat. *pro tutõre*, «pelo tutor»)

proudhoniano adj. relativo à doutrina económica de P. J. Proudhon, economista francês, 1809-1865 (Do fr. *proudhonien*, «id.»)

proustite n.f. MINERALOGIA mineral (sulfureto de arsénio e prata) que cristaliza no sistema trigonal (De *J. L. Proust*, químico fr., 1754--1826 +-*ite*)

prova n.f. 1 ato ou efeito de provar 2 aquilo que mostra ou confirma a verdade de um facto; demonstração 3 aquilo que serve de garantia de um sentimento ou intenção; testemunho 4 aquilo que serve de indício; marca 5 documento justificativo 6 operação pela qual se verifica a exatidão de um cálculo 7 operação pela qual se testa o valor de algo; teste; experimentação 8 exame ou concurso; teste 9 parte de um exame ou concurso 10 competição desportiva 11 resultado de um ensaio ou teste 12 TIPOGRAFIA folha de impressão onde o autor ou o revisor indica as emendas a fazer 13 exemplar obtido por reprodução fotográfica 14 ato de experimentar uma peça de vestuário, para ver se assenta bem 15 ato de experimentar o sabor de uma substância alimentar 16 pequena quantidade de alimento que se oferece a alguém 17 sofrimento ou infelicidade que testa a resistência ou a coragem; provação; ~ *de fogo* situação ou experiência difícil por que tem de se passar e que é determinante para alcançar um determinado objetivo; ~ *de máquina* prova que o impressor dá ao revisor antes de fazer a tiragem; ~ *escrita* prova que o examinando faz, respondendo por escrito a um questionário que lhe foi apresentado; ~ *negativa* prova que se obtém diretamente com a máquina fotográfica e que reproduz o modelo com as partes luminosas e sombrias de maneira inversa; ~ *oral* prova que o examinando faz, respondendo de viva voz ao interrogatório feito pelo júri; ~ *positiva* prova que é reproduzida da prova negativa, e que dá a imagem com as próprias luzes e sombras distribuídas como estão no modelo; *à ~ de* resistente a (Deriv. regr. de *provar*)

provação n.f. 1 ato ou efeito de provar, isto é, de experimentar o ânimo, a força moral; prova; dificuldade 2 situação aflitiva; desgraça (Do lat. *probatiōne-*, «prova»)

provado adj. 1 experimentado 2 estabelecido; demonstrado 3 sabido; incontestável 4 saboreado; degustado 5 que sofreu provação (Do lat. *probātu-*, «id.», part. pass. de *probāre*, «provar»)

provador adj. que prova ■ n.m. 1 aquele que prova 2 pessoa cuja profissão consiste em provar vinhos para lhes determinar a qualidade 3 numa loja de roupa, cabine onde as pessoas podem experimentar as peças de vestuário (Do lat. *probatōre-*, «id.»)

provadura n.f. 1 ato ou efeito de provar 2 porção de um líquido que serve para provar, verificando-se a qualidade deste; prova (De *provar*+*-dura*)

provar v.tr. 1 demonstrar com provas; testemunhar 2 tornar evidente; mostrar; patentear 3 justificar 4 submeter a prova; ensaiar 5 ajustar-se; condizer 6 vestir (roupa) antes de pronto para ver se assenta bem 7 (roupa, calçado) experimentar para ver como fica 8 degustar para apreciar o sabor 9 experimentar 10 sofrer; padecer 11 [regionalismo] levar pancada ■ v.pron. 1 demonstrar com provas 2 confirmar-se 3 experimentar forças; bater-se (Do lat. *probāre*, «id.»)

provará n.m. DIREITO cada um dos artigos em que se desenvolve um libelo ou requerimento judicial (De *provar*)

provatório adj. que prova ou corrobora; probatório (Do lat. *probatoriŭ-*, «id.»)

provável adj.2g. 1 que pode ser verdade; plausível; admissível; possível 2 que pode acontecer; verosímil 3 que se pode provar (Do lat. *probabĭle-*, «id.»)

provavelmente adv. 1 de modo provável 2 naturalmente 3 talvez; possivelmente (De *provável*+*-mente*)

provecto adj. 1 que está adiantado 2 que tem feito progresso 3 (idade) avançado 4 sabedor; abalizado; consumado (Do lat. *provectu-*, «id.»)

provedor n.m. 1 aquele que provê 2 fornecedor; abastecedor 3 diretor administrativo de certas instituições de caridade 4 primeiro responsável pela administração da chamada Santa Casa da Misericórdia de uma cidade ou vila; ~ *da Justiça* pessoa que preside ao órgão do Estado (provedoria) ao qual os cidadãos se podem dirigir para defender os seus direitos, liberdades, garantias e interesses legítimos (De *prover*+*-dor*)

provedoral adj.2g. referente a provedor (De *provedor*+*-al*)

provedoria n.f. cargo, jurisdição ou repartição do provedor; *Provedoria da Justiça* órgão do Estado de carácter independente que visa servir de mediador entre o cidadão e o sistema administrativo, assegurando a defesa e a promoção dos direitos, liberdades, garantias e interesses legítimos dos cidadãos, designadamente através da atividade de fiscalização dos poderes administrativos, da mediação de litígios e da proposta de reformas dos poderes públicos (De *provedor*+*-ia*)

proveito n.m. 1 o que se ganha; lucro 2 vantagem; benefício; utilidade 3 gozo (Do lat. *profectu-*, «proveito»)

proveitosamente adv. 1 com proveito 2 com lucro 3 vantajosamente (De *proveitoso*+*-mente*)

proveitoso adj. 1 que dá proveito; lucrativo 2 útil; profícuo 3 vantajoso; benéfico (De *proveito*+*-oso*)

provençal adj.2g. da Provença, antiga província francesa ■ n.2g. natural ou habitante da Provença ■ n.m. língua da Provença; *à ~* CULINÁRIA diz-se da gastronomia à moda da Provença, confecionada com tomate, alho, tomilho e azeite (Do lat. *provinciāle*, «da província», pelo fr. *provençal*, «id.»)

provençalesco /ê/ adj. relativo à poesia ou aos poetas da Provença (De *provençal*+*-esco*)

provençalismo n.m. 1 escola dos poetas provençais 2 influência da literatura provençal 3 modo de dizer próprio dos provençais (De *provençal*+*-ismo*)

proveniência n.f. 1 lugar donde uma coisa provém; procedência 2 origem; fonte (Do lat. *provenientĭa*, part. pres. neut. pl. subst. de *provenīre*, «provir»)

proveniente adj.2g. 1 que provém; procedente 2 originário; oriundo (Do lat. *proveniente*, «id.», part. pres. de *provenīre*, «provir»)

provento n.m. 1 lucro; ganho 2 rendimento 3 honorários 4 proveito (Do lat. *proventu-*, «produção; colheita»)

proventrículo n.m. 1 ZOOLOGIA primeira parte do estômago das aves, que é o órgão onde são segregados fermentos digestivos 2 ZOOLOGIA parte do tubo digestivo dos insetos (De *pro-*+*ventrículo*)

prover v.tr. 1 abastecer; fornecer; munir 2 tomar providências para (resolver uma dada situação); providenciar 3 regular 4 dispor; dotar 5 nomear 6 despachar; deferir 7 atender; remediar ■ v.pron. abastecer-se; munir-se (Do lat. *providēre*, «id.»)

proverbial adj.2g. 1 referente a provérbio 2 [fig.] conhecido; notório 3 [fig.] sabido (Do lat. *proverbiāle-*, «id.»)

proverbiar v.intr. usar ou abusar de provérbios (De *provérbio*+*-ar*)

provérbio n.m. 1 sentença moral ou conselho da sabedoria popular; adágio; ditado; máxima; rifão; anexim 2 TEATRO pequena comédia que tem por entrecho o desenvolvimento de um provérbio (Do lat. *proverbĭu-*, «id.»)

proveta /ê/ n.f. vaso de vidro estreito e cilíndrico, graduado ou não, destinado a recolher gases ou a medir quantidades determinadas de líquidos, conforme o modelo considerado (Do fr. *éprouvette*, «id.»)

provete /ê/ n.m. 1 MILITAR pequena peça de um dado material que é submetida a ensaios 2 amostra para ensaio de um material 3 pequena peça de forma definida, especialmente preparada para ensaio das características mecânicas e físicas de um material (Do fr. *éprouvette*, «id.»)

pró-vida adj.inv. 1 que defende a vida humana 2 (associação, política) que se opõe à prática do aborto

providência n.f. 1 disposição que se toma para promover um bem ou evitar um mal; prevenção 2 pessoa que guarda, ajuda ou protege 3 circunstância feliz 4 [com maiúscula] RELIGIÃO ação pela qual Deus dirige o curso dos acontecimentos, de maneira que as criaturas realizem o seu fim 5 [com maiúscula] RELIGIÃO Deus; ~ *cautelar* DIREITO processo judicial, com carácter de urgência, que corre paralelamente or por apenso a uma ação judicial, destinado à obtenção de uma decisão provisória que acautele um determinado direito, de modo que a demora normal do processo principal não o torne inútil (Do lat. *providentĭa-*, «id.»)

providencial adj.2g. 1 emanado da Providência 2 que produziu os melhores resultados 3 [fig.] oportuno; feliz (De *providência*+*-al*)

providencialismo n.m. sistema filosófico que atribui tudo à Providência Divina (De *providencial*+*-ismo*)

providencialista n.2g. pessoa adepta do providencialismo (De *providencial*+*-ista*)

providencialmente adv. 1 oportunamente 2 eficazmente 3 prudentemente (De *providencial*+*-mente*)

providenciar v.tr. 1 tomar medidas para (resolver uma dada situação); prover 2 pôr à disposição; fornecer (De *providência*+*-ar*)

providente adj.2g. 1 que dá ou toma providências 2 cuidadoso; acautelado 3 providencial (Do lat. *providente-*, «id.», part. pres. de *providēre*; «prover»)

provido adj. 1 munido; dotado 2 guarnecido 3 cheio; abarrotado 4 nomeado ou despachado para um cargo 5 ocupado ou preenchido por nomeação (Part. pass. de *prover*)

próvido adj. 1 providente; cuidadoso; acautelado; prudente (Do lat. *providu-*, «que provê a»)

provigário n.m. sacerdote investido provisoriamente nas funções de vigário (De *pro-*+*vigário*)

provimento n.m. 1 ato ou efeito de prover; provisão; abastecimento; sortimento 2 despacho afirmativo de petição ou requerimento 3 nomeação 4 atenção; cuidado; prudência (De *prover*+*-i-*+*-mento*)

província

província *n.f.* 1 divisão territorial de certos Estados; divisão administrativa 2 qualquer parte de um país, abstraindo da capital 3 os habitantes da província 4 conjunto dos conventos ou institutos de uma ordem religiosa, dentro do mesmo país, governados por um provincial 5 [fig.] secção; ramo (Do lat. *provincĭa-*, «id.»)

provincial *adj.2g.* da província ■ *n.m.* superior religioso de uma província eclesiástica (Do lat. *provinciāle-*, «id.»)

provincialado *n.m.* cargo de provincial de uma ordem religiosa (De *provincial+-ado*)

provincialato *n.m.* ⇒ **provincialado**

provincialismo *n.m.* ⇒ **provincianismo** (De *provincial+-ismo*)

provincianismo *n.m.* maneira, costume, locução ou sotaque peculiar de uma província (De *provinciano+-ismo*)

provincianizar-se *v.pron.* adquirir hábitos de provinciano (De *provinciano+-izar*)

provinciano *adj.* 1 da província 2 relativo ou característico do ambiente da província 3 [pej.] pacóvio ■ *n.m.* habitante da província (De *província+-ano*)

provindo *adj.* 1 que provém ou proveio; procedente 2 oriundo; originário (Part. pass. ou ger. de *provir*)

provir *v.tr.* 1 derivar; resultar 2 proceder; originar 3 descender (Do lat. *provenīre*, «id.»)

provisão *n.f.* 1 ato ou efeito de prover 2 fornecimento; abastecimento 3 acumulação de coisas; abundância 4 documento oficial, civil ou eclesiástico em que se confere cargo ou autoridade a certa pessoa ou se expedem instruções 5 ordem; decreto; disposição 6 verba depositada pelo emissor de um cheque ou letra de câmbio que garante o pagamento desse cheque ou dessa letra; cobertura 7 DIREITO pagamento antecipado de uma parte dos honorários pelo cliente (mandante) ao advogado (mandatário) 8 DIREITO quantia entregue para fazer esse pagamento; **provisões de boca** mantimentos, víveres (Do lat. *provisiōne-*, «previdência; precaução»)

provisional *adj.2g.* 1 referente a provisão 2 provisório (Do lat. *provisiōne-*, «previdência; precaução»+-*al*)

provisionar *v.tr.,pron.* ⇒ **aprovisionar** (Do lat. *provisiōne-*, «previdência; precaução»+-*ar*)

provisor *adj.* que faz provisões de víveres ■ *n.m.* 1 aquele que faz provisões de víveres 2 oficial do exército que tem a seu cargo o reabastecimento da unidade a que pertence em artigos de intendência 3 eclesiástico incumbido pelo bispo da jurisdição contenciosa 4 antiga designação de vigário-geral (Do lat. *provisōre-*, «aquele que provê»)

provisorado *n.m.* 1 cargo ou função de provisor 2 tempo em que o provisor exerce esse cargo (De *provisor+-ado*)

provisoria *n.f.* ⇒ **provisorado** (De *provisor+-ia*)

provisoriamente *adv.* 1 a título provisório; temporariamente; transitoriamente 2 interinamente (De *provisório+-mente*)

provisoriedade *n.f.* qualidade ou estado do que é provisório, interino ou passageiro (De *provisório+-idade*)

provisório *adj.* 1 feito por provisão 2 transitório; interino; temporário 3 diz-se do professor que não possui vínculo definitivo (Do lat. *provisu-*, «provido», part. pass. de *providēre*, «prover» +-*ório*)

provitamina *n.f.* substância natural que o organismo transforma numa vitamina (De *pro-+vitamina*)

provocação *n.f.* 1 ato ou efeito de provocar 2 desafio; repto 3 insulto 4 [fig.] tentação 5 [fig.] incitamento; aliciação (Do lat. *provocatiōne-*, «id.»)

provocador *adj.* 1 que provoca; provocante 2 que causa ou origina 3 tentador ■ *n.m.* 1 aquele que provoca 2 instigador 3 aquele que causa ou origina; fautor (Do lat. *provocatōre-*, «id.»)

provocante *adj.2g.* 1 que provoca; provocador 2 que desperta interesse ou curiosidade; estimulante 3 que seduz; atraente (Do lat. *provocante-*, «id.», part. pres. de *provocāre*, «provocar»)

provocantemente *adv.* 1 com provocação 2 em atitude provocante; provocadoramente (De *provocante+-mente*)

provocar *v.tr.* 1 incitar (alguém); desafiar 2 fazer sair do estado normal de tranquilidade; exaltar; exasperar 3 incitar alguém através de uma atitude violenta; irritar; insultar 4 excitar o desejo; seduzir 5 ser a causa de; causar; produzir 6 promover 7 determinar; levar a ■ *v.pron.* 1 desafiar-se 2 excitar-se (mutuamente) (Do lat. *provocāre*, «id.»)

provocativo *adj.* ⇒ **provocante** (Do lat. *provocatīvu-*, «id.»)

provocatório *adj.* 1 que contém provocação 2 que provoca; desafiador 3 que irrita; enervante (Do lat. *provocatorĭu-*, «id.»)

proxeneta *n.2g.* pessoa que recebe rendimentos através da prostituição de outrem (Do gr. *proxenetés*, «id.», pelo lat. *proxenēta-*, «id.»)

proxenetismo *n.m.* prática de proxeneta (De *proxeneta+-ismo*)

proximal *adj.2g.* diz-se da parte do órgão que fica próxima da base, centro ou ponto de inserção, opondo-se a distal (Do ing. *proximal*, «id.»)

proximamente *adv.* 1 (espaço) perto 2 (tempo) em breve (De *próximo+-mente*)

proximidade *n.f.* 1 estado de próximo 2 vizinhança; contiguidade 3 *pl.* cercanias; arredores; vizinhanças (Do lat. *proximitāte-*, «id.»)

próximo *adj.* 1 que não está distante; vizinho 2 (espaço, tempo) que está perto 3 que não tarda a acontecer; imediato 4 que se segue imediatamente; seguinte 5 (parente) de primeiro grau 6 (amigo) íntimo ■ *adv.* perto ■ *n.m.* 1 cada pessoa em particular, em relação a cada um de nós 2 conjunto de todos os homens; ~ *futuro* que se segue imediatamente; ~ *passado* imediatamente anterior (Do lat. *proxĭmu-*, «id.»)

prozoico *adj.* GEOLOGIA anterior ao aparecimento dos seres vivos (Do gr. *pró*, «antes de» +*zoikós*, «relativo à vida»)

prozóico ver nova grafia **prozoico**

prudência *n.f.* 1 qualidade daquele que, atento ao alcance das suas palavras e dos seus atos, procura evitar consequências desagradáveis; circunspeção; ponderação 2 atitude de quem é moderado 3 atitude de quem não quer correr riscos desnecessários; cautela; precaução (Do lat. *prudentĭa-*, «previdência; prudência; sensatez»)

prudencial *adj.2g.* que revela prudência; prudente (De *prudência+-al*)

prudente *adj.2g.* 1 que tem prudência 2 que age com prudência; previdente; cauteloso 3 que procura evitar o perigo 4 comedido; discreto 5 avisado; judicioso 6 circunspecto (Do lat. *prudente-*, «que prevê»)

prudentemente *adv.* 1 de maneira prudente 2 com prudência 3 cautelosamente; com cuidado (De *prudente+-mente*)

prudhommiano *adj.* relativo ao tipo ridículo de Prudhomme, criado pelo escritor francês Henri Monnier (1799-1877) e que pode ser comparado ao conselheiro Acácio, de Eça de Queirós, escritor português (1845-1900) (De *Prudhomme*, antr. +*-iano*)

pruído *n.m.* ⇒ **prurido** (De *prurido*)

pruína *n.f.* pó fino que cobre certos frutos, também conhecido por polvilho (Do lat. *pruīna-*, «geada»)

pruir *v.tr.,intr.* ⇒ **prurir** (Do lat. *prurīre*, «ter comichão»)

pruma *n.f.* 1 [pop.] pluma 2 [regionalismo] ⇒ **caruma** (De *pluma*)

prumada *n.f.* 1 ato de prumar 2 verticalidade (Part. pass. fem. subst. de *prumar*)

prumagem¹ *n.f.* ⇒ **prumada** (De *prumar+-agem*)

prumagem² *n.f.* [pop.] plumagem (De *pruma*, por *pluma+-agem*)

prumão *n.m.* 1 penacho de plumas 2 bolha (De *pruma*, por *pluma+-ão*)

prumar *v.intr.* sondar com o prumo (De *prumo+-ar*)

prumo *n.m.* 1 sonda 2 escora 3 [fig.] tino; prudência 4 ⇒ **fio de prumo**; *a* ~ verticalmente (Do lat. *plumbu-*, «chumbo»)

pruniforme *adj.2g.* que tem forma idêntica à da ameixa ou de outros frutos do género *Prunus* (como o pêssego, o damasco, a ginja ou a cereja) (Do lat. *prunu-*, «ameixa» +*forma-*, «forma»)

prurido *n.m.* 1 comichão; pruído 2 [fig.] desejo; tentação 3 [fig.] impaciência 4 [fig.] manifestação; sensação; *ter pruridos* ter pretensões (Do lat. *prurītu-*, «prurido; comichão»)

pruriente *adj.2g.* que causa prurido (Do lat. *pruriente-*, «id.», part. pres. de *prurīre*, «ter comichão; causar comichão»)

prurigem *n.f.* afeção cutânea acompanhada de sensação de comichão; prurido; prurigo (Do lat. *prurigĭne-*, «id.»)

pruriginoso /ô/ *adj.* em que há prurigem (Do lat. *pruriginōsu-*, «id.»)

prurigo *n.m.* ⇒ **prurigem** (Do lat. *prurīgo* (nominativo), «prurido»)

prurir *v.tr.,intr.* causar prurido ou comichão (a) ■ *v.tr.* [fig.] estimular ■ *v.intr.* [fig.] estar inquieto ou ansioso (Do lat. *prurīre*, «id.»)

prussiano *adj.* da Prússia ■ *n.m.* 1 natural ou habitante da Prússia 2 [regionalismo] espécie de capote de agasalho (De *Prússia*, top. +*-ano*)

prussiato *n.m.* QUÍMICA ⇒ **cianeto** (Do fr. *prussiate*, «id.»)

prússico *adj.* QUÍMICA designativo de um ácido muito tóxico, conhecido também por ácido cianídrico ou, melhor, cianeto de hidrogénio (Do fr. *prussique*, «id.»)

prusso *adj.,n.m.* ⇒ **prussiano** (De *Prússia*, top.)

psamito *n.m.* PETROLOGIA rocha sedimentar clástica cujos elementos são do tamanho de grãos de areia; grés moscovítico (Do gr. *psámmos*, «areia» +*-ito*)

psamofilia *n.f.* conjunto das características dos seres psamófilos (De *psamófilo+-ia*)

psamófilo *adj.* designativo do ser (ou agrupamento ecológico) que tem desenvolvimento normal sobre terrenos arenosos (Do gr. *psámmos*, «areia» +*phílos*, «amigo»)

psamófita *adj.,n.m.* ⇒ **psamófito**

psamofítico *adj.* relativo ou pertencente a psamófito (De *psamófito*+-*ico*)

psamófito *adj.,n.m.* BOTÂNICA que ou vegetal que vive normalmente nos lugares secos, arenosos (Do gr. *psámmos*, «areia» +*phytón*, «planta»)

psefito *n.m.* PETROLOGIA rocha sedimentar clástica cujos elementos são maiores do que grãos de areia (Do gr. *psêphos*, «bolinha»+-*ito*)

pselismo *n.m.* MEDICINA designação genérica de qualquer defeito da fala (Do gr. *psellismós*, «id.»)

pseudélitro *n.m.* ZOOLOGIA cada uma das asas, um tanto coriáceas, que constituem o primeiro par, nos insetos ortópteros (De *pseudo-+élitro*)

pseud(o)- elemento de formação de palavras que exprime a ideia de *falso*, e se liga por hífen ao elemento seguinte quando este começa por vogal, *h*, *r* ou *s* (Do gr. *pseudés*, «falso»)

pseudoapendicite *n.f.* MEDICINA estado patológico em que os sintomas semelham os da apendicite, sem haver infeção no apêndice

pseudo-apendicite ver nova grafia pseudoapendicite

pseudociência *n.f.* **1** sistema de pensamento ou teoria a que erradamente se atribui um estatuto científico **2** teoria com aparência científica mas que não usa métodos rigorosos de pesquisa (De *pseudo-+ciência*)

pseudocientífico *adj.* **1** relativo ou pertencente a pseudociência **2** que é falsamente científico (De *pseud(o)-+científico*)

pseudocientista *n.2g.* indivíduo estudioso de uma pseudociência ou que faz alarde de conhecimentos pseudocientíficos (De *pseud(o)-+cientista*)

pseudociese *n.f.* [Brasil] falsa gravidez

pseudoescorpião *n.m.* ZOOLOGIA aracnídeo com quelíceras e maxilas em pinça, como os escorpiões, mas sem pós-abdómen

pseudo-escorpião ver nova grafia pseudoescorpião

pseudofilosofia *n.f.* **1** sistema teórico sem fundamentação na tradição filosófica **2** raciocínio ou sistema aparentemente bem estruturado mas que, após uma análise mais cuidada, revela incoerência e falta de lógica; falsa filosofia **3** pensamento ou sistema de pensamento baseado em frases feitas e julgamentos estereotipados; filosofia barata (De *pseud(o)-+filosofia*)

pseudomorfo *adj.* MINERALOGIA diz-se do mineral que tomou acidentalmente forma externa que não lhe é própria (De *pseudo-+-morfo*)

pseudomorfose *n.f.* MINERALOGIA forma externa apresentada acidentalmente por um mineral, mas diferente da que lhe é própria (De *pseudomorfo*+-*ose*)

pseudoneurópteros *n.m.pl.* ZOOLOGIA grupo de insetos (atualmente fragmentado em várias ordens) caracterizados por terem armadura bucal trituradora, dois pares de asas membranosas semelhantes e metamorfoses incompletas, também chamados arquípteros, ortópteros e pseudonevrópteros (De *pseudo-+neurópteros*)

pseudonevrópteros *n.m.pl.* ZOOLOGIA ⇒ **pseudoneurópteros**

pseudonímia *n.f.* qualidade de pseudónimo (De *pseudónimo*+-*ia*)

pseudónimo *n.m.* nome suposto sob o qual alguns escritores publicam as suas obras ■ *adj.* que subscreve as suas obras com um nome que não é o seu (Do gr. *pseudónymos*, «id.»)

pseudoparênquima *n.m.* BOTÂNICA ⇒ **hifênquima** (De *psamófito*+*parênquima*)

pseudópode *n.m.* CITOLOGIA prolongamento protoplasmático de certas células, utilizado para a preensão e locomoção (De *pseudo-+-pode*)

pseudoprofeta *n.m.* profeta falso (De *pseudo-+profeta*)

pseudo-revelação ver nova grafia pseudorrevelação

pseudorrevelação *n.f.* revelação falsa

pseudo-sábio ver nova grafia pseudossábio

pseudossábio *n.m.* sábio falso ou suposto

pseudotecido *n.m.* ⇒ **hifênquima** (De *pseudo-+tecido*)

pseudotuberculose *n.f.* MEDICINA afeção cujos sintomas se podem confundir com os da infeção tuberculosa, mas cujo agente não é o bacilo de Koch (De *pseudo-+tuberculose*)

psi[1] *n.m.* nome da vigésima terceira letra do alfabeto grego (ψ, Ψ), que corresponde ao grupo consonantal **ps** (Do gr. *psî*, «id.»)

psicadélico *adj.* PSICOLOGIA diz-se do estado psíquico provocado pela absorção de drogas alucinogénias ■ *n.m.* substância que causa alucinações (Do gr. *psykhé*, «alma» +*dêlos*, «claro; evidente» +-*ico*, ou do fr. *psychédélique*, «id.»)

psicagogia *n.f.* **1** (Grécia antiga) evocação religiosa da alma dos mortos **2** conjunto dos métodos psicoterapêuticos (Do gr. *psykhé*, «alma» +-*gogía*, de *ágein*, «conduzir; levar»)

psicalgia *n.f.* MEDICINA modalidade excecional de nevralgia, em que predomina o elemento psicopático (Do gr. *psykhé*, «alma» +*álgos*, «dor» +-*ia*)

psicanalisando *n.m.* PSICANÁLISE paciente que é submetido a processo de tratamento por psicanálise; analisando (De *psicanalisar*+-*ando*)

psicanalisar *v.tr.* **1** tratar por processos psicanalíticos **2** interpretar através da psicanálise (De *psicanálise*+-*izar*)

psicanálise *n.f.* **1** método psicoterápico inventado por S. Freud, médico austríaco (1856-1939), que assenta essencialmente na exploração do inconsciente **2** método de investigação conexo da cura psicanalítica **3** teoria da conduta e da personalidade normais e patológicas que assenta na elucidação teórica dos dados da cura psicanalítica; **~ aplicada** utilização da teoria psicanalítica na elaboração de hipóteses em diversos domínios das ciências do homem; **~ existencial** segundo Sartre (filósofo francês, 1905-1980), a psicanálise que tem por objeto descobrir o projeto, original ou fundamental, que governa inconscientemente as nossas determinações particulares (Do gr. *psykhé*, «alma» +*análysis*, «análise»)

psicanalista *n.2g.* pessoa especializada em psicanálise (De *psico-+analista*)

psicanalítico *adj.* relativo a psicanálise (De *psico-+analítico*)

psicastenia *n.f.* PSICOLOGIA afeção mental que é caracterizada por enfraquecimento do tono vital e que tem como sintomas principais depressão física e moral, sentimento de imperfeição, perda do sentido do real, tendência acentuada por obsessões, manias mentais e fenómenos ansiosos (Do gr. *psykhé*, «alma» +*asthéneia*, «fraqueza», ou do fr. *psychasthénie*, «id.»)

psicasténico *adj.* relativo à psicastenia ■ *n.m.* afetado pela psicastenia (Do gr. *psykhé*, «alma» +*asthenés*, «débil» +-*ico*)

psiché *n.m.* **1** móvel de quarto com espelho e gavetas; toucador **2** espelho grande com pés, cuja inclinação geralmente se pode regular (Do fr. *psyché*, «id.»)

psic(o)- elemento de formação de palavras que exprime a ideia de *alma, espírito* (Do gr. *psykhé*, «alma»)

psicobiologia *n.f.* ciência que tem por objetivo a descoberta dos determinantes biológicos ou neurológicos dos comportamentos humanos e das funções mentais (De *psico-+biologia*)

psicochoque *n.m.* MEDICINA emoção brusca provocada num doente mental com um fim terapêutico (De *psico-+choque*)

psicocirurgia *n.f.* conjunto das técnicas cirúrgicas utilizadas no tratamento das doenças mentais (De *psico-+cirurgia*)

psicocrítica *n.f.* **1** método de análise do texto literário que põe em evidência os processos psíquicos profundos do autor **2** crítica literária que utiliza este método (De *psico-+crítica*)

psicodelismo *n.m.* PSICOLOGIA estado psíquico que resulta da absorção de certas drogas alucinogénias (Do gr. *psykhé*, «alma» +*dêlos*, «claro; evidente» +-*ismo*, ou do fr. *psychédélisme*, «id.»)

psicodiagnóstico *n.m.* **1** MEDICINA análise dos sintomas puramente psíquicos de uma doença mental, com vista à elaboração do diagnóstico **2** PSICOLOGIA método de exploração da personalidade, inventado por Rorschach (psiquiatra suíço, 1884-1922), baseado na interpretação de manchas de tinta (De *psico-+diagnóstico*)

psicodisléptico *adj.* diz-se da substância de cuja aplicação resultam a perturbação e o enfraquecimento da atividade mental ■ *n.m.* substância que modifica a atividade mental normal (Do gr. *psykhé*, «alma; mente»+*dys-*, «dificuldade»+*leptós*, «fino; débil»+-*ico*) ACORDO ORTOGRÁFICO também se pode escrever psicodislético

psicodisléptico a grafia mais usada é psicodisléptico

psicodrama *n.m.* MEDICINA técnica psicoterápica, inventada por J. L. Moreno (psicólogo americano, 1892-1974), que utiliza a improvisão de cenas dramáticas, sobre um tema proposto, por um grupo de pessoas (De *psico-+drama*)

psicodramaturgo *n.m.* autor de psicodramas (De *psico-+dramaturgo*)

psicofármaco *n.m.* substância de cuja aplicação resultam efeitos no psiquismo humano e que se usa em terapêutica psiquiátrica (De *psico-+fármaco*)

psicofarmacologia *n.f.* MEDICINA pesquisa e estudo farmacodinâmico de substâncias que têm efeitos psicológicos e são utilizáveis em terapêutica psiquiátrica (De *psico-+farmacologia*)

psicofísica *n.f.* estudo das relações dos estímulos físicos com as sensações correspondentes (De *psico-+física*)

psicofisiologia *n.f.* estudo das relações entre os fenómenos psicológicos e os fisiológicos (De *psico-+fisiologia*)

psicofisiológico *adj.* relativo à psicofisiologia (De *psicofisiologia*+-*ico*)

psicogéneo *adj.* **1** PSICOLOGIA que provoca perturbações psíquicas **2** cuja causa é psíquica (De *psico-+géneo*)

psicogénese *n.f.* parte da psicologia que trata da origem e do desenvolvimento das funções psíquicas (De *psico-+génese*)
psicogenético *adj.* PSICOLOGIA relativo à psicogénese
psicogenia *n.f.* ⇒ **psicogénese** (Do gr. *psykhé*, «alma» +*génos*, «origem» +-*ia*)
psicogeriatria *n.f.* MEDICINA ramo da medicina que trata das doenças mentais e do bem-estar das pessoas idosas (De *psico-+geriatria*)
psicognosia *n.f.* PSICOLOGIA conhecimento profundo das faculdades da alma (Do gr. *psykhé*, «alma» +*gnōsis*, «conhecimento» +-*ia*)
psicografia *n.f.* 1 psicologia descritiva 2 monografia psicológica de um caso individual (De *psico-+-grafia*)
psicógrafo *n.m.* 1 aquele que se dedica à psicografia 2 médium que escreve sob a ação dos espíritos (De *psico-+-grafo*)
psicograma *n.m.* inventário descritivo das particularidades psíquicas de um indivíduo; gráfico que representa estas particularidades na forma de um perfil; perfil psicológico (De *psico-+-grama*)
psico-história *n.f.* 1 área de estudo histórico em que se usam métodos, teorias e conceitos psicológicos ou psicanalíticos 2 análise psicológica ou psicanalítica de uma personagem ou de acontecimentos históricos
psico-historiador *n.m.* especialista em psico-história
psico-histórico *adj.* 1 relativo a psico-história 2 que tem elementos históricos e psicológicos
psicolepsia *n.f.* MEDICINA queda brusca e de curta duração da tensão psíquica, que se manifesta por uma suspensão dos processos psicológicos (Do gr. *psykhé*, «alma» +*leptós*, «débil; fraco» +-*ia*)
psicoléptico *adj.* diz-se da substância de cuja aplicação resulta o enfraquecimento das funções psíquicas ▪ *n.m.* substância que exerce um efeito sedativo ou calmante (Do gr. *psykhé*, «alma; mente»+*leptós*, «fino; débil»+-*ico*)
psicolexia /cs/ *n.f.* PSICOLOGIA termo empregado por E. Claparède (psicólogo suíço, 1873-1940), por oposição a psicometria, para designar os métodos de determinação qualitativa, e não quantitativa, dos processos psíquicos (Do gr. *psykhé*, «alma» +*léxis*, «ação de falar» +-*ia*)
psicolinguista *n.2g.* especialista em psicolinguística (De *psico-+linguista*)
psicolinguística /gu-i/ *n.f.* LINGUÍSTICA estudo da relação entre os comportamentos linguísticos e os fenómenos psicológicos que lhes correspondem; estudo da relação entre o uso da linguagem e o trabalho mental do emissor e do recetor da mensagem (De *psico-+linguística*)
psicolinguístico /gu-i/ *adj.* relativo à psicolinguística (De *psico-+linguístico*)
psicologia *n.f.* 1 ciência positiva dos factos psíquicos, quer estudados subjetivamente (factos de consciência), quer objetivamente (factos de comportamento) 2 aptidão particular para compreender os outros e a si mesmo 3 conjunto dos traços de carácter de um indivíduo ou de um grupo de indivíduos 4 carácter; ~ *analítica* doutrina de C. G. Jung (psicólogo suíço, 1875-1961), que se distingue da psicanálise propriamente dita por uma noção alargada da libido e pela introdução do conceito de inconsciente coletivo; ~ *aplicada* utilização dos dados da psicologia na solução de problemas práticos (educativos, terapêuticos, comerciais, industriais, sociais); ~ *clínica* psicologia que assenta na observação e análise aprofundada de casos individuais; ~ *comparada* estudo psicológico comparativo dos animais (psicologia animal), dos estádios de desenvolvimento nas crianças (psicologia genética) e dos indivíduos pertencentes a raças ou a etnias diferentes (psicologia étnica); ~ *da forma* conceção, oposta ao atomismo psicológico, segundo a qual a vida mental é formada por conjuntos estruturados, constituindo uma organização na qual as propriedades das partes ou os processos parciais dependem do todo; ~ *diferencial* psicologia que agrupa os estudos comparativos das diferenças psicológicas entre os indivíduos humanos, quer no que respeita à variabilidade interindividual em grupos homogéneos, quer quanto à variabilidade entre grupos (grupos diferentes pela idade, pelo sexo, pelo meio social ou pela raça); ~ *do comportamento* ⇒ **behaviourismo**; ~ *individual* doutrina de A. Adler (psicólogo austríaco, 1870-1937), dissidente de Freud, que procura estudar o homem na sua complexidade concreta e pretende adaptá-lo às condições concretas da sua existência; ~ *metafísica/racional* estudo da natureza, origem e destino da alma, como princípio absoluto da vida mental; ~ *social* disciplina, intermediária entre a psicologia e a sociologia, que tem por objeto principal de estudo as interações dos indivíduos e dos grupos (Do gr. *psykhé*, «alma» +*lógos*, «estudo» +-*ia*)

psicologicamente *adv.* 1 do ponto de vista psicológico 2 quanto à psicologia (De *psicológico+-mente*)
psicológico *adj.* pertencente ou relativo à psicologia; *momento ~* [fig.] momento crítico, oportuno, próprio (De *psicologia+-ico*)
psicologismo *n.m.* tendência para reduzir os problemas filosóficos a problemas de psicologia (De *psicologia+-ismo*)
psicologista *n.2g.* ⇒ **psicólogo** (Do gr. *psykhé*, «alma» +*lógos*, «estudo» +-*ista*)
psicólogo *n.m.* 1 profissional de psicologia aplicada 2 especialista em psicologia 3 aquele que é particularmente dotado de perspicácia psicológica, isto é, que antevê e compreende rapidamente os sentimentos e os pensamentos dos outros 4 psicotécnico (Do fr. *psychologue*, «id.»)
psicomancia *n.f.* suposta adivinhação pela evocação da alma dos mortos (Do gr. *psykhomanteía*, «id.»)
psicómetra *n.2g.* pessoa que se dedica à psicometria (Do gr. *psykhé*, «alma» +*métron*, «medida»)
psicometria *n.f.* conjunto dos métodos de medida da intensidade, da duração e da frequência dos fenómenos psíquicos (De *psico-+-metria*)
psicométrico *adj.* que diz respeito à psicometria (De *psicometria+-ico*)
psicomotor *adj.* que se refere às funções motoras coordenadas pelas funções psíquicas (De *psico-+motor*)
psiconeurose *n.f.* MEDICINA afeção nervosa caracterizada por perturbações funcionais consideradas como tendo origem psicológica (histeria, neurastenia, psicastenia, etc.) (De *psico-+neurose*)
psiconeurótico *adj.* 1 relativo à psiconeurose 2 que padece de psiconeurose ▪ *n.m.* indivíduo que padece de psiconeurose (De *psico-+neurótico*)
psicopata *n.2g.* pessoa que padece de psicopatia (De *psico-+-pata*)
psicopatia *n.f.* 1 MEDICINA perturbação mental que se manifesta através de comportamentos antissociais, egocentrismo extremo, instabilidade e impulsividade 2 MEDICINA qualquer doença mental (Do gr. *psykhé*, «alma» +*páthos*, «moléstia» +-*ia*)
psicopático *adj.* relativo à psicopatia (De *psicopatia+-ico*)
psicopatologia *n.f.* MEDICINA (psiquiatria) estudo (basilar da psiquiatria) das perturbações mentais, sua descrição, classificação, mecanismos e evolução (De *psico-+patologia*)
psicopatológico *adj.* relativo ou pertencente à psicopatologia (De *psicopatologia+-ico*)
psicopedagogia *n.f.* pedagogia cientificamente baseada na psicologia da criança e do adolescente (De *psico-+pedagogia*)
psicopedagógico *adj.* relativo à psicopedagogia (De *psicopedagogia+-ico*)
psicoplegia *n.f.* desfalecimento psíquico passageiro (Do gr. *psykhé*, «alma» +*plésein*, «ferir; bater» +-*ia*)
psicoprofilaxia /cs/ *n.f.* preparação psicológica da mulher grávida para tornar o parto indolor (De *psico-+profilaxia*)
psicorrigidez /ê/ *n.f.* 1 ausência de maleabilidade de juízo 2 obediência estrita a princípios 3 incapacidade de se colocar no ponto de vista de outrem (De *psico-+rigidez*)
psicose *n.f.* MEDICINA doença mental em que a personalidade se desintegra de forma profunda, com perturbações da perceção, do raciocínio e do comportamento, das quais o paciente não tem consciência (Do gr. *psykhé*, «alma» +-*ose*)
psicossexual /cs/ *adj.2g.* relativo aos fenómenos psíquicos ligados à sexualidade (De *psico-+sexual*)
psicossocial *adj.2g.* que diz respeito à psicologia do indivíduo e à vida em sociedade (De *psico-+social*)
psicossociologia *n.f.* parte da psicologia que estuda a influência que a sociedade exerce nas funções psíquicas (De *psico-+sociologia*)
psicossociólogo *n.m.* especialista em psicossociologia (De *psico-+sociólogo*)
psicossomático *adj.* que diz respeito aos distúrbios orgânicos e funcionais favorecidos ou agravados por fatores psíquicos; *medicina psicossomática* medicina que tem por objeto as doenças somáticas em relação patogénica com conflitos mentais, geralmente inconscientes (De *psico-+somático*)
psicostimulante *adj.2g.* diz-se da substância que estimula a atividade psíquica ▪ *n.m.* substância de cuja aplicação resultam o estímulo e o revigoramento da atividade psíquica nos seus vários aspetos (De *psico-+estimulante*)
psicotécnica *n.f.* disciplina que rege a aplicação aos problemas humanos dos dados da psicofisiologia e da psicologia experimental, mediante o emprego de um conjunto de processos rigorosamente científicos, principalmente psicométricos (De *psico-+técnica*)

psicotécnico *adj.* 1 da psicotécnica 2 relativo à psicotécnica 3 (teste) que tem como objetivo revelar as aptidões profissionais de alguém ■ *n.m.* perito em psicotécnica (De *psico-+técnico*)

psicoterapeuta *n.2g.* médico especializado em psicoterapia (De *psico-+terapeuta*)

psicoterapêutico *adj.* ⇒ **psicoterápico**

psicoterapia *n.f.* conjunto de técnicas terapêuticas utilizadas tanto no tratamento de situações de stress como no de desordens emocionais ou mentais e que visam o restabelecimento do equilíbrio de um indivíduo; *~ de grupo* técnica psiquiátrica que utiliza como fator terapêutico a ação de um grupo de indivíduos organizado e dirigido para tal fim (De *psico-+terapia*)

psicoterápico *adj.* 1 relativo à psicoterapia 2 que diz respeito ao tratamento dos distúrbios psicológicos ou mentais (De *psicoterapia+-ico*)

psicótico *adj.* relativo a psicose ■ *n.m.* 1 aquele que tem uma psicose 2 aquele que sofre de perturbações mentais (De *psicose+-ico* ou do fr. *psychotique*, «id.»)

psicotrópico *adj.,n.m.* que ou substância medicamentosa que atua sobre o psiquismo (estimulantes, tranquilizantes, etc.) (Do fr. *psychotrope*, «id.»)

psicrometria *n.f.* METEOROLOGIA determinação do estado higrométrico do ar; higrometria (Do gr. *psykhrós*, «frio» +*métron*, «medida» +-*ia*)

psicrométrico *adj.* relativo a psicrometria; *tábuas psicrométricas* tábuas que permitem a determinação da humidade relativa da atmosfera a partir das temperaturas dos termómetros seco e húmido de um psicrómetro (Do gr. *psykhrós*, «frio» +*métron*, «medida» +-*ico*)

psicrómetro *n.m.* METEOROLOGIA instrumento constituído por um termómetro seco e outro húmido e destinado a determinar a humidade relativa da atmosfera; higrómetro de evaporação (Do gr. *psykhrós*, «frio» +*métron*, «medida»)

psicronometria *n.f.* PSICOLOGIA estudo dos tempos de reação (De *psico-+cronometria*)

psilo *n.m.* domesticador de serpentes (Do gr. *Psylloi*, de um povo da Líbia, onde havia muitos domesticadores de serpentes, pelo lat. *psyllu-*, «domesticador de serpentes»)

psilomelano *n.m.* MINERALOGIA mineral (óxido hidratado de manganésio e bário), negro, amorfo, botrioide, reniforme ou estalactítico, que é minério de manganésio (Do gr. *psilós*, «liso» +*mélas, -anos*, «negro»)

psique *n.f.* 1 conjunto dos processos psíquicos, conscientes e inconscientes (C. G. Jung, psicólogo e psicanalista suíço, 1875--1961) 2 personificação do psiquismo (termo empregado por alguns psicólogos contemporâneos para evitar as implicações religiosas e espiritualistas das palavras alma e espírito) (Do gr. *psykhé*, «alma»)

psiquiatra *n.2g.* médico especializado em psiquiatria (Do gr. *psykhé*, «alma» +*iatrós-*, «médico»)

psiquiatria *n.f.* MEDICINA ramo da medicina que estuda as doenças e perturbações mentais e a respetiva terapêutica (Do gr. *psykhé*, «alma» +*iatreía*, «cura»)

psiquiátrico *adj.* relativo à psiquiatria (De *psiquiatria+-ico*)

psiquiatro *n.m.* [raramente usado] ⇒ **psiquiatra**

psíquico *adj.* que diz respeito à psique e às faculdades psíquicas; psicológico (Do gr. *psykhikós*, «id.», pelo lat. *psychĭcu-*, «id.»)

psiquismo *n.m.* 1 conjunto dos fenómenos psíquicos que são objeto da psicologia 2 conjunto particular de fenómenos psíquicos que formam um todo (psiquismo inconsciente, psiquismo animal, etc.) 3 conjunto de traços psicológicos e funções psíquicas de um indivíduo 4 formas irracionais da atividade psíquica (Do gr. *psykhé*, «alma» +-*ismo*)

Psitácidas *n.m.pl.* ORNITOLOGIA ⇒ **Psitacídeos**

Psitacídeos *n.m.pl.* ORNITOLOGIA família de aves trepadoras, tropicais, cujo género-tipo se denomina *Psittacus* (Do gr. *psittakós*, «papagaio», pelo lat. *psittăcu-*, «id.» +-*ídeos*)

psitacismo *n.m.* 1 MEDICINA estado patológico que consiste em acumular palavras e construir frases ocas de sentido, que se fixam e repetem, como que imitando o papagaio 2 repetição maquinal de palavras e frases sem intervenção do raciocínio 3 [fig.] verbalismo oco; verborreia (Do gr. *psittakós*, «papagaio» +-*ismo*)

psitacose *n.f.* MEDICINA doença de que sofrem os papagaios e que pode transmitir-se ao homem (Do gr. *psittakós*, «papagaio» +-*ose*)

psiu *interj.* empregada para impor silêncio (De orig. onom.)

psoríaco *adj.* ⇒ **psórico**

psoríase *n.f.* MEDICINA doença cutânea caracterizada por descamação epidérmica provocada pela inflamação crónica da derme, localizada sobretudo nos cotovelos, nos joelhos e no couro cabeludo (Do gr. *psoríasis*, «erupção sarnenta»)

psórico *adj.* que sofre de psoríase; psoríaco (Do gr. *psorikós*, «sarnento», pelo lat. *psorĭcu-*, «id.»)

ptármico *adj.* 1 que provoca o espirro; esternutatório 2 que provoca secreção nasal (Do gr. *ptarmikós*, «id.»)

pteridófitas *n.f.pl.* BOTÂNICA grupo (tipo) de plantas caracterizadas por estarem diferenciadas em raiz, caule e folhas, por terem arquídios e não se reproduzirem por sementes; criptogâmicas vasculares (Do gr. *ptéris, -idos*, «feto» +*phýton*, «planta»)

pteridospérmicas *n.f.pl.* PALEONTOLOGIA grupo de plantas fósseis, cujas características se assemelhavam, por um lado, às pteridófitas e, por outro, às gimnospérmicas, e que viveram no Paleozoico superior e no Mesozoico (Do gr. *ptéris, -idos*, «feto» +*spérma*, «semente» +-*icas*)

pterígio *n.m.* MEDICINA opacidade parcial da conjuntiva, mais ou menos em forma de triângulo, cujo vértice se dirige para a córnea e chega a cobri-la (Do gr. *pterýgion*, «pterígio», pelo lat. *pterygĭu-*, «id.»)

pterigoide *adj.2g.* ANATOMIA que tem forma de asa ■ *n.m.pl.* ANATOMIA ossos do crânio que ficam entre o palatino e o palato quadrado e que, no homem, entram na constituição do esfenoide; *apófises pterigoides* apófises do esfenoide correspondentes aos ossos pterigoides (Do gr. *pterigoeidés*, «semelhante a asa»)

pterigóide ver nova grafia pterigoide

ptérila *n.f.* ZOOLOGIA cada uma das zonas mais ou menos definidas onde se inserem as penas, no corpo das aves (Do gr. *pterón*, «pena» +*hýle*, «floresta»)

ptério *n.m.* ANATOMIA região craniana situada na junção dos ossos frontal, parietal e temporal com a asa grande do esfenoide (Do gr. *pterón*, «pena; asa»)

ptero- elemento de formação de palavras que exprime a ideia de asa (Do gr. *pterón*, «asa; pena»)

pterobranquiado *adj.,n.m.,n.m.pl.* ⇒ **pterobrânquio** (De *ptero-+branquiado*)

pterobrânquio *adj.* ZOOLOGIA pertencente ou relativo aos pterobrânquios ■ *n.m.* ZOOLOGIA espécime dos pterobrânquios ■ *n.m.pl.* ZOOLOGIA grupo de briozoários que possui brânquias que formam uma espécie de asa ou barbatana (De *ptero-+brânquia*)

Pteróclidas *n.m.pl.* ORNITOLOGIA ⇒ **Pteroclídeos**

Pteroclídeos *n.m.pl.* ORNITOLOGIA família de aves galináceas, com polegar rudimentar e tarsos mais ou menos emplumados, cujo género-tipo se designa *Pterocles* (Do gr. *pterón*, «asa» +*kléos*, «glória; fama» +-*ídeos*)

pterodáctilo *adj.* PALEONTOLOGIA que tem os dedos ligados por uma membrana ■ *n.m.* PALEONTOLOGIA espécime dos pterodáctilos ■ *n.m.pl.* PALEONTOLOGIA grupo de répteis fósseis, cujos dedos externos dos membros anteriores são muito alongados, parecendo que suportariam uma membrana que permitiria o voo (Do gr. *pterón*, «asa» +*dáktylos*, «dedo»)

pterofagia *n.f.* hábito que algumas aves têm de arrancar e comer as penas (De *ptero-+-fagia*)

Pterofóridas *n.m.pl.* ZOOLOGIA ⇒ **Pteroforídeos**

Pteroforídeos *n.m.pl.* ZOOLOGIA família de lepidópteros bem representada em Portugal, cujo género-tipo se denomina *Pterophorus* (Do gr. *pterophóros*, «alado» +-*ídeos*)

pterópode *adj.2g.* ZOOLOGIA que tem pés em forma de barbatanas ■ *n.m.* ZOOLOGIA espécime dos pterópodes ■ *n.m.pl.* ZOOLOGIA grupo de moluscos gastrópodes, pelágicos, também denominados borboletas-do-mar (De *ptero-+-pode*)

pterossauros *n.m.pl.* PALEONTOLOGIA répteis fósseis adaptados ao voo, que viveram no Jurássico e no Cretácico (Do gr. *pterón*, «asa» +*saûros*, «lagarto»)

pterótico *n.m.* ANATOMIA osso par que entra na constituição da região temporal ou auditiva do crânio, correspondente a temporal e escamosal (Do gr. *pterón*, «asa» +*oûs, otós*, «orelha; ouvido»)

ptialina *n.f.* fermento hidrolisante que é o princípio ativo existente na saliva, o qual transforma o amido em dextrina e maltose (Do gr. *ptýalon*, «saliva» +-*ina*)

ptialismo *n.m.* MEDICINA secreção anormal, excessiva, de saliva, também denominada sialorreia (Do gr. *ptýalon*, «saliva» +-*ismo*)

ptigmático *adj.* GEOLOGIA das dobras muito sinuosas que se observam nas rochas muito plásticas, nomeadamente nos migmatitos (Do gr. *ptýgma, -atos*, «dobra» +-*ico*)

ptolemaico *adj.* relativo ao geógrafo e astrónomo egípcio Ptolemeu (século II) ou às suas doutrinas (Do gr. *ptolemaïkós*, «id.», pelo lat. *ptolemaïcu-*, «id.»)

ptomaína *n.f.* qualquer dos compostos pertencentes a uma classe de substâncias orgânicas, extremamente venenosas, que se formam durante a putrefação das proteínas de origem animal

ptomatina *n.f.* ⇒ **ptomaína** (Do gr. *ptôma, -atos*, «cadáver» +-*ina*)

ptose

ptose n.f. MEDICINA deslocamento anormal, para posição inferior, de um órgão (ou de parte deste), resultante do alongamento dos ligamentos ou da paralisia dos seus músculos (Do gr. *ptōsis*, «queda»)
pu n.m. [coloq.] ventosidade, ruidosa ou não, expelida pelo ânus; pum (De orig. onom.)
pua n.f. 1 ponta aguçada 2 bico da verruma 3 aguilhão; ferrão 4 parte da espora que entra no tacão 5 utensílio que serve para furar 6 ⇒ **berbequim** (Do lat. vulg. *puga, de pungĕre, «pungir»)
puada n.f. picada de pua (De *pua+-ada*)
puado n.m. instrumento de cardar, semelhante a um sedeiro (De *pua+-ado*)
pub n.m. 1 bar de estilo inglês onde se servem bebidas alcoólicas 2 estabelecimento noturno onde se servem bebidas e se ouve música; bar (Do ing. *pub*, «id.»)
pubalgia n.f. MEDICINA dor na região do púbis (De *pube+-algia*)
pube n.m./f. ANATOMIA ⇒ **púbis** (Do lat. *pube-*, «pelo que caracteriza a puberdade»)
puberdade n.f. 1 FISIOLOGIA fase de maturação dos órgãos sexuais que se traduz por um desenvolvimento dos caracteres sexuais secundários e por múltiplas modificações morfológicas e psicológicas 2 idade em que o indivíduo se torna apto para a procriação (Do lat. *pubertāte-*, «id.»)
púbere adj.,n.2g. que ou a pessoa que atingiu a puberdade; adolescente (Do lat. *pubĕre-*, «id.»)
pubertário adj. da puberdade ou a ela relativo (Do lat. *pubert[as]*, «puberdade» +*-ário*)
pubes n.f.2n. ANATOMIA ⇒ **púbis**
pubescência n.f. 1 estado de pubescente; puberdade 2 conjunto dos pelos que revestem certos órgãos animais ou vegetais (Do lat. *pubescentĭa*, neut. pl. subst. de *pubescente-*, «que tem pelos», part. pres. de *pubescĕre*, «cobrir-se de pelos; chegar à puberdade»)
pubescente adj.2g. que tem pelos curtos semelhantes a penugem (Do lat. *pubescente-*, «que tem pelos», part. pres. de *pubescĕre*, «cobrir-se de pelos; chegar à puberdade»)
pubescer v.intr. atingir a puberdade; tornar-se púbere (Do lat. *pubescĕre*, «cobrir-se de pelos; chegar à puberdade»)
púbico adj. relativo a ou próprio de púbis (De *pube+-ico*, ou do ing. *pubic*, «id.»)
pubicórneo adj. ZOOLOGIA que tem cornos cobertos de pelos (Do lat. *pube-*, «pelo» +*cornu-*, «corno»)
púbis n.m./f.2n. 1 ANATOMIA parte ínfero-anterior do osso ilíaco, situada na parte anterior da cintura pélvica 2 ANATOMIA eminência inferior e mediana da parte anterior do abdómen, situada entre as duas coxas (Do lat. *pubis* (nominativo), «id.»)
publicação n.f. 1 ato ou efeito de disponibilizar ao público algo impresso (livro, revista, jornal, etc.) 2 obra impressa distribuída ao público 3 divulgação (de facto, notícia) 4 promulgação (de lei) (Do lat. *publicatiōne-*, «venda em hasta pública»)
publicador adj.,n.m. que ou aquele que publica (Do lat. *publicatōre-*, «id.»)
pública-forma n.f. cópia de teor, total ou parcial, extraída de documentos avulsos, apresentados, para esse efeito, ao notário
publicamente adv. 1 em público 2 à vista de todos (De *público+-mente*)
publicano n.m. 1 cobrador dos rendimentos públicos, entre os Romanos 2 [pej.] negociante 3 [pej.] calculista (Do lat. *publicānu-*, «id.»)
publicar v.tr. 1 reproduzir (obra escrita) por meio de impressão; editar; imprimir 2 fazer imprimir e vender (uma obra sua) 3 levar (algo) ao conhecimento de todos; divulgar; anunciar 4 dar a conhecer (notícia, facto, pesquisa) fazendo-o aparecer em revistas, jornais, etc. 5 colocar (texto, foto) na internet, tornando-os acessíveis a quem quiser ver (Do lat. *publicāre*, «id.»)
publicidade n.f. 1 qualidade do que é público 2 conhecimento público 3 ato ou efeito de publicar ou editar 4 ato de dar a conhecer um produto ou conjunto de produtos, incitando o seu consumo; propaganda 5 mensagem publicitária; anúncio 6 divulgação; difusão; ~ **enganosa** afirmação parcial ou totalmente falsa sobre a qualidade de determinado produto ou serviço, levando o consumidor a adquiri-lo com base em características que o produto ou serviço não possui (De *público+-i-+-dade*, ou do fr. *publicité*, «id.»)
publicismo n.m. 1 profissão de publicista 2 conjunto dos publicistas 3 sentimento ou opinião pública 4 jornalismo (De *público+-ismo*)
publicista n.2g. 1 jornalista ou escritor que se ocupa de assuntos do interesse público 2 homem que escreve sobre política, economia ou direito público 3 homem de letras (De *público+-ista*, ou do fr. *publiciste*, «id.»)

publicitar v.tr. 1 dar publicidade a; fazer propaganda de 2 anunciar (Do fr. *publicité*, «publicidade» +*-ar*)
publicitário adj. relativo a publicidade ▪ n.m. 1 indivíduo que se encarrega de trabalhos relativos a publicidade 2 indivíduo que trabalha numa agência de publicidade (Do fr. *publicitaire*, «id.»)
público adj. 1 pertencente ou relativo ao povo 2 que é de todos 3 que se faz diante de todos 4 aberto ou acessível a todos 5 conhecido de todos; notório 6 que não é secreto 7 comum 8 relativo ou pertencente ao governo de um país ▪ n.m. 1 conjunto de pessoas de determinado lugar; povo 2 grupo de pessoas com características ou interesses comuns 3 assistência (de um espetáculo, programa, evento desportivo, etc.); auditório; **em** ~ diante de toda a gente; **grande** ~ o conjunto da população; o público em geral (Do lat. *publĭcu-*, «lugar público»)
público-alvo n.m. segmento de uma sociedade com determinadas características comuns (sexo, idade, profissão, etc.) a quem se dirige uma mensagem ou campanha publicitária
publícola n.2g. 1 aquele que é amigo do povo 2 democrata (Do lat. *publicŏla-*, «id.»)
púcara n.f. 1 púcaro pequeno 2 BOTÂNICA ⇒ **frade** 9; *tirar nabos da* ~ procurar saber com pormenor, indagar das intenções de alguém (De *púcaro*)
pucareiro n.m. 1 fabricante de púcaros; oleiro 2 lugar, na cozinha, onde se põem os púcaros ▪ adj. 1 relativo a púcaro 2 semelhante a púcaro (De *púcaro+-eiro*)
pucarinho n.m. púcaro pequeno; *de casa e* ~ em grande intimidade, em coabitação (De *púcaro+-inho*)
púcaro n.m. pequeno vaso com asa, quase sempre de barro não vidrado, para se beber água por ele, ou com ele tirar líquidos de outros vasos maiores 2 qualquer pequeno vaso com asa (Do lat. *pocŭlu-*, «copo»)
pudendo adj. 1 que se deve recatar 2 pudico; envergonhado 3 genital (Do lat. *pudendu-*, «vergonhoso; de que se deve ter vergonha», ger. de *pudēre*, «ter vergonha»)
pudente adj.2g. que tem pudor; pudico; casto (Do lat. *pudente-*, «id.», part. pres. de *pudēre*, «ter vergonha»)
pudera interj. usada para confirmar o que outrem afirma (De *poder*)
pudibundo adj. 1 que tem ou revela pudor; pudico 2 envergonhado 3 [fig.] corado; rubicundo (Do lat. *pudibundu-*, «id.»)
pudicícia n.f. 1 qualidade de pudico 2 pureza do corpo e da alma; castidade 3 [ant.] honra feminina (Do lat. *pudicitĭa-*, «id.»)
pudico adj. 1 que tem pudor; casto; recatado 2 envergonhado; acanhado (Do lat. *pudīcu-*, «id.»)
púdico adj. ⇒ **pudico**
pudim n.m. 1 CULINÁRIA doce de colher de forma arredondada e de consistência cremosa, preparado com leite, ovos e outros ingredientes, servido frio e geralmente cozido em banho-maria 2 PETROLOGIA rocha sedimentar que é um conglomerado constituído por calhaus rolados unidos por um cimento (Do ing. *pudding*, «id.»)
pudlagem n.f. METALURGIA tratamento da gusa para a transformar em ferro ou aço por meio de aquecimento com substâncias oxidantes (Do ing. *puddlage*, «id.»)
pudlar v.tr. METALURGIA trabalhar (a gusa) pelo processo da pudlagem, para obter ferro ou aço (Do ing. *to puddle*, «id.»)
pudor n.m. 1 sentimento de vergonha ou timidez causado por algo que fere a sensibilidade ou a moral de uma pessoa; pejo 2 mal-estar causado pela nudez ou por questões relacionadas com a sexualidade; constrangimento 3 atitude de uma pessoa que esconde sentimentos ou emoções por delicadeza, modéstia ou reserva; recato; discrição; pundonor (Do lat. *pudōre-*, «id.»)
pudvém n.m. pano que os homens da Índia enrolam à volta dos quadris, como saiote (Do conc. *pudvem*, «id.»)
puelar adj.2g. pertencente ou relativo a menina (Do lat. *puellāre-*, «id.», de *puella-*, «menina; rapariga»)
puer(i)- elemento de formação de palavras que exprime a ideia de *criança* (Do lat. *puĕru-*, «criança»)
puerícia n.f. 1 período da vida compreendido entre o nascimento e a adolescência; infância 2 conjunto dos indivíduos que estão nesse período (Do lat. *pueritĭa-*, «id.»)
puericultor n.m. 1 especialista em puericultura 2 indivíduo que se dedica à puericultura (De *pueri-+cultor*)
puericultura n.f. MEDICINA ramo da medicina que se dedica ao estudo do desenvolvimento físico e psíquico das crianças (De *pueri-+cultura*)
pueril adj.2g. 1 relativo a puerícia 2 que pertence ou diz respeito às crianças; infantil 3 [fig.] imaturo; ingénuo (Do lat. *puerīle-*, «id.»)
puerilidade n.f. 1 qualidade de pueril 2 ato ou dito pueril 3 infantilidade 4 [fig.] banalidade; frivolidade (Do lat. *puerilitāte-*, «id.»)

puerilismo *n.m.* MEDICINA estado mental que apresentam certos doentes que parecem regressar ao seu estado pueril (De *pueril+-ismo*)

puerilizar *v.tr.* tornar pueril ou infantil; infantilizar ■ *v.pron.* 1 tornar-se pueril 2 [fig.] dizer frivolidades (De *pueril+-izar*)

puérpera *n.f.* mulher que deu à luz recentemente (Do lat. *puerpĕra-*, «id.»)

puerperal *adj.2g.* relativo a parto ou a puérpera (De *puérpera+-al*)

puerperalidade *n.f.* estado de puérpera (De *puerperal+-i-+-dade*)

puerpério *n.m.* 1 período após o parto até que os órgãos genitais e o estado geral da mulher voltem à situação normal anterior à gestação 2 conjunto de manifestações próprias deste período 3 (raramente usado) ato de dar à luz; parto (Do lat. *puerperĭu-*, «id.»)

puf *interj.* designativa de enfado ou cansaço (De orig. onom.)

pufe *n.m.* 1 assento baixo, sem apoio para costas e braços, geralmente acolchoado ou com enchimento leve e fofo 2 espécie de chumaço com que se entufavam os vestidos das senhoras sobre as ancas (Do fr. *pouf*, «id.»)

pufo *n.m.* instrumento de tanoeiro para alargar e arredondar batoques (De orig. obsc.)

púgil *n.m.* 1 DESPORTO pugilista 2 DESPORTO atleta (Do lat. *pugĭle-*, «id.»)

pugilar *v.intr.* combater a murro (Do lat. vulg. *pugilāre*, por *pugilāri*, «id.»)

pugilato *n.m.* 1 ato de lutar ou bater com os punhos 2 disputa a soco ou a murro (Do lat. *pugilātu-*, «id.»)

pugilismo *n.m.* DESPORTO arte de pugilista; pugilato; boxe (De *púgil+-ismo*)

pugilista *n.2g.* 1 DESPORTO atleta que pratica o boxe; boxeur 2 lutador (De *púgil+-ista*)

pugilo *n.m.* porção de qualquer coisa que se pode abranger entre os dedos polegar, indicador e máximo (Do lat. *pugillu-*, «punhado»)

pugilo- elemento de formação de palavras que exprime a ideia de *punho* (Do lat. *pugillu-*, «punhado»)

pugilómetro *n.m.* espécie de dinamómetro com que se avalia o impulso ou a força do punho do homem (Do lat. *pugillu-*, «punhado»+gr. *métron*, «medida»)

pugna *n.f.* combate; luta; peleja; briga (Do lat. *pugna-*, «id.»)

pugnacidade *n.f.* 1 qualidade do que é pugnaz 2 tendência para a briga; belicosidade; animosidade 3 combatividade no campo das ideias (Do lat. *pugnacitāte-*, «ardor bélico»)

pugnador *adj.,n.m.* que ou aquele que pugna, atacando ou defendendo (Do lat. *pugnatōre-*, «combatente»)

pugnar *v.tr.* 1 tomar a defesa de (algo ou alguém); defender 2 combater; lutar; pelejar 3 discutir acaloradamente (Do lat. *pugnāre*, «id.»)

pugnaz *adj.2g.* 1 que pugna 2 atreito a brigas; belicoso 3 lutador (Do lat. *pugnāce-*, «id.»)

puia[1] *n.f.* 1 [regionalismo] pé de craveiro 2 prego pequeno usado pelos sapateiros (Do lat. vulg. **puga*, de *pungĕre*, «punçar»)

puia[2] *n.f.* trapaça; engano (De *pulha*)

puideira *n.f.* aquilo com que se fricciona o objeto que se deseja puir (De *puir+-deira*)

puidoiro *n.m.* ⇒ **puidouro**

puidouro *n.m.* paninho dobrado por onde desliza o fio da meada que se está a dobar (De *puir+-douro*)

puir *v.tr.* desgastar por fricção (Do lat. *polīre*, «polir»)

puíta *n.f.* instrumento musical feito de um tronco oco tapado com uma pele na parte mais larga, usada pelos Negros para a música dos sambas (Do quimb. *pu'íta*, «tambor»)

pujança *n.f.* 1 qualidade ou estado de pujante 2 vigor 3 força de vegetação; exuberância 4 abundância 5 superioridade; poderio (Do cast. *pujanza*, «id.»)

pujante *adj.2g.* 1 que tem pujança 2 possante; vigoroso 3 viçoso 4 poderoso 5 altivo (Do cast. *pujante*, «id.»)

pujar *v.tr.* superar; suplantar ■ *v.intr.* esforçar-se (Do cast. *pujar*, «id.»)

pul *n.m.* 1 unidade monetária do Afeganistão, equivalente à centésima parte do *afegâni* 2 designação comum às moedas de cobre da antiga Pérsia (Do turco *pul*, «moeda pequena»)

pula[1] *n.f.* 1 aquilo que se aposta ao jogo 2 bolo formado pelas apostas dos jogadores (Do fr. *poule*, «galinha»)

pula[2] *n.m.* unidade monetária do Botsuana (Do ing. *pula*, «id.»)

pulante *adj.2g.* 1 que dá pulos 2 que se desenvolve depressa (De *pular+-ante*)

pular *v.intr.* 1 dar impulso ao corpo, elevando-o no ar e tirando os pés do chão; dar pulos; saltar 2 saltar para fora 3 caminhar apressadamente 4 pulsar com força 5 pulular 6 crescer depressa 7 engrandecer ■ *v.tr.* 1 atravessar de um pulo 2 saltar (as lágrimas) dos olhos 3 omitir (algo); saltar (Do lat. *pullāre*, «brotar»)

pulcrícomo *adj.* que tem cabeleira bonita (Do lat. *pulchru-*, «bonito»+gr. *kóme*, «cabeleira»)

pulcritude *n.f.* 1 qualidade do que é pulcro 2 formosura; perfeição 3 gentileza (Do lat. *pulchritudĭne-*, «beleza»)

pulcro *adj.* 1 [poét.] belo; formoso; perfeito 2 gentil (Do lat. *pulchru-*, «id.»)

pulga *n.f.* ZOOLOGIA inseto díptero, saltador, parasita do homem e de outros animais, que pertence ao grupo dos suctórios e que é agente inoculador de algumas doenças graves; *estar com a ~ atrás da orelha* andar desconfiado; *estar em pulgas* estar inquieto ou ansioso; *num salto de ~* num instante (Do lat. vulg. **pulĭca-*, por *pulĭce-*, «id.»)

pulga-do-mar *n.f.* ZOOLOGIA crustáceo anfípode da família dos Orquestídeos, que vive enterrado na areia das praias, e dá saltos que lembram os das pulgas

pulgão *n.m.* ZOOLOGIA inseto hemíptero, parasita de várias plantas, de cujos sucos se alimenta, e que pertence especialmente à família dos Afidídeos (De *pulga+-ão*)

pulgão-das-roseiras *n.m.* ZOOLOGIA nome vulgar de um pulgão que ataca as roseiras

pulgão-lanígero *n.m.* ZOOLOGIA pulgão de origem americana, espalhado na Europa, que ataca as árvores frutíferas, produzindo uma substância cerosa, branca, em filamentos

pulgo *n.m.* ZOOLOGIA pulga (macho) (De *pulga*)

pulgoso /ô/ *adj.* cheio de pulgas; pulguento (Do lat. *pulicōsu-*, «id.»)

pulguedo /ê/ *n.m.* grande quantidade de pulgas (De *pulga+-edo*)

pulguento *adj.* ⇒ **pulgoso** (De *pulga+-ento*)

pulha *adj.2g.* biltre; acanalhado; desprezível; torpe ■ *n.2g.* [pop.] pessoa sem carácter; bandalho; patife ■ *n.f.* 1 pergunta ou piada astuciosa para colocar alguém em situação ridícula 2 gracejo 3 partida 4 mentira (Do it. *puglia*, «jogada», pelo cast. *pulla*, «dito obsceno»)

pulhastra *n.2g.* [depr.] ⇒ **pulhastro**

pulhastro *n.m.* [depr.] indivíduo sem dignidade; indivíduo reles (De *pulha+-astro*)

pulhice *n.f.* 1 ato ou dito próprio de pulha; ação vil 2 miséria; pelintrice (De *pulha+-ice*)

pulhismo *n.m.* ⇒ **pulhice** (De *pulha+-ismo*)

pulicária *n.f.* 1 BOTÂNICA nome comum de uma planta da família das Compostas, de flores amarelas, comum em prados húmidos; erva-pulgueira 2 erupção em que a pele se apresenta como se tivesse sido muito picada por pulgas (Do lat. cient. *[herba-] pulicarĭa-*, «erva das pulgas»)

pulitária *n.f.* BOTÂNICA ⇒ **alfavaca-de-cobra** (De orig. obsc.)

pulmão *n.m.* 1 ANATOMIA órgão respiratório (que absorve diretamente o oxigénio livre da atmosfera) onde se realiza ativamente a hematose, e que, nos vertebrados superiores, incluindo o homem, é um órgão par, esponjoso e elástico, situado na cavidade torácica 2 alguns outros órgãos, noutros grupos de animais, que executam o mesmo tipo de respiração 3 [fig.] aquilo que purifica o ar, libertando oxigénio (como as florestas, as algas marinhas, etc.) 4 [fig.] voz forte; *~ de aço* MEDICINA tipo de respirador constituído por um dispositivo metálico onde se introduz um doente com paralisia dos músculos da respiração, com o objetivo de o ventilar; *a plenos pulmões* com voz alta e forte, aos berros; *ter bons pulmões* ter uma voz forte, berrar muito (Do lat. *pulmōne-*, «id.»)

pulmo- elemento de formação de palavras que exprime a ideia de *pulmão* (Do lat. *pulmōne-*, «pulmão»)

pulmoeira *n.f.* VETERINÁRIA doença que ataca os pulmões dos solípedes (De *pulmão+-eira*)

pulmonado *adj.* que tem pulmão ou pulmões ■ *n.m.* ZOOLOGIA membro dos pulmonados ■ *n.m.pl.* ZOOLOGIA grupo de moluscos gastrópodes, de respiração aérea, como a lesma e o caracol (Do lat. *pulmōne-*, «pulmão»+*-ado*)

pulmonar *adj.2g.* 1 que diz respeito ao pulmão 2 que tem pulmões 3 que faz parte dos pulmões 4 que afeta os pulmões (Do lat. *pulmōne-*, «pulmão»+*-ar*)

pulmonária *n.f.* 1 BOTÂNICA planta herbácea, vivaz, da família das Boragináceas (género *Pulmonaria*), espontânea nas províncias portuguesas de Trás-os-Montes e Beira Baixa 2 líquen parasita dos carvalhos e de outras árvores, considerado medicinal (Do lat. cient. *[herba-] pulmonarĭa-*, «id.»)

pulmonia *n.f.* [pop.] ⇒ **pneumonia** (Do lat. *pulmōne-*, «pulmão»+*-ia*)

pulmotuberculose *n.f.* [ant.] tuberculose dos pulmões (De *pulmo-+tuberculose*)

pulo *n.m.* 1 ação de pular; salto 2 pulsação violenta 3 sobressalto; agitação; *de um ~* muito depressa; *trazer o coração aos pulos*

pulôver

sentir o coração agitado em consequência de qualquer comoção (Deriv. regr. de *pular*)

pulôver *n.m.* 1 camisola de malha, geralmente com decote no bico, com ou sem mangas, que se veste por cima de outra peça 2 [Brasil] ⇒ **suéter** (Do ing. *pullover*, «id.»)

púlpito *n.m.* 1 tribuna, na igreja, de onde os sacerdotes pregam 2 [fig.] eloquência sagrada 3 [fig.] conjunto dos pregadores (Do lat. *pulpĭtu-*, «estrado; tribuna»)

pulquérrimo *adj.* {*superlativo absoluto sintético de* **pulcro**} muito pulcro (Do lat. *pulcherrĭmu-*, «id.»)

pulsação *n.f.* 1 ato de pulsar 2 latejo do pulso ou do coração; palpitação 3 FÍSICA num fenómeno periódico, é o produto de 2π pela frequência; frequência angular 4 MÚSICA unidade abstrata de medida do tempo musical, a partir da qual se estabelecem as relações rítmicas; cadência (Do lat. *pulsatiōne-*, «ação de bater»)

pulsão *n.f.* 1 impulso 2 PSICANÁLISE manifestação do inconsciente que leva o indivíduo a agir para fazer desaparecer um estado de tensão (Do lat. med. *pulsiōne-*, «id.», de *pulsu-*, part. pass. de *pellĕre*, «impelir; pôr em movimento», pelo fr. *pulsion*, «pulsão»)

pulsar¹ *v.intr.* 1 ter (coração) batimentos regulares; palpitar; bater; latejar 2 revelar energia; mostrar-se vivo, dinâmico ■ *v.tr.* 1 pressentir; intuir 2 impelir; agitar (Do lat. *pulsāre*, «impelir; bater»)

pulsar² *n.m.* ASTRONOMIA fonte galáctica de sinais de rádio cuja emissão se faz em impulsos extremamente rápidos, repetindo-se a intervalos regulares de pouco mais de um segundo (Do ing. *pulsar*, «id.», de *puls[ating st]ar*, «estrela pulsante»)

pulsátil *adj.2g.* que pulsa; latejante (Do fr. *pulsatile*, «id.»)

pulsatila *n.f.* BOTÂNICA planta do grupo das anémonas, considerada medicinal por fornecer uma substância que faz aumentar a taquicardia (Do lat. med. *pulsatilla-*, «id.», de *pulsāre*, «agitar; bater»)

pulsativo *adj.* que faz pulsar; latejante (De *pulsar*+*-tivo*)

pulsatório *adj.* 1 relativo a pulsação 2 pulsativo (De *pulsar*+*-tório*)

pulsear *v.intr.* 1 experimentar, com outrem, a força do pulso 2 [fig.] sondar as intenções de alguém (De *pulso*+*-ear*)

pulseira *n.f.* objeto de adorno que se usa geralmente em volta do pulso; ~ **eletrónica** pulseira com um transmissor que possibilita detetar à distância a força e de forma permanente a localização da pessoa em cujo tornozelo foi aplicada (De *pulso*+*-eira*)

pulsímetro *n.m.* instrumento próprio para avaliar a frequência da pulsação arterial (Do lat. *pulsu-*, «pulsação»+gr. *métron*, «medida»)

pulso *n.m.* 1 região correspondente à zona da articulação do antebraço com a mão 2 movimento alternado de contração e dilatação do coração e das artérias 3 [fig.] força; energia; vigor 4 [fig.] mérito 5 [fig.] espírito de disciplina; **ter ~** ser capaz de dirigir, ser chefe hábil; **tomar o ~ a** 1 verificar, pelas pulsações, o estado do funcionamento do coração; 2 [fig.] sondar as possibilidades ou intenções de alguém (Do lat. *pulsu-*, «agitação»)

pultação *n.f.* FARMÁCIA ato de reduzir a papas substâncias medicamentosas (Do lat. *pulte-*, «papa de farinha», pelo fr. *pultation*, «id.»)

pultáceo *adj.* que tem a aparência ou a consistência de papas (Do lat. cient. *pultacĕu-*, de *pulte-*, «papa de farinha» +*-áceo*)

pultar *v.tr.* [Cabo Verde] apanhar no ar, com ambas as mãos (Do crioulo cabo-verdiano *pultâr*/*plutâr*, «id.»)

pululação *n.f.* ⇒ **pululamento** (Do lat. *pullulatiōne-*, «id.»)

pululamento *n.m.* ato ou efeito de pulular (De *pulular*+*-mento*)

pululância *n.f.* exuberância de vegetação; pujança (Do lat. *pullulantĭa*, part. pres. neut. pl. subst. de *pullulāre*, «ter filhos; ter rebentos; pulular»)

pululante *adj.2g.* que pulula (Do lat. *pullulante-*, «id.», part. pres. de *pullulāre*, «ter filhos; ter rebentos; pulular»)

pulular *v.intr.* 1 lançar rebentos; brotar; rebentar 2 reproduzir-se abundantemente 3 multiplicar-se rapidamente e em abundância; inçar 4 desenvolver-se; multiplicar-se ■ *v.tr.,intr.* abundar (em) (Do lat. *pullulāre*, «ter filhos; ter rebentos; pulular»)

pulveráceo *adj.* coberto de pó (Do lat. *pulvĕre-*, «pó» +*-áceo*)

pulvéreo *adj.* 1 [poét.] que tem a natureza do pó 2 reduzido a pó (Do lat. *pulverĕu-*, «de pó»)

pulverescência *n.f.* estado de uma superfície vegetal que parece coberta de pó (Do lat. **pulverescentĭa*, «id.», part. pres. neut. pl. subst. de **pulverescĕre*, inc. de *pulverāre*, «cobrir de pó; cobrir-se de pó»)

pulverescente *adj.2g.* que parece coberto de pó (Do lat. **pulverescente-*, part. pres. de **pulverescĕre*, «parecer coberto de pó», inc. de *pulverāre*, «cobrir de pó; cobrir-se de pó»)

pulver(i)- elemento de formação de palavras que exprime a ideia de pó (Do lat. *pulvĕre-*, «pó»)

pulveriforme *adj.2g.* 1 em forma de pó 2 reduzido a pó (De *pulveri-*+*-forme*)

pulverinho *n.m.* poeira agitada, em redemoinho, pelo vento (Do lat. *pulvĕre-*, «pó» +*-inho*)

pulverização *n.f.* ato ou efeito de pulverizar (De *pulverizar*+*-ção*)

pulverizador *adj.* que pulveriza ■ *n.m.* recipiente de onde, mediante pressão, sai um líquido em gotas finíssimas; vaporizador (De *pulverizar*+*-dor*)

pulverizar *v.tr.* 1 reduzir a pó 2 cobrir de pó; polvilhar 3 difundir um líquido em forma de chuva miudinha sobre 4 [fig.] estilhaçar; fragmentar 5 [fig.] aniquilar (Do lat. *pulverizāre*, «tornar pó»)

pulveroso /ô/ *adj.* coberto de pó; poeirento; pulverulento (Do lat. *pulvĕre-*, «pó» +*-oso*)

pulverulência *n.f.* estado ou aspeto do que é pulverulento (Do lat. *pulverulentĭa*, «id.», neut. pl. subst. de *pulverulentu-*, «poeirento»)

pulverulento *adj.* coberto de pó; poeirento (Do lat. *pulverulentu-*, «id.»)

pulvímetro *n.m.* 1 METEOROLOGIA instrumento destinado a avaliar a quantidade de pó contida em determinado volume de ar 2 ⇒ **aeroscópio** (Do lat. *pulvĕre-*, «pó»+gr. *métron*, «medida»)

pulvinar *n.m.* 1 almofada; coxim 2 tribuna de honra, nos circos romanos 3 ANATOMIA extremidade posterior do tálamo ótico (Do lat. *pulvināre-*, «almofada»)

pum *interj.* imitativa de um ruído produzido por um objeto que cai ou deflagra ■ *n.m.* [coloq.] ventosidade, ruidosa ou não, expelida pelo ânus (De orig. onom.)

puma *n.m.* ZOOLOGIA mamífero carnívoro da América Central e da América do Sul, da família dos Felídeos, afim do leão (Do quích. *puma*, «id.»)

pumba *interj.* 1 imita o estrondo produzido por pancada ou queda; bumba! 2 indica ação rápida; zás! (De orig. onom.)

puna *n.f.* 1 BOTÂNICA árvore de fibras têxteis, da família das Gutíferas 2 termo com que se designam as mais altas e mais frias regiões planálticas da cordilheira dos Andes, entre 3800 e 6000 m de altitude, com solos pedregosos e arenosos, escassos de água, sem vegetação ou com vegetação rara, pobre, raquítica (Do quích. *puna*, «serra fria»)

punção *n.f.* 1 ato ou efeito de pungir ou de puncionar 2 CIRURGIA operação que consiste em fazer penetrar um instrumento pontiagudo (agulha, bisturi, trocarte) numa cavidade natural ou patológica para retirar de lá parte do seu conteúdo ou introduzir uma substância ■ *n.m.* 1 CIRURGIA instrumento cirúrgico que serve para fazer esta operação 2 TIPOGRAFIA peça de aço com que se batem as matrizes que servem para fundir os caracteres tipográficos 3 instrumento com que se marcam objetos de ouro e prata (Do lat. *punctiōne-*, «id.»)

punçar *v.tr.* furar ou abrir com punção; puncionar; punçoar (Do lat. *punctiāre*, «id.»)

punceta /ê/ *n.f.* escopro para cortar lâminas de ferro (De *punção*+*-eta*)

puncionar *v.tr.* ⇒ **punçar** (Do lat. *punctiōne-*, «punção» +*-ar*)

punçoar *v.tr.* ⇒ **punçar** (De *punção*+*-ar*)

punctiforme *adj.2g.* que tem forma ou aparência de ponto (Do lat. *punctu-*, «ponto» +*forma-*, «forma»)

punctura *n.f.* 1 picada ou golpe feito com punção ou objeto semelhante 2 *pl.* TIPOGRAFIA duas chapas de ferro com puas nas extremidades e que servem para fixar as folhas a serem marginadas (Do lat. *punctūra-*, «id.») ACORDO ORTOGRÁFICO também se pode escrever **puntura**

pundonor *n.m.* 1 sentimento de brio, de dignidade; honra 2 cavalheirismo (Do cat. *punt d'honor*, «ponto de honra», pelo cast. *pundonor*, «id.»)

pundonoroso *adj.* que tem pundonor; brioso; denodado (Do cast. *pundonoroso*, «id.»)

punga *n.2g.* ZOOLOGIA pequeno e gracioso antílope africano, também denominado punja

pungente *adj.2g.* 1 que punge 2 agudo; picante 3 acerbo 4 [fig.] doloroso 5 [fig.] comovente (Do lat. *pungente-*, «id.», part. pres. de *pungĕre*, «picar; pungir; mortificar»)

pungimento *n.m.* 1 ato ou efeito de pungir 2 arrependimento; compunção 3 dor produzida por picada 4 [fig.] estímulo (De *pungir*+*-mento*)

pungir *v.tr.* 1 furar ou ferir com instrumento pontiagudo; picar 2 [fig.] afligir; ferir; atormentar 3 [fig.] estimular; incitar ■ *v.intr.* começar a apontar ou a aparecer (Do lat. *pungĕre*, «id.»)

pungitivo *adj.* 1 agudo; penetrante 2 pungente (De *pungir*+*-tivo*)

punhada *n.f.* 1 pancada aplicada com o punho; murro; soco 2 ⇒ **punhado** (De *punho*+*-ada*)

punhado *n.m.* 1 porção que a mão fechada pode conter 2 pequeno número 3 pequena porção (De *punho*+*-ado*)

punhal *n.m.* 1 arma branca de lâmina curta e perfurante 2 [fig.] aquilo que ofende ou magoa profundamente (Do lat. med. *pugnāle-*, «id.», pelo cast. *puñal*, «id.»)

punhalada *n.f.* 1 golpe ou ferimento com punhal 2 [fig.] golpe moral; ofensa grave (De *punhal*+*-ada*)
punheta *n.f.* [vulg.] masturbação masculina
punhete /ê/ *n.m.* ⇒ **mitene** (De *punho*+*-ete*)
punho *n.m.* 1 mão fechada 2 pulso 3 parte da manga que cerca o pulso 4 cabo de certos instrumentos 5 parte de uma arma branca ou de certas armas de fogo ligeiras por intermédio da qual a mão as segura 6 NÁUTICA parte da vela onde prende um cabo náutico 7 extremidade do remo por onde o remador o segura; *pelo próprio ~* pela própria mão; *usar punhos de renda* [fig.] ter maneiras distintas; *verdades como punhos* verdades evidentes (Do lat. *pugnu-*, «id.»)
punibilidade *n.f.* qualidade de punível (Do lat. *punibĭle-*, «punível» +*-i-*+*-dade*)
Punicáceas *n.f.pl.* BOTÂNICA família de plantas lenhosas, de fruto bacáceo, cujo género-tipo se denomina *Punica* (Do lat. *punĭcu-*, «romã» +*-áceas*)
punição *n.f.* 1 ato ou efeito de punir 2 pena; castigo (Do lat. *punitiōne-*, «id.»)
puníceo *adj.* [poét.] da cor da romã; vermelho (Do lat. *punicĕu-*, «id.»)
púnico *adj.* 1 de Cartago, antiga cidade do Norte da África 2 relativo aos Cartagineses 3 [fig., pej.] traiçoeiro; pérfido ■ *n.m.* língua dos Cartagineses (Do lat. *punĭcu-*, «id.»)
punidor *adj.,n.m.* 1 que ou aquele que pune 2 ofensor (Do lat. *punitōre-*, «id.»)
punir¹ *v.tr.* 1 infligir pena ou castigo; castigar 2 servir de castigo a (Do lat. *punīre*, «id.»)
punir² *v.tr.* lutar ou acudir em defesa de (Por *punar*, do lat. *pugnāre*, «combater»)
punitivo *adj.* 1 que pune 2 que envolve punição (De *punir*+*-tivo*, ou do fr. *punitif*, «id.»)
punível *adj.2g.* que merece ou é passível de punição (De *punir*+*-vel*)
punja *n.2g.* ⇒ **punga**
punk *n.m.* movimento juvenil de contestação dos valores e da ordem social vigente que teve início na Grã-Bretanha na década de 1970 e se caracterizou por sinais exteriores de provocação (no vestuário, cortes de cabelo, piercings, etc.) ■ *n.2g.* pessoa adepta desse movimento ■ *adj.2g.* relativo a esse movimento (Do ing. *punk*)
puntura a grafia mais usada é **punctura**
pupa¹ *n.f.* BIOLOGIA terceiro estado do desenvolvimento do ciclo de vida de um inseto, como a abelha, que corresponde a uma fase de repouso aparente; ninfa (Do latim *puppa-*, «menina; ninfa»)
pupa² *n.f.* [Cabo Verde] gritaria; grita (Do crioulo cabo-verdiano *pupá(r)*, «gritar», de *apupar*)
pupar *v.intr.* [Cabo Verde] gritar 2 [Cabo Verde] gritar por socorro (Do crioulo cabo-verdiano *pupá(r)*, de *apupar*)
pupi- elemento de formação de palavras que exprime a ideia de menina, ninfa (Do lat. *puppa-*, «menina»)
pupila *n.f.* 1 ANATOMIA abertura, ao centro da íris, por onde passam os raios luminosos; menina do olho 2 órfã que está sob tutela 3 [fig.] protegida 4 aluna; discípula 5 aquela que se prepara para entrar no convento; noviça (Do lat. *pupilla-*, «id.»)
pupilagem *n.f.* 1 educação de pupilo ou pupila 2 tempo que dura essa educação (De *pupilar*+*-agem*)
pupilar¹ *adj.2g.* respeitante a pupilo ou a pupila (Do lat. *pupillāre-*, «id.»)
pupilar² *v.intr.* soltar (o pavão) a sua voz característica (De orig. onom.)
pupilaridade *n.f.* período em que um menor é pupilo (De *pupilar*+*-i-*+*-dade*)
pupilo *n.m.* 1 órfão que está sob tutela 2 [fig.] protegido 3 aluno; discípulo (Do lat. *pupillu-*, «id.»)
pupilómetro *n.m.* MEDICINA instrumento que permite medir o tamanho e a forma da pupila do olho e a sua posição relativamente à íris (Do lat. *pupilla-*, «pupila»+gr. *métron*, «medida»)
pupíparo *adj.* (inseto) que nasce sob a forma de pupa (Do lat. *pupa-*, «pupa» +*parĕre*, «dar à luz»)
pupu¹ *n.m.* [Angola] ORNITOLOGIA pássaro da família dos Upupídeos, afim da poupa (De orig. onom.)
pupu² *n.m.* [regionalismo] tufo de cabelos no alto da cabeça (De *poupa*?)
pupu³ *n.m.* 1 [infant.] nádegas 2 [infant.] excremento; fezes (De *tutu*)
puramente *adv.* meramente; unicamente; simplesmente (De *puro*+*-mente*)
puré *n.m.* 1 CULINÁRIA preparado mais ou menos espesso obtido pela trituração de alimentos cozidos 2 CULINÁRIA sopa com a aparência de um creme aveludado cujos ingredientes são cozidos e moídos ou ralados; *~ de batata* acompanhamento confecionado com batatas cozidas e raladas, a que geralmente se adiciona leite, manteiga, sal, pimenta e noz-moscada (Do fr. *purée*, «id.»)

pureia *n.f.* ⇒ **puré** (Do fr. *purée*, «id.»)
pureza /ê/ *n.f.* 1 qualidade ou estado de puro; inocência 2 castidade 3 virgindade 4 qualidade do que não tem misturas; genuinidade 5 característica de uma substância que não tem misturas de outras 6 característica do que não tem defeito 7 limpidez; nitidez 8 qualidade do que está conforme a uma certa perfeição; correção; elegância 9 GRAMÁTICA vernaculidade de linguagem (Do lat. *puritĭa-*, «id.»)
purga *n.f.* 1 substância ou medicamento que faz purgar; purgante 2 [Brasil] BOTÂNICA nome de várias plantas medicinais (Deriv. regr. de *purgar*)
purgação *n.f.* 1 ato ou efeito de purgar, limpar ou purificar 2 corrimento; gonorreia 3 evacuação (Do lat. *purgatiōne-*, «id.»)
purga-de-caboclo *n.f.* BOTÂNICA ⇒ **taiuiá**
purgante *adj.2g.* purgativo; laxante ■ *adj.2g.* que faz purgar (Do lat. *purgante-*, «que purga», part. pres. de *purgāre*, «limpar; purgar»)
purgar *v.tr.* 1 purificar, eliminando as impurezas; limpar 2 livrar ou desembaraçar do que é prejudicial 3 [fig.] tornar puro; purificar 4 [fig.] apagar por meio de penitência; expiar ■ *v.tr.,pron.* limpar os intestinos de (alguém ou si próprio), através da administração de um laxante; dar ou tomar um purgante ■ *v.intr.* 1 expelir pus 2 (flor da videira) largar a corola (Do lat. *purgāre*, «id.»)
purgativo *adj.* 1 que tem a propriedade de purgar; purgante 2 [fig.]; purificativo (Do lat. *purgatīvu-*, «id.»)
purgatório *adj.* purgativo ■ *n.m.* 1 tormento constante; expiação 2 [com maiúscula] RELIGIÃO lugar onde, segundo a religião católica, se purificam as almas dos justos, antes de entrarem no Céu, cumprindo a pena devida por pecados mortais, já perdoados, ou por pecados veniais (Do lat. *purgatoriu-*, «id.»)
purgueira *n.f.* [Brasil, Cabo Verde] BOTÂNICA planta da família das Euforbiáceas, também chamada pinheiro-de-purga, cujas sementes produzem um óleo fortemente purgativo, usado também na iluminação e conhecido por azeite de purgueira (De *purga*+*-eira*)
puridade *n.f.* 1 pureza 2 segredo; *à ~* em segredo; *escrivão da ~* antigo cargo correspondente ao dos atuais secretários de Estado (Do lat. *puritāte-*, «id.»)
purificação *n.f.* 1 ato ou efeito de purificar ou purificar-se 2 ablução litúrgica 3 [com maiúscula] RELIGIÃO festa que a Igreja celebra no dia 2 de fevereiro, chamada também Candelária (Do lat. *purificatiōne-*, «id.»)
purificador *adj.* que purifica ■ *n.m.* 1 aquilo que purifica 2 (liturgia) pequeno pano branco com que o sacerdote limpa o cálice, depois de comungar; sanguinho 3 vaso para lavar as pontas dos dedos, após as refeições 4 aparelho destinado a purificar (água, ar, líquidos) (De *purificar*+*-dor*)
purificante *adj.2g.* que purifica (Do lat. *purificante-*, «id.», part. pres. de *purificāre*, «limpar; purificar»)
purificar *v.tr.* 1 tornar puro 2 limpar; purgar 3 acrisolar (metal) 4 aperfeiçoar; apurar 5 santificar; livrar de mácula; remir os pecados a (Do lat. *purificāre*, «id.»)
purificativo *adj.* que tem a virtude de purificar; purificante (De *purificar*+*-tivo*)
purificatório *adj.* próprio para purificar (Do lat. ecl. *purificatoriu-*, «id.»)
puriforme *adj.2g.* que tem a aparência do pus (Do lat. *pure-*, «pus» +*forma-*, «forma»)
purina *n.f.* BIOLOGIA, QUÍMICA base orgânica azotada, que dá origem à adenina e à guanina, que ocorrem nos ácidos nucleicos (Do lat. *puru-*, «puro», pelo al. *Purin*, «purina», pelo fr. *purine*, «id.»)
purismo *n.m.* 1 qualidade dos escritores que exageram a pureza ou a vernaculidade da linguagem 2 maneira excessivamente escrupulosa de falar ou escrever (De *puro*+*-ismo*)
purista *adj.,n.2g.* 1 que ou pessoa que é demasiado escrupuloso com a pureza da linguagem ou da expressão (verbal ou escrita) 2 que ou pessoa que defende de modo rigoroso e intransigente uma tradição; ortodoxo (De *puro*+*-ista*)
puritanismo *n.m.* 1 doutrina dos puritanos 2 [fig.] austeridade de princípios (De *puritano*+*-ismo*, ou do ing. *puritanism*, «id.»)
puritano *n.m.* 1 defensor do puritanismo 2 o que obedece ao rigor dos princípios; purista ■ *adj.* 1 relativo ao puritanismo 2 que é membro de um movimento que defende uma interpretação literal das Escrituras 3 que revela grande severidade em relação à moral; moralista (Do ing. *puritan*, «id.»)
puro *adj.* 1 sem misturas; genuíno 2 que não tem mistura ou impurezas 3 límpido; transparente 4 que é genuíno; natural; verdadeiro 5 não contaminado 6 que não é produto de um cruzamento 7 exato; fiel 8 vernáculo; castiço 9 [fig.] casto; virtuoso 10 [fig.] virginal; imaculado; inocente 11 [fig.] honesto; íntegro 12 (touro) que não foi ainda corrido (Do lat. *puru-*, «id.»)

puro-sangue *adj.,n.2g.* diz-se de ou cavalo ou égua que provém do cruzamento entre animais da mesma espécie, apresentando características exclusivas da sua raça, não comuns a nenhuma outra

púrpura *n.f.* **1** substância corante vermelho-escura **2** tecido vermelho-escuro **3** esmalte do escudo, de cor vermelha **4** cor vermelho-escura próxima do roxo **5** MEDICINA doença caracterizada por pequenas manchas vermelhas produzidas por extravasamento de sangue na derme **6** [fig.] vestuário dos reis **7** [fig.] dignidade dos cardeais (Do lat. *purpŭra-*, «id.»)

purpurado *adj.* **1** tingido da cor da púrpura **2** que anda vestido de púrpura ■ *n.m.* aquele que foi elevado à dignidade de cardeal (Do lat. *purpurātu-*, «id.»)

purpurar *v.tr.* **1** tingir de púrpura **2** vestir de púrpura **3** elevar à dignidade de cardeal (Do lat. *purpurāre*, «id.»)

purpurear *v.tr.* dar cor púrpura a; avermelhar ■ *v.intr.,pron.* **1** tornar-se da cor da púrpura **2** [fig.] corar; ruborizar-se (De *púrpura*+*-ear*)

purpurejar *v.tr.,intr.,pron.* ⇒ **purpurear** (De *púrpura*+*-ejar*)

purpúreo *adj.* da cor da púrpura; purpurino (Do lat. *purpurĕu-*, «id.»)

purpur(i)- elemento de formação de palavras que exprime a ideia de púrpura (Do lat. *purpŭra-*, «id.»)

purpurífero *adj.* **1** que produz púrpura **2** que contém púrpura (De *purpuri-*+*-fero*)

purpurina *n.f.* **1** substância extraída das raízes de plantas do género *Rubia*, vulgarmente chamadas granzas ou ruivas **2** pó metálico e brilhante, prateado, dourado ou de outra cor, usado para impressões tipográficas, em trabalhos manuais, maquiagem, pintura, etc. (De *púrpura*+*-ina*)

purpurino *adj.* ⇒ **purpúreo** (De *púrpura*+*-ino*)

purpurizar *v.tr.,intr.,pron.* ⇒ **purpurear** (De *púrpura*+*-izar*)

púrria *n.f.* **1** bando de garotos **2** grupo ou espécie de partido formado por garotos de um bairro (De orig. obsc.)

púrrio *adj.* **1** [coloq., depr.] reles **2** [coloq., depr.] bêbedo (De orig. obsc.)

purulência *n.f.* **1** qualidade do que é purulento **2** afluência de pus (Do lat. ecl. *purulentĭa-*, «escória»)

purulento *adj.* **1** que tem ou segrega pus **2** da natureza do pus (Do lat. *purulentu-*, «id.»)

pururuca *n.f.* **1** [Brasil] BOTÂNICA árvore de boa madeira para construções **2** [Brasil] variedade de coco tenro **3** [Brasil] variedade de milho de grão miúdo; pororoca ■ *adj.2g.* [Brasil] quebradiço; friável (Do tupi *puru'ruka*, «id.»)

pus *n.m.* **1** líquido, em regra um tanto espesso, em que há grande quantidade de leucócitos alterados, proveniente de uma inflamação, e no qual se podem encontrar os micróbios que a produziram **2** [pop.] matéria; vurmo (Do lat. *pus, puris*, «id.»)

push-up *n.m.* sutiã com enchimento que eleva e dá volume ao peito, realçando-o ■ *adj.inv.* que eleva e dá volume a uma parte do corpo que se pretende realçar (Do ing. *push-up*, «id.»)

pusilânime *adj.,n.2g.* **1** que ou a pessoa que tem ânimo fraco **2** tímido **3** cobarde (Do lat. *pusillanĭme-*, «id.»)

pusilanimidade *n.f.* **1** qualidade de pusilânime **2** timidez **3** cobardia (Do lat. *pusillanimitāte-*, «id.»)

pústula *n.f.* **1** pequena acumulação de pus circunscrita, situada na pele **2** chaga cancerosa **3** [fig.] corrupção; vício (Do lat. *pustŭla-*, «id.»)

pustulação *n.f.* **1** formação de pústulas **2** passagem das incisões da vacina ao estado de pústula (Do lat. *pustulatiōne-*, «id.»)

pustulento *adj.* coberto de pústulas; pustuloso (De *pústula*+*-ento*)

pustuloso /ô/ *adj.* ⇒ **pustulento** (Do lat. *pustulōsu-*, «id.»)

puta *n.f.* [vulg.] prostituta (De *puto*)

putativamente *adv.* por mera suposição (De *putativo*+*-mente*)

putativo *adj.* **1** que se supõe ser o que não é; suposto **2** DIREITO diz-se do contrato realizado de modo indevido, mas de boa-fé, por desconhecimento das causas que o tornam inválido (Do lat. *putatīvu-*, «id.»)

puteal *n.m.* **1** bocal de poço **2** pequeno muro de pedra à volta do poço (Do lat. *puteāle-*, «id.»)

pútega *n.f.* BOTÂNICA planta herbácea, comestível, da família das Rafflesiáceas, parasita das raízes de várias plantas, que se encontra no Norte e no Centro de Portugal, também conhecida por coalhadas (De orig. obsc.)

puto *n.m.* **1** [cal.] garoto; miúdo; catraio **2** [cal.] jovem espertalhão **3** [acad.] aluno do terceiro ano da Universidade **4** [pej.] indivíduo desprezível **5** [Brasil] [vulg.] homossexual **6** [Brasil] [vulg.] indivíduo devasso ■ *adv.* [cal.] nada; nicles (Do lat. *putu-*, «menino; rapazinho»)

putr(e)- ⇒ **putr(i)-** (Do lat. *putre-*, «podre»)

putredinoso /ô/ *adj.* **1** em que há putrefação **2** [fig.] corrupto (Do lat. *putredĭne-*, «podridão» +*-oso*)

putrefação *n.f.* **1** ato de putrefazer ou putrefazer-se **2** estado de putrefacto; putrescência; podridão **3** mau cheiro **4** [fig.] corrupção (Do lat. *putrefactiōne-*, «id.»)

putrefacção ver nova grafia **putrefação**

putrefaciente *adj.2g.* que causa putrefação (Do lat. *putrefaciente-*, «id.», part. pres. de *putrefacĕre*, «apodrecer»)

putrefactivo a grafia mais usada é **putrefativo**

putrefacto *adj.* **1** que está em estado de putrefação; podre; pútrido; putrefeito **2** [fig.] corrompido (Do lat. *putrefactu-*, «id.», part. pass. de *putrefacĕre*, «apodrecer»; **putrefazer**)

putrefactório a grafia mais usada é **putrefatório**

putrefativo *adj.* ⇒ **putrefaciente** (De *putrefacto*+*-ivo*) ACORDO ORTOGRÁFICO também se pode escrever **putrefactivo**

putrefatório *adj.* ⇒ **putrefaciente** ACORDO ORTOGRÁFICO também se pode escrever **putrefactório**

putrefazer *v.tr.* **1** putrificar; fazer entrar em putrefação **2** [fig.] corromper ■ *v.pron.* apodrecer (Do lat. *putrefacĕre*, «id.»)

putrefeito *adj.* ⇒ **putrefacto** (Part. pass. de *putrefazer*)

putrescência *n.f.* ⇒ **putrefação** (Do lat. *putrescentĭa*, «id.», neut. pl. subst. de *putrescente-*, part. pres. de *putrescĕre*, «apodrecer»)

putrescente *adj.2g.* que entrou em putrefação (Do lat. *putrescente-*, «id.», part. pres. de *putrescĕre*, «apodrecer»)

putrescibilidade *n.f.* qualidade do que é putrescível (Do lat. *putrescibĭle-*, «putrescível» +*-i-*+*-dade*)

putrescível *adj.2g.* suscetível de apodrecer ou de se decompor (Do lat. *putrescibĭle-*, «id.»)

putr(i)- elemento de formação de palavras que exprime a ideia de podre (Do lat. *putre-*, «podre»)

pútrido *adj.* **1** putrefacto; podre **2** [fig.] fétido **3** [fig.] corrupto (Do lat. *putrĭdu-*, «id.»)

putrificar *v.tr.,pron.* tornar(-se) podre; apodrecer; putrefazer(-se) (De *putri-*+*-ficar*)

putrívoro *adj.* que se alimenta de matérias em putrefação (De *putri-*+*-voro*)

putsch *n.m.* POLÍTICA golpe de Estado (Do al. *Putsch*, «id.»)

puxada *n.f.* **1** ato ou efeito de puxar **2** puxão **3** carta (de jogar) que um parceiro puxa ao principiar a mão **4** importância de cada parcela de uma fatura (Part. pass. fem. subst. de *puxar*)

puxadeira *n.f.* **1** aselha na extremidade superior do cano das botas **2** asa por onde se puxa qualquer coisa (De *puxar*+*-deira*)

puxadela *n.f.* ato de puxar; puxão fraco (De *puxar*+*-dela*)

puxado *adj.* **1** esticado **2** impelido **3** esmerado no vestir **4** (iguaria) muito apurado **5** [coloq.] elevado no preço **6** [coloq.] difícil; **~ à substância** apurado, pretensioso, correto (Part. pass. de *puxar*)

puxadoira *n.f.* ⇒ **puxadeira**

puxador *n.m.* **1** peça geralmente de madeira, metal, ou porcelana, por onde se puxa para abrir gavetas, portas, etc. **2** [regionalismo] jogador de pau (De *puxar*+*-dor*)

puxadoura *n.f.* ⇒ **puxadeira**

puxante *adj.2g.* **1** que puxa **2** [fig.] picante **3** [fig.] salgado (De *puxar*+*-ante*)

puxão *n.m.* ato ou efeito de puxar com violência; estição; repelão; **~ de orelhas 1** castigo que consiste em torcer ou puxar a orelha a alguém; **2** crítica dirigida a alguém; repreensão, censura, ralhete (De *puxar*+*-ão*)

puxar *v.tr.* **1** atrair para si **2** deslocar; arrastar **3** exercer tração **4** fazer sair usando a força; tirar; arrancar **5** tornar retesado; esticar **6** tirar de dentro de; sacar **7** estimular; provocar **8** fazer aparecer; avivar **9** reclamar; exigir **10** ter vocação para; inclinar-se; tender **11** parecer-se com **12** tocar; abordar (assunto) **13** aumentar (preço); carregar **14** apurar (molho, estufado) **15** sacar; desembainhar ■ *v.intr.* **1** sair caro **2** esforçar-se por dejetar **3** empenar; torcer-se **4** esmerar-se no vestir **5** [regionalismo] jogar o pau; **~ a brasa para a sua sardinha** defender os seus interesses, procurar as suas conveniências; **~ por (alguém)** obrigar alguém a trabalhar ou a falar, irritar (Do lat. *pulsāre*, «empurrar»)

puxa-saco *adj.,n.2g.* [Brasil] ⇒ **graxista**

puxativo *adj.* ⇒ **puxante** (De *puxar*+*-tivo*)

puxavante *adj.2g.* **1** que serve de aperitivo para beber **2** picante; estimulante **3** caro ■ *n.m.* **1** instrumento de ferrador para aparar o casco do animal **2** utensílio de calafate para arrancar a estopa velha das fendas das embarcações (De *puxar*+*avante*)

puxo *n.m.* **1** cada esforço que a mulher faz por ocasião do parto **2** [pop.] ⇒ **tenesmo** **3** trança ou tufo de cabelo enrolado e preso atrás da cabeça (Deriv. regr. de *puxar*)

puzzle *n.m.* **1** jogo de paciência que consta de pequenas peças de formatos desiguais, que têm de ser ajustadas umas às outras para com elas se formar uma imagem **2** [fig.] quebra-cabeças; enigma (Do ing. *puzzle*, «id.»)

q *n.m.* **1** décima sétima letra e décima terceira consoante do alfabeto **2** letra que representa a consoante oclusiva velar surda (ex. *quando*) **3** décimo sétimo lugar numa série indicada pelas letras do alfabeto **4** símbolo de *quintal* **5** FÍSICA símbolo de *quantidade de calor* (com maiúscula) **6** MATEMÁTICA símbolo de *conjunto dos números racionais* (com maiúscula)

quacre *n.m.* RELIGIÃO sectário do quacrismo (Do ing. *quaker*, «trémulo; vacilante»)

quacrismo *n.m.* **1** RELIGIÃO movimento protestante, surgido no século XVII em Inglaterra, que advoga a apreensão íntima de Deus, sem recurso a sacramentos nem a um clero organizado **2** conjunto dos quacres (Do ing. *quakerism*, «id.»)

quaderna *n.f.* face de um dado que tem quatro pintas (Do lat. *quaternu-*, «grupo de quatro coisas»)

quadernado *adj.* **1** BOTÂNICA diz-se das folhas ou das flores em número de quatro em cada verticilo **2** BOTÂNICA diz-se desta disposição dos órgãos vegetais (Do lat. *quaternu-*, «grupo de quatro coisas» +*-ado*)

quadra *n.f.* **1** compartimento, recinto ou terreno em forma de quadrado **2** carta de jogar, peça de dominó ou face de dado que tem quatro pintas **3** série de quatro **4** LITERATURA estrofe composta de quatro versos; quarteto **5** [fig.] estação do ano **6** [fig.] tempo; época; ocasião; idade **7** lanço de muralha (Do lat. *quadra-*, «forma quadrada»)

quadraçal *n.m.* **1** [regionalismo] granito ainda na pedreira **2** [regionalismo] zona granítica (De orig. obsc.)

quadradinho *n.m.* **1** quadrado pequeno **2** quadro pequeno; *história aos quadradinhos* história contada através de desenhos sequenciais (De *quadrado*+*-inho*)

quadrado *n.m.* **1** GEOMETRIA polígono com quatro lados iguais e ângulos retos **2** objeto em que a superfície dominante tem a forma de quadrado **3** MATEMÁTICA potência de expoente 2 **4** TIPOGRAFIA peça metálica usada em tipografia para abrir e fechar os parágrafos e estabelecer os espaços brancos **5** ZOOLOGIA osso ou estrutura cartilaginosa que, nos peixes (juntamente com outros ossos), nos batráquios, nos répteis e nas aves, tem interferência na articulação da mandíbula com o crânio, e que, nos mamíferos, está transformado no ossículo do ouvido denominado bigorna **6** [Brasil] [pop.] (brinquedo) papagaio de papel **7** MILITAR [ant.] formação de combate semelhante a um quadrado, adotada numa batalha, quando as tropas correm o risco de ser envolvidas ■ *adj.* **1** que tem quatro lados iguais e ângulos retos **2** [fig.] (indivíduo) baixo e gordo; atarracado **3** [fig., pop.] pouco inteligente; sem agilidade do pensamento; obtuso; limitado **4** [fig., pop.] pouco recetivo a inovações; convencional; retrógrado; tradicionalista; ~ *mágico* disposição de números em quadro em que resulta a mesma soma de cada fila, coluna ou diagonal (Do lat. *quadratu-*, «de quatro cantos»)

quadrador *adj.,n.m.* **1** que ou aquele que quadra ou faz caixilhos **2** diz-se do ou operário corticeiro que reduz a cortiça a pedaços quadrados, para se fazerem as rolhas (Do lat. *quadratōre-*, «canteiro»)

quadradura *n.f.* ato ou efeito de quadrar; quadratura (Do lat. *quadratūra-*, «id.»)

quadragenário *adj.,n.m.* **1** que ou aquele que ocupa o último lugar numa série de quarenta **2** que ou aquele que tem idade na casa dos 40 anos; quarentão (Do lat. *quadragenariu-*, «id.»)

quadragésima *n.f.* **1** período de quarenta dias **2** [com maiúscula] RELIGIÃO Quaresma (Do lat. *quadragēsima-*, «id.»)

quadragesimal *adj.2g.* que diz respeito à Quadragésima ou à Quaresma (De *quadragésima*+*-al*)

quadragésimo *num.ord. >adj.num.* ᴰᵀ que, numa série, ocupa a posição imediatamente a seguir à trigésima nona; que é o último numa série de quarenta ■ *num.frac. >quant.num.* ᴰᵀ que resulta da divisão de um todo por quarenta ■ *n.m.* **1** o que, numa série, ocupa o lugar correspondente ao número 40 **2** uma das quarenta partes iguais em que se dividiu um todo; um quarenta avos (Do lat. *quadragesīmu-*, «id.»)

quadrangulação *n.f.* disposição quadrangular (De *quadrangular*+*-ção*)

quadrangulado *adj.* ⇒ **quadrangular**

quadrangular *adj.2g.* **1** que tem quatro ângulos **2** que tem por base um quadrângulo ■ *n.m.* ⇒ **quadrângulo** (De *quadrângulo*+*-ar*)

quadrângulo *n.m.* GEOMETRIA polígono de quatro ângulos; quadrilátero (Do lat. *quadrangŭlu-*, «id.»)

quadrante *n.m.* **1** GEOMETRIA quarta parte de um círculo **2** GEOMETRIA arco de 90° **3** zona considerada como setor circular cujo arco é a quarta parte de uma circunferência **4** mostrador do relógio de sol **5** relógio de sol **6** mostrador de um recetor onde estão marcadas as estações emissoras **7** FÍSICA superfície da escala graduada de um instrumento de medida **8** ASTRONOMIA, NÁUTICA instrumento ótico cujo limbo graduado corresponde à quarta parte de um círculo (90 graus) e que permite medir ângulos, a altura dos astros e as distâncias angulares dos astros (Do lat. *quadrante-*, «quarta parte»)

quadrar *v.tr.* **1** dar forma quadrada a **2** adaptar-se a; ser conforme a **3** calhar; ficar bem **4** MATEMÁTICA elevar (um número) ao quadrado **5** fabricar os quadros de cortiça destinados a rolhas e a boias **6** TAUROMAQUIA colocar (o touro) em tal posição que as quatro patas marquem um retângulo na arena ■ *v.tr.,intr.* ser conveniente (a); agradar (a) ■ *v.pron.* TAUROMAQUIA (toureiro) perfilar-se à frente e a meio da cabeça do touro para cravar as bandarilhas (Do lat. *quadrāre*, «id.»)

quadrático *adj.* **1** relativo ao quadrado **2** MATEMÁTICA do 2.º grau (Do lat. *quadrātu*, «quadrado» +*-ico*)

quadratim *n.m.* TIPOGRAFIA peça metálica quadrada que serve para abrir parágrafos ou determinar medidas (Do it. *quadratino*, «quadradinho»)

quadratura¹ *n.f.* **1** ato ou efeito de quadrar; quadradura **2** redução de uma figura geométrica a um quadrado **3** ASTRONOMIA posição de dois astros cujas direções distam entre si 90°, em relação à Terra **4** MATEMÁTICA processo de transformação de uma dada superfície num quadrado de área igual à dessa superfície **5** MATEMÁTICA cálculo de uma área por meio de um integral definido **6** MÚSICA princípio que estabelece a simetria da frase musical mediante a divisão desta em fragmentos de igual duração; ~ *do círculo* impossibilidade absoluta, utopia (Do lat. *quadratūra-*, «ato de reduzir a quadrado»)

quadratura² *n.f.* pintura de ornatos arquitetónicos (Do it. *quadratura*, «id.»)

quadraturista *n.2g.* pintor ou pintora de quadraturas (De *quadratura*+*-ista*)

quadrela *n.f.* **1** lanço de muralha **2** lanço de edifício em construção **3** lado (de edifício); face **4** muro; parede **5** belga; courela (De *quadra*+*-ela*)

quadrelo /ê/ *n.m.* [ant.] virotão ou seta de quatro faces que se atirava com besta (arma) (De *quadra*+*-elo*)

quadr(i)- elemento de formação de palavras que exprime a ideia de *quatro*, *quádruplo*, *quatro vezes*, *quadrado* (Do lat. *quadri-*, «id.», de *quattŭor*, «quatro»)

quadrialado *adj.* que tem quatro asas (De *quadri-*+*alado*)

quadriângulo *n.m.* GEOMETRIA figura geométrica de quatro ângulos; quadrilátero (De *quadri-*+*ângulo*)

quádrica *n.f.* MATEMÁTICA superfície que é o lugar geométrico dos pontos M (x, y, z), cujas coordenadas cartesianas satisfazem uma equação algébrica do 2.º grau nas variáveis x, y, z (exemplo: elipsoide, paraboloide, etc.) (De *quadra*-+*-ica*)

quadricapsular *adj.2g.* que possui quatro cápsulas (De *quadri-*+*capsular*)

quadricentenário *n.m.* ⇒ **quadringentenário** (De *quadri-*+*centenário*)

quadríceps *n.m.2n.* ANATOMIA ⇒ **quadricípite** (Do lat. *quadri-*, «quatro» +*[bi]ceps*, «que tem duas cabeças»)

quadriciclo *adj.* munido de quatro rodas ■ *n.m.* veículo de quatro rodas (De *quadri-*+*ciclo*)

quadricípite *n.m.* ANATOMIA grande músculo exterior da perna, constituído por quatro feixes, que se estende pela face anterior da coxa, ligando-se à rótula e à tíbia por um único tendão, também denominado quadríceps (Do lat. *quadricipĭte-*, «de quatro cabeças»)

quadricolor *adj.2g.* que apresenta quatro cores diferentes (Do lat. **quadricolōre-*, «de quatro cores»)

quadricórneo *adj.* 1 ZOOLOGIA diz-se do animal que possui dois pares de antenas ou cornos 2 BOTÂNICA diz-se da antera munida de quatro saliências em bico (De *quadri-+córneo*)

quadricromia *n.f.* 1 impressão a quatro cores: amarelo, azul, preto e vermelho 2 gravura impressa a quatro cores 3 impressão que se obtém, sobrepondo três chapas de cores primárias diferentes e uma chapa de preto ou cinzento; tetracromia 4 gravura ou estampa impressa por este processo (De *quadri-+cromia*)

quadrícula *n.f.* 1 pequena quadra 2 quadrado pequeno; quadradinho 3 MILITAR missão de forças militares em guerra subversiva pela qual as populações são contactadas, os itinerários patrulhados e os pontos sensíveis defendidos (De *quadra+-cula*)

quadriculado *adj.* pautado ou dividido em quadrículas ■ *n.m.* conjunto de quadrículas; o pautado com quadrículas (Part. pass. de *quadricular*)

quadricular *v.tr.* 1 dividir em quadrículas 2 dar forma ou disposição de quadrícula a ■ *adj.2g.* em forma de quadrícula ou quadrículo (De *quadrícula+-ar*)

quadrículo *n.m.* ⇒ **quadrícula** *n.f.*

quadricúspide *adj.2g.* que termina em quatro pontas agudas (Do lat. **quadricuspĭde-*, «de quatro pontas»)

quadridentado *adj.* que está munido de quatro saliências, pontas, recortes, divisões ou dentes (De *quadri-+dentado*)

quadridigitado *adj.* 1 que possui quatro dedos ou formações digitiformes 2 dividido em quatro digitações (De *quadri-+digitado*)

quadrienal *adj.2g.* 1 que sucede ou se realiza de quatro em quatro anos 2 referente a quadriénio (Do lat. *quadriennī-*, «quadriénio»+*-al*)

quadriénio *n.m.* período de quatro anos (Do lat. *quadrienniŭ-*, «id.»)

quadrifendido *adj.* BOTÂNICA dividido ou fendido em quatro; quadrífido (De *quadri-+fendido*)

quadrífido *adj.* ⇒ **quadrifendido** (Do lat. *quadrifĭdu-*, «fendido em quatro»)

quadrifloreo *adj.* 1 BOTÂNICA que apresenta quatro flores 2 BOTÂNICA que tem as flores dispostas quatro a quatro (De *quadri-*, «quatro»+*florĕu-*, «de flor»)

quadrifoliado *adj.* BOTÂNICA que é constituído por quatro folíolos; quadrifólio (De *quadri-+foliado*)

quadrifólio *adj.* BOTÂNICA que possui quatro folhas; quadrifoliado 2 BOTÂNICA que tem folhas dispostas quatro a quatro ■ *n.m.* 1 ARQUITETURA ornato constituído por quatro círculos tangentes, circunscritos por um círculo maior 2 HERÁLDICA espécie de flor formada por quatro pétalas dispostas em cruz (Do lat. *quadri-*, «quatro»+*folĭu-*, «folha»)

quadrifonia *n.f.* processo de gravação e reprodução de sons em que se utilizam quatro canais (De *quadri-+-fonia*, ou do fr. *quadriphonie*, «id.»)

quadriforme *adj.2g.* 1 que apresenta quatro formas ou figuras 2 MINERALOGIA que resulta da combinação de quatro formas cristalinas (Do lat. *quadriforme-*, «id.»)

quadrifronte *adj.2g.* [poét.] que tem quatro frontes (Do lat. *quadrifronte-*, «id.»)

quadrifurcado *adj.* que tem quatro ramos saídos do mesmo ponto (Do lat. *quadri-*, «quatro»+*furca*, «forcado»+*-ado*)

quadriga *n.f.* carro puxado por quatro cavalos (Do lat. *quadrīga-*, «id.»)

quadrigário *n.m.* condutor de quadriga (Do lat. *quadrigarĭu-*, «id.»)

quadrigémeo *adj.* 1 diz-se de cada um dos quatro indivíduos nascidos do mesmo parto 2 ANATOMIA diz-se, em especial, de uma parte do encéfalo (cérebro médio) representada nos vertebrados superiores, como no homem, por dois pares de formações salientes, arredondadas, situadas por cima do chamado aqueduto de Sílvio ■ *n.m.* cada um dos quatro indivíduos nascidos do mesmo parto (Do lat. *quadrigemĭnu-*, «id.»)

quadrigémino *adj.* ⇒ **quadrigémeo** *adj.*

quadrigúmeo *adj.* munido de quatro gumes (De *quadri-+gume+-eo*)

quadríjugo *adj.* [poét.] puxado por quatro cavalos emparelhados (Do lat. *quadrijŭgu-*, «id.»)

quadril *n.m.* 1 ANATOMIA proeminência lateral do corpo humano desde a cintura à coxa; anca 2 região do corpo de um bovídeo onde termina o fio do lombo; alcatra (De *quadra+-il*)

quadrilateral *adj.2g.* que tem quatro lados (De *quadrilátero+-al*)

quadrilátero *n.m.* 1 GEOMETRIA polígono com quatro lados 2 MILITAR sistema de fortificação de forma quadrangular ■ *adj.* que tem quatro lados; quadrilateral (Do lat. *quadrilatĕru-*, «id.»)

quadrilha *n.f.* 1 bando de ladrões ou salteadores 2 dança alegre e movimentada, que originalmente se dançava só com quatro pessoas 3 música que acompanha essa dança 4 conjunto de quatro ou mais cavaleiros dispostos para o jogo das canas 5 NÁUTICA pequena esquadra de navios de guerra ou de aviões; flotilha; esquadrilha 6 grupo de soldados que faziam a polícia noturna das ruas 7 [pop.] chusma; multidão 8 [pop.] corja; súcia; malta; turma (Do cast. *cuadrilla*, «id.»)

quadrilheiro *n.m.* 1 membro de uma quadrilha; salteador 2 soldado que fazia a ronda das ruas à noite; esbirro; rondador (Do cast. *cuadrillero*, «id.»)

quadrilobulado *adj.* BOTÂNICA que possui quatro lóbulos (De *quadri-+lobulado*)

quadriloculado *adj.* que possui quatro lóculos ou cavidades; quadrilocular (De *quadri-+loculado*)

quadrilocular *adj.2g.* ⇒ **quadriloculado** (De *quadri-+locular*)

quadrilongo *adj.* que tem quatro lados paralelos dois a dois, sendo dois mais compridos do que os outros ■ *n.m.* 1 retângulo 2 TIPOGRAFIA utensílio simples, de metal ou de plástico, de forma retangular, com que se fazem imposições e criam espaços brancos em composições tipográficas (De *quadri-+longo*)

quadrilunulado *adj.* (animal) que tem quatro malhas em forma de crescente da Lua (De *quadri-+lunulado*)

quadrimaculado *adj.* que tem quatro manchas (máculas) (De *quadri-+maculado*)

quadrímano *adj.* ZOOLOGIA que apresenta quatro tarsos alargados como mãos ■ *n.m.* ZOOLOGIA espécime dos quadrímanos ■ *n.m.pl.* ZOOLOGIA grupo de insetos coleópteros que apresenta quatro tarsos alargados como mãos (Do lat. *quadrimănu-*, «id.»)

quadrimembre *adj.2g.* que possui quatro membros (Do lat. *quadrimembre-*, «id.»)

quadrimestral *adj.2g.* 1 que diz respeito a quadrimestre 2 que sucede ou se realiza de quatro em quatro meses (De *quadrimestre+-al*)

quadrimestre *n.m.* período de quatro meses (Do lat. *quadrimestre-*, «id.»)

quadrimosqueado *adj.* que tem quatro malhas ou manchas (De *quadri-+mosqueado*)

quadrimotor *adj.* que tem quatro motores ■ *n.m.* AERONÁUTICA avião movido por quatro motores (De *quadri-+motor*)

quadringentenário *n.m.* comemoração de um facto que ocorreu 400 anos antes; quadricentenário (Do lat. *quadringentenarĭu-*, «id.»)

quadringentésimo *num.ord. >adj.num.* DT que, numa série, ocupa a posição imediatamente a seguir à tricentésima nonagésima nona; que é o último numa série de quatrocentos ■ *num.frac. >quant.num.* DT que resulta da divisão de um todo por quatrocentos ■ *n.m.* 1 o que, numa série, ocupa o lugar correspondente ao número 400 2 uma das quatrocentas partes iguais em que se dividiu um todo (Do lat. *quadringentesĭmu-*, «id.»)

quadrinómio *n.m.* MATEMÁTICA polinómio que tem quatro termos ou monómios (De *quadri-+[bi]nómio*)

quadripartido *adj.* dividido em quatro partes (De *quadri-+partido*)

quadripenado *adj.* que possui quatro asas ou apêndices em forma de asas (Do lat. *quadri-*, «quatro»+*penna-*, «asa»+*-ado*)

quadripene *adj.2g.* ⇒ **quadripenado**

quadripétalo *adj.* BOTÂNICA diz-se da flor ou da corola que tem quatro pétalas; tetrapétalo (De *quadri-+pétala*)

quadriplegia *n.f.* MEDICINA ⇒ **tetraplegia** (De *quadri-+-plegia*)

quadriplégico *adj.* relativo a quadriplegia; tetraplégico ■ *n.m.* pessoa que sofre de quadriplegia; tetraplégico (De *quadriplegia+-ico*)

quadripolo *n.m.* ELETRICIDADE distribuição de quatro cargas elétricas iguais em valor absoluto, nos quatro vértices de um paralelogramo, de tal modo que as cargas são alternadamente positivas e negativas (De *quadri-+pólo*)

quadrirreme *n.f.* 1 NÁUTICA antiga embarcação de quatro ordens de remos, entre os Romanos 2 NÁUTICA embarcação de quatro remos (Do lat. *quadrireme-*, «id.»)

quadrissecular *adj.2g.* que tem quatro séculos (De *quadri-+secular*)

quadrissilábico *adj.* que tem quatro sílabas; quadrissílabo; tetrassílabo (De *quadri-+silábico*)

quadrissílabo *n.m.* verso ou palavra que tem quatro sílabas ■ *adj.* que tem quatro sílabas (Do lat. *quadrisyllăbu*-, «id.»)

quadrivalente *adj.2g.* QUÍMICA que é capaz de originar quatro ligações químicas; tetravalente (De *quadri-+valente*)

quadrivalve *adj.2g.* 1 ZOOLOGIA que tem quatro valvas 2 BOTÂNICA (fruto) que se abre por quatro valvas (Do lat. *quadri*-, «quatro» +*valva*-, «batente de porta»)

quadrivalvulado *adj.* que possui quatro válvulas (De *quadri-+valvulado*)

quadrivalvular *adj.2g.* ⇒ **quadrivalvulado**

quadrívio *n.m.* 1 lugar onde se cruzam quatro caminhos 2 um dos dois ramos em que, na Idade Média, a filosofia escolástica dividia as ciências, e que era constituído pelas disciplinas de aritmética, geometria, música e astronomia (Do lat. *quadrivĭu*-, «id.»)

quadro *n.m.* 1 espaço ou objeto limitado por quatro lados iguais; quadrado 2 caixilho; moldura 3 obra de pintura, desenho ou fotografia 4 peça quadrangular, de ardósia, madeira pintada, plástico ou outro material, geralmente usada em aulas e reuniões, para nela se escrever 5 painel 6 expositor; placard 7 resenha; lista; tabela 8 conjunto hierarquizado de lugares permanentes de um serviço para o desempenho dos cargos desse serviço 9 lista dos membros de uma sociedade, corporação, etc. 10 disposição metódica de objetos ou de factos para se apreciarem em globo 11 panorama; aspeto 12 conjunto dos oficiais de carreira, diplomados pela Academia Militar 13 estrutura metálica de velocípedes e motociclos 14 divisão quadrangular 15 área; superfície 16 descrição animada de uma coisa, de viva voz ou por escrito; representação 17 TEATRO subdivisão de um ato de peça teatral em que o cenário varia; cena 18 ELETRICIDADE bobina de secção retangular que faz parte de um galvanómetro; ~ *interativo* superfície onde é projetada a imagem do ecrã do computador, sendo possível interagir com essa imagem através do toque com o dedo ou com caneta própria; ~ *preto* lousa escolar parietal, pedra (Do lat. *quadru*-, «um quadrado»)

quádrobro *quant.,adj.,n.m.* ⇒ **quádruplo** (Do lat. *quadrŭplu*-, «quádruplo»)

quadrúmano *adj.* ZOOLOGIA que se serve dos pés para a preensão, como se possuísse quatro mãos ■ *n.m.* ZOOLOGIA espécime dos quadrúmanos ■ *n.m.pl.* ZOOLOGIA antiga designação do grupo de primatas que, como os macacos, se servem dos pés para a preensão, como se possuíssem quatro mãos (Do lat. *quadrumănu*-, «id.»)

quadrunvirato *n.m.* HISTÓRIA dignidade ou funções do quadrúnviro (De *quadrúnviro+-ato*)

quadrúnviro *n.m.* HISTÓRIA título que se dava a cada um dos quatro magistrados superiores dos municípios e das colónias romanas; quatuórviro (Do lat. *quadrumvĭru*-, «id.»)

quadrupedante *adj.2g.* 1 que se desloca sobre quatro patas ou membros locomotores 2 que se desloca sobre um animal quadrúpede 3 relativo a quadrúpede (Do lat. *quadrupedante*-, «id.»)

quadrupedar *v.intr.* 1 andar com os pés e as mãos no chão ao mesmo tempo 2 montar em quadrúpede 3 [fig.] imitar os quadrúpedes, quando anda (De *quadrúpede+-ar*)

quadrúpede *adj.2g.* ZOOLOGIA que apoia no solo quatro membros para a locomoção normal ■ *n.m.* ZOOLOGIA mamífero (em especial os ungulados), que assenta no solo quatro membros para a locomoção normal ■ *n.2g.* [fig., coloq.] pessoa bruta ou estúpida (Do lat. *quadrupĕde*-, «de quatro pés»)

quadruplar *v.tr.,pron.* ⇒ **quadruplicar** (Do lat. tard. *quadruplāre*-, «id.»)

quadruplicação *n.f.* ato ou efeito de quadruplicar (Do lat. *quadruplicatiōne*-, «id.»)

quadruplicar *v.tr.,pron.* 1 multiplicar(-se) por quatro; tornar(-se) quatro vezes maior 2 [fig.] tornar(-se) muito maior (Do lat. *quadruplicāre*, «id.»)

quádruplo *num.mult.* >*quant.num.* DT que contém quatro vezes a mesma quantidade ■ *adj.* 1 que é quatro vezes maior 2 que consta de quatro partes ■ *n.m.* valor ou quantidade quatro vezes maior (Do lat. *quadrŭplu*-, «id.»)

qual *pron.rel.* refere-se ao nome ou pronome antecedentes, sendo sempre precedido pelo artigo definido (*vi a Ana, a qual fazia anos*) ■ *det.interr.* >*quant.interr.* DT que (*qual filme?*) ■ *pron.interr.* 1 que pessoa; que coisa (*qual delas?*) 2 de que natureza; de que qualidade (*qual a tua opinião?*) ■ *conj.* como; que nem (*ficou corado, qual criança envergonhada*); ~! exclamação designativa de espanto ou de oposição; *tal e* ~ exatamente, assim mesmo (Do lat. *quale*-, «id.»)

qualidade *n.f.* 1 propriedade ou condição natural de uma pessoa ou coisa que a distingue das outras; atributo; característica; predicado 2 aptidão; capacidade 3 dom; virtude 4 modo de ser; carácter; índole 5 importância; valor; distinção 6 posição; função 7 profissão 8 grau social; título; classe 9 espécie; tipo; casta 10 natureza 11 disposição de ânimo; ~ *de vida* situação de equilíbrio nas condições sociais e ambientais de existência dos seres vivos; *qualidades primárias/primeiras* FILOSOFIA as que são essenciais aos objetos materiais e estão neles como as perceecionamos (são objetivas); *qualidades secundárias/segundas* FILOSOFIA as que não são essenciais aos objetos materiais e não estão neles como as percecionamos, dependendo de quem as perceciona (são subjetivas); *na* ~ *de* a título de, desempenhando o papel ou as funções de; *ser de* ~ [irón.] ser um traste (Do lat. *qualitāte*-, «id.»)

qualificação *n.f.* 1 ato ou efeito de qualificar ou qualificar-se 2 aptidão confirmada 3 preparação específica para um cargo 4 apreciação de provas (De *qualificar+-ção*)

qualificado *adj.* 1 que recebeu qualificação 2 habilitado; apto 3 de elevada categoria 4 distinto; nobre 5 reputado; acreditado (Part. pass. de *qualificar*)

qualificador *adj.,n.m.* que ou aquele que qualifica ou emite opinião sobre alguém ou alguma coisa (De *qualificar+-dor*)

qualificar *v.tr.* 1 atribuir uma qualidade a 2 indicar a qualidade ou a classe de; classificar 3 apreciar; avaliar 4 enobrecer ■ *v.tr.,pron.* tornar(-se) mais bem preparado a nível profissional ■ *v.pron.* passar por prova eliminatória; classificar-se (Do lat. escol. *qualificāre*, «id.»)

qualificativo *adj.* 1 que qualifica 2 que exprime a qualidade de ■ *n.m.* palavra que exprime a qualidade ou o modo de ser de (Do lat. escol. *qualificatīvu*-, «id.»)

qualificável *adj.2g.* que se pode qualificar (De *qualificar+-vel*)

qualitativamente *adv.* 1 de modo qualitativo 2 em relação à qualidade (De *qualitativo+-mente*)

qualitativo *adj.* 1 relativo a qualidade 2 qualificativo (Do lat. tard. *qualitatīvu*-, «id.»)

qualquer *det.indef.* >*quant.univ.* DT 1 todo; toda (*qualquer pessoa sabe isso*) 2 um; uma; algum; alguma (*qualquer dia; qualquer rapariga*) 3 não importa qual (*uma razão qualquer*) ■ *pron.indef.* pessoa ou coisa indeterminada (*qualquer te serve*) (De *qual+quer*, de *querer*)

quando *adv.interr.* em que tempo ou ocasião ■ *conj.* 1 no tempo ou momento em que (*quando chegares, telefona-me*) 2 sempre que (*quando faz sol, vou à praia*) 3 ao passo que; enquanto (*ele é riquíssimo, quando nós não temos nada*) 4 ainda que; apesar de que; apesar de (*contou tudo, quando eu lhe tinha pedido segredo*) 5 se (*quando acabar o curso, vou viajar*); ~ *de* por ocasião de, na altura de; ~ *muito* se tanto, no máximo; ~ *não* caso contrário; *de* ~ *em* ~/*de vez em* ~ às vezes, de tempos a tempos, uma vez por outra; *senão* ~ de repente, inesperadamente (Do lat. *quando*, «id.»)

quanta *n.m.pl.* {plural de **quantum**}; *teoria dos* ~ FÍSICA teoria introduzida por Max Planck, físico alemão (1858-1947), segundo a qual a emissão ou absorção de energia se faz de maneira descontínua e por múltiplos inteiros de uma mesma quantidade, para a mesma frequência, o quantum hν (Do lat. *quanta*, neut. pl. de *quantum*, «quanto»)

quantia *n.f.* 1 porção de dinheiro; soma 2 quantidade (De *quanto+-ia*)

quantiar *v.tr.* 1 contar 2 avaliar (De *quantia+-ar*)

quântico *adj.* FÍSICA relativo à teoria dos quanta; *eletrodinâmica quântica*, *teoria quântica dos campos* FÍSICA resultante da combinação da relatividade e da mecânica quântica para a descrição do comportamento de eletrões que interatuam com os campos eletromagnéticos; *estatística quântica* FÍSICA modo de distribuição de um conjunto de partículas em função da energia, em mecânica quântica; *mecânica quântica* FÍSICA, MATEMÁTICA teoria que trata da mecânica dos sistemas atómicos e dos problemas com ela relacionados, utilizando só quantidades que podem ser medidas, e que compreende a mecânica ondulatória de E. Schrödinger (físico austríaco, 1887-1961), a mecânica das matrizes de W. Heisenberg (físico alemão, 1901-1976), e a mecânica de P. Dirac (físico inglês, 1902-1984), que é a teoria geral que engloba as duas primeiras; *números quânticos* FÍSICA conjunto de números usados na mecânica quântica para caracterizar o estado de um eletrão num sistema atómico; *números quânticos nucleares* FÍSICA o spin nuclear (momento cinético total) e a paridade, os mais importantes para um núcleo; *teoria quântica* FÍSICA teoria introduzida por Max Planck, físico alemão (1858-1947), segundo a qual a emissão ou absorção de energia radiante se faz de maneira descontínua e por múltiplos inteiros de uma mesma quantidade, para a mesma frequência (ν), o quantum hν (Do ing. *quantic [physics]*, «[física] quântica»)

quantidade *n.f.* 1 grandeza expressa em número 2 propriedade das coisas que de algum modo pode ser medida (tamanho, peso,

quantificação

etc.) **3** parte de um todo; porção **4** grande número de coisas **5** grande número de pessoas; multidão **6** duração relativa das sílabas ou dos sons musicais **7** (prosódia) valor das sílabas; ~ *intensiva* FÍSICA designação, em termodinâmica, de grandezas que são independentes da quantidade do material considerado (temperatura, pressão, etc.) (Do lat. *quantitāte-*, «íd.»)

quantificação *n.f.* **1** ato ou efeito de quantificar **2** FÍSICA termo usado em mecânica quântica para designar o facto de muitos dos parâmetros que descrevem um sistema só poderem ter um conjunto discreto de valores permitidos (ao contrário da dinâmica clássica, onde há uma vasta gama contínua de valores, dizendo-se que tais parâmetros são quantificados; ~ *do predicado* LÓGICA processo lógico tradicional usado nas inferências por conversão e a cujas regras W. R. Hamilton, astrónomo e matemático irlandês (1805-1865), fez algumas objeções (De *quantificar+-ção*)

quantificador *adj.* que quantifica ■ *n.m.* **1** LÓGICA operador que indica que certa qualidade é comum a todos os elementos de um conjunto (quantificador universal) ou só a um ou a alguns deles (quantificador existencial) **2** LINGUÍSTICA elemento linguístico que precede o nome, delimitando o seu valor referencial, com informações sobre a quantidade, o número ou a parte daquilo que é designado; ~ *existencial* LINGUÍSTICA o que não inclui todos os elementos do conjunto referido (ex.: *algum*) ou exprime uma quantidade não precisa (ex.: *vários*) ou relativa ao valor de referência (ex.: *muitos*); ~ *interrogativo* LINGUÍSTICA o que identifica o elemento interrogado (ex.: *quanto*); ~ *numeral* LINGUÍSTICA o que exprime uma quantidade inteira exata (numeral cardinal) ou um múltiplo de uma quantidade (numeral multiplicativo) ou uma fração dessa quantidade (numeral fracionário); ~ *relativo* LINGUÍSTICA o que tem como antecedente um grupo nominal introduzido por um quantificador (ex.: *tudo quanto queria, conseguia*); ~ *universal* LINGUÍSTICA o que inclui todos os elementos do conjunto referido (ex.: *todo, nenhum*) (De *quantificar+-dor*)

quantificar *v.tr.* **1** determinar a quantidade ou o valor de **2** reduzir a esquema que comporte mensuração **3** instituir, em domínio predominantemente quantitativo, normas de medição (Do lat. *quantu-*, «quanto» +*facĕre*, «fazer»)

quantificável *adj.2g.* que pode ser determinado com exatidão no que diz respeito a quantidade ou valor; que se pode quantificar

quantil *n.m.* ESTATÍSTICA designação genérica dos valores (centil, decil e quartil) que correspondem à divisão em porções de um conjunto de dados ordenados (Do lat. *quantum*, «quantum»+-*il*)

quantioso *adj.* **1** relativo a grande quantia **2** muito numeroso **3** importante **4** que possui grandes quantias ou cabedais; rico (De *quantia+-oso*)

quantíssimo *adj.* {superlativo absoluto sintético de **quanto**} muitíssimo (De *quanto+-íssimo*)

quantitativamente *adv.* **1** de modo quantitativo **2** em relação à quantidade (De *quantitativo+-mente*)

quantitativo *adj.* **1** que diz respeito à quantidade **2** que determina a quantidade **3** QUÍMICA diz-se da análise que procura determinar as quantidades proporcionais dos elementos que entram num composto ■ *n.m.* **1** total da quantidade **2** importância; quantia (Do lat. *quantitāte-*, «quantidade» +*-ivo*)

quanto *det.interr.* >*quant.interr.*^DT que número de; que quantidade de ■ *pron.interr.* que número ou quantidade de pessoas ou coisas ■ *pron.rel.* >*quant.rel.*^DT substitui os pronomes indefinidos *tudo* e *todo*, expressos ou omitidos (*tudo quanto queria, conseguia*) ■ *adv.* **1** quão grande **2** até que ponto; como ■ *n.m.* ⇒ **quantum**; ~ *a* relativamente a, no que diz respeito a; ~ *antes* o mais depressa possível; *tanto* ~ segundo, conforme, todo o que; *tudo* ~ *Marta fiou* o lucro total de qualquer negócio (Do lat. *quantu-*, «quão grande»)

quantofrenia *n.f.* termo criado pelo sociólogo americano P. Sorokin (1889-1968), para designar ironicamente a excessiva tendência para introduzir a quantidade e a medição nas ciências do espírito (estatística, psicometria, sociometria, etc.) (Do lat. *quantu-*, «quão grande»+gr. *phrén*, «espírito; vontade» +-*ia*)

quantum *n.m.* FÍSICA quantidade discreta de energia, de grandeza hv, onde v é a frequência da radiação e h uma constante universal, a constante de Planck; ~ *de ação* constante de Planck (Do lat. *quantu-*, «quão grande»)

quão *adv.* **1** quanto **2** como (Do lat. *quam*, «íd.»)

quarcífero *adj.* ⇒ **quartzífero** (De *quarço+-fero*)

quarço *n.m.* MINERALOGIA ⇒ **quartzo** (Do al. *Quarz*, «íd.»)

quarenta *num.card.* >*quant.num.*^DT trinta mais dez ■ *n.m.* **1** o número 40 e a quantidade representada por esse número **2** o que, numa série, ocupa o quadragésimo lugar; *Quarenta Horas* RELIGIÃO cerimónia que consiste em expor o Santíssimo em memória das quarenta horas durante as quais Jesus esteve sepultado (Do lat. *quadraginta*, «quarenta»)

quarentão *adj.,n.m.* que ou pessoa que tem entre 40 e 49 anos de idade (De *quarenta+-ão*)

quarentar *v.intr.* completar quarenta anos (De *quarenta+-ar*)

quarentena *n.f.* **1** período de isolamento imposto a pessoas portadoras ou supostas portadoras de doenças contagiosas **2** período de quarenta dias **3** [com maiúscula] RELIGIÃO Quaresma **4** RELIGIÃO festa ou cerimónia religiosa que se prolonga por quarenta dias **5** conjunto de quarenta coisas **6** BOTÂNICA planta de flores cheirosas da família das Crucíferas, cultivada em Portugal nos jardins **7** BOTÂNICA flor desta planta **8** [ant.] período de quarenta dias durante o qual pessoas, animais, navios e outros veículos procedentes de países infetados de doenças epidémicas, tinham de ficar incomunicáveis em lugar isolado; *de* ~ de reserva, à espera de ordens; *pôr de* ~ pôr de reserva, adiar a decisão até exame ulterior (De *quarenta+-ena*, ou do fr. *quarantaine*, «íd.»)

quarentenar *v.intr.* **1** estar de quarentena **2** [pop.] fazer quarenta anos (De *quarentena+-ar*)

quarentenário *adj.* **1** relativo a quarentena **2** que está de quarentena ■ *n.m.* aquele que está de quarentena (De *quarentena+-ário*)

quaresma *n.f.* **1** [com maiúscula] RELIGIÃO período do ano litúrgico católico, que decorre, como preparação penitencial da Páscoa, desde Quarta-Feira de Cinzas **2** BOTÂNICA planta herbácea de flores brancas, pertencente à família das Saxifragáceas, espontânea em Portugal **3** BOTÂNICA flor desta planta (Do lat. *quadragesĭma-* [*die-*], «o quadragésimo [dia]»)

quaresmal *adj.2g.* **1** da Quaresma **2** respeitante à Quaresma (De *Quaresma+-al*)

quaresmar *v.intr.* RELIGIÃO observar os preceitos da Igreja relativos à Quaresma (De *Quaresma+-ar*)

quark *n.m.* FÍSICA cada uma das partículas hipotéticas que se julga serem os constituintes dos protões, ou neutrões (Do ing. *quark*)

quarta *n.f.* **1** cada uma das quatro partes iguais em que se divide uma unidade **2** (automóvel) mudança de velocidade a seguir à terceira **3** MÚSICA intervalo musical que passa por quatro graus da escala, de forma ascendente ou descendente **4** ângulo de cerca de 11° que se situa nos intervalos da rosa dos ventos completa **5** quarta parte do alqueire, do arrátel, da vara **6** forma reduzida de *quarta-feira* ■ *adj.,quant.,n.m.* ⇒ **quarto** (Do lat. *quarta-* [*parte-*], «quarta parte»)

quartã *n.f.* MEDICINA febre intermitente, cujos acessos se repetem de quatro em quatro dias (Do lat. *quartāna-*, «febre quartã»)

quartado *adj.* **1** dividido em quatro **2** formado de quatro **3** (pão) formado de quatro qualidades de farinha (Part. pass. de *quartar*)

quarta-feira *n.f.* dia da semana imediatamente posterior à terça-feira; *Quarta-Feira de Cinzas* dia seguinte à Terça-Feira de Carnaval; *Quarta-Feira de Trevas* Quarta-Feira da Semana Santa (Do lat. ecl. *ferĭa- quarta-*, «íd.»)

quartaludo *adj.* (cavalo) que não se apresenta perfeito nas regiões do corpo denominadas quartos (De *quarto+/-udo*)

quartanário *adj.,n.m.* que ou aquele que tem febre quartã (Do lat. ecl. *quartanarĭu-*, «íd.»)

quartanista *n.2g.* estudante que frequenta o quarto ano de qualquer curso ou faculdade (De *quarto+ano+-ista*)

quartão¹ *n.m.* **1** quarta parte de um almude **2** vasilha de barro maior que a bilha e menor que a quarta (De *quarta+-ão*)

quartão² *n.m.* [Brasil] cavalo de carga, de estatura meã, mas robusto; quartau (Do fr. *courtaud*, «íd.»)

quartapisa *n.f.* [ant.] barra de vestido, de cor diferente da deste (Deriv. regr. de *quartapisar*)

quartapisar *v.tr.* [ant.] guarnecer com quartapisa (De *quarto+pisar*?)

quartar *v.intr.* **1** DESPORTO em esgrima, desviar-se da linha **2** juntar quatro farinhas para fazer o pão quartado (De *quarto+-ar*)

quartau *n.m.* ⇒ **quartão**² (Do fr. *courtaud*, «íd.»)

quarteado *adj.* **1** dividido em quatro partes, desenhos ou cores diferentes **2** diz-se do cavalo espadaúdo, mas bem proporcionado (Part. pass. de *quartear*)

quartear *v.tr.* **1** dividir em quatro partes **2** decorar com quatro cores **3** TAUROMAQUIA fazer ou dar quarteio a (De *quarto+-ear*)

quarteio *n.m.* TAUROMAQUIA quarto de volta que o toureiro dá para não ser colhido, quando mete as farpas no touro (Deriv. regr. de *quartear*)

quarteirão *n.m.* **1** quarta parte de um cento **2** conjunto de vinte e cinco unidades **3** quarta parte de um quartilho **4** grupo de casas que dá para quatro ruas ou travessas (De *quarteiro+-ão*)

quarteiro *n.m.* **1** quarta parte de um moio, ou seja, 15 alqueires **2** antigo imposto correspondente à quarta parte de um moio de cereal **3** colono que pagava esse imposto **4** pensão que se pagava trimestralmente (Do lat. *quartariũ-*, «a quarta parte de uma medida»)

quartejar *v.tr.* partir em quartos ou em pedaços; esquartejar (De *quarto+-ejar*)

quartel *n.m.* **1** quarta parte de um todo **2** período de vinte e cinco anos **3** MILITAR conjunto de instalações onde se alojam tropas e se guarda o respetivo equipamento **4** casa; domicílio **5** abrigo; paradeiro; valhacouto **6** MILITAR tréguas **7** período; época **8** HERÁLDICA cada uma das quatro partes em que se divide o escudo **9** NÁUTICA cada uma das partes em que se divide o tampo da escotilha; *guerra sem ~* luta ou perseguição sem tréguas; *não dar ~* não deixar descansar; *pedir ~* pedir misericórdia, proteção (Do fr. *quartier*, «id.»)

quartelada *n.f.* **1** mísula, uma das partes componentes das redes de pesca **2** divisão no soalho do palco para se poderem abrir alçapões (De *quartel+-ada*)

quarteleiro *n.m.* militar responsável pela guarda e conservação do material existente numa arrecadação (De *quartel+-eiro*)

quartel-general *n.m.* **1** instalações do comando de uma região militar **2** local de reunião habitual

quartel-mestre *n.m.* **1** MILITAR oficial (capitão ou subalterno) incumbido de funções administrativas numa unidade **2** serviço de intendência

quarterão *n.m.* indivíduo cujos progenitores são um branco (puro) e o outro mestiço (Do cast. *cuarterón*, «id.»)

quarteto /ê/ *n.m.* **1** LITERATURA estância de quatro versos **2** MÚSICA conjunto de quatro instrumentos ou quatro vozes, ou peça musical escrita para esse conjunto **3** reunião de quatro pessoas; *~ de cordas* MÚSICA formação clássica de música de câmara, composta por dois violinos, uma viola de arco e um violoncelo (Do it. *quartetto*, «id.»)

quartil *adj.* ASTRONOMIA designativo do aspeto de um par de planetas afastados 90° (a quarta parte do zodíaco) um do outro ■ *n.m.* ESTATÍSTICA cada uma das divisões equivalentes a 25% de um conjunto de dados ordenados (Do lat. *quartum*)

quartilhada *n.f.* líquido contido numa medida de quartilho (De *quartilho+-ada*)

quartilhame *n.m.* muitos quartilhos (De *quartilho+-ame*)

quartilhar *v.tr.* [regionalismo] retalhar obliquamente as azeitonas, antes do curtimento (De *quartilho+-ar*)

quartilho *n.m.* quarta parte de uma canada; meio litro (De *quarto+-ilho*)

quartinha *n.f.* bilha pequena que se usa para conter e refrescar água; moringa (De *quarta+-inha*)

quartinho *n.m.* **1** quarto pequeno **2** [ant.] quarta parte de uma moeda portuguesa, no valor de 1200 réis (De *quarto+-inho*)

quarto *num.ord.* >*adj.num.* ^{DT} que, numa série, ocupa a posição imediatamente a seguir à terceira; que é o último numa série de quatro ■ *num.frac.* >*quant.num.* ^{DT} que resulta da divisão de um todo por quatro ■ *n.m.* **1** o que, numa série, ocupa o lugar correspondente ao número 4 **2** uma das quatro partes iguais em que se dividiu um todo **3** quinze minutos **4** divisão de habitação onde geralmente se dorme **5** cada uma das duas fases da Lua, durante as quais apenas se vê uma quarta parte deste planeta **6** MILITAR espaço de tempo que um soldado está de sentinela **7** ANATOMIA parte superior da coxa **8** ângulo de cerca de 3° que se situa nos intervalos da rosa dos ventos **9** vasilha de meia pipa, correspondente a um quarto de tonel **10** antiga bala de chumbo, de forma angular; quartola; *~ crescente* fase da Lua nos sete dias que precedem a Lua cheia; *~ de banho* divisão de uma habitação destinada aos cuidados de higiene; *~ de despejo* [Brasil] divisão utilizada para arrumos, despensa, arrecadação; *~ minguante* fase da Lua nos sete dias seguintes à Lua cheia; *passar um mau ~ de hora* [fig.] suportar uma situação angustiosa mas passageira (Do lat. *quartu-*, «quarto»)

quartola *n.f.* vasilha de meia pipa, correspondente a um quarto de tonel (De *quarto+-ola*)

quartos-de-final ver nova grafia *quartos de final*

quartos de final *n.m.pl.* DESPORTO numa prova disputada por eliminatórias, fase em que se realizam quatro partidas, envolvendo, portanto, oito jogadores ou equipas

quartzífero *adj.* que contém quartzo em quantidade relativamente grande (De *quartzo+-fero*)

quartzito *n.m.* PETROLOGIA rocha sedimentar ou metamórfica constituída por grãos de quartzo ligados por um cimento siliçoso (De *quartzo+-ito*)

quartzo *n.m.* MINERALOGIA mineral, um dos polimorfos da sílica, com muitas variedades (ágata, ametista, calcedónia, cristal de rocha, defumado, citrino, sílex, etc.), que cristaliza no sistema trigonal, é o 7.° termo da escala de dureza de F. Mohs (mineralogista alemão, 1773-1839), o mais comum de todos os minerais, usado em vidros e cerâmica, em ótica, em eletrónica, como abrasivo e como gema (Do al. *Quarz*, «id.»)

quartzoso /ô/ *adj.* **1** da natureza do quartzo **2** relativo ao quartzo (De *quartzo+-oso*)

quasar *n.m.* ASTRONOMIA corpo celeste semelhante a uma estrela, que se encontra muito distante, e que constitui uma fonte de ondas hertzianas comparável à de uma galáxia (Do ing. *quasar*, «id.», de *quas(i-stell)ar*, «quase estelar»)

quase *adv.* **1** muito próximo; perto de **2** com pouca diferença **3** por um triz **4** [Cabo Verde] quase de certeza; *~ ~* por momentos, por pouco (Do lat. *quasi*, «id.»)

quase-delito ver nova grafia *quase delito*

quase delito *n.m.* **1** DIREITO ato ilícito, meramente culposo, que implica a obrigação de indemnizar a parte que sofreu o dano **2** DIREITO dano causado por negligência, sem intenção

quase-estática ver nova grafia *quase estática*

quase estática *n.f.* FÍSICA nome dado em termodinâmica a uma transformação de estado efetuada com tal lentidão que se pode considerar o sistema aproximadamente em equilíbrio interno em qualquer estágio do processo

quase-nada ver nova grafia *quase nada*

quase nada *n.m.* quantidade pequena; pouca coisa

quasimodal *adj.2g.* que faz lembrar a fealdade de Quasímodo (personagem do romance histórico *Nossa Senhora de Paris*, do escritor francês Victor Hugo, 1802-1885) (De *Quasímodo+-al*)

quasímodo *n.m.* **1** indivíduo muito feio ou mal proporcionado; mostrengo **2** [com maiúscula] RELIGIÃO Domingo de Pascoela (De *Quasímodo*, personagem de Victor Hugo)

quassação *n.f.* FARMÁCIA redução de raízes e cascas de plantas a fragmentos para facilitar a extração dos seus princípios ativos (Do lat. *quassatiõne-*, «sacudidela; abalo»)

quássia *n.f.* BOTÂNICA, FARMÁCIA designação extensiva especialmente a umas árvores e arbustos das regiões quentes do Globo, da família das Simarubáceas, úteis pela madeira e por um princípio amargo (quassina), de aplicações terapêuticas, frequentes no Brasil, e cujos frutos se denominam marubás (De *Quassi*, antr., escravo negro que, no séc. XVIII, descobriu o valor medicinal desta planta)

quassina *n.f.* FARMÁCIA princípio amargo obtido de algumas quássias, que tem aplicações terapêuticas (nas perturbações intestinais, como tónico, etc.) e entra na composição de alguns produtos insetícidas (De *quássia+-ina*)

quassite *n.f.* FARMÁCIA ⇒ **quassina** (De *quássia+-ite*)

quaternado *adj.* BOTÂNICA diz-se dos órgãos que estão em grupo de quatro no mesmo ponto de inserção (Do lat. *quaternu-*, «de quatro em quatro» +-*ado*)

quaternário *adj.* **1** formado por quatro unidades ou elementos **2** GEOLOGIA relativo ao Quaternário **3** MÚSICA diz-se do compasso que tem quatro tempos ■ *n.m.* [com maiúscula] GEOLOGIA sistema ou período geológico atual (Do lat. *quaternariũ-*, «id.»)

quaternião *n.m.* **1** manuscrito formado de quatro folhas **2** FARMÁCIA bálsamo medicamentoso composto de quatro ingredientes **3** MATEMÁTICA número hipercomplexo que consiste num sistema ordenado de quatro números escalares enquadrado num sistema algébrico, instituído por W. R. Hamilton, astrónomo e matemático irlandês (1805-1865), e que se pode representar pela soma $a + bi + cj + dk$, em que *a*, *b*, *c* e *d* são reais (Do lat. tard. *quaterniõne-*, «id.»)

quaternidade *n.f.* grupo de quatro pessoas ou coisas (De *quaterno+-i-+-dade*)

quaterno *adj.* composto de quatro (Do lat. *quaternu-*, «de quatro em quatro»)

quati *n.m.* [Brasil] ZOOLOGIA mamífero carnívoro, de focinho longo e aguçado, de cheiro desagradável (Do tupi *akwa'tî*, «nariz pontudo»)

quatorze /ô/ *num.card.* >*quant.num.* ^{DT},*n.m.* [Brasil] ⇒ **catorze**

quatr(i)- elemento de formação de palavras que exprime a ideia de *quatro* (Do lat. *quattŭor*, «quatro»)

quatriduano *adj.* que se prolonga pelo período de quatro dias (Do lat. *quatriduãnu-*, «que é de quatro dias»)

quatríduo *n.m.* período de quatro dias (Do lat. *quatridũu-*, «período de quatro dias»)

quatrienal *adj.2g.* **1** que sucede ou se realiza de quatro em quatro anos **2** que diz respeito a quatriénio (De *quatriénio+-al*)

quatriénio *n.m.* período de quatro anos; quadriénio

quatrilião *num.card.* >*quant.num.* ^{DT} ■ *n.m.* **1** um milhão de triliões; a unidade seguida de vinte e quatro zeros (10^{24}) **2** [Brasil] mil triliões; a unidade seguida de quinze zeros (10^{15}) (De *quatro+-ilião*, por *milhão*)

quatrim *n.m.* antiga moeda de pequeno valor (Do it. *quattrino*, «ceitil», pelo cast. *cuatrin*, «id.»)

quatrinca *n.f.* quatro cartas do mesmo valor, no jogo (Do cast. *cuatrinca*, «id.»)

quatrineta /ê/ *n.f.* quarta camada de sal produzida pelas mesmas salinas, no mesmo ano (De *quatro*)

quatro *num.card. >quant.num.* DT três mais um ■ *n.m.* 1 o número 4 e a quantidade representada por esse número 2 o que, numa série, ocupa o quarto lugar 3 carta de jogar, peça de dominó ou face de dado com quatro pintas; *de ~* com os joelhos e as mãos apoiados no chão; espantado, apaixonado; *o diabo a ~* trapalhada, desordem (Do lat. *quattuor*, «id.»)

quatro-cantinhos *n.m.pl.* jogo infantil em que quatro crianças ocupam os cantos de um quadrado marcado sobre o terreno, e uma quinta se esforça por conquistar um, quando aquelas mudam de lugar

quatrocentismo *n.m.* estilo, gosto ou expressão da escola literária ou artística dos quatrocentistas (De *quatrocentos+-ismo*)

quatrocentista *adj.2g.* respeitante ao século XV ■ *n.2g.* escritor ou artista desse século (De *quatrocentos+-ista*)

quatrocentos *num.card. >quant.num.* DT trezentos mais cem ■ *n.m.2n.* 1 o número 400 e a quantidade representada por esse número 2 o que, numa série, ocupa o quadringentésimo lugar 3 o século XV (De *quatro+cento*)

quatro-olhos *n.m.2n.* 1 [Brasil] ICTIOLOGIA peixe de água doce de olhos excessivamente salientes que lhe permitem, colocando-se à superfície da água, ver simultaneamente o que se passa fora e dentro desta 2 [pop.] indivíduo com óculos (De *quatro+olho*)

quatuorvirado *n.m.* ⇒ **quatuorvirato**

quatuorvirato *n.m.* HISTÓRIA cargo ou dignidade de quatuórviro (Do lat. *quattuorvirātu-*, «id.»)

quatuorviro *n.m.* HISTÓRIA cada uma das quatro autoridades superiores dos municípios e colónias romanas; quadrúnviro (Do lat. *quattuorvĭru-*, «id.»)

que *pron.rel.* refere-se ao nome, ao pronome ou à oração que o antecede (*o livro que lhe ofereci; ganhou tudo, o que não surpreende*) ■ *det.interr.* introduz pergunta sobre alguém ou algo (*que senhor é aquele?; que carro compraste?*) ■ *pron.interr.* introduz pergunta sobre algo (*que lhe vais oferecer?*) ■ *adv.* quão; como ■ *conj.* 1 introduz uma oração que completa o sentido de outra (*o João sabia que estava atrasado*) 2 introduz o segundo termo de uma comparação (*ele é mais alto (do) que o primo*) 3 introduz uma causa (*não saias que está a chover muito*) 4 usa-se com valor enfático (*tão simpático que ele é!*) (Do lat. *quem*, «id.»)

quê¹ *pron.interr.* usa-se para pedir um esclarecimento (*quê? não ouvi bem*) ■ *n.m.* 1 alguma coisa; qualquer ou certa coisa 2 complicação; dificuldade; *~?!* exclamação que exprime surpresa ou espanto; *não tem ~* não há razão para isso; *sem ~ nem para ~* sem motivos (Do lat. *quem*, «id.»)

quê² *n.m.* nome da letra *q* ou *Q*

quebra *n.f.* 1 ato ou efeito de quebrar 2 separação dos elementos de um todo; desunião 3 diminuição; queda 4 interrupção; rompimento 5 falha 6 perda; dano; prejuízo 7 falência 8 infração; transgressão 9 vinco; ruga; prega 10 inclinação de terreno; declive; quebrada ■ *n.2g.* 1 [Brasil] pessoa ou animal de mau carácter 2 [Brasil] indivíduo brincalhão, patusco ■ *adj.2g.* 1 [Brasil] que tem mau carácter; ruim 2 [Brasil] engraçado; patusco (Deriv. regr. de *quebrar*)

quebra-cabeças *n.m.2n.* 1 tudo o que preocupa, inquieta ou importuna alguém 2 dificuldade; problema 3 adivinha ou jogo que requer inteligência ou habilidade (De *quebrar+cabeça*)

quebração *n.f.* 1 ato de quebrar 2 falta de resistência física ou moral; fraqueza 3 ⇒ **quebra-cabeças** (De *quebrar+-ção*)

quebracho *n.m.* BOTÂNICA árvore brasileira da família das Anacardiáceas, que fornece boa madeira rica em tanino (Do cast. *quebracho*, «id.»)

quebra-costas *n.m.2n.* [pop.] rua ou caminho muito íngreme ou escorregadio (De *quebrar+costas*)

quebra-costelas *n.m.2n.* abraço muito vigoroso (De *quebrar+ costelas*)

quebrada *n.f.* 1 declive de um monte; ladeira 2 escavação feita pelas águas pluviais 3 desmoronamento de terras 4 [ant.] soldada de dois dias pão por dia (Part. pass. fem. subst. de *quebrar*)

quebradeira *n.f.* 1 fadiga; lassidão; quebreira 2 quebra-cabeças 3 falência (De *quebrar+-deira*)

quebradela *n.f.* 1 ato ou efeito de quebrar 2 rachadela; fenda 3 inclinação (De *quebrar+-dela*)

quebradiço *adj.* que se quebra com facilidade; frágil (De *quebrar+-diço*)

quebrado *adj.* 1 partido; rachado; fraturado 2 interrompido 3 desrespeitado; transgredido 4 falido; arruinado 5 desalentado; prostrado 6 frouxo; lasso; flácido 7 [Brasil] avariado 8 [Brasil] que possui hérnia intestinal ou quebradura; herniado; rendido ■ *n.m.* 1 inclinação de terreno; quebrada 2 MATEMÁTICA número fracionário 3 *pl.* [Brasil] dinheiro miúdo; *linha quebrada* linha poligonal, linha formada por segmentos de reta, unidos topo a topo e não contidos numa mesma reta (Part. pass. de *quebrar*)

quebradura *n.f.* 1 quebra 2 greta; fenda 3 hérnia (Do lat. *crepatūra-*, «id.»)

quebra-esquinas *n.m.2n.* 1 indivíduo ocioso; vadio 2 namorador (De *quebrar+esquina*)

quebra-galho *n.m.* [Brasil] [coloq.] pessoa, coisa ou recurso a que se recorre para resolver problemas ou dificuldades

quebra-gelo *n.m.* NÁUTICA navio munido de um dispositivo para quebrar o gelo, facilitando a navegação nas regiões frias (De *quebrar+gelo*)

quebra-jejum *n.m.* alimento com que se desjejua; mata-bicho (De *quebrar+jejum*)

quebra-luz *n.m.* peça com que se resguarda uma luz para lhe atenuar a intensidade; abajur (De *quebrar+luz*)

quebra-mar *n.m.* 1 muralha com que se amortece o embate das ondas ou das correntes contra um porto ou povoação costeira 2 NÁUTICA dispositivo de forma angular colocado no convés dos navios, perto da proa, de uma amura a outra, e inclinado para a popa, cuja finalidade é evitar a entrada da água quando o mar está agitado; corta-mar (De *quebrar+mar*)

quebramento *n.m.* 1 quebra 2 infração; violação 3 languidez; frouxidão; moleza 4 abatimento; cansaço; quebreira (De *quebrar+ -mento*)

quebrança *n.f.* ruído das ondas ao quebrarem-se nos rochedos (De *quebrar+-ança*)

quebra-nozes *n.m.2n.* 1 instrumento, geralmente metálico, que se utiliza para partir a casca de frutos secos como a da noz e a da avelã 2 ORNITOLOGIA ⇒ **cruza-bico**

quebrantado *adj.* 1 debilitado; abatido 2 prejudicado 3 desalentado; entristecido 4 diminuído 5 vencido; dominado (Part. pass. de *quebrantar*)

quebrantador *adj.,n.m.* 1 que ou aquele que quebranta 2 transgressor; violador (De *quebrantar+-dor*)

quebrantamento *n.m.* 1 ato ou efeito de quebrantar 2 quebra 3 infração 4 abatimento; lassidão (De *quebrantar+-mento*)

quebrantar *v.tr.* 1 quebrar; abater; arrasar 2 infringir; violar 3 vencer 4 ultrapassar 5 abrandar; enfraquecer; debilitar 6 causar desânimo a; desencorajar 7 interromper; perturbar ■ *v.pron.* 1 afrouxar 2 perder a coragem 3 tornar-se fraco (Do lat. **crepantāre*, de *crepāre*, «quebrar»)

quebranto *n.m.* 1 prostração; fraqueza; quebreira 2 [pop.] debilidade atribuída a mau-olhado (Deriv. regr. de *quebrantar*)

quebra-panelas *n.m.2n.* BOTÂNICA ⇒ **queiró** (De *quebrar+panela*)

quebrar *v.tr.* 1 partir; fraturar 2 fragmentar 3 rachar; fender 4 cortar 5 enfraquecer; debilitar; abater 6 vencer 7 interromper; perturbar 8 infringir; violar 9 desfazer; dissipar 10 abalar; comover 11 vincar 12 dobrar; torcer ■ *v.tr.,intr.* [Brasil] (fazer) deixar de funcionar (máquina, aparelho); avariar ■ *v.pron.* 1 partir-se 2 perder o vigor, a força moral 3 requebrar-se 4 cessar 5 adquirir hérnia; *~ a cabeça* [fig.] pensar muito; *~ lanças por* lutar em prol de (Do lat. *crepāre*, «estalar; quebrar»)

quebratura *n.f.* requebro; saracoteio (De *quebrar+-tura*)

quebreira *n.f.* 1 prostração; fraqueza 2 lassidão; quebranto; *~ de cabeça* cuidado, preocupação (De *quebrar+-eira*)

quebro *n.m.* 1 movimento gracioso do corpo; requebro; quebratura 2 inflexão da voz 3 trinado 4 TAUROMAQUIA movimento que o toureiro faz com a cintura para evitar a marrada (Deriv. regr. de *quebrar*)

queca *n.f.* [vulg.] ato sexual; cópula

queda *n.f.* 1 ato ou efeito de cair 2 trambolhão 3 diminuição; descida 4 decadência; declínio 5 ruína 6 falência 7 perdição 8 fim; cessação 9 tendência natural; propensão 10 habilidade; vocação 11 erro; falta 12 culpa; pecado 13 inclinação; declive (Do lat. **cadēta-*, part. pass. fem. de **cadescĕre*, «cair», pelo port. ant. *caeda*, «queda»)

quedar *v.intr.,pron.* 1 ficar quieto 2 demorar-se num local; parar; deter-se ■ *v.tr.* fazer parar; deter ■ *v.cop.* liga o predicativo ao sujeito, indicando: ficar, manter-se (*ela quedou fascinada*) (Do lat. *quiētāre*, pelo lat. vulg. **quetare*, «descansar»)

quedes *n.m.pl.* [Brasil] sapatilhas; ténis

quediva *n.m.* denominação do antigo vice-rei do Egito (Do pers. vulg. *khediw*, «rei; soberano», pelo fr. *khédive*, «quediva»)

quedive n.m. ⇒ **quediva**
quedo /ê/ adj. 1 quieto; imóvel; parado 2 calmo 3 pausado; vagaroso 4 tardio (Do lat. *quiētu-*, «que repousou»)
que-farte adv. sobejamente (De *que+fartar*)
quefazer n.m. ⇒ **quefazeres**
quefazeres n.m.pl. afazeres; ocupações; trabalho; faina (De *que+fazer*)
quefir n.m. bebida gasosa dos montanheses do Cáucaso, obtida a partir do leite por fermentação alcoólica (Do turc. *kefir*, «id.», pelo fr. *kéfir*, «id.»)
quefirina n.f. preparado pulverulento com que se fabrica o quefir (De *quefir+-ina*)
quefiroterapia n.f. tratamento de certas doenças por meio de quefir (De *quefir+terapia*)
queijada n.f. CULINÁRIA pastel feito em geral de leite, ovos, queijo, açúcar e massa de trigo (De *queijo+-ada*)
queijadeiro adj. relativo a queijada ▪ n.m. o que fabrica ou vende queijadas (De *queijada+-eiro*)
queijadilho n.m. 1 BOTÂNICA planta herbácea, de flores grandes, amarelas, pertencente à família das Primuláceas (afim da primavera), espontânea em Portugal, e também conhecida por quejadilho, rosas-da-páscoa, pão-de-leite, pão-e-queijo, etc. 2 BOTÂNICA flor desta planta (De *queijada+-ilho?*)
queijar v.intr. 1 fabricar queijo 2 transformar-se em queijo (De *queijo+-ar*)
queijaria n.f. 1 fabrico de queijo 2 lugar onde se fabricam ou vendem queijos (De *queijo+-aria*)
queijeira n.f. 1 vendedora ou fabricante de queijos 2 prato especial, com tampa, para guardar queijo 3 armário, prateleira ou compartimento onde se guarda o queijo 4 armação em que se põem os queijos a secar 5 ORNITOLOGIA nome vulgar de uns pássaros pertencentes a duas espécies da família dos Turdídeos, comuns em Portugal, e também conhecidos por chascos-do-monte, chedes, etc. (De *queijeiro*)
queijeiro n.m. fabricante ou vendedor de queijos (Do lat. *caseariŭ-*, «relativo ao queijo», ou de *queijo+-eiro*)
queijo n.m. 1 alimento nutritivo que se obtém a partir da coagulação e fermentação do leite de ovelha, cabra, vaca, e de outros animais, cuja consistência é muito variável 2 [fig.] problema fácil de resolver 3 [fig.] o que é interessante e não dá trabalho; **~ *da serra*** queijo curado e amantegado, feito com leite de ovelha, de fabrico artesanal; **~ *flamengo*** queijo industrial, feito com leite de vaca e originário da Holanda; **~ *rabaçal*** queijo produzido com leite de ovelha ou de cabra, ou da sua mistura; ***entre a pera e o ~*** no fim da refeição; ***pão, pão, ~, ~*** com franqueza; ***ter a faca e o ~ na mão*** ter o poder ou a facilidade de fazer alguma coisa (Do lat. *casĕu-*, «id.»)
Queilodiptéridas n.m.pl. ICTIOLOGIA ⇒ **Queilodipterídeos**
Queilodipterídeos n.m.pl. ICTIOLOGIA família de peixes teleósteos cujo género-tipo se denomina *Cheilodiptera* (Do gr. *kheîlos*, «lábio» +*dípteron*, «de duas barbatanas»)
queima n.f. 1 ato ou efeito de queimar 2 incêndio 3 cremação 4 destruição de vegetação ou lixo pelo fogo; queimada 5 AGRICULTURA efeito da geada sobre os vegetais 6 QUÍMICA destilação de líquidos 7 [acad.] Queima das Fitas 8 [fig.] ruína 9 [Brasil] liquidação (Deriv. regr. de *queimar*)
queimação n.f. 1 ⇒ **queima** 2 [fig.] impertinência; arrelia (De *queimar+-ção*)
queimada n.f. 1 queima de vegetação ou lixo 2 lugar onde se faz essa queima 3 terra calcinada, própria para adubo 4 cardume de sardinhas 5 [regionalismo] pústula carbunculosa (Part. pass. fem. subst. de *queimar*)
Queima das Fitas n.f. importante festa estudantil, originária da Universidade de Coimbra e atualmente celebrada também noutras academias
queimadela n.f. lesão ligeira produzida pelo fogo ou excessivo calor, sobre a pele; queimadura; peladela (De *queimar+-dela*)
queimado adj. 1 que foi destruído pelo fogo; incendiado 2 reduzido a carvão; carbonizado 3 ressequido 4 tostado 5 ardente 6 diz-se das plantas que sofreram a ação da geada 7 [coloq.] bronzeado pelo sol 8 [fig.] desacreditado 9 [fig.] falido ▪ n.m. 1 esturro 2 [Açores] ORNITOLOGIA ⇒ **milhafre** (Part. pass. de *queimar*)
queimadoiro n.m. ⇒ **queimadouro**
queimador adj. que queima ▪ n.m. 1 aquele que queima 2 aparelho ou dispositivo que faz a queima de um combustível, com o objetivo de produzir energia calorífica (De *queimar+-dor*)
queimadouro n.m. 1 lugar onde antigamente se queimavam os condenados à pena de fogo 2 [regionalismo] montão de cortiça, após a tiragem (De *queimar+-douro*)

queimadura n.f. ⇒ **queimadela** (De *queimar+-dura*)
queimamento n.m. ⇒ **queima** (De *queimar+-mento*)
queimante adj.2g. 1 que queima 2 escaldante 3 picante (De *queimar+-ante*)
queimão¹ adj. 1 que queima 2 (pimento) que é muito picante (De *queimar+-ão*)
queimão² n.m. ⇒ **quimono** (Do jap. *kimono*, «id.»)
queimar v.tr. 1 consumir por meio do fogo; reduzir a cinza 2 calcinar 3 deitar fogo a; incendiar 4 crestar; tostar 5 produzir ardor em 6 causar dor pelo contacto do fogo ou de um objeto ardente 7 escaldar 8 tirar o viço a; fazer murchar; secar 9 [coloq.] dar um tom bronzeado a 10 [fig.] destruir 11 [fig.] dissipar 12 [fig.] arruinar ▪ v.intr. 1 produzir queimadura 2 abrasar; escaldar 3 causar ardência 4 perder o viço 5 arder ▪ v.pron. 1 incendiar-se 2 sofrer queimaduras 3 [fig.] arruinar-se; **~ *as pestanas*** estudar muito; **~ *incenso*** bajular; **~ *os miolos*** 1 dar um tiro na cabeça; 2 fazer um grande esforço intelectual; **~ *os últimos cartuchos*** fazer os últimos esforços (Do lat. *cremāre*, «queimar»)
queima-roupa elem.loc.adv. *à* **~** muito de perto; corpo a corpo; cara a cara (De *queimar+roupa*)
queimo n.m. sensação que produzem na boca as substâncias picantes; pico; ardor (Deriv. regr. de *queimar*)
queimor n.m. 1 exaltação; ira 2 ardor; excitação; agitação 3 perturbação febril 4 sabor picante; ardência; queimo 5 calor intenso (De *queimar+-or*)
queimoso /ô/ adj. 1 que queima; queimante; queimão 2 calmoso 3 ardente; picante (De *queima+-oso*)
queiró n.f. 1 BOTÂNICA planta arbustiva, da família das Ericáceas, espécie de urze ou torga, espontânea em Portugal, também designada carrasca, mongariça, quebra-panelas, etc. 2 BOTÂNICA flor desta planta (De orig. obsc.)
queiroga n.f. BOTÂNICA espécie de urze, de flores brancas, espontânea em Portugal (De orig. obsc.)
queixa n.f. 1 ato ou efeito de se queixar 2 motivo de ressentimento 3 lamentação; lamúria 4 exposição de agravos a uma autoridade para pedir reparação; querela 5 reclamação; protesto 6 [pop.] achaque; doença (Deriv. regr. de *queixar*)
queixa-crime n.f. DIREITO participação de uma ocorrência, da iniciativa de um particular, a uma autoridade policial ou judicial, o que dá origem a um processo criminal
queixada n.f. 1 mandíbula 2 TIPOGRAFIA peça móvel das máquinas de composição das tipografias (linótipo) (De *queixo+-ada*)
queixal adj.2g. do queixo ▪ n.m. dente molar (De *queixo+-al*)
queixar-se v.pron. 1 fazer queixa; reclamar; protestar 2 denunciar um mal ou uma ofensa que se recebeu 3 manifestar-se ressentido ou ofendido 4 lamentar-se; lamuriar-se; expor os seus problemas ou motivos de desgosto 5 ter lesão ou dor (em) (Do lat. vulg. *quassiāre*, por *quassāre*, «quebrantar»)
queixeiro adj. designativo do dente do siso (De *queixo+-eiro*)
queixinhas n.2g.2n. pessoa que está sempre a denunciar as faltas dos outros (De *queixa+-inhas*)
queixo n.m. 1 ANATOMIA região saliente da maxila inferior 2 parte do rosto mais ou menos proeminente, por baixo do lábio inferior; mento 3 cada uma das partes curvas da turquês ou de outros instrumentos análogos; **~ *de rabeca*** queixo comprido e saliente, pessoa com o queixo comprido e saliente; ***bater o ~*** tremer de frio; ***dar aos queixos*** comer; mastigar; ***de ~ caído*** triste, cabisbaixo; ***levar nos queixos*** apanhar pancada; ***tremer/bater o ~*** tiritar por efeito do frio, de febre, etc. (Do lat. *capsěu-*, «semelhante a uma caixa», de *capsa*, «caixa»)
queixoso /ô/ adj./s. 1 que ou aquele que se queixa ou se mostra ofendido 2 que ou aquele que apresenta queixa a qualquer autoridade (De *queixa+-oso*)
queixudo adj. que tem queixo grande, ou a maxila inferior muito proeminente (De *queixo+-udo*)
queixume n.m. queixa; lamúria; gemido (De *queixa+-ume*)
quejadilho n.m. ⇒ **queijadilho** (De *queijadilho*)
quejando adj. da mesma natureza ou laia; que tal (Do lat. *quid genĭtu*, «do mesmo género»)
quele /ê/ n.m. ORNITOLOGIA ave africana, da família dos Musofagídeos, em cuja plumagem predomina a cor cinzenta, e que tem longa poupa sobre a cabeça (De orig. onom.?)
quelha /ê/ n.f. 1 rua estreita; viela; quelho; caleja 2 calha para condução de líquidos 3 peça de madeira escavada, por onde, nos moinhos de cereais, corre o grão que sai da tremonha para o olho da mó 4 ICTIOLOGIA ⇒ **tintureira** 5 (Do lat. *canalicŭla-*, dim. de *canālis*, «canal»)
quelho /ê/ n.m. beco; viela; quelha (Do lat. *canalicŭlu-*, «canal pequeno»)

quelhório n.m. [regionalismo] socalco de terra lavradia, estreito e pouco produtivo (De *quelha*+*-ório*)

quelícera n.f. ZOOLOGIA apêndice articulável, par, da região pré-oral dos aracnídeos e paleostráceos, tipicamente terminado por gancho inoculador de veneno, usado também como órgão de preensão, defesa e ataque (Do gr. *khelé*, «pinça; tenaz» +*kéras*, «chifre», pelo lat. cient. *chelicēre*-,«quelícera»)

quelicerado adj. ZOOLOGIA diz-se do artrópode provido de quelíceras ▪ n.m. ZOOLOGIA espécime dos quelicerados ▪ n.m.pl. ZOOLOGIA grupo de artrópodes (os aracnídeos e os paleostráceos) portadores de quelíceras (De *quelícera*+*-ado*)

Quelídidas n.m.pl. ZOOLOGIA ⇒ **Quelidídeos**

Quelidídeos n.m.pl. ZOOLOGIA família de répteis quelónios cujo género-tipo se denomina *Chelys* (Do gr. *khélys*, «tartaruga», pelo lat. *chelys, chelydis*, «id.» +*-ídeos*)

quelidónia n.f. 1 BOTÂNICA planta herbácea, venenosa, da família das Papaveráceas, espontânea em Portugal, também conhecida por erva-andorinha e erva-das-verrugas; celidónia; ceruda 2 MINERALOGIA pedra preciosa (Do gr. *khelidónion*, «quelidónia», pelo lat. *chelidonĭa*-, «id.»)

quelidónia-menor n.f. BOTÂNICA planta herbácea, da família das Ranunculáceas, espontânea em Portugal, também designada ficária

quelimane adj.2g. 1 de Quelimane, cidade de Moçambique 2 relativo a Quelimane ▪ n.2g. natural ou habitante de Quelimane (De *Quelimane*, top.)

quelípode n.m. ZOOLOGIA apêndice terminado em pinça, em especial cada um dos do primeiro par locomotor dos crustáceos superiores (Do gr. *khelé*, «pinça» +*poùs, podós*, «pé»)

quelma n.f. ICTIOLOGIA peixe seláquio, voraz, da família dos Espinacídeos, de focinho chato e alongado, que aparece junto da costa portuguesa, especialmente no Sul; barroso; lixa-de-lei (De orig. obsc.)

quelme n.m. ICTIOLOGIA ⇒ **quelma**

Queloníidas n.m.pl. ZOOLOGIA ⇒ **Queloniídeos**

Queloniídeos n.m.pl. ZOOLOGIA família de répteis quelónios, de couraça relativamente estreita, com os membros anteriores mais longos, espalmados e desprovidos de dedos, a que pertencem as tartarugas marinhas (Do gr. *khelóne*, «tartaruga», pelo lat. cient. *Chelonĭa*, «id.» +*-ídeos*)

quelónios n.m.pl. ZOOLOGIA grupo (ordem) de répteis de corpo curto e largo, tipicamente revestido de grandes placas córneas soldadas num conjunto resistente (couraça), a que pertencem as tartarugas e os cágados (Do gr. *khelóne*, «tartaruga» +*-ios*)

quelon(o)- elemento de formação de palavras que exprime a ideia de *tartaruga* (Do gr. *khelóne*, «tartaruga»)

quelonófago adj.,n.m. que ou aquele que se alimenta de tartarugas (De *quelono-*+*-fago*)

quelonografia n.f. estudo descritivo das tartarugas (De *quelono-*+*-grafia*)

quelonógrafo n.m. naturalista que estuda os quelónios (De *quelono-*+*-grafo*)

quem pron.rel. 1 o qual; a qual; os quais; as quais (*o senhor com quem falei era simpático*) 2 a pessoa que (*foi ele quem confessou*) 3 qualquer pessoa que; toda a gente que (*quem mentiu, foi castigado*) 4 alguém que (*há sempre quem o ature*) ▪ pron.interr. que pessoa; que pessoas (*quem viste?*); ~ *quer que* seja quem, qualquer pessoa que (Do lat. *quem*, ac.sing. de *qui*)

quenhar v.tr. 1 [Moçambique] (futebol) jogar com violência 2 [Moçambique] aleijar 3 [Moçambique] dar pontapés na gramática (Do changana *khenya*, «id.»)

queniano adj. 1 do Quénia 2 relativo ao Quénia ▪ n.m. natural do Quénia (De *Quénia*+*-ano*)

Quenopodiáceas n.f.pl. BOTÂNICA família de plantas dicotiledóneas, de flores muito pequenas, cujos frutos são aquénios e a que pertencem muitas plantas espontâneas e cultivadas em Portugal (Do lat. cient. *Chenopodiaceae*)

quenopódio n.m. BOTÂNICA ⇒ **erva-formigueira** (Do gr. *khenópous, -odós*, «anserina»)

quentar v.tr. ⇒ **aquentar** (De *quente*+*-ar*)

quente adj.2g. 1 com elevada temperatura 2 que tem ou irradia calor 3 que causa calor; ardente 4 que conserva o calor; cálido 5 aquecido 6 (alimento) picante 7 diz-se da cor ou do colorido em que participa, predominando, o amarelo ou o vermelho 8 [fig.] afável; caloroso 9 [fig.] animado; vivo 10 [fig.] fogoso; sensual ▪ n.m. 1 sítio onde há calor e conforto 2 cama; *ter as costas quentes* [fig.] estar bem protegido (Do lat. *calente-*, «id.», part. pres. de *calēre*, «aquecer»)

quentura n.f. 1 estado do que está quente 2 calor 3 [fig.] conforto; agasalho 4 [fig., pop.] febre (Do lat. **calentūra*, «id.», de *calēre*, «aquecer»)

quépi n.m. boné usado por militares e colegiais de vários países (Do fr. *képi*, «id.»)

queque n.m. CULINÁRIA bolo pequeno e fofo feito de farinha, manteiga, açúcar e ovos ▪ adj.,n.2g. [coloq.] que ou pessoa snobe que cultiva uma aparência sofisticada e que, geralmente, é pretensiosa e afetada; snobe (Do ing. *cake*, «bolo»)

quer elem.loc.conj. *quer... quer* ou ... ou; já ... já; seja ... seja (De *querer*)

queratina n.f. QUÍMICA proteína fibrosa que se encontra no cabelo, nas unhas, nas penas, nos chifres e noutros tegumentos animais; ceratina (Do gr. *kéras, -atos*, «chifre» +*-ina*)

queratite n.f. MEDICINA ⇒ **ceratite** 1

quercina /qu-é/ n.f. substância extraída da casca do carvalho (Do lat. *quercu-*, «carvalho» +*-ina*)

quercite /qu-é/ n.f. princípio açucarado extraído da glande do carvalho (Do lat. *quercu-*, «carvalho» +*-ite*)

quercitrina /qu-é/ n.f. substância corante extraída da casca de uma espécie de carvalho (Do fr. *quercitrine*, «id.»)

querco /qu-é/ n.m. BOTÂNICA termo que, por aportuguesamento de *Quercus* (nome científico de um género da família das Fagáceas, a que pertencem os carvalhos e sobreiros), tem sido empregado para designar algumas destas árvores ou arbustos (Do lat. *quercu-*, «carvalho»)

querela n.f. 1 DIREITO acusação ou denúncia feita em juízo; libelo 2 discussão; desavença; conflito; pendência 3 [poét.] queixume; canto terno e plangente (Do lat. *querēla-*, «queixa»)

querelado n.m. DIREITO indivíduo contra quem se querelou; arguido (Part. pass. de *querelar*)

querelador adj.,n.m. 1 que ou aquele que querela 2 queixoso (De *querelar*+*-dor*)

querelante adj.,n.2g. DIREITO que ou pessoa que apresenta queixa judicial; queixoso (Do lat. *querelante-*, «id.», part. pres. de *querelāre*, «querelar»)

querelar v.tr.,intr. DIREITO promover querela contra (alguém); queixar-se em juízo ▪ v.intr. discutir ▪ v.pron. queixar-se (Do lat. *querelāre*, por *querelāri*, «id.»)

quereloso /ô/ adj.,n.m. ⇒ **queixoso** (Do lat. *querelōsu-*, «id.»)

querena /ê/ n.f. 1 NÁUTICA parte do navio abaixo do nível da água; carena 2 NÁUTICA direção que segue um navio; rumo (Do it. *carena*, «id.»)

querenagem n.f. 1 ato ou efeito de querenar 2 NÁUTICA limpeza ou reparação da querena de um navio (De *querenar*+*-agem*)

querenar v.tr. NÁUTICA construir a querena de ▪ v.intr. NÁUTICA descobrir o navio até à quilha, adornando a um e a outro bordo, para limpar o fundo ou fazer conserto; virar de querena (De *querena*+*-ar*)

querença n.f. 1 ato ou efeito de querer; querência 2 amizade; amor 3 vontade manifestada 4 sítio preferido pelos animais (Do lat. *quaerentĭa*, part. pres. neut. pl. subst. de *quaerēre*, «procurar; querer»)

querência n.f. ⇒ **querença** (Do lat. *quaerentĭa*, «id.», part. pres. neut. pl. subst. de *quaerēre*, «procurar; querer»)

querenciar v.tr. ter querença ou afeição a (De *querência*+*-ar*)

querençoso /ô/ adj. 1 que tem querença 2 afetuoso; amorável; benévolo 3 desejoso 4 apropriado 5 pronto; habilitado (De *querença*+*-oso*)

querente adj.2g. que quer ou deseja (Do lat. *quaerente-*, «id.», part. pres. de *quaerēre*, «procurar; querer»)

querentim n.m. [Guiné-Bissau] paliçada ou sebe de bambu ou de caniço (Do crioulo guineense *kirintin*, «id.»)

querer v.tr. 1 sentir vontade de; desejar 2 fazer tenção de; tencionar 3 ansiar por; aspirar a; ambicionar; projetar 4 procurar 5 ter afeto a; ter dedicação por 6 opinar 7 exigir; ordenar 8 fazer o favor de; dignar-se 9 admitir 10 designar como preço ▪ n.m. 1 vontade 2 afeto; ~ *dizer* ter intenção de dizer, significar; *sem* ~ involuntariamente; *queira Deus!* exclamação que exprime receio, ansiedade ou desejo (Do lat. *quaerēre*, «procurar; querer»)

querido n.m. aquilo ou a pessoa a que se quer muito ▪ adj. 1 amado 2 caro; prezado (Part. pass. de *querer*)

quermes n.m.2n. 1 ZOOLOGIA inseto hemíptero, cuja fêmea produz umas cecídias redondas, avermelhadas, especialmente nos carvalhos 2 ZOOLOGIA outros hemípteros que produzem cecídias noutras árvores 3 substância tintorial vermelha (quermes animal), produzida ou obtida destes insetos (Do sânsc. *krmija*, «produzido por um verme», pelo ár. *quirmizi*, «carmesim», pelo fr. *kermès*, «quermes»)

Quermésidas n.m.pl. ⇒ **Quermesídeos**

Quermesídeos *n.m.pl.* ZOOLOGIA família de insetos hemípteros a que pertencem os chamados pulgões das plantas (De *quermes+ -ídeos*)

quermesite *n.f.* MINERALOGIA mineral (oxissulfureto de antimónio), também chamado antimónio vermelho (De *quermes+-ite*)

quermesse *n.f.* 1 festival com leilão e venda de prendas, com fim beneficente 2 venda de artigos geralmente artesanais para fins de beneficência; bazar 3 designação das festas paroquiais na Holanda, com feira anual, procissões e outras manifestações populares 4 feira animada e barulhenta (Do flam. *kerkmisse*, «festa de igreja», pelo fr. *kermesse*, «id.»)

quernite *n.f.* MINERALOGIA mineral que quimicamente é um tetraborato de sódio hidratado, e cristaliza no sistema monoclínico, sob a forma de cristais ou massas compactas, incolores ou brancas, sendo um importante minério de boro, cujo jazigo principal conhecido se encontra em Kern, localidade da Califórnia, Estados Unidos da América (De *Kern*, top. *+-ite*)

quero-quero *n.m.* ORNITOLOGIA ave pernalta, do Brasil, da família dos Caradriídeos, também designada gaivota-preta (De orig. onom.)

querosene *n.m.* 1 QUÍMICA mistura de hidrocarbonetos que resulta da destilação fracionada do petróleo natural e se emprega como combustível para iluminação e para motores de reação (turbinas) 2 petróleo de iluminação (Do gr. *kerós*, «cera», pelo fr. *kérosène*, «id.»)

querubim *n.m.* 1 RELIGIÃO anjo da primeira hierarquia 2 pintura ou escultura de uma figura de criança com asas 3 [fig.] criança formosa (Do hebr. *kerubhim*, pl. de *kerubh*, «espírito celeste»)

querubínico *adj.* 1 relativo a querubim 2 muito formoso (De *querubim+-ico*)

quérulo *adj.* [poét.] plangente; lastimoso (Do lat. *querŭlu-*, «que se queixa»)

quesito *n.m.* questão ou pergunta sobre a qual se pede a opinião ou resposta de alguém (Do lat. *quaesĭtu-*, «pergunta; questão»)

questão *n.f.* 1 ponto para discutir ou ser examinado 2 assunto; tema 3 contenda; discussão; pendência 4 pergunta 5 tese (Do lat. *quaestiōne-*, «interrogatório; questão; investigação»)

questionabilidade *n.f.* qualidade do que é questionável, discutível (Do lat. ecl. *quaestionabĭle-*, «questionável» *+-i-+-dade*)

questionador /ô/ *adj.,n.m.* que ou aquele que discute, questiona ou disputa (De *questionar+-dor*)

questionar *v.tr.* 1 levantar questão sobre; pôr em questão; contestar 2 colocar questões a; interrogar; indagar ▪ *v.intr.* levantar questão ou questões ▪ *v.tr.,intr.* discutir; altercar (Do lat. *quaestiōne-*, «interrogatório» *+-ar*)

questionário *n.m.* série de questões ou perguntas ordenadas sobre um assunto; interrogatório; **método dos questionários** PSICOLOGIA processo extrospetivo usado para determinar o coeficiente de inteligência (Do lat. *quaestionariu-*, «o que interroga»)

questionável *adj.2g.* 1 que se pode questionar 2 discutível (Do lat. ecl. *quaestionabĭle-*, «id.»)

questiúncula *n.f.* 1 questão fútil 2 discussão sem importância (Do lat. *quaestiuncŭla-*, «id.»)

questor *n.m.* 1 magistrado da antiga Roma encarregado da cobrança e repartição dos dinheiros públicos 2 magistrado encarregado da administração da justiça criminal entre os antigos Romanos (Do lat. *quaestōre-*, «procurador; questor»)

questorado *n.m.* jurisdição ou área jurisdicional do questor (De *questor+-ado*)

questório *adj.* pertencente ou relativo a questor (Do lat. *quaestorĭu-*, «do questor»)

questuário *adj.,n.m.* que ou aquele que só atende ao próprio interesse; interesseiro; ambicioso (Do lat. *quaestuarĭu-*, «que faz comércio desonroso»)

questuoso /ô/ *adj.* lucrativo; proveitoso (Do lat. *quaestuōsu-*, «lucrativo»)

questura *n.f.* 1 cargo do questor 2 duração desse cargo (Do lat. *quaestūra-*, «id.»)

quetígero *adj.* que tem ou produz sedas, cabelos ou cílios (Do gr. *khaíte*, «cabeleira»+lat. *gerĕre*, «produzir»)

quetópodes *n.m.pl.* ZOOLOGIA grupo de anelídeos, de corpo distintamente segmentado e com sedas locomotoras (Do gr. *khaíte*, «cabeleira» *+poús, podós*, «pé»)

quetzal *n.m.* 1 ORNITOLOGIA ave trepadora da América tropical, muito conhecida pela extraordinária beleza da sua plumagem de várias cores alegres, com penas da cauda muito longas e muito apreciadas como adorno 2 unidade monetária da Guatemala (Do nauat. *ketzal*, pelo cast. *quetzal*, «id.»)

quevel *n.m.* 1 ZOOLOGIA antílope (do grupo das gazelas) de chifres comprimidos na base, que vive no Norte da África 2 ZOOLOGIA para alguns autores, a gazela comum, quando jovem

queza /ê/ *n.f.* BOTÂNICA planta arbustiva, africana, de flores pequenas, que pertence à família das Apocináceas

quezila *n.f.* ⇒ **quezília**

quezilar *v.tr.* 1 causar quezília a 2 importunar; aborrecer; incomodar 3 zangar ▪ *v.intr.* ter quezília (De *quezila+-ar*)

quezilento *adj.* 1 que produz quezília 2 propenso a quezílias 3 importuno; enfadonho (De *quezila+-ento*)

quezília *n.f.* 1 desentendimento; discussão; briga 2 embirração; antipatia 3 transtorno; importunação (Do quimb. *kijila*, «preceito»)

qui *n.m.* nome da vigésima segunda letra do alfabeto grego (χ, Χ), da qual deriva o **x** (Do gr. *khi*, «id.»)

quiabeiro *n.m.* BOTÂNICA nome vulgar extensivo a uns arbustos brasileiros, em especial da família das Malváceas, alguns dos quais produzem frutos comestíveis e fibras para tecidos grosseiros (De *quiabo+-eiro*)

quiabo *n.m.* BOTÂNICA fruto do quiabeiro

quiáltera *n.f.* MÚSICA grupo de três notas de igual valor executadas no mesmo tempo em que o seriam duas notas da mesma figura (Do lat. *sesquialtĕra-*, «uma e meia»)

quiama *n.f.* [Angola] pessoa intratável; bicho do mato (Do quimb. *kiáma*, «bicho»)

quianda *n.f.* [Angola] entidade sobrenatural das águas; sereia (Do quimb. *kianda*, «id.»)

quiasma *n.m.* 1 ANATOMIA cruzamento de alguns elementos anatómicos, como as fibras constituintes dos dois nervos óticos, na base do cérebro (quiasma ótico), e as fibras de alguns tendões 2 BIOLOGIA ponto em que se cruzam entre si os dois cromatídios (Do gr. *khiasmós*, «cruzamento»)

quiasmático *adj.* relativo a quiasma (De *quiasma+t+-ico*)

quiasmo *n.m.* recurso estilístico que consiste numa estrutura cruzada entre dois grupos de palavras ou expressões, em que a ordem das palavras do primeiro grupo é inversa à do segundo (ex.: *fugiu com medo, com medo fugiu*) (Do gr. *khiasmós*, «cruzamento»)

quiastolite *n.f.* MINERALOGIA variedade de andaluzite caracterizada por mostrar, em secções transversais dos cristais, inclusões carbonosas dispostas em cruz (Do gr. *khiastós*, «cruzado» *+líthos*, «pedra»)

quibaco *n.m.* [Angola] banco; pedaço de tronco em jeito de banco (Do quimb. *ku-di-baka*, «resguardar-se»)

quibanda *n.f.* presente ou tributo que as comitivas estranhas pagavam ao soba, no Bié, província de Angola

quibandar *v.tr.* [Brasil] agitar o quibando para separar as alimpaduras de (arroz, café, etc.) (De *quibando+-ar*)

quibando *n.m.* [Brasil] espécie de peneira de palha, que se emprega para sengar ou crivar (Do quimb. *kibandu*, «id.»)

quibanha *n.f.* [Angola] ostentação; pompa (Do quimb. *kibanha*, «id.»)

quibebe *n.m.* [Brasil] iguaria feita de abóbora amarela, leite de coco e sal (Do quimb. *kibebe*, «id.»)

quibeto *n.m.* [Angola] luta 2 [Angola] tareia (Do quimb. *kibetu*, «id.»)

quibuca *n.f.* [Angola] caravana de negros

quibumbo *n.m.* [regionalismo] chapéu alto

quibuto *n.m.* [Angola] fardo; grande saco para cereais (Do quimb. *kibutu*, «id.»)

quiçá *adv.* talvez; porventura (Do lat. *quid sapit*, «quem sabe»)

quiche *n.f.* CULINÁRIA torta salgada de massa quebrada, recheada com um preparado de ovos, leite ou natas que pode incluir legumes, fiambre, presunto, atum, etc.; **~ Lorraine** quiche cujo recheio contém pedaços de toucinho ou presunto e, por vezes, queijo (Do fr. *quiche*, «id.»)

quíchua *n.2g.* indivíduo dos Quíchuas ▪ *n.m.* 1 língua dos Quíchuas, ainda hoje falada no Peru, na Bolívia, no Equador e no Norte da Argentina 2 antiga língua do império inca (Do quích. *quéchua*, «a zona temperada da serra»)

Quíchuas *n.m.pl.* ETNOGRAFIA povo indígena que habitava uma extensa região da América do Sul, que englobava o Norte da Argentina, a Bolívia, o Equador e o Peru (De *quíchua*)

quício *n.m.* ⇒ **gonzo** (Do cast. *quicio*, «id.»)

quico *n.m.* [pop.] chapéu muito pequeno e ridículo

quiço *n.m.* ⇒ **gonzo** (De *quício*)

quicongo *n.m.* língua falada pelos Bacongos (grupo étnico que abrange naturais do antigo Congo português, Cacongos, Congos e Muxicongos), nomeadamente nas províncias a Norte de Angola (Cabinda, República Democrática do Congo e Uíge) (Do vernáculo *kikoongo*, «id.»)

Quicongos n.m.pl. ETNOGRAFIA grupo que habita a República Democrática do Congo (antigo Zaire), a República do Congo e o extremo Noroeste de Angola

quiconha /ô/ n.f. [Angola] desmaio; manifestação de epilepsia (Do quimb. *kikuanga*, «id.»)

quicuanga n.f. [Angola] espécie de pão de mandioca (Do quimb. *kikuanga*, «id.»)

quididade /qu-i/ n.f. FILOSOFIA a essência de uma coisa; o que uma coisa é em si (Do lat. escol. *quidditāte-*, «id.», de *quid*, «que»)

quididativo /qu-i/ adj. relativo à quididade (Do lat. escol. *quidditatīvu-*, «id.»)

quiela n.f. [Angola] jogo, tradicional por toda a África, que é uma espécie de gamão, tomando nomes diferentes conforme as regiões (Do quimb. *kiela*, «quebra-cabeças»)

quiescente adj.2g. 1 que descansa 2 que está em repouso (Do lat. *quiescente-*, «id.», part. pres. de *quiescĕre*, «repousar; descansar»)

quietação n.f. 1 ato ou efeito de quietar ou quietar-se tranquilidade; sossego; repouso (De *quietar*+-*ção*)

quietar v.tr. 1 aquietar; tranquilizar; sossegar ■ v.pron. ficar quieto, sossegado (Do lat. *quietāre*, «id.»)

quietismo n.m. 1 HISTÓRIA, RELIGIÃO doutrina mística do teólogo espanhol M. de Molinos (1628-1696), que faz consistir a perfeição espiritual na simples contemplação passiva de Deus, sem obras exteriores 2 quietação; sossego (Do lat. ecl. *quietismu-*, «id.», do lat. *quiētu-*, «quieto», part. pass. de *quiescĕre*, «repousar», ou do fr. *quiétisme*, «id.»)

quietista n.2g. pessoa que segue a doutrina do quietismo (Do lat. *quiētu-*, «quieto» +-*ista*, ou do fr. *quiétiste*, «id.»)

quieto adj. 1 que não se mexe; imóvel; parado 2 dócil; manso 3 sossegado; sereno; pacífico; plácido 4 que não faz diabruras (Do lat. *quiētu-*, «id.», part. pass. de *quiescĕre*, «repousar»)

quietude n.f. 1 qualidade ou estado do que está quieto 2 paz; sossego 3 bem-estar do espírito (Do lat. *quietudĭne-*, «id.»)

quifufutila n.f. [Angola] guloseima tradicional, à base de farinha de mandioca, açúcar, canela e amendoim moídos (Do quimb. *kifufutila*, «id.»)

quifunate n.m. [Angola] entorse; luxação (Do quimb. *kifunate*, «id.», a partir de *(ku)funata*, «torcer»)

quijila n.f. 1 [Angola] proibição 2 [Angola] dieta (Do quimb. *kijila*, «id.»)

quilando n.m. [Angola] esquecimento; distração (Do quimb. *kilandu*, «id.»)

quilatação n.f. 1 ato ou efeito de quilatar 2 avaliação do quilate (De *quilatar*+-*ção*)

quilatador n.m. aquele que quilata; aquilatador (De *quilatar*+-*dor*)

quilatar v.tr. 1 avaliar o quilate de (metais preciosos); aquilatar 2 [fig.] avaliar; julgar (De *quilate*+-*ar*)

quilate n.m. 1 quantidade de ouro puro numa liga metálica, que corresponde a 1/24 avos da massa dessa liga (atribuindo-se ao ouro puro o valor de 24 quilates) 2 unidade de peso equivalente a 200 miligramas, especialmente empregada para as pedras preciosas 3 vigésima quarta parte de uma onça 4 [fig.] excelência; perfeição; qualidade (Do gr. *kerátion*, «chifrinho», pelo ár. *qirat*, «quilate», unidade de peso)

quilateira n.f. espécie de peneira onde, pelo volume da pedra preciosa, se avalia o seu quilate (De *quilate*+-*eira*)

quilembe n.m. [Angola] MITOLOGIA planta que dá a conhecer o estado de saúde do respetivo dono; árvore da saúde; pau da vida (Do quimb. *kilende*, «id.»)

quilha n.f. 1 NÁUTICA peça forte e comprida que vai da proa à popa do navio e a que se fixa o cavername 2 ZOOLOGIA parte laminar anterior, média, saliente, do esterno (em especial das aves voadoras) onde se inserem poderosos músculos do voo 3 BOTÂNICA conjunto de duas pétalas inferiores da corola papilionácea; naveta (Do fr. *quille*, «id.»)

quilhar v.tr. 1 NÁUTICA assentar a quilha a (navio) 2 [pop.] lograr; prejudicar ■ adj.,n.m. NÁUTICA prego ou designativo do prego de segurar as peças do cavername do navio (De *quilha*+-*ar*)

quili- ⇒ **quilo-**^{1}

quilíada n.f. ⇒ **quilíade**

quilíade n.f. um milhar (Do gr. *khiliás, -ádos*, «milhar», pelo lat. *chiliăde-*, «id.»)

quiliarco n.m. MILITAR comandante de mil homens

quiliare n.m. unidade de medida que corresponde a mil ares, ou seja, dez hectares (De *quili-*+*are*, ou do fr. *kiliare*, «id.»)

quiliarquia n.f. MILITAR formação de mil homens, no antigo exército (Do gr. *khiliarkhía*, «comando de mil homens»)

quilífero adj. ANATOMIA diz-se de cada vaso (linfático) que no intestino recebe o quilo e o conduz ao tronco torácico (Do gr. *khylós*, «suco»+lat. *ferre*, «levar»)

quilificação n.f. FISIOLOGIA ato ou efeito de quilificar, o que corresponde à chamada digestão intestinal; quilose (De *quilificar*+-*ção*)

quilificar v.tr. FISIOLOGIA transformar, no tubo intestinal, durante a digestão, o quimo em quilo (Do gr. *khylós*, «suco»+lat. *facĕre*, «fazer»)

quilificativo adj. MEDICINA diz-se daquilo que atua, produzindo fenómenos da quilificação (De *quilificar*+-*tivo*)

quilite n.f. MEDICINA inflamação no lábio (Do gr. *kheîlos*, «lábio» +-*ite*)

quilo^1 n.m. forma reduzida de *quilograma* (Do gr. *khílioi*, «mil», pelo fr. *kilo*, «id.»)

quilo^2 n.m. FISIOLOGIA substância líquida, esbranquiçada, proveniente da transformação do quimo (Do gr. *khylós*, «suco», pelo lat. *chylu-*, «id.»)

quilo-^{1} elemento de formação de palavras que exprime a ideia de *quilo* (da digestão) (Do gr. *khulós, oû*, «suco»)

quilo-^{2} prefixo do Sistema Internacional de Unidades, de símbolo *k*, que exprime a ideia de *mil vezes maior* e que equivale a multiplicar por mil (10^3) a unidade por ele afetada 2 [uso indevido mas generalizado] INFORMÁTICA este mesmo prefixo usado para multiplicar uma unidade por 2^{10}, ou seja, 1024 (Do gr. *khílioi*, «mil»)

quil(o)- elemento de formação de palavras que exprime a ideia de *lábio* (Do grego *kheîlos, ous*, «idem»)

quilobit n.m. INFORMÁTICA unidade de medida de informação, de símbolo kb, equivalente a 1024 bits (este valor é frequentemente arredondado para 1000 bits) (De *quilo-*+*bit*)

quilobyte n.m. INFORMÁTICA unidade de medida de informação, de símbolo kB, equivalente a 1024 bytes (este valor é frequentemente arredondado para 1000 bytes) (De *quilo-*+*byte*)

quilocaloria n.f. FÍSICA ⇒ **caloria 2** (De *quilo-*+*caloria*)

quilociclo n.m. FÍSICA antiga unidade equivalente a mil ciclos, isto é, à frequência de mil vibrações por segundo (De *quilo-*+*ciclo*)

quilodieresia n.f. MEDICINA deformação do lábio superior, que se apresenta fendido; lábio leporino (Do gr. *kheîlos*, «lábio» +*diaíresis*, «separação» +-*ia*)

quilofagia n.f. hábito de morder os lábios constantemente (De *quilo-*+-*fagia*)

quilógnato adj. 1 ZOOLOGIA diz-se do animal cujo lábio superior é fendido como o da lebre (lábio leporino) 2 ZOOLOGIA pertencente ou relativo aos quilógnatos ■ n.m. ZOOLOGIA espécime dos quilógnatos ■ n.m.pl. ZOOLOGIA grupo (ordem) de miriápodes, herbívoros, com dois pares de patas (reduzidas) em cada anel definitivo, designados também diplópodes (Do gr. *kheîlos*, «lábio» +*gnáthos*, «maxila»)

quilograma n.m. FÍSICA unidade de medida de massa do Sistema Internacional, de símbolo kg, definida como a massa do protótipo internacional do quilograma-padrão (Do fr. *kilogramme*, «id.», do gr. *khílioi*, «mil» +*grámma*, «escrópulo»)

quilograma-força n.m. FÍSICA antiga unidade de medida de força, de símbolo kgf, equivalente ao peso de um quilograma sob a força da gravidade, ou seja, 9,80665 newtons

quilograma-padrão n.m. FÍSICA cilindro equilátero de platina iridiada, com 39 milímetros de altura por 39 milímetros de diâmetro, localizado no Instituto Internacional de Pesos e Medidas (BIPM), de acordo com as regras estabelecidas pela Conferência Geral de Pesos e Medidas de 1889

quilograma-peso /ê/ n.m. FÍSICA ⇒ **quilograma-força**

quilogrâmetro n.m. FÍSICA antiga unidade de medida de trabalho e energia do sistema métrico gravitatório, de símbolo kgm, equivalente ao trabalho efetuado por um quilograma-força quando desloca o seu ponto de aplicação na sua própria direção de 1 metro (9,80665 joules); ~ *por segundo* antiga unidade de potência do sistema métrico gravitatório (9,80665 watts) (De *quilogra[ma]*+-*metro*)

quilohertz n.m.2n. FÍSICA unidade de medida da frequência das ondas radioelétricas, de símbolo kHz, igual a 1000 hertz; kilohertz (De *quilo-*+*hertz*, pelo ing. *kilohertz*, «id.»)

quilojoule n.m. FÍSICA unidade de medida de trabalho, de símbolo kJ, equivalente a 1000 joules; kilojoule (De *quilo-*+*joule*)

quilolitro n.m. unidade de medida de capacidade, de símbolo kl, que equivale a 1000 litros (Do fr. *kilolitre*, «id.»)

quilombo n.m. 1 [Angola] acampamento fortificado dos Jagas, povo antropófago que invadiu o Congo e Angola em fins do século XVI 2 [Brasil] esconderijo de escravos fugitivos (Do quimb. *kilombo*, «união; povoação»)

quilometragem n.f. 1 operação de quilometrar 2 medida em quilómetros (Do fr. *kilométrage*, «id.»)

quilometrar v.tr. 1 medir em quilómetros 2 marcar por quilómetros (De *quilómetro*+-*ar*)
quilométrico adj. 1 relativo a quilómetro 2 medido por quilómetros (De *quilómetro*+-*ico*)
quilómetro n.m. unidade de medida de comprimento, de símbolo km, que equivale a 1000 metros (De *quilo*-+*metro*, ou do fr. *kilomètre*, «id.»)
quiloplastia n.f. CIRURGIA operação cirúrgica que consiste em restaurar um ou ambos os lábios (Do gr. *kheĩlos*, «lábio» +*plástes*, «que modela» +-*ia*)
quiloplástico adj. relativo à quiloplastia (Do gr. *kheĩlos*, «lábio» +*plastós*, «modelado» +-*ico*)
quilópodes n.m.pl. ZOOLOGIA grupo (ordem) de miriápodes, carnívoros, com um par de patas (bem desenvolvidas) em cada anel, encontrados em folhagem e madeira podre e que incluem as centopeias (Do gr. *kheĩlos*, «lábio» +*poús, podós*, «pé»)
quilose n.f. FISIOLOGIA ⇒ **quilificação** (Do gr. *khýlosis*, «ação de reduzir a suco»)
quiloso /ô/ adj. que diz respeito ao quilo (digestão) (De *quilo*+-*oso*)
quilotonelada n.f. 1 FÍSICA unidade de medida de massa, de símbolo kt, equivalente a 1000 toneladas; kilotonelada 2 FÍSICA unidade de medida de quantidade de energia libertada numa explosão nuclear, de símbolo kt, que equivale à energia que seria libertada pela explosão de mil toneladas de trinitrotolueno; kilotonelada (De *quilo*-+*tonelada*)
quilovátio n.m. [designação imprópria] FÍSICA ⇒ **kilowatt**
quilovátio-hora n.m. [designação imprópria] FÍSICA ⇒ **kilowatt-hora**
quilovolt n.m. FÍSICA unidade de medida de potencial elétrico, de símbolo kV, que equivale a 1000 volts; kilovolt (De *quilo*-+*volt*)
quilovolt-ampere n.m. FÍSICA unidade de medida utilizada para medir a potência aparente em circuitos de corrente alterna, de símbolo kVA, que é igual à potência aparente de um circuito capaz de fornecer ou receber uma corrente de 1 ampere na tensão de 1000 volts; kilovolt-ampere
quilowatt n.m. FÍSICA unidade de medida de potência, de símbolo kW, que equivale a 1000 watts; kilowatt (Do ing. *kilowatt*, «id.»)
quilowatt-hora n.m. FÍSICA unidade de medida de energia, de símbolo kWh, equivalente à energia fornecida em 1 hora por uma fonte constante de potência de 1 quilowatt; kilowatt-hora
quiluanza n.f. BOTÂNICA árvore tropical, de folhas compostas e flores pequenas, pertencente à família das Leguminosas, frequente em Angola
quilúbio n.m. ORNITOLOGIA termo usado na África para designar a garça-boieira, ave pernalta que também ali é conhecida por lungungua
quilumba n.f. [Angola] moça; rapariga (Do quimb. *kilumba*, «id.», a partir de *kulumbila*, «trajar de modo garrido»)
quilundo n.m. [Angola] espírito; ser do mundo invisível (Do quimb. *kilundu*, «id.»)
quimalanca n.f. ZOOLOGIA espécie de hiena africana
quimana n.f. [Brasil] CULINÁRIA iguaria brasileira feita de gergelim, farinha e sal
quimanga n.f. [Brasil] cabaça convenientemente preparada para servir de caixa ou bolsa
quimangata n.f. [Angola] homem que transporta aos ombros o chefe da tribo; *andar de* ~ andar às costas de um homem (Do quimb. *kimangata*, «id.»)
quimão n.m. ⇒ **quimono**
quimbanda n.2g. [Angola] adivinho curandeiro; feiticeiro-médico popular; ministro do culto (Do quimb. *kimbanda*, «id.», a partir de *kubânda*, «desvendar»)
quimbembe n.m. [Brasil] cabana; choça
quimbembé n.m. [Brasil] bebida alcoólica preparada com milho fermentado
quimbembeques n.m.pl. [Brasil] berloques ou amuletos que as crianças trazem ao pescoço
quimbete /ê/ n.m. [Brasil] espécie de batuque brasileiro
quimbimbe n.m. ORNITOLOGIA nome vulgar de um pássaro africano da família dos Laniídeos
quimbo n.m. [Angola] povoado; sanzala; casa ou conjunto de casas constituindo um só lar (Do umbundo *ko imbo*, «no povoado»)
quimbombo n.m. [Angola] espécie de cerveja; garapa; uaua (Do umbundo *ombundi*, planta cuja raiz é usada)
quimbundo n.m. idioma banto de Angola; bundo (Do quimb. *mbundu*, «id.»)
quimé n.m. [São Tomé e Príncipe] BOTÂNICA ⇒ **pau-quime** (Do forro *quime*, «id.»)

quimera n.f. 1 MITOLOGIA monstro lendário, com cabeça de leão, corpo de cabra e cauda de dragão 2 [fig.] fantasia; ilusão; utopia 3 [fig.] absurdo 4 BOTÂNICA organismo vegetal, misto, constituído por tecidos diferentes 5 ICTIOLOGIA designação (por aportuguesamento da designação científica do género *Chimaera*) dos peixes holocéfalos, de corpo alongado, mais vulgarmente conhecidos por papagaio-do-mar, peixe-rato e rato (Do gr. *khímaira*, «monstro fabuloso», pelo lat. *Chimaera*-, «id.»)
quimérico adj. que não é real; imaginário; fantástico (De *quimera*+-*ico*)
Quiméridas n.m.pl. ICTIOLOGIA ⇒ **Quimerídeos**
Quimerídeos n.m.pl. ICTIOLOGIA família de peixes holocéfalos a cujo género-tipo, que se denomina *Chimaera*, pertencem algumas espécies atuais, de profundidade (De *quimera*+-*ídeos*)
quimerista n.2g. pessoa que inventa quimeras; fantasista (De *quimera*+-*ista*)
quimerizar v.intr. inventar quimeras ■ v.tr. imaginar; fantasiar (De *quimera*+-*izar*)
quimiatria n.f. MEDICINA teoria médica medieval que procura interpretar todos os fenómenos da economia animal por intermédio de agentes químicos; iatroquímica 2 abuso no emprego de substâncias químicas no tratamento das doenças (De *quími[ca]*+*iatrós*, «médico» +-*ia*)
química n.f. 1 ciência que estuda a natureza, as propriedades e as transformações da matéria e das substâncias 2 tratado sobre essa ciência 3 disciplina que ministra esses conhecimentos 4 [fig.] empatia; atração imediata; ~ *aplicada* ramo da química correspondente à aplicação prática dos conhecimentos científicos nas ciências, tecnologias e artes; ~ *pura* ramo da química correspondente ao estudo científico e ao desenvolvimento da investigação científica sem a preocupação imediata com possíveis aplicações práticas (Do gr. *khymiké*, «química», pelo it. *chimica*, «id.»)
quimicamente adv. 1 do ponto de vista químico 2 quanto à química (De *químico*+-*mente*)
químico adj. pertencente ou relativo à química ■ n.m. aquele que se dedica ao estudo da química ou é versado nesta ciência (De *química*)
quimificação n.f. ato ou efeito de quimificar; conversão em quimo (De *quimificar*+-*ção*)
quimificar v.tr. transformar em quimo ■ v.pron. converter-se em quimo (Do lat. *chymu*-, «quimo; suco do estômago» +*facĕre*, «fazer»)
quimi(o)- elemento de formação de palavras que traduz a ideia de *química* (Do ár. *al-kīmyā*, «alquimia», pelo lat. med. *chimĭa*-, «química»)
quimioprofilaxia n.f. MEDICINA administração profilática de medicamentos (De *quimio*-+*profilaxia*)
quimiorreceptor ver nova grafia **quimiorrecetor**
quimiorrecetor n.m. FISIOLOGIA formação nervosa que é sensível a estímulos químicos (De *quimio*-+*receptor*)
quimiossíntese n.f. BOTÂNICA síntese de moléculas orgânicas conseguida à custa da energia calorífica libertada por uma reação química, provocada por uma bactéria (De *quimio*-+*síntese*)
quimiotáctico a grafia mais usada é **quimiotático**
quimiotactismo a grafia mais usada é **quimiotatismo**
quimiotático adj. que diz respeito ao quimiotatismo (De *quimiotact(ismo)*+-*ico*) ACORDO ORTOGRÁFICO também se pode escrever **quimiotáctico**
quimiotatismo n.m. BIOLOGIA tatismo que tem por estímulo agentes químicos (Do gr. *khymíon*, dim. de *khymós*, «suco» +*táxis*, «arranjo; ordem» +-*ismo*) ACORDO ORTOGRÁFICO também se pode escrever **quimiotactismo**
quimioterapia n.f. MEDICINA tratamento das doenças por meio de produtos químicos sintetizados, preparados nos laboratórios (Do gr. *khymíon*, dim. de *khymós*, «suco» +*therapeía*, «tratamento»)
quimioterápico adj. relativo a quimioterapia (De *quimio*-+*terápico*)
quimiotrópico adj. que diz respeito ao quimiotropismo (De *quimiotrop(ismo)*+-*ico*)
quimiotropismo n.m. BIOLOGIA tropismo que tem por estímulo agentes químicos (Do gr. *khymíon*, dim. de *khymós*, «suco» +*trópos*, «volta» +-*ismo*)
quimismo n.m. 1 FISIOLOGIA conjunto de composições 2 decomposições e reações químicas de um organismo ou produto orgânico 3 abuso da química (De *química*+-*ismo*)
quimitipia n.f. processo de gravura química que transforma em lâmina de alto-relevo uma gravura em baixo-relevo, acomodando-a à impressão (Do fr. *chimitypie*, «id.»)
quimo n.m. FISIOLOGIA massa ácida constituída normalmente pelos alimentos que se encontram no estômago, depois de sofrerem a

quimono chamada digestão gástrica (Do gr. *khymós*, «suco», pelo lat. *chymu-*, «id.»)

quimono /ô/ *n.m.* **1** túnica comprida, de trespasse e mangas largas, que se aperta com um cinto e faz parte do vestuário japonês, sendo também usada na prática de artes marciais; queimão; quimão **2** roupão semelhante a essa túnica, para usar em casa (Do jap. *kimono*, «id.»)

quimosina *n.f.* BIOLOGIA, QUÍMICA fermento do suco gástrico que precipita a caseína do leite (coagulação do leite); casease; fermento do coalho; renina (Do gr. *khymós*, «quimo»+*-ina*)

quina¹ *n.f.* **1** esquina **2** ângulo de um objeto; canto; aresta **3** ângulo sólido (De *esquina*)

quina² *n.f.* **1** HERÁLDICA grupo de cinco escudos que figuram nas armas de Portugal **2** carta de jogar, peça de dominó ou face de dado com cinco pintas **3** (jogo do loto) série horizontal de cinco números (Do lat. *quina*, neut. de *quini*, «de cinco em cinco»)

quina³ *n.f.* **1** produto rico em alcaloides, também designado quinino, com velhas aplicações terapêuticas, que se extrai da casca das cinchóneas, frequentes na América do Sul e cuidadosamente cultivados em várias regiões do Globo **2** casca amarga dessas plantas **3** BOTÂNICA nome vulgar extensivo a várias plantas, especialmente arbustivas ou arbóreas, pertencentes a diferentes famílias (Apocináceas, Rubiáceas, Euforbiáceas, etc.); quineira (Do quích. *kinakina*, «id.»)

quinadeira *n.f.* máquina que permite dobrar peças de chapa, através da aplicação de pressão, permitindo obter peças com um formato diferente do das peças originais (De *quinar*³+*-deira*)

quinado *adj.* **1** que tem cantos ou arestas **2** disposto em grupos de cinco **3** preparado com quina (De *quina*+*-ado*)

quinagem *n.f.* processo de dobragem de uma peça de chapa, em que se aplica pressão sobre ela com o auxílio de uma máquina própria, de forma a obter uma peça com um formato diferente do da peça original (De *quinar*³+*-agem*)

quinante *adj.2g.* HERÁLDICA que tem quinas ou escudos gravados (De *quina*+*-ante*)

quinaquina *n.f.* BOTÂNICA ⇒ **quina**³ **3** (Do quích. *kinakina*, «id.»)

quinar¹ *v.tr.* preparar com quina (casca) (De *quina*³+*-ar*)

quinar² *v.intr.* preencher, no jogo do loto, uma série horizontal de cinco números; fazer uma quina (De *quina*²+*-ar*)

quinar³ *v.tr.* dobrar (uma peça de chapa), aplicando pressão sobre ela com o auxílio de uma máquina própria, com o objetivo de obter uma peça com um formato diferente do da peça original (De *quina*¹+*-ar*)

quinar⁴ *v.intr.* [coloq.] morrer (Do esp. *quiñar*, «matar»?)

quinário *adj.* **1** relativo a cinco **2** que tem por base o número cinco **3** diz-se do verso de cinco sílabas **4** divisível por cinco **5** MÚSICA (compasso) composto de cinco tempos (Do lat. *quinariu-*, «id.»)

quinau *n.m.* **1** ato ou efeito de corrigir **2** correção de um erro **3** sinal com que se marcam os erros escolares **4** [regionalismo] tento; *apanhar um* ~ levar um corretivo, apanhar uma lição; *dar* ~ *a* corrigir com palavras, mostrar que se errou (Do lat. *quin autem*, «mas ao contrário», pelo cast. *quinao*, «emenda; correção de um erro»)

quincálogo *n.m.* RELIGIÃO conjunto dos cinco mandamentos da Igreja Católica (Do lat. *quinque*, «cinco»+*lógos*, «discurso»)

quincha *n.f.* **1** [Brasil] teto de palha **2** [Brasil] cobertura de palha para carros (Do quích. *kincha*, «tecido vegetal», pelo cast. *quincha*, «id.»)

quinchar *v.tr.* [Brasil] cobrir com quincha (De *quincha*+*-ar*)

quinchorro /ô/ *n.m.* ⇒ **quinchoso**

quinchoso /ô/ *n.m.* quintal pequeno junto a uma habitação (Do lat. *conclausu-*, «lugar fechado»)

quincôncio *n.m.* ⇒ **quincunce**

quincunce *n.m.* grupo de cinco objetos dispostos de modo que quatro ocupem os vértices de um quadrado, e o outro o centro desse mesmo quadrado; *em* ~ diz-se especialmente da plantação de árvores ou arbustos, por séries de cinco, nessa disposição (Do lat. *quincunce-*, «moeda de cinco onças»)

quincuncial *adj.2g.* **1** que mostra disposição em quincunce **2** BOTÂNICA diz-se de um tipo de prefloração em que, das cinco peças de um verticilo, duas recobrem, outras duas são recobertas, e a restante recobre e é recoberta **3** BOTÂNICA diz-se da disposição das folhas vegetais no caule em que o ciclo apresenta cinco destes órgãos a ocupar duas voltas da espiral (Do lat. *quincunciāle-*, «que tem cinco polegadas»)

quinda *n.f.* [São Tomé e Príncipe] cesta típica feita com tiras de cascas de árvore (Do quimb. *kinda*, «id.», de *kuinda*, «manufaturar em espiral»)

quindecágono /qu-i/ *n.m.* GEOMETRIA polígono de quinze lados; pentadecágono (Do lat. *quindĕcim*, «quinze»+gr. *gonía*, «ângulo»)

quindecenvirado *n.m.* ⇒ **quindecenvirato** (Do lat. *quindecimvirātu-*, «id.»)

quindecenviral *adj.2g.* relativo a quindecênviro (Do lat. *quindecimvirāle-*, «id.»)

quindecenvirato *n.m.* cargo ou dignidade de quindecênviro (Do lat. *quindecimvirātu-*, «id.»)

quindecênviro *n.m.* cada um dos quinze magistrados romanos que tinham à sua guarda os livros sibilinos e eram obrigados a cumprir certas cerimónias (Do lat. *quindecimvĭru-*, «id.»)

quindénio *n.m.* **1** porção ou espaço de quinze; quinzena **2** tributo que pagavam certos benefícios eclesiásticos à Santa Sé, de quinze em quinze anos **3** ⇒ **quinquénio** (Do lat. *quindēni*, «em número de quinze»)

quindim *n.m.* **1** gesto ou movimento elegante; requebro **2** elegância; donaire **3** enfeite **4** dificuldade **5** CULINÁRIA doce feito de gema de ovo, coco e açúcar **6** [Brasil] BOTÂNICA planta herbácea, cheirosa, cultivada nos jardins (De orig. africana)

quineira *n.f.* BOTÂNICA árvore da qual se obtém a quina, também conhecida por quina (De *quina*+*-eira*)

quinesioterapia *n.f.* ⇒ **cinesioterapia**

quingentário /qui-i/ *n.m.* capitão que comandava 500 soldados, entre os Godos (Do lat. *quingentariu-*, «id.»)

quingentésimo /qu-i/ *num.ord.* >*adj.num.* DT que, numa série, ocupa a posição imediatamente a seguir à quadringentésima nonagésima nona; que é o último numa série de quinhentos ■ *num.frac.* >*quant.num.* DT que resulta da divisão de um todo por quinhentos ■ *n.m.* **1** o que, numa série, ocupa o lugar correspondente ao número 500 **2** uma das quinhentas partes iguais em que se dividiu um todo; a quingentésima parte (Do lat. *quingentesĭmu-*, «id.»)

quingosta *n.f.* [regionalismo] ⇒ **congosta**

quinguila *n.f.* [Angola] cambista ambulante (Do quimb. *kingila*, «esperar», alusão à espera de clientes)

quinhão *n.m.* **1** parte que cada um recebe, na divisão de um todo; quota-parte; parcela; porção **2** parte de uma herança que compete a cada um dos co-herdeiros; partilha **3** direito que cada um tem de receber uma quota-parte da renda de um prédio indiviso, encabeçado num dos coproprietários do mesmo prédio, e por ele possuído **4** [fig.] sorte (Do lat. *quiniōne-*, «reunião de cinco»)

quinhentismo *n.m.* **1** escola literária que prevaleceu em Portugal no século XVI e princípios do século XVII, formada por influência das obras literárias do Renascimento italiano **2** gosto ou estilo dos quinhentistas (De *quinhentos*+*-ismo*)

quinhentista *adj.2g.* referente ao século XVI ■ *n.2g.* escritor ou artista desse século (De *quinhentos*+*-ista*)

quinhentos *num.card.* >*quant.num.* DT quatrocentos mais cem ■ *n.m.2n.* **1** o número 500 e a quantidade representada por esse número **2** o que, numa série, ocupa o quingentésimo lugar **3** o século XVI (Do lat. *quingentos*, «id.»)

quinhoar *v.tr.* **1** ter quinhão em **2** dividir em quinhões; aquinhoar **3** compartilhar **4** comparticipar de (De *quinhão*+*-ar*)

quinhoeiro *n.m.* **1** aquele que tem quinhão; comparticipante **2** o que é solidário, que compartilha (De *quinhoar*+*-eiro*)

quinidina *n.f.* FARMÁCIA um dos alcaloides da casca da quina, isómero da quinina, empregado como regularizador do ritmo cardíaco (De *quina*+*d*+*-ina*)

quinina *n.f.* FARMÁCIA principal alcaloide extraído da casca da quina, empregado principalmente como antipirético e antimalárico (De *quina*+*-ina*)

quinino *n.m.* QUÍMICA nome vulgar do sulfato de quinina (De *quina*+*-ino*)

quínio *n.m.* QUÍMICA quinina em bruto (De *quina*+*-io*)

quinismo *n.m.* MEDICINA intoxicação provocada pelo uso imoderado dos alcaloides da quina (De *quina*+*-ismo*)

quino *n.m.* jogo de azar, que se joga com cartões cujas casas numeradas se vão preenchendo com marcas cilíndricas numeradas, tiradas de uma sacola; jogo do loto (De *quina*)

quinoa *n.f.* **1** BOTÂNICA planta quenopodiácea, originária da região dos Andes (América do Sul), com folhas triangulares e sementes comestíveis **2** grão dessa planta, usado como alimento (Do esp. *quinua*, pelo quíchua *quínua*, «id.»)

quinoleína *n.f.* QUÍMICA composto orgânico heterocíclico que figura na composição dos produtos de pirólise do eletrão da hulha e do qual se derivam corantes e sensibilizadores fotográficos de valor industrial (De *quina*+*óleo*+*-ina*, ou do fr. *quinoléine*, «id.»)

quinólogo *n.m.* indivíduo que estuda as diversas aplicações da quinina (De *quina*+*-logo*)

quinor *n.m.* MÚSICA espécie de harpa, lira ou cítara entre os Hebreus

quinquagenário /qu-i/ *adj.,n.m.* que ou aquele que está na casa dos 50 anos de idade (Do lat. *quinquagenariu*, «de cinquenta»)

quinquagésima /qu-i/ *n.f.* espaço de cinquenta dias; *Domingo da Quinquagésima* RELIGIÃO Domingo Gordo (Do lat. *quinquagesĭma-*, «id.»)

quinquagésimo /qu-i/ *num.ord.* >*adj.num.* DT que, numa série, ocupa a posição imediatamente a seguir à quadragésima nona; que é o último numa série de cinquenta ■ *num.frac.* >*quant.num.* DT que resulta da divisão de um todo por cinquenta ■ *n.m.* 1 o que, numa série, ocupa o lugar correspondente ao número 50 2 uma das cinquenta partes iguais em que se dividiu um todo; um cinquentavo (Do lat. *quinquagesĭmu-*, «id.»)

quinque- elemento de formação de palavras que exprime a ideia de *cinco* (Do lat. *quinque*, «cinco»)

quinqueangular /qu-in...qu-é/ *adj.2g.* GEOMETRIA que tem cinco ângulos; pentagonal (De *quinque-*+*angular*)

quinquecapsular /qu-in...qu-é/ *adj.2g.* que possui cinco cápsulas (De *quinque-*+*capsular*)

quinquecelular /qu-in...qu-é/ *adj.2g.* que tem cinco células (De *quinque-*+*celular*)

quinquedentado /qu-in...qu-é/ *adj.* que apresenta cinco saliências, recortes, divisões ou dentes (De *quinque-*+*dentado*)

quinquefoliado /qu-in...qu-é/ *adj.* que possui cinco folíolos ou folhas (De *quinque-*+*foliado*)

quinquefólio /qu-in...qu-é/ *adj.* ⇒ **quinquefoliado**

Quinquenais *n.f.pl.* HISTÓRIA (heortónimo) festas que os Romanos celebravam de cinco em cinco anos

quinquenal /qu-in...qu-é/ *adj.2g.* 1 que dura cinco anos 2 que se celebra de cinco em cinco anos (Do lat. *quinquennăle-*, «id.»)

quinquenário *adj.2g.* ⇒ **quinquenal**

quinquenervado /qu-in...qu-é/ *adj.* BOTÂNICA diz-se da folha (curvinérvea) com cinco nervuras (De *quinque-*+*nervado*)

quinquénio /qu-in...qu-é/ *n.m.* período de cinco anos; lustro (Do lat. *quinquennĭu-*, «id.»)

quinquerreme /qu-in...qu-é/ *n.f.* embarcação de cinco remos ou com cinco remadores para cada remo (Do lat. *quinquerĕme-*, «id.»)

quinquevalente /qu-in...qu-é/ *adj.2g.* QUÍMICA que é capaz de originar cinco ligações químicas; pentavalente (De *quinque-*+*valente*)

quinquevalvar /qu-in...qu-é/ *adj.2g.* BIOLOGIA que tem cinco valvas, ou que se abre por cinco destes elementos (De *quinque-*+*valvar*)

quinquevalve /qu-in...qu-é/ *adj.2g.* ⇒ **quinquevalvar**

quinquevalvular /qu-in...qu-é/ *adj.2g.* BIOLOGIA que tem cinco válvulas (De *quinque-*+*valvular*)

quinquevirado /qu-in...qu-é/ *n.m.* ⇒ **quinquevirato**

quinquevirato /qu-in...qu-é/ *n.m.* 1 HISTÓRIA dignidade de quinquéviro 2 HISTÓRIA tribunal dos quinquéviros (Do lat. *quinquevirătu-*, «id.»)

quinquéviro /qu-in...qu-é/ *n.m.* HISTÓRIA cada um dos cinco magistrados da República Romana encarregados de velar pelo cumprimento de certos regulamentos policiais (Do lat. *quinquevĭru-*, «id.»)

quinquídio /qu-in...qu-i/ *n.m.* ⇒ **quinquíduo**

quinquíduo /qu-in...qu-i/ *n.m.* período de cinco dias (Do lat. *quinque*, «cinco» +*die-*, «dia»)

quinquilátero /qu-in...qu-i/ *adj.* MATEMÁTICA polígono de cinco lados; pentágono (Do lat. *quinquilatĕru-*, «id.»)

quinquilharia *n.f.* 1 pequenos objetos de pouco valor, para enfeites ou brinquedos de criança 2 objetos vários para diversos usos (Do fr. *quincaillerie*, «id.»)

quinquilheiro *n.m.* indivíduo que fabrica ou vende quinquilharias (Do fr. *quincaillier*, «id.»)

quinquina *n.f.* BOTÂNICA ⇒ **quina**³ 3 (Do quích. *kina-kina*, «id.»)

quinta¹ *n.f.* 1 propriedade rústica, cercada ou não de árvores, com terra de semeadura e, geralmente, casa de habitação 2 [Brasil] fazenda 3 casa de campo 4 [Açores] terreno limitado por renques de árvores, de forma quadrangular e dentro de propriedades maiores, destinado à cultura de árvores de fruto; *estar nas suas sete quintas* [fig.] estar satisfeito, sentir-se muito feliz (Do lat. *quintāna-*, «pequeno mercado no acampamento»)

quinta² *n.f.* 1 cada uma das cinco partes iguais em que se divide uma unidade 2 (automóvel) mudança de velocidade a seguir à quarta 3 conjunto de cinco cartas de jogar 4 MÚSICA intervalo de cinco notas 5 forma reduzida de *quinta-feira* ■ *adj.,quant.,n.m.* ⇒ **quinto** (Do lat. *quintu-*, «quinto»)

quintã¹ *n.f.* [ant.] 1 quinta grande 2 [regionalismo] curral de porcos; quinteiro (Do lat. *quintāna-*, «pequeno mercado no acampamento»)

quintã² *n.f.* MEDICINA febre intermitente que sobrevém de cinco em cinco dias (Do lat. *quintāna-* [*febre-*], «id.»)

quinta-coluna *n.f.* conjunto de indivíduos nacionais de certo país em guerra que atuam secretamente no próprio país ao serviço do inimigo

quintador *adj.,n.m.* que ou aquele que quinta (De *quintar*+*-dor*)

quinta-essência *n.f.* 1 (alquimia) parte mais pura das coisas obtidas após cinco destilações 2 (física aristotélica) o éter, ou seja, o quinto elemento (os outros quatro eram a água, a terra, o ar e o fogo) de que eram constituídos os corpos celestes 3 extrato do máximo apuramento 4 o que há de melhor e mais subtil numa coisa; o essencial 5 o mais alto grau; requinte (Do lat. escol. *quinta- essentia*, «quinta-essência», pelo fr. *quintessence*, «id.»)

quinta-feira *n.f.* dia da semana imediatamente posterior à quarta-feira (Do lat. *quinta-*, «quinta» +*ferĭa*, «dia de descanso»)

quintal¹ *n.m.* 1 terreno com horta ou jardim, junto de uma casa de habitação 2 pequena quinta 3 pátio (De *quinta*+*-al*)

quintal² *n.m.* 1 antiga unidade de peso equivalente a quatro arrobas, isto é, cerca de 60 quilogramas 2 unidade de medida de massa, de símbolo q, equivalente a 100 quilogramas; quintal métrico (Do ár. *quintar*, «peso de cem libras»)

quintalada *n.f.* certo número de quintais (De *quintal*+*-ada*)

quintalão *n.m.* quintal grande (De *quintal*+*-ão*)

quintaleiro *n.m.* 1 homem que trata do quintal 2 hortelão (De *quintal*+*-eiro*)

quintalejo¹ /ê/ *n.m.* quintal pequeno (De *quintal* [=terreno]+*-ejo*)

quintalejo² /ê/ *n.m.* meio quintal; peso de duas arrobas (De *quintal* [=peso]+*-ejo*)

quintalório *n.m.* quintal mal tratado ou desaproveitado (De *quintal*+*-ório*)

quintanista *n.2g.* estudante que frequenta o quinto ano de qualquer curso ou faculdade (De *quinto*+*ano*+*-ista*)

quintano *adj.* de cinco em cinco anos ■ *n.m.* o quinto numa série ■ *n.m.pl.* os soldados da quinta legião romana (Do lat. *quintānu-*, «que ocupa a quinta fileira»)

quintão¹ *n.m.* quinta grande; casal (De *quinta*+*-ão*)

quintão² *n.m.* [raramente usado] MÚSICA instrumento de cinco cordas, entre a viola e o violino, muito utilizado no período barroco ■ *adj.* ⇒ **quintano** *adj.* (Do lat. *quintānu-*, «que ocupa a quinta fileira»)

quintar *v.tr.* 1 dividir por 5 2 tirar a quinta parte de 3 tirar um elemento de uma série de cinco (De *quinto*+*-ar*)

quintarola *n.f.* quinta pequena (Por *quintola*, de *quinta*+*r*+*-ola*)

quinta-substância *n.f.* ⇒ **quinta-essência**

quinté *n.m.* 1 [São Tomé e Príncipe] espaço em que se realizam festas, representações e espetáculos vários 2 [São Tomé e Príncipe] pequena horta (Do forro *kinté*, «id.», a partir de *quintal*)

quinteiro *n.m.* 1 homem encarregado do trabalho e da vigilância de uma quinta; feitor; abegão 2 o que trata de uma quinta ou habita nela 3 pequeno quintal murado 4 [regionalismo] recinto descoberto e com estrume, junto da casa do lavrador 5 [regionalismo] curral de porcos; eido; cortinha (De *quinta*+*-eiro*)

quinteto /ê/ *n.m.* 1 MÚSICA conjunto de cinco instrumentos musicais ou de cinco vozes 2 MÚSICA composição musical escrita para esses conjuntos 3 grupo de cinco pessoas 4 LITERATURA ⇒ **quintilha** (Do it. *quintetto*, «id.»)

quint(i)- elemento de formação de palavras que exprime a ideia de *quinto*, *cinco* (Do lat. *quintu-*, «quinto»)

quintifalange *n.f.* ANATOMIA falange do quinto dedo do pé (De *quinti-*+*falange*)

quintifalangeta *n.f.* ANATOMIA falangeta do quinto dedo do pé (De *quinti-*+*falangeta*)

quintifalanginha *n.f.* ANATOMIA falanginha do quinto dedo do pé (De *quinti-*+*falanginha*)

quintilha *n.f.* LITERATURA estância de cinco versos (Do cast. *quintilla*, «id.»)

quintiliano *adj.* relativo a Quintiliano, escritor romano (35-96), ou à sua doutrina gramatical e retórica (De *Quintiliano*, antr.)

quintilião *num.card.* >*adj.num.* DT ,*n.m.* 1 um milhão de quatriliões; a unidade seguida de trinta zeros (10^{30}) 2 [Brasil] mil quatriliões; a unidade seguida de dezoito zeros (10^{18}) (Do it. *quintilione-*, «id.», pelo fr. *quintillion-*, «id.»)

quintissecular *adj.2g.* que tem cinco séculos (De *quinti-*+*secular*)

quinto *num.ord.* >*adj.num.* DT que, numa série, ocupa a posição imediatamente a seguir à quarta; que é o último numa série de cinco ■ *num.frac.* >*quant.num.* DT que resulta da divisão de um todo por cinco ■ *n.m.* 1 o que, numa série, ocupa o lugar correspondente ao número 5 2 uma das cinco partes iguais em que se dividiu um todo; quinta parte 3 quinta parte de uma pipa 4 *pl.* [pop.] sítio longínquo 5 *pl.* [pop.] Inferno; *ficar lá para os quintos* [pop.] ficar muito distante ou em lugar desconhecido; *ir/mandar para os quintos do*

quintu-

Inferno [pop.] ir/mandar embora de forma violenta (Do lat. *quintu-*, «id.»)

quintu- ⇒ **quint(i)-** (Do lat. *quintu-*, «id.»)

quintupleta *n.f.* velocípede de duas rodas, para cinco pessoas (De *quintuplo*+-*eta*)

quintuplicação *n.f.* ato ou efeito de quintuplicar (De *quintuplicar*+-*ção*)

quintuplicador *adj., n.m.* que ou aquele que quintuplica (De *quintuplicar*+-*dor*)

quintuplicar *v.tr., pron.* 1 multiplicar(-se) por cinco; tornar(-se) cinco vezes maior 2 [fig.] tornar(-se) muito maior (Do lat. *quintuplicāre*, «id.»)

quintuplicável *adj.2g.* que se pode quintuplicar (De *quintuplicar*+-*vel*)

quíntuplo *num.mult.* >*quant.num.* ᴰᵀ que contém cinco vezes a mesma quantidade ▪ *adj.* 1 que é cinco vezes maior 2 que consta de cinco partes ▪ *n.m.* valor ou quantidade cinco vezes maior (Do lat. **quintūplu-*, «id.»)

quinze *num.card.* >*quant.num.* ᴰᵀ dez mais cinco ▪ *n.m.* 1 o número 15 e a quantidade representada por esse número 2 o que, numa série, ocupa o décimo quinto lugar (Do lat. *quindĕcim*, «id.»)

quinzena /ê/ *n.f.* 1 período de quinze dias 2 retribuição ou salário correspondente a esse tempo 3 espécie de jaquetão comprido (De *quinze*+-*ena*)

quinzenal *adj.2g.* 1 referente a quinzena 2 que faz ou aparece de quinze em quinze dias (De *quinzena*+-*al*)

quinzenalmente *adv.* 1 de quinze em quinze dias 2 uma vez por quinzena (De *quinzenal*+-*mente*)

quinzenário *n.m.* publicação quinzenal (De *quinzena*+-*ário*)

quioco *adj.* relativo ou pertencente aos Quiocos ▪ *n.m.* 1 pessoa pertencente aos Quiocos 2 língua banta falada pelos Quiocos ou Chócues; chócue (De *Quiocos*, etn.)

Quiocos *n.m.pl.* ETNOGRAFIA povo que habita o Sul da República Democrática do Congo, o Nordeste de Angola e o Noroeste da Zâmbia (Forma deturpada do vernáculo *Tchokwe*, etn.)

quiosque *n.m.* pequeno pavilhão ou loja, geralmente em ruas, largos ou jardins, onde se vendem jornais, revistas, tabaco e outros pequenos artigos; tabacaria (Do turc. *kioskh*, «pavilhão», pelo fr. *kiosque*, «id.»)

quipo *n.m.* escrita usada pelos indígenas do Peru, que consta de pedaços de corda de comprimentos, grossuras e cores diferentes, pendentes, com nós, de uma corda comprida (Do quích. *quipu*, «nó»)

quiproquó /qui-i/ *n.m.* 1 engano; equívoco; mal-entendido 2 confusão de palavras (Do lat. *quid pro quo*, «uma coisa pela outra»)

quiqueriqui *n.m.* 1 som imitativo do canto do frango 2 [fig.] pessoa insignificante 3 [fig.] bagatela (De orig. onom.)

quiquia *n.f.* [Guiné-Bissau] ZOOLOGIA mocho (Do crioulo guineense *kikiya*, com forma semelhante no mandinga e no balanta)

quiragra *n.f.* MEDICINA gota (doença) das mãos ▪ *adj.2g.* que padece desta doença (Do gr. *kheirágra*, «que se apodera das mãos», pelo lat. *chirāgra-*, «gota das mãos»)

quiralgia *n.f.* MEDICINA dor nas mãos (Do gr. *kheiralgía*, «id.»)

quirana¹ *n.f.* 1 [Brasil] espécie de grânulo que se forma no cabelo 2 [Brasil] lêndea; piolho (Do tupi *ki'rana*, «id.»)

quirana² *n.f.* [Angola] [ant.] medida de oito jardas de fazenda

quirato *n.m.* BOTÂNICA ⇒ **fucamena** (De orig. obsc.)

quirche *n.m.* ⇒ **kirsch** (Do al., da abreviação de *Kirschwasser*, «id.»)

quirguiz *adj.2g.* relativo ou pertencente ao Quirguistão, país da Ásia Central ▪ *n.2g.* natural do Quirguistão ▪ *n.m.* língua falada neste país (De *Quirguistão*, top.)

quiribatiano *adj.* 1 do Quiribáti, arquipélago a nordeste da Austrália 2 relativo ao Quiribáti ▪ *n.m.* natural ou habitante do Quiribáti (De *Quiribáti*, top.+-*iano*)

quírie *n.m.* RELIGIÃO ⇒ **kírie** (Do gr. *Kýrie*, vocativo de *Kýrios*, «Senhor»)

quiriri *n.m.* [Brasil] calada da noite (Do tupi *kiri'ri*, «silencioso»)

quiritário *adj.* que diz respeito aos quirites (De *quirites*+-*ário*)

quirites *n.m.pl.* 1 os primeiros habitantes de Roma, antes da fusão com os Sabinos 2 título dos cidadãos que residiam em Roma e não serviam nos exércitos (Do lat. *quirites*, «id.»)

quir(o)- elemento de formação de palavras que exprime a ideia de *mão* (Do gr. *kheír, kheirós*, «mão»)

quirodáctilo *n.m.* dedo da mão (De *quir(o)-*+-*dáctilo*)

quiroga *n.f.* BOTÂNICA espécie de urze, de flores brancas, espontânea em Portugal; queiroga

quirografar *v.tr.* ⇒ **autografar** (De *quirógrafo*+-*ar*)

quirografário *adj.* que consta de um documento particular, não autenticado (Do lat. *chirographarĭu-*, «id.»)

quirográfico *adj.* 1 escrito à mão 2 autógrafo (De *quirógrafo*+-*ico*)

quirógrafo *n.m.* 1 autógrafo 2 breve pontifício inédito (Do gr. *Kheirógraphon*, «manuscrito», pelo lat. *chirographu-*, «autógrafo»)

quirologia *n.f.* linguagem com base em sinais feitos com os dedos, particularmente o alfabeto para surdos-mudos; dactilologia (De *quiro-*+-*logia*)

quirológico *adj.* relativo à quirologia (De *quirologia*+-*ico*)

quiromancia *n.f.* suposta adivinhação pelo exame das linhas da palma da mão (Do gr. *kheiromanteía*, «id.»)

quiromante *n.2g.* pessoa que exerce a quiromancia (Do gr. *kheirómantis*, «id.»)

quiromântico *adj.* da quiromancia ou a ela relativo (De *quiromante*+-*ico*)

quirómetro *n.m.* instrumento para tomar a medida das mãos, usado pelos luveiros (De *quiro-*+-*metro*)

quironomia *n.f.* arte de apropriar os gestos às palavras (Do gr. *kheironomía*, «id.», pelo lat. *chironomĭa-*, «id.»)

Quironómidas *n.m.pl.* ZOOLOGIA ⇒ **Quironomídeos**

Quironomídeos *n.m.pl.* ZOOLOGIA família de insetos dípteros cujo género-tipo se denomina *Chironòmus* (De *quironomo*+-*ídeos*)

quirónomo *n.m.* o que ensina ou pratica a quironomia (Do gr. *kheirónomos*, «que gesticula com cadência», pelo lat. *chironŏmos*, «id.»)

quiroplasto *n.m.* aparelho que se adapta ao piano para facilitar o estudo deste instrumento, regulando o movimento dos dedos (Do gr. *kheír, kheirós*, «mão» +*plástes*, «modelo», pelo it. *chiroplasto*, «id.»)

quiropodia *n.f.* MEDICINA tratamento das doenças das mãos e dos pés (Do gr. *kheír, kheirós*, «mão» +*poús, podós*, «pé» +-*ia*)

quiropodista *n.2g.* 1 o que se dedica à quiropodia 2 ⇒ **calista** (Do gr. *kheír, kheirós*, «mão» +*poús, podós*, «pé» +-*ista*)

quiroprática *n.f.* MEDICINA ⇒ **quiropraxia** (De *quiro-*+*prática*)

quiroprático *adj.* relativo à quiropraxia ou quiroprática ▪ *n.m.* aquele que pratica ou faz quiropraxia (De *quiropraxia*+-*ático*)

quiropraxia *n.f.* MEDICINA processo manual de reajustamento de desvios da coluna vertebral para evitar ou aliviar a compressão de certos nervos procedentes do canal raquidiano (Do gr. *kheír, kheirós*, «mão»+*práxis*, «ação; prática; exercício»+-*ia*)

quiróptero *adj.* ZOOLOGIA pertencente ou relativo aos quirópteros ▪ *n.m.* ZOOLOGIA espécime dos quirópteros ▪ *n.m.pl.* ZOOLOGIA grupo (ordem) de mamíferos a que pertencem os morcegos, cujos membros anteriores, providos de membrana alar desenvolvida, estão adaptados ao voo (Do gr. *kheír, kheirós*, «mão» +*pterón*, «asa»)

quiroscopia *n.f.* ⇒ **quiromancia** (Do gr. *kheír*, «mão» +*skopeīn*, «olhar» +-*ia*)

quirotonia *n.f.* ato de votar, entre os Gregos, levantando a mão (Do gr. *kheirotonía*, «id.»)

quirotribia *n.f.* fricção dada com a mão (Do gr. *kheirotribía*, «id.»)

quíscalo *n.m.* ORNITOLOGIA pássaro dentirrostro, da família dos Icterídeos, semelhante ao melro, que vive sobretudo na América Central e América do Norte, muito conhecido pela sua plumagem escura e luzidia com reflexos vermelhos (Do lat. cient. *quiscălus*, «id.», pelo fr. *quiscale*, «id.»)

quissanga *n.f.* [Angola] 1 pequena baía 2 [Angola] ilha junto a terra (Do quimb. *kisanga*, «ilha»)

quissange *n.m.* [Angola] MÚSICA ⇒ **quissanje** (Do quimb. *kisanji*, «id.»)

quissângua *n.f.* [Angola] variedade de cerveja de milho, muito consumida (Do quimb. *kisângua*, «id.»)

quissanje *n.m.* [Angola] MÚSICA instrumento constituído por uma série de lâminas dispostas sobre um retângulo de madeira e que produzem som ao ser percutidas com os dedos polegares (Do quimb. *kisanji*, «id.»)

quissarro *n.m.* ORNITOLOGIA ⇒ **rabilongo** *n.m.*

quissonde *n.m.* [Angola] grande formiga avermelhada, de mordedura dolorosa (Do quimb. *kisonde*, «id.»)

quístico *adj.* 1 relativo ou pertencente a quisto 2 que possui quisto ou quistos (De *quisto*+-*ico*)

quisto¹ *n.m.* MEDICINA tumor, em regra cavitário, que contém líquido e outras substâncias; **~ adventício** formação acidental no organismo, que envolve um corpo estranho; **~ dentígero** tipo de quisto dermoide com dentes; **~ de reprodução** estado de certos microrganismos que, dentro de uma formação envolvente, procedem à execução de fenómenos da reprodução; **~ de resistência** forma de resistência de microrganismos que produzem um invólucro dentro do qual permanecem quase inativos enquanto as condições do meio permanecem más; **~ dermoide** quisto cuja parede tem constituição semelhante à da pele; **~ digestivo** estado de certos microrganismos que, dentro de uma formação envolvente procedem à digestão dos alimentos capturados; **~ gasoso** pequeno quisto que contém gases desenvolvidos por ação bacteriana; **~ hidático** formação quística da equinococose; **~ piloso** modalidade de quisto dermoide que contém pelos; **~ sebáceo/adiposo** lipoma, esteatoma, quisto que contém substâncias adiposas (Do gr. *kýstis*, «bexiga; vesícula», pelo fr. *kyste*, «quisto»)

quisto² *adj.* querido; estimado; aceite (Do lat. **quaestu-*, por *quaesītu-*, part. pass. de *quaerĕre*, «querer»)

quistoso /ô/ *adj.* 1 que tem quistos 2 que produz quistos (De *quisto+-oso*)

quita *n.f.* remissão de dívida; quitação (Deriv. regr. de *quitar*)

quitaba *n.f.* [Angola] pasta de amendoim ou de gergelim (Do quimb. *kitaba*, «id.», a partir de *kutaba*, «estar peganhento»)

quitabo *n.m.* [Moçambique] livro; escritura (Do suaíli *kitabu*, «id.»)

quitação *n.f.* 1 ato ou efeito de quitar 2 desobriga de uma dívida 3 recibo que se entrega quando o devedor liquida a sua dívida (De *quitar+-ção*)

quitador *adj.,n.m.* que ou aquele que quita (De *quitar+-dor*)

quitamento *n.m.* 1 ⇒ **quitação** 2 [ant.] divórcio; separação (De *quitar+-mento*)

quita-merenda *n.f.* BOTÂNICA planta herbácea, da família das Liliáceas, com bolbo sólido, estreito e comprido, com flores que se desenvolvem antes das folhas, espontânea em Portugal, do Minho à Estremadura, e também designada noselha (De *quitar+merenda*)

quitanda *n.f.* 1 pequena loja ou barraca de comércio 2 pequena mercearia; tenda 3 [Brasil] pequeno estabelecimento onde se vendem frutas, legumes, ovos, etc. 4 [Brasil] tabuleiro onde o vendedor ambulante transporta as suas mercadorias (Do quimb. *quitanda*, «feira; venda»)

quitandar *v.intr.* exercer a profissão de quitandeiro (De *quitanda+-ar*)

quitandeiro *n.m.* 1 dono de quitanda 2 [Brasil] vendedor de frutas, hortaliças, aves, peixes, etc. (De *quitanda+-eiro*)

quitanga *n.f.* 1 caixa de amostras dos caixeiros-viajantes 2 [regionalismo] [pop.] ⇒ **quitanda** (De *quitanda*)

quitão *n.m.* ⇒ **quíton** (Do gr. *khitôn, ônos* «túnica; proteção, estojo»)

quitar¹ *v.tr.* 1 desobrigar de uma dívida ou obrigação; tornar quite 2 evitar; esquivar-se de 3 deixar; perder 4 impedir 5 tirar; afastar ■ *v.pron.* 1 desobrigar-se de uma dívida ou obrigação 2 divorciar-se (Do lat. *quietāre*, «deixar em paz», pelo fr. *quitter*, «deixar»)

quitar² *v.tr.* [coloq.] alterar ou melhorar as características originais de (veículo, aparelho, mecanismo) (Do ing. *kit*, «kit; conjunto de peças»+-*ar*)

quite¹ *adj.2g.* 1 livre de dívida; desobrigado 2 pago 3 desembaraçado 4 apartado; divorciado; desquitado; *estamos quites* estamos empatados ou igualados (em jogo ou em disputa) (Do fr. *quitte*, «id.»)

quite² *n.m.* TAUROMAQUIA ato que o toureiro pratica para afastar o touro do picador ou de outro toureiro em perigo (Deriv. regr. de *quitar*)

quitemente *adv.* 1 sem estorvo 2 livremente (De *quite+-mente*)

quiteta *n.f.* espécie de amêijoa pequena, própria dos climas quentes (Do quimb. *kuteta*, «descascar»)

quitina *n.f.* ZOOLOGIA substância orgânica, azotada, de formação cuticular, que torna mais ou menos resistente o tegumento de muitos invertebrados, como nos artrópodes e nematelmintes (Do gr. *khitôn*, «túnica»+-*ina*, ou do fr. *chitine*, «id.»)

quitinóforos *n.m.pl.* ZOOLOGIA designação que abrange os animais com evidente desenvolvimento de quitina no tegumento (De *quitina+-foro*)

quitinoso /ô/ *adj.* que tem quitina ou é relativo a esta substância (De *quitina+-oso*, ou do fr. *chitineux*, «id.»)

quitó *n.m.* 1 [regionalismo] indivíduo muito pequeno; cotó 2 [ant.] espada curta (De *cotó*)

quíton *n.m.* 1 ZOOLOGIA designação comum aos moluscos da classe dos poliplacóforos, de corpo achatado e concha dividida em oito placas transversais imbricadas; quitão 2 túnica leve usada pelos gregos (Do gr. *khitôn, ônos* «túnica; proteção, estojo»)

quitura *n.f.* [Moçambique] um moio de milho (De orig. africana)

quitute *n.m.* [Brasil] iguaria delicada; pitéu; paparico (Do quimb. *ki'tutu*, «indigestão»)

quivi *n.m.* 1 BOTÂNICA fruto de origem neozelandesa, de casca acastanhada e pilosa, e polpa esverdeada, saborosa e perfumada 2 BOTÂNICA planta que produz esse fruto 3 ORNITOLOGIA ave da ordem dos apterigiformes, de plumagem acastanhada, com asas rudimentares, muito curtas e cobertas de penugem, em vez de penas, o que a torna incapaz de voar (Do maori (neozelandês) *ki'wi*, «id.», pelo ing. *kiwi*, «id.»)

quixipá *n.m.* [São Tomé e Príncipe] habitação improvisada construída para os dias de festa (Do forro *kixipá*, «id.»)

quixotada /ê/ *n.f.* 1 ato ou dito quixotesco 2 fanfarronada; bazófia ridícula (De *Quixote*, antr., personagem principal da novela *Don Quixote de la Mancha*, do escritor esp. Miguel de Cervantes Saavedra, 1547-1616 +-*ada*)

quixotesco /ê/ *adj.* 1 relativo a D. Quixote 2 próprio de fanfarrão 3 ridículo; pretensioso 4 sonhador (De *Quixote*, antr. +-*esco*)

quixotice /ê/ *n.f.* ⇒ **quixotada** (De *Quixote*, antr. +-*ice*)

quixotismo /ê/ *n.m.* 1 qualidade de quixotesco 2 modo quixotesco de pensar e proceder 3 cavaleirismo exagerado 4 fanfarronice (De *Quixote*, antr. +-*ismo*)

quizango *n.m.* 1 [Angola] tentação 2 [Angola] encantamento natural (Do quimb. *kizangu*, «id.»)

quizila *n.f.* [Brasil] aborrecimento; briga; desavença

quizília *n.f.* [Brasil] ⇒ **quezília**

quizomba *n.f.* ⇒ **kizomba**

quizumba *n.f.* 1 [Moçambique] hiena 2 [Moçambique] fantasma (Do macua *kizumba*, «id.»)

quociente *n.m.* 1 MATEMÁTICA número inteiro cujo produto pelo divisor é igual ao dividendo, na divisão exata 2 MATEMÁTICA o maior número cujo produto pelo divisor não excede o dividendo, na divisão inteira; **~ de dois números racionais** número racional cujo produto pelo divisor é igual ao dividendo; **~ de inteligência (QI)** PSICOLOGIA medida média da inteligência traduzida num valor numérico que é o resultado da divisão da idade mental, determinada por meio de testes, pela idade real ou cronológica (Do lat. **quotiente-*, «quantas vezes»)

quodore *n.m.* 1 pequena porção de vinho ou do alimento 2 refeição que quebra o jejum; dejejum 3 [pop.] café fraco (Do lat. *quod ore [sumpsimus]*, «o que tomamos pela boca»)

quodório *n.m.* ⇒ **quodore**

quórum *n.m.* número de indivíduos presentes, necessário para que possa funcionar legalmente uma assembleia deliberativa (Do lat. *quorum*, genitivo pl. de *qui*, «dos quais»)

quota *n.f.* 1 parte na divisão de um todo; quinhão 2 determinada porção 3 contribuição de cada indivíduo para determinado fim; cota 4 ECONOMIA parte do capital de uma sociedade por quotas que cada um dos sócios detém 5 conjunto dos direitos e deveres de cada sócio 6 contribuição que uma pessoa está obrigada a pagar; prestação; **~ de audiências** TELEVISÃO número de pessoas, expresso em percentagem, que assiste a determinado programa ou que vê determinado canal, share; **~ disponível** parte da herança que excede a legítima e de que o autor da sucessão pode dispor por testamento ou doação; **~ de mercado** ECONOMIA fração de mercado que uma empresa ou um produto detém, expressa pela sua percentagem de vendas nesse mercado (Do lat. *quota-[parte-]*, «que parte; qual parte»)

quota-parte *n.f.* 1 parte proporcional com que cada indivíduo tem de contribuir para certo fim 2 quinhão que cada um deve receber na partição de uma quantia

quotidianamente *adv.* todos os dias; diariamente (De *quotidiano+-mente*)

quotidiano *adj.* 1 de todos os dias; diário 2 que sucede habitualmente ■ *n.m.* o que acontece todos os dias (Do lat. *quotidiānu-*, «id.»)

quotização *n.f.* 1 ato de quotizar 2 contribuição; tributo (De *quotizar+-ção*)

quotizar *v.tr.* 1 distribuir a cada um a sua quota-parte de despesa 2 repartir por cabeça (uma despesa) 3 reunir fundos por meio de quota-parte ou donativos ■ *v.pron.* 1 subscrever-se 2 pagar a sua parte (De *quota+-izar*)

quotizável *adj.2g.* que se pode quotizar; cotizável (De *quotizar+-vel*)

r *n.m.* **1** décima oitava letra e décima quarta consoante do alfabeto **2** letra que representa a consoante vibrante velar (ex. *rato*) e a consoante vibrante alveolar (ex. *caro*) **3** décimo oitavo lugar numa série indicada pelas letras do alfabeto **4** FÍSICA símbolo de *resistência* (com maiúscula) **5** FÍSICA símbolo de *röntgen* (com maiúscula) **6** MATEMÁTICA símbolo de *conjunto dos números reais* (com maiúscula); *com todos os ff e rr* com toda a perfeição

rã *n.f.* **1** ZOOLOGIA batráquio anuro, da família dos Ranídeos, com dorso verde, manchado de escuro, membros posteriores compridos, representado em Portugal por algumas espécies, frequente nas superfícies aquáticas e utilizado, por vezes, na alimentação **2** aparelho utilizado para compactar o solo (Do lat. *rana-*, «id.»)

rabaça *n.f.* BOTÂNICA nome vulgar de uma planta herbácea, da família das Umbelíferas, espontânea e frequente em Portugal, nos poços, charcos, ribeiros, etc. (Do lat. *rapacia-*, «folhas de rábano»)

rabaçal *n.m.* **1** terreno onde abundam as rabaças (plantas) **2** variedade de queijo português, feito com leite de vaca, ovelha e cabra (De *rabaça+-al*)

rabaçaria *n.f.* **1** [pop.] fruta de má qualidade **2** [ant.] hortaliças (De *rabaça+-aria*)

rabaceiro *adj.* **1** que gosta de toda a fruta **2** que come muita hortaliça **3** [pop.] pândego **4** [pop.] brejeiro **5** [pop.] ladrão de pomares **6** [pop.] mulherengo (De *rabaça+-eiro*)

rabachola *n.2g.* pessoa amiga da estúrdia, da pândega (De *F. Ravachol*, antr., anarquista fr., 1859-1892)

rabada *n.f.* **1** ZOOLOGIA região posterior, terminal de alguns mamíferos, aves e peixes; rabadela **2** cauda do peixe **3** trança de cabelo com fitas; rabicho **4** [pop.] nádegas (De *rabo+-ada*)

rabadão¹ *n.m.* **1** guardador de gado miúdo **2** pastor-chefe (Do ár. *rabb ad-dán*, «dono de carneiros»)

rabadão² *n.m.* rabo da vara do lagar (De *rabada+-ão*)

rabadela *n.f.* ⇒ **rabadilha** (De *rabada+-ela*)

rabadilha *n.f.* **1** ZOOLOGIA região posterior, terminal, de alguns mamíferos e peixes, onde se insere a cauda ou a barbatana caudal, respetivamente **2** ORNITOLOGIA extremidade da região caudal das aves, onde se implantam as retrizes; uropígio **3** peça de carne da parte posterior da rês **4** parte de uma pescaria que o pescador destina ao consumo próprio **5** [regionalismo] nádegas **6** [regionalismo] extremo **7** [ant.] cóccix (Do cast. *rabadilla*, «id.»)

rabalva *n.f.* ORNITOLOGIA nome vulgar de uma espécie de ave rapina, rara em Portugal; águia-pesqueira (De *rabalvo*)

rabalvo *adj.* de rabo ou cauda branca; rabialvo (De *rabo+alvo*)

rabanada¹ *n.f.* **1** pancada com o rabo, rabada ou cauda **2** meneio de quadris; saracoteio **3** ventania repentina, forte e violenta; rajada (De *rabo+n+-ada*)

rabanada² *n.f.* **1** CULINÁRIA fatia de pão que, depois de ser embebida em leite ou vinho adoçados e passada por ovo, se frita e se polvilha com açúcar e canela ou se rega com calda de açúcar **2** [regionalismo] tira de cortiça (De *rábano+-ada*, ou do cast. *rebanada*, «fatia de pão»)

rabanal *n.m.* terreno plantado de rábanos (De *rábano+-al*)

rabanar *v.tr.* [regionalismo] transformar em rabanadas (tiras de cortiça); rabanear (De *rábano+-ar*)

rabaneação *n.f.* [regionalismo] operação de rabanear (De *rabanear+-ção*)

rabaneadeira *n.f.* faca com que se rabaneia (De *rabanear+-deira*)

rabanear *v.tr.* [regionalismo] cortar em rabanadas; rabanar (De *rábano+-ear*)

rabanete /ê/ *n.m.* **1** BOTÂNICA planta herbácea, da família das Crucíferas, cuja raiz é um pequeno tubérculo comestível, de cor vermelha e gosto picante **2** BOTÂNICA raiz dessa planta (De *rábano+-ete*, ou do cast. *rabanete*, «id.»)

rabanho¹ *n.m.* ORNITOLOGIA ⇒ **peneireiro 2** (De *rabo+-anho*)

rabanho² *n.m.* [pop.] rebanho (De *rebanho*)

rábano *n.m.* **1** BOTÂNICA planta herbácea anual, da família das Crucíferas, de caule ramoso, folhas ásperas e grandes e fruto seco, com raízes carnudas e comestíveis que apresentam diversas cores consoante as variedades e têm um sabor picante **2** BOTÂNICA raiz dessa planta (Do gr. *rháphanos*, «rábano», pelo lat. cl. *raphănu-*, «id.», pelo lat. hisp. *rapănu-*, «id.»)

rábano-bastardo *n.m.* BOTÂNICA ⇒ **saramago**

rábano-silvestre *n.m.* BOTÂNICA planta anual, com flores amarelas, da mesma família do rábano, espontânea e frequente em Portugal, também conhecida por aneixa e saramago

rabão *adj.* **1** que tem rabo curto ou cortado **2** [regionalismo] (vestuário) comprido e desajeitado ■ *n.m.* **1** [pop.] Diabo **2** [regionalismo] barco do Douro, mais pequeno que o rabelo (De *rabo+-ão*)

rábão *n.m.* **1** BOTÂNICA variedade de rábano cultivada em Portugal **2** BOTÂNICA variedade de couve com intumescimento caulinar característico (Do gr. *rháphanos*, «rábano», pelo lat. cl. *raphănu-*, «id.», pelo lat. hisp. *rapănu-*, «id.»)

rabavento *adj.* (voo das aves) que se faz na direção do vento (De *rabo+ao+vento*)

rabaz *adj.2g.* que arrebata com violência; rapace (Do lat. *rapăce-*, «que rouba»)

rabdite *n.f.* ZOOLOGIA estrutura em forma de bastão ou vara (Do gr. *rhábdos* «vara; varinha» +-*ite*)

rabditiforme *adj.2g.* ZOOLOGIA em forma de rabdite; rabditoide (De *rabdite+forma*)

rabditoide *adj.2g.* **1** em forma de rabdite; rabditiforme **2** ZOOLOGIA diz-se da larva filiforme dos nematodes produtores da anemia dos mineiros, que vive na lama (das minas) e que origina a larva infetante (De *rabdite+-óide*)

rabditóide ver nova grafia rabditoide

rabdo- elemento de formação de palavras que exprime a ideia de *vara, varinha* (Do gr. *rhábdos*, «varinha»)

rabdocéleos *n.m.pl.* ZOOLOGIA grupo de platelmintes turbelários, com o aparelho digestivo representado por um canal sem ramificações (Do gr. *rhábdos*, «varinha» +*koîlos*, «oco, vazio»)

rabdologia *n.f.* processo de ensinar a calcular por meio de varinhas em que se escrevem números simples (De *rabdo-+-logia*)

rabdológico *adj.* relativo a rabdologia (De *rabdologia+-ico*)

rabdomancia *n.f.* pretensa arte de adivinhar por meio de uma vara (Do gr. *rábdos*, «varinha» +*manteía*, «adivinhação»)

rabdomante *n.2g.* pessoa que pratica a rabdomancia (Do gr. *rhábdos*, «varinha» +*mántis*, «adivinho»)

rabdomântico *adj.* **1** relativo à rabdomancia **2** que pratica a rabdomancia (De *rabdomante+-ico*)

rabdomioma *n.m.* MEDICINA tumor benigno raro do músculo esquelético ou do coração (De *rabdo-+mioma*)

rabdomiossarcoma *n.m.* MEDICINA tumor maligno raro do músculo esquelético, que ocorre em crianças (De *rabdo-+mio-+sarcoma*)

rabdossoma *n.m.* PALEONTOLOGIA colónia elementar de graptólitos (Do gr. *rhábdos*, «varinha» +*sōma*, «corpo»)

rabeador /ô/ *adj.* **1** que rabeia; que dá muito ao rabo **2** [fig.] inquieto; travesso (De *rabear+-dor*)

rabeadura *n.f.* **1** ato ou efeito de rabear; movimento do rabo ou da cauda **2** [fig.] traquinice **3** [fig.] desassossego; inquietação **4** [fig.] mal-estar (De *rabear+-dura*)

rabear *v.intr.* **1** agitar o rabo ou cauda **2** fazer o mesmo tipo de movimentos que faz um animal que abana o rabo; serpear **3** dirigir (o olhar) de soslaio para (algo ou alguém) **4** [fig.] estar inquieto; remexer-se **5** [Brasil] (automóvel) derrapar com as rodas traseiras ■ *v.tr.* dirigir (a charrua), pegando-lhe pela rabiça (De *rabo+-ear*)

rabeca *n.f.* **1** MÚSICA instrumento de madeira com quatro cordas, tocado com um arco **2** designação popular de violino **3** (bilhar) utensílio em que se apoia o taco quando a bola está em posição afastada **4** peça em que os ferreiros e torneiros fazem girar a broca **5** ICTIOLOGIA ⇒ **guitarra 6** [pop.] enxerga de palha **7** [pop.] pessoa impertinente; **queixo de ~** queixo comprido e saliente, pessoa com o queixo comprido e saliente; **que tal está o da ~!** não querem lá ver?; **tocar ~** [coloq.] falar mal de pessoa ausente (Do ár. *rabád*, «espécie de viola», pelo ant. prov. *rebec*, «id.»)

rabecada *n.f.* 1 MÚSICA passagem rápida do arco sobre as cordas da rabeca; toque de rabeca 2 som parecido com o da rabeca 3 [coloq.] repreensão; descompostura; censura 4 [coloq.] difamação; maledicência (De *rabeca+-ada*)

rabecão *n.m.* 1 MÚSICA instrumento análogo a uma rabeca, mas de tamanho maior e de sons graves; contrabaixo de cordas 2 músico que toca esse instrumento 3 [Brasil] carro funerário (De *rabeca+-ão*)

rabeco *n.m.* 1 [regionalismo] barqueiro da região portuguesa do Alto Douro 2 [pouco usado] livro antigo e que se considera ter pouco préstimo; alfarrábio (De *rabo+-eco*)

rabeio *n.m.* ato ou efeito de rabear; movimento do rabo ou da cauda (Deriv. regr. de *rabear*)

rabeira *n.f.* 1 rasto; peugada 2 cauda de vestido 3 sujidade na parte inferior do vestido 4 lugar elevado, na parte posterior das albardas 5 pragana do grão depois de joeirado; moinha 6 parte terminal de algo 7 [Brasil] parte traseira de veículo 8 *pl.* restos de qualquer coisa (De *rabeiro*)

rabeirada *n.f.* [regionalismo] pancada com rabeiro (rédea) (De *rabeiro+-ada*)

rabeiro *n.m.* 1 ⇒ **rabeira** 2 [regionalismo] rédea das cavalgaduras 3 [regionalismo] aquele que, na lavra, segura a rabiça da charrua ■ *adj.* 1 que se cria junto à cauda, ao rabo 2 diz-se da cortiça criada junto ao solo (De *rabo+-eiro*)

rabejador *adj.,n.m.* 1 que ou o que rabeja 2 TAUROMAQUIA que ou forcado que, durante a pega, domina o touro pelo rabo para ajudar o lidador ou os outros forcados (De *rabejar+-dor*)

rabejar *v.tr.* agarrar (o touro) pelo rabo ■ *v.intr.* 1 mexer com a cauda 2 arrastar a cauda do vestido (De *rabo+-ejar*)

rabel *n.m.* ⇒ **arrabil**

rabela[1] *n.f.* toda a parte posterior do arado, desde a relha à rabiça (De *rabo+-ela*)

rabela[2] /ê/ *n.f.* dança popular da região portuguesa de Barqueiros (Alto Douro) (De *rabelo*)

rabelaico *adj.* ⇒ **rabelaisiano** (De F. *Rabelais*, antr., escritor fr., 1495-1553 +-*ico*)

rabelaisiano *adj.* 1 livre de linguagem, à semelhança do estilo do escritor francês F. Rabelais, 1495-1553 2 licencioso (De F. *Rabelais*, antr. +-*iano*)

rabelo /ê/ *adj.* 1 natural de uma povoação ribeirinha do rio Douro 2 pertencente a essa região 3 NÁUTICA (embarcação) que tem fundo chato, sem quilha externa, é bicudo nas duas extremidades e tem por leme um remo muito comprido e grosso ■ *n.m.* 1 NÁUTICA embarcação típica do rio Douro, de fundo chato, sem quilha externa, bicuda nas duas extremidades, que tem por leme um remo muito comprido e grosso e era utilizada para transportar pipas de vinho 2 barqueiro que dirige essa embarcação 3 extremidade do arado que o lavrador empunha quando lavra a terra; rabiça 4 corda para segurar a rabiça (De *rabo+-elo*)

rabequear *v.intr.* MÚSICA tocar rabeca (De *rabeca+-ear*)

rabequinha *n.f.* ORNITOLOGIA ⇒ **pintassilgo-verde** (De *rabeca+-inha*)

rabequista *n.2g.* MÚSICA pessoa que toca rabeca (De *rabeca+-ista*)

rabeta /ê/ *n.f.* 1 ORNITOLOGIA pássaro da família dos Turdídeos, de plumagem escura, com penas ruivas na cauda, sedentário e frequente em Portugal; rabo-queimado; pisco-ferreiro 2 ORNITOLOGIA designação extensiva a uns pássaros de cauda muito comprida, da família dos Motacilídeos; alvéola 3 [gír.] charuto sem qualidade 4 [regionalismo] rapariga esperta, espevitada ■ *adj.* 1 designativo de corvina (quando ainda jovem) 2 designativo de uma formiga pequena ■ *n.m.* [vulg.] homossexual do sexo masculino (De *rabo+-eta*)

rabi *n.m.* 1 RELIGIÃO mestre da lei judaica 2 RELIGIÃO sacerdote da comunidade judaica (Do hebr. *rabbī*, «mestre», pelo lat. *rabbi*, «mestre; doutor»)

rab(i)-[1] elemento de formação de palavras que exprime a ideia de rabo, cauda (Do latim *rapu-*, «rábano; rabo»)

rab(i)-[2] elemento de formação de palavras que exprime a ideia de raiva (Do lat. vulg. *rabĭa*, por *rabĭe-*, «id.»)

rabia *n.f.* 1 espécie de jogo popular 2 [regionalismo] ORNITOLOGIA ⇒ **galinha-d'água** (De *rabo+-ia*)

rábia *n.f.* ⇒ **raiva** (Do lat. vulg. *rabĭa*, do lat. cl. *rabĭe-*, «raiva»)

rabialva *n.m.* 1 ORNITOLOGIA ⇒ **chasco-do-monte** 2 ORNITOLOGIA ⇒ **chasco-branco** (De *rabi+-alvo*)

rabialvo *adj.* de rabo ou cauda branca; rabalvo (De *rabi+-alvo*)

rabiar *v.intr.* sentir raiva; impacientar-se; irritar-se; enfurecer-se (Do cast. *rabiar*, «enraivecer»)

rabiça[1] *n.f.* 1 AGRICULTURA rabo do arado que o lavrador empunha quando lavra a terra 2 lugar elevado, na parte posterior das albardas (De *rabo+-iça*)

rabiça[2] *n.f.* [regionalismo] ⇒ **rabanete** (Do lat. *rapu-*, «rábano» +-*iça*)

rabição *adj.* (cavalo) que tem a cauda malhada de branco e de uma cor escura (De *rabi-+cão*)

rabichão *adj.* ⇒ **rabão** (De *rabicho+-ão*)

rabicheira *n.f.* parte do arreio da cavalgadura que passa por baixo do rabo e vai prender-se à correia que cinge a barriga (cilha); rabicho (De *rabicho+-eira*)

rabicho *n.m.* 1 trança de cabelo pendente da nuca 2 correia que passa por baixo do rabo do cavalo para segurar o selim; retranca 3 extremidade 4 ponta de um cabo ou de uma corda 5 peça da cabeçada dos bois de trabalho ■ *adj.* 1 (touro) cuja cauda não tem pelo na extremidade 2 (criança) traquina; irrequieto; **não ter rabichos** ser irrepreensível, ter boa reputação (De *rabo+-icho*)

rábico *adj.* relativo à raiva ou hidrofobia (Do lat. *rabĭe-*, «raiva» +-*ico*)

rabiçola *n.f.* 1 fruta de má qualidade, que se deixa nas árvores depois da colheita 2 hortaliça de fraca qualidade 3 planta raquítica (De *rabiça+-ola*)

rabiçolo /ô/ *n.m.* ⇒ **rabiçola**

rabicurto *adj.* de rabo curto (De *rabi-+curto*)

rábida *n.f.* 1 lugar sagrado 2 lugar de oração (Do ár. *rabita*, «id.»)

rabidância *n.f.* [Cabo Verde] ação de intermediário, com a compra de produtos e a respetiva revenda (Do crioulo *rabidansia*, «id.», de *revirar*)

rábido *adj.* 1 raivoso 2 enfurecido; muito irritado; danado (Do lat. *rabĭdu-*, «id.»)

rabifurcado *adj.* ZOOLOGIA que tem a cauda ou o rabo bifurcado (De *rabi-+bifurcado*, com hapl.)

rabigato *n.m.* casta de videira cultivada em Portugal, também conhecida por rabo-de-gato, carrega-besta, etc. (De *rabi-+gato*)

rabigo *adj.* 1 que mexe muito com o rabo 2 que nunca está quieto; irrequieto 3 [fig.] ativo; diligente (De *rabo+-igo*)

rabijunco *n.m.* ORNITOLOGIA ⇒ **arrabio** (De *rabi+-junco*)

rabil *n.m.* ⇒ **arrabil**

rabila *n.f.* ORNITOLOGIA ⇒ **galinha-d'água** (De *rabo+-ila*)

rabileiro *n.m.* tocador de rabil (De *rabil+-eiro*)

rabilha *n.f.* ORNITOLOGIA ⇒ **galinha-d'água** (De *rabo+-ilha*)

rabilongo *adj.* que tem rabo ou cauda longa ■ *n.m.* 1 ORNITOLOGIA pássaro da família dos Corvídeos, comum em Portugal, também conhecido por charneco e pega-azul 2 ORNITOLOGIA pássaro da família dos Parídeos, também denominado fradinho, mejengra, etc. (De *rabi+-longo*)

rabinice *n.f.* 1 ato ou qualidade de rabino; travessura; traquinice 2 rabugice 3 teimosia; perrice 4 amuo (De *rabino+-ice*)

rabínico *adj.* que diz respeito a rabino (De *rabino+-ico*)

rabino[1] *n.m.* RELIGIÃO mestre da lei judaica 2 RELIGIÃO sacerdote da comunidade judaica (Do hebr. *rabbī*, «mestre», pelo lat. *rabbi*, «id.», pelo it. *rabbino*, «id.»)

rabino[2] *adj.* 1 [coloq.] irrequieto 2 [coloq.] travesso; traquina 3 [coloq.] que amua 4 [coloq.] rabugento 5 [coloq.] teimoso; obstinado (De *rabo+-ino*)

rabiosca *n.f.* 1 letra mal feita; rabisco; gatafunho; garatuja 2 [pop.] ⇒ **rabiote** 3 rodeio 4 [regionalismo] armadilha (De *rabo*)

rabioso /ô/ *adj.* 1 que sofre de raiva; hidrófobo 2 furioso; irritado; enfurecido (Do lat. *rabiōsu-*, «raivoso»)

rabiosque *n.m.* [pop.] ⇒ **rabiote**

rabioste *n.m.* [pop.] ⇒ **rabiote**

rabiote *n.m.* [pop.] nádegas (De *rabi-+-ote*)

rabipreto /ê/ *adj.* que possui rabo ou cauda preta (De *rabi-+preto*)

rabirruiva *n.f.* ORNITOLOGIA ⇒ **rabo-queimado** (De *rabirruivo*)

rabirruivo *n.m.* ORNITOLOGIA ⇒ **pisco-ferreiro** (De *rabi+-ruivo*)

rabisca *n.f.* 1 traço ou risco mal feito; rabisco; garatuja; rabiosca 2 [regionalismo] ORNITOLOGIA ⇒ **pisco-ferreiro** 3 *pl.* [regionalismo] pequenas dívidas que os vendedores das aldeias registam com rabiscos no tampo das vasilhas, em lousas, etc. (De *rabisco*)

rabiscadeira *n.f.* 1 a que rabisca; a que escreve mal 2 escritora pouco valorizada (De *rabiscar+-deira*)

rabiscado *adj.* 1 em que se fez rabiscos ou gatafunhos 2 coberto de rabiscos (Part. pass. de *rabiscar*)

rabiscador *adj.* 1 que rabisca; que escreve mal ■ *n.m.* 1 o que rabisca; o que escreve mal 2 escritor pouco valorizado; escrevinhador (De *rabiscar+-dor*)

rabiscar *v.tr.,intr.* fazer traços mal feitos ou ao acaso; cobrir de rabiscos; traçar garatujas ■ *v.tr.* escrever à pressa e de modo confuso ou incompreensível; escrevinhar (De *rabisco*+-*ar*)
rabisco *n.m.* **1** traço ou risco mal feito; gatafunho; garatuja **2** *pl.* letras mal feitas ou palavras escritas de forma incompreensível **3** *pl.* escrito ou desenho sem valor **4** *pl.* [regionalismo] bocados de cortiça dispersos pelos caminhos ou debaixo dos sobreiros; *andar ao ~* percorrer áreas extensas para apanhar o que ficou esquecido na colheita (espigas, uvas, castanhas, etc.), andar ao rebusco (De *rabo*, com infl. de *risco*)
rabiscoelha /ê/ *n.f.* ORNITOLOGIA ⇒ **galinha-d'água** (De *rabo*+*coelha*)
rabisseco /ê/ *adj.* **1** que não dá fruto **2** estéril **3** entanguido (De *rabi-*+*seco*)
rabisteco *n.m.* [coloq.] ⇒ **rabistel**
rabistel *n.m.* [coloq.] nádegas (de criança) (De *rabo*)
rabita *n.f.* **1** ORNITOLOGIA em geral, os pássaros também conhecidos por rabeta **2** variedade de pera **3** rapariga esperta **4** [regionalismo] colher grande com que se deita a sopa nos pratos, e que é também denominada concha (De *rabo*+-*ita*)
rábita *n.f.* ⇒ **rábida**
rabita-ferreira *n.f.* ORNITOLOGIA rabo-queimado; pisco-ferreiro
rabo *n.m.* **1** extremidade posterior, mais ou menos prolongada, do corpo de muitos animais; região caudal; cauda **2** tufo de penas (retrizes) implantadas na região posterior do corpo das aves **3** zona da carcaça da rês bovina ou suína que equivale às vértebras caudais **4** nádegas; ânus **5** parte posterior ou prolongamento de algo **6** cauda de vestido ou laço grande pendente na zona dorsal **7** cabo por onde se empunha um instrumento ou objeto; *aqui é que a porca torce o ~* aqui é que está a dificuldade; *com fogo no ~* muito apressado; *dar ao ~* saracotear o rabo ao andar; *fugir com o ~ à seringa* evitar responsabilidades; *meter o ~ entre as pernas* dar-se por vencido; *o ~ é o pior de esfolar* a parte final de uma tarefa é sempre a mais trabalhosa (Do lat. *rapu-*, «rábano; nabo»)
rabo-branco *n.m.* **1** ORNITOLOGIA ⇒ **chasco-do-monte 2** ORNITOLOGIA ⇒ **melro-buraqueiro 3** casta de videira (De *rabo*+*branco*)
rabocoelha /ê/ *n.f.* ORNITOLOGIA ⇒ **galinha-d'água** (De *rabo*+*coelha*)
rabodarvela *n.f.* ORNITOLOGIA nome vulgar por que também é designada uma alvéola sedentária e comum em Portugal (De *rabo*+*de*+*arvela*)
rabo-de-bacalhau *n.m.* ORNITOLOGIA ⇒ **bacalhoeiro** *n.m.* **5**
rabo-de-cão *n.m.* BOTÂNICA planta herbácea, da família das Gramíneas, cujas espiguinhas têm brácteas glumáceas, e que é espontânea em Portugal
rabo-de-cavalo *n.m.* **1** BOTÂNICA ⇒ **cavalinha 1 2** BOTÂNICA designação extensiva a diversas plantas da família das Crucíferas e das Leguminosas ACORDO ORTOGRÁFICO sem alteração
rabo de cavalo *n.m.* forma de penteado em que o cabelo comprido é puxado atrás e preso de forma a cair como um rabo de cavalo ACORDO ORTOGRÁFICO a grafia anterior era **rabo-de-cavalo**
rabo-de-foguete *n.m.* ORNITOLOGIA ⇒ **rabilongo**
rabo-de-galo *n.m.* **1** BOTÂNICA ⇒ **balanquinho 2** [regionalismo] termo usado, especialmente no Norte de Portugal, para designar uma variedade de erva
rabo-de-gato *n.m.* **1** BOTÂNICA planta herbácea, da família das Gramíneas, com plumas truncadas transversalmente, espontânea em Portugal, nos terrenos arrelvados, e utilizada como forragem **2** (videira) ⇒ **rabigato 3** variedade de maçã cultivada em Portugal; *azedo como ~* muito azedo
rabo-de-palha ver nova grafia **rabo de palha**
rabo de palha *n.m.* **1** mancha na reputação **2** possível motivo de censura ou de condenação; *ter rabos de palha* [coloq.] ser conhecido por atos considerados censuráveis
rabo-de-raposa *n.m.* **1** BOTÂNICA planta herbácea pertencente a algumas espécies da família das Gramíneas, de espiguetas unifloras e cariopse ovoide, espontânea em Portugal **2** BOTÂNICA planta de flores amareladas e folhas cordiformes, da família das Labiadas, frequente e espontânea no centro e no Sul de Portugal **3** BOTÂNICA ⇒ **penacho 4** BOTÂNICA ⇒ **chorão 5** [Brasil] BOTÂNICA planta utilizada como forragens (capins), e também em farmácia
rabo-de-saia ver nova grafia **rabo de saia**
rabo de saia *n.m.* [Brasil] [pop.] mulher
rabo-de-tatu ver nova grafia **rabo de tatu**
rabo de tatu *n.m.* espécie de azorrague ou chicote de couro entrançado
rabo-de-zorra /ô/ *n.m.* BOTÂNICA erva-toira parasita das leguminosas lenhosas e das cistáceas, frequente em Portugal
rabo-leva *n.m.* **1** [coloq.] tira de papel ou de trapos que, por brincadeira, se prende, disfarçadamente, à roupa dos que vão passando,

na altura do Carnaval **2** [fig.] continuação de algo ou alguém; apêndice **3** [fig.] faixa longa **4** [fig.] série de pessoas ou coisas colocadas umas atrás das outras; fila **5** [fig.] motejo; zombaria (De *rabo*+*levar*)
rabona /ô/ *n.f.* **1** casaco curto de abas; jaqueta **2** fraque **3** [regionalismo] enxada de cabo curto (De *rabo*+-*ona*)
rabo-queimado *n.m.* ORNITOLOGIA pássaro da família dos Turdídeos, frequente em Portugal, também conhecido por rabeta, rabita, rabita-ferreira, rabirruiva, pisco-ferreiro, etc.
rabo-ruço *n.m.* ORNITOLOGIA ⇒ **pisco-ferreiro**
rabo-ruivo *n.m.* ORNITOLOGIA nome vulgar extensivo, em especial, a pássaros de duas espécies comuns em Portugal, conhecidos também por pisco-ferreiro e rabo-ruço
rabosalho *n.m.* grande rabo (De *raboso*+-*alho*)
rabosano *adj.,n.m.* [regionalismo] patego; labroste (De *raboso*+-*ano*)
raboso /ô/ *adj.* que tem cauda ou rabo comprido; rabilongo (De *rabo*+-*oso*)
rabotar *v.tr.* aplainar com rabote (De *rabote*+-*ar*)
rabote *n.m.* plaina grande de carpinteiro; rebote (Do fr. *rabot*, «id.»)
raboto /ô/ *adj.* **1** [regionalismo] de rabo curto **2** [regionalismo] que não tem rabo **3** [regionalismo] diz-se do animal de cauda curta ou que perdeu a cauda ou parte dela (De *rabo*+-*oto*)
rabudo *adj.* **1** que tem rabo grande **2** (vestido) que tem cauda comprida **3** teimoso; impertinente (De *rabo*+-*udo*)
rabuge *n.f.* ⇒ **rabugem**
rabugeira *n.f.* ⇒ **rabugem** (De *rabuge*+-*eira*)
rabugem *n.f.* **1** espécie de sarna que ataca os cães e os porcos **2** [Brasil] madeira difícil de trabalhar **3** [fig.] impertinência **4** [fig.] mau humor; agressividade; irritação (Do lat. *rubigĭne-*, «ferrugem das searas»)
rabugento *adj.* **1** que tem rabugem **2** que resmunga por tudo; mal-humorado; impertinente (De *rabugem*+-*ento*)
rabugice *n.f.* **1** qualidade de rabugento; resmunguice **2** mau humor; agressividade; irritação **3** impertinência de rabugento (De *rabugem*+-*ice*)
rabujado *adj.* pronunciado por entre dentes e com mau humor (Part. pass. de *rabujar*)
rabujão *n.m.* grande porção de rabugem ou sarna dos porcos (De *rabugem*+-*ão*)
rabujar *v.intr.* **1** estar sempre a resmungar por tudo **2** ser teimoso e impertinente **3** (criança) choramingar (De *rabugem*+-*ar*)
rabujaria *n.f.* **1** ⇒ **rabugice 2** [regionalismo] ramos pequenos (ladrões) que precisam de ser cortados para desenvolvimento da árvore (De *rabugem*+-*aria*)
rábula *n.m.* **1** advogado que embaraça as questões com artifícios **2** homem que fala muito sem chegar a uma conclusão ■ *n.f.* **1** pequeno papel, em peça teatral **2** pequena cena de carácter cómico; sketch (Do lat. *rabŭla-*, «mau advogado»)
rabulão *n.m.* **1** grande rábula **2** gabarola; fanfarrão; bravateador (De *rábula*+-*ão*)
rabular *v.intr.* **1** usar de artimanhas ou rabulice **2** proceder como rábula (De *rábula*+-*ar*)
rabularia *n.f.* **1** vida, atos ou ditos de rábula **2** palavras que não levam a lado nenhum; palanfrório **3** fanfarronada (De *rábula*+-*aria*)
rabulice *n.f.* **1** qualidade de rábula **2** meio de que se valem os rábulas; chicana **3** palavreado que não leva a lado nenhum (De *rábula*+-*ice*)
rabulista *adj.,n.2g.* que ou a pessoa que usa de rabulices; chicaneiro (De *rábula*+-*ista*)
rabunador *n.m.* operário que rabuna a cortiça (De *rabunar*+-*dor*)
rabunar *v.tr.* dividir (a cortiça) em tiras, que serão cortadas em pedaços de tamanho adequado para deles se fazerem rolhas (De orig. obsc.)
raça[1] *n.f.* **1** grupo de indivíduos pertencentes a um tronco comum e que apresentam particularidades análogas entre os membros da mesma espécie **2** ANTROPOLOGIA agrupamento natural de indivíduos que apresentam um conjunto comum de caracteres hereditários, tais como a cor da pele, os traços do rosto, o tipo de cabelo, etc., que definem variações dentro da mesma espécie **3** ZOOLOGIA subdivisão da espécie com uma unidade de constituição hereditária **4** grupo de ascendentes e descendentes de uma família, de uma tribo ou de um povo, cuja origem é um tronco comum; estirpe; geração; casta **5** grupo de indivíduos com origens étnicas, sociais ou linguísticas comuns **6** conjunto de pessoas definido pela profissão ou atividade comum; classe **7** [coloq.] vontade constante e firme; determinação **8** rasto; sinal; *acabar com a ~ de* [coloq.] derrotar; exterminar; *na ~* [Brasil] vigorosamente; *ser de má ~* ser de má qualidade, ser ruim (Do lat. med. *ratio*, «espécie», pelo it. *razza*, «raça»)

raça² n.f. 1 [regionalismo] réstia de sol 2 [regionalismo] mínima quantidade de qualquer coisa (Do lat. *reste*-, «corda; réstia de cebolas», pela forma pop. reça [= réstia])

ração n.f. 1 porção de víveres que se calcula necessária para consumo diário ou para cada refeição de um ser humano ou de um animal; quinhão 2 porção de alimento ou parte de bens essenciais de consumo que cabe a uma pessoa ou grupo numa situação fora do normal 3 porção de alimento que se dá aos animais de cada vez; ~ *de combate* ração constituída por géneros que podem ser consumidos como são distribuídos ou após simples aquecimento, utilizada pelos militares em situação de não poderem utilizar a ração normal (Do lat. *ratiōne*-, «id.»)

racémico adj. QUÍMICA diz-se do isómero composto de mistura equimolecular de dois isómeros oticamente ativos e contrários; *ácido* ~ forma racémica do ácido tartárico (Do lat. *racēmu*-, «cacho de uvas» +-*ico*)

racemífero adj. que tem ou produz cachos; racimífero (Do lat. *racemifěru*-, «id.»)

racemiforme adj.2g. que tem forma de cacho; racemoso; racimoso (Do lat. *racēmu*-, «cacho de uvas» +*forma*-, «forma»)

racemização n.f. QUÍMICA conversão de metade de dada quantidade de um composto oticamente ativo no seu enantiomorfo, acompanhado pela formação da modificação dextrogiro-levogiro (De *racemizar*+-*ção*)

racemizar v.tr. proceder à racemização de (De *racemo*+-*izar*)

racemo /ê/ n.m. ⇒ **racimo** (Do lat. *racēmu*-, «cacho de uvas»)

racemoso /ô/ adj. BOTÂNICA ⇒ **racimoso**

racha n.f. 1 abertura alongada e de maior ou menor extensão num corpo 2 fenda; greta 3 abertura perpendicular à bainha em peças de vestuário 4 [coloq.] corte na pele; ferida 5 lasca; estilhaço 6 [coloq.] pequena parte 7 [vulg.] órgão sexual feminino 8 [regionalismo] cavaco de lenha; acha 9 [regionalismo] cacete; varapau 10 [regionalismo] quinhão; parte; *sair o pau à* ~ sair o filho ao pai (Deriv. regr. de *rachar*)

rachadeira n.f. instrumento com que se fazem as incisões para a enxertia (De *rachar*+-*deira*)

rachadela n.f. 1 abertura feita por acidente numa superfície 2 fenda 3 corte na pele (De *rachar*+-*dela*)

rachado adj. 1 com rachas; fendido 2 quebrado; partido 3 partido em estilhaços; lascado (Part. pass. de *rachar*)

rachador adj.,n.m. que ou aquele que racha lenha; lenhador (De *rachar*+-*dor*)

rachadura n.f. 1 ato ou efeito de rachar 2 ⇒ **rachadela** (De *rachar*+-*dura*)

rachão n.m. 1 racha ou fenda grande 2 rasgão 3 [regionalismo] acha grande (De *racha*+-*ão*)

rachar v.tr.,intr.,pron. abrir fendas (em); dividir(-se) em rachas; fender(-se) ■ v.tr. 1 abrir de meio a meio; partir 2 partir em estilhaços; lascar 3 [pop.] bater com violência em; desancar 4 insultar; ofender; *frio de* ~ frio intenso; *ou vai ou racha!* tem de ser! (De orig. obsc.)

rachear v.tr. preencher com lascas de pedra e argamassa (as paredes em construção) (De *racha*+-*ear*)

rachedo /ê/ n.m. porção de lascas ou rachas de pedra (De *racha*+-*edo*)

racheta /ê/ n.f. fenda pequena (De *racha*+-*eta*)

racial adj.2g. 1 que diz respeito a raça 2 próprio de uma dada raça (Do fr. *racial*, «id.»)

rácico adj. ⇒ **racial** (De *raça*+-*ico*)

racimado adj. BOTÂNICA ⇒ **racimoso** (Do lat. *racemātu*-, «que tem cachos»)

racimífero adj. ⇒ **racemífero**

racimiforme adj.2g. ⇒ **racemiforme**

racimo n.m. 1 cacho de uvas 2 BOTÂNICA conjunto de flores ou de frutos dispostos em cacho (Do lat. *racēmu*-, «cacho de uvas»)

racimoso /ô/ adj. 1 BOTÂNICA que apresenta forma de um cacho de uvas 2 BOTÂNICA que possui flores ou frutos dispostos em cachos (Do lat. *racemōsu*-, «abundante em cachos»)

rácio n.m. 1 ESTATÍSTICA proporção entre dois valores 2 ESTATÍSTICA relação entre dois conjuntos (Do lat. *ratio*-, «razão», pelo ing. *ratio*, «id.»)

raciocinação n.f. 1 ato ou efeito de raciocinar 2 encadeamento de juízos ou raciocínios (Do lat. *ratiocinatiōne*-, «id.»)

raciocinador adj.,n.m. que ou aquele que raciocina (Do lat. *ratiocinatōre*-, «id.»)

raciocinar v.tr.,intr. fazer uso da razão para depreender, julgar ou compreender; encadear pensamentos de forma lógica; ponderar; refletir; pensar ■ v.tr. apresentar razões; concluir (Do lat. *ratiocināri*, «id.»)

raciocinativo adj. 1 relativo ao raciocínio 2 que envolve raciocínio (Do lat. *ratiocinatīvu*-, «id.»)

raciocínio n.m. 1 atividade da razão 2 encadeamento lógico de pensamentos 3 modo de pensar 4 LÓGICA operação discursiva do pensamento mediante a qual concluímos que uma ou várias proposições (premissas) implicam a verdade, a probabilidade ou a falsidade de uma outra proposição (conclusão) 5 LÓGICA resultado dessa operação 6 discurso (Do lat. *ratiocinĭu*-, «cálculo»)

racionabilidade n.f. 1 qualidade do que é racional 2 faculdade de raciocinar (Do lat. *rationabilitāte*-, «id.»)

racional adj.2g. 1 que possui a faculdade de raciocinar; que faz uso da razão 2 que se baseia na razão e na lógica 3 conforme à razão; razoável 4 que revela bom senso 5 FILOSOFIA que se deduz pelo raciocínio ■ n.m. ser pensante; *animal* ~ ser pensante, o ser humano; *número* ~ MATEMÁTICA número que é inteiro ou fracionário, isto é, número que é quociente de dois números inteiros (Do lat. *rationāle*-, «id.»)

racionalidade n.f. 1 qualidade do que é racional 2 faculdade de raciocinar 3 conjunto dos seres racionais 4 ECONOMIA obtenção do maior proveito possível com a menor quantidade de custos e esforços (Do lat. *rationalitāte*-, «faculdade de raciocinar»)

racionalismo n.m. 1 doutrina que afirma a primazia da razão 2 FILOSOFIA doutrina, oposta ao empirismo, segundo a qual a experiência é incapaz de explicar todos os nossos conhecimentos, em particular as ideias normativas e os princípios por meio dos quais raciocinamos 3 FILOSOFIA doutrina, oposta ao ceticismo, segundo a qual a razão humana é capaz de alcançar a verdade, porque as leis do pensamento racional são também as leis das coisas 4 FILOSOFIA doutrina segundo a qual só na razão devemos confiar e não admitir nos dogmas religiosos senão o que ela reconhece como lógico (De *racional*+-*ismo*, ou do fr. *rationalisme*, «id.»)

racionalista adj.2g. 1 que diz respeito ao racionalismo; relativo às doutrinas que defendem que a origem de todo conhecimento está na razão 2 que sobrevaloriza a razão em detrimento das outras faculdades psíquicas ■ n.2g. 1 pessoa que defende que a origem de todo conhecimento está na razão 2 pessoa que sobrevaloriza a razão em detrimento das outras faculdades psíquicas (De *racional*+-*ista*, ou do fr. *rationaliste*, «id.»)

racionalização n.f. 1 ato ou efeito de racionalizar 2 recurso à razão para resolver problemas práticos 3 ECONOMIA organização de uma atividade económica segundo os princípios racionais da eficiência, submetendo todos os seus elementos a um estudo científico 4 PSICANÁLISE justificação consciente de uma conduta dependente de outras motivações, geralmente inconscientes; ~ *de denominadores* MATEMÁTICA conversão de uma fração de denominador irracional em outra equivalente de denominador racional (De *racionalizar*+-*ção*)

racionalizado adj. objeto de racionalização; tornado racional (Part. pass. de *racionalizar*)

racionalizar v.tr. 1 submeter (atitude, comportamento, etc.) ao domínio da razão; tornar racional 2 tornar mais eficaz e produtivo 3 fazer meditar sobre; tornar reflexivo (De *racional*+-*izar*)

racionalmente adv. 1 de modo racional 2 com juízo (De *racional*+-*mente*)

racionamento n.m. 1 ato ou efeito de racionar 2 distribuição de víveres, por meio de ração 3 limitação da quantidade de determinados bens que cada pessoa pode adquirir (De *racionar*+-*mento*)

racionar v.tr. 1 impor oficialmente ração a 2 distribuir (géneros, víveres, etc.) por meio de ração 3 limitar a quantidade de 4 dar ou distribuir a ração a (animal) na hora certa (Do lat. *ratiōne*-, «ração» +-*ar*)

racionável adj.2g. 1 razoável 2 racional 3 suscetível de racionamento (Do lat. *rationabĭle*-, «id.»)

racioneiro adj.,n.m. 1 que ou aquele que tem direito a ração 2 que ou aquele que distribui as rações (Do lat. *rationarĭu*-, «encarregado da contabilidade»)

racismo n.m. 1 teoria que afirma a superioridade de certas raças e nela assenta a defesa do direito de dominar ou mesmo suprimir as outras 2 atitude preconceituosa e discriminatória contra indivíduos de determinada(s) raça(s) ou etnia(s) (De *raça*+-*ismo*, ou do fr. *racisme*, «id.»)

racista n.2g. partidário ou defensor do racismo ■ adj.2g. 1 referente ao racismo; relativo a atitude preconceituosa e discriminatória contra indivíduo(s) de determinada(s) raça(s) ou etnia(s) 2 próprio do racismo (De *raça*+-*ista*, ou do fr. *raciste*, «id.»)

raçoar v.tr. ⇒ **racionar** (De *ração*+-*ar*)

raçoeiro adj.,n.m. ⇒ **racioneiro** (De *ração*+-*eiro*)

raconto n.m. 1 narrativa 2 descrição (Do it. *racconto*, «narração»)

rad n.m. FÍSICA unidade de irradiação absorvida, de símbolo rd, que corresponde à absorção de 0,01 joules por quilograma

rada n.f. porto abrigado por terras mais ou menos altas (Do fr. *rade*, «enseada»)

radão n.m. QUÍMICA ⇒ **rádon**

radar n.m. técnica ou equipamento que serve para assinalar e localizar objetos distantes, móveis ou estacionários (aviões, submarinos, acidentes da costa, etc.) pela reflexão de ondas hertzianas ultracurtas, determinando a sua forma e a sua natureza, assim como o tempo de intervalo entre a emissão e a receção das ondas refletidas (Do ing. *radar*, da expr. *ra*dio *d*etection *a*nd *r*anging, «deteção e localização por rádio»)

radiação n.f. **1** ato ou efeito de radiar **2** emissão de raios luminosos; irradiação **3** FÍSICA energia emitida e difundida de um ponto a outros no espaço, através de fenómenos ondulatórios ou de partículas dotadas de energia cinética **4** FÍSICA forma de transferência de energia eletromagnética, incluindo raios gama, raios X, raios ultravioleta, raios visíveis, raios infravermelhos e rádio, que se propagam todos, no vazio, com a mesma velocidade; ~ *corpuscular* FÍSICA feixes de partículas, geralmente carregadas, que podem ser constituídas por radiação alfa, partículas beta, neutrões, protões, deuterões, mesões, átomos, moléculas, etc.; ~ *de ressonância* FÍSICA emissão, por um átomo excitado, de radiação da mesma frequência que a radiação excitadora; ~ *gama* FÍSICA radiação eletromagnética emitida por um núcleo atómico como resultado de uma transição quântica entre dois níveis de energia (símbolo γ), raios gama; ~ *heterogénea* FÍSICA radiação formada por ondas de várias frequências, feixe de partículas de velocidades diferentes, feixe formado por diferentes tipos de partículas; ~ *ionizante* FÍSICA radiação, eletromagnética ou corpuscular, capaz de produzir iões, direta ou indiretamente, na sua passagem através da matéria; *pressão de* ~ FÍSICA pressão exercida sobre uma superfície onde incide radiação eletromagnética (Do lat. *radiatiōne-*, «id.»)

radiactividade ver nova grafia **radiatividade**
radiactivo ver nova grafia **radiativo**[1]

radiado adj. **1** disposto em raios **2** que tem elementos que partem de um centro comum **3** BOTÂNICA (flor) cujas pétalas formam coroa **4** ZOOLOGIA relativo ou pertencente aos radiados ■ n.m. ZOOLOGIA espécime dos radiados ■ n.m.pl. ZOOLOGIA grupo de protozoários cujos pseudópodes se dispõem radialmente (Do lat. *radiātu-*, «que tem raios»)

radiador adj. que emite e difunde radiação ou radiações; que irradia; irradiador ■ n.m. **1** aparelho que serve para aumentar a superfície de irradiação de energia calorífica **2** aparelho destinado a arrefecer a água que circula no motor de um automóvel **3** aparelho eletrodoméstico destinado ao aquecimento do ambiente interno de edifícios (Do fr. *radiateur*, «id.»)

radial adj.2g. **1** que se dispõe tal como os raios saídos de um centro comum **2** do qual saem raios **3** GEOMETRIA relativo ao raio **4** (guindaste) de movimento rotativo completo **5** ANATOMIA relativo ou pertencente ao rádio (osso) **6** ANATOMIA diz-se de músculos, veias, artérias, nervos, etc., relacionados com o rádio (osso) **7** que diz respeito à rádio (aparelho, estação) **8** ZOOLOGIA diz-se de certa nervura (ou região) da asa de alguns insetos **9** QUÍMICA relativo ao rádio (metal) (Do lat. cient. *radiāle-*, «radial»)

radialista n.2g. **1** pessoa que se ocupa de assuntos relativos à rádio, como a organização e a execução de programas radiofónicos **2** locutor da rádio; artista da rádio (De *radial* [= relativo a rádio]+*-ista*)

radiância n.f. **1** ato ou efeito de radiar; radiação **2** brilho **3** FÍSICA quociente do fluxo luminoso que radia uma superfície pela sua área (De *radiar*+*-ância*)

radiano n.m. GEOMETRIA unidade de medida de ângulo plano do Sistema Internacional, de símbolo rad, definida como a medida do ângulo plano convexo compreendido entre dois raios de uma circunferência, que nesta determinam um arco que, retificado, tem comprimento igual ao raio da circunferência (Do lat. *radĭu-*, «raio»+-*ano*)

radiante adj.2g. **1** que radia; fulgurante; brilhante **2** contente; cheio de alegria **3** esplêndido **4** promissor **5** que sai de um centro como os raios de um círculo; *energia* ~ FÍSICA energia transportada pelas radiações eletromagnéticas (Do lat. *radiante-*, «id.», part. pres. de *radiāre*, «tornar radiante»)

radiar v.intr. **1** emitir raios de luz ou de calor **2** cintilar; refulgir ■ v.tr. **1** cercar de raios brilhantes; aureolar **2** irradiar **3** emitir pela telegrafia ou pela rádio (Do lat. *radiāre*, «tornar radiante»)

radiários n.m.pl. ZOOLOGIA antiga designação de um grupo de animais de simetria radiada, que compreendia os equinodermes, os espongiários e os celenterados; fitozoários (Do lat. *radĭu-*, «raio» + -*ários*)

radiastronomia n.f. ⇒ **radioastronomia**
radiatividade n.f. ⇒ **radioatividade**
radiativo[1] /rá/ adj. ⇒ **radioativo**
radiativo[2] /rà/ adj. referente a transformações em que há emissão de radiações (De *radiar*+*-tivo*)

radicação n.f. **1** ato ou efeito de radicar ou radicar-se **2** fixação de residência **3** criação de raízes (De *radicar*+*-ção*)

radicado adj. **1** que se radicou **2** que se estabeleceu de modo definitivo ou profundo; enraizado **3** que fixou residência; residente; domiciliado (Part. pass. de *radicar*)

radical adj.2g. **1** relativo a raiz **2** fundamental; básico; essencial **3** completo; total **4** drástico; profundo **5** decisivo **6** que é inflexível ou intransigente nas ideias ou nas atitudes; radicalista **7** POLÍTICA que pretende reformas profundas na organização social; radicalista **8** POLÍTICA que sustenta posições extremistas; radicalista **9** (atividade desportiva) em que se procuram experiências perigosas e arriscadas ■ n.2g. **1** POLÍTICA pessoa que pretende reformas profundas na organização social; radicalista **2** POLÍTICA pessoa que defende posições extremistas; radicalista **3** pessoa inflexível ou intransigente nas ideias ou nas atitudes; radicalista ■ n.m. **1** GRAMÁTICA parte invariável de uma palavra, que não pode ser dividida em constituintes menores e que contém o sentido básico da palavra **2** QUÍMICA grupo de átomos que se mantêm inalteráveis durante as transformações químicas que afetam a parte restante da molécula a que pertencem **3** elemento que constitui parte de um carácter chinês **4** pl. POLÍTICA partidos que, a nível ideológico, ocupam as posições extremas do leque partidário; *sinal do* ~ MATEMÁTICA o sinal √ usado para simbolizar a raiz quadrada de um número e, mais geralmente, o sinal n√, para alguma das raízes de índice n (Do lat. *radicāle-*, «da raiz»)

radicalismo n.m. **1** POLÍTICA sistema político que pretende reformas profundas na organização social **2** POLÍTICA doutrina intransigente e extremista a nível político **3** inflexibilidade ou extremismo nas ideias, atitudes, etc. (De *radical*+*-ismo*, ou do fr. *radicalisme*, «id.»)

radicalista adj.,n.2g. **1** POLÍTICA que ou pessoa que pretende reformas profundas na organização social **2** POLÍTICA que ou pessoa que defende posições extremistas **3** que ou pessoa que é inflexível ou intransigente nas ideias ou nas atitudes (De *radical*+*-ista*, ou do fr. *radicaliste*, «id.»)

radicalização n.f. **1** ato ou efeito de tornar radical ou extremo **2** atitude ou comportamento intransigente (De *radicalizar*+*-ção*)

radicalizar v.tr. **1** tornar radical ou extremo **2** favorecer o radicalismo de ■ v.pron. tomar ou defender atitudes radicais; ser extremista ■ v.tr.,pron. agravar(-se) (conflito, opinião, problema) (De *radical*+*-izar*)

radicalmente adv. **1** de modo radical **2** pela raiz **3** totalmente **4** essencialmente (De *radical*+*-mente*)

radicando adj.,n.m. MATEMÁTICA diz-se de ou número ao qual se vai extrair uma raiz (De *radicar*+*-ando*)

radicante adj.2g. BOTÂNICA (órgão vegetal) que produz ou é capaz de produzir raízes (Do lat. *radicante*, «que cria raízes», part. pres. de *radicāre*, «deitar raízes»)

radicar v.tr. **1** estabelecer de modo profundo; arraigar; enraizar; fixar; infundir **2** basear-se (em); assentar (em) **3** tornar mais forte; consolidar ■ v.pron. **1** criar raízes; enraizar-se **2** consolidar-se; tornar-se mais forte **3** firmar-se; fixar-se **4** fundamentar-se **5** estabelecer-se; fixar residência (Do lat. *radicāre*, «criar raízes»)

radici- elemento de formação de palavras, de origem latina, que exprime a ideia de *raiz*, *radical* (Do lat. *radīce-*, «raiz»)

radiciação n.f. MATEMÁTICA ato ou operação de extrair raízes a um número (De **radiciar*, do lat. *radīce-*, «raiz»+*-ção*)

radicícola adj.2g. **1** (parasita) que se instala nas raízes das plantas; radícola **2** relativo a forma evolutiva da filoxera que habita a raiz da videira parasitada (Do lat. *radīce-*, «raiz» +*colĕre*, «habitar»)

radiciforme adj.2g. BOTÂNICA semelhante a raiz (Do lat. *radīce-*, «raiz» +*forma-*, «forma»)

radicívoro adj. que se alimenta de raízes (Do lat. *radīce-*, «raiz» +*vorāre*, «devorar»)

radicóforo n.m. BOTÂNICA ramo (caule) especial, filiforme, desprovido de folhas e portador de raízes (Do lat. *radīce-*, «raiz»+gr. *phorós*, «portador»)

radícola *adj.2g.* BOTÂNICA que vive ou aparece nas raízes de um vegetal; radicícola (Por *radicícola*, de *radíce-*, «raiz» +*colère*, «habitar»)

radicoso /ô/ *adj.* que tem muitas raízes (Do lat. *radicōsu-*, «id.»)

radicotomia *n.f.* CIRURGIA ⇒ **rizotomia** (Do lat. *radíce-*, «raiz»+gr. *tomé*, «corte» +*-ia*)

radícula *n.f.* 1 BOTÂNICA raiz pequena; raigota 2 BOTÂNICA cada uma das ramificações terminais, delgadas, de uma raiz 3 BOTÂNICA raiz rudimentar do embrião, que é a raiz inicial da planta (Do lat. *radicŭla-*, «id.»)

radiculado *adj.* que possui raízes ou radículas (Part. pass. de *radicular*)

radiculalgia *n.f.* dor surda e contínua, entrecortada de violentos paroxismos, devida a irritação ou inflamação das raízes dos nervos cranianos ou raquidianos (De lat. *radicŭla-*, «raiz pequena»+gr. *álgos*, «dor» +*-ia*)

radiculálgico *adj.* relativo a radiculalgia (De *radiculalgia*+*-ico*)

radicular *adj.2g.* 1 BOTÂNICA que pertence ou diz respeito à radícula ou à raiz 2 ANATOMIA que se refere à raiz dos nervos 3 MEDICINA localizado nas raízes dos nervos espinais ∎ *v.intr.* deitar raízes (Do lat. *radiculāre*, «id.»)

radiculite *n.f.* MEDICINA inflamação de uma raiz nervosa (De *radícula*+*-ite*)

radielectricidade ver nova grafia **radieletricidade**
radielemento *n.m.* ⇒ **radioelemento**
radieletricidade *n.f.* ⇒ **radioeletricidade**
radiemissão *n.f.* ⇒ **radiodifusão**
radiemissor *n.m.* ⇒ **radioemissor**
radiemitir *v.tr.* ⇒ **radiodifundir**
radiestesia *n.f.* ⇒ **radioestesia**
radiestésico *adj.* ⇒ **radioestésico**
radiestesista *n.2g.* ⇒ **radioestesista**
radiisótopo *n.m.* ⇒ **radioisótopo**

radi(o)- elemento de formação de palavras que exprime a ideia de *rádio* e de *radiação* (Do lat. *radĭu-*, «raio»)

rádio¹ *n.m.* ANATOMIA o osso mais curto e externo dos dois que formam o endosqueleto do antebraço (Do lat. *radĭu-*, «raio»)

rádio² *n.m.* QUÍMICA elemento químico com o número atómico 88 e de símbolo Ra, de tipo metálico, radioativo (Do lat. cient. *radium*)

rádio³ *n.m.* aparelho recetor de sinais radiofónicos ∎ *n.f.* 1 sistema de emissão e transmissão de som, utilizando as ondas hertzianas; radiodifusão 2 estação radiodifusora que transmite programas de entretenimento, informação, etc., utilizando as propriedades das ondas hertzianas 3 posto emissor de sons por meio de ondas hertzianas; radiofonia (De *rádio[telefonia]*)

radioactividade ver nova grafia **radioatividade**
radioactivo ver nova grafia **radioativo**

radioamador *n.m.* pessoa que opera, sem fins lucrativos, em posto radiofónico particular e permuta os seus programas com outras pessoas (De *radio-*+*amador*)

radioamadorismo *n.m.* atividade de exploração de posto radiofónico particular sem fins lucrativos (De *radioamador*+*-ismo*)

radioastronomia *n.f.* estudo das radiações eletromagnéticas (ondas curtas e extracurtas) que atingem a superfície da Terra, vindas do espaço exterior (De *radio-*+*astronomia*)

radioatividade *n.f.* FÍSICA, QUÍMICA propriedade que certos núcleos atómicos instáveis têm de se desintegrarem espontaneamente transformando-se em núcleos mais estáveis, geralmente acompanhados de emissão de partículas alfa ou beta e de raios gama; ~ *artificial* desintegração espontânea de núcleos de átomos criados artificialmente, efetuada por emissão de partículas alfa, beta ou positrão e raios gama (De *radio-*+*actividade*)

radioativo *adj.* FÍSICA, QUÍMICA que é dotado de radioatividade; *fonte radioativa* qualquer material que emite radiações ionizantes; *nuclídeo* ~ espécie nuclear que possui radioatividade (De *radio-*+*-activo*)

radiobiologia *n.f.* parte da biologia que estuda o efeito das radiações nos seres vivos (De *radio-*+*biologia*)

radiocomunicação *n.f.* emissão de sinais, imagens ou sons por meio de ondas eletromagnéticas (De *radio-*+*comunicação*)

radiocondutibilidade *n.f.* FÍSICA propriedade que certas partículas têm de se tornarem condutoras sob a ação de ondas eletromagnéticas (De *radio-*+*condutibilidade*)

radiocondutor *n.m.* 1 recetor de ondas, na telegrafia sem fios 2 FÍSICA partícula que se torna condutora sob a ação de ondas eletromagnéticas (De *radio-*+*condutor*)

radiocultura *n.f.* aplicação das cores do espetro solar à cultura das plantas (De *radio-*+*cultura*)

radiodermite *n.f.* lesão cutânea devida à ação de substâncias radioativas ou dos raios X (De *radio-*+*dermite*)

rádio-despertador *n.m.* aparelho de rádio com funções de despertador

radiodiagnóstico *n.m.* MEDICINA diagnóstico obtido pela aplicação dos raios X ou das radiações das substâncias radioativas (De *radio-*+*diagnóstico*)

radiodifundir *v.tr.* fazer a difusão de (sons e/ou imagens) através de ondas hertzianas; radioemitir (De *radio-*+*difundir*)

radiodifusão *n.f.* difusão ou transmissão de sons e/ou imagens através de ondas hertzianas; radioemissão (De *radio-*+*difusão*)

radioecologia *n.f.* área da ecologia que estuda as relações entre os ecossistemas e as radiações ou os radioelementos que os poluem (De *radio-*+*ecologia*)

radioecológico *adj.* ECOLOGIA relativo a radioecologia (De *radioecologia*+*-ico*)

radioelectricidade ver nova grafia **radioeletricidade**

radioelemento *n.m.* elemento radioativo, natural ou artificial (De *radio-*+*elemento*)

radioeletricidade *n.f.* FÍSICA parte da física que trata do estudo e aplicação das ondas hertzianas (De *radio-*+*electricidade*)

radioemissão *n.f.* ⇒ **radiodifusão** (De *radio-*+*emissão*)

radioemissor *n.m.* aparelho ou posto que difunde ou transmite sons e/ou imagens através de ondas hertzianas (De *radio-*+*emissor*)

radioemitir *v.tr.* ⇒ **radiodifundir** (De *radio-*+*emitir*)

radioestesia *n.f.* 1 sensibilidade a qualquer espécie de radiações 2 processo de deteção fundado nesta sensibilidade 3 forma de adivinhação por meio de movimento (a que seriam sensíveis certos indivíduos) de varas ou de esferas pendentes, que revelariam, à distância, a presença de fontes, de jazidas de minérios, de cadáveres, de doenças, de objetos perdidos, etc. (Do lat. *radĭu-*, «raio»+gr. *aísthesis*, «sensação»)

radioestésico *adj.* referente à radioestesia (De *radioestesia*+*-ico*)

radioestesista *n.2g.* pessoa que pratica a radioestesia (De *radioestesia*+*-ista*)

radiofarol *n.m.* estação fixa de rádio, de emissão temporária ou permanente, cujos sinais, captados a bordo de uma aeronave, permitem determinar a sua posição (De *radio-*+*farol*)

radiofone *n.m.* aparelho que transforma a energia radiante em energia mecânica, sob a forma sonora (De *radio-*+*fone*)

radiofonia *n.f.* 1 emissão e transmissão do som, utilizando as propriedades das ondas hertzianas; radiodifusão 2 posto emissor de sons por meio de ondas hertzianas; rádio (De *radio-*+*-fonia*)

radiofónico *adj.* referente à radiofonia (De *radiofonia*+*-ico*)

radiofrequência /qu-en/ *n.f.* FÍSICA frequência de uma onda de rádio, cuja gama varia aproximadamente de dez quilociclos a cerca de trinta megaciclos por segundo (De *radio-*+*frequência*)

radiogénico *adj.* relativo aos aparelhos ou substâncias produtoras de radiações (Do lat. *radĭu-*, «raio»+gr. *génos*, «origem; formação» +*-ico*)

radiogoniometria *n.f.* processo de determinação da posição de um barco, usado em navegação, baseado no funcionamento dos radiogoniómetros (De *radio-*+*goniometria*)

radiogoniométrico *adj.* relativo à radiogoniometria (De *radiogoniometria*+*-ico*)

radiogoniómetro *n.m.* aparelho que permite determinar a direção de propagação das ondas eletromagnéticas provenientes de um dado emissor (De *radio-*+*goniómetro*)

radiografar *v.tr.* 1 fazer a radiografia de 2 [fig.] fazer um estudo pormenorizado de (Do lat. *radĭu-*, «raio»+gr. *gráphein*, «escrever» + *-ar*)

radiografia *n.f.* 1 registo fotográfico obtido por meio de radiações de comprimento de onda muito curto, como os raios X ou os raios gama, podendo também ser obtido por aplicação de neutrões, partículas alfa, eletrões ou protões 2 chapa que resulta desse registo fotográfico 3 [fig.] estudo pormenorizado e aprofundado (de facto ou situação) (Do lat. *radĭu-*, «raio»+gr. *gráphein*, «escrever» +*-ia*)

radiográfico *adj.* que diz respeito à radiografia (De *radiografia*+*-ico*)

radiograma *n.m.* 1 comunicação feita ou recebida pela telegrafia sem fios; marconigrama 2 FÍSICA registo fotográfico obtido por meio de radiações de comprimento de onda muito curto, como os raios X; radiografia (De *radio-*+*-grama*)

rádio-gravador *n.m.* aparelho que recebe sinal radiofónico, efetua gravações desse sinal num suporte apropriado (geralmente fita magnética) e lê o que se encontra gravado nesse mesmo suporte

radioisótopo n.m. FÍSICA isótopo radioativo (De radio-+isótopo)
radiola n.f. MÚSICA grafonola associada a um aparelho de radiofonia (De radio-+[grafon]ola)
radiolário adj. ZOOLOGIA relativo ou pertencente aos radiolários ■ n.m. ZOOLOGIA espécime dos radiolários ■ n.m.pl. ZOOLOGIA grupo de protozoários marinhos, rizópodes reticulados, com formação esquelética interna e cápsula que separa o ectoplasma do endoplasma (Do lat. radiŏlu-, «raio pequeno» +-ário)
radiolarito n.m. PETROLOGIA rocha sedimentar siliciosa, formada, em grande parte, por esqueletos de radiolários (De radiolário+-ito)
radíolas n.f.pl. PALEONTOLOGIA, ZOOLOGIA órgãos calcários móveis, de tamanho e forma variados, que guarnecem as carapaças dos ouriços-do-mar e são também chamados rainhas (Do lat. radiŏlu-, «raio pequeno»)
radiólise n.f. QUÍMICA utilização de radiação nuclear ionizante para efetuar reações químicas por excitação e ionização (Do lat. radīu-, «raio»+gr. lýsis, «dissolução»)
radiologia n.f. 1 FÍSICA estudo de certas radiações eletromagnéticas (raios X, ultravioleta, etc.) 2 MEDICINA ramo da medicina que se ocupa da aplicação dessas radiações ao diagnóstico e à terapêutica (De radio-+-logia)
radiológico adj. que diz respeito à radiologia (De radiologia+-ico)
radiologista n.2g. FÍSICA, MEDICINA especialista em radiologia (De radiologia+-ista)
radioluminescência n.f. FÍSICA emissão luminosa efetuada por uma substância excitada por radiações nucleares (De radio-+luminescência)
radiomaníaco adj.,n.m. que ou aquele que tem paixão pela rádio (De radio-+maníaco)
radiomensagem n.f. mensagem transmitida pela rádio (De radio-+mensagem)
radiometria n.f. 1 FÍSICA emprego ou aplicação do radiómetro 2 FÍSICA medição do fluxo de energia de radiação eletromagnética (infravermelho, visível, ultravioleta) (De radio-+-metria)
radiométrico adj. relativo a radiometria ou a radiómetro (De radiometria+-ico)
radiómetro n.m. 1 FÍSICA instrumento que serve para medir ou detetar a energia radiante 2 pequeno aparelho inventado por W. Crookes, físico e químico inglês (1832-1919), destinado a evidenciar a transformação da energia luminosa em mecânica 3 NÁUTICA antigo instrumento náutico para avaliar a altura dos astros; balestilha (De radio-+-metro)
radiomicrómetro n.m. FÍSICA instrumento para medir intensidades de radiação muito pequenas (De radio-+micrómetro)
radionovela n.f. folhetim radiofónico (De radio-+novela)
radionuclídeo n.m. FÍSICA nuclídeo radioativo (De radio-+nuclídeo)
radiopaco adj. MEDICINA designativo da substância que não é atravessada pelos raios X ou por outras radiações ionizantes (De radio-+opaco)
radiopatia n.f. MEDICINA qualquer lesão provocada pelas radiações (Do lat. radīu-, «rádio»+gr. páthos, «doença» +-ia)
radiopatrulha n.f. 1 sistema de policiamento em que uma estação central está em contacto com carros de polícia providos de aparelhos recetores, informando-os das ocorrências 2 veículo equipado com estes aparelhos recetores (De radio-+patrulha)
rádio-pirata n.f. estação radiofónica que opera sem as devidas licenças
radioquímica n.f. QUÍMICA parte da química que estuda os fenómenos químicos associados à radioatividade (De radio-+química)
radiorrastreio n.m. MEDICINA sondagem dos vestígios de uma doença por meio dos raios X (De radio-+rastreio)
radiorreceptor ver nova grafia radiorrecetor
radiorrecetor n.m. aparelho radioelétrico destinado a captar ondas de rádio
radioscopia n.f. MEDICINA exame de um corpo, pela sua projeção em alvo, tornado luminoso pelos raios X (Do lat. radīu-, «raio»+gr. skopeîn, «olhar» +-ia)
radioscópico adj. relativo à radioscopia (De radioscopia+-ico)
radioso /ô/ adj. 1 que emite raios de luz ou calor 2 brilhante; luminoso 3 resplandecente 4 que revela grande entusiasmo e vitalidade 5 alegre; contente; radiante 6 muito bonito (Do lat. radiōsu-, «id.»)
radiossensibilidade n.f. BIOLOGIA sensibilidade das células vivas, tecidos, órgãos ou organismos à ação nociva das radiações (De radio-+sensibilidade)
radiossensível adj.2g. que é sensível à ação dos raios X ou de outras energias radiantes (De radio-+sensível)

radiossonda n.f. METEOROLOGIA aparelho complexo, transportado por um balão para a parte superior da atmosfera terrestre, destinado a transmitir sinais de rádio, indicativos das condições meteorológicas (De radio-+sonda)
radiotáxi /cs/ n.m. táxi munido de radiotelefone, através do qual pode receber e responder a qualquer momento às solicitações da central do serviço a que pertence (De radio-+táxi, ou do fr. radio-taxi, «id.»)
radiotécnica n.f. técnica da rádio (De radio-+técnica)
radiotelefone n.m. aparelho recetor na transmissão da palavra pela radiotelefonia (De radio-+telefone)
radiotelefonia n.f. transmissão de sons ou da palavra à distância através de ondas hertzianas; telefonia sem fios (De radio-+telefonia)
radiotelefónico adj. relativo à radiotelefonia (De radiotelefonia+-ico)
radiotelegrafia n.f. transmissão de sinais escritos à distância através de ondas hertzianas; telegrafia sem fios (De radio-+telegrafia)
radiotelegráfico adj. relativo à radiotelegrafia (De radiotelegrafia+-ico)
radiotelegrafista n.2g. pessoa que transmite mensagens (sinais escritos) através de ondas hertzianas (De radio-+telegrafista)
radiotelegrama n.m. comunicação feita ou recebida por uma sistema de transmissão de mensagens através de ondas hertzianas; radiograma (De radio-+telegrama)
radiotelescópio n.m. ASTRONOMIA recetor de ondas radioelétricas emitidas pelos corpos celestes, utilizado em radioastronomia (De radio-+telescópio)
radiotelevisão n.f. processo de transmissão de imagens luminosas (estáticas ou em movimento) por intermédio de ondas hertzianas extracurtas (De radio-+televisão)
radiotelevisor n.m. aparelho recetor de televisão; televisor (De radio-+televisor)
radioterapeuta n.2g. especialista em radioterapia (De radio-+terapeuta)
radioterapia n.f. MEDICINA método terapêutico que aproveita as propriedades das radiações, que podem ser infravermelhas, ultravioleta, raios X, raios gama, ou as emissões do rádio, cobalto 60, ou outros radionuclídeos (De radio-+terapia)
radiotransmissão n.f. transmissão sonora por meio de rádio
radiotransmissor n.m. aparelho que transmite ondas eletromagnéticas em radiofrequência
radiouvinte n.2g. pessoa que escuta as emissões radiofónicas (De radio-+ouvinte)
rádon n.m. QUÍMICA elemento químico com o número atómico 86, gás nobre, radioativo, de símbolo Rn, que resulta da desintegração do rádio por emissão de uma partícula alfa por cada átomo desintegrado (Do fr. radon, «id.»)
rádula n.f. ZOOLOGIA fita lingual laminar, resistente, munido de numerosos dentículos, que reveste uma formação muscular lingual, existente no bolbo bucal (faringe) de muitos moluscos, e que executa especialmente funções de mastigação (Do lat. radŭla-, «raspador»)
raer v.tr. 1 varrer (as brasas) do forno, para a cozedura 2 puxar (o sal) com o rodo, nas marinhas (Do lat. radĕre, «raspar»)
rafa¹ n.f. 1 [pop.] grande fome 2 [pop.] miséria (Deriv. regr. de rafar)
rafa² n.f. maré forte (Do cast. ráfaga, «rajada; pé-de-vento»)
rafado adj. 1 [pop.] faminto 2 [pop.] muito gasto pelo uso; cotiado 3 [pop.] que não tem a medida ou o peso necessário 4 [pop.] que tem falta 5 [pop.] que não chega bem (Part. pass. de rafar)
rafaelesco adj. 1 referente ao pintor italiano Rafael (1483-1520) 2 que lembra os tipos das obras de Rafael (Do it. raffaellesco, «id.»)
rafaelismo n.m. feição característica das pinturas de Rafael (De Rafael, antr. +-ismo)
rafaelista adj.2g. relativo ao pintor italiano Rafael (Raffaello Sanzio, 1483-1520) ■ n.2g. pintor da escola de Rafael (De Rafael, antr. +-ista)
rafar v.tr. 1 gastar com o uso; cotiar 2 furtar no peso ou na medida (De orig. obsc.)
rafe n.m. 1 BOTÂNICA cordão saliente, longitudinal, formado essencialmente pelos feixes vasculares que ligam o hilo à calaza, no óvulo (vegetal) anátropico, ou em alguns frutos provenientes deste tipo de óvulo 2 ZOOLOGIA linha proeminente em alguns órgãos animais, como no escroto, no períneo, etc. (Do gr. rhaphé, «costura»)
rafeiro adj. 1 que pertence a uma raça própria para guarda 2 que não tem raça definida, sendo resultado do cruzamento de diversas raças 3 [coloq., pej.] que anda sempre atrás de outra pessoa, aborrecendo-a e adulando-a 4 [coloq., pej.] que não presta; que é de má

qualidade; que tem mau aspeto ■ *n.m.* **1** cão que pertence a uma raça própria para guarda **2** cão que não tem raça definida, sendo resultado do cruzamento de diversas raças **3** [coloq., pej.] pessoa que anda sempre atrás de outra, aborrecendo-a e adulando-a (De orig. obsc.)

rafflesiácea *n.f.* BOTÂNICA espécime das Rafflesiáceas

Rafflesiáceas *n.f.pl.* BOTÂNICA família de plantas dicotiledóneas, carnudas, desprovidas de clorofila e raízes, com folhas reduzidas a escamas, que parasitam diversas plantas lenhosas; Citináceas (Do lat. cient. *Rafflesia*, de *T. S. Raffles*, ant. governador da Samatra (Indonésia)+*-áceas*)

ráfia[1] *n.f.* **1** BOTÂNICA palmeira de sítios húmidos (em especial africana e americana) que fornece fibras resistentes e flexíveis e também (em algumas regiões) uma bebida agradável (vinho de ráfia) **2** fibra desta palmeira **3** tecido feito com as fibras desta palmeira (Do gr. *rhapheía*, «ponta; agulha», pelo lat. *rhaphĭa-*, «id.»)

ráfia[2] *n.f.* [pop.] ⇒ **rafa**[1]

ráfide *n.f.* BOTÂNICA designação dos cristais de oxalato de cálcio, de forma acicular, que se agrupam em feixes (ráfides), constituindo inclusões no seio do citoplasma de algumas células vegetais (células oxalíferas) (Do gr. *rhaphis, -idos*, «agulha»)

rafidografia *n.f.* ⇒ **rafigrafia** (Do gr. *rhaphís, -ídos*, «agulha» +*gráphein*, «escrever» +*-ia*)

rafidógrafo *n.m.* ⇒ **rafígrafo** (Do gr. *rhaphís, -ídos*, «agulha» +*gráphein*, «escrever»)

rafigrafia *n.f.* processo de fazer letras com um ponteiro, para o ensino dos cegos; rafidografia (Do gr. *rhaphís*, «agulha» +*gráphein*, «escrever» +*-ia*)

rafígrafo *n.m.* aparelho com dez teclas terminadas em agulha, que serve para reproduzir em relevo, para uso dos cegos, os caracteres do alfabeto usual; rafidógrafo (Do gr. *rhaphís*, «agulha» +*gráphein*, «escrever»)

rafting *n.m.* desporto aquático praticado por várias pessoas num barco insuflável, e que consiste em descer rios com correntes rápidas e percursos acidentados (Do ing. *rafting*, «id.»)

rágada *n.f.* ⇒ **rágade**

rágade *n.f.* fissura cutânea ou mucosa provocada por uma inflamação e que se desenvolve em redor de orifícios naturais ou regiões do organismo sujeitas a atrito; rágada; greta (Do gr. *rhagás, -ádos*, «fenda», pelo lat. *rhagăde-*, «id.»)

rageira *n.f.* NÁUTICA cabo que prende a embarcação à terra; amarra; regeira (De orig. obsc.)

-ragia sufixo nominal, de origem grega, que exprime a ideia de *derrame, efusão, derramamento de sangue* (*linforragia, odontorragia*)

raglã *adj.inv.* **1** (manga) que se alonga até ao decote sem corte transversal no ombro **2** (casaco curto ou comprido) que tem mangas que se alongam até ao decote sem corte transversal no ombro (Do ing. *raglan*, «id.», de *Lord Raglan*, general comandante do exército ing. na guerra da Crimeia (1788-1855), pelo fr. *raglan*, «id.»)

ragoide *adj.2g.* parecido com um bago de uvas (Do gr. *rhagoeidés*, «id.»)

ragóide ver nova grafia ragoide

ragóideo *adj.* semelhante a um bago de uva

ragu *n.m.* CULINÁRIA guisado feito com carne, batatas, legumes e bastante molho (Do fr. *ragoût*, «guisado»)

râguebi *n.m.* DESPORTO modalidade desportiva de campo relvado em que tomam parte duas equipas de quinze jogadores e que consiste em levar uma bola oval além da linha de cabeceira do adversário ou fazê-la passar por cima da barra transversal e por entre os dois postes da baliza, em forma de H (Do ing. *rugby*, «id.»)

raia[1] *n.f.* **1** linha delimitante **2** risca; estria; lista; raja; traço **3** sulco da palma da mão **4** fronteira **5** [fig.] ponto extremo; limite **6** [pop.] engano; erro; tolice; *dar ~* enganar-se, cometendo erro evidente, malograr-se; ***passar/tocar as raias*** atingir certos limites, ou ultrapassá-los (De orig. obsc.)

raia[2] *n.f.* ICTIOLOGIA nome vulgar extensivo a várias espécies de peixes seláquios, da família dos Raiídeos, com parte do corpo um tanto achatada e larga, boca e fendas branquiais localizadas na face ventral e barbatanas peitorais muito desenvolvidas, de que alguns são mais ou menos frequentes em Portugal (Do lat. *raia-*, «id.»)

raiado *adj.* **1** que tem raias ou listas; estriado **2** matizado; mesclado **3** (arma de fogo) que tem estrias no interior do cano **4** misturado (De *raia*+*-ado*)

raiano *adj.,n.m.* que ou o que nasceu ou mora na arraia (fronteira) (De *raia*+*-ano*)

raiar[1] *v.intr.* **1** emitir raios de luz; fulgir; reluzir **2** despontar no horizonte **3** surgir (De *raio*+*-ar*)

raiar[2] *v.tr.* **1** fazer riscas em; cobrir de riscas **2** listrar; estriar **3** estriar (o interior do cano das armas de fogo) **4** estar quase a passar o limite de (De *raia*+*-ar*)

raid *n.m.* ⇒ **raide**

raide *n.m.* **1** MILITAR ataque feito em pouco tempo e de surpresa; assalto; incursão **2** ação breve e imprevista levada a cabo pela polícia para efetuar a prisão de alguém ou a apreensão de produtos **3** ECONOMIA operação bolsista feita com o fim de baixar os preços das ações **4** prova desportiva motorizada, de percurso longo, caracterizada pela resistência dos participantes e dos materiais utilizados (Do ing. *raid*, «ataque surpresa»)

raigota *n.f.* **1** pequena raiz; radícula **2** espigão na base das unhas (Do lat. *radice-*, «raiz» +*-ota*)

raigotoso *adj.* que tem raigotas (De *raigota*+*-oso*)

raigrás *n.m.* BOTÂNICA termo usado por alguns autores para designar o azevém (Do ing. *ray-grass*, «joio»)

raiída *n.m.* ICTIOLOGIA ⇒ **raiídeo**

Raiídas *n.m.pl.* ICTIOLOGIA ⇒ **Raiídeos**

raiídeo *adj.* ICTIOLOGIA relativo ou pertencente aos Raiídeos ■ *n.m.* ICTIOLOGIA espécime dos Raiídeos

Raiídeos *n.m.pl.* ICTIOLOGIA família de peixes seláquios, de corpo muito achatado, a que pertencem as raias (Do lat. *raia-*, «raia» + *-ídeos*)

rail *n.m.* barra horizontal, geralmente feita de metal, destinada a separar fluxos de tráfego ou a proteger uma via

raile *n.m.* ⇒ **rail**

raineta[1] /ê/ *n.f.* BOTÂNICA ⇒ **reineta**[1]

raineta[2] /ê/ *n.f.* ZOOLOGIA pequeno batráquio anuro, arborícola, da família dos Hilídeos, de cor normalmente verde (mas sujeita a fenómenos miméticos) e com a extremidade de cada dedo em forma de disco, comum em Portugal; rela (Do fr. *rainette*, «id.»)

rainha *n.f.* **1** soberana de um estado **2** esposa de rei **3** [fig.] primeira entre outros ou outras; figura principal; pessoa mais importante **4** [fig.] aquela que domina **5** [fig.] mulher que exerce um poder absoluto **6** (jogos de cartas) carta que se situa entre o valete e o rei; dama **7** (jogo de xadrez) peça que se coloca entre o rei e um dos bispos e que se pode mover em qualquer direção **8** ⇒ **abelha-mestra 9** variedade de pera e de maçã **10** *pl.* ⇒ **radíolas** (Do lat. *regina*, «id.»)

rainha-cláudia *n.f.* BOTÂNICA variedade de ameixa pequena e esverdeada; carangueja (Do fr. *reine-claude*, «id.», abrev. da expr. *prune de la reine Claude*, «ameixa da rainha Cláudia», esposa de Francisco I, rei da França, 1494-1547)

rainha-dos-prados *n.f.* BOTÂNICA ⇒ **ulmária**

rainho *adj.* diz-se de uma espécie de milho de grão vermelho, chamado também milho-rei (De *rainha*)

rainúnculo *n.m.* **1** BOTÂNICA ⇒ **ranúnculo 2** ICTIOLOGIA peixe teleósteo, da família dos Escorpenídeos, vulgar nas costas marítimas portuguesas, também conhecido por rascasso, requeime e serrão (Por *ranúnculo*, do lat. *ranuncŭlu-*, «rã pequena»)

raio *n.m.* **1** FÍSICA, ÓTICA traço de luz que emana de um foco luminoso **2** descarga elétrica que durante as tempestades se manifesta entre duas nuvens (ou entre a Terra e uma nuvem), sendo acompanhada de luz (relâmpago) e de estrondo (trovão) **3** luz emitida por um astro **4** faísca; centelha **5** [fig.] o que fulmina ou aniquila **6** FÍSICA trajetória de qualquer radiação, a partir do ponto em que esta tem a sua origem **7** ICTIOLOGIA cada uma das partes cartilaginosas que constituem o esqueleto de uma barbatana **8** cada uma das hastes que ligam o corpo central (eixo) de certas rodas ao seu aro periférico **9** tudo o que parte de um centro comum **10** distância em todas as direções de uma área, a partir de um ponto central **11** GEOMETRIA segmento de reta que une o centro de uma circunferência ou de uma superfície esférica a qualquer ponto da circunferência ou da superfície esférica; *~ branquiostégio* ICTIOLOGIA cada um dos ossos finos e longos que se articulam com as regiões laterais do arco hioide, nos peixes; *~ de ação* distância a que um navio ou um avião pode deslocar-se, com possibilidade de voltar ao ponto de partida sem se reabastecer; *~ medular* BOTÂNICA cada uma das regiões parenquimatosas, radiais, do cilindro central de alguns órgãos vegetais, situadas entre os feixes condutores; *~ vetor* GEOMETRIA coordenada numérica (não angular) num sistema de coordenadas polares e que mede a distância do ponto à origem das coordenadas; *raios canais* FÍSICA partículas carregadas positivamente (átomos ou moléculas de matéria gasosa, ionizados positivamente) produzidas numa descarga elétrica a baixa pressão e que, sob a ação do campo elétrico, se dirigem para o cátodo e passam através dele quando este é perfurado; *raios cósmicos* FÍSICA nome dado à radiação corpuscular heterogénea, altamente energética, de origem extraterrestre, formada predominantemente por núcleos

raiola

atómicos completamente ionizados, com energias que podem atingir 10^{18} a 10^{19} eletrões-volt (radiação primária) e que, ao penetrar na atmosfera terrestre, efetua colisões com núcleos de oxigénio e azoto, desintegrando-os num grande número de partículas, incluindo neutrões, mesões e hiperões, algumas das quais, os mesões μ, formam a maior parte da radiação secundária; *raios gama* FÍSICA, QUÍMICA radiação eletromagnética emitida por um núcleo atómico como resultado de uma transição quântica entre dois níveis de energia (símbolo γ); *raios laser* FÍSICA raios, luminosos ou não, extraordinariamente potentes (10 000 vezes mais potentes que os raios solares) produzidos por um laser; *raios o partam!* exclamação que exprime irritação, impaciência ou indignação; *raios X, raios röntgen* FÍSICA radiações eletromagnéticas de pequeníssimo comprimento de onda e de grande poder de penetração, que se produzem quando um feixe de eletrões embate contra um obstáculo, e que foram descobertas em 1895 pelo físico alemão W. C. Röntgen, 1845-1923; *cair o ~ em casa* suceder uma desgraça; *como um ~* abruptamente, repentinamente; *num ~ de* numa distância de (em qualquer direção) (Do lat. *radīu-*, «id.»)

raiola *n.f.* [regionalismo] jogo em que se atira uma moeda a uma figura traçada no chão, em forma de)-((De *raio*+*-ola*)

raios-de-júpiter *n.m.pl.* BOTÂNICA planta da família das Amarilidáceas, com aplicações terapêuticas

raiuna *n.f.* [pop.] espingarda de fuzil, curta e grossa (De *reiuna*)

raiva *n.f.* 1 MEDICINA doença infeciosa, de evolução fatal, que ataca animais e é transmitida ao homem por mordedura, caracterizada por acessos furiosos seguidos de paralisia; hidrofobia 2 acesso de cólera; fúria; ira 3 reação violenta contra aquilo que fere, aborrece ou irrita alguém; agressividade 4 grande aversão; ódio; horror 5 desejo intenso; forte ânsia 6 apetite intenso 7 prurido nas gengivas das crianças, no período do desenvolvimento dos dentes 8 CULINÁRIA espécie de doce ou biscoito seco, preparado com farinha de trigo, manteiga, ovos e açúcar; raivinha (Do lat. vulg. **rabĭa-*, por *rabĭe-*, «id.»)

raivar *v.tr.,intr.* 1 sentir raiva (para com); enfurecer-se (com) 2 manifestar furor, despeito ou ódio; esbravejar 3 agitar-se com violência (contra) ■ *v.tr.* sentir ânsia (por) (De *raiva*+*-ar*)

raivecer *v.tr.,intr.* enraivecer-se (com); enfurecer-se (com) (De *raiva*+*-ecer*)

raivejar *v.tr.,intr.* ⇒ **raivar** (De *raiva*+*-ejar*)

raivel *elem.loc.adv.* [regionalismo] *a ~* com abundância; à farta (De orig. obsc.)

raivença *n.f.* 1 raiva de criança 2 zanga ridícula (De *raiva*+*-ença*)

raivento *adj.* 1 enraivecido; enfurecido 2 que enraivece facilmente (De *raiva*+*-ento*)

raivinha *n.f.* CULINÁRIA espécie de doce ou biscoito seco, preparado com farinha de trigo, manteiga, ovos e açúcar; raiva (De *raiva*+*-inhas*)

raivó *n.m.* nome vulgar de um cogumelo comestível que se desenvolve frequentemente nos lameiros, também conhecido por reivó (De orig. obsc.)

raivosamente *adv.* 1 com raiva 2 com fúria ou ira (De *raivoso*+*-mente*)

raivoso /ô/ *adj.* 1 MEDICINA atacado de raiva; hidrófobo 2 dominado pela raiva; furioso (Do lat. *rabiōsu-*, «id.»)

raiz *n.f.* 1 BOTÂNICA órgão da planta (vascular) desprovido de folhas, em regra de posição inferior, e com a dupla função de fixar a planta no solo e executar a absorção de alimentos 2 parte enterrada de qualquer coisa 3 parte inferior de algo; base 4 ANATOMIA parte de um órgão implantada num tecido ou noutro órgão 5 MEDICINA prolongamento profundo de alguns tumores 6 GRAMÁTICA parte invariável e comum às palavras da mesma família; radical 7 [fig.] origem; princípio; fundamento 8 [fig.] ligação moral; vínculo 9 MATEMÁTICA cada um dos fatores iguais em que é possível decompor um número, sendo o índice dado pelo número de fatores; *~ de índice n de um número* MATEMÁTICA número cuja potência de expoente *n* é igual ao número dado (para $n = 2$ e $n = 3$, a raiz diz-se quadrada ou cúbica, respetivamente); *~ de uma equação, uma incógnita* MATEMÁTICA valor da incógnita que transforma a equação numa proposição verdadeira; *~ de um dente* parte do dente implantada no alvéolo; *~ de um nervo* região do nervo à saída do centro nervoso; *bens de ~* prédios rústicos ou urbanos; *cortar o mal pela ~* eliminar a origem de um problema; *criar/lançar raízes* criar laços (afetivos), ligar-se (Do lat. *radīce-*, «raiz»)

raizada *n.f.* ⇒ **raizame** (De *raiz*+*-ada*)

raizame *n.m.* conjunto de muitas raízes de plantas (De *raiz*+*-ame*)

raiz-da-guiné *n.f.* BOTÂNICA ⇒ **pipi**²

raiz-de-cobra *n.f.* BOTÂNICA ⇒ **gafanhoto** 2

raiz-de-corvo *n.f.* BOTÂNICA ⇒ **maçacuca** 2

raiz-divina *n.f.* BOTÂNICA ⇒ **maçacuca** 2

raiz-doce /ô/ *n.f.* BOTÂNICA ⇒ **alcaçuz**

raiz-do-sol *n.f.* BOTÂNICA planta rizomatosa, de flores grandes, pertencente à família das Hipericáceas, cultivada em Portugal, nos jardins, subespontânea

raizeira *n.f.* 1 parte que fica na terra depois de a árvore ter sido cortada 2 grupo de raízes emaranhadas, no pé de uma árvore (De *raiz*+*-eira*)

raizeiro *n.m.* ⇒ **raizeira**

raja *n.f.* estria; risca; lista; faixa; raia (Do lat. *radĭa*, pl. de *radĭum*, «vara»)

rajá *n.m.* rei ou príncipe de um estado indiano (Do sânsc. *rajah*, «rei»)

rajada *n.f.* 1 ventania repentina, forte, violenta e rápida; lufada 2 precipitação violenta e repentina 3 MILITAR descarga contínua de tiros por uma arma automática 4 [fig.] ímpeto 5 [fig.] corrente ininterrupta e rápida (De orig. obsc.)

rajado¹ *adj.* raiado; listrado (Part. pass. de *rajar*)

rajado² *n.m.* território ou reinado de um rajá (De *rajá*+*-ado*)

rajão *n.m.* MÚSICA ⇒ **cavaquinho** (De orig. obsc.)

rajar *v.tr.* 1 raiar; listrar; estriar 2 entremear; intercalar (Do lat. *radĭare*, «radiar»)

rajeira *n.f.* NÁUTICA cabo que prende a embarcação à terra; amarra (De orig. obsc.)

rajo *n.m.* 1 parte do pinheiro que se corta para extração da resina 2 [regionalismo] laivo 3 [regionalismo] estria (Deriv. regr. de *rajar*)

rala¹ *n.f.* farinha grosseira, mal triturada pela mó; rolão (De *ralo*)

rala² *n.f.* ruído anormal característico de lesão pulmonar; pieira; ralo (Do fr. *râle*, «estertor»)

ralação *n.f.* 1 ato ou efeito de ralar 2 inquietação que provoca sofrimento; apoquentação; consumição 3 desgosto persistente 4 aborrecimento (De *ralar*+*-ção*)

ralado *adj.* 1 passado no ralador; triturado; moído 2 [coloq.] aflito; preocupado (Part. pass. de *ralar*)

ralador *adj.* 1 que rala; que reduz a pequenos pedaços 2 impertinente; arreliador 3 atormentador ■ *n.m.* 1 instrumento próprio para ralar 2 utensílio de cozinha que consiste numa lâmina crivada de orifícios estreitos e que serve para reduzir certas substâncias alimentícias a pedaços pequenos (De *ralar*+*-dor*)

raladura *n.f.* 1 fragmentos das substâncias passadas pelo ralador 2 aflição; preocupação; ralação (De *ralar*+*-dura*)

ralão *n.m.* farinha grosseira, mal triturada pela mó; rolão (De *ralar*+*-ão*)

ralar *v.tr.* 1 reduzir a pedaços pequenos friccionando contra o ralador 2 esmagar; triturar; moer 3 [fig.] apoquentar; afligir; consumir (De *ralo*+*-ar*)

ralassaria *n.f.* vida de ralasso; indolência; preguiça (De *ralasso*+*-aria*)

ralasso *adj.,n.m.* que ou o indivíduo que é indolente ou preguiçoso (De *relapso*)

ralé *n.f.* 1 [pej.] grupo de pessoas que fazem parte daquela que é considerada a camada mais baixa da sociedade 2 [pej.] grupo de pessoas desvalorizadas como marginais ou perigosas; súcia 3 presa da ave de rapina 4 [pop.] coragem; energia 5 [ant.] raça; natureza; espécie; *com ~* com garra (Do fr. *ralée*, «largada de uma ave de rapina sobre a presa»)

raleadura *n.f.* 1 ato ou efeito de ralear ou ralear-se 2 queda da flor da vinha por efeito de temporal (De *ralear*+*-dura*)

raleamento *n.m.* ⇒ **raleadura** (De *ralear*+*-mento*)

ralear *v.tr.,intr.,pron.* tornar(-se) ralo ou raro; tornar(-se) menos denso ou espesso (De *ralo*+*-ear*)

raleira *n.f.* 1 parte de uma sementeira ou plantação em que a semente não germinou ou as plantas não vingaram 2 espaço vazio; vão 3 [fig.] escassez; carência (De *ralo*+*-eira*)

raleiro *n.m.* ⇒ **raleira** (De *ralo*+*-eiro*)

ralentar *v.tr.,intr.,pron.* ⇒ **ralear** (Do it. *rallentare*, «abrandamento do movimento musical»)

ralenti *n.m.* 1 MECÂNICA andamento mais lento de um motor 2 CINEMA, TELEVISÃO técnica de filmagem e de apresentação de uma cena em velocidade mais lenta que o normal; câmara lenta; *au ~* de modo lento, vagarosamente (Do fr. *ralenti*, «id.»)

ralhação *n.f.* 1 ato ou efeito de ralhar; ralho; repreensão 2 altercação em voz alta; gritaria (De *ralhar*+*-ção*)

ralhador *adj.,n.m.* 1 que ou aquele que ralha 2 que ou o que ralha por tudo e por nada (De *ralhar*+*-dor*)

ralhão *adj.,n.m.* ⇒ **ralhador** (De *ralhar*+*-ão*)

ralhar v.tr.,intr. repreender, geralmente em voz alta e com tom severo ■ v.intr. **1** desabafar a cólera em ditos e ameaças geralmente pouco convincentes **2** barafustar; resmungar; *ralham as comadres, descobrem-se as verdades* quando pessoas que eram amigas se desentendem, descobrem-se, por vezes, factos que não eram ainda conhecidos (Do lat. *rabulāre, «vociferar»)

ralheta /ê/ adj.,n.2g. que ou pessoa que ralha habitualmente (De *ralho+-eta*)

ralhete /ê/ n.m. pequena repreensão (De *ralho+-ete*)

ralho n.m. **1** ato ou efeito de ralhar; repreensão **2** altercação em voz alta; gritaria (Deriv. regr. de *ralhar*)

rali n.m. DESPORTO ⇒ **rally** (Do ing. *rally*, «id.»)

ralica n.f. BOTÂNICA planta da família das Leguminosas, com vagens de tom escuro quando maduras, espontânea em todo o País; larica (De *larica*, com met.)

ralice n.f. ⇒ **ralação** (De *ralar+-ice*)

rálida n.m. ORNITOLOGIA ⇒ **ralídeo**

Rálidas n.m.pl. ORNITOLOGIA ⇒ **Ralídeos**

ralídeo adj. ORNITOLOGIA relativo ou pertencente aos Ralídeos ■ n.m. ORNITOLOGIA espécime dos Ralídeos

Ralídeos n.m.pl. ORNITOLOGIA família de aves pernaltas, com dedos finos e longos (com o polegar inserido acima dos outros), que aparecem em Portugal e cujo género-tipo se denomina *Rallus* (Do lat. *rallu-*, «desplumado»+*-ídeos*)

rallentando adv. MÚSICA (andamento) cada vez mais lento (Do it. *rallentando*)

rally n.m. DESPORTO modalidade automobilística, em que se põe à prova a habilidade dos condutores e a resistência dos veículos (Do ing. *rally*, «id.»)

rally paper n.m. prova automobilística dividida em etapas em que os concorrentes têm de percorrer um determinado trajeto num dado tempo e responder a um questionário que envolve perguntas e resolução de tarefas (Do ing. *rally* «modalidade automobilística»+*paper*, «papel»)

ralo[1] n.m. **1** peça com orifícios ou grade, colocada na abertura de uma canalização de esgotos, no fundo de banheiras, lavatórios, tanques, etc., ou ao ao nível do chão, para possibilitar o escoamento de águas e a retenção de detritos **2** parte do encanamento que se localiza imediatamente abaixo desta peça **3** ⇒ **ralador** n.m. **2 4** fundo do crivo ou da peneira **5** tampa crivada de orifícios colocada no bico dos regadores para permitir a saída e a distribuição da água **6** peça, com buracos ou grade, que se adapta a uma porta, janela, confessionário, etc., permitindo a entrada do ar e ver para fora sem ser visto **7** ZOOLOGIA inseto ortóptero, muito nocivo e robusto, da família dos Grilídeos, com as patas anteriores adaptadas à escavação, que vive nas terras de cultura cavando galerias e destruindo a parte subterrânea das plantas, conhecido também por grilo-toupeira e raro **8** [Brasil] designação comum a algumas espécies destes insetos (Do lat. *rallu-*, «raspador»)

ralo[2] n.m. ruído produzido pela respiração das pessoas atacadas de doença nas vias respiratórias; pieira (Do fr. *râle*, «ruído no pulmão»)

ralo[3] adj. **1** pouco denso; pouco espesso; raro **2** com intervalos, espaçado **3** que aparece ou existe em pequena quantidade

rama[1] n.f. **1** conjunto dos ramos e das folhas de uma planta; ramagem; ramada **2** conjunto das barbas de uma pena; *em ~* no estado natural, em bruto; *pela ~* ao de leve (De *ramo*)

rama[2] n.f. TIPOGRAFIA caixilho onde os tipógrafos apertam as formas de impressão (Do al. *Rahmen*, «caixilho»)

ramada n.f. **1** conjunto dos ramos e das folhas de uma planta; rama; ramagem **2** ramo grosso de árvore **3** parreira; latada **4** ramos cortados e dispostos para dar sombra a um lugar **5** abrigo feito nos campos para recolha de gado (De *ramo+-ada*)

ramadã n.m. ⇒ **ramadão**

ramadão n.m. **1** RELIGIÃO nono mês do calendário islâmico, durante o qual os muçulmanos devem jejuar do nascer ao pôr do sol **2** jejum praticado durante esse mês (Do ár. *ramadān*, «o nono mês do calendário islâmico»)

ramado adj. **1** que tem rama; ramoso **2** enramado (De *rama+-ado*)

ramagem n.f. **1** conjunto dos ramos e das folhas de uma planta ou árvore; rama; ramosidade **2** desenho de folhas e flores sobre um tecido (De *ramo+-agem*)

ramal n.m. **1** ramificação de uma estrada ou de um caminho de ferro **2** ramificação interna de uma rede telefónica **3** ramo ou conjunto de flores reunidas pelos pés; ramalhete **4** conjunto de coisas atravessadas pelo mesmo fio; enfiada **5** molho de fios entrançados, de que se fazem as cordas **6** borla de barrete **7** galeria transversal de mina **8** conjunto de ramos de uma árvore (Do lat. *ramāle-*, «ramagem»)

ramaldeira n.f. MÚSICA dança e música populares, do género da chula (De *Ramalde*, top., zona da cidade do Porto +*-eira*)

ramalhada[1] n.f. ato ou efeito de ramalhar (Part. pass. fem. subst. de *ramalhar*)

ramalhada[2] n.f. porção de ramos cortados (De *ramalho+-ada*)

ramalhão n.m. [regionalismo] ramo grande ■ adj. comprido como um ramo (De *ramalho+-ão*)

ramalhar v.tr. agitar (os ramos das árvores) ■ v.intr. (ramos) sussurrar com o vento (De *ramalho+-ar*)

ramalheira n.f. **1** ⇒ **ramagem 2** ramo **3** variedade de batata vermelha e oblonga (De *ramalhar+-eira*)

ramalheiro n.m. ⇒ **ramalho** (De *ramalhar+-eiro*)

ramalhete /ê/ n.m. **1** ramo ou conjunto de flores reunidas pelos pés; pequeno ramo **2** desenho de pequenos ramos sobre um tecido **3** [fig.] conjunto de coisas escolhidas e de valor especial (De *ramalho+-ete*)

ramalheteira n.f. mulher que faz e vende ramos de flores; florista (De *ramalhete+-eira*)

ramalho n.m. **1** ramo grande cortado da árvore **2** conjunto dos ramos e das folhas de uma planta (De *ramo+-alho*)

ramalhoça n.f. **1** [regionalismo] ramalhete grande **2** [regionalismo] ⇒ **ramagem 1** (De *ramalho+-oça*)

ramalhoso /ô/ adj. ⇒ **ramalhudo** (De *ramalho+-oso*)

ramalhudo adj. **1** que tem muita rama; ramoso **2** dividido em muitos ramos **3** que se agita com o vento; que ramalha **4** que tem ramos desenhados **5** [fig.] de pestanas grandes e densas **6** [fig.] que tem muitos pelos densos **7** [fig., pej.] que tem mais palavras do que ideias (De *ramalho+-udo*)

ramaria n.f. ⇒ **ramagem 1** (De *ramo+-aria*)

rambla n.f. série de quadros de madeira ou ferro, munidos de escápulas, onde se põem as peças de pano a secar nas fábricas de lanifícios; râmola (Do ár. *ramlâ*, «areal»)

ramboia n.f. **1** pândega; divertimento **2** vida airada; boémia **3** estroinice **4** vadiagem (De orig. obsc.)

rambóia ver nova grafia **ramboia**

rambutã n.m. **1** BOTÂNICA fruto comestível da rambuteira, de tonalidade avermelhada e forma oval, coberto de espinhos, e de cujo pericarpo se pode extrair tinta preta **2** BOTÂNICA (árvore) ⇒ **rambuteira** (Do mal. *rambut*, «cabelo»)

rambutan n.m. BOTÂNICA ⇒ **rambutã**

rambuteira n.f. BOTÂNICA árvore da família das Sapindáceas, originária da Malásia, que pode chegar a atingir os 12 metros de altura e é cultivada pelo seu fruto, o rambutã (De *rambutã+-eira*)

rameira n.f. **1** [depr.] mulher que pratica atividades sexuais por dinheiro; prostituta **2** [regionalismo] ramo grande de pinheiro (De *ramo+-eira*)

rameiro adj. ORNITOLOGIA (ave) que ensaia o voo, passando de ramo em ramo ■ n.m. **1** gavião destinado à caça (altanaria) **2** ramo de pinheiro (De *ramo+-eiro*)

ramela n.f. ⇒ **remela**

rameloso /ê/ adj. ⇒ **remeloso** (De *ramela+-oso*)

râmeo adj. BOTÂNICA relativo a raízes, flores, etc., que nascem nos ramos das plantas (Do lat. *ramĕu-*, «de ramos secos»)

ramerraneiro adj. **1** com tendência para o ramerrão ou para a rotina; rotineiro **2** que é contra o progresso **3** comum; vulgar **4** monótono (De *ramerrão+-eiro*)

ramerranesco adj. ⇒ **ramerraneiro** (De *ramerrão+-esco*)

ramerrão n.m. **1** ruído som monótono e persistente **2** rotina **3** vida monótona, sem incidentes (De orig. onom.)

ram(i)- elemento de formação de palavras que exprime a ideia de ramo (Do lat. *ramu-*, «ramo»)

ramificação n.f. **1** ato ou efeito de ramificar **2** maneira como se originam ou se dispõem os ramos numa planta **3** divisão de um órgão animal ou vegetal em partes que se sucedem umas às outras, como os ramos das plantas **4** subdivisão de uma coisa qualquer; ramo **5** propagação (De *ramificar+-ção*)

ramificado adj. **1** que se ramificou **2** subdividido **3** [fig.] expandido; propagado (Part. pass. de *ramificar*)

ramificar v.tr. **1** dividir em ramos, ramais ou partes **2** subdividir **3** propagar ■ v.pron. **1** dividir-se em ramos **2** estender-se em várias direções por meio de ramos ou derivações que se sucedem umas às outras, partindo de um tronco ou eixo inicial ou primitivo **3** subdividir-se **4** bifurcar-se (De *rami-+-ficar*)

ramiforme adj.2g. em forma de ramo ou de rama (De *rami-+-forme*)

ramilhete /ê/ n.m. ⇒ **ramalhete** (Do cast. *ramillete*, «id.»)

ramilho n.m. [regionalismo] ramo pequeno (De *ramo+-ilho*)

raminho *n.m.* 1 ramo pequeno; ramúsculo 2 conjunto de flores ou plantas reunidas pelos pés 3 [regionalismo] pequeno ataque de doença, sobretudo de paralisia (De *ramo+-inho*)

ramíparo *adj.* BOTÂNICA que produz ramos (De *rami-+-paro*)

ramnácea *n.f.pl.* BOTÂNICA espécime das Ramnáceas

Ramnáceas *n.f.pl.* BOTÂNICA família de plantas dicotiledóneas, em regra lenhosas, representada em Portugal por plantas espontâneas e de cultura (Do gr. *rhamnós*, «espinheiro» +*-áceas*)

ramno *n.m.* BOTÂNICA nome genérico de um grupo de plantas, algumas vulgares em Portugal, de cujos frutos, folhas e casca se extraem substâncias utilizadas em medicina e na indústria, como o amieiro-negro, o sanguinho, o aderno, etc. (Do gr. *rhamnós*, «espinheiro»)

ramo *n.m.* 1 BOTÂNICA divisão ou subdivisão de um caule; galho; ramificação; pernada; braço 2 porção de flores ou outras coisas ligadas juntamente; ramalhete 3 parte de um todo; secção; divisão 4 ramal; derivação 5 RELIGIÃO palma que se dá aos fiéis no último dia da Quaresma (Domingo de Ramos) 6 área de atividade do comércio ou da indústria 7 cada família oriunda do mesmo tronco 8 grupo ou lote de coisas arrematadas em leilão 9 ataque de doença 10 BIOLOGIA grupo taxionómico de categoria elevada 11 ARQUITETURA ornato arquitetónico a imitar uma grinalda 12 conjunto de pessoas; grupo; magote 13 molho de folhas de louro que se pendurava à porta da taberna para a identificar 14 taberna; tasca; **~ ruim** [Brasil] congestão cerebral; **não deixar pôr o pé em ~ verde** não permitir que alguém faça tudo o que quer; **numa porta se põe o ~ e noutra se vende o vinho** atribui-se muitas vezes a uma pessoa um ato cometido por outra (Do lat. *ramu-*, «ramo»)

râmola *n.f.* ⇒ **rambla**

ramonadeira *n.f.* instrumento de surrador para desbastar as peles mais grossas (Do lat. *ramu-*, «ramo», pelo fr. ant. *ramon*, «vassoura», pelo fr. *ramoner*, «limpar» +*-deira*)

Ramos *n.m.pl.* RELIGIÃO festa comemorativa da entrada de Jesus Cristo em Jerusalém (Do lat. *ramu-*, «ramo»)

ramosidade *n.f.* 1 qualidade do que é ramoso; abundância de ramos 2 conjunto dos ramos e das folhas de uma planta ou árvore; ramagem (De *ramoso+-i-+-dade*)

ramoso /ô/ *adj.* 1 que tem ramos 2 que tem muita rama 3 denso e longo (Do lat. *ramōsu-*, «id.»)

rampa *n.f.* 1 plano inclinado; inclinação; declive; ladeira 2 TEATRO série de luzes à frente do palco, entre o pano de boca e a orquestra 3 TEATRO palco (Do fr. *rampe*, «id.»)

rampante *adj.2g.* HERÁLDICA (figura) que representa um quadrúpede erguido sobre as patas traseiras e com a cabeça voltada para o lado direito do escudo (Do fr. *rampant*, «id.»)

rampear *v.tr.* cortar (um terreno) em rampa ou declive (De *rampa+-ear*)

ramudo *adj.* 1 que tem muitos ramos; ramoso 2 denso; espesso (De *ramo+-udo*)

ramúsculo *n.m.* ramo pequeno; raminho (Do lat. *ramuscŭlu-*, «id.»)

ranca *n.f.* [regionalismo] ramo de árvore; galho (De *arranca*)

rançado *adj.* ⇒ **rançoso** (Part. pass. de *rançar*)

rancalho *n.m.* [regionalismo] ⇒ **ranca** (De *ranca+-alho*)

rançar *v.intr.* ganhar ranço (De *ranço+-ar*)

rancescer *v.intr.* ⇒ **rançar** (Do lat. *rancescĕre*, «id.»)

ranchada *n.f.* 1 grande rancho; magote de pessoas 2 [pop.] número elevado; **de ~** juntos, em grupo (De *rancho+-ada*)

rancheiro *n.m.* 1 soldado ou marinheiro que trata do rancho 2 dono de um rancho (fazenda norte-americana) 3 *pl.* marinheiros que comem do mesmo prato ▪ *adj.* [Brasil] (cavalo) que tem o hábito de parar junto das casas que topa em viagem (De *rancho+-eiro*)

ranchel *n.m.* rancho pequeno (De *rancho+-el*)

rancho *n.m.* 1 grupo de pessoas reunidas, especialmente em viagem 2 conjunto de trabalhadores agrícolas, em geral contratados para trabalhos sazonais 3 ETNOGRAFIA grupo folclórico 4 [pop.] grande número 5 [pop.] refeição para muita gente 6 CULINÁRIA prato preparado com grão de bico cozido, massa, e carnes variadas (carne de vaca, enchidos, etc.) 7 marinheiros que comem juntos 8 comida que é distribuída aos soldados, marinheiros ou presos 9 NÁUTICA local onde os marinheiros dormem, na proa 10 [pej.] grupo de pessoas de má índole; súcia 11 grande propriedade norte-americana onde, em geral, existe uma casa de habitação e campos para criação de gado 12 fazenda mexicana onde se faz criação de gado (Do cast. *rancho*, «id.»)

rancidez /ê/ *n.f.* ⇒ **ranço** (De *râncido+-ez*)

râncido *adj.* ⇒ **rançoso** (Do lat. *rancĭdu-*, «id.»)

râncio *adj.* ⇒ **rançoso** (De *ranço+-io*)

ranço *n.m.* 1 decomposição ou alteração das substâncias gordas, em contacto com o ar, o que lhes dá um sabor e um cheiro acres 2 cheiro de coisa velha ou estragada 3 [fig.] velharia ▪ *adj.* ⇒ **rançoso** (Do lat. *rancĭdu-*, «rançoso»)

rancolho /ô/ *adj.* ⇒ **roncolho**

rancor *n.m.* 1 ódio profundo e reservado 2 ressentimento 3 grande aversão (Do lat. *rancōre-*, «ranço; rancor»)

rancorosamente *adv.* 1 com rancor 2 com ódio (De *rancoroso+-mente*)

rancoroso *adj.* 1 que guarda rancor; cheio de rancor 2 que sente ódio profundo 3 que não esquece nem perdoa as ofensas 4 que manifesta uma grande aversão (De *rancor+-oso*)

rançoso /ô/ *adj.* 1 que tem ranço 2 que sabe a ranço; que tem um sabor acre desagradável, de coisa velha ou estragada 3 que cheira a mofo; bafiento 4 [fig.] que caiu em desuso; velho 5 [fig.] sem interesse; desenxabido (De *ranço+-oso*)

rand *n.m.* unidade monetária de África do Sul (Do ing. *rand*, «id.»)

randevu *n.m.* [Brasil] bordel; prostíbulo

randomização *n.f.* ESTATÍSTICA processo por meio do qual se torna aleatória uma variável ou uma amostra (De *randomizar+-ção*)

randomizar *v.tr.* ESTATÍSTICA tornar aleatório (Do ing. *randomize*, «selecionar aleatoriamente»)

rane *n.m.* indivíduo pertencente a uma casta nobre, na Índia (Do mar. *rane*, «id.»)

ranfar *v.tr.* [pop.] furtar (De orig. obsc.)

ranfástida *n.m.* ORNITOLOGIA ⇒ **ranfastídeo**

Ranfástidas *n.m.pl.* ORNITOLOGIA ⇒ **Ranfastídeos**

ranfastídeo *adj.* ORNITOLOGIA relativo ou pertencente aos Ranfastídeos ▪ *n.m.* ORNITOLOGIA espécime dos Ranfastídeos

Ranfastídeos *n.m.pl.* ORNITOLOGIA família de aves trepadoras, de bico de grandes proporções, constituída essencialmente pelos tucanos (Do gr. *rhámphastos*, «bicudo» +*-ídeos*)

ranfo *n.m.* [pop.] furto (Deriv. regr. de *ranfar*)

ranfoide *adj.2g.* que tem forma de bico (Do gr. *rhámphos*, «bico» +*eîdos*, «semelhança»)

ranfóide ver nova grafia **ranfoide**

rangar *v.intr.* [Brasil] [coloq.] comer; alimentar-se

rangedeira *n.f.* 1 som áspero e penetrante; rangido 2 peça, em regra de sola ou de cortiça, que se mete por baixo da palmilha de um sapato, com o fim de produzir rangidos, durante a marcha 3 ORNITOLOGIA ⇒ **cantadeira** *n.f.* 3 (De *ranger+-deira*)

rangedor *adj.* que range (De *ranger+-dor*)

rangente *adj.2g.* 1 que range 2 que revela irritação, aspereza (Do lat. *ringente-*, «que resmunga», part. pres. de *ringi*, «rosnar; enraivecer-se»)

ranger *v.intr.* produzir um som áspero como o do atrito de um objeto duro sobre outro; chiar ▪ *v.tr.* roçar (os dentes uns contra os outros) por raiva, dor, cólera, etc. (Do lat. vulg. *ringĕre*, por *ringi*, «rosnar»)

rangido *n.m.* 1 ato ou efeito de ranger 2 som áspero e intenso como o do atrito de um objeto duro sobre outro (Part. pass. subst. de *ranger*)

rangífer *n.m.* ZOOLOGIA ⇒ **rangífero**

rangífero *n.m.* ZOOLOGIA mamífero ruminante, útil e domesticável, pertencente à família dos Cervídeos, próprio das regiões frias do Norte; rena (Do isl. *hreindÿri*, «rangífero», pelo lat. cient. *rangifĕru-*, «id.»)

rango *n.m.* [Brasil] [coloq.] petisco; pitéu; jantarada

ranguinhar *v.intr.* [regionalismo] resmungar (De orig. obsc.)

ranhar *v.tr.,intr.,pron.* ⇒ **arranhar** ▪ *v.tr.* 1 esgaravatar 2 [regionalismo] varrer (o forno) antes de meter o pão; raer (De *arranhar*)

ranheta /ê/ *n.f.* [pop.] ranho ▪ *n.2g.* [Brasil] pessoa impertinente, rabugenta (De *ranho+-eta*)

ranho *n.m.* substância mais ou menos viscosa, segregada pelas mucosas nasais; muco; **chorar baba e ~** chorar imenso (Deriv. regr. de *ranhoso*)

ranhoca *n.f.* [coloq.] ⇒ **ranho**

ranhosa *n.f.* ICTIOLOGIA peixe teleósteo, pertencente à família dos Blenídeos, que se encontra em abundância na costa portuguesa; lula; marachomba; murtefuge (De *ranhoso*)

ranhoso /ô/ *adj.* 1 que tem ranho no nariz 2 [fig.] de mau carácter; manhoso 3 [fig.] reles; desprezível ▪ *n.m.* ICTIOLOGIA ⇒ **ranhosa** (De *ronhoso*)

ranhura *n.f.* 1 entalhe feito na espessura de uma tábua no sentido do comprimento 2 escavação que define uma risca numa superfície 3 encaixe 4 abertura estreita; fenda (Do fr. *rainure*, «id.»)

ranicultor *adj.,n.m.* que ou aquele que se dedica à criação de rãs (De *rani-+cultor*)

ranicultura *n.f.* cultura ou criação de rãs (Do lat. *rana-*, «rã» +*cultūra-*, «cultura»)
rânida *n.m.* ZOOLOGIA ⇒ **ranídeo**
Rânidas *n.m.pl.* ZOOLOGIA ⇒ **Ranídeos**
ranídeo *adj.* ZOOLOGIA relativo ou pertencente aos Ranídeos ■ *n.m.* ZOOLOGIA espécime dos Ranídeos
Ranídeos *n.m.pl.* ZOOLOGIA família de batráquios anuros portadores de dentes no maxilar superior, cujo género-tipo se denomina *Rana* (Do lat. *rana-*, «rã» +*-ídeos*)
ranilha *n.f.* 1 formação saliente, mole, na planta do pé do cavalo; arnilha; forquilha; forqueta 2 [regionalismo] rã vulgar 3 *pl.* parte posterior do carro puxado a bestas (Do cast. *ranilla*, «id.»)
ranking *n.m.* 1 classificação ordenada de acordo com determinados critérios 2 DESPORTO lista oficial que, de acordo com determinados critérios, estabelece uma classificação dos praticantes de determinada modalidade (Do ing. *ranking*, «classificação»)
rânula *n.f.* {*diminutivo de* **rã**} rã pequena (Do lat. *ranŭla-*, «id.»)
ranunculácea *n.f.* BOTÂNICA espécime das Ranunculáceas
Ranunculáceas *n.f.pl.* BOTÂNICA família de plantas dicotiledóneas, herbáceas (raramente lenhosas), de flores vistosas, representada em Portugal por vários géneros e bastantes espécies, e cujo género-tipo se denomina *Ranunculus* (Do lat. **ranuncŭla-*, por **ranucŭla-*, dim. de *rana-*, «rã» +*-áceas*)
ranunculáceo *adj.* relativo ou semelhante ao ranúnculo (De *ranúnculo+-áceo*)
ranúnculo *n.m.* 1 BOTÂNICA planta herbácea (ou as suas flores) da família das Ranunculáceas, com flores de variadas cores, cultivada, em Portugal, nos jardins 2 BOTÂNICA flor dessa planta (Do lat. **ranuncŭlu-*, de *ranucŭla-*, «pequena rã»)
ranúnculo-mata-boi *n.m.* BOTÂNICA erva anual, de flores amarelas e pequenas, vulgar nas margens dos rios portugueses das Beiras e do Ribatejo
ranzal *n.m.* tecido antigo muito apreciado (Do cast. *ranzal*, «id.»)
ranzinza *adj.,n.2g.* 1 [Brasil] rabugento 2 [Brasil] impertinente 3 [Brasil] teimoso (De orig. onom.)
rap *n.m.* MÚSICA estilo musical em que a letra é dita rápida e ritmadamente (Do ing. *rap*)
rapa *n.f.* 1 jogo que consiste em fazer girar uma piorra de quatro faces, onde estão escritas as iniciais das palavras: *rapa*, *tira*, *deixa*, *põe*, que indicam o que o jogador há de fazer conforme a letra que ficar voltada para cima 2 piorra com que se executa esse jogo 3 instrumento próprio para rapar; rapadoura 4 [pop.] comilão (Deriv. regr. de *rapar*)
rapace *adj.2g.* 1 que se atira sobre a presa 2 que ataca rapidamente 3 que arrebata com violência 4 que rouba; que rapina 5 que caracteriza os animais predadores 6 ávido de lucro ■ *n.m./f.* ORNITOLOGIA espécime dos rapaces ■ *n.m./f.pl.* ORNITOLOGIA ordem de aves de bico adunco e forte e garras robustas; aves de rapina (Do lat. *rapāce-*, «id.»)
rapacidade *n.f.* 1 qualidade de rapace 2 instinto ou gosto da rapina 3 inclinação para roubar; hábito de roubar 4 avidez (Do lat. *rapacitāte-*, «id.»)
rapadeira *n.f.* 1 instrumento próprio para rapar 2 pequena pá com que se rapa a massa nas masseiras (De *rapar+-deira*)
rapadela *n.f.* ato ou efeito de rapar (De *rapar+-dela*)
rapado *adj.* 1 que se rapou 2 (cabelo) cortado rente 3 barbeado 4 que não tem vegetação 5 gasto pelo uso (Part. pass. de *rapar*)
rapadoira *n.f.* ⇒ **rapadoura** (De *rapar+-doira*)
rapador *adj.* que rapa ■ *n.m.* 1 o que rapa 2 instrumento para rapar 3 aquele que trabalha com o rapão nas salinas (De *rapar+-dor*)
rapadoura *n.f.* 1 instrumento próprio para rapar 2 pequena pá com que se rapa a massa nas masseiras (De *rapar+-doura*)
rapadura *n.f.* 1 ato ou efeito de rapar 2 o que se tira, rapando 3 [Brasil] doce consistente em forma de pequenos tijolos, preparado com o caldo obtido da cana-de-açúcar moída, depois de fervido, moldado e seco 4 *pl.* restos que ficam pegados às paredes das vasilhas (De *rapar+-dura*)
rapagão *n.m.* {*aumentativo de* **rapaz**} rapaz corpulento e robusto (De *rapaz+-ão*)
rapalhas *n.f.pl.* 1 restos que ficam no solo depois de se tirar o estrume que ali estava amontoado 2 bagatelas (De *rapar+-alhas*)
rapa-línguas *n.m.2n.* 1 BOTÂNICA certa erva de folhas ásperas 2 MEDICINA instrumento que serve para limpar a língua
rapante *adj.2g.* 1 que rapa 2 que furta 3 que escarva o solo (De *rapar+-ante*)
rapão *n.m.* 1 utensílio que os marnotos usam para apanhar o sal nas salinas 2 o que anda a apanhar lixo para estrume 3 [regionalismo] pequenas ervas e detritos que se rapam, à enxada, nos matos (De *rapar+-ão*)
rapapé *n.m.* 1 [pop.] cumprimento que se faz, arrastando o pé para trás 2 mesura exagerada; cortesia afetada; salamaleque 3 (pirotecnia) busca-pé; bicha de rabear 4 [fig.] primeiros passos do namoro 5 *pl.* adulação; bajulação (De *rapar+pé*)
rapar *v.tr.* 1 desgastar ou tirar, raspando 2 cortar rente 3 cortar à navalha o pelo de; escanhoar 4 roçar (o chão) com a pata 5 cortar com a enxada 6 desfazer em migalhas 7 roubar; extorquir 8 tirar de forma súbita 9 matar 10 conseguir; obter 11 [coloq.] pegar em; puxar por ■ *v.pron.* 1 barbear-se 2 cortar o cabelo; **~ frio e fome** [coloq.] sofrer frio e fome (Do gót. *hrapon, «arrancar»)
rapariga *n.f.* 1 jovem do sexo feminino; mulher nova; adolescente; moça 2 criança do sexo feminino; menina 3 [Brasil] [pej.] amante 4 [Brasil] [pej.] prostituta (De orig. obsc.)
raparigaça *n.f.* {*aumentativo de* **rapariga**} rapariga forte e bonita (De *rapariga+-aça*)
raparigada *n.f.* [pop.] bando de raparigas (De *rapariga+-ada*)
raparigão *n.m.* {*aumentativo de* **rapariga**} ⇒ **raparigaça** (De *rapariga+-ão*)
raparigo *n.m.* [pop.] rapazito (De *rapariga*)
raparigota *n.f.* moçoila (De *rapariga+-ota*)
rapa-tachos *n.m.2n.* utensílio de cozinha que consiste numa espátula de borracha presa a um cabo de madeira ou plástico, usado para rapar tachos ou tigelas ■ *n.2g.2n.* [coloq.] pessoa que aproveita até à última migalha o que lhe dão para comer
rapaz *n.m.* 1 jovem do sexo masculino; homem novo; adolescente; moço 2 criança do sexo masculino; menino 3 [Brasil] criado ■ *adj.2g.* rapace (Do lat. *rapāce-*, «rapace»)
rapazada *n.f.* ⇒ **rapaziada** (De *rapaz+-ada*)
rapazão *n.m.* ⇒ **rapagão** (De *rapaz+-ão*)
rapazelho /ê/ *n.m.* rapaz pequeno; criançola (De *rapaz+-elho*)
rapazete /ê/ *n.m.* ⇒ **rapazelho** (De *rapaz+-ete*)
rapaziada *n.f.* 1 bando de rapazes ou de rapazes e raparigas 2 ato ou dito próprio de rapaz 3 leviandade; estroinice (De *rapazio+-ada*)
rapazice *n.f.* ⇒ **rapaziada** (De *rapaz+-ice*)
rapazinho *n.m.* 1 menino 2 *pl.* BOTÂNICA planta da família das Labiadas, cultivada em Portugal, também conhecida por canela 3 *pl.* variedade de orquídea (De *rapaz+-inho*)
rapazio *n.m.* 1 os rapazes 2 bando de rapazes; garotada (De *rapaz+-io*)
rapazola *n.m.* 1 rapaz já crescido 2 [fig., pej.] indivíduo adulto que pensa e procede sem maturidade (De *rapaz+-ola*)
rapazote *n.m.* ⇒ **rapazelho** (De *rapaz+-ote*)
rapé *n.m.* tabaco moído para cheirar (Do fr. *râpé*, «ralado»)
rapeira *n.f.* 1 prurido 2 adubo para as terras constituído especialmente por plantas marinhas e mexilhões; rapilho; moliço (De *rapar+-eira*)
rapel *n.m.* DESPORTO ⇒ **rappel**
rapelha /ê/ *n.f.* ⇒ **rapelho** (De *rapelho*)
rapelho /ê/ *n.m.* ZOOLOGIA ⇒ **bicha-cadela** (De *rapar+-elho*)
rapichel *n.m.* pequeno saco de rede com que os pescadores da província portuguesa da Beira Litoral apanham na água a sardinha que se escapa do saco grande da rede (De orig. obsc.)
rapidamente *adv.* com rapidez; depressa; velozmente (De *rápido+-mente*)
rapidez /ê/ *n.f.* 1 qualidade do que é rápido; grande velocidade; celeridade 2 presteza; desembaraço; dinamismo 3 pressa 4 brevidade; transitoriedade (De *rápido+-ez*)
rápido *adj.* 1 que se move com rapidez; veloz 2 desembaraçado; ativo; dinâmico 3 que dura pouco; breve; passageiro 4 que se realiza em pouco tempo 5 instantâneo ■ *n.m.* 1 comboio de passageiros, com poucas paragens e maior velocidade 2 GEOGRAFIA zona de um curso de água com um forte pendor que dá origem a um aumento considerável da velocidade das águas ■ *adv.* com rapidez; depressa; velozmente; **num ~** num instante (Do lat. *rapĭdu-*, «id.»)
rapilho *n.m.* 1 fragmento vulcânico do tamanho de areia graúda 2 conjunto de plantas marinhas, especialmente algas, que se destinam a adubar as terras; moliço; rapeira; limos (De *rapar+-ilho*)
rapina *n.f.* 1 ato ou efeito de rapinar 2 roubo ardiloso e/ou violento; pilhagem (Do lat. *rapīna-*, «id.»)
rapinação *n.f.* 1 ato de rapinar 2 roubo ardiloso e/ou violento (De *rapinar+-ção*)
rapinador *adj.,n.m.* que ou aquele que rapina (De *rapinar+-dor*)
rapinagem *n.f.* 1 condição do que vive da rapina 2 tendência para rapinar 3 conjunto de roubos (De *rapinar+-agem*)
rapinança *n.f.* ⇒ **rapinagem** (De *rapinar+-ança*)

rapinância n.f. ⇒ **rapinagem** (De rapinar+-ância)
rapinanço n.m. ⇒ **rapinagem** (De rapinar+-anço)
rapinante adj.,n.2g. que ou aquele que rapina (De rapinar+-ante)
rapinar v.tr. subtrair com violência ou de forma ardilosa; tirar à força; arrebatar ■ v.intr. exercer a rapinagem (De rapina+-ar)
rapineiro adj.,n.m. que ou aquele que rapina (De rapina+-eiro)
rapinhar v.tr.,intr. ⇒ **rapinar** ■ v.tr. ⇒ **ripar**¹ I (De rapinar)
rapinice n.f. ⇒ **rapinagem** (De rapina+-ice)
rapino n.m. ORNITOLOGIA ⇒ **gavião** (De rapina)
rapioca n.f. [pop.] reunião festiva de várias pessoas, para comer e beber; pândega; farra; patuscada (De orig. obsc.)
rapioqueiro adj.,n.m. que ou pessoa que anda ou gosta de andar em pândegas ou rapiocas; farrista (De rapioca+-eiro)
rapistro n.m. BOTÂNICA planta da família das Crucíferas, espécie de rábano silvestre, de flores amarelas, frequente em Portugal; aneixa (Do lat. cient. rapistru-, «rábano bravo»)
rapôncio n.m. BOTÂNICA ⇒ **rapúncio**
raponço n.m. BOTÂNICA ⇒ **rapúncio** (Do lat. tard. rapuntĭu-, de rapu-, «rábano»)
rapôntico n.m. BOTÂNICA espécie de ruibarbo (Do gr. rhã, «ruibarbo» +pontikón, «do Ponto [= mar Negro]»)
rapôntico-da-terra n.m. BOTÂNICA planta, de flores amarelas, em capítulos, pertencente à família das Compostas, espontânea, em Portugal, nos terrenos secos da Beira Litoral ao Algarve
raposa /ô/ n.f. 1 ZOOLOGIA mamífero carnívoro, da família dos Canídeos, muito ágil, de pelo forte e longo, focinho pontiagudo e cauda comprida, que ataca aves e pequenos mamíferos, de que se alimenta 2 pele deste animal preparada para agasalho 3 [acad.] reprovação em exame 4 [fig.] pessoa astuta e/ou manhosa 5 [regionalismo] espécie de cesto de vindima 6 jogo popular 7 conjunto de raízes (de plantas) que se introduzem nos canos condutores da água 8 [coloq.] bebedeira (Do lat. rapu-, «rabo», pelo cast. rabosa e raposa «raposa»)
raposada n.f. 1 manhosice de raposa 2 [fig.] sono curto, tranquilo e reparador 3 [coloq.] bebedeira (De raposa+-ada)
raposar v.intr. 1 [acad.] apanhar uma raposa (reprovação) em exame; reprovar ■ v.tr. [acad.] dar uma raposa (reprovação) a; reprovar (De raposa+-ar)
raposeira n.f. 1 cova de raposa 2 sensação de bem-estar de quem se deita ao sol 3 bebedeira; borracheira 4 sono curto, tranquilo e reparador (De raposa+-eira)
raposeiro adj. 1 manhoso como uma raposa; finório 2 diz-se do cão próprio para levantar raposas ■ n.m. [pop.] nevoeiro matinal (De raposa+-eiro)
raposia n.f. manha, astúcia ou malícia de raposa ou semelhante a deste animal (De raposa+-ia)
raposice n.f. ⇒ **raposia** (De raposa+-ice)
raposinhar v.intr. usar de malícia; ser manhoso como a raposa (De raposinho+-ar)
raposinho n.m. 1 raposo pequeno 2 cheiro nauseabundo, como o que é característico da raposa 3 variedade de trigo rijo cultivada no Algarve (De raposo+-inho)
raposino adj. 1 relativo à raposa 2 [fig.] matreiro; malicioso (De raposa+-ino)
raposo /ô/ n.m. 1 ZOOLOGIA macho da raposa 2 ICTIOLOGIA peixe seláquio, muito longo (pode atingir quase 5 m), de cor pardo-azulada, que aparece nas costas marítimas portuguesas, também denominado arrequim, peixe-alecrim, zorro, etc. 3 [fig.] indivíduo manhoso (De raposa)
rappel n.m. 1 DESPORTO técnica de descida em escalada que consiste em descer uma parede de rocha vertical, através de uma corda dupla presa no topo da mesma 2 ECONOMIA desconto concedido ao comprador sempre que este atinja ou ultrapasse um determinado volume de compras, e que incide sobre o valor total da mercadoria vendida (Do fr. rappel)
rapsódia n.f. 1 MÚSICA peça musical formada a partir de trechos, temas ou processos de composição das canções tradicionais ou populares de uma região ou de um país 2 LITERATURA fragmentos de cantos épicos, entre os Gregos 3 LITERATURA os livros de Homero 4 LITERATURA fragmento de uma composição poética (Do gr. rhapsodía, «recitação de poema», pelo lat. rhapsodĭa-, «canto ou livro de poemas»)
rapsódico adj. 1 relativo a rapsódia 2 em forma de rapsódia (Do gr. rhapsodikós, «relativos aos rapsodos»)
rapsodista adj.2g. 1 pessoa que faz ou coleciona rapsódias literárias ou musicais 2 compilador (De rapsodo+-ista)
rapsodo /ô/ n.m. 1 cantor de rapsódias, entre os Gregos 2 [fig.] trovador; poeta (Do gr. rhapsodós, «id.»)

rapsodomancia n.f. suposta adivinhação por meio de versos saídos à sorte quando se abre a obra de um poeta (Do gr. rhapsodós, «rapsodo» +mantéia «adivinhação»)
rapsodomante n.2g. pessoa que pratica a rapsodomancia (Do gr. rhapsodós, «rapsodo» +mántis, «adivinho»)
raptador adj.,n.m. ⇒ **raptor** (De raptar+-dor)
raptar v.tr. 1 capturar e manter (alguém) aprisionado, reclamando algo (geralmente dinheiro) em troca da sua vida 2 subtrair com violência; tirar à força; rapinar; arrebatar (Do lat. raptāre, «roubar»)
rapto n.m. 1 ato ou efeito de capturar alguém de forma violenta e mantê-lo aprisionado, exigindo, em geral, dinheiro em troca da sua vida 2 roubo violento; rapina 3 [fig.] arroubo; êxtase 4 [fig.] rasgo de eloquência (Do lat. raptu-, «roubo»)
raptor adj.,n.m. que ou aquele que rapta; raptador (Do lat. raptōre-, «o que rouba»)
ráptus n.m.2n. MEDICINA (psiquiatria) impulso brusco e passageiro que leva o indivíduo a atos por vezes graves (fuga, violência, suicídio, assassínio) (Do lat. raptus, «arrebatamento»)
rapúncio n.m. BOTÂNICA planta herbácea, da família das Campanuláceas, de raiz carnosa, espontânea e frequente em Portugal, também denominada rapôncio, raponço e repôncio (Do lat. med. rapuntĭu-, «id.», de rapu-, «rábano»)
raque n.f. ⇒ **ráquis** (Do gr. rhákhis, «coluna vertebral»)
raqueta n.f. ⇒ **raquete**
raquete n.f. DESPORTO utensílio formado por uma peça oval, plana e sólida, ou por um aro, onde se fixa uma rede de cordas esticadas, e que é munido de cabo, sendo utilizado para atirar e receber a bola em jogos como o pingue-pongue, o ténis e o badminton (Do ár. râhat, «palma da mão», pelo fr. raquette, «id.»)
raquialgia n.f. dor aguda na coluna vertebral (De raqui-+-algia)
raquiano adj. ⇒ **raquidiano** (Do gr. rhákhis, «coluna vertebral» + -ano)
raquicentese n.f. MEDICINA punção lombar
raquídeo adj. ⇒ **raquidiano** (Do gr. rhákhis, «coluna vertebral» + -ídeo)
raquidiano adj. ANATOMIA relativo à coluna vertebral (De raquídeo+ -iano)
raqui(o)- elemento de formação de palavras que exprime a ideia de coluna vertebral (Do grego rhákhis, eos, «coluna vertebral»)
raquiotomia n.f. CIRURGIA secção da coluna vertebral praticada especialmente em cirurgia obstétrica (Do gr. rhákhis, «coluna vertebral» +tomé, «corte» +-ia)
ráquis n.f.2n. 1 ANATOMIA espinha dorsal; coluna vertebral 2 ZOOLOGIA parte do eixo das penas, donde saem as barbas 3 BOTÂNICA pecíolo primário (comum) das folhas compostas 4 BOTÂNICA eixo principal das espigas das Gramíneas 5 PALEONTOLOGIA parte central do corpo de uma trilobite, situada entre as duas pleuras (Do gr. rhákhis, «coluna vertebral»)
raquítico adj. 1 MEDICINA que padece de raquitismo 2 MEDICINA referente ao raquitismo 3 franzino; enfezado 4 BOTÂNICA pouco desenvolvido 5 [fig.] mesquinho ■ n.m. 1 MEDICINA pessoa que sofre de raquitismo 2 pessoa franzina ou enfezada (Do gr. rhakhítes, «da coluna vertebral» +-ico)
raquitismo n.m. 1 MEDICINA doença caracterizada pela atrofia geral do organismo e por deformações ósseas 2 BOTÂNICA desenvolvimento incompleto de uma planta 3 [fig.] fraqueza; debilidade (Do gr. rhakhítes, «da coluna vertebral» +-ismo)
raramente adv. poucas vezes (De raro+-mente)
rareamento n.m. 1 ato ou efeito de rarear 2 diminuição de densidade 3 quebra na assiduidade 4 escassez; falta (De rarear+ -mento)
rarear v.tr.,intr. 1 tornar(-se) raro 2 tornar(-se) menos denso; desbastar (-se) 3 tornar(-se) menos frequente 4 estar ou ficar em pequeno número ■ v.intr. 1 apresentar lacunas 2 apresentar raleiras (De raro+-ear)
rarefação n.f. 1 ato ou efeito de rarefazer 2 diminuição de densidade 3 diminuição de quantidade (De rarefazer+-ção)
rarefacção ver nova grafia rarefação
rarefaciente adj.2g. que rarefaz; que torna menos denso (Do lat. rarefaciente-, «id.», pres. de rarefacĕre, «rarefazer»)
rarefatível adj.2g. suscetível de ser rarefeito (Do lat. rarefactu-, «rarefeito», part. pass. de rarefacĕre, «rarefazer» +-vel) ACORDO ORTOGRÁFICO também se pode escrever **rarefatível**
rarefato adj. ⇒ **rarefaciente** (Do lat. rarefactu-, «rarefeito», part. pass. de rarefacĕre, «rarefazer» +-ivo) ACORDO ORTOGRÁFICO também se pode escrever **rarefativo**
rarefacto adj. ⇒ **rarefeito** (Do lat. rarefactu-, «id.», part. pass. de rarefacĕre, «rarefazer»)

rarefactor ver nova grafia **rarefator**
rarefatível a grafia mais usada é **rarefactível**
rarefativo a grafia mais usada é **rarefactivo**
rarefator *adj.,n.m.* que ou o que rarefaz ou serve para rarefazer (Do lat. *raru-*, «raro» +*factōre-*, «executor»)
rarefazer *v.tr.* **1** tornar mais raro **2** diminuir a densidade de **3** desaglomerar ■ *v.pron.* **1** tornar-se menos compacto ou menos denso **2** tornar-se menos numeroso ou menos frequente **3** diluir-se **4** dilatar-se (Do lat. *rarefacĕre*, «id.», de *raru-*, «raro» +*facĕre*, «fazer»)
rarefeito *adj.* **1** que se rarefez **2** menos denso (Do lat. *rarefactu-*, «id.», part. pass. de *rarefacĕre*, «rarefazer»)
rarescência *n.f.* qualidade ou estado de rarescente (Do lat. *rarescentĭa*, neut. pl. de *rarescente-*, «que se rarefaz», part. pres. de *rarescĕre*, «rarefazer-se; tornar-se raro»)
rarescente *adj.2g.* **1** que se rarefaz **2** que rareia (Do lat. *rarescente-*, «que se rarefaz», part. pres. de *rarescĕre*, «tornar-se raro; rarefazer-se»)
rarescer *v.intr.* **1** tornar-se menos denso; rarefazer-se **2** diminuir em quantidade; escassear **3** tornar-se menos frequente; rarear (Do lat. *rarescĕre*, «id.»)
rareza /ê/ *n.f.* ⇒ **raridade** (De *raro*+*-eza*)
rari- elemento de formação de palavras que exprime a ideia de raro (Do lat. *raru-*, «raro»)
raridade *n.f.* **1** qualidade do que aparece ou existe em pequena quantidade **2** qualidade do que é raro ou pouco denso **3** qualidade do que acontece poucas vezes **4** objeto raro ou pouco vulgar **5** [fig.] extravagância (Do lat. *raritāte-*, «raridade»)
rarifloro *adj.* BOTÂNICA que tem poucas flores (Do lat. *raru-*, «raro» +*flore-*, «flor»)
rarifoliado *adj.* BOTÂNICA que possui poucas folhas (De *rari-*+*foliado*)
rarifólio *adj.* BOTÂNICA ⇒ **rarifoliado**
rarípilo *adj.* que tem o pelo raro (Do lat. *raripĭlu-*, «id.»)
raro *adj.* **1** que aparece ou existe em pequena quantidade; pouco abundante **2** não frequente; invulgar **3** pouco denso; pouco espesso; ralo **4** [fig.] que tem muito mérito **5** [fig.] extraordinário; singular ■ *n.m.* **1** peça com orifícios que se adapta ao cano do regador para espalhar a água **2** ZOOLOGIA [pop.] ⇒ **ralo**¹ **7** (Do lat. *raru-*, «id.»)
rás¹ *n.m.* chefe político, no Oriente (Do ár. *räiç*, «cabeça»)
rás² *n.m.* ⇒ **arrás** (Do fr. *Arras*, top., cidade francesa)
rasa *n.f.* **1** antiga medida de capacidade, correspondente ao alqueire **2** pau cilíndrico que serve para tirar o que fica acima das bordas da mesma medida; rasoira **3** borda de um recipiente com líquido **4** preço mais baixo **5** página manuscrita em processos e autos, que contém certo número de linhas **6** descrédito; vergonha; *medir tudo pela mesma ~* não fazer distinção; *pôr (alguém) pela ~* dizer muito mal de (alguém) (Do lat. *rasa*, «raspada», part. pass. fem. de *radĕre*, «raspar; rapar»)
rasadura *n.f.* **1** ato ou efeito de rasar **2** o que cai da medida quando se lhe passa a rasoira (De *rasar*+*-dura*)
rasamente *adv.* **1** de modo raso **2** completamente (De *raso*+*-mente*)
rasante *adj.2g.* **1** que rasa **2** (tiro, voo) rente ao chão **3** que vai junto e paralelo ■ *n.f.* linha definida pela interseção do eixo da estrada com a superfície do pavimento (De *rasar*+*-ante*)
rasão *n.m.* **1** rasa grande **2** medida antiga de capacidade de cerca de 20 litros **3** rasoira (De *rasa*+*-ão*)
rasar *v.tr.* **1** medir com rasa **2** passar a rasoira por (medida); tirar o cogulo a **3** nivelar **4** tocar de leve; roçar **5** encher até à borda **6** correr paralelamente a ■ *v.pron.* **1** arrasar-se **2** encher; transbordar (De *raso*+*-ar*)
rasca *n.f.* **1** (pesca) rede de arrasto **2** NÁUTICA (pesca) pequena embarcação de dois mastros e velas latinas **3** [pop.] quinhão **4** [pop.] bebedeira **5** [pop.] sinal; indício ■ *adj.2g.* **1** [pop.] de má qualidade **2** [pop.] de mau gosto **3** [pop.] ordinário; reles; *estar/ver-se à ~* [colóq.] encontrar-se em dificuldades, estar em apuros (Deriv. regr. de *rascar*)
rascada *n.f.* **1** (pesca) rede de arrasto **2** [fig.] dificuldade; enrascada; entalação (De *rasca*+*-ada*)
rascador *n.m.* instrumento de ourives para rascar (De *rascar*+*-dor*)
rascadura *n.f.* **1** ferimento feito por um corpo áspero ou cortante **2** esfoladela **3** arranhão (De *rascar*+*-dura*)
rascância *n.f.* qualidade do vinho rascante; gosto adstringente (De *rascar*+*-ância*)
rascante *adj.2g.* **1** que rasca **2** (vinho) que deixa um gosto adstringente, produzido por excesso de tanino; carrascão **3** (som) desagradável ao ouvido; áspero (De *rascar*+*-ante*)

rascão¹ *n.m.* **1** pessoa mandriona, preguiçosa **2** pessoa desleixada **3** [ant.] criado que tinha a função de pajem **4** CULINÁRIA [ant.] guisado feito de carneiro refogado com cebola e toucinho (De *rascar*+*-ão*)
rascão² *adj.* (feminino **rascoa**) **1** [Cabo Verde] elegante; bem vestido **2** [Cabo Verde] senhor de si; conquistador (Do crioulo cabo-verdiano *rascon*, «idem»)
rascar *v.tr.* **1** desbastar (uma superfície) com instrumento próprio; raspar **2** partir em lascas; lascar; desbastar **3** arranhar; escoriar **4** [pop.] incomodar com um som desagradável **5** perturbar; incomodar ■ *v.intr.* deixar travo amargo ou adstringente na garganta (o vinho) (Do lat. vulg. *rasicāre*, de *rasu-*, part. pass. de *radĕre*, «raspar»)
rascasso *n.m.* ICTIOLOGIA nome vulgar extensivo a alguns peixes da fauna portuguesa, como os que são também denominados rainúnculo, pimpim e requeime-preto (De orig. obsc.)
rascoa /ô/ *n.f.* [ant.] ⇒ **rascoeira**
rascoeira *n.f.* **1** [ant.] aia **2** [ant.] cozinheira **3** [ant.] prostituta (De *rascoeiro*)
rascoeiro *n.m.* ⇒ **rascão**¹ (De *rascão*+*-eiro*)
rascoíce *n.f.* ⇒ **rascância** (De *rascão*+*-ice*)
rascunhar *v.tr.* **1** fazer o rascunho de; esboçar **2** escrever à pressa e sem grande cuidado ■ *v.intr.* riscar; sulcar (Do cast. *rascuñar*, «arranhar»)
rascunho *n.m.* **1** trabalho prévio de redação ou desenho, sujeito a emendas, preparatório da forma definitiva; borrão; esboço **2** [fig.] plano (Do cast. *rascuño*, «arranhadela»)
raseiro *adj.* **1** achatado **2** (embarcação) com pouco fundo ■ *n.m.* [regionalismo] rasoira (De *raso*+*-eiro*)
rasgadela *n.f.* ⇒ **rasgão** (De *rasgar*+*-dela*)
rasgado *adj.* **1** que tem rasgão ou rasgões **2** em pedaços; despedaçado **3** roto; esfarrapado **4** largo; espaçoso **5** aberto **6** golpeado; ferido **7** aflito; torturado **8** sem limites; sem restrições **9** caloroso; veemente; generoso **10** desembaraçado; desenvolto ■ *n.m.* MÚSICA toque de viola em que se arrastam as unhas pelas cordas sem as pontear; *coração ~* coração generoso, magnânimo, franco; *letra rasgada* caligrafia grande e firme (Part. pass. de *rasgar*)
rasgador *adj.,n.m.* que ou o que rasga (De *rasgar*+*-dor*)
rasgadura *n.f.* ⇒ **rasgamento** (De *rasgar*+*-dura*)
rasgamento *n.m.* **1** ato ou efeito de rasgar ou rasgar-se **2** abertura; fenda (De *rasgar*+*-mento*)
rasgão *n.m.* **1** abertura numa superfície que se rompeu ou dilacerou **2** rutura que se faz, rasgando **3** golpe; ferida **4** racha; rachadela **5** esfolamento (De *rasgar*+*-ão*)
rasgar *v.tr.* **1** fazer uma abertura em (superfície) puxando ou usando um objeto cortante; fazer rasgão ou rasgões em **2** separar ou dividir em pedaços; despedaçar **3** criar uma abertura em; abrir **4** golpear **5** romper; dilacerar **6** sulcar; cavar **7** dar acesso a; desobstruir **8** arar (a terra) **9** dissipar; desfazer **10** passar através de; atravessar **11** torturar ■ *v.intr.* **1** ficar roto **2** fender-se **3** despontar; surgir ■ *v.pron.* **1** romper-se **2** ficar em pedaços **3** separar-se; dividir-se (Do lat. *resecāre*, «cortar em pedaços»)
rasgo *n.m.* **1** abertura numa superfície que se rompeu ou dilacerou; rasgadela; rasgão **2** corte; incisão **3** traço; risco **4** [fig.] ato nobre **5** [fig.] ímpeto; assomo **6** [pop.] desembaraço; energia; expediente; *de um ~* de uma só vez (Deriv. regr. de *rasgar*)
rasgue *n.m.* **1** entalhe; encaixe **2** corte **3** abertura (Deriv. regr. de *rasgar*)
raso *adj.* **1** plano; liso **2** rente **3** rasteiro **4** passado com a rasoira **5** polido **6** cheio até à borda **7** que não tem lavores ou ornamentos **8** (soldado) sem graduação **9** (ângulo) que mede 180° **10** (sapato) sem tacão **11** [fig.] completo; rematado; chapado ■ *n.m.* **1** campo **2** planície ■ *adv.* sem rebuço; *vai tudo ~!* exclamação que exprime a ameaça de cometer loucuras ou atos violentos (Do lat. *rasu-*, «id.», part. pass. de *radĕre*, «raspar; rapar; varrer»)
rasoira *n.f.* **1** pau cilíndrico que serve para tirar o que fica acima das bordas de uma medida **2** medida para cereais **3** utensílio de marceneiro com que se tiram as rebarbas à madeira **4** utensílio de gravador para polir o granulado das chapas **5** tudo o que desbasta, corta ou arrasa para nivelar, igualar ou destruir (De *raso*+*-oira*)
rasoirar *v.tr.* **1** tirar o cogulo com a rasoira a **2** [fig.] nivelar; igualar; rasar **3** [fig.] destruir (De *rasoira*+*-ar*)
rasoura *n.f.* ⇒ **rasoira**
rasourar *v.tr.* ⇒ **rasoirar**
raspa *n.f.* **1** o que se tira, raspando; apara; lasca **2** utensílio que faz a rasura **3** instrumento que serve para raspar **4** instrumento curvo para fazer as marcas das qualidades do vinho, no tampo do vasilhame **5** variedade de adubo para as terras, obtido pela moagem

raspadeira

dos ossos **6** dança de salão, muito agitada, de origem mexicana **7** *pl.* [coloq.] nada; coisa nenhuma (Deriv. regr. de *raspar*)

raspadeira *n.f.* **1** instrumento que serve para raspar ou rasurar **2** BOTÂNICA planta da Índia, da família das Urticáceas (De *raspar+-deira*)

raspadela *n.f.* raspagem ligeira (De *raspar+-dela*)

raspadinha *n.f.* jogo de azar em que se raspa o revestimento de um cartão para descobrir se se tem algum prémio (De *raspado+-inha*)

raspado *adj.* **1** que se raspou; desbastado **2** alisado **3** reduzido a pequenos pedaços; ralado **4** rasurado; apagado (Part. pass. de *raspar*)

raspador *adj.* **1** que raspa **2** que tira lascas da superfície de algo **3** CIRURGIA utilizado para fazer raspagens ▪ *n.m.* **1** utensílio que serve para raspar **2** CIRURGIA instrumento utilizado para fazer raspagens (De *raspar+-dor*)

raspadura *n.f.* **1** ato ou efeito de raspar **2** operação que consiste em tirar parte ou partes da superfície de um corpo sólido com um instrumento adequado **3** o que se tira, raspando; raspa; apara; lasca (De *raspar+-dura*)

raspagem *n.f.* **1** ato ou efeito de raspar **2** operação que consiste em tirar parte ou partes da superfície de um corpo sólido com um instrumento adequado **3** PINTURA operação que consiste em raspar uma camada de tinta de uma área antes de aplicar outra tinta **4** CIRURGIA extração de parte ou partes de tecido com um utensílio próprio **5** o que se tira, raspando; apara; lasca (De *raspar+-agem*)

raspança *n.f.* **1** rasura **2** raspadura **3** [pop.] repreensão severa; raspanço (De *raspar+-ança*)

raspançar *v.tr.* **1** raspar **2** [pop.] passar ou dar um raspanço a; repreender (De *raspanço+-ar*)

raspanço *n.m.* **1** ato de raspançar **2** descompostura; desanda; repreensão; reprimenda (De *raspar+-anço*)

raspanete *n.m.* descompostura; desanda; repreensão; reprimenda (De *raspão+-ete*)

raspão *n.m.* ferimento que se faz, raspando; arranhadura; escoriação; *de ~* roçando ao de leve (De *raspar+-ão*)

raspar *v.tr.* **1** desbastar (uma superfície) com instrumento próprio **2** alisar **3** tirar a casca de (fruto, legume) friccionando em utensílio adequado **4** reduzir a pedaços pequenos; ralar **5** limpar, friccionando **6** tocar de raspão; passar junto de **7** rasurar; apagar ▪ *v.intr.* **1** fazer rasura **2** passar de raspão; roçar ▪ *v.pron.* [coloq.] fugir; escapulir-se (Do germ. **hraspón*, «acumular resíduos», pelo médio-alto-al. *raspen*, «id.»)

raspilha *n.f.* instrumento com que os tanoeiros raspam as aduelas (De *raspa+-ilha*)

raspinhadeira *n.f.* ⇒ **rapão** (De *raspinhar+-deira*)

raspinhar *v.tr.* alisar com a raspinhadeira (De *raspar+-inhar*)

rasqueta /ê/ *n.f.* instrumento para raspar e limpar algumas partes interiores do navio (Do cast. *rasqueta*, «id.»)

rasta *adj.2g.* designativo do cabelo característico dos rastafáris, comprido e arranjado em madeixas enroladas e separadas, às vezes entremeadas de linhas ou contas coloridas ▪ *n.f.* cada uma dessas madeixas enroladas ▪ *adj.2g.,n.2g.* que ou pessoa que tem cabelo comprido e arranjado em madeixas enroladas e separadas; rastafári (Red. de *rastafári*)

rastafári *adj.inv.* **1** relativo a ou próprio do rastafarianismo **2** designativo do cabelo característico dos rastafáris, comprido e arranjado em madeixas enroladas e separadas ▪ *n.2g.* **1** RELIGIÃO seguidor do rastafarianismo **2** MÚSICA músico ou fã de reggae (De *ras*, «cabeça, chefe»+*Tafari*, antr.)

rastafarianismo *n.m.* RELIGIÃO movimento político-religioso de cunho messiânico que se desenvolveu predominantemente na Jamaica, cujos adeptos veneram Hailé Selassié (imperador etíope entre 1930 e 1974), e defendem a identidade e a cultura negras (De *rastafariano+-ismo*)

rastafariano *adj.* relativo ou pertencente a rastafári (De *rastafári+-ano*)

rastão *n.m.* vara de videira que, na altura da poda, se deixa estendida pelo chão (De *rasto+-ão*)

rastear *v.tr.* seguir o rasto de ▪ *v.intr.* rastejar (De *rasto+-ear*)

rasteira *n.f.* **1** ato de meter uma perna entre as pernas de outra pessoa para a fazer cair; cambapé **2** [fig.] gesto ou ato de traição **3** [fig.] embuste **4** recipiente em que os doentes podem dejetar deitados; arrastadeira; aparadeira **5** BOTÂNICA planta da família das Verbenáceas, cultivada nos jardins; melindre; *passar uma ~* **1** fazer alguém cair pondo uma perna entre as pernas da outra pessoa; **2** [fig.] prejudicar através de atos traiçoeiros (De *rasteiro*)

rasteirinha *n.f.* BOTÂNICA planta herbácea, da família das Malváceas, do Brasil, também conhecida por violeta-do-pará (De *rasteiro+-inha*)

rasteiro *adj.* **1** que se estende ou arrasta pelo chão; rastejante **2** que se ergue pouco acima do solo **3** [fig.] humilde; modesto **4** [fig.] de baixo nível **5** [fig.] desprezível; ordinário **6** [fig.] servil **7** (sapato) sem tacão **8** (cão) que tem pernas curtas e arqueadas (De *rasto+-eiro*)

rastejador *adj.,n.m.* **1** que ou o que rasteja **2** que ou o que segue o rasto de algo ou alguém (De *rastejar+-dor*)

rastejadura *n.f.* ⇒ **rastejamento** (De *rastejar+-dura*)

rastejamento *n.m.* ato ou efeito de rastejar (De *rastejar+-mento*)

rastejante *adj.2g.* **1** que se estende ou arrasta pelo chão; que rasteja; rastejador **2** que se ergue pouco acima do solo **3** BOTÂNICA (caule) que, em vez de crescer verticalmente, se alonga, rastejando pelo chão **4** [fig.] medíocre; ordinário; desprezível **5** [fig.] servil (De *rastejar+-ante*)

rastejar *v.intr.* **1** andar arrastando-se; andar de rastos **2** crescer (a planta), estendendo-se pelo chão **3** [fig.] humilhar-se; rebaixar-se **4** [fig.] possuir sentimentos baixos **5** [fig.] viver em condição muito humilde ou baixa ▪ *v.tr.* **1** seguir o rasto ou a pista de **2** inquirir (segundo indicações); investigar (De *rasto+-ejar*)

rastejo /ê/ *n.m.* ato de rastejar (Deriv. regr. de *rastejar*)

rastelar *v.tr.* tirar a estopa com o rastelo a (linho); assedar (De *rastelo+-ar*)

rastelo /ê/ *n.m.* **1** chapa com fileiras de dentes de ferro, por onde se passa o linho para lhe tirar os tomentos e a estopa; sedeiro **2** grade com dentes de pau para desfazer os torrões e aplanar a terra, depois da lavra (Do lat. *rastellu-*, «id.»)

rastilhar *v.tr.* colocar rastilho em ▪ *v.intr.* **1** propagar-se por meio de rastilho **2** [fig.] esfuziar (De *rastilho+-ar*)

rastilho *n.m.* **1** sulco, cordão ou tubo cheio de pólvora ou outra substância incendiária para comunicar o fogo a qualquer coisa **2** [fig.] motivo remoto; origem **3** [fig.] rasto; indício (De *rasto+-ilho*)

rasto *n.m.* **1** vestígio que alguém, algum animal ou alguma coisa deixou no solo ou no ar, quando passou; sinal **2** pista; indício; pegada **3** AGRICULTURA peça da parte inferior da charrua; *a ~* arrastando, rastejando, em estado de ruína, muitíssimo barato; *perder o ~* já não saber onde se encontra (algo ou alguém); *pôr de rastos* desacreditar, difamar, esgotar física e/ou mentalmente (Do lat. *rastru-*, «ancinho»)

rastolhada *n.f.* ⇒ **restolhada** (De *rastolho+-ada*)

rastolhar *v.intr.* ⇒ **restolhar** (De *rastolho+-ar*)

rastolho /ô/ *n.m.* **1** variedade de pereira (ou os seus frutos) cultivada em algumas regiões de Portugal **2** ⇒ **restolho** (De *restolho*)

rastra *n.f.* [regionalismo] réstia de cebolas ou alhos (Do lat. *rastru-*, «ancinho»)

rastreabilidade *n.f.* possibilidade de identificar a origem de um produto e de reconstituir o seu percurso desde a produção até à distribuição (De *rastreável-+-i-+-dade*)

rastrear *v.tr.* **1** seguir o rasto de; ir na pista de **2** procurar; buscar **3** investigar; inquirir **4** MEDICINA submeter alguém a testes para detetar a presença de (determinada) doença; fazer rastreio ou despistagem de ▪ *v.intr.* seguir rasto ou pista (De *rastro+-ear*)

rastreável *adj.2g.* que se pode rastrear (De *rastrear+-vel*)

rastreio *n.m.* **1** ato ou efeito de rastrear **2** MEDICINA realização de testes para detetar sinais de doença; despistagem **3** deteção dos vestígios deixados por alguém ou algo (Deriv. regr. de *rastrear*)

rastreiro *adj.* ⇒ **rasteiro** (De *rastra+-eiro*)

rastrejar *v.tr.,intr.* ⇒ **rastejar** (De *rastro+-ejar*)

rastro *n.m.* ⇒ **rasto** (Do lat. *rastru-*, «ancinho»)

rasura *n.f.* **1** ato ou efeito de tirar letras ou palavras num texto escrito, raspando-as ou riscando-as **2** conjunto de raspas **3** fragmentação de substâncias medicinais (Do lat. *rasūra-*, «ação de raspar»)

rasurar *v.tr.* tirar (letras ou palavras) num texto escrito, raspando ou riscando; fazer rasura(s) em (De *rasura+-ar*)

rata *n.f.* **1** fêmea do rato; ratazana **2** [fig., pop.] mulher de grande fecundidade **3** [regionalismo] toupeira **4** [vulg.] órgão sexual feminino **5** [Brasil] deslize; gafe; lapso **6** [Brasil] fiasco (De *rato*)

ratada *n.f.* **1** porção de ratos; ninhada de ratos **2** [fig.] fraude; conluio **3** [fig.] coisa engraçada ou excêntrica; ratice (De *rato+-ada*)

ratado *adj.* **1** roído pelos ratos **2** que parece roído pelos ratos; corroído; desgastado **3** que já foi mordido ou encetado com os dentes (Part. pass. de *ratar*)

ratafia *n.f.* licor aromático feito com aguardente, açúcar, sumo de frutas e essência de alguma flor (Do fr. *ratafia*, «id.»)

ratão *n.m.* **1** ZOOLOGIA rato grande **2** ICTIOLOGIA peixe seláquio afim da raia, de corpo grande e achatado, com cauda longa e fina, que aparece na costa marítima portuguesa; xuxo; rato **3** [fig.] pessoa cómica, engraçada **4** [fig.] indivíduo manhoso ou espertalhão ■ *adj.* **1** cómico; engraçado; patusco **2** manhoso; espertalhão (De *rato*+*-ão*)

rataplã *n.m.* ⇒ **rataplão**

rataplão *n.m.* som imitativo do rufo do tambor (De orig. onom.)

ratar *v.tr.* **1** roer à maneira de rato **2** mordiscar **3** [regionalismo] murmurar de (alguém) **4** corroer (De *rato*+*-ar*)

rataria *n.f.* **1** grande porção de ratos **2** os ratos (De *rato*+*-aria*)

ratazana *n.f.* **1** ZOOLOGIA fêmea do rato; rata **2** ZOOLOGIA mamífero roedor, da família dos Murídeos, de cor cinzenta e de grandes dimensões, frequente em Portugal **3** [pop., pej.] mulher considerada feia e pretensiosa ■ *n.2g.* **1** [pop.] pessoa ridícula que desperta a zombaria que se divirte com os outros pelos seus ditos e gestos **2** [pop.] pessoa que rouba; larápio (De *rato*+*-az*+*-ana*)

ratazanar *v.tr.* roer como a ratazana (De *ratazana*+*-ar*)

rateação *n.f.* **1** ato ou efeito de ratear; rateio **2** capitação (De *ratear*+*-ção*)

rateador *adj.,n.m.* que ou aquele que rateia (De *ratear*+*-dor*)

rateamento *n.m.* ⇒ **rateação** (De *ratear*+*-mento*)

ratear *v.tr.* **1** dividir proporcionalmente (uma quantidade ou uma quantia) entre vários **2** cobrar por subscrição (Do lat. *ratu-*, «calculado; contado», part. pass. de *reri*, «contar; calcular»+*-ear*)

rateio *n.m.* distribuição proporcional de uma quantidade ou de uma quantia entre vários; rateamento; rateação (Deriv. regr. de *ratear*)

rateira *n.f.* montículo de terra formado por toupeiras ou por outros animais (De *rata*+*-eira*)

rateiro *adj.* (cão, gato) que é bom caçador de ratos (De *rato*+*-eiro*)

ratel *n.m.* ZOOLOGIA mamífero carnívoro, da família dos Mustelídeos, vulgar no Sul da África (Do hol. *rat*, «id.», pelo fr. *ratel*, «ratel»)

ratice *n.f.* **1** porção de ratos; rataria **2** [fig.] ato ou dito de ratão **3** [fig.] esperteza; manhosice (De *rato*+*-ice*)

raticida *adj.2g.* que mata ratos ■ *n.m.* preparado venenoso para matar ratos (De *rato*+*-cida*)

raticídio *n.m.* extermínio dos ratos (De *rato*+*-cídio*)

ratificação *n.f.* **1** ato ou efeito de ratificar; aprovação; confirmação **2** documento autêntico dessa confirmação (De *ratificar*+*-ção*)

ratificado *adj.* objeto de ratificação; aprovado; validado (Part. pass. de *ratificar*)

ratificar *v.tr.* **1** confirmar autenticamente (o que foi prometido, feito ou aprovado); corroborar **2** validar; autenticar **3** comprovar (Do lat. tard. *ratificāre*, «id.»)

ratificável *adj.2g.* que se pode ratificar (De *ratificar*+*-vel*)

ratiforme *adj.2g.* parecido com o rato ■ *n.m.* ORNITOLOGIA nome vulgar por que também é conhecido um tartaranhão (ave de rapina) (Do lat. cient. *rattu-*, «rato»+lat. *forma-*, «forma»)

ratina *n.f.* tecido felpudo de lã (Do fr. *ratine*, «id.»)

ratinadora /ô/ *n.f.* máquina que serve para ratinar o pano (De *ratinar*+*-dora*)

ratinar *v.tr.* encrespar ou tornar felpudo (tecido) (Do fr. *ratiner*, «id.»)

rating *n.m.* avaliação da credibilidade e da capacidade de cumprimento das responsabilidades financeiras de uma entidade feita por uma empresa especializada ou por um grupo de especialistas (Do ing. *rating*, «id.»)

ratinhar *v.tr.* **1** regatear o preço de; marralhar **2** economizar exageradamente (De *ratinho*+*-ar*)

ratinheiro *adj.* **1** relativo a ratos **2** que ratinha; regateador ■ *n.m.* indivíduo sovina (De *ratinho*+*-eiro*)

ratinho *n.m.* **1** rato pequeno **2** designação por que também é conhecido o rato caseiro, frequente em quase todo o Globo **3** [coloq.] o primeiro dente da criança **4** ICTIOLOGIA nome vulgar por que se designa (especialmente na Madeira) o agulhão, peixe teleósteo, de corpo longo e estreito, da família dos Escombrídeos, também conhecido por peixe-agulha, marabumbo, tira-vira, etc. **5** [pop.] vontade de comer **6** *pl.* [pop.] trabalhadores das regiões montanhosas que todos os anos iam fazer as ceifas na província portuguesa do Alentejo ■ *adj.* diz-se do boi de raça pequena (De *rato*+*-inho*)

ratita *adj.2g.,n.f.pl.* ORNITOLOGIA ⇒ **ratite**

ratite *adj.2g.* ORNITOLOGIA (ave) com esterno raso, desprovido de quilha ■ *n.f.pl.* ORNITOLOGIA grupo de aves com esterno raso, desprovido de quilha, asas mais ou menos atrofiadas e membros inferiores compridos e robustos, próprios para a corrida; corredoras (Do lat. *rate-*, «barco; jangada»+*-ite*)

ratívoro *adj.* que se alimenta de ratos (Do lat. cient. *rattu-*, «rato»+lat. *vorāre*, «devorar»)

rato *n.m.* **1** ZOOLOGIA nome vulgar extensivo a uns pequenos mamíferos roedores, da família dos Murídeos, alguns dos quais cosmopolitas, de focinho pontiagudo, orelhas relativamente grandes e cauda comprida e escamosa **2** ICTIOLOGIA peixe seláquio, afim da raia, da família dos Trigonídeos, que aparece em Portugal **3** NÁUTICA pedra de arestas vivas que corta as amarras dos navios **4** [fig.] larápio **5** [fig.] grande apetite **6** [fig.] indivíduo esperto, manhoso **7** [fig.] frequentador assíduo **8** INFORMÁTICA dispositivo operado manualmente que permite executar funções no computador sem o recurso ao teclado ■ *adj.* **1** [pop.] que tem cor parecida com a do pelo daqueles mamíferos **2** [fig.] excêntrico; cómico; ~ *de sacristia* [pej.] indivíduo que anda sempre metido pelas igrejas e sacristias, muito interessado em assuntos religiosos; *fino como um* ~ muito esperto, vivo; *ter um* ~ *no estômago* ter muita fome (De orig. obsc.)

rato-almiscareiro *n.m.* ZOOLOGIA pequeno mamífero insetívoro, com a região nasal prolongada em tromba, pertencente à família dos Talpídeos, afim da toupeira

rato-catita *n.m.* ZOOLOGIA ⇒ **camundongo**

rato-cego *n.m.* ZOOLOGIA ⇒ **toupeira**

rato-chino *n.m.* ZOOLOGIA ⇒ **cobaia**

rato-de-faraó *n.m.* ZOOLOGIA ⇒ **mangusto**[1]

rato-do-egipto ver nova grafia rato-do-egito

rato-do-egito *n.m.* ZOOLOGIA ⇒ **mangusto**[1]

rato-do-monte *n.m.* ZOOLOGIA ⇒ **leivão**

rato-dos-pomares *n.m.* ZOOLOGIA ⇒ **arganaz**

ratoeira *n.f.* **1** armadilha para caçar ratos **2** armadilha para apanhar qualquer espécie de animais **3** armadilha contra assaltantes de propriedades rústicas **4** [fig.] cilada; ardil; armadilha; *deixar-se cair na* ~ ser apanhado numa cilada, deixar-se enganar (De *ratão*+*-eira*)

rato-musgo *n.m.* ZOOLOGIA ⇒ **musaranho**

ratona /ô/ *n.f.* **1** ZOOLOGIA ⇒ **ratazana 2 2** ICTIOLOGIA ⇒ **rato 3** pessoa ou coisa cómica, excêntrica ou mal apresentada

ratonar *v.intr.* ⇒ **ratonear** (De *ratão*+*-ar*)

ratonear *v.intr.* praticar ações de ratoneiro; roubar (De *ratão*+*-ear*)

ratoneiro *n.m.* larápio; gatuno (De *ratão*+*-eiro*)

ratonice *n.f.* furto de pouco valor; gatunice (De *ratão*+*-ice*)

rauci- elemento de formação de palavras que exprime a ideia de *cavo, rouco, rouquidão* (Do lat. *raucu-*, «rouco»)

raucíssono *adj.* que produz um som rouco (Do lat. *raucisŏnu-*, «que tem som rouco»)

raucitroante *adj.2g.* que emite som rouco (De *rauci-*+*troante*)

raudão *adj.* ⇒ **rosilho** (Do lat. *ravĭdu-*, «pardo-amarelado»+*-ão*)

Rauraciano *n.m.* GEOLOGIA andar do Jurássico superior (De *Raurácia*, top., região do Jura +*-ano*)

rauwólfia *n.f.* BOTÂNICA planta medicinal, oriunda das regiões tropicais, de cuja raiz se extrai a reserpina, alcaloide que se usa como tranquilizante e no tratamento da hipertensão (De *L. Rauwolf*, antr., bot. al. (1540-1596),+*-ia*)

ravasco *n.m.* **1** homem devasso **2** vadio; tunante (De *varrasco*, com met.)

ravessa *n.f.* [regionalismo] pequena eminência que protege do vento (Do lat. *reversa*, «voltada»)

ravina *n.f.* **1** torrente de água que cai de lugar elevado **2** leito cavado por uma corrente que desce do alto; barroca; barranco (Do fr. *ravine*, «id.»)

ravinado *adj.* que tem ravinas (De *ravina*+*-ado*)

ravinar *v.tr.* **1** fazer ravinas em **2** escavar; embarrancar; sulcar (Do fr. *raviner*, «id.»)

ravinoso /ô/ *adj.* cheio de ravinas; ravinado (De *ravina*+*-oso*)

raviólis *n.m.pl.* CULINÁRIA prato de origem italiana, constituído por pequenos pastéis de massa alimentícia com recheio muito fino de carne, peixe ou legumes (Do it. pl. *ravioli*, «id.»)

raxa *n.f.* pano grosseiro de algodão (De orig. obsc.)

raxeta /ê/ *n.f.* tecido ordinário mais leve que a raxa (De *raxa*+*-eta*)

razão *n.f.* **1** faculdade de raciocinar, de compreender, de estabelecer relações lógicas **2** faculdade de julgar ou avaliar **3** justiça; retidão; equidade **4** bom senso; juízo sensato **5** causa; motivo; argumento; justificação **6** participação; notícia **7** FILOSOFIA faculdade de raciocinar discursivamente, de combinar conceitos e proposições **8** MATEMÁTICA relação entre duas quantidades **9** percentagem **10** taxa de juros ■ *n.m.* ECONOMIA (contabilidade) livro que agrupa, por contas, os lançamentos registados no diário; ~ *de Estado* considerações de interesse político invocadas para justificar certas decisões estatais; *à* ~ *de* na proporção de, à medida de; *travar-se de razões* entrar em conflito (Do lat. *ratiōne-*, «id.»)

razia *n.f.* 1 invasão violenta de um local em que se saqueia e destrói tudo 2 destruição completa; devastação 3 vandalismo; depredação (Do ár. *rhâya*, «incursão; devastação», pelo fr. *razzia*, «razia»)
raziar *v.tr.* fazer razia em; assolar; devastar (De *razia+-ar*)
razoabilidade *n.f.* 1 qualidade de razoável ou sensato 2 qualidade do que é conveniente ou oportuno
razoado *adj.* ⇒ **razoável** ■ *n.m.* ⇒ **arrazoado** (Part. pass. de *razoar*)
razoador *n.m.* aquele que razoa (De *razoar+-dor*)
razoamento *n.m.* 1 ato ou efeito de razoar 2 exposição de razões; arrazoado 3 raciocínio 4 discurso (De *razoar+-mento*)
razoar *v.intr.* fazer um raciocínio; raciocinar; discorrer ■ *v.tr.* defender (causa) (De *razão+-ar*)
razoável *adj.2g.* 1 que é conforme à razão 2 justo 3 ponderado; sensato 4 moderado 5 conveniente; apropriado; oportuno 6 aceitável; regular; acima do medíocre 7 suficiente; mediano (Do lat. *rationabĭle-*, «racional», pelo fr. *raisonnable*, «razoável»)
razoavelmente *adv.* 1 de modo razoável; de acordo com a razão 2 bem; bastante (De *razoável+-mente*)
re- prefixo que exprime a ideia de *repetição, intensidade, reciprocidade* e *movimento para trás* (Do lat. *re-*, «id.»)
ré[1] *n.f. (masculino* **réu***)* DIREITO mulher ou entidade demandada em ação judicial de natureza cível (Do lat. *rea-*, «id.»)
ré[2] *n.m.* 1 MÚSICA segunda nota da escala musical natural 2 MÚSICA sinal representativo dessa nota 3 MÚSICA corda ou tecla que reproduz o som correspondente a essa nota (Da primeira sílaba da pal. *resonáre*, do 2.º verso do hino de S. João)
ré[3] *n.f.* 1 NÁUTICA [ant.] parte do navio que vai da popa ao mastro grande 2 parte traseira; retaguarda 3 [Brasil] marcha-atrás (Do lat. *retro*, «atrás»)
rê *n.m.* nome da letra *r* ou *R*
reabastecer *v.tr.* 1 abastecer novamente 2 abastecer muito 3 MILITAR garantir o fornecimento de todos os artigos necessários para equipar, manter e fazer atuar as tropas (De *re-+abastecer*)
reabastecimento *n.m.* 1 ato ou efeito de reabastecer ou de reabastecer-se 2 reposição de produto(s) 3 provisão (De *reabastecer+-mento*)
reabertura *n.f.* ato ou efeito de reabrir; nova abertura (De *re-+abertura*)
reabilitação *n.f.* 1 ato ou efeito de reabilitar ou reabilitar-se 2 regeneração 3 restauração do crédito 4 recuperação da confiança ou da consideração pública 5 MEDICINA recuperação total ou parcial da saúde física ou mental (De *reabilitar+-ção*)
reabilitador *adj.,n.m.* que ou o que reabilita (De *reabilitar+-dor*)
reabilitar *v.tr.* 1 recuperar 2 restituir os direitos ou prerrogativas perdidos a 3 declarar (um condenado) inocente 4 restituir a estima pública a 5 regenerar ■ *v.pron.* 1 obter a reabilitação 2 regenerar-se 3 recuperar a confiança ou a consideração pública (De *re-+habilitar*)
reabilitativo *adj.* que serve para reabilitar (De *reabilitar+-tivo*)
reabitação *n.f.* ato de reabitar (De *reabitar+-ção*)
reabitar *v.tr.* habitar de novo (De *re+habitar*)
reabituar-se *v.pron.* 1 tornar a habituar-se 2 readquirir um hábito (De *re-+habituar-se*)
reabraçar *v.tr.* abraçar de novo (De *re-+abraçar*)
reabrir *v.tr.,intr.* tornar a abrir(-se) (De *re-+abrir*)
reabsorção *n.f.* 1 ato ou efeito de reabsorver 2 FISIOLOGIA desaparecimento de determinadas substâncias normais ou patológicas (sangue, pus, tumor, etc.) devido à ação do próprio organismo (De *re-+absorção*)
reabsorver *v.tr.* tornar a absorver ■ *v.pron.* FISIOLOGIA (inchaço, sangue, pus, etc.) desaparecer devido à ação do próprio organismo (De *re-+absorver*)
reabsorvível *adj.2g.* que se pode reabsorver (De *reabsorver+-vel*)
reação *n.f.* 1 ato ou efeito de reagir 2 ação oposta a outra e provocada por ela 3 resistência ativa a qualquer esforço 4 FÍSICA fenómenos ou propriedades que se manifestam num corpo pela ação de outro 5 QUÍMICA interação de duas ou mais substâncias que, quando postas em presença, se transformam em um ou vários compostos diferentes dos iniciais; transformação química 6 POLÍTICA sistema político contrário ao progresso ou à transformação social, que resiste às tendências revolucionárias 7 FISIOLOGIA resposta do organismo a um estímulo 8 MEDICINA modificação produzida no organismo pelo efeito de um agente patogénico ou de uma substância endógena ou exógena 9 PSICOLOGIA resposta a um estímulo exterior, através de um ato ou uma de alteração do comportamento; ~ *em cadeia* 1 FÍSICA reação nuclear que se mantém depois de começada, e que se desenvolve nos reatores nucleares pelo facto de haver uma emissão de mais de dois neutrões em cada cisão; 2 [fig.] sequência de acontecimentos que ocorrem por causa e efeito; ~ *fotonuclear* FÍSICA reação nuclear em que a partícula incidente num núcleo é um fotão; ~ *nuclear* FÍSICA interação entre um núcleo atómico e uma partícula ou um fotão bombardeante, com criação de um novo núcleo e a possível ejeção de uma ou mais partículas; ~ *nuclear de fusão/termonuclear* FÍSICA reação que se produz quando iões de elementos ligeiros atingem temperaturas extremamente elevadas (várias centenas de milhões de graus), suficientes para que a energia de colisão seja superior à energia de repulsão (De *re-+acção*, ou do fr. *réaction*, «id.»)
reacção ver nova grafia **reação**
reaccional ver nova grafia **reacional**
reaccionário ver nova grafia **reacionário**
reaccionarismo ver nova grafia **reacionarismo**
reaccionarista ver nova grafia **reacionarista**
reacender *v.tr.* 1 tornar a acender; avivar 2 estimular 3 dar novo ardor a 4 desenvolver (De *re-+acender*)
reacional *adj.2g.* PSICOLOGIA relativo a perturbação mental resultante (por oposição a constitucional) da reação a um choque afetivo, e que, por conseguinte, é inteligível e curável (De *reacção+-al*)
reacionário *adj.* 1 POLÍTICA que defende um sistema político contrário ao progresso ou à mudança social, resistindo às tendências revolucionárias 2 POLÍTICA que revela uma posição conservadora ■ *n.m.* 1 POLÍTICA defensor de um sistema político contrário aos avanços e transformações sociais, resistindo às tendências revolucionárias 2 indivíduo antiliberal (Do fr. *réactionnaire*, «id.»)
reacionarismo *n.m.* POLÍTICA [depr.] doutrina política que se define pela resistência ao progresso ou à transformação social e às tendências consideradas revolucionárias; conservadorismo (De *reacionário+-ismo*)
reacionarista *adj.2g.* 1 [depr.] relativo ao reacionarismo 2 [depr.] que se opõe ao progresso ou à transformação social e às tendências consideradas revolucionárias ■ *n.2g.* [depr.] aquele que se opõe ao progresso ou à transformação social e às tendências consideradas revolucionárias (De *reacionário+-ista*)
reactância *n.f.* FÍSICA parte da impedância de um circuito, percorrido por uma corrente alternada, que não é devida a resistência pura, mas sim à indutância e à capacidade do circuito (Do ing. *reactance*, «id.», ou do fr. *réactance*, «id.»)
reactivamente ver nova grafia **reativamente**
reactivar ver nova grafia **reativar**
reactividade ver nova grafia **reatividade**
reactivo ver nova grafia **reativo**
reactor ver nova grafia **reator**
reactualizar ver nova grafia **reatualizar**
reacusação *n.f.* 1 ato ou efeito de reacusar 2 recriminação (De *reacusar+-ção*)
reacusar *v.tr.* 1 tornar a acusar; increpar de novo 2 recriminar (De *re-+acusar*)
readaptação *n.f.* 1 ato ou efeito de readaptar ou readaptar-se 2 nova adaptação a condições anteriores tornadas presentes (De *readaptar+-ção*)
readaptar *v.tr.,pron.* adaptar(-se) a condições novas ou atuais; tornar a adaptar(-se) (De *re-+adaptar*)
readmissão *n.f.* 1 ato ou efeito de readmitir 2 MILITAR permissão da continuação do serviço militar, depois de concluído o período normal e obrigatório (De *re-+admissão*)
readmitir *v.tr.* tornar a admitir (De *re-+admitir*)
readoção *n.f.* ato de readotar (De *re-+adopção*)
readopção ver nova grafia **readoção**
readoptar ver nova grafia **readotar**
readormecer *v.intr.* adormecer de novo (De *re-+adormecer*)
readotar *v.tr.* adotar de novo (De *re-+adoptar*)
readquirição *n.f.* ato ou efeito de readquirir; reaquisição (De *readquirir+-ção*)
readquirir *v.tr.* tornar a adquirir (De *re-+adquirir*)
ready-made *n.m.* ARTES PLÁSTICAS objeto comum, retirado do seu contexto habitual e tratado como um objeto artístico (Do ing. *ready-made*, «id.»)
reafirmação *n.f.* 1 ato ou efeito de reafirmar 2 nova afirmação 3 confirmação (De *reafirmar+-ção*)
reafirmar *v.tr.* 1 tornar a afirmar 2 confirmar (De *re-+afirmar*)
reagente *adj.2g.* 1 que reage 2 QUÍMICA que provoca uma reação química ■ *n.m.* QUÍMICA substância que provoca uma reação química (Do lat. *reagente-*, «id.», part. pres. de *reagĕre*, «reagir»)
reagir *v.intr.* opor a uma ação outra contrária; exercer reação ■ *v.tr.,intr.* 1 apresentar uma alteração física como resposta a (estímulo

exterior) **2** comportar-se de uma determinada maneira face a (dado facto ou acontecimento) **3** resistir; opor-se; lutar **4** QUÍMICA sofrer (uma substância) uma reação química perante a ação de (um reagente) (Do lat. *reagĕre*, «id.»)

reagradecer *v.tr.* tornar a agradecer (De *re-+agradecer*)

reagravar *v.tr.* **1** agravar novamente; piorar **2** tornar mais violento; exacerbar (De *re-+agravar*)

reagrupar *v.tr.* **1** agrupar (aquilo que se tinha dispersado) **2** tornar a agrupar (De *re-+agrupar*)

reajustamento *n.m.* ato ou efeito de reajustar (De *reajustar+-mento*)

reajustar *v.tr.* ajustar de novo (De *re-+ajustar*)

reajuste *n.m.* **1** ato ou efeito de reajustar; reajustamento **2** restabelecimento de equilíbrio; regularização (Deriv. regr. de *reajustar*)

real[1] *adj.2g.* **1** que existe de verdade; que não é imaginário; verdadeiro; efetivo **2** que é relativo às coisas (bens) e não às pessoas **3** que considera as próprias coisas e não os termos que as exprimem **4** ECONOMIA (valor) que foi corrigido do efeito da inflação; deflacionado ■ *n.m.* tudo o que existe efetivamente; *função do* ~ PSICOLOGIA operação psíquica, perturbada em certos casos de psicastenia e de esquizofrenia, pela qual se constitui o sentimento da realidade dos objetos do mundo exterior e a adaptação dos atos e do pensamento a essa realidade e ao momento presente; *número* ~ MATEMÁTICA número racional ou irracional, número complexo real (por oposição a imaginário) (Do lat. med. *reāle-*, «id.», de *res*, «coisa»)

real[2] *adj.2g.* **1** referente ao rei ou à realeza **2** próprio do rei; régio **3** [fig.] magnífico; sumptuoso ■ *n.m.* (*plural* **reais** ou **réis**) **1** antiga unidade monetária de Portugal e do Brasil **2** unidade monetária do Brasil; *não ter um* ~ estar totalmente sem dinheiro; *príncipe* ~ primogénito do rei, herdeiro presuntivo do trono (Do lat. *regāle-*, «de rei»)

realçar *v.tr.* **1** colocar em lugar mais elevado **2** tornar saliente; salientar **3** fazer sobressair; relevar **4** dar mais vida ou força a **5** ilustrar; abrilhantar ■ *v.pron.* adquirir realce; sobressair; salientar-se (De *re-+alçar*)

realce *n.m.* **1** ato ou efeito de realçar **2** relevo; destaque; ênfase **3** brilho **4** distinção; nobreza; honra (Deriv. regr. de *realçar*)

realço *n.m.* ⇒ **realce**

real-d'água *n.m.* antigo imposto indireto que incidia sobre certos géneros de consumo

realegrar *v.tr.* **1** tornar a alegrar **2** alegrar muito (De *re-+alegrar*)

realejo /ê/ *n.m.* **1** MÚSICA instrumento musical que consiste num órgão portátil, acionado por meio de manivela **2** MÚSICA instrumento musical de sopro, de palhetas metálicas livres; gaita de beiços **3** [coloq.] piano **4** [fig.] pessoa que canta bem **5** [pop.] boca **6** [pop.] pessoa que não se cansa de falar (Do cast. *realejo*, «id.»)

realengo *adj.* do rei; real; régio ■ *n.m.* ICTIOLOGIA peixe frequente no mar dos Açores (De *real+-engo*)

realentar *v.tr.* dar novo alento a; revigorar (De *re-+alentar*)

realeza[1] *n.f.* **1** dignidade de rei ou de rainha **2** sistema político monárquico **3** família real **4** [fig.] grandeza; esplendor; magnificência (De *real* [=do rei]+-*eza*)

realeza[2] *n.f.* (pouco usado) ⇒ **realidade** (De *real* [=verdadeiro]+-*eza*)

realidade *n.f.* **1** qualidade do que é real **2** o que existe de facto **3** certeza **4** veracidade; ~ *virtual* INFORMÁTICA realidade artificial que introduz o utilizador num espaço de três dimensões criado pelo computador; *na* ~ efetivamente, de facto (De *real+-i-+-dade*)

realimentação *n.f.* reabastecimento de um equipamento ou de um sistema com material próprio

realinhamento *n.m.* **1** ato ou efeito de realinhar(-se) **2** [fig.] revisão de posição (De *realinhar+-mento*)

realinhar *v.tr.* **1** alinhar novamente ou de modo diferente ■ *v.pron.* POLÍTICA formar um novo agrupamento (De *re-+alinhar*)

realismo[1] *n.m.* **1** carácter do que reproduz o real como ele é **2** capacidade de ver as coisas como elas são e para agir em conformidade com isso, sem atender a precedentes ou a escrúpulos **3** representação do mundo exterior nos seus aspetos mais chocantes ou violentos **4** toda a teoria que considera a realidade o que a teoria adversa considera pura ideia, ou que afirma o primado do real sobre o ideal **5** FILOSOFIA doutrina segundo a qual existe uma realidade independente das representações e do conhecimento que tenhamos dela **6** FILOSOFIA doutrina segundo a qual às nossas ideias gerais ou conceitos universais corresponde, fora da mente, algo de real, ou em si mesmo ou nos seres individuais **7** ARTES PLÁSTICAS, LITERATURA doutrina segundo a qual o artista deve representar o real de forma exata e objetiva **8** PSICOLOGIA tendência da criança para transportar para o objeto resultados da atividade do sujeito pensante (Piaget, psicólogo suíço, 1896-1980); ~ *intelectual/lógico* estádio do desenvolvimento da criança no decurso do qual reproduz, pelo desenho, todos os elementos reais de um objeto, mesmo os que não pode ver da posição em que se encontra (De *real* [= que existe]+-*ismo*)

realismo[2] *n.m.* **1** POLÍTICA sistema político em que o chefe de Estado é um rei; monarquia **2** lealdade aos princípios monárquicos (De *real* [= referente ao rei]+-*ismo*)

realista[1] *adj.2g.* **1** relativo ao realismo **2** que procede com realismo ou objetividade **3** que tem sentido prático **4** ARTES PLÁSTICAS, LITERATURA adepto ou seguidor do realismo (De *real* [= que existe]+-*ista*)

realista[2] *adj.2g.* que é partidário do realismo ou da realeza; monárquico (De *real* [= referente ao rei]+-*ista*)

realistar *v.tr.* tornar a alistar (De *re-+alistar*)

realístico *adj.* referente ao realismo (De *realista+-ico*)

realizabilidade *n.f.* qualidade do que é realizável (De *realizável+-i-+-dade*)

realização *n.f.* **1** ato ou efeito de realizar; execução; concretização **2** o que se realizou; o que se tornou real **3** CINEMA, TEATRO, TELEVISÃO supervisão e coordenação, por parte do realizador, da execução de filme, peça ou programa televisivo **4** ECONOMIA conversão de bens em dinheiro **5** ECONOMIA transformação de obrigações financeiras em capital **6** sensação de satisfação, nomeadamente no que diz respeito ao sucesso alcançado numa atividade, profissão, carreira, etc. (De *realizar+-ção*)

realizado *adj.* **1** levado a efeito; executado **2** que se efetivou; concretizado **3** [fig.] que conseguiu atingir os seus objetivos (Part. pass. de *realizar*)

realizador *adj.* **1** que realiza **2** referente a realização ■ *n.m.* **1** o que realiza ou concretiza **2** CINEMA, TEATRO, TELEVISÃO pessoa que é responsável pela direção técnica e artística de filme, peça ou programa televisivo (De *realizar+-dor*)

realizar *v.tr.* **1** tornar real ou efetivo; dar existência concreta a; concretizar **2** pôr em prática; fazer; efetuar **3** cumprir; conseguir **4** ECONOMIA converter em dinheiro **5** CINEMA, TEATRO, TELEVISÃO supervisionar e coordenar a execução de (filme, peça, programa televisivo), dando instruções e orientações aos atores e outras pessoas envolvidas **6** produzir; constituir **7** perceber; compreender **8** atribuir à realidade das coisas (ao que é pura ideia ou representação do espírito); reificar; coisificar ■ *v.pron.* **1** verificar-se; tornar-se real; cumprir-se **2** acontecer; efetuar-se **3** conseguir atingir o seu objetivo ou ideal; concretizar as ambições ou os desejos (De *real+-izar*, ou do fr. *réaliser*, «id.»)

realizável *adj.2g.* **1** que pode realizar-se; que pode concretizar-se **2** que pode fazer-se; exequível **3** ECONOMIA que se pode converter em dinheiro (De *realizar+-vel*)

realmente *adv.* **1** na realidade **2** verdadeiramente **3** efetivamente (De *real+-mente*)

reamanhecer *v.intr.* **1** amanhecer novamente **2** [fig.] rejuvenescer (De *re-+amanhecer*)

reandar *v.tr.* **1** andar de novo **2** percorrer novamente (De *re-+andar*)

reanimação *n.f.* **1** ato ou efeito de reanimar ou reanimar-se **2** recuperação do ânimo **3** MEDICINA conjunto de providências terapêuticas que visam recuperar as funções vitais (circulação, respiração, etc.) de um doente cujo equilíbrio fisiológico foi gravemente perturbado (De *reanimar+-ção*)

reanimador *adj.,n.m.* **1** que, aquele ou aquilo que reanima **2** que ou pessoa que encoraja **3** MEDICINA que ou pessoa que ajuda a recuperar as funções vitais de um doente cujo equilíbrio fisiológico foi gravemente perturbado **4** MEDICINA que ou dispositivo que ajuda a restabelecer as funções vitais (De *reanimar+-dor*)

reanimar *v.tr.* **1** tornar a animar **2** vivificar; fortificar **3** dar mais ânimo a **4** fazer recuperar o uso dos sentidos **5** MEDICINA restabelecer as funções vitais que se encontram momentaneamente em risco de; restituir à vida (De *re-+animar*)

reaparecer *v.intr.* tornar a aparecer (De *re-+aparecer*)

reaparecimento *n.m.* ato ou efeito de voltar a aparecer (De *reaparecer+-mento*)

reaparição *n.f.* ato ou efeito de reaparecer (De *re-+aparição*)

reapoderar-se *v.pron.* apoderar-se de novo (De *re-+apoderar-se*)

reapossar-se *v.pron.* apossar-se de novo (De *re-+apossar-se*)

reaprender *v.tr.* aprender de novo (aquilo que se tinha esquecido) (De *re-+aprender*)

reaprendizado *n.m.* ⇒ **reaprendizagem** (De *re-+aprendizado*)

reaprendizagem *n.f.* nova aprendizagem (de algo esquecido) (De *re-+aprendizagem*)

reaquisição *n.f.* ato ou efeito de readquirir; readquirição (De *re-+aquisição*)

rearborização *n.f.* replantação de árvores em determinado local (De *rearborizar+-ção*)
rearborizar *v.tr.* voltar a arborizar ou a plantar árvores em (De *re-+arborizar*)
rearmamento *n.m.* ato de armar ou de armar-se de novo (De *rearmar+-mento*)
rearmar *v.tr.* armar de novo (De *re-+armar*)
reascender *v.tr.,intr.* ascender de novo (a) (De *re-+ascender*)
reassegurar *v.tr.* assegurar novamente (De *re-+assegurar*)
reassenhorear-se *v.pron.* assenhorear-se novamente (De *re-+assenhorear-se*)
reassumir *v.tr.* **1** assumir novamente **2** recobrar; recuperar; readquirir (Do lat. *reassumĕre*, «id.»)
reassunção *n.f.* ato ou efeito de reassumir (De *re-+assunção*)
reata *n.f.* **1** ⇒ **arreata 2** NÁUTICA ⇒ **reataduras** (Deriv. regr. de *reatar*)
reataduras *n.f.pl.* NÁUTICA voltas de corda ou de chapa de ferro com que se ligam as partes fendidas de um mastro, verga, etc. (De *reatar+-dura*)
reatamento *n.m.* **1** ato ou efeito de reatar, de voltar a unir **2** restabelecimento; continuação **3** DESPORTO reinício de um jogo depois do intervalo (De *reatar+-mento*)
reatar *v.tr.* **1** tornar a atar **2** prosseguir (um assunto interrompido); continuar **3** restabelecer (relação interrompida) (De *re-+atar*)
reatestar *v.tr.* atestar de novo (De *re-+atestar*)
reativamente *adv.* como forma de reação; sem iniciativa (De *reactivo+-mente*)
reativar *v.tr.* ativar de novo (De *re-+activar*)
reatividade *n.f.* carácter do que é reativo (De *reactivo+-i-+-dade*)
reativo *adj.* **1** que faz reagir; que suscita reação **2** que reage **3** referente a reação **4** que se define por uma reação **5** PSICOLOGIA, MEDICINA que é estimulado com facilidade **6** QUÍMICA que transforma outra substância **7** FÍSICA que suporta reações nucleares ∎ *n.m.* QUÍMICA substância que provoca uma reação química; reagente (De *re-+activo*, ou do fr. *réactif*, «id.»)
reato *n.m.* **1** condição de réu **2** RELIGIÃO obrigação de cumprir a penitência imposta pelo confessor (Do lat. *reātu-*, «id.»)
reator *adj.* **1** que provoca reação; que reativa **2** que se opõe ao progresso social; reacionário ∎ *n.m.* **1** (aeronáutica) motor de reação empregado nos aviões a jato, em que se utiliza somente a força de reação propulsiva (propulsão por jato) **2** FÍSICA dispositivo que, por meio de reação nuclear em cadeia controlada, produz energia utilizável ou prepara radioisótopos ou material físsil; pilha atómica (Do ing. *reactor*, «id.», ou do fr. *réacteur*, «id.»)
reatualizar *v.tr.* atualizar novamente (De *re-+actualizar*)
reaver *v.tr.* haver de novo; recuperar; recobrar (De *re-+haver*)
reaviar *v.tr.* **1** fazer entrar de novo na via ou no caminho **2** reconduzir **3** encaminhar **4** aviar de novo (De *re-+aviar*)
reavisar *v.tr.* **1** avisar novamente **2** tornar prudente (De *re-+avisar*)
reaviso *n.m.* **1** ato ou efeito de reavisar **2** novo aviso (Deriv. regr. de *reavisar*)
reavistar-se *v.pron.* avistar-se de novo (De *re-+avistar-se*)
reavivar *v.tr.* **1** avivar de novo; tornar mais intenso **2** fazer relembrar; renovar a memória de **3** dar novo alento a; reacender ∎ *v.pron.* fazer-se sentir com maior intensidade (De *re-+avivar*)
rebaixa *n.f.* **1** diminuição na altura; abaixamento **2** abatimento feito no preço **3** ⇒ **liquidação 5** (Deriv. regr. de *rebaixar*)
rebaixado *adj.* **1** que se rebaixou **2** diminuído; apoucado **3** [fig.] infamado; desacreditado **4** [fig.] desprezível (Part. pass. de *rebaixar*)
rebaixamento *n.m.* **1** ato ou efeito de rebaixar ou rebaixar-se **2** diminuição de altura, valor ou preço **3** aviltamento; humilhação **4** falta de dignidade (De *rebaixar+-mento*)
rebaixar *v.tr.* **1** tornar mais baixo **2** fazer diminuir o preço ou valor de **3** [fig.] apoucar; diminuir **4** [fig.] humilhar **5** [fig.] infamar; desacreditar ∎ *v.intr.* diminuir na altura ou no preço ∎ *v.pron.* cometer baixezas; aviltar-se; humilhar-se (De *re-+baixar*)
rebaixe *n.m.* **1** encaixe que se abre numa peça para introduzir outra **2** rebaixamento (Deriv. regr. de *rebaixar*)
rebaixo *n.m.* **1** diminuição de altura **2** zona mais baixa **3** vão de escada **4** declive por onde se escoa um líquido **5** quarto assotado sob um telhado inclinado **6** encaixe que se abre numa peça para introduzir outra (Deriv. regr. de *rebaixar*)
rebalsar *v.pron.* apresentar-se pantanoso; estagnar ∎ *v.intr.* patinhar; chafurdar (De *re-+balsa+-ar*)
rebalva *n.f.* ORNITOLOGIA ⇒ **chasco-branco** (De *rabo+alvo*)
rebanhada *n.f.* **1** rebanho numeroso **2** conjunto de rebanhos **3** [fig.] grande multidão de pessoas (De *rebanho+-ada*)
rebanhar *v.tr.* ⇒ **arrebanhar**[1] (De *rebanho+-ar*)

rebanhio *adj.* que anda em rebanho (De *rebanho+-io*)
rebanho *n.m.* **1** grupo numeroso de animais domésticos herbívoros (em especial, gado lanígero) que, em regra, é guardado por um pastor **2** grande quantidade de animais selvagens **3** [fig.] grande número de pessoas **4** [fig.] conjunto de pessoas que se deixam levar com facilidade, não revelando ideias e vontade próprias **5** [fig.] conjunto de fiéis de uma mesma religião, em relação ao seu guia espiritual (pastor) **6** ORNITOLOGIA nome vulgar extensivo a várias aves de rapina, da família dos Falconídeos **7** ORNITOLOGIA nome por que se designam alguns picanços (pássaros) (Do cast. *rebaño*, «id.»)
rebaptismo ver nova grafia **rebatismo**
rebaptizar ver nova grafia **rebatizar**
rebar *v.tr.* [regionalismo] encher com rebos ou pedras pequenas (os vãos de uma parede) (De *rebo+-ar*)
rebarba *n.f.* **1** excrescência ou aspereza em obra de fundição, marcenaria, etc. **2** parte do engaste que se dobra sobre a pedra preciosa para a prender **3** TIPOGRAFIA espaço entre as linhas de um texto; entrelinhamento **4** TIPOGRAFIA parte clara que rodeia o desenho de uma letra **5** [cal.] excitação sexual (De *re-+barba*)
rebarbador *n.m.* operário ou aparelho que tira as rebarbas (De *rebarbar+-dor*)
rebarbadora *n.f.* máquina de tirar rebarbas (De *rebarbador*)
rebarbar *v.tr.* tirar as rebarbas ou arestas a (De *rebarba+-ar*)
rebarbativo *adj.* **1** que parece ter duas barbas **2** que, por excesso de gordura, parece ter duas barbas **3** [fig.] carrancudo; antipático; rude **4** [fig.] pouco atraente **5** [fig.] pouco interessante; maçador (De fr. *rebarbatif*, «id.»)
rebate[1] *n.m.* **1** ato ou efeito de rebater **2** desconto; abatimento (Deriv. regr. de *rebater*)
rebate[2] *n.m.* **1** sinal de alarme **2** ataque imprevisto; assalto; incursão **3** palpite; suspeita; desconfiança **4** anúncio; ameaça **5** incitamento; estímulo; ~ *de consciência* remorso; ~ *falso* notícia sem fundamento; *tocar a* ~ anunciar um perigo iminente (Do ár. *rebāt*, «guerra de fronteira»)
rebatedor *adj.,n.m.* **1** que ou aquele que rebate **2** cambista (De *rebater+-dor*)
rebater *v.tr.* **1** bater novamente **2** voltar a datilografar ou digitar (texto) **3** aparar; defender-se de (golpe) **4** repelir; fazer fugir **5** deitar sobre uma superfície horizontal (objeto que está na vertical) **6** contestar; refutar **7** desmentir **8** debelar; destruir **9** reprimir; refrear **10** censurar **11** trocar com desconto; descontar **12** GEOMETRIA levar (um plano) a coincidir com outro por meio de rotação em torno da linha de interseção dos dois (De *re-+bater*)
rebatida *n.f.* **1** ato de rebater **2** refutação; contestação (Part. pass. fem. subst. de *rebater*)
rebatido *adj.* **1** muito batido **2** voltado; dobrado **3** contestado ∎ *n.m.* trabalho executado a martelo e cinzel (Part. pass. de *rebater*)
rebatimento *n.m.* **1** ato ou efeito de rebater **2** desconto **3** ato de dobrar ou baixar (De *rebater+-mento*)
rebatinha *n.f.* coisa muito disputada ou debatida; *às rebatinhas* à porfia; *vender às rebatinhas* vender a quem mais der (como em leilão) (Do cast. *rebatiña*, «id.»)
rebatismo *n.m.* ato ou efeito de rebatizar (De *re-+baptismo*)
rebatível *adj.2g.* **1** que pode ser rebatido **2** que pode ser voltado ou dobrado
rebatizar *v.tr.* batizar outra vez (De *re-+baptizar*)
rebato *n.m.* **1** soleira de porta **2** degrau **3** incursão (Do ár. *rebāt*, «prisão; convento fortificado; guerra de fronteira»)
rebeca *n.f.* ⇒ **rabeca**
rebeijar *v.tr.* beijar novamente ou repetidas vezes (De *re-+beijar*)
rebel *adj.,n.2g.* ⇒ **rebelde** (Do lat. *rebelle-*, «rebelde»)
rebelão *adj.* **1** (cavalo) que não obedece ao freio **2** [fig.] teimoso; rebelde (De *rebel+-ão*)
rebelar *v.tr.* **1** tornar rebelde **2** excitar à rebelião; revoltar ∎ *v.pron.* **1** tornar-se rebelde **2** revoltar-se; insurgir-se (Do lat. *rebellāre*, «id.»)
rebelde *adj.2g.* **1** que se revolta; revoltoso; amotinado **2** que não se submete a normas ou regras; insurreto; indisciplinado **3** diz-se de pessoa que não obedece; desobediente **4** diz-se de animal que não se pode domar; indomável; bravo **5** diz-se de doença difícil de curar; resistente ∎ *n.2g.* **1** pessoa que se revolta ou se insurge **2** pessoa que se recusa a obedecer **3** pessoa que contesta ou desafia as convenções ou a autoridade estabelecida (Do lat. *rebelle-*, «rebelde», ou do cast. *rebelde*, «id.»)
rebeldia *n.f.* **1** ato de rebelar ou rebelar-se **2** qualidade de rebelde **3** teimosia; pertinácia **4** oposição; resistência **5** desobediência; rebelião **6** contestação da autoridade estabelecida (De *rebelde+-ia*, ou do cast. *rebeldía*, «id.»)
rebeldismo *n.m.* ⇒ **rebeldia** (De *rebelde+-ismo*)

rebelião n.f. **1** revolta; insurreição **2** ato de rebeldia (Do lat. *rebelliōne-*, «id.»)
rebelionar v.tr. pôr em rebelião (Do lat. *rebelliōne-*, «rebelião» + -*ar*)
rebelo /ê/ adj. (barco) ⇒ **rabelo** 3 (Por *rabelo*, de *rabo*+-*elo*)
rebém[1] n.m. açoite com que se castigavam os forçados (Do neerl. *raband*, «id.», pelo fr. *raban*, «id.»)
rebém[2] adv. muito bem (De *re-*+*bem*)
rebenta-boi n.m. **1** BOTÂNICA ⇒ **arrebenta-bois 2** fruto da silva-macha **3** baga venenosa da planta conhecida por doce-amarga ou dulcamara **4** beladona
rebentação n.f. **1** ato ou efeito de rebentar **2** quebrar das ondas **3** BOTÂNICA aparecimento de botões ou gomos nas plantas (De *rebentar*+-*ção*)
rebentado adj. **1** fragmentado de forma violenta; feito em pedaços **2** estourado; explodido **3** que surgiu subitamente **4** de que brotam rebentos **5** levado à exaustão (Part. pass. de *rebentar*)
rebentamento n.m. **1** ato ou efeito de rebentar **2** deflagração de uma carga explosiva **3** explosão de uma granada ou bomba no ar, quando percute o solo, ou debaixo de água (De *rebentar*+-*mento*)
rebentão n.m. **1** haste que se desenvolve na parte basilar de uma planta, e que, separada desta, permite a propagação; pola; rebento **2** [pop.] filho **3** abcesso; fleimão **4** [pop.] fartote **5** [Brasil] arbusto dos terrenos incultos **6** [regionalismo] ladeira muito íngreme (De *rebento*+-*ão*)
rebentãozal n.m. [Brasil] terreno coberto de rebentões (arbustos) (De *rebentão*+*z*+-*al*)
rebentar v.intr. **1** fragmentar-se de forma violenta e, em geral, barulhenta; fazer explosão; estourar; estalar **2** abrir-se **3** nascer; brotar; desabrochar **4** manifestar-se; aparecer **5** irromper; surgir subitamente **6** (acontecimento) ter início; começar **7** (ondas) desfazer-se em espuma **8** (planta) lançar rebentos ■ v.tr. **1** quebrar com violência; partir com estrondo **2** fazer estalar **3** romper **4** levar à exaustão **5** fazer morrer de fadiga (cavalo) **6** [coloq.] ser dominado por (emoção); ~ *a castanha na boca a (alguém)* sofrer (alguém) o mal que estava a preparar para outra pessoa; ~ *de riso* não conseguir conter o riso; *estar a* ~ *pelas costuras* estar completamente cheio, estar perto do limite (Do lat. vulg. *repentāre*, «rebentar», de *repente*, «de repente»)
rebentina n.f. explosão de cólera (De *rebentar*+-*ina*)
rebentinha n.f. ⇒ **rebentina** (De *rebentar*+-*inha*)
rebento n.m. **1** BOTÂNICA gomo de vegetal; gema; renovo; botão **2** [fig.] fruto; produto **3** [fig.] filho; descendente **4** MINERALOGIA afloramento de massas minerais ou rochas (Deriv. regr. de *rebentar*)
rebimba n.f. preguiça; indolência; *de* ~ *o malho* excelente, à bruta, com toda a força (Deriv. regr. de *rebimbar*)
rebimbar v.intr. **1** bater com força (uma coisa na outra); repercutir **2** repicar (De orig. onom.)
rebique n.m. ⇒ **arrebique** (De *arrebique*)
rebita n.f. [Angola] variedade de dança, com marcação de quadrilha com umbigada (De *(ar)rebitar*, referência à elevação dos ombros no volteio)
rebitadeira n.f. máquina para cravar rebites
rebitagem n.f. ato de rebitar; cravação (De *rebitar*+-*agem*)
rebitar v.tr. colocar rebites em (De *rebite*+-*ar*)
rebite n.m. **1** espécie de cravo que serve para ligar peças metálicas, constituído por uma cabeça e uma espiga que penetra no furo da peça que se quer fixar e cuja extremidade é esmagada por martelagem, de modo a formar uma segunda cabeça **2** dobra que se dá à ponta do prego para que não se solte da madeira (Do ár. *ar-ribāt*, «laço; atadura»)
rebo /ê/ n.m. **1** pequena pedra; calhau; burgau **2** [coloq., pej.] que revela pouca inteligência e falta de agilidade de raciocínio; estúpido (Do lat. vulg. *repŭlu-*, por *replu-*, «caixilho; moldura»)
reboante adj.2g. que reboa; retumbante (De *reboar*+-*ante*)
reboar v.intr. fazer eco; repercutir-se; retumbar; ressoar (Do lat. *reboāre*, «ressoar»)
rebobinar v.tr. **1** tornar a bobinar **2** enrolar de novo (um filme ou fita) (De *re-*+*bobinar*)
rebocador[1] adj.,n.m. que ou pessoa que reveste superfícies de reboco (De *rebocar* [=cobrir com reboco]+-*dor*)
rebocador[2] adj. que leva a reboque ■ n.m. navio de grande potência, mas de pequena velocidade, destinado a rebocar outros navios (De *rebocar* [=levar a reboque]+-*dor*)
rebocadura n.f. ato ou efeito de rebocar; reboco (De *rebocar*+-*dura*)

rebocar[1] v.tr. **1** cobrir com reboco **2** [pej.] maquilhar exageradamente ou de modo imperfeito (De *reboco*+-*ar*)
rebocar[2] v.tr. deslocar (veículo, embarcação) puxando-o com corda, cabo, corrente, etc.; levar a reboque; arrastar (Do lat. *remulcāre*, de *remulcu-*, «corda para rebocar; reboque»)
reboco /ô/ n.m. **1** camada de argamassa que na construção se aplica sobre o emboço das superfícies de forma a torná-las lisas e regulares **2** substância com que se reveste o interior de um vaso para o tornar impermeável (De orig. obsc.)
rebolado n.m. movimento dos quadris; meneio ■ adj. **1** que é rolado sobre si **2** bamboleado; saracoteado (Part. pass. de *rebolar*)
rebolão adj.,n.m. fanfarrão; rabulão (De *rabulão*)
rebolar v.tr. **1** fazer mover como uma bola; rolar **2** precipitar do alto **3** saracotear ■ v.intr.,pron. **1** mover-se, rolando sobre si próprio **2** bambolear-se; saracotear-se; ~-*se a rir* rir muito, não se conter de riso (De *re-*+*bola*+-*ar*)
rebolaria n.f. **1** dito ou ato afetado; fanfarronada **2** [ant.] enfeites exagerados (De *rebol*[*ão*]+-*aria*)
rebolear v.tr. [Brasil] imprimir movimento de rotação a (laço que se vai atirar ao animal que se deseja caçar ou prender) **2** lançar, rolando ■ v.pron. **1** rebolar-se **2** saracotear-se (De *re-*+*bola*+-*ear*)
reboleira[1] n.f. parte mais densa de um bosque ou de uma seara, onde há menos claros (De *rebolo*+-*eira*)
reboleira[2] n.f. lodo que se acumula no fundo da caixa onde gira o rebolo (De *rebolo*+-*eira*)
reboleiro[1] n.m. chocalho menor que a choca
reboleiro[2] n.m. ⇒ **reboleira**[1] ■ adj. **1** [regionalismo] diz-se do castanheiro bravo cuja madeira é utilizada em construção **2** [Brasil] designativo do gado que frequenta as proximidades das habitações (De *rebolo*+-*eiro*)
reboleta /ê/ n.f. [regionalismo] ato de rebolar; *andar à* ~ rolar sobre si mesmo, rebolar-se (De *rebolo*+-*eta*)
reboliço adj. que tem forma de rebolo; arredondado; que rebola (De *rebolar*+-*iço*)
rebolir v.tr.,intr. rebolar(-se); saracotear(-se); bambolear(-se) ■ v.intr. fazer algo ou andar muito depressa (De *rebolar*, com infl. de *bulir*)
rebolo[1] /ô/ n.m. **1** pequena mó que gira em torno de um eixo e serve para amolar objetos cortantes **2** [pop.] cilindro **3** [coloq.] pessoa pequena e gorda **4** [regionalismo] pedra redonda; *aos rebolos* rolando sobre si (Deriv. regr. de *rebolar*)
rebolo[2] /ô/ adj. diz-se do castanheiro bravo (Do lat. *repullu-*, «rebento»)
reboludo adj. grosso e arredondado (De *rebolo*+-*udo*)
rebombar v.intr. ⇒ **ribombar** (De *re-*+*bombo*+-*ar*)
rebombo n.m. ⇒ **ribombo** (Deriv. regr. de *rebombar*)
reboo /ô/ n.m. ato de reboar; ribombo (Deriv. regr. de *reboar*)
reboque n.m. **1** ato de rebocar; tração de um veículo por meio de outro veículo **2** cabo que liga um veículo àquele que o reboca **3** veículo sem motor ou sem forma de tração própria que transita atrelado a um veículo automóvel **4** veículo equipado com um guindaste apropriado para rebocar outros veículos que estejam mal estacionados ou avariados **5** [regionalismo] petisqueira; *andar a* ~ estar subordinado a alguém, depender de; *levar a* ~ levar alguém contra a sua vontade (Deriv. regr. de *rebocar*)
reboquear v.tr. ⇒ **rebocar**[2] (De *reboque*+-*ear*)
rebora n.f. ⇒ **robora**
reboração n.f. ⇒ **robora**
reborar v.tr. ⇒ **roborar**
rebordagem n.f. **1** prejuízo resultante do abalroamento de navios **2** indemnização desse prejuízo **3** ato de rebordar vidros polidos (De *rebordar*+-*agem*)
rebordão adj. (vegetal silvestre) que se utiliza em plantações que formam sebes ■ n.m. [regionalismo] BOTÂNICA castanheiro bravo (De *rebordar*+-*ão*)
rebordar v.tr. **1** bordar de novo **2** fazer uma bordadura em **3** cercar **4** alisar as arestas ou os cantos de (vidros polidos) (De *re-*+*bordar*)
rebordo /ô/ n.m. **1** borda voltada para fora ou revirada **2** orla; banda; margem (Do fr. *rebord*, «id.»)
rebotalho n.m. **1** o que fica depois de escolhido o melhor; refugo **2** cigalho; pedacinho **3** gente desprezível; ralé (De *rebotar*+-*alho*)
rebotar v.tr. tornar boto; embotar ■ v.pron. cansar-se; enfastiar-se (De *re-*+*boto*+-*ar*)
rebote n.m. ⇒ **rabote** (Do fr. *rabot*, «id.»)
reboto /ô/ adj. embotado (De *re-*+*boto*)
rebraço n.m. parte da armadura que protegia o braço, desde o ombro até ao cotovelo (De *re-*+*braço*)

rebramar v.intr. 1 bramir ou bramar muito 2 ribombar 3 [fig.] clamar; vociferar (De re-+bramar)

rebramir v.intr. bramir com força; rebramar (De re-+bramir)

rebranding n.m. processo pelo qual um produto, serviço, organização ou empresa passa a ter uma nova identidade (marca nova, novo logótipo, etc.)

rebrilhante adj.2g. que rebrilha; refulgente (De rebrilhar+-ante)

rebrilhar v.intr. brilhar novamente ou com mais intensidade; resplandecer (De re-+brilhar)

rebrilho n.m. 1 ato de rebrilhar 2 brilho intenso (Deriv. regr. rebrilhar)

rebuçadamente adv. com dissimulação (De rebuçado+-mente)

rebuçado n.m. 1 guloseima feita de açúcar em ponto e solidificado com outras substâncias, como essências de frutas ou de plantas 2 pessoa embuçada 3 [fig.] elogio calculado 4 [irón.] advertência 5 [fig.] aquilo que se faz ou diz com muito esmero ▪ adj. 1 embuçado; coberto 2 disfarçado 3 oculto ou envolto em capa ou capote; *ponto de* ~ 1 ponto a que se leva a calda do açúcar, de modo que, quando resfrie, tome um aspeto vítreo; 2 apuro extremo a que se leva uma coisa; 3 ponto mais quente numa discussão (Part. pass. de rebuçar)

rebuçar v.tr. 1 encobrir com rebuço 2 velar; esconder 3 dissimular; disfarçar (De re-+buço+-ar)

rebuço n.m. 1 parte de capa ou capote com que se oculta o rosto 2 lapela 3 [fig.] disfarce; dissimulação 4 [fig.] vergonha; escrúpulo; *sem* ~ com toda a sinceridade, sem pudor (Deriv. regr. de rebuçar)

rebulhar v.tr. [regionalismo] rebuscar; remexer (as algibeiras); revistar (De orig. obsc.)

rebulício n.m. ⇒ **rebuliço**

rebuliço n.m. 1 grande bulício; grande desordem e vozearia; balbúrdia; confusão; agitação 2 motim (De re-+bulício)

rebulir v.intr. 1 bulir de novo 2 mover-se apressadamente e como se desse voltas ▪ v.tr. 1 voltar a bulir em 2 aperfeiçoar; retocar; corrigir (De re-+bulir)

rebusca n.f. 1 ato ou efeito de rebuscar 2 nova busca 3 recolha dos frutos que ficaram na planta após a colheita; respiga (Deriv. regr. de rebuscar)

rebuscado adj. 1 que foi buscado ou procurado novamente 2 que foi selecionado de entre os que não tinham sido escolhidos à primeira 3 [fig.] apurado com o máximo cuidado; requintado 4 [fig., pej.] empolado; afetado (Part. pass. de rebuscar)

rebuscamento n.m. 1 ato ou efeito de rebuscar 2 requinte extremo 3 [pej.] falta de simplicidade; requinte considerado excessivo ou desnecessário (De rebuscar+-mento)

rebuscar v.tr. 1 buscar novamente 2 procurar com o máximo cuidado 3 recolher (os frutos que ficaram na planta) após a colheita; respigar 4 [fig.] aprimorar; requintar (De re-+buscar)

rebusco n.m. 1 ⇒ **rebusca** 2 [regionalismo] apanha de restos que escaparam à vindima, à ceifa ou à colheita, em geral (Deriv. regr. de rebuscar)

rebusnar v.intr. 1 zurrar; ornejar 2 [fig.] resmungar (Do cast. rebuznar, «zurrar»)

rebusno n.m. 1 ato de rebusnar; zurro; ornejo; orneio 2 [fig.] resmungo (Do cast. rebuzno, «zurro»)

rebusqueiro n.m. [regionalismo] aquele que rebusca ou anda no rebusco (De rebuscar+-eiro)

reça n.f. [regionalismo] réstia de sol que entra por qualquer buraco do telhado ou fenda de porta ou janela de uma casa (De réstia)

recachar[1] v.intr. responder a uma cilada com outra cilada (De re-+cachar)

recachar[2] v.tr. levantar (os ombros) com afetação (De re-+cachar)

recacho n.m. 1 postura elegante ou afetada; aprumo 2 desabafo (Deriv. regr. de recachar)

recadar v.tr. [ant.] ⇒ **recatar**[2] ▪ v.intr. conversar (Do lat. *recapitare, «recolher impostos»)

recadear v.intr. levar recados (De recado+-ear)

recadeira n.f. 1 mulher que faz recados ou pequenas compras por conta alheia 2 [regionalismo] repreensão (De recado+-eira)

recadeiro n.m. homem que faz recados ou pequenas compras por conta alheia (De recado+-eiro)

recadém n.m. [regionalismo] última travessa de madeira que une as chedas na traseira do carro de bois; recavém (De orig. obsc.)

recadete /é/ n.m. repreensão (De recado+-ete)

recadista n.2g. pessoa que leva e traz recados (De recado+-ista)

recado[1] n.m. 1 mensagem verbal ou escrita enviada por uma pessoa a outra 2 compra ou tarefa efetuada a pedido de alguém 3 [pop.] censura; repreensão 4 pl. cumprimentos; recomendações; *dar conta do* ~ sair-se bem de qualquer encargo; *dar um* ~ *a* repreender, dar um raspanete a (Deriv. regr. de recadar)

recado[2] n.m. [ant.] recato; cautela

recaída n.f. 1 ato ou efeito de recair 2 reincidência em erro 3 MEDICINA reaparecimento dos sintomas de uma doença que estava quase curada (Part. pass. fem. subst. de recair)

recaidiço adj. 1 atreito a recaídas 2 reincidente (De recair+-diço)

recaimão n.m. ICTIOLOGIA ⇒ **peixe-sapo** (De orig. obsc.)

recaimento n.m. ⇒ **recaída** (De recair+-mento)

recair v.intr. 1 tornar a cair 2 cair muitas vezes 3 MEDICINA sofrer o reaparecimento dos sintomas de uma doença que estava quase curada ▪ v.tr. 1 voltar a (situação anterior) 2 voltar a cometer (determinado erro ou falta); reincidir 3 caber por direito ou responsabilidade; pesar 4 ser atribuído (a) 5 incidir; centrar-se 6 dizer respeito (a) (De re-+cair)

recalcado adj. 1 muito calcado 2 muito repetido; repisado 3 PSICANÁLISE reprimido no inconsciente 4 PSICANÁLISE que sofre de recalcamento 5 que reprime emoções, desejos, sentimentos (Part. pass. de recalcar)

recalcador adj. que recalca ▪ n.m. 1 instrumento para recalcar a balsa 2 aquele que recalca (De recalcar+-dor)

recalcamento n.m. 1 ato ou efeito de recalcar 2 PSICANÁLISE mecanismo de defesa do ego, através do qual um determinado elemento psíquico é mantido fora da consciência 3 repressão ou inibição na exteriorização de um sentimento ou de uma emoção (De recalcar+-mento)

recalcar v.tr. 1 tornar a calcar; calcar muitas vezes; repisar 2 insistir em; teimar 3 concentrar 4 refrear; reprimir (Do lat. recalcāre, «pisar de novo»)

recalcificação n.f. 1 ato ou efeito de recalcificar 2 restauração do cálcio nos tecidos orgânicos (De recalcificar+-ção)

recalcificador adj. ⇒ **recalcificante** (De recalcificar+-dor)

recalcificante adj.2g. que recalcifica ▪ n.m. medicamento que produz a recalcificação do organismo (De recalcificar+-ante)

recalcificar v.tr. fornecer a (organismo) o cálcio que é necessário ao seu desenvolvimento ou que foi anormalmente perdido (De re-+calcificar)

recalcitração n.f. ato ou efeito de recalcitrar (De recalcitrar+-ção)

recalcitrante adj.2g. 1 que recalcitra; teimoso; desobediente 2 refilão (Do lat. recalcitrante-, «id.», part. pres. de recalcitrāre, «recalcitrar»)

recalcitrar v.tr.,intr. 1 resistir com obstinação; teimar; desobedecer 2 revoltar-se; insurgir-se 3 refilar; respingar; retorquir (Do lat. recalcitrāre, «id.»)

recalcular v.tr. 1 calcular de novo 2 calcular com cuidado (De re-+calcular)

recaldear v.tr. 1 tornar a caldear 2 caldear bem (De re-+caldear)

recalescência n.f. libertação brusca de calor de um metal, devida a uma transformação exotérmica na sua estrutura (Do lat. recalescentĭa, part. pres. neut. pl. de recalescĕre, «reaquecer»)

recalmão n.m. intervalo de calmaria nos grandes temporais ou ventanias, no mar (De re-+calmão)

recalque n.m. 1 ato ou efeito de recalcar 2 ato ou efeito de calcar continuamente 3 PSICANÁLISE defesa automática e inconsciente pela qual o eu rejeita motivações, emoções ou ideias consideradas penosas ou perigosas, e tende a dissociar-se delas; repressão 4 ENGENHARIA diminuição da espessura de uma camada de terreno ou de pavimento devida à compactação (Deriv. regr. de recalcar)

recama n.f. BOTÂNICA ⇒ **legação** (Deriv. regr. de recamar)

recamado adj. 1 bordado a recamo 2 parecido com tecido bordado com recamo 3 matizado 4 coberto; revestido 5 cheio 6 ornamentado; enfeitado (Part. pass. de recamar)

recamador adj.,n.m. 1 que ou aquele que recama 2 bordador 3 ornamentador (De recamar+-dor)

recamadura n.f. 1 recamo 2 trabalho bordado a recamo (De recamar+-dura)

recamar v.tr. 1 bordar a recamo 2 matizar 3 revestir; cobrir 4 encher 5 ornamentar; enfeitar 6 [fig.] conceder grande quantidade de bens a (Do it. ricamare, «id.», do ár. rāqam, «tecer riscas num tecido»)

recâmara n.f. 1 câmara interior e reservada 2 guarda-roupa 3 culatra de uma arma de fogo 4 [fig.] escaninho; lugar oculto (De re-+câmara)

recambiar v.tr. 1 devolver (uma letra de câmbio que se não quer pagar ou aceitar) 2 fazer o ressaque de (letra de câmbio) 3 reenviar (aquilo que se não quer aceitar) 4 fazer voltar (De re-+cambiar)

recâmbio *n.m.* 1 ato ou efeito de recambiar 2 restituição do que não foi aceite 3 devolução de uma letra de câmbio que não se quer pagar ou aceitar 4 despesa que se faz com o retorno de uma letra de câmbio (Deriv. regr. de *recambiar*)

recambó *n.m.* 1 tempo que dura um jogo de vaza até se atingir o número convencionado de partidas ou mãos 2 mudança de lugar ou de parceiros, no fim das partidas 3 vasilha onde se vão lançando os tentos que marcam o número de mãos (De orig. obsc.)

recamo *n.m.* 1 fio de ouro ou prata para bordar em relevo 2 bordado feito com esse fio 3 [fig.] adorno; ornato (Deriv. regr. de *recamar*, ou do it. *ricamo*, «id.»)

recantação *n.f.* 1 ato ou efeito de recantar 2 modo enfático ou afetado de cantar (De *recantar*+-*ção*)

recantar *v.tr.,intr.* 1 tornar a cantar 2 tornar a dizer; repetir 3 cantar com ênfase (De *re*-+*cantar*, ou do lat. *recantāre*, «repetir»)

recanto *n.m.* 1 canto esconso; escaninho 2 lugar retirado 3 esconderijo 4 local confortável 5 [fig.] o que há de mais íntimo (De *re*-+*canto* [= ângulo; esquina])

recapear *v.tr.* 1 tornar a capear; revestir 2 restaurar o asfalto de uma via; repavimentar 3 recauchutar (pneu) (De *re*-+*capear*)

recapitulação *n.f.* 1 ato ou efeito de recapitular ou relembrar os pontos fundamentais de algo 2 repetição dos pontos fundamentais; sumário; sinopse; síntese; súmula; resumo (Do lat. *recapitulatiōne*-, «id.»)

recapitular *v.tr.* 1 relembrar os pontos fundamentais de; recordar 2 repetir sumariamente 3 resumir; compendiar (Do lat. *recapitulāre*, «id.»)

recapturar *v.tr.* capturar novamente (De *re*-+*capturar*)

recarga *n.f.* 1 ato ou efeito de voltar a carregar 2 carga acrescentada a outra 3 insistência num ataque após ter sido repelido 4 pequeno depósito de tinta com que se recarrega uma caneta 5 substituto de produto que se gastou 6 TAUROMAQUIA ato de investir (o touro) novamente contra o toureiro que o feriu 7 DESPORTO (jogos de bola) remate na sequência de outro devolvido pelo adversário, pela tabela ou pela armação da baliza (De *re*-+*carga*)

recargar *v.tr.* 1 acrescentar nova carga a 2 sobrecarregar 3 insistir 4 suster com a vara (a investida de um touro) (De *recarga*+-*ar*)

recarregar *v.tr.* carregar novamente (De *re*-+*carregar*)

recarregável *adj.2g.* que pode ser recarregado (De *recarregar*+-*vel*)

recasar *v.tr.,intr.* tornar a casar (De *re*-+*casar*)

recatadamente *adv.* 1 de modo recatado; com recato 2 pudicamente (De *recatado*+-*mente*)

recatado *adj.* 1 que usa de recato; discreto 2 que vive recolhido 3 prudente; reservado 4 púdico; modesto 5 escondido (Part. pass. de *recatar*)

recatar¹ *v.tr.* 1 pôr em resguardo; resguardar; guardar com recato 2 esconder 3 acautelar ■ *v.pron.* 1 resguardar-se 2 viver com recato (Do lat. *recaptāre, «recear; ocultar»)

recatar² *v.tr.* tornar a catar; rebuscar (De *re*-+*catar*)

recato *n.m.* 1 ato ou efeito de recatar ou recatar-se 2 cautela; resguardo 3 pudor; modéstia 4 segredo 5 lugar oculto; *a bom ~* bem escondido, bem guardado (Deriv. regr. de *recatar*)

recauchutagem *n.f.* 1 ato ou efeito de recauchutar; aplicação de nova camada de borracha a pneus desgastados pelo uso; rechapagem 2 reconstituição do que se desgastou (De *recauchutar*+-*agem*)

recauchutar *v.tr.* 1 aplicar nova camada de borracha a (pneus desgastados pelo uso); rechapar 2 reparar 3 reconstituir (algo que se desgastou); restaurar (De *re*-+*cauchutar*)

recavar *v.tr.* 1 tornar a cavar; cavar repetidas vezes 2 cavar fundo 3 [fig.] insistir em; porfiar (De *re*-+*cavar*)

recavém *n.m.* [regionalismo] parte traseira do leito do carro de bois; recadém (De orig. obsc.)

recear *v.tr.,intr.,pron.* ter ou sentir receio ou medo (de); temer ■ *v.tr.* 1 ter quase a certeza de; suspeitar 2 preocupar-se com a situação de (alguém ou algo) (Do lat. *re*-+*celāre*-, «ocultar»)

recebedor *adj.,n.m.* 1 que ou pessoa que recebe; recetor 2 que ou pessoa que faz cobranças; cobrador 3 (finanças) que ou funcionário que está incumbido de receber os impostos 4 que ou pessoa que recebe mercadorias (De *receber*+-*dor*)

recebedoria *n.f.* 1 (finanças) cargo do recebedor 2 (finanças) repartição do recebedor; repartição onde se recebem os impostos; tesouraria (De *recebedor*+-*ia*)

receber *v.tr.* 1 tomar ou aceitar (o que é oferecido, dado ou enviado) 2 cobrar (o que é devido) 3 adquirir por transmissão 4 apanhar 5 admitir; aceitar 6 sofrer 7 acolher; hospedar 8 ter comunicação de; ser informado de 9 ter capacidade para; conter 10 desposar ■ *v.intr.* 1 ter visitas 2 dar receção 3 atender o público (Do lat. *recipĕre*, «id.»)

recebimento *n.m.* 1 ato ou efeito de receber 2 aceitação daquilo que foi dado ou enviado 3 acolhimento; receção 4 aceitação de dinheiro 5 cobrança de dívidas 6 casamento (De *receber*+-*mento*)

receção *n.f.* 1 ato ou efeito de receber 2 aceitação do que é dado ou enviado 3 acolhimento 4 ato de receber visitas 5 cerimónia(s) com que se é admitido numa corporação ou empossado num cargo 6 lugar onde se recebem e orientam visitantes, clientes, num hotel, numa empresa, etc. 7 festa de carácter social em que as pessoas convidadas são recebidas com alguma formalidade 8 LINGUÍSTICA conjunto de fatores e fenómenos que atuam e ocorrem no processo de entendimento de uma mensagem (Do lat. *receptiōne*-, «id.»)

rececionista *n.2g.* pessoa cuja função é receber e orientar visitantes, clientes, num hotel, numa empresa, etc. (Do lat. *receptiōne*-, «receção» +-*ista*, ou do ing. *receptionist*, «id.»)

receio *n.m.* 1 estado de incerteza ou dúvida acompanhada de temor; apreensão 2 medo ou temor perante uma possível situação de perigo, risco ou dano (Deriv. regr. de *recear*)

receita *n.f.* 1 aquilo que se recebe; quantia recebida 2 cobrança do que é devido 3 ECONOMIA rendimentos de um Estado, de uma empresa, de uma pessoa, etc. 4 o que resulta da venda de bens ou serviços em lojas, estabelecimentos, etc. 5 FARMÁCIA fórmula para a preparação de certos produtos farmacêuticos ou industriais 6 MEDICINA, FARMÁCIA indicação escrita, em regra, por médico, que prescreve medicamento ou indica a sua composição e modo de o aplicar; prescrição 7 CULINÁRIA fórmula em que são indicados os ingredientes e o modo de preparar um dado prato 8 [fig.] indicação; conselho 9 [fig.] remédio 10 [coloq.] castigo 11 [regionalismo] vinho do alborque; *aviar a ~* comprar, na farmácia, os medicamentos prescritos pelo médico (Do lat. *recepta*, «coisas recebidas», part. pass. neut. pl. de *recipĕre*, «receber»)

receitar *v.tr.* 1 prescrever (medicamento) 2 [fig.] aconselhar ■ *v.intr.* escrever ou formular receita (De *receita*+-*ar*)

receitário *n.m.* lugar onde se guardam as receitas (prescrições) (De *receita*+-*ário*)

receituário *n.m.* 1 FARMÁCIA livro onde se indicam as fórmulas dos medicamentos, doses aplicáveis, etc. 2 MEDICINA conjunto de receitas que o médico prescreve no decurso de uma doença 3 coleção de receitas para usar na cozinha ou na indústria 4 conjunto de conselhos ou preceitos (Do lat. *receptu*-, «recebido», part. pass. de *recipĕre*, «receber») +-*ário*)

recém- elemento de formação de palavras que exprime a ideia de *recente*, *recentemente*, ligando-se ao elemento seguinte por meio de hífen (De *recente*, com apóc.)

recém-casado *adj.,n.m.* que ou aquele que é casado há pouco

recém-chegado *adj.,n.m.* que ou aquele que chegou há pouco; recém-vindo

recém-falecido *adj.,n.m.* que ou o que faleceu recentemente

recém-finado *adj.,n.m.* ⇒ **recém-falecido**

recém-licenciado *adj.,n.m.* que ou pessoa que obteve recentemente o grau académico de licenciatura

recém-nado *adj.,n.m.* ⇒ **recém-nascido**

recém-nascido *adj.,n.m.* que ou o que nasceu há pouco; recém-nado

recém-saído *adj.* saído há pouco

recém-vindo *adj.,n.m.* que ou aquele que veio há pouco; acabado de chegar; recém-chegado

recenar *v.tr.* pratear ou dourar novamente (Do it. *raccennare*, «id.»)

recendência *n.f.* qualidade do que é recendente; rescendência (De *recender*+-*ência*)

recendente *adj.2g.* que recende; que cheira muito bem; fragrante; rescendente (De *recender*+-*ente*)

recender *v.tr.* cheirar intensamente a ■ *v.intr.* exalar cheiro ativo e agradável; ter cheiro forte e agradável (De *re*-+*encender*)

recensão *n.f.* 1 ⇒ **recenseamento** 2 breve apreciação crítica de um livro ou de um escrito 3 operação de crítica textual que consiste em reunir, descrever e classificar os testemunhos (Do lat. *recensiōne*-, «recenseamento»)

recenseado *adj.* 1 que faz parte de uma lista a partir da qual se avalia uma quantidade numérica; incluído num recenseamento 2 incluído numa lista de pessoas a partir da qual se determina o número de habitantes de um território 3 inscrito numa listagem de indivíduos que estão aptos a prestar o serviço militar 4 incluído numa relação de pessoas que reúnem as condições previstas por lei para poderem desempenhar determinadas tarefas, atividades ou funções 5 incluído na lista de cidadãos que têm direito de voto

recenseador

6 que consta de um arrolamento de bens que possam constituir pertença do Estado **7** (livro, escrito) que foi alvo de apreciação crítica (Part. pass. de *recensear*)

recenseador *adj.,n.m.* **1** que ou o que recenseia **2** que ou o que faz um inventário ou uma listagem **3** que ou o que faz uma breve apreciação crítica de um livro ou de um escrito (De *recensear*+*-dor*)

recenseamento *n.m.* **1** ato ou efeito de recensear; arrolamento; inventário; enumeração **2** inscrição de pessoas ou animais para avaliação da sua quantidade numérica **3** determinação do número de habitantes de um dado território, com a indicação dos respetivos dados (sexo, naturalidade, estado civil, etc.); censo **4** MILITAR relação dos indivíduos que se encontram em condições de prestar o serviço militar **5** lista de pessoas que reúnem as condições previstas por lei para poderem desempenhar determinadas tarefas, atividades ou funções **6** organização da lista de cidadãos que têm direito de voto **7** arrolamento de bens que possam constituir pertença do Estado (De *recensear*+*-mento*)

recensear *v.tr.* **1** determinar o número de habitantes de um dado território; proceder ao recenseamento de **2** incluir no recenseamento **3** avaliar o número de **4** arrolar **5** enumerar (De *re-*+*censo*+*-ear*)

recenseio *n.m.* ⇒ **recenseamento** (Deriv. regr. de *recensear*)

recental *adj.2g.,n.m.* que ou cordeiro que tem poucos meses de idade (Do cast. *recental*, «id.»)

recente *adj.2g.* **1** que data de há pouco tempo; que aconteceu há pouco **2** que existe há pouco; novo; fresco (Do lat. *recente-*, «id.»)

recentemente *adv.* há pouco tempo (De *recente*+*-mente*)

receosamente *adv.* **1** com receio **2** timidamente (De *receoso*+*-mente*)

receoso /ô/ *adj.* **1** que tem receio **2** que tem medo ou temor perante uma possível situação de perigo, risco ou dano **3** tímido; acanhado **4** [ant.] que causa receio; temível (De *receio*+*-oso*)

recepagem *n.f.* corte rente de plantas para rebentarem com mais vigor (Do fr. *recepage*, «id.»)

receção ver nova grafia receção
recepcionista ver nova grafia rececionista
receptação ver nova grafia recetação
receptacular ver nova grafia recetacular
receptáculo ver nova grafia recetáculo
receptador ver nova grafia recetador
receptar ver nova grafia recetar
receptibilidade ver nova grafia recetibilidade
receptiva ver nova grafia recetiva
receptível ver nova grafia recetível
receptividade ver nova grafia recetividade
receptivo ver nova grafia recetivo
receptor ver nova grafia recetor

recessão *n.f.* **1** recuo; retrocesso **2** ASTRONOMIA afastamento progressivo das nebulosas extragalácticas, origem da hipótese do Universo em expansão **3** ECONOMIA descida do nível da atividade económica ou da diminuição do seu crescimento **4** ECONOMIA fase descendente do ciclo económico caracterizada pela contração da produção e da procura e pela descida dos preços (Do lat. *recessiōne-*, «id.», de *recedĕre*, «afastar-se»)

recessivo *adj.* **1** BIOLOGIA (carácter) que fica oculto, não se manifestando em presença do outro que prevalece (o dominante) **2** ECONOMIA relativo à recessão **3** GRAMÁTICA (acento) que recua o mais que pode, na flexão das palavras (Do lat. *recessu-*, «ação de retroceder; retiro» +*-ivo*)

recesso *n.m.* **1** lugar ou povoação interior, afastado de grandes centros; lugarejo **2** retiro; recanto; refúgio **3** [fig.] o mais íntimo; âmago **4** ANATOMIA pequena cavidade ou espaço vazio **5** interrupção temporária das atividades de um órgão público **6** DIREITO situação em que uma das partes se retira de um contrato, convenção, tratado, etc. ■ *adj.* oculto; escondido (Do lat. *recessu-*, «retiro; lugar secreto»)

recetação *n.f.* DIREITO ato de comprar, guardar ou encobrir de forma consciente objetos roubados por outra pessoa; ato ou efeito de recetar (Do lat. *receptatiōne-*, «id.»)

recetacular *adj.2g.* **1** referente a recetáculo **2** que está sobre um recetáculo (De *recetáculo*+*-ar*)

recetáculo *n.m.* **1** lugar onde se juntam ou guardam coisas; recipiente; recetor **2** esconderijo; refúgio **3** tanque para onde correm águas de diferentes pontos **4** BOTÂNICA parte terminal, mais ou menos alargada, do eixo floral, onde se inserem as peças florais; tálamo; disco; parte terminal alargada do capítulo, onde se inserem as flores **5** ZOOLOGIA parte do aparelho genital das fêmeas dos insetos, em forma de saco, que recebe o esperma do macho durante a cópula (Do lat. *receptacŭlu-*, «id.»)

recetador *adj.,n.m.* DIREITO que ou o que compra, guarda ou encobre de forma consciente objetos roubados por outra pessoa; que ou aquele que receta (Do lat. *receptatōre-*, «id.»)

recetar *v.tr.* **1** DIREITO comprar, guardar ou encobrir de forma consciente (objetos roubados por outra pessoa) **2** DIREITO dar abrigo a (fugitivo da justiça) (Do lat. *receptāre*, «receber; dar abrigo a»)

recetibilidade *n.f.* qualidade de recetível (Do lat. *receptibĭle-*, «recuperável»+*-i-*+*-dade*)

recetiva *n.f.* **1** qualidade de recetivo; recetividade **2** disposição para receber e sentir impressões de natureza moral e psicológica (De *receptivo*)

recetível *adj.2g.* **1** que se pode receber **2** aceitável; admissível **3** recobrável; recuperável (Do lat. *receptibĭle-*, «recuperável»)

recetividade *n.f.* **1** qualidade de recetivo **2** disposição para receber ou aceitar impressões, opiniões, sugestões, etc. **3** MEDICINA sensibilidade mais ou menos acentuada de um organismo para contrair uma doença ou reagir bem à ação de um medicamento (De *receptivo*+*-i-*+*-dade*)

recetivo *adj.* **1** que recebe ou pode receber **2** compreensivo **3** que manifesta abertura de espírito a novos conhecimentos, ideias, tendências, etc. **4** que é rápido a apreender nova informação **5** impressionável **6** acolhedor **7** MEDICINA que é sensível aos efeitos de uma doença ou à ação de um medicamento (Do lat. *receptu-*, part. pass. de *recipĕre*, «receber» +*-ivo*)

recetor *adj.* que recebe ■ *n.m.* **1** lugar onde se juntam ou guardam coisas; recetáculo **2** aparelho que transforma uma espécie determinada de energia incidente **3** aparelho de telegrafia destinado a receber os sinais transmitidos pelo dispositivo emissor **4** aparelho que recebe as ondas emitidas pelos postos transmissores **5** aparelho que recebe sinais acústicos, elétricos, eletromagnéticos, luminosos, etc. **6** FISIOLOGIA formação nervosa sensitiva que recebe estímulos e os transmite aos centros nervosos **7** LINGUÍSTICA pessoa que recebe e interpreta uma mensagem **8** pessoa que recebe **9** pessoa que compra, guarda ou encobre de forma consciente objetos roubados por outra pessoa; recetador (Do lat. *receptōre-*, «recetor»)

rechã *n.f.* planície extensa e larga sobre uma montanha; planalto; achada (De *re-*+*chã*)

rechaçar *v.tr.* **1** fazer retroceder, opondo resistência; repelir **2** rebater **3** desbaratar (força inimiga) **4** interromper com palavra ou gesto súbito (Do fr. *rechasser*, «id.»)

rechaço *n.m.* **1** ato ou efeito de rechaçar; repulsão **2** resistência **3** ricochete **4** desbaratamento (Deriv. regr. de *rechaçar*)

rechamada *n.f.* nos aparelhos telefónicos, sistema que permite ao seu utilizador deixar um pedido de repetição automática da chamada quando o número pretendido estiver disponível, no caso de a linha estar ocupada ou de a chamada não ter sido atendida antes (De *re-*+*chamada*)

rechapagem *n.f.* **1** ato de rechapar **2** reparação dos pneus cuja superfície antiderrapante se desgastou e que se reconstitui pela aplicação de nova camada de borracha com as necessárias saliências; recauchutagem (Do fr. *rechapage*, «id.»)

rechapar *v.tr.* executar a rechapagem de (Do fr. *rechaper*, «id.»)

recheado *adj.* **1** que contém recheio **2** [fig.] repleto; atulhado ■ *n.m.* ⇒ **recheio** (Part. pass. de *rechear*)

recheadura *n.f.* ato de rechear; recheio (De *rechear*+*-dura*)

rechear *v.tr.* **1** encher com preparado culinário **2** encher muito; encher completamente; atulhar **3** [fig.] entremear abundantemente **4** [fig.] enriquecer ■ *v.pron.* locupletar-se; encher-se (De *re-*+*cheio*+*-ar*)

rechega *n.f.* operação de fender longitudinalmente os pinheiros, para a colheita da resina (Deriv. regr. de *rechegar*)

rechegar *v.tr.* **1** mexer (o sal) com os rodos nas salinas **2** transportar (a carga) até ao local de onde o estivador a levará para o navio (De *re-*+*chegar*)

rechego *n.m.* sítio onde o caçador se oculta à espera da caça (Deriv. regr. de *rechegar*)

recheio *n.m.* **1** ato de rechear **2** o que se utiliza para encher ou rechear **3** miolo **4** CULINÁRIA preparado culinário com que se enchem certos animais, legumes, frutas ou certos tipos de massa **5** aquilo que ocupa e guarnece um espaço **6** mobiliário e restante equipamento de uma casa **7** [fig.] reserva de dinheiro; economias (Deriv. regr. de *rechear*)

rechiar *v.intr.* chiar com força (De *re-*+*chiar*)

rechina *n.f.* **1** [regionalismo] CULINÁRIA sopa feita com miúdos de porco **2** [regionalismo] auge do calor, no verão (Deriv. regr. de *rechinar*)

rechinante *adj.2g.* que rechina (De *rechinar*+*-ante*)

rechinar v.intr. **1** produzir um som áspero e agudo como o de gordura quando cai sobre brasas; estalar; ranger **2** (arma de arremesso) silvar, fendendo o ar **3** produzir (inseto, especialmente a cigarra) o som característico da sua espécie; fretenir ■ v.tr. queimar a fogo vivo; assar (Do cast. *rechinar*, «id.»)

rechino n.m. **1** ato de rechinar **2** som áspero e estrídulo **3** ruído do que racha ou estala (Deriv. regr. de *rechinar*)

rechonchar v.intr. tornar-se rechonchudo; engordar (Do cast. *rechoncho*, «rechonchudo» +-*ar*)

rechonchudo adj. **1** que tem formas arredondadas **2** gordo; gorducho (Do cast. *rechoncho*, «rechonchudo» +-*udo*)

Reciano n.m. GEOLOGIA andar do topo do Triásico; Retiano (De *Récia*, top., região dos Alpes centrais +-*ano*)

reciário n.m. lutador da antiga Roma que combatia munido de um tridente e uma rede destinada a envolver o adversário para o dominar (Do lat. *retiarĭu*-, «id.»)

recibo n.m. **1** declaração escrita em que se afirma ter recebido alguma coisa **2** documento que o credor entrega ao devedor quando este liquida a sua dívida, declarando que ela foi saldada; quitação; **~ de vencimento** documento emitido pela entidade empregadora e entregue ao funcionário, onde se encontram registados todos os descontos ou acréscimos sobre o salário, bem como o valor líquido recebido; **~ verde** impresso que os profissionais liberais preenchem como comprovativo do pagamento de um serviço por eles efetuado (Deriv. regr. de *receber*)

reciclabilidade n.f. qualidade do que é reciclável (De *reciclável*+-*i*-+-*dade*)

reciclado adj. **1** (material, objeto) que foi transformado, depois de usado, com vista a uma nova utilização **2** (pessoa) que teve formação profissional complementar na sua área de atividade

reciclagem n.f. **1** tratamento de resíduos ou matérias usadas de maneira a poderem ser reutilizados **2** atualização pedagógica, cultural, administrativa, científica, etc. **3** novo tratamento de uma substância de forma a melhorar as suas propriedades ou qualidades **4** reconversão (Do fr. *recyclage*, «id.»)

reciclar v.tr. **1** fazer a reciclagem de **2** tratar (resíduos ou matérias usadas) para os reaproveitar **3** atualizar os conhecimentos de (funcionários) para conseguir melhores resultados; reconverter **4** voltar a tratar (Do fr. *recycler*, «id.»)

reciclável adj.2g. **1** que se pode reciclar **2** que pode ter nova utilização, geralmente depois de sofrer uma transformação ou reconversão (De *reciclar*+-*vel*)

recidiva n.f. **1** MEDICINA reaparecimento dos sintomas de uma doença que já tinha sido curada no mesmo indivíduo; recaída **2** [fig.] repetição de ato ou comportamento; reincidência (De *recidivo*)

recidivar v.intr. (doença) reaparecer; manifestar-se em recidiva (De *recidiva*+-*ar*)

recidividade n.f. **1** qualidade de recidivo **2** tendência de uma doença para se manifestar em recidiva (De *recidivo*+-*i*-+-*dade*)

recidivo adj. **1** MEDICINA que torna a aparecer após ter sido curado **2** que reincide (Do lat. *recidīvu*-, «que renasce; que volta»)

recife n.m. **1** GEOLOGIA rochedo ou conjunto de rochedos à flor da água do mar, próximo da costa **2** GEOLOGIA formação ao longo da costa marítima, constituída por polipeiros de coraliários **3** [fig.] obstáculo; escolho (Do ár. *raçíf*, «linha de escolhos»)

recifense adj.2g. relativo ou pertencente à cidade brasileira do Recife, no estado de Pernambuco ■ n.2g. natural ou habitante desta cidade (De *Recife*, top. +-*ense*)

recifoso /ô/ adj. **1** cheio de recifes **2** aparcelado (De *recife*+-*oso*)

recingir v.tr. **1** cingir novamente **2** cingir, apertando com força (Do lat. *recingĕre*, «voltar a cingir»)

recinto n.m. **1** espaço limitado por muros, barreiras, etc. **2** área compreendida dentro de certos limites **3** espaço interior com paredes e teto (Do lat. *recinctu*-, «cingido», part. pass. de *recingĕre*, «voltar a cingir»)

recíolo n.m. espécie de coifa antiga (Do lat. *retiŏlu*-, «rede para o cabelo»)

récipe n.m. **1** receita **2** palavra que os médicos escrevem, normalmente em abreviatura (R, Re, Rpe), no topo das receitas **3** [fig.] repreensão (Do lat. *recĭpe*, imp. de *recipĕre*, «receber»)

recipiendário adj.,n.m. **1** que ou aquele que é solenemente recebido no seio de uma corporação ou sociedade **2** que ou aquele que tem de receber qualquer coisa (Do lat. *recipiendu*-, «que deve ser recebido», ger. de *recipĕre*, «receber» +-*ário*)

recipiente n.m. **1** objeto que pode conter algo; vasilha; recetáculo **2** vaso ou cavidade para receber ou conter um líquido, um gás, etc. **3** FÍSICA campânula **4** MEDICINA pessoa que recebe uma transfusão sanguínea ou um transplante de um órgão ■ adj.2g. que recebe (Do lat. *recipiente*-, «que recebe», part. pres. de *recipĕre*, «receber»)

recíproca n.f. **1** ideia oposta; inverso **2** reciprocidade (De *recíproco*)

reciprocamente adv. **1** de modo recíproco; com reciprocidade; mutuamente **2** vice-versa; inversamente (De *recíproco*+-*mente*)

reciprocar v.tr. **1** ser recíproco de **2** trocar mutuamente **3** compensar ■ v.intr.,pron. **1** alternar-se **2** corresponder-se **3** trocar-se (Do lat. *reciprocāre*, «impelir alternadamente»)

reciprocidade n.f. qualidade do que é recíproco; mutualidade (Do lat. *reciprocităte*-, «id.»)

recíproco adj. **1** que se dá ou realiza em troca entre duas pessoas ou dois objetos **2** que se dá ou faz em recompensa de coisa equivalente **3** que existe ou se corresponde de parte a parte; mútuo **4** GRAMÁTICA diz-se da conjugação pronominal em que as formas verbais da voz ativa se associam a pronomes oblíquos (*se, nos, vos*) para exprimir uma ação que recai mutuamente sobre os seus agentes, isto é, quando um dos elementos é sujeito o outro elemento é complemento, e vice-versa **5** GRAMÁTICA diz-se do pronome oblíquo (*se, nos, vos*) empregado na conjugação pronominal recíproca (Do lat. *reciprŏcu*-, «id.»)

récita n.f. **1** representação em teatro lírico **2** declamação **3** espetáculo em que participam amadores, representado num lugar improvisado (Deriv. regr. de *recitar*)

recitação n.f. **1** ato ou efeito de recitar; declamação **2** modo de recitar (Do lat. *recitatiōne*-, «id.»)

recitador adj.,n.m. que ou aquele que recita; declamador (Do lat. *recitatōre*-, «leitor»)

recital n.m. **1** sessão em que são recitadas várias composições literárias **2** MÚSICA concerto vocal ou instrumental executado, em regra, por um artista só, algumas vezes dois (solista e acompanhante) **3** MÚSICA exibição dos alunos de um professor de música (Do ing. *recital*, «id.»)

recitante adj.2g. **1** que recita ou declama **2** MÚSICA (voz, instrumento) que executa sozinho um trecho musical ■ n.2g. pessoa que recita; declamador (Do lat. *recitante*-, «que recita», part. pres. de *recitāre*, «recitar»)

recitar v.tr.,intr. dizer em voz alta; declamar ■ v.tr. **1** dizer (aquilo que se aprendeu de cor) **2** narrar; contar (Do lat. *recitāre*, «id.»)

recitativo n.m. **1** MÚSICA canto em que se imita o tom natural do discurso falado **2** TEATRO declamação com acompanhamento musical **3** TEATRO composição poética que deve ser recitada com ou sem acompanhamento musical ■ adj. próprio para ser recitado (Do fr. *récitatif*, «id.»)

reclamação n.f. **1** ato ou efeito de reclamar **2** protesto; queixa **3** reivindicação; exigência **4** DIREITO impugnação da decisão junto do próprio órgão que a proferiu (Do lat. *reclamatiōne*-, «grito de desaprovação»)

reclamador adj.,n.m. que ou aquele que reclama (De *reclamar*+-*dor*)

reclamante adj.,n.2g. que ou a pessoa que reclama, que grita contra; reclamador (Do lat. *reclamante*-, «id.», part. pres. de *reclamāre*, «gritar contra; reclamar»)

reclamar¹ v.tr.,intr. protestar (oralmente ou por escrito); queixar-se (contra); opor-se ■ v.tr. **1** exigir (o que foi injustamente tomado) **2** reivindicar (algo que se considera devido); pedir, exigindo **3** implorar **4** ter necessidade de; pedir (Do lat. *reclamāre*, «gritar contra»)

reclamar² v.tr. fazer o reclame de; anunciar (Do fr. *réclamer*, «id.»)

reclamável adj.2g. que se pode reclamar (De *reclamar*+-*vel*)

reclame¹ n.m. **1** publicidade feita por qualquer forma; anúncio **2** o que divulga ou chama a atenção **3** letreiro que faz publicidade a um estabelecimento, produto, marca, etc. **4** recomendação feita em jornal **5** TEATRO deixa (Do fr. *réclame*, «id.»)

reclame² n.m. **1** NÁUTICA abertura com roda, num mastaréu, para dar passagem a uma adriça **2** NÁUTICA peça do poleame destinada a alterar a direção de um cabo; reclamo (De orig. obsc.)

reclamista adj.n.2g. que ou a pessoa que faz reclamos (Do fr. *réclamiste*, «id.»)

reclamo¹ n.m. ato ou efeito de reclamar; reclamação; protesto (Deriv. regr. de *reclamar*)

reclamo² n.m. **1** sinal com que o falcoeiro chama a ave **2** instrumento com o qual o caçador imita o canto das aves que pretende atrair **3** ave que foi ensinada a atrair outras pelo canto **4** publicidade feita por qualquer forma; recomendação feita em jornal; anúncio **5** letreiro que faz publicidade a um estabelecimento, produto, marca, etc. **6** TEATRO deixa (Do fr. *réclame*, «id.»)

reclinação *n.f.* 1 ato ou efeito de reclinar ou reclinar-se 2 inclinação 3 posição do que está reclinado ou encostado 4 abaixamento (Do lat. *reclinatiōne-*, «id.»)

reclinado *adj.* 1 que se afastou da posição vertical; inclinado 2 dobrado sobre si; recurvado 3 encostado; deitado (Part. pass. de *reclinar*)

reclinar *v.tr.* 1 afastar da vertical; inclinar 2 dobrar; recurvar 3 deitar; encostar 4 descansar 5 pausar ▪ *v.pron.* 1 apoiar o corpo em determinado ponto; encostar-se; recostar-se 2 inclinar-se 3 deitar-se (Do lat. *reclināre*, «id.»)

reclinatório *n.m.* aquilo que serve para alguém se reclinar (Do lat. *reclinatoriŭ-*, «encosto»)

reclinável *adj.2g.* que se pode reclinar (De *reclinar+-vel*)

recluir *v.tr.* encerrar; enclausurar (Do lat. *reclūděre*, «abrir; encerrar»)

reclusão *n.f.* 1 ato ou efeito de encerrar ou enclausurar-se 2 afastamento da convivência com outras pessoas; isolamento 3 DIREITO pena que consiste na privação da liberdade de alguém, fechando-o em estabelecimento prisional; pena de prisão 4 cárcere; prisão 5 MILITAR prisão de um militar em local adequado devido a infração dos regulamentos 6 RELIGIÃO encerramento; clausura; *casa de ~* prisão, cárcere (Do lat. *reclusiōne-*, «abertura; reclusão»)

recluso *adj.* 1 encerrado; fechado 2 RELIGIÃO que vive em clausura 3 DIREITO, MILITAR preso; encarcerado 4 afastado do convívio; isolado ▪ *n.m.* 1 RELIGIÃO pessoa que vive em clausura 2 DIREITO, MILITAR pessoa que está presa (Do lat. *reclūsu-*, «aberto; encerrado», part. pass. de *reclūděre*, «abrir; encerrar»)

reco *n.m.* 1 [regionalismo] porco 2 [regionalismo] pato ou marreco (De orig. obsc.)

recobramento *n.m.* ato ou efeito de recobrar ou recobrar-se; recuperação (De *recobrar+-mento*)

recobrar *v.tr.* 1 adquirir novamente; recuperar 2 retomar ▪ *v.pron.* 1 reanimar-se 2 restabelecer-se (Do lat. *recuperāre*, «recuperar»)

recobrável *adj.2g.* que se pode recobrar; recuperável (De *recobrar+-vel*)

recobrir *v.tr.* 1 tornar a cobrir 2 cobrir bem (De *re-+cobrir*)

recobro /ô/ *n.m.* 1 ato ou efeito de recobrar(-se); recuperação 2 renascimento; reanimação 3 local de um hospital onde são mantidas as pessoas que acabaram de ser submetidas a uma intervenção cirúrgica e estão a recuperar de uma anestesia (Deriv. regr. de *recobrar*)

recogitar *v.intr.* cogitar de novo; cogitar profundamente (Do lat. *recogitāre*, «revolver no pensamento»)

recognição *n.f.* ⇒ **reconhecimento** (Do lat. *recognitiōne-*, «reconhecimento»)

recognitivo *adj.* que serve para reconhecer ou averiguar (Do lat. *recognĭtu-*, «reconhecido», part. pass. de *recognoscěre*, «reconhecer» +*-ivo*)

recognoscível *adj.2g.* 1 que se reconhece 2 que se pode reconhecer (De *re+cognoscível*)

recoitar *v.tr.* recozer (metais) (De *recoito+-ar*)

recoito *adj.* (metal) recozido (Do lat. *recoctu-*, «id.», part. pass. de *recoquěre*, «recozer»)

recoleção *n.f.* 1 atividade agropastoril que consiste na recolha dos bens que a Natureza oferece (grãos, frutos e raízes, caça, pesca, etc.) 2 reunião para exercícios espirituais de pequena duração (Do lat. *recollectiōne-*, «id.»)

recolecção ver nova grafia *recoleção*

recolector ver nova grafia *recoletor*

recoletor *adj.* 1 que recolhe 2 designativo do sistema económico que baseia a sua atividade na recolha daquilo que a natureza oferece, através da caça, da pesca, vegetais, etc. ▪ *adj.,n.m.* que ou quem pratica a recoleção (Do lat. *recollēctu-*, «reunido; retomado»+ *-or*)

recolha /ô/ *n.f.* 1 ato ou efeito de recolher ou recolher-se 2 local onde se guardam automóveis de dia ou de noite, mediante pagamento 3 lugar onde se recolhe gado, provisoriamente, mediante pagamento 4 procura de informação para a realização de um trabalho (Deriv. regr. de *recolher*)

recolheita *n.f.* 1 ato de recolher 2 compilação (Do lat. *recollecta-*, «recolhida», part. pass. fem. de *recollĭgěre*, «reunir; juntar»)

recolher *v.tr.* 1 apanhar; colher 2 guardar 3 resguardar 4 retrair; encolher 5 receber em paga 6 puxar para si 7 dar hospitalidade a; abrigar 8 realizar a colheita de 9 reunir; compilar; juntar (coisas dispersas) 10 tirar de circulação (dinheiro) 11 reter na memória 12 retirar-se (para); recolher-se (para) ▪ *v.intr.,pron.* 1 retirar-se para o quarto; retirar-se para os seus aposentos; voltar para casa 2 (doença da pele) desaparecer na parte externa para se manifestar interiormente ▪ *v.pron.* 1 abrigar-se; refugiar-se 2 concentrar-se 3 isolar-se; encerrar-se 4 remeter-se ao silêncio; *~ obrigatório* medida excecional imposta em situações de conflitos sociais que implicam risco de violência física, que obriga as pessoas a permanecer em suas casas durante um período determinado, sobretudo noturno (Do lat. *recollĭgěre*, «juntar; reunir»)

recolhida *n.f.* 1 ato de recolher; recolhimento 2 colheita; apanha 3 RELIGIÃO mulher que vive em convento, sem votos (Part. pass. fem. subst. de *recolher*)

recolhidamente *adv.* 1 com recolhimento 2 concentradamente (De *recolhido+-mente*)

recolhido *adj.* 1 que se recolheu, reuniu ou juntou 2 recebido 3 abrigado 4 que vive em recolhimento 5 que se afasta da convivência; pouco expansivo 6 concentrado 7 calmo; sossegado 8 estreito; apertado; curto 9 que se recolheu aos seus aposentos 10 escondido ▪ *n.m.* TIPOGRAFIA espaço no início de um parágrafo (Part. pass. de *recolher*)

recolhimento *n.m.* 1 ato ou efeito de recolher ou recolher-se 2 apanha; colheita 3 ação de retirar-se 4 lugar onde se recolhe alguém ou alguma coisa 5 depósito 6 RELIGIÃO casa religiosa 7 vida retirada 8 meditação; reflexão 9 recato; modéstia (De *recolher+-i-+-mento*)

recolhível *adj.2g.* que se pode recolher (De *recolher+-vel*)

recolho /ô/ *n.m.* 1 ato ou efeito de recolher 2 lugar de abrigo 3 respiração forte 4 lançamento de água através do resfolegadouro, nas baleias (Deriv. regr. de *recolher*)

recolocar *v.tr.* repor; colocar novamente (De *re-+colocar*)

recolta *n.f.* colheita; recolha (Do fr. *récolte*, «id.»)

recoltar *v.tr.* fazer a recolta de; colher; apanhar (Do fr. *récolter*, «id.»)

recombinação *n.f.* FÍSICA captura de um eletrão ou de um ião negativo por um ião positivo, com a consequente neutralização de cargas e libertação de energia (De *re-+combinação*)

recombinar *v.tr.* 1 combinar novamente 2 QUÍMICA repetir uma combinação de (substâncias) (De *re-+combinar*)

recomeçar *v.tr.,intr.* começar novamente (De *re-+começar*)

recomeço /ê/ *n.m.* ato ou efeito de recomeçar; reinício (Deriv. regr. de *recomeçar*)

recomendação *n.f.* 1 ato ou efeito de recomendar; indicação favorável 2 qualidade apreciável 3 aviso; exortação; conselho 4 incumbência 5 empenho 6 qualidade de quem é recomendável 7 *pl.* cumprimentos; lembranças (De *recomendar+-ção*)

recomendado *adj.* 1 que se recomendou; indicado 2 aconselhado ▪ *n.m.* indivíduo que alguém recomenda ou por quem se interessa; protegido (Part. pass. de *recomendar*)

recomendar *v.tr.* 1 aconselhar; indicar como bom 2 encarregar alguém de 3 pedir proteção para 4 advertir 5 confiar aos cuidados de 6 pedir com instância 7 exortar a fazer 8 enviar cumprimentos a ▪ *v.pron.* 1 tornar-se recomendável; merecer distinção 2 confiar-se à proteção de alguém 3 enviar cumprimentos (Do lat. *re-+commendāre*, «id.»)

recomendatório *adj.* 1 que recomenda 2 que serve para recomendar 3 que serve de empenho (De *recomendar+-tório*)

recomendável *adj.2g.* 1 digno de recomendação 2 indicado como bom ou próprio 3 estimável (De *recomendar+-vel*)

recompensa *n.f.* 1 retribuição, compensação por ação meritória; ato ou efeito de recompensar 2 prémio; galardão 3 indemnização 4 [irón.] punição (Deriv. regr. de *recompensar*)

recompensação *n.f.* ⇒ **recompensa** (Do lat. *recompensatiōne-*, «id.»)

recompensador *adj.,n.m.* que ou o que recompensa; remunerador (De *recompensar+-dor*)

recompensar *v.tr.* 1 dar recompensa a; compensar; remunerar 2 premiar; galardoar 3 indemnizar (Do lat. *recompensāre*, «compensar»)

recompensável *adj.2g.* que merece recompensa (De *recompensar+-vel*)

recompilação *n.f.* ato ou efeito de recompilar (De *recompilar+-ção*)

recompilador *n.m.* aquele que recompila (De *recompilar+-dor*)

recompilar *v.tr.* tornar a compilar (De *re-+compilar*)

recompilatório *adj.* relativo à recompilação (De *recompilar+ -tório*)

recomponente *adj.2g.* que recompõe (Do lat. *recomponente-*, «id.», part. pres. de *recomponěre*, «recompor»)

recompor *v.tr.* 1 compor de novo; reconstituir 2 reorganizar 3 recuperar; restabelecer 4 reconciliar; harmonizar ▪ *v.pron.* 1 compor-se novamente; voltar ao normal 2 reconciliar-se; congraçar-se

3 restabelecer-se; recuperar **4** readquirir a calma na sensibilidade ou na expressão (Do lat. *recomponĕre*, «id.»)
recomposição *n.f.* **1** ato ou efeito de recompor ou de recompor-se **2** reorganização **3** nova composição **4** reconciliação **5** substituição de parte de um todo por outra; ~ **ministerial** modificação de um ministério através da substituição de um ou mais ministros (De *re-+composição*)
recomprar *v.tr.* tornar a comprar (De *re-+comprar*)
recôncavo *n.m.* **1** concavidade **2** gruta; antro **3** enseada (De *re-+côncavo*)
reconcentração *n.f.* **1** ato ou efeito de reconcentrar ou reconcentrar-se **2** convergência **3** reunião; junção; união **4** [fig.] meditação profunda (De *reconcentrar+-ção*)
reconcentrar *v.tr.* **1** tornar a concentrar ou reunir num ponto; fazer convergir para um centro **2** chamar a si; encerrar ou recolher em si **3** absorver **4** intensificar **5** [fig.] fixar num ponto (a atenção) ■ *v.pron.* **1** fugir do convívio; viver isolado **2** reforçar-se **3** apurar-se (De *re-+concentrar*)
reconcertar *v.tr.* concertar novamente (De *re-+concertar*)
reconcerto /ê/ *n.m.* ato de reconcertar (Deriv. regr. de *reconcertar*)
reconciliação *n.f.* **1** ato ou efeito de reconciliar ou reconciliar-se **2** restabelecimento das relações entre pessoas que andavam desavindas **3** recuperação do ânimo, da confiança em si próprio **4** DIREITO reatamento da vida em comum pelos cônjuges separados legalmente, que readquirem, assim, os direitos e deveres conjugais **5** RELIGIÃO admissão de um convertido no seio da Igreja **6** RELIGIÃO confissão dos pecados, perante o sacerdote **7** nova consagração de um templo que se profanou (Do lat. *reconciliatiōne-*, «id.»)
reconciliado *adj.* **1** que se reconciliou; que fez as pazes **2** que recuperou o ânimo ou a confiança **3** RELIGIÃO readmitido no seio da Igreja **4** RELIGIÃO que se confessou perante um sacerdote e foi absolvido **5** (templo profanado) que foi novamente consagrado ■ *n.m.* **1** pessoa que fez as pazes com outra(s) **2** RELIGIÃO penitente que se confessou e recebeu a absolvição **3** RELIGIÃO penitente que foi readmitido na Igreja (Do lat. *reconciliātu-*, «id.», part. pass. de *reconciliāre*, «reconciliar»)
reconciliador *adj.* **1** que reconcilia **2** próprio para reconciliar ■ *n.m.* pessoa que promove a reconciliação (Do lat. *reconciliatōre-*, «id.»)
reconciliar *v.tr.* **1** restabelecer a paz e as boas relações entre (pessoas que se tinham zangado); congraçar **2** pôr de acordo (partes desavindas ou coisas opostas); conciliar **3** RELIGIÃO absolver **4** tornar a consagrar (um templo profanado) ■ *v.pron.* **1** fazer as pazes; congraçar-se **2** ficar bem consigo próprio (Do lat. *reconciliāre*, «id.»)
reconciliatório *adj.* **1** próprio para reconciliar **2** que tem o poder ou a virtude de reconciliar (Do lat. *reconciliatoriŭ-*, «id.»)
reconciliável *adj.2g.* que se pode reconciliar (De *reconciliar+-vel*)
recôndito *adj.* **1** escondido; retirado **2** profundo **3** íntimo **4** encerrado **5** ignorado ■ *n.m.* **1** recanto; escaninho **2** âmago (Do lat. *reconditŭ-*, «id.», part. pass. de *recondĕre*, «esconder»)
reconditório *n.m.* lugar recôndito (Do lat. ecl. *reconditoriŭ-*, «id.»)
recondução *n.f.* **1** ato ou efeito de reconduzir; reenvio; retorno **2** prolongamento do período de um contrato, sem alteração das condições **3** manutenção num cargo além do tempo anteriormente fixado (De *re-+condução*)
reconduzir *v.tr.* **1** levar para onde já tinha estado; remeter **2** devolver **3** retornar **4** acompanhar até certo sítio (alguém que se retira) **5** manter num cargo além do tempo anteriormente fixado **6** prolongar (um contrato) por mais tempo **7** nomear de novo para o mesmo cargo; reeleger (Do lat. *reconducĕre*, «id.»)
reconfessar *v.tr.* confessar de novo (De *re-+confessar*)
reconfiguração *n.f.* **1** nova forma ou aspeto **2** INFORMÁTICA nova configuração do hardware ou do software de um sistema (De *reconfigurar+-ção*)
reconfigurar *v.tr.* **1** dar nova forma ou aspeto a **2** INFORMÁTICA configurar novamente o hardware ou o software de um sistema (De *re-+configurar*)
reconfortador *adj.* ⇒ **reconfortante** (De *reconfortar+-dor*)
reconfortante *adj.2g.* **1** que reconforta **2** que restitui as forças; tónico **3** que dá novo alento; animador ■ *n.m.* **1** alimento ou remédio que reconforta **2** tónico (De *reconfortar+-ante*)
reconfortar *v.tr.* **1** restituir as forças a **2** dar novo alento a; revigorar **3** animar (De *re-+confortar*)
reconfortável *adj.2g.* que reconforta; reconfortante (De *reconfortar+-vel*)
reconforto /ô/ *n.m.* **1** ato ou efeito de reconfortar; restituição das forças **2** consolação **3** alento; ânimo (Deriv. regr. de *reconfortar*)
recongraçar *v.tr.* reconciliar; harmonizar (De *re-+congraçar*)

reconhecer *v.tr.* **1** identificar (alguém que já se conhece) **2** distinguir por certas particularidades **3** aceitar legalmente como filho; perfilhar **4** admitir; aceitar; confessar **5** constatar; verificar **6** ficar convencido de **7** confirmar **8** explorar; examinar **9** mostrar agradecimento por; agradecer; recompensar **10** conferir um dado estatuto a **11** declarar autêntico ou legal **12** conceder um direito a; outorgar ■ *v.pron.* **1** conhecer a própria imagem **2** confessar-se; declarar-se (Do lat. *recognoscĕre*, «id.»)
reconhecidamente *adv.* **1** manifestamente; declaradamente **2** com reconhecimento; com agradecimento (De *reconhecido+-mente*)
reconhecido *adj.* **1** agradecido; grato; obrigado **2** que se reconheceu; identificado **3** que se distingue ou diferencia **4** autenticado **5** perfilhado **6** tido como verdadeiro **7** constatado **8** confirmado (Part. pass. de *reconhecer*)
reconhecimento *n.m.* **1** ato ou efeito de reconhecer **2** identificação de algo ou alguém já conhecido **3** gratidão; agradecimento **4** recompensa; prémio **5** ato de reconhecer o mérito; valorização **6** exploração; averiguação; inspeção **7** confissão **8** aceitação como legítimo ou verdadeiro **9** ratificação **10** PSICOLOGIA momento de um ato da memória em que o espírito identifica o objeto de uma representação atual (perceção ou lembrança) com um objeto anteriormente percecionado **11** LITERATURA episódio em que ocorre a identificação de uma personagem funcionalmente relevante **12** MILITAR ação destinada a obter, por observação visual ou por outros processos, notícias sobre o inimigo e a zona de operações (De *reconhecer+-mento*)
reconhecível *adj.2g.* **1** que se pode reconhecer **2** que se pode identificar ou distinguir **3** que pode ser autenticado (Do lat. *recognoscibĭle-*, «id.»)
reconquista *n.f.* **1** ato ou efeito de reconquistar **2** coisa reconquistada **3** [com maiúscula] recuperação do território da Península Ibérica ocupado pelos mouros (séculos VIII a XV) (Deriv. regr. de *reconquistar*)
reconquistar *v.tr.* **1** conquistar novamente **2** recuperar (De *re-+conquistar*)
reconsagrar *v.tr.* consagrar de novo (De *re-+consagrar*)
reconsertar *v.tr.* consertar de novo (De *re-+consertar*)
reconserto /ê/ *n.m.* **1** ato de reconsertar **2** novo conserto (Deriv. regr. de *reconsertar*)
reconsideração *n.f.* **1** ato ou efeito de reconsiderar **2** alteração de uma decisão já tomada **3** arrependimento; emenda (De *reconsiderar+-ção*)
reconsiderar *v.tr.* considerar de novo; avaliar novamente ■ *v.tr.,intr.* pensar melhor; ponderar ■ *v.intr.* alterar uma decisão já tomada; desdizer-se (De *re-+considerar*)
reconsolidação *n.f.* ato ou efeito de reconsolidar (De *re-+consolidação*)
reconsolidar *v.tr.* consolidar de novo (De *re-+consolidar*)
reconsorciar *v.tr.* consorciar novamente (De *re-+consorciar*)
reconstituição *n.f.* **1** ato ou efeito de reconstituir; nova constituição **2** recuperação do que estava fraco **3** reorganização **4** PINTURA restauração **5** DIREITO recriação de um acontecimento tal como se presume ter ocorrido (Do lat. ecl. *reconstitutiōne-*, «id.»)
reconstituinte *adj.2g.* **1** que reconstitui **2** FARMÁCIA que restabelece as forças físicas; reconstitutivo; que revigora **3** AGRICULTURA que torna mais rico em elementos nutritivos ■ *n.m.* **1** FARMÁCIA alimento ou remédio próprio para restabelecer o vigor; tónico **2** AGRICULTURA o que torna mais rico em elementos nutritivos (De *reconstituir+-inte*)
reconstituir *v.tr.* **1** tornar a constituir; recompor **2** restabelecer; recuperar **3** restaurar **4** rever mentalmente (um facto ou ocorrência que se guarda na memória) **5** recriar (um acontecimento) tal como se presume que tenha ocorrido ■ *v.pron.* **1** formar-se de novo **2** restabelecer-se (De *re-+constituir*)
reconstitutivo *adj.* ⇒ **reconstituinte** (De *re-+constitutivo*)
reconstrução *n.f.* **1** ato ou efeito de reconstruir; reedificação **2** edifício ou parte de edifício que se construiu novamente **3** MEDICINA reconstituição cirúrgica de uma parte do corpo **4** junção de elementos separados para se construir um todo **5** nova formulação **6** reorganização (Do lat. ecl. *reconstructiōne-*, «id.»)
reconstruir *v.tr.* **1** construir de novo; reedificar **2** reconstituir **3** reorganizar; reformar (Do lat. ecl. *reconstruĕre*, «id.»)
reconstrutivo *adj.* **1** que reconstrói **2** MEDICINA que reconstitui uma parte do corpo que está lesionada (De *re-+constructivo*)
reconstrutor *adj.* **1** que reconstrói; que reedifica **2** MEDICINA que reconstitui uma parte do corpo que está lesionada **3** que faz uma nova formulação **4** que reforma ou reorganiza ■ *n.m.* **1** pessoa que

recontagem

reconstrói ou reedifica **2** reformulador **3** reformador (Do lat. ecl. *reconstructōre-*, «id.»)

recontagem *n.f.* ato ou efeito de voltar a contar; nova contagem (De *recontar+-agem*)

recontamento *n.m.* ⇒ **recontagem** (De *recontar+-mento*)

recontar[1] *v.tr.* tornar a contar; efetuar a recontagem de **2** contar muitas vezes (De *re-+contar*)

recontar[2] *v.tr.* **1** narrar de novo **2** contar minuciosamente (algo que se tinha contado em traços gerais) (Do it. *raccontare*, «id.», ou do fr. *raconter*, «id.»)

recontente *adj.2g.* muito contente (De *re-+contente*)

reconto[1] *n.m.* **1** ato ou efeito de recontar **2** narração **3** [regionalismo] chamada de gente para testemunhar a presença de certas pessoas (Deriv. regr. de *recontar*)

reconto[2] *n.m.* conto da lança, no reverso da mesma (De *re-+conto*)

recontratar *v.tr.* contratar novamente (De *re-+contratar*)

recontrato *n.m.* **1** ato ou efeito de recontratar **2** renovação de contrato (Deriv. regr. de *recontratar*)

recontro *n.m.* **1** encontro de forças combatentes; combate; peleja **2** luta que dura pouco tempo **3** conflito; embate **4** encontro casual (De *re-+[en]contro*)

reconvalescença *n.f.* **1** ato de reconvalescer **2** convalescença após uma recaída (De *re-+convalescença*)

reconvalescente *adj.,n.2g.* que ou pessoa que está em reconvalescença (De *re-+convalescente*)

reconvalescer *v.intr.* recuperar as forças perdidas por uma recaída; convalescer novamente (De *re-+convalescer*)

reconvenção *n.f.* **1** ato ou efeito de reconvir **2** recriminação **3** resposta agressiva contra uma agressão **4** DIREITO pedido feito pelo réu contra o autor na mesma ação em que é demandado (De *re-+convenção*)

reconversão *n.f.* **1** ato ou efeito de reconverter ou reconverter-se **2** nova conversão **3** ECONOMIA transformação da economia de um país ou região no sentido de a adaptar a novas condições financeiras ou económicas consequentes do progresso **4** adaptação de um funcionário a uma nova atividade profissional (De *re-+conversão*)

reconverter *v.tr.* **1** proceder à reconversão de; tornar a converter; converter de novo **2** ECONOMIA promover a reconversão económica de **3** adaptar a uma nova situação (De *re-+converter*)

reconvindo *adj.* DIREITO diz-se da pessoa contra quem se intenta a reconvenção (Part. pass. de *reconvir*)

reconvir *v.tr.* **1** reaver; recuperar **2** recordar **3** recriminar (o que acusa) para desvalorizar a arguição por ele feita **4** DIREITO deduzir (o réu) reconvenção contra (autor da demanda) (De *re-+convir*)

recopiar *v.tr.* tornar a copiar (De *re-+copiar*)

recopilação *n.f.* **1** ato ou efeito de recopilar **2** obra composta de extratos de outras; compilação **3** resumo; síntese (De *recopilar+-ção*)

recopilar *v.tr.* **1** reunir numa só obra (extratos de diversas); compilar **2** compendiar (De *re-+copilar*, por *compilar*)

record *n.m.* ⇒ **recorde** (Do ing. *record*)

recordação *n.f.* **1** ato ou efeito de recordar ou recordar-se **2** o que se mantém na memória **3** objeto que faz lembrar alguém ou algo **4** oferta; presente (Do lat. *recordatiōne-*, «id.»)

recordador *adj.,n.m.* que ou aquele que recorda (De *recordar+-dor*)

recordar *v.tr.* **1** trazer à memória; relembrar; rememorar **2** ter analogia ou semelhança com **3** estudar outra vez ■ *v.pron.* lembrar-se (Do lat. vulg. *recordāre*, por *recordāri*, «recordar-se»)

recordativo *adj.* **1** que faz recordar **2** comemorativo (De *recordar+-tivo*)

recordatória *n.f.* apontamento, nota ou aviso para fazer recordar alguma coisa (De *recordatório*)

recordatório *adj.* que faz recordar; recordativo (De *recordar+-tório*)

recorde *n.m.* **1** o melhor resultado oficialmente registado pelos concorrentes numa prova desportiva, superando todos os anteriores **2** resultado que excede tudo o que foi feito anteriormente dentro do mesmo género **3** proeza inesperada ou difícil de conseguir ■ *adj.inv.* que excede tudo o que foi feito anteriormente; *bater um ~* **1** DESPORTO ultrapassar o máximo atingido em provas anteriores; **2** [fig.] ultrapassar tudo o que foi feito numa dada atividade (Do ing. *record*, «id.»)

recordista *n.2g.* **1** DESPORTO pessoa que consegue o melhor resultado numa prova desportiva, superando todos os anteriores **2** pessoa que atinge um resultado que excede tudo o que foi feito anteriormente dentro do mesmo género (De *recorde+-ista*)

recordo /ô/ *n.m.* ⇒ **recordação** (Deriv. regr. de *recordar*)

reco-reco *n.m.* **1** MÚSICA instrumento musical de percussão, de origem afro-brasileira, composto de um tubo de bambu com golpes transversais num dos lados, sobre o qual desliza uma varinha, de modo a produzir som **2** ruído produzido por esse instrumento (De orig. onom.)

recoroar *v.tr.* tornar a coroar (De *re-+coroar*)

recorrência *n.f.* **1** ato de recorrer **2** carácter do que é recorrente, isto é, do que volta sobre si ou se repete; retorno; repetição; *raciocínio por* ~ MATEMÁTICA processo que consiste em estabelecer propriedades dos termos de uma sucessão a partir das propriedades dos termos anteriores (De *recorrer+-ência*)

recorrente *adj.2g.* **1** que recorre; que volta a correr **2** que volta sobre si ou se repete **3** que se repete com frequência; frequente **4** DIREITO que recorre de um despacho ou sentença judicial **5** ANATOMIA (nervo, artéria, veia) que parece retroceder à sua origem **6** MEDICINA (doença) que se manifesta com acessos febris repetidos **7** BIOLOGIA diz-se da forma em que se manifesta atavismo ■ *n.2g.* DIREITO pessoa que recorre de um despacho ou sentença judicial; apelante (Do lat. *recurrente-*, «id.», part. pres. de *recurrĕre*, «correr para trás; recorrer»)

recorrer *v.tr.* **1** tornar a percorrer **2** investigar; esquadrinhar **3** recordar **4** lançar mão de; valer-se de **5** dirigir-se a (alguém), pedindo auxílio ou apoio **6** TIPOGRAFIA passar (a composição tipográfica) para outra medida **7** TIPOGRAFIA passar (parte de uma linha) para a linha seguinte ■ *v.tr.,intr.* DIREITO interpor recurso (a) (Do lat. *recurrĕre*, «id.»)

recorrido *n.m.* DIREITO aquele contra quem se interpõe o recurso judicial (Part. pass. de *recorrer*)

recorrível *adj.2g.* **1** de que há recurso **2** de que se pode recorrer (De *recorrer+-vel*)

recortado *adj.* **1** que tem recortes **2** cortado em miúdos **3** cujas bordas apresentam recortes **4** destacado em relevo **5** sinuoso ■ *n.m.* **1** recorte **2** obra que apresenta recortes (Part. pass. de *recortar*)

recortador *n.m.* **1** o que recorta **2** operário corticeiro que corta em esquadria a cortiça de que vão fazer-se as rolhas **3** recortilha (De *recortar+-dor*)

recortar *v.tr.* **1** fazer recortes em; cortar para formar determinada figura **2** separar, cortando; retalhar **3** entremear; intercalar **4** destacar; pôr em evidência ■ *v.pron.* mostrar-se como que destacado, em relevo, ou lembrando desenhos recortados (De *re-+cortar*)

recorte *n.m.* **1** ato ou efeito de recortar **2** lavor ou desenho que se obtém, recortando **3** forma de alguns objetos que parecem recortados **4** saliência ou depressão nos bordos de qualquer objeto **5** BOTÂNICA denteado da margem de uma folha vegetal **6** pedaço que se corta de jornal ou revista e que contém geralmente artigo ou notícia **7** esse artigo ou essa notícia **8** [fig.] rigor (Deriv. regr. de *recortar*)

recortilha *n.f.* **1** instrumento de recortar; recortador **2** carretilha (De *recortar+-ilha*)

recoser *v.tr.* **1** coser de novo **2** coser muitas vezes (De *re-+coser*)

recostar *v.tr.* **1** encostar **2** apoiar ■ *v.pron.* encostar-se; reclinar-se; apoiar o corpo num determinado ponto (De *re-+costa[s]+-ar*)

recosto /ô/ *n.m.* **1** tudo o que serve para alguém se encostar; encosto; reclinatório; almofada **2** parte do assento destinada a apoiar as costas (Deriv. regr. de *recostar*)

recova *n.f.* **1** ato de recovar; transporte de bagagens, mercadorias, etc., feito por recoveiro, mediante pagamento **2** preço desse transporte **3** carga que o recoveiro transporta **4** empresa encarregada do transporte de mercadorias ou bagagens (Deriv. regr. de *recovar*)

récova *n.f.* ⇒ **récua** (Do ár. *ar-rakbâ*, «grupo de cavaleiros»)

recovado *n.m.* ⇒ **recovo** (Do lat. *recubāre*, «estar deitado para trás»)

recovagem *n.f.* **1** ato de recovar **2** transporte feito por recoveiro **3** preço desse transporte (De *recovar+-agem*)

recovar *v.tr.* transportar (bagagens, mercadorias, etc.) de um lugar para outro ■ *v.intr.* ser recoveiro (De *récova+-ar*)

recoveira *n.f.* [ant.] pau que os peixeiros levam ao ombro e em cujas extremidades suspendem os cabazes (De *recovar+-eira*)

recoveiro *n.m.* **1** [ant.] indivíduo que transporta bagagens, mercadorias, etc., mediante pagamento e fazendo uso de animais de carga; almocreve **2** [ant.] (pau) ⇒ **recoveira** (De *recovar+-eiro*)

recovo /ô/ *n.m.* posição de quem está deitado ou recostado sobre o cotovelo; recúbito (De *re-+covo*)

recozer *v.tr.* **1** tornar a cozer **2** cozer demasiado **3** deixar esfriar lentamente (um produto de cerâmica ou de vidro) num forno especial, logo após o seu fabrico **4** aquecer novamente (uma liga metálica) a uma temperatura superior para eliminar efeitos da têmpera **5** [fig.] cismar em; ruminar ■ *v.pron.* (alimento) perder a frescura (De *re-+cozer*)

recozimento n.m. ato ou efeito de recozer (De *recozer*+*-mento*)

recrava n.f. encaixe nas paredes de um portal, para nele se embeberem as peças em que se firmam as portas (Deriv. regr. de *recravar*)

recravar v.tr. 1 tornar a cravar 2 cravar muito (De *re-*+*cravar*)

recreação n.f. 1 ato ou efeito de recrear(-se) 2 recreio; divertimento; entretenimento; passatempo 3 brincadeira; jogo; *por alta ~* de livre vontade; espontaneamente, livremente (Do lat. *recreatiōne-*, «estabelecimento»)

recreador adj. que recreia, diverte ou entretém; recreativo ■ n.m. aquele que recreia (Do lat. *recreatōre-*, «reparador»)

recrear v.tr. 1 alegrar 2 interessar e divertir; entreter 3 causar prazer a ■ v.pron. 1 brincar; folgar 2 divertir-se 3 deleitar-se (Do lat. *recreāre*, «id.»)

recreativo adj. 1 que recreia, diverte ou entretém; lúdico 2 divertido 3 deleitoso (De *recrear*+*-tivo*)

recreatório adj. que serve para recrear ou divertir; recreativo ■ n.m. lugar aprazível (De *recrear*+*-tório*)

recredencial n.f. POLÍTICA carta oficial que dá por terminada a missão de um embaixador ou ministro plenipotenciário, e que ele entrega ao governo junto do qual estava acreditado (De *re-*+*credencial*)

recreio n.m. 1 divertimento 2 lugar onde as pessoas se recreiam 3 (escola) tempo e/ou lugar destinado às crianças para brincarem, no intervalo das aulas 4 passatempo 5 prazer; deleite (Deriv. regr. de *recrear*)

recrementício adj. FISIOLOGIA diz-se das secreções que, depois de intervirem em factos fisiológicos, são de novo absorvidas (Do lat. *recrementu-*, «resíduo» +*-ício*)

recremento n.m. secreção recrementícia (Do lat. *recrementu-*, «resíduo»)

recrescente adj.2g. 1 que recresce 2 que sobrevém com mais intensidade (Do lat. *recrescente-*, «id.», part. pres. de *recrescĕre*, «crescer de novo; renascer»)

recrescer v.intr. 1 tornar a crescer 2 crescer mais 3 brotar novamente 4 aumentar de intensidade; recrudescer 5 sobrevir; ocorrer 6 reforçar-se ■ v.tr. sobejar (a); sobrar (a) (Do lat. *recrescĕre*, «id.»)

recrescimento n.m. 1 ato ou efeito de recrescer 2 agravamento 3 intensificação; recrudescimento 4 sobejo (De *recrescer*+*-mento*)

recréscimo n.m. ⇒ **recrescimento** (De *re-*+*acréscimo*)

recrestar v.tr. 1 crestar novamente 2 crestar muito 3 requeimar (De *re-*+*crestar*)

recria n.f. ⇒ **recriação** (Deriv. regr. de *recriar*)

recriação n.f. 1 ato ou efeito de recriar 2 nova criação 3 reconstituição de um episódio ou de um período histórico (Do lat. *recreatiōne-*, «restabelecimento»)

recriar v.tr. 1 tornar a criar 2 reconstituir (Do lat. *recreāre*, «fazer brotar de novo»)

recriminação n.f. 1 ato ou efeito de recriminar; culpabilização 2 censura; exprobração 3 acusação que se opõe a outra (De *recriminar*+*-ção*)

recriminador adj.,n.m. que ou aquele que recrimina; acusador (De *recriminar*+*-dor*)

recriminar v.tr. 1 responder a uma acusação ou censura com outra 2 censurar; criticar 3 acusar; culpar; culpabilizar (De *re-*+*criminar*)

recriminatório adj. que encerra recriminação (De *recriminar*+*-tório*)

recristianização n.f. ato ou efeito de recristianizar (De *recristianizar*+*-ção*)

recristianizar v.tr. 1 implantar novamente o cristianismo em 2 tornar de novo cristão 3 difundir novamente a fé cristã em (De *re-*+*cristianizar*)

recru adj. 1 muito cru 2 (metal) mal recozido (De *re-*+*cru*)

recrudescência n.f. 1 qualidade do que se torna mais intenso; intensificação; agravamento 2 aumento; recrescimento 3 MEDICINA reaparecimento das manifestações de uma doença após uma aparente melhoria (Do lat. *recrudescentĭa*, «id.», neut. pl. de *recrudescente-*, part. pres. de *recrudescĕre*, «recrudescer»)

recrudescente adj.2g. 1 que recrudesce 2 que se agrava 3 que aumenta; que recresce 4 MEDICINA que se faz sentir com mais intensidade (Do lat. *recrudescente-*, «id.», part. pres. de *recrudescĕre*, «recrudescer»)

recrudescer v.intr. sobrevir com maior intensidade; intensificar-se; exacerbar-se; agravar-se; aumentar; recrescer (Do lat. *recrudescĕre*, «id.»)

recrudescimento n.m. 1 ato ou efeito de recrudescer; intensificação 2 aumento 3 agravamento 4 MEDICINA maior intensidade dos sintomas de uma doença (De *recrudescer*+*-mento*)

recruta n.2g. 1 MILITAR soldado durante o período de instrução básica, que precede a especialidade; gaúcho 2 [fig.] novato; caloiro ■ n.f. 1 MILITAR instrução militar básica, feita antes da especialidade 2 MILITAR conjunto de soldados recrutados para preencher ou aumentar os quadros (Deriv. regr. de *recrutar*)

recrutamento n.m. 1 ato ou efeito de recrutar 2 MILITAR conjunto de operações pelas quais são escolhidos os indivíduos que vão prestar serviço militar; alistamento de recrutas 3 MILITAR grupo de recrutas 4 angariação de adeptos 5 processo de seleção de funcionários para preenchimento de lugares livres (De *recrutar*+*-mento*)

recrutar v.tr. 1 MILITAR alistar para o serviço militar 2 [fig.] aliciar; angariar (adeptos) (Do fr. *recruter*, «id.»)

recruzar v.tr. 1 cruzar de novo 2 cruzar muitas vezes (De *re-*+*cruzar*)

recruzetado adj. 1 que tem cruzetas 2 HERÁLDICA diz-se da cruz cujos braços têm a extremidade em forma de uma cruzeta (De *re-*+*cruzetado*)

recta ver nova grafia **reta**

rectal a grafia mais usada é **retal**

rectalgia ver nova grafia **retalgia**

rectamente ver nova grafia **retamente**

rectangular ver nova grafia **retangular**

rectangularidade ver nova grafia **retangularidade**

rectângulo ver nova grafia **retângulo**

recta-pronúncia ver nova grafia **reta-pronúncia**

rect(i)- ver nova grafia **ret(i)-**

recticórneo ver nova grafia **reticórneo**

rectidão ver nova grafia **retidão**

rectificação ver nova grafia **retificação**

rectificador ver nova grafia **retificador**

rectificar ver nova grafia **retificar**

rectificativo ver nova grafia **retificativo**

rectificável ver nova grafia **retificável**

rectiforme ver nova grafia **retiforme**[1]

rectígrado ver nova grafia **retígrado**

rectilinearidade ver nova grafia **retilinearidade**

rectilíneo ver nova grafia **retilíneo**

rectinérveo ver nova grafia **retinérveo**

rectirrostro ver nova grafia **retirrostro**

rectite ver nova grafia **retite**

rectitude ver nova grafia **retitude**

recto ver nova grafia **reto**

rect(o)- ver nova grafia **ret(o)-**

rectocele- ver nova grafia **retocele**

rectococcígeo ver nova grafia **retococcígeo**

rectocolite ver nova grafia **retocolite**

rectoscopia ver nova grafia **retoscopia**

rectoscópio ver nova grafia **retoscópio**

rectotomia ver nova grafia **retotomia**

rectouretral ver nova grafia **retouretral**

rectovaginal ver nova grafia **retovaginal**

rectricial ver nova grafia **retricial**

rectriz ver nova grafia **retriz**

recua n.f. ⇒ **recuo** (Deriv. regr. de *recuar*)

récua n.f. 1 grupo de animais de carga 2 carga que esses animais transportam 3 grupo de cavalgaduras 4 [fig., pej.] grupo de pessoas de má índole ou de má fama; súcia; caterva; malta (Do ár. *ar-rakbâ*, «grupo de cavaleiros»)

recuada n.f. ⇒ **recuo** (Part. pass. fem. subst. de *recuar*)

recuadeira n.f. correia que se prendia à parte anterior do varal e que servia para fazer recuar as seges (De *recuar*+*-deira*)

recuamento n.m. ⇒ **recuo** (De *recuar*+*-mento*)

recuanço n.m. 1 [coloq.] ⇒ **recuo** 2 (bilhar) ato de fazer recuar uma bola (De *recuar*+*-anço*)

recuão n.m. recuo feito com violência (De *recuo*+*-ão*)

recuar v.tr.,intr. 1 (fazer) andar para trás; (fazer) retroceder 2 colocar ou ficar aquém; colocar ou ir para trás 3 desistir (de um projeto, de um objetivo) ■ v.tr. referir-se a (acontecimento já passado); voltar atrás ■ v.intr. 1 perder terreno 2 atrasar-se 3 acobardar-se 4 hesitar 5 mudar de ideias; arrepender-se 6 ter ideias contrárias ao progresso (Do lat. *recŭlāre*, «recuar; fazer recuar», ou do fr. *reculer*, «id.»)

recúbito n.m. 1 ato de recostar-se 2 posição de quem está recostado (Do lat. *recubĭtu-*, «posição de recostado»)

recuidar v.intr. 1 ter muitos cuidados ou preocupações 2 pensar muito (De *recogitāre*, «repensar; meditar»)

recultivar v.tr. cultivar novamente (De *re-*+*cultivar*)

recumbente adj.2g. que recumbe; recostado (Do lat. *recumbente-*, «id.», part. pres. de *recumbĕre*, «recostar-se; deitar-se para trás»)

recumbir v.intr. estar encostado (Do lat. *recumbĕre*, «recostar-se; deitar-se para trás»)

recunhar v.tr. cunhar novamente (De *re-*+*cunhar*)

recuo n.m. 1 ato ou efeito de recuar; movimento para trás 2 retrocesso 3 desistência de uma posição num confronto, para conseguir atingir os objetivos da melhor forma 4 desistência de um projeto ou de uma intenção 5 alteração de uma decisão já tomada; reconsideração 6 hesitação 7 movimento retrógrado e brusco de arma de fogo quando se dispara; coice (Deriv. regr. de *recuar*)

recuperação n.f. 1 ato ou efeito de recuperar; recobramento; recobro 2 restauração; conserto 3 melhoria em relação a situação anterior 4 reabilitação; reintegração 5 restabelecimento 6 INFORMÁTICA processo pelo qual uma estação de dados resolve os conflitos ou erros que surgem durante a transferência de dados (Do lat. *recuperatiōne-*, «id.»)

recuperador adj. 1 que recupera 2 que contribui para a recuperação 3 que indicia melhoria em relação a situação anterior ■ n.m. 1 pessoa que recupera 2 MILITAR dispositivo que faz reconduzir o cano de uma arma de fogo automática ou semiautomática à posição de tiro, após o recuo provocado pela descarga 3 dispositivo destinado ao aproveitamento de materiais ou energias que, de outra forma, se perderiam (Do lat. *recuperatōre-*, «id.»)

recuperar v.tr. 1 reaver (o perdido) 2 readquirir; recobrar (forças, energia) 3 restaurar; consertar 4 fazer melhorar 5 continuar, depois de uma interrupção ■ v.intr.,pron. voltar ao estado de saúde normal; restabelecer-se ■ v.tr.,pron. reintegrar(-se) na sociedade; reabilitar(-se); regenerar(-se) ■ v.pron. 1 compensar-se de um prejuízo; ressarcir-se; indemnizar-se 2 reabilitar-se (Do lat. *recuperāre*, «id.»)

recuperativo adj. que recupera ou faz recuperar (Do lat. *recuperatīvu-*, «id.»)

recuperável adj.2g. que pode ser recuperado (De *recuperar*+*vel*)

recursividade n.f. propriedade do que pode ser repetido de forma teoricamente infinita pela aplicação da mesma regra (De *recursivo*+-*i*-+-*dade*)

recursivo adj. que pode repetir-se de forma teoricamente infinita pela aplicação da mesma regra (De *recurso*+-*ivo*)

recurso n.m. 1 ato ou efeito de recorrer, de procurar auxílio ou socorro 2 proteção; refúgio; abrigo 3 meio para resolver um problema; remédio; solução 4 meio para atingir um fim; expediente 5 meio expressivo de uma língua 6 DIREITO impugnação de uma decisão junto de um órgão diferente daquele que a emitiu 7 DIREITO pedido de reponderação sobre uma decisão judicial apresentado a um órgão superior 8 pl. meios humanos e/ou materiais 9 pl. capacidades 10 pl. meios de fortuna; bens; haveres; **recursos humanos** disciplina que se dedica ao estudo dos modelos de organização interna do trabalho no âmbito das empresas, analisando e apoiando a aplicação de instrumentos e políticas de gestão das pessoas que as integram; **recursos naturais** substâncias ou materiais encontrados na natureza, potencialmente úteis como fontes de riqueza para o homem; **em último ~** em último caso, como solução final (Do lat. *recursu-*, «corrida para trás; recurso»)

recurvado adj. ⇒ **recurvo** (Part. pass. de *recurvar*)

recurvar v.tr. 1 curvar de novo 2 curvar muito; dobrar 3 inclinar ■ v.pron. vergar-se (Do lat. *recurvāre*, «id.»)

recurvo adj. 1 que tem curvatura acentuada 2 (órgão) curvado para cima e para trás 3 inclinado 4 torcido (Do lat. *recurvu-*, «id.»)

recusa n.f. 1 ato ou efeito de recusar ou recusar-se 2 negativa 3 rejeição (Deriv. regr. de *recusar*)

recusação n.f. ⇒ **recusa** (Do lat. *recusatiōne-*, «id.»)

recusador adj.,n.m. que ou aquele que recusa (De *recusar*+-*dor*)

recusante adj.2g. que recusa (De *recusante-*, «id.», part. pres. de *recusare*, «recusar»)

recusar v.tr. 1 não aceitar; rejeitar; negar 2 não conceder; não dar 3 não admitir 4 evitar ■ v.pron. 1 não se prestar; negar-se 2 opor-se 3 privar-se (Do lat. *recusāre*, «id.»)

recusativo adj. que exprime recusa (Do lat. *recusatīvu-*, «id.»)

recusável adj.2g. que se pode recusar (Do lat. *recusabĭle-*, «id.»)

redação n.f. 1 ato ou efeito de redigir 2 maneira de redigir 3 texto escrito 4 tarefa escolar que consiste em desenvolver um tema dado pelo professor ou de escolha livre 5 local onde se redige um periódico 6 lugar onde é preparado um noticiário radiofónico ou televisivo 7 conjunto dos redatores (Do b. lat. *redactiōne-*, «redação»)

redacção ver nova grafia redação

redactor ver nova grafia redator

redactor-chefe ver nova grafia redator-chefe

redactorial ver nova grafia redatorial

redada n.f. 1 ato de redar por uma vez 2 lanço de rede (Part. pass. fem. subst. de *redar*)

redanho n.m. 1 ⇒ **redenho** 2 [regionalismo] barriga da cortiça (De *rede*+-*anho*)

redar[1] v.tr. tornar a dar (De *re-*+*dar*)

redar[2] v.tr. apanhar com rede ■ v.intr. lançar a rede (De *rede*+-*ar*)

redar[3] v.tr. [regionalismo] redrar (as vinhas) (De *redrar*)

redarguente /gu-en/ adj.,n.2g. que ou o que redargui (Do lat. *redarguente-*, «id.», part. pres. de *redarguĕre*, «refutar»)

redarguição n.f. 1 ato ou efeito de redarguir; réplica 2 recriminação (Do lat. ecl. *redarguitiōne-*, «id.»)

redarguir /gu-i/ v.tr. 1 responder ao que foi dito; replicar; argumentar 2 acusar; recriminar (Do lat. *redarguĕre*, «refutar»)

redarguitivo /gu-i/ adj. que encerra redarguição (De *redarguir*+-*tivo*)

redator n.m. 1 o que redige 2 pessoa que trabalha num jornal ou numa publicação periódica e está encarregada de redigir artigos noticiosos ou outros 3 pessoa que tem a seu cargo uma secção num órgão de comunicação social 4 pessoa que redige entradas de dicionário, artigos de enciclopédia ou de obra coletiva 5 pessoa que revê um texto que se destina a publicação (Do fr. *rédacteur*, «id.»)

redator-chefe n.m. chefe de redação de um órgão de comunicação social

redatorial adj.2g. que diz respeito a redação ou a redator (De *redactor*+-*ial*)

rede /ê/ n.f. 1 espécie de malha formada por um entrelaçado de fios, cordas, arames, ou outro material 2 aparelho armado com tecido de malha para apanhar peixes, insetos, pássaros, etc. 3 tecido de malha metálica usado para formar vedações 4 espécie de malha resistente, que se suspende geralmente de duas hastes ou ramos de árvore, para se descansar 5 malha resistente, sustentada por armações, que se utiliza em vários desportos (ténis, futebol, etc.) para dividir dois campos adversários ou para formar balizas 6 malha para segurar o cabelo 7 conjunto de pessoas, estabelecimentos ou organizações que trabalham comunicando entre si, sob uma direção central 8 organização de espionagem implantada num país 9 entrelaçamento de nervos e fibras 10 conjunto de vias ou de meios de transporte (ferroviário, rodoviário ou aéreo) que se ligam e ramificam 11 conjunto de postos de transmissões da mesma natureza, telefónicos ou de rádio, sob a direção de um deles, com a possibilidade de comunicar entre si; sistema interligado de meios de comunicação 12 INFORMÁTICA sistema interligado de computadores e seus periféricos 13 INFORMÁTICA ⇒ **internet** 14 [fig.] emaranhado de coisas ou de circunstâncias; complicação 15 [fig.] cilada; engano; logro; **~ de arrasto** (pesca) aparelho formado por um saco de rede e cabos, utilizado por alguns barcos de pesca para recolher peixe do fundo do mar ou do rio; **~ de dados** INFORMÁTICA conjunto dos circuitos e dispositivos de comutação que permitem a ligação entre os equipamentos terminais de dados; **cair/ir na ~** [fig.] deixar-se enganar (Do lat. *rete-*, «id.»)

rédea n.f. 1 correia que se liga ao freio ou ao bridão das cavalgaduras e que serve para as guiar ou dirigir 2 ZOOLOGIA cada uma das formas larvares dos dístomos, originadas no esporocisto 3 [fig.] governo; direção 4 [fig.] domínio 5 [fig.] sujeição; **à ~ solta** 1 a toda a brida; 2 à vontade, livremente; **puxar as rédeas a** meter na ordem; **tomar as rédeas** assumir o controlo ou a direção (Do lat. vulg. *retĭna, de *retinēre*, «reter; reprimir»)

rede-fole n.f. (pesca) rede em forma de funil

redeiro n.m. 1 aquele que faz redes 2 rede de um só pano para a pesca nos rios (De *rede*+-*eiro*)

redemoinhar v.tr.,intr. ⇒ **remoinhar** (De *remoinhar*, com infl. de *roda*)

redemoinho n.m. ⇒ **remoinho** (De *remoinho*, com infl. de *roda*)

redenção n.f. 1 ato ou efeito de redimir ou redimir-se 2 resgate; libertação 3 recurso capaz de livrar alguém de aflição; remédio eficaz 4 [fig.] salvação (Do lat. *redemptiōne-*, «id.»)

redenho n.m. 1 ANATOMIA grande prega no peritoneu 2 gordura pegada aos intestinos do porco e de outros animais 3 rede para colher sargaço 4 (pesca) rede especial para apanhar camarão (De *rede*+-*enho*)

redentor adj. 1 que redime ou resgata 2 que liberta 3 que livra de aflição 4 que salva ■ n.m. 1 aquele que redime ou resgata 2 libertador 3 salvador 4 [com maiúscula] RELIGIÃO Jesus Cristo (Do lat. *redemptōre-*, «id.»)

redentorista *adj.2g.* relativo à Congregação do Santíssimo Redentor ▪ *n.2g.* religioso ou religiosa desta ordem (De *redentor+-ista*)
redescender *v.intr.* voltar ao ponto inferior donde se partiu; descer outra vez (De *re-+descender*)
redescer *v.intr.* ⇒ **redescender** (De *re-+descer*)
redescontar *v.tr.* fazer redesconto a (De *re-+descontar*)
redesconto *n.m.* ECONOMIA desconto feito junto do banco central de um título de crédito já anteriormente descontado por um outro banco (Deriv. regr. de *redescontar*)
rede social *n.f.* 1 conjunto de relações entre pessoas ou organizações que partilham interesses, conhecimentos e valores comuns, por meio da internet 2 site ou página da internet onde se estabelece este tipo de relações, através da publicação de comentários, fotos, links, etc.
redestilar *v.tr.* destilar de novo (De *re-+destilar*)
redibição *n.f.* DIREITO ato de redibir; anulação de uma venda por defeitos encobertos no ato da transação (Do lat. *redhibitiōne-*, «id.»)
redibir *v.tr.* 1 tornar sem efeito a venda de; encampar 2 vender ao primeiro vendedor (objetos com defeitos não declarados no ato da primeira venda) (Do lat. *redhibēre-*, «retomar; reaver»)
redibitório *adj.* DIREITO que produz a anulação da venda de um objeto em que houve redibição (Do lat. *redhibitōriu-*, «id.»)
redição *n.f.* 1 entrega 2 restituição (Do lat. *redditiōne-*, «id.»)
redigir *v.tr.* 1 escrever 2 formular por escrito com ordem e método 3 escrever para publicação (Do lat. *redigĕre*, «reunir; recolher; compilar»)
redil *n.m.* 1 curral, principalmente de gado lanígero e caprino; aprisco 2 [fig.] seio; grêmio 3 [fig.] casa paterna (De *rede+-il*)
redimir *v.tr.,pron.* ⇒ **remir** (Do lat. *redimĕre*, «resgatar»)
redimível *adj.2g.* que se pode redimir; remível (De *redimir+-vel*)
redingote *n.m.* 1 casaco largo e comprido 2 sobrecasaca 3 casaco comprido de senhora (Do ing. *riding-coat*, «id.», pelo fr. *redingote*, «sobrecasaca»)
redinha *n.f.* 1 pequena rede, usada na pesca do camarão, lulas, etc. 2 tecido muito raro (De *rede+-inha*)
reintegrar *v.tr.,pron.* ⇒ **reintegrar** (Do lat. *redintegrāre*, «restaurar; restabelecer»)
redireccionar ver nova grafia **redirecionar**
redirecionar *v.tr.* imprimir novo sentido ou orientação a (De *re-+direcionar*)
redistribuição *n.f.* 1 ato ou efeito de redistribuir 2 deslocamento de funcionário(s) público(s) a fim de reorganizar os quadros de pessoal, em função das necessidades do serviço (De *re-+distribuição*)
redistribuir *v.tr.* 1 tornar a distribuir 2 reorganizar a distribuição de (De *re-+distribuir*)
rédito *n.m.* 1 ato de voltar; volta 2 lucro; interesse; rendimento 3 ECONOMIA juro; produto (Do lat. *redditu-*, «restituído», part. pass. de *reddĕre*, «restituir»)
redivivo *adj.* 1 que tornou a viver; ressuscitado 2 [fig.] que se manifestou de novo 3 [fig.] rejuvenescido; renovado (Do lat. *redivīvu-*, «que revive; restaurado»)
redizer *v.tr.* tornar a dizer; repetir (De *re-+dizer*)
redobrado *adj.* 1 multiplicado por quatro 2 mais intenso; intensificado (Part. pass. de *redobrar*)
redobramento *n.m.* 1 ato ou efeito de redobrar 2 repetição 3 aumento considerável 4 intensificação (De *redobrar+-mento*)
redobrar *v.tr.* 1 dobrar novamente 2 duplicar outra vez 3 repetir 4 aumentar muito 5 tornar mais intenso ▪ *v.intr.* 1 aumentar consideravelmente 2 tornar-se mais intenso; recrudescer 3 multiplicar-se 4 (sino) soar novamente (De *re-+dobrar*)
redobre *n.m.* 1 MÚSICA repetição da mesma nota, imitando o trinado, especialmente na música executada por instrumentos de bocal 2 gorjeio 3 [fig.] velhacaria; doblez ▪ *adj.2g.* 1 redobrado; replicado 2 mais intenso 3 que se repete 4 [fig.] ardiloso; velhaco (Deriv. regr. de *redobrar*)
redobro /ô/ *n.m.* 1 ⇒ **redobramento** 2 quádruplo 3 GRAMÁTICA repetição de fonemas em certo tipo de flexão verbal (Deriv. regr. de *redobrar*)
redoiça *n.f.* assento suspenso por cordas nas extremidades, para uma pessoa se sentar e baloiçar (Deriv. regr. de *redoiçar*)
redoiçar *v.intr.,pron.* baloiçar-se na redoiça (De orig. obsc.)
redoirar *v.tr.* ⇒ **redourar**
redolente *adj.2g.* [poét.] aromático; fragrante (Do lat. *redolente-*, «id.», part. pres. de *redolēre*, «cheirar; ter perfume»)

redoma /ô/ *n.f.* 1 manga de vidro para resguardar objetos delicados; campânula 2 [fig.] o que resguarda ou isola; *pôr numa* ~ tratar com extrema ou excessiva delicadeza; *viver numa* ~ viver separado de tudo o que está à volta (De orig. obsc.)
redomão *adj.,n.m.* cavalo ou designativo do cavalo novo e que ainda não está completamente domado (Do cast. *redomón*, «id.»)
redondal *adj.2g.* [regionalismo] diz-se de uma variedade de oliveira ou das suas azeitonas (De *redondo+-al*)
redondamente *adv.* 1 totalmente; completamente; absolutamente 2 categoricamente 3 sem rodeios 4 à roda; *cair* ~ 1 estatelar-se; 2 ser enganado (De *redondo+-mente*)
redondear *v.tr.* arredondar (De *redondo+-ear*)
redondel *n.m.* 1 arena, nas praças de touros 2 arena de lutadores 3 zona de forma circular e com vedação à volta (Do cast. *redondel*, «id.»)
redondela *n.f.* 1 roda pequena 2 rodela (De *redondo+-ela*)
redondez *n.f.* ⇒ **redondeza** (De *redondo+-ez*)
redondeza *n.f.* 1 qualidade do que é redondo; esfericidade 2 forma redonda 3 corpo redondo; esfera 4 *pl.* cercanias; subúrbios; localidades próximas (De *redondo+-eza*)
redondil *adj.2g.* 1 tem forma redonda 2 diz-se de uma variedade de azeitona graúda para conserva, conhecida também por azeitona de Elvas e azeitona sevilhana, produzida por uma oliveira (do mesmo nome) cultivada em Portugal (De *redondo+-il*)
redondilha *n.f.* LITERATURA nome do verso de cinco sílabas métricas (redondilha menor) ou de sete sílabas métricas (redondilha maior) (Do cast. *redondilla*, «id.»)
redondo *adj.* 1 circular; esférico; cilíndrico; curvo 2 [fig.] gordo; rechonchudo 3 [fig.] total; *em* ~ em volta; *letra redonda* letra de imprensa (Do lat. *rotundu-*, «id.»)
redopiar *v.tr.,intr.* ⇒ **rodopiar**
redopio *n.m.* ⇒ **rodopio**
redor¹ *n.m.* 1 roda; volta 2 contorno 3 arrabalde; cercania; *ao* ~ 1 em volta, à roda; 2 nas cercanias (Do lat. *rotatōre-*, «o que faz girar»)
redor² /ô/ *n.m.* 1 operário salineiro que conduz a água para os viveiros 2 [regionalismo] rodo (De *rer+-dor*)
redouça *n.f.* ⇒ **redoiça**
redouçar *v.intr.,pron.* ⇒ **redoiçar**
redourar *v.tr.* 1 dourar de novo 2 [fig.] iluminar vivamente (De *re-+dourar*)
redra *n.f.* 1 ato ou efeito de redrar 2 segunda cava das vinhas (Deriv. regr. de *redrar*)
redrar *v.tr.* cavar segunda e terceira vez (as vinhas) para as limpar das ervas nocivas (Do lat. **retrāre*, do lat. *reiterāre*, «repetir»)
redução *n.f.* 1 ato ou efeito de reduzir ou reduzir-se; diminuição 2 conversão de uma quantidade noutra equivalente 3 transformação de certas unidades em unidades congéneres de outro sistema 4 MEDICINA ato de fazer voltar ao seu lugar ossos desconjuntados ou fraturados 5 simplificação 6 resumo 7 restrição; limitação 8 troca 9 submissão; sujeição 10 cópia de tamanho mais pequeno que o original 11 mudança para uma velocidade de maior tração para fazer diminuir a velocidade do veículo 12 QUÍMICA ganho de eletrões por parte de qualquer espécie química (átomo, ião, molécula, etc.) 13 QUÍMICA aumento do número de oxidação de um dado elemento 14 QUÍMICA processo químico em que o oxigénio é eliminado de um composto 15 QUÍMICA perda de oxigénio 16 CULINÁRIA processo pelo qual se deixa ferver lentamente um molho, caldo ou creme, de modo a evaporar a água na quantidade desejada, tornando-o mais espesso 17 GRAMÁTICA fenómeno em que uma palavra se transforma noutra mais curta por abreviatura, apócope, etc.; ~ *ao absurdo* LÓGICA método de demonstração que mostra que é impossível ser falso o que se pretende demonstrar; ~ *vocálica* GRAMÁTICA processo fonológico em que uma vogal se torna mais fraca em posição átona (Do lat. *reductiōne-*, «id.»)
reducente *adj.2g.* que reduz; redutor (Do lat. *reducente-*, «id.», part. pres. de *reducĕre*, «reduzir»)
reducionismo *n.m.* 1 redução de uma coisa complexa aos elementos de que é formada 2 opinião segundo a qual um sistema pode compreender-se no seu todo, se se compreender cada uma das partes que o constituem 3 noção segundo a qual uma ideia complexa se pode compreender, se se compreender cada um dos conceitos simples que entram na sua formação 4 simplificação excessiva (Do ing. *reductionism*, «id.»)
reducionista *adj.2g.* 1 relativo ao reducionismo 2 simplista
redundância *n.f.* 1 qualidade do que é redundante; abundância excessiva 2 superabundância de palavras; prolixidade 3 ⇒ **pleonasmo** 1 4 LINGUÍSTICA reiteração de elementos numa mensagem

com o objetivo de assegurar e facilitar a sua inteligibilidade (Do lat. *redundantĭa-*, «id.»)

redundante *adj.2g.* **1** superabundante; excessivo; demasiado **2** supérfluo **3** palavroso; prolixo **4** que repete informação que já foi dada; pleonástico (Do lat. *redundante-*, «id.», part. pres. de *redundāre*, «transbordar»)

redundar *v.intr.* **1** ser muito abundante; superabundar **2** deitar por fora; transbordar ■ *v.tr.* resultar (em); dar origem (a); converter-se (em) (Do lat. *redundāre*, «id.»)

reduplicação *n.f.* **1** ato ou efeito de reduplicar **2** GRAMÁTICA repetição de uma sílaba ou de uma letra na mesma palavra **3** recurso estilístico que consiste em repetir palavras para realçar o seu significado (Do lat. *reduplicatiōne-*, «id.»)

reduplicar *v.tr.* **1** duplicar outra vez; quadruplicar; redobrar **2** aumentar muito **3** intensificar (De *re-+duplicar*)

reduplicativo *adj.* **1** que reduplica **2** que indica repetição (De *reduplicar+-tivo*)

redura *n.f.* ato de rer; rodura (De *rer+-dura*)

redutibilidade *n.f.* **1** qualidade do que é redutível **2** possibilidade de se reduzir (Do lat. **reductibĭle-*, «redutível» +-*i*-+-*dade*)

redutível *adj.2g.* suscetível de redução ou conversão (Do lat. *reductu-*, «reduzido» +-*vel*)

redutivo *adj.* que reduz (Do lat. *reductu-*, «reduzido; afastado» +-*ivo*)

reduto *n.m.* **1** MILITAR fortificação dentro de outra para lhe aumentar a resistência; baluarte **2** ponto principal de defesa **3** espaço fechado e protegido; refúgio **4** o que resguarda ou defende **5** local onde se juntam pessoas com pontos em comum **6** NÁUTICA (navio de guerra) lugar onde estão os canhões (Do it. ant. *ridutto*, hoje *ridotto*, «ponto principal de defesa»)

redutor *adj.* **1** que reduz **2** que limita; restritivo **3** que simplifica excessivamente **4** QUÍMICA diz-se das substâncias (como o hidrogénio e o carbono) que têm a propriedade de se apropriar do oxigénio componente de outras substâncias ■ *n.m.* **1** o que reduz **2** QUÍMICA substância que cede eletrões a outras **3** acessório almofadado que se coloca nas cadeiras e carros de bebé para apoiar e aconchegar a cabeça e/ou o tronco dos bebés mais pequenos **4** peça metálica que liga a botija do gás ao tubo que o conduz ao queimador **5** peça tubular roscada interiormente, com que se faz a ligação de dois tubos de diâmetros diferentes **6** FOTOGRAFIA substância química que se usa para diminuir a densidade de um negativo **7** MECÂNICA mecanismo utilizado para diminuir a velocidade de rotação de uma máquina (Do lat. *reductōre-*, «aquele que reduz»)

redúvias *n.f.pl.* restos de alimentos que ficam entre os dentes (Do lat. *reduvĭa-*, «película em volta das unhas; ninharia»)

reduzida *n.f.* **1** MATEMÁTICA fração irredutível mais simples que outra **2** MATEMÁTICA equação cujo grau se diminuiu por métodos de eliminação ou explicitação de raízes (Part. pass. fem. subst. de *reduzir*)

redúzio *n.m.* **1** [regionalismo] ⇒ **rodízio 2** roda do moinho (Por *rodízio*)

reduzir *v.tr.* **1** tornar menor; diminuir **2** restringir; limitar **3** tornar mais curto; resumir; abreviar **4** simplificar excessivamente **5** impelir a (uma situação penosa); forçar a **6** exercer domínio sobre; subjugar **7** tornar mais brando ou suave; abrandar; mitigar **8** substituir **9** exprimir por certa unidade **10** transformar em equivalentes; converter; cambiar **11** QUÍMICA efetuar a redução de **12** CULINÁRIA deixar ferver lentamente (molho, caldo, creme) de forma a torná-lo mais espesso, através da evaporação de água **13** MEDICINA levar à sua posição normal (osso, etc.) ■ *v.intr.* mudar para uma velocidade de maior tração para fazer diminuir a velocidade do veículo ■ *v.pron.* **1** tornar-se menor; diminuir **2** perder força ou intensidade; enfraquecer **3** limitar-se; circunscrever-se **4** vir a dar; converter-se em **5** tornar-se brando ou suave; mitigar-se; ~ **à expressão mais simples 1** MATEMÁTICA reduzir uma expressão ou fração a outra equivalente, mas mais simples, simplificar **2** [fig.] vencer alguém completamente; ~ **ao silêncio** fazer calar (Do lat. *reducĕre*, «reduzir»)

reduzível *adj.2g.* ⇒ **redutível** (De *reduzir+-vel*)

reedição *n.f.* **1** ato ou efeito de reeditar **2** nova edição de uma obra, com alterações em relação às edições anteriores **3** [fig.] repetição (de acontecimento, iniciativa, etc.) (De *re-+edição*)

reedificação *n.f.* ato ou efeito de reedificar; reconstrução (De *reedificar+-ção*)

reedificador *adj.,n.m.* que ou aquele que reedifica (De *reedificar+-dor*)

reedificante *adj.2g.* que reedifica (De *reedificar+-ante*)

reedificar *v.tr.* **1** edificar de novo; reconstruir **2** restaurar **3** reformar (Do lat. *reaedificāre*, «id.»)

reeditar *v.tr.* **1** tornar a editar; fazer nova edição de **2** reproduzir **3** [fig.] repetir (De *re-+editar*)

reeducabilidade *n.f.* qualidade de reeducável (De *reeducável+ -i-+-dade*)

reeducação *n.f.* **1** ato ou efeito de reeducar **2** reintegração social; reabilitação **3** MEDICINA processo de recuperação de funções motoras por meios fisioterapêuticos **4** MEDICINA processo que visa a recuperação de determinadas capacidades; **instituto de ~** instituição oficial de apoio a jovens com problemas de inserção social ou com dificuldades educativas (De *reeducar+-ção*)

reeducador *n.m.* aquele que reeduca (De *reeducar+-dor*)

reeducar *v.tr.* **1** voltar a educar **2** completar a educação de **3** proporcionar nova educação a (alguém) com vista à reintegração em meio social; reabilitar **4** fazer (alguém) recuperar capacidades perdidas ou funções esquecidas; fazer readquirir faculdades físicas ou psíquicas (De *re-+educar*)

reeducável *adj.2g.* que se pode reeducar (De *reeducar+-vel*)

reelaborar *v.tr.* **1** tornar a elaborar **2** refazer, aperfeiçoando (trabalho já feito) (De *re-+elaborar*)

reeleger *v.tr.* tornar a eleger (De *re-+eleger*)

reelegibilidade *n.f.* qualidade de reelegível (Do fr. *rééligibilité*, «id.»)

reelegível *adj.2g.* que se pode reeleger (Do fr. *rééligible*, «id.»)

reeleição *n.f.* **1** ato de eleger novamente a mesma pessoa ou coisa **2** nova eleição (De *re-+eleição*)

reembarcar *v.tr.,intr.* tornar a embarcar (De *re-+embarcar*)

reembarque *n.m.* **1** ato de reembarcar **2** novo embarque (Deriv. regr. de *reembarcar*)

reembolsar *v.tr.* **1** tornar a embolsar **2** receber; reaver (dinheiro desembolsado) **3** restituir dinheiro desembolsado a ■ *v.pron.* recuperar o dinheiro que se emprestou ou despendeu (De *re-+embolsar*)

reembolsável *adj.2g.* que se pode reembolsar (De *reembolsar+ -vel*)

reembolso /ô/ *n.m.* **1** ato ou efeito de reembolsar **2** recuperação de dinheiro emprestado **3** pagamento de uma quantia devida; restituição daquilo que alguém desembolsou; **contra ~** à cobrança (Deriv. regr. de *reembolsar*)

reemenda *n.f.* ato ou efeito de reemendar (Deriv. regr. de *reemendar*)

reemendar *v.tr.* **1** emendar de novo **2** emendar muitas vezes (De *re-+emendar*)

reemergir *v.intr.* emergir novamente; reaparecer (De *re-+emergir*)

reemigrar *v.intr.* deslocar-se para outro lugar, partindo de um sítio para onde tinha emigrado (De *re-+emigrar*)

reempossar *v.tr.* **1** empossar outra vez **2** reintegrar na posse de (De *re-+empossar*)

reempregar *v.tr.* tornar a empregar (De *re-+empregar*)

reencaixar *v.tr.* **1** tornar a encaixar **2** repor no seu lugar (osso luxado) (De *re-+encaixar*)

reencaminhar *v.tr.* **1** mostrar, indicar novamente o caminho a seguir; reconduzir; reorientar **2** dar seguimento a (chamada telefónica) (De *re-+encaminhar*)

reencarcerar *v.tr.* encarcerar de novo (De *re-+encarcerar*)

reencarnação *n.f.* **1** ato ou efeito de reencarnar **2** crença na passagem da alma humana, após a morte do corpo, para outro corpo (De *reencarnar+-ção*)

reencarnar *v.tr.,intr.* renascer (alma, espírito) num corpo diferente do que tinha numa existência anterior (De *re-+encarnar*)

reencetar *v.tr.* **1** encetar novamente **2** recomeçar (De *re-+encetar*)

reencher *v.tr.* **1** encher de novo **2** preencher (De *re-+encher*)

reenchimento *n.m.* ato ou efeito de reencher (De *reencher+ -mento*)

reencontrar *v.tr.* encontrar novamente (De *re-+encontrar*)

reencontro *n.m.* **1** ato de encontrar ou de encontrar-se novamente **2** restabelecimento das relações; reconciliação (De *re-+encontro*, ou deriv. regr. de *reencontrar*)

reendireitar *v.tr.* endireitar novamente (De *re-+endireitar*)

reenfiar *v.tr.* enfiar de novo (De *re-+enfiar*)

reengenharia *n.f.* reorganização de uma empresa ou instituição, implementando mudanças radicais nos processos empresariais com vista à obtenção de melhorias substanciais em aspetos como o custo, a qualidade, o serviço e a velocidade

reensinar *v.tr.* ensinar de novo; tornar a ensinar (De *re-+ensinar*)

reentrância *n.f.* **1** qualidade de reentrante; característica do que forma curva para dentro **2** concavidade (De *reentrar-+-ância*)

reentrante *adj.2g.* **1** que reentra **2** que forma reentrância ou curva para dentro **3** (curva, ângulo) voltado para dentro (De *reentrar+ -ante*)

reentrar *v.tr.* tornar a entrar (em) ■ *v.intr.* **1** voltar para casa **2** fazer curva para dentro (De *re-+entrar*)
reentrega *n.f.* ato de tornar a entregar (Deriv. regr. de *reentregar*)
reentregar *v.tr.* tornar a entregar (De *re-+entregar*)
reenviar *v.tr.* **1** tornar a enviar **2** devolver (De *re-+enviar*)
reenvidar *v.tr.* **1** pagar uma ofensa com outra; responder a (agressão) de modo semelhante; revidar **2** vingar-se de; desforrar-se de (De *re-+envidar*)
reenvio *n.m.* **1** ato de enviar de novo; novo envio **2** devolução (Deriv. regr. de *reenviar*)
reerguer *v.tr.* tornar a erguer (De *re-+erguer*)
reescalonamento *n.m.* **1** ato ou efeito de reescalonar **2** ECONOMIA renegociação do pagamento de juros de dívida ou outra obrigação (De *re-+escalonamento*)
reescalonar *v.tr.* **1** voltar a escalonar **2** ECONOMIA tornar a negociar o pagamento de (juros de dívida ou outra obrigação) (De *re-+escalonar*)
reescrever *v.tr.* tornar a escrever; rescrever (De *re-+escrever*)
reesperar *v.intr.* esperar muito (De *re-+esperar*)
reestruturação *n.f.* **1** ato ou efeito de reestruturar **2** reorganização; reforma; remodelação (De *reestruturar+-ção*)
reestruturar *v.tr.* **1** dar nova estrutura a **2** reformular em bases estruturais **3** reorganizar; remodelar (De *re-+estruturar*)
reestudar *v.tr.* estudar de novo (De *re-+estudar*)
reexame *n.f.* ato ou efeito de examinar novamente e com mais atenção; novo exame (De *re-+exame*)
reexaminar /z/ *v.tr.* **1** tornar a examinar **2** repetir o exame de (De *re-+examinar*)
reexistir /z/ *v.intr.* tornar a existir; reaparecer (De *re-+existir*)
reexpedição *n.f.* **1** ato de reexpedir **2** nova expedição (De *reexpedir+-ção*)
reexpedir *v.tr.* **1** expedir novamente (aquilo que se recebeu doutra parte) **2** reexportar (De *re-+expedir*)
reexplicar *v.tr.* explicar novamente ou muitas vezes (De *re-+explicar*)
reexpor *v.tr.* tornar a expor (De *re-+expor*)
reexportação *n.f.* ato ou efeito de reexportar (De *reexportar+-ção*)
reexportador *adj.,n.m.* que ou aquele que reexporta (De *reexportar+-dor*)
reexportar *v.tr.* exportar para um país (aquilo que se importou de outro) (De *re-+exportar*)
refalsado *adj.* **1** muito falso; hipócrita **2** velhaco; desleal; traidor (De *re-+falsado*)
refalsamento *n.m.* **1** ato ou efeito de refalsar **2** falsidade **3** traição; velhacaria **4** dolo (De *refalsar+-mento*)
refalsar *v.tr.* ⇒ **refalsear**
refalsear *v.tr.* enganar com perfídia; atraiçoar (De *re-+falsear*)
refalso *adj.* falsíssimo (De *re-+falso*)
refartar *v.tr.* **1** fartar muito **2** saciar (De *re-+fartar*)
refastelamento *n.m.* **1** estado de quem está refastelado **2** encosto **3** posição cómoda (De *refastelar+-mento*)
refastelar-se *v.pron.* **1** recostar-se comodamente; estirar-se; repimpar-se **2** comprazer-se; deleitar-se **3** [ant.] folgar (De *re-+festa+l+-ar*)
refazedor *adj.,n.m.* **1** que ou aquilo que refaz **2** restaurador **3** reorganizador **4** reedificador (De *refazer+-dor*)
refazer *v.tr.* **1** fazer de novo **2** reorganizar; reestruturar **3** emendar; corrigir **4** restaurar; recuperar **5** reparar; consertar **6** reanimar; dar forças a **7** indemnizar; ressarcir ■ *v.pron.* **1** reconstituir-se **2** restabelecer-se; recuperar as forças **3** ressarcir-se (De *re-+fazer*)
refazimento *n.m.* **1** ato ou efeito de refazer ou de refazer-se **2** reparação; indemnização **3** restabelecimento da saúde **4** reparo; conserto **5** restauração (De *refazer+-mento*)
refece *adj.2g.* **1** de sentimentos ordinários **2** vil; infame **3** miserável ■ *adv.* por baixo preço (Do ár. *rakhiç*, «barato»)
refecer *v.tr.,intr.,pron.* ⇒ **arrefecer** (Do lat. *refrigescĕre*, «id.»)
refectivo a grafia mais usada é **refetivo**
refectório a grafia mais usada é **refeitório**
refecundar *v.tr.* fecundar de novo (De *re-+fecundar*)
refega *n.f.* ⇒ **refrega** (Por *refrega*)
refegado *adj.* que tem refegos (Part. pass. de *refegar*)
refegar *v.tr.* fazer refegos em (Por *refregar*, do lat. *refricāre*, «esfregar»)
refego *n.m.* **1** prega que se faz no vestuário; festo **2** dobra na pele das pessoas nutridas (Deriv. regr. de *refegar*)
refeição *n.f.* **1** ato de tomar alimentos; ato de refazer as forças com a ingestão de alimentos; repasto **2** conjunto de alimentos que se tomam a certas horas do dia (Do lat. *refectiōne-*, «reparação»)

refeito *adj.* **1** que se refez; recomposto; restabelecido **2** reparado **3** emendado **4** forte; robusto (Do lat. *refectu-*, «restaurado», part. pass. de *reficĕre*, «refazer; restaurar»)
refeitoreiro *n.m.* aquele que trata do refeitório (De *refeitório+-eiro*)
refeitório *n.m.* sala onde se servem refeições em comum em estabelecimentos como escolas, fábricas, asilos, etc.; cantina (Do lat. ecl. *refectoriu-*, «id.», de *refectu-*, part. pass. de *reficĕre*, «refazer»)
refém *n.2g.* **1** pessoa ou povoação que fica em poder do inimigo como garantia da execução ou cumprimento de um acordo ou tratado **2** pessoa que é aprisionada e mantida como garantia até as exigências do raptor serem satisfeitas (Do ár. cl. *rahn*, «penhor», pelo ár. vulg. *rihan*, «id.»)
refender *v.tr.* **1** tornar a fender **2** fender em muitas partes **3** partir no sentido do comprimento **4** lavrar em relevo (De *re-+fender*)
refendimento *n.m.* **1** ato ou efeito de refender **2** fenda ou abertura no sentido longitudinal **3** trabalho de escultura em alto-relevo (De *refender+-mento*)
refentar *v.tr.* ⇒ **arrefentar** (De *arrefentar*)
referência *n.f.* **1** ato de referir; menção **2** coisa referida **3** alusão vaga; insinuação **4** o que serve de modelo a seguir ou de ponto de apoio; fundamento **5** elemento de localização **6** informação inserida na parte superior de uma carta comercial ou de um ofício indicando o processo a que diz respeito **7** série de indicações que possibilitam a identificação de um livro, texto, artigo, etc. **8** nota inserida num documento que remete o leitor para determinado ponto de uma obra, de um texto, etc. **9** LINGUÍSTICA processo através do qual uma palavra ou expressão linguística remete para uma entidade ou localização temporal ou espacial entendíveis num determinado contexto **10** *pl.* informações que se dão ou pedem sobre alguém; *com ~ a* relativamente a (Do lat. *referentĭa*, «id.», part. pres. neut. pl. de *referre*, «referir»)
referencial *n.m.* **1** série de características tomadas como modelo ou ponto de apoio **2** MATEMÁTICA grupo de elementos que possibilita a definição de um sistema de coordenadas; sistema de referência ■ *adj.2g.* **1** relativo a referência **2** de referência; que constitui ou serve de referência (De *referência+-al*)
referenciar *v.tr.* **1** fazer referência a; aludir a **2** localizar; situar **3** determinar a posição de (algo ou alguém) em relação a **4** MILITAR localizar (organizações ou posições de tiro inimigas), por interseção de duas ou mais direções, a partir de observações efetuadas por meio de instrumentos óticos, acústicos ou eletrónicos **5** detetar (De *referência+-ar*)
referenda *n.f.* **1** ato ou efeito de referendar **2** DIREITO, POLÍTICA aposição da assinatura de um ou mais membros do Governo por baixo da do chefe de Estado **3** DIREITO, POLÍTICA essa assinatura **4** assinatura de quem aceita a responsabilidade por coisa já aprovada por outros (Do lat. *referenda*, «coisas que devem ser relatadas», ger. neut. pl. de *referre*, «referir; relatar»)
referendar *v.tr.* **1** (ministro) assinar por baixo da assinatura do chefe do Estado (diploma legal, para que este possa ser publicado ou executado) **2** assinar (documento) como responsável **3** aprovar; sancionar **4** aceitar a responsabilidade de (coisa já aprovada por outros) **5** verificar **6** confirmar; corroborar (Do lat. *referendu-*, «o que deve ser confirmado», ger. de *referre*, «reconduzir; confirmar» +-ar*)
referendário *n.m.* **1** o que referenda **2** relator de causas, petições ou requerimentos (Do lat. ecl. *referendariu-*, «id.»)
referendo *n.m.* **1** DIREITO, POLÍTICA consulta à população e sua resposta por meio de votação sobre matéria constitucional ou legislativa de interesse nacional; plebiscito **2** DIREITO, POLÍTICA relatório que um agente diplomático expede ao seu governo, pedindo-lhe novas instruções **3** DIREITO, POLÍTICA direito que em certos países assiste aos cidadãos de se poderem pronunciar sobre certos assuntos de interesse nacional ou local (Do lat. *referendu-*, «o que deve ser confirmado», ger. de *referre*, «reconduzir; confirmar»)
referente *adj.2g.* que se refere; relativo; respeitante ■ *n.m.* LINGUÍSTICA entidade ou localização temporal ou espacial, real ou imaginária, para a qual uma expressão linguística remete, num determinado contexto (Do lat. *referente-*, «que refere», part. pres. de *referre*, «reconduzir; confirmar»)
referido *adj.* **1** já mencionado; supracitado **2** dito **3** narrado; contado (Part. pass. de *referir*)
referimento *n.m.* **1** ato ou efeito de referir ou contar **2** narração **3** descrição (De *referir+-mento*)
referir *v.tr.* **1** mencionar; citar **2** narrar; contar; relatar **3** imputar; atribuir **4** aplicar a um determinado fim ■ *v.pron.* **1** aludir; mencionar

refermentação

2 dizer respeito; estar relacionado (Do lat. vulg. *referĕre*, do lat. cl. *referre*, «id.»)

refermentação n.f. ato ou efeito de refermentar (De *refermentar*+-*ção*)

refermentar v.intr. **1** fermentar segunda vez **2** fermentar com intensidade (De *re*-+*fermentar*)

referta n.f. [ant.] contenda; altercação; refrega (Do lat. vulg. *referta-, em vez do lat. cl. *relata*-, part. pass. fem. de *referre*, «replicar»)

refertadamente adv. de má vontade (De *refertado*+-*mente*)

refertar v.tr. **1** impugnar **2** disputar **3** contestar; negar **4** lançar em rosto (favores que se fizeram e de que se mostra arrependimento) (Do lat. vulg. *refertu-, em vez do lat. cl. *relātu*-, part. pass. de *referre*, «replicar»)

referto¹ n.m. ⇒ **referta**

referto² adj. (POUCO USADO) totalmente cheio; repleto (Do lat. *refertu*-, «id.», part. pass. de *refercīre*, «encher bem; atestar»)

refervente adj.2g. **1** que referve **2** tumultuante **3** estuante (Do lat. *refervente*-, «muito quente»)

referver v.tr.,intr. **1** (fazer) ferver novamente; tornar a ferver **2** ferver de mais ■ v.intr. **1** entrar em fermentação; levedar **2** fazer cachão; borbulhar; borbotar **3** fremir; rugir; tumultuar **4** [fig.] excitar-se; exaltar-se (Do lat. *refervēre*, «id.»)

refestelar-se v.pron. ⇒ **refastelar-se**

refestelo n.m. ⇒ **refastelamento** (Deriv. regr. de *refestelar*)

refesto n.m. **1** ruga profunda **2** anfractuosidade **3** reentrância (De *re*-+*festo*)

refetivo adj. **1** restaurador das forças; tónico; reconstituinte **2** fortificante (Do lat. *refectu*-, «restaurado», part. pass. de *reficĕre*, «refazer; restaurar» +-*ivo*) ACORDO ORTOGRÁFICO também se pode escrever refectivo

refetório adj. ⇒ **refetivo** (Do lat. *refectu*-, «restaurado», part. pass. de *reficĕre*, «refazer; restaurar» +-*ório*) ACORDO ORTOGRÁFICO também se pode escrever refectório

refiar v.tr. **1** tornar a fiar **2** dividir (uma prancha), serrando-a em tábuas ou folhas (De *re*-+*fiar*)

refilador¹ adj.,n.m. que ou cão que refila (De *refilar* [=morder]+-*dor*)

refilador² adj.,n.m. TIPOGRAFIA que ou operário que executa o refilo numa obra impressa (De *refilar* [=aparar]+-*dor*)

refilão adj.,n.m. **1** que ou o que quer refila; repontão **2** que ou pessoa que é atrevida (De *refilar*+-*ão*)

refilar¹ v.tr. **1** (cão) tornar a filar, a morder **2** (cão) atacar, mordendo (o que morde ou quer morder) ■ v.intr. **1** (cão) morder aquilo que o hostiliza **2** responder com atrevimento; repontar; recalcitrar **3** resistir; reagir (De *re*-+*filar*)

refilar² v.tr. ⇒ **aparar 5** (Do italiano *raffilare*, «talhar a fio os bordos»)

refilhar v.intr. **1** lançar refilhos **2** [fig.] propagar-se; estender-se; multiplicar-se (De *re*-+*filhar*)

refilho n.m. BOTÂNICA cada um dos segundos rebentos que algumas plantas lançam (De *re*-+*filho*)

refiltrar v.tr. filtrar novamente (De *re*-+*filtrar*)

refinação n.f. **1** ato ou efeito de refinar **2** apuramento **3** QUÍMICA série de operações pelas quais se separa, de uma substância, as matérias que lhe alteram a pureza **4** lugar onde se refina; refinaria **5** [fig.] requinte **6** [fig.] subtileza (De *refinar*+-*ção*)

refinado adj. **1** que se refinou **2** puro; claro **3** [fig.] apurado; aperfeiçoado **4** [fig.] requintado **5** completo; rematado **6** [irón.] amaneirado; presumido (Part. pass. de *refinar*)

refinador adj.,n.m. que ou aquele que refina (De *refinar*+-*dor*)

refinadura n.f. operação de refinar; refinação; refinamento (De *refinar*+-*dura*)

refinamento n.m. **1** ato ou efeito de refinar **2** apuramento; aperfeiçoamento **3** QUÍMICA ⇒ **refinação 3 4** [fig.] requinte **5** [fig.] subtileza extrema (De *refinar*+-*mento*)

refinar v.tr. **1** tornar mais fino **2** QUÍMICA separar de uma substância as matérias que lhe alteram a pureza **3** intensificar; acentuar **4** [fig.] apurar; aperfeiçoar **5** [fig.] requintar ■ v.intr.,pron. **1** tornar-se mais puro, mais intenso, mais acerbo **2** apurar-se; esmerar-se; aperfeiçoar-se (De *re*-+*fino*+-*ar*)

refinaria n.f. **1** local onde se faz a separação das matérias que alteram a pureza de determinadas substâncias **2** estabelecimento industrial onde se faz a clarificação de açúcar de cana para consumo **3** complexo industrial onde se faz a transformação de petróleo bruto em produtos refinados (gasolina, querosene, gasóleo, etc.) (De *refinar*+-*aria*)

refincar v.tr. fincar fortemente (De *re*-+*fincar*)

refirmação n.f. ato de refirmar (De *refirmar*+-*ção*)

refirmar v.tr. **1** tornar mais firme **2** tornar firme novamente (De *re*-+*firmar*)

reflada n.f. **1** tiro de refle **2** pancada com o refle (De *refle*+-*ada*)

refle n.m. espécie de bacamarte; rifle (Do ing. *rifle*, «id.»)

reflectido ver nova grafia refletido

reflectidor ver nova grafia refletidor

reflectir ver nova grafia refletir

reflectividade ver nova grafia refletividade

reflectivo ver nova grafia refletivo

reflecto- ver nova grafia refleto-

reflectografia n.f. cópia de textos, documentos ou gravuras por contacto direto, utilizando papel especialmente sensível à luz, que o atravessa nos dois sentidos, o da luz incidente e o da luz refletida (De *reflecto*-+-*grafia*) ACORDO ORTOGRÁFICO também se pode escrever refletografia

reflectográfico adj. relativo à reflectografia (De *reflectografia*+-*ico*) ACORDO ORTOGRÁFICO também se pode escrever refletográfico

reflectómetro n.m. FÍSICA aparelho que serve para medir a intensidade da luz refletida em relação a um dado ponto de uma superfície (De *reflecto*-+-*metro*) ACORDO ORTOGRÁFICO também se pode escrever refletómetro

reflector ver nova grafia refletor

refletido adj. **1** FÍSICA que sofreu reflexão **2** sensato; prudente; circunspecto **3** pausado; grave **4** bem pensado; bem meditado (Part. pass. de *refletir*)

refletidor adj.,n.m. **1** que ou aquilo que reflete **2** quebra-luz **3** refletor (De *refletir*+-*dor*)

refletir v.tr. **1** fazer retroceder, desviando da primitiva direção, quando a incidência não é perpendicular à superfície refletora **2** reproduzir a imagem de; espelhar **3** repercutir **4** reenviar **5** traduzir; exprimir; revelar ■ v.tr.,intr. ponderar (sobre); meditar (sobre) ■ v.intr. mudar de direção, seguindo pelo caminho contrário ao primeiro ■ v.pron. **1** reproduzir-se **2** incidir; recair **3** repercutir-se; ter influência **4** transmitir-se (Do lat. *reflectĕre*, «voltar para trás; virar»)

refletividade n.f. **1** qualidade de refletivo **2** FÍSICA razão entre a intensidade da radiação total refletida e da radiação total incidente (De *reflectivo*+-*i*-+-*dade*)

refletivo adj. **1** que reflete **2** ponderado; sensato (De *reflectir*+-*ivo*)

refleto- elemento de formação de palavras, que exprime a ideia de *reflexão, luz refletida* (Do lat. *reflectĕre*, «refletir; voltar para trás»)

refletografia a grafia mais usada é reflectografia

refletográfico a grafia mais usada é reflectográfico

refletómetro a grafia mais usada é reflectómetro

refletor adj. que reflete ■ n.m. aparelho ou espelho destinado a refletir a luz (Do ing. *reflector*, «id.», ou do fr. *réflecteur*, «id.»)

reflexão /fléss, flécs/ n.f. **1** ato ou efeito de refletir ou refletir-se **2** mudança de direção, ou mudança de sentido na mesma direção **3** ponderação; meditação **4** comentário; pensamento **5** desvio de direção sofrido por um corpo após chocar com outro; ricochete **6** FÍSICA fenómeno que se verifica quando as ondas de energia (luminosas, acústicas, térmicas, etc.) incidem sobre uma superfície de separação entre dois meios diferentes e são reenviadas para o meio de onde partiram; reflexo; **~** *da luz* FÍSICA fenómeno que se verifica quando a luz incide na superfície de separação de dois meios diferentes e é reenviada para o meio donde provinha; *ângulo de* **~** FÍSICA ângulo formado pela direção do movimento ou do fenómeno refletido com a normal (perpendicular) à superfície de incidência (Do lat. *reflexiōne*-, «id.»)

reflexibilidade /cs/ n.f. **1** qualidade do que pode ser refletido **2** qualidade de reflexo (Do lat. *reflexibĭle-, «reflexível» +-*i*-+-*dade*)

reflexionar /cs/ v.tr.,intr. fazer reflexões (sobre); refletir (sobre) ■ v.tr. avaliar; ponderar (Do lat. *reflexiōne*-, «reflexão» +-*ar*)

reflexível /cs/ adj.2g. que pode ser refletido (Do lat. *reflexibĭle-, «reflexível»)

reflexividade /cs/ n.f. **1** qualidade de reflexivo **2** GRAMÁTICA propriedade do verbo ou do pronome que indica que a ação se exerce sobre o sujeito que a pratica (De *reflexivo*+-*i*-+-*dade*)

reflexivo /cs/ adj. **1** que reflete, pensa ou medita **2** que procede com reflexão **3** ponderado; sereno **4** comunicativo; contagiante **5** GRAMÁTICA designativo do verbo ou do pronome que indica uma ação que recai sobre o sujeito que a pratica; reflexo (Do lat. *reflexu*-, «voltado para trás», part. pass. de *reflectĕre*, «voltar para trás; virar» +-*ivo*)

reflexo /cs/ adj. **1** que não atua ou não se reproduz diretamente; indireto **2** FISIOLOGIA involuntário **3** inconsciente; instintivo **4** BOTÂNICA que se dobra sobre si próprio **5** GRAMÁTICA diz-se do verbo ou do pronome que indica uma ação que recai sobre o sujeito que a pratica **6** FÍSICA que sofreu reflexão; refletido ▪ *n.m.* **1** FÍSICA efeito produzido pela luz refletida **2** irradiação luminosa emitida por um corpo **3** imagem refletida **4** manifestação de uma circunstância; consequência **5** FISIOLOGIA, PSICOLOGIA resposta involuntária e imediata a um estímulo **6** clarão indistinto **7** imagem esbatida ou confusa **8** reprodução; imitação **9** lembrança vaga; reminiscência; ~ *condicionado* FISIOLOGIA, PSICOLOGIA ato reflexo adquirido na sequência da associação regular de um fenómeno fisiológico a um estímulo exterior que não está relacionado com esse fenómeno; *ato/fenómeno* ~ FISIOLOGIA reação involuntária a um impulso externo (Do lat. *reflexu-*, part. pass. de *reflectĕre*, «voltar para trás; virar»)

reflexologia *n.f.* **1** estudo dos reflexos **2** PSICOLOGIA teoria que defende que todos os fenómenos psíquicos têm a sua origem em reflexos, sobretudo em reflexos condicionados (De *reflexo*+*logia*)

reflexológico *adj.* relativo a reflexologia (De *reflexologia*+*ico*)

reflexologista *adj.,n.2g.* especialista em reflexologia ou reflexoterapia (De *reflexologia*+*ista*)

reflexoterapia *n.f.* MEDICINA método de tratamento que consiste em provocar reações reflexas em áreas do corpo afastadas da região doente, que podem exercer uma ação favorável sobre esta (De *reflexo-*+*terapia*)

reflexoterápico *adj.* relativo a reflexoterapia (De *reflexoterapia*+*ico*)

reflorescência *n.f.* qualidade do que é reflorescente (Do lat. *reflorescentĭa*, part. pres. neut. pl. de *reflorescĕre*, «reflorescer»)

reflorescente *adj.2g.* que refloresce (Do lat. *reflorescente-*, «id.», part. pres. de *reflorescĕre*, «reflorescer»)

reflorescer *v.intr.* **1** tornar a florescer; cobrir-se novamente de flores **2** manifestar-se novamente **3** reanimar-se **4** rejuvenescer ▪ *v.tr.* **1** fazer florescer **2** reanimar; dar novo vigor a **3** fazer rejuvenescer (De *reflorescĕre*, «id.»)

reflorescimento *n.m.* **1** ato ou efeito de reflorescer; ato ou efeito de cobrir-se novamente de flores **2** BOTÂNICA floração que ocorre pela segunda vez no mesmo ano **3** nova manifestação **4** rejuvenescimento (De *reflorescer*+*mento*)

reflorestação *n.f.* plantação de novas árvores numa floresta, em substituição das que morreram ou foram abatidas; repovoamento florestal

reflorestamento *n.m.* ⇒ **reflorestação**

reflorestar *v.tr.* plantar novas árvores (em determinada área) para substituir aquelas que morreram ou foram abatidas (De *re-*+*floresta*+*ar*)

reflorir *v.tr.,intr.* ⇒ **reflorescer** (Do lat. *reflorēre*, «id.»)

refluência *n.f.* ato ou efeito de refluir; retrocesso (Do lat. *refluentĭa*, part. pres. neut. pl. de *refluĕre*, «refluir»)

refluente *adj.2g.* **1** que reflui; que volta ao seu ponto de origem **2** que corre para trás (Do lat. *refluente-*, «id.», part. pres. de *refluĕre*, «refluir»)

refluir *v.intr.* (líquido) fluir para trás; correr para o local donde veio ▪ *v.tr.* **1** voltar (a ponto de origem); retroceder (a) **2** chegar em quantidade (a) (Do lat. *refluĕre*, «id.»)

reflutuação *n.f.* ato ou efeito de reflutuar (De *reflutuar*+*ção*)

reflutuar *v.tr.* pôr de novo a flutuar ▪ *v.intr.* estar de novo a flutuar (De *re-*+*flutuar*)

refluxo /cs/ *n.m.* **1** ato ou efeito de refluir **2** movimento das águas do mar quando a maré é vazante; contracorrente **3** [fig.] corrente ou movimento contrário a outro; *o fluxo e o* ~ *da sorte* as vicissitudes da fortuna (De *re-*+*fluxo*)

refocilamento *n.m.* **1** ato ou efeito de refocilar **2** distração; recreio (De *refocilar*+*mento*)

refocilante *adj.2g.* **1** que refocila **2** que serve para refocilar (De *refocilar*+*ante*)

refocilar *v.tr.,pron.* **1** (fazer) recobrar as forças; revigorar; restaurar(-se) **2** recrear(-se) ▪ *v.tr.* dar folga ou repouso a ▪ *v.pron.* refastelar-se (Do lat. *refocillāre*, «reconfortar»)

refogado *adj.* CULINÁRIA (alimento) preparado com cebola frita em gordura ▪ *n.m.* **1** CULINÁRIA molho feito com cebola e outros ingredientes fritos em gordura; estrugido **2** CULINÁRIA prato feito com este molho no qual se cozinham diversos alimentos (Part. pass. de *refogar*)

refogar *v.tr.* **1** CULINÁRIA cozer cebola em gordura, deixando-a transparente e com uma cor que pode ir desde o branco-marfim até ao castanho **2** CULINÁRIA cozinhar em refogado; guisar (De *re-*+*fogo*+*ar*)

refojo[1] *n.m.* **1** recôncavo de terreno **2** gruta ou caverna onde se abrigam animais (De *re-*+*fojo*)

refojo[2] *n.m.* **1** [Cabo Verde] galanteio; lisonja **2** [Cabo Verde] canto satírico sobre casos grotescos ou engraçados da vida social (Do crioulo cabo-verdiano *rafodjus* ou *rafodjetas*, «idem»)

refolgar *v.intr.* folgar muito; descansar (De *re-*+*folgar*)

refolgo /ô/ *n.m.* **1** descanso **2** alívio (Deriv. regr. de *refolgar*)

refolhado *adj.* **1** envolto em folhas **2** cheio de refolhos **3** [fig.] dissimulado (Part. pass. de *refolhar*)

refolhamento *n.m.* **1** folho sobreposto a outro; refolho **2** [fig.] dissimulação; disfarce (De *refolhar*+*mento*)

refolhar[1] *v.tr.* **1** envolver em folhas **2** [fig.] dissimular; disfarçar ▪ *v.intr.* cobrir-se de folhas ▪ *v.pron.* **1** envolver-se em folhas **2** ocultar-se na vegetação (De *re-*+*folha*+*ar*)

refolhar[2] *v.tr.* guarnecer de refolhos (De *refolho*+*ar*)

refolho /ô/ *n.m.* **1** folho sobreposto a outro **2** dobra; prega **3** [fig.] dissimulação **4** [fig.] âmago; íntimo (De *re-*+*folho*)

reforçado *adj.* **1** que recebeu reforço **2** aumentado; acrescido **3** intensificado; fortificado **4** robusto; corpulento **5** vigoroso (Part. pass. de *reforçar*)

reforçador *adj.* que reforça ▪ *n.m.* **1** o que reforça **2** MILITAR artifício de escorvamento que recebe a excitação do detonador, a reforça e a transmite à carga da granada **3** FOTOGRAFIA solução utilizada para intensificar o contraste de luz num negativo (De *reforçar*+*dor*)

reforçar *v.tr.* **1** dar mais força a; tornar mais forte **2** fortalecer (força militar), enviando tropas auxiliares **3** reanimar **4** pôr reforço em (peça de vestuário) **5** coser mais do que uma vez as costuras de **6** intensificar **7** dar ênfase a **8** apoiar ▪ *v.pron.* **1** tornar-se mais forte; fortalecer-se **2** intensificar-se **3** apoiar-se (De *re-*+*forçar*)

reforçativo *adj.* que serve para reforçar (De *reforçar*+*tivo*)

reforço /ô/ *n.m.* **1** ato ou efeito de reforçar **2** aquilo que serve para dar mais força, solidez, intensidade, resistência **3** material colocado em certas partes de determinados objetos (peça de vestuário, mala, encadernação, etc.) para os tornar mais resistentes **4** MILITAR conjunto de soldados comandados por um cabo e que durante a noite montam postos de sentinela **5** MILITAR unidade de combate, ou outro meio de ação, posta à disposição de um comando durante certo período ou até ao fim de uma operação para que especificamente tenha sido atribuído **6** [fig.] auxílio **7** *pl.* MILITAR tropas auxiliares; *em* ~ *de* para dar mais força a (Deriv. regr. de *reforçar*)

reforjar *v.tr.* forjar de novo (De *re-*+*forjar*)

reforma *n.f.* **1** ato ou efeito de reformar **2** nova forma **3** nova organização **4** mudança para melhor; melhoramento **5** conserto; reparação **6** restauração **7** situação de um funcionário que, por ter completado a idade regularmente fixada, por doença ou por incapacidade física, foi dispensado do serviço; aposentação **8** pensão mensal vitalícia recebida por funcionário nessa situação **9** ECONOMIA substituição de um título de crédito já vencido por outro da mesma natureza com vencimento posterior **10** [com maiúscula] HISTÓRIA movimento predominantemente religioso, dos princípios do séc. XVI, de dissidência da Igreja Católica, que tinha por objetivo o retorno a um mais cabal enquadramento no espírito evangélico, a morigeração dos costumes eclesiásticos, a repulsa pelo negócio das indulgências, o contacto mais direto com os ensinamentos da Bíblia - Martinho Lutero, teólogo alemão (1483-1546), foi um dos seus promotores mais notáveis **11** RELIGIÃO série de mudanças realizadas em ordem ou congregação de maneira a torná-la mais fiel à sua forma original; ~ *ortográfica* mudança introduzida nas regras de ortografia de uma determinada língua (Deriv. regr. de *reformar*)

reformabilidade *n.f.* qualidade do que é reformável (De *reformável*+*i*+*dade*)

reformação *n.f.* ⇒ **reforma** (Do lat. ecl. *reformatiōne-*, «id.»)

reformado *adj.* **1** que sofreu reforma; restaurado; reconstituído **2** que sofreu alteração; mudado **3** corrigido; modificado **4** reorganizado; reestruturado **5** que obteve a sua reforma; aposentado **6** ECONOMIA substituído por título de crédito da mesma natureza, com vencimento posterior **7** RELIGIÃO que diz respeito à Reforma e/ ou aos seus princípios ▪ *n.m.* **1** pessoa que, por ter completado a idade regularmente fixada, por doença ou por incapacidade física, foi dispensada do serviço; beneficiário que recebe reforma; aposentado **2** RELIGIÃO pessoa que segue os princípios da Reforma (Do lat. *reformātu-*, «reformado», part. pass. de *reformāre*, «reformar; restaurar»)

reformador *adj.* **1** que reforma; que altera **2** que introduz mudanças ou reformas ▪ *n.m.* **1** pessoa que reforma **2** RELIGIÃO chefe de reforma religiosa (em ordem ou congregação) **3** RELIGIÃO promotor da Reforma (do século XVI) (Do lat. *reformatōre-*, «id.»)

reformar *v.tr.* **1** fazer reforma ou reformas em **2** dar outra forma a; reconstruir **3** restaurar **4** melhorar **5** reorganizar; reformular **6** corrigir **7** conceder a reforma a; aposentar **8** DIREITO retificar (sentença judicial sujeita a recurso) **9** prover do que se inutilizou ou gastou **10** extirpar; suprimir **11** ECONOMIA substituir título de crédito

reformativo

já vencido por outro da mesma natureza, com vencimento posterior ■ *v.pron.* 1 obter a reforma; aposentar-se 2 [coloq.] corrigir-se; emendar-se (Do lat. *reformāre*, «id.»)

reformativo *adj.* 1 que diz respeito a reforma 2 próprio para reformar (De *reformar*+*-tivo*)

reformatório *adj.* ⇒ **reformativo** ■ *n.m.* 1 conjunto de preceitos instrutivos ou moralizadores 2 estabelecimento de educação para menores delinquentes ou em perigo de delinquência (De *reformar*+*-tório*)

reformável *adj.2g.* que pode ser reformado (Do lat. *reformabĭle-*, «id.»)

reformismo *n.m.* POLÍTICA tendência ideológica para promover a transformação política e económica da sociedade por meio de reformas introduzidas na legislação e instituições preexistentes (De *reforma*+*-ismo*, ou do fr. *réformisme*, «id.»)

reformista *adj.2g.* 1 que diz respeito ao reformismo 2 que segue os princípios do reformismo ■ *n.2g.* POLÍTICA partidário dos melhoramentos sociopolíticos parciais e graduais, em oposição aos radicais, que pretendem mudanças súbitas e profundas (De *reforma*+*-ista*, ou do fr. *réformiste*, «id.»)

reformulação *n.f.* 1 ato ou efeito de voltar a formular 2 reorganização; reestruturação

reformular *v.tr.* 1 tornar a formular 2 reorganizar; reestruturar (De *re-*+*formular*)

refornecer *v.tr.* tornar a fornecer (De *re-*+*fornecer*)

refornecimento *n.m.* ato ou efeito de refornecer (De *refornecer*+*-mento*)

refortalecer *v.tr.* tornar a fortalecer (De *re-*+*fortalecer*)

refortificar *v.tr.* fortificar novamente (De *re-*+*fortificar*)

refração *n.f.* 1 ato ou efeito de refranger ou de retratar 2 FÍSICA mudança de marcha (com ou sem desvio angular) que sofre a propagação das ondas eletromagnéticas (a luz, por exemplo), quando passam de um meio para outro em que a velocidade de propagação é diferente; *índice de* ~ FÍSICA razão entre a velocidade da luz no vazio (que é a mesma para todas as radiações) e a velocidade de determinada radiação no meio considerado (e que é variável com a frequência da radiação) (Do lat. *refractiōne-*, «id.»)

refracção ver nova grafia refração
refractar ver nova grafia refratar
refractário ver nova grafia refratário
refractarismo ver nova grafia refratarismo
refractivo ver nova grafia refrativo
refracto ver nova grafia refrato
refractometria ver nova grafia refratometria
refractómetro ver nova grafia refratómetro
refractor ver nova grafia refrator

refrangência *n.f.* FÍSICA propriedade de refratar a luz; qualidade de refrangente (Do lat. **refrangentĭa*, part. pres. neut. pl. de **refrangĕre*, «refranger»)

refrangente *adj.2g.* FÍSICA que muda a direção das ondas eletromagnéticas; que produz refração (Do lat. *refrangente-*, por *refringente-*, «que quebra», part. pres. de *refringĕre*, «quebrar»)

refranger *v.tr.,pron.* ⇒ **refratar** (Do lat. **refrangĕre*, por *refringĕre*, «quebrar», ou do fr. *refranger*, «id.»)

refrangibilidade *n.f.* qualidade do que é refrangível; refrangência (Do lat. **refrangibĭle-*, «refrangível», pelo ing. *refrangibility*, «id.»)

refrangível *adj.2g.* suscetível de se refranger (Do lat. **refrangibĭle-*, «id.», pelo ing. *refrangible*, «id.»)

refrão *n.m.* 1 sentença de carácter popular; adágio; rifão 2 LITERATURA verso ou versos que se repetem no fim da cada estância de uma poesia; estribilho 3 MÚSICA trecho que se repete no final de cada estrofe (o termo aplica-se quer à música, quer ao texto) (Do prov. *refranh*, «id.»)

refratar *v.tr.* mudar a direção de (onda eletromagnética); produzir refração em ■ *v.pron.* 1 sofrer refração 2 desviar-se da primitiva direção (Do lat. *refractu-*, «refratado», part. pass. de *refringĕre*, «quebrar» +*-ar*)

refratário *adj.* 1 FÍSICA, QUÍMICA que pode sofrer a ação de temperaturas muito elevadas sem se alterar 2 rebelde; que se revolta; que recusa obedecer 3 teimoso 4 que manifesta indiferença; insensível 5 esquivo 6 MILITAR que se recusou a cumprir o serviço militar obrigatório 7 MEDICINA imune a determinada doença ■ *n.m.* MILITAR jovem que foi apurado para o serviço militar mas não se apresentou na sua unidade (Do lat. *refractarĭu-*, «id.»)

refratarismo *n.m.* qualidade ou estado de refratário (De *refratário*+*-ismo*)

refrativo *adj.* que produz refração; refrangente (Do lat. *refractu-*, «refratado», part. pass. de *refringĕre*, «quebrar» +*-ivo*)

refrato *adj.* que se refratou ou refrangeu; *ângulo* ~ FÍSICA ângulo que a direção dos raios refratados faz com a normal à superfície de separação dos dois meios (Do lat. *refractu-*, «id.», part. pass. de *refringĕre*, «quebrar»)

refratometria *n.f.* processo para a medição de índices de refração de substâncias por meio de refratómetros (De *refractómetro*+*-ia*, ou do fr. *réfractométrie*, «id.»)

refratómetro *n.m.* aparelho para medição dos índices de refração das substâncias (Do lat. *refractu-*, «refratado»+gr. *métron*, «medida», ou do fr. *réfractomètre*, «id.»)

refrator *adj.* ⇒ **refrativo** (Do lat. *refractu-*, «refratado» +*-or*)
refreador *adj.,n.m.* que, aquele ou aquilo que refreia ou reprime (De *refrear*+*-dor*)

refreamento *n.m.* 1 ato de refrear ou de reprimir 2 domínio de animal utilizando o freio 3 domínio; subjugação 4 moderação (De *refrear*+*-mento*)

refrear *v.tr.* 1 sujeitar (o cavalo) com o freio 2 reprimir; conter; moderar 3 subjugar; vencer; dominar ■ *v.pron.* 1 reprimir-se; conter-se 2 abster-se (Do lat. *refrenāre*, «id.»)

refreável *adj.2g.* suscetível de se refrear (De *refrear*+*-vel*)

refrega *n.f.* 1 ato ou efeito de refregar; confronto físico; briga 2 combate; recontro; peleja 3 debate; discussão 4 trabalho; azáfama; lida; labuta (Deriv. regr. de *refregar*)

refregar *v.intr.* travar luta; brigar; lutar (Do lat. *refricāre*, «esfregar de novo»)

refreio *n.m.* 1 ato de refrear 2 tudo o que serve para refrear, moderar ou conter (Deriv. regr. de *refrear*)

refrém *n.m.* ⇒ **refrão** (Do fr. *refrain*, «id.»)

refrescadela *n.f.* ⇒ **refrescamento** (De *refrescar*+*-dela*)

refrescamento *n.m.* 1 ato ou efeito de refrescar ou refrescar-se 2 esfriamento; arrefecimento 3 avivamento da memória, à última hora, por nova leitura dos textos necessários para um exame ou por recapitulação dos principais pontos estudados (De *refrescar*+*-mento*)

refrescante *adj.2g.* 1 que refresca 2 calmante 3 que reanima; que dá um novo alento (De *refrescar*+*-ante*)

refrescar *v.tr.,intr.* tornar(-se) mais fresco; baixar a temperatura (de); arrefecer ■ *v.pron.* 1 diminuir calor no corpo de (alguém ou si próprio) 2 dar ou tomar um novo alento; dar ou criar novas forças; reanimar(-se) 3 [fig.] tornar(-se) mais ativo; avivar(-se) ■ *v.tr.* 1 avivar as cores de (quadro) 2 [fig.] suavizar; aliviar ■ *v.pron.* prover-se de víveres (De *re-*+*fresco*+*-ar*)

refrescativo *adj.* refrigerante (De *refrescar*+*-tivo*)

refresco /ê/ *n.m.* 1 o que refresca 2 bebida fresca; refrigerante 3 sensação de frescura 4 alívio; refrigério 5 MILITAR fornecimento de víveres; provisões 6 reforço militar (Deriv. regr. de *refrescar*)

refrigeração *n.f.* ato ou efeito de refrigerar ou tornar mais fresco; refrescamento 2 resfriamento; arrefecimento 3 [téc.] diminuição da temperatura de um corpo de forma a arrefecê-lo e mantê-lo frio (Do lat. *refrigeratiōne-*, «refrigério; frescura»)

refrigerador *adj.* 1 que torna fresco; que refrigera 2 [téc.] que diminui a temperatura de um corpo de forma a arrefecê-lo e mantê-lo frio 3 que acalma ■ *n.m.* 1 [téc.] utensílio ou aparelho que serve para refrigerar 2 [Brasil] frigorífico (De *refrigerar*+*-dor*)

refrigerante *adj.2g.* 1 que baixa a temperatura; que refrigera 2 [téc.] que diminui a temperatura de um corpo de forma a arrefecê-lo e mantê-lo frio 3 que refresca ■ *n.m.* 1 o que faz baixar a temperatura; o que refresca 2 bebida fresca; refresco 3 [téc.] dispositivo onde se produz a condensação do vapor numa destilação 4 [téc.] aparelho utilizado para fazer baixar a temperatura de um corpo (De *refrigerar*+*-ante*)

refrigerar *v.tr.* 1 fazer baixar a temperatura de; arrefecer; refrescar 2 submeter à ação do frio para arrefecer ou conservar 3 dar uma sensação de frescura a 4 [fig.] consolar 5 [fig.] suavizar; acalmar (Do lat. *refrigerāre*, «id.»)

refrigerativo *adj.,n.m.* ⇒ **refrigerante** (De *refrigerar*+*-tivo*)

refrigeratório *adj.* que serve para refrigerar; refrigerante (Do lat. *refrigeratorĭu-*, «refrigerante»)

refrigério *n.m.* 1 prazer do que se sente com o que é fresco 2 consolo 3 alívio 4 conforto 5 descanso (Do lat. *refrigerĭu-*, «id.»)

refringência *n.f.* ⇒ **refrangência** (Do lat. *refringentĭa*, part. pres. neut. pl. de *refringĕre*, «quebrar»)

refringente *adj.2g.* ⇒ **refrangente** (Do lat. *refringente-*, «que quebra», part. pres. de *refringĕre*, «quebrar»)

refrondescer *v.intr.* tornar a frondescer; cobrir-se de nova folhagem (Do lat. *refrondescĕre*, «id.»)

refrulhar v.intr. sussurrar; farfalhar; rumorejar (De orig. onom.)
refrulho n.m. murmúrio; sussurro (Deriv. regr. de *refrulhar*)
refugado adj. **1** posto de lado **2** diz-se da correspondência posta de lado, nas estações postais, por falta de franquia **3** desprezado; rejeitado (Part. pass. de *refugar*)
refugador adj.,n.m. que ou aquele que refuga; selecionador (De *refugar+-dor*)
refugar v.tr. **1** rejeitar por inútil **2** apartar; pôr de lado **3** selecionar **4** desprezar (Do lat. *refugāre*, «pôr em fuga»)
refugiado adj.,n.m. **1** que ou pessoa que se refugiou ou abrigou **2** que ou pessoa que abandonou o seu país para escapar a perseguição, condenação, guerra, etc. (Part. pass. de *refugiar*)
refugiar-se v.pron. **1** procurar refúgio; procurar proteção **2** abrigar-se; resguardar-se **3** esconder-se **4** asilar-se; expatriar-se (De *refúgio+-ar*)
refúgio n.m. **1** lugar para onde alguém se retira para evitar um perigo; abrigo; retiro **2** amparo; auxílio **3** meio de escapar; recurso **4** remédio (Do lat. *refugĭu-*, «refúgio»)
refugir v.tr.,intr. **1** tornar a fugir (de) ■ v.intr. fugir para trás; retroceder ■ v.tr. **1** esquivar-se; eximir-se; escapar **2** desviar-se de; evitar (Do lat. *refugĕre*, «id.»)
refugo n.m. **1** o que foi refugado; o que foi desprezado ou posto de parte; rebotalho **2** resto **3** escória; ralé (Do lat. *refūgu-*, «que foge; que escapa», ou deriv. regr. de *refugar*)
refulgência n.f. **1** qualidade do que é refulgente; brilho intenso; resplendor **2** [fig.] brilhantismo; realce (Do lat. *refulgentĭa*, part. pres. neut. pl. de *refulgēre*, «resplandecer»)
refulgente adj.2g. **1** que refulge; resplandecente **2** [fig.] glorioso; esplêndido (Do lat. *refulgente-*, «id.», part. pres. de *refulgēre*, «resplandecer»)
refúlgido adj. ⇒ **refulgente** (De *re-+fúlgido*)
refulgir v.intr. **1** brilhar intensamente; resplandecer **2** [fig.] sobressair; distinguir-se; destacar-se (Do lat. *refulgēre*, «id.»)
refundar v.tr. **1** tornar mais fundo; aprofundar **2** tornar a fundar; reinstituir (De *re-+fundar*)
refundição n.f. **1** ato ou efeito de refundir ou refundir-se **2** [fig.] ato ou efeito de mudar a forma; reconfiguração; transfiguração (De *refundir+-ção*)
refundidor adj.,n.m. que ou aquele que refunde (De *refundir+-dor*)
refundir v.tr.,pron. **1** tornar a fundir(-se); derreter(-se) outra vez **2** transformar(-se) profundamente; transfigurar(-se) ■ v.tr. **1** passar (líquido), vertendo, de um vaso para outro; transvasar **2** refazer; reformular ■ v.tr.,intr. reunir-se (em); concentrar-se (em) ■ v.pron. sumir-se; desaparecer (Do lat. *refundĕre*, «derramar de novo»)
refusar v.tr.,pron. ⇒ **recusar** (Do lat. *refūsu-*, «repelido», part. pass. de *refundēre*, «repelir; rejeitar»+-ar, ou do fr. *refuser*, «id.»)
refustar v.intr. [regionalismo] fazer grande calor, em sítios mal arejados (De orig. obsc.)
refuste n.m. [regionalismo] ⇒ **refusto**
refustedo n.m. **1** [regionalismo] [cal.] momento em que uma festa atinge o seu auge **2** [regionalismo] [cal.] confusão; algazarra; *estar no ~* [cal.] ter relações sexuais (De orig. obsc.)
refusto n.m. [regionalismo] calor intenso e incómodo (do Sol), em sítios mal ventilados (Deriv. regr. de *refustar*)
refutação n.f. **1** ato ou efeito de refutar; contestação **2** argumento ou argumentos alegados para refutar **3** RETÓRICA parte de um discurso em que se responde às objeções (Do lat. *refutatiōne-*, «id.»)
refutador adj.,n.m. que ou aquele que refuta (Do lat. *refutatōre-*, «id.»)
refutar v.tr. **1** contradizer com argumentos; redarguir; contestar **2** negar; desmentir **3** reprovar; ser contrário a (Do lat. *refutāre*, «id.»)
refutativo adj. ⇒ **refutatório** (De *refutar+-tivo*)
refutatório adj. que refuta ou serve para refutar (Do lat. *refutatorĭu-*, «id.»)
refutável adj.2g. que pode ser refutado; discutível (Do lat. *refutabĭle-*, «id.»)
rega n.f. **1** ato ou efeito de regar **2** [pop.] chuva **3** [pop.] banho; molha (Deriv. regr. de *regar*)
regabofe n.m. **1** [pop.] festa em que se come e bebe muito **2** [pop.] grande divertimento; folia (De *regar+bofe*)
regabofista adj.,n.2g. que ou pessoa que é dada a regabofes; rapinoqueiro; farrista (De *regabofe+-ista*)
regaçada n.f. ⇒ **arregaçada** (De *regaço+-ada*)
regaçar v.tr. ⇒ **arregaçar** (Do lat. vulg. *recaptiāre*, de *captāre*, «colher; captar»)

regaço n.m. **1** concavidade que a roupa faz entre os joelhos e a cintura, quando alguém está sentado **2** dobra formada por saia, vestido, avental ou camisa quando apanhados à frente e com as pontas presas à cintura **3** [fig.] lugar onde se acha conforto e tranquilidade **4** [fig.] interior; seio (Deriv. regr. de *regaçar*)
regada n.f. **1** terreno que tem água de rega **2** pl. [regionalismo] temporada das regas (Part. pass. fem. subst. de *regar*)
regadia n.f. ⇒ **rega** (De *regadio*)
regadio adj. **1** AGRICULTURA (terreno) que tem água de rega ou fica na margem de um curso de água **2** AGRICULTURA que se rega **3** AGRICULTURA que serve para regar ■ n.m. **1** AGRICULTURA ato de regar **2** AGRICULTURA sistema de produção agrícola em que as culturas são sujeitas a rega **3** AGRICULTURA terreno onde se fazem culturas sujeitas a rega (De *regar+-dio*)
regador n.m. recipiente, geralmente de forma cilíndrica, provido de um cano lateral que termina numa peça com orifícios por onde sai a água ■ adj. que rega; utilizado para regar (Do lat. *rigatōre-*, «que rega», ou de *regar+-dor*)
regadura n.f. ⇒ **rega** (De *regar+-dura*)
regalada n.f. ICTIOLOGIA espécie de sável; *à ~* regaladamente, à tripa-forra (Part. pass. fem. subst. de *regalar*)
regaladamente adv. **1** de maneira regalada **2** à farta; à tripa-forra **3** com delícia; com prazer (De *regalado+-mente*)
regalado adj. **1** que se regalou **2** que vive com regalo **3** satisfeito **4** farto **5** agradável; deleitoso (Part. pass. de *regalar*)
regalador adj.,n.m. que, aquele ou aquilo que regala (De *regalar+-dor*)
regalão n.m. **1** grande regalo **2** o que se regala; folgazão **3** comodista (De *regalo+-ão*)
regalar v.tr. **1** tratar com regalo **2** causar prazer a; regozijar **3** recrear **4** mimosear; presentear **5** arregalar **6** [irón.] tratar mal ■ v.pron. **1** sentir grande prazer **2** passar bem (Do fr. *régaler*, «agasalhar; regalar-se»)
regalardoar v.tr. galardoar de novo (De *re-+galardoar*)
regaleira n.f. vida regalada (De *regalar+-eira*)
regalengo adj. que pertence ao património real; reguengo (Do lat. *regāle-*, «real»+-*engo*)
regalia n.f. **1** privilégio de rei **2** prerrogativa; vantagem; benefício **3** privilégio que resulta de determinada atividade profissional **4** imunidade (Do lat. *regāle-*, «real», pelo cast. *regalía*, «id.»)
regalismo n.m. sistema político dos que defendem os direitos do Estado nas suas relações com a Igreja (Do lat. *regāle-*, «real»+-*ismo*, ou do ing. *regalism*, «id.»)
regalista adj.2g. **1** pessoa que goza um benefício ou regalia concedida pelo rei **2** pessoa sectária do regalismo (Do lat. *regāle-*, «real»+-*ista*, ou do ing. *regalist*, «id.»)
regaliz n.m. **1** BOTÂNICA ⇒ **alcaçuz** **2** variedade de oliveira que dá fruto muito bom para conserva (De orig. obsc.)
regaliza n.f. ⇒ **regaliz**
regalo n.m. **1** sentimento de prazer causado pela posse ou gozo de uma coisa agradável **2** vida tranquila **3** prazer; contentamento **4** carinho; afeto **5** mimo **6** espécie de abafo ou agasalho de forma cilíndrica em que se pode meter as mãos para as resguardar do frio (Deriv. regr. de *regalar*)
regalona /ô/ n.f. **1** a que vive regaladamente **2** variedade de azeitona; *à ~* regaladamente, à farta, à grande (De *regalão*)
regalório n.m. **1** regalão **2** patuscada; pândega; bródio (De *regalar+-ório*)
regalvanização n.f. ato ou efeito de regalvanizar (De *regalvanizar+-ção*)
regalvanizar v.tr. galvanizar novamente (De *re-+galvanizar*)
regambolear v.tr.,intr.,pron. bambolear; mexer; gingar (De orig. obsc.)
regamboleio n.m. ato de regambolear (Deriv. regr. de *regambolear*)
reganhar¹ v.tr. ⇒ **arreganhar** ■ v.intr. **1** morrer (a ovelha), arreganhando os dentes **2** tiritar de frio (De *arreganhar*)
reganhar² v.tr. **1** tornar a ganhar **2** readquirir; recobrar (De *re-+ganhar*)
regar v.tr. **1** banhar com água (a terra, as plantas), irrigando ou aspergindo; irrigar **2** molhar; humedecer **3** (refeição) acompanhar com bebida **4** CULINÁRIA deitar molho, vinho, etc., por cima de (alimento) **5** [pop.] aldrabar **6** passar através de (Do lat. *rigāre*, «id.»)
regata n.f. DESPORTO competição em velocidade entre várias embarcações à vela, a remos ou a motor (Do it. *regata*, «corrida de gôndolas»)
regatagem n.f. **1** ato de regatar; regateio **2** negócio por miúdo (De *regatar+-agem*)

regatão *n.m.* 1 o que costuma regatear no preço 2 o que compra por grosso para vender por miúdo 3 pessoa grosseira (De *regatar+-ão*)

regatar *v.tr.* ⇒ **regatear** *v.tr.* (Do lat. **recaptāre*, «voltar a comprar»)

regateador *adj.,n.m.* que ou o que regateia (De *regatear+-dor*)

regatear *v.tr.,intr.* discutir o preço (de); procurar comprar por menos ■ *v.tr.* 1 diminuir; deprimir 2 dar ou conceder com parcimónia ou a custo ■ *v.intr.* discutir com modos grosseiros; altercar (Do lat. **recaptāre*, «voltar a comprar»)

regateio *n.m.* 1 ato ou efeito de regatear; discussão do preço de um produto 2 ato ou efeito de dar ou conceder com parcimónia ou a custo (Deriv. regr. de *regatear*)

regateira *n.f.* 1 pessoa que regateia 2 pessoa que vende víveres no mercado ou pela rua 3 [fig.] pessoa que, quando discute, usa expressões desbragadas (De *regatar+-eira*)

regateiral *adj.2g.* próprio de regateira (De *regateira+-al*)

regateirice *n.f.* 1 costume de regatear; hábito de discutir o preço 2 [coloq.] modos próprios de regateiro 3 [coloq.] discussão viva, barulhenta e grosseira 4 [coloq.] má-criação (De *regateira+-ice*)

regateiro *adj.* 1 que discute o preço 2 [coloq.] que é indelicado e discute de forma barulhenta, utilizando expressões grosseiras 3 [Brasil] vaidoso; presumido ■ *n.m.* 1 pessoa que regateia 2 [coloq.] pessoa indelicada e rude, que discute de modo barulhento (De *regatar+-eiro*)

regateirona /ô/ *n.f.* 1 [depr.] mulher que regateia muito em coisas de mínima importância 2 [depr.] mulher muito malcriada (De *regateira+-ona*)

regatia *n.f.* modo ou vida de regateiro ou regateira (De *regatar+-ia*)

regatinhar *v.tr.,intr.* [regionalismo] regatear muito em coisas de mínima importância (De *regatar+-inhar*)

regatista *adj.,n.2g.* que ou pessoa que pratica regata (De *regata+-ista*)

regato *n.m.* curso de água pouco volumoso e não permanente; arroio; ribeiro (Do lat. *rigātu-*, «pequeno rego»)

regatoa /ô/ *n.f.* ⇒ **regateira** (De *regatão*)

regedor *adj.* que rege ■ *n.m.* 1 o que rege ou governa 2 antiga autoridade administrativa de uma freguesia (De *reger+-dor*)

regedoral *adj.2g.* que diz respeito a regedor (De *regedor+-al*)

regedoria *n.f.* 1 cargo ou repartição do regedor 2 [pop., pej.] politiquice (De *regedor+-ia*)

regelado *adj.* 1 muito frio; gélido 2 congelado 3 excessivamente resfriado 4 [fig.] paralisado por sensação desagradável como medo 5 [fig.] insensível (Do lat. *regelātu-*, «id.», part. pass. de *regelāre*, «arrefecer»)

regelador *adj.* que regela; regelante (De *regelar+-dor*)

regelante *adj.2g.* 1 que regela 2 muitíssimo frio (Do lat. *regelante-*, «id.», part. pres. de *regelāre*, «arrefecer»)

regelar *v.tr.,intr.,pron.* 1 gelar novamente 2 transformar(-se) em gelo; congelar ■ *v.tr.,intr.* [fig.] causar ou sentir uma impressão fortíssima (de medo, desagrado, etc.) (Do lat. *regelāre*, «arrefecer»)

regélido *adj.* muito gélido; frigidíssimo (De *re-+gélido*)

regelo /ê/ *n.m.* 1 ato ou efeito de regelar 2 gelo que sobrevém após o degelo 3 [fig.] frieza de ânimo; insensibilidade (Deriv. regr. de *regelar*)

regência *n.f.* 1 ato ou efeito de reger; governo; direção 2 POLÍTICA governo de um país, durante um período em que existe um impedimento do soberano ou do chefe de Estado 3 HISTÓRIA, POLÍTICA funções de quem governa durante a ausência, menoridade ou impedimento do soberano 4 tempo que essas funções duram 5 qualidade ou funções de regente 6 junta ou comissão que tem a seu cargo o governo provisório de um Estado 7 (universidade) funções de professor do ensino superior que é responsável pelo programa e pelo funcionamento de uma disciplina 8 MÚSICA direção de banda ou orquestra 9 GRAMÁTICA relação sintática de dependência entre palavras ou entre orações, em que uma exige a presença de outra (Do lat. ecl. *regentĭa-*, «governo»)

regencial *adj.2g.* que diz respeito a regência (De *regência+-al*)

regenerabilidade *n.f.* qualidade de regenerável (De **regenerabĭle-*, «regenerável» +-i-+-dade*)

regeneração *n.f.* 1 ato ou efeito de regenerar ou regenerar-se 2 BIOLOGIA reconstituição parcial ou total de um tecido ou órgão destruído 3 restabelecimento; recuperação 4 reanimação 5 reabilitação; reintegração 6 [com maiúscula] HISTÓRIA, POLÍTICA período da história de Portugal em que dominou o Partido Regenerador, e que vai de 1851 a 1868 (Do lat. *regeneratiōne-*, «id.»)

regenerado *adj.* 1 que se regenerou 2 reabilitado moralmente 3 reconstituído (Do lat. *regenerātu-*, «id.», part. pass. de *regenerāre*, «regenerar»)

regenerador *adj.* 1 que regenera 2 BIOLOGIA que leva à regeneração 3 que reconstitui ou restabelece 4 que reanima 5 que reabilita 6 HISTÓRIA, POLÍTICA que é partidário dos ideais da Regeneração ■ *n.m.* 1 pessoa que regenera 2 HISTÓRIA, POLÍTICA partidário dos ideais da Regeneração (De *regenerar+-dor*)

regenerando *adj.* que está para se regenerar (Do lat. *regenerandu-*, «id.», ger. de *regenerāre*, «regenerar»)

regenerante *adj.2g.* que regenera (Do lat. *regenerante-*, «id.», part. pres. de *regenerāre*, «regenerar»)

regenerar *v.tr.* 1 tornar a gerar 2 dar vida (moralmente) a 3 reorganizar 4 restaurar 5 corrigir (moralmente); reformar 6 melhorar; aperfeiçoar ■ *v.pron.* 1 reconstituir-se; formar-se de novo 2 reabilitar-se; corrigir-se (Do lat. *regenerāre*, «id.»)

regenerativo *adj.* que regenera ou pode regenerar (De *regenerar+-tivo*)

regenerável *adj.2g.* capaz de se regenerar (De *regenerar+-vel*)

regenerescência *n.f.* ⇒ **regeneração** (Do fr. *régénérescence*, «id.»)

regente *adj.2g.* que rege ou dirige ■ *n.2g.* 1 o que rege ou dirige 2 HISTÓRIA, POLÍTICA pessoa que governa durante a ausência, menoridade ou impedimento do soberano 3 pessoa encarregada de reger um estado temporariamente 4 MÚSICA diretor de banda ou orquestra 5 (universidade) professor do ensino superior que é responsável pelo programa e pelo funcionamento de uma disciplina (Do lat. *regente-*, «que rege», part. pres. de *regĕre*, «dirigir; guiar»)

reger *v.tr.* 1 governar; dirigir; administrar 2 governar durante a ausência ou impedimento do soberano ou do chefe de Estado 3 guiar; orientar; regular 4 (universidade) exercer a função de responsável pelo programa e pelo funcionamento de (uma disciplina) 5 lecionar (uma cadeira) em escola secundária ou superior; ensinar 6 MÚSICA conduzir ou dirigir (um grupo musical, uma orquestra, uma banda) 7 GRAMÁTICA ter como dependente (caso ou preposição) ■ *v.pron.* 1 governar-se 2 regular-se (Do lat. *regĕre*, «dirigir»)

regerar *v.tr.* tornar a gerar; regenerar (De *re-+gerar*)

reggae *n.m.* MÚSICA estilo musical que une os ritmos caribenhos com o jazz e o *rhythm and blues*, e foi o símbolo dos movimentos político-sociais jamaicanos nas décadas de 60 e 70 (Do ing. *reggae*, «id.»)

regiamente *adv.* 1 à maneira dos reis 2 com opulência 3 magnificentemente (De *régio+-mente*)

regiano *adj.* relativo ao escritor português José Régio, pseudónimo de José Maria dos Reis Pereira (1901-1969), ou à sua obra (De *J. Régio*, antr.+-iano)

região *n.f.* 1 grande área de terreno; zona 2 porção de território que se distingue de outra pelo seu aspeto morfológico, clima, aproveitamento económico, produções, costumes, etc.; província 3 cada uma das partes em que a atmosfera está dividida; camada 4 ANATOMIA determinado espaço do corpo humano 5 MILITAR extensão territorial, aérea ou marítima sob o comando de um oficial general 6 MATEMÁTICA conjunto aberto e conexo do plano ou do espaço; domínio 7 [fig.] esfera de atividade; ~ *aérea* porção do território nacional e correspondente espaço aéreo sob comando de um oficial general, organizada militarmente para efeitos de mobilização, defesa aérea, transportes aéreos e cooperação aeroterrestre; ~ *demarcada* (vitivinicultura) área geográfica cujas características de solo, clima, etc., permitem produzir vinhos de qualidade reconhecida e que dispõe de um estatuto legal específico; ~ *militar* porção de território sob o comando de um oficial general (Do lat. *regiōne-*, «id.»)

regicida *adj.2g.,n.2g.* que ou pessoa que mata um rei ou uma rainha (Do lat. *rege-*, «rei» +*caedĕre*, «matar»)

regicídio *n.m.* assassínio de rei ou rainha (Do lat. *rege-*, «rei» +*caedĕre*, «matar» +-io*)

regime *n.m.* 1 ato ou modo de reger ou governar 2 direção 3 sistema político de um país 4 conjunto de regras; regulamento 5 modo de viver; procedimento 6 série de normas relativas ao comportamento alimentar; dieta 7 GRAMÁTICA ⇒ **regência** 9; ~ *demográfico* evolução das características de uma população no que respeita às suas principais variações demográficas, nomeadamente a taxa de natalidade, a taxa de mortalidade e consequente taxa de crescimento natural (Do lat. *regĭmen*, «direção»)

regímen *n.m.* ⇒ **regime**

regimental *adj.2g.* 1 MILITAR de ou relativo a um regimento 2 parecido com um regimento 3 regulamentar (De *regimento+-al*)

regimentar v.tr. dar regimento ou regulamento a ■ adj.2g. ⇒ **regimental** (De regimento+-ar)
regimento n.m. 1 ato ou efeito de reger; governo; direção 2 conjunto de normas; estatutos; regulamento 3 norma 4 disciplina 5 procedimento 6 guia 7 MILITAR unidade composta por dois ou mais batalhões ou grupos, normalmente comandada por um coronel 8 [fig.] grande número de pessoas (Do lat. regimentu-, «id.»)
regina n.f. 1 CIRURGIA instrumento usado em anatomia para a raspagem dos ossos 2 ZOOLOGIA espécie de serpente (De Regina, antr.)
reginar v.tr. CIRURGIA raspar (os ossos) com a regina (De regina+-ar)
regíneo adj. de rainha ou relativo a ela (Do lat. regīna-, «rainha»+-eo)
régio adj. 1 pertencente ou relativo ao rei; real 2 próprio de rei 3 referente ao reino 4 [fig.] sumptuoso; magnífico (Do lat. regĭu-, «id.»)
regiolectal ver nova grafia regioletal
regiolecto ver nova grafia regioleto
regioletal adj.2g. LINGUÍSTICA próprio de regioleto (De regio-+lectal)
regioleto n.m. 1 LINGUÍSTICA conjunto dos usos de uma língua que são característicos dos falantes de determinada região 2 aceção, vocábulo ou expressão regional (Do lat. regĭo,«região» +raiz gr. de diálektos, «conversa, diálogo»)
regional adj.2g. 1 referente a uma região; local 2 típico ou característico de determinada região 3 relativo à administração de determinada região (Do lat. regionāle-, «de uma região»)
regionalismo n.m. 1 tendência para defender e valorizar os interesses específicos da região em que se vive 2 POLÍTICA sistema ou doutrina política e social dos que defendem a atribuição de competências (administrativas, políticas ou de ambas as naturezas) a órgãos de soberania de âmbito regional 3 vocábulo ou expressão regional; provincianismo 4 (artes) carácter de uma obra literária ou artística que versa sobre os costumes e as tradições de determinada região (De regional+-ismo)
regionalista adj.2g. 1 POLÍTICA referente ao regionalismo 2 POLÍTICA que defende o regionalismo 3 que tende a defender e valorizar os interesses específicos da região em que vive 4 (artes) que valoriza temas regionais ■ n.2g. 1 POLÍTICA pessoa que defende o regionalismo 2 pessoa que defende e valoriza os interesses específicos da região em que vive 3 artista que aborda temas característicos de determinada região (De regional+-ista)
regionalização n.f. 1 atribuição de competências (administrativas, políticas ou de ambas as naturezas) a órgãos de soberania de âmbito regional 2 divisão de um território em circunscrições políticas ou administrativas regionais (De regionalizar+-ção)
regionalizar v.tr. 1 atribuir poderes e responsabilidades a órgãos de soberania regionais 2 dividir um país ou território em circunscrições político-administrativas regionais (De regional+-izar)
regirar v.tr. 1 fazer girar novamente 2 recambiar (uma letra) ■ v.intr. girar sobre si; remoinhar (De re-+girar)
regiro n.m. 1 ato ou efeito de regirar 2 giro; rodeio (Deriv. regr. de regirar)
registação n.f. ato ou efeito de registar; registo (De registar+-ção)
registador adj. que regista ou serve para registar ■ n.m. 1 pessoa que regista 2 aparelho que inscreve num registo 3 aparelho que regista automaticamente certos movimentos ou variações (De registar+-dor)
registar v.tr. 1 inscrever no registo ou livro adequado 2 declarar por escrito 3 tomar nota de 4 mencionar; assinalar 5 manifestar 6 enviar (carta, remessa postal) pelo correio, pagando uma taxa adicional, de forma a garantir a sua receção pelo destinatário; inscrever no seguro do correio 7 guardar na memória; memorizar ■ v.pron. 1 inscrever-se em livro adequado 2 (facto, fenómeno) ocorrer; dar-se 3 casar pelo registo civil (De registo+-ar)
registável adj.2g. 1 que se pode ou deve registar 2 digno de registo (De registar+-vel)
registo n.m. 1 ato ou efeito de registar 2 ato ou efeito de inscrever um facto ou acontecimento para não ser esquecido 3 anotação 4 livro público ou particular onde se inscrevem atos ou acontecimentos que se desejam arquivar 5 cópia textual de um documento, extraída de livro próprio, para lhe garantir autenticidade 6 repartição encarregada de registar; conservatória 7 NÁUTICA verificação aduaneira 8 MÚSICA dispositivo perfurado que distribui pelos tubos o ar contido no fole de um órgão musical 9 MÚSICA timbre de voz ou instrumento 10 MÚSICA toda a extensão da escala de sons que uma voz ou um instrumento produzem 11 peça do relógio que regulariza o andamento dos ponteiros 12 inscrição dos nascimentos, casamentos e óbitos, em repartição destinada a esse fim 13 seguro do correio 14 LINGUÍSTICA variação da linguagem verbal,

oral ou escrita, em conformidade com o tipo de situação comunicativa; ~ *civil* 1 instituição que tem por função registar e autenticar os atos e factos da vida das pessoas; 2 repartição pública em que se registam o nascimento, o casamento, o divórcio e a morte das pessoas; ~ *predial* repartição pública em que se inscrevem os prédios para efeitos fiscais; *ser digno de* ~ ser merecedor de referência ou lembrança (Do lat. regestu-, «registado», part. pass. de regerĕre, «registar; transcrever», pelo lat. med. registru-, «registo», pelo fr. régistre, «id.»)
registrador adj.,n.m. [Brasil] ⇒ **registador** (De registrar+-dor)
registrar v.tr.,pron. [Brasil] ⇒ **registar** (De registro+-ar)
registrável adj.2g. [Brasil] ⇒ **registável** (De registrar+-vel)
registro n.m. [Brasil] ⇒ **registo**
regloscópio n.m. instrumento utilizado para verificar a intensidade luminosa e a orientação dos faróis de um veículo automóvel
regnicídio n.m. 1 destruição de um reino ou de um regime monárquico 2 perda da independência nacional (Do lat. regnu-, «reino» +caedĕre, «matar»)
rego /ê/ n.m. 1 AGRICULTURA vala por onde passa água; valeta 2 AGRICULTURA sulco feito no solo pelo ferro do arado 3 sulco que as rodas de carro deixam; rodeira 4 ruga na pele; refego 5 risca do penteado; *chegar-se ao* ~ [coloq.] conformar-se, meter-se na ordem (Do lat. rigŭu-, «que rega»)
regoar v.tr. ⇒ **arregoar** v.tr. (De rego+-ar)
regola n.f. corte que se faz num terreno para se marcarem os limites laterais de uma construção qualquer (Do fr. rigole, «vala»)
regolfo n.m. 1 movimento da água para trás, devido ao efeito da propulsão de uma embarcação 2 elevação do nível da água a montante de um obstáculo situado no leito de um rio, devido ao estrangulamento que esse mesmo obstáculo provoca 3 contracorrente junto à margem dos rios caudalosos (Do esp. regolfo, «id.»)
rególito n.m. GEOLOGIA material superficial constituído por detritos rochosos não consolidados, resultantes de fenómenos de meteorização e erosão, e que recobre rocha sólida recente (Do gr. rhêgos, «cobertor»+líthos,«pedra»)
regoliz n.m. BOTÂNICA ⇒ **alcaçuz**
regorjear v.intr. dobrar o gorjeio; trinar (De re-+gorjear)
regorjeio n.m. ato de regorjear; trinado (Deriv. regr. de regorjear)
regougar v.intr. 1 emitir (a raposa) a sua voz característica 2 [fig.] falar com voz áspera e gutural; resmungar (De orig. onom.)
regougo n.m. 1 ato de regougar; voz da raposa 2 [fig.] voz áspera e gutural 3 [fig.] rezinga; protesto (Deriv. regr. de regougar)
regozijador adj. 1 que causa regozijo 2 alegre (De regozijar+-dor)
regozijar v.tr. 1 causar regozijo a 2 alegrar muito ■ v.pron. 1 encher-se de alegria 2 ter prazer 3 congratular-se (Do cast. regocijar, «id.»)
regozijo n.m. 1 grande alegria; contentamento; prazer 2 manifestação de alegria; folia (Do cast. regocijo, «id.»)
regra n.f. 1 norma; princípio; preceito; lei 2 o que é usual ou habitual 3 exemplo 4 regulamento 5 estatuto 6 linha direita 7 processo de resolver problemas 8 moderação 9 prudência; sensatez 10 método; organização 11 ⇒ **régua** 12 carta 13 pl. [pop.] menstruação; ~ *de três* MATEMÁTICA regra que tem por objetivo encontrar o quarto termo de uma proporção em que os outros três termos já são conhecidos; *em* ~ geralmente; *por via de* ~ quase sempre; *sem* ~ desordenadamente (Do lat. regŭla-, «id.»)
regradamente adv. 1 de modo regrado 2 moderadamente 3 economicamente (De regrado+-mente)
regradeira n.f. ⇒ **régua** (De regrar+-deira)
regrado adj. 1 pautado 2 bem-comportado 3 prudente 4 moderado 5 regular 6 diz-se da mulher menstruada (Part. pass. de regrar)
regrador n.m. ⇒ **régua** (De regrar+-dor)
regrante adj.2g. 1 que regra 2 que segue uma regra monástica ou vive em comunidade religiosa (De regrar+-ante)
regrão n.m. 1 ⇒ **regrador** 2 [regionalismo] lápis de lousa (De regrar+-ão)
regrar v.tr. 1 traçar linhas com o auxílio de régua em; pautar 2 alinhar 3 sujeitar a certas regras; regular 4 dirigir; controlar 5 moderar; comedir ■ v.pron. 1 regular-se 2 moderar-se 3 guiar-se (Do lat. regulāre, «regrar»)
regraxar v.tr. pintar a regraxo (De regraxo+-ar)
regraxo n.m. pintura transparente sobre o dourado ou prateado (De re-+graxo)
regredir v.intr. 1 retroceder; retrogradar 2 voltar a um estado anterior do seu desenvolvimento (Do lat. regredĕre, por regrĕdi, «id.»)
regressão n.f. 1 ato ou efeito de regredir; retrocesso 2 volta ao ponto de saída; regresso; retorno 3 MEDICINA retorno de uma doença a uma fase anterior 4 PSICOLOGIA retorno a um estádio anterior de desenvolvimento, em particular ao estádio de afetividade infantil

5 PSICANÁLISE defesa contra uma frustração pelo retorno a um modo anterior de comportamento e de satisfação **6** recurso estilístico que consiste na repetição de palavras invertendo-lhes a ordem e modificando-lhes o sentido; **~ marinha** GEOGRAFIA abaixamento do nível das águas do mar, traduzindo-se pelo abandono de formas litorais e originando arribas mortas e praias levantadas (Do lat. *regressiōne-*, «id.»)

regressar *v.tr.,intr.* voltar a (ponto de partida); retroceder; retornar (Do lat. *regressu-*, «que regressou», part. pass. de *regrĕdi*, «retroceder»)

regressista *adj.,n.2g.* que ou pessoa que é partidária do regresso a antigos sistemas ou processos (De *regresso+-ista*)

regressividade *n.f.* qualidade do que é regressivo (De *regressivo+-i-+-dade*)

regressivo *adj.* **1** que regressa ou volta em sentido inverso **2** retroativo **3** que apresenta caracteres da regressão **4** GRAMÁTICA relativo a forma vocabular que, sendo derivada de outra, parece primitiva, como é o caso de *rosmano* derivada de *rosmaninho*; **assimilação regressiva** alteração de um som por influência de outro que se lhe segue (De *regresso+-ivo*)

regresso *n.m.* **1** ato de regressar; volta; retorno **2** regressão **3** ato de recorrer contra alguém (Do lat. *regressu-*, «id.», part. pass. de *regrĕdi*, «retroceder»)

regreta /é/ *n.f.* **1** TIPOGRAFIA pequena régua usada pelos tipógrafos para formar o granel **2** lingote que serve para criar um espaço entre as linhas de uma composição tipográfica (Do fr. *réglette*, «id.»)

regrista *n.2g.* pessoa que observa escrupulosamente as regras e os preceitos (De *regra+-ista*)

régua *n.f.* instrumento de madeira, plástico, metal ou outro material, estreito, chato e de forma retangular, com a ajuda do qual se traçam linhas retas e se efetuam medições (Do lat. *regŭla-*, «id.»)

reguada *n.f.* pancada com régua (De *régua+-ada*)

régua-tê *n.f.* régua em forma de T (De *régua+T*)

regueifa *n.f.* **1** pão em forma de rosca, feito à base de farinha de trigo muito fina **2** pão ou bolo de farinha muito fina **3** [pop.] prega de gordura situada no corpo (Do ár. andal. *ar-rgaifâ*, «id.», por *rgafa*, «id.»)

regueifeiro *n.m.* fabricante ou vendedor de regueifas (De *regueifa+-eiro*)

regueira *n.f.* ⇒ **regueiro**

regueirão *n.m.* grande regueiro (De *regueiro+-ão*)

regueiro *n.m.* **1** sulco ou rego por onde passa água **2** pequeno curso de água (De *rego+-eiro*)

reguengo *adj.* **1** próprio de rei; real **2** pertencente ao património real ■ *n.m.* **1** terra do património real arrendada com a obrigatoriedade de certos tributos em géneros **2** indivíduo que arrendava essas terras (Do lat. *regāle-*, «real» *+-engo*)

reguengueiro *adj.* **1** relativo a reguengo **2** que habita em terra reguenga (De *reguengo+-eiro*)

reguenguense *adj.2g.* relativo ou pertencente a Reguengos de Monsaraz, vila portuguesa do distrito de Évora ■ *n.2g.* natural ou habitante desta localidade (De *Reguengo[s]*, top. +-*ense*)

reguense /gu-en/ *adj.2g.* relativo ou pertencente à cidade portuguesa de Peso da Régua, no distrito de Vila Real ■ *n.2g.* natural ou habitante de Peso da Régua (De *[Peso da] Régua+-ense*)

reguila *adj.,n.2g.* **1** [coloq.] malandro **2** [coloq.] repontão; refilão **3** [coloq.] rebelde; insubmisso (De *reguinga*?)

reguinga¹ *n.f.* pequeno reguingote; reguingote curto (Deriv. regr. de *reguingote*)

reguinga² *n.2g.* pessoa que replica por tudo; refilão; repontão (Deriv. regr. de *reguingar*)

reguingar *v.intr.* recalcitrar; respingar; replicar (De orig. obsc.)

reguingote *n.m.* ⇒ **redingote** (Do fr. *redingote*, «id.»)

regulação *n.f.* **1** ato ou efeito de regular; estabelecimento de normas **2** conjunto de regras; regulamento **3** norma **4** ação de tornar regular uma função ou um movimento **5** FISIOLOGIA, PSICOLOGIA ação de um regulador, que tende a normalizar a atividade de uma função (De *regular+-ção*)

regulado¹ *adj.* **1** disposto ou feito com regra **2** que se move regularmente **3** diz-se da mulher menstruada; **não ser bem ~** [pop.] ter uma tara (Part. pass. de *regular*)

regulado² *n.m.* domínio ou dignidade de um régulo (De *régulo+-ado*)

regulador *adj.* que regula ou regulariza ■ *n.m.* **1** qualquer aparelho destinado a regularizar o movimento de uma máquina **2** relógio de precisão por onde os relojoeiros acertam os outros relógios (De *regular+-dor*)

regulamentação *n.f.* **1** ato ou efeito de regulamentar; estabelecimento de regras **2** conjunto de normas; regulamento **3** estatutos de uma associação (De *regulamentar+-ção*)

regulamentar *v.tr.* **1** estabelecer um regulamento para **2** sujeitar a um regulamento **3** regular ■ *adj.2g.* **1** do regulamento **2** conforme o regulamento **3** referente ao regulamento **4** que tem força de regulamento (De *regulamento+-ar*)

regulamentário *adj.* ⇒ **regulamentar** *adj.2g.* (De *regulamento+-ário*)

regulamento *n.m.* **1** ato ou efeito de regular; regulamentação **2** conjunto de regras ou normas **3** regra; norma; prescrição **4** estatuto **5** DIREITO disposição oficial que explica e regula a aplicação de uma lei ou um decreto (De *regular+-mento*)

regular¹ *v.tr.* **1** estabelecer regras ou regulamento para; sujeitar a regras **2** dirigir segundo a lei **3** conter dentro de certos limites **4** esclarecer por meio de disposições **5** regularizar o movimento de **6** acertar; ajustar **7** custar pouco mais ou menos; orçar (por) ■ *v.intr.* **1** servir de regra **2** trabalhar ou funcionar com acerto **3** ter sanidade mental ■ *v.pron.* dirigir-se; guiar-se; **não ~ bem** [pop.] ter uma tara (Do lat. *regulāre*, «id.»)

regular² *adj.2g.* **1** conforme às regras ou leis; normal **2** disposto simetricamente; proporcionado; harmonioso **3** que ocorre em intervalos iguais **4** habitual; usual **5** exato; pontual **6** que ocupa o meio termo; mediano; médio **7** razoável **8** uniforme **9** RELIGIÃO diz-se do clero que obedece a uma determinada regra e que pertence a uma comunidade religiosa (por oposição a secular) **10** GRAMÁTICA diz-se do verbo que segue o paradigma de flexão a que pertence **11** GEOMETRIA diz-se dos polígonos com ângulos e lados iguais, e das pirâmides ou dos prismas retos cujas bases são polígonos regulares **12** BOTÂNICA diz-se de alguns órgãos vegetais, especialmente a flor (ou a corola), que apresentam mais de um plano de simetria **13** BIOLOGIA ⇒ **actinomorfo** *adj.* ■ *n.m.* aquilo que é regular ■ *adv.* regularmente (Do lat. *regulāre-*, «que serve de regra; canónico»)

regularidade *n.f.* **1** qualidade do que é regular **2** método **3** harmonia; proporção **4** cumprimento escrupuloso de um preceito, obrigação, etc. **5** conformidade com as leis ou com as regras **6** pontualidade (De *regular+-i-+-dade*)

regularização *n.f.* ato ou efeito de regularizar; normalização (De *regularizar+-ção*)

regularizador *adj.,n.m.* que ou aquele que regulariza (De *regularizar+-dor*)

regularizar *v.tr.* **1** tornar regular, normal ou razoável; normalizar **2** pôr em ordem **3** sujeitar a regulamento; regulamentar ■ *v.pron.* tornar-se regular; normalizar-se (De *regular+-izar*)

regularmente *adv.* **1** de modo regular **2** frequentemente; geralmente **3** nem bem nem mal; sofrivelmente **4** conforme as normas **5** de modo normal (De *regular+-mente*)

regulete *n.m.* moldura pequena, chata e estreita, que separa as portas e divide as almofadas das paredes (Do fr. *réglet*, «filete»)

regúlida *n.m.* ORNITOLOGIA ⇒ **regulídeo**

Regúlidas *n.m.pl.* ORNITOLOGIA ⇒ **Regulídeos**

regulídeo *adj.* ORNITOLOGIA relativo ou pertencente aos Regulídeos ■ *n.m.* ORNITOLOGIA espécime dos Regulídeos

Regulídeos *n.m.pl.* ORNITOLOGIA família de pequenos e graciosos pássaros, cujo género-tipo se denomina *Regulus* (Do lat. *regŭlu-*, «pequeno rei» +-*ídeos*)

régulo *n.m.* **1** rei jovem **2** líder de pequeno território **3** chefe de uma tribo considerada bárbara ou semibárbara (Do lat. *regŭlu-*, «pequeno rei»)

regurgitação *n.f.* **1** MEDICINA retorno dos alimentos do estômago à boca sem enjoo ou esforço **2** MEDICINA refluxo do sangue das artérias para o coração ou de um cavidade cardíaca para outra **3** extravasamento (De *regurgitar+-ção*)

regurgitamento *n.m.* ⇒ **regurgitação** (De *regurgitar+-mento*)

regurgitar *v.tr.,intr.* **1** expelir pela boca (alimento que já estava no estômago) **2** estar cheio, a transbordar (de); extravasar; transbordar (Do lat. *re-+gurgitāre*, «dissipar»)

rei *n.m.* **1** soberano de um reino; monarca **2** marido de rainha **3** [fig.] o mais notável entre outros; figura principal **4** [fig.] aquele que domina **5** [fig.] homem que exerce um poder absoluto **6** (jogos de cartas) carta que se situa acima do valete e da dama, com a figura de um rei **7** (xadrez) peça principal, de cuja captura está dependente a vitória do jogo; **~ morto, ~ posto** [fig.] mal um lugar vaga, é logo preenchido; **Dia de Reis** Epifania, festa dos Reis Magos (6 de janeiro); **falar com o ~ na barriga** ser autoritário em demasia; **sem ~ nem roque** sem governo, à toa (Do lat. *rege-*, «id.»)

reich *n.m.* império; nação (Do al. *Reich*, «império, reino»)

réida *n.m.* ORNITOLOGIA ⇒ **reídeo**

Réidas *n.m.pl.* ORNITOLOGIA ⇒ **Reídeos**
reídeo *adj.* ORNITOLOGIA relativo ou pertencente aos Reídeos ■ *n.m.* ORNITOLOGIA espécime dos Reídeos
Reídeos *n.m.pl.* ORNITOLOGIA família de aves ratites, cujo género-tipo se denomina *Rhea* (Do gr. *rhein*, «correr» +*-ídeos*)
rei-do-mar *n.m.* ICTIOLOGIA ⇒ **pica-peixe 1**
reidratação *n.f.* ato ou efeito de reidratar (De *reidratar*+*-ção*)
reidratar *v.tr.* restabelecer a humidade natural de (produto ou organismo) (De *re-*+*hidratar*)
reificação *n.f.* **1** ato ou efeito de reificar **2** materialização; concretização (De *reificar*+*-ção*, ou do fr. *réification*, «id.»)
reificar *v.tr.* **1** transformar, por operação mental, conceitos abstratos em realidades concretas, em objetos **2** tratar como coisa **3** substantivar (Do lat. *res, rei*, «coisa» +*facĕre*, «fazer»)
reigada *n.f.* refego entre as nádegas de certos animais (De *regada*)
reiki *n.m.* forma de terapia de origem japonesa que consiste na aplicação da energia vital através das mãos, com o objetivo de restabelecer o equilíbrio físico, emocional e espiritual (Do jap. *rei*, «poder universal», +*ki*, «poder vital; energia»)
reima *n.f.* **1** bruma que escorre das azeitonas espremidas; almoeira **3** catarro; reuma **4** [Brasil] mau génio (De *reuma*)
reimoso /ô/ *adj.* **1** que tem reima ou catarro **2** que prejudica a saúde **3** [Brasil] que tem mau génio (De *reima*+*-oso*)
reimplantação *n.f.* **1** ato ou efeito de reimplantar; reimplante **2** MEDICINA recolocação de um membro, ou de parte de um membro, com utilização de técnicas cirúrgicas apropriadas (De *reimplantar*+*-ção*)
reimplantar *v.tr.* implantar de novo (De *re-*+*implantar*)
reimportação *n.f.* ato ou efeito de importar novamente (De *reimportar*+*-ção*)
reimportar *v.tr.* tornar a importar (De *re-*+*importar*)
reimpressão *n.f.* **1** ato ou efeito de reimprimir **2** nova edição de uma obra, sem modificações na apresentação ou no conteúdo, exceto eventuais correções tipográficas **3** obra reimpressa **4** grupo de exemplares imprimidos de uma só vez; tiragem (De *re-*+*impressão*)
reimpresso *adj.* que se reimprimiu (De *re-*+*impresso*)
reimprimir *v.tr.* **1** imprimir novamente **2** reeditar (De *re-*+*imprimir*)
reimpulso *n.m.* novo impulso (De *re-*+*impulso*)
reinação *n.f.* **1** [pop.] ato ou efeito de reinar; brincadeira **2** [pop.] pândega; patuscada (De *reinar*+*-ção*)
reinado *adj.,n.m.* [pop.] amigo da brincadeira ou reinação; pândego; folgazão (De *reinar*+*-dio*)
reinado *n.m.* **1** governo de um rei **2** duração desse governo **3** [fig.] período em que alguém exerce preponderância **4** [fig.] dominação; supremacia; predomínio **5** [fig.] influência dominante (Part. pass. subst. de *reinar*)
reinante *adj.2g.* **1** que reina **2** que predomina; dominante **3** que está na moda **4** atual ■ *n.2g.* pessoa que reina; monarca (Do lat. *regnante-*, «id.», part. pres. de *regnāre*, «reinar»)
reinar *v.intr.* **1** governar como rei ou rainha; ocupar o trono **2** dominar; imperar **3** estar em voga **4** grassar **5** sobressair; destacar-se **6** [coloq.] folgar; divertir-se; brincar **7** [coloq.] gracejar; fazer troça **8** haver; existir **9** [Madeira] esbravejar (Do lat. *regnāre*, «id.»)
reinata *n.f.* [pop.] pândega; patuscada (De *reina*+*-ata*)
reinauguração *n.f.* ato de reinaugurar (De *re-*+*inauguração*)
reinaugurar *v.tr.* inaugurar novamente (De *re-*+*inaugurar*)
reincidência *n.f.* **1** ato ou efeito de reincidir **2** recaída; recidiva **3** obstinação; pertinácia **4** DIREITO ato de cometer novamente um delito ou crime (De *re-*+*incidência*)
reincidente *adj.,n.2g.* **1** que ou o que reincide **2** que ou o que comete novamente um delito ou crime (De *re-*+*incidente*)
reincidir *v.tr.,intr.* repetir (um ato); recair em ■ *v.intr.* cometer novamente um delito ou um crime (De *re-*+*incidir*)
reincitamento *n.m.* ato ou efeito de reincitar (De *reincitar*+*-mento*)
reincitar *v.tr.* incitar de novo (De *re-*+*incitar*)
reincorporação *n.f.* ato ou efeito de reincorporar; reintegração (De *reincorporar*+*-ção*)
reincorporar *v.tr.* incorporar de novo; reintegrar (De *re-*+*incorporar*)
reineta[1] /ê/ *n.f.* BOTÂNICA variedade de maçã de sabor ligeiramente ácido e cor acinzentada, cultivada em Portugal (Do fr. *reinette*, «id.»)
reineta[2] /ê/ *n.f.* ZOOLOGIA ⇒ **raineta**[2]
reinfeção *n.f.* infeção repetida (De *re-*+*infecção*)

reinfecção ver nova grafia **reinfeção**
reinfeccionar ver nova grafia **reinfecionar**
reinfecionar *v.tr.,intr.* infecionar de novo (De *re-*+*infeccionar*)
reinfundir *v.tr.* tornar a infundir (De *re-*+*infundir*)
reingressar *v.intr.* ingressar de novo; tornar a ingressar (De *re-*+*ingressar*)
reingresso *n.m.* ato de reingressar; novo ingresso (De *re-*+*ingresso*, ou deriv. regr. de *reingressar*)
reiniciar *v.tr.* iniciar de novo; recomeçar (De *re-*+*iniciar*)
reinício *n.m.* ação de reiniciar; recomeço (De *re-*+*início*)
reinícola *adj.2g.* que habita o reino; reinol ■ *n.2g.* jurista que trata de jurisprudência nacional (Do lat. *regnu-*, «reino» +*colĕre*, «habitar»)
reino *n.m.* **1** estado que tem por soberano um rei; monarquia **2** conjunto dos súbditos **3** governo de um rei; reinado **4** BIOLOGIA categoria taxonómica utilizada na classificação dos seres vivos, que agrupa várias divisões ou filos **5** conjunto de seres que apresentam caracteres comuns **6** [fig.] domínio **7** [fig.] âmbito; *reinos da natureza* os três grandes grupos em que outrora se consideravam divididos os corpos da natureza: reino animal, reino vegetal e reino mineral (Do lat. *regnu-*, «id.»)
reinol *adj.2g.* **1** que é do reino **2** próprio do reino **3** diz-se de uma variedade de ameixa também conhecida por carnecoita (De *reino*+*-ol*)
reinola *n.f.* espécie de batata-doce que aparece nos soutos (De orig. obsc.)
reinquirição *n.f.* **1** ato de reinquirir **2** nova inquirição (De *reinquirir*+*-ção*)
reinquirir *v.tr.* inquirir novamente (De *re-*+*inquirir*)
reinscrever *v.tr.* inscrever novamente (De *re-*+*inscrever*)
reinscrição *n.f.* **1** ato ou efeito de reinscrever ou reinscrever-se **2** nova inscrição (De *re-*+*inscrição*)
reinserção *n.f.* **1** ato ou efeito de reinserir **2** nova inserção (De *re-*+*inserção*)
reinserir *v.tr.* inserir de novo; voltar a inserir; integrar novamente (De *re-*+*inserir*)
reinsistência *n.f.* ação de reinsistir (De *re-*+*insistência*)
reinsistir *v.tr.* insistir repetidamente (De *re-*+*insistir*)
reinstalação *n.f.* ato ou efeito de reinstalar (De *reinstalar*+*-ção*)
reinstalar *v.tr.* tornar a instalar ■ *v.pron.* instalar-se novamente (De *re-*+*instalar*)
reinstituição *n.f.* ato de reinstituir (De *reinstituir*+*-ção*)
reinstituir *v.tr.* instituir de novo (De *re-*+*instituir*)
reinsurgir-se *v.pron.* insurgir-se de novo; tornar a revoltar-se (De *re-*+*insurgir-se*)
reintegração *n.f.* **1** ato ou efeito de reintegrar ou reintegrar-se **2** readmissão **3** reocupação **4** recuperação (Do lat. *redintegratiōne-*, «ação de recomeçar»)
reintegrar *v.tr.* **1** integrar de novo (em grupo ou sociedade) **2** restabelecer em algum cargo ■ *v.pron.* **1** voltar a integrar-se em grupo ou na sociedade **2** voltar a exercer determinada função (Do lat. *redintegrāre*, «restaurar»)
reintegro /ê/ *n.m.* **1** ⇒ **reintegração 2** prémio da lotaria correspondente à quantia que se jogou (Deriv. regr. de *reintegrar*)
reinterpretação *n.f.* ato ou efeito de reinterpretar; nova interpretação
reinterpretar *v.tr.* **1** interpretar de novo **2** dar nova interpretação a
reintrodução *n.f.* ato ou efeito de reintroduzir (De *re-*+*introdução*)
reintroduzir *v.tr.* **1** introduzir novamente **2** recomeçar (De *re-*+*introduzir*)
reinvenção *n.f.* ação ou efeito de reinventar (De *re-*+*invenção*)
reinventar *v.tr.* tornar a inventar (De *re-*+*inventar*)
reinvestir *v.tr.* **1** investir novamente **2** restabelecer em algum cargo **3** reintegrar (De *re-*+*investir*)
reinvocação *n.f.* ato de reinvocar (De *reinvocar*+*-ção*)
reinvocar *v.tr.* tornar a invocar (De *re-*+*invocar*)
rei-pescador *n.m.* ORNITOLOGIA ⇒ **pica-peixe 1**
reira *n.f.* **1** dor na região dos rins; lumbago **2** diarreia **3** *pl.* nádegas; cadeiras (Do lat. *renarĭa*, de *renes*, «rins»)
réis *n.m.pl.* {*plural de* **real**} ⇒ **real**[2] *n.m.* (De *reais*, pl. de *real*)
reisada *n.f.* espécie de representação ou festa popular com que, em algumas terras, se festejam os Reis Magos (De *Reis*+*-ada*)
reiseiro *n.m.* figurante das reisadas (De *Reis*+*-eiro*)
reiteração *n.f.* **1** ato ou efeito de reiterar; repetição **2** renovação **3** confirmação (Do lat. tard. *reiteratiōne-*, «id.»)
reiteradamente *adv.* repetidas vezes (De *reiterado*+*-mente*)

reiterar *v.tr.* 1 repetir 2 fazer de novo 3 renovar (Do lat. *reiterāre*, «repetir a mesma caminhada»)

reiterativo *adj.* 1 que reitera; que repete 2 próprio para reiterar (Do lat. tard. *reiterativu-*, «id.»)

reiterável *adj.2g.* que se pode reiterar ou repetir (De *reiterar*+*-vel*)

reitor *n.m.* 1 aquele que rege ou dirige 2 autoridade máxima de universidade ou estabelecimento do ensino superior 3 RELIGIÃO padre católico que dirige um seminário eclesiástico 4 RELIGIÃO pároco, em algumas freguesias; prior 5 [ant.] diretor de um liceu (Do lat. *rectōre-*, «condutor»)

reitorado *n.m.* 1 cargo ou dignidade do reitor 2 tempo que dura o desempenho desse cargo (De *reitor*+*-ado*)

reitoral *adj.2g.* relativo a reitor (De *reitor*+*-al*)

reitoria *n.f.* 1 cargo ou dignidade do reitor 2 gabinete do reitor 3 sede da administração de uma universidade 4 RELIGIÃO paróquia sob a direção de um reitor 5 RELIGIÃO residência do pároco, em certas freguesias (De *reitor*+*-ia*)

reiuna *n.f.* [ant.] espingarda curta de fuzil (De *reiuno*)

reiuno *adj.* [Brasil] relativo ao reino ou ao Estado (Do cast. *reyuno*, «do rei»)

reivindicação *n.f.* 1 ato ou efeito de reivindicar 2 reclamação daquilo a que se considera ter direito 3 DIREITO ação judicial que possibilita o reconhecimento do direito de propriedade de um bem que está na posse de outra pessoa (Do lat. *reivindicatiōne-*, «reclamação da coisa»)

reivindicador *adj.,n.m.* que ou aquele que reivindica (De *reivindicar*+*-dor*)

reivindicar *v.tr.* 1 reclamar; exigir (aquilo a que se considera ter direito) 2 assumir a responsabilidade por (determinado ato) 3 reaver; recuperar 4 DIREITO intentar ação judicial para reaver (coisa própria que está na posse de outra pessoa) (Do lat. *res, rei*, «coisa» +*vindicāre*, «reclamar; reivindicar»)

reivindicativo *adj.* 1 que encerra reivindicação 2 que serve para reivindicar (De *reivindicar*+*-tivo*)

reivindicatório *adj.* ⇒ **reivindicativo** (De *reivindicar*+*-tório*)

reivó *n.m.* ⇒ **raivó**

reixa¹ *n.f.* 1 pequena tábua 2 grade de janela; gelosia (Do lat. *regŭla-*, «régua», pelo cast. *reja*, «relha»)

reixa² *n.f.* [ant., pop.] rixa (Do lat. *rixa-*, «id.»)

reixelo /ê/ *n.m.* [pop.] ⇒ **rexelo**

reizete *n.m.* 1 rei de um pequeno estado; régulo 2 [pej.] líder de pouca importância (De *rei*+*z*+*-ete*)

rejeição *n.f.* 1 ato ou efeito de rejeitar 2 não aceitação; recusa 3 repulsa 4 desaprovação 5 MEDICINA reação imunológica de um organismo recetor contra um enxerto ou um transplante que acaba por não ser aceite (Do lat. *rejectiōne-*, «id.»)

rejeitar *v.tr.* 1 recusar; não aceitar 2 deitar fora 3 repelir 4 desaprovar 5 desprezar 6 expelir; vomitar 7 opor-se a; discordar de (Do lat. *rejectāre*, «repelir»)

rejeitável *adj.2g.* que se pode ou deve rejeitar (De *rejeitar*+*-vel*)

rejeito *n.m.* 1 ⇒ **rejeição** 2 arremesso 3 [ant.] projétil 4 GEOLOGIA deslocamento relativo dos blocos separados por uma falha (Deriv. regr. de *rejeitar*)

rejubilar *v.tr.,intr.* encher(-se) de grande prazer ou satisfação; encher(-se) de júbilo; pôr ou ficar muito contente (De *re*+*jubilar*)

rejúbilo *n.m.* 1 ato ou efeito de rejubilar 2 grande satisfação; prazer intenso (Deriv. regr. de *rejubilar*)

rejurar *v.tr.* tornar a jurar (De *re*+*jurar*)

rejuvenescedor *adj.* que faz rejuvenescer (De *rejuvenescer*+*-dor*)

rejuvenescência *n.f.* ⇒ **rejuvenescimento** (Do lat. *re-*+*juvenescentia-*, part. pres. neut. pl. de *juvenescĕre*, «tornar-se novo»)

rejuvenescente *adj.2g.* que rejuvenesce (Do lat. *re-*+*juvenescente-*, «id.», part. pres. de *juvenescĕre*, «tornar-se novo»)

rejuvenescer *v.tr.,intr.* 1 restituir ou readquirir a juventude 2 (fazer) ficar com um aspeto mais jovem; remoçar 3 dar ou adquirir um aspeto renovado (Do lat. *re-*+*juvenescĕre*, «tornar-se novo»)

rejuvenescimento *n.m.* 1 ato ou efeito de rejuvenescer 2 renovação 3 SOCIOLOGIA aumento do número de jovens em determinada população (De *rejuvenescer*+*-mento*)

rela *n.f.* 1 armadilha para pássaros 2 instrumento rústico para enxotar pássaros, nos terrenos de cultura; taramela 3 ZOOLOGIA pequeno batráquio anuro, arborícola, da família dos Hilídeos, de cor normalmente verde (mas sujeita a fenómenos miméticos) e com a extremidade de cada dedo em forma de disco, comum em Portugal; raineta; reineta 4 brinquedo cujo som imita o que é produzido por este batráquio 5 [regionalismo] pessoa maçadora, que fala muito; cegarrega (Do lat. **ranella-*, por *ranŭla-*, dim. de *rana-*, «rã»)

relação *n.f.* 1 ato ou efeito de relacionar 2 ligação afetiva ou profissional 3 ligação; conexão 4 analogia; conformidade 5 tribunal de segunda instância 6 narração 7 rol; lista 8 MATEMÁTICA comparação entre duas quantidades comensuráveis 9 MATEMÁTICA razão; qualquer dependência de uma quantidade em face de outra (igualdade, desigualdade, proporção) 10 *pl.* conhecimentos; convivência; trato 11 *pl.* correspondência; ligação 12 *pl.* ato sexual; cópula; **relações humanas** PSICOLOGIA ponto de vista introduzido na organização científica do trabalho, particularmente nos EUA, e que visa, sobre bases psicológicas, criar um clima favorável à marcha das empresas, e garantir, por uma integração real de todo o conjunto do pessoal, uma colaboração confiante e frutuosa (H. Piéron, psicólogo francês, 1881-1964); **aparelhos de ~** FISIOLOGIA aparelhos que, num organismo, executam as funções de relação; **funções de ~** FISIOLOGIA conjunto de fenómenos fisiológicos que permitem pôr o indivíduo em relação com o meio exterior, funções de vida animal (Do lat. *relatiōne-*, «id.»)

relacionação *n.f.* ato ou efeito de relacionar (De *relacionar*+*-ção*)

relacional *adj.2g.* 1 que diz respeito a relação 2 que consiste em relações 3 que estabelece relações (Do lat. *relatiōne-*, «relação» +*-al*)

relacionamento *n.m.* 1 ato ou efeito de relacionar ou relacionar-se 2 estabelecimento de ligação entre coisas diferentes 3 ligação afetiva ou profissional; relação 4 comportamento em relação aos outros; capacidade de conviver ou comunicar com outras pessoas (De *relacionar*+*-mento*)

relacionar *v.tr.* 1 fazer a relação de; pôr em lista; inventariar 2 narrar; contar; referir 3 estabelecer ligação ou analogia entre; confrontar 4 fazer adquirir relações ou amizades ■ *v.pron.* 1 ter convivência social com alguém 2 dizer respeito (a); ter a ver (com) (Do lat. *relatiōne-*, «relação» +*-ar*)

relações-públicas *n.f.pl.* conjunto de atividades informativas, sistematicamente organizadas, sobre uma empresa, sociedade ou grupo, com vista a firmar e alargar a sua projeção junto do público ■ *n.2g.2n.* profissional que tem como função alargar a projeção de determinada empresa, sociedade ou grupo junto do público, transmitindo destes uma boa imagem

relacrar *v.tr.* lacrar de novo (De *re*+*lacrar*)

relamber *v.tr.* tornar a lamber (De *re*+*lamber*)

relambório *adj.* 1 [pop.] sem valor; reles 2 [pop.] preguiçoso; desleixado 3 [pop.] insípido; sem graça 4 [regionalismo] adoentado; maldisposto ■ *n.m.* 1 preguiça 2 falatório; barulho de muitas pessoas a falar ao mesmo tempo 3 palavras fastidiosas; palavreado inútil 4 patuscada; pândega (De *relamber*+*-ório*)

relampadejar *v.tr.,intr.* ⇒ **relampejar** (De *relâmpado*+*-ejar*)

relâmpado *n.m.* [pop.] ⇒ **relâmpago** (Do lat. *re-*, pref. designativo de intensidade+*lampĕde-*, «claridade; esplendor»)

relâmpago *n.m.* 1 clarão vivo e rápido, proveniente de descarga elétrica entre duas nuvens, ou entre uma nuvem e a Terra 2 [fig.] luz intensa que deslumbra; clarão repentino e breve 3 [fig.] aquilo que é rápido ou transitório; *num ~* num instante, rapidamente (De *relâmpado*)

relampagueamento *n.m.* ato ou efeito de relampaguear (De *relampaguear*+*-mento*)

relampagueante *adj.2g.* que relampagueia (De *relampaguear*+*-ante*)

relampaguear *v.tr.,intr.* ⇒ **relampejar** (De *relâmpago*+*-ear*)

relampar *v.tr.,intr.* ⇒ **relampejar** (Do lat. tard. *re-*+*lampăre*, «brilhar»)

relampear *v.tr.,intr.* ⇒ **relampejar** (De *relampo*+*-ear*)

relampejante *adj.2g.* que relampeja (De *relampejar*+*-ante*)

relampejar *v.intr.* 1 produzirem-se relâmpagos 2 brilhar momentaneamente; faiscar; cintilar ■ *v.tr.,intr.* mostrar ou surgir subitamente (com a rapidez de um relâmpago) (De *relampo*+*-ejar*)

relampejo /ê/ *n.m.* 1 ato de relampejar 2 clarão do relâmpago 3 clarão repentino e breve 4 brilho forte; fulgor (Deriv. regr. de *relampejar*)

relampo *n.m.* [pop.] ⇒ **relâmpago** (Deriv. regr. de *relampar*)

relançamento *n.m.* 1 ato ou efeito de relançar 2 novo lançamento (de um livro, por exemplo) (De *relançar*+*-mento*)

relançar *v.tr.* 1 tornar a lançar 2 dirigir de relance (os olhos); relancear 3 colocar de novo no mercado (produto, livro, etc.) 4 pôr de novo à prova; submeter a nova prova (De *re*+*lançar*)

relance *n.m.* 1 ato ou efeito de relancear 2 movimento rápido 3 olhar rápido; vista de olhos 4 TAUROMAQUIA segunda sorte que o toureiro executa, e que os espectadores não previam; *de ~* rapidamente (Deriv. regr. de *relançar*)

relancear v.tr. dirigir de relance (os olhos) ■ n.m. 1 vista de olhos 2 movimento rápido (De relance+-ear)
relapsão n.f. 1 ato de cair para trás 2 repetição de um ato; reincidência (Do lat. relapsiōne-, «id.»)
relapsia n.f. 1 reincidência no erro, no crime ou na heresia abjurada 2 resistência (De relapso+-ia)
relapso adj.,n.m. 1 que ou pessoa que reincide; reincidente 2 que ou pessoa que é impenitente 3 que ou pessoa que é teimosa ou obstinada (Do lat. relapsu-, «que tornou a cair», part. pass. de relābi, «tornar a cair; cair para trás»)
relar¹ v.tr. ⇒ **ralar** (De ralar)
relar² v.intr. ⇒ **coaxar** (De rela+-ar)
relatador n.m. 1 relator; narrador 2 DESPORTO aquele que faz um relato (De relatar+-dor)
relatar v.tr. 1 fazer o relato de; narrar; contar 2 referir; mencionar 3 descrever (o que se passa durante um encontro desportivo que está a ser transmitido pela rádio ou televisão) 4 fazer lista de 5 repetir o relatório de 6 incluir; inserir (De relato+-ar)
relativamente adv. 1 de modo relativo 2 em relação 3 em comparação (De relativo+-mente)
relatividade n.f. 1 qualidade ou estado do que é relativo; qualidade ou estado daquilo cujo valor ou importância devem ser avaliados em contexto 2 contingência 3 condicionalidade; ~ *do conhecimento* FILOSOFIA carácter que se atribui ao conhecimento do ser relativo, por ser imperfeito ou limitado, ou então, em sentido mais filosófico, por depender da constituição orgânica ou mental do sujeito que conhece, ou ainda por consistir no estabelecimento de uma relação e, por isso, variar com o termo que é posto em relação com a coisa a conhecer; *princípio da* ~ FÍSICA princípio segundo o qual as leis dos fenómenos físicos são as mesmas para diferentes grupos de observadores em movimento de translação uniforme (relatividade restrita) ou uniformemente acelerada (relatividade generalizada) de uns relativamente aos outros, em consequência do que a duração dos fenómenos varia conforme é medida por observadores em repouso ou por observadores em movimento relativamente aos fenómenos; *teoria da* ~ MATEMÁTICA, FÍSICA teoria formulada por A. Einstein, físico alemão (1879-1955), que, alargando os conceitos de espaço, tempo e movimento, provocou profundas alterações na física clássica (De relativo+-i-+-dade)
relativismo n.m. 1 qualidade do que é relativo 2 FILOSOFIA doutrina que afirma a relatividade do conhecimento e, por isso, a das normas da ação (relativismo moral, relativismo jurídico); ~ *kantiano* doutrina filosófica segundo a qual o espírito não atinge o real, o numenal, mas apenas apreende os fenómenos e orienta as sensações por eles provocadas, segundo a sensibilidade e o entendimento, kantismo, criticismo; ~ *moral* doutrina segundo a qual a ideia do bem e do mal varia segundo os tempos e as sociedades; ~ *positivista* doutrina filosófica que limita o valor do conhecimento ao campo da investigação experimental e considera as questões metafísicas inacessíveis ao espírito; ~ *pragmático/ativista* doutrina filosófica que condiciona o valor do conhecimento ao resultado da ação nele estruturada, pragmatismo, utilitarismo (De relativo+-ismo, ou do fr. relativisme, «id.»)
relativista adj.2g. que diz respeito ao relativismo ou à relatividade ■ n.2g. partidário do relativismo ou da teoria da relatividade (De relativo+-ista, ou do fr. relativiste, «id.»)
relativizar v.tr. tratar (alguma coisa) retirando-lhe o seu carácter absoluto ou independente, considerando-a em relação a outras coisas; tornar relativo (De relativo+-izar)
relativo adj. 1 que se refere (a); que diz respeito (a); que tem relação (com) 2 condicional 3 que não é tomado em sentido absoluto 4 que se define em relação a outra coisa 5 FILOSOFIA que só é o que é em relação ou por comparação com outra coisa, em particular em relação ao sujeito cognoscente 6 limitado 7 GRAMÁTICA designativo do pronome que surge no início das orações relativas (ex.: *que*, *quem*) 8 LINGUÍSTICA designativo da oração que é introduzida por uma palavra relativa sem antecedente (oração substantiva) ou ligada a um antecedente com o qual se relaciona (oração adjetiva) 9 LINGUÍSTICA designativo do determinante que ocorre com um nome no início das orações adjetivas relativas (é o caso de *cujo*) 10 LINGUÍSTICA designativo do advérbio que introduz uma oração relativa (é o caso de *onde* na frase *A casa onde moro é grande*.) (Do lat. relatīvu-, «id.»)
relato n.m. 1 ato ou efeito de relatar 2 narração pormenorizada 3 RÁDIO, TELEVISÃO reportagem que consiste na transmissão direta de acontecimento desportivo cuja progressão é narrada detalhadamente (Do lat. relātu-, «referido», part. pass. de referre, «referir; relatar»)

relator adj. 1 que relata ou narra 2 DIREITO (juiz) que escreve o acórdão ■ n.m. 1 pessoa que relata ou redige um relatório, parecer, etc. 2 DIREITO juiz encarregado de escrever o acórdão (Do lat. relatōre-, «id.»)
relatório n.m. 1 exposição oral ou escrita, objetiva e minuciosa, de um assunto 2 narração escrita e circunstanciada dos factos ocorridos na administração de uma sociedade, ou dos dados colhidos numa inspeção 3 exposição dos motivos que determinam a apresentação de um projeto de lei ou decreto 4 POLÍTICA parecer de uma comissão parlamentar (De relatar+-ório)
relaxação n.f. 1 ⇒ **relaxamento** 2 ENGENHARIA fenómeno de diminuição da tensão no tempo, sob deformação constante (Do lat. relaxatiōne-, «descanso»)
relaxado adj. 1 distendido 2 sereno; descontraído 3 frouxo 4 [fig.] que não cumpre os seus deveres 5 [fig.] dissoluto; devasso 6 [fig.] desmazelado 7 [fig.] destituído de dignidade 8 [fig.] desmoralizado (Do lat. relaxātu-, «id.», part. pass. de relaxāre, «repousar; afrouxar»)
relaxador adj.,n.m. que, aquele ou aquilo que relaxa (Do lat. relaxatōre-, «id.»)
relaxamento n.m. 1 ato ou efeito de relaxar ou relaxar-se 2 distensão 3 serenidade; descontração 4 frouxidão 5 depravação; desregramento de costumes 6 desmazelo; desleixo (De relaxar+-mento)
relaxante adj.2g. que relaxa; que descontrai ■ n.m. medicamento que relaxa; calmante (Do lat. relaxante-, «id.», part. pres. de relaxāre, «afrouxar; descansar»)
relaxar v.tr. 1 tornar frouxo; distender; diminuir a tensão de 2 descontrair 3 dispensar da observância ou do cumprimento de 4 absolver 5 atenuar o rigor de; moderar; abrandar 6 perverter; corromper 7 condescender; transigir ■ v.intr. 1 descontrair 2 enfraquecer; afrouxar 3 ANATOMIA (músculo) perder a contractilidade ■ v.pron. 1 perder a tensão 2 descontrair-se 3 enfraquecer 4 perverter-se 5 desleixar-se; desmazelar-se (Do lat. relaxāre, «id.»)
relaxativo adj. laxativo; purgante (De relaxar+-tivo)
relaxe n.m. 1 ato ou efeito de relaxar ou relaxar-se; relaxamento 2 diminuição ou ausência de tensão; distensão; descontração 3 negligência; desmazelo; desleixo 4 DIREITO transferência, para juízo, da cobrança coerciva de uma contribuição que não foi paga no prazo legal (Deriv. regr. de relaxar)
relaxidão n.f. ⇒ **relaxação** (De relaxar+-idão)
relaxismo n.m. 1 tendência para a dissolução dos costumes 2 hábitos de relaxista (De relaxar+-ismo)
relaxista adj.,n.2g. que ou pessoa que se relaxa no cumprimento dos deveres (De relaxar+-ista)
relé¹ n.f. [depr.] ⇒ **ralé** (De ralé)
relé² n.f. ELETRICIDADE instrumento elétrico que serve para mostrar como um fenómeno elétrico pode controlar a interrupção ou o começo de outro fenómeno elétrico independente (Do fr. relais, «id.»)
relegação n.f. 1 ato ou efeito de relegar 2 banimento; desterro 3 colocação em segundo plano (Do lat. relegatiōne-, «exílio»)
relegar v.tr. 1 afastar da atenção de; pôr em segundo plano 2 banir; desterrar 3 afastar com desdém; desprezar 4 passar (responsabilidade, direito, decisão, etc.) a outra pessoa (Do lat. relegāre, «afastar de um lugar»)
relegável adj.2g. que se pode relegar; suscetível de relegação (De relegar+-vel)
relego n.m. 1 descanso 2 sossego; tranquilidade (Deriv. regr. de relegar)
releiro n.m. 1 ⇒ **relheira** 2 [pop.] montão de coisas trituradas 3 [pop.] porção de migalhas (De relar+-eiro)
releixar v.tr.,intr.,pron. ⇒ **relaxar**
releixo n.m. 1 ato ou efeito de releixar 2 desmazelo; desleixo 3 espaço de terra que se não lavrou 4 junto de um muro 5 [regionalismo] eido 6 [regionalismo] rossio (Deriv. regr. de releixar)
relembrança n.f. ato de relembrar; recordação (De re-+lembrança)
relembrar v.tr. lembrar novamente; trazer de novo à memória (Do lat. rememorāri, «lembrar-se»)
relembrativo adj. que faz relembrar (De relembrar+-tivo)
relengo n.m. [regionalismo] moderação; tento (De orig. obsc.)
relentar v.intr. cair lento; orvalhar ■ v.tr. amolecer com a humidade; humedecer (De relento+-ar)
relento n.m. 1 humidade da noite; orvalho; cacimba 2 moleza produzida pela humidade noturna 3 cheiro desagradável; bafio; *ao* ~ ao ar livre, fora de casa, exposto à humidade da noite (De re-+lento)
reler v.tr. 1 tornar a ler 2 ler muitas vezes (Do lat. relegĕre, «id.»)

reles *adj.inv.* 1 ordinário; desprezível; vil 2 insignificante; sem valor 3 de má qualidade 4 [regionalismo] adoentado; maldisposto (De orig. obsc.)

relevação *n.f.* 1 ato ou efeito de relevar 2 perdão; desculpa 3 ato ou efeito de tornar saliente ou fazer sobressair (Do lat. *relevatiōne-*, «id.»)

relevador *adj.,n.m.* que ou aquele que releva (De *relevar+-dor*)

relevamento *n.m.* ⇒ **relevação** (De *relevar+-mento*)

relevância *n.f.* 1 qualidade do que é relevante; importância; pertinência 2 saliência; relevo 3 vantagem (Do lat. *relevantĭa*, part. pres. neut. pl. de *relevāre*, «levantar»)

relevante *adj.2g.* 1 que releva ou interessa; importante; pertinente 2 saliente 3 evidente ■ *n.m.* 1 o que importa 2 o necessário 3 o indispensável (Do lat. *relevante-*, «que levanta», part. pres. de *relevāre*, «levantar»)

relevantemente *adv.* 1 de maneira relevante 2 distintamente (De *relevante+-mente*)

relevar *v.tr.* 1 fazer sobressair; pôr em relevo 2 pintar em relevo 3 perdoar; desculpar; absolver 4 consentir 5 aliviar; consolar ■ *v.intr.* ser conveniente; ser preciso; importar; interessar ■ *v.pron.* tornar-se saliente; sobressair (Do lat. *relevāre*, «levantar»)

relevo *n.m.* 1 ato ou efeito de relevar ou de fazer sobressair 2 saliência 3 (escultura) forma escultural saliente sobre uma superfície que lhe serve de fundo 4 particularidade de gravura ou pintura em que determinadas figuras parecem ficar salientes, por causa das diferenças de profundidade que a perspetiva sugere 5 GEOGRAFIA acidentes orográficos da superfície terrestre 6 [fig.] evidência; ênfase; realce; destaque; *dar ~ a/pôr em ~* salientar, fazer sobressair, chamar a atenção para; *de ~* distinto, notável, importante (Deriv. regr. de *relevar*)

relha *n.f.* 1 ferro do arado ou da charrua que abre os sulcos na terra 2 tira de ferro que segura exteriormente o meão às cambas, nos carros de bois (Do lat. *regŭla-*, «régua»)

relhada *n.f.* pancada com o relho (De *relho+-ada*)

relhar *v.tr.* 1 pôr relha em 2 segurar com relha (De *relha+-ar*)

relheira *n.f.* sulco que as rodas do carro deixam na terra (De *relha+-eira*)

relheiro *n.m.* 1 ⇒ **relheira** 2 [regionalismo] fileira de molhos de trigo ou centeio, dispostos no terreno ceifado, com as espigas todas para o mesmo lado

relho[1] /ê/ *n.m.* 1 açoite feito de uma tira de couro torcida 2 [ant.] fivela com que as senhoras apertavam os cintos 3 ICTIOLOGIA truta pertencente a uma espécie pouco vulgar em Portugal, também conhecida por truta-marisca; *sem ~ nem trabalho* sem fundamento nem razão (De *relha*)

relho[2] /ê/ *adj.* 1 duro; rígido 2 muito velho; *velho e ~* muito velho (De *revelho*)

relhota *n.f.* pequena relha que embebe no meão do carro de bois e o fixa à camba (De *relha+-ota*)

relhote *n.m.* ⇒ **relhota** (De *relha+-ote*)

relicário *n.m.* 1 recipiente onde se guardam relíquias de santos 2 lugar onde são guardados os objetos sagrados nas igrejas (De *relíquia+-ário*)

relice *n.f.* 1 qualidade do que é reles 2 aquilo que é reles (De *reles+-ice*)

relicitação *n.f.* ato ou efeito de relicitar (De *relicitar+-ção*)

relicitar *v.tr.,intr.* licitar de novo (De *re-+licitar*)

relicto *n.m.* 1 BIOLOGIA animal ou planta que se sabe ter existido com a mesma forma em épocas geológicas longínquas 2 GEOLOGIA elemento geológico que conserva a sua forma primitiva (Do ing. *relict*, «id.»)

religar *v.tr.* 1 tornar a ligar 2 ligar bem (Do lat. *religāre*, «ligar»)

religião *n.f.* 1 crença na existência de um poder sobre-humano e superior do qual o homem se considera dependente 2 conjunto de preceitos, práticas e rituais pelos quais se manifesta essa crença 3 culto prestado à divindade 4 doutrina ou crença religiosa 5 reverência ou respeito às coisas sagradas 6 [fig.] devoção; grande dedicação 7 [fig.] crença 8 [fig.] escrúpulo; *~ natural* a que assenta apenas nos dados do sentimento e da razão, sem recurso a revelação divina; *~ positiva/revelada* aquela em que os dados dos sentidos e da razão são completados e confirmados pelos da revelação (Do lat. *religiōne-*, «id.»)

religiomania *n.f.* mania religiosa (Do lat. *religiōne-*, «religião»+gr. *manía*, «mania»)

religionário *n.m.* adepto de uma religião (Do lat. *religiōne-*, «religião» +*ário*)

religiosa *n.f.* 1 freira 2 monja (De *religioso*)

religiosamente *adv.* 1 devotamente 2 exatamente; rigorosamente 3 do ponto de vista religioso (De *religioso+-mente*)

religiosidade *n.f.* 1 qualidade do que é religioso 2 disposição para os sentimentos religiosos 3 devoção 4 [fig.] escrúpulo; zelo 5 [fig.] fervor; dedicação 6 [fig.] pontualidade (Do lat. *religiositāte-*, «id.»)

religioso /ô/ *adj.* 1 relativo ou pertencente à religião 2 pertencente a um estabelecimento monástico 3 observador dos preceitos da religião que professa 4 devoto; pio 5 santo 6 [fig.] zeloso; escrupuloso 7 [fig.] pontual 8 [fig.] profundo ■ *n.m.* 1 pessoa que professa uma religião 2 pessoa que ingressou numa ordem ou num instituto religioso; frade; monge; *comunidade religiosa* associação de cristãos que se comprometem, por meio dos três votos religiosos (pobreza, castidade e obediência), a praticar os preceitos do Evangelho, de harmonia com uma regra aprovada pela Igreja (Do lat. *religiōsu-*, «id.»)

relimar *v.tr.* 1 limar pela segunda vez 2 limar de novo 3 [fig.] aperfeiçoar; retocar (De *re-+limar*)

relinchão *adj.,n.m.* que ou cavalo que relincha muito; rinchão (De *relinchar+-ão*)

relinchar *v.intr.,n.m.* ⇒ **rinchar** (Do lat. *re-+hinnitulāre*, freq. de *hinnīre*, «relinchar»)

relincho *n.m.* ato ou efeito de relinchar; rincho (Deriv. regr. de *relinchar*)

relinga *n.f.* NÁUTICA cabo cosido em volta de uma vela para reforço (Do neerl. *rålik*, «relinga», pelo fr. *ralingue*, «id.»)

relingar *v.tr.,intr.* NÁUTICA pôr relinga nas velas 2 NÁUTICA içar as velas até as relingas ficarem tensas (De *relinga+-ar*)

relíquia *n.f.* 1 RELIGIÃO parte do corpo de um santo 2 RELIGIÃO qualquer objeto que pertenceu a um santo ou fez parte do seu suplício 3 [fig.] coisa preciosa, rara ou antiga 4 [fig.] o que resta de algo que deixou de existir (Do lat. *reliquĭa*, pl. de *reliquĭum*, «coisa deixada»)

relógio *n.m.* 1 qualquer instrumento destinado a medir intervalos de tempo 2 instrumento mecânico que mede intervalos de tempo e pode ter as mais diversas formas, sendo, geralmente, composto de mostrador, ponteiros e rodas dentadas movidas por pêndulos, molas, pilhas, etc. 3 [pop.] achaque crónico 4 BOTÂNICA termo com que se designam diversas malváceas 5 [fig.] pessoa que só diz o que ouviu dizer; *~ atómico* FÍSICA instrumento que mede intervalos de tempo, utilizando as vibrações características de certos átomos ou moléculas; *~ de sol* instrumento composto por um ponteiro vertical que marca a altura do Sol pela direção da sombra projetada sobre um plano, indicando as horas pela altura desse astro (Do lat. *horologĭu-*, «que diz a hora; relógio», pelo cast. *reloj*, «id.»)

relógio-calendário *n.m.* instrumento mecânico que além das horas, indica os meses e, por vezes, os dias da semana

relógio-da-morte *n.m.* ZOOLOGIA ⇒ **carcoma**

relógio-de-ponto ver nova grafia relógio de ponto

relógio de ponto *n.m.* aparelho em que os funcionários de uma empresa ou de um serviço introduzem um cartão adequado, permitindo o registo das horas de entrada e saída do local de trabalho

relojeiro *n.m.* ⇒ **relojoeiro** (Do port. arc. *relojo+-eiro*)

relojoaria *n.f.* 1 arte de construir e consertar relógios 2 estabelecimento onde se fabricam, consertam ou vendem relógios 3 maquinismo de relógio mecânico (Do port. arc. *relojo+-aria*)

relojoeiro *n.m.* o que faz, vende ou conserta relógios; relojeiro (Do port. arc. *relojo+-eiro*)

reloucar *v.intr.* [regionalismo] enlouquecer (De *re-+louco+-ar*)

relouquear *v.intr.* [regionalismo] ⇒ **reloucar** (De *re-+louco+-ear*)

relumbrante *adj.2g.* deslumbrante (De *relumbrar*)

relumbrar *v.intr.* resplandecer; cintilar (Do cast. *relumbrar*, «id.»)

relutação *n.f.* ato de relutar; resistência (De *relutar+-ção*)

relutância *n.f.* 1 qualidade de relutante; resistência; oposição 2 obstinação; teimosia 3 repugnância; aversão 4 FÍSICA propriedade de um circuito magnético (análoga à resistência num circuito elétrico) que determina o fluxo magnético para dada força magnetomotriz (Do lat. *reluctantĭa*, part. pres. neut. pl. de *reluctāri*, «lutar»)

relutante *adj.2g.* 1 que tem relutância; que resiste 2 obstinado; teimoso (Do lat. *reluctante-*, «que luta», part. pres. de *reluctāri*, «lutar»)

relutar *v.intr.* lutar novamente ■ *v.tr.,intr.* resistir (a); opor-se (a); obstinar-se (a) (Do lat. *reluctāri*, «lutar»)

relutividade *n.f.* FÍSICA o inverso da permeabilidade magnética (Do ing. *reluctivity*, «id.»)

reluzente *adj.2g.* 1 que reluz; cintilante; resplandecente 2 que tem brilho; lustroso; luzidio (Do lat. *relucente-*, «id.», part. pres. de *relucēre*, «reluzir»)

reluzir v.intr. 1 brilhar muito; cintilar; resplandecer 2 ter brilho ou lustro 3 [fig.] manifestar-se intensamente (Do lat. *relucēre*, «id.»)

relva n.f. 1 erva rala e rasteira, da família das Gramíneas, espontânea nos campos e usada como forragem, ou cultivada em jardins, parques, campos de futebol ou noutros espaços 2 terreno coberto ou revestido dessa erva; relvado; ~ *dos caminhos* BOTÂNICA designação de plantas herbáceas, pertencentes a duas espécies da família das Gramíneas, espontâneas e frequentes em Portugal; ~ *turca* BOTÂNICA planta herbácea, de flores de corola branca, da família das Saxifragáceas, espontânea em Portugal (Deriv. regr. de *relvar*)

relvado n.m. 1 terreno coberto de relva 2 campo de futebol (Part. pass. subst. de *relvar*)

relvagem n.f. 1 terreno coberto de relva 2 conjunto de erva muito espessa (De *relvar*+-*agem*)

relvar v.tr.,intr. cobrir(-se) de relva ∎ v.tr. [regionalismo] decruar (a terra) (Do lat. *re-herbāre*, «criar erva outra vez»)

relvedo n.m. ⇒ **relvado** (De *relva*+-*edo*)

relvejar v.intr. cobrir-se de relva; relvar (De *relva*+-*ejar*)

relvoso /ô/ adj. em que há relva (De *relva*+-*oso*)

rem n.m. 1 FÍSICA unidade de radiação ionizante equivalente a 10^{-2} sieverts 2 FÍSICA símbolo desta unidade de medida (Do inglês *rem*, «idem», acrónimo de *roentgen equivalent in man*)

rema n.f. LINGUÍSTICA parte da frase que introduz algo de novo sobre o tema (Do gr. *rhêma,-atos*, «o que se diz; palavra; fala»)

remada n.f. 1 ato ou efeito de remar 2 impulso que o remo imprime, de cada vez, ao barco 3 pancada com o remo (Part. pass. fem. subst. de *remar*)

remadela n.f. ⇒ **remada** (De *remar*+-*dela*)

remado adj. 1 movido por meio de remos 2 provido de remos (De *remo*+-*ado*)

remador adj.,n.m. que ou aquele que rema (De *remar*+-*dor*)

remadura n.f. ato ou efeito de remar (De *remar*+-*dura*)

remagnetizar v.tr. magnetizar de novo (De *re-*+*magnetizar*)

remake n.m. no cinema ou na televisão, nova versão de um filme ou de um programa que teve muito sucesso (Do ing. *remake*, «id.»)

remanchão adj. [regionalismo] que remancha; vagaroso; pachorrento; ronceiro (De *remanchar*+-*ão*)

remanchar¹ v.intr. 1 [pop.] demorar a fazer alguma coisa 2 [pop.] tardar; demorar-se 3 [pop.] andar devagar (De *remansar*)

remanchar² v.intr. fazer borda com o maço, no fundo de vasilhas de folha, em cima da bigorna (De *re-*+*maço*+-*ar*)

remancho n.m. 1 pachorra 2 indolência (Deriv. regr. de *remanchar*)

remandar v.tr. mandar de novo (De *re-*+*mandar*)

remanência n.f. 1 qualidade de remanente; remanescência 2 repouso 3 conservação 4 persistência de algo após ter desparecido aquilo que o provocou 5 FÍSICA indução residual numa substância, depois de o campo magnetizante se ter anulado (Do lat. *remanentīa*, part. pres. neut. pl. de *remanēre*, «permanecer»)

remanente adj.2g. 1 que remanesce; que sobra; restante 2 que fica ou permanece (Do lat. *remanente*-, «que fica para trás», part. pres. de *remanēre*, «permanecer»)

remanescência n.f. ⇒ **remanência**

remanescente adj.2g. que remanesce; que sobra; restante ∎ n.m. o que sobeja ou resta; *magnetismo* ~ FÍSICA magnetismo que uma substância ferromagnética conserva depois de se ter anulado a intensidade do campo que a magnetizou (Do lat. *remanescente*-, part. pres. de *remanescĕre*, «sobrar»)

remanescer v.intr. sobrar; restar; sobejar; subsistir (Do lat. *remanescĕre*, «sobrar»)

remangar v.intr.,pron. arregaçar as mangas (De *re-*+*manga*+-*ar*)

remansado adj. 1 em descanso; em repouso 2 manso; tranquilo 3 pachorrento; vagaroso 4 parado; estagnado (Part. pass. de *remansar*)

remansar-se v.pron. ⇒ **arremansar-se** (De *remanso*+-*ar*)

remansear v.intr. estar tranquilo; estar parado; estagnar (De *remanso*+-*ear*)

remanso n.m. 1 cessação do movimento; paragem 2 quietação; sossego; tranquilidade 3 lugar calmo e afastado; retiro 4 porção de água estagnada ou sem movimento perceptível 5 parte de um curso de água em que esta se move pouco ou nada (Do lat. *remansu*-, part. pass. de *remanēre*, «parar; permanecer»)

remansoso /ô/ adj. ⇒ **remansado** (De *remanso*+-*oso*)

remar¹ v.intr. 1 manobrar os remos para impelir a embarcação 2 nadar 3 voar 4 executar tarefa ou enfrentar obstáculo com vontade e esforço; esforçar-se; ~ *contra a maré* fazer esforços inúteis, ir contra a opinião da maioria (De *remo*+-*ar*)

remar² v.tr. [Angola] atirar (De *arrumar*, «aplicar com violência»)

remarcar v.tr. 1 pôr nova marca em 2 contrastar (objetos de ourivesaria) 3 [Brasil] modificar o preço de; atribuir novo preço a (De *re-*+*marcar*)

remaridar-se v.pron. (mulher) casar-se novamente (De *re-*+*maridar*)

remascar v.tr. 1 tornar a mascar 2 ruminar; remoer (De *re-*+*mascar*)

remasse n.m. utensílio de espingardeiro (De orig. obsc.)

remasterização n.f. INFORMÁTICA, ELETRÓNICA produção de nova máster ou matriz de reprodução de gravação áudio ou de filme, alterando ou aperfeiçoando a sua qualidade, especialmente para facilitar a sua reprodução (De *remasterizar*+-*ção*)

remasterizar v.tr. INFORMÁTICA, ELETRÓNICA produzir nova máster ou matriz de reprodução de gravação áudio ou de filme, alterando ou aperfeiçoando a sua qualidade (De *re-*+*masterizar*)

remastigação n.f. ato de remastigar (De *remastigar*+-*ção*)

remastigar v.tr. 1 tornar a mastigar 2 ruminar; remoer (De *re-*+*mastigar*)

rematação n.f. 1 ato ou efeito de rematar 2 ⇒ **arrematação** (De *rematar*+-*ção*)

rematado adj. 1 concluído; completo 2 encimado 3 leiloado 4 total; absoluto 5 (trabalho de costura ou malha) cosido ou acabado de forma a não se desfazer (Part. pass. de *rematar*)

rematador adj. que remata ∎ n.m. 1 pessoa que remata 2 DESPORTO pessoa que chuta (De *rematar*+-*dor*)

rematar v.tr. 1 dar remate a; acabar; concluir 2 fazer pontos de acabamento em (trabalho de costura ou malha) 3 fechar no alto; coroar 4 completar ∎ v.intr. 1 ter fim; concluir-se 2 em certos desportos, chutar com o pé ou arremessar com a mão a bola para a baliza para marcar um golo 3 em certos desportos, bater a bola de forma forte, rápida e com uma trajetória descendente (De *re-*+*matar*?)

remate n.m. 1 ato ou efeito de rematar; acabamento 2 fim; conclusão 3 ARQUITETURA enfeite que encima uma peça de arquitetura 4 ornato que culmina tampa, vaso ou a parte mais elevada de uma peça de mobiliário 5 ponto de acabamento de um trabalho de costura ou malha 6 LITERATURA desfecho de composição literária 7 DESPORTO arremesso da bola para a baliza do adversário 8 DESPORTO (ténis, voleibol, etc.) batimento da bola de forma forte, rápida e com uma trajetória descendente, geralmente executado junto à área de serviço adversária, procurando assim concluir a jogada e conquistar um ponto 9 [fig.] o mais alto grau; auge 10 [fig.] resultado; *em* ~ finalmente (Deriv. regr. de *rematar*)

rembrandtesco /ê/ adj. relativo ao pintor holandês Rembrandt (1606-1669), ou à sua escola (De *Rembrandt*, antr. +-*esco*)

remeção n.m. ⇒ **arremeção** (Do lat. *re-*+*metiōne-*, por *metitiōne-*, «medição; medida»)

remedar v.tr. ⇒ **arremedar** (Do lat. *re-*+*imitāri*, «imitar»)

remedeio n.m. 1 ato de remediar 2 aquilo que atenua uma falta ou um mal 3 o que supre a falta de qualquer coisa 4 substituto precário 5 solução provisória e insuficiente; paliativo (Deriv. regr. de *remediar*)

remediado adj. 1 [pop.] que tem alguns bens 2 [pop.] que tem meios de subsistência suficientes; que não é rico nem pobre (Part. pass. de *remediar*)

remediador adj.,n.m. que ou aquele que remedeia (Do lat. tard. *remediatŏre-*, «id.»)

remediar v.tr. 1 dar remédio a 2 atenuar; aliviar 3 atalhar; prevenir; impedir; obstar a 4 compor; corrigir 5 auxiliar; socorrer 6 prover do indispensável 7 resolver (problema) de forma provisória e insuficiente ∎ v.pron. 1 ocorrer às próprias necessidades 2 prover-se do necessário para alívio de dor ou suprimento de falta 3 corrigir-se (Do lat. *remediāre*, «curar»)

remediável adj.2g. que se pode remediar; que tem remédio ou solução (Do lat. tard. *remediabĭle-*, «id.»)

remedição n.f. ato ou efeito de remedir; nova medição (De *remedir*+-*ção*)

remédio n.m. 1 tudo o que serve para debelar ou atenuar um mal físico ou moral 2 medicamento 3 cura; tratamento 4 emenda; correção 5 expediente; solução; recurso 6 auxílio; proteção; *não ter outro* ~ não poder agir de forma diferente; *para grandes males, grandes remédios* (provérbio) para vencer circunstâncias graves é forçoso fazer grandes sacrifícios, tomar providências extremas; *que* ~! expressão que traduz resignação ou conformação em relação a algo que é inevitável ou não se pode mudar; *saber a* ~ ter sabor desagradável; *sem* ~ sem solução; *ser* ~ *santo* resultar na perfeição (Do lat. *remedĭu-*, «id.»)

remedir v.tr. 1 tornar a medir 2 conferir a primeira medida de (Do lat. *remetīri*, «id.»)

remedo n.m. ⇒ **arremedo** (Deriv. regr. de *remedar*)
remeia n.f. [regionalismo] medida de líquidos correspondente a 6 litros (De *re-+meia*)
remeiro adj. **1** que obedece bem ao impulso dos remos **2** veloz ■ n.m. remador (De *remo+-eiro*)
remel n.m. [fig.] grande doçura (De *re-+mel*)
remela n.f. **1** substância amarelada que aparece nos pontos lacrimais e nos bordos da conjuntiva **2** [regionalismo] reima das sardinhas de salmoira (De orig. obsc.)
remelado adj. **1** que tem remela **2** [pop.] que não se cuida; desleixado (Part. pass. de *remelar*)
remelão¹ adj. (açúcar) que fica como mel, sem granular (De *re-+mel+-ão*)
remelão² adj. ⇒ **remeloso** (De *remela+-ão*)
remelar¹ v.intr. criar remela (De *remela+-ar*)
remelar² v.intr. (açúcar) ficar remelão ou semelhante ao mel (De *remel+-ar*)
remeleiro adj. ⇒ **remeloso** (De *remela+-eiro*)
remelento adj. ⇒ **remeloso** (De *remela+-ento*)
remelexo n.m. [Brasil] bamboleio do corpo; requebro; saracoteio (Formação expressiva)
remelga n.f. [regionalismo] jogo de azar entre parceiros pouco endinheirados; batota pataqueira (De orig. obsc.)
remelgado adj. **1** [pop.] que tem o rebordo da pálpebra revirado para fora **2** [pop.] que tem os olhos arregalados (De *remela?*)
remelgueira n.f. [regionalismo] grande pechincha; grande melgueira (De *re-+melgueira*)
remelgueiro n.m. [regionalismo] indivíduo dado a remelgas; batoteiro pouco endinheirado (De *remelga+-eiro*)
remelhor adj.2g. muito melhor (De *re-+melhor*)
remeloso /ô/ adj. que tem ou cria muita remela; remelado; remelento (De *remela+-oso*)
remembrança n.f. [ant.] recordação (De *remembrar+-ança*)
remembrar v.tr. [ant.] relembrar (Do lat. *rememorāri*, «voltar a lembrar»)
rememoração n.f. ato ou efeito de rememorar (Do lat. *rememoratiōne-*, «recordação»)
rememorador adj. ⇒ **rememorativo** (De *rememorar+-dor*)
rememorar v.tr. **1** trazer de novo à memória; relembrar **2** dar uma ideia imperfeita de (Do lat. *rememorāri*, «recordar; voltar a lembrar»)
rememorativo adj. **1** que rememora **2** comemorativo (De *rememorar+-tivo*)
rememorável adj.2g. **1** digno de ser rememorado **2** famoso (Do lat. ecl. *rememorabĭle-*, «id.»)
remémoro adj. [poét.] que rememora; que se lembra (Do lat. *re-+memŏro*, «recordo», pres. do ind. de *memorāre*, «recordar; lembrar»)
remendado adj. **1** que tem remendos **2** que traz roupa com remendos **3** consertado à toa **4** malhado; mosqueado **5** (linguagem, frase) em que há termos ou locuções estranhas ou impróprias (Part. pass. de *remendar*)
remendagem n.f. **1** ato de remendar **2** TIPOGRAFIA trabalhos tipográficos miúdos (De *remendar+-agem*)
remendão adj.,n.m. **1** que ou pessoa que deita remendos **2** [fig., pej.] que ou pessoa que não é perfeita no seu trabalho; trapalhão **3** [fig., pej.] que ou aquele que anda mal vestido; maltrapilho (De *remendar+-ão*)
remendar v.tr. **1** deitar remendos em **2** corrigir; emendar **3** [fig.] mesclar (a linguagem vernácula) de estrangeirismos **4** [fig.] misturar (coisas distintas ou heterogéneas) (De *re-+emendar*)
remendeiro adj.,n.m. ⇒ **remendão** (De *remendar+-eiro*)
remendo n.m. **1** pedaço de pano cosido sobre uma parte rasgada do vestuário **2** peça de couro, metal, madeira, etc., utilizada para consertar um objeto de material semelhante **3** parte consertada de um objeto **4** qualquer conserto **5** malha na pele de alguns animais **6** [fig.] emenda; retificação **7** [fig.] solução provisória e insuficiente; paliativo **8** [fig.] desculpa (Deriv. regr. de *remendar*)
remeneio n.m. movimentos dengosos; saracoteio (De *re-+meneio*)
remenicar v.intr. [pop.] replicar; retorquir; recalcitrar (De orig. obsc.)
remerecedor adj. que remerece; que é muito merecedor (De *re-+merecedor*)
remerecer v.tr. **1** merecer muito **2** merecer mais do que recebe (De *re-+merecer*)
remergulhar v.tr. mergulhar de novo (De *re-+mergulhar*)
remessa n.f. **1** ato ou efeito de remeter **2** objeto ou mercadoria remetida (Do lat. *remissa-*, part. pass. fem. de *remittĕre*, «reenviar»)
remessão n.m. ⇒ **arremessão** (De *remessar+-ão*)

remessar v.tr. ⇒ **arremessar**¹ v.tr. ■ v.pron. **1** precipitar-se **2** ir de encontro (a) **3** cair (sobre) (De *remesso+-ar*)
remesso n.m. ⇒ **arremesso** (Do lat. *remissu-*, part. pass. de *remittĕre*, «reenviar»)
remetedura n.f. ato ou efeito de arremeter; investida (De *remeter+-dura*)
remetente adj.2g. que remete ou envia ■ n.2g. aquele que envia ou remete ■ n.m. endereço daquele que envia (Do lat. *remittente*, «id.», part. pres. de *remittĕre*, «reenviar»)
remeter v.tr. **1** fazer seguir (algo) para determinado lugar; enviar; expedir **2** mandar ir ter com **3** enviar (o leitor) para certo ponto do texto ou documento **4** fazer referência (a) **5** confiar **6** encomendar; recomendar **7** entregar **8** expor; sujeitar **9** adiar; protelar; procrastinar **10** deitar para trás das costas **11** investir com ímpeto sobre; lançar-se furiosamente sobre ■ v.pron. **1** entregar-se; confiar-se **2** referir-se; reportar-se; **~-se ao silêncio** calar-se (Do lat. *remittĕre*, «id.»)
remetida n.f. ⇒ **arremetida** (Part. pass. fem. subst. de *remeter*)
remetimento n.m. **1** ato ou efeito de remeter **2** ⇒ **arremetida** (De *remeter+-mento*)
remexão adj.,n.m. que ou aquele que remexe muito (De *remexer+-ão*)
remexer v.tr. **1** tornar a mexer **2** mexer muito em; revolver **3** agitar; sacudir ■ v.intr.,pron. mexer-se; mover-se (Do lat. *remiscēre*, «misturar»)
remexida n.f. **1** ato ou efeito de remexer **2** [fig.] confusão; trapalhada; balbúrdia (Part. pass. fem. subst. de *remexer*)
remexido adj. **1** que se remexeu; revolvido; revolto **2** mexido muitas vezes **3** agitado **4** [pop.] travesso; irrequieto; traquinas (Part. pass. de *remexer*)
remição n.f. **1** ato ou efeito de remir ou remir-se **2** recuperação **3** reparação; indemnização **4** libertação; resgate **5** redenção **6** quitação (De *remir+-ção*)
remidor adj.,n.m. que ou aquele que redime; redentor (De *remir+-dor*)
remiforme adj.2g. que tem a forma de remo (Do lat. *remu-*, «remo» +*forma-*, «forma»)
rémige adj.2g. que rema ■ n.f. ORNITOLOGIA cada uma das penas resistentes das asas, que executam o voo e que são, na generalidade; remígio; **rémiges bastardas/polegares** rémiges implantadas no polegar; **rémiges primárias** rémiges implantadas na mão, excluindo o polegar; **rémiges secundárias** rémiges implantadas no antebraço; **rémiges terciárias** rémiges implantadas no braço (Do lat. *remĭge-*, «remador»)
remígero adj. que tem remos ou se move por meio deles (Do lat. *remigĕru-*, «id.»)
remígio n.m. **1** voo das aves **2** (pena) ⇒ **rémige** (Do lat. *remigĭu-*, «ordem de remos»)
remigração n.f. **1** ato ou efeito de remigrar **2** regresso; volta (De *remigrar+-ção*)
remigrar v.intr. regressar ao ponto donde se emigrou (Do lat. *remigrāre*, «voltar a habitar»)
reminar-se v.pron. [Brasil] revoltar-se (De *re-+minar* [= afligir])
remineralização n.f. **1** ato de remineralizar **2** MEDICINA assimilação pelo organismo dos sais minerais de que necessita (De *remineralizar+-ção*)
remineralizar v.tr. mineralizar novamente (De *re-+mineralizar*)
reminha pron.poss. [pop.] muito minha (De *re-+minha*)
reminiscência n.f. **1** recordação que se guarda de modo inconsciente **2** capacidade de guardar e reconstituir ideias, conhecimentos, impressões adquiridos anteriormente; memória **3** recordação vaga; lembrança quase apagada **4** PSICOLOGIA recordação ou lembrança sem reconhecimento **5** característica inspirada por uma influência que não é totalmente consciente na criação artística; **teoria da ~** FILOSOFIA forma mítica do racionalismo, em Platão (filósofo grego, 428-348 a. C.), segundo a qual todo o poder de conhecer a verdade é a recordação de um estado antigo em que, vivendo com os deuses, se possuía uma visão direta e imediata das ideias (Do lat. *reminiscentĭa-*, «recordação»)
remípede adj.2g. ZOOLOGIA (animal) que tem membros (ou as extremidades destes) em forma de remos, adaptados à natação (Do lat. *remu-*, «remo» +*pede-*, «pé»)
remir v.tr. **1** libertar do cativeiro, pagando resgate **2** indemnizar; compensar **3** libertar de um castigo ou de uma situação de inferioridade; salvar **4** adquirir de novo **5** tornar esquecido **6** sanar **7** resgatar (um penhor) **8** exonerar **9** RELIGIÃO livrar das penas do Inferno ■ v.pron. **1** pagar o resgate **2** salvar-se **3** reabilitar-se **4** pagar as suas dívidas (Do lat. *redimĕre*, «resgatar»)

remirar v.tr. 1 tornar a mirar 2 mirar muito 3 examinar ■ v.pron. 1 mirar-se muito 2 rever-se (De re-+mirar)

remissa n.f. 1 (jogo do voltarete) quantia, igual ao bolo, que o parceiro que perde tem de pôr no prato 2 adiamento; *ficar de* ~ ficar à espera; *pôr de* ~ pôr de reserva (Do lat. remissa-, part. pass. fem. de remittěre, «remeter»)

remissão n.f. 1 ato ou efeito de remitir; perdão da culpa; remitência 2 expiação 3 clemência; indulgência 4 alívio; consolo 5 falta de vigor ou intensidade; frouxidão 6 MEDICINA alívio momentâneo dos sintomas de uma doença 7 interrupção 8 adiamento 9 ato ou efeito de remeter; envio; expedição 10 chamada de atenção para outro ponto de uma obra, para outra obra, para um autor, etc.; *sem* ~ inexoravelmente, impreterivelmente (Do lat. remissiõne-, «entrega»)

remissibilidade n.f. qualidade do que é remissível ou digno de perdão (Do lat. remissibĭle-, «remissível» +-i-+-dade)

remissível adj.2g. 1 que se pode remitir; desculpável 2 que se pode remeter; que pode ser enviado (Do lat. remissibĭle-, «id.»)

remissivo adj. 1 que remite; que perdoa 2 que remete para outro ponto 3 que faz referência (a); alusivo (Do lat. remissīvu-, «id.»)

remisso adj. 1 negligente 2 indolente; frouxo 3 tardio (Do lat. remissu-, «relaxado», part. pass. de remittěre, «abrandar; relaxar»)

remissório adj. que encerra remissão ou comutação de pena (De remisso+-ório)

remitarso adj. ZOOLOGIA que possui tarsos em forma de remo (Do lat. remu-, «remo»+gr. tarsós, «tarso»)

remitência n.f. 1 ato ou efeito de remitir; perdão da culpa 2 MEDICINA diminuição temporária e interpolada dos sintomas de uma doença (Do lat. remittentĭa, part. pres. neut. pl. de remittěre, «perdoar»)

remitente adj.2g. 1 que remite; que perdoa 2 MEDICINA diz-se da doença cujos sintomas diminuem temporariamente de intensidade 3 MEDICINA diz-se da febre que, durante as remissões de uma doença, baixa sem contudo atingir o normal (Do lat. remittente-, «que perdoa», part. pres. de remittěre, «perdoar»)

remitir v.tr. 1 perdoar ou comutar uma pena a 2 perdoar (dívida); quitar 3 afrouxar; abrandar ■ v.intr. 1 diminuir de intensidade 2 ter intervalos (Do lat. remittěre, «perdoar»)

remível adj.2g. que se pode remir ou resgatar; pagável (De remir+-vel)

remo n.m. 1 vara comprida de madeira, com uma extremidade chata, para impelir pequenas embarcações na água 2 DESPORTO modalidade desportiva que consiste na disputa de regatas individuais ou por equipas e em que as embarcações são movidas através de varas como essa (Do lat. remu-, «id.»)

remoalho n.m. bolo alimentício que os ruminantes fazem vir do estômago à boca para o remoerem (De remoer+-alho)

remoçado adj. que remoçou; rejuvenescido (Part. pass. de remoçar)

remoçador adj.,n.m. que ou o que remoça (De remoçar+-dor)

remoção n.f. 1 ato ou efeito de remover; mudança de um lugar para o outro; transferência 2 ato ou efeito de fazer desaparecer; eliminação 3 DIREITO demissão; destituição (Do lat. remotiõne-, «afastamento»)

remocar[1] v.tr. 1 censurar com remoques 2 exprobrar (De remoque+-ar)

remocar[2] v.intr. 1 [regionalismo] (relha do arado) ir de encontro a uma pedra 2 [regionalismo] empecer (De orig. obsc.)

remoçar v.tr.,intr. 1 tornar ou parecer mais jovem; rejuvenescer 2 dar ou adquirir frescura; rejuvenescer (De re-+moço+-ar)

remoçativo adj. que faz remoçar (De remoçar+-tivo)

remodelação n.f. 1 ato ou efeito de remodelar; renovação 2 transformação; modificação 3 reorganização; reestruturação (De remodelar+-ção)

remodelar v.tr. 1 modelar de novo; renovar 2 transformar para melhor; modificar 3 dar nova organização a; reestruturar (De re-+modelar)

remoedura n.f. ato de remoer ou ruminar (De remoer+-dura)

remoer v.tr. 1 moer de novo 2 tornar a mastigar; ruminar 3 [fig.] pensar muitas vezes em; repisar; cismar 4 [fig.] importunar com insistência ■ v.pron. 1 encher-se de raiva 2 afligir-se (De re-+moer)

remoinhar v.intr. mover-se, descrevendo espirais; fazer remoinho; revolutear ■ v.tr. fazer mover em espiral (De re-+moinho+-ar)

remoinho n.m. 1 movimento em espiral 2 massa de água, de ar, etc. em movimento espiralado 3 disposição do cabelo em espiral 4 pé de vento; rajada; tufão 5 voragem 6 sorvedouro (Deriv. regr. de remoinhar)

remoinhoso adj. que forma remoinho (De remoinho+-oso)

remolhar v.tr. 1 molhar de novo 2 molhar muito 3 pôr a dessalgar (De re-+molhar)

remolho /ô/ n.m. 1 ato ou efeito de remolhar 2 estado do corpo que se remolha (Deriv. regr. de remolhar)

remondagem n.f. ato ou efeito de remondar (De remondar+-agem)

remondar v.tr. 1 mondar outra vez 2 limpar, mondando (Do lat. re-+mundāre, «limpar»)

remonta n.f. 1 aquisição de novo gado cavalar ou muar para o exército 2 gado remontado 3 pessoal incumbido dessa aquisição 4 [pop.] conserto 5 [pop.] reforma (Do fr. remonte, «id.»)

remontado adj. 1 adquirido por remonta 2 muito alto 3 distante; remoto 4 [fig.] sublime; distinto (Part. pass. de remontar)

remontagem n.f. 1 ato ou efeito de remontar 2 ato ou efeito de montar novamente 3 ação ou efeito de tornar a montar (máquina) (De remontar+-agem)

remontante adj.2g. designativo da planta que floresce sem cessar durante toda a estação própria, ou cuja floração se repete várias vezes no ano (De remontar+-ante)

remontar v.tr.,intr. tornar a montar (cavalo, etc.) ■ v.tr. 1 elevar muito; encimar 2 voltar a montar; reconstruir 3 ter origem remota em; datar de 4 voltar atrás no tempo 5 substituir (gado) 6 consertar; remendar 7 fazer fugir 8 voltar a montar (peça de teatro) 9 subir; trepar 10 mobilar; alfaiar 11 pôr em sítio remoto ■ v.pron. 1 elevar-se muito 2 aludir; reportar-se; referir-se (a tempos passados ou a pessoas e coisas remotas) (Do fr. remonter, «subir»)

remonte n.m. 1 ato de remontar 2 conserto na parte anterior do calçado 3 sítio elevado 4 lugar remoto 5 elevação; altura (Deriv. regr. de remontar)

remontista n.2g. que ou aquele que faz a remonta de gado cavalar (De remontar+-ista)

remoque n.m. 1 dito que encerra uma censura ou um conceito malicioso; motejo 2 insinuação indireta (Deriv. regr. de remocar)

remoqueador adj.,n.m. que ou aquele que diz ou tem por hábito dizer remoques; chasqueador (De remoquear+-dor)

remoquear v.tr.,intr. dizer remoques; ferir com remoques; chasquear (De remoque+-ear)

remora n.f. 1 ato ou efeito de remorar; demora 2 dilação 3 obstáculo; impedimento (Deriv. regr. de remorar)

rémora n.f. ICTIOLOGIA peixe teleósteo, portador de um disco elíptico na parte superior da cabeça, que pode fixar-se nos peixes grandes ou nos navios e é também conhecido por agarrador, pegador e peixe-piolho (Do lat. remŏra-, «demora; obstáculo», do v. remorāri, «fixar-se; demorar; remorar»)

remorado adj. retardado (Do lat. remorātu-, «id.», part. pass. de remorāri, «retardar; demorar»)

remorar v.tr. demorar; retardar (Do lat. remorāri, «retardar; fixar-se; demorar»)

remordaz adj.2g. 1 muito mordaz 2 cáustico (De re-+mordaz)

remordedor adj.,n.m. 1 que ou aquele que remorde 2 [fig.] que aflige constantemente 3 cáustico 4 crítico (De remorder+-dor)

remordente adj.2g. que remorde (Do lat. remordente-, «id.», part. pres. de remordēre, «remorder»)

remorder v.tr.,pron. morder(-se) de novo ou mais de uma vez ■ v.tr. 1 falar mal de; criticar; censurar 2 atormentar com insistência; afligir 3 cismar em; matutar em ■ v.pron. enraivecer-se; encolerizar-se; ralar-se (Do lat. remordēre, «id.»)

remordimento n.m. 1 ato ou efeito de remorder ou de remorder-se 2 remorso (De remorder+-i-+-mento)

remoroso adj. que demora; remorado (De remora+-oso)

remorso n.m. sentimento de autocensura e de arrependimento provocado pela consciência de ter agido mal (Do lat. remorsu-, «remordido», part. pass. de remordēre, «remorder»)

remorto /ô/ adj. bem morto (De re-+morto)

remoto adj. 1 que sucedeu há muito 2 que está muito distanciado; afastado; longínquo (Do lat. remōtu-, «id.», part. pass. de removēre, «afastar»)

remover v.tr. 1 tornar a mover 2 transferir 3 mudar de um lugar para outro 4 extrair 5 demitir 6 afastar; livrar-se de 7 fazer desaparecer; eliminar 8 levar; induzir; impelir; mover 9 frustrar; baldar 10 remexer; agitar (Do lat. removēre, «afastar»)

removimento n.m. 1 ato ou efeito de remover ou de ser removido; remoção 2 transferência (De remover+-i-+-mento)

removível adj.2g. 1 que se pode remover 2 que pode ser mudado de um lado para outro 3 que se pode eliminar 4 evitável (De remover+-vel)

remuação n.m. doença das abelhas (De orig. obsc.)

remudar v.tr. tornar a mudar (De re-+mudar)

remugir *v.intr.* tornar a mugir ou mugir muitas vezes (De *re-+mugir*)

remuito *adv.* em grau muitíssimo elevado (De *re-+muito*)

remuneração *n.f.* 1 ato ou efeito de remunerar 2 pagamento por serviço prestado no desempenho da atividade profissional; salário; ordenado; paga 3 recompensa; prémio; compensação (Do lat. *remuneratiōne-*, «id.»)

remunerador *adj.* 1 que remunera 2 remunerativo 3 compensador ■ *n.m.* aquele ou aquilo que remunera (Do lat. *remuneratōre-*, «id.»)

remunerar *v.tr.* 1 dar remuneração a; pagar salário a 2 recompensar; gratificar; compensar (Do lat. *remunerāre*, «id.»)

remunerativo *adj.* ⇒ **remuneratório** (De *remunerar+-tivo*)

remuneratório *adj.* 1 que remunera 2 próprio para remunerar ou recompensar (De *remunerar+-tório*)

remunerável *adj.2g.* 1 que se pode remunerar 2 digno de remuneração (De *remunerar+-vel*)

remuneroso /ô/ *adj.* ⇒ **remuneratório** (De *remunerar+-oso*)

remurmurar *v.intr.* 1 tornar a murmurar 2 murmurar constantemente (Do lat. *remurmurāre*, «murmurar; ressoar»)

remurmurejar *v.intr.* produzir repetidos murmúrios (De *re-+murmurejar*)

remurmúrio *n.m.* murmúrio contínuo (De *re-+murmúrio*)

rena /ê/ *n.f.* ZOOLOGIA mamífero ruminante, domesticável, pertencente à família dos Cervídeos, de constituição robusta e pesada, cornadura desenvolvida (sobretudo nos machos), próprio das regiões frias do Norte; rangífer (Do sueco *ren*, «id.», pelo fr. *renne*, «id.»)

renal *adj.2g.* 1 dos rins 2 referente aos rins 3 nefrítico (Do lat. *renāle-*, «id.»)

renano *adj.* 1 relativo ao Reno, rio da Europa 2 relativo à Renânia, região da Alemanha ■ *n.m.* natural ou habitante da Renânia (Do lat. *rhenānu-*, «id.»)

renascença *n.f.* ⇒ **renascimento** (Do fr. *renaissance*, «id.»)

renascente *adj.2g.* 1 que renasce 2 que se renova (Do lat. *renascente-*, «id.», part. pres. de *renasci*, «renascer»)

renascentismo *n.m.* conjunto de aspetos e características literárias ou artísticas que qualificam a época do Renascimento (De *renascente+-ismo*)

renascentista *adj.2g.* 1 que diz respeito à época do Renascimento 2 participante na renovação operada nessa época (De *renascente+-ista*)

renascer *v.intr.* 1 nascer de novo 2 voltar a crescer 3 reaparecer; ressurgir 4 rejuvenescer 5 adquirir novo vigor, novo impulso; renovar-se (Do lat. *renascĕre, «renascer», por *renasci*, «id.»)

renascimento *n.m.* 1 ato ou efeito de renascer; renascença 2 reaparecimento; reaparição 3 [fig.] novo vigor; nova atividade 4 [fig.] novo impulso 5 [com maiúscula] HISTÓRIA movimento cultural de renovação científica, literária e artística, vulgarmente considerado como iniciado no séc. XIV e prolongado através dos séculos XV e XVI, e que se realizou, no plano estético, com base na imitação dos modelos da Antiguidade clássica greco-romana 6 [com maiúscula] HISTÓRIA período caracterizado por esse movimento (De *renascer+-i-+-mento*)

renavegar *v.tr.,intr.* 1 tornar a navegar 2 navegar para o ponto de partida (Do lat. *renavigāre*, «voltar por mar a»)

renda¹ *n.f.* 1 obra de malha feita com fios de linho, seda, ouro ou prata, que são tecidos e entrelaçados de maneira a formar os mais diversos tipos de desenhos 2 qualquer motivo ornamental que imita tal obra de malha (Do prov. *randa*, «adorno», pelo cast. *randa*, «id.»)

renda² *n.f.* 1 prestação periódica que o locatário está obrigado a pagar ao locador a título de remuneração do gozo da coisa alugada 2 quantia recebida periodicamente pelo aluguer de bens, pela aplicação de capital, etc. 3 quantia recebida como benefício; pensão 4 rendimento; receita; produto 5 tributo (Deriv. regr. de *render*)

rendado *adj.* 1 guarnecido de renda 2 semelhante à renda ■ *n.m.* guarnição de rendas (De *renda+-ado*)

rendar¹ *v.tr.* guarnecer de rendas (De *renda*, «obra de malha» +-*ar*)

rendar² *v.tr.* ⇒ **arrendar**¹ ■ *v.intr.* pagar renda(s) (De *renda*, «prestação» +-*ar*)

rendar³ *v.tr.* dar segunda sacha a (milho) (De *redrar*)

rendaria *n.f.* 1 indústria ou arte de fazer rendas 2 quantidade grande de rendas (De *renda+-aria*)

rendedoiro *adj.* ⇒ **rendedouro**

rendedouro *adj.* 1 que rende 2 que promete dar renda ou lucro; rendoso (De *render+-douro*)

rendeiro¹ *n.m.* indivíduo que fabrica ou vende rendas (De *renda+-eiro*)

rendeiro² *n.m.* 1 pessoa que toma por arrendamento uma propriedade 2 pessoa que dá de arrendamento uma propriedade 3 arrematante ou cobrador de rendas (De *renda+-eiro*)

render *v.tr.* 1 sujeitar; dominar 2 entregar por capitulação; depor 3 dedicar; prestar 4 comover; enternecer 5 produzir 6 dar de lucro 7 substituir 8 causar; provocar 9 dar; ofertar; restituir 10 debilitar; alquebrar ■ *v.intr.* 1 dar lucro 2 ser produtivo 3 rachar; estalar; fender-se 4 [pop.] contrair uma hérnia ■ *v.pron.* 1 dar-se por vencido 2 sujeitar-se depois de esgotados os meios de defesa e resistência 3 prostrar-se; ~ *a alma ao Criador* morrer (Do lat. *reddĕre*, «restituir»)

rendez-vous *n.m.2n.* 1 encontro combinado 2 ponto de encontro (Do fr. *rendez-vous*)

rendibilidade *n.f.* 1 qualidade do que é rendível 2 capacidade de produzir rendimento 3 ECONOMIA relação entre um rendimento e o capital que lhe deu origem (De *rendível+-i-+-dade*)

rendibilização *n.f.* ato ou efeito de tornar rendível (De *rendibilizar+-ção*)

rendibilizar *v.tr.* 1 tornar rendível 2 tornar rendoso (De *rendível+-izar*)

rendição *n.f.* 1 ato ou efeito de render ou de render-se 2 sujeição 3 MILITAR capitulação 4 MILITAR substituição de uma unidade desgastada pelo combate por outra unidade vinda da retaguarda 5 MILITAR substituição de guarda ou sentinela depois de acabado o respetivo turno (Do lat. *reditiōne-*, «volta; regresso»)

rendido *adj.* 1 fendido; estalado; rachado 2 vencido; que se entregou 3 submisso; dominado 4 abatido; prostrado 5 substituído 6 extático; absorto 7 [pop.] herniado 8 NÁUTICA rachado; estalado (Part. pass. de *render*)

rendilha *n.f.* 1 pequena renda 2 renda delicada 3 ARQUITETURA arabescos arquitetónicos que imitam renda 4 espiguilha (De *renda+-ilha*)

rendilhado *adj.* que tem rendilha ou lavores semelhantes a rendilha ■ *n.m.* guarnição ou ornato semelhante a renda (Part. pass. de *rendilhar*)

rendilhamento *n.m.* ato ou efeito de rendilhar (De *rendilhar+-mento*)

rendilhar *v.tr.* 1 adornar com rendilha ou com renda 2 entremear de ornatos caprichosos 3 recortar 4 florear; embelezar (linguagem, estilo) (De *rendilha+-ar*)

rendilheira *n.f.* 1 mulher que faz ou vende rendas 2 profissão dessa mulher (De *rendilha+-eira*)

rendimento *n.m.* 1 ato ou efeito de render 2 importância em dinheiro recebida por alguém; receita 3 lucro; proveito 4 eficiência; produtividade 5 ato de se render; rendição; capitulação 6 ECONOMIA remuneração de um fator produtivo (salário, renda, juro, lucro) 7 FÍSICA relação entre a energia útil ou disponível e a energia fornecida ao dispositivo transformador, em qualquer transformação de energia 8 [pop.] deslocamento de osso ou luxação 9 [pop.] hérnia; quebradura; ~ *disponível* ECONOMIA rendimento que fica à disposição de um agente económico depois de pagos os impostos diretos e as quotizações sociais, e depois de recebidas as transferências sociais (subsídios, abonos, etc.); ~ *social de inserção* ECONOMIA prestação paga pelo Estado às famílias com escassos recursos económicos, visando promover a sua inserção social (antes designado rendimento mínimo garantido) (De *render+-i-+-mento*)

rendível *adj.2g.* 1 que rende; que produz rendimento satisfatório; frutuoso 2 que pode dar lucro; suscetível de produzir rendimento (De *render+-vel*)

rendor *n.m.* [regionalismo] rendimento; proveito; lucro (De *render+-or*)

rendoso /ô/ *adj.* que rende; proveitoso; lucrativo; rendível (De *renda+-oso*)

renegação *n.f.* ato de renegar; apostasia; abjuração (De *renegar+-ção*)

renegado *n.m.* 1 pessoa que abjurou as suas opiniões, crenças, ideais, etc. 2 pessoa que passou de um partido para outro 3 pessoa que mudou de religião 4 [pop., pej.] pessoa malvada ■ *adj.* 1 repelido 2 desprezado 3 execrado 4 amaldiçoado (Part. pass. de *renegar*)

renegador *adj.* que renega ■ *n.m.* 1 aquele que renega; renegado 2 blasfemador (De *renegar+-dor*)

renegar *v.tr.* 1 abandonar (ideias, crenças, religião); renunciar; abjurar; descrer 2 rejeitar; repudiar; repelir 3 execrar; odiar 4 trair; atraiçoar 5 contradizer; negar 6 prescindir de; abdicar; não fazer caso de (De *re-+negar*)

renetar *v.tr.* cortar ou aparar com o renete (De *renete+-ar*)

renete *n.m.* instrumento de ferrador para aparar os cascos de certos animais (Do fr. *rénette*, «id.»)

rengalho *n.m.* [pop.] tecido liso das rendas até chegar ao bordado; rede lisa (De *rengo*+-*alho*)

rengo[1] *n.m.* tecido liso e transparente em que se fazem bordados para aplicação em golilhas, punhos, etc. (De orig. obsc.)

rengo[2] *adj.* **1** [regionalismo] derreado **2** [regionalismo] frouxo (Do gót. *wranks, de wrankjan*, «torcer»)

renhido *adj.* **1** disputado ou debatido com ardor ou tenacidade; porfiado **2** [fig.] sangrento (Part. pass. de *renhir*)

renhimento *n.m.* **1** ato ou efeito de renhir **2** contenda; porfia **3** encarniçamento (De *renhir*+-*mento*)

renhir *v.tr.,intr.* lutar; contender; porfiar ▪ *v.tr.* **1** disputar **2** argumentar energicamente com ▪ *v.pron.* tornar-se intenso; agravar-se (Do lat. vulg. *ringĭre, do lat. cl. *ringi*, «arreganhar os dentes; enfurecer-se»)

renículo *n.m.* ANATOMIA cada um dos lóbulos constitutivos dos rins (Do lat. *renicŭlu*-, dim. de *rene*-, «rim»)

renidente *adj.2g.* cintilante; radiante (Do lat. *renidente*-, «id.», part. pres. de *renidēre*, «brilhar»)

reniforme *adj.2g.* em forma de rim (Do lat. *rene*-, «rim» +*forma*-, «forma»)

renina *n.f.* **1** fermento do suco gástrico que ativa a coagulação do leite; quimosina **2** substância obtida do rim, que se aplica para elevar a tensão arterial (Do lat. *rene*-, «rim» +-*ina*)

rénio *n.m.* QUÍMICA elemento metálico de elevada densidade, com o número atómico 75, de símbolo Re, dificilmente fusível, pouco abundante na natureza, e que se emprega em termopares e como catalisador (De *Reno*, rio da Europa Central +-*io*)

renitência *n.f.* **1** qualidade ou estado do que é renitente **2** oposição; resistência **3** teimosia; obstinação; persistência (Do lat. *renitentĭa*, part. pres. neut. pl. de *renīti*, «opor-se; resistir»)

renitente *adj.2g.* **1** que resiste; que resiste ou se opõe a algo **2** que não cede; obstinado; teimoso; contumaz (Do lat. *renitente*-, «id.», part. pres. de *renīti*, «opor-se; resistir»)

renitir *v.tr.,intr.* **1** mostrar resistência ou oposição (a) **2** mostrar-se teimoso (em); obstinar-se (em); persistir (em) (Do lat. vulg. *renitīre, do lat. cl. *renīti*, «opor-se; resistir»)

renome /ô/ *n.m.* **1** fama; celebridade; nomeada **2** boa reputação; crédito (De *re*-+*nome*)

renomear[1] *v.tr.* **1** dar renome a; tornar célebre **2** exaltar; celebrar (De *renome*+-*ear*)

renomear[2] *v.tr.* nomear de novo; nomear outra vez (De *re*-+*nomear*)

renosso *pron.poss.* [pop.] muito nosso (De *re*-+*nosso*)

renova *n.f.* renovo; renovação (Deriv. regr. de *renovar*)

renovação *n.f.* **1** ato ou efeito de renovar **2** renovamento; renova (Do lat. *renovatiōne*-, «id.»)

renovador *adj.* que renova ▪ *n.m.* **1** aquele que renova **2** reformador (Do lat. *renovatōre*-, «restaurador»)

renovamento *n.m.* ⇒ **renovação** (De *renovar*+-*mento*)

renovar *v.tr.* **1** dar aspeto novo a; dar aparência de novo a **2** substituir por algo novo **3** recomeçar; reiniciar **4** repetir **5** melhorar **6** consertar; reparar **7** pôr novamente em vigor **8** relembrar **9** reabrir ▪ *v.intr.* **1** rebentar ou desabrochar de novo **2** surgir de novo ▪ *v.pron.* **1** tornar-se novo **2** rejuvenescer; regenerar-se **3** repetir-se (Do lat. *renovāre*, «id.»)

renovável *adj.2g.* que se pode renovar (De *renovar*+-*vel*)

renovo /ô/ *n.m.* **1** rebento; gomo; vergôntea **2** [fig.] descendência **3** [regionalismo] horta **4** *pl.* produtos agrícolas (Deriv. regr. de *renovar*)

renque *n.m.* **1** série de pessoas ou coisas alinhadas; alinhamento; fila **2** correnteza (Do germ. *hringa*, «círculo», pelo prov. *renc*, «fila»)

rentabilidade *n.f.* **1** qualidade do que é rentável; característica do que rende ou dá lucro **2** capacidade de produzir rendimento; rendibilidade (Do fr. *rentabilité*, «id.»)

rentabilização *n.f.* ato ou efeito de rentabilizar (De *rentabilizar*+-*ção*)

rentabilizar *v.tr.* tornar rendível ou rentável (Do fr. *rentabiliser*, «id.»)

rentão *adj.* rentinho (De *rente*+-*ão*)

rentar *v.intr.* **1** passar rente **2** [fig.] alardear forças ▪ *v.tr.* **1** dirigir provocações (a); provocar **2** cortejar; galantear (De *rente*+-*ar*)

rentável *adj.2g.* **1** que se pode rentar ou cortar rente **2** que produz lucro ou proveito; rendível (Do fr. *rentable*, «id.»)

rente *adj.2g.* **1** muito curto; cérceo **2** contíguo; próximo **3** assíduo; pontual ▪ *adv.* **1** cerce; ao rés de **2** muito próximo; muito perto ▪ *n.m.* [pop.] traição; cilada (Do lat. *radente*-, «que raspa», part. pres. de *radĕre*, «raspar; passar por»)

renteador *adj.,n.m.* **1** que ou aquele que renteia **2** namorador; galanteador (De *rentear*+-*dor*)

rentear *v.tr.* **1** cortar rente **2** tosquiar cerce **3** passar muito junto de; passar rente **4** provocar **5** dirigir galanteios a (De *rente*+-*ear*)

renting *n.m.* modalidade de financiamento automóvel formalizada num contrato de aluguer de uma viatura nova, que inclui uma série de serviços relacionados com a manutenção do veículo, por um período limitado e quilometragem combinada no início do contrato, mediante o pagamento de uma mensalidade; aluguer operacional de viaturas (Do ing. *renting*, «id.»)

rentinho *adj.* **1** muito rente **2** que nunca falta a certos acontecimentos **3** que frequenta assiduamente certos lugares ▪ *n.m.* aquele que nunca falta a certos atos ou em certos sítios; frequentador assíduo (De *rente*+-*inho*)

renuente *adj.2g.* **1** que renui **2** que diz que não com a cabeça (Do lat. *renuente*-, «id.», part. pres. de *renuĕre*, «dizer que não com a cabeça; recusar»)

renuir *v.tr.* recusar; desprezar; desprezar ▪ *v.intr.* acenar não com a cabeça (Do lat. *renuĕre*, «dizer que não com a cabeça; recusar»)

renúncia *n.f.* **1** ato ou efeito de renunciar **2** resignação de um cargo, dignidade, etc. **3** desistência; abandono **4** o facto de abandonar prazeres ou bens materiais por valores considerados mais elevados; abstinência; desapego **5** rejeição **6** sacrifício **7** atitude fraudulenta no jogo de cartas, não deitando a carta do naipe obrigatório (Deriv. regr. de *renunciar*)

renunciação *n.f.* ⇒ **renúncia** (Do lat. *renuntiatiōne*-, «declaração»)

renunciador *adj.,n.m.* que ou aquele que renuncia; renunciante (Do lat. *renuntiatōre*-, «id.»)

renunciante *adj.,n.2g.* ⇒ **renunciador** (Do lat. *renuntiante*-, «id.», part. pres. de *renuntiāre*, «renunciar a; abandonar»)

renunciar *v.tr.* **1** desistir de (aquilo a que se tem direito); abdicar de; resignar **2** rejeitar; recusar **3** abandonar voluntariamente a posse de; largar **4** abjurar; renegar ▪ *v.intr.* **1** desistir; abdicar; fazer renúncia **2** jogar propositadamente uma carta de naipe diferente do puxado, quando o naipe é obrigatório (Do lat. *renuntiāre*, «id.»)

renunciatório *n.m.* aquele que entra na posse daquilo a que outrem renunciou ▪ *adj.* que envolve ou denota renúncia (De *renunciar*+-*tório*)

renunciável *adj.2g.* a que se pode renunciar (De *renunciar*+-*vel*)

renutação *n.f.* gesto negativo com a cabeça (Do lat. *renutāre*, «recusar» +-*ção*)

renzilha *n.f.* [pop.] quezília; rixa; briga (Do cast. *rencilla*, «rixa»)

renzilhar *v.intr.* [pop.] ter rixas; provocar quezílias; brigar (De *renzilha*+-*ar*)

reo- elemento de formação de palavras que exprime a ideia de corrente (Do gr. *rhein*, «correr»)

reocórdio *n.m.* ELETRICIDADE reóstato linear (não enrolado em hélice) formado por um fio condutor de elevada resistividade, empregado em medidas elétricas pelos métodos de ponte de fio e cursor (Do gr. *rhéos*, «corrente» +*khordé*, «corda» +-*io*)

reocupação *n.f.* ato ou efeito de reocupar (De *reocupar*+-*ção*)

reocupar *v.tr.* ocupar novamente (De *re*-+*ocupar*)

reófilo *adj.,n.m.* BIOLOGIA ser ou designativo do ser vivo que está adaptado à vida nas fortes correntes de água (rápidos, cataratas, etc.) (Do gr. *rhéos*, «corrente» +*phílos*, «amigo»)

reófobo *adj.,n.m.* BIOLOGIA ser ou designativo do ser vivo que não está adaptado às correntes de água e prefere as águas tranquilas (fundos dos rios, de lagos e de pântanos) (De *reo*-+-*fobo*)

reóforo *n.m.* **1** ELETRICIDADE fio condutor de uma corrente elétrica **2** fio condutor que parte de cada um dos terminais de uma tina eletrolítica, dos elétrodos das ampolas de raios X, etc. (Do gr. *rhéos*, «corrente» +*phorós*, «portador»)

reógrafo *n.m.* FÍSICA aparelho que serve para registar graficamente as variações de intensidade de uma corrente elétrica (De *reo*-+-*grafo*)

reologia *n.f.* estudo da deformação e escoamento da matéria, que abrange o escoamento plástico de sólidos e o escoamento de líquidos viscoelásticos (De *reo*-+-*logia*)

reómetro *n.m.* **1** ELETRICIDADE aparelho de medida de corrente elétrica **2** ELETRICIDADE aparelho de medida de resistência de um condutor; ohmímetro **3** instrumento destinado a medir as propriedades de escoamento plástico dos materiais sólidos (De *reo*-+-*metro*)

reordenação *n.f.* **1** ato ou efeito de reordenar **2** nova ordenação para suprir a anterior que foi anulada (De *reordenar*+-*ção*)

reordenamento *n.m.* ⇒ **reordenação** (De *reordenar*+-*mento*)

reordenar *v.tr.* **1** ordenar de novo **2** tornar a pôr em ordem **3** reorganizar (De *re*-+*ordenar*)

reorganização *n.f.* 1 ato ou efeito de reorganizar 2 reforma 3 modificação (De *reorganizar*+-*ção*)
reorganizador *adj.,n.m.* 1 que ou aquele que reorganiza 2 reformador (De *reorganizar*+-*dor*)
reorganizar *v.tr.* 1 organizar de novo 2 reformar 3 melhorar (De *re*-+*organizar*)
reostático *adj.* relativo ao reóstato (De *reóstato*+-*ico*)
reóstato *n.m.* ELETRICIDADE resistência variável que se introduz em série num circuito para poder variar a corrente que o percorre (Do gr. *rhéos*, «corrente» +*statós*, «constante»)
reotropismo *n.m.* BIOLOGIA reação de orientação ou de deslocamento na direção de uma corrente de água (Do gr. *rhéos*, «corrente» +*trópos*, «direção» +-*ismo*)
repa /ê/ *n.f.* 1 cabelo isolado 2 farripa (Do ing. *rip*, «rasgão; fenda; descosedura»?)
repagar *v.tr.* 1 pagar segunda vez 2 pagar em excesso (De *re*-+*pagar*)
repaginação *n.f.* ato ou efeito de repaginar (De *repaginar*+-*ção*)
repaginar *v.tr.* paginar novamente (De *re*-+*paginar*)
repago *adj.* 1 que se repagou 2 pago novamente 3 bem pago; *pago e ~* muito bem pago (Deriv. regr. de *repagar*)
reparação *n.f.* 1 ato ou efeito de reparar 2 conserto; restauro 3 reforma 4 satisfação dada ao ofendido 5 indemnização 6 restabelecimento; recuperação 7 FISIOLOGIA regeneração 8 correção (Do lat. *reparatiōne*-, «id.»)
reparador *adj.* 1 que repara; que conserta 2 que restabelece; fortificante 3 que indemniza 4 que dá uma satisfação à pessoa ofendida 5 que observa ■ *n.m.* 1 aquele ou aquilo que repara 2 aquilo que restabelece 3 fortificante (Do lat. *reparatōre*-, «id.»)
reparar *v.tr.* 1 consertar; restaurar e emendar; corrigir; remediar 3 dar satisfação de; indemnizar; compensar 4 recuperar; restabelecer 5 fixar a vista ou a atenção (em); notar; observar 6 ver com cuidado; atentar (em) ■ *v.intr.* notar; aperceber-se ■ *v.pron.* restabelecer-se; recuperar-se (Do lat. *reparāre*, «id.»)
reparatório *adj.* 1 que serve para reparar 2 que envolve reparação, indemnização ou retratação (De *reparar*+-*tório*)
reparável *adj.2g.* 1 que se pode reparar ou remediar 2 que dá nas vistas (Do lat. *reparabĭle*-, «id.»)
reparo *n.m.* 1 ato ou efeito de reparar 2 conserto; reparação; restauração 3 análise; observação 4 atenção 5 apreciação; crítica; comentário 6 exame; inspeção 7 socorro; auxílio 8 remédio; cura; solução 9 MILITAR resguardo; defesa; trincheira 10 MILITAR suporte móvel ou fixo de uma boca de fogo ou arma pesada automática, destinado a oferecer apoio estável ao tiro e a permitir a execução mecânica da pontaria; *fazer ~* 1 prestar atenção; 2 fazer uma observação (Deriv. regr. de *reparar*)
repartição *n.f.* 1 ato ou efeito de repartir 2 partilha; divisão; distribuição 3 secção de uma secretaria de Estado 4 local onde funciona essa secção 5 escritório 6 secretaria; *~ modal* ENGENHARIA distribuição das deslocações provocadas, entre uma origem e um destino, pelos meios de transporte disponíveis (De *repartir*+-*ção*)
repartideira *n.f.* pequeno tacho de cobre em que se reparte a calda, nos engenhos de açúcar (De *repartir*+-*deira*)
repartidor *adj.* que reparte; divisor ■ *n.m.* aquele que reparte; distribuidor (De *repartir*+-*dor*)
repartimento *n.m.* 1 ato ou efeito de repartir; repartição; distribuição 2 lugar separado dos outros 3 compartimento; quarto 4 recanto; escaninho (De *repartir*+-*mento*)
repartir *v.tr.* 1 separar em partes; dividir; distribuir 2 designar a cada um o que lhe toca receber ou dar 3 dispor em vários sítios 4 estremar; delimitar 5 aplicar; empregar 6 partilhar; compartir ■ *v.pron.* 1 dividir-se; ramificar-se 2 espalhar-se (De *re*-+*partir*)
repartitivo *adj.* próprio para repartir (De *repartir*+-*tivo*)
repartível *adj.2g.* divisível; que se pode repartir (De *repartir*+-*vel*)
repassadeira *n.f.* maquinismo especial das fábricas de tecelagem (De *repassar*+-*deira*)
repassado *adj.* 1 embebido; impregnado 2 cheio; repleto 3 (líquido) que passou através ou para o lado oposto; transido 4 HERÁLDICA que tem forma de laço ou trança (Part. pass. de *repassar*)
repassar *v.tr.,intr.* 1 tornar a passar 2 embeber(-se); impregnar(-se) ■ *v.tr.* 1 trespassar; penetrar 2 atravessar 3 estudar novamente; reexaminar 4 recordar; relembrar ■ *v.intr.* ressumar (De *re*-+*passar*)
repasse *n.m.* ato ou efeito de repassar (Deriv. regr. de *repassar*)
repasso *n.m.* ⇒ **repasse**
repastar *v.tr.* 1 levar segunda vez ao pasto 2 [fig.] alimentar ■ *v.pron.* banquetear-se; encher-se (De *re*-+*pastar*, ou de *repasto*+-*ar*)
repasto *n.m.* 1 abundância de pasto 2 [fig.] refeição abundante; banquete 3 [fig.] qualquer refeição (De *re*-+*pasto*)

repatanar-se *v.pron.* [pop.] repoltrear-se; refastelar-se; repetenar-se (De orig. obsc.)
repatriação *n.f.* ato ou efeito de repatriar ou de repatriar-se (De *repatriar*+-*ção*)
repatriado *adj.* que sofreu processo de repatriação; que se repatriou (Part. pass. de *repatriar*)
repatriador *adj.,n.m.* que ou aquele que repatria (De *repatriar*+-*dor*)
repatriamento *n.m.* ⇒ **repatriação** (De *repatriar*+-*mento*)
repatriar *v.tr.* fazer voltar à pátria ■ *v.pron.* regressar à pátria (Do b. lat. *repatriāre*, «id.»)
repelão *n.m.* 1 sacudidela brusca; puxão; empurrão 2 choque violento; *de ~* violentamente, à bruta (De *repelar*+-*ão*)
repelar *v.tr.,pron.* ⇒ **arrepelar** (De *re*-+*pêlo*+-*ar*)
repelência *n.f.* qualidade ou estado do que é repelente (Do lat. *repellentia*, part. pres. neut. pl. de *repellĕre*, «repelir»)
repelente *adj.2g.* 1 que repele 2 [fig.] que inspira nojo; asqueroso; repugnante 3 [fig.] odioso ■ *n.m.* substância própria para afastar insetos (Do lat. *repellente*-, «id.», part. pres. de *repellĕre*, «repelir»)
repelir *v.tr.* 1 afastar de si; expulsar 2 manter longe 3 não acolher; rejeitar 4 rebater; contradizer ■ *v.pron.* 1 ser incompatível com; opor-se 2 evitar-se (Do lat. *repellĕre*, «id.»)
repelo *n.m.* sacudidela brusca; repelão; *a ~* violentamente (Deriv. regr. de *repelar*)
repenicado *adj.* 1 que produz sons agudos, breves e vibrantes 2 [fig.] floreado (Part. pass. de *repenicar*)
repenicar *v.tr.* 1 fazer dar sons agudos percutindo um corpo metálico; repicar 2 [fig.] trinar ■ *v.intr.* produzir sons agudos, breves e metálicos (De orig. obsc.)
repenique *n.m.* 1 ato ou efeito de repenicar 2 som vibrante e metálico; repique (Deriv. regr. de *repenicar*)
repensar *v.tr.,intr.* 1 pensar outra vez 2 reconsiderar; pensar maduramente (De *re*-+*pensar*)
repente *n.m.* 1 movimento espontâneo e irrefletido; ímpeto 2 dito ou ato repentino 3 dito improvisado; *de ~* subitamente; *num ~* num instante (Do lat. *repente*-, «súbito; repentino»)
repentinamente *adv.* 1 depressa 2 subitamente; inesperadamente (De *repentino*+-*mente*)
repentino *adj.* 1 que se disse ou fez de repente; rápido; momentâneo 2 súbito; imprevisto (Do lat. *repentīnu*-, «id.»)
repentinoso /ô/ *adj.* que tem repentes; impulsivo (De *repentino*+-*oso*)
repentista *adj.,n.2g.* 1 que ou a pessoa que faz ou diz qualquer coisa de repente 2 que ou a pessoa que improvisa versos ou toca qualquer música à primeira vista (De *repente*+-*ista*)
repercussão *n.f.* 1 ato ou efeito de repercutir 2 reflexão; reverberação 3 eco 4 consequência 5 impacto; influência 6 ação dos medicamentos repercussivos (Do lat. *repercussiōne*-, «repercussão»)
repercussivo *adj.* próprio para produzir repercussão ou fazer refluir os humores para o interior (Do lat. *repercussu*-, «id.», part. pres. de *repercutĕre*, «repercutir» +-*ivo*)
repercusso *n.m.* ⇒ **repercussão** (Do lat. *repercussu*-, «reflexão; repercussão»)
repercutente *adj.2g.* que repercute (Do lat. *repercutente*-, «id.», part. pres. de *repercutĕre*, «repercutir»)
repercutir *v.tr.* 1 refletir (luz, som) 2 dar nova direção a; reenviar 3 fazer refluir para o interior 4 ECONOMIA transmitir um custo económico (preço, imposto, etc.) para outro agente ou mercado ■ *v.intr.,pron.* 1 repetir-se; reproduzir-se 2 refletir-se; ter impacto sobre; influenciar (Do lat. *repercutĕre*, «tornar a percutir»)
repergunta *n.f.* ato de reperguntar (Deriv. regr. de *reperguntar*)
reperguntar *v.tr.* perguntar de novo (De *re*-+*perguntar*)
repertório *n.m.* 1 índice de matérias dispostas metodicamente 2 conjunto das peças teatrais ou das composições musicais pertencentes a um determinado autor, a uma escola, etc. 3 coleção de obras musicais ou dramáticas que constituem o fundo de uma associação artística ou dramática 4 conjunto de anedotas e de casos de que uma pessoa dispõe para tema de conversa 5 programa de um concerto, recital ou espetáculo teatral 6 calendário; almanaque 7 coleção metódica de leis e documentos oficiais 8 [fig.] conjunto de conhecimentos 9 LINGUÍSTICA conjunto de signos pertencentes a um sistema semiológico (Do lat. ecl. *repertoriŭ*-, «inventário»)
repes *n.m.2n.* tecido grosso e encorpado, de seda, lã ou algodão, para reposteiros, sanefas, cobertura de móveis (Do cast. *reps*, «id.», pelo fr. *reps*, «id.»)
repesador *adj.,n.m.* que ou aquele que repesa (De *repesar*+-*dor*)

repesar¹ *v.tr.* 1 tornar a pesar 2 verificar a primeira pesagem de (De *re-+pesar*)

repesar² *v.tr.* examinar minuciosamente; ponderar (Do lat. *repensāre*, «compensar»)

repescagem *n.f.* 1 ato ou efeito de repescar 2 fase de um exame ou de uma competição desportiva, em que aqueles que tinham sido eliminados anteriormente disputam o direito de competir com os restantes participantes (De *repescar+-agem*)

repescar *v.tr.* 1 pescar de novo 2 recuperar (algo que se perdeu ou se esqueceu) 3 [acad.] aceitar alunos para um exame com média inferior à admitida 4 fazer a repescagem de (candidatos anteriormente eliminados) (De *re-+pescar*)

repeso¹ *n.m.* 1 ato de repesar 2 lugar onde se repesa (Deriv. regr. de *repesar*)

repeso² *adj.* arrependido (Do lat. *repensu-*, «resgatado», part. pass. de *rependĕre*, «resgatar»)

repetenado *adj.* 1 [pop.] repoltreado; repimpado 2 enfatuado (Part. pass. de *repetenar*)

repetenar-se *v.pron.* [pop.] ⇒ **repatanar-se**

repetência *n.f.* 1 repetição 2 MEDICINA derivação de humores para alguma parte do organismo (Do lat. *repetentĭa-*, «memória; lembrança»)

repetente *adj.2g.* que repete ■ *n.2g.* estudante que repete uma ou mais disciplinas em que tinha ficado reprovado (Do lat. *repetente-*, «id.», part. pres. de *repetĕre*, «repetir»)

repetição *n.f.* 1 ato ou efeito de repetir 2 ato ou efeito de voltar a fazer ou dizer algo já feito ou dito; iteração 3 recurso estilístico que consiste em repetir diversas vezes a mesma palavra, expressão ou frase, geralmente para destacar uma ideia (ex.: *já telefonei e já tratei de tudo*) 4 [ant.] reprodução de matéria dada; *arma de ~* arma individual em que o transporte e a apresentação dos cartuchos se fazem automaticamente, tendo o atirador apenas de atuar manualmente para efetuar a introdução, o travamento e o disparo; *ser relógio de ~* repetir o que os outros dizem, voltar a dizer o que já se havia dito (Do lat. *repetitiōne-*, «id.»)

repetidamente *adv.* frequentes vezes (De *repetido+-mente*)

repetidor *adj.* que repete ■ *n.m.* 1 explicador das lições que o aluno tem na aula 2 compêndio onde se resumem ou esquematizam as matérias de uma disciplina, para uso dos alunos que se preparam para exame (Do lat. *repetitōre-*, «reclamante»)

repetir *v.tr.* 1 tornar a dizer ou fazer (coisa já dita ou feita); repisar 2 refletir; repercutir 3 cursar pela segunda vez (uma ou mais disciplinas, um ano letivo) 4 tornar a principiar 5 reproduzir; contar 6 experienciar novamente; reviver ■ *v.pron.* 1 acontecer de novo; reaparecer 2 tornar a dizer ou a fazer as mesmas coisas (Do lat. *repetĕre*, «pedir outra vez»)

repetitivo *adj.* 1 que repete 2 que se repete 3 que indica repetição 4 que consiste em repetir ou repetir-se (De *repetir+-tivo*)

repetitório *adj.* 1 em que há repetição 2 que faz repetições (De *repetir+-tório*)

repicador *adj.,n.m.* que ou aquele que repica (De *repicar+-dor*)

repicagem *n.f.* 1 ato ou efeito de repicar 2 AGRICULTURA transplantação de plantas novas 3 BIOLOGIA passagem de microrganismos de um meio de cultura para outro (De *repicar+-agem*)

repica-ponto *n.m.* perfeição; excelência; *de ~* primorosamente, muito bem (De *repicar+ponto*)

repicar *v.tr.* 1 tornar a picar 2 fazer (os sinos) produzir sons agudos e repetidos 3 AGRICULTURA transplantar (plantas novas) 4 BIOLOGIA passar (microrganismos) de um meio de cultura para outro ■ *v.intr.* dar repiques; soar (De *re-+picar*)

repimpado *adj.* 1 recostado comodamente; refestelado 2 farto (Part. pass. de *repimpar*)

repimpar *v.tr.* encher a barriga a; fartar ■ *v.pron.* 1 fartar-se; saciar-se 2 recostar-se comodamente (De *re-+pimpar*)

repimpim *n.m.* BOTÂNICA planta herbácea, da família das Geraniáceas, cujo fruto se decompõe em aquenódios com apêndices enrolados em saca-rolhas, espontânea e frequente em Portugal, e também conhecida por bico-de-cegonha (De orig. onom.)

repinchar *v.intr.* 1 saltar com dores após uma pisadela 2 ressaltar (De *re-+pinchar*)

repintalgado *adj.* 1 pintado de muitas cores 2 matizado de cores vivas (De *re-+pintalgado*)

repintar *v.tr.* 1 pintar novamente 2 tornar mais visível; avivar ■ *v.pron.* reproduzir-se por contacto, numa página, o que está escrito na página contígua (De *re-+pintar*)

repique *n.m.* 1 ato ou efeito de repicar 2 toque festivo de sinos 3 segundo choque, no geral não previsto nem conveniente à jogada, de uma bola de bilhar com a que havia sido impelida pelo taco (Deriv. regr. de *repicar*)

repiquetar *v.tr.* verificar ou corrigir a piquetagem de (De *re-+piquetar*)

repiquete *n.m.* 1 repique amiudado dos sinos 2 vento que corre todos os rumos, demorando-se pouco em cada um 3 [Brasil] encosta íngreme e de subida difícil (De *repique+-ete*)

repisa *n.f.* 1 ato ou efeito de repisar 2 sapata (em construções) (Deriv. regr. de *repisar*)

repisado *adj.* 1 que se repisou 2 esmagado; calcado 3 [fig.] muito repetido 4 [fig.] dito, feito ou sentido mais de uma vez (Part. pass. de *repisar*)

repisar *v.tr.* 1 pisar de novo 2 calcar aos pés 3 [fig.] repetir muitas vezes a mesma coisa 4 [fig.] mentir (De *re-+pisar*)

replaina *n.f.* ⇒ **replaino**

replainar *v.tr.* 1 moldar com o replaino 2 desbastar com o replaino (De *re-+plainar*)

replaino *n.m.* cepo de carpinteiro para fazer moldura de portas ou para desbastar os bordos das almofadas que vão encaixar nos chanfros (Deriv. regr. de *replainar*)

replantação *n.f.* ato ou efeito de replantar; replantio (De *replantar+-ção*)

replantar *v.tr.* plantar de novo (De *re-+plantar*)

replantio *n.m.* ⇒ **replantação** (De *re-+plantio*)

repleção *n.f.* 1 estado de repleto 2 enchente 3 pletora (Do lat. *repletiōne-*, «id.»)

repleno *adj.* muito cheio; repleto ■ *n.m.* ⇒ **terrapleno** (De *re-+pleno*)

repletar *v.tr.* 1 tornar repleto 2 encher demasiadamente (De *repleto+-ar*)

repleto *adj.* 1 cheio 2 farto de comida; abarrotado (Do lat. *repletu-*, «id.»)

réplica *n.f.* 1 ato ou efeito de replicar 2 resposta ao que foi dito, escrito ou respondido 3 contestação; objeção 4 exemplar de uma obra de arte que não é o original; imitação; cópia 5 tremor de terra que ocorre depois de um primeiro abalo de grande magnitude e que geralmente tem menores proporções do que este, podendo repetir-se durante algum tempo depois do abalo inicial 6 DIREITO resposta do autor à contestação do réu 7 MÚSICA sinal de repetição (Deriv. regr. de *replicar*)

replicação *n.f.* 1 ato ou efeito de replicar; resposta ao que foi dito, escrito ou respondido 2 contestação; objeção 3 BIOLOGIA produção de novas moléculas portadoras de informação genética através da cópia de moléculas já existentes (Do lat. *replicatiōne-*, «id.»)

replicador *adj.,n.m.* 1 que ou aquele que replica 2 refilão (De *replicar+-dor*)

replicar *v.tr.* 1 responder com argumentos; refutar; contestar 2 retorquir 3 fazer uma réplica (cópia) de; reproduzir 4 BIOLOGIA duplicar; copiar ■ *v.intr.* responder aos argumentos de outra pessoa (Do lat. *replicāre*, «dobrar para trás; replicar»)

repoisar *v.tr.,intr.* ⇒ **repousar**

repoiso *n.m.* ⇒ **repouso**

repolegar *v.tr.* dobrar ou ornar com repolego (De *repolego+-ar*)

repolego *n.m.* filete torcido para ornamento de certas peças (De orig. obsc.)

repolga *n.f.* BOTÂNICA variedade de cogumelos que crescem em castanheiros

repolhaço *n.m.* [regionalismo] homem gordo (De *repolho+-aço*)

repolhal *n.m.* terreno plantado de repolhos ■ *adj.2g.* referente a repolho (De *repolho+-al*)

repolhar *v.intr.* 1 adquirir a forma de repolho 2 [fig.] engordar 3 [fig.] inchar 4 [fig.] arredondar-se; enovelar (De *repolho+-ar*)

repolho /ô/ *n.m.* BOTÂNICA variedade de couve cujas folhas se enovelam antes da floração, formando um conjunto apertado (cabeça) (Do cast. *repollo*, «id.»)

repolhudo *adj.* 1 em forma de repolho 2 [fig.] arredondado e volumoso 3 [fig.] rechonchudo (De *repolho+-udo*)

repoltrear-se *v.pron.* 1 sentar-se à vontade numa poltrona 2 recostar-se comodamente; refastelar-se (De *re-+poltr(ona)+-ear*)

repôncio *n.m.* BOTÂNICA ⇒ **rapúncio**

reponta *n.f.* 1 nova ponta 2 segundo golpe com a ponta da espada ou da lança 3 [ant.] ponto máximo atingido pela enchente 4 [Brasil] começo da subida da maré (De *re-+ponta*)

repontão *adj.,n.m.* que ou aquele que reponta, que recalcitra; refilão; rezingão (De *repontar+-ão*)

repontar *v.intr.* 1 surgir de novo 2 começar a aparecer 3 amanhecer; raiar 4 (maré) atingir a sua plenitude ■ *v.tr.,intr.* recalcitrar; refilar

repontice

■ *v.tr.* 1 fazer refluir para certo ponto 2 [Brasil] enxotar (o gado) em certa direção (De *re-+apontar*)
repontice *n.f.* 1 qualidade do que é repontão 2 ato de repontar (De *repontar+-ice*)
repor *v.tr.* 1 tornar a pôr 2 restituir; devolver; reembolsar 3 refazer 4 suprir ■ *v.pron.* reconstituir-se; refazer-se (Do lat. *reponĕre*, «id.»)
reportação *n.f.* 1 ato ou efeito de reportar 2 moderação 3 modéstia 4 referência (Do lat. *reportatiōne-*, «id.»)
reportado *adj.* 1 moderado; comedido 2 paciente 3 modesto 4 retraído 5 referido (Do lat. *reportātu-*, «id.», part. pass. de *reportāre*, «retirar; levar para trás»)
reportagem *n.f.* 1 atividade que compreende a recolha, análise e preparação da informação sobre um dado tema, de forma a poder ser transmitida num órgão de comunicação social 2 (imprensa, rádio, televisão) notícia desenvolvida, em que se pretende cobrir os acontecimentos com pormenor 3 equipa de repórteres 4 função ou serviço de repórter (Do fr. *reportage*, «id.»)
reportamento *n.m.* ⇒ **reportação** (De *reportar+-mento*)
reportar¹ *v.tr.* 1 virar para trás; transportar 2 moderar; conter 3 alcançar 4 atribuir; ligar 5 levar (parte de um todo) para outro sítio ■ *v.pron.* 1 fazer referência; aludir 2 moderar-se; conter-se (Do lat. *reportāre*, «levar para trás»)
reportar² *v.intr.* [Brasil] fazer uma reportagem (Do ing. *to report*, «noticiar»)
repórter *n.2g.* pessoa que recolhe, analisa e prepara informação sobre um dado tema, de forma a poder ser transmitida num órgão de comunicação social; jornalista que faz reportagens (Do ing. *reporter*, «id.»)
reportório *n.m.* ⇒ **repertório**
reposição *n.f.* 1 ato ou efeito de repor 2 recolocação; restituição 3 devolução 4 ato de voltar a pôr em cena um espetáculo ou de mostrar de novo um filme (Do lat. *repositiōne-*, «id.»)
repositório *n.m.* 1 sítio onde se guarda alguma coisa; depósito 2 compilação 3 compêndio 4 conjunto de conhecimentos ■ *adj.* que serve para guardar alguma coisa (Do lat. *repositoriŭ-*, «arrecadação»)
reposta *n.f.* 1 quantia que se repõe no jogo do voltarete 2 restituição (Do lat. *reposĭta-*, «reposta», part. pass. fem. de *reponĕre*, «repor»)
repostada *n.f.* resposta grosseira e desabrida (Part. pass. fem. subst. de *repostar*)
repostar *v.intr.* replicar (De *reposta+-ar*)
reposte *n.m.* 1 arrecadação de móveis 2 o que se guarda nessa arrecadação (Deriv. regr. de *repostar*)
reposteiro *n.m.* 1 espécie de cortinado de pano grosso utilizado para adorno ou resguardo de janelas ou portas 2 criado da casa real incumbido de correr esse cortinado 3 [ant.] indivíduo encarregado do reposte da casa real (De *reposte+-eiro*)
repotrear-se *v.pron.* ⇒ **repoltrear-se**
repotronar-se *v.pron.* ⇒ **repoltrear-se**
repousante *adj.2g.* 1 que proporciona repouso 2 sossegado; tranquilo (De *repousar+-ante*)
repousar *v.tr.* 1 proporcionar descanso a 2 sossegar 3 colocar em posição cómoda 4 assentar (em); basear-se (em) 5 fazer incidir sobre; fixar; recair 6 estar situado (em) ■ *v.intr.* 1 estar em repouso; descansar 2 dormir 3 jazer 4 ficar de pousio (Do lat. *repausāre*, «id.»)
repouso *n.m.* 1 ato ou efeito de repousar; descanso 2 imobilidade 3 sossego; paz; tranquilidade 4 estado do terreno que não é cultivado para poder voltar a ficar fértil; pousio (Deriv. regr. de *repousar*)
repovoação *n.f.* ato ou efeito de repovoar (De *repovoar+-ção*)
repovoamento *n.m.* ⇒ **repovoação** (De *repovoar+-mento*)
repovoar *v.tr.* 1 tornar a povoar 2 povoar novamente de pessoas (uma região), de peixes (um rio), de animais ou árvores (uma floresta) (De *re-+povoar*)
repreendedor *adj.,n.m.* que ou aquele que repreende (De *repreender+-dor*)
repreender *v.tr.* 1 dar uma repreensão a; admoestar com energia; censurar; exprobrar 2 arguir (Do lat. *reprehendĕre*, «repreender; censurar»)
repreensão *n.f.* 1 ato ou efeito de repreender 2 admoestação; censura; exprobração (Do lat. *reprehensiōne-*, «id.»)
repreensivamente *adv.* de modo repreensivo (De *repreensivo+-mente*)
repreensível *adj.2g.* 1 que merece repreensão 2 censurável; condenável (Do lat. *reprehensibĭle-*, «id.»)
repreensivelmente *adv.* de maneira repreensível (De *repreensível+-mente*)
repreensivo *adj.* que envolve repreensão (Do lat. *reprehensu-*, «censurado», part. pass. de *reprehendĕre*, «censurar; repreender»+*-ivo*)
repreensor *adj.,n.m.* ⇒ **repreendedor** (Do lat. *reprehensōre-*, «censor»)
repregar *v.tr.* 1 pregar de novo 2 segurar bem com pregos 3 ornar com pregaria (De *re-+pregar*)
reprego *n.m.* ato ou efeito de repregar (Deriv. regr. de *repregar*)
reprender *v.tr.* 1 tornar a prender 2 prender de novo 3 retomar (De *re-+prender*)
represa *n.f.* 1 ato ou efeito de represar 2 suspensão de um curso de água 3 construção feita para deter o curso de água destinada a diversos fins; açude 4 água represada 5 ARTES PLÁSTICAS pedestal onde assenta uma escultura; mísula; peanha 6 [fig.] acumulação de algo (líquido, sentimento, etc.) que está prestes a manifestar-se, a soltar-se 7 [fig.] intensidade de qualquer sentimento 8 [fig.] abundância 9 [fig.] suspensão; repressão (Deriv. regr. de *represar*)
represador *adj.,n.m.* que ou aquele que represa (De *represar+-dor*)
represadura *n.f.* 1 ato de represar 2 represália (De *represar+-dura*)
represália *n.f.* 1 dano que se causa a outrem, como desforra de outro dano que ele nos causou; desforra; vingança; retaliação 2 apropriação violenta por um Estado de bens e pessoas de outro Estado, para vingar um ato cometido por este (Do it. *ripresaglia*, «id.»)
represar *v.tr.* 1 deter o curso de; suster; conter 2 estagnar 3 [fig.] sufocar; reprimir 4 [fig.] impedir; atalhar 5 deter em prisão 6 fazer presa de; apoderar-se de ■ *v.pron.* estagnar (Do lat. *reprehensāre*, «reter»)
representação *n.f.* 1 ato ou efeito de representar 2 imagem, desenho ou pintura que representa um facto, uma pessoa ou um objeto; figura; reprodução 3 cópia 4 escultura 5 exposição 6 TEATRO exibição em cena 7 espetáculo teatral 8 CINEMA, TEATRO, TELEVISÃO desempenho de atores; interpretação; atuação 9 imagem mental de perceção interior 10 figuração mental 11 récita 12 reclamação feita em termos justos e persuasivos 13 ostentação inerente a um cargo 14 importância 15 autoridade 16 conjunto de representantes; delegação 17 DIREITO negócio jurídico realizado pelo representante em nome do representado, nos limites dos poderes que lhe competem, que produz os seus efeitos na esfera jurídica deste último (Do lat. *repraesentatiōne-*, «id.»)
representador *adj.,n.m.* que ou aquele que representa; representante (Do lat. *repraesentatōre-*, «id.»)
representante *adj.2g.* que representa ■ *n.2g.* 1 pessoa incumbida de representar outra ou outras 2 ministro plenipotenciário; diplomata 3 deputado 4 modelo; exemplar 5 descendente 6 delegado (Do lat. *repraesentante-*, «id.», part. pres. de *repraesentāre*, «representar»)
representar *v.tr.* 1 reproduzir a imagem de 2 tornar presente; patentear 3 fazer o papel de; interpretar 4 pôr em cena; encenar 5 ser procurador ou agente de 6 estar em lugar de; substituir 7 significar 8 expor por escrito ou verbalmente 9 simbolizar 10 revelar 11 dirigir uma petição ou queixa (a) ■ *v.intr.* desempenhar funções de ator ■ *v.pron.* 1 apresentar-se; figurar-se 2 imaginar-se (Do lat. *repraesentāre*, «id.»)
representatividade *n.f.* qualidade do que é representativo (De *representativo+-i-+-dade*)
representativo *adj.* 1 que representa 2 que envolve representação 3 constituído por representantes 4 que é próprio para representar alguma coisa 5 que se apresenta como verdadeira imagem de; *regime* ~ regime político em que o povo delega em representantes o poder legislativo (De *representar+-tivo*)
representável *adj.2g.* que pode ser representado (De *representar+-vel*)
representear *v.tr.* dar um presente em troca de outro (De *re-+presentear*)
represo *adj.* 1 recapturado 2 estagnado 3 represado (Do lat. *represu-*, por *reprehensu-*, «id.», part. pass. de *reprehendĕre*, «tornar a agarrar»)
repressão *n.f.* 1 ato ou efeito de reprimir 2 coibição 3 proibição 4 PSICANÁLISE ⇒ **recalcamento** 3 (Do lat. ecl. *repressiōne-*, «id.»)
repressivo *adj.* 1 que serve para reprimir 2 que reprime (Do lat. *repressu-*, «retido», part. pass. de *reprimĕre*, «reprimir; conter» +*-ivo*)
repressor *adj.,n.m.* 1 que ou aquele que reprime 2 repressivo (Do lat. *repressōre-*, «id.»)

reprimenda *n.f.* 1 repreensão; admoestação; censura 2 castigo (Do lat. *reprimenda*, «coisas que devem ser reprimidas», ger. neut. pl. de *reprimĕre*, «reprimir»)
reprimido *adj.* 1 dominado; contido 2 que é rejeitado pela pessoa como forma de defesa geralmente inconsciente (Part. pass. de *reprimir*)
reprimidor *adj.,n.m.* ⇒ **repressor** (De *reprimir*+-*dor*)
reprimir *v.tr.* 1 suster a ação, o efeito ou o movimento de; sofrear; coibir; coartar; conter 2 proibir 3 ocultar; disfarçar 4 violentar; oprimir 5 castigar ■ *v.pron.* conter-se; moderar-se; deter-se (Do lat. *reprimĕre*, «id.»)
reprimível *adj.2g.* 1 que se pode reprimir 2 que deve ser reprimido (De *reprimir*+-*vel*)
reprincipiar *v.tr.* 1 tornar a principiar 2 recomeçar (De *re*-+*principiar*)
repristinação *n.f.* 1 DIREITO reposição em vigor de uma lei (ou preceito legal) anteriormente revogada 2 revalidação; restabelecimento (De *repristinar*+-*ção*)
repristinar *v.tr.* 1 DIREITO repor em vigor (lei ou preceito legal anteriormente revogado) 2 revalidar; restabelecer (De *re*-+*prístino*+-*ar*)
reprobatório *adj.* 1 que envolve ou determina reprovação 2 censurável (Do lat. *reprobāre*, «reprovar» +-*tório*)
réprobo *adj.,n.m.* 1 que ou aquele que foi reprovado 2 condenado 3 precito 4 detestado 5 malvado (Do lat. *reprŏbu*-, «id.»)
reprochar *v.tr.* lançar em rosto; exprobrar (Do fr. *reprocher*, «id.»)
reproche *n.f.* 1 ato de reprochar 2 censura; reprimenda (Do fr. *reproche*, «id.»)
reprodução *n.f.* 1 ato ou efeito de reproduzir 2 BIOLOGIA função (do grupo das funções da vida vegetativa) que permite aos seres vivos produzirem outros semelhantes, mantendo-se a espécie 3 propagação; multiplicação 4 renovação de partes mutiladas, em alguns animais; regeneração 5 repetição; cópia 6 nova edição; ~ *assexuada* BIOLOGIA reprodução em que não há o concurso dos gâmetas, reprodução orgânica; ~ *medicamente assistida* MEDICINA reprodução apoiada medicamente, que pode utilizar vários métodos para ultrapassar a esterilidade de um ou de ambos os membros do casal, tais como a fertilização in vitro, a inserção dos gâmetas nas trompas de Falópio, etc.; ~ *sexuada* BIOLOGIA tipo de reprodução em que ocorre junção de gâmetas ou troca de material genético entre indivíduos; *taxa de* ~ GEOGRAFIA número de nascimentos de indivíduos do sexo feminino por mil mulheres em idade de procriar (De *re*-+*produção*)
reprodutibilidade *n.f.* qualidade de reprodutível (De *reprodutível*+-*i*-+-*dade*)
reprodutível *adj.2g.* ⇒ **reproduzível**
reprodutivo *adj.* 1 que reproduz ou que se reproduz 2 que favorece a reprodução (De *re*-+*produtivo*)
reprodutor *adj.* 1 que reproduz 2 que serve para a reprodução ■ *n.m.* animal destinado à reprodução (De *re*-+*produtor*)
reproduzir *v.tr.* 1 produzir novamente; copiar 2 exibir de novo; mostrar de novo 3 imitar; repetir 4 retratar; representar 5 reeditar 6 descrever 7 gerar; procriar ■ *v.pron.* 1 produzir indivíduos semelhantes a si, mantendo a espécie; propagar-se; multiplicar-se 2 espalhar-se; disseminar-se 3 repetir-se (De *re*-+*produzir*)
reproduzível *adj.2g.* 1 que tem o poder de se reproduzir 2 reprodutível (De *reproduzir*+-*vel*)
reprofundar *v.tr.* tornar muito mais fundo ■ *v.intr.* submergir-se (De *re*-+*profundar*)
reprografia *n.f.* 1 reprodução de documentos que recorre aos processos da fotocópia, eletrocópia, termocópia, microfilmagem, heliografia, xerografia, etc. 2 lugar onde se faz essa reprodução (De *repro(dução)*+-*grafia*)
reprometer *v.tr.* fazer novo prometimento de (Do lat. *repromittĕre*, «prometer de novo»)
repromissão *n.f.* 1 ato ou efeito de reprometer 2 promessa feita várias vezes (Do lat. *repromissiōne*-, «promessa recíproca»)
reprovação *n.f.* 1 ato ou efeito de reprovar 2 não aprovação (em exame) 3 rejeição 4 exclusão 5 [fig.] censura severa (Do lat. *reprobatiōne*-, «id.»)
reprovado *adj.* 1 que não foi aprovado 2 que não foi julgado habilitado (em exame) 3 censurado 4 rejeitado; réprobo ■ *n.m.* aquele que, em exame, não foi julgado habilitado (Part. pass. de *reprovar*)
reprovador *adj.,n.m.* que ou aquele que reprova (Do lat. *reprobatōre*-, «id.»)
reprovar *v.tr.* 1 não aprovar; recusar 2 rejeitar; votar contra 3 censurar asperamente 4 julgar não habilitado (em exame, concurso, prova); excluir ■ *v.intr.* ser reprovado; chumbar (Do lat. *reprobāre*, «id.»)
reprovável *adj.2g.* que merece reprovação; condenável (Do lat. *reprobabĭle*-, «id.»)
reprover *v.tr.* prover de novo (De *re*-+*prover*)
repruir *v.tr.* 1 causar grande prurido a 2 [fig.] excitar; inflamar ■ *v.intr.* 1 sentir comichão; ter cócegas 2 [fig.] sentir grande desejo; inflamar-se (De *re*-+*pruir*)
reprurir *v.tr.,intr.* ⇒ **repruir** (De *re*-+*prurir*)
reps *n.m.2n.* ⇒ **repes**
reptação *n.f.* 1 ato ou efeito de reptar 2 repto 3 locomoção de alguns animais que deslizam ou se arrastam com ou sem o auxílio de membros; reptamento (Do lat. *reptatiōne*-, «ação de se arrastar»)
reptador *adj.,n.m.* que ou aquele que repta, que desafia (De *reptar*+-*dor*)
reptamento *n.m.* ⇒ **reptação** (De *reptar*+-*mento*)
reptante *adj.* que desafia; reptador ■ *n.2g.* 1 o que desafia 2 réptil; *caule* ~ BOTÂNICA caule prostrado, tipicamente muito alongado, que produz raízes nos nós (Do lat. *reptante*-, «id.», part. pres. de *reptāre*, «rastejar; arrastar-se»)
reptar[1] *v.tr.* lançar repto a; desafiar; provocar; emprazar (Do prov. *reptar*, do lat. *reputāre*, «ponderar»)
reptar[2] *v.intr.* andar de rastos, em reptação; rastejar (Do lat. *reptāre*, «id.»)
réptil *adj.2g.* que rasteja; reptante; que se arrasta ■ *n.m.* (plural **répteis**) 1 ZOOLOGIA espécime dos répteis 2 [fig., pej.] pessoa vil ou bajuladora ■ *n.m.pl.* ZOOLOGIA classe de vertebrados de sangue frio, pulmonados, com o corpo revestido de escamas epidérmicas, e com deslocação reptante (Do lat. *reptīle*-, «id.»)
reptilário *adj.* relativo a répteis (De *réptil*+-*ário*)
repto *n.m.* 1 reptação 2 desafio; emprazamento (Deriv. regr. de *reptar*)
república *n.f.* 1 forma de governo em que o chefe do Estado é eleito pelos cidadãos ou seus representantes, tendo a sua chefia duração limitada 2 Estado que se governa deste modo 3 sociedade política 4 interesse geral de todos os cidadãos de um Estado 5 grupo de estudantes universitários, geralmente oriundos da mesma região, que vivem na mesma casa 6 residência coletiva de estudantes universitários 7 associação de animais que vivem em comum 8 [coloq.] casa onde não há ordem nem disciplina 9 [fig.] associação de pessoas que não reconhecem chefe; ~ *das bananas* país ou Estado, geralmente com um governo instável ou ditatorial e uma economia dependente de ajuda externa; situação em que reina o caos e/ou a corrupção (Do lat. *res publica*, «coisa pública»)
republicação *n.f.* ato ou efeito de republicar (De *republicar*+-*ção*)
republicanismo *n.m.* 1 doutrina política partidária da república 2 qualidade, sentimento ou opiniões do que é republicano 3 forma de governo republicano (De *republicano*+-*ismo*)
republicanização *n.f.* ato ou efeito de republicanizar (De *republicanizar*+-*ção*)
republicanizar *v.tr.* 1 implantar a república em 2 tornar republicano; dar caráter republicano a (De *republicano*+-*izar*)
republicano *adj.* 1 relativo à república 2 pertencente a república 3 em que há república ■ *n.m.* 1 partidário do regime republicano 2 ORNITOLOGIA ave que habita nas savanas da África do Sul (De *república*+-*ano*)
republicar *v.tr.* 1 publicar novamente 2 reeditar (De *re*-+*publicar*)
republicida /é/ *n.2g.* 1 pessoa que destrói uma república 2 pessoa que combate as instituições republicanas (Do lat. *re- publica*-, «coisa pública» +*caedĕre*, «matar»)
republicídio *n.m.* destruição de uma república (Do lat. *republica*-, «coisa pública» +*caedĕre*, «matar» +-*io*)
repúblico *adj.* referente ao interesse geral dos cidadãos ■ *n.m.* 1 aquele que se interessa pelo bem público 2 partidário do regime republicano; republicano 3 [acad.] estudante de Coimbra que vive numa república (De *república*)
republiqueiro *n.m.* trapaceiro que se diz republicano apenas para servir os seus interesses (De *república*+-*eiro*)
repudiação *n.f.* ato ou efeito de repudiar; repúdio; rejeição (Do lat. *repudiatiōne*-, «id.»)
repudiar *v.tr.* 1 expulsar do domicílio conjugal; divorciar-se de 2 abandonar; desamparar 3 pôr de parte; rejeitar (Do lat. *repudiāre*, «id.»)
repudiável *adj.2g.* que se pode ou deve repudiar (De *repudiar*+-*vel*)

repúdio *n.m.* 1 repudiação 2 DIREITO (direito sucessório) renúncia voluntária a uma herança ou legado por parte do chamado à sucessão 3 [fig.] rejeição (Do lat. *repudĭu-*, «id.»)

repugnador *adj.,n.m.* que ou o que repugna (Do lat. *repugnatōre*, «id.»)

repugnância *n.f.* 1 qualidade de repugnante 2 aversão que se sente por alguma pessoa ou coisa; asco; nojo 3 impedimento; obstáculo 4 incompatibilidade 5 relutância; escrúpulo; melindre (Do lat. *repugnantĭa*, «oposição; antipatia»)

repugnante *adj.2g.* 1 que repugna; asqueroso; nojento; repelente 2 antipático 3 que produz indignação 4 incompatível (Do lat. *repugnante-*, «id.», part. pres. de *repugnāre*, «ser incompatível»)

repugnar *v.tr.,intr.* 1 causar repugnância (a); causar nojo (a) 2 causar aversão ou antipatia (a) ▪ *v.tr.* 1 não aceitar; recusar; rejeitar 2 não aceder a; resistir a 3 ser incompatível com (Do lat. *repugnāre*, «ser incompatível»)

repulsa *n.f.* 1 ato ou efeito de repelir; repulsão; recusa 2 repugnância; nojo 3 ódio (Do lat. *repulsa-*, «recusa»)

repulsão *n.f.* ⇒ **repulsa** (Do lat. *repulsiōne-*, «id.»)

repulsar *v.tr.* 1 repelir; afastar; empurrar 2 rejeitar; recusar (Do lat. *repulsāre*, «id.»)

repulsivo *adj.* que repele; repelente; repugnante (De *repulsar+-ivo*)

repulso *adj.* que foi repelido ▪ *n.m.* ⇒ **repulsa** (Do lat. *repulsu-*, «id.», part. pass. de *repellĕre*, «repelir»)

repululação *n.f.* 1 ato ou efeito de repulular 2 quantidade excessiva (De *repulular+-ção*)

repulular *v.intr.* 1 pulular de novo; renascer 2 brotar em grande quantidade; multiplicar-se (Do lat. *repullulāre*, «brotar de novo»)

repungir *v.tr.* 1 pungir acerbadamente 2 mortificar; martirizar (Do lat. *repungĕre*, «picar de novo»)

repurgação *n.f.* ato ou efeito de repurgar (Do lat. *repurgatiōne-*, «id.»)

repurgar *v.tr.* purgar ou limpar de novo (Do lat. *repurgāre*, «limpar»)

repurificação *n.f.* ato ou efeito de repurificar (De *repurificar+-ção*)

repurificar *v.tr.* purificar em alto grau; acrisolar (De *re-+purificar*)

reputação *n.f.* 1 ato ou efeito de reputar 2 conceito em que uma pessoa é tida 3 importância social 4 fama; renome; nomeada (Do lat. *reputatiōne-*, «ponderação»)

reputar *v.tr.* 1 ter na conta de; considerar; julgar 2 formar conceito de; avaliar 3 dar reputação a; apreciar (Do lat. *reputāre*, «calcular»)

repuxador *n.m.* oficial auxiliar de ourivesaria que executa certos trabalhos de relevo (De *repuxar+-dor*)

repuxão *n.m.* 1 ato de repuxar 2 puxão violento; esticão (De *repuxar+-ão*)

repuxar *v.tr.* 1 puxar com força 2 puxar para trás 3 esticar muito 4 escorar; colocar escoras em 5 refogar; apurar ▪ *v.intr.* (líquido) sair com força; formar repuxo (De *re-+puxar*)

repuxo *n.m.* 1 ato ou efeito de repuxar 2 jorro de água que sai com força e se eleva alto; jato 3 conduta para obter esse jato 4 recuo 5 NÁUTICA tira de couro com dedal que os marinheiros utilizam quando cosem pano (Deriv. regr. de *repuxar*)

requalificação *n.f.* 1 ato ou efeito de requalificar 2 conjunto de atividades que visam melhorar uma zona pública a nível urbanístico, ambiental, paisagístico, etc.; revitalização (De *requalificar+-ção*)

requalificar *v.tr.* 1 qualificar de novo 2 melhorar (um espaço público) a nível ambiental, urbanístico, etc.; revitalizar (De *re-+qualificar*)

requebrado *adj.* 1 que tem requebros na voz ou no gesto 2 trinado 3 lânguido; lascivo; amoroso ▪ *n.m.* [Brasil] movimento lânguido e lascivo; bamboleio (Part. pass. de *requebrar*)

requebrador *adj.,n.m.* 1 que ou aquele que faz requebros 2 galanteador (De *requebrar+-dor*)

requebrar *v.tr.* 1 mover com requebro 2 trinar (a voz) ▪ *v.pron.* saracotear-se; derrengar-se (Do cast. *requebrar*, «id.»)

requebro *n.m.* 1 ato ou efeito de requebrar 2 movimento lânguido ou lascivo 3 inflexão da voz ou do corpo 4 gesto amoroso; galanteio 5 MÚSICA trinado (Deriv. regr. de *requebrar*, ou do cast. *requiebro*, «id.»)

requeija *n.f.* [regionalismo] espécie de queijo feito a partir do soro do leite (De *re-+queijo*)

requeijão *n.m.* produto alimentar preparado a partir do soro do leite, que se separa no fabrico do queijo e é constituído principalmente por lactoalbumina, e não por caseína (principal proteína do queijo) (De *re-+queijo+-ão*)

requeima *n.f.* 1 ato ou efeito de requeimar 2 sensação causada na boca por substâncias picantes; ardor 3 crestamento 4 ICTIOLOGIA ⇒ **garoupa** (Deriv. regr. de *requeimar*)

requeimação *n.f.* ato ou efeito de requeimar (De *requeimar+-ção*)

requeimar *v.tr.* 1 queimar muito; tostar; torrar 2 queimar pela ação do Sol ou do calor; crestar 3 enegrecer; tisnar 4 causar ardor a; pungir ▪ *v.intr.* (alimento) ter sabor picante (De *re-+queimar*)

requeime *n.m.* 1 ICTIOLOGIA peixe teleósteo da fauna portuguesa, também conhecido por garoupa, requeima, cantariz, cantarilho e rainúnculo 2 sabor acre de certas especiarias; queimo (Deriv. regr. de *requeimar*)

requeimo *n.m.* ⇒ **queimo** (Deriv. regr. de *requeimar*)

requentado *adj.* 1 que se aqueceu novamente 2 diz-se do alimento que sofreu muito tempo a ação do calor 3 que não é original ou inédito; que já é conhecido (Part. pass. de *requentar*)

requentar *v.tr.* 1 tornar a aquecer (um alimento) 2 sujeitar à ação do calor por muito tempo ▪ *v.pron.* 1 queimar-se ligeiramente 2 ficar com mau sabor devido a impregnação de fumo (De *re-+aquentar*)

requeredor *adj.,n.m.* que ou aquele que requer; requerente (De *requerer+-dor*)

requerente *adj.* que faz um requerimento ▪ *n.2g.* pessoa que pede alguma coisa por meio de requerimento (Do lat. vulg. *requaerente-*, «id.», part. pres. de *requaerĕre*, «pedir; requerer»)

reque-reque *n.m.* MÚSICA ⇒ **reco-reco** (De orig. onom.)

requerer *v.tr.* 1 pedir por requerimento 2 exigir 3 precisar 4 merecer 5 reclamar a presença ou o auxílio de; requestar 6 [pop.] consultar as almas do outro mundo (Do lat. vulg. *requaerĕre*, «id.»)

requerimento *n.m.* 1 ato ou efeito de requerer 2 petição por escrito, segundo certas fórmulas legais 3 pedido (De *requerer+-i-+-mento*)

requesta *n.f.* 1 ato de requestar 2 contenda; briga 3 [ant.] petição (Deriv. regr. de *requestar*)

requestador /ô/ *adj.,n.m.* 1 que ou aquele que requesta 2 galanteador (De *requestar+-dor*)

requestar *v.tr.* 1 pedir com insistência; solicitar 2 pretender as boas graças de 3 galantear; namorar (Do lat. *requaesitāre*, freq. de *requirĕre*, «rebuscar; procurar»)

requesto *n.m.* ⇒ **requesta** (Deriv. regr. de *requestar*)

réquia *n.f.* ⇒ **requiem**

réquie *n.m.* ⇒ **requiem**

requiem *n.m.* 1 RELIGIÃO parte do ofício dos defuntos, na liturgia católica, que começa por esta palavra 2 MÚSICA composição sobre esta parte do ofício 3 RELIGIÃO missa com este nome (Do lat. *requĭe-*, «descanso»)

requietório *n.m.* nome que os Romanos davam ao sepulcro, como lugar de descanso; sepultura (Do lat. *requietorĭu-*, «lugar onde se descansa»)

requife *n.m.* fita estreita de passamanaria, ou cordão de bicos para debruar ou guarnecer (De orig. obsc.)

requifeiro *n.m.* fabricante ou vendedor de requife (De *requife+-eiro*)

requinta *n.f.* 1 MÚSICA instrumento musical de sopro, que é um clarinete em mi bemol, que dá sons agudos 2 MÚSICA instrumento de sons mais agudos num grupo do mesmo género ▪ *n.2g.* pessoa que toca aquele instrumento (clarinete); requintista (Deriv. regr. de *requintar*)

requintado *adj.* 1 elevado à quinta-essência, ao maior grau 2 apurado; fino; delicado (Part. pass. de *requintar*)

requintar *v.tr.,pron.* levar ou ser levado ao mais alto grau; aperfeiçoar(-se) até ao extremo; aprimorar(-se) ▪ *v.pron.* proceder com primor afetado; exagerar (De *re-+quintar*)

requinte *n.m.* 1 ato ou efeito de requintar 2 grande perfeição; primor 3 apuro extremo; exagero (Deriv. regr. de *requintar*)

requintista *n.2g.* tocador de requinta (De *requinta+-ista*)

requisição *n.f.* 1 ato ou efeito de requisitar 2 pedido 3 reclamação 4 exigência legal; ~ *civil* conjunto de medidas, com carácter excecional, definidas pelo Governo com o objetivo de assegurar o funcionamento regular de serviços públicos ou de setores considerados fundamentais, numa situação de greve (Do lat. *requisitiōne-*, «busca»)

requisitante *adj.,n.2g.* que ou a pessoa que requisita, pede ou exige (De *requisitar+-ante*)

requisitar *v.tr.* 1 fazer a requisição de 2 solicitar ou pedir pelas vias legais; requerer 3 exigir (De *requisito+-ar*)

requisito *n.m.* 1 condição necessária para a consecução de um certo fim 2 exigência legal e necessária 3 *pl.* dotes; predicados ▪ *adj.*

requerido (Do lat. *requisītu*-, «id.», part. pass. de *requirĕre*, «requerer»)

requisitório *adj.* precatório ■ *n.m.* **1** exposição dos motivos de acusação contra o réu, feita pelo Ministério Público **2** discurso de acusação contra alguém (Do lat. *requisītu*-, «pedido» +*-ório*)

rer *v.tr.* rapar (o sal) na salina e juntá-lo com o rodo (Do lat. *radĕre*, «raspar»)

res- ⇒ **re-** (Do lat. *re-+ex-*)

rés *adj.inv.* **1** rente **2** raso ■ *adv.* cerce; rente a; *ao ~ de* a rasar com (Do fr. ant. *res* ou *rez*, do lat. *rasu-*, «à altura do chão»)

rês *n.f.* **1** qualquer quadrúpede cuja carne serve para alimento do homem **2** [fig.] pessoa de mau carácter (Do ár. *râç*, «cabeça de gado»)

resalgar *n.m.* **1** ⇒ **rosalgar 2** [regionalismo] pequena lagarta que rói a caruma; resalgário **3** BOTÂNICA variedade de cogumelo muito venenoso (Do ár. *rahj al-gâr*, «pós de caverna»)

resalgário *n.m.* [regionalismo] ⇒ **resalgar** (De *resalgar+-ário*)

resbordo *n.m.* **1** NÁUTICA série de pranchas que formam a parte externa do casco do navio **2** NÁUTICA abertura na amurada, para carga e descarga de certas mercadorias, ou para dar lugar à boca do canhão (De *rés+bordo*)

rescaldar *v.tr.* **1** tornar a escaldar **2** escaldar de mais **3** meter em água a ferver; queimar com água muito quente (De *re-+escaldar*)

rescaldeiro *n.m.* peça que se enche de água quente e sobre a qual se colocam os pratos com comida, para que esta não arrefeça; esquentador; rescaldo (De *rescaldo+-eiro*)

rescaldo *n.m.* **1** calor refletido por uma fornalha ou por um incêndio **2** borralho ou cinzas ainda com brasas após um incêndio **3** trabalho preventivo para evitar que se inflamem de novo os restos de um incêndio recente **4** cinza ou lava expulsa de vulcão **5** peça que se enche de água quente e sobre a qual se colocam os pratos com comida, para que esta não arrefeça; esquentador; rescaldeiro **6** resultado; saldo **7** período que se segue a qualquer acontecimento, enquanto os seus efeitos ainda se fazem sentir (Deriv. regr. de *rescaldar*)

rescendência *n.f.* qualidade do que cheira muito bem; recendência; fragrância

rescendente *adj.2g.* que cheira muito bem; fragrante; recendente

rescender *v.intr.* exalar cheiro ativo e agradável; ter cheiro forte e agradável; recender

rescindência *n.f.* ⇒ **rescisão** (Do lat. *rescindentia*, part. pres. neut. pl. de *rescindĕre*, «separar»)

rescindir *v.tr.* **1** fazer a rescisão de; anular; invalidar **2** romper; quebrar (Do lat. *rescindĕre*, «separar»)

rescindível *adj.2g.* que se pode rescindir (De *rescindir+-vel*)

rescisão *n.f.* **1** ato ou efeito de rescindir **2** anulação de contrato; ab-rogação **3** rompimento; corte (Do lat. ecl. *rescissiōne-*, «id.»)

rescisor *adj.,n.m.* que ou aquele que rescinde (De *rescisão+-or*)

rescisório *adj.* **1** que rescinde **2** que implica rescisão (Do lat. *rescissorĭu-*, «id.»)

rescrever *v.tr.* tornar a escrever; reescrever (Do lat. *rescribĕre*, «id.»)

rescrição *n.f.* ordem escrita para pagamento de uma quantia; cheque (Do lat. *rescriptiōne-*, «id.»)

rescrito *n.m.* documento escrito pelo qual a Santa Sé ou o superior eclesiástico competente concede uma graça solicitada (Do lat. *rescriptu-*, «resposta por escrito»)

rés-do-chão ver nova grafia rés do chão

rés do chão *n.m.2n.* **1** pavimento de uma casa ao nível da rua **2** habitação ao nível da rua

reseda *n.f.* BOTÂNICA planta herbácea, de flores aromáticas, verde-acinzentadas ou verde-esbranquiçadas, pertencente à família das Resedáceas, que se cultiva em Portugal, nos jardins, e é também conhecida por minhonete e reseda-de-cheiro ■ *adj.2g.* da cor da flor desta planta; verde-acinzentado; verde-esbranquiçado; **~ brava** BOTÂNICA planta herbácea, mais ou menos peluda, com flores inodoras, pertencente à família das Resedáceas, espontânea em Portugal (Do lat. *resēda-*, «reseda», pelo fr. *résèda*, «id.»)

Resedáceas *n.f.pl.* BOTÂNICA família de plantas dicotiledóneas, de folhas alternas e flores pequenas, em cachos ou espigas, representada em Portugal, e cujo género-tipo se denomina *Reseda* (De *reseda+-áceas*)

resedal *n.m.* **1** lugar onde há muitas resedas **2** plantação destes vegetais (De *reseda+-al*)

resedíneas *n.f.pl.* BOTÂNICA subordem constituída pela família das Resedáceas (plantas) (De *reseda+-íneas*)

resenha /ê/ *n.f.* **1** ato ou efeito de resenhar **2** descrição minuciosa **3** enumeração; contagem (Deriv. regr. de *resenhar*)

resenhar *v.tr.* **1** fazer resenha de **2** descrever minuciosamente **3** enumerar por partes **4** pôr resenho em (Do lat. *resignāre*, «lançar em rol»)

resenho /ê/ *n.m.* **1** exame feito aos sinais característicos do cavalo **2** marca que se faz, geralmente, na perna esquerda do cavalo (Deriv. regr. de *resenhar*)

resentadura *n.f.* pequena dose de fermento com que se azeda uma porção de massa que, por sua vez, há de fazer levedar uma amassadura completa (Do cast. *recentadura*, «id.»)

reserpina *n.f.* BIOQUÍMICA alcaloide de propriedades sedativas, que se extrai da raiz da rauwólfia, planta das regiões tropicais, e é muito usado como calmante e hipotensor (Do lat. cient. *Ra(uwolfia) serp(ent)ina*, nome cient. da rauwólfia, pelo fr. *réserpine*, «id.»)

reserva *n.f.* **1** ato ou efeito de reservar **2** MILITAR fração de uma unidade militar que se mantém à retaguarda, mas pronta a entrar em combate **3** MILITAR classe dos militares ou funcionários que não estão em serviço ativo, mas que podem ser chamados, se for necessário **4** DESPORTO classe de desportistas que, em caso de necessidade, podem ser chamados a atuar na primeira categoria **5** cláusula de contrato que, de algum modo, limita os seus efeitos **6** tudo aquilo que se põe em depósito para ocorrer a possíveis necessidades **7** região florestal, geralmente mantida e gerida por um órgão público, onde se pretende assegurar a conservação de espécies animais e vegetais **8** RELIGIÃO disposição canónica que restringe temporária ou continuadamente a uma entidade eclesiástica o poder de absolver determinados pecados ou de julgar e resolver determinados casos de consciência **9** [fig.] reforço **10** retraimento; circunspeção **11** restrição **12** decoro; decência; recato **13** confidência **14** *pl.* ECONOMIA conjunto de valores retidos por uma empresa, provenientes de lucros ou reavaliações, que se destinam à potenciação da unidade económica e que constituem, juntamente com o capital social, o capital próprio da empresa; *fundo de ~* ECONOMIA quantia que uma sociedade conserva para ocorrer a possíveis depreciações, a despesas extraordinárias ou a lucros deficientes; *sem ~* sem condições, sem restrições (Deriv. regr. de *reservar*)

reservação *n.f.* **1** reserva **2** DIREITO condição restritiva de um benefício a certos usos (De *reservar+-ção*)

reservadamente *adv.* **1** com reserva **2** de modo reservado; confidencialmente (De *reservado+-mente*)

reservado *adj.* **1** posto de reserva **2** guardado **3** oculto **4** íntimo **5** garantido **6** apalavrado **7** calado **8** ocultado **9** dissimulado **10** fingido **11** que sabe guardar um segredo **12** circunspecto **13** cauteloso **14** que não esquece as ofensas **15** destinado a **16** confidencial **17** diz-se dos pecados e dos casos de consciência que só determinadas entidades eclesiásticas podem absolver ou resolver ■ *n.m.* compartimento em restaurante ou bar destinado a clientes que desejam ficar sós (Do lat. *reservātu-*, «id.», part. pass. de *reservāre*, «reservar; guardar»)

reservador *adj.,n.m.* que ou aquele que reserva (De *reservar+-dor*)

reservar *v.tr.* **1** pôr de reserva; armazenar **2** pôr de parte **3** não gastar; não usar **4** garantir para si **5** guardar; conservar **6** destinar para determinada pessoa, ocasião ou fim **7** comprar antecipadamente (bilhete, passagem) **8** limitar; restringir **9** fazer esperar; demorar **10** defender; preservar **11** fazer segredo de; ocultar ■ *v.pron.* **1** guardar-se para outra ocasião **2** esperar (Do lat. *reservāre*, «id.»)

reservatário *n.m.* DIREITO detentor do direito de uma reserva legal

reservativo *adj.* em que há reserva (De *reservar+-tivo*)

reservatório *n.m.* **1** lugar onde se reserva ou guarda qualquer coisa; recipiente **2** lugar onde se acumula alguma coisa; depósito (De *reservar+-tório*)

reservista *n.2g.* **1** militar ou funcionário que está na situação de reserva **2** desportista que está na reserva (Do fr. *réserviste*, «id.»)

resfolegadoiro *n.m.* ⇒ **resfolegadouro**

resfolegadouro *n.m.* **1** respiradouro; orifício por onde entra o ar necessário para qualquer maquinismo **2** ZOOLOGIA evento (nos cetáceos); resfolgadoiro; resfolgadouro (De *resfolegar+-douro*)

resfolegante *adj.2g.* que resfolega; resfolgante (De *resfolegar+-ante*)

resfolegar *v.tr.,intr.* **1** tomar fôlego; respirar com dificuldade **2** [fig.] tomar alento; descansar da fadiga ■ *v.tr.* expelir em jato (De *re-+esfolegar*)

resfôlego *n.m.* **1** ato ou efeito de resfolegar **2** ruído provocado pela respiração; resfolgo **3** [fig.] descanso (Deriv. regr. de *resfolegar*)

resfolgadoiro *n.m.* ⇒ **resfolgadouro**

resfolgadouro *n.m.* ⇒ **resfolegadouro**

resfolgante *adj.2g.* ⇒ **resfolegante** (De *resfolgar*+-*ante*)
resfolgar *v.tr.,intr.* ⇒ **resfolegar** (De *re*-+*esfolegar*)
resfolgo /ô/ *adj.* 1 ato ou efeito de resfolgar 2 resfôlego (Deriv. regr. de *resfolgar*)
resfriado *adj.* 1 que resfriou 2 que está constipado 3 [fig.] desanimado; desalentado; indiferente ■ *n.m.* constipação; resfriamento (Part. pass. de *resfriar*)
resfriadoiro *n.m.* ⇒ **resfriadouro**
resfriador *adj.* que resfria ■ *n.m.* 1 recipiente onde se coloca alguma coisa para resfriar 2 frigorífico (De *resfriar*+-*dor*)
resfriadouro *n.m.* lugar que produz resfriamento (De *resfriar*+-*douro*)
resfriamento *n.m.* 1 ato ou efeito de resfriar 2 constipação; resfriado 3 [fig.] diminuição da intensidade de um sentimento 4 VETERINÁRIA aguamento (nos cavalos e noutros animais) (De *resfriar*+-*mento*)
resfriar *v.tr.* 1 tornar a esfriar 2 arrefecer muito 3 [fig.] diminuir o entusiasmo ■ *v.intr.* 1 tornar-se frio 2 [fig.] perder o entusiasmo, o ânimo; desanimar (De *re*-+*esfriar*)
resgatabilidade *n.f.* qualidade de resgatável (De *resgatável*+-*i*-+-*dade*)
resgatador *adj.,n.m.* que ou aquele que resgata (De *resgatar*+-*dor*)
resgatar *v.tr.* 1 obter o resgate de 2 livrar do cativeiro 3 libertar de (castigo ou situação de inferioridade); remir 4 reaver (um penhor); desempenhar 5 cumprir 6 expiar ■ *v.pron.* libertar-se; remir-se (De *resgate*+-*ar*)
resgatável *adj.2g.* 1 que se pode resgatar 2 remissível (De *resgatar*+-*vel*)
resgate *n.m.* 1 ato ou efeito de resgatar 2 quantia ou outro meio pelo qual se liberta alguém preso ou sequestrado 3 remissão a dinheiro de bens em dívida, cativos ou penhorados 4 operação de salvamento 5 ECONOMIA ajuda concedida a uma entidade ou a um negócio em situação de rutura financeira 6 ECONOMIA situação em que um investidor retira todo ou parte do capital investido numa dada aplicação 7 [fig.] redenção; liberdade (Do cast. *rescate*, «id.»)
resguardar *v.tr.* 1 guardar com cuidado 2 abrigar; cobrir 3 defender; proteger 4 poupar ■ *v.pron.* 1 abrigar-se 2 defender-se; acautelar-se 3 observar dieta 4 cumprir (De *res*-+*guardar*)
resguardo *n.m.* 1 ato ou efeito de resguardar 2 local onde se guarda algo ou alguém cuidadosamente; abrigo; esconderijo 3 proteção; defesa 4 agasalho 5 anteparo 6 [fig.] cuidado; precaução; prudência 7 segredo; confidência 8 compostura; respeito; acatamento; decoro 9 dieta (Deriv. regr. de *resguardar*)
residência *n.f.* 1 lugar onde se mora habitualmente; domicílio; morada 2 [regionalismo] casa de habitação do pároco; *tirar* ~ examinar o procedimento e serviço de alguém, sindicar (Do lat. *residentĭa*, part. pres. neut. pl. de *residēre*, «residir»)
residencial *adj.2g.* 1 respeitante à residência 2 diz-se da pensão ou hotel que só fornece dormidas e pequenos-almoços ■ *n.f.* 1 pensão ou pequeno hotel que aceita hóspedes com estadias mais ou menos longas 2 pensão que só fornece dormidas e pequenos-almoços; *bispo* ~ bispo de uma diocese (De *residência*+-*al*)
residente *adj.2g.* 1 que reside 2 diz-se da pessoa que reside no próprio local onde exerce o seu cargo ou função ■ *n.m.* encarregado de negócios, de menor graduação que o embaixador, junto de governo estrangeiro (Do lat. *residente*-, «id.», part. pres. de *residēre*, «residir»)
residir *v.intr.* 1 ter residência; morar; habitar 2 existir 3 achar-se; estar; ser 4 fazer-se sentir; manifestar-se; patentear-se 5 consistir (Do lat. *residēre*, «id.»)
residual *adj.2g.* 1 referente a resíduo 2 que forma um resíduo; que persiste (De *resíduo*+-*al*)
residuário *adj.* 1 referente a resíduo 2 próprio para receber resíduos (De *resíduo*+-*ário*)
resíduo *adj.* que resta ■ *n.m.* 1 o que resta 2 matérias que ficam depois de certas preparações ou combinações químicas 3 sedimento 4 fezes; ~ *halogénico* QUÍMICA parte da molécula de um ácido depois de se supor retirado o seu hidrogénio (Do lat. *residŭu*-, «resto»)
resignação *n.f.* 1 ato ou efeito de resignar ou resignar-se 2 cedência voluntária de uma coisa ou de um cargo a favor de outrem; renúncia; abdicação 3 [fig.] paciência com que se sofrem os males; conformidade (De *resignar*+-*ção*)
resignadamente *adv.* com resignação; pacientemente (De *resignado*+-*mente*)
resignado *adj.* 1 que suporta o mal com resignação; paciente; conformado 2 diz-se de um cargo de que alguém abdicou espontaneamente (Do lat. *resignātu*-, «id.», part. pass. de *resignāre*, «renunciar a; resignar»)
resignante *adj.,n.2g.* que ou a pessoa que resignou daquilo a que tinha direito (Do lat. *resignante*-, «id.», part. pres. de *resignāre*, «renunciar a; resignar»)
resignar *v.tr.* desistir (de um benefício ou cargo) a favor de outrem; renunciar a; abdicar de ■ *v.pron.* ter resignação; conformar-se (Do lat. *resignāre*, «resignar»)
resignatário *adj.,n.m.* que ou aquele que resigna ou que renuncia a um cargo ou dignidade (Do fr. *resignataire*, «id.»)
resignável *adj.2g.* que se pode resignar (De *resignar*+-*vel*)
resiliência *n.f.* 1 MECÂNICA capacidade de resistência de um material ao choque, que é medida pela energia necessária para produzir a fratura de um provete do material com dimensões determinadas 2 energia potencial acumulada por unidade de volume de uma substância elástica, quando deformada elasticamente 3 [fig.] capacidade de defesa e recuperação perante fatores ou condições adversos (Do lat. *resilientĭa*, part. pres. neut. pl. de *resilīre*, «saltar para trás; recusar vivamente»)
resiliente *adj.2g.* 1 que possui resiliência 2 relativo a elasticidade 3 elástico; flexível (Do lat. *resiliente*-, part. pres. de *resilīre*, «saltar para trás; recusar vivamente»)
resilir *v.tr.* 1 anular; rescindir 2 voltar; regressar (ao ponto de partida) 3 soltar-se (Do lat. *resilīre*, «recusar; voltar atrás; desdizer-se»)
resina *n.f.* 1 produto natural, viscoso, que se extrai de algumas plantas (especialmente coníferas), de alto valor industrial 2 [regionalismo] embriaguez; ~ *artificial/sintética* substância preparada por síntese para fabrico de plásticos (Do lat. *resina*-, «id.»)
resinação *n.f.* ⇒ **resinagem** (De *resinar*+-*ção*)
resina-de-jalapa ver nova grafia resina de jalapa
resina de jalapa *n.f.* resina de aplicação medicinal, que se extrai da jalapa, planta da família das Convolvuláceas, própria das regiões tropicais
resinagem *n.f.* 1 ato ou efeito de resinar 2 extração ou aproveitamento da resina (De *resinar*+-*agem*)
resinar *v.tr.* 1 colher a resina de 2 dar resina a (arcos de instrumentos de corda) 3 misturar com resina (De *resina*+-*ar*)
resineiro *adj.* relativo a resina ■ *n.m.* indivíduo que sangra os pinheiros para lhes extrair a resina (De *resina*+-*eiro*)
resinento *adj.* ⇒ **resinoso** (De *resina*+-*ento*)
resinífero *adj.* 1 que produz resina 2 resinoso (Do lat. *resīna*-, «resina» +*fero*, de *ferre*, «produzir»)
resinificação *n.f.* 1 ato de resinificar 2 transformação em resina (De *resinificar*+-*ção*)
resinificar *v.tr.* 1 transformar em resina 2 dar aspeto de resina a (Do lat. *resīna*-, «resina» +*facĕre*, «fazer»)
resinificável *adj.2g.* que pode ser transformado em resina (De *resinificar*+-*vel*)
resiniforme *adj.2g.* 1 com aparência de resina 2 resinoso (Do lat. *resīna*-, «resina» +*forma*-, «forma»)
resinoso /ô/ *adj.* 1 que possui ou produz resina 2 diz-se de um cheiro parecido com o cheiro característico desta substância; *eletricidade resinosa* FÍSICA eletricidade que se desenvolve pela fricção de substâncias resinosas, eletricidade negativa (Do lat. *resinōsu*-, «id.»)
resipiscência *n.f.* arrependimento de uma falta, com propósito de emenda (Do lat. *resipiscentĭa*, part. pres. neut. pl. de *resipiscĕre*, «arrepender-se»)
resistência *n.f.* 1 ato ou efeito de resistir 2 qualidade do que é resistente 3 força com que um corpo reage contra a ação de outro 4 capacidade de uma pessoa de resistir a esforços físicos ou a contrariedades 5 recusa de submissão; oposição 6 aquilo que estorva ou dificulta; obstáculo 7 forma de repelir um ataque; defesa; reação 8 [fig.] ânimo; força; coragem 9 [fig.] teimosia 10 ELETRICIDADE fio de liga especial, de elevada resistividade, disposto sobre uma substância isoladora e destinado à passagem de uma corrente elétrica, para aquecimento 11 MECÂNICA uma das forças aplicadas a uma alavanca 12 MEDICINA grau de imunidade a uma doença 13 MEDICINA qualidade de um microrganismo que não é afetado pelos antibióticos 14 PSICANÁLISE tudo o que se opõe à livre associação de ideias e ao progresso da cura 15 PSICOLOGIA oposição do paciente aos esforços feitos para revelar os complexos ou os sentimentos recalcados; ~ *elétrica* ELETRICIDADE grandeza física, característica dos condutores elétricos, cujos valores são dados pela razão entre o valor da diferença de potencial estabelecida nos terminais do condutor e o valor da intensidade da corrente que o percorre, quando no condutor só há transformação de energia elétrica em calorífica;

~ passiva reação não violenta e não provocatória a um ataque inimigo (Do lat. *resistentĭa-*, «id.»)

resistente *adj.2g.* **1** que resiste **2** duradouro **3** rijo **4** [fig.] teimoso; obstinado (Do lat. *resistente-*, «id.», part. pres. de *resistĕre*, «parar; resistir»)

resistibilidade *n.f.* qualidade de resistível (Do lat. *resistibĭle-*, «resistível»+-*i*-+-*dade*)

resistir *v.tr.,intr.* **1** opor resistência (a); não ceder (a) **2** suportar sem alterações ou danos, face à ação de agentes agressores; ser resistente; durar **3** suportar; aguentar (situação exigente ou extrema) **4** sobreviver (a) **5** conservar-se; subsistir **6** defender-se; lutar (Do lat. *resistĕre*, «id.»)

resistível *adj.2g.* a que se pode resistir (Do lat. *resistibĭle-*, «id.»)

resistividade *n.f.* ELETRICIDADE valor inerente a cada substância condutora da corrente elétrica, que é o da resistência de um cilindro dessa substância com a unidade de comprimento e a unidade de secção reta; resistência específica (Do ing. *resistivity*, «id.»)

reslumbrar *v.intr.* **1** deixar passar a luz; transluzir **2** deixar-se ver; transparecer (Do cast. *relumbrar*, «id», com infl. de *vislumbrar*)

resma /ê/ *n.f.* **1** conjunto de vinte mãos de papel ou de quinhentas folhas **2** conjunto de objetos amontoados (Do ár. *razmâ*, «id.»)

resmoneador *adj.,n.m.* que ou aquele que resmoneia; resmungão (De *resmonear*+-*dor*)

resmonear *v.tr.,intr.* ⇒ **resmungar** (De *res-*+*moinha*+-*ar*)

resmoneio *n.m.* ato de resmonear (Deriv. regr. de *resmonear*)

resmono¹ /ô/ *n.m.* ⇒ **resmoneio** (Deriv. regr. de *resmonear*)

resmono² /ô/ *n.m.* [regionalismo] BOTÂNICA ⇒ **rosmaninho** (De *rosmano*)

resmuda *n.f.* **1** ordem inversa **2** mudança; troca (De *res-*+*muda*)

resmungão *adj.,n.m.* que ou aquele que resmunga; rezingão; rabugento (De *resmungar*+-*ão*)

resmungar *v.tr.,intr.* **1** dizer ou falar por entre dentes **2** falar em voz baixa e com mau humor; rezingar (Do lat. **resmussicāre*, «rosnar», por *remussitāre*, de *re-*+*mussitāre*, «falar por entre dentes»)

resmungo *n.m.* ato ou efeito de resmungar (Deriv. regr. de *resmungar*)

resmunguento *adj.,n.m.* ⇒ **resmungão** (De *resmungar*+-*ento*)

resmunguice *n.f.* [pop.] hábito de resmungar (De *resmungar*+-*ice*)

reso *n.m.* ZOOLOGIA espécie de macaco asiático, muito utilizado em investigações científicas

resolubilidade *n.f.* qualidade de resolúvel (Do lat. *resolubĭle-*, «resolúvel»+-*i*-+-*dade*)

resolução *n.f.* **1** ato ou efeito de resolver **2** firmeza de ânimo; energia; coragem **3** FILOSOFIA penúltima fase do ato voluntário **4** deliberação; decisão **5** propósito; intento; tenção **6** mudança de estado sem alteração da natureza **7** solução de um caso ou de um problema **8** MEDICINA cura de certos processos infeciosos (tumores) sem formação de pus **9** MEDICINA desaparecimento gradual dos sinais inflamatórios de uma lesão **10** MEDICINA diarreia **11** INFORMÁTICA, TELEVISÃO (imagem, monitor, impressão) medida de pontos analisados ou impressos por unidade de superfície ou de comprimento (Do lat. *resolutiōne-*, «desligação; solução»)

resolutamente *adv.* **1** de maneira resoluta **2** firmemente (De *resoluto*+-*mente*)

resolutivo *adj.* que resolve ■ *n.m.* MEDICINA medicamento que determina a resolução de um ingurgitamento; **poder ~** FÍSICA qualidade das lentes (sistemas óticos) que permite fornecer imagens nítidas dos pormenores do objeto observado (Do lat. *resolūtu-*, «desligado», part. pass. de *resolvĕre*, «desligar; resolver»+-*ivo*)

resoluto *adj.* **1** que é firme nas suas decisões; decidido; determinado **2** que tem coragem e desembaraço; despachado; afoito; valente **3** dissolvido; desfeito (Do lat. *resolūtu-*, «desligado», part. pass. de *resolvĕre*, «desligar; resolver»)

resolutório *adj.* **1** que resolve **2** que é próprio para resolver (Do lat. *resolutorĭu-*, «id.»)

resolúvel *adj.2g.* **1** que pode resolver-se **2** que tem solução; **propriedade ~** DIREITO aquela que, por amortizações sucessivas, passa a pertencer àquele que a ocupa (De *resolver*+-*vel*)

resolvente *adj.2g.* ⇒ **resolutivo** (Do lat. *resolvente-*, «id.», part. pres. de *resolvĕre*, «desligar; resolver»)

resolver *v.tr.* **1** dissolver pouco a pouco **2** reduzir; transformar **3** fazer desaparecer pouco a pouco **4** achar a solução de **5** decidir; determinar; deliberar **6** MEDICINA fazer desaparecer a inflamação de **7** tornar nulo; rescindir (contrato) **8** desempatar ■ *v.pron.* **1** deliberar-se; solucionar-se; decidir-se; determinar-se **2** (prisão de ventre) desobstruir **3** MEDICINA (tumor) desaparecer pouco a pouco **4** transformar-se **5** consistir (Do lat. *resolvĕre*, «desligar»)

resolvido *adj.* **1** decidido; combinado; assente **2** de que se achou a solução; solucionado; esclarecido **3** deliberado **4** despachado **5** separado nos seus elementos; desagregado; desunido **6** desinflamado **7** transformado; mudado **8** [fig.] atrevido; temerário (Part. pass. de *resolver*)

resolvível *adj.2g.* ⇒ **resolúvel** (De *resolver*+-*vel*)

resorcina *n.f.* QUÍMICA, FARMÁCIA substância derivada do benzeno, empregada como antisséptico e no fabrico de matérias corantes e de resinas sintéticas (Do fr. *résorcine*, «id.»)

respalda *n.f.* [regionalismo] pedra chata com que se calça outra maior (Deriv. regr. de *respaldar*)

respaldar *v.tr.* **1** aplanar; alisar **2** dar encosto a; apoiar **3** solfar ■ *n.m.* espaldar (Do cast. *respaldar*, «encostar; apoiar»)

respaldo *n.m.* **1** ato de respaldar **2** espaldar; encosto das cadeiras de espaldar **3** encosto nas traseiras das carruagens **4** declive em parede, montanha, etc. **5** espécie de banqueta em que se coloca o crucifixo (Do cast. *respaldo*, «id.»)

respançadura *n.f.* **1** ato ou efeito de respançar **2** raspadura (De *respançar*+-*dura*)

respançamento *n.m.* ⇒ **respançadura** (De *respançar*+-*mento*)

respançar *v.tr.* apagar as letras com a raspadeira; raspar (De *raspançar*)

respe *n.m.* ⇒ **réspice**

respectivamente ver nova grafia respetivamente

respectivo ver nova grafia respetivo

respeitabilidade *n.f.* **1** qualidade de respeitável **2** direito ao respeito **3** honorabilidade (De *respeitável*+-*i*-+-*dade*)

respeitado *adj.* **1** que é objeto de respeito; reverenciado **2** adotado; acatado **3** poupado (não ofendido ou profanado) (Part. pass. de *respeitar*)

respeitador *adj.,n.m.* que ou aquele que respeita (De *respeitar*+-*dor*)

respeitante *adj.2g.* que diz respeito; referente; concernente; relativo a (Do lat. *respectante-*, «id.», part. pres. de *respectāre*, «ocupar-se de»)

respeitar *v.tr.* **1** ter respeito por; ter em consideração; tratar com civilidade; honrar **2** cumprir regras ou preceitos morais estabelecidos; observar **3** ter medo de; recear **4** ter em conta; atender a **5** dizer respeito a; ser relativo a **6** fazer justiça a; reconhecer **7** suportar; aceitar **8** não causar dano; poupar **9** estar na direção de; apontar para ■ *v.pron.* dar-se ao respeito; fazer-se respeitar (Do lat. *respectāre*, «ocupar-se de»)

respeitável *adj.2g.* **1** digno de respeito; venerável **2** [fig.] importante; grande; formidável (De *respeitar*+-*vel*)

respeitavelmente *adv.* **1** de modo respeitável **2** consideravelmente (De *respeitável*+-*mente*)

respeito *n.m.* **1** ato ou efeito de respeitar **2** consideração; apreço **3** deferência; acatamento; veneração **4** homenagem; culto **5** temor; receio **6** relação; referência **7** aspeto; ponto de vista **8** *pl.* cumprimentos; **a ~ de/com ~ a** relativamente a; **conter em ~** manter a distância, não deixar aproximar-se; **de ~** notável; **dizer ~ a** ter relação com, referir-se a; **faltar ao ~ a** ser descortês com, ser inconveniente com; **por ~ a** em atenção a (Do lat. *respectu-*, «id.»)

respeitoso /ô/ *adj.* **1** que sente respeito **2** que envolve respeito **3** atencioso; cortês (De *respeito*+-*oso*)

respetivamente *adv.* **1** de modo recíproco; cada um a cada um **2** na devida ordem; **~ a** no que diz respeito a (De *respectivo*+-*mente*)

respetivo *adj.* **1** que diz respeito a cada pessoa ou a cada coisa em particular **2** próprio; devido; competente **3** relativo a cada pessoa ou coisa em relação a outras; recíproco (Do lat. *respectu-*, «respeito»+-*ivo*)

réspice *n.m.* descompostura; repreensão; respe (Do lat. *respĭce*, imp. de *respicĕre*, «ponderar»)

respiga *n.f.* **1** ato ou efeito de respigar (as searas) **2** entalhe no topo de uma peça de madeira que entra no encaixe de outra peça; respigo (Deriv. regr. de *respigar*)

respigadeira *n.f.* **1** mulher que respiga **2** [Brasil] máquina usada pelos carpinteiros para preparar peças de encaixe (De *respigar*+-*deira*)

respigadoira *n.f.* ⇒ **respigadoura**

respigadoura *n.f.* utensílio para respigar, usado nas fábricas de serração (De *respigar*+-*doura*)

respigão *n.m.* espigão; espiga (da unha) (De *respigar*+-*ão*)

respigar *v.tr.,intr.* **1** apanhar (as espigas que ficaram no campo, depois de ceifado) ■ *v.tr.* apanhar aqui e além; recolher; compilar; coligir ■ *v.intr.* fazer a respiga (na madeira) (De *re-*+*espigar*)

respigo *n.m.* ⇒ **respiga** (Deriv. regr. de *respigar*)

respingador *adj., n.m.* ⇒ **respingão** (De *respingar*+-*dor*)
respingão *adj.* que respinga; repontão; refilão ■ *n.m.* pessoa que responde com maus modos (De *respingar*+-*ão*)
respingar¹ *v.intr.* 1 responder com maus modos; recalcitrar; rezingar 2 dar coices (Do cast. *respingar*, «id.»)
respingar² *v.intr.* 1 projetar borrifos ou pingos 2 faiscar; crepitar (De *res*-+*pingar*)
respingo¹ *n.m.* 1 ato ou efeito de respingar 2 má resposta 3 coice de besta (Deriv. regr. de *respingar*)
respingo² *n.m.* 1 faúlha 2 salpico de água; borrifo (Deriv. regr. de *respingar*)
respirabilidade *n.f.* qualidade do que é respirável (Do lat. *respirabĭle*-, «respirável» +-*i*-+-*dade*)
respiração *n.f.* 1 FISIOLOGIA ato ou efeito de respirar; mecanismo por meio do qual as células utilizam o oxigénio para produzir energia, eliminando dióxido de carbono 2 (uso generalizado) ⇒ **ventilação** 2 3 [pop.] hálito; fôlego; bafo 4 ZOOLOGIA movimento dos órgãos que provocam a passagem da água pelas brânquias, etc. 5 BIOLOGIA função (do grupo das funções de nutrição) que é um conjunto de reações que fornecem ao ser vivo a energia indispensável à vida; ~ *aeróbia* respiração que utiliza o oxigénio livre (no ar ou na água); ~ *anaeróbia* respiração em que o ser vivo não utiliza o oxigénio livre (Do lat. *respiratiōne*-, «id.»)
respiráculo *n.m.* ⇒ **respiradouro** (Do lat. *respiracŭlu*-, «id.»)
respiradoiro *n.m.* ⇒ **respiradouro**
respirador *adj.* 1 que respira; respiratório 2 próprio para a respiração ■ *n.m.* aparelho que assegura a respiração artificialmente (De *respirar*+-*dor*)
respiradouro *n.m.* orifício destinado a deixar entrar e sair o ar; respiradoiro (De *respirar*+-*douro*)
respiramento *n.m.* 1 ⇒ **respiração** 2 [fig.] descanso (Do lat. *respiramentu*-, «folga»)
respirar *v.intr.* 1 executar (uma pessoa) a função da respiração fazendo entrar o ar nas vias respiratórias e expelindo o dióxido de carbono; inspirar e expirar 2 realizar (o animal) esta mesma função através dos pulmões, das guelras, da pele, etc. 3 realizar (um órgão vegetal) trocas gasosas com o exterior, de modo a absorver oxigénio 4 tomar fôlego 5 viver 6 [fig.] descansar; folgar 7 [fig.] sentir alívio depois de ultrapassada uma situação difícil ■ *v.tr.* 1 absorver (ar ou outra substância); aspirar; inalar 2 cheirar a; exalar 3 [fig.] deixar transparecer; manifestar; ~ *o mesmo ar* viver no mesmo meio (Do lat. *respirāre*, «id.»)
respiratório *adj.* 1 relativo à respiração 2 próprio para a respiração 3 ANATOMIA diz-se do conjunto de órgãos que servem para a ventilação 4 diz-se de certos aparelhos por meio dos quais se pode respirar nos lugares impróprios para a respiração (De *respirar*+-*tório*)
respirável *adj.2g.* que se pode respirar (Do lat. *respirabĭle*-, «id.»)
respiro *n.m.* 1 ação de respirar 2 abertura por onde sai o fumo na abóbada dos fornos de pão 3 orifício destinado a deixar entrar e sair o ar (Deriv. regr. de *respirar*)
resplandecência *n.f.* 1 qualidade do que é resplandecente 2 claridade própria; brilho; fulgor (Do lat. *resplandescentĭa*-, «id.»)
resplandecente *adj.2g.* 1 que resplandece; muito brilhante 2 que emite luz; luzente (Do lat. *resplendescente*-, «id.», part. pres. de *resplendescĕre*, «brilhar; resplandecer»)
resplandecer *v.intr.* 1 brilhar intensamente 2 [fig.] manifestar-se de modo notável; sobressair 3 [fig.] florescer (Do lat. *resplendescĕre*, «id.»)
resplandor *n.m.* ⇒ **resplendor** (Do lat. *resplendōre*-, «novo brilho»)
resplendecer *v.intr.* ⇒ **resplandecer** (Do lat. *resplendescĕre*, «id.»)
resplendência *n.f.* ⇒ **resplandecência** (Do lat. *resplendentĭa*-, «id.»)
resplendente *adj.2g.* ⇒ **resplandecente** (Do lat. *resplendente*-, «id.», part. pres. de *resplendēre*, «reluzir; brilhar»)
resplender *v.intr.* ⇒ **resplandecer** (Do lat. *resplendēre*, «id.»)
resplêndido *adj.* excelente; ótimo (De *re*-+*esplêndido*)
resplendor *n.m.* 1 ato ou efeito de resplender; claridade intensa; brilho 2 coroa de raios brilhantes que se coloca na cabeça das imagens dos santos; nimbo; auréola 3 [fig.] glória (Do lat. *resplendōre*-, «novo brilho»)
resplendoroso *adj.* que tem resplendor; resplendecente (De *resplendor*+-*oso*)
respondão *adj.* que costuma responder grosseiramente; respingão; repontão ■ *n.m.* pessoa mal humorada que responde de modo grosseiro (De *responder*+-*ão*)

respondedor *adj., n.m.* ⇒ **respondão** (De *responder*+-*dor*)
respondência *n.f.* 1 correspondência; simetria 2 relação 3 lucro comercial (Do lat. *respondentĭa*, part. pres. neut. pl. de *respondēre*, «responder»)
respondente *adj.2g.* que responde ■ *n.2g.* DIREITO pessoa que responde aos quesitos de um libelo judicial (Do lat. *respondente*-, «id.», part. pres. de *respondēre*, «responder»)
responder *v.tr.* 1 dizer ou escrever em resposta 2 retorquir; replicar; redarguir 3 estar em harmonia; corresponder; condizer 4 retribuir 5 opor-se (a); contrapor 6 ser responsável (por); responsabilizar-se 7 equivaler; seguir-se 8 estar de acordo; corresponder 9 reagir (a) 10 satisfazer; resolver 11 ficar por fiador de 12 ficar fronteiro a ■ *v.intr.* 1 dar resposta 2 ser respondão; respingar 3 repetir um som ou uma voz; ~ *por si* defender-se, responsabilizar-se; ~ *torto* dar uma resposta grosseira (Do lat. *respondēre*, «id.»)
respondível *adj.2g.* a que se pode responder (De *responder*+-*vel*)
responsabilidade *n.f.* 1 qualidade de quem é responsável 2 obrigação de responder por atos próprios ou alheios, ou por uma coisa confiada; ~ *civil* carácter daquele que deve, por força da lei, reparar os prejuízos feitos a outrem; ~ *limitada* refere-se a certas sociedades em que os sócios só são responsáveis pelo capital com que entram; ~ *penal* carácter daquele que, por força da lei, pode ser punido pelas suas contravenções, pelos seus delitos ou pelos seus crimes; *chamar (alguém) à* ~ chamar alguém para dar conta dos seus atos (Do fr. *responsabilité*, «id.»)
responsabilização *n.f.* 1 ato ou efeito de responsabilizar ou responsabilizar-se 2 imputação ou assunção de responsabilidades; inculpação (De *responsabilizar*+-*ção*)
responsabilizador *adj.* que responsabiliza ■ *n.m.* 1 aquele que responsabiliza 2 o que implica responsabilidade (De *responsabilizar*+-*dor*)
responsabilizar *v.tr.* tornar responsável ■ *v.pron.* 1 tornar-se responsável 2 ficar por fiador (De *responsável*+-*izar*)
responsabilizável *adj.2g.* que se pode responsabilizar 2 responsável (De *responsabilizar*+-*vel*)
responsar *v.tr.* 1 RELIGIÃO rezar responsos por 2 [pop.] suplicar a um santo a aparição de uma coisa perdida ou a debelação de um mal 3 dizer mal de; murmurar de (Do lat. *responsāre*, «responder a»)
responsável *adj.2g.* 1 que tem consciência dos seus atos; consciente 2 que é causador de determinado acontecimento 3 que assume a responsabilidade; que se responsabiliza ■ *n.2g.* 1 pessoa que age com um conhecimento e uma liberdade suficientes para que os seus atos possam ser considerados como seus e deva responder por eles 2 fiador 3 pessoa cujo papel dentro de um grupo o habilita a tomar decisões 4 pessoa causadora de determinado acontecimento 5 pessoa culpada (Do fr. *responsable*, «id.»)
responsividade *n.f.* 1 qualidade do que envolve resposta 2 capacidade de dar resposta rápida e adequada à situação 3 PSICOLOGIA comportamento parental que visa, através do afeto, do apoio emocional e da comunicação, promover o desenvolvimento da autonomia da criança (De *responsivo*+-*i*-+-*dade*, ou do ing. *responsiveness*, «id.»)
responsivo *adj.* 1 que envolve resposta 2 que responde de forma rápida e adequada à situação (Do lat. *responsīvu*-, «id.»)
responso *n.m.* 1 RELIGIÃO versículo que se canta ou recita em cerimónias litúrgicas 2 [pop.] oração a determinados santos para que apareçam coisas perdidas ou não sucedam males que se receiam 3 [pop.] descompostura (Do lat. *responsu*-, «resposta»)
responsório *n.m.* livro ou coleção de responsos (Do lat. ecl. *responsorĭu*-, «id.»)
resposta *n.f.* 1 ato ou efeito de responder 2 aquilo que se diz ou se escreve para responder a uma pergunta ou a um convite 3 argumento com que se refuta uma alegação; refutação; contestação; réplica 4 aquilo que decide ou explica algo; explicação; solução 5 (esgrima) golpe que se contrapõe a um golpe anterior do adversário 6 cada uma das bombas que explodem num foguete 7 MEDICINA reação do organismo a qualquer estímulo 8 PSICOLOGIA (teoria behaviourista) reação verbal ou não verbal a um estímulo 9 [fig.] atitude; ~ *imunológica* reação do organismo ao contacto com agentes patogénicos; ~ *torta* réplica mal educada; ~ *viva* réplica rápida e que demonstra inteligência (Do lat. *respōsĭta*-, part. pass. fem. de *repōnĕre*, «entregar»)
respostada *n.f.* resposta insolente (De *resposta*+-*ada*)
respostar *v.intr.* responder insolentemente (De *resposta*+-*ar*)
resquiado *adj.* [regionalismo] medido à justa; resvés; sem demasia (Part. pass. de *resquiar*)
resquiar *v.tr.* 1 [regionalismo] medir mal 2 [regionalismo] medir à justa (De orig. obsc.)

resquício n.m. 1 fragmento; vestígio 2 estilhaço; astilha 3 pequena abertura (Do cast. *resquicio*, «id.»)
ressaber v.tr. 1 saber bem; saber muito 2 ter um sabor que faz lembrar (o de outra coisa) ■ v.tr.,intr. ter sabor muito pronunciado (a) (De re-+saber)
ressabiado adj. 1 que ressabia 2 desconfiado; espantadiço 3 farto de; saturado 4 melindrado; ofendido (Part. pass. de *ressabiar*)
ressabiar v.intr.,pron. 1 tomar ressaibo; rançar 2 mostrar-se assustado (um animal) com um ruído ou movimento súbito 3 ressentir-se; melindrar-se (Do cast. *resabiar*, «id.»)
ressabido adj. 1 que se sabe muito bem 2 experimentado; erudito 3 esperto (Do cast. *resabido*, «id.»)
ressaibo n.m. ⇒ **ressaibo** (Do cast. *resabio*, «id.»)
ressaborear v.tr. saborear ou apreciar em alto grau (De re-+saborear)
ressaca n.f. 1 quebra e desmoronamento da onda do largo (numa costa em declive), e que, por falta de fundo, se transforma em onda de costa, de translação, e sobe pela praia para depois escorrer em sentido contrário 2 refluxo violento das vagas que se quebram contra um obstáculo 3 fluxo e refluxo 4 regresso ao primitivo estado 5 porto formado pela preia-mar 6 [coloq.] mal-estar provocado pela ingestão excessiva de bebidas alcoólicas ou por uma noite sem dormir 7 [coloq.] indisposição sentida por quem para subitamente de consumir uma droga da qual é dependente (Deriv. regr. de *ressacar*)
ressacar[1] v.tr. fazer o ressaque de (uma letra de câmbio) (De re-+sacar)
ressacar[2] v.intr. 1 formar ressaca (as ondas ou um curso de água) 2 [coloq.] sofrer de ressaca após ter bebido muito ou depois de uma noite sem dormir 3 [coloq.] sentir indisposição após ter parado subitamente de consumir uma droga da qual se é dependente (De ressaca+-ar)
ressaciar v.tr.,pron. tornar a saciar(-se)
ressaibo n.m. 1 sabor que uma vasilha comunica ao líquido 2 sabor desagradável que um recipiente comunica ao conteúdo 3 [fig.] sinal; indício 4 [fig.] reserva; ressentimento (De re-+saibo)
ressaio n.m. 1 terreiro junto de uma habitação 2 rossio (Deriv. regr. de *ressair*)
ressair v.tr.,intr. tornar a sair (de) ■ v.tr. mostrar-se saliente (de); sobressair; distinguir-se; ressaltar; avultar (De re-+sair)
ressalga n.f. ato de deitar sal novamente (Deriv. regr. de *ressalgar*)
ressalgada n.f. pilha de charque que se torna a salgar (Part. pass. fem. subst. de *ressalgar*)
ressalgar v.tr. 1 fazer a ressalga de 2 deitar sal novamente em (De re-+salgar)
ressaltar v.tr. 1 tornar saliente; dar relevo a; altear 2 fazer sobressair; destacar ■ v.intr. 1 dar muitos saltos; repinchar 2 sobressair (De re-+saltar)
ressalte n.m. ⇒ **ressalto** (Deriv. regr. de *ressaltar*)
ressaltear v.tr. saltear ou assaltar de novo (De re-+saltear)
ressalto n.m. 1 ato ou efeito de ressaltar 2 saliência; relevo 3 salpico (Deriv. regr. de *ressaltar*)
ressalva n.f. 1 ato ou efeito de ressalvar 2 certidão de isenção do serviço militar 3 documento passado para segurança de alguém; salvo-conduto 4 nota em que se corrige um erro que passou no texto 5 declaração para validação de uma entrelinha 6 cláusula; exceção (Deriv. regr. de *ressalvar*)
ressalvar v.tr. 1 dar ou passar ressalva a 2 pôr a salvo; acautelar 3 livrar; eximir 4 validar por meio de ressalva 5 emendar 6 pôr cláusula em 7 garantir ■ v.pron. 1 pôr-se a salvo; acautelar-se 2 prevenir futuras responsabilidades (Do lat. *resalvāre*, «salvar pela segunda vez»)
ressalvo n.m. [regionalismo] proteção dos chaparros (Deriv. regr. de *ressalvar*)
ressangrar v.tr. tirar muito sangue a ■ v.intr. deitar muito sangue (De re-+sangrar)
ressaque n.m. 1 ato ou efeito de ressacar 2 segunda letra de câmbio pela qual o portador se embolsa, sobre o sacador ou endossador, de outra letra protestada, ou do principal desta (Deriv. regr. de *ressacar*)
ressarcimento n.m. 1 ato ou efeito de ressarcir ou ressarcir-se 2 reparação; indemnização (De ressarcir+-mento)
ressarcir v.tr. 1 reparar o mal ou prejuízo feito a outrem; indemnizar; compensar 2 dar uma satisfação a 3 melhorar; refazer ■ v.pron. 1 refazer-se 2 restaurar-se 3 compensar-se (Do lat. *resarcīre*, «remendar»)
ressaudação n.f. ato ou efeito de ressaudar (De ressaudar+-ção)
ressaudar v.tr. 1 tornar a saudar 2 corresponder a uma saudação de (De re-+saudar)
ressecação n.f. ato ou efeito de secar novamente (De ressecar+-ção)
resseção a grafia mais usada é **ressecção**
ressecar[1] v.tr. 1 secar de novo 2 secar muito 3 submeter à evaporação (De re-+secar)
ressecar[2] v.tr. CIRURGIA fazer a ressecção de (Do lat. *resecāre*, «cortar»)
ressecção n.f. CIRURGIA operação cirúrgica para extrair um órgão ou parte dele (Do lat. *resectiōne*-, «id.») ACORDO ORTOGRÁFICO também se pode escrever **resseção**
resseco adj. muito seco; ressequido (De re-+seco)
ressegar v.tr. segar novamente (Do lat. *resecāre*, «cortar»)
ressegurar v.tr. 1 fazer novo seguro de 2 fazer o resseguro de (De re-+segurar)
resseguro n.m. 1 ato de ressegurar 2 ato pelo qual uma companhia segura, noutra, parte de um seguro de que passou apólice 3 renovação de um seguro ■ adj. muito seguro (Deriv. regr. de *ressegurar*)
resselar[1] v.tr. tornar a selar; tornar a pôr sela a (De re-+selar)
resselar[2] v.tr. tornar a selar; pôr novo selo em (De re-+selar)
ressemear v.tr. tornar a semear (Do lat. *reseminăre*, «id.»)
ressentido adj. ofendido; melindrado (Part. pass. de *ressentir*)
ressentimento n.m. 1 ato ou efeito de ressentir ou de ressentir-se 2 lembrança dolorosa de uma ofensa recebida; melindre; rancor 3 PSICOLOGIA no sistema psicanalítico de A. Adler, médico e psicólogo austríaco (1870-1937): atitude de hostilidade generalizada proveniente de uma situação inferiorizante que o indivíduo não pode remediar por uma revalorização (De ressentir+-mento)
ressentir v.tr. sentir novamente ■ v.pron. 1 mostrar-se ressentido; melindrar-se 2 sentir o efeito de (De re-+sentir)
ressequir v.tr. secar muito ■ v.pron. mirrar-se (De ressecar)
resserenar v.tr. serenar inteiramente; acalmar (De re-+serenar)
ressereno adj. 1 muito sereno 2 perfeitamente calmo (De re-+sereno)
ressesso adj. 1 [pop.] muito seco; resseco 2 que já não é fresco (Do lat. *rescissu*-, «id.», part. pass. de *rescindĕre*, «separar, cortando; abater»)
ressicação n.f. ato ou efeito de ressicar (Do lat. re-+siccatiōne-, «ação de secar»)
ressicar v.tr. tornar muito seco; ressequir ■ v.pron. mirrar-se (Do lat. *resiccāre*, «id.»)
ressio n.m. ⇒ **rossio**
ressoador adj. que ressoa ■ n.m. 1 FÍSICA corpo que entra em vibração quando se lhe aproxima outro em estado vibratório 2 corpo em estado vibratório de ressonância 3 aparelho destinado à análise dos sons (De ressoar+-dor)
ressoante adj.2g. que ressoa; que faz eco; ressonante (Do lat. *resonante*-, «id.», part. pres. de *resonāre*, «ressoar»)
ressoar v.tr. 1 fazer soar; entoar 2 repercutir; repetir (sons) 3 [fig.] cantar ■ v.intr. 1 tornar a soar; ecoar 2 soar com força; retumbar (Do lat. *resonāre*, «id.»)
ressobrar v.intr. sobrar em excesso; sobejar muito (De re-+sobrar)
ressoca n.f. [Brasil] terceira produção de cana-de-açúcar (De re-+soca)
ressoldar v.tr. 1 soldar novamente 2 soldar bem (De re-+soldar)
ressolhar v.intr. [Brasil] sentir-se (o cavalo) incomodado com os efeitos do sol forte (Do cast. *resollar*, «resfolegar; ofegar»?)
ressolho /ô/ n.m. [regionalismo] redemoinho produzido nos pegos dos rios, quando há cheia (Orig. obsc.)
ressonador adj.,n.m. que ou aquele que ressona (De ressonar+-dor)
ressonância n.f. 1 qualidade do que é ressonante 2 propriedade de aumentar a intensidade de um som 3 FÍSICA condição em que um sistema vibrante toma o máximo de amplitude sob a ação de uma força alternada excitadora de frequência igual a uma das frequências do sistema que ressoa 4 condição de um circuito elétrico em corrente alternada para a qual a impedância só depende da resistência, o que corresponde a um máximo de intensidade 5 PSICOLOGIA uma das três componentes do carácter, além da atividade e da emotividade, na caracterologia de Heymans-Le Senne (Heymans, médico fisiologista belga, 1892-1968; Le Senne, filósofo francês, 1882-1954), que é a maneira como as impressões experimentadas ressoam na consciência do sujeito; **~ magnética nuclear** termo usado para designar a absorção ressonante de energia eletromagnética por um sistema de núcleos atómicos quando colocado num campo magnético; **caixa de ~** FÍSICA caixa

ressonante

de ar, em certos instrumentos musicais ou em aparelhos de estudo de física, que serve para reforçar o som produzido por cordas vibrantes ou por diapasões; *frequência de ~* FÍSICA frequência para a qual se verifica o fenómeno de ressonância; *potencial de ~* FÍSICA potencial mínimo necessário para acelerar eletrões, de modo a induzir estados excitados em átomos; *radiação de ~* FÍSICA emissão, por um átomo excitado, de radiação da mesma frequência que a radiação excitadora; *ressonância ótica* FÍSICA luminescência de um gás ou vapor que emite radiação de certo comprimento de onda, quando iluminado por radiação do mesmo comprimento de onda (Do lat. *resonantĭa*, «id.»)

ressonante *adj.2g.* 1 que tem ressonância; que ressoa; que produz eco 2 retumbante 3 que ressona (Do lat. *resonante-*, «id.», part. pass. de *resonāre*, «ressoar; ressonar»)

ressonar *v.intr.* respirar com ruído durante o sono ■ *v.tr.,intr.* (fazer) soar; ressoar (Do lat. *resonāre*, «id.»)

ressono /ô/ *n.m.* ato ou efeito de ressonar; ronco 2 sono profundo e demorado (Deriv. regr. de *ressonar*)

ressoo /ô/ *n.m.* ato ou efeito de ressoar (Deriv. regr. de *ressoar*)

ressoprar *v.tr.* tornar a soprar (De *re-+soprar*)

ressorção *n.f.* 1 ato ou efeito de ressorver 2 absorção interna de líquidos extravasados nas cavidades naturais (Do fr. *résorption*, «id.»)

ressorcina *n.f.* ⇒ **resorcina**

ressorver *v.tr.* 1 tornar a sorver 2 reabsorver (Do lat. *resorbēre*, «tornar a sorver»)

ressuar *v.intr.* suar muito ■ *v.tr.* secar com o ferro de engomar (uma fazenda que se molhou) (Do lat. *resudāre*, «deitar um líquido»)

ressubir *v.tr.,intr.* 1 tornar a subir 2 subir muitas vezes (De *re-+subir*)

ressudação *n.f.* 1 ato ou efeito de ressudar 2 expulsão do excedente de água numa matéria plástica (De *ressudar+-ção*)

ressudar *v.tr.* 1 deixar passar (um líquido); destilar 2 expelir através do suor ■ *v.intr.* transpirar; suar (Do lat. *resudāre*, «deitar um líquido»)

ressulcar *v.tr.* 1 tornar a sulcar 2 sulcar muitas vezes (Do lat. *resulcāre*, «id.»)

ressumação *n.f.* ato ou efeito de ressumar (De *ressumar+-ção*)

ressumar *v.tr.,intr.* ⇒ **ressumbrar** (De *re-+sumo+-ar*)

ressumbrante *adj.2g.* que ressumbra (De *ressumbrar+-ante*)

ressumbrar *v.tr.,intr.* 1 deixar passar gota a gota; destilar; gotejar 2 deixar passar (um líquido) 3 (deixar) transparecer; revelar(-se); manifestar(-se) (De *ressumar*?)

ressumbro *n.m.* ato de ressumbrar (Deriv. regr. de *ressumbrar*)

ressunção *n.f.* ato ou efeito de reassumir (Do lat. *resumptiōne-*, «repetição»)

ressupinação *n.f.* 1 ato ou efeito de ressupinar 2 BOTÂNICA estado de inversão da posição relativa e considerada normal de alguns órgãos (ou parte destes) (De *ressupinar+-ção*)

ressupinado *adj.* ⇒ **ressupino** (Do lat. *resupinātu-*, «id.», part. pass. de *resupināre*, «puxar para trás»)

ressupinar *v.tr.* 1 atuar, provocando ressupinação 2 tornar ressupino (Do lat. *resupināre*, «puxar para trás»)

ressupino *adj.* 1 voltado para cima 2 deitado de costas 3 BOTÂNICA que apresenta ressupinação (Do lat. *resupīnu-*, «inclinado para trás»)

ressurgência *n.f.* 1 ⇒ **ressurgimento** 2 GEOGRAFIA reaparecimento ao ar livre de um curso de água que, após um percurso à superfície, se perdera num precipício, numa caverna ou em rochas filtrantes (Do lat. *resurgentĭa*, part. pres. neut. pl. de *resurgĕre*, «ressurgir»)

ressurgente *adj.2g.* que surge de novo (Do lat. *resurgente-*, «id.», part. pres. de *resurgĕre*, «erguer-se de novo; ressuscitar»)

ressurgimento *n.m.* 1 ato de ressurgir 2 reaparição; renascimento 3 ressurreição (De *ressurgir+-mento*)

ressurgir *v.intr.* surgir de novo; reaparecer ■ *v.tr.,intr.* (fazer) voltar à vida; ressuscitar (Do lat. *resurgĕre*, «id.»)

ressurreccional ver nova grafia **ressurrecional**

ressurrecional *adj.2g.* que diz respeito a ressurreição (Do lat. *resurrectionāle-*, «id.»)

ressurrecto ver nova grafia **ressurreto**

ressurreição *n.f.* 1 ato de ressurgir ou de reaparecer vivo depois de ter morrido 2 ressurgimento 3 [fig.] reviviscência 4 [fig.] cura surpreendente e inesperada 5 [com maiúscula] RELIGIÃO festa católica que comemora o retorno à vida de Cristo ao terceiro dia após a morte (Do lat. *resurrectiōne-*, «id.»)

ressurreto *adj.* 1 que ressurgiu 2 ressuscitado (Do lat. *resurrectu-*, «ressurgido», part. pass. de *resurgĕre*, «erguer-se de novo; ressuscitar»)

ressurtir *v.intr.* 1 saltar ao ar com força; elevar-se com ímpeto 2 surgir 3 ressaltar; evidenciar-se (De *re-+surtir*)

ressuscitação *n.f.* 1 ressurreição 2 [fig.] reaparição; renovamento 3 MEDICINA restauração da vida num indivíduo que aparentemente estava morto (Do lat. *resuscitatiōne-*, «id.»)

ressuscitado *adj.* 1 que ressuscitou 2 [fig.] que não parece o mesmo 3 [fig.] que melhorou inesperadamente (Part. pass. de *ressuscitar*)

ressuscitador *adj.,n.m.* 1 que ou aquele que faz ressuscitar 2 [fig.] restaurador; renovador (Do lat. *resuscitatōre-*, «id.»)

ressuscitar *v.tr.* 1 fazer voltar à vida 2 [fig.] fazer reviver; renovar ■ *v.intr.* 1 voltar a viver, depois de ter morrido 2 ressurgir 3 [fig.] restabelecer-se de uma doença grave 4 [fig.] escapar de um grande perigo (Do lat. *resuscitāre*, «id.»)

ressuscitável *adj.2g.* que pode ressuscitar ou ser ressuscitado (De *ressuscitar+-vel*)

restabelecer *v.tr.* 1 estabelecer de novo; reimplantar 2 repor no antigo estado 3 restaurar; renovar ■ *v.pron.* 1 voltar ao estado primitivo 2 recuperar a saúde; convalescer (De *re-+estabelecer*)

restabelecimento *n.m.* 1 ato ou efeito de restabelecer 2 restauração 3 recuperação da saúde; convalescença (De *restabelecer+-i-+-mento*)

resta-boi *n.m.* BOTÂNICA ⇒ **rilha-boi**

restagnação *n.f.* 1 represa das águas 2 estagnação (Do lat. *restagnatiōne-*, «cheia; inundação»)

restampa *n.f.* ato ou efeito de restampar; reimpressão; reedição (Deriv. regr. de *restampar*)

restampar *v.tr.* estampar de novo; reimprimir; reeditar (De *re-+estampar*)

restante *adj.2g.* que resta ou sobeja ■ *n.m.* 1 aquilo que resta; resto 2 o que sobeja; sobras 3 o outro; o mais; *posta ~* correspondência postal que, por falta de endereço, o remetente envia para a secção respetiva da estação dos correios, para aí ser procurada pelo destinatário; secção da estação dos correios onde essa correspondência deve ser procurada (Do lat. *restante-*, «id.», part. pres. de *restāre*, «restar»)

restar *v.tr.,intr.* 1 ficar como resto, vestígio (de) 2 sobrar (de); sobejar (de); ficar (de) ■ *v.intr.* sobreviver; subsistir ■ *v.tr.* 1 faltar (fazer ou completar) 2 ficar a dever (Do lat. *restāre*, «id.»)

restauração[1] *n.f.* 1 ato ou efeito de restaurar 2 reparação; conserto 3 restabelecimento de forças depois de fadiga ou de doença 4 reaquisição de uma coisa perdida; recuperação 5 [com maiúscula] HISTÓRIA período da História de Portugal que começou com a revolução de 1 de dezembro de 1640, e terminou com a assinatura da paz com Espanha em 1668 6 [com maiúscula] HISTÓRIA período da História de França que decorreu desde a deposição definitiva de Napoleão Bonaparte até à proclamação da Segunda República (Do lat. *restauratiōne-*, «id.»)

restauração[2] *n.f.* setor de atividade relacionado com a exploração de restaurantes e outros estabelecimentos afins; hotelaria (Do fr. *restauration*, «id.»)

restaurador *adj.* que restaura; restaurante ■ *n.m.* aquele ou aquilo que restaura (Do lat. *restauratōre-*, «id.»)

restaurante[1] *adj.2g.* que restaura (Do lat. *restaurante-*, «id.»)

restaurante[2] *n.m.* casa onde se preparam e servem refeições ao público (Do fr. *restaurant*, «id.»)

restaurar *v.tr.* 1 instaurar de novo 2 pôr novamente em vigor; reimplantar 3 reintegrar 4 restituir ao poder (um governo, uma dinastia, etc.) 5 repor no estado primitivo 6 repor em bom estado; reparar; consertar 7 reconquistar; reaver ■ *v.pron.* restabelecer-se; revigorar-se (Do lat. *restaurāre*, «id.»)

restaurativo *adj.* 1 que tem o poder de restaurar 2 restaurador (De *restaurar+-tivo*)

restaurável *adj.2g.* que se pode restaurar (De *restaurar+-vel*)

restauro *n.m.* 1 ato ou efeito de restaurar; restauração 2 trabalho de recuperação de obras de arte, construções, etc., danificadas ou desgastadas 3 reparação; conserto (Deriv. regr. de *restaurar*)

reste[1] *n.m.* utensílio do jogo do bilhar em que se apoia o taco quando está longe a bola que se vai impelir (Do ing. *rest*, «descanso»)

reste[2] *n.m.* [regionalismo] riste ■ *n.f.* 1 réstia 2 rodilha (Do lat. *reste-*, «corda»)

restelada *n.f.* 1 [regionalismo] porção de azeitonas que caem das oliveiras antes do varejo 2 [fig.] porção de coisas alastradas pelo chão (De *restelo+-ada*)

restelar v.tr. 1 limpar (o linho) da estopa, passando-o pelo restelo ou sedeiro 2 aplanar a terra lavrada com o restelo ou grade (De *restelo*+*-ar*)
restelo¹ n.m. ⇒ **rastelo**
restelo² n.m. 1 [regionalismo] azeitonas caídas no solo antes da apanha 2 [regionalismo] azeitonas que ficam abandonadas depois da apanha (De *resto*+*-elo*)
resteva n.f. 1 vegetação rasteira e seca 2 parte basilar dos cereais que fica presa aos terrenos de cultura depois da ceifa; restolho (De *re-*+lat. *stipa-*, por *stipŭla-*, «colmo; palha»)
réstia n.f. 1 cordão feito de hastes ou caules entrançados 2 feixe de luz que passa por uma abertura estreita 3 aquilo que sobra de algo (geralmente bom); resquício (Do lat. *reste-*, «corda»)
restiforme adj.2g. que tem a forma de réstia (Do lat. *reste-*, «corda»+*forma-*, «forma»)
restilação n.f. ato ou efeito de restilar (De *restilar*+*-ção*)
restilar v.tr. destilar novamente (Do lat. *restillāre*, «cair gota a gota»)
restilo n.m. ato de restilar (Deriv. regr. de *restilar*)
restinga n.f. 1 faixa de areia submersa no mar ou num rio, frequentemente emersa na maré baixa; baixio 2 banco de areia ou de pedras, no alto mar 3 escolho; recife (Do ing. *rock string*, «série de rochedos»)
restingal n.m. sítio onde abundam restingas (De *restinga*+*-al*)
restinguir v.tr. extinguir outra vez (Do lat. *restinguĕre*, «extinguir»)
Restionáceas n.f.pl. BOTÂNICA família de plantas monocotiledóneas que vivem, em regra, nos países temperados e subtropicais do hemisfério austral, e cujo género-tipo se designa *Restio* (Do lat. *restiōne-*, «cordoeiro» +*-áceas*)
restituição n.f. 1 ato ou efeito de restituir; reposição 2 entrega de alguma coisa a quem pertence por direito; devolução 3 regresso ao estado anterior; restabelecimento 4 reabilitação; reintegração (Do lat. *restitutiōne-*, «id.»)
restituidor adj.,n.m. que ou aquele que restitui (De *restituir*+*-dor*)
restituir v.tr. 1 fazer a restituição de; devolver; repor 2 restabelecer no estado anterior 3 reintegrar; reabilitar 4 indemnizar de 5 fazer readquirir ■ v.pron. 1 recuperar o perdido; prover-se 2 voltar (Do lat. *restituĕre*, «restabelecer»)
restituível adj.2g. que se pode ou se deve restituir (De *restituir*+*-vel*)
restitutório adj. 1 que envolve restituição 2 relativo a restituição (Do lat. *restitutoriŭ-*, «id.»)
restiva n.f. [regionalismo] ⇒ **restivada** (Deriv. regr. de *restivar*)
restivada n.f. [regionalismo] segunda cultura num campo, no mesmo ano (Part. pass. fem. subst. de *restivar*)
restivar v.tr. [regionalismo] fazer segunda cultura no mesmo ano e no mesmo campo, mas de planta diferente (De *re-*+lat. *aestivāre*, «passar o verão»)
restivo n.m. [regionalismo] produto da restivada (Deriv. regr. de *restivar*)
resto n.m. 1 o que fica de um todo 2 sobra 3 MATEMÁTICA diferença de dois números (ou excesso do aditivo sobre o subtrativo) 4 MATEMÁTICA na divisão de números inteiros, diferença entre o dividendo (como aditivo) e o produto do divisor pelo quociente 5 pl. sobras; sobejos 6 pl. ruínas; *de ~* finalmente, aliás, além de que; *restos mortais* o cadáver (Deriv. regr. de *restar*)
restolhada n.f. 1 grande quantidade de cana dos cereais que fica presa aos terrenos de cultura depois da ceifa 2 [fig.] ruído semelhante ao de quem anda sobre restolho 3 [fig.] estrondo; barulho; *de ~* de repente, em bando (Part. pass. fem. subst. de *restolhar*)
restolhal n.m. terreno ou sítio onde há restolho (De *restolho*+*-al*)
restolhar v.intr. 1 fazer barulho, andando sobre ou por entre o restolho 2 aproveitar o restolho 3 fazer ruído (De *restolho*+*-ar*)
restolheira n.f. 1 ruído; barulho 2 ⇒ **restolhal** (De *restolho*+*-eira*)
restolho /ô/ n.m. 1 cana dos cereais (como o milho, sorgo, etc.) que mesmo depois da ceifa continua enraizada nos campos 2 [fig.] barulho; ruído 3 [Brasil] o que resta, depois de ter sido eliminado o que havia de valor (De *re-*+lat. *stupŭlu-*, por *stipŭla-*, «palha»)
restribar v.tr. resistir tenazmente a; fazer finca-pé; resistir a ■ v.pron. 1 firmar-se bem nos estribos 2 apoiar-se (De *re-*+*estribar*)
restrição n.f. 1 ato ou efeito de restringir 2 condição que restringe; limitação; reserva; ressalva 3 redução; *~ mental* ato de ocultar ou disfarçar parte do pensamento ou da intenção para alterar o sentido do todo (Do lat. *restrictiōne-*, «uso moderado»)
restringência n.f. 1 qualidade do que é restringente 2 aperto (Do lat. *restringentĭa-*, part. pres. neut. pl. de *restringĕre*, «ligar com força»)

restringente adj.2g. que restringe ■ n.m. FARMÁCIA medicamento que aperta os tecidos relaxados (Do lat. *restringente-*, «id.», part. pres. de *restringĕre*, «apertar; restringir»)
restringimento n.m. ato ou efeito de restringir (De *restringir*+*-mento*)
restringir v.tr. 1 impor restrição a; limitar 2 diminuir a amplitude e o calibre de; reduzir 3 apertar ou fortificar uma parte lassa do organismo (Do lat. *restringĕre*, «id.»)
restringível adj.2g. que se pode restringir (De *restringir*+*-vel*)
restritivo adj. 1 que restringe 2 que envolve restrição; limitativo ■ n.m. o que envolve restrição; *~ específico* BIOLOGIA segundo termo da expressão que designa uma espécie, em sistemática (Do lat. *restrictu-*, «restringido» +*-ivo*, ou do fr. *restrictif*, «id.»)
restrito adj. 1 de dimensões pequenas; diminuto 2 que tem limites (Do lat. *restrictu-*, «id.», part. pass. de *restringĕre*, «apertar; restringir»)
restrugir v.intr. vibrar com força; ecoar; fazer estrondo (De *re-*+*estrugir*)
restruturação n.f. 1 ato ou efeito de restruturar 2 reforma; remodelação; transformação (De *restruturar*+*-ção*)
restruturar v.tr. 1 dar nova estrutura a 2 estruturar de novo 3 reformar (De *re-*+*estruturar*)
restucar v.tr. 1 estucar de novo 2 retocar com estuque (De *re-*+*estucar*)
resulta n.f. resultado; *em ~ de* em consequência de, em resultado de (Deriv. regr. de *resultar*)
resultado n.m. 1 aquilo que resulta de um ato, de um facto, etc.; consequência; efeito 2 MATEMÁTICA o que se obtém após a execução de operação matemática; produto 3 fim 4 lucro 5 deliberação; resolução 6 DESPORTO situação final de uma competição expressa em números; *dar em ~* originar (Do lat. *resultāre*, «id.», part. pass. de *resultāre*, «saltar para trás; ecoar», pelo fr. *résultat*, «resultado»)
resultância n.f. ⇒ **resultado** (De *resultar*+*-ância*)
resultante adj.2g. que resulta ■ n.f. 1 aquilo que se obtém em consequência de algo 2 FÍSICA força que, só por si, produz o mesmo efeito de translação que duas ou mais forças que atuam em conjunto 3 FÍSICA soma, representada por um único vetor, das forças aplicadas sobre um ponto ou um objeto (Do lat. *resultante-*, «id.», part. pres. de *resultāre*, «saltar para trás; ecoar», pelo fr. *résultant*, «resultante»)
resultar v.tr. 1 ser consequência ou efeito (de) 2 originar-se (de); proceder (de) 3 dar origem (a); redundar (em) ■ v.intr. ser bem sucedido; funcionar como se esperava (Do lat. *resultāre*, «saltar para trás; ecoar», pelo fr. *résulter*, «resultar»)
resumidamente adv. em resumo; sinteticamente; concisamente (De *resumido*+*-mente*)
resumidor adj.,n.m. que ou aquele que resume (De *resumir*+*-dor*)
resumir v.tr. 1 dizer em poucas palavras o que se disse ou escreveu mais extensivamente; sintetizar; abreviar; condensar 2 diminuir a extensão de 3 fazer consistir 4 representar 5 concentrar ■ v.pron. 1 reduzir-se; cingir-se 2 consistir (Do lat. *resumĕre*, «retomar»)
resumo n.m. 1 ato ou efeito de resumir 2 síntese de um livro, artigo, etc. 3 síntese de uma obra de cariz científico ou de uso escolar; compêndio; epítome 4 exposição rápida; sumário; sinopse; apanhado (Deriv. regr. de *resumir*)
resvaladeiro n.m. ⇒ **resvaladouro**
resvaladiço adj. ⇒ **resvaladio** (De *resvalar*+*-diço*)
resvaladio adj. por onde se resvala com facilidade; escorregadio; íngreme (De *resvalar*+*-dio*)
resvaladoiro n.m. ⇒ **resvaladouro**
resvaladouro n.m. 1 sítio ou terreno por onde se resvala facilmente; despenhadeiro; declive 2 [fig.] aquilo que põe em perigo a boa reputação de alguém (De *resvalar*+*-douro*)
resvaladura n.f. 1 ato ou efeito de resvalar 2 escorregadela 3 vestígio de resvalo (De *resvalar*+*-dura*)
resvalamento n.m. ⇒ **resvaladura** (De *resvalar*+*-mento*)
resvalante adj. ⇒ **resvalar**+*-ante*)
resvalar v.tr.,intr. 1 cair, deslizando (por); escorregar 2 cair (em erro); cometer (uma falta) 3 escapar; fugir ■ v.tr. 1 passar rente; tocar de raspão 2 começar a cair (em); passar (para) (Do cast. *resbalar*, «id.»)
resvalo n.m. 1 declive 2 escorregadela; resvaladura (Deriv. regr. de *resvalar*)
resveratrol n.m. QUÍMICA substância existente nas uvas pretas, no vinho tinto, nos amendoins e em certas plantas, e que apresenta propriedades antioxidantes e anti-inflamatórias (Do ing. *resveratrol*, «id.»)
resvés adj.inv. cerce; rente ■ adv. à justa; à certa (De orig. obsc.)

reta *n.f.* **1** GEOMETRIA (geometria euclidiana) conjunto infinito de pontos, linearmente ordenados, sem primeiro nem último, sem pontos consecutivos **2** traço direito **3** lanço retilíneo de estrada; *~ numérica* MATEMÁTICA sistema linear (totalmente ordenado pela relação de ordem de grandeza) do conjunto dos números reais; *retas conjugadas* GEOMETRIA (a respeito de uma cónica) duas retas tais que uma delas passa pelo polo da outra; *à ~* com justiça, na medida exata; *segmento de ~* GEOMETRIA parte da reta cujos elementos são dois pontos da reta e os que estão compreendidos entre eles (De *recto*)

retabular *adj.2g.* **1** referente a retábulo **2** que tem forma de retábulo (De *retábulo*+*ar*)

retábulo *n.m.* **1** construção de pedra ou madeira, com lavores, na parte posterior do altar, que contém um quadro ou assunto religioso **2** painel ou quadro de altar (Do cast. *retablo*, «id.»)

retacar *v.tr.* tocar a bola duas vezes com o taco, no jogo do bilhar (De *re-*+*tacar*)

retada *n.f.* [regionalismo] serviço que se presta em troca de outro recebido (De orig. obsc.)

retaguarda *n.f.* **1** parte posterior de uma coisa ou lugar **2** MILITAR parte de um corpo de tropas que marcha em último lugar; *à ~* atrás, na parte posterior; *ficar para a ~* deixar passar os outros à frente (Do cast. *retaguardia*, «id.»)

retal *adj.2g.* ANATOMIA do reto ou referente ao reto (De *recto*+*-al*) ACORDO ORTOGRÁFICO também se pode escrever rectal

retalgia *n.f.* MEDICINA ⇒ **proctalgia** (Do lat. *rectu-*, «reto» +*álgos*, «dor» +*-ia*)

retalhado *adj.* **1** partido em retalhos ou pedaços; dividido; cortado **2** ferido com instrumento cortante; golpeado ■ *n.m.* recorte artístico em trabalhos de olaria (Part. pass. de *retalhar*)

retalhador *adj.,n.m.* que ou aquele que retalha (De *retalhar*+*-dor*)

retalhadura *n.f.* ⇒ **retalhamento** (De *retalhar*+*-dura*)

retalhamento *n.m.* **1** ato ou efeito de retalhar **2** golpe superficial na pele (De *retalhar*+*-mento*)

retalhar *v.tr.* **1** cortar em retalhos ou pedaços **2** dividir em várias partes **3** recortar **4** lavrar; sulcar **5** golpear; espatifar **6** vender a retalho **7** [fig.] magoar ou afligir muito (De *re-*+*talhar*, ou do fr. *retailler*, «id.»)

retalheiro *adj.,n.m.* que ou aquele que retalha ou vende a retalho (De *retalho*+*-eiro*)

retalhista *adj.,n.2g.* que ou pessoa que vende a retalho (De *retalho*+*-ista*)

retalho *n.m.* **1** parte de uma coisa que se cortou aos pedaços **2** porção de tecido que sobra de uma peça **3** parte de um todo; pedaço; fração **4** [Brasil] varejo; *a ~* (comprar/vender) em separado, unidade a unidade, em quantidades pequenas; *aos retalhos* pouco a pouco, aos bocados (Deriv. regr. de *retalhar*)

retaliação *n.f.* **1** ato ou efeito de retaliar; represália **2** imposição da pena de talião (De *retaliar*+*-ção*)

retaliar *v.tr.* **1** aplicar a pena de talião a; pagar na mesma moeda; desagravar; desforrar **2** exercer represálias sobre (Do lat. *retaliāre*, «castigar com pena de talião»)

retaliativo *adj.* relativo a retaliação (De *retaliar*+*-tivo*)

retaliatório *adj.* que encerra retaliação (De *retaliar*+*-tório*)

retambana *n.f.* **1** [pop.] descompostura; sarabanda **2** [regionalismo] restos de junco ou de palha (De orig. obsc.)

retame *adj.* [regionalismo] diz-se do mel levado ao ponto de caramelo (De orig. obsc.)

retamente *adv.* **1** de modo reto **2** diretamente **3** com retidão; honradamente **4** imparcialmente **5** verdadeiramente **6** propriamente (De *recto*+*-mente*)

retancha *n.f.* **1** ato ou efeito de retanchar **2** videira para retanchar (Deriv. regr. de *retanchar*)

retanchar *v.tr.* **1** cortar cerce (uma pernada ou vergôntea) para que cresça com mais força **2** pôr um bacelo na cova de outro, para o substituir; replantar (De *re-*+*tanchar*, por *chantar*, «plantar»)

retanchoa /ô/ *n.f.* ⇒ **retancha**

retangular *adj.2g.* **1** GEOMETRIA que tem a configuração de um retângulo; que tem os ângulos retos e os lados paralelos dois a dois **2** GEOMETRIA que tem por base um retângulo (De *rectângulo*+*-ar*)

retangularidade *n.f.* qualidade do que é retangular (De *rectangular*+*-i-*+*-dade*)

retângulo *n.m.* **1** GEOMETRIA figura geométrica que tem os ângulos retos e os lados paralelos dois a dois; paralelogramo com ângulos retos **2** objeto com essa configuração ■ *adj.* **1** GEOMETRIA (triângulo) que tem um ângulo reto **2** GEOMETRIA (trapézio) que tem um lado perpendicular às bases (Do lat. *rectu-*, «reto» +*angŭlu-*, «ângulo»)

retanto *adv.* **1** outro tanto **2** reforçadamente (De *re-*+*tanto*)

reta-pronúncia *n.2g.* pessoa que tem a preocupação, quase sempre exagerada, de falar bem

retardação *n.f.* **1** ato ou efeito de retardar **2** atraso; demora **3** adiamento; procrastinação **4** impedimento (Do lat. *retardatiōne-*, «demora; atraso»)

retardador *adj.* que retarda ■ *n.m.* **1** o que retarda **2** aparelho destinado a aumentar o número de imagens de um filme, de modo a permitir a análise dos movimentos, quando a projeção se faz à velocidade normal **3** dispositivo destinado a baixar a cadência das armas automáticas, para se evitar o aquecimento excessivo dos canos (De *retardar*+*-dor*)

retardamento *n.m.* **1** atraso; demora; retardação **2** MILITAR atraso na abertura da culatra das armas de tiro automático correspondente ao tempo durante o qual o projétil percorre o cano **3** MILITAR série de ações levadas a efeito por um corpo de tropas no sentido de demorar a progressão do inimigo até uma posição defensiva, entretanto em preparação, onde é definitivamente detido (De *retardar*+*-mento*)

retardança *n.f.* ⇒ **retardamento** (De *retardar*+*-ança*)

retardão *adj.* **1** vagaroso **2** pachorrento; sorna **3** designativo do cavalo teimoso (De *retardar*+*-ão*)

retardar *v.tr.* **1** fazer chegar mais tarde; tornar tardio; atrasar **2** fazer diminuir a velocidade de **3** impedir de avançar; demorar **4** adiar ■ *v.intr.* **1** chegar tarde **2** andar devagar; demorar-se (Do lat. *retardāre*, «id.»)

retardatário *adj.* que chega tarde; que vem atrasado ■ *n.m.* aquele que chega tarde ou vem atrasado (Do fr. *rétardataire*, «id.»)

retardativo *adj.* **1** tardio; serôdio **2** pachorrento; vagaroso (De *retardar*+*-tivo*)

reteimar *v.intr.* **1** tornar a teimar **2** teimar muito (De *re-*+*teimar*)

retelhação *n.f.* ⇒ **retelhadura** (De *retelhar*+*-ção*)

retelhadura *n.f.* ato ou efeito de retelhar (De *retelhar*+*-dura*)

retelhar *v.tr.* **1** pôr telhas novas em **2** consertar o telhado de (De *re-*+*telhar*)

retém *n.m.* **1** ato ou efeito de reter **2** reserva; depósito; *armazém de ~* instalações onde se guardam os artigos cuja venda ou utilização pode ser demorada (Deriv. regr. de *reter*)

retêmpera *n.f.* ⇒ **retemperação** (Deriv. regr. de *retemperar*)

retemperação *n.f.* ato ou efeito de retemperar (De *retemperar*+*-ção*)

retemperante *adj.2g.* que retempera; fortificante (De *retemperar*+*-ante*)

retemperar *v.tr.* **1** temperar novamente **2** dar segunda têmpera a **3** [fig.] fortificar; robustecer **4** [fig.] melhorar; apurar ■ *v.pron.* **1** criar novas forças físicas e morais; reanimar-se **2** recuperar a esperança (De *re-*+*temperar*)

retempo *n.m.* **1** ocasião propícia **2** grande oportunidade (De *re-*+*tempo*)

retenção *n.f.* **1** ato ou efeito de reter **2** detenção; reserva **3** faculdade de conservar na memória as impressões ou informações recebidas; retentiva **4** FISIOLOGIA acumulação de substâncias, de humores, nas cavidades do organismo, donde normalmente são evacuadas (Do lat. *retentiōne-*, «id.»)

retenida *n.f.* **1** cabo de aparelho de pesca, que franze a rede **2** NÁUTICA cabo fino, com uma pinha numa das extremidades (para lançamento à distância), utilizado para passar cabos grossos de um navio para outro ou de um navio para o cais, por ocasião de uma atracação (Do cast. *retenida*, «id.»)

retensão *n.f.* grande tensão (De *re-*+*tensão*)

retentiva *n.f.* faculdade de reter na memória, por algum tempo, as impressões recebidas; reminiscência (De *retentivo*)

retentividade *n.f.* **1** qualidade de retentivo **2** valor da intensidade de magnetização correspondente à remanência (De *retentivo*+*-i-*+*-dade*)

retentivo *adj.* que retém ou sustém (Do lat. *retentu-*, «retido», part. pass. de *retinēre*, «reter» +*-ivo*)

retentor *adj.,n.m.* que ou aquele que retém ou sustém (Do lat. *retentōre-*, «id.»)

retentriz *adj.* diz-se da faculdade de reter ideias ou conhecimentos (Do lat. *retentrīce-*, «id.»)

reter *v.tr.* **1** conservar em seu poder **2** não largar da mão; ter firme; segurar **3** não deixar sair **4** deter; impedir **5** reprimir; refrear; conter **6** guardar o que é de outrem, contra a vontade do dono **7** conservar na memória **8** manter em prisão ■ *v.pron.* **1** demorar-se **2** conter-se (Do lat. *retinēre*, «id.»)

retesador *n.m.* esticador (De *retesar*+*-dor*)

retesamento *n.m.* ato ou efeito de retesar (De *retesar*+*-mento*)

retesar v.tr. 1 tornar tenso ou teso 2 esticar ■ v.pron. entesar-se (De reteso+-ar)
retesia n.f. [regionalismo] ato de retesiar; desordem (Deriv. regr. de retesiar)
retesiar v.intr. [regionalismo] promover desordem; bulhar (De orig. obsc.)
reteso adj. muito teso ou esticado (Do lat. retensu-, «id.», part. pass. de retendĕre, «esticar; retesar»)
ret(i)- elemento de formação de palavras que exprime a ideia de reto (Do lat. rectu-, «reto; direito»)
Retiano n.m. GEOLOGIA ⇒ **Reciano**
reticência n.f. 1 omissão propositada de uma coisa que se devia ou podia dizer 2 suspensão voluntária de frase, que não se completa, mas que deixa transparecer o que se omitiu 3 pl. sinal de pontuação, (...), que serve para indicar a omissão de palavras ou para exprimir uma suspensão devida a hesitação, surpresa, dúvida, etc. (Do lat. reticentĭa-, «id.»)
reticenciar v.tr. 1 pôr reticências em 2 [fig.] não exprimir completamente (De reticência+-ar)
reticencioso /ô/ adj. em que há reticências ou reservas (De reticência+-oso)
reticente adj.2g. 1 que cala por prudência; reservado 2 [fig.] hesitante; indeciso ■ n.2g. 1 pessoa que cala por prudência 2 pessoa que hesita ou vacila (Do lat. reticente-, «id.», part. pres. de reticēre, «calar; ocultar»)
rético adj. referente à Récia, região oriental da antiga Gália ■ n.m. língua novilatina também chamada romanche (Do lat. rhaetĭcu-, «id.»)
reticórneo adj. ZOOLOGIA que tem as hastes ou as antenas retas (De recti-+córneo)
retícula n.f. ⇒ **retículo** (Do lat. reticŭla-, «pequena rede»)
reticulação n.f. qualidade do que é reticulado (De reticular+-ção)
reticulado adj. diz-se do órgão (ou parte dele) com elementos distribuídos em rede; reticular ■ n.m. 1 MATEMÁTICA sistema parcialmente ordenado, no qual cada parte constituída por quaisquer dois dos seus elementos admite supremo (limite superior) e ínfimo (limite inferior) 2 pl. ZOOLOGIA grupo de protozoários rizópodes cujos pseudópodes são finos e podem ser ligados em rede por anastomose (Do lat. reticulātu-, «id.»)
reticular adj.2g. 1 que tem forma de rede; retiforme; reticulado 2 HISTOLOGIA designativo da hipótese que admite na estrutura do protoplasma trófico uma substância mais consistente (espongioplasma) em forma de rede (De retículo+-ar)
retículo n.m. 1 rede pequena 2 BOTÂNICA nervura que cerca a base das folhas 3 HISTOLOGIA estrutura em forma de rede 4 ÓTICA disco com uma abertura circular ao centro, cortada perpendicularmente por dois fios tenuíssimos que servem de ponto de referência nas lunetas astronómicas e em muitos outros instrumentos óticos (Do lat. reticŭlu-, «rede pequena»)
retidão n.f. 1 qualidade do que é a direito, do que não apresenta curvatura 2 qualidade do que é reto, íntegro; integridade de carácter 3 equidade; justiça 4 imparcialidade 5 legalidade (Do lat. rectitudĭne-, «id.»)
retido adj. 1 que foi impedido de sair ou de se afastar 2 que foi detido ou preso 3 que ficou gravado na memória 4 que se reprimiu ou conteve (Part. pass. de reter)
retificação n.f. 1 ato ou efeito de retificar 2 alinhamento 3 correção; emenda 4 alteração; modificação 5 QUÍMICA [ant.] destilação que permite obter líquidos mais puros 6 ELETRICIDADE conversão de uma corrente alternada em corrente contínua 7 MATEMÁTICA determinação do comprimento de um arco de curva (Do lat. ecl. rectificatiōne-, «id.»)
retificador adj. que retifica ■ n.m. 1 o que retifica 2 QUÍMICA aparelho para retificar líquidos 3 ELETRICIDADE dispositivo elétrico que permite transformar uma corrente alternada em corrente contínua (De rectificar+-dor)
retificar v.tr. 1 tornar reto 2 alinhar 3 corrigir; emendar 4 tornar exato 5 MATEMÁTICA achar o comprimento de (uma curva) 6 QUÍMICA [ant.] purificar, destilando novamente (líquidos) 7 ELETRICIDADE converter (uma corrente alternada) em contínua ■ v.pron. corrigir-se; emendar-se (Do fr. rectifier, «id.»)
retificativo adj. que retifica (De rectificar+-tivo)
retificável adj.2g. 1 suscetível de se retificar 2 MATEMÁTICA (curva) cujo comprimento pode ser determinado, por ser finito e calculável (De rectificar+-vel)
retiforme¹ adj.2g. que tem forma reta; direito (De recti-+-forme)
retiforme² adj.2g. ⇒ **reticulado** adj. (Do latim rete-, «rede» +forma-, «forma»)
retígrado adj. ZOOLOGIA que se desloca ou anda em linha reta (Do lat. rectu-, «reto» +gradu-, «passo»)

retilinearidade n.f. carácter do que pode ser representado por uma linha reta (De rectilinear+-i-+-dade)
retilíneo adj. 1 que tem a forma ou a direção da linha reta 2 que é formado por segmentos de reta 3 relativo a linhas retas 4 coerente 5 íntegro; honesto ■ n.m. GEOMETRIA ângulo plano que se obtém, intersetando o diedro por um plano perpendicular à sua aresta (Do lat. cient. rectilinĕu-, «id.»)
retilintar v.intr. tilintar muito (De re-+tilintar)
retina¹ n.f. ANATOMIA membrana interna (sensorial) do globo ocular, onde se formam as imagens (Do lat. med. retina-, dim. de rete-, «rede», pelo fr. rétine, «id.»)
retina² n.f. ⇒ **ratina** (De orig. obsc.)
retináculo n.m. 1 BOTÂNICA formação glandular, viscosa, em que termina a parte inferior das massas polínicas (polinídias) nas flores das Orquidáceas 2 BOTÂNICA disco adesivo do dispositivo que auxilia a polinização nas Asclepiadáceas 3 BOTÂNICA parte da ligação da semente ao fruto 4 ZOOLOGIA conjunto de ganchos, escamas ou cerdas que, em alguns insetos, asseguram a fixação de duas asas entre si durante o voo (Do lat. retinacŭlu-, «o que serve para atar; corda; atilho»)
retinaldeído n.m. creme de composição química semelhante à do ácido retinoico, especialmente usado no tratamento do fotoenvelhecimento (De retin(o)-+aldeído)
retinência n.f. ⇒ **retenção** (Do lat. retinentĭa, part. pres. neut. pl. subst. de retinēre, «reter»)
retinente adj.2g. que retine (Do lat. retinnente-, «id.», part. pres. de retinnīre, «ressoar; retinir»)
retinérveo adj. que tem nervuras reticulares (Do lat. rete-, «rede» +nervu-, «nervo»)
retingir v.tr. tingir de novo (Do lat. retingĕre, «id.»)
retiniano adj. relativo a retina (Do fr. rétinien, «id.»)
retínico adj. ⇒ **retiniano** (De retina+-ico)
retinir v.intr. emitir um som agudo, intenso e prolongado; tinir muito ■ v.tr. provocar uma impressão forte (em) (Do lat. retinnīre, «ressoar»)
retinite n.f. MEDICINA inflamação da retina (De retina+-ite)
retinito n.m. GEOLOGIA rocha vulcânica, vítrea, hialina, de composição riolítica (De retina+-ito)
retinoico adj.,n.m. QUÍMICA diz-se de ou ácido derivado da vitamina A, usado sobretudo em dermatologia ■ n.m. creme à base de ácido retinoico, especialmente usado para regenerar a pele ou tratar acne (De retin(o)-+óico)
retinóico ver nova grafia retinoico
retintim n.m. 1 ato ou efeito de retinir 2 voz imitativa do som que os metais emitem quando se tocam (De re-+tintim)
retintinir v.intr. produzir retintim (De retintim+-ir)
retinto adj. 1 que foi tingido novamente 2 que apresenta coloração escura, carregada 3 diz-se do touro de pelo castanho-escuro ■ n.m. qualquer cor escura, carregada (De re-+tinto)
retintório n.m. [regionalismo] planta cujas raízes servem para tingir os ovos, pelas festas da Páscoa (De retinto+-ório)
retípede adj.2g. que tem a epiderme dos tarsos reticular (Do lat. rete-, «reticular» +pede-, «pé»)
retiração¹ n.f. ato ou efeito de retirar; debandada; retiro (De retirar+-ção)
retiração² n.f. 1 TIPOGRAFIA impressão tipográfica do verso de uma folha 2 TIPOGRAFIA folha impressa no verso; **prelo de ~** TIPOGRAFIA prelo que imprime a face e o verso numa só passagem da folha (Do fr. retiration, «id.»)
retirada n.f. 1 ato ou efeito de retirar; debandada; retiro 2 MILITAR movimento retrógrado pelo qual um corpo de tropas procura evitar o combate decisivo com o inimigo, afastando-se para longe dele; **bater em ~** fugir diante do inimigo, ceder (Part. pass. fem. subst. de retirar)
retirado adj. 1 que está isolado; solitário; ermo; sem comunicações 2 que fica afastado; distante 3 que se reformou; que já não exerce a sua atividade profissional (Part. pass. de retirar)
retiramento n.m. 1 vida solitária 2 retiro; isolamento (De retirar+-mento)
retirar v.tr. 1 tirar algo que foi introduzido em algum sítio 2 puxar para trás 3 recolher; extrair 4 afastar do lugar onde estava; desviar 5 tirar de dentro; fazer sair 6 desdizer (o que foi dito) 7 TIPOGRAFIA imprimir o verso de (uma folha) ■ v.pron. 1 ir-se embora; afastar-se 2 recolher-se; ir deitar-se 3 desistir (De re-+tirar, ou do fr. retirer, «id.»)
retiro n.m. 1 lugar retirado; sítio ermo 2 descanso; paz espiritual 3 afastamento do mundo para recolhimento, oração e meditação; isolamento temporário (Deriv. regr. de retirar)

retirrostro /ô/ adj. ORNITOLOGIA que tem o bico direito (De recti-+-rostro)

retite n.f. MEDICINA inflamação do reto (intestino); proctite (Do lat. rectu-, «reto» +-ite)

retitude n.f. ⇒ retidão (Do lat. rectitudĭne-, «id.»)

reto adj. 1 sem curvatura ou sinuosidade; direito 2 alinhado 3 aprumado; vertical 4 sem interrupções; direto 5 verdadeiro; sincero 6 íntegro; honesto 7 conforme à equidade; justo; imparcial 8 exato 9 ANATOMIA designativo de vários músculos, como alguns dos oculomotores, e outros do abdómen, do tórax, da coxa, etc. ■ n.m. ANATOMIA parte terminal, posterior, do tubo intestinal; *ângulo* ~ GEOMETRIA ângulo cujos lados são perpendiculares entre si; *diedro* ~ diedro cujo retilíneo é um ângulo reto; *prisma/cilindro* ~ prisma ou cilindro em que os planos das bases são perpendiculares à direção da geratriz; *cone* ~, *pirâmide reta* cone ou pirâmide em que o plano da base é perpendicular à reta definida pelo centro da base e pelo vértice do cone (da pirâmide); *secção reta* secção feita num sólido por um plano perpendicular ao eixo desse sólido (Do lat. rectu-, «id.»)

ret(o)- elemento de formação de palavras que exprime a ideia de reto (parte do intestino) (Do latim rectu-, «idem»)

retocador adj. que retoca ■ n.m. 1 aquele que retoca 2 instrumento para tirar as rebarbas do ouro (De retocar+-dor)

retocar v.tr. 1 tocar novamente 2 dar retoques em; limar; corrigir; aperfeiçoar 3 tirar as rebarbas a (ouro) (De re-+tocar)

retocele n.f. MEDICINA hérnia do reto (intestino); proctocele (Do lat. rectu-, «reto»+gr. kéle, «tumor»)

retococcígeo adj. que diz respeito simultaneamente ao reto e ao cóccix (De recto-+coccígeo)

retocolite n.f. MEDICINA inflamação simultânea do reto e do cólon (De recto-+colite)

retoiça n.f. ⇒ retouça

retoiçador adj.,n.m. ⇒ **retouçador**

retoição adj.,n.m. ⇒ **retouçador**

retoiçar v.tr.,intr. ⇒ retouçar[1,2]

retoiço n.m. ⇒ retouço

retoma n.f. 1 ato de retomar 2 ECONOMIA recuperação dos níveis económicos e financeiros de uma sociedade (Deriv. regr. de retomar)

retomada n.f. 1 ato de retomar 2 reconquista (Part. pass. fem. subst. de retomar)

retomar v.tr. 1 tomar de novo; recuperar; reconquistar; reaver 2 dar continuidade a (algo interrompido); continuar 3 voltar a praticar (atividade, desporto) 4 assumir novamente (cargo, função) 5 voltar ao estado ou ritmo anterior (De re-+tomar)

retoque n.m. 1 ato ou efeito de retocar; emenda 2 parte retocada 3 última demão (Deriv. regr. de retocar)

retor n.m. mestre de retórica; retórico (Do lat. rhetōre-, «id.»)

retorção n.f. ato de retorcer; retorcedura (De retorcer+-ão)

retorce n.f. ato de retorcer 2 oficina onde se retorce o fiado, nas fábricas de fiação (Deriv. regr. de retorcer)

retorcedeira n.f. máquina de torcer dois ou mais fios (De retorcer+-deira)

retorcedura n.f. ato ou efeito de retorcer (De retorcer+-dura)

retorcer v.tr. 1 torcer de novo 2 torcer (um fio ou uma corda) várias vezes 3 revirar (os olhos) involuntariamente ■ v.pron. 1 contorcer-se 2 [fig.] procurar evasivas (Do lat. vulg. retorcēre, do lat. cl. retorquēre, «curvar para trás»)

retorcido adj. 1 torcido de novo 2 muito torcido 3 de feitio complicado; difícil 4 [fig.] (estilo) rebuscado; arrevesado (Part. pass. de retorcer)

retórica n.f. 1 FILOSOFIA técnica de construção do discurso, cultivada pelos sofistas, que visa a criação de um texto fortemente persuasivo, através de um uso correto da linguagem (Platão, filósofo grego, 427 - 347 a. C., opôs à retórica, ou seja, o discurso falso ou sofístico, a dialética, isto é, o discurso verdadeiro ou filosófico) 2 conjunto de regras relativas à eloquência; arte de bem falar 3 livro que contém essas regras 4 [pej.] discussão inútil; palavreado 5 [pej.] discurso pomposo, mas sem conteúdo (Do gr. rhetoriké [tékhne], «[arte] retórica», pelo lat. rhetorĭca-, «id.»)

retoricão n.m. [depr.] indivíduo que tem pretensões de retórico, mas sem merecimentos (De retórico+-ão)

retoricar v.intr. falar consoante as regras da retórica (Do lat. rhetoricāre, «falar como retórico»)

retórico adj. 1 referente à retórica 2 empolado no falar 3 falador; verboso ■ n.m. 1 orador ou fala com estilo empolado 2 tratadista de retórica (Do gr. rhetorikós, «id.», pelo lat. rhetorĭcu-, «id.»)

retornado adj.,n.m. 1 que ou aquele que regressa a um lugar de onde partiu 2 que ou aquele que, após a proclamação da independência dos territórios ultramarinos portugueses da África, regressou a Portugal (Part. pass. de retornar)

retornamento n.m. ⇒ **retorno** (De retornar+-mento)

retornança n.f. ⇒ retorno (De retornar+-ança)

retornar v.tr.,intr. 1 voltar (ao ponto de partida); regressar 2 ir novamente (a); voltar ■ v.tr. 1 reatar; retomar (atividade interrompida) 2 restituir; devolver (De re-+tornar)

retornelo n.m. MÚSICA ⇒ **ritornelo** (Do it. ritornello, «id.»)

retorno /ô/ n.m. 1 ato ou efeito de retornar; volta; regresso 2 objeto que se oferece em retribuição de outro recebido 3 o que se dá para igualar o valor de objetos trocados 4 troco; *eterno* ~ FILOSOFIA doutrina dos estoicos, retomada, em particular, por Nietzsche, filósofo alemão (1844-1900), segundo a qual, depois de milhares de anos, recomeçaria sem fim uma série de acontecimentos idêntica à precedente (Deriv. regr. de retornar)

reto-romano adj.,n.m. ⇒ **rético**

retorquir v.tr. contrapor um argumento com outro; replicar; retrucar; responder; objetar (Do lat. retorquēre, «retorcer»)

retorquível adj.2g. que se pode retorquir; contestável (De retorquir+-vel)

retorsão n.f. 1 ato ou efeito de retorquir 2 réplica 3 legislação aplicada a estrangeiros, como represália de legislação análoga (Do lat. ecl. retortiōne-, «id.»)

retorta n.f. 1 parte curva do báculo 2 vaso bojudo, de gargalo estreito, curvo e voltado para baixo, próprio para experiências químicas 3 parte do alambique que estabelece a comunicação entre a caldeira e a serpentina 4 ORNITOLOGIA ⇒ **papa-formigas** 1; *carvão das retortas* variedade de carvão, muito bom condutor da eletricidade, que se deposita nas paredes interiores das retortas em que se procede à destilação da hulha (De retorto)

retorto /ô/ adj. 1 muito torto 2 curvo para a parte inferior (Do lat. retortu-, «id.», part. pass. de retorquēre, «retorcer»)

retoscopia n.f. MEDICINA exame médico do reto (intestino) com aplicação do retoscópio; proctoscopia (Do lat. rectu-, «reto»+gr. skopeîn, «olhar» +-ia)

retoscópio n.m. MEDICINA espéculo para exame da cavidade retal; proctoscópio (Do lat. rectu-, «reto»+gr. skopeîn, «olhar» +-io)

retostar v.tr. tostar muito (De re-+tostar)

retotomia n.f. CIRURGIA operação cirúrgica de ablação ou incisão do reto (intestino); proctotomia (Do lat. rectu-, «reto»+gr. tomé, «corte» +-ia)

retouça n.f. corda geralmente suspensa de dois troncos de árvore, para servir de baloiço; *andar na* ~ brincar muito, ser brincalhão (Deriv. regr. de retouçar)

retouçador adj.,n.m. ⇒ **retoução** (De retouçar+-dor)

retoução adj.,n.m. (feminino retouçoa) brincalhão; traquinas; turbulento (De retouçar+-ão)

retoucar v.tr. 1 tornar a toucar 2 revestir superiormente (De re-+toucar)

retouçar[1] v.intr. 1 correr, brincando 2 fazer travessuras; traquinar 3 saltar; pular 4 baloiçar-se na retouça (Do cast. retozar, «retouçar; andar na brincadeira»)

retouçar[2] v.tr.,intr. pastar (Por retosar, de tosar)

retouço n.m. ato ou efeito de retouçar (Deriv. regr. de retouçar)

retouretral adj.2g. que diz respeito ao reto e à uretra ACORDO ORTOGRÁFICO também se pode escrever **returetral**

retovaginal adj.2g. que diz respeito ao reto e à vagina (De recto-+vaginal)

retração n.f. 1 ato ou efeito de retrair 2 contração ou encolhimento de certos tecidos ou órgãos 3 ENGENHARIA contração devida a perda de humidade (Do lat. retractiōne-, «id.»)

retraçar v.tr. 1 tornar a traçar 2 cortar muito miúdo; retalhar 3 reduzir a retraço (De re-+traçar)

retracção ver nova grafia **retração**

retraço n.m. 1 palha retraçada pela foice ou pelos dentes de um animal 2 restos de palha deixados pelo animal (Deriv. regr. de retraçar)

retractação ver nova grafia **retratação**[1]

retractar ver nova grafia **retratar**[1]

retractável ver nova grafia **retratável**[1]

retráctil adj.2g. que tem a faculdade de se retrair; que produz retração (Do fr. rétractile, «id.») ACORDO ORTOGRÁFICO também se pode escrever **retrátil**

retractilidade n.f. qualidade do que é retráctil (De retráctil+-i-+-dade, ou do fr. rétractilité, «id.») ACORDO ORTOGRÁFICO também se pode escrever **retratilidade**

retractivo adj. ⇒ **retráctil** (Do lat. *retractu-*, «retraído», part. pass. de *retahĕre*, «retrair; retirar» +*-ivo*) ACORDO ORTOGRÁFICO também se pode escrever retrativo

retracto adj. retraído; contraído ■ n.m. 1 ato ou efeito de retratar(-se), de desdizer o que se disse anteriormente; retratação 2 remição ou resgate de bens adquiridos por outra pessoa ACORDO ORTOGRÁFICO também se pode escrever retrato²

retradução n.f. ato ou efeito de retraduzir; retroversão (De *re-+tradução*)

retraduzir v.tr. traduzir novamente; retroverter; traduzir de uma tradução (De *re-+traduzir*)

retraidamente adv. de modo retraído; com retraimento; com acanhamento (De *retraído+-mente*)

retraído adj. 1 puxado para trás; encolhido 2 [fig.] que não é expansivo; tímido; acanhado

retraimento n.m. 1 ato ou efeito de retrair ou retrair-se 2 contração; diminuição de volume 3 afastamento da vida social; isolamento 4 atitude reservada; acanhamento; timidez (De *retrair+-mento*)

retrair v.tr. 1 puxar para si 2 fazer retroceder; retirar 3 encolher; contrair 4 [fig.] ocultar 5 impedir 6 livrar; salvar ■ v.pron. 1 meter-se para dentro; encolher-se 2 [fig.] não se manifestar; conter as emoções (Do lat. *retrahĕre*, «id.»)

retramar v.tr. tramar de novo (De *re-+tramar*)

retranca n.f. 1 correia que passa por debaixo da cauda das cavalgaduras e impede que a sela ou o selim escorregue para a frente 2 NÁUTICA verga inferior para manobra da vela latina 3 [pop.] retraimento; reserva; hesitação ■ n.m. indivíduo tímido e pouco sociável; *estar/ficar na* ~ desconfiar; *pôr-se na* ~ tomar cuidado, por desconfiança (De *retro-+anca*?)

retrancar v.tr. pôr retranca a (De *retranca+-ar*)

retrançar v.tr. 1 entrançar bem 2 entretecer; entrelaçar (De *re-+trançar*)

retransir v.tr. penetrar intimamente; trespassar; repassar (Do lat. *retransire*, «voltar a passar; ir além de»)

retransmissão n.f. 1 ato ou efeito de retransmitir 2 emissão simultânea do mesmo programa por dois organismos de radiodifusão diferentes 3 programa de outro organismo de radiodifusão (De *re-+transmissão*)

retransmissor adj. que retransmite ■ n.m. 1 o que retransmite 2 estação de rádio (radiofónica, radiotelegráfica ou de televisão) que faz retransmissão (De *re-+transmissor*)

retransmitir v.tr. emitir novamente (uma emissão captada) (De *re-+transmitir*)

retratação¹ n.f. 1 ato ou efeito de retratar(-se), de desdizer o que se disse anteriormente 2 pedido de desculpa 3 reconhecimento de erro (Do lat. *retractatiōne-*, «id.»)

retratação² n.f. ato ou efeito de tirar o retrato de algo ou alguém (De *retratar+-ção*)

retratado adj. 1 reproduzido por fotografia ou pintura 2 refletido 3 [fig.] descrito com exatidão (Part. pass. de *retratar*)

retratador adj. que retrata ■ n.m. aquele que retrata; retratista; fotógrafo (De *retratar+-dor*)

retratar¹ v.tr. dar por não dito ■ v.pron. 1 desdizer-se 2 mostrar arrependimento público (Do lat. *retractāre*, «id.»)

retratar² v.tr. 1 tirar o retrato a 2 fotografar 3 fazer a pintura de 4 [fig.] representar ou descrever com exatidão 5 [fig.] deixar transparecer; revelar ■ v.pron. 1 espelhar-se 2 patentear-se 3 reproduzir-se (De *retrato+-ar*)

retratável¹ adj.2g. 1 que se pode desdizer ou retirar; revogável 2 mutável (Do lat. *retractabĭle-*, «id.»)

retratável² adj.2g. 1 que pode ser retratado 2 suscetível de ser reproduzido em fotografia (De *retratar+-vel*)

retrátil a grafia mais usada é retráctil

retratilidade a grafia mais usada é retractilidade

retratista n.2g. 1 pessoa que tira ou pinta retratos 2 fotógrafo (De *retrato+-ista*)

retrativo a grafia mais usada é retractivo

retrato¹ n.m. 1 imagem de uma pessoa reproduzida por fotografia, desenho ou pintura 2 obra de arte em que se reproduz a imagem de uma pessoa; imagem; figura 3 pessoa com feições muito semelhantes às de outra; sósia; cópia 4 descrição exata de alguma coisa; reprodução 5 imagem obtida por processo fotográfico; fotografia 6 pessoa ou coisa cujas características a tornam um exemplo; modelo 7 conjunto das características gerais que representam uma categoria de seres ou de coisas; *ser o* ~ *vivo de* ser muito parecido com; *tirar o* ~ fotografar(-se) (Do it. *ritratto*, «id.»)

retrato² a grafia mais usada é retracto

retrato-robô n.m. retrato aproximado de uma pessoa desaparecida ou procurada pela polícia, feito por um desenhador que reúne e combina determinados tipos fisionómicos com traços e sinais particulares, a partir da descrição das testemunhas

retratual adj.2g. relativo a retrato (De *retrato+-al*)

retravar v.tr. 1 travar de novo 2 recomeçar (De *re-+travar*)

retrazer v.tr. trazer novamente (De *re-+trazer*)

retremer v.intr. 1 tornar a tremer 2 tremer por muito tempo (De *re-+tremer*)

retrete /é/ n.f. peça de louça sanitária para dejeções; sanita; latrina; privada (Do fr. *retraite*, «retirada», pelo cast. *retrete*, «latrina»)

retribuição /uí/ n.f. 1 ato ou efeito de retribuir 2 remuneração em troca de um trabalho; salário; honorários; gratificação 3 recompensa; compensação 4 reconhecimento e agradecimento de favor ou atenção 5 correspondência de um sentimento (Do lat. *retributiōne-*, «id.»)

retribuidor /uí...ô/ adj.,n.m. que ou aquele que retribui ou recompensa (Do lat. *retributōre*, «remunerador», com infl. de *retribuir*)

retribuir v.tr. 1 dar retribuição ou prémio a; recompensar 2 dar como forma de pagamento; pagar; remunerar 3 responder a (atitude, sentimento, etc.) de forma idêntica; corresponder (Do lat. *retribuĕre*, «id.»)

retricial adj.2g. referente às retrizes (Do lat. *rectrīce*, «retriz» +*-al*)

retrilhar v.tr. 1 trilhar de novo 2 repisar (De *re-+trilhar*)

retrincado adj. 1 [regionalismo] que cerra os dentes de raivoso 2 malicioso; cavilloso; dissimulado (Part. pass. de *retrincar*)

retrincar v.tr. 1 tornar a trincar; trincar repetidas vezes 2 ranger os dentes de raiva 3 dar mau sentido a; murmurar de (De *re-+trincar*)

retriz n.f. cada uma das penas da cauda que dirigem o voo das aves (Do lat. *rectrīce-*, «que dirige»)

retro n.m. primeira página de uma folha ■ adv. atrás; para trás; *~!* exclamação que exprime uma ordem de afastamento para trás ou para longe (Do lat. *retro*, «para trás; por trás; atrás»)

retro- prefixo que exprime a ideia de *para trás* (Do lat. *retro*, «para trás»)

rétro adj.inv. diz-se de estilo ou comportamento que se baseia ou colhe inspiração em tendências do passado (Do fr. *rétro*, «id.»)

retroação n.f. ato ou efeito de retroagir; efeito do que é retroativo (De *retro-+acção*)

retroacção ver nova grafia retroação

retroactividade ver nova grafia retroatividade

retroactivo ver nova grafia retroativo

retroactor ver nova grafia retroator

retroagir v.intr. produzir efeito retroativo; modificar o que já está feito (Do lat. *retroagĕre*, «fazer recuar»)

retroar v.intr. 1 voltar a troar 2 troar demoradamente; retumbar (De *re-+troar*)

retroatividade n.f. qualidade de retroativo (De *retroactivo+-i-+-dade*)

retroativo adj. que tem efeito sobre factos passados; que modifica o que já foi feito ■ n.m. [mais usado no plural] montante que corresponde a pagamentos devidos e que estão em atraso (De *retro-+activo*)

retroator n.m. aquele ou aquilo que faz retroagir (De *retro-+actor* [= *agente*])

retrocarga n.f. 1 sistema de carregamento de armas de fogo pela culatra 2 o próprio ato do carregamento (De *retro-+carga*)

retrocedente adj.,n.2g. que ou a pessoa que retrocede ou faz retroceder (Do lat. *retrocedente-*, «id.», part. pres. de *retrocedĕre*, «recuar; retroceder»)

retroceder v.intr. 1 andar para trás; recuar 2 retirar-se 3 decair ■ v.tr. voltar atrás em; desistir de ■ v.tr.,intr. voltar (a); regredir (para) (Do lat. *retrocedĕre*, «id.»)

retrocedimento n.m. ⇒ **retrocessão** (De *retroceder+-mento*)

retrocessão n.f. 1 movimento retrógrado; retorno a um estado anterior; retrocesso; retrocedimento 2 ato pelo qual se cede o que se obteve por cessão 3 retraimento de um órgão, no organismo (Do lat. *retrocessiōne-*, «id.»)

retrocessivo adj. que faz retroceder; que produz retrocesso; retroativo (Do lat. *retrocessu-*, part. pass. de *retrocedĕre*, «retroceder» +*-ivo*)

retrocesso n.m. 1 ato ou efeito de retroceder; regresso ao estado anterior; recuo 2 atraso (Do lat. *retrocessu-*, «movimento para trás»)

retrocruzamento n.m. BIOLOGIA cruzamento de um homozigoto recessivo com um heterozigoto, cujo resultado é o aparecimento de descendentes com características exclusivas do heterozigoto (De *retro-+cruzamento*)

retrodatar v.tr. pôr data anterior a; antedatar (De *retro-+datar*)

retrodesvio *n.m.* MEDICINA qualquer deslocamento do útero para trás (De *retro-+desvio*)

retroescavadora *n.f.* escavadora de colher invertida que ataca o terreno de cima para baixo, permitindo escavar a cotas inferiores à do plano em que a escavadora assenta (De *retro-+escavadora*)

retroflectido ver nova grafia **retrofletido**

retrofletido *adj.* dobrado ou curvado para trás (De *retro-+flectido*)

retroflexão /cs/ *n.f.* inflexão operada para trás; estado do que é retroflexo (De *retro-+flexão*)

retroflexo /cs/ *adj.* que se dobra ou curva para trás (Do lat. *retroflexu-*, «id.», part. pass. de *retroflectĕre*, «dobrar para trás»)

retrognatismo *n.m.* ANTROPOLOGIA qualidade do indivíduo ou do crânio que apresenta maxilas recolhidas (De *retrógnato+-ismo*)

retrógnato *adj.* que apresenta retrognatismo (Do lat. *retro-*, «para trás»+gr. *gnáthos*, «maxila; queixo»)

retrogradação *n.f.* 1 ato ou efeito de retrogradar 2 movimento retrógrado 3 retrocesso; atraso 4 degeneração (Do lat. *retrogradatiōne-*, «id.»)

retrogradar *v.tr.,intr.* 1 (fazer) andar para trás; (fazer) recuar; (fazer) retroceder 2 [fig.] (fazer) agir em sentido contrário ao do progresso (Do lat. *retrogradāre*, por *retrogrădi*, «andar para trás»)

retrógrado *adj.* 1 que retrograda; que anda ou se realiza para trás 2 que se opõe ao progresso 3 ASTROLOGIA diz-se do movimento dos astros que parece realizar-se contra a ordem dos signos, ou de oriente para ocidente (no hemisfério norte), e vice-versa (no hemisfério sul) 4 GEOGRAFIA diz-se do movimento circular no sentido do movimento dos ponteiros de um relógio ▪ *n.m.* indivíduo que defende princípios conservadores ou que se opõe ao progresso; indivíduo reacionário (Do lat. *retrogrădu-*, «id.»)

retrogressão *n.f.* ação de voltar a um estado anterior; retrocesso (Do lat. *retrogressiōne-*, «id.»)

retrogressivo *adj.* 1 que volta a um estado anterior; degenerativo 2 relativo a retrogressão (Do lat. *retrogressu-*, «movimento retrógrado; atraso»+*-ivo*)

retroovárico ver nova grafia **retro-ovárico**

retro-ovárico *adj.* situado por detrás do ovário (De *retro-+ovário*)

retropedalagem *n.f.* 1 ato de retropedalar 2 sistema de pedalagem que permite fazer avançar o velocípede quando se pedala para trás (De *retropedalar+-agem*)

retropedalar *v.intr.* pedalar para trás (De *retro-+pedalar*)

retroprojeção *n.f.* 1 projeção realizada por meio de um retroprojetor 2 CINEMA método de filmagem em estúdio que utiliza a projeção de paisagens em telas de grandes dimensões, de modo a simular cenas no exterior (De *retro-+projecção*)

retroprojecção ver nova grafia **retroprojeção**

retroprojector ver nova grafia **retroprojetor**

retroprojetor *n.m.* projetor que reproduz imagens, textos, gráficos, etc., de um acetato, ampliando-os numa tela ou parede (De *retro-+projector*)

retrorso *adj.* ⇒ **retrofletido** (Do lat. *retrorsu-*, «virado para trás»)

retrós *n.m.* (plural **retroses**) fio de seda torcido, geralmente usado em costura (Do fr. *retors*, «retorcido»)

retrosaria *n.f.* 1 oficina ou loja de retroseiro 2 muitas qualidades de retrós (De *retrós+-aria*)

retroseiro *n.m.* vendedor de retrós e outros artigos para costura (De *retrós+-eiro*)

retrospeção *n.f.* ⇒ **retrospeto** (Do lat. *retro-*, «para trás»+*spectiōne*, «observação»)

retrospecção ver nova grafia **retrospeção**

retrospectiva ver nova grafia **retrospetiva**

retrospectividade ver nova grafia **retrospetividade**

retrospectivo ver nova grafia **retrospetivo**

retrospecto ver nova grafia **retrospeto**

retrospetiva *n.f.* 1 exibição de produtos (livros, obras de arte, inventos técnicos, filmes, etc.) de um artista, grupo ou movimento de determinada época, sublinhando a sua evolução 2 relato de acontecimentos decorridos num certo período (De *retrospectivo*)

retrospetividade *n.f.* qualidade de retrospetivo (De *retrospectivo+-i-+-dade*)

retrospetivo *adj.* que considera ou contempla o passado; relativo a factos anteriores ou passados (Do lat. *retrospectu-*, «vista para trás»+*-ivo*)

retrospeto *n.m.* observação ou análise de tempos ou factos passados; retrospeção (Do lat. *retrospectu-*, «vista para trás»)

retrosseguir *v.intr.* seguir em sentido contrário; retroceder (De *retro-+seguir*)

retrossexual *n.m.* homem heterossexual de meia-idade que aparenta não se preocupar com a sua imagem (Do ing. *retrosexual*, de *retro*, «retro»+*(hetero)sexual*, «heterossexual»)

retrotração *n.f.* ato ou efeito de retrotrair (De *retro-+tracção*)

retrotracção ver nova grafia **retrotração**

retrotrair *v.tr.* 1 puxar para trás 2 fazer recuar; retrair 3 fazer remontar à origem (Do lat. *retro-*, «para trás» +*trahĕre*, «puxar»)

retrovenda *n.f.* ato de retrovender (Deriv. regr. de *retrovender*)

retrovender *v.tr.* vender com a condição de desfazer o contrato de venda (De *retro-+vender*)

retrovendição *n.f.* ⇒ **retrovenda** (De *retro-+vendição*)

retroversão *n.f.* 1 ato ou efeito de retroverter 2 tradução para a língua original de um texto traduzido 3 tradução da língua original para outra língua 4 ato de inverter-se (um órgão do corpo) (Do lat. cient. *retroversiōne-*, de *retrovertĕre*, «voltar para trás»)

retroversidade *n.f.* tendência, no carácter de um indivíduo, para se virar constantemente para o passado e refletir nele (Do lat. cient. *retroversu-*, «retrovertido», part. pass. de *retrovertĕre*, «voltar para trás»; virar para trás»)

retroversivo *adj.,n.m.* indivíduo ou designativo do indivíduo de cujo carácter faz parte a retroversidade (Do lat. cient. *retroversu-*, «retrovertido» *+-ivo*)

retroverter *v.tr.* 1 fazer voltar para trás; retrotrair 2 fazer a retroversão de (Do lat. *retrovertĕre*, «voltar para trás»)

retrovírus *n.m.2n.* BIOLOGIA, MEDICINA vírus cuja informação genética se encontra armazenada no ARN (ácido ribonucleico) (De *retro-+vírus*)

retrovisor *adj.,n.m.* designativo de espelho ou espelho cuja posição permite ao condutor ver as imagens dos veículos ou objetos que vêm ou estão atrás (De *retro-+visor*)

retrucar *v.tr.,intr.* dizer em resposta; retorquir; replicar; responder; objetar (De *re-+trucar*)

retruque *n.m.* 1 ato ou efeito de retrucar 2 réplica (Deriv. regr. de *retrucar*)

retumbância *n.f.* 1 qualidade de retumbante; eco estrondoso de um som 2 [fig.] fama; alarde (De *retumbar+-ância*)

retumbante *adj.2g.* 1 que retumba; que faz ecoar um som com estrondo 2 [fig.] espaventoso (De *retumbar+-ante*)

retumbar *v.intr.* 1 ressoar; ecoar; ribombar 2 [fig.] fazer alarde ▪ *v.tr.* repercutir (De *re-+tumba* [De orig. onom.] +*-ar*)

retumbo *n.m.* ato de retumbar; eco profundo e cavo; ribombo; estrondo (Deriv. regr. de *retumbar*)

retundir *v.tr.* reprimir; moderar; temperar (Do lat. *retundĕre*, «repelir»)

returetral a grafia mais usada é **retouretral**

réu *n.m.* (feminino **ré**) DIREITO indivíduo ou pessoa coletiva contra quem se intenta um processo judicial de natureza cível ▪ *adj.* (feminino **ré**) 1 responsável; culpado 2 malévolo (Do lat. *reu-*, «id.»)

reuchliniano *adj.* diz-se do sistema do filólogo Reuchlin, humanista alemão (1455-1522), que preconiza a pronúncia do grego antigo conforme a do grego moderno (De *Reuchlin*, antr. +*-iano*)

reuma *n.f.* 1 fluxo de humores 2 catarro proveniente de certas afeções, especialmente dos pulmões (Do gr. *rheûma*, «fluxo», pelo lat. *rheuma*, «id.»)

reum(a)- elemento de formação de palavras que exprime a ideia de *reumatismo; fluxo* (Do grego *rheûma, -atos*, «fluxo; corrimento»)

reumatalgia *n.f.* dor reumática (Do gr. *rheûma, -àtos*, «fluxo; reumatismo» +*álgos*, «dor» +*-ia*)

reumático *adj.* 1 relativo à reuma 2 reumatismal ▪ *n.m.* 1 indivíduo atacado de reumatismo 2 reumatismo (Do gr. *rheumatikós*, «id.», pelo lat. *rheumatĭcu-*, «id.»)

reumatismal *adj.2g.* 1 referente a reumatismo 2 proveniente ou da natureza do reumatismo; reumático (De *reumatismo+-al*)

reumatismo *n.m.* MEDICINA designação extensiva a certas doenças (num conjunto heterógeneo) em que as principais manifestações, geralmente dolorosas, são a inflamação e a degenerescência de tecidos nas articulações, nos músculos e em outros órgãos (Do gr. *rheumatismós*, «fluxo», pelo lat. *rheumatismu-*, «catarro; defluxo»)

reumato- ⇒ **reum(a)-**

reumatoide *adj.2g.* 1 MEDICINA semelhante a reumatismo 2 MEDICINA diz-se em particular de uma artrite crónica acompanhada geralmente de deformações (De *reumato-+-óide*)

reumatóide ver nova grafia **reumatoide**

reumatologia *n.f.* MEDICINA parte da medicina que estuda as doenças reumáticas e promove o seu tratamento (De *reumato-+-logia*)

reumatologista *n.2g.* especialista em doenças reumáticas (De *reumatologia+-ista*)

reumatólogo *n.m.* ⇒ **reumatologista** (De *reumato-+-logo*)
reunião /e-u/ *n.f.* **1** ato ou efeito de reunir; junção; fusão; união **2** conjunto ou agrupamento de pessoas **3** assembleia; sarau **4** encontro de pessoas para tratar de assuntos específicos **5** festa em casa particular; *~ de cúpula* conferência em que participam as autoridades máximas de Estados, para debater e decidir sobre temas de importância mundial; cimeira, reunião de cúpula; *~ de dois conjuntos* MATEMÁTICA conjunto dos elementos que pertencem a um (pelo menos) dos conjuntos dados (De *re-+união*)
reunidor *adj.* que reúne ▪ *n.m.* **1** aquele que reúne **2** um dos aparelhos das fábricas de fiação (De *reunir+-dor*)
reunificação *n.f.* ato ou efeito de reunificar (De *reunificar+-ção*)
reunificar *v.tr.* tornar a unificar (De *re-+unificar*)
reunir *v.tr.* **1** unir de novo **2** juntar (aquilo que se encontra disperso); agrupar **3** ligar; prender **4** aliar **5** juntar (um grupo de pessoas); convocar; congregar; aglomerar **6** aproximar **7** angariar ▪ *v.intr.,pron.* **1** ter uma sessão; fazer uma reunião **2** juntar-se; agregar-se; agrupar-se (De *re-+unir*)
réu-réu *n.m.* [regionalismo] pedaço de cordel com uma pedra atada numa das extremidades, a que os rapazes davam movimento giratório e atiravam ao ar; *~!* voz com que os rapazes imitavam o cantochão dos ofícios de defuntos (De orig. onom.)
reutilização *n.f.* aproveitamento de materiais usados, tal como vidro, papel, etc., para nova utilização, após um processo de reciclagem (De *reutilizar+-ção*)
reutilizar *v.tr.* **1** tornar a utilizar **2** dar novo uso a (algo) **3** [téc.] aproveitar (materiais que já foram utilizados, tais como vidro, papel, etc.) para nova utilização, após um processo de reciclagem (De *re-+utilizar*)
revacinação *n.f.* ato ou efeito de revacinar (De *revacinar+-ção*)
revacinar *v.tr.* vacinar de novo (De *re-+vacinar*)
revalenta *n.f.* substância alimentar composta de farinha de cereais e sal marinho (Do ing. *revalenta*, «id.»)
revalidação *n.f.* **1** ato ou efeito de revalidar **2** confirmação (De *revalidar+-ção*)
revalidar *v.tr.* **1** dar nova validade a algo cujo prazo expirou **2** confirmar **3** dar mais força e direito a; robustecer (De *re-+validar*)
revalorização *n.f.* ato de revalorizar (uma moeda depreciada) (De *revalorizar+-ção*)
revalorizar *v.tr.* valorizar de novo (De *re-+valorizar*)
revanchismo *n.m.* **1** desejo obstinado de vingança **2** espírito de desforra, de modo especial no campo político, após uma derrota; atitude agressiva provocada pelo desejo de desforra política (Do fr. *revanchisme*, «id.»)
revanchista *adj.2g.* relativo ao revanchismo; em que há revanchismo ▪ *n.2g.* pessoa que apoia ou pratica o revanchismo (Do fr. *revanchiste*, «id.»)
revedor *n.m.* **1** aquele que revê ou nota erros; revisor **2** funcionário judicial encarregado de rever a organização dos processos (De *rever+-dor*)
réveillon *n.m.* festa de fim de ano (Do fr. *réveillon*)
revel *adj.2g.* **1** rebelde **2** pertinaz; teimoso **3** DIREITO diz-se do réu ausente na audiência de julgamento ▪ *n.2g.* DIREITO réu ausente na audiência de julgamento (Do lat. *rebelle-*, «rebelde»)
revelação *n.f.* **1** ato ou efeito de revelar **2** divulgação de algo que era secreto; coisa revelada **3** divulgação de informações incriminatórias; denúncia **4** comunicação secreta; confidência **5** manifestação; prova **6** FOTOGRAFIA operação que consiste em submeter o material fotográfico impressionado pela luz a um tratamento químico para fazer aparecer a imagem **7** conhecimento súbito **8** [fig.] inspiração; iluminação **9** [com maiúscula] RELIGIÃO ação sobrenatural pela qual Deus faz conhecer verdades, algumas das quais poderiam ser descobertas pelo Homem, outras que ultrapassam a capacidade da inteligência humana (Do lat. *revelatiōne-*, «id.»)
revelador *adj.,n.m.* **1** que ou aquele que revela **2** FOTOGRAFIA que ou líquido que faz aparecer as imagens nas emulsões fotográficas, por dissolução (total ou parcial) da parte não impressionada (Do lat. *revelatōre-*, «id.»)
revelantismo *n.m.* escola filosófica de J. de Maistre, escritor e filósofo francês (1753-1821), que procura na revelação cristã, interpretada pela Igreja Católica, a solução de todas as questões metafísicas e morais (De *revelar+-ante+-ismo*)
revelantista *n.2g.* pessoa sectária do revelantismo (De *revelantismo*)
revelar *v.tr.* **1** fazer conhecer (o que era secreto ou ignorado) **2** destapar (o que está coberto); descobrir **3** contar algo surpreendente **4** fazer uma confidência **5** manifestar; exprimir **6** deixar transparecer na fisionomia; patentear **7** indicar **8** FOTOGRAFIA fazer aparecer (a imagem fotográfica) na emulsão do negativo ou do positivo ▪ *v.pron.* **1** dar-se a conhecer; mostrar-se **2** declarar-se **3** manifestar-se (Do lat. *revelāre*, «id.»)
revelável *adj.2g.* que se pode revelar (De *revelar+-vel*)
revelho /ê/ *adj.* muito velho; decrépito; de idade muito avançada (De *re-+velho*)
revelhusco *adj.* [pop.] um tanto velho; que já não é novo (De *revelho+-usco*)
revelia *n.f.* **1** ato ou qualidade de revel; rebeldia **2** DIREITO ausência do réu na audiência de julgamento; *à ~* **1** sem a comparência do revel (réu) **2** [fig.] a deus-dará, à toa (De *revel+-ia*)
revelim *n.m.* construção externa de duas faces, que formam um ângulo saliente, para defesa ou cobertura de uma cortina de muralha, ponte, fortaleza, etc. (Do it. *rivellino*, «id.»)
revelir *v.tr.* **1** fazer derivar (um humor) para outro sítio, no organismo **2** transpirar; ressumar (Do lat. *revellĕre*, «arrancar com esforço»)
revenda *n.f.* ato ou efeito de revender; venda do que se comprou; segunda venda (Deriv. regr. de *revender*)
revendão *adj.,n.m.* **1** que ou aquele que revende ou compra para tornar a vender; revendedor **2** que ou pessoa que vende na rua, sem um ponto fixo; vendedor ambulante (De *revender+-ão*)
revendedeira *n.f.* [regionalismo] aquela que vende um bem que comprou (De *revender+-deira*)
revendedor *adj.,n.m.* que ou pessoa ou estabelecimento comercial que vende bens adquiridos com intenção de revenda (De *revender+-dor*)
revender *v.tr.* tornar a vender; vender o que se comprou, para negócio (De *re-+vender*)
revendição *n.f.* ⇒ **revenda** (De *revender+-ção*)
revendilhão *adj.,n.m.* ⇒ **revendão** (De *revender+-ilho+-ão*)
revenerar *v.tr.* venerar muito; reverenciar (De *re-+venerar*)
revenir *v.tr.* dar a têmpera toda a (Do fr. *revenir*, «id.»)
rever¹ *v.tr.* **1** tornar a ver **2** fazer a revisão de; examinar minuciosamente **3** corrigir **4** recordar; evocar; relembrar ▪ *v.pron.* **1** tornar a ver-se; mirar-se **2** comprazer-se (Do lat. *revidēre*, «id.»)
rever² *v.tr.,intr.* transudar; ressumar ▪ *v.intr.* tornar-se público (De orig. obsc.)
reverberação *n.f.* **1** ato ou efeito de reverberar **2** revérbero **3** FÍSICA persistência de um som audível, depois da cessação do som direto da fonte produtora; *tempo de ~* tempo necessário para a pressão sonora cair a 1/1000 do seu valor inicial, após a cessação do som direto (Do lat. *reverberatiōne-*, «id.»)
reverberante *adj.2g.* que reverbera; que produz reverberação; reverberatório (Do lat. *reverberante-*, «id.», part. pres. de *reverberāre*, «refletir; repelir»)
reverberar *v.tr.* **1** refletir (luz ou calor) **2** reenviar ▪ *v.intr.* **1** resplandecer; brilhar **2** refletir-se (Do lat. *reverberāre*, «refletir; repelir»)
reverberatório *adj.* ⇒ **reverberante** (De *reverberar+-tório*)
revérbero *n.m.* **1** ato ou efeito de reverberar; reflexo luminoso; resplendor **2** parte do forno que faz refletir o calor **3** lâmina metálica curva, refletora **4** aparelho destinado à iluminação da via pública (Deriv. regr. de *reverberar*)
reverdecer *v.tr.,intr.* **1** tornar(-se) verde ou viçoso; cobrir(-se) de verdura **2** [fig.] rejuvenescer; renovar(-se) **3** [fig.] fortalecer(-se); revigorar ▪ *v.tr.* trazer à lembrança (De *re-+verdecer*)
reverdejante *adj.2g.* que reverdeja (De *reverdejar+-ante*)
reverdejar *v.intr.* mostrar-se muito verde (De *re-+verdejar*)
reverência *n.f.* **1** ato de reverenciar; respeito pelas coisas sagradas; veneração **2** inclinação do corpo para saudar qualquer pessoa; mesura; cumprimento **3** tratamento honorífico dado aos sacerdotes (Do lat. *reverentĭa*, «temor respeitoso»)
reverenciador *adj.,n.m.* **1** que ou aquele que reverencia; respeitador **2** mesureiro (De *reverenciar+-dor*)
reverencial *adj.2g.* referente a reverência; que denota reverência (De *reverência+-al*)
reverenciar *v.tr.* **1** fazer reverência a **2** tratar com reverência; respeitar **3** prestar culto a; venerar; adorar **4** acatar; obedecer a (De *reverência+-ar*)
reverencioso /ô/ *adj.* **1** que denota reverência; cerimonioso **2** mesureiro (De *reverência+-oso*)
reverendaço *n.m.* {*aumentativo de* **reverendo**} [pop.] padre corpulento (De *reverendo+-aço*)
reverendas *n.f.pl.* documento passado por um bispo a um seu diocesano, autorizando-o a ordenar-se noutra diocese; dimissórias (De *reverendo*)

reverendíssimo *adj.* 1 {*superlativo absoluto sintético de* **reverendo**} muito respeitável 2 [pop.] rematado; completo ■ *n.m.* título que se dá a alguns dignitários eclesiásticos (Do lat. *reverendíssimu-*, «id.»)
reverendo *adj.* 1 digno de reverência 2 respeitável ■ *n.m.* 1 tratamento dado aos sacerdotes, em geral 2 o próprio sacerdote (Do lat. *reverendu-*, «venerável»)
reverente *adj.2g.* que reverencia; venerador; cerimonioso (Do lat. *reverente-*, «id.», part. pres. de *reverēri*, «venerar; respeitar»)
reveria *n.f.* 1 [regionalismo] atenção pessoal; reverência 2 [pop.] ⇒ **revelia**; *à ~ de* em homenagem a (De *revelia*)
reverificação *n.f.* ato ou efeito de reverificar (De *reverificar+-ção*)
reverificador *adj.* que reverifica ■ *n.m.* 1 aquele que reverifica 2 empregado aduaneiro que verifica as mercadorias já inspecionadas por outrem (De *reverificar+-dor*)
reverificar *v.tr.* 1 verificar de novo 2 conferir; contraprovar; cotejar (De *re-+verificar*)
reversal *adj.2g.* que se considera como penhor de promessa anterior (De *reverso+-al*)
reversão *n.f.* 1 ato ou efeito de reverter 2 regresso ao estado ou tipo primitivo 3 devolução de um bem ao dono original 4 condição que exprime o reaparecimento, num indivíduo, de caracteres que pertenciam a gerações antepassadas e que tinham já deixado de se manifestar; atavismo 5 ⇒ **quiasmo** (Do lat. *reversiōne-*, «id.»)
reversar *v.tr.,intr.* ⇒ **arrevessar** (Do lat. *reversāre*, «voltar em sentido contrário»)
reversibilidade *n.f.* 1 qualidade do que é reversível 2 PSICOLOGIA capacidade de inverter uma operação do espírito ou de estudar um problema de dois pontos de vista opostos (J. Piaget, psicólogo suíço, 1896-1980) (Do lat. *reversibĭle-*, «reversível» +-*i*-+-*dade*)
reversível *adj.2g.* 1 que volta ou pode voltar ao primeiro estado 2 que reverte em favor de alguém 3 suscetível de realizar-se em sentido inverso; reversivo; *transformação ~* FÍSICA transformação termodinâmica efetuada de modo que o sistema fique em equilíbrio em qualquer instante, e de tal modo que o sentido da transformação possa ser invertido em qualquer estádio por uma variação infinitamente pequena no agente externo (Do lat. *reversibĭle-*, «id.»)
reversivo *adj.* ⇒ **reversível** (Do lat. *reversu-*, «reverso», part. pass. de *revertĕre*, «voltar em sentido contrário» +-*ivo*)
reverso *adj.* 1 que está situado na parte oposta ou posterior; oposto; contrário 2 que voltou para o ponto de partida 3 de mau carácter 4 (madeira) que não tem as fibras direitas e possui muitos nós 5 GRAMÁTICA diz-se das consoantes cuja prolação se faz com o bordo anterior da ponta da língua apoiado na parte interna das gengivas do maxilar superior ■ *n.m.* lado oposto ao que se observa; *o ~ da medalha* o lado mau ou desfavorável de um facto ou de uma situação (Do lat. *reversu-*, «voltado», part. pass. de *revertĕre*, «voltar; tornar»)
reverter *v.tr.* 1 voltar (ao ponto de partida); retroceder; regressar 2 (lucro, ganho) destinar-se (a) 3 resultar (em); redundar (em) (Do lat. *revertĕre*, «voltar; tornar»)
revertério *n.m.* [Brasil] [pop.] mudança repentina de uma situação geralmente boa para uma situação má (Talvez do lat. *revertĕre*, «voltar; tornar»)
revertível *adj.2g.* ⇒ **reversível** (De *reverter+-vel*)
revés *n.m.* (plural **reveses**) 1 desgraça; desastre; fatalidade 2 contrariedade; contratempo; vicissitude 3 avesso; reverso 4 substituição; revezamento 5 [regionalismo] peixe, diferente daquele que é o objetivo da pesca, que vem à rede e que o pescador pode guardar para si (Do lat. vulg. **reverse-*, de *reversu-*, «que voltou», part. pass. de *revertĕre*, «voltar; tornar»)
revesilho *n.m.* variedade de ponto de malha, geralmente usado em punhos, barras e golas, feito alternadamente com malha de liga e malha de meia, para o tornar elástico (De *revés+-ilho*)
revessa *n.f.* 1 contracorrente num rio (geralmente junto às margens) 2 interseção de duas vertentes do telhado que forma ângulo reentrante (De *revesso*)
revessar *v.tr.,intr.* ⇒ **arrevessar** (Do lat. *reversāre*, «voltar às avessas»)
revesso *adj.* 1 retorcido; revirado; reverso 2 de difícil execução 3 contrafeito (Do lat. *reversu-*, part. pass. de *revertĕre*, «voltar»)
revestimento *n.m.* 1 ato ou efeito de revestir 2 aquilo que reveste ou serve para revestir; cobertura; envoltório (De *revestir+-mento*)
revestir *v.tr.* 1 tornar a vestir 2 cobrir; tapar 3 fazer o revestimento de 4 [fig.] dar a aparência de; colorir ■ *v.pron.* 1 encher-se; vestir-se

2 ornar-se; tomar formas mais belas 3 munir-se 4 aparentar 5 resguardar-se (Do lat. *revestīre*, «id.»)
revezadamente *adv.* alternadamente; à vez; a revezes (De *revezado+-mente*)
revezador *adj.,n.m.* que ou aquele que reveza (De *revezar+-dor*)
revezamento *n.m.* 1 ato ou efeito de revezar 2 substituição; alternância (De *revezar+-mento*)
revezar *v.tr.,intr.,pron.* 1 substituir(-se) alternadamente 2 render ou ser rendido (De *re-+vez+-ar*)
revezes *elem.loc.adv.* *a ~* cada um por sua vez; ora um, ora outro (De *re-+vezes*)
revezo *n.m.* 1 prado ou pastagem para onde se muda o gado, para, assim, dar lugar a que noutro prado o pasto cresça novamente 2 ⇒ **revezamento** (Deriv. regr. de *revezar*)
revibração *n.f.* ato de revibrar (De *revibrar+-ção*)
revibrar *v.tr.,intr.* (fazer) vibrar de novo ou muitas vezes (De *re-+vibrar*)
reviçar *v.tr.,intr.* (fazer) criar novo viço; remoçar (De *re-+viçar*)
reviço *n.m.* 1 novo viço 2 exuberância de vida (Deriv. regr. de *reviçar*)
revida *adj.* [regionalismo] diz-se da mulher vaidosa, que se considera muito bonita (Part. pass. fem. de *rever*)
revidação *n.f.* ato ou efeito de revidar (De *revidar+-ção*)
revidar *v.tr.* 1 pagar uma ofensa com outra; responder a (agressão) de modo semelhante; reenvidar 2 responder com argumentos; replicar; objetar (De *re-+[en]vidar*)
revide *n.m.* 1 ato ou efeito de responder a agressão com uma atitude semelhante 2 réplica; resposta; objeção 3 [regionalismo] ato de dobrar a parada, no jogo da petisca (Deriv. regr. de *revidar*)
revido *n.m.* [regionalismo] ⇒ **revide** 3
revienga *n.f.* [Angola] manobra com desvios apertados; pirueta (A partir do quimb. *nviem*, «volteio das aves»)
revigorante *adj.2g.* que revigora; fortificante; reanimador (De *revigorar+-ante*)
revigorar *v.tr.,intr.,pron.* dar ou adquirir novo vigor, novas forças; robustecer(-se) (De *re-+vigorar*)
revimento *n.m.* ato ou efeito de rever ou de ressumar (De *rever+-mento*)
revinda *n.f.* 1 ato de revir 2 volta; regresso (Part. pass. fem. subst. de *revir*)
revindicação *n.f.* ⇒ **reivindicação** (De *revindicar+-ção*)
revindicta *n.f.* vingança de uma vingança; desforra; desafronta (De *re-+vindicta*)
revingar *v.tr.* 1 tornar a vingar 2 vingar bem (De *re-+vingar*)
revir *v.intr.* tornar a vir; voltar; regressar; retornar (Do lat. *revenīre*, «voltar»)
reviralhista *n.2g.* pessoa partidária do reviralho (De *reviralho+-ista*)
reviralho *n.m.* 1 reviravolta política 2 oposição (De *revirar+-alho*)
reviramento *n.m.* 1 ato ou efeito de revirar 2 mudança de opinião ou sentimentos 3 transformação profunda (De *revirar+-mento*)
revirão *n.m.* vira saliente do salto do calçado (De *re-+vira+-ão*)
revirar *v.tr.* 1 tornar a virar 2 virar do avesso 3 remexer; revolver 4 desviar 5 torcer 6 mover circularmente (os olhos) 7 causar náuseas a; agoniar ■ *v.intr.* 1 voltar na direção contrária 2 virar-se do outro lado ■ *v.pron.* 1 dar voltas sobre si próprio 2 alterar o caminho estabelecido 3 voltar-se contra (alguém); revoltar-se (De *re-+virar*)
reviravolta *n.f.* 1 ato ou efeito de voltar em sentido oposto 2 giro sobre si mesmo; pirueta 3 [fig.] transformação; mudança 4 [fig.] mudança política; reviralho (De *revirar+volta*)
revirete /ê/ *n.m.* 1 [pop.] dito picante 2 [pop.] resposta grosseira e descarada; repostada (De *revirar+-ete*)
revirginizar *v.tr.* 1 tornar novamente virgem 2 dar a aparência de virgem a (De *re-+virginizar*)
revisão *n.f.* 1 ato ou efeito de rever 2 exame minucioso 3 DIREITO análise de uma lei ou de um processo para retificação 4 TIPOGRAFIA correção de provas tipográficas 5 funções ou gabinete do revisor 6 corpo de revisores de um jornal ou de uma editora (Do lat. *revisiōne-*, «id.»)
revisar *v.tr.* 1 tornar a visar; colocar um novo visto 2 conferir 3 rever (De *re-+visar*)
revisibilidade *n.f.* carácter do que pode ser objeto de revisão (Do lat. **revisibĭle-*, «que se pode rever» +-*i*-+-*dade*)
revisionismo *n.m.* 1 tendência para rever as bases de uma doutrina ou sistema 2 POLÍTICA corrente política saída do marxismo em fins do século XIX que pretendia a passagem do capitalismo ao

socialismo sem passar pela revolução violenta (Do lat. *revisiōne-*, «revisão» +*-ismo*, ou do fr. *révisionnisme*, «id.»)

revisionista *n.2g.* pessoa partidária do revisionismo ■ *adj.2g.* defensor do revisionismo (Do lat. *revisiōne-*, «revisão» +*-ista*, ou do fr. *revisionniste*, «id.»)

revisor *adj.* que revê ■ *n.m.* **1** TIPOGRAFIA aquele que corrige provas tipográficas **2** censor de livros **3** empregado que confere os bilhetes de passagem em veículos de transporte público (De *revisar*+*-or*)

revisório *adj.* relativo a revisão (De *revisar*+*-ório*)

revista *n.f.* **1** ato ou efeito de revistar **2** exame minucioso **3** MILITAR inspeção de quartéis, tropas, fardamento, etc. **4** publicação periódica que geralmente inclui artigos, entrevistas, reportagens, etc., de temas de interesse comum, científicos, históricos, entre outros **5** TEATRO peça de crítica a factos, costumes e tipos conhecidos **6** DIREITO recurso interposto para o Supremo Tribunal (Deriv. regr. de *revistar*)

revistador *adj.,n.m.* que ou aquele que revista (De *revistar*+*-dor*)

revistar *v.tr.* **1** MILITAR passar revista a **2** dar busca a **3** rever **4** examinar; inspecionar (De *revista*+*-ar*)

revisteca *n.f.* [depr.] revista de pouca importância ou qualidade (De *revista*+*-eca*)

revisteiro *adj.* **1** próprio para espetáculo de revista **2** característico desse tipo de espetáculo ■ *n.m.* aquele que escreve revistas para o teatro (De *revista*+*-eiro*)

revitalização *n.f.* ato ou efeito de revitalizar (De *revitalizar*+*-ção*)

revitalizar *v.tr.* dar nova vida a; revivificar; reanimar; revigorar (De *re-*+*vitalizar*)

revivalismo *n.m.* tendência para recordar com admiração certas coisas do passado e querer realizá-las de novo no presente (Do lat. pós-cl. *revivēre* através do ing. *revivalism*)

revivalista *adj.,n.2g.* que ou aquele que recupera ou pretende recuperar certos elementos do passado (Do lat. *revivēre*, através do ing. *revivalist*)

revivência *n.f.* qualidade do que é revivente; renascimento; reaparição (Do lat. *reviventĭa*, part. pres. neut. pl. de *revivēre* «reviver»)

revivente *adj.2g.* que revive (Do lat. *revivente-*, «id.», part. pres. de *revivēre*, «reviver»)

reviver *v.tr.* **1** experimentar novamente (sentimento, experiência) **2** trazer à memória; recordar; lembrar ■ *v.intr.* **1** tornar a viver; adquirir nova vida; renascer **2** readquirir forças (Do lat. *revivēre*, «id.»)

revivescência *n.f.* **1** ato ou efeito de revivescer; revivificação **2** BIOLOGIA reaquisição das atividades vitais, em presença de humidade, por certos organismos que tinham sido desidratados natural ou artificialmente (Do lat. *revivescentĭa*, part. pres. neut. pl. de *revivescĕre*, «revivescer»)

revivescente *adj.2g.* ⇒ **revivente** (Do lat. *revivescente-*, «id.», part. pres. de *revivescĕre*, «revivescer»)

revivescer *v.tr.,intr.* ⇒ **reviver** (Do lat. *revivescĕre*, «id.»)

revivescível *adj.2g.* que pode revivescer ou reviver (De *revivescer*+*-vel*)

revivificação *n.f.* **1** ato ou efeito de revivificar **2** QUÍMICA operação de restabelecimento no seu estado natural de um metal que se achava misturado em alguma combinação (De *revivificar*+*-ção*)

revivificador *adj.,n.m.* que ou aquilo que revivifica (De *revivificar*+*-dor*)

revivificar *v.tr.* vivificar de novo; dar vida nova a; reanimar (De *re-*+*vivificar*)

revivo *adj.* bem vivo; cheio de vida ■ *n.m.* ORNITOLOGIA ⇒ **alfanado** (De *re-*+*vivo*)

revoada *n.f.* **1** ato ou efeito de revoar **2** bando de aves a voar **3** [fig.] profusão; grande quantidade; *às revoadas* de espaço a espaço, aos magotes, em bando (Part. pass. fem. subst. de *revoar*)

revoar *v.intr.* **1** voar novamente **2** mover as asas para se deslocar no ar; pairar **3** voar alto (Do lat. *revolāre*, «id.»)

revocação *n.f.* **1** ato ou efeito de revocar **2** evocação **3** revogação (Do lat. *revocatiōne-*, «id.»)

revocar *v.tr.* **1** chamar alguém novamente; fazer regressar, chamando **2** evocar **3** destituir **4** declarar sem efeito; revogar (Do lat. *revocāre*, «id.»)

revocatória *n.f.* documento pelo qual um governo manda retirar o seu representante do lugar que ocupa junto de outro governo (Do lat. *revocatoria*- [*epistŏla*-], «carta de chamada»)

revocatório *adj.* ⇒ **revogatório** (Do lat. *revocatorĭu-*, «id.»)

revocável *adj.2g.* **1** que se pode revocar **2** revogável (Do lat. *revocabĭle-*, «id.»)

revogabilidade *n.f.* qualidade do que é revogável (De *revocabĭle-*+*-i-*+*-dade*)

revogação *n.f.* **1** ato ou efeito de revogar **2** anulação (Do lat. *revocatiōne-*, «chamada»)

revogador *adj.,n.m.* **1** que ou aquele que revoga **2** derrogador (Do lat. *revocatōre*, «o que chama»)

revogante *adj.2g.* **1** que revoga **2** revogador (Do lat. *revocante-*, «id.», part. pres. de *revocāre*, «chamar»)

revogar *v.tr.* **1** declarar sem efeito; anular **2** DIREITO anular os efeitos de (ato, lei, etc.)

revogatória *n.f.* ⇒ **revocatória** (De *revogatório*)

revogatório *adj.* **1** relativo a revogação **2** que tem poder de revogar **3** que anula (Do lat. *revocatorĭu-*, «id.»)

revogável *adj.2g.* que se pode revogar (Do lat. *revocabĭle-*, «id.»)

revolitar *v.intr.* ⇒ **revolutear** (De *re-*+*volitar*)

revolta *n.f.* **1** ato ou efeito de revoltar ou revoltar-se **2** rebelião contra a autoridade estabelecida; sublevação; insurreição; levantamento; motim; sedição **3** sentimento de indignação **4** [regionalismo] volta ou curva de um rio ou caminho **5** AGRICULTURA ⇒ **deslavra** **6** AGRICULTURA cultura de plantas de colheita serôdia, feita num terreno já cultivado com espécies temporãs (Deriv. regr. de *revoltar*)

revoltado *adj.* **1** que se revoltou; insurreto; insubmisso **2** indisciplinado ■ *n.m.* **1** aquele que se revoltou; pessoa que se insurge contra a autoridade; indivíduo insurreto **2** indivíduo indisciplinado (Part. pass. de *revoltar*)

revoltador *adj.,n.m.* **1** que ou aquele que fomenta revoltas; agitador **2** desordeiro (De *revoltar*+*-dor*)

revoltante *adj.2g.* **1** que revolta; que indigna **2** repugnante; nojento (De *revoltar*+*-ante*)

revoltão *n.m.* **1** movimento desordenado **2** motim (De *revolta*+*-ão*)

revoltar *v.tr.,pron.* incitar à revolta ou insurgir-se; sublevar(-se); amotinar(-se) ■ *v.tr.,intr.,pron.* causar ou sentir indignação; indignar(-se); perturbar(-se); transtornar(-se) (Do fr. *révolter*, «id.»)

revoltear *v.tr.,intr.* **1** (fazer) dar muitas voltas; revolver(-se); remexer(-se) **2** dançar, saracoteando-se (De *revolto*+*-ear*)

revolto /ô/ *adj.* **1** que foi remexido; revolvido **2** que está retorcido; recurvo **3** que está em desalinho; desgrenhado **4** [fig.] tumultuoso; agitado; tempestuoso; revoltado (Do lat. vulg. **revoltu-*, por *revolūtu-*, «id.», part. pass. de *revolvĕre*, «revolver»)

revoltoso *adj.,n.m.* revoltado; sublevado; turbulento (De *revolta*+*-oso*)

revolução *n.f.* **1** ato ou efeito de revolver **2** ASTRONOMIA movimento de translação de um astro, em relação a outro (por exemplo, o dos planetas em torno do Sol, o da Lua em torno da Terra) **3** MATEMÁTICA rotação de volta inteira, num plano, em torno de um ponto **4** movimento em torno de um eixo; movimento circular **5** volta completa; giro; rotação **6** insurreição destinada a modificar a política ou as instituições de um Estado; motim; rebelião; sublevação **7** [fig.] transformação profunda **8** [fig.] agitação; desordem **9** náusea; repulsa; *período de* ~ ASTRONOMIA tempo gasto por um astro a percorrer a sua órbita em torno de outro; *sólido de* ~ GEOMETRIA sólido que se obtém rodando 360° um polígono em torno de uma reta; *superfície de* ~ GEOMETRIA superfície gerada por uma linha, plana ou torsa (geratriz da superfície), animada de movimento de rotação em torno de uma reta fixa (eixo), descrevendo cada ponto uma circunferência de plano perpendicular à reta e cujo centro é a interseção desse plano com a mesma reta (Do lat. *revolutiōne-*, «ato de revolver»)

revolucionamento *n.m.* **1** ato ou efeito de revolucionar **2** revolução; revolta (De *revolucionar*+*-mento*)

revolucionar *v.tr.* **1** causar mudança profunda em **2** insurgir-se contra o poder; revoltar **3** revolver (De *revolutiōne-*, «ato de revolver» +*-ar*)

revolucionário *adj.* relativo a revolução ■ *n.m.* **1** indivíduo que participa em revoluções políticas **2** grande renovador; pessoa com ideias inovadoras **3** [pej.] insurreto; insubmisso (De *revolutiōne-*, «ato de revolver» +*-ário*)

revoluteante *adj.2g.* que revoluteia (De *revolutear*+*-ante*)

revolutear *v.intr.* **1** agitar-se em vários sentidos; revolver-se **2** mover as asas para se deslocar no ar; esvoaçar (Do lat. *revolūtu-*, «revolto» +*-ear*)

revoluteio *n.m.* ato de revolutear (Deriv. regr. de *revolutear*)

revolutivo *adj.* que se refere a revolução giratória (Do lat. cient. *revolutīvu-*, «id.»)

revoluto *adj.* **1** revolto; revolvido; agitado **2** revolucionado **3** enrolado (Do lat. *revolūtu-*, «id.», part. pass. de *revolvĕre*, «revolver»)

revolutoso *adj.* BOTÂNICA diz-se dos órgãos dos vegetais voltados para fora ou para baixo (De *revoluto*+*-oso*)

revolvedor

revolvedor *adj.,n.m.* 1 que ou aquele que revolve 2 agitador; revolucionário 3 brigão (De *revolver+-dor*)

revolver *v.tr.* 1 mover de baixo para cima; remexer 2 fazer (alguém) dar voltas; agitar 3 cavar (terra) 4 revirar (os olhos) 5 mexer em (alguma coisa) deixando tudo desordenado 6 esquadrinhar; investigar; examinar cuidadosamente 7 perturbar 8 ponderar ■ *v.pron.* mover-se; remexer-se; remoinhar (Do lat. *revolvĕre*, «revolver; rolar para trás»)

revólver *n.m.* (*plural* **revólveres**) 1 arma de fogo portátil, de defesa individual, de repetição, provida de um carregador cilíndrico rotativo e de câmaras múltiplas 2 peça acessória dos estativos dos microscópios que, girando, permite a troca cómoda e rápida do sistema objetivo (Do ing. *revolver*, «id.»)

revolvimento *n.m.* 1 ato de revolver; revolução 2 [fig.] balbúrdia; confusão (De *revolver+-mento*)

revoo /ô/ *n.m.* ato de revoar (Deriv. regr. de *revoar*)

revosso *pron.poss.* [pop.] muito vosso (De *re-+vosso*)

revulsão *n.f.* 1 ato ou efeito de revulsar 2 MEDICINA efeito que produzem os medicamentos revulsivos, que atuam, congestionando uma região do organismo para consequente descongestionamento de outra região onde esse estado se tornava perigoso 3 MEDICINA derivação de humores (Do lat. *revulsiōne-*, «ação de revolver»)

revulsar *v.tr.* 1 MEDICINA exercer ação revulsiva em; mudar, por meio de revulsões, a posição de 2 deslocar (Do lat. *revulsu-*, «arrancado», part. pass. de *revellĕre*, «atirar à força»+-*ar*)

revulsivo *adj.* MEDICINA que provoca revulsão ■ *n.m.* MEDICINA medicamento que provoca revulsão; revulsório (Do lat. *revulsu-*, «arrancado», part. pass. de *revellĕre*, «tirar à força»+-*ivo*)

revulsor *n.m.* CIRURGIA instrumento cirúrgico com o qual se procede a uma irritação na pele, com fins terapêuticos (Do lat. *revulsu-*, «id.», part. pass. de *revellĕre*, «arrancar»+-*or*)

revulsório *adj.* ⇒ **revulsivo** (Do lat. *revulsu-*, «arrancado»+-*ório*)

rexelo *n.m.* 1 [regionalismo] cordeiro já crescido 2 [regionalismo] carneiro jovem (De orig. obsc.)

rexerta *adj.* [regionalismo] [depr.] diz-se de mulher petulante e respondona (De orig. obsc.)

rexio *n.m.* [regionalismo] ar frio e cortante da noite ou da madrugada (De *rocio*?)

reza *n.f.* 1 RELIGIÃO ato ou efeito de rezar; oração; súplica 2 [Cabo Verde] cerimónia ritual, oito dias ou um mês após o falecimento de alguém e na casa em que viveu 3 *pl.* palavras que se empregam nas ladainhas (Deriv. regr. de *rezar*)

rezada *n.f.* [regionalismo] reza em comum por intenção dos defuntos (De *reza+-ada*)

rezadeira *n.f.* 1 mulher que faz rezas 2 aquela que deita cartas para prever o futuro 3 mulher que reza muito; beata 4 [fig.] murmuradeira; má-língua (De *rezar+-deira*)

rezadeiro *adj.,n.m.* que ou o que reza muito; beato (De *rezar+ -deiro*)

rezador *adj.,n.m.* 1 que ou aquele que passa o tempo a rezar ou que é muito devoto 2 [Brasil] curandeiro (De *rezar+-dor*)

rezão *n.m.* [regionalismo] aquele que reza muito (De *rezar+-ão*)

rezar *v.tr.,intr.* dizer (orações); orar ■ *v.tr.* 1 celebrar (missa) 2 mencionar; referir; pronunciar 3 determinar; prescrever 4 [fig.] resmungar (Do lat. *recitāre*, «dizer de cor»)

rezental *adj.2g.,n.m.* [regionalismo] ⇒ **recental** (Do lat. *recente-*, «acabado de chegar»+-*al*)

rezentaleira *n.f.* [regionalismo] ovelha que abandona o rebanho, acompanhada de recentais, e vai para lugares de melhor pastagem (De *rezental+-eira*)

rezento *adj.* 1 [regionalismo] embriagado 2 [regionalismo] mal seco; húmido (De orig. obsc.)

rezina *adj.,n.2g.* ⇒ **ranzinza** (De orig. onom.)

rezinga *n.f.* ato de rezingar ■ *adj.,n.2g.* que ou aquele que resmunga; resmungão (Deriv. regr. de *rezingar*)

rezingão *adj.,n.m.* que ou aquele que rezinga; resmungão (De *rezingar+-ão*)

rezingar *v.intr.* falar por entre dentes e com mau humor; resmungar; recalcitrar (De orig. onom.)

rezingueiro *adj.,n.m.* ⇒ **rezingão** (De *rezingar+-eiro*)

ria *n.f.* GEOGRAFIA enseada comprida e estreita na costa marítima, provocada pelo movimento isostático de abatimento da terra ou pelo movimento eustático de levantamento do nível do mar, de modo que este invadiu os vales fluviais separados uns dos outros por elevações orográficas oblíquas ou perpendiculares à costa (De *rio*)

riacho *n.m.* rio pequeno; ribeiro (De *rio+-acho*)

rial *n.m.* unidade monetária de Arábia Saudita, Catar, Iémen, Irão e Omã

riamba *n.f.* BOTÂNICA nome vulgar por que, especialmente em algumas regiões da África e do Brasil, também se designa o cânhamo (planta) (Do quimb. *liamba*, «id.»)

riba *n.f.* 1 margem elevada ou declivosa de um rio 2 ribanceira; arriba; *em ~* em cima; *em ~ de* em cima de, sobre (Do lat. *ripa-*, «margem»)

ribacudano *adj.,n.m.* ⇒ **ribacudense**

ribacudense *adj.2g.* pertencente ou relativo a Ribacuda ■ *n.2g.* natural ou habitante de Ribacuda, região portuguesa do distrito da Guarda (Do lat. *ribacudense-*, «id.»)

ribada *n.f.* 1 riba extensa ou escarpada 2 cheia que chega a atingir a altura das ribas (De *riba+-ada*)

ribaldar *v.intr.* [regionalismo] mandriar; vadiar (De *ribaldo+-ar*)

ribaldaria *n.f.* [pop.] ato ou dito próprio de ribaldo; velhacaria (De *ribaldo+-aria*)

ribaldeira *n.f.* música e dança populares (De *ribaldeiro*)

ribaldeiro *adj.,n.m.* ⇒ **ribaldo** (De *ribaldo+-eiro*)

ribaldia *n.f.* ⇒ **ribaldaria** (De *ribaldo+-ia*)

ribaldio *adj.* designativo de uma casta de figo bravo (De *ribaldo+ -io*)

ribaldo *adj.,n.m.* patife; velhaco; tratante (Do fr. ant. *ribalt*, mod. *ribaud*, «libertino»)

ribalta *n.f.* série de luzes à frente do palco, entre o pano de boca e a orquestra (Do it. *ribalta*, «id.»)

ribamar *n.f.* ⇒ **beira-mar** (De *riba+mar*)

ribana *n.f.* ⇒ **arribana** (De *arribana*)

ribança *n.f.* riba talhada a pique; ladeira; ribanceira (De *riba+ -ança*)

ribanceira *n.f.* 1 riba elevada e íngreme; despenhadeiro 2 penedia sobranceira a um rio ou mar (De *ribança+-eira*)

ribatejano *adj.* do Ribatejo (antiga província portuguesa) ■ *n.m.* natural ou habitante do Ribatejo (De *Ribatejo*, top. +-*ano*)

ribeira *n.f.* 1 curso de água, navegável ou não, maior que o regato ou riacho e menor que o rio; ribeiro 2 terreno baixo situado nas margens de um rio e geralmente banhado por ele (Do lat. vulg. *riparĭa-*, «que se acha na riba»)

ribeirada *n.f.* 1 corrente impetuosa de um rio ou ribeiro causada por uma cheia 2 grande porção de líquido (De *ribeiro+-ada*)

ribeirão *n.m.* 1 ribeiro grande 2 terreno próprio para lavra de minas de diamantes (De *ribeiro+-ão*)

ribeirinhas *n.f.pl.* ORNITOLOGIA ⇒ **pernalta** *n.f.pl.* (De *ribeirinho*)

ribeirinho *adj.* 1 que vive ou estaciona nos rios, nas ribeiras ou nas suas proximidades; marginal 2 ORNITOLOGIA diz-se da ave que pertence à ordem das pernaltas ■ *n.m.* 1 ribeiro pequeno 2 moço de recados 3 ZOOLOGIA inseto coleóptero, da família dos Carabídeos, que habita nas margens das águas correntes (De *ribeiro+-inho*)

ribeiro *n.m.* rio pequeno; regato; arroio (Do lat. vulg. *riparĭu-*, «da riba»)

ribésia *n.f.* BOTÂNICA ⇒ **groselheira** (Do ár. *ribās*, «groselha», pelo lat. med. *ribes*, «groselha; groselheira»)

Ribesiáceas *n.f.pl.* BOTÂNICA ⇒ **Saxifragáceas** (De *ribésia+-áceas*)

ribesiáceo *adj.* referente ou semelhante às plantas ribesiáceas (De *ribésia+-áceo*)

ribete /bê/ *n.m.* espécie de cairel; debrum (Do ár. *ribāt*, «laço; atadura»)

riboflavina *n.f.* BIOQUÍMICA vitamina B_2, cristalina, amarela e hidrossolúvel, que se encontra na levedura de cerveja, nos laticínios, na clara de ovo, no fígado, nos legumes e nos cereais, e é um fator de crescimento (Do ing. *riboflavin*, «id.»)

ribombância *n.f.* ato de ribombar; grande estrondo; estampido (De *ribombar+-ância*)

ribombante *adj.2g.* que ribomba (De *ribombar+-ante*)

ribombar *v.intr.* 1 (trovão) estrondear 2 ressoar com estrondo (De orig. onom.)

ribombo *n.m.* 1 ato ou efeito de ribombar 2 estrondo produzido pelo trovão 3 [fig.] grande ruído; fragor (Deriv. regr. de *ribombar*)

ribonucleico *adj.* BIOQUÍMICA designativo de um composto orgânico (ARN) das células vivas relacionado com a síntese proteica, e que, em alguns vírus, é também o material hereditário (De *ribose+nucleico*)

ribose *n.f.* QUÍMICA pentose que entra na composição dos ácidos nucleicos

ribossoma *n.m.* CITOLOGIA organitos celulares constituídos por ácido ribonucleico e proteínas que asseguram a síntese proteica no citoplasma celular (De *ribo* do al. *ribonsäure* +gr. *sōma*, «corpo»)

riça *n.f.* pelo que sai dos chapéus quando se escarduçam (De *riço*)

ricaço *adj.,n.m.* que ou aquele que é muito rico, que possui muitas riquezas (De *rico+-aço*)

rica-dona *n.f.* HISTÓRIA esposa, filha ou herdeira de rico-homem

ricalhaço *adj.,n.m.* [pop.] ⇒ **ricaço** (De *rico+alho+-aço*)

ricalhoiço *adj.,n.m.* [pop.] ⇒ **ricaço**

ricalhouço *adj.,n.m.* [pop.] ⇒ **ricaço** (De *rico+alho+-ouço*)

ricamente *adv.* com riqueza; com opulência; luxuosamente (De *rico+-mente*)

ricanho *adj.,n.m.* [pop.] homem ou designativo do homem rico e avarento (De *rico+-anho*)

riçar *v.tr.* **1** tornar riço; encrespar; encarapinhar; frisar **2** fazer levantar pequenas ondas em **3** fazer arrepiar (Do it. *arricciare*, «id.»)

ricardo *n.m.* ICTIOLOGIA ⇒ **abrótea**¹ (De *Ricardo*, antr.)

ríccia ver nova grafia **rícia**

Ricciáceas ver nova grafia **Riciáceas**

rícia *n.f.* BOTÂNICA redenho 2 botânica género de plantas da família das Riciáceas, dicotiledóneas e de frutos secos, que engloba muitas dezenas de espécies e está largamente representado em Portugal (De *Mateo Ricci*, missionário e cientista it., 1552-1610?)

Riciáceas *n.f.pl.* BOTÂNICA família de plantas do grupo das hepáticas, cujo género-tipo se designa *Riccia* (De *ríccia+-áceas*)

Ricináceas *n.f.pl.* BOTÂNICA para alguns autores, o mesmo que Euforbiáceas (família de plantas) (Do lat. *ricīnu-*, «rícino» +*-áceas*)

rícino *n.m.* BOTÂNICA planta arbustiva, da família das Euforbiáceas, de cujas sementes se extrai o conhecido óleo purgativo (óleo de rícino), subespontânea e cultivada em Portugal, também conhecida por bafureira, carrapateiro, mamona e mamoneiro (Do lat. *ricīnu-*, «rícino»)

rico *adj.* **1** que tem riquezas; opulento **2** abundante; fértil **3** magnífico; esplêndido **4** precioso; valioso **5** belo; agradável **6** querido **7** [fig.] feliz ■ *n.m.* indivíduo que tem riquezas ou possui coisas de valor (Do gót. *reiks*, «poderoso», pelo ant. alto-al. *rihhi*, «id.»)

riço *adj.* crespo ■ *n.m.* **1** tecido de lã com o pelo encrespado e curto **2** onda que forma o cabelo riçado (Do lat. *ericīu-*, «ouriço»?)

ricochete /ê/ *n.m.* **1** salto que dá um corpo depois de bater num obstáculo em que não penetrou **2** trajetória secundária de um projétil, quando este bate num corpo duro sob um ângulo de incidência que não permite a penetração ou o esmagamento **3** [fig.] retrocesso; volta **4** [fig.] dito que encerra malícia ou censura; remoque; motejo; *de ~* **1** de retrocesso, depois de ter tocado no alvo; **2** por tabela (no bilhar) **3** indiretamente (Do fr. *ricochet*, «id.»)

ricochetear *v.intr.* fazer ricochete (De *ricochete+-ear*)

rico-homem *n.m.* **1** HISTÓRIA grande do reino que servia o rei na guerra, à sua própria custa **2** HISTÓRIA membro da primeira classe da nobreza portuguesa, no século XII, também chamado senhor de pendão e caldeira

rico-homia *n.f.* HISTÓRIA dignidade ou funções de rico-homem (De *rico+homem+-ia*)

riçol *n.m.* ⇒ **redenho 2** (Do lat. *retiōlu-*, «rede pequena»)

ricto *n.m.* **1** contração da face e dos lábios para dar aparência de riso **2** abertura da boca **3** riso convulso (Do lat. *rictu-*, «id.»)

ridência *n.f.* **1** qualidade de ridente **2** aspeto alegre (Do lat. *ridentĭa*, part. pres. neut. pl. de *ridēre*, «rir»)

ridente *adj.2g.* **1** que ri; jovial; alegre; satisfeito **2** viçoso; florido (Do lat. *ridente-*, «id.», part. pres. de *ridēre*, «rir»)

ridicularia *n.f.* **1** ato ou dito ridículo **2** coisa insignificante; bagatela (De *ridículo+-aria*)

ridicularização *n.f.* ato ou efeito de ridicularizar (De *ridicularizar+-ção*)

ridicularizador *adj.,n.m.* que ou aquele que ridiculariza; escarnecedor (De *ridicularizar+-dor*)

ridicularizante *adj.2g.* que leva ao ridículo (De *ridicularizar+-ante*)

ridicularizar *v.tr.* escarnecer de; meter a ridículo; vexar ■ *v.pron.* agir de modo a provocar o riso ou a troça; tornar-se ridículo (De *ridículo+-arizar*)

ridiculez /ê/ *n.f.* qualidade de ridículo (De *ridículo+-ez*)

ridiculeza /ê/ *n.f.* ⇒ **ridiculez** (De *ridículo+-eza*)

ridiculizar *v.tr.* ⇒ **ridicularizar** (De *ridículo+-izar*)

ridículo *adj.* **1** que provoca riso ou escárnio; caricato **2** irrisório; de pouco valor; insignificante ■ *n.m.* **1** o que, numa pessoa, situação ou objeto, provoca riso ou escárnio **2** pessoa ou coisa ridícula; *meter a ~* fazer troça de; *cair no ~/prestar-se ao ~* apresentar-se ou proceder de forma a provocar riso ou troça (Do lat. *ridicŭlu-*, «coisa risível»)

ridiculoso /ô/ *adj.* ⇒ **ridículo** *adj.* (Do lat. *ridiculōsu-*, «jocoso»)

rifa *n.f.* **1** ato de rifar; sorteio de objetos por meio de bilhetes numerados **2** bilhete numerado utilizado num sorteio (Do cast. *rifa*, «id.»)

rifada *n.f.* série de cartas do mesmo naipe (Part. pass. fem. subst. de *rifar*)

rifador *adj.,n.m.* que ou aquele que rifa (De *rifar+-dor*)

rifão *n.m.* dito popular e conceituoso; adágio; provérbio; máxima; ditado (De *refrão*, com dissimilação)

rifar¹ *v.tr.* **1** fazer rifa de; sortear **2** [pop.] desfazer-se de; separar-se de ■ *v.intr.* [regionalismo] ralhar (Do cast. *rifar*, «id.»)

rifar² *v.intr.* [regionalismo] rinchar de mansinho ■ *v.tr.* [regionalismo] escavar (saibro ou solão) com picareta ou alvião (De orig. obsc.)

rifenho /ê/ *adj.* **1** do Rife, região montanhosa de Marrocos setentrional **2** relativo ao Rife ■ *n.m.* natural ou habitante do Rife (De *Rife*, top. +*-enho*)

rifle *n.m.* espingarda de calibre pequeno e cano comprido, para tiro de precisão a distâncias curtas ou médias; refle (Do ing. *rifle*, «id.»)

rifoneiro *n.m.* coletânea de rifões; adagiário (De *rifão+-eiro*)

rifte *n.m.* GEOLOGIA zona de separação de bordos de placas divergentes (Do ing. *rift*, «id.»)

riga *n.f.* **1** linho proveniente de Riga, cidade capital da Letónia **2** madeira de pinho ou de carvalho da mesma origem (De *Riga*, top.)

rigente *adj.2g.* ⇒ **rígido** (Do lat. *rigente-*, «id.», part. pres. de *rigēre*, «ser rijo»)

rigidamente *adv.* com rigidez; com severidade (De *rígido+-mente*)

rigidez /ê/ *n.f.* **1** estado ou qualidade do que é rígido; rijeza **2** estado do que não cede à pressão ou não possui maleabilidade; inflexibilidade **3** MEDICINA resistência à movimentação passiva de um membro **4** resistência oposta por uma substância sólida aos esforços de torção ou de corte **5** [fig.] severidade de princípios ou de opiniões; intolerância; intransigência **6** [fig.] falta de doçura ou de compreensão; dureza; aspereza **7** [fig.] rigor extremo; exatidão; precisão; *~ cadavérica* estado de inflexibilidade que, em regra, se manifesta pela rigidez dos músculos, num cadáver, algumas horas após a morte; *~ dielétrica* ELETRICIDADE campo elétrico máximo que um dielétrico pode suportar sem perder as suas qualidades de isolador (De *rígido+-ez*)

rígido *adj.* **1** em que há rigidez **2** que não é maleável; teso; hirto **3** [fig.] inflexível; intransigente **4** [fig.] austero; rigoroso; *sistema ~* FÍSICA conjunto de partículas materiais cujas distâncias se mantêm, sejam quais forem as intensidades das forças aplicadas (Do lat. *rigĭdu-*, «id.»)

rigodão *n.m.* **1** dança alegre e muito viva, em moda nos séculos XVII e XVIII **2** música que acompanhava essa dança (Do fr. *rigodon* ou *rigaudon*, «id.»)

rigor *n.m.* **1** resistência à tensão; rigidez; dureza; força **2** severidade; inflexibilidade **3** exatidão; precisão; concisão **4** auge do frio ou do calor **5** insensibilidade; indiferença **6** sentido próprio (de uma palavra ou frase) **7** faixa avermelhada no céu **8** [regionalismo] fita com que se debruam tamancos, chancas, capas, etc.; *a ~* de acordo com as exigências; *de ~* indispensável, obrigatório; *em ~* rigorosamente, estritamente

rigorismo *n.m.* **1** qualidade de rigoroso **2** rigor exagerado **3** severidade extrema na interpretação e aplicação das leis morais; moral severa; austeridade **4** pontualidade em questão de etiqueta (De *rigor+-ismo*, ou do fr. *rigorisme*, «id.»)

rigorista *adj.,n.2g.* **1** que ou a pessoa que professa ou aplica princípios muito severos **2** que ou pessoa que é intransigente (De *rigor+-ista*, ou do fr. *rigoriste*, «id.»)

rigorosamente *adv.* **1** com rigor **2** estritamente **3** pontualmente **4** exatamente (De *rigoroso+-mente*)

rigorosidade *n.f.* qualidade do que é rigoroso (De *rigoroso+-i-+-dade*)

rigoroso *adj.* **1** que usa de rigor **2** que é dotado de extrema severidade; áspero; exigente **3** difícil de suportar; cruel; desumano **4** que presta atenção aos pormenores; minucioso; escrupuloso; exato **5** próprio; estrito (Do lat. tard. *rigorōsu-*, «id.»)

Rigveda *n.m.* o mais antigo dos quatro livros sagrados dos Hindus, escrito em sânscrito entre os anos 2000 e 100 a. C., constituído por numerosa coleção de hinos, ditados e fórmulas que contêm o essencial da mitologia, cosmogonia e filosofia bramânicas, que fornece muitos dados sobre a vida social das comunidades arianas primitivas e constitui a literatura mais antiga de qualquer língua indo-europeia

rijão *n.m.* **1** pequeno bocado de carne ou redenho de porco rijado na sua própria gordura **2** pedaço de unto não inteiramente rijado, para se poder comer **3** *pl.* escumalha de ferro (De *rijar+-ão*)

rijar v.tr. 1 tornar rijo; enrijar 2 frigir em gordura (carne) ■ v.intr. enrijar (De rijo+-ar)

rijeza /ê/ n.f. 1 qualidade de rijo; dureza 2 [fig.] austeridade 3 [fig.] rudeza; aspereza (De rijo+-eza)

rijo adj. 1 que não cede à pressão; que não quebra facilmente; que tem força; duro; teso 2 que não está maduro 3 [fig.] intenso; forte; de ~ com força, em abundância (Do lat. rigĭdu-, «id.»)

ril n.m. [regionalismo] rim (De rim)

rilada n.f. 1 tecido adiposo da região renal (ou esta região) de alguns animais, como o boi, o porco, o carneiro, etc. 2 CULINÁRIA guisado feito com rim (De ril+-ada)

rilha-boi n.m. BOTÂNICA planta espinhosa, de flores rosadas ou brancas e corola papilionácea, pertencente à família das Leguminosas, espontânea em Portugal, e também conhecida por gatunha, unha-gata e resta-boi (De rilhar+boi)

rilhador adj.,n.m. que ou aquele que rilha (De rilhar+-dor)

rilhadura n.f. ato ou efeito de rilhar; roedura (De rilhar+-dura)

rilhafoles n.m.2n. hospital de doentes mentais; manicómio (De Rilhafoles, nome de um hospital para doentes mentais, em Lisboa)

rilhafolesco /ê/ adj. 1 relativo a rilhafoles 2 amalucado (De rilhafoles+-esco)

rilhar v.tr. 1 comer, roendo (alimento duro); trincar 2 ranger (os dentes) (Do lat. vulg. *ringulāre, de ringĕre, «ranger; remorder»)

rilheira n.f. molde de ferro em que os ourives vazam o metal fundido para fazer chapas (De orig. obsc.)

rilheiro¹ n.m. 1 lugar onde os ratos juntam e rilham o que furtam 2 celeiro (De rilhar+-eiro)

rilheiro² n.m. ⇒ relheira

rilhoto /ô/ n.m. [regionalismo] porção de excremento seco e endurecido (De orig. obsc.)

rim n.m. 1 ANATOMIA órgão excretor duplo que tem como principal função a produção de urina e a excreção de resíduos tóxicos do sangue; ril 2 pl. [pop.] parte inferior da região lombar; cruzes 3 pl. ARQUITECTURA secção de um arco ou de uma abóbada que dista do apoio cerca de um quarto do vão; ~ de acumulação ZOOLOGIA órgão onde, em alguns animais, como os tunicados, por exemplo, se juntam produtos de desassimilação; ~ definitivo ZOOLOGIA rim funcional dos vertebrados superiores (répteis, aves e mamíferos); metânefro; ~ precursor conjunto de canais segmentares que, de cada lado do corpo do animal, desembocam num canal longitudinal (uréter primitivo); prónefro; ~ primitivo ZOOLOGIA rim funcional dos peixes e batráquios; mesónefro (Do lat. renes, «rins»)

rima¹ n.f. 1 ato ou efeito de rimar 2 LITERATURA repetição de sons, iguais ou semelhantes, em palavras ou sílabas no final de dois ou mais versos 3 pl. conjunto de versos; poemas (Do frânc. rim, «id.», pelo fr. ant. rime, «id.»)

rima² n.f. fenda; fístula; greta (Do lat. rima-, «id.»)

rima³ n.f. montão; acervo (Do ár. rizma, «embrulho»)

rimador adj.,n.m. que ou aquele que faz rimas; versejador (De rimar+-dor)

rimance n.m. 1 espécie de romance popular, em verso, que se cantava ao som da viola, ainda frequente no Brasil; xácara 2 pequeno canto épico (Corrup. de romance, por infl. de rima)

rimar v.tr.,intr. 1 pôr em versos que apresentam rima 2 formar rima (com) 3 concordar (com); estar em harmonia (com); condizer (com) (De rima+-ar)

rimário n.m. conjunto de rimas (De rima+-ário)

rímel n.m. cosmético para colorir e/ou fazer sobressair as pestanas; máscara (Do fr. Rimmel®)

rimiforme adj.2g. em forma de fenda estreita (Do lat. rima-, «fenda»+forma-, «forma»)

rimoso /ô/ adj. que possui muitas rimas ou fendas; gretado (Do lat. rimōsu-, «id.»)

rímula n.f. pequena fenda ou abertura (Do lat. rimŭla-, «id.»)

rinalgia n.f. dor no nariz (Do gr. rhís, rhinós, «nariz»+álgos, «dor»+-ia)

rinálgico adj. referente à rinalgia (De rinalgia+-ico)

Rinantáceas n.f.pl. BOTÂNICA ⇒ **Escrofulariáceas** (De rinanto+-áceas)

rinanto n.m. BOTÂNICA género de plantas herbáceas da família das Escrofulariáceas, de folhas opostas, flores em espiga, corola bilabiada com o lábio superior côncavo, semelhante a um nariz, e sementes aladas (Do gr. rhís, rhinós, «nariz»+ánthos, «flor»)

rincão n.m. 1 sulco existente na alma de uma peça de artilharia e que pode resultar do rebentamento de granadas dentro do tubo 2 interseção de duas águas de um telhado, que formam um ângulo saliente 3 canto ou ângulo formado pelo encontro de dois planos 4 parte cavada nos ornatos de cantaria 5 lugar oculto; recanto 6 lugar remoto e pouco civilizado 7 cepo para fazer caneluras 8 [Brasil] campo cercado de mato (Do ár. vulg. rukún, «id.», pelo cast. rincón, «rincão»)

rincha-cavalos n.m.2n. ORNITOLOGIA ⇒ **peto** (De rinchar+cavalo)

rinchada n.f. 1 rincho; nitrido 2 [fig.] gargalhada estrídula; cachinada (Part. pass. fem. subst. de rinchar)

rinchante adj.2g. que rincha (De rinchar+-ante)

rinchão¹ adj. que rincha muito; relinchão ■ n.m. 1 cavalo que rincha muito; relinchão 2 ORNITOLOGIA ⇒ **peto** (De rinchar+-ão)

rinchão² n.m. 1 BOTÂNICA variedade de pera 2 BOTÂNICA ⇒ **erva-dos-cantores** (De orig. obsc.)

rinchar v.intr. soltar rinchos; relinchar ■ n.m. relincho (Do lat. vulg. *rehinnitulāre, de hinnīre, «relinchar»)

rinchavelhada n.f. risada destemperada (Part. pass. fem. subst. de rinchavelhar)

rinchavelhar v.intr. rir de forma descomedida (De rinchar)

rinchavelho /ê/ n.m. ato de rinchavelhar (Deriv. regr. de rinchavelhar)

rincho n.m. 1 ato ou efeito de rinchar; relincho; nitrido 2 voz do cavalo (Deriv. regr. de rinchar)

rincolheira n.f. sítio onde os peixes se escondem ou refugiam (De orig. obsc.)

rinencéfalo n.m. 1 ANATOMIA conjunto das formações nervosas do cérebro onde reside o sentido do olfato 2 TERATOLOGIA aquele que apresenta o nariz semelhante a uma tromba (Do gr. rhís, rhinós, «nariz»+egképhalos, «encéfalo»)

rinforzando adj.,adv. MÚSICA (intensidade) de piano a forte (Do it. rinforzando)

ringer v.tr.,intr. ⇒ **ranger** (Do lat. vulg. ringĕre, por ringi, «id.»)

ringgit n.m. unidade monetária da Malásia

ringir v.tr.,intr. ⇒ **ranger**

ringue n.m. DESPORTO estrado quadrado, geralmente cercado por cordas, para a prática de boxe e outros desportos (Do ing. ring, «id.»)

rinha n.f. 1 [Brasil] briga de galos 2 [Brasil] lugar onde se realiza essa briga (Do cast. riña, «briga»)

rinhar v.intr. [Brasil] (galos) lutar (De rinha+-ar)

rinismo n.m. voz nasalada; voz fanhosa; rinofonia (Do gr. rhís, rhinós, «nariz»+-ismo)

rinite n.f. MEDICINA inflamação da mucosa das fossas nasais; coriza (Do gr. rhís, rhinós, «nariz»+-ite)

rino- elemento de formação de palavras que exprime a ideia de nariz (Do gr. rhís, rhinós, «nariz»)

rinobronquite n.f. MEDICINA inflamação da mucosa do nariz e dos brônquios (De rino-+bronquite)

rinocéfalo n.m. ⇒ **rinencéfalo** (Do gr. rhís, rhinós, «nariz»+kephalé, «cabeça»)

rinoceronte n.m. ZOOLOGIA mamífero robusto, perissodáctilo, selvagem (mas domesticável), pertencente à família dos Rinocerotídeos, de cabeça grande com um ou dois cornos (na linha média) e pele muito grossa e resistente, das regiões quentes da África e da Ásia, também denominado rinocerote, abada e bada (Do gr. rhinókeros, «rinoceronte», pelo lat. rhinocerōte-, «id.»)

rinocerote n.m. ⇒ **rinoceronte**

Rinocerótidas n.m.pl. ZOOLOGIA ⇒ **Rinocerotídeos**

Rinocerotídeos n.m.pl. ZOOLOGIA família de robustos mamíferos ungulados, perissodáctilos, a que pertencem os chamados rinocerontes ou rinocerotes (De rinocerote+-ídeos)

rinofaringe n.f. ANATOMIA parte superior da faringe situada atrás das fossas nasais (De rino-+faringe)

rinofaringite n.f. MEDICINA inflamação da rinofaringe (De rinofaringe+-ite)

rinofonia n.f. ⇒ **rinismo** (Do gr. rhís, rhinós, «nariz»+phoné, «voz»+-ia)

rinolalia n.f. MEDICINA perturbações da voz produzidas por alterações de ressonância nasal (Do gr. rhís, rhinós, «nariz»+laleĩn, «falar»+-ia)

rinologia n.f. MEDICINA estudo anatómico do nariz e das suas doenças (De rino-+logia)

rinologista n.2g. pessoa especializada em rinologia (De rinologia+-ista)

rinopatia n.f. MEDICINA designação genérica das doenças do nariz (Do gr. rhís, rhinós, «nariz»+páthos, «doença»+-ia)

rinoplastia n.f. CIRURGIA operação cirúrgica que consiste em refazer o nariz de uma pessoa com fragmentos da pele dessa ou de outra pessoa (Do gr. rhís, rhinós, «nariz»+plástes, «que modela»+-ia)

rinoplástico adj. que diz respeito à rinoplastia (Do gr. rhís, rhinós, «nariz»+plástes, «que modela»+-ico)

rinorragia *n.f.* MEDICINA hemorragia nasal (De *rino-+-ragia*)
rinorreia *n.f.* MEDICINA fluxo de mucosidades do nariz (Do gr. *rhís, rhinós*, «nariz» +*rhoía*, «fluxo»)
rinoscopia *n.f.* MEDICINA exame das fossas nasais com o auxílio do rinoscópio (Do gr. *rhís, rhinós*, «nariz» +*skopeīn*, «examinar» +*-ia*)
rinoscópio *n.m.* MEDICINA instrumento para exame médico das fossas nasais (Do gr. *rhís, rhinós*, «nariz» +*skopeīn*, «examinar» +*-io*)
rinotomia *n.f.* CIRURGIA incisão cirúrgica na face, com o fim de drenar as fossas nasais (Do gr. *rhís, rhinós*, «nariz» +*tomé*, «corte» +*-ia*)
rinovírus *n.m.* MEDICINA designação dos vírus responsáveis por infeções respiratórias de evolução habitualmente benigna, como a constipação (Do lat. cient. *Rhinovirus*)
rinque *n.m.* DESPORTO recinto plano e resguardado para a prática de patinagem (Do ing. *rink*, «id.»)
rio *n.m.* **1** curso natural de água que nasce, em geral, nas montanhas e vai desaguar ao mar, a um lago ou a outro rio, ou, por vezes, se entranha na terra **2** [fig.] aquilo que corre como este curso de água **3** [fig.] quantidade considerável; abundância (Do lat. *rivu-*, «rio», pelo lat. vulg. *riu-*, «id.»)
riodonorês *adj.* **1** designativo do dialeto falado em Rio de Onor, aldeia portuguesa do distrito de Bragança **2** designativo do natural ou habitante de Rio de Onor ▪ *n.m.* **1** dialeto falado em Rio de Onor **2** natural ou habitante de Rio de Onor (De *Rio de Onor*, top. +*-ês*)
rio-frio *n.m.* variedade de pera (De *Rio Frio*, top., aldeia portuguesa do distrito de Bragança)
rio-grandense *adj.2g.* relativo ou pertencente ao Rio Grande do Norte ou ao Rio Grande do Sul (Brasil) ▪ *n.2g.* natural ou habitante de um desses estados (De *Rio Grande*, top. +*-ense*)
riola *n.f.* [Cabo Verde] intriga; questiúncula (Do crioulo cabo-verdiano *rióla*, «id.», de *arriola*)
riolento *adj.,n.m.* [Cabo Verde] desordeiro; bulhento (Do crioulo cabo-verdiano *rióla*, «questiúncula», de *arriola*)
riólito *n.m.* PETROLOGIA rocha vulcânica que é o equivalente afanítico ou porfírico do granito (Do gr. *rheín*, «correr; fluir; escorregar» +*líthos*, «pedra»)
rio-maiorense *adj.2g.* pertencente ou relativo a Rio Maior, cidade portuguesa do distrito de Santarém ▪ *n.2g.* natural ou habitante dessa localidade (De *Rio Maior*, top. +*-ense*)
rio-mar *n.m.* [Brasil] designação do rio Amazonas
rionorês *adj.* ⇒ **riodonorês** (De *Rio de Onor*, top. +*-ês*)
ripa¹ *n.f.* pedaço de madeira comprido e estreito; sarrafo (Do gót. *ribjô*, «costela», pelo cast. *ripia*, «sarrafo; ripa»)
ripa² *n.f.* ato ou efeito de ripar (Deriv. regr. de *ripar*)
ripada *n.f.* **1** pancada com ripa; bordoada **2** [fig.] repreensão; descompostura (De *ripa+-ada*)
ripadeira *n.f.* **1** aparelho para esbagoar a uva; desengaçador **2** instrumento para ripar a abóbora para doce (De *ripar+-deira*)
ripado¹ *adj.* que foi separado pelo ripanço (Part. pass. de *ripar*)
ripado² *n.m.* **1** espécie de gradeamento feito de ripas **2** capoeira (De *ripa+-ado*)
ripador *n.m.* ripanço do linho (De *ripar+-dor*)
ripadura *n.f.* ato de ripar (De *ripar+-dura*)
ripagem¹ *n.f.* ⇒ **ripadura** (De *ripar*¹+*-agem*)
ripagem² *n.f.* cópia do conteúdo (música, filmes) de um CD/DVD para o disco duro num formato diferente do original, em que a informação está mais compactada mas mantém a mesma qualidade (De *ripar*²+*-agem*)
ripal *adj.2g.* diz-se do prego próprio para pregar as ripas nos caibros (De *ripa+-al*)
ripançar *v.tr.* separar a baganha do (linho) com o ripanço (De *ripanço+-ar*)
ripanço *n.m.* **1** utensílio com que se separa a baganha do linho **2** utensílio de hortelão para raspar a terra e juntar as pedras **3** RELIGIÃO breviário por onde os sacerdotes rezam as Horas Canónicas **4** pequeno sofá onde se pode descansar ou dormir a sesta **5** [fig.] indolência; preguiça; *estar de ~* não fazer nada; *tocar o ~ a* dar uma sova a (De *ripar+-anço*)
ripar¹ *v.tr.* **1** separar a baganha do (linho) com o ripanço; ripançar **2** rasgar em tiras (o folhelho do milho) **3** cortar em pedacinhos, com as mãos (alface, couve) **4** limpar **5** raspar (a terra) **6** tirar (as folhas ou os frutos) dos ramos, correndo a mão **7** esbagoar (a uva) numa ripadeira **8** gradar ou separar com ripas **9** fazer levantar (os cabelos) penteando-os desde a ponta até à raiz **10** [regionalismo] surripiar; bifar (De *ripa+-ar*)
ripar² *v.tr.* extrair e converter o conteúdo (música, filmes) de um CD/DVD para o disco duro num formato diferente do original, em que a informação está mais compactada mas mantém a mesma qualidade (Do ing. *(to) rip*, «id.»)

ripária *n.f.* casta de videira americana, empregada como cavalo para enxertar (De *ripário*)
ripário *adj.* que diz respeito à margem; marginal (Do lat. *riparĭu-*, «da margem»)
ripe *n.f.* ⇒ **ripa**²
ripeira *n.f.* **1** ripa; fasquia; sarrafo **2** [regionalismo] espada velha (De *ripa+-eira*)
ripeirada *n.f.* pancada com ripeira (De *ripeira+-ada*)
ripeiro *n.m.* **1** ⇒ **ripeira 2** [regionalismo] chicote (De *ripa+-eiro*)
ripiado *adj.* cheio de rípios (De *rípio+-ado*)
ripícola *adj.2g.* que vive nas ribas ou proximidades dos rios (Do lat. *ripa-*, «margem» +*colĕre*, «habitar»)
ripidolite *n.f.* MINERALOGIA mineral do grupo das clorites (Do gr. *rhipís, -ídos*, «leque» +*líthos*, «pedra»)
rípio *n.m.* **1** pedra miúda com que se enchem os vãos entre as pedras grandes numa construção ou parede; rebo; cascalho **2** palavra usada num verso só para lhe completar a medida (Do cast. *ripio*, «id.»)
riposta *n.f.* ato de ripostar (Do fr. *riposte*, «id.»)
ripostar *v.tr.* responder com vivacidade; retrucar ▪ *v.intr.* (esgrima) responder ao ataque do adversário, logo depois da parada (Do fr. *riposter*, «id.»)
riquexó *n.m.* veículo de duas rodas para uma ou mais pessoas, puxado por um homem a pé ou de bicicleta, muito usado no Oriente (Do ing. *rickshaw*, pelo jap. *djinrikixa*)
riqueza /ê/ *n.f.* **1** qualidade do que é rico **2** abundância de bens; abastança; prosperidade; cópia **3** ostentação; opulência; magnificência; luxo **4** fartura; fertilidade **5** classe dos ricos **6** [fig.] beleza de formas **7** [fig.] abundância de ideias, de imagens, de expressões; *~ alcoólica* percentagem de álcool, em volume, contido num líquido alcoólico (De *rico+-eza*)
rir *v.intr.,pron.* **1** contrair os músculos da cara, mostrando uma expressão facial alegre, acompanhada por emissão de sons, geralmente cadenciados e ruidosos, como reação a algo engraçado ou cómico **2** assumir uma expressão alegre; ter aspeto agradável **3** [pop.] rasgar-se; fender-se ▪ *v.tr.* **1** achar graça a **2** fazer troça (de); escarnecer (de) **3** tratar sem seriedade; gracejar (de) ▪ *n.m.* riso (Do lat. *ridēre*, «id.»)
risada *n.f.* manifestação sonora de riso; gargalhada (De *riso+-ada*)
risbordo *n.m.* NÁUTICA portinhola no costado do navio para meter a carga que não entra pela escotilha (De *rebordo*)
risca *n.f.* **1** ato ou efeito de riscar; traço; linha **2** sulco pouco profundo; estria; listra **3** carreiro aberto por entre os cabelos da cabeça, dividindo-os ao meio ou em duas partes desiguais **4** linha delimitadora; raia **5** MINERALOGIA cor que um mineral apresenta quando reduzido a pó; *à ~* rigorosamente, literalmente, exatamente; *riscas D do sódio* FÍSICA duas riscas amarelas, muito próximas uma da outra, nos espetros de emissão dos sais de sódio (risca D1 e risca D2) (Deriv. regr. de *riscar*)
riscada *n.f.* ORNITOLOGIA ⇒ **serzino** (Part. pass. fem. subst. de *riscar*)
riscadeira *n.f.* **1** utensílio empregado nas fábricas de tabacos **2** o que serve para riscar; riscador (De *riscar+-deira*)
riscadilho *n.m.* chita às riscas (De *riscado+-ilho*)
riscadinha *n.f.* ZOOLOGIA cobra frequente em Portugal, e também conhecida por cobra-de-escada, cujas formas juvenis apresentam, no dorso, uma coloração escalariforme, escura, característica (De *riscada+-inha*)
riscadinho *n.m.* variedade de pero (De *riscado+-inho*)
riscado *adj.* **1** que tem riscos **2** às riscas **3** (papel) pautado **4** banido; expulso **5** sem efeito ▪ *n.m.* **1** tecido de algodão ou linho com listras de cor **2** casta de uva da região do Douro (Part. pass. de *riscar*)
riscador *adj.* que risca ▪ *n.m.* **1** aquele que risca **2** instrumento de riscar (De *riscar+-dor*)
riscadura *n.f.* ato ou efeito de riscar; risco; sulco (De *riscar+-dura*)
riscar *v.tr.* **1** fazer riscos ou traços em **2** inutilizar com traços **3** fazer sulcos em (superfície polida) **4** eliminar; suprimir **5** fazer o plano de; determinar **6** marcar; traçar **7** acender friccionando **8** banir; expulsar; eliminar **9** excluir (alguém) de um grupo ou das amizades ▪ *v.intr.* [coloq.] dar ordens; mandar ▪ *v.pron.* **1** deixar de existir **2** demitir-se **3** desagregar-se (Do lat. *resecāre*, «cortar, separando»)
risco¹ *n.m.* **1** traço feito numa superfície; linha **2** sulco; traçado **3** delineamento; plano; modelo (Deriv. regr. de *riscar*)
risco² *n.m.* **1** possibilidade de um acontecimento futuro e incerto; perigo **2** ECONOMIA diferença entre o retorno esperado e o retorno obtido **3** situação que gera uma indemnização por parte de uma seguradora; *~ de vida* perigo de morte; *a todo o ~* exposto a todos os perigos; *correr o ~ de* estar exposto a; *em ~ de* em perigo de; *pisar o ~* passar o limite do que é admissível; *por sua conta e ~*

riscote

por sua iniciativa e responsabilidade (Do cast. *risco*, «penhasco escarpado»)
riscote *n.m.* 1 instrumento de chapeleiro para riscar e moldar as abas dos chapéus 2 pedra calcária, macia, que faz as vezes de giz (De *risco*+*-ote*)
risibilidade *n.f.* 1 qualidade de risível 2 faculdade de rir (Do lat. tard. *risibilitāte-*, «id.»)
risível *adj.2g.* 1 que desperta o riso 2 ridículo; irrisório; digno de escárnio (Do lat. *risibĭle-*, «id.»)
riso *n.m.* 1 ato ou efeito de rir 2 alegria 3 zombaria; escárnio; **~ alvar** riso estúpido; **~ sardónico** aspeto da face por contração espasmódica, como acontece na doença do tétano; **meter a ~** ridicularizar; **muito ~, pouco siso** quem ri muito reflete pouco; **perder-se de ~** não poder suster o riso (Do lat. *risu-*, «id.»)
risonho /ô/ *adj.* 1 que tem ar de riso 2 alegre; contente 3 agradável; afável; prazenteiro; acolhedor 4 [fig.] prometedor; esperançoso (De *riso*+*-onho*)
risota *n.f.* 1 motivo de riso; galhofa 2 [pop.] riso escarninho (De *riso*+*-ota*)
risote *adj.,n.m.* que ou aquele que zomba de tudo; mofador (De *riso*+*-ote*)
rispidez /ê/ *n.f.* qualidade de ríspido; severidade; aspereza; dureza; rigor (De *ríspido*+*-ez*)
rispideza /ê/ *n.f.* ⇒ **rispidez** (De *ríspido*+*-eza*)
ríspido *adj.* 1 intratável; severo 2 desagradável; áspero (Do lat. *hispĭdu-*, «áspero», com infl. de *rígido*)
rissol *n.m.* CULINÁRIA pastel, geralmente em forma de meia lua, cuja massa envolvente é previamente cozinhada, recheada com carne, peixe ou legumes e passada por ovo e pão ralado antes de ser frita (Do fr. *rissole*, «id.»)
riste *n.m.* peça de ferro em que o cavaleiro apoia o conto da lança quando investe; **em ~** pronto para investir (Do cast. *ristre*, «id.»)
ritão *n.m.* antigo vaso grego em forma de chifre, por onde se bebia (Do gr. *rhytón*, «id.»)
ritidoma /ô/ *n.m.* BOTÂNICA casca seca e morta das árvores e dos arbustos, tipicamente fendida e mais ou menos rugosa, que constitui uma camada protetora (Do gr. *rhytídoma*, «pele enrugada»)
ritmado *adj.* ⇒ **rítmico** (Part. pass. de *ritmar*)
ritmar *v.tr.* dar ritmo a; cadenciar (De *ritmo*+*-ar*)
rítmica *n.f.* 1 arte de ritmar 2 MÚSICA parte da teoria musical que trata da relação entre o tempo e a expressão musical (Do lat. [ars] *rhythmĭca*, «[arte] rítmica»)
ritmicamente *adv.* com ritmo (De *rítmico*+*-mente*)
rítmico *adj.* 1 relativo ao ritmo 2 em que há ritmo; ritmado (Do gr. *rhythmikós*, «id.», pelo lat. *rhythmĭcu-*, «id.»)
ritmo *n.m.* 1 sucessão de sílabas tónicas e acentos prosódicos que agradam ao ouvido 2 sucessão, a intervalos regulares, de sensações da mesma natureza, em especial auditivas ou visuais 3 sucessão, a intervalos regulares, em qualquer movimento; cadência 4 proporção entre as pulsações arteriais 5 MÚSICA subdivisão do tempo em secções percetíveis 6 MÚSICA; ordenação dos sons musicais em termos de duração e de acentuação (juntamente com a melodia e a harmonia, é uma dos três elementos básicos da linguagem musical); **~ cardíaco** FISIOLOGIA sucessão regular das contrações (sístoles) e dos relaxamentos (diástoles) do miocárdio; **lei do ~** PSICOLOGIA regra psicológica que condiciona a forma como a atenção deve ser exercida, para se obterem bons resultados sem cansaço mental (Do gr. *rhythmós*, «movimento regrado; cadência», pelo lat. *rhythmu-*, «id.»)
rito *n.m.* 1 conjunto de cerimónias prescritas para a celebração de um culto 2 seita; culto; religião 3 quaisquer cerimónias 4 praxe; etiqueta 5 cada um dos sistemas de organização maçónica; **ritos orientais** RELIGIÃO os ritos observados nas igrejas católicas orientais que não seguem o rito romano ou latino (Do lat. *ritu-*, «id.»)
ritornelo *n.m.* 1 MÚSICA prelúdio musical que se repete no decurso da composição 2 MÚSICA interlúdio instrumental 3 MÚSICA introdução musical às árias, com a mesma música e com letra diferente 4 MÚSICA estribilho que se repete no decurso de uma composição musical 5 [fig.] coisa muito repetida (Do it. *ritornello*, «voltinha»)
ritual *adj.2g.* referente aos ritos ■ *n.m.* 1 livro que consigna as cerimónias que se devem observar na prestação de um culto 2 conjunto de práticas consagradas pelo uso ou pelas normas e que devem ser observadas em determinadas ocasiões; cerimonial; etiqueta; protocolo (Do lat. *rituāle-*, «id.»)
ritualismo *n.m.* 1 conjunto dos ritos de uma igreja 2 apego às cerimónias 3 prática seguida em dado rito (De *ritual*+*-ismo*)
ritualista *adj.* 1 que é relativo ao ritualismo 2 que trata de ritos 3 que é aferrado a cerimónias e etiquetas ■ *n.2g.* 1 aquele que trata de ritos 2 pessoa que tem grande apego a cerimónias e etiquetas (De *ritual*+*-ista*)
ritualizar *v.tr.* tornar ritual; introduzir o uso de ritos em (De *ritual*+*-izar*, ou do ing. *to ritualize*, «ritualizar»)
rival *adj.2g.* 1 que rivaliza 2 que aspira àquilo a que outrem aspira; competidor; concorrente 3 que tem méritos iguais ■ *n.2g.* pessoa que disputa algo com outra pessoa; adversário; **sem ~** o melhor (Do lat. *rivāle-*, «id.»)
rivalidade *n.f.* 1 qualidade de rival 2 concorrência que fazem duas pessoas ou coletividades que pretendem a mesma coisa; competição; emulação 3 sentimentos rivais; ciúme 4 desentendimento; rixa (Do lat. *rivalitāte-*, «id.»)
rivalizar *v.tr.* 1 entrar em competição (com); concorrer (com); competir (com) 2 aproximar-se das qualidades de (outrem); servir de rival (a); igualar 3 ter ciúmes de (outrem) (De *rival*+*-izar*)
rivalizável *adj.2g.* que admite rival ou confronto (De *rivalizar*+*-vel*)
rixa *n.f.* disputa; contenda; briga; desordem; desavença; discórdia (Do lat. *rixa-*, «id.»)
rixador *adj.,n.m.* 1 que ou aquele que rixa 2 que ou o que é amigo de rixas; desordeiro; brigão (Do lat. *rixatōre-*, «id.»)
rixar *v.intr.* ter rixas com alguém; provocar rixas; ser desordeiro (Do lat. *rixāri*, «brigar»)
rixoso /ô/ *adj.* 1 em que há rixa 2 rixador; bulhão; desordeiro (Do lat. *rixōsu-*, «id.»)
rizadura *n.f.* 1 NÁUTICA ato de rizar 2 NÁUTICA cabo náutico de três cordões (De *rizar*+*-dura*)
rizânteo *adj.* BOTÂNICA ⇒ **rizanto**
rizanto *adj.* BOTÂNICA diz-se da planta cujas flores ou pedúnculos dão a impressão de que brotam da raiz (Do gr. *rhíza*, «raiz» +*ánthos*, «flor»)
rizar *v.tr.* NÁUTICA encurtar (a vela) com os rizes; enrizar ■ *v.intr.* NÁUTICA colher os rizes (Do it. *rizzare*, «erguer»)
rizes *n.m.pl.* NÁUTICA espécie de atacadores que, nas velas, se passam por uns ilhós para as encurtar (Do it. *rizze*, pl. de *rizza*, «id.»)
rizicultura *n.f.* cultura de arroz; orizicultura (Do fr. *riziculture*, «id.»)
rizina *n.f.* BOTÂNICA filamento natural que serve para fixar ao solo algumas plantas inferiores como, por exemplo, líquenes e algas (Do gr. *rhíza*, «raiz» +*-ina*)
riz(o)- elemento de formação de palavras que exprime a ideia de *raiz* (Do gr. *rhíza*, «raiz»)
Rizoboláceas *n.f.pl.* BOTÂNICA família de plantas lenhosas, intertropicais, americanas, também denominada Cariocaráceas (Do gr. *rhíza*, «raiz» +*bólos*, «jato» +*-áceas*)
rizocárpio *adj.* BOTÂNICA ⇒ **rizocarpo**
rizocarpo *adj.* BOTÂNICA diz-se dos vegetais de cuja raiz brotam, todos os anos, novos caules reprodutores e que produzem frutos junto das raízes (Do gr. *rhíza*, «raiz» +*karpós*, «fruto»)
rizocéfalo *adj.* ZOOLOGIA relativo ou pertencente aos rizocéfalos ■ *n.m.* ZOOLOGIA espécime dos rizocéfalos ■ *n.m.pl.* ZOOLOGIA grupo de crustáceos inferiores (entomostráceos), cirrípedes, de constituição degenerada, que vivem como parasita, penetrando no corpo do hospedeiro por meio de ramificações sugadoras (Do gr. *rhizoképhalos*, «com raízes na cabeça»)
rizofagia *n.f.* BOTÂNICA qualidade de rizófago (De *rizófago*+*-ia*)
rizófago *adj.* BOTÂNICA que se nutre de raízes (De *rizo*-+*-fago*)
rizofilo *adj.* 1 BOTÂNICA diz-se da planta cujas folhas são capazes de produzir raízes, como as begónias 2 BOTÂNICA diz-se da folha que se desenvolve junto da raiz 3 BOTÂNICA diz-se da raiz transformada (metamorfoseada) em órgão foliar (Do gr. *rhizophýllos*, «que tem folhas desde a raiz»)
rizófilo *adj.* ⇒ **radicícola** (De *rizo*-+*-filo*)
rizoflagelado *adj.* ZOOLOGIA pertencente ou relativo aos rizoflagelados ■ *n.m.* ZOOLOGIA espécime dos rizoflagelados ■ *n.m.pl.* ZOOLOGIA grupo de flagelados com flagelos em forma de raiz (De *rizo*-+*flagelado*)
Rizoforáceas *n.f.pl.* BOTÂNICA família de plantas dicotiledóneas, lenhosas, intertropicais, com flores, em regra, hermafroditas (De *rizóforo*+*-áceas*)
rizóforo *adj.* BOTÂNICA que tem raízes ■ *n.m.* BOTÂNICA formação caulinar que parte dos ramos folhosos e tem raízes na extremidade (Do gr. *rhíza*, «raiz» +*phorós*, «portador»)
rizoide *n.m.* BOTÂNICA filamento ou pelo que, em algumas plantas, desempenha funções de raiz (De *rizo*-+*-óide*)
rizóide ver nova grafia **rizoide**
rizoma /ô/ *n.m.* BOTÂNICA caule alongado, subterrâneo, homólogo do cormo, mas com folhas reduzidas a escamas; soca (Do gr. *rhízoma, -atos*, «tufo de raízes»)

rizomatoso *adj.* BOTÂNICA que possui ou produz rizoma (Do gr. *rhízoma, -atos*, «tufo de raízes» +*-oso*)

rizomorfo *adj.* BOTÂNICA que tem forma de raiz (De *rizo-*+*-morfo*)

rizópode *adj.2g.* ZOOLOGIA relativo ou pertencente aos rizópodes ■ *n.m.* ZOOLOGIA espécime dos rizópodes ■ *n.m.pl.* ZOOLOGIA grupo de protozoários desprovidos de membrana, e que emitem pseudópodes (De *rizo-*+*-pode*)

rizospermo *adj.* BOTÂNICA diz-se do vegetal que produz sementes ligadas à raiz (Do gr. *rhíza*, «raiz» +*spérma*, «semente»)

Rizostómidas *n.m.pl.* ZOOLOGIA ⇒ **Rizostomídeos**

Rizostomídeos *n.m.pl.* ZOOLOGIA família de celenterados com tentáculos bucais, a que pertencem as medusas-acalefas (De *rizóstomo*+*-ídeos*)

rizóstomo *adj.* ZOOLOGIA diz-se do animal portador de orifícios ou aberturas bucais na extremidade de prolongamentos, como certas medusas (Do gr. *rhíza*, «raiz» +*stóma*, «boca»)

rizotaxia /cs/ *n.f.* BOTÂNICA disposição das raízes numa planta (Do gr. *rhíza*, «raiz» +*táxis*, «ordem» +*-ia*)

rizotomia *n.f.* CIRURGIA operação cirúrgica que consiste no corte das raízes dos nervos; radicotomia (De *rizótomo*+*-ia*)

rizótomo *n.m.* instrumento usado especialmente em rizotomia (Do gr. *rhizótomon*, «que corta raízes»)

rizotónico *adj.* GRAMÁTICA diz-se das formas verbais portuguesas que têm como sílaba tónica a última do radical (De *rizo-*+*tónico*)

ró *n.m.* 1 nome da décima sétima letra do alfabeto grego (ρ, P), que corresponde ao **r** 2 FÍSICA símbolo da resistividade elétrica (Do gr. *rhõ*, «id.», pelo lat. *rho*, «id.»)

roal *n.m.* ZOOLOGIA ⇒ **roaz** *n.m.*

roaz *adj.2g.* 1 que rói; roedor 2 que desgasta; destruidor 3 devorador ■ *n.m.* ZOOLOGIA cetáceo da família dos Delfinídeos, afim do golfinho, mas com o focinho relativamente curto e largo, também conhecido por roal e galhudo (Do lat. **rodace-*, «o que rói», do lat. *roděre*, «roer»)

robaleira *n.f.* rede de três panos que usam os pescadores da barra do Douro (De *robalo*+*-eira*)

robalete /ê/ *n.m.* 1 ICTIOLOGIA robalo pequeno pertencente a uma espécie da família dos Serranídeos, frequente na costa marítima portuguesa, e cujas formas juvenis são também conhecidas por chaliços, pintas, pintadas e robalinhos 2 NÁUTICA peça de madeira pregada de cada lado de um navio, na parte mais bojuda, para atenuar o balanço (De *robalo*+*-ete*)

robalinho *n.m.* ICTIOLOGIA ⇒ **robalete** 1 (De *robalo*+*-inho*)

robalo *n.m.* 1 ICTIOLOGIA peixe teleósteo, da família dos Serranídeos, que tem o dorso cheio de manchas escuras e cuja carne é muito apreciada, comum na costa marítima portuguesa e também denominado robalete, chaliço, baila, bailadeira, balhadeira, vaila, vaira, etc. 2 [regionalismo] ⇒ **carpa** (Do cat. *llobarro*, «lobo pequeno», com met.)

robe *n.m.* peça de vestuário que se usa por cima da roupa de dormir; roupão; quimono (Do fr. *robe [de chambre]*, «id.»)

róber *n.m.* 1 ganho de duas partidas consecutivas ou alternadas no jogo do bridge 2 ganho de um número determinado de partidas em vários outros jogos (Do ing. *rubber*, «id.»)

roberto *n.m.* fantoche ■ *adj.* travesso; traquina (De *Roberto*, antr.)

roble *n.m.* nome vulgar por que também é designado o carvalho comum ou alvarinho (Do lat. *roboře-*, «carvalho»)

robledo /ê/ *n.m.* mata de robles (De *roble*+*-edo*)

robô *n.m.* 1 mecanismo automático, por vezes com a configuração de um ser humano, capaz de fazer movimentos e executar certos trabalhos em substituição do homem 2 [fig.] pessoa que cumpre ordens automaticamente (Do checo *robota*, «trabalho penoso; operário automático», pelo fr. *robot*, «robô»)

robora *n.f.* 1 [ant.] decisão; alvedrio 2 [ant.] idade de emancipação 3 [ant.] idade legal para certos atos 4 [ant.] presente que o comprador de uma propriedade dava ao vendedor, além do preço estipulado 5 [regionalismo] vinho que os contratantes bebem nas feiras depois de fechado um negócio (Deriv. regr. de *roborar*)

roboração *n.f.* 1 ato ou efeito de roborar 2 corroboração; confirmação; ratificação (De *roborar*+*-ção*)

roborante *adj.2g.* que robora, ratifica ou confirma (Do lat. *roborante-*, «id.», part. pres. de *roborāre*, «fortificar; consolidar»)

roborar *v.tr.* 1 aumentar as forças de; fortificar 2 [fig.] corroborar; confirmar (Do lat. *roborāre*, «id.»)

roborativo *adj.* que robora; que fortifica; que confirma (De *roborar*+*-tivo*)

roboredo /ê/ *n.m.* ⇒ **robledo** (De *roble*+*-edo*)

roborite *n.f.* explosivo formado por uma mistura de nitrato de amónio e dinitrobenzina (Do lat. *rubōre-*, «rubor»+*-ite*)

roborizar *v.tr.* tornar forte; robustecer (Do lat. *roboře-*, «carvalho» +*-izar*)

robot *n.m.* ⇒ **robô** (Do checo *robota*, «trabalho penoso», pelo fr. *robot*, «autómato»)

robótica *n.f.* conjunto de técnicas respeitantes ao funcionamento e utilização de autómatos (robôs) na execução de múltiplas tarefas em substituição do homem (Do fr. *robot*, «robô» +*-ica*)

robotização *n.f.* ato ou efeito de robotizar (De *robotizar*+*-ção*, ou do fr. *robotisation*, «id.»)

robotizar *v.tr.* 1 introduzir robôs em (indústria, serviço); mecanizar; automatizar 2 [fig.] transformar (o ser humano) em robô 3 [fig.] tirar a iniciativa a (alguém) (Do fr. *robotiser*, «id.»)

róbur *n.m.* local perigoso (Do lat. *robur*, «prisão; instrumento de tortura»)

robustecedor *adj.* que torna robusto; fortificante (De *robustecer*+*-dor*)

robustecer *v.tr.,intr.,pron.* 1 tornar(-se) robusto, mais forte; fortalecer(-se); avigorar(-se) 2 aumentar o prestígio (de); engrandecer(-se); glorificar(-se) ■ *v.tr.* confirmar; corroborar (De *robusto*+*-ecer*)

robustecimento *n.m.* ato ou efeito de robustecer (De *robustecer*+*-mento*)

robustez /ê/ *n.f.* 1 qualidade de robusto; força; vigor 2 forte determinação; firmeza; arrojo 3 característica do que é sólido; resistência; solidez (De *robusto*+*-ez*)

robusteza /ê/ *n.f.* ⇒ **robustez** (De *robusto*+*-eza*)

robusto *adj.* 1 que tem força; vigoroso; forte 2 de boa construção; sólido; rijo 3 [fig.] cheio de vida 4 [fig.] poderoso 5 [fig.] firme; inabalável (Do lat. *robustu-*, «id.»)

roca[1] *n.f.* 1 vara ou cana com um bojo perto de uma das extremidades onde se enrola a estriga ou outra substância têxtil que se quer fiar 2 NÁUTICA peça com que se reforça um mastro fendido (Do germ. *rukka*, «id.»)

roca[2] *n.f.* penhasco no mar; rocha (Do pré-lat. **rocca-*, «id.»)

roça *n.f.* 1 ato ou efeito de roçar 2 terreno com plantações extensas 3 lugar onde se corta mato 4 terreno cheio de mato; mato muito crescido 5 sementeira feita entre o mato ou em terreno a que se cortou o mato 6 [Brasil] o campo, em oposição à cidade 7 [São Tomé e Príncipe] propriedade com agricultura de plantação (Deriv. regr. de *roçar*)

rocada *n.f.* 1 porção de linho ou de outra substância têxtil que se enrola na roca para fiar 2 pancada com a roca (De *roca*+*-ada*)

roçada *n.f.* 1 [Brasil] AGRICULTURA corte, por meio de foice, das plantas pequenas que embaraçam o manejo do machado nas matas 2 trabalho de roçar 3 porção roçada (Part. pass. fem. subst. de *roçar*)

roçadeira *n.f.* 1 foice de cabo comprido, própria para roçar mato ou outras plantas; roçadoira 2 [fig.] ruído contínuo do roçar (De *roçar*+*-deira*)

roçadeiro *adj.* que roça ou serve para roçar (De *roçar*+*-deiro*)

roçadela *n.f.* 1 roçadura leve 2 raspadela (De *roçar*+*-dela*)

rocado *adj.* que tem rocas ou penedias ■ *n.m.* penhasco (De *roca*+*-ado*)

roçado *adj.* 1 que se roçou ou cortou rente 2 levemente tocado 3 desgastado ■ *n.m.* 1 terreno onde se roçou ou queimou o mato para depois cultivar 2 clareira no meio do mato (Part. pass. de *roçar*)

roçadoira *n.f.* ⇒ **roçadeira** (De *roçar*+*-doira*)

roçadoiro *adj.* ⇒ **roçadeiro**

roçador *adj.,n.m.* o que ou aquele que roça (De *roçar*+*-dor*)

roçadoura *n.f.* ⇒ **roçadeira** (De *roçar*+*-doura*)

roçadura *n.f.* ato ou efeito de roçar; atrito leve mas prolongado (De *roçar*+*-dura*)

roçagante *adj.2g.* 1 que roçaga 2 que se arrasta pelo chão (De *roçagar*)

roçagar *v.tr.,intr.* 1 (fazer) roçar pelo chão; arrastar(-se) 2 passar de leve (em) ■ *v.intr.* fazer barulho semelhante ao de um vestido de seda que se arrasta pelo chão (Do cat. *rossegar*, «id.»)

rocaille *n.m.* estilo artístico inspirado nas formas e linhas da natureza, surgido na França em finais do século XVII e que adquiriu particular expressão no mobiliário, na cerâmica e na escultura ■ *adj.2g.* pertencente a esse estilo (Do fr. *rocaille*, «id.»)

rocal *adj.2g.* 1 que é duro como roca ou rocha 2 diz-se de uma casta de nozes arredondadas e duras ■ *n.m.* colar de contas ou de pérolas (De *roca*+*-al*)

rocalha *n.f.* 1 conta de vidro com que se fazem rosários e colares 2 porção de contas 3 ⇒ **rocal** *n.m.* (Do fr. *rocaille*, «id.», pelo cast. *rocalla*, «id.»)

rocambole *n.m.* [Brasil] CULINÁRIA espécie de rolo, doce ou salgado, com recheio

rocambolesco /ê/ *adj.* **1** relativo ou semelhante às aventuras extraordinárias de Rocambole, personagem principal de vários romances do escritor francês P. Ponson du Terrail, 1829-1871 **2** cheio de peripécias inverosímeis (Do fr. *rocambolesque*, «id.»)

rocambolismo *n.m.* processos ou aventuras rocambolescas (De *Rocambole*, antr. +*-ismo*)

roçamento *n.m.* **1** ato ou efeito de roçar; roçadura **2** atrito (De *roçar*+*-mento*)

rocão *n.m.* **1** [regionalismo] pau que tem na extremidade um dispositivo de folha de Flandres para apanhar fruta **2** [regionalismo] colar de dois ou três fios de contas; rocal **3** [regionalismo] variedade de roca (De *roca*+*-ão*)

rocar *v.intr.* fazer roque no jogo do xadrez (De *roque*+*-ar*)

roçar *v.tr.* **1** cortar rente (mato, arbustos, ervas) **2** causar desgaste devido ao atrito **3** tocar de leve; friccionar levemente **4** passar junto de ■ *v.intr.* **1** ir-se desgastando pelo atrito **2** arrastar-se pelo chão; roçagar (Do lat. vulg. **ruptiāre*, de *ruptu-*, «limpo de erva e mato»)

roças *n.m.2n.* [regionalismo] dentista de pouco valor (De *roça*)

rocaz *adj.2g.* **1** eriçado de pontas agudas de pedregulhos **2** ⇒ **rochaz** ■ *n.m.* ICTIOLOGIA nome vulgar, usado especialmente no Brasil, para designar o peixe muito conhecido em Portugal por requeime ou garoupa (De *roca*+*-az*)

rocega *n.f.* **1** ato de rocegar **2** cabo para rocegar **3** pequena fateixa para procurar objetos no fundo do mar ou de poços (Deriv. regr. de *rocegar*)

rocegar *v.tr.* procurar com a rocega (a âncora ou outros objetos) no fundo do mar, de lagos ou de rios (De *roçar*, ou do cat. *rossegar*, «id.»?)

roceiro *n.m.* **1** homem que roça **2** trabalhador ou proprietário de roça (De *roçar*+*-eiro*)

rocha *n.f.* **1** GEOLOGIA material constituinte da crosta terrestre, duro e coerente, que geralmente é formado por uma associação de minerais e apresenta uma certa homogeneidade estatística, sendo por vezes plástico (como a argila) ou móvel (como as areias) e, no limite, líquido (como é o caso do petróleo) **2** rochedo; penedo; penedia **3** variedade de pera **4** espécie de bolo seco **5** [fig.] coisa muito dura, firme, inabalável **6** [fig.] pessoa forte física ou psicologicamente; *rochas aborregadas/acarneiradas* GEOLOGIA rochas desgastadas pela erosão glaciária, que apresentam o aspeto de dorso de borrego; *firme como uma* ~ inabalável (Do b. lat. *rocca-*, «rocha», pelo fr. *roche*, «id.»)

rochaz *adj.2g.* que se desenvolve entre rochas; rocaz (De *rocha*+*-az*)

rochedo /ê/ *n.m.* **1** rocha escarpada; penhasco **2** rocha batida pelo mar; cachopo **3** ANATOMIA região do osso temporal, muito rija, onde se aloja parte importante do órgão da audição (De *rocha*+*-edo*)

rochoso /ô/ *adj.* formado ou coberto de rochas (De *rocha*+*-oso*)

rociada *n.f.* **1** ato ou efeito de rociar; orvalhada **2** [fig.] grande quantidade (Part. pass. fem. subst. de *rociar*)

rociar *v.tr.* **1** cobrir de rocio; orvalhar **2** borrifar; aspergir ■ *v.intr.* **1** formar-se orvalho; orvalhar **2** depositar-se em forma de rocio (Do lat. vulg. **roscidāre*, «cair orvalho»)

rocim *n.m.* **1** cavalo de pequena estatura e/ou magro; cavalo fraco; rocinante; pileca **2** [regionalismo] porco; suíno (Do ant. alto-al. *Hross*, «cavalo»)

rocinante *n.m.* ⇒ **rocim** (De *Rocinante*, cavalo de D. Quixote no romance *Don Quijote de la Mancha*, do escritor esp. Miguel de Cervantes, 1547-1616)

rocio *n.m.* pequeníssimas gotas de água depositadas sobre as plantas e provenientes da condensação, em noites frias, do vapor de água do ar atmosférico em contacto com a vegetação; orvalho (Deriv. regr. de *rociar*)

rócio *n.m.* [Brasil] conceito exagerado que alguém faz de si próprio; orgulho; vaidade (De orig. obsc.)

rocioso *adj.* que tem, ou onde se forma, muito rocio; aljofarado (De *rocio*+*-oso*)

rock *n.m.* MÚSICA estilo musical surgido em meados da década de 50 nos Estados Unidos, originário do blues e da música country, caracterizado pela existência de um ou mais vocalistas, baixo e guitarras elétricas muito amplificadas, bateria, sintetizadores e diversos instrumentos de sopro e percussão (Do ing. *rock*, «id.»)

rocló *n.m.* antigo e pequeno capote de mangas que se abotoava na frente (Do fr. *roqueláure*, «id.»)

roclóró *n.m.* ⇒ **rocló**

rococó *n.m.* estilo artístico, com manifestações relevantes, sobretudo nas artes plásticas, que se desenvolveu no século XVIII e que se caracteriza pelo preciosismo estilístico, pela graciosidade e pela elegância das formas e por temas sentimentais e frivolamente idílicos ■ *adj.2g.* designativo desse estilo (Do fr. *rococo*, «id.»)

rocódromo *n.m.* DESPORTO estrutura composta por uma parede artificial utilizada na prática de escalada

rod- elemento de formação de palavras que exprime a ideia de *roda* (Do lat. *rota-*, «id.»)

roda *n.f.* **1** peça circular destinada a mover-se em volta de um eixo, usada para diversos fins **2** qualquer objeto ou figura com forma circular; círculo **3** volta inteira; giro **4** grupo de pessoas em círculo **5** espécie de caixa cilíndrica e giratória, da porta dos conventos **6** espécie de armário de forma circular em que se expunham as crianças nos hospícios e misericórdias **7** perímetro da saia **8** cercadura de renda em volta dos vestidos **9** antigo instrumento de suplício **10** largura; amplidão **11** grande quantidade **12** decurso de tempo **13** globo giratório usado em sorteios **14** ICTIOLOGIA ⇒ **bezedor**; *~!* exclamação que exprime o desejo de mandar alguém embora; *~ a ~* em toda a extensão, de um lado ao outro; *~ da fortuna* **1** nas antigas lotarias, roda oca, de forma cilíndrica, que continha os números que indicavam os premiados; **2** [fig.] série de acontecimentos inesperados que compõem a vida de uma pessoa, sorte; *~ dentada* estrutura circular denteada, que engrena numa estrutura idêntica transmitindo movimento a um mecanismo que lhe está associado; *~ de Knight* BOTÂNICA dispositivo usado em demonstrações práticas de fisiologia dos vegetais (geotropismo); *~ do leme* NÁUTICA roda com que se manobra o leme de uma embarcação ou de um navio; *~ livre* MECÂNICA sistema de transmissão de movimentos em que uma roda só é impulsionada num sentido, mas pode rodar livremente em sentido contrário; *à ~* em volta; *à ~ de* cerca de; *desandar a ~* principiarem os contratempos; *ir na ~* ir por água abaixo; *jogo de ~* dança popular; *untar as rodas* subornar (Do lat. *rota-*, «id.»)

rodada *n.f.* **1** movimento completo de uma roda **2** vestígio que a roda deixa **3** volta completa **4** distribuição de bebidas por um grupo de pessoas (Part. pass. fem. subst. de *rodar*)

rodado *adj.* **1** que tem rodas **2** que tem sulcos de rodas **3** MECÂNICA que fez a rodagem **4** [fig.] que tem experiência **5** decorrido; passado **6** que sofreu o suplício da roda **7** BOTÂNICA diz-se da corola simpétala, regular, cujo tubo é muito curto, e o limbo, dividido, é muito aberto e plano, perpendicular ao tubo ■ *n.m.* **1** MECÂNICA duas rodas com o eixo **2** sulco feito pelas rodas **3** roda do vestido (Do lat. *rotātu-*, «id.», part. pass. de *rotāre*, «mover-se à roda; girar»)

rodagem *n.f.* **1** ato de rodar **2** conjunto das rodas de um maquinismo **3** utilização prudente de um motor ou maquinismo durante o período inicial do seu funcionamento, ou o que se segue imediatamente a uma reparação estrutural **4** CINEMA, TELEVISÃO recolha e registo de imagens em filme; filmagem; *faixa de ~* parte da estrada por onde os veículos circulam (Do fr. *rodage*, «id.»)

rodal *n.m.* [regionalismo] parte do carro formada pelo eixo e pelas rodas (Do lat. *rotāle-*, «que tem rodas»)

rodalho *n.m.* disco de madeira onde os oleiros modelam as peças de barro (De *roda*+*-alho*)

rodamite *n.f.* explosivo violento, de manipulação perigosa e difícil

rodante *adj.2g.* que roda; rolante; giratório ■ *n.m.* espécie de cambão a que se atrela o animal, nos engenhos de tirar água (Do lat. *rotante-*, «id.», part. pres. de *rotāre*, «mover-se à roda; girar»)

rodapé *n.m.* **1** espécie de cortinado que pende das beiras da cama até ao pavimento **2** faixa de madeira, argamassa ou outro material que protege e remata a parte inferior de uma parede **3** tira de madeira na parte ínfero-inferior de uma varanda ou sacada **4** texto geralmente curto e com o tamanho de letra reduzido, que se introduz no fundo da página de livro, revista, jornal, etc., ou que corre na zona inferior de uma sequência de imagens de televisão (De *rodar*+*pé*)

roda-pisa *n.f.* [ant.] parte inferior do vestido da mulher (De *roda*+*pisar*)

rodaque *n.m.* [Brasil] casaco de homem (De *roda*?)

rodar[1] *v.tr.* **1** fazer andar à roda **2** percorrer à roda de **3** fazer a rodagem de (motor, maquinismo) **4** CINEMA, TELEVISÃO registar em filme **5** submeter ao suplício da roda ■ *v.intr.* **1** andar em roda de um eixo; girar; rolar **2** percorrer (um veículo) uma dada distância **3** fazer a rodagem **4** decorrer (o tempo) **5** andar de carro **6** trocar posições; alternar **7** [pop.] ir-se embora; sair (Do lat. *rotāre*, «id.»)

rodar[2] *v.tr.* juntar com o rodo (De *rodo*+*-ar*)

roda-vinho *n.m.* parede da frente da lagariça

roda-viva n.f. movimento sem descanso; azáfama; barafunda; *andar numa* ~ andar em grande atividade, andar num sarilho

rodeador adj.,n.m. que ou aquele que rodeia (De *rodear+-dor*)

rodeamento n.m. ato ou efeito de rodear; rodeio; cercadura (De *rodear+-mento*)

rodear v.tr. **1** andar à roda de; tornear; circundar **2** dispor em volta de; cercar **3** cingir; envolver; abraçar **4** ter convivência com **5** adornar em círculo; engrinaldar **6** fugir (a um assunto); ladear **7** dedicar; cumular; proporcionar (carinho, cuidados, afeto, etc.) ■ v.intr. girar ■ v.pron. fazer-se acompanhar (de); conviver (com) (De *roda+-ear*)

rodeio n.m. **1** ato ou efeito de rodear **2** volta em redor de; giro; curva **3** circuito **4** sinuosidade; meandro **5** argumento capcioso que se usa para não tratar o assunto principal; subterfúgio; circunlóquio; perífrase **6** [Brasil] lugar, no campo, onde se reúne o gado em determinados dias; *estar com rodeios* usar de subterfúgios, ser evasivo, fugir com o rabo à seringa; *sem rodeios* sem subterfúgios, claramente, diretamente (Deriv. regr. de *rodear*)

rodeira n.f. **1** mulher que fazia o serviço da roda nos hospícios e nos conventos **2** sulco que as rodas de carro deixam; rodado **3** caminho próprio para carros (De *roda+-eira*)

rodeiro n.m. **1** conjunto das duas rodas do carro e respetivo eixo; eixo de um carro **2** homem que fazia o serviço da roda nos hospícios e nos conventos ■ adj. diz-se do maço de madeira, muito pesado, que serve para bater e ajustar as rodas do carro de bois; carreiro (De *roda+-eiro*)

rodela n.f. **1** pequena roda em disco **2** escudo redondo **3** pedaço de fruta ou outro alimento cortado em forma circular **4** [pop.] mentira; patranha (Do lat. *rotella*, «pequena roda»)

rodeleiro adj.,n.m. **1** que ou aquele que anda armado de rodela **2** mentiroso (De *rodela+-eiro*)

rodelo /ê/ n.m. **1** remendo ou tomba no calçado **2** [regionalismo] calço que os pedreiros colocam debaixo das pedras lavradas para que não se lhes partam as arestas (De *rodela*)

rodeta /ê/ n.f. **1** pequena roda **2** almofadinha de algodão em rama, oca no meio, para preservar os calos da pressão do calçado (De *roda+-eta*)

rodete /ê/ n.m. **1** carrinho onde se enrola o fio das meadas de seda **2** ⇒ **rodeta 1** (De *roda+-ete*)

rodício n.m. roseta em que terminavam as disciplinas para flagelação (De *roda+-ício*)

ródico adj. relativo ao ródio (De *ródio+-ico*)

rodilha n.f. **1** pano com que se faz limpeza nas cozinhas; esfregão **2** tecido encorrilhado **3** almofada ou simples pano enroscado em que assentam os objetos que se transportam à cabeça **4** [fig.] pessoa desprezível que se presta a todos os serviços **5** pl. [regionalismo] intrigas; mexericos (De *roda+-ilha*, ou do cast. *rodilla*, «id.»)

rodilhão n.m. **1** rodilha grande **2** roda das zorras e dos carros de mão **3** peça constituinte da atafona **4** [regionalismo] intriguista; mexeriqueiro (De *rodilla+-ão*)

rodilhar v.tr.,pron. ⇒ **enrodilhar** (De *rodilha+-ar*)

rodilhice n.f. [regionalismo] intrigas; mexericos (De *rodilha+-ice*)

rodilho n.m. **1** pano com que se faz limpeza nas cozinhas; esfregão; trapo **2** [fig.] pessoa desprezível que se presta a todos os serviços (De *rodilha*)

rodim n.m. ICTIOLOGIA ⇒ **bezedor** (De *roda+-im*)

ródio n.m. QUÍMICA elemento químico com o número atómico 45, de símbolo Rh, que faz parte do grupo de metais que acompanham a platina nas aluviões donde esta se extrai, sendo geralmente utilizado como catalisador e no fabrico de pares termoelétricos (Do gr. *rhódon*, «cor-de-rosa» +-*io*)

rodiosca n.f. [pop.] rodeio com intenções malévolas (De *rodeio* × *marosca*?)

rodiota adj.2g. referente à ilha grega de Rodes ■ n.2g. natural ou habitante desta ilha (De *Rodes*, top. +-*ota*)

rodite n.f. liga natural de ouro e ródio (De *ródio+-ite*)

rodízio n.m. **1** peça do moinho em cuja extremidade estão as travessas (penas) que a água põe em movimento para fazer andar a mó **2** pequena roda adaptada ao pé de certas camas, mesas e outros móveis para fácil deslocação dos mesmos **3** jogo de rapazes **4** peça giratória que acompanha o movimento da boca de fogo (peça de artilharia) para lhe dar a direção conveniente **5** [fig.] repetição de algo em intervalos; rotação; rotatividade **6** em certos restaurantes, sistema em que os clientes pagam um preço fixo, podendo comer à vontade as diversas especialidades disponíveis **7** [Brasil] combinação para frustrar o teor da lei ou do regulamento; *andar num* ~ andar numa roda-viva (Do lat. vulg. *roticĭnu-*, «em forma de roda»)

rodo¹ /ô/ n.m. **1** utensílio de madeira que serve para juntar o sal nas marinhas, o cereal nas eiras, etc. **2** utensílio para puxar a cinza do forno **3** utensílio semelhante para aproximar e recolher o dinheiro nas bancas do jogo; *a rodos* em grande quantidade, à larga (Do lat. *rutru-*, «sacho; trolha»)

rodo² /ô/ n.m. peça giratória para dar às bocas de fogo a direção conveniente (De *roda*)

rodo- elemento de formação de palavras que exprime a ideia de *rosa* (Do gr. *rhódon*, «rosa»)

rodocrosite n.f. MINERALOGIA mineral que é, quimicamente, carbonato de manganésio, cristaliza no sistema trigonal e é minério de manganésio (Do gr. *rhódon*, «rosa» +*khrõsis*, «colorido» +-*ite*)

Rododendráceas n.f.pl. BOTÂNICA ⇒ **Ericáceas** (De *rododendro+-áceas*)

rododendro n.m. BOTÂNICA designação genérica de numerosos arbustos e pequenas árvores da família das Ericáceas, de folhagem geralmente persistente e flores grandes e vistosas, espontâneas e também cultivadas em grande escala para fins ornamentais, muito frequentes na Ásia, na América e também na Europa, incluindo Portugal (Do gr. *rhodódendron*, «loureiro-rosa», pelo lat. *rhododendron*, «rododendro»)

rodofícea adj. BOTÂNICA referente às rodofíceas ■ n.f. BOTÂNICA espécime das rodofíceas ■ n.f.pl. BOTÂNICA grupo de algas, de coloração avermelhada, que vivem de preferência nas águas dos mares; algas vermelhas (Do gr. *rhódon*, «rosa» +*phýkos*, «alga»+-*eas*, ou do fr. *rhodophycées*, «rodofíceas»)

rodoiça n.f. ⇒ **rodilha 3**

rodologia n.f. BOTÂNICA parte da botânica dedicada ao estudo das rosas (De *rodo-+-logia*)

rodomel n.m. mel rosado (Do gr. *rhodoméli*, «id.», pelo lat. *rhodomelle-*, «id.»)

rodonite n.f. MINERALOGIA mineral (silicato de manganésio) que cristaliza no sistema triclínico (Do gr. *rhódon*, «cor-de-rosa» +-*ite*)

rodopelo /ê/ n.m. remoinho no pelo dos animais; rodopio (Do lat. vulg. *retropĭlu-*, «id.»)

rodopiante adj.,n.2g. que ou aquele que rodopia (De *rodopiar+-ante*)

rodopiar v.intr. andar num rodopio; dar muitas voltas; girar constantemente ■ v.tr. fazer andar à roda (De *rodopio+-ar*)

rodopio n.m. **1** ato ou efeito de rodopiar **2** madeixa circular de cabelos **3** disposição especial do pelo de alguns animais que descreve uma curta espiral; rodopelo; *andar num* ~ andar numa roda-viva (Do lat. vulg. *retropĭlu-*, «remoinho no pelo»)

rodopsina n.f. **1** pigmento sensível à cor vermelha dos bastonetes externos da retina **2** púrpura visual (Do gr. *rhódon*, «rosa» +*ópsis*, «vista» +-*ina*)

rodouça n.f. ⇒ **rodilha 3** (De *roda+-ouça*)

rodovalho n.m. ICTIOLOGIA nome vulgar extensivo a uns peixes teleósteos, da família dos Pleuronectídeos, afins das solhas e dos linguados, apreciados na alimentação, e também conhecidos por clérigos, parrachos, solhas, etc. (Do cast. *rodaballo*, «id.»)

rodovia n.f. estrada de rodagem (De *rodo-+via*)

rodoviário adj. que pertence ou se refere a rodovia (De *rodovia+-ário*)

rodriga n.f. [regionalismo] estaca para feijoeiros ou videiras (Do cast. *rodriga*, «id.»)

rodrigão n.m. processo de empar em que se usa rodriga alta (Do cast. *rodrigón*, «id.»)

rodrigar v.tr. atar a videira às rodrigas (Do cast. *rodrigar*, «id.»)

rodriguinho n.m. **1** frase feita para tudo; nariz de cera **2** efeito fácil e convencional, sem valor artístico, empregado pelo ator para provocar facilmente o riso ou o choro do espectador **3** pl. [Brasil] doces de amêndoa e fios de ovos (De *Rodrigo*, antr. +-*inho*)

rodura n.f. **1** ato ou efeito de rodar com o rodo **2** porção que se juntou de uma só vez com o rodo (De *rodo+-ura*)

roedor adj. **1** que rói **2** ZOOLOGIA pertencente ou relativo aos roedores ■ n.m. **1** ZOOLOGIA espécime dos roedores **2** [Brasil] [pop.] indivíduo ébrio ■ n.m.pl. ZOOLOGIA ordem de mamíferos com dedos munidos de unhas, desprovidos de dentes caninos, mas com incisivos longos e de crescimento contínuo, a que pertencem o coelho, a lebre, o rato, a cobaia, etc. (De *roer+-dor*)

roedura n.f. ato ou efeito de roer (De *roer+-dura*)

roel n.m. ⇒ **arruela** (Do fr. ant. *roelle*, «rodela»)

roentgen n.m. FÍSICA ⇒ **röntgen**

roentgénio n.m. QUÍMICA elemento químico, transuraniano, com o número atómico 111 e símbolo Rg, obtido artificialmente (De *Röntgen*, antr., físico al., 1845-1923)

roentgenterapia n.f. ⇒ **röntgenterapia**

roer v.tr. 1 triturar com os dentes 2 corroer; desgastar 3 ulcerar com o atrito 4 causar a destruição de algo 5 [fig.] atormentar; enfraquecer psicologicamente; consumir ◼ v.pron. 1 afligir-se 2 [Brasil] embriagar-se; ~ *a corda* faltar ao prometido, não cumprir o contrato; ~ *na pele* murmurar; *ser duro de* ~ ser custoso de suportar ou de convencer, ser difícil (Do lat. *rodĕre*, «id.»)

rofego /ê/ n.m. ⇒ **refego**

rofo /ô/ adj. 1 rugoso 2 áspero; despolido ◼ n.m. 1 ruga; prega 2 risco (Do lat. *rufu-*, «ruivo»)

roga n.f. grupo alegre de homens e mulheres, por vezes toda a população válida de uma ou mais aldeias de Trás-os-Montes e da Beira, que, na época própria, se desloca para o Alto Douro, para trabalhar nas vindimas (Deriv. regr. de *rogar*)

rogação n.f. 1 ato de rogar; rogo; súplica 2 petição 3 pl. preces públicas e procissões para pedir chuva, boas colheitas, etc. (Do lat. *rogatiōne-*, «id.»)

rogada n.f. 1 [regionalismo] ato de rogar (vizinhos e amigos para cooperarem num serviço gratuitamente) 2 [regionalismo] importância paga aos trabalhadores quando são convidados para qualquer trabalho (Part. pass. fem. subst. de *rogar*)

rogado adj. pedido; instado; *fazer-se* ~ não ceder a um pedido senão depois de muito instado, para valorizar a seu favor (Part. pass. de *rogar*)

rogador adj.,n.m. 1 que ou aquele que roga 2 medianeiro; intercessor 3 organizador e chefe de roga (Do lat. *rogatōre-*, «id.»)

rogal adj.2g. referente à fogueira onde se cremavam os cadáveres, ou à pira (Do lat. *rogāle-*, «pira»)

rogar v.tr. 1 pedir com humildade e de forma insistente; suplicar 2 [regionalismo] assalariar para trabalhos agrícolas ◼ v.intr. fazer súplicas; pedir (Do lat. *rogāre*, «id.»)

rogativa n.f. rogo; súplica; prece (De *rogativo*)

rogativo adj. que envolve rogo ou súplica; que roga (De *rogar*+-*tivo*)

rogatória n.f. 1 discurso em que se roga 2 rogo; súplica; rogativa 3 DIREITO deprecada 4 DIREITO pedido a um tribunal estrangeiro para que realize certos atos judiciais (De *rogatório*)

rogatório adj. relativo a rogo; rogativo (De *rogar*+-*tório*)

rogo /ô/ n.m. 1 ato ou efeito de rogar; súplica; pedido; instância 2 oração; prece 3 intercessão 4 [regionalismo] assalariamento de pessoas para trabalhos agrícolas; *assinar a* ~ assinar por quem não sabe escrever (Deriv. regr. de *rogar*)

roído adj. 1 triturado com os dentes 2 desgastado; corroído 3 [fig.] atormentado (por medo, ciúme, inveja, etc.) 4 [Brasil] embriagado (Part. pass. de *roer*)

rojador adj.,n.m. que ou aquele que roja ou rasteja (De *rojar*+-*dor*)

rojão[1] n.m. ato ou efeito de rojar; rojo (De *rojar*+-*ão*)

rojão[2] n.m. vara com choupa com que se picavam os touros, nas touradas antigas (Do cast. *rejón*, «id.»)

rojão[3] n.m. 1 CULINÁRIA pequeno bocado de carne ou redenho de porco frito na sua própria gordura; rijão 2 CULINÁRIA pedaço de toucinho frito e estaladiço; torresmo 3 pl. CULINÁRIA prato tradicional do Minho que consiste em bocados pequenos de carne de porco frita, acompanhados de batatas, sangue de porco e tripa enfarinhada (De *rijão*)

rojar[1] v.tr. 1 levar de rojo; arrastar; arrojar 2 roçar por 3 arremessar ◼ v.intr.,pron. arrastar-se; rastejar; *~-se no pó* humilhar-se servilmente (De *arrojar*, com infl. de *rojo*, orig. onom.)

rojar[2] v.tr. [pop.] rijar (Do lat. vulg. *roseāre*, de *rosĕu-*, «vermelho»)

rojo[1] /ô/ n.m. 1 ato ou efeito de rojar; movimento de quem se arrasta; rojão 2 ruído produzido por um objeto que se arrasta ou se arremessa 3 [regionalismo] porção de silvas para resguardo de paredes (Deriv. regr. de *rojar*)

rojo[2] /ô/ adj. 1 [regionalismo] vermelho 2 [regionalismo] incandescente (Do lat. *rosĕu-*, «vermelho»)

rol[1] n.m. relação; lista 2 categoria 3 certo número (Do fr. *rôle*, «id.»)

rol[2] n.m. [regionalismo] relento; orvalho (Do lat. *rore-*, «orvalho»)

rola /ô/ n.f. 1 ORNITOLOGIA ave de migração, columbina, abundante em Portugal de abril a setembro, após o que emigra para a África 2 [regionalismo] embriaguez; ~ *de papo vermelho* ⇒ **seixoeira** (De orig. onom.)

rola-do-mar n.f. ORNITOLOGIA ave pernalta, do grupo dos borrelhos, abundante em Portugal na foz de muitos rios e nos rochedos do litoral, também designada por borrelo, rolinha, pilha, perna-vermelha, pírula, rola-marinha, etc.

rolador adj. que rola ou arrulha ◼ n.m. peça do maquinismo de tração elétrica (De *rolar*+-*dor*)

rolagem n.f. 1 ato de rolar; rolamento 2 ato de passar um rolo sobre um terreno para lhe desfazer os torrões e aconchegar a terra às sementes, facilitando assim a germinação (Do fr. *roulage*, «id.»)

rolamento n.m. 1 ato de rolar; movimento daquilo que rola 2 mecanismo que permite a certos aparelhos rodar com atrito diminuído por interposição de esferas, cilindros ou troncos de cone entre superfícies deslizantes 3 DESPORTO técnica (hoje em desuso) utilizada no salto em altura, em que o atleta rola ventralmente por cima da fasquia ao transpô-la (De *rolar*+-*mento*)

rolandiano adj. referente às edições dos clássicos portugueses, feitas pela casa editora Roland (De *Roland*, antr. +-*iano*)

rolante adj.2g. que rola; giratório (De *rolar*+-*ante*)

rolão[1] n.m. 1 parte mais grosseira da farinha, que fica na peneira depois de peneirada 2 [regionalismo] [pej.] escória; ralé (De *ralão*)

rolão[2] n.m. rolo de madeira que se coloca sob grandes pesos para facilitar a sua deslocação (De *rolo*+-*ão*)

rolar[1] v.tr. 1 fazer girar; rebolar 2 fazer avançar, obrigando a dar voltas sobre si próprio ◼ v.intr. 1 mover-se sobre si mesmo; rodar 2 cair, revolteando ou girando 3 decorrer; passar (o tempo) 4 andar sobre rodas; circular 5 (mar) encapelar-se; encarneirar-se 6 [Brasil] acontecer; ocorrer (Do fr. *rouler*, «id.»)

rolar[2] v.tr. cortar em rolos ou toros (um tronco de árvore) (De *rolo*+-*ar*)

rolar[3] v.tr.,intr. ⇒ **arrulhar** (De *rola*+-*ar*)

roldana n.f. MECÂNICA disco móvel em torno de um eixo perpendicular ao seu plano, com um sulco chamado gola ou garganta no seu contorno periférico, e a cujo eixo se liga uma peça chamada alça, destinando-se, isolada ou associada a outras, a elevar objetos pesados (Do cat. ant. *rotlana*, «id.», pelo cast. *roldana*, «id.»)

roldão n.m. baralhada; confusão; *de* ~ em tropel, confusamente (Do fr. ant. de *randon*, «a correr»)

roldear v.tr. [regionalismo] dividir a água das regas pelos consortes da levada (De orig. obsc.)

roldoniano adj. que diz respeito a Roldão, um dos doze pares de Carlos Magno (768-814), morto no combate de Roncesvales, cidade espanhola da província de Navarra, e imortalizado por Ariosto, poeta italiano (1474-1533), no seu poema Orlando Furioso (De *Roldão*, antr. +-*iano*)

roleira n.f. 1 palmatória onde se põe o rolo ou pavio de cera 2 ⇒ **cremalheira** (De *rolo*+-*eira*)

roleiro[1] adj. diz-se do mar que rola ou está encrespado; *navio* ~ o que descai para sotavento (De *rolar*+-*eiro*)

roleiro[2] n.m. caçador ou vendedor de rolas (De *rola*+-*eiro*)

roleiro[3] n.m. [regionalismo] meda de palha de forma cónica (De *rolo*+-*eiro*)

roleiro[4] n.m. [regionalismo] aquele que faz o rol (De *rol*+-*eiro*)

roleta /ê/ n.f. 1 jogo de azar que consta de uma mesa com trinta e seis números e uma espécie de prato giratório onde estão marcados os mesmos números, um dos quais indica o da sorte quando nele parar a bola de marfim que gira simultaneamente 2 [pop.] boato (Do fr. *roulette*, «id.»)

roleta russa n.f. duelo ou jogo suicida em que um indivíduo, depois de meter uma única bala num revólver, faz girar o tambor e puxa o gatilho com a arma virada para si próprio

rolete /ê/ n.m. 1 rolo pequeno 2 instrumento de chapeleiro para enfortir ou endireitar o fundo dos chapéus (De *rolo*+-*ete*)

rolha /ô/ n.f. 1 peça de cortiça, borracha, plástico, etc., geralmente cilíndrica, para tapar o gargalo ou a boca de recipientes de líquidos 2 [fig.] limite à liberdade de imprensa e à livre expressão do pensamento 3 [pop.] patife; tratante; *andar à procura da* ~ ver-se embaraçado; *Cascos de Rolha* lugar distante e desconhecido; *lei da* ~ lei que tolhe o livre pensamento; *levar uma* ~ fazer trinta pontos na bisca; *meter uma* ~ *na boca a* reduzir ao silêncio (Do lat. *rotŭla-*, «rodinha»)

rolhador n.m. aparelho próprio para rolhar (De *rolhar*+-*dor*)

rolhadura n.f. ato ou operação de rolhar (De *rolhar*+-*dura*)

rolhagem n.f. ⇒ **rolhadura** (De *rolhar*+-*agem*)

rolhão n.m. 1 ANATOMIA muco espesso e gelatinoso que, na gravidez, fecha o colo do útero, protegendo a placenta e o saco amniótico das infeções, e que geralmente se solta perto do fim da gestação 2 acumulado de fezes duras que toma uma forma mais ou menos cilíndrica e que resulta de um estado de prisão de ventre (De *rolha*+-*ão*)

rolhar v.tr. tapar com rolha; arrolhar (De *rolha*+-*ar*)

rolheiro[1] n.m. fabricante de rolhas (De *rolha*+-*eiro*)

rolheiro[2] n.m. 1 [regionalismo] paveia de trigo ou centeio atado pelo meio 2 [regionalismo] feixe de espigas cortadas; gavela 3 [regionalismo] redemoinho de água (De orig. obsc.)

rolhista n.2g. pessoa que trabalha em rolhas (De *rolha+-ista*)
rolho /ô/ adj. 1 gordo; roliço; nédio 2 curto e grosso ■ n.m. 1 [regionalismo] tampa; testo 2 embrulho; acervo (Do cast. *rollo*, «rolo»)
roli n.m. ORNITOLOGIA ⇒ **fura-bucho** (De orig. obsc.)
roliçar v.tr. 1 tornar roliço 2 arredondar (De *roliço+-ar*)
roliço adj. 1 com forma de rolo; cilíndrico 2 [fig.] gordo; anafado (De *rolo+-iço*)
rolieiro n.m. ORNITOLOGIA ⇒ **gaio-azul** (Do fr. *rollier*, «id.»)
rolim n.m. 1 ICTIOLOGIA ⇒ **bezedor** 2 ORNITOLOGIA ⇒ **fura-bucho** (De orig. obsc.)
rolinha n.f. ORNITOLOGIA ⇒ **rola-do-mar** (De *rola+-inha*)
roll-on n.m. (COSMÉTICA) produto, geralmente desodorizante, com aplicador em forma de bola rotativa (Do ing. *roll-on*, «id.»)
rolo¹ /ô/ n.m. 1 peça cilíndrica mais ou menos comprida; cilindro 2 pavio de cera enrolado 3 pequeno cilindro revestido de lã e munido de um cabo, utilizado para pintar superfícies planas 4 película fotográfica 5 tufo de cabelo enrolado 6 embrulho 7 remoinho 8 crivo do funil 9 CULINÁRIA prato doce ou salgado preparado com uma massa enrolada com recheio; torta enrolada 10 [fig.] multidão de gente; magote 11 [Brasil] sarilho; barafunda (Do lat. *rotŭlu-*, «rolo de papel», pelo fr. ant. *rôle*, «id.»)
rolo² /ô/ n.m. macho da rola (De *rola*)
romã n.f. fruto comestível, produzido pelas romãzeiras, de forma arredondada, casca avermelhada, com bagos vermelhos e sumarentos no interior (Do lat. *romana-* [*mala-*], «[maçã] romana»)
romagem n.f. 1 romaria; peregrinação a lugar devoto 2 viagem para recreio ou instrução a locais históricos 3 [fig.] trânsito contínuo de pessoas, na mesma direção 4 período; espaço de tempo (Do prov. *romeatge*, «id.»)
romaica n.f. dança nacional dos Gregos modernos (De *romaico*)
romaico adj. que diz respeito aos Gregos modernos ■ n.m. idioma grego moderno (Do gr. *rhomaikós*, «romaico»)
romana n.f. balança constituída por uma alavanca com um braço menor onde se coloca o objeto que se quer pesar, e um braço maior, graduado, com um peso que corre até equilibrar os dois braços (Do lat. *romana-*, «id.»)
romança n.f. 1 canção de assunto histórico 2 composição musical de carácter sentimental, para ser cantada (Do it. *romanza*, «id.»)
romançada n.f. [depr.] quantidade de romances sem valor (De *romance+-ada*)
romançaria n.f. ⇒ **romançada** (De *romance+-aria*)
romance n.m. 1 LITERATURA género narrativo ficcional em prosa, mais longo que a novela e o conto, em que as personagens são apresentadas com maior densidade psicológica, e o tempo e o espaço são categorias mais elaboradas 2 LITERATURA poema de versos simples e curtos, de assunto comovedor e próprio para ser cantado; rimance 3 idioma românico; romanço 4 relacionamento amoroso; caso 5 [fig.] fantasia; fábula; invenção (Do prov. *romans*, «escrito em língua românica»)
romanceação n.f. ato ou efeito de romancear (De *romancear+-ção*)
romancear v.tr. 1 contar ou descrever em romance, ou à maneira de romance; romantizar; fantasiar ■ v.intr. inventar histórias (De *romance+-ear*)
romanceiro n.m. coleção dos romances, poesias e canções populares de um país ou de uma região (De *romance+-eiro*)
romanche n.m. ⇒ **rético** n.m. (Do fr. *romanche*, «id.»)
romancice n.f. [depr.] fantasia romântica; devaneio (De *romance+-ice*)
romancismo n.m. ficções ou descrições no género romântico (De *romance+-ismo*)
romancista n.2g. pessoa que escreve romances (De *romance+-ista*)
romanço n.m. 1 linguagem que precedeu cada uma das línguas novilatinas 2 conjunto das línguas românicas (Por *romance*)
romando adj. relativo ao povo da Suíça francesa (Do fr. *romand*, «id.»)
romanesco /ê/ adj. 1 que tem o carácter do romance 2 cheio de aventuras 3 maravilhoso; fabuloso 4 [fig.] devaneador; apaixonado ■ n.m. carácter romântico; romancismo (Do it. *romanesco*, «id.», ou do fr. *romanesque*, «id.»)
romanho n.m. ⇒ **romani**
romani n.m. língua indo-europeia falada pelos Ciganos, subdividida em diversos dialetos
România n.f. 1 área geográfica dos povos de civilização latina 2 área geográfica das línguas românicas (Do lat. tard. *Romanĭa-*, «id.»)

românico adj. 1 diz-se das línguas que derivaram do latim 2 diz-se do estilo artístico medieval que se desenvolveu na Europa nos séculos XI e XII, influenciado pelas artes romana e bizantina ■ n.m. 1 estilo artístico medieval que se desenvolveu na Europa nos séculos XI e XII, influenciado pelas artes romana e bizantina 2 língua que derivou do latim; *filologia românica* estudo filológico das línguas românicas e das suas literaturas (Do lat. *romanĭcu-*, «de Roma»)
romanim n.m. antiga moeda, cunhada em Avinhão, cidade do Sul da França, quando cidade papal (Do it. *romanino*, «id.»)
romanisco adj. 1 versado em assuntos e negócios de Roma 2 [pop.] designativo do galo que tem a crista muito grossa e recortada (De *romano+-isco*)
romanismo n.m. 1 texto ou qualquer elemento do direito romano introduzido no direito pátrio 2 opinião romanista 3 designação que algumas confissões religiosas dão à doutrina da Igreja Romana (De *romano+-ismo*, ou do fr. *romanisme*, «id.»)
romanista n.2g. pessoa que se dedica ao estudo das línguas ou literaturas românicas (De *romano+-ista*)
romanística n.f. estudo das línguas, filologias e literaturas românicas (De *român[ico]+-ística*)
romanístico adj. que se refere à romanística (De *romanista+-ico*)
romanização n.f. ato ou efeito de romanizar; adaptação aos costumes romanos (De *romanizar+-ção*)
romanizar v.tr. 1 adaptar aos costumes romanos; mudar no sentido de imitar o estilo romano; dar feição romana a 2 adaptar à índole das línguas românicas (De *romano+-izar*)
romanizável adj.2g. que se pode romanizar (De *romanizar+-vel*)
romano adj. pertencente ou relativo a Roma ■ n.m. 1 dialeto de Roma; latim 2 natural ou habitante de Roma (Do lat. *romānu-*, «id.»)
romanologia n.f. estudo das línguas românicas; conjunto dos conhecimentos relativos às línguas românicas (Do lat. *romānu-*, «romano»+gr. *lógos*, «estudo» +*-ia*)
romanologista n.2g. ⇒ **romanólogo** (De *romanologia+-ista*)
romanólogo n.m. 1 indivíduo versado em filologia românica 2 romanista (Do lat. *romānu-*, «romano»+gr. *lógos*, «estudo»)
romanticismo n.m. carácter do que é romântico ou romanesco; romantismo (De *romântico+-ismo*)
romântico adj. 1 próprio de romance 2 relativo ao romantismo 3 poético; apaixonado 4 [fig.] devaneador; sonhador 5 [fig.] piegas ■ n.m. 1 partidário do romantismo 2 pessoa que afeta ares românticos (Do ing. *romantic*, «id.», pelo fr. *romantique*, «id.»)
romantismo n.m. 1 qualidade de romântico ou romanesco 2 ARTES PLÁSTICAS, LITERATURA, MÚSICA movimento artístico que se manifestou na Europa e na América ao longo da primeira metade do século XIX e que se caracteriza pela oposição ao neoclassicismo e pela aceitação de uma estética que valoriza a liberdade criadora, a subjetividade e o sonho, que exprime as tensões ideológicas e sociais do artista no seio da sociedade burguesa e que advoga o regresso às tradições medievais de cada povo e de cada nação 3 FILOSOFIA por oposição ao racionalismo, o termo designa a doutrina dos filósofos alemães do fim do século XVIII e do início do século XIX (Do fr. *romantisme*, «id.»)
romantização n.f. ato ou efeito de romantizar; idealização (De *romantizar+-ção*)
romantizar v.tr. 1 tornar romântico 2 contar em forma de romance 3 [fig.] poetizar; idealizar; fantasiar (Do fr. *romantiser*, «id.»)
romão adj.,n.m. 1 [ant.] ⇒ **romano** 2 [ant.] ⇒ **românico** (Do lat. *romānu-*, «id.»)
romaria n.f. 1 peregrinação a algum lugar religioso 2 festa de arraial 3 [fig.] multidão de pessoas em passeio ou visita a determinado sítio; *cantiga de ~* LITERATURA cantiga medieval em que se fala de romarias ou de santos (De *Roma*, top. +*-aria*)
romãzeira n.f. BOTÂNICA planta arbustiva que produz um fruto volumoso (romã), pertencente à família das Punicáceas, subespontânea e cultivada em Portugal, e também conhecida por romeira (De *romã+z+-eira*)
romãzeiral n.m. terreno plantado de romãzeiras; romeiral (De *romãzeira+-al*)
rômbico adj. que tem a forma de rombo ou losango (De *rombo+-ico*)
rombiforme adj.2g. ⇒ **rômbico** (Do lat. *rhombu-*, «rombo» +*forma-*, «forma»)
rombo¹ n.m. losango (Do gr. *rhómbos*, «id.», pelo lat. *rhombu-*, «id.»)
rombo² n.m. 1 grande buraco ou abertura 2 furo devido a arrombamento; rotura 3 [fig.] desfalque; prejuízo 4 [fig.] roubo (De orig. obsc.)

rombo³ *adj.* 1 que não é agudo; que tem a ponta quebrada ou gasta; truncado 2 [fig.] estúpido; tacanho (Do gr. *rhómbos*, «id.», pelo lat. *rhombu-*, «id.»)

rombododecaedro *n.m.* CRISTALOGRAFIA forma cristalográfica ocorrente em todas as classes do sistema cúbico, constituída por doze faces rômbicas; dodecaedro rômbico (De *rombo+dodecaedro*)

romboédrico *adj.* 1 que tem forma de romboedro 2 relativo ao romboedro (De *romboedro+-ico*)

romboedro *n.m.* GEOMETRIA paralelepípedo de faces rômbicas, iguais (Do gr. *rhómbos*, «losango» *+hédra*, «face»)

romboidal *adj.2g.* que tem figura de romboide (De *rombóide+-al*)

romboide *adj.2g.* com forma de rombo ■ *n.m.* GEOMETRIA quadrilátero em que as diagonais são perpendiculares mas não se cortam pelo meio como no paralelogramo (Do gr. *rhomboeidés*, «semelhante a losango»)

rombóide ver nova grafia romboide

rombudo *adj.* 1 muito rombo; mal aguçado 2 [fig.] estúpido (De *rombo+-udo*)

romeira¹ *n.f.* 1 mulher que vai em peregrinação a uma romaria; peregrina 2 espécie de cabeção que usavam os que iam de romaria a Santiago de Compostela, cidade espanhola da Galiza 3 agasalho feminino que cobre os ombros até à cintura; mantelete (De *romeiro*)

romeira² *n.f.* BOTÂNICA ⇒ **romãzeira** (De *romã+-eira*)

romeiral *n.m.* ⇒ **romãzeiral** (De *romeira+-al*)

romeirinho *n.m.* ICTIOLOGIA ⇒ **romeiro** 3 (De *romeiro+-inho*)

romeiro *n.m.* 1 homem que vai em romagem a uma romaria; peregrino 2 [fig.] defensor de ideias novas; apóstolo 3 ICTIOLOGIA peixe teleósteo, da família dos Carangídeos, que aparece na costa marítima portuguesa (De *Roma*, top. +-*eiro*)

romeno /ê/ *adj.* da Roménia ■ *n.m.* 1 natural da Roménia 2 língua falada na Roménia (Do rom. *român*, «id.»)

romeu-e-julieta *n.m.* 1 queijo com marmelada 2 [Brasil] queijo com goiabada

rompante *adj.2g.* 1 precipitado 2 arrogante; orgulhoso ■ *n.m.* 1 impulso arrebatado; ímpeto; exaltação; fúria 2 altivez; *de ~* impetuosamente, repentinamente (Por *rompente*, de *romper+-ente*)

rompão *n.m.* 1 saliência nas extremidades das ferraduras dos solípedes, destinadas a evitar o escorregamento em pavimentos empedrados 2 [regionalismo] rompante (De *romper+-ão*)

rompedeira *n.f.* 1 aquela que rompe 2 talhadeira de cabo para cortar o ferro em brasa 3 punção com que os serralheiros abrem furos estreitos e fundos (De *romper+-deira*)

rompedor *adj.,n.m.* que ou aquele que rompe (De *romper+-dor*)

rompedura *n.f.* ato de romper; rasgão (De *romper+-dura*)

rompente *adj.2g.* 1 que rompe, lacera ou investe 2 ameaçador; arrogante 3 HERÁLDICA diz-se do leão figurado, no escudo, de perfil e aprumado (Do lat. *rumpente-*, «id.», part. pres. de *rumpĕre*, «romper»)

romper *v.tr.,intr.,pron.* 1 separar(-se) em pedaços; despedaçar(-se); partir 2 rasgar(-se) 3 desgastar(-se) com o uso 4 interromper(-se); suspender(-se) ■ *v.tr.* 1 fazer golpe, ferida; cortar 2 passar através de; penetrar 3 abrir caminho através de 4 fazer sulcos em; sulcar 5 arrombar; rebentar 6 sair com ímpeto (de); jorrar 7 investir; atacar 8 infringir; violar 9 cortar relações (com alguém); terminar (uma relação) 10 desligar-se (de) 11 dar início a; começar a ■ *v.intr.* 1 aparecer; despontar 2 (dente) nascer 3 terminar uma relação ■ *n.m.* 1 rompimento 2 aparecimento; *~ com (alguém)* cortar relações com (alguém), zangar-se (Do lat. *rumpĕre*, «id.»)

rompida *n.f.* 1 [regionalismo] ato de romper ou desbravar terreno 2 [Brasil] saída do gado 3 [Brasil] partida, em corridas de gado (Part. pass. fem. subst. de *romper*)

rompimento *n.m.* 1 ato ou efeito de romper 2 abertura; corte; perfuração 3 quebra de relações; zanga 4 princípio 5 derrota (De *romper+-mento*)

ronca *n.f.* 1 ato ou efeito de roncar; roncadura 2 panela ou lata com uma pele de bexiga distendida, que produz um som rouco e áspero quando se passa a mão por um cordel encerado que lhe está ligado 3 maquinismo que produz sons fortes para avisar os navios da proximidade de terra; sereia 4 [fig.] fanfarronada; bravata 5 ICTIOLOGIA ⇒ **cantariz** 6 ORNITOLOGIA ⇒ **abetoira** (Deriv. regr. de *roncar*)

roncada *n.f.* 1 [regionalismo] soneca 2 barulho que faz uma pessoa quando ressona (Part. pass. fem. subst. de *roncar*)

roncador *adj.* que ronca ■ *n.m.* 1 aquele que ronca 2 ICTIOLOGIA peixe teleósteo, de cor negra, afim da corvina, que aparece na costa sul de Portugal; dentão 3 [fig.] fanfarrão (De *roncar+-dor*)

roncadura *n.f.* ato ou efeito de roncar (De *roncar+-dura*)

roncante *adj.2g.* que ronca (De *roncar+-ante*)

roncão *adj.* ⇒ **roncante** (De *roncar+-ão*)

roncar *v.intr.* 1 produzir ronco 2 respirar com ruído durante o sono; ressonar ■ *v.tr.* fazer alarde (de); gabar-se (de) (De *ronco+-ar*)

roncaria *n.f.* 1 ato ou efeito de roncar; roncadura 2 [fig.] arrogância; fanfarrice (De *roncar+-aria*)

ronçaria *n.f.* qualidade do que é ronceiro; lentidão (Do cast. *roncería*, «id.»)

roncear *v.intr.* andar ou agir com roncice, com lentidão (Do cast. *roncear*, «id.»)

ronceirice *n.f.* ⇒ **ronceirismo** (De *ronceiro+-ice*)

ronceirismo *n.m.* 1 hábito de ronceiro; ronçaria; indolência 2 aversão às ideias do progresso (De *ronceiro+-ismo*)

ronceiro *adj.* vagaroso; pachorrento; indolente; madraço (Do cast. *roncero*, «id.»)

roncha *n.f.* 1 [regionalismo] inchaço causado pela mordedura de piolho ou percevejo 2 [regionalismo] refego nos braços ou nas pernas das crianças (Do cast. *roncha*, «id.»)

roncice *n.f.* ⇒ **ronceirismo**

roncinado *adj.* BOTÂNICA diz-se da folha peninérvea e partida, cujos segmentos estão voltados para a base (Do lat. *runcinātu-*, «aplainado»)

ronco *n.m.* 1 ruído que produz quem ou aquilo que ronca; som áspero e cavernoso; fragor 2 grunhido do porco 3 respiração cava (Do gr. *rhógkhos*, «id.», pelo lat. *rhonchu-*, «id.»)

roncolho /ô/ *adj.* 1 VETERINÁRIA diz-se da castração mal feita 2 VETERINÁRIA designativo, especialmente, do cavalo cujos testículos ficaram recolhidos na cavidade abdominal, não aparecendo nas bolsas; testicondo (De orig. obsc.)

ronda *n.f.* 1 inspeção noturna feita a diferentes postos militares para verificar se tudo está em ordem 2 força militar ou policial que percorre certos lugares urbanos para manutenção da ordem 3 inspeção feita a um determinado local ou edifício para verificar se está tudo em ordem 4 dança em círculo 5 espécie de jogo de azar (Do ár. *rubtâ*, «patrulha a cavalo», pelo cast. *ronda*, «id.»)

rondador *adj.,n.m.* que ou aquele que ronda (De *rondar+-dor*)

rondante *adj.2g.,n.2g.* ⇒ **rondador** (De *rondar+-ante*)

rondão *n.m.* ⇒ **roldão** (Do fr. ant. de *randon*, «a correr»)

rondar *v.tr.,intr.* fazer ronda (a); vigiar; inspecionar ■ *v.tr.* 1 passear em volta de; andar a observar 2 retesar (cabo náutico) 3 [coloq.] tentar seduzir (De *ronda+-ar*)

rondear *v.tr.,intr.* ⇒ **rondar** (De *ronda+-ear*)

rondista *n.2g.* 1 pessoa encarregada de rondar um local determinado 2 ladrão que espera em certo sítio a ocasião favorável para roubar (De *rondar+-ista*)

rondó *n.m.* 1 LITERATURA pequena composição poética em que o primeiro ou os primeiros versos se repetem no meio ou no fim da peça 2 MÚSICA ária em que há repetição dos temas principais (Do fr. *rondeau*, «id.»)

ronga *n.m.* grupo de línguas faladas em Moçambique, a Sul do Save

ronha /ô/ *n.f.* 1 espécie de sarna que ataca alguns animais 2 [pop.] malícia; manha; astúcia (Do lat. vulg. **ronĕa-*, alt. de *aranĕa-*, «herpes; impigem; sarna»?)

ronhento *adj.* ⇒ **ronhoso** (De *ronha+-ento*)

ronhoso *adj.* 1 que tem ronha 2 malicioso; velhaco; finório; *ovelha ronhosa* [fig.] pessoa indesejável (numa família, num grupo de pessoas) (De *ronha+-oso*)

ronquear *v.tr.* limpar e preparar (o atum) para conserva (De orig. obsc.)

ronqueira *n.f.* 1 doença que ataca os pulmões do gado 2 [coloq.] ruído produzido por respiração difícil; pieira (De *ronco+-eira*)

ronquejante *adj.2g.* que ronqueja (De *ronquejar+-ante*)

ronquejar *v.intr.* respirar com ruído durante o sono; produzir ronco; roncar (De *ronco+-ejar*)

ronquenho /ê/ *adj.* 1 que tem ronqueira 2 rouco (De *ronco+-enho*)

ronquidão *n.f.* 1 ⇒ **ronquido** 2 voz rouca (De *ronquido+-ão*)

ronquido *n.m.* 1 ruído na traqueia do cavalo quando este anda depressa 2 ronco (De *ronco+-ido*)

ronrom *n.m.* ruído produzido pela traqueia do gato, geralmente quando está contente ou descansado (De orig. onom.)

ronronante *adj.2g.* 1 que ronrona 2 semelhante ao ronrom (De *ronronar+-ante*)

ronronar *v.intr.* fazer ronrom (o gato) (De *ronrom+-ar*)

röntgen *n.m.* FÍSICA unidade de dose de radiação x e γ, de símbolo R, que corresponde à quantidade de radiação x ou γ tal que a emissão corpuscular associada por cada 0,001293 gramas de ar produz, no ar seco, nas condições normais de temperatura e pressão, iões com uma carga total de uma unidade eletrostática de quantidade de eletricidade de ambos os sinais (De *Wilhelm Conrad Röntgen*, antr., fís. al., 1845-1923)

röntgenterapia *n.f.* MEDICINA tratamento pelos raios X (De *röntgen*+*terapia*)
rópia *n.f.* [regionalismo] arreganho; petulância (De orig. obsc.)
ropografia *n.f.* descrição de pequenos objetos, árvores, paisagens, etc. (Do gr. *rhopographía*, «desenho de objetos miúdos»)
ropográfico *adj.* relativo a ropografia (De *ropografia*+*-ico*)
ropógrafo *n.m.* o que se dedica à ropografia (Do gr. *rhôpos*, «ramo pequeno»+*gráphein*, «escrever»)
roque *n.m.* 1 peça do jogo do xadrez também chamada torre 2 movimento do xadrez em que se jogam duas peças na mesma jogada, ou seja em que se joga o rei duas casas para o lado passando a torre correspondente para o outro lado; fazer roque; *fazer ~* (xadrez) jogar o rei ao mesmo tempo que uma das duas torres; *sem rei nem ~* sem governo, à toa, à matroca (Do fr. ant. *roc*, «torre do xadrês»)
roquefort *n.m.* variedade de queijo de ovelha proveniente de Roquefort, localidade francesa do departamento de Aveyron (Do fr. *roquefort*)
roqueira¹ *n.f.* antigo canhão que atirava pelouros de pedra (De *roca*+*-eira*)
roqueira² *n.f.* pieira (Por *rouqueira*?)
roqueirada *n.f.* tiro de roqueira (canhão) (De *roqueira*+*-ada*)
roqueiro¹ *adj.* 1 relativo a rocha ou roca 2 diz-se do castelo assente sobre rocha ou no rochedo (De *roca* [= rocha]+*-eiro*)
roqueiro² *n.m.* indivíduo que faz rocas (De *roca* [= utensílio para fiar]+*-eiro*)
roqueiro³ *n.m.* 1 instrumentista, cantor e/ou compositor de rock 2 fã do rock (De *rock*+*-eiro*)
roque-roque *n.m.* som produzido pelo roer ou trincar (De orig. onom.)
roquete /ê/ *n.m.* 1 espécie de sobrepeliz com mangas, rendas e pregas 2 HERÁLDICA triângulo do escudo 3 [regionalismo] utensílio que serve para apertar os arames dos fardos de cortiça (Do cat. *roquet*, «id.»)
roquinha *n.f.* artefacto de borracha para as crianças apertarem entre as gengivas (De *roca*+*-inha*)
ror *n.m.* [pop.] grande quantidade (De *horror*, com afér.)
rorante *adj.2g.* 1 que se resolveu em orvalho 2 que orvalha; rorejante 3 que tem orvalho; rorífero (Do lat. *rorante*-, «id.», part. pres. de *rorare*, «estar orvalhado»)
rorejante *adj.2g.* que roreja ou orvalha; rorante (De *rorejar*+*-ante*)
rorejar *v.tr.* 1 deitar gota a gota; gotejar; destilar 2 borrifar ▪ *v.intr.* brotar em gotas; borbulhar (Do lat. *rore*-, «orvalho»+*-ejar*)
rorejo /ê/ *n.m.* ato ou efeito de rorejar (Deriv. regr. de *rorejar*)
rorela *n.f.* BOTÂNICA ⇒ **drósera** (Do lat. *rore*-, «orvalho» +*-ela*)
rórido *adj.* [poét.] húmido ou coberto de orvalho; orvalhado (Do lat. *roridu*-, «id.»)
rorífero *adj.* 1 [poét.] que tem orvalho 2 [poét.] que espalha orvalho; rorífluo; rorejante (Do lat. *roríferu*-, «id.»)
rorífluo *adj.* [poét.] de que dimana o orvalho; rorífero (Do lat. *rorifluu*-, «id.»)
rorqual *n.m.* ZOOLOGIA cetáceo (baleia) dos mares do Norte (Do fr. *rorqual*, «id.»)
rosa *n.f.* 1 BOTÂNICA flor da roseira, existente em várias cores, com perfume agradável e caule geralmente coberto de espinhos 2 BOTÂNICA roseira 3 coisa ou figura de simetria radiada, que lembre a disposição das pétalas da flor das Rosáceas 4 MÚSICA abertura circular no tampo dos instrumentos de cordas dedilhadas; rosácea; espelho 5 [fig.] mulher muito bela; beldade 6 *pl.* [fig.] estado de grande satisfação; alegria; felicidade ▪ *adj.inv.,n.m.* ⇒ **cor-de-rosa**; *mar de rosas* ocasião em que tudo corre bem; *maré de rosas* tempo em que sucede tudo à medida dos nossos desejos; *não há ~ sem espinhos* todas as situações têm um lado menos bom (Do lat. *rosa*-, «id.»)
rosa-albardeira *n.f.* BOTÂNICA planta herbácea, de grandes flores vermelhas, também designada por albardeira ou rosa-de-lobo
rosácea *n.f.* 1 ARQUITETURA ornamento adaptado a uma superfície circular, e cuja forma sugere a disposição das pétalas de uma flor irradiando de um centro 2 MÚSICA abertura circular no tampo dos instrumentos de cordas dedilhadas; rosa; espelho 3 MEDICINA doença vascular crónica que atinge a pele da face, caracterizada por vermelhidão e inflamação dos vasos sanguíneos, podendo infecionar e criar pústulas e abcessos (Do lat. *rosacĕa*-, «de rosa»)

Rosáceas *n.f.pl.* BOTÂNICA família das plantas herbáceas, arbustivas ou arbóreas, em regra com flores regulares, de 4 a 5 pétalas livres, representada por muitas centenas de espécies em quase todo o Globo, algumas das quais muito cultivadas pela sua beleza e utilidade (De *rosácea*)
rosáceo *adj.* 1 relativo ou semelhante à rosa 2 BOTÂNICA diz-se de um tipo de corola regular, dialipétala, com cinco pétalas quase desprovidas de unha (Do lat. *rosacĕu*-, «de rosa»)
rosa-chá *n.f.* BOTÂNICA variedade de rosa, amarelada, cujo aroma se assemelha ao do chá
rosa-choque *n.m.* cor-de-rosa muito vivo
rosa-de-lobo *n.f.* BOTÂNICA ⇒ **rosa-albardeira**
rosa-de-ouro ver nova grafia rosa de ouro
rosa de ouro *n.f.* objeto de ouro que representa uma rosa e que o papa oferece como distinção a pessoas ou instituições que deseja honrar
rosa-de-toucar *n.f.* BOTÂNICA roseira de flores pequenas
rosado *adj.* 1 que tem a cor da rosa; cor-de-rosa; avermelhado 2 que contém essência de rosas na sua composição (De *rosa*+*-ado*)
rosa-do-japão *n.f.* BOTÂNICA ⇒ **cameleira**
rosa-dos-ventos ver nova grafia rosa dos ventos
rosa dos ventos *n.f.* 1 conjunto de todos os rumos determinados no horizonte pelos pontos cardeais, colaterais e subcolaterais 2 mostrador que tem desenhados os traços que representam aqueles rumos, correspondentes à direção dos diferentes ventos
rosal *n.m.* ⇒ **roseiral** (Do lat. *rosale*-, «relativo a rosas»)
rosalgar *n.m.* 1 MINERALOGIA mineral constituído por sulfureto de arsénio, vermelho-alaranjado, que cristaliza no sistema monoclínico e se altera por ação da luz e do ar em auripigmento 2 designação popular do sulfureto de arsénio, de fórmula As_4S_4, que é um veneno muito utilizado para matar ratos (Do ár. *rohj al-gar*, «pó da caverna»)
rosário *n.m.* 1 RELIGIÃO objeto com um número específico de contas ou sementes, dependendo da tradição religiosa, usado na contagem de orações ou em práticas meditativas 2 RELIGIÃO na religião católica, objeto formado por quinze séries de dez contas separadas por uma conta maior, enfiadas em colar, e que se fazem passar pelos dedos enquanto se rezam ave-marias (uma por cada conta pequena) e pais-nossos (um por cada conta grande) 3 RELIGIÃO conjunto de orações em honra de Nossa Senhora rezadas com este objeto 4 máquina para extrair água das minas 5 [fig.] reunião de objetos à maneira das contas de um rosário 6 [fig.] série; enfiada; *não são contas do teu ~* não tens nada com isso, isso não te diz respeito (Do lat. *rosarĭu*-, «de rosa»)
rosar-se *v.pron.* 1 tomar a cor da rosa 2 [fig.] corar 3 [fig.] envergonhar-se (De *rosa*+*-ar*)
rosbife *n.m.* CULINÁRIA pedaço de carne de vaca, assada, de modo a manter, interiormente, a sua cor natural e servido em fatias finas (Do ing. *roastbeef*, «carne assada», pelo fr. *rosbif*, «id.»)
rosca /ô/ *n.f.* 1 volta em espiral ou em hélice num objeto qualquer 2 ranhura helicoidal do parafuso 3 cada uma das voltas da serpente quando se enrola 4 bolo ou pão de farinha, retorcido em forma de argola 5 larva do escaravelho 6 inseto que rói a madeira 7 [pop.] embriaguez ▪ *n.2g.* 1 pessoa manhosa 2 coisa ordinária (De orig. obsc.)
roscar *v.tr.* 1 fazer roscas em 2 aparafusar (De *rosca*+*-ar*)
róscido *adj.* [poét.] coberto de rocio; orvalhado (Do lat. *roscĭdu*-, «orvalhado»)
rosé *adj.2g.* que é levemente rosado ▪ *n.m.* vinho levemente rosado, obtido após um período de maceração das uvas mais curto do que para o vinho tinto, de forma que não complete a sua fermentação (Do fr. *rosé*, «rosado»)
rosê *adj.2g.,n.m.* ⇒ **rosé** (Do fr. *rosé*)
roseira *n.f.* BOTÂNICA arbusto aculeado, do género *Rosa*, da família das Rosáceas, espontâneo ou cultivado pela beleza e pelo aroma das suas flores; rosa (Do lat. *rosarĭu*-, «rosal»)
roseira-do-japão *n.f.* BOTÂNICA ⇒ **cameleira**
roseiral *n.m.* plantação de roseiras; rosal (De *roseira*+*-al*)
roseirista *n.2g.* pessoa que se dedica à cultura de roseiras (De *roseira*+*-ista*)
roselha /ê/ *n.f.* BOTÂNICA planta arbustiva, de folhas rugosas e onduladas, com flores pequenas, purpúreas, que pertence à família das Cistáceas e é espontânea em Portugal, do Douro ao Algarve (De *rosa*+*-elha*)
roselha-grande *n.f.* BOTÂNICA ⇒ **roselha-maior**
roselha-maior *n.f.* BOTÂNICA planta tomentosa, de folhas planas e flores rosadas, maiores que as da roselha

róseo *adj.* 1 relativo a rosa; rosado 2 da cor da rosa (Do lat. *roseŭ-*, «de rosa»)

roséola *n.f.* MEDICINA doença eruptiva que é um exantema de cor rósea (Do fr. *roséole*, «id.»)

roseta /ê/ *n.f.* 1 rosa pequena 2 rodinha dentada da espora 3 bolinha armada de puas, na extremidade das disciplinas 4 distintivo honorífico 5 nó de fita em forma de rosa 6 rodela de croché 7 pequena mancha vermelha no corpo 8 coloração das faces 9 [com maiúscula] nome de um dos braços do delta do Nilo, junto do qual foi descoberta a pedra de Roseta, que permitiu ao professor francês Champollion (1790-1832) decifrar a escrita hieroglífica 10 [Brasil] pontas de capim seco (De *rosa+-eta*, ou do fr. *rosette*, «rosinha»)

rosetão *n.m.* ornato de escultura que imita uma rosa grande (De *roseta+-ão*)

rosete /ê/ *adj.2g.* semelhante a cor-de-rosa (De *rosa+-ete*)

rosicler *adj.2g.* 1 que tem a cor da rosa e da açucena 2 afogueado como a cor da rosa ■ *n.m.* 1 colar de pérolas 2 peça formada de pingentes que cingia a cabeça (Do fr. *rose clair*, «cor-de-rosa claro»)

rosiflor *adj.2g.* que tem flores parecidas com as da rosa (De *rosa+flor*)

rosilho *adj.* diz-se do cavalo com pelo branco, mesclado de ruço e avermelhado; raudão (De *rosa+-ilho*, ou do cast. *rosillo*, «id.»)

rosinha *n.f.* 1 pequena rosa 2 ORNITOLOGIA pássaro comum em Portugal, também conhecido por chede ou cheide (De *rosa+-inha*)

rosmaninhal *n.m.* BOTÂNICA mata de rosmaninhos (De *rosmaninho+-al*)

rosmaninho *n.m.* 1 BOTÂNICA planta subarbustiva da família das Labiadas, aromática, de espigas geralmente pequenas e flores violáceas, bastante usada em perfumaria e na extração de essências 2 BOTÂNICA ⇒ **alecrim** (Do lat. *rosmarīnu-*, «id.»)

rosmanino *n.m.* ⇒ **rosmaninho**

rosmano *n.m.* ⇒ **rosmaninho** (Deriv. regr. de *rosmaninho*)

rosmarinho *n.m.* [regionalismo] ⇒ **rosmaninho**

rosnadela *n.f.* 1 ato ou efeito de rosnar 2 [fig.] murmuração (De *rosnar+-dela*)

rosnado *n.m.* ⇒ **rosnadela** (Part. pass. subst. de *rosnar*)

rosnador *adj.,n.m.* que ou o que rosna (De *rosnar+-dor*)

rosnadura *n.f.* ⇒ **rosnadela** (De *rosnar+-dura*)

rosnar *v.intr.* emitir, qualquer animal, especialmente o cão, um ruído surdo e ameaçador ■ *v.tr.,intr.* dizer em voz baixa e por entre dentes; resmungar ■ *v.tr.* fazer constar em segredo; dizer à socapa; fazer correr como boato (Do cast. *roznar*, «zurrar»)

rosnento *adj.* 1 que rosna muito 2 [fig.] resmungão (De *rosnar+-ento*)

rosnido *n.m.* ⇒ **rosnadela** (De *rosnar+-ido*)

rosólio *n.m.* espécie de licor em cuja preparação entram pétalas de rosas vermelhas, maceradas (Do it. *rosolio*, «id.»)

rosquear *v.tr.* 1 abrir roscas em; roscar 2 [regionalismo] bater; castigar ■ *v.intr.* [regionalismo] formar roscas quando cai (De *rosca+-ear*)

rosquilha *n.f.* 1 rosca pequena 2 espécie de biscoito retorcido (De *rosca+-ilha*)

rosquilho *n.m.* ⇒ **rosquilha** (De *rosca+-ilho*)

rossio *n.m.* 1 praça pública 2 terreno espaçoso 3 terreno fruído, outrora, em comum, pelos habitantes de uma povoação (Do lat. *residuu-*, «remanescente»)

rostilhada *n.f.* ⇒ **restolhada**

rostir *v.tr.* 1 [ant.] bater no rosto de; maltratar 2 moer; pisar 3 [fig.] mastigar 4 [Brasil] roçar; esfregar (De *rosto+-ir*)

rosto /ô/ *n.m.* 1 cara; face 2 traços fisionómicos; semblante 3 parte dianteira; frente 4 lado da medalha oposto ao reverso 5 página do livro que tem o título e o nome do autor 6 [fig.] aparência; aspeto; *~ a ~* cara a cara; *dar de ~* encarar; *de ~* de frente; *esconder o ~* envergonhar-se; *fazer ~ a* enfrentar; *lançar em ~* acusar verbalmente, exprobrar (Do lat. *rostru-*, «bico»)

rostrado *adj.* 1 que tem rosto 2 que tem focinho aguçado, esporão ou bico (Do lat. *rostrātu-*, «recurvado como um bico»)

rostral *adj.2g.* 1 referente ou pertencente ao rostro 2 que está na frente, do lado, ou próximo da boca 3 que tem rostro ■ *n.m.* parte frontal de um livro ou revista, etc. (Do lat. *rostrāle-*, «de bico»)

rostrato *adj.* 1 diz-se de uma variedade de eucalipto 2 ornado de esporões (Do lat. *rostrātu-*, «recurvado como um bico»)

rostricórneo *adj.* ZOOLOGIA diz-se do inseto que tem a antena debaixo de uma espécie de bico que prolonga a cabeça (Do lat. *rostru-*, «bico» +*cornu-*, «antena» +*-eo*)

rostrífero *adj.* que tem um rostro (Do lat. *rostru-*, «bico» +*fero*, de *ferre*, «ter»)

rostriforme *adj.2g.* que tem a forma de bico de ave (rostro) (Do lat. *rostru-*, «bico» +*forma-*, «forma»)

rostrilho *n.m.* BOTÂNICA radícula da semente germinada (De *rostro+-ilho*)

rostro /ô/ *n.m.* 1 ZOOLOGIA bico de ave 2 NÁUTICA extremidade da proa dos navios 3 BOTÂNICA esporão dos vegetais 4 tribuna ornada de esporões de navios em que os oradores romanos discursavam no foro 5 ZOOLOGIA sugadouro dos insetos hemípteros (Do lat. *rostru-*, «bico»)

-rostro sufixo nominal de origem latina, que exprime a ideia de *bico* (de ave) (*acutirrostro*, *atrirrostro*)

rota¹ /ó/ *n.f.* 1 caminho; rumo; direção 2 trajetória de uma embarcação ou aeronave; *de ~ batida* apressadamente, sem parar ou descansar (Do fr. ant. *rote*, fixo *route*, «caminho; estrada»)

rota² /ó/ *n.f.* 1 combate; luta 2 derrota (Do lat. *rupta-*, part. pass. fem. de *rumpĕre*, «romper; separar»)

rota³ /ó/ *n.f.* MÚSICA instrumento musical de cordas, semelhante à cítara, usado na Idade Média (Do germ. *hrotta*, «rota», pelo fr. ant. *rote*, «id.»)

rota⁴ /ó/ *n.f.* [geralmente com maiúscula] RELIGIÃO tribunal pontifício composto de doze membros, aonde sobem, por apelação, as causas eclesiásticas; Rota Romana (Do it. *rota*, «rota»)

rota⁵ /ó/ *n.f.* [regionalismo] corte de terreno para abrir um caminho (Do lat. *rupta-*, part. pass. fem. de *rumpĕre*, «romper; separar»)

rota⁶ /ó/ *n.f.* 1 BOTÂNICA cana-da-índia 2 BOTÂNICA espécie de cipó ou junco (Do mal. *rotang*, «id.»)

rotação *n.f.* 1 ato ou efeito de rotar ou rodar 2 movimento de um corpo que se desloca em volta de um eixo (material ou não), durante o qual cada ponto do corpo tem a mesma velocidade angular 3 ASTRONOMIA movimento giratório de um astro em torno do seu próprio eixo 4 volta inteira 5 repetição dos mesmos factos no decorrer dos tempos 6 sucessão alternada de pessoas ou factos 7 alternância no cultivo de plantas diferentes no mesmo terreno (Do lat. *rotatiōne-*, «id.»)

rotáceo *adj.* que tem forma de roda; circular (Do lat. *rota-*, «roda» +*-áceo*)

rotacional *n.f.* FÍSICA operador vetorial associado a um campo de vetores cujo fluxo através de uma dada superfície é igual ao integral de linhas (circulação) do vetor a que o operador rotacional está aplicado ao longo da linha fronteira dessa superfície (Do lat. *rotatiōne-*, «rotação» +*-al*)

rotacismo *n.m.* 1 emprego frequente do *r*, ou pronúncia viciosa desta letra 2 substituição do *s* por *r* (Do gr. *rhotakismós*, «id.», pelo lat. *rhotacismu-*, «id.»)

rotador *adj.* 1 que faz rodar ou girar 2 ANATOMIA (músculo) que atua em movimentos de rotação 3 ZOOLOGIA ⇒ **rotífero** *adj.* 3 4 partícula que se move a uma distância constante de um ponto fixo (Do lat. *rotatōre-*, «id.»)

rotante *adj.2g.* que roda (Do lat. *rotante-*, «id.», part. pres. de *rotāre*, «rodar; girar»)

rotar *v.intr.* andar à roda; rodar; girar (Do lat. *rotāre*, «id.»)

rotário *n.m.* membro de uma das associações anglo-americanas denominadas Rotary Clubs, que usa como insígnia uma rodinha dourada na botoeira, e que tem por fim estabelecer, no comércio, na indústria e nas profissões liberais, a confiança, a lealdade, a probidade, etc. (Do ing. *rotary*, «rotativo»)

rotativa *n.f.* TIPOGRAFIA máquina de imprimir em que o papel, enrolado em bobinas, se desenrola e recebe a impressão (Do fr. *rotative*, «id.»)

rotativar *v.intr.* suceder-se por certa ordem; alternar; revezar (De *rotativo+-ar*)

rotatividade *n.f.* carácter do que é rotativo; alternância (De *rotativo+-i-+-dade*)

rotativismo *n.m.* POLÍTICA alternância de dois partidos políticos no poder (De *rotativo+-ismo*)

rotativista *n.2g.* pessoa partidária do rotativismo (De *rotativo+-ista*)

rotativo *adj.* 1 que produz movimento de rotação; que faz girar 2 relativo a rotação; giratório 3 (cargo, responsabilidade, função, etc.) que se transmite em alternância 4 referente ao rotativismo (De *rotar+-tivo*, ou do fr. *rotatif*, «id.»)

rotatório *adj.* 1 relativo a rotação 2 que roda; giratório; rotativo 3 FÍSICA (poder) capaz de fazer girar o plano de polarização da luz (De *rotar+-tório*, ou do fr. *rotatoire*, «id.»)

rotavírus *n.m.2n.* vírus responsável pela gastroenterite, sobretudo em bebés ou crianças pequenas (Do ing. *rotavirus*, «id.»)

rotear¹ *v.tr.* ⇒ **arrotear** (De *roto+-ear*)

rotear² *v.tr.* dar rumo a uma embarcação; marear (De *rota+-ear*)

rotear³ *v.tr.* [Índia] (Goa) empalhar cadeiras (De *rota*+*-ear*)

rotearia *n.f.* trabalho de arrotear ou desbravar (a terra) para ser cultivada (De *rotear*+*-ia*)

roteia *n.f.* ⇒ **arroteia** (Deriv. regr. de *rotear*)

roteirista *n.2g.* 1 pessoa que escreve roteiros 2 pessoa que escreve guiões para rádio, cinema ou televisão (De *roteiro*+*-ista*)

roteiro *n.m.* 1 descrição pormenorizada de uma viagem; itinerário 2 livro onde se consignam todos os pormenores de uma viagem importante 3 descrição de todos os acidentes marítimos e geográficos necessários para se fazer uma viagem 4 indicação dos caminhos, ruas, etc., de uma região ou povoação 5 [fig.] regulamento; norma (De *rota*+*-eiro*)

rotejar-se *v.pron.* [regionalismo] propalar-se; dizer-se; constar; rosnar-se (De *rotar*+*-ejar*)

roti- elemento de formação de palavras que exprime a ideia de *roda* (Do lat. *rota-*, «roda»)

róti *n.m.* CULINÁRIA pão de origem indiana, sem fermento, redondo e de espessura muito fina, assado no forno, podendo ainda ser recheado (Do ing. *roti*, «id.»)

rotífero *adj.* 1 que possui rodas 2 que produz rotação 3 ZOOLOGIA diz-se do metazoário microscópico, do grupo dos troquelmintes, que, na parte anterior, tem uma espécie de disco com ciliatura que vibra, deixando ao observador a impressão de um movimento rotatório ■ *n.m.* ZOOLOGIA espécime dos rotíferos ■ *n.m.pl.* ZOOLOGIA classe dos troquelmintes constituída por animais com as características referidas anteriormente, que são frequentes nas águas estagnadas, entre musgos, em infusões, etc., e são também chamados rotadores (Do lat. *rota-*, «roda» +*fero*, de *ferre*, «ter»)

rotiforme *adj.2g.* com forma de roda (De *roti-*+*-forme*)

rotim *n.m.* espécie de junco da Índia de que se fazem assentos de cadeiras, etc. (Do mal. *rotang*, «junco da Índia», pelo fr. *rotin*, «id.»)

rotina *n.f.* 1 caminho já sabido ou habitualmente trilhado 2 hábito de fazer as coisas sempre da mesma maneira 3 prática constante 4 aversão às inovações 5 INFORMÁTICA pequeno programa, em regra constituído por instruções, que pode ser integrado, sem qualquer alteração, em muitos programas diferentes (Do fr. *routine*, «id.»)

rotineira *n.f.* rotina; costume; hábito (De *rotineiro*)

rotineiramente *adv.* de modo rotineiro; segundo o costume (De *rotineiro*+*-mente*)

rotineiro *adj.* 1 relativo a rotina 2 que segue a rotina ■ *n.m.* indivíduo que age por rotina (Do fr. *routinier*, «id.»)

roto /ó/ *adj.* 1 que apresenta rasgões ou buracos; rompido; rasgado 2 que está partido; quebrado 3 que tem a roupa esburacada 4 que sofre de hérnias 5 [coloq.] que está esburacado ■ *n.m.* pessoa que anda com roupa velha e esburacada; maltrapilho (Do lat. *ruptu-*, «id.», part. pass. de *rumpĕre*, «romper; separar»)

roto- /ó/ ⇒ **roti-**

rotogravura *n.f.* 1 processo de impressão que permite a tiragem de heliogravuras numa máquina rotativa 2 gravura assim obtida (De *roto-*+*gravura*)

rotor *n.m.* 1 AERONÁUTICA grande hélice de eixo vertical que nos helicópteros assegura a sustentação 2 ELETRICIDADE parte móvel em torno de um eixo, nos geradores e motores elétricos (Do ing. *rotor*, «id.»)

rótula *n.f.* 1 grade de fasquias adaptada à abertura de uma janela, com função decorativa e de defesa contra a luz e o calor excessivos; gelosia; persiana 2 ANATOMIA pequeno osso situado na parte anterior da articulação tibiofemoral (joelho), também designado patela 3 ENGENHARIA dispositivo situado entre duas partes de uma estrutura, destinado a permitir os seus deslocamentos angulares relativos 4 ZOOLOGIA cada uma das cinco pequenas peças calcárias que entram na constituição da chamada lanterna de Aristóteles (em ouriços-do-mar) (Do lat. *rotŭla-*, «pequena roda»)

rotulagem *n.f.* ato ou operação de rotular (De *rotular*+*-agem*)

rotular¹ *v.tr.* 1 pôr rótulo em; etiquetar 2 [fig.] atribuir uma característica ou uma alcunha a alguém (geralmente sem fundamento) (De *rótulo*+*-ar*)

rotular² *adj.2g.* referente à rótula (osso) (De *rótula*+*-ar*)

rótulo *n.m.* 1 pedaço de papel que se coloca em frascos, embalagens, etc., com a identificação do conteúdo, a sua composição e outras informações; etiqueta; letreiro 2 dístico; inscrição 3 ralo de porta ou janela 4 pergaminho que se enrolava num cilindro e no qual se escrevia (Do lat. *rotŭlu-*, «manuscrito enrolado»)

rotunda *n.f.* 1 edifício circular terminado em cúpula redonda 2 praça formada por cruzamento ou entroncamento, onde o trânsito circula em sentido giratório (Do lat. *rotunda-*, «redonda»)

rotundicolo *adj.* que tem o pescoço redondo (Do lat. *rotundu-*, «redondo» +*collu-*, «pescoço»)

rotundidade *n.f.* 1 qualidade de rotundo; redondeza 2 [fig.] obesidade (Do lat. *rotundĭtāte-*, «id.»)

rotundo *adj.* 1 redondo; esférico 2 [fig.] gordo; obeso 3 que não admite contestação; categórico; perentório; decisivo (Do lat. *rotundu-*, «id.»)

rotura *n.f.* ⇒ **rutura** (Do lat. *ruptūra-*, «id.»)

roubador *adj.* 1 que rouba 2 que rapta ■ *n.m.* 1 ladrão 2 raptor (De *roubar*+*-dor*)

roubalheira *n.f.* 1 série de roubos 2 roubo disfarçado 3 extorsão escandalosa 4 [pop.] preço exagerado (De *rōubo*+*-alho*+*-eira*)

roubar *v.tr.,intr.* apropriar-se de (bem alheio) através de violência, ameaça, fraude ou por outro meio ■ *v.tr.* 1 raptar 2 privar de; despojar 3 apresentar como seu (o que se copiou de obras alheias); plagiar 4 conquistar; cativar 5 arrebatar; enlevar 6 tomar; gastar (tempo) 7 conseguir de forma rápida e furtiva ■ *v.pron.* esquivar-se (Do germ. *raubon*, «saquear», pelo lat. vulg. *raubāre*, «id.»)

roubo *n.m.* 1 ato ou efeito de roubar; subtração ou imposição de entrega de coisa móvel alheia, com ilegítima intenção de apropriação, cometida com violência ou ameaça 2 coisa roubada 3 [fig.] preço excessivo 4 DIREITO crime contra a propriedade; **~ *por estição*** roubo em local público em que o ladrão puxa violentamente pelos objetos (Deriv. regr. de *roubar*)

rouçar *v.tr.* ⇒ **roussar**

rouco *adj.* 1 que tem som áspero ou cavo 2 que tem rouquidão; roufenho (Do lat. *raucu-*, «id.»)

rouço *n.m.* ⇒ **rousso**¹ (Deriv. regr. de *rouçar*)

roufenhar *v.intr.* falar com voz roufenha (De *roufenho*+*-ar*)

roufenho /ê/ *adj.* que parece falar pelo nariz; fanhoso; nasalado (De orig. onom.)

rouge *n.m.* cosmético de tom avermelhado usado para avivar as cores do rosto (Do fr. *rouge*)

roulotte *n.f.* veículo sem motor, que se move atrelado a um automóvel, concebido e apetrechado para servir de habitação (cozinha e alojamento) em passeios turísticos ou campismo; caravana (Do fr. *roulotte*)

round *n.m.* cada um dos tempos em que se divide um combate de boxe; assalto (Do ing. *round*)

roupa *n.f.* 1 designação genérica de todas as peças de vestuário ou de cama 2 fato de vestir; trajo; **~ *de cama*** peças tal como lençol, fronha, etc. usadas para fazer uma cama; **~ *interior*** peças de vestuário usadas junto ao corpo, por baixo de outras peças; *chegar a ~ ao pelo a* sovar, espancar; *lavar a ~ suja* revelar em público factos pessoais ou comprometedores; *tocar pela ~ a (alguém)* dizer respeito a alguém (Do gót. *raupa*, «presa de guerra», pelo lat. vulg. *raupa-*, «roupa»)

roupa-de-franceses ver nova grafia roupa de franceses

roupa de franceses *n.f.* [pop.] coisas que todos julgam poder utilizar sem licença do dono

roupagem *n.f.* 1 conjunto de roupas; rouparia; vestes 2 [fig.] coisa vistosa e frívola; exterioridade (De *roupa*+*-agem*)

roupão *n.m.* peça de vestuário, geralmente comprida e ampla, para uso doméstico por cima do pijama ou da camisa de noite (De *roupa*+*-ão*)

roupar *v.tr.* ⇒ **enroupar** (De *roupa*+*-ar*)

rouparia *n.f.* 1 porção de roupa 2 aposento onde se guardam roupas 3 estabelecimento onde se vendem roupas (De *roupa*+*-aria*)

roupa-velha *n.f.* 1 [regionalismo] prato preparado com as sobras do bacalhau e dos legumes da ceia de Natal, refogadas em azeite e alho 2 [regionalismo] prato feito de sobras de hortaliça, batata, peixe, etc., refogadas em azeite e alho

roupa-velheiro *n.m.* 1 vendedor de roupas usadas 2 ferro-velho; adelo (De *roupa-velha*+*-eiro*)

roupeiro *n.m.* 1 indivíduo encarregado de guardar e conservar as roupas de uma casa ou comunidade 2 armário onde se guarda roupa 3 cesto onde se deita roupa suja 4 [regionalismo] pessoa que faz queijos 5 [Índia] (Goa) vendedor ambulante de fazendas (De *roupa*+*-eiro*)

roupeta /ê/ *n.f.* hábito de sacerdote; batina ■ *n.m.* [depr.] padreco; jesuíta (De *roupa*+*-eta*)

roupido *adj.* provido de roupas (De *roupa*+*-ido*)

roupinha *n.f.* casaco justo e curto, usado pelas mulheres da aldeia (De *roupa*+*-inha*)

rouqueira *n.f.* ⇒ **rouquidão** (De *rouco*+*-eira*)

rouquejar *v.intr.* 1 emitir som rouco 2 falar com voz rouca 3 estrondear; rugir (De *rouco*+*-ejar*)

rouquenho *adj.* um tanto rouco; roufenho; fanhoso (De *rouco*+*-enho*)

rouquice n.f. ⇒ **rouquidão** (De rouco+-ice)
rouquidão n.f. alteração da voz para um tom áspero e cavo, frequentemente devido à inflamação da laringe; estado ou doença de quem está rouco; rouqueira; rouquice; rouquido (De rouco+-idão)
rouquido n.m. respiração estertorosa de pessoa doente; rouquidão (De rouco+-ido)
rou-rou n.m. jogo popular chamado também jogo das escondidas (De orig. onom.)
roussar v.tr. raptar ou violentar (uma mulher) (Do lat. tard. rapsāre, «raptar»)
rousso[1] n.m. ato ou efeito de roussar (Deriv. regr. de roussar)
rousso[2] n.m. [regionalismo] ORNITOLOGIA ⇒ **rouxinol** (Deriv. regr. de rouxinol)
router n.m. dispositivo que interliga duas ou mais redes de computadores (Do ing. router, «id.»)
rouxinol n.m. 1 ORNITOLOGIA pequeno pássaro de arribação, da família dos Turdídeos, apreciado pelo seu canto, e que vive em Portugal de abril a outubro, nos lugares arborizados; rousso 2 [fig.] pessoa que canta muito bem (Do lat. *lusciniŏlu-, dim. de luscinĕu-, «o que canta no crepúsculo», pelo prov. roussinhol, «rouxinol»)
rouxinol-do-mato n.m. ORNITOLOGIA ⇒ **solitário**
rouxinol-dos-pântanos n.m. ORNITOLOGIA ⇒ **chiadeira**
rouxinol-dos-pauis n.m. ORNITOLOGIA pássaro da família dos Silvíideos, frequente em Portugal, também conhecido por chinchafóis, rouxinol-das-caniças, etc.
rouxinolear v.intr. cantar como o rouxinol (De rouxinol+-ear)
rouxinol-pequeno-das-caniças n.m. ORNITOLOGIA ⇒ **chiadeira 2**
roxear v.tr.,intr.,pron. ⇒ **arroxear** (De roxo+-ear)
roxidão n.f. qualidade do que é roxo (De roxo+-idão)
roxo /ô/ adj. da cor da violeta; violáceo; purpurino ■ n.m. cor da violeta (Do lat. russĕu-, «vermelho»)
roxo-rei n.m. pó com que se prepara uma tinta vermelho-escura
roxo-terra n.m. variedade de argila ferruginosa
royalties n.m.pl. ECONOMIA valor pago ao detentor de uma patente ou marca registada, ou ao autor de uma obra, de forma a permitir o seu uso e a sua comercialização (Do ing. royalties, «id.»)
rua n.f. 1 via ladeada de casas ou árvores, dentro de uma povoação 2 casas que orlam essa via 3 as pessoas que moram nessa via 4 renque; correnteza 5 [fig.] a massa popular; ~! exclamação usada, de modo ríspido, para mandar alguém embora; *pôr no olho da* ~ despedir, expulsar (Do lat. ruga-, «sulco; caminho», pelo fr. rue, «id.», ou pelo cast. rúa, «rua»)
ruandês adj. 1 do Ruanda 2 relativo ao Ruanda ■ n.m. natural do Ruanda (De Ruanda, top.+ês)
ruano adj.,n.m. ⇒ **ruão**[3] (Do cast. ruano, «id.»)
ruante adj.2g. (pavão) que faz roda com a cauda (Do fr. rouant, «id.», de roue, «roda»)
ruão[1] n.m. homem do povo; plebeu (De rua+-ão)
ruão[2] n.m. tecido de linho que se fabricava em Ruão, cidade francesa da Normandia (De Ruão, top.)
ruão[3] adj.,n.m. cavalo ou designativo do cavalo de pelo branco com malhas escuras e redondas; ruano (Do gót. raudan-, «vermelho»)
rubefação n.f. vermelhidão na pele, produzida por fricção ou aplicação de medicamentos irritantes (Do lat. rubefactiōne-, «id.»)
rubefacção ver nova grafia **rubefação**
rubefaciente adj.2g. que produz rubefação; rubificante; revulsivo ■ n.m. preparado farmacêutico que produz rubefação; rubificante; revulsivo (Do lat. rubefaciente-, «id.», part. pres. de rubefacĕre, «tornar vermelho»)
rubejar v.intr. mostrar cor rubra ou vermelha (De rubeo+-ejar)
rubelita n.f. MINERALOGIA variedade de turmalina de cor vermelha ou rósea, transparente, usada em joalharia (Do lat. rubĕu-, «rubro»+gr. líthos, «pedra»)
rubente adj.2g. 1 que tem cor vermelha 2 rúbeo (Do lat. rubente-, «vermelho», part. pres. de rubēre, «corar»)
rúbeo adj. 1 rubro 2 que está afogueado (Do lat. rubĕu-, «vermelho»)
rubéola n.f. MEDICINA doença eruptiva muito contagiosa, parecida com o sarampo e com a escarlatina, mas diferente destas, e de grande risco para o feto de uma mulher grávida (Do lat. rubĕu-, «vermelho»+-ola)
rubescência n.f. qualidade do que é ou está vermelho; rubor; vermelhidão (Do lat. rubescentia, «id.», part. pres. neut. pl. de rubescĕre, «tornar-se vermelho»)
rubescente adj.2g. que rubesce (Do lat. rubescente-, «id.», part. pres. de rubescĕre, «tornar-se vermelho»)

rubescer v.tr.,intr.,pron. ⇒ **enrubescer** (Do lat. rubescĕre, «id.»)
rubi n.m. 1 MINERALOGIA gema, uma variedade de corindo, transparente, de um vermelho vivo; rubim 2 cor vermelha muito pronunciada (Do lat. med. rubīnu-, «id.», pelo prov. rubi, «id.»)
rubi-[1] ⇒ **rubri-** (Do lat. rubĕu-, «vermelho»)
rubi-[2] elemento de formação de palavras que exprime a ideia de amora (Do lat. rubu-, «amora; framboesa»)
Rubiáceas n.f.pl. BOTÂNICA família de plantas dicotiledóneas (muitas vezes com o caule tetragonal) herbáceas ou lenhosas, distribuídas por quase todo o Globo (De rubiáceo)
rubiáceo adj. relativo ou semelhante a plantas da família das Rubiáceas, como as granzas (Do lat. rubĭa-, «ruiva [planta]»+-áceo)
rubicão n.m. dificuldade; obstáculo; *passar o* ~ vencer uma grande dificuldade, tomar uma decisão grave e assumir a responsabilidade (De Rubicão, nome do rio que separa a Itália da antiga Gália Cisalpina)
rubicundo adj. vermelho; corado (Do lat. rubicundu-, «id.»)
rubidez /ê/ n.f. rubor; vermelhidão (De rúbido+-ez)
rubídio n.m. QUÍMICA elemento químico com o número atómico 37, de símbolo Rb, pertencente ao grupo dos metais alcalinos (Do lat. rubĭdu-, «vermelho»+-io)
rúbido adj. vermelho; afogueado (Do lat. rubĭdu-, «id.»)
rubificação n.f. ato ou efeito de rubificar (De rubificar+-ção)
rubificante adj.2g. que rubifica; rubefaciente (De rubificar+-ante)
rubificar v.tr.,intr.,pron. tingir(-se) de vermelho; enrubescer(-se); ruborizar(-se) (De rubi-+-ficar)
rubiforme adj.2g. que tem a forma de framboesa ou de amora de silva (Do lat. rubu-, «amora»+forma-, «forma»)
rubigem n.f. ⇒ **ferrugem** (Do lat. rubigĭne-, «id.»)
rubiginoso /ô/ adj. 1 ferrugento 2 oxidado (Do lat. rubiginōsu-, «id.»)
rubim n.m. ⇒ **rubi** (Do lat. med. rubīnu-, «id.», pelo prov. rubi, «id.»)
rubina n.f. antiga designação de certos corpos vermelhos (Do fr. rubine, «id.»)
rubinéctar n.m. 1 néctar vermelho 2 vinho (De rubi-+néctar)
rublo n.m. unidade monetária de Bielorrússia e Rússia (Do russo rubl', «id.», pelo fr. rouble, «id.»)
rubo n.m. amora de silva; silveira; sarça (Do lat. rubu-, «amora; framboesa»)
rubor n.m. 1 qualidade do que é rubro; vermelho 2 cor vermelha 3 tom vermelho na face causado por vergonha ou embaraço 4 [fig.] pudor; modéstia; castidade (Do lat. rubōre-, «id.»)
ruborescer v.tr.,intr.,pron. ⇒ **ruborizar** (De rubor+-escer)
ruborização n.f. ato ou efeito de ruborizar (De ruborizar+-ção)
ruborizar v.tr.,intr.,pron. 1 tornar ou ficar vermelho, rubro 2 (fazer) corar; causar ou ficar com rubor (De rubor+-izar)
rubri- elemento de formação de palavras que exprime a ideia de vermelho (Do lat. rubru-, «vermelho»)
rubrica n.f. 1 almagre com que os carpinteiros e serradores marcam as linhas na madeira 2 título impresso a vermelho nos antigos livros religiosos 3 indicação escrita dos movimentos e gestos nos papéis dos atores 4 assinatura abreviada ou cifrada 5 título dos capítulos de direito civil e canónico (antigamente impressos a vermelho) 6 indicação; nota; observação 7 assunto; matéria 8 artigo ou secção numa publicação periódica 9 programa televisivo ou radiofónico com um assunto específico 10 designação de uma classificação orçamental (Do lat. rubrīca, «id.»)
rubricador n.m. 1 aquele que rubrica ou assina 2 aparelho para estampar uma rubrica; carimbo ■ adj. que rubrica ou assina (De rubricar+-dor)
rubricar v.tr. 1 pôr rubrica em; assinar de forma abreviada; firmar 2 marcar com almagre (Do lat. rubricāre, «tornar vermelho; marcar a vermelho»)
rubricaule adj.2g. que tem o caule vermelho (De rubri-+caule)
rubricista n.2g. pessoa que é perita em rubricas de livros religiosos (De rubrica+-ista)
rubricolo adj. que tem o pescoço vermelho (De rubri-+colo)
rubricórneo adj. diz-se do animal que tem antenas vermelhas; ruficórneo (De rubri-+córneo)
rubrifloro adj. que tem flores vermelhas (Do lat. rubru-, «rubro»+flore-, «flor»)
rubrigastro adj. que tem o ventre vermelho; rufigastro (Do lat. rubru-, «rubro»+gr. gastér, gastrós, «ventre»)
rubrípede adj.2g. que tem os pés vermelhos (De rubri-+-pede)
rubrirrostro /ô/ adj. que tem o bico vermelho (De rubri-+-rostro)
rubro adj. 1 vermelho-vivo; cor de fogo 2 corado; afogueado ■ n.m. cor vermelha; *pôr ao* ~ 1 aquecer até ficar da cor do fogo; 2 [fig.]

tornar inflamado, vivo, impetuoso, exasperar (Do lat. *rubru-*, «rubro»)

ruçar *v.tr.* tornar ruço ■ *v.pron.* **1** tornar-se ruço **2** envelhecer **3** (cabelo, barba) tornar-se branco **4** [pop.] mostrar-se alegre; sorrir de contente (De *ruço+-ar*)

rucilho *adj.* diz-se do cavalo que tem pelos brancos, vermelhos e pretos misturados (De *ruço+-ilho*)

ruço *adj.* **1** que tem o pelo acinzentado; pardacento **2** que tem cabelos ou barba grisalhos **3** desbotado **4** que tem o cabelo loiro ou castanho-claro ■ *n.m.* **1** cavalo, macho ou burro de pelo pardacento **2** pessoa com cabelo loiro ou castanho-claro **3** [pej.] porco; suíno; *doutor da mula ruça* [depr.] pessoa formada que sabe pouco mas presume saber muito (Do lat. *roscĭdu-*, «orvalhado; pardo»)

rúcula *n.f.* BOTÂNICA planta da família das Crucíferas, de folhas verdes, firmes e viçosas, muito apreciada em saladas pelo seu sabor ligeiramente picante (Do it. *rucola*, «id.»)

ruda¹ *n.f.* BOTÂNICA ⇒ **arruda** (Do lat. *ruta-*, «id.»)

ruda² *interj.* exprime irritação e ordem de saída ou afastamento (Corrup. de *roda*, de *rodar*)

rudão *n.m.* BOTÂNICA ⇒ **arrudão** (De *ruda+-ão*)

rude *adj.2g.* **1** que é agreste **2** que não foi polido; áspero; tosco; bruto **3** que é grosseiro; malcriado **4** estúpido; ignorante **5** rigoroso; severo; rígido **6** insuportável; violento **7** desajeitado (Do lat. *rude-*, «id.»)

rudemente *adv.* de modo rude; com rudeza; asperamente (De *rude+-mente*)

ruderal *adj.2g.* diz-se do solo ou vegetação afetados pela atividade humana

rudez /ê/ *n.f.* ⇒ **rudeza** (De *rude+-ez*)

rudeza /ê/ *n.f.* **1** qualidade ou estado do que é rude **2** aspereza **3** rispidez **4** grosseria; incivilidade; indelicadeza **5** ignorância; estupidez (De *rude+-eza*)

rudimental *adj.2g.* ⇒ **rudimentar** (De *rudimento+-al*)

rudimentar *adj.2g.* **1** referente a rudimento **2** que tem o carácter de rudimento; pouco desenvolvido **3** tosco; grosseiro; primitivo **4** que se refere às primeiras noções; elementar **5** simples (De *rudimento+-ar*)

rudimento *n.m.* **1** elemento inicial **2** órgão mal desenvolvido **3** *pl.* primeiras noções de uma ciência ou arte **4** *pl.* conhecimentos gerais de um assunto, arte ou ciência **5** *pl.* [fig.] princípio (Do lat. *rudimentu-*, «id.»)

rudistas *n.m.pl.* PALEONTOLOGIA grupo de lamelibrânquios fósseis, essencialmente do Cretácico, caracterizados por conchas muito desenvolvidas e ásperas (De *rude+-ista*, ou do fr. *rudistes*, «rudistas»)

rudo *adj.* ⇒ **rude** (De *rude*)

rueiro *adj.* **1** que gosta de andar na rua **2** arruador (De *rua+-eiro*)

ruela¹ *n.f.* {*diminutivo de* rua} rua pequena e estreita; arruela; viela (Do fr. *ruelle*, «id.»)

ruela² *n.f.* HERÁLDICA círculo em forma de moeda, nos escudos (Do fr. *rouelle*, «roda pequena»)

rufadela *n.f.* ato ou efeito de rufar; rufo (De *rufar+-dela*)

rufado *n.m.* disposição em rufos (Part. pass. subst. de *rufar*)

rufador *adj.,n.m.* que ou aquele que rufa; tamborileiro (De *rufar+-dor*)

rufar¹ *v.tr.* **1** produzir rufos batendo com as baquetas em (tambor) **2** tocar, dando rufos ■ *v.intr.* produzir rufos ou sons parecidos (De *rufo* [=toque do tambor] *+-ar*)

rufar² *v.tr.* fazer rufos ou pregas em (De *rufo* [=franzido] *+-ar*)

rufi- elemento de formação de palavras que exprime a ideia de vermelho (Do lat. *rufu-*, «vermelho»)

rufia *n.2g.* **1** [pop.] criança ou jovem desordeiro **2** [pop.] pessoa que provoca desacatos ■ *n.m.* **1** indivíduo que vive à custa de prostitutas; rufião **2** alcoviteiro (Deriv. regr. de *rufião*)

rufianaz *n.m.* [depr.] grande rufião; tratante (Do it. *ruffiano*, «rufião» *+-az*)

rufianesco /ê/ *adj.* **1** relativo à vida de rufião **2** próprio de rufião (Do it. *ruffianesco*, «id.»)

rufião *n.m.* ⇒ **rufia** *n.m.* (Do it. *ruffiano*, «id.», pelo fr. *ruffian*, «id.»)

rufiar *v.intr.* praticar atos de rufia; levar vida de rufia (De *rufia+-ar*)

ruficarpo *adj.* que tem frutos vermelhos (Do lat. *rufu-*, «vermelho»+gr. *karpós*, «fruto»)

ruficórneo *adj.* ⇒ **rubricórneo** (De *rufi-+córneo*)

rufigastro *adj.* ⇒ **rubrigastro** (Do lat. *rufu-*, «vermelho»+gr. *gastér, gastrós*, «ventre»)

rufinérveo *adj.* que tem nervuras vermelhas nas asas (De *rufi-+nérveo*)

rúfio *n.m.* homem brigoso; rufião (De *rufia*)

rufista *n.m.* aquele que rufa; rufador (De *rufar+-ista*)

rufitarso *adj.* que tem os tarsos vermelhos (De *rufi-+tarso*)

ruflar *v.intr.* **1** agitar-se, produzindo um barulho como o da ave que esvoaça **2** agitar-se produzindo som semelhante ao de um vestido de seda ou tecido engomado; fazer ruge-ruge ■ *v.tr.* agitar (as asas) como para levantar voo (De orig. onom.)

ruflo *n.m.* **1** ato de ruflar **2** murmúrio **3** rufo (Deriv. regr. de *ruflar*)

rufo¹ *n.m.* **1** ato ou efeito de rufar **2** efeito de tremolo obtido pela alternância muito rápida da percussão das baquetas na membrana vibrante do tambor **3** qualquer som semelhante ao toque do tambor **4** ruído produzido pelo tanger dos dedos sobre uma superfície qualquer; *num ~* num instante (De orig. onom.)

rufo² *n.m.* **1** enfeite ou guarnição feita de pregas ou franzido **2** cada uma dessas pregas ou o franzido (Do ing. *ruff*, «gola de tufos engomados muito usada sobretudo no séc. XVI»)

rufo³ *adj.* ruivo; de cor avermelhada (Do lat. *rufu-*, «id.»)

rufo⁴ *n.m.* supraestrutura sobre o convés de um navio, no sentido longitudinal, para cobertura da casa das máquinas e da caldeira (Do ing. *roof*, «telhado; cobertura»)

ruga *n.f.* **1** franzido natural na pele **2** prega; dobra **3** gelha; carquilha; *ter rugas* **1** estar velho; **2** [fig.] ser difícil e intrincado (Do lat. *ruga-*, «sulco»)

rugar *v.tr.,pron.* ⇒ **enrugar** (Do lat. *rugāre*, «id.»)

rugby *n.m.* ⇒ **râguebi** (De *Rugby*, top., cidade inglesa do condado de Warwick, em cujo colégio nasceu este desporto em 1823)

ruge-ruge *n.m.* **1** som que faz a seda ou tecido áspero, ao roçar **2** guizo de criança **3** [fig.] rumor; boato; *dos ruge-ruges se fazem os cascavéis* de um boato se arma uma calúnia (Deriv. regr. de *rugir*)

rugido *n.m.* **1** voz ou urro do leão **2** som cavernoso e prolongado **3** barulho do ar nos intestinos **4** [fig.] bramido de cólera (Part. pass. subst. de *rugir*)

rugidor *adj.* **1** que ruge **2** [fig.] horrível; tremendo; espantoso ■ *n.m.* aquele que ruge (De *rugir+-dor*)

rugiente *adj.2g.* que ruge ou brame (Do lat. *rugiente-*, «id.», part. pres. de *rugīre*, «rugir; zurrar»)

rugina *n.f.* CIRURGIA instrumento cirúrgico que serve para raspar os ossos (Do lat. cl. *runcīna-*, «plaina», pelo b. lat. *rugīna-*, «id.», pelo fr. *rugine*, «rugina»)

rugir *v.intr.* **1** emitir a sua voz característica (o leão, o tigre e outros felinos) **2** fazer estridor; bramir; fremir **3** murmurar; sussurrar ■ *n.m.* rugido (Do lat. *rugīre*, «id.»)

rugosidade *n.f.* qualidade de rugoso; aspereza (Do lat. *rugositāte-*, «o franzir [do sobrolho]»)

rugoso /ô/ *adj.* **1** que tem rugas; engelhado **2** que tem irregularidades **3** [fig.] escabroso ■ *n.m.* parte da escorva da artilharia que provoca a inflamação (Do lat. *rugōsu-*, «id.»)

ruh *interj.* indicativa do ruído de árvore que desaba (De orig. onom.)

ruibarbo *n.m.* BOTÂNICA planta rizomatosa, da família das Poligonáceas, com aplicação medicinal (Do lat. *rheubarbăru-*, «id.», pelo fr. ant. *reubarbe*, hoje *rhubarbe*, «id.»)

ruibarbo-dos-pobres *n.m.* BOTÂNICA planta herbácea, de caule fistuloso, pertencente à família das Ranunculáceas, espontânea no Norte de Portugal e também conhecida por talictro

ruidar *v.intr.* produzir ruído (De *ruído+-ar*)

ruído *n.m.* **1** som inarmónico produzido por corpo que cai ou estala; estrondo; fragor **2** rumor prolongado; bulício **3** LINGUÍSTICA todo o fator que, num ato comunicativo, perturba a transmissão da mensagem **4** [fig.] notícia com pouco ou nenhum fundamento; boato; rumor **5** [fig.] alvoroço; estardalhaço **6** [fig.] pompa; aparato; *fazer ~* [fig.] causar sensação, dar que falar (Do lat. *rugītu-*, «rugido; ruído»)

ruidosamente *adv.* de maneira ruidosa; com ruído (De *ruidoso+-mente*)

ruidoso *adj.* **1** que faz ruído; estrondoso; barulhento **2** [fig.] sensacional **3** [fig.] pomposo (De *ruído+-oso*)

ruim *adj.2g.* **1** mau; prejudicial; funesto **2** que está em mau estado; estragado **3** perverso; maldoso **4** mal feito; de má qualidade **5** sem mérito; sem valor (Do lat. **ruīnu-*, «ruinoso», de *ruīna*, «queda; ruína»)

ruimente *adv.* [Brasil] ⇒ **ruimmente**

ruimmente *adv.* **1** com maldade **2** perversamente (De *ruim+-mente*)

ruína *n.f.* **1** ato ou efeito de ruir; desmoronamento **2** destruição **3** restos ou destroços de um edifício degradado **4** [fig.] decadência; degradação **5** [fig.] perda de crédito; falência **6** *pl.* BOTÂNICA planta herbácea, delgada, com corola personada provida de esporão, pertencente à família das Escrofulariáceas, e que aparece nos buracos ou fendas dos muros e rochedos do Norte e do Centro de Portugal, onde está naturalizada (Do lat. *ruīna-*, «id.»)

ruinaria n.f. conjunto de ruínas (De *ruína+-aria*)
ruindade n.f. **1** qualidade do que é ruim; perversidade **2** ação má; maldade (Do cast. *ruindad*, «id.»)
ruinosamente adv. **1** de modo ruinoso **2** desgraçadamente (De *ruinoso+-mente*)
ruinoso /ô/ adj. **1** que ameaça ruína ou destruição iminente **2** [fig.] nocivo; prejudicial (Do lat. *ruinōsu-*, «id.»)
ruir v.intr. **1** cair com estrondo; desmoronar-se **2** [fig.] arruinar-se (Do lat. *ruĕre*, «ruir; desabar»)
ruiva¹ n.f. **1** ORNITOLOGIA ⇒ **seixoeira 2** BOTÂNICA ⇒ **granza 1 3** [pop.] a polícia (Do lat. *rubĭa-*, «ruiva [planta]»)
ruiva² n.f. mulher que tem cabelo amarelo-avermelhado (De *ruivo*)
ruiva-brava n.f. BOTÂNICA ⇒ **granza 1**
ruivaca n.f. ICTIOLOGIA peixe teleósteo, de água doce, da família dos Ciprinídeos, em regra com coloração vermelha nas barbatanas, frequente nos rios e ribeiros de Portugal, e também conhecido por pardelha (De *ruivaco*)
ruivacento adj. um tanto ruivo (De *ruivo+acento*)
ruivaco n.m. ICTIOLOGIA ⇒ **escalo** (De *ruivo+-aco*)
ruiva-dos-tintureiros n.f. BOTÂNICA planta da família das Rubiáceas, de cuja raiz se extrai a alizarina (substância tintorial)
ruivasco adj. **1** semelhante ao ruivo; avermelhado; vermelhusco **2** vermelho desbotado (De *ruivo+-asco*)
ruivinha n.f. [Brasil] BOTÂNICA planta medicinal de que se obtém a araribina; araribá (De *ruiva+-inha*)
ruivo adj. amarelo-avermelhado; fulvo ■ n.m. **1** indivíduo de cabelo amarelo-avermelhado **2** ORNITOLOGIA espécie de ave aquática, com plumagem de cor avermelhada, existente na reserva natural do Tejo **3** ICTIOLOGIA designação vulgar de uns peixes teleósteos, marinhos, pertencentes a espécies da família dos Triglídeos (género *Trigla*), tipicamente de cor vermelha, comestíveis, alguns dos quais são muito frequentes nas costas marítimas portuguesas, apreciados na alimentação, e também conhecidos por bêbedo, cabaço, bacamarte, cabra, cabrinha, etc. **4** [pop.] variedade de cogumelos (Do lat. *rubĕu-*, «vermelho»)
rulo n.m. **1** ⇒ **arrulho 2** murmúrio das ondas (De orig. onom.)
rulote n.f. ⇒ **roulotte** (Do fr. *roulotte*)
rum n.m. aguardente obtida da destilação do melaço depois de fermentado (Do ing. *rhum*, «id.»)
ruma¹ n.f. montão de coisas; rima; pilha (De *rima*)
ruma² interj. [Brasil] voz que soltam os carreiros para guiarem os bois (De *rumar*)
rumar v.tr. pôr (uma embarcação) em rumo; orientar (uma embarcação) para o rumo desejado ■ v.intr. tomar rumo ou direção (De *rumo+-ar*)
rumba n.f. MÚSICA canção dançada em binário, com os mais variados ritmos, oriunda da África e característica de Cuba (Do cast. *rumba*, «id.»)
rume¹ n.m. soldado turco ou egípcio, filho de cristãos, subtraído em criança a seus pais, doutrinado no maometismo e treinado para a guerra (Do hind.-pers.-ár. *rumi*, «romano»)
rume² n.m. ⇒ **rúmen**
rúmen n.m. parte do estômago dos ruminantes, também designada bandulho e pança (Do lat. *rumen, -īnis*, «primeiro estômago»)
rumiar v.tr.,intr. ⇒ **ruminar** (Do lat. *ruminăre*, «ruminar»)
ruminação n.f. **1** ato ou efeito de ruminar **2** [fig.] cogitação; ~ *mental* PSICOLOGIA retorno obsessivo, na psicastenia e em certos estados de depressão ansiosa, de pensamentos que não podem ser expulsos do campo da consciência (Do lat. *ruminatiōne-*, «id.»)
ruminadoiro n.m. ⇒ **ruminadouro**
ruminadouro n.m. o estômago dos ruminantes, ou qualquer das suas partes, mas, em especial, o bandulho ou pança (De *ruminar+-douro*)
ruminante adj.2g. **1** que rumina **2** ZOOLOGIA relativo ou pertencente aos ruminantes ■ n.m. ZOOLOGIA espécime dos ruminantes ■ n.m.pl. ZOOLOGIA subordem de mamíferos artiodáctilos possuidores de dentes molariformes, com superfície de desgaste, e cornos persistentes ou caducos (Do lat. *ruminante-*, «id.», part. pres. de *ruminăre*, «ruminar»)
ruminar v.tr.,intr. **1** tornar a mastigar (os alimentos que voltam do estômago à boca); remoer **2** [fig.] meditar; cogitar **3** [fig.] planear (Do lat. *ruminăre*, «id.»)
rumo n.m. **1** qualquer dos trinta e dois sentidos da rosa dos ventos **2** NÁUTICA ângulo que faz o sentido da rota do navio ou do avião com uma direção de referência, normalmente a do norte (verdadeiro, cartográfico ou magnético) **3** [fig.] método; norma; sistema de vida **4** caminho; destino; orientação; ~ *a* em direção a; ~ *de vida* modo de vida; *levar* ~ [pop.] perder-se; *mudar de* ~ dar um novo sentido; *perder o* ~ ficar desorientado; *sem* ~ desorientado (Do gr. *rhombós*, «rombo», pelo lat. *rhombu-*, «id.», pelo cast. *rumbo*, «caminho; direção»)
rumor n.m. **1** ruído confuso de vozes; rebuliço; alvoroço; agitação **2** sussurro; murmúrio **3** [fig.] notícia que corre de boca em boca; boato (Do lat. *rumōre-*, «id.»)
rumorejante adj.2g. que rumoreja; sussurrante (De *rumorejar+-ante*)
rumorejar v.intr. **1** produzir rumor **2** sussurrar; ciciar ■ v.tr. [fig.] fazer correr um boato; fazer constar (De *rumor+-ejar*)
rumorejo /ê/ n.m. **1** ato ou efeito de rumorejar **2** ruído brando e confuso **3** sussurro; cicio; murmúrio (Deriv. regr. de *rumorejar*)
rumorinho n.m. pequeno rumor; cicio (De *rumor+-inho*)
rumoroso adj. **1** que produz rumor **2** que produz barulho; ruidoso (De *rumor+-oso*)
runa¹ n.f. **1** seiva de pinheiro **2** [regionalismo] barranco; vala (Do lat. *ruīna-*, «ruína»?)
runa² n.f. nome dos caracteres dos mais antigos alfabetos germânicos e escandinavos (Do escand. *rûnar*, «escrita secreta», pelo gót. *rûna*, «segredo», pelo fr. *rune*, «runa»)
rúnico adj. **1** referente às runas (caracteres) **2** escrito em runas (De *runa+-ico*, ou do fr. *runique*, «id.»)
runografia n.f. tratado acerca das runas (caracteres) (De *runa+-grafia*)
runográfico adj. que diz respeito à runografia (De *runografia+-ico*)
runógrafo n.m. indivíduo que se dedica à runografia (De *runa+-grafo*)
runrum n.m. zunzum; zumbido (De orig. onom.)
Rupeliano n.m. GEOLOGIA andar do Oligocénico (De *Rupel*, top., rio da Bélgica +-*iano*)
rupestre adj.2g. **1** que cresce sobre os rochedos; rupícola **2** (inscrição) que se encontra em rochedos (Do lat. *rupe-*, «rocha», pelo fr. *rupestre*, «id.»)
rupi- elemento de formação de palavras que exprime a ideia de *rocha* (Do lat. *rupe-*, «rocha»)
rupia¹ n.f. **1** unidade monetária da Índia, Indonésia, Maldivas, Maurícia, Nepal, Paquistão, Seicheles e Sri Lanka **2** moeda de prata da Índia (Do sânsc. *rupya*, «prata amoedada», pelo hind. *rupiya*, «id.»)
rúpia n.f. MEDICINA inflamação cutânea que produz crostas semelhantes a conchas que se transformam em úlceras, em regra como manifestação de sífilis terciária (Do gr. *rhýpos*, «imundície»)
rupícola adj.2g. que vive nos rochedos; rupestre (De *rupi-+-cola*)
rúptil adj.2g. que se abre ou fende por si; que se pode romper; quebradiço (Do lat. *ruptu-*, «rom- pido», part. pass. de *rumpĕre*, «romper» +-*il*)
ruptilidade n.f. qualidade do que é rúptil (De *rúptil+-i-+-dade*)
ruptório n.f. instrumento cirúrgico de abrir fontanelas (Do lat. *ruptōre-*, «que rompe» +-*io*)
ruptura ver nova grafia **rutura**
rural adj.2g. **1** relativo, próprio ou pertencente ao campo ou à vida agrícola; rústico; campesino **2** diz-se da freguesia situada fora da vila ou da cidade (Do lat. *rurāle-*, «id.», *rus, ruris*, «campo»)
ruralidade n.f. **1** qualidade ou estado de rural **2** [fig.] boçalidade (De *rural+-i-+-dade*)
ruralismo n.m. **1** conjunto das coisas rurais **2** emprego de cenas da vida rural em obras de arte (De *rural+-ismo*)
ruralista n.2g. artista que emprega nas suas obras cenas rurais (De *rural+-ista*)
ruralizar v.tr. adaptar à vida rural (De *rural+-izar*)
rurícola adj.2g. **1** que vive no campo **2** que cultiva o campo (Do lat. *ruricŏla-*, «id.»)
rurígena n.2g. pessoa que nasceu no campo (Do lat. *rurigĕna-*, «id.»)
rusga n.f. **1** ato de rusgar **2** diligência policial para prender pessoas suspeitas de atos criminosos **3** operação militar efetuada em zonas delimitadas para manutenção da segurança pública e apreensão de armas e documentos **4** briga; desordem **5** [regionalismo] tocata; pândega (De orig. obsc.)
rusgar v.intr. (polícia) fazer rusgas (De *rusga+-ar*)
russificação n.f. ato ou efeito de russificar ou impor o carácter, os costumes, as instituições russas (De *russificar+-ção*)
russificar v.tr. tornar russo (Do lat. *russu-*, «vermelho» +*facĕre*, «fazer»)
russo adj. relativo à Rússia ■ n.m. **1** natural da Rússia **2** língua indo-europeia, do ramo eslavo, falada na Rússia (Do lat. *russu-*, «vermelho», pelo fr. *russe*, «russo»)
russófilo adj. que simpatiza com as instituições e costumes da Rússia (De *russo+-filo*)

russo-finlandês *adj.* que diz respeito à Rússia e à Finlândia, ou aos seus habitantes
russófobo *adj.* que tem aversão à Rússia (De *russo*+-*fobo*)
russo-japonês *adj.* que diz respeito aos Russos e aos Japoneses
rusticação *n.f.* **1** ato ou efeito de rusticar **2** cultura ou vida no campo (Do lat. *rusticatiōne*-, «vida de campo»)
rusticamente *adv.* **1** de modo rústico; à maneira do campo **2** grosseiramente; rudemente (De *rústico*+-*mente*)
rusticano *adj.,n.m.* ⇒ **rústico** (Do lat. *rusticānu*-, «do campo»)
rusticar *v.intr.* **1** viver no campo **2** fazer vida de camponês ■ *v.tr.* picar (a pedra) de modo que fique com a superfície áspera (Do lat. *rusticāri*, «viver no campo»)
rusticidade *n.f.* **1** qualidade de rústico **2** [fig.] rudeza; grosseria; incivilidade (Do lat. *rusticitāte*-, «id.»)
rústico *adj.* **1** do campo; rural; camponês; campestre; agrário **2** diz-se do prédio destinado a fins agrícolas **3** BIOLOGIA diz-se do ser vivo que resiste bem às intempéries **4** [pej.] sem arte; grosseiro; bruto ■ *n.m.* **1** homem do campo **2** [fig.] indivíduo sem instrução; *matriz rústica* tombo ou registo dos prédios rústicos existentes nas repartições de finanças (Do lat. *rustĭcu*-, «id.»)
rustificar *v.tr.* **1** tornar rústico **2** dar aspeto campesino a **3** [depr.] dar modos de labrego a (De *rústico*+-*ficar*)
rustiquez /ê/ *n.f.* ⇒ **rusticidade** (De *rústico*+-*ez*)
rustiqueza /ê/ *n.f.* ⇒ **rusticidade** (De *rústico*+-*eza*)
rutabaga *n.f.* BOTÂNICA planta de cultura, híbrida, da família das Crucíferas, resultante do cruzamento do nabo com a couve, e que é também conhecida por nabo-da-suécia e couve-nabiça (Do sueco dial. *rotabaggar*, «id.», pelo fr. *rutabaga*, «id.»)
Rutáceas *n.f.pl.* BOTÂNICA família de plantas dicotiledóneas, odoríferas, com folhas que apresentam pontuações translúcidas e glandulosas, também denominada Citráceas (Do lat. *ruta*-, «arruda» + -*áceas*)
rutáceo *adj.* relativo ou semelhante à arruda (Do lat. *rutacĕu*-, «de arruda»)
rutamurária *n.f.* BOTÂNICA planta pteridófita, da família das Polipodiáceas, de folhas coriáceas e indúsios celhados, espontânea (mas pouco frequente) nos muros e rochedos ao sul do rio Douro, e também conhecida por arruda-dos-muros (Do lat. bot. *rutamurarĭa*-, «id.»)

ruténio *n.m.* QUÍMICA elemento químico com o número atómico 44, de símbolo Ru, que faz parte do grupo de metais que acompanham a platina nas aluviões donde se extrai (Do lat. *Ruthenĭa*-, top., «Rússia»)
rutherfórdio *n.m.* QUÍMICA elemento químico transuraniano, com o número atómico 104, de símbolo Rf, radioativo, obtido artificialmente (De E. *Rutherford*, físico ing., 1871-1937)
rutilação *n.f.* ato de rutilar; resplendor; brilho; rutilância (De *rutilar*+-*ção*)
rutilância *n.f.* qualidade do que é rutilante; fulgor; rutilação (Do lat. *rutilantĭa*, part. pres. neut. pl. de *rutilāre*, «brilhar»)
rutilante *adj.2g.* **1** que rutila; fulgurante; resplandecente; brilhante **2** que é de um vermelho ardente (Do lat. *rutilante*-, «id.», part. pres. de *rutilāre*, «brilhar»)
rutilar *v.tr.* tornar rútilo ■ *v.intr.* luzir; brilhar; resplandecer; cintilar (Do lat. *rutilāre*, «id.»)
rútilo *adj.* de brilho avermelhado; rutilante; cintilante ■ *n.m.* MINERALOGIA mineral (dióxido de titânio), cuja cor vai do amarelo ao vermelho-sanguíneo, que cristaliza no sistema tetragonal e pode servir para a extração do titânio (Do lat. *rutĭlu*-, «de cor vermelha brilhante»)
rutina *n.f.* FARMÁCIA heterósido extraído da arruda e de várias outras plantas, empregado principalmente no tratamento da fragilidade das paredes dos vasos capilares (Do lat. *ruta*-, «arruda» +-*ina*)
rútulo *n.m.* indivíduo pertencente aos Rútulos, antigos habitantes do Lácio (Do lat. *rutŭlu*-, «id.»)
rutura *n.f.* **1** ato ou efeito de romper; separação brusca de um todo; fratura; rotura **2** buraco **3** interrupção **4** corte de relações; rompimento **5** DIREITO violação de contrato ou acordo **6** hérnia **7** ENGENHARIA deformação permanente de um sólido ou de uma estrutura sob a ação de uma força **8** MILITAR ação tática ofensiva que penetrou e atingiu a retaguarda do dispositivo defensivo inimigo (Do lat. *ruptūra*-, «id.»)
ruvinhoso /ô/ *adj.* **1** caruncoso; carcomido **2** ferrugento **3** [fig.] que está de mau humor; rabugento **4** [fig.] exigente (Do lat. *rubiginōsu*-, «ferrugento; invejoso»)
ruxaxá *n.m.* **1** voz com que se enxotam as aves, dos campos semeados **2** [fig.] assuada; troça (De orig. onom.)
ruxoxó *n.m.* ⇒ **ruxaxá**

s *n.m.* **1** décima nona letra e décima quinta consoante do alfabeto **2** letra que representa a consoante fricativa linguodental surda (ex. sal*s*a), a consoante fricativa linguodental sonora (ex. pro*s*a), a consoante fricativa palatal surda (ex. cai*s*) e a consoante fricativa palatal sonora (ex. me*s*mo) **3** décimo nono lugar numa série indicada pelas letras do alfabeto **4** (tempo) símbolo de *segundo* **5** GEOGRAFIA símbolo de *sul* (com maiúscula) **6** QUÍMICA símbolo de *enxofre* (com maiúscula) **7** FÍSICA símbolo de *siemens* (com maiúscula) **8** FÍSICA símbolo de *entropia* (com maiúscula); *andar aos ss* cambalear, andar aos tropeções

saba *n.f.* espécie de bilha usada em Lunda (Angola)

sabadeador *adj.,n.m.* que ou aquele que guarda o sábado, à maneira dos Judeus (De *sabadear+-dor*)

sabadear *v.intr.* guardar o sábado, como fazem os Judeus (De *sábado+-ear*)

sábado *n.m.* **1** dia da semana imediatamente a seguir à sexta-feira **2** dia de descanso, entre os Judeus; sabat **3** [pop.] orgia; *Sábado de Aleluia/Santo* dia da Semana Santa, véspera de Domingo de Páscoa, em que se comemora a Ressurreição de Cristo; *Sábado Gordo* o que antecede o domingo de Carnaval; *Sábado Magro* o anterior ao Sábado Gordo (Do hebr. *shabbath*, «descanso semanal», pelo lat. *sabbătu-*, «id.»)

sabaio *n.m.* título do governador de Goa, antes do domínio português

sabaísmo *n.m.* ⇒ **sabeísmo**

sabal *n.m.* BOTÂNICA designação extensiva a umas palmeiras da América do Norte, algumas das quais cultivadas para fins ornamentais (De orig. obsc.)

sabão¹ *n.m.* **1** mistura de sais de ácidos gordos e de bases geralmente alcalinas empregada para lavar e desengordurar **2** BOTÂNICA ⇒ **saboeira** **3** [pop.] repreensão severa (Do lat. *sapōne-*, «id.»)

sabão² *n.m.* grande sábio (De *saber+-ão*)

sabat *n.m.* **1** descanso a que os Judeus eram obrigados, no sétimo dia da semana, conforme a lei de Moisés **2** na superstição popular, assembleia de bruxas, realizada à meia-noite, presidida por Satanás (Do lat. *sabbătu-*, «sábado», pelo fr. *sabbat*, «id.»)

sabático *adj.* **1** que diz respeito ao descanso religioso entre os Judeus; relativo ao sábado judaico **2** que diz respeito a um período de interrupção da actividade regular; *ano ~* **1** cada sétimo ano em que, segundo a lei moisaica, os antigos Hebreus suspendiam os trabalhos do campo, não pagavam tributos e não cobravam dívidas; **2** ano em que periodicamente, de sete em sete anos ou com outro intervalo, os professores universitários interrompem a sua atividade docente para se dedicarem livremente a pesquisas (Do gr. *sabbatikós*, «id.», pelo lat. tard. *sabbatĭcu-*, «id.»)

sabatina *n.f.* **1** repetição em forma de discussão, que era feita ao sábado, sobre as matérias dadas durante a semana; recapitulação de lições **2** oração de sábado **3** [fig.] discussão; debate **4** [fig.] repreenda; repreensão (Do lat. *sabbătu-*, «sábado» +*-ina*)

sabatinar *v.tr.* **1** submeter a sabatina (recapitulação de lições) **2** recapitular; rever (matéria dada) **3** argumentar como nas sabatinas ■ *v.intr.* discutir minuciosamente (De *sabatina+-ar*)

sabatineiro *adj.* relativo a sabatina ■ *n.m.* aquele que faz ou discute como nas sabatinas (De *sabatina+-eiro*)

sabatino¹ *adj.* **1** do sábado ou a ele relativo **2** relativo a sabatina (Do latim *sabbătu-*, «sábado» +*-ino*)

sabatino² *adj.* relativo ou pertencente a Sabata, antiga cidade na Etrúria (Itália) ■ *n.m.* natural ou habitante de Sabata (Do latim *sabătīnus, a, um*, «idem»)

sabatismo *n.m.* observância dos sábados, entre os Judeus (Do lat. *sabbatismu-*, «id.»)

sabatizar *v.tr.* ⇒ **sabadear** (Do lat. *sabbatizāre*, «id.»)

sabe *adj.* [Cabo Verde] que sabe bem; gostoso; bom ■ *adv.* [Cabo Verde] bem ■ *n.m.* [Cabo Verde] diversão (Do crioulo *sabi*, «id.»)

sabedor *adj.,n.m.* **1** que ou aquele que sabe ou tem notícia de alguma coisa; conhecedor **2** sábio; perito; erudito **3** prático (De *saber+-dor*)

sabedoria *n.f.* **1** grande abundância de conhecimentos; erudição; saber **2** qualidade de quem é sabedor; bom senso **3** conhecimento rigoroso da verdade **4** ciência; razão **5** prudência; retidão **6** conhecimento popular; saber empírico (De *sabedor+-ia*)

sabeia *adj.,n.f.* (masculino **sabeu**) ⇒ **sabeu**

sabeísmo *n.m.* **1** culto dos astros **2** religião dos Sabeus (De *sabeu+-ismo*)

sabeísta *adj.,n.2g.* ⇒ **sabeíta** (De *sabeu+-ista*)

sabeíta *adj.,n.2g.* que ou pessoa que professa o sabeísmo (De *sabeu+-ita*)

sabelianismo *n.m.* doutrina herética criada por Sabélio, heresiarca do século III, natural da Líbia, relativa à Santíssima Trindade, que sustentava que o Filho e o Espírito Santo são meros atributos do Pai (De *sabeliano+-ismo*)

sabeliano *n.m.* indivíduo sectário do sabelianismo (Do lat. *sabelliānu-*, «id.», de *Sabellīu-*, antr., heresiarca do séc. III, natural da Líbia +*-ano*)

sabélico *adj.,n.m.* escrita ou designativo da escrita dos Sabelos (antigos montanheses itálicos, que depois se chamaram sabinos), hoje apenas representada por dois monumentos (Do lat. *sabellĭcu-*, «id.»)

sabença *n.f.* **1** [pop.] sabedoria; erudição **2** [pop.] bom senso (Do lat. *sapientĭa-*, «id.»)

saber *v.tr.,intr.* **1** ter conhecimento ou notícia de (algo); estar a par (de) **2** ter o sabor ou o gosto (de) ■ *v.tr.* **1** estar habilitado para; conseguir **2** ser instruído em **3** estar convencido de; estar certo de; achar **4** guardar na memória; ter de cor **5** considerar; ter como ■ *v.intr.* ter muitos conhecimentos; ser erudito ■ *n.m.* **1** conjunto de conhecimentos que se possui; ciência; erudição **2** experiência que se adquiriu; *~ as linhas com que se cose* saber os meios que há de empregar; *~ bem/mal* ter bom/mau gosto, agradar ou não agradar; *~ da poga* ser perito em certos assuntos; *~ viver* encarar e aproveitar a vida da melhor forma; *dar a ~* fazer ciente; *não ~ a quantas anda* estar atrapalhado; *sabê-la toda* ter manha ou habilidade para certas coisas (Do lat. *sapēre*, «id.»)

saberete *n.m.* **1** conhecimento superficial **2** ronha; malícia (De *saber+-ete*)

saber-fazer *n.m.* **1** série de conhecimentos, aptidões e técnicas adquiridos por alguém ou por um grupo, geralmente através da experiência **2** competência na execução de certas tarefas práticas **3** competência em determinadas atividades artísticas ou intelectuais (Do fr. *savoir-faire*, «id.»)

sabe-tudo *n.2g.2n.* **1** aquele que se gaba de ser sábio; sabichão **2** aquele que é muito sábio

sabeu *adj.* (feminino **sabeia**) pertencente ou relativo ao reino de Sabá, no Sudoeste da Arábia antiga ■ *n.m.* **1** indivíduo pertencente ao povo dos Sabeus **2** natural ou habitante de Sabá; sabeíta; *lágrima sabeia* incenso que goteja da incisão feita na árvore deste nome (Do lat. *sabaeu-*, «id.»)

Sabeus *n.m.pl.* ETNOGRAFIA povo que vivia no reino de Sabá, no Sudoeste da Arábia antiga (De *sabeu*)

sabiá *n.m.* **1** ORNITOLOGIA designação extensiva a uns pássaros da família dos Turdídeos, muito espalhados pelo Brasil e apreciados pelo seu canto agradável, como o sabiá-laranjeira, o sabiá-pardo, o sabiá-coleira, o sabiá-da-capoeira, o sabiá-preto, etc. **2** ORNITOLOGIA designação extensiva a vários pássaros da família dos Mimídeos, exímios cantores, como o sabiá-do-campo, o sabiá-da-praia, o japacani, etc. (Do tupi *saabi'a*, «id.»)

sábia *n.f.* BOTÂNICA árvore das regiões tropicais, dicotiledónea, de flores hermafroditas, produtora de boa madeira para construções (Do hind. *sabja*, «id.»)

Sabiáceas n.f.pl. BOTÂNICA família de árvores dicotiledóneas, das regiões tropicais, a cujo género-tipo pertence a sábia; Wellingtoniáceas (De sábia+-áceas)

sabiamente adv. 1 com sabedoria 2 prudentemente (De sábio+-mente)

sabichão adj.,n.m. (feminino **sabichona**) 1 que ou aquele que se gaba de ser sábio 2 que ou o que é muito sábio (De sabidão?)

sabichar v.tr. [regionalismo] procurar saber; investigar; indagar aqui e além (De sabichão+-ar)

sabichoso /ô/ adj. diz-se daquele que faz mau uso do seu saber, ou que alardeia conhecimentos falsos (De sabichão+-oso)

sabidas elem.loc.adv. **às ~** publicamente; às claras (De sabido)

sabido adj. 1 que é do conhecimento de alguém ou de todos; conhecido 2 sabedor; versado; perito 3 prudente 4 [fig.] manhoso; astuto ■ n.m. indivíduo manhoso ou astuto; finório (Part. pass. de saber)

sabina n.f. 1 BOTÂNICA arbusto da família das Juniperáceas, cujas folhas e ramos, de aroma desagradável, têm utilização medicinal 2 BOTÂNICA planta indiana da família das Cucurbitáceas (Do lat. sabina, «id.»)

sabino¹ adj. da Sabina, antiga região da Itália central ■ n.m. 1 indivíduo pertencente aos Sabinos 2 antigo dialeto itálico (Do lat. sabīnu-, «id.»)

sabino² adj. diz-se do cavalo que tem pelo branco mesclado de vermelho e preto (Do cast. sabino, «id.»)

Sabinos n.m.pl. ETNOGRAFIA antigo povo da Itália central (Do lat. sabīnu-, «id.»)

sábio adj. 1 que sabe muito; douto; erudito 2 prudente; avisado 3 perito; destro ■ n.m. 1 homem que possui conhecimentos vastos 2 [pop.] feiticeiro (Do lat. sapĭdu-, «que sabe; que tem gosto; judicioso»)

sabível adj.2g. que se pode saber (De saber+-vel)

sable n.m. HERÁLDICA cor negra nos brasões (Do fr. sable, «cor negra»)

saboaria n.f. 1 fábrica ou indústria produtora de sabão 2 lugar onde se vende sabão (De sabão+-aria)

saboeira n.f. 1 utensílio para conter o sabão; saboneteira 2 BOTÂNICA planta herbácea, da família das Silenáceas, com flores dispostas em cimeira, que aparece em Portugal, e é também denominada sabão, saboeiro e saponária 3 BOTÂNICA árvore da América tropical, da família das Sapindáceas, cujos frutos contêm muita saponina, e que também se denomina saponária, sabão, etc. (De saboeiro)

saboeiro n.m. 1 aquele que fabrica ou vende sabão 2 saboneteira 3 BOTÂNICA ⇒ **saboeira** 2 4 [regionalismo] homem desleixado no vestir (De sabão+-eiro)

saboga n.f. ICTIOLOGIA ⇒ **savelha** (Do ár. çabóga, «id.»)

saboia n.f. variedade de couve repolhuda (De Sabóia, top., região do Sudeste da França, junto da fronteira com a Itália)

sabóia ver nova grafia saboia

saboiana n.f. 1 natural ou habitante da Saboia 2 antigo vestuário de mulher; espécie de vasquinha (De saboiano)

saboiano adj. da Saboia, região do Sudeste da França ■ n.m. natural ou habitante da Saboia (De Sabóia, top. +-ano)

sabonetada n.f. [pop.] descompostura; reprimenda (De sabonete+-ada)

sabonete /ê/ n.m. 1 sabão fino e perfumado 2 BOTÂNICA saboeira 3 [pop.] repreensão 4 pequeno relógio de algibeira, com tampa metálica no mostrador (Do fr. savonnette, «id.»)

saboneteira n.f. 1 lugar ou recipiente onde se colocam os sabonetes ou o sabão, junto dos lavatórios 2 [pop., coloq.] cada uma das duas depressões situadas logo acima da clavícula, mais visíveis em pessoas magras (De sabonete+-eira)

sabor n.m. 1 propriedade que têm certos corpos de provocar, como estímulo adequado, uma sensação gustativa 2 sensação gustativa; paladar; gosto 3 carácter; espécie; género 4 graça; espírito; originalidade 5 capricho; vontade 6 deleite; aprazimento 7 forma 8 natureza; teor; *ao ~ da maré* ao acaso, à sorte; *ao ~ de* ao gosto de, conforme, de acordo com (Do lat. sapōre-, «id.»)

saborear v.tr. 1 tomar o sabor de; provar 2 experimentar 3 comer devagar e com prazer 4 [fig.] gozar demoradamente, voluptuosamente ■ v.pron. regozijar-se; deleitar-se (De sabor+-ear)

saboreável adj.2g. que se pode ou deve saborear (De saborear+-vel)

saborido adj. saboroso; agradável (De sabor+-ido)

saborosamente adv. 1 gostosamente 2 agradavelmente (De saboroso+-mente)

saboroso adj. 1 que tem bom sabor; agradável ao paladar; gostoso 2 que causa prazer; deleitável (De sabor+-oso)

sabotagem n.f. 1 ato ou efeito de sabotar 2 destruição ou inutilização voluntária de instrumentos de trabalho ou outros equipamentos, com o objetivo de prejudicar o curso normal do trabalho ou de uma atividade, geralmente com intuitos reivindicativos (Do fr. sabotage, «id.»)

sabotar v.tr. 1 praticar sabotagem em 2 danificar, voluntariamente, instrumentos, máquinas, oficinas, etc., geralmente como meio de represália ou de reivindicação 3 impedir o sucesso de alguma coisa; destruir; minar (Do fr. saboter, «id.»)

sabra n.f. variedade de uva branca temporã (De orig. obsc.)

sabrada n.f. golpe ou pancada com sabre (De sabre+-ada)

sabre n.m. 1 espada curta de um só fio 2 terçado 3 [fig.] força armada (Do al. Sabel, «id.», pelo fr. sabre, «id.»)

sabre-baioneta n.m. pequeno sabre que encaixa na extremidade do cano da espingarda

sabrina n.f. 1 sapato leve e flexível, de pele ou tecido e salto raso 2 aparelho com que se limpam tapetes e alcatifas, munido de uma escova circular que ao rodar deposita a poeira e sujidades dentro de um pequeno recipiente retangular concebido para armazenar o lixo

sabrista n.m. aquele que sabe esgrimir com o sabre (De sabre+-ista)

sabugal n.m. 1 terreno onde há muitos sabugueiros 2 ⇒ **uva-de-cão** ■ adj.2g. diz-se de uma casta de uva (De sabugo+-al)

sabugo n.m. 1 BOTÂNICA ⇒ **sabugueiro** 2 substância leve e esponjosa que se encontra no interior de certos caules, como o do sabugueiro 3 parte da espiga (do milho) onde os grãos estão alojados; carolo 4 ANATOMIA parte do dedo a que a unha está ligada 5 ZOOLOGIA parte pouco resistente dos chifres dos animais 6 ZOOLOGIA medula dos ossos do porco 7 ZOOLOGIA parte da cauda dos animais onde nascem as sedas (Do lat. vulg. sabūcu-, «id.»)

sabugueirinho n.m. BOTÂNICA ⇒ **ébulo** (De sabugueiro+-inho)

sabugueiro n.m. BOTÂNICA planta lenhosa, da família das Loniceráceas, espontânea em Portugal, e também cultivada, de cujos caules se aproveita a abundante medula que se utiliza em técnica histológica para envolver as peças de que se pretendem fazer cortes, e em medicina (De sabugo+-eiro)

sabugueiro-d'água n.m. BOTÂNICA ⇒ **folhado** n.m. 4

sabujar v.tr. adular; bajular (De sabujo+-ar)

sabujice n.f. 1 ato ou atitude de sabujo 2 bajulação; servilismo 3 humilhação (De sabujo+-ice)

sabujismo n.m. qualidade de sabujo; sabujice (De sabujo+-ismo)

sabujo n.m. 1 cão de montaria 2 [fig.] indivíduo servil, bajulador; capacho; lambe-botas (Do lat. med. segusĭu- [cane-], «[cão] de Segúsia», cidade da Pérsia antiga, hoje Susa»)

sabular v.tr. [Angola] revelar indiscretamente um assunto (Do quimb. (ku)sabula, «id.»)

sabuloso /ô/ adj. que tem areia misturada; areento (Do lat. sabulōsu-, «arenoso»)

saburra n.f. 1 MEDICINA substância mucosa retida nas paredes do estômago por efeito de más digestões 2 MEDICINA crosta esbranquiçada ou branco-amarelada que reveste a face superior da língua, em casos de problema gástrico ou doenças febris 3 areia grossa que serve para lastro nos navios (Do lat. saburra-, «lastro»)

saburral adj.2g. 1 que diz respeito a saburra 2 que tem aspeto de saburra (De saburra+-al)

saburrar v.tr. lastrar (navio) para lhe dar equilíbrio ■ v.intr. cobrir-se de saburra; sedimentar-se (Do lat. saburrāre, «id.»)

saburrento adj. que tem saburra; saburroso (De saburra+-ento)

saburrinha n.f. espécie de limo que se forma nas salinas (De saburra+-inha)

saburrosidade n.f. qualidade ou estado do que é saburroso (De saburroso+-i-+-dade)

saburroso /ô/ adj. ⇒ **saburrento** (De saburra+-oso)

saca¹ n.f. saco; bolsa (De saco)

saca² n.f. 1 ato ou efeito de sacar; extração 2 transporte de mercadorias de um lugar para outro; exportação 3 movimento da onda quando avança sobre a praia; ressaca (Deriv. regr. de sacar)

saca-balas n.m.2n. MILITAR instrumento metálico para retirar projéteis ogivais de canhões e de espingardas de carregar pela boca

saca-bocados n.m.2n. 1 instrumento ou máquina própria para cortar as lâminas de que se fazem as moedas 2 vazador para fazer buracos no couro ou no pano (De sacar+bocado)

saca-buchas n.m.2n. ⇒ **saca-trapos** (De sacar+bucha)

sacabuxa n.f. 1 MÚSICA antigo instrumento de sopro, espécie de trombone 2 [Brasil] espécie de bomba marítima (Do fr. ant. saqueboute, «espécie de lança»)

saca-catálogo n.f. capa de plástico transparente com furos laterais para argolas usada para guardar papéis

sacada¹ *n.f.* **1** ato ou efeito de sacar; tirada **2** qualquer parte de uma construção que avança em relação ao nível das paredes de um edifício **3** balcão saliente; varanda pequena **4** sacudidela dada a um cavalo, apertando-lhe a rédea; salto; sacão; galão **5** transporte de mercadorias de um lugar para outro; saca **6** imposto pago antigamente sobre as mercadorias que se exportavam (Part. pass. fem. subst. de *sacar*)

sacada² *n.f.* **1** aquilo que um saco pode conter **2** rede de pesca usada no Minho **3** processo de pesca com essa rede **4** conjunto de duas embarcações (a lancha e o saveiro) empregadas nesse processo de pesca (De *saco*+-*ada*)

saca-de-carvão ver nova grafia saca de carvão

saca de carvão *n.m.* [ant., acad.] estudante de capa e batina

sacadela *n.f.* **1** ato ou efeito de sacar; safanão **2** puxão que dá o pescador quando sente que o peixe mordeu a isca (De *sacar*+-*dela*)

sacado *n.m.* indivíduo sobre quem se sacou uma letra de câmbio ■ *adj.* **1** tirado **2** extraído (Part. pass. de *sacar*)

sacador *adj.* que saca ■ *n.m.* **1** aquele que saca **2** aquele que passa letras de câmbio **3** [Índia] (Goa) cobrador anual das comunidades agrícolas **4** antigo exator de rendas e impostos (De *sacar*+-*dor*)

saca-filaça *n.f.* agulha de artilheiro para desobstruir o ouvido do canhão (De *sacar*+*filaça*)

saca-fundo *n.m.* parafuso com que se fixam os carris de ferro nas travessas; tira-fundo (De *sacar*+*fundo*)

sacaí *n.m.* [Brasil] galho seco de árvore; graveto; acendalha (Do tupi *isaka'i*, «id.»)

sacalão *n.m.* sacadela; empuxão (De *sacar*+*l*+-*ão*)

sacalinha *n.f.* ⇒ **sancadilha** (De *sancadilha*)

saca-metal *n.m.* agulha grossa com que os marinheiros remendam as velas dos navios (De *sacar*+*metal*)

saca-molas *n.m.2n.* **1** instrumento cirúrgico para extrair dentes; boticão **2** [fig., pej.] mau dentista (De *sacar*+*molas*)

sacana *adj.,n.2g.* **1** [pop.] que ou pessoa que é desprezível; patife; velhaco **2** [pop.] espertalhão; trapaceiro (De orig. obsc.)

saca-nabo *n.m.* NÁUTICA gancho ou haste de ferro que serve para pôr em movimento o nabo ou êmbolo da bomba dos porões (De *sacar*+*nabo*)

sacanagem *n.f.* **1** [Brasil] ato, dito ou comportamento de sacana; sacanice; maldade **2** [Brasil] comentário divertido que se pretende que faz sobre alguém ou algo; troça **3** [Brasil] ato considerado libidinoso, perverso ou imoral; devassidão; libertinagem (De *sacana*+-*agem*)

sacaneado *adj.* **1** que foi alvo de troça ou partida **2** que foi preterido **3** diz-se de pessoa traída, enganada (Part. pass. de *sacanear*)

sacanear *v.tr.* **1** [Brasil] aborrecer; chatear **2** [Brasil] trair; enganar

sacanice *n.f.* **1** ação própria de sacana; sacanagem; patifaria **2** malandrice **3** indecência (De *sacana*+-*ice*)

sacão *n.m.* **1** salto que faz o cavalo para sacudir o cavaleiro; galão **2** safanão; empurrão; sacudidela (De *sacar*+-*ão*)

saca-projéctil ver nova grafia saca-projétil

saca-projétil *n.m.* dispositivo que serve para tirar projéteis do interior das bocas de fogo (De *sacar*+*projéctil*)

sacaputo *n.m.* **1** cabaia **2** espécie de pano da Índia (De orig. obsc.)

sacar *v.tr.* **1** tirar à força e repentinamente; tirar com violência **2** extrair; arrancar; puxar por **3** emitir (cheque, letra de câmbio) para ser pago por alguém **4** fazer um levantamento em dinheiro **5** [coloq.] transferir (cópia de ficheiro) através de modem ou rede para a máquina requisitante; descarregar **6** [Brasil] compreender; perceber **7** [Brasil] obter; tirar ■ *v.tr.,intr.* tirar para fora (a arma), dirigindo-a para o alvo (Do gót. *sakan*, «pleitear»)

saca-rabo *n.m.* ZOOLOGIA mamífero carnívoro, da família dos Viverrídeos, de cauda muito longa, também conhecido por manguço e mangusto (De *sacar*+*rabo*)

sacaria¹ *n.f.* **1** grande quantidade de sacos ou sacas **2** fábrica ou indústria de sacos (De *saco* ou *saca*+-*aria*)

sacaria² *n.f.* [ant.] rebate falso que se dava às tropas para as reunir a ver se estavam prontas para a luta (De *sacar*+-*aria*)

saçaricar *v.intr.* **1** [Brasil] [pop.] dançar com as ancas em rodopio, imitando os movimentos de uma peneira; saracotear **2** [Brasil] [pop.] divertir-se muito; folgar; foliar (De *sassar*+-*icar*)

sacarídeo *adj.* semelhante ao açúcar ■ *n.m.* BIOQUÍMICA ⇒ **glícido** (Do gr. *sákkharon*, «açúcar», pelo lat. *sacchăru*-, «id.» +*eĩdos*, «forma»)

sacárido *n.m.* BIOQUÍMICA ⇒ **glícido** (Do gr. *sákkharon*, «açúcar», pelo lat. *sacchăru*-, «id.» +-*ido*)

sacarífero *adj.* que produz ou contém açúcar (Do lat. *sacchăru*-, «açúcar» +*ferre*, «produzir»)

sacarificação *n.f.* ato ou efeito de sacarificar (De *sacarificar*+-*ção*)

sacarificante *adj.2g.* que sacarifica (De *sacarificar*+-*ante*)

sacarificar *v.tr.* converter em açúcar ■ *v.pron.* converter-se em açúcar (Do lat. *sacchăru*-, «açúcar» +*facěre*, «fazer»)

sacarificável *adj.2g.* que se pode sacarificar (De *sacarificar*+-*vel*)

sacarígeno *adj.* que produz açúcar (Do gr. *sákkharon*, «açúcar» +*génos*, «origem»)

sacarimetria *n.f.* QUÍMICA avaliação da quantidade de açúcar dissolvida num líquido, por meio do sacarímetro; sacarometria (De *sacarímetro*+-*ia*)

sacarímetro *n.m.* QUÍMICA instrumento que serve para avaliar a dose de açúcar em dissolução num líquido (Do gr. *sákkharon*, «açúcar» +*métron*, «medida»)

sacarina *n.f.* FARMÁCIA, QUÍMICA substância fortemente edulcorante, que se obtém a partir do tolueno, e que substitui o açúcar comum na dieta dos diabéticos e obesos (Do gr. *sákkharon*, «açúcar» +-*ina*)

sacaríneas *n.f.pl.* nome com que são designadas, por alguns autores, certas plantas gramíneas, como a cana-de-açúcar (Do gr. *sákkharon*, «açúcar» +-*íneas*)

sacarino *adj.* **1** relativo ao açúcar; da natureza do açúcar **2** doce como o açúcar **3** sacarívoro (Do gr. *sákkharon*, «açúcar» +-*ino*)

sacário *n.m.* carregador que, entre os Romanos, tinha por ofício conduzir sacos e fardos do porto para os armazéns (Do lat. *saccarĭu*-, «carregador de sacos»)

sacarismo *n.m.* MEDICINA conjunto das perturbações orgânicas que resultam de uma ingestão exagerada de açúcar (Do gr. *sákkharon*, «açúcar» +-*ismo*)

sacarívoro *adj.* que se nutre de açúcar; sacarino (Do lat. *sacchăru*-, «açúcar» +*voräre*, «comer»)

sacaro- elemento de formação de palavras que exprime a ideia de açúcar (Do gr. *sákkharon*, «açúcar»)

sacaroide *adj.2g.* granuloso e um tanto brilhante como o açúcar (De *sacaro*+-*óide*)

sacaróide ver nova grafia sacaroide

sacarol *n.m.* FARMÁCIA designação do açúcar, quando empregado como excipiente (Do gr. *sákkharon*, «açúcar» +-*ol*)

sacaróleo *n.m.* FARMÁCIA mistura de açúcar com óleo volátil (Do lat. *sacchăru*-, «açúcar» +*olĕu*-, «óleo»)

saca-rolhas *n.m.2n.* utensílio com que se tiram as rolhas das garrafas e outros recipientes (De *sacar*+*rolhas*)

sacarometria *n.f.* ⇒ **sacarimetria** (De *sacarómetro*+-*ia*)

sacarómetro *n.m.* ⇒ **sacarímetro** (De *sacaro*-+-*metro*)

sacarose *n.f.* QUÍMICA nome científico de uma substância branca, cristalina, solúvel em água, extraída da cana-de-açúcar, da beterraba e do ácer, muito usada na alimentação humana como adoçante (Do fr. *saccharose*, «id.»)

sacaroso /ô/ *adj.* que é da natureza do açúcar (De *sacar(o)*-+-*oso*)

sacarrão *n.m.* saco grande (De *saco*+-*arrão*)

saca-trapo *n.m.* ⇒ **saca-trapos**

saca-trapos *n.m.2n.* instrumento com que se extraía a bucha das armas de fogo (De *sacar*+*trapo*)

saceliforme *adj.2g.* que tem a forma de sacelo (Do lat. *sacellu*-, «saquinho» +*forma*, «forma»)

sacelo¹ *n.m.* BOTÂNICA fruto monospérmico revestido de invólucro membranoso (Do lat. *saccellu*-, «saco pequeno»)

sacelo² *n.m.* na antiga Roma, pequeno templo, capela ou santuário (Do lat. *sacellu*-, «recinto pequeno consagrado»)

sacerdócio *n.m.* **1** dignidade ou funções do sacerdote **2** poder espiritual dos sacerdotes **3** poder espiritual **4** [fig.] missão nobre; profissão honrosa (Do lat. *sacerdotĭu*-, «id.»)

sacerdocracia *n.f.* forma de governo em que os sacerdotes dominam ou têm influência (Do lat. *sacerdos*, -*otis*, «sacerdote»+gr. *krátos*, «força» +-*ia*)

sacerdotal *adj.2g.* do sacerdote ou a ele referente (Do lat. *sacerdotāle*, «id.»)

sacerdotalismo *n.m.* predomínio dos sacerdotes; sacerdocracia; teocracia; clericalismo (De *sacerdotal*+-*ismo*)

sacerdote *n.m.* (feminino **sacerdotisa**) **1** ministro de uma religião ou culto; padre **2** [fig.] pessoa que exerce uma profissão nobre ou honrosa **3** aquele que tinha o poder de oferecer vítimas à divindade, entre os Antigos (Do lat. *sacerdōte*-, «id.»)

sacerdotisa *n.f.* (masculino **sacerdote**) mulher que, entre os pagãos, exercia funções de sacerdote (Do lat. *sacerdotissa*-, «id.»)

sacha¹ *n.f.* ⇒ **sachada** (Deriv. regr. de *sachar*)

sacha² *n.f.* [regionalismo] enxada pequena (De *sacho*)

sachada *n.f.* **1** ato ou efeito de sachar; sacha; sachadura **2** golpe de sacha ou sacho (De *sacha* ou *sacho*+-*ada*, ou part. pass. fem. subst. de *sachar*)

sachadela *n.f.* ato ou efeito de sachar ao de leve (De *sachar*+-*dela*)

sachador *adj.* que sacha ■ *n.m.* 1 aquele que sacha 2 aparelho, semelhante a um pequeno arado, para sachar (De *sachar*+*-dor*)

sachadura *n.f.* ⇒ **sachada** (De *sachar*+*-dura*)

sachão *n.m.* enxadão empregado para arrancar pedra (De *sacho*+*-ão*)

sachar *v.tr.* escavar ou remover superficialmente a terra, com o fim de tirar as ervas daninhas, etc. (De *sacho*+*-ar*)

sacho *n.m.* enxada pequena, por vezes com espigão do lado oposto ao da folha ou pá (Do lat. *sarcŭlu-*, «id.»)

sachola *n.f.* enxada pequena (De *sacho*+*-ola*)

sacholada *n.f.* pancada ou ferimento feito com sachola (De *sachola*+*-ada*)

sacholar *v.tr.* 1 cavar com a sachola; escavar 2 ferir com sacho (De *sachola*+*-ar*)

sacholo /ô/ *n.m.* [regionalismo] enxada mais pequena que a sachola (De *sacho*+*-olo*)

saci *n.m.* 1 ORNITOLOGIA ave da família dos Cuculídeos, cujo canto imita a pronúncia do seu nome, chamada também sem-fim, tempo-quente, seco-fico, etc. 2 [Brasil] ser imaginário que, segundo a crença popular, se diverte a assustar os viajantes em caminhos solitários e matas, sob a forma de um menino negro de uma só perna que fuma cachimbo e usa barrete vermelho (Do tupi *sa'si*, «id.»)

saciado *adj.* 1 que se saciou com comida e/ou bebida 2 plenamente satisfeito; concretizado (Part. pass. de *saciar*)

saciar *v.tr.* 1 satisfazer plenamente 2 encher; fartar 3 extinguir ■ *v.pron.* 1 dar-se por satisfeito 2 fartar-se; encher-se (Do lat. *satiāre*, «id.»)

saciável *adj.2g.* que se pode saciar ou contentar (Do lat. *satiabĭle-*, «id.»)

saciedade *n.f.* 1 estado de quem está saciado 2 fartura 3 fastio; enjoo; aborrecimento (Do lat. *satietāte-*, «id.»)

sacífero *adj.* provido de um órgão em forma de saco (Do lat. *saccu-*, «saco»+*ferre*, «ter»)

saciforme *adj.2g.* em forma de saco (Do lat. *saccu-*, «saco»+*forma-*, «forma»)

saco *n.m.* 1 espécie de bolsa de pano, couro, plástico ou outro material, aberto em cima, geralmente com asas para facilitar o transporte 2 aquilo que um saco pode conter 3 fole; bolsa 4 mala pequena; maleta 5 cavidade 6 antigo hábito fúnebre ou de penitência 7 rede de pesca de forma cónica, nos aparelhos de arrastar, onde se recolhe a pescaria 8 parte alargada da chaminé sobre a lareira 9 [pop.] pessoa gorda e desajeitada; ~ **amniótico** FISIOLOGIA bolsa membranosa que contém o líquido que envolve o feto e dentro da qual este se desenvolve; ~ **de batatas** [coloq.] pessoa vestida com roupas largas; ~ **embrionário** BOTÂNICA célula existente no óvulo das plantas, homóloga do macrósporo, que, por germinação, origina um tecido no qual se encontra o gâmeta feminino; ~ **polínico** BOTÂNICA parte essencial da antera onde o pólen tem a sua origem; ~ **vocal** ZOOLOGIA cada um dos divertículos da laringe de alguns animais, que servem para dar ressonância aos sons emitidos, dilatações elásticas ligadas à comissura bucal de alguns batráquios, que atuam no coaxar; *despejar o* ~ dizer tudo quanto se sabe, desabafar; *encher o* ~ governar-se, fazer perder a paciência; *meter a viola no* ~ calar-se; *meter tudo no mesmo* ~ considerar de maneira igual coisas ou pessoas que são diferentes; *não cair em* ~ *roto* não ficar sem produzir efeito; *puxar o* ~ [Brasil] [pop.] bajular alguém (Do gr. *sákkos*, «id.», pelo lat. *saccu-*, «id.»)

saco-aéreo *n.m.* ORNITOLOGIA cada um dos órgãos membranosos, espalhados pelo corpo das aves, em comunicação com o aparelho respiratório, que fornecem o ar (oxigénio) de que o animal necessita durante o voo, e tornam o seu corpo mais leve

saco-cama *n.m.* saco de tecido acolchoado e isolador onde uma pessoa se mete para dormir, geralmente dentro de tenda, usado sobretudo por alpinistas, campistas, viajantes

sacóforo *adj.* ⇒ **sacífero** ■ *n.m.* penitente que se cobria com um saco (Do gr. *sakkophóros*, «id.»)

sacola *n.f.* 1 saco de dois fundos; alforge 2 saco largo, com alças, geralmente usado para transportar compras 3 bornal de pedinte ou frade mendicante (De *saca* ou *saco*+*-ola*)

sacolejar *v.tr.* agitar repetidas vezes; vascolejar (De *sacola*+*-ejar*)

sacolejo /ê/ *n.m.* ato de sacolejar (Deriv. regr. de *sacolejar*)

saco-roto *n.m.* [coloq.] pessoa que não é capaz de guardar um segredo

sacra *n.f.* 1 RELIGIÃO quadro com orações da missa, colocado sobre o altar 2 RELIGIÃO momento da missa em que se celebra o mistério da consagração do corpo e sangue de Cristo (Do lat. *sacra*, «objetos sagrados»)

sacral *n.m.* aquele que foi sacralizado ■ *adj.2g.* sacralizado (De *sacro*+*-al*)

sacralgia *n.f.* dor na região do sacro (Do lat. *sacru-*, «sacro»+gr. *álgos*, «dor»+*-ia*)

sacralização *n.f.* 1 RELIGIÃO ato ou efeito de sacralizar ou tornar sacro 2 MEDICINA desenvolvimento anormal das apófises transversais da quinta vértebra lombar que as torna semelhantes às asas do sacro (De *sacralizar*+*-ção*)

sacralizar *v.tr.* atribuir carácter sagrado a pessoa, coisa ou atos profanos (De *sacral*+*-izar*)

sacramentado *adj.* 1 que recebeu algum sacramento 2 diz-se do moribundo que recebeu os últimos sacramentos; *Jesus* ~ RELIGIÃO hóstia consagrada (Part. pass. de *sacramentar*)

sacramental *adj.2g.* 1 referente a sacramento 2 [fig.] habitual; consuetudinário 3 [fig.] forçoso; obrigatório ■ *n.m.* (catolicismo) sinal sensível instituído pela Igreja; *palavras sacramentais* RELIGIÃO fórmula com que se administra um sacramento, palavras que é costume proferir num ato oficial ou em ocasião solene (De *sacramento*+*-al*)

sacramentar *v.tr.* 1 administrar a alguém os sacramentos, especialmente a unção dos enfermos e o Viático, designados últimos sacramentos 2 dar a extrema-unção a ■ *v.pron.* receber os últimos sacramentos; receber a extrema-unção (De *sacramento*+*-ar*)

sacramentário *n.m.* 1 ritual que contém as cerimónias para a administração dos sacramentos 2 *pl.* dissidentes que negam a presença divina na eucaristia (Do lat. ecl. *sacramentarĭu-*, «id.»)

sacramento *n.m.* 1 RELIGIÃO sinal sensível instituído por Deus para dar ao homem a Sua graça ou aumentar-lha 2 RELIGIÃO hóstia consagrada; Eucaristia 3 *pl.* RELIGIÃO últimos sacramentos (confissão, Viático e unção dos enfermos) (Do lat. *sacramentu-*, «id.»)

sacrário *n.m.* 1 RELIGIÃO pequeno tabernáculo onde se guardam o santo cibório e a custódia, quando contêm partículas consagradas 2 [fig.] lugar onde se guarda algo digno de veneração (Do lat. *sacrarĭu-*, «id.»)

sacratíssimo *adj.* {superlativo absoluto sintético de **sagrado**} muito sagrado; santíssimo (Do lat. *sacratissĭmu-*, «id.»)

sacrífero *adj.* que transporta coisas sagradas (Do lat. *sacrifĕru-*, «id.»)

sacrificado *adj.* 1 que se sacrificou; que foi oferecido em sacrifício; imolado 2 [fig.] que se submete a alguma coisa; resignado (Part. pass. de *sacrificar*)

sacrificador *adj.,n.m.* que ou aquele que sacrifica; imolador (Do lat. *sacrificatōre-*, «id.»)

sacrifical *adj.2g.* referente a sacrifício (Do lat. *sacrificāle-*, «id.»)

sacrificar *v.tr.,v.pron.* 1 oferecer(-se) em sacrifício; imolar(-se) como vítima 2 renunciar voluntariamente (a algo, alguém importante ou si próprio) em benefício de outrem ou outra coisa; sujeitar-se; submeter-se 3 dedicar(-se) inteiramente (a alguém ou a alguma coisa) ■ *v.tr.* prejudicar; lesar; abater ■ *v.intr.* oferecer sacrifícios (Do lat. *sacrificāre*, «id.»)

sacrificativo *adj.* próprio ou apto para ser sacrificado (De *sacrificar*+*-tivo*)

sacrificatório *adj.* 1 relativo ao sacrifício 2 com que se sacrifica (Do lat. ecl. *sacrificatorĭu-*, «id.»)

sacrificável *adj.2g.* que se pode sacrificar (De *sacrificar*+*-vel*)

sacrificial *adj.2g.* referente ao sacrifício ou à oferta feita à divindade; sacrifical (Do lat. *sacrificiāle-*, «id.»)

sacrifício *n.m.* 1 ato ou efeito de sacrificar; imolação 2 oferta à divindade em expiação de culpa, ou para implorar auxílio; oblação; oferenda 3 abandono voluntário de algo precioso; renúncia 4 aquilo que é sacrificado 5 privações a que alguém se sujeita em benefício de outrem 6 sofrimento; custo; esforço; *Santo Sacrifício* Missa (Do lat. *sacrificĭu-*, «id.»)

sacrífico *adj.,n.m.* [poét.] sacrificante; sacrificador (Do lat. *sacrifĭcu-*, «id.»)

sacrifículo *n.m.* 1 o que ajudava o sacrificador 2 acólito (Do lat. *sacrificŭlu-*, «id.»)

sacrilégio *n.m.* 1 profanação de uma coisa sagrada 2 ultraje a uma pessoa sagrada 3 violação de uma coisa que merece grande respeito 4 [fig.] ação extremamente repreensível (Do lat. *sacrilegĭu-*, «id.»)

sacrílego *adj.* 1 que cometeu sacrilégio; profanador; ímpio 2 em que há sacrilégio ■ *n.m.* aquele que cometeu sacrilégio; profanador; ímpio (Do lat. *sacrilĕgu-*, «id.»)

sacrilíaco *adj.* ANATOMIA relativo ao sacro e ao osso ilíaco (De *sacro*+*ilíaco*)

sacripanta *n.2g.* 1 pessoa desprezível 2 pessoa de mau carácter 3 pessoa hipócrita (De *Sacripante*, antr., nome de uma personagem do poema *Orlando Furioso*, de L. Ariosto, poeta it., 1474-1533)

sacripante n.2g. ⇒ sacripanta
sacrismocho n.m. [ant.] ⇒ sacristão (Do cast. *sacrismocho*, «id.»)
sacrista n.m. [pop.] ⇒ sacristão (Do b. lat. *sacrista-*, «id.»)
sacristania n.f. cargo de sacristão ou sacristã (Do lat. med. *sacristānu-*, «sacristão» +*-ia*)
sacristão n.m. (plural **sacristães**) 1 indivíduo que tem a seu cargo o arranjo da sacristia ou de uma igreja 2 aquele que ajuda à missa e auxilia o sacerdote nos ofícios divinos (Do lat. med. *sacristānu-*, «id.»)
sacristia n.f. casa ou dependência contígua à igreja onde se guardam os paramentos sacerdotais e os utensílios do culto, e onde os sacerdotes se preparam para o culto (Do lat. ecl. *sacristīa-*, «id.»)
sacro n.m. ANATOMIA osso ímpar, triangular, constituído por um conjunto de vértebras sagradas, fundidas, que se articula, em cima, com a última vértebra lombar e, em baixo, com o cóccix ■ adj. 1 sagrado 2 [fig.] venerável; respeitável; *ordens sacras* RELIGIÃO as três ordens de subdiácono, diácono e presbítero (Do lat. *sacru-*, «sagrado»)
sacro-[2] elemento de formação de palavras que exprime a ideia de sacro (osso) (Do lat. *sacru-*, «id.»)
sacrociático adj. ANATOMIA diz-se dos ligamentos da bacia que vão do sacro ao ísquio ou espinha ciática (De *sacro-*+*ciático*)
sacrococcígeo adj. ANATOMIA que diz respeito simultaneamente ao sacro e ao cóccix ou aos órgãos existentes na região constituída pelas vértebras sagradas e coccígeas (De *sacro-*+*coccígeo*)
sacrocoxalgia /cs/ n.f. MEDICINA inflamação ou tuberculose da articulação sacrilíaca (De *sacro-*+*coxalgia*)
sacrofemoral adj.2g. ANATOMIA comum ao sacro e ao fémur (De *sacro-*+*femoral*)
sacrolombar adj.2g. ANATOMIA relativo ao sacro e à região lombar (De *sacro-*+*lombar*)
sacrorraquidiano adj. ANATOMIA referente ao sacro e ao ráquis (De *sacro-*+*raquidiano*)
sacrossanto adj. 1 que é duplamente santo; sagrado e santo 2 que não pode ser violado; inviolável (Do lat. *sacrosanctu-*, «id.»)
sacudida n.f. 1 ato ou efeito de sacudir 2 [coloq.] sova; surra (Part. pass. fem. subst. de *sacudir*)
sacudidela n.f. ⇒ sacudida (De *sacudir*+*-dela*)
sacudido adj. 1 agitado; revolvido 2 [fig.] feito com desembaraço 3 [fig.] desenvolto; decidido (Part. pass. de *sacudir*)
sacudidura n.f. 1 ato ou efeito de sacudir 2 abalo; estremeção (De *sacudir*+*-dura*)
sacudimento n.m. ⇒ sacudidura (De *sacudir*+*-mento*)
sacudir v.tr. 1 agitar repetidas vezes; abanar 2 abalar 3 deitar fora; atirar 4 livrar-se de; enxotar 5 expulsar; pôr fora 6 [fig.] estimular; incentivar 7 [fig.] comover; impressionar ■ v.pron. saracotear-se; *~ a água do capote* não assumir uma responsabilidade ou um compromisso, livrar-se de uma responsabilidade (Do lat. *succutĕre*, «sacudir; agitar»)
sacudu n.m. [Moçambique] mochila (Do fr. afr. *sac-au-dos*, «id.»)
sacular adj.2g. referente a sáculo (De *sáculo*+*-ar*)
saculiforme adj.2g. que tem a forma de sáculo (Do lat. *saccŭlu-*, «pequeno saco» +*forma-*, «forma»)
sáculo n.m. 1 ANATOMIA órgão membranoso existente no ouvido, situado abaixo do utrículo, e que contém otólitos 2 BOTÂNICA pequeno saco ou bolsa que envolve a radícula de certos embriões (vegetais) (Do lat. *saccŭlu-*, «pequeno saco»)
sádico adj.,n.m. 1 que ou aquele que sente prazer em fazer sofrer física ou moralmente o parceiro; que ou aquele que manifesta sadismo 2 que ou o que sente prazer perante o sofrimento dos outros; que ou o que é cruel; que ou o que é mau (Do fr. *sadique*, «id.», de *D. Sade*, antr., escritor fr., 1740-1814)
sadino adj. relativo ao rio Sado ou à cidade portuguesa de Setúbal ■ n.m. natural ou habitante da região do Sado ou da cidade de Setúbal (De *Sado*, top. +*-ino*)
sadio adj. 1 que é bom ou próprio para a saúde; salubre; higiénico 2 que goza de boa saúde; saudável (Do lat. *sanatīvu-*, «que cura»)
sadismo n.m. 1 perturbação do instinto sexual em que a satisfação sexual é alcançada por meio do sofrimento físico ou moral infligido ao parceiro 2 perversão que consiste em tirar prazer do sofrimento alheio; crueldade (Do fr. *sadisme*, «id.», de *D. Sade*, antr., escritor fr., 1740-1814)
sadista adj.,n.2g. ⇒ sádico (Do fr. *Sade*, antr. +*-ista*)
sadomasoquismo n.m. associação de sadismo e de masoquismo
sadomasoquista adj.,n.2g. que ou aquele que é ao mesmo tempo sádico e masoquista
sadrá n.f. BOTÂNICA grande árvore das regiões montanhosas dos países quentes, cuja casca é utilizada pelos pescadores na pintura (conservação) das redes, e cujo tronco, reduzido a cinzas, se utiliza no curtimento de peles (Do guz. *sadra*, «id.»)
saduceísmo n.m. doutrina religiosa dos Judeus, oposta ao fariseísmo, que se caracteriza pelo seu espírito helenista e por rejeitar as tradições dos antigos e a predestinação, reconhecendo apenas, como regra, a lei escrita (De *saduceu*+*-ismo*)
saduceu adj.,n.m. 1 partidário do saduceísmo 2 membro ou designativo de um membro da classe rica, entre os Judeus (Do hebr. *sedhokim*, «justo», pelo lat. *sadducaeu-*, «saduceu»)
safa n.f. 1 [coloq.] borracha de apagar letras, riscos, etc. 2 [coloq.] ato de safar-se; salvação; sorte; *~!* exclamação designativa de repugnância, admiração, agastamento, alívio, etc. (Deriv. regr. de *safar*)
safadeza /ê/ n.f. ⇒ safadice (De *safado*+*-eza*)
safadice n.f. 1 ato ou comportamento de safado; vileza 2 ato ou dito obsceno; libertinagem; devassidão 3 [Brasil] traquinice; travessura (De *safado*+*-ice*)
safado adj. 1 gasto pelo uso; deteriorado 2 apagado com borracha 3 [pop.] desavergonhado; descarado 4 [pop.] obsceno; imoral 5 [Brasil] travesso; irrequieto; traquinas ■ n.m. 1 homem desprezível ou vil 2 indivíduo descarado ou imoral (Part. pass. de *safar*)
safanão n.m. 1 ato de safar com força 2 puxão 3 empurrão 4 [pop.] bofetão dado com as costas da mão; bofetada; *aos safanões* com interrupções, aos estícões (De *safar* × *abanão*)
safanar v.tr. [Angola] dar um safanão; fazer gestos sacudidos (Deriv. regr. de *safanão*)
safar v.tr. 1 libertar de (algo); evitar (situação ou pessoa desconfortável) 2 [coloq.] apagar com borracha 3 tirar para fora; extrair 4 roubar 5 gastar com o uso 6 pôr a navegar (navio encalhado) ■ v.pron. 1 libertar-se de (algo); evitar (situação ou pessoa desconfortável) 2 fugir; esgueirar-se; escapulir-se 3 escapar (Do cast. *zafar*, «safar; desembaraçar»)
sáfara n.f. terreno deserto cheio de pedregulho miúdo (De *sáfaro*)
safardana n.2g. 1 [pop.] pessoa sem escrúpulos; pessoa desavergonhada 2 [pop.] pelintra; bigorrilhas (De *Sefardim*, casta de Judeus hispânicos)
safári n.m. expedição realizada na selva africana para caçar ou observar animais selvagens (Do ár. *sáfara*, «viajar»)
safaria n.f. diz-se de uma variedade de romã de bagos grandes (Do cast. *zafarí*, «id.»)
sáfaro adj. 1 estéril; inculto; árido 2 bravio; agreste; rude 3 [fig.] indócil; esquivo 4 [fig.] alheio; distante (Do ár. *ҫahar*, «árido; selvagem»)
safata n.f. ICTIOLOGIA ⇒ dourada 2 (De orig. obsc.)
safena /ê/ n.f. ANATOMIA cada uma das duas veias subcutâneas existentes em cada perna (Do ár. *safin*, «artéria dorsal»)
safeno n.m. ANATOMIA nervo satélite das veias safenas (nervo safeno interno e nervo safeno externo) ■ adj. ANATOMIA relativo ou pertencente à safena
sáfico adj. 1 relativo à poetisa grega Safo (século VII a. C.) ou às suas obras 2 diz-se do verso grego ou latino de cinco pés e do decassílabo português com acento na 4.ª, 8.ª e 10.ª sílabas 3 designativo de uma estrofe composta de três versos sáficos e um adónio 4 diz-se do amor lésbico (Do gr. *sapphikós*, «id.», pelo lat. *sapphīcu-*, «id.»)
safio n.m. ICTIOLOGIA peixe da família dos Murenídeos, robusto e longo, com pele lisa, e denominado congro quando adulto ■ adj. [regionalismo] relativo aos cabritos e cabras de pelo curto (Do cast. *zafío*, «id.»)
sáfio adj. 1 tosco; rude 2 grosseiro; inculto (Do ár. *safíh*, «néscio; ignorante»)
safira n.f. 1 MINERALOGIA pedra preciosa de cor azul, que é uma variedade transparente de corindo 2 MINERALOGIA qualquer gema de cor azul ■ n.f. cor azul dessa pedra (Do gr. *sáppheiros*, «id.», pelo lat. *sapphīru-*, «id.»)
safirina n.f. MINERALOGIA mineral (silicato de alumínio e magnésio) pouco comum, que aparece em certas rochas metamórficas e cristaliza no sistema monoclínico (De *safira*+*-ina*)
safismo n.m. relacionamento erótico entre mulheres; lesbianismo; homossexualidade feminina (De *Safo*, antr. poetisa grega (séc. VII a. C.) que tinha uma escola feminina de poesia e música na ilha de Lesbos + *-ismo*)
safista n.f. mulher que pratica o safismo (De *Safo*, antr. +*-ista*)
safo adj. 1 que se safou; livre de perigo 2 desembaraçado para navegar ou combater 3 gasto; usado (Deriv. regr. de *safar*)
safões n.m.pl. meias calças largas, feitas de peles, usadas sobretudo pelos pastores de regiões frias (Do ár. *as-saifán*, «as duas espadas», pelo cast. *zahones*, «id.»)
saforil n.m. 1 [regionalismo] indivíduo ordinário, mas presumido 2 animal reles (De orig. obsc.)

safra¹ *n.f.* bigorna grande, só com uma ponta (De orig. obsc.)
safra² *n.f.* 1 novidade 2 colheita 3 faina; azáfama; trabalho (De orig. obsc.)
safra³ *n.f.* pó amarelado de um óxido de cobalto, empregado no fabrico do vidro azul (Do fr. *safre*, «id.»)
safradeira *n.f.* instrumento de ferro com que se abrem os alvados das enxadas e de outros utensílios (De *safra+-deira*)
safreira *n.f.* comichão (De *safra+-eira*)
safu *n.m.* [São Tomé e Príncipe] BOTÂNICA árvore da família das Burseráceas, de folha persistente e copa volumosa, a cujo fruto, com o mesmo nome, longo, roxo escuro quando maduro, se atribui ação erotizante (Do quicongo *nsafu*, «id.»)
saga¹ *n.f.* 1 tradição lendária dos Escandinavos 2 narrativa baseada em tais lendas 3 história de uma família abrangendo várias gerações 4 história longa e muito movimentada (Do nórd. *saga*, «id.»)
saga² *n.f.* 1 bruxa; feiticeira 2 alcoviteira (Do lat. *saga-*, «id.»)
sagacidade *n.f.* 1 qualidade do que é sagaz 2 agudeza de espírito; finura; perspicácia 3 astúcia; manha (Do lat. *sagacitāte-*, «id.»)
saganha *n.f.* BOTÂNICA ⇒ **saganho**
saganho *n.m.* BOTÂNICA planta da família das Cistáceas, de corolas brancas, de folhas um pouco pegajosas, espontânea em Portugal, também conhecida por saganha (Do lat. *salicanĕu-*, de *salĭce-*, «salgueiro»)
saganho-mouro *n.m.* BOTÂNICA planta da família das Cistáceas, com folhas pequenas, muito rugosas, e flores de corola branca, frequente nos matos e outeiros secos de Portugal
sagapejo /ê/ *n.m.* espécie de goma resinosa extraída de uma árvore da Pérsia e usada em alguns emplastros, também denominada sagapeno (Por *sagapeno*)
sagapeno /ê/ *n.m.* ⇒ **sagapejo** (Do gr. *sagápenon*, «id.», pelo lat. *sagapēnu-*, «id.»)
sagaz *adj.2g.* 1 que descobre prontamente a explicação das coisas obscuras ou complexas 2 que possui sagacidade; perspicaz; fino 3 astuto 4 sensato (Do lat. *sagāce-*, «id.»)
sagazmente *adv.* de modo sagaz; com sagacidade; com esperteza; com perspicácia (De *sagaz+-mente*)
sage *n.2g.* aquele que alia a virtude à sabedoria; aquele cujos juízos e cujo comportamento são inspirados e governados pela retidão de espírito, pelo bom senso; aquele que só estima os verdadeiros bens e, por isso, vive sem as ambições, as inquietações e as deceções que perturbam a existência do homem comum; filósofo ■ *adj.2g.* avisado; circunspecto; discreto; judicioso; prudente (Do fr. *sage*, «prudente; razoável»)
sagenite *n.f.* MINERALOGIA mineral formado por uma rede de agulhas de rútilo (Do gr. *sagéne*, «rede» +-*ite*)
sageza /ê/ *n.f.* carácter do que ou daquele que é sage (De *sage+-eza*)
sagitado *adj.* em forma de seta (Do lat. *saggittātu-*, «id.»)
sagital *adj.2g.* 1 em forma de seta; saggital diz-se da sutura que une os ossos parietais 3 ANATOMIA diz-se do plano que separa verticalmente as duas partes do corpo humano, na direção ântero-posterior (Do lat. *sagitta-*, «seta» +-*al*)
sagitária *n.f.* BOTÂNICA nome por que têm sido designadas umas plantas herbáceas, aquáticas, do género *Sagittaria*, pertencentes à família das Alismatáceas (Do lat. *sagittarĭu-*, «armado de seta»)
sagitariano *n.m.* ASTROLOGIA indivíduo nascido sob o signo de Sagitário ■ *adj.* 1 ASTROLOGIA pertencente ou relativo a este indivíduo 2 ASTROLOGIA pertencente ou relativo ao signo de Sagitário
sagitariídeo *adj.* relativo ou pertencente aos Sagitariídeos ■ *n.m.* ORNITOLOGIA espécime dos Sagitariídeos
Sagitariídeos *n.m.pl.* ORNITOLOGIA família de aves de grande porte que inclui uma única espécie, à qual se dá o nome popular de serpentário ou secretário (Do lat. cient. *Sagitariidae*)
sagitário *adj.,n.m.* que ou guerreiro que está armado de arco e setas; seteiro; frecheiro ■ *n.m.* 1 [com maiúscula] ASTRONOMIA nona constelação do zodíaco situada no hemisfério sul 2 [com maiúscula] ASTROLOGIA nono signo do zodíaco, de 22 de novembro a 21 de dezembro (Do lat. *sagittarĭu-*, «armado de seta»)
sagitífero *adj.* [poét.] que traz setas; sagitário (Do lat. *sagittifĕru-*, «id.»)
sago *n.m.* veste de combate usada pelos Iberos, semelhante a um gibão com mangas curtas e capuz (Do lat. *sagu-*, «id.»)
sagra *n.f.* 1 sagração 2 [com maiúscula] RELIGIÃO festa do orago da igreja de S. Domingos, em Cascais, cidade portuguesa do distrito de Lisboa, assim chamada por comemorar a sagração da igreja (Deriv. regr. de *sagrar*)
sagração *n.f.* ato ou efeito de sagrar; consagração (Do lat. *sacratiōne-*, «id.»)

sagrado *adj.* 1 relativo ao culto religioso 2 que recebeu o carácter de santidade por meio de certas cerimónias religiosas; consagrado 3 santo; santificado 4 venerável; sublime; excelso 5 inviolável; puro; santo 6 ANATOMIA diz-se da região da coluna vertebral formada pelas vértebras constituintes do sacro ■ *n.m.* 1 aquilo que é ou foi consagrado 2 aquilo que faz parte do domínio religioso (por oposição a profano) 3 terreno benzido de adro ou cemitério (Do lat. *sacrātu-*, «id.», part. pass. de *sacrāre*, «consagrar»)
sagrador *adj.,n.m.* que ou aquele que sagra; consagrador; santificador (Do lat. *sacratōre-*, «id.»)
sagrante *adj.,n.2g.* ⇒ **sagrador** (Do lat. *sacrante-*, part. pres. de *sacrāre*, «consagrar»)
sagrar *v.tr.* 1 conferir, por meio de cerimónias religiosas, carácter sagrado a 2 venerar como coisa sagrada 3 dedicar a Deus ou ao serviço divino; consagrar 4 benzer; santificar 5 conferir um título ou uma honra a 6 tornar venerado ou respeitado 7 destinar exclusivamente a; dedicar (Do lat. *sacrāre*, «tornar sagrado; consagrar»)
sagro *n.m.* [regionalismo] fundo chato dos barcos rabelos, formado por tabuões de pinho (De orig. obsc.)
sagu *n.m.* 1 espécie de farinha que se extrai da parte central das hastes de várias palmeiras 2 BOTÂNICA ⇒ **sagueiro** (Do mal. *sagu*, «id.»)
sagual *n.m.* mata de sagueiros (De *sagu+-al*)
saguão *n.m.* 1 pátio estreito e descoberto entre dois edifícios ou no interior de um edifício 2 espécie de alpendre à entrada dos conventos (Do ár. vulg. *satuán*, «id.», do ár. cl. *ustuán*, «id.», pelo cast. *zaguán*, «saguão»)
saguate *n.m.* donativo ou presente, entre os Asiáticos (Do hind.-pers. *saughát*, «raridade»)
sagueiro /gu-ei/ *n.m.* BOTÂNICA nome vulgar de umas árvores semelhantes a palmeiras, de que se extrai o sagu, e entre as quais se conta a árvore-do-pão; sagu (De *sagu+-eiro*)
sagui /gu-i/ *n.m.* ZOOLOGIA nome comum a uns pequenos macacos, de cauda longa e fina, que possuem o dedo polegar da mão muito curto e não oponível, e unhas em forma de garras, muito abundantes em certas regiões do Brasil
saguim /gu-i/ *n.m.* ZOOLOGIA nome comum a uns pequenos e graciosos macacos, de cauda longa e fina, muito abundantes em certas regiões do Brasil (Do tupi *saw'i*, «id.»)
saguim-pequeno-do-maranhão *n.m.* ⇒ **mico** 1
sagum *n.m.* ⇒ **sagu** 1
saguntino *adj.* pertencente ou relativo à cidade espanhola de Sagunto ■ *n.m.* natural ou habitante desta cidade (Do lat. *saguntīnu-*, «id.»)
saí¹ *n.m.* ⇒ **bonzo**¹ 1 (Do anam. *sai*, «id.»)
saí² *n.m.* ORNITOLOGIA designação extensiva a muitos pássaros da fauna brasileira, como o saí-açu, o saí-amarelo, o saí-azul, o saí-guaçu, o saí-verde, etc. (Do tupi *sa'i*, «id.»)
saia *n.f.* 1 peça de vestuário feminino que se aperta na cintura e desce sobre as pernas até uma altura variável 2 parte de pano ou toalha que pende dos lados da mesa até ao chão 3 NÁUTICA acrescento que se dava à valuma de uma vela latina com ventos favoráveis 4 [regionalismo] manha 5 [pop.] mulher 6 *pl.* [regionalismo] dança popular portuguesa, vulgar no Alto Alentejo; **~ de chaminé** NÁUTICA tubo metálico que envolve exteriormente a chaminé, e que serve para evitar perdas de calor (Do lat. *saga-*, var. de *sagum*, «id.»)
saia-calça *n.f.* calças largas femininas, cortadas de uma forma que lhes dá aparência de saia, por vezes com uma prega que disfarça a parte unida as pernas se unem
saia-casaco *n.m.* conjunto constituído por uma saia e um casaco feitos na mesma cor ou padrão e no mesmo tecido; tailleur
saiaguês¹ *n.m.* 1 indivíduo que vestia saial 2 [fig.] grosseiro (De *saio+g+-ês*)
saiaguês² *n.m.* indivíduo de Saiago, cidade espanhola ■ *adj.* relativo a Saiago (De *Saiago*, top. +-*ês*)
saial *n.m.* 1 antiga vestimenta para homem e mulher, feita de pano grosseiro 2 peça de vestuário usada geralmente por bebés, constituída por uma espécie de vestido, sem mangas, que fecha em trespasse 3 prolongamento central e inferior da parte da frente, e por vezes dos lados, de uma peça de mobiliário, que é geralmente bastante decorado (De *saio+-al*)
saião¹ *n.m.* BOTÂNICA pequeno arbusto suculento, da família das Crassuláceas, de folhas em rosetas nas extremidades dos ramos, que aparece, em Portugal, do Douro à Estremadura, também conhecido por sempre-viva (De orig. obsc.)
saião² *adj.* insolente; petulante ■ *n.m.* carrasco; algoz (Do frânc. *sagio*, «aquele que executa sentença», pelo lat. med. *sagiōne-*, «algoz»)
saibo *n.m.* ⇒ **sabor** 2 (Do lat. *sapĭo*, pres. do ind. de *sapĭre*, «ter sabor»)

saibramento *n.m.* ato ou efeito de saibrar (De *saibrar+-mento*)

saibrão *n.m.* [Brasil] terreno barrento e arenoso, próprio para a plantação da cana-de-açúcar (De *saibro+-ão*)

saibrar *v.tr.* 1 cobrir com saibro 2 surribar fundo para plantação de bacelo, etc. (De *saibro+-ar*)

saibreira *n.f.* 1 terreno saibroso 2 lugar donde se extrai saibro (De *saibro+-eira*)

saibreiro *n.m.* indivíduo que trabalha na extração de saibro ou em trabalhos de saibramento (De *saibro+-eiro*)

saibro *n.m.* mistura de argila e areia, usada para preparar argamassa; areia argilosa (Do lat. *sabŭlu-*, «areia»)

saibroso /ô/ *adj.* que tem saibro; em que há saibro (Do lat. *sabulōsu-*, «arenoso»)

saída *n.f.* 1 ato ou efeito de sair 2 abalada; partida 3 meio de sair 4 exportação; venda 5 procura 6 extração 7 dito 8 dito repentino; desabafo; repente 9 desculpa 10 recurso; expediente 11 INFORMÁTICA processo de transferência de uma informação do processador central para outro dispositivo 12 INFORMÁTICA resultado do processamento interno realizado por um computador (dados destinados a um periférico, dados apresentados sob forma impressa (no papel) ou visual (monitor), etc.); ~ *de emergência* acesso de um edifício ou de um compartimento destinado a evacuar pessoas em caso de perigo; *dar* ~ interpretar um texto obscuro ou difícil, tomar uma decisão, vencer uma dificuldade; *dar* ~ *a* vencer (uma dificuldade); *estar de* ~ estar prestes a abandonar um local; *ter boas saídas* ter respostas felizes; *ter* ~ vender-se bem, ter muita procura, ter solução (Part. pass. fem. subst. de *sair*)

saída-de-banho ver nova grafia saída de banho

saída de banho *n.f.* roupão, geralmente de tecido felpudo, que se utiliza após o banho

saída-de-praia ver nova grafia saída de praia

saída de praia *n.f.* peça de vestuário feminino que se utiliza por cima do fato de banho, biquíni, etc.

saído *adj.* 1 que está fora 2 saliente; proeminente 3 brotado; provindo; nascido 4 aparecido; surgido 5 que resulta de; resultante 6 que não está presente; ausente 7 (animal) diz-se da fêmea que anda com o cio 8 [pop.] esperto; desenvolto; ~ *a lume* (livro) publicado, editado; *andar* ~ (animal) andar com o cio (Part. pass. de *sair*)

saidoiro *n.m.* ⇒ **saidouro**

saidouro *n.m.* lugar, na margem de um rio, que oferece boa saída a quem o atravessa (De *sair+-douro*)

saieta /ê/ *n.f.* tecido de lã para forros (Do fr. *sayette*, «id.»)

saiga *n.m.* ZOOLOGIA antílope das estepes euro-asiáticas com os chifres anelados e o focinho rombo, intumescido e curvo (Do russo *saiga*, «id.»)

saiinho *n.m.* 1 saio pequeno 2 espécie de gibão sem abas (De *saio+-inho*)

saimel *n.m.* ARQUITETURA primeira pedra colocada sobre o capitel ou cimalha e que começa a formar a volta do arco (De orig. obsc.)

saimento *n.m.* 1 saída 2 cortejo fúnebre; funeral; enterro (De *sair+-mento*)

saimiri *n.m.* ZOOLOGIA nome vulgar de um de macaco platirríneo da América tropical, da família dos Cebídeos, com os dentes caninos salientes e recurvos, também conhecido por boca-negra (Do tupi-guar. *sai-miri*, «id.»)

sainete /ê/ *n.m.* 1 isca que se dá aos falcões e aves congéneres para os domesticar 2 coisa que suaviza a má impressão de outra; qualidade agradável de alguma coisa 3 graça; gosto; remoque; picuinha 4 LITERATURA composição dramática em um ato, com estilo e temas de natureza jocosa; *dar/fazer* ~ distinguir-se, dar bom resultado, causar sensação (Do cast. *sainete*, «id.»)

sainte *adj.2g.* 1 que sai 2 que se encontra no ato de sair 3 que vai acabando (De *sair+-inte*)

saio *n.m.* 1 antigo vestuário de homem, largo, com fraldão e abas 2 peça da armadura que descia da cintura até aos joelhos 3 sago (Do lat. *sagu-*, «id.»)

saiote *n.m.* saia usada por debaixo de outra saia ou de vestido (De *saia+-ote*)

sair *v.tr.,intr.* 1 passar (de dentro para fora); ir (do interior para o exterior) 2 abandonar (um lugar); ausentar-se (de) 3 afastar-se (de); desviar-se (de) 4 irromper (de); brotar (de) 5 deixar de exercer; demitir-se (de) ■ *v.tr.* 1 proceder (de); ter origem (em) 2 soltar-se (de) 3 terminar (curso); formar-se 4 cair em sorte (a) 5 ter semelhança (com); parecer-se (com) 6 realçar; sobressair 7 passar de (um estado) para outro ■ *v.intr.* 1 ir à rua; aparecer na rua; surgir em público 2 desaparecer (a mancha, a nódoa) 3 empreender viagem; partir; ir-se 4 aparecer; surgir 5 publicar-se ■ *v.cop.* liga o predicativo ao sujeito, indicando: 1 transformar-se, tornar-se ⟨*o João saiu um bom profissional*⟩; 2 resultar ⟨*a fotografia saiu bem*⟩ ■ *v.pron.* dizer algo inesperado; ~ *a alguém* parecer-se com alguém; ~ *à francesa* abandonar um local sem se despedir, sair sem ser notado; ~ *caro* ter custos elevados, ter consequências graves; ~ *da casca* [coloq.] evidenciar-se, revelar-se, obter êxito, reagir; ~ *do tom* desafinar, não produzir o efeito desejado; ~ *dos eixos* começar a portar-se mal, desviar-se; ~*-se bem* ter êxito; ~*-se com* dizer de improviso; ~*-se mal* ter mau êxito (Do lat. *salire*, «saltar; brotar»)

sais de banho *n.m.pl.* aditivo para o banho à base de cristais solúveis de cloreto de sódio e óleos essenciais, usado para perfumar e tonificar a pele

sais de fruto *n.m.pl.* FARMÁCIA substância em pó, efervescente, à base de uma mistura de ácidos, que se toma dissolvida em água em caso de problemas digestivos

sã-joaneiro *adj.,n.m.* ⇒ **são-joaneiro**

sal *n.m.* 1 QUÍMICA substância resultante ou suposta resultante da perda de protões por um ácido molecular, com existência real ou hipotética, originando um anião, que se liga a um ou mais catiões, de modo a formar-se uma substância eletricamente neutra 2 designação comum do cloreto de sódio, usado no tempero e na conservação dos alimentos 3 [fig.] graça; espírito; malícia 4 *pl.* substâncias voláteis que se dão a cheirar às pessoas desmaiadas para recuperarem os sentidos; ~ *amoníaco* cloreto de amónio; ~ *das cozinhas/comum/marinho* cloreto de sódio; *sais minerais* sais inorgânicos, fundamentais para a alimentação humana, dos animais e das plantas; *caldinho/pão sem* ~ sensaborão; *estar como uma pilha de* ~ estar muito salgado; *pôr o* ~ *na moleira a* apoquentar, dar a entender a (Do lat. *sale-*, «id.»)

sala *n.f.* 1 compartimento principal de um edifício 2 divisão principal uma casa ou de um apartamento, onde geralmente se recebem visitas e se tomam as refeições 3 qualquer compartimento de edifício público, destinado ao exercício de determinadas funções 4 local onde são apresentados ao público diversos tipos de espetáculo 5 [ant.] bandeja ou salva de metal; ~ *de espera* compartimento onde se aguarda o momento de ser atendido ou a chegada de alguém; ~ *de estar* sala onde se permanece habitualmente, para repouso, convívio ou mesmo execução de pequenos trabalhos da vida corrente; ~ *de jantar* compartimento da casa onde se tomam as refeições; ~ *de leitura* (biblioteca) local destinado à consulta de livros, jornais, revistas, etc.; *fazer* ~ entreter as visitas (Do germ. *sal*, «grande compartimento de receção, pelo fr. *salle*, «sala»)

salabórdia *n.f.* 1 [pop.] sensaboria 2 [pop.] vulgaridade (De orig. obsc.)

salácia *n.f.* ⇒ **salacidade** (Do lat. *salace-*, «lascivo»+*-ia*)

salaciano *adj.* relativo ou pertencente à vila portuguesa de Alcácer do Sal, no distrito de Setúbal ■ *n.m.* indivíduo natural ou habitante de Alcácer do Sal (Do lat. *Salacĭa-*, top., nome latino de Alcácer do Sal+*-ano*)

salacidade *n.f.* devassidão; libertinagem; lascívia (Do lat. *salacitāte-*, «id.»)

salada *n.f.* 1 CULINÁRIA prato que se serve geralmente frio, preparado com verduras e legumes crus ou cozidos, ovos cozidos, etc., temperados com molho de azeite e vinagre, maionese, ou outro 2 [pop.] alface 3 [fig.] salgalhada; confusão 4 [fig.] estado daquilo que se encontra moído, pisado (Do fr. *salade*, «id.»)

salada de frutas *n.f.* CULINÁRIA sobremesa preparada com frutas cruas cortadas em pedaços pequenos e servidas numa calda que pode ser temperada com vinho, licor e açúcar

salada russa *n.f.* 1 CULINÁRIA prato preparado com legumes cozidos misturados com carne ou peixe e temperados com maionese 2 [fig.] confusão; trapalhada

saladeira *n.f.* recipiente, geralmente de louça, em que se prepara ou serve salada (De *salada+-eira*)

saladeiro *n.m.* [Brasil] ⇒ **charqueada** 1 (De *salada+-eiro*)

salafrário *n.m.* [pop.] homem reles; patife; biltre (De orig. obsc.)

salalé *n.m.* [Angola] ZOOLOGIA ⇒ **térmite** (Do quimb. *sualala*, «id.»)

salamaleque *n.m.* 1 cumprimento de cortesia, entre os Turcos 2 [pop.] mesura exagerada; cortesia afetada (Do ár. *as-salam'alaik*, «a paz seja contigo»)

salamandra *n.f.* 1 ZOOLOGIA batráquio urodelo, de forma semelhante ao lagarto, de pele brilhante e por vezes manchada de amarelo, vulgar em Portugal, também conhecido por salamântega, saramântiga, saramela, saramaganta, etc. 2 fogão móvel provido de tubagem em espiral para aquecimento 3 [fig.] amianto (Do gr. *salamándra*, «id.»)

salamanquense *adj.,n.2g.* ⇒ **salamanquino** (De *Salamanca*, top.+*-ense*)

salamanquino *adj.* relativo ou pertencente à cidade espanhola de Salamanca ■ *n.m.* natural ou habitante de Salamanca (De *Salamanca*, top.+*-ino*)

salamanta *n.f.* ZOOLOGIA serpente brasileira, muito venenosa (De *salamandra*)

salamântega *n.f.* ZOOLOGIA ⇒ **salamandra 1**

salamântiga *n.f.* ZOOLOGIA ⇒ **salamandra 1**

salame *n.m.* **1** CULINÁRIA espécie de paio feito de lombo de boi entremeado de presunto e conservado em tripa, que geralmente se come frio **2** CULINÁRIA doce em forma de rolo preparado com chocolate e bolacha partida de forma grosseira (Do it. *salame*, «id.»)

salamurdo *adj.,n.m.* [regionalismo] indivíduo ou designativo do indivíduo de poucas falas; sonso (Formação expressiva)

salangana *n.f.* andorinha oriental, cujo ninho, construído com algas aglutinadas com saliva, é apreciado, especialmente pelos Chineses, na confeção de sopa (Do tagalo *salangan*, «id.», pelo fr. *salangane*, «id.»)

salão¹ *n.m.* **1** sala grande **2** recinto próprio para exposição de obras de arte, para espetáculos, bailes, etc. **3** grande exposição coletiva (Do fr. *salon*, «salão» ou de *sala*+-*ão*)

salão² *n.m.* saibro grosso também denominado solão (Do lat. *sabulōne*-, «areia grossa»)

salar *v.intr.* [Angola] trabalhar; exercer uma profissão (Do quicongo *sala*, «id.»)

salariado *n.m.* **1** regime económico no qual o trabalhador põe à disposição de um empresário, mediante salário, o seu trabalho **2** conjunto dos assalariados (Part. pass. subst. de *salariar*)

salariar *v.tr.* ⇒ **assalariar** (De *salário*+-*ar*)

salariato *n.m.* ⇒ **salariado** (De *salário*+-*ato*)

salário *n.m.* **1** remuneração do trabalho de um empregado; ordenado; vencimento **2** paga por serviços prestados **3** [fig.] recompensa; **~ mínimo** ECONOMIA valor mínimo, fixado por lei, que pode ser pago como remuneração do trabalho; **~ nominal** ECONOMIA valor da remuneração do trabalho expresso em moeda; **~ real** ECONOMIA quantidade de bens e serviços que pode ser adquirida com o salário nominal (Do lat. *salariū*-, «soldo para comprar sal; salário»)

salaz *adj.2g.* impudico; devasso; libertino (Do lat. *salāce*-, «id.»)

salazar *n.m.* [coloq.] utensílio de cozinha que consiste numa espátula de borracha presa a um cabo de madeira ou plástico, usado para rapar tachos ou tigelas, especialmente na confeção de bolos (Por alusão ao governo de A. O. Salazar (1889-1970), estadista e político port.)

salazarismo *n.m.* sistema político, económico e social instituído em Portugal por Oliveira Salazar (1889-1970), vigente de 1933 a 1970 e caracterizado por autoritarismo, organização corporativista das atividades económicas, entendimento com a Igreja na base de uma Concordata (1940) e defesa intransigente das colónias do Ultramar (De *Salazar*, antr. +-*ismo*)

salazarista *adj.2g.* **1** relativo a Salazar, estadista português (1889-1970), ou ao salazarismo **2** que é partidária do salazarismo ■ *n.2g.* pessoa partidária do salazarismo (De *Salazar*, antr. +-*ista*)

salbanda *n.f.* GEOLOGIA parede de contacto entre um filão e a rocha encaixante (Do al. *Salband*, «id.»)

salchicha *n.f.* ⇒ **salsicha** (Do it. *salsiccia*, «id.»)

saldado *adj.* que se saldou; liquidado; pago (Part. pass. de *saldar*)

saldanhista *adj.,n.2g.* pessoa ou designativo da pessoa que seguia a política do Duque de Saldanha, estadista português, 1790-1876 (De *Saldanha*, antr. +-*ista*)

saldar *v.tr.* **1** pagar o saldo de **2** completar o pagamento de (uma conta); liquidar (conta) **3** vender por preços inferiores aos normais mercadorias que estão fora de moda ou não têm procura; **~ contas com** vingar-se de, pedir satisfações a (Do it. *saldare*, «id.»)

sal-de-azedas ver nova grafia **sal de azedas**

sal de azedas *n.m.* ácido orgânico, cristalino, incolor e de sabor azedo; ácido oxálico

saldo *n.m.* **1** ECONOMIA (contabilidade) diferença entre o débito e o crédito, numa conta **2** resto; excedente **3** resultado final; balanço **4** [fig.] ajuste de contas; vingança de uma ofensa; desforra **5** *pl.* mercadorias postas à venda a um preço inferior ao normal; promoções ■ *adj.* pago; liquidado; quite; **~ contabilístico** ECONOMIA saldo de uma conta bancária que reflete todos os movimentos efetuados até ao momento da consulta, mesmo que ainda não tenham sido validados; **~ disponível** ECONOMIA saldo de uma conta bancária que reflete apenas os movimentos validados até ao momento da consulta, ou seja, aquele de que pode dispor de imediato (Do it. *saldo*, «id.»)

saldunes *n.m.pl.* guerreiros gauleses que juravam eterna amizade, marchando para o combate unidos por uma corrente, para significar que nem a morte os separava (Do lat. *soldurios*, «soldados de guarda dum chefe gaulês»)

salé *n.f.* [regionalismo] carne salgada (Do fr. *salé*, «id.»)

saleira *n.f.* embarcação de fundo chato, usada, na região portuguesa de Aveiro, para o transporte de sal (De *sal*+-*eira*)

saleiro *n.m.* **1** recipiente para conservar ou servir sal **2** indivíduo que prepara ou vende sal **3** ponta do galho de veado quando partido ■ *adj.* referente ao sal (De *sal*+-*eiro*)

salema /ê/ *n.f.* ICTIOLOGIA nome vulgar de alguns peixes da família dos Esparídeos, conhecidos também por boga, choupa, mucharra e sama **2** ICTIOLOGIA peixe da família dos Carangídeos, afim da dourada (Do ár. *hallāma*, «id.»?)

salepeira *n.f.* BOTÂNICA designação vulgar de várias plantas da família das Orquidáceas, como a salepeira-grande, de flores geralmente róseas, dispostas em espiga, que aparece em Portugal, de Coimbra ao Alentejo litoral, e a salepeira-maior, de cujos tubérculos se extrai o salepo (farinha), e que é também conhecida por satirião-macho e salepo (De *salepo*+-*eira*)

salepeira-maior *n.f.* BOTÂNICA planta orquidácea, também conhecida por satirião-macho

salepo /ê/ *n.m.* **1** BOTÂNICA ⇒ **salepeira-maior 2** farinha nutritiva e de propriedades medicinais, extraída dos tubérculos desta planta (Do ár. *sahlab*, «id.»)

salero *n.m.* comportamento ou atitude graciosos; graça; donaire; requebro (Do cast. *salero*, «id.»)

salésia *n.f.* freira da Ordem da Visitação, instituída por S. Francisco de Sales, doutor da Igreja, 1567-1722 (De *Sales*, antr. +-*ia*)

salesiano *adj.* RELIGIÃO diz-se dos membros da Congregação fundada por S. João Bosco, padre italiano (1815-1888), e que tem por patrono S. Francisco de Sales, 1567-1722 ■ *n.m.* RELIGIÃO religioso dessa congregação (Do fr. *salésien*, «id.»)

saleta /ê/ *n.f.* sala pequena (De *sala*+-*eta*)

salga *n.f.* **1** ato de salgar **2** feitiço; bruxaria (Deriv. regr. de *salgar*)

salgação *n.f.* ⇒ **salga** (De *salgar*+-*ção*)

salgadeira *n.f.* **1** lugar ou vasilha onde se salga alguma coisa **2** [gír.] caixão **3** BOTÂNICA arbusto da família das Quenopodiáceas, muito ramoso, que aparece no litoral português, desde o Mondego ao Algarve, em terrenos salgados (De *salgar*+-*deira*)

salgadiço *adj.* diz-se do terreno que tem qualidades salinas por estar próximo do mar; salitroso (De *salgar*+-*diço*)

salgadinho *n.m.* alimento salgado (biscoito, amêndoa, pedacinhos de queijo, camarões, etc.) que se serve como aperitivo (De *salgado*+-*inho*)

salgadio *adj.* ⇒ **salgadiço** (De *salgar*+-*dio*)

salgado *adj.* **1** impregnado de sal **2** posto em salmoura **3** temperado com sal **4** [fig.] caro **5** [fig.] picante; cáustico **6** [fig.] gracioso ■ *n.m.* **1** qualquer confeção culinária em que entra sal **2** *pl.* terrenos vizinhos do mar; **~ como pilha** excessivamente salgado (Part. pass. de *salgar*)

salgadura *n.f.* ⇒ **salga** (De *salgar*+-*dura*)

salgalhada *n.f.* [pop.] mixórdia; confusão; trapalhada (De *salgar*+-*alho*+-*ada*)

salgar *v.tr.* **1** impregnar de sal **2** pôr em salmoura **3** temperar com sal **4** [pop.] fazer feitiços, espalhando sal à porta de alguém **5** [fig.] vender caro *v.intr.* *salicāre*, «dar sal ao gado»)

sal-gema /ê/ *n.m.* sal comum extraído de mina

salgueira *n.f.* BOTÂNICA ⇒ **durázia** (De *salgueiro*)

salgueiral *n.m.* terreno onde abundam os salgueiros; sinceiral (De *salgueiro*+-*al*)

salgueirinha *n.f.* BOTÂNICA planta da família das Liliáceas, com flores de corola vermelha ou rósea, dispostas em espiga, existente em Portugal, nos lugares húmidos (De *salgueiro*+-*inha*)

salgueiro *n.m.* BOTÂNICA nome vulgar extensivo a várias plantas da família das Salicáceas, de várias espécies, frequentes em Portugal (Do lat. vulg. *salicariū*-, deriv. de *salĭce*-, «salgueiro»)

salgueiro-anão *n.m.* BOTÂNICA salgueiro rastejante, espontâneo nos terrenos arenosos do litoral

salgueiro-branco *n.m.* BOTÂNICA árvore da família das Salicáceas, espontânea nos lugares húmidos e frequente em Portugal; seiça; seice; seiceiro; sinceiro

salgueiro-chorão *n.m.* BOTÂNICA salgueiro de ramos longos, finos e pendentes, cultivado especialmente para ornamentar as margens dos lagos dos jardins e parques; chorão

salgueiro-de-casca-roxa *n.m.* BOTÂNICA salgueiro de ramos flexíveis, de cor avermelhada, espontâneo nas margens do rio Douro

salgueiro-frágil *n.m.* BOTÂNICA salgueiro de ramos quebradiços, espontâneo e cultivado nas margens dos rios, ribeiros e vales

salgueiro-preto *n.m.* BOTÂNICA salgueiro de ramos de cor escura e pubescentes, espontâneo nas margens dos rios e em outros lugares húmidos

salgueiro-rastejante *n.m.* BOTÂNICA ⇒ **salgueiro-anão**

sali- elemento de formação de palavras que exprime a ideia de *sal* (Do lat. *sale-*, «sal»)

Salicáceas *n.f.pl.* BOTÂNICA família de plantas dicotiledóneas, lenhosas, de flores unissexuadas, dispostas em amentilho (Do lat. *salĭce-*, «salgueiro» +*-áceas*)

salici- elemento de formação de palavras que exprime a ideia de *salgueiro* (De *salĭce-*, «salgueiro»)

salicilato *n.m.* QUÍMICA designação dos sais e dos ésteres do ácido salicílico (De *salicíl[ico]*+*-ato*)

salicílico *adj.* QUÍMICA diz-se de um ácido carboxílico e de um álcool derivados do benzeno que contêm a função fenol em posição orto; *ácido ~* QUÍMICA ácido de propriedades antissépticas, usado na preparação de várias substâncias de importância industrial e medicinal, designadamente a aspirina (Do lat. *salĭce-*, «salgueiro»+gr. *hýle*, «madeira» +*-ico*)

salicilo *n.m.* QUÍMICA radical monovalente do ácido salicílico (Do lat. *salĭce-*, «salgueiro»)

salicina *n.f.* FARMÁCIA, QUÍMICA heterósido que pode ser extraído da casca de alguns salgueiros e é antipirético e antiperiódico (De *salici-*+*-ina*)

salicívoro *adj.* designativo do animal que come as folhas do salgueiro (De *salici-*+*-voro*)

sálico *adj.* referente aos Francos; *lei sálica* lei introduzida na França pelos Francos sálios, que excluía as mulheres do trono (De *sálio*+*-ico*)

salícola *adj.2g.* 1 que trata da extração do sal 2 que produz sal (Do lat. *sale-*, «sal» +*colĕre*, «cultivar»)

salicultor *n.m.* aquele que possui ou explora salinas (Do lat. *sale-*, «sal» +*cultōre-*, «cultor»)

salicultura *n.f.* 1 conjunto das operações para a produção do sal; exploração das salinas 2 preparação de sal (Do lat. *sale-*, «sal» +*cultūra-*, «cultura»)

saliência *n.f.* 1 qualidade do que é saliente; protuberância; relevo 2 proeminência; ressalto 3 eminência (Do lat. *salientia*, «id.», part. pres. neut. pl. subst. de *salīre*, «saltar»)

salientar *v.tr.,pron.* 1 tornar(-se) saliente 2 tornar(-se) distinto ou bem visível; destacar(-se) (De *saliente*+*-ar*)

salientável *adj.2g.* que se pode ou deve salientar (De *salientar*+*-vel*)

saliente *adj.2g.* 1 que sai do plano em que assenta; que sobressai; proeminente; protuberante 2 [fig.] que dá nas vistas; notável (Do lat. *saliente-*, «id.», part. pres. de *salīre*, «saltar»)

salífero *adj.* que produz ou contém sal (Do lat. *sale-*, «sal» +*ferre*, «produzir»)

salificação *n.f.* ato ou efeito de salificar ou salificar-se; formação de um sal (De *salificar*+*-ção*)

salificar *v.tr.* converter em sal; transformar em sal ■ *v.pron.* transformar-se em sal (Do lat. *sale-*, «sal» +*facĕre*, «fazer»)

salificável *adj.2g.* que pode salificar-se; suscetível de se transformar em sal (De *salificar*+*-vel*)

salina *n.f.* 1 área onde se produz sal marinho através da evaporação da água do mar ou de lago de água salgada 2 monte de sal 3 [fig.] coisa muito salgada (Do lat. *salīna-*, «id.»)

salinação *n.f.* 1 ato de salinar; cristalização do sal 2 concentração da água salgada a ponto de o sal se depositar (De *salinar*+*-ção*)

salinagem *n.f.* ⇒ **salinação** (De *salinar*+*-agem*)

salinar *v.tr.* cristalizar (o sal) (De *salina*+*-ar*)

salinável *adj.2g.* que pode cristalizar em sal (De *salinar*+*-vel*)

salineiro *n.m.* 1 homem que trabalha nas salinas 2 preparador ou vendedor de sal ■ *adj.* relativo ao sal ou a salina (Do lat. *salinarĭu-*, «de salina»)

salinidade *n.f.* 1 qualidade do salino 2 percentagem de sais dissolvidos num líquido 3 quantidade (expressa em gramas) de sais dissolvidos num quilograma de água do mar (De *salino-*+*-i-*+*-dade*)

salinização *n.f.* 1 ato ou efeito de salinizar 2 salgação (De *salinizar*+*-ção*)

salinizar *v.tr.* 1 tornar salino 2 tornar salgado; salgar (De *salino*+*-izar*)

salino *adj.* 1 que contém sal 2 da natureza do sal; *mistura salina* 1 preparado farmacêutico em que entram citrato de potássio, água e sacarose; 2 [fig.] mixórdia (Do lat. *salīnu-*, «id.»)

salinómetro *n.m.* 1 instrumento com que se determina a dose de sal dissolvido num líquido 2 pesa-sais (Do lat. *salīnu-*, «salino»+gr. *métron*, «medida»)

sálio *n.m.* MITOLOGIA cada um dos sacerdotes de Marte (deus da guerra) encarregados da guarda dos doze escudos sagrados ■ *adj.* MITOLOGIA referente a esses sacerdotes (Do lat. *salĭu-*, «id.»)

Sálios *n.m.pl.* ETNOGRAFIA uma das tribos dos Francos (Do lat. *Salĭos*, «Sálios»)

salitração *n.f.* ato ou efeito de salitrar (De *salitrar*+*-ção*)

salitral *n.m.* lugar onde se forma o nitrato de potássio (salitre); nitreira (De *salitre*+*-al*)

salitrar *v.tr.* 1 transformar em salitre 2 preparar ou temperar com salitre (De *salitre*+*-ar*)

salitraria *n.f.* fábrica ou refinação de salitre (De *salitre*+*-aria*)

salitre *n.m.* QUÍMICA designação vulgar do nitrato de potássio; nitro (Do lat. *sale-*, «sal» +*nitru-*, «nitro»)

salitreira *n.f.* jazigo de salitre ou de nitratos (De *salitre*+*-eira*)

salitreiro *adj.,n.m.* que ou aquele que fabrica ou vende salitre (De *salitre*+*-eiro*)

salitrização *n.f.* ⇒ **salitração** (De *salitrizar*+*-ção*)

salitrizar *v.tr.* ⇒ **salitrar** (De *salitre*+*-izar*)

salitroso /ô/ *adj.* que contém salitre; nitroso (De *salitre*+*-oso*)

saliva *n.f.* líquido alcalino segregado pelas glândulas salivares, que contém a ptialina (fermento digestivo); cuspo; baba; *gastar muita ~* falar muito, sem proveito ou sem acerto (Do lat. *salīva-*, «id.»)

salivação *n.f.* ato ou efeito de salivar; esputação (Do lat. *salivatiōne-*, «id.»)

salival *adj.2g.* respeitante a saliva; salivante (De *saliva*+*-al*)

salivante *adj.2g.* 1 que produz saliva 2 que se refere a saliva; salival; salivar (Do lat. *salivante-*, «id.», part. pres. de *salivāre*, «salivar»)

salivar¹ *v.intr.* segregar ou expelir saliva; cuspir (Do lat. *salivāre*, «produzir um líquido viscoso; salivar»)

salivar² *adj.2g.* referente a saliva; salivante; *glândulas salivares* designação comum às glândulas exócrinas, que lançam os seus produtos (a saliva) na cavidade bucal (Do fr. *salivaire*, «id.»)

salivoso /ô/ *adj.* 1 que contém saliva ou é da natureza dela 2 semelhante à saliva (Do lat. *salivōsu-*, «id.»)

salmanticense *adj.2g.* relativo à cidade espanhola de Salamanca ■ *n.2g.* natural ou habitante de Salamanca (Do lat. *salmanticense-*, «id.»)

salmantino *adj.,n.m.* ⇒ **salmanticense**

salmão *n.m.* 1 ICTIOLOGIA peixe da família dos Salmonídeos, que aparece nos rios do Norte de Portugal, sobretudo no rio Minho, muito apreciado pela sua carne de sabor delicado, também designado sarmão 2 cor avermelhada deste peixe ■ *adj.inv.* 1 diz-se da cor avermelhada daquele peixe 2 que apresenta cor avermelhada (Do lat. *salmōne-*, «id.»)

salmear *v.tr.,intr.* ⇒ **salmodiar** (De *salmo*+*-ear*)

salmejar *v.tr.,intr.* ⇒ **salmodiar** (De *salmo*+*-ejar*)

sálmico *adj.* relativo a salmo (Do gr. *psalmikós*, «id.»)

salmista *adj.,n.2g.* que ou a pessoa que canta ou compõe salmos (Do lat. *psalmista-*, «id.»)

salmo *n.m.* 1 cada um dos cânticos da Bíblia atribuídos a David, rei dos Hebreus (1015 - 975 a. C.?) 2 hino em que se enaltece ou agradece a Deus (Do gr. *psalmós*, «ária tocada na lira», pelo lat. *psalmu-*, «id.»)

salmodia *n.f.* 1 modo de recitar ou cantar os salmos 2 [fig.] monotonia na declamação, leitura ou recitação (Do gr. *psalmōdía*, «canto de salmos», pelo lat. ecl. *psalmōdīa-*, «id.»)

salmodiar *v.intr.* cantar salmos ■ *v.tr.,intr.* [fig.] ler, cantar ou recitar monotonamente (De *salmodia*+*-ar*)

salmoeira *n.f.* ⇒ **salmoura** (Do cast. *salmuera*, «id.»)

salmoeiro *n.m.* vasilha onde se faz a salmoura (De *salmoeira*)

salmoira *n.f.* ⇒ **salmoura**

salmoirar *v.tr.* ⇒ **salmourar** (De *salmoira*+*-ar*)

salmonada *n.f.* guisado de salmão (Do lat. *salmōne-*, «salmão» +*-ada*)

salmonado *adj.* 1 de carne rósea, semelhante à do salmão 2 de cor avermelhada, como o salmão (Do lat. *salmōne-*, «salmão» +*-ado*)

salmonejo /ê/ *n.m.* ⇒ **salmonete** ■ *adj.* parecido com o salmão (Do lat. *salmōne-*, «salmão» +*-ejo*)

salmonela *n.f.* BIOLOGIA bactéria entérica do homem e de vários animais, do género *Salmonella*, que é o agente das salmoneloses (Do lat. cient. *Salmonella-*, «id.», ou do fr. *salmonelle*, «id.», de D. E. *Salmon*, antr., médico americano, 1850-1914)

salmonelose *n.f.* MEDICINA infeção causada por uma salmonela (febre tifoide, febre paratifoide, intoxicação alimentar, gastrenterite epidémica, etc.) (De *salmonela*+*-ose*, ou do fr. *salmonellose*, «id.»)

salmonete /ê/ *n.m.* ICTIOLOGIA peixe teleósteo da família dos Mulídeos, muito comum no Sul de Portugal, apreciado pela sua carne delicada; salmonejo (Do lat. *salmōne-*, «salmão» +*-ete*)

salmonete-preto *n.m.* ICTIOLOGIA ⇒ **olhudo** *n.m.*

salmonicultura *n.f.* cultura dos salmonídeos (Do lat. *salmōne-*, «salmão» +*cultūra-*, «cultura»)

Salmónidas *n.m.pl.* ICTIOLOGIA ⇒ **Salmonídeos**
salmonídeo *adj.* **1** do salmão ou a ele relativo **2** semelhante a salmão (Do lat. *salmōne-*, «salmão» +*-ídeo*)
Salmonídeos *n.m.pl.* ICTIOLOGIA família de peixes teleósteos a que pertencem as trutas e o salmão, e cujo género-tipo se denomina *Salmo* (Do lat. *salmōne-*, «salmão» +*-ídeos*)
salmoura *n.f.* **1** água saturada de sal marinho onde se conservam carnes, peixes, azeitonas, etc. **2** líquido que escorre do peixe ou da carne salgada **3** vasilha onde se conservam substâncias orgânicas com água salgada (Do lat. *sale-*, «sal» +*muria-*, «água salgada»)
salmourar *v.tr.* **1** meter em salmoura; salgar **2** [fig.] moer **3** [fig.] maltratar
salobre /ô/ *adj.2g.* ⇒ **salobro**
salobro /ô/ *adj.* **1** que tem certo gosto a sal **2** diz-se da água desagradável ao paladar e imprópria para beber **3** diz-se do mar (como o Báltico) que tem mistura de águas doces e salgadas **4** [fig.] de mau gosto; desagradável (Do lat. *salubru-*, «salubre»)
saloiada *n.f.* **1** grupo de saloios **2** ato ou dito de saloio (De *saloio*+*-ada*)
saloíce *n.f.* **1** ato, dito ou qualidade de saloio **2** grupo de saloios (De *saloio*+*-ice*)
saloio *adj.* **1** campônio; rústico **2** diz-se do pão feito de uma variedade de trigo durázio **3** [pej.] ardiloso; manhoso **4** [pej.] grosseiro ■ *n.m.* **1** indivíduo do campo; aldeão; rústico **2** [pej.] pessoa grosseira; *esperteza saloia* velhacaria (Do ár. *çahroi*, «do campo»)
salol *n.m.* FARMÁCIA, QUÍMICA designação comercial do salicilato de fenilo usado como antisséptico intestinal e urinário e também como tópico sob a forma de pomadas (De *sal[icílico]*+*-ol*)
salomónico *adj.* **1** HISTÓRIA relativo a Salomão, rei dos Hebreus (970 - 931 a. C.?), ou ao seu tempo **2** que atua ou pensa como, supostamente, fazia o rei Salomão **3** ARQUITETURA diz-se de uma coluna de fuste lavrado em espiral, idêntica às existentes no templo de Salomão **4** [fig.] sábio; criterioso **5** relativo ou pertencente às Ilhas Salomão, arquipélago situado a nordeste da Austrália ■ *n.m.* natural das Ilhas Salomão (Do lat. *Salomōne-*, «Salomão» +*-ico*)
salonicense *adj.2g.* pertencente ou relativo à cidade grega de Salonica ■ *n.2g.* natural de Salonica (Do lat. *[thes]salonicense-*, «id.»)
Salopiano *n.m.* GEOLOGIA divisão estratigráfica do Silúrico (Do ing. *Salop*, outra designação do Shropshire, condado ing. +*-iano*)
salpa *n.f.* ZOOLOGIA nome vulgar extensivo a uns animais protocordados, tunicados, de corpo gelatinoso, que vivem isolados ou em colónias (Do gr. *sálpe*, «peixelim», pelo lat. *salpa-*, «badejo»)
salpico *n.f.* ⇒ **salpico** (Deriv. regr. de *salpicar*)
salpicado *adj.* **1** polvilhado com sal **2** manchado de salpicos ou pingos **3** matizado; sarapintado (Part. pass. de *salpicar*)
salpicador *adj.,n.m.* que ou o que salpica (De *salpicar*+*-dor*)
salpicadura *n.f.* ato ou efeito de salpicar; salpico (De *salpicar*+*-dura*)
salpicão *n.m.* chouriço grosso, feito principalmente de carne do lombo do porco; salsichão (Do cast. *salpicón*, «id.»)
salpicar *v.tr.* **1** salgar, aspergindo pedras de sal; polvilhar **2** molhar com gotas aspergidas; manchar com pingos ou salpicos **3** matizar com pintas; sarapintar **4** [fig.] macular; infamar (De *sal*+*picar*)
salpico *n.m.* **1** gota que salta e borrifa **2** mancha de lama que ressalta **3** cada uma das pedras de sal com que se salga o peixe ou a carne (Deriv. regr. de *salpicar*)
salpícola *n.f.* BOTÂNICA planta solanácea de flores azuis; salpingoglossa (De orig. obsc.)
Sálpidas *n.m.pl.* ZOOLOGIA ⇒ **Salpídeos**
Salpídeos *n.m.pl.* ZOOLOGIA família de tunicados a que pertence a salpa (De *salpa*+*-ídeos*)
salpimenta *n.f.* mistura de sal e pimenta ■ *adj.2g.* **1** que é branco e cinzento **2** grisalho (De *sal*+*pimenta*)
salpimentar *v.tr.* **1** temperar com sal e pimenta **2** [fig.] molestar com ditos picantes (De *salpimenta*+*-ar*)
salpinge *n.f.* ANATOMIA trompa de Falópio; trompa uterina (Do gr. *sálpigx*, «trombeta»)
salpingectomia *n.f.* incisão cirúrgica na salpinge, ou remoção desta (Do gr. *sálpigx, sálpiggos*, «salpinge» +*ektomé*, «ablação» +*-ia*)
salpingite *n.f.* MEDICINA inflamação da salpinge (De *salpinge*+*-ite*)
salpingoglossa *n.f.* BOTÂNICA planta solanácea de flores azuis que os gr. *sálpigx, sálpiggos*, «trombeta» +*glossa*, «língua»)
salpor *n.m.* **1** [pop.] ⇒ **serpão 2** [pop.] ⇒ **tomilho** (De *serpol*, com met.)
salpresar *v.tr.* salgar o suficiente para não se deteriorar (De *sal*+*presar*)
salpreso /ê/ *adj.* **1** salgado levemente **2** temperado (De *sal*+*preso*)
salsa *n.f.* **1** BOTÂNICA planta herbácea, da família das Umbelíferas, de folhas recompostas, aromática, utilizada como condimento, subespontânea e cultivada **2** GEOGRAFIA pequeno vulcão que expele lama e gases salgados **3** CULINÁRIA molho usado para estimular o apetite e dar sabor **4** música sul-americana que combina elementos do jazz e do rock com melodias de origem africana **5** dança sul-americana executada ao som daquela música (Do lat. *salsa-* [*herba-*], «erva salgada»)
salsa-brava *n.f.* BOTÂNICA planta herbácea, da família das Umbelíferas, que aparece nos prados e matos de Portugal
salsada *n.f.* confusão; amálgama; embrulhada; mistura (De *salsa*+*-ada*)
salsa-de-cavalo *n.f.* BOTÂNICA planta herbácea, da família das Umbelíferas, de caule oco, raiz carnuda e fusiforme, que aparece em Portugal, também conhecida por cegude
salsaparrilha *n.f.* BOTÂNICA planta da família das Liliáceas (várias espécies), cuja raiz é depurativa e sudorípara (Do cast. *zarzaparrilla*, «id.»)
salsaparrilha-bastarda *n.f.* BOTÂNICA ⇒ **legação**
salsar[1] *v.intr.* dançar salsa (De *salsa*+*-ar*)
salsar[2] *v.tr.,intr.* **1** [São Tomé e Príncipe] cortar (capim); capinar; desbastar **2** [São Tomé e Príncipe] podar; cortar (Do forro *salsá*, «capinar», de *salsa*, «erva»)
salsa-verde *n.f.* jogo de rapazes (De *salsa*+*verde*)
salseira *n.f.* vasilha em que se servem as salsas (molhos) (De *salsa*+*-eira*)
salseirada *n.f.* chuva forte e passageira; bátega de água; aguaceiro (De *salseiro*+*-ada*)
salseiro[1] *n.m.* BOTÂNICA ⇒ **salsaparrilha** (De *salsa[parrilha]*+*-eiro*)
salseiro[2] *n.m.* ⇒ **salseirada** (De *salso*+*-eiro*)
salseiro[3] *n.m.* BOTÂNICA planta da flora brasileira semelhante ao salgueiro (De *salsa*+*-eiro*)
salseiro[4] *adj.,n.m.* que ou aquele que dança e/ou gosta de salsa (dança) (De *salsa*+*-eiro*)
salsicha *n.f.* **1** enchido de pequeno diâmetro, geralmente preparado com carne de porco, temperada com sal e outros condimentos, envolvida em tripa ou invólucro sintético **2** [coloq.] cão de corpo alongado, com patas e pelo curtos, e de orelhas pendentes **3** [ant.] rastilho com que se comunicava fogo às minas (Do it. *salsiccia*, «id.»)
salsichão *n.m.* salsicha grande; salpicão (Do it. *salsiccione*, «id.»)
salsicharia *n.f.* estabelecimento onde se fazem ou vendem salsichas e produtos congéneres (De *salsicha*+*-aria*)
salsicheiro *n.m.* fabricante ou vendedor de artigos de salsicharia (De *salsicha*+*-eiro*)
salsifi-negro *n.m.* [Brasil] ⇒ **escorcioneira 1**
salsifré *n.m.* [pop.] bailarico; pândega (De orig. obsc.)
salso *adj.* ⇒ **salgado** *adj.* (Do lat. *salsu-*, «id.»)
salsugem *n.f.* **1** lodo que contém substâncias salinas **2** qualidade do que é salgado (Do lat. *salsugĭne-*, «id.»)
salsuginoso /ô/ *adj.* **1** que tem salsugem **2** impregnado de sal marinho (Do lat. *salsugĭne-*, «salsugem» +*-oso*)
saltada *n.f.* **1** ato ou efeito de saltar **2** assalto; investida **3** incursão **4** tempo que se gasta quando se vai depressa; instante **5** ida rápida; visita breve; visita rápida e inesperada; *dar uma ~ a* ir apressadamente a determinado lugar (Part. pass. fem. subst. de *saltar*)
saltado *adj.* **1** passado de salto **2** saliente **3** passado em claro **4** omitido (Part. pass. de *saltar*)
saltadoiro *n.m.* ⇒ **saltadouro** (De *saltar*+*-doiro*)
saltador *adj.* **1** que salta **2** que está adaptado para o salto ■ *n.m.* o que salta; saltão (Do lat. *saltatōre-*, «dançarino»)
saltadouro *n.m.* **1** lugar em que um muro ou vedação é mais fácil de saltar **2** rede empregada na pesca da tainha (De *saltar*+*-douro*)
saltante *adj.2g.* **1** que salta **2** HERÁLDICA (animal) que está em postura de saltar (Do lat. *saltante-*, «id.», part. pres. de *saltāre*, «dançar; saltar»)
saltão *adj.* que salta muito ou muito bem ■ *n.m.* **1** aquele que salta muito ou muito bem **2** larva de mosquito **3** ZOOLOGIA ⇒ **gafanhoto 1** (De *saltar*+*-ão*)
salta-paredes *n.m.2n.* ORNITOLOGIA ave trepadora da América Central que tem por hábito abrigar-se, sobretudo, nas igrejas ■ *n.m.* **1** [pop.] indivíduo que anda a passo largo **2** saltão; gafanhoto (De *saltar*+*parede*)
salta-pocinhas *n.m.2n.* **1** [coloq.] indivíduo que anda com passo miúdo e como que aos saltinhos **2** [coloq.] indivíduo afetado no modo de andar (De *saltar*+*pocinha*)
saltar *v.intr.* **1** dar saltos; pular **2** pulsar rapidamente (o coração); palpitar ■ *v.tr.,intr.* **1** transpor de um salto; avançar; galgar **2** descer ou apear-se (de um salto) **3** brotar; irromper; espirrar ■ *v.tr.* **1** atacar repentinamente **2** mudar subitamente (de direção ou de posição)

3 elevar-se (de uma posição inferior para outra superior), sem passar pela intermédia **4** passar bruscamente (de um assunto para outro) **5** ser evidente; sobressair **6** TIPOGRAFIA omitir (palavra, frase) na composição de um texto **7** passar em claro; omitir; ~ *à vista/ aos olhos* ser muito evidente (Do lat. *saltāre*, «dançar; saltar»)

salta-regra *n.m.* instrumento formado por duas réguas unidas em ângulo reto por uma das extremidades, usado pelos pedreiros para medir ângulos; suta; esquadria (De *saltar+regra*)

saltarelo *n.m.* **1** saltador **2** dançarino **3** bailarino grotesco (Do it. *saltarello*, «id.»)

saltaricar *v.intr.* dar saltinhos (De *saltar+-icar*)

saltarico *n.m.* **1** salto pequeno; saltinho **2** [regionalismo] gafanhoto; saltão (Deriv. regr. de *saltaricar*)

saltarilhar *v.intr.* dar saltos; saltitar (De *saltar+-ilhar*)

saltarilho *n.m.* aquele que anda sempre aos saltos (Deriv. regr. de *saltarilhar*)

saltarinhar *v.intr.* ⇒ **saltarilhar** (De *saltarilhar*)

salta-sebes *n.f.2n.* BOTÂNICA ⇒ **fumária-das-paredes** (De *saltar+sebe*)

saltatrice *adj.,n.f.* ⇒ **saltatriz**

saltatriz *adj.* **1** que salta **2** que dança ■ *n.f.* **1** aquela que salta **2** acrobata que dá saltos **3** dançarina (Do lat. *saltatrīce-*, «dançarina»)

salta-valados *n.m.2n.* **1** grande saltador **2** salta-paredes (De *saltar+valado*)

salteada *n.f.* assalto inesperado; saltada; arremetida (Part. pass. fem. subst. de *saltear*)

salteadamente *adv.* **1** de modo salteado **2** aqui e além; com interpolações (De *salteado+-mente*)

salteado *adj.* **1** atacado de improviso; assaltado **2** entremeado; não seguido; interpolado **3** CULINÁRIA (alimento) que, depois de cozinhado, é passado rapidamente por gordura **4** diz-se da guerra em que há muitos combates parciais **5** sobressaltado; *saber de cor e ~* saber muito bem, e responder, seja qual for a ordem das perguntas (Part. pass. de *saltear*)

salteador *adj.,n.m.* **1** que ou aquele que salteia **2** que ou aquele que assalta; bandido; ladrão (De *saltear+-dor*)

salteamento *n.m.* **1** ato ou efeito de saltear **2** salteada (De *saltear+-mento*)

saltear *v.tr.* **1** atacar de súbito para roubar ou matar; saquear **2** tomar de improviso; surpreender **3** CULINÁRIA cozinhar (alimento) rapidamente em gordura bem quente ■ *v.intr.* ser salteador; viver do roubo (De *salto+-ear*)

salteio *n.m.* ⇒ **salteamento** (Deriv. regr. de *saltear*)

salteira *n.f.* sola que se coloca no calçado por baixo do calcanhar para levantar o pé (De *salto+-eira*)

salteiro *n.m.* fabricante de saltos para calçado (De *salto+-eiro*)

salter *n.m.* ⇒ **saltério**

saltério *n.m.* **1** MÚSICA antigo instrumento de cordas, palhetadas ou percutidas com pauzinhos, que, por vezes, tem sido confundido com a cítara **2** RELIGIÃO livro liturgico que contém os salmos **3** ZOOLOGIA ⇒ **folhoso** (Do gr. *psaltérion*, «id.», pelo lat. *psalterĭu-*, «id.»)

salterista *n.2g.* MÚSICA tocador de saltério (De *saltério+-ista*)

saltígrado *adj.* que se desloca, saltando (Do lat. *saltu-*, «salto» *+grădi*, «andar»)

saltimbanco *n.m.* **1** acrobata ou ginasta que se exibe pelas feiras, festas, etc. **2** charlatão de feira **3** [fig.] indivíduo de política versátil (Do it. *saltimbanco*, «id.»)

saltimbarca *n.f.* **1** antiga vestimenta rústica, aberta aos lados **2** hábito dos condenados a auto de fé (Do it. *saltimbarca*, «id.»)

saltinho *n.m.* salto pequeno; *dar um ~ a* fazer uma visita rápida a (De *salto+-inho*)

saltinvão *n.m.* (jogo) ⇒ **eixo 3** (De *salto+em+vão*)

saltitante *adj.2g.* que saltita (Do lat. *saltitante-*, «que dança muito», part. pres. de *saltitāre*, «dançar muito»)

saltitar *v.intr.* **1** dar pequenos saltos; caminhar aos saltinhos **2** [fig.] ser inconstante ■ *v.tr.* [fig.] passar de (um assunto) para (outro) (Do lat. *saltitāre*, «dançar muito»)

salto *n.m.* **1** ato ou efeito de saltar **2** movimento de elevação do corpo para vencer um espaço ou um obstáculo, **3** espaço ou altura que se transpõe, saltando **4** queda de água num rio **5** parte do calçado que alteia o calcanhar **6** assalto; roubo; saque **7** (jogo de tabuleiro) movimentação de uma peça; parada **8** DESPORTO (natação) prova realizada em piscina, na qual o atleta se lança de uma prancha **9** DESPORTO (atletismo) prova em que o atleta transpõe uma distância ou um obstáculo **10** [pouco usado] MÚSICA resolução que, em harmonia, contraria os princípios naturais de tonalidade, afastando-se para um grau distante **11** [fig.] mudança rápida de posição ou de situação; reviravolta; transição **12** [fig.] subida repentina de preço; ~ *à vara* DESPORTO (atletismo) prova na qual se procura transpor uma fasquia colocada a determinada altura, sem a tocar, utilizando como impulso uma vara que o atleta apoia no chão ao saltar; ~ *beduíno* DESPORTO (atletismo) salto mortal de costas, com torção no ar e queda de frente; ~ *de pulga* [coloq.] distância muito pequena; ~ *em altura* DESPORTO (atletismo) prova na qual o atleta transpõe, sem apoio, um obstáculo formado por uma barra horizontal leve e móvel; ~ *em comprimento* DESPORTO (atletismo) prova em que o atleta realiza uma corrida de balanço no fim da qual se lança sobre uma caixa de areia, procurando transpor o maior espaço possível; ~ *mortal* DESPORTO (atletismo) volta completa do corpo no ar, sem apoio das mãos; ~ *no escuro* [fig.] aventura de desfecho duvidoso ou incerto, situação com consequências imprevisíveis; *a ~* clandestinamente; *de ~* de repente (Do lat. *saltu-*, «id.»)

sáltria *n.f.* tocadora de saltério (Do gr. *psáltria*, «tocadora de harpa», pelo lat. *psaltrĭa-*, «id.»)

salubérrimo *adj.* {superlativo absoluto sintético de **salubre**} muito salubre (Do lat. *saluberrĭmu-*, «id.»)

salubre[1] *adj.2g.* **1** bom para a saúde; saudável; sadio **2** higiénico (Do lat. *salūbre-*, «id.»)

salubre[2] *n.m.* aparelho usado nas oficinas de cardação (De orig. obsc.)

salubridade *n.f.* **1** qualidade ou estado de salubre **2** condições favoráveis à saúde **3** higiene (Do lat. *salubritāte-*, «id.»)

salubrificação *n.f.* ato ou efeito de salubrificar (De *salubrificar+-ção*)

salubrificar *v.tr.* tornar salubre; sanear; salubrizar (Do lat. *salūbre-*, «salubre» *+facĕre*, «tornar»)

salubrizar *v.tr.* ⇒ **salubrificar** (De *salubre+-izar*)

saludador *n.m.* benzedor; curandeiro (Do cast. *saludador*, «id.»)

saludar *v.tr.* benzer (doentes) com a pretensão de os curar ■ *v.intr.* ser curandeiro (Do cast. *saludar*, «id.»)

saluga *n.f.* pragana; saruga; *pão de ~* [regionalismo] pão que não levou mistura (Do lat. *silīqua-*, «casca de legume»)

salutar *adj.2g.* **1** próprio para conservar a saúde **2** [fig.] que faz bem; que consola ou alivia **3** [fig.] moralizador; edificante (Do lat. *salutāre*, «id.»)

salutífero *adj.* **1** útil à saúde; salutar; saudável **2** higiénico **3** [fig.] útil; proveitoso; benéfico (Do lat. *salutifĕru-*, «id.»)

salva[1] *n.f.* BOTÂNICA planta da família das Labiadas, subespontânea ou cultivada, utilizada como condimento, e sobretudo como medicamento, pelas suas propriedades estimulantes, também chamada salva-das-boticas e sálvia (Do lat. *salvĭa-*, «id.»)

salva[2] *n.f.* **1** ato ou efeito de salvar **2** conjunto de descargas de fuzilaria ou artilharia em festa ou em honra de personalidade importante **3** conjunto de tiros de artilharia de costa ou naval ou de bombas de avião, disparados ou lançados simultaneamente sobre o mesmo objetivo **4** saudação; ~ *de palmas* ovação com palmas entusiásticas (Deriv. regr. de *salvar*)

salva[3] *n.f.* bandeja de prata (Deriv. regr. de *salvar*)

salva-bastarda *n.f.* BOTÂNICA ⇒ **escorodónia**

salva-brava *n.f.* BOTÂNICA nome vulgar de um subarbusto da família das Labiadas, de flores amarelas, vulgar em terrenos secos e pedregosos do Norte e centro de Portugal e muito utilizada em decoração

salvação *n.f.* **1** ato ou efeito de salvar ou de salvar-se **2** redenção; bem-aventurança **3** saudação (Do lat. *salvatiōne-*, «id.»)

salvádego *n.m.* gratificação dada aos marinheiros pela salvação do navio (ou da carga) naufragado ou perseguido ■ *adj.* designativo do navio empregado no salvamento doutro (De *salvar+-ádego*)

salvador *adj.* **1** que salva **2** libertador; redentor ■ *n.m.* **1** aquele que salva **2** libertador; redentor **3** [com maiúscula] RELIGIÃO Jesus Cristo **4** [ant.] funcionário que submetia as moedas a último exame (Do lat. *salvatōre-*, «id.»)

salvadorenho /ê/ *adj.* relativo a El Salvador ■ *n.m.* natural ou habitante de El Salvador (De *El Salvador*, top.+-*enho*, ou do cast. *salvadoreño*, «id.»)

salvados *n.m.pl.* tudo o que se pôde salvar de um naufrágio, de um desastre de automóvel, de um incêndio, etc. (Do lat. *salvātu-*, «salvo», part. pass. de *salvāre*, «salvar»)

salvagem *n.f.* **1** direito sobre o que se salvou de um navio naufragado **2** antiga peça de artilharia (De *salvar+-agem*)

salvaguarda *n.f.* **1** proteção concedida por uma autoridade **2** salvo-conduto **3** coisa que protege **4** defesa; segurança **5** cautela; reserva (De *salva+guarda*, ou do fr. *sauvegarde*, «id.»)

salvaguardar *v.tr.* **1** livrar de perigo **2** defender; proteger **3** garantir; ressalvar; acautelar (De *salva+guardar*)

salvamento *n.m.* **1** salvação **2** lugar seguro **3** [fig.] bom êxito; *a ~* sem perigo, sem incómodo (De *salvar+-mento*)

salvanda *n.f.* ligeira camada de argila que aparece em muitas minas, entre o filão e o terreno adjacente (Do lat. *salvanda*, «coisas que se devem salvar», ger. neut. pl. de *salvāre*)

salvante *adj.2g.* que salva de um perigo ou risco ■ *prep.* (raramente usado) exceto; fora; salvo; menos (Do lat. *salvante-*, «id.», part. pres. de *salvāre*, «salvar»)

salvar *v.tr.* **1** pôr a salvo; livrar de perigo **2** livrar **3** preservar; defender **4** passar por cima, saltando; galgar **5** dar saúde a **6** pôr como condição **7** ressalvar **8** livrar do Inferno ou do Purgatório **9** remir **10** conservar intacto **11** cumprimentar ■ *v.tr.,intr.* saudar com salvas de artilharia ■ *v.pron.* **1** pôr-se a salvo de algum perigo **2** refugiar-se **3** obter a salvação eterna; ~ *as aparências* encobrir uma coisa ou uma ação que pode merecer reparo ou provocar desconfiança (Do lat. *salvāre*, «id.»)

salvatela *adj.,n.f.* ANATOMIA que ou veia que parte da face dorsal da mão e sobe até ao antebraço (Do b. lat. *salvatella-*, «id.»)

salvatério *n.m.* **1** salvação providencial **2** recurso; subterfúgio **3** expediente; escapatória **4** escusa; desculpa (De *salvar*+*tério*)

salvaterriano *adj.* de Salvaterra, vila portuguesa do distrito de Santarém ■ *n.m.* natural ou habitante de Salvaterra (De *Salvaterra*, top. +*iano*)

salvatoriano *adj.,n.m.* ⇒ **salvadorenho** (Do lat. *Salvatōre-*, «Salvador» +*iano*)

salvável *adj.2g.* que pode salvar-se ou ser salvo (De *salvar*+*vel*)

salva-vidas *n.m.2n.* **1** barco insubmersível próprio para salvar pessoas em risco de naufragar **2** aparelho para evitar o perigo de incêndios **3** indivíduo encarregue de vigiar a praia, para evitar situações de perigo e eventualmente realizar operações de salvamento; nadador-salvador (De *salvar*+*vida*)

salve *interj.* designativa de saudação ou cumprimento ■ *n.m.* saudação (Do lat. *salve*, «passe bem», imp. de *salvēre*, «passar bem»)

salve-rainha *n.f.* RELIGIÃO oração dirigida à Virgem e começada por estas palavras (De *salve*+*rainha*)

salveta /ê/ *n.f.* **1** pequena salva **2** prato sobre o qual se colocavam os antigos candeeiros de três bicos **3** BOTÂNICA planta semelhante à salva (De *salva*+*eta*)

sálvia *n.f.* BOTÂNICA ⇒ **salva**¹ (Do lat. *salvĭa-*, «id.»)

salvínia *n.f.* BOTÂNICA nome por que têm sido designadas umas plantas da família das Salviniáceas que pertencem a várias espécies das regiões tropicais (Do lat. cient. *Salvinĭa*, «id.»)

Salviniáceas *n.f.pl.* BOTÂNICA família de plantas pteridófitas, filicíneas, flutuantes nas águas, de folhas muito pequenas e raízes finas e longas, cujo género-tipo se denomina *Salvinia* (De *salvínia*+*áceas*)

salvo *adj.* **1** livre de perigo **2** acolhido em lugar seguro; resguardado **3** que não sofreu dano; preservado; intacto **4** RELIGIÃO que obteve a bem-aventurança eterna ■ *prep.* >*adv.* ᴅᴛ exceto; fora; menos; com exceção de; a não ser; ~ *se* a não ser que, exceto; ~ *seja!* exprime que não se deseja que o mal em referência aconteça a quem fala ou a quem ouve; *a* ~ sem perigo; *são e* ~ livre de perigo; *tirar a* ~ esclarecer (Do lat. *salvu-*, «id.»)

salvo-conduto *n.m.* **1** licença escrita que se dá a alguém para poder transitar por qualquer lugar, sem ser incomodado **2** livre-trânsito **3** [fig.] privilégio **4** [fig.] isenção (Do it. ant. *salvo condotto*, «id.»)

sama *n.f.* **1** agulha de pinheiro; caruma **2** ICTIOLOGIA ⇒ **salema** 1 (Do ár. *hallāma*, «salema»)

samagaio *n.m.* [regionalismo] pão usado outrora por ocasião de batizados, na cidade portuguesa de Guimarães, que a madrinha distribuía a quem lho pedisse (De orig. obsc.)

sâmago *n.m.* ⇒ **alburno** (De orig. obsc.)

sâmara *n.f.* BOTÂNICA fruto apocárpico, seco, indeiscente, de pericarpo prolongado em asa membranosa (Do lat. *samăra-*, «semente do ulmeiro»)

samarídio *n.m.* BOTÂNICA fruto constituído de várias sâmaras unidas pela base (Do lat. *samăra-*, «semente do ulmeiro»+gr. *eîdos*, «forma» +*io*)

samário *n.m.* QUÍMICA elemento (metal) com o número atómico 62 e símbolo Sm, que faz parte das chamadas terras raras (De *samar[skite]*+*io*)

samarita *adj.,n.2g.* ⇒ **samaritano** ■ *n.f.* [pop.] calçado ligeiro do tipo da sandália (Do lat. *samarīta-*, «samarita», habitante da Samaria, cidade da Palestina)

samaritano *adj.* **1** relativo à cidade de Samaria, na Palestina, ou aos Samaritanos **2** [fig.] caritativo ■ *n.m.* natural ou habitante da Samaria (Do lat. *samaritānu-*, «id.»)

samarkiano *n.m.* GEOLOGIA andar da base do Pérmico (De *Samarkand*, top., capital do Usbequistão +*iano*)

samarra *n.f.* **1** antigo vestido pastoril feito de peles de ovelha com lã **2** espécie de batina eclesiástica **3** casaco curto de tecido encorpado, geralmente com gola de pele **4** vestimenta rústica **5** [fig.] cobertura branca da língua, por mau funcionamento do aparelho digestivo; saburra ■ *n.m.* [depr.] padre (Do basco *zamar*, «pele de carneiro», pelo cast. *zamarra*, «samarra»)

samarrão *n.m.* **1** samarra grande **2** [regionalismo] prostituta (De *samarra*+*ão*)

samarreiro *n.m.* negociante de peles de carneiro com a respetiva lã (De *samarra*+*eiro*)

samarskite *n.f.* MINERALOGIA mineral do grupo dos óxidos complexos das terras raras, que cristaliza no sistema ortorrômbico e é fonte de urânio e de tório (Do al. *Samarskit*, ou do ing. *samarskite*, «id.», do nome do engenheiro militar russo Samarski, séc. XIX +*ite*)

samatra *n.f.* **1** [Moçambique] tenda ou agasalho feito com folha de palmeira **2** [Moçambique] cobertura de machila (lona), usada em Quelimane (De *Samatra*, top., ilha da Indonésia)

Samaveda *n.m.* RELIGIÃO um dos quatro livros sagrados dos Hindus, escrito em sânscrito, constituído por uma numerosa coleção de melodias, hinos e cânticos destinada às cerimónias dos sacrifícios

samba¹ *n.m.* **1** [Brasil] dança cantada, de origem africana, com compasso binário e ritmo sincopado, mais dinâmica que a rumba **2** espécie de dança de roda com características de batuque (Do quimbundo *semba*, «umbigada»)

samba² *n.f.* **1** [Angola] charneca **2** [Angola] savana (Do quimbundo *samba*, «idem»)

sambacuim *n.m.* BOTÂNICA árvore da família das Urticáceas, também denominada matataúba (De orig. obsc.)

sambador *adj.,n.m.* que ou aquele que dança o samba; sambista (De *sambar*+*dor*)

sambaqui *n.m.* [Brasil] ARQUEOLOGIA amontoados de conchas ou concheiros, muitos deles com interesse arqueológico (Do tupi *sāba'ki*, por *tāba'ki*, «jazida das ostras»)

sambar¹ *v.intr.* **1** dançar o samba **2** frequentar escolas de samba (De *samba*+*ar*)

sambar² *v.tr.* [Angola] furtar com rapidez (Do quimb. *kusamba*, «saltitar»)

sambarca *n.f.* **1** faixa larga que protege o peito das cavalgaduras contra o atrito dos tirantes **2** travessa que a autoridade mandava pregar nas casas penhoradas (De orig. obsc.)

sambarcar *v.tr.* **1** fechar com sambarcas **2** trancar **3** [pop.] açambarcar (De *sambarca*+*ar*)

sambenitar *v.tr.* **1** revestir de sambenito **2** [fig.] outorgar insígnia desonrosa a (De *sambenito*+*ar*)

sambenito *n.m.* hábito em forma de saco que os condenados vestiam quando eram levados para os autos de fé (Do cast. *sambenito*, «id.»)

sambista *adj.,n.2g.* que ou pessoa que compõe, dança ou canta o samba (De *sambar*+*ista*)

samblagem *n.f.* ato ou efeito de samblar; ensamblamento; ensambladura (De *samblar*+*agem*)

samblar *v.tr.* ⇒ **ensamblar** (Do fr. *assembler*, «juntar»)

sambo *n.m.* **1** BOTÂNICA árvore da Caconda, região de Angola, ao norte da província da Huíla **2** cercado, curral de gado, no Sul de Angola

sambódromo *n.m.* [Brasil] recinto onde os grupos carnavalescos e escolas de samba exibem as suas danças e os seus cantares (De *samba*+*dromo*)

sambuca *n.f.* **1** MÚSICA antigo instrumento musical grego semelhante à harpa ou cítara **2** [ant.] máquina de guerra para atacar fortalezas (Do gr. *sambúke*, «id.», pelo lat. *sambūca-*, «id.»)

sambúceas *n.f.pl.* BOTÂNICA designação genérica de várias plantas da família das Loniceráceas, do género *Sambucus*, a que pertencem os sabugueiros (Do lat. *sambūcu-*, «baga de sabugueiro» + *áceas*)

sambucina *n.f.* alcaloide que se extrai das folhas e das flores do sabugueiro (Do lat. *sambūcu-*, «baga de sabugueiro» +*ina*)

sambúcina *n.f.* tocadora de sambuca (Do lat. *sambucīna-*, «id.»)

sambucístria *n.f.* ⇒ **sambúcina** (Do gr. *sambykístria*, «id.», pelo lat. *sambucistrĭa-*, «id.»)

sambuco *n.m.* batel usado na Índia (Do ár. *sanbuq*, «barco»)

sameira *n.f.* [regionalismo] tampa metálica de refrigerantes (De *Sameiro*, top.)

samelo /ê/ *n.m.* **1** [regionalismo] pequena pedra **2** indivíduo estúpido (De orig. obsc.)

sãmente *adv.* de modo são; sem provocar ferimento ou moléstia (De *são*+*mente*)

samiana *adj.* designativo de uma espécie de terra branca e medicinal, proveniente da ilha grega de Samos (Do fr. *samien, -enne,* «id.»)
samicas *adj.inv.,n.m.2n.* [pop.] maricas ■ *adv.* [ant.] talvez; porventura (De orig. obsc.)
sâmio *adj.,n.m.* **1** da ilha grega de Samos **2** natural ou habitante de Samos (Do gr. *sámios,* «id.», pelo lat. *samĭu-,* «id.»)
samo *n.m.* **1** BOTÂNICA ⇒ **alburno 2** ICTIOLOGIA ⇒ **capatão** (De orig. obsc.)
samoano *adj.* relativo a Samoa, arquipélago do oceano Pacífico ■ *n.m.* natural ou habitante de Samoa (De *Samoa,* top.+-*ano*)
samoco /ô/ *n.m.* BOTÂNICA faia; samouco
samoiedo /ê/ *n.m.* **1** grupo de línguas uralo-altaicas **2** indivíduo dos Samoiedos **3** cão de trenó do Norte da Sibéria (Do russo *Samoyed,* povo do Noroeste da Sibéria)
Samoiedos /ê/ *n.m.pl.* ETNOGRAFIA habitantes do extremo norte da Rússia asiática (De *samoiedo*)
samorano *adj.* relativo ou pertencente a Samora Correia, no distrito de Santarém, ou que é seu natural ou habitante ■ *n.m.* natural ou habitante da localidade portuguesa de Samora Correia (De *Samora,* top. +-*ano*)
samorense *adj.,n.2g.* ⇒ **samorano** (De *Samora,* top. +-*ense*)
samorim *n.m.* título do antigo rei de Calecute, na costa do Malabar (Do sânsc. *samudri,* pelo malaiala *tāmūdri,* «rei do mar»)
samouco *n.m.* **1** BOTÂNICA árvore da família das Miricáceas; faia **2** substâncias provenientes da alteração das pedras, que vêm aderentes a estas, quando arrancadas das pedreiras (De orig. obsc.)
samovar *n.m.* utensílio de cobre ou de latão, de origem russa, com que se aquece a água para preparar o chá e que é munido de uma pequena fornalha de carvão vegetal (Do russo *samowar,* «que ferve por si próprio», pelo fr. *samovar,* «id.»)
sampana *n.f.* NÁUTICA pequena embarcação asiática, movida à vela ou a remos, usada para o transporte de passageiros e/ou mercadoria ou para a pesca (Do chin. *san-pan,* «três tábuas»)
samurai *n.m.* antigo guerreiro japonês, especialista na arte do sabre, seguidor de um estrito código de honra e servidor de um senhor feudal (Do jap. *samurai,* «servidor do imperador»)
sanação *n.f.* **1** ato ou efeito de sanar; cura **2** [fig.] resolução; termo (Do lat. *sanatiōne-,* «cura»)
sanador *adj.,n.m.* que ou aquele que sana; sanativo (Do lat. *sanatōre-,* «id.»)
sanamunda *n.f.* BOTÂNICA nome por que também é conhecida a cariofilada ou erva-benta (De *sanar+mundo*?)
sanar *v.tr.* **1** tornar são; curar; sarar **2** remediar (engano, erro); desfazer **3** servir de obstáculo a (mal, problema) (Do lat. *sanāre,* «id.»)
sanativo *adj.* **1** que sana **2** próprio para sanar (Do lat. *sanatīvu-,* «id.»)
sanatório *n.m.* **1** estância hospitalar para tratamento de doentes ou convalescentes, principalmente tuberculosos **2** lugar salubre (Do lat. tard. *sanatŏrĭu-,* «id.»)
sanatorizar *v.tr.* internar num sanatório (De *sanatório+-izar*)
sanável *adj.2g.* **1** que se pode sanar; curável **2** remediável (Do lat. *sanabĭle-,* «id.»)
sanca *n.f.* **1** cimalha convexa entre a parede e o teto **2** parte do telhado que assenta sobre a espessura da parede **3** taco de madeira usado no fabrico de instrumentos musicais de corda **4** [regionalismo] chanca (Do lat. tard. *zanca-,* tipo de calçado, pelo cast. *zanca,* «trave de apoio»)
sancadilha *n.f.* **1** cambapé para fazer cair alguém; rasteira **2** [regionalismo] sorte; acaso (Do cast. *zancadilla,* «rasteira»)
sanção *n.f.* **1** ato pelo qual uma decisão ou uma lei se torna executória ou definitiva **2** confirmação de uma lei pelo chefe de Estado **3** ratificação; assentimento; aprovação **4** dispositivo normativo destinado a obviar à violação de normas jurídicas **5** consequência normativa decorrente de um ato ilícito; pena **6** efeito provocado pela aplicação de norma sancionatória (Do lat. *sanctiōne-,* «sanção da lei»)
sancha *n.f.* [regionalismo] BOTÂNICA variedade de cogumelo comestível, de cor castanha, vulgar nos pinhais das províncias portuguesas de Trás-os-Montes e das Beiras; pinheira (De orig. obsc.)
sancho-pança *n.m.* indivíduo que anda sempre com outro, sujeitando-se servilmente às suas vontades e suportando-lhe todas as esquisitices (De *Sancho Pança,* antr., personagem do romance *Don Quijote de la Mancha,* do escritor esp. M. de Cervantes, 1547–1616)
sancionador *adj.,n.m.* que ou aquele que sanciona (De *sancionar+-dor*)
sancionar *v.tr.* **1** dar sanção a **2** confirmar; ratificar **3** aprovar; admitir (Do lat. *sanctiōne-,* «sanção» +-*ar*)

sancionatório *adj.* diz-se do direito punitivo ou penal (De *sancionar+-tório*)
sanco *n.m.* ZOOLOGIA parte da perna, em alguns vertebrados, desde o pé até à articulação da coxa com a tíbia (De *sanca*)
sandália *n.f.* **1** calçado composto apenas por sola e correias que a ligam ao pé **2** chanca; abarca (Do gr. *sandálion,* «id.», pelo lat. *sandalĭa,* pl. de *sandalĭu-,* «id.»)
sandalina *n.f.* substância corante, vermelha, extraída da madeira do sândalo (De *sândalo+-ina*)
sandalino *adj.* **1** relativo ao sândalo **2** que tem aroma semelhante ao do sândalo (De *sândalo+-ino*)
sândalo *n.m.* **1** BOTÂNICA nome vulgar comum a várias árvores da família das Santaláceas, de madeira aromática, pertencentes à flora da Índia **2** madeira dessas árvores **3** perfume extraído do sândalo (Do gr. *sántalon,* «id.»)
sandará *n.f.* BOTÂNICA árvore indiana da família das Combretáceas
sandáraca *n.f.* **1** resina aromática extraída de certas árvores coníferas e empregada na preparação de vernizes **2** arsénio rubro (Do lat. *sandarăca-,* «id.»)
sande *n.f.* [pop.] ⇒ **sanduíche** (De *sanduíche,* com apóc.)
sandejar *v.intr.* **1** dizer sandices ou disparates **2** tornar-se sandeu (De *sandeu+-ejar*)
sanderlingo *n.m.* ORNITOLOGIA maçarico que aparece em Portugal com certa frequência, no outono, nos arenais, também conhecido por pirlito (Do ing. *sanderling,* «id.»)
sandes *n.f.2n.* [pop.] ⇒ **sanduíche** (De *sanduíche,* com apóc.)
sandeu *adj.,n.m.* (*feminino* **sandia**) idiota; pateta; palerma; mentecapto (Do lat. *sancte Deus!,* «santo Deus!», exclamação de piedade)
sandia *n.f.* melancia (Do ár. *sindîa,* «melancia»)
sandice *n.f.* **1** parvoíce; tolice; disparate **2** dito tolo (De *sandeu* ou *sandio+-ice*)
sandim *n.m.* BOTÂNICA ⇒ **aderno 1** (Por *sanguinho*)
sandio *adj.* próprio de sandeu; disparatado; tolo (Do cast. *sandio,* «sandeu»)
sandiz *n.m.* **1** substância de que os antigos se serviam para tingir os tecidos de vermelho **2** BOTÂNICA planta herbácea, tintorial, de flor vermelha (Do lat. *sandīce-,* «vermelhão», planta que fornece uma tinta vermelha)
sanduichar *v.tr.* **1** dar forma de sanduíche a **2** apertar entre dois obstáculos; ensanduichar (De *sanduíche+-ar*)
sanduíche *n.f.* conjunto de duas fatias de pão entre as quais se coloca peixe, carne, queijo, ovo, etc.; sande; sandes (Do ing. *sandwich,* «id.»)
saneado *adj.* **1** que se saneou; que se tornou higiénico **2** [fig.] atenuado (Part. pass. de *sanear*)
saneador *adj.,n.m.* que ou aquele que saneia (De *sanear+-dor*)
saneamento *n.m.* **1** ato ou efeito de sanear **2** conjunto de condições sanitárias necessárias para assegurar a qualidade de vida de uma população, sobretudo através da canalização e do tratamento dos esgotos **3** higiene; limpeza; asseio **4** ato de curar; cura **5** afastamento de alguém de um cargo ou de uma função por razões ideológicas, políticas ou outras **6** estabelecimento ou recuperação de princípios éticos e morais rigorosos **7** reparação de erros ou dificuldades (De *sanear+-mento*)
sanear *v.tr.* **1** tornar higiénico, saudável; tornar bom para respirar, habitar ou consumir; sanificar; limpar **2** tornar são; curar **3** remediar; reparar (mal, falta, excesso) **4** impor regras éticas ou morais rigorosas **5** impedir que (algo) continue; pôr cobro a; desfazer **6** afastar (alguém) de cargo ou função por razões ideológicas, políticas ou outras **7** DIREITO corrigir nulidades de um processo jurídico ou administrativo **8** [ant.] reconciliar (Do lat. *sanu-,* «são» +-*ear*)
saneável *adj.2g.* que pode ser saneado (De *sanear+-vel*)
sanedrim *n.m.* ⇒ **sinédrio**
sanédrio *n.m.* ⇒ **sinédrio** (Do gr. *synédrion,* «assembleia reunida em sessão»)
sanefa *n.f.* **1** tira larga de tecido que se atravessa na parte superior de uma portada e que forma conjunto com a cortina ou o reposteiro **2** tábua assente de través em assoalhados de madeira (Do ár. *saníifa,* «orla do vestuário»)
sanfeno /ê/ *n.m.* BOTÂNICA planta herbácea, da família das Leguminosas, cultivada em Portugal, para forragens, também conhecida por esparceta e esparzeta (Do fr. *sainfoin,* «id.»)
sanfona /ô/ *n.f.* **1** MÚSICA instrumento muito antigo, de cordas de tripa, que se tange por meio de uma manivela e que é também denominado sanfonha **2** utensílio de ferreiro também chamado rabeca **3** [fig.] instrumento mal tocado **4** [fig.] palavreado; repetição de argumentos (Do gr. *symphōnía,* «concerto de vozes», pelo lat. *symphonĭa-,* «id.»)

sanfonada n.f. 1 cantiga desafinada 2 coisa mal feita (De *sanfona+-ada*)
sanfonar v.tr.,intr. ⇒ **sanfoninar** (De *sanfona+-ar*)
sanfonha /ô/ n.f. 1 ⇒ **sanfona** 2 flauta rústica (Do gr. *symphonía*, «concerto de vozes», pelo lat. *symphonĭa-*, «id.»)
sanfonina n.f. 1 pequena sanfona 2 [pop.] cantilena sem tom nem som (De *sanfona+-ina*)
sanfoninar v.intr. 1 tocar sanfona; sanfonar 2 tocar mal um instrumento de corda 3 [fig.] falar de modo importuno (De *sanfonina+-ar*)
sanfonineiro n.m. 1 tocador de sanfonina ou sanfona 2 fabricante de sanfonas 3 [fig.] importuno (De *sanfonina+-eiro*)
sanfoninheiro n.m. ⇒ **sanfonineiro**
sanga[1] n.f. 1 [Brasil] algirão 2 pequeno regato que seca facilmente 3 escavação produzida num terreno pela chuva ou por correntes subterrâneas (Do cast. *zanja*, «id.»)
sanga[2] n.f. [Angola] grande vaso oblongo; cântaro (Do quimb. *disânga*, «id.»)
sangacho n.m. parte negra do atum (Do cast. *zangacho*, «id.»)
sangalho n.m. antiga medida de capacidade equivalente a cinco celamins (De *Sangalhos*, top., localidade portuguesa no concelho da Anadia, distrito de Aveiro?)
sangra n.f. líquido que escorrega da azeitona comprimida ou empilhada; sangradura (Deriv. regr. de *sangrar*)
sangradeira n.f. (salinas) portal de comunicação entre os cristalizadores e o tabuleiro do sal (De *sangrar+-deira*)
sangrado adj. 1 que se sangrou 2 que se picou ou golpeou para extrair sangue 3 que deita sangue por um ferimento; ferido 4 [fig.] debilitado; enfraquecido 5 [fig.] que foi desprovido de bens e/ou valores que lhe pertenciam (Part. pass. de *sangrar*)
sangradoiro n.m. ⇒ **sangradouro**
sangrador adj.,n.m. 1 que ou aquele que sangra 2 matador de animais (De *sangrar+-dor*)
sangradouro n.m. 1 parte do braço onde, através de incisão numa veia, se pratica a sangria (extravasamento de sangue) 2 sítio do pescoço dos animais onde se lhes dá o golpe para os matar 3 sítio onde se deriva água de um rio para a encaminhar a outro lugar (De *sangrar+-douro*)
sangradura n.f. ato ou efeito de sangrar; sangria; sangra (De *sangrar+-dura*)
sangramento n.m. 1 ato ou efeito de sangrar; sangria 2 MEDICINA perda de sangue (De *sangrar+-mento*)
sangrar v.tr. 1 tirar sangue a (picando ou abrindo uma veia) 2 tirar líquido a 3 ferir 4 matar 5 derivar água de (curso de água) 6 [fig.] dilacerar; atormentar 7 [fig.] esgotar; debilitar 8 [fig.] extorquir dinheiro ou valores a ■ v.intr. 1 deitar sangue 2 verter; gotejar 3 apresentar cor sanguínea 4 [fig.] sofrer ■ v.pron. 1 tirar sangue a si próprio 2 verter sangue 3 [fig.] perder as forças (Do cast. *sangrar*, «id.»)
sangrento adj. 1 que verte sangue 2 ensanguentado; sanguinolento 3 que envolve violência e derramamento de sangue 4 [fig.] cruel (Do cast. *sangriento*, «id.»)
sangria n.f. 1 ato ou efeito de sangrar 2 sangue extraído ou derramado 3 sarjeta para derivar água de um curso; sanja 4 bebida preparada com vinho tinto, água, açúcar, sumo de limão e pedaços de frutas 5 [fig., coloq.] extorsão dolosa; **~ desatada** grande urgência (Do cast. *sangría*, «id.»)
sangue n.m. 1 HISTOLOGIA líquido constituído por uma parte fluida (o plasma) e por elementos celulares sólidos (glóbulos e plaquetas), que circula nos vasos sanguíneos e tem por função servir de veículo aos elementos nutritivos, a substâncias gasosas e aos produtos de excreção; hemolinfa 2 [pop.] menstruação 3 [fig.] vida; existência 4 [fig.] família; raça; progenitura 5 [fig.] natureza 6 [fig.] suco; sumo; **~ arterial** FISIOLOGIA sangue oxigenado vindo dos pulmões pelas veias pulmonares até à aurícula esquerda, e que parte depois do ventrículo esquerdo para levar oxigénio aos tecidos e órgãos, circulando pelas artérias; **~ azul** nobreza, fidalguia; **~ venoso** FISIOLOGIA sangue que perdeu oxigénio, rico em anidrido carbónico, conduzido pelas veias à aurícula direita, sendo depois levado pela artéria pulmonar do ventrículo direito aos pulmões para ser oxigenado; *chorar lágrimas de ~* ter profundo desgosto; *estar na massa do ~* ser natural, ser da própria índole; *ferver o ~ (a alguém)* enfurecer-se, ficar impaciente; *ficar sem pinga de ~* apanhar um grande susto; *laços de ~* parentesco; *subir o ~ à cabeça* enfurecer-se, irritar-se; *ter ~ na guelra* ter muita vida (Do lat. **sangue-*, por *sanguĭne-*, «id.»)
sanguechuva n.f. fluxo de sangue; hemorragia (De *sangue+chuva*)
sangue-de-dragão n.m. BOTÂNICA ⇒ **dragoeiro** ACORDO ORTOGRÁFICO sem alteração
sangue de dragão n.m. resina do dragoeiro ACORDO ORTOGRÁFICO a grafia anterior era *sangue-de-dragão*
sangue-de-drago n.m. BOTÂNICA ⇒ **dragoeiro** ACORDO ORTOGRÁFICO sem alteração
sangue de drago n.m. resina do dragoeiro ACORDO ORTOGRÁFICO a grafia anterior era *sangue-de-drago*
sangue-frio n.m. serenidade e autodomínio perante situações perigosas ou difíceis; controlo das próprias emoções; *a ~* de forma deliberada e imperturbável, sem anestesia; *perder o ~* perder a calma
sangueira n.f. 1 grande quantidade de sangue derramado 2 chacina 3 sangue das reses mortas 4 [regionalismo] chouriço de sangue (De *sangue+-eira*)
sanguento adj. 1 sanguinolento; sangrento 2 [fig.] cruento; sanguinário (De *sangue+-ento*)
sanguessuga n.f. ZOOLOGIA nome vulgar de uns anelídeos, parasitas temporários, da classe dos hirudíneos, de corpo comprimido ventralmente, e com uma ventosa em cada extremidade, que vivem em locais húmidos e na água, por vezes utilizados para fazer sangrias ■ n.2g. 1 [pop.] pessoa que bebe muito 2 [fig.] pessoa que explora outra do ponto de vista material e/ou emocional 3 [fig.] pessoa que pede constantemente favores ou dinheiro a alguém (Do lat. *sanguisūga-*, «id.»)
sangui- elemento de formação de palavras que exprime a ideia de *sangue* (Do lat. *sanguĭs*, «sangue»)
sanguífero adj. que tem ou produz sangue (De *sangui-+-fero*)
sanguificação n.f. 1 formação de sangue 2 ⇒ **hematose** (De *sanguificar+-ção*)
sanguificar v.tr. converter em sangue (Do lat. **sangue-*, «sangue» +*facĕre*, «fazer» +-*ar*)
sanguificativo adj. ⇒ **sanguífico** (De *sanguificar+-tivo*)
sanguífico adj. que tem a propriedade de converter em sangue (Do lat. **sangue-*, «sangue» +*facĕre*, «fazer»)
sanguina n.f. 1 ocre vermelho (sesquióxido de ferro) empregado no fabrico de lápis encarnados e no polimento de certos metais 2 ⇒ **sanguínea** 4 (Do lat. **sangue-*, «sangue» +-*ina*)
sanguinação n.f. 1 ⇒ **sanguificação** 2 erupção sanguínea (Do lat. *sanguinatiōne-*, «fluxo de sangue»)
sanguinária /gu-i, gui/ n.f. BOTÂNICA ⇒ **erva-da-muda** (Do lat. *sanguinarĭa-*, «id.»)
sanguinário /gu-i, gui/ adj. 1 que se compraz em fazer derramar sangue 2 [fig.] feroz; cruel (Do lat. *sanguinarĭu-*, «id.»)
sanguínea /gu-i, gui/ n.f. 1 BOTÂNICA planta da família das Poligonáceas, que cresce sobretudo em lugares húmidos; erva-da-muda 2 variedade de laranja, pera e maçã 3 pedra preciosa de cor vermelha como sangue 4 desenho feito com lápis de sanguina (De *sanguíneo*)
sanguíneo /gu-i, gui/ adj. 1 relativo ao sangue 2 em que predomina o sangue 3 da cor do sangue 4 sanguinolento ■ n.m. RELIGIÃO pequeno pano com que o sacerdote, na missa, enxuga o cálice depois de beber o vinho consagrado (Do lat. *sanguinĕu-*, «de sangue»)
sanguinha n.f. 1 BOTÂNICA ⇒ **erva-da-muda** 2 [regionalismo] chouriço de sangue (Do lat. *sanguinĕa-*, «de sangue»)
sanguinhal n.m. mata de sanguinhos (De *sanguinho+-al*)
sanguinheiro n.m. BOTÂNICA nome genérico de algumas plantas da família das Ramnáceas e das Cornáceas (De *sanguinho+-eiro*)
sanguinho n.m. BOTÂNICA nome vulgar extensivo a várias plantas da família das Ramnáceas e das Cornáceas, com pequenas flores amarelas, originárias da Europa, como as também conhecidas por amieiro-negro, lagarinho, zangarinho, sanguinho-das-sebes 2 RELIGIÃO pequeno pano com que o sacerdote, na missa, enxuga o cálice depois de beber o vinho consagrado; purificador (Do lat. *sanguinĕu-*, «de sangue»)
sanguinidade /gu-i, gui/ n.f. ⇒ **consanguinidade** (De *sanguino+-i-+-dade*)
sanguino /gu-i, gui/ adj. 1 ⇒ **sanguíneo** 2 que causa morte ou derramamento de sangue ■ n.m. cor vermelha (Do lat. *sanguinu-*, «id.»)
sanguinolência /gu-i, gui/ n.f. 1 qualidade de sanguinolento 2 [fig.] crueldade; ferocidade (Do lat. *sanguinolentĭa-*, «id.»)
sanguinolento /gu-i, gui/ adj. 1 tinto ou coberto de sangue 2 [fig.] sanguinário; cruel (Do lat. *sanguinolentu-*, «id.»)
sanguinoso /gu-i, gui/ adj. ensanguentado; sanguinolento (Do lat. *sanguinōsu-*, «id.»)
sanguissedento /gu-i, gui/ adj. que tem sede de sangue; sanguinário (De *sangui-+sedento*)
sanguívoro adj. diz-se do animal ou do organismo que se alimenta de sangue (De *sangui-+-voro*)

sanha *n.f.* **1** rancor; desejo de vingança **2** ira; ferocidade **3** ardor; ímpeto **4** ódio; aversão (Do lat. vulg. *sanĭa-*, por *sanĭes, -ei*, «veneno; baba da serpente»)

sanheiro *n.m.* nome por que também se designa a chalreta (ave) (De *sanha+-eiro*)

sanhoso /ô/ *adj.* **1** que tem sanha **2** iroso; assanhado **3** mal-encarado (De *sanha+-oso*)

sanhudo *adj.* ⇒ **sanhoso** (De *sanha+-udo*)

sanicar *v.tr.* [regionalismo] agitar; mexer; sacudir ■ *v.intr.* [regionalismo] mover-se com hesitação diante de alguém, tolhendo-lhe a passagem (De orig. obsc.)

sanícula *n.f.* BOTÂNICA erva vivaz, da família das Umbelíferas, com flores brancas ou róseas, dispostas em umbelas, espontânea nos terrenos montanhosos do Norte de Portugal (Do lat. *sanicŭla-*, dim. de *sana-*, «sã»)

sanidade *n.f.* **1** qualidade do que é são; saúde **2** higiene; salubridade (Do lat. *sanitāte-*, «saúde»)

sanidina *n.f.* MINERALOGIA feldspato potássico, polimórfico da ortóclase e da microclina, monoclínico, transparente, tabular, que se encontra em rochas vulcânicas recentes (Do gr. *sanís, -ídos*, «mesa» +*-ina*)

sânie *n.f.* PATOLOGIA matéria purulenta que sai das úlceras mal tratadas (Do lat. *saniē-*, «sangue corrupto»)

sanificação *n.f.* **1** ato ou efeito de sanificar **2** sanidade (De *sanificar+-ção*)

sanificador *adj.* ⇒ **sanificante** (De *sanificar+-dor*)

sanificante *adj.2g.* que sanifica (De *sanificar+-ante*)

sanificar *v.tr.* tornar são ou salubre; sanear; desinfetar (Do lat. *sanu-*, «são» +*facĕre*, «fazer»)

saninho *n.m.* [Guiné-Bissau] variedade de animal roedor semelhante ao esquilo (Do crioulo guineense *saniñu*, «id.»)

sanioso /ô/ *adj.* **1** que tem sânie; purulento **2** da natureza da sânie (Do lat. *saniōsu-*, «id.»)

sanisca *n.f.* **1** [regionalismo] fragmento; estilha **2** cibalho (De orig. obsc.)

saníssimo *adj.* **1** {*superlativo absoluto sintético de* **são**} muito são **2** sem defeito; perfeitíssimo (Do lat. *sanissĭmu-*, «id.»)

sanita *n.f.* peça de louça sanitária, onde se fazem as dejeções; retrete (Do lat. *sanĭtas*, «saúde; higiene»)

sanitário *adj.* **1** que diz respeito à saúde ou à higiene **2** que salvaguarda a saúde individual ou pública **3** relativo ao quarto de banho ■ *n.m.* **1** quarto de banho **2** *pl.* instalações próprias para higiene e necessidades pessoais, situadas em local público; **cordão ~** cerco a uma povoação ou região, onde grassa uma epidemia, para evitar a sua propagação para o exterior; **polícia sanitária** série de providências para evitar a propagação de certas doenças (Do lat. *sanitāte-*, «sanidade» +*ário*, ou do fr. *sanitaire*, «id.»)

sanitarista *n.2g.* **1** pessoa versada em assuntos sanitários; higienista **2** fabricante ou vendedor de artigos sanitários (De *sanitário+-ista*)

sanitização *n.f.* conjunto de procedimentos que visam assegurar que o fabrico de produtos alimentares seja realizado nas melhores condições higiénicas (De *sanitizar+-ção*)

sanitizar *v.tr.* proceder à sanitização de (Do ing. (*to*) *sanitize*, «tornar saudável, desinfetar; limpar»)

sanja *n.f.* **1** abertura ou sarjeta para escoamento de água **2** rego entre dois valados para escoar as águas (Do cast. *zanja*, «dreno para escoar águas»)

sanjar *v.tr.,intr.* abrir sanjas (em); drenar (De *sanja+-ear*)

sanjoaneiro *adj.,n.m.* ⇒ **são-joaneiro** (De *São João+-eiro*)

sanjoanino *adj.,n.m.* ⇒ **são-joanino** (De *São João+-ino*)

Sanoisiano *n.m.* GEOLOGIA andar da parte inferior do Oligocénico (Do fr. *Sannoisien*, «id.», de *Sannois*, cidade francesa do departamento do Oise, a norte de Paris)

sanona *n.f.* BOTÂNICA árvore africana, da família das Cucurbitáceas, de frutos pequenos, amarelos e espinhosos

sanquitar *v.tr.* [regionalismo] revestir de farinha (a massa da broa), volteando-a no alguidar (De orig. obsc.)

sansadorninho *adj.,n.m.* que ou indivíduo que é velhaco; dissimulado; sonso (De *São Saturnino*, antr.)

sansão *n.m.* **1** espécie de guindaste potente **2** [fig.] homem de muita força (De *Sansão*, antr., juiz dos Hebreus (séc. XII a. C.), célebre pela sua força)

sanscrítico *adj.* relativo ao sânscrito (De *sânscrito+-ico*)

sanscritismo *n.m.* **1** estudo do sânscrito **2** conjunto das ciências relativas ao conhecimento do sânscrito (De *sânscrito+-ismo*)

sanscritista *n.2g.* pessoa versada no conhecimento do sânscrito; sanscritólogo (De *sânscrito+-ista*)

sânscrito *n.m.* **1** antiga língua dos Brâmanes **2** língua sagrada do Indostão **3** a mais antiga língua da família indo-europeia (Do sânsc. *samskṛta*, «perfeitamente construída»)

sanscritologia *n.f.* ciência relativa ao conhecimento do sânscrito (De *sânscrito+-logia*)

sanscritólogo *n.m.* ⇒ **sanscritista** (De *sânscrito+-logo*)

santa *n.f.* **1** a que foi canonizada **2** imagem de mulher canonizada **3** [fig.] mulher muito virtuosa ou de extrema bondade **4** ICTIOLOGIA espécie de raia (De *santo*)

santa-bárbara *n.f.* NÁUTICA câmara em que se guarda a pólvora, a bordo

santa-fé **1** [Brasil] BOTÂNICA planta gramínea que, depois de seca, constitui a palha com que se cobrem palhoças ou casas rústicas **2** variedade de damasco

santa-fezal *n.m.* [Brasil] plantação de santa-fé (De *santa+fé+z+-al*)

Santaláceas *n.f.pl.* BOTÂNICA família de plantas dicotiledóneas que vivem fixas às raízes de outras plantas, representada em Portugal por um pequeno número de espécies, cujo género-tipo se denomina *Santalum* (Do gr. *sántalon*, «sândalo» +*-áceas*)

santaláceo *adj.* referente ou semelhante ao sândalo (Do gr. *sántalon*, «sândalo» +*-áceo*)

santalina *n.f.* ⇒ **sandalina** (Do gr. *sántalon*, «sândalo» +*-ina*)

santa-luzia *n.f.* [pop.] (instrumento de castigo) ⇒ **palmatória 1**

santana *n.f.* variedade de pêssegos (De *Santana*, antr.)

santanário *adj.,n.m.* [depr.] santarrão; beato (De *santa+n+-ário*)

santantoninhas *n.f.2n.* BOTÂNICA ⇒ **alfena** (De *Santo António+-inhas*)

santantoninho *n.m.* [pop.] pessoa extremamente mimada e a quem se trata com os maiores cuidados (De *Santo António+-inho*)

santão *n.m.* [depr.] indivíduo que finge santidade; hipócrita (De *santo+-ão*)

santareno /ê/ *adj.* relativo ou pertencente à cidade portuguesa de Santarém; escalabitano ■ *n.m.* natural ou habitante de Santarém (De *Santarém*, top. +*-eno*)

santaria *n.f.* [depr.] grande número de santos (De *santo+-aria*)

santarrão *n.m.* [depr.] ⇒ **santão** (De *santo+-arrão*)

santeiro *n.m.* aquele que faz ou vende imagens de santos ■ *adj.* beato; devoto (De *santo+-eiro*)

santelmo *n.m.* ⇒ **fogo de Santelmo** (De *Santo Elmo*, antr.)

santelo /ê/ *n.m.* antiga rede para pescar peixe miúdo (De orig. obsc.)

santiago *n.f.* BOTÂNICA variedade de maçã e de pera cultivada em Portugal; **~!** exclamação usada como grito de guerra pelos Castelhanos (De *São+Tiago*)

santiagueiro *adj.* ⇒ **santiaguês** (De *Santiago*, top. +*-eiro*)

santiaguês *adj.* relativo à cidade espanhola de Santiago de Compostela ■ *n.m.* natural ou habitante de Santiago de Compostela (De *Santiago+-ês*)

santiamém *elem.loc.adv.* [pop.] **num ~** num instante

santiámen *elem.loc.adv.* [pop.] **num ~** num instante (Do lat. *sancti*, genitivo de *sanctu-*, «santo» +*amen*, «assim seja» - *sancti amen* são as últimas palavras do «sinal da Cruz»)

santico *n.m.* [pop.] medalha que se traz ao peito com a imagem de um santo (De *santo+-ico*)

santidade *n.f.* **1** qualidade ou estado do que é santo **2** religiosidade **3** pureza; virtude; **Sua Santidade** RELIGIÃO título dado ao papa; **odor de ~** estado de graça (Do lat. *sanctitāte-*, «id.»)

santificação *n.f.* **1** ato ou efeito de santificar **2** exaltação (Do lat. *sanctificatiōne-*, «id.»)

santificador *adj.,n.m.* ⇒ **santificante** (Do lat. *sanctificatōre-*, «id.»)

santificante *adj.2g.* que ou aquele que santifica (Do lat. *sanctificante-*, «id.», part. pres. de *sanctificāre*, «santificar»)

santificar *v.tr.* **1** tornar santo; canonizar; sagrar **2** glorificar; venerar como santo **3** moralizar; edificar **4** bendizer (Do lat. *sanctificāre*, «id.»)

santificável *adj.2g.* que se pode ou se deve santificar (De *santificar+-vel*)

santigar *v.tr.* fazer o sinal da Cruz sobre (um enfermo) (Do lat. *sancti[fi]cāre*, «santificar»)

santimónia *n.f.* **1** santidade fingida; beatice; hipocrisia **2** modo ou aparência de santo (Do lat. *sanctimonĭa-*, «santidade»)

santimonial *adj.2g.* **1** referente a santimónia **2** que tem modos de santo **3** hipócrita (Do lat. *sanctimoniāle-*, «religioso»)

santinho *n.m.* **1** pequena estátua ou imagem de santo **2** [irón.] indivíduo virtuoso; **~ de pau caruncho so** [depr.] indivíduo sonso, hipócrita (De *santo+-inho*)

Santíssimo *n.m.* **1** RELIGIÃO sacramento da Eucaristia **2** RELIGIÃO hóstia consagrada (Do lat. *sanctissĭmu-*, «id.»)

santista *adj.2g.* da ou relativo à cidade brasileira de Santos, no estado de São Paulo ■ *n.2g.* natural ou habitante desta cidade (De *Santos*, top. +-*ista*)

santo *adj.* 1 diz-se daquele que a Igreja canonizou; canonizado; beatificado 2 relativo à religião, aos rituais ou ao culto religioso; sagrado 3 venerável; respeitável 4 puro; imaculado 5 inviolável 6 diz-se dos dias santificados ou em que a Igreja proíbe o trabalho 7 eficaz; benéfico; útil ■ *n.m.* 1 indivíduo que morreu em estado de santidade 2 indivíduo que foi canonizado 3 imagem de pessoa santificada 4 variedade de trigo duro 5 [fig.] pessoa extremamente bondosa; ~ *de pau carunchoso* [depr.] beato falso; **Santo Ofício** HISTÓRIA Tribunal da Inquisição; ***Santo Padre*** RELIGIÃO papa; ~ *sacrifício* missa; *campo* ~ cemitério; *lugar* ~ templo, igreja; *santos da casa não fazem milagres* (provérbio) apreciam-se mais os estranhos do que os parentes (Do lat. *sanctu*-, «id.»)

santo-antónio *n.f.* 1 BOTÂNICA variedade de ameixa cor-de-rosa 2 BOTÂNICA variedade de pera ■ *n.m.* ICTIOLOGIA nome vulgar de uns peixes da família dos Triglídeos, também conhecidos por bêbedo, cabaço e bacamarte, e todos também designados pelo nome comum de ruivo (De *santo+António*)

santo-e-senha *n.m.* 1 grupo de palavras utilizado para se fazer o reconhecimento entre militares 2 sinal combinado para reconhecimentos ou para se saber quem é partidário e quem é adversário

santola *n.f.* ZOOLOGIA crustáceo comestível da família dos Cancrídeos, semelhante a um caranguejo grande, com carapaça áspera guarnecida de picos e pernas em geral muito longas e finas

santolina *n.f.* BOTÂNICA planta subarbustiva pertencente à família das Compostas, originária do Mediterrâneo (De orig. obsc.)

santolinha *n.f.* ZOOLOGIA ⇒ **pilado** *n.m.* (De *santola*+-*inha*)

santomense *adj.,n.2g.* ⇒ **são-tomense**

Santoniano *n.m.* GEOLOGIA andar do Cretácico superior (Do lat. *Santonĭa*, top., nome latino da antiga província francesa de Saintonge [Santonha], cuja capital é a cidade de Saintes +-*ano*)

santonica *n.f.* BOTÂNICA ⇒ **artemísia**

santonico *n.m.* BOTÂNICA ⇒ **artemísia** (Do lat. *santonĭcu*- [*absinthiu*-], «absinto de Santonha» +-*ico*)

santonina *n.f.* 1 BOTÂNICA ⇒ **artemísia** 2 QUÍMICA o princípio ativo dessa planta, que tem ação vermífuga; artemisina (Do lat. *santonĭcu*-, [*absinthiu*-], «absinto de Santonha» +-*ina*)

santor *n.m.* 1 cruz de Santo André, formada por dois objetos em forma de X 2 HERÁLDICA aspa, nos brasões (Por *sautor*, do fr. *sautoir*, «aspa do brasão»)

santoral *n.m.* 1 RELIGIÃO livro de textos de celebração do ofícios, hinos e vidas de santos 2 RELIGIÃO tratado sobre a vida dos santos 3 lista dos dias em que são festejados os santos ■ *adj.2g.* 1 [fig.] salutar 2 [fig.] justo; reto (Do lat. *sanctorum*, genitivo pl. de *sanctu*-, «santo» +-*al*)

santório *n.m.* [regionalismo] ⇒ **santoro**

santoro *n.m.* [regionalismo] espécie de pão bento que se dá nos dias de Todos os Santos e de Finados (Do lat. *sanctorum*, genitivo pl. de *sanctu*-, «santo»)

santórum *n.m.* [regionalismo] ⇒ **santoro**

santuário *n.m.* 1 templo consagrado ao culto de uma religião; lugar santo 2 igreja ou capela onde se venera uma imagem 3 oratório 4 sacrário; relicário 5 RELIGIÃO parte mais sagrada do templo de Jerusalém, onde se guardava a Arca da Aliança que continha os Dez Mandamentos ou as Tábuas da Lei de Deus, dadas a Moisés no deserto 6 ECOLOGIA área onde é proibida a caça, para preservação de uma ou mais espécies que nela habitam; área protegida 7 [fig.] lugar onde se guardam objetos de grande estimação 8 [fig.] parte mais íntima (Do lat. *sanctuarĭu*-, «id.»)

sanzala *n.f.* 1 povoação indígena africana, composta na sua maioria por cubatas 2 residência de um soba (Do quimb. *sanzala*, «povoação»)

são¹ *adj.* (*feminino* **sã**) 1 que tem saúde; saudável 2 que não está em mau estado 3 que recuperou a saúde; curado 4 diz-se do fruto que não está podre 5 bom para a saúde; higiénico; salutar 6 forte; vigoroso 7 ileso; salvo; incólume 8 verdadeiro; sincero 9 íntegro; justo 10 razoável ■ *n.m.* 1 parte melhor de qualquer coisa 2 indivíduo que tem saúde; ~ *como um pero* muito forte e saudável; ~ *e salvo* livre de perigo (Do lat. *sanu*-, «id.»)

são² *n.m.* {*forma apocopada de santo*} ⇒ **santo** *n.m.* 2

são-bernardo *n.m.* (*plural* **são-bernardos**) ZOOLOGIA cão de raça de grande porte, oriundo dos Alpes, de pelo farto, geralmente ruivo e branco, conhecido pela sua capacidade de socorrer viajantes de montanha em perigo, geralmente devido a tempestades ou avalanchas ■ *n.f.* variedade de pera portuguesa (De *São+Bernardo*)

são-brasense *adj.* relativo à vila de S. Brás de Alportel, no distrito de Faro ■ *n.2g.* natural ou habitante de S. Brás de Alportel (De *S. Brás*, top. +-*ense*)

são-joaneira *n.f.* antigo tributo que se pagava pelo S. João (De *São João*, antr. +-*eira*)

são-joaneiro *n.m.* 1 antigo cobrador da são-joaneira 2 cantador nas festas do S. João 3 natural ou habitante de qualquer povoação denominada S. João ■ *adj.* que se colhe pelo tempo do S. João (De *S. João*, antr. +-*eiro*)

são-joanense *adj.* referente à cidade de S. João da Madeira, no distrito de Aveiro ■ *n.2g.* natural ou habitante desta cidade (De *S. João*, top. +-*ense*)

são-joanino *adj.* 1 relativo às festas em honra de S. João 2 ⇒ **são-joanense** ■ *n.m.* ⇒ **são-joanense** *n.2g.* (De *S. João*, antr. +-*ino*)

são-luisense *adj.2g.* referente à cidade brasileira de S. Luís, capital do estado do Maranhão ■ *n.2g.* natural ou habitante desta cidade (De *S. Luís*, top. +-*ense*)

são-luqueno /ê/ *adj.* relativo à cidade espanhola de São Lúcar de Barrameda ■ *n.f.* natural ou habitante desta cidade (Do cast. *sanluqueño*, «natural de São Lúcar»)

são-martinho *n.f.* BOTÂNICA variedade de pera

são-miguel *n.m.* época das colheitas ■ *n.f.* BOTÂNICA variedade de maçã e de pera

são-pauleiro *adj.* 1 relativo ao estado brasileiro de São Paulo 2 relativo à cidade brasileira de São Paulo ■ *n.m.* 1 natural ou habitante do estado brasileiro de São Paulo 2 natural ou habitante da cidade brasileira de São Paulo (De *S. Paulo*, top. +-*eiro*)

são-pedro *n.m.* ICTIOLOGIA ⇒ **alfaqui**²

são-tirsense *adj.2g.* referente à cidade portuguesa de Santo Tirso, no distrito do Porto ■ *n.2g.* natural ou habitante desta cidade (De *Santo Tirso*, top. +-*ense*)

são-tomense *adj.2g.* 1 relativo ao arquipélago de S. Tomé e Príncipe ou aos seus habitantes 2 relativo à ilha de S. Tomé (arquipélago de S. Tomé e Príncipe) ou aos seus habitantes ■ *n.2g.* natural ou habitante de S. Tomé e Príncipe ou da ilha de S. Tomé (De *São Tomé*+-*ense*)

são-tomensidade *n.f.* ETNOLOGIA conjunto dos caracteres e das maneiras de pensar, de sentir e de se exprimir próprios dos são-tomenses (De *são-tomense*+-*i*-+-*dade*)

são-tomensismo *n.m.* palavra, expressão ou construção própria dos são-tomenses (De *são-tomense*+-*ismo*)

são-vicente *n.m.* moeda de ouro portuguesa do tempo do rei D. João III, 1502-1557

sapa¹ *n.f.* pá para levantar a terra cavada; *trabalho de* ~ 1 obra ou trabalho de sapador; 2 [fig.] trabalho oculto, ardiloso (Do lat. *sappa*-, «sachola»)

sapa² *n.f.* 1 ZOOLOGIA fêmea do sapo 2 [fig., pop.] mulher de estatura baixa (De *sapo*)

sapa³ *n.f.* [regionalismo] tampa ou testo de vasilha (Por *tapa*)

sapador *n.m.* 1 MILITAR soldado de engenharia preparado para o assalto a fortificações com materiais explosivos 2 bombeiro que pertence a um grupo de sapadores-bombeiros (De *sapar*+-*dor*)

sapador-bombeiro *n.m.* 1 indivíduo preparado para prestar assistência em caso de incêndio, acidente ou qualquer outro tipo de sinistro 2 *pl.* unidade de assistência pública encarregada de combater incêndios, fazer salvamentos e socorrer pessoas acidentadas

sapal *n.m.* 1 terreno alagadiço; brejo; paul 2 erva que se cria nestes terrenos; sapeira (De *sapo*+-*al*)

sapar¹ *v.intr.* 1 trabalhar com sapa (pá); escavar; minar 2 executar trabalho de sapa (De *sapa*+-*ar*)

sapar² *v.intr.* [regionalismo] cobrir com testo ou sapa (De *sapa*+-*ar*)

saparrão *n.m.* 1 sapo grande 2 [fig.] pessoa gorda e desajeitada (De *sapo*+-*arrão*)

sapata *n.f.* 1 sapato largo e raso 2 peça de madeira grossa sobre o pilar onde assenta a trave 3 placa de aço componente fundamental das lagartas de um carro de combate 4 ENGENHARIA parte mais larga dos alicerces de uma construção 5 rodela de camurça fixa às chaves de certos instrumentos músicos de sopro 6 MÚSICA peça reguladora da dinâmica do órgão, onde o executante assenta o pé 7 NÁUTICA poleame usado no chicote dos estais 8 ICTIOLOGIA designação de vários peixes, entre os quais os seláquios (De *sapato*)

sapatada *n.f.* 1 pancada com o sapato 2 bofetão (De *sapato*+-*ada*)

sapatadinha *n.f.* 1 sapatada ligeira 2 espécie de jogo popular (De *sapatada*+-*inha*)

sapatão *n.m.* [Brasil] [vulg.] lésbica

sapataria n.f. 1 loja onde se vende calçado 2 indústria ou ramo de atividade de quem faz ou vende calçado (De *sapato*+-*aria*)

sapateada n.f. 1 ato ou efeito de sapatear 2 pateada (Part. pass. fem. subst. de *sapatear*)

sapateado n.m. 1 ato ou efeito de sapatear 2 dança popular em que o ritmo é fortemente marcado com o ruído dos saltos e das solas dos sapatos 3 dança de origem norte-americana, executada com sapatos especiais, com uma chapa metálica na sola, para produzir um som característico 4 MÚSICA música para essa dança (Part. pass. subst. de *sapatear*)

sapatear v.tr.,intr. executar (dança), batendo forte e ritmadamente com os tacões dos sapatos no chão; dançar sapateado (De *sapato*+-*ear*)

sapateira n.f. 1 ZOOLOGIA caranguejo grande, da família dos Cancrídeos, com carapaça de exterior liso, de aspeto geral semelhante ao da santola e, como esta, muito apreciado em culinária 2 móvel ou parte do armário onde se guardam sapatos 3 mulher que trabalha no fabrico ou na venda de calçado 4 mulher do sapateiro; ~ *azeitona* ~ azeitona que se torna mole e meio podre na salmoira (De *sapateiro*)

sapateiral adj.2g. 1 referente a sapateiro 2 [pop.] diz-se de uma coisa reles ou mal feita (De *sapateiro*+-*al*)

sapateiro n.m. 1 aquele que fabrica, conserta ou vende calçado 2 local onde se conserta calçado 3 [pej.] mau artífice; indivíduo que faz tudo mal 4 [pej.] aldrabão 5 [pop.] ⇒ **percevejo-do-monte** (De *sapato*+-*eiro*)

sapateta /ê/ n.f. 1 espécie de sapata ou chinela 2 som que produz o arrastar dos tacões ao andar (De *sapata*+-*eta*)

sapatião n.m. barco chinês, pequeno e ligeiro (Do chin. *siau-ting*, «id.»?)

sapatilha n.f. 1 calçado leve de lona, ou de outro material maleável, usado na prática de alguns desportos e com vestuário informal; ténis 2 MÚSICA rodela de camurça que se coloca na chave dos instrumentos de sopro para fechar hermeticamente os seus orifícios; sapata (Do cast. *zapatilla*, «id.»)

sapatilho n.m. 1 primeira folha seca que se tira da cana-de-açúcar 2 NÁUTICA aro de ferro que se firma nos punhos das velas para que os cabos as não cortem (De *sapato*+-*ilho*)

sapatinho n.m. 1 sapato de pequenas dimensões 2 espécie de jogo popular 3 designação dada, no Brasil, a várias plantas (sapatinho-do-diabo, sapatinho-de-iaiá, sapatinho-dos-jardins, etc.) (De *sapato*+-*inho*)

sapato n.m. 1 peça de calçado destinada a cobrir o pé ou parte dele 2 [pop.] indivíduo bronco; ~ *de defunto* promessa cuja realização é muito incerta; *andar com a pedra no* ~ andar desconfiado; *não chegar às solas dos sapatos de (alguém)* ser muito inferior a alguém (Do ár. vulg. *sabbat*, pelo cast. *zapato*, «id.»)

sapatola n.f. sapato grande e mal feito (De *sapato*+-*ola*)

sapatorra /ô/ n.f. ⇒ **sapatola** (De *sapato*+-*orra*)

sapatorro /ô/ n.m. ⇒ **sapatola** (De *sapato*+-*orro*)

sape interj. usada para enxotar gatos (De orig. onom.)

sapé n.m. BOTÂNICA planta brasileira (capim) da família das Gramíneas, que se desenvolve em terrenos pobres e cujos caules secos são utilizados para cobrir casas (Do tupi *yasa'pe*, «id.»)

sapeca[1] n.f. moeda de cobre chinesa furada ao centro (Do mal. *sa*, «um» +*paku*, «enfiada de cem moedas»)

sapeca[2] n.2g. 1 pessoa namoradeira 2 pessoa traquinas ou travessa ▪ adj.2g. 1 diz-se de pessoa namoradeira 2 travesso; traquinas; endiabrado (Deriv. regr. de *sapecar*)

sapecar[1] v.tr. 1 [Brasil] secar para conservar 2 [Brasil] crestar levemente (Do tupi *sa'pek*, «chamuscar»)

sapecar[2] v.intr. 1 [Brasil] namorar muito 2 [Brasil] fazer travessuras (De *sapeca* [=pessoa namoradeira] +-*ar*)

sape-gato n.m. jogo ou brinquedo infantil

sapeira n.f. 1 ⇒ **sapal** 2 [regionalismo] ódio figadal 3 desejo muito forte 4 variedade de truta de água doce (De *sapo*+-*eira*)

sapeiro n.m. ORNITOLOGIA ⇒ **tartaranhão** (De *sapo*+-*eiro*)

sapejar v.intr. caminhar de rastos, como o sapo (De *sapo*+-*ejar*)

sapeno /ê/ n.m. MINERALOGIA variedade de ametista azul-clara (Do lat. *sapênos*, «espécie de ametista»)

sape-sape n.m. [São Tomé e Príncipe] BOTÂNICA árvore pequena, da família das Anonáceas, de folhagem verde brilhante, cujos frutos, em forma de coração e avermelhados quando maduros, são comestíveis e têm aplicações medicinais (Do forro *sap-sap*, «id.»)

sapezal n.m. terreno onde abundam sapés (De *sapé*+*z*+-*al*)

sapezeiro n.m. ⇒ **sapezal** (De *sapé*+*z*+-*eiro*)

sápia n.f. variedade de madeira de pinho (Do lat. *sapinu*- ou *sappinu*-, «abeto»)

sapidez /ê/ n.f. propriedade dos corpos que provocam uma excitação gustativa e são por isso dotados de um sabor (De *sápido*+-*ez*)

sápido adj. 1 que tem sabor 2 saboroso; gostoso (Do lat. *sapĭdu*-, «id.»)

sapiência n.f. 1 qualidade daquele que é sapiente 2 conhecimento vasto; sabedoria; erudição 3 RELIGIÃO sabedoria divina; *oração de* ~ discurso inaugural do ano letivo, em universidade ou escola secundária (Do lat. *sapientĭa*-, «id.»)

sapiencial adj.2g. 1 referente à sapiência 2 sábio; erudito 3 prudente (Do lat. *sapientiāle*-, «id.»)

sapiente adj.2g. que possui sapiência; sabedor; erudito (Do lat. *sapiente*-, «id.», part. pres. de *sapĕre*, «saber»)

sapientíssimo adj. {superlativo absoluto sintético de **sábio**} muito sábio

Sapindáceas n.f.pl. BOTÂNICA família de plantas dicotiledóneas, lenhosas, que inclui árvores, arbustos e lianas da flora tropical (Do lat. cient. *Sapindus*, «saponária» +-*áceas*)

sapindáceo adj. relativo ou semelhante às Sapindáceas (Do lat. cient. *Sapindus*, «saponária» +-*áceo*)

sapinho-da-praia n.m. BOTÂNICA planta suculenta e carnuda, da família das Cariofiláceas, que aparece nas areias do litoral do Norte de Portugal

sapinho-roxo n.m. BOTÂNICA planta herbácea da família das Cariofiláceas, muito ramosa, com flores purpúreo-violáceas, que aparece nos terrenos áridos e areias da costa de Portugal

sapinhos n.m.pl. 1 PATOLOGIA inflamação da mucosa bucal, produzida por um fungo, que se manifesta por manchas brancas, características, que aparecem nas crianças; endomicose 2 VETERINÁRIA inflamação aos lados do freio da língua dos cavalos 3 VETERINÁRIA protuberância carnosa na língua dos cavalos (De *sapo*+-*inhos*)

sapiranga n.f. [Brasil] inflamação das pálpebras com queda das pestanas (Do tupi *e'sa pi'rãga*, «olho vermelho»)

sapiroca n.f. ⇒ **sapiranga**

sapiroquento adj. que sofre de sapiroca (De *sapiroca*+-*ento*)

sapo n.m. 1 ZOOLOGIA batráquio anuro, com corpo rechonchudo, olhos salientes, extremidades curtas e cinco dedos, semelhante à rã, insetívoro e muito útil à agricultura 2 [Brasil] doença nos cascos do cavalo 3 pl. ⇒ **sapinhos**; *engolir sapos* suportar coisas desagradáveis sem reagir (De orig. pré-romana)

sapo-boi n.m. ZOOLOGIA ⇒ **untanha**

sapo-concho n.m. ZOOLOGIA ⇒ **cágado** 1 (De *sapo*+*concha*)

sapo-de-chifres n.m. ZOOLOGIA ⇒ **untanha**

sapoila adj.2g. [regionalismo] vagaroso; indolente (De *sapo*+-*oila*)

sapoilo adj. ⇒ **sapoila** (De *sapo*+-*oilo*)

sapoléu n.m. ORNITOLOGIA ⇒ **peneireiro** (De *sapo*-*leve*)

sapo-leve n.m. ORNITOLOGIA nome vulgar que designa especialmente o peneireiro; sapoléu

Saponáceas n.f.pl. BOTÂNICA [ant.] ⇒ **Sapindáceas** (De *saponáceo*)

saponáceo adj. 1 da natureza do sabão 2 que substitui o sabão (Do lat. *sapōne*-, «sabão» +-*áceo*)

saponária n.f. 1 BOTÂNICA ⇒ **saboeira** 2 2 QUÍMICA preparação usada em limpezas (Do lat. *saponarĭa*-, «id.»)

saponário adj. diz-se de medicamento em que entra sabão (Do lat. *saponarĭu*-, «id.»)

saponase n.f. QUÍMICA fermento solúvel que transforma as substâncias gordas em sabão; lípase (Do lat. *sapōne*-, «sabão» +-*ase*)

saponificação n.f. 1 QUÍMICA ato ou efeito de saponificar 2 QUÍMICA hidrólise de um éster (De *saponificar*+-*ção*)

saponificar v.tr. 1 QUÍMICA transformar em sabão (as substâncias gordas, tratando-as por um álcali); hidrolisar (um éster) 2 converter em sabão (Do lat. *sapōne*-, «sabão» +*facĕre*, «fazer»)

saponificável adj.2g. suscetível de se saponificar (De *saponificar*+-*vel*)

saponiforme adj.2g. semelhante ao sabão (Do lat. *sapōne*-, «sabão» +*forma*-, «forma»)

saponina n.f. substância que se extrai da raiz da saponária, e que, friccionada, produz espuma semelhante à do sabão (Do lat. *sapōne*-, «sabão» +-*ina*)

saponite n.f. MINERALOGIA um dos minerais das argilas, do grupo da montmorillonite (Do lat. *sapōne*-, «sabão» +-*ite*)

sapopema /ê/ n.f. [Brasil] conjunto de raízes que se desenvolvem com o tronco de muitas árvores, formando à sua volta divisões achatadas (Do tupi *sapo'pema*, «raiz esquinada»)

saporífero adj. que tem ou dá sabor; saporífico (Do lat. *sapōre*-, «sabor» +*ferre*, «ter»)

saporífico adj. ⇒ **saporífero** (Do lat. *sapōre*-, «sabor» +*facĕre*, «fazer»)

sapota n.f. 1 [Brasil] BOTÂNICA nome vulgar de umas árvores da família das Sapotáceas e das Ebenáceas, de frutos muito apreciados; sapotizeiro 2 BOTÂNICA fruto dessas árvores (Do nauat. *tzápote*, «id.»)

Sapotáceas n.f.pl. BOTÂNICA família de plantas dicotiledóneas, lenhosas, tropicais, cujo fruto é uma baga, por vezes comestível, e de algumas das quais se extrai, na Malásia, a guta-percha (De *sapota*+-*áceas*)

sapotáceo adj. relativo ou semelhante à sapota ou às Sapotáceas (De *sapota*+-*áceo*)

sapoti n.m. BOTÂNICA fruto da sapota ou do sapotizeiro (Do nauat. *tzapotle*, «fruto da sapota», pelo cast. *zapote*, «id.»)

sapotilha n.f. BOTÂNICA árvore da Índia, da família das Sapotáceas, semelhante à sapota (Do fr. *sapotille*, «id.»)

sapotizeiro n.m. ⇒ **sapota** 1 (De *sapoti*+*z*+-*eiro*)

saprema /ê/ n.f. calço em que se apoia a alavanca, quando se pretende levantar pesos com ela (De *alçaprema*)

sapremar v.tr. levantar, servindo-se da saprema (De *saprema*+-*ar*)

sapremia n.f. intoxicação devida à presença, no sangue, de venenos produzidos por bactérias normalmente saprófitas (não patogénicas) (Do gr. *saprós*, «podre»+*haîma*, «sangue»)

sapr(o)- elemento de formação de palavras que exprime a ideia de *pútrido* (Do gr. *saprós*, «podre»)

saprocola n.f. massa quebradiça originada por desidratação do sapropel (Do gr. *saprós*, «podre»+al. *Kohle*, «carvão»)

saprófago adj. que se alimenta de substâncias putrefactas (De *sapro*-+-*fago*)

saprófilo adj. que é atraído por substâncias em putrefação (De *sapro*-+-*filo*)

saprófita adj.,n.f. ⇒ **saprófito**

saprofitia n.f. qualidade de saprófito (De *saprófito*+-*ia*)

saprófito adj.,n.m. BOTÂNICA diz-se do organismo que se alimenta de matéria orgânica morta, tornada solúvel por enzimas que ele próprio segrega (Do gr. *saprós*, «podre» +*phytón*, «planta»)

saprogénico adj. diz-se do organismo que origina a decomposição da matéria viva (De *sapro*-+-*génos*, «origem»+-*ico*)

Saprolegniáceas n.f.pl. BOTÂNICA família de fungos ficomicetes, de micélio tubular plurinucleado, predominantemente parasitas (Do lat., bot. *Saprolegnia*-, do gr. *saprós*, «podre» +*légnon*, «orla» +-*áceas*)

sapropel n.m. PETROLOGIA sedimento negro, de consistência gelatinosa, rico em matéria orgânica decomposta em meio estagnante, redutor (Do gr. *saprós*, «podre»+*pelós*, «lodo»)

sapropélico adj. diz-se da fauna e da flora característica dos charcos de água estagnada em que é constante a formação de lodo proveniente da decomposição de matérias orgânicas (De *sapropel*+-*ico*)

sapropelito n.m. PETROLOGIA rocha sedimentar resultante da compactação do sapropel (De *sapropel*+-*ito*)

saproxilóbio /cs/ adj. diz-se do organismo que vive na madeira apodrecida (Do gr. *saprós*, «podre» +*xýlon*, «madeira»+*bíos*, «vida»)

saprozoico adj. diz-se do animal saprófito (De *sapro*-+-*zóico*)

saprozóico ver nova grafia saprozoico

sapucaia n.f. BOTÂNICA designação dada (no Brasil) a diversas árvores, algumas das quais fornecedoras de madeira muito apreciada, como a sapucaia-branca, a sapucaia-amargosa, a sapucaia-grande, etc.; jacapucaia (Do tupi *sapu'kaya*, «fruto que faz saltar o olho»)

sapucaieira n.f. BOTÂNICA ⇒ **sapucaia** (De *sapucaia*+-*eira*)

sapudo adj. 1 grosso e baixo; atarracado 2 gordo e grosseiro (De *sapo*+-*udo*)

sapupira n.f. BOTÂNICA ⇒ **sebipira**

sapupo n.m. [Angola] tarolo de milho (De *sa*(*bugo*), «id.», por infl. do quimb. (*ki*)*pupu*, «id.»)

saque n.m. 1 ato ou efeito de saquear; pilhagem; roubo 2 ato ou efeito de sacar 3 emissão de título de crédito ou de ordem de pagamento contra alguém 4 ato de levantar dinheiro depositado 5 ECONOMIA (comércio) letra de câmbio emitida sobre alguém 6 [regionalismo] partida no jogo da pela 7 passagem da mesma mão do jogo a novos parceiros 8 [Brasil] DESPORTO jogada inicial em certas modalidades desportivas (ténis, voleibol, etc.); serviço; *a* ~ à disposição dos ladrões, salteadores, etc. (Deriv. regr. de *sacar* e *saquear*)

saqué n.m. bebida alcoólica japonesa, obtida pela fermentação do arroz, e geralmente servida quente (Do jap. *sa'ke*, «id.»)

saquê n.m. ⇒ **saqué**

saqueador adj.,n.m. que ou aquele que saqueia (De *saquear*+-*dor*)

saquear v.tr.,intr. despojar violentamente; dar saque a; roubar; pilhar ■ v.tr. devastar; assolar (De *saque*+-*ear*)

saqueio n.m. ⇒ **saque** 2 (Deriv. regr. de *saquear*)

saqueiro n.m. fabricante ou vendedor de sacos (De *saco*+-*eiro*)

saquelar /ê/ v.tr. [Angola] adivinhar; intuir; profetizar (Do quimb. (*ku*) *sakela*, «id.»)

saquete¹ /ê/ n.m. pequeno saco (De *saco*+-*ete*)

saquete² /ê/ n.m. pequeno saque (De *saque*+-*ete*)

saquiada n.f. 1 grande porção ensacada 2 saco cheio (De *saco*+-*ada*)

saquiforme adj.2g. ⇒ **saciforme** (Do lat. *saccu*-, «saco» +*forma*-, «forma»)

saquilhão n.m. feixe de ramos que se liga às pontas das aivecas do arado para alargar o sulco (De orig. obsc.)

saquim n.m. cutelo usado pelos judeus para abater as reses de grande porte (Do hebr.)

saquinho n.m. 1 saco pequeno 2 cartucho de pólvora com que se carregavam as peças de artilharia (De *saco*+-*inho*)

saquitel n.m. {*diminutivo de* **saco**} pequeno saco (De *saquito*+-*el*)

saquitéu n.m. ⇒ **saquitel** (De *saquito*+-*éu*)

saquito n.m. pequeno saco (De *saco*+-*ito*)

sarabanda n.f. 1 dança lenta, de compasso ternário, em voga nos séculos XVII e XVIII 2 música que acompanhava aquela dança 3 dança popular de origem espanhola saracoteada e um tanto licenciosa 4 [pop.] repreensão áspera (Do cast. *zarabanda*, «id.»)

sarabandear v.intr. 1 dançar a sarabanda 2 dançar (De *sarabanda*+-*ear*)

sarabatana n.f. 1 buzina para falar ao longe 2 porta-voz (Do ár. dial. *zarbatāna*, «tubo para matar pássaros»)

sarabulha n.f. ⇒ **sarabulho** (De *sarabulho*)

sarabulhento adj. 1 que apresenta superfície desigual 2 que é áspero ao tato 3 [pop.] que tem muitas borbulhas ou feridas (De *sarabulho*+-*ento*)

sarabulho n.m. 1 aspereza na superfície da louça ou dos vidros 2 [pop.] ferida com crosta; pústula (De orig. obsc.)

sarabulhoso /ô/ adj. ⇒ **sarabulhento** (De *sarabulho*+-*oso*)

saraça¹ n.f. [Índia] coberta leve de cama (Do mal. *sarásah*, «tecido de algodão»)

saraça² n.m. [regionalismo] homem trapalhão (Do cast. *sarasa*, «maricas»)

saracote n.m. ⇒ **saracoteio** (Deriv. regr. de *saracotear*)

saracoteador adj.,n.m. que ou aquele que saracoteia (De *saracotear*+-*dor*)

saracotear v.tr.,intr.,pron. mover(-se) balançando as ancas; bambolear(-se); requebrar(-se) ■ v.intr. andar de um lugar para o outro; vaguear (De orig. obsc.)

saracoteio n.m. 1 ato ou efeito de saracotear ou de saracotear-se 2 meneio; requebro (Deriv. regr. de *saracotear*)

saracura n.f. 1 ZOOLOGIA nome comum a várias galinhas-d'água da família dos Ralídeos 2 BOTÂNICA planta da família das Bignoniáceas, de flores amarelas, cujo suco é adstringente e usado na cura de feridas (Do tupi *sara'kura*, «id.»)

saragoça /ô/ n.f. 1 tecido grosso de lã, fabricado, primitivamente, na cidade espanhola de Saragoça 2 ORNITOLOGIA ⇒ **moleiro** 3 (De *Saragoça*, top.)

saragoçano adj. da cidade espanhola de Saragoça ou relativo a esta localidade ■ n.m. 1 natural ou habitante de Saragoça 2 [pop.] indivíduo que faz previsões sobre o tempo (De *Saragoça*, top. +-*ano*)

saraiva n.f. 1 METEOROLOGIA precipitação atmosférica que cai sob a forma de gotas ou pequenos blocos de água gelados; granizo 2 queda súbita de saraiva ou granizo (De orig. obsc.)

saraivada n.f. 1 queda abundante de saraiva ou granizo 2 aguaceiro; descarga 3 [fig.] grande quantidade de coisas que acontecem de repente ou com rapidez (De *saraiva*+-*ada*, ou part. pass. fem. subst. de *saraivar*)

saraivar v.intr. cair saraiva ■ v.tr. flagelar com gelo ou saraiva (De *saraiva*+-*ar*)

saraiveiro n.m. [pop.] ⇒ **saraivada** (De *saraiva*+-*eiro*)

saraivisco n.m. saraivada passageira de pedrisco miúdo (De *saraiva*+-*isco*)

saramaganta n.f. ZOOLOGIA ⇒ **salamandra** 1

saramago n.m. BOTÂNICA nome vulgar de umas ervas daninhas, comestíveis, anuais ou bienais, da família das Crucíferas, frequentes nos terrenos cultivados de Portugal, e também chamadas rábano-silvestre, rábano-bastardo ou saramago-maior e labresto (Do ár. *sarmaq*, «armoles»)

saramântiga n.f. ZOOLOGIA ⇒ **salamandra** 1

saramátulo n.m. cada uma das pontas ainda tenras do veado, que se renovam todos os anos (De orig. obsc.)

saramba n.f. [Brasil] ⇒ **sarambeque**

sarambeque n.m. dança de origem negra, alegre e voluptuosa; saramba; *andar aos sarambeques* andar às voltinhas, andar aos esses (Do cast. *zarambeque*, «id.»)

sarambura n.f. tecido de algodão de Bengala (De *Sarampur*, top., cidade indiana)

saramela n.f. ZOOLOGIA ⇒ **salamandra** 1

saramenheira n.f. BOTÂNICA variedade de pereira produtora de peras pequenas (saramenhos) (De *saramenho+-eira*)

saramenheiro n.m. BOTÂNICA ⇒ **saramenheira**

saramenho n.m. BOTÂNICA espécie de pera pequena e redonda (Do cast. *cermeño*, «id.»)

saramona /ô/ n.f. [regionalismo] rede empregada na pesca no rio Douro (De orig. obsc.)

sarampão n.m. ataque forte de sarampo (Do lat. hisp. *sirimpiōne-*, «pápula de sarampo», pelo cast. *sarampión*, «sarampo»)

sarampelo /ê/ n.m. sarampo benigno (De *sarampo+-elo*)

sarampiforme adj.2g. que tem o aspeto de sarampo (De *sarampo+forma*)

sarampo n.m. MEDICINA doença febril eruptiva, infeciosa e muito contagiosa, de etiologia vírica, que ataca principalmente as crianças, cobrindo o corpo de pintas vermelhas (Deriv. regr. de *sarampão*)

saramposo /ô/ adj. 1 atacado de sarampo 2 relativo ao sarampo (De *sarampo+-oso*)

saranda adj.,n.2g. [Brasil] vadio (Deriv. regr. de *sarandear*)

sarandagem n.f. [Brasil] vadiagem (De *saranda+-agem*)

sarandalhas n.f.pl. 1 restos; maravalhas; alimpaduras 2 [fig., pej.] ralé (De *cirandar+-alha*)

sarandalhos n.m.pl. ⇒ **sarandalhas**

sarandear v.intr. [Brasil] saracotear-se (Do cast. *zarandear*, «id.»)

sarandilhar v.intr. ⇒ **sarandear**

saranganga n.f. ORNITOLOGIA ⇒ **sariema**

sarapanel n.m. ARQUITETURA arco rebaixado ou abatido (Do cast. *zarpanel*, «id.»)

sarapantado adj. muito assustado; espavorido (Part. pass. de *sarapantar*)

sarapantão adj. [pop.] ⇒ **sarapantado** (De *sarapantar+-ão*)

sarapantar v.tr. 1 pregar susto a; assustar 2 espantar (De orig. obsc.)

sarapatel n.m. CULINÁRIA guisado de carne de porco ou carneiro, fígado, rim e tripas, com muito molho e muitos condimentos 2 mistura desordenada de várias coisas; miscelânea 3 [fig.] confusão; balbúrdia (Do cast. *zarapatel*, «guisado de beringelas, tomate, pimentão e abóbora»)

sarapico n.m. dança popular brasileira (De orig. obsc.)

sarapintadela n.f. ato ou efeito de sarapintar (De *sarapintar+-dela*)

sarapintar v.tr. 1 mesclar de diversas cores 2 mosquear; pintar às manchas (De *serpente × pintar*?)

saraquitar v.intr. [pop.] andar de um lado para o outro (Alt. de *saracotear*?)

sarar[1] v.tr. 1 tornar são; curar 2 dar saúde a 3 [fig.] tirar defeitos a; corrigir ■ v.intr. 1 recobrar a saúde; restabelecer-se; curar-se 2 cicatrizar (Do latim *sanāre*, «ficar são»)

sarar[2] v.tr. [Guiné-Bissau] fechar (Do crioulo guineense *sara*, «idem», de *encerrar*)

sarará n.2g. ZOOLOGIA formiga alada, do Brasil (Do tupi *sara'ra*, «mariposa»)

sarau n.m. 1 festa noturna, dentro de casa, onde se dança, executa música e recita 2 reunião noturna; serão (Do lat. *serānu*, de *serus*, «tardio», pelo gal. *serao*, «serão; sarau»)

sarça n.f. 1 silvado; matagal 2 BOTÂNICA ⇒ **silva** 1 (De orig. pré-romana)

sarça-ardente n.f. BOTÂNICA planta da família das Rosáceas, utilizada como ornamental

sarçal n.m. mata de silvas; silvedo (De *sarça+-al*)

sarçaparrilha n.f. BOTÂNICA ⇒ **salsaparrilha**

sarcasmo n.m. 1 uso da ironia para troçar ou exprimir desprezo por alguém; ironia azeda 2 figura de retórica próxima da ironia, mas que exprime agressividade e rebaixamento do destinatário visado (Do gr. *sarkasmós*, «id.», pelo lat. *sarcasmu-*, «id.»)

sarcasticamente adv. de modo sarcástico; com sarcasmo; ironicamente (De *sarcástico+-mente*)

sarcástico adj. 1 que encerra sarcasmo; irónico 2 zombeteiro; escarninho ■ n.m. aquele que usa de sarcasmos (Do gr. *sarkastikós*, «id.»)

sarcita elem. expr. [regionalismo] *vir de ~* chegar esfomeado (Do gr. *sárx, sarkós*, «carne» *+-ita*)

sarcite n.f. 1 MEDICINA inflamação muscular; miosite 2 MINERALOGIA variedade de pedra da cor da carne (Do gr. *sárx, sarkós*, «carne» + *-ite*)

sarco- elemento de formação de palavras que exprime a ideia de *carne* ou *polpa* (Do gr. *sárx, sarkós*, «carne»)

sarcocárpico adj. 1 relativo ao sarcocárpio 2 carnudo como um fruto (De *sarcocarpo+-ico*)

sarcocárpio n.m. BOTÂNICA parte do pericárpio mais ou menos carnuda, entre o revestimento exterior dos frutos e a membrana que está em contacto com a semente (Do gr. *sárx, sarkós*, «carne» *+karpós*, «fruto» *+-io*)

sarcocarpo n.m. BOTÂNICA ⇒ **sarcocárpio**

sarcoderma n.m. BOTÂNICA parênquima situado entre as duas túnicas de um grão ou semente (Do gr. *sárx, sarkós*, «carne» *+dérma*, «pele»)

sarcódio n.m. [ant.] ⇒ **protoplasma** (Do gr. *sarkódes*, «carnudo»)

sarcofagia n.f. regime alimentar em que predomina o uso da carne; creofagia (Do gr. *sarkophagía*, «id.»)

sarcófago n.m. 1 túmulo calcário onde os antigos encerravam os cadáveres que não queriam incinerar 2 túmulo 3 caixão em que os Egípcios encerravam as múmias ■ adj. que corrói ou consome as carnes; creófago (Do gr. *sarkophágos*, «id.», pelo lat. *sarcophăgu-*, «id.»)

sarcofila n.f. BOTÂNICA parte carnuda da folha vegetal (Do gr. *sárx, sarkós*, «carne» *+phýllon*, «folha»)

sarcófilo adj.,n.m. ⇒ **creófilo** (Do gr. *sarkóphilos*, «amigo de carne»)

sarcoide adj.2g. que tem aspeto de carne ■ n.m. MEDICINA lesão cutânea que se assemelha ao sarcoma, mas menos maligna (Do gr. *sarkoeidés*, «id.»)

sarcóide ver nova grafia **sarcoide**

sarcoidose n.f. MEDICINA doença crónica, de causa desconhecida, que provoca lesões especiais na pele e em vários outros órgãos (De *sarcóide+-ose*)

sarcolema /ê/ n.m. HISTOLOGIA película delgada que envolve a fibra muscular estriada; miolema (Do gr. *sárx, sarkós*, «carne» *+lémma*, «casca»)

sarcólito n.m. MINERALOGIA silicato comum em rochas calcárias metamorfizadas (De *sarco-+-lito*)

sarcologia n.f. ANATOMIA parte da anatomia que estuda os tecidos moles (De *sarco-+-logia*)

sarcoma /ô/ n.m. MEDICINA tumor maligno do tecido conjuntivo (Do gr. *sárkoma, -atos*, «excrescência de carne», pelo lat. *sarcōma-*, «id.»)

sarcomático adj. 1 relativo ao sarcoma ou da natureza deste 2 que possui sarcoma (Do gr. *sárkoma, -atos*, «sarcoma» *+-ico*)

sarcomatose n.f. MEDICINA doença que se caracteriza pela formação de vários sarcomas (Do gr. *sárkoma, -atos*, «sarcoma» *+-ose*)

sarcomatoso adj. ⇒ **sarcomático** (Do gr. *sárkoma, -atos*, «sarcoma» *+-oso*)

sarcoplasma n.m. HISTOLOGIA citoplasma das fibras musculares (Do gr. *sárx, sarkós*, «carne» *+plásma*, «plasma»)

sarcose n.f. 1 BOTÂNICA conjunto dos fenómenos que provocam a formação de tecidos carnosos 2 MEDICINA tumefação anormal de certos tecidos corticais (Do gr. *sárkosis*, «crescimento da carne», pelo lat. *sarcōse-*, «id.»)

sarçoso /ô/ adj. onde há muita sarça ou muitas silvas (De *sarça+-oso*)

sarcospermo adj. que tem sementes carnudas (Do gr. *sárx, sarkós*, «carne» *+spérma*, «semente»)

sarcótico adj. que facilita a cicatrização das feridas, ativando a renovação dos tecidos ■ n.m. medicamento com estas propriedades (Do gr. *sarkotikós*, «id.»)

sarda[1] n.f. mancha cutânea que se acentua quando exposta aos raios solares, de coloração acastanhada ou amarelada; efélide; lentigem (De orig. obsc.)

sarda[2] n.f. ICTIOLOGIA ⇒ **cavala** (Do gr. *sárda*, «id.», pelo lat. *sarda-*, «id.»)

sardanapalesco /ê/ adj. 1 próprio de Sardanapalo, rei da Assíria, séc. VII a. C. 2 glutão e licencioso como Sardanapalo (De *Sardanapalo*, antr. *+-esco*)

sardanapalo n.m. tipo do homem rico, devasso e glutão; nababo (Do lat. *Sardanapallu-*, «Sardanapalo», antr., rei da Assíria, séc. VII a. C.)

sardanisca n.f. ZOOLOGIA nome vulgar extensivo a uns répteis sáurios, de pequeno porte, muito frequentes em Portugal, nos muros e locais pedregosos batidos pelo sol; lagartixa; sardonisca (De *sardão+-isca*)

sardanita n.f. ZOOLOGIA ⇒ **sardanisca** (De *sardão+-ita*)

sardão n.m. 1 ZOOLOGIA nome vulgar extensivo a uns répteis, sáurios, em especial da família dos Lacertídeos, de porte relativamente grande, frequentes em Portugal 2 BOTÂNICA ⇒ **azinheira** (Do ár. *hardūn*, «id.»)

sardenho adj.,n.m. ⇒ **sardo**¹ (De *Sardenha*, top.)

sardento adj. que apresenta sardas; lentiginoso; sardoso (De *sarda+-ento*)

sardinha n.f. 1 ICTIOLOGIA peixe de pequeno porte, da família dos Clupeídeos, muito vulgar nas costas marítimas de Portugal, e muito apreciado e utilizado na alimentação; manjua 2 jogo de crianças 3 [regionalismo] bofetada; *chegar a brasa à sua ~* pugnar pelos seus interesses; *como ~ em lata* de tal forma apertado entre outras pessoas que não se pode mexer; *dinheiro de sardinhas* pequenas quantias que se recebem aos poucos por conta de outra maior; *tirar a ~ com a mão do gato* tentar obter um benefício com subterfúgios (Do gr. *sardíne*, «id.», pelo lat. *sardina*, «sarda pequena»)

sardinhada n.f. 1 CULINÁRIA refeição em que o prato principal é sardinha assada 2 grande quantidade de sardinhas

sardinheira n.f. 1 BOTÂNICA planta da família das Geraniáceas (género *Pelargonium*), cultivada em Portugal com fins ornamentais 2 mulher que vende sardinhas 3 pesca da sardinha 4 rede utilizada na pesca da sardinha (De *sardinheiro*)

sardinheiro n.m. indivíduo que se emprega na pesca ou venda de sardinhas ■ adj. relativo à sardinha (De *sardinha+-eiro*)

sárdio n.m. MINERALOGIA pedra preciosa da cor da carne e sem brilho (Do lat. *sardĭu- [lapis]*, «[pedra] sarda»)

sardo¹ adj. relativo à Sardenha (Itália) ■ n.m. 1 natural ou habitante da Sardenha 2 língua românica falada na Sardenha (Do lat. *sardu-*, «id.»)

sardo² adj. ⇒ **sardento** ■ n.m. ICTIOLOGIA ⇒ **marraxo** n.m. 3 (De *sarda*)

sardoeira n.f. BOTÂNICA ⇒ **azinheira-macha** (De *sardão+-eira*)

sardónia n.f. BOTÂNICA planta da família das Ranunculáceas, semelhante à erva-cidreira (Do lat. *sardonĭa- [herba-]*, «erva sarda»)

sardónica n.f. MINERALOGIA variedade de calcedónia vermelha e branca ou alaranjada (Do gr. *sardónyx*, «ónix sardo», pelo lat. *sardonĭcha-*, «id.»)

sardónico adj. sarcástico; trocista; zombeteiro; *riso ~* riso forçado para dissimular outros sentimentos, e que, segundo os antigos, podia ser provocado pela sardónia (Do gr. *sardonikós*, «sardo», pelo lat. *sardonĭchu-*, «id.»)

sardónio adj.,n.m. ⇒ **sardo**¹ (Do lat. *sardonĭu-*, «id.»)

sardonisca n.f. ZOOLOGIA ⇒ **sardanisca**

sardonismo n.m. qualidade de sardónico (De *sardón[ico]+-ismo*)

sardoso /ô/ adj. ⇒ **sardento** (De *sarda+-oso*)

sarense adj.,n.2g. ⇒ **sariano** (De *Sara*, top. +-*ense*)

sarga n.f. [regionalismo] variedade de uva (De orig. obsc.)

sargaça n.f. 1 BOTÂNICA arbusto da família das Cistáceas, vulgar nas areias próximas do litoral do Centro e Sul de Portugal 2 ORNITOLOGIA (ave pernalta) abetoira (De *sargaço*)

sargaçal n.m. lugar onde crescem sargaços (De *sargaço+-al*)

sargaceiro n.m. homem que trabalha na apanha e na venda do sargaço; argaceiro (De *sargaço+-eiro*)

sargacinha n.f. 1 BOTÂNICA arbusto da família das Cistáceas, muito ramoso, vulgar nas charnecas e areias do litoral do Centro e do Sul de Portugal 2 BOTÂNICA variedade de uvas de bago pequeno 3 BOTÂNICA planta de caules lenhosos, remontantes, da família das Boragináceas, existente em Portugal (De *sargaço+-inha*)

sargaço n.m. 1 BOTÂNICA designação de umas algas feofíceas, marinhas, da família das Fucáceas, que boiam nas águas, sendo por vezes atiradas para a costa onde são apanhadas para adubo; moliço; argaço; algaço; bodelha 2 BOTÂNICA arbusto da família das Cistáceas, de folhas estreitas um pouco viscosas, frequente em Portugal, nas colinas secas e nos pinhais 3 [regionalismo] caruma (Do lat. **salicacĕu-*, de *salīce-*, «salgueiro»)

sargente n.2g. pessoa que auxilia; criado; servente (Do fr. *sergent*, «servente»)

sargentear v.intr. 1 exercer o cargo de sargento 2 [pop.] andar de um lado para o outro, dando ordens; afadigar-se 3 saracotear-se; pavonear-se (De *sargento+-ear*)

sargento n.m. MILITAR categoria das Forças Armadas, de graduação superior à de praça e inferior à de oficial ■ n.2g. MILITAR militar com essa categoria (Do lat. *servĭente-*, «que serve», part. pres. de *servīre* «servir», pelo fr. *sergent*, «id.»)

sargento-ajudante n.m. MILITAR posto de sargento das Forças Armadas, superior ao do primeiro-sargento e inferior ao de sargento-chefe, e cuja insígnia é constituída por um escudo ■ n.2g. MILITAR militar que ocupa esse posto

sargento-chefe n.m. MILITAR posto de sargento das Forças Armadas, superior ao de sargento-ajudante e inferior ao de sargento-mor, e cuja insígnia é constituída por um escudo e uma divisa ■ n.2g. MILITAR militar que ocupa esse posto

sargento-mor n.m. MILITAR posto de sargento das Forças Armadas, superior ao de sargento-chefe e inferior ao de aspirante a oficial, e cuja insígnia é constituída por um escudo e duas divisas ■ n.2g. MILITAR militar que ocupa esse posto

sargo n.m. 1 ICTIOLOGIA nome vulgar extensivo a uns peixes pertencentes a algumas espécies da família dos Esparídeos, também conhecidos por bicudo, choupa, olho de boi, alcarraz, mucharra, sargueta, etc. 2 ZOOLOGIA designação de uns insetos dípteros, semelhantes a moscas compridas e douradas, pertencentes ao género *Sargus* (Do gr. *sárgos*, «mugem», pelo lat. *sargu-*, «id.»)

sargo-bicudo n.m. ICTIOLOGIA nome vulgar de um sargo de corpo comprido e oblongo, de cor acinzentada, raro em Portugal

sargola n.f. ICTIOLOGIA nome vulgar de um sargo pequeno, muito frequente no Brasil (De *sargo+-ola*)

sargo-veado n.m. ICTIOLOGIA um dos sargos também conhecidos por olho de boi

sargueta /ê/ n.f. ICTIOLOGIA ⇒ **sefia** (De *sargo+-eta*)

sari n.m. traje típico das mulheres indianas, constituído por uma peça de tecido comprida que é enrolada à volta do corpo, formando uma das pontas a saia e a outra atravessando o tronco e pendendo sobre o ombro ou a cabeça (Do neo-árico *sāṛī*, «id.»)

sariano adj. relativo ou pertencente ao deserto do Sara (norte de África), ou que é seu natural ou habitante ■ n.m. natural ou habitante do Sara (De *Sara*, top. +-*iano*, ou do fr. *saharien*, «id.»)

saribanda n.f. ⇒ **sarabanda** (De *sarabanda*)

sárico adj. ⇒ **sariano** adj. (De *Sara*, top. +-*ico*)

saricoté n.m. 1 [pop.] dança animada 2 estribilho de canção popular (De orig. obsc.)

sariema n.f. ORNITOLOGIA ave pernalta, da América do Sul, de corpo comprido e bico forte, com um tufo de penas eretas na fronte, também conhecida por seriema, seriama, saranganga, etc. (Do tupi *sari'ama*, «crista em pé»)

sariguê /gu-e/ n.m. ZOOLOGIA nome vulgar de uns mamíferos marsupiais, do Brasil, noturnos, da família dos Didelfiídeos, que exalam um cheiro pestilento quando perseguidos, e se alimentam de frutos, ovos e animais pequenos (Do tupi *sari'we*, «animal de saco»)

sarigueia /gu-ei/ n.f. ⇒ **sariguê** (Do tupi *sari'we*, «animal de saco»)

sarilhar v.tr. 1 dobar em sarilho (dobadoira) 2 enredar; emaranhar 3 complicar ■ v.intr. fazer travessuras; traquinar (De *sarilho+-ar*)

sarilho n.m. 1 espécie de dobadoura onde se enrolam os fios das maçarocas para formar as meadas 2 máquina essencialmente formada por um cilindro móvel, em redor do qual se enrola uma corda que tem presa nele uma das suas extremidades, enquanto a outra se prende a fardos que se deseja arrastar ou erguer, e é, geralmente, movido por uma manivela 3 rodopio do corpo em volta do trapézio 4 disposição das espingardas, sustidas de pé, em grupos de três 5 dispositivo para encostar a espingarda 6 [pop.] confusão; trapalhada 7 [pop.] situação difícil; complicação; dificuldade 8 [pop.] briga; desordem; *andar num ~* andar numa roda-viva, andar numa dobadoura; *armar ~* provocar rixas; *meter-se em sarilhos* envolver-se em situações complicadas, envolver-se em conflitos (Do lat. **sericŭla-*, «dobadoura»)

sarja¹ n.f. tecido resistente de algodão, linho ou lã, cujos fios são entrecruzados a fim de se obter as linhas diagonais características (Do lat. **sarĭca-*, por *serĭca-*, «de seda», pelo fr. *sarge*, «id.»)

sarja² n.f. golpe cirúrgico, pouco profundo, na pele, para extrair sangue ou pus; escarificação (Deriv. regr. de *sarjar*)

sarjação n.f. ato ou efeito de sarjar; sarjadura (De *sarjar+-ção*)

sarjado¹ adj. 1 semelhante à sarja 2 entrançado (De *sarja+-ado*)

sarjado² adj. escarificado (Part. pass. de *sarjar*)

sarjador adj.,n.m. 1 que ou aquele que sarja; escarificador 2 lanceta para sarjar (De *sarjar+-dor*)

sarjadura n.f. ⇒ **sarjação** (De *sarjar+-dura*)

sarjão n.m. sarja grossa; tecido grosseiro de lã (De *sarja+-ão*)

sarjar v.tr. fazer sarjas em; escarificar (Do fr. ant. *jarcer*, hoje *gercer*, «gastar»)

sarjeta¹ /ê/ n.f. (tecido) sarja estreita e fina (De *sarja* [= tecido]+-*eta*)

sarjeta² /ê/ n.f. 1 sulco ou vala para escoamento das águas e para enxugar as terras; valeta 2 escoadouro existente nas ruas para as águas que por elas correm (De *sarja* [= golpe]+-*eta*)

Sarmaciano n.m. GEOLOGIA andar do Miocénico superior (De *Sarmácia*, top., região da Rússia entre o rio Vístula e o mar Cáspio +-*ano*)

sarmão n.m. ICTIOLOGIA ⇒ **salmão** n.m.

sármata *adj.2g.* da Sarmácia, região da Europa oriental, entre o rio Vístula e o mar Cáspio ■ *n.2g.* natural ou habitante da Sarmácia (Do lat. *sarmăta-*, «id.»)
Sármatas *n.m.pl.* ETNOGRAFIA antigo povo nómada que vivia na Sarmácia (Do lat. *Sarmătas*, «id.»)
sarmático *adj.* relativo ou pertencente aos Sármatas ■ *n.m.* idioma dos Sármatas (Do lat. *sarmatĭcu-*, «id.»)
Sarmentáceas *n.f.pl.* BOTÂNICA ⇒ **Vitáceas** (Do lat. *sarmentu-*, «sarmento» +*-áceas*)
sarmentáceo *adj.* **1** BOTÂNICA que produz sarmentos **2** BOTÂNICA semelhante à videira (Do lat. *sarmentu-*, «sarmento» +*-áceo*)
sarmentício *adj.* ⇒ **sarmentoso** (Do lat. *sarmentĭcĭu-*, «id.»)
sarmentífero *adj.* que tem ou produz sarmentos (Do lat. *sarmentu-*, «sarmento» +*ferre*, «produzir»)
sarmento *n.m.* **1** BOTÂNICA caule lenhoso, prostrado e volúvel **2** BOTÂNICA rebento de videira e de outras plantas trepadeiras; vide **3** ramo de videira seca bom para queimar (Do lat. *sarmentu-*, «id.»)
sarmentoso /ô/ *adj.* **1** que tem sarmentos **2** da natureza do sarmento (Do lat. *sarmentōsu-*, «id.»)
sarna *n.f.* **1** MEDICINA, VETERINÁRIA doença de pele, contagiosa, acompanhada de grande prurido, causada, no homem, pela presença de um ácaro (*Sarcoptes scabiei*), e, nos animais, por diferentes ácaros **2** doença das oliveiras que se manifesta por aparecimento de tubérculos irregulares nos ramos novos **3** [fig.] manha; malícia ■ *n.2g.* [coloq.] pessoa impertinente, maçadora; *não dar ~ a cães* ser muito avarento; *ser pior que a ~* ser insuportável; *ter ~ para se coçar* [pop.] ter problemas sérios para resolver (Do lat. tard. *sarna-*, «id.»)
sarnento *adj.* **1** que tem sarna **2** [fig.] combalido; abatido **3** [fig.] importuno (De *sarna*+*-ento*)
sarnir *v.tr.,intr.* [pop.] importunar; rabujar (De *sarna*+*-ir*)
sarnoso /ô/ *adj.* ⇒ **sarnento** (De *sarna*+*-oso*)
sarongue *n.m.* pedaço de pano estampado, normalmente com cores vivas, usado particularmente pelas mulheres da Malásia e Oceânia atado à cintura para cobrir as pernas (Do mal. *sarung*, «id.»)
sarópode *adj.2g.* ZOOLOGIA que tem patas peludas (Do gr. *sáros*, «vassoura» +*poús*, *podós*, «pé»)
sarpar *v.tr.* NÁUTICA erguer (uma âncora) ■ *v.intr.* (navio) levantar ferro; zarpar (Do it. ant. *sarpare*, hoje *salpar*, pelo cast. *zarpar*, «id.»)
sarrabiscar *v.tr.,intr.* fazer sarrabiscos; riscar (De *sarrabisco*+*-ar*)
sarrabisco *n.m.* traço mais ou menos sinuoso; rabisco; gatafunho (De *rabisco*)
sarrabulhada *n.f.* **1** grande quantidade de sarrabulho **2** CULINÁRIA refeição preparada com carne fresca e miúdos de porco, por ocasião da matança **3** [fig.] confusão; trapalhada; desordem (De *sarrabulho*+*-ada*)
sarrabulhento *adj.* [regionalismo] desordeiro (De *sarrabulho*+*-ento*)
sarrabulho *n.m.* **1** sangue de porco coagulado **2** CULINÁRIA refeição preparada com esse sangue, fígado, rim, bofes e banha derretida; sarrabulhada **3** [fig.] confusão; desordem; balbúrdia (De orig. obsc.)
Sarraceniáceas *n.f.pl.* BOTÂNICA família de plantas dicotiledóneas, insetívoras, cujo género-tipo se denomina *Sarracenia* (Do lat. cient. *Sarracenĭa*+*-áceas*)
sarraceno /ê/ *adj.* relativo aos Árabes que dominaram na Península Ibérica ■ *n.m.* **1** nome dado aos Árabes que invadiram a Península Ibérica **2** indivíduo pertencente aos Sarracenos (Do ár. *xarqiin*, «oriental», pelo lat. *sarracenu-*, «id.»)
Sarracenos *n.m.pl.* ETNOGRAFIA antigo povo nómada que habitava nos desertos entre a Síria e a Arábia
sarrafaçador *adj.,n.m.* que ou aquele que sarrafaça (De *sarrafaçar*+*-dor*)
sarrafaçadura *n.f.* **1** ato ou efeito de sarrafaçar **2** trabalho mal feito (De *sarrafaçar*+*-dura*)
sarrafaçal *n.m.* **1** indivíduo que trabalha mal no seu ofício; pessoa sem habilidade **2** oficial imperito **3** [pop.] indivíduo reles; borra-botas **4** biltre, sarrafaçana (De *sarrafaçar*+*-al*)
sarrafaçar *v.intr.* **1** cortar com um utensílio mal afiado **2** fazer barulho, serrando **3** trabalhar grosseiramente (De orig. obsc.)
sarrafado *adj.* [regionalismo] que é feito de mais de uma peça; que não é inteiriço (De *sarrafo*+*-ado*)
sarrafão *n.m.* vigota; barrote (De *sarrafo*+*-ão*)
sarrafar *v.intr.* ⇒ **sarrafaçar**
sarrafear *v.tr.* cortar em sarrafos ■ *v.intr.* ⇒ **sarrafaçar** (De *sarrafo*+*-ear*)
sarrafo *n.m.* **1** peça retangular de madeira de muita altura e pouca espessura **2** fasquia **3** sobras de madeira cortada (Deriv. regr. de *sarrafar*)
sarrafusca *n.f.* **1** [pop.] desordem; balbúrdia **2** motim popular (Formação expressiva)

sarrajão *n.m.* ICTIOLOGIA designação de uma espécie de atum; bonito (De orig. obsc.)
sarranho *n.m.* [regionalismo] nódoa; mancha; mascarra (De *sarro*+*-anho*)
sarrão *n.m.* **1** [regionalismo] saco de pano grosseiro usado ao ombro pelos pastores; surrão **2** taleiga em que se levam cereais ao moinho (De *surrão*)
sarrazina *n.f.,n.2g.* ⇒ **serrazina**
sarrazinar *v.tr.,intr.* ⇒ **serrazinar**
sarreiro *n.m.* indivíduo que tira, compra ou vende o sarro das vasilhas de vinho (De *sarro*+*-eiro*)
sarrento *adj.* **1** que tem sarro; coberto de sarro **2** [pop.] saburrento (De *sarro*+*-ento*)
sarrido *n.m.* **1** estridor da respiração; dificuldade em respirar **2** respiração ruidosa dos moribundos (De orig. obsc.)
sarro *n.m.* **1** substância sólida que o vinho e outros líquidos deixam no fundo, aderentes às paredes da vasilha que os contém **2** crosta que se forma sobre os dentes que não são limpos **3** crosta esbranquiçada que reveste a face superior da língua, em casos de problemas gástricos ou de doenças febris; saburra **4** fuligem que a pólvora queimada deixa nas armas **5** ICTIOLOGIA peixe fluvial da fauna brasileira (Do vasco *sarra*, «escória», pelo cast. *sorro*, «sarro»)
sarronca *n.f.* **1** ICTIOLOGIA ⇒ **peixe-sapo 2** MÚSICA instrumento constituído por um reservatório (normalmente uma bilha) que serve de caixa de ressonância e cuja boca é coberta com uma pele esticada que vibra quando se fricciona com um pau pequeno preso no seu centro (De orig. obsc.)
sarsório *n.m.* mosaico antigo feito de mármores variegados (Do lat. *sarsorĭu-*, «de mosaico»)
sarta *n.f.* **1** cordão de coisas enfiadas **2** NÁUTICA cordoalha do navio presa às antenas; enxárcia (Do lat. vulg. *sarta-*, por *serta-*, «grinalda»)
sartã *n.f.* ⇒ **sertã**
sartal *n.m.* cordões de contas preciosas para adorno (De *sarta*+*-al*)
sartorial *adj.2g.* relativo a ou próprio de cada músculo sartório (De *sartório*+*-al*)
sartório *n.m.* ANATOMIA músculo longo e estreito situado na região anterior e interna da coxa; músculo costureiro ■ *adj.* ANATOMIA designativo do músculo localizado na parte anterior da coxa (Do lat. *sartōre-*, «remendão»+*-io*)
saruê *n.m.* [Brasil] ZOOLOGIA ⇒ **sarigueia** (Do tupi *sari'wê*, «id.»)
saruga *n.f.* BOTÂNICA ⇒ **pragana** (Do lat. *silĭqua-*, «casca das leguminosas»)
sashimi *n.m.* CULINÁRIA prato japonês que consiste em fatias finas de peixe ou marisco crus, geralmente acompanhado por nabo ralado e servido com molho (Do jap.)
sassafrás *n.m.* BOTÂNICA planta americana, da família das Lauráceas, cuja madeira e casca são empregadas em farmácia (Do lat. *saxifrăga-* [*herba-*], «erva que quebra pedras»)
sassar *v.tr.* ⇒ **peneirar** (Do fr. *sasser*, «id.»)
sassarico *n.m.* [Brasil] dança, com as ancas em rodopio, que imita os movimentos de uma peneira (Deriv. regr. de *sassaricar*)
Satã *n.m.* ⇒ **Satanás** (Do lat. *satan*, «inimigo»)
Satanás *n.m.* **1** (Sagrada Escritura) princípio originador do mal; Diabo **2** espírito das trevas **3** [fig.] malsim (Do hebr. *satān*, «inimigo; adversário», pelo lat. *Satan* e *Satanás*, «id.»)
satanhoca *n.2g.* [Moçambique] ⇒ **satanhoco** (Do changana *sathanyoko*, «espírito de cobra», interjeição de insulto)
satanhoco *n.m.* **1** [Moçambique] diabo; demónio **2** [Moçambique] sacana (Do changana *sathanyoko*, «espírito de cobra», interjeição de insulto)
satânico *adj.* **1** relativo a Satanás **2** [fig.] infernal; diabólico (Do gr. *satanikós*, «id.»)
satanismo *n.m.* **1** qualidade do que é satânico; maldade; perversidade **2** culto de Satanás (De *Satã*+*-ismo*)
satanista *n.2g.* membro de uma seita que presta culto a Satanás; partidário do satanismo (De *Satã*+*-ista*)
satanizar *v.tr.* **1** tornar diabólico, satânico **2** perverter (De *Satã*+*-izar*)
satélite *n.m.* **1** ASTRONOMIA corpo celeste, animado de movimento, que gravita em torno de outro, tomado como planeta principal; planeta secundário **2** (astronáutica) engenho colocado em órbita à volta da Terra ou de outro planeta, para recolha de dados (meteorológicos ou científicos), captação de imagens e transmissão de sinais radioelétricos **3** nação que vive na dependência de outra, não dispondo de autonomia política ou económica **4** instituição que depende economicamente de outra **5** local situado na proximidade de outro, do qual depende; subúrbio **6** [fig.] indivíduo que acompanha outro constantemente, obedecendo-lhe sem reservas;

via ~ (transmissão, comunicação) estabelecida por meio de satélite (Do lat. *satellĭte-*, «guarda; defensor»)

satelização *n.f.* 1 ato de andar à volta ou na dependência de outro ou outrem 2 ação de colocar em órbita um satélite artificial 3 fabrico e lançamento de satélites artificiais 4 conversão de um país em satélite de outro (De *satélite+-izar+-ção*)

satelizar *v.tr.* 1 colocar um satélite em órbita 2 tornar um país ou Estado dependente de outro(s), do ponto de vista político e/ou económico (De *satél(ite)+-izar*)

satilha *n.f.* BOTÂNICA planta herbácea da família das Solanáceas, espontânea na província portuguesa do Algarve, com propriedades soporíficas, e também conhecida por erva-moira-sonífera (De orig. obsc.)

sátira *n.f.* 1 LITERATURA composição poética, mordaz, que ridiculariza os vícios ou defeitos de uma época, de uma instituição ou de uma pessoa 2 obra crítica, picante, irónica ou jocosa 3 discurso ou escrita picante ou maldizente 4 troça; ironia (Do lat. *satĭra-*, «id.»)

satirião *n.m.* BOTÂNICA planta da família das Orquidáceas, de flores rosadas, dispostas em espiga alongada, que aparece nos prados húmidos e pântanos de Portugal, também conhecida por satírio-bastardo (Do gr. *satýrion*, «id.», pelo lat. *satyriōne-*, «id.»)

satirião-bastardo *n.m.* BOTÂNICA planta da família das Orquidáceas comum nos prados húmidos e pântanos

satirião-macho *n.m.* BOTÂNICA ⇒ **salepeira-maior**

satirião-menor *n.m.* BOTÂNICA planta da família das Orquidáceas, de flores rosadas, espontânea nos prados e pinhais do centro e do Sul de Portugal, e também conhecida por satírio-menor

satiríase *n.f.* PATOLOGIA estado de sobre-excitação sexual masculina (Do gr. *satyríasis*, «id.», pelo lat. *satyriāse-*, «id.»)

satírico *adj.* 1 relativo à sátira 2 que satiriza 3 diz-se de um autor de sátiras 4 mordaz; picante; sarcástico; cáustico (Do gr. *satyrikós*, «id.», pelo lat. *satirĭcu-*, «id.»)

satírio *n.m.* BOTÂNICA planta herbácea, monocotiledónea, da família das Orquidáceas, de cheiro repugnante (Do gr. *satýrion*, «id.»)

satírio-bastardo *n.m.* BOTÂNICA ⇒ **satirião-bastardo**

satírio-macho *n.m.* BOTÂNICA ⇒ **salepeira-maior**

satírio-menor *n.m.* BOTÂNICA ⇒ **satirião-menor**

satirista *n.2g.* autor de sátiras

satirizar *v.tr.* 1 fazer sátiras a 2 criticar com sarcasmo; ridicularizar ■ *v.intr.* escrever sátiras (De *sátira+-izar*)

sátiro *n.m.* 1 MITOLOGIA semideus dos pagãos, com pés de bode, que tinha por hábito escarnecer de toda a gente 2 [fig.] indivíduo devasso e cínico (Do gr. *sátyros*, «id.», pelo lat. *satўru-*, «id.»)

satiromania *n.f.* ⇒ **satiríase** (Do gr. *sátyros*, «sátiro» +*manía*, «mania; loucura»)

satisdação *n.f.* caução; fiança (Do lat. *satisdatiōne-*, «id.»)

satisdar *v.intr.* dar fiança; dar caução (Do lat. *satisdāre*, «id.»)

satisfação *n.f.* 1 ato ou efeito de satisfazer ou de satisfazer-se 2 contentamento; alegria 3 reparação de uma ofensa 4 pagamento 5 *pl.* explicações; justificações; desculpas (Do lat. *satisfactiōne-*, «id.»)

satisfatoriamente *adv.* 1 de modo satisfatório 2 regularmente (De *satisfatório+-mente*)

satisfatório *adj.* 1 que satisfaz ou pode satisfazer; sofrível 2 que não inspira receio 3 regular 4 suficiente 5 próprio para reparar ou expiar uma falta cometida (Do lat. *satisfactu-*, «satisfeito», part. pass. de *satisfacĕre*, «satisfazer» +*-ório*)

satisfazer *v.tr.* 1 saciar; aplacar 2 proporcionar satisfação a; contentar; agradar a 3 realizar; cumprir 4 pagar; liquidar 5 convencer; persuadir 6 ser conveniente; convir 7 remediar; mitigar 8 MATEMÁTICA tornar verdadeiro (igualdade, equação, relação) ■ *v.tr.,intr.* ser suficiente (para); bastar (para) ■ *v.pron.* 1 saciar-se 2 contentar-se 3 vingar-se (Do lat. *satisfacĕre*, «id.»)

satisfazível *adj.2g.* 1 que se pode satisfazer 2 atendível (De *satisfazer+-vel*)

satisfeito *adj.* 1 que se satisfez 2 saciado; repleto; farto 3 realizado; cumprido 4 contente; alegre 5 que foi pago; indemnizado (Do lat. *satisfactu-*, «id.», part. pass. de *satisfacĕre*, «satisfazer»)

sativo *adj.* 1 que se semeia ou cultiva 2 próprio para semear (Do lat. *satīvu-*, «id.»)

sátrapa *n.m.* 1 governador de uma província, entre os antigos Persas 2 [fig.] grande senhor, rico e voluptuoso; déspota (Do pers. ant. *xsathra-pavan*, «tutor do reino», pelo lat. *satrăpa-*, «id.»)

satrapear *v.intr.* fazer vida de sátrapa; governar despoticamente; blasonar de grande e poderoso (De *sátrapa+-ear*)

satrapia *n.f.* 1 governo ou funções de sátrapa 2 cada uma das grandes províncias autónomas em que estava dividido o império persa, no tempo do imperador Dario (Do gr. *satrapeía*, «id.», pelo lat. *satrapīa-*, «id.»)

satrapismo *n.m.* 1 autoridade de sátrapa 2 modos de sátrapa (De *sátrapa+-ismo*)

sátura *n.f.* forma primitiva da poesia dramática, de crítica aos vícios, entre os antigos Romanos (Do lat. *satŷra-*, «sátira»)

saturabilidade *n.f.* 1 qualidade do que é saturável 2 qualidade do que está ou pode ser saturado (Do lat. *saturabĭle-*, «saturável» + *-i-+-dade*)

saturação *n.f.* 1 ato ou efeito de saturar ou saturar-se 2 estado do que está impregnado até ao limite 3 estado do que está repleto 4 FÍSICA, QUÍMICA estado de uma solução que contém o máximo de uma solução dissolvida a determinada pressão 5 ÓTICA intensidade ou pureza de uma cor 6 [fig.] estado em que se atinge o limite de resistência ou tolerância 7 [fig.] saciedade; **magnetização de ~** FÍSICA valor máximo da intensidade de magnetização de uma substância, quando submetida à ação de campos magnéticos intensos; **ponto de ~** QUÍMICA limite extremo do poder dissolvente de um líquido a dada temperatura (Do lat. *saturatiōne-*, «id.»)

saturado *adj.* 1 combinado com outro corpo na máxima proporção 2 impregnado no mais alto grau 3 FÍSICA diz-se do ar quando contém a máxima quantidade de vapor de água que pode conter à temperatura a que se encontra 4 diz-se da gordura alimentar encontrada sobretudo em produtos de origem animal, sendo sólida à temperatura ambiente (gordura saturada de hidrogénio) 5 [fig.] cansado; farto; aborrecido 6 [fig.] repleto; cheio; **composto ~** QUÍMICA composto cujas moléculas não podem adicionar quaisquer átomos quando entram em combinação; **solução saturada** QUÍMICA solução que, a dada temperatura, não pode receber mais soluto; **vapor ~** FÍSICA a dada temperatura, é um vapor em equilíbrio dinâmico com o respetivo líquido (Do lat. *saturātu-*, «id.», part. pass. de *saturāre*, «saturar»)

saturador *adj.,n.m.* que ou o aparelho que satura (Do lat. *saturatōre-*, «id.»)

saturagem *n.f.* BOTÂNICA ⇒ **segurelha**[1] (Do lat. *saturēia* ou *saturēja-*, «id.»)

saturante *adj.2g.* 1 que tem a propriedade de saturar ou de conduzir à saturação 2 [fig.] que aborrece; cansativo (De *saturante-*, «id.», part. pres. de *saturāre*, «saturar»)

saturar *v.tr.* 1 levar ao ponto de saturação 2 encher completamente; impregnar 3 satisfazer; saciar; encher 4 conduzir a uma situação extrema; cansar; fartar ■ *v.pron.* 1 satisfazer-se; saciar-se; encher-se 2 chegar ao limite da capacidade de tolerância ou resistência; ficar farto e cansado (Do lat. *saturāre*, «id.»)

saturável *adj.2g.* que se pode saturar (Do lat. *saturabĭle-*, «id.»)

Saturnais *n.f.pl.* festas em honra de Saturno, na antiga Roma (Do lat. *saturnales*, «id.», por *saturnalĭa*, «id.»)

saturnal *adj.2g.* referente a Saturno ■ *n.f.* 1 orgia 2 desregramento; devassidão (Do lat. *saturnāle-*, «id.»)

saturniano *adj.* 1 relativo a Saturno 2 diz-se do indivíduo nascido sob a influência do planeta Saturno ■ *n.m.* herege que negava ao homem o livre arbítrio e, portanto, o mérito ou demérito das ações humanas (Do fr. *saturnien*, «id.»)

saturnino *adj.* 1 referente a Saturno; saturniano 2 que diz respeito ao chumbo e aos seus derivados (Do lat. *saturnĭnu-*, «id.»)

satúrnio *adj.* de Saturno ou influenciado por este planeta (Do lat. *saturnĭu-*, «id.»)

saturnismo *n.m.* MEDICINA intoxicação pelo chumbo, frequente nos pintores e, antigamente, nos cheiradores de rapé, por causa dos invólucros (De *Saturno+-ismo*)

Saturno *n.m.* 1 MITOLOGIA deus das sementeiras, entre os Romanos 2 ASTRONOMIA planeta primário, exterior, do sistema solar, visível à vista desarmada, com órbita entre as de Júpiter e Urano, com 18 satélites, e que faz uma rotação completa em 10 h 14 minutos e uma translação em torno do Sol em 29 anos e 167 dias, caracterizado ainda por ser envolvido por três anéis, no plano do equador, constituídos por numerosíssimos satélites minúsculos **3** [com minúscula] [ant.] ⇒ **chumbo** (Do latim *Saturnu-*, «Saturno», filho de Urano e de Vesta)

saúco *n.m.* zona do casco das cavalgaduras (Do cast. *saúco*, «id.»)

saudação *n.f.* 1 ato ou efeito de saudar 2 gesto ou expressão de felicitação 3 brinde 4 *pl.* cumprimentos; homenagens; **~ angélica** RELIGIÃO a ave-maria (Do lat. *salutatiōne-*, «id.»)

saudade *n.f.* 1 sentimento melancólico causado pela ausência ou pelo desaparecimento de pessoas ou coisas a que se estava afetivamente muito ligado, pelo afastamento de um lugar ou de uma época, ou pela privação de experiências agradáveis vividas anteriormente 2 *pl.* cumprimentos a uma pessoa ausente; lembranças 3 *pl.* BOTÂNICA nome de várias plantas da família das Dipsacáceas e das Compostas, e das flores respetivas; **morrer de saudades** sentir muito a falta (de) (Do lat. *solitāte*, «solidão»)

saudades-brancas *n.f.pl.* BOTÂNICA planta herbácea, da família das Dipsacáceas, de flores esbranquiçadas, em capítulos globosos, que aparece nos campos e nas vinhas do Sul de Portugal, e é também conhecida por suspiros-brancos-do-monte

saudades-perpétuas *n.f.pl.* BOTÂNICA plantas herbáceas da família das Compostas, de flores purpúreas, abundantes, cultivadas e, por vezes, subespontâneas no Sul de Portugal

saudades-roxas *n.f.pl.* BOTÂNICA plantas da família das Dipsacáceas, que aparecem nos terrenos secos e pedregosos de Portugal

saudador *adj.,n.m.* que ou aquele que saúda ou cumprimenta (Do lat. *salutatōre-*, «id.»)

saudante *adj.2g.* que saúda (Do lat. *salutante-*, «id.», part. pres. de *salutāre*, «saudar»)

saudar *v.tr.* 1 desejar saúde a 2 cumprimentar; felicitar 3 aclamar; louvar 4 cortejar; salvar 5 reverenciar (Do lat. *salutāre*, «id.»)

saudável *adj.2g.* 1 que é bom para a saúde; salutar 2 salubre; higiénico 3 que tem saúde; robusto; forte 4 benéfico; proveitoso (De *saudar+-vel*)

saúde *n.f.* 1 estado do que é são 2 ausência de doença 3 estado normal de funcionamento dos órgãos 4 robustez; vigor 5 [fig.] cumprimento; saudação 6 [fig.] brinde; ~! [Brasil] exclamação que se diz a uma pessoa que acabou de espirrar; santinho!; viva!; *~ de ferro* resistência acima do normal, grande robustez; *~ pública* MEDICINA especialidade médica que se dedica ao estudo das doenças que perturbam a vida social (por exemplo, doenças contagiosas e epidémicas, doenças mentais, etc.) e a estabelecer medidas de proteção da saúde dos cidadãos; *tratar da ~ a* [irón.] ameaçar, castigar, agredir (alguém) (Do lat. *salūte-*, «salvação»)

saudita *adj.2g.* relativo à Arábia Saudita ■ *n.2g.* natural ou habitante da Arábia Saudita (De *Ibn-Saud*, antr., rei da Arábia Saudita [1880-1953]+*-ita*, ou do fr. *Saoudite*, «Saudita»)

saudosamente *adv.* 1 com saudade 2 pesarosamente (De *saudoso+-mente*)

saudosismo *n.m.* 1 movimento nacionalista português, poético e filosófico, de carácter simbolista, que nos primeiros anos do século XX teve como representante o grupo da Renascença Portuguesa e a sua revista «A Águia» 2 doutrina com base na saudade (De *saudoso+-ismo*)

saudosista *n.2g.* 1 partidário ou seguidor do saudosismo 2 pessoa nostálgica (De *saudoso+-ista*)

saudoso *adj.* 1 que tem saudades 2 que causa saudades 3 pesaroso; triste 4 nostálgico (De *saudade+-oso*, com hapl.)

sauna *n.f.* 1 prática fisioterápica de origem finlandesa que consiste na permanência em ambiente seco fortemente aquecido seguida de prolongado banho de vapor, depois, banho ou chuveiro muito frio e sessão de massagem 2 casa ou instalações onde se praticam esses banhos 3 [fig.] lugar muito quente (Do finl. *sauna*, «id.», pelo fr. *sauna*, «id.»)

saúna *n.f.* ICTIOLOGIA peixe teleósteo da família dos Mugilídeos, semelhante à tainha e vulgar na costa do Brasil (Do tupi *sa'una*, «id.»)

sauríase *n.f.* MEDICINA doença da pele, com formação de escamas, que lhe dá aspeto semelhante ao da pele de lagarto; ictiose (De *sáurio+-ase*)

sáurio *adj.* ZOOLOGIA pertencente ou relativo aos sáurios ■ *n.m.* ZOOLOGIA espécime dos sáurios ■ *n.m.pl.* ZOOLOGIA grupo (ordem) de répteis que apresentam escamas não ossificadas, dispostas na face ventral, em várias séries longitudinais, e fenda cloacal transversal (Do gr. *saûros*, «lagarto» +*-io*)

sauripélvico *adj.* relativo ou pertencente aos sauripélvicos ■ *n.m.* PALEONTOLOGIA espécime dos sauripélvicos ■ *n.m.pl.* PALEONTOLOGIA dinossauros cuja cintura pélvica era idêntica à dos restantes répteis (Do gr. *saûros*, «lagarto»+lat. *pelve-*, «bacia»+*-ico*)

saurisquiano *adj.,n.m.,n.m.pl.* PALEONTOLOGIA ⇒ **sauripélvico** (Do gr. *saûros*, «lagarto» +*ískion*, «bacia»+*-anos*)

saurite *n.f.* MINERALOGIA pedra preciosa que, segundo os antigos, se encontrava no ventre de certos lagartos (Do gr. *saurîtis*, «id.», pelo lat. *saurīte-*, «id.»)

sauro- elemento de formação de palavras que exprime a ideia de *lagarto* (Do gr. *saûros*, «lagarto»)

-sauro elemento de formação de palavras que exprime a ideia de *lagarto* (Do gr. *saûros*, «lagarto»)

saurófago *adj.* diz-se do animal que devora sáurios (lagartos) (De *sauro-+-fago*)

saurografia *n.f.* descrição ou tratado sobre os lagartos (De *sauro+-grafia*)

saurográfico *adj.* relativo ou pertencente a saurografia (De *saurografia+-ico*)

saurógrafo *n.m.* especialista em saurografia (De *sauro+-grafo*)

saurologia *n.f.* estudo dos sáurios (De *sauro-+-logia*)

saurológico *adj.* relativo à saurologia (De *saurologia+-ico*)

saurólogo *n.m.* especialista de saurologia (De *sauro-+-logo*)

sauromorfo *adj.* que tem forma de lagarto (De *sauro-+-morfo*)

saurópode *adj.2g.* relativo ou pertencente aos saurópodes ■ *n.m.* PALEONTOLOGIA espécime dos saurópodes ■ *n.m.pl.* PALEONTOLOGIA dinossauros herbívoros e quadrúpedes, que atingiram grande corpulência e viveram no Jurássico e no Cretácico (Do gr. *saûros*, «lagarto» +*poús*, *podós*, «pé»)

sauropterígeo *adj.* relativo ou pertencente aos sauropterígeos ■ *n.m.* PALEONTOLOGIA espécime dos sauropterígeos ■ *n.m.pl.* PALEONTOLOGIA répteis do Mesozoico, adaptados à vida aquática (Do gr. *saûros*, «lagarto» +*ptéryx*, *-gos*, «barbatana» +*-eos*)

saururídea *n.f.* PALEONTOLOGIA ave do Jurássico que possuía cauda desenvolvida (Do gr. *saûros*, «lagarto» +*ourá*, «cauda» +*-ídeas*)

saussurite *n.f.* MINERALOGIA agregado de minerais, produto da alteração de plagioclase cálcica (De *H. Sassure*, antr., naturalista suíço, 1740-1799 +*-ite*)

sautor *n.m.* HERÁLDICA ⇒ **santor**2 (Do fr. *sautoir*, «id.»)

saúva *n.f.* ZOOLOGIA formiga do Brasil, altamente prejudicial à agricultura (Do tupi *isa'uwa*, «formiga principal»)

sauval *n.m.* morro de saúva (De *saúva+-al*)

savacu *n.m.* ORNITOLOGIA nome pelo qual é também conhecido o tamatiá, ave pernalta brasileira (Do tupi *sawa'ku*, «id.»)

saval *n.m.* [Brasil] rede de emalhar (De *sável*)

savana *n.f.* 1 GEOGRAFIA associação ou formação vegetal própria dos climas tropicais húmidos, com predomínio das plantas herbáceas, onde, de quando em quando, há árvores dispersas ou em pequenos aglomerados, sempre junto de florestas equatoriais e tropicais, também chamada campo geral ou sertão (Brasil), lhano (Colômbia e Venezuela) e chaparral (México) 2 extenso terreno inculto 3 grande planície; pradaria (Do cast. *sabana*, «id.»)

savarim *n.m.* espécie de pudim que deve o seu nome ao gastrónomo francês A. Brillat-Savarin, 1755-1826 (Do fr. *savarin*, «id.»)

saveira *n.f.* 1 mulher que tripula um saveiro 2 (barco) ⇒ **saveiro** 1 (De *saveiro*)

saveirinho *n.m.* BOTÂNICA nome vulgar de uma planta anual prostrada, da família das Leguminosas, com flores brancas ou róseas agrupadas, existente em Portugal, de Trás-os-Montes ao Alentejo (De *saveiro+-inho*)

saveirista *n.2g.* dono ou tripulante de saveiro (De *saveiro+-ista*)

saveiro *n.m.* 1 barco comprido e estreito, de fundo chato, para a travessia de rios e pesca à linha 2 embarcação empregada em certas pescarias, que serve para conduzir o isco e receber o peixe 3 homem que tripula esse barco ou essa embarcação (Por *saveleiro*, de *sável+-eiro*)

sável *n.m.* ICTIOLOGIA peixe teleósteo de reflexos prateados, pertencente à família dos Clupeídeos, apreciado na alimentação, que desova em alguns dos rios portugueses, onde é pescado ativamente na primavera (De orig. pré-romana, pelo cast. *sábalo*, «id.»)

savelha /ê/ *n.f.* ICTIOLOGIA peixe teleósteo afim do sável, mas de menores dimensões e menos frequente que este, também conhecido por saboga (De *sável+-elha*)

savica *n.f.* peça que se mete nas extremidades do eixo dos veículos para pegar na chaveta das rodas (De orig. obsc.)

savoir-faire *n.m.2n.* ⇒ **saber-fazer** (Do fr. *savoir-faire*, «id.»)

savoir-vivre *n.m.* 1 saber viver; arte de bem viver 2 civilidade; cortesia (Do fr. *savoir-vivre*, «id.»)

saxão /cs/ *adj.* 1 relativo ao estado alemão da Saxónia 2 relativo aos Saxões (antigo povo da Germânia) ■ *n.m.* 1 natural ou habitante da Saxónia, estado da Alemanha 2 língua morta da família indo-europeia, falada pelos Saxões (Do lat. *saxōne-*, «id.»)

saxátil /cs/ *adj.2g.* que cresce ou vive nos rochedos; saxícola (Do lat. *saxatĭle-*, «que mora entre as pedras»)

sáxeo /cs/ *adj.* 1 que é de pedra ou da natureza dela; pétreo 2 pedregoso (Do lat. *saxĕu-*, «id.»)

saxhorn /sácsórn/ *n.m.* 1 MÚSICA instrumento de sopro metálico, com tubo cónico, muito utilizado em bandas de música 2 *pl.* MÚSICA família de instrumentos que inclui o bombardino, o contrabaixo e a tuba (Do ing. *saxhorn*, «id.»)

sax(i)- /cs/ elemento de formação de palavras que exprime a ideia de *pedra* (Do lat. *saxu-*, «pedra; seixo»)

saxícola /cs/ *adj.2g.* ⇒ **saxátil** (Do lat. *saxicŏla-*, «id.», de *saxu-*, «pedra» +*colĕre*, «habitar»)

saxífraga /cs/ *n.f.* BOTÂNICA nome que tem sido utilizado para designar umas plantas da família das Saxifragáceas (Do lat. *saxifrăga-*, «que quebra pedras»)

Saxifragáceas /cs/ *n.f.pl.* BOTÂNICA família de plantas dicotiledóneas, herbáceas ou arbustivas, representada em Portugal por

algumas espécies, e cujo género-tipo se denomina *Saxifraga* (Do lat. *saxifrăga-*, «que quebra pedras» +*-áceas*)

saxifragáceo /cs/ *adj.* relativo ou semelhante à saxifraga (Do lat. *saxifrăga-*, «que quebra pedras» +*-áceo*)

saxifraga-do-reino /cs/ *n.f.* BOTÂNICA planta de folhas radicais, da família das Umbelíferas, afim do anis, espontânea em Portugal

saxífrago /cs/ *adj.* que quebra ou dissolve pedras (Do lat. *saxifrăgu-*, «que quebra pedras»)

Saxões /cs/ *n.m.pl.* ETNOGRAFIA antigo povo germânico que se estabeleceu entre o rio Reno e o mar Báltico (Do lat. *Saxōnes*, «id.»)

saxofone /cs/ *n.m.* MÚSICA instrumento musical de sopro, feito de metal, recurvo, com chaves e embocadura de palheta (Do fr. *saxophone*, «id.», de A. J. Sax, antr., belga, construtor de instrumentos musicais e inventor do saxofone, 1814-1894)

saxofonista /cs/ *n.2g.* pessoa que toca saxofone (De *saxofone*+*-ista*)

Saxoniano /cs/ *n.m.* GEOLOGIA andar do Pérmico médio (De *Saxónia*, top., estado da Alemanha +*-ano*)

saxónico /cs/ *adj.* relativo à Saxónia; saxónio (De *Saxónia*, top. +*-ico*)

saxónio /cs/ *adj.* relativo à Saxónia ou aos Saxões, antigo povo germânico ■ *n.m.* 1 natural ou habitante da Saxónia 2 dialeto da Saxónia (De *Saxónia*)

saxoso /cs/ *adj.* pedregoso (Do lat. *saxōsu-*, «id.»)

saxotrompa /cs/ *n.f.* 1 MÚSICA instrumento musical de sopro, de metal, utilizado frequentemente nas bandas militares 2 *pl.* MÚSICA família de instrumentos de sopro de metal com um longo tubo semicónico e bocal em forma de taça, utilizando válvulas, que abrangem todos os registos, do sopranino ao contrabaixo (De *A. J. Sax*, antr., belga, construtor de instrumentos musicais, 1814-1894+*trompa*)

saxotrompista /cs/ *n.2g.* pessoa que toca saxotrompa (De *saxotrompa*+*-ista*)

sazão *n.f.* 1 estação do ano 2 estação da maturação dos frutos 3 época própria para as sementeiras 4 época em que se faz a colheita dos frutos 5 [fig.] ocasião favorável; oportunidade; ensejo (Do lat. *satiōne-*, «sementeira; plantação»)

sazeiro *n.m.* BOTÂNICA árvore da família das Salicáceas, de folhas estreitas, que é espontânea junto dos rios, em todo o território de Portugal (Do lat. *salĭce-*, «salgueiro» +*-eiro*)

sazo *n.m.* sacerdote do Camboja

sazoamento *n.m.* ⇒ **sazonamento** (De *sazoar*+*-mento*)

sazoar *v.tr.,intr.,pron.* ⇒ **sazonar** (De *sazão*+*-ar*)

sazonação *n.f.* ato de sazonar; sazonamento (De *sazonar*+*-ção*)

sazonado *adj.* 1 maduro 2 [fig.] experimentado; versado 3 [fig.] meditado (Part. pass. de *sazonar*)

sazonador *adj.* que faz sazonar (De *sazonar*+*-dor*)

sazonal *adj.2g.* 1 relativo à sazão ou estação 2 próprio de uma estação do ano 3 que ocorre de preferência em determinada estação ou época do ano 4 periódico (De *sazão*+*-al*)

sazonamento *n.m.* 1 estado de maturação dos frutos 2 sazonação (De *sazonar*+*-mento*)

sazonar *v.tr.,intr.,pron.* tornar ou ficar maduro; amadurecer ■ *v.tr.* 1 dar bom sabor a; temperar; condimentar 2 [fig.] tornar interessante ■ *v.pron.* tornar-se melhor (De *sazão*+*-ar*)

sazonável *adj.2g.* 1 em condições de sazonar 2 prestes a amadurecer 3 próprio para a produção (De *sazonar*+*-vel*)

sazu *n.m.* ORNITOLOGIA pequeno pássaro africano

scanear *v.tr.* INFORMÁTICA converter (texto ou imagem impressos) em dados digitais utilizando um aparelho de leitura ótica como um scanner; digitalizar

scâner *n.m.* ⇒ **scanner** (Do ing. *scanner*, «id.»)

scanner *n.m.* 1 MEDICINA aparelho de raios X que fotografa, por planos, um órgão situado a profundidade, tornando possível a localização de qualquer lesão 2 INFORMÁTICA dispositivo que faz a transformação de imagens e textos em dados digitais reconhecíveis pelo computador (geralmente, uma matriz de pontos); leitor ótico 3 FOTOGRAFIA aparelho eletrónico de grande utilidade em trabalhos de fotogravura, que possibilita a análise, ponto por ponto, separando a cor, a luz e a sombra do documento que se pretende reproduzir (Do ing. *scanner*, «id.»)

scheelite *n.f.* MINERALOGIA mineral (volframato de cálcio) que cristaliza no sistema tetragonal (De *K. Scheele*, antr., químico sueco, 1742-1786 +*-ite*)

scherzando *adv.* MÚSICA (andamento) alegremente; de forma viva e ligeira (Do it. *scherzando*)

scherzo *n.m.* MÚSICA andamento rápido e alegre (Do it. *scherzo*)

schnitzel *n.m.* CULINÁRIA fatia fina de carne panada, geralmente de vitela (Do al. *Schnitzel*, «id.»)

scone *n.m.* CULINÁRIA bolo pequeno, doce ou salgado, geralmente servido com manteiga ou compota (Do ing. *scone*, «id.»)

scooter *n.f.* 1 veículo motorizado, com duas rodas pequenas e de aparência semelhante a uma motocicleta mas em que o espaço entre o assento e o guiador permite acomodar as pernas do condutor; lambreta; vespa 2 brinquedo constituído por uma haste com um guiador que se liga a uma pequena prancha assente sobre duas rodas, na qual se pousa um pé, enquanto se dá impulso com o outro; trotineta (Do ing. *scooter*, «id.»)

screensaver *n.m.* INFORMÁTICA protetor de ecrã do computador (Do ing. *screensaver*, «id.»)

se[1] *pron.pess.* designa a terceira pessoa do singular ou do plural e usa-se: 1 para exprimir reflexividade (*ele lavou-se*); 2 para exprimir reciprocidade (*eles abraçaram-se*); 3 para indicar indeterminação do sujeito (*fala-se alemão*); 4 como partícula apassivante, ou seja, para formar uma frase passiva (*vendem-se apartamentos*); 5 com valor enfático (*lá se vão*) (Do lat. *se*, «id.»)

se[2] *conj.* 1 no caso de; caso; contanto que; desde que (*se puder, vou lá convosco*) 2 como; dado que; visto que (*se sabes, responde*) 3 quando; sempre que (*se como chocolate, fico maldisposto*) 4 introduz uma frase interrogativa indireta (*diz-me se queres ir ao cinema*) (Do lat. *si*, «id.»)

sé *n.f.* igreja episcopal ou patriarcal; catedral; **Santa Sé/Sé Apostólica** entidade reconhecida internacionalmente, constituída pelo Pontífice Romano, Congregações, Tribunais e outras instituições da Cúria Romana, por meio das quais o papa governa a Igreja, considerada no seu conjunto; **~ vacante** sede pontifícia ou episcopal sem titular (Do lat. *sede-*, «assento»)

seabórgio *n.m.* QUÍMICA elemento transuraniano, com o número atómico 106 e símbolo Sg

seara *n.f.* 1 campo semeado de cereais; messe 2 extensão de terra cultivada 3 [regionalismo] quantia paga aos criados, em cereais, além do dinheiro 4 [fig.] agremiação; associação; **meter a foice em ~ alheia** intrometer-se naquilo que diz respeito a outrem (Do pré-rom. *senāra-*, «campo que se lavra à parte»)

seareiro *n.m.* 1 cultivador de searas 2 [regionalismo] lavrador de pequenas herdades ■ *adj.* diz-se dos simpatizantes do movimento político da revista portuguesa Seara Nova, criada em 1921 (De *seara*+*-eiro*)

seba /ê/ *n.f.* 1 conjunto de algas marinhas lançadas à praia pelo mar e que são aproveitadas para adubo 2 adubo constituído por essas algas, utilizado sobretudo nas vinhas (De *seiva*?)

sebáceo *adj.* 1 que é da natureza do sebo; seboso 2 gorduroso 3 untuoso 4 sujo 5 adiposo; gordo 6 sebento; **glândulas sebáceas** ANATOMIA glândulas de secreção externa, de origem ectodérmica, alojadas na derme, e que segregam o sebo (Do lat. *sebacĕu-*, «id.»)

sebácico *adj.* QUÍMICA diz-se de um ácido gordo, saturado, de dois carboxilos, que pode obter-se a partir do óleo de rícino (Do lat. *sebacĕu-*, «sebáceo» +*-ico*)

sebada *n.f.* 1 conjunto de sebes 2 caniçada (De *sebe*+*-ada*)

sebastianino *adj.* relativo a S. Sebastião, séc. III (Do lat. *Sebastiānu-*, «Sebastião» +*-ino*)

sebastianismo *n.m.* crença no regresso do rei português D. Sebastião (1554-1578), desaparecido na batalha de Alcácer Quibir, ou, de forma mais lata, no regresso de Portugal a um esplendor nacional perdido (De *Sebastião*, antr. +*-ismo*)

sebastianista *n.2g.* 1 pessoa que acredita no regresso de D. Sebastião, quando já não era possível ele existir 2 [fig.] pessoa retrógrada 3 [fig.] pessoa saudosista (De *Sebastião*, antr. +*-ista*)

sebastião *n.m.* [pop.] ingénuo; pateta; matias (De *Sebastião*, antr.)

sebastião-de-arruda *n.m.* nome atribuído, no Brasil, ao pau-rosa

sebástico *adj.* relativo a Sebastião e, em especial, ao rei português D. Sebastião, 1554-1578 (De *Sebastião*, antr. +*-ico*)

sebasto *n.m.* ⇒ **sebastro**

sebastro *n.m.* 1 espécie de tira de cor diferente nas vestes sacerdotais 2 tira vertical do meio, nas casulas (De orig. obsc.)

sebe *n.f.* 1 vedação feita de ramos ou varas entrelaçadas para defender um terreno; caniçada 2 obstáculo formado por estacas cravadas no solo e ligadas por arame farpado; **~ viva** vedação de arbustos espinhosos ou de plantas vivazes de outras espécies, que enraizaram (Do lat. *saepe-*, ou *sepe-*, «id.»)

sebeiro *n.m.* 1 preparador ou vendedor de sebo 2 utensílio de madeira com que os calafates dão sebo nas brocas e verrumões (De *sebo*+*-eiro*)

sebenta *n.f.* 1 apontamentos tirados na aula, e depois datilografados, copiografados ou litografados para uso dos estudantes universitários 2 caderno para apontamentos 3 [Brasil] apostila (De *sebento*)

sebentão adj.,n.m. que ou aquele que é desleixado no asseio do vestuário e limpeza do corpo (De sebento+-ão)

sebentaria n.f. oficina onde as sebentas eram litografadas (De sebenta+-aria)

sebenteiro adj. que redige a sebenta ∎ n.m. 1 aquele que redige a sebenta 2 o que estuda apenas a sebenta 3 editor de sebentas (De sebenta+-eiro)

sebentice n.f. qualidade do que é sebento; imundície; bodeguice (De sebento+-ice)

sebento adj. 1 sebáceo; untado de sebo 2 [fig.] que traz a roupa muito suja (De sebo+-ento)

sebesta n.f. BOTÂNICA fruto (drupa) do sebesteiro, de propriedades antidiarreicas e peitorais (Do ár. sebestan, «ameixa»)

sebesteira n.f. BOTÂNICA ⇒ sebesteiro

sebesteiro n.m. BOTÂNICA árvore da família das Boragináceas, própria das regiões quentes, cujos frutos, sebestas, são drupas de aspeto semelhante ao das ameixas (De sebesta+-eiro)

sebina n.f. [regionalismo] prego da ferragem das rodas do carro de bois; prego de trilho (Do lat. sibīna-, «espécie de lança»?)

sebino n.m. [regionalismo] porco; suíno (De sebo+-ino)

sebipira n.f. BOTÂNICA designação extensiva a plantas de várias espécies da família das Leguminosas, muito apreciadas pela sua madeira e pelas propriedades medicinais atribuídas às nodosidades (produzidas por microrganismos) que estas plantas possuem na raiz; sapupira (Do tupi sapu'pira, «id.»)

sebo /ê/ n.m. 1 BIOLOGIA, MEDICINA substância gorda segregada pelas glândulas sebáceas, composta por restos celulares e queratina, que tem a função de proteger a pele 2 substância gordurosa das vísceras de alguns animais 3 camada gordurenta e lustrosa 4 [Brasil] ⇒ **alfarrabista** n.m.; *~!* exclamação que exprime desagrado, reprovação ou desapontamento; *dar ~ nas botas* fugir apressadamente; *limpar o ~ a alguém* [pop.] dar uma sova a alguém (Do lat. sebu-, ou sevu-, «id.»)

seborreia n.f. MEDICINA hipersecreção de sebo pelas glândulas sebáceas (Do lat. sebu-, «sebo»+gr. rhoía, «corrente; fluxo»)

seborreico adj. relativo à seborreia (De seborreia+-ico)

seboso /ô/ adj. ⇒ sebáceo (Do lat. sebōsu-, «id.»)

seca n.f. 1 ato ou efeito de secar 2 falta de chuva 3 estiagem 4 [fig.] importunação; maçada ∎ n.2g. pessoa maçadora (Deriv. regr. de secar)

secação n.f. ⇒ seca (Do lat. siccatiōne-, «id.»)

secadal n.m. terra de cultura que não é regada; sequeiro (De secado+-al)

secadeira n.f. parte da chocadeira onde se põem a enxugar os pintainhos recém-nascidos (De secar+-deira)

secadio n.m. ⇒ secadal (Do lat. siccatīvu-, «id.»)

secadoiro n.m. ⇒ secadouro

secador adj. 1 que seca 2 [fig.] importuno ∎ n.m. 1 aparelho elétrico que serve para secar o cabelo 2 aparelho que serve para fazer evaporar a parte aquosa de certos frutos e para a dessecação das folhas do tabaco 3 aparelho usado para secar diversos materiais (roupas, tecidos, etc.) depois de lavados 4 pequeno aparelho que se usa para secar as mãos 5 lugar onde se põe alguma coisa a secar; secadouro (De secar+-dor)

secadouro n.m. 1 lugar onde se põe alguma coisa a secar 2 estendal (De secar+-douro)

secagem n.f. 1 ato ou efeito de secar ou fazer secar, natural ou artificialmente 2 operação feita aos grãos da cevada para os tornar aptos para o fabrico de cerveja (De secar+-agem)

secamente adv. [fig.] de modo seco; desabridamente; rudemente (De seco+-mente)

secância n.f. 1 qualidade de secante 2 interseção 3 [fig.] importunação (Do lat. secantĭa, part. pres. neut. pl. de secāre, «cortar»)

secante[1] adj.2g. que seca ∎ n.m. spray ou óleo usado nas unhas depois da aplicação do verniz para que a secagem seja mais rápida (Do lat. siccante-, «id.», part. pres. de siccāre, «secar»)

secante[2] adj.2g. GEOMETRIA diz-se da linha ou superfície que interseta outra ∎ n.f. 1 GEOMETRIA essa linha ou superfície 2 (trigonometria) recíproco do cosseno (Do lat. secante-, «que corta», part. pres. de secāre, «cortar»)

secante[3] adj.2g. que importuna; irritante ∎ n.2g. pessoa importuna; pessoa irritante (De secar+-ante)

secar v.tr.,intr. 1 (fazer) perder a humidade ou água; enxugar(-se) 2 deixar de correr; estancar(-se); esgotar(-se) 3 murchar 4 desidratar(-se); ressequir(-se) 5 (fazer) deixar de fluir (uma secreção) 6 cicatrizar 7 (fazer) definhar, debilitar(-se) 8 (fazer) cessar 9 [coloq.] maçar(-se); importunar(-se); aborrecer(-se) ∎ v.intr. endurecer (um líquido) ao contactar com o ar ou calor ∎ v.pron. 1 ressequir-se; murchar 2 evaporar; sumir-se (Do lat. siccāre, «id.»)

secarrão adj. {aumentativo de **seco**} muito seco (De seco+-arrão)

secativo adj. 1 diz-se da substância ou preparado que tem propriedades adstringentes sobre os corpos vivos 2 que promove a dessecação 3 diz-se dos óleos que, expostos ao ar, secam sem rançar (Do lat. siccatīvu-, «id.»)

secatória n.f. tesoura de jardineiro, enxertador, etc. (De secatório)

secatório adj. ⇒ secativo (Do lat. siccatorĭu-, «id.»)

secatura n.f. ⇒ seca (Do lat. siccātu-, part. pass. de siccāre, «secar» +-ura)

secção n.f. 1 ato ou efeito de cortar 2 parte (porção) que se separa de um todo; corte 3 divisão ou subdivisão de coisas ou serviços da mesma espécie 4 cada uma das divisões de uma repartição pública 5 MILITAR unidade elementar de combate constituinte do pelotão, da bataria ou do esquadrão 6 subdivisão de uma divisão naval 7 unidade de voo resultante do agrupamento de duas esquadrilhas 8 BIOLOGIA categoria sistemática correspondente à divisão do género (ou mesmo do subgénero) dos seres vivos 9 MATEMÁTICA parte comum obtida como interseção de duas superfícies (uma linha, em geral), de uma superfície com um sólido (uma linha), de um sólido com um plano (um domínio plano) ou de dois sólidos (um sólido, em geral); *~ de vazão* secção que uma ponte oferece ao escoamento da linha de água que cruza, medida no plano perpendicular à corrente (Do lat. sectiōne-, «corte»)

seccional adj.2g. relativo a secção (Do lat. sectiōne-, «corte» +-al)

seccionamento n.m. 1 ato ou efeito de seccionar 2 local de uma rede de distribuição elétrica onde se ligam e desligam as linhas (De seccionar+-mento)

seccionar v.tr. 1 dividir em secções; cortar 2 selecionar (Do lat. sectiōne-, «corte» +-ar)

secernente adj.2g. que separa ou provoca secessão (Do lat. secernente-, «que separa», part. pres. de secernĕre, «separar»)

secessão n.f. 1 ato de se separar daquilo a que estava unido 2 afastamento; *Guerra da Secessão* HISTÓRIA luta travada, nos Estados Unidos da América do Norte, de 1861 a 1865, entre os estados partidários da escravatura e os não partidários (Do lat. secessiōne-, «id.»)

secessionismo n.m. tendência para a secessão, ou defesa desse direito; separatismo (Do lat. secessiōne-, «secessão» +-ismo)

secessionista adj.2g. 1 relativo a secessão 2 partidário da secessão ∎ n.2g. pessoa partidária da secessão (De lat. secessiōne-, «secessão» +-ista)

secesso n.m. [ant.] lugar afastado; retiro (Do lat. secessu-, «retiro; lugar retirado»)

sechuana adj.2g. relativo aos Sechuanas ∎ n.2g. 1 indivíduo dos Sechuanas 2 língua dos Sechuanas

Sechuanas n.m.pl. ETNOGRAFIA povo banto da África meridional (Do vernáculo Setswana, «id.»)

sécia n.f. 1 mulher afetada e presumida 2 espécie de roupão feminino 3 impulso; mania 4 atributo; predicado 5 BOTÂNICA planta da família das Compostas, originária da China e cultivada em Portugal como ornamental 6 [São Tomé e Príncipe] ORNITOLOGIA ave da família das Columbinas (*Treron sanctithomae*), variedade de pombo cinzento-esverdeado, irrequieto e quase surdo, que se deixa apanhar facilmente e cuja carne é muito apreciada (De sécio)

seciar v.intr. ser afetado; ser presumido (De sécia+-ar)

sécio adj.,n.m. 1 que ou aquele que tem modos afetados; presumido 2 janota 3 que ou aquele que se saracoteia muito (De orig. obsc.)

seco /ê/ adj. 1 privado de água ou de humidade; enxuto 2 árido 3 que já não está verde; murcho 4 diz-se dos alimentos que se podem conservar 5 diz-se do fruto cujo pericarpo não é carnudo 6 designativo do pão duro ou que se come sem acompanhamento 7 diz-se do vinho que contém até 4 gramas por litro de açúcar residual 8 magro; descarnado 9 [fig.] ríspido; severo; desabrido 10 [fig.] insensível 11 [fig.] esgotado ∎ n.m. 1 baixio de areia que a vazante deixa a descoberto 2 pl. géneros alimentícios que não são líquidos, como os cereais, feijão, etc.; *a ~* sem alimentação, diz-se do salário que não inclui alimentação; *em ~* fora de água; *engolir em ~* não obter o que se desejava, calar-se; *vinho ~* vinho de boa qualidade, forte e muito pouco açucarado (Do lat. siccu-, «id.»)

seco-fico n.m. ORNITOLOGIA ⇒ saci 1 (De orig. onom.)

secreção n.f. 1 ato ou efeito de segregar 2 FISIOLOGIA passagem de materiais elaborados pelas células, de dentro para fora destas, a partir de materiais retirados do sangue 3 FISIOLOGIA conjunto das substâncias elaboradas pelas células, que podem ser ou não expelidas pelo organismo; *~ externa/exócrina* FISIOLOGIA processo de secreção das glândulas exócrinas; *~ interna/endócrina* FISIOLOGIA processo de secreção das glândulas endócrinas (Do lat. secretiōne-, «separação»)

secreta *n.f.* **1** antigamente, tese defendida só em presença dos lentes, nalgumas universidades **2** (catolicismo) oração dita pelo sacerdote em voz baixa, antes do prefácio da missa **3** polícia que lida com informações relativas à segurança do Estado; polícia secreta **4** [pop.] sanita; retrete **5** *pl.* serviços públicos que lidam com informações relativas à segurança do estado ■ *n.m.* elemento pertencente à polícia secreta (Do lat. *secreta-*, «separada»)

secretamente *adv.* em segredo; com sigilo (De *secreto+-mente*)

secretaria *n.f.* casa, repartição ou escritório onde se faz o expediente de qualquer serviço público; **~ de Estado** departamento ministerial à frente do qual se encontra um secretário de Estado (De *secreto+-aria*)

secretária *n.f.* **1** mulher que exerce funções de secretariado **2** móvel de escritório, geralmente com gavetas, onde se escreve e se guardam papéis e documentos de importância; **~ eletrónica** [Brasil] aparelho ligado ao telefone que grava os telefonemas; atendedor de chamadas (De *secretário*)

secretariado *n.m.* **1** funções ou cargo daquele que é responsável pela correspondência de pessoa ou serviço que o emprega para este fim **2** tempo que duram essas funções **3** secretaria (De *secretário+-ado*)

secretarial *adj.2g.* referente a secretaria ou secretariado (De *secretaria+-al*)

secretariar *v.tr.* **1** ser secretário junto de **2** exercer funções de secretariado em (De *secretário+-ar*)

secretário *n.m.* **1** pessoa que trabalha como assessora de outra, tratando da sua correspondência e dos seus afazeres profissionais e pessoais **2** pessoa que trabalha numa empresa, encarregue de tarefas administrativas, como correspondência, datilografia, arquivo, marcação de reuniões, atendimento de chamadas, etc. **3** indivíduo que lavra as atas de uma assembleia **4** livro que contém modelos de cartas ou fórmulas para uso do que não têm prática **5** ORNITOLOGIA ⇒ **serpentario 3 6** [fig.] confidente; **~ de Estado** nome que se dá, em vez da designação de ministro, aos membros do governo, em alguns países; **2** entidade governamental, de categoria geralmente inferior à de ministro, que tem a seu cargo um departamento importante de um ministério; **3** designação do ministro dos Negócios Estrangeiros no governo dos Estados Unidos; **4** designação do cardeal que, no governo do Vaticano, tem funções equivalentes às de primeiro-ministro (Do lat. tard. *secretariŭ-*, «o que guarda segredos de outro»)

secretário-geral *n.m.* **1** título de um funcionário principal de uma instituição pública ou privada **2** designação atribuída ao dirigente de um partido político ou ao mais alto cargo administrativo de uma organização

secretício *adj.* diz-se de qualquer substância que é segregada; excretício (Do lat. *secretu-*, «separado» +*-ício*)

secretina *n.f.* **1** FISIOLOGIA hormona que estimula secreções digestivas, principalmente a pancreática, produzida pela mucosa intestinal **2** FISIOLOGIA hormona que estimula a secreção glandular

secretismo *n.m.* uso sistemático do segredo **2** uso do segredo na condução de um negócio ou na execução de um plano (De *secreto+-ismo*)

secreto *adj.* **1** que se guarda oculto **2** que está em segredo; não divulgado **3** discreto **4** revelado apenas a algumas pessoas; confidencial **5** ignorado; escondido **6** não revelado; encoberto; dissimulado **7** íntimo; reservado **8** recôndito **9** [fig.] solitário ■ *n.m.* **1** [ant.] segredo; sigilo **2** peça de carne de porco (geralmente porco preto) retirada do músculo no interior do toucinho gordo **3** [mais usado no plural] CULINÁRIA prato preparado com essa peça de carne; **sessão secreta** sessão a que o público não pode assistir (Do lat. *secrētu-*, «separado»)

secretor *adj.* que segrega ■ *n.m.* órgão ou elemento que segrega (Do lat. *secrētu-*, «separado» +*-or*)

secretório *adj.* que realiza secreções (Do lat. *secrētu-*, «separado» +*-ório*)

sectante *adj.2g.* que corta ■ *n.m.* CRISTALOGRAFIA cada uma das porções em que as formas cristalográficas são divididas pelos planos definidos pelos eixos da cruz axial (Do lat. *sectante-*, «id.», part. pres. de *sectāre*, «cortar»)

sectário *adj.* **1** relativo a seita **2** [fig.] facínora **3** [fig.] intolerante; intransigente ■ *n.m.* **1** membro de uma seita **2** partidário obstinado de qualquer sistema doutrinário ou político **3** [fig.] fanático **4** [fig.] prosélito; adepto (Do lat. *sectariŭ-*, «cortado; mutilado»)

sectarismo *n.m.* **1** carácter do que é sectário **2** doutrina sectária; faccionismo **3** partidarismo **4** espírito ou atitude intransigente; intolerância (De *sectário+-ismo*)

sectarista *adj.,n.2g.* ⇒ **sectário** (De *sectário+-ista*)

séctil *adj.2g.* que se pode cortar (Do lat. *sectīle-*, «id.»)

sectograma *n.m.* gráfico circular dividido em setores cuja área é proporcional à grandeza relativa das quantidades representadas; diagrama de setores

sector a grafia mais usada é **setor**

sectorial a grafia mais usada é **setorial**

sectório *adj.* que corta ■ *n.m.* **1** dente incisivo **2** dente carniceiro dos carnívoros (Do lat. *sectoriŭ-*, «id.»)

sectorização *n.f.* ato ou efeito de sectorizar (De *sectorizar+-ção*, ou do fr. *sectorisation*, «id.») ACORDO ORTOGRÁFICO também se pode escrever **setorização**

sectorizar *v.tr.* **1** dividir em setores **2** organizar (um serviço) com base na divisão das tarefas em vários setores (De *sector+-izar*) ACORDO ORTOGRÁFICO também se pode escrever **setorizar**

sectura *n.f.* redução de substâncias medicinais por meio de instrumentos cortantes (Do lat. *sectūra-*, «corte»)

secular *adj.2g.* **1** que tem séculos; muito antigo **2** que se realiza de século a século **3** mundano; temporal ■ *n.2g.* pessoa que não fez votos religiosos; leigo; **braço ~** justiça civil; **clero ~** RELIGIÃO clero que não pertence às ordens religiosas; **desigualdades seculares** ASTRONOMIA perturbações, de período muito longo, nas órbitas dos planetas, relativamente ao afastamento dos valores médios da excentricidade e inclinação (Do lat. *saeculāre-*, «id.»)

secularidade *n.f.* **1** qualidade ou estado de secular **2** *pl.* ditos próprios de leigos e impróprios de clérigos e religiosos (De *secular+-i-+-dade*)

secularismo *n.m.* **1** regime secular ou laical **2** sistema filosófico que põe de parte todo o dogma (De *secular+-ismo*)

secularista *adj.,n.2g.* **1** referente ao regime secular **2** pessoa partidária do secularismo (De *secular+-ista*)

secularização *n.f.* ato ou efeito de secularizar ou secularizar-se (De *secularizar+-ção*)

secularizar *v.tr.* **1** tornar secular **2** restituir à vida ou ao estado leigo **3** sujeitar às leis civis **4** dispensar dos votos eclesiásticos ou religiosos ■ *v.pron.* obter a secularização (De *secular+-izar*)

secularmente *adv.* **1** de século em século **2** de modo secular **3** à maneira de leigo (De *secular+-mente*)

seculo *n.m.* cada um dos indivíduos que constituem o conselho de um soba (Do quimb. *sakulu*, «id.»)

século *n.m.* **1** período de cem anos **2** cada um dos períodos de cem anos numerados ordinalmente a partir de uma data fixa **3** tempo em que se vive **4** época tornada notável por um acontecimento de relevo ou por homens ilustres **5** mundo **6** época; era **7** vida secular **8** *pl.* espaço de tempo muito longo (Do lat. *saecŭlu-*, «id.»)

secundano *n.m.* soldado pertencente à segunda legião, entre os antigos Romanos (Do lat. *secundānu-*, «id.»)

secundar *v.tr.* **1** fazer pela segunda vez **2** apoiar; auxiliar; coadjuvar **3** reforçar; repetir (Do lat. *secundāre*, «favorecer»)

secundariamente *adv.* **1** em segundo lugar **2** posteriormente (De *secundário+-mente*)

secundariedade *n.f.* **1** carácter do que é secundário **2** subalternidade **3** inferioridade (De *secundário+-i-+-dade*)

secundário *adj.* **1** que está em segundo lugar **2** de menor importância; insignificante; inferior **3** acessório **4** diz-se do ensino intermédio entre o básico e o superior **5** ECONOMIA relativo ao segundo escalão das atividades económicas **6** ELETRICIDADE designativo do enrolamento de um transformador estático de corrente alternada que está ligado ao circuito de utilização **7** PSICOLOGIA na caracterologia de Heymans-Le Senne (C. Heymans, médico fisiologista belga, 1892-1968; Le Senne, filósofo francês, 1882-1954), designativo do indivíduo em que domina a ressonância dos acontecimentos, isto é, em que os elementos psíquicos continuam a exercer a sua ação mesmo depois de terem desaparecido da consciência clara ■ *n.m.* **1** grau de ensino intermédio entre o básico e o superior **2** ELETRICIDADE enrolamento de um transformador estático de corrente alternada que está ligado ao circuito de utilização **3** PSICOLOGIA na caracterologia de Heymans-Le Senne (C. Heymans, médico fisiologista belga, 1892-1968; Le Senne, filósofo francês, 1882-1954), indivíduo em que domina a ressonância dos acontecimentos, isto é, em que os elementos psíquicos continuam a exercer a sua ação mesmo depois de terem desaparecido da consciência clara **4** ASTRONOMIA corpo celeste que gravita em torno de outro, considerado principal; satélite **5** [com maiúscula] GEOLOGIA ⇒ **Mesozoico** *n.m.*; **caracteres sexuais secundários** BIOLOGIA diz-se de um conjunto de caracteres exteriores, distintos do aparelho sexual, que permite identificar os sexos; **emissão secundária** FÍSICA emissão de eletrões (secundários) por um sólido, principalmente um metal, quando bombardeado por eletrões (primários); **estrutura secundária** BOTÂNICA diz-se das estruturas vegetais que apresentam meristemas

secundarizar

secundários; *meristema* ~ BOTÂNICA conjunto de células vegetais que readquirem a propriedade de se dividir, e que originam tecidos definitivos secundários; *radiação secundária* FÍSICA radiação, distinta da radiação incidente (primária), emitida por um material bombardeado por radiação (Do lat. tard. *secundarĭu-*, «id.»)

secundarizar *v.tr.* tornar secundário; diminuir a importância ou o valor de (De *secundár(io)+-izar*)

secundeira *n.f.* cortiça que o sobreiro dá em segunda camada (Do lat. *secundu-*, «segundo» +*-eira*)

secundina *n.f.* 1 BOTÂNICA membrana interna do tegumento dos óvulos das angiospérmicas 2 *pl.* ANATOMIA placenta e anexos embrionários expulsos após o parto (Do lat. *secundina-*, de *secundu-*, «segundo» +*-ina*)

secundípara *n.f.* 1 mulher que deu à luz pela segunda vez 2 fêmea que teve a segunda cria ou ninhada (Do lat. *secŭndu-* +*parĕre*, «parir»)

secundogénito *adj.,n.m.* que ou o filho que nasceu em segundo lugar (Do lat. *secundu-*, «segundo» +*genĭtu-*, «gerado»)

secura *n.f.* 1 qualidade ou estado do que está seco 2 [pop.] sede 3 magreza 4 [fig.] impassibilidade; frieza (De *seco*+*-ura*)

secure *n.f.* 1 pequena machada que os lictores romanos levavam consigo para fazer execuções 2 machado grande (Do lat. *secūre-*, «id.»)

securiforme *adj.2g.* que tem a forma de uma secure (Do lat. *secūre-*, «machada» +*forma-*, «forma»)

seda /ê/ *n.f.* 1 substância filamentosa segregada pela larva de um inseto lepidóptero, denominado bicho-da-seda, para a manufatura do seu casulo 2 tecido feito com esse fio 3 BOTÂNICA ⇒ **seta**[2] 4 BOTÂNICA filamento pertencente ao esporófito que sustenta a urna, nas briófitas; filamento rígido que aparece no invólucro floral de certas gramíneas 5 [pop.] luxo 6 [Brasil] (tabaco) mortalha 7 *pl.* apêndices locomotores filiformes de certos animais; ~ *artificial* fibra artificial, de natureza celulósica, com que se confecionam tecidos (Do lat. *seta-*, ou *saeta-*, «seda»)

sedação *n.f.* ato ou efeito de sedar (Do lat. *sedatiōne-*, «ação de abrandar»)

sedaceiro *n.m.* 1 aquele que trabalha em sedaços 2 ORNITOLOGIA peneireiro (De *sedaço*+*-eiro*)

sedaço *n.m.* 1 tecido ralo de seda com que se faz o fundo das peneiras 2 peneira de seda 3 coador de leite (Do lat. tard. *setacĭu-* [*cribu-*], «peneira feita de seda»)

sedalha *n.f.* ⇒ **sedela** (De *seda*+*-alha*)

sedalina *n.f.* 1 fio que imita o de seda 2 tecido feito com este fio (De *seda*+[*musse*]*lina*)

sedante *adj.2g.* ⇒ **sedativo** *adj.* (Do lat. *sedante-*, «id.», part. pres. de *sedāre*, «acalmar; abrandar»)

sedar[1] *v.tr.* 1 acalmar ou moderar a ação excessiva de (órgão ou sistema de órgãos) 2 ministrar uma substância com o efeito de acalmar; serenar (Do lat. *sedāre*, «id.»)

sedar[2] *v.tr.* passar pelo sedeiro; assedar (De *seda*+*-ar*)

sedativo *adj.* que acalma; calmante ▪ *n.m.* substância que abranda ou acalma a sobre-excitação nervosa (Do lat. *sedātu-*, «acalmado» +*-ivo*)

sede[1] /é/ *n.f.* 1 lugar onde alguém se pode sentar ou fixar 2 local onde funciona um tribunal, uma administração ou um governo 3 lugar onde se realiza um acontecimento 4 local onde uma instituição tem a sua direção ou administração 5 ponto onde se concentram certos factos ou fenómenos 6 assento de pedra fixo à parede, junto à janela, nas construções antigas 7 [fig.] centro; ~ *vacante* diocese onde falta o prelado, por morte, renúncia, deposição ou transferência (Do lat. *sede-*, «assento»)

sede[2] *n.f.* 1 sensação causada pela necessidade de beber; secura 2 [fig.] avidez; desejo veemente 3 [fig.] ânsia; impaciência; *fazer ~* provocar a sede; *matar a ~* saciar a sede; *ter ~ a (alguém)* [pop.] ter ódio a (alguém) (Do lat. *site-*, «id.»)

sedear *v.tr.* limpar com escova de sedas (objetos de ourivesaria) (De *seda*+*-ear*)

sedeiro *n.m.* placa crivada de puas em fileiras por onde se passa o linho para o assedar; rastelo (De *seda*+*-eiro*)

sedela *n.f.* fio resistente e pouco visível na água, com que se ata o anzol; sediela (De *seda*+*-ela*)

sedenho *n.m.* 1 tira de pano ou mecha de fios que se introduz sob a pele para promover a supuração, processo atualmente em desuso 2 cordão de crina com que se retesam as testeiras de uma serra de carpinteiro 3 ⇒ **sedeiro** (De *seda*+*-enho*)

sedentariedade *n.f.* 1 qualidade de sedentário 2 estado de pessoa que leva vida de sedentário (De *sedentário*+*-i-*+*-dade*)

sedentário *adj.* 1 que está quase sempre sentado 2 que não faz exercício; inativo 3 que vive sempre na mesma região, país ou local ▪ *n.m.* indivíduo que leva uma vida de pouca atividade física (Do lat. *sedentarĭu-*, «que trabalha sentado»)

sedentarismo *n.m.* vida sedentária; inatividade (De *sedentário*+*-ismo*)

sedente *adj.2g.* ⇒ **sedento** (De *sede*+*-ente*)

sedento *adj.* 1 que tem sede; sequioso 2 [fig.] muito desejoso; ávido (De *sede*+*-ento*)

sedeúdo *adj.* 1 que tem sedas ou cerdas 2 sedoso 3 cabeludo (De *seda*+*-udo*)

sediado *adj.* que tem sede (em) (Part. pass. de *sediar*)

sediar *v.tr.* 1 servir como sede a 2 estabelecer sede para ▪ *v.pron.* estabelecer-se (De *sede*+*-iar*)

sedição *n.f.* levantamento popular; motim; rebelião (Do lat. *seditiōne-*, «id.»)

sedicioso /ô/ *adj.* 1 que tem carácter de sedição; revoltoso; insubordinado 2 que promove uma sedição ou toma parte nela ▪ *n.m.* indivíduo que promove uma sedição ou toma parte nela; revolucionário (Do lat. *seditiōsu-*, «id.»)

sediela *n.f.* ⇒ **sedela**

sedígero *adj.* que produz seda (De *seda*+*-gero*)

sedilúvio *n.m.* banho de assento; semicúpio (Do lat. *sede-*, «assento» +*luĕre*, «lavar», com infl. de *dilūvio*)

sedimentação *n.f.* 1 ato ou efeito de sedimentar 2 deposição de sedimentos 3 GEOLOGIA uma das fases a considerar na formação das rochas sedimentares, na qual se constitui o depósito do material; ~ *eólica* GEOLOGIA sedimentação que se faz por influência do vento; ~ *glaciária* GEOLOGIA sedimentação que se faz por influência dos glaciares; ~ *hidráulica* GEOLOGIA sedimentação que se faz por influência das águas correntes; *velocidade de* ~ MEDICINA velocidade com que os glóbulos vermelhos do sangue sedimentam e cuja determinação, em laboratório, permite calcular o grau de atividade inflamatória (De *sedimentar*+*-ção*)

sedimentar[1] *adj.2g.* 1 da natureza do sedimento 2 produzido por deposição de sedimento (De *sedimento*+*-ar*, sufixo nominal)

sedimentar[2] *v.intr.* formar sedimento ▪ *v.tr.,pron.* consolidar; tornar(-se) estável (De *sedimento*+*-ar*, sufixo verbal)

sedimentário *adj.* ⇒ **sedimentar** (De *sedimento*+*-ário*)

sedimento *n.m.* 1 matérias depositadas durante a sedimentação por ação da gravidade 2 fezes 3 [fig.] vestígio; sinal (Do lat. *sedimentu-*, «o que assenta [no fundo]»)

sedimentologia *n.f.* GEOLOGIA capítulo da geologia que se ocupa do estudo das rochas sedimentares e do modo como se formaram (Do lat. *sedimentu-*, «estudo» +*-ia*)

sedimentoso /ô/ *adj.* 1 que tem sedimentos 2 resultante de processo de sedimentação 3 não clarificado (De *sedimento*+*-oso*)

sedonho /ô/ *n.m.* VETERINÁRIA doença que se manifesta nos suínos pelo aparecimento de pelos nas goelas (De *seda*+*-onho*)

sedoso /ô/ *adj.* 1 que tem sedas ou pelos 2 fino e macio como a seda 3 MINERALOGIA diz-se do brilho de um mineral que é semelhante ao da seda, o que se deve ao facto de o mineral apresentar um agregado paralelo de fibras finas, como acontece na serpentina, na malaquite e no gesso fibroso (Do lat. *setōsu-*, «id.»)

sedução *n.f.* 1 ato de seduzir ou de se deixar seduzir 2 qualidade do que é sedutor 3 atrativo; encanto 4 suborno 5 manobra tendente a vencer a resistência de uma pessoa à prática do ato sexual (Do lat. *seductiōne-*, «id.»)

sédulo *adj.* cuidadoso; diligente; zeloso (Do lat. *sedŭlu-*, «id.»)

sedutor *adj.* que seduz; atraente; encantador; tentador ▪ *n.m.* 1 aquele ou aquilo que seduz 2 aquele que procura seduzir (Do lat. *seductōre-*, «id.»)

seduzido *adj.* 1 que se seduziu 2 cativado; encantado; deslumbrado ▪ *adj.,n.m.* que ou o que foi alvo de sedução (Part. pass. de *seduzir*)

seduzir *v.tr.* 1 persuadir de modo astucioso 2 atrair de modo irresistível; fascinar; cativar; deslumbrar 3 levar (alguém) a ter relações íntimas (Do lat. *seducĕre*, «levar para o lado»)

seduzível *adj.2g.* que se pode seduzir (De *seduzir*+*-vel*)

sefardim *n.2g.* 1 pessoa pertencente a certa casta judaica da Península Ibérica 2 pessoa que pratica o ritual dessa casta 3 judeu de ascendência ibérica ▪ *adj.2g.* relativo aos sefardins (De que pratica o ritual dos sefardins (Do hebr. *sephardī*, nome atribuído a Espanha pelos rabinos)

sefardita *adj.,n.2g.* ⇒ **sefardim** (De *sefardi*(*m*)+*-ita*)

sefia *n.f.* ICTIOLOGIA peixe de corpo castanho-azulado e prateado, com reflexos metálicos na cabeça, que aparece na costa marítima portuguesa, e é também conhecido por choupa, mucharra, olho de boi, sargo, sargueta, etc. (De orig. obsc.)

sega[1] /é/ *n.f.* 1 ato ou efeito de segar 2 ceifa; segada; segadura; corte 3 tempo que dura a ceifa (Deriv. regr. de *segar*)

sega² /ê/ *n.f.* espécie de facalhão, colocada à frente da relha do arado, para fender a terra e cortar as raízes (Do lat. *seca-, deriv. regr. de secāre, «cortar»)

segada *n.f.* ⇒ **sega**¹ (Do lat. secāta-, «cortada», part. pass. fem. de secāre, «cortar»)

segadeira *n.f.* **1** foice grande para segar **2** ⇒ **ceifeira 2** (De segar+-deira)

segadoiro *adj.* ⇒ **segadouro**

segador *n.m.* aquele que sega; ceifeiro ■ *adj.* que sega (De segar+-dor)

segadouro *adj.* **1** que está em condições de ser segado **2** próprio para segar (Do lat. secatŭru-, «que há-de ser segado», part. fut. de secāre, «cortar»)

segadura *n.f.* ⇒ **sega**¹ (De segar+-dura)

segão¹ *n.m.* sega do arado (De sega+-ão)

segão² *n.m.* ceifeiro (De segar+-ão)

segar *v.tr.* **1** cortar (o cereal) nas searas; ceifar **2** [fig.] pôr fim a; acabar com (Do lat. secāre, «cortar»)

sega-vidas *adj.inv.n.2g.2n.* [poét.] que ou pessoa que ceifa muitas vidas; homicida (De segar+vida)

sege *n.f.* antiga carruagem de duas rodas e um só assento (Do fr. siège, «assento»)

segeiro *n.m.* **1** o que conduz seges **2** construtor de carruagens; o que fabrica seges (De sege+-eiro)

segetal *adj.2g.* **1** referente a searas **2** que cresce entre as searas (Do lat. segetāle-, «id.»)

segmentação *n.f.* **1** ato ou efeito de segmentar ou segmentar-se **2** fragmentação **3** BIOLOGIA conjunto de divisões celulares por que passa uma célula simples fertilizada até se tornar num corpo multicelular denominado blástula **4** LITERATURA operação de análise estrutural que consiste em dividir um enunciado em unidades discretas **5** ECONOMIA (marketing) análise do mercado com vista à identificação de grupos de consumidores com características semelhantes (De segmentar+-ção)

segmentar¹ *v.tr.* **1** executar a segmentação de **2** dividir em segmentos; retalhar; fracionar **3** ECONOMIA (marketing) identificar, dentro do mercado, grupos de consumidores com características semelhantes ■ *adj.2g.* **1** relativo a segmentos **2** formado de segmentos (De segmento+-ar, suf. verbal)

segmentar² *adj.2g.* **1** relativo a segmentos **2** formado de segmentos (De segmento+-ar, suf. nominal)

segmentário *adj.* formado de segmentos; segmentar (De segmento+-ário)

segmento *n.m.* **1** parte de um todo, secção; porção **2** MECÂNICA anel elástico colocado em entalhe próprio da parede de um pistão, para tornar estanque, de modo perfeito, a zona de contacto entre o cilindro e o pistão **3** ZOOLOGIA parte de um organismo que se separa dele por divisão natural; metâmero; anel **4** ECONOMIA (marketing) grupo de consumidores, dentro de um mercado, que partilham determinadas características de consumo; **~ circular** GEOMETRIA parte de um círculo compreendida entre uma corda e qualquer dos correspondentes arcos da circunferência; **~ de reta** GEOMETRIA conjunto cujos elementos são dois pontos quaisquer de uma reta e os pontos que, nessa reta, estão compreendidos entre aqueles dois pontos; **~ esférico** GEOMETRIA porção de uma esfera compreendida entre dois planos paralelos que a intersetam (Do lat. segmentu-, «id.»)

segnícia *n.f.* indolência; frouxidão; preguiça (Do lat. segnitĭa-, «id.»)

segnície *n.f.* ⇒ **segnícia**

segredar *v.tr.* dizer em segredo; cochichar; murmurar ■ *v.intr.* dizer segredos (De segredo+-ar)

segredeiro *adj.* amigo de dizer segredos; que gosta de cochichar; murmurador (De segredo+-eiro)

segredismo *n.m.* mania dos segredos; cochichos; murmuração (De segredo+-ismo)

segredista *adj.n.2g.* que ou pessoa que guarda segredos, fala em segredo ou cochicha (De segredo+-ista)

segredo *n.m.* **1** coisa que não se deve dizer ou não deve ser do conhecimento de outrem **2** coisa que não se divulga; sigilo **3** processo ou assunto apenas conhecido de um ou poucos indivíduos **4** coisa oculta; mistério; enigma **5** discrição **6** confidência; confissão **7** meio especial de atingir um fim **8** íntimo; âmago **9** razão ou motivação misteriosa **10** causa secreta **10** lugar oculto; esconderijo **11** mola oculta **12** *pl.* jogo popular; **~ bancário** dados (nomes de clientes, contas de depósito, etc.) conhecidos dos funcionários das instituições de crédito cuja revelação lhes é proibida; **~ de Estado** facto cuja divulgação lesa os interesses ou o brio da Nação; **~ de justiça** DIREITO estado de um processo criminal em fase de investigação em que os factos que dele constam não podem ser tornados públicos; **~ de polichinelo** segredo que é conhecido de muitos; **~ profissional** factos de que alguém tem conhecimento no exercício da sua profissão e cuja divulgação é punível; **em ~** ao ouvido, particularmente (Do lat. secrētu-, «coisa secreta»)

segregação *n.f.* **1** ato ou efeito de segregar **2** ato ou processo de isolar pessoas ou grupos em função da sua condição social, cultural, etc.; marginalização **3** isolamento **4** CITOLOGIA separação dos cromossomas homólogos durante processo de divisão celular (meiose) **5** separação dos componentes de uma mistura, ficando os mais finos à superfície; **~ racial** POLÍTICA atitude ou política que se traduz em tratamentos diferenciais impostos aos indivíduos que pertencem a populações de origem diferente num mesmo país; **lei da ~** BIOLOGIA lei da disjunção, segunda lei de Mendel; **teoria da ~** BIOLOGIA explicação do transformismo que admite que, quando alguns indivíduos de uma espécie emigram e se separam dos restantes, dão origem a outras espécies (Do lat. segregatiōne-, «id.»)

segregacionismo *n.m.* política que se traduz em tratamentos diferenciais impostos aos indivíduos que pertencem a populações de origem diferente num mesmo país

segregacionista *adj.2g.* relativo a segregacionismo ■ *adj.,n.2g.* que ou o que defende e/ou adota o segregacionismo

segregado *adj.* **1** posto de parte; marginalizado **2** expelido; secretado (Part. pass. de segregar)

segregar *v.tr.* **1** pôr de lado; separar; apartar **2** marginalizar; discriminar **3** expelir **4** produzir (secreção) ■ *v.pron.* isolar-se (Do lat. segregāre, «apartar; pôr de parte; segregar»)

segregatício *adj.* **1** que diz respeito à segregação; secretor **2** que opera a secreção; secretor (Do lat. segregātu-, «segregado», part. pass. de segregāre, «segregar» +-ício)

segregativo *adj.* **1** que segrega; que marginaliza **2** GRAMÁTICA que limita a significação de uma palavra; distributivo; partitivo (Do lat. segregatīvu-, «id.»)

segrel *n.m.* trovador de profissão que aceitava paga pelas suas composições (Do prov. segrier, «id.»)

seguida *n.f.* seguimento; continuação; **de ~** logo após, sem interrupção; **em ~** imediatamente, depois, após; **em ~ a** depois de (Part. pass. fem. subst. de seguir)

seguidamente *adv.* **1** de modo seguido; sem interrupção **2** logo após (De seguido+-mente)

seguidilha *n.f.* **1** dança espanhola, alegre e por vezes livre, com acompanhamento de castanholas **2** LITERATURA pequena composição poética rimada, de carácter alegre e, por vezes, picante (Do cast. seguidilla, «id.»)

seguidilheiro *n.m.* cantor e dançarino de seguidilhas (De seguidilha+-eiro)

seguidismo *n.m.* procedimento daqueles que seguem uma ideia, teoria, autoridade ou um partido sem questionar ou fazer qualquer juízo crítico (De seguido+-ismo)

seguidista *adj.2g.* **1** relativo a seguidismo **2** em que há seguidismo ■ *n.2g.* pessoa que segue uma ideia, teoria, autoridade ou um partido sem questionar ou fazer qualquer juízo crítico (De seguido+-ista)

seguido *adj.* **1** sem interrupção; sem intervalo **2** contínuo; consecutivo **3** que está ou vem logo depois; imediato **4** adotado; escolhido **5** persistente **6** frequentado; trilhado **7** acompanhado à retaguarda (Part. pass. de seguir)

seguidor *adj.,n.m.* **1** que ou aquele que segue **2** continuador **3** perseguidor **4** partidário (De seguir+-dor)

seguimento *n.m.* **1** ato ou efeito de seguir **2** acompanhamento **3** prosseguimento; continuação; continuidade; sequência **4** prolongamento **5** consequência **6** perseguição; encalço (De seguir+-mento)

seguinte *adj.2g.* que segue ou está a seguir; imediato ■ *n.m.* **1** aquele ou aquilo que se segue **2** *pl.* ângulos de alvenaria **3** *pl.* peças laterais das gelosias (De seguir+-inte)

seguintemente *adv.* ⇒ **seguidamente** ■ *conj.* (raramente usado) por conseguinte (De seguinte+-mente)

seguir *v.tr.* **1** ir após **2** acompanhar; escoltar **3** perseguir **4** observar; espiar **5** percorrer **6** estudar **7** prestar atenção a **8** continuar **9** ser partidário de **10** adotar; tomar como modelo **11** proceder de harmonia com ■ *v.intr.* **1** continuar; prosseguir **2** partir; ir embora **3** ser enviado ■ *v.pron.* **1** vir após **2** decorrer; resultar; **a ~** depois, após, seguidamente, a eito; **a ~ a** depois de (Do lat. vulg. *sequĕre, do lat. cl. sequi, «id.»)

segunda¹ *n.f.* **1** num veículo, mudança de velocidade a seguir à primeira **2** segunda classe em meio de transporte **3** forma reduzida de *segunda-feira* **4** MÚSICA intervalo de um grau (ou um tom) na escala diatónica **5** MÚSICA corda de instrumentos a seguir à prima

segunda

6 TIPOGRAFIA prova de uma folha de impressão que já se corrigiu; *de ~* de qualidade inferior, de má qualidade (De *segundo*)

segunda[2] *n.f.* [Cabo Verde] desforra; vingança (Do crioulo cabo-verdiano *segunda*, «continuação; resposta à primeira»)

segunda-feira *n.f.* dia da semana imediatamente posterior ao domingo (De *segunda+feira*)

segundanista *n.2g.* estudante que frequenta o segundo ano de qualquer curso ou faculdade (De *segundo+ano+-ista*)

segundar *v.tr.* ⇒ **secundar** (Do lat. *secundāre*, «favorecer»)

segunda-volta *n.f.* **1** segunda votação a que se recorre quando, do primeiro escrutínio de uma eleição, não resulta maioria absoluta para qualquer candidato **2** DESPORTO segunda série de dezassete jogos de um campeonato de futebol

segundeira *n.f.* **1** segunda distribuição de vinho aos frades em dias de festa **2** cortiça que se tira após a retirada da cortiça virgem (De *segunda+-eira*)

segundo[1] *num.ord. >adj.num.* DT que, numa série, ocupa a posição imediatamente a seguir à primeira ■ *n.m.* **1** o que, numa série, ocupa o lugar correspondente ao número 2 **2** FÍSICA unidade de tempo do Sistema Internacional que é a duração de 9 192 631 770 períodos da radiação correspondente à transição entre os dois níveis hiperfinos do estado fundamental do átomo de césio 133; sexagésima parte de um minuto **3** [ant.] 1/86400 do dia solar médio (primeira definição de segundo) **4** GEOMETRIA unidade de medida de ângulo plano, de símbolo '', equivalente à sexagésima parte do minuto **5** [fig.] intervalo de tempo muito reduzido ■ *adj.* **1** que ocupa uma posição secundária **2** inferior **3** novo **4** que se faz outra vez; *segundas núpcias* segundo casamento; *de segunda* de qualidade inferior, de má qualidade; *em segunda mão* usado; *sem ~* sem igual, sem par (Do lat. *secundu-*, «id.»)

segundo[2] *adv.* em lugar a seguir ao primeiro (Do lat. *secundo*)

segundo[3] *prep.* de acordo com; conforme; consoante ■ *conj.* **1** conforme; consoante **2** à medida que (Do lat. *secundum*)

segundo-cabo *n.m.* MILITAR posto da categoria de praça do Exército e da Força Aérea, superior ao de soldado e inferior ao de primeiro-cabo ■ *n.2g.* MILITAR militar que ocupa esse posto

segundo-furriel *n.m.* MILITAR posto de sargento do Exército e da Força Aérea, superior ao de cabo de secção e inferior ao de furriel, e cuja insígnia é constituída por três divisas ■ *n.2g.* MILITAR militar que ocupa esse posto

segundogénito *adj.,n.m.* ⇒ **secundogénito**

segundogenitura *n.f.* estado ou condição de quem é segundogénito (Do lat. *secundo*, «em segundo lugar» +*genitūra-*, «nascimento»)

segundo-grumete *n.m.* MILITAR posto da categoria de praça mais baixo da hierarquia da Marinha, inferior ao de primeiro-marinheiro ■ *n.2g.* MILITAR militar que ocupa esse posto

segundo-marinheiro *n.m.* MILITAR posto da categoria de praça da Marinha, superior ao de primeiro-grumete e inferior ao de primeiro-marinheiro ■ *n.2g.* MILITAR militar que ocupa esse posto

segundo-sargento *n.m.* MILITAR posto de sargento das Forças Armadas, superior ao de furriel e inferior ao de primeiro-sargento, e cuja insígnia é constituída por três divisas ■ *n.2g.* MILITAR militar que ocupa esse posto

segundo-subsargento *n.m.* MILITAR posto de sargento da Marinha, superior ao de cabo e inferior ao de subsargento, cuja insígnia é constituída por duas divisas ■ *n.2g.* MILITAR militar que ocupa esse posto

segundo-tenente *n.m.* MILITAR posto de oficial subalterno da Marinha, superior ao de subtenente e inferior ao de primeiro-tenente, e cuja insígnia é constituída por dois galões estreitos ■ *n.2g.* MILITAR oficial que ocupa esse posto

segura *n.f.* enxó dos tanoeiros (Do lat. *secūre-*, «machada»)

seguração *n.f.* **1** ⇒ **segurança** *n.f.* **2** seguro mercantil (De *segurar+-ção*)

segurado *n.m.* aquele que está no seguro ou paga o prémio, num contrato de seguro (Part. pass. de *segurar*)

segurador *adj.,n.m.* que ou aquele que, segundo um contrato de seguro, se obriga a indemnizar o segurado de prejuízos eventuais (De *segurar+-dor*)

seguradora *n.f.* companhia que se compromete a indemnizar um cliente, o segurado, (ou um terceiro), de acordo com um contrato realizado entre ambos, mediante o pagamento por parte do cliente de uma quantia estipulada e no caso de se verificar qualquer dos riscos assumidos; companhia de seguros (De *segurador*)

seguramente *adv.* **1** de modo seguro; com certeza **2** evidentemente (De *seguro+-mente*)

segurança *n.f.* **1** ato ou efeito de segurar **2** confiança **3** certificação **4** tranquilidade de espírito **5** caução; garantia **6** firmeza; certeza; convicção **7** amparo **8** afirmação **9** corpo de vigilância e proteção contra possíveis atentados ou ataques a uma instituição ou personalidade ■ *n.2g.* pessoa cuja função é proteger outra(s) pessoa(s), uma empresa, um estabelecimento comercial, etc. (De *segurar+-ança*)

segurança social *n.f.* sistema de assistência e proteção económica que garante um conjunto das regalias sociais aos beneficiários em situações de reforma, doença, desemprego, etc.

segurar *v.tr.* **1** tornar seguro; firmar; fixar **2** conter; agarrar **3** pôr no seguro; acautelar **4** fincar **5** deter; suster **6** assegurar; garantir **7** defender ■ *v.pron.* **1** suster-se **2** agarrar-se; apoiar-se **3** tomar precauções; prevenir-se **4** fazer contrato de seguro (De *seguro+-ar*)

segure *n.f.* ⇒ **secure** (Do lat. *secure-*, «machadinha»)

segurelha[1] /ê/ *n.f.* BOTÂNICA planta da família das Labiadas, aromática, de flores com corolas brancas, cultivada e utilizada como condimento, também conhecida por saturagem (Do lat. *satureĭa-*, «id.»)

segurelha[2] /ê/ *n.f.* **1** espigão onde penetra o ferro que segura a mó inferior, nas atafonas **2** peça de madeira enfiada no espigão da mó inferior para regular o movimento da superior (Do lat. *securicŭla-*, «torno; cavilha»)

segureza *n.f.* ⇒ **segurança** *n.f.* (De *seguro+-eza*)

seguridade *n.f.* ⇒ **segurança** *n.f.* (Do lat. *securitāte-*, «id.»)

seguro *adj.* **1** firme; inabalável **2** preso **3** livre de cuidados, de risco ou de danos **4** certo; indubitável; garantido **5** em que se pode confiar **6** prudente **7** eficaz; infalível **8** que foi posto no seguro **9** [pop.] económico; forreta ■ *n.m.* **1** contrato pelo qual o segurado se obriga ao pagamento de certa quantia e o segurador se compromete a indemnizar o primeiro ou um terceiro, no caso de se verificar qualquer dos riscos assumidos **2** salvo-conduto **3** caução **4** proteção ■ *adv.* com segurança; *ir pelo ~* proceder com cautela; *o ~ morreu de velho* quem se acautela evita muitos riscos (Do lat. *secūru-*, «id.»)

segway *n.m.* veículo motorizado para transporte pessoal, dotado de uma plataforma para apoiar os pés e duas rodas paralelas, que se equilibra sobre seu próprio eixo (Do ing. *Segway*®)

seiça *n.f.* ⇒ **salgueiro** (Do lat. *salĭce-*, «salgueiro»)

seiçal *n.m.* ⇒ **salgueiral** (De *seiça+-al*)

seice *n.m.* ⇒ **salgueiro**

seiceiro *n.m.* ⇒ **salgueiro** (De *seice+-eiro*)

seichelense *adj.2g.* relativo às ilhas Seicheles, no oceano Índico ■ *n.2g.* natural ou habitante das Seicheles (De *Seicheles+-ense*)

seima *n.f.* ICTIOLOGIA garoupa (Do ár. *hallāma*, «id.»)

seio *n.m.* **1** curva; sinuosidade; volta **2** ANATOMIA glândula mamária da mulher **3** ANATOMIA parte do corpo humano onde se situam as glândulas mamárias; peito **4** ANATOMIA cavidade no interior de um órgão ou dilatação localizada de um órgão oco **5** [fig.] ventre; útero **6** [fig.] coração **7** [fig.] parte recôndita; intimidade **8** [fig.] ambiente **9** NÁUTICA bojo que faz a vela enfunada **10** [pouco usado] GEOGRAFIA golfo; *~ venoso* ZOOLOGIA cavidade que abre na aurícula do coração de alguns vertebrados; *o ~ de Abraão* o Limbo; *o ~ de Deus* o Paraíso (Do lat. *sinu-*, «id.»)

seira *n.f.* **1** cesto ou saco tecido de esparto, onde se deita a azeitona, depois de moída, para a espremer, ou onde se guardam figos, pregos, etc. **2** berço (Do gót. **sahrja*, de **sahars*, «junco»)

seirão *n.m.* **1** seira grande **2** [regionalismo] espécie de alforge que se põe sobre as bestas de carga (De *seira+-ão*)

seis *num.card. >quant.num.* DT cinco mais um ■ *n.m.2n.* **1** o número 6 e a quantidade representada por esse número **2** o que, numa série, ocupa o sexto lugar **3** carta de jogar, peça de dominó ou face de dado com seis pintas (Do lat. *sex*, «id.»)

seiscentésimo *num.ord. >adj.num.* DT que, numa série, ocupa a posição imediatamente a seguir à quingentésima nonagésima nona; que é o último numa série de seiscentos ■ *num.frac. >quant.num.* DT que resulta da divisão de um todo por seiscentos ■ *n.m.* **1** o que, numa série, ocupa o lugar correspondente ao número 600 **2** uma das seiscentas partes iguais em que se dividiu um todo (Do lat. *sexcentesĭmu-*, «id.»)

seiscentismo *n.m.* estilo, gosto ou escola dos escritores ou artistas seiscentistas, caracterizada por um estilo rebuscado e pelo culto da forma; cultismo; gongorismo (De *seiscentos+-ismo*)

seiscentista *n.2g.* escritor ou artista do século XVII ■ *adj.2g.* diz-se do estilo ou da escola literária ou artística do mesmo século (De *seiscentos+-ista*)

seiscentos *num.card. >quant.num.* DT quinhentos mais cem ■ *n.m.2n.* **1** o número 600 e a quantidade representada por esse número **2** o que, numa série, ocupa o seiscentésimo lugar **3** o século XVII (De *seis+cento*, ou do lat. *sexcentos*, «id.»)

seisdobro /ô/ *quant.,adj.,n.m.* ⇒ **sêxtuplo** (De *seis+dobro*)

seita¹ *n.f.* 1 doutrina ou sistema que se afasta da crença geral; facção 2 reunião de pessoas que professam uma religião diversa da geralmente seguida 3 [pop.] partido; bando (Do lat. *secta*-, «id.»)

seita² *n.f.* [regionalismo] leiva que o ferro do vessadouro levanta (Do lat. *sectu*-, «cortado», part. pass. de *secāre*, «cortar»)

seitã *n.m.* ⇒ **seitan**

seitan *n.m.* alimento rico em proteínas produzido a partir do glúten do trigo

seitoira *n.f.* [regionalismo] ⇒ **seitoura**

seitoril *n.m.* [regionalismo] temão onde está cravada a sega com que se corta a leiva deixada pelo vessadouro (Do lat. *sectōre*-, «aquele que corta» +-*il*)

seitoura *n.f.* foice serreada, de cabo curto, para segar cereais, erva, etc. (Do lat. **sectoria*-, de *secāre*, «cortar»)

seiva *n.f.* 1 BOTÂNICA líquido nutritivo que circula nas plantas 2 [fig.] substância 3 [fig.] sangue 4 [fig.] vigor; atividade; ~ **bruta** BOTÂNICA líquido que circula nos vasos traqueanos, constituído por uma solução aquosa muito diluída de sais minerais, aguadilha; ~ **elaborada** BOTÂNICA líquido xaroposo que circula nos vasos crivosos e que contém substâncias orgânicas dissolvidas na água (Do lat. *sapa, ea*, «vinho novo», pelo fr. *sève*, «seiva»)

seivoso /ô/ *adj.* 1 que tem seiva 2 próprio para a circulação da seiva (De *seiva*+-*oso*)

seixa¹ *n.f.* 1 espécie de adem figurado no brasão dos Seixas 2 ORNITOLOGIA espécie de pombo bravo 3 ZOOLOGIA caranguejo de casca amarelo-azulada 4 *pl.* parte da capa dos livros que ressai das folhas (Do lat. *saxĕa*-, «de pedra»)

seixa² *n.f.* ZOOLOGIA mamífero da família dos Bovídeos, afim dos antílopes, que vive na África, a sul do Sara

seixagal *n.m.* ⇒ **seixal** (De *seixo*+*g*+-*al*)

seixal *n.m.* lugar onde abundam seixos ou cascalho (De *seixo*+-*al*)

seixebra /ê/ *n.f.* [regionalismo] BOTÂNICA planta vivaz, da família das Labiadas, de caules altos e duros, e corolas de limbo amarelo, espontânea em Portugal (Do lat. *saxifrăga*-, «que quebra pedras»)

seixo *n.m.* 1 pedra geralmente lisa, dura e de tamanho reduzido; calhau 2 [pop.] ovo de ave, no ninho 3 *pl.* rocha sedimentar detrítica não lapidificada (Do lat. *saxu*-, «rocha; seixo»)

seixoeira *n.f.* ORNITOLOGIA ave migradora, da família dos Caradrídeos, comum em Portugal, sobretudo no outono, e também conhecida por borrelho, ruiva, passarinho-em-arribação, maçarico, rola-de-papo-vermelho, etc. (De *seixo*+-*eira*?)

seixoso /ô/ *adj.* que tem muitos seixos (Do lat. *saxōsu*-, «id.»)

seja /ê/ *interj.* exprime consentimento; ~... ~ ou... ou; não só... mas também; *assim* ~! exclamação que exprime consentimento, concordância, de acordo!, com certeza!; *ou* ~ isto é (De *ser*)

sela *n.f.* 1 assento acolchoado onde o cavaleiro se senta 2 [ant.] cadeira de braços; *cavalo da* ~ cavalo que fica à mão esquerda do cocheiro; *cavalo de* ~ cavalo elegante e musculado, destinado apenas à equitação (Do lat. *sella*-, «assento»)

selada *n.f.* 1 ponto onde quebra a lombada do monte 2 depressão oblonga numa montanha (Part. pass. fem. subst. de *selar*)

selado¹ *n.m.* 1 curvatura na região dorsal ■ *adj.* 1 que tem sela 2 diz-se da pessoa ou do animal que tem o dorso curvado para dentro (Part. pass. de *selar*)

selado² *adj.* 1 a que se pôs selo 2 designativo do papel com o selo legal, usado em documentos oficiais (Part. pass. de *selar*)

seladoiro *n.m.* parte do dorso do animal onde se coloca a sela (De *selar*+-*doiro*)

selador *adj.,n.m.* que ou aquele que sela (De *selar*+-*dor*)

seladouro *n.m.* ⇒ **seladoiro** (De *selar*+-*douro*)

seladura *n.f.* 1 ato ou efeito de selar 2 parte do corpo do animal onde se coloca a sela (De *selar*+-*dura*)

selagão *n.m.* sela com arção dianteiro baixo e raso por detrás (De *sela*+*g*+-*ão*)

selagem *n.f.* ato de pôr selos ou carimbo (De *selar*+-*agem*)

selaginela *n.f.* BOTÂNICA planta herbácea, pteridófita, da família das Selaginiláceas, espontânea em Portugal, nos sítios sombrios e húmidos, por vezes cultivada para fins ornamentais (Do lat. *selagīne*-, «id.» +-*ela*, ou do fr. *selaginelle*, «id.»)

Selaginiláceas *n.f.pl.* BOTÂNICA família de plantas pteridófitas, licopodíneas, heterospóricas, cujo género-tipo se designa *Selaginella* (De *selaginela*+-*áceas*)

seláquio *adj.* ICTIOLOGIA diz-se do peixe com esqueleto cartilagíneo, boca ventral e, na grande maioria de casos, com cinco pares de fendas branquiais ■ *n.m.* ICTIOLOGIA espécime dos seláquios ■ *n.m.pl.* ICTIOLOGIA grupo (ordem) de peixes marinhos com esqueleto cartilagíneo, brânquias situadas em fendas isoladas ao lado da faringe e boca ventral (Do gr. *sélakhos*, «brilhante» +-*io*)

selar¹ *v.tr.* pôr sela em; aparelhar (o cavalo)

selar² *v.tr.* 1 pôr selo em; estampilhar 2 carimbar 3 fechar bem; cerrar 4 validar (contrato) (Do lat. **sigillāre*, «id.»)

selaria *n.f.* 1 ofício, indústria ou loja de seleiro 2 conjunto dos arreios de uma montada 3 lugar onde se guardam as selas e outros arreios (De *sela*+-*aria*)

seleção *n.f.* 1 escolha criteriosa e fundamentada; escolha; eleição 2 conjunto de coisas escolhidas 3 DESPORTO conjunto dos melhores atletas, em qualquer modalidade, escolhidos para representarem um país ou uma região num encontro desportivo; ~ *artificial* BIOLOGIA melhoramento de uma raça pela escolha dos reprodutores; ~ *escolar/profissional* determinação, mediante processos metódicos e principalmente psicotécnicos, dos indivíduos que, numa população, são mais aptos para certos estudos ou para certas profissões; ~ *natural* sobrevivência dos mais aptos na luta pela vida, principal causa da evolução das espécies, segundo a teoria darwinista; ~ *sexual* mecanismo especial de seleção de caracteres sexuais que permite, em certos indivíduos, melhores condições para a conquista da fêmea (Do lat. *selectiōne*-, «id.»)

selecção ver nova grafia **seleção**
seleccionado ver nova grafia **selecionado**
seleccionador ver nova grafia **selecionador**
seleccionar ver nova grafia **selecionar**
seleccionismo ver nova grafia **selecionismo**

selecionado *adj.* 1 que se selecionou 2 escolhido; preferido; eleito (Part. pass. de *seleccionar*)

selecionador *adj.* que seleciona; que escolhe cuidadosamente ■ *n.m.* 1 aquele que seleciona a partir de determinados critérios ou características 2 DESPORTO aquele que escolhe e prepara um grupo de atletas ou jogadores para representar um clube, uma região ou um país num determinado desafio (De *seleccionar*+-*dor*)

selecionar *v.tr.* 1 fazer a seleção de; escolher 2 INFORMÁTICA destacar os elementos ou dados sobre os quais se pretende aplicar um comando ou uma operação, marcando-os no ecrã do computador (Do lat. *selectiōne*-, «seleção» +-*ar*)

selecionismo *n.m.* teoria dos que admitem a existência da seleção natural (Do lat. *selectiōne*-, «seleção» +-*ismo*)

selecta ver nova grafia **seleta**
selectar ver nova grafia **seletar**
selectividade ver nova grafia **seletividade**
selectivo ver nova grafia **seletivo**
selecto ver nova grafia **seleto**
selector ver nova grafia **seletor**

seleiro *n.m.* o que fabrica ou vende selas ■ *adj.* 1 curtido 2 feito de peles de bovinos 3 que se segura bem na sela 4 diz-se do cavalo que já foi montado (De *sela*+-*eiro*)

seleniato *n.m.* QUÍMICA sal do ácido selénico (De *selénio*+-*ato*)

selénico¹ *adj.* QUÍMICA diz-se do ácido de fórmula H_2SeO_4 (De *selénio*+-*ico*)

selénico² *adj.* respeitante à Lua (Do gr. *seléne*, «Lua» +-*ico*)

selenífero *adj.* que possui selénio (De *selénio*+-*fero*)

selénio *n.m.* QUÍMICA elemento com o número atómico 34 e símbolo Se, não metal, quimicamente análogo ao enxofre, caracterizado pela propriedade de variar de condutibilidade com o grau de iluminação, pelo que é empregado em células fotoelétricas (Do gr. *seléne*, «Lua» +-*io*)

selenioso /ô/ *adj.* QUÍMICA diz-se do ácido de fórmula H_2SeO_3 (Do gr. *selénio*+-*oso*)

selenita *n.2g.* suposto habitante da Lua (Do gr. *selenítes*, «relativo à Lua»)

selenite *n.f.* MINERALOGIA variedade transparente e incolor do gesso, 2.º termo da escala de dureza (escala de Mohs) (Do gr. *selenítes [líthos]*, «pedra da Lua»)

selenito *n.m.* designação dos sais do ácido selenioso; selenite (De *selén[io]*+-*ito*)

selenitoso /ô/ *adj.* 1 que contém selenite 2 relativo ao gesso (De *selenito*+-*oso*)

seleno- elemento de formação de palavras que exprime a ideia de *Lua* (Do gr. *seléne*, «Lua»)

selenodonte *adj.2g.* 1 diz-se do tipo de dentes molares que apresentam cristas em forma de crescente 2 ZOOLOGIA diz-se do mamífero artiodáctilo que apresenta esse tipo de dentes, como os ruminantes (Do gr. *seléne*, «Lua» +*odoús, odóntos*, «dente»)

selenografia *n.f.* descrição da Lua (De *seleno-*+-*grafia*)

selenográfico *adj.* relativo à selenografia (De *selenografia*+-*ico*)

selenógrafo *n.m.* aquele que se dedica a trabalhos de selenografia (De *seleno-*+-*grafo*)

selenologia *n.f.* tratado acerca da Lua e dos fenómenos nela operados (De *seleno-*+-*logia*)

selenólogo *n.m.* ⇒ **selenógrafo** (De *seleno-*+-*logo*)

selenose *n.f.* mancha branca, semilunar, nas unhas; lúnula (Do gr. *seléne*, «Lua» +*-ose*)

selenóstato *n.m.* ASTRONOMIA instrumento ótico que acompanha automaticamente os movimentos da Lua sem ser preciso deslocar a luneta (Do gr. *seléne*, «Lua» +*statós*, «estacionário»)

seleta *n.f.* 1 livro em que estão coligidos trechos literários escolhidos das obras de vários autores; antologia 2 variedade de pera (Do lat. *selecta*, «coisas escolhidas», part. pass. neut. pl. de *seligěre*, «escolher; selecionar»)

seletar *v.tr.* ⇒ **selecionar** (De *selecto*+*-ar*)

seletividade *n.f.* 1 propriedade que, em maior ou menor grau, os aparelhos radioelétricos possuem de captar os sinais de cada um dos postos emissores com exclusão dos outros, bem como das correntes parasitas de origem atmosférica ou industrial 2 propriedade que certos reagentes possuem de reagir só com certas espécies químicas, permitindo distingui-las de outras (De *selectivo*+*-i-*+*-dade*)

seletivo *adj.* 1 que diz respeito a seleção 2 que opera a seleção das ondas hertzianas; *absorção seletiva* FÍSICA absorção de radiações de certos comprimentos de onda, de preferência às de outros (Do lat. *selectu-*, «escolhido», part. pass. de *seligěre*, «escolher; selecionar» +*-ivo*)

seleto *adj.* 1 escolhido; selecionado 2 distinto; excelente; especial (Do lat. *selectu-*, «id.», part. pass. de *seligěre*, «escolher»)

seletor *adj.* que seleciona ■ *n.m.* 1 aquele ou aquilo que seleciona 2 aparelho telegráfico que permite selecionar a natureza e a intensidade da corrente que se quer aproveitar 3 dispositivo que num aparelho de rádio ou de televisão permite separar a gama de ondas ou o canal que interessa 4 dispositivo que numa central telefónica automática permite dirigir a mensagem para determinada linha (Do lat. *selectōre-*, «id.»)

selêucida *adj.2g.* 1 relativo aos Selêucidas 2 designativo do indivíduo da dinastia grega dos Selêucidas ■ *n.2g.* indivíduo da dinastia grega dos Selêucidas (De *Seleuco*, antr. +*-ida*)

Selêucidas *n.m.pl.* dinastia grega fundada por Seleuco I (355--280 a. C.) e que dominou na Síria nos séculos IV, III e II a. C. (De *selêucida*)

self *adj.inv.* ELETRICIDADE diz-se da bobina de elevado coeficiente de autoindução, usada principalmente em circuitos oscilantes (Do ing. *self*, «por si próprio»)

self-service *n.m.* sistema de comercialização onde o próprio cliente se serve; autosserviço ■ *adj.inv.* diz-se de um estabelecimento comercial onde o cliente se serve (Do ing. *self-service*)

selha /ê/ *n.f.* vaso redondo de madeira de bordos baixos; tina (Do lat. *situla-*, «id.»)

selim *n.m.* 1 sela pequena sem arção 2 assento de uma bicicleta ou motocicleta, de forma semelhante a um triângulo (De *sela*+*-im*)

selo /ê/ *n.m.* 1 pequeno papel impresso, geralmente de forma retangular, adesivo numa das faces, destinado a pagar o envio de correspondência pelo correio; estampilha 2 sinete ou carimbo empregado para autenticar documentos; chancela 3 sinal ou marca que fica estampada 4 tudo o que serve para selar 5 [fig.] sinal; cunho; marca 6 [fig.] estigma 7 [pop.] mancha; nódoa; *~ branco* carimbo sem tinta, que deixa uma marca em relevo no documento que autentica, marca em relevo produzida por este carimbo; *~ postal* estampilha do correio (Do lat. *sigillu-*, «id.»)

selo-de-salomão *n.m.* BOTÂNICA planta rizomatosa, da família das Liliáceas, com flores brancas, unilaterais e pendentes, espontânea em Portugal, desde o Minho ao Alto Alentejo

selote *n.m.* ⇒ **selim** (De *sela*+*-ote*)

selva *n.f.* 1 floresta densa ou virgem, caracterizada pelo máximo desenvolvimento vegetal, tipicamente tropical 2 mata inculta; floresta; matagal 3 [fig.] grande quantidade de coisas, sobretudo emaranhadas 4 [fig.] ambiente ou local onde existe muito competição e rivalidade (Do lat. *silva-*, «id.»)

selvagem *adj.2g.* 1 da selva ou próprio dela 2 selvático 3 inculto; bravio 4 que nasce e cresce sem cultura, sem cuidado especial 5 silvestre; bravo 6 que evita o convívio social 7 inabitado 8 maninho; ermo 9 feroz 10 rude; grosseiro 11 intratável; arisco ■ *n.2g.* 1 pessoa que vive nas selvas 2 pessoa rude, grosseira 3 pessoa cruel ou malvada (Do lat. *silvatĭcu-*, «silvestre», pelo prov. *salvaige*, «id.»)

selvagíneo *adj.* 1 relativo aos animais selvagens 2 selvático (De *selvagem*+*-íneo*)

selvagino *adj.* ⇒ **selvagíneo** (De *selvagem*+*-ino*)

selvagismo *n.m.* ⇒ **selvajaria** (De *selvagem*+*-ismo*)

selvajaria *n.f.* 1 qualidade, dito ou ações de selvagem 2 grosseria; rusticidade (De *selvagem*+*-aria*)

selvático *adj.* 1 nascido ou criado nas selvas 2 próprio das selvas 3 grosseiro; rude 4 agressivo (Do lat. *silvatĭcu-*, «silvestre»)

selvícola *adj.,n.2g.* ⇒ **silvícola** (Do lat. *silvicŏla-*, «que habita na floresta»)

selvoso /ô/ *adj.* 1 povoado de selvas 2 da natureza da selva; selvático (Do lat. *silvōsu-*, «coberto de florestas»)

sem *prep.* introduz expressões que designam ausência, falta, privação ou exclusão (*sem asas; sem companhia; sem dinheiro*); *~ dúvida* claro, certamente; *~ mais nem menos* sem motivo, sem razão; *~ mais nem para quê* sem motivo aparente, sem razão; *~ tirar nem pôr* precisamente, tal e qual; *~ tir-te nem guar-te* sem aviso, de repente (Do lat. *sine*, «id.»)

sema *n.m.* LINGUÍSTICA componente mínima de significação de uma palavra (Do gr. *sēma*, «sinal», pelo fr. *sème*, «id.»)

sem-abrigo *adj.inv.,n.2g.2n.* que ou pessoa que vive na rua em condições de extrema pobreza

semáfora *n.f.* 1 sistema de comunicação usado quando a distância física entre o emissor e o recetor não é muito grande e em que são utilizadas duas bandeirolas coloridas em diversas posições, cada uma representando uma dada mensagem, uma letra do alfabeto, um algarismo, etc. 2 cada uma destas bandeirolas coloridas (De *semáforo*)

semafórico *adj.* 1 que tem semáforo 2 relativo a semáforo ■ *n.m.* telegrafista encarregado do semáforo (De *semáforo*+*-ico*)

semáforo *n.m.* 1 posto de sinalização luminosa, automática, nos cruzamentos de ruas e estradas, para regularização do trânsito 2 poste de sinais nas linhas-férreas, com farol e hastes móveis, para indicar aos maquinistas se a via está ou não livre 3 espécie de telégrafo usado nos portos e nas costas marítimas para transmitir avisos aos navios por meio de sinais aéreos ou telefonia sem fios (Do gr. *sēma*, «sinal» +*phorós*, «portador»)

semana *n.f.* 1 série de sete dias consecutivos 2 período de sete dias seguidos 3 espaço de tempo, correspondente ou não a sete dias, em que decorre um evento 4 trabalho ou atividade que tem a duração de sete dias; *para a ~ dos nove dias* tarde ou nunca (Do lat. *septimāna-*, «id.»)

semana-americana *n.f.* semana de trabalho que exclui o sábado

semanada *n.f.* 1 quantia que se paga ou se dá por semana 2 pagamento de uma semana de trabalho (De *semana*+*-ada*)

semana-inglesa *n.f.* semana de trabalho que exclui a tarde de sábado

semanal *adj.2g.* 1 da semana 2 que se realiza ou publica uma vez por semana; hebdomadário (De *semana*+*-al*)

semanalmente *adv.* 1 de semana a semana; de sete em sete dias 2 uma vez por semana 3 todas as semanas (De *semanal*+*-mente*)

semanário *n.m.* jornal que se publica uma vez por semana ■ *adj.* ⇒ **semanal** (De *semana*+*-ário*)

semantema *n.m.* 1 LINGUÍSTICA palavra considerada quanto à significação 2 LINGUÍSTICA radical de uma palavra onde está o seu sentido fundamental (De *semânt[ica]*+*[fon]ema*)

semântica *n.f.* 1 LINGUÍSTICA disciplina da linguística que se ocupa da significação das palavras e expressões linguísticas bem como das relações de sentido que estas estabelecem entre si 2 LINGUÍSTICA significado das palavras (por oposição a forma) 3 FILOSOFIA, LÓGICA parte da semiótica que estuda as relações dos signos com os objetos que eles representam (Do gr. *semantiké [tékhne]*, «a arte da significação»)

semântico *adj.* 1 relativo à semântica 2 significativo (Do gr. *semantikós*, «id.»)

semantista *n.2g.* pessoa que se ocupa de semântica (De *semânt[ica]*+*-ista*)

semasiologia *n.f.* LINGUÍSTICA processo de estudo do sentido que parte do signo linguístico para procurar o conceito que ele exprime (Do gr. *semasía*, «indicação» +*lógos*, «tratado» +*-ia*)

semasiológico *adj.* ⇒ **semântico** (De *semasía*, «indicação» +*lógos*, «tratado» +*-ico*)

sematologia *n.f.* LINGUÍSTICA ⇒ **semasiologia** (Do gr. *sēma*, «sinal» +*lógos*, «tratado» +*-ia*)

sematológico *adj.* ⇒ **semântico** (Do gr. *sēma*, «sinal» +*lógos*, «tratado» +*-ico*)

semblante *n.m.* 1 rosto; face; cara; fisionomia 2 [fig.] aparência; aspeto (Do cast. *semblante*, «id.»)

sem-cerimónia *n.f.* 1 falta de cerimónia; ausência de formalidade 2 à-vontade; descontração 3 irreverência

sem-cerimonioso *adj.* 1 que não tem ou não faz cerimónias 2 irreverente (De *sem-cerimónia*+*-oso*)

sem-deus *n.2g.2n.* pessoa que recusa qualquer religião; ateu

sem-dita n.2g. pessoa infeliz
sêmea n.f. 1 farinha tal como fica depois de se lhe extrair a parte mais grossa (rolão) 2 pão feito dessa farinha (Do lat. *simĭla-*, «flor de farinha»)
semeação n.f. ato ou efeito de semear; semeadura (Do lat. *seminatiōne-*, «id.»)
semeada n.f. terreno semeado; sementeira (Part. pass. fem. subst. de *semear*)
semeadoiro adj. ⇒ **semeadouro**
semeador adj. 1 que semeia 2 [fig.] propagador ▪ n.m. 1 o que semeia 2 AGRICULTURA máquina usada para distribuir regularmente as sementes 3 [fig.] propagador (Do lat. *seminatōre-*, «id.»)
semeadora n.f. máquina de semear
semeadouro adj. (terreno) apto para ser semeado (Do lat. *seminatūru-*, «que vai ser semeado», part. fut. de *semināre*, «semear»)
semeadura n.f. 1 ato ou efeito de semear 2 quantidade de cereal para se semear um terreno 3 sementeira (De *semear*+*dura*)
semear v.intr. lançar as sementes ▪ v.tr. 1 fazer a sementeira de 2 promover; fomentar; ocasionar; causar 3 [fig.] disseminar; espalhar; propalar 4 [fig.] fazer propaganda de; dar publicidade a; *à mão de* ~ ao alcance da mão, muito perto (Do lat. *semināre*, «id.»)
semeável adj.2g. que se pode semear (De *semear*+*vel*)
semeia-o-linho n.m. ORNITOLOGIA ⇒ **chapim**² 1 (De orig. onom.)
semeia-o-milho n.m. ORNITOLOGIA ⇒ **chapim**² 1 (De orig. onom.)
semelhança n.f. 1 qualidade de semelhante 2 parecença; analogia 3 conformidade; *à* – *de* de modo análogo a, imitando; *transformação de* ~ MATEMÁTICA toda a aplicação bijetiva do espaço sobre si mesmo, que transforma cada segmento de reta noutro segmento de reta de comprimento igual ao produto do comprimento do primeiro por um número positivo (razão de semelhança) (De *semelhar*+*ança*)
semelhante adj.2g. 1 que tem semelhança; análogo; idêntico 2 parecido no aspeto, no carácter, etc. 3 comparável ▪ n.m. 1 pessoa ou coisa da mesma espécie que outra 2 o que é parecido ▪ adv. do mesmo modo; *o nosso* ~ as outras pessoas, o próximo (Do lat. vulg. *similiante-*, «que semelha»)
semelhar v.tr. 1 ter semelhança com; parecer 2 imitar 3 lembrar ▪ v.pron. 1 comparar-se 2 parecer-se (Do lat. vulg. *similiāre*, de *simĭlis*, «semelhante»)
semelhável adj.2g. que se pode semelhar; semelhante (De *semelhar*+*vel*)
semema n.m. LINGUÍSTICA unidade de significação contida num lexema, e que é constituída pelo conjunto dos seus semas (De *semântica*, com infl. de *morfema*)
sémen n.m. 1 ⇒ **esperma** 2 [fig.] origem; causa; semente (Do lat. *semen*, «semente»)
semental adj.2g. 1 relativo a semente 2 próprio para semente ou para a sementeira 3 diz-se do animal destinado à reprodução ▪ n.m. animal reprodutor (De *semente*+*al*)
sementalhas n.f.pl. sementes diversas separadas (De *semente*+*-alha*)
sementar v.tr. semear (De *semente*+*ar*)
semente n.f. 1 BOTÂNICA parte do fruto que contém o embrião no estado de vida latente e que provém do desenvolvimento do óvulo (vegetal) após a fecundação 2 [fig.] causa; origem; germe; ~ *sabida* remuneração paga, nas empreitadas de ceifa, por cada unidade de cereal de pragana; *ficar para* ~ não ser utilizado, ficar esquecido, ter vida longa, nunca morrer (De *semente-*, «id.»)
sementeira n.f. 1 ato ou efeito de semear 2 semente lançada à terra 3 tempo em que se semeia 4 terra semeada 5 viveiro 6 [fig.] causa; origem 7 [fig.] derramamento de muitas coisas (De *semente*+*eira*)
sementeiro adj. 1 diz-se do saco onde se deitam as sementes 2 favorável para fazer a sementeira 3 semeador (De *semente*+*eiro*)
sementilhas n.f.pl. sementes da saponária (De *semente*+*ilha*)
sementio n.m. ⇒ **semeadura** (De *semente*+*io*)
semeóforo n.m. porta-bandeira, nos exércitos gregos e romanos (Do gr. *semaiophóros*, «id.»)
semestral adj.2g. 1 referente a semestre 2 que se realiza, acontece ou publica de seis em seis meses (De *semestre*+*al*)
semestralidade n.f. 1 qualidade de semestral 2 quantia relativa a um semestre (De *semestral*+*i*+*dade*)
semestralmente adv. 1 por semestres 2 em cada semestre 3 de meio em meio ano (De *semestral*+*mente*)
semestre n.m. período de seis meses consecutivos ▪ adj.2g. que dura seis meses (Do lat. *semestre-*, «id.»)
semestreiro adj. ⇒ **semestral** (De *semestre*+*eiro*)

sem-fim¹ n.m. 1 número indeterminado 2 imensidade 3 MECÂNICA engrenagens constituída por um parafuso e uma roda dentada que permite obter eixos de rotação perpendiculares mas solidários
sem-fim² n.m. ORNITOLOGIA ⇒ **saci** 1 (De orig. onom.)
semi- prefixo que exprime a ideia de *meio*, *metade*, *quase*, e se liga por hífen ao elemento seguinte, quando este começa por *h*, *i*, *r* ou *s* (Do latim *semi-*, «metade»)
semiaberto adj. 1 meio aberto; entreaberto 2 LINGUÍSTICA (som vocálico) produzido quando a língua está um pouco elevada em direção ao palato e a boca está meio aberta (Do lat. *semiapertu-*, «id.»)
semiacerbo adj. um tanto azedo (Do lat. *semiacerbu-*, «id.»)
semialma n.f. espírito boçal (De *semi-*+*alma*)
semianalfabeto adj. quase analfabeto; pouco instruído (De *semi-*+*analfabeto*)
semiânime adj.2g. meio-morto; exânime (Do lat. *semianĭme-*, «id.»)
semianual adj.2g. ⇒ **semestral** (De *semi-*+*anual*)
semianular adj.2g. com forma de meio anel (De *semi-*+*anular*)
semiárido adj. 1 que não é totalmente árido; meio árido 2 designativo do clima ou da região que se situa numa zona próxima de uma região árida ▪ n.m. zona localizada na periferia de uma região árida (De *semi-*+*árido*)
semiautomático adj. 1 que não é completamente automático 2 diz-se da arma de fogo em que todas as operações (ejeção do cartucho gasto e recarregamento) são automáticas à exceção do disparo, que tem de ser feito por uma pessoa (De *semi-*+*automático*)
semibárbaro adj. um tanto bárbaro; pouco civilizado (Do lat. *semibarbăru-*, «id.»)
semibreve n.f. MÚSICA figura musical que vale metade de uma breve, ou duas mínimas (De *semi-*+*breve*)
semicadáver n.m. pessoa semimorta; semidefunto (De *semi-*+*cadáver*)
semicapro adj. MITOLOGIA dizia-se dos seres mitológicos cujo corpo era metade homem e metade bode ▪ n.m. MITOLOGIA fauno (Do lat. *semicapru-*, «id.»)
semicerrar v.tr. 1 cerrar até ao meio 2 cerrar levemente (De *semi-*+*cerrar*)
semichas n.f.pl. [pop.] o que sobra ou entorna quando se medem líquidos ou cereais (De orig. obsc.)
semicilíndrico adj. que apresenta a forma de meio cilindro (De *semi-*+*cilíndrico*)
semicilindro n.m. metade de um cilindro (De *semi-*+*cilindro*)
semicircular adj.2g. 1 referente ao semicírculo ou à semicircunferência 2 em forma de meio círculo ou meia circunferência (Do lat. *semicirculăre*, «id.»)
semicírculo n.m. 1 metade de um círculo 2 hemiciclo 3 transferidor (Do lat. *semicircŭlu-*, «id.»)
semicircunferência n.f. metade de uma circunferência (De *semi-*+*circunferência*)
semicivilizado adj. pouco civilizado (De *semi-*+*civilizado*)
semiclausura n.f. encerramento um pouco menos severo que a clausura (De *semi-*+*clausura*)
semicolcheia n.f. MÚSICA figura musical que vale metade da colcheia ou o dobro da fusa (De *semi-*+*colcheia*)
semicondutor n.m. FÍSICA substância cristalina cuja resistividade tem um valor compreendido entre o dos bons condutores metálicos e o dos isoladores, diferindo dos condutores metálicos pelo facto de aumentar a sua condutividade quando a temperatura aumenta; ~ *extrínseco* semicondutor cuja condutividade resulta principalmente de eletrões ou vazios provenientes de átomos de impurezas existentes na rede cristalina; ~ *intrínseco* semicondutor cuja condutividade resulta da existência de eletrões e de vazios em números iguais, provenientes da rutura das ligações de valência dos seus átomos (De *semi-*+*condutor*)
semiconsciente adj.2g. que não tem a consciência perfeita do que diz ou faz (De *semi-*+*consciente*)
semiconsoante n.f. GRAMÁTICA vogal que tem o som aproximado do de uma consoante; semivogal (De *semi-*+*consoante*)
semicúpio n.m. 1 banho de assento em que o corpo se imerge das coxas à cintura; sedilúvio 2 tina apropriada para esse banho (Do lat. med. *semicupĭu-*, de *semi-*, «metade» +*cupa-*, «tina» +*-io*)
semidefunto n.m. ⇒ **semicadáver** (De *semi-*+*defunto*)
semideiro n.m. 1 atalho 2 lugar por onde alguém passou (Do lat. *semitarĭu-*, de *semĭta-*, «vereda»; atalho»)
semidesértico adj. diz-se de um terreno ou de uma região pouco povoada (De *semi-*+*desértico*)

semideus *n.m.* 1 MITOLOGIA indivíduo que os antigos pagãos consideravam superior aos outros homens e inferior aos deuses 2 herói divinizado 3 pessoa considerada excepcional (Do lat. *semideus*, «id.»)
semidiáfano *adj.* um tanto transparente (De *semi-+diáfano*)
semidiâmetro *n.m.* GEOMETRIA metade do diâmetro de uma circunferência ou de uma superfície esférica; raio (De *semi-+diâmetro*)
semiditongo *n.m.* GRAMÁTICA grupo vocálico em que o som de uma vogal, embora se ouça distintamente, não se pode separar do som da outra, como em *pátria, qual*, etc. (De *semi-+ditongo*)
semidiurno *n.m.* que existe apenas durante metade de um dia (De *semi-+diurno*)
semidivindade *n.f.* 1 qualidade de semideus 2 um semideus ou uma semideusa (De *semi-+divindade*)
semidivino *adj.* quase divino (Do lat. *semidivīnu-*, «id.»)
semidobrado *adj.* meio dobrado (De *semi-+dobrado*)
semidoido *adj.* um tanto doido; meio maluco; semilouco (De *semi-+doido*)
semidoudo *adj.* ⇒ **semidoido**
semieixo *n.m.* MECÂNICA eixo que transmite o movimento a cada uma das rodas motoras de um veículo automóvel (De *semi-+eixo*)
semienfastiado *adj.* meio enfastiado; um tanto aborrecido (De *semi-+enfastiado*)
semienterrado *adj.* meio enterrado (De *semi-+enterrado*)
semierudito *adj.* meio ou indivíduo que possui uma instrução mediana (De *semi-+erudito*)
semiesfera *n.f.* metade de uma esfera (De *semi-+esfera*)
semiesférico *adj.* que apresenta a forma de metade de uma esfera (De *semi-+esférico*)
semiesferoidal *adj.2g.* que tem forma de semiesferoide (De *semiesferóide+-al*)
semiesferoide *n.m.* meio esferoide (De *semi-+esferóide*)
semiesferóide ver nova grafia **semiesferoide**
semifabuloso /ô/ *adj.* que tem um tanto de fabuloso; quase inverosímil (De *semi-+fabuloso*)
semifechado *adj.* 1 meio fechado 2 LINGUÍSTICA (som vocálico) produzido com a língua levantada em direcção ao palato e com a boca parcialmente fechada
semifendido *adj.* 1 que está dividido em dois segmentos 2 meio fendido (De *semi-+fendido*)
semífero *adj.* metade homem e metade animal (Do lat. *semifĕru-*, «id.»)
semificcional *adj.2g.* parcialmente baseado na realidade (De *semi-+ficcional*)
semifinal *n.f.* DESPORTO ⇒ **meia-final** (De *semi-+final*)
semifinalista *n.2g.* DESPORTO atleta que participa numa semifinal (De *semi-+finalista*)
semifluido *adj.* que não está completamente fluido; xaroposo; viscoso (De *semi-+fluido*)
semifusa *n.f.* MÚSICA figura musical com o valor de metade de uma fusa, que é a última das figuras de uso corrente (De *semi-+fusa*)
semigasto *adj.* um tanto gasto; meio gasto (De *semi-+gasto*)
semigloboso *adj.* que apresenta a forma de metade de um globo; semiesférico (De *semi-+globoso*)
semigótico *adj.* ARQUITECTURA diz-se do estilo arquitetural que participa do gótico e de outro (De *semi-+gótico*)
semi-hebdomadário *adj.* que se produz duas vezes por semana (De *semi-+hebdomadário*)
semi-histórico *adj.* que encerra factos históricos à mistura com ficções
semi-homem *n.m.* 1 ser imaginário, do qual metade é de homem 2 eunuco
semi-inconsciente *adj.2g.* um tanto ou quanto inconsciente
semi-inteiro *adj.* 1 que apresenta uma metade inteira 2 FÍSICA que equivale a metade
semi-internato *n.m.* 1 estabelecimento escolar cujos alunos são semi-internos 2 estado de semi-interno
semi-interno *adj.* (estudante) que só está interno durante o dia, mas vai dormir a casa
semilha *n.f.* [Madeira] batata (Do cast. *semilla*, «semente»)
semilíquido *adj.* que se apresenta no estado intermédio entre o líquido e o sólido; viscoso; pastoso; semifluido (De *semi-+líquido*)
semilouco *adj.*,*n.m.* ⇒ **semidoido** (De *semi-+louco*)
semilunação *n.f.* ⇒ **semilúnio** (De *semi-+lunação*)
semilunar *adj.2g.* em forma de meia-lua ■ *n.m.* ZOOLOGIA um dos ossos que formam o carpo em muitos vertebrados superiores (De *semi-+lunar*)
semilunático *adj.* meio lunático; quase tolo (Do lat. *semilunatĭcu-*, «id.»)

semilúnio *n.m.* metade do tempo em que a Lua faz a sua revolução sinódica; semilunação; metade do mês lunar (Do lat. *semi-*, «metade» +*luna-*, «Lua» +*-io*)
semimeridiano *n.m.* ASTRONOMIA metade de um meridiano que vai de polo a polo (De *semi-+meridiano*)
semimetal *n.m.* QUÍMICA elemento com propriedades intermediárias entre as dos metais e as dos não metais, de que são típicos, entre outros, o arsénio e o antimónio (De *semi-+metal*)
semimi *n.m.* ORNITOLOGIA ⇒ **chapim**² 1 (De orig. onom.)
semimorto /ô/ *adj.* 1 quase morto; exânime 2 amortecido (Do lat. *semimortŭu-*, «id.»)
seminação *n.f.* 1 dispersão natural das sementes de uma planta 2 expulsão 3 ejaculação do sémen 4 ⇒ **coito**¹ (Do lat. *seminatiōne-*, «semeadura»)
seminal *adj.2g.* 1 que diz respeito a semente ou a sémen 2 reprodutor 3 prolífico 4 [fig.] estimulante; inspirador; *recetáculos seminais* ANATOMIA conceptáculos que guardam o sémen fecundante de outro indivíduo; *vesículas seminais* ANATOMIA vesículas que contêm o sémen do próprio indivíduo (Do lat. *semināle*, «id.»)
seminário *n.m.* 1 viveiro onde se criam plantas até à altura de serem transplantadas 2 centro de criação ou produção 3 estabelecimento onde recebem instrução os jovens que se destinam à carreira eclesiástica 4 conjunto dos alunos e educadores desse estabelecimento 5 grupo de estudos, de nível universitário, orientado por um professor e no qual os alunos participam ativamente 6 congresso cultural ou científico (Do lat. *seminarĭu-*, «viveiro de plantas»)
seminarista *n.m.* aluno de um seminário (De *seminário+-ista*)
seminarístico *adj.* relativo a seminarista ou a seminário (De *seminarista+-ico*)
seminífero *adj.* 1 que contém ou produz sementes 2 ANATOMIA que produz, contém ou transporta esperma 3 [fig.] prolífico; produtivo; *tubos seminíferos* ANATOMIA canais pertencentes ao aparelho sexual masculino, onde se originam as células sexuais masculinas, e que as conduzem (Do lat. *semĭne-*, «semente» +*ferre*, «produzir»)
semínima *n.f.* MÚSICA figura musical que vale metade de uma mínima ou duas colcheias (De *se[mi]-+mínima*)
seminíparo *adj.* ANATOMIA que produz, contém ou transporta esperma (Do lat. *semĭne-*, «semente» +*parĕre*, «produzir»)
seminó *n.m.* espécie de boia usada em redes de pesca (De orig. obsc.)
seminu *adj.* 1 meio nu 2 roto; andrajoso (Do lat. *seminūdu-*, «id.»)
seminudez *n.f.* qualidade ou estado de seminu (De *semi-+nudez*)
seminula *n.f.* ⇒ **semínulo**
semínulo *n.m.* 1 semente pequena 2 corpo reprodutor das criptogâmicas 3 [ant.] ⇒ **esporo** (Do lat. *semĭne-*, «semente» +*-ula*)
semioficial *adj.2g.* que depende, em parte, do governo (De *semi-+oficial*)
semioficioso *adj.* quase oficioso (De *semi-+oficioso*)
semiografia *n.f.* representação por meio de sinais; notação (Do gr. *semeîon*, «sinal» +*gráphein*, «escrever; registar» +*-ia*)
semiologia *n.f.* 1 [sentido lato] ciência dos sinais 2 LINGUÍSTICA estudo das mudanças que a significação das palavras, como sinais das ideias, sofre no espaço ou no tempo 3 MEDICINA ramo da medicina que estuda os sintomas e sinais das doenças; sintomatologia 4 sistema de sinais usado na comunicação (Do gr. *semeîon*, «sinal» +*lógos*, «tratado» +*-ia*)
semiológico *adj.* relativo à semiologia (Do gr. *semeîon*, «sinal» +*lógos*, «tratado» +*-ico*)
semiólogo *n.m.* perito em semiologia (Do gr. *semeîon*, «sinal» +*lógos*, «estudo»)
semiótica *n.f.* 1 LINGUÍSTICA ciência que se dedica ao estudo dos signos 2 LINGUÍSTICA estudo das mudanças que a significação das palavras, como sinais das ideias, sofre no espaço ou no tempo 3 LITERATURA ciência que estuda os sinais ou sistemas de sinais utilizados na comunicação, e o seu significado 4 MEDICINA ⇒ **semiologia** 3 (Do gr. *semeiotiké [tékhne]*, «a arte dos sinais»)
semiótico *adj.* relativo à semiótica (De *semiótica*)
semiparente *adj.2g.* diz-se de quem tem algum parentesco com outrem; afim (De *semi-+parente*)
semipedal *adj.2g.* que tem o comprimento de meio pé (Do lat. *semipedāle-*, «id.»)
semipermeável *adj.2g.* FÍSICA diz-se de uma membrana que se deixa atravessar por certas substâncias (em particular, os solventes) e não por outras (em particular, os solutos) (De *semi-+permeável*)
semipleno /ê/ *adj.* 1 cheio até ao meio 2 diz-se de uma prova incompleta (Do lat. *semiplēnu-*, «id.»)
semiprecioso *adj.* designativo de pedras, gemas e minerais que têm valor comercial, mas não são consideradas tão valiosos como os chamados preciosos (De *semi-+precioso*)

semiprova *n.f.* prova incompleta (De *semi-+prova*)
semiputo *n.m.* [acad.] aluno do segundo ano da Universidade; segundanista (De *semi-+puto*)
semipútrido *adj.* meio podre; que principiou a apodrecer (De *semi-+pútrido*)
semiquinário *adj.* ⇒ **pentemímere** (De *semi-+quinário*)
semi-racional ver nova grafia **semirracional**
semi-reboque ver nova grafia **semirreboque**
semi-recta ver nova grafia **semirreta**
semi-recto ver nova grafia **semirreto**
semi-rei ver nova grafia **semirrei**
semi-rígido ver nova grafia **semirrígido**
semi-roto ver nova grafia **semirroto**
semirracional *adj.2g.* pouco inteligente; pouco racional
semirreboque *n.m.* reboque sem eixo dianteiro, que se apoia, em parte, sobre o veículo trator, transmitindo-lhe uma fração considerável do seu peso e carga
semirrei *n.m.* indivíduo que tem quase as prerrogativas de rei
semirreta *n.f.* GEOMETRIA conjunto dos pontos de uma reta que precedem (ou seguem) um ponto dado (origem da semirreta) dessa reta
semirreto *adj.* meio reto ▪ *n.m.* GEOMETRIA ângulo de amplitude igual a metade da amplitude de um ângulo reto
semirrígido *adj.* 1 não completamente rígido; quase rígido 2 rígido apenas em algumas partes (De *semi-+rígido*)
semirroto *adj.* meio roto
sémis *n.m.2n.* metade (Do lat. *semis*, «id.»)
semi-sábio ver nova grafia **semissábio**
semiscarúnfio *adj.* 1 [pop.] intrincado; esquisito 2 [pop.] feio 3 [pop.] maldisposto (Formação expressiva)
semi-secular ver nova grafia **semissecular**
semi-segredo ver nova grafia **semissegredo**
semi-selvagem ver nova grafia **semisselvagem**
semi-som ver nova grafia **semissom**
semissábio *adj.* 1 com alguns conhecimentos, mas de ciência incompleta 2 que presume saber muito, mas sabe pouco
semissecular *adj.2g.* que tem meio século
semissegredo *n.m.* coisa sabida de poucos (De *semi-+segredo*)
semisselvagem *adj.2g.* quase selvagem; brutal; rude
semissom *n.m.* ruído aproveitado como som musical, como o que produzem o bombo, a caixa, os ferrinhos, etc.
semita *n.2g.* 1 pessoa pertencente à raça oriunda de Sem, filho de Noé 2 indivíduo que faz parte do povo oriundo da Ásia que, etnográfica e linguisticamente, engloba os Hebreus, os Assírios, os Aramaicos, os Fenícios e os Árabes ▪ *adj.2g.* pertencente ou relativo aos semitas (De *Sem*, antr. +-*ita*)
sémita *n.f.* atalho; vereda; senda (Do lat. *semĭta-*, «id.»)
semiterça *n.f.* MEDICINA febre que é mais intensa em dias alternados (De *semi-+terça*)
semiternário *adj.* 1 que tem a metade de três 2 ⇒ **triemímere** (De *semi-+ternário*)
semítico *adj.* 1 relativo ou pertencente aos Semitas 2 relativo ou pertencente aos judeus ▪ *n.m.* grupo de línguas da família afro-asiática (hebraico, aramaico, assírio, árabe, maltês, etc.), faladas do Norte de África ao Sudoeste da Ásia (De *semita+-ico*)
semitismo *n.m.* 1 carácter do que é semítico 2 linguagem ou civilização semítica (De *semita+-ismo*)
semitista *n.2g.* pessoa versada nas línguas semitas (De *semita+-ista*)
semitom *n.m.* MÚSICA ⇒ **meio-tom** 4 (De *semi-+tom*)
semitonado *adj.* diz-se do instrumento musical que, pelo muito uso ou idade, já não permite afinação completa (De *semitom+-ado*)
semitónico *adj.* MÚSICA que procede em escala cromática (meios tons) (De *semi-+tónico*)
semítono *n.m.* MÚSICA ⇒ **meio-tom** 4 (Do lat. *semi-*, «meio» +*tonu-*, «tom»)
semitransparente *adj.2g.* um pouco transparente (De *semi-+transparente*)
semiusto *adj.* um tanto queimado (Do lat. *semiustu-*, «id.»)
semíviro *n.m.* 1 meio homem 2 eunuco (Do lat. *semivĭru-*, «id.»)
semivítreo *adj.* meio vítreo (De *semi-+vítreo*)
semiviver *v.intr.* viver incompletamente (De *semi-+viver*)
semivivo *adj.* quase morto (Do lat. *semivīvu-*, «id.»)
semivogal *n.f.* LINGUÍSTICA som com características semelhantes às das vogais, que entra na formação de um ditongo juntamente com uma vogal (Do lat. *semivocāle-*, «id.»)
sem-justiça *n.f.* injustiça; iniquidade

sem-luz *n.2g.2n.* 1 pessoa que não se vê 2 pessoa que vive nas trevas
sem-nome *n.2g.2n.* pessoa anónima ▪ *n.f.* BOTÂNICA variedade de erva
Semnopitécidas *n.m.pl.* ⇒ **Semnopitecídeos**
Semnopitecídeos *n.m.pl.* ZOOLOGIA família de símios catarríneos, asiáticos, cujo género-tipo se denomina *Semnopithecus* (Do gr. *semnós*, «venerável» +*píthekos*, «macaco» +-*ídeos*)
sem-número *n.m.2n.* 1 número excessivo; quantidade excessiva 2 número elevado; muitos; muitas 3 número incontável
sêmola *n.f.* 1 substância alimentar feita de grãos de cereais, reduzidos a grânulos por meio de moagem incompleta 2 fécula de arroz (Do it. *semola*, «id.»)
semolina *n.f.* sêmola em farinha (De *sêmola+-ina*)
semostração *n.f.* ato ou efeito de semostrar-se; ostentação (De *semostrar+-ção*)
semostradeira *n.f.* mulher que gosta de exibir-se, de dar nas vistas (De *semostrar+-deira*)
semostrar-se *v.pron.* exibir-se; patentear-se (De *se+mostrar*)
semoto *adj.* [poét.] afastado; remoto; posto de parte (Do lat. *semōtu-*, «id.», part. pass. de *semovēre*, «deslocar; separar»)
semovente *adj.2g.* que se move por si mesmo ▪ *n.m.* DIREITO ser ou coisa animada que se move por si (Do lat. *semovente-*, «id.», part. pres. de *semovēre*, «separar; deslocar»)
sem-par *n.2g.2n.* pessoa que não tem igual ▪ *adj.2g.* 1 que é único; singular 2 incomparável
sempiternidade *n.f.* duração sem princípio nem fim (Do lat. *sempiternitāte-*, «id.»)
sempiterno *adj.* 1 que não teve princípio nem há de ter fim; que dura muito 2 [fig.] perpétuo; incessante (Do lat. *sempiternu-*, «id.»)
sempre *adv.* 1 em todo o tempo 2 sem fim; eternamente 3 continuamente; constantemente 4 afinal; finalmente 5 realmente ▪ *n.m.* todo o tempo (passado ou futuro); ~ *não* [Angola] nunca; ~ *que* todas as vezes que (Do lat. *semper*, «id.»)
sempre-em-pé *n.m.2n.* objeto, frequentemente um brinquedo, que tem uma base arredondada e mais pesada que o resto, o que faz com que se mantenha sempre na vertical, mesmo que seja deitado abaixo
sempre-noiva *n.f.* 1 BOTÂNICA ⇒ **erva-da-muda** 2 BOTÂNICA ⇒ **perpétuas**
sempre-verde *n.f.* BOTÂNICA ⇒ **loureiro**
sempre-viva *n.f.* 1 BOTÂNICA ⇒ **erva-da-muda** 2 BOTÂNICA ⇒ **perpétuas**
sem-pudor *n.m.* falta de pudor; desvergonha; desfaçatez
sem-razão *n.f.* 1 ato ou conceito infundado 2 afronta 3 injustiça
sem-sabor *adj.2g.* 1 que não tem sabor; desenxabido 2 [fig.] aborrecido; monótono ▪ *n.m.* 1 sensaboria 2 [fig.] pessoa sem graça ou sem animação
sem-sal *adj.inv.* 1 que não tem sal; insosso 2 [fig.] desinteressante ▪ *n.2g.2n.* [fig.] pessoa desinteressante e maçadora
sem-termo *n.m.* sem-fim
sem-terra *adj.inv.,n.2g.2n.* [Brasil] que ou trabalhador rural que não possui a terra em que vive e trabalha
sem-ventura *n.2g.2n.* que ou pessoa que é infeliz, desventurada
sem-vergonha *adj.inv.* [Brasil] que não tem vergonha; descarado ▪ *n.2g.2n.* [Brasil] pessoa desavergonhada
sena¹ /ê/ *n.f.* 1 carta de jogar, peça de dominó ou face de dado que tem seis pintas 2 *pl.* peça do dominó que tem duas senas; doble de senas (Do lat. *sena-*, «de seis em seis»)
sena² /ê/ *n.f.* nome que alguns botânicos dão ao sene (Do ár. *sinā*, «sene», pelo lat. farmacêutico *sene-*, «id.»)
sena³ *adj.2g.* relativo ou pertencente aos Senas ▪ *n.2g.* pessoa que pertence aos Senas ▪ *n.m.* língua falada pelos povos do grupo Senas, em Moçambique
senáculo *n.m.* HISTÓRIA lugar onde o senado romano efetuava as suas sessões (Do lat. *senacŭlu-*, «id.»)
senado *n.m.* 1 HISTÓRIA conjunto dos patrícios que constituíam o conselho supremo da antiga Roma; lugar onde os senadores efetuavam as suas assembleias 2 câmara legislativa, em geral proveniente de sufrágio direto 3 câmara municipal 4 (universidade) órgão colegial em que participam professores de todas as faculdades (Do lat. *senātu-*, «id.»)
senador *n.m.* 1 membro do senado 2 vereador; edil (Do lat. *senatōre-*, «id.»)
sena-do-reino *n.f.* BOTÂNICA ⇒ **pascoinhas**
senadoria *n.f.* 1 cargo de senador 2 duração desse cargo (De *senador+-ia*)
senal *adj.2g.* diz-se do diamante em bruto (De orig. obsc.)

senão *prep.* >*adv.*^DT exceto; salvo; a não ser; menos ■ *conj.* quando não; de outro modo; ao contrário ■ *n.m.* (*plural* **senões**) defeito; problema; falha; mácula; ~ *quando* quando de repente (Do lat. *si*, «se» +*non*, «não»)

senário *adj.* **1** que contém seis unidades **2** que tem por base o número seis **3** LITERATURA diz-se do verso latino que é composto de seis pés; hexâmetro (Do lat. *senarĭu-*, «id.»)

Senas *n.m.pl.* ETNOGRAFIA povo indígena que habita as regiões de Sofala, Manica, Zambézia e Tete, em Moçambique (Do vernáculo *Senas*, etn.)

senatoria *n.f.* [Brasil] ⇒ **senadoria** (Do lat. *senatōre-*, «senador» +*-ia*)

senatorial *adj.2g.* **1** que diz respeito ao senado ou aos senadores **2** que provêm do senado (Do lat. *senatorĭu-*, «senatório» +*-al*)

senatório *adj.* ⇒ **senatorial** (Do lat. *senatorĭu-*, «id.»)

senatriz *n.f.* **1** mulher que faz parte de um senado; senadora **2** mulher do senador (Do lat. *senatrīce-*, «id.»)

senátus-consulto *n.m.* decreto do senado, na antiga Roma (Do lat. *senātus consultum*, «id.»)

sencelo *n.m.* [regionalismo] ⇒ **sincelo** (De *senceno*)

sencenada *n.f.* [regionalismo] camada de senceno (De *senceno*+*-ada*)

senceno *n.m.* ⇒ **sincelo** (De orig. obsc.)

senciente *adj.2g.* **1** que tem sensações **2** sensível (Do lat. *sentiente-*, «que sente», part. pres. de *sentīre*, «sentir»)

senda *n.f.* **1** caminho estreito; vereda; atalho **2** [fig.] caminho; rumo; direção; rota **3** [fig.] hábito; rotina (Do lat. *semĭta-*, «id.»)

sendeira *n.f.* [pop.] sandice; parvoíce (De *sendeiro*)

sendeirada *n.f.* ⇒ **sendeirice** (De *sendeiro*+*-ada*)

sendeirice *n.f.* ato ou dito de sendeiro; sendeira (De *sendeiro*+*-ice*)

sendeiro *adj.* cavalo pequeno mas robusto, bom para carga ■ *n.m.* **1** caminho estreito; vereda **2** [fig.] indivíduo desprezível (Do lat. *semitarĭu-*, «que anda por atalhos»)

sendinês *adj.* referente à localidade portuguesa de Sendim, no distrito de Bragança ■ *n.m.* natural, habitante ou dialeto dessa povoação (De *Sendim*, top. +*-ês*)

sene¹ *n.m.* BOTÂNICA, FARMÁCIA nome com que se designam várias plantas das famílias das Leguminosas, Litráceas, etc., algumas das quais com folhas utilizadas como purgativo (Do ár. *sinā*, «id.»)

sene² *n.m.* homem velho (Do lat. *sene-*, «velho; idoso»)

senecto *adj.* [ant.] antigo; idoso (Do lat. *senectu-*, «envelhecido»)

senectude *n.f.* estado de senecto; velhice; senilidade; decrepitude (Do lat. *senectūte-*, «id.»)

senegal *n.m.* **1** ORNITOLOGIA nome com que se designam pequenas aves africanas **2** nome dado pelos passarinheiros, por extensão, a pássaros pequenos, quer sejam ou não provenientes de África (De *Senegal*, top.)

senegalense *adj.2g.,n.2g.* ⇒ **senegalês** (De *Senegal*, top. +*-ense*)

senegalês *adj.* relativo ou pertencente ao Senegal ■ *n.m.* natural ou habitante do Senegal (De *Senegal*, top. +*-ês*)

senegalesco *adj.* ⇒ **senegalense** *adj.2g.* (De *Senegal*, top. +*-esco*)

senense *adj.2g.* da cidade portuguesa de Seia, no distrito da Guarda ■ *n.2g.* natural ou habitante de Seia (Do lat. med. *Sena-*, «Seia» +*-ense*)

senescal *n.m.* **1** magistrado judicial em certos Estados **2** antigo mordomo-mor de algumas casas reais (Do frânc. *siniskalk*, «criado velho», pelo prov. *senescal*, «id.»)

senescalia *n.f.* dignidade ou cargo de senescal (De *senescal*+*-ia*)

senescência *n.f.* **1** condição ou qualidade do que está a envelhecer **2** processo de envelhecimento (Do lat. *senescentĭa-*, part. pres. neut. pl. de *senescĕre*, «envelhecer»)

senfilista *n.2g.* pessoa especializada em telefonia sem fios (TSF) (Do fr. *sans-filiste*, «id.», de [T.] *sans-fils*)

sengar *v.tr.* [Brasil] separar por meio de peneira ou senga (Do quimb. *ku'senga*, «repudiar»)

senha *n.f.* **1** aceno conhecido; gesto combinado; sinal **2** recibo; cautela **3** palavra ou fórmula convencionada, usada entre um guarda ou sentinela e quem dele se aproxima, como meio de identificação **4** bilhete usado para viajar em transportes públicos **5** INFORMÁTICA sequência de caracteres que permite o acesso a um conjunto de operações num sistema de computadores ou em equipamentos computadorizados **6** (caminhos de ferro) bilhete com o qual se levantam mercadorias (Do lat. *signa*, «sinais»)

senho *n.m.* sinal (Do lat. *signu-*, «sinal»)

senhor *n.m.* **1** título de cortesia dado ao homem **2** tratamento de cerimónia dado ao homem com quem se fala ou a quem se escreve **3** dono; proprietário; possuidor; chefe **4** sabedor; conhecedor **5** fidalgo **6** possuidor de feudo; o que tem domínio sobre vassalos ou criados a quem paga soldada **7** título honorífico dado aos monarcas **8** [com maiúscula] RELIGIÃO Deus **9** [com maiúscula] RELIGIÃO hóstia consagrada; ~ *de baraço e cutelo* indivíduo que exerce a sua vontade sem restrição; ~ *do seu nariz* opinioso; *estar* ~ *de alguma coisa* possuir ou saber alguma coisa; *estar* ~ *de si* ter a consciência do que faz; *ser* ~ *de si* não depender de ninguém; saber dominar-se (Do lat. *seniōre-*, «mais velho»)

senhora /ô/ *n.f.* **1** título de cortesia dado à mulher **2** soberana **3** [pop.] esposa; mulher **4** [com maiúscula] RELIGIÃO Virgem Maria (De *senhor*)

senhoraça *n.f.* **1** {*aumentativo de* **senhora**} [ant.] mulher plebeia que se arranja com luxo, de modo a parecer de classe social mais alta **2** senhora corpulenta e elegante (De *senhora*+*-aça*)

senhoraço *n.m.* **1** {*aumentativo de* **senhor**} [pej.] indivíduo sem grande educação que se acha muito importante **2** [pop.] indivíduo importante (De *senhor*+*-aço*)

senhorama *n.f.* conjunto ou quantidade de senhoras (De *senhora*+*-ama*)

senhoreador *adj.,n.m.* que ou aquele que senhoreia; dominador (De *senhorear*+*-dor*)

senhorear *v.tr.* **1** tomar posse de; conquistar **2** dominar; governar **3** dominar ou exercer influência moral ou física sobre; submeter **4** cativar; captar ■ *v.intr.* ter domínio ou posse ■ *v.pron.* apoderar-se (De *senhor*+*-ear*)

senhoreca *n.f.* [depr.] senhora sem importância (De *senhora*+*-eca*)

Senhor-fora *n.m.* ⇒ **viático 2**

senhoria *n.f.* **1** proprietária da casa que está alugada **2** qualidade ou autoridade de senhor ou senhora **3** tratamento que se dá a pessoas de boa posição e que, outrora, se dava só às pessoas de alta nobreza (De *senhor*+*-ia*)

senhoriagem *n.f.* **1** direito que se pagava em reconhecimento de um senhorio, como o que um monarca percebia pela cunhagem da moeda **2** diferença entre o valor real e o nominal da moeda (De *senhorio*+*-agem*)

senhorial *adj.2g.* pertencente ou referente a um senhorio, à nobreza ou aos aristocratas (De *senhorio*+*-al*)

senhoril *adj.2g.* **1** próprio de senhor ou senhora **2** [fig.] nobre; distinto; elegante (De *senhor*+*-il*)

senhorinha *n.f.* **1** tipo de poltrona de quarto **2** [Brasil] rapariga solteira (De *senhora*+*-inha*)

senhorio *n.m.* **1** proprietário de um prédio alugado ou arrendado **2** domínio; posse; propriedade **3** direito sobre alguma coisa; autoridade (De *senhor*+*-io*)

senhorita *n.f.* **1** [ant.] senhora de pequena estatura **2** [Brasil] tratamento que se dá às mulheres novas não casadas (De *senhora*+*-ita*)

senil *adj.2g.* **1** referente à velhice ou aos velhos **2** velho; idoso; decrépito (Do lat. *senīle-*, «id.»)

senilidade *n.f.* **1** qualidade ou estado de senil **2** velhice; decrepitude **3** estado de enfraquecimento fisiológico e sobretudo mental, que ultrapassa de maneira notória o grau normal de involução, de senescência, que corresponderia a idade real, e que é dependente de fatores patológicos cuja origem pode ser hereditária (De *senil*+*-i-*+*-dade*)

senilização *n.f.* ato ou efeito de senilizar ou senilizar-se (De *senilizar*+*-ção*)

senilizar *v.tr.,intr.,pron.* tornar(-se) senil; envelhecer (De *senil*+*-izar*)

sénio *n.m.* [ant.] velhice (Do lat. *senĭu-*, «id.»)

sénior *adj.,n.2g.* (*plural* **seniores**) **1** o que é mais velho **2** que ou desportista que, em geral, tem mais de dezoito anos de idade ■ *adj.2g.* **1** designativo de atividades destinadas especificamente a pessoas mais velhas **2** diz-se de profissional experiente que desempenha uma determinada função há algum tempo (Do lat. *senĭor*, «mais velho»)

senisga *n.f.* **1** [regionalismo] embriaguez **2** coisa reles (De orig. obsc.)

seno /ê/ *n.m.* **1** MATEMÁTICA (ângulo) razão (quociente) da ordenada para o raio vetor de qualquer ponto de um dos lados do ângulo (ou da extremidade do arco), em relação a um referencial cartesiano ortogonal, com a origem no vértice do ângulo (ou no centro do arco) e o eixo das abcissas que contém o outro lado (ou que passa pela origem do arco) **2** MATEMÁTICA (arco de circunferência) valor da ordenada do ponto (ou da extremidade do arco), se o raio vetor for de comprimento igual à unidade (Do lat. *sinu-*, «curvatura; seio»)

senoite *elem.loc.adv.* *à* ~ ao cair da noite; à noitinha (De *sonoite*)

senologia *n.f.* MEDICINA ⇒ **mastologia**

senoniano¹ *adj.* relativo ou pertencente a Sens (França), ou que é seu natural ou habitante ■ *n.m.* natural ou habitante de Sens (De *Sens*, topónimo, por *senon*-+*-i*-+*-ano*)

senoniano² *n.m.* [com maiúscula] GEOLOGIA série superior do Cretácico, que compreende os andares Emscheriano, Campaniano, Maestrichtiano e Daniano (De *Senonais*, top., antiga designação da região da França cuja capital era a localidade onde hoje se situa a cidade de Sens)

senoute *elem.loc.adv.* à ~ ao cair da noite; à noitinha (De *sonoute*)

senra *n.f.* BOTÂNICA planta herbácea da família das Leguminosas, com flores azuis ou brancas dispostas em glomérulos pedunculados, espontânea em Portugal; erva-da-senra (De orig. obsc.)

senrada *n.f.* porção de senras; senra extensa (De *senra+-ada*)

sensabor *adj.2g.* **1** que não tem sabor; insípido **2** desenxabido; desengraçado; desinteressante ■ *n.2g.* pessoa sem graça; pessoa aborrecida (De *sem+sabor*)

sensaborão *adj.* **1** que não tem sabor; insípido **2** desprovido de interesse; maçador ■ *n.m.* [fig.] indivíduo desengraçado e maçador (De *sensabor+-ão*)

sensaboria *n.f.* **1** qualidade daquele ou daquilo que é sensabor; insipidez **2** aborrecimento; monotonia; tédio **3** coisa em que não há graça **4** ocorrência desagradável; desgosto; dissabor (De *sensabor+-ia*)

sensaborizar *v.tr.* tornar sensabor; enfadar (De *sensabor+-izar*)

sensação *n.f.* **1** facto psicofisiológico provocado pela excitação de um órgão sensorial **2** intuição sensível de uma qualidade de um objeto **3** interpretação, feita pelos órgãos nervosos do sistema central, de uma excitação produzida pelo meio exterior **4** grande impressão causada por acontecimento excecional **5** sensibilidade (Do lat. med. *sensatiōne-*, «id.»)

sensacional *adj.2g.* **1** referente à sensação **2** que produz sensação **3** que provoca entusiasmo; estupendo **4** notável; importante (Do lat. med. *sensatiōne-*, «sensação» +-*al*)

sensacionalismo *n.m.* **1** qualidade de sensacional **2** tendência para produzir grande impacto na sensibilidade dos outros através de notícias ou atitudes espetaculares ou chocantes (De *sensacional+-ismo*)

sensacionalista *adj.,n.2g.* **1** que ou aquele que causa sensação **2** que ou aquele que explora atitudes ou notícias chocantes para escandalizar ou chamar a atenção (De *sensacional+-ista*)

sensacionismo *n.m.* FILOSOFIA doutrina que atribui às sensações a génese dos nossos conhecimentos (Do lat. med. *sensatiōne-*, «sensação» +-*ismo*)

sensacionista *adj.2g.* **1** relativo ao sensacionismo **2** designativo de pessoa adepta do sensacionismo ■ *n.2g.* pessoa adepta do sensacionismo (Do lat. med. *sensatiōne-*, «sensação» +-*ista*)

sensatamente *adv.* de modo sensato; com sensatez; com prudência (De *sensato+-mente*)

sensatez *n.f.* **1** qualidade de sensato; bom senso **2** prudência; cautela **3** circunspeção; discrição (De *sensato+-ez*)

sensato *adj.* **1** que procede com sensatez **2** prudente; cauteloso **3** circunspecto; discreto; reservado (Do lat. *sensātu-*, «id.»)

sensibilidade *n.f.* **1** faculdade de sentir **2** qualidade de sensível; impressionabilidade **3** qualidade de um instrumento de medida que é representada pelo número de divisões de que o indicador se desvia por efeito do acréscimo de uma unidade da grandeza em medição **4** disposição para se ofender ou melindrar **5** facilidade em comover-se **6** afetividade **7** BIOLOGIA propriedade geral dos seres vivos que consiste em estes receberem e reagirem aos estímulos do ambiente exterior **8** [fig.] melindre; suscetibilidade; irritabilidade; ~ **cromática** ÓTICA a mais pequena variação de comprimento de onda (de radiações luminosas) que produz uma diferença detetável de cor (Do lat. *sensibilitāte-*, «id.»)

sensibilização *n.f.* **1** ato ou efeito de sensibilizar(-se) **2** ato ou efeito de tornar(-se) sensível ou impressionável **3** FOTOGRAFIA ação de tornar uma película sensível à ação da luz branca através da aplicação de uma emulsão fotográfica **4** MEDICINA alteração da resposta do organismo à presença de substâncias estranhas, como sucede em casos de alergia (De *sensibilizar+-ção*)

sensibilizador *adj.* que sensibiliza; comovedor (De *sensibilizar+-dor*)

sensibilizante *adj.2g.* que sensibiliza (De *sensibilizar+-ante*)

sensibilizar *v.tr.* **1** tornar sensível; tocar a sensibilidade de; comover; tocar **2** chamar a atenção para; impressionar; alertar **3** tornar sensível à ação de (agente interno ou externo) **4** FOTOGRAFIA revestir (uma película) de uma camada de emulsão fotográfica sensível à ação da luz branca ■ *v.pron.* **1** comover-se; emocionar-se **2** tornar-se sensível, consciente (Do lat. *sensibĭle-*, «sensível» +-*izar*)

sensibilizável *adj.2g.* suscetível de se sensibilizar (De *sensibilizar+-vel*)

sensificar *v.tr.* **1** restituir a sensibilidade a **2** tornar sensível (Do lat. *sensificāre*, «id.»)

sênsil *adj.2g.* diz-se de qualquer modificação no ambiente exterior que provoca uma impressão num órgão dos sentidos (Do lat. *sensĭle-*, «sensível»)

sensila *n.f.* ZOOLOGIA órgão dos sentidos de constituição rudimentar, em especial, dos insetos (Do lat. cient. *sensilla-*, de *sensu-*, «sentido»)

sensismo *n.m.* FILOSOFIA termo mais apropriado do que sensualismo, para designar a doutrina segundo a qual todos os nossos conhecimentos vêm das sensações, consideradas como condição necessária e suficiente de todos eles, mesmo os mais abstratos (Do lat. *sensu-*, «sentido» +-*ismo*)

sensista *n.2g.* partidário do sensismo (Do lat. *sensu-*, «sentido» +-*ista*)

sensitiva *n.f.* BOTÂNICA planta da família das Mimosáceas cujas folhas se retraem quando se lhes toca (De *sensitivo*)

sensitivo *adj.* **1** relativo à sensação ou aos sentidos **2** sensível **3** [fig.] pungente (Do lat. med. *sensitīvu-*, «id.»)

sensitometria *n.f.* FOTOGRAFIA ciência da medição da sensibilidade dos materiais fotográficos à luz (Do lat. *sensĭtu-*, por *sensu-*+gr. *métron*, «medida»)

sensível *adj.2g.* **1** dotado de sensibilidade **2** que pode ser percebido pelos sentidos; perceptível **3** com tendência para sentir as emoções de modo profundo; emotivo **4** diz-se da pessoa que se impressiona com facilidade; impressionável **5** que se nota facilmente; evidente; manifesto **6** que partilha as dores e problemas dos outros; solidário; compreensivo **7** que provoca dor; doloroso **8** diz-se do aparelho que regista a menor alteração ou erro **9** considerável; apreciável **10** (assunto) que requer tato e delicadeza **11** FILOSOFIA em Kant, filósofo alemão, 1724-1804, designativo da fonte dos fenómenos que são os primeiros materiais a serem trabalhados pela ciência; **corda** ~ o fraco de alguém (Do lat. *sensibĭle-*, «id.»)

sensivelmente *adv.* **1** de modo sensível **2** quase (De *sensível+-mente*)

sensivo *adj.* ⇒ **sensível** (Do lat. *sensu-*, «sentido» +-*ivo*)

senso *n.m.* **1** faculdade de julgar; entendimento; juízo **2** raciocínio **3** intuição **4** circunspecção; prudência **5** compreensão; perceção; ~ **comum** conjunto das opiniões geralmente aceites sobre uma questão pela maioria das pessoas em determinado meio; ~ **estético** faculdade de apreciar as coisas belas; ~ **prático** sentido utilitário; **bom** ~ critério são, faculdade de bem ajuizar nas circunstâncias comuns da vida (Do lat. *sensu-*, «id.»)

sensor *n.m.* dispositivo eletrónico (por exemplo, um radar) que permite detetar corpos numa dada área, assinalar a presença de acidentes geográficos, proceder à sondagem de oceanos, rios, etc. (Do lat. *sensu-*, «faculdade de sentir», pelo ing. *sensor*, «sensor»)

sensorial *adj.2g.* **1** referente aos sentidos **2** ANATOMIA relativo ao sensório (De *sensório+-al*)

sensorimetria *n.f.* parte da psicofisiologia que estuda as variáveis da sensação, em função das variáveis do estímulo (De *sensório+-metria*)

sensório *adj.* **1** relativo à sensibilidade **2** que transmite sensações ■ *n.m.* **1** parte do cérebro considerada como centro das sensações e sede da alma **2** ANATOMIA conjunto formado pelo sistema nervoso central e pelas ramificações que o ligam aos órgãos dos sentidos **3** centro; núcleo (Do lat. *sensoriu-*, «id.»)

sensório-motor *adj.* diz-se do nervo que provoca sensações e estímulos motores aos órgãos dos sentidos (De *sensório+motor*)

sensual *adj.2g.* **1** que diz respeito aos sentidos; sensitivo **2** relativo ao prazer físico ou sexual **3** voluptuoso; lúbrico; lascivo (Do lat. *sensuāle-*, «id.»)

sensualidade *n.f.* **1** qualidade do que é sensual **2** lubricidade; volúpia; luxúria (Do lat. *sensualitāte-*, «id.»)

sensualismo *n.m.* **1** entrega aos prazeres dos sentidos **2** FILOSOFIA doutrina segundo a qual todos os nossos conhecimentos vêm das sensações, consideradas como condição necessária e suficiente de todos eles, mesmo os mais abstratos **3** FILOSOFIA doutrina segundo a qual o belo se identifica com o agradável (De *sensual+-ismo*)

sensualista *adj.2g.* referente ao sensualismo ■ *n.2g.* pessoa dada aos prazeres dos sentidos (De *sensual+-ista*)

sensualização *n.f.* ato ou efeito de sensualizar ou sensualizar-se (De *sensualizar+-ção*)

sensualizar *v.tr.* excitar a sensualidade de ■ *v.pron.* tornar-se sensual (De *sensual+-izar*)

sentar *v.tr.* **1** assentar **2** colocar em assento ■ *v.pron.* **1** assentar-se **2** tomar lugar; colocar-se **3** [fig.] estabelecer-se; fixar-se (Por *assentar*, do lat. **adsedentāre*, freq. de *adsedēre*, «estar [sentado] junto»)

sentença *n.f.* **1** DIREITO ato pelo qual o juiz decide a causa principal ou algum incidente que apresente, segundo a lei, a figura de uma causa; veredito **2** acórdão; parecer **3** opinião justa ou fundamentada **4** frase curta que encerra um pensamento moral; provérbio; máxima **5** fórmula de uma impressão intelectual; *~ transitada em julgado* DIREITO decisão proferida por juiz, da qual já não é possível recurso nem reclamação (Do lat. *sententĭa-*, «id.»)

sentenciador *adj.* que sentencia ■ *n.m.* **1** aquele que sentencia **2** juiz; árbitro (De *sentenciar*+*-dor*)

sentenciar *v.tr.* **1** [fig.] decidir por meio de sentença; julgar **2** condenar por sentença **3** [fig.] decidir ■ *v.intr.* **1** pronunciar sentenças **2** [fig.] emitir a sua opinião (Do lat. med. *sententiāre*, «id.»)

sentencioso /ô/ *adj.* **1** em forma de sentença **2** que se exprime por sentenças **3** que encerra moralidade; dogmático **4** que revela prudência ou sensatez; judicioso **5** que revela gravidade; pomposo; sério (Do lat. *sententiōsu-*, «id.»)

sentenciúncula *n.f.* pequena sentença; adágio (Do lat. *sententĭa-*, «sentença» +*-úncula*)

sentido *adj.* **1** magoado; melindrado; ofendido **2** pesaroso; triste **3** sensível **4** combalido ■ *n.m.* **1** função psicofisiológica que consiste em experimentar certa espécie de sensação **2** FISIOLOGIA cada um dos órgãos através dos quais é possível experimentar sensações **3** significação; aceção; interpretação **4** ideia; pensamento **5** atenção **6** mira; intento; propósito; fim **7** aspeto; ponto de vista; perspetiva **8** orientação de um deslocamento; direção; orientação; rumo **9** faculdade de julgar; razão; bom senso; entendimento **10** ideia constante; lembrança persistente **11** posição de tropas ou ginastas em formatura **12** [fig.] voluptuosidade; sensualidade; ~! exclamação designativa de atenção, cautela; **2** MILITAR voz de comando para que as tropas assumam a posição de sentido; ~ *direto* sentido do movimento de rotação da Terra; ~ *retrógrado* sentido do movimento dos ponteiros de um relógio; *perder os sentidos* desmaiar; *tomar ~* prestar atenção (Part. pass. de *sentir*)

sentimental *adj.2g.* **1** que diz respeito ao sentimento **2** que se comove facilmente; sensível **3** romântico ■ *n.2g.* **1** pessoa que se impressiona com facilidade **2** pessoa afetuosa ou romântica (De *sentimento*+*-al*)

sentimentalão *adj.,n.m.* muito sentimental; lamecha (De *sentimental*+*-ão*)

sentimentalidade *n.f.* **1** qualidade do que é sentimental **2** afetividade (De *sentimental*+*-i-*+*-dade*)

sentimentalismo *n.m.* **1** qualidade ou carácter de sentimental **2** exagero de sentimentos e emoções **3** importância excessiva dada aos sentimentos, particularmente na literatura e nas artes (De *sentimental*+*-ismo*)

sentimentalista *adj.2g.* **1** relativo a sentimentalismo **2** diz-se da pessoa muito dada ao sentimentalismo ■ *n.2g.* **1** pessoa muito dada ao sentimentalismo **2** artista cuja obra valoriza excessivamente os sentimentos ou as paixões (De *sentimental*+*-ista*)

sentimentalizar *v.tr.* tornar sentimental (De *sentimental*+*-izar*)

sentimentalmente *adv.* **1** de maneira sentimental; com sentimento **2** no que diz respeito aos sentimentos **3** com tristeza (De *sentimental*+*-mente*)

sentimentaloide *adj.,n.2g.* que ou pessoa que manifesta um sentimentalismo exagerado e superficial (De *sentimental*+*-óide*)

sentimentalóide ver nova grafia **sentimentaloide**

sentimento *n.m.* **1** ato ou efeito de sentir **2** estado afetivo que tem por antecedente imediato uma representação mental **3** disposição afetiva; sensibilidade **4** facto emocional **5** afeição; afeto **6** paixão; emoção; entusiasmo **7** mágoa; desgosto **8** intuição; pressentimento; palpite **9** consciência; juízo **10** opinião; ponto de vista **11** convicção; ideia **12** conhecimento resultante de experiência vivida; perceção **13** sensação **14** desejo **15** propósito; fim; desígnio **16** *pl.* índole **17** *pl.* qualidades morais **18** *pl.* pêsames; *dar os sentimentos* apresentar pêsames (De *sentir*+*-mento*)

sentina *n.f.* **1** NÁUTICA parte inferior do navio onde se junta e corrompe a água **2** latrina; retrete **3** [fig.] lugar imundo (Do lat. *sentīna-*, «id.»)

sentinela *n.f.* **1** MILITAR soldado encarregado de vigiar e guardar um quartel, um acampamento, etc. **2** ato de vigiar ou de guardar; vigilância; guarda **3** local num ponto elevado e ermo, onde se exerce vigilância **4** pessoa que vigia ou vela por alguma coisa; guarda (Do it. *sentinella*, «id.»)

sentir *v.tr.* **1** perceber por meio dos sentidos **2** experimentar (impressão física ou moral) **3** ter (sentimento, afeto) **4** ser afetado por **5** sofrer a ação de **6** ser sensível a; ressentir-se de **7** pressentir; adivinhar **8** reconhecer; verificar **9** compreender; apreciar **10** deixar-se impressionar por ■ *v.intr.* **1** ser sensível; ter sensibilidade **2** [fig.] ter desgosto; lamentar ■ *v.pron.* **1** ter a consciência do seu estado; reconhecer-se **2** imaginar-se; julgar-se **3** ofender-se; melindrar-se ■ *n.m.* **1** sensibilidade **2** sentimento; opinião; perspetiva (Do lat. *sentīre*, «id.»)

senzala *n.f.* **1** [Brasil] local onde eram alojados os escravos de antigas fazendas ou casas senhoriais **2** [fig.] vozearia; barulho **3** ⇒ **sanzala** (Do quimb. *sanzala*, «povoação»)

sépala *n.f.* BOTÂNICA folha modificada, em geral verde, cujo conjunto constitui o cálice de uma flor (Do lat. *sepălŭ-*, «sépala», pelo fr. *sépale*, «id.»)

sepaloide *adj.2g.* **1** BOTÂNICA em forma de sépala **2** BOTÂNICA semelhante a sépala; *perianto ~* BOTÂNICA perianto constituído por tépalas que são semelhantes a sépalas (De *sépala*+*-óide*)

sepalóide ver nova grafia **sepaloide**

separabilidade *n.f.* qualidade do que é separável (Do lat. *separabĭle-*, «separável» +*-i-*+*-dade*)

separação *n.f.* **1** ato ou efeito de separar ou separar-se **2** ato de separar o que estava unido; rutura; divisão **3** aquilo que separa ou serve para separar; divisória **4** rutura de união conjugal **5** interrupção de relacionamento; quebra de amizade **6** afastamento; distância **7** diferenciação; distinção; *~ de bens* regime de matrimónio segundo o qual cada um dos cônjuges conserva a posse e administração dos bens que lhe pertencem; *~ de facto* separação dos cônjuges quando já não existe comunhão de vida entre eles; *~ judicial de pessoas e bens* modificação da relação matrimonial que não dissolve o vínculo mas atinge as relações patrimoniais e extingue os deveres de coabitação e de assistência (Do lat. *separatiōne-*, «id.»)

separadamente *adv.* **1** à parte **2** isoladamente **3** de modo separado **4** espaçadamente (De *separado*+*-mente*)

separado *adj.* **1** que está à parte; isolado; desligado **2** que é distinto; independente **3** que está afastado; distante; apartado **4** diz-se de dois cônjuges que não vivem em comum (Do lat. *separātu-*, «id.», part. pass. de *separāre*, «separar»)

separador *adj.* que separa ou serve de separação ■ *n.m.* **1** aquele ou aquilo que separa ou serve de separação; divisória; barreira **2** aparelho que separa os líquidos, colocando-os pela ordem das suas densidades **3** zona ou dispositivo destinado a separar fluxos de tráfego **4** folha de cartolina ou plástico que se coloca entre diferentes secções de uma pasta de arquivo ou de um dossier para as diferençar **5** TELEVISÃO imagem ou grupo de imagens que marca o início de um espaço publicitário **6** aparelho que serve para separar elementos que se encontram misturados; separadora; *~ central* numa via pública, barreira longitudinal contínua que separa as duas faixas de rodagem, impedindo a passagem de uma para a outra (Do lat. *separātōre-*, «id.»)

separadora /ô/ *n.f.* ⇒ **separador** *n.m.* **2** (De *separador*)

separar *v.tr.* **1** desunir (o que estava ligado) **2** impedir a união de; afastar; apartar **3** interromper; fazer parar **4** dividir por meio de barreira; delimitar; demarcar; isolar **5** estabelecer distinção entre; distinguir **6** decretar a separação de (cônjuges) **7** pôr de lado para determinado fim; reservar ■ *v.pron.* **1** desunir-se; desligar-se **2** afastar-se; distanciar-se **3** viver separado; divorciar-se (Do lat. *separāre*, «id.»)

separata *n.f.* edição à parte, em volume, de artigos publicados em jornais ou revistas, aproveitando a composição tipográfica (Do lat. *separata*, «coisas separadas», part. pass. neut. pl. de *separāre*, «separar»)

separatismo *n.m.* **1** POLÍTICA sistema ou partido daqueles que preconizam a separação de certos Estados ou regiões naturais, do domínio de outro ou de outros **2** doutrina político-religiosa que defende a separação entre o Estado e a Igreja (Do lat. *separātu-*, «separado», part. pass. de *separāre*, «separar» +*-ismo*)

separatista *adj.2g.* **1** referente ao separatismo **2** que defende a separação política ou religiosa **3** que tende a tornar-se independente ■ *n.2g.* pessoa partidária da separação de uma região ou de um Estado (Do lat. *separātu-*, «separado» +*-ista*)

separativo *adj.* que tem a propriedade de separar (Do lat. *separatīvu-*, «id.»)

separatório *adj.* separativo; divisório ■ *n.m.* recipiente destinado a separar fluidos (De *separar*+*-tório*)

separável *adj.2g.* que se pode separar (Do lat. *separabĭle-*, «id.»)

sépia *n.f.* **1** substância escura que certos moluscos cefalópodes, como o choco, produzem e lançam na água para nela se dissimularem, e que é empregada em pintura **2** cor escura dessa substância **3** desenho feito com essa substância **4** ZOOLOGIA designação extensiva aos moluscos cefalópodes do género *Sepia* ■ *adj.inv.* de cor castanho-escura ■ *n.m.* cor castanho-escura (Do lat. *sepĭa-*, «id.», pelo it. *seppia*, «id.» ou pelo fr. *sépia*, «id.»)

sepícola adj.2g. que vive nas sebes (Do lat. *saepe-*, ou *sepe-*, «sebe» +*colĕre*, «habitar»)

sepiolite n.f. MINERALOGIA mineral, quimicamente um silicato básico, hidratado, de magnésio (Do lat. *sepĭa-*, «sépia»+gr. *líthos*, «pedra»)

sepse n.f. ⇒ **sépsis** (Do lat. *sēpsis*, «putrefação»)

sepsia n.f. MEDICINA ⇒ **sépsis** (Do gr. *sēpsis*, «putrefação» +*ia*)

sepsina n.f. produto tóxico resultante da sepsia (Do gr. *sēpsis*, «putrefação» +*ina*)

sépsis n.f. MEDICINA resposta inflamatória generalizada do organismo, normalmente provocada pela presença de agentes infeciosos na corrente sanguínea; sepsia; sepse (Do gr. *sēpsis*, «putrefação» +*ia*)

septado adj. que tem septos ou divisões (De *septo*+*ado*)

septe(m)- elemento de formação de palavras que exprime a ideia de *sete* (Do lat. *septem*, «sete»)

septêmplice adj.2g. que tem sete dobras ou sete lâminas (Do lat. *septemplĭce-*, «id.»)

septena n.f. estrofe de sete versos ■ adj. MEDICINA diz-se de uma febre que se repete de sete em sete dias (Do lat. *septēnu-*, «sete; de sete»)

septenal adj.2g. que se realiza de sete em sete anos (Do lat. *septenne-*, «que tem sete anos» +*al*)

septenário adj. que vale ou contém sete unidades ou elementos ■ n.m. **1** período de sete anos **2** festa que dura sete dias (Do lat. *septenarĭu-*, «id.»)

septenato n.m. ⇒ **septénio** (Do lat. *septenne-*, «que tem sete anos» +*ato*)

septênfluo adj. que jorra de sete fontes; que flui por sete bicas (Do lat. *septemflŭu-*, «id.»)

septenial adj.2g. que dura sete anos (De *septénio*+*al*)

septénio n.m. período de sete anos (Do lat. *septennĭu-*, «id.»)

septenvirado n.m. dignidade, assembleia ou tribunal dos septênviros (Do lat. *septemvirātu-*, «id.»)

septenviral adj.2g. relativo aos septênviros (Do lat. *septemvirāle-*, «id.»)

septenvirato n.m. ⇒ **septenvirado** (Do lat. *septemvirātu-*, «id.»)

septênviro n.m. título que tinha, entre os Romanos, cada um dos sete sacerdotes encarregados da organização dos banquetes em honra dos deuses, após os jogos (Do lat. *septemvĭru-*, «id.»)

septeto n.m. **1** MÚSICA trecho musical executado por sete vozes ou sete instrumentos **2** MÚSICA conjunto de sete executantes (Do lat. *septem*, «sete» +*eto*)

septi-[1] elemento de formação de palavras que exprime a ideia de *sete* (Do lat. *septem*, «sete»)

septi-[2] elemento de formação de palavras que exprime a ideia de *septo* (Do lat. *saeptu-*, «parede; membrana; septo»)

septicemia n.f. PATOLOGIA estado grave, produzido pela invasão microbiana do sangue, que depois se espalha pelo organismo (De *séptico*+*emia*)

septicémico adj. relativo à septicemia (De *septicemia*+*ico*)

septicida adj.2g. **1** BOTÂNICA diz-se de uma forma de deiscência de frutos sincárpicos, em que os carpelos se separam inteiros pelas linhas de união **2** BOTÂNICA diz-se do fruto que apresenta este tipo de deiscência (De *septi*-+-*cida*)

séptico adj. **1** que ocasiona putrefação **2** infetado por micróbios ou suas toxinas (Do gr. *septikós*, «id.», pelo lat. *septĭcu-*, «id.») ACORDO ORTOGRÁFICO também se pode escrever **sético**

septicole adj.2g. [poét.] que tem sete colinas (Do lat. *septicolle-*, «id.»)

septicolor adj.2g. que tem sete cores (Do lat. *septem*, «sete» +*colōre-*, «cor»)

septicorde adj.2g. [poét.] que tem sete cordas (Do lat. *septichorde-*, «id.»)

septífero adj. que tem septos (De *septi*-+-*fero*)

septifólio adj. que possui sete fólios ou folhas (Do lat. *septem*, «sete» +*folĭu-*, «folha»)

septiforme[1] adj.2g. que tem sete formas (Do lat. *septiforme-*, «id.»)

septiforme[2] adj.2g. que tem forma de septo ou parede (De *septi*-+-*forme*)

septífrago adj. BOTÂNICA diz-se de uma forma de deiscência de frutos sincárpicos, em que cada carpelo se separa por duas fendas que aparecem junto das paredes de união (Do lat. *saeptu-*, «septo» +*frangĕre*, «quebrar»)

séptil adj.2g. BOTÂNICA diz-se das sementes e da placenta quando se liga ao septo (Do lat. *septu-*, «cercado», part. pass. de *saepīre*, «cercar; rodear»)

septilião num.card. >quant.num. DT,n.m. **1** um milhão de sextiliões; a unidade seguida de quarenta e dois zeros (10^{42}) **2** [Brasil] mil sextiliões; a unidade seguida de vinte e quatro zeros (10^{24}) (Do fr. *septillion*, «id.»)

septimano n.m. soldado da sétima legião romana (Do lat. *septimānu-*, «id.»)

septimestre adj.2g. que tem sete meses (Do lat. *septimestre-*, «de sete meses»)

septingentésimo num.ord. >adj.num. DT que, numa série, ocupa a posição imediatamente a seguir à seiscentésima nonagésima nona; que é o último numa série de setecentos ■ num.frac. >quant.num. DT que resulta da divisão de um todo por setecentos ■ n.m. **1** o que, numa série, ocupa o lugar correspondente ao número 700 **2** uma das setecentas partes iguais em que se dividiu um todo (Do lat. *septingentesĭmu-*, «id.»)

septissílabo n.m. verso ou palavra de sete sílabas; heptassílabo ■ adj. que tem sete sílabas (Do lat. *septem*, «sete» +*syllăba-*, «sílaba»)

septíssono adj. que tem sete sons (Do lat. *septem*, «sete» +*sonu-*, «som»)

septívoco adj. [poét.] que tem sete vozes (Do lat. *septem*, «sete» +*voce-*, «voz») ACORDO ORTOGRÁFICO também se pode escrever **setívoco**

septo n.m. **1** ANATOMIA membrana que divide duas cavidades **2** BOTÂNICA parede orgânica (Do lat. *saeptu-*, ou *septu-*, «id.»)

septuagenário adj.,n.m. que ou aquele que tem entre setenta e setenta e nove anos de idade (Do lat. *septuagenarĭu-*, «id.»)

Septuagésima n.f. RELIGIÃO terceiro domingo antes do primeiro da Quaresma (De *septuagésimo*)

septuagésimo num.ord. >adj.num. DT que, numa série, ocupa a posição imediatamente a seguir à sexagésima nona; que é o último numa série de setenta ■ num.frac. >quant.num. DT que resulta da divisão de um todo por setenta ■ n.m. **1** o que, numa série, ocupa o lugar correspondente ao número 70 **2** uma das setenta partes iguais em que se dividiu um todo (Do lat. *septuagesĭmu-*, «id.»)

séptuor n.m. MÚSICA ⇒ **septeto** (Do lat. *septem*, «sete» +*[quatt]uor*, «quatro»)

septupleta a grafia mais usada é **setupleta**

septuplicar v.tr.,pron. multiplicar(-se) por sete; tornar(-se) sete vezes maior (Do lat. *septuplĭce-*, de *septŭplu-*, «séptulo» +*ar*) ACORDO ORTOGRÁFICO também se pode escrever **setuplicar**

séptuplo num.mult. >quant.num. DT que contém sete vezes a mesma quantidade ■ adj. **1** que é sete vezes maior **2** que consta de sete partes ■ n.m. valor ou quantidade sete vezes maior (Do lat. *septŭplu-*, «id.») ACORDO ORTOGRÁFICO também se pode escrever **sétuplo**

septusse n.m. antiga moeda romana que valia sete asses (Do lat. *septusse-*, «id.»)

sepulcral adj.2g. **1** referente a sepulcro **2** próprio de sepulcro; tumular **3** [fig.] fúnebre; sombrio **4** [fig.] cavernoso; medonho; profundo **5** [fig.] pálido (Do lat. *sepulcrāle-*, «id.»)

sepulcrário n.m. terreno ou lugar próprio para enterramentos; cemitério (De *sepulcro*+-*ário*)

sepulcro n.m. **1** túmulo; sepultura **2** [fig.] lugar onde morre muita gente **3** [fig.] aquilo que fecha como um túmulo; ~ *caiado* pessoa hipócrita; *baixar ao* ~ morrer (Do lat. *sepulcru-*, «id.»)

sepulcrologia n.f. estudo acerca de sepulcros (Do lat. *sepulcru-*, «sepulcro»+gr. *lógos*, «estudo» +*ia*)

sepultador adj.,n.m. que ou aquele que sepulta; coveiro (De *sepultar*+-*dor*)

sepultamento n.m. ato de sepultar (De *sepultar*+-*mento*)

sepultante adj.2g. que sepulta (De *sepultar*+-*ante*)

sepultar v.tr. **1** pôr em sepultura; enterrar; inumar **2** soterrar; submergir **3** afundar **4** guardar; esconder **5** enclausurar (Do lat. *sepultāre*, «id.»)

sepulto adj. **1** sepultado **2** [fig.] escondido; guardado (Do lat. *sepultu-*, «id.», part. pass. de *sepelīre*, «sepultar»)

sepultura n.f. **1** ato de sepultar **2** lugar ou cova onde se deposita um cadáver; túmulo; *levar à* ~ causar a morte a (Do lat. *sepultūra-*, «id.»)

sepultureiro n.m. ⇒ **coveiro**[1] (Do lat. *sepulturārĭu-*, «id.»)

Sequaniano n.m. GEOLOGIA andar do Jurássico superior (De *Séquana*, top., antiga designação da região francesa de Doubs, cuja capital é a cidade de Besançon +-*iano*)

sequaz adj.,n.2g. que ou pessoa que segue ou acompanha; sectário; partidário; satélite (Do lat. *sequāce-*, «que segue»)

sequeira n.f. **1** [pop.] seca; estiagem **2** maçada (De *seca*+-*eira*)

sequeiro adj. **1** privado de água **2** diz-se da cultura em terreno que não é regado ■ n.m. **1** terreno que não é regado **2** lugar seco **3** zona seca em tronco de árvore **4** local onde se estendem roupas para secar **5** [regionalismo] conjunto de tabuleiros onde se seca a fruta **6** [regionalismo] espigueiro; *culturas de* ~ AGRICULTURA culturas sem rega; *terreno de* ~ terreno sem água (Do lat. *siccarĭu-*, «id.»)

sequela /qu-é/ *n.f.* **1** consequência; continuação; sequência **2** série de coisas **3** MEDICINA perturbação ou lesão que persiste após a debelação de uma doença **4** efeito associado a um acontecimento grave que se manifesta algum tempo depois **5** [pop.] ato de seguir **6** súcia; conjunto de pessoas desprezíveis que acompanham alguém; bando; *direito de ~* direito de perseguir os bens (privilégio) (Do lat. *sequēla-*, «séquito»)

sequência /qu-en/ *n.f.* **1** ato ou efeito de seguir **2** seguimento; continuação **3** sucessão; série **4** (ludologia) série de cartas de valores ascendentes contíguos **5** LINGUÍSTICA sucessão de unidades linguísticas ordenadas que é delimitável num enunciado **6** CINEMA, TELEVISÃO conjunto de planos de ação que se desenrolam no mesmo local ou que formam uma unidade **7** LITERATURA sucessão ordenada de funções narrativas **8** RELIGIÃO trecho que, em algumas missas, se reza a seguir à epístola **9** BIOQUÍMICA sucessão, numa ordem predeterminada, dos elementos que constituem uma molécula (por exemplo, a ordem dos aminoácidos numa proteína); *na ~ de* no seguimento de (Do lat. *sequentĭa-*, «id.»)

sequenciação /qu-en/ *n.f.* BIOQUÍMICA determinação da ordem ou sequência dos elementos de uma molécula (aminoácidos de uma proteína, nucleótidos do ADN, etc.) (De *sequenciar+-ção*)

sequencial /qu-en/ *adj.2g.* em que há uma sequência ▪ *n.m.* RELIGIÃO livro que contém as sequências (De *sequência+-al*)

sequencialidade /qu-en/ *n.f.* qualidade do que é sequencial ou ocorre no tempo ou na sequência (De *sequencial+-i-+-dade*)

sequenciar /qu-en/ *v.tr.* **1** dispor em sequência **2** BIOQUÍMICA determinar a ordem ou a sequência de (aminoácidos numa proteína, nucleótidos no ADN, etc.) (De *sequência+-ar*)

sequente /qu-en/ *adj.2g.* que (se) segue; seguinte (Do lat. *sequente-*, «id.», part. pres. de *sequi*, «seguir»)

sequer *adv.* **1** ao menos **2** quanto mais não seja (De *se+quer*)

sequestração *n.f.* ato ou efeito de sequestrar; sequestro (Do lat. *sequestratiōne-*, «id.»)

sequestrador *adj.,n.m.* que ou aquele que sequestra (Do lat. *sequestratōre-*, «id.»)

sequestrar *v.tr.* **1** pôr (uma coisa ou pessoa) em sequestro; raptar **2** enclausurar ilegalmente **3** apoderar-se violentamente de **4** isolar **5** [fig.] privar do uso, exercício ou domínio ▪ *v.pron.* afastar-se do convívio social; isolar-se (Do lat. *sequestrāre*, «id.»)

sequestrável *adj.2g.* que se pode sequestrar (De *sequestrar+-vel*)

sequestro *n.m.* **1** DIREITO depósito de uma coisa litigiosa em mãos de terceira pessoa, por decisão judicial ou convenção das partes **2** pessoa a quem se confia esse depósito **3** clausura ou retenção ilegal de pessoas; rapto **4** penhora **5** isolamento; apartamento **6** MEDICINA fragmento de osso, necrosado, que se separa do osso vivo (Do lat. *sequestru-*, «id.»)

sequidão *n.f.* **1** secura **2** sede **3** desejo ardente **4** indiferença perante a dor e a miséria; insensibilidade (De *seco+-idão*)

sequilho *n.m.* bolinho ou rosquinha de massa seca de farinha (Do cast. *sequillo*, «id.»)

sequioso /ô/ *adj.* **1** que tem sede; ávido de água; sedento **2** muito seco **3** [fig.] desejoso (De *seco+-oso*)

séquito *n.m.* **1** aquilo que segue ou acompanha **2** acompanhamento; seguimento **3** cortejo; comitiva (Do it. *séquito*, «id.»)

sequoia *n.f.* BOTÂNICA árvore de grande porte (chega a atingir 150 metros de altura, nas florestas da Califórnia), conífera, pertencente à família das Taxodiáceas; wellingtónia (Do ing. *sequoia*, «id.», de *See-Quayah*, antr., chefe índio)

sequóia ver nova grafia **sequoia**

ser *v.cop.* liga o predicativo ao sujeito, indicando: **1** ter certa qualidade (*o dicionário é excelente; a Maria é uma mulher bonita*); **2** apresentar-se numa certa situação (*hoje, ele é rico*); **3** desempenhar uma função (*nós somos professores*); **4** estar ou ficar situado, localizar-se (*o café é no centro da cidade*); **5** ocorrer, realizar-se (*o evento é na cidade*); **6** consistir (em), ser formado de (*o móvel é de madeira*); **7** pertencer (*este livro é do João*); **8** ter determinado preço, custar (*o livro é barato*); **9** acontecer, suceder (*o espetáculo foi ontem*); **10** originar, provir (*eu sou do Porto*); **11** mostrar-se favorável a (*nós somos pela justiça*); **12** equivaler (*três e três são seis*); **13** significar (*liberdade é responsabilidade*); [14 uso impessoal] chegar um momento no tempo (*são dez horas; é dia*); [15 uso expletivo] (*eu é que sei; foi ela que venceu*) ▪ *v.intr.* existir ▪ *n.m.* **1** tudo o que, em qualquer ordem ou grau, se opõe ao nada **2** existência; ente **3** pessoa; criatura **4** natureza íntima; essência; alma **5** importância **6** aquilo que é real; realidade **7** *pl.* tudo o que existe e foi criado; *~ humano* elemento da espécie humana, pessoa, Homem; *~ pau para toda a colher/obra* prestar-se a qualquer coisa, fazer todo o tipo de trabalho; *~ todo ouvidos* prestar muita atenção ao que se ouve; *~ vivo* qualquer organismo vivo e animado (animal ou planta) (Do lat. *sedēre*, «sentar-se»)

serafanado *n.m.* ORNITOLOGIA ⇒ **alfanado** *n.m.*

seráfico *adj.* **1** relativo aos serafins **2** designativo da ordem dos frades franciscanos **3** [fig.] místico; devoto **4** [fig.] paradisíaco; extático (Do lat. ecl. *seraphĭcu-*, «id.»)

serafim *n.m.* **1** RELIGIÃO anjo da primeira hierarquia **2** [fig.] criança ou pessoa muito bela (Do hebr. *seraphim*, pl. de *saraph*, «o que queima», pelo lat. ecl. *Seraphin*, «serafim»)

serafina *n.f.* **1** tecido de lã próprio para forros **2** baeta encorpada, com desenhos (De *Serafina*, antr.)

seral *adj.2g.* **1** [regionalismo] respeitante à noite **2** [regionalismo] que se faz durante a noite (Do lat. *seru-*, «tarde» +-*al*)

seramangar *v.intr.* [regionalismo] andar a custo, arrastando os tamancos (De orig. obsc.)

serandar *v.intr.* [regionalismo] fazer serão; seroar (De *serão*?)

serandeiro *n.m.* **1** [regionalismo] aquele que faz serão; seroeiro **2** o que frequenta as esfolhadas, à noite, para se divertir (De *serandar+-eiro*)

seranzar[1] *v.intr.* [pop.] andar de um lado para o outro a fazer pequenos trabalhos; cirandar (De *cirandar*)

seranzar[2] *v.intr.* [regionalismo] ⇒ **seroar** (De *serão+z+-ar*)

serão *n.m.* **1** trabalho feito de noite, fora do horário normal **2** remuneração desse trabalho **3** sarau; reunião familiar à noite (Do lat. vulg. **serānu-*, de *seru-*, «tarde»)

serapilheira *n.f.* tecido grosseiro para envolver fardos, fazer sacos, etc. (Do lat. *sirpiculariă-*, «cesto de junco»)

serasmão *n.m.* ICTIOLOGIA ⇒ **pimpão** *n.m.* **5** (De orig. obsc.)

sere *n.2g.* indivíduo dos Seres (De *Seres*)

sereia *n.f.* **1** ser lendário, metade mulher e metade peixe, que atraía os navegantes para os recifes com a harmonia do seu canto **2** FÍSICA aparelho acústico usado para determinar a frequência de um som **3** [fig.] mulher sedutora ou de canto sedutor (Do gr. *seirén*, «id.», pelo lat. *sirēne-*, «sereia; divindade marítima»)

serelepe *n.m.* **1** [Brasil] esquilo **2** [Brasil] indivíduo engraçado, divertido (Formação expressiva)

serena /ê/ *n.f.* espécie de batedeira, de movimento sereno, para fazer manteiga (Do fr. *sereine*, «id.»)

serenada *n.f.* ⇒ **serenata** (De *sereno+-ada*)

serenagem *n.f.* **1** ato de serenar **2** exposição ao ar livre, de objetos infetados (De *serenar+-agem*)

serenamente *adv.* com serenidade; tranquilamente; suavemente (De *sereno+-mente*)

serenar *v.tr.,intr.* **1** tornar sereno ou recuperar a serenidade; acalmar(-se); aquietar(-se) **2** pacificar(-se); apaziguar(-se) **3** mitigar(-se); aliviar (Do lat. *serenāre*, «id.»)

serenata *n.f.* **1** MÚSICA concerto vocal e/ou instrumental dado à noite e ao ar livre **2** melodia simples e graciosa, análoga à dos trovadores **3** [acad.] (universidade) concerto que dá início à semana da Queima das Fitas e em que se ouve apenas fado de Coimbra

serenateiro *n.m.* **1** aquele que faz serenatas **2** [pej.] cantor de estilo simples e pouca qualidade, como os que executam modinhas ou cantigas ▪ *adj.* que faz serenatas (De *serenata+-eiro*)

serendipidade *n.f.* característica de quem faz boas descobertas por acaso ou atrai o acontecimento de coisas favoráveis (Do ing. *serendipity*, «id.»)

serenidade *n.f.* **1** qualidade ou estado de sereno **2** [fig.] tranquilidade; calma **3** [fig.] sangue-frio (Do lat. *serenitāte-*, «id.»)

serenim *n.m.* **1** vestuário antigo de senhora **2** sarau em que cantavam pessoas reais; serenata feita por altas personagens da corte **3** antiga canção portuguesa (De *sereno+-im*)

seleníssimo *adj.* **1** {*superlativo absoluto sintético de* **sereno**} muito sereno **2** tratamento de honra que se dava aos monarcas e aos infantes (Do lat. *serenissĭmu-*, «id.»)

sereno[1] *adj.* **1** calmo; sossegado; tranquilo **2** limpo de nuvens; claro **3** feliz **4** ameno; agradável ▪ *n.m.* **1** ar húmido e vaporoso da noite; relento **2** [pop.] guarda-noturno **3** cocheiro que, em Lisboa, fazia serviço de noite **4** [regionalismo] pagamento ao criado por serviço feito de madrugada (Do lat. *serēnu-*, «calmo; sem nuvens»)

sereno[2] *n.m.* ORNITOLOGIA ⇒ **serzino** (De orig. onom.?)

Seres *n.m.pl.* ETNOGRAFIA nome que os antigos davam aos habitantes da Ásia Oriental (China), donde vinha a seda (Do gr. *Séres*, «id.», pelo lat. *Seres*, «id.»)

seresma *n.f.* **1** [depr.] mulher indolente e sem préstimo **2** [depr.] mulher velha e feia **3** [depr.] qualquer coisa nojenta ▪ *adj.,n.2g.* [depr.] paspalhão; tolo (De orig. obsc.)

serezino *n.m.* ORNITOLOGIA ⇒ **serzino**

sergeta *n.f.* [pop.] rapariga viva; serigaita (De orig. obsc.)

sergipano *adj.* relativo ao estado de Sergipe (Brasil) ■ *n.m.* natural ou habitante deste estado (De *Sergipe*, top. +*-ano*)
serguia *n.f.* ⇒ **serguilha**
serguilha *n.f.* espécie de tecido de lã grosseira e sem pelo; seriguilha (Do cast. *jerguilla*, «id.»)
seri- ⇒ **serici-**
seriação *n.f.* 1 ato ou efeito de seriar; colocação ou disposição em série 2 ordem; método 3 ordenação; sistematização; ordenamento 4 escolha; seleção (De *seriar*+*-ção*)
serial *adj.2g.* 1 referente à série 2 posto em série (De *série*+*-al*)
seriama *n.m.* ORNITOLOGIA ⇒ **sariema**
seriamente *adv.* 1 de modo sério 2 a valer 3 muito (De *sério*+*-mente*)
seriar *v.tr.* dispor em séries; classificar por séries (De *série*+*-ar*)
seriário *adj.* 1 que se faz por séries 2 relativo a uma série (De *série*+*-ário*)
sericaia *n.f.* iguaria muito fina, da Índia (Do mal. *srikaya*, «id.»)
seríceo *adj.* 1 [poét.] relativo à seda 2 feito de seda 3 sedoso; acetinado (Do lat. *sericĕu-*, «id.»)
serici- elemento de formação de palavras que exprime a ideia de seda (Do lat. *serīcu-*, «seda»)
sericícola *adj.2g.* referente à cultura da seda ■ *n.2g.* 1 pessoa que trata da criação do bicho-da-seda; sericicultor; sericultor 2 fabricante de seda (De *serĭcu-*, «seda»+*colĕre*, «criar»)
sericicultor *adj.,n.m.* ⇒ **sericícola** (De *serici*+*cultor*)
sericicultura *n.f.* 1 indústria que tem por fim o fabrico da seda 2 criação do bicho-da-seda (De *serici*+*cultura*)
sericífero *adj.* ⇒ **sericígeno** (De *serici*+*-fero*)
sericígeno *adj.* que produz seda; sericífero; sericógeno (De *serici*+*-geno*)
sericímetro *n.m.* instrumento para avaliar a elasticidade e a tenacidade de um fio de seda (De *serici*+*-metro*)
sericina *n.f.* princípio constitutivo da seda natural (Do lat. *serĭcu-*, «seda» +*-ina*)
sericite *n.f.* MINERALOGIA mineral do grupo das micas, resultante, em muitos casos, da alteração de outros minerais (Do lat. *serĭcu-*, «seda» +*-ite*)
sérico[1] *adj.* ⇒ **seríceo** (Do latim *serĭcu-*, «seda»)
sérico[2] *adj.* HISTOLOGIA relativo a soro (De *sero*-+*-ico*)
sericógeno *adj.* ⇒ **sericígeno** (Do gr. *serikós*, «de seda» +*génos*, «origem»)
sericultor *adj.,n.m.* ⇒ **sericícola** (Por *sericicultor*)
sericultura *n.f.* ⇒ **sericicultura** (Por *sericicultura*)
série *n.f.* 1 conjunto de coisas que se seguem umas após outras 2 seguimento; sequência sem interrupção 3 sucessão espacial ou temporal de eventos ou coisas 4 TELEVISÃO filme ou programa transmitido em partes que formam uma sequência, com horário definido 5 QUÍMICA sequência ou família de compostos orgânicos em que a fórmula química de cada um se obtém da do composto anterior, segundo certa lei 6 ELETRICIDADE processo de associação de condutores topo a topo, sem qualquer ramificação; processo de associação de geradores ou de recetores elétricos em que o terminal positivo de cada um está ligado ao negativo de outro 7 MATEMÁTICA sucessão cujo termo geral (termo de ordem n) é a soma dos n termos iniciais de outra sucessão fixa 8 GEOLOGIA conjunto de rochas depositadas durante uma época geológica 9 GEOLOGIA conjunto de camadas sedimentares consideradas segundo a sua sucessão geológica 10 BOTÂNICA categoria taxinómica intercalada entre subseção e espécie; *em ~* a seguir, sem interrupção; *fora de ~* invulgar, extraordinário; *produção em ~* produção de um grande número de artigos idênticos (Do lat. *serĭe-*, «id.»)
seriedade *n.f.* 1 qualidade de quem ou daquilo que é sério 2 importância ou gravidade de um assunto, negócio, acontecimento 3 gravidade de porte; sisudez 4 integridade de carácter; retidão; honradez (Do lat. *serietāte-*, «id.»)
seriema /ê/ *n.m.* ORNITOLOGIA pequena ave do sertão brasileiro, de crista ereta, que vive em pequenos bandos (Do tupi *seri'ama*, «crista em pé»)
serifa *n.f.* TIPOGRAFIA pequeno traço ou linha grossa que remata as extremidades das letras
serifado *adj.* (letra) que apresenta um pequeno traço ou uma pequena linha a rematar as extremidades (De *serifa*+*-ado*)
serigaita *n.f.* 1 [pop.] rapariga espevitada, que tem resposta para tudo 2 ORNITOLOGIA ⇒ **trepadeira** (De orig. obsc.)
serigaitar *v.intr.* movimentar-se como serigaita (De *serigaita*+*-ar*)
serigaria *n.f.* indústria ou loja de serigueiro; passamanaria; sirgaria (De *serigueiro*+*-aria*)
serigrafia *n.f.* processo de reprodução de imagens no papel, pano, vidro, metal, etc., com o emprego de um caixilho com tela de seda, nylon ou aço inoxidável, que forma uma espécie de estêncil 2 estampa obtida por este processo (De *seri-*+*-grafia*)
serigráfico *adj.* relativo a serigrafia (De *serigrafia*+*-ico*)
serígrafo *n.m.* artista ou gráfico que trabalha em serigrafia (De *seri-*+*-grafo*)
serigueiro *n.m.* ⇒ **sirgueiro** (Do lat. *sericarĭu-*, «vendedor de sedas»)
seriguilha *n.f.* ⇒ **sirguilha**
serina *n.f.* 1 albumina do soro sanguíneo 2 QUÍMICA aminoácido existente nos produtos de decomposição da seda (Do lat. *seru-*, «soro» +*-ina*)
serineta *n.f.* realejo para ensinar os canários a cantar (Do fr. *serinette*, «id.»)
serinfolha /ô/ *n.f.* [regionalismo] termo por que se designa uma felosa (pássaro da família dos Silvídeos); vira-folhas (De orig. obsc.)
seringa *n.f.* 1 espécie de bomba portátil que serve para esguichar ou injetar 2 utensílio com que se introduzem líquidos ou gases em cavidades naturais do corpo 3 bisnaga 4 instrumento constituído por um tubo oco, um êmbolo e uma agulha que serve para injetar ou extrair líquidos do corpo humano 5 BOTÂNICA látex da seringueira 6 [Brasil] BOTÂNICA seringueira 7 [Brasil] madeira de seringueira ■ *n.2g.* [colog.] pessoa maçadora (Do gr. *syrigx*, -*ggos*, «caniço», pelo lat. *syringe-*, «cana»)
seringação *n.f.* 1 ato de injetar um líquido por meio de uma seringa 2 [pop.] importunação; maçada (De *seringar*+*-ção*)
seringada *n.f.* 1 líquido contido na seringa 2 ato de injetar um líquido; seringação (Part. pass. fem. subst. de *seringar*)
seringadela *n.f.* 1 ato de seringar; seringação 2 injeção 3 [pop.] maçada; maçadoria (De *seringar*+*-dela*)
seringador *adj.* 1 que injeta líquido com uma seringa 2 [fig.] maçador; importuno ■ *n.m.* 1 aquele que injeta líquido com uma seringa 2 espécie de almanaque popular 3 [fig.] maçador; importuno (De *seringar*+*-dor*)
seringal *n.m.* mata de seringueiras (De *seringa*+*-al*)
seringalista *adj.2g.* pessoa que possui um seringal (De *seringal*+*-ista*)
seringão *n.m.* indivíduo maçador, importuno (De *seringa*+*-ão*)
seringar *v.tr.* 1 expelir ou injetar o líquido da seringa em 2 molhar ou borrifar com seringa 3 [fig.] maçar; importunar (De *seringa*+*-ar*)
seringatório *adj.* relativo à seringa ou às suas aplicações ■ *n.m.* medicamento administrado com seringa (De *seringar*+*-tório*)
seringueira *n.f.* BOTÂNICA nome vulgar extensivo a várias árvores da família das Euforbiáceas, de folhas compostas e flores pequenas, de cujo látex (cauchu), se faz a borracha; árvore-da-borracha (De *seringa*+*-eira*)
seringueiro *n.m.* 1 [Brasil] indivíduo que, na Amazónia, faz as incisões na seringueira e recolhe o látex 2 BOTÂNICA ⇒ **seringueira** (De *seringa*+*-eiro*)
serino *n.m.* ORNITOLOGIA ⇒ **serzino**
sério *adj.* 1 que não ri 2 grave; sisudo 3 positivo 4 verdadeiro; real 5 de consequências graves; importante 6 sincero 7 íntegro; honrado; honesto 8 cumpridor ■ *n.m.* 1 gravidade; seriedade 2 jogo popular em que duas pessoas se olham até uma delas se rir; sisudo ■ *adv.* realmente; deveras; *a ~* seriamente, deveras; *levar/tomar a ~* dar importância a, melindrar-se com (Do lat. *serĭu-*, «id.»)
sermão *n.m.* 1 discurso sobre um assunto religioso, proferido do púlpito 2 [fig.] qualquer prática feita a alguém com um fim moral 3 [pop.] admoestação; descompostura; [pop.] repreensão; *~ e missa cantada* grande raspanete (Do lat. *sermōne-*, «conversação»)
sermoa /ô/ *n.f.* [pop.] sermão de pouco valor; prédica
sermonar *v.tr.,intr.* expor em forma de sermão (Do lat. *sermonāre*, «id.»)
sermonário *n.m.* 1 coleção de sermões 2 autor de sermões (Do lat. ecl. *sermonarĭu-*, «id.»)
sermonear *v.intr.* ⇒ **sermonar** (De *sermão*+*-ear*)
sero- elemento de formação de palavras que exprime a ideia de *humor aquoso* (Do lat. *seru-*, «soro»)
seroada *n.f.* serão prolongado (De *serão*+*-ada*)
seroar *v.intr.* fazer serão; trabalhar de noite (De *serão*+*-ar*)
serodiagnóstico *n.m.* MEDICINA diagnóstico que se baseia na presença ou na ausência, no soro do sangue do doente, de anticorpos específicos do agente patológico da doença em estudo (Do fr. *sérodiagnostique*, «id.»)
serodiamente *adv.* tardiamente (De *serôdio*+*-mente*)
serôdio *adj.* 1 que vem tarde; tardio 2 (fruto) que aparece depois do tempo próprio (Do lat. *serotīnu-*, «que vem tarde»)
seroeiro *n.m.* ⇒ **serandeiro** (De *seroar*+*-eiro*)
serologia *n.f.* MEDICINA estudo ou tratado acerca dos soros (De *sero-*+*-logia*)

serológico *adj.* que diz respeito à serologia (De *serologia*+*-ico*)
seronegatividade *n.f.* **1** estado do que é seronegativo **2** MEDICINA ausência de determinados anticorpos no soro sanguíneo **3** MEDICINA ausência do vírus da sida numa pessoa (De *seronegativo*+*-i-*+*-dade*)
seronegativo *adj.,n.m.* **1** MEDICINA designativo do doente ou doente em cujo soro sanguíneo não foi detetada a presença de determinado anticorpo **2** MEDICINA que ou aquele que não é portador do vírus da sida (Do fr. *séronégatif*, «id.»)
seropositividade *n.f.* **1** estado de ser seropositivo **2** MEDICINA presença de determinados anticorpos no soro sanguíneo **3** MEDICINA presença do vírus da sida numa pessoa (De *seropositivo*+*-i-*+*-dade*)
seropositivo *adj.,n.m.* **1** MEDICINA designativo do doente ou doente em cujo soro sanguíneo foi detetada a presença de determinado anticorpo **2** MEDICINA que ou aquele que é portador do vírus da sida (Do fr. *séropositif*, «id.»)
serosa *n.f.* ANATOMIA membrana de paredes duplas, epiteliais e conjuntivas, como o peritoneu, as pleuras, o pericárdio, etc., que reveste certas cavidades do organismo animal que contêm líquidos por ela segregados (De *seroso*)
serosidade *n.f.* **1** qualidade do que é seroso **2** aguadilha **3** MEDICINA líquido segregado por membranas serosas **4** MEDICINA líquido que se acumula em vesículas superficiais da pele, quando há queimaduras, nas hidropisias, etc. (De *seroso*+*-i-*+*-dade*)
seroso /ô/ *adj.* **1** relativo a soro **2** que abunda em serosidade **3** aquoso (De *sero-*+*-oso*)
seroterapia *n.f.* MEDICINA tratamento por meio de soros; soroterapia (De *sero-*+*terapia*)
seroterápico *adj.* relativo à seroterapia; soroterápico (De *seroterapia*+*-ico*)
serotonina *n.f.* FISIOLOGIA neurotransmissor do grupo das aminas, derivado de um ácido aminado, o triptofano, que está associado ao sono, ao humor, à atenção, à aprendizagem, à memória, etc. (De *sero-*+*tón(ico)*+*-ina* pelo ing. *serotonin*, «id.»)
serpão *n.m.* BOTÂNICA planta da família das Labiadas, de caules remontantes e radicosos na base, produtora de flores róseas, espontânea no Norte e no centro de Portugal, e também cultivada nas hortas, utilizada em infusões e como condimento, conhecida ainda por serpil, serpilho e serpol (De *serpe*+*-ão*)
serpe *n.f.* **1** serpente **2** ARQUITETURA ornato em forma de serpente **3** [pop., pej.] mulher velha e muito feia **4** faísca; centelha (Do lat. cl. *serpente-*, «serpente», pelo lat. vulg. *serpe-*, «id.»)
serpeante *adj.2g.* que serpeia; coleante (De *serpear*+*-ante*)
serpear *v.intr.* **1** andar às ziguezagues; mover-se sinuosamente; ondear **2** [fig.] seguir uma linha sinuosa; ter um traço tortuoso (De *serpe*+*-ear*)
serpejante *adj.2g.* ⇒ **serpeante** (De *serpejar*+*-ante*)
serpejar *v.intr.* ⇒ **serpear** (De *serpe*+*-ejar*)
serpentão *n.m.* antigo instrumento musical de sopro, assim chamado por imitar o corpo e a cabeça da serpente (De *serpente*+*-ão*)
serpentar *v.intr.* ⇒ **serpear** (De *serpente*+*-ar*)
serpentária *n.f.* BOTÂNICA planta herbácea, da família das Aráceas, subespontânea em Portugal, e também designada por serpentina, dragonteia e dracúnculo (Do lat. *serpentaria-*, «id.»)
serpentário *n.m.* **1** viveiro de serpentes onde se faz a extração do veneno usado na preparação do soro antiofídico **2** instalação própria para expor serpentes **3** ORNITOLOGIA ave de rapina, africana, da família dos Falconídeos, muito útil, que se alimenta de mamíferos, aves e serpentes **4** [com maiúscula] ASTRONOMIA constelação boreal (Do lat. *serpentariu-*, «id.»)
serpente *n.f.* **1** ZOOLOGIA designação geral dos répteis ofídios, animais rastejantes de corpo cilíndrico, geralmente muito longo, cobertos de escamas transparentes, desprovidos de membros e com língua bífida e delgada que se estende para apanhar presas **2** ZOOLOGIA réptil rastejante, venenoso ou não; cobra **3** aquilo que ondula ou rasteja como uma serpente **4** [pop., pej.] pessoa traiçoeira ou má; víbora **5** [pop., pej.] mulher velha e muito feia (Do lat. *serpente-*, «id.»)
serpenteado *adj.* **1** com muitas curvas **2** com curvas que fazem lembrar uma serpente **3** sinuoso; tortuoso ■ *n.m.* traçado sinuoso (Part. pass. de *serpentear*)
serpenteante *adj.2g.* ⇒ **serpeante** (De *serpentear*+*-ante*)
serpentear *v.intr.* ⇒ **serpear** (De *serpente*+*-ear*)
serpenticida *adj.,n.2g.* que ou aquele que mata serpentes (Do lat. *serpente-*, «serpente» +*caedĕre*, «matar»)
serpentífero *adj.* [poét.] que tem serpentes (Do lat. *serpentifĕru-*, «id.»)
serpentiforme *adj.2g.* que tem a configuração de uma serpente; serpentino (Do lat. *serpente-*, «serpente» +*forma-*, «forma»)

serpentígeno *adj.* [poét.] oriundo de serpente (Do lat. *serpentigĕnu-*, «id.»)
serpentina *n.f.* **1** rolo de fita de papel colorido que se costuma atirar desenrolando-se, na altura do Carnaval **2** castiçal de dois ou mais braços em cujas extremidades se colocam velas **3** vela de três lumes que se acende nas cerimónias do Sábado Santo **4** tubo metálico retorcido, em hélice, do alambique **5** antigo canhão, longo e fino, que era usado como peça de artilharia **6** BOTÂNICA ⇒ **serpentária 7** *pl.* MINERALOGIA grupo de minerais (silicatos hidratados de magnésio), produtos da alteração de silicatos magnesianos, untuosos ao tato, verdes, jaspeados, de aspeto semelhante ao da pele de serpente (Do lat. med. *serpentina-*, «id.»)
serpentinito *n.m.* PETROLOGIA rocha formada quase exclusivamente por serpentina (De *serpentina*+*-ito*)
serpentino *adj.* **1** da serpente ou a ela relativo **2** que tem forma de serpente **3** diz-se do mármore que tem listas tortuosas (Do lat. *serpentīnu-*, «de serpente»)
serpentinoso /ô/ *adj.* que diz respeito ao mármore serpentino (De *serpentino*+*-oso*)
serpete *n.m.* instrumento de jardineiro, de lâmina curva, para podar, preparar enxertos, etc. (Do fr. *serpette*, «id.»)
serpil *n.m.* BOTÂNICA ⇒ **serpão** (De *serpe*+*-il*)
serpilho *n.m.* BOTÂNICA ⇒ **serpão** (Do lat. *serpillu-*, «id.»)
serpol *n.m.* BOTÂNICA ⇒ **serpão** (Do lat. *serpullu-*, «id.»)
serra *n.f.* **1** instrumento formado por uma lâmina de aço, comprida e dentada, que se utiliza para cortar madeira, pedra, metais, etc. **2** ato de serrar **3** GEOGRAFIA colina ou montanha prolongada por vários quilómetros, que faz parte de um sistema de altitudes separadas por vales paralelos que cortam um planalto; montanha **4** GEOGRAFIA grande extensão de montanhas ligadas umas às outras **5** ICTIOLOGIA peixe teleósteo, da família dos Escombrídeos; ~ *da velha* [regionalismo] costume que há, em algumas terras, de ir junto da morada de mulheres idosas, no meio do Quaresma, apupando-as e fingindo que as serram; *ir/subir à* ~ [pop.] ofender-se, ficar furioso ou melindrado (Do lat. *serra-*, «id.»)
serrabulho *n.m.* ⇒ **sarrabulho**
serra-cancelas *n.f.2n.* ZOOLOGIA ⇒ **bicha-cadela** (De *serrar*+*cancela*)
serração *n.f.* **1** ato ou efeito de serrar **2** oficina de serrar madeira; serraria; ~ *da velha* [regionalismo] costume que há, em algumas terras, de ir junto da morada de mulheres idosas, no meio do Quaresma, apupando-as e fingindo que as serram; serra da velha (De *serrar*+*-ção*)
serradela[1] *n.f.* corte feito com a serra (De *serrar*+*-dela*)
serradela[2] *n.f.* **1** BOTÂNICA planta herbácea, da família das Leguminosas, espontânea em Portugal e cultivada em muitos outros países pela sua utilidade como forragem, também conhecida por serrim **2** ZOOLOGIA anelídeo poliqueta, muitíssimo frequente em certos lodos da beira-mar, que é usado como isca de pesca, e também conhecido por bicha (Do lat. **serratella-*, por *serratūla-*, «id.»)
serradiço *adj.* diz-se da madeira já aparada e serrada para se poder pôr à venda (De *serrar*+*-diço*)
serrador *adj.* que serra ■ *n.m.* **1** aquele que serra **2** [regionalismo] foice dentada, fixa a uma aselha de ferro, para cortar a palha destinada aos animais (De *serrar*+*-dor*)
serradura *n.f.* **1** serração **2** partículas que caem da madeira quando se serra; serrim (Do lat. *serratūra-*, «id.»)
serragem *n.f.* serração; serradura (De *serrar*+*-agem*)
serra-leonês *adj.* relativo à Serra Leoa ■ *n.m.* natural ou habitante da Serra Leoa (De *Serra Leoa*, top.+*-ês*)
serralha[1] *n.f.* BOTÂNICA nome vulgar extensivo a várias plantas, da família das Compostas, espontâneas e mais ou menos frequentes em Portugal, como a serralha-áspera (serralha-espinhosa ou serralha-preta), a serralha-branca (leituraga, serralha-macia ou serralhinha) e a serralha-da-praia (Do b. lat. *sarralĭa-*, ou *serralĭa-*, «id.»)
serralha[2] *n.f.* saliência semelhante à da serra; serrilha (De *serra*+*-alha*)
serralhar *v.tr.* lavrar ou limar à maneira dos serralheiros ■ *v.intr.* fazer barulho parecido com o que os serralheiros fazem ao limar (De *serralh[eiro]*+*-ar*)
serralharia *n.f.* **1** oficina de serralheiro **2** arte ou ofício de serralheiro (De *serralh[eiro]*+*-aria*)
serralheiro *n.m.* profissional que fabrica ou conserta objetos de ferro, como fechaduras, grades, etc. (Do lat. *serracŭlu-*, «leme» + *-eiro*)
serralho *n.m.* **1** palácio dos príncipes maometanos **2** residência do sultão da Turquia **3** dependência desse palácio onde estão as mulheres encerradas; harém **4** [fig.] prostíbulo (Do pers. *särai*, «palácio», pelo it. *serraglio*, «local fechado»; harém; serralho»)
serramento *n.m.* ato ou efeito de serrar (De *serrar*+*-mento*)

serrana *n.f.* **1** mulher que vive na serra; montanhesa **2** [fig.] mulher rústica **3** ORNITOLOGIA ⇒ **negrinha¹ 4** LITERATURA ⇒ **serranilha** (De *serrano*)

serrania *n.f.* **1** conjunto de serras; cordilheira **2** terreno montanhoso e desabrigado (De *serrano*+*-ia*)

serranice *n.f.* modos ou ditos de serrano (De *serrano*+*-ice*)

Serrânidas *n.m.pl.* ICTIOLOGIA ⇒ **Serranídeos**

Serranídeos *n.m.pl.* ICTIOLOGIA família de peixes teleósteos, cujo género-tipo se denomina *Serranus*, representada em Portugal por algumas espécies muito apreciadas na alimentação (Do lat. cient. *Serrānu-*, de *serra-*, «serra» +*-ídeos*)

serranilha *n.f.* LITERATURA canção pastoril, que era uma das formas líricas dos antigos trovadores portugueses; serrana (Do cast. *serranilla*, «id.»)

serrano *adj.* **1** da serra ou a ela relativo **2** montesino **3** diz-se de uma variedade de linho ■ *n.m.* **1** natural ou habitante da serra; montanhês **2** barco usado no rio Mondego (Portugal) (De *serra*+*-ano*)

serrão¹ *n.m.* **1** serra grande manejada por dois homens e própria para serrar toros de madeira **2** ICTIOLOGIA peixe teleósteo que inclui espécies diferentes, também conhecido por bodião, cantariz, melope e rainúnculo **3** ORNITOLOGIA ⇒ **escrevedeira 4** [Brasil] ORNITOLOGIA ⇒ **serra-serra** (De *serra*+*-ano*)

serrão² *adj.* relativo a serra; serrano (De *serrano*)

serrar *v.tr.* cortar com serra ou serrote ■ *v.intr.* trabalhar com serra (Do lat. *serrāre*, «id.»)

serraria *n.f.* **1** oficina onde se serra madeira; serração **2** armação onde se coloca a trave que se quer serrar (De *serrar*+*-aria*)

serra-serra *n.m.* [Brasil] ORNITOLOGIA pássaro de plumagem preta, brilhante, pertencente à família dos Fringilídeos, também conhecido por alfaiate, pinéu, serrador, serrão, veludinho, etc.

serrátil *adj.2g.* em forma de serra (Do lat. *serrātu-*, «id.» +*-il*)

serrazina *n.f.* **1** ato de serrazinar; importunação **2** lamúria enfadonha **3** ORNITOLOGIA pintarroxo ■ *n.2g.* pessoa importuna e insistente (Por *sarrazina*, do prov. *sarrazina*, «id.»)

serrazinar *v.tr.,intr.* importunar, maçar, insistindo no mesmo tema ou pedido (De *serrazina*+*-ar*)

serreado *adj.* que imita os dentes de uma serra; denteado (Part. pass. de *serrear*)

serrear *v.tr.* **1** dar forma de serra a **2** recortar em forma de serra (De *serra*+*-ear*)

serrenho *adj.,n.m.* ⇒ **serrano** (De *serra*+*-enho*)

sérreo *adj.* **1** que tem forma de serra **2** relativo à serra; serrano (De *serra*+*-eo*)

serreta /ê/ *n.f.* pequena serra (De *serra*+*-eta*)

serricórneo *adj.* diz-se dos insetos que têm as antenas em forma de serra (Do lat. *serra-*, «serra» +*cornu-*, «antena» +*-eo*)

serridentado *adj.* ⇒ **serridênteo** (De *serra*+*dentado*)

serridênteo *adj.* que tem dentes como os da serra; serreado (Do lat. *serra-*, «serra» +*dente-*, «dente» +*-eo*)

serril *adj.2g.* **1** relativo a serra; serrano **2** [fig.] agreste **3** [fig.] rústico (De *serra*+*-il*)

serrilha *n.f.* **1** lavor serreado na periferia de certas moedas para não serem cerceadas **2** bordo denteado **3** qualquer trabalho em forma de dentes de serra **4** barbela de ferro com pontas agudas para sofrear cavalgaduras (De *serra*+*-ilha*)

serrilhado *adj.* **1** que possui ou forma serrilha **2** que imita a serra (Part. pass. de *serrilhar*)

serrilhador *n.m.* máquina de serrilhar moedas (De *serrilhar*+*-dor*)

serrilhar *v.tr.* abrir serrilha em; dentear ■ *v.intr.* puxar desencontradamente as duas rédeas do cavalo quando este toma o freio nos dentes (De *serrilha*+*-ar*)

serrilho *n.m.* eixo a que está fixa a roda maior dos engenhos de açúcar (De *serrilha*)

serrim *n.m.* **1** farelo de madeira; serradura **2** BOTÂNICA ⇒ **serradela²** (Do cast. *serrín*, «id.»)

serrino *adj.* ⇒ **serrátil** (De *serra*+*-ino*)

serrípede *adj.2g.* que tem os pés serreados (Do lat. *serra-*, «serra» +*pede-*, «pé»)

serrirrostro /ô/ *adj.* diz-se da ave que tem o bico serreado (Do lat. *serra-*, «serra» +*rostru-*, «bico»)

serro /ê/ *n.m.* **1** conjunto de serras; serrania **2** aresta de monte; espinhaço (De *serra*)

serrobeco *n.m.* espécie de fazenda grosseira, de cor acastanhada

serrotagem *n.f.* sulco ou conjunto dos sulcos abertos na lombada dos livros para inserir as cordas da costura

serrotar *v.tr.* **1** cortar com serrote; serrar **2** [pop.] serrar imperfeitamente ■ *v.intr.* [fig.] dizer mal da vida alheia; intrigar; bisbilhotar (De *serrote*+*-ar*)

serrote *n.m.* **1** espécie de serra de folha curta e geralmente mais larga numa das extremidades onde se adapta um cabo **2** ICTIOLOGIA peixe da ria de Aveiro **3** [fig.] conversa maledicente; bisbilhotice; *estar no ~* [fig.] dizer mal da vida alheia (De *serra*+*-ote*)

sertã *n.f.* espécie de frigideira larga e de pouco fundo (Do lat. *sartagĭne-*, «id.»)

sertainho *adj.* relativo ou pertencente à Sertã, no distrito de Castelo Branco, ou que é seu natural ou habitante ■ *n.m.* natural ou habitante desta vila (De *Sertã*, top. +*-inho*)

sertanejo /ê/ *adj.* **1** do sertão **2** relativo ao sertão **3** [fig.] rude; agreste; silvestre ■ *n.m.* natural ou habitante do sertão (De *sertão*+*-ejo*)

sertanista *n.2g.* pessoa que explora ou conhece bem os sertões ■ *adj.2g.* referente ao sertão (De *sertão*+*-ista*)

sertão *n.m.* **1** região interior, afastada da costa e distante de povoações **2** floresta longe da costa **3** [Brasil] região pouco povoada do interior do Brasil, onde a atividade predominante é a criação de gado **4** [fig.] província; aldeia (Do lat. *sertānu-*, «do bosque», de *sertu-*, «bosque»)

sertela *n.f.* [regionalismo] ⇒ **sertelha**

sertelha *n.f.* [regionalismo] aparelho utilizado na pesca das enguias (Do lat. **sertella-*, ou **serticŭla-*, de *serta-*, de *sertu-*, «entrelaçado; enfiado», part. pass. de *serĕre*, «enfiar»)

serubuna *n.f.* [Brasil] BOTÂNICA ⇒ **serutinga** (De orig. obsc.)

serutinga *n.f.* **1** [Brasil] BOTÂNICA árvore afim da manga, também conhecida por serubuna **2** [Brasil] BOTÂNICA fruto dessa árvore

servência *n.f.* qualidade do que serve; utilidade; serventia (Do lat. *serventĭa-*, «serventia»)

servente *adj.2g.* que serve ■ *n.2g.* **1** pessoa que serve **2** criado **3** pessoa que faz recados **4** MILITAR ajudante de um oficial **5** MILITAR componente da guarnição de uma arma coletiva ligeira ou pesada **6** operário não especializado da construção civil que desempenha tarefas secundárias **7** antigo funcionário inferior dos serviços públicos (Do lat. *serviente-*, «que serve», part. pres. de *servīre*, «servir»)

serventia *n.f.* **1** qualidade do que é útil; préstimo; utilidade **2** uso; emprego; aplicação **3** passagem **4** entrada; abertura **5** trabalho ou emprego de servente **6** condição de quem serve; servidão; *dar ~* servir de passagem (De *servente*+*-ia*)

serventuário *n.m.* **1** aquele que serve num emprego ou ofício, em substituição do empregado efetivo **2** aquele que desempenha qualquer função burocrática **3** servente (De *servente*+*-ário*)

serviçal *adj.2g.* **1** que gosta de prestar serviços; obsequiador; prestável **2** próprio de quem serve **3** obsequiador; prestável ■ *n.2g.* pessoa que serve; servente (De *serviço*+*-al*)

servição *n.m.* **1** muito serviço **2** grande serviço **3** auxílio valioso (De *serviço*+*-ão*)

serviço *n.m.* **1** ato ou efeito de servir **2** trabalho a fazer; obrigações **3** atividade profissional; emprego **4** duração de uma atividade **5** préstimo; uso; serventia **6** proveito **7** disposição; disponibilidade **8** local de trabalho **9** celebração de ato religioso **10** obséquio; favor; benefício **11** conjunto das peças destinadas a uma refeição; baixela **12** DESPORTO (voleibol, ténis, badminton) batimento na bola que inicia ou reinicia o jogo **13** conjunto de órgãos de direção, de comando e de unidades executantes que têm a seu cargo atividades militares de carácter administrativo ou logístico **14** grupo mais ou menos amplo de empregados de uma empresa pública ou privada que trabalha sob a orientação de um chefe responsável; secção ou departamento de uma empresa ou de um estabelecimento público **15** atividade social produtora de bens só de forma mediata **16** satisfação direta de uma necessidade pela utilização de um bem ou de uma prestação de trabalho; *serviços mínimos* conjunto de serviços que se mantêm em funcionamento durante uma greve; *que bonito/lindo ~!* [irón.] expressão usada para exprimir censura, reprovação ou embaraço, ora bolas!; *estar de ~* (pessoa) estar a exercer as suas funções profissionais, estar a trabalhar, (farmácia) estar aberto fora das horas normais de expediente; *estar fora de ~* não estar em funcionamento ou não se poder utilizar, estar avariado/desligado; *não brincar em ~* [coloq.] mostrar-se competente no exercício das suas funções profissionais, ter uma atitude responsável no trabalho (Do lat. *servitĭu-*, «servidão»)

servidão *n.f.* **1** estado de servo; escravidão **2** estado de quem está privado de independência **3** encargo imposto a um prédio em proveito de outro que pertence a dono diferente **4** [fig.] dependência; cativeiro (Do lat. *servitudĭne-*, «id.»)

servidiço *adj.* que serviu muitas vezes; gasto; usado (De *servir*+*-diço*)

servido *adj.* **1** usado; gasto **2** fornecido; provido **3** em segunda mão; *ser ~* haver por bem, dignar-se (Do lat. *servītu-*, «id.», part. pass. de *servīre*, «servir»)

servidor *adj.* 1 que serve 2 [fig.] obsequiador; prestável ■ *n.m.* 1 aquele que serve; servente; criado 2 INFORMÁTICA computador que disponibiliza informação e serviços a outros computadores ligados em rede 3 INFORMÁTICA sistema fornecedor de ligação à internet 4 [gír.] vaso de noite (Do lat. *servitōre-*, «id.»)

serviente *adj.2g.* diz-se do prédio sujeito a dar servidão (Do lat. *serviente-*, «id.», part. pres. de *servīre*, «servir»)

servil *adj.2g.* 1 referente a servo ou à condição de servidor 2 que segue estritamente um modelo ou original 3 bajulador; subserviente 4 [fig.] baixo; ignóbil; indigno (Do lat. *servīle-*, «id.»)

servilha¹ *n.f.* [ant.] sapato de couro (Do cast. *servilla*, «sapatilha»)

servilha² *n.f.* barco de pescar sardinha (De orig. obsc.)

servilheiro *n.m.* sardinheiro que pesca em servilha (De *servilha*+ *-eiro*)

servilheta /ê/ *n.f.* serva; criada (Do cast. *servilleta*, «id.»)

servilismo *n.m.* 1 qualidade do que é servil 2 baixeza de sentimentos 3 subserviência; imitação servil 4 plágio (De *servil*+*-ismo*)

servilizar *v.tr.* 1 tornar servil 2 escravizar 3 subjugar (De *servil*+ *-izar*)

servilmente *adv.* 1 de modo servil; com servilismo 2 indignamente (De *servil*+*-mente*)

sérvio *adj.* relativo ou pertencente à República da Sérvia (país do sudeste europeu) ■ *n.m.* 1 natural ou habitante da República da Sérvia 2 língua eslava falada na Sérvia (De *Sérvia*, top.)

serviola *n.f.* NÁUTICA peça que sai do castelo da proa para os lados do navio e serve para afastar a âncora do costado (Do cat. ant. *cerviola*, de *cérvia*, «cerva»)

servir *v.tr.* 1 trabalhar para (alguém, instituição), desempenhando determinadas funções 2 prestar qualquer serviço a 3 estar às ordens de 4 ajudar; auxiliar 5 atender; aviar (cliente) 6 pôr na mesa (alimento, refeição) 7 ter (a roupa, o calçado) o tamanho adequado para 8 ter (um uso ou uma função); ter como função; valer 9 ser conveniente ou adequado a; convir 10 organizar (refeição, festa) 11 consagrar-se ao serviço de 12 apresentar (alimento, bebida) em determinadas condições 13 fornecer (de); abastecer (de) 14 ajustar-se (a); caber ■ *v.intr.* 1 trabalhar, na casa de outrem, encarregando-se do serviço doméstico 2 DESPORTO pôr a bola em jogo, em certos desportos, como o voleibol, o ténis, o badminton, etc. 3 distribuir as cartas (num jogo de cartas) 4 ser usada (peça de roupa, loiça) ■ *v.tr.,intr.* fazer o serviço militar (em) ■ *v.pron.* 1 fazer uso (de); utilizar 2 tirar para si (parte da comida ou bebida à disposição) 3 dever ser consumido (alimento, bebida) em determinadas condições 4 abastecer-se do que é necessário 5 aproveitar-se (de); abusar (de); *criada de ~* [ant.] empregada doméstica (Do lat. *servīre*, «ser escravo»)

servita *n.2g.* membro de uma congregação religiosa (Servidores de Maria) estabelecida em Itália no começo do século XIII, e que revive atualmente em Portugal, sobretudo no santuário de Fátima, onde muitas pessoas, sob esse nome, prestam assistência aos peregrinos que ali acorrem (De *servo*+*-ita*)

servível *adj.2g.* 1 que serve 2 que é útil; prestável (De *servir*+*-vel*)

servo *n.m.* 1 HISTÓRIA (feudalismo) indivíduo ligado a uma terra e dependente de um senhor 2 criado; serverte 3 aquele que vive em situação de escravidão; escravo 4 pessoa oprimida ou sem liberdade ■ *adj.* 1 que vive em estado de escravidão 2 que presta serviço; *~ de Deus* homem religioso (Do lat. *servu-*, «id.»)

servo-¹ elemento de formação de palavras que exprime a ideia de *auxiliar, dependente* (Do lat. *servu-*, «servo»)

servo-² elemento de formação de palavras que exprime a ideia de *sérvio, da Sérvia* (Do sérvio *srb*, «sérvio», pelo fr. *serbo-*, «id.»)

servocomando *n.m.* [téc.] mecanismo auxiliar capaz de assegurar automaticamente, por amplificação de uma força, o funcionamento de uma instalação (De *servo-*+*comando*)

servo-croata *adj.2g.* relativo à Sérvia e à Croácia ■ *n.m.* língua do grupo eslávico, falada por sérvios e croatas (De *servo-*+*croata*)

servofreio *n.m.* [téc.] mecanismo auxiliar da travagem de um veículo que multiplica o esforço que o condutor ou motorista faz sobre o pedal do travão (De *servo-*+*freio*)

servomecanismo *n.m.* sistema de controlo automático, amplificador de potência (De *servo-*+*mecanismo*)

servomotor *n.m.* órgão motor destinado a dirigir e regular o movimento de uma máquina (De *servo-*+*motor*)

serzeta *n.f.* ORNITOLOGIA ⇒ **mergulhão 3** 2 ORNITOLOGIA ⇒ **narceja 1** (Do cast. *cerceta*, «id.»)

serzete *n.m.* ORNITOLOGIA ⇒ **merganso** (De *cerzeta*)

serzino *n.m.* ORNITOLOGIA pequeno pássaro cantador, de plumagem de cor amarelo-esverdeada, pertencente à família dos Fringilídeos, frequente em Portugal e conhecido por amarelinha, azegrinio, milheira, milheirinha, cerejinho, cerezinho, cerezina, cerezinho, sereno, serino, bico-curto, riscada, milheiriça, chamariz, serezino, etc. (De orig. onom.)

sésamo *n.m.* 1 BOTÂNICA género de plantas tropicais da família das Pedaliáceas, de cujas sementes se extrai um óleo muito apreciado 2 BOTÂNICA gergelim (planta oleaginosa) 3 semente desta planta, utilizada em culinária (Do gr. *sésamon*, «id.», pelo lat. *sesămu-*, «id.»)

sesamoide *n.m.* ANATOMIA designação de uns pequenos ossos ou cartilagens supranumerários que se encontram próximos das articulações ou no seio de tendões (Do gr. *sesamoeidés*, «semelhante à semente do sésamo», pelo lat. *sesamoīdes*, «id.»)

sesamóide ver nova grafia **sesamoide**

sesgo /ê/ *adj.* dirigido de lado; oblíquo; torcido (Do cast. *sesgo*, «sossegado; oblíquo»)

sesimbrão *adj.* relativo ou pertencente a Sesimbra, no distrito de Setúbal, ou que é seu natural ou habitante ■ *n.m.* natural ou habitante de Sesimbra (De *Sesimbra*, top. +*-ão*)

sesma /ê/ *n.f.* sexta parte de qualquer coisa (Do lat. **sexĭma-*, «sexta»)

sesmar *v.tr.* 1 dividir (as terras) em sesmarias 2 demarcar 3 partir (De *sesma*+*-ar*)

sesmaria *n.f.* 1 HISTÓRIA terreno inculto ou abandonado distribuído a colonos ou cultivadores 2 terra inculta para pasto; *lei das sesmarias* HISTÓRIA ordenação do rei D. Fernando (1345-1383), que determinava o cultivo das terras maninhas pelos seus proprietários ou a sua entrega ao Estado, que as distribuiria pelos desempregados (De *sesmar*+*-ia*)

sesmeiro *n.m.* 1 HISTÓRIA aquele que tem a seu cargo uma sesmaria; colono 2 HISTÓRIA o que divide e distribui as sesmarias (De *sesmar*+*-eiro*)

sesmo /ê/ *n.m.* 1 terreno sesmado 2 lugar onde há sesmarias 3 [ant.] marco; limite (Do lat. vulg. **sexĭmu-*, «sexto»)

sesqui- elemento de formação de palavras que exprime a ideia de *um e meio* (Do lat. *sesqui*, «metade»)

sesquiáltera *n.f.* 1 MÚSICA grupo de seis figuras musicais que se devem executar no mesmo tempo em que se deveriam executar quatro da mesma categoria; sextina 2 LITERATURA ⇒ **sextilha** (Do lat. *sesquialtĕra*, «que contém outro tanto e mais metade»)

sesquiáltero *adj.* diz-se de duas quantidades, das quais uma contém a outra uma vez e meia (Do lat. *sesquialtĕru-*, «id.»)

sesquicentenário *adj.* referente ao período de 150 anos; tricinquentenário ■ *n.m.* comemoração de um facto ocorrido há 150 anos; tricinquentenário (De *sesqui-*+*centenário*)

sesquióxido /cs/ *n.m.* QUÍMICA nome genérico dos óxidos em que dois átomos de um elemento estão combinados com três átomos de oxigénio (De *sesqui-*+*óxido*)

sesquipedal *adj.2g.* 1 que tem pé e meio de comprimento 2 [fig.] diz-se do verso ou da palavra que tem muitas sílabas (Do lat. *sesquipedāle-*, «id.»)

sesquitércio *adj.* MATEMÁTICA diz-se da relação entre duas quantidades, uma das quais contém a outra uma vez e um terço (Do lat. *sesquitertĭu-*, «id.»)

sessação *n.f.* [Brasil] ato de sessar (De *sessar*+*-ção*)

sessamento *n.m.* [Brasil] ⇒ **sessação** (De *sessar*+*-mento*)

sessão¹ *n.f.* 1 tempo durante o qual está reunido um corpo deliberativo ou uma corporação qualquer 2 cada uma das reuniões dos sócios que se realizam até à conclusão dos trabalhos respeitantes aos assuntos em apreço 3 tempo que decorre desde a abertura até ao encerramento de uma assembleia legislativa 4 duração de certos espetáculos, reuniões científicas, etc. (Do lat. *sessiōne-*, «ato de sentar-se»)

sessão² *n.f.* [regionalismo] humidade da terra; frescura (De orig. obsc.)

sessar *v.tr.* [Brasil] joeirar com urupema; sengar; peneirar (De orig. obsc.)

sessenta *num.card.* >*quant.num.* ^{DT} cinquenta mais dez ■ *n.m.* 1 o número 60 e a quantidade representada por esse número 2 o que, numa série, ocupa o sexagésimo lugar (Do lat. *sexaginta*, «id.»)

sessentão *adj.,n.m.* que ou pessoa que tem entre 60 e 69 anos de idade (De *sessenta*+*-ão*)

séssil *adj.2g.* 1 rente; cerce 2 BOTÂNICA (órgão) que não tem pecíolo, pedúnculo, pé ou suporte (Do lat. *sessīle-*, «que pode servir de base»)

sessilifloro *adj.* BOTÂNICA que tem flores sésseis (Do lat. *sessīle-*, «séssil» +*flore-*, «flor»)

sessilifoliado *adj.* BOTÂNICA que tem folhas sésseis (Do lat. *sessīle-*, «séssil» +*folĭu-*, «folha» +*-ado*)

sessilifólio *adj.* BOTÂNICA ⇒ **sessilifoliado**

sesso /ê/ *n.m.* 1 [pop.] traseiro; assento; nádegas 2 [pop.] ânus (Do lat. *sessu-*, «id.»)

sesta *n.f.* 1 tempo de descanso, à hora de mais calor 2 sono que se dorme depois do almoço 3 hora de calor mais intenso (Do lat. *[hora-] sexta-*, «hora sexta; período entre o meio-dia e as três horas da tarde»)

sesteada *n.f.* 1 [Brasil] ato de sestear 2 [Brasil] lugar onde se dormiu a sesta (Part. pass. fem. subst. de *sestear*)

sestear *v.intr.* dormir a sesta ■ *v.tr.* conduzir (o gado) a lugar abrigado do sol para passar a sesta (De *sesta+-ear*)

sesteiro *n.m.* 1 [regionalismo] medida de três ou quatro alqueires 2 [ant.] sexta parte de um moio (De *sexto+-eiro*)

sestércio *n.m.* moeda romana de cobre, equivalente a um quarto de denário (Do lat. *sestertiŭ-*, «id.»)

sestra *n.f.* mão esquerda (Do lat. *sinistra-*, «id.»)

sestro¹ *adj.* 1 que se encontra à esquerda; esquerdo 2 [fig.] sinistro; agourento ■ *n.m.* 1 manha 2 vício; hábito; mania 3 sorte (Do lat. *sinistru-*, «esquerdo»)

sestro² /ê/ *n.m.* MÚSICA ⇒ **sistro**

sestroso /ô/ *adj.* que tem sestro; manhoso (De *sestro+-oso*)

sesudo *adj.,n.m.* [pop.] ⇒ **sisudo** (Do lat. *sensu-*, «razão», pelo port. ant. *seso*, «siso» +*-udo*)

Sesuviáceas *n.f.pl.* BOTÂNICA ⇒ **Aizoáceas** (Do lat. cient. *Sesuviŭ-+ -áceas*)

set *n.m.* 1 DESPORTO cada uma das partes em que se divide um jogo de voleibol ou uma partida de ténis 2 conjunto de peças ou elementos que servem para o mesmo fim (Do ing. *set*, «id.»)

seta¹ *n.f.* 1 arma de arremesso em forma de haste aguçada numa das pontas, que se lança por meio de um arco; flecha 2 sinal com a forma dessa arma que geralmente indica um sentido determinado 3 ponteiro de relógio 4 [fig.] coisa ou pessoa que se desloca com muita rapidez 5 [fig.] dito sarcástico 6 [fig.] aquilo que tem como objetivo ferir a suscetibilidade de alguém 7 [fig.] aquilo que tem um efeito penetrante 8 [regionalismo] cogumelo comestível (Do lat. *sagitta-*, «id.»)

seta² *n.f.* BOTÂNICA pequena haste que suporta o arquídio nas briófitas, também chamada seda (Do lat. *saeta-*, ou *seta-*, «folha pontiaguda; agulha de pinheiro»)

setáceo *adj.* 1 que tem sedas ou é da natureza das sedas ou dos pelos do porco 2 que tem cerdas; cerdoso (Do lat. *seta-*, «seda» + *-áceo*)

setada *n.f.* ferimento ou golpe de seta (De *seta+-ada*)

sete *num.card. >quant.num.* DT seis mais um ■ *n.m.* 1 o número 7 e a quantidade representada por esse número 2 o que, numa série, ocupa o sétimo lugar 3 carta de jogar com sete pintas (Do lat. *septem*, «id.»)

seteal *n.m.* 1 [regionalismo] campo 2 devesa; tapada (Do lat. *saeptu-*, «separação» +*-al*)

setear *v.tr.* ferir com seta; assetear (De *seta+-ear*)

setecentismo *n.m.* 1 estilo(s) literário(s), artístico(s), cultural(is) característico(s) do século XVIII 2 conjunto dos escritores ou artistas desse século (De *setecentos+-ismo*)

setecentista *adj.2g.* 1 referente ao século XVIII 2 diz-se do escritor ou artista desse século ■ *n.2g.* escritor ou artista desse século (De *setecentos+-ista*)

setecentos *num.card. >quant.num.* DT seiscentos mais cem ■ *n.m.2n.* 1 o número 700 e a quantidade representada por esse número 2 o que, numa série, ocupa o septingentésimo lugar 3 o século XVIII (De *sete+cento*)

sete-cotovelos *n.m.2n.* variedade de pera com protuberâncias

sete-e-meio *n.m.* jogo de cartas no qual cada um dos parceiros, ao ser-lhe distribuída uma carta, pede as necessárias para se aproximar ou atingir sete pontos e meio, sem exceder este número

sete-em-rama *n.m.2n.* 1 BOTÂNICA folha com sete folíolos aderentes ao mesmo pecíolo 2 BOTÂNICA ⇒ **tormentila**

sete-espigas *n.f.2n.* casta de uva branca cultivada especialmente no Algarve

Sete-Estrelo *n.m.* ASTRONOMIA nome vulgar da constelação das Plêiades, próxima da constelação do Touro, que é um cúmulo estelar a 500 anos-luz, do qual se notam, à vista desarmada, 6, 7, e mesmo 10 estrelas (De *sete+estrela*)

seteira *n.f.* 1 abertura estreita nos muros das fortificações e nas naus, por onde se disparavam as setas 2 fresta para dar luz e ar a um aposento (Do lat. *sagittaria-*, «própria para seta»)

seteiro *adj.,n.m.* que ou aquele que atira setas ou flechas; frecheiro (Do lat. *sagittarĭu-*, «id.»)

setembrino *adj.* relativo a setembro (De *Setembro+-ino*)

setembrismo *n.m.* 1 HISTÓRIA nome dado à doutrina e à revolução portuguesa de setembro de 1836 que pretendiam restaurar a Constituição de 1822 2 HISTÓRIA, POLÍTICA partido dos setembristas (De *Setembro+-ismo*)

setembrista *adj.2g.* 1 referente à revolução portuguesa de setembro de 1836 2 partidário do setembrismo ■ *n.2g.* 1 pessoa partidária do setembrismo 2 BOTÂNICA ⇒ **despedidas-de-verão** (De *Setembro+-ista*)

setembro *n.m.* nono mês do ano civil, com trinta dias (cujo nome provém de ter sido o sétimo mês do calendário romano) (Do lat. *septembre-*, «id.»)

sete-mês *adj.* ⇒ **sete-mesinho**

sete-mesinho *adj.* (criança) que nasceu apenas com sete meses de gestação; sete-mês

setenado *adj.* BOTÂNICA (folha) que tem sete folíolos aderentes a um pecíolo comum (Do lat. *septēnu-*, «sete» +*-ado*)

setenta *num.card. >quant.num.* DT sessenta mais dez ■ *n.m.* 1 o número 70 e a quantidade representada por esse número 2 o que, numa série, ocupa o septuagésimo lugar; **versão dos ~** a primeira versão grega do texto hebraico do Velho Testamento, feita por setenta tradutores (Do lat. *septuaginta*, «id.»)

setentrião *n.m.* 1 norte 2 polo norte 3 vento do norte 4 regiões do norte (Do lat. *septentriōne-*, «as sete estrelas da Ursa Menor»)

setentrional *adj.2g.* 1 de setentrião 2 do lado norte; situado no norte 3 que é natural do Norte ■ *n.2g.* natural ou habitante de uma região do Norte (Do lat. *septentrionāle-*, «id.»)

sete-sangrias *n.f.2n.* 1 BOTÂNICA ⇒ **erva-das-sete-sangrias** 2 termo que designa várias plantas brasileiras

setia *n.f.* 1 antiga embarcação de guerra, asiática 2 cano de madeira que leva a água aos cubos da roda dos engenhos hidráulicos 3 espécie de prego de arame (De orig. obsc.)

setial *n.m.* 1 assento ornamentado que se põe nas igrejas 2 elevação de terra que forma uma espécie de banco natural (Por *sitial*, do lat. *situ-*, «lugar» +*-al*)

sético a grafia mais usada é **séptico**

seticórneo *adj.* ZOOLOGIA que tem antenas em forma de cerdas ■ *n.m.pl.* ZOOLOGIA grupo de insetos com esta característica (Do lat. *saeta-*, «cerda» +*cornu-*, «antena» +*-eo*)

setífero *adj.* 1 relativo à seda ou cerda 2 que produz sedas ou cerdas; setígero (Do lat. *seta-*, «seda; cerda» +*ferre*, «produzir»)

setifloro *adj.* BOTÂNICA que tem pétalas semelhantes a setas (Do lat. *seta-*, «seda; cerda» +*flore-*, «flor»)

setiforme *adj.2g.* que tem forma ou aparência de sedas ou cerdas (Do lat. *seta-*, «seda; cerda» +*forma-*, «forma»)

setígero *adj.* ⇒ **setífero** (Do lat. *setigĕru-*, «id.»)

setilha *n.f.* LITERATURA estrofe composta de sete versos (De *sete+ -ilha*)

setimanista *n.2g.* estudante que frequenta o sétimo ano de um curso (De *sétimo+ano+-ista*)

sétimo *num.ord. >adj.num.* DT que, numa série, ocupa a posição imediatamente a seguir à sexta; que é o último numa série de sete ■ *adj.* que resulta da divisão de um todo por sete ■ *n.m.* 1 o que, numa série, ocupa o lugar correspondente ao número 7 2 uma das sete partes iguais em que se dividiu um todo; sétima parte (Do lat. *septĭmu-*, «id.»)

setívoco a grafia mais usada é **septívoco**

setor /é/ *n.m.* 1 GEOMETRIA superfície plana limitada por duas semirretas com uma origem comum; superfície plana limitada por duas semirretas e por um arco de curva 2 parte de uma superfície 3 aparelho astronómico formado de um arco de 20° a 30° e um óculo 4 ramo de atividade; esfera de ação 5 secção de qualquer serviço público ou atividade privada 6 ECONOMIA área de atividade económica classificada em função do seu grau de dependência relativamente à natureza 7 MILITAR zona de ação confiada a uma unidade ou a um destacamento; **~ circular** GEOMETRIA porção de círculo entre dois raios e o arco respetivo; **~ económico** agrupamento de atividades que se dedicam à produção de bens semelhantes; **~ primário** ECONOMIA primeiro escalão das atividades económicas, que inclui o conjunto de atividades que produzem matérias-primas (agricultura, pesca, caça, extração de minerais, etc.); **~ privado** conjunto das empresas ou organizações pertencentes a particulares; **~ público** conjunto das áreas de atividade que dependem de uma entidade não privada (como o Estado); **~ secundário** ECONOMIA segundo escalão das atividades económicas, que integra as atividades relacionadas com a indústria e a construção, responsáveis pela transformação das matérias-primas em produtos ou bens de consumo; **~ terciário** ECONOMIA terceiro escalão das atividades económicas, que congrega os serviços (comércio, transportes, finanças, educação, saúde, e serviços pessoais em geral), atividades que não estão diretamente relacionadas com a produção de bens de consumo (Do lat. *sectōre-*, «que corta») ACORDO ORTOGRÁFICO também se pode escrever **sector**

setorial *adj.2g.* **1** respeitante a setor; seccional **2** que privilegia um setor; parcial (Do ing. *sectorial*, «id.») ACORDO ORTOGRÁFICO também se pode escrever **sectorial**

setorização a grafia mais usada é **sectorização**

setorizar a grafia mais usada é **sectorizar**

setter *n.m.* ZOOLOGIA cão de tamanho médio, com pelo comprido, sedoso e ondulado, e temperamento calmo e afetuoso (Do ing. *setter*, «id.»)

setúbal *n.m.* vinho moscatel da região portuguesa de Setúbal (De *Setúbal*, top.)

setubalense *adj.2g.* relativo ou pertencente à cidade portuguesa de Setúbal ▪ *n.2g.* natural ou habitante de Setúbal (De *Setúbal*, top. +-*ense*)

setupleta *n.f.* velocípede com duas rodas, para sete pessoas (Do lat. *septŭplu*-, «séptuplo» +-*eta*) ACORDO ORTOGRÁFICO também se pode escrever **septupleta**

setuplicar a grafia mais usada é **septuplicar**

sétuplo a grafia mais usada é **séptuplo**

seu *det., pron.poss.* (feminino **sua**) **I** refere-se à terceira pessoa do singular ou do plural e indica, geralmente, posse ou pertença de: **1** pessoa ou pessoas de quem se fala ou escreve (*o seu carro*); **2** pessoa a quem se fala ou escreve (*é seu o quadro?*) **2** [coloq.] usa-se como forma de interpelação (*seu palerma!*) ▪ *n.m.* **I** aquilo que pertence à pessoa ou pessoas de quem se fala ou escreve **2** aquilo que pertence à pessoa a quem se fala ou escreve; *o ~ a ~ dono* a cada um o que lhe pertence; *os seus* familiares ou amigos da pessoa ou pessoas de quem se fala ou escreve, familiares ou amigos da pessoa a quem se fala ou escreve; *ter de ~* [pop.] ter fortuna (Do lat. *suu*-, «id.», com infl. de *meu*)

seu-vizinho *n.m.* [pop.] dedo anular, por ser vizinho do mindinho

seva *n.f.* **I** [Brasil] ato ou atividade de sevar (a mandioca) **2** [Brasil] espécie de cipó onde se põem a secar as folhas verdes do tabaco (Deriv. regr. de *sevar*)

sevadeira *n.f.* [Brasil] mulher empregada na seva (De *sevar*+-*deira*)

sevandija *n.f.* designação extensiva a todos os animais imundos e parasitas ▪ *n.2g.* **1** pessoa que vive à custa de outrem; parasita; mariola **2** pessoa excessivamente servil **3** pessoa vil, desprezível; patife **4** pessoa imunda (Do cast. *sabandija*, «id.»)

sevandijaria *n.f.* ato ou qualidade de sevandija (De *sevandija*+-*aria*)

sevandijar-se *v.pron.* tornar-se sevandija; rebaixar-se; aviltar-se (De *sevandija*+-*ar*)

sevar *v.tr.* [Brasil] reduzir (a mandioca) a farinha (Por *sovar*)

sevas *n.f.2n.* BOTÂNICA planta da família das Liliáceas, de flores pequenas e em umbela, espontânea em Portugal, e também conhecida por chalotinhas-do-gerês (De orig. obsc.)

severidade *n.f.* **1** qualidade do que é severo **2** ato severo **3** dureza **4** rigidez; inflexibilidade **5** rigor; exatidão **6** gravidade **7** sobriedade; austeridade **8** pontualidade **9** aspereza (Do lat. *severitāte*-, «id.»)

severino *n.m.* ICTIOLOGIA ⇒ **bico-doce** (De orig. obsc.)

severite *n.f.* MINERALOGIA variedade de caulinite (De *Saint-Sever*, top., cidade do departamento das Landes, no Sudoeste da França +-*ite*)

severizar *v.tr.* tornar severo (De *severo*+-*izar*)

severo *adj.* **1** rigoroso; duro; austero **2** rígido; inflexível **3** grave; sério **4** pronunciado; acentuado **5** [fig.] sóbrio; simples e despojado (Do lat. *severu*-, «de aspeto grave»)

sevícia *n.f.* **1** mau trato físico; ofensa corporal **2** crueldade; desumanidade (Do lat. *saevitĭa*-, «id.»)

seviciar *v.tr.* maltratar com sevícias; maltratar fisicamente (De *sevícia*+-*ar*)

sevilhana *n.f.* **1** grande navalha de folha curva e estreita **2** mantilha de senhora **3** MÚSICA canção popular da cidade espanhola de Sevilha **4** dança típica da Andaluzia (Espanha) **5** BOTÂNICA variedade de oliveira produtora de azeitonas grandes, próprias para conserva **6** azeitona desta variedade de oliveira; redondil **7** ORNITOLOGIA ave da família das Galináceas (De *sevilhano*)

sevilhano *adj.* relativo ou pertencente à cidade espanhola de Sevilha ▪ *n.m.* natural ou habitante de Sevilha (De *Sevilha*, top. +-*ano*)

sevo *adj.* **1** [poét.] que maltrata com sevícias **2** cruel; desumano (Do lat. *saevu*-, «cruel; bárbaro»)

sevres *n.m.2n.* artefacto de porcelana fabricado na cidade francesa de Sèvres, no departamento de Deux-Sèvres (De *Sèvres*, top.)

sex- /cs/ elemento de formação de palavras que exprime a ideia de *seis* (Do lat. *sex*, «seis»)

sexagenário /cs/ *adj.,n.m.* que ou aquele que tem entre 60 e 69 anos de idade (Do lat. *sexagenarĭu*-, «id.»)

Sexagésima /cs/ *n.f.* RELIGIÃO penúltimo domingo antes da Quaresma (Do lat. *sexagesĭma*-, «id.»)

sexagesimal /cs/ *adj.2g.* **1** referente a sessenta **2** cuja razão é de 1 para 60 **3** diz-se de um sistema de numeração cuja base é 60 (De *sexagésimo*+-*al*)

sexagésimo /cs/ *num.ord. >adj.num.* DT que, numa série, ocupa a posição imediatamente a seguir à quinquagésima nona ▪ *num.frac. >quant.num.* DT que resulta da divisão de um todo por sessenta ▪ *n.m.* **I** o que, numa série, ocupa o lugar correspondente ao número 60 **2** uma das sessenta partes iguais em que se dividiu um todo (Do lat. *sexagesĭmu*-, «id.»)

sexangulado /cs/ *adj.* que possui seis ângulos ou arestas; hexagonal (Do lat. *sex*, «seis» +*angŭlu*-, «ângulo» +-*ado*)

sexangular /cs/ *adj.2g.* ⇒ **sexangulado**

sexângulo /cs/ *adj.* ⇒ **sexangulado**

sex appeal *n.m.* poder de sedução; magnetismo; atração sexual (Do ing. *sex appeal*)

sexcentésimo *adj.,quant.,n.m.* ⇒ **seiscentésimo**

sexdigitado /cs/ *adj.* ⇒ **sexdigital** ▪ *adj.,n.m.* ⇒ **sexdigitário** (Do lat. *sex*, «seis» +*digĭtu*-, «dedo» +-*ado*)

sexdigital /cs/ *adj.2g.* que tem seis dedos; hexadáctilo (Do lat. *sex*, «seis» +*digĭtu*-, «dedo» +-*al*)

sexdigitário /cs/ *adj.,n.m.* que ou aquele que tem pé ou mão com seis dedos (Do lat. *sex*, «seis» +*digĭtu*-, «dedo» +*ário*)

sexdigitismo /cs/ *n.m.* qualidade ou estado de sexdigitário ou sexdigitado; hexadactilia (Do lat. *sex*, «seis» +*digĭtu*-, «dedo» +-*ismo*)

sexenal /cs/ *adj.2g.* **1** referente a um período de seis anos **2** que sucede ou se realiza de seis em seis anos **3** que dura seis anos (Do lat. *sexenne*-, «que tem seis anos» +-*al*)

sexénio /cs/ *n.m.* período de seis anos (Do lat. *sexennĭu*-, «id.»)

sexiparidade /cs/ *n.f.* reprodução por via sexual (Do lat. *sexu*-, «sexo» +*parĕre*, «parir» +-*i*-+-*dade*)

sexismo /cs/ *n.m.* **1** atitude de discriminação baseada no sexo **2** tendência para associar determinados papéis sociais convencionais a cada um dos sexos (De *sexo*+-*ismo*, ou do fr. *sexisme*, «id.»)

sexista /cs/ *adj.2g.* **1** relativo ao sexismo **2** que estabelece discriminação com base no sexo **3** que revela discriminação entre sexos ▪ *n.2g.* pessoa partidária do sexismo; pessoa que discrimina com base no sexo (De *sexo*+-*ista*, ou do fr. *sexiste*, «id.»)

sexo /cs/ *n.m.* **1** conjunto de características físicas e funcionais que distinguem o macho da fêmea **2** conjunto de pessoas que têm morfologia idêntica relativamente ao aparelho sexual **3** órgãos sexuais **4** relação sexual **5** atividade reprodutora **6** sensualidade; prazer sexual; *~ forte* [fig., ant.] os homens; *~ fraco/frágil* [fig., ant.] as mulheres; *belo ~* [fig., ant.] as mulheres; *discutir o ~ dos anjos* perder tempo com questões inúteis (Do lat. *sexu*-, «sexo»)

sexologia /cs/ *n.f.* estudo dos fenómenos sexuais bem como do tratamento das perturbações da sexualidade (Do lat. *sexu*-, «sexo»+ gr. *lógos*, «estudo» +-*ia*)

sexológico /cs/ *adj.* relativo à sexologia (De *sexologia*+-*ico*)

sexologista /cs/ *n.2g.* ⇒ **sexólogo** (De *sexologia*+-*ista*)

sexólogo /cs/ *n.m.* especialista em sexologia; sexologista (Do lat. *sexu*-, «sexo»+*lógos*, «estudioso»)

sexpartido /cs/ *adj.* **1** composto de seis partes **2** ARQUITETURA diz-se da abóbada gótica composta de seis partes, que assenta sobre quatro pilares mestres e dois intermédios (De *sex*-+*partido*)

sex shop *n.f.* loja que vende artigos destinados a estimular a atividade e o prazer sexual (Do ing. *sex shop*, «id.»)

sex symbol *n.2g.* pessoa geralmente famosa que é considerada símbolo da sensualidade ou sexualidade masculina ou feminina (Do ing. *sex symbol*, «id.»)

sexta *n.f.* **1** forma reduzida de sexta-feira **2** MÚSICA intervalo que compreende seis graus da escala musical **3** RELIGIÃO uma das horas canónicas, entre a terça e a nona, isto é, entre o meio-dia e as três horas da tarde **4** RELIGIÃO parte do ofício eclesiástico que se deve rezar a essa hora; *hora ~* espaço do dia, entre o meio-dia e as três horas da tarde, para os Romanos (De *sexto*)

sexta-feira *n.f.* dia imediatamente a seguir a quinta-feira; *Sexta-Feira Maior/Santa* RELIGIÃO sexta-feira da Semana Santa; *estar com cara de Sexta-Feira Santa* estar triste e cabisbaixo

sextanista *n.2g.* estudante que frequenta o sexto ano de qualquer curso ou faculdade (De *sexto*+*ano*+-*ista*)

sextante *n.m.* **1** GEOMETRIA sexta parte de um círculo **2** GEOMETRIA arco de 60° **3** ASTRONOMIA, NÁUTICA instrumento ótico cujo limbo graduado corresponde à sexta parte de um círculo (60 graus) e que permite medir ângulos, a altura dos astros e as distâncias angulares dos astros **4** [com maiúscula] ASTRONOMIA pequena constelação boreal (Do lat. *sextante*-, «sexta parte de uma unidade»)

sextário n.m. antiga medida para secos, entre os Romanos, equivalente à sexta parte do côngio (Do lat. *sextariŭ-*, «id.»)

sextavado adj. que tem seis faces; hexaédrico (De *sexto*+[*oit*]*avado*)

sextavar v.tr. talhar em hexágono ou em hexaedro (De *sexto*+[*oit*]*avar*)

sexteto n.m. 1 MÚSICA composição musical para seis instrumentos ou seis vozes 2 MÚSICA conjunto dos músicos que executam essa composição (Do it. *sestetto*, «id.», com infl. de *sexto*)

sext(i)- elemento de formação de palavras que exprime a ideia de *sexto, seis* (Do lat. *sextu-*, «id.»)

sextilha n.f. LITERATURA estância de seis versos (Do cast. *sextilla*, «id.»)

sextilião num.card. >quant.num.^{DT},n.m. 1 um milhão de quintiliões; a unidade seguida de trinta e seis zeros (10^{36}) 2 [Brasil] mil quintiliões; a unidade seguida de vinte e um zeros (10^{21}) (Do fr. *sextilion*, «id.»)

sextina n.f. 1 LITERATURA ⇒ **sextilha** 2 LITERATURA forma poética, de origem provençal, constituída por seis estâncias isométricas de seis versos e um terceto final, podendo os versos ser soltos ou rimados segundo um esquema em que se repetem nas outras estâncias, em posições diversas, as rimas da primeira estância 3 MÚSICA ⇒ **sesquiáltera** (De *sexto*+*-ina*)

sexto num.ord. >adj.num.^{DT} que, numa série, ocupa a posição imediatamente a seguir à quinta; que é o último numa série de seis ■ num.frac. >quant.num.^{DT} que resulta da divisão de um todo por seis ■ n.m. 1 o que, numa série, ocupa o lugar correspondente ao número 6 2 uma das seis partes iguais em que se dividiu um todo; sexta parte (Do lat. *sextu-*, «id.»)

sêxtuor n.m. MÚSICA ⇒ **sexteto** 1 (Do lat. *sex*, «seis» +[*quat*]*tuor*, «quatro»)

sextupleta n.f. bicicleta para seis pessoas (De *sêxtuplo*+*-eta*)

sextuplicação n.f. ato de sextuplicar (De *sextuplicar*+*-ção*)

sextuplicar v.tr.,pron. multiplicar(-se) por seis; tornar(-se) seis vezes maior (De *sêxtuplo*+*-icar*)

sêxtuplo num.mult. >quant.num.^{DT} que contém seis vezes a mesma quantidade ■ adj. 1 que é seis vezes maior 2 que consta de seis partes ■ n.m. valor ou quantidade seis vezes maior (Do lat. *sextŭplu-*, «id.»)

sexuado /cs/ adj. 1 que possui órgãos sexuais 2 diz-se do indivíduo capaz de se reproduzir sexuadamente (Do lat. *sexu-*, «sexo» + *-ado*)

sexual /ks/ adj.2g. 1 referente ao sexo ou aos órgãos reprodutores 2 PSICOLOGIA (psicanálise freudiana) que se refere ao prazer que pode provir de diversas zonas do corpo (por ex., para a criança, chuchar no dedo), não apenas da zona genital; *órgãos sexuais* órgãos que pertencem ao aparelho sexual, genital ou reprodutor (Do lat. tard. *sexuāle-*, «id.»)

sexualidade /cs/ n.f. 1 conjunto das características morfológicas, fisiológicas e psicológicas relacionadas com o sexo 2 conjunto dos fenómenos relativos ao instinto sexual 3 sensualidade (De *sexual*+*-i-*+*-dade*)

sexualismo /cs/ n.m. 1 estado de um ser que manifesta existência de sexo 2 atividade sexual (De *sexual*+*-ismo*)

sexualista /cs/ adj.2g. 1 relativo ao sexualismo 2 BOTÂNICA termo que erradamente se emprega para designar, em ciências naturais, o sistema de classificação de Lineu, naturalista sueco (1707-1778), que se baseava essencialmente na observação dos estames e dos carpelos (De *sexual*+*-ista*)

sexualizar /cs/ v.tr.,pron. dar ou adquirir aspeto, conteúdo ou conotação sexual (De *sexual*+*-izar*)

sexualmente /cs/ adv. 1 quanto a sexo 2 do ponto de vista sexual (De *sexual*+*-mente*)

sexy /sécsi/ adj.inv. 1 diz-se de pessoa que é sexualmente atraente 2 diz-se daquilo que estimula o desejo sexual; excitante; erótico (Do ing. *sexy*, «id.»)

sezão n.f. 1 MEDICINA febre intensa e intermitente 2 MEDICINA ⇒ **impaludismo** (Do lat. *acessiōne* [*morbi*], «acesso de uma enfermidade»)

sezoar v.intr. 1 amadurecer 2 secar; endurecer (De *sazoar*)

sezonado adj. atacado de sezões (De *sezão*+*-ado*)

sezonal adj.2g. referente a sezões (De *sezão*+*-al*)

sezonático adj. 1 que produz sezões 2 que padece de sezões 3 onde é costume haver sezões (De *sezão*+*-ático*)

sezónico adj. relativo a sezões (De *sezão*+*-ico*)

sezonígeno adj. que produz sezões (De *sezão*+*-geno*)

sezonismo n.m. MEDICINA ⇒ **impaludismo** (De *sezão*+*-ismo*)

sezonologia n.f. tratado sobre o sezonismo; malariologia (De *sezão*+*-logia*)

sezonologista n.2g. especialista em sezonologia; malariologista (De *sezonologia*+*-ista*)

sfogato adj. 1 MÚSICA leve; delicado; atenuado 2 MÚSICA diz-se do soprano com essas características expressivas (Do it. *sfogato*)

sforzando adv. MÚSICA aumentando repentinamente de intensidade; reforçadamente (Do it. *sforzando*)

shakespeariano adj. relativo ao escritor dramático inglês W. Shakespeare (1564-1616) ou às suas obras ■ n.m. especialista na obra de Shakespeare (De *Shakespeare*, antr. +*-iano*)

share n.m. TELEVISÃO número de pessoas, expresso em percentagem, que assiste a determinado programa ou que vê determinado canal; quota de audiências

shareware n.m. INFORMÁTICA (internet) software que é distribuído livremente, desde que seja mantido o seu formato original e seja dado crédito ao seu autor, pelo que, caso seja utilizado após um curto período de avaliação, o utilizador deverá efetuar o respetivo pagamento (Do ing. *shareware*, «id.»)

shekel n.m. unidade monetária de Israel (Do hebr. *sekel*, «peso; moeda de prata»)

shiatsu n.m. técnica terapêutica japonesa com origem na medicina tradicional chinesa, utilizada na medicina alternativa para tratar diversos problemas como enxaqueca, insónia, asma, gastrite, stress, etc., e em que pontos precisos do corpo são massajados com os dedos para estimular e redistribuir equilibradamente a circulação da energia (Do jap. *shiatsu*, «pressão com os dedos»)

shisha n.f. cachimbo de água constituído por um reservatório de água ou outro líquido, de onde sai um tubo longo pelo qual passa o fumo antes de ser inalado, e um fornilho onde se coloca o tabaco e o carvão vegetal em brasa

shopping n.m. ⇒ **centro comercial**

shorts n.m.pl. calções curtos (Do ing. *shorts*, «id.»)

shot n.m. [coloq.] bebida muito alcoólica servida em pouca quantidade num pequeno copo, que geralmente se bebe num só gole (Do ing. *shot*, «id.»)

show n.m. 1 espetáculo 2 [fig., coloq.] divertimento 3 [fig., coloq.] atitude ou comportamento ostensivo 4 [fig., coloq.] exibicionismo (Do ing. *to show*, «mostrar; exibir; expor»)

show off n.m. 1 comportamento ostensivo 2 atitude inesperada ou escandalosa para chamar a atenção de alguém 3 exibicionismo (Do ing. *(to) show off*, «armar-se»)

shunt n.m. (plural **shunts**) 1 ELETRICIDADE resistência disposta em derivação num circuito, nomeadamente num galvanómetro ou num amperímetro, de modo a reduzir a intensidade da corrente que passa nesse circuito 2 MEDICINA passagem artificialmente criada entre dois canais anatómicos (vasos sanguíneos ou outros) ou entre dois pontos de um mesmo vaso, permitindo desse modo ultrapassar obstáculos locais (Do ing. *shunt*, «id.»)

shuntar v.tr. ELETRICIDADE intercalar um shunt em (circuito) (De *shunt*+*-ar*)

si¹ pron.pess. 1 designa a terceira pessoa do singular ou do plural e indica a pessoa ou pessoas de quem se fala ou escreve (*ele quer o livro para si; caíram em si*) 2 designa a terceira pessoa do singular e indica a pessoa a quem se fala ou escreve (*guarde para si*); *de per ~* isoladamente, por si só; *fora de ~* exaltado, desvairado (Do lat. *sibi*, «id.»)

si² n.m. 1 MÚSICA sétima nota da escala musical natural 2 MÚSICA corda que reproduz o som correspondente a essa nota

si³ adv. [ant.] sim (Do lat. *sic*, «id.»)

siá n.f. [Brasil] ⇒ **senhora** (Por *sinhá*)

sial n.m. GEOLOGIA camada superior da Terra, sólida, assim designada pelo geólogo inglês Suess (1831-1914), por ser constituída essencialmente por sílica e alumínio, e que é a parte da crusta terrestre que abrange as camadas granítica (média) e sedimentar (superior) (De *sí*[*lica*]+*al*[*umínio*])

sialadenite n.f. MEDICINA inflamação das glândulas salivares (Do gr. *síalon*, «saliva» +*adén*, «glândula» +*-ite*)

sialagogo adj.,n.m. FARMÁCIA que ou medicamento que provoca a secreção da saliva (Do gr. *síalon*, «saliva» +*agogós*, «que conduz»)

sialismo n.m. MEDICINA ⇒ **ptialismo** (Do gr. *sialismós*, «id.»)

sial(o)- elemento de formação de palavras que exprime a ideia de *saliva* (Do gr. *síalon*, «saliva»)

sialofagia n.f. MEDICINA deglutição exagerada da saliva (De *sialo-*+*-fagia*)

sialologia n.f. parte da fisiologia que trata da secreção salivar e das funções da saliva (De *sialo-*+*-logia*)

sialológico adj. relativo à sialologia (De *sialologia-*+*-ico*)

sialorreia n.f. MEDICINA ⇒ **ptialismo** (Do gr. *síalon*, «saliva» +*rhoía*, «fluxo»)

siame adj.2g. ⇒ **siamês** (De *Sião*, top., ant. nome da Tailândia)

siamês adj. 1 que diz respeito ao reino de Sião (Tailândia); tailandês 2 diz-se dos gémeos que nascem ligados entre si, partilhando

siamise um ou mais órgãos **3** ZOOLOGIA diz-se de uma raça de gatos de pelo curto e olhos azuis, originária de Sião ∎ *n.m.* **1** natural ou habitante de Sião (Tailândia); tailandês **2** língua falada na Tailândia; tailandês **3** ZOOLOGIA gato originário de Sião, com pelo curto e macio de cor variável, olhos azuis, e com focinho, patas e cauda mais escuros do que o resto do corpo   (De *Sião*, *top*+-*ês*)

siamise *n.m.* MÚSICA instrumento musical japonês, com três cordas, cuja caixa de ressonância tem um tampo de pele de gato (siamês)   (Do ing. *Siamese*, «siamês»?)

siar *v.tr.* (ave) fechar parcialmente (as asas) para descer mais depressa   (De orig. obsc.)

siba[1] *n.f.* concha interna do choco   (Do gr. *sēpía*, «id.», pelo lat. *sepĭa*-, «siba»)

siba[2] *n.f.* BOTÂNICA árvore timorense

sibana *n.f.* **1** [regionalismo] espécie de esteira que se põe em volta dos carros que transportam estrumes **2** [ant.] choupana   (De *sebe*?)

sibar *n.m.* NÁUTICA embarcação asiática   (Do mar. *xibād*, «id.»)

sibarismo *n.m.* ⇒ **sibaritismo**   (Por *sibaritismo*)

sibarita *adj.,n.2g.* **1** relativo ou pertencente à antiga Síbaris, cidade italiana na Calábria, ou que é seu natural ou habitante **2** que ou pessoa que é dada à indolência, ao luxo e aos prazeres físicos   (Do gr. *sybarítes*, «id.», pelo lat. *sybarīta*-, «id.»)

sibaritar *v.intr.* levar vida de sibarita   (De *sibarita*+-*ar*)

sibarítico *adj.* **1** relativo a sibarita **2** relativo à antiga cidade de Síbaris **3** que é dado à indolência, ao luxo e aos prazeres físicos   (Do gr. *sybaritikós*, «id.», pelo lat. *sybaritĭcu*-, «id.»)

sibaritismo *n.m.* **1** vida de pessoa que vive no luxo e na volúpia **2** desejo imoderado dos prazeres e do luxo   (De *sibarita*+-*ismo*)

sibe *n.m.* [Guiné-Bissau] árvore da família das Palmáceas, cuja madeira, muito dura e imputrescível, é utilizada na construção de estruturas de pontes, pilares das habitações ou telhados, cujas folhas serviam antigamente de vestuário e cujos rebentos, palmitos, são muito apreciados; palmeira de leque   (Do crioulo *sibe* ou *sibi*, «id.», a partir do mandinga *sibí*)

sibéria *n.f.* [fig.] lugar muito frio   (De *Sibéria*, top.)

siberiano *adj.* **1** da Sibéria ou relativo a esta região russa **2** [fig.] muito frio ∎ *n.m.* natural ou habitante da Sibéria   (De *Sibéria*, top. + -*ano*)

sibila *n.f.* **1** mulher que outrora predizia o futuro por meio de oráculos obscuros **2** profetisa **3** [fig.] bruxa   (Do gr. *sibýlla*, «id.», pelo lat. *sibylla*-, «id.»)

sibilação *n.f.* **1** ato ou efeito de sibilar ou assobiar **2** som agudo; silvo **3** MEDICINA ruído sibilante produzido pela inspiração ou expiração do ar, através de brônquios e bronquíolos doentes   (Do lat. tard. *sibilatiōne*-, «id.»)

sibilância *n.f.* qualidade de sibilante   (Do lat. *sibilantĭa*, part. pres. neut. pl. de *sibilāre*, «sibilar»)

sibilante *adj.2g.* **1** que produz um som agudo e prolongado; que assobia **2** LINGUÍSTICA (consoante) cuja produção cria um ruído semelhante a um assobio ∎ *n.f.* LINGUÍSTICA consoante fricativa cuja produção se caracteriza pela estreita pressão entre a lâmina da língua e a zona alveolar, causando um efeito acústico de sibilo   (Do lat. *sibilante*-, part. pres. de *sibilāre*, «sibilar; assobiar»)

sibilantizar *v.tr.,pron.* tornar(-se) sibilante   (De *sibilante*+-*izar*)

sibilar *v.intr.* **1** produzir um silvo **2** soprar com um zunido agudo; assobiar **3** (bala) produzir sibilo ∎ *v.tr.* acentuar (os fonemas chamados sibilantes) na pronúncia   (Do lat. *sibilāre*, «id.»)

sibilino *adj.* **1** relativo a sibila ou por ela proferido **2** [fig.] enigmático; difícil de entender **3** *pl.* designativo dos livros ou oráculos que dizem respeito à antiga Roma, e atribuídos à sibila de Cumas, colónia grega, na Campânia (Itália)   (Do gr. *sibýllinos*, «id.», pelo lat. *sibyllīnu*-, «id.»)

sibilismo *n.m.* **1** doutrina profetizada pelas sibilas **2** crença nos livros das sibilas **3** doutrina religiosa dos que veem, nos livros sibilinos, profecias relativas à vida de Cristo   (De *sibila*+-*ismo*)

sibilista *adj.2g.* diz-se do cristão partidário do sibilismo   (De *sibila*+ -*ista*)

sibilítico *adj.* ⇒ **sibilino**   (De *sibilita*+-*ico*)

sibilo *n.m.* **1** ato ou efeito de sibilar; sibilação **2** assobio **3** som produzido pela bala na sua trajetória   (Deriv. regr. de *sibilar*)

síbilo *n.m.* ⇒ **silvo**   (Do lat. *sibĭlu*-, «id.»)

síbina *n.f.* espécie de chuço com que os caçadores caçavam javalis   (Do gr. *sibýne*, «id.», pelo lat. *sibýna*-, «id.»)

sibongo *n.m.* [Angola] batata doce

sic *adv.* usa-se quando se citam textualmente as palavras de um autor; sendo colocada num texto entre parênteses, significa que a afirmação anterior é posta em dúvida ou que a transcrição é fiel, mesmo que o original esteja errado   (Do lat. *sic*, «assim, tal e qual»)

sica *n.f.* punhal usado pelos antigos Romanos   (Do lat. *sīca*-, «id.»)

sicambro *n.m.* indivíduo pertencente a um antigo povo que ocupou o Norte da Germânia e depois se confundiu com os Francos   (Do lat. *sicambru*-, «id.»)

sicariato *n.m.* assassinato cometido por sicário   (De *sicário*+-*ato*)

sicário *n.m.* assassino pago; facínora   (Do lat. *sicarĭu*-, «id.»)

sicatividade *n.f.* qualidade de sicativo   (De *sicativo*+-*i*-*dade*)

sicativo *adj.* que seca ou cicatriza; secante ∎ *n.m.* **1** FARMÁCIA medicamento que tem a propriedade de secar ou cicatrizar **2** substância que se junta a outra (óleo, verniz, etc.) para tornar a secagem mais rápida   (Do lat. *siccatīvu*-, «id.»)

sícera *n.f.* nome genérico de qualquer líquido que embriague, exceto o vinho   (Do gr. *síkera*, «id.», pelo lat. *sicĕra*-, «id.»)

siciliana *n.f.* música e respetiva dança de carácter pastoril, originária da Sicília   (De *siciliano*)

siciliano *adj.* relativo ou pertencente à Sicília ∎ *n.m.* **1** natural ou habitante da Sicília **2** dialeto da Sicília   (Do lat. *Sicilĭa*-, «Sicília»+-*ano*)

siciliense *adj.2g.* relativo ou pertencente à Sicília ∎ *n.m.* **1** natural ou habitante da Sicília ∎ *n.m.* dialeto da Sicília   (Do lat. *Siciliense*-, «id.»)

siciliota *adj.2g.* referente aos Siciliotas, Gregos que habitavam o Sul da Itália e a Sicília, no tempo da antiga Grécia   (Do gr. *Sikeliótes*, «id.»)

siclo *n.m.* designação de um peso e de uma moeda, entre os Hebreus   (Do hebr. *shēkel*, «id.», pelo lat. *siclu*-, «id.»)

sicófago *adj.,n.m.* que ou aquele que se alimenta de figos   (Do gr. *sýkon*, «figo» +*phageīn*, «comer»)

sicofanta *n.2g.* denunciante de quem roubasse figos, entre os antigos Gregos **2** [fig.] delator **3** [fig.] caluniador **4** [fig.] patife   (Do gr. *sykophántes*, «id.», pelo lat. *sycophanta*-, «impostor»)

sicofantia *n.f.* **1** calúnia **2** mentira; fraude   (Do gr. *sykophantía*, «calúnia», pelo lat. *sycophantĭa*, «impostura»)

sicomancia *n.f.* pretensa arte de adivinhar por meio de folhas de figueira, onde se escreviam as perguntas a que se devia responder   (Do gr. *sýkon*, «figo» +*mantéia*, «adivinhação»)

sicomante *n.2g.* pessoa que pratica a sicomancia   (Do gr. *sýkon*, «figo» +*mántis*, «adivinho»)

sicómoro *n.m.* **1** BOTÂNICA espécie de figueira **2** BOTÂNICA nome por que alguns autores designam as árvores também conhecidas por amargoseira e figueira-do-faraó   (Do gr. *sykómoros*, «id.», pelo lat. *sycomŏru*-, «id.»)

sícone *n.m.* BOTÂNICA infrutescência formada por um recetáculo piriforme, carnudo e oco no seu interior, dentro do qual estão as flores e, mais tarde, os frutos, de que é exemplo o figo   (Do gr. *sýkon*, «figo»)

sicónio *n.m.* BOTÂNICA ⇒ **sícone**   (Do gr. *sýkon*, «figo», pelo lat. *syconium*+-*io*)

sicose *n.f.* MEDICINA doença cutânea (em regra, na face) que é provocada por certos fungos ou bactérias parasitas que invadem os folículos pilosos   (Do gr. *sykōsis*, «tumor que lembra o figo», pelo lat. *sycōse*-, «id.»)

sicrano *n.m.* indivíduo cujo nome não se conhece ou a quem não se quer fazer referência; sujeito   (Formação expressiva, para rimar com fulano)

sícula *n.f.* PALEONTOLOGIA indivíduo inicial das colónias de graptólitos ou rabdossomas   (De orig. obsc.)

sículo *adj.* **1** relativo ou pertencente aos Sículos **2** ⇒ **siciliano** *adj.* ∎ *n.m.* **1** indivíduo dos Sículos **2** ⇒ **siciliano** *n.m.*   (Do lat. *sicŭlu*-, «id.»)

Sículos *n.m.pl.* ETNOGRAFIA antigo povo da Península Itálica que passou sucessivamente do Lácio e da Campânia para a Sicília   (Do lat. *sicŭlu*-, «id.»)

sida *n.f.* MEDICINA doença grave causada por um vírus transmitido por via sexual ou sanguínea, que destrói as defesas imunitárias do organismo, expondo-o a infeções oportunistas (isto é, que se manifestam em situação de debilidade)   (Acrónimo de *síndrome de imunodeficiência adquirida*)

sidecar *n.m.* atrelado lateral de motocicleta para transporte de uma ou duas pessoas   (Do ing. *sidecar*, «id.»)

sideração[1] *n.f.* **1** ato ou efeito de siderar **2** suposta influência dos astros na vida ou na saúde de alguém **3** estado de abatimento súbito das forças vitais **4** fulminação **5** morte súbita   (Do lat. *sideratiōne*-, «influência dos astros»)

sideração[2] *n.f.* AGRICULTURA processo de fertilização do solo arável que consiste em semear leguminosas que fixem o azoto, como o tremoço, para serem enterradas em verde   (De orig. obsc.)

siderado *adj.* **1** sem reação; fulminado **2** [fig.] perplexo; atónito   (Part. pass. de *siderar*)

sideral *adj.2g.* **1** relativo aos astros **2** próprio dos astros **3** relativo ao céu; celeste; *dia* ~ ASTRONOMIA período de tempo que decorre entre duas passagens consecutivas do ponto vernal pelo semimeridiano superior de um lugar com a duração de 24 horas siderais; **período ~** ASTRONOMIA período que decorre entre duas posições idênticas sucessivas de um corpo celeste, relativamente às estrelas fixas (Do lat. siderāle-, «id.»)

siderar v.tr. 1 fulminar 2 pôr perplexo, atordoado, atónito (Do lat. vulg. *siderāre, por siderāri, «sofrer a influência dos astros»)

sideremia n.f. MEDICINA concentração de ferro no sangue (Do gr. sídēros, «ferro» +-emia)

sidéreo adj. ⇒ **sideral** (Do lat. siderĕu-, «id.»)

sidérico¹ adj. ⇒ **sideral** (Do lat. sidĕre-, «astro» +-ico)

sidérico² adj. relativo ao ferro (Do gr. sídēros, «ferro» +-ico)

siderismo n.m. variedade de magnetismo animal que consiste em pôr em contacto com os metais a pessoa que deve ser magnetizada (De lat. sidĕre, «astro» +-ismo)

siderita¹ n.f. BOTÂNICA planta da família das Labiadas, de flores amarelas, própria das zonas temperadas, vulgares em Portugal (Do grego siderítis, «idem»)

siderita² n.f. [Brasil] MINERALOGIA ⇒ **siderite** (De sidero-+-ita)

siderite n.f. MINERALOGIA mineral (carbonato ferroso) amarelo a castanho, que cristaliza no sistema trigonal e é minério de ferro; siderose; siderósio (Do gr. sídēros, «ferro» +-ite)

sideritina n.f. variedade de sulfato de ferro (De siderite+-ina)

sider(o)- elemento de formação de palavras que exprime a ideia de ferro (Do gr. sídēros, «ferro»)

siderolítico adj. 1 GEOLOGIA relativo a siderólito 2 GEOLOGIA relativo às rochas ferruginosas, especialmente às de formação no Terciário (De siderólito+-ico)

siderólito n.m. GEOLOGIA tipo de meteorito em que os elementos metálicos (ferro) e os líticos (silicatos) entram em proporções quase iguais (De sidero-+-lito)

sideromancia n.f. suposta adivinhação por meio da direção que toma o fumo quando se lança palha sobre uma barra de ferro candente (Do gr. sídēros, «ferro» +manteía, «adivinhação»)

sideromante n.2g. pessoa que pratica a sideromancia (Do gr. sídēros, «ferro» +mántis, «adivinho»)

siderose n.f. 1 cor ferruginosa que aparece em qualquer parte do corpo 2 MEDICINA perturbação mórbida, pulmonar, provocada pela inalação de finas partículas de ferro 3 MEDICINA acumulação excessiva de ferro em tecidos do organismo 4 MINERALOGIA ⇒ **siderite** (Do gr. sídēros, «ferro» +-ose)

siderosfera n.f. GEOLOGIA núcleo da Terra, que se supõe formado de ferro e níquel (De sidero-+esfera)

siderósio n.m. MINERALOGIA ⇒ **siderite** (De siderose+-io)

sideróstato n.m. aparelho destinado a facilitar a observação dos astros, uma vez que anula o seu movimento aparente (Do lat. sidĕre-, «astro» +statós, «parado»)

siderotecnia n.f. 1 arte de trabalhar em ferro 2 metalurgia 3 ofício de ferrador (Do gr. sídēros, «ferro» +tékhne, «arte» +-ia)

siderotécnico adj. relativo à siderotecnia ■ n.m. ⇒ **siderúrgico** (De siderotecnia+-ico)

siderurgia n.f. 1 conjunto das técnicas empregadas para extrair o ferro dos seus minérios e trabalhá-lo com vista às diferentes aplicações 2 arte de trabalhar em ferro (Do gr. siderourgía, «id.»)

siderúrgico adj. relativo à siderurgia ■ n.m. operário de siderurgia; siderotécnico (Do gr. siderourgós, «id.» +-ico)

sidónio adj. relativo ou pertencente a Sídon, antiga cidade da Fenícia ■ n.m. natural ou habitante dessa cidade (Do lat. sidonĭu-, «id.»)

sidonismo n.m. HISTÓRIA, POLÍTICA situação política portuguesa sob a presidência de Sidónio Pais, 1917-1918 (De Sidónio, antr. +-ismo)

sidonista adj.2g. relativo a Sidónio Pais ou ao sidonismo ■ n.2g. pessoa partidária do sidonismo (De Sidónio, antr. +-ista)

sidoso adj. [depr.] indivíduo que tem sida (De sida+-oso)

sidra n.f. bebida alcoólica de baixa graduação obtida pela fermentação do sumo de maçã; vinho de maçã (Do hebr. schēchar, «bebida inebriante», pelo lat. sicĕra-, «id.», e pelo cast. sidra, «id.»)

Siegeniano n.m. GEOLOGIA andar do Devónico inferior (De Siegnen, top., cidade alemã do estado da Renânia-Vestefália +-iano)

siemens n.m.2n. ELETRICIDADE unidade de condutância elétrica do Sistema Internacional - o inverso de ohm - de símbolo S, equivalente a 10 unidades eletromagnéticas CGS (De Siemens, antr., engenheiro al., 1816-1892)

sienito n.m. PETROLOGIA rocha eruptiva, granular, formada essencialmente por feldspatos alcalinos e hornblenda, sem a presença significativa de quartzo ou nefelina, de cor branco-acinzentada, cinzenta ou avermelhada, que, embora semelhante ao granito, é menos comum do que ele; **família dos sienitos** PETROLOGIA grupo de rochas eruptivas – a que pertence o sienito – caracterizadas por serem constituídas por feldspatos alcalinos e em que o quartzo é raro, ou, mais tipicamente, está ausente (De Siena, cidade italiana da região da Toscana +-ito)

sievert n.m. FÍSICA unidade do Sistema Internacional de dose de radiação equivalente absorvida, de símbolo Sv, que corresponde à dose de radiação equivalente a um joule por quilograma de matéria absorvente (De R. M. Sievert, antr., radiologista sueco, 1896-1966)

sifão n.m. 1 tubo recurvado, de braços desiguais, destinado a transvasar líquidos de um recipiente para outro a nível inferior, sem alterar a posição desses recipientes 2 tubo de comunicação de certas cavidades do corpo dos animais com o exterior 3 [pop.] pessoa que bebe muito (Do gr. síphon, «tubo para aspirar água», pelo lat. siphōne-, «id.»)

sifílide n.f. MEDICINA qualquer lesão cutânea de origem sifilítica, com exclusão do cancro (Do lat. mod. syphilĭde-, «id.»)

sifiligrafia n.f. MEDICINA tratado descritivo sobre a sífilis; sifilografia (De sífilis+-grafia)

sifiligrafista n.2g. ⇒ **sifilígrafo** (De sifiligrafia+-ista)

sifilígrafo n.m. indivíduo que se dedica à sifiligrafia; sifilógrafo; sifiligrafista; sifilista (De sífilis+-grafo)

sífilis n.f.2n. MEDICINA doença venérea produzida por um protozoário (Treponema pallidum), contagiosa, transmissível por hereditariedade (Do lat. mod. syphĭlis, «id.», de Syphĭlus, antr., alt. de Sipỹlus, personagem de Ovídio, pelo fr. syphilis, «sífilis»)

sifilista n.2g. ⇒ **sifilígrafo** (De sífilis+-ista)

sifilítico adj. 1 relativo a sífilis 2 que sofre de sífilis ■ n.m. doente de sífilis (Do fr. syphilitique, «id.»)

sifilografia n.f. ⇒ **sifiligrafia** (De sífilis+-grafia)

sifilógrafo n.m. ⇒ **sifilígrafo** (De sífilis+-grafo)

sifilologia n.f. estudo sobre a sífilis; sifiligrafia (De sífilis+-logia)

sifilologista n.2g. ⇒ **sifilólogo** (De sifilologia+-ista)

sifilólogo n.m. especialista em sifilologia (De sífilis+-logo)

sifiloma /ô/ n.m. MEDICINA tumor de natureza sifilítica; goma (De sífilis+-oma)

sifiloterapia n.f. MEDICINA tratamento das afeções de origem sifilítica (De sífilis+terapia)

sifiloterápico adj. relativo a sifiloterapia (De sifiloterapia+-ico)

siflar v.intr. ⇒ **silvar**¹ (Do lat. sibilāre, «sibilar», pelo lat. med. sifilāre, «id.», pelo fr. siffler, «siflar»)

sifonado adj. provido de sifão (De sifão+-ado)

sifonóforo n.m. ZOOLOGIA animal celenterado hidrozoário, com pólipos vários, que vive em colónias geralmente flutuantes e é provido de vesícula oca na parte superior (Do gr. síphon, «sifão» +phóros, «portador»)

sifonoide adj.2g. em forma de sifão (Do gr. síphon, «tubo» +eĩdos, «forma»)

sifonóide ver nova grafia sifonoide

sigilação n.f. 1 ato ou efeito de sigilar 2 sigilo 3 [ant.] marca; sinal (De sigilar+-ção)

sigilar¹ v.tr. 1 pôr selo em; selar; franquiar 2 carimbar 3 marcar (Do lat. sigillāre-, «id.»)

sigilar² adj.2g. relativo a sigilo (Do lat. sigillāre, «id.»)

sigilária n.f. PALEONTOLOGIA designação, por aportuguesamento, do género de plantas fósseis do Paleozoico, de caule simples, canelado, terminado superiormente por um tufo de folhas (Do lat. sigillarĭa-, fem. de sigillarĭu-, «fabricante de sinetes»)

sigilário adj. que diz respeito a sigilo; sigilar (De sigilo+-ário)

sigilo n.m. 1 aquilo que não pode ou não deve ser revelado; segredo 2 discrição; reserva 3 silêncio; **~ bancário** segredo mantido pelos bancos em relação a informações sobre as contas dos seus clientes; **~ profissional** proibição legal de divulgar informações obtidas no exercício de uma atividade profissional, dever ético de não revelar dados confidenciais obtidos no âmbito da profissão (Do lat. sigillu-, «selo»)

sigilografia n.f. ⇒ **esfragística** (Do lat. sigillu-, «selo»+gr. gráphein, «descrever» +-ia)

sigiloso adj. 1 em que há sigilo 2 que deve ser mantido em sigilo; confidencial; secreto (De sigilo+-oso)

sigla n.f. 1 LINGUÍSTICA sequência formada pelas letras ou sílabas iniciais de palavras que constituem uma expressão (ex.: FBI, AACS) 2 sinal gráfico convencional 3 (paleografia) letra inicial que se usava como abreviatura nos manuscritos e monumentos antigos (Do lat. sigla, «abreviaturas»)

siglação n.f. GRAMÁTICA processo de redução de um grupo de palavras cujas letras iniciais são geralmente pronunciadas uma a uma e não com articulação silábica; formação de siglas (Do fr. siglaison, «id.»)

siglema n.m. sigla com características de palavra, como por exemplo, Unesco (De sigla+-ema)

siglónimo *n.m.* nome formado pelas letras ou sílabas iniciais das palavras que constituem uma expressão que, em geral, designa uma instituição, associação, marca, etc. (De *sigla*+*-ónimo*)

sigma *n.m.* nome da décima oitava letra do alfabeto grego (σ, Σ) correspondente ao **s** (Do gr. *sīgma*, «id.», pelo lat. *sigma*, «id.»)

sigmático *adj.* **1** em que há sigma **2** que tem ou mantém a letra *s* (Do gr. *sīgma*, *-atos*, «sigma» +*-ico*)

sigmatismo *n.m.* repetição viciosa do *s* ou de qualquer outra sibilante (Do gr. *sigmatismós*, «id.»)

sigmoide *adj.2g.* que tem a forma de sigma; *ansa ~* ANATOMIA parte terminal do cólon (cólon ileopélvico); *válvulas sigmoides* ANATOMIA válvulas existentes nas artérias, logo à saída do coração (Do gr. *sigmoeidés*, «id.»)

sigmóide ver nova grafia sigmoide

sigmóideo *adj.* ⇒ **sigmoide**

sigmoidite *n.f.* MEDICINA inflamação da ansa sigmoide (De *sigmóide*+*-ite*)

sigmoidostomia *n.f.* CIRURGIA formação de uma abertura na ansa sigmoide, para funcionar como um ânus (artificial) (Do gr. *sigmoeidés*, «sigmoide» +*stóma*, «boca»)

signa *n.f.* estandarte; bandeira; pendão (Do lat. *signa*, pl. de *signu-*, «sinal»)

signatário *adj.,n.m.* que ou aquele que assina qualquer documento (Do lat. *signātu-*, «assinalado» +*ário*, ou do fr. *signataire*, «id.»)

signífero *n.m.* **1** o que levava a signa real **2** porta-bandeira (Do lat. *signĭfĕru-*, «id.»)

significação *n.f.* **1** aquilo que uma coisa significa ou representa **2** sentido que uma palavra encerra; significado **3** sentido em que se usa uma palavra; aceção **4** LINGUÍSTICA relação entre o significante e o significado de um signo (Do lat. *significatiōne-*, «id.»)

significado *n.m.* **1** aquilo que uma coisa exprime ou representa; significação **2** palavra ou frase equivalente a outra **3** LINGUÍSTICA sentido veiculado por uma expressão linguística **4** valor representativo de um sinal ou símbolo **5** importância que se dá a algo; valor (Do lat. *significātu-*, «id.»)

significador *adj.* **1** que significa alguma coisa; significativo **2** que expressa com clareza ■ *n.m.* **1** aquilo que tem algum significado **2** o que exprime com clareza alguma coisa (De *significar*+*-dor*)

significância *n.f.* **1** significado rigoroso de uma palavra **2** [fig.] importância; valor (Do lat. *significantia*, «significação»)

significante *adj.2g.* **1** que significa **2** que exprime com clareza um sentido ■ *n.m.* LINGUÍSTICA imagem acústica ou gráfica de uma palavra, associada a um determinado significado (Do lat. *significante-*, «id.», part. pres. de *significĕre*, «indicar; dar a entender»)

significar *v.tr.* **1** ter a significação ou o sentido de; querer dizer **2** ser sinal de; dar a entender; manifestar **3** comunicar por gestos, palavras ou sinais; exprimir; expressar **4** denotar; indicar **5** representar; simbolizar **6** traduzir-se em; ter como consequência **7** ter como equivalente; traduzir-se por (Do lat. *significāre*, «id.»)

significativamente *adv.* **1** de modo significativo **2** expressivamente **3** claramente **4** em grau elevado (De *significativo*+*-mente*)

significativo *adj.* **1** que tem determinado significado ou sentido **2** que contém informação importante ou interessante **3** que exprime com clareza; expressivo; eloquente **4** indicativo **5** MATEMÁTICA (algarismo) que tem valor **6** MATEMÁTICA diz-se de qualquer algarismo que não seja o zero (Do lat. *significatīvu-*, «id.»)

signo *n.m.* **1** ASTRONOMIA cada uma das doze partes em que se divide o zodíaco, a partir do ponto vernal, com 16° de latitude celeste e 30° de longitude celeste, e pelas quais se distribuem as constelações zodiacais **2** ASTROLOGIA cada uma das doze constelações que correspondem a essas doze partes, e cada uma das figuras que as representam **3** aquilo que representa algo distinto de si próprio; símbolo; sinal **4** LINGUÍSTICA sinal próprio da linguagem verbal; palavra **5** modo de fazer alguma coisa; maneira; processo; *~ linguístico* LINGUÍSTICA unidade linguística mínima que possui um significante (imagem acústica) e um significado (conceito), indissociáveis e ligados por uma relação arbitrária; *sob o ~ de* sob a influência de (Do lat. *signu-*, «sinal»)

signografia *n.f.* conjunto dos sinais relativos a uma ciência ou arte (Do lat. *signu-*, «sinal»+gr. *gráphein*, «descrever» +*-ia*)

signo-saimão *n.m.* figura formada por dois triângulos entrelaçados em forma de estrela, usada como talismã contra qualquer influência funesta (De *signo*+*Salomão*, antr.)

signo-salomão *n.m.* ⇒ **signo-saimão**

signo-samão *n.m.* ⇒ **signo-saimão**

sikh *adj.,n.2g.* ⇒ **sique**

sílaba *n.f.* **1** GRAMÁTICA som ou conjunto de sons de uma palavra que se pronunciam numa só emissão de voz **2** [fig., coloq.] som articulado (Do gr. *syllabé*, «id.», pelo lat. *syllăba-*, «id.»)

silabação *n.f.* **1** ato ou efeito de silabar **2** divisão das palavras em sílabas **3** método de leitura por sílabas; soletração (De *silabar*+*-ção*)

silabada *n.f.* erro na acentuação ou na pronúncia de uma palavra (Part. pass. fem. subst. de *silabar*)

silabar *v.tr.* **1** ler ou pronunciar sílaba a sílaba; soletrar **2** dividir (palavra) em sílabas (De *sílaba*+*-ar*)

silabário *n.m.* **1** livro que regista as palavras decompostas em sílabas para facilitar a aprendizagem da leitura **2** (paleografia) conjunto de signos de uma escrita silábica **3** [fig.] compêndio elementar de determinada área (De *sílaba*+*-ário*)

silábico *adj.* **1** da sílaba ou relativo às sílabas **2** (escrita) em que cada sílaba é representada por um único sinal **3** (verso) cuja medida é determinada pelo número e não pelo valor das sílabas (Do gr. *syllabikós*, «id.», pelo lat. *syllabĭcu-*, «id.»)

silabificação *n.f.* ⇒ **silabação** (De *silabificar*+*-ção*)

silabificar *v.tr.* ⇒ **silabar**

silabismo *n.m.* processo de escrita em que cada sílaba é representada por um sinal próprio (De *sílaba*+*-ismo*)

sílabo *n.m.* **1** RELIGIÃO documento publicado pelo papa Pio IX, com o qual se condena uma série de proposições relacionadas com os principais erros da época **2** [fig.] elenco de doutrinas condenadas (Do gr. *syllabós*, «índice», pelo lat. *syllăbu-*, «id.»)

silagem *n.f.* **1** ato de guardar alimentos vegetais em silos, para posterior utilização **2** forragem tirada dos silos para alimentação dos animais (De *silo*+*-agem*)

silano *n.m.* QUÍMICA designação geral dos compostos binários de silício e de hidrogénio semelhantes aos hidrocarbonetos (De *sil[ício]*+*-ano*)

silarca *n.f.* BOTÂNICA cogumelo comestível, do género *Amanita ponderosa*, de chapéu ocre ou avermelhado quando maduro e pé bolboso, branco ou rosado, vulgar nos azinhais e sobreirais nas zonas do Ribatejo e do Alentejo; cilarca; silerca (De orig. obsc.)

silenácea *n.f.* BOTÂNICA espécime das Silenáceas

Silenáceas *n.f.pl.* BOTÂNICA família de plantas dicotiledóneas, herbáceas, com vários géneros e espécies, espontâneas e cultivadas em Portugal, cujo género-tipo se denomina *Silene* (Do lat. bot. *Silene-*+*-áceas*)

silenciador *adj.* que impõe silêncio ■ *n.m.* **1** aquilo que silencia **2** dispositivo adaptável ao cano de uma arma de fogo, usado para silenciar o disparo **3** dispositivo que se adapta ao cano de descarga de um veículo, a fim de reduzir o ruído da explosão de combustível (De *silenciar*+*-dor*)

silenciamento *n.m.* ato ou efeito de silenciar (De *silenciar*+*-mento*)

silenciar *v.tr.,intr.* guardar silêncio (sobre) ■ *v.tr.* **1** impor silêncio a; calar **2** omitir; não mencionar **3** [fig.] assassinar (De *silêncio*+*-ar*)

silêncio *n.m.* **1** estado de uma pessoa que cessou ou se abstém de falar ou de produzir qualquer som **2** ausência de ruído **3** sossego; calma **4** descanso **5** sigilo; segredo **6** interrupção do discurso **7** omissão **8** interrupção de correspondência **9** MÚSICA pausa **10** MÚSICA sinal que indica uma pausa **11** MILITAR toque, nos quartéis, depois do recolher; *~!* exclamação usada para mandar calar ou pedir silêncio; *guardar ~* não falar, não contar um segredo; *passar em ~* omitir; *quebrar o ~* (re)começar a falar; *reduzir ao ~* obrigar a calar por meio de argumentos convincentes; *remeter-se ao ~* calar-se (Do lat. *silentĭu-*, «id.»)

silenciosamente *adv.* **1** sem fazer barulho; em silêncio; sem ruído **2** em segredo; sem manifestação exterior (De *silencioso*+*-mente*)

silencioso /ô/ *adj.* **1** que está em silêncio **2** que não fala ou que não faz ruído; calado **3** em que não há ruído; calmo; sossegado **4** que fala pouco; taciturno ■ *n.m.* **1** dispositivo adaptado ao tubo de escape dos motores de combustão interna para atenuar o ruído **2** dispositivo adaptado ao cano das armas de fogo para atenuar o ruído; silenciador (Do lat. *silentiōsu-*, «id.»)

sileno /é/ *n.m.* ZOOLOGIA inseto lepidóptero, diurno, da família dos Papilionídeos (Do lat. *Silenu-*, mitol., deus da mitol. greco-romana, companheiro de Baco)

silente *adj.2g.* **1** [poét.] silencioso **2** [poét.] calmo (Do lat. *silente-*, «id.», part. pres. de *silēre*, «guardar silêncio»)

silepse *n.f.* **1** recurso estilístico em que a concordância das palavras se faz segundo o sentido, e não de acordo com as regras da sintaxe (ex.: *um bando de andorinhas voavam*) **2** recurso estilístico que consiste no emprego de uma palavra simultaneamente em sentido próprio e figurado (ex.: *sempre foi uma pessoa baixa*, de 'pequena estatura' e 'desprezível') (Do gr. *sýllepsis*, «ação de compreender», pelo lat. *syllepse-*, «silepse»)

siléptico *adj.* **1** relativo à silepse **2** onde há silepse (Do gr. *sylleptikós*, «id.»)

silerca n.f. BOTÂNICA ⇒ **silarca**

silesiano adj. relativo ou pertencente à Silésia (Alemanha) ∎ n.m. natural ou habitante da Silésia (De *Silésia*, top. +*-ano*)

sílex /cs/ n.m. (plural **sílices**) MINERALOGIA variedade criptocristalina do quartzo, também conhecida por pederneira, sílice, etc. (Do lat. *silex*, «pederneira»)

sílfide n.f. **1** MITOLOGIA génio feminino que preside ao ar **2** [fig.] mulher delicada e graciosa (Do fr. *sylphĭde-*, «id.»)

silfídico adj. **1** relativo à sílfide **2** [fig.] delicado; vaporoso (De *sílfide*+*-ico*)

silfo n.m. **1** MITOLOGIA génio masculino do ar, segundo a mitologia céltica e germânica da Idade Média **2** [fig.] homem delicado (Do lat. *sylphu-*, «génio», pelo fr. *sylphe*, «id.»)

silha n.f. **1** pedra onde assenta o cortiço das abelhas **2** muro divisório, nas marinhas **3** [regionalismo] paradeiro **4** [ant.] cadeira (Do cast. *silla*, «id.»)

silhadoiro n.m. ⇒ **silhal**

silhadouro n.m. ⇒ **silhal** (De *silhar*+*-douro*)

silhal n.m. **1** conjunto de silhas **2** lugar onde estão as silhas (De *silha*+*-al*)

silhão n.m. construção no meio de um fosso ou em redor de toda a praça (De *silha*+*-ão*)

silhar n.m. **1** pedra lavrada e quadrangular, para revestimento de paredes **2** pedra onde assenta a colmeia; silha (Do cast. *sillar*, «id.»)

silharia n.f. obra feita com silhares (Do cast. *sillería*, «id.»)

silhueta /ê/ n.f. **1** desenho de perfil em que se seguem apenas os contornos da sombra projetada pelo objeto ou pessoa **2** forma vaga projetada pela sombra de pessoa ou objeto **3** forma do corpo do ponto de vista estético (Do fr. *silhouette*, «id.», de E. *Silhouette*, antr., político fr., 1709-1767)

sílica n.f. MINERALOGIA substância cuja composição química é o dióxido de silício (SiO_2), incolor (quando pura), de que se conhecem nove polimorfos naturais, dos quais o quartzo é o mais comum (Do lat. *silĭce-*, «pederneira»)

silicatado adj. **1** transformado em silicato **2** (rocha) que é constituído por silicatos (De *silicato*+*-ado*)

silicato n.m. QUÍMICA nome genérico dos compostos cujo anião contém silício (De *sílica*+*-ato*)

sílice n.m. MINERALOGIA ⇒ **sílex** (Do lat. *silĭce-*, «pederneira»)

silic(i)- elemento de formação de palavras que exprime a ideia de *sílica, sílex* (Do lat. *silĭce-*, «sílica; sílex»)

silícico adj. QUÍMICA que contém silício (Do lat. *silĭce-*, «sílica» +*-ico*)

silicícola adj.2g. BOTÂNICA (planta) que se desenvolve normalmente nos terrenos siliciosos (Do lat. *silĭce-*, «sílica» +*colĕre*, «habitar»)

silicífero adj. que contém silício (De *silici-*+*-fero*)

silicificação n.f. PETROLOGIA **1** substituição parcial ou total dos minerais de uma rocha por sílica, podendo esta preencher apenas os poros da rocha **2** processo de fossilização em que a estrutura orgânica é substituída por sílica ou impregnada de sílica (De *sílica*+*-ficar*+*-ção*)

silício n.m. QUÍMICA elemento químico com o número atómico 14 e símbolo Si, que é um não metal componente da sílica e que, muito abundante na natureza sob a forma de vários compostos, é um semicondutor muito importante, utilizado em transístores e retificadores (Do lat. *silĭce-*, «pederneira» +*-io*)

silicioso /ô/ adj. **1** que contém sílica **2** que é da natureza do sílex (Do lat. *silĭce-*, «pederneira» +*-oso*)

silicoflagelados n.m.pl. PALEONTOLOGIA, ZOOLOGIA flagelados planctónicos marinhos, que possuem esqueleto interno silicioso (De *sílica*+*flagelados*)

silicone n.m. QUÍMICA substância plástica cujas moléculas são formadas de átomos de silício e de oxigénio e que é usada em grande escala no fabrico de tintas e vernizes e como isolador elétrico (Do fr. *silicone*, «id.»)

silicose n.f. MEDICINA perturbação patológica provocada pela introdução de poeira de grãos siliciosos nos pulmões (Do lat. *silĭce-*, «pederneira» +*-ose*)

silícula n.f. BOTÂNICA síliqua curta que, para alguns autores, tem comprimento menor do que três vezes a largura (Do lat. *silicŭla-*, «id.»)

siliculiforme adj.2g. que apresenta a forma de silícula (Do lat. *silicŭla-*, «silícula» +*forma-*, «forma»)

siliculoso /ô/ adj. que possui silícula (De *silícula*+*-oso*)

siligem n.f. pão de primeira qualidade; pão da flor da farinha (Do lat. *silīgine-*, «farinha de trigo»)

siliginário n.m. pasteleiro (Do lat. *siliginarĭu-*, «id.»)

siligo n.m. ⇒ **siligem** (Do lat. *silīgo* (nominativo), «farinha de trigo»)

silindra n.f. BOTÂNICA planta da família das Saxifragáceas, de flores brancas e aromáticas, dispostas em cachos grandes, cultivada nos jardins (Do lat. *syringa-*, com infl. de *cilindro*?)

síliqua n.f. **1** BOTÂNICA variedade de cápsula (fruto) bicarpelada, com dois lóculos separados por um falso septo **2** vagem (Do lat. *silĭqua-*, «vagem»)

siliquiforme /qu-i/ adj.2g. que tem a forma de síliqua (Do lat. *silĭqua-*, «síliqua» +*forma-*, «forma»)

siliquoso /ô/ adj. **1** que é da natureza da síliqua **2** (planta) cujos frutos são síliquas (De *síliqua*+*-oso*)

sillimanite n.f. MINERALOGIA mineral, quimicamente um silicato de alumínio, que cristaliza no sistema ortorrômbico (De B. *Silliman*, antr., químico americano, 1779-1864 +*-ite*)

silo[1] n.m. **1** reservatório, com ar rarefeito, onde as colheitas verdes se guardam comprimidas, para sofrerem fermentação e depois servirem de forragens **2** reservatório, em forma de torre, destinado à armazenagem de cereais, cimento e outras substâncias sólidas **3** MILITAR compartimento subterrâneo onde se guardam mísseis prontos para lançamento (Do gr. *sirós*, «tulha de grãos», pelo lat. *siru-*, «id.», pelo cast. *silo*, «silo»)

silo[2] n.m. LITERATURA poema irónico ou satírico, entre os Gregos (Do gr. *síllos*, «id.», pelo lat. *sillu-*, «silo», poema irónico ou satírico)

silo-auto n.m. parque de estacionamento para automóveis em edifício de forma circular

silogeu n.m. [Brasil] casa onde se reúnem associações literárias ou científicas (Do gr. *syn*, «união» +*lógos*, «estudo» +*-eu*)

silogismo n.m. LÓGICA raciocínio feito a partir de duas proposições (premissas), das quais se deduz uma terceira, a conclusão (por ex.: «todos os homens são mortais; os portugueses são homens; logo, os portugueses são mortais») (Do gr. *syllogismós*, «argumento», pelo lat. *syllogismu-*, «silogismo»)

silogístico adj. **1** que diz respeito ao silogismo **2** em que há silogismo (Do gr. *syllogistikós*, «id.», pelo lat. *syllogistĭcu-*, «id.»)

silogizar v.tr. deduzir pelo raciocínio ∎ v.intr. argumentar com silogismos (Do lat. *syllogizāre*, «id.»)

silpat n.m. tabuleiro de silicone para pastelaria (Do ing. *Silpat*®)

silte n.m. PETROLOGIA sedimento clástico depositado pela água em portos, canais, etc., e cujas partículas têm dimensões que oscilam entre 1/16 e 1/266 mm de diâmetro (Do ant. alto-al. *sulza*, «sal», pelo noruegu. *sylt*, «silte», pelo ing. *silt*, «id.»)

siltito n.m. PETROLOGIA rocha sedimentar consolidada, de grão fino, derivada de depósitos do tipo silte (De *silte*+*-ito*)

siltoso /ô/ adj. **1** relativo a silte **2** que contém silte (De *silte*+*-oso*)

Silures n.m.pl. ETNOGRAFIA antigo povo do Sudeste de Gales (Do lat. *Silŭres*, «Silures»)

Siluriano adj. GEOLOGIA ⇒ **Silúrico** (Do inglês *Silurian*, «idem», de *Silures*, «Silures», antigo povo do sudeste de Gales +*-iano*, ou do francês *silurien*, «idem»)

Silúrico n.m. GEOLOGIA sistema ou período do Paleozoico que sucede ao Ordovícico e antecede o Devónico ∎ adj. [com minúscula] GEOLOGIA relativo ou pertencente ao Silúrico (Do latim *Silūres*, «Silures», antigo povo do Sudeste de Gales +*-ico*)

silúrida n.m. ICTIOLOGIA ⇒ **silurídeo**

Silúridas n.m.pl. ICTIOLOGIA ⇒ **Silurídeos**

silurídeo adj. ICTIOLOGIA relativo ou pertencente aos Silurídeos ∎ n.m. ICTIOLOGIA espécime dos Silurídeos

Silurídeos n.m.pl. ICTIOLOGIA família de peixes teleósteos, comuns na Europa Oriental, caracterizados por possuírem barbilhões e pele desprovida de escamas, cujo género-tipo se denomina *Silurus* (Do gr. *siloûros*, «peixe grande» +*-ídeos*)

silva n.f. **1** BOTÂNICA nome vulgar extensivo a várias plantas da família das Rosáceas; sarça; silveira **2** cilício de arame **3** malha que aparece, por vezes, no focinho do cavalo **4** ornato da gola ou do canhão de uma farda **5** LITERATURA composição lírica em que o verso de dez sílabas alterna com o de seis, sem rima certa **6** miscelânea literária ou científica (Do lat. *silva-*, «floresta»)

silva-de-são-francisco n.f. BOTÂNICA planta cultivada, que é uma forma inerme de um arbusto da família das Rosáceas, dos terrenos incultos de Portugal

silvado n.m. **1** moita de silvas **2** terreno onde crescem silvas **3** tapume feito com silvas ∎ adj. (touro) que tem a cabeça branca à frente e castanha ou preta atrás (De *silva*+*-ado*)

silva-galega n.f. BOTÂNICA planta lenhosa, da família das Rosáceas, espontânea em algumas regiões de Portugal

silva-macha n.f. BOTÂNICA planta lenhosa, da família das Rosáceas, espontânea em Portugal; silva; silvão

silvandra n.f. ZOOLOGIA inseto lepidóptero, diurno, da família dos Papilionídeos (De orig. obsc.)

silvano[1] *adj.* que cresce nas florestas (Do lat. *silva-*, «floresta» + *-ano*)

silvano[2] *n.m.* 1 MITOLOGIA divindade fabulosa que, segundo a crença dos antigos Romanos, habitava nos bosques 2 habitante dos bosques 3 homem rústico 4 homem considerado rude ou grosseiro (Do lat. *silvānu-*, «id.»)

silvão *n.m.* BOTÂNICA ⇒ **silva-macha** (De *silva+-ão*)

silvar[1] *v.intr.* produzir um som agudo e prolongado, como um silvo; sibilar; assobiar ■ *v.tr.* dizer, proferir em tom agudo (Do lat. *sibilāre*, «id.», com met.)

silvar[2] *n.m.* ⇒ **silvado** (De *silva+-ar*)

silva-sem-espinhos *n.f.* BOTÂNICA ⇒ **silva-de-são-francisco**

silvático *adj.* 1 selvático 2 silvestre (Do lat. *silvatĭcu-*, «id.»)

silvedo /ê/ *n.m.* ⇒ **silvado** *n.m.* (De *silva+-edo*)

silveira *n.f.* 1 mata de silvas 2 silva; sarça (De *silva+-eira*)

silveiral *n.m.* ⇒ **silvado** *n.m.* ■ *adj.2g.* referente a silveira (De *silveira+-al*)

silveiro *n.m.* (touro) ⇒ **silvado** *adj.* (De *silva+-eiro*)

silvestre *adj.2g.* 1 (planta) que se desenvolve normalmente em sítios incultos, ou que dá flores ou frutos sem intervenção humana; espontâneo 2 próprio do mato ou da floresta 3 bravio; inculto; agreste 4 próprio da selva; selvagem; selvático (Do lat. *silvestre-*, «id.»)

silv(i)- elemento de formação de palavras que exprime a ideia de *selva, floresta, mata* (Do lat. *silva-*, «floresta»)

silviano *adj.* ANATOMIA diz-se dos vasos e outros órgãos que se encontram numa depressão cerebral chamada cissura de Sílvio (De *Sílvio*, antr. +*-ano*)

silvícola *adj.2g.* 1 que diz respeito às matas, florestas ou selvas 2 que nasce ou vive em mata, floresta ou selva ■ *n.2g.* ser vivo que nasce ou vive em floresta, mata ou selva (Do lat. *silvicŏla-*, «id.»)

silvicultor *n.m.* aquele que se dedica à silvicultura (Do lat. *silva-*, «floresta» +*cultŏre-*, «cultor»)

silvicultura *n.f.* 1 estudo das matas e florestas, incluindo o estudo das espécies e a regulação da utilização das madeiras 2 tratado acerca dessa cultura (Do lat. *silva-*, «floresta» +*cultūra-*, «cultura»)

silviense *adj.2g.* relativo ou pertencente à cidade portuguesa de Silves, no distrito de Faro ■ *n.2g.* natural ou habitante de Silves (De *Silves*, top. +*-ense*)

silvíida *n.m.* ORNITOLOGIA ⇒ **silviídeo**

Silvíidas *n.m.pl.* ORNITOLOGIA ⇒ **Silviídeos**

silviídeo *adj.* ORNITOLOGIA relativo ou pertencente aos Silviídeos ■ *n.m.* ORNITOLOGIA espécime dos Silviídeos

Silviídeos *n.m.pl.* ORNITOLOGIA família de pássaros (género-tipo *Sylvia*) que alguns autores incluem na família dos Turdídeos, correspondendo a uma subfamília (Do lat. *Sylvia*, de *silva-*, «floresta»)

silvina *n.f.* MINERALOGIA ⇒ **silvite**

silvite *n.f.* MINERALOGIA mineral (cloreto de potássio), que cristaliza no sistema cúbico e é uma fonte de potássio e seus compostos; silvina (Do lat. cient. [*sal digestivus*] *sylvii*, «cloreto de sódio» +*-ite*)

silvo *n.m.* 1 som agudo; sibilo 2 assobio das cobras 3 som contínuo que um projétil produz quando, já a grande distância da arma, a sua velocidade é inferior à do som (Do lat. *sibĭlu-*, «id.»)

silvoso /ô/ *adj.* 1 cheio de silvas 2 coberto de silvas (Do lat. *silvōsu-*, «id.»)

sim *adv.* 1 exprime afirmação (por oposição a *não*) 2 exprime consentimento ou concordância; certamente 3 indica repetição de algo afirmado antes; pois ■ *n.m.* anuência; consentimento; *~!* exclamação usada para reforçar o sentido de uma afirmação; *dar o ~* consentir, autorizar; *pelo ~, pelo não* à cautela, na dúvida (Do lat. *sic*, «id.»)

sima *n.m.* GEOLOGIA camada hipotética da Terra, subjacente ao sial, de natureza essencialmente basáltica (De *sí[lica]+ma[gnésio]*)

simão *n.m.* [pop.] ⇒ **macaco** (De *Simão*, antr., com infl. de *símio*)

simarubácea *n.f.* BOTÂNICA espécime das Simarubáceas

Simarubáceas *n.f.pl.* BOTÂNICA família de plantas dicotiledóneas, arbóreas, próprias das regiões quentes do Globo, cujo género-tipo se denomina *Simaruba* (De caraíba *simaruba*, «id.» +*-áceas*)

simba *n.m.* [Moçambique] leão (Do suaíli *simba*, «id.»)

simbionte *n.m.* organismo que vive em simbiose; simbiota (Do gr. *symbioūn*, «conviver»)

simbiose *n.f.* 1 BIOLOGIA associação de dois indivíduos de espécie diferente, com benefício mútuo (pelo menos aparente), como acontece com as algas e os fungos que constituem os líquenes 2 [fig.] relação de cooperação que beneficia os dois envolvidos 3 [fig.] associação íntima (Do gr. *sýn*, «juntamente» +*bíosis*, «modo de vida», pelo fr. *symbiose*, «vida em conjunto»)

simbiota *adj.2g.* (ser) que se associa em simbiose ■ *n.m.* cada um dos seres que vivem em simbiose; simbionte (Do gr. *symbiotés*, «confidente»)

simbiótico *adj.* 1 que tem o carácter de simbiose 2 relativo à simbiose (Do gr. *symbiotikós*, «id.»)

simbólica *n.f.* 1 conjunto de símbolos de uma religião, de um povo ou de uma época 2 ciência desses símbolos ou do livro que trata dessa ciência (De *simbólico*)

simbolicamente *adv.* 1 por meio de símbolos 2 alegoricamente 3 em sentido figurado (De *simbólico+-mente*)

simbólico *adj.* 1 relativo ao símbolo 2 que tem o carácter de símbolo 3 que vale por aquilo que representa 4 alegórico; emblemático (Do gr. *symbolikós*, «id.», pelo lat. *symbolĭcu-*, «id.»)

simbolismo *n.m.* 1 expressão ou interpretação de algo através de símbolos 2 conjunto ou sistema de símbolos 3 carácter daquilo que representa outra coisa 4 [com maiúscula] ARTES PLÁSTICAS, LITERATURA doutrina, historicamente formulada no fim do século XIX contra os parnasianos, segundo a qual a obra de arte vale, não enquanto expressão (ou sinal) fiel de uma realidade que lhe é exterior, mas por si mesma, como a música, e na medida em que é sugestiva de sentimentos, sensações ou pensamentos (De *símbolo+-ismo*, ou do fr. *symbolisme*, «id.»)

simbolista *adj.2g.* relativo ou pertencente ao simbolismo ■ *adj.,n.2g.* que ou artista ou escritor que segue o simbolismo (De *símbolo+-ista*, ou do fr. *symboliste*, «id.»)

simbolístico *adj.* relativo aos simbolistas (De *simbolista+-ico*)

simbolização *n.f.* 1 ato ou efeito de simbolizar 2 representação simbólica (De *simbolizar+-ção*)

simbolizador *adj.,n.m.* que ou o que simboliza (De *simbolizar+-dor*)

simbolizante *adj.,n.2g.* ⇒ **simbolizador** (De *simbolizar+-ante*)

simbolizar *v.tr.* 1 exprimir ou representar por meio de símbolos 2 ser o símbolo de ■ *v.intr.* falar ou escrever por símbolos (De *símbolo+-izar*)

símbolo *n.m.* 1 aquilo que representa ou sugere algo 2 objeto que serve para evocar algo, frequentemente de carácter mágico ou religioso 3 imagem ou objeto material que representa uma realidade visível 4 sinal representativo; signo 5 ser ou objeto a que se convencionou atribuir um dado significado; emblema 6 pessoa ou personagem que representa determinado comportamento ou atividade 7 signo que representa um objeto através de uma relação natural e intrinsecamente motivada 8 sinal gráfico que serve para realizar ou esclarecer algo 9 LINGUÍSTICA forma encurtada de uma palavra com que geralmente internacional (ex.: *km* é o símbolo de *quilómetro*) 10 LINGUÍSTICA signo que mantém uma relação convencional ou arbitrária (terminologia da semiótica de Peirce, filósofo americano, 1839-1914) com aquilo que representa 11 recurso expressivo em que se associa um objeto, um ser animado, etc., a uma ideia ou a um sentimento (por exemplo, a pomba branca como símbolo da paz) 12 QUÍMICA inicial, ou inicial e outra letra, do nome latino ou latinizado de cada elemento químico, que representa, qualitativa e quantitativamente (massa atómica), um átomo desse elemento 13 RELIGIÃO sinal particular com que se reconhecem os iniciados nos mistérios de um culto 14 RELIGIÃO formulário que contém os dogmas fundamentais do cristianismo (Do gr. *sýmbolon*, «id.», pelo lat. *symbŏlu-*, «id.»)

simbologia *n.f.* 1 estudo e interpretação dos símbolos 2 tratado acerca dos símbolos 3 uso de símbolos como forma de representação (Do gr. *sýmbolon*, «símbolo» +*lógos*, «tratado» +*-ia*, com hapl.)

simbológico *adj.* relativo à simbologia (De gr. *sýmbolon*, «símbolo» +*lógos*, «tratado» +*-ico*, com hapl.)

simbolologia *n.f.* ⇒ **simbologia** (Do gr. *sýmbolon*, «símbolo» +*lógos*, «tratado» +*-ia*)

simbolológico ⇒ **simbológico** (Do gr. *sýmbolon*, «símbolo» +*lógos*, «tratado» +*-ico*)

simetria *n.f.* 1 qualidade do que é simétrico 2 conformidade de tamanho, forma, posição entre as partes de um todo situadas em lados opostos de uma linha média 3 harmonia resultante de certas combinações e proporções, de motivos ou elementos de composição artística; *~ bilateral* simetria relativa a um só plano ou a um só eixo; *~ radiada (ou radial)* simetria relativa a vários planos que passam por uma mesma reta (eixo central), ou a várias retas que passam por um mesmo ponto (centro da radiação); *transformação por ~* MATEMÁTICA operação em que – relativamente a um ponto (centro), relativamente a uma reta (eixo) ou relativamente a um plano (plano de simetria) – a cada ponto A (original) se associa outro ponto A' (imagem de A), de modo que o segmento de reta AA' tem, respetivamente, o centro como ponto médio, o eixo como mediatriz e o plano de simetria como plano mediador (Do gr. *symmetría*, «justa proporção», pelo lat. *symmetrĭa-*, «id.»)

simetricamente *adv.* 1 em simetria 2 com simetria 3 harmonicamente (De *simétrico+-mente*)

simétrico *adj.* 1 que tem simetria 2 que está em simetria com outro 3 que tem harmonia; que tem equilíbrio; *elemento ~ de outro* MATEMÁTICA elemento oposto de outro, para a operação de um grupoide que possua elemento neutro (para a mesma operação); *número real ~ de outro* MATEMÁTICA número que tem valor absoluto igual ao dele; *par ~ de outro* MATEMÁTICA par ordenado cujos antecedente e consequente são, respetivamente, o consequente e o antecedente desse outro (exemplo: o simétrico de (a, b) é (b, a)); *ponto ~ de outro* MATEMÁTICA ponto que é a imagem desse outro, numa transformação por simetria (De *simetria+-ico*)

simetrização *n.f.* ato de simetrizar (De *simetrizar+-ção*)

simetrizar *v.tr.* tornar simétrico; dispor em simetria ■ *v.intr.* estar em simetria ou em relação com outra coisa (De *simetria+-izar*)

simianismo *n.m.* teoria que estabelece a relação entre a origem do homem e a do macaco (De *simiano+-ismo*)

simiano *adj.* 1 relativo ou semelhante ao símio 2 amacacado (De *símio+-ano*)

simiesco /ê/ *adj.* ⇒ simiano (De *símio+-esco*)

simíida *n.m.* ZOOLOGIA ⇒ simiídeo

Simíidas *n.m.pl.* ZOOLOGIA ⇒ Simiídeos

simiídeo *adj.* ZOOLOGIA relativo ou pertencente aos Simiídeos ■ *n.m.* ZOOLOGIA espécime dos Simiídeos

Simiídeos *n.m.pl.* ZOOLOGIA família de primatas antropomorfos a que pertencem o gorila, o chimpanzé e o orangotango (Do lat. *simĭu-*, «macaco»+*-ídeos*)

símil *adj.2g.,n.m.* ⇒ símile (Do lat. *simĭle-*, «id.»)

similar *adj.2g.* 1 da mesma natureza ou espécie 2 semelhante; equivalente ■ *n.m.* coisa semelhante (Do lat. *simĭle-*, «símil»+*-ar*)

similaridade *n.f.* qualidade do que é similar (De *similar+-i+-dade*)

símile *n.m.* 1 comparação de coisas semelhantes 2 analogia 3 exemplo ■ *adj.2g.* semelhante (Do lat. *simĭle-*, «id.»)

simílimo *adj.* {superlativo absoluto sintético de **símil**} muito símil (Do lat. *simillĭmu-*, «id.»)

similitude *n.f.* ⇒ semelhança (Do lat. *similitudĭne-*, «id.»)

similitudinário *adj.* em que há semelhança (Do lat. *similitudĭne-*, «similitude»+*-ário*)

símio *adj.* relativo ou semelhante a macaco ■ *n.m.* mono; macaco; bugio ■ *n.m.pl.* ZOOLOGIA grupo de mamíferos primatas com face glabra, pavilhão auricular semelhante ao do homem, duas mamas peitorais, membros compridos e delgados, e dentição semelhante à do homem (Do gr. *simós*, «de nariz chato», pelo lat. *simĭu-*, «macaco»)

simiologia *n.f.* estudo acerca do macaco (Do lat. *simĭu-*, «macaco»+gr. *lógos*, «estudo»+*-ia*)

simonia *n.f.* 1 venda ou compra de bens espirituais ou de objetos estreitamente ligados a um benefício espiritual 2 tráfico de coisas sagradas (Do lat. ecl. *simonĭa-*, «ato de Simão, o Mágico» (séc. I), que queria comprar a S. Pedro o dom de conferir o Espírito Santo)

simoníaco *adj.* que encerra simonia ■ *n.m.* aquele que cometeu o pecado de simonia (Do lat. ecl. *simonĭăcu-*, «id.»)

simoniano *adj.,n.m.* membro ou designativo de um membro da seita fundada por Simão, o Mágico, no século I, segundo a qual se podiam adquirir graças espirituais e cargos eclesiásticos por meio de dinheiro (Do lat. *Simonĭănu-*, de *Simōne-*, «Simão»+*-ano*)

simonte *adj.2g.,n.m.* tabaco ou designativo do tabaco da primeira folha, usado geralmente para cheirar (De orig. obsc.)

simpalhão *n.m.* [pop.] indivíduo simplório (De *simpl[es]+-alhão*)

simpatalgia *n.f.* MEDICINA dor cuja sede reside num ponto do sistema do grande simpático (De *simpát[ico]*+gr. *álgos*, «dor»+*-ia*)

simpatectomia *n.f.* CIRURGIA resseção de uma parte do grande simpático (De *simpático*+gr. *ektomé*, «corte»+*-ia*)

simpatia *n.f.* 1 outrora, afinidade que se supunha existir entre certos corpos 2 acordo, identificação ou fusão de sentimentos e interesses; afinidade; comunhão 3 facto de participar nos estados afetivos dos outros, nos seus desgostos ou alegrias 4 amabilidade; afabilidade 5 compaixão 6 atração natural de uma pessoa por outra, ou por alguma coisa; inclinação 7 começo de amor (Do gr. *sympátheia*, «id.», pelo lat. *sympathĭa-*, «id.»)

simpaticectomia *n.f.* ⇒ simpatectomia (De *simpático*+gr. *ektomé*, «ablação»+*-ia*)

simpaticíssimo *adj.* {superlativo absoluto sintético de **simpático**} muito simpático (De *simpático+-íssimo*)

simpático *adj.* 1 relativo a simpatia 2 que inspira simpatia 3 que agrada ou atrai 4 amável; afável 5 MEDICINA diz-se da doença (ou dos seus sintomas) que se manifesta num ponto do organismo em consequência de doença noutro ponto 6 que depende da simpatia ou dos nervos simpáticos; *sistema do grande ~* ANATOMIA parte do sistema nervoso em relação com os órgãos da vida vegetativa, que regula, em especial, a circulação e as secreções e que intervém também em atos reflexos (Do gr. *sympatikós*, «id.», pelo lat. *sympathĭcu-*, «id.»)

simpaticotonia *n.f.* MEDICINA perturbação, pela ação excessiva, do sistema nervoso do grande simpático, que passa a dominar o funcionamento geral dos órgãos (De *simpático*+gr. *tónos*, «excitação»+*-ia*)

simpatina *n.f.* mediador químico nos nervos simpáticos (De *simpático+-ina*)

simpatiquíssimo *adj.* ⇒ simpaticíssimo (De *simpático+-íssimo*)

simpatizante *adj.2g.* que simpatiza ■ *n.2g.* apoiante de um partido, clube desportivo, etc. (De *simpatizar+-ante*)

simpatizar *v.tr.* 1 ter simpatia (por algo ou alguém); sentir afeição, inclinação ou interesse por 2 gostar; apreciar (De *simpatia+-izar*)

simpétalo *adj.* BOTÂNICA ⇒ **gamopétalo** (Do gr. *sýn*, «juntamente»+*pétalon*, «folha»)

simplacheirão *adj.,n.m.* 1 bonacheirão 2 simplório (De *simples* × *bonacheirão*)

simpléctico ver nova grafia simplético

simples *adj.inv.* 1 que não tem composição 2 que não é complicado 3 fácil de resolver 4 só; único; exclusivo 5 mero; comum; vulgar 6 desacompanhado de qualquer coisa 7 puro; sem mistura; natural 8 sem malícia 9 sem fingimento 10 modesto; sem luxo 11 singelo; desataviado; sem enfeites 12 LINGUÍSTICA diz-se da palavra constituída por um único radical, sem afixos derivacionais, mas que pode conter afixo flexionais (ex.: *casas, alunas*) 13 [fig.] crédulo; ingénuo; inocente 14 [fig.] boçal 15 [fig.] vulgar; ordinário ■ *n.2g.2n.* pessoa ingénua; simplório ■ *n.m.2n.* ARQUITETURA cimbre; cambota ■ *n.m.pl.* BOTÂNICA plantas silvestres com certas propriedades medicinais (Do lat. *simplĭce-*, «id.»)

simplesmente *adv.* 1 com simplicidade 2 unicamente; apenas (De *simples+-mente*)

simplético *adj.* que está entrelaçado com outro corpo ■ *n.m.* ZOOLOGIA osso da cabeça dos peixes pertencente ao aparelho suspensor da mandíbula, também denominado mesotimpânico (Do gr. *symplektikós*, «que serve para ligar»)

simpleza /ê/ *n.f.* ⇒ **simplicidade** (De *simples+-eza*)

símplice *adj.2g.* ⇒ **simples** (Do lat. *simplĭce-*, «id.»)

símplices *n.m.pl.* 1 FARMÁCIA substâncias que entram na composição dos remédios 2 ingredientes que fazem parte da composição das tintas 3 elementos que constituem os corpos (Do lat. *simplĭces*, «id.»)

simplicidade *n.f.* 1 qualidade do que é simples 2 naturalidade 3 singeleza 4 facilidade 5 [fig.] ingenuidade; credulidade; candura 6 [fig.] franqueza (Do lat. *simplicitāte-*, «id.»)

simplicissimamente *adv.* com a maior simplicidade (De *simplicíssimo+-mente*)

simplicíssimo *adj.* {superlativo absoluto sintético de **simples**} extremamente simples (Do lat. *simplicissĭmu-*, «id.»)

simplicista *n.2g.* FARMÁCIA pessoa que curava por meio de símplices (De *símplice+-ista*)

simplificação *n.f.* ato ou efeito de simplificar (Do lat. med. *simplificatiōne-*, «id.»)

simplificacionista *adj.2g.* [Brasil] designativo dos partidários da simplificação ortográfica (De *simplificação+-ista*)

simplificador *adj.,n.m.* que ou o que simplifica (De *simplificar+-dor*)

simplificar *v.tr.* 1 tornar simples ou mais simples; tornar menos complicado 2 facilitar 3 MATEMÁTICA reduzir (uma fração) a equivalente com termos menores ■ *v.pron.* 1 tornar-se fácil 2 tornar-se menos complicado (Do lat. med. *simplificāre*, «id.»)

simplificativo *adj.* que serve para simplificar (De *simplificar+-tivo*)

simplificável *adj.2g.* que se pode simplificar (De *simplificar+-vel*)

simplismo *n.m.* 1 emprego de meios simples 2 defeito de raciocínio que consiste em encarar um problema pelo seu aspeto mais simples, pondo de parte dados fundamentais 3 tendência para evitar ou ignorar os aspetos mais complexos das coisas 4 ingenuidade 5 infantilidade (De *simples+-ismo*)

simplista *adj.2g.* 1 em que há simplismo 2 que evita ou ignora os aspetos mais complexos de determinada questão ■ *n.2g.* pessoa que raciocina com simplismo (De *simples+-ista*)

símploce *n.f.* recurso estilístico em que as frases começam e acabam pelas mesmas palavras (Do gr. *symploké*, «entrelaçamento; união»)

simplório *adj.* [depr.] ingénuo; inocente; crédulo; que se deixa facilmente enganar ■ *n.m.* [depr.] indivíduo sem malícia que facilmente se deixa enganar; papalvo (De *simples+-ório*)

simpodial *adj.2g.* BOTÂNICA ⇒ **simpódico** (De *simpódio+-al*)

simpódico *adj.* 1 BOTÂNICA que é referente ou próprio do simpódio 2 BOTÂNICA (ramificação) em que se forma simpódio (De *simpódio+-al*)

simpódio *n.m.* BOTÂNICA ramificação em que o eixo principal é constituído por ramos de ordem decrescente, em continuação do eixo primitivo (Do gr. *sýn*, «união» +*poús*, *podós*, «pé»)

simpósio *n.m.* 1 (Grécia antiga) banquete que geralmente incluía música, jogos e discussões filosóficas 2 reunião científica para discutir determinado assunto; colóquio (Do gr. *sympósion*, «id.», pelo lat. *symposĭu-*, «id.»)

sim-senhor *n.m.* [pop.] nádegas; rabo

simul- elemento de formação de palavras que exprime a ideia de *simultâneo*, *junto* (Do lat. *simul*, «juntamente»)

simulação *n.f.* 1 ato ou efeito de simular 2 fingimento 3 disfarce 4 diferença entre a vontade e a declaração, estabelecida por acordo entre as partes, com o intuito de enganar terceiros 5 manifestação voluntária, na maior parte dos casos com finalidade utilitária, de perturbações que se assemelham mais ou menos aos sintomas de uma doença 6 MATEMÁTICA representação de um sistema ou de um processo por um modelo estatístico com que se trabalha, como se se tratasse desse sistema ou processo, para investigar os seus efeitos (Do lat. *simulatiōne-*, «id.»)

simulacro *n.m.* 1 imagem 2 cópia ou reprodução imperfeita 3 semelhança 4 aparência sem realidade 5 ação simulada (Do lat. *simulacru-*, «id.»)

simulado *adj.* 1 fingido 2 suposto 3 que se faz com intenção dolosa (Do lat. *simulātu-*, «id.», part. pass. de *simulāre*, «simular»)

simulador *adj.* que simula ■ *n.m.* 1 o que simula 2 aparelho de instrução e treino que simula o funcionamento e ambiente de outro aparelho (este para ação prática) como, por exemplo, o simulador de voo, o simulador de radar, etc. 3 [fig.] hipócrita (Do lat. *simulatōre-*, «id.»)

simulamento *n.m.* ⇒ **simulação** (De *simular+-mento*)

simular *v.tr.* 1 fazer parecer real (o que não é) 2 fingir; aparentar 3 disfarçar 4 fazer crer 5 imitar; representar como semelhança (Do lat. *simulāre*, «id.»)

simulatório *adj.* 1 que encerra simulação 2 que tem por fim simular (Do lat. tard. *simulatorĭu-*, «id.»)

simulcadência *n.f.* recurso estilístico que consiste em terminar as frases ou os períodos por palavras iguais; símploce (De *simul+cadência*)

simulcadente *adj.2g.* em que há simulcadência (De *simul+cadente*)

simuldesinência *n.f.* ⇒ **simulcadência** (De *simul+desinência*)

simultaneamente *adv.* 1 ao mesmo tempo; em simultaneidade 2 conjuntamente (De *simultânea+-mente*)

simultaneidade *n.f.* qualidade do que é simultâneo; coincidência (no tempo) (De *simultâneo+-i-+-dade*)

simultâneo *adj.* 1 que se dá ou realiza ao mesmo tempo que outra ou outras coisas 2 que aproveita a muitos ao mesmo tempo (Do lat. **simultanĕu-*, «id.»)

simum *n.m.* vento abrasador que sopra, na África, de sul para norte (Do ár. *samûm*, «id.», pelo fr. *simoun*, «id.»)

sin- prefixo que exprime a ideia de *junção*, *união* (Do gr. *sýn*, «juntamente»)

sina *n.f.* [pop.] sorte; destino; fado (Do lat. *signa*, pl. de *signu-*, «sinal»)

sinadelfo *n.m.* TERATOLOGIA aquele que apresenta uma só cabeça, um só tronco, mas oito membros (Do gr. *synádelphos*, «comum a vários irmãos»)

sinagelástico *adj.* que vive em grupo (Do gr. *synagelastikós*, «id.»)

sinagoga *n.f.* 1 templo hebraico 2 assembleia de fiéis israelitas 3 [Brasil] reunião tumultuosa 4 [fig.] casa onde ninguém se entende 5 *pl.* [Madeira] salamaleques (Do gr. *synagogé*, «reunião», pelo lat. *synagōga-*, «id.»)

sinaíta *adj.2g.* referente ao Sinai, península da Arábia Ocidental (De *Sinai*, top. +*-ita*)

sinal *n.m.* 1 tudo o que representa ou faz lembrar uma coisa, um facto ou um fenómeno presente, passado ou futuro 2 símbolo 3 atributo 4 testemunho; prova; comprovação 5 característica 6 manifestação; exteriorização; revelação 7 indício; indicação; prenúncio; anúncio 8 marca; vestígio 9 assinatura; firma 10 pinta na pele 11 dinheiro ou objeto que uma parte dá à outra para assegurar o compromisso num contrato que ainda não se consumou 12 fita estreita para marcar um livro 13 cifra 14 *pl.* feições 15 *pl.* toque a finados 16 *pl.* pintas artificiais para pôr no rosto como maquilhagem; **~ horário** sinal acústico emitido a determinadas horas; **~ público** 1 figura em forma de cruz, mais ou menos artística, que servia de firma aos tabeliães; 2 assinatura em documentos oficiais; **~ raso** assinatura feita ao lado ou por baixo do sinal público; **abrir ~** registar a assinatura em cartório notarial; **dar ~** advertir; **dar ~ de si** manifestar-se; **por ~** a propósito; aliás (Do lat. *signāle-*, «id.»)

sinalagma *n.m.* 1 dependência recíproca de obrigações 2 DIREITO vínculo de reciprocidade que une as obrigações que, nos contratos bilaterais, nascem para ambas as partes (Do gr. *synállagma*, «contrato»)

sinalagmático *adj.* 1 relativo a sinalagma 2 DIREITO diz-se de um contrato bilateral (Do gr. *synallagmatikós*, «referente aos contratos»)

sinalar *v.tr./pron.* ⇒ **assinalar** (De *sinal+-ar*)

sinal da cruz *n.m.* RELIGIÃO gesto feito com a mão direita, da testa ao peito, dali ao ombro esquerdo e deste ao ombro direito, invocando ao mesmo tempo a Santíssima Trindade; **fazer o ~** benzer-se, persignar-se

sinalefa *n.f.* 1 GRAMÁTICA reunião de duas sílabas numa só, por sinérese, crase ou elisão 2 GRAMÁTICA fusão da última sílaba de uma palavra com a primeira da palavra seguinte 3 instrumento de encadernador para dourar os filetes da lombada dos livros; **dar uma ~** [acad.] faltar à aula (Do gr. *synaloiphé*, «mistura», pelo lat. *synaloepha-*, «sinalefa»)

sinalefista *n.2g.* [depr.] pessoa que faz ou gosta de fazer sinalefas inúteis quando escreve (De *sinalefa+-ista*)

sinaleiro *n.m.* indivíduo encarregado de regular o trânsito ou de fazer ou dar sinais em determinado lugar ■ *adj.* que dá sinais (De *sinal+-eiro*)

sinalética *n.f.* 1 arte de registar os sinais, marcas ou cicatrizes por onde se possam identificar os criminosos, na antropometria 2 qualquer uso de sinais 3 atividade semiótica de um organismo relativamente a sinais (Do fr. *signalétique*, «id.»)

sinalgia *n.f.* MEDICINA nevralgia associada a uma dor violenta como é o caso da dor no braço esquerdo que sobrevém aquando de uma angina de peito (De *sinal+-algia*)

sinalhada *n.f.* toque de muitos sinos ao mesmo tempo (De *sino+-alho+-ada*)

sinalização *n.f.* 1 ato ou efeito de sinalizar 2 emprego de diversos sinais para transmissões a distância ou prevenção a transeuntes e condutores de veículos 3 conjunto de sinais instalados em estrada, caminhos de ferro, aeroportos, etc., para efeitos de orientação e prevenção (De *sinalizar+-ção*)

sinalizar *v.tr.* 1 colocar (sinais) em certos locais, para orientar ou dar indicações; pôr sinalização em 2 comunicar através de sinais 3 adiantar o pagamento inicial de (algo que se tenciona adquirir na totalidade) 4 assinalar; marcar; indicar ■ *v.intr.* exercer as funções de sinaleiro (De *sinal+-izar*)

Sinantéreas *n.f.pl.* BOTÂNICA [ant.] ⇒ **Compostas** (De *sinantéreo*)

sinantéreo *adj.* BOTÂNICA (estame) que tem as anteras soldadas entre si; singenésico (Do gr. *sýn*, «juntamente»+lat. bot. *anthēra-*, «antera» +*-eo*)

sinantérico *adj.* BOTÂNICA ⇒ **sinantéreo**

sinantropo /ô/ *n.m.* PALEONTOLOGIA hominídeo fóssil encontrado na China (nas proximidades de Pequim) (Do gr. *sýn*, «juntamente» +*ánthropos*, «homem»)

sinão *n.m.* sino grande (De *sino+-ão*)

sinápico *adj.* relativo a mostarda (Do lat. *sināpi*, «mostarda» +*-ico*)

sinapismo *n.m.* 1 MEDICINA cataplasma de efeitos revulsivos que tem por base a mostarda 2 [fig.] pessoa impertinente (Do gr. *sinapismós*, «id.», pelo lat. *sinapismu-*, «id.»)

sinapizar *v.tr.* misturar ou polvilhar com pó de mostarda (um medicamento ou uma parte do corpo do doente) (De lat. *sinapizāre*, «id.»)

sinapse *n.f.* 1 ANATOMIA termo que designa, segundo a teoria neurónica, a região de contacto entre dois neurónios, onde se efetua a transmissão da atividade nervosa propagada; junção sináptica 2 ANATOMIA região de contacto entre um neurónio e o músculo que ele enerva; junção neuromuscular (Do gr. *synapsé*, «união», pelo fr. *synapse*, «id.»)

sináptico *adj.* que se refere à sinapse (Do gr. *synáptein*, «juntar» +*-ico*, ou do fr. *synaptique*, «id.»)

sinaptologia *n.f.* estudo das funções nervosas sinápticas (Do gr. *synáptein*, «juntar» +*lógos*, «estudo» +*-ia*)

sinartrose *n.f.* ANATOMIA articulação óssea que não é dotada de movimento ou o tem muito reduzido; articulação imóvel; sutura (Do gr. *sýn*, «juntamente» +*árthrosis*, «articulação»)

sincarpado adj. BOTÂNICA (fruto) proveniente de vários carpelos soldados entre si (Do gr. sýn, «juntamente» +karpós, «fruto» +-ado)
sincárpico adj. BOTÂNICA ⇒ **sincarpado**
sincarpo adj. BOTÂNICA ⇒ **sincarpado**
sincéfalo n.m. TERATOLOGIA aquele que apresenta duas cabeças fundidas entre si (Do gr. sýn, «juntamente» +kephalé, «cabeça»)
sinceiral n.m. [poét.] ⇒ **salgueiral** (De sinceiro+-al)
sinceiro n.m. BOTÂNICA ⇒ **salgueiro-branco** (De seiceiro)
sincelada n.f. porção de sincelo; camada de sincelo (De sincelo+-ada)
sincelo n.m. pedaços de gelo suspensos das árvores e dos beirais dos telhados, resultantes da congelação da chuva miúda ou do orvalho (De senceno)
sinceno /ê/ n.m. [regionalismo] ⇒ **sincelo** (De senceno)
sinceramente adv. 1 com sinceridade; com franqueza; com verdade 2 com lealdade (De sincero+-mente)
sinceridade n.f. 1 qualidade do que é sincero; franqueza 2 honestidade; lisura; lhaneza 3 verdade (Do lat. sinceritāte-, «id.»)
sincero adj. 1 que usa de sinceridade; franco 2 sentido; verdadeiro 3 honesto; leal 4 simples; natural (Do lat. sincēru-, «id.»)
sincício n.m. BIOLOGIA grupo de células animais em que se mantém a continuidade citoplasmática, como acontece nos músculos estriados; plasmódio (Do gr. sýn, «juntamente» +kýthos, «célula»)
sincinesia n.f. MEDICINA perturbação, por simpatia mórbida, na coordenação dos movimentos, de modo que, por exemplo, o doente ergue os dois braços, quando só se lhe mandar levantar um (Do gr. sygkínesis, «agitação conjunta» +-ia)
sincipital adj.2g. referente a sincipúcio (Do lat. sincĭput-, -pĭtis, «meia cabeça» +-al)
sincipúcio n.m. ANATOMIA parte superior da cabeça (Do lat. *sincipūtiu-, deriv. de sincĭput, «meia cabeça»)
sinciput n.m. ANATOMIA ⇒ **sincipúcio** (Do lat. sincĭput, «id.»)
sinclinal adj.2g. GEOLOGIA diz-se da linha do cume de colinas em que as estratificações são horizontais ■ n.m. GEOLOGIA ruga ou dobra côncava em que os flancos divergem para cima (Do gr. sygklínein, «inclinar ou dobrar juntamente» +-al)
sinclinório n.m. GEOLOGIA sinclinal composto, de grandes dimensões (Do gr. sygklínein, «inclinar ou dobrar juntamente» +-ório)
sínclise n.f. GRAMÁTICA emprego do pronome sinclítico (Do gr. sýgklisis, «inclinação mútua»)
sinclítico adj. GRAMÁTICA (pronome) que se intercala numa palavra (Do gr. sýn, «juntamente» +klítós, «inclinado» +-ico)
sinclitismo n.m. GRAMÁTICA conjunto das regras sobre a colocação dos pronomes sinclíticos (Do gr. sýn, «juntamente» +klítós, «inclinado» +-ismo)
síncopa n.f. MÚSICA processo rítmico que tem lugar quando uma figura musical começa em tempo fraco, ou parte fraca de um tempo, e prolonga o seu valor sobre o tempo forte ou parte forte do tempo seguinte (Do lat. syncŏpa-, «id.»)
sincopado adj. 1 GRAMÁTICA (vocábulo) que perdeu um ou mais sons ou sílabas intermediárias 2 MÚSICA que se caracteriza, em especial, pela síncope 3 que não é contínuo (Part. pass. de sincopar)
sincopal adj.2g. 1 referente a síncope 2 que tem as características da síncope (De síncope+-al)
sincopar v.tr. fazer síncopa ou síncope em (De síncopa ou síncope+-ar)
síncope n.f. 1 GRAMÁTICA fenómeno fonético que consiste na supressão de um fonema ou de uma sílaba no meio de uma palavra 2 MEDICINA perda da consciência por suspensão brusca e temporária da circulação cerebral; desmaio 3 MÚSICA ⇒ **síncopa** (Do gr. sygkopé, «corte», pelo lat. syncŏpa-, ou syncŏpe-, «id.»)
sincotiledóneo adj. BOTÂNICA (vegetal) em que as cotilédones se acham unidas entre si, formando um só corpo (Do gr. sýn, «juntamente» +kotyledón, «cotilédone» +-eo)
sincrético adj. 1 que diz respeito ao sincretismo 2 em que há fusão ou combinação de doutrinas ou conceções diferentes 3 em que há fusão de elementos culturais diferentes 4 PSICOLOGIA diz-se do conhecimento inicial, geralmente confuso (Deriv. regr. de sincretismo, ou do fr. syncrétique, «id.»)
sincretismo n.m. 1 FILOSOFIA mistura mais ou menos confusa de doutrinas ou conceções diferentes 2 fusão ou mistura de elementos culturais diferentes 3 PSICOLOGIA forma primitiva de perceção e de pensamento caracterizada por uma apreensão global, indiferenciada, indistinta, verificada nos primeiros estádios da mentalidade infantil, com mentalidade animal (Do gr. sygkretismós, «id.»)
sincretista adj.2g. relativo ou pertencente ao sincretismo; sincrético ■ n.2g. pessoa partidária do sincretismo (De sincret[ismo]+-ista)

síncrise n.f. 1 GRAMÁTICA fenómeno fonético que consiste na reunião de duas vogais num ditongo 2 ⇒ **antítese** 1 (Do gr. sýgkrisis, «combinação», pelo lat. syncrĭse-, «id.»)
sincrítico adj. 1 GRAMÁTICA que diz respeito à síncrise 2 (medicamento, substância) adstringente (Do gr. sygkritikós, «id.»)
sincrociclotrão n.m. FÍSICA ciclotrão especial, em que a frequência da tensão aceleradora é variável, de modo a ter em conta a variação relativa da massa das partículas a acelerar e permitindo obter energias muito elevadas (De síncro[no]+ciclotrão)
sincronia n.f. 1 qualidade do que é sincrónico 2 simultaneidade 3 LINGUÍSTICA estudo dos fenómenos semióticos num determinado momento, independentemente da sua evolução no tempo (Do gr. sýn, «simultaneamente»+khrónos, «tempo»+-ia)
sincronicidade n.f. 1 qualidade do que é sincrónico 2 segundo a teoria de C. G. Jung, coincidência, no tempo, de um estado psíquico com dois (ou mais) eventos que, embora sem relação causal aparente, possuem uma relação de significado (De sincrónico+-i-+-dade)
sincrónico adj. 1 que se realiza ao mesmo tempo; simultâneo 2 referente a factos passados na mesma época (De síncrono+-ico)
sincronismo n.m. 1 qualidade do que acontece ao mesmo tempo; simultaneidade 2 ELETRICIDADE condição que se obtém quando duas ou mais máquinas de corrente alternada têm a mesma frequência e estão em fase (Do gr. sygkhronismós, «id.»)
sincronista adj.,n.2g. que ou pessoa que utiliza o método sincrónico na narração de factos (De síncrono+-ista)
sincronização n.f. 1 ato ou efeito de sincronizar 2 coincidência no tempo entre duas ou mais coisas; ajustamento temporal; simultaneidade 3 ajuste total entre os componentes visuais e sonoros na produção ou exibição de um programa televisivo, de um filme, etc.; ajustamento temporal (De sincronizar+-ção)
sincronizado adj. que acontece ao mesmo tempo; tornado síncrono; **velocidade sincronizada** combinação de certas mudanças de velocidade que permite evitar o choque de engrenagens (Part. pass. de sincronizar)
sincronizar v.tr. 1 narrar (os factos) por uma dada ordem cronológica 2 fazer duas ou mais coisas ao mesmo tempo; tornar simultâneo 3 levar (instrumentos elétricos) ao estado de sincronismo 4 CINEMA, TELEVISÃO combinar (som e imagem), tornando-os ajustados (De síncrono+-izar)
sincronizável adj.2g. que pode ser simultâneo com outro; que se pode sincronizar (De sincronizar+-vel)
síncrono adj. 1 ⇒ **sincrónico** 2 ELETRICIDADE diz-se dos motores de corrente alternada cuja velocidade é constante para determinado período da corrente, e que só podem continuar em movimento quando já tiverem atingido a velocidade característica (Do gr. sýgkhronos, «id.», pelo lat. synchrŏnu-, «id.»)
sincroscópio n.m. ELETRICIDADE instrumento que indica a relação de fase das tensões de dois alternadores ligados em paralelo (Por sincronoscópio, do gr. sýgkhronos, «síncrono» +skopeïn, «ver» +-io)
sincrotrão n.m. FÍSICA aparelho acelerador de partículas (ciclotrão especial) cujo campo magnético aumenta à medida que a massa das partículas a acelerar aumenta com a velocidade, de modo a manter a velocidade angular constante (Por sincrociclotrão)
sindactilia n.f. ZOOLOGIA aderência total ou parcial de dois ou mais dedos entre si (De sindáctilo)
sindáctilo adj. 1 ZOOLOGIA que apresenta sindactilia; que tem dois ou mais dedos soldados entre si 2 ORNITOLOGIA relativo ou pertencente aos sindáctilos ■ n.m. ORNITOLOGIA espécime dos sindáctilos ■ n.m.pl. ORNITOLOGIA grupo de pássaros com os dedos externo e médio ligados entre si até aproximadamente metade da sua extensão (Do gr. sýn, «junto» +dáktylos, «dedo»)
sindérese n.f. 1 faculdade natural de julgar com retidão; senso moral 2 bom senso (Do gr. syndéresis, «observação atenta»)
sindesmite n.f. MEDICINA inflamação num ligamento (Do gr. sýndesmos, «ligamento» +-ite)
sindesm(o)- elemento de formação de palavras que exprime a ideia de ligamento (Do grego sýndesmos, «ligamento»)
sindesmografia n.f. ⇒ **sindesmologia** (De sindesmo-+-grafia)
sindesmologia n.f. ANATOMIA estudo dos ligamentos e das articulações; sindesmografia (De sindesmo-+-logia)
sindesmose n.f. ANATOMIA articulação semimóvel, constituída por tecido fibroso; variedade de anfiartrose (Do gr. sýndesmos, «ligamento» +-ose)
sindesmotomia n.f. CIRURGIA incisão de um ou mais ligamentos articulares (Do gr. sýndesmos, «ligamento» +tomé, «corte» +-ia)
sindético adj. GRAMÁTICA diz-se da coordenação em que os membros estão ligados por conjunção ou locução coordenativa (Do gr. syndethikós, «id.», pelo lat. syndethĭcu-, «id.»)

sindicação *n.f.* ato ou efeito de sindicar; inquérito; sindicância (De *sindicar*+*-ção*)
sindicado *adj.* que sofreu sindicância; que foi inquirido ∎ *n.m.* 1 indivíduo que sofreu sindicância 2 funções de síndico (Part. pass. de *sindicar*)
sindicador *adj.,n.m.* que ou aquele que sindica; sindicante (De *sindicar*+*-dor*)
sindical *adj.2g.* relativo ou pertencente a sindicato (De *síndico*+*-al*)
sindicalismo *n.m.* 1 doutrina que pretende fazer da associação profissional, com base nos sindicatos de operários, a estrutura da organização social, moral e económica 2 ação social dos sindicatos 3 movimento de organização de classe para defesa dos seus interesses económicos; **~ cristão** conjunto das doutrinas sociais da Igreja Católica, com base na associação profissional dos trabalhadores; socialismo reformista (De *sindical*+*-ismo*)
sindicalista *adj.2g.* que diz respeito aos sindicatos ∎ *n.2g.* 1 dirigente sindical 2 pessoa partidária do sindicalismo (De *sindical*+*-ista*)
sindicalização *n.f.* ato de sindicalizar ou sindicalizar-se (De *sindicalizar*+*-ção*)
sindicalizar *v.tr.* 1 reunir em sindicato 2 organizar em grupos sindicalistas ∎ *v.pron.* tornar-se sócio de um sindicato (De *sindical*+*-izar*)
sindicância *n.f.* inspeção que tem por fim inquirir de certos atos; inquérito (De *sindicar*+*-ância*)
sindicante *adj.,n.2g.* que ou a pessoa que faz uma sindicância (De *sindicar*+*-ante*)
sindicar *v.tr.,intr.* 1 proceder a uma sindicância 2 inquirir; averiguar ∎ *v.tr.,pron.* organizar(-se) em sindicato (De *síndico*+*-ar*)
sindicateiro *n.m.* síndico de má-fé que tenta lograr os interessados (De *sindicato*+*-eiro*)
sindicato *n.m.* associação de defesa dos interesses dos trabalhadores, fundamentalmente perante o patronato (Do fr. *syndicat*, «id.»)
sindicatura *n.f.* emprego ou funções de síndico (De *sindicar*+*-tura*)
síndico *n.m.* 1 antigo procurador de comunidades, cortes, etc. 2 o que faz uma sindicância 3 indivíduo eleito entre os membros de uma associação ou de uma classe para zelar e defender os interesses da mesma 4 [Brasil] administrador de uma falência (Do gr. *sýndikos*, «defensor», pelo lat. *syndīcu-*, «id.»)
síndroma *n.f.* ⇒ **síndrome**
sindromal *adj.2g.* ⇒ **sindromático** (De *síndrome*+*-al*)
sindromático *adj.* relativo a síndrome (Do fr. *syndromatique*, «id.»)
síndrome *n.f.* 1 MEDICINA conjunto bem determinado de sintomas que não caracterizam uma só doença, mas podem traduzir uma modalidade patogénica 2 [fig.] conjunto de sinais ou características associados a uma situação crítica e causadores de receio ou insegurança; **~ da imunodeficiência adquirida** PATOLOGIA doença grave causada pelo vírus da imunodeficiência humana, transmitido por via sexual, sanguínea ou por via maternofetal, que destrói as defesas imunitárias do organismo, expondo-o a infeções e tumores oportunistas (isto é, que se manifestam em situação de debilidade), sida; **~ de Down** PATOLOGIA deficiência congénita profunda, associada a uma alteração no cromossoma 21 (três em vez de dois, por isso chamada trissomia 21), que se manifesta por atraso mental mais ou menos profundo e por características fisionómicas específicas, sobretudo pela face achatada e pela junção dos ossos nasais; **~ do Golfo** PATOLOGIA conjunto de sintomas verificado entre soldados que participaram na Guerra do Golfo (1990-1991) cujo quadro clínico inclui, na sua maioria, perturbações subjetivas e que inclui artralgias, erupções cutâneas, dispneia, insónia, perda de cabelo, fadiga, etc.; **~ nefrótica** PATOLOGIA estado que se caracteriza por edemas e grande perda de proteínas pela urina, com consequente baixo nível de albumina no sangue, e que pode ter como causa uma variedade de doenças renais; **~ pré-menstrual** MEDICINA conjunto de sintomas sentidos por algumas mulheres nos dias que antecedem a menstruação, como é o caso de tensão mamária, dor de cabeça, irritabilidade, insónia, ansiedade, fadiga, etc.; tensão pré-menstrual (Do gr. *syndromé*, «reunião; conjunto»)
sindrómico *adj.* ⇒ **sindromático** (De *síndrome*+*-ico*)
síndromo *n.m.* MEDICINA ⇒ **síndrome** (Do gr. *sýndromos*, «que correm juntos»)
sinecologia *n.f.* área da ecologia que estuda as relações entre as comunidades de organismos vivos e o ambiente (De *sin-*+*ecologia*)
sinecológico *adj.* ECOLOGIA relativo ou pertencente a sinecologia (De *sinecologia*+*-ico*)

sinecura *n.f.* emprego rendoso e de pouco trabalho (Do lat. *sine cura*, «sem cuidado»)
sinecurismo *n.m.* sistema de governo em que se multiplicam as funções inúteis destinadas aos seus adeptos e sustentadores (De *sinecura*+*-ismo*)
sinecurista *adj.,n.2g.* que ou pessoa que usufrui uma sinecura ou defende o sinecurismo (De *sinecura*+*-ista*)
sinédoque *n.f.* recurso expressivo que se baseia numa relação de compreensão em que se designa o todo pela parte ou a parte pelo todo, o plural pelo singular ou o singular pelo plural, etc. (ex.: *o homem* por *a espécie humana*) (Do gr. *synekdokhé*, «compreensão de várias coisas ao mesmo tempo», pelo lat. *synecdŏche-*, «id.»)
sinedrim *n.m.* ⇒ **sinédrio** (De *sinédrio*+*-im*)
sinédrio *n.m.* 1 supremo conselho, entre os Hebreus, com as mais altas funções e com autoridade em todos os campos 2 [fig.] assembleia (Do gr. *synédrion*, «id.»)
sineira *n.f.* 1 abertura na torre ocupada pelo sino 2 mulher encarregada de tocar os sinos 3 boia de cortiça das redes de pesca, normalmente pintada e colocada a intervalos regulares entre as restantes boias, à qual se amarra a ponta do cabo com que se principia a levantar a rede 4 mulher do sineiro (De *sino*+*-eiro*)
sineiro *adj.* 1 de sino 2 em que há sinos ∎ *n.m.* 1 aquele que tem a seu cargo tocar os sinos 2 fabricante de sinos 3 ORNITOLOGIA ave americana, da família dos Turdídeos, cujo canto lembra o toque dos sinos (De *sino*+*-eiro*)
sinema /ê/ *n.m.* BOTÂNICA formação, numa flor, resultante da união dos estames monadelfos (Do gr. *sýn*, «juntamente»+*nêma, -atos*, «fio»)
sinemático *adj.* BOTÂNICA relativo aos estames (Do gr. *sýn*, «juntamente»+*nêma, -atos*, «fio»+*-ico*)
Sinemuriano *n.m.* GEOLOGIA andar do Jurássico inferior (Do lat. *Sinemuruz*, nome latino da cidade francesa de Semur, na região da Borgonha+*-iano*)
sinequia *n.f.* MEDICINA aderência da íris ocular à córnea ou ao cristalino (Do gr. *synékheia*, «aderência»)
sinérese *n.f.* 1 GRAMÁTICA contração de duas vogais de sílabas diferentes num ditongo 2 QUÍMICA exsudação de líquido de um gel (Do gr. *synaíresis*, «contração», pelo lat. *synaerĕse-*, «id.»)
sinergia *n.f.* 1 ação conjunta de coisas, pessoas ou organizações, com vista a obter um resultado superior ao obtido isoladamente por cada uma das partes 2 ANATOMIA associação de diversos sistemas (músculos, órgãos) para a realização de uma tarefa, sendo o resultado superior ao obtido através das ações exercidas individualmente por cada sistema 3 FARMÁCIA ação simultânea de dois medicamentos não antagonistas, produzindo efeitos adicionais ou reforçados (Do gr. *synergía*, «cooperação»)
sinérgico *adj.* relativo a sinergia, ou proveniente dela (Do gr. *synergós*, «ajudante»+*-ico*)
sinérgide *n.f.* BOTÂNICA cada uma das células que ladeiam a oosfera do saco embrionário (germinado) das Angiospérmicas (Do gr. *synergós*, «ajudante»+*-ide*)
sinergídeo *n.m.* BOTÂNICA ⇒ **sinérgide**
sinergismo *n.m.* 1 RELIGIÃO doutrina protestante segundo a qual a salvação só é possível se houver colaboração de graça divina com o esforço ou a vontade do homem 2 ⇒ **sinergia** (De *synergós*, «colaborador»+*-ismo*)
sinergista *n.m.* 1 ANATOMIA músculo que se associa ao agonista aquando da execução de um movimento 2 FARMÁCIA medicamento que produz um efeito semelhante ao de outro 3 *pl.* ANATOMIA conjunto de músculos que concorrem na execução do mesmo movimento (Do gr. *synergós*, «ajudante»+*-ista*)
sínese *n.f.* GRAMÁTICA construção sintática em que se atende mais ao sentido do que ao rigor da forma (Do gr. *sýnesis*, «id.», pelo lat. *synēse-*, «id.»)
sinestesia *n.f.* 1 termo que caracteriza a experiência sensorial de certos indivíduos nos quais sensações correspondentes a certo sentido são associadas às de outro sentido 2 recurso expressivo em que se associam, na mesma expressão, sensações captadas por sentidos diferentes (visão, olfato, etc.) (Do gr. *synaísthesis*, «sentimento comum a vários»+*-ia*)
sinestro /ê/ *adj.* [ant.] ⇒ **sinistro** *adj.* (Do lat. *sinistru-*, «id.»)
sineta /ê/ *n.f.* sino pequeno (De *sino*+*-eta*)
sinetar¹ *v.tr.* marcar com sinete (De *sinete*+*-ar*)
sinetar² *v.intr.* tocar sineta (De *sineta*+*-ar*)
sinete /ê/ *n.m.* 1 carimbo para marcar em lacre, cera ou papel uma divisa ou iniciais; chancela 2 marca (Do fr. *signet*, «id.»)
sinfilia *n.f.* BIOLOGIA modalidade de simbiose em que certos organismos se associam, em especial, com formigas (Do gr. *sýn*, «com; juntamente»+*phílos*, «amigo»+*-ia*)

sínfise *n.f.* 1 ANATOMIA ⇒ **anfiartrose** 2 ANATOMIA fusão entre duas partes que costumam estar separadas, particularmente entre dois folhetos de uma membrana serosa; ~ *cardíaca* aderência mútua dos dois folhetos do pericárdio (Do gr. *sýmphysis*, «reunião»)

sinfonia *n.f.* 1 MÚSICA género musical do repertório de orquestra, na sua forma clássica geralmente em quatro andamentos 2 MÚSICA interlúdio orquestral numa obra dramática musicada 3 MÚSICA na música italiana do século XVII e da primeira metade do século XVIII, abertura orquestral de uma obra dramática musicada (por exemplo, uma ópera ou oratório) 4 MÚSICA no repertório barroco, peça destinada a conjunto instrumental; sonata; concerto 5 conjunto de sons (Do gr. *symphonía*, «reunião de vozes», pelo lat. *symphonĭa*-, «id.», fr. *symphonie*, «id.»)

sinfónico *adj.* 1 relativo à sinfonia 2 composto em forma de sinfonia 3 destinado a orquestra (Do gr. *sýmphonos*, «que ressoa ao mesmo tempo» +-*ico*, ou do fr. *symphonique*, «id.»)

sinfonieta /ê/ *n.f.* MÚSICA sinfonia curta, para pequena orquestra ou orquestra de câmara (De *sinfonia*+-*eta*)

sinfonista *adj.,n.2g.* 1 que ou aquele que é autor de sinfonias 2 que ou aquele que é executante de uma sinfonia (De *sinfonia*+-*ista*)

sinfonizar *v.tr.* 1 pôr em sinfonia 2 harmonizar (De *sinfonia*+-*izar*)

sinforina *n.f.* BOTÂNICA arbusto da família das Loniceráceas, originário da Virgínia, EUA, e semelhante à madressilva (Do lat. cient. *Symphorina*, «id.»)

singapurense *adj.2g.* relativo ou pertencente a Singapura ■ *n.2g.* natural ou habitante de Singapura (De *Singapura*, top.+-*ense*)

singela *n.f.* [regionalismo] nome dado a uma série de pequenos compartimentos ao longo e aos lados do corredor das marinhas do Sado, rio português que banha a cidade de Setúbal (De *singelo*)

singeleira *n.f.* (pesca) espécie de rede para peixe miúdo (De *singelo*+-*eira*)

singelez *n.f.* ⇒ **singeleza** (De *singelo*+-*ez*)

singeleza *n.f.* 1 qualidade de singelo 2 simplicidade 3 lisura; honestidade; sinceridade 4 desafetação de forma, de estilo, etc. 5 naturalidade (De *singelo*+-*eza*)

singelo *adj.* 1 que não é composto nem dobrado 2 simples 3 puro 4 desafetado 5 que não tem enfeites; desataviado 6 sincero 7 ingénuo; inocente 8 [pop.] diz-se da fêmea que não anda grávida; *apostar dobrado contra ~* apostar de maneira que o que perder é ao dobro do que receberia se ganhasse (Do lat. *singellu-, «id.», por *singŭlu*-, «cada um; um a um»)

singenesia *n.f.* BOTÂNICA soldadura dos estames entre si, pelas anteras (Do gr. *syggénesis*, «criação simultânea» +-*ia*)

singenésico *adj.* BOTÂNICA ⇒ **sinantéreo** (De *singenesia*+-*ico*)

singenético *adj.* GEOLOGIA (jazigo mineral) que se formou ao mesmo tempo que a rocha encaixante (Do gr. *sýn*, «juntamente» +*geneté*, «nascimento» +-*ico*)

single *n.m.* 1 disco gravado, de curta duração, geralmente com uma música em cada face 2 CD com apenas uma faixa musical (Do ing. *single*, «id.»)

singleto /ê/ *n.m.* FÍSICA condição de um núcleo atómico com spin dos nucleões constituintes nulo (Do ing. *singlet*, «id.»)

singnátida *n.f.* ICTIOLOGIA ⇒ **singnatídeo**

Singnátidas *n.m.pl.* ICTIOLOGIA ⇒ **Singnatídeos**

singnatídeo *adj.* ICTIOLOGIA relativo ou pertencente aos Singnatídeos ■ *n.m.* ICTIOLOGIA espécime dos Singnatídeos

Singnatídeos *n.m.pl.* ICTIOLOGIA família de peixes teleósteos, de corpo muito alongado, com focinho proeminente, a cujo género-tipo, que se denomina *Syngnathus*, pertence o cavalo-marinho (peixe) (Do gr. *sýn*, «com» +*gnáthos*, «mandíbula» +-*ídeos*)

singradeiro *n.m.* ⇒ **singradouro** (De *singrar*+-*deiro*)

singradouro *n.m.* lugar por onde os barcos podem singrar (De *singrar*+-*douro*)

singradura *n.f.* 1 ato de singrar 2 NÁUTICA espaço percorrido por um navio durante certo tempo 3 rumo por onde um navio singra (De *singrar*+-*dura*)

singrante *adj.2g.* (navio) pronto a singrar (De *singrar*+-*ante*)

singrar *v.intr.* 1 navegar à vela; velejar 2 [fig.] progredir; prosseguir; ter êxito ■ *v.tr.* atravessar, navegando (Do escand. ant. *singla*, «navegar», pelo fr. ant. *singler*, hoje *cingler*, «id.»)

singular *adj.2g.* 1 relativo ou pertencente a um só; individual; particular 2 único na sua espécie; sem igual; original 3 invulgar; raro; especial 4 fora do comum; extraordinário; notável 5 que causa surpresa por ser estranho; esquisito; excêntrico 6 GRAMÁTICA designativo do número que indica apenas uma pessoa, um animal ou uma coisa (por oposição a plural) 7 LÓGICA em Aristóteles (século IV a. C.), diz-se da proposição que contém um único sujeito (por oposição à proposição particular, que pode ser aplicada a diversos indivíduos) ■ *n.m.* GRAMÁTICA flexão das palavras variáveis que indica tratar-se de uma só pessoa ou coisa; *combate* ~ combate entre duas pessoas, duelo (Do lat. *singulāre*-, «id.»)

singularidade *n.f.* 1 qualidade do que é singular 2 característica única ou especial; particularidade 3 originalidade 4 ato ou dito singular 5 qualidade do que é extraordinário 6 excentricidade; extravagância (Do lat. *singularitāte*-, «id.»)

singularizar *v.tr.* 1 tornar singular, extraordinário, raro, único 2 especificar; particularizar 3 distinguir dos outros; destacar 4 privilegiar ■ *v.pron.* salientar-se; distinguir-se (De *singular*+-*izar*)

singularmente *adv.* 1 separadamente 2 especialmente 3 particularmente 4 de forma única ou especial (De *singular*+-*mente*)

sinhá *n.f.* [Brasil] ⇒ **senhora** (De *senhora*)

sinhazinha *n.f.* {*diminutivo de* **sinhá**} [Brasil] [ant., pop.] tratamento dado às filhas dos senhores pelos escravos; sinhá-moça (De *sinhá*+-*zinha*)

sínico *adj.* relativo à China, aos Chineses ou a negócios chineses em território português (Do lat. med. *Sina*-, «China» +-*ico*)

siniense *adj.2g.* relativo ou pertencente à cidade portuguesa de Sines, no distrito de Setúbal ■ *n.2g.* natural ou habitante de Sines (De *Sines*, top. +-*ense*)

sinistra *n.f.* mão esquerda (Do lat. *sinistra*-, «id.»)

sinistrado *adj.* 1 que sofreu sinistro 2 prejudicado 3 avariado ■ *n.m.* indivíduo ou objeto que sofreu sinistro (Part. pass. de *sinistrar*)

sinistralidade *n.f.* 1 grau de ocorrência de sinistros 2 tendência espontânea para utilizar a mão esquerda (sinistralidade manual) ou o olho esquerdo (sinistralidade ocular) (De *sinistral+-*i*-+-*dade*)

sinistrar *v.intr.* sofrer sinistro (um bem segurado); perder-se (De *sinistro*+-*ar*)

sinistrismo *n.m.* ⇒ **canhotismo** (Do lat. *sinistra*-, «a mão esquerda» +-*ismo*)

sinistro *adj.* 1 esquerdo 2 que tem mau agouro; pressago 3 tétrico; sombrio 4 malvado; cruel 5 terrível; funesto; desastroso 6 ameaçador 7 desgraçado ■ *n.m.* 1 desastre 2 grande prejuízo 3 naufrágio 4 infortúnio 5 ruína (Do lat. *sinistru*-, «o lado esquerdo»)

sinistrocardia *n.f.* MEDICINA posição anormal do coração, com desvio para a esquerda (Do lat. *sinistru*-, «o lado esquerdo» +gr. *kardía*, «coração»)

sinistrógrado *adj.* (escrita) que se executa da direita para a esquerda (Do lat. *sinistru*-, «esquerdo; do lado esquerdo» +*gradi*, «andar; caminhar; avançar»)

sinistrorso *adj.* BOTÂNICA que se enrola ou move em sentido contrário ao do movimento dos ponteiros de um relógio (Do lat. *sinistrorsu*-, «id.»)

sinizese *n.f.* 1 GRAMÁTICA prolação de duas vogais distintas numa só emissão de voz, sem formar ditongo 2 MEDICINA oclusão da pupila por efeito de inflamação (Do gr. *synízesis*, «conjunção», pelo lat. *synizēse*-, «id.»)

sino *n.m.* 1 instrumento metálico, geralmente de bronze, em forma de campânula, que produz sons mais ou menos fortes quando se percute com uma peça interior chamada badalo ou com um martelo exterior 2 aparelho em forma de pirâmide truncada, absolutamente estanque, em que o mergulhador desce 3 *pl.* MÚSICA instrumento de orquestra formado por um conjunto de tubos metálicos, de número e diâmetro variáveis, que produz sons semelhantes ao do sino (peça de bronze) 4 [ant.] sinal; signo; *andar num* ~ estar muito contente (Do lat. *signu*-, «sinal»)

sino- *adj.* elemento de formação de palavras que exprime a ideia de *China* ou *chinês* (Do lat. med. *Sina*-, «China»)

sinodal *adj.2g.* que diz respeito a sínodo (Do lat. *synodāle*-, «id.»)

sinodático *adj.* que se faz em sínodo; sinodal (Do lat. ecl. *synodatĭcu*-, «id.»)

sinódico *adj.* ⇒ **sinodal** ■ *n.m.* coletânea de resoluções sinodais; *mês ~/revolução sinódica* ASTRONOMIA intervalo entre duas conjunções consecutivas da Lua e do Sol, ou seja, o tempo que decorre entre uma Lua nova e a Lua nova seguinte com a duração aproximada de 29 dias e meio (Do gr. *synodikós*, «id.», pelo lat. *synodĭcu*-, «id.»)

sínodo *n.m.* RELIGIÃO assembleia de eclesiásticos convocada pelo legítimo superior e destinada a tratar de assuntos relativos à vida da Igreja; ~ *diocesano* sínodo previsto no Direito Canónico, convocado pelo bispo local e constituído por representantes eclesiásticos; ~ *dos bispos* instituição eclesiástica central, criada em 1965, subordinada diretamente à autoridade do papa e constituída pelos representantes do Episcopado e das congregações religiosas de todo o mundo e ainda por cardeais da Cúria Romana (Do gr. *sýnodos*, «reunião», pelo lat. *synŏdu*-, «id.»)

sino-japonês *adj.* referente à China e ao Japão simultaneamente

sinologia *n.f.* estudo a respeito da China (Do lat. med. *Sina-*, «China»+gr. *lógos*, «estudo» +*-ia*)
sinológico *adj.* relativo à sinologia (De *sinologia*+*-ico*)
sinólogo *adj.,n.m.* especialista em sinologia (Do lat. med. *Sina-*, «China»+gr. *lógos*, «estudo»)
sinonimar *v.tr.* tornar sinónimo; sinonimizar (De *sinónimo*+*-ar*)
sinonímia *n.f.* 1 LINGUÍSTICA relação de proximidade semântica entre duas ou mais palavras, que podem, por isso, ser usadas no mesmo contexto sem que haja alteração de significado do enunciado em que ocorrem 2 LINGUÍSTICA propriedade ou qualidade das palavras sinónimas 3 emprego de sinónimos 4 BIOLOGIA conjunto dos diferentes designações científicas que se referem ao mesmo grupo taxionómico (Do gr. *synonymía-*, «id.», pelo lat. *synonymía-*, «id.»)
sinonímica *n.f.* ciência dos sinónimos (De *sinonímico*)
sinonímico *adj.* relativo à sinonímia ou aos sinónimos (De *sinonímia*+*-ico*)
sinonimista *adj.,n.2g.* que ou pessoa que é versada em sinonímica (De *sinonímia*+*-ista*)
sinonimizar *v.tr.* tornar sinónimo (De *sinónimo*+*-izar*)
sinónimo *adj.,n.m.* LINGUÍSTICA que ou palavra que, por ter um sentido muito próximo do de outra, pode ser usada no mesmo contexto sem que haja alteração de significado do enunciado ■ *adj.* BIOLOGIA diz-se da designação científica que, em relação a outra, se refere ao mesmo grupo taxionómico (Do gr. *synónymos*, «que tem o mesmo nome», pelo lat. *synónymu-*, «sinónimo»)
sinopla *n.f.* ⇒ **sinople**
sinople *n.m.* 1 variedade de quartzo 2 HERÁLDICA cor verde-jaspe dos escudos 3 esmalte heráldico (Do fr. *sinople*, «cor verde»)
sinopse *n.f.* 1 tratado, em síntese, de uma ciência 2 epítome 3 resumo; síntese; sumário; resenha 4 compêndio (Do gr. *sýnopsis*, «id.», pelo lat. *synopse-*, «id.»)
sinopsia *n.f.* MEDICINA tipo de sinestesia em que sensações visuais são associadas a sensações auditivas; audição colorida (Do gr. *sýn*, «juntamente» +*ópsis*, «visão» +*-ia*)
sinóptico *adj.* 1 relativo a sinopse 2 em forma de sinopse; resumido; sintético ■ *n.m.pl.* RELIGIÃO os Evangelhos de S. Mateus, de S. Marcos e de S. Lucas, assim chamados em atenção ao paralelismo das suas exposições (Do gr. *synoptikós*, «que permite ver de uma só vez») ACORDO ORTOGRÁFICO também se pode escrever **sinótico**
sinoptizar *v.tr.* 1 fazer a sinopse de 2 resumir; sintetizar 3 compendiar (De *sinóptico*+*-izar*)
sino-saimão *n.f.* ⇒ **signo-saimão**
sino-salomão *n.f.* ⇒ **signo-saimão**
sino-tibetano *adj.* relativo à China e ao Tibete ■ *adj.,n.m.* diz-se de ou família linguística que compreende as línguas chinesas e tibetano-birmanesas
sinótico a grafia mais usada é **sinóptico**
sinóvia *n.f.* ANATOMIA líquido viscoso, alcalino e transparente que se encontra nas cavidades articulares, bainhas dos tendões, etc., produzido pelas membranas sinoviais e contido nos sacos sinoviais; líquido sinovial (Do lat. med. *synovía-*, «id.»)
sinovial *adj.2g.* relativo a sinóvia ■ *n.f.* ANATOMIA cápsula, ou saco, que contém a sinóvia e é constituída pelas membranas sinoviais que segregam esse líquido; cápsula sinovial; membrana sinovial (De *sinóvia*+*-al*)
sinovite *n.f.* MEDICINA inflamação das membranas sinoviais (De *sinóvia*+*-ite*)
sínquise *n.f.* recurso estilístico que consiste na inversão da ordem habitual das palavras numa frase, tornando-a de difícil compreensão (Do gr. *sýgkhysis*, «confusão», pelo lat. *synchÿse-*, «id.»)
sinsépalo *adj.* BOTÂNICA ⇒ **gamossépalo** (De *sin-*+*sépala*)
sintáctico ver nova grafia **sintático**
sintagma *n.m.* 1 tratado cujo assunto está metodicamente dividido em classes, números, etc. 2 GRAMÁTICA ⇒ **grupo** 7 (Do gr. *sýntagma, -atos*, «combinação; coisa posta em ordem»)
sintagmático *adj.* relativo ou pertencente a sintagma (Do gr. *sýntagma, -atos*, «combinação; coisa posta em ordem» +*-ico*)
sintático *adj.* 1 relativo à sintaxe 2 que obedece às regras da sintaxe (Do gr. *syntaktikós*, «que põe em ordem»)
sintaxe *n.f.* 1 GRAMÁTICA, LINGUÍSTICA parte da gramática que estuda e descreve as relações que as palavras estabelecem entre si numa frase 2 conjunto de regras sintáticas de uma dada época, autor, etc. 3 LÓGICA ramo da lógica que descreve as regras que definem quais as combinações de expressões que, no sistema lógico, resultam em fórmulas bem formadas 4 grupo de regras que organizam qualquer tipo de linguagem 5 disposição harmoniosa de partes ou elementos (Do gr. *syntaxis*, «ordem», pelo lat. *syntaxe-*, «id.»)
sintáxico *adj.* ⇒ **sintático**

sintaxiologia *n.f.* 1 estudo da sintaxe 2 tratado sobre sintaxe (Do gr. *sýntaxis*, «sintaxe» +*lógos*, «tratado» +*-ia*)
sintaxiológico *adj.* 1 relativo à sintaxiologia 2 sintático (Do gr. *sýntaxis*, «sintaxe» +*lógos*, «tratado» +*-ico*)
sintaxiólogo *n.m.* especialista em sintaxiologia (Do gr. *sýntaxis*, «sintaxe» +*lógos*, «estudo»)
síntese *n.f.* 1 operação que consiste em ir do simples ao complexo 2 na ordem empírica, da experiência, dos factos, operação que consiste em recompor um todo a partir dos seus elementos 3 na ordem racional, lógica, das ideias, operação que consiste em ir dos princípios (considerados como elementos do pensamento) às consequências, em deduzir de proposições admitidas como verdadeiras as suas conclusões necessárias 4 operação pela qual nos elevamos dos pormenores ao conjunto 5 vista geral que resulta dessa operação 6 exposição sinóptica 7 resenha literária ou científica 8 resumo 9 QUÍMICA formação de um composto por combinação dos seus elementos 10 formação de um composto a partir de compostos mais simples 11 CIRURGIA reunião das partes divididas ou separadas; ~ **dialética** FILOSOFIA proposição que realiza o acordo da tese e da antítese (F. Hegel, filósofo alemão, 1770-1831, e O. Hamelin, filósofo francês, 1856-1907) (Do gr. *sýnthesis*, «composição», pelo lat. *synthése-*, «id.»)
sinteticamente *adv.* 1 de modo sintético 2 em síntese; em resumo (De *sintético*+*-mente*)
sintético *adj.* 1 relativo a síntese 2 feito em síntese; resumido 3 sucinto; breve; conciso 4 produzido por síntese química; artificial (Do gr. *synthetikós*, «id.»)
sintetismo *n.m.* CIRURGIA conjunto das operações necessárias para proceder à síntese de uma fratura (Do gr. *synthetós*, «composto» +*-ismo*)
sintetização *n.f.* ato ou efeito de sintetizar (De *sintetizar*+*-ção*)
sintetizador *adj.* que sintetiza ■ *n.m.* 1 aquele ou o aquilo que sintetiza 2 instrumento eletrónico de teclado capaz de gerar e modificar diferentes sons (De *sintetizar*+*-dor*)
sintetizar *v.tr.* 1 tornar sintético 2 fazer a síntese de; resumir; condensar 3 produzir por síntese química; produzir artificialmente (Do fr. *synthétiser*, «id.»)
síntipo *n.m.* 1 em sistemática, exemplar proterótipo (tipo primário) quando o autor não tem escolhido o holótipo 2 qualquer exemplar da série original, desde que haja indicação do tipo (Do gr. *sýn*, «juntamente» +*týpos*, «tipo»)
sintoísmo *n.m.* religião oficial do Japão até 1945; xintoísmo (Do jap. *xintô*, «caminho dos deuses» +*-ismo*)
sintoísta *adj.,n.2g.* que ou o que é adepto do sintoísmo; xintoísta (Do jap. *xintô*, «caminho dos deuses» +*-ista*)
sintoma /ô/ *n.m.* 1 MEDICINA manifestação ou queixa, referida por um paciente, que traduz uma doença e pode dar indicações sobre o seu diagnóstico 2 indício de perturbação 3 [fig.] indício; sinal 4 [fig.] pressentimento; presságio (Do gr. *sýmptoma, -atos*, «coincidência», pelo lat. *symptóma-*, «id.»)
sintomático *adj.* 1 relativo a sintoma 2 que constitui sintoma de algo; que indica uma perturbação ou doença 3 indicativo (Do gr. *symptomatikós*, «id.»)
sintomatologia *n.f.* 1 estudo dos sintomas das doenças 2 conjunto dos sintomas que definem uma doença (Do gr. *sýmptoma, -atos*, «sintoma» +*lógos*, «estudo» +*-ia*)
sintomatológico *adj.* respeitante à sintomatologia (Do gr. *sýmptoma, -atos*, «sintoma» +*lógos*, «estudo» +*-ico*)
sintomia *n.f.* exposição simples e breve; bosquejo (Do gr. *syntomía*, «concisão»)
sintonia *n.f.* 1 ELETRÓNICA acordo de frequência entre um emissor e um recetor 2 qualidade de seleção atribuída aos recetores de radiofonia, nos quais as emissões de períodos diferentes da correspondente à regulação do ressoador produzem um efeito mínimo 3 simultaneidade 4 [fig.] acordo mútuo (de sentimentos, ideias, etc.) 5 [fig.] harmonia (Do gr. *syntonía*, «tensão forte»)
sintónico *adj.* relativo à sintonia ou à sintonização (Do gr. *sýntonos*, «tenso» +*-ico*)
sintonização *n.f.* 1 ato de sintonizar ou sintonizar-se 2 [fig.] ajustamento; harmonização (De *sintonizar*+*-ção*)
sintonizador *adj.,n.m.* que ou o que sintoniza ■ *n.m.* elemento de um aparelho recetor que transforma sinais de rádio em som ou sinais de vídeo ou imagem (De *sintonizar*+*-dor*)
sintonizar *v.tr.* 1 ajustar (aparelho de rádio, televisor) ao comprimento de onda de uma dada emissora 2 ELETRÓNICA estabelecer a sintonia de 3 [fig.] ajustar; harmonizar (De *sintonia*+*-izar*)
sintrão *adj.,n.m.* ⇒ **sintrense** (De *Sintra*, top., vila portuguesa do distrito de Lisboa +*-ão*)

sintrense *adj.2g.* relativo ou pertencente à vila portuguesa de Sintra, no distrito de Lisboa ■ *n.2g.* natural ou habitante de Sintra (De *Sintra*, top. +*-ense*)

sintro *n.m.* [regionalismo] nome por que, em algumas regiões, se designa o absinto (planta) (De *absinto*)

sinuca *n.f.* 1 [Brasil] variedade do snooker em que, sobre uma mesa retangular revestida de feltro verde e com seis buracos, se fazem rolar oito bolas de diferentes cores e valores com um taco de madeira, ganhando quem marcar mais pontos, ao usar a bola branca para meter todas as outras dentro de qualquer um dos buracos 2 [Brasil] mesa quadrangular ou estabelecimento onde se joga este jogo (Do ing. *snooker*, «id.»)

sinuosidade *n.f.* 1 qualidade do que é sinuoso 2 forma ou linha ondulada 3 volta; curva 4 [fig.] rodeio; evasiva; tergiversação 5 [fig.] tortuosidade (De *sinuoso*+*-i-*+*-dade*)

sinuoso /ô/ *adj.* 1 em forma de seio 2 que descreve uma curva mais ou menos irregular; ondulante 3 que não é franco; tortuoso (Do lat. *sinuōsu-*, «id.»)

sinusite *n.f.* MEDICINA inflamação aguda ou crónica de um seio da face (Do lat. *sinus* (nominativo), «seio» +*-ite*)

sinusoidal *adj.2g.* MATEMÁTICA designativo de uma imagem geométrica (ou gráfica) análoga à da função seno (Do lat. *sinus* (nominativo), «seno»+gr. *eĩdos*, «semelhante» +*-al*)

sinusoide *n.f.* MATEMÁTICA imagem geométrica ou gráfica da função seno ou da função cosseno (Do lat. *sinus* (nominativo), «seno»+*eĩdos*, «semelhante»)

sinusóide ver nova grafia *sinusoide*

sio *n.m.* BOTÂNICA género de plantas umbelíferas, de flores brancas, largamente espalhadas pela América do Sul e Austrália (De orig. obsc.)

sionismo *n.m.* 1 estudo das coisas relativas a Sião (Jerusalém) 2 movimento político e religioso que tinha por objeto a formação de um estado israelita independente, na Palestina (De *Sion*, top., nome de uma colina de Jerusalém+*-ismo*, ou do fr. *sionisme*, «sionismo»)

sionista *n.2g.* pessoa partidária do sionismo ■ *adj.2g.* referente ao sionismo ou aos seus adeptos (De *Sion*, top., nome de uma colina de Jerusalém+*-ista*, ou do fr. *sioniste*, «sionista»)

sipai *n.m.* ⇒ **sipaio**

sipaio *n.m.* 1 soldado angolano 2 soldado natural da Índia, ao serviço dos Ingleses (Do pers. *sipāhē*, «pertencente à cavalaria»)

sipilho *n.m.* NÁUTICA ponta de um cabo náutico que já não se pode aproveitar por estar mal torcida (De orig. obsc.)

sique *adj.,n.2g.* que ou pessoa que é adepta do siquismo (Do sânscr. *sishya*, «discípulo»)

siquismo *n.m.* doutrina religiosa fundada por Nanak ou Nanaque (1469-1538), um misto de islamismo e de bramanismo, que se divulgou especialmente no Penjabe, vasta região da Ásia meridional (De *sique*+*-ismo*)

siracusano *adj.* relativo ou pertencente a Siracusa, cidade da Sicília ■ *n.m.* natural ou habitante de Siracusa (Do lat. *syracusānu-*, «id.»)

sirage *n.m.* óleo de gergelim (Do ár. *sirége*, «id.»?)

sire *n.m.* 1 tratamento que se dava aos soberanos da França quando se lhes falava ou escrevia 2 título de senhores feudais e de outras personagens (Do lat. *senĭor*, «mais velho», pelo fr. *sire*, «senhor»)

sirena /ê/ *n.f.* 1 ⇒ **sereia** (Do gr. *seirén*, «id.», pelo lat. *sirēna-*, «id.»)

sirene *n.f.* 1 instrumento que produz um sinal sonoro de alarme ou de chamada 2 sereia (Do fr. *sirène*, «id.»)

sirénico *adj.* 1 [poét.] de sereia 2 [poét.] relativo às sereias 3 [fig.] encantador (Do gr. *seirén*, «sereia» +*-ico*)

sirénida *n.m.* ZOOLOGIA ⇒ **sirenídeo**

Sirénidas *n.m.pl.* ZOOLOGIA ⇒ **Sirenídeos**

sirenídeo *adj.* ZOOLOGIA relativo ou pertencente aos Sirenídeos ■ *n.m.* ZOOLOGIA espécime dos Sirenídeos

Sirenídeos *n.m.pl.* ZOOLOGIA família de urodelos cujo género-tipo se denomina *Siren* (Do lat. cient. *Siren*+*-ídeos*)

sirénios *n.m.pl.* ZOOLOGIA ordem de mamíferos adaptados à vida aquática, com os membros anteriores em forma de barbatanas, sem membros posteriores, e com uma barbatana caudal horizontal (Do lat. *sirenĭu-*, «de sereia»)

sirga *n.f.* 1 ⇒ **sirgamen** 2 NÁUTICA cabo de reboque 3 NÁUTICA corda que serve para puxar uma embarcação; *andar à ~ de (alguém)* [pop.] andar agarrado a (alguém) (De orig. obsc.)

sirgagem *n.f.* ato ou efeito de sirgar; sirga (De *sirgar*+*-agem*)

sirgar *v.tr.* 1 puxar com sirga; levar à sirga 2 rebocar (De *sirga*+*-ar*)

sirgaria¹ *n.f.* 1 fábrica de sirgas 2 loja onde se vendem sirgas 3 grande quantidade de sirgas (De *sirga*+*-aria*)

sirgaria² *n.f.* 1 lugar onde se faz a criação do bicho-da-seda 2 passamanaria (De *sirgo*+*-aria*)

sirgideira *n.f.* NÁUTICA corda que serve na enxárcia (De *sirgar*+*-deira*)

sirgo *n.m.* 1 bicho-da-seda 2 seda bruta 3 sirguilha 4 BOTÂNICA nome por que, em certas regiões, também se designa o limo-mestre, planta aquática (Do lat. *serĭcu-*, «de seda»)

sirgueiro *n.m.* 1 o que faz obras de seda 2 passamaneiro (Do lat. *sericarĭu-*, «vendedor de sedas»)

sirguilha *n.f.* pano de lã grosseiro e sem pelo; seriguilha (De *serguilha*)

síria *n.f.* 1 [regionalismo] constituição física 2 [regionalismo] robustez (das pernas) 3 [regionalismo] animação; vivacidade (De orig. obsc.)

siríaco *adj.* relativo ou pertencente aos Sírios ■ *n.m.* língua falada, outrora, pelos Sírios (Do gr. *syriakós*, «id.», pelo lat. *syriăcu-*, «id.»)

siricaia *n.f.* 1 [regionalismo] CULINÁRIA doce alentejano à base de ovos 2 ⇒ **sericaia**

sirigaita *n.f.* ⇒ **serigaita**

siringa *n.f.* ⇒ **seringa**

siringe *n.f.* 1 MÚSICA flauta muito antiga, de sopro transversal, constituída por uma série de tubos que produzem uma escala; flauta de Pã; flauta de amolador 2 ZOOLOGIA órgão produtor de sons, nas aves, que se encontra na extremidade inferior da traqueia (Do gr. *syrigx*, «cana», pelo lat. *syringe-*, «cana; flauta»)

siringotomia *n.f.* CIRURGIA incisão numa fístula (Do gr. *syrigx, -iggos*, «canudo» +*tomé*, «corte» +*-ia*)

sírio¹ *adj.* relativo ou pertencente à Síria ■ *n.m.* natural ou habitante da Síria (Do lat. *Syrĭu-*, «id.»)

sírio² *n.m.* [Brasil] saco para transporte de mandioca

Sírio *n.m.* ASTRONOMIA estrela dupla, de grandeza aparente 1,6, branco-azulada, 27 vezes mais brilhante que o Sol, distanciada da Terra 8,8 anos-luz e que pertence à constelação Cão Maior (Do gr. *Seírios*, «brilhante», pelo lat. *Sirĭus*, «id.», «Sírio»)

siripipi *n.m.* [Angola] ORNITOLOGIA pássaro frugívoro de longa cauda, também conhecido por rabo-de-junco (Do umbundo *siripipi*, de base onomatopaica, como alusão ao canto)

siro *adj.,n.m.* ⇒ **sírio**¹ (Do gr. *sýros*, «id.», pelo lat. *syru-*, «id.»)

siroco /ô/ *n.m.* 1 vento quente e seco do Sara que se faz sentir, no verão, na Argélia e no Mediterrâneo e atinge a Itália e a Provença 2 ventilador centrífugo usado para arejamento dos compartimentos de um navio (Do ár. *xarqî*, «vento sueste», pelo it. *scirocco*, «id.», pelo fr. *sirocco*, «id.»)

sirtes *n.f.pl.* 1 bancos de areia movediços 2 recifes 3 [fig.] perigos (Do gr. *sýrtis*, «id.», pelo lat. *syrte-*, «escolho; recife»)

sirvente *n.m.* LITERATURA ⇒ **sirventês** (De *sirvente*+*-ês*)

sirventês *n.m.* LITERATURA poesia satírica característica da literatura trovadoresca provençal (Do prov. *sirventes*, «id.»)

sisa *n.f.* DIREITO antigo imposto que incidia sobre a transmissão de bens imobiliários a título oneroso (atual imposto municipal sobre transacções); imposto de transmissão (Do fr. ant. *assise*, «tributo», pelo cast. *sisa*, «id.»)

sisal *n.m.* 1 BOTÂNICA planta da família das Amarilidáceas, própria das regiões quentes e semidesérticas, muito cultivada em certas regiões (Angola, Moçambique, etc.) devido à utilidade das suas fibras na indústria de tecidos grosseiros, etc. 2 fibra que se extrai dessa planta (De *Sisal*, top., cidade portuária mexicana)

sisão *n.m.* ORNITOLOGIA ave pernalta, da família dos Otidídeos, cujo macho apresenta, na época da reprodução, um colar branco e preto de penas salientes, também denominada abetardinha, abetarda-pequena, betarda-pequena (De orig. obsc.)

sisar *v.tr.* 1 tributar com sisa 2 [regionalismo] pagar a sisa de (De *sisa*+*-ar*)

siseiro *n.m.* antigo cobrador de sisas (De *sisa*+*-eiro*)

sismal *adj.2g.* (linha) que indica a direção de um sismo (De *sismo*+*-al*)

sismicidade *n.f.* grau de frequência ou de intensidade dos abalos sísmicos (De *sísmico*+*-i-*+*-dade*)

sísmico *adj.* relativo a sismo (De *sismo*+*-ico*)

sismo *n.m.* GEOLOGIA abalo ou tremor de terra causado pela deslocação das placas tectónicas da Terra ou explosões ocorridas no seu interior (Do gr. *seismós*, «abalo»)

sismo- elemento de formação de palavras que exprime a ideia de *sismo*, *terramoto* (Do gr. *seismós*, «abalo»)

sismogénico *adj.* que produz fenómenos sísmicos (Do gr. *seismós*, «abalo» +*génos*, «origem» +*-ico*)

sismografia *n.f.* 1 descrição dos sismos 2 conjunto dos processos que regulam a aplicação do sismógrafo (De *sismo-*+*-grafia*)

sismográfico *adj.* relativo à sismografia (De *sismografia*+*-ico*)

sismógrafo *n.m.* instrumento destinado a registar a intensidade, hora e duração dos tremores de terra (De *sismo-+-grafo*)

sismograma *n.m.* gráfico traçado por um sismógrafo (De *sismo-+-grama*)

sismologia *n.f.* tratado que se ocupa dos tremores de terra e do estudo da estrutura da Terra por meio das ondas (sísmicas) produzidas pelos terramotos (De *sismo-+-logia*)

sismólogo *n.m.* especialista em sismologia (De *sismo-+-logo*)

sismómetro *n.m.* ⇒ **sismógrafo** (Do gr. *seismós*, «abalo» +*métron*, «medida»)

sismoterapia *n.f.* MEDICINA terapêutica de convulsão (Do gr. *seismós*, «abalo» +*therapeía*, «tratamento»)

siso *n.m.* 1 juízo; tino; bom senso 2 circunspeção; prudência 3 [regionalismo] roda de cortiça para alargar o bojo da roca; ***dentes do ~*** [pop.] os últimos dentes grandes, molares, em cada lado de cada maxilar, queixeiros (Do lat. *sensu-*, «id.»)

sisório *n.m.* [pop.] muito siso (De *siso+-ório*)

sissó *n.m.* BOTÂNICA árvore asiática da família das Leguminosas, de apreciada madeira preta (ébano) (Do conc. *xisó*, «id.»)

sissomia *n.f.* TERATOLOGIA anomalia caracterizada pela junção inata de dois indivíduos ou de dois corpos (De *sissomo+-ia*)

sissómico *adj.* TERATOLOGIA que diz respeito à sissomia ou ao sissomo (De *sissomo+-ico*)

sissomo /ô/ *n.m.* TERATOLOGIA ser constituído por dois corpos unidos (Do gr. *sýssomos*, «de corpos unidos»)

sistáltico *adj.* 1 MEDICINA relativo a sístole; sistolar; sistólico 2 que se comporta de forma semelhante à sístole (Do gr. *systaltikós*, «id.», pelo lat. *systaltĭcu-*, «id.»)

sistema /ê/ *n.m.* 1 conjunto de princípios ou ideias, solidamente relacionados entre si, que constituem uma teoria ou um corpo de doutrina 2 forma de governo 3 conjunto de partes dependentes umas das outras 4 plano 5 conjunto de leis ou princípios que regulam certa ordem de fenómenos 6 processo antiquado de classificação dos seres vivos, em que se formam grupos (artificiais) de indivíduos, considerando uma só característica ou um número muito pequeno de características 7 ANATOMIA conjunto de órgãos constituídos fundamentalmente por uma mesma categoria de tecidos e com a mesma função 8 método 9 hábito 10 INFORMÁTICA conjunto de hardware e software de um ou vários computadores que, em conjunto, permitem o processamento de informação; ***~ cristalográfico*** conjunto de formas cristalográficas que podem ser referidas à mesma cruz axial; ***~ galáctico*** ASTRONOMIA galáxia espiral de estrelas que inclui o Sol num dos seus membros, contém bastante gás e poeira e é vulgarmente conhecida por "A Galáxia" para a distinguir das numerosas galáxias exteriores; ***Sistema Internacional de Unidades*** FÍSICA sistema atual utilizado internacionalmente, que definiu 7 grandezas como básicas, com as respetivas unidades de base - metro, quilograma, segundo, ampere, kelvin, mole e candela -, a partir das quais se podem derivar todas as outras as unidades; ***~ métrico*** sistema de medidas que tem por base o metro; ***~ nervoso*** 1 ANATOMIA conjunto de elementos nervosos (encéfalo, espinal medula e tecidos) em estreita conexão, que ordena as várias atividades de um indivíduo em relação com o mundo exterior; 2 [colloq.] nervos, equilíbrio emocional; ***~ porta*** ANATOMIA conjunto constituído pela veia porta e pelos seus ramos de origem, colaterais e terminais; ***~ reticuloendotelial*** BIOLOGIA conjunto de células disseminadas no organismo, abrangendo macrófagos e monócitos, que desempenham importantes funções na defesa do organismo e na remoção de detritos celulares da corrente sanguínea; ***~ solar*** ASTRONOMIA conjunto do Sol e dos astros que estão sob a influência do seu campo de gravitação, ou seja, os oito planetas (Mercúrio, Vénus, Terra, Marte, Júpiter, Saturno, Urano, Neptuno), os planetas anões (Plutão, Ceres e Éris), os satélites naturais e pequenos corpos celestes; ***~ vascular*** ANATOMIA conjunto dos vasos da circulação de um organismo, de um órgão ou de uma região de um órgão; ***por ~*** por costume, segundo norma estabelecida (Do gr. *sýstema, -atos*, «conjunto», pelo lat. *systēma, -ĕtis*, «id.», pelo fr. *systèmê*, «sistema»)

sistemata *n.2g.* especialista em sistemática; taxilogista (De *sistemática*)

sistemática *n.f.* ciência que trata da classificação dos seres vivos, que recebeu do naturalista sueco Lineu (1707-1778) o maior impulso para a sua organização em bases científicas, e que se divide em Taxionomia e Nomenclatura (De *sistemático*)

sistematicamente *adv.* 1 de modo sistemático 2 invariavelmente (De *sistemático+-mente*)

sistemático *adj.* 1 pertencente ou relativo a um sistema 2 posto em sistema 3 que obedece a determinado sistema 4 [fig.] metódico; ordenado 5 [fig.] que segue sem interrupção; constante; regular (Do gr. *systematikós*, «id.», pelo lat. *systematĭcu-*, «id.»)

sistematização *n.f.* 1 ato ou efeito de sistematizar 2 organização de acordo com um sistema (De *sistematizar+-ção*)

sistematizador *adj.,n.m.* que ou aquele que sistematiza (De *sistematizar+-dor*)

sistematizar *v.tr.* 1 pôr em sistema 2 ordenar segundo determinados critérios; organizar (Do gr. *sýstema, -atos*, «sistema» +*-izar*)

sistémico *adj.* 1 pertencente ou relativo a um sistema na sua totalidade 2 MEDICINA que afeta todo o organismo; generalizado (Do ing. *systemic*, «id.»)

sistino *adj.* relativo a Sisto (papa); ***Capela Sistina*** célebre capela do Vaticano mandada construir pelo papa Sisto IV, 1414-1484 (De *Sisto*, antr. +-*ino*)

sistolar *adj.2g.* ⇒ **sistáltico** (De *sístole+-ar*)

sístole *n.f.* 1 FISIOLOGIA contração das paredes do coração que provoca a saída do sangue da aurícula para o ventrículo ou desta cavidade para as artérias (por oposição a diástole) 2 GRAMÁTICA mudança do acento tónico de uma sílaba para a sílaba anterior (Do gr. *systolé*, «contração», pelo lat. *systŏle-*, «id.»)

sistólico *adj.* ⇒ **sistáltico** (De *sístole+-ico*)

sistrado *adj.* que usa ou leva sistro (Do lat. *sistrātu-*, «id.»)

sistro *n.m.* MÚSICA instrumento musical antigo formado de um arco atravessado de lâminas que, agitando-se, retiniam, e que passou por uma acentuada modificação, tendo hoje um teclado como o de um piano; sestro (Do gr. *seîstron*, «id.», pelo lat. *sistru-*, «id.»)

sisudez /ê/ *n.f.* 1 qualidade de sisudo 2 seriedade; gravidade 3 prudência; sensatez (De *sisudo+-ez*)

sisudeza *n.f.* ⇒ **sisudez** (De *sisudo+-eza*)

sisudo *adj.* 1 que tem siso ou sisudez 2 prudente; sensato 3 circunspecto; sério 4 que tem semblante carregado ou sombrio; carrancudo ■ *n.m.* 1 indivíduo sério, grave 2 indivíduo sensato 3 ⇒ **sério** *n.m.* 2 (De *siso+-udo*)

sitcom *n.m.* TELEVISÃO série que aborda situações do dia a dia em tom de comédia (Do ing. *sitcom*)

site *n.m.* INFORMÁTICA página ou conjunto de páginas da internet que disponibilizam informação sobre um serviço, uma organização, uma pessoa, uma empresa, etc.; website; sítio (Do ing. *site*, «id.»)

sitiado *adj.* 1 posto em estado de sítio; cercado de tropas 2 assediado ■ *n.m.* aquele ou aquilo que está em estado de sítio ou cercado (Part. pass. de *sitiar*)

sitiador *adj.,n.m.* que ou aquele que sitia (De *sitiar+-dor*)

sitial *n.m.* ⇒ **setial** (Do cast. *sitial*, «assento de cerimónia»)

sitiante *adj.,n.2g.* que ou aquele que sitia (De *sitiar+-ante*)

sitiar *v.tr.* 1 pôr sítio a; cercar 2 assediar (De *sítio+-ar*)

sitibundo *adj.* [poét.] ⇒ **sedento** (Do lat. tard. *sitibundu-*, «id.»)

sítida *n.m.* ORNITOLOGIA ⇒ **sitídeo**

Sítidas *n.m.pl.* ORNITOLOGIA ⇒ **Sitídeos**

sitídeo *adj.* ORNITOLOGIA relativo ou pertencente aos Sitídeos ■ *n.m.* ORNITOLOGIA espécime dos Sitídeos

Sitídeos *n.m.pl.* ORNITOLOGIA família de pássaros tenuirrostros, cujo género-tipo, que se denomina *Sitta*, está representado em Portugal (Do lat. cient. *Sitta*+-*ídeos*)

sítio[1] *n.m.* 1 ponto determinado de uma zona; lugar; local 2 localidade; povoação 3 [Brasil] pequena fazenda nos arredores de uma cidade 4 INFORMÁTICA ⇒ **site** (Do lat. *situ-*, «situado»)

sítio[2] *n.m.* 1 disposição de tropas em redor de uma posição inimiga; cerco 2 assédio 3 ângulo de elevação ou de depressão do alvo em relação ao plano horizontal que passa pela arma (Deriv. regr. de *sitiar*)

sítio- elemento de formação que exprime a ideia de *alimento*

sitiofobia *n.f.* MEDICINA aversão a qualquer espécie de alimento, observada em certos doentes mentais (Do gr. *sitía*, «alimentos» +*phobeîn*, «ter horror a» +-*ia*)

sitiófobo *adj.,n.m.* que ou aquele que padece de sitiofobia (Do gr. *sitía*, «alimentos»+*phóbos*, «medo; horror; aversão»)

sitiologia *n.f.* 1 tratado sobre os alimentos 2 ciência da alimentação (Do gr. *sitía*, «alimentos» +*lógos*, «tratado» +-*ia*)

sitiomania *n.f.* MEDICINA necessidade irresistível de comer, que se manifesta de forma repentina e com intervalos mais ou menos regulares (Do gr. *sitía*, «alimentos» +*manía*, «loucura»)

sitioterapia *n.f.* MEDICINA tratamento por meio da alimentação (dieta) (Do gr. *sitía*, «alimentos» +*therapeía*, «tratamento»)

sito[1] *adj.* 1 situado 2 colocado (Do lat. *situ-*, «situado»)

sito[2] *n.m.* mofo; bafio (Do lat. *situ-*, «bolor; ferrugem»)

sito- elemento de formação que exprime a ideia de *cereal, alimento*

sitófago *adj.,n.m.* que ou aquele que se alimenta de trigo (Do gr. *sitophágos*, «id.»)

sitómetro *n.m.* **1** aparelho para conhecer a densidade dos cereais **2** aparelho de pontaria que se destina a introduzir no ângulo de tiro de uma arma o valor do ângulo de sítio (Do gr. *sĩtos*, «trigo» +*métron*, «medida»)

situação *n.f.* **1** ato ou efeito de situar **2** localização de um corpo relativamente a um ou diversos pontos de referência; posição **3** disposição ou colocação das diversas partes de um corpo em relação umas às outras; distribuição **4** série de acontecimentos num dado momento; circunstância **5** estado de uma coisa ou de uma pessoa (a nível económico, profissional, social, psicológico, etc.); condição **6** estado financeiro de uma empresa **7** ocasião oportuna para a realização de algo; oportunidade; ensejo **8** momento dramático geralmente provocado por um acontecimento inesperado; lance; vicissitude **9** fase política ou governamental **10** ministério ou governo, relativo à atualidade ou a uma época **11** CINEMA, LITERATURA, TEATRO, TELEVISÃO momento de drama ou romance que suscita interesse e que contribui para um determinado desenlace **12** FILOSOFIA complexo que resulta da interação, em dado momento, de um ser vivo, e sobretudo de uma pessoa humana, com o seu meio social, físico ou mesmo intelectual **13** LINGUÍSTICA conjunto de fatores extralinguísticos que condicionam e determinam a emissão de um ato de fala; **~ líquida** ECONOMIA diferença entre o ativo e o passivo; ***teste de ~*** prova que consiste em colocar o indivíduo em circunstâncias concretas determinadas, ordinariamente em relação com a profissão em vista da qual é examinado, a fim de observar o seu comportamento e apreciar as suas aptidões, conjunto de condições e circunstâncias que afetam uma unidade militar ou um comando em determinado momento (De situar+-ção)

situacional *adj.2g.* **1** referente a uma situação **2** LINGUÍSTICA designativo do contexto de um ato comunicativo que é definido pelo conjunto das circunstâncias em que o mesmo acontece

situacionismo *n.m.* **1** situação política dominante **2** defesa da situação política existente (De *situação*+-*ismo*)

situacionista *adj.2g.* **1** relativo a situacionismo **2** que apoia a situação política existente ■ *n.2g.* pessoa que defende a situação política existente (De *situação*+-*ista*)

situar *v.tr.* **1** pôr em determinado sítio; colocar **2** edificar em certo local **3** estabelecer **4** assinalar o lugar de **5** enquadrar em determinado contexto ■ *v.pron.* **1** localizar-se **2** [fig.] compreender o contexto (Do lat. *sĭtu*-, «posição; situação» +-*ar*)

sítula *n.f.* tarameła do moinho (Do lat. *sitŭla*-, «id.»)

sizígia *n.f.* ASTRONOMIA oposição ou conjunção da Lua (ou outro planeta) com o Sol (Do gr. *syzygía*, «conjunção», pelo lat. *syzygĭa*-, «id.»)

skate *n.m.* pequena prancha de madeira ou plástico, assente em quatro rodas, usada como patim para os dois pés, com fins desportivos ou recreativos (Do ing. *skate*)

sketch *n.m.* TEATRO, TELEVISÃO, RÁDIO peça muito curta (de uma única cena) humorística, interpretada por um número reduzido de atores (Do ing. *sketch*)

Skidaviano *n.m.* GEOLOGIA andar do Ordovícico inferior (De *Skiddaw*, top., zona norte dos montes Cambrianos, no condado de Cumberland, na Grã-Bretanha +-*iano*)

skiff *n.m.* ⇒ **esquife** 3

skimboard *n.m.* desporto aquático que consiste em lançar-se em corrida sobre uma prancha na areia molhada ou em águas baixas (Do ing. *skimboard*, «id.»)

skinhead *n.2g.* jovem com o cabelo rapado que normalmente pertence a um grupo que manifesta comportamento violento e defende posições racistas; cabeça-rapada

slalom *n.m.* **1** DESPORTO prova de esqui, descendente e em ziguezague, em trajeto definido por obstáculos artificiais **2** DESPORTO qualquer percurso em ziguezague, entre obstáculos (Do norueg. *slalom*, «rampa; talude»)

slide *n.m.* ⇒ **diapositivo**

sling *n.m.* pedaço de pano que se coloca a tiracolo para transportar um bebé junto ao corpo (Do ing. *[baby] sling*, «id.»)

slip *n.m.* calção muito curto e justo, usado como peça de roupa interior de homem ou senhora, ou como calção de banho (Do ing. *to slip*, «deslizar»)

slogan *n.m.* **1** frase curta e apelativa, muito usada em publicidade ou propaganda política; palavra de ordem **2** frase que identifica uma marca ou uma organização; divisa (Do ing. *slogan*)

slot machine *n.f.* máquina de jogo em que se puxa uma alavanca, depois de se introduzir moedas ou notas numa ranhura própria, por forma a obter uma combinação de símbolos que permite ganhar dinheiro (Do ing. *slot machine*, «id.»)

slow *n.m.* **1** dança lenta, geralmente executada por pares **2** música de ritmo lento, ao som da qual é executada essa dança (Do ing. *slow*, «lento»)

slow jam *n.m.* estilo musical caracterizado por canções com um ritmo lento e letras românticas (Do ing. *slow jam*, «id.»)

smartphone *n.m.* telemóvel com características semelhantes às de um computador pessoal (agenda eletrónica, acesso à internet e a e-mail, câmara fotográfica, etc.); telefone inteligente (Do ing. *smartphone*, «id.», de *smart*, «esperto» +*phone*, «telefone»)

smiley *n.m.* símbolo gráfico ou sequência de caracteres tipográficos ilustrativos de uma expressão facial e utilizados na comunicação por computador, telemóvel e via Internet para exprimir emoções (alegria, aprovação, impaciência, cólera, etc.); emoticon (Do ing. *smiley*, «id.»)

smithsonite *n.f.* MINERALOGIA mineral que cristaliza no sistema trigonal e que, quimicamente, é o carbonato de zinco; minério de zinco (De *J. Smithson*, antr., químico ing., 1765-1829 +-*ite*)

smoking *n.m.* traje masculino de cerimónia que inclui um casaco geralmente preto e com a lapela revestida de cetim, e calças a condizer (Do ing. *smoking jacket*)

smorzando *adv.* MÚSICA amortecendo progressivamente (o som) (Do it. *smorzando*)

SMS *n.m.* serviço que permite o envio e a receção de mensagens de texto curtas entre telemóveis ou para um telemóvel via internet ■ *n.f.* mensagem de texto enviada através deste serviço (Do ing. *SMS*, acrónimo de *short message service*, «serviço de mensagens curtas»)

snack-bar *n.m.* estabelecimento onde se servem refeições simples e rápidas (Do ing. *snack-bar*, «id.»)

snifar *v.tr.* **1** [coloq.] inalar (droga, tabaco) sob a forma de pó **2** [coloq.] cheirar; aspirar (Do ing. *sniff*+-*ar*)

snob *adj.,n.2g.* ⇒ **snobe**

snobe *adj.,n.2g.* **1** que ou pessoa que manifesta uma atitude de superioridade afetada nas ideias, gostos e comportamentos **2** que ou pessoa que menospreza aqueles que não têm prestígio ou posição social **3** que ou pessoa que é enfatuada ou presumida **4** que ou pessoa que manifesta admiração exagerada por tudo o que está em voga (Do ing. *snob*, «id.»)

snobismo *n.m.* **1** qualidade de snobe **2** atitude de superioridade afetada nas ideias, gostos e comportamento **3** presunção; vaidade ostensiva **4** menosprezo daqueles que não têm prestígio ou posição social (De *snobe*+-*ismo*)

snooker *n.m.* variedade do jogo de bilhar em que se utilizam 15 bolas vermelhas, 6 de outras cores e uma branca (Do ing. *snooker*, «id.»)

snowboard *n.m.* **1** DESPORTO atividade desportiva que consiste em descer encostas cobertas de neve com uma pequena prancha com suportes para os pés, sem a ajuda de bastões **2** DESPORTO esta prancha (Do ing. *snowboard*)

so- elemento de formação de palavras que exprime a ideia de *substituição*, *subalternidade*, *inferioridade* (Do lat. *sub*, «abaixo de»)

só *adj.2g.* **1** que está sem companhia; sozinho; consigo mesmo; solitário **2** isolado; afastado; ermo **3** único **4** desamparado ■ *adv.* apenas; somente ■ *n.m.* indivíduo sem família; **~ por ~** um por um; *a sós* isoladamente, sem companhia, sem auxílio de ninguém (Do lat. *solu*-, «id.»)

sô[1] *prep.* [ant.] sob (Do lat. *sub*, «debaixo de»)

sô[2] *n.m.* forma reduzida de *senhor*

soabrir *v.tr.,pron.* **1** abrir(-se) ligeiramente; entreabrir(-se) **2** [fig.] tranquilizar(-se); desanuviar(-se) (De *so-*+*abrir*)

soada *n.f.* **1** ato ou efeito de soar; toada **2** rumor confuso; ruído **3** [fig.] fama (Part. pass. fem. subst. de *soar*)

soado *adj.* **1** que soou **2** [fig.] divulgado **3** [fig.] afamado (Part. pass. de *soar*)

soagem *n.f.* BOTÂNICA planta da família das Boragináceas, de corolas grandes, azuis ou róseas, vulgar em Portugal (Do lat. *solagĭne*-, «girassol»)

soajense *adj.2g.* relativo ou pertencente à região do Soajo, na província portuguesa do Minho ■ *n.2g.* natural ou habitante do Soajo (De *Soajo*, top. +-*ense*)

soajo *n.m.* BOTÂNICA planta herbácea, persistente, com corolas de limbo azulado, que aparece nos terrenos arenosos e incultos das províncias portuguesas do Minho, Trás-os-Montes, Beiras e Alto Alentejo, também conhecida por suajo (De *soage[m]*)

soalha *n.f.* **1** NÁUTICA nome da peça móvel da balestilha **2** MÚSICA cada uma das rodelas metálicas do pandeiro; sonalha (Do lat. **sonacŭla*, «coisinhas que soam»)

soalhado *n.m.* **1** soalho; sobrado **2** tábuas para soalho ■ *adj.* com soalho; sobradado (Part. pass. de *soalhar*)

soalhal n.m. [pop.] ⇒ **soalheiro** n.m.
soalhar¹ v.tr. 1 pôr soalho em 2 sobradar (De soalho+-ar)
soalhar² v.tr. fazer retinir as soalhas de (pandeiro) (De soalha+-ar)
soalhar³ v.tr. [fig.] divulgar (Do lat. sole-, «sol» +-ar)
soalheira n.f. 1 hora de maior calor 2 ardor do sol; calor 3 exposição ao sol (De soalheiro)
soalheiro adj. 1 exposto ao sol 2 quente ■ n.m. 1 lugar onde dá o sol 2 [pop.] reunião de pessoas ociosas, geralmente sentadas ao sol, para falar da vida alheia 3 [pop.] má-língua (De soalhar+-eiro)
soalho¹ n.m. pavimento de madeira; sobrado (Do lat. *solacŭlu-, dim. de solu-, «solo»)
soalho² n.m. [pop.] soalheiro (Deriv. regr. de soalhar)
soante adj.2g. 1 que soa; sonante 2 LINGUÍSTICA (consoante) que se aproxima das vogais a nível acústico por ser produzido pela vibração das cordas vocais e por uma interrupção muito curta da passagem do ar expirado ■ n.f. LINGUÍSTICA consoante produzida desta forma (Do lat. sonnante-, «id.», part. pres. de sonāre, «soar»)
soão n.m. vento quente e seco, abafadiço, que se faz sentir em Portugal Continental, vindo do Oriente (Do lat. solānu-, «de sol»)
soar v.intr. 1 emitir som 2 ser anunciado por um som 3 fazer-se ouvir 4 ser pronunciado 5 retumbar; ecoar; ressoar ■ v.tr.,intr. chegar aos ouvidos; constar; divulgar-se ■ v.tr. 1 tanger; tocar 2 convir; agradar 3 celebrar; cantar; glorificar 4 bater; dar (horas) ■ v.cop. liga o predicativo ao sujeito, indicando: ter as características de, parecer (o riso soou a provocação) (Do lat. sonāre, «id.»)
sob prep. 1 debaixo de; por baixo de (sob as almofadas) 2 no tempo de (sob a ditadura) 3 em relação a (sob determinados aspetos); ~ pena de sujeito a (Do lat. sub, «debaixo de»)
sob- prefixo que exprime a ideia de abaixo, lugar inferior, e é seguido de hífen quando o elemento seguinte começa por um r que não se liga foneticamente ao b anterior (Do lat. sub, «debaixo de»)
soba n.m. [Angola] chefe de um grupo populacional ou de um pequeno Estado africano; régulo; soma (Do quimb. soba, «potentado»)
sobado n.m. 1 território onde um soba domina 2 funções ou governo de soba (De soba+-ado)
sobalçar v.tr. alçar muito alto ■ v.pron. engrandecer-se; exaltar-se (De sob-+alçar)
sobarba n.f. barbela de corda que passa por baixo do queixo do cavalo (De so-+barba)
sobarbada n.f. pancada por baixo da barba (De sobarba+-ada)
sobeira n.f. segunda ordem de telhas por debaixo das que formam o beiral do telhado, para as sustentar e reforçar (De so-+beira)
sobejamente adv. demasiadamente; por de mais (De sobejo+-mente)
sobejar v.tr.,intr. ser mais do que suficiente; exceder o que é preciso; sobrar ■ v.intr. 1 abundar; superabundar 2 ficar como resto ■ v.pron. ter em excesso (De sobejo+-ar)
sobejidão n.f. 1 excesso; demasia 2 superabundância 3 sobra (De sobejo+-idão)
sobejo /ê/ adj. 1 que sobeja ou sobra 2 superabundante 3 excessivo; demasiado 4 considerável 5 enorme; imenso ■ n.m.pl. sobras; restos (Do cast. sobejos, «id.»)
sobemenda adv. 1 salvo qualquer emenda 2 sem prejuízo de melhor opinião (De sob-+emenda)
soberanamente adv. 1 de modo soberano; com império; imperiosamente 2 [gír.] muito (De soberano+-mente)
soberania n.f. 1 qualidade de soberano 2 poder político, independente e supremo 3 situação de independência de um órgão ou de um estado; autonomia 4 poder do Estado para fazer leis e impô-las coletivamente 5 território sob o poder de um soberano 6 conjunto dos poderes que formam uma nação politicamente organizada 7 excelência; superioridade 8 [fig.] altivez; *órgãos de* ~ entidades que representam os poderes (político e judicial) do Estado (Presidente da República, Assembleia da República, Governo e Tribunais) (De soberano+-ia)
soberanizar v.tr. 1 tornar soberano 2 [fig.] engrandecer; exaltar (De soberano+-izar)
soberano adj. 1 que tem soberania; que detém autoridade suprema; supremo 2 que exerce o poder sem qualquer restrição; absoluto; autoritário 3 que detém o poder; dominador 4 [fig.] arrogante; altivo 5 [fig.] excelente; magnífico ■ n.m. 1 pessoa ou entidade que exerce o poder supremo 2 chefe de estado monárquico; monarca 3 [fig.] pessoa muito influente ou dominadora 4 [pop.] libra esterlina (Do lat. *superānu-, «que está por cima»)

soberba /ê/ n.f. 1 atitude sobranceira; orgulho; altivez; arrogância 2 RELIGIÃO um dos sete pecados capitais 3 [pop.] avareza (Do lat. superbĭa-, «id.»)
soberbaço adj.,n.m. ⇒ **soberbão** (De soberbo+-aço)
soberbamente /ê/ adv. 1 com soberba; com arrogância 2 de forma excelente; magnificamente (De soberbo+-mente)
soberbão adj.,n.m. que ou aquele que é muito soberbo (De soberbo+-ão)
soberbete /bê/ adj.2g.,n.m. que ou a pessoa que é um tanto soberba (De soberbo+-ete)
soberbia n.f. qualidade de soberbo; arrogância; altivez (De soberbo+-ia)
soberbo /ê/ adj. 1 que tem soberba 2 arrogante; altivo; vaidoso 3 [pop.] avarento 4 excelente; magnífico; digno de admiração 5 majestoso; sumptuoso ■ n.m. indivíduo altivo ou arrogante (Do lat. superbu-, «id.»)
soberboso adj. [pop.] ⇒ **soberbo** (De soberba+-oso)
sobernal n.m. 1 trabalho excessivo que produz esgotamento 2 ergastenia ou esgotamento resultante de trabalho excessivo (Do lat. supernu-, «superior» +-al)
sobestar v.tr. estar abaixo de; ser inferior a (De sob-+estar)
sobgrave adj.2g. MÚSICA mais baixo que o grave ■ n.m. MÚSICA registo, timbre ou som que está abaixo do grave, que é o último na escala geral (De sob-+grave)
sóbole n.f. 1 BOTÂNICA gomo vegetal 2 [fig.] descendência (Do lat. subŏle-, «id.»)
soborralhadoiro n.m. ⇒ **soborralhadouro**
soborralhadouro n.m. varredouro do forno (De soborralho+-douro)
soborralhar v.tr. pôr debaixo do borralho para cozer (De soborralho+-ar)
soborralho n.m. 1 calor concentrado debaixo do borralho 2 cinzas do borralho (De sob-+borralho)
sobpé n.m. ⇒ **sopé** (De sob-+pé)
sobpear v.tr. 1 meter debaixo dos pés 2 pisar 3 esmagar 4 [fig.] subjugar (De sob-+pé+-ar)
sobpor v.tr. 1 pôr debaixo; sotopor 2 [fig.] menosprezar; desdenhar (De sob-+pôr)
sobra n.f. 1 ato ou efeito de sobrar 2 aquilo que sobra 3 pl. sobejos; restos; *de ~* em excesso, de mais (Deriv. regr. de sobrar)
sobraçar v.tr. 1 levar em braços 2 [fig.] sustentar; amparar 3 [fig.] gerir; dirigir 4 meter debaixo do braço (De sob-+braço+-ar)
sobradar v.tr. 1 pôr sobrado a; assoalhar 2 estabelecer um andar em (De sobrado+-ar)
sobrado n.m. 1 soalho; pavimento de madeira 2 andar superior de casa com dois pisos 3 [Brasil] casa de senhor de engenho ■ adj. 1 que sobrou; que resta 2 excessivo 3 abastado (Do lat. superātu-, «elevado», part. pass. de superāre, «ser superior a; dominar»)
sobral n.m. ⇒ **sobreiral** (De sobro+-al)
sobrançaria n.f. ⇒ **sobranceria**
sobrancear v.tr. 1 estar sobranceiro a 2 ser mais elevado do que; sobrepujar 3 estar por cima de; sobrepor-se a 4 dominar 5 exceder; ultrapassar (De sobran(ceiro)+-ear)
sobranceiro adj. 1 que está por cima 2 que olha ou vê de alto; elevado 3 dominante; proeminente 4 que tem o ânimo forte para resistir aos problemas; corajoso 5 que se destaca; que sobressai 6 [fig.] altivo; desdenhoso; arrogante (Do cast. sobrancero, «id.»?)
sobrancelha /ê/ n.f. conjunto encurvado de pelos, dispostos em forma de arco, por cima de cada órbita ocular (Do lat. supercilĭa-, «id.»)
sobrancelhudo adj. 1 que possui sobrancelhas grandes 2 [fig.] carrancudo (De sobrancelha+-udo)
sobranceria n.f. 1 qualidade do que é sobranceiro 2 [fig.] superioridade 3 [fig.] altivez; desdém (De sobranceiro+-ia)
sobrante adj.2g. que sobra; restante (Do lat. superante-, «id.», part. pres. de superāre, «ser superior a; exceder»)
sobrar v.tr.,intr. 1 haver em excesso; estar a mais; sobejar 2 ficar como resto; restar ■ v.tr. 1 ser mais que suficiente (para); chegar 2 ficar mais alto do que (outro); estar a um nível superior (Do lat. superāre, «id.»)
sobrasar v.tr. pôr brasas debaixo de (De sob-+brasa+-ar)
sobre /ô/ prep. 1 em cima de; por cima de; na parte superior de (sobre a mesa) 2 acima de (sobre todos) 3 acerca de; a respeito de (falar sobre o assunto) 4 cerca de; perto de (chegar sobre a hora marcada) 5 ao longo de (passear sobre o areal) 6 na direção de (varanda sobre o mar) 7 atrás de; no encalço de (correr sobre o assaltante) 8 após; a seguir a (escrever cartas sobre cartas) 9 num total de; em (cinco sobre trezentos) 10 um tanto; próximo de (sobre o magro) 11 cobrado por (taxa sobre a transação) ■ n.

NÁUTICA vela alta de um navio, todavia inferior aos sobrinhos (Do lat. *super*, «id.»)

sobre- elemento de formação de palavras, de origem latina, que exprime a ideia de *posição superior, por cima*, e se liga por hífen ao elemento seguinte quando este começa por *h* (Do lat. *super*, «sobre»)

sobreabundar v.tr.,intr. ⇒ **superabundar** (De *sobre-+abundar*)
sobreafligir v.tr. afligir muito (De *sobre-+afligir*)
sobreaguado adj. 1 encharcado em água 2 inundado (De *sobre-+aguado*)
sobreaguar v.intr. 1 sobrenadar 2 flutuar (De *sobre-+água+-ar*)
sobrealcunha n.f. segunda alcunha; sobreapelido (De *sobre-+alcunha*)
sobrealimentação n.f. 1 alimentação excessiva 2 introdução forçada de maior quantidade de mistura de carburante no motor (De *sobre-+alimentação*)
sobrealimentar v.tr. ⇒ **superalimentar** (De *sobre-+alimentar*)
sobreanca n.f. ⇒ **xairel** n.m. 1 (De *sobre-+anca*)
sobreapelido n.m. segundo apelido (De *sobre-+apelido*)
sobreaquecer v.tr.,intr. aquecer demasiado ■ v.tr. 1 dar ao vapor de água, nas caldeiras de vapor, uma temperatura superior à temperatura de saturação 2 FÍSICA conduzir um líquido para além do seu ponto de ebulição sem que ele ferva 3 FÍSICA conduzir um sólido (por exemplo, gelo) para além do seu ponto de fusão sem que funda (De *sobre-+aquecer*)
sobreaquecido adj. 1 (ar, lugar) mais aquecido do que é conveniente 2 (líquido) aquecido a uma temperatura acima da de ebulição, sem que se vaporize (De *sobre-+aquecido*)
sobreaquecimento n.m. 1 aquecimento excessivo 2 elevação da temperatura de um líquido acima do seu ponto de ebulição (De *sobre-+aquecimento*)
sobrearco n.m. ARQUITETURA abóbada que completa o fecho superior de um vão de porta ou janela (De *sobre-+arco*)
sobreavaliação n.f. ato ou efeito de sobreavaliar (De *sobreavaliar+-ção*)
sobreavaliar v.tr. atribuir um valor superior ao devido a; sobrevalorizar (De *sobre-+avaliar*)
sobreavisar v.tr. pôr de sobreaviso; prevenir; acautelar (De *sobre-+avisar*)
sobreaviso n.m. 1 precaução 2 prevenção; *estar de ~* estar prevenido, estar alerta, precavido (De *sobre-+aviso*)
sobreaxilar /cs/ adj.2g. situado por cima da axila (De *sobre-+axila+-ar*)
sobrebailéu n.m. NÁUTICA bailéu posto sobre outro (De *sobre-+bailéu*)
sobrebainha n.f. forro exterior da bainha (De *sobre-+bainha*)
sobrebico n.m. ORNITOLOGIA parte superior do bico das aves (De *sobre-+bico*)
sobrebojo n.m. arco da pipa ou do tonel mais próximo do bojo (De *sobre-+bojo*)
sobrecabado adj. 1 situado no ponto mais alto de um cabo (farol) 2 [fig.] alto 3 [fig.] eminente (De *sobre-+cabo+-ado*)
sobrecâmara n.f. águas-furtadas; sótão (De *sobre-+câmara*)
sobrecana n.f. VETERINÁRIA tumor duro e indolor no terço da cana dos membros anteriores das bestas (De *sobre-+cana*)
sobrecapa n.f. 1 cobertura impressa de papel, geralmente decorada, que reveste e protege a capa de um livro 2 capa de material impermeável, usada sobre a roupa para proteger da chuva; gabardina 3 BOTÂNICA revestimento exterior de alguns bolbos e frutos (De *sobre-+capa*)
sobrecarga n.f. 1 carga excessiva 2 quantidade exagerada; superabundância 3 excesso de peso sobre uma estrutura ou construção 4 tarefa difícil ou penosa; excesso de trabalho 5 ELETRICIDADE excesso de corrente ou de tensão sobre o valor nominal indicado num aparelho elétrico ou numa instalação 6 marca colocada sobre os selos postais para lhes modificar o valor 7 ENGENHARIA carga que se considera como não atuando permanentemente 8 cilha que serve para apertar os fardos dos animais de carga (De *sobre-+carga*)
sobrecarregado adj. 1 que tem quantidade exagerada de algo 2 cheio até à saturação 3 que tem demasiados encargos, compromissos ou tarefas a cumprir 4 dominado por circunstâncias ou sentimentos (Part. pass. de *sobrecarregar*)
sobrecarregar v.tr. 1 colocar uma quantidade excessiva de coisas ou pessoas em; carregar demasiado 2 obrigar a um esforço exagerado 3 aumentar os encargos de 4 aumentar excessivamente 5 oprimir; vexar; acabrunhar (De *sobre-+carregar*)
sobrecarta n.f. carta enviada após outra para confirmar ou modificar a primeira (De *sobre-+carta*)

sobrecasaca n.f. casaco comprido, abotoado até à cinta, com abas em toda a roda, para traje masculino de cerimónia (De *sobre-+casaca*)
sobreceia n.f. [regionalismo] ração que se dá aos animais depois da ceia (De *sobre-+ceia*)
sobrecenho /ê/ n.m. 1 as sobrancelhas 2 semblante carregado 3 sobrancería (De *sobre-+cenho*)
sobrecéu n.m. cobertura suspensa sobre um leito ou pavilhão; dossel; esparavel (De *sobre-+céu*)
sobrechegar v.tr.,intr. ⇒ **sobrevir** (De *sobre-+chegar*)
sobrecheio adj. cheio em demasia; a transbordar (De *sobre-+cheio*)
sobrecilha n.f. correia que se aperta por cima da cilha para a reforçar (De *sobre-+cilha*)
sobreclaustra n.f. ⇒ **sobreclaustro**
sobreclaustro n.m. claustro superior (De *sobre-+claustro*)
sobrecoberta n.f. segunda cobertura ou coberta (De *sobre-+coberta*)
sobrecompensação n.f. 1 ato ou efeito de sobrecompensar 2 carácter de uma conduta que leva ao êxito no domínio de uma deficiência de origem (por exemplo, Demóstenes, gago, tornou-se grande orador) (De *sobrecompensar+-ção*, ou de *sobre-+compensação*)
sobrecompensar v.tr. 1 compensar com vantagem 2 compensar por larga margem (De *sobre-+compensar*)
sobrecomum adj.2g. GRAMÁTICA diz-se do nome que designa um ser humano e que é sempre do mesmo género, independentemente do sexo da pessoa que designa (exemplo: *a criança, a testemunha*) (De *sobre-+comum*)
sobrecopa n.f. tampa de forma convexa que cobre vasos antigos (copas, cálices, etc.) (De *sobre-+copa*)
sobrecoser v.tr. fazer sobrecostura em (De *sobre-+coser*)
sobrecostado n.m. NÁUTICA forro aplicado sobre o forro exterior do costado das naus e galeões para maior resistência (De *sobre-+costado*)
sobrecostura n.f. costura sobre duas peças já cosidas uma à outra (De *sobre-+costura*)
sobrecu n.m. [pop.] ⇒ **uropígio** (De *sobre-+cu*)
sobrecurva n.f. 1 curva a seguir a outra 2 tumor duro, na curva do jarrete da cavalgadura (De *sobre-+curva*)
sobredental adj.2g. que está na parte superior de um dente ou sobre ele (De *sobre-+dental*)
sobredente n.m. dente que se desenvolve sobrepondo-se a outro (De *sobre-+dente*)
sobredito adj. dito acima ou atrás; já mencionado (De *sobre-+dito*)
sobredivino adj. 1 mais que divino 2 [fig.] incomparável 3 [fig.] inexcedível (De *sobre-+divino*)
sobredoirado adj.,n.m. ⇒ **sobredourado**
sobredoirar v.tr. ⇒ **sobredourar**
sobredosagem n.f. administração ou utilização de dose exagerada (normalmente medicamentos) (De *sobre-+dosagem*)
sobredotado adj. que revela capacidades intelectuais ou físicas acima daquilo que é considerado normal ■ n.m. aquele que possui capacidades intelectuais ou físicas acima do que é considerado normal
sobredourado adj. dourado por cima ■ n.m. obra dourada (De *sobre-+dourado*)
sobredourar v.tr. 1 dourar por cima 2 [fig.] (Sol) iluminar a parte mais elevada de 3 [fig.] fazer parecer melhor do que é 4 [fig.] engrandecer; exaltar (De *sobre-+dourar*)
sobreeminência ver nova grafia sobre-eminência
sobre-eminência n.f. 1 qualidade do que é sobre-eminente 2 elevação; excelência (De *sobre-+eminência*)
sobreeminente ver nova grafia sobre-eminente
sobre-eminente adj.2g. 1 mais que eminente 2 muito elevado; excelente; magnífico (De *sobre-+eminente*)
sobreendividamento ver nova grafia sobre-endividamento
sobre-endividamento n.m. incapacidade de um devedor cumprir os seus compromissos financeiros em relação a uma ou mais entidade(s) credora(s); endividamento excessivo (De *sobre-+endividamento*)
sobreendividar ver nova grafia sobre-endividar
sobre-endividar v.pron. contrair dívidas em valor(es) superior(es) ao que se consegue pagar (De *sobre-+endividar*)
sobreerguer ver nova grafia sobre-erguer
sobre-erguer v.tr. erguer mais alto (em relação a outra coisa) (De *sobre-+erguer*)
sobreexaltação ver nova grafia sobre-exaltação

sobre-exaltação /z/ *n.f.* exaltação excessiva (De *sobre-+exaltação*)
sobreexaltar ver nova grafia sobre-exaltar
sobre-exaltar /z/ *v.tr.* exaltar muito (De *sobre-+exaltar*)
sobreexcedente ver nova grafia sobre-excedente
sobre-excedente *adj.2g.* que sobre-excede (De *sobre-+excedente*)
sobreexceder ver nova grafia sobre-exceder
sobre-exceder *v.tr.* **1** exceder muito; ultrapassar **2** ser superior a; levar vantagem (De *sobre-+exceder*)
sobreexcelência ver nova grafia sobre-excelência
sobre-excelência *n.f.* qualidade do que é sobre-excelente; sublimidade (De *sobre-+excelência*)
sobreexcelente ver nova grafia sobre-excelente
sobre-excelente *adj.2g.* mais que excelente; sublime (De *sobre-+excelente*)
sobreexcitação ver nova grafia sobre-excitação
sobre-excitação *n.f.* **1** ato ou efeito de sobre-excitar **2** excitação nervosa ou agitação acima do normal (De *sobre-+excitação*)
sobreexcitante ver nova grafia sobre-excitante
sobre-excitante *adj.2g.* que sobre-excita (De *sobre-+excitante*)
sobreexcitar ver nova grafia sobre-excitar
sobre-excitar *v.tr.* excitar muito **2** impressionar intensamente ■ *v.pron.* **1** alvoroçar-se **2** encolerizar-se (De *sobre-+excitar*)
sobreexpor ver nova grafia sobre-expor
sobre-expor *v.tr.* expor excessivamente **2** FOTOGRAFIA expor (uma emulsão fotográfica ou um sensor digital) à luz por um tempo maior que o indicado ou considerado normal (De *sobre-+expor*)
sobreexposição ver nova grafia sobre-exposição
sobre-exposição *n.f.* **1** exposição excessiva **2** FOTOGRAFIA ação de expor uma emulsão fotográfica ou um sensor digital à luz por um tempo maior que o indicado ou considerado normal (De *sobre-+exposição*)
sobrefoliáceo *adj.* BOTÂNICA que está sobre a folha ou aderente à parte superior desta (De *sobre-+foliáceo*)
sobrefusão *n.f.* FÍSICA fenómeno da persistência do estado líquido a temperaturas inferiores ao ponto de fusão, que se observa quando certas substâncias foram fundidas e depois arrefecidas muito lentamente, em repouso absoluto ou em estado de violenta agitação (De *sobre-+fusão*)
sobregoverno *n.m.* governo supremo ou principal (De *sobre-+governo*)
sobre-humanizar *v.tr.* tornar sobre-humano (De *sobre-+humanizar*)
sobre-humano *adj.* **1** que está acima das forças humanas **2** sublime; extraordinário **3** sobrenatural (De *sobre-+humano*)
sobreintender *v.tr.* ⇒ **superintender** (De *sobre-+intender*)
sobreir *v.intr.* ir sobre ou contra alguém ou alguma coisa (De *sobre-+ir*)
sobreira *n.f.* [regionalismo] sobreiro muito grande ou muito velho (De *sobreiro*)
sobreiral *n.m.* mata de sobreiros; sobral; soveral (De *sobreiro+-al*)
sobreiro *n.m.* BOTÂNICA árvore da família das Fagáceas, de folhas lobadas e flores pequenas, espontânea e cultivada, de cujo tronco se extrai a cortiça (Do port. ant. *sobro*, «sobreiro» *+-eiro*)
sobreirritar *v.tr.* irritar muito (De *sobre-+irritar*)
sobrejacente *v.tr.* está ou jaz por cima (Do lat. *superjacente-*, «id.», part. pres. de *superjacêre*, «estar sobre»)
sobrejectiva ver nova grafia sobrejetiva
sobrejetiva *n.f.* **1** MATEMÁTICA aplicação de um conjunto sobre outro **2** aplicação cujo contradomínio coincide com o conjunto de chegada (Do lat. *superjectu-*, «sobreposto», part. pass. de *superjacêre*, «sobrepor; colocar por cima» *+-ivo*)
sobrelanço *n.m.* **1** lanço em cima de outro **2** lanço mais elevado (De *sobre-+lanço*)
sobrelargura *n.f.* ENGENHARIA acréscimo de largura dado às faixas de rodagem, nas curvas (De *sobre-+largura*)
sobrelevação *n.f.* ENGENHARIA inclinação transversal, para o interior, dada nas curvas à superfície do pavimento de uma estrada (De *sobre-+elevação*)
sobrelevado *adj.* **1** que está mais elevado que outro **2** [fig.] muito caro (De *sobre-+elevado*)
sobrelevante *adj.2g.* que sobreleva ou suplanta (De *sobrelevar+-ante*)
sobrelevar *v.tr.* **1** ser mais alto que **2** aumentar em altura; tornar mais alto **3** elevar; erguer **4** suplantar; superar **5** levar vantagem; sobre-exceder ■ *v.intr.,pron.* destacar-se; sobressair (Do lat. *superelevāre*, «elevar acima de»)

sobreloja *n.f.* pavimento situado entre o rés do chão e o primeiro andar (De *sobre-+loja*)
sobrelotação *n.f.* **1** ato ou efeito de sobrelotar; lotação excessiva **2** carga que excede a lotação legal (de um barco, veículo, etc.) (De *sobre-+lotação*)
sobrelotado *adj.* **1** com lotação em excesso **2** extremamente cheio (Part. pass. de *sobrelotar*)
sobrelotar *v.tr.* **1** ultrapassar a lotação de; lotar em demasia **2** encher excessivamente; sobrecarregar (De *sobre-+lotar*)
sobreluzir *v.intr.* brilhar muito; reluzir (De *sobre-+luzir*)
sobremaneira *adv.* **1** além do devido; excessivamente **2** extraordinariamente; altamente; muito (De *sobre-+maneira*)
sobremanhã *n.f.* o fim da manhã (De *sobre-+manhã*)
sobremão *elem.loc.adv. de ~* com todo o interesse; descansadamente (De *sobre-+mão*)
sobremaravilhar *v.tr.* **1** maravilhar extremamente **2** causar estupefação a; assombrar (De *sobre-+maravilhar*)
sobremesa *n.f.* fruta, doce ou queijo que se come no fim de uma refeição principal; pospasto (De *sobre-+mesa*)
sobremodo *adv.* muito; sobremaneira (De *sobre-+modo*)
sobrenadar *v.intr.* **1** nadar à tona da água **2** flutuar; boiar **3** [fig.] sobressair; evidenciar-se (Do lat. *supernatāre*, «flutuar»)
sobrenatural *adj.2g.* **1** superior às forças da natureza; que não é explicável pelas leis naturais **2** que está acima da natureza humana **3** [fig.] extraordinário **4** [fig.] miraculoso ■ *n.m.* **1** aquilo que é superior às leis da natureza **2** o que transcende a natureza humana (De *sobre-+natural*)
sobrenaturalidade *n.f.* qualidade do que é sobrenatural (De *sobrenatural+-i-+-dade*)
sobrenaturalismo *n.m.* **1** qualidade do que é sobrenatural **2** crença em coisas ou seres sobrenaturais **3** doutrina dos que admitem uma intervenção sobrenatural no mundo (De *sobrenatural+-ismo*)
sobrenaturalista *adj.,n.2g.* que ou a pessoa que admite o sobrenaturalismo
sobrenaturalizar *v.tr.* dar ou atribuir carácter sobrenatural a (De *sobrenatural+-izar*)
sobrenome /ô/ *n.m.* **1** nome que se segue ao nome de batismo; apelido; nome de família **2** alcunha ou cognome acrescentado ao nome próprio de uma pessoa ou família (De *sobre-+nome*)
sobrenomear *v.tr.* **1** pôr sobrenome a; apelidar de **2** alcunhar de (Do lat. *supernomināre*, «id.»)
sobrenumerável *adj.2g.* incalculável; inumerável (De *sobre-+numerável*)
sobreolhar *v.tr.* olhar com sobranceria; ver com certo desdém (De *sobre-+olhar*)
sobreosso /ô/ *n.m.* VETERINÁRIA excrescência anormal de um osso (exostose) nas cavalgaduras (De *sobre-+osso*)
sobrepaga *n.f.* **1** o que se paga além daquilo que se estipula **2** gratificação (De *sobre-+paga*)
sobrepairar *v.tr.,intr.* pairar mais alto ou acima (de) (De *sobre-+pairar*)
sobreparto *adv.* imediatamente após o parto ■ *n.m.* qualquer doença que sobrevém ao parto (De *sobre-+parto*)
sobrepasto *n.m.* sobremesa; pospasto (De *sobre-+pasto*)
sobrepeliz *n.f.* RELIGIÃO espécie de mantelete branco e fino, com ou sem mangas, que os padres vestem sobre a batina (Do b. lat. *superpellicěa [vestis]*, «peliça para sobrepor»)
sobrepensar *v.intr.* pensar muitas vezes sobre o mesmo assunto ou objeto ■ *v.tr.* pensar muito acerca de; premeditar (De *sobre-+pensar*)
sobrepesar *v.tr.* **1** sobrecarregar **2** pensar muito acerca de; sobrepensar ■ *v.intr.* **1** pesar excessivamente **2** ser muito prejudicial (De *sobre-+pesar*)
sobrepeso *n.m.* **1** sobrecarga **2** peso adicional (De *sobre-+peso*)
sobreponível *adj.2g.* que se pode sobrepor
sobrepopulação *n.f.* excesso de população, atendendo aos recursos de uma dada região ou da Terra na globalidade
sobrepor *v.tr.* **1** pôr em cima ou por cima de **2** acrescentar; adicionar; juntar **3** considerar mais importante; antepor **4** dobrar na parte superior ■ *v.pron.* **1** acumular-se em camadas sucessivas **2** seguir-se cumulativamente **3** elevar-se acima (de) **4** revelar-se mais importante **5** sobrevir; suceder (Do lat. *superponěre*, «id.»)
sobreporta *n.f.* bandeira ou parte superior da porta (De *sobre-+porta*)
sobreposição *n.f.* **1** ato ou efeito de sobrepor ou sobrepor-se **2** colocação de uma coisa sobre outra **3** acrescentamento; acréscimo (Do lat. *superpositiōne-*, «id.»)

sobreposse n.f. 1 exagero 2 trabalho demasiado; *à ~* mais do que se pode, em excesso, com grande esforço, contra a vontade, sem poder, com sacrifício superior às forças (De *sobre-+posse*)

sobreposto adj. que se sobrepôs; posto em cima ■ n.m.pl. 1 quaisquer enfeites (fitas, galões, passamanes, etc.) colocados sobre os vestidos 2 jaezes (Do lat. *superposĭtu-*, «id.», part. pass. de *superponĕre*, «sobrepor»)

sobrepovoamento n.m. 1 ato ou efeito de sobrepovoar 2 excesso populacional em determinada região; sobrepopulação (De *sobre-+povoamento*)

sobrepovoar v.tr. desenvolver excessivamente a população de (De *sobre-+povoar*)

sobrepratear v.tr. pratear exteriormente; revestir com uma camada de prata (De *sobre-+pratear*)

sobreprodução n.f. ECONOMIA excesso de produção em relação à procura (De *sobre-+produção*)

sobreprova n.f. 1 nova prova 2 confirmação (De *sobre-+prova*)

sobrepujamento n.m. 1 ato ou efeito de sobrepujar 2 excesso de altura 3 superioridade 4 [fig.] fartura; abundância (De *sobrepujar+-mento*)

sobrepujante adj.2g. que sobrepuja; que excede (De *sobrepujar+-ante*)

sobrepujar v.tr. 1 pujar muito; ultrapassar; superar 2 sobrelevar (Do lat. *superpodiāre*, «subir», pelo cast. *sobrepujar*, «id.»)

sobrequilha n.f. NÁUTICA peça de madeira ou de ferro que, no interior dos navios, cobre a quilha para apertar as cavernas contra ela (De *sobre-+quilha*)

sobrerrenal adj.2g. que fica por cima dos rins; suprarrenal (De *sobre-+renal*)

sobrerrestar v.tr.,intr. ficar depois de (outro); sobreviver (a) (De *sobre-+restar*)

sobrerronda n.2g. pessoa que vigia o serviço das rondas ■ n.f. ato de sobrerrondar (De *sobre-+ronda*)

sobrerrondar v.tr. 1 vigiar o serviço das rondas de 2 espreitar; inspecionar ■ v.intr. fazer a sobrerronda; estar de sentinela (De *sobrerronda+-ar*)

sobrerrosado adj. muito rosado (De *sobre-+rosado*)

sobrescrever v.tr. 1 escrever sobre 2 sobrescritar (Do lat. *superscribĕre*, «id.»)

sobrescritar v.tr. 1 pôr sobrescrito em 2 escrever o endereço em (uma carta) 3 [fig.] destinar; dirigir (De *sobrescrito+-ar*)

sobrescrito n.m. 1 invólucro de carta ou de cartão, geralmente em papel dobrado em forma de bolsa; envelope 2 endereço do destinatário ■ adj.,n.m. TIPOGRAFIA diz-se de ou letra, número ou símbolo escrito ou impresso acima do alinhamento de outro carácter, geralmente em tamanho menor, muito utilizado em abreviaturas ou expoentes (Do lat. *superscriptu-*, «id.»)

sobresperar v.tr.,intr. 1 esperar por muito tempo 2 ter muita esperança (Do lat. *supersperāre*, «id.»)

sobressaia n.f. segunda saia, que se usa por cima de outra (De *sobre-+saia*)

sobressair v.intr. 1 estar ou ficar saliente; salientar-se 2 ressaltar; destacar-se; distinguir-se 3 ouvir-se distintamente 4 prender a atenção (De *sobre-+sair*)

sobressalente adj.2g.,n.m. ⇒ **sobresselente** (De *sobre-+saliente*)

sobressaliente adj.,n.2g. ⇒ **sobresselente** (De *sobre-+saliente*)

sobressaltar v.tr. 1 saltar sobre 2 tomar de assalto 3 surpreender 4 agitar; inquietar 5 causar receio a; assustar 6 omitir 7 transpor ■ v.pron. 1 inquietar-se 2 assustar-se 3 perturbar-se (De *sobre-+saltar*)

sobressaltear v.tr. 1 acometer de assalto; saltear 2 atacar à traição (De *sobre-+saltear*)

sobressalto n.m. 1 ato ou efeito de sobressaltar 2 perturbação repentina; susto 3 agitação imprevista; inquietação 4 estremecimento involuntário 5 apreensão de perigo ou desgraça; *de ~* de surpresa; *em ~* em cuidados (Deriv. regr. de *sobressaltar*)

sobressano n.m. NÁUTICA parte do costado do navio que fica abaixo da linha da água (De orig. obsc.)

sobressarar v.tr. curar superficialmente ■ v.intr. sentir melhoras passageiras; não sarar de todo (De *sobre-+sarar*)

sobressaturação n.f. 1 QUÍMICA ato de sobressaturar (uma solução) 2 [fig.] excesso; *estado de ~* QUÍMICA estado de uma solução que contém mais soluto do que o correspondente à solubilidade a certa temperatura, por ter sido feita a temperatura superior e a evolução térmica para aquela temperatura inferior se ter efetuado em absoluto repouso ou com agitação demasiado violenta (De *sobre-+saturação*)

sobressaturado adj. 1 que excedeu ou ultrapassou o ponto de saturação 2 QUÍMICA (vapor) cuja pressão excede a pressão de saturação, à temperatura a que se encontra (De *sobre-+saturado*)

sobressaturar v.tr. provocar um estado de sobressaturação em (De *sobre-+saturar*)

sobresseguro n.m. seguro cujo valor é superior ao do interesse segurado (De *sobre-+seguro*)

sobresselente adj.2g. 1 que se destina a substituir aquilo que se gasta ou avaria com o uso 2 que serve para suprir faltas 3 que sobeja; que excede o necessário ■ n.m. aquilo que sobressai, sobeja ou excede (Por *sobressaliente*)

sobresselo n.m. 1 segundo selo que se junta ao primeiro para maior segurança 2 sobretaxa (De *sobre-+selo*)

sobressemear v.tr. 1 tornar a semear sobre terreno já semeado 2 semear à superfície (Do lat. *superseminãre*, «semear por cima»)

sobresser v.intr. sobrestar; deter-se; parar (De *sobre-+ser*)

sobressinal n.m. sinal ou insígnia sobre o vestuário (De *sobre-+sinal*)

sobressolar v.tr. deitar solas novas sobre as solas velhas de (De *sobre-+solar*)

sobressoleira n.f. peça que assenta sobre a soleira (De *sobre-+soleira*)

sobressubstancial adj.2g. muito substancial (De *sobre-+substancial*)

sobrestante adj.2g. 1 que sobrestá; sobranceiro 2 iminente ■ n.2g. aquele que superintende; pessoa encarregada (Do lat. *superstante-*, «id.», part. pres. de *superstāre*, «estar por cima de; dominar»)

sobrestar v.intr. 1 não prosseguir; parar 2 descontinuar 3 abster-se 4 estar iminente ■ v.tr. 1 suspender; interromper 2 retardar (Do lat. *superstāre*, «id.»)

sobrestimar v.tr. atribuir importância ou valor superior ao real a; ter em exagerada conta (De *sobre-+estimar*)

sobretarde n.f. últimos momentos da tarde; crepúsculo; noitinha ■ adv. à tardinha (De *sobre-+tarde*)

sobretaxa n.f. 1 taxa adicional 2 imposto que acresce a outro 3 suplemento de custo adicionado a uma tarifa ordinária 4 selo de multa por carta insuficientemente franqueada (De *sobre-+taxa*)

sobretecer v.tr. 1 tecer sobre o tecido 2 tecer, entremeando; entretecer (De *sobre-+tecer*)

sobreteima n.f. grande teima ■ adv. pertinazmente (De *sobre-+teima*)

sobretensão n.f. ELETRICIDADE aumento súbito e acidental da tensão num aparelho ou instalação elétrica (De *sobre-+tensão*)

sobreterrestre adj.2g. que está sobre ou acima da Terra (De *sobre-+terrestre*)

sobretoalha n.f. 1 toalha que se põe por cima de outra para a resguardar 2 baetilha que cobre a toalha ou o véu da cabeça das freiras (De *sobre-+toalha*)

sobretónica n.f. MÚSICA segundo grau da escala diatónica (De *sobre-+tónica*)

sobretudo n.m. casaco de agasalho, largo e comprido, que se veste por cima do fato ■ adv. principalmente (De *sobre-+tudo*)

sobrevalorizar v.tr. valorizar(-se) em excesso; atribuir um valor demasiado alto a (si próprio) (De *sobre-+valorizar*)

sobreveniente adj.2g. ⇒ **superveniente** (Do lat. *superveniente-*, «que sobrevém», part. pres. de *supervenīre*, «sobrevir»)

sobrevento n.m. 1 pé de vento inesperado que prejudica a marcha do navio 2 [fig.] coisa que sobrevém e transtorna, assusta ou inquieta (De *sobre-+vento*, ou do lat. *superventu-*, «sobrevindo», part. pass. de *supervenīre*, «sobrevir»)

sobreveste n.f. vestimento ou adorno que se usa sobre as outras vestes (De *sobre-+veste*)

sobrevestir v.tr. 1 vestir ou trazer vestido por cima de 2 revestir (Do lat. *supervestīre*, «vestir por cima»)

sobrevigiar v.tr. vigiar como chefe ou superintendente (De *sobre-+vigiar*)

sobrevindo adj. 1 que sobreveio; que aconteceu depois de alguma coisa 2 imprevisto; inesperado; inopinado ■ n.m. 1 indivíduo que chegou imediatamente depois de alguém 2 indivíduo que chegou inesperadamente (Part. pass. de *sobrevir*)

sobrevir v.tr.,intr. vir sobre ou logo depois de (outra coisa); acontecer depois (de) ■ v.intr. ocorrer inesperadamente; chegar inesperadamente (Do lat. *supervenīre*, «id.»)

sobrevirtude n.f. véu que algumas freiras trazem sobre a toalhinha (De *sobre-+virtude*)

sobrevivência n.f. 1 qualidade ou estado do sobrevivente 2 qualidade do que resiste à passagem do tempo; continuidade 3 subsistência 4 conservação da vida celular por algum tempo após a

sobrevivente

morte do organismo; *direito de* ~ direito de herdar o cargo ou emprego alheio (De *sobre-+vivência*)

sobrevivente *adj.2g.* 1 que sobrevive; que se mantém vivo 2 que escapou de um desastre ou de uma catástrofe 3 que perdura no tempo ■ *n.2g.* 1 pessoa que escapou à morte num desastre ou numa catástrofe 2 pessoa que sobrevive a outra (Do lat. *supervivente-*, «id.», part. pres. de *supervivere*, «sobreviver»)

sobreviver *v.tr.,intr.* continuar vivo (depois de perigo ou catástrofe); escapar (a) ■ *v.tr.* 1 continuar a viver (depois de outra pessoa ter morrido) 2 continuar a existir (depois de situação grave); durar; perdurar ■ *v.intr.* reunir as condições materiais mínimas necessárias à subsistência; subsistir (Do lat. *supervivere*, «id.»)

sobrevivo *adj.* ⇒ **sobrevivente** (De *sobre-+vivo*)

sobrevoar *v.tr.* voar por cima de (Do lat. *supervolāre*, «id.»)

sobrevoo /ô/ *n.m.* ato de sobrevoar (Deriv. regr. de *sobrevoar*)

sobriamente *adv.* 1 com sobriedade 2 moderadamente 3 frugalmente (De *sóbrio+-mente*)

sobriedade *n.f.* 1 qualidade de sóbrio 2 temperança; moderação; parcimónia 3 estado do que não se encontra embriagado 4 reserva; circunspeção; discrição 5 modéstia 6 simplicidade (Do lat. *sobrietāte-*, «id.»)

sobrinho *n.m.* 1 filho de irmão ou irmã, ou de cunhado ou cunhada 2 NÁUTICA qualquer das últimas velas de um navio (Do lat. *sobrīnu-*, «primo direito»)

sobrinho-neto *n.m.* filho do sobrinho ou da sobrinha

sóbrio /ó/ *adj.* 1 moderado no comer, no beber e em outros apetites 2 frugal; parco 3 que não está sob o efeito de álcool 4 comedido; refletido e prudente; circunspecto 5 despretensioso; simples 6 que não chama a atenção; discreto (Do lat. *sobrĭu-*, «id.»)

sobro /ô/ *n.m.* 1 choça (carvão) 2 BOTÂNICA ⇒ **sobreiro** (Do lat. vulg. *subĕru-*, por *subĕre-*, «id.»)

sob-roda *n.f.* cova, depressão ou saliência, numa estrada, que estorva o andamento de um veículo

sob-rojar *v.intr.* ⇒ **rastejar** *v.intr.* 1

sobrolho /ô/ *n.m.* ⇒ **sobrancelha**; *carregar/franzir o* ~ mostrar aparência severa (De *sobre-+olho*)

soca[1] *n.f.* 1 BOTÂNICA designação vulgar do rizoma; caule subterrâneo 2 [Brasil] segunda produção da cana-de-açúcar (Do tupi '*soka*, «rebento»)

soca[2] *n.f.* calçado com base de madeira, geralmente com forma muito simples (De orig. obsc.)

soca[3] *n.f.* 1 [pop.] pouco dinheiro 2 [pop.] penúria; *não ter* ~ não ter dinheiro nenhum, ser pobre (De orig. obsc.)

socador *n.m.* [Brasil] almofariz

socadura *n.f.* ato de socar a massa para a espalmar (De *socar+-dura*)

socairo *n.m.* 1 NÁUTICA cabo que vai sobejando e se vai recolhendo, em certas manobras náuticas 2 correia cujas pontas se prendem aos canzis dos carros para os suster nas descidas 3 laço de corda que se dá em volta dos fueiros do carro de bois para atar ou segurar os volumes que ele transporta (Do cat. *socaire*, «id.»)

socalcar *v.tr.* 1 calcar muito; pisar 2 fazer socalcos em (De *sob-+calcar*)

socalco *n.m.* 1 porção de terreno mais ou menos horizontal 2 espécie de degrau, nas encostas, suportado por muro, para cultivo (Deriv. regr. de *socalcar*)

socancra *adj.,n.2g.* 1 que ou a pessoa que faz as coisas pela calada; sonso 2 sovina; *à* ~ pela calada (De orig. obsc.)

socapa *n.f.* 1 manha 2 disfarce; *à* ~ disfarçadamente, furtivamente (De *sob-+capa*)

socar *v.tr.* 1 dar socos em; esmurrar 2 sovar 3 pôr soco em 4 espalmar (a massa do pão) 5 calcar (a pólvora) no canhão 6 apertar (a terra) à volta de uma pedra para a firmar 7 apertar fortemente (um nó) (De orig. incerta)

socarrão *n.m.* 1 intrujão 2 velhaco (Do cast. *socorrón*, «astuto»)

socate *n.m.* 1 pequeno soco; soquete 2 empurrão; *de* ~ [regionalismo] de repente (De *soco+-ate*)

socava *n.f.* cavidade subterrânea; cova (Do lat. *subcăva-*, «cavada interiormente»)

socavado *adj.* 1 cavado por baixo 2 minado ■ *n.m.* 1 desentulho 2 escavação 3 cova subterrânea (De *so-+cavado*)

socavão *n.m.* 1 socava grande ou profunda 2 abrigo; esconderijo (De *socava+-ão*)

socavar *v.tr.* cavar por baixo; minar; solapar ■ *v.intr.* fazer escavações (Do lat. *subcavāre* ou *succavāre*, «id.»)

sochantrado *n.m.* dignidade de sochantre (De *sochantre+-ado*)

sochantre *n.m.* aquele que faz as vezes do chantre (De *so-+chantre*)

sochantrear *v.intr.* exercer o cargo de sochantre (De *sochantre+-ear*)

sochão *n.m.* [regionalismo] espécie de abrigo para gado ou pessoas, escavado na encosta de um monte (De *so-+chão*)

sociabilidade *n.f.* 1 qualidade do que é sociável 2 comportamento de quem aprecia e cultiva a convivência social; gosto de viver e conviver em sociedade 3 cortesia; amabilidade (Do lat. *sociabilitāte-*, «id.»)

sociabilizar *v.tr.* 1 tornar sociável 2 ensinar a adotar um comportamento tido como socialmente correto (Do lat. *sociabĭle-*, «sociável» +-*izar*)

social *adj.2g.* 1 pertencente ou respeitante à sociedade 2 que vive em sociedade 3 que gosta de viver em sociedade; sociável 4 referente a uma sociedade comercial ou industrial 5 diz-se dos problemas relativos à organização e à satisfação das necessidades dos indivíduos em sociedade (Do lat. *sociāle-*, «id.»)

social-democracia *n.f.* 1 ideologia política que se integra no quadro das instituições democráticas e liberais e reconhece a propriedade privada e a função do mercado 2 socialismo reformista praticado sobretudo nos países escandinavos com ampla aplicação do cooperativismo

social-democrata *adj.2g.* 1 relativo à social-democracia 2 que é partidário da social-democracia ■ *n.2g.* pessoa que perfilha a doutrina da social-democracia

social-democrático *adj.* relativo à social-democracia

socialismo *n.m.* 1 sistema político-económico que preconiza, respetivamente, a direção e domínio do Estado nos bens de produção e consumo, e uma nova distribuição das riquezas 2 doutrina que defende o predomínio da sociedade sobre o indivíduo (De *social+-ismo*, ou do fr. *socialisme*, «id.»)

socialista *adj.2g.* que diz respeito ao socialismo ■ *n.2g.* pessoa partidária do socialismo (De *social+-ista*, ou do fr. *socialiste*, «id.»)

socialização *n.f.* 1 ato ou efeito de socializar 2 PSICOLOGIA integração social da criança no decurso do seu desenvolvimento 3 POLÍTICA apropriação pelo Estado dos meios de produção (De *socializar+-ção*)

socializar *v.tr.* 1 ensinar a adotar um comportamento tido como socialmente correto; tornar social 2 reunir em sociedade ou associação 3 promover a socialização ■ *v.pron.* 1 tornar-se social; adaptar-se à vida em grupo 2 reunir-se em sociedade (De *social+-izar*, ou do fr. *socialiser*, «id.»)

socialmente *adv.* 1 do ponto de vista social 2 pelo que respeita à sociedade (De *social+-mente*)

sociatria *n.f.* psicoterapia do comportamento social, que visa o aperfeiçoamento das relações inter-humanas (Do lat. *sociŭ-*, «sócio; associado»+gr. *iatreía*, «cura; tratamento»)

sociável *adj.2g.* 1 que vive natural e normalmente em sociedade 2 que aprecia e cultiva a vida social 3 educado; polido; delicado 4 PSICOLOGIA diz-se do indivíduo extrovertido com necessidade de contacto com outrem (Do lat. *sociabĭle-*, «id.»)

sociedade *n.f.* 1 conjunto de pessoas que vivem em estado gregário; corpo social 2 conjunto de pessoas que mantêm relações sociais; coletividade 3 estado dos animais que vivem normalmente em agrupamentos 4 relação entre pessoas; convivência 5 associação (civil, comercial ou industrial); agremiação; reunião 6 local onde se reúnem os membros de uma agremiação; clube 7 participação; parceria 8 DIREITO, ECONOMIA contrato em que duas ou mais pessoas se obrigam a contribuir com bens ou serviços para o exercício em comum de certa atividade económica, que não seja de mera fruição, a fim de repartirem os lucros resultantes dessa atividade; ~ *anónima* DIREITO, ECONOMIA empresa cujo capital se encontra dividido por sócios, que possuem ações livremente negociáveis, e que são responsáveis apenas pelo capital que subscreveram; ~ *civil* conjunto dos cidadãos, unidos pela consciência dos seus direitos e deveres cívicos; ~ *de consumo* sociedade em que se estimula um consumo exacerbado de bens não essenciais, principalmente através de técnicas de publicidade; ~ *de informação* organização económica e social que privilegia as atividades de produção e os serviços de distribuição de informação; ~ *por quotas* DIREITO, ECONOMIA empresa na qual o capital social se encontra dividido pelos sócios mediante quotas, que estabelecem os limites da responsabilidade de cada sócio (Do lat. *societāte-*, «id.»)

societal *adj.2g.* relativo à sociedade, sobretudo considerada do ponto de vista da sua estrutura, organização ou função; próprio da vida em sociedade (Do ing. *societal*, «id.»)

societariado *n.m.* 1 qualidade de quem é societário 2 os societários (De *societário+-ado*)

societário *adj.,n.m.* que ou aquele que faz parte de uma sociedade; sócio (Do fr. *sociétaire*, «id.»)

socinianismo n.m. RELIGIÃO doutrina que rejeita o dogma da Santíssima Trindade, criada pelo reformador italiano Lelio Socini (1525-1562) e difundido pelos seus adeptos (De *sociniano*+-*ismo*)

sociniano adj. relativo ao socinianismo, doutrina criada pelo reformador italiano Lelio Socini, 1525-1562 ■ n.m. adepto do socinianismo (De *Socini*, antr. +-*ismo*)

socio- elemento de formação de palavras que exprime a ideia de *sócio*, *social*, *sociedade* (Do lat. *sociu-*, «companheiro»)

sócio n.m. **1** indivíduo que faz parte de uma sociedade ou é membro de uma associação; societário **2** indivíduo que se associa a outro na formação ou gestão de uma empresa **3** companheiro; parceiro **4** cúmplice; coautor ■ adj. que faz parte de uma sociedade; associado (Do lat. *sociu-*, «id.»)

sociocracia /só/ n.f. regime em que o poder pertence à sociedade considerada como um todo orgânico (Do lat. *sociu-*, «sócio»+gr. *kratein*, «mandar» +-*ia*)

sociocultural /só/ adj.2g. **1** relativo a fatores sociais e culturais **2** que, simultaneamente, diz respeito a determinado grupo social e ao nível cultural dos indivíduos que o constituem (De *socio-*+*cultural*)

sociodrama /só/ n.m. representação teatral ordenada para um conhecimento aprofundado do grupo dos atores ou para uma ação terapêutica que visa o grupo como tal e os conflitos característicos da convivência social (De *socio-*+*drama*)

socioeconómico /só/ adj. **1** que diz respeito à sociedade e à economia **2** relativo a fatores sociais e económicos e à sua inter-relação (De *socio-*+*económico*)

sociofamiliar /só/ adj.2g. **1** que diz respeito à sociedade e à família **2** que diz respeito a fatores sociais e familiares (De *socio-*+*familiar*)

sociofilia /só/ n.f. traço do carácter que se traduz numa tendência para procurar contacto com o meio social, com apreço das implicações sociais (De *socio-*+*filia*)

sociófilo /su/ adj.,n.m. **1** que ou aquele que tem a qualidade da sociofilia **2** que ou aquele que procura a convivência (De *socio-*+-*filo*)

sociofobia /só/ n.f. traço do carácter que se traduz numa tendência para o isolamento, com receio das implicações sociais (De *socio-*+-*fobia*)

sociófobo /su/ adj.,n.m. **1** que ou aquele que sofre de sociofobia **2** que ou aquele que tem tendência para o isolamento **3** misantropo (De *socio-*+-*fobo*)

sócio-gerente n.m. sócio encarregado da administração de uma sociedade, por determinação contratual ou por escolha dos restantes sócios

sociografia /só/ n.f. ciência descritiva dos diversos tipos de sociedades e de agrupamentos sociais (De *socio-*+-*grafia*)

sociograma /só/ n.m. representação gráfica das relações existentes entre os diferentes membros de um mesmo grupo social (De *socio-*+-*grama*)

sociolatria /só/ n.f. culto religioso da sociedade (De *socio-*+*latria*)

sociolectal ver nova grafia **socioletal**

sociolecto ver nova grafia **socioleto**

socioletal /só/ adj.2g. LINGUÍSTICA próprio de socioleto (De *socio-*+*lectal*)

socioleto /só/ n.m. **1** LINGUÍSTICA conjunto de usos de uma língua distintivos de um determinado grupo social dentro de uma comunidade de falantes; variedade social **2** LINGUÍSTICA aceção, palavra ou expressão que pertence a essa variante (Do lat. *socium*, «companheiro» +raiz gr. de *diálektos*, «conversa, diálogo»)

sociolinguista /gu-i/ n.2g. especialista em sociolinguística

sociolinguística /gu-i/ n.f. disciplina que se dedica ao estudo da inter-relação entre a linguagem e os fatores sociais e culturais, nomeadamente as variações linguísticas que se verificam no interior de determinados grupos

sociologia n.f. ciência que se dedica ao estudo dos fenómenos sociais, com base em dados diversos, de origem estatística, linguística, histórica, demográfica, etnográfica, sociográfica, etc. (Do lat. *sociu-*, «companheiro»+gr. *lógos*, «estudo» +-*ia*, ou do fr. *sociologie*, «id.»)

sociológico adj. respeitante à sociologia (Do lat. *sociu-*, «companheiro»+gr. *lógos*, «estudo» +-*ico*)

sociologismo n.m. teoria segundo a qual a sociologia é suficiente para explicar os factos sociais, em particular sem necessidade de recorrer à psicologia, ou é mesmo capaz, só por si, de resolver os problemas filosóficos e morais (Do lat. *sociu-*, «companheiro»+gr. *lógos*, «estudo» +-*ismo*)

sociologista adj.,n.2g. partidário do sociologismo (Do lat. *sociu-*, «companheiro»+gr. *lógos*, «estudo» +-*ista*)

sociólogo n.m. especialista de sociologia (Do lat. *sociu-*, «companheiro»+gr. *lógos*, «estudo», ou do fr. *sociologue*, «id.»)

sociometria /só/ n.f. ciência das interações humanas nos grupos, que assegura uma medida das relações interpessoais, enquanto a sociologia, domínio mais vasto, abrange todos os fenómenos coletivos humanos (Do lat. *sociu-*, «companheiro»+gr. *métron*, «medida» +-*ia*)

sociopata /só/ adj.,n.2g. **1** que ou pessoa que sofre de sociopatia **2** que ou pessoa que dirige a sua agressividade contra a sociedade (De *socio-*+-*pata*)

sociopatia /só/ n.f. doença das pessoas cuja agressividade se dirige contra a sociedade e que têm, por vezes, comportamentos violentos e perigosos (De *socio-*+-*patia*)

sociopatologia /só/ n.f. estudo das interações mórbidas entre o indivíduo e o seu meio social; patologia dos contactos sociais (De *socio-*+*patologia*)

sociopolítico /só/ adj. que diz respeito simultaneamente aos problemas de âmbito social e de âmbito político de um grupo ou de uma sociedade (De *socio-*+*político*)

sociotécnica /só/ n.f. aplicação de dados psicossociais a problemas industriais e comerciais, por extensão da psicotécnica (De *socio-*+*técnica*)

soco¹ /só/ n.m. **1** calçado com base de madeira; tamanco **2** ARQUITETURA pequeno pedestal para sobrelevar uma escultura ou para colocar cruzes, relicários, vasos ou jarras **3** ARQUITETURA elemento situado na parte inferior de parede ou muro, saliente e mais largo do que alto, que, por vezes, serve de base a um edifício ou uma coluna **4** ARQUITETURA faixa horizontal, com ou sem pequena saliência, pintada na base de um edifício com cor diferente da cor predominante da fachada **5** ARQUITETURA peanha (Do lat. *soccu-*, «espécie de sapato»)

soco² /ô/ n.m. **1** golpe com a mão fechada; murro **2** mossa que o pião leva do nout1ro que lhe serve de alvo; nica **3** [pop.] prejuízo; desfalque; ~! [Brasil] exclamação que exprime reprovação ou admiração (Deriv. regr. de *socar*)

soco³ /ô/ n.m. [Angola] pessoa que, em relação a outra, nasceu aproximadamente na mesma data (Do quimb. *disoko*, «id.», a partir de *kusokela*, «ser igual a»)

soçobrar v.tr.,intr. **1** revolver(-se) de baixo para cima, e vice-versa **2** afundar(-se); submergir(-se); naufragar ■ v.tr.,pron. agitar(-se); perturbar(-se) ■ v.intr. **1** desanimar; esmorecer **2** cair; tombar **3** ficar destruído; perder-se; aniquilar-se (Do lat. **subsuperāre*, «virar o navio de baixo para cima», pelo cat. *sotsobrar* e pelo cast. *zozobrar*, «id.»)

soçobro n.m. **1** ato ou efeito de soçobrar **2** naufrágio **3** desastre; sinistro **4** [fig.] desânimo; desalento **5** [fig.] situação aflitiva **6** [fig.] caso extremo (Deriv. regr. de *soçobrar*)

socopé n.m. [São Tomé e Príncipe] dança muito ritmada, canto e festa típica noturna, em que os participantes geralmente se mascaram (Do forro *sócópé*, «id.», a partir de *só com o pé*)

socorrer v.tr. **1** ir em defesa ou proteção de; acudir a **2** prestar auxílio a; ajudar **3** mandar socorros a **4** defender **5** auxiliar com esmolas ■ v.pron. **1** valer-se do auxílio ou proteção (de) **2** recorrer (a); lançar mão (de) (Do lat. *succurrĕre*, «correr em auxílio de»)

socorrimento n.m. ⇒ **socorro** (De *socorrer*+-*mento*)

socorrismo n.m. **1** prestação dos primeiros socorros a feridos ou doentes **2** conhecimentos que esse serviço exige (De *socorro*+-*ismo*, ou do fr. *secourisme*, «id.»)

socorrista n.2g. **1** pessoa que pratica o socorrismo **2** membro de uma associação ou clube de socorrismo (De *socorro*+-*ista*, ou do fr. *secouriste*, «id.»)

socorro n.m. **1** ato ou efeito de socorrer **2** assistência prestada a alguém em situação de dificuldade ou de perigo **3** auxílio; assistência; amparo **4** proteção; defesa **5** ajuda financeira **6** esmola **7** benefício **8** pl. reforço de tropas ou de munições **9** pl. tropa auxiliar; ~! exclamação que exprime um pedido de auxílio ou defesa; *socorros mútuos* designação de algumas instituições de previdência que têm por fim o auxílio recíproco dos sócios; *primeiros socorros* auxílio imediato prestado perante situações de emergência (afogamento, atropelamento, acidente, etc.), antes de as vítimas serem atendidas por pessoal médico especializado ou transportadas para um local onde possam ser tratadas (Deriv. regr. de *socorrer*)

socotorino adj. relativo ou pertencente à ilha de Socotorá, no oceano Índico, a leste do cabo de Guardafui, outrora ocupada pelos Portugueses ■ n.m. natural ou habitante desta ilha (De *Socotorá*, top. +-*ino*)

socrático adj. **1** relativo ao filósofo grego Sócrates (470-399 a. C.), ou à sua escola **2** diz-se do método pedagógico por perguntas e

soda

respostas tendentes a fazer surgir, na mente do aluno, ideias novas, formadas à custa de outras já existentes, ou a levá-lo ao conhecimento do próprio erro para, em seguida, o conduzir à descoberta da verdade (Do gr. *sokratikós*, «id.», pelo lat. *socratĭcu*-, «id.»)

soda *n.f.* 1 refresco preparado com água, açúcar, bicarbonato de sódio e ácido tartárico 2 QUÍMICA designação vulgar do carbonato de sódio 3 BOTÂNICA nome vulgar extensivo a umas plantas da família das Quenopodiáceas, espontâneas nos areais marítimos de Portugal; ~ *cáustica* QUÍMICA designação vulgar do hidróxido de sódio (Do ár. *sauda*, «negra», pelo it. *soda*, «soda»)

sodalício *n.m.* 1 reunião de pessoas que vivem em comum 2 confraria 3 convivência; camaradagem; contubérnio (Do lat. *sodalicĭu*-, «id.»)

sodalite *n.f.* MINERALOGIA mineral da família dos feldspatoides (aluminossilicato de sódio com cloro), que cristaliza no sistema cúbico (De *soda*+*al[umínio]*+*-ite*)

sódico *adj.* relativo à soda ou ao sódio e seus compostos (De *soda*+*-ico*)

sódio *n.m.* QUÍMICA elemento químico com o número atómico 11 e símbolo Na, que é um metal alcalino, extremamente oxidável, mole, menos denso do que a água com a qual reage violentamente, formando solução de hidróxido de sódio e libertando hidrogénio (Do fr. *sodium*, «id.»)

sodomia *n.f.* relação sexual anal entre homem e mulher, ou entre homens (De *Sodoma*, top., cidade da antiga Palestina+*-ia*, ou do fr. *sodomie*, «id.»)

sodómico *adj.* ⇒ **sodomítico** (De *Sodoma*, top. +*-ico*)

sodomita *n.2g.* pessoa que pratica a sodomia (Do lat. *sodomīta*-, «habitante de Sodoma»)

sodomítico *adj.* relativo a sodomia ou aos sodomitas; sodómico (Do lat. *sodomitĭcu*-, «id.»)

sodomizar *v.tr.* praticar a sodomia com

sodra *n.f.* sulco existente nas coxas de algumas cavalgaduras; soldra (De orig. obsc.)

soer *v.intr.* [pouco usado] ter por costume (Do lat. *solēre*, «id.»)

soerguer *v.tr.* erguer algum tanto; levantar um pouco (De *so*-+*erguer*)

soez /ê/ *adj.2g.* 1 vil 2 ordinário 3 imundo 4 estúpido; aparvalhado 5 ignorante (Do cast. *soez*, «vil; grosseiro»)

sofá *n.m.* móvel estofado, com encosto e braços, onde as pessoas se sentam (Do ár. *çuffa*, «estrado», pelo fr. *sofa*, «id.»)

sofá-cama *n.m.* peça de mobiliário que serve de sofá e de cama, sendo esta, geralmente, articulada e recolhida na estrutura do sofá

sofisma *n.m.* 1 FILOSOFIA, LÓGICA erro de pensamento em que, deliberadamente, se empregam argumentos falsos, com aparência de verdadeiros; falácia 2 qualquer argumentação que procura induzir alguém em erro 3 [pop.] ato de má-fé usado para enganar alguém; dolo; engano (Do gr. *sóphisma*, «subtileza de sofista», pelo lat. *sophisma*, «id.»)

sofismar *v.tr.* 1 distorcer (argumento ou a questão); dar aparência de verdadeiro a (uma asserção que se sabe ser falsa) 2 enganar por meio de sofisma ■ *v.intr.* usar de sofismas (De *sofisma*+*-ar*)

sofismável *adj.2g.* que se pode sofismar (De *sofismar*+*-vel*)

sofista *adj.2g.* que argumenta com sofismas ■ *n.m.* FILOSOFIA (Grécia Antiga) indivíduo tradicionalmente considerado mestre do saber, que ensina a arte da erística e da retórica ■ *n.2g.* pessoa que argumenta por meio de sofismas (Do gr. *sophistés*, «id.», pelo lat. *sophista*-, «id.»)

sofistaria *n.f.* 1 conjunto de sofistas 2 razão sofística (De *sofista*+*-aria*)

sofística *n.f.* 1 FILOSOFIA movimento filosófico surgido na Grécia Antiga a partir do século V a. C., que não se constituiu como escola e cuja reflexão incidiu sobre diferentes áreas do pensamento filosófico: ontologia, antropologia, ética política e teoria da linguagem 2 arte de sofismar 3 parte da lógica que trata da refutação dos sofismas (Do gr. *sophistiké*, «id.», pelo lat. *sophistĭca*-, «id.»)

sofisticação *n.f.* 1 ato ou efeito de sofisticar 2 complexidade 3 bom gosto 4 requinte 5 subtileza 6 [pej.] falta de naturalidade 7 [pej.] falsificação (De *sofisticar*+*-ção*)

sofisticado *adj.* 1 em que há sofisticação 2 complexo 3 requintado ao máximo; esmerado 4 (*indivíduo*) que é considerado culto e com bom gosto 5 [pej.] artificial; que não é natural; falsamente refinado 6 [pej.] falsificado; adulterado (Part. pass. de *sofisticar*)

sofisticador *adj.,n.m.* que ou aquele que sofistica (De *sofisticar*+*-dor*)

sofisticar *v.tr.,intr.* ⇒ **sofismar** ■ *v.tr.* 1 tratar com subtileza 2 falsificar; adulterar ■ *v.tr.,pron.* 1 requintar(-se) ao máximo; arranjar(-se) com requinte; aprimorar(-se) 2 tornar(-se) mais complexo ou avançado; tornar(-se) sofisticado (De *sofístico*+*-ar*)

sofístico *adj.* 1 relativo a sofisma ou a sofista 2 que encerra sofisma 3 subtil 4 enganoso (Do gr. *sophistikós*, «id.», pelo lat. *sophistĭco*-, «id.»)

sofito *n.m.* 1 ARQUITETURA na arquitetura clássica, superfície inferior da cornija que remata o entablamento, por vezes, ornamentada com pequenos elementos em relevo 2 ARQUITETURA plano inferior de um elemento saliente, nomeadamente sobrearco, lintel, platibanda, lacrimal, arquitrave, etc., ou teto de caixotões (Do it. *soffito*, «águas-furtadas; teto abobadado»)

sofo- elemento de formação de palavras que exprime a ideia de *sábio*, *instruído* (Do gr. *sophós*, «hábil; sábio; instruído»)

sofomania *n.f.* presunção de saber muito; mania de passar por sábio (Do gr. *sophós*, «sábio» +*-mania*, «loucura; mania»)

sofomaníaco *adj.,n.m.* ⇒ **sofómano** (De *sofo-*+*maníaco*)

sofómano *adj.,n.m.* que ou aquele que padece de sofomania (De *sofo-*+*-mano*)

sofraldar *v.tr.* 1 erguer a fralda ou a orla de 2 solevar um tanto (De *so-*+*fralda*+*-ar*)

sofrê *n.m.* ORNITOLOGIA ⇒ **corrupião** (De orig. obsc.)

sofrear *v.tr.* 1 reprimir (o cavalo), puxando o freio 2 refrear; conter 3 corrigir 4 [fig.] pôr dique a ■ *v.pron.* reprimir-se (Do lat. *suffrenāre*, de *sub-*+*frenāre*, «refrear»)

sofreável *adj.2g.* que se pode sofrear (De *sofrear*+*-vel*)

sofredor *adj.* 1 que sofre 2 paciente 3 resignado ■ *n.m.* aquele que sofre (De *sofrer*+*-dor*)

sôfrego *adj.* 1 que come ou bebe com sofreguidão ou avidez 2 [fig.] desejoso; ansioso (De orig. obsc.)

sofreguice *n.f.* ⇒ **sofreguidão** (De *sôfrego*+*-ice*)

sofreguidão *n.f.* 1 qualidade do modo de quem é sôfrego 2 ato de comer ou beber com avidez 3 [fig.] desejo imoderado 4 [fig.] ambição desmedida (De *sôfrego*+*-idão*)

sofrer *v.tr.* 1 ser atormentado por (dores físicas ou morais); padecer 2 ser afetado (por determinada doença) 3 passar por (má experiência) 4 ser objeto de 5 ser afetado por 6 admitir; tolerar ■ *v.intr.* 1 ter sofrimento; experimentar dores físicas ou morais 2 experimentar danos; degradar-se ■ *v.pron.* dissimular um sofrimento; reprimir-se (Do lat. vulg. **suffĕrĕre*, por *sufferre*, «suportar; sofrer»)

sofrido *adj.* 1 que sofre com resignação; sofredor 2 paciente 3 que exigiu muito esforço; árduo; difícil (Part. pass. de *sofrer*)

sofrimento *n.m.* 1 ato ou efeito de sofrer 2 dor física 3 dor moral; mágoa; tristeza; infelicidade 4 experiência extremamente desagradável; grande mal; desgraça 5 paciência; resignação (De *sofrer*+*-mento*)

sofrível *adj.2g.* 1 que se pode sofrer; suportável; tolerável 2 que não é mau de todo; médio; razoável ■ [ant.] nota escolar um pouco inferior a suficiente (De *sofrer*+*-vel*)

sofrivelmente *adv.* 1 de modo sofrível 2 razoavelmente (De *sofrível*+*-mente*)

softball *n.m.* DESPORTO ⇒ **softbol**

softbol *n.m.* DESPORTO jogo semelhante ao basebol, que se pratica num campo mais pequeno e com uma bola maior e mais leve, em que o lançamento desta é feito com um movimento do braço de baixo para cima (ao contrário do basebol, em que a bola é lançada de cima para baixo) (Do ing. *softball*, «id.»)

softebol *n.m.* DESPORTO ⇒ **softbol**

software *n.m.* INFORMÁTICA 1 conjunto dos meios não materiais (em oposição a hardware) que servem para o tratamento automático da informação e permitem o «diálogo» entre o homem e o computador 2 INFORMÁTICA conjunto de programas que possibilita o funcionamento do computador no tratamento do problema que lhe é posto (Do ing. *software*)

soga[1] /ô/ *n.f.* 1 corda grossa ou tira de couro que se prende às hastes de uma junta de bois, e que serve para os puxar e dirigir 2 corda de esparto (Do lat. tard. *soca-*, «corda»)

soga[2] /ô/ *n.f.* regueiro para condução ou escoamento de águas (Do lat. tard. *soca-*, «id.»)

soga[3] *n.f.* ato de sogar (Deriv. regr. de *sogar*)

sogar *v.tr.* prender com soga (De *soga*+*-ar*)

sogra *n.f.* 1 mãe de um dos cônjuges ou companheiros em relação ao outro 2 [regionalismo] rodilha; *noras e sogras* variedade de renda com motivos que ocupam posições opostas: um voltado para a esquerda, outro voltado para a direita (Do lat. tard. *socra-*, «id.»)

sogro *n.m.* 1 pai de um dos cônjuges ou companheiros em relação ao outro 2 *pl.* casal constituído pelos pais de um dos cônjuges ou companheiros em relação ao outro (Do lat. *socru-*, «id.»)

soidade *n.f.* 1 [ant.] ⇒ **saudade** 2 [ant.] ⇒ **soledade** (Do lat. *solităte-*, «solidão»)

soidão *n.f.* [ant.] ⇒ **solidão** (Do lat. *solitudĭne-*, «id.»)

soído *n.m.* ⇒ **sonido** (Do lat. *sonĭtu-*, «som; ruído; estrondo»)

soidoso /ô/ *adj.* [ant.] ⇒ **saudoso** (De *soidade*+*-oso*, com hapl.)

soirée *n.f.* **1** reunião noturna; serão **2** espetáculo noturno, por oposição a matinée; sarau (Do fr. *soirée*, «serão»)

soiteira *n.f.* ⇒ **seitoura** (De *seitoira*, com met.)

soja *n.f.* BOTÂNICA planta da família das Leguminosas, muito cultivada, cujas sementes fornecem óleo e proteínas de alto valor nutritivo (Do jap. *shoju*, «id.»)

sol¹ *n.m.* **1** [com maiúscula] ASTRONOMIA estrela que é o centro do nosso sistema planetário, constituída por núcleo central, fotosfera, camada inversora, coroa solar e camada que emite luz zodiacal **2** luz do Sol **3** grande brilho; resplendor **4** dia **5** [fig.] felicidade **6** [fig.] grande talento **7** [fig.] pessoa notável; **~** *de pouca dura* coisa de curta duração; *apanhar* **~** aquecer-se ao sol; *de* **~** *a* **~** desde que o Sol nasce até que se põe; *quer chova, quer faça* **~** em qualquer circunstância (Do lat. *sole*, «id.»)

sol² *n.m.* **1** MÚSICA quinta nota da escala musical natural **2** MÚSICA sinal representativo dessa nota **3** MÚSICA corda que reproduz o som correspondente a essa nota (Da 1.ª sílaba de *solve*, do hino de S. João Baptista)

sol³ *n.m.* antiga unidade monetária do Peru, substituída pelo *novo sol*

sol⁴ *n.m.* QUÍMICA suspensão coloidal (Do lat. *sole-*, «id.»)

sola *n.f.* **1** peça, geralmente de couro ou borracha, que forma a parte inferior, mais dura e resistente do calçado **2** couro preparado para fazer calçado **3** planta do pé **4** [regionalismo] bucho do boi; *dar à* **~** [coloq.] fugir (Do lat. vulg. **sola-*, por *solĕa-*, «sandália»)

solado¹ *adj.* que tem sola ■ *n.m.* ⇒ **sola** 1 (Part. pass. de *solar*)

solado² *adj.* **1** alapardado; agachado **2** cosido com o solo (tratando-se de coelho, depois de batido na caça) ■ *n.m.* [regionalismo] camada de bolotas, caídas das árvores, já maduras (De *solo*+*-ado*)

solagem *n.f.* operação de assentar as solas (no calçado) (De *solar*+*-agem*)

solama *n.f.* [Brasil] grande calor do Sol [Brasil] claridade intensa (De *sol*+*-ama*)

solanácea *n.f.* BOTÂNICA espécime das Solanáceas

Solanáceas *n.f.pl.* BOTÂNICA família de plantas dicotiledóneas, próprias das regiões temperadas e tropicais, a que pertencem várias espécies espontâneas ou cultivadas em Portugal, muito úteis, cujo género-tipo se denomina *Solanum* (Do lat. *solānu-*, «erva-moura»+*-áceas*)

solanina *n.f.* QUÍMICA alcaloide que se encontra nos caules e tubérculos de algumas solanáceas (De *solan(ácea)*+*-ina*)

solaníneas *n.f.pl.* BOTÂNICA subordem de plantas que compreende algumas famílias, como as Solanáceas, as Escrofulariáceas, as Orobancáceas, etc. (De *solanina*+*-eas*)

solão¹ *n.m.* **1** sol forte e ardente **2** grande calor do Sol (De *Sol*+*-ão*)

solão² *n.m.* **1** terreno arenoso e barrento **2** ⇒ **salão**² (Do lat. *sabulōne*, «areia grossa»)

solapa *n.f.* **1** escavação dissimulada **2** [fig.] disfarce **3** [fig.] ardil; *à* **~** à socapa, às escondidas (De *so-*+*lapa*)

solapadamente *adv.* às escondidas; à socapa (De *solapado*+*-mente*)

solapado *adj.* **1** minado; escavado **2** aluído **3** [fig.] dissimulado **4** [fig.] oculto **5** [fig.] recôndito **6** [fig.] abalado nos fundamentos **7** [fig.] arruinado (Part. pass. de *solapar*)

solapamento *n.m.* **1** ato ou efeito de solapar **2** estado do que está solapado (De *solapar*+*-mento*)

solapar *v.tr.* **1** fazer solapa em; escavar **2** minar **3** [fig.] ocultar **4** [fig.] disfarçar **5** [fig.] arruinar (De *so-*+*lapa*+*-ar*)

solar¹ *adj.2g.* **1** pertencente ou referente ao Sol **2** [fig.] luminoso; *constante* **~** ASTRONOMIA intensidade da radiação solar incidente num plano perpendicular à direção de propagação no limite superior da atmosfera terrestre, quando a distância da Terra ao Sol tem o valor médio de 150×10⁶ quilómetros e o seu valor médio é de 1353 W/m²; *cume* **~** ASTRONOMIA região da esfera celeste para a qual o sistema solar se está a mover como um todo, e que existe na constelação de Hércules; *espetro* **~** FÍSICA espetro contínuo, brilhante, com numerosas riscas negras (riscas de Fraunhöfer, físico alemão, 1787-1826) (Do lat. *solāre-*, «id.»)

solar² *v.tr.* deitar solas em (De *sola*+*-ar*)

solar³ *n.m.* **1** moradia de família nobre ou importante **2** moradia de grandes dimensões, geralmente de arquitetura requintada (De *solo*+*-ar*)

solarego /ê/ *adj.* ⇒ **solarengo**

solarengo *adj.* **1** relativo ou pertencente a solar **2** (moradia) que tem aspeto de solar; que é grande e tem arquitetura requintada ■ *n.m.* dono ou habitante de solar (De *solar*+*-engo*)

solaria *n.f.* **1** quantidade de cabedal para calçado **2** conjunto das solas do calçado (De *sola*+*-aria*)

solarímetro *n.m.* instrumento que serve para medir o fluxo de energia solar através de uma superfície (Do lat. *solāre-*, «solar»+gr. *métron*, «medida»)

solário *n.m.* **1** estabelecimento onde as pessoas se podem bronzear artificialmente **2** equipamento para bronzear artificialmente **3** estabelecimento destinado à cura de doenças, pela exposição à luz solar **4** relógio de sol usado pelos antigos Romanos; gnómon **5** terraço ou divisão de uma casa em que se pode apanhar sol (Do lat. *solarĭu-*, «id.»)

solarização *n.f.* ato ou efeito de solarizar (Do ing. *solarization*, «id.»)

solarizar *v.tr.* reduzir a transparência de (um vidro) por efeito da luz solar ou de radiações ultravioletas (Do ing. *solarize*, «id.»)

solau *n.m.* LITERATURA antiga canção de carácter melancólico, que lembra o romance trovadoresco (Do lat. *solacĭu-*, «consolo», pelo prov. *solatz*, «id.»?)

solavancar *v.intr.* dar solavancos; balancear (De *solavanco*+*-ar*)

solavanco *n.m.* **1** sacudidela que dá um veículo em estrada em más condições ou aos altos e baixos **2** abanão (De orig. obsc.)

solcris *n.m.2n.* [ant.] eclipse do Sol (De *sol*+*eclipse*)

solda *n.f.* **1** liga metálica, fusível, empregada para unir peças metálicas **2** BOTÂNICA planta da família das Rosáceas, espontânea em Portugal **3** antigo pagamento anual aos criados de lavoura; soldada **4** [fig.] aderência; união (Deriv. regr. de *soldar*)

solda-branca *n.f.* BOTÂNICA planta herbácea, da família das Rubiáceas, de flores odoríferas, espontânea em Portugal

soldada *n.f.* **1** quantia com que é pago o trabalho de criados, operários, etc. (salário que se pagava antigamente aos militares) **2** antigo foro pago em soldos **3** [fig.] prémio; recompensa (De *soldo*+*-ada*)

soldadeira *n.f.* recipiente onde se derrete a solda para aplicar (De *soldar*+*-deira*)

soldadesca /ê/ *n.f.* **1** [depr.] conjunto de militares; tropa; gente de guerra **2** [depr.] conjunto de soldados indisciplinados (Do it. *soldatesca*, «id.»)

soldadesco /ê/ *adj.* **1** relativo a soldado **2** próprio de soldado (De *soldado*+*-esco*)

soldado¹ *n.m.* **1** MILITAR posto da categoria de praça mais baixo da hierarquia do Exército e da Força Aérea **2** [fig.] defensor de uma ideia ou de uma organização; partidário **3** MILITAR militar que ocupa aquele posto **4** qualquer militar; **~** *raso* MILITAR militar que ocupa o posto mais baixo da hierarquia do Exército ou da Força Aérea (De *soldo*+*-ado*)

soldado² *adj.* **1** unido com solda **2** ligado; pegado (Part. pass. de *soldar*)

soldador *n.m.* **1** aquele que solda **2** instrumento de soldar (De *soldar*+*-dor*)

soldadura *n.f.* **1** ato ou efeito de soldar **2** a parte soldada (De *soldar*+*-dura*)

soldagem *n.f.* ⇒ **soldadura** (De *soldar*+*-agem*)

soldanela *n.f.* BOTÂNICA planta herbácea, rastejante, da família das Convolvuláceas, de corolas grandes, róseas ou vermelhas, que aparece nas areias marítimas da costa portuguesa, e é também conhecida por couve-marinha (Do it. *soldanella*, «id.»)

soldar *v.tr.* **1** unir, ligar ou reparar com solda **2** ligar; prender **3** [fig.] consertar; reparar ■ *v.intr.,pron.* **1** unir-se; ligar-se; juntar-se **2** fechar; cicatrizar (a ferida) (Do lat. *solidāre*, «consolidar»)

soldável *adj.2g.* que se pode soldar (De *soldar*+*-vel*)

soldo /ô/ *adj.* **1** MILITAR vencimento dos militares **2** vencimento; salário **3** antiga moeda francesa **4** antiga moeda portuguesa; *a* **~** *ao serviço de, às ordens de* (Do lat. *solĭdu-* [*aureu-*], «moeda de ouro sólida»)

soldra *n.f.* saliência na articulação da coxa com a perna, nas cavalgaduras; sodra (De orig. obsc.)

sole *n.m.* ORNITOLOGIA ave africana pertencente ao género *Indicator*, que destrói vorazmente abelhas e mel, indicando assim, com a sua presença, onde este se encontra (Do quimb. *sole*, «id.»)

solear *n.m.* ANATOMIA músculo da região posterior da perna, situado um pouco abaixo dos gémeos, também designado solhar (Do lat. *soleāre-*, de *solĕa-*, «sandália»)

solecar *v.tr.* NÁUTICA folgar pouco a pouco (um cabo sob volta) (De orig. obsc.)

solecismo *n.m.* **1** GRAMÁTICA qualquer erro ou falta contra as regras da sintaxe **2** incorreção de linguagem (Do gr. *soloikismós*, pelo lat. *soloecismu-*, «id.»)

solecista *adj.,n.2g.* que ou a pessoa que comete solecismos (Do gr. *soloikistés*, «id.», pelo lat. *soloecista-*, «id.»)

soledade *n.f.* **1** estado de tristeza de quem se acha só **2** solidão (Do lat. *solitāte-*, «id.»)

sol-e-dó *n.m.* 1 [pop.] música instrumental, popular, de acompanhamento e técnica simples 2 filarmónica de aldeia, de baixa categoria

soleira¹ *n.f.* 1 limiar da porta 2 elemento de cantaria natural ou artificial que reveste a parte inferior de um vão 3 parte da estribeira onde assenta o pé 4 correia da espora que passa por baixo do calçado (De *solo* ou *sola*+*-eira*)

soleira² *n.f.* [Brasil] soalheira (De *Sol*+*-eira*)

solene *adj.2g.* 1 que se celebra com cerimónias públicas 2 cerimonioso; formal 3 pomposo 4 majestoso 5 sério; grave (Do lat. *sollemne-*, ou *solenne-*, «festejado anualmente»)

solenemente *adv.* 1 com solenidade 2 festivamente 3 cerimoniosamente 4 pomposamente (De *solene*+*-mente*)

solénida *n.m.* ZOOLOGIA ⇒ **soleníneo**

solenidade *n.f.* 1 qualidade do que é solene 2 ato solene; cerimónia 3 festividade 4 cada uma das formalidades que autenticam um ato 5 grandiosidade; imponência; majestade 6 altivez 7 [fig.] ênfase 8 [fig.] gravidade (Do lat. *sollemnitāte-*, ou *solennitāte-*, «id.»)

Solenídas *n.m.pl.* ZOOLOGIA ⇒ **Solenídeos**

soleníneo *adj.* ZOOLOGIA relativo ou pertencente aos Solenídeos ■ *n.m.* ZOOLOGIA espécime dos Solenídeos

Solenídeos *n.m.pl.* ZOOLOGIA família de moluscos lamelibrânquios, de concha alongada, comestíveis, cujo género-tipo se designa *Solen* (Do gr. *solén*, «tubo» +*-ídeos*)

solenização *n.f.* ato ou efeito de solenizar (De *solenizar*+*-ção*)

solenizador *adj.,n.m.* que ou aquele que soleniza (De *solenizar*+*-dor*)

solenizar *v.tr.* 1 celebrar com ato solene 2 tornar solene 3 comemorar (De *solene*+*-izar*)

solenócito *n.m.* ZOOLOGIA célula terminal, volumosa e provida de cílios, que fecha a ampola vibrátil dos canalículos excretores (protonefrídios), especialmente dos platelmintes (Do gr. *solén*, «tubo» +*kýtos*, «célula»)

solenóglifo *n.m.* dente tubuloso de certos ofídios ■ *n.m.pl.* ZOOLOGIA grupo de ofídios providos de dentes tubulosos inoculadores de veneno, a que pertence a víbora (Do gr. *solén*, «tubo» +*glyphé*, «incisão»)

solenoidal *adj.2g.* que tem forma de solenoide (De *solenóide*+*-al*)

solenoide *n.m.* ELETRICIDADE fio condutor de corrente elétrica, enrolado em hélice, que se comporta como um íman quando percorrido por uma corrente elétrica contínua (Do gr. *solenoeidés*, «em forma de tubo»)

solenóide ver nova grafia **solenoide**

solércia *n.f.* 1 qualidade de solerte 2 astúcia 3 velhacaria 4 ardil (Do lat. *sollertĭa-*, «id.»)

solerte *adj.2g.* 1 astucioso; finório 2 velhaco 3 alegre; expansivo ■ *n.2g.* 1 pessoa ardilosa 2 velhaco (De *solerte-*, «id.»)

soles *n.m.2n.* cambão a que se atrelam os bois quando o carro ou arado exige mais que uma junta ■ *n.m.pl.* QUÍMICA suspensoides ou coloides hidrófobos (De orig. obsc.)

soleta /ê/ *n.f.* 1 porção de sola fina para solar, interiormente, o calçado; palmilha 2 [regionalismo] chinela (De *sola*+*-eta*)

soletração *n.f.* 1 ato ou efeito de soletrar 2 processo de ler letra por letra 3 leitura vagarosa, de pessoa que tem dificuldade em ler (De *soletrar*+*-ção*)

soletrador *adj.,n.m.* 1 que ou aquele que soletra 2 [fig.] principiante (De *soletrar*+*-dor*)

soletrar *v.tr.,intr.* 1 ler letra por letra 2 ler de forma vagarosa ■ *v.tr.* 1 ler por alto; ler mal 2 [fig.] decifrar; perceber (De *so-*+*letra*+*ar*)

solevantamento *n.m.* ato ou efeito de solevantar (De *solevantar*+*-mento*)

solevantar *v.tr.* 1 levantar um pouco; soerguer 2 sofraldar 3 erguer com dificuldade ■ *v.pron.* erguer-se a custo (De *so-*+*levantar*)

solevar *v.tr.* ⇒ **solevantar** (Do lat. *sublevāre*, «id.»)

solfa¹ *n.f.* 1 arte de solfejar; solfejo 2 música escrita; partitura 3 música vocal 4 [fig.] choradeira; gritaria; ruído (Do italiano *solfa*, das notas musicais *sol*+*fa*)

solfa² *n.f.* [Guiné-Bissau] jogo infantil em que uma criança surpreende outra que está a comer um bolo e lhe grita «*Solfa!*» (= «Larga!»), o que obriga à entrega do bolo (Do crioulo cabo-verdiano *solfa!*, interjeição)

solfado *adj.* diz-se do papel pautado na direção da maior dimensão (Part. pass. de *solfar*)

solfar¹ *v.tr.* consertar (uma folha de livro rota ou gasta) colocando-a ou unindo-a com um bocado de papel (Do it. *sodo fare*, «solidificar»)

solfar² *v.tr.,intr.* MÚSICA ⇒ **solfejar** 1 (De *solfa*+*-ar*)

solfejação *n.f.* MÚSICA ⇒ **solfejo** 1 (De *solfejar*+*-ção*)

solfejar *v.tr.,intr.* 1 MÚSICA ler música, entoando-a ou pronunciando apenas o nome das notas; solmizar 2 trautear; cantarolar (Do it. *solfeggiare*, «id.»)

solfejista *n.2g.* MÚSICA ⇒ **solfista** 1 (De *solfejar*+*-ista*)

solfejo /ê/ *n.m.* 1 MÚSICA ato de solfejar; solfa; solfejação; solmização 2 exercício musical para se aprender a solfejar 3 compêndio de exercícios para solfejo (Do it. *solfeggio*, «id.»)

solferino *n.m.* 1 matéria corante de cor escarlate, entre o vermelho e o roxo 2 essa cor, especialmente aplicada nas vestes episcopais (Do it. *solferino*, «id.», de *Solferino*, top., aldeia da Lombardia, onde aquela matéria corante foi descoberta)

solfista *n.2g.* 1 MÚSICA pessoa que solfeja; solfejista 2 [pop.] músico reles (De *solfar*+*-ista*)

solha /ô/ *n.f.* 1 ICTIOLOGIA peixe teleósteo pertencente a algumas espécies da família dos Pleuronectídeos, de corpo sensivelmente achatado, mais ou menos frequente na costa portuguesa 2 [pop.] bofetada 3 *pl.* antiga armadura guarnecida de lâminas de aço, que tinha a configuração da solha (peixe) (Do lat. *solĕa-*, «linguado»)

solhar¹ *v.tr.* ⇒ **soalhar**¹ (De *solho*+*-ar*)

solhar² *n.m.* ANATOMIA ⇒ **solear**

solheiro *adj.,n.m.* ⇒ **soalheiro**

solho¹ /ô/ *n.m.* ICTIOLOGIA ⇒ **esturjão** (Do cast. *sollo*, «id.»)

solho² /ô/ *n.m.* revestimento com tábuas de madeira colocadas a par, que se aplica em pavimentos; sobrado (Do lat. *solu-*, «pavimento»)

solho-rei /ô/ *n.m.* ICTIOLOGIA ⇒ **esturjão**

solicitação *n.f.* 1 ato ou efeito de solicitar 2 pedido; súplica 3 convite 4 apelo sedutor; tentação 5 ENGENHARIA causa exterior capaz de alterar o estado de tensão ou de deformação de um corpo (Do lat. *sollicitatiōne-*, «id.»)

solicitador *adj.* que solicita ■ *n.m.* 1 aquele que solicita 2 DIREITO profissional liberal que pratica atos de procuradoria (registos, preparação de escrituras, etc.) por conta e no interesse de clientes, podendo ainda exercer mandato judicial com certas limitações legais (Do lat. *sollicitatōre-*, «id.»)

solicitamente *adv.* 1 de modo solícito; atenciosamente 2 com prontidão; diligentemente (De *solícito*+*-mente*)

solicitante *adj.,n.2g.* que ou aquele que solicita (Do lat. *sollicitante-*, «id.», part. pres. de *sollicitāre*, «solicitar»)

solicitar *v.tr.* 1 pedir com insistência 2 pedir; requerer 3 procurar; buscar (atenção, afeto, companhia, etc.) 4 atrair; impelir; induzir; incitar 5 requerer como solicitador ■ *v.intr.* ter o cargo de solicitador (Do lat. *sollicitāre*, «id.»)

solicitável *adj.2g.* que se pode solicitar (De *solicitar*+*-vel*)

solícito *adj.* 1 prestável; atencioso; desvelado 2 diligente 3 cuidadoso (Do lat. *sollicĭtu-*, «id.»)

solicitude *n.f.* 1 qualidade de solícito 2 carinho; delicadeza; consideração 3 cuidado; desvelo 4 diligência (Do lat. *sollicitudĭne-*, «id.»)

solidão *n.f.* 1 estado do que está só; isolamento 2 lugar solitário; retiro (Do lat. *solitudĭne-*, «id.»)

solidar *v.tr.* 1 tornar sólido; solidificar 2 [fig.] confirmar; corroborar (Do lat. *solidāre*, «id.»)

solidariamente *adv.* 1 de modo solidário 2 com responsabilidade recíproca (De *solidário*+*-mente*)

solidariedade *n.f.* 1 qualidade de solidário 2 sentimento que leva a prestar auxílio a alguém 3 responsabilidade recíproca entre elementos de um grupo social, profissional, institucional ou de uma comunidade 4 adesão ou apoio a uma causa, a um movimento ou a um princípio 5 sentimento de partilha do sofrimento alheio (De *solidário*+*-idade*)

solidário *adj.* 1 diz-se das partes ou elementos de um todo que são interdependentes 2 que liga coisas ou pessoas 3 que partilha, com outros, direitos ou obrigações contratuais 4 que se encontra com outros numa interdependência de interesses 5 que aderiu a uma causa, a um princípio ou a um movimento 6 que partilha o sofrimento de alguém 7 que presta auxílio a alguém (Do fr. *solidaire*, «id.»)

solidarismo *n.m.* sistema moral baseado na solidariedade (De *solidário*+*-ismo*)

solidarização *n.f.* 1 ato ou efeito de solidarizar ou solidarizar-se 2 solidariedade (De *solidarizar*+*-ção*)

solidarizar *v.tr.* tornar solidário ■ *v.pron.* 1 tornar-se solidário 2 manifestar apoio (De *solidário*+*-izar*, ou do fr. *solidariser*, «id.»)

solidéu *n.m.* 1 pequeno barrete liso e em forma de calota com que o papa, os bispos e outros dignitários eclesiásticos cobrem a parte superior da cabeça 2 pequeno barrete circular usado principalmente por pessoas calvas (Do lat. *soli Deo*, «só a Deus»)

solidez /ê/ n.f. **1** qualidade ou estado do que é sólido **2** segurança; firmeza; estabilidade **3** resistência; durabilidade **4** rijeza; dureza **5** [fig.] certeza; garantia **6** [fig.] fundamento; base (De *sólido*+-*ez*)

solidificação n.f. **1** ato ou efeito de solidificar ou solidificar-se **2** passagem de um líquido ao estado sólido (De *solidificar*+-*ção*)

solidificado adj. **1** tornado sólido; endurecido **2** que se concretizou; materializado **3** consolidado (Part. pass. de *solidificar*)

solidificar v.tr.,intr.,pron. **1** tornar(-se) sólido; congelar; endurecer **2** tornar(-se) estável, firme (Do lat. *solĭdu*-,«sólido»+*facĕre*,«fazer»)

sólido adj. **1** que tem forma própria **2** que possui três dimensões **3** firme; consistente **4** seguro **5** duradouro; resistente **6** que tem fundamento real; incontestável **7** digno de confiança ■ n.m. **1** corpo que tem as três dimensões (comprimento, largura e altura) **2** GEOMETRIA corpo que possui três dimensões e é limitado por superfícies fechadas **3** FÍSICA corpo em cujas partes se supõe uma aderência indefinida, tornando difícil a sua extensão, compressão e flexão; ~ *de revolução* GEOMETRIA sólido que se obtém intersetando uma superfície de revolução por um plano ou por dois planos paralelos entre si e que contém o eixo da superfície; ~ *geométrico* GEOMETRIA forma que reveste uma porção de espaço limitada por superfícies; ~ *poliédrico* GEOMETRIA porção de espaço limitada por uma folha de uma superfície piramidal fechada; *ângulo* ~ GEOMETRIA figura formada por três ou mais planos com um ponto comum (Do lat. *solĭdu*-,«id.»)

solidónia n.f. BOTÂNICA planta do Brasil, da família das Compostas (Por *celidónia*?)

solifluxão /cs/ n.f. GEOLOGIA escorregamento lento dos materiais móveis acumulados nas vertentes das montanhas à medida que se embebem de água proveniente de degelo (Do lat. *solu*-,«solo»+*fluxão* [= *fluxo*])

solífugo adj. **1** que foge da luz solar; lucífugo **2** noturno (Do lat. *sole*-,«sol»+*fugĕre*,«fugir»)

solilóquio n.m. **1** fala que alguém dirige a si próprio; monólogo **2** LITERATURA, TEATRO recurso literário ou dramático em que uma personagem fala consigo mesma, expressando de forma lógica o que se passa na sua consciência (Do lat. *soliloquĭu*-,«id.»)

solimão n.m. **1** [pop.] sublimado corrosivo **2** [pop.] veneno (Do lat. *sublimātu*-,«sublimado», part. pass. de *sublimāre*,«elevar; exaltar»; pelo cast. *solimán*,«solimão»)

solinhadeira n.f. espécie de martelo de cabouqueiro (De *solinhar*+-*deira*)

solinhar v.tr.,intr. **1** lavrar (pedra ou madeira) seguindo uma linha previamente traçada **2** limpar (peça de madeira) para ser lavrada à enxó (De *so*-+*linha*+-*ar*)

solinho n.m. ato de solinhar (Deriv. regr. de *solinhar*)

sólio n.m. **1** trono; assento régio **2** cadeira pontifícia (Do lat. *solĭu*-, «id.»)

solipa n.f. espécie de sandália com base de madeira em vez de sola; chulipa (De *sola* × *chulipa*?)

solipé n.m. jogo de criança chamado também pé-coxinho (Do lat. *solu*-,«só»+*pede*-,«pé»)

solípede adj.2g.,n.m. que ou animal que tem um só dedo desenvolvido em cada membro locomotor, o qual está protegido por um casco ■ n.m.pl. ZOOLOGIA [ant.] grupo da ordem dos perissodáctilos (Equídeos) (Do lat. *solu*-,«só» +*pede*-,«pé»)

solipsismo n.m. **1** vida ou costumes do solipso **2** FILOSOFIA doutrina, em rigor sem partidários, mas logicamente implicada na teoria idealista do conhecimento, segundo a qual não haveria, para o sujeito pensante, outra realidade para além da sua própria realidade **3** egoísmo (Do lat. *solu*-,«só» +*ipse*,«mesmo» +-*ismo*)

solipsista adj.2g. relativo ou pertencente ao solipsismo ■ n.2g. pessoa partidária do solipsismo (De *solipso*+-*ista*)

solipso n.m. **1** aquele que vive só para si **2** egoísta **3** o que ama os prazeres solitários **4** solteirão (Do lat. *solu*-,«só» +*ipse*,«mesmo»)

solista n.2g. **1** MÚSICA pessoa que executa as partes de um trecho musical a uma voz ou com um só instrumento **2** MÚSICA pessoa que é perita na execução de solos musicais ■ adj.2g. que executa um solo (De *solo*+-*ista*)

solitária n.f. **1** nome vulgar por que também são designadas algumas ténias **2** (prisão) célula em que se detém recluso considerado turbulento ou perigoso **3** [fig.] gargantilha ou cadeia cujos elos têm a forma de anéis (De *solitário*)

solitário adj. **1** que vive em solidão **2** que está sem companhia; só **3** que ocorre em solidão **4** que gosta de estar só; eremítico **5** que evita a convivência social; misantrópico **6** situado em lugar ermo; despovoado ■ n.m. **1** indivíduo que vive ou gosta de viver só **2** anacoreta; eremita **3** indivíduo que não aprecia a convivência social; misantropo **4** vaso esguio, de vidro ou porcelana, para flores **5** anel ou joia com uma só pedra engastada **6** ORNITOLOGIA nome vulgar extensivo a vários pássaros, sendo um da família dos Silvíídeos, também conhecido por rouxinol-do-mato e outros da família dos Turdídeos, como o melro-das-rochas, o melro-azul, etc. (Do lat. *solitarĭu*-,«id.»)

sólito adj. **1** acostumado **2** habitual; usado (Do lat. *solĭtu*-,«habitual», part. pass. de *solēre*,«costumar; estar habituado»)

solmização n.f. MÚSICA ⇒ **solfejo** (De *solmizar*+-*ção*)

solmizar v.tr.,intr. MÚSICA ⇒ **solfejar** (De *sol*+*mi*+-*izar*)

sol-nado n.m. nascer do Sol (De *Sol*+*nado*)

solo¹ n.m. **1** parte da superfície terrestre onde se anda, se constrói, etc.; chão **2** AGRICULTURA camada superficial da terra, constituída por matéria orgânica e vida bacteriana, onde se desenvolvem as culturas **3** GEOLOGIA conjunto de camadas horizontais percetíveis na superfície da Terra, compostas por matérias orgânicas e minerais, sendo os seus principais componentes a argila, o calcário, a areia e o húmus (Do lat. *solu*-,«id.»)

solo² n.m. **1** MÚSICA trecho executado por uma só pessoa ou um só instrumento **2** MÚSICA composição para ser executada por uma só pessoa ou um só instrumento; ~ *inglês* dança com sapateado e música especial, executada por uma só pessoa (Do it. *solo*,«só»)

solo³ n.m. jogo de cartas análogo ao voltarete (Do cast. *solo*,«lance feito sem ajuda do parceiro»)

solo-asfalto n.m. ENGENHARIA mistura de cimento, terra pulverizada e asfalto, em proporções adequadas, utilizada na construção de pavimentos

solo-cimento n.m. ENGENHARIA mistura de cimento e terra pulverizada, em proporções adequadas, utilizada na construção de pavimentos

sol-pôr n.m. pôr do sol; ocaso do Sol

sol-posto n.m. ⇒ **sol-pôr**

solsticial adj.2g. **1** referente ao solstício **2** que ocorre no solstício (Do lat. *solstitiāle*-,«id.»)

solstício n.m. ASTRONOMIA momento em que o Sol alcança, no movimento anual aparente, qualquer dos dois pontos da eclíptica mais afastados do equador celeste (ponto solsticial de junho e ponto solsticial de dezembro), e onde parece estacionar alguns dias (Do lat. *solstitĭu*-,«id.»)

solta /ô/ n.f. **1** ato ou efeito de soltar **2** maniota comprida para pear bestas **3** pl. cavalgaduras atreladas adiante da parelha; *à* ~ em liberdade (Deriv. regr. de *soltar*)

soltador adj.,n.m. que ou aquele que solta (De *soltar*+-*dor*)

soltar v.tr. **1** desprender ou libertar (o que está preso) **2** desatar (o que está atado); desembaraçar; desenrolar **3** desligar (o que está unido) **4** atirar; disparar (tiro) **5** proferir; emitir; pronunciar (palavra, som) **6** lançar; exalar; libertar (odor, perfume) **7** cantar; entoar **8** dar largas a; libertar (criatividade, imaginação) **9** fazer funcionar; regularizar (intestinos) **10** desinibir ■ v.pron. **1** libertar-se **2** desprender-se **3** desfraldar-se **4** pôr-se a caminho **5** desinibir-se; ~ *a língua* dizer o que sabe; ~ *o sangue* ter uma hemorragia nasal; ~ *o último suspiro* morrer (Do lat. *solutāre, freq. de *solvĕre*,«soltar»)

solteira n.f. **1** mulher que não é casada **2** [Brasil] ICTIOLOGIA peixe marinho, prateado, empregado como isca para pesca, afim do taguará ou timboré (De *solteiro*)

solteirão adj.,n.m. (feminino **solteirona**) que ou homem que, passada a idade mais comum do casamento, ainda se conserva solteiro (De *solteiro*+-*ão*)

solteiro adj. **1** que não é casado **2** NÁUTICA diz-se de qualquer cabo náutico disponível e pronto a servir ■ n.m. homem que não é casado; *arroz* ~ CULINÁRIA arroz simples (Do lat. *solitarĭu*-,«que está só»)

solto /ô/ adj. **1** que anda à solta **2** que foi colocado em liberdade **3** que tem liberdade; livre **4** que não está atado; desatado; desprendido **5** não reprimido; espontâneo; fácil **6** que não está esticado ou apertado; largo; frouxo **7** espalhado; desagregado **8** que está isento de dívida; desobrigado **9** descontínuo; entrecortado **10** LITERATURA (verso) que não é rimado **11** MÚSICA (corda de instrumento) que vibra livre em toda a sua extensão **12** NÁUTICA que navega sem companhia **13** [ant., pej.] licencioso; *à rédea solta* **1** a toda a brida; **2** livremente; *dormir a sono* ~ dormir profundamente (Do lat. vulg. *soltu-, por *solūtu*-, part. pass. de *solvĕre*,«soltar»)

soltura n.f. **1** ato ou efeito de soltar; libertação **2** desembaraço; destreza **3** arrojo; atrevimento **4** [pop.] diarreia **5** [fig., ant.] licenciosidade; dissolução **6** [fig.] exaltação (De *solto*+-*ura*)

solubilidade n.f. qualidade do que é solúvel; *grau de* ~ QUÍMICA a maior quantidade de substância (soluto) que pode dissolver-se, a dada temperatura, por unidade de volume de um dado solvente (Do lat. *solubĭle*-,«solúvel» +-*i*-+-*dade*)

solubilização n.f. QUÍMICA ação ou efeito de solubilizar ou solubilizar-se (De *solubilizar*+-*ção*)

solubilizante *adj.2g.,n.m.* que ou o que provoca solubilização (De *solubilizar+-ante*)

solubilizar *v.tr.,pron.* tornar(-se) solúvel (Do lat. *solubĭle-*, «solúvel» +*-izar*)

soluçado *adj.* 1 entrecortado de soluços 2 chorado 3 plangente (Part. pass. de *soluçar*)

soluçante *adj.2g.* que soluça (De *soluçar+-ante*)

solução *n.f.* 1 ato ou efeito de solver; solvência 2 FÍSICA, QUÍMICA mistura homogénea de duas ou mais substâncias, não interconvertíveis, em que, geralmente, a fração molar de uma delas (solvente) é maior do que a da outra ou das outras (solutos) 3 resolução de um problema ou de uma dificuldade; decisão 4 conclusão de um assunto; desfecho; desenlace 5 MATEMÁTICA resultado de um problema ou de uma equação 6 palavra ou frase com que se decifra um enigma ou uma adivinha 7 pagamento definitivo; liquidação 8 intervalo; ~ *de compromisso* decisão que agrada a todas as partes envolvidas, consenso; ~ *de continuidade* interrupção, lacuna (Do lat. *solutiōne-*, «id.»)

soluçar *v.intr.* 1 ter soluços 2 chorar 3 [fig.] sussurrar 4 [fig.] (mar) bramir ∎ *v.tr.* dizer ou exprimir entre soluços (De *soluço+-ar*)

solucionar *v.tr.* 1 dar solução a 2 resolver; decidir 3 pôr termo a (Do fr. *solutionner*, «id.»)

solucionista *adj.,n.2g.* que ou a pessoa que soluciona (De *solucionar+-ista*)

soluço *n.m.* 1 contração espasmódica que provoca aspirações bruscas de ar, originando um ruído particular à passagem pela glote 2 choro; gemido 3 *pl.* dança de roda, nos Açores; *aos soluços* de forma intermitente, com intervalos (Do lat. vulg. *sugglutĭu-*, do lat. cl. *singultu-*, «soluço»)

soluçoso *adj.* 1 que soluça 2 acompanhado de soluços (De *soluço+-oso*)

solutivo *adj.* 1 próprio para solver ou dissolver 2 laxante (Do lat. *solūtu-*, «dissolvido», part. pass. de *solvĕre*, «soltar; dissolver» +*-ivo*)

soluto *adj.* dissolvido ∎ *n.m.* substância dissolvida (Do lat. *solūtu-*, «dissolvido», part. pass. de *solvĕre*, «soltar; dissolver»)

solúvel *adj.2g.* 1 suscetível de se solver ou dissolver 2 que é possível resolver; que tem solução (Do lat. *solubĭle-*, «id.»)

solvabilidade *n.f.* ⇒ **solvibilidade** (De *solvibilidade*, por dissimilação, ou por infl. do fr. *solvabilité*, «id.»)

solvência *n.f.* 1 qualidade de solvente; solvibilidade 2 solução (Do lat. *solventĭa*, part. pres. neut. pl. de *solvĕre*, «dissolver; resolver»)

solvente *adj.2g.* 1 que solve ou pode solver 2 que paga ou pode pagar as suas dívidas ∎ *n.m.* FÍSICA, QUÍMICA substância que, misturada com um ou mais solutos, origina uma solução (Do lat. *solvente-*, «id.», part. pres. de *solvĕre*, «dissolver; resolver»)

solver *v.tr.* 1 soltar; separar 2 dissolver 3 resolver 4 saldar; pagar (Do lat. *solvĕre*, «id.»)

solvibilidade *n.f.* qualidade do que é solvível; solvência (Do lat. **solvibĭle-*, do lat. cl. *solubĭle-*, «solúvel» +*-i-+-dade*)

solvido *adj.* que se solveu ∎ *n.m.* substância que se dissolveu; soluto (Part. pass. de *solver*)

solvível *adj.2g.* 1 que se pode solver 2 que se pode pagar (De *solver+-vel*)

som[1] *n.m.* 1 FÍSICA sensação auditiva produzida por vibrações mecânicas de frequência compreendida entre determinados valores (20 e 20 000 vibrações por segundo, em média) 2 fenómeno vibratório que produz essa sensação 3 GRAMÁTICA emissão de voz 4 [fig.] modo; maneira; *ao ~ de* acompanhado de; *barreira/muro do ~* grande aumento súbito da resistência ao avanço de qualquer aeronave na camada de ar frontal, ao atingir a velocidade do som; *sem tom nem ~* sem ordem nem harmonia, sem pés nem cabeça (Do lat. *sonu-*, «id.»)

som[2] *n.m.* unidade monetária do Quirguistão e do Usbequistão

soma[1] /ô/ *n.f.* 1 MATEMÁTICA ato ou efeito de somar; adição 2 MATEMÁTICA resultado de uma adição; total 3 conjunto formado a partir da reunião de diversos elementos; total 4 grandeza expressa em número; quantidade 5 quantia em dinheiro; verba; ~ *algébrica* MATEMÁTICA adição, nos números reais, de duas ou mais parcelas onde as somas de simétricos são subtrações (ou o seu resultado) (Do lat. *summa-*, «número total; soma»)

soma[2] /ô/ *n.m.* espécie de soba (Do quimb. *soma*, «chefe da tribo»)

soma[3] /ó/ *n.m.* bebida sagrada que, segundo a crença religiosa dos Árias, dava ao justo o privilégio da imortalidade do corpo (Do sânsc. *soma*, «id.»)

soma[4] /ô/ *n.m.* BIOLOGIA todo o organismo, à exceção das células e dos tecidos que desempenham uma função reprodutora (germe) (Do gr. *sõma, -atos*, «corpo»)

somada *n.f.* ⇒ **assomada** (Por *assomada*)

somáli *adj.2g.,n.2g.* que ou o que pertence à Somália ∎ *n.m.* língua falada na Somália (Do somali *sómal*, «negro»)

somar *v.tr.,intr.* fazer a soma de; reunir, num só, dois ou mais números; adicionar ∎ *v.tr.* 1 apresentar o total de; importar em; totalizar 2 juntar; reunir 3 resumir ∎ *v.pron.* resumir-se; cifrar-se; *soma e segue* expressão corrente para significar a continuação de qualquer coisa (De *soma+-ar*)

somático *adj.* 1 BIOLOGIA respeitante ao corpo, ao soma 2 CITOLOGIA diz-se da divisão nuclear indireta (cariocinese) em que cada um dos novos núcleos tem o mesmo número de cromossomas que o núcleo primitivo; *células somáticas* células germinais constituintes do soma (Do gr. *somatikós*, «id.»)

somatização *n.f.* 1 manifestação de problemas psíquicos e emocionais através de doença ou sintomas orgânicos 2 sintoma ou expressão corporal de tendências instintivas recalcadas (De *somatizar+-ção*)

somatizar *v.tr.,intr.* manifestar (problemas psíquicos e emocionais) através de doença ou sintomas físicos (Do gr. *sõma, -atos*, «corpo» + *-izar*)

somat(o)- elemento de formação de palavras que exprime a ideia de *corpo, soma* (Do gr. *sõma, -atos*, «corpo»)

somatoagnosia *n.f.* MEDICINA desconhecimento patológico da existência de uma parte do corpo, em geral de um lado, parcialmente ou completamente (Do gr. *sõma, -atos*, «corpo» +*agnosía*, «ignorância»)

somatognosia *n.f.* conhecimento do próprio corpo (Do gr. *sõma, -atos*, «corpo» +*gnõsis*, «conhecimento» +*-ia*)

somatologia *n.f.* tratado das partes sólidas do corpo humano (Do gr. *sõma, -atos*, «corpo» +*lógos*, «tratado» +*-ia*)

somatológico *adj.* relativo a somatologia (De *somatologia+-ico*)

somatomancia *n.f.* forma de profetismo bastante espalhada no início do século XIX, particularmente nos Estados Unidos, baseada na frenologia e na antropomorfologia (Do gr. *sõma, -atos*, «corpo» +*manteía*, «adivinhação»)

somatopleura *n.f.* 1 parede externa do embrião, resultante da fusão da exoderme e do folheto da mesoderme 2 folheto externo da mesoderme (Do gr. *sõma, -atos*, «corpo» +*pleurá*, «flanco»)

somatório *n.m.* 1 soma total 2 totalidade ∎ *adj.* indicativo de soma (De *somar+-tório*)

somatotopia *n.f.* distribuição de uma correspondência localizadora entre as zonas nervosas centrais, talâmicas ou corticais, e territórios somáticos, por exemplo, entre o córtex parietal ascendente, por um lado, e o hemicorpo do lado oposto para as funções sensitivas (H. Piéron, psicólogo francês, 1881-1964), o que permite localizar lesões nervosas de acordo com os sinais periféricos (Do gr. *sõma, -atos*, «corpo» +*tópos*, «lugar»)

sombra *n.f.* 1 espaço privado de luz pela interposição de um corpo opaco entre ele e o objeto luminoso (sombra espacial) 2 parte de um corpo que não recebe luz (sombra própria) 3 parte de uma superfície que deixou de receber luz porque entre ela e o foco luminoso se interpôs um corpo opaco (sombra projetada ou produzida por este corpo) 4 obscuridade; trevas; espaço que o sol não ilumina 5 parte escura de um desenho ou quadro 6 cosmético que se usa nas pálpebras 7 fantasma; espírito 8 guarda-costas 9 [fig.] pessoa que segue ou acompanha outra constantemente 10 [fig.] estado de ignorância 11 [fig.] defeito; nódoa 12 [fig.] aparência; aspeto; semblante 13 [fig.] silhueta 14 *pl.* tintas com que se pintam as zonas mais escuras de um desenho ou quadro 15 *pl.* leves noções; *à ~* [pop.] na cadeia; *à ~ de* sob a proteção de; *de má ~* mal-encarado; *fazer ~ a (alguém)* ser superior a (alguém); *nem por sombras* de modo nenhum; *olhar para a ~* [pop.] começar a ter vaidade, a namoriscar (Do lat. *sub illa umbra*, «sob aquela sombra», pelo cast. ant. *solombra*, «id.»)

sombracho *n.m.* [regionalismo] cobertura de pranchas de cortiça para proteger os corticeiros do sol (De *sombra+-acho*)

sombral *n.m.* 1 lugar resguardado do sol 2 sítio sombrio (De *sombra+-al*)

sombreado *adj.* 1 que está à sombra 2 que tem sombras desenhadas ou pintadas ∎ *n.m.* representação das sombras num desenho ou quadro (Part. pass. de *sombrear*)

sombrear *v.tr.,pron.* 1 cobrir(-se) de sombra(s) 2 [fig.] entristecer(-se) ∎ *v.tr.* 1 fazer sombra a 2 tornar escuro como sombra; obscurecer 3 [fig.] manchar a honra ou a reputação de (alguém); macular ∎ *v.tr.,intr.* dar o sombreado a (desenho, pintura) (De *sombra+-ear*)

sombreira *n.f.* anteparo de candeeiro ou vela; quebra-luz; pantalha (De *sombreiro*)

sombreireiro *n.m.* fabricante ou vendedor de sombreiros (De *sombreiro+-eiro*)

sombreirinho *n.m.* BOTÂNICA ⇒ **sombreiro** 1 (De *sombreiro+-inho*)

sombreirinho-dos-telhados *n.m.* BOTÂNICA ⇒ **conchelo**
sombreiro *n.m.* 1 BOTÂNICA planta da família das Compostas, de flores odoríferas, subespontânea e cultivada, que também se designa sombreirinho 2 chapéu de aba larga 3 guarda-sol ▪ *adj.* que produz sombra (De *sombra+-eiro*)
sombrejar *v.tr.* cobrir de sombra; sombrear (De *sombra+-ejar*)
sombrela *n.f.* vaso ou cesto de vime com que se cobrem as plantas para as proteger do sol ou das intempéries (De *sombra+-ela*)
sombria *n.f.* ORNITOLOGIA nome vulgar que designa pássaros de várias espécies (da família dos Motacilídeos), comuns em Portugal, e também conhecidos por petinha, cia, etc. (De *sombrio*)
sombria-brava *n.f.* ORNITOLOGIA ⇒ **hortulana**
sombrinha *n.f.* 1 guarda-sol de senhora 2 *pl.* silhuetas feitas com as mãos em frente de uma luz 3 *pl.* cenas observadas através de uma lanterna mágica (De *sombra+-inha*)
sombrio *adj.* 1 que tem ou produz sombra 2 escuro 3 que não é exposto ao sol 4 [fig.] carrancudo; severo 5 [fig.] melancólico 6 [fig.] lúgubre 7 [fig.] que infunde temor ▪ *n.m.* 1 tristeza 2 severidade (De *sombra+-io*)
sombroso /ô/ *adj.* ⇒ **sombrio** (De *sombra+-oso*)
someiro *n.m.* 1 espécie de caixa onde se adapta o fole dos órgãos 2 xaimel ▪ *adj.* [regionalismo] avarento (Do lat. *sagmarĭu-*, de *sagma-*, «sela; albarda»)
somenos /ê/ *adj.inv.* 1 inferior em qualidade 2 de menor valor; *de ~ importância* sem importância, sem valor (De *so-+menos*)
somente *adv.* unicamente; exclusivamente; apenas (De *só+-mente*)
somilher *n.m.* 1 [ant.] reposteiro da capela real 2 [ant.] reposteiro da casa real (Do fr. *sommelier*, «copeiro; despenseiro»)
somiticaria *n.f.* qualidade ou ação de somítico; sovinice (De *somítico+-aria*)
somítico *adj.* que revela avareza; mesquinho; forreta; sovina ▪ *n.m.* indivíduo excessivamente apegado ao dinheiro; indivíduo avarento (Do lat. *semitĭcu-*, «judeu; avarento»)
sommier *n.m.* parte da cama sobre a qual se assenta o colchão (Do fr. *sommier*, «id.»)
somoni *n.f.* unidade monetária do Tajiquistão (Do tajique, do nome do fundador da nação tajique, *Ismail Samani*)
sompar *v.intr.* [Angola] casar (Do quicongo *sompa*, «id.»)
sonaja *n.f.* instrumento musical, popular, do México, feito de barro (Do cast. *sonaja*, «id.»)
sonalha *n.f.* MÚSICA ⇒ **soalha 2**
sonambular *adj.2g.* que diz respeito a sonâmbulo ou a sonambulismo (De *sonâmbulo+-ar*)
sonambúlico *adj.* ⇒ **sonambular** (De *sonâmbulo+-ico*)
sonambulismo *n.m.* automatismo inconsciente que se manifesta durante o sono por atos mais ou menos coordenados, tais como levantar-se, andar, executar uma tarefa simples, etc., de que não fica lembrança ao despertar (De *sonâmbulo+-ismo*)
sonâmbulo *adj.,n.m.* 1 que ou aquele que, durante o sono, anda, fala, etc. 2 [fig.] que ou aquele que não mostra energia nem vivacidade, como se agisse automaticamente (Do lat. *somnu-*, «sono» *+ambulāre*, «passear»)
sonância *n.f.* 1 qualidade do que é sonante 2 som 3 harmonia (Do lat. *sonantĭa*, «id.», part. pres. neut. pl. de *sonāre*, «soar»)
sonante *adj.2g.* 1 que produz som; que soa; sonoro 2 LINGUÍSTICA ⇒ **soante** *adj.2g.* 2; *metal ~* moeda cunhada, dinheiro (Do lat. *sonante-*, «id.», part. pres. de *sonāre*, «soar»)
sonar *n.m.* aparelho que utiliza ultrassons para identificar e localizar objetos (móveis ou imóveis) mergulhados na água (Do ing. *sonar*, da expr. *sound navigation ranging*)
sonarento *adj.* [pop.] ⇒ **sonolento** (De *sonolento*)
sonata[1] *n.f.* 1 MÚSICA primitivamente, qualquer composição musical para ser cantada 2 MÚSICA peça musical, composta de vários trechos de carácter e andamento diferentes (Do it. *sonata*, «sonata»)
sonata[2] *n.f.* sono curto; soneca (De *sono+-ata*)
sonatina *n.f.* MÚSICA pequena sonata, de música considerada leve e de execução fácil (Do it. *sonatina*, «id.»)
sonave *n.f.* [regionalismo] trave-mestra; viga
sonda *n.f.* 1 instrumento para recolha de dados relativos à profundidade da água e à natureza do fundo 2 aparelho de perfurar terrenos para estudo das camadas profundas 3 vara metálica para picar o terreno e localizar minas enterradas pelas tropas inimigas 4 MEDICINA tubo ou estilete para explorar feridas, evacuar uma cavidade, etc. 5 [fig.] meio de investigação 6 [fig.] pesquisa; *~ espacial* aparelho que se lança na alta atmosfera ou no espaço interplanetário, equipado com instrumentos que se destinam à recolha de dados de interesse científico (Deriv. regr. de *sondar*)

sondador *adj.* que sonda ▪ *n.m.* 1 aquele que sonda 2 ⇒ **sonda** 3 [pop.] (caminhos de ferro) guarda-barreira (De *sondar+-dor*)
sondagem *n.f.* 1 ato de sondar 2 investigação feita com auxílio de sonda 3 GEOLOGIA operação destinada a reconhecer, em profundidade e a partir da superfície, a natureza e as características ou acidentes das formações geológicas 4 [estatística] método de investigação que consiste na recolha de dados parciais que permitam obter um resultado representativo do assunto em análise 5 investigação; pesquisa; *~ de opinião* pesquisa feita por meio de questionário a um conjunto de pessoas considerado representativo de um grupo ou de uma população (De *sondar+-agem*)
sondar *v.tr.,intr.* 1 explorar ou medir com a sonda 2 [fig.] investigar; indagar 3 [fig.] procurar conhecer a opinião de 4 [fig.] tatear; explorar com cautela ▪ *v.pron.* analisar-se; perscrutar-se (Do lat. **subundāre*, «mergulhar»)
sondareza /ê/ *n.f.* corda graduada a que está preso um pedaço de chumbo e que serve para as sondagens marítimas (Do cast. *sondaleza*, «corda graduada»)
sondável *adj.2g.* que se pode sondar (De *sondar+-vel*)
soneca *n.f.* [coloq.] pequeno espaço de tempo em que se dorme; sono curto (De *sono+-eca*)
sonega *n.f.* ato ou efeito de sonegar; ocultação; *à/pela ~* ocultamente, sub-repticiamente (Deriv. regr. de *sonegar*)
sonegação *n.f.* ato ou efeito de sonegar (De *sonegar+-ção*)
sonegadamente *adv.* 1 com sonegação 2 às ocultas (De *sonegado+-mente*)
sonegador *adj.,n.m.* que ou aquele que sonega (De *sonegar+-dor*)
sonegados *n.m.pl.* objetos subtraídos aos direitos (Part. pass. pl. subst. de *sonegar*)
sonegamento *n.m.* ⇒ **sonegação** (De *sonegar+-mento*)
sonegar *v.tr.* 1 deixar de mencionar ou descrever (objetos), nos casos em que essa menção ou descrição é obrigatória por lei 2 ocultar de forma fraudulenta ou ardilosa 3 subtrair aos direitos ▪ *v.pron.* 1 esquivar-se ao cumprimento de uma ordem 2 negar-se (Do lat. *subnegāre*, «id.»)
soneira *n.f.* [pop.] grande carga de sono; sonolência (De *sono+-eira*)
sonetada *n.f.* [regionalismo] descompostura (De *soneto+-ada*)
sonetar *v.intr.* ⇒ **sonetear** (De *soneto+-ar*)
sonetear *v.intr.* compor sonetos (De *soneto+-ear*)
soneteiro *adj.,n.m.* [depr.] que ou aquele que faz sonetos, mas sem inspiração ou habilidade (De *soneto+-eiro*)
sonetilho *n.m.* LITERATURA soneto formado com versos de medida inferior ao decassílabo (Do cast. *sonetillo*, «id.»)
sonetista *n.2g.* compositor de sonetos (De *soneto+-ista*)
soneto /ê/ *n.m.* 1 LITERATURA composição poética formada de catorze versos dispostos em duas quadras seguidas de dois tercetos 2 [pop.] remoque 3 [pop.] sátira; *foi pior a emenda que o ~* diz-se quando alguém, pretendendo corrigir alguma coisa, cai em maior erro (Do it. *sonetto*, «id.»)
songa *n.2g.* [regionalismo] ⇒ **songamonga**
songamonga *n.2g.* [regionalismo] pessoa sonsa, dissimulada (Formação expressiva)
songo-mongo *n.m.* [Brasil] tolo; molengão
songue *n.m.* designação indígena do antílope, em Angola (Do quimb. *songe*, «id.»)
songuinha *n.2g.* ⇒ **songamonga** (De *songa+-inha*)
sonhado *adj.* 1 que sonhou 2 imaginado; idealizado 3 muito desejado 4 fictício (Part. pass. de *sonhar*)
sonhador 1 que sonha 2 próprio de sonho ou devaneio 3 que está frequentemente alheado ou perdido em devaneios 4 idealista; utópico ▪ *n.m.* 1 aquele que sonha 2 aquele que idealiza novos projetos que parecem muitas vez de difícil execução 3 [pej.] pessoa pouco prática; pessoa com os pés pouco assentes no chão 4 [pej.] devaneador; fantasista (De *sonhar+-dor*)
sonhar *v.tr.,intr.* 1 ter sonhos (sobre) 2 ver em sonhos ▪ *v.tr.* 1 desejar intensamente; ansiar por 3 prever; supor; estar à espera ▪ *v.intr.* entregar-se a fantasias ou devaneios; fantasiar; imaginar; *~ acordado* alhear-se da realidade, distrair-se; *~ alto* pensar em coisas ambiciosas ou difíceis de alcançar; *~ com o pai* [pop.] embriagar-se (Do lat. *somniāre*, «id.»)
sonho /ô/ *n.m.* 1 atividade mental não dirigida, que se manifesta durante o sono, pelo menos nas suas fases menos profundas, e da qual, ao acordar, se pode conservar certa lembrança 2 conjunto de ideias e de imagens que perpassam o espírito durante o sono 3 aquilo que é produto da imaginação; fantasia; devaneio 4 desejo veemente; aspiração 5 projeto cuja execução parece difícil ou impossível; utopia 6 ilusão 7 coisa muito bela ou agradável; visão 8 CULINÁRIA bolo fofo de farinha e ovos, frito em azeite e passado depois por calda de açúcar (Do lat. *somnĭu-*, «id.»)

soni-¹ elemento de formação de palavras que exprime a ideia de *som* (Do lat. *sonu-*, «id.»)
soni-² elemento de formação de palavras que exprime a ideia de *sono* (Do lat. *somnu-*, «id.»)
soni-³ elemento de formação de palavras que exprime a ideia de *sonho* (Do lat. *somniu-*, «id.»)
sónica *n.f.* maneira de grafar as palavras somente pelo som que as letras representam (De *sónico*)
sónico *adj.* 1 relativo ao som ou à sua velocidade 2 relativo ao som das palavras; fonético (Do lat. *sonu-*, «som»+*-ico*)
sonido *n.m.* 1 qualquer som, ruído ou rumor 2 estrépito; estrondo (Do cast. *sonido*, «som»)
sonífero *adj.* que produz sono ▪ *n.m.* FARMÁCIA substância ou medicamento que induz o sono (Do lat. *somníferu-*, «id.»)
sonílocuo *adj.,n.m.* que ou aquele que tem o hábito de falar durante o sono (Do lat. *somnu-*, «sono»+*loqui*, «falar»)
sonípede *adj.,n.2g.* [poét.] que ou aquele que, ao andar, faz ruído com os pés (Do lat. *sonipěde-*, «id.»)
sonívio *adj.,n.2g.* [poét.] que ou aquele que faz ruído, caindo no caminho (Do lat. *sonivǐu-*, «id.»)
sono /ô/ *n.m.* 1 FISIOLOGIA estado normal de repouso, caracterizado pela supressão da atividade percetiva e da motricidade voluntária, com diversos graus de profundidade, por uma dificuldade maior ou menor de provocar o despertar, por uma alteração mais ou menos acentuada da atividade elétrica do cérebro e por certa atividade mental (sonho) 2 estado de quem dorme; adormecimento 3 necessidade ou vontade de dormir; sonolência 4 período durante o qual se dorme 5 [fig.] inércia; indolência; *~ de pedra* sono pesado, sono muito profundo; *~ dos justos* repouso profundo e tranquilo, bem-aventurança; *~ eterno* morte; *~ hibernal* estado de entorpecimento de certos animais durante o inverno, hibernação; *doença do ~* MEDICINA doença provocada por um tripanossoma e transmitida ao homem e a outros animais através da picada da mosca tsé-tsé; *tirar o ~ a alguém* [fig.] deixar alguém preocupado, perturbar alguém (Do lat. *somnu-*, «id.»)
sono- elemento de formação de palavras que exprime a ideia de *som* (Do lat. *sonu-*, «som»)
sonoite *n.f.* anoitecer; *à ~* [pop.] ao anoitecer, ao cair da noite (De *so-*+*noite*)
sonolência *n.f.* 1 estado intermediário entre o sono e a vigília 2 disposição para o sono; vontade de dormir 3 moleza; entorpecimento; modorra (Do lat. *somnolentĭa-*, «id.»)
sonolento *adj.* 1 relativo à sonolência 2 atacado de sono 3 que provoca sono 4 [fig.] lento; vagaroso 5 [fig.] que não tem atividade; imóvel; inativo (Do lat. *somnolentu-*, «id.»)
sonoluminescência *n.f.* produção de luz durante a irradiação de líquidos com ondas ultrassónicas (De *sono-*+*luminescência*)
sonometria *n.f.* medição da frequência dos sons e intervalos harmónicos; harmonometria (Do lat. *sonu-*, «som»+gr. *métron-*, «medida»+*-ia*)
sonométrico *adj.* relativo à sonometria (Do lat. *sonu-*, «som»+gr. *métron*, «medida»+*-ico*)
sonómetro *n.m.* instrumento usado na sonometria, principalmente para o estudo das cordas vibrantes (Do lat. *sonu-*, «som»+gr. *métron*, «medida»)
sonoplasta *n.2g.* técnico de sonoplastia (Do lat. *sonu-*, «som»+gr. *plastós*, «modelado»)
sonoplastia *n.f.* CINEMA, TEATRO, TELEVISÃO técnica de reconstituição artificial dos efeitos acústicos que constituem a parte sonora de um filme, espetáculo ou programa (Do lat. *sonu-*, «som»+gr. *plastós*, «modelado»+*-ia*)
sonorento *adj.* [pop.] ⇒ **sonolento**
sonoridade *n.f.* 1 qualidade do que é sonoro 2 qualidade de um som musical; musicalidade 3 efeito sonoro harmonioso 4 propriedade que certos corpos ou certos lugares possuem de reforçar os sons 5 propriedade que certos corpos têm de produzir ou conduzir sons (Do lat. *sonoritāte-*, «id.»)
sonorização *n.f.* 1 ato ou efeito de sonorizar 2 GRAMÁTICA transformação de uma consoante surda em sonora 3 processo de gravação de sons sobre imagens registadas em suporte material (fotográfico, magnético, etc.) 4 ato de instalar e manusear equipamento de reprodução e difusão de som num local público (destinado a um espetáculo, comício, etc.) (De *sonorizar*+*-ção*)
sonorizar *v.tr.* 1 tornar sonoro 2 converter em som 3 CINEMA, TELEVISÃO registar a parte sonora de (filme ou programa) 4 instalar e manusear equipamento de reprodução e difusão de som em (determinado local) (De *sonoro*+*-izar*)
sonoro *adj.* 1 que tem ou produz som 2 que reforça ou propaga o som 3 que tem som claro e agradável; melodioso 4 que emite um som intenso; estrondoso 5 LINGUÍSTICA diz-se do som produzido com vibração das cordas vocais 6 MÚSICA relativo à sonoridade ▪ *n.m.* cinema com registo de som (por oposição ao cinema mudo) (Do lat. *sonōru-*, «id.»)
sonorosidade *n.f.* ⇒ **sonoridade** (De *sonoroso*+*-i-*+*-dade*)
sonoroso *adj.* 1 muito sonoro 2 estrepitoso (De *sonoro*+*-oso*)
sonótipo *n.m.* diapasão usado para afinar pianos (Do lat. *sonu-*, «som»+gr. *týpos*, «tipo»)
sonsa *n.f.* ⇒ **sonsice**; *pela ~* pela calada (De *sonso*)
sonsão *n.m.* [depr.] indivíduo velhaco, manhoso, dissimulado (De *sonso*+*-ão*)
sonsice *n.f.* 1 qualidade de sonso 2 dissimulação; velhacaria; hipocrisia (De *sonso*+*-ice*)
sonsinho *adj.* ⇒ **sonso** (De *sonso*+*-inho*)
sonso *adj.* 1 que finge ingenuidade 2 que faz as coisas pela calada 3 dissimulado; velhaco (Do cast. *zonzo*, «id.»?)
sonsonete /ê/ *n.m.* inflexão especial de voz quando se profere alguma ironia ou dito malicioso (Do cast. *sonsonete*, «id.»)
sopa /ô/ *n.f.* 1 CULINÁRIA alimento composto de caldo, mais ou menos líquido, geralmente com legumes sólidos cortados em pedaços pequenos, que se toma normalmente no princípio da refeição 2 pedaço de pão embebido em caldo ou em outro líquido 3 coisa encharcada em água 4 [pop.] sopeira 5 pessoa molengona; *cair como a ~ no mel* acontecer como se desejava, vir no momento oportuno; *da mão à boca se perde a ~* por um triz se perde às vezes uma conveniência; *estar às sopas de (alguém)* viver à custa de (alguém); *levar ~* [coloq.] ser mal sucedido; *molhar a ~* [coloq.] tomar parte em alguma coisa; *ou sim ou sopas* [coloq.] ou sim ou não (Do gót. *suppa*, «pedaço de pão que se embebia na sopa»)
sopa-de-urso ver nova grafia sopa de urso
sopa de urso *n.f.* sova; tareia; comida de urso
sopão *adj.,n.m.* [coloq.] beberrão (De *sopa*+*-ão*)
sopapear *v.tr.* 1 dar sopapo em 2 esbofetear (De *sopapo*+*-ear*)
sopapo *n.m.* 1 pancada com a mão, debaixo do queixo 2 murro 3 bofetão 4 [fig.] revés; *dar um ~ na carteira/gaveta* roubar ou extorquir dinheiro (De *so-*+*papo*)
sopé *n.m.* parte inferior de uma encosta; base de montanha; falda (De *so-*+*pé*)
sopeado *adj.* 1 oprimido 2 humilhado (Part. pass. de *sopear*)
sopeador *adj.,n.m.* que ou aquele que sopeia (De *sopear*+*-dor*)
sopeamento *n.m.* ato ou efeito de sopear (De *sopear*+*-mento*)
sopear *v.tr.* 1 pôr debaixo dos pés 2 impedir o movimento de; estorvar 3 refrear; reprimir 4 [fig.] subjugar; dominar; sujeitar (De *so-*+*pé*+*-ar*)
sopegar *v.intr.* andar tropegamente; coxear (Do cast. *zopegar*, «id.»)
sopeira *n.f.* 1 peça de louça em que se traz a sopa para a mesa; terrina 2 [pop.] empregada doméstica, geralmente para serviço de cozinha (De *sopa*+*-eira*)
sopeiral *adj.2g.* que diz respeito a sopeira (empregada doméstica) (De *sopeira*+*-al*)
sopeirame *n.m.* [pop.] grupo das sopeiras ou cozinheiras (De *sopeira*+*-ame*)
sopeirinha *n.f.* antigo título de crédito, no valor de cinco cêntimos (dez escudos), acessível às bolsas de pessoas pouco abastadas (De *sopeira*+*-inha*)
sopeiro *adj.* 1 em que se serve a sopa 2 que gosta muito de sopa ▪ *n.m.* pessoa que gosta muito de sopa (De *sopa*+*-eiro*)
sopesar *v.tr.* 1 tomar com a mão o peso de 2 sustentar o peso de 3 distribuir com regra e parcimónia 4 conter; refrear ▪ *v.pron.* equilibrar-se; manter-se em equilíbrio (De *so-*+*pesar*)
sopeso /ê/ *n.m.* ato ou efeito de sopesar (Deriv. regr. de *sopesar*)
sopetarra *n.f.* {aumentativo de **sopa**} [pop.] sopa grande (De *sopa*+*t*+*-arra*)
sopetear *v.tr.,intr.* ir molhando (pão, biscoitos, etc.) no líquido que se está a tomar ▪ *v.tr.* saborear; gozar (Do cast. *sopetear*, «id.»)
sopiado *adj.* [regionalismo] (criança) que foi batizado em casa por estar em perigo de vida (Part. pass. de *sopiar*)
sopiar *v.tr.* [regionalismo] batizar (uma criança) em casa, quando está em perigo de vida (De *so-*+*pia*+*-ar*)
sopinha-de-massa ver nova grafia sopinha de massa
sopinha de massa *n.2g.* [coloq.] pessoa que tem dificuldade em pronunciar os esses
sopista *adj.,n.2g.* que ou a pessoa que gosta de sopa (De *sopa*+*-ista*)
sopitamento *n.m.* 1 ato ou efeito de sopitar 2 modorra; marasmo; torpor (De *sopitar*+*-mento*)

sopitar v.tr. 1 fazer adormecer; adormecer 2 abrandar; acalmar 3 refrear 4 enfraquecer 5 dar esperança a (Do lat. *sopitāre, freq. de sopīre, «adormecer»)
sopitável adj.2g. que se pode sopitar (De sopitar+-vel)
sopito adj. 1 adormecido; adormentado 2 [fig.] desalentado; alquebrado 3 [fig.] atordoado 4 [fig.] embalado em esperanças ou promessas (Do lat. sopītu-, «id.», part. pass. de sopīre, «adormecer; entorpecer»)
sopontadura n.f. 1 ato ou efeito de sopontar 2 série de pontinhos com que se marca uma palavra por baixo, para indicar que está a mais (De sopontar+-dura)
sopontar v.tr. marcar (palavras) por meio de sopontadura (De so-+ponto+-ar)
sopor n.m. 1 modorra 2 sonolência 3 estado comatoso 4 quietude 5 silêncio (Do lat. sopōre-, «id.»)
soporado adj. 1 atacado de sopor 2 que produz sopor (Do lat. soporātu-, «id.», part. pass. de soporāre, «adormentar; adormecer»)
soporativo adj. 1 que faz adormecer 2 [fig.] aborrecido; enfadonho ■ n.m. FARMÁCIA medicamento que faz dormir; soporífero (Do lat. soporātu-, «adormecido», part. pass. de soporāre, «adormecer; entorpecer»+-ivo)
soporífero adj. 1 que produz sono 2 [fig.] enfadonho; maçador; aborrecido ■ n.m. 1 FARMÁCIA substância ou medicamento que faz dormir 2 [fig.] coisa maçadora ou aborrecida (Do lat. soporifĕru-, «id.»)
soporífico adj.,n.m. ⇒ **soporífero** (Do lat. sopōre-, «sopor» +facĕre, «fazer»)
soporizar v.tr. fazer cair em sopor; sopitar (De sopor+-izar)
soporoso adj. 1 relativo a sopor 2 que tem sopor 3 sonolento 4 comatoso (De sopor+-oso)
soportal n.m. 1 parte inferior do portal 2 átrio (De so-+portal)
soprador adj. que sopra ■ n.m. 1 aquele que sopra 2 instrumento para insuflação de ar (De soprar+-dor)
sopranino n.m. MÚSICA elemento mais agudo de uma família de instrumentos, acima do soprano (por exemplo, flauta de bisel sopranino, saxofone sopranino, etc.) (De soprano+-ino)
sopranista adj.2g.,n.m. que ou homem que canta com voz de soprano (De soprano+-ista)
soprano n.m. MÚSICA tom de voz mais agudo de mulher ou de rapaz muito novo; tiple ■ n.2g. MÚSICA pessoa que tem essa voz (Do it. soprano, «id.»)
soprar v.tr. 1 dirigir o sopro para 2 encher de ar (balão, etc.) 3 [fig.] ser favorável a; favorecer 4 [fig.] dizer em voz baixa; segredar 5 [fig.] insinuar; sugerir 6 [fig.] atear; inspirar ■ v.intr. 1 produzir sopro 2 dirigir o sopro 3 ventar 4 fazer vento com a boca ou com o fole (Do lat. sufflāre, «id.»)
sopremo /ê/ n.m. [regionalismo] freio; cobro; *pôr ~ a* reprimir, refrear, coibir (Do lat. sub, «sob» +premĕre, «reprimir; deter; suspender»?)
sopresar v.tr. 1 capturar; apresar 2 tomar de assalto 3 [fig.] iludir com falsas aparências (De sob-+-presa+-ar)
soprilho n.m. seda muito rala e leve (Do cast. soplillo, «id.»)
sopro /ô/ n.m. 1 vento que se produz, impelindo o ar com a boca ou com um fole 2 ato de expelir com mais ou menos força o ar aspirado; exalação 3 ar expirado; bafo; hálito 4 aragem; brisa 5 som; ruído 6 [fig.] inspiração 7 [fig.] força; influxo 8 [fig.] resto 9 MEDICINA som anormal que se deteta por auscultação e pode localizar-se em diversos órgãos cavitários, como pulmão ou coração 10 deslocamento violento e instantâneo de grandes massas de ar provocado pelo rebentamento alto de uma arma atómica 11 pl. MÚSICA conjunto dos instrumentos de sopro; *instrumento de ~* MÚSICA instrumento que se toca, soprando, como a flauta, a corneta, etc. (Deriv. regr. de soprar)
soquear v.tr. ⇒ **socar** (De soco+-ear)
soqueira¹ n.f. conjunto de raízes das canas e de outras plantas que ficam na terra depois de cortadas (De soca+-eira)
soqueira² n.f. arma que consiste de uma peça de metal com quatro orifícios circulares onde se encaixam cada um dos dedos, à exceção do polegar, como anéis (De soco+-eira)
soqueiro¹ n.m. aquele que esmurra outrem (De socar+-eiro)
soqueiro² n.m. tamanqueiro (De soco+-eiro)
soqueixar v.tr. atar por debaixo do queixo (De soqueixo+-ar)
soqueixo n.m. ligadura que se ata por baixo do queixo (De so-+queixo)
soquete¹ /suquê/ n.m. 1 soco dado com pouca força 2 instrumento utilizado para ajudar a carregar as peças de artilharia (De soco+-ete)
soquete² /sóquê/ n.f. meia curta; peúga (Do ing. sock, «id.», pelo fr. socquette, «id.»)
soquetear v.tr. atacar com soco fraco (De soquete+-ear)

sor¹ /ô/ n.m. [pop.] forma reduzida de senhor
sor² /ô/ n.f. ⇒ **sóror**
sora¹ /ô/ n.f. [pop.] forma reduzida de senhora
sora² /ô/ n.f. bebida que os peruanos preparam com milho (De orig. obsc.)
sóraco n.m. arca em que os comediantes levavam os seus vestuários e adereços (Do gr. sórakos, «id.», pelo lat. sorācu-, «id.»)
sorar v.tr. transformar em soro (De soro+-ar)
sorbónico adj. relativo à Sorbona (Sorbonne), a mais célebre universidade parisiense, ou às doutrinas aí ensinadas (De Sorbona+-ico)
sorbonista adj.n.2g. 1 que ou aquele que frequenta a Sorbona 2 que ou aquele que é diplomado pela Sorbona (De Sorbona, top. +-ista)
sorça /ô/ n.f. [regionalismo] molho feito de vinho, alho, sal e pimenta, com que se tempera a carne de porco que se usa para fazer enchido; surça (De orig. obsc.)
sordícia n.f. ⇒ **sordície**
sordície n.f. qualidade ou estado de sórdido; sordidez (Do lat. sorditiē-, «id.»)
sordidamente adv. 1 de maneira sórdida; com sordidez 2 torpemente (De sórdido+-mente)
sordidez /ê/ n.f. 1 qualidade ou estado de sórdido 2 imundície; sujidade 3 torpeza; vileza 4 avareza (De sórdido+-ez)
sordideza /ê/ n.f. ⇒ **sordidez** (De sórdido+-eza)
sórdido adj. 1 sujo; imundo 2 repugnante 3 vil; torpe; baixo 4 mesquinho (Do lat. sordĭdu-, «id.»)
sorédia n.f. BOTÂNICA células de alga envolvidas por filamentos de fungo, que constituem, no conjunto, um elemento de reprodução vegetativa dos líquenes (Do gr. sorós, «cúmulo»)
sorgo /ô/ n.m. BOTÂNICA planta robusta, da família das Gramíneas, cultivada em Portugal para forragem, fabrico de farinha e preparação de bebidas alcoólicas (Do lat. syrĭcu-, «da Síria», pelo it. sorgo, «sorgo»)
soriano adj. relativo ou pertencente a Sória, cidade espanhola, capital da província do mesmo nome ■ n.m. 1 natural ou habitante de Sória, cidade espanhola, capital da província do mesmo nome 2 tecido de burel, oriundo de Sória, fabricado antigamente no Algarve (De Sória, top. +-ano)
sorita n.m. LÓGICA ⇒ **sorites**
sorites n.m.2n. LÓGICA argumentação silogística formada por várias proposições ligadas entre si de maneira que o predicado da primeira é o sujeito da segunda, e assim sucessivamente até à conclusão, em que se toma o sujeito da primeira e o predicado da última antes da conclusão (Do gr. sorítes [syllogismós], «silogismo amontoado», pelo lat. sorĭtes, «id.»)
sorítico adj. relativo ao sorites (Do gr. soritikós, «id.», pelo lat. soritĭcu-, «id.»)
sorna n.f. 1 grande preguiça 2 indolência 3 inércia 4 manha de velhaco 5 [pop.] cama ■ n.2g. 1 pessoa indolente ou vagarosa; pessoa preguiçosa 2 pessoa manhosa; *estar com a ~* 1 estar com preguiça; 2 não fazer caso (Do prov. ant. sorn, «escuro», pelo cast. sorna, «indolência; velhacaria»)
sornar v.intr. 1 fazer as coisas com sorna; ser pachorrento 2 [regionalismo] dormir, ressonando (De sorna+-ar)
sorneiro adj.,n.m. que ou aquele que sorna (De sornar+-eiro)
sornice n.f. 1 indolência; ronceirice 2 preguiça 3 manha (De sorna+-ice)
soro¹ /ô/ n.m. 1 líquido amarelo-claro que se separa do leite depois de este ter coagulado 2 HISTOLOGIA líquido que se separa do coágulo sanguíneo e que tem uma constituição semelhante à do plasma, mas sem fibrinogéneo nem outras substâncias que participam na coagulação 3 MEDICINA solução de substância mineral ou orgânica que se introduz no organismo de pacientes para alimentar, hidratar, e/ou veicular medicamentos; *~ fisiológico* FARMÁCIA solução de cloreto de sódio em água, em regra, a nove por mil; *~ sanguíneo* HISTOLOGIA líquido que se separa do sangue coagulado e que é também designado plasma sanguíneo (Do lat. hisp. *soru-, por seru-, «id.»)
soro² /ô/ n.m. BOTÂNICA grupo de arquídios (para alguns autores, esporângios) nas pteridófitas (Do gr. sorós, «montão»)
sorocabano adj. relativo à cidade brasileira de Sorocaba, no estado de São Paulo ■ n.m. natural ou habitante de Sorocaba (De Sorocaba, top. +-ano)
soródio adj. 1 (arroz) produzido no inverno 2 [Índia] ⇒ **serôdio**
soromenha /ê/ n.f. BOTÂNICA nome da pereira-brava e do seu fruto (De orig. obsc.)
soromenho /ê/ n.m. ⇒ **soromenha**
soror n.f. ⇒ **sóror**

sóror n.f. tratamento dado às freiras; irmã (Do lat. *sorōre-*, «irmã»)

sororato n.m. ANTROPOLOGIA instituição matrimonial, vulgar entre as sociedades primitivas, que permite que uma irmã participe da vida conjugal de outra irmã e obriga o viúvo a casar com a irmã solteira da mulher falecida (De *sóror*+*-ato*, ou do fr. *sororat*, «id.»)

sororicida adj.,n.2g. que ou pessoa que mata uma irmã (Do lat. *sorōre-*, «irmã» +*caedĕre*, «matar»)

sororicídio n.m. assassínio da própria irmã (Do lat. *sorōre-*, «irmã» +*caedĕre*, «matar» +*-io*)

sororoca n.f. 1 ruído que faz a voz dos moribundos 2 [Brasil] ICTIOLOGIA peixe teleósteo, marinho, da família dos Escombrídeos (Do tupi *so'roka*, «rasgão»)

sorose n.f. BOTÂNICA infrutescência constituída por bagas e cujo eixo é mais ou menos carnudo, como, por exemplo, o ananás (Do gr. *sorós*, «montão» +*-ose*)

soroso /ô/ adj. 1 relativo a soro 2 que tem soro (De *soro*+*-oso*)

soroterapia n.f. ⇒ **seroterapia**

soroterápico adj. ⇒ **seroterápico**

sorrabar v.tr. 1 andar atrás de 2 [fig.] adular; bajular (De *so-*+*rabo*+*-ar*)

sorrascadoiro n.m. ⇒ **sorrascadouro**

sorrascador n.m. ⇒ **sorrascadouro** (De *sorrascar*+*-dor*)

sorrascadouro n.m. vassoura com que se varre o forno antes de meter o pão (De *sorrascar*+*-douro*)

sorrascar v.tr. 1 [regionalismo] varrer (o forno) com o sorrascadouro 2 [fig.] mascarrar (De *so-*+*rascar*)

sorrasco n.m. 1 ⇒ **sorrascadouro** 2 [regionalismo] pão ázimo cozido no borralho 3 [fig.] máscara (Deriv. regr. de *sorrascar*)

sorrasqueiro n.m. 1 [regionalismo] pequeno bolo cozido nas brasas 2 pau com um pano na ponta, para limpar o forno do resto das brasas (De *sorrasco*+*-eiro*)

sorrasquinho n.m. [regionalismo] ⇒ **sorrasqueiro** (De *sorrasco*+*-inho*)

sorrate elem.loc.adv. *de ~* sorrateiramente; sem ser pressentido (Deriv. regr. de *sorrateiro*)

sorrateiramente adv. às ocultas; pela calada (De *sorrateiro*+*-mente*)

sorrateiro adj. 1 que faz as coisas pela calada 2 dissimulado 3 matreiro (Do lat. *subreptarĭu-*, «ladrão»)

sorrelfa n.f. disfarce para enganar; dissimulação; *à ~* disfarçadamente, pela calada (De orig. obsc.)

sorrelfo adj. 1 que usa de sorrelfa 2 dissimulado 3 sonso (De *sorrelfa*)

sorridente adj.2g. 1 que sorri; risonho 2 alegre 3 amável 4 [fig.] promissor; propício (Do lat. *subridente-*, «id.», part. pres. de *subridēre*, «sorrir»)

sorrir v.intr. 1 contrair ligeiramente os músculos faciais, mostrando uma expressão alegre como manifestação de boa disposição, agrado, aprovação, ironia, etc.; rir com moderação, sem fazer ruído 2 ter expressão ou aspeto agradável ∎ v.tr. 1 dirigir sorriso (a) 2 exprimir com ar risonho 3 [fig.] agradar (a) 4 [fig.] dar esperanças; prometer (Do lat. *subridēre*, «id.»)

sorriso n.m. 1 ato de sorrir 2 expressão facial alegre que manifesta boa disposição, agrado ou aprovação 3 riso leve, de satisfação, de desprezo ou ironia 4 aspeto amável; *~ amarelo* sorriso que demonstra constrangimento ou embaraço, sorriso forçado (Do lat. *subrīsu-*, part. pass. de *subridēre*, «sorrir»)

sortalhão n.m. grande sorte; sorte inesperada (De *sorte*+*-alhão*)

sorte[1] n.f. 1 fado; destino 2 fortuna; ventura; felicidade 3 quinhão 4 acaso 5 riso 6 género; espécie; qualidade 7 maneira; forma 8 sentimento 9 lote de fazendas 10 sorteio militar para determinar, de entre os mancebos apurados, aqueles que serão efetivamente incorporados 11 TAUROMAQUIA manobra que o toureiro executa para farpear ou enganar o touro 12 [regionalismo] faixa de terreno que coube a alguém em partilhas 13 [fig.] fortuna inesperada; *sorte grande* o primeiro prémio da lotaria; *à sorte* ao acaso; *dar sorte* zangar-se, corresponder a um galanteio; *de sorte que* de maneira que; *entrar nas sortes* MILITAR ir para militar; *estar com sorte* correrem-lhe as coisas bem; *ir às sortes* MILITAR submeter-se ao sorteio militar para efeito de incorporação; *por sorte* por felicidade (Do latim *sorte-*, «idem»)

sorte[2] n.f. [Moçambique] mulher; esposa (De *consorte*, por redução)

sorteado adj. 1 tirado à sorte 2 escolhido ou designado por sorte 3 reunido ∎ n.m. aquilo que foi designado por sorteio (Part. pass. de *sortear*)

sorteador adj.,n.m. que ou aquele que sorteia (De *sortear*+*-dor*)

sorteamento n.m. ⇒ **sorteio** (De *sortear*+*-mento*)

sortear v.tr. 1 tirar à sorte 2 designar por sorteio 3 rifar 4 dividir em sortes 5 dispor (fazendas) por lotes (De *sorte*+*-ear*)

sorteio n.m. 1 ato ou efeito de sortear 2 rifa (Deriv. regr. de *sortear*)

sorteiro n.m. aquele que sorteia (De *sorte*+*-eiro*)

sortela n.f. ⇒ **sortelha** (De *sorte*+*-ela*)

sortelha /ê/ n.f. anel empregado nos sortilégios e na magia (Do lat. *sorticŭla-*, dim. de *sorte-*, «sorte»)

sortido adj. 1 abastecido; bem fornecido 2 que apresenta grande variedade de elementos 3 composto de diferentes géneros, padrões, etc. ∎ n.m. provisão de produtos de várias espécies; variedade; sortimento (Do lat. *sortītu-*, «tirado à sorte», part. pass. de *sortīri*, «tirar à sorte»)

sortilégio n.m. 1 malefício de feiticeiro; feitiço; bruxaria 2 encantamento 3 maquinação; trama (Do lat. *sortilegĭu-*, «escolha de sortes»)

sortílego adj.,n.m. que ou aquele que faz sortilégios; feiticeiro (Do lat. *sortilĕgu-*, «adivinho»)

sortilha n.f. ⇒ **sortelha**

sortimento n.m. 1 ato ou efeito de sortir 2 provisão de mercadorias 3 [fig.] abundância; variedade (De *sortir*+*-mento*)

sortir v.tr.,pron. prover(-se); abastecer(-se) ∎ v.tr. combinar; variar ∎ v.intr. tocar em sorte (Do lat. *sortīre*, «obter por sorte»)

sortudo adj.,n.m. que ou o que tem sorte; afortunado; felizardo

soruma n.f. BOTÂNICA planta africana cuja folha se fuma em vez de tabaco, que tem propriedades semelhantes às do ópio e é também conhecida por bango (De orig. obsc.)

sorumbático adj. 1 sombrio; triste; macambúzio 2 carrancudo (Do port. ant. *soombrático*, de **soombra*, «sombra»)

sorva /ô/ n.f. 1 fruto (pomo) da sorveira 2 BOTÂNICA ⇒ **sorveira** (Do lat. *sorbu-*, «id.»)

sorvado adj. 1 (fruto) que está muito maduro; tocado; apodrecido; meio podre 2 [fig.] que está enfraquecido; combalido; fraco (Part. pass. de *sorvar*)

sorval adj.2g. 1 que se sorve 2 relativo a pera muito sumarenta (De *sorva*+*-al*)

sorvalhada n.f. grande porção de fruta espalhada, em desordem, pelo chão (De *sorva*+*-alho*+*-ada*)

sorvar v.tr.,intr.,pron. (fazer) amolecer ou apodrecer (fruta), devido ao processo de fermentação ∎ v.intr.,pron. sentir fraqueza; enfraquecer (De *sorva*+*-ar*)

sorvedela n.f. ato de sorver; sorvo (De *sorver*+*-dela*)

sorvedoiro n.m. ⇒ **sorvedouro**

sorvedouro n.m. 1 sítio, no mar ou no rio, onde a água faz remoinho 2 abismo; voragem 3 [fig.] aquilo que conduz ou obriga a fazer gastos excessivos 4 [fig.] causa de ruína (De *sorver*+*-douro*)

sorvedura n.f. ⇒ **sorvo** (De *sorver*+*-dura*)

sorveira n.f. BOTÂNICA árvore da família das Rosáceas, um pouco cultivada em Portugal, e cujo fruto se denomina sorva, termo que também designa esta árvore (De *sorva*+*-eira*)

sorver v.tr. 1 beber aos sorvos; beber lentamente; haurir 2 chupar 3 aspirar 4 absorver 5 [fig.] fazer desaparecer; submergir 6 [fig.] tragar; devorar 7 [fig.] subverter 8 [fig.] destruir ∎ v.pron. 1 sumir-se 2 afundar-se (Do lat. *sorbēre*, «id.»)

sorvete /ê/ n.m. 1 doce que se congela, geralmente preparado com água, açúcar e polpa de fruta 2 [pop.] bofetada ∎ n.f. variedade de pera (Do turc. *xorbet*, «bebida refrescante», pelo it. *sorbetto*, ou fr. *sorbet*, «id.»)

sorveteira n.f. máquina que serve para fazer sorvetes ou gelados (De *sorvete*+*-eira*)

sorveteiro n.m. indivíduo que faz ou vende sorvetes (De *sorvete*+*-eiro*)

sorveteria n.f. [Brasil] ⇒ **gelataria** (De *sorvete*+*-eria*)

sorvo /ô/ n.m. 1 ato ou efeito de sorver 2 trago; gole (Deriv. regr. de *sorver*)

sósia n.2g. pessoa muito parecida com outra (em relação a esta) (Do lat. *Sosia*, antr., nome do escravo, pajem de Anfitrião, de quem Mercúrio tomou as feições)

soslaio n.m. obliquidade; *de ~* obliquamente, de esguelha (Do fr. ou prov. ant. *d'eslais*, «impetuosamente», pelo cast. de *soslayo*, «de esguelha»)

sossega n.f. 1 ato ou efeito de sossegar 2 descanso 3 sossego 4 sono 5 [pop.] porção de vinho ou de outra bebida alcoólica que se toma para conciliar o sono; *à ~* descansadamente (Deriv. regr. de *sossegar*)

sossegado adj. 1 que se sossegou 2 despreocupado; descansado 3 tranquilo; calmo 4 com pouco movimento; pacato 5 sem agitação; sereno (Part. pass. de *sossegar*)

sossegador adj. 1 que sossega; tranquilizador 2 lenitivo ∎ n.m. aquele ou aquilo que sossega (De *sossegar*+*-dor*)

sossegar v.tr.,intr.,pron. 1 pôr ou ficar em sossego; aquietar(-se); acalmar(-se); serenar 2 livrar(-se) de preocupações; tranquilizar(-se)

■ *v.intr.,pron.* adormecer; descansar (Do lat. **sessicare*, freq. de *sedēre*, «assentar»)
sossego /ê/ *n.m.* **1** ato ou efeito de sossegar **2** aquilo que permite sossegar; descanso; alívio **3** ausência de agitação; tranquilidade; paz; quietude **4** repouso (Deriv. regr. de *sossegar*)
sosso /ô/ *adj.* (pedra) que se coloca numa construção sem argamassa; solto (De orig. obsc.)
sostra /ô/ *n.f.* [depr.] mulher considerada suja e preguiçosa (De orig. obsc.)
sostrice *n.f.* qualidade de sostra (De *sostra*+*-ice*)
sota *n.f.* **1** dama (nos jogos de cartas) **2** folga **3** [regionalismo] mulher astuciosa **4** o cavalo ou a parelha da frente de um carro puxado por mais de um tiro ■ *n.m.* boleeiro; *dar ~ e ás* mostrar-se mais fino, mais valente, etc., que outro (Do lat. **subta*, de *subtus*, «debaixo», pelo cast. *sota*, «dama» nas cartas de jogar)
sota- elemento de formação de palavras que exprime a ideia de *subordinação, posição inferior*
sota-almirante *n.m.* imediato ou substituto do almirante
sota-capitânia *n.f.* nau que servia antigamente de capitânia
sota-capitão *n.m.* comandante da sota-capitânia
sota-cocheiro *n.m.* o segundo-cocheiro, na antiga viação
sota-comitre *n.m.* o imediato do comitre
sotaina *n.f.* **1** batina de eclesiástico; samarra **2** [regionalismo] sova; tunda ■ *n.m.* [depr.] padre (Do it. *sottana*, «id.»)
sotana *n.f.* ⇒ **sotaina**
sótão *n.m.* **1** compartimento situado imediatamente abaixo da cobertura de um edifício, entre o teto e o último andar de uma casa; sobrecâmara; águas-furtadas **2** terraço no alto de um edifício **3** [regionalismo] cave; *ter macaquinhos no ~* ter manias, ter ideias fantasistas (Do lat. tard. **subtānu-*, «que está debaixo de»)
sota-patrão *n.m.* o imediato do patrão de um barco
sota-piloto *n.2g.* pessoa que substitui o primeiro-piloto; segundo-piloto
sotaque *n.m.* **1** pronúncia particular de uma pessoa de determinada região **2** dito que encerra uma repreensão; censura **3** [pop.] dito picante; remoque (De orig. obsc.)
sotaquear *v.tr.* **1** dirigir remoques a **2** mofar de; troçar de (De *sotaque*+*-ear*)
sotaventear *v.tr.,intr.* NÁUTICA voltar(-se) (o navio) para sotavento ■ *v.intr.,pron.* NÁUTICA seguir de barlavento para sotavento (De *sotavento*+*-ear*)
sotaventino *adj.* relativo ou pertencente à região algarvia de Sotavento ou a ilhas de vários arquipélagos situadas a sotavento ■ *n.m.* natural ou habitante dessa região ou dessas ilhas (De *sotavento*+*-ino*)
sotavento *n.m.* **1** NÁUTICA lado do navio oposto àquele donde sopra o vento **2** [regionalismo] região a leste (Do cat. *sotavent*, «id.»)
sota-voga *n.m.* NÁUTICA remador colocado a seguir ao voga
soteia *n.f.* ⇒ **açoteia** (Do ár. *çotaiha*, dim. de *çataha*, «terraço»)
soteriologia *n.f.* RELIGIÃO doutrina da salvação (Do gr. *sotería*, «salvação» +*lógos*, «estudo» +*-ia*)
soteriológico *adj.* RELIGIÃO relativo à soteriologia (De *soteriologia*+*-ico*)
soteropolitano *adj.* relativo ou pertencente à cidade brasileira de Soterópolis, atual Salvador; salvadorense ■ *n.m.* natural ou habitante de Salvador; salvadorense (Do gr. *sotér*, «salvador» +*polítes*, «cidadão» +*-ano*)
soterração *n.f.* ⇒ **soterramento** (De *soterrar*+*-ção*)
soterramento *n.m.* **1** ato ou efeito de soterrar **2** [ant.] enterro; funeral (De *soterrar*+*-mento*)
soterrâneo *adj.,n.m.* ⇒ **subterrâneo** (Do lat. *subterranĕu-*, «id.»)
soterrar *v.tr.* **1** cobrir de terra; enterrar **2** cobrir totalmente ■ *v.pron.* meter-se debaixo da terra (De *so-*+*terra*+*-ar*)
sotia *n.f.* **1** farsa satírica **2** género dramático francês em que as personagens faziam o papel de doidos, com alusão a indivíduos dessa época (Do fr. *sotie*, «id.»)
soto- elemento de formação de palavras que exprime a ideia de *subordinação, posição inferior* (Do lat. *subtus*, «por baixo; abaixo de»)
soto-almirante *n.m.* NÁUTICA antigo substituto do almirante
soto-capitão *n.m.* NÁUTICA substituto do capitão (a bordo); imediato
soto-embaixador *n.m.* substituto do embaixador no seu impedimento
soto-mestre *n.m.* substituto do mestre (a bordo)
soto-ministro *n.m.* jesuíta que superintende no pessoal da cozinha e da despensa
soto-piloto *n.2g.* ⇒ **sota-piloto**
sotopor *v.tr.* **1** pôr por baixo **2** pospor **3** preterir (De *soto-*+*pôr*)

soto-soberania *n.f.* soberania dependente de outra
sotrancão *adj.* **1** dissimulado **2** sonso **3** velhaco (De *so-*+*tranca*+*-ão*)
sotrancar *v.tr.* **1** tomar pelo meio **2** abarcar (De *so-*+*trancar*)
sottovoce *adv.* MÚSICA em voz baixa; baixinho (Do it. *sottovoce*)
soturnidade *n.f.* qualidade de soturno (De *soturno*+*-i-*+*-dade*)
soturno *adj.* **1** sem alegria; tristonho; taciturno **2** pouco dado à convivência social **3** sombrio; carregado **4** lúgubre; medonho (De *Saturno*, astr., pela suposta infl. deste planeta no espírito das pessoas que nasciam sob o seu signo, pelo cast. *soturno*, «taciturno; melancólico»)
soufflé *n.m.* CULINÁRIA refeição preparada com carne picada ou queijo e claras de ovo batidas, cozida no forno de modo a crescer durante a cozedura (Do fr. *soufflé*, «id.»)
soul *n.m.* MÚSICA tipo de música popular americana com raízes africanas que teve início nos anos 50 e cujas principais características são a improvisação e a forte componente emocional
sousa *n.m.* ORNITOLOGIA ⇒ **seixa**[1] **2**
sousão *n.m.* **1** variedade de videira produtora de uva preta, cultivada especialmente no Minho e no Douro **2** uvas desta videira (De *Sousa*, afluente do Douro+*-ão*)
soutien *n.m.* ⇒ **sutiã** (Do fr. *soutien*)
souto *n.m.* **1** plantação de castanheiros; castanhal **2** [fig.] mata espessa (Do lat. *saltu-*, «bosque»)
souvenir *n.m.* objeto característico de um lugar ou região e que se traz como recordação desse lugar; lembrança (Do fr. *souvenir*, «id.»)
souza *n.m.* ORNITOLOGIA ⇒ **seixa**[1] **2**
sova[1] *n.f.* **1** ato ou efeito de sovar **2** tareia; tunda **3** [fig.] descompostura (Deriv. regr. de *sovar*)
sova[2] *n.m.* ⇒ **soba** (De *soba*)
sovaco *n.m.* parte que fica por baixo da articulação do braço com o ombro; axila (De orig. obsc.)
sovadela *n.f.* ⇒ **sova**[1] (De *sovar*+*-dela*)
sovado *adj.* **1** que levou sova **2** [fig.] que já tem muito uso; gasto (Part. pass. de *sovar*)
sovadura *n.f.* **1** ⇒ **sova**[1] **2** [fig.] uso intenso **3** [ant.] amassadura de pão (De *sovar*+*-dura*)
sovaqueiro *adj.* diz-se de ladrão que esconde os roubos debaixo do braço (De *sovaco*+*-eiro*)
sovaquete /ê/ *n.m.* (jogo da pela) ato de tirar a pela da casa respetiva (De *sovaco*+*-ete*)
sovaquinho *n.m.* cheiro desagradável que às vezes emana dos sovacos (De *sovaco*+*-inho*)
sovar *v.tr.* **1** dar uma sova a; bater em **2** amassar **3** calcar; pisar (uvas) **4** [fig.] usar muito; gastar (Do lat. *supāre*, «arremessar»)
soveio *n.m.* [regionalismo] correia grossa que prende o carro ou o arado ao jugo (Do lat. cl. *subjugīu-*, pelo lat. vulg. **subigīu-*, «id.»)
soveiro *n.m.* [regionalismo] ⇒ **soveio** (De *soveio*)
sovela *n.f.* **1** utensílio com que os sapateiros e os correeiros abrem os furos no cabedal, por onde fazem passar as sedas ou o fio **2** ORNITOLOGIA ave pernalta, da família dos Caradriídeos, frequente em Portugal, e também conhecida por alfaiate, avoceta, frade, fusela, meio-maçarico, milherango, pernilongo, etc. (Do lat. **subella-*, dim. de *subŭla-*, «sovela; agulha de sapateiro»)
sovelada *n.f.* furo ou picada com sovela (Part. pass. fem. subst. de *sovelar*)
sovelão *n.m.* **1** sovela grande **2** [coloq.] indivíduo sovina (De *sovela*+*-ão*)
sovelar *v.tr.* furar ou ferir com sovela (De *sovela*+*-ar*)
soveleiro *n.m.* indivíduo que faz ou vende sovelas (De *sovela*+*-eiro*)
soventre *n.m.* toucinho de entre as mamas ou mamilos dos suínos (De *so-*+*ventre*)
soveral *n.m.* [ant.] ⇒ **sobreiral** (Do lat. **suberāle-*, de *subēre-*, «sobreiro»)
sovereiro *n.m.* [ant.] ⇒ **sobreiro** (Do lat. *subēre-*, «sobreiro» +*-eiro*)
soverter *v.tr.,pron.* ⇒ **subverter** (De *so-*+*verter*)
soveu *n.m.* [regionalismo] ⇒ **soveio**
soviete *n.m.* HISTÓRIA, POLÍTICA conselho dos delegados dos operários, soldados e camponeses do regime político da antiga União das Repúblicas Socialistas Soviéticas (Do russo *sovet*, «conselho», pelo fr. *soviet*, «id.»)
soviético *adj.* **1** relativo ou pertencente à antiga União Soviética ou aos seus habitantes **2** relativo aos sovietes ■ *n.m.* natural ou habitante da antiga União Soviética (Do fr. *soviétique*, «id.»)
sovietismo *n.m.* **1** sistema político que tinha por base o soviete **2** bolchevismo (De *soviete*+*-ismo*)
sovina *adj.2g.* que é muito apegado ao dinheiro; que não gosta de dar; avarento; mesquinho ■ *n.f.* **1** torno de marceneiro **2** utensílio

sovinada *n.f.* **1** picada com sovina ou utensílio perfurante **2** [fig.] dito picante (De *sovina*+*-ada*)

sovinar *v.tr.* **1** furar com sovina ou utensílio agudo **2** [fig.] molestar; afligir **3** [fig.] dirigir remoques a (De *sovina*+*-ar*)

sovinaria *n.f.* **1** sovinice **2** mesquinhez (De *sovina*+*-aria*)

sovinice *n.f.* **1** qualidade de quem é sovina; avareza **2** ato próprio de sovina **3** mesquinhez (De *sovina*+*-ice*)

sovro /ô/ *n.m.* [ant.] ⇒ **sobreiro**

sozinho /só/ *adj.* **1** que se encontra inteiramente só **2** que está sem companhia **3** abandonado; desamparado **4** sem testemunhas **5** único **6** por si mesmo; sem intervenção de ninguém (De *só*+*z*+*-inho*)

spa *n.m.* **1** espaço em hotel ou estabelecimento comercial onde se efetuam tratamentos de saúde e/ou beleza, que incluem alimentação natural, atividades físicas, massagens, banhos medicinais, sauna, etc. **2** estância ou estabelecimento para uso terapêutico de águas medicinais, principalmente termais; estância termal (Do lat. *Salute Per Aquam*, por *Spa*, estância termal belga, pelo ing. *spa*, «id.»)

spam *n.m.* **1** INFORMÁTICA (internet) envio de uma ou mais mensagens pouco apropriadas para um fórum de discussão ou listas de correio em deliberada violação da netiqueta **2** INFORMÁTICA (internet) envio não solicitado de mensagens de publicidade ou propaganda para um grande número de destinatários (Do ing. *spam*)

speed *n.m.* **1** [coloq.] anfetamina **2** [fig.] genica; *estar com ~* estar acelerado (Do ing. *speed*)

spin *n.m.* FÍSICA momento cinético intrínseco do eletrão e certas partículas fundamentais (como o protão e o neutrão), que não é devido ao facto de a partícula estar a descrever qualquer órbita, mas é uma propriedade caracteristicamente quântica; *~ isobárico* FÍSICA número quântico, utilizado para caracterizar os dois estados possíveis do nucleão (protão e neutrão); *~ nuclear* FÍSICA propriedade magnética intrínseca de um núcleo atómico (Do ing. *spin*, «movimento rotativo»)

spinnaker *n.f.* NÁUTICA vela grande, triangular, com feitio de bujarrona, que se fixa ao mastro principal de certos iates (Do ing. *spinnaker*)

spin-off *n.m.* **1** ECONOMIA empresa nova criada para explorar produtos ou serviços tecnológicos ou inovadores, concebida a partir de um grupo de pesquisa ou centro de investigação de uma outra organização já existente, que a apoia no seu desenvolvimento **2** TELEVISÃO, LITERATURA série ou obra que se inspira num trabalho ou produção anterior ou lhe dá continuidade, desenvolvendo uma ideia ou o papel de uma personagem já existente no trabalho original (Do ing. *spin-off*, «id.»)

spleen *n.m.* **1** melancolia sem causa aparente ou concreta; tristeza **2** mau humor; aborrecimento (Do ing. *spleen*, «baço; má disposição»)

sportswear *n.m.* vestuário desportivo (Do ing. *sportswear*, «id.»)

spot *n.m.* breve mensagem publicitária, inserida entre programas de rádio ou televisão; anúncio (Do ing. *spot*, «id.»)

spray *n.m.* **1** jato de um líquido pulverizado **2** pulverizador (Do ing. *to spray*, «pulverizar; borrifar»)

spread *n.m.* ECONOMIA margem aplicada pelo banco sobre o valor da taxa de juro de referência (Do ing. *spread*, «id.»)

sprint *n.m.* **1** DESPORTO (atletismo, ciclismo) aumento de velocidade na parte terminal de uma corrida ou de cada etapa da corrida **2** DESPORTO (atletismo, ciclismo) corrida de velocidade em curta distância (Do ing. *sprint*, «id.»)

sprintar *v.intr.* correr o mais depressa possível (Do ing. *sprint*+*-ar*)

sprinter *n.2g.* (*plural* **sprinters**) DESPORTO (atletismo, ciclismo) atleta ou corredor que obtém bons resultados nas provas de velocidade (Do ing. *sprinter*, «id.»)

sprínter *n.2g.* ⇒ **sprinter**

squash *n.m.* DESPORTO atividade desportiva praticada em recinto fechado, em que dois jogadores lançam uma bola contra uma parede com raquetes (Do ing. *squash*, «id.»)

staccato *adj.,adv.* MÚSICA em que cada nota deve ser salientada com nitidez (Do it. *staccato*)

stafe *n.m.* ⇒ **staff**

staff *n.m.* **1** conjunto de pessoas que compõem os quadros de uma empresa ou instituição; pessoal **2** grupo de pessoas que acompanha e aconselha um dirigente político (Do ing. *staff*, «id.»)

stalking *n.m.* forma de assédio em que alguém persegue e importuna outrem de modo persistente e, por vezes, violento, pelos mais diversos motivos (vingança, amor, inveja, etc.) (Do ing. *stalking*, «id.»)

stand *n.m.* **1** espaço ou compartimento reservado a cada participante numa exposição ou feira **2** espaço de exposição e venda ao público, geralmente de automóveis e outros veículos motorizados; salão de vendas **3** mostruário; expositor (Do ing. *stand*)

standard *n.m.* padrão; modelo; tipo ■ *adj.inv.* **1** que não tem nenhuma característica especial; comum; normal **2** que obedece a parâmetros convencionados (Do ing. *standard*)

stande *n.m.* ⇒ **stand**

statcoulomb *n.m.* FÍSICA [ant.] designação provisória da unidade de carga do sistema eletrostático CGS igual a $1/3.10^9$ do coulomb (Do fr. *statcoulomb*, «id.»)

statu quo *loc.* estado em que as coisas se encontram (Do lat. *status quo*)

status *n.m.2n.* **1** condição, circunstância ou estado em que se encontra algo ou alguém num determinado momento **2** distinção; prestígio (Do lat. *status*, «estado, condição, posição»)

statvolt *n.m.* FÍSICA [ant.] designação provisória da unidade eletrostática CGS de potencial elétrico e diferença de potencial (tensão), que é igual a 300 volts (Do ing. *statvolt*, «id.»)

stendhaliano *adj.* relativo a Stendhal, pseudónimo do escritor francês Henri Beyle (1783-1842) ou à sua obra (De *Stendhal*, antr. +*-iano*)

stick *n.m.* **1** DESPORTO espécie de taco recurvado na extremidade inferior, usado para conduzir ou bater a bola nos jogos de hóquei e de golfe **2** desodorizante ou qualquer outro produto em forma de pequeno tubo cilíndrico **3** chibata; pingalim (Do ing. *stick*)

stilb *n.m.* (*plural* **stilbs**) FÍSICA unidade de medida de brilho, de símbolo sb, equivalente a uma candela por centímetro quadrado (Do gr. *stílbein*, «brilhar»)

stique *n.m.* ⇒ **stick**

stock *n.m.* **1** ECONOMIA quantidade de mercadorias em armazém; existências; estoque **2** reserva; provisão (Do ing. *stock*, «id.»)

stokes *n.m.2n.* FÍSICA unidade de viscosidade cinemática do antigo sistema de unidades CGS, de símbolo St, correspondente à viscosidade dinâmica de um líquido cuja massa volúmica é 1 grama por centímetro cúbico e cuja viscosidade dinâmica é 1 poise (Do ing. G. G. *Stokes*, antr., físico ing., 1819-1903)

stop *n.m.* **1** paragem **2** sinal de trânsito que indica paragem obrigatória **3** sinal luminoso constituído por duas lâmpadas situadas na parte traseira dos veículos, que acendem quando se trava (Do ing. *stop*)

storyboard *n.m.* CINEMA, INFORMÁTICA, TELEVISÃO roteiro constituído por quadros organizados em sequência, acompanhado de indicações sonoras e informações técnicas, preparado para a apresentação de um filme, programa ou projeto audiovisual

stress *n.m.* **1** MEDICINA conjunto de perturbações psíquicas e fisiológicas, provocadas por agentes diversos, que prejudicam ou impedem a realização normal do trabalho **2** tensão; pressão (Do ing. *stress*)

stressado *adj.* que está sob stress; que se encontra debaixo de grande pressão (física, psicológica, etc.); tenso

stressante *adj.2g.* **1** que provoca stress; que causa tensão **2** muito cansativo

stressar *v.tr.* provocar stress ou tensão em ■ *v.intr.* estar num estado de stress ou tensão (De *stress*+*-ar*)

stresse *n.m.* ⇒ **stress**

strip *n.m.* ⇒ **striptease** (Do ing. *strip*)

stripper *n.2g.* profissional que faz striptease (Do ing. *stripper*)

striptease *n.m.* espetáculo de desnudamento progressivo acompanhado de movimentos eróticos sugestivos e apresentado geralmente num cabaré ou clube noturno, sob fundo musical apropriado (Do ing. *to strip*, «despir-se»+*to tease*, «provocar»)

strogonoff *n.m.* CULINÁRIA prato preparado originalmente com pedaços de carne de vaca, cogumelos e creme de natas ou de leite, que atualmente também é confecionado com frango, peru, legumes, etc. (Do ing. *stroganoff*, «id.», do antr. (*Paul*) *Stroganoff* (séc. XIX), conde e diplomata russo)

sua *det.,pron.poss.* (*masculino* **seu**) **1** refere-se à terceira pessoa do singular ou do plural e indica, geralmente, posse ou pertença de: 1 pessoa ou pessoas de quem se fala ou escreve (*a sua casa*); 1 pessoa a quem se fala ou escreve (*a escultura é sua?*) **2** [coloq.] usa-se como forma de interpelação (*sua tonta!*) (Do lat. *sua-*, «id.»)

suã *n.f.* **1** carne da parte inferior do lombo do porco **2** [Brasil] espinha dorsal ou vértebra de qualquer mamífero; *ossos da ~* vértebras dos porcos (Do lat. **suãna-*, do lat. *sus*, «porco»)

suaçu *n.m.* [Brasil] ⇒ **veado** (Do tupi *sua'su*, «veado»)

suaçuapara *n.m.* ZOOLOGIA veado do Brasil; veado galheiro (Do tupi *suasu'para*, «id.»)

suadela n.f. 1 ato de suar 2 transpiração 3 [pop.] estafa (De *suar+-dela*)

suadir v.tr.,intr.,pron. ⇒ **persuadir** (Do lat. *suadēre*, «exortar; persuadir»)

suado adj. 1 coberto de suor; que transpirou 2 a transpirar 3 [fig.] que custou muito a adquirir; que foi conseguido à custa de muito esforço (Do lat. *sudátu*-, «id.», part. pass. de *sudāre*, «suar»)

suadoiro n.m. ⇒ **suadouro**

suador adj. 1 que sua muito 2 que faz suar ■ n.m. aquele que sua muito (Do lat. *sudatōre*-, «id.»)

suadouro n.m. 1 ato de suar 2 lugar muito quente, que faz suar 3 bebida ou remédio que se toma para fazer suar 4 banho quente aos pés 5 parte do lombo do cavalo que a sela cobre 6 coxim da sela que assenta no costado do cavalo (Do lat. *sudatoriŭ*-, «id.»)

suajo n.m. BOTÂNICA ⇒ **soajo**

suão adj. do sul ■ n.m. 1 vento quente e abafado que sopra do sul 2 aquele que é natural do sul (De *sulano*)

suar v.tr.,intr. 1 deitar (suor) pelos poros; transpirar 2 [fig.] conseguir (algo) à custa de muito trabalho; esforçar-se ■ v.tr. molhar com suor (roupa) ■ v.intr. verter humidade; ressumar; ~ *as estopinhas* fazer um grande esforço; *dar que* ~ dar que fazer; *ficar a* ~ apanhar um grande susto, sofrer uma emoção forte (Do lat. *sudāre*, «id.»)

suarda n.f. 1 matéria oleosa que os panos de lã largam no pisão 2 nódoa na lã antes de cardada (De orig. obsc.)

suarento adj. 1 coberto de suor 2 húmido do suor (Do lat. *sudorentu*-, «id.»)

suasivo adj. ⇒ **suasório** (Do lat. *suasu*-, part. pass. de *suadēre*, «aconselhar; exortar» +-*ivo*)

suasório adj. 1 que serve para persuadir 2 que convence; persuasivo (Do lat. *suasoriŭ*-, «id.»)

suástica n.f. 1 símbolo religioso de algumas civilizações antigas, em forma de cruz gamada com as hastes dobradas para a esquerda 2 emblema da Alemanha hitleriana em forma de cruz gamada com as hastes dobradas para a direita (Do sânsc. *svastika*, de *svasti*, «felicidade»)

suástico adj. (cruz) que tem as extremidades das hastes em ângulo reto (Do sânsc. *svastika*, de *svasti*, «felicidade»)

suave adj.2g. 1 agradável aos sentidos; aprazível 2 leve; brando 3 doce; meigo; delicado 4 que se faz sem custo (Do lat. *suave*-, «id.»)

suavemente adv. 1 com suavidade 2 agradavelmente 3 devagar (De *suave+-mente*)

suavidade n.f. 1 qualidade do que é suave; brandura 2 doçura 3 meiguice (Do lat. *suavitāte*-, «id.»)

suaviloquência /qu-en/ n.f. 1 suavidade no falar 2 expressão melíflua (Do lat. *suaviloquentĭa*-, «id.»)

suavização n.f. ato ou efeito de suavizar (De *suavizar+-ção*)

suavizar v.tr. 1 tornar suave 2 atenuar; mitigar 3 aliviar (De *suave+-izar*)

suazilandês adj. relativo ou pertencente à Suazilândia, país do Sul de África ■ n.m. natural da Suazilândia (De *Suazilândia*, top.+-*ês*)

sub- elemento de formação de palavras que exprime a ideia de inferioridade, dependência, aproximação, substituição, e é seguido de hífen quando o elemento seguinte começa por *b*, *h* ou *r* que não se liga foneticamente ao *b* anterior (Do lat. *sub*, «sob»)

subabdominal adj.2g. que está abaixo do abdómen (De *sub-+abdominal*)

subadjacente adj.2g. que está situado junto e por baixo de (De *sub-+adjacente*)

subaéreo adj. que circula ou existe na camada inferior do ar atmosférico (De *sub-+aéreo*)

subafluente n.m. afluente de um afluente de um rio (De *sub-+afluente*)

subagente n.2g. imediato ou substituto de um agente (De *sub-+agente*)

subagudo adj. MEDICINA (doença) que não tem carácter claramente agudo nem crónico (De *sub-+agudo*)

subalado adj. BOTÂNICA, ZOOLOGIA com apêndices semelhantes a asas (Part. pass. de *subalar*)

subalar adj.2g. situado debaixo das asas (Do lat. *subalāre*-, «id.»)

subalimentação n.f. 1 ato ou efeito de subalimentar ou subalimentar-se deficientemente 2 alimentação deficiente em determinados elementos imprescindíveis (vitaminas, sais minerais, proteínas, etc.); subnutrição 3 estado caracterizado por um conjunto de perturbações orgânicas e funcionais causadas por alimentação deficiente; subnutrição (De *sub-+alimentação*, ou de *subalimentar+-ção*)

subalimentar v.tr. alimentar com deficiência (De *sub-+alimentar*)

subalpino adj. (região) que se situa no sopé dos Alpes (Do lat. *subalpīnu*-, «id.»)

subalternação n.f. ato ou efeito de subalternar (De *sub-+alternação*, ou de *subalternar+-ção*)

subalternar[1] v.tr.,pron. tornar(-se) subalterno; pôr(-se) em categoria inferior (De *subalterno+-ar*)

subalternar[2] v.intr.,pron. alternar-se; revezar-se (De *sub-+alternar*)

subalternização n.f. ato ou efeito de subalternizar ou subalternizar-se; subalternação (De *subalternizar+-ção*)

subalternizar v.tr.,pron. ⇒ **subalternar**[1] (De *subalterno+-izar*)

subalterno adj. 1 que está sob as ordens de outrem; subordinado; inferior 2 com valor secundário 3 MILITAR diz-se da subcategoria de oficial das Forças Armadas com graduação superior à categoria de sargento e inferior à de oficial superior 4 MILITAR diz-se do militar com essa subcategoria 5 que se sente inferior a outro; submisso ■ n.m. indivíduo subordinado à autoridade de outrem (Do lat. *subalternu*-, «id.»)

subalugar v.tr. ⇒ **sublocar** (De *sub-+alugar*)

subaluguer n.m. ⇒ **sublocação** (De *sub-+aluguer*)

subaproveitar v.tr. não tirar todo o proveito de (De *sub-+aproveitar*)

subaquático adj. que está ou vive debaixo de água (De *sub-+aquático*)

subarbustivo adj. BOTÂNICA relativo a subarbusto ou com as suas características (De *subarbusto+-ivo*)

subarbusto n.m. BOTÂNICA planta baixa, com menos de um metro, só lenhosa na base, intermediária da erva e do arbusto (De *sub-+arbusto*)

subarmónico adj.,n.m. MÚSICA submúltiplo inteiro de uma nota fundamental (De *sub-+harmónico*)

subarqueado adj. um tanto arqueado (De *sub-+arqueado*)

subarrendamento n.m. 1 ato ou efeito de subarrendar; sublocação 2 cedência pelo arrendatário, por tempo determinado, de todo ou parte do prédio arrendado (De *subarrendar+-mento*)

subarrendar v.tr. arrendar a um terceiro, por certo tempo (o que se tomou de arrendamento); sublocar (De *sub-+arrendar*)

subarrendatário adj.,n.m. que ou aquele que subarrenda (De *sub-+arrendatário*)

subasta n.f. ⇒ **subastação** (Do cast. *subasta*, «leilão»)

subastação n.f. venda em hasta pública dos bens de um devedor, por mandado judicial (Do lat. *subhastatiōne*-, «id.»)

subastar v.tr. vender ou arrematar em hasta pública (Do lat. *subhastāre*, «id.»)

subatómico adj. FÍSICA (corpúsculo) cuja massa é inferior à do átomo do hidrogénio (De *sub-+atómico*)

subavaliar v.tr. atribuir um valor inferior ao devido a; depreciar (De *sub-+avaliar*)

subaxilar /cs/ adj.2g. que sai por debaixo da axila, ou deriva dela (De *sub-+axilar*)

sub-bibliotecário n.m. funcionário adjunto do bibliotecário e imediato dele

subcacuminal adj.2g. ⇒ **reverso** (De *sub-+cacuminal*)

subcategoria n.f. categoria secundária que depende de uma categoria primária (De *sub-+categoria*)

subchefe n.2g. 1 empregado ou funcionário policial imediatamente inferior ao chefe 2 MILITAR, no comando de forças militarizadas, auxiliar direto de um chefe (De *sub-+chefe*)

subcinerício adj. 1 que está ou esteve debaixo de cinza 2 cozido debaixo do borralho (Do lat. *subcinericĭu*-, «id.»)

subcircular adj.2g. aproximadamente circular (De *sub-+circular*)

subclasse n.f. 1 divisão de uma classe; subconjunto 2 BIOLOGIA grupo sistemático de categoria inferior à classe e superior à ordem (De *sub-+classe*)

subclavicular adj.2g. situado debaixo da clavícula (De *sub-+clavicular*)

subcolateral adj.2g. GEOGRAFIA (ponto) intermédio entre um ponto cardeal e um ponto colateral

subcomandante n.m. aquele que está abaixo do comandante ou é seu substituto (De *sub-+comandante*)

subcomissão n.f. cada uma das comissões em que uma comissão se divide (De *sub-+comissão*)

subcomissário n.m. funcionário inferior ao comissário e substituto dele (De *sub-+comissário*)

subconjunto n.m. 1 divisão de um conjunto 2 conjunto contido noutro; ~ *de um conjunto dado* MATEMÁTICA conjunto cujos elementos pertencem também ao conjunto dado; parte de outro conjunto (para exprimir que A é subconjunto de B, escreve-se A ⊂ B ou A ⊆ B) (De *sub-+conjunto*)

subconsciência *n.f.* 1 estado de consciência um tanto obscura, entre a consciência e a inconsciência; semiconsciência 2 PSICANÁLISE ⇒ **subconsciente** (De *sub-+consciência*)

subconsciente *adj.2g.* 1 relativo à subconsciência 2 que existe na mente mas não é conhecido 3 que não atinge a consciência ou a atenção ■ *n.m.* PSICANÁLISE domínio dos processos mentais que escapam completamente - ou quase - ao campo do conhecimento, processos que já aí se situaram e suscetíveis de regressar a ele, mas que exercem influência mais ou menos acentuada no curso da vida mental (De *sub-+consciente*)

subcontinente *n.m.* GEOGRAFIA região que pelas suas dimensão e configuração, muitas vezes peninsular, se define como um pequeno continente

subcontratação *n.f.* ato ou efeito de subcontratar (De *subcontratatar+-ção*)

subcontratar *v.tr.* 1 ECONOMIA realizar subcontrato com 2 ECONOMIA realizar subcontrato sobre uma encomenda (de bens ou serviços) (De *sub-+contratar*)

subcontrato *n.m.* ECONOMIA contrato segundo o qual um produtor delega noutro o fornecimento de certa fração do seu próprio produto, reservando, todavia, para si a responsabilidade da centralização e da entrega, ao cliente, da encomenda total (De *sub-+contrato*)

subcorrente *n.f.* corrente marítima que passa por debaixo de outra; corrente marítima secundária (De *sub-+corrente*)

subcortical *adj.2g.* 1 situado sob o córtex cerebral 2 localizado sob o córtex suprarrenal (De *sub-+cortical*)

subcostal *adj.2g.* ANATOMIA que fica sob as costelas (De *sub-+costal*)

subcultura *n.f.* 1 grupo, geralmente minoritário, com um conjunto de características próprias, que representa uma subdivisão dentro de uma cultura 2 [pej.] manifestação cultural considerada de má qualidade (De *sub-+cultura*)

subcultural *adj.2g.* 1 relativo ou pertencente a uma subcultura 2 [pej.] considerado inferior; de baixa qualidade (De *subcultura+-al*)

subcutâneo *adj.* situado por debaixo da pele; intercutâneo; *tecido ~* ANATOMIA tecido conjuntivo, laxo, que se encontra imediatamente por baixo da derme (Do lat. *subcutaněu-*, «id.»)

subdécuplo *adj.* que de dez partes contém uma ■ *n.m.* décima parte (De *sub-+décuplo*)

subdelegação *n.f.* 1 ato ou efeito de subdelegar 2 delegação subalterna de certos estabelecimentos do Estado 3 cargo de subdelegado (De *sub-+delegação*, ou de *subdelegar+-ção*)

subdelegacia *n.f.* repartição que depende de uma delegacia (De *sub-+delegacia*)

subdelegado *n.m.* funcionário imediato ao delegado e seu substituto (De *sub-+delegado*)

subdelegante *adj.2g.* que subdelega (De *subdelegar+-ante*)

subdelegar *v.tr.* 1 transmitir a alguém o encargo de agir em seu nome 2 enviar como delegado (De *sub-+delegar*)

subdelegável *adj.2g.* que se pode subdelegar (De *subdelegar+-vel*)

subdelírio *n.m.* (psiquiatria) delírio incompleto (De *sub-+delírio*)

subderivado *adj.* GRAMÁTICA (vocábulo) que deriva de outro que também é derivado (De *sub-+derivado*)

subdesenvolvido *adj.* diz-se do país ou região em estado de subdesenvolvimento (De *sub-+desenvolvido*)

subdesenvolvimento *n.m.* 1 desenvolvimento incompleto ou inferior ao normal 2 estado de um país, de uma região ou de uma economia com baixo nível de vida, fraco desenvolvimento económico e sociocultural, desenvolvimento tecnológico insuficiente, má exploração dos recursos naturais, agricultura atrasada, baixos níveis de produtividade e de taxas de escolarização insuficientes; atraso (De *sub-+desenvolvimento*)

subdiaconado *n.m.* 1 estado, dignidade ou ordens de subdiácono 2 antiga ordem sacra eclesiástica que precedia o diaconado (Do lat. *subdiaconātu-*, «id.»)

subdiaconato *n.m.* ⇒ **subdiaconado**

subdiácono *n.m.* aquele que recebeu o subdiaconado ou a primeira ordem sacra imediatamente inferior ao diaconado (Do lat. *subdiacŏnu-*, «id.»)

subdiafragmático *adj.* ANATOMIA situado ou produzido debaixo do diafragma

subdialecto ver nova grafia **subdialeto**

subdialeto *n.m.* variante de um dialeto (De *sub-+dialecto*)

subdireção *n.f.* 1 ato ou efeito de subdirigir 2 cargo de subdiretor 3 repartição pública que tem por chefe um subdiretor (De *sub-+direcção*)

subdirecção ver nova grafia **subdireção**

subdirector ver nova grafia **subdiretor**

subdirectoria ver nova grafia **subdiretoria**

subdiretor *n.m.* indivíduo com o cargo imediatamente abaixo do de diretor e/ou que o substitui na sua ausência (De *sub-+director*)

subdiretoria *n.f.* repartição ou cargo do subdiretor; subdireção (De *sub-+directoria*)

subdirigir *v.tr.* dirigir como subdiretor (De *sub-+dirigir*)

subdistinção *n.f.* distinção de uma distinção primária (De *sub-+distinção*)

subdistinguir *v.tr.* fazer distinção de outra distinção (Do lat. *subdistinguĕre*, «id.»)

súbdito *adj.,n.m.* que ou aquele que está dependente da vontade de outrem; vassalo (Do lat. *subdĭtu-*, «id.»)

subdividir *v.tr.* 1 fazer subdivisão de 2 tornar a dividir (uma coisa ou número já dividido) (Do lat. *subdividěre*, «id.»)

subdivisão *n.f.* 1 ato ou efeito de subdividir 2 nova divisão do que já estava dividido 3 grupo taxionómico em que se pode dividir a divisão (Do lat. *subdivisiōne-*, «id.»)

subdivisionário *adj.* relativo à subdivisão (Do lat. *subdivisiōne-*, «subdivisão» +*ário*)

subdivisível *adj.2g.* suscetível de se subdividir (De *sub-+divisível*)

subducção *n.f.* GEOLOGIA processo pelo qual uma placa tectónica desliza sob outra, dando origem a tensões na crusta terrestre (Do lat. *subductiōne*, «deslizamento, tração»)

subduplo *adj.* (número) que está contido noutro duas vezes, ou que é metade dele (Do lat. *subduplu-*, «id.»)

subemprazamento *n.m.* ⇒ **subenfiteuse** (De *subemprazar+-mento*)

subemprazar *v.tr.* transmitir a outrem por subemprazamento; subenfiteuticar (De *sub-+emprazar*)

subemprego *n.m.* 1 emprego precário, sem garantias de continuidade e de baixo salário 2 emprego a tempo parcial, quando o empregado tem capacidade para desempenhar as tarefas a tempo inteiro 3 emprego cujo desempenho implica qualificações inferiores àquelas que o empregado possui

subempreitada *n.f.* 1 DIREITO contrato pelo qual uma terceira parte se compromete com o empreiteiro a realizar a obra (ou parte dela) a que este se encontra vinculado 2 obra realizada de acordo com esse contrato (De *sub-+empreitada*)

subempreitar *v.tr.* dar ou tomar (uma obra) de subempreitada (De *sub-+empreitar*)

subempreiteiro *n.m.* aquele que toma uma obra de subempreitada (De *sub-+empreiteiro*)

subenfiteuse *n.f.* contrato que o enfiteuta de um prédio faz, cedendo-o a outrem, mediante autorização do senhorio direto; subemprazamento (De *sub-+enfiteuse*)

subenfiteuta *n.2g.* pessoa a quem o enfiteuta afora um prazo (De *sub-+enfiteuta*)

subenfiteuticar *v.tr.* passar, o enfiteuta de aforamento, a outrem (um prédio enfitêutico); subemprazar (De *sub-+enfiteuticar*)

subenfitêutico *adj.* relativo à subenfiteuse (De *sub-+enfitêutico*)

subentender *v.tr.* 1 entender ou perceber (o que está implícito) 2 admitir mentalmente; supor (De *sub-+entender*)

subentendido *adj.* 1 que se subentendeu; percebido 2 implícito ■ *n.m.* 1 o que se subentende 2 aquilo que está na mente, mas não foi expresso (De *sub-+entendido*)

subentendimento *n.m.* ato ou efeito de subentender (De *sub-+entendimento*)

subenvasamento *n.m.* 1 ARQUITETURA elemento localizado na parte inferior da fachada de um edifício como suporte do envasamento 2 ARQUITETURA parte inferior e mais larga de um cunhal 3 ARQUITETURA base de coluna 4 ARQUITETURA elemento situado na parte inferior de parede ou muro, saliente e mais largo do que alto; soco 5 ARQUITETURA faixa horizontal pintada na base de um edifício com cor diferente da cor principal da fachada; soco (De *sub-+envasamento*)

súber *n.m.* 1 BOTÂNICA zona circular de parênquima situada na raiz ou no caule, exteriormente ao felogénio e por este originada 2 camada que substitui a epiderme nas estruturas secundárias de órgãos vegetais 3 ⇒ **cortiça** (Do lat. *suber*, «sobreiro»)

suberato *n.m.* QUÍMICA sal do ácido subérico (Do lat. *suběre-*, «sobreiro» +*-ato*)

subérico *adj.* QUÍMICA (ácido) que pode ser obtido por oxidação da cortiça por intermédio do ácido nítrico (Do lat. *suběre-*, «sobreiro» +*-ico*)

subericultura *n.f.* conjunto de processos empregados na criação, exploração e proteção do sobreiro (Do lat. *suběre-*, «sobreiro» +*cultūra-*, «cultura»)

suberificação *n.f.* ⇒ **suberização** (De *suberificar+-ção*)

suberificar v.tr.,intr.,pron. ⇒ **suberizar** (Do lat. *sŭbĕre*-, «sobreiro» +*facĕre*, «fazer»)

suberiforme adj.2g. que tem a aparência ou a consistência da cortiça; suberoso (Do lat. *sŭbĕre*-, «sobreiro» +*forma*-, «forma»)

suberina n.f. QUÍMICA principal constituinte da cortiça, ao qual as paredes das células devem as propriedades que as tornam impermeáveis, elásticas e imputrescíveis (Do lat. *sŭbĕre*-, «sobreiro» +-*ina*)

suberização n.f. modificação sofrida pelas células de tecidos vegetais, que as torna impermeáveis à água, devido a uma impregnação de suberina; suberificação (De *suberizar*+-*ção*)

suberizar v.tr.,intr.,pron. formar(-se) a cortiça nos sobreiros; suberificar(-se) (Do lat. *sŭbĕre*-, «sobreiro» +-*izar*)

suberoso /ô/ adj. que tem o aspeto ou a consistência da cortiça; suberiforme (Do lat. *sŭbĕre*-, «sobreiro» +-*oso*)

subespécie n.f. **1** grupo taxionómico, de categoria inferior à da espécie, que é, de forma geral, quando não se trate de seres domésticos, o equivalente às raças e variedades **2** divisão de uma espécie (De *sub*-+*espécie*)

subespontâneo adj. BOTÂNICA diz-se da planta que depois de levada pelo homem para um local ou região, aí se propaga sem a intervenção dele (De *sub*-+*espontâneo*)

subestação n.f. estação secundária numa rede de distribuição de energia elétrica, onde se faz a transformação da corrente e se fiscalizam as linhas (De *sub*-+*estação*)

subestimação n.f. ato ou efeito de subestimar; menosprezo (De *sub*-+*estimação*)

subestimar v.tr. **1** não dar o devido valor ou apreço a **2** desdenhar **3** desconsiderar (De *sub*-+*estimar*)

sube-sube n.m. ORNITOLOGIA ⇒ **trepadeira** 3 (De *subir*)

subface n.f. ZOOLOGIA parte inferior da cabeça de um inseto (De *sub*-+*face*)

subfamília n.f. **1** família secundária dependente de uma família primária **2** grupo taxionómico de categoria inferior à da família e superior à do género, e que, para muitos autores, é equivalente à tribo (De *sub*-+*família*)

subfeudatário n.m. feudatário de um senhor de feudo; feudatário dependente (De *sub*-+*feudatário*)

subfeudo n.m. feudo dependente de outro feudo (De *sub*-+*feudo*)

subfiança n.f. alguém que garante pessoalmente ao credor o cumprimento da obrigação do fiador (De *sub*-+*fiança*)

subfluvial adj.2g. que está ou passa no fundo de um rio (De *sub*-+*fluvial*)

subfoliáceo adj. BOTÂNICA que tem o aspeto de uma folha (De *sub*-+*foliáceo*)

subfretar v.tr. fretar de novo (o que já estava fretado) (De *sub*-+*fretar*)

subgemíparo adj. que se reproduz por gemas ou gomos (De *sub*-+*gemíparo*)

subgénero n.m. **1** grupo taxionómico de categoria imediatamente inferior à do género e superior à da espécie **2** subdivisão de um género (De *sub*-+*género*)

subgerente n.2g. funcionário com o cargo abaixo do de gerente e/ou que o substitui na sua ausência (De *sub*-+*gerente*)

subglabro adj. BOTÂNICA quase glabro (De *sub*-+*glabro*)

subgloboso adj. BOTÂNICA cuja forma se aproxima da que é globosa (De *sub*-+*globoso*)

subgrave adj.2g. MÚSICA que está abaixo do grave (De *sub*-+*grave*)

subgrupo n.m. **1** cada um dos grupos em que se subdivide um grupo; ~ *de um grupo* MATEMÁTICA subconjunto não vazio de um grupo que tem, ele próprio, a estrutura de grupo (para a operação do grupo verifica-se a axiomática da estrutura de grupo) (De *sub*-+*grupo*)

sub-harmónico adj.,n.m. MÚSICA submúltiplo inteiro de uma nota fundamental

sub-hepático adj. que está colocado abaixo ou por baixo do fígado

sub-hirsuto adj. quase hirsuto

sub-híspido adj. que possui alguns pelos grosseiros, compridos e espessos

subida n.f. **1** ato de subir; ascensão **2** ladeira; encosta **3** aumento; crescimento **4** alta no preço (Part. pass. fem. subst. de *subir*)

subideira n.f. ORNITOLOGIA ⇒ **trepadeira** 3 (De *subir*+-*deira*)

subido adj. **1** que se subiu; alto; elevado **2** [fig.] eminente **3** [fig.] sublime; grandioso; nobre **4** [fig.] (estilo) pomposo; elevado **5** [fig.] caro; excessivo; exorbitante (Part. pass. de *subir*)

subidouro n.m. caminho íngreme (De *subir*+-*douro*)

subimento n.m. **1** ato ou efeito de subir; subida **2** [fig.] aumento **3** [fig.] excesso (De *subir*+-*mento*)

subinflamação n.f. inflamação leve, benigna (De *sub*-+*inflamação*)

subinflamatório adj. levemente inflamatório (De *sub*-+*inflamatório*)

subinspector ver nova grafia **subinspetor**

subinspetor n.m. funcionário que é imediato do inspetor e que o substitui (De *sub*-+*inspector*)

subinte adj.2g. que sobe; ascendente (De *subir*+-*inte*)

subintendência n.f. cargo ou repartição de subintendente (De *sub*-+*intendência*)

subintendente n.2g. pessoa imediata do intendente e que substitui este nos seus impedimentos (De *sub*-+*intendente*)

subintender v.intr. exercer as funções de intendente no impedimento deste (De *sub*-+*intender*)

subintitular v.tr. pôr subtítulo a (De *sub*-+*intitular*)

subir v.tr.,intr. **1** mover(-se) de baixo para cima; deslocar(-se) em direção a local mais elevado **2** aumentar (em grau, altura, intensidade, etc.) **3** passar para situação (social, profissional) superior **4** (fazer) passar para um tom mais agudo **5** (fazer) atingir preço mais elevado; encarecer ■ v.intr. elevar-se no ar ■ v.tr. **1** trepar por; galgar; escalar **2** navegar (curso de água) contra a corrente **3** montar (em animal ou veículo) **4** entrar (em meio de transporte) **5** afluir de modo intenso a **6** (PROCESSO) ser remetido para (uma instância superior); ~ *à cabeça* fazer (alguém) sentir-se poderoso ou importante, perturbar o raciocínio (devido ao consumo de álcool); ~ *à cena* ser apresentado ao público num teatro; ~ *a mostarda ao nariz* irritar-se (Do lat. *subīre*, «subir; crescer»)

subitamente adv. de maneira súbita; de repente; repentinamente (De *súbito*+-*mente*)

subitaneidade n.f. qualidade de subitâneo (De *subitâneo*+-*i*-+-*dade*)

subitâneo adj. repentino; súbito (Do lat. *subitanĕu*-, «id.»)

súbitas elem.loc.adv. *a/às* ~ de repente; subitamente (De *súbito*)

subitem n.m. item que depende de outro; subdivisão de um item; alínea; ponto (De *sub*-+*item*)

súbito adj. que aparece inesperadamente; inesperado; repentino ■ adv. **1** repentinamente **2** prontamente; *de* ~ de repente (Do lat. *subĭtu*-, «id.»)

subjacente adj.2g. **1** que está colocado por baixo **2** [fig.] que está implícito; subentendido (Do lat. *subjacente*-, «id.», part. pres. de *subjacēre*, «estar deitado por baixo»)

subjazer v.tr. **1** estar colocado por baixo **2** [fig.] estar implícito ou subentendido (De *sub*-+*jazer*)

subjeção n.f. recurso estilístico pela qual o orador faz a pergunta e supõe a resposta para dar logo a réplica (Do lat. *subjectiōne*-, «id.»)

subjecção ver nova grafia **subjeção**

subjectivação ver nova grafia **subjetivação**

subjectivamente ver nova grafia **subjetivamente**

subjectivar ver nova grafia **subjetivar**

subjectividade ver nova grafia **subjetividade**

subjectivismo ver nova grafia **subjetivismo**

subjectivista ver nova grafia **subjetivista**

subjectivo ver nova grafia **subjetivo**

subjetivação n.f. ato ou efeito de subjetivar (De *subjetivar*+-*ção*)

subjetivamente adv. de modo subjetivo (De *subjetivo*+-*mente*)

subjetivar v.tr. **1** tornar subjetivo **2** considerar como subjetivo (De *subjectivo*+-*ar*)

subjetividade n.f. **1** carácter do que é subjetivo **2** campo ou domínio das atividades subjetivas **3** interpretação de um sujeito individual **4** característica de uma opinião ou atitude marcada por sentimentos, impressões ou preferências pessoais (De *subjectivo*+-*i*-+-*dade*)

subjetivismo n.m. **1** tendência para afirmar a prioridade do subjetivo sobre o objetivo **2** FILOSOFIA doutrina segundo a qual, quer relativamente (para o sujeito), quer absolutamente (em si), só há realidade subjetiva; ~ *gnosiológico* FILOSOFIA doutrina segundo a qual o sujeito apenas conhece as coisas tais como são para si, ou que apenas conhece as suas próprias representações; ~ *ontológico* FILOSOFIA doutrina segundo a qual só existe o sujeito pensante e as suas representações (idealismo absoluto), ou mesmo representações sem sujeito substancial (fenomenismo) (De *subjectivo*+-*ismo*)

subjetivista adj.2g. **1** relativo ou pertencente ao subjetivismo **2** que é partidário do subjetivismo ■ n.2g. pessoa partidária do subjetivismo (De *subjectivo*+-*ista*)

subjetivo adj. **1** que pertence ao sujeito enquanto ser consciente **2** que é do domínio da consciência ou do psiquismo **3** que é próprio de um ou de vários sujeitos determinados e não vale para todos **4** aparente; ilusório **5** que é próprio do sujeito ou relativo a ele **6** relativo a sentimentos, impressões e opiniões pessoais; individual; particular ■ *n.m.* aquilo que é subjetivo (Do lat. *subjectīvu-*, «id.»)

subjugação *n.f.* **1** ato ou efeito de subjugar ou subjugar-se **2** domínio pela força (De *subjugar+-ção*)

subjugador *adj.,n.m.* que ou aquele que subjuga (Do lat. *subjugatōre-*, «id.»)

subjugante *adj.2g.* que subjuga; que domina (Do lat. *subjugante-*, «id.», part. pres. de *subjugāre*, «subjugar»)

subjugar *v.tr.* **1** submeter pela força **2** sujeitar **3** exercer ascendência sobre **4** reprimir; refrear; dominar **5** conquistar **6** meter (os bois) ao jugo **7** domar ■ *v.pron.* conter-se; dominar-se (Do lat. *subjugāre*, «fazer passar por debaixo do jugo»)

subjunção *n.f.* ato ou efeito de juntar imediatamente uma coisa a outra pelo lado inferior (Do lat. *subjunctiōne-*, «id.»)

subjuntivo *adj.* dependente; subordinado ■ *n.m.* GRAMÁTICA ⇒ **conjuntivo** (Do lat. *subjunctīvu-*, «id.»)

sublacustre *adj.2g.* que fica por baixo das águas de um lago (De *sub-+lacustre*)

sublenhoso /ô/ *adj.* BOTÂNICA (caule) que é lenhoso apenas na base (De *sub-+lenhoso*)

sublevação *n.f.* **1** ato ou efeito de sublevar ou sublevar-se **2** levantamento **3** rebelião; revolta (Do lat. *sublevatiōne-*, «id.»)

sublevador *adj.,n.m.* que ou aquele que subleva; amotinador (De *sublevar+-dor*)

sublevantamento *n.m.* aparecimento à superfície da terra do que estava subterrâneo (De *sublevantar+-mento*)

sublevantar *v.tr.* provocar sublevantamento em (Do lat. *sublevante-*, part. pres. de *sublevāre*, «levantar» +*-ar*)

sublevar *v.tr.* **1** mover de baixo para cima; levantar **2** [fig.] revoltar; amotinar (Do lat. *sublevāre*, «id.»)

sublimação *n.f.* **1** ato ou efeito de sublimar ou sublimar-se **2** FÍSICA, QUÍMICA passagem do estado sólido ao estado gasoso sem passar pelo estado líquido **3** mudança de estado inversa desta **4** transformação constituída pelos dois fenómenos descritos, sendo o segundo subsequente ao primeiro **5** PSICOLOGIA derivação de instintos e de tendências egoístas e materiais para fins altruístas ou espirituais **6** PSICANÁLISE defesa do eu pela qual, na ausência de bloqueio psiconeurótico, as pulsões pré-genitais são integradas na personalidade, graças à substituição dos seus fins e dos seus objetivos primitivos por fins e objetivos que representam um valor social positivo **7** [fig.] purificação (Do lat. *sublimatiōne-*, «id.»)

sublimado *adj.* **1** que se tornou sublime **2** elevado; exaltado **3** QUÍMICA obtido por sublimação **4** PSICANÁLISE (impulso, tendência) que foi integrado na personalidade, graças à substituição dos seus fins e dos seus objetivos primitivos por fins e objetivos que representam um valor social positivo **5** [fig.] purificado ■ *n.m.* QUÍMICA produto sólido obtido por sublimação; **~ *corrosivo*** nome comercial do cloreto de mercúrio(II) (Do lat. *sublimātu-*, «id.», part. pass. de *sublimāre*, «elevar; tornar sublime»)

sublimar *v.tr.* **1** tornar sublime **2** levantar bem alto; elevar **3** exaltar; engrandecer **4** QUÍMICA fazer passar do estado sólido ao gasoso ou o inverso **5** transformar (instintos, impulsos, tendências considerados condenáveis) em algo que representa um valor social positivo **6** [fig.] purificar ■ *v.pron.* **1** atingir o maior grau de perfeição; apurar-se **2** exaltar-se (Do lat. *sublimāre*, «id.»)

sublimativo *adj.* **1** que sublima **2** que exalta (De *sublimar+-tivo*)

sublimatório *adj.* relativo à sublimação ■ *n.m.* QUÍMICA vaso em que se recolhem os produtos das sublimações (De *sublimar+-tório*)

sublimável *adj.2g.* suscetível de se sublimar (De *sublimar+-vel*)

sublime *adj.2g.* **1** elevado do ponto de vista espiritual ou moral; transcendente **2** muito grande; grandioso **3** magnífico; esplêndido; admirável **4** (estilo) que se caracteriza pela elevação de pensamento e beleza de expressão ■ *n.m.* **1** aquilo que é grandioso ou transcendente **2** o mais alto grau de perfeição (Do lat. *sublīme-*, «alto»)

sublimidade *n.f.* **1** qualidade do que é sublime **2** elevação **3** perfeição **4** excelência (Do lat. *sublimitāte-*, «id.»)

subliminal *adj.2g.* ⇒ **subliminar** (Do lat. *sub*, «sob» *+limĭne-*, «limiar» *+-al*)

subliminar *adj.2g.* PSICOLOGIA (estímulo, processo) que não atinge um nível que manifeste a sua presença (por exemplo, o limiar da sensação, ou o limiar de desencadeamento da resposta nervosa) (Do lat. *sub*, «sob» *+limĭne-*, «limiar» *+-ar*)

sublinear *adj.2g.* que se escreve por baixo das linhas ou por entre elas (De *sub-+linear*)

sublingual *adj.2g.* situado por baixo da língua; ***glândulas sublinguais*** ANATOMIA glândulas salivares situadas debaixo da língua (De *sub-+lingual*)

sublinha *n.f.* linha que se faz por baixo de uma palavra ou frase (De *sub-+linha*)

sublinhado *adj.* **1** que se sublinhou; que tem um traço ou uma linha por baixo **2** salientado; realçado ■ *n.m.* linha que se faz por baixo de uma palavra ou de uma frase (Part. pass. de *sublinhar*)

sublinhar *v.tr.* **1** traçar uma linha por baixo de (uma ou mais palavras) **2** acentuar, por meio de entoação especial (certas palavras ou frases) para chamar a atenção **3** [fig.] dar ênfase a; salientar; realçar (De *sublinha+-ar*)

sublocação *n.f.* **1** ato ou efeito de sublocar **2** ato de alugar a outrem o que já se tem pelo mesmo título (De *sublocar+-ção*)

sublocador *adj.,n.m.* que ou aquele que subloca; subarrendatário (De *sublocar+-dor*)

sublocar *v.tr.* dar de aluguer a outrem (o que se tinha tomado de aluguer do proprietário); subarrendar (De *sub-+locar*)

sublocatário *n.m.* aquele que toma por sublocação; subarrendatário (De *sub-+locatário*)

sublunar *adj.2g.* **1** que fica entre a Terra e a órbita da Lua **2** terrestre (De *sub-+lunar*)

subluxação *n.f.* **1** ato ou efeito de luxar(-se) parcialmente **2** MEDICINA deslocamento incompleto de uma articulação; entorse (De *sub-+luxação*)

submarino *adj.* que está ou anda debaixo das águas do mar ■ *n.m.* navio de guerra próprio para navegar debaixo de água (Do lat. *sub*, «sob» *+marīnu-*, «marinho»)

submaxilar /cs/ *adj.2g.* que fica por baixo da maxila; ***glândulas submaxilares*** ANATOMIA glândulas salivares situadas debaixo do bordo interno das maxilas (De *sub-+maxilar*)

submental *adj.2g.* ANATOMIA que fica por baixo do mento ou queixo (De *sub-+mento+-al*)

submergir *v.tr.* **1** imergir; meter debaixo da água **2** afundar **3** inundar **4** [fig.] destruir; arruinar completamente **5** [fig.] absorver completamente (Do lat. *submergĕre*, «id.»)

submergível *adj.2g.* ⇒ **submersível** ■ *n.m.* submarino (De *submergir+-vel*)

submersão *n.f.* **1** ato ou efeito de submergir **2** estado do que está submerso **3** grande inundação **4** abatimento; aluimento **5** estado daquele que está absorto em determinada atividade, geralmente mental; alheamento (Do lat. *submersiōne-*, «id.»)

submersível *adj.2g.* **1** que se pode submergir **2** BOTÂNICA (planta aquática) que se submerge após a florescência ■ *n.m.* ⇒ **submarino** (Do fr. *submersible*, «id.»)

submerso *adj.* **1** coberto pelas águas **2** afundado **3** inundado **4** afogado **5** [fig.] abismado **6** [fig.] engolido **7** [fig.] absorto (Do lat. *submersu-*, «id.», part. pass. de *submergĕre*, «submergir»)

submeter *v.tr.* **1** meter debaixo **2** sujeitar; subjugar **3** domar **4** [fig.] sujeitar ou expor ao critério de ■ *v.pron.* **1** aceitar o domínio de algo ou alguém; obedecer **2** render-se; entregar-se (Do lat. *submittĕre*, «meter debaixo»)

submetimento *n.m.* ⇒ **submissão** (De *submeter+-mento*)

subministração *n.f.* ato ou efeito de subministrar (Do lat. *subministratiōne-*, «id.»)

subministrado *adj.* **1** dado **2** fornecido **3** ministrado (Do lat. *subministrātu-*, «id.», part. pass. de *subministrāre*, «fornecer»)

subministrador *adj.,n.m.* que ou aquele que subministra (Do lat. *subministratōre-*, «id.»)

subministrar *v.tr.* **1** prover de; fornecer **2** ministrar (Do lat. *subministrāre*, «id.»)

submissão *n.f.* **1** ato ou efeito de submeter **2** sujeição **3** humilhação **4** dependência **5** obediência **6** humildade (Do lat. *submissiōne-*, «id.»)

submisso *adj.* **1** que se submete ou submeteu; obediente **2** que envolve submissão **3** dócil **4** respeitoso; humilde (Do lat. *submissu-*, «id.»)

submúltiplo *adj.* **1** MATEMÁTICA diz-se de uma quantidade que está contida noutra certo número de vezes exatamente **2** que é divisor exato ■ *n.m.* MATEMÁTICA número inteiro que é divisor de outro inteiro; fator (De *sub-+múltiplo*)

submundo *n.m.* **1** grupo social constituído por pessoas cujas atividades são consideradas ilícitas ou marginais (crime, jogo, narcotráfico, etc.) **2** ambiente próprio desse grupo (De *sub-+mundo*)

subnasal *adj.2g.* situado por baixo do nariz (De *sub-+nasal*)

subnegar *v.tr.* ⇒ **sonegar** (Do lat. *subnegāre*, «negar de algum modo»)

subnutrição *n.f.* **1** ato ou efeito de nutrir ou nutrir-se deficientemente **2** nutrição deficiente em determinados elementos imprescindíveis (vitaminas, sais minerais, proteínas, etc.); subalimentação **3** estado caracterizado por um conjunto de perturbações

orgânicas e funcionais causadas por alimentação deficiente; **subalimentação** (De *sub-+nutrição*, ou de *subnutrir+-ção*)
suboccipital *adj.2g.* que está por baixo do occipício ■ *n.m.* ZOOLOGIA osso ímpar da parte inferior da região occipital, nos invertebrados inferiores, também denominado infraoccipital (De *sub-+occipital*)
subocular *adj.2g.* situado por debaixo dos olhos (De *sub-+ocular*)
subordem *n.f.* grupo taxionómico inferior à ordem e superior à família (De *sub-+ordem*)
subordinação *n.f.* **1** ato ou efeito de subordinar ou subordinar-se **2** sujeição; obediência; dependência **3** disciplina **4** GRAMÁTICA relação de dependência de uma oração em relação um elemento, um constituinte ou uma oração, em que a primeira desempenha função sintática na frase (Do lat. *subordinatiōne-*, «id.»)
subordinacionismo *n.m.* heresia dos séculos II e III relativa à Santíssima Trindade, que considerava o Filho de Deus subordinado ao Pai (Do lat. *subordinatiōne-*, «subordinação» *+-ismo*)
subordinacionista *adj.2g.* que diz respeito ao subordinacionismo ■ *n.2g.* adepto do subordinacionismo (Do lat. *subordinatiōne-+-ista*)
subordinada *n.f.* GRAMÁTICA oração que, numa frase complexa, depende de outra oração, modificando-a ou completando-a (Part. pass. fem. subst. de *subordinar*)
subordinado *adj.* **1** que está sob a dependência de outrem; subalterno **2** que ocupa uma posição secundária relativamente a outro **3** GRAMÁTICA designativo da oração ligada a outra oração por subordinação e que desempenha função sintática na frase ■ *n.m.* aquele que está sob as ordens de alguém; subalterno; empregado (Part. pass. de *subordinar*)
subordinador *adj.,n.m.* que ou aquele que subordina (De *subordinar+-dor*)
subordinante *adj.2g.* que subordina ■ *adj.2g.,n.f.* GRAMÁTICA designativo de ou elemento, constituinte ou oração de que depende uma oração subordinada (De *subordinar+-ante*)
subordinar *v.tr.,pron.* colocar(-se) sob a dependência ou autoridade de outro; sujeitar(-se); submeter(-se) ■ *v.tr.* GRAMÁTICA fazer (uma oração) depender de outra (Do lat. *sub-*, «sob» *+ordināre*, «ordenar»)
subordinatismo *n.m.* ⇒ **subordinacionismo**
subordinatista *adj.,n.2g.* ⇒ **subordinacionista**
subordinativo *adj.* **1** que estabelece subordinação **2** GRAMÁTICA diz-se da conjunção que introduz uma oração, estabelecendo uma relação de dependência em relação a um elemento subordinante (De *subordinar+-tivo*)
subordinável *adj.2g.* que se pode subordinar (De *subordinar+-vel*)
subornação *n.f.* ⇒ **suborno** (De *subornar+-ção*)
subornador *adj.,n.m.* que ou aquele que suborna (Do lat. *subornatōre-*, «id.»)
subornamento *n.m.* ⇒ **suborno** (De *subornar+-mento*)
subornar *v.tr.* **1** dar ou prometer bens, geralmente dinheiro, para conseguir algo ilegal; comprar; peitar **2** induzir ou aliciar para mau fim (Do lat. *subornāre*, «id.»)
subornável *adj.2g.* suscetível de ser subornado (De *subornar+-vel*)
suborno /ô/ *n.m.* **1** ato ou efeito de dar ou prometer bens, geralmente dinheiro, para conseguir algo ilegal ou condenável **2** dinheiro ou valor utilizado para subornar alguém; peita **3** aliciamento para a prática de atos ilegais ou condenáveis; corrupção (Deriv. regr. de *subornar*)
subpolar *adj.2g.* que está abaixo do polo (De *sub-+polar*)
subpor *v.tr.* pôr debaixo; sotopor (Do lat. *subponěre*, «id.», ou de *sub-+pôr*)
subprefeito *n.m.* funcionário imediato do prefeito e seu substituto (De *sub-+prefeito*)
subprefeitura *n.f.* cargo, dignidade ou repartição do subprefeito (De *sub-+prefeitura*)
subproduto *n.m.* **1** substância obtida acessoriamente no fabrico de certo produto **2** substância obtida como resíduo num processo de fabrico (De *sub-+produto*)
subprograma *n.m.* INFORMÁTICA conjunto de instruções que constituem uma unidade de um programa e que podem ser utilizadas em vários pontos de um programa principal (De *sub-+programa*)
subpromotor *n.m.* imediato ou substituto do promotor (De *sub-+promotor*)
sub-raça *n.f.* raça secundária, distinta da raça principal
sub-ramoso /ô/ *adj.* com ramificações pouco desenvolvidas, quase não mostrando ramificação
sub-região *n.f.* **1** divisão de uma região **2** divisão biogeográfica imediatamente inferior à região

sub-reino *n.m.* **1** reino que está sob a soberania de outro reino **2** grupo taxionómico imediatamente inferior a reino
sub-repção *n.f.* **1** omissão da verdade **2** ato de conseguir um benefício por meio de falsa exposição ou por meios ilícitos **3** emprego obtido por meios sub-reptícios **4** dolo; fraude (Do lat. *subreptiōne-*, «id.»)
sub-repticiamente *adv.* **1** por meios sub-reptícios **2** fraudulentamente (De *sub-reptício+-mente*)
sub-reptício *adj.* **1** obtido por meio de sub-repção **2** às ocultas; disfarçadamente **3** fraudulento (Do lat. *subreptícĭu-*, «id.»)
sub-rés-do-chão *n.m.2n.* **1** andar inferior ao rés do chão; sub-solo **2** cave
sub-roda *n.f.* qualquer acidente (depressão de terreno, pedregulho) que pode alterar o rodar de um veículo
sub-rogação *n.f.* **1** ato ou efeito de sub-rogar **2** substituição de uma pessoa por outra pessoa ou de uma coisa por outra coisa **3** ato pelo qual uma pessoa substitui outra no exercício de um direito (De lat. *subrogatiōne-*, «id.»)
sub-rogado *adj.* **1** que foi objeto de sub-rogação **2** transmitido por sucessão ou herança **3** substituído nas suas funções ou direitos **4** que recebeu as funções ou os direitos de outrem
sub-rogador *adj.,n.m.* que ou aquele que sub-roga
sub-rogante *adj.2g.* que sub-roga (De *sub-rogar+-ante*)
sub-rogar *v.tr.* **1** colocar no lugar de alguém para agir em seu lugar ou suceder-lhe nos direitos **2** substituir **3** transferir um direito ou encargo (Do lat. *subrogāre*, «id.»)
sub-rogatório *adj.* ⇒ **sub-rogante**
sub-rostrado *adj.* que se prolonga em forma de pequeno bico, quase formando rostro
subsargento *n.m.* MILITAR posto de sargento da Marinha, superior ao de segundo-subsargento e inferior ao de segundo-sargento, cuja insígnia é constituída por três divisas ■ *n.2g.* MILITAR militar que ocupa esse posto
subscrever *v.tr.* **1** escrever por baixo de; assinar; firmar **2** aprovar **3** aceder; aquiescer **4** comprometer-se a contribuir com determinada quantia para **5** tomar parte numa subscrição ■ *v.pron.* assinar-se (Do lat. *subscribĕre*, «id.»)
subscrição *n.f.* **1** ato ou efeito de subscrever ou subscrever-se **2** total subscrito **3** assinatura **4** rol de assinaturas; *fazer/abrir uma ~* recolher assinaturas com vista a uma obra meritória (Do lat. *subscriptiōne-*, «id.»)
subscritar *v.tr.* **1** firmar com a sua assinatura (aquilo que se escreveu); subscrever **2** referendar (Do lat. *subscriptu-*, part. pass. de *subscribĕre*, «assinar», sob a forma *subscrito+-ar*)
subscrito *adj.,n.m.* TIPOGRAFIA que ou letra, número ou símbolo que é escrito ou colocado abaixo do alinhamento de outro carácter, geralmente em tamanho menor (Do lat. *subscriptu-*, «assinado»)
subscritor *adj.,n.m.* que ou aquele que subscreve; assinante (Do lat. *subscriptōre-*, «id.»)
subsecção *n.f.* **1** subdivisão de uma secção **2** grupo taxionómico inferior à secção (De *sub-+secção*)
subsecivo *adj.* **1** que se corta ou separa por ser de mais **2** que sobeja **3** acessório **4** secundário (Do lat. *subsecīvu-*, «que é cortado»)
subsecretariado *n.m.* dignidade ou função de subsecretário (De *sub-+secretariado*)
subsecretariar *v.tr.* exercer funções de subsecretário junto de (De *sub-+secretariar*)
subsecretário *n.m.* funcionário de uma instituição, ou de um governo, que está abaixo do secretário ou do ministro; *~ de Estado* membro do Governo, subordinado ao secretário de Estado, e que dirige determinados assuntos de uma instituição (De *sub-+secretário*)
subsecutivo *adj.* **1** consecutivo **2** seguinte **3** ulterior (Do lat. *subsecūtu-*, «id.», part. pass. de *subsěqui*, «seguir de perto» *+-ivo*)
subseguir *v.tr.* seguir-se a; seguir logo atrás de (De *sub-+seguir*)
subseguro *n.m.* designação do seguro em que o valor do dano excede a quantia segurada (De *sub-+seguro*)
subsentido *n.m.* **1** segundo sentido **2** intenção reservada (De *sub-+sentido*)
subsequência /qu-en/ *n.f.* **1** qualidade de subsequente **2** sequência **3** continuação (De *sub-+sequência*)
subsequente /qu-en/ *adj.2g.* **1** que se segue; seguinte **2** que vem imediatamente depois; ulterior **3** consequente (Do lat. *subsequente-*, «id.», part. pres. de *subsěqui*, «seguir de perto»)
subserviência *n.f.* **1** qualidade de quem é subserviente; condescendência servil **2** bajulação (Do lat. *subservientĭa*, part. pres. neut. pl. de *subservīre*, «ser escravo de»)

subserviente *adj.2g.* **1** que se submete servilmente à vontade de outrem; servil **2** bajulador (Do lat. *subserviente-*, «id.», part. pres. de *subservīre*, «ser escravo de»)

subsidência *n.f.* GEOLOGIA movimento de descida do fundo de uma bacia de sedimentação (Do lat. *subsidentĭa*, «id.», part. pres. neut. pl. de *subsidĕre*, «abaixar-se»)

subsidiado *adj.* **1** que recebe subsídio **2** que se faz ou cumpre por subsídio do Estado ■ *n.m.* aquele que recebe subsídio (Part. pass. de *subsidiar*)

subsidiar *v.tr.* **1** dar subsídio a; contribuir com subsídio para **2** socorrer; auxiliar (De *subsídio+-ar*)

subsidiariedade *n.f.* **1** qualidade de subsidiário **2** complementaridade **3** reforço **4** apoio **5** corroboração **6** colaboração (De *subsidiário+-idade*)

subsidiário *adj.* **1** relativo a subsídio **2** que subsidia; que ajuda **3** que corrobora ou vem em apoio de; que reforça **4** diz-se da empresa cujo capital é controlado por outra empresa ■ *n.m.* rio que converge para outro; afluente (Do lat. *subsidiarĭu-*, «id.»)

subsídio *n.m.* **1** auxílio pecuniário que se dá a uma empresa ou a um particular **2** quantia entregue pelo Estado, sem contrapartida direta, a empresas ou coletividades; subvenção **3** *pl.* dados; informações **4** *pl.* elementos de estudo; **~ de desemprego** [Brasil] benefício concedido pelo Estado a um trabalhador que perdeu o emprego de forma involuntária e que consiste num pagamento mensal e temporário de um determinado valor (Do lat. *subsidĭu-*, «o que se conserva em baixo; reserva; apoio»)

subsistência *n.f.* **1** qualidade ou estado de subsistente **2** manutenção; conservação; permanência **3** conjunto de meios necessários à vida; sustento **4** sobrevivência material (Do lat. *subsistentĭa-*, «id.»)

subsistente *adj.2g.* **1** que subsiste **2** que continua a existir (Do lat. *subsistente-*, «id.», part. pres. de *subsistĕre*, «resistir»)

subsistir *v.intr.* **1** continuar a ser; existir **2** persistir; manter-se; permanecer **3** estar em vigor **4** reunir condições materiais que permitem a sobrevivência (Do lat. *subsistĕre*, «id.»)

subsolano *adj.,n.m.* que ou vento que sopra do levante (Do lat. *subsolānu-*, «id.»)

subsolo *n.m.* **1** GEOLOGIA parte da litosfera subjacente ao solo propriamente dito, assente sobre a rocha de cuja desagregação proveio (rocha-mãe) e constituída só por elementos minerais **2** sub-rés-do-chão (De *sub-+solo*)

subsónico *adj.* (movimento) que se executa a velocidade inferior à velocidade do som (De *sub-+sónico*)

substabelecer *v.tr.* passar a outrem o encargo ou mandato que se recebeu; sub-rogar (De *sub-+estabelecer*)

substabelecimento *n.m.* ato ou efeito de substabelecer (De *substabelecer+-mento*)

substância *n.f.* **1** qualquer espécie de matéria **2** o que há de essencial ou de sólido numa coisa **3** natureza **4** o que é indispensável à nutrição; o que alimenta **5** [fig.] o mais essencial e importante; fundo; súmula **6** sentido; conceito **7** força; vigor **8** FILOSOFIA o que constitui o suporte de qualidades suscetíveis de mudança, e não é ele próprio suportado por outra coisa, mas existe em si mesmo **9** o que existe por si e não por outrem (Do lat. *substantĭa-*, «id.»)

substanciado *adj.* **1** a que se extraiu a substância **2** resumido; condensado (Part. pass. de *substanciar*)

substancial *adj.2g.* **1** referente à substância **2** nutritivo; alimentar **3** [fig.] essencial; fundamental ■ *n.m.* **1** substância **2** aquilo que é essencial (Do lat. *substantiāle-*, «id.»)

substancialidade *n.f.* qualidade do que é substancial (Do lat. *substantialitāte-*, «id.»)

substancialismo *n.m.* FILOSOFIA doutrina, oposta ao fenomenismo, que admite a existência de substâncias (De *substancial+-ismo*)

substancialista *adj.2g.* relativo ou pertencente ao substancialismo ■ *n.2g.* pessoa partidária do substancialismo (De *substancial+-ista*)

substancializar *v.tr.* **1** considerar como substância (o que é mero acidente ou mesmo pura representação) **2** coisificar; reificar **3** concretizar; realizar (De *substancial+-izar*)

substancialmente *adv.* **1** de modo substancial **2** fundamentalmente **3** em suma (De *substancial+-mente*)

substanciar *v.tr.* **1** fornecer alimento substancial a **2** fortalecer; reforçar **3** [fig.] expor sumariamente; resumir; sintetizar (De *substância+-ar*)

substancioso /ô/ *adj.* **1** que dá ou contém substância **2** nutritivo **3** abundante em ideias ou elementos úteis (De *substância+-oso*)

substantificar *v.tr.* dar forma concreta a (Do lat. *substante-*, «resistente», part. pres. de *substāre*, «resistir» +*facĕre*, «fazer» +-*ar*)

substantífico *adj.* ⇒ **substancioso** (Deriv. regr. de *substantificar*)

substantivação *n.f.* GRAMÁTICA ato ou efeito de substantivar (De *substantivar+-ção*)

substantivar *v.tr.* GRAMÁTICA empregar como nome (palavra de outra categoria gramatical); nominalizar (De *substantivo+-ar*)

substantivo *adj.* **1** que evidencia a substância, a natureza do que é designado pelo nome que modifica **2** GRAMÁTICA que diz respeito ao nome (ou substantivo) **3** GRAMÁTICA diz-se da oração que desempenha as funções sintáticas típicas do grupo nominal ■ *n.m.* GRAMÁTICA ⇒ **nome** 9 (Do lat. *substantīvu-*, «substancial»)

substatório *adj.* que manda parar ou interromper (Do lat. *substătu-*, part. pass. de *substāre*, «estar debaixo» +-*ório*)

substituição *n.f.* **1** ato ou efeito de substituir **2** colocação de pessoa ou de coisa no lugar de outra; permuta; troca; **~ nucleófila** QUÍMICA processo pelo qual um reagente cede ou compartilha os seus eletrões com um núcleo atómico estranho (Do lat. *substitutiōne-*, «id.»)

substituído *adj.* que se substituiu ■ *n.m.* aquele que ficou representado ou suprido por um substituto (Part. pass. de *substituir*)

substituinte *adj.,n.2g.* que ou quem substitui ■ *n.m.* QUÍMICA átomo ou grupo que substitui outro átomo ou outro grupo numa reação (Do lat. *substituinte-*, «id.», part. pres. de *substituĕre*, «substituir»)

substituir *v.tr.* **1** pôr pessoa ou coisa em lugar de; trocar **2** fazer em vez de **3** fazer as vezes de; tomar o lugar de **4** equivaler a ■ *v.pron.* pôr-se ou ser posto em lugar de outra pessoa (Do lat. *substituĕre*, «id.»)

substituível *adj.2g.* que pode ser substituído (De *substituir+-vel*)

substitutivo *adj.* FARMÁCIA (medicamento) que, alterando o modo de uma inflamação, a torna mais facilmente curável (Do lat. *substitutīvu-*, «id.»)

substituto *adj.* que substitui ■ *n.m.* pessoa que faz as vezes de outra, na sua ausência ou impedimento (Do lat. *substitūtu-*, «id.», part. pass. de *substituĕre*, «substituir»)

substração *n.f.* RELIGIÃO penitência canónica do terceiro grau que se impunha na primitiva Igreja (Do lat. *substrătu-*, part. pass. de *substernĕre*, «submeter; sacrificar» +-*ção*)

substrato *n.m.* **1** aquilo que forma a parte essencial do ser; essência **2** fundamento; base **3** matéria que resta de determinadas transformações; resíduo **4** GEOLOGIA camada do solo imediatamente abaixo da camada visível; subsolo **5** LINGUÍSTICA língua falada em determinada área geográfica e que, tendo sido substituída por outra língua, deixou nesta diversas influências **6** FILOSOFIA aquilo que serve de suporte a outra existência, considerada esta como modo ou acidente **7** BIOQUÍMICA substância com a qual uma enzima reage **8** ECOLOGIA base a que um organismo séssil está fixado ■ *adj.* RELIGIÃO [ant.] ligado pelos cânones penitenciais à pena de substração; prostrado (Do lat. *substrătu-*, «submetido», part. pass. de *substernĕre*, «submeter; sacrificar»)

substrução *n.f.* **1** fundamento de um edifício; alicerce **2** base (Do lat. *substructiōne-*, «alicerce»)

substrutura *n.f.* **1** estrutura de partes situadas abaixo de outras construções **2** estrutura que suporta ou serve de base (De *sub-+estrutura*)

subsultar *v.intr.* [poét.] saltar repetidas vezes; saltitar (Do lat. *subsultāre*, «id.»)

subsumir *v.tr.* **1** conceber (um indivíduo ou uma categoria de indivíduos) como pertencente a uma espécie ou a um género **2** ver num caso particular a aplicação de uma lei (Do lat. *sub*, «sob» +*sumĕre*, «tomar; assumir»)

subsunção *n.f.* ação de subsumir (Do lat. *subsumptiōne-*, «tomada»)

subtendente *n.f.* **1** segmento de reta que vai de uma a outra extremidade de um arco **2** linha subtensa ■ *adj.2g.* que subtende (Do lat. *subtendente-*, «id.», part. pres. de *subtendĕre*, «estar por baixo»)

subtender *v.tr.* **1** estender por baixo de **2** unir as extremidades de (um arco) pela corda correspondente (Do lat. *subtendĕre*, «estar por baixo»)

subtenente *n.m.* MILITAR posto de oficial subalterno da Marinha, superior ao de aspirante a oficial e inferior ao de segundo-tenente, e cuja insígnia é constituída por um galão estreito; guarda-marinha ■ *n.2g.* MILITAR oficial que ocupa esse posto; guarda-marinha (De *sub-+tenente*)

subtensa *n.f.* MATEMÁTICA corda (de um arco) (De *subtenso*)

subtenso *adj.* MATEMÁTICA (segmento de reta) que une as extremidades de um arco (Do lat. *subtensu-*, «estendido por baixo», part. pass. de *subtendĕre*, «estar por baixo»)

subter- prefixo que exprime a ideia de ocultação (Do lat. *subter*, «por baixo»)

subterfluente *adj.2g.* que corre por debaixo (Do lat. *subterfluente-*, «id.», part. pres. de *subterfluĕre*, «correr por baixo»)

subterfúgio n.m. 1 meio subtil de sair de uma dificuldade 2 pretexto 3 evasiva; rodeio (Do lat. *subterfugĭu-*, «id.»)

subterfugir v.tr.,intr. 1 servir-se de subterfúgios; esquivar-se (a) 2 não tratar diretamente; ladear (Do lat. *subterfugĕre*, «id.»)

subterminal adj.2g. que está próximo da extremidade (De *sub-*+*terminal*)

subterrâneo adj. 1 situado debaixo da terra; subtérreo 2 feito às ocultas ■ n.m. 1 compartimento ou construção abaixo do nível do solo 2 caverna (Do lat. *subterranĕu-*, «id.»)

subterrar v.tr. ⇒ **soterrar** (De *sub-*+*terra*+*-ar*)

subtérreo adj. ⇒ **subterrâneo** (Do lat. *subterrĕu-*, «id.»)

subtil adj.2g. 1 ténue; fino 2 leve; delicado 3 agudo; penetrante 4 que escapa ao tato 5 que é difícil de captar e/ou compreender; que não é totalmente explícito; cujo entendimento exige perspicácia 6 [fig.] engenhoso; hábil 7 [fig.] cavilloso (Do lat. *subtile-*, «id.»)

subtileza /ê/ n.f. 1 qualidade de subtil 2 delicadeza; suavidade 3 pormenor ou nuance cujo entendimento exige perspicácia 4 raciocínio requintado 5 argumento ou raciocínio próprio para embaraçar outrem 6 agudeza de espírito; finura; penetração 7 capacidade de lidar com situações difíceis habilmente e sem ferir suscetibilidades; diplomacia (De *subtil*+*-eza*)

subtilidade n.f. ⇒ **subtileza** (Do lat. *subtilitāte-*, «id.»)

subtilização n.f. ato ou efeito de subtilizar (De *subtilizar*+*-ção*)

subtilizador adj.,n.m. 1 que ou aquele que subtiliza 2 que ou aquele que usa de subtilezas (De *subtilizar*+*-dor*)

subtilizar v.tr. 1 tornar subtil 2 volatilizar; vaporizar 3 apurar; aperfeiçoar ■ v.intr. usar de subtileza (De *subtil*+*-izar*)

subtilmente adv. 1 de modo subtil; com subtileza 2 delicadamente (De *subtil*+*-mente*)

subtipo n.m. 1 tipo secundário subordinado ao tipo principal 2 grupo taxionómico inferior ao tipo e superior à classe (De *sub-*+*tipo*)

subtítulo n.m. 1 título posto por baixo de outro 2 título secundário relacionado com o principal (De *sub-*+*título*)

subtotal n.m. resultado parcial

subtração n.f. 1 ato ou efeito de subtrair 2 MATEMÁTICA operação aritmética que tem por fim, sendo dados dois números, saber quanto falta ao menor para ser igual ao maior 3 diminuição 4 roubo; furto (Do lat. *subtractiōne-*, «id.»)

subtracção ver nova grafia **subtração**

subtractivo ver nova grafia **subtrativo**

subtraendo adj. que se subtrai ou é subtraído ■ n.m. MATEMÁTICA segundo termo de uma operação de subtração

subtrair v.tr. 1 tirar com subtileza ou fraude; furtar; roubar 2 arrebatar 3 afastar 4 diminuir 5 MATEMÁTICA fazer subtração (operação aritmética) de 6 [fig.] fazer escapar; livrar ■ v.pron. 1 esquivar-se 2 fugir (Do lat. *subtrahĕre*, «subtrair»)

subtrativo adj. relativo à subtração ■ n.m. MATEMÁTICA termo menor da subtração, chamado também diminuidor (Do lat. *subtractu-*, «subtraído» +*-ivo*)

subtribo n.f. grupo taxionómico inferior a tribo (De *sub-*+*tribo*)

subtropical adj.2g. 1 que está ou se desenvolve próximo dos trópicos 2 cujas condições ou características se aproximam das tropicais (De *sub-*+*tropical*)

subtutor n.m. aquele que substitui o tutor (De *sub-*+*tutor*)

subulado adj. BOTÂNICA terminado em ponta como uma sovela (Do lat. *subŭla-* «sovela» +*-ado*)

subunidade n.f. 1 divisão da unidade 2 subdivisão da unidade 3 MILITAR cada uma das unidades em que se divide um regimento (batalhão, companhia, pelotão, etc.) (De *sub-*+*unidade*)

suburbano adj. 1 que diz respeito a subúrbio 2 característico de subúrbio 3 que fica nos arredores da cidade ■ adj.,n.m. 1 que ou pessoa que vive no subúrbio 2 que ou meio de transporte (comboio, autocarro) que faz a ligação entre a cidade e os arredores (Do lat. *suburbānu-*, «id.»)

suburbicário adj. diz-se das províncias e igrejas da Itália que pertencem à diocese romana (Do lat. *suburbicarĭu-*, «dependente de Roma»)

subúrbio n.m. 1 localidade situada nas proximidades de uma cidade e dependente desta 2 pl. cercanias ou proximidades de uma cidade, vila, etc.; arrabaldes; arredores; redondezas (Do lat. *suburbĭu-*, «id.»)

subvenção n.f. ato ou efeito de subvencionar; subsídio (Do lat. *subventiōne-*, «id.», de *subvenīre*, «vir em auxílio»)

subvencional adj.2g. referente a subvenção (Do lat. *subventiōne-*, «subvenção» +*-al*)

subvencionar v.tr. dar subvenção a; subsidiar (Do lat. *subventiōne-*, «subvenção» +*-ar*)

subventral adj.2g. situado por baixo do ventre (De *sub-*+*ventral*)

subversão n.f. 1 ato ou efeito de subverter 2 insubordinação em relação às autoridades constituídas; revolta 3 perturbação 4 destruição 5 [fig.] perversão; adulteração (Do lat. *subversiōne-*, «id.»)

subversivo adj. 1 que subverte ou que tende a subverter 2 revolucionário (Do lat. *subversu-*, «id.», part. pass. de *subvertĕre*, «subverter» +*-ivo*)

subversor adj.,n.m. que ou aquele que subverte (Do lat. *subversōre-*, «id.»)

subvertedor adj.,n.m. ⇒ **subversor** (De *subverter*+*-dor*)

subverter v.tr. 1 voltar de baixo para cima 2 revolver 3 revolucionar 4 perturbar 5 destruir 6 [fig.] perverter; adulterar ■ v.pron. 1 submergir-se 2 arruinar-se (Do lat. *subvertĕre*, «virar de baixo para cima; subverter»)

subvertimento n.m. ⇒ **subversão** (De *subverter*+*-i-*+*-mento*)

subzona /ô/ n.f. subdivisão de uma zona (De *sub-*+*zona*)

suca interj. 1 [Moçambique] utilizada para expulsar alguém ou para exprimir reprovação ou rejeição 2 [Moçambique] exprime incredulidade (Do changana *sukà!*, «id.»)

sucará[1] n.f. gaita de foles, de construção rudimentar e grosseira, usada pelos Árabes (De orig. obsc.)

sucará[2] n.f. BOTÂNICA pequena árvore brasileira, da família das Compostas, com o tronco eriçado de espinhos, que fornece madeira apreciável (De orig. obsc.)

sucata n.f. 1 local de depósito de ferro-velho 2 conjunto de objetos inúteis; ferro-velho (Do ár. *suqata*, «objeto sem valor»)

sucateiro n.m. aquele que negoceia em sucata (De *sucata*+*-eiro*)

sucção n.f. 1 ato ou efeito de sugar ou de chupar 2 absorção 3 [fig.] extorsão 4 [fig.] exploração (Do lat. tard. *suctiōne-*, pelo fr. *succion*, «id.»)

sucedâneo adj. 1 que sucede ou vem depois 2 FARMÁCIA (medicamento) que pode substituir outro por produzir efeitos análogos ■ n.m. 1 substância que pode substituir outra 2 FARMÁCIA medicamento que pode substituir outro produzindo efeitos análogos (Do lat. *succedanĕu-*, «posto em lugar de»)

suceder v.intr. verificar-se; acontecer; ocorrer; realizar-se ■ v.tr. 1 vir ou acontecer depois (de); seguir-se (a) 2 substituir (alguém) num emprego, cargo, etc.; tomar o lugar de (outra pessoa) 3 acontecer (a); afetar 4 surtir efeito; resultar ■ v.pron. seguir-se; vir um após outro; *~ na herança* ter direito à herança (Do lat. *succedĕre*, «vir depois»)

sucedido adj.,n.m. que ou aquilo que sucedeu ou aconteceu (Part. pass. de *suceder*)

sucedimento n.m. 1 ⇒ **sucessão** 2 acontecimento; ocorrência (De *suceder*+*-mento*)

sucenturiado adj. que substitui outro órgão de funções idênticas (Do lat. *succenturiātu-*, «de reserva», part. pass. de *succenturiāre*, «ter de reserva»)

sucessão n.f. 1 ato ou efeito de suceder 2 sequência; continuação 3 situação em que uma pessoa fica investida num direito ou numa obrigação que antes pertencia a outra pessoa 4 chamamento de uma ou mais pessoas à titularidade das relações jurídicas patrimoniais de uma pessoa falecida e a consequente devolução dos bens que a esta pertenciam 5 bens 6 descendência; prole 7 geração; *~ numérica real/ ~ real* MATEMÁTICA aplicação do conjunto dos números naturais no conjunto dos números reais (simbolicamente: u_n) (Do lat. *successiōne-*, «ato de suceder; sucessão»)

sucessibilidade n.f. 1 qualidade do que é sucessível 2 direito de suceder (Do lat. *successibĭle-*, «sucessível» +*-i-*+*-dade*)

sucessivamente adv. 1 seguidamente 2 gradualmente (De *sucessivo*+*-mente*)

sucessível adj.,n.2g. que ou aquele que tem capacidade legal para suceder (Do lat. *successibĭle-*, «id.»)

sucessivo adj. 1 relativo a sucessão 2 que sucede sem interrupção; contínuo; consecutivo 3 [ant.] hereditário (Do lat. *successīvu-*, «id.»)

sucesso n.m. 1 efeito de suceder 2 qualquer coisa que sucede; acontecimento; facto; caso 3 êxito; bom resultado 4 [pop.] parto (Do lat. *successu-*, «id.»)

sucessor adj. que sucede a outrem ■ n.m. 1 aquele que sucede a outrem 2 aquele que herda; herdeiro 3 o que recebe os direitos e obrigações que antes pertenciam a outra pessoa 4 aquele que substitui alguém num cargo ou função (Do lat. *successōre-*, «id.»)

sucessório adj. que diz respeito a sucessão (Do lat. *successorĭu-*, «id.»)

súcia n.f. 1 [pej.] grupo de pessoas desvalorizadas como marginais ou perigosas; grupo de pessoas consideradas de má nota; ralé 2 [regionalismo] malta; rancho 3 [regionalismo] pândega; patuscada (Deriv. regr., de timbre burlesco, de *sociedade*)

suciar *v.intr.* 1 andar na súcia 2 fazer súcia; bandear-se (De *súcia+-ar*)
suciata *n.f.* [pop.] bambochata; pândega (De *súcia+-ata*)
sucíneo *adj.* que tem o aspeto ou a cor do súcino (Do lat. *succĭnĕu-*, «id.»)
sucínico *adj.* QUÍMICA diz-se de um ácido orgânico saturado, o ácido butanodioico, que pode obter-se por pirólise de súcino e é empregado no fabrico de corantes, lacas, perfumes, etc. (Do lat. *succĭnu-*, «súcino» +*-ico*)
súcino *n.m.* âmbar amarelo (Do lat. *succĭnu-*, «id.»)
sucinto *adj.* 1 resumido 2 em poucas palavras; conciso 3 curto; breve (Do lat. *succinctu-*, «cingido», part. pass. de *succingĕre*, «cingir; rodear»)
súcio *adj.,n.m.* 1 que ou o indivíduo que faz parte de uma súcia 2 pândego 3 vadio (De *súcia*)
suco¹ *n.m.* 1 líquido que se extrai da carne e dos vegetais; sumo; seiva 2 [fig.] essência; substância; ~ *digestivo* FISIOLOGIA líquido segregado por glândulas do tubo digestivo e glândulas anexas, que desempenham papel específico na digestão; ~ *nuclear* BOTÂNICA líquido incolor do núcleo celular; cariolinfa (Do lat. *succu-*, «id.»)
suco² *n.m.* conjunto de aldeias reunidas sob a autoridade de um chefe, em Timor (Do mal. *suku*, «id.»)
suco³ *n.m.* [regionalismo] ⇒ **sulco** (Do lat. *sulcu-*, «id.»)
sucosidade *n.f.* qualidade de sucoso; suculência (De *sucoso+-i-+-dade*)
sucoso /ô/ *adj.* 1 que tem suco; suculento 2 sumarento (Do lat. *succōsu-*, «id.»)
sucre *n.m.* antiga unidade monetária do Equador, substituída pelo dólar americano
sucrose *n.f.* ⇒ **sacarose** (Do fr. *sucre*, «açúcar» +*-ose*)
suctório *adj.* que serve para sugar; sugador ■ *n.m.pl.* ZOOLOGIA ⇒ **acinetinos** (Do lat. *suctu-*, «sucção» +*-ório*)
suçuarana *n.f.* [Brasil] ZOOLOGIA puma
súcuba *n.f.* [depr.] amante (Do lat. *succŭba-*, «concubina»)
súcubo *adj.* que se deita ou põe por baixo ■ *n.m.* demónio a quem se atribuíam os maus sonhos (Do lat. *succŭbu-*, «o que se deita por baixo»)
suculência *n.f.* 1 qualidade do que é suculento 2 abundância de suco; sucosidade (De *sucul[ento]+-ência*)
suculento *adj.* 1 que tem suco; sucoso 2 nutritivo 3 carnudo; polposo 4 substancial 5 agradável ao paladar 6 [fig.] interessante (Do lat. *succulentu-*, «id.»)
sucumbir *v.tr.* cair sob o peso de; dobrar-se ■ *v.tr.,intr.* ser vencido; ser derrotado; ceder; não resistir ■ *v.intr.* 1 perder a coragem 2 deixar de existir; desaparecer 3 morrer (Do lat. *succumbĕre*, «cair debaixo»)
sucupira *n.f.* 1 BOTÂNICA árvore tropical da família das Leguminosas, de grande porte, considerada muito útil pela excelente madeira que fornece 2 madeira desta árvore, valorizada pela sua beleza e durabilidade (Do tupi *suku'pira*, «id.»)
sucuri *n.m.* [Brasil] ZOOLOGIA nome vulgar de uma cobra (uma das maiores do mundo) não venenosa, mas temível pela sua força muscular, também conhecida por sucurijuba, sucuriúba, etc. (Do tupi *suku'ri*, «id.»)
sucurijuba *n.f.* [Brasil] ZOOLOGIA ⇒ **sucuri** (Do tupi *sukuri'yuba*, «sucuri amarela»)
sucuriúba *n.f.* [Brasil] ZOOLOGIA ⇒ **sucuri**
sucursal *adj.2g.* designativo do estabelecimento que é dependente de outro ■ *n.f.* estabelecimento dependente de outro; filial (Do fr. *succursale*, «id.»)
sucussão *n.f.* 1 abalo ou sacudidela, especialmente com violência; estremeção 2 MEDICINA método diagnóstico do pneumotórax que consiste em abanar o tórax para detetar a presença de um fluido 3 MEDICINA ato de agitar com força um preparado homeopático (Do lat. *succussiōne-*, «id.»)
sudação *n.f.* 1 produção fisiológica de suor; transpiração 2 produção artificial do suor para fins terapêuticos (Do lat. *sudatiōne-*, «id.»)
sudâmina *n.f.* MEDICINA nome dado às vesículas transparentes que se formam nas axilas e nas virilhas, no decurso de certas doenças como a escarlatina, o sarampo, etc., resultantes de uma transpiração abundante (Do lat. *sudamĭna*, pl. de *sudamĕn, -ĭnis*, «quantidade de suor», de *sudāre*, «suar»)
sudanês *adj.* relativo ou pertencente ao Sudão (África) ■ *n.m.* 1 natural ou habitante do Sudão 2 língua falada no Sudão (De *Sudão*, top. +*-ês*)
sudário *n.m.* 1 pano com que se limpava o suor 2 lençol usado para envolver um cadáver; mortalha 3 RELIGIÃO tela que representa o rosto ensanguentado de Jesus 4 [fig.] conjunto ou relato de coisas tristes ou de infelicidades; *Santo Sudário* RELIGIÃO mortalha de Jesus (Do lat. *sudarĭu-*, «id.»)
sudatório *adj.* ⇒ **sudorífico** (Do lat. *sudatorĭu-*, «id.»)
sudeste *n.m.* 1 GEOGRAFIA, NÁUTICA ponto colateral, ou rumo, equidistante do sul e do este, designado pelo símbolo SE 2 vento que sopra desse ponto 3 [com maiúscula] região ou regiões situadas na direção definida pelo ponto colateral sudeste 4 [com maiúscula] uma das cinco regiões em que o Brasil se divide ■ *adj.2g.* 1 do sudeste 2 relativo ao sudeste 3 situado a sudeste (Do fr. *sud-est*, «id.»)
sud-express *n.m.* nome dado ao comboio rápido que faz a ligação entre Lisboa e Paris (Do fr. *sud-express*)
sudoestada *n.f.* vento forte de sudoeste (De *sudoeste+-ada*)
sudoestar *v.intr.* (vento) soprar para sudoeste (De *sudoeste+-ar*)
sudoeste *n.m.* 1 GEOGRAFIA, NÁUTICA ponto colateral, ou rumo, equidistante do sul e do oeste, designado pelo símbolo SW ou SO 2 vento que sopra desse ponto 3 [com maiúscula] região ou regiões situadas na direção definida pelo ponto colateral sudoeste ■ *adj.2g.* 1 do sudoeste 2 relativo ao sudoeste 3 situado a sudoeste (Do fr. *sud-ouest*, «id.»)
sudoku *n.m.* jogo constituído por uma tabela em que o jogador deve preencher os quadrados vazios de forma a obter os algarismos de um a nove em cada linha, coluna e quadrado de 3x3 (Do jap. *sudoku*, «número sozinho»)
sudorífero *adj.,n.m.* que ou aquilo que provoca sudação; sudorífico; transpiratório (Do lat. *sudorifĕru-*, «id.»)
sudorífico *adj.* que produz suor; sudorífero (Do lat. *sudōre-*, «suor» +*facĕre*, «fazer» +*-ico*)
sudoríparo *adj.* 1 que produz suor; sudorífico; sudorífero 2 relativo ao suor; *glândula sudorípara* ANATOMIA glândula cutânea, tubulosa, enovelada, que produz suor (Do lat. *sudōre-*, «suor» +*parĕre*, «produzir»)
sudoroso *adj.* que provoca sudação; sudorífero (Do lat. *sudōre-*, «suor» +*-oso*)
sudra *n.2g.* indiano que, segundo o antigo sistema de castas, pertenceria a uma casta inferior, sendo segregado pela sociedade e privado dos direitos religiosos (Do conc. *sudr*, «id.»)
sudro *n.m.* ⇒ **sudra**
sueca *n.f.* 1 espécie de jogo de bisca com quatro jogadores, em que cada parceiro recebe dez cartas 2 antiga contradança (De *sueco*)
suécia *n.f.* utensílio de serralharia com várias aplicações (De *Suécia*, top.)
suécio *adj.,n.m.* sueco (De *Suécia*, top.)
sueco *adj.* 1 relativo ou pertencente à Suécia 2 diz-se de uma qualidade de ferro bastante maleável ■ *n.m.* 1 natural da Suécia 2 língua da Suécia
suestada *n.f.* vento forte de sueste (De *sueste+-ada*)
suestar *v.intr.* (vento) soprar para sueste (De *sueste+-ar*)
sueste *n.m.,adj.2g.* ⇒ **sudeste** (Do fr. ant. *suest*, «id.»)
suéter *n.f.* camisola de malha, geralmente de algodão e com mangas compridas, usada em situações informais ou desportivas (Do inglês *sweater*, «idem»)
sueto *n.m.* 1 feriado escolar 2 [fig.] descanso; folga; lazer (Do lat. *suētu-*, «costume»)
suevo *adj.* relativo ou pertencente aos Suevos ■ *n.m.* indivíduo dos Suevos
Suevos *n.m.pl.* ETNOGRAFIA povo germânico que invadiu a Península Ibérica no começo do século V, estabelecendo-se na região que vai de Lisboa ao rio Minho, com Braga por capital (Do lat. *Suevos*, «id.»)
sufará *n.f.* ⇒ **sufaraque**
sufaraque *n.f.* flauta árabe, de uso frequente na Argélia (De orig. obsc.)
suficiência *n.f.* 1 qualidade do que é suficiente; qualidade bastante 2 capacidade intelectual 3 habilidade; aptidão natural 4 presunção (Do lat. *sufficientĭa-*, «id.»)
suficiente *adj.2g.* 1 que basta 2 que satisfaz 3 que está entre o sofrível e o bom; médio; regular 4 apto; capaz ■ *n.m.* 1 aquilo que basta; o que satisfaz 2 [acad.] classificação escolar entre o sofrível e o bom, ou entre o medíocre e o bom, consoante a escala usada; *hermafroditismo* ~ BIOLOGIA tipo de hermafroditismo em que é possível a autofecundação (Do lat. *sufficiente-*, «id.»)
suficientemente *adv.* com suficiência; de modo suficiente; bastante (De *suficiente+-mente*)
sufismo *n.m.* RELIGIÃO corrente mística islâmica surgida no final do século VII d. C. (De *sufi+-ismo*)

sufixação /cs/ *n.f.* GRAMÁTICA formação de palavras que consiste na associação de um sufixo a uma forma de base (De *sufixar*+-*ção*)
sufixal /cs/ *adj.2g.* referente a sufixo (De *sufixo*+-*al*)
sufixar /cs/ *v.tr.,intr.* juntar sufixos (a) (De *sufixo*+-*ar*)
sufixativo /cs/ *adj.* diz-se das línguas em cuja formação entram sufixos (De *sufixar*+-*tivo*)
sufixo /cs/ *n.m.* GRAMÁTICA elemento (afixo) que se coloca depois de uma forma de base para formar uma palavra nova (Do lat. *suffixu* «pendurado», part. pass. de *suffigĕre*, «pendurar; fixar por baixo»)
suflar *v.tr.* soprar (Do lat. *sufflāre*, «id.»)
suflê *n.m.* CULINÁRIA ⇒ **soufflé**
sufocação *n.f.* 1 ato ou efeito de sufocar 2 falta de ar; sufocamento 3 dificuldade em respirar 4 suspensão da respiração; asfixia 5 [fig.] repressão (Do lat. *suffocatiōne*-, «id.»)
sufocador *adj.* que sufoca; sufocante; abafadiço; asfixiante ■ *n.m.* aquele ou aquilo que sufoca ou asfixia (De *sufocar*+-*dor*)
sufocamento *n.m.* ⇒ **sufocação** (De *sufocar*+-*mento*)
sufocante *adj.2g.* 1 que provoca sufocação; que causa falta de ar ou asfixia 2 abafadiço; pesado 3 [fig.] opressivo; repressor (Do lat. *suffocante*-, «id.», part. pres. de *suffocāre*, «sufocar; asfixiar»)
sufocar *v.tr.* 1 impedir ou dificultar a respiração a; asfixiar; abafar 2 causar a morte por asfixia 3 [fig.] impedir o desenvolvimento de; reprimir; oprimir 4 [fig.] provocar uma emoção tão forte a ponto de cortar a respiração ■ *v.intr.,pron.* 1 respirar com dificuldade; sentir sufocação 2 morrer por asfixia 3 [fig.] reprimir-se (Do lat. *suffocāre*, «id.»)
sufocativo *adj.* 1 que sufoca; sufocante 2 [fig.] que reprime (De *sufocar*+-*tivo*)
sufoco *n.m.* 1 ⇒ **sufocação** 2 [Brasil] [coloq.] situação crítica; aperto 3 [Brasil] [coloq.] grande pressa (Deriv. regr. de *sufocar*)
sufragâneo *adj.* 1 (bispo, diocese) que se sujeita a um bispo metropolita 2 subordinado ■ *n.m.* bispo ou bispado dependente de um bispo metropolitano (Do lat. ecl. *suffraganĕu*-, «id.», de *suffragāre*, «votar»)
sufragar *v.tr.* 1 aprovar 2 favorecer ou apoiar por meio de sufrágio ou voto 3 fazer sufrágios por; orar pela alma de (Do lat. vulg. *suffragāre*, do lat. cl. *suffragāri*, «votar; patrocinar»)
sufrágio *n.m.* 1 ato de escolher por meio de voto; votação 2 voto 3 adesão 4 aprovação 5 preces para sufragar as almas dos mortos; ~ *direto* sufrágio em que os cidadãos elegem os governantes sem intermediários; ~ *indireto* sufrágio em que os cidadãos apenas escolhem os eleitores encarregados de proceder à eleição dos governantes; ~ *universal* direito do voto para eleição dos representantes de uma nação exercido por todos os indivíduos de maioridade e não incapazes por lei (Do lat. *suffragĭu*-, «id.»)
sufragismo *n.m.* HISTÓRIA doutrina política dos que admitem que a mulher deve tomar parte em qualquer sufrágio eleitoral (De *sufrágio*+-*ismo*)
sufragista *adj.2g.* 1 relativo a sufrágio 2 que é partidário do sufrágio ou eleição por meio de votos ■ *n.2g.* pessoa que é partidária do sufrágio ou eleição por meio de votos ■ *n.f.* HISTÓRIA nome dado às mulheres que outrora reclamavam para o seu sexo o direito de voto (De *sufrágio*+-*ista*)
sufumigação *n.f.* 1 fumigação dada por baixo 2 vapor aplicado a qualquer parte do corpo com fins terapêuticos 3 combustão de substâncias odoríferas para purificar a atmosfera (Do lat. *suffumigatiōne*-, «id.»)
sufumigar *v.tr.* aplicar sufumigações a (Do lat. *suffumigāre*, «id.»)
sufumígio *n.m.* ⇒ **sufumigação** (Do lat. *suffumigĭu*-, «id.»)
sufusão *n.f.* MEDICINA extravasão de um humor que se espalha debaixo da pele (Do lat. *suffusiōne*-, «derrame»)
sugação *n.f.* ato ou efeito de sugar; sucção (De *sugar*+-*ção*)
sugadoiro *n.m.* ⇒ **sugadouro**
sugador *adj.2g.* que suga ou chupa ■ *n.m.* 1 aquele que suga ou chupa 2 [fig.] indivíduo que vive à custa de outrem (De *sugar*+-*dor*)
sugadouro *n.m.* 1 BOTÂNICA prolongamento que certas plantas parasitas introduzem nas plantas parasitadas para as sugarem 2 ZOOLOGIA peça ou conjunto de peças da armadura bucal de certos insetos utilizada para sugar (De *sugar*+-*douro*)
suga-flor *n.m.* ORNITOLOGIA ⇒ **beija-flor** (De *sugar*+*flor*)
sugar *v.tr.* 1 sorver; chupar 2 tirar; extrair 3 [fig.] extorquir; tirar fraudulentamente 4 [fig.] absorver (Do lat. vulg. *sucāre*, do lat. cl. *sugĕre*, «id.»)
sugerir *v.tr.* 1 provocar ou fazer nascer no espírito; inspirar 2 insinuar 3 lembrar; propor; aventar 4 ocasionar; proporcionar 5 dizer em segredo (Do lat. *suggerĕre*, «id.»)
sugerível *adj.2g.* 1 que se pode sugerir 2 aconselhável (De *sugerir*+-*vel*)

sugestão *n.f.* 1 ato ou efeito de sugerir 2 aquilo que se sugere; proposta 3 inspiração; estímulo 4 algo que se dá a entender; insinuação 5 PSICOLOGIA processo pelo qual se controla o poder de decisão de alguém; hipnotismo (Do lat. *suggestiōne*-, «id.»)
sugestibilidade *n.f.* 1 qualidade de sugestível 2 disposição para ser influenciado por uma ideia, e para a realizar (Do lat. *suggestibĭle*-, «sugerível»+-*i*-+-*dade*)
sugestionar *v.tr.* 1 produzir uma sugestão em 2 influenciar 3 inspirar ■ *v.pron.* convencer-se (Do lat. *suggestiōne*-, «sugestão» +-*ar*)
sugestionável *adj.2g.* que se pode ou deixa sugestionar; impressionável (De *sugestionar*+-*vel*)
sugestível *adj.2g.* que pode ser sugestionado ou influenciado (Do lat. *suggestibĭle*-, «id.»)
sugestivo *adj.* 1 que sugere 2 que estimula; que desperta novas ideias (Do lat. *suggestu*-, «sugerido», part. pass. de *suggerēre*, «sugerir» +-*ivo*)
sugesto *n.m.* tribuna ou púlpito donde falavam ao povo os oradores romanos (Do lat. *suggestu*-, «lugar elevado; tribuna; estrado»)
sugilação *n.f.* 1 MEDICINA ato ou efeito de sugilar 2 ligeira equimose cutânea 3 manchas escorbúticas que certas moléstias geram na pele 4 lividez cadavérica 5 [fig.] infâmia (Do lat. *sugillatiōne*-, «id.»)
sugilar *v.tr.* 1 produzir sugilação ou equimoses em 2 [fig.] difamar 3 [fig.] ofender (Do lat. *suggilāre*, «pisar; contundir»)
sugo *n.m.* 1 ⇒ **suarda** 2 [regionalismo] despejos que correm nas valetas das ruas 3 [regionalismo] líquido proveniente de currais, estrumeiras, etc. (Do lat. *succu*-, ou *sucu*-, «suco»)
suíça *n.f.* barba que se deixou crescer em cada uma das partes laterais da face (De *suíço*)
suicida *adj.2g.* 1 que, voluntariamente, põe termo à própria vida 2 que serviu de instrumento de suicídio 3 que envolve ruína ou suicídio 4 [fig.] extremamente perigoso ■ *n.2g.* pessoa que, voluntariamente, põe termo à própria vida (Do lat. *sui*, «de si» +*caedĕre*, «matar»)
suicidar-se *v.pron.* 1 dar morte a si mesmo 2 [fig.] ser a causa da própria ruína; autodestruir-se (De *suicida*+-*ar*)
suicídio *n.m.* 1 ato ou efeito de suicidar-se; morte dada a si mesmo 2 [fig.] desgraça ou ruína causada a si próprio 3 [fig.] ato extremamente perigoso (Do lat. *sui*, «de si» +-*cidĭu*-, de *caedĕre*, «matar»)
suicidomania *n.f.* mania do suicídio (De *suicídio*+*mania*)
suíço *adj.* relativo ou pertencente à Suíça; helvético ■ *n.m.* natural da Suíça; *guarda suíça* força de segurança privada do papa (De *Suíça*, pop.)
suída *n.m.* ZOOLOGIA ⇒ **suídeo**
Suídas *n.m.pl.* ZOOLOGIA ⇒ **Suídeos**
suídeo *adj.* ZOOLOGIA relativo ou pertencente aos Suídeos ■ *n.m.* ZOOLOGIA espécime dos Suídeos
Suídeos *n.m.pl.* ZOOLOGIA família de mamíferos artiodáctilos, de focinho alongado, não ruminantes, a que pertence o porco (Do lat. *sue*-, «porco» +-*ídeos*)
sui generis *loc.adj.* especial; peculiar (Do lat. *sui generis*, «do seu próprio género»)
suini- elemento de formação de palavras que exprime a ideia de *suíno, porco* (Do lat. *suinu*-, de *sue*-, «porco»)
suinicultor *adj.,n.m.* que ou pessoa que se dedica à suinicultura; criador de porcos (De *suini*-+*cultor*)
suinicultura *n.f.* criação de porcos (De *suini*-+*cultura*)
suíno *adj.* relativo ao porco; porcino ■ *n.m.* porco (Do lat. *suīnu*-, «suíno», de *sue*-, «porco»)
suite *n.f.* 1 quarto de hotel ou de residência com quarto de banho anexo e, por vezes, com vestiário e uma pequena sala 2 MÚSICA género de música instrumental que consiste numa série de danças ordenadas segundo um esquema formal tipificado (no repertório barroco, as danças encontram-se todas na mesma tonalidade) 3 MÚSICA no repertório sinfónico, a partir do Romantismo, sequência de danças de um bailado ou de uma ópera (Do lat. *sĕquitus*, pelo fr. *suite*, «id.»)
sujador *adj.,n.m.* que ou aquele que suja (De *sujar*+-*dor*)
sujão *n.m.* [coloq.] delator; denunciante (De *sujar*+-*ão*)
sujar *v.tr.* 1 tornar sujo; emporcalhar; conspurcar; enodoar ■ *v.pron.* 1 manchar-se 2 [fig.] praticar atos torpes (De *sujo*+-*ar*)
sujeição *n.f.* 1 ato ou efeito de sujeitar 2 dependência 3 obediência; submissão 4 domínio; jugo; opressão 5 escravidão 6 constrangimento (Do lat. *subjectiōne*-, «id.»)
sujeira *n.f.* 1 ⇒ **sujidade** 2 [fig.] coisa mal feita 3 [fig.] desaire (De *sujo*+-*eira*)
sujeitador *adj.,n.m.* que ou aquele que sujeita (De *sujeitar*+-*dor*)

sujeitar *v.tr.* 1 reduzir à sujeição ou obediência 2 dominar; submeter; subjugar 3 reprimir; sufocar 4 constranger; obrigar 5 expor (a algo mau) 6 prender; segurar ■ *v.pron.* 1 submeter-se 2 render-se 3 limitar-se 4 suportar (Do lat. *subjectāre*, «id.»)

sujeitável *adj.2g.* que se pode sujeitar (De *sujeitar+-vel*)

sujeito *adj.* 1 que se sujeitou 2 submetido; dependente; subordinado 3 submisso; obediente 4 obrigado; constrangido; adstrito 5 inclinado; predisposto 6 passível; suscetível 7 escravizado; cativo ■ *n.m.* 1 pessoa cujo nome não se cita; pessoa indeterminada 2 assunto de qualquer obra literária ou científica 3 GRAMÁTICA função sintática desempenhada na frase pelo grupo nominal ou equivalente, com o qual o verbo concorda 4 FILOSOFIA espírito que conhece, em relação ao objeto conhecido 5 FILOSOFIA aquele que age; agente 6 LÓGICA termo de uma proposição sobre o qual se afirma ou nega algo; **~ nulo** LINGUÍSTICA sujeito sem realização lexical, podendo ser expletivo, quando não tem qualquer interpretação, ou subentendido, quando não está expresso e é percebido pela flexão verbal, ou indeterminado, quando refere uma entidade não definida (Do lat. *subjectu-*, «id.»)

sujeitório *n.m.* [depr.] indivíduo ordinário, reles (De *sujeito+-ório*)

sujidade *n.f.* 1 qualidade de sujo 2 falta de limpeza 3 imundície; porcaria; sujeira 4 excrementos; fezes (De *sujo+-i-+-dade*)

sujo *adj.* 1 que não é ou não está limpo ou lavado 2 feito sem limpeza 3 imundo; sórdido 4 [fig.] desonesto 5 [fig.] obsceno; indecente (Do lat. *sucĭdu-*, «engordurado»)

sul *n.m.* 1 GEOGRAFIA ponto cardeal diametralmente oposto ao norte, designado pelo símbolo S 2 vento que sopra desse ponto 3 [com maiúscula] região ou regiões situadas na direção definida pelo ponto cardeal sul ■ *adj.2g.* 1 do sul 2 relativo ao sul 3 situado ao sul (Do angl.-sax. *suth*, «id.», pelo fr. *sud*, «id.»)

sula *n.f.* 1 ORNITOLOGIA nome, por aportuguesamento, do género (*Sula*) de aves ciconiiformes, da família dos Sulídeos, a que pertence o alcatraz 2 BOTÂNICA planta herbácea da família das Leguminosas, afim do sanfeno 3 [regionalismo] ⇒ **enxó** (Do lat. tard. *sylla-*, «id.»)

sul-africano *adj.* relativo ou pertencente à África do Sul ■ *n.m.* 1 natural ou habitante da África do Sul 2 idioma que se fala na África do Sul

sul-americano *adj.* relativo ou pertencente à América do Sul ■ *n.m.* natural ou habitante da América do Sul

sulano *adj.* 1 que diz respeito à vila portuguesa de S. Pedro do Sul, no distrito de Viseu 2 designativo de uma raça bovina da região portuguesa de Lafões (Beira Alta) ■ *n.m.* 1 vento que sopra do sul 2 natural ou habitante de S. Pedro do Sul (De *Sul*, top. +-*ano*)

sulaventear *v.intr.* (navio) inclinar-se para sulavento (De *sulavento+-ear*)

sulavento *n.m.* ⇒ **sotavento** (Do fr. *sous-le-vent*, «a sotavento»)

sulcador *adj.,n.m.* que ou aquele que sulca ou lavra (Do lat. *sulcatōre-*, «id.»)

sulcar *v.tr.* 1 fazer sulcos em 2 abrir rugas em 3 arar 4 fender (as ondas) 5 navegar 6 [fig.] atravessar; cortar (Do lat. *sulcāre*, «id.»)

sulcífero *adj.* que tem sulcos (Do lat. *sulcu-*, «sulco» +*ferre*, «ter»)

sulciforme *adj.2g.* em forma de sulco (Do lat. *sulcu-*, «sulco» +*forma-*, «forma»)

sulcirrostro /ô/ *adj.* ORNITOLOGIA que possui sulcos no bico (Do lat. *sulcu-*, «sulco» +*rostru-*, «bico»)

sulco *n.m.* 1 fenda estreita, comprida e pouco profunda 2 rego feito pelo arado 3 rasto que o navio deixa ao cortar as águas 4 ruga 5 prega (Do lat. *sulcu-*, «id.»)

sul-coreano *adj.* relativo ou pertencente à Coreia do Sul ■ *n.m.* natural ou habitante da Coreia do Sul (De *sul+coreano*)

sulento *adj.* [regionalismo] forreta; somítico (De orig. obsc.)

sulfamida *n.f.* FARMÁCIA, QUÍMICA designação genérica de certos compostos orgânicos, fundamentalmente constituídos por amidas de ácidos sulfónicos, de grande valor no tratamento de certas doenças infeciosas (De *sulf[úrico]+amida*)

sulfarsenieto /ê/ *n.m.* QUÍMICA combinação de um sulfureto com um arsenieto (De *sulf[ureto]+arsenieto*)

sulfatadeira *n.f.* 1 [pop.] máquina de sulfatar 2 sulfatador (De *sulfatar+-deira*)

sulfatador *adj.* que sulfata ■ *n.m.* 1 aquele que sulfata 2 máquina de sulfatar (De *sulfatar+-dor*)

sulfatagem *n.f.* ato de sulfatar (De *sulfatar+-agem*)

sulfatar *v.tr.* AGRICULTURA borrifar (plantas) com uma solução de sulfato de cobre e cal, para as preservar de determinadas doenças ■ *v.pron.* ELETRICIDADE (elétrodos dos acumuladores de chumbo) descarregar-se por completo e recobrir-se de uma camada insolúvel de sulfato de chumbo (De *sulfato+-ar*)

sulfatara *n.f.* GEOLOGIA manifestação secundária de vulcanismo em que se desprendem gases de natureza sulfurosa e se deposita enxofre; sulfureira (Do it. *solfatara*, «id.»)

sulfatização *n.f.* ato ou efeito de sulfatizar (De *sulfatizar+-ção*)

sulfatizar *v.tr.* transformar em sulfato (De *sulfato+-izar*)

sulfato *n.m.* 1 QUÍMICA anião que tem o enxofre como átomo central 2 QUÍMICA designação dos sais e dos ésteres do ácido sulfúrico 3 *pl.* MINERALOGIA classe de minerais pouco conhecidos, que podem ser anidros e hidratados, e cuja fórmula química inclui o radical sulfato (SO_4) (De *sulf[úrico]+-ato*)

sulfídrico *adj.* QUÍMICA designativo desatualizado do ácido exclusivamente formado por enxofre e hidrogénio (H_2S - sulfureto de hidrogénio) (De *sulf[ur]*, «enxofre» +*hidr[ogénio]+-ico*)

sulfidrometria *n.f.* QUÍMICA doseamento do sulfureto de hidrogénio (antigo gás sulfídrico) em águas naturais ou numa solução (De *sulfídr[ico]+-metria*)

sulfito *n.m.* QUÍMICA sal ou éster do ácido sulfuroso (De *sulf[ur]*, «enxofre» +*-ito*)

sulf(o)- elemento de formação de palavras que exprime a ideia de enxofre (Do lat. *sulfur*, «enxofre»)

sulfobactéria *n.f.* BIOLOGIA bactéria que atua, num solo fértil, de modo a permitir a formação de sulfatos (que as plantas superiores utilizam na sua nutrição), e que, em certas condições do meio, mostra inclusões de enxofre nas suas células (De *sulfo-+bactéria*)

sulfona /ô/ *n.f.* QUÍMICA composto cuja molécula comporta dois radicais carbonados ligados ao grupo SO_2 (Do lat. *sulfur*, «enxofre» +-*ona*)

sulfonal *n.m.* composto químico usado como hipnótico (De *sulfona+-al*)

sulfonamida *n.f.* ⇒ **sulfamida** (De *sulfona+-amida*)

sulfónico *adj.* QUÍMICA designativo dos ácidos orgânicos cujas fórmulas se podem obter das de compostos mais simples, substituindo um ou mais átomos de hidrogénio por igual número de grupos HSO_3 (De *sulfona+-ico*)

sulfuração *n.f.* ato ou efeito de sulfurar (De *sulfurar+-ção*)

sulfurador *n.m.* instrumento que serve para sulfurar o vinho (De *sulfurar+-dor*)

sulfurar *v.tr.* 1 combinar ou misturar com enxofre (ou seus derivados) 2 aplicar anidrido sulfuroso para desinfeção de (Do lat. *sulfur*, «enxofre» +-*ar*)

sulfurável *adj.2g.* que se pode sulfurar (De *sulfurar+-vel*)

sulfureira *n.f.* ⇒ **sulfatara** (Do lat. *sulfur*, «enxofre» +-*eira*)

sulfúreo *adj.* 1 que tem a natureza, a cor ou o cheiro de enxofre 2 (água) que contém compostos de enxofre (Do lat. *sulfurĕu-*, «id.»)

sulfureto /ê/ *n.m.* 1 QUÍMICA anião monoatómico correspondente ao enxofre 2 QUÍMICA sal ou éster do ácido sulfídrico (Do lat. *sulfur*, «enxofre» +-*eto*)

sulfúrico *adj.* 1 relativo ao enxofre 2 QUÍMICA designativo do ácido de fórmula H_2SO_4, antigamente conhecido por óleo de vitríolo 3 QUÍMICA [ant.] diz-se do anidrido que é o trióxido de enxofre, o qual dá origem, por combinação com água, àquele ácido (Do lat. *sulfur*, «enxofre» +-*ico*)

sulfurino *adj.* da cor do enxofre (Do lat. *sulfur*, «enxofre» +-*ino*)

sulfuroso /ô/ *adj.* 1 QUÍMICA ⇒ **sulfúreo** 2 designativo do ácido de fórmula H_2SO_3, desconhecido no estado livre 3 designativo desatualizado de um óxido de enxofre (anidrido sulfuroso ou, melhor, dióxido de enxofre), empregado como desinfetante e descorante (Do lat. *sulfurōsu-*, «id.»)

súlida *n.m.* ORNITOLOGIA ⇒ **sulídeo**

Súlidas *n.m.pl.* ORNITOLOGIA ⇒ **Sulídeos**

sulídeo *adj.* ORNITOLOGIA relativo ou pertencente aos Sulídeos ■ *n.m.* ORNITOLOGIA espécime dos Sulídeos

Sulídeos *n.m.pl.* ORNITOLOGIA família de aves palmípedes (esteganópodes), com o dedo externo aproximadamente igual ao médio, cujo género-tipo se denomina *Sula* (De *sula+-ídeos*)

sulino *adj.* ⇒ **sulista** (De *sul+-ino*)

sulipa *n.f.* ⇒ **chulipa**[1] (De *chulipa*)

sulista *adj.2g.* relativo ou pertencente ao Sul de uma região ou de um país ■ *n.2g.* 1 pessoa natural ou habitante do Sul de uma região ou de um país 2 pessoa natural ou habitante do Sul do Brasil, ou do Sul dos Estados Unidos da América (De *sul+-ista*)

sulmonense *adj.,n.2g.* que ou pessoa que é natural ou habitante da cidade italiana de Sulmona, na província de Áquila (Do lat. *sulmonense-*, «id.»)

sul-rio-grandense *adj.2g.* relativo ou pertencente ao estado brasileiro do Rio Grande do Sul (De *sul+Rio Grande*, top.+-*ense*)

sultana n.f. (masculino **sultão**) 1 mulher do sultão 2 filha ou favorita de sultão 3 variedade de amendoeira 4 variedade de uva 5 ORNITOLOGIA espécie de ave galinácea

sultanado n.m. 1 dignidade de sultão 2 país que tem por soberano um sultão (De sultão+-ado)

sultanato n.m. ⇒ **sultanado** (De sultão+-ato)

sultanesco /ê/ adj. próprio de sultão; sultânico (De sultão+-esco)

sultani n.m. 1 antiga moeda de Goa 2 moeda da Argélia, Tunísia e Egito (Do ár. sultanī, «id.»)

sultania n.f. província governada por um sultão (De sultão+-ia)

sultânico adj. 1 relativo ao sultão 2 próprio de sultão (De sultão+-ico)

sultanim n.m. ⇒ **sultani**

sultão n.m. (feminino **sultana**) 1 antigo título do imperador da Turquia 2 título dado a certos príncipes maometanos 3 [fig.] senhor poderoso e déspótico 4 [fig.] polígamo (Do ár. sultān, «soberano»)

sulvento n.m. (vento) ⇒ **sulano** (De sul+vento)

suma n.f. 1 ⇒ **súmula** 2 resumo; em ~ em resumo, enfim (Do lat. summa-, «soma»)

sumaca n.f. NÁUTICA pequena embarcação americana de dois mastros (Do hol. smak, «id.»)

sumagral n.m. terreno onde crescem sumagres (De sumagre+-al)

sumagrar v.tr. tingir ou embeber em sumagre (De sumagre+-ar)

sumagre n.m. 1 BOTÂNICA arbusto da família das Anacardiáceas, espontâneo nos lugares pedregosos e cultivado para ser utilizado no curtimento de couros, em tinturas e em medicina 2 pó que se obtém desta planta para ser utilizado no curtimento de couros, em tinturas e em medicina (Do ár. summāq, «id.»)

sumagreira n.f. ⇒ **sumagre** (De sumagre+-eira)

sumagreiro n.m. preparador ou negociante de sumagre (De sumagre+-eiro)

sumamente adv. no mais alto grau (De sumo [= supremo]+-mente)

sumarento adj. que tem muito sumo; sumoso (De sumo+r+-ento)

sumariamente adv. 1 resumidamente; em resumo; em suma 2 sem formalidades (De sumário+-mente)

sumariar v.tr. 1 fazer o sumário de 2 resumir; sintetizar (De sumário+-ar)

sumário n.m. 1 resumo dos pontos principais de um assunto 2 suma; epítome ■ adj. 1 resumido 2 breve 3 feito sem formalidades 4 decisivo 5 rápido (Do lat. summariu-, «id.»)

sumaríssimo adj. {superlativo absoluto sintético de **sumário**} muito sumário 2 muito simples 3 muito reduzido 4 diz-se do processo judicial muito breve, despido de formalidades (De sumário+-íssimo)

sumativo adj. 1 que diz respeito a suma 2 que faz a súmula de dois ou mais elementos 3 englobante 4 sinóptico (Do lat. tard. summātu-, part. pass. de summāre, «levar ao ponto mais alto; somar» +-ivo)

sumaúma n.f. 1 BOTÂNICA árvore da família das Bombacáceas 2 pelos que envolvem as sementes dessa árvore, os quais constituem um algodão aproveitado para acolchoamento (Do tupi suma'uma, «id.»)

sumbamba n.f. ORNITOLOGIA ave africana da família dos Hirundinídeos

súmeas n.f.pl. NÁUTICA tábuas com que se conserta e fortalece o leme (Por chúmeas?)

sumério adj. relativo ou pertencente aos Sumérios ■ n.m. 1 indivíduo do povo dos Sumérios 2 língua falada pelos Sumérios (Do babilónico Sumeru, nome de uma antiga região correspondente à Baixa Mesopotâmia)

Sumérios n.m.pl. ETNOGRAFIA povo mesopotâmico cuja civilização floresceu entre cerca de 3500 e 2000 a. C. (De sumério)

sumição n.f. 1 ato de sumir; desaparecimento 2 descaminho (De sumir+-ção)

sumiço n.m. 1 ato de sumir; desaparecimento 2 descaminho; dar ~ fazer desaparecer; levar ~ desaparecer (De sumir+-iço)

sumidade n.f. 1 qualidade de sumo 2 o ponto mais alto; cimo; cume; topo 3 [fig.] pessoa de grande talento ou importância (Do lat. summitāte-, «id.»)

sumidiço adj. 1 que se sumiu 2 encoberto 3 oculto 4 encovado 4 apagado 5 gasto 6 que mal se ouve 7 longínquo 8 fraco (De sumir+-diço)

sumido adj. 1 que se sumiu 2 submerso 3 que mal se ouve 4 fraco; débil 5 magro 6 encovado 7 apagado 8 desfigurado (Part. pass. de sumir)

sumidoiro n.m. ⇒ **sumidouro**

sumidouro n.m. 1 sarjeta cuja boca se ajusta à superfície a drenar, sem qualquer saliência 2 lugar onde frequentemente se perdem objetos 3 urinol 4 [fig.] coisa em que se gasta muito dinheiro; sorvedouro (De sumir+-douro)

sumidura n.f. ⇒ **sumiço** (De sumir+-dura)

sumilher n.m. [ant.] aquele que exerce o cargo de reposteiro do paço (Do fr. sommelier, «copeiro»)

sumir v.tr. 1 dar sumiço a; fazer desaparecer 2 perder 3 gastar; consumir 4 ocultar; esconder; encobrir 5 submergir; afundar 6 [fig.] apagar 7 [fig.] arrasar ■ v.pron. 1 desaparecer 2 encobrir-se; ocultar-se 3 perder-se 4 apagar-se; extinguir-se 5 fugir; abalar (Do lat. sumĕre, «tomar; assumir»)

sumista n.2g. autor de sumas, resumos ou sínteses (De suma+-ista)

sumo[1] adj. 1 {superlativo absoluto sintético de **alto**} o mais elevado 2 supremo; máximo 3 excelso; extraordinário ■ n.m. 1 cume; cimo 2 [fig.] auge; grau máximo; requinte; ~ *pontífice* RELIGIÃO papa (Do lat. summu-, «o mais elevado»)

sumo[2] n.m. 1 líquido contido num fruto ou vegetal e extraído por pressão ou decocção; suco 2 bebida preparada a partir desse líquido, que frequentemente se serve fresca 3 [fig.] aquilo que verdadeiramente interessa; conteúdo essencial (Do gr. zomós, «molho», pelo ár. zūm, «id.»)

sumo[3] n.m. DESPORTO tipo de luta de origem japonesa, praticada entre atletas grandes e corpulentos que procuram derrubar o adversário ou empurrá-lo para fora de um espaço circunscrito (Do jap. sumō, «id.»)

sumoso /ô/ adj. ⇒ **sumarento** (De sumo+-oso)

sumpção n.f. 1 ato ou efeito de engolir ou consumir 2 consumpção (Do lat. sumptiōne-, «ação de tomar»)

sumpto n.m. custo; despesa (Do lat. sumptu-, «tomado», part. pass. de sumĕre, «tomar; assumir»)

sumptuário adj. 1 relativo a gastos ou despesas 2 (imposto) relativo a objetos de luxo 3 em que há grande luxo (Do lat. sumptuarĭu-, «id.»)

sumptuosamente adv. 1 de modo sumptuoso 2 com pompa; com aparato (De sumptuoso+-mente)

sumptuosidade n.f. 1 qualidade do que é sumptuoso 2 magnificência; luxo 3 grande aparato; pompa (Do lat. sumptuositāte-, «id.»)

sumptuoso /ô/ adj. 1 feito à custa de grandes despesas 2 faustoso; luxuoso 3 magnificente; esplêndido 4 pomposo; aparatoso (Do lat. sumptuōsu-, «id.»)

súmula n.f. 1 síntese; exposição dos pontos fundamentais; breve epítome 2 pequena suma 3 símbolo (Do lat. summŭla-, «id.»)

sumular v.tr. fazer a súmula de; sintetizar (De súmula+-ar)

sumulista n.2g. autor de súmulas (De súmula+-ista)

Suna n.f. RELIGIÃO coleção de preceitos obrigatórios, extraídos das práticas do profeta Maomé, que os muçulmanos consideram como um suplemento do Alcorão (Do ár. sunna, «palavra, ato e aprovação do Profeta»)

sunga n.f. [Brasil] calção de banho

sungar v.tr. 1 puxar para cima 2 reter o muco no (nariz) (Do quimb. ku'sūga, «puxar»+-ar)

sunguilar v.intr. [Angola] seroar, conversando, recordando ou divertindo-se (Do quimb. kusungila, «conversar ou divertir-se no sungi», lugar do serão)

sunismo n.m. RELIGIÃO corrente doutrinária muçulmana que aceita a Suna e afirma a legitimidade dos quatro califas que sucederam a Maomé (De suna+-ismo, ou do fr. sunnisme, «id.»)

sunita adj.2g. relativo ao sunismo ou aos seus partidários ■ n.2g. muçulmano ortodoxo, partidário do sunismo (De suna+-ita, ou do fr. sunnite, «id.»)

suor /ô/ n.m. 1 produto da excreção, segregado pelas glândulas sudoríparas, incolor, constituído por água e substâncias de desassimilação 2 [fig.] fadiga; sacrifício 3 [fig.] fruto de grande trabalho; *com o ~ do rosto* à custa de trabalhos penosos; *sentir suores frios* achar-se em apertos, sentir grande angústia (Do lat. sudōre-, «id.»)

supedâneo n.m. 1 banco que se coloca debaixo dos pés; escabelo 2 estrado junto ao altar onde o sacerdote põe os pés enquanto celebra a missa 3 [fig.] base; suporte (Do lat. suppedanĕu-, «id.»)

supeditar v.tr. 1 subministrar 2 fornecer 3 oprimir 4 sujeitar (Do lat. suppeditāre, «servir de estribeiro»)

super- elemento de formação de palavras que exprime a ideia de *superioridade, excesso*, e é seguido de hífen quando o elemento seguinte começa por h ou ainda por um r que não se liga foneticamente ao r anterior (Do lat. super, «sobre»)

superabundância n.f. 1 fartura; grande abundância; exuberância 2 abundância excessiva; excesso (Do lat. *superabundantĭa*-, «id.»)

superabundante adj.2g. 1 que superabunda; que é muito abundante 2 excessivo 3 supérfluo (Do lat. *superabundante*-, «id.», part. pres. de *superabundāre*, «superabundar»)

superabundar v.intr. existir em abundância; sobejar ■ v.tr. ser mais do que necessário; exceder (Do lat. *superabundāre*, «id.»)

superação n.f. 1 ato ou efeito de superar 2 excesso; demasia 3 vantagem (Do lat. *superatiōne*-, «id.»)

superacidez n.f. qualidade ou estado de superácido (De super-+acidez)

superácido adj. que é extremamente ácido (De super-+ácido)

superalimentação n.f. alimentação excessiva; sobrealimentação (De super-+alimentação)

superalimentar adj.2g. que diz respeito a superalimentação ■ v.tr. dar alimento em excesso a ■ v.pron. alimentar-se em excesso (De super-+alimentar)

superando adj. que se há de ou se pode vencer (Do lat. *superandu*-, «id.», ger. de *superāre*, «dominar; superar»)

superante adj.2g. 1 que supera ou suplanta 2 excedente (Do lat. *superante*-, «id.», part. pres. de *superāre*, «dominar; superar»)

superar v.tr. 1 ir além de; exceder 2 ultrapassar 3 ser melhor do que 4 ficar superior a 5 vencer; subjugar 6 transpor; galgar 7 [fig.] levar vantagem a (Do lat. *superāre*, «id.»)

superável adj.2g. que se pode superar; vencível (Do lat. *superabĭle*-, «id.»)

superavit n.m. ECONOMIA excesso das receitas sobre as despesas; saldo positivo (Do lat. *superavit*, de *superāre*, «superar»)

superaxilar /cs/ adj.2g. ⇒ **supra-axilar** (De super-+axilar)

superbíssimo adj. {superlativo absoluto sintético de **soberbo**} muito soberbo (Do lat. *superbissĭmu*-, «id.»)

supercarburante n.m. combustível de qualidade superior, com elevado índice de resistência à detonação; super (De super-+carburante)

supercentenário n.m. pessoa que tem pelo menos 110 anos de idade (De super-+centenário)

superciliar[1] adj.2g. relativo ou pertencente ao supercílio; supraciliar (De supercílio+-ar, sufixo nominal)

superciliar[2] v.intr. franzir o sobrolho (De supercílio+-ar, sufixo verbal)

supercílio n.m. 1 sobrancelha 2 [fig.] orgulho; soberba (Do lat. *supercilĭu*-, «id.»)

supercilioso /ô/ adj. 1 que tem sobrancelhas espessas 2 [fig.] de semblante carregado 3 [fig.] severo 4 [fig.] ríspido (Do lat. *superciliōsu*-, «id.»)

supercivilizado adj. muito civilizado (De super-+civilizado)

supercondutividade n.f. FÍSICA propriedade que têm certos metais (mercúrio, chumbo, estanho, alumínio, cádmio, etc.) de, quando arrefecidos a temperatura extremamente baixa - característica para cada metal (temperatura de transição) - verem a sua condutividade elétrica extremamente aumentada e de maneira brusca (De super-+condutividade)

supercondutor adj.,n.m. FÍSICA diz-se de ou metal que foi arrefecido, de modo a adquirir supercondutividade (De super-+condutor)

superego n.m. PSICANÁLISE grupo de motivações e de ações formado por identificação da criança com os pais ou com os substitutos dos pais, em particular com o pai do mesmo sexo, e cuja ação inconsciente incita o eu, para evitar a culpabilidade, a defender-se contra as pulsões instintivas (sexuais ou agressivas) (Do lat. *super*, «sobre»+*ego*, «eu»)

superelegante adj.2g. muito elegante (De super-+elegante)

superelevação n.f. elevação superior a outra (De super-+elevação)

supereminência n.f. 1 elevação extraordinária 2 preeminência 3 [fig.] grau de excelência de uma pessoa em relação a outras (Do lat. *supereminentĭa*-, «id.»)

supereminente adj.2g. 1 que tem supereminência 2 [fig.] exagerado (Do lat. *supereminente*-, «id.»)

superestrutura n.f. ⇒ **superstrutura**

superexaltação /z/ n.f. exaltação grande (De super-+exaltação)

superexcelência n.f. 1 perfeição requintada 2 sublimidade (De super-+excelência)

superexcitação n.f. excitação demasiada (De super-+excitação)

superexcitar v.tr. ⇒ **sobre-excitar** (De super-+excitar)

superexcreção n.f. excreção demasiada (De super-+excreção)

superfetação n.f. ação de superfetar (De superfetar+-ção)

superfetar v.intr. (obstetrícia) conceber um feto quando já há outro no mesmo útero, em gestação (Do lat. *super*, «além de»+*fetāre*, «ter filhos; fecundar»)

superficial adj.2g. 1 que diz respeito à superfície 2 que está, cresce ou vive à superfície 3 [fig.] pouco profundo; que não é bem fundado 4 [fig.] ligeiro 5 [fig.] que não aprofunda as coisas 6 [fig.] aparente 7 [fig.] leviano (Do lat. *superficiāle*-, «id.»)

superficialidade n.f. 1 qualidade do que é superficial 2 falta de profundidade 3 ligeireza (De superficial+-i-+-dade)

superficialmente adv. 1 de modo superficial 2 levemente; ao de leve 3 pela rama (De superficial+-mente)

superficiário n.m. proprietário de obra ou plantação constituída de harmonia com o direito de superfície (De superfície+-ário)

superfície n.f. 1 parte externa de um corpo; face 2 parte superior de um líquido, que está em contacto com o ar 3 GEOMETRIA extensão com duas dimensões 4 área; extensão 5 [fig.] aspeto exterior; aparência; *~ cónica* GEOMETRIA superfície gerada por uma reta que passa por um ponto fixo e se apoia continuamente numa curva; *~ cónica de revolução* GEOMETRIA superfície gerada por uma reta numa revolução completa em torno de uma reta fixa (eixo de rotação) com a qual é concorrente; *~ esférica* GEOMETRIA totalidade dos pontos do espaço, cuja distância a um ponto fixo tem um mesmo valor; *~ frontal* METEOROLOGIA superfície de separação entre duas massas de ar, frente; *direito de ~* direito de propriedade de edifício ou plantação feita em terreno alheio com o consentimento do proprietário (Do lat. *superficĭe*-, «id.»)

superfino adj. 1 muito fino 2 de qualidade superior (De super-+fino)

superfluidade n.f. 1 qualidade do que é supérfluo 2 coisa supérflua 3 demasia; excesso (Do lat. *superfluitāte*-, «id.»)

superfluido n.m. FÍSICA termo utilizado para designar quer o hélio líquido na sua fase de baixa temperatura quer os metais no estado supercondutor (De super-+fluido)

supérfluo adj. 1 que é de mais; demasiado; excessivo 2 inútil; desnecessário ■ n.m. o que é desnecessário; o que não é essencial (Do lat. *superflŭu*-, «id.»)

superfortaleza n.f. tipo de avião de bombardeamento, de construção sólida e de grande raio de ação (De super-+fortaleza)

superfosfato n.m. QUÍMICA o mais importante dos adubos fosfatados, obtido por ação do ácido sulfúrico sobre o fosfato de cálcio natural (De super-+fosfato)

super-herói n.m. 1 personagem fictícia dotada de poderes fantásticos e notável pelos seus feitos extraordinários em defesa do bem e da justiça 2 indivíduo que se assemelha a esta personagem, pela forma corajosa como se comporta

super-homem n.m. indivíduo dotado de qualidades (força, inteligência, bondade, etc.) em grau superior ao que é próprio da natureza humana

super-humano adj. que está acima das forças humanas; sobre-humano

superinfeção n.f. nova infeção sobre outra anterior da mesma natureza e ainda por curar (De super-+infeção)

superinfecção ver nova grafia **superinfeção**

superintendência n.f. 1 ato de superintender 2 direção superior 3 funções ou repartição do superintendente (De super-+intendência)

superintendente adj.,n.2g. que ou a pessoa que superintende ou dirige superiormente (De super-+intendente)

superintender v.tr. 1 dirigir superiormente; ter superintendência em 2 fiscalizar (Do lat. *superintendĕre*, «id.»)

superior adj.2g. 1 {comparativo de superioridade de **alto**} que está acima; que tem maior altura 2 (ENSINO) que tem grau mais elevado do que o médio ou secundário 3 de melhor qualidade; muito bom; excelente 4 distinto 5 que emana de autoridade 6 de graduação elevada 7 situado para nascente (de um rio) 8 que tem força para vencer 9 MILITAR diz-se da subcategoria de oficial das Forças Armadas, com graduação superior à de oficial subalterno e inferior à de oficial general 10 MILITAR diz-se do militar com essa subcategoria ■ n.m. 1 aquele que tem autoridade sobre outro 2 o que dirige uma comunidade ou instituto religioso ■ n.f. uma das secções destinadas ao público nas casas de espetáculos, nos estádios, etc. (Do lat. *superiōre*-, «id.»)

superiora /ô/ n.f. religiosa que dirige um convento; prioresa; abadessa (De superior)

superiorato n.m. dignidade ou funções de superior ou superiora (De superior ou superiora+-ato)

superioridade n.f. 1 qualidade do que é superior ou melhor do que os outros 2 autoridade 3 excelência 4 vantagem; *complexo* *de ~* PSICOLOGIA para A. Adler (psicólogo austríaco, 1870-1937), atitude tomada inconscientemente e como que instintivamente para compensação ou sobrecompensação do sentimento de inferioridade, vulgarmente, todo o sentimento de superioridade, mesmo consciente e sem que seja uma sobrecompensação de um sentimento de inferioridade   (De *superior*+-*i*-+-*dade*)

superiorizar *v.tr.* **1** tornar superior **2** distinguir ■ *v.pron.* **1** distinguir-se como melhor do que outro(s) **2** ter-se em conta superior   (De *superior*+-*izar*)

superiormente *adv.* **1** de modo superior **2** por ordem ou autoridade superior   (De *superior*+-*mente*)

superlativação *n.f.* ato ou efeito de superlativar   (De *superlativar*+-*ção*)

superlativar *v.tr.* **1** dar forma ou significado de superlativo a **2** [fig.] elevar ao mais alto grau   (De *superlativo*+-*ar*)

superlativo *adj.* que exprime uma qualidade num grau elevado ou no grau mais elevado ■ *n.m.* **1** GRAMÁTICA grau de significação do adjetivo ou do advérbio que indica que a qualidade por ele expressa existe em grau elevado ou no grau mais elevado **2** GRAMÁTICA forma linguística que exprime esse grau; *~ absoluto* GRAMÁTICA o que indica que a qualidade por ele expressa existe em grau elevado ou no grau mais elevado, sem estabelecer comparação, ou numa só palavra (superlativo absoluto sintético), ou com ajuda de outra palavra, geralmente um advérbio (superlativo absoluto analítico); *~ relativo* GRAMÁTICA o que indica aquele ou aquilo que, em comparação com uma totalidade de seres análogos, sobressai por possuir a mesma qualidade ou modalidade em grau superior (superlativo relativo de superioridade) ou inferior (superlativo relativo de inferioridade) às outras   (Do lat. *superlatīvu-*, «próprio para levar para cima»)

superlotação *n.f.* ⇒ **sobrelotação**   (De *super*+-*lotação*)

superlotado *adj.* ⇒ **sobrelotado**   (De *super*+-*lotado*)

superlotar *v.tr.* ⇒ **sobrelotar**   (De *super*+-*lotar*)

supermercado *n.m.* grande estabelecimento de venda de produtos alimentares e outros artigos de consumo corrente, expostos de forma sistemática, onde os clientes se servem por si próprios e à saída submetem o fornecimento ao controlo de uma das caixas   (Do ing. *supermarket*, «id.»)

supermodelo *n.2g.* manequim muito célebre, muito procurado(a) por estilistas e fotógrafos famosos; top model   (De *super*+-*modelo*)

supernal *adj.2g.* ⇒ **superno**   (De *superno*+-*al*)

supernatural *adj.2g.* ⇒ **sobrenatural**   (De *super*+-*natural*)

superno *adj.* **1** superior **2** [fig.] ótimo; excelente   (Do lat. *supernu-*, «id.»)

supernova *n.f.* ASTRONOMIA estrela em que se deram explosões internas e, em consequência, cuja luminosidade aumentou bruscamente   (De *super*+-*nova*)

supernumerário *adj.* ⇒ **supranumerário**   (Do lat. *supernumerarĭu-*, «id.»)

supero- elemento de formação de palavras que exprime a ideia de *superior*   (Do lat. *supĕru-*, «id.»)

súpero *adj.* **1** superior **2** que está de cima (em oposição a ínfero) **3** BOTÂNICA (ovário) cuja inserção se verifica acima dos verticilos correspondentes a todas as outras peças florais   (Do lat. *supĕru-*, «id.»)

súpero-anterior *adj.2g.* situado em cima e na parte anterior

superocupado *adj.* sobrecarregado de trabalho ou afazeres; muito ocupado; atarefado   (De *super*+-*ocupado*)

súpero-posterior *adj.2g.* situado em cima e na parte posterior

superordenação *n.f.* LINGUÍSTICA ⇒ **hiperonímia**

superovariado *adj.* BOTÂNICA (planta) que tem ovário súpero   (De *super*+-*ovário*+-*ado*)

superpopulação *n.f.* **1** excesso de população; superpovoamento **2** número excessivo de indivíduos de uma espécie (animal ou vegetal) em determinada área   (De *super*+-*população*)

superpor *v.tr.* ⇒ **sobrepor**   (Do lat. *superponĕre*, «id.»)

superposição *n.f.* ato ou efeito de superpor; sobreposição   (Do lat. *superpositĭone-*, «id.»)

superpotência *n.f.* nação que se destaca pelo seu poder político, económico e militar   (De *super*+-*potência*)

superpovoado *adj.* povoado em excesso   (De *super*+-*povoado*)

superpovoamento *n.m.* excesso demográfico em determinada região ou localidade   (De *super*+-*povoamento*)

superprodução *n.f.* **1** ECONOMIA produção em quantidade superior às possibilidades de absorção do mercado; excesso de produção **2** CINEMA, TEATRO, TELEVISÃO filme, espetáculo ou programa produzido com elevado investimento e, em regra, comercializado com muita publicidade   (De *super*+-*produção*)

superprotão *n.m.* FÍSICA protão existente na radiação cósmica com energia superior a 109 eletrões-volt   (De *super*+-*protão*)

superproteção *n.f.* ato ou efeito de superproteger   (De *super*+-*protecção*)

superprotecção ver nova grafia **superproteção**

superproteger *v.tr.* proteger excessivamente   (De *super*+-*proteger*)

superquadra *n.f.* [Brasil] bloco residencial aberto que inclui zonas verdes e equipamentos de uso comum   (De *super*+-*quadra*)

super-realismo *n.m.* ⇒ **surrealismo**

super-realista *adj.,n.2g.* ⇒ **surrealista**

super-requintado *adj.* **1** extremamente requintado **2** requintado em excesso

super-resistente *adj.2g.* muito resistente

supersecreção *n.f.* secreção excessiva   (De *super*+-*secreção*)

supersensível *adj.2g.* **1** que é superior à ação dos sentidos; que não é captado pelos sentidos **2** muito sensível   (De *super*+-*sensível*)

supersónico *adj.* **1** FÍSICA que se move com velocidade superior à do som; ultrassónico **2** diz-se do movimento de uma velocidade que excede a do som no fluido; *ondas supersónicas* ondas da mesma natureza que as do som, mas provocadas por vibrações de frequência superior ao limite das frequências audíveis   (De *super*+-*sónico*)

superstição *n.f.* **1** desvio do sentimento religioso que consiste em atribuir a certas práticas uma espécie de poder mágico, ou pelo menos uma eficácia sem razão **2** crença sem fundamento nos efeitos mágicos de determinado objeto, ação ou ritual; crença irracional; crendice   (Do lat. *superstitiōne-*, «resto de velhas crenças»)

supersticiosidade *n.f.* **1** qualidade de quem é supersticioso **2** tendência para a superstição   (De *supersticioso*+-*i*-+-*dade*)

supersticioso /ô/ *adj.* **1** que tem superstição **2** relativo à crença irracional **3** que envolve superstição ■ *n.m.* indivíduo que acredita em superstições   (Do lat. *superstitiōsu-*, «id.»)

supérstite *adj.2g.* ⇒ **sobrevivente**   (Do lat. *superstīte-*, «id.»)

superstrato *n.m.* LINGUÍSTICA língua que, ao ser introduzida numa determinada área geográfica, se dissolve na língua aí falada, deixando, no entanto, marcas nesta a vários níveis (léxico, fonética, sintaxe, etc.)   (Do fr. *superstrat*, do lat. *superstrātu-*, «id.»)

superstrutura *n.f.* **1** parte de uma construção ao nível do solo **2** parte da construção de uma ponte situada acima da água **3** NÁUTICA cada uma das construções de um navio acima do convés principal; acastelamento **4** (marxismo) elaborações de caráter mais ou menos imaterial (políticas, filosóficas, religiosas, morais, culturais) que exprimem e assentam nas estruturas económicas (modo de produção e de distribuição da propriedade), que constituem a base das relações sociais e o motor da história   (Do lat. *super*, «sobre» +*structūra-*, «estrutura»)

supersubstancial *adj.2g.* substancial em extremo   (Do lat. *supersubstantiāle-*, «id.»)

supertuberculinização *n.f.* MEDICINA nova infeção tuberculosa no decurso de uma tuberculose anterior   (De *super*+-*tuberculinização*)

superumeral *adj.2g.* que está ou se põe em cima dos ombros ■ *n.m.* vestuário eclesiástico, entre os Hebreus   (Do lat. *superhumerāle-*, «id.»)

supervacâneo *adj.* supérfluo; desnecessário   (Do lat. *supervacanĕu-*, «id.»)

supervácuo *adj.* ⇒ **supervacâneo**   (Do lat. *supervacŭu-*, «id.»)

supervenção *n.f.* ato ou efeito de sobrevir   (Do lat. **superventiōne-*, «id.», de *supervenīre*, «sobrevir»)

superveniência *n.f.* qualidade do que é superveniente   (Do lat. *supervenientĭa*, part. pres. neut. pl. de *supervenīre*, «sobrevir»)

superveniente *adj.2g.* que sobrevém; que chega depois de outro ou de outra coisa   (Do lat. *superveniente-*, «id.», part. pres. de *supervenīre*, «sobrevir»)

supervisão *n.f.* **1** ato ou efeito de supervisionar, coordenar ou inspecionar **2** função de supervisor   (De *super*+-*visão*)

supervisionar *v.tr.* **1** dirigir, inspecionando; orientar, controlando **2** exercer a função de supervisor (num filme)   (De *super*+-*visionar*)

supervisor *adj.,n.m.* que ou o que tem como função coordenar, inspecionando ou controlando, uma dada atividade ou um grupo de pessoas na execução de um projeto ■ *n.m.* CINEMA indivíduo que, numa filmagem, desempenha as funções de conselheiro artístico por ter categoria superior ou mais experiência do que o realizador do filme   (De *super*+-*visor*)

supervivência *n.f.* ⇒ **sobrevivência**   (De *super*+-*vivência*)

supervivente *adj.,n.2g.* ⇒ **sobrevivente**   (Do lat. *supervivente-*, «id.», part. pres. de *supervivĕre*, «sobreviver»)

supetão *elem.loc.adv. de ~* repentinamente; de maneira imprevista (De *súpeto*+-*ão*)
súpeto *n.m.* ⇒ **supetão** (Do lat. *subĭtu*-, «id.»)
supimpa *adj.2g.* [Brasil] [coloq.] muito bom; excelente; ótimo (De orig. obsc.)
supinação *n.f.* 1 posição da mão, de forma que a palma fique voltada para cima ou para diante (em oposição a pronação) 2 estado de uma pessoa deitada de costas e com a cabeça inclinada para trás (Do lat. *supinatiōne*-, «posição de pessoa deitada de costas»)
supinador *n.m.,adj.* ANATOMIA músculo ou designativo do músculo cuja ação é oposta à do pronador e que provoca supinação (posição da mão) (Do lat. *supināre*, «inclinar ou dobrar para trás» +-*dor*)
supino *adj.* 1 alto; elevado; superior 2 deitado de costas 3 que está no estado de supinação 4 [fig.] em alto grau; excessivo; exagerado 5 [fig.] notável; ilustre ■ *n.m.* GRAMÁTICA forma nominal dos verbos latinos, que não passou para o português, de cujo radical se obtém o particípio passado e que, usada como nome, designa o resultado da ação (Do lat. *supīnu*-, «deitado de costas»)
súpito *adj.* súbito; *de* ~ de repente (Do lat. *subĭtu*-, «id.»)
suplantação *n.f.* ato ou efeito de suplantar (Do lat. *supplantatiōne*-, «id.»)
suplantador *adj.,n.m.* que ou aquele que suplanta (Do lat. *supplantatōre*-, «id.»)
suplantar *v.tr.* 1 pôr debaixo dos pés; calcar; trilhar 2 derrubar em combate 3 ser melhor do que; superar; exceder (Do lat. *supplantāre*, «derrubar»)
suplementar[1] *adj.2g.* 1 relativo a suplemento 2 que serve de suplemento; adicional 3 que pode suprir ou preencher uma falta 4 que completa ou amplia algo; complementar; *ângulo ~ de outro* MATEMÁTICA ângulo cuja soma com o primeiro equivale a um ângulo raso (De *suplemento*+-*ar*)
suplementar[2] *v.tr.* 1 acrescentar algo a 2 servir de suplemento a 3 suprir a deficiência de (De *suplemento*+-*ar*)
suplementário *adj.* ⇒ **suplementar**[1] (De *suplemento*+-*ário*)
suplemento *n.m.* 1 o que se dá a mais; complemento 2 aditamento; acréscimo; aquilo que se acrescenta a um todo 3 caderno, geralmente ilustrado, que completa determinados números de um de um jornal; anexo 4 GEOMETRIA diferença entre a amplitude (grandeza) de um ângulo e a amplitude de um ângulo raso (Do lat. *supplementu*-, «complemento; suplemento»)
suplência *n.f.* qualidade de suplente (Do lat. *supplentĭa*, part. pres. neut. pl. de *supplēre*, «completar»)
suplente *adj.,n.2g.* que ou a pessoa que supre ou substitui outra (Do lat. *supplente*-, «id.», part. pres. de *supplēre*, «completar»)
supletivo *adj.* 1 que supre; suplementar 2 GRAMÁTICA diz-se do elemento linguístico que pode completar um paradigma defetivo (Do lat. *suppletīvu*-, «id.»)
supletório *adj.* ⇒ **supletivo** (Do fr. *supplétoire*, «id.»)
súplica *n.f.* 1 ato ou efeito de suplicar 2 pedido humilde; rogo 3 prece (Deriv. regr. de *suplicar*)
suplicação *n.f.* súplica; rogo; *Casa da Suplicação* antigo tribunal de segunda instância que foi substituído pelo Supremo Tribunal de Justiça (Do lat. *supplicatiōne*-, «id.»)
suplicado *adj.* implorado; pedido encarecidamente ■ *n.m.* DIREITO a parte contra a qual o suplicante requer (Do lat. *supplicātu*-, «id.», part. pass. de *supplicāri*)
suplicante *adj.2g.* que suplica; que implora; que pede encarecidamente ■ *n.2g.* 1 pessoa que suplica 2 DIREITO a parte que requer em juízo; requerente; impetrante (Do lat. *supplicante*-, «id.», part. pres. de *supplicāri*)
suplicar *v.tr.* 1 pedir encarecidamente; implorar; rogar 2 requerer; impetrar (Do lat. *supplicāre*, «id.»)
suplicativo *adj.* que encerra súplica (De *suplicar*+-*tivo*)
suplicatório *adj.* ⇒ **suplicativo** (De *suplicar*+-*tório*)
súplice *adj.2g.* que suplica ou toma a atitude de quem suplica (Do lat. *supplĭce*-, «id.»)
supliciado *adj.* 1 que sofreu suplício 2 justiçado 3 condenado ao suplício ■ *n.m.* aquele que sofreu suplício (Part. pass. de *supliciar*)
supliciador *adj.,n.m.* que ou aquele que suplicia (De *supliciar*+-*dor*)
supliciante *adj.2g.* que suplicia (De *supliciar*+-*ante*)
supliciar *v.tr.* 1 infligir suplício a 2 condenar a suplício 3 castigar com pena de morte 4 justiçar 5 [fig.] causar torturas morais a; afligir muito (De *suplício*+-*ar*)
suplício *n.m.* 1 castigo corporal grave ordenado por justiça 2 pena de morte 3 tortura 4 [fig.] tudo o que causa grande sofrimento moral 5 *pl.* cordas com que eram açoitados os supliciados;

disciplinas; *~ de Tântalo* sofrimento causado por coisa ardentemente desejada, e que parece prestes a obter-se, mas que escapa sempre (Do lat. *supplicĭu*-, «id.»)
supo *n.m.* cesto que usam os indígenas de Maputo (Do conc.-hind. *sup*, «id.»)
supontar *v.tr.* ⇒ **sopontar**
supor *v.tr.* 1 admitir ou alegar por hipótese para tirar alguma conclusão 2 achar; considerar 3 conjeturar; presumir; imaginar 4 dar falsamente como autêntico; fingir (Do lat. *suppōnĕre*, «pôr debaixo; supor; calcular»)
supormos /ô/ *n.m.2n.* [pop.] hipótese; suposição (De *supor*)
suportação *n.f.* 1 ato ou efeito de suportar 2 resignação 3 tolerância (De *suportar*+-*ção*)
suportar *v.tr.* 1 ter sobre si 2 ser a base ou o suporte de 3 suster o peso de 4 aguentar 5 sofrer; tolerar; admitir 6 arcar com (Do lat. *supportāre*, «transportar; suportar»)
suportável *adj.2g.* 1 que se pode suportar 2 tolerável (De *suportar*+-*vel*)
suporte *n.m.* 1 aquilo que sustenta alguma coisa 2 base; apoio; sustentáculo 3 material de base; *~ de informação* INFORMÁTICA dispositivo destinado a armazenar material de informação para utilização oportuna: cartões perfurados, bandas magnéticas, discos flexíveis, discos rígidos, disquetes, etc. (Deriv. regr. de *suportar*)
suposição *n.f.* 1 ato ou efeito de supor 2 conjetura; hipótese 3 adução de um documento ou de um ato que é falso (Do lat. *suppositiōne*-, «id.»)
supositício *adj.* 1 suposto 2 imputado falsamente a alguém 3 fingido (Do lat. *suppositicĭu*-, «id.»)
supositivo *adj.* que tem o caráter de suposição ■ *n.m.* supositório (Do lat. *suppositīvu*-, «id.»)
supositório *n.m.* FARMÁCIA produto excipiente de forma cónica que se introduz no ânus, fusível à temperatura das paredes do reto, e que é portador de medicamento que vai ser absorvido através da mucosa intestinal (Do lat. *suppositorĭu*-, «que se põe por debaixo»)
suposto /ô/ *adj.* 1 alegado ou admitido por hipótese; hipotético 2 conjeturado 3 fictício; imaginário ■ *n.m.* 1 o que pode subsistir por si 2 coisa admitida como possível ou provável 3 conjetura; hipótese; *~ que* dado o caso de, dado que, admitido que (Do lat. *suppostu*-, por *supposĭtu*-, «id.», part. pass. de *suponĕre*, «pôr por baixo; supor»)
supra- elemento de formação de palavras que exprime a ideia de *superioridade, excelência*, e se liga por hífen ao elemento seguinte quando este começa por vogal, *h*, *r* ou *s* (Do lat. *supra*, «em cima»)
supra-axilar /*cs*/ *adj.2g.* BOTÂNICA que está acima da axila das folhas; superaxilar
supraciliar *adj.2g.* 1 ANATOMIA diz-se da arcada óssea, situada por cima da órbita ocular e coberta exteriormente pelas sobrancelhas; superciliar 2 designativo de um músculo da pele que carrega as sobrancelhas (De *supra*-+*ciliar*)
supracitado *adj.* citado anteriormente; já mencionado (De *supra*-+*citado*)
supracitar *v.tr.* citar anteriormente (De *supra*-+*citar*)
supradito *adj.* ⇒ **supracitado** (De *supra*-+*dito*)
supraestrutura *n.f.* construção acima do convés de um navio, mas que não se estende de um bordo a outro
supra-estrutura ver nova grafia **supraestrutura**
supraexcitar *v.tr.* ⇒ **sobre-excitar**
supra-excitar ver nova grafia **supraexcitar**
supraglótico *adj.* ANATOMIA situado acima da glote (De *supra*-+*glótico*)
supra-hepático *adj.* ANATOMIA situado acima do fígado; *veia supra-hepática* ANATOMIA veia que vem do fígado e abre na veia cava inferior
supra-humano *adj.* ⇒ **sobre-humano**
suprajacente *adj.2g.* que jaz por cima (De *supra*-+*jacente*)
suprajuraico *adj.* ⇒ **suprajurássico** (De *supra*-+*juraico*)
suprajurássico *adj.* GEOLOGIA (terreno) situado acima do calcário juraico (De *supra*-+*jurássico*)
supralunar *adj.2g.* que está superior ou em oposição à Lua (De *supra*-+*lunar*)
supramencionado *adj.* já mencionado no mesmo escrito; supracitado; sobredito (De *supra*-+*mencionado*)
supramundano *adj.* 1 que transcende a esfera mundana ou material 2 sublime (De *supra*-+*mundano*)
supranacional *adj.2g.* que está acima do conceito de nacionalidade ou das instituições nacionais
supranacionalidade *n.f.* 1 caráter do que é supranacional 2 característica do que transcende o conceito de nação

supranatural adj.2g. ⇒ **sobrenatural** (De supra-+natural)
supranaturalismo n.m. ⇒ **sobrenaturalismo** (De supra-+naturalismo)
supranaturalista adj.,n.2g. ⇒ **sobrenaturalista** (De supra-+naturalista)
supranormal adj.2g. **1** que está além do normal **2** extraordinário **3** excessivo (De supra-+normal)
supranumerário adj. que excede o número estabelecido; excessivo ■ n.m. **1** funcionário que está acima do número estabelecido ou fixado para um dado setor ou serviço; excedentário **2** funcionário que tem preferência para preencher a vaga de um efetivo (De supra-+numerário)
supraoccipital n.m. ZOOLOGIA osso ímpar, da parte superior da região occipital dos vertebrados inferiores
supra-occipital ver nova grafia supraoccipital
suprapartidário adj. **1** que está acima dos partidos **2** que congrega ou reúne vários partidos, mas não se subordina a nenhum deles
supra-renal ver nova grafia suprarrenal
supra-renalite ver nova grafia suprarrenalite
suprarrenal adj.2g. ANATOMIA que está por cima dos rins; sobrerrenal; *glândula* ~ órgão glandular que reveste a parte superior do rim, de importante secreção endócrina, indispensável à vida; cápsula suprarrenal
suprarrenalite n.f. MEDICINA inflamação das glândulas suprarrenais (De supra-+renal+-ite)
supra-sensível ver nova grafia suprassensível
suprassensível adj.2g. ⇒ **supressensível**
suprassumo n.m. **1** o mais elevado; auge; culminância **2** requinte (Do lat. supra summu-, «acima do mais alto»)
supra-sumo ver nova grafia suprassumo
supratorácico adj. ANATOMIA que está acima do tórax (De supra-+torácico)
supratranscrito adj. transcrito acima; transcrito anteriormente (De supra-+transcrito)
supremacia n.f. **1** poder ou autoridade suprema **2** hegemonia; superioridade **3** primazia (Do fr. suprématie, «id.»)
supremo /ê/ adj. **1** {superlativo absoluto sintético de *alto*} que está acima de tudo **2** máximo; maior ou mais forte que todos **3** no mais alto grau **4** que vem depois de tudo **5** divino **6** [com maiúscula] forma reduzida de *Supremo Tribunal de Justiça* (Do lat. suprêmu-, «id.»)
supressão n.f. **1** ato ou efeito de suprimir **2** eliminação; extinção **3** omissão (Do lat. suppressiône-, «id.»)
supressivo adj. que suprime ou que provoca a supressão (Do lat. supressu-, part. pass. de suprimĕre, «suprimir; fazer desaparecer» + -ivo)
supressor adj. ⇒ **supressivo** ■ n.m. aquele que suprime; *grelha supressora* elétrodo introduzido numa válvula eletrónica, entre a grelha de blindagem e o ânodo, normalmente ligada ao cátodo, destinada a suprimir os efeitos de omissão secundária (Do lat. supressôre-, «id.»)
supressório adj. ⇒ **supressivo** (Do lat. supressôre-, «supressor»+ -io)
supridor adj. que ou aquele que supre ou serve para suprir (De suprir+-dor)
suprimento n.m. **1** ato ou efeito de suprir ou colmatar uma falta **2** adição **3** suplemento **4** empréstimo **5** auxílio **6** quantias em dinheiro entregues por um sócio a uma sociedade comercial por quotas que não revistam a natureza de uma prestação complementar nem se destinem à integração da quota (De suprir+-mento)
suprimir v.tr. **1** impedir de continuar a existir; eliminar; anular **2** cortar; riscar **3** abolir; extinguir **4** não mencionar; omitir **5** não publicar (Do lat. supprimĕre, «id.»)
suprimível adj.2g. que pode ser suprimido; extinguível
suprir v.tr. **1** colmatar (uma falta); preencher **2** fazer as vezes de; substituir **3** abastecer; prover **4** remediar; tornar menor; minorar (Do lat. supplêre, «id.»)
suprível adj.2g. **1** que se pode suprir **2** que não anula (De suprir+-vel)
supuração n.f. **1** ato ou efeito de supurar **2** produção ou corrimento de pus **3** [fig.] exteriorização (Do lat. suppuratiône-, «id.»)
supurante adj.2g. que supura (Do lat. suppurante-, «id.», part. pres. de suppurâre, «deitar pus»)
supurar v.intr. formar pus; transformar-se em pus ■ v.tr.,intr. **1** expelir (pus) **2** [fig.] aflorar; exteriorizar(-se) (Do lat. suppurâre, «id.»)

supurativo adj. que provoca ou apressa a supuração ■ n.m. FARMÁCIA medicamento que provoca ou apressa a supuração (De supurar+-tivo)
supuratório adj. ⇒ **supurativo** (Do lat. suppuratôriu-, «id.»)
suputar v.tr. avaliar por meio de cálculo; computar (Do lat. supputâre, «calcular»)
suquir v.intr. [pop.] comer; munquir (De orig. obsc.)
sura¹ n.f. suco extraído da seiva de certas palmeiras, do qual se prepara uma bebida alcoólica (Do sânsc. sura, «id.»)
sura² n.f. ANATOMIA região da barriga da perna; pantorrilha (Do lat. sura-, «id.»)
sura³ n.f. **1** cada um dos 114 capítulos do Alcorão **2** oração dos muçulmanos
sural¹ adj.2g. relativo à sura (suco) (De sura, «suco»+-al)
sural² adj. **1** ANATOMIA designativo dos ossos da série protársica: o astrágalo e o calcâneo, ou só este último que é relativo à sura (região da barriga da perna) (De sura, «região da barriga da perna», +-al)
surana n.f. BOTÂNICA planta indiana cujas flores exalam um cheiro cadavérico, pertencente à família das Aráceas (Do conc. suran, «id.»)
surça n.f. [regionalismo] ⇒ **sorça**
súrculo n.m. **1** BOTÂNICA rebento ou gomo vegetal **2** estipe **3** nome com que se pode designar o conjunto cauloide e filoide nas muscíneas (Do lat. surcŭlu-, «rebento; vergôntea»)
surdear v.intr. fingir de surdo (De surdo+-ear)
surdescente adj.2g. que faz enssurdecer; ensurdecedor (Do lat. surdescente-, «id.», part. pres. de surdescĕre, «tornar-se surdo»)
surdez /ê/ n.f. **1** qualidade ou estado de surdo **2** diminuição ou perda completa da audição **3** [fig.] insensibilidade; ~ *psíquica* PSICOLOGIA surdez puramente funcional (psicogénica, e aparece após um choque emocional), que não pode ser atribuída a nenhuma lesão anatómica do órgão auditivo periférico ou a centros superiores auditivos (De surdo+-ez)
surdimutismo n.m. qualidade ou estado de surdo-mudo (Do lat. surdu-, «surdo»+mutu-, «mudo»+-ismo)
surdina n.f. **1** peça móvel que se aplica a muitos instrumentos musicais para lhes abafar e suavizar a sonoridade **2** pedal esquerdo do piano **3** espécie de espineta antiga **4** [gír.] bofetada; *à/de/pela* ~ sem ruído, pela calada; *em* ~ em voz baixa (Do it. sordina, «id.»)
surdinar v.intr. produzir murmúrio suave; ciciar (De surdina+-ar)
surdir v.intr. **1** sair de dentro **2** sair de onde estava mergulhado; emergir **3** surgir; aparecer ■ v.tr. resultar (de); advir (de) (Do lat. surgĕre, «surgir», pelo fr. ant. soudre, «id.»)
surdivai n.m. ORNITOLOGIA ⇒ **surdivém** (De orig. onom.)
surdivai-ferreiro n.m. ORNITOLOGIA nome por que é conhecido, nalgumas regiões, o chapim-real (pássaro)
surdivém n.m. ORNITOLOGIA nome por que também é designado, em algumas regiões, o chapim-real, também conhecido por surdivai-ferreiro (De orig. onom.)
surdo adj. **1** que não ouve ou ouve muito mal **2** que se ouve mal **3** [fig.] feito em silêncio **4** [fig.] secreto; oculto **5** [fig.] indiferente; impassível **6** LINGUÍSTICA diz-se do som produzido sem vibração das cordas vocais **7** PINTURA que tem pouco brilho ■ n.m. pessoa que não ouve ou ouve muito mal; *ser* ~ *como uma porta* ouvir muito mal, não conseguir ouvir nada (Do lat. surdu-, «id.»)
surdo-cego adj.,n.m. que ou pessoa que não ouve nem vê
surdo-cegueira n.f. estado ou condição do que é surdo-cego
surdo-mudez n.f. estado ou condição do que é surdo-mudo
surdo-mudo adj.,n.m. **1** que ou pessoa que não ouve nem fala **2** [uso indevido mas generalizado] que ou pessoa que não ouve ou ouve muito mal; surdo
surf n.m. DESPORTO desporto náutico que consiste em acompanhar o rebentar das ondas mantendo-se em equilíbrio sobre uma prancha (Do ing. surf, «rebentação»)
surfactante a grafia mais usada é surfatante
surfar v.intr. **1** deslocar-se sobre as ondas do mar utilizando uma prancha de surf; praticar surf **2** [coloq.] ⇒ **navegar** v.intr. **4** (De surf+-ar)
surfatante n.m. **1** QUÍMICA componente de substâncias como sabões e detergentes, com uma estrutura molecular que lhe permite reduzir a tensão da superfície dos líquidos (e fazer aumentar a capacidade destes de molhar) e tornar solúvel outras substâncias, como as gorduras, que de outra forma seriam insolúveis na água; substância tensioativa **2** MEDICINA substância produzida no pulmão, cuja falta provoca problemas respiratórios especialmente em bebés prematuros (Do ing. surfactant, «id.») ACORDO ORTOGRÁFICO também se pode escrever surfactante

surfe *n.m.* ⇒ **surf**
surfista *n.2g.* pessoa que pratica o surf (De *surf+-ista*)
surgidoiro *n.m.* ⇒ **surgidouro**
surgidouro *n.m.* **1** lugar onde surgem navios **2** ancoradouro (De *surgir+-douro*)
surgimento *n.m.* ato ou efeito de surgir; aparecimento (De *surgir+-mento*)
surgir *v.intr.* **1** aparecer; assomar **2** erguer-se; elevar-se **3** despontar; raiar; nascer **4** ocorrer; sobrevir **5** vir por mar; aportar ■ *v.tr.,intr.* chegar (a); vir (a) (Do lat. *surgĕre*, «erguer-se; surgir»)
surgo *n.m.* BOTÂNICA ⇒ **sorgo**
surinamês *adj.* relativo ou pertencente ao Suriname ■ *n.m.* natural ou habitante do Suriname (De *Suriname*, top.+-ês)
surmenage *n.m.* fadiga intelectual (Do fr. *surmenage*)
suro *adj.* **1** que não tem cauda **2** que só tem o coto da cauda **3** derrabado **4** [ant.] dizia-se do frade que tinha coroa, mas não dizia missa (De orig. obsc.)
suropo /ô/ *n.m.* ZOOLOGIA nome por que é conhecida na Índia a boa (serpente) (De orig. obsc.)
surpreendente *adj.2g.* **1** que causa surpresa **2** inesperado **3** admirável; maravilhoso; magnífico (De *surpreender+-ente*)
surpreendentemente *adv.* **1** de modo surpreendente; de forma inesperada **2** com surpresa **3** admiravelmente; magnificamente (De *surpreendente+-mente*)
surpreender *v.tr.* **1** aparecer de repente a **2** causar surpresa ou espanto a **3** apanhar descuidado ou em flagrante delito **4** [fig.] causar admiração a; maravilhar ■ *v.pron.* **1** espantar-se **2** maravilhar-se (Do fr. *surprendre*, «id.»)
surpreendido *adj.* **1** que se surpreendeu **2** apanhado de repente, de surpresa **3** [fig.] admirado; espantado (Part. pass. de *surpreender*)
surpresa /ê/ *n.f.* **1** ato ou efeito de surpreender **2** aquilo que surpreende **3** espanto **4** sobressalto; perturbação **5** facto imprevisto **6** prazer inesperado (Do fr. *surprise*, «id.»)
surpresar *v.tr.* ⇒ **surpreender** (De *surpresa+-ar*)
surpreso /ê/ *adj.* ⇒ **surpreendido** (Do fr. *surpris*, «id.»)
surra *n.f.* **1** palmada nas nádegas **2** sova; tareia; tunda (Deriv. regr. de *surrar*)
surradeira *n.f.* [Cabo Verde] tábua em que se lava a roupa (Do crioulo cabo-verdiano *surradêra*, de *surrar*, «bater»)
surrado *adj.* **1** curtido **2** muito usado; cotiado **3** coberto de surro **4** sovado (Part. pass. de *surrar*)
surrador *adj.,n.m.* que ou aquele que surra (De *surrar+-dor*)
surramento *n.m.* ato ou efeito de surrar (De *surrar+-mento*)
surrão *n.m.* **1** bolsa de couro usada pelos pastores para levar o farnel **2** vestuário sujo e gasto (Do ár. *surra*, «bolsa de dinheiro», pelo cast. *zurrón*, «surrão»)
surrar *v.tr.* **1** curtir (peles) **2** dar uma surra a; bater em; açoitar ■ *v.pron.* **1** coçar-se com o uso; gastar-se **2** [regionalismo] fugir (De orig. obsc.)
surreal *adj.2g.* **1** que sugere ou apresenta características associadas ao surrealismo; surrealista **2** que desafia as supostas leis do real; absurdo; bizarro; onírico
surrealismo *n.m.* escola ou movimento artístico e literário, surgido no segundo quartel do século XX, que preconizava modos de pensar livres de toda a preocupação racional, moral ou estética, radicando a criação nos automatismos psíquicos, no subconsciente e no sonho (Do fr. *surréalisme*, «id.»)
surrealista *adj.2g.* **1** relativo ao surrealismo **2** [fig.] que desafia as supostas leis do real; absurdo; bizarro; onírico ■ *n.2g.* artista ou escritor que segue o surrealismo (Do fr. *surréaliste*, «id.»)
surrento *adj.* **1** coberto de surro **2** nojento **3** imundo (De *surro+-ento*)
surriada *n.f.* **1** descarga de tiros; salva **2** espuma das ondas **3** [pop.] troça; assuada (Part. pass. fem. subst. de *surriar*)
surriar *v.tr.* **1** fazer surriada a **2** escarnecer de; troçar de (De orig. obsc.)
surriba *n.f.* ato ou efeito de surribar (Deriv. regr. de *surribar*)
surribar *v.tr.* AGRICULTURA escavar (a terra) para que melhorem as suas condições de fertilidade; decruar (um terreno) (Do lat. *sub*, «sob»+*ripa*-, «riba»+-*ar*)
surripiagem *n.f.* ⇒ **surripianço** (De *surripiar+-agem*)
surripianço *n.m.* ato ou efeito de surripiar (De *surripiar+-anço*)
surripiar *v.tr.* tirar às escondidas; furtar (Do lat. *surripĕre*, «subtrair; roubar»)
surripilhar *v.tr.* ⇒ **surripiar** (De *surripiar* × *pilhar*)
surro *n.m.* **1** sujidade proveniente da transpiração, do uso, etc. **2** porcaria (Do cast. *churre*, «gordura»?)

surrobeco *n.m.* **1** [regionalismo] carneiro que provém do cruzamento de carneiro branco com ovelha preta **2** [regionalismo] lã desses carneiros **3** [regionalismo] pano grosseiro semelhante ao burel (De orig. obsc.)
surround *adj.inv.,n.m.* diz-se de ou sistema de reprodução sonora que utiliza mais de um altifalante pelo que o som provindo de várias direções transmite ao ouvinte um efeito de envolvência (Do ing. *surround sound*, «id.»)
surtida *n.f.* **1** investida de sitiados contra sitiantes **2** ataque (Part. pass. fem. subst. de *surtir*)
surtir *v.tr.* ter como consequência; dar origem a ■ *v.tr.,intr.* obter resultado (bom ou mau); **~ efeito** dar bom resultado (Do lat. *sortīri*, «obter por sorte; partilhar», pelo fr. *sortir*, «sair; escapar»)
surto *n.m.* **1** voo elevado de ave **2** surgimento de vários casos da mesma doença numa região; epidemia **3** desejo intenso; arrebatamento **4** aumento significativo e rápido de um fenómeno ou de um processo; arranco; impulso; ímpeto ■ *adj.* NÁUTICA fundeado; ancorado (Do lat. *surctu-*, ou *surrectu-*, «surto», part. pass. de *surgĕre*, «surgir»)
surucucu *n.f.* **1** ZOOLOGIA serpente do Norte e do Centro da América do Sul, pertencente à família dos Viperídeos, que, além de ter grande força muscular, possui um veneno poderosíssimo **2** outras serpentes da América do Sul, mais ou menos temíveis, como a surucucu-de-fogo, a surucucu-de-pantanal, a surucucurana ou jararaca, a surucucutinga, a surucucu-patioba ou jararaca-verde, etc. (Do tupi *suruku'ku*, «id.»)
suruma *n.f.* [Moçambique] folhas de cânhamo utilizadas para fumar; marijuana (Do maconde *chirima*, «id.»)
sururu *n.m.* **1** [Brasil] confusão; desordem **2** [Brasil] conflito
sus *interj.* exprime incitação; **ora ~!** ânimo!, avante! (Do lat. *sus*, «para cima»)
susceptância *n.f.* FÍSICA recíproco de reactância; quociente da reactância de um circuito elétrico pelo quadrado do módulo da impedância da reactância (Do fr. *susceptance*, «id.»)
susceptibilidade ver nova grafia **suscetibilidade**
susceptibilizar ver nova grafia **suscetibilizar**
susceptível ver nova grafia **suscetível**
suscetibilidade *n.f.* **1** qualidade do que é suscetível **2** disposição especial, física ou moral, para acusar vivamente qualquer influência externa **3** idiossincrasia **4** melindre; **~ elétrica** FÍSICA constante da proporcionalidade, característica de diversos materiais, entre a polarização de um dielétrico e o campo elétrico que o origina; **~ magnética** FÍSICA relação entre a intensidade de magnetização produzida numa substância e a intensidade do campo magnético a que está sujeita (Do lat. *susceptibĭle*-, «suscetível» +-*i*-+-*dade*)
suscetibilizar *v.tr.* **1** ferir a suscetibilidade de **2** melindrar ■ *v.pron.* **1** ressentir-se **2** melindrar-se; ofender-se (Do lat. *susceptibĭle*-, «suscetível»+-*izar*)
suscetível *adj.2g.* **1** apto para receber, ter ou experimentar; capaz **2** que se ofende facilmente; melindroso ■ *n.2g.* pessoa que se ofende com muita facilidade (Do lat. *susceptibĭle*-, «id.»)
suscitação *n.f.* **1** ato ou efeito de suscitar **2** instigação **3** sugestão (Do lat. *suscitatiōne*-, «id.»)
suscitador *adj.,n.m.* **1** que ou aquele que suscita **2** instigador (Do lat. *suscitatōre*-, «id.»)
suscitamento *n.m.* ⇒ **suscitação** (De *suscitar+-mento*)
suscitar *v.tr.* **1** fazer nascer ou aparecer **2** provocar; originar **3** sugerir; lembrar **4** revoltar (Do lat. *suscitāre*, «levantar»)
suscitável *adj.2g.* que se pode suscitar (De *suscitar+-vel*)
suserania *n.f.* **1** qualidade ou poder suserano **2** área da jurisdição de um suserano **3** domínio **4** autoridade (De *suserano+-ia*)
suserano *n.m.* senhor de um domínio, de cujos vassalos dependem outros que lhes rendem homenagem ou pagam tributo; senhor feudal; **~ dos suseranos** designação dada aos monarcas durante o regime feudal (Do fr. *suzerain*, «id.»)
sushi *n.m.* CULINÁRIA prato japonês que consiste num bolinho de arroz cozido, avinagrado e doce, recheado com pedaços de peixe cru, frutos do mar ou vegetais, e frequentemente envolto em algas (Do jap.)
súsino *adj.* **1** referente ao lírio **2** diz-se de um óleo aromático extraído do lírio ■ *n.m.* essência de lírio (Do gr. *soúsinos*, «do lírio», pelo lat. *susīnu*-, «id.»)
suso *adv.* **1** [ant.] acima **2** [ant.] atrás **3** [ant.] antes (Do lat. *sursum*, «para cima; para o alto»)
susodito *adj.* sobredito; supramencionado (De *suso+dito*)
suspeição *n.f.* **1** suspeita; desconfiança **2** DIREITO incidente processual suscitado por um magistrado interveniente numa causa ou

por qualquer das partes acerca da capacidade desse magistrado de estar nessa causa de forma imparcial (Do lat. *suspectiōne-*, «id.»)

suspeita *n.f.* 1 ato ou efeito de suspeitar 2 opinião formada acerca de alguém ou algo baseada em indícios; desconfiança; suspeição; conjetura; suposição 3 pressentimento (Deriv. regr. de *suspeitar*)

suspeitador *adj.,n.m.* que ou aquele que suspeita ou desconfia (De *suspeitar*+*-dor*)

suspeitar *v.tr.* 1 supor com base em sinais ou indícios; ter suspeita de; desconfiar de 2 crer na culpa de 3 duvidar da sinceridade ou da honestidade de (alguém); julgar mal de 4 ter o pressentimento de (Do lat. *suspectāre*, «olhar para cima»)

suspeito *adj.* 1 que causa suspeitas; que suscita dúvidas; duvidoso 2 que inspira desconfiança 3 que parece perigoso 4 (doença) de diagnóstico reservado ■ *n.m.* 1 possível responsável por determinada ação geralmente desonesta ou ilegal 2 indivíduo que não inspira confiança; *dar (alguém) por* ~ declarar que (alguém) não pode emitir opinião ou voto por circunstâncias que podem influir na sua imparcialidade (Do lat. *suspectu-*, «id.», part. pass. de *suspicĕre*, «suspeitar; conjeturar»)

suspeitoso /ô/ *adj.* 1 que tem suspeitas 2 receoso 3 desconfiado (De *suspeita*+*-oso*)

suspender *v.tr.* 1 suster no ar 2 pendurar 3 interromper temporariamente 4 impedir de fazer 5 proibir durante certo tempo 6 fazer cessar 7 reter 8 conter 9 demorar; retardar 10 adiar ■ *v.pron.* 1 ficar suspenso 2 pendurar-se 3 interromper-se 4 ficar perplexo (Do lat. *suspendĕre*, «id.»)

suspensão *n.f.* 1 ato ou efeito de suspender 2 estado do que se acha suspenso 3 interrupção ou privação temporária de exercícios 4 reticência 5 MECÂNICA conjunto de molas e amortecedores que atenuam consideravelmente os efeitos da trepidação num veículo automóvel 6 MÚSICA prolongamento de valor na execução de uma nota ou pausa musical 7 ⇒ **ligadura** 8 QUÍMICA estado das substâncias sólidas que se mantêm suspensas no seio de um líquido sem nele se dissolverem 9 [fig.] dúvida 10 [fig.] hesitação 11 [fig.] êxtase 12 [fig.] ansiedade; ~ *de garantias* DIREITO medida ditatorial, em caso de emergência, que priva temporariamente os cidadãos de certa povoação ou região de determinados direitos ou faculdades que a lei lhes confere; ~ *do juízo* FILOSOFIA atitude dos céticos, especialmente os pirrónicos, que consiste em pretender abster-se de qualquer juízo para alcançar a ataraxia (Do lat. *suspensiōne-*, «id.»)

suspense *n.m.* 1 estado de espírito provocado por incerteza ou expectativa ansiosa em relação a um acontecimento futuro ou a uma informação; ansiedade; tensão 2 LITERATURA, CINEMA, TEATRO circunstâncias criadas através do desenrolar da ação para manter suspenso o espírito do leitor ou do espectador, que espera ansiosamente por aquilo que vai acontecer (Do ing. *suspense*)

suspensivo *adj.* que suspende ou pode suspender (a execução de um contrato) (Do lat. *suspensu-*, «id.», part. pass. de *suspendĕre*, «suspender»+*-ivo*)

suspenso *adj.* 1 sustido no ar 2 pendente; pendurado 3 que está prestes a acontecer; iminente 4 em equilíbrio 5 interrompido 6 impedido de continuar o exercício de um cargo ou de uma função 7 [fig.] hesitante 8 [fig.] perplexo; atónito 9 [fig.] extático (Do lat. *suspensu-*, «id.», part. pass. de *suspendĕre*, «suspender»)

suspensoide *adj.2g.* QUÍMICA diz-se da mistura coloidal de um líquido (fase dispersa) com outro líquido (fase dispersante) (De *suspens[ão]*+*-óide*)

suspensóide ver nova grafia **suspensoide**

suspensor *adj.,n.m.* que ou aparelho que serve para suspender outro (Do lat. *suspensu-*, «suspenso»+*-or*)

suspensório *adj.* que suspende ou serve para suspender ■ *n.m.* 1 ligadura própria para sustentar um órgão 2 *pl.* tiras de qualquer tecido ou cabedal que, passando pelos ombros, seguram as calças (Do lat. *suspensu-*, «suspenso»+*-ório*)

suspicácia *n.f.* qualidade de suspicaz; desconfiança (Do lat. *suspicāce-*, «desconfiado»+*-ia*)

suspicaz *adj.2g.* suspeito; que inspira desconfiança (Do lat. *suspicāce-*, «desconfiado»)

suspiráculo *n.m.* lugar onde se suspira (De *suspirar* × *espiráculo*)

suspirado *adj.* 1 emitido com um suspiro 2 acompanhado de suspiros 3 [fig.] ardentemente desejado (Do lat. *suspirātu-*, «id.», part. pass. de *suspirāre*, «suspirar»)

suspirador *adj.,n.m.* que ou aquele que suspira (De *suspirar*+*-dor*)

suspirante *adj.2g.* 1 que suspira 2 ansioso; anelante (Do lat. *suspirānte-*, «id.», part. pres. de *suspirāre*, «suspirar»)

suspirar *v.intr.* 1 inspirar e expirar lenta e profundamente como forma de exprimir estados ou emoções; dar suspiros 2 soprar brandamente; sussurrar ■ *v.tr.* 1 exprimir por meio de suspiros 2 sentir saudade de 3 desejar ardentemente; ambicionar (Do lat. *suspirāre*, «suspirar»)

suspiro *n.m.* 1 respiração mais ou menos prolongada, produzida por dor, prazer, etc. 2 pequeno orifício por onde se tira prova do vinho dos tonéis 3 CULINÁRIA doce feito com claras de ovos e açúcar 4 [fig.] ai; lamento; gemido 5 MÚSICA [arc.] pequena pausa (pausa de colcheia) na execução de canto 6 *pl.* BOTÂNICA planta espontânea ou cultivada em Portugal, também conhecidos por saudade (Do lat. *suspirĭu-*, «id.», ou deriv. regr. de *suspirar*)

suspiroso /ô/ *adj.* 1 que suspira 2 lamentoso 3 desejoso (Do lat. *suspiriōsu-*, «id.» ou de *suspiro*+*-oso*)

susquir-se *v.pron.* [regionalismo] safar-se (De orig. obsc.)

sussurrante *adj.2g.* 1 que sussurra; que murmura; rumorejante 2 que produz um som suave e contínuo (Do lat. *susurrānte-*, «id.», part. pres. de *susurrāre*, «sussurrar»)

sussurrar *v.intr.* 1 fazer sussurro; murmurar 2 produzir um ruído leve; rumorejar; zumbir ■ *v.tr.* dizer baixinho; segredar (Do lat. *susurrāre*, «id.»)

sussurro *n.m.* 1 ruído muito de leve de vozes de pessoas que falam baixo; murmúrio 2 ruído leve produzido pela água corrente, pelos ramos das árvores, etc.; rumorejo 3 zumbido produzido por certos insetos 4 notícia que corre publicamente, mas não confirmada; boato (Do lat. *susurro-*, «id.»)

sustância *n.f.* 1 [pop.] ⇒ **substância** 2 parte nutritiva 3 força; vigor 4 robustez 5 energia moral (De *substância*)

sustar *v.tr.,intr.,pron.* (fazer) parar; deter(-se); interromper(-se) (Do lat. *substāre*, «id.»)

sustatório *adj.* que susta ou serve para sustar; que faz sustar (De *sustar*+*-tório*)

sustenido *n.m.* 1 MÚSICA acidente musical que faz elevar meio tom a nota que precede 2 MÚSICA sinal representativo desse acidente (#) 3 [regionalismo] bofetada ■ *adj.* MÚSICA diz-se da nota elevada meio tom; ~ *duplo* MÚSICA acidente musical que eleva de meio tom a nota já alterada com um sustenido, sinal representativo desse acidente (Do it. *sostenuto*, «id.», pelo cast. *sostenido*, «id.»)

sustenizar *v.tr.* 1 preceder de sustenido ou sustenidos 2 elevar meio tom (a nota musical) (De *susten[ido]*+*-izar*)

sustentabilidade *n.f.* característica ou qualidade do que é sustentável (De *sustentável*+*-i*-+*dade*)

sustentação *n.f.* 1 ato ou efeito de sustentar ou sustentar-se 2 segurança 3 apoio; sustentáculo 4 conservação; manutenção 5 argumentação; fundamentação 6 sustento (Do lat. *sustentatiōne-*, «id.»)

sustentáculo *n.m.* 1 tudo aquilo que sustém ou sustenta 2 escora 3 apoio; base; suporte 4 [fig.] amparo; proteção; defesa 5 arrimo (Do lat. *sustentacŭlu-*, «id.»)

sustentador *adj.,n.m.* que, aquele ou aquilo que sustenta, ampara ou protege (De *sustentar*+*-dor*)

sustentamento *n.m.* ⇒ **sustentação** (De *sustentar*+*-mento*)

sustentante *adj.2g.* que sustenta; sustentador ■ *n.2g.* o que sustenta, defende ou argumenta (Do lat. *sustentānte-*, «id.», part. pres. de *sustentāre*, «sustentar»)

sustentar *v.tr.* 1 segurar por baixo; suportar; escorar 2 aguentar; amparar 3 conservar; manter 4 assegurar a subsistência de; alimentar 5 dar ânimo a; alentar 6 resistir a; fazer frente a 7 impedir a queda ou a ruína de 8 defender com argumentos 9 fundamentar 10 confirmar 11 prolongar (o som, a voz) ■ *v.pron.* 1 conservar-se firme; equilibrar-se 2 alimentar-se 3 aguentar-se; resistir (Do lat. *sustentāre*, «id.»)

sustentável *adj.2g.* 1 que se pode sustentar, defender ou seguir 2 realizado de forma a não esgotar os recursos naturais nem causar danos ambientais (Do lat. *sustentabĭle-*, «id.»)

sustento *n.m.* 1 efeito de sustentar ou sustentar-se; sustentação 2 conjunto de condições materiais que permitem a subsistência; o que serve de alimentação; alimento 3 conservação; manutenção 4 defesa; proteção (Deriv. regr. de *sustentar*)

suster *v.tr.* 1 segurar para que não caia; sustentar; amparar 2 fazer face a 3 fazer parar 4 alimentar; nutrir 5 [fig.] refrear; moderar ■ *v.pron.* 1 manter-se; conservar-se 2 recuperar o equilíbrio; equilibrar-se 3 conter-se (Do lat. *sustinēre*, «id.»)

sustimento *n.m.* ato ou efeito de suster ou de suster-se (De *suster*+*-i*-+*-mento*)

susto *n.m.* 1 grande inquietação provocada por acontecimento inesperado; sobressalto 2 medo repentino 3 temor profundo 4 apreensão de perigo ou desgraça; *não ganhar para o* ~ assustar-se muito (Deriv. regr. de *sustar*)

su-sudeste *n.m.* **1** GEOGRAFIA, NÁUTICA ponto subcolateral (intermédio), ou rumo, equidistante do sul e do sudeste, designado pelo símbolo SSE **2** vento que sopra desse ponto ■ *adj.2g.* **1** do su-sudeste **2** relativo ao su-sudeste **3** situado a su-sudeste (De *sul+sudeste*)

su-sudoeste *n.m.* **1** GEOGRAFIA, NÁUTICA ponto subcolateral (intermédio), ou rumo, equidistante do sul e do sudoeste, designado pelo símbolo SSW ou SSO **2** vento que sopra desse ponto ■ *adj.2g.* **1** do su-sudoeste **2** relativo ao su-sudoeste **3** situado a su-sudoeste (De *sul+sudoeste*)

su-sueste *n.m.,adj.2g.* ⇒ **su-sudeste** (De *sul+sueste*)

susunu *n.m.* MÚSICA instrumento musical timorense, feito de bambu e com cordas metálicas (De orig. obsc.)

suta *n.f.* **1** instrumento que serve para marcar ângulos no terreno **2** esquadro de peças móveis para traçar ângulos de qualquer medida (De orig. obsc.)

sutache *n.f.* trancinha ou cordão de seda, lã ou algodão para guarnecer vestidos, uniformes, etc. (Do húng. *sujtás*, «id.», pelo fr. *soutache*, «id.»)

sutar *v.tr.* ajustar (uma peça) a outra, servindo-se da suta (De *suta+-ar*)

sutiã *n.m.* peça do vestuário feminino que serve para amparar e modelar os seios (Do fr. *soutien-gorge*, «id.»)

sútil *adj.2g.* **1** composto de pedaços cosidos **2** dizia-se da cabana em que habitavam os Citas, que era formada por couros cosidos uns aos outros, ou de uma coroa que os Romanos usavam nos banquetes, feita de flores cosidas umas às outras (Do lat. *sutīle-*, «cosido»)

sutra *n.f.* compilação das regras relativas ao culto religioso, à moral e à vida quotidiana sob a forma concisa de aforismos extraídos da literatura sagrada indiana (Do sânsc. *sutra*, «linha»)

sutura *n.f.* **1** costura que se faz para unir as partes de um objeto **2** ANATOMIA articulação dentada dos ossos do crânio e de alguns da face **3** ANATOMIA sinartrose; articulação imóvel **4** BOTÂNICA linha de união dos carpelos entre si **5** BOTÂNICA linha de separação das valvas nos frutos **6** CIRURGIA operação que consiste em juntar os lábios de uma ferida por meio de uma costura (Do lat. *sutūra-*, «sutura; costura»)

suturação *n.f.* ato ou efeito de suturar (De *suturar+-ção*)

sutural *adj.2g.* **1** referente às suturas **2** da natureza das suturas (De *sutura+-al*)

suturar *v.tr.* **1** fazer a sutura de **2** unir pelas bordas (De *sutura+-ar*)

suvão *n.m.* [regionalismo] porco; suíno (Do lat. *sue-*, «porco» +*v*+*-ão*)

suvino *n.m.* [regionalismo] ⇒ **suíno** (Do lat. *sue-*, «porco» +*v*+*-ino*)

suxar *v.tr.* tornar frouxo; alargar (De orig. obsc.)

swap *n.m.* ECONOMIA operação financeira que envolve a troca entre os agentes envolvidos de determinados fluxos monetários de diferente natureza (por exemplo, de uma moeda por outra, de pagamentos de um empréstimo a taxa fixa por taxa de juro variável), com base nos termos previamente acordados (Do ing. *swap*, «idem»)

sweater *n.f.* ⇒ **suéter** (Do ing. *sweater*, «id.»)

sweatshirt *n.f.* ⇒ **suéter** (Do ing. *sweatshirt*, «id.»)

swing *n.m.* **1** MÚSICA qualidade rítmica própria do jazz **2** MÚSICA estilo de música jazz muito popular nos anos 30 e 40, geralmente tocado por bandas com muitos elementos, e caracterizando-se pela animação do ritmo **3** forma de dança inspirada no ritmo vivo deste estilo (Do ing. *to swing*, «balançar; rodar; gingar»)

t *n.m.* **1** vigésima letra e décima sexta consoante do alfabeto **2** letra que representa a consoante oclusiva linguodental surda (ex. *tábua*) **3** vigésimo lugar numa série indicada pelas letras do alfabeto **4** (antiga numeração romana) número 150 (com maiúscula) **5** FÍSICA, MÚSICA símbolo de *tempo* **6** FÍSICA símbolo de *tonelada* **7** FÍSICA símbolo de *temperatura Celsius* **8** FÍSICA símbolo de *temperatura absoluta* (com maiúscula) **9** QUÍMICA símbolo de *trítio* (com maiúscula) **10** FÍSICA símbolo de *período* (com maiúscula) **11** FÍSICA símbolo de *tesla* (com maiúscula); *em T* em forma de T (maiúsculo); *ter um t na testa* [pop.] ser tolo

tá[1] *interj.* usada para interromper (De orig. onom.)

tá[2] *interj.* [Brasil] exprime assentimento, aceitação (De *está*, com afér.)

taba *n.f.* **1** habitação dos Índios, na América do Sul **2** pequena povoação de indígenas do Brasil (Do tupi *'tawa*, «id.»)

tabacal *n.m.* plantação de tabaco ■ *adj.2g.* referente a tabaco (De *tabaco*+-*al*)

tabacaria *n.f.* estabelecimento onde se vendia apenas tabaco e onde atualmente são também comercializados outros artigos, como jornais, revistas, objetos de escritório, pequenos brinquedos, etc. (De *tabaco*+-*aria*)

tabacino *adj.* **1** relativo a tabaco **2** diz-se especialmente da oftalmia proveniente do abuso do tabaco (De *tabaco*+-*ino*)

tabaco *n.m.* **1** BOTÂNICA planta herbácea da família das Solanáceas, de origem americana, cultivada em Portugal, que servia a princípio como remédio (erva-santa) e atualmente se emprega para fumar, cheirar ou mascar, sendo, para isto, preparadas previamente as suas folhas **2** diversos preparados feitos com estas folhas e as de outras plantas, utilizados para fumar, cheirar ou mascar **3** produto obtido das folhas dessas plantas, como o cigarro e o charuto **4** conjunto de cigarros empacotados; maço de cigarros; *levar para ~* apanhar uma reprimenda, apanhar uma sova (Do haitiano *tobaco*, «id.», pelo cast. *tabaco*, «id.», ou do ár. *tabbaq*, «id.», pelo cast. *tabaco*, «id.»?)

tabacologia *n.f.* estudo e pesquisa sobre o tabaco (De *tabaco*+-*logia*)

tabacomania *n.f.* **1** vício do tabaco **2** uso excessivo do tabaco (De *tabaco*+-*mania*)

tabacomaníaco *adj.,n.m.* que ou aquele que faz uso excessivo do tabaco (De *tabaco*+*maníaco*)

tabacómano *n.m.* indivíduo que tem o vício do tabaco (De *tabaco*+*mano*)

tabafeia *n.f.* [regionalismo] CULINÁRIA espécie de alheira feita de carne de porco, miúdos de galinha, farinha de trigo, etc. (De orig. obsc.)

tabafeira *n.f.* [regionalismo] ⇒ **tabafeia**

tabagismo *n.m.* **1** consumo excessivo de tabaco **2** dependência do consumo de tabaco **3** MEDICINA conjunto de problemas fisiológicos e psíquicos devidos ao consumo excessivo de tabaco; nicotinismo (Do fr. *tabagisme*, «id.»)

tabagista *adj.2g.* relativo ao tabagismo ■ *n.2g.* pessoa que abusa ou depende do tabaco; tabaquista (De *tabagismo*)

tabajara *n.2g.* membro de uma tribo indígena brasileira da serra da Ibiapaba, entre os rios Paraíba e São Francisco ■ *adj.2g.* pertencente ou relativo a essa tribo (Do tupi *taba-'yara*, «id.»)

tabanca *n.f.* **1** [Guiné-Bissau] povoação; aldeia **2** [Cabo Verde] associação hierarquizada que funciona como sistema de ajuda mútua, com prestação de apoio moral, material, familiar e profissional **3** [Cabo Verde] MÚSICA forma musical de temática repetitiva, apoiada em búzios, cornetas de latão e tambores (Do crioulo guineense *tabanka*, «povoação»)

tabanga *n.f.* ⇒ **tabanca**

Tabânidas *n.m.pl.* ZOOLOGIA ⇒ **Tabaníedos**

tabaníedo *adj.* ZOOLOGIA relativo ou pertencente aos Tabaníedos ■ *n.m.* ZOOLOGIA espécime dos Tabaníedos

Tabaníedos *n.m.pl.* ZOOLOGIA família de insetos dípteros hematófagos, semelhantes ao moscardo, cujo género-tipo se denomina *Tabanus* (Do lat. *tabănu*-, «tavão»+-*ídeos*)

tabão *n.m.* ZOOLOGIA ⇒ **tavão** (Do lat. *tabănu*-, «id.»)

tabaque[1] *n.m.* [Brasil] MÚSICA espécie de tambor de madeira percutido com as mãos, também conhecido por curimbó (De *atabaque*)

tabaque[2] *n.m.* BOTÂNICA árvore de pequeno porte que existe em S. Tomé e fornece madeira apreciável

tabaqueação *n.f.* ato de tabaquear ou pitadear (De *tabaquear*+-*ção*)

tabaquear *v.tr.,intr.* fumar, cheirar ou mascar (tabaco) (De *tabaco*+-*ear*)

tabaqueira *n.f.* **1** empresa que produz e comercializa tabaco **2** caixa ou bolsa para trazer o tabaco **3** operária que trabalha em fábrica de tabaco **4** *pl.* [pop.] nariz; ventas; *ir às tabaqueiras a alguém* bater a alguém na cara, ir às fuças a alguém (De *tabaco*+-*eira*)

tabaqueiro *adj.* relativo a tabaco ■ *n.m.* **1** lenço grande e de cor vermelha, usado pelos que cheiravam tabaco **2** operário de uma fábrica de tabaco **3** [pop.] fumador (De *tabaco*+-*eiro*)

tabaquismo *n.m.* ⇒ **tabagismo** (De *tabaco*+-*ismo*)

tabaquista *adj.,n.2g.* ⇒ **tabagista** (De *tabaco*+-*ista*)

tabardão *n.m.* homem mal vestido (De *tabardo*+-*ão*)

tabardilha *n.f.* tabardo pequeno (De *tabardo*+-*ilha*)

tabardilho *n.m.* **1** [ant.] tifo exantemático **2** BOTÂNICA doença das videiras produzida por um fungo parasita, também conhecida por antracose (Do cast. *tabardillo*, «id.»)

tabardo *n.m.* antigo capote de mangas e capuz (Do it. *tabarro*, «id.», pelo fr. *tabard*, «id.»)

tabaréu *n.m.* **1** soldado mal exercitado ou inexperiente **2** soldado de ordenança **3** [fig.] homem acanhado, tímido (Do tupi *taba'ré*, «da aldeia; propenso para a aldeia»)

tabasco *n.m.* molho picante confecionado com pimentas vermelhas, vinagre e especiarias (De *Tabasco*®)

tabatinga *n.f.* **1** [Brasil] argila colorida empregada na caiação de paredes **2** suspensão para caiar que se prepara com essa argila (Do tupi *tawa'tĩga*, «barro branco»)

tabaxir *n.m.* **1** açúcar que transuda naturalmente da cana-de-açúcar **2** giz utilizado pelos alfaiates (Do pers. *tabāxīr*, «id.»)

tabe *n.f.* MEDICINA doença (neurossífilis) que provoca a falta de coordenação motora dos membros e perturbações do equilíbrio, com lesões na medula espinal, também designada tabes (Do lat. *tabe*-, «decomposição»)

tabefe *n.m.* **1** [pop.] bofetão; sopapo **2** CULINÁRIA iguaria preparada com leite, ovos e açúcar fervidos **3** soro de leite (Do ár. *tabîkh*, «id.»)

tabela *n.f.* **1** tábua ou quadro onde se registam nomes de pessoas ou coisas e outras indicações **2** forma de organização de informação em linhas e colunas **3** lista; rol **4** lista de preços; tarifa **5** índice **6** horário **7** cada uma das quatro peças que formam o caixilho do bilhar **8** quadro em que se marcam as carambolas no jogo do bilhar **9** DESPORTO (futebol) jogada que assenta na troca de passes entre jogadores **10** DESPORTO (basquetebol) superfície plana e retangular (1,20 m x 1,80 m) posterior e perpendicular a cada cesto **11** DESPORTO (hóquei) limites do ringue nos topos e nos lados, onde é possível a bola bater e continuar em jogo; *~ periódica* QUÍMICA quadro sistematizado dos elementos químicos que os distribui em colunas e linhas segundo os seus números atómicos; *à ~* conforme o horário; *apanhar por ~* receber censuras de alguém, por causa de outrem; *jogar por ~* (bilhar) jogar uma bola contra a tabela do bilhar para que vá depois bater nas outras (Do lat. *tabella*-, «tabuinha»)

tabelamento *n.m.* ato ou efeito de tabelar (De *tabelar*+-*mento*)

tabelar[1] *adj.2g.* **1** referente a tabela **2** com forma de tabela (De *tabela*+-*ar*, sufixo nominal)

tabelar[2] *v.tr.* **1** fazer constar de uma tabela **2** fixar o preço de; sujeitar a uma tabela de valores **3** DESPORTO (futebol) trocar a bola rapidamente com (outro jogador), através de passes curtos **4** DESPORTO (futebol) tocar (a bola) rapidamente em (De *tabela*+-*ar*, sufixo verbal)

tabeliado *n.m.* 1 ofício de tabelião; tabelionato 2 antigo imposto que pagavam os tabeliães (De *tabelião*+*-ado*)

tabelião *n.m.* (feminino **tabelioa**) funcionário público que lavra e regista escrituras e outros documentos, autenticando-os, e reconhece assinaturas; notário ■ *adj.* 1 designativo da linguagem utilizada em documentos notariais 2 designativo das palavras que se dizem ou escrevem por mera formalidade; *letra tabelioa* letra larga que fazem os escrivães para avolumar a rasa (Do lat. *tabelliōne-*, «tabelião»)

tabeliar *v.intr.* exercer as funções de tabelião ou tabelioa (De *tabelião*+*-ar*)

tabelioa /ô/ *n.f.* (*masculino* **tabelião**) funcionária pública que lavra e regista escrituras e outros documentos autênticos e reconhece assinaturas

tabelionado *n.m.* ⇒ **tabelionato**

tabelionato *n.m.* cargo ou escritório de tabelião ou tabelioa (De *tabelião*+*-ato*)

taberna *n.f.* 1 loja onde se vende vinho a retalho; baiuca 2 casa de comidas e bebidas servidas a baixo preço; tasca (Do lat. *taberna-*, «barraca»)

tabernáculo *n.m.* 1 templo portátil dos Judeus 2 designação do santuário do templo de Jerusalém 3 sacrário 4 mesa em que trabalham os ourives 5 [fig.] moradia; lar; residência (Do lat. *tabernacŭlu-*, «pequena tenda»)

tabernal *adj.2g.* semelhante ou referente a taberna (De *taberna*+*-al*)

tabernaque *n.m.* [regionalismo] espaço entre o travejamento e as telhas do coberto (De *tabernáculo*?)

tabernário *adj.* ⇒ **tabernal** (Do lat. *tabernarĭu-*, «de taberna»)

taberneiro *n.m.* 1 dono de taberna 2 aquele que vende em taberna 3 [fig.] homem sujo e grosseiro ■ *adj.* relativo a taberna (Do lat. *tabernarĭu-*, «negociante»)

tabernória *n.f.* [depr.] taberna reles; tasca (De *taberna*+*-ória*)

tabes *n.f.sг.2n.* MEDICINA ⇒ **tabe** (Do lat. *tabe-*, «putrefação»)

tabescência *n.f.* 1 MEDICINA doença nervosa que provoca um emagrecimento anormal 2 estado de tabescente ou tabético (Do lat. *tabescentĭa*, neut. pl. de *tabescente-*, «que se putrefaz», part. pres. de *tabescĕre*, «decompor-se»)

tabescente *adj.2g.* ⇒ **tábido** *adj.* (Do lat. *tabescente-*, «que se putrefaz», part. pres. de *tabescĕre*, «decompor-se»)

tabético *adj.* 1 que diz respeito a tabe 2 que sofre de tabe; tábido; tabescente ■ *n.m.* aquele que sofre de tabes; tábido (Do fr. *tabétique*, «id.»)

tabi *n.m.* espécie de tafetá grosso e ondeado (Do ár. *'attābī*, nome de um bairro de Bagdade, cidade capital do Iraque, onde se fabricava este tecido)

tabica *n.f.* 1 NÁUTICA tábua que remata o topo das cavernas dos navios, e sobre a qual se constrói a borda 2 cunha encravada no topo de um madeiro que se está a serrar, para facilitar a serragem (Do ár. *tatbīqā*, «placa de ferro ou de cobre»)

tabicar[1] *v.tr.* meter tabicas em (De *tabica*+*-ar*)

tabicar[2] *v.tr.* levantar tabiques em (De *tabique*+*-ar*)

tabidez *n.f.* estado ou qualidade de tábido; podridão (De *tábido*+*-ez*)

tábido *adj.* 1 em que há decomposição ou podridão; purulento 2 corrupto 3 que sofre de tabe; tabético ■ *n.m.* aquele que sofre de tabe; tabético (Do lat. *tabĭdu-*, «id.»)

tabífico *adj.* que produz a tabe, a podridão ou a corrupção (Do lat. *tabifĭcu-*, «id.»)

tabique *n.m.* 1 parede interior estreita que separa compartimentos 2 divisória de pequena espessura, geralmente de madeira 3 parede feita com terra argilosa; taipa 4 divisória; separação 5 membrana que separa dois órgãos ou duas cavidades (Do ár. *taxbīk*, «coisa ajustada a outra», pelo cast. *tabique*, «id.»)

tabizar *v.tr.* ondear como o tabi (De *tabi*+*-izar*)

tabla *n.f.* 1 lâmina; chapa 2 folha fina cortante (Do lat. *tabŭla-*, «tábua», pelo cast. *tabla*, «id.»)

tablado *n.m.* 1 TEATRO parte do teatro onde os atores representam; palco 2 estrado 3 palanque 4 DESPORTO ringue; arena; pista (Do cast. *tablado*, «id.»)

tablatura *n.f.* MÚSICA sistema de notação musical que utiliza letras, números ou outros sinais gráficos em vez das notas no pentagrama da notação musical habitual

tablet *n.m.* INFORMÁTICA dispositivo eletrónico em formato retangular e com ecrã táctil, usado para organização pessoal, visualização e arquivo de vários tipos de ficheiros digitais, comunicação móvel e como entretenimento (Do ing. *tablet*, «id.»)

tablete *n.f.* 1 produto alimentar ou farmacêutico em forma de placa, geralmente retangular 2 barra retangular de chocolate (Do fr. *tablette*, «id.»)

tabliê *n.m.* ⇒ **tablier**

tablier *n.m.* (automóvel) painel onde se encontram os instrumentos de controlo e que separa o compartimento do motor do interior da carroçaria (Do fr. *tablier*)

tablilha *n.f.* tabela de bilhar; *por* ~ [fig.] indiretamente (Do cast. *tablilla*, «id.»)

tabloide *adj.2g.* 1 que tem forma de pastilha ou comprimido 2 (jornal) em folhas com metade do tamanho estandardizado 3 [fig., pej.] sensacionalista ■ *n.m.* 1 preparação medicamentosa concentrada e comprimida; comprimido; pastilha 2 jornal em folhas de metade do tamanho estandardizado, com gravuras numerosas, pequenas histórias e artigos condensados, frequentemente com carácter sensacionalista (Do ing. *tabloid*, «id.»)

tablóide ver nova grafia **tabloide**

tabo *n.m.* embarcação asiática e africana de um só mastro (Do mar. *dáv*, «id.»)

taboca *n.f.* 1 [Brasil] cana brava, espécie de bambu 2 estabelecimento de negócio fraco 3 [fig.] logro; deceção; *passar a* ~ deixar noivo ou noiva para casar com outrem, não aceitar o convite para dançar (Do tupi *ta'woka*, «cana; planta oca»)

tabocal *n.m.* terreno onde se desenvolvem tabocas (De *taboca*+*-al*)

tabopan *n.m.* aglomerado de madeira (De *Tabopan*®)

taboqueiro *n.m.* dono de uma taboca ■ *adj.* 1 que vende caro 2 [Brasil] caloteiro; velhaco (De *taboca*+*-eiro*)

tabu[1] *n.m.* 1 RELIGIÃO sistema de interditos religiosos aplicados a determinadas entidades (seres, objetos, etc.) e atitudes consideradas sagradas ou impuras 2 interdição social ou cultural implícita de abordar determinado assunto ou adotar determinado comportamento 3 [fig.] aquilo que não é discutido ou mencionado por pudor ou educação ■ *adj.2g.* 1 RELIGIÃO que é interdito em função do seu carácter considerado sagrado ou impuro 2 que não é discutido ou mencionado por pudor ou educação (Do mal. *taáb*, «sagrado; proibido», pelo ing. *taboo*, «id.»)

tabu[2] *n.m.* [Brasil] açúcar que não coalhou bem (De orig. obsc.)

tabua *n.f.* 1 BOTÂNICA nome vulgar extensivo a umas plantas monocotiledóneas, herbáceas, pertencentes à família das Tifáceas, espontâneas em Portugal, também conhecidas por tabua-estreita e tabua-larga 2 ~ **morrão-dos-fogueteiros** (Do berb. *ta-*, pref. fem. +*buda*, «junco»)

tábua *n.f.* 1 peça de madeira lisa, de pouca espessura e largura variável 2 superfície sobre que assenta a pintura em madeira 3 representação de algo; mapa; estampa 4 tecido esticado sobre o qual se pinta; tela; quadro 5 lista organizada de dados; tabela; índice; catálogo 6 livro ou coleção de tabelas, de logaritmos, etc. 7 peça de mármore plana 8 mesa de jogo 9 ANATOMIA designação da camada externa ou da camada interna de cada osso do crânio 10 cada uma das faces laterais do pescoço do cavalo 11 *pl.* TAUROMAQUIA muro ou tapume que circunda a arena de uma praça de touros; trincheira; ~ *de salvação* [fig.] recurso extremo para tentar resolver um problema ou uma situação difícil; expediente; ~ *rasa* FILOSOFIA imagem que serve para simbolizar a teoria empirista segundo a qual o espírito, antes da experiência, não possui ideia alguma; *dar com a* ~ recusar um pedido de namoro; *fazer* ~ *rasa de* pôr de parte, não fazer caso de, não ligar importância a; *mandar à* ~ [pop.] mandar bugiar (Do lat. *tabŭla-*, «id.»)

tabuada *n.f.* 1 tábua ou quadro para o ensino e aprendizagem das quatro operações aritméticas sobre os números dígitos 2 livrinho que contém esses quadros e que geralmente ensina também as primeiras noções de aritmética 3 índice de livro 4 quadro indicativo; tabela; registo ordenado 5 [fig.] conjunto; série; repertório (De *tábua*+*-ada*)

tabuado *n.m.* 1 porção de tábuas 2 chão coberto de tábuas; soalho 3 tapume de tábuas (Do lat. *tabulātu-*, «feito de tábuas»)

tabual[1] *n.m.* terreno onde se desenvolvem tabuas (De *tabua*+*-al*)

tabual[2] *adj.2g.* (prego) próprio para tábuas (De *tábua*+*-al*)

tabuão *n.m.* tábua grossa e grande (De *tábua*+*-ão*)

tabuinha *n.f.* 1 tábua pequena 2 *pl.* persiana (De *tábua*+*-inha*)

tabuísmo *n.m.* palavra, expressão ou locução comummente considerada grosseira ou ofensiva; vulgarismo (De *tabu*+*-ismo*)

tábula *n.f.* 1 cada uma das peças do jogo das damas ou do gamão 2 [ant.] mesa de jogo (Do lat. *tabŭla-*, «mesa de jogo»)

tabulado *n.m.* tapume ou pavimento feito de tábuas; estrado; tablado; sobrado ■ *n.m.pl.* PALEONTOLOGIA coralários fósseis tabicados transversalmente (Do lat. *tabulātu-*, «feito de tábuas»)

tabulador *n.m.* dispositivo adaptado à máquina de escrever que facilita a organização da informação em colunas, tabelas, etc. (Do ing. *tabulator*, «id.»)

tabuladora /ô/ *n.f.* máquina que faz a leitura de cartões perfurados, executa certos cálculos simples e regista os resultados (De *tabulador*)

tabulageiro *n.m.* 1 dono de casa de tabulagem 2 o que toma parte em jogos de azar (De *tabulagem*+-*eiro*)

tabulagem *n.f.* 1 casa de jogo 2 vício de jogar (Do lat. *tabŭla*-, «mesa de jogo»+-*agem*)

tabulão *n.m.* mesa em que o ourives trabalha; tabernáculo (Do lat. *tabŭla*-, «mesa»+-*ão*)

tabular *v.tr.* 1 marcar na máquina de escrever (os pontos em que o cilindro deve parar para dispor o texto em colunas) 2 organizar (texto) em colunas 3 INFORMÁTICA posicionar (o cursor) no ecrã de acordo com uma referência a colunas predefinidas ■ *adj.2g.* 1 que diz respeito à tábula 2 que tem forma de tábua ou de tabela 3 (leitura) que não se processa segundo a linearidade do texto, mas que resulta da sobreposição de várias leituras do mesmo texto realizadas pelo mesmo leitor (Do lat. *tabulāre*-, «id.»)

tabulário *adj.* (livro) que tem gravuras em madeira (Do lat. *tabularĭu*-, «arquivo»)

tabulé *n.m.* [Guiné-Bissau] tambor de grandes dimensões, usado por povos islamizados (Do crioulo guineense *tabulé*, do mandinga *tabulé-o*, «id.»)

tabuleiro *n.m.* 1 utensílio que apresenta, essencialmente, uma superfície plana com os bordos baixos, geralmente utilizado para o serviço de mesa; bandeja 2 recipiente semelhante de material resistente, muito utilizado para levar alimentos ao forno 3 quadro de madeira com divisões ou casas para se jogarem certos jogos 4 patamar; piso 5 parte plana de uma ponte por onde se faz a circulação de pessoas e veículos 6 (máquinas de impressão) aparador onde se coloca o papel antes e depois de impresso 7 parte alteada de um jardim ou horta 8 secção de uma salina; talhão 9 terreno para cultura; canteiro (De *tábula*+-*eiro*)

tabuleta /ê/ *n.f.* 1 qualquer tábua ou placa com escrito ou outro sinal que contenha indicações que interessam ao conhecimento público 2 mostrador de ourivesaria 3 montra 4 [fig.] indicação; sinal 5 [pop.] rosto (De *tábula*+-*eta*)

tabulista *n.2g.* autor de tábuas (de logaritmos, astronómicas, etc.) (Do lat. *tabŭla*-, «tabela»+-*ista*)

taburno *n.m.* 1 degrau; estrado; supedâneo 2 peça de madeira, em forma de telha, para transportar os torrões para os muros das salinas 3 tampas das sepulturas, nas igrejas (De orig. obsc.)

tac *n.f./m.* exame médico em que a fonte de raios X e o detetor rodam em torno do organismo a examinar, de modo a obter imagens detalhadas e tridimensionais do interior do corpo humano, ajudando a diagnosticar e a detetar as áreas de intervenção, sem recorrer à cirurgia (Da expr. **t**omografia **a**xial **c**omputorizada)

taca[1] *n.f.* 1 [Brasil] correia de couro trançado 2 [Brasil] tira de madeira com que se castigavam escravos 3 [Brasil] pancada 4 BOTÂNICA planta herbácea tropical, afim das Amarilidáceas, ornamental, com uma variedade taitiana de cujos rizomas se extrai uma fécula leve e agradável

taca[2] *n.f.* [Cabo Verde] antiga dança de pares (Do crioulo cabo-verdiano *taka*, «idem»)

taça *n.f.* 1 copo pouco fundo e de boca larga, geralmente com pé 2 conteúdo desse copo 3 prémio ou troféu com a forma de um vaso largo com pé, geralmente de um metal valioso 4 DESPORTO evento desportivo que inclui um conjunto de competições como etapas e/ou eliminatórias; torneio; *levantar a ~* brindar (Do ár. cl. *tass*, pelo ár. vulg. *tâsâ*, «taça; escudela», pelo cast. *taza*, «id.»)

tacacá *n.m.* [Brasil] CULINÁRIA iguaria picante, espécie de caldo grosso de mandioca, camarão e pimenta (Do tupi *taka'ka*, «id.»)

tacácea *n.f.* BOTÂNICA espécime das Tacáceas

Tacáceas *n.f.pl.* BOTÂNICA família de plantas monocotiledóneas, herbáceas, de folhas grandes, com tubérculos amiláceos, cujo género-tipo, que se denomina *Tacca*, inclui espécies intertropicais (Do lat. bot. *Tacca*+-*áceas*)

tacada *n.f.* 1 pancada com o taco (na bola do bilhar) 2 [fig., coloq.] grande lucro inesperado 3 [fig., coloq.] grande quantidade 4 [fig., coloq.] censura; repreensão 5 [fig., coloq.] grande derrota; *apanhar uma ~* [fig.] ser repreendido ou mal sucedido; *falhar a ~* [fig.] não ser bem sucedido (De *taco*+-*ada*)

taçada *n.f.* 1 aquilo que uma taça pode conter 2 [pop.] tachada; bebedeira (De *taça*+-*ada*)

tacamaca *n.f.* 1 [Brasil] BOTÂNICA árvore da família das Rutáceas 2 [Brasil] BOTÂNICA árvore da família das Gutíferas 3 a resina destas e de outras plantas afins (Do cast. *tacamaca*, «id.»)

tacamagueiro *n.m.* [Brasil] BOTÂNICA ⇒ **tacamaca** (De *tacamaca*+-*eiro*)

tacamaqueiro *n.m.* [Brasil] BOTÂNICA ⇒ **tacamaca**

tacanharia *n.f.* ⇒ **tacanho** (De *tacanho*+-*aria*)

tacanhear *v.intr.* mostrar-se tacanho (De *tacanho*+-*ear*)

tacanhez /ê/ *n.f.* 1 ato ou qualidade de tacanho 2 mesquinhez 3 pequenez (De *tacanho*+-*ez*)

tacanheza /ê/ *n.f.* ⇒ **tacanhez** (De *tacanho*+-*eza*)

tacanhice *n.f.* ⇒ **tacanhez** (De *tacanho*+-*ice*)

tacanho *adj.* 1 de pequena estatura 2 de dimensões reduzidas; acanhado 3 estúpido 4 que não é aberto a coisas ou ideias novas 5 que tem vistas curtas; limitado 6 avaro 7 velhaco 8 que atribui demasiado valor a coisas consideradas de pouca importância; mesquinho 9 insignificante; sem valor (De orig. obsc.)

tacaniça *n.f.* água triangular dos telhados de quatro águas; revessa (De orig. obsc.)

tacão[1] *n.m.* 1 saliência da sola do calçado no lugar que corresponde ao calcanhar 2 salto do calçado 3 taco muito comprido 4 [fig.] pateada (De *taco*+-*ão*)

tacão[2] *adj.* ⇒ **tacanho** (De *tacanho*)

tacape *n.m.* arma ofensiva, espécie de maça, dos índios da América (Do tupi-guar. *taka'pẽ*, «id.»)

tacar[1] *v.tr.* bater com o taco em ■ *v.intr.* [regionalismo] comer qualquer coisa entre o almoço e o jantar (De *taco*)

tacar[2] *v.tr.* 1 [Brasil] [coloq.] atirar (algo) à distância 2 [Brasil] [coloq.] atear (fogo); incendiar 3 [Brasil] [coloq.] disparar; atirar (De *atacar*, por redução)

taceira *n.f.* mostruário de ourivesaria onde se expõem taças e outros vasos (De *taça*+-*eira*)

tacelo /ê/ *n.m.* cada uma das peças de que se compõe uma estátua ou um modelo (Do lat. *tessella*-, «pequeno quadrado ou cubo para embutidos ou obras de mosaico», pelo it. *tassello*, «id.»)

tacha[1] *n.f.* 1 prego curto, de cabeça chata e larga 2 [regionalismo] pequena rolha; *arreganhar a ~* mostrar os dentes, rir (Do prov. ant. *tacha*, «id.»)

tacha[2] *n.f.* tacho grande usado nos engenhos de açúcar (De *tacho*)

tacha[3] *n.f.* 1 mancha; nódoa 2 [fig.] defeito; mácula (Do fr. *tache*, «id.»)

tachã *n.f.* [Brasil] ORNITOLOGIA ⇒ **xaiá** (De orig. onom.)

tachada *n.f.* 1 o que um tacho pode conter 2 [pop.] bebedeira; carraspana (De *tacho*+-*ada*)

tachado *adj.* [pop.] bêbedo (De *tacho*+-*ado*)

tachão[1] *n.m.* tacha grande (De *tacha*+-*ão*)

tachão[2] *n.m.* tacho grande (De *tacho*+-*ão*)

tachar[1] *v.tr.* pregar tachas em (De *tacha*+-*ar*)

tachar[2] *v.tr.* 1 qualificar (de) 2 atribuir característica (geralmente negativa) ou defeito a 3 acusar (de) (Do fr. *tacher*, «manchar»)

tachar-se *v.pron.* [pop.] embriagar-se (De *tacho*+-*ar*)

tachear *v.tr.* pregar tachas em (De *tacha*+-*ear*)

tachim *n.m.* capa de couro ou caixa para proteger ou guardar um livro com encadernação de luxo (De orig. obsc.)

tachinha *n.f.* tacha pequena (De *tacha*+-*inha*)

tachismo *n.m.* ARTES PLÁSTICAS técnica de pintura abstrata surgida por volta de 1950, em que a cor é aplicada formando manchas

tachista[1] *adj.2g.* ARTES PLÁSTICAS relativo ao tachismo ■ *n.2g.* artista seguidor dessa corrente

tachista[2] *adj.,n.2g.* [pop.] que ou pessoa que conseguiu um emprego muito bem pago, geralmente através de recomendação ou pedido de pessoa influente (De *tacho*+-*ista*)

tacho *n.m.* 1 recipiente de barro ou de metal, geralmente com asas e tampa, em que se cozinham os alimentos 2 [pop.] alimentação; sustento 3 [pop.] emprego muito bem pago mas pouco ou nada trabalhoso 4 espécie de jogo de bilhar; *ganhar para o ~* ganhar para comer; *ter um bom ~* ter um emprego muito bem pago (De orig. obsc.)

tachola *n.f.* 1 tacha grande 2 [pop.] dente grande (De *tacha*+-*ola*)

tachonar *v.tr.* 1 segurar com tachas 2 guarnecer de tachões 3 [fig.] esmaltar (De *tachão*+-*ar*)

tacícula *n.f.* 1 pequena taça 2 ANATOMIA cavidade de forma arredondada, na extremidade do rádio (osso) (De *taça*+-*cula*)

tacitamente *adv.* implicitamente (De *tácito*+-*mente*)

tacitífluo *adj.* que corre ou desliza silenciosamente (Do lat. *tacĭtu*-, «silencioso» +*fluĕre*, «correr»)

tácito *adj.* 1 calado 2 silencioso 3 não expresso, mas que se subentende; implícito 4 secreto (Do lat. *tacĭtu*-, «id.»)

taciturnidade

taciturnidade n.f. 1 qualidade ou estado de taciturno 2 tristeza; melancolia 3 característica do que evita a convivência social ou do que é pouco comunicativo (Do lat. taciturnitāte-, «id.»)

taciturno adj. 1 que fala pouco; que não é comunicativo; reservado; misantropo 2 tristonho; macambúzio (Do lat. taciturnu-, «id.»)

taco n.m. 1 pau de madeira, longo, delgado e cilíndrico com que se impelem as bolas do bilhar 2 [fig.] jogador de bilhar 3 DESPORTO haste com que se bate a bola em jogos como o golfe, o polo, o hóquei e o basebol 4 cada um dos pedaços de madeira, geralmente retangulares, com que se cobre o chão de salas, quartos, etc. 5 prego de madeira; tarugo 6 [regionalismo] pequena refeição entre o almoço e o jantar 7 [pop.] dinheiro; ~ a ~ em pé de igualdade, com as mesmas possibilidades (De orig. obsc.)

taco- ⇒ taqui-

tacógrafo n.m. aparelho que serve para registar velocidades (De taco-+-grafo)

tacómetro n.m. ⇒ **taquímetro**

tacteabilidade ver nova grafia tateabilidade

tacteamento ver nova grafia tateamento

tacteante ver nova grafia tateante

tactear ver nova grafia tatear

tacteável ver nova grafia tateável

tacteio ver nova grafia tateio

táctica ver nova grafia tática

táctico ver nova grafia tático

tacticografia n.f. arte de representar graficamente a disposição tática das tropas em campanha (Do gr. taktikḗ, «tática» +gráphein, «descrever» +-ia) ACORDO ORTOGRÁFICO também se pode escrever taticografia

tacticográfico adj. relativo à tacticografia (De tacticografia+-ico) ACORDO ORTOGRÁFICO também se pode escrever taticográfico

táctil adj.2g. 1 referente a tato 2 palpável (Do lat. tactīle-, «id.») ACORDO ORTOGRÁFICO também se pode escrever tátil

tactilidade n.f. 1 qualidade do que é táctil 2 qualidade das substâncias que exercem ação especial no sentido do tato (De táctil+-i-+-dade) ACORDO ORTOGRÁFICO também se pode escrever tatilidade

tactismo a grafia mais usada é tatismo

tacto ver nova grafia tato[1]

tactura n.f. ⇒ **tateamento** (De tacto+-ura)

tacula n.f. [Angola] BOTÂNICA árvore da família das Leguminosas, que é empregada em tinturaria e fornece madeira apreciável

tádega n.f. BOTÂNICA ⇒ **táveda** (De táveda)

taekwondo n.m. DESPORTO arte marcial originária da Coreia e desporto de combate semelhante ao karaté, em que não são utilizadas armas mas sim golpes vigorosos de mão e de pé

tael n.m. unidade de peso que, na China, tem valor monetário (Do mal. tahil, «id.»)

tafecira n.f. tecido de seda da Índia (Do ár. tafsilah, «estofo de Meca»?)

tafetá n.m. tecido de seda, de fios lustrosos e retilíneos (Do pers. taftan, «tecer», pelo fr. taffetas, «id.»)

tafe-tafe n.m. ⇒ **tefe-tefe** (De orig. onom.)

tafiá n.m. aguardente de cana; cachaça (Do crioulo antilhano tafiá, «id.», pelo fr. tafia, «id.»)

tafilete /ê/ n.m. marroquim fino fabricado em Tafilete, cidade marroquina (De Tafilete, top.)

tafofobia n.f. medo de ser enterrado vivo (Do gr. táphos, «túmulo» +phobeīn, «ter horror» +-ia)

tafoné n.m. piparote dado com a cabeça dos dedos; cascudo (De orig. obsc.)

taforeia n.f. antiga embarcação portuguesa de guerra, utilizada no transporte de cavalos (Do ár. taifuriá, «escudela; embarcação de tipo especial»)

taful adj.2g. 1 que se veste e arranja com um esmero considerado excessivo; peralta; casquilho; janota 2 festivo; alegre 3 jovial ■ n.2g. 1 indivíduo que se veste e arranja com um esmero considerado excessivo; indivíduo janota 2 jogador por vício ou profissão (Do arménio kaphúr, «abandonado; vagabundo»?)

tafular v.intr. andar taful; trajar com luxo; luxar (De taful+-ar)

tafularia n.f. 1 vida ou modos de taful; casquilharia; janotice 2 exagero; exuberância (De taful+-aria)

tafulhar v.tr. 1 tapar com tafulho; tapulhar 2 atafulhar (De tafulho+-ar)

tafulho n.m. 1 ato ou efeito de tafulhar 2 objeto que se introduz numa abertura para a tapar; tapulho 3 [fig.] remédio (De tapulho?)

tafulice n.f. ⇒ **tafularia** (De taful+-ice)

tafulo adj. ⇒ **taful** adj.2g.

tagalho n.m. 1 [regionalismo] certa porção (de um rebanho) 2 [regionalismo] bocado; naco (De orig. obsc.)

tagalo adj. 1 relativo às Filipinas 2 nascido nas Filipinas ■ n.m. 1 natural ou habitante das Filipinas 2 língua oficial das Filipinas, própria da população filipina de origem malaia 3 fibra extraída de certas palmeiras e empregada no fabrico de chapéus (Do mal. taga, «indígena», pelo fr. tagal, «tagalo»)

tagana n.f. ICTIOLOGIA tainha que aparece em Portugal, também conhecida por fataça, mugem, liça e tagarra (De orig. obsc.)

tagantada n.f. açoite dado com tagante (Part. pass. fem. subst. de tagantar)

tagantar v.tr. [ant.] açoitar com tagante; chicotear (De tagante+-ar)

tagante n.m. [ant.] chicote; azorrague (Do cast. tajante, «que talha; que corta»)

tagantear v.tr. ⇒ **tagantar** (De tagante+-ear)

tagarela adj.2g. 1 que fala muito 2 que fala de mais, e geralmente sobre os outros; linguareiro 3 indiscreto ■ n.2g. pessoa que fala de mais, e geralmente sobre os outros ■ n.f. 1 gritaria; barulho 2 tumulto 3 ORNITOLOGIA nome vulgar de umas gaivinas que também são conhecidas por chagaz e churreca (Do ár. takallām, «eloquente; falador»?)

tagarelar v.tr.,intr. 1 falar muito, geralmente sobre assuntos pouco importantes; palrar; parolar 2 revelar (segredos); bisbilhotar (De tagarela+-ar)

tagarelice n.f. 1 hábito de tagarelar ou falar muito 2 dito indiscreto; bisbilhotice; indiscrição 3 barulho (De tagarelar+-ice)

tagarino n.m. indivíduo mouro, nascido entre cristãos de Espanha, e que falava corretamente o castelhano (Do ár. thagrī, «fronteiriço», pelo cast. tagarino, «id.»)

tagarote n.m. 1 ORNITOLOGIA ave de rapina da família dos Falconídeos, comum em Portugal, também conhecida por bafari 2 [fig.] indivíduo pobre que se sustenta à custa de outrem (De orig. obsc.)

tagarra n.f. ICTIOLOGIA ⇒ **tagana**

tagarrilha n.f. ⇒ **tagarrina** (De tagarrina)

tagarrina n.f. espécie de cardo comestível, também conhecido por carrasquinha e tajarrilha (De orig. obsc.)

tagassasto n.m. BOTÂNICA nome vulgar de uma planta arbustiva, de flores brancas, da família das Leguminosas, originária das Canárias, subespontânea e cultivada em Portugal (De orig. obsc.)

tagaté n.m. 1 carícia com a mão; blandícia; afago 2 [fig.] lisonja (Do ár. tagatīs, «batismo»?)

tagaz[1] n.m. ORNITOLOGIA ⇒ **chagaz** (De orig. onom.?)

tagaz[2] n.m. gatuno; ladrão; ratoneiro (Do lat. tagāce-, «ladrão»)

tágide n.f. [poét.] ninfa do Tejo (Do lat. Tagu-, «Tejo» +-ide)

tagra n.f. antiga medida equivalente a dois litros (De orig. obsc.)

taguará n.m. [Brasil] ICTIOLOGIA peixe teleósteo, de água doce, utilizado especialmente como isca, e também denominado (bem como outros afins) timboré, amboré, ximburu, etc. (Do tupi tawa'ra, «id.»)

taguari adj.2g. [Brasil] pertencente ou relativo aos Taguaris ■ n.2g. [Brasil] indivíduo dos Taguaris

Taguaris n.m. ETNOGRAFIA tribo indígena da região do Amazonas, no Brasil

taguaúva n.f. [Brasil] BOTÂNICA ⇒ **tataíba**

tágueda n.f. BOTÂNICA ⇒ **táveda** (De táveda)

taiá n.f. BOTÂNICA ⇒ **taioba** (Do tupi ta'ya, «igual a pimenta»)

taiaboeira n.f. BOTÂNICA ⇒ **tamboeira**

taiaçu n.m. 1 ORNITOLOGIA nome vulgar de algumas aves do Brasil, entre as quais uma pernalta (taquiri) 2 ⇒ **tajaçu** 1 (Do tupi tãi, «dente» +wa'su, «grande»)

taiataia n.f. ORNITOLOGIA ave palmípede que aparece nos mares da América do Sul, também conhecida por bico-rasteiro, bico-tesoura, corta-mar e talha-mar (De orig. onom.)

taiaúva n.f. BOTÂNICA ⇒ **taioba**

tai chi n.m. arte terapêutica de origem chinesa que consiste num sistema de exercícios de meditação muito lentos e controlados, cujos efeitos se fazem sentir física e psicologicamente

taifa n.f. 1 conjunto de soldados e marinheiros que combatiam na tolda do navio e no castelo da proa ou guarneciam estes pontos 2 [Brasil] pessoal subalterno da marinha (Do ár. tā'ifâ, «bando de gente»)

taifeiro n.m. 1 cada um dos soldados que constituíam a taifa 2 serviçal da armada (De taifa+-eiro)

taiga n.f. GEOGRAFIA tipo de floresta da Sibéria, do Norte do Canadá e da Europa, que se caracteriza pelo predomínio de coníferas e outras árvores de copa cónica (favorável ao deslizamento da neve) e folhas escuras (capazes de absorver o máximo de calor solar) (Do russo taigá, pelo fr. taïga, «id.»)

tailandês *adj.* relativo à Tailândia ■ *n.m.* **1** natural ou habitante da Tailândia **2** língua da Tailândia (De *Tailândia*, top.+-*ês*)

tailleur *n.m.* traje feminino que consta de saia e casaco curto do mesmo tecido, formando conjunto; saia-casaco (Do fr. *tailleur*, «id.»)

taimado *adj.* malicioso; astuto; velhaco (De *teimado*, «obstinado»?)

taina *n.f.* **1** [regionalismo] comezaina; petiscada; bródio; pândega **2** [regionalismo] pancadaria; tumulto (De orig. obsc.)

tainar *v.intr.* [regionalismo] folgar; divertir-se (De *taina*+-*ar*)

taineiro *adj.* que anda sempre em tainas; pândego (De *tainar*+-*eiro*)

tainha *n.f.* ICTIOLOGIA nome vulgar extensivo a uns peixes teleósteos, da família dos Mugilídeos, a que pertencem algumas espécies comestíveis e comuns em Portugal, e também conhecidos por corvéu, fataça, galhofa, garrento, liça, mugem, mugueira, negrão, tagana, etc. (Do gr. *tageníam*, «frito», pelo lat. *tagenía-, «id.»)

tainheira *n.f.* rede de emalhar tainha (De *tainha*+-*eira*)

tainheiro *n.m.* pescador de tainha (De *tainha*+-*eiro*)

taino *n.m.* língua falada nas Antilhas (Do taino *taino*, «homem»)

taioba /ô/ *n.f.* **1** [Brasil] BOTÂNICA planta da família das Aráceas, utilizada na alimentação e conhecida também por margarito, taiaóva, taiova, tajal e tajabuçu **2** [Brasil] prisão; cadeia (Do tupi *ta'ya 'oba*, «folha de taiá»)

taioca *n.f.* ZOOLOGIA formiga negra do Brasil (Do tupi *ta'yoca*, «id.»)

taiova *n.f.* [Brasil] BOTÂNICA ⇒ **taioba 1** (Do tupi *ta'ya'oba*, «folha de taiá»)

taipa *n.f.* **1** parede feita com terra argilosa que é lançada nos taipais **2** tapume; tabique (De orig. obsc.)

taipal *n.m.* **1** espécie de caixa de madeira, com pegas e sem fundo, que serve de molde na construção de paredes de taipa **2** revestimento de madeira ou de ramagem para proteção dos taludes das trincheiras **3** *pl.* anteparo que se põe de cada lado do carro de bois para segurar a carga **4** *pl.* espécie de porta postiça com que se resguardam as vidraças das montras dos estabelecimentos (De *taipa*+-*al*)

taipão *n.m.* **1** taipa grande **2** tapume; taipal (De *taipa*+-*ão*)

taipar *v.tr.* **1** dividir ou limitar com taipa **2** apertar (o barro) na taipa (De *taipa*+-*ar*)

taipeiro *adj.,n.m.* que ou aquele que faz obra de taipa (De *taipa*+-*eiro*)

taira *n.f.* ZOOLOGIA mamífero carnívoro da América do Sul (Do tupi *ta'ira*, «id.»)

tairoca *n.f.* ⇒ **taroca**

tairocar *v.intr.* ⇒ **tarocar** (De *tairoca*+-*ar*)

tais *n.m.2n.* **1** espécie de saia de algodão usada pelos timorenses de ambos os sexos, da cinta até aos tornozelos, também denominada lipa **2** espécie de bigorna de cuteleiro (Do teto ou tétum, uma das línguas faladas em Timor)

taitiano *adj.* pertencente ou relativo ao Taiti ■ *n.m.* **1** natural ou habitante do Taiti **2** língua do Taiti (De *Taiti*, top.+-*ano*)

taiuiá *n.m.* [Brasil] BOTÂNICA nome vulgar extensivo a algumas plantas da família das Cucurbitáceas, de aplicações terapêuticas, ornamentais, etc., como as também conhecidas por caiapó ou purga--de-caboclo, azougue-do-brasil ou cipó, etc.; tajujá (Do tupi *tayu'ya*, «id.»)

tajã *n.m.* sabre mourisco, curto e de folha larga (De orig. obsc.)

tajabuçu *n.m.* BOTÂNICA ⇒ **taioba** (Do tupi *tai yoba*, «taioba» +*wa'su*, «grande»)

tajaçu *n.m.* ZOOLOGIA nome vulgar de um porco-bravo do Brasil, especialmente da Amazónia **2** ⇒ **taiaçu 1** (Do guar. *tayaçu*, «id.»)

tajal *n.m.* BOTÂNICA ⇒ **taioba**

tajarrilha *n.f.* BOTÂNICA ⇒ **tagarrina**

tajasno *n.m.* ORNITOLOGIA ⇒ **tanjasno**

tajique *adj.2g.* pertencente ou relativo à República do Tajiquistão (centro-oeste da Ásia) ■ *n.2g.* natural ou habitante do Tajiquistão ■ *n.m.* língua indo-europeia pertencente ao ramo irânico, oficial no Tajiquistão (De *Tajiquistão*)

tajuba *n.f.* BOTÂNICA ⇒ **tataíba**

tajujá *n.m.* BOTÂNICA ⇒ **taiuiá**

taka *n.m.* unidade monetária do Bangladeche

takeaway *n.m.* restaurante ou secção de um estabelecimento que vende comida pronta para ser consumida em casa ou noutro lugar ■ *adj.2g.* (comida pronta) para consumir em casa ou noutro lugar (Do ing. *takeaway*)

tal *det.,pron.dem.* este, esta, isto; esse, essa, isso; aquele, aquela, aquilo ■ *adj.2g.* igual; semelhante; análogo ■ *det.indef.* >*quant. exist.* tamanho; tanto (*tal frio*) ■ *pron.indef.* pouco(s); tanto(s) (*quarenta e tal*) ■ *adv.* assim ■ *n.2g.* sujeito; indivíduo; ~ **qual** assim mesmo, exatamente; *como* ~ assim sendo, por esse motivo; *um(a)* ~ *de* expressão usada, geralmente de forma depreciativa, para designar alguém cuja identidade não se tem a certeza (Do lat. *tale*-, «id.»)

tala¹ *n.f.* ato ou efeito de talar (Deriv. regr. de *talar*)

tala² *n.f.* **1** aparelho constituído por uma placa que se comprime por meio de ligaduras ou parafusos de encontro a alguma parte do corpo lesionada ou fraturada com o objetivo de a manter imóvel; astela **2** qualquer placa usada com ligaduras para imobilizar um membro fraturado ou uma parte do corpo **3** qualquer objeto que aperta ou segura **4** peça com que se estreita a abertura dos chapéus **5** *pl.* embaraços; apertos; *ver-se em talas* ver-se em dificuldades (Do lat. *tabŭla*-, «tábua»)

tala³ *n.m.* unidade monetária da Samoa

talabardão *n.m.* NÁUTICA cada um dos pranchões que ligam os dormentes da tolda com o castelo da popa (De orig. obsc.)

talabartaria *n.f.* loja ou oficina onde se vendem ou fazem talabartes (De *talabarte*+-*aria*)

talabarte *n.m.* correia de couro usada a tiracolo para suspender a espada ou a bandeira; boldrié; talim; cinturão (Do prov. ant. *talabart*, «id.»)

talado¹ *n.m.* arco da broca de ourives (Do cast. *taladro*, «broca; trado»)

talado² *adj.* devastado (Part. pass. de *talar*)

talador *adj.,n.m.* **1** que ou aquele que tala **2** devastador (De *talar*+-*dor*)

talagarça *n.f.* **1** pano grosso e ralo sobre o qual se borda **2** tecido utilizado pelos encadernadores para reforçar as capas dos livros (De *tela*+*garça*)

talagaxa *n.f.* espécie de tecido fino de linho (De orig. obsc.)

talambor *n.m.* fechadura de segredo cuja lingueta é acionada por uma peça interior, e que exteriormente tem apenas um orifício por onde entra uma chave especial (De orig. obsc.)

talamento *n.m.* **1** ato ou efeito de talar **2** devastação; estrago (De *talar*+-*mento*)

tálamo *n.m.* **1** leito conjugal **2** casamento; núpcias **3** cama; leito **4** BOTÂNICA parte dilatada do pedúnculo vegetal onde se inserem as peças florais; recetáculo **5** BOTÂNICA parte onde estão os elementos reprodutores dos líquenes **6** ANATOMIA parte média e maior do diencéfalo que se localiza entre o epitálamo e o hipotálamo; *tálamos óticos* ANATOMIA região do cérebro, nas paredes do 3.º ventrículo, onde vão terminar muitas das fibras dos nervos óticos (Do gr. *thálamos*, «leito nupcial», pelo lat. *thalămu*-, «id.»)

talante *n.m.* vontade; desejo; arbítrio; *a seu* ~ a seu bel-prazer (Do fr. ant. *talant*, «diligência»)

talão *n.m.* **1** calcanhar **2** parte do calçado ou das meias correspondente ao calcanhar **3** moldura cujo perfil tem a forma de um arco infletido **4** vara que, na poda das videiras, se deixa ficar mais próxima da terra **5** parte de um bilhete ou recibo onde fica a indicação sumária do seu conteúdo **6** MÚSICA parte inferior do arco dos instrumentos musicais de cordas friccionadas, onde se fixa o dispositivo de esticamento das sedas; ~ *de cheques* [Brasil] livro de cheques (Do fr. *talon*, «calcanhar»)

talão-balão *n.m.* o badalar do sino; tão-balalão (De orig. onom.)

talapão *n.m.* monge budista da Birmânia e do Sião (Do sânsc. *talaparnam*, «grande ventarola» que os monges usam)

talar¹ *v.tr.* **1** sulcar (um campo) para lhe escoar **2** [fig.] devastar; destruir (Do cast. *talar*, «id.»)

talar² *adj.2g.* **1** que desce até ao talão (calcanhar) **2** *pl.* diz-se das asas que, segundo a mitologia romana, Mercúrio, deus do comércio, tinha nos calcanhares (Do lat. *talăre*-, «id.»)

talassa *adj.,n.2g.* **1** que ou pessoa que fazia parte do partido franquista (de João Franco Castelo Branco) **2** que ou pessoa que defendia a monarquia **3** [depr.] que ou pessoa que é reacionária ■ *n.m.* CULINÁRIA bolo caseiro, feito com uma forma especial (Do gr. *thálassa*, «mar»)

talassaria *n.f.* **1** partido dos talassas **2** grupo de monárquicos reacionários (De *talassa*+-*aria*)

talassia *n.f.* enjoo dos que viajam por mar (Do gr. *thálassa*, «mar»+-*ia*)

talassiarca *n.m.* comandante supremo da armada entre os antigos Gregos e Romanos (Do gr. *thalássios*, «marinha»+*árkhe*, «mando; domínio»)

talassiarquia *n.f.* dignidade ou funções de talassiarca (Do gr. *thalássios*, «marinho»+*árkhe*, «mando; domínio»+-*ia*)

talassice *n.f.* ato ou dito próprio de talassa (De *talassa*+-*ice*)

talássico *adj.* relativo ou semelhante ao mar (Do gr. *thalassikós*, «id.», pelo lat. *thalassĭcu*-, «de cor verde-mar»)

talassícola *adj.2g.* (ser vivo) que habita normalmente o mar (Do gr. *thálassa*, «mar»+lat. *colĕre*, «habitar»)

talassiófito *n.m.* qualquer vegetal que habita normalmente o fundo dos mares ou as rochas dos litorais (Do gr. *thalássios*, «marinho» +*phytón*, «planta»)

talasso- elemento de formação de palavras que exprime a ideia de mar (Do gr. *thálassa*, «mar»)

talassobionte *n.m.* qualquer organismo que vive nos mares (Do gr. *thálassa*, «mar» +*bíos*, «vida» +-*ón*, óntos, «ser»)

talassocracia *n.f.* **1** força política e económica de um Estado baseada no domínio do mar **2** poderio marítimo de um Estado; domínio das rotas marítimas comerciais exercido por um Estado **3** império marítimo (Do gr. *thálassa*, «mar» +*krátein*, «mandar» +-*ia*)

talassódromo *n.m.* ICTIOLOGIA qualquer peixe que vive nas águas dos rios mas que desce para o mar na época da desova (Do gr. *thálassa*, «mar» +*drómos*, «corrida»)

talassófito *adj.* designativo dos vegetais talassícolas (De *talasso-*+-*fito*)

talassofobia *n.f.* horror patológico ao mar (De *talasso-*+-*fobia*)

talassografia *n.f.* descrição dos mares (De *talasso-*+-*grafia*)

talassómetro *n.m.* sonda marítima (De *talasso-*+-*metro*)

talassoplâncton *n.m.* BIOLOGIA conjunto de organismos microscópicos que vivem em suspensão nas águas oceânicas profundas (De *talasso-*+-*plâncton*)

talassosfera *n.f.* a parte líquida do globo terrestre representada pelos mares (De *talasso-*+*esfera*)

talassoterapia *n.f.* aproveitamento da água do mar, das algas marinhas e do ar e clima marítimos para fins terapêuticos (De *talasso-*+*terapia*)

talassotério *adj.* diz-se do mamífero adaptado à vida nos mares (cetáceos, pinípedes) (Do gr. *thálassa*, «mar» +*theríon*, «animal»)

talassótoco *adj.* diz-se do animal, como a enguia vulgar, que nasce no mar e depois se estabelece nos rios, voltando já adulto ao mar para a reprodução (Do gr. *thálassa*, «mar» +*tókos*, «parto»)

talco *n.m.* **1** MINERALOGIA mineral (silicato básico de magnésio) muito pouco duro, untuoso ao tato, que cristaliza no sistema monoclínico **2** pó deste mineral, muito usado em farmácia, na conservação de objetos de borracha, etc. **3** [fig.] falso brilho; aparência enganadora (Do ár. *talq*, «gesso»)

talcoso /ô/ *adj.* (terreno) em que existe talco (De *talco*+-*oso*)

talefe *n.m.* [regionalismo] marco geodésico (Corrup. de *telégrafo*?)

taleiga *n.f.* **1** saco pequeno e largo **2** antiga medida para líquidos e cereais (Do ár. *ta'liqa*, «saco»)

taleigada *n.f.* porção que enche uma taleiga ou um taleigo (De *taleiga* ou *taleigo*+-*ada*)

taleigo *n.m.* saco estreito e comprido; taleiga pequena; *dar aos taleigos* dar à língua (De *taleiga*)

talentaço *n.m.* **1** grande talento; talentão **2** pessoa de elevado talento (De *talento*+-*aço*)

talentão *n.m.* ⇒ **talentaço**

talento *n.m.* **1** conjunto de aptidões, naturais ou adquiridas, que condicionam o êxito em determinada atividade **2** nível superior de certas capacidades particularmente valorizadas **3** grande inteligência; agudeza de espírito **4** engenho; habilidade **5** pessoa que sobressai pela aptidão excecional para determinada atividade **6** antigo peso e moeda de ouro dos Gregos e Romanos (Do gr. *tálanton*, «id.», pelo lat. *talentu-*, «id.»)

talentosamente *adv.* **1** de modo talentoso; com talento **2** habilmente **3** com inteligência (De *talentoso*+-*mente*)

talentoso /ô/ *adj.* **1** que possui ou demonstra grandes aptidões para determinada atividade **2** inteligente (De *talento*+-*oso*)

táler *n.m.* antiga moeda de prata usada na Áustria, Alemanha e Suíça (Do al. *Taler*, «id.»)

talha[1] *n.f.* **1** ato ou efeito de talhar ou de cortar **2** corte feito com buril na madeira ou no metal; entalhe; incisão **3** obra, especialmente de madeira, executada com talha-frio, escopro, buril, etc. **4** (jogo da banca) cartada; lance de um jogo **5** combinação de roldanas móveis em que cada uma está montada em eixo independente; cadernal **6** NÁUTICA aparelho de força constituído por um cadernal de dois gornes e um moitão (talha singela) ou por dois cadernais de dois gornes (talha dobrada); *operação da* ~ CIRURGIA operação na bexiga para criação de uma abertura temporária ou para extrair cálculos, também designada cistotomia e litotomia (Deriv. regr. de *talhar*)

talha[2] *n.f.* **1** vaso grande para água, azeite, etc. **2** certo número de alqueires de sal, nas salinas (Do lat. *tinacŭla-*, dim. de *tīna-*, «garrafa de vinho»)

talhada *n.f.* **1** porção comprida e estreita que se corta de um corpo, especialmente de certos frutos de grandes dimensões; fatia **2** pedaço que se corta de algum alimento; naco; lasca **3** [fig.] castigo; sanção **4** [fig.] descompostura (Part. pass. fem. subst. de *talhar*)

talhadeira *n.f.* **1** utensílio de aço para cortar metais ou ligas, com auxílio do malho **2** tesoura usada em arboricultura **3** instrumento com que se talha (De *talhar*+-*deira*)

talha-dente *n.m.* BOTÂNICA planta herbácea, cespitosa, da família das Gramíneas, frequente nos muros e sítios secos do Centro e do Sul de Portugal (De *talhar*+*dente*)

talhadia *n.f.* corte das árvores ou desbaste dos seus ramos; talho (De *talhar*+-*dia*)

talhadiço *adj.* (cereal, mato, etc.) que está em condições de ser cortado ou roçado (De *talhar*+-*diço*)

talhado *adj.* **1** cortado; aparado **2** dividido **3** que tem certo talhe ou feitio **4** [fig.] moldado **5** [fig.] destinado; predestinado para algum fim **6** [fig.] próprio; apto (Part. pass. de *talhar*)

talhadoiro *n.m.* ⇒ **talhadouro**

talhador *adj.* que talha ■ *n.m.* **1** aquele que talha **2** cortador de carne nos açougues **3** cutelo de cortar carne **4** prato onde se trincha (De *talhar*+-*dor*)

talhadouro *n.m.* lugar onde se talha ou corta a água de rega (De *talhar*+-*douro*)

talhadura *n.f.* ato ou efeito de talhar; talhamento (De *talhar*+-*dura*)

talha-frio *n.m.* instrumento de carpintaria para lavrar a madeira (De *talhar*+*frio*)

talha-mar *n.m.* **1** NÁUTICA parte inferior do beque do navio **2** construção ou acervo de pedras para atenuar o choque das águas marítimas; quebra-mar **3** parte de um pilar de ponte com forma apropriada para facilitar o escoamento do curso de água **4** ORNITOLOGIA ⇒ **taiataia** (De *talhar*+*mar*)

talhame *n.m.* NÁUTICA conjunto de talhas que se guarda no trem de manobra dos arsenais marítimos, ou a bordo, no paiol do mestre (De *talha*+-*ame*)

talhamento *n.m.* ⇒ **talhadura** (De *talhar*+-*mento*)

talhante *n.2g.* **1** proprietário de um talho **2** empregado de um talho; carniceiro; magarefe ■ *n.m.* NÁUTICA parte inferior do beque do navio ■ *adj.2g.* **1** que talha; cortante **2** NÁUTICA que tem uma peça que facilita o avanço nas águas (De *talhar*+-*ante*)

talhão *n.m.* **1** porção de terreno destinada à construção de um edifício **2** espaço de terreno limitado por sulcos ou combros destinado à cultura **3** zona de cemitério destinada a enterramentos **4** terreno para cultura; tabuleiro **5** cada um dos compartimentos de uma salina (De *talha*+-*ão*)

talhar *v.tr.* **1** cortar, dando certa forma **2** cortar (tecido) à feição do corpo, em peças que depois se ajustam para formar vestuário **3** dividir em partes iguais ou proporcionais **4** gravar, cinzelar ou esculpir **5** podar; desbastar **6** fender; sulcar; abrir (as águas) **7** [fig.] moldar **8** [fig.] preparar **9** [fig.] determinar; predestinar ■ *v.intr.*,*pron.* **1** cortar-se **2** rachar-se **3** (leite, maionese, etc.) coalhar-se; decompor-se (Do lat. vulg. *taleāre*, «id.», de *taleā-*, «estaca»)

talharia[1] *n.f.* grande número de talhas (De *talha*+-*aria*)

talharia[2] *n.f.* conjunto de talhos (De *talho*+-*aria*)

talharim *n.m.* **1** CULINÁRIA massa de sêmola de trigo duro em forma de tiras compridas e finas **2** CULINÁRIA prato preparado com esta massa (Do it. *taglierini*, «id.»)

talharola *n.f.* espécie de tesoura com que se cortam os fios que ficam fora da trama, no fabrico do veludo (De *talhar*+-*ola*)

talhe *n.m.* **1** configuração de corpo ou de qualquer objeto; talho **2** forma dada a qualquer coisa **3** tipo de corte de determinada peça de vestuário **4** feição; aspeto característico (Do fr. *taille*, «id.»)

talher *n.m.* **1** conjunto das três peças (garfo, colher e faca) de que uma pessoa se serve, às refeições **2** cada um desses utensílios **3** [fig.] lugar à mesa, para cada pessoa; *ser um bom* ~ comer muito, ser um apreciador de boa comida (Do fr. ant. *talloir*, «travessa para cortar carne», pelo it. *tagliere*, «tábua de cortar»)

talhinha *n.f.* máquina para levantar pequenos pesos (De *talha*+-*inha*)

talho *n.m.* **1** golpe ou corte feito com objeto cortante **2** casa onde se corta e se vende carne fresca; açougue **3** sulco **4** ruga **5** vinco ou marca na pele; vergão **6** incisão com buril; talha **7** cepo onde se corta a carne; talhadia **8** corte das árvores ou desbaste nos seus ramos **9** forma; feição; talhe **10** cada um dos compartimentos em que, nas salinas, se recolhe o sal; *dar* ~ *a* pôr cobro a; *vir a* ~ *de foice* vir a propósito (Deriv. regr. de *talhar*)

taliáceo *adj.* ZOOLOGIA relativo ou pertencente aos taliáceos ■ *n.m.* ZOOLOGIA espécime dos taliáceos ■ *n.m.pl.* ZOOLOGIA grupo de urocordados (tunicados) com forma de barril ou cilindro, de boca e cloaca em posições opostas entre si, que vive à superfície dos mares, por vezes em associações coloniais (Do gr. *tháleia*, «rebento» +-*áceo*)

talião *n.m.* desforra (igual à ofensa); *pena de* ~ castigo igual à culpa, desforra igual à ofensa recebida (Do lat. *taliōne-*, «id.»)

talibã *adj.,n.m.* que ou o que é membro de um grupo islâmico extremista originário do Afeganistão (Do pers. *tāleb*, pelo ár. *tālib*, «estudante» +-*an*, desinência pers. do pl.)

taliban *adj.,n.m.* ⇒ **talibã**

talibé *n.m.* 1 [Guiné-Bissau] aluno de escola corânica 2 [Guiné-Bissau] discípulo de um marabu (Do fr. *talibet*, «id.», a partir do ár. *tahlil*)

talictro *n.m.* BOTÂNICA ⇒ **ruibarbo-dos-pobres** (Do gr. *tháliktron*, «id.», pelo lat. *thalictru-*, «id.»)

talidomida *n.f.* FARMÁCIA substância utilizada em medicamentos com efeito tranquilizante (com consequências graves quando administrada a mulheres grávidas, provocando deformação no feto) (Do fr. *thalidomide*, «id.»)

taliforme *adj.2g.* BOTÂNICA (planta) cujo corpo ou eixo tem a constituição ou aparência de talo (Do lat. *tallu-*, «talo» +*forma-*, «forma»)

talim *n.m.* cinturão em que se pode prender a espada; boldrié (Do ár. *tāhlīl*, «estojo de couro»)

talinga *n.f.* NÁUTICA ⇒ **talingadura** (Deriv. regr. de *talingar*)

talingadura *n.f.* 1 NÁUTICA ato ou efeito de talingar 2 NÁUTICA feixe de fios torcidos ou trançados como uma corda; cabo; amarra (De *talingar*+-*dura*)

talingar *v.tr.* NÁUTICA atar ou ligar (a amarra) ao anete do ferro (Do neerl. *stag-lijn*, «linha do estai», pelo fr. *étalinguer*, «talingar»)

talinheira *n.f.* [regionalismo] azinhaga; quelha

tálio *n.m.* QUÍMICA elemento químico com o número atómico 81, de símbolo Tl, metálico, e semelhante ao chumbo (Do gr. *thallós*, «ramo verde» +-*io*)

talionar *v.tr.* aplicar a pena de talião a (Do lat. *taliōne-*, «talião» +-*ar*)

talionato *n.m.* pena de talião (Do lat. *taliōne-*, «talião» +-*ato*)

talisca *n.f.* 1 abertura estreita em qualquer superfície; fenda; racha; greta 2 lasca de madeira; estilha 3 [Cabo Verde] mandioca seca em bocados (De *tala*+-*isca*)

talismã *n.m.* 1 objeto que, em certas circunstâncias, mediante certos procedimentos de magia, se supõe adquirir propriedades e virtudes espirituais, bem como a possibilidade de curar doenças e/ ou livrar de perigos; amuleto 2 figura de pedra ou metal, com caracteres gravados, que se supõe ter poderes sobrenaturais 3 [fig.] aquilo que se supõe produzir um efeito surpreendente, maravilhoso ou mágico 4 [fig.] encanto (Do gr. biz. *télesma*, «cerimónia religiosa», pelo fr. *talisman*, «id.»)

talismânico *adj.* que possui a virtude do talismã (De *talismã*+-*ico*)

tálitro *n.m.* 1 piparote; cascudo 2 nó numa articulação digital (Do lat. *talītru-*, «piparote»)

talk show *n.m.* TELEVISÃO programa televisivo com entrevistas, geralmente com pessoas célebres (Do ing. *talk show*, «id.»)

Talmude *n.m.* RELIGIÃO antiga coleção de leis, preceitos, tradições e costumes judaicos, compilada pelos doutores hebreus (Do hebr. *talmúdh*, «doutrina»)

talmúdico *adj.* relativo ao Talmude (De *Talmude*+-*ico*)

talmudista *n.2g.* RELIGIÃO pessoa que ensina ou segue os preceitos do Talmude (De *Talmude*+-*ista*)

talo *n.m.* 1 BOTÂNICA corpo da planta não diferenciado em caule e folhas (em oposição a cormo), como nas talófitas 2 BOTÂNICA pecíolo herbáceo ou o seu prolongamento ao longo de uma folha vegetal; caule 3 ARQUITETURA fuste ou tronco de coluna sem base nem capitel; *pé* ~ pé fletido de modo que apenas o calcanhar assenta no solo (Do gr. *thallós*, «ramo verde», pelo lat. *thallu-*, «id.»)

taloca *n.f.* [regionalismo] buraco; fenda; toca

talocha *n.f.* retângulo de madeira provido de uma pega numa das faces e utilizado para estender e alisar argamassa ou estuque; esparavel (Do fr. *taloche*, «id.»)

taloeira *n.f.* aparelho para apanhar chocos e lulas (De *tala* ou *talão*+-*eira*)

talófitas *n.f.pl.* BOTÂNICA ⇒ **talófitos**

talófitos *n.m.pl.* BOTÂNICA grupo (tipo) de plantas inferiores, de corpo reduzido a um talo, desprovidas de arquídios, de tubos traqueanos e sementes (Do gr. *thallós*, «talo» +*phytón*, «planta»)

talonado *adj.* provido de talão (De *talão*+-*ado*)

talonário *n.m.* 1 sistema de talões através dos quais os utilizadores podem reservar a estadia em estabelecimentos hoteleiros aderentes em vários países, desde o alojamento à prestação de outros serviços de hotelaria 2 [Brasil] livro de cheques (De *talão*, a partir do rad. erudito *talon-*+-*ário*)

taloso /ô/ *adj.* que tem talos (De *talo*+-*oso*)

Tálpidas *n.m.pl.* ZOOLOGIA ⇒ **Talpídeos**

talpídeo *adj.* ZOOLOGIA relativo ou pertencente aos Talpídeos ■ *n.m.* ZOOLOGIA espécime dos Talpídeos

Talpídeos *n.m.pl.* ZOOLOGIA família de mamíferos insetívoros, desprovidos de pavilhão auricular e com olhos quase rudimentares, cujo género-tipo se denomina *Talpa* (Do lat. *talpa-*, «toupeira» + -*ídeos*)

talpiforme *adj.2g.* com forma de toupeira (Do lat. *talpa-*, «toupeira» +*forma-*, «forma»)

tal-qualmente *adv.* assim mesmo; sem nenhuma diferença; do mesmo modo; exatamente

taluda *n.f.* [pop.] prémio maior da lotaria (De *taludo*)

taludão *n.m.* indivíduo bastante desenvolvido fisicamente; rapagão; homenzarrão (De *taludo*+-*ão*)

taludar *v.tr.* 1 dar talude ou inclinação a 2 dispor em talude (De *talude*+-*ar*)

talude *n.m.* 1 terreno com forte declive 2 superfície inclinada de uma escavação ou aterro 3 região escarpada 4 rampa; declive (Do fr. *talus*, «id.», pelo cat. *talud*, «id.»)

taludo *adj.* 1 que possui talo grande 2 [fig.] desenvolvido 3 [fig.] corpulento 4 [fig.] importante (De *talo*+-*udo*)

taludote *adj.* um tanto taludo (De *taludo*+-*ote*)

tálus[1] *n.m.* GEOLOGIA fragmento rochoso que se deposita no sopé de uma falésia ou penhasco (Do fr. *talus*, «id.»)

tálus[2] *n.m.* ANATOMIA ⇒ **astrágalo 2** (Do lat. *tālus, i*, «id.»)

talvegue /ê/ *n.m.* 1 GEOGRAFIA fundo do leito de um rio 2 GEOGRAFIA linha que une os pontos mais baixos do leito de um rio 3 fundo de um vale (Do al. *Talweg*, «caminho do vale»)

talvez /ê/ *adv.* é possível; se calhar; porventura (De *tal*+*vez*)

tamagueiro *n.m.* [Brasil] BOTÂNICA ⇒ **tacamaca**

tamanca *n.f.* 1 calçado rústico feminino, de couro grosseiro e base de madeira; taroca 2 NÁUTICA gorne horizontal com roda, usado nas retrancas e caranguejas para retorno dos cabos; *pôr-se/ter-se nas suas tamancas* [pop.] não ceder, assumir uma posição firme e sobranceira, teimar (De *tamanco*)

tamancada *n.f.* pancada com tamanca ou tamanco (De *tamanca* ou *tamanco*+-*ada*)

tamancaria *n.f.* 1 oficina onde se fabricam tamancos 2 loja onde se vendem tamancos (De *tamanco*+-*aria*)

tamanco *n.m.* 1 calçado rústico, de couro grosseiro e base de madeira 2 soco 3 utensílio de marnoto ■ *adj.* estúpido; *entrar de tamancos* intervir de forma pouco subtil, grosseira

tamanduá *n.m.* 1 [Brasil] ZOOLOGIA ⇒ **papa-formigas 2** 2 [Brasil] grande mentira 3 [fig.] questão moral difícil de resolver (Do tupi *tamādu'a*, «id.»)

tamanhão *adj.* 1 muito grande 2 corpulento (De *tamanho*+-*ão*)

tamanhinho *adj.* muito pequeno; *ficar* ~ ficar cheio de medo, ficar envergonhado (De *tamanho*+-*inho*)

tamanhino *adj.* ⇒ **tamanhinho** (De *tamanho*+[*men*]*ino*)

tamanho *adj.* 1 tão grande 2 tão distinto 3 tão notável 4 tão valente ■ *n.m.* 1 dimensão 2 volume 3 grandeza (Do lat. *tam magnu-*, «tão grande»)

tamaninho *adj.* ⇒ **tamanhinho**

tamanino *adj.* ⇒ **tamanhinho**

tamanquear *v.intr.* fazer ruído com os tamancos, ao andar (De *tamanco*+-*ear*)

tamanqueiro *n.m.* aquele que faz ou vende tamancos (De *tamanco*+-*eiro*)

tamanquinha *n.f.* tamanco pequeno; *firmar-se/pôr-se nas tamanquinhas* [fig.] não ceder, assumir uma posição firme (De *tamanca*+-*inha*)

tamão *n.m.* ⇒ **timão**

tamaquaré *n.m.* BOTÂNICA castanheiro do Maranhão (Do tupi *tamakwa're*, «id.»)

tâmara *n.f.* 1 BOTÂNICA fruto (drupa), especialmente da tamareira, muito apreciado depois de seco e preparado, também denominado dátil 2 variedade de videira cultivada em Portugal, produtora de cachos de bagos vermelhos alongados, utilizada como uva de mesa (Do ár. *tamrâ*, «id.»)

tamaral *n.m.* bosque de tamareiras (De *tâmara*+-*al*)

tamareira *n.f.* BOTÂNICA nome vulgar de uma palmeira de porte elevado, produtora de tâmaras, originária do Norte de África, mas cultivada no Sul de Portugal, também conhecida por datileira e palmeira-das-igrejas (De *tâmara*+-*eira*)

tamarês *adj.,n.m.* uva ou designativo de uma casta de uva branca (De *tâmara*+*-ês*)

tamarga *n.f.* BOTÂNICA ⇒ **tamargueira** 1 (Do lat. cl. *tamarīce*-, «id.», pelo lat. vulg. *tamarīca-, «id.»)

tamargal *n.m.* lugar onde se desenvolvem tamargueiras (De *tamarga*+*-al*)

tamargueira *n.f.* 1 BOTÂNICA nome vulgar de um arbusto pertencente à família das Tamaricáceas, espontâneo no Centro e no Sul de Portugal, e também conhecido por tamarga e tamariz 2 para alguns autores, qualquer arbusto do género *Tamarix* da família referida, espontâneo ou cultivado em Portugal (De *tamarga*+*-eira*)

tamaricácea *n.f.* BOTÂNICA espécime das Tamaricáceas

Tamaricáceas *n.f.pl.* BOTÂNICA família de plantas dicotiledóneas, lenhosas (raras vezes herbáceas), de flores pequenas e fruto capsular, cujo género-tipo se denomina *Tamarix* (Do lat. *tamarīce*-, «tamargueira» +*-áceas*)

tamaricáceo *adj.* 1 BOTÂNICA relativo ou pertencente às Tamaricáceas 2 BOTÂNICA relativo ou semelhante à tamargueira (Do lat. *tamarīce*-, «tamargueira»+*-áceo*)

tamarinada *n.f.* xarope de tamarindo (De *tamarino*+*-ada*)

tamarindal *n.m.* mata de tamarindos (De *tamarindo*+*-al*)

tamarindeira *n.f.* BOTÂNICA ⇒ **tamarindeiro**

tamarindeiro *n.m.* BOTÂNICA árvore tropical da família das Leguminosas, espontânea e cultivada, que fornece boa madeira e frutos (tamarindos) comestíveis e utilizados em farmácia, conhecida também por tamarindo, tamarino, tamarineira, tamarineiro, tamarinho (De *tamarindo*+*-eiro*)

tamarindo *n.m.* 1 BOTÂNICA fruto (vagem) do tamarindeiro 2 BOTÂNICA (árvore) ⇒ **tamarindeiro** (Do ár. *tamr Hindī*, «tâmara da Índia»)

tamarineira *n.f.* BOTÂNICA ⇒ **tamarindeiro**

tamarineiro *n.m.* BOTÂNICA ⇒ **tamarindeiro** (De *tamarino*+*-eiro*)

tamarinheiro *n.m.* BOTÂNICA ⇒ **tamarindeiro** (De *tamarinho*+*-eiro*)

tamarinho *n.m.* BOTÂNICA ⇒ **tamarindo**

tamarino *n.m.* BOTÂNICA ⇒ **tamarindo** (De *tamarindo*)

tamarisco *n.m.* BOTÂNICA semente da tamargueira (Do lat. *tamariscu*-, «id.»)

tamariz *n.m.* BOTÂNICA ⇒ **tamargueira** 1 (Do lat. *tamarīce*-, «tamargueira»)

tamaru *n.m.* [Brasil] ZOOLOGIA crustáceo, estomatópode, de grande porte, com aspeto de lagosta, que vive no fundo do mar, oculto na areia, também conhecido por tambarutaca e tamarutaca (Do tupi *tama'ru*, de *tamaru'taka*, «id.»)

tamarutaca *n.f.* [Brasil] ⇒ **tamaru** (Do tupi *tamaru'taka*, «lagosta barulhenta»)

tamatiá *n.m.* [Brasil] ORNITOLOGIA ave pernalta, da família dos Ardeídeos, de bico grande, também conhecida por arapapá, savacu, etc., e, impropriamente, por colhereiro (Do tupi *tamati'a*, «id.»)

tamaxeque *n.m.* língua berbere do grupo líbico; tuaregue

tambaca *n.f.* 1 liga de cobre e zinco 2 mistura de ouro e prata (Do mal. *tambága*, «cobre»)

tambacumba *n.f.* 1 [Guiné-Bissau] BOTÂNICA árvore da família das Rosáceas 2 [Guiné-Bissau] BOTÂNICA fruto dessa árvore, oblongo e com cerca de 4 cm de largura (Do crioulo *tambakumba* ou *tambakunda*, «id.»)

tambaque[1] *n.m.* ⇒ **tambaca**

tambaque[2] *n.m.* [Cabo Verde] depósito de forma cilíndrica, onde se guarda o milho de um ano para o outro (De *atabaque*, «tambor», pela semelhança de forma)

tambarane *n.m.* amuleto que os sacerdotes da Índia trazem ao pescoço

tambarutaca *n.f.* [Brasil] ZOOLOGIA ⇒ **tamaru**

tambatajá *n.m.* [Brasil] espécie de jarro (planta) (Do tupi *tābata'ya*, «id.»)

tambeira *n.f.* ⇒ **tameira** (De *tambo*+*-eira*)

também *adv.* 1 do mesmo modo; da mesma forma; igualmente 2 além disso; ainda; conjuntamente; outrossim 3 mas; porém; ~! exclamação que exprime descontentamento, desgosto ou estranheza; *não só... mas* ~ não só... mas ainda, não só... como (Do lat. *tam*, «tão» +*bene*, «bem»)

tâmbi *n.m.* [Angola] enterro; funeral (Do quimb. *tambi*, «id.»)

tambica *n.f.* chumbo da rede (De orig. obsc.)

tambo[1] *n.m.* 1 festa de casamento; boda 2 leito; tálamo 3 banquinha baixa em que os frades comiam, por castigo, no refeitório (Do lat. *thalămu*-, «leito»)

tambo[2] *n.m.* 1 [Brasil] estábulo onde se ordenham as vacas 2 [Brasil] leiteiro ou vendedor de leite

tamboeira *n.f.* 1 [Brasil] raiz mirrada da mandioca que se não aproveitou na colheita 2 [Brasil] cana que se não desenvolveu 3 [Brasil] parte interna da espiga do milho (Do tupi *tābo'era*, «espiga extinta»)

tambor *n.m.* 1 MÚSICA instrumento de percussão com uma membrana (de pele ou de plástico) esticada sobre um corpo oco cilíndrico de madeira, metal ou outro material, e que se percute com baquetas 2 indivíduo que toca esse instrumento 3 cilindro de ferro, usado em certos maquinismos 4 peça cilíndrica graduada, anexa a certos aparelhos de medida, de parafuso micrométrico 5 cilindro em que se mete a mola real do relógio 6 vasilha cilíndrica de metal onde se transportam certas substâncias inflamáveis ou voláteis 7 carregador cilíndrico de certas armas automáticas 8 ANATOMIA tímpano (do ouvido) 9 ARQUITETURA parte maciça do capitel, à volta da qual se dispõe a ornamentação 10 ARQUITETURA eixo da escada de caracol 11 ARQUITETURA parede de forma cilíndrica ou poligonal que sustenta geralmente uma cúpula 12 ARQUITETURA cada um dos elementos de forma cilíndrica ou troncocónica que, justapostos, constituem o fuste de uma coluna 13 ARQUITETURA porta giratória com eixo vertical ao centro, constituída por duas ou mais folhas, e cuja função é impedir, ao movimentar-se, a entrada do ar (Do ár. *tanbūr*, «guitarra»)

tamborete /ê/ *n.m.* 1 espécie de cadeira com braços, mas sem espaldar 2 *pl.* NÁUTICA cada uma das peças reforçadas, uma pela vante e outra pela ré do mastro, que delimitam a enora (Do fr. ant. *tabouret*, «id.»)

tambori *n.m.* BOTÂNICA árvore nativa do Brasil, da família das Leguminosas, de tronco grosso, flores brancas e frutos pretos, cuja madeira avermelhada é usada para diversos fins (De *tamborim*)

tamboril *n.m.* 1 MÚSICA tipo de tambor provençal (século XV) com fuste cilíndrico alongado, tocado apenas com uma baqueta e geralmente associado a uma pequena flauta de três orifícios; tamborim 2 dança de origem provençal, em compasso binário, com uma nota grave repetida simulando um tambor 3 ICTIOLOGIA peixe teleósteo, comestível, por vezes de grandes dimensões, também conhecido por recaimão e peixe-sapo (De *tamborim*)

tamborilada *n.f.* 1 ruído produzido pelo rufar do tambor ou do tamboril 2 ruído das pontas dos dedos sobre uma superfície, semelhante ao rufo do tambor 3 [fig.] música desarmoniosa (De *tamboril*+*-ada*)

tamborilar *v.tr.,intr.* bater com as pontas dos dedos (sobre uma superfície) imitando o rufo do tambor (De *tamboril*+*-ar*)

tamborileiro *adj.,n.m.* que ou aquele que toca tamboril ou tambor (De *tamboril*+*-eiro*)

tamborim *n.m.* 1 MÚSICA ⇒ **tamboril** 1 2 MÚSICA pequeno tambor forrado com uma pele numa das faces, que se segura com uma das mãos, sendo tocado com a outra ou com o auxílio de uma baqueta, e que é usado em festas populares (De *tambor*+*-im*, ou do fr. *tambourin*)

tamborinar *v.tr.,intr.* ⇒ **tamborilar** (De *tamborim*+*-ar*)

tambul *n.m.* BOTÂNICA nome que os Árabes dão ao bétele (Do ár. pers. *tambul*, «id.»)

tambula *n.f.* tambor que se percute com as palmas das mãos, usado pelos Negros para acompanhar danças indígenas (Do fr. *tambour*, «id.»)

tambuladeira *n.f.* copo ou utensílio de prata em forma de disco, com que se avalia o corpo e a cor do vinho e se lhe aprecia o aroma (De orig. obsc.)

tamburá *n.f.* MÚSICA instrumento do Egito, de cordas picadas, cuja caixa de ressonância é parte de uma cabaça seca (Do ár. *tambūr*, «guitarra»)

tamearama *n.f.* BOTÂNICA planta trepadeira do Brasil, da família das Euforbiáceas (Do tupi *tamea'rana*, «id.»)

tameira *n.f.* [Brasil] novilha mansa ou filha de vaca mansa; tambeira (De *tambo*+*-eira*)

tamiça *n.f.* cordel feito de esparto ou de palma (Do lat. *thomīce*-, «corda de junco», pelo cast. *tamiza*, «id.»)

tamiceiro *adj.,n.m.* que ou aquele que faz ou vende tamiça (De *tamiça*+*-eiro*)

tâmil *n.m.* ⇒ **tâmul**

tamina *n.f.* vaso com que se media, no Brasil, a ração diária que competia a cada escravo (Do quimb. *tamina*, «tigela»)

tamis *n.m.2n.* 1 peneira de fio de seda 2 tecido inglês de lã 3 [fig.] filtro; peneira (Do fr. *tamis*, «id.»)

tamisação *n.f.* ato ou efeito de tamisar (De *tamisar*+*-ção*)

tamisar *v.tr.* 1 passar pelo tamis 2 [fig.] joeirar 3 [fig.] depurar (Do fr. *tamiser*, «id.»)

tamoeiro *n.m.* ⇒ **temoeiro** (De *tamão*, por *temão*+*-eiro*)

tampa *n.f.* **1** peça móvel com que se tapa ou cobre um recipiente ou caixa **2** prensa de penteeiro **3** [coloq.] rejeição; recusa; *levar (uma)* ~ [coloq.] ser rejeitado, receber uma negativa (Do gót. **tappa*, «tampão»)

tampão *n.m.* **1** tampa ou cobertura de grandes dimensões; tampo **2** pedaço de madeira ou chumaço com que se tapam fendas ou rombos; bucha **3** rolha grande **4** (automóvel) peça com que se tapa o depósito de gasolina **5** (automóvel) peça que se aplica às jantes para tapar os parafusos de fixação das rodas **6** MEDICINA porção de algodão ou gaze que se emprega para deter uma hemorragia **7** pequena porção de material absorvente de forma cilíndrica inserida na vagina durante a menstruação **8** pequena peça maleável, de silicone ou de outro material, colocada no ouvido para o proteger do barulho, da água **9** [fig.] aquilo que impede ou dificulta ■ *adj.* **1** QUÍMICA diz-se das soluções que, por adição de pequenas quantidades de ácidos ou bases, não modificam sensivelmente o seu pH ou o seu grau de acidez ou basicidade **2** [fig.] que impede ou dificulta (Do fr. *tampon*, «id.»)

tampar *v.tr.* **1** pôr tampo ou tampos em **2** tapar (De *tampo+-ar*)

tampeira *n.f.* grande rolha, mais baixa que o batoque; tapadeira (De *tampa+-eira*)

tampo *n.m.* **1** cobertura de recipientes grandes (arca, mala, etc.) **2** parte superior e horizontal de uma mesa, cadeira, etc. **3** peça móvel com que se tapa ou cobre um recipiente ou caixa **4** MÚSICA parte superior da caixa de ressonância dos instrumentos de cordas friccionadas e dedilhadas **5** MÚSICA caixa de ressonância do piano **6** cada uma das duas peças circulares que constituem os topos das vasilhas de madeira onde se entalam as aduelas **7** *pl.* [pop.] ossos do crânio ou do tórax; *~ harmónico* MÚSICA parte superior da caixa de ressonância dos instrumentos de cordas; *levar um* ~ [coloq.] receber uma negativa a qualquer pretensão (especialmente amorosa) (De *tampa*)

tamponar *v.tr.* aplicar tampão a (De *tampão+-ar*)

tampor *n.m.* vinho artificial da ilha de Bornéu

tampouco *adv.* ⇒ **tão-pouco** (De *tão+pouco*)

tamuje *n.m.* BOTÂNICA arbusto espinescente, ramoso, espontâneo em Portugal, nas margens de alguns cursos de água (Do cast. *tamujo*, «id.»)

tamujo *n.m.* BOTÂNICA ⇒ **tamuje**

tâmul *n.m.* uma das línguas dravídicas faladas no Sul da Índia e no Norte e no Oeste do Sri Lanka (Do tâm. *tamil*, por *tamir*, «maviosidade»)

tamungão *n.m.* indivíduo pertencente à antiga segunda classe da população indígena de Timor, que era a dos chefes de povoação e, na guerra, a dos comandantes de tropas (era inferior aos dató (nobres) e superior ao ema (povo) e aos ata e lutuum (escravos)) (Do mal. *tamongung* ou *temonggon*, «comandante-chefe»)

tanaceto /ê/ *n.m.* BOTÂNICA planta herbácea, da família das Compostas, de flores amarelas, espontânea e cultivada em Portugal, também conhecida por atanásia-das-boticas e tanásia (Do lat. tard. *tanacētu-*, «id.»)

tanadar *n.m.* funcionário português que, na Índia, recebia as rendas da gancaria (Do hind. *thânadâr*, «chefe da esquadra de polícia»)

tanadaria *n.f.* cargo ou área jurisdicional do tanadar (De *tanadar+-aria*)

tanado *adj.* **1** cor de castanha **2** muito trigueiro **3** designativo do couro curtido a tanino ■ *n.m.* couro curtido a tanino (De **tanar*, do fr. *tanner*, «curtir»)

tânagra *n.f.* estatueta delicada e elegante (De *Tânagra*, top., cidade da Beócia, na Grécia antiga)

Tanágridas *n.m.pl.* ORNITOLOGIA ⇒ **Tanagrídeos**

tanagrídeo *adj.* ORNITOLOGIA relativo ou pertencente aos Tanagrídeos ■ *n.m.* ORNITOLOGIA espécime dos Tanagrídeos

Tanagrídeos *n.m.pl.* ORNITOLOGIA família de pássaros de bico cónico e plumagem vistosa, próprios da América tropical, cujo género-tipo se denomina *Tanagra*, e que, para alguns autores, é o mesmo que Tráupidas ou Traupídeos (De *Tanagra+-ídeos*)

tanas *n.m.2n.* **1** [pop.] qualquer indivíduo que não se sabe ou não se deseja nomear **2** [pop.] pessoa sem importância; *o* ~*!* expressão de discordância ou rejeição

tanásia *n.f.* BOTÂNICA ⇒ **tanaceto** (Do lat. med. *tanasīa-*, «id.»)

tanato *n.m.* QUÍMICA designação genérica dos sais e dos ésteres do ácido tânico (De *tan[ino]+-ato*)

tanat(o)- elemento de formação de palavras que exprime a ideia de *morte* (Do gr. *thánatos*, «morte»)

tânato *n.m.* PSICANÁLISE na teoria freudiana, instinto de morte, de destruição; impulso suicida (Do gr. *thánatos*, «morte»)

tanatocenose *n.f.* PALEONTOLOGIA associação de organismos realizada após a morte dos mesmos, por ação de correntes de água ou outros fatores (Do gr. *thánatos*, «morte» *+kénosis*, «evacuação»)

tanatofilia *n.f.* estado psicológico que se revela pela atração por tudo o que se relaciona com a morte (De *tanato-+-filia*)

tanatofobia *n.f.* horror patológico, excessivo, à morte, que é um sintoma de hipocondria (De *tanato-+-fobia*)

tanatologia *n.f.* **1** tratado acerca da morte **2** estudo dos aspetos médicos, psicológicos e sociológicos da morte **3** parte da medicina legal que aborda as questões relacionadas com a morte **4** realização de autópsias (De *tanato-+-logia*)

tanatomania *n.f.* obsessão pela morte (De *tanato-+-mania*)

tanatómetro *n.m.* espécie de termómetro que se introduz no reto ou no estômago, onde a temperatura desce a 20° após a morte real, o que não se verifica se a morte é aparente (De *tanato-+-metro*)

tanatopráctico *adj.* ⇒ **tanatopráxico** (De *tanato-+práctico*)

tanatopraxia *n.f.* técnica de conservação de cadáveres a fim de retardar o processo biológico de decomposição (De *tanat(o)-+praxia*)

tanatopráxico *adj.* relativo ou pertencente a tanatopraxia (De *tanatopraxia+-ico*)

tanatopsiquista *n.2g.* indivíduo pertencente a uma seita que afirmava que a alma é mortal (Do gr. *thánatos*, «morte» *+psykhé*, «alma» *+-ista*)

tanatório *n.m.* edifício onde são preparados os cadáveres para serem cremados ou sepultados (Do gr. *thánatos*, «morte»*+-tório*)

tanatose *n.f.* ZOOLOGIA estratégia de alguns animais, muito comum em anfíbios anuros, que consiste em simular a morte, geralmente para enganar um predador ou uma presa (De *tanato-+-ose*)

tancá *n.m.* [Macau] pequeno barco macaense sem quilha, geralmente movido por um só remo, para pesca ou transporte de passageiros, e que serve de casa de habitação de uma família inteira, toda dedicada às faínas marítimas (Do chin. *tán-kiá*, «casa em forma de ovo»)

tancar *n.m.* [Macau] ⇒ **tancá**

tancareiro *n.m.* [Macau] pessoa que tripula um tancá (De *tancar+-eiro*)

tanchagem *n.f.* BOTÂNICA planta herbácea, acaule, da família das Plantagináceas, relativamente desenvolvida, espontânea e frequente em Portugal, nos lugares húmidos, também conhecida por carrajó, tanchagem-menor, etc.; *~ alvadia* planta herbácea afim da tanchagem já referida, de aspeto prateado, que se encontra em terrenos secos e areias marítimas do Sul de Portugal (Do lat. *plantagĭne-*, «id.», pelo port. ant. *chantagem*, «id.», com met.)

tanchão *n.m.* **1** estaca ou ramo de árvore que se mete na terra para multiplicação; chanta **2** esteio de videiras (Do port. ant. *chantão*, de *chantar*, «plantar»)

tanchar *v.tr.* **1** plantar tanchões **2** firmar (a vara) no fundo do rio para impelir o barco **3** enterrar como uma estaca; firmar ■ *v.intr.* pescar, fundeando a rede (Do lat. *plantāre*, «plantar», pelo port. ant. *chantar*, com met.)

tanchoal *n.m.* bacelo de tanchões (De *tanchão+-al*)

tanchoeira *n.f.* **1** ⇒ **tanchão 1 2** plantação de tanchões (Do port. ant. *chantoeira*, de *chantão+-eira*, com met.)

tancredo /ê/ *n.m.* sorte tauromáquica em que o toureiro se conserva imóvel para evitar a investida do touro (De *Tancredo*, antr.)

tandem *n.m.* **1** bicicleta para duas (por vezes mais) pessoas, com os assentos e os pedais alinhados um atrás do outro **2** espécie de cabriolé descoberto, de origem inglesa, puxado por dois cavalos em linha **3** máquina ou motor de dois cilindros colocados no prolongamento um do outro **4** conjunto de duas unidades dispostas uma atrás da outra (Do lat. *tandem*, «ao comprido; em linha», pelo ing. *tandem*, «id.»)

tando *n.m.* **1** [Moçambique] acampamento **2** [Moçambique] lugar de encontro das pessoas (Do niungue *thando*, «id.»)

taneco *n.m.* [regionalismo] Demónio

Tanetiano *n.m.* GEOLOGIA andar do Plioceno

tanga[1] *n.f.* **1** peça de roupa usada à volta das ancas por nativos de países quentes **2** calcinhas ou peça de fato de banho de tamanho reduzido; *dar ~ a (alguém)* [coloq.] divertir-se à custa de (alguém); *estar/ficar de ~* estar/ficar na penúria (Do quimb. *ntanga*, «pano»)

tanga[2] *n.f.* **1** antigo peso de prata **2** moeda asiática (Do sânsc. *tanka*, «moeda com cunho»)

tanganhão[1] *n.m.* **1** grande tanganho; grande ramo seco **2** [pop.] homem de grande estatura (De *tanganho+-ão*)

tanganhão[2] *n.m.* 1 HISTÓRIA vendedor de escravos em África 2 aquele que melhora o aspeto das mercadorias para atrair os compradores (De orig. obsc.)

tanganheira *n.f.* HISTÓRIA designação que era dada a negras que tinham os seios muito caídos, tendo pouco valor como escravas (De *tanganho*+-*eira*)

tanganho *n.m.* 1 [regionalismo] ramo que se corta por ter secado na árvore 2 [regionalismo] taramela do moinho 3 [pop.] indivíduo grande e mal-ajeitado (Do cast. *tángano*, «galho seco»?)

tanganim *n.m.* antiga medida usada na cidade de Cananor, na costa do Malabar (Índia), equivalente a um litro e meio (De orig. obsc.)

tangão *n.m.* 1 viga vertical, com ferros atravessados, à qual se prendem os bastidores do teatro 2 NÁUTICA cada uma das vigas perpendiculares ao costado de um navio, às quais os salva-vidas estão amarrados (Do mal. *tanggong*, «id.», pelo fr. *tangon*, «tangão», ou pelo cast. *tangón*, «id.»)

tangapema /ê/ *n.f.* arma, espécie de maça ou clava, usada pelos índios do Brasil (Do tupi *itãga'pema*, «espada; maça»)

tangar *v.tr.* cingir com tanga (De *tanga*+-*ar*)

tangará *n.m.* [Brasil] ORNITOLOGIA pássaro de plumagem muito vistosa, pertencente à família dos Piprídeos, que executa uns bailados característicos, por isso mesmo também conhecido por dançador ou dançarino (Do tupi *tãga'rá*, «que anda aos saltos»)

tangará-açu *n.m.* [Brasil] planta da família das Poligonáceas, que tem aplicações medicinais (Do tupi *tãga'ra wa'su*, «tangará grande»)

tangaracá *n.m.* [Brasil] designação de um arbusto da família das Rubiáceas e de outro da família das Compostas, que têm aplicações medicinais (Do tupi *tãga'ra a'ka*, «erva dos tangarás»)

tangedoira *n.f.* ⇒ **tangedoura**

tangedoiro *n.m.* ⇒ **tangedouro**

tangedor *adj.,n.m.* que ou aquele que tange (De *tanger*+-*dor*)

tangedoura *n.f.* cada um dos prumos de madeira que sustentam o fole das forjas dos ferreiros (De *tanger*+-*doura*)

tangedouro *n.m.* 1 ato de tanger 2 [regionalismo] tremonha (De *tanger*+-*douro*)

tange-foles *n.2g.2n.* 1 pessoa que tange os foles de ferreiro 2 [fig.] o que puxa pela língua a um falador (De *tanger*+*fole*)

tangência *n.f.* 1 qualidade do que é tangente 2 ponto de contacto de duas linhas 3 ponto ou linha de contacto de duas superfícies (Do lat. *tangentĭa*, part. pres. neut. pl. de *tangĕre*, «tocar em»)

tangencial *adj.2g.* 1 que diz respeito à tangente ou à tangência 2 que é como uma tangente 3 que toca ao de leve 4 que é pouco relevante; que é superficial (De *tangência*+-*al*)

tangencialmente *adv.* 1 como se fosse uma tangente; de modo tangencial 2 levemente; de leve 3 superficialmente (De *tangencial*+-*mente*)

tangenciar *v.tr.* 1 tocar como tangente 2 fazer uma tangente a 3 tocar ao de leve 4 estar muito próximo de 5 relacionar-se com (De *tangência*+-*ar*)

tangente *adj.2g.* que tange ou toca ■ *n.f.* 1 GEOMETRIA linha, curva ou superfície que toca outra curva ou superfície num único ponto sem a intersetar 2 MÚSICA lâmina metálica para percussão das cordas no clavicórdio; *~ a uma curva* GEOMETRIA reta que, nas vizinhanças de um ponto de uma curva, tem esse ponto como único ponto comum com a curva (ponto de tangência); *~ comum a duas curvas* GEOMETRIA reta que em determinado ponto é tangente às duas curvas; *~ (trigonométrica) de um ângulo* GEOMETRIA razão (quociente) do seno para o cosseno desse ângulo; *escapar pela/à ~* [coloq.] sair a custo de uma situação difícil; *passar à ~* [coloq.] obter aprovação, num exame, com a classificação mínima possível (Do lat. *tangente-*, «que toca», part. pres. de *tangĕre*, «tocar em»)

tanger *v.tr.* 1 tocar (instrumentos musicais) 2 tocar ou espicaçar (animais) para fazer andar mais depressa 3 acionar (fole) 4 dizer respeito a ■ *v.intr.* soar (Do lat. *tangĕre*, «tocar»)

tângera *n.f.* BOTÂNICA citrino com casca e polpa cor de laranja, forma achatada, sumarento e adocicado, de tamanho maior que o da tangerina e menor que o da laranja vulgar (De *tangerina* × *laranja*)

tangerina *n.f.* 1 BOTÂNICA fruto amarelo-avermelhado, globoso, carnudo e sumarento, que é produzido pelas tangerineiras 2 (planta) ⇒ **tangerineira** (De *Tangerino*)

tangerineira *n.f.* BOTÂNICA nome vulgar extensivo a árvores da família das Rutáceas, muito cultivadas pelo valor dos seus frutos, as tangerinas, e também designadas por este mesmo nome (De *tangerina*+-*eira*)

tangerino *adj.* relativo à cidade de Tânger, em Marrocos ■ *n.m.* natural ou habitante de Tânger (De *Tânger*, top. +-*ino*)

tange-tange *n.m.* BOTÂNICA planta arbustiva, do Brasil, pertencente à família das Leguminosas, também conhecida por brincos-de--viúva e xiquexique (De *tanger*?)

tangibilidade *n.f.* qualidade de tangível (Do lat. *tangibĭle-*, «tangível» +-*i*-+-*dade*)

tangível *adj.2g.* 1 que se pode tanger, tocar ou apalpar; palpável; sensível 2 que tem existência física (Do lat. *tangibĭle-*, «id.»)

tanglomanglo *n.m.* 1 [pop.] doença atribuída a feitiço 2 [pop.] bruxedo; feitiço; sortilégio 3 dança de ritmo trepidante muito praticada por povos africanos e ciganos (De orig. onom.)

tango *n.m.* 1 dança de origem africana, levada talvez pelos escravos negros, durante o século XVIII, para a América Espanhola, donde lhe provêm certas características espanholas, tendo tido maior desenvolvimento na Argentina, donde veio para a Europa, por volta de 1915, sob o nome de tango argentino 2 música, com letra ou sem letra, dessa dança 3 bebida composta por uma mistura de cerveja com groselha; *dar ~ a* troçar de (Do cast. *tango*, «id.»)

tangomangro *n.m.* [pop.] ⇒ **tanglomanglo**

tangram *n.m.* puzzle de origem chinesa cujo objetivo é formar figuras diferentes com sete peças (um quadrado, um paralelogramo e cinco triângulos)

tangromangro *n.m.* ⇒ **tanglomanglo**

tanguear *v.tr.* [pop.] troçar de (alguém) com aparente seriedade; dar tanga a (De *tango*+-*ear*)

tangueiro *adj.* 1 relativo a tanga 2 diz-se de tecido próprio para tangas ■ *n.m.* ⇒ **tanga**[1] (De *tanga*+-*eiro*)

tanguista *n.2g.* pessoa que dança tangos (De *tango*+-*ista*)

tanho *n.m.* [regionalismo] seirão de forma cilíndrica para guardar cereais (De orig. obsc.)

tani *n.m.* [Brasil] espécie de cipó onde se enrolam as folhas secas do tabaco (Do tupi *ta'ni*, «id.»)

tânico *adj.* QUÍMICA designativo de um ácido existente na casca do carvalho, empregado na indústria dos curtumes e no fabrico de tintas de escrever (Do fr. *tannique*, «id.»)

tanigénio *n.m.* QUÍMICA composto adstringente derivado do tanino (De *tani*[*no*]+-*génio*)

taninar *v.tr.* misturar com tanino (De *tanino*+-*ar*)

tanino *n.m.* QUÍMICA nome genérico de um grupo de substâncias de origem vegetal, uma das quais é o ácido tânico (Do fr. *tanin*, «id.»)

taninoso /ô/ *adj.* que possui tanino (De *tanino*+-*oso*)

tanja *n.f.* BOTÂNICA ⇒ **tângera** (De *tangerina* × *laranja*)

tanjão *adj.,n.m.* [pop.] que ou aquele que por preguiça só anda se for empurrado ou obrigado; mandrião; preguiçoso (De *tanger*+-*ão*)

tânjara *n.f.* BOTÂNICA ⇒ **tângera** (De *tangerina* × *laranja*)

tanjardo *n.m.* ORNITOLOGIA ⇒ **tanjasno** (De *tanjasno*?)

tânjaro *n.m.* ORNITOLOGIA ⇒ **tanjasno** (De *tanjasno*?)

tanjarro *n.m.* ORNITOLOGIA ⇒ **tanjasno** (De *tanjasno*?)

tanjasno *n.m.* ORNITOLOGIA nome vulgar por que, em certas localidades, são conhecidos os chascos, muito vulgares em Portugal (De *tanger*+*asno*)

tanjerro *n.m.* ORNITOLOGIA ⇒ **barrete** (Por *tanjarro*?)

tanoa /ô/ *n.f.* ⇒ **tanoaria** (Do bret. *tann*, «carvalho»)

tanoar *v.intr.* trabalhar em obra de tanoaria (De *tanoa*+-*ar*)

tanoaria *n.f.* oficina, obra ou trabalho de tanoeiro (De *tanoa*+-*aria*)

tanoclarímetro *n.m.* instrumento que serve para verificar se os vinhos estão aptos para a colagem, e qual a quantidade de cola e tanino necessários para a sua clarificação (De *tan*[*ino*]+*claro*+-*metro*)

tanoeiro *n.m.* o que faz ou conserta vasilhas de aduela (De *tanoa*+-*eiro*)

tanofórmio *n.m.* FARMÁCIA mistura de tanino e aldeído fórmico que se usa contra suores fétidos (De *tan*[*ino*]+*form*[*alina*]+-*io*)

tanorexia *n.f.* obsessão por ficar com a pele morena (Do ing. *tanorexia*, «id.»)

tanque[1] *n.m.* 1 reservatório para água ou outros líquidos 2 pequeno reservatório pouco profundo, geralmente de cimento ou de plástico, usado para lavar a roupa 3 NÁUTICA depósito, a bordo, das tinas de baldeação (Do hind. *tankh*, «reservatório de água»)

tanque[2] *n.m.* MILITAR carro de combate armado e blindado (Do ing. *tank*, «id.»)

tanseira *n.f.* parte do cano da bota onde se fixa a presilha (De orig. obsc.)

tanso *adj.* 1 que revela ingenuidade 2 que demonstra falta de bom senso ■ *n.m.* 1 ingénuo; simplório; pacóvio; pateta 2 pessoa que demonstra falta de bom senso (De orig. obsc.)

tantã *n.m.* **1** MÚSICA instrumento de percussão, geralmente um disco de bronze com os bordos revirados, sobre o qual se percute com baqueta; gongo; acetábulo **2** MÚSICA tambor africano (De orig. onom.)

tantálico *adj.* **1** QUÍMICA relativo a tântalo (metal) **2** MITOLOGIA relativo a Tântalo, rei da Frígia, região do Noroeste da Ásia Menor, condenado ao suplício da sede e da fome perpétuas (Do gr. *tantalikós*, «id.», pelo lat. *tantalĭcŭ-*, «id.»)

tantálio *n.m.* ⇒ **tântalo** (Do fr. *tantale*, «id.»)

tantalite *n.f.* MINERALOGIA mineral formado por tantalato de ferro e manganésio, em que parte do tântalo é substituída por nióbio, que pode ser o elemento predominante, originando a columbite, e que cristaliza no sistema ortorrômbico (De *tantálio*+*-ite*)

tantalizar *v.tr.* **1** infligir o suplício de Tântalo a **2** causar (a alguém) um desejo impossível de realizar (De *tântalo*+*-izar*)

tântalo *n.m.* QUÍMICA elemento químico com o número atómico 73, de símbolo Ta, que é um metal raro, muito dúctil e maleável, e se emprega no fabrico de ligas metálicas, de filamentos de lâmpadas de incandescência, especialmente nas sujeitas a vibrações, devido à sua grande tenacidade na forma de filamentos (Do fr. *tantale*, «id.», de Tântalo, mitol., rei da Frígia, região do Noroeste da Ásia Menor, condenado ao suplício da sede perpétua)

tantanguê *n.m.* [Brasil] jogo das escondidas, entre as crianças; esconde-esconde

tantinho *adj.,n.m.* um bocadinho (De *tanto*+*-inho*)

tantíssimo *adj.* {superlativo absoluto sintético de **tanto**} em grande número; muitíssimo; no mais alto grau (De *tanto*+*-íssimo*)

tantito *adj.,n.m.* ⇒ **tantinho** (De *tanto*+*-ito*)

tanto *det.indef.* >*quant. exist.* ᴰᵀ,*pron.indef.* **1** em tal quantidade; tão numeroso ⟨*tantas flores*⟩ **2** tamanho; tal ⟨*tanto calor*⟩ ▪ *n.m.* **1** porção; quantidade **2** quantia indeterminada **3** vez **4** volume **5** extensão ou tamanho igual ao de outro **6** totalidade; todo **7** conjunto ▪ *adv.* **1** de tal modo **2** em tão grande quantidade **3** por tão longo período **4** a tal ponto **5** com tal insistência **6** com tal força; *~ mais que* além de que, já que; *~ melhor* ainda bem; *~ quanto* segundo, conforme, todo o que; *a páginas tantas* a certa altura; *às tantas* muito tarde, se calhar (Do lat. *tantu-*, «tão grande»)

tantra *n.m.* conjunto de livros esotéricos elaborados na Índia a partir do séc. VII e que estão na base do tantrismo (Do sânsc. *tantra*, «ritual»)

tântrico *adj.* relativo ao tantrismo (Do sânsc. *tantra*, «doutrina»+*-ico*)

tantrismo *n.m.* técnica de coordenação subtil entre a mente e o corpo humanos inspirada nos livros esotéricos hindus (Do sânsc. *tantra*, «ritual; doutrina»+*-ismo*)

tantundem *n.m.* DIREITO obrigação de restituir outro tanto (Do lat. *tantundem*, «outro tanto»)

tão *adv.* **1** tanto **2** em tal grau **3** de tal maneira (Do lat. *tam*, «id.»)

tão-balalão *n.m.* som do badalar do sino; talão-balão (De orig. onom.)

taoismo *n.m.* FILOSOFIA, RELIGIÃO doutrina baseada essencialmente na existência dos opostos, o *yin* e o *yang*, na necessidade de equilíbrio desses opostos, e no *tao*, a harmonia total entre todas as coisas e todos os seres (Do chin. *tao*, «caminho», +*-ismo*)

taoista *adj.2g.* pertencente ou relativo ao taoismo ▪ *adj.,n.2g.* que ou pessoa que professa o taoismo (Do chin. *tao*, «caminho» +*-ista*)

tão-pouco *adv.* usado para reforçar uma negação; também não; sequer; muito menos (De *tão*+*pouco*)

tão-só *adv.* ⇒ **tão-somente** (De *tão*+*só*)

tão-somente *adv.* unicamente

tapa¹ *n.f.* **1** superfície que limita exteriormente o casco das bestas **2** taco de madeira com que se tapa a boca das peças de artilharia **3** grande rolha, mais baixa que o batoque; tapadeira **4** bofetada **5** [fig.] argumento que faz calar o adversário **6** [regionalismo] mata cercada por muro; tapada; bouça **7** [Bras.] venda com que se tapam os olhos ao burro bravo para que se deixe arrear (Deriv. regr. de *tapar*)

tapa² *n.f.* [mais usado no plural] prato leve servido como entrada de uma refeição, podendo constituir, em conjunto com outros do mesmo género, a própria refeição (Do cast. *tapa*, «petisco servido como acompanhamento de bebida»)

tapa-boca *n.m.* **1** pancada dada com a mão na boca de uma pessoa para a fazer calar **2** [fig.] argumento irrefutável

tapa-buracos *n.m.2n.* pessoa que desempenha qualquer função, na falta de outrem (De *tapar*+*buraco*)

tapada *n.f.* **1** mata vedada por muro, geralmente destinada à criação de caça **2** parque murado **3** terreno murado **4** cerca **5** [Brasil] logradouro (Part. pass. fem. subst. de *tapar*)

tapadão *n.m.* tapada grande (De *tapada*+*-ão*)

tapadeira *n.f.* **1** [regionalismo] grande rolha, mais baixa que o batoque; tampeira; tapa; tapo **2** [regionalismo] objeto próprio para tapar; tapadoura; tapador (De *tapar*+*-deira*)

tapado *adj.* **1** que se cobriu ɔ cercado; vedado **3** (buraco) que se encheu e cobriu **4** obstruído **5** (nariz) entupido **6** (tecido) de malha ou fios apertados **7** [fig., pej.] que revela pouca inteligência e falta de agilidade de raciocínio; bronco **8** [acad.] (estudante) que já deu todas as faltas que a lei lhe permitia e não pode dar mais, sob pena de perder o ano ▪ *n.m.* **1** mata vedada por muro, geralmente destinada à criação de caça; tapada **2** parque murado **3** terreno murado **4** cerca (Part. pass. de *tapar*)

tapadoira *n.f.* ⇒ **tapadoura**

tapadoiro *n.m.* ⇒ **tapadouro**

tapador *n.m.* peça própria para tapar; tampa (De *tapar*+*-dor*)

tapadoura *n.f.* **1** objeto próprio para tapar; tampa **2** postigo de tonel ou de pipa (De *tapar*+*-doura*)

tapadouro *n.m.* **1** ⇒ **tapadoura** **2** peça que cobre a parte do eixo que ressai da roda, em alguns veículos; tampão (De *tapar*+*-douro*)

tapadura *n.f.* **1** ato de tapar; tapamento **2** tapume; vedação **3** terreno vedado; cerrado **4** objeto próprio para tapar ou cobrir; tampa (De *tapar*+*-dura*)

tapa-esteiros *n.m.2n.* rede de pesca que se coloca, fixa, junto da foz de um rio ou em pequenos canais, para apanhar o peixe que corre com a vazante (De *tapar*+*esteiro*)

tapa-frinchas *n.m.2n.* ⇒ **chouriço 2**

tapa-furos *n.m.2n.* ⇒ **tapa-buracos** (De *tapar*+*furo*)

tapagem *n.f.* **1** ato ou efeito de tapar; tapamento **2** vedação; valado **3** espécie de sebe feita de varas que se arma nos rios para apanhar peixes **4** espécie de cesto para apanhar peixe; nassa (De *tapar*+*-agem*)

tapajó *adj.2g.* **1** dos Tapajós **2** relativo aos Tapajós ▪ *n.2g.* indivíduo dos Tapajós (De *Tapajós*, top., rio bras. do estado do Pará)

Tapajós *n.m.pl.* ETNOGRAFIA tribo de índios das margens do rio brasileiro Tapajós, do estado do Pará (De *Tapajós*, top., rio bras.)

tapa-luz *n.m.* ⇒ **quebra-luz** (De *tapar*+*luz*)

tapamento *n.m.* **1** ato ou efeito de tapar **2** tapume; sebe (De *tapar*+*-mento*)

tapa-misérias *n.m.2n.* peça de vestuário que cobre outra em mau estado (De *tapar*+*miséria*)

tapa-olhos *n.m.2n.* bofetada (De *tapar*+*olho*)

tapar *v.tr.* **1** cobrir com tampa, tapa ou testo **2** obstruir a entrada de; entupir **3** pôr tapume em; vedar; cercar **4** abrigar **5** abafar **6** esconder; encobrir **7** fechar; cerrar **8** arrolhar **9** vendar ▪ *v.pron.* **1** cobrir-se de roupa; abafar-se **2** [acad.] (estudante) não poder dar mais faltas, sob pena de perder o ano; *~ a boca a* fazer calar; *~ os ouvidos* não querer ouvir; *~ um buraco* suprir uma falta, pagar uma dívida (Do gót. **tappa*, «tampa» +*-ar*)

tapa-sol *n.m.* objeto quadrado ou retangular, frequentemente de cartão ou poliéster, usado no interior de veículos como proteção contra o sol (De *tapar*+*sol*)

tapa-vento *n.m.* ⇒ **para-vento**

tapeação *n.f.* [Brasil] [pop.] ato ou efeito de tapear; engano; logro; ludíbrio; dissimulação (De *tapear*+*-ção*)

tapear¹ *v.tr.* **1** [Brasil] [pop.] enganar; iludir **2** [Brasil] [pop.] dar uma bofetada a (De *tapa*+*-ear*)

tapear² *v.tr.* [Moçambique] cobrir como um tapete; tapetar (De *tapete*+*-ar*)

tapeçar *v.tr.* ⇒ **atapetar** (Por *tapizar*, de *tapiz*+*-ar*)

tapeçaria *n.f.* **1** estofo lavrado ou bordado com que se revestem paredes, soalhos, móveis, etc. **2** alcatifa **3** [fig.] terreno coberto de verdura, flores, etc. (De *tapeçar*+*-aria*)

tapeceiro *n.m.* fabricante ou vendedor de tapeçarias (De *tapeçar*+*-eiro*)

tapera *n.f.* **1** [Brasil] casa em ruínas **2** [Brasil] terreno ou aldeia abandonada e invadida pelo mato (Do tupi *ta'pera*, «aldeia extinta»)

taperá *n.m.* [Brasil] ORNITOLOGIA andorinha de grandes dimensões, também conhecida por andorinha-grande (Do tupi *tape'ra*, «a que mora em tapera»)

tapeta /ê/ *n.f.* [regionalismo] rolha; topeta (De *tapar*+*-eta*)

tape-tape *n.m.* sistema de distribuição de água de rega segundo o qual tem direito a ela o último que a desviar para o seu prédio (De *tapar*)

tapetar *v.tr.* atapetar; tapizar (De *tapete*+*-ar*)

tapete /ê/ *n.m.* **1** peça tecida e encorpada, de diferentes tamanhos, usada para revestir e/ou adornar o pavimento, geralmente de forma parcial **2** peça usada como revestimento, feita com materiais não têxteis, como borracha, cortiça, etc. **3** aquilo que cobre

tapeteiro

tapeteiro uma determinada área, à semelhança de um tapete **4** peça acolchoada e resistente que é usada em diversos desportos (wrestling, ginástica, judo, etc.) **5** pano forte, usado para cobrir uma mesa **6** superfície plana, de pequenas dimensões, geralmente de material esponjoso, em que se faz deslizar o rato do computador, para o proteger da sujidade e aumentar a sua eficiência **7** [Brasil] campo de futebol; ~ **betuminoso** ENGENHARIA camada de desgaste de um pavimento constituída por aglomerado betuminoso; ~ **rolante** mecanismo constituído por uma superfície plana em movimento, usado, geralmente em aeroportos e centro comerciais, principalmente para transporte de pessoas, bagagens, mercadorias; *tirar/puxar o ~ a* retirar o apoio a; deixar desamparado (Do gr. *tápes, tápetos*, «id.», pelo lat. *tapēte-*, «id.»)

tapeteiro *n.m.* fabricante ou vendedor de tapetes (De *tapete+-eiro*)

tapiá *n.f.* **1** BOTÂNICA planta arbórea, do Brasil, pertencente à família das Caparidáceas, útil pelos frutos comestíveis que produz, pela madeira que fornece, etc. **2** BOTÂNICA designação de outras árvores da família das Euforbiáceas, Urticáceas, etc. (Do tupi *tapi'a*, «id.»)

tapiço *n.m.* [regionalismo] tudo o que serve para tapar; cobertura (De *tapar+-iço*)

tapicuri *n.m.* [Brasil] vinho feito de mandioca (Do tupi *tapicu'ri*, «id.»)

tapicuru *n.m.* ORNITOLOGIA nome vulgar de umas aves pernaltas da família dos Ibidídeos, também conhecidas por curicaca, coró-coró, etc. (Do tupi *tapiku'ru*, «id.»)

tapigo *n.m.* **1** tapume; vedação; barricada **2** sebe de ramos amarrados (De *tapar+-igo*)

tapinha[1] *n.f.* DESPORTO (basquetebol) ação de meter a bola no cesto com uma palmada, dada geralmente por ocasião de um ressalto (Do ing. *tap*, «id.»+-*inha*)

tapinha[2] *n.f.* **1** parque **2** tapada; coutada (De *tapa+-inha*)

tapioca *n.f.* **1** fécula de mandioca, usualmente preparada em forma granulada, muito alimentícia **2** CULINÁRIA papa ou caldo feito com fécula de mandioca, açúcar, leite, podendo levar gema de ovo; ~ *de purga* fécula obtida de uma jalapa (planta), com aplicações medicinais (Do tupi *tipi'oka*, «coágulo»)

tapir *n.m.* ZOOLOGIA nome vulgar extensivo a uns mamíferos noturnos, pertencentes a algumas espécies da família dos Tapirídeos, que vivem nas florestas da América e da Ásia, cuja carne e pele são apreciadas, sendo também designados por anta (como a anta-do-brasil) e tapira (Do tupi *tapi'ira*, «id.»)

tapira *n.f.* ZOOLOGIA ⇒ **tapir**

tapirete /ê/ *n.m.* tapir pequeno (De *tapir+-ete*)

tapiriba *n.f.* [Brasil] BOTÂNICA ⇒ **cajá** (Do tupi *taperei'iwa*, «id.»)

Tapíridas *n.m.pl.* ZOOLOGIA ⇒ **Tapirídeos**

tapirídeo *adj.* ZOOLOGIA relativo ou pertencente aos Tapirídeos ∎ *n.m.* ZOOLOGIA espécime dos Tapirídeos

Tapirídeos *n.m.pl.* ZOOLOGIA família de mamíferos perissodáctilos, cujo lábio superior está prolongado, representada atualmente pelo género *Tapirus*, a que pertencem os tapires (De *tapir+-ídeos*)

tapisa *n.m.* [regionalismo] operário de Castro Laboreiro, localidade portuguesa do concelho de Melgaço, distrito de Viana do Castelo, que se desloca para outras regiões, onde vai exercer, especialmente, a arte de pedreiro (De orig. obsc.)

tapiz *n.m.* ⇒ **tapete** (Do fr. ant. *tapiz*, hoje *tapis*, «id.»)

tapizar *v.tr.* ⇒ **atapetar** (De *tapiz+-ar*)

tapo *n.m.* [regionalismo] ⇒ **tapadeira** (Deriv. regr. de *tapar*)

tapona /ó/ *n.f.* **1** [pop.] bofetada; sopapo **2** [pop.] sova; pancada; tunda (De *tapa* [= *bofetada*]+-*ona*)

tápsia *n.f.* BOTÂNICA nome vulgar de uma planta herbácea, da família das Umbelíferas, espontânea em Portugal, e com aplicações medicinais (Do gr. *thapsía*, «canafrecha», pelo lat. *thapsĭa-*, «id.»)

tapua *n.m.* ZOOLOGIA nome vulgar de um macaco do Brasil

tapuia *n.2g.* ⇒ **tapuio**

tapuio *n.m.* **1** indígena do Brasil **2** designação extensiva aos índios que habitavam os sertões do Brasil (Do tupi *ta'puya*, «id.»)

tapulhar *v.tr.* aplicar um tapulho (De *tapulho+-ar*)

tapulho *n.m.* peça com que se tapa; rolha; obturador (De *tapar+-ulho*)

tapume *n.m.* **1** vedação temporária, de madeira ou outro material, usada para resguardar construções ou obras na via pública **2** vedação de madeira, silvas ou ramos de árvore; tapagem; valado **3** parede interna de pequena espessura, geralmente de madeira; tabique (De *tapar+-ume*)

taquara *n.f.* **1** [Brasil] BOTÂNICA planta da família das Gramíneas **2** [Brasil] BOTÂNICA designação de várias espécies de bambus (Do tupi *ta'kwara*, «a haste furada»)

taquaral *n.m.* [Brasil] mata de taquaras (De *taquara+-al*)

taquari *n.m.* [Brasil] BOTÂNICA nome vulgar extensivo a umas plantas, especialmente da família das Gramíneas, incluindo uma taquara e uma outra da família das Euforbiáceas (Do tupi *takwa'ri*, «taquara pequena»)

taqueira *n.f.* móvel onde se guardam os tacos do bilhar; taquilha (De *taco+-eira*)

taqueógrafo *n.m.* aparelho usado na construção de mapas geográficos (Do gr. *takhéos*, «rapidamente» +*gráphein*, «escrever»)

taqueometria *n.f.* processo de levantamento topográfico com o taqueómetro (Do gr. *takhéos*, «rapidamente» +*métron*, «medida»)

taqueómetro *n.m.* teodolito com dispositivo para medição indireta de distâncias com o auxílio de uma estádia e utilização de miras (Do gr. *takhéos*, «rapidamente» +*métron*, «medida»)

taquetaque *n.m.* ⇒ **tiquetaque** (De orig. onom.)

taqui- elemento de formação de palavras que exprime a ideia de *rapidez* (Do gr. *takhýs*, «rápido»)

taquicardia *n.f.* MEDICINA atividade cardíaca anormal, com excessiva frequência das pulsações (Do gr. *takhýs*, «rápido» +*kardía*, «coração»)

taquicardíaco *adj.* que manifesta taquicardia (De *taqui-+cardíaco*)

taquigénese *n.f.* BIOLOGIA fenómenos da aceleração no desenvolvimento embrionário de um animal, o que conduz ao chamado desenvolvimento condensado (De *taqui-+génese*)

taquigrafar *v.tr.* escrever por meio de caracteres convencionados especiais, para maior rapidez; estenografar (De *taqui-+grafar*)

taquigrafia *n.f.* processo de escrever tão depressa como se fala, por meio de caracteres convencionados especiais; estenografia (De *taqui-+grafia*)

taquigráfico *adj.* relativo à taquigrafia; estenográfico (De *taquigrafia-+-ico*)

taquígrafo *adj., n.m.* que ou aquele que escreve por meio de caracteres convencionados especiais, para maior rapidez; estenógrafo (Do gr. *takhygráphos*, «que escreve rapidamente»)

taquilalia *n.f.* MEDICINA aceleração do ritmo da fala característico de certas perturbações patológicas (Do gr. *takhýs*, «rápido» +*laliá*, «tagarelice»)

taquilha *n.f.* móvel de madeira onde se colocam e guardam os tacos do bilhar; taqueira (Do cast. *taquilla*, «id.»)

taquímetro *n.m.* instrumento destinado a avaliar a velocidade angular do movimento de rotação de uma máquina (De *taqui-+-metro*)

taquipneia *n.f.* **1** PATOLOGIA respiração curta e rápida **2** PATOLOGIA aceleração anormal dos movimentos dos órgãos respiratórios, semelhante à produzida por esforços físicos violentos (Do gr. *takhýs*, «rápido» +*pneín*, «respirar»)

taquipsiquia *n.f.* encadeamento anormalmente rápido das associações de ideias, que se encontra sobretudo em estados maníacos (Do gr. *takhýs*, «rápido» +*psikhé*, «alma» +-*ia*)

tara[1] *n.f.* **1** invólucro que reveste qualquer produto **2** abatimento à massa de qualquer género em compensação do invólucro **3** peso de um veículo sem carga **4** conjunto de massas, marcadas ou não, com que, numa dupla pesagem, se equilibra o corpo que se pretende pesar **5** [coloq.] mania; desarranjo mental **6** [coloq.] pessoa ou coisa considerada atrativa **7** [fig.] defeito (Do árabe vulgar *tárah*, «parte do peso que se abate»)

tara[2] *n.f.* [Guiné-Bissau] BOTÂNICA variedade de palmeiras que produz uma fibra muito resistente; ráfia (Do forro *tara* ou *pó de tara*, «idem»)

taradice *n.f.* ação ou comportamento de tarado (De *tarado+-ice*)

tarado *adj.* **1** que tem marcado o peso da tara **2** [fig.] que tem tara ou defeito **3** [coloq.] mentalmente desequilibrado **4** [fig., coloq.] que dedica grande interesse (a alguma coisa); fascinado (por); apaixonado (por) ∎ *n.m.* indivíduo desequilibrado do ponto de vista mental (Part. pass. de *tarar*)

taralhão *n.m.* **1** ORNITOLOGIA nome vulgar de um pequeno pássaro da família dos Muscicapídeos, frequente em Portugal, especialmente no fim do verão, também conhecido por caça-moscas, fura-figos, moscanho, papa-moscas, pardinha, tarrasca, tralhão, tralhão-galego, tralharão, etc. **2** [pop.] indivíduo implicante e intrometido; *meter-se a ~* intrometer-se, armar em esperto (De orig. obsc.)

taralhar *v.intr.* **1** produzir (o taralhão) os sons agudos característicos da sua espécie **2** cantar como o taralhão **3** tagarelar (De *taralhão+-ar*)

taralheira *n.f.* ⇒ **taralhoeira**

taralhoeira *n.f.* armadilha para apanhar taralhões (De *taralhão+ -eira*)

taralhouco *adj.* desmemoriado por motivo da idade; senil (De *tarouco*)

taramá *n.f.* [Brasil] BOTÂNICA planta medicinal da família das Verbenáceas (De orig. obsc.)

tarambecos *n.m.pl.* 1 [regionalismo] trastes caseiros; tarecos 2 [regionalismo] móveis diversos (De *tarecos*?)

tarambola *n.f.* 1 ORNITOLOGIA nome vulgar de uma ave pernalta, pertencente à família dos Caradriídeos, por vezes frequente em Portugal, nas suas passagens migratórias, também conhecida por pildra, dourada, douradinha, marinho, marinho-branco, pildra-preta, pildra-dourada, tordeira-do-mar, etc. 2 [regionalismo] grande roda hidráulica munida de alcatruzes para tirar água dos rios (De orig. obsc.)

tarambote *n.m.* 1 [pop.] concerto vocal e instrumental 2 antiga canção popular (De orig. obsc.)

taramela *n.f.* 1 peça de madeira, em forma de cunha, para fechar uma porta ou cancela 2 cravelho 3 peça de madeira que trepida sobre a roda do moinho para fazer cair o grão da tremonha 4 instrumento de enxotar pássaros 5 [fig.] língua 6 [fig.] falatório ■ *adj.,n.2g.* que ou pessoa que é tagarela; *dar à ~* falar muito, bisbilhotar (Do lat. **trabella-*, dim. de *trabe-*, «trave»)

taramelagem *n.f.* 1 ato de taramelar 2 palratório; tagarelice (De *taramela+-agem*)

taramelar *v.intr.* falar muito; dar à taramela; palrar ■ *v.tr.* fechar com taramela (De *taramela+-ar*)

taramelear *v.tr.,intr.* ⇒ **taramelar** (De *taramela+-ear*)

tarameleiro *adj.,n.m.* que ou o indivíduo que gosta de dar à taramela ou falar muito; palrador (De *taramelar+-eiro*)

taramelice *n.f.* ⇒ **taramelagem** (De *taramelar+-ice*)

taramelo /ê/ *n.m.* 1 ⇒ **taramela** *n.f.* 2 [regionalismo] embaraço ou dificuldade no falar (De *taramela*)

tarampabo *n.m.* BOTÂNICA espécie de palmeira com folhas dispostas em forma de leque (De orig. obsc.)

tarampantão *n.m.* 1 voz imitativa do som do tambor 2 [Brasil] tagarela (De orig. onom.)

taranta *n.2g.* pessoa que se atrapalha por tudo e por nada (De *tarântula*?)

tarantela *n.f.* 1 dança popular originária de Tarento (cidade do Sul da Itália), viva e rápida, com acompanhamento de castanholas e tamborim 2 MÚSICA música para esta dança 3 MÚSICA composição erudita com as características deste tipo de música (Do it. *tarantella*, «id.»)

tarantismo *n.m.* MEDICINA doença nervosa e epidémica que erradamente se atribuía à picada da tarântula (aranha); tarantulismo; tarentismo (Do it. *tarantismo*, «id.»)

tarântula *n.f.* ZOOLOGIA grande aranha, geralmente venenosa, das regiões do Mediterrâneo, pertencente à família dos Licosídeos; *estar picado de ~* estar ou andar muito agitado (Do it. *tarantola*, «id.»)

tarantulismo *n.m.* MEDICINA ⇒ **tarantismo** (De *tarântula+-ismo*)

tarar *v.tr.* 1 determinar o peso do invólucro ou o continente de (uma mercadoria) para o descontar no peso bruto 2 marcar com o peso da tara 3 [Brasil] apaixonar-se (por) ■ *v.tr.,intr.* desequilibrar(-se) mentalmente; enlouquecer; *ser de ~* [coloq.] causar um grande entusiasmo (De *tara+-ar*)

tarara *n.f.* aparelho que serve para limpar o grão dos cereais, ventilando-o (Do fr. *tarare*, «id.»)

tarará *n.m.* som de trombeta, corneta, tambor, etc. (De orig. onom.)

tarária *n.f.* [regionalismo] ⇒ **tarara**

tarasca *n.f.* 1 espada velha e ferrugenta; chanfalho 2 [regionalismo] [pej.] mulher feia, de mau génio ou malcomportada (Do fr. *tarasque*, «id.», pelo cast. *tarasca*, «id.»)

tarasco *adj.* 1 arisco; áspero; desabrido 2 impertinente ■ *n.m.* [regionalismo] vento agreste ou áspero (De *tarasca*)

tarasquento *adj.* [regionalismo] ventoso; desabrido (De *tarasco+-ento*)

tarata *n.m.* [gír.] soldado; magala (De orig. onom.)

taráxaco /cs/ *n.m.* BOTÂNICA planta herbácea, rizomatosa, medicinal, de flores amarelas, pertencente à família das Compostas, espontânea e muito frequente em Portugal, também conhecida por dente-de-leão, amor-dos-homens, etc. (Do ár. *tarakhxaqun*, «id.»)

tardada *n.f.* tardança; demora (Part. pass. fem. subst. de *tardar*)

tardador *adj.,n.m.* 1 que ou aquele que tarda 2 vagaroso (De *tardar+-dor*)

tardamento *n.m.* ⇒ **tardança** (De *tardar+-mento*)

tardança *n.f.* ato ou efeito de tardar; demora; detença; delonga (De *tardar+-ança*)

tardão *adj.,n.m.* que ou aquele que faz tudo devagar; tardador (De *tardo+-ão*)

tardar *v.tr.,intr.* (fazer) acontecer tarde; (fazer) demorar ■ *v.intr.* 1 vir tarde; atrasar-se 2 andar devagar ■ *v.tr.* 1 levar tempo a; demorar a 2 adiar; *~ a fala a (alguém)* gaguejar; *não ~* estar prestes a chegar; *sem mais ~* imediatamente (Do lat. *tardāre*, «id.»)

tarde *n.f.* espaço que decorre desde o meio-dia ao anoitecer ■ *adv.* 1 depois do tempo previsto ou esperado 2 fora de tempo 3 a hora avançada; perto do fim do dia 4 ulteriormente ■ *n.m.* 1 futuro 2 época avançada; *boa ~!* saudação feita durante a tarde (Do lat. *tarde*, «lentamente»)

tardego /ê/ *adj.* [regionalismo] ⇒ **tardio** (De *tarde+-ego*)

tardeiro *adj.* ⇒ **tardio** (De *tarde+-eiro*)

tardeza /ê/ *n.f.* 1 qualidade do que é tardio 2 falta de atividade; indolência (De *tarde+-eza*)

tardiamente *adv.* 1 depois da hora ou do tempo esperado 2 com atraso 3 a uma hora avançada (De *tardio+-mente*)

tardião *adj.* ⇒ **tardio** (De *tardio+-ão*)

tardígrado *adj.* ZOOLOGIA (animal) que marcha com lentidão ■ *n.m.* ZOOLOGIA animal de reduzidíssimas dimensões, de corpo não segmentado, com quatro pares de patas locomotoras, que vive nas águas, sobre as plantas aquáticas, ou no lodo e se desloca vagarosamente ■ *n.m.pl.* ZOOLOGIA grupo de artrópodes (afins dos aracnídeos) que apresentam os caracteres referidos anteriormente, a que pertence o urso-d'água-doce, frequente nas infusões de feno (Do lat. *tardigrădu-*, «id.»)

tardíloquo *adj.* diz-se da pessoa que fala excessivamente devagar, ou que é gaga; tartamudo (Do lat. *tardilŏquu-*, «id.»)

tardinha *n.f.* fim da tarde; últimas horas da tarde (De *tarde+-inha*)

tardinheiro *adj.* que tem por hábito vir tarde (De *tardinha+-eiro*)

tardio *adj.* 1 que surge depois do tempo esperado; serôdio; tardo 2 que tarda em chegar 3 que acontece a uma hora avançada 4 que anda ou avança lentamente; vagaroso; lento 5 moroso no desenvolvimento (Do lat. **tardīvu-*, «id.»)

tardíssimo *adv.* {*superlativo absoluto sintético de* **tarde**} muito tarde (De *tarde+-íssimo*)

tardívago *adj.* 1 que vagueia de noite, até muito tarde 2 que anda devagar; lento; tardo 3 ZOOLOGIA ⇒ **tardígrado** *adj.* (Do lat. *tardu-*, «tardio» +*vagāre*, «vaguear»)

tardo *adj.* 1 que anda lentamente; vagaroso; lento 2 demorado; moroso 3 que vem fora do tempo; retardado; serôdio 4 que tem dificuldade em falar ou compreender 5 ⇒ **tardívago** ■ *n.m.* 1 [regionalismo] aparição fantástica; trasgo 2 [regionalismo] pesadelo (Do lat. *tardu-*, «id.»)

tardonho *adj.* ⇒ **tardo** *adj.* (De *tardo+-onho*)

tardor *n.m.* ritmo arrastado do verso (Do lat. *tardōre-*, «lentidão dum verso»)

tardoz *n.m.* 1 parede exterior de um edifício oposta à que se encontra virada para o arruamento 2 face tosca da pedra ou do mármore que fica voltada para o interior de uma parede 3 superfície de um elemento construtivo (muro, etc.) voltada para o interior (De orig. obsc.)

tarear[1] *v.tr.* ⇒ **tarar** *v.tr.* (De *tara+-ear*)

tarear[2] *v.tr.* dar tareia em; sovar (De *tareia+-ar*)

tarecada *n.f.* 1 porção de tarecos; cacada 2 ruído de tarecos 3 ato ou dito de tareco; traquinada (De *tareco+-ada*)

tareco *n.m.* 1 objeto velho, de pouco valor 2 [pop.] gato 3 [fig.] indivíduo irrequieto e traquinas 4 [fig.] indivíduo presumido e tolo 5 [regionalismo] chocalho 6 [Brasil] CULINÁRIA biscoito seco arredondado feito de massa de pão de ló ■ *adj.* 1 que é irrequieto e traquinas 2 que é presumido e tolo (Do ár. *tarā'ik*, pl. de *tarīkâ*, «objeto abandonado»)

tarefa *n.f.* 1 trabalho que se deve fazer num determinado tempo 2 qualquer trabalho habitual 3 qualquer iniciativa ou empreendimento 4 empreitada 5 [regionalismo] vaso para onde correm o azeite e a água-ruça das seiras; talha (Do ár. vulg. *tarīha*, «empreitada»)

tarefar *v.tr.* distribuir por tarefas ■ *v.tr.,intr.* tomar como tarefa (De *tarefa+-ar*)

tarefeiro *adj.,n.m.* 1 que ou o que se encarrega de tarefas 2 que ou o que toma uma obra por tarefa; empreiteiro 3 que ou o que é remunerado por cada tarefa que executa e não por ordenado regular (De *tarefa+-eiro*)

tarega *n.f.* adeleiro de tarecos; ferro-velho (Do malaiala *taragan*, «id.»)

taregicagem *n.f.* ofício de tarega (De *tarega+-ica+-agem*)

tareia

tareia n.f. 1 agressão física em que se bate repetidamente em alguém; sova; surra; pancadaria 2 [fig.] grande derrota (Do ár. vulg. *taríha*, «tarefa»)

tarela n.2g. pessoa que fala muito e sem propósito; tagarela (De *tagarela*)

tarelar v.tr.,intr. [regionalismo] ⇒ **tagarelar** (De *tarela*+-*ar*)

tarelice n.f. [pop.] ato ou dito de tarela; tagarelice (De *tarelar*+-*ice*)

tarelo /ê/ n.m. tagarela; palrador (Deriv. regr. de *tarelar*)

tarentela n.f. ⇒ **tarantela**

tarentino adj. relativo a Tarento, cidade do Sul da Itália ■ n.m. natural ou habitante de Tarento (Do lat. *tarentīnu*-, «id.»)

tarentismo n.m. MEDICINA ⇒ **tarantismo** (Do fr. *tarentisme*, «id.»)

tarêntula n.f. ZOOLOGIA ⇒ **tarântula** (Do fr. *tarentule*, «id.»)

targana n.f. ICTIOLOGIA termo indicado por alguns autores para designar uma tainha; tagana (De orig. obsc.)

target n.m. 1 público-alvo de um plano de marketing ou campanha 2 objetivo (Do ing. *target*, «id.»)

tari n.m. licor alcoólico extraído do suco fermentado do coco e dos frutos de outras palmeiras (Do hind. *tadi*, «id.»)

tarifa n.f. 1 conjunto de normas que fixam os preços e as taxas e regras da sua aplicação 2 tabela com os valores cobrados por serviços de transportes, comunicações, etc.; tarifário 3 [ant.] tabela de preços de certos géneros e de direitos alfandegários de certas mercadorias; ~ *aduaneira/alfandegária* imposto sobre mercadorias importadas ou exportadas (Do ár. *ta'rifa*, «informação», pelo cat. *tarifa*, «tarifa»)

tarifação n.f. ato ou efeito de tarifar (De *tarifar*+-*ção*)

tarifar v.tr. 1 aplicar tarifa a 2 reduzir a tarifa de (De *tarifa*+-*ar*)

tarifário adj. relativo a tarifa ■ n.m. tabela de preços cobrados por determinado serviço (De *tarifa*+-*ário*)

tarim n.m. antiga moeda espanhola de prata (Do cast. *tarin*, «id.»)

tarima n.f. 1 estrado alcatifado debaixo de dossel 2 ⇒ **tarimba** 1 (Do ár. *tarīma*, «estrado»)

tarimba n.f. 1 estrado de madeira sobre o qual dormiam os soldados que estavam de guarda 2 cama desconfortável 3 [fig.] vida de quartel; tropa; caserna 4 [fig.] experiência de dificuldades (Do ár. *tarīma*, «estrado»)

tarimbar v.intr. [pop.] servir como soldado no exército; ser tarimbeiro (De *tarimba*+-*ar*)

tarimbeiro adj.,n.m. 1 que ou o que dormia na tarimba 2 que ou oficial do exército que iniciou a sua carreira como soldado e foi sendo promovido até ao posto de oficial, sem ter feito qualquer curso regular ou frequentado qualquer escola especial 3 [fig.] que ou que se fez por si 4 [fig., pej.] que ou o que é grosseiro e rude (De *tarimbar*+-*eiro*)

tariota n.m. [Brasil] ICTIOLOGIA ⇒ **quatro-olhos** 1 (De orig. obsc.)

tarja n.f. 1 ornato no contorno de uma pintura, desenho, etc. 2 orla; cercadura 3 barra; faixa 4 traço ou cinta preta na margem do papel de luto 5 escudo antigo (Do fr. *targe*, «escudo»)

tarjado adj. guarnecido de tarja (Part. pass. de *tarjar*)

tarjão n.m. lápide retangular com letreiro ou inscrição (De *tarja*+-*ão*)

tarjar v.tr. 1 pôr tarja em 2 orlar (De *tarja*+-*ar*)

tarjeta /ê/ n.f. pequena tarja (De *tarja*+-*eta*)

tarlatana n.f. tecido ralo, mas encorpado, para forros (Do fr. *tarlatane*, «id.»)

taro n.m. 1 BOTÂNICA tubérculo, das ilhas de Samoa, na Oceânia, que constitui importante papel na alimentação dos indígenas 2 fécula obtida de algumas plantas 3 [Brasil] inhame (branco) (Do maori *taro*)

taró n.m. [pop.] vento frio, agreste; tarol (Do cig. *taró*, «id.»)

tarô n.m. ⇒ **tarot** (Do fr. *tarot*)

taroca n.f. [regionalismo] tamanco de mulher, baixo e de entrada larga (De orig. obsc.)

tarocar v.intr. [regionalismo] fazer barulho com as tarocas, ao andar; tairocar (De *taroca*+-*ar*)

taroco /ô/ n.m. [regionalismo] pequeno toro de lenha (De *toro*+-*oco*)

tarol[1] n.m. MÚSICA pequena caixa-clara que se percute com duas baquetas (De origem obsc.)

tarol[2] n.m. ⇒ **taró**

tarola n.f. [pop.] cabeça ■ n.2g. [pop.] idiota; maluco (De *estarola*)

tarolo /ô/ n.m. 1 pequeno toro de lenha 2 carolo da espiga de milho 3 porção de terra ou outro material obtido por perfuração com sonda rotativa (De orig. obsc.)

tarologia n.f. estudo e prática da adivinhação através do tarot (De *tarot*+-*logia*)

tarólogo n.m. indivíduo que utiliza o tarot como meio divinatório (De *tarot*+-*logo*)

tarot n.m. 1 jogo de cartas com figuras simbólicas 2 carta deste jogo, também utilizada para adivinhação (Do fr. *tarot*)

tarouca n.f. [pop.] ⇒ **tarola** n.f.

tarouco adj. 1 [regionalismo] apatetado; idiota 2 [regionalismo] desmemoriado pela idade; senil (De *tara*?)

tarouquice n.f. 1 ato ou dito próprio de tarouco 2 parvoíce; estupidez; toleima (De *tarouco*+-*ice*)

tarpã n.m. cavalo selvagem da Ásia central, outrora frequente nas florestas e nas estepes (Do fr. *tarpan*, «id.»)

tarraçada n.f. 1 [pop.] porção de líquido que um tarraço leva 2 grande quantidade de líquido que se bebe; tigelada (De *tarraço*+-*ada*)

tarracho n.m. [regionalismo] ⇒ **tarraco**

tarraco n.m. [regionalismo] indivíduo atarracado; tarreco; bazuluque (De *tarro*?)

tarraço n.m. 1 [regionalismo] tarro grande 2 púcaro de barro (Do lat. *terracĕu*-, de *terra*-, «terra»)

tarraconense adj.2g. relativo à cidade espanhola de Tarragona ■ n.2g. natural ou habitante de Tarragona (Do lat. *tarraconense*-, «id.»)

tarrada[1] n.f. [pop.] ⇒ **tarraçada** (De *tarro*+-*ada*)

tarrada[2] n.f. embarcação indiana ou árabe (Do ár. *tarrad*, «id.»)

tarrafa n.f. 1 rede de pesca que se arremessa de lanço 2 rede circular para camuflagem individual dos combatentes 3 [pop.] capote velho e roto 4 barco de pesca (Do ár. *tarrāha*, «rede arrojadiça»)

tarrafar v.tr.,intr. pescar com tarrafa (De *tarrafa*+-*ar*)

tarrafe n.m. BOTÂNICA árvore (*Rhizophora racemosa*) da família das Rizoforáceas, que se encontra nas zonas lodosas das orlas de mares e de margens de rios, e cujo fruto apresenta as sementes germinadas antes de se desprender

tarrafear v.tr.,intr. pescar com tarrafa; tarrafar ■ v.intr. [Brasil] derrubar (boi) segurando-o pela cauda (De *tarrafa*+-*ear*)

tarranquim n.m. embarcação indiana, pequena e ligeira (De orig. obsc.)

tarrantana n.f. ORNITOLOGIA ⇒ **catulo** 1 (De orig. obsc.)

tarraquém n.m. ⇒ **tarranquim**

tarrasca n.f. 1 ORNITOLOGIA ⇒ **taralhão** 2 [regionalismo] espada velha; chanfalho (De orig. obsc.)

tarratão n.m. ORNITOLOGIA ⇒ **pato-bravo** (De orig. obsc.)

tarraxa n.f. 1 parafuso 2 cavilha 3 utensílio com que se abrem roscas em tubos e parafusos 4 [fig.] cunha; pedido; pistolão; *apertar a ~* disciplinar, subjugar (De orig. obsc.)

tarraxar v.tr. 1 apertar com tarraxa; atarraxar 2 [fig.] pedir com empenho 3 [fig.] meter cunha por (De *tarraxa*+-*ar*)

tarraxo n.m. parafuso (De *tarraxa*)

tarraz-borraz adv. [pop.] à trouxe-mouxe; desordenadamente (Formação expressiva)

tarreco n.m. ⇒ **tarraco** (De *tarro*+-*eco*)

tarrelo /ê/ n.m. tarro pequeno (De *tarro*+-*elo*)

tarrenego interj. exprime repulsa ou esconjuro (De *te*+*arrenegar*)

tarreta /ê/ n.f. [regionalismo] pequeno tarro (De *tarro*+-*eta*)

tarréu n.m. ORNITOLOGIA nome vulgar por que também se designa o papa-amoras (pássaro) (De orig. obsc.)

tarrincar v.tr. [regionalismo] ⇒ **trincar**[1] v.tr.

tarrinheira n.f. [regionalismo] caminho estreito entre as vedações de propriedades rurais; azinhaga (De orig. obsc.)

tarro n.m. 1 recipiente onde se recolhe o leite que se vai ordenhando 2 espécie de tacho de cortiça, com tampa, onde os pastores do Alentejo levam os alimentos 3 [regionalismo] depósito; sedimento 4 [regionalismo] sarro 5 [regionalismo] lixo; porcaria (Deriv. regr. de *tarraço*)

tarroeira n.f. ORNITOLOGIA nome vulgar por que também se designa a amoreira ou papa-amoras (pássaro) (De *tarréu*+-*eira*)

tarrote n.m. ORNITOLOGIA ⇒ **pardal** (De orig. obsc.)

tarrote-do-monte n.m. ORNITOLOGIA ⇒ **pardal-francês**

tarsalgia n.f. MEDICINA dor na região do tarso com deformação do pé (Do gr. *tarsós*, «tarso» +*álgos*, «dor» +-*ia*)

tarsectomia n.f. CIRURGIA ablação total ou parcial dos ossos do tarso (Do gr. *tarsós*, «tarso» +*ektomé*, «ablação» +-*ia*)

tarseíte n.f. MEDICINA ⇒ **tarsite** (De *társeo*+-*ite*)

társeo n.m. ANATOMIA ⇒ **tarso** 2 (Do gr. *tarsós*, «pálpebra» +-*eo*)

tarsiano adj. do tarso ou relativo ao tarso; társico (Do fr. *tarsien*, «id.»)

társico adj. ⇒ **tarsiano** (De *tarso*+-*ico*)

Tarsíidas n.m.pl. ZOOLOGIA ⇒ **Tarsiídeos**

tarsiídeo adj. ZOOLOGIA relativo ou pertencente aos Tarsiídeos ■ n.m. ZOOLOGIA espécime dos Tarsiídeos

Tarsiídeos *n.m.pl.* ZOOLOGIA família de pequenos mamíferos primatas, prossímios, arborícolas (atualmente com um só género que se denomina *Tarsius*), que vivem em Java, Bornéu, Filipinas, etc. (Do gr. *tarsós*, «planta do pé» +-*ídeos*)

tarsite *n.f.* MEDICINA inflamação nos társeos (pálpebras); tarseíte (Do gr. *tarsós*, «pálpebra» +-*ite*)

tarso *n.m.* **1** ANATOMIA região posterior do endosqueleto do pé, constituída, no homem, por um conjunto de sete ossos **2** ANATOMIA formação de tecido conjuntivo denso que constitui o bordo livre das pálpebras; társeo **3** ZOOLOGIA região terminal das patas de alguns artrópodes, especialmente insetos **4** ORNITOLOGIA região da pata das aves em cuja extremidade distal se inserem os dedos (Do gr. *tarsós*, «reunião de pequenas peças»)

tarsotomia *n.f.* CIRURGIA operação cirúrgica para ressecção de parte do tarso palpebral (Do gr. *tarsós*, «pálpebra» +*tomé*, «corte» +-*ia*)

tártago *n.m.* BOTÂNICA nome vulgar de uma planta da família das Euforbiáceas, subespontânea em Portugal, de flores amarelas e seiva leitosa, usada como suco de efeitos purgativos e também conhecida por catapúcia e morganheira (De *tártaro*?)

tartamelear *v.tr.,intr.* ⇒ **tartamudear** (De *tartamelo*+-*ear*)

tartamelo /ê/ *adj.,n.m.* ⇒ **tartamudo**

tartamudear *v.tr.,intr.* dizer ou falar com hesitação ou dificuldade; gaguejar (De *tartamudo*+-*ear*)

tartamudez /ê/ *n.f.* qualidade de tartamudo; gaguez (De *tartamudo*+-*ez*)

tartamudo *adj.,n.m.* que ou aquele que tem dificuldade em falar, repetindo sílabas e/ou pronunciando com rapidez muitas palavras; tardíloquo; gago (De *tátaro*+*mudo*)

tartana *n.f.* **1** NÁUTICA pequena embarcação do Mediterrâneo, de forma alongada, com um só mastro e vela latina **2** [regionalismo] carroça coberta de toldo em arco e aberta nos dois topos (Do prov. *tartano*, «id.»)

tartaralhão *n.m.* ORNITOLOGIA ⇒ **tartaranhão**

tartaranha *n.f.* **1** ZOOLOGIA fêmea do tartaranhão **2** NÁUTICA barco de pesca usado no Tejo **3** rede de pesca que é arrastada a reboque de uma embarcação (De *tartana*)

tartaranhão *n.m.* ORNITOLOGIA nome vulgar de uma ave de rapina, diurna, da família dos Falconídeos (De *tartaranha*+-*ão*)

tartarato *n.m.* QUÍMICA designação genérica dos sais e dos ésteres do ácido tartárico (De *tártaro*+-*ato*)

tartarear *v.tr.,intr.* ⇒ **tartamudear** (De *tártaro*+-*ear*)

tartáreo *adj.* relativo ao Tártaro ou Inferno (Do lat. *tartarĕu*-, «id.»)

tartárico *adj.* **1** relativo aos Tártaros **2** QUÍMICA designativo de um ácido orgânico, o ácido diidroxibutanodioico, que se pode extrair de certos frutos, especialmente das uvas **3** ⇒ **tartáreo** (De *tártaro*+-*ico*)

tartarizar *v.tr.* **1** preparar com tártaro **2** misturar com tártaro (De *tártaro*+-*izar*)

tártaro¹ *n.m.* **1** sedimento que o vinho deixa aderente às paredes das vasilhas; sarro **2** depósito calcário que se acumula nos dentes, principalmente na região do colo; pedra nos dentes; odontólito **3** depósito calcário que se forma em determinados recipientes (Do lat. med. *tartăro*-, «id.»)

tártaro² *adj.* relativo aos Tártaros ou à Tartária, região da Ásia hoje chamada Turquestão ■ *n.m.* **1** pessoa pertencente aos Tártaros (povo turco) **2** natural ou habitante da antiga Tartária (Do turc. *tatar*, nome de um ramo do tronco turc.)

tártaro³ *n.m.* [poét.] Inferno (Do lat. *Tartăru*-, «o Inferno»)

tártaro⁴ *adj.* gago (De *tátaro*)

Tártaros *n.m.pl.* **1** ETNOGRAFIA povo de origem turca originário do Leste da Ásia Central, que invadiu parte da Ásia e do Leste da Europa sob chefia mongol, sendo derrotado pelos Russos e pelos Turcos otomanos no séc. XVI **2** ETNOGRAFIA povo atualmente instalado na Rússia Ocidental, entre o rio Volga e os montes Urais, e em comunidades na península da Crimeia, na Sibéria e noutras repúblicas da Ásia central (Do lat. medieval *Tartărus*, «id.»)

tartaroso /ô/ *adj.* **1** de tártaro **2** que contém tártaro (De *tártaro*+-*oso*)

tartaruga *n.f.* **1** ZOOLOGIA de forma geral, designação extensiva a répteis quelónios, tanto aquáticos como terrestres **2** ZOOLOGIA nome vulgar extensivo aos quelónios de membros anteriores mais longos, espalmados e desprovidos de dedos, unhas bem distintas, que inclui formas de grande porte **3** substância de que é feita a couraça de alguns destes animais, e que serve para fazer objetos de luxo **4** [Brasil] lomba ■ *n.2g.* [depr.] pessoa velha e feia (Do gr. *tartaroûkhos*, «habitante do Tártaro», pelo lat. *tartarūchu*-, «id.»)

tarte *n.f.* CULINÁRIA prato feito com uma base de massa (quebrada, areada ou folhada) que é guarnecida com frutas, compota, creme ou com um recheio salgado (Do fr. *tarte*, «id.»)

tartuficar *v.tr.* enganar por meio de fingimento ou hipocrisia (Do fr. *tartufier*, «id.»)

tartufice *n.f.* qualidade, ato ou dito de tartufo (De *tartufo*+-*ice*)

tartufismo *n.m.* ⇒ **tartufice** (De *tartufo*+-*ismo*)

tartufista *adj.2g.* que diz respeito a tartufo ■ *n.2g.* pessoa que emprega tartufices; hipócrita; velhaco (De *tartufo*+-*ista*)

tartufo *n.m.* indivíduo hipócrita; velhaco; devoto fingido (Do it. *Tartufo*, antr., personagem da comédia italiana, aproveitado por Molière, pelo fr. *Tartufe*, «id.»)

tarubá *n.f.* [Brasil] bebida feita de mandioca ralada (Do tupi *taru'ba*, «id.»)

taruca *n.m.* ZOOLOGIA ⇒ **vicunha 1** (Do quích. *taruka*, «id.»)

taruga *n.f.* ZOOLOGIA ⇒ **vicunha 1**

tarugamento *n.m.* ato de tarugar (De *tarugar*+-*mento*)

tarugar *v.tr.* pregar ou segurar com tarugo (De *tarugo*+-*ar*)

tarugo *n.m.* **1** espécie de torno para ligar duas peças de madeira **2** prego de madeira **3** pequena peça de madeira que serve para solidarizar vigas paralelas **4** ferro que se introduz na parte superior das lajes aligeiradas para as solidarizar (Do cast. *tarugo*, «id.»)

tás *n.m.* bigorna de aço, sem hastes, usada pelos ferradores e nos estabelecimentos de cunhar moedas (Do fr. *tas*, «bigorna»)

tasca¹ *n.f.* **1** ato ou efeito de tascar **2** estabelecimento onde se serve vinho e refeições ligeiras a baixo preço; taberna (Do caló *tasca*, «id.»)

tasca² *n.f.* utensílio de madeira que serve para separar os tomentos do linho, batendo-o; espadela (Deriv. regr. de *tascar*)

tascadeira *n.f.* mulher que tasca ou espadela o linho (De *tascar*+-*deira*)

tascante *adj.2g.* que tasca ■ *n.2g.* dono de tasca; taberneiro (De *tascar*+-*ante*)

tascar *v.tr.* **1** separar o tasco de (linho); espadelar; tascoar; tasquinhar **2** [pop.] comer **3** morder (o freio) (De orig. obsc.)

tasco *n.m.* **1** tomento que se separa do linho com a espadela **2** [pop.] taberna; tasca (Deriv. regr. de *tascar*)

tascoa /ô/ *n.f.* ato de tascar o linho; espadelada (Deriv. regr. de *tascoar*)

tascoar *v.tr.* separar o tasco de (linho); espadelar; tascar (De *tasco*+-*ar*)

tasmânio *adj.* da Tasmânia, ilha que fica a sul da Austrália ■ *n.m.* natural ou habitante da Tasmânia (De *A. Tasman*, antr., nome do navegador hol. que descobriu a Tasmânia, 1603-1659 +-*io*)

tasna *n.f.* BOTÂNICA ⇒ **tasneira** (De orig. obsc.)

tasneira *n.f.* BOTÂNICA planta da família das Compostas, espontânea em Portugal, também conhecida por tasninha (De *tasna*+-*eira*)

tasneirinha *n.f.* BOTÂNICA nome vulgar de uma planta afim da tasna, espontânea e muito frequente em Portugal; cardo-morto (De *tasneira*+-*inha*)

tasninha *n.f.* BOTÂNICA ⇒ **tasneira** (De *tasna*+-*inha*)

tasqueiro *n.m.* taberneiro; dono de tasco (De *tasco*+-*eiro*)

tasquinha *n.f.* espadela para separar o tasco do linho ■ *n.2g.* pessoa que debica ou come pouco de cada vez (De *tasca*+-*inha*)

tasquinhador *adj.,n.m.* que ou aquele que tasquinha (De *tasquinhar*+-*dor*)

tasquinhar *v.tr.,intr.* **1** separar o tasco do linho com a espadela; espadelar; tascar; tascoar **2** [pop.] comer pouco; debicar (De *tasco*+-*inho*+-*ar*)

tassalho *n.m.* [pop.] pedaço grande; naco (Do cast. *tasajo*, «id.»?)

tasselo /ê/ *n.m.* cada uma das peças de que se compõem as formas de vazar o gesso, cera ou metal líquido, para ser moldado em estátuas ou quaisquer outros objetos artísticos (Do it. *tasselo*, «id.»)

tatá¹ *interj.* usada quando alguém se lembra de alguma coisa de repente

tatá² *n.m.* [infant.] papá (Do lat. *tata*-, «papá»)

nataí *n.f.* [Brasil] ⇒ **tataíba**

tataíba *n.f.* [Brasil] BOTÂNICA nome vulgar que designa a tágua-uva ou tatajiba (árvore); tatarema; tataúba; tavajiba; tavajuba (Do tupi *tata'yiba*, «árvore de fogo»)

tataíba *n.f.* [Brasil] ⇒ **tataíba**

tatajuba *n.f.* [Brasil] ⇒ **tataíba** (Do tupi-guar. *tata'yiba*, «id.»)

tatalar *v.intr.* **1** [Brasil] produzir um ruído semelhante ao de ossos que se entrechocam **2** [Brasil] produzir rumor; sussurrar (De orig. onom.)

tatamba *n.2g.* **1** [Brasil] pessoa tímida; tataranha **2** [Brasil] toleirão; pateta

tatâmi *n.m.* 1 esteira retangular de palha de arroz entrançada, usada tradicionalmente como tapete no Japão 2 superfície ocupada por um tatâmi, que serve de medida para quartos ou outras divisões 3 recinto ou tapete destinado à prática de alguns desportos de combate ou de certas artes marciais de defesa pessoal (Do jap. *tatami*, «esteira de palha de arroz»)

tataraneto *n.m.* ⇒ **tetraneto**

tataranha *adj.,n.2g.* que ou pessoa que é acanhada e sem iniciativa (De *tataranho*)

tataranhão *n.m.* ORNITOLOGIA ⇒ **tartaranhão** (De *tataranho*+-ão)

tataranhar *v.intr.* 1 fazer as coisas sem desembaraço 2 falar com hesitação ou dificuldade; tartamudear ■ *v.tr.,pron.* embaraçar(-se); acanhar(-se) (De *tataranha*+-ar)

tataranho *adj.,n.m.* que ou aquele que tataranha (De *tátaro*+-anho*)

tataravó *n.f.* ⇒ **tetravó**

tataravô *n.m.* ⇒ **tetravô**

tatarema /ê/ *n.f.* [Brasil] BOTÂNICA ⇒ **tataíba**

tatarez /ê/ *n.f.* qualidade de tátaro; gaguez (De *tátaro*+-ez)

tátaro *adj.,n.m.* que ou aquele que tem dificuldade em falar ou pronunciar bem as palavras; gago; tartamudo (De orig. onom.)

tataúba *n.f.* [Brasil] BOTÂNICA ⇒ **tataíba**

tate *interj.* 1 usada para recomendar cautela, prudência, ou silêncio 2 exprime lembrança repentina

tateabilidade *n.f.* ⇒ **tactilidade** (Do lat. *tacteabĭle-*, «tateável»+-i-+-dade)

tateamento *n.m.* ato ou efeito de tatear; tactura; tateio (De *tactear*+-mento)

tateante *adj.2g.* que tateia (De *tactear*+-ante)

tatear *v.tr.* 1 tentar conhecer pelo tato; examinar, apalpando 2 pesquisar com cautela 3 fazer a experiência de; ensaiar ■ *v.tr.,intr.* 1 tocar (em algo) para se orientar 2 procurar conhecer; sondar (De *tacto*+-ear)

tateável *adj.2g.* que se pode tatear (De *tactear*+-vel)

tateio *n.m.* ato de tatear; apalpação; tateamento (Deriv. regr. de *tactear*)

tateto /ê/ *n.m.* 1 [Brasil] ZOOLOGIA porco-bravo brasileiro; tajaçu 2 [Brasil] ZOOLOGIA espécie de formiga (De orig. obsc.)

tatibitate *adj.,n.2g.* 1 que ou aquele que tem dificuldade em falar ou pronunciar bem as palavras; gago; tátaro; tartamudo 2 que ou o que é indeciso e pouco desembaraçado (De orig. onom.)

tática *n.f.* 1 MILITAR parte da ciência da guerra que trata da disposição e emprego de meios terrestres, navais ou aéreos, em campanha 2 MILITAR técnica de combate 3 [fig.] organização de meios de ação utilizáveis para obter os melhores resultados num jogo, num empreendimento económico, social, político, etc. 4 [fig.] conjunto de passos astuciosos planeados para atingir determinado fim; estratégia (Do gr. *taktiké* [*tékhne*], «a arte de pôr em ordem de batalha»)

tático *adj.* 1 relativo à tática 2 que se enquadra numa estratégia ou tática 3 [fig.] hábil; astucioso ■ *n.m.* indivíduo que é perito em tática (Do gr. *taktikós*, «hábil na arte de dispor as tropas»)

taticografia a grafia mais usada é **tacticografia**

taticográfico a grafia mais usada é **tacticográfico**

tátil a grafia mais usada é **táctil**

tatilidade a grafia mais usada é **tactilidade**

tatismo *n.m.* BIOLOGIA reação de orientação de um ser vivo (ou partes que se libertam deste) provocada pela ação de um agente externo, como a luz, a temperatura, etc.; taxia (Do fr. *tactisme*, «id.») ACORDO ORTOGRÁFICO também se pode escrever **tactismo**

tato[1] *n.m.* 1 FISIOLOGIA sentido ou forma de sensibilidade correspondente à receção de estímulos mecânicos (sensibilidade passiva de contacto e de pressão, e ativa ou exploratória de palpação) 2 [fig.] atitude daquele que se comporta com os outros de maneira a não os ferir; delicadeza moral 3 [fig.] discrição 4 [fig.] discernimento; tino 5 [fig.] habilidade; vocação (Do lat. *tactu-*, «id.»)

tato[2] *adj.,n.m.* ⇒ **gago** (De *tátaro*)

tatu[1] *n.m.* 1 ZOOLOGIA nome vulgar extensivo a uns mamíferos do grupo dos desdentados (xenartros) com o corpo protegido por uma forte couraça, pertencente à família dos Dasipodídeos, que habitam atualmente na América do Sul e a América Central, e são muito frequentes no Brasil 2 MILITAR marcha e exibição militar acompanhada de música de charanga 3 [Brasil] BOTÂNICA pequena árvore brasileira, da família das Mirtáceas, cuja madeira é apreciada em construções 4 [Brasil] ZOOLOGIA variedade de porco doméstico 5 fandango brasileiro (Do tupi *ta'tu*, «id.»)

tatu[2] *n.f.* [coloq.] forma reduzida de *tatuagem*

tatuador *n.m.* aquele que sabe tatuar; aquele que faz tatuagens (De *tatuar*+-dor)

tatuagem *n.f.* 1 ato ou efeito de tatuar 2 desenho indelével à superfície do corpo humano, que se obtém introduzindo sob a epiderme matérias corantes 3 desenho obtido por este processo 4 [fig.] marca; sinal (Do fr. *tatouage*, «id.»)

tatuar *v.tr.* introduzir sob a epiderme matérias corantes de modo a obter um desenho indelével; fazer tatuagem em (Do taitiano *tátau*, «desenho», pelo fr. *tatouer*, «id.»)

tau[1] *n.m.* nome da décima nona letra do alfabeto grego (τ, Τ), correspondente ao **t** (Do lat. *tau*, pelo gr. *tâu*, «a letra *t*»)

tau[2] *n.m.* letra do alfabeto hebraico (Do hebr. *táw*, «id.»)

tau[3] *adj.2g.* relativo ao tauísmo (Do chin. *tau*, «id.»)

tau[4] *interj.* imitativa de uma pancada, de uma detonação, etc. (De orig. onom.)

tauaçu *n.m.* [Brasil] peça que faz as vezes de âncora nas jangadas (Do tupi *itawa'su*, «pedra grande»)

tauara *adj.2g.* relativo ou pertencente aos Tauaras ou à sua língua ■ *n.2g.* pessoa pertencente aos Tauaras, etnia do grupo chona, que vive no distrito de Tete, em Moçambique, e no Zimbabué ■ *n.m.* língua falada pelos Tauaras (De *Tauaras*, etn., do chona *Matawara*, *Tawara* ou *Tavala*, a partir de *Tauari*, potamónimo)

taubateano *adj.* ⇒ **taubateense** (De *Taubaté*, top., cidade brasileira do estado de S. Paulo +-ano)

taubateense *adj.2g.* respeitante à cidade brasileira de Taubaté, no estado de S. Paulo ■ *n.2g.* natural ou habitante desta cidade (De *Taubaté*, top. +-ense)

tauísmo *n.m.* ⇒ **taoísmo** (Do chin. *tau*, «caminho» +-ismo)

tauísta *adj.,n.2g.* ⇒ **taoísta** (Do chin. *tau*, «caminho» +-ista)

taumaturgia *n.f.* poder ou obra de taumaturgo (Do gr. *thaumatourgía*, «id.»)

taumatúrgico *adj.* relativo a taumaturgo ou à taumaturgia (De *taumaturgo*+-ico)

taumaturgo *adj.,n.m.* que ou aquele que opera milagres (Do gr. *thaumatourgós*, «id.»)

táureo *adj.* pertencente ou relativo a touro; taurino (Do lat. *taurĕu-*, «id.»)

tauri- elemento de formação que exprime a ideia de *touro* (Do lat. *tauru-*, «touro»)

tauricéfalo *adj.* ⇒ **taurocéfalo**

tauricida *adj.,n.2g.* que ou a pessoa que mata touros (Do lat. *tauru-*, «touro» +*caedĕre*, «matar»)

tauricídio *n.m.* ato de matar touros (Do lat. *tauru-*, «touro» +*caedĕre*, «matar» +-io)

tauricorne *adj.2g.* ⇒ **tauricórneo**

tauricórneo *adj.* que tem cornos de touro (Do lat. *tauricorne-*, «id.» +-eo)

taurífero *adj.* 1 em que se criam touros 2 em que pastam touros (Do lat. *taurifĕru-*, «id.»)

tauriforme *adj.2g.* 1 que tem a forma de touro 2 que se assemelha morfologicamente ao touro (Do lat. *tauriforme-*, «id.»)

taurifrônteo *adj.* 1 respeitante à frente do touro 2 que tem a fronte semelhante à do touro (Do lat. *tauru-*, «touro» +*fronte-*, «fronte» +-eo)

taurina *n.f.* QUÍMICA substância existente na bílis do boi (Do lat. *tauru-*, «touro» +-ina)

taurino[1] *adj.* 1 relativo ou pertencente a touro; táureo 2 ASTROLOGIA pertencente ou relativo ao indivíduo nascido sob o signo de Touro 3 ASTROLOGIA pertencente ou relativo ao signo de Touro ■ *n.m.* ASTROLOGIA indivíduo nascido sob o signo de Touro (Do lat. *taurīnu-*, «id.»)

taurino[2] *adj.* relativo ou pertencente aos Taurinos ■ *n.m.* indivíduo desse povo (Do lat. *Taurīnu-*, «id.»)

Taurinos *n.m.pl.* ETNOGRAFIA antigo povo de Itália (Do lat. *Taurīnī*, «id.»)

tauro- elemento de formação de palavras que exprime a ideia de *touro* (Do lat. *tauru-*, «touro»)

Tauro *n.m.* ASTRONOMIA, ASTROLOGIA ⇒ **touro** (Do gr. *taûros*, «id.», pelo lat. *tauru-*, «id.»)

taurocatapsia *n.f.* espécie de tourada que se realizava em Creta e que consistia em acrobacias sobre os touros (Do gr. *taurokathapsía*, «id.»)

taurocéfalo *adj.* que tem cabeça de touro; tauricéfalo (Do gr. *tauroképhalos*, «id.»)

tauródromo *n.m.* praça de touros (Do gr. *taûros*, «touro» +*drómos*, «corrida»)

tauromaquia *n.f.* 1 combate com touro 2 arte de tourear (Do gr. *tauromakhía*, «id.»)

tauromáquico *adj.* relativo à tauromaquia (De *tauromaquia*+ *-ico*)

tautau *n.m.* [infant.] castigo físico (De orig. onom.)

taut(o)- elemento de formação de palavras que exprime a ideia de *idêntico, mesmo* (Do gr. *tautó*, «mesmo»)

tautocronismo *n.m.* estado ou qualidade de tautócrono; simultaneidade; isocronismo (Do gr. *tautó*, «mesmo» +*khrónos*, «tempo» +*-ismo*)

tautócrono *adj.* 1 que se faz ao mesmo tempo; simultâneo; isócrono; síncrono 2 (pêndulo) que efetua oscilações cujo período é independente da amplitude (Do gr. *tautó*, «mesmo» +*khrónos*, «tempo»)

tautofonia *n.f.* 1 repetição demasiada do mesmo som 2 monotonia (Do gr. *tautophonía*, «mesmo som»)

tautofónico *adj.* ⇒ **tautófono** (De *tautófono*+*-ico*)

tautófono *adj.* que repete os sons como o fonógrafo (Do gr. *tautóphonos*, «que tem o mesmo som»)

tautograma *n.m.* composição poética em que os versos começam todos pela mesma letra (Do gr. *tautó*, «mesmo» +*gramma*, «letra»)

tautologia *n.f.* 1 vício de linguagem que consiste em repetir uma ideia usando palavras diferentes (ex.: *descer para baixo, entrar para dentro,* etc.) 2 LÓGICA proposição dada explicação ou como prova, mas que, na realidade, apenas repete, em termos idênticos ou equivalentes, o que já foi dito; proposição na qual o predicado diz a mesma coisa que o sujeito, quer em termos idênticos, quer em termos equivalentes; *postulado/princípio de* ~ LÓGICA postulado ou princípio segundo o qual a mesma palavra deve, no decurso de uma exposição teórica, ser tomada no mesmo sentido (Do gr. *tautología*, «repetição de palavras»)

tautológico *adj.* 1 relativo à tautologia 2 em que há tautologia (De *tautologia*+*-ico*)

tautomeria *n.f.* QUÍMICA estado ou qualidade de tautómero (Do gr. *tautó*, «mesmo» +*méros*, «parte» +*-ia*)

tautomerismo *n.m.* propriedade das substâncias tautómeras (Do gr. *tautó*, «mesmo» +*méros*, «parte» +*-ismo*)

tautómero *adj.* 1 que se encontra todo do mesmo lado do corpo 2 QUÍMICA diz-se de qualquer dos dois isómeros químicos, facilmente interconvertíveis, que podem coexistir em equilíbrio químico (Do gr. *tautó*, «mesmo» +*méros*, «parte»)

tautometria *n.f.* excesso de simetria que degenera em monotonia (Do gr. *tautó*, «mesmo» +*métron*, «medida» +*-ia*)

tautométrico *adj.* relativo à tautometria (De *tautometria*+*-ico*)

tautonímia *n.f.* em sistemática, designação científica (binómica ou trinómica) na qual todos os termos componentes são os mesmos vocábulos (Do gr. *tautó*, «mesmo» +*ónyma*, por *ónoma*, «nome» +*-ia*)

tautónimo *adj.* relativo a tautonímia (Do gr. *tautó*, «mesmo» +*ónyma*, por *ónoma*, «nome»)

tautossilábico *adj.* em que há tautossilabismo (Do gr. *tautó*, «mesmo» +*syllabé*, «sílaba» +*-ico*)

tautossilabismo *n.m.* LINGUÍSTICA repetição de sílabas iguais, formando vocábulos de uso familiar, como *Lulu, Nené* (Do gr. *tautó*, «mesmo» +*syllabé*, «sílaba» +*-ismo*)

tauxia *n.f.* obra de embutidos de metais finos em aço ou ferro (Do ár. *tauxîa*, «pintura»)

tauxiado *n.m.* ⇒ **tauxia** (Part. pass. de *tauxiar*)

tauxiar *v.tr.* 1 ornamentar com tauxia; embutir; marchetar 2 [fig.] pintar, bordar, ornar ou tecer de vários matizes ou cores; matizar (De *tauxia*+*-ar*)

tavajiba *n.f.* [Brasil] BOTÂNICA ⇒ **tataíba**

tavajuba *n.f.* [Brasil] BOTÂNICA ⇒ **tataíba**

tavanês *adj.* 1 turbulento 2 doidivanas 3 ativo; diligente 4 desajeitado; estavanado (De *tavão*+*-ês*)

tavão *n.m.* ZOOLOGIA nome vulgar extensivo a uns insetos dípteros, da família dos Tabanídeos, que flagelam o gado, especialmente os bois e os cavalos, atacando também o homem com picada dolorosa; atavão; moscardo; tabão (Do lat. *tabănu-*, «id.»)

táveda *n.f.* BOTÂNICA nome vulgar de uma planta, mais ou menos lenhosa na base, da família das Compostas, espontânea em Portugal, especialmente nos lugares secos, também conhecida por tádega, táguedá e távega (De orig. obsc.)

távega *n.f.* BOTÂNICA ⇒ **táveda**

taverna *n.f.* ⇒ **taberna**

taverneiro *adj.,n.m.* ⇒ **taberneiro**

tavirense *adj.2g.* relativo à cidade portuguesa de Tavira, no distrito de Faro ■ *n.2g.* natural ou habitante de Tavira (De *Tavira*, top. + *-ense*)

távoa *n.f.* ⇒ **tábua**

távola *n.f.* ⇒ **tábula**

tavolageiro *n.m.* ⇒ **tabulageiro**

tavolagem *n.f.* ⇒ **tabulagem**

taxa *n.f.* 1 prestação que se exige dos particulares que utilizam um serviço público 2 regulamento que estabelece as custas dos processos judiciais 3 quantia fixa cobrada por certos serviços; tarifa 4 tributo; imposto 5 percentagem 6 termo; limite 7 *pl.* [regionalismo] remuneração, em dinheiro, dada ao pároco; ~ *de câmbio* ECONOMIA preço de uma moeda expresso em termos de uma moeda estrangeira; ~ *de juros* ECONOMIA relação percentual entre os juros e o capital que lhes deu origem; ~ *de mortalidade* GEOGRAFIA relação entre o número de óbitos ocorridos num determinado período (geralmente um ano) e o conjunto total de uma população, expressa em permilagem; ~ *de mortalidade infantil* GEOGRAFIA relação entre o número de óbitos de crianças com menos de um ano de idade, por cada mil nados-vivos, num determinado período, geralmente um ano; ~ *de natalidade* GEOGRAFIA relação entre o número de nados-vivos durante um ano e o total da população, expressa em permilagem; ~ *moderadora* pequena importância em dinheiro paga pelo utente que beneficia de uma consulta ou outro cuidado de saúde, com a exceção de casos de internamento e/ou de intervenção cirúrgica; ~ *social única* ECONOMIA contribuição mensal para a Segurança Social que incide sobre o salário de cada funcionário e que deve ser paga por este e pela empresa onde trabalha (Deriv. regr. de *taxar*)

taxação *n.f.* ato ou efeito de taxar (Do lat. *taxatiōne-*, «avaliação»)

taxácea *n.f.* BOTÂNICA espécime das Taxáceas

Taxáceas /cs/ *n.f.pl.* BOTÂNICA família de plantas gimnospérmicas, vetrices, arbustivas ou arbóreas, de flores nuas, a cujo género-tipo, que se denomina *Taxus*, pertence o teixo (Do lat. *taxu-*, «teixo» + *-áceas*)

taxador *adj.,n.m.* que ou aquele que taxa (Do lat. *taxatōre-*, «avaliador»)

taxar *v.tr.* 1 determinar a taxa de 2 regular o preço de; tabelar 3 lançar um imposto sobre 4 determinar uma porção de 5 regrar; limitar 6 ter na conta de 7 qualificar de; acusar de ■ *v.pron.* ter-se na conta (de); julgar-se (Do lat. *taxăre*, «avaliar»)

taxativamente *adv.* 1 de modo taxativo 2 com exatidão 3 sem hipótese de contestação ou dúvida (De *taxativo*+*-mente*)

taxativo *adj.* 1 que taxa, limita ou restringe 2 que fixa com precisão 3 que não se pode contestar 4 que não se pode evitar; absolutamente necessário; imperativo (Do fr. *taxatif*, «id.»)

tax(i)-[1] /cs/ elemento de formação de palavras que exprime a ideia de *arranjo, ordem* (Do gr. *táxis*, «ordem»)

tax(i)-[2] /cs/ elemento de formação de palavras que exprime a ideia de *teixo* (Do lat. *taxu-*, «teixo»)

tax(i)-[3] /cs/ elemento de formação de palavras que exprime a ideia de *taxa* (Do lat. *taxăre*, «avaliar»)

táxi /cs/ *n.m.* automóvel, munido de taxímetro, destinado ao transporte de passageiros (Do fr. *taxi*, «id.»)

taxia /cs/ *n.f.* 1 BIOLOGIA ⇒ **tatismo** 2 arranjo; ordem; disposição (Do gr. *táxis*, «ordem» +*-ia*)

taxícola /cs/ *adj.2g.* diz-se de qualquer parasita dos teixos (Do lat. *taxu-*, «teixo» +*colĕre*, «habitar»)

taxidermia /cs/ *n.f.* arte ou profissão de preparar cadáveres de animais, de modo que estes conservem, tanto quanto possível, certas características morfológicas que apresentavam em vida; zootecnia (Do gr. *táxis*, «ordem» +*dérma*, «pele» +*-ia*)

taxidérmico /cs/ *adj.* relativo à taxidermia (De *taxidermia*+*-ico*)

taxidermista /cs/ *n.2g.* pessoa que exerce a taxidermia (De *taxidermia*+*-ista*)

taxiforme /cs/ *adj.2g.* que apresenta caracteres morfológicos semelhantes aos do teixo (De *taxi-*+*-forme*)

taxilogia /cs/ *n.f.* sistemática, que é, em biologia, a ciência da classificação; taxiologia (De *taxi-*+*-logia*)

taxilógico /cs/ *adj.* relativo à taxilogia; taxiológico (De *taxilogia*+ *-ico*)

taxilogista /cs/ *adj.,n.2g.* que ou pessoa que se aplica aos estudos de taxilogia; sistemata; taxiologista; taxiólogo (De *taxilogia*+*-ista*)

taxílogo /cs/ *adj.,n.m.* ⇒ **taxinomista** (Do gr. *táxis*, «ordem» +*lógos*, «tratado»)

taxímetro /cs/ *n.m.* 1 aparelho instalado em táxi, para marcar, em função da distância percorrida ou do tempo despendido, a quantia a pagar pelo utente 2 carro munido de taxímetro; táxi (Do fr. *taximètre*, «id.»)

taxinomia /cs/ *n.f.* 1 [sentido geral] ciência dos princípios e métodos de classificação dos diversos elementos de uma área científica

taxinómico

2 BIOLOGIA parte da sistemática que, considerando a semelhança e dissemelhança de características, classifica e agrupa os seres vivos em categorias sistemáticas ou grupos taxinómicos, como o tipo, a classe, a ordem, a família, o género e a espécie; biotaxia 3 GRAMÁTICA ramo que trata da classificação das palavras (Do gr. *táxis*, «ordem» +*nómos*, «lei» +-*ia*)

taxinómico /cs/ *adj.* relativo a taxinomia; taxionómico (De *taxinomia*+-*ico*)

taxinomista /cs/ *adj.,n.2g.* que ou pessoa que é versada em taxinomia; taxionomista (De *taxinomia*+-*ista*)

taxio- /cs/ ⇒ **tax(i)-**[1]

taxiologia /cs/ *n.f.* ⇒ **taxilogia**

taxiológico /cs/ *adj.* ⇒ **taxilógico**

taxiologista /cs/ *adj.,n.2g.* ⇒ **taxilogista**

taxiólogo /cs/ *adj.,n.m.* ⇒ **taxilogista**

taxionomia /cs/ *n.f.* ⇒ **taxinomia**

taxionómico /cs/ *adj.* ⇒ **taxinómico**

taxionomista /cs/ *adj.,n.2g.* ⇒ **taxinomista**

taxista /cs/ *n.2g.* motorista de táxi (De *táxi*+-*ista*)

taxodiácea *n.f.* BOTÂNICA espécime das Taxodiáceas

Taxodiáceas /cs/ *n.f.pl.* BOTÂNICA família de plantas gimnospérmicas, coníferas, cujo género-tipo se denomina *Taxodium* (Do lat. cient. *Taxodĭum*+-*áceas*)

taxodontes /cs/ *n.m.pl.* ZOOLOGIA grupo de lamelibrânquios caracterizados pelos dentes de charneira, iguais e dispostos em linha (Do gr. *táxis*, «ordem» +*odoús*, -*óntos*, «dente»)

taxonomia /cs/ *n.f.* ⇒ **taxinomia**

taxonómico /cs/ *adj.* ⇒ **taxinómico**

taxonomista /cs/ *adj.,n.2g.* ⇒ **taxinomista**

taylorismo *n.m.* ECONOMIA método de organização industrial destinado a aumentar a produtividade do operário com base na cronometragem dos gestos do trabalho, a fim de impor como norma os melhores tempos, sem preocupação com o desgaste psicofisiológico que isso implica (Do ing. *taylorism*, «id.», pelo fr. *taylorisme*, «id.»)

taylorista *adj.2g.* relativo ao taylorismo ■ *adj.2g.,n.2g.* partidário do taylorismo (De *Taylor*, antr., engenheiro e economista americano, 1856-1915 +-*ista*)

tchau *interj.* ⇒ **chau**[1]

tchetcheno *adj.* relativo à República da Tchechénia, república autónoma da Federação Russa, ou aos seus naturais ou habitantes ■ *n.m.* natural ou habitante da República da Tchechénia (De *Tchechénia*, top.)

tchim-tchim *interj.* usada para brindar

te *pron.pess.* designa a segunda pessoa do singular e indica a pessoa a quem se fala ou escreve (*não te conheceu; logo digo-te; queixas-te sempre*) (Do lat. *te*, «id.»)

té *prep.* ⇒ **até** *prep.* (De *até*, com afér.)

tê *n.m.* 1 nome da letra *t* ou *T* 2 régua em forma de T ■ *adj.* 1 designativo de um tubo simples ou duplo, dobrado em ângulo reto, para condução de águas 2 designativo de um ferro com forma de T, empregado em construções, ramadas, etc.

teaça *n.f.* [regionalismo] teia de aranha (De *teia*+-*aça*)

teácea *n.f.* BOTÂNICA espécime das Teáceas

Teáceas *n.f.pl.* BOTÂNICA família de plantas dicotiledóneas, cujo género-tipo se denomina *Thea*, também conhecida por Cameliáceas (Do lat. cient. *Thea*, «planta do chá» +-*áceas*, ou do fr. *théaces*, «id.»)

teáceo *adj.* 1 que diz respeito ao chá 2 BOTÂNICA pertencente ou relativo às Teáceas (Do lat. cient. *Thea*, «planta do chá» +-*áceo*, ou do fr. *théace*, «id.»)

teagem *n.f.* 1 teia 2 tecido (De *teia*+-*agem*)

teandria *n.f.* ⇒ **teantropia** (Do gr. *théos*, «Deus» +*anér*, *andrós*, «homem» +-*ia*)

teândrico *adj.* ⇒ **teantrópico** (Do gr. *theandrikós*, «id.»)

teantropia *n.f.* parte da teologia que estuda Deus feito homem (De *teantropo*+-*ia*)

teantrópico *adj.* relativo a teantropia (De *teantropia*+-*ico*)

teantropo /ô/ *n.m.* aquele que é simultaneamente Deus e homem (Cristo) (Do gr. *Theós*, «Deus» +*ánthropos*, «homem»)

tear *n.m.* 1 maquinismo para tecer 2 utensílio onde o encadernador cose os livros 3 conjunto de todas as rodas de um relógio (De *teia*+-*ar*)

teatino *n.m.* membro da Ordem dos Clérigos Regulares Teatinos fundada no século XVI (Do it. *teatino*, «id.», de *Teate*, top., antiga cidade italiana, hoje Chieti)

teatrada *n.f.* 1 espetáculo dado em teatro 2 representação de amadores 3 [fig.] cena burlesca 4 [fig.] fingimento (De *teatro*+-*ada*)

teatral *adj.2g.* 1 referente a teatro 2 referente à arte de representar 3 [fig., pej.] artificial; fictício; forçado; excessivo 4 [fig., pej.] exibicionista (Do lat. *theatrāle*-, «id.»)

teatralidade *n.f.* 1 qualidade daquilo que é teatral ou tem condições para ser representado em cena 2 [fig., pej.] artificialidade 3 [fig., pej.] reação excessiva perante determinada situação; dramatismo 4 [fig., pej.] exibicionismo (De *teatral*+-*i*-+-*dade*)

teatralismo *n.m.* 1 conjunto de características teatrais 2 PSICOLOGIA tendência para manifestações emotivas espetaculares (frequente na histeria) (De *teatral*+-*ismo*)

teatralizar *v.tr.* 1 adaptar ao teatro 2 [fig., pej.] dramatizar 3 [fig., pej.] exagerar (De *teatral*+-*izar*)

teatrelho /ê/ *n.m.* [depr.] teatro pobre, acanhado (De *teatro*+-*elho*)

teátrico *adj.* ⇒ **teatral** (Do lat. *theatrĭcu*-, «de teatro»)

teatrista *adj.,n.2g.* que ou a pessoa que frequenta o teatro (De *teatro*+-*ista*)

teatro *n.m.* 1 lugar ou casa onde se representam comédias, tragédias, farsas, revistas, etc. 2 arte de representar 3 profissão de ator ou atriz 4 coleção das obras dramáticas de um autor ou de uma nação 5 conjunto da literatura dramática 6 [fig.] ilusão 7 [fig., pej.] fingimento; hipocrisia 8 [fig.] lugar onde se deu um acontecimento (Do gr. *théatron*, «lugar donde se vê um espetáculo», pelo lat. *teatru*-, «teatro»)

teatro anatómico *n.m.* (escolas de medicina) sala própria para a dissecação de cadáveres

teatro de guerra *n.m.* MILITAR território, mar ou espaço aéreo onde se desenrolam ou podem vir a desenrolar-se operações de guerra

teatro de operações *n.m.* MILITAR local onde se desenrolam operações táticas e as atividades logísticas correspondentes

teatrólogo *n.m.* 1 aquele que se ocupa do teatro 2 indivíduo que escreve peças de teatro (Do gr. *théatron*, «teatro» +*lógos*, «estudo»)

teatrório *n.m.* [depr.] ⇒ **teatrelho** (De *teatro*+-*ório*)

tebaico *adj.* 1 relativo à antiga cidade grega de Tebas 2 relativo ao ópio (Do gr. *thebaikós*, «id.», pelo lat. *thebaĭcu*-, «id.»)

tebaida *n.f.* [fig.] lugar solitário; ermo; retiro (De *Tebaida*, top., região que corresponde ao Alto Egito)

tebaísmo *n.m.* MEDICINA intoxicação pelo ópio (Do fr. *thébaïsme*, «id.»)

tebano *adj.* de Tebas, cidade da Grécia antiga ■ *n.m.* natural ou habitante de Tebas (Do lat. *thebānu*-, «id.»)

teca[1] *n.f.* BOTÂNICA árvore asiática, de grande porte, pertencente à família das Verbenáceas, que é produtora de apreciável madeira designada por este mesmo nome (Do malaiala-tâm. *tékku*, «id.»)

teca[2] *n.f.* 1 ANATOMIA invólucro ou membrana, em regra de natureza fibrosa, que cerca certos órgãos, como a teca interna e a teca externa nos folículos de Graaf, a teca cardíaca (pericárdio), etc. 2 BOTÂNICA cada uma das partes dilatadas de uma antera no interior das quais estão os sacos polínicos 3 BOTÂNICA para alguns autores, o mesmo que asco (esporângio) 4 quantidade de peixe que pertence a cada um dos pescadores, num lanço 5 [pop.] dinheiro (Do gr. *théke*, «depósito», pelo lat. *theca*-, «id.»)

-teca sufixo nominal de origem grega que exprime a ideia de caixa, cofre, depósito (*discoteca, filmoteca, cinemateca*)

tecal *adj.2g.* relativo ou pertencente a teca (De *teca*+-*al*)

tecamebas *n.f.pl.* ZOOLOGIA grupo de amebas que possuem uma espécie de concha, também denominadas amebas testáceas (Do gr. *théke*, «estojo» +*amoibé*, «ameba»)

tecedeira *n.f.* (masculino **tecedor**) 1 aquela que tece 2 [fig.] intriguista (De *tecer*+-*deira*)

tecedor *adj.,n.m.* (feminino **tecedeira**) 1 que ou aquele que tece; tecelão 2 [fig.] intriguista (De *tecer*+-*dor*)

tecedura *n.f.* 1 operação de tecer 2 conjunto dos fios que atravessam a urdidura 3 [fig.] trama; intriga (De *tecer*+-*dura*)

tecelagem *n.f.* 1 operação de tecer; tecedura 2 ofício ou indústria do tecelão 3 atividade de fabrico ou manufatura de tecidos 4 indústria dedicada ao fabrico de tecidos 5 setor dos teares, numa fábrica têxtil (De *tecelão*+-*agem*)

tecelão *n.m.* 1 operário que trabalha em teares; tecedor 2 ORNITOLOGIA ave da família dos Ploceídeos, de tamanho reduzido e bico curto, com plumagem de cores variadas, que tece o ninho artisticamente, entrelaçando materiais variados (De *tecer*+*l*+-*ão*)

tecer *v.tr.* 1 produzir (teia ou tecido) entrelaçando fios, linha, palha, etc. 2 entretecer regularmente os fios de 3 ligar (uma coisa a outra) fazendo-a passar ora por baixo ora por cima; entrelaçar 4 ligar (coisas variadas); mesclar 5 [fig.] adornar 6 [fig.] engendrar; preparar; organizar (coisa nova) 7 [fig.] tramar; armar; urdir (coisa má) ■ *v.intr.* 1 exercer o ofício de tecelão 2 fazer obra de tear 3 fazer teias 4 [fig.]

fazer intrigas **5** (bebé) mexer com os braços e as pernas ■ *v.pron.* **1** entrelaçar-se **2** organizar-se; preparar-se (Do lat. *texĕre*, «id.»)

tecido *n.m.* **1** material têxtil resultante de tecelagem de fibras naturais, artificiais ou sintéticas **2** qualquer obra de fios entrelaçados **3** BIOLOGIA conjunto de células associadas, igualmente diferenciadas **4** [fig.] conjunto; encadeamento de coisas; série; sucessão **5** [fig.] disposição; ordem ■ *adj.* **1** que resulta de um processo de tecelagem **2** que é feito no tear **3** [fig.] engendrado; preparado **4** [fig.] tramado; urdido **5** [fig.] combinado; **~ definitivo** BOTÂNICA tecido vegetal cujas células, ao contrário do meristema, não têm a propriedade de se dividir; **~ liquescente/líquido** tecido animal cuja substância intersticial é líquida; **~ vascular** BOTÂNICA tecido vegetal constituído por traqueias ou tracoides, que desempenha a função de resistência e condução da seiva bruta (Part. pass. de *tecer*)

tecido industrial *n.m.* conjunto das empresas de determinada região

tecido urbano *n.m.* rede dos elementos (construções, sistemas viários, terrenos, etc.) que constituem uma cidade

tecidual *adj.2g.* BIOLOGIA relativo a tecido (De *tecido*+-*al*)

tecla *n.f.* **1** MÚSICA cada uma das peças, em muitos casos revestidas de marfim, sobre as quais se exerce a pressão dos dedos, para se obter o som num piano, cravo, órgão (os chamados instrumentos de teclado) **2** cada uma das peças das máquinas de escrever e outras análogas, que, sob pressão dos dedos, faz imprimir o sinal que lhe corresponde **3** botão que cumpre determinado papel no funcionamento de certos aparelhos (gravador, rádio, etc.) **4** [fig.] assunto ou aspeto em relação ao qual determinada pessoa é particularmente sensível; ponto fraco **5** [fig.] assunto debatido; *bater na mesma ~* repisar o mesmo assunto; *mostrar as teclas* rir de troça (De orig. obsc.)

teclado *n.m.* **1** conjunto das teclas de um instrumento, aparelho ou máquina **2** INFORMÁTICA dispositivo periférico de entrada que integra um conjunto convenientemente organizado das teclas de um computador (De *tecla*+-*ado*)

teclar *v.intr.* **1** bater as teclas **2** comunicar com alguém através do computador ■ *v.tr.* **1** marcar, batendo as teclas ou premindo os botões de um teclado **2** introduzir (dados, informação) através de teclas (De *tecla*+-*ar*)

teclista *n.2g.* MÚSICA pessoa que toca instrumentos de teclas (De *tecla*+-*ista*)

tecnécio *n.m.* QUÍMICA elemento químico com o número atómico 43, metal radioativo produzido artificialmente, de símbolo Tc (Do gr. *tekhnetós*, «artificial»)

-tecnia sufixo nominal de origem grega que traduz a ideia de *arte, ofício, técnica* (*eletrotecnia, magnetotecnia*)

técnica *n.f.* **1** conjunto de processos baseados em conhecimentos científicos, e não empíricos, utilizados para obter certo resultado **2** conjunto dos processos de uma arte, de um ofício ou de uma ciência **3** ciência aplicada, especialmente no campo industrial **4** (geral) conjunto de processos utilizados para obter certo resultado **5** conhecimento prático (De *técnico*)

tecnicamente *adv.* **1** do ponto de vista técnico **2** por meios técnicos (De *técnico*+-*mente*)

tecnicismo *n.m.* **1** qualidade do que é técnico **2** submissão rigorosa às normas que condicionam a prática de uma atividade técnica **3** pormenor tornado necessário pela submissão rigorosa às normas que condicionam a prática de uma atividade técnica **4** [fig., pej.] especificidade de pouco significado **5** LINGUÍSTICA palavra ou expressão própria de uma dada especialidade (De *técnico*+-*ismo*)

tecnicista *adj.2g.* **1** relativo a tecnicismo **2** [fig., pej.] demasiado específico ■ *n.2g.* indivíduo que domina determinada técnica ou determinado conjunto de técnicas (De *técnico*+-*ista*)

tecnicização *n.f.* **1** transformação de um meio manual em meio técnico **2** mudança de um processo manual para um processo técnico **3** automatização **4** motorização (De *tecnicizar*+-*ção*)

tecnicizar *v.tr.* **1** tornar técnico **2** dar carácter técnico a **3** transformar (um meio manual) em meio técnico **4** automatizar **5** motorizar (De *técnico*+-*izar*)

técnico *adj.* **1** relativo à técnica **2** próprio de uma arte ou das aplicações práticas de uma ciência **3** relativo ao funcionamento de dispositivos mecânicos ou automáticos **4** que exige formação especializada ■ *n.m.* indivíduo versado numa arte ou numa técnica; perito (Do gr. *tekhnikós*, «relativo a uma arte», pelo lat. *technĭcu*-, «id.»)

tecnicolor *n.m.* processo especial empregado em cinematografia colorida (Do ing. *technicolour*, «id.»)

tecnismo *n.m.* influência da técnica (Do gr. *tékhne*, «arte» +-*ismo*)

tecno *n.m.* MÚSICA música para dançar, de ritmo rápido, que inclui uma importante componente produzida por sintetizadores (Do ing. *techno*, «id.»)

tecn(o)- elemento de formação de palavras que exprime a ideia de *arte, ciência, ofício* (Do gr. *tékhne*, «arte manual; habilidade»)

tecnocracia *n.f.* sistema político e social baseado na predominância dos técnicos no processo socioeconómico (Do gr. *tékhne*, «arte» +*krateía*, «força»)

tecnocrata *n.2g.* **1** indivíduo de formação essencialmente técnica que ocupa uma posição de poder **2** [pej.] ministro ou alto funcionário que privilegia os aspetos técnicos e burocráticos de um problema, em detrimento dos seus aspetos sociais e humanos **3** pessoa partidária da tecnocracia (Do gr. *tékhne*, «arte» +*krátos*, «força»)

tecnocrático *adj.* próprio da tecnocracia ou dos tecnocratas (De *tecnocrata*+-*ico*)

tecnofobia *n.f.* aversão aos progressos da técnica (De *tecno-*+ *-fobia*)

tecnografia *n.f.* **1** descrição dos processos próprios de uma arte ou de uma técnica **2** *pl.* nome oficial do conjunto de disciplinas constituído pela estenografia e caligrafia (De *tecnógrafo*+-*ia*)

tecnográfico *adj.* relativo à tecnografia (Do gr. *tekhnographikós*, «id.»)

tecnógrafo *n.m.* indivíduo versado em tecnografia (Do gr. *tekhnográphos*, «id.», pelo lat. *technogrăphu*-, «id.»)

tecnolectal ver nova grafia **tecnoletal**

tecnolecto ver nova grafia **tecnoleto**

tecnoletal *adj.2g.* LINGUÍSTICA próprio de tecnoleto (De *tecno*+*lectal*)

tecnoleto *n.m.* LINGUÍSTICA conjunto de usos de uma língua próprios de uma determinada especialidade (científica, técnica, profissional, etc.) e das pessoas que lhe estão associadas (Do lat. *tékhne*,«arte» +raiz gr. de *diálektos*, «conversa, diálogo»)

tecnologia *n.f.* **1** conjunto dos instrumentos, métodos e processos específicos de qualquer arte, ofício ou técnica **2** estudo sistemático dos procedimentos e equipamentos técnicos necessários para a transformação das matérias-primas em produto industrial **3** [raramente usado] conjunto de termos técnicos próprios de uma arte ou ciência; **~ alternativa** tecnologia que não liberta para a biosfera qualquer tipo de substância poluente; **~ de ponta** aquela que resulta da aplicação dos mais avançados conhecimentos e instrumentos; *tecnologias de informação* conjunto de equipamentos técnicos e procedimentos recentes que permitem o tratamento e a difusão de informação de forma mais rápida e eficiente (Do gr. *tekhnología*, «tratado sobre uma arte»)

tecnológico *adj.* **1** relativo à tecnologia **2** técnico (Do gr. *tekhnologikós*, «id.»)

tecnologista *n.2g.* ⇒ **tecnólogo** (De *tecnologia*+-*ista*)

tecnólogo *n.m.* aquele que estuda e aplica instrumentos, métodos e processos específicos de determinada arte, ofício ou técnica (De *tecno-*+-*logo*)

tecnopsicologia *n.f.* termo (algumas vezes empregado como sinónimo de psicotécnica) utilizado para designar, de preferência, um aspeto da psicotécnica industrial, visando adaptar o ofício ao homem (De *tecno*+*psicologia*)

tecodonte *adj.2g.* **1** PALEONTOLOGIA relativo aos tecodontes **2** ZOOLOGIA cujos dentes estão implantados em alvéolos ■ *n.m.* **1** PALEONTOLOGIA espécime dos tecodontes **2** dente de réptil (crocodilo) que está implantado em alvéolo ■ *n.m.pl.* PALEONTOLOGIA ordem de répteis que viveram do Pérmico ao Triásico (Do gr. *théke*, «estojo» +*odoús*, *-óntos*, «dente»)

tecóforo *adj.* pertencente ou relativo aos tecóforos ■ *n.m.* ZOOLOGIA espécime dos tecóforos ■ *n.m.pl.* ZOOLOGIA grupo de quelónios em que parte do endosqueleto está fundida com a porção interna da couraça (Do gr. *théke*, «estojo» +*phorós*, «portador»)

tectiforme *adj.2g.* que se dispõe como os dois planos inclinados de uma cobertura (telhado) (Do lat. *tectu-*, «telhado» +*forma-*, «forma»)

tectito ver nova grafia **tetito**

tecto ver nova grafia **teto**[1]

tectogénese *n.f.* GEOLOGIA processo que conduz à deformação das rochas; formação de dobras, falhas e outros acidentes geológicos (Do lat. *tectu-*, «teto»+gr. *génesis*, «formação; produção»)

tectónica *n.f.* **1** parte da geologia que estuda as deformações produzidas na crusta terrestre (enrugamentos, fraturas) pela ação de forças internas; geotectónica **2** arquitetura da crusta terrestre **3** arte de construir edifícios (Do gr. *tektoniké*, «carpintaria»)

tectónico *adj.* **1** relativo à estrutura da crusta terrestre **2** relativo à construção de edifícios (Do gr. *tektonikós*, «relativo a carpinteiro», pelo lat. *tectonĭcu-*, «arquitetónico»)

tectonito *n.m.* GEOLOGIA rocha modificada por tectonização, isto é, por ações compressivas que provocaram deformação dos minerais e modificação da textura (De *tectón[ico]*+*-ito*)

tectonização *n.f.* **1** GEOLOGIA ação de tectonizar **2** GEOLOGIA efeito das ações tectónicas, em particular das forças de compressão **3** esmagamento (De *tectonizar*+*-ção*)

tectonizar *v.tr.* **1** GEOLOGIA produzir dobras ou falhas em **2** deformar (De *tectónico*+*-izar*)

tectriz *n.f.* ORNITOLOGIA cada uma das penas de revestimento do corpo das aves (Do lat. *tectrīce-*, fem. de *tector*, de *tegĕre*, «cobrir»)

tecum *n.m.* fibra têxtil, curta e fina, que se extrai da tecumã (De *tecumã*)

tecumã *n.f.* BOTÂNICA variedade de palmeira cujas fibras (tecum) são têxteis e servem para fazer redes e fios de pesca (Do tupi *tuku'mã*, «id.»)

tedesco /ê/ *adj.,n.m.* ⇒ **tudesco** (Do it. *tedesco*, «alemão»)

tedífero *adj.* que traz teia ou tocha (Do lat. *taedifĕru-*, «id.»)

tédio *n.m.* **1** enfado; aborrecimento; fastio **2** nojo **3** desgosto (Do lat. *taedĭu-*, «id.»)

tedioso /ô/ *adj.* **1** que provoca tédio; fastidioso; aborrecido; maçador **2** que revela tédio; maçado (Do lat. *taediōsu-*, «id.»)

tefe-tefe *n.m.* **1** [coloq.] pulsar do coração acelerado por receio de algum mal iminente **2** [fig., coloq.] medo (De orig. onom.)

tefromancia *n.f.* suposta arte de adivinhar por meio da cinza dos sacrifícios (Do gr. *téphra*, «cinza» +*manteía*, «adivinhação»)

tegão *n.m.* ⇒ **tremonha** (De *teiga*+*-ão*?)

tégmen *n.m.* **1** BOTÂNICA membrana interna que entra na constituição do tegumento de muitas sementes **2** ZOOLOGIA base do cálice dos equinodermes crinoides (Do lat. *tegmen*, «coisa que cobre»)

tégula *n.f.* telha encontrada em escavações arqueológicas (Do lat. *tegŭla-*, «telha»)

tegular *adj.2g.* diz-se da disposição imbricada dos elementos de um conjunto (Do lat. *tegŭla-*, «telha» +*-ar*)

tegumentar *adj.2g.* ⇒ **tegumentário** (De *tegumento*+*-ar*)

tegumentário *adj.* que diz respeito ao tegumento (De *tegumento*+*-ário*)

tegumento *n.m.* **1** BOTÂNICA aquilo que cobre alguns órgãos vegetais, como o óvulo, a semente, etc. **2** ZOOLOGIA revestimento externo dos animais (pele, escamas, penas, etc.) (Do lat. *tegumentu-*, «id.»)

teia¹ *n.f.* **1** tecido ou pano feito em tear **2** rede tecida por muitas espécies de aranhas, que se destina à captura da presa, e que é constituída por fios de matéria proveniente das glândulas sericígenas que se abrem nas fieiras **3** divisória em igreja ou tribunal para separação dos assistentes ou dos espectadores **4** gradeamento; cerca **5** [ant.] espaço fechado destinado a torneios; liça **6** [fig.] estrutura complexa **7** [fig.] aquilo que envolve e/ou prende de forma perigosa **8** [fig.] intriga; enredo **9** [fig.] trama; urdidura **10** *pl.* ilusões; preconceitos (Do lat. *tela-*, «id.»)

teia² *n.f.* facho; archote; tocha (Do lat. *taeda-*, «id.»)

teiga *n.f.* **1** vasilha de palha, com feitio de cesto **2** antiga medida de secos, com diversos valores (Do ár. *talíqa*, «saco»)

teima *n.f.* **1** ato ou efeito de teimar **2** recusa ou incapacidade de alterar determinada atitude ou opinião em relação a algo, apesar de haver opiniões e/ou situações desfavoráveis **3** obstinação; teimosia; pertinácia (Do gr. *théma*, «assunto; proposição», pelo lat. *thema-*, «id.»)

teimar *v.tr.,intr.* **1** persistir na mesma opinião ou atitude em relação a (algo); insistir (em) **2** manter-se (uma situação); persistir (em); continuar (a) ■ *v.tr.* insistir com (alguém) de forma a convencê-lo de algo (De *teima*+*-ar*)

teimice *n.f.* [pop.] ⇒ **teimosia** (De *teima*+*-ice*)

teimosamente *adv.* **1** com teimosia **2** obstinadamente; pertinazmente (De *teimoso*+*-mente*)

teimosia *n.f.* **1** qualidade de teimoso **2** qualidade do que não muda facilmente de opinião ou de atitude; pertinácia **3** característica do que não desiste facilmente; insistência **4** teima; birra (De *teimoso*+*-ia*)

teimosice *n.f.* ⇒ **teimosia** (De *teimoso*+*-ice*)

teimoso /ô/ *adj.* **1** que teima **2** que não muda facilmente de opinião ou atitude; obstinado **3** que não desiste facilmente; insistente **4** que se mantém apesar de contrariedades ou dificuldades; resistente; prolongado; duradouro ■ *n.m.* **1** indivíduo que teima **2** boneco que tende a estar sempre de pé por causa de um peso arredondado que tem na parte inferior (De *teima*+*-oso*)

teína *n.f.* QUÍMICA princípio ativo do chá que, tal como a cafeína, pode funcionar como estimulante (Do fr. *théine*, «id.»)

teiró *n.m.* AGRICULTURA peça do arado cravada na cabeça do vessadouro, que segura o dente ao timão (Do lat. **teleirola*, «id.»)

teiroga¹ *n.f.* AGRICULTURA ⇒ **teiró** (De *teiró*)

teiroga² *n.f.* ICTIOLOGIA ⇒ **eiroga** (De *eiroga*)

teísmo¹ *n.m.* FILOSOFIA, RELIGIÃO doutrina filosófica e religiosa que admite a existência de um deus único, pessoal, criador do mundo e distinto dele (Do gr. *théos*, «Deus» +*-ismo*, ou do fr. *théisme*, «id.»)

teísmo² *n.m.* MEDICINA conjunto de acidentes mórbidos causados pelo abuso de substâncias que contêm teína (Do fr. *théisme*, «id.», de *thé*, «chá»)

teísta *adj.2g.* **1** relativo a teísmo **2** que professa o teísmo ■ *n.2g.* pessoa que professa o teísmo (Do gr. *théos*, «Deus» +*-ista*, ou do fr. *théiste*, «id.»)

teiú *n.m.* [Brasil] ZOOLOGIA sáurio de muito grandes dimensões, também conhecido por teju, teiú-açu e tiú (Do tupi *te'yu*, «id.»)

teiú-açu *n.m.* [Brasil] ZOOLOGIA ⇒ **teiú** (De *teiú*, «lagarto» +*-açu*, «grande»)

teixe *n.m.* antigo berloque de ouro; dixe (Do cast. *dije*, «id.»)

teixo *n.m.* BOTÂNICA planta arbustiva ou arbórea, gimnospérmica da família das Taxáceas, espontânea nas montanhas do Norte de Portugal, e também cultivada (Do lat. *taxu-*, «id.»)

teixugo *n.m.* ZOOLOGIA ⇒ **texugo 1** (Do gót. **thaksuks*, «id.»)

tejadilho *n.m.* teto de veículo (Do cast. *tejadillo*, «pequeno telhado»)

Tejidas *n.m.pl.* ZOOLOGIA ⇒ **Tejídeos**

tejídeo *adj.* ZOOLOGIA relativo ou pertencente aos Tejídeos ■ *n.m.* ZOOLOGIA espécime dos Tejídeos

Tejídeos *n.m.pl.* ZOOLOGIA família de répteis sáurios, alguns dos quais de grandes dimensões, que habitam a América do Sul, e cujo género-tipo se denomina *Tejus* (Do lat. cient. *Tejus*+*-ídeos*)

tejo *n.m.* **1** [regionalismo] um dos compartimentos em que se dividem as salinas **2** [Brasil] jogo em que se atiram moedas a uma faca espetada no chão, dentro de um quadrado (Do cast. *tejo*, «jogo da malha»)

tejoila *n.f.* [pop.] ⇒ **tejoula**

tejoula *n.f.* [pop.] um dos ossos do casco dos cavalos (Do cast. *tejuelo*, «id.»)

teju *n.m.* [Brasil] ZOOLOGIA ⇒ **teiú**

tejuaçu *n.m.* [Brasil] ZOOLOGIA ⇒ **teiú**

tejuco *n.m.* **1** BOTÂNICA planta cucurbitácea do Brasil, conhecida vulgarmente por cabeça-de-preto **2** charco; atoleiro (Do tupi *ti'yug*, «id.»)

tela *n.f.* **1** tecido de linho, lã, seda, etc. **2** pano grosso sobre o qual se pintam os quadros **3** quadro; pintura **4** painel sobre o qual se faz uma projeção luminosa; pantalha **5** [fig.] cinema **6** [fig.] objeto de discussão; **~ coroide** ANATOMIA formação do interior do encéfalo (Do lat. *tela-*, «teia»)

telagarça *n.f.* ⇒ **talagarça**

telalgia *n.f.* MEDICINA dor localizada especialmente no mamilo (das glândulas mamárias) (Do gr. *thelé*, «bico do peito» +*álgos*, «dor» +*-ia*)

telamão *n.m.* estátua ou figura de homem que sustém uma cornija ou entablamento (Do gr. *telamón*, «id.»)

télamon *n.m.* (plural *telamones*) ⇒ **telamão**

telangiectasia *n.f.* MEDICINA dilatação anormal dos capilares sanguíneos (De *telo-*+*angiectasia*)

telangioma *n.m.* MEDICINA tumor originado por dilatação de capilares sanguíneos (telangiectasia) (De *telo-*+*angioma*)

telão *n.m.* **1** {aumentativo de **tela**} tela grande **2** pano com anúncios que, em alguns palcos, substitui o pano de boca (Do cast. *telón*, «id.»)

telautógrafo *n.m.* pequeno aparelho telegráfico que transmite pelo fio a escrita em fac-símile (Do gr. *tēle*, «longe» +*autós*, «mesmo» +*gráphein*, «escrever»)

tele *n.m.* SOCIOLOGIA fator de atração social que age entre indivíduos ou entre grupos (J. Moreno, psicólogo e sociólogo americano, 1892-1974)

tele- elemento de formação de palavras que exprime a ideia de *longe, ao longe, à distância* (Do gr. *tēle*, «longe»)

telebanco *n.m.* serviço bancário disponibilizado através de telefone (De *tele-*+*banco*)

telecadeira *n.f.* sistema de transporte de pessoas em locais de altitude elevada, constituído por uma série de cadeiras ou assentos que deslizam sobre um cabo aéreo (De *tele-*+*cadeira*)

telecarregamento *n.m.* aquisição de crédito telefónico por meios eletrónicos, nomeadamente por multibanco

telecinesia *n.f.* suposta capacidade de fazer mover ou deformar objetos inanimados sem lhes tocar (Do gr. *tēle*, «ao longe» +*kínesis*, «ação de mover; movimento»)

telecinético *adj.* relativo à telecinesia (De *tele-*+*cinético*)

telecomandar *v.tr.* guiar ou dirigir à distância (aviões, projéteis, etc.) através de sistema adequado; teleguiar (De *tele-*+*comandar*)
telecomando *n.m.* **1** ação de telecomandar **2** comando à distância (de projéteis, aeronaves, aparelhos) por ondas hertzianas **3** dispositivo manual, usado para dirigir e controlar aparelhos eletrónicos como televisores, vídeos, modelos de aviões, etc. (De *tele-*+*comando*)
telecompra *n.f.* compra efetuada por telefone
telecomunicações *n.f.pl.* **1** transmissão de informações à distância através de linhas telegráficas, telefónicas, satélites ou micro-ondas **2** sistema (conjunto) de comunicações em que se empregam o telégrafo, a radiotelefonia ou o telefone e a radiotelevisão **3** conjunto de meios técnicos para a transmissão de informação por meio de sinais em fios ou de ondas eletromagnéticas (De *tele-*+*comunicação*)
telecópia *n.f.* reprodução à distância de documentos manuscritos ou impressos por transmissão de sinais elétricos através da rede telefónica; telefax; fax (De *tele-*+*cópia*, ou do fr. *télécopie*, «id.»)
teledeteção *n.f.* ato ou efeito de teledetetar; deteção à distância (De *tele-*+*detecção*)
teledetecção ver nova grafia **teledeteção**
teledetectar a grafia mais usada é **teledetetar**
teledetetar *v.tr.* detetar à distância (De *tele-*+*detetar*) ACORDO ORTOGRÁFICO também se pode escrever **teledetectar**
teledifundir *v.tr.* transmitir através da televisão
teledifusão *n.f.* difusão por meio da televisão (De *tele-*+*difusão*)
teledinâmica *n.f.* transmissão de energia (em especial, elétrica) a longas distâncias (De *tele-*+*dinâmica*)
teledinâmico *adj.* **1** relativo à teledinâmica **2** que transmite (energia) a longas distâncias **3** (medicamento) que exerce a sua ação muito tempo depois de administrado (De *tele-*+*dinâmico*)
teledirigir *v.tr.* guiar ou dirigir à distância (aviões, projéteis, etc.) (De *tele-*+*dirigir*)
teledisco *n.m.* sequência filmada de curta duração destinada a apresentar e promover uma canção, um disco, um músico ou grupo musical (De *tele*[*visão*]+*disco*)
telefax *n.m.* transmissão de mensagens por meio de telecópia (De *tele-*+*fax* [= fac-símile], ou do fr. *téléfax*, «id.»)
telefaxe *n.m.* ⇒ **telefax** (De *tele-*+*fax* [= fac-símile], ou do fr. *téléfax*, «id.»)
teleférico *n.m.* pequeno ascensor para transporte de pessoas ou de materiais, constituído por uma cabina que se desloca sobre um cabo aéreo entre dois locais que apresentam entre si apreciável diferença de nível ■ *adj.* que transporta ao longe (Do fr. *téléphérique*, «id.»)
telefilme *n.m.* filme especialmente realizado para televisão (De *tele-*+*filme*)
teléfio *n.m.* BOTÂNICA ⇒ **erva-dos-calos** (Do gr. *teléphion*, «id.»)
telefonadela *n.f.* **1** ação de telefonar **2** [coloq.] telefonema rápido (De *telefonar*+*-dela*)
telefonar *v.tr.,intr.* comunicar por telefone; fazer um telefonema (De *telefone*+*-ar*)
telefone *n.m.* **1** aparelho que serve para transmitir a voz ou o som à distância **2** conjunto dos processos e dos dispositivos que permitem a comunicação à distância através desse aparelho **3** conjunto de algarismos com que se faz uma ligação telefónica; número (Do gr. *tẽle*, «longe» +*phoné*, «voz»)
telefonema *n.m.* comunicação ou notícia transmitida ou recebida pelo telefone (Do gr. *tẽle*, «longe» +*phónema*, «som da voz»)
telefonia *n.f.* **1** processo de transmitir o som ou a palavra à distância **2** aparelho recetor de rádio (Do gr. *tẽle*, «longe» +*phoné*, «voz» +*-ia*)
telefonicamente *adv.* pelo telefone; com o auxílio do telefone (De *telefónico*+*-mente*)
telefónico *adj.* que diz respeito à telefonia ou ao telefone (De *telefonia* ou *telefone*+*-ico*)
telefonista *n.2g.* funcionário de determinada empresa ou instituição cuja função é atender telefonemas, estabelecendo as ligações externas ou internas pretendidas (De *telefone*+*-ista*)
telefoto *n.m.* **1** aparelho destinado a transmitir imagens luminosas à distância, por meio de eletricidade **2** fotografia tirada a grandes distâncias; telefotografia (Do gr. *tẽle*, «longe» +*phõs*, *photós*, «luz», pelo fr. *téléphoto*, «id.»)
telefotografia *n.f.* **1** processo de fotografar a distâncias relativamente grandes **2** transmissão à distância, pela eletricidade, de imagens fotográficas **3** fotografia obtida por este processo; telefoto (De *tele-*+*fotografia*)
telefotográfico *adj.* relativo à telefotografia (De *tele-*+*fotográfico*)

telefotógrafo *n.m.* indivíduo que pratica a telefotografia (De *tele-*+*fotógrafo*)
telefotometria *n.f.* fotometria para fontes luminosas a grande distância (De *tele-*+*fotometria*)
telega *n.f.* **1** carro de quatro rodas que os siberianos empregam no transporte de mercadorias **2** ⇒ **taleiga** (Do russo *telega*)
telegénico *adj.* **1** (pessoa) que apresenta uma boa imagem em televisão **2** (televisor) que tem boa captação de imagens
telegestão *n.f.* gestão e controlo de um processo ou sistema de forma automática e à distância (De *tele-*+*gestão*)
telegonia *n.f.* BIOLOGIA ação de um genitor que se supõe ir manifestar-se em gerações futuras (Do gr. *tẽle*, «longe» +*gónos*, «semente» +*-ia*)
telegrafar *v.tr.,intr.* **1** transmitir por meio do telégrafo **2** enviar (mensagem) por telégrafo (De *telégrafo*+*-ar*)
telegrafia *n.f.* sistema eletromagnético de transmissão de sinais escritos à distância (Do gr. *tẽle*, «longe» +*gráphein*, «escrever» +*-ia*)
telegraficamente *adv.* **1** por meio de telégrafo ou por meio de telegrama **2** [fig.] de forma breve e concisa; em linguagem sucinta; laconicamente (De *telegráfico*+*-mente*)
telegráfico *adj.* **1** do telégrafo **2** relativo ao telégrafo **3** transmitido ou recebido pelo telégrafo **4** [fig.] rápido **5** [fig.] conciso; breve; lacónico (De *telégrafo*+*-ico*)
telegrafista *n.2g.* pessoa encarregada de transmitir mensagens por telégrafo (De *telégrafo*+*-ista*)
telégrafo *n.m.* **1** aparelho que transmite comunicações escritas à distância, por meio de sinais eletromagnéticos convencionais **2** posto de telegrafia (De *tele-*+*-grafo*, ou do fr. *télégraphe*, «id.»)
telégrafo-postal *adj.* diz-se do serviço telegráfico associado ao serviço do correio para expedição e receção de telegramas e de correspondência postal (De *telégrafo*, por *telegráfico*+*postal*)
telegrama *n.m.* mensagem geralmente breve e com carácter urgente, transmitida por telégrafo, telefone ou via eletrónica e entregue pelo mesmo meio e/ou num formato físico (De *tele-*+*-grama*, ou do fr. *télégramme*, «id.»)
teleguiar *v.tr.* guiar ou dirigir à distância (aviões, projéteis, etc.); teledirigir (De *tele-*+*guiar*)
teleiconográfico *adj.* relativo a teleiconógrafo (De *teleiconógrafo*+*-ico*)
teleiconógrafo *n.m.* aparelho que transmite uma imagem ou desenho à distância, por meio de eletricidade (Do gr. *tẽle*, «longe» +*eikón*, «imagem» +*gráphein*, «escrever»)
teleimpressor *n.m.* aparelho telegráfico que permite a impressão da mensagem recebida em caracteres de imprensa, por meio de teclado semelhante ao da máquina de escrever (De *tele-*+*impressor*)
telejornal *n.m.* TELEVISÃO noticiário transmitido pela televisão (De *tele*(*visão*)+*jornal*)
telejornalismo *n.m.* TELEVISÃO atividade jornalística exercida na preparação e apresentação de um telejornal (De *telejornal*+*-ismo*)
telemarketing *n.m.* promoção ou venda de produtos e serviços por telefone (Do ing. *telemarketing*, «id.»)
telemática *n.f.* INFORMÁTICA aplicação das técnicas das telecomunicações e da informática à transmissão de informação computorizada a longa distância (Do fr. *télématique*, «id.», de *télé*(*communication*)+(*infor*)*matique*)
telemático *adj.* **1** que diz respeito à telemática **2** que faz uso da associação das redes de telecomunicação e da informática
telemecânica *n.f.* **1** transmissão à distância de uma ação mecânica, por meio de ondas elétricas; telecomando **2** conjunto de processos que possibilitam essa transmissão (De *tele-*+*mecânica*)
telemetria *n.f.* processo indireto de medição da distância entre o observador e um ponto que lhe é inacessível (Do gr. *tẽle-*, «longe» +*métron*, «medida» +*-ia*)
telemétrico *adj.* referente à telemetria (De *telemetria*+*-ico*)
telemetrista *n.2g.* pessoa que trabalha com o telémetro (De *telemetria*+*-ista*)
telémetro *n.m.* instrumento ou aparelho que permite medir, por simples observação, a distância do observador a um ponto dele afastado (Do gr. *tẽle*, «longe» +*métron*, «medida»)
telemicrofone *n.m.* microfone associado com telefone (De *tele*(*fone*)+*microfone*)
telemóvel *n.m.* telefone portátil, alimentado por bateria, que estabelece comunicação com outros aparelhos sem necessitar de uma ligação física fixa (cabo) à rede de telecomunicações (De *tele-*+*móvel*)

telemultibanco *n.m.* serviço que permite a realização de operações bancárias disponíveis nas caixas automáticas multibanco através de um telemóvel (De *tele-+multibanco*)

telencefalização *n.f.* BIOLOGIA transferência para o telencéfalo de funções que, nos estádios anteriores da evolução das espécies ou do desenvolvimento do indivíduo, dependiam de centros situados nas partes inferiores do cérebro (De *telencéfalo+-izar+-ção*)

telencéfalo *n.m.* ANATOMIA parte terminal anterior do encéfalo, especialmente o embrião; protencéfalo; cérebro anterior (Do gr. *tēle*, «longe» +*egképhalos*, «encéfalo», pelo fr. *télencéphale*, «id.»)

telenovela *n.f.* TELEVISÃO série de episódios dramáticos transmitidos periodicamente pela televisão (De *tele(visão)+novela*)

teleobjectiva ver nova grafia **teleobjetiva**

teleobjetiva *n.f.* FOTOGRAFIA objetiva constituída, em geral, pela associação de um sistema ótico convergente a um sistema divergente, usada para fotografar objetos a grande distância (De *tele(fotográfico)+objectiva*)

teleologia *n.f.* **1** FILOSOFIA ciência ou estudo dos fins ou da finalidade **2** finalidade, ação diretora que o fim exerce sobre os meios **3** doutrina, oposta ao mecanicismo, segundo a qual há no mundo uma finalidade que se sobrepõe à causalidade eficiente (Do gr. *téleios*, «final» +*lógos*, «tratado» +-*ia*)

teleológico *adj.* que diz respeito à teleologia (De *teleologia+-ico*)

teleossáurio *n.m.* PALEONTOLOGIA espécime dos teleossáurios ▪ *n.m.pl.* PALEONTOLOGIA grupo de répteis, crocodilos, fósseis do Jurássico (Do gr. *téleios*, «completo» +*saûros*, «lagarto»)

teleósteo *adj.* ICTIOLOGIA relativo ou pertencente aos teleósteos ▪ *n.m.* ICTIOLOGIA espécime dos teleósteos ▪ *n.m.pl.* ICTIOLOGIA ordem de peixes da subclasse dos teleóstomos, cujo esqueleto é fortemente ossificado e cujas escamas são cicloides ou ctenoides (Do gr. *téleios*, «completo» +*ostéon*, «osso»)

teleóstomo *adj.* ICTIOLOGIA que tem esqueleto ossificado ▪ *n.m.* ICTIOLOGIA espécime dos teleóstomos ▪ *n.m.pl.* ICTIOLOGIA subclasse dos peixes com esqueleto mais ou menos ossificado e com opérculo, que inclui os teleósteos e os ganoides (Do gr. *téleios*, «completo» +*stóma*, «boca»)

telepata *adj.,n.2g.* pessoa ou designativo da pessoa em que se manifesta telepatia (Do gr. *tēle*, «longe» +*páthos*, «emoção viva»)

telepatia *n.f.* transmissão ou coincidência de pensamentos entre pessoas distanciadas, sem intervenção dos sentidos (Do gr. *tēle*, «longe» +*páthos*, «emoção viva» +-*ia*)

telepático *adj.* relativo a telepatia (De *telepatia+-ico*)

teleponto *n.m.* TELEVISÃO dispositivo eletrónico dotado de um ecrã no qual passa um determinado texto que é lido por um locutor de televisão (De *tele(visão)+ponto*)

teleprocessamento *n.m.* INFORMÁTICA processamento através da utilização de um equipamento especial da informática que possibilita a transmissão da informação à distância (De *tele-+processamento*)

teleprojéctil ver nova grafia **teleprojétil**

teleprojétil *n.m.* projétil dirigido a grande distância, sem piloto, mas provido de um sistema de aparelhagem que recebe o comando emitido de uma estação exterior (De *tele-+projéctil*)

telerreceptor ver nova grafia **telerrecetor**

telerrecetor *n.m.* aparelho recetor de televisão; televisor

telescola *n.f.* ensino à distância ministrado através da televisão (De *tele-+escola*)

telescopia *n.f.* observação à distância por meio do telescópio (Do gr. *teleskópos*, «que observa ao longe» +-*ia*)

telescópico *adj.* **1** relativo ao telescópio **2** que apenas se vê com telescópio **3** relativo aos aparelhos extensíveis formados por elementos cilíndricos, de diâmetro sucessivamente crescente (ou decrescente), que podem penetrar uns nos outros (De *telescopia+-ico*)

telescópio *n.m.* aparelho ótico para observação a grande distância, sobretudo dos astros (Do gr. *teleskópos*, «que observa ao longe» +-*io*)

telescritor *n.m.* ⇒ **teleimpressor** (De *tele-+escritor*)

telésia *n.f.* MINERALOGIA ⇒ **corindo** (Do gr. *telesía*, «acabada; perfeita»)

telespectador *adj.,n.m.* que ou aquele que assiste a um programa de televisão (De *tele(visão)+espectador*) ACORDO ORTOGRÁFICO também se pode escrever **telespetador**

telespetador a grafia mais usada é **telespectador**

telesqui *n.m.* teleférico utilizado para transportar os esquiadores para o local mais elevado da pista (De *tele-+esqui*)

telessismo *n.m.* GEOLOGIA tremor de terra com o epicentro muito distante (Do gr. *tēle*, «longe» +*seismós*, «sismo»)

telessismógrafo *n.m.* sismógrafo que regista telessismos (Do gr. *tēle*, «longe» +*seismós*, «sismo» +*gráphein*, «registar»)

telessonda *n.f.* sonda empregada nas pesquisas atmosféricas (De *tele-+sonda*)

telestereógrafo *n.m.* instrumento que permite transmitir à distância toda a espécie de documentos gráficos (De *tele-+estereógrafo*)

telestereoscópio *n.m.* aparelho que serve para obter, à distância, vistas com relevo (De *tele-+estereoscópio*)

teletexto *n.m.* **1** TELEVISÃO serviço de informação e publicidade, em modo gráfico, difundido em simultâneo com o serviço de televisão por certos emissores **2** TELEVISÃO texto desse mesmo serviço (De *tele-+texto*)

telétipo *n.m.* ⇒ **teleimpressor** (Do ing. *teletype [writer]*, «teleimpressor»)

teletrabalhador *n.m.* pessoa que exerce a sua atividade profissional no domicílio, recorrendo a redes de telecomunicação e informática (telefone, e-mail, internet, etc.)

teletrabalhar *v.intr.* exercer a atividade profissional geralmente a partir de casa, usando tecnologias como internet, e-mail, etc. (De *tele-+trabalhar*)

teletrabalho *n.m.* atividade profissional exercida à distância, geralmente no domicílio, recorrendo às novas tecnologias telemáticas (internet, e-mail, telefone, etc.)

teletransportar *v.tr.* mover um objeto, supostamente por telecinesia ▪ *v.pron.* mudar-se instantaneamente de um lugar para outro sem utilizar um veículo (De *tele-+transportar*)

televenda *n.f.* venda de produtos pela televisão ou por telefone

televisão *n.f.* **1** sistema que permite a transmissão de imagens e sons através de ondas eletromagnéticas ou por cabo **2** meio de comunicação de massas assente nesta técnica de transmissão **3** entidade ou organismo que explora este meio de comunicação; estação **4** aparelho recetor de televisão; televisor **5** PSICOLOGIA prolongamento da vista e da audição à distância (De *tele-+visão*)

televisionar *v.tr.* transmitir pela televisão (De *tele-+visionar*)

televisivo *adj.* **1** relativo a televisão **2** transmitido pela televisão (De *tele-+visivo*)

televisor *n.m.* aparelho recetor de televisão (De *tele-+visor*)

telex *n.m.2n.* **1** sistema telegráfico que utiliza teleimpressores **2** mensagem expedida ou recebida por meio de teleimpressores (Do ing. *telex*, «id.», abrev. da expr. *tele(printer) ex(change)*, «intercâmbio de teleimpressores», pelo fr. *télex*, «id.»)

telexar *v.tr.* transmitir por telex (De *telex+-ar*, ou do fr. *telexer*, «id.»)

telexista *n.2g.* pessoa encarregada das ligações por telex (De *telex+-ista*, ou do fr. *télexiste*, «id.»)

telha /ê/ *n.f.* **1** peça de barro cozido ou de vidro usada na cobertura de edifícios **2** [fig., pop.] mania; esquisitice; **~ marselhesa** variedade de telha chata e com rebordos que a fixam à ripa e embutem na outra telha; ***dar na ~*** apetecer repentinamente; ***estar com a ~*** estar mal-humorado, estar difícil de aturar; ***ter telhas*** ter manias (Do lat. *tegŭla-*, «id.»)

telhado *n.m.* **1** parte externa e superior de um edifício, formada pelas telhas e suporte respetivo **2** qualquer cobertura de um edifício **3** [fig.] casa; abrigo **4** [fig.] mania; telha (Part. pass. subst. de *telhar*)

telhador *n.m.* indivíduo que telha casas ou faz reparações nos telhados (De *telhar+-dor*)

telhadura *n.f.* **1** ato ou efeito de telhar **2** lugar onde se fazem telhas (De *telhar+-dura*)

telhal *n.m.* **1** lugar ou forno onde se cozem as telhas **2** fábrica de telhas; telheira (De *telha+-al*)

telhão *n.m.* **1** telha angular que divide e remata as águas dos telhados **2** telha grande **3** telha prensada (De *telha+-ão*)

telhar *v.tr.* cobrir de telhas (De *telha+-ar*)

telha-vã *n.f.* telhado que assenta sobre as ripas, ficando a descoberto pela parte interior (De *telha+vã*)

telheira *n.f.* **1** fábrica de telhas **2** olaria (De *telha+-eira*)

telheiro *n.m.* **1** operário que faz telhas **2** alpendre com cobertura de telha-vã **3** abrigo para animais, pessoas, lenha, etc., constituído por uma cobertura assente em pilares (De *telha+-eiro*)

telhice *n.f.* **1** [pop.] mania; esquisitice **2** [pop.] mau humor (De *telha+-ice*)

telhinhas *n.f.pl.* dois pedaços de telha que se fazem soar de maneira de castanholas (De *telha+-inhas*)

telho /ê/ *n.m.* **1** tampa ou testo de barro **2** pedaço de telha que serve de testo (De *telha*)

telhudo *adj.* **1** [pop.] mal-humorado **2** [pop.] que tem mania (De *telha+-udo*)

teligonácea n.f. BOTÂNICA espécime das Teligonáceas
Teligonáceas n.f.pl. BOTÂNICA família de plantas dicotiledóneas, herbáceas, de flores unissexuais e muito pequenas, cujo género--tipo se denomina *Thelygonum* (Do lat. cient. *Thelygŏnu-+-áceas*)
telilha n.f. tela delgada (Do cast. *telilla*, «id.»)
telim n.m. som imitativo do toque da campainha ou do dinheiro, em moedas, quando cai (De orig. onom.)
telimpressor n.m. ⇒ **teleimpressor** (De *tele-+impressor*)
Telínidas n.m.pl. ZOOLOGIA ⇒ **Telinídeos**
telinídeo adj. ZOOLOGIA relativo ou pertencente aos Telinídeos ▪ n.m. ZOOLOGIA espécime dos Telinídeos
Telinídeos n.m.pl. ZOOLOGIA família de moluscos lamelibrânquios, dibranquiados, cujo género-tipo se denomina *Tellina* (Do lat. cient. *Tellina+-ídeos*)
telintar v.tr.,intr. ⇒ **tilintar** (De *telim+-ar*)
telite n.f. MEDICINA inflamação do mamilo (Do gr. *thelé*, «mamilo» + -*ite*)
teliz n.m. pano para cobrir a sela do cavalo (Do lat. *trilīce-*, «que tem três fios»)
telo- elemento de formação que exprime a ideia de *fim, termo, limite* (Do gr. *télos*, «termo; limite»)
tel(o)- elemento de formação que exprime a ideia de *mama, mamilo* (Do gr. *thelé*, «mamilo; mama»)
telófase n.f. CITOLOGIA última fase da cariocinese, caracterizada pela formação dos novos núcleos (De *telo-+fase*)
telolecítico adj. BIOLOGIA ⇒ **telolécito** (De *telolécito+-ico*)
telolécito adj. BIOLOGIA diz-se do óvulo animal (ou do ovo proveniente deste óvulo) provido de grandes reservas nutritivas (Do gr. *téleios*, «completo» +*lékithos*, «gema de ovo»)
telónio n.m. **1** mesa onde se recebiam as rendas públicas **2** lugar onde se negociava **3** antiga arca de pau-santo com pregaria amarela **4** penteado do século XVIII (Do gr. *telónion*, «id.», pelo lat. *telonĭu-*, «escritório de recebedor de impostos»)
telopsia n.f. ⇒ **televisão** (Do gr. *tēle*, «longe» +*ópsis*, «vista» +-*ia*)
telóptico adj. relativo à telopsia (Do gr. *tēle*, «longe» +*óptico*, segundo o padrão grego) ACORDO ORTOGRÁFICO também se pode escrever *telótico*
telorragia n.f. MEDICINA hemorragia pelos mamilos (De *telo-+-ragia*)
telosporídeo adj. ZOOLOGIA relativo ou pertencente aos telosporídeos ▪ n.m. ZOOLOGIA espécime dos telosporídeos ▪ n.m.pl. ZOOLOGIA grupo de protozoários esporozoários que alguns autores admitem como representantes de flagelados modificados pela vida parasitária, que inclui os plasmódios (Do gr. *télos*, «fim» +*spóros*, «semente» +-*ídeos*)
telótico a grafia mais usada é telóptico
télson n.m. ZOOLOGIA segmento (metâmero) posterior do abdómen de crustáceos e insetos (Do gr. *télson*, «limite»)
telugo n.m. **1** membro de um povo dravídico que vive no Sudeste da Índia **2** língua falada por esse povo (Do ing. *Telugu*, «id.»)
telureto /ê/ n.m. QUÍMICA combinação do telúrio com um metal (De *telúrio+-eto*)
teluri- elemento de formação que exprime a ideia de *terra, solo* (Do lat. *tellūre-*, «terra»)
teluriano adj. proveniente da Terra; telúrico (Do fr. *tellurien*, «id.»)
telúrico adj. **1** relativo à Terra **2** que provém da terra ou do solo **3** QUÍMICA relativo ao telúrio; *abalo ~* tremor de terra, sismo (Do lat. *tellūre-*, «Terra» +-*ico*)
telurífero adj. que contém telúrio (De *telúrio+-fero*)
telúrio n.m. QUÍMICA elemento químico com o número atómico 52, não metálico, pertencente ao grupo do enxofre, de símbolo Te (Do lat. *tellūre-*, «terra» +-*io*)
telurismo n.m. influência que exerce o solo de uma região sobre o carácter e os costumes dos seus habitantes (Do lat. *tellūre-*, «terra» +-*ismo*)
tema /ê/ n.m. **1** assunto de que se trata ou que se quer desenvolver; objeto **2** proposição que se quer provar **3** texto em que se baseia um sermão **4** MÚSICA material musical sobre o qual é construída uma composição (geralmente refere-se a uma melodia facilmente reconhecível no seio de uma forma musical) **5** LINGUÍSTICA elemento fundamental de uma palavra, formado pelo radical mais o constituinte temático (vogal temática para os verbos, índica temático para os nomes e adjetivos) e ao qual se juntam afixos **6** LINGUÍSTICA parte de um segmento textual a respeito do qual se diz alguma coisa **7** exercício escolar de análise ou de retroversão (Do gr. *théma, -atos*, «proposição», pelo lat. *thema-*, «tema»)
temão n.m. ⇒ **timão** (Do lat. *temōne-*, «id.»)
temário n.m. [Brasil] conjunto de temas a tratar (em congresso, colóquio, assembleia, etc.) (De *tema+-ário*)

temática n.f. conjunto dos temas de uma composição musical, literária, etc. (De *temático*)
temático adj. **1** relativo a tema **2** GRAMÁTICA que diz respeito ao tema das palavras (Do gr. *thematikós*, «id.»)
tematologia n.f. parte da morfologia que trata dos temas das palavras (Do gr. *théma, -atos*, «tema» +*lógos*, «estudo» +-*ia*)
tematológico adj. relativo à tematologia (De *tematologia+-ico*)
temedoiro adj. ⇒ **temedouro**
temedouro adj. que é para temer; temível (De *temer+-douro*)
temente¹ adj.2g. **1** que teme **2** que respeita (Do lat. *timente-*, «id.», part. pres. de *timēre*, «temer»)
temente² adv. [Guiné-Bissau] entretanto (Do termo arc. *entremestes*, «id.»)
temer v.tr. **1** ter temor de; ter medo de **2** ter receio (que) **3** respeitar; reverenciar ▪ v.pron. arrecear-se (Do lat. *timēre*, «id.»)
temerar v.tr. **1** conspurcar **2** macular; manchar (Do lat. *temerāre*, «profanar; violar»)
temerário adj. **1** ousado perante um perigo quase certo; audacioso; intrépido; arrojado **2** que corre riscos considerados desnecessários; arriscado; perigoso; imprudente **3** (juízo) sem provas ▪ n.m. indivíduo dotado de temeridade (Do lat. *temerarĭu-*, «id.»)
temerato adj. conspurcado; maculado; manchado (Do lat. *temerātu-*, «id.», part. pass. de *temerāre*, «profanar»)
temeridade n.f. **1** qualidade de quem é temerário **2** ousadia perante um perigo quase certo; audácia **3** ato ou dito irrefletido com possíveis consequências desagradáveis ou perigosas; imprudência (Do lat. *temeritāte-*, «id.»)
temeroso /ô/ adj. **1** que tem medo; que mostra receio; medroso **2** que receia errar ou falhar; timorato **3** que assusta; que provoca medo; que infunde temor; pavoroso (Por *temoroso*, de *temor+-oso*)
temibilidade n.f. qualidade de temível (Do lat. **timibĭle-*, «temível» +-*i*-+-*dade*)
temido adj. temeroso; assustador (Part. pass. de *temer*)
temível adj.2g. **1** que deve ser temido **2** que deve ser evitado; perigoso **3** que causa medo; que infunde temor; assustador; medonho (De *temer+-vel*)
temoeiro n.m. **1** peça de couro que segura o cabeçalho do carro ou o timão do arado à canga ou ao jugo **2** lança do carro (De *temão+-eiro*)
temonar v.tr. **1** servir de temoneiro **2** guiar (Do lat. *temōne-*, «temão» +-*ar*)
temoneira n.f. NÁUTICA [ant.] ⇒ **timoneira** (De *temoneiro*)
temoneiro n.m. ⇒ **timoneiro** (Do lat. *temonarĭu-*, «id.»)
temor n.m. **1** receio do que pode fazer mal; medo **2** reverência profunda; devoção **3** rigoroso cumprimento; zelo (Do lat. *timōre-*, «id.»)
temoroso /ô/ adj. **1** que infunde temor; temível **2** que tem medo; medroso (De *temor+-oso*)
tempera n.f. **1** [regionalismo] ⇒ **têmpera 2** [regionalismo] [fig.] sova; tunda (Deriv. regr. de *temperar*)
têmpera n.f. **1** ato ou efeito de temperar metais, introduzindo-os, candentes, em água fria **2** banho em que os metais são temperados **3** dureza e elasticidade que os metais adquirem com essa operação **4** [fig.] estilo **5** [fig.] temperamento; índole **6** [fig.] retidão de princípios; carácter **7** ARTES PLÁSTICAS (pintura) obra ou mural em que se utilizam pigmentos diluídos e adicionados a um aglutinante, como goma ou clara de ovo; *a ~* ARTES PLÁSTICAS (pintura) em que se utiliza a técnica descrita anteriormente (Deriv. regr. de *temperar*)
temperado adj. **1** diz-se do metal que recebeu têmpera **2** CULINÁRIA que levou tempero; condimentado **3** fortalecido; revigorado **4** (clima, temperatura) nem muito frio nem muito quente **5** [fig.] comedido; moderado **6** [fig.] delicado; suave; agradável; *zonas temperadas* GEOGRAFIA zonas terrestres compreendidas entre cada trópico e o círculo polar do hemisfério correspondente (Do lat. *temperātu-*, «id.», part. pass. de *temperāre*, «temperar; moderar»)
temperador adj.,n.m. que ou aquele que tempera; moderador (Do lat. *temperatōre-*, «id.»)
temperamental adj.2g. **1** que diz respeito ao temperamento **2** (indivíduo) que tem reações intempestivas e intensas; que tem tendência a agir repentinamente e sem refletir, de acordo com o que sente ou deseja no momento; impulsivo (Do ing. *temperamental*, «id.»)
temperamento n.m. **1** conjunto de características psicológicas que estão na base do comportamento geral de determinado indivíduo; modo de ser; índole; feitio; carácter **2** [fig.] personalidade forte, que não se deixa influenciar pelas opiniões dos outros **3** constituição física; compleição **4** ato ou efeito de temperar; têmpera **5** mistura equilibrada de coisas; mescla; combinação **6** MÚSICA

temperança

ajustamento da afinação de uma escala relativamente à afinação natural, na qual alguns intervalos se encontram ligeiramente alterados para produzir um sentido de afinação no conjunto de toda a escala (Do lat. *temperamentu-*, «id.»)

temperança *n.f.* 1 capacidade de moderar os seus próprios desejos e reações; moderação; comedimento 2 sobriedade no comer e no beber 3 parcimónia; economia 4 RELIGIÃO uma das quatro virtudes cardeais que consiste em ser moderado nos seus desejos e na satisfação das suas tendências (Do lat. *temperantĭa-*, «id.»)

temperante *adj.2g.* 1 que tempera; temperador 2 MEDICINA dizia-se de um medicamento com propriedades lenitivas ou calmantes (Do lat. *temperante-*, «id.», part. pres. de *temperāre*, «moderar»)

temperar *v.tr.* 1 CULINÁRIA adicionar tempero(s) para realçar, suavizar ou acrescentar determinado sabor a 2 submeter (um metal) a um banho próprio em temperatura baixa, a fim de manter a sua dureza; dar têmpera a (metal) 3 MÚSICA afinar (instrumento) 4 [fig.] tornar mais suave; moderar 5 [fig.] reprimir 6 [fig.] acrescentar a; conciliar com (Do lat. *temperāre*, «id.»)

temperatura *n.f.* 1 FÍSICA grandeza física que, com a pressão, a massa e o volume, caracteriza o estado de um sistema termodinâmico 2 FÍSICA estado ou nível térmico de um corpo ou de um meio 3 grau de aquecimento ou de arrefecimento de um lugar ou de um corpo 4 situação do corpo humano com aquecimento acima do normal; febre 5 propriedade que determina o fluxo de energia calorífica quando um objeto é posto em contacto com outros 6 [fig.] estado de espírito; ~ **crítica** temperatura, característica para cada gás, acima da qual é impossível liquefazê-lo, por maior que seja a pressão aplicada; ~ **termodinâmica** temperatura lida numa escala tal que o ponto triplo da água tem, nessa escala, a temperatura de 273,16 K (kelvins); **gradiente de** ~ variação de temperatura por cada unidade de comprimento, no interior de uma substância (Do lat. *temperatūra-*, «equilíbrio nos elementos de um corpo; temperatura»)

temperatural *adj.2g.* referente a temperatura (De *temperatura*+-*al*)

tempereiro *n.m.* 1 peça do tear que se fixa às ourelas do pano para que ele não encolha 2 cada um dos paus fixos à nora, na direção do eixo (De *temperar*+-*eiro*)

tempérie *n.f.* [ant.] condição atmosférica tendo em conta a quantidade de calor e humidade (Do lat. *temperĭe-*, «id.»)

temperilha *n.f.* 1 aquilo com que se tempera ou modera qualquer coisa 2 [fig.] meio de atenuar a má disposição de alguém (De *tempero*+-*ilha*)

temperilho *n.m.* 1 modo e destreza de governar a rédea 2 mistura de alimentos apetitosos e medicamentosos para dar a animais doentes 3 tempero de pouca qualidade 4 [fig.] jeito para fazer qualquer coisa bem (De *tempero*+-*ilho*)

tempero *n.m.* 1 ato de temperar 2 substância (sal, pimenta ou qualquer outra erva ou especiaria) que se adiciona a determinado alimento para realçar, suavizar ou acrescentar determinado sabor 3 estado da comida temperada 4 [fig.] aquilo que alivia ou suaviza; remédio; paliativo 5 [fig.] meio de dirigir ou regular um negócio 6 ⇒ **têmpera** 3 (Deriv. regr. de *temperar*)

tempestade *n.f.* 1 agitação violenta do ar, acompanhada, geralmente, de chuva e trovões; temporal 2 agitação extraordinária do mar, causada pela força do vento 3 [fig.] discussão violenta 4 [fig.] grande agitação emocional 5 [fig.] desordem; tumulto (Do lat. *tempestāte-*, «id.»)

tempestear *v.intr.* fazer ruído como o da tempestade; fazer estrondo ■ *v.tr.* 1 agitar; excitar 2 maltratar (De *tempest(ade)*+-*ear*)

tempestivamente *adv.* oportunamente; em devido tempo (De *tempestivo*+-*mente*)

tempestivo *adj.* que vem ou sucede no tempo próprio; oportuno (Do lat. *tempestīvu-*, «id.»)

tempestuar *v.tr.,intr.* ⇒ **tempestear**

tempestuosidade *n.f.* qualidade de tempestuoso (De *tempestuoso*+-*i*-+-*dade*)

tempestuoso /ô/ *adj.* 1 que provoca tempestade 2 sujeito a tempestades; proceloso 3 [fig.] revolto; agitado 4 [fig.] violento; agressivo (Do lat. *tempestuōsu-*, «id.»)

tempíssimo *n.m.* 1 [pop.] muito tempo 2 [pop.] grande demora (Superl. anómalo de *tempo*)

templário *n.m.* frade da antiga ordem religiosa e militar dos Templários ou do Templo (séculos XII-XIV) (De *Templo*+-*ário*, ou do it. *templario*, «id.»)

Templários *n.m.pl.* ordem militar e religiosa fundada em Jerusalém (séculos XII-XIV) para proteger os peregrinos

templo *n.m.* 1 edifício destinado ao culto de uma religião; igreja; sinagoga; mesquita 2 monumento em honra de uma divindade 3 [fig.] qualquer lugar sagrado ou venerável (Do lat. *templu-*, «id.»)

tempo *n.m.* 1 sucessão de momentos em que se desenrolam os acontecimentos 2 parte da duração ocupada por acontecimentos 3 período contínuo e indefinido no qual os eventos se sucedem; duração 4 época em que se vive 5 período considerado em relação a determinados acontecimentos; época; conjuntura 6 duração limitada (em oposição ao conceito de eternidade) 7 momento propício; ocasião; oportunidade 8 época própria para certas atividades; estação; quadra 9 período determinado para a realização de algo; prazo 10 falta de pressa; lentidão; demora; vagar 11 FÍSICA grandeza física que se mede com base na duração de fenómenos periódicos 12 METEOROLOGIA condições da atmosfera em dado momento e em certo lugar, em relação principalmente à temperatura e à humidade; condições meteorológicas 13 GRAMÁTICA categoria gramatical que localiza temporalmente o que é expresso num enunciado, sendo possível exprimi-la de diversas formas: flexão verbal, verbos auxiliares, grupos adverbiais, etc. 14 DESPORTO duração cronometrada de uma prova ou de um jogo 15 DESPORTO cada um dos períodos em que se dividem determinados jogos 16 MÚSICA unidade de medida da pulsação rítmica, geralmente correspondente a cada uma das partes de um compasso musical 17 *pl.* época 18 *pl.* estações 19 *pl.* idades; ~ **composto** GRAMÁTICA tempo verbal formado por um verbo auxiliar e uma forma nominal do verbo principal; ~ **de reação** PSICOLOGIA período que separa um estímulo da reação correspondente; ~ **real** INFORMÁTICA modalidade de processamento de dados condicionada por um processo exterior que lhe impõe restrições de tempo; ~ **repartido** INFORMÁTICA processo de fornecimento da informação a um computador, que permite que vários terminais repartam entre si o tempo de utilização de um computador central; ~ **simples** GRAMÁTICA tempo verbal que não é formado com um verbo auxiliar; *a seu* ~ na ocasião própria, no momento oportuno; *a* ~ oportunamente, pontualmente; *a* ~ *e horas* no momento próprio; *constante de* ~ FÍSICA tempo necessário para que uma quantidade, que diminui exponencialmente com o tempo, atinja o valor 1/e do valor inicial (e = base dos logaritmos neperianos); *dar* ~ *ao* ~ esperar com paciência; *de tempos a tempos* de vez em quando, ocasionalmente; *em dois tempos* de modo muito rápido, num abrir e fechar de olhos; *matar o* ~ procurar entreter-se; *na noite dos tempos* em época remota; *nos tempos afonsinos* em época muito remota (Do lat. *tempu-*, «id.»)

tempo de antena *n.m.* totalidade dos períodos da programação geral da televisão e/ou da rádio que, ao longo de cada ano, o governo, os partidos políticos, as associações sindicais, as associações profissionais, etc., têm o direito e a responsabilidade de ocupar com programas próprios

tempo-quente *n.m.* ORNITOLOGIA ⇒ **saci** 1

têmpora *n.f.* 1 ANATOMIA cada uma das regiões laterais da cabeça, situadas acima do zigoma; fontes da cabeça 2 RELIGIÃO cada um dos períodos penitenciais de três dias que era uso observar na Igreja Católica no início de cada uma das quatro estações do ano (Do lat. *tempŏra*, «tempos»)

temporada *n.f.* 1 certo período de tempo 2 época destinada à realização de determinada atividade (Do lat. *tempŏre-*, «tempo» + -*ada*)

temporal *adj.2g.* 1 relativo ao tempo 2 que passa como o tempo; temporário; passageiro; transitório 3 que se relaciona com as coisas materiais e transitórias; que é do domínio da vida terrena; mundano; secular 4 ANATOMIA referente às regiões laterais da cabeça conhecidas por fontes da cabeça 5 ANATOMIA designativo de região, fossa, músculo, nervo, vaso, etc., relacionados com a parte lateral do crânio 6 GRAMÁTICA diz-se da conjunção subordinativa ou oração subordinada que exprime uma circunstância de tempo ■ *n.m.* 1 agitação violenta do ar, acompanhada, geralmente, de chuva e trovões; tempestade 2 autoridade civil 3 ANATOMIA cada um dos dois ossos simétricos, laterais, da caixa craniana, que, nos vertebrados superiores, consta de rochedo (onde se abre o ouvido) e escama 4 [pop.] desavença; discussão (Do lat. *temporāle-*, «id.»)

temporalidade *n.f.* 1 qualidade do que é temporal 2 estado provisório; interinidade 3 bens materiais; coisas mundanas do mundo 4 pena civil em que incorre uma autoridade eclesiástica por não ter cumprido uma sentença judicial (Do lat. *temporalitāte-*, «id.»)

temporalizar *v.tr.* tornar temporal; secularizar (De *temporal*+-*izar*)

temporâmente adv. antes do tempo; antecipadamente (De *temporão*+-*mente*)
temporaneidade n.f. qualidade de temporâneo (De *temporâneo*+-*i*-+-*dade*)
temporâneo adj. 1 que dura só certo tempo; temporário 2 contemporâneo (Do lat. *temporanĕu*-, «id.»)
temporão adj. 1 que vem antes do tempo considerado normal; precoce; prematuro 2 (flor, fruto, legume) que aparece ou amadurece antes de outros do mesmo tipo (Do lat. *temporānu-, por *temporanĕu*-, «temporâneo»)
temporariamente adv. 1 provisoriamente; interinamente 2 apenas durante um espaço de tempo limitado (De *temporário*+-*mente*)
temporário adj. 1 que dura só certo tempo 2 provisório 3 passageiro (Do lat. *temporarĭu*-, «id.»)
temporejar v.intr. [regionalismo] aparecer ou nascer ao mesmo tempo que outro (Do lat. *tempŏre*-, «tempo»+-*ejar*)
temporização n.f. 1 ato ou efeito de temporizar 2 transigência; tolerância (De *temporizar*+-*ção*)
temporizador adj. 1 que temporiza 2 moderador 3 tolerante ◼ n.m. 1 aquele que temporiza 2 ELETRÓNICA dispositivo automático programável que ativa ou desativa um aparelho no momento estabelecido (De *temporizar*+-*dor*)
temporizar v.tr. 1 retardar; atrasar; adiar 2 ser condescendente com; transigir; contemporizar (Do lat. *tempŏre*-, «tempo»+-*izar*)
tempor(o)- elemento de formação de palavras que exprime a ideia de *temporal, das têmporas* (Do lat. *tempus, ŏris*, «têmpora, fonte»)
temporo-aspectual ver nova grafia **temporo-aspetual**
temporo-aspetual adj.2g. LINGUÍSTICA que se refere simultaneamente às categorias linguísticas tempo e aspeto (De *tempor(o)*-+*aspectual*)
temporoccipital adj.2g. ANATOMIA referente simultaneamente aos ossos temporais e ao occipital (De *tempor(o)*-+*occipital*)
tempura n.m. CULINÁRIA prato japonês preparado com camarões e/ou legumes passados por um polme leve e fritos (Do jap. *tenpura*, «id.»)
tem-te-lá¹ n.m. ORNITOLOGIA nome vulgar por que também é conhecida a codorniz (De orig. onom.)
tem-te-lá² interj. exprime uma ordem para esperar (De *ter-se*+*lá*)
tem-tem¹ n.m. [Brasil] ORNITOLOGIA ⇒ **alcaide** 4
tem-tem² n.m. [pop.] equilíbrio das crianças que dão os primeiros passos (De *ter[-se]*)
tem-te-não-caias n.m.2n. 1 equilíbrio instável 2 [fig.] estado precário de saúde (De *ter-se*+*não*+*cair*)
tem-te-na-raiz n.m. ORNITOLOGIA ⇒ **trigueirão** n.m. (De orig. onom.)
temudo adj. [ant.] tímido; acanhado; medroso (Part. pass. ant. de *temer*)
temulência n.f. 1 estado ou qualidade de temulento 2 embriaguez (Do lat. *temulentĭa*-, «id.»)
temulento adj. 1 embriagado 2 acostumado a orgias (Do lat. *temulentu*-, «id.»)
tenacidade n.f. 1 qualidade de tenaz 2 forte aderência 3 resistência à rutura por tração 4 [fig.] firmeza 5 [fig.] persistência; perseverança 6 [fig.] avareza 7 [fig.] apego; aferro; afinco (Do lat. *tenacitāte*-, «id.»)
tenalgia n.f. MEDICINA dor nos tendões (Do gr. *ténon*, «tendão»+*álgos*, «dor»+-*ia*)
tenalha n.f. pequena construção de duas faces nas fortalezas, com um ângulo reentrante para o lado exterior (Do prov. *tenalha*, «id.», ou do fr. *tenaille*, «id.»)
tenar n.m. ANATOMIA saliência muscular junto à base do dedo polegar, do lado da palma da mão (Do gr. *thénar*, «palma da mão»)
tenaz adj.2g. 1 que adere fortemente 2 (substância) cujas moléculas têm grande coesão entre si 3 difícil de extirpar 4 que resiste à rutura (por tração) 5 [fig.] resistente; teimoso; contumaz 6 [fig.] que não desiste facilmente; persistente 7 [fig.] que se mantém apesar de contrariedades ou dificuldades 8 [fig.] avarento; aferrado ◼ n.f. 1 instrumento de ferro para agarrar ou extirpar alguma coisa 2 pinça 3 *pl.* unhas, garras ou mãos que prendem com força (Do lat. *tenāce*-, «que segura»)
tenca n.f. ICTIOLOGIA peixe teleósteo, de água doce, provido de um par de barbilhos, que pertence à família dos Ciprinídeos, frequente em alguns rios portugueses; tinca; *focinho de ~* ANATOMIA extremidade inferior do útero, que é perfurada e proeminente na vagina (Do lat. *tinca*-, «id.»)
tença n.f. pensão dada em remuneração de serviços (Do lat. *tenentĭa*, part. pres. neut. pl. de *tenēre*, «ter; segurar»)

tenção¹ n.f. 1 intenção 2 propósito; vontade; desígnio; objetivo 3 plano 4 parecer ou voto fundamentado de um desembargador 5 divisa de brasão (Do lat. *tentiōne-, de *tenēre*, «ter»)
tenção² n.f. 1 LITERATURA torneio poético entre trovadores 2 LITERATURA composição poética constituída por um diálogo ou discussão entre dois trovadores (Do prov. *tençon*, «id.»)
tencionar v.tr. fazer tenção de; ter a intenção de; planear; projetar ◼ v.intr. escrever (o desembargador) a sua tenção (parecer) nos autos (Do lat. *tentiōne-, «tenção»+-*ar*)
tencionário n.m. o que recebe tença (Do lat. *tentiōne-, «tenção»+-*ário*)
tenda¹ n.f. 1 barraca desmontável de tecido resistente utilizada por campistas, alpinistas, militares em campanha, etc. 2 pequena habitação desmontável utilizada por povos pastores nómadas 3 pequena loja de mercearia 4 barraca de feira 5 caixa com uma tampa de vidro onde o tendeiro ambulante transporta as quinquilharias 6 [fig.] confusão de objetos variados; *arder a tenda* fracassar um plano, um projeto (Do baixo latim *tenda*-, «barraca»)
tenda² n.f. 1 [Angola] vaso, geralmente com feitio de coco ou de cabaça, para guardar óleos perfumantes 2 [Angola] unguento (Do quimbundo *tenda*, «idem»)
tendal n.m. 1 NÁUTICA tolda fixa na primeira coberta do navio 2 toldo 3 pano com que se cobre a massa do pão, enquanto leveda 4 lugar onde se tosquiam as ovelhas 5 (engenhos de açúcar) lugar onde se assentam as formas (De *tenda*+-*al*)
tendão n.m. ANATOMIA órgão resistente, conjuntivo, fibroso, que liga os músculos aos ossos ou a outros órgãos e que se apresenta tipicamente como uma faixa ou cordão esbranquiçado; *~ de Aquiles* ANATOMIA grosso tendão que liga os músculos gémeos (barriga da perna) ao osso calcâneo (Do lat. med. *tendōne-, «id.», pelo fr. *tendon*, «id.»)
tendedeira n.f. tábua ou forma em que se tende o pão antes de entrar no forno (De *tender*+-*deira*)
tendedura n.f. ato ou efeito de tender (De *tender*+-*dura*)
tendeiro n.m. 1 homem que tem tenda ou vende em tenda 2 merceeiro (De *tenda*+-*eiro*)
tendência n.f. 1 força que imprime determinado movimento ou orientação 2 [fig.] inclinação; propensão; predisposição; vocação 3 POLÍTICA corrente de opinião 4 (moda) estilo dominante 5 PSICOLOGIA impulso latente da atividade que orienta esta para direções que, uma vez alcançadas, propiciam normalmente prazer (Do lat. *tendentĭa*-, «id.»)
tendencial adj.2g. 1 que manifesta determinada tendência ou orientação 2 gradual; progressivo (De *tendencial*+-*al*)
tendencialmente adv. 1 que revela uma orientação habitual 2 que manifesta uma inclinação evidente 3 que se aproxima de determinado sentido de forma progressiva ou gradual
tendenciosamente adv. 1 de maneira tendenciosa; com parcialidade 2 com desequilíbrio (De *tendencioso*+-*mente*)
tendenciosidade n.f. qualidade de tendencioso; parcialidade (De *tendencioso*+-*i*-+-*dade*)
tendencioso /ô/ adj. 1 que é favorável a uma parte em detrimento de outra; que não é objetivo; que é parcial 2 que mostra tendência ou propósito de prejudicar ou desagradar a alguém (De *tendência*+-*oso*)
tendente¹ adj.2g. 1 que tende 2 que tem por fim 3 inclinado; propenso (Do lat. *tendente*-, «id.»)
tendente² n.f. [Cabo Verde] BOTÂNICA espécie de acácia que se desenvolve a direito, rapidamente, até quatro metros e cujo tronco, resistente, é utilizado em vigamento de habitações (Do crioulo *tendenti*, «id.», a partir de *intendente*, pois foi um intendente da marinha, de nome Pusiche, que introduziu a planta)
tender v.tr. 1 estender; esticar 2 encher; enfunar; desfraldar (bandeira, vela) 3 ter tendência ou inclinação (para); propender (para) 4 dirigir-se (para); encaminhar-se (para) 5 ter por fim; destinar-se (a) 6 inclinar-se (para) 7 aspirar (a); pretender 8 bater ou enformar (a massa do pão) para a meter no forno (Do lat. *tendĕre*, «estender; tender»)
tênder n.m. atrelado da locomotiva a vapor onde se transportam o combustível e a água (Do ing. *tender*, «id.»)
tendido adj. 1 estendido 2 desferido 3 desfraldado; enfunado 4 (pão) preparado para entrar no forno (Part. pass. de *tender*)
tendilha n.f. tenda pequena (De *tenda*+-*ilha*)
tendilhão n.m. tenda de campanha (De *tendilha*+-*ão*)
tendinite n.f. MEDICINA inflamações dos tendões
tendinoso /ô/ adj. 1 relativo a tendão 2 da natureza do tendão (Do fr. *tendineux*, «id.»)
tendola n.f. [depr.] tenda pobre (De *tenda*+-*ola*)

tenebrário n.m. RELIGIÃO tocheira onde, por ocasião da cerimónia religiosa das Trevas, se coloca determinado número de velas que se vão apagando à medida que o ofício vai decorrendo ■ adj. ⇒ **tenebroso** (Do lat. *tenebrarĭu-*, «escuro»)

tenebrião n.m. ZOOLOGIA inseto coleóptero, nocivo, da família dos Tenebrionídeos, frequente nos moinhos e armazéns de farinhas, cuja larva é conhecida por larva da farinha (Do lat. *tenebriōne-*, «amigo das trevas»)

tenebricosidade n.f. 1 qualidade do que é tenebricoso 2 afeção da vista que não deixa ver claramente os objetos 3 obscuridade ou perturbação do entendimento (Do lat. *tenebricositāte-*, «id.»)

tenebricoso /ô/ adj. 1 obscuro 2 perturbado da vista ou do entendimento (Do lat. *tenebricōsu-*, «id.»)

Tenebriónidas n.m.pl. ⇒ **Tenebrionídeos**

tenebrionídeo adj. ZOOLOGIA relativo ou pertencente aos Tenebrionídeos ■ n.m. ZOOLOGIA espécime dos Tenebrionídeos

Tenebrionídeos n.m.pl. ZOOLOGIA família de insetos coleópteros, heterómeros, representada em Portugal por muitas espécies, entre as quais algumas muito nocivas que atuam especialmente nos sítios onde se armazena farinha (Do lat. *tenebriōne-*, «amigo das trevas»+*-ídeos*)

tenebrizador n.m. aquele que é amigo das trevas, do obscurantismo (De *tenebrizar*+*-dor*)

tenebrizar v.tr. 1 obscurecer 2 tornar tenebroso; lançar nas trevas (Do lat. *tenĕbras* [pl.], «trevas; escuridão»+*-izar*)

tenebrosidade n.f. 1 qualidade do que é tenebroso 2 escuridão; trevas 3 tempo tenebroso (Do lat. *tenebrositāte-*, «id.»)

tenebroso /ô/ adj. 1 envolto em trevas; muito escuro; sombrio 2 [fig.] difícil de compreender 3 [fig.] misterioso 4 [fig.] terrível; assustador 5 [fig.] que causa sofrimento e dor; pungente 6 [fig.] dolorido; magoado (Do lat. *tenebrōsu-*, «id.»)

tenectomia n.f. CIRURGIA ⇒ **tenotomia** (Do gr. *ténon*, «tendão»+*ektomé*, «ablação»+*-ia*)

tenência n.f. 1 cargo, residência ou repartição de tenente 2 posse 3 domínio (Do lat. *tenentĭa*, part. pres. neut. pl. de *tenēre*, «ocupar»)

tenente n.m. 1 aquele que é imediato do chefe e o substitui 2 MILITAR posto de oficial subalterno do Exército e da Força Aérea, superior ao de alferes e inferior ao de capitão, e cuja insígnia é constituída por dois galões estreitos ■ n.2g. MILITAR oficial que ocupa aquele posto (Do lat. *tenente-*, «que tem; que segura», part. pres. de *tenēre*, «ter; segurar»)

tenente-coronel n.m. MILITAR posto de oficial superior do Exército e da Força Aérea, acima do de major e inferior ao de coronel, e cuja insígnia é constituída por galões paralelos, sendo um largo e dois estreitos ■ n.2g. MILITAR oficial que ocupa esse posto

tenente-general n.m. MILITAR posto de oficial general do Exército e da Força Aérea, superior ao de major-general e inferior ao de general, e cuja insígnia é constituída por três estrelas ■ n.2g. MILITAR oficial que ocupa esse posto

tenesmo n.m. MEDICINA sensação de peso no reto, por vezes dolorosa, com desejo contínuo e inútil de evacuar; puxo; ~ **vesical** MEDICINA desejo e necessidade constante de urinar, em regra, acompanhados de sensação dolorosa e ardores (Do gr. *teinesmós*, «espécie de cólica»)

tenesmódico adj. acompanhado de tenesmo (Do gr. *teinesmódes*, «semelhante a tenesmo»+*-ico*)

tengue n.m. unidade monetária do Cazaquistão

ténia n.f. ZOOLOGIA verme platelminte, cestode, parasita do homem e de muitos outros animais, pertencente à família dos Teniídeos, vulgarmente conhecido por bicha-solitária, e cujo corpo é tipicamente formado por uma numerosa série de segmentos (proglótide) que constituem um conjunto em forma de fita (Do gr. *tainía*, «id.», pelo lat. *taenĭa-*, «id.»)

teníase n.f. MEDICINA estado patológico produzido pela ténia (De *ténia*+*-ase*)

tenicida adj.,n.m. MEDICINA que ou substância que elimina as ténias (De *teni(o)-*+*-cida*)

tenífugo n.m. FARMÁCIA medicamento que provoca a expulsão da ténia (Do lat. *taenĭa-*, «ténia»+*fugĕre*, «fugir; afugentar»)

Teníidas n.m.pl. ZOOLOGIA ⇒ **Teniídeos**

teniídeo adj. ZOOLOGIA pertencente ou relativo aos Teniídeos ■ n.m. ZOOLOGIA espécime dos Teniídeos

Teniídeos n.m.pl. ZOOLOGIA família de platelmintes cestodes, com anéis distintos num conjunto em fita mais ou menos longa, a cujo género-tipo, que se denomina *Taenia*, pertencem as ténias que mais vulgarmente, em Portugal, parasitam o homem (Do lat. *taenĭa-*, «ténia»+*-ídeos*)

teni(o)- elemento de formação de palavras que exprime a ideia de fita, tira (Do gr. *tainía*, «fita»)

teniobrânquio adj. ZOOLOGIA que possui as brânquias em forma de fita (Do gr. *tainía*, «ténia; fita»+*brágkhia*, «brânquia»)

tenioide adj.2g. 1 semelhante à ténia 2 em forma de fita 3 ICTIOLOGIA relativo ou pertencente aos tenioides ■ n.m. ICTIOLOGIA espécime dos tenioides ■ n.m.pl. ICTIOLOGIA grupo de peixes teleósteos, de corpo muito alongado em forma de fita, que só acidentalmente aparecem em Portugal (Do gr. *tainía*, «fita»+*eîdos*, «forma»)

tenióide ver nova grafia tenioide

teniope adj.2g. ZOOLOGIA que possui, nos olhos, listras de cor (Do gr. *tainía*, «fita»+*óps, opós*, «olho»)

tenióptero adj. ZOOLOGIA que tem listras de cor nas asas ou barbatanas (Do gr. *tainía*, «fita»+*ptéron*, «barbatana»)

teniossomo adj.,n.m.,n.m.pl. ICTIOLOGIA ⇒ **tenioide** (Do gr. *tainía*, «fita»+*sôma*, «corpo»)

tenioto /ô/ adj. ZOOLOGIA que tem as orelhas compridas em forma de fita (Do gr. *tainía*, «fita»+*oûs, otós*, «orelha»)

ténis n.m.2n. 1 DESPORTO jogo com uma bola de borracha revestida de camurça, impelida por uma raqueta, praticado em pavimento próprio, dividido ao meio por uma rede, entre dois ou quatro jogadores 2 sapato de lona, tecido ou pele, geralmente com sola de borracha e com atacadores, usado para atividades desportivas ou, no dia a dia, com roupa informal; sapatilha (Do ing. *[lawn-]tennis*, «id.»)

ténis de mesa n.m. DESPORTO espécie de ténis que se joga sobre uma mesa dividida ao meio por uma rede, em que se usam raquetas e uma bola de celuloide, também chamado pingue-pongue

tenista n.2g. pessoa que joga ténis (De *ténis*+*-ista*)

tenjarro n.m. ORNITOLOGIA ⇒ **tanjasno**

tennantite n.f. MINERALOGIA mineral formado por sulfureto de cobre e arsénio, que cristaliza no sistema cúbico (De *Ch. Tennant*, antr., químico ing., 1823-1906)

tenoísmo n.m. obediência formal que os Japoneses prestam ao seu imperador (Do jap. *tenno*, «sublime; augusto»+*-ismo*)

tenopatia n.f. MEDICINA doença nos tendões (Do gr. *ténon*, «tendão»+*páthos*, «doença»+*-ia*)

tenor n.m. 1 MÚSICA registo agudo da voz masculina 2 MÚSICA linha musical (voz) com esse registo 3 MÚSICA cantor que possui essa voz (Do it. *tenore*, «id.»)

tenorino n.m. 1 MÚSICA voz de tenor de extenso registo no agudo 2 MÚSICA tenor ligeiro que canta em falsete (Do it. *tenorino*, «tenor de segunda ordem»)

tenorite n.f. MINERALOGIA mineral composto por óxido de cobre, comum na zona de meteorização dos filões cupríferos, que é similar à cuprite (Do fr. *ténorite*, «id.»)

tenotomia n.f. CIRURGIA operação que consiste no corte de tendões, muitas vezes com o fim de diminuir ou desfazer deformações ou corrigir retrações musculares; tenectomia (Do gr. *ténon*, «tendão»+*tomé*, «corte»+*-ia*)

tenótomo n.m. instrumento usado na execução da tenotomia (Do gr. *ténon*, «tendão»+*tomé*, «corte»)

tenreira n.f. [ant.] ⇒ **vitela 1** (De *tenreiro*)

tenreiro adj. (pouco usado) tenro ■ n.m. [ant.] vitelo mamão; terneiro, novilho ou bezerro (De *tenro*+*-eiro*)

tenro adj. 1 que se pode cortar, partir ou mastigar facilmente; mole 2 [fig.] recente; novo 3 [fig.] delicado 4 [fig.] inocente; **tenra idade** infância (Do lat. *tenĕru-*, «id.»)

tenrura n.f. qualidade ou estado de tenro (De *tenro*+*-ura*)

tensa[1] n.f. [regionalismo] fasquia que se tira a uma peça de madeira que se pretende retesar (Do lat. *tensa-*, part. pass. fem. de *tendĕre*, «estender; retesar»)

tensa[2] n.f. carro de duas rodas que, na Roma antiga, transportava, em ocasiões solenes, as estátuas dos deuses (Do lat. *tensa-*, «carro sagrado»)

tensão n.f. 1 qualidade ou estado do que é (ou está) tenso 2 estado de rigidez ou retesamento em certas partes do organismo 3 grande concentração física e/ou mental 4 sensação de medo, incerteza e preocupação; enervamento 5 FÍSICA força expansiva ou elástica dos gases ou vapores 6 esforço de tração ou de compressão; pressão 7 força por unidade de superfície 8 PSICOLOGIA estado de preparação para a ação 9 [fig.] influência coerciva ou constrangedora 10 [fig.] situação de conflito; **alta** ~ ELETRICIDADE tensão muito elevada, superior a 1000 volts em corrente alternada e a 1500 volts em corrente contínua; ~ **arterial** FISIOLOGIA pressão do sangue sobre a parede das artérias (tensão sistólica ou máxima, que corresponde à sístole ventricular, e tensão diastólica ou mínima, que corresponde à diástole ventricular); ~ **de espírito** grande preocupação;

~ dos gases FÍSICA pressão que os gases exercem sobre as paredes dos recipientes; **~ elétrica** ELETRICIDADE diferença de potencial entre dois pontos de um circuito elétrico, voltagem; **~ máxima (de um vapor)** FÍSICA maior valor da pressão que um vapor pode suportar sem se condensar; **~ pré-menstrual** MEDICINA conjunto de sintomas sentidas por algumas mulheres nos dias que antecedem a menstruação, como é o caso de tensão mamária, dor de cabeça, irritabilidade, insónia, ansiedade, fadiga, etc.; síndrome pré-menstrual; **~ superficial** FÍSICA ação de força que tende a diminuir a extensão da superfície livre dos líquidos, e cujo valor é o da força tangencial à superfície, por unidade de comprimento; *estado de* **~** PSICOLOGIA em psicologia social, representa o pródromo de um conflito mais ou menos agudo, numa família ou num grupo, entre coletividades ou entre nações (Do lat. *tensiōne-*, «id.»)

tênsil *adj.2g.* referente a tensão (Do lat. *tensu-*, «tenso» +*-il*)

tensímetro *n.m.* FÍSICA designação comum a vários instrumentos que servem para medir tensões (tensão de vapor, tensão superficial, etc.) (Do lat. *tensu-*, «tenso» +gr. *métron*, «medida» ou do ing. *tensimeter*, «instrumento que serve para medir a pressão a vapor»)

tensioactivo ver nova grafia **tensioativo**

tensioativo *adj.* FÍSICA, QUÍMICA (substância) que quando adicionado a um meio líquido lhe diminui a tensão superficial, aumentando-lhe em consequência o poder de molhar (é o caso dos detergentes) (Do fr. *tensio-actif*, «tensioativo»)

tensivo *adj.* 1 que provoca tensão 2 acompanhado de tensão (Do lat. *tensu-*, «tenso» +*-ivo*)

tenso *adj.* 1 estendido com força 2 teso; rígido; hirto 3 [fig.] nervoso e pouco à vontade; embaraçado 4 [fig.] preocupado 5 [fig.] (situação, problema) que causa ansiedade e preocupação; grave; difícil (Do lat. *tensu-*, «tenso»)

tensor *adj.* 1 que serve para estender ou esticar 2 ANATOMIA (músculo) destinado a produzir tensão ■ *n.m.* 1 esticador 2 ANATOMIA qualquer músculo cuja função é estender ou distender um membro ou um órgão 3 MATEMÁTICA entidade abstrata que em cada sistema de coordenadas tem um sistema perfeitamente determinado de componentes, de tal modo que, quando se efetua mudança de coordenadas, as componentes do tensor se transformam segundo uma lei característica (Do lat. *tensu-*, «tenso» +*-or*)

tensorial *adj.2g.* 1 relativo a tensor 2 MATEMÁTICA referente ao estudo do cálculo dos tensores (teoria) (De *tensor*+*-ial*)

tenta *n.f.* 1 instrumento médico para sondar feridas e dilatar aberturas 2 lide especial para observação da bravura de novilhos ou novilhas, pouco tempo depois da ferra 3 ⇒ **tentação** (Deriv. regr. de *tentar*)

tentação *n.f.* 1 ato ou efeito de tentar 2 instigação 3 indução para o mal 4 desejo intenso de algo geralmente considerado censurável 5 coisa ou pessoa que provoca desejo (Do lat. *tentatiōne-*, «id.»)

tentaculado *adj.* 1 provido de tentáculos; tentaculífero 2 ZOOLOGIA relativo ou pertencente aos tentaculados ■ *n.m.* ZOOLOGIA grupo de animais invertebrados, nefridiados, sem metamerização, e com aparelho tentacular ciliado, a que pertencem (para alguns autores) os foronídeos, os briozoários e os braquiópodes (De *tentáculo*+*-ado*)

tentacular *adj.2g.* 1 referente ou pertencente a tentáculo 2 dotado de tentáculos (De *tentáculo*+*-ar*)

tentaculífero *adj.* que possui tentáculos; tentaculado ■ *n.m.* ZOOLOGIA espécime dos tentaculíferos ■ *n.m.pl.* ZOOLOGIA ⇒ **acinetinos** (Do lat. cient. *tentacŭlu-*, «tentáculo» +*ferre*, «ter»)

tentaculiforme *adj.2g.* semelhante a tentáculo (Do lat. cient. *tentacŭlu-*, «tentáculo» +*forma-*, «forma»)

tentáculo *n.m.* 1 ZOOLOGIA apêndice móvel, flexível, que serve de órgão do tato ou de preensão a muitos animais (moluscos, infusórios, etc.) 2 [fig.] meio (geralmente de moralidade duvidosa) para alcançar determinado fim 3 *pl.* [pop.] dedos (Do lat. cient. *tentacŭlu-*, «id.», de *tentāre*, «apalpar; tatear»)

tentadiço *adj.* 1 sujeito à tentação 2 que se tenta facilmente (De *tentar*+*-diço*)

tentador *adj.* 1 que tenta, atrai ou provoca desejo 2 que seduz 3 que instiga a fazer algo geralmente considerado censurável 4 RELIGIÃO que instiga a pecar ■ *n.m.* [pop.] Demónio (Do lat. *tentatōre-*, «id.»)

tentame *n.m.* 1 ato de tentar; tentativa 2 experiência 3 ensaio (Do lat. *tentamen* ou *temptamen*, «tentativa»)

tentâmen *n.m.* ⇒ **tentame**

tentante *adj.2g.* que tenta; tentador; tentativo (Do lat. *temptante-*, «id.», part. pres. de *temptāre*, «tatear; apalpar»)

tentar *v.tr.* 1 fazer esforços para atingir (determinado objetivo) 2 provocar um desejo em; despertar a vontade de 3 seduzir por meio de tentação 4 instigar a fazer algo geralmente considerado censurável 5 RELIGIÃO instigar a pecar 6 pôr em prática; empreender 7 experimentar; pôr à prova 8 aventurar-se a 9 instaurar (ação); pôr em juízo 10 procurar saber; sondar 11 realizar a operação da tenta de (gado bravo) ■ *v.intr.* 1 envidar esforços para atingir determinado objetivo 2 fazer uma tentativa ■ *v.pron.* 1 deixar-se seduzir 2 desejar muito (Do lat. *tentāre* ou *temptāre*, «id.»)

tentarraiz *n.m.* ORNITOLOGIA ⇒ **trigueirão** *n.m.* (De orig. onom.)

tentativa *n.f.* 1 ato em que se tenta alguma coisa 2 envidamento de esforços para a realização de determinado objetivo 3 experiência 4 ensaio 5 teste 6 DIREITO prática de atos de preparação de um crime que, todavia, não chega a consumar-se; **~ de conciliação** DIREITO fase do processo cível em que o juiz procura conciliar as partes (De *tentativo*)

tentativo *adj.* 1 que serve para tentar 2 ⇒ **tentante** (Do lat. *tentātu-*, part. pass. de *tentāre*, «tentar» +*-ivo*)

tenteador *adj.,n.m.* que ou aquele que tenteia (De *tentear*+*-dor*)

tentear[1] *v.tr.* 1 calcular ou dirigir (as coisas) com tento 2 pesar 3 equilibrar 4 marcar com tentos 5 poupar 6 ponderar 7 sondar (De *tento*+*-ear*)

tentear[2] *v.tr.* 1 sondar com tenta 2 examinar 3 apalpar 4 procurar observar 5 tatear (De *tenta*+*-ear*)

tenteio *n.m.* 1 ato de tentear 2 exame 3 cálculo 4 equilíbrio 5 tento (Deriv. regr. de *tentear*)

tentelhão *n.m.* [regionalismo] [depr.] estabelecimento comercial de baixa categoria (Por *tendilhão*, de *tenda*+*-ilha*+*-ão*)

tentilhão *n.m.* 1 ORNITOLOGIA pássaro da família dos Fringilídeos, sedentário e muito frequente em Portugal, também denominado batachim, chapim, chincalhão, chincho, chopim, pachacim, pardal-de-asa-branca, patachim, pimpalhão, pincha, pintalhão, pintarroxo, pimpim, etc. 2 ICTIOLOGIA nome vulgar por que também é conhecido um bodião, peixe comum em Portugal; *armar aos tentilhões* gabar-se, vangloriar-se (De orig. onom.)

tentilhão-de-bengala *n.m.* ORNITOLOGIA ⇒ **pintassilgo-verde**

tento[1] *n.m.* 1 cuidado; atenção; sentido 2 tino; juízo 3 [fig.] cálculo; cômputo; *dar* **~** dar fé; *marcar tentos* valorizar-se; *ter* **~** *na bola* comportar-se ajuizadamente (Do lat. *tentu-*, part. pass. de *tenēre*, «ter»)

tento[2] *n.m.* 1 peça com que se marcam os pontos no jogo 2 ponto (Do lat. *talentu-*, «moeda; penhor»)

tento[3] *n.m.* [pop.] bofetada (De orig. obsc.)

tentório *n.m.* barraca de campanha; tenda (Do lat. *tentoriŭ-*, «id.»)

ténue *adj.2g.* 1 que tem pouca consistência ou espessura; delgado 2 delicado; subtil 3 fraco; débil 4 que mal se consegue perceber (Do lat. *tenŭe-*, «id.»)

tenui- elemento de formação de palavras que exprime a ideia de *pequeno, delgado, ténue* (Do lat. *tenŭe-*, «id.»)

tenuicorne *adj.2g.* ⇒ **tenuicórneo**

tenuicórneo *adj.* diz-se do animal que tem antenas ou cornos delgados (De *tenui*+*córneo*)

tenuidade *n.f.* 1 qualidade de ténue 2 falta de consistência ou espessura 3 delicadeza 4 subtileza 5 [fig.] insignificância (Do lat. *tenuitāte-*, «id.»)

tenuifloro *adj.* que tem ou é formado por flores pequenas (Do lat. *tenŭe-*, «pequeno» +*flore-*, «flor»)

tenuifoliado *adj.* que tem folhas pequenas (De *tenui*+*foliado*)

tenuípede *adj.2g.* que tem pés pequenos ou membros locomotores delgados, pouco resistentes (De *tenui-*+*-pede*)

tenuipene *adj.2g.* que tem penas ou asas pouco desenvolvidas (De *tenŭe-*, «delgado» +*penna-*, «pena»)

tenuirrostro /u-irrô/ *adj.* 1 ORNITOLOGIA que tem bico fino e relativamente comprido 2 relativo ou pertencente aos tenuirrostros ■ *n.m.* ORNITOLOGIA espécime dos tenuirrostros ■ *n.m.pl.* ORNITOLOGIA grupo de pássaros com bico fino e geralmente comprido (De *tenui-*+*-rostro*)

teo- elemento de formação de palavras que exprime a ideia de *Deus* (Do gr. *theós*, «Deus»)

teobromina *n.f.* FARMÁCIA, QUÍMICA principal alcaloide do cacau, que se extrai das cascas das sementes e tem emprego em medicina como diurético, estimulante do miocárdio e vasodilatador (De *Theobroma*, nome do género bot. do cacau +*-ina*)

teocáli *n.m.* templo piramidal, entre os antigos Mexicanos (Do nauat. *teotl*, «deus» +*calli*, «casa»)

teocentrismo *n.m.* atitude ou doutrina filosófica que toma Deus pelo fundamento e centro do Universo (De *teo-*+*centro*+*-ismo*)

teocracia *n.f.* 1 preponderância do clero no governo de uma nação 2 regime político de um país em que o poder, considerado como emanação da divindade, é exercido pelos sacerdotes (Do gr. *theokratía*, «governo de Deus»)

teocrata n.2g. 1 membro ou partidário de uma teocracia 2 pessoa que exerce o poder teocrático (Do gr. *theós*, «Deus» +*krátos*, «força; poder»)

teocraticismo n.m. doutrina político-religiosa que defende o regime das teocracias (De *teocrático*+-*ismo*)

teocrático adj. da teocracia ou a ela relativo (Do gr. *theós*, «Deus» +*krátos*, «força» +-*ico*)

teocratização n.f. ato de teocratizar (De *teocratizar*+-*ção*)

teocratizar v.tr. sujeitar ao poder teocrático (Do gr. *theós*, «Deus» +*krátos*, «força» +-*izar*)

teodiceia n.f. 1 FILOSOFIA (Leibniz) parte da metafísica que trata do problema do mal e procura «justificar» a bondade de Deus contra as objeções levantadas a propósito daquele problema 2 FILOSOFIA desde o séc. XIX, parte da metafísica que trata, apenas de acordo com as luzes da experiência e da razão, da existência e da natureza de Deus 3 teologia natural; teologia racional (Do gr. *theós*, «Deus» +*díke*, «justiça»)

teodolito n.m. aparelho que, provido de dois círculos graduados (de planos perpendiculares entre si), é utilizado, em geodesia, para medir ângulos verticais e ângulos horizontais e, especificamente, para medir as coordenadas horizontais de um astro (altura [ou distância zenital] e azimute) (Do fr. *théodolite*, «id.»)

teofania n.f. 1 manifestação de uma divindade 2 aparição da divindade 3 [ant.] (catolicismo) Epifania (Do gr. *theopháneia*, «id.»)

teofilantropia n.f. seita religiosa francesa (1796-1801), que professava um teísmo interessado na manutenção da moral e da ordem social, cujo ritual se cifrava em discursos de moral e hinos (De *teo*-+*filantropia*)

teofilina n.f. FARMÁCIA, QUÍMICA alcaloide isómero da teobromina que existe nas folhas do chá e tem emprego em medicina como diurético, vasodilatador, antiasmático, etc. (Do lat. bot. *Thea*, «planta do chá»+gr. *phýllon*, «folha» +-*ina*)

teofobia n.f. aversão a Deus ou às divindades (De *teo*-+-*fobia*)

teófobo n.m. indivíduo que sofre de teofobia (De *teo*-+-*fobo*)

teogenesia n.f. ⇒ **teogonia** (Do gr. *theós*, «Deus» +*génesis*, «génese» +-*ia*)

teogonia n.f. 1 qualquer sistema religioso explicativo do Universo e da sua formação 2 genealogia e filiação das divindades de uma religião politeísta (Do gr. *theogonía*, «id.», pelo lat. *theogonĭa*, «id.»)

teogónico adj. relativo a teogonia (De *teogonia*+-*ico*)

teogonista n.2g. pessoa que trata de teogonias (De *teogonia*+-*ista*)

teologal adj.2g. 1 referente à teologia 2 que trata de Deus 3 RELIGIÃO (virtude) que tem Deus por objeto (fé, esperança e caridade) 4 [fig.] grave; solene (De *teólogo*+-*al*)

teologastro n.m. [depr.] teólogo pouco profundo (De *teólogo*+-*astro*)

teologia n.f. 1 estudo dos princípios e questões de uma religião 2 meditação a respeito da existência de Deus e dos Seus atributos e relações com o Universo; ~ **revelada/dogmática** estudo dos dogmas da fé, baseado nos textos sagrados e na autoridade da Igreja (Do gr. *theología*, «ciência da divindade», pelo lat. *theologĭa*-, «id.»)

teológico adj. relativo à teologia; teologal (Do gr. *theologikós*, «id.», pelo lat. *theologĭcu*-, «id.»)

teologismo n.m. abuso da teologia, das discussões teológicas (De *teologia*+-*ismo*)

teologizar v.intr. discorrer sobre questões teológicas (De *teologia*+-*izar*)

teólogo n.m. 1 indivíduo versado em teologia 2 estudante de teologia (Do gr. *theológos*, «id.», pelo lat. *theológu*-, «id.»)

teomancia n.f. suposta adivinhação por inspiração divina (Do gr. *theomanteía*, «id.»)

teomania n.f. mania ou loucura em que o doente julga ser uma divindade ou estar inspirado por ela (Do gr. *theomanía*, «id.»)

teomaníaco adj., n.m. que ou aquele que padece de teomania (De *teo*+*maníaco*)

teomante n.2g. pessoa que pratica a teomancia (Do gr. *theómantis*, «id.»)

teomitia n.f. conjunto dos mitos antigos, conservados através da tradição (Do gr. *theomythía*, «mito divino»)

teomitologia n.f. tratado ou estudo acerca dos deuses pagãos (Do gr. *theós*, «Deus» +*mythología*, «mitologia»)

teomitológico adj. da teomitologia ou a ela referente (De *teomitologia*+-*ico*)

teonímia n.f. parte da onomástica que estuda os nomes dos deuses (Do gr. *theós*, «Deus» +*ónyma*, por *ónoma*, «nome» +-*ia*)

teónimo n.m. nome de uma divindade (Do gr. *theós*, «Deus» +*ónyma*, por *ónoma*, «nome»)

teopsia n.f. suposta visão de uma divindade (Do gr. *theós*, «Deus» +*ópsis*, «visão» +-*ia*)

teor n.m. 1 conteúdo de um texto 2 [fig.] natureza de algo 3 [fig.] qualidade; género 4 [fig.] norma; sistema 5 grau de uma substância num todo (por exemplo, teor alcoólico); proporção em que entram um ou mais componentes num composto ou numa mistura (Do gr. *tenóre*-, «movimento contínuo»)

teorema /ê/ n.m. proposição que se demonstra por dedução lógica a partir de proposições já demonstradas ou admitidas como verdadeiras (Do gr. *theórema*, «assunto de estudo», pelo lat. *theorēma*, «id.»)

teorético adj. 1 relativo à teoria 2 teórico (Do gr. *theoretikós*, «id.», pelo lat. *theoretĭcu*-, «id.»)

teoria n.f. 1 sistema coerente dos conceitos, princípios e técnicas na base de determinado objeto de estudo 2 conhecimento sistematizado sobre determinado domínio 3 ideia ou sistema que resultam da especulação ou de conjeturas 4 hipótese não testada experimentalmente que se apresenta como explicação de determinada circunstância ou fenómeno em relação aos quais existem dúvidas 5 representação racional ou ideal de uma realidade 6 HISTÓRIA deputação solene que as cidades gregas enviavam às festas em honra dos deuses 7 fila de pessoas que avançam processionalmente; séquito 8 conjunto; grupo 9 [pop.] repreensão; sarabanda; ~ **energética** sistema que substitui a noção de força da mecânica clássica pela de energia (Do gr. *theoría*, «estudo», pelo lat. *theorĭa*-, «especulação filosófica»)

teórica n.f. ⇒ **teoria** (De *teórico*)

teoricamente adv. 1 em teoria 2 do ponto de vista teórico 3 como hipótese (De *teórico*+-*mente*)

teórico adj. 1 relativo a teoria 2 que se baseia em conhecimentos sistematizados e/ou abstratos sobre determinado assunto 3 especulativo; hipotético 4 não testado experimentalmente 5 [pej.] demasiado abstrato 6 [pej.] que é difícil de aplicar à prática com resultados satisfatórios ■ n.m. 1 indivíduo que conhece cientificamente os princípios de uma arte 2 aquele que cria, estabelece e/ou desenvolve uma teoria 3 aquele que expõe e/ou comenta uma teoria 4 [pej.] pessoa com pouco senso prático 5 [pej.] utopista (Do gr. *theorikós*, «id.», pelo lat. *theorĭcu*-, «id.»)

teórico-prático adj. 1 relativo simultaneamente à teoria e à prática 2 que envolve o estudo da teoria e a execução prática ■ n.m. indivíduo que conhece a teoria de uma arte e a aplica

teorismo n.m. apego às teorias (De *teoria*+-*ismo*)

teorista n.2g. 1 indivíduo que conhece cientificamente os princípios de uma arte 2 aquele que cria, estabelece e/ou desenvolve uma teoria 3 aquele que expõe e/ou comenta uma teoria (De *teoria*+-*ista*)

teorização n.f. ato ou efeito de teorizar (De *teorizar*+-*ção*)

teorizante adj.2g. que teoriza (De *teorizar*+-*ante*)

teorizar v.tr.,intr. expor ou estabelecer teorias sobre (qualquer assunto) (Do gr. *theorízein*, «id.»)

teose n.f. deificação; divinização (Do gr. *théosis*, «id.»)

teosofia n.f. doutrina que se apresenta como o conhecimento de Deus e das coisas divinas mediante o aprofundamento da vida interior como forma de elevação progressiva do espírito até à iluminação (Do gr. *theosophía*, «sabedoria divina»)

teosófico adj. relativo à teosofia (De *teosofia*+-*ico*)

teosofismo n.m. carácter das especulações teosóficas (De *teosofia*+-*ismo*)

teosofista n.2g. ⇒ **teósofo** (De *teósofo*+-*ista*)

teósofo n.m. aquele que segue ou ensina as doutrinas teosóficas (Do gr. *theósophos*, «teósofo»)

tépala n.f. BOTÂNICA folha floral não diferenciada em pétala ou sépala, que entra na constituição do perianto tepaloide (De *pétala*, com met.)

tepaloide adj.2g. BOTÂNICA diz-se do perianto não diferenciado em sépalas e pétalas, e, portanto, constituído por tépalas (De *tépala*+-*óide*)

tepalóide ver nova grafia tepaloide

tepe n.m. torrão em forma de cunha empregado na construção de muralhas (Do cast. *tepe*, «id.»?)

tepidário n.m. 1 HISTÓRIA nas termas romanas, local destinado a banhos mornos 2 estabelecimento de banhos tépidos (Do lat. *tepidarĭu*-, «id.»)

tepidez n.f. 1 estado do que é tépido 2 [fig.] tibieza (De *tépido*+-*ez*)

tépido adj. 1 morno; pouco quente 2 [fig.] tíbio; fraco 3 [fig.] pouco entusiasmado (Do lat. *tepĭdu-*, «id.»)

tepor n.m. ⇒ **tepidez** (Do lat. *tepōre-*, «id.»)

teque-teque n.m. passos miúdos e rápidos

tequila n.f. bebida alcoólica mexicana feita da destilação do agave (Do mex. *Tequila*, local onde a bebida é produzida)

tequilha n.f. [uso generalizado] ⇒ **tequila**

ter v.tr. 1 ser dono de; estar na posse de; possuir 2 usufruir de; gozar de (benefício, direito) 3 exercer; ocupar (cargo, função) 4 dispor de (tempo) 5 dar à luz; parir 6 ser progenitor de; procriar 7 apresentar (determinada característica) 8 sofrer de (doença) 9 usar; vestir; calçar 10 sentir; experimentar (sensação) 11 obter mediante pagamento; adquirir 12 contar (determinada idade) 13 considerar; reputar 14 conter 15 ser composto de 16 aguentar 17 agarrar; segurar 18 conquistar 19 administrar; dirigir 20 valer; importar 21 ser do tamanho de 22 conservar ■ v.pron. 1 segurar-se; equilibrar-se 2 manter-se 3 apoiar-se (em); valer-se (de) 4 considerar-se; reputar-se 5 apegar-se 6 parar; deter-se 7 reprimir-se ■ v.aux. [usado com valor modal] ser obrigado (a) ■ n.m.pl. posses; bens; haveres; ~ *a haver* ter a receber; ~ *alque ver com* dizer respeito a; estar relacionado com; ~ *com quê* ter dinheiro ou haveres; ~ *dedo para* ter habilidade para; ~ *mão em si* conter-se; *ir* ~ *a* dirigir-se para; *ir* ~ *com* ir encontrar-se com; *não* ~ *onde cair morto* ser muito pobre (Do lat. *tenēre*, «id.»)

tera- 1 prefixo do Sistema Internacional de Unidades, de símbolo *T*, que exprime a ideia de *um bilião de vezes maior* e que equivale a multiplicar por um bilião (10^{12}) a unidade por ele afetada 2 [uso indevido mas generalizado] INFORMÁTICA este mesmo prefixo usado para multiplicar uma unidade por 2^{40} (Do gr. *téras, tératos*, «monstro»)

terabyte n.m. INFORMÁTICA múltiplo do byte, de símbolo TB, que equivale a 1024 gigabytes (também se usa com o valor de 1000 gigabytes) (Do ing. *terabyte*, «id.»)

terapeuta n.2g. 1 profissional que faz uso de técnicas médicas com o objetivo de restabelecer a saúde e a qualidade de vida de uma pessoa 2 médico; clínico 3 pessoa que tem conhecimentos e escreve sobre terapêutica (Do gr. *therapeutés*, «médico»)

terapêutica n.f. 1 MEDICINA disciplina que ensina a tratar as doenças e a aplicar os tratamentos com vista ao restabelecimento da saúde 2 MEDICINA meio usado para tratar determinada doença ou estado patológico; tratamento; terapia; ~ *de substituição* MEDICINA método de tratamento em que se substitui, de imediato ou gradualmente, uma droga ou um medicamento a que um doente está submetido por outro(a) menos tóxico(a) (Do gr. *therapeutiké [tékhne]*, «a arte de tratar as moléstias», pelo lat. *therapeutĭca-*, «id.»)

terapêutico adj. 1 da terapêutica 2 relativo a terapêutica 3 que se usa para tratar determinada doença ou estado patológico 4 [fig.] que faz bem (Do gr. *therapeutikós*, «curativo»)

terapia n.f. meio ou método usado para tratar determinada doença ou estado patológico; tratamento; terapêutica; ~ *da fala* tratamento que visa corrigir certos distúrbios da fala; ~ *de grupo* técnica que utiliza como fator terapêutico a participação do paciente em reuniões de grupo em que cada elemento é encorajado a discutir o(s) seu(s) problema(s) com os outros; ~ *ocupacional* método de tratamento que consiste em fazer pessoas doentes executar tarefas manuais simples adequadas às suas capacidades funcionais, permitindo, desta forma, a melhoria do seu equilíbrio psíquico; ergoterapia (Do gr. *therapeía*, «tratamento»)

Terapónidas n.m.pl. ICTIOLOGIA ⇒ **Teraponídeos**

teraponídeo adj. ICTIOLOGIA relativo ou pertencente aos Teraponídeos ■ n.m. ICTIOLOGIA espécime dos Teraponídeos

Teraponídeos n.m.pl. ICTIOLOGIA família de peixes teleósteos, acantopterígios, com algumas espécies frequentes nas regiões tropicais, e cujo género-tipo se denomina *Therapon* (Do lat. cient. *Therapon+-ídeos*)

terarca n.m. comandante de soldados montados em elefantes, entre os antigos (Do gr. *thérarkhos*, «id.»)

terato- elemento de formação que exprime a ideia de *monstruosidade*, *disformidade* (Do gr. *téras, -atos*, «monstro»)

teratogénese n.f. ⇒ **teratogenia** (De *terato-+génese*)

teratogenesia n.f. ⇒ **teratogenia** (De *terato-+génese+-ia*)

teratogenia n.f. MEDICINA desenvolvimento de malformações congénitas num ser vivo (Do gr. *téras, -atos*, «monstro» +*génos*, «origem», pelo fr. *tératogénie*, «id.»)

teratogénico adj. 1 relativo à teratogenia 2 diz-se de agente que provoca malformações congénitas (De *teratogenia+-ico*)

teratógeno adj.,n.m. que ou agente que provoca malformações congénitas e que pode ter diversas origens (ambientais, químicas, biológicas, etc.) (Do gr. *téras, -atos*, «monstro» +*génos*, «origem», pelo fr. *tératogène*, «id.»)

teratologia n.f. 1 MEDICINA ciência que estuda as anomalias e malformações que ocorrem durante o desenvolvimento embrionário ou fetal 2 [fig.] monstruosidade; anormalidade (De *terato-+-logia*, ou do fr. *tératologie*, «id.»)

teratológico adj. 1 referente à teratologia 2 que apresenta malformação 3 absurdo; malconcebido (De *teratologia+-ico*)

teratologista n.2g. ⇒ **teratólogo** (De *teratologia+-ista*)

teratólogo n.m. especialista em teratologia (De *terato-+-logo*)

teratopagia n.f. qualidade ou estado de teratópago ou xifópago; xifopagia (De *teratópago+-ia*)

teratópago adj.,n.m. ⇒ **xifópago** (Do gr. *téras, -atos*, «monstro» +*págos*, «coisa fixa»)

teratotomia n.f. 1 anatomia de exemplares teratológicos 2 [ant.] ⇒ **teratologia** (Do gr. *téras, -atos*, «monstro» +*tomé*, «corte» +*-ia*)

térbio n.m. QUÍMICA elemento químico com o número atómico 65, de símbolo Tb, que é um dos metais que se podem extrair das chamadas terras raras (De *Itterby*, top., localidade sueca +*-io*)

terça /ê/ n.f. 1 uma das três partes iguais em que se divide um todo 2 a segunda das horas canónicas, que se cantava na terceira hora do dia (nove horas) 3 forma reduzida de *terça-feira* 4 uma das três partes de uma herança 5 viga secundária (Do lat. *tertĭa-*, «id.»)

terçã n.f. MEDICINA febre de origem malárica cujos acessos se verificam de três em três dias; febre terçã (Do lat. *tertiāna-*, «que aparece de três em três dias»)

terçado n.m. espada de folha curta, reta e larga ■ adj. 1 (pão) que é composto de três qualidades de farinha 2 atravessado (Part. pass. de *terçar*)

terçador adj.,n.m. 1 que ou aquele que terça 2 medianeiro (De *terçar+-dor*)

terça-feira n.f. dia da semana imediatamente posterior à segunda-feira (Do lat. *tertĭa-*, «terceira» +*feria-*, «dia»)

terçar v.tr. 1 misturar (três coisas) 2 dividir em três partes 3 interceder (a favor de) 4 pugnar (em defesa de); lutar (por) 5 pôr em diagonal; cruzar (Do lat. *tertiăre*, «id.»)

terçaria n.f. 1 intercessão; mediação 2 caução em poder de terceiro (De *terço+-aria*)

terceira n.f. 1 a que, numa série, ocupa o lugar correspondente ao número 3 2 medianeira; intercessora 3 alcoviteira 4 (automóvel) mudança de velocidade a seguir à segunda 5 MÚSICA intervalo musical que compreende três graus da escala (De *terceiro*)

terceira idade n.f. etapa da vida de uma pessoa que se segue à idade adulta

terceiranista adj.,n.2g. que ou estudante que frequenta o terceiro ano de qualquer curso ou faculdade (De *terceiro+ano+-ista*)

terceirar v.tr. [regionalismo] fazer pela terceira vez (De *terceiro+-ar*)

terceira via n.f. POLÍTICA corrente que defende a conciliação entre a economia de mercado e o ideário socialista

terceirizar v.tr.,intr.,pron. [Brasil] ECONOMIA ⇒ **externalizar**

terceiro num.ord. >adj.num.^{DT} que, numa série, ocupa a posição imediatamente a seguir à segunda; que é o último numa série de três ■ n.m. 1 o que, numa série, ocupa o lugar correspondente ao número 3 2 intercessor; medianeiro 3 DIREITO todo aquele que, por si ou por intermédio de outrem, não participa na celebração de um negócio jurídico 4 membro de uma ordem religiosa instituída por S. Francisco de Assis; ~ *andar* [pop.] cabeça; *irmão* ~ leigo que pertence à Ordem de S. Francisco (Do lat. *tertiarĭu-*, «id.»)

terceiro estado n.m. HISTÓRIA estrato social correspondente ao povo e à burguesia

terceiro-mundismo n.m. 1 caráter de terceiro-mundista; subdesenvolvimento 2 doutrina, conhecimento ou posição política sobre o Terceiro Mundo (De *terceiro mundo+-ismo*)

terceiro-mundista adj.2g. 1 relativo ao Terceiro Mundo 2 próprio do Terceiro Mundo 3 que tem um baixo nível de vida; que tem fraco poder económico e político; subdesenvolvido (De *terceiro mundo+-ista*)

Terceiro Mundo n.m. conjunto dos países e povos menos avançados do ponto de vista socioeconómico

tercenário n.m. o beneficiado com a terça parte de uma herança (De *terça+-eno+-ário*)

terceto n.m. 1 LITERATURA estância de três versos 2 MÚSICA composição musical escrita para três vozes ou três instrumentos 3 conjunto de três vozes ou de três instrumentos (Do it. *terzetto*, «id.»)

tércia n.f. ⇒ **terça** n.f. 2 (Do lat. *tertĭa-*, «terceira»)

terciado adj. HERÁLDICA diz-se do escudo dividido em três secções (Do lat. *tertiātu-*, «terçado»)

terciarão n.m. ARQUITETURA arco cujas extremidades partem dos ângulos de uma abóbada gótica (Do fr. *tierceron*, «id.»)

terciário adj. 1 que ocupa o terceiro lugar 2 de terceira grandeza 3 ECONOMIA relativo ao conjunto de atividades económicas que integra os serviços (comércio, transportes, finanças, educação, saúde, etc.) 4 (terreno) que se formou durante a era geológica designada por Terciário 5 MEDICINA diz-se da sífilis em período avançado, ou que atingiu, de forma geral, o sistema nervoso ■ n.m. [com maiúscula] GEOLOGIA primeiro período do Cenozoico (Do lat. *tertiarĭu-*, «terceiro»)

tercina n.f. MÚSICA ⇒ **tresquiáltera** (De *terço*+-*ina*)

tércio n.m. 1 TAUROMAQUIA terça parte do diâmetro de uma arena 2 TAUROMAQUIA cada uma das três partes em que se divide a lide, numa corrida de touros; **~ décimo** décimo terceiro (Do lat. *tertĭu-*, «terço», pelo cast. *tercio*, «id.»)

tercionário adj.,n.m. que ou aquele que está atacado de febre terçã (De *terça*+-*ário*)

terciopelo n.m. veludo com três fios de trama (Do cast. *terciopelo*, «id.»)

terciopeludo adj. (tecido) que tem muito pelo (De *terciopelo*+-*udo*)

terço /ê/ num.frac. >quant.num. DT uma das três partes iguais em que se dividiu um todo; terça parte ■ n.m. 1 RELIGIÃO terça parte do rosário, formada por cinco dezenas de pequenas contas (cada uma corresponde a uma ave-maria) em que cada dezena é intercalada por uma conta maior (que corresponde ao pai-nosso) 2 parte da espada mais próxima do punho, que corresponde à terça parte do seu comprimento 3 unidade de infantaria dos exércitos português e espanhol dos séculos XVI e XVII, de efetivo correspondente ao atual regimento 4 parte média de uma verga (Do lat. *tertĭu-*, «terceiro»)

terçô adj.2g.,n.m. [ant.] que ou animal que, numa ninhada, foi o último a nascer; terçogo (Do lat. *tertiŏlu-*, dim. de *tertĭu-*, «terceiro»)

terçogo /ô/ n.m. 1 [regionalismo] ⇒ **terçol** 2 [regionalismo] o último bácoro de uma ninhada

terçol n.m. MEDICINA pequeno furúnculo no bordo de uma pálpebra ou inflamação das glândulas sebáceas nas pálpebras, popularmente também conhecido por terçogo, terçolho, treçolho, etc. (Do lat. *tertiŏlu-*, dim. de *tertĭu-*, «terço; terceiro»?)

terçolho /ô/ n.m. MEDICINA ⇒ **terçol**

terebentina n.f. ⇒ **terebintina**

Terebintáceas n.f.pl. BOTÂNICA ⇒ **Anacardiáceas** (De *terebinto*+-*áceas*)

terebintina n.f. essência extraída da resina do pinheiro (De *terebinto*+-*ina*)

terebintinar v.tr. preparar ou misturar com terebintina (De *terebintina*+-*ar*)

terebinto n.m. BOTÂNICA ⇒ **cornalheira** (Do gr. *terébinthos*, «cornalheira selvagem», pelo lat. *terebinthu-*, «id.»)

térebra n.f. antiga máquina de guerra com que se abriam brechas em muralhas (Do lat. *terĕbra-*, «broca»)

terebração n.f. 1 ato ou efeito de terebrar 2 perfuração 3 sensação dolorosa semelhante à produzida por um objeto perfurante (Do lat. *terebratiōne-*, «id.»)

terebrante adj.2g. 1 que terebra ou perfura 2 diz-se da dor semelhante à produzida por uma verruma que penetrasse nos tecidos (Do lat. *terebrante-*, «id.», part. pres. de *terebrāre*, «furar»)

terebrar v.tr. 1 furar com térebra ou com verruma 2 perfurar; furar 3 penetrar (Do lat. *terebrāre*, «id.»)

terebrátula n.f. PALEONTOLOGIA designação de um género de braquiópodes fósseis (Do lat. cient. *terebratŭla*, «id.»)

teredem n.m. ZOOLOGIA molusco lamelibrânquio, da família dos Teredinídeos, frequente na costa marítima portuguesa, nocivo, por perfurar as madeiras imersas (Do lat. *teredĭne-*, «caruncho»)

Teredínidas n.f.pl. ZOOLOGIA ⇒ **Teredinídeos**

teredinídeo adj. ZOOLOGIA relativo ou pertencente aos Teredinídeos ■ n.m. ZOOLOGIA espécime dos Teredinídeos

Teredinídeos n.m.pl. ZOOLOGIA família de moluscos lamelibrânquios, cujo género-tipo, que se denomina *Teredo*, está representado em Portugal (Do lat. *teredĭne-*, «caruncho»+-*ídeos*)

teredo /ê/ n.m. ZOOLOGIA ⇒ **teredem** (Do lat. *teredo* (nominativo), «caruncho»)

tereso /ê/ n.m. ICTIOLOGIA nome vulgar por que também é designado o pargo (De orig. obsc.)

teresopolitano adj. relativo à cidade brasileira de Teresópolis, no estado do Rio de Janeiro ■ n.m. natural ou habitante de Teresópolis (De *Teresópolis*, top. +-*ano*)

tereti- elemento de formação de palavras que traduz a ideia de *arredondado, roliço* (Do lat. *terĕte-*, «id.»)

tereticaude adj.2g. ZOOLOGIA que possui cauda delgada e roliça (Do lat. *terĕte-*, «roliço» +*cauda-*, «cauda»)

tereticaule adj.2g. BOTÂNICA que tem caule delgado e roliço (De *tereti-*+-*caule*)

tereticolo adj. ZOOLOGIA que tem o pescoço delgado e roliço (Do lat. *terĕte-*, «roliço» +*collu-*, «pescoço»)

teretiforme adj.2g. em forma de cilindro (De *tereti-*+-*forme*)

teretirrostro /ô/ adj. ZOOLOGIA que tem bico delgado e roliço (De *tereti-*+*rostro*)

tergal[1] adj.2g. que diz respeito ao dorso, principalmente dos insetos (Do lat. *tergu-*, «costas» +-*al*)

tergal[2] n.m. 1 fibra sintética muito resistente 2 tecido feito dessa fibra (Do fr. *tergal*, «id.»)

tergeminado adj. BOTÂNICA diz-se das folhas triplicadas (De *tergémino*+-*ado*)

tergémino adj. 1 multiplicado por três; tresdobrado; tríplice 2 trigémeo (Do lat. *tergemĭnu-*, «id.»)

tergite n.m. ZOOLOGIA cada uma das peças que entram na constituição do tergo, nos artrópodes (Do lat. *tergu-*, «costas» +-*ite*)

tergito n.m. ⇒ **tergite** (Do lat. *tergu-*, «costas» +-*ito*)

tergiversação n.f. 1 ato ou efeito de tergiversar 2 subterfúgio; evasiva; desculpa; rodeio (Do lat. *tergiversatiōne-*, «id.»)

tergiversador adj.,n.m. que ou aquele que usa de tergiversações (Do lat. *tergiversatōre-*, «id.»)

tergiversante adj.2g. que usa de tergiversações; tergiversador (Do lat. *tergiversante-*, «id.», part. pres. de *tergiversāri*, «voltar as costas; tergiversar»)

tergiversar v.intr. 1 voltar as costas 2 usar de subterfúgios ou rodeios; mudar de assunto (Do lat. cl. *tergiversāri*, «id.», pelo lat. vulg. *tergiversāre*, «id.»)

tergiversatório adj. 1 que contém tergiversação 2 ardiloso (De *tergiversar*+-*tório*)

tergiversável adj.2g. suscetível de tergiversação (Do lat. *tergiversar*+-*vel*)

tergo n.m. 1 costas 2 dorso 3 parte dorsal de cada segmento (metâmero) do corpo de um artrópode (Do lat. *tergu-*, «costas»)

teríaca n.f. ⇒ **teriaga** (Do lat. *theriăca-*, ou *theriăce-*, «teriaga»)

teriacal adj.2g. 1 que diz respeito à teriaga 2 semelhante à teriaga (De *teríaca*+-*al*)

teriacologia n.f. tratado ou estudo acerca dos animais venenosos (Do gr. *theriaké*, «teriaga» +*lógos*, «tratado» +-*ia*)

teriaga n.f. 1 HISTÓRIA, MEDICINA electuário de composição muito complicada que se supunha ser um antídoto eficaz contra a mordedura de animais venenosos; teríaca; triaga 2 [fig.] substância muito amarga 3 [fig.] mezinha; panaceia 4 [fig.] recurso; auxílio (Do gr. *theriaké*, «antídotos», pelo lat. *theriăca-*, «id.»)

-tério[1] sufixo nominal de origem grega que exprime a ideia de *fera, animal selvagem*

-tério[2] sufixo nominal, de origem grega, que exprime a ideia de *local de realização*

teriodontes n.m.pl. PALEONTOLOGIA grupo de répteis fósseis (teromorfos) com dentes diferenciados e implantados em alvéolos (Do gr. *thér, therós*, «fera» +*odoús, -óntos*, «dente»)

terlinta n.2g. [regionalismo] pessoa chocalheira; tagarela (Deriv. regr. de *terlintar*)

terlintar v.tr.,intr. ⇒ **tilintar** (De orig. onom.)

terlintim n.m. som que produz aquilo que terlinta (De orig. onom.)

terma n.f. ZOOLOGIA ⇒ **térmite**

termal adj.2g. 1 diz-se das águas com propriedades medicinais e cuja temperatura ultrapassa 25 °Celsius 2 referente às termas (Do gr. *thérme*, «calor» +-*al*)

termalgia n.f. MEDICINA tipo de dor cutânea provocada pelo calor (acima de 45 °C), por um arrefecimento extremo, por uma corrente galvânica ou por irritantes químicos (Do gr. *thérme*, «calor» +*álgos*, «dor» +-*ia*)

termalidade n.f. 1 qualidade ou estado das águas termais 2 grau de calor que elas apresentam na sua nascente (De *termal*+-*i-*+-*dade*)

termalismo n.m. 1 ciência da utilização e exploração das águas minerais 2 aproveitamento das condições terapêuticas e de lazer oferecidas pelas estâncias termais 3 prática de turismo termal (De *termal*+-*ismo*)

termalista n.2g. pessoa que faz tratamentos em estabelecimentos termais (De *termal*+-*ista*)

termalização n.f. FÍSICA diminuição da energia dos neutrões, utilizando aparelho próprio para o efeito, com o objetivo de os manter em equilíbrio térmico com o meio onde se encontram (De termal+ -izar+-ção)

termântico adj. 1 que produz calor 2 excitante (Do gr. *thermantikós*, «id.», pelo lat. *thermantĭcu-*, «id.»)

termas /ê/ n.f.pl. 1 estância ou estabelecimento para uso terapêutico de águas medicinais, principalmente termais 2 HISTÓRIA estabelecimento de banhos públicos (Do gr. *thérmai*, «banhos quentes», pelo lat. *thermas*, «id.»)

termelectricidade ver nova grafia termeletricidade
termeléctrico ver nova grafia termelétrico
termeletricidade n.f. ⇒ termoeletricidade
termelétrico adj. ⇒ termoelétrico

termestesia n.f. sensibilidade ao calor (Do gr. *thérme*, «calor» +*aísthesis*, «sensação»)

termia n.f. FÍSICA [ant.] unidade industrial de quantidade de calor correspondente à quantidade de calor necessária para elevar de 14,5 a 15,5 graus Celsius a temperatura de uma tonelada de água (Do gr. *thérme*, «calor» +-*ia*)

-termia sufixo nominal de origem grega que exprime a ideia de calor (*diatermia*)

termião n.m. FÍSICA ião, ou partícula carregada, emitido por um corpo a temperatura elevada (De *termo-*, «calor» +*ião*)

termiatria n.f. parte da terapêutica que se ocupa das águas termais (Do gr. *thérme*, «calor» +*iatreía*, «medicina»)

térmico adj. 1 relativo ao calor às termas 2 que conserva a temperatura do seu conteúdo; *equador* ~ GEOGRAFIA linha que, na superfície terrestre, une os pontos de temperatura média anual mais alta, em cada meridiano, e fica situada no hemisfério norte; *equilíbrio* ~ FÍSICA condição de um sistema termodinâmico para o qual não existe troca líquida de calor entre os seus componentes; *radiação térmica* FÍSICA energia radiante cuja quantidade e qualidade dependem somente da temperatura; *sentido* ~ sentido que nos dá a sensação de quente e frio (Do gr. *thérme*, «calor» +*-ico*)

Termidor n.m. undécimo mês do calendário da primeira República Francesa (Do fr. *Thermidor*, «id.»)

terminação n.f. 1 ato ou efeito de terminar 2 conclusão; fim; remate 3 modo como uma coisa acaba 4 extremidade 5 GRAMÁTICA parte final de uma palavra, como, por exemplo, um sufixo ou uma flexão (Do lat. *terminatiōne-*, «id.»)

terminal adj.2g. 1 referente ao termo, ao remate 2 que se localiza na extremidade de algo 3 final 4 que demarca; que limita 5 (doença) que conduz à morte 6 (doente) que se aproxima da morte ■ n.m. 1 parte que termina 2 infraestrutura para onde convergem ou onde terminam linhas ou ramais de transporte rodoviário, ferroviário, aéreo, etc. 3 ELETRICIDADE lugar onde se ligam os fios condutores em qualquer dispositivo elétrico 4 INFORMÁTICA dispositivo de entrada e saída de dados que permite o acesso a um computador situado à distância, ao qual está ligado por uma linha de transmissão de dados (Do lat. *termināle-*, «id.»)

terminante adj.2g. 1 que termina 2 decisivo 3 categórico 4 formal 5 irrevogável 6 concludente (Do lat. *terminante-*, «id.», part. pres. de *termināre*, «terminar»)

terminantemente adv. 1 categoricamente 2 definitivamente (De *terminante*+-*mente*)

terminar v.tr.,intr. 1 (fazer) chegar ao termo; concluir(-se); acabar; findar 2 pôr fim a; romper (relacionamento amoroso) ■ v.tr. 1 pôr termo a; acabar com 2 ocupar a extremidade de 3 servir de termo a; demarcar; delimitar 4 (palavra) apresentar (uma dada desinência) (Do lat. *termināre*, «id.»)

terminativo adj. 1 que faz terminar; terminante 2 limitativo 3 GRAMÁTICA designativo do complemento indireto de certos verbos (De *terminar*+-*tivo*)

término n.m. 1 ponto em que algo termina ou chega ao fim; limite; termo; raia 2 baliza; marco 3 ponto extremo de uma linha-férrea (Do lat. *termĭnu-*, «termo»)

terminologia n.f. 1 lista organizada dos termos técnicos usados numa ciência ou arte, acompanhada ou não das respetivas definições 2 estudo dos termos técnicos usados numa ciência ou arte (Do lat. *termĭnu-*, «termo»+gr. *lógos*, «tratado» +-*ia*)

terminológico adj. relativo a terminologia (De *terminologia*+-*ico*)

terminologista n.2g. pessoa que se dedica à terminologia (De *terminologia*+-*ista*)

termiónica n.f. FÍSICA estudo da emissão de termiões (positivos ou negativos) por uma substância aquecida e que, no caso da emissão de eletrões, se chama emissão termiónica (De *termiónico*)

termiónico adj. FÍSICA relativo à libertação de iões por meio de uma elevação de temperatura; *efeito* ~ emissão de eletrões por qualquer corpo a alta temperatura; *válvula termiónica* lâmpada, de vazio ou gasosa, com uma fonte termiónica de eletrões e um ou mais elétrodos (Do ing. *thermionic*, «id.»)

termístor n.m. dispositivo elétrico, normalmente em forma de barra, formado por semicondutores, cuja resistência elétrica diminui rapidamente quando a temperatura se eleva, utilizado para medição de temperaturas e como elemento controlador de circuitos eletrónicos (Do ing. *thermistor*, «id.»)

térmita n.f. ZOOLOGIA ⇒ térmite

termite n.f. QUÍMICA mistura de alumínio em pó e de um óxido metálico, que se destina, depois de inflamada, à redução do óxido a metal livre, podendo ser utilizada em bombas incendiárias (Do gr. *thérme*, «calor» +-*ite*, ou do fr. *thermite*, «id.»)

térmite n.f. ZOOLOGIA nome vulgar extensivo a uns insetos sociáveis (uns alados, outros ápteros) da ordem dos isópteros, que vivem em comunidades polimorfas, geralmente em ninhos (termiteiras), por vezes muito grandes, construídos por eles nas regiões quentes, que atacam gravemente as madeiras, destruindo construções, e são também conhecidos pelas designações de formiga-branca, térmita, terma, salalé, etc. (Do lat. *tarmĭte-*, ou *termĭte-*, «bicho da madeira»)

termiteira n.f. 1 habitação ou ninho das térmites 2 construção complexa, subterrânea, cavada em troncos de árvores ou elevada no solo (às vezes a mais de 10 metros), e feita de substâncias lenhosas, terra, pó de madeira, etc. (De *térmite*+-*eira*)

termiteiro n.m. ⇒ termiteira
termítico adj. relativo às térmites (De *térmite*+-*ico*)
termitófilo adj. (animal) que parasita o ninho das térmites ou vive aí com elas em simbiose (Do lat. *termĭte-*, «bicho da madeira»+gr. *phílos*, «amigo»)

termo¹ /ê/ n.m./f. ⇒ termos (Do gr. *thermós*, «quente»)

termo² /ê/ n.m. 1 limite 2 prazo 3 tempo fixo 4 evento futuro e certo de que dependem os efeitos de um caso jurídico 5 marco; baliza 6 raia; fim 7 modo; jeito 8 disposição 9 teor 10 remate; conclusão 11 vocábulo; palavra 12 declaração em auto 13 confins; circunvizinhança 14 marco encimado por um busto 15 LÓGICA cada um dos sujeitos ou predicados intervenientes nas proposições de um silogismo 16 MATEMÁTICA cada uma das quantidades que compõem uma fração, uma proporção, uma progressão, etc. 17 *pl.* maneiras; compostura 18 *pl.* trâmites; ~ *médio* (silogismo) termo com que se comparam o termo maior (sujeito) e o menor (predicado); ~ *técnico* expressão própria de uma arte ou ciência; *com termos* com compostura; *em termos de* no que diz respeito a; *fora de* ~ longe; *sem* ~ sem fim (Do lat. *termĭnu-*, «id.»)

term(o)- elemento de formação de palavras que exprime a ideia de calor (Do gr. *thérme*, «calor»)

termoacumulador n.m. FÍSICA aparelho que serve para guardar calor e para fornecer, no momento desejado, o calor armazenado (De *termo-*+*acumulador*)

termobarómetro n.m. instrumento que dá, ao mesmo tempo, indicações termométricas e barométricas (De *termó[metro]*+*barómetro*)

termocautério n.m. MEDICINA instrumento com ponta de platina, que, tornado incandescente (por meio de uma corrente elétrica, por exemplo), serve para cauterizar feridas, assegurar a hemóstase, etc. (De *termo-*+-*cautério*)

termoclastia n.f. GEOLOGIA desagregação superficial ou de uma camada de rocha através da dilatação e contração dos seus minerais por efeito das oscilações térmicas diurnas

termodieléctrico ver nova grafia termodielétrico
termodielétrico n.m. ELETRICIDADE efeito que consiste no aparecimento de uma diferença de potencial entre as partes sólida e líquida de um dielétrico de duas fases, quando se verifica fusão ou solidificação (De *termo-*+*dieléctrico*)

termodinâmica n.f. 1 FÍSICA parte da física que estuda as relações quantitativas e as possibilidades de transformação de energia calorífica em energia mecânica e vice-versa 2 estudo das relações entre o calor e as outras formas de energia 3 estudo das interações entre os sistemas materiais e os seus efeitos nos estados desses sistemas (De *termo-*+*dinâmica*)

térmodo n.m. análogo térmico do elétrodo (De *termo-*+*[eléctr]odo*)
termoelectricidade ver nova grafia termoeletricidade
termoeléctrico ver nova grafia termoelétrico
termoeletricidade n.f. 1 capítulo da física que se ocupa da eletricidade desenvolvida por meio do calor 2 eletricidade desenvolvida por diferença de temperatura 3 estudo das relações entre os fenómenos térmicos e os fenómenos elétricos (De *termo-*+*electricidade*)

termoelétrico

termoelétrico *adj.* relativo à eletricidade desenvolvida por meio de calor; *efeitos termoelétricos* conjunto de fenómenos produzidos por diferenças de temperatura entre diversas partes de um circuito elétrico (De *termo-+eléctrico*)

termófilo *adj.* BIOLOGIA (ser) que pode viver em temperaturas elevadas (De *termo-+-filo*)

termofobia *n.f.* MEDICINA aversão mórbida ao calor (De *termo-+-fobia*)

termófobo *adj.* 1 que foge do calor; calorífugo 2 que tem horror ao calor (De *termo-+-fobo*)

termóforo *adj.* 1 que produz calor 2 que conserva calor ■ *n.m.* 1 aparelho destinado a produzir calor nas maiores altitudes e latitudes 2 recipiente, feito ou revestido de material mau condutor do calor, que conserva durante tempo apreciável a temperatura das substâncias que nele se guardam (Do gr. *thérme*, «calor» +*phorós*, «portador»)

termogéneo *adj.* que gera calor (Do gr. *thérme*, «calor» +*génos*, «origem» +*-eo*)

termogénese *n.f.* desenvolvimento do calor nos seres vivos (De *termo-+génese*)

termogenia *n.f.* 1 qualidade de termogéneo 2 produção de calor (Do gr. *thérme*, «calor» +*génos*, «origem» +*-ia*)

termógrafo *n.m.* FÍSICA termómetro que regista graficamente, de maneira contínua, as variações de temperatura (De *termo-+-grafo*)

termograma *n.m.* gráfico obtido pelo termógrafo (Do gr. *thérme*, «calor» +*grámma*, «registo»)

termolábil *adj.2g.* 1 que perde as suas qualidades a determinada temperatura 2 suscetível de ser destruído pelo calor (De *termo-+lábil*)

termólise *n.f.* decomposição de um corpo pelo calor (Do gr. *thérme*, «calor» +*lýsis*, «dissolução», pelo fr. *thermolyse*, «id.»)

termologia *n.f.* ciência que estuda os fenómenos caloríficos (De *termo-+-logia*)

termológico *adj.* relativo a termologia (De *termologia+-ico*)

termomagnético *adj.* FÍSICA relativo ao termomagnetismo; *efeitos termomagnéticos* efeitos termoelétricos só verificáveis em presença de um campo magnético (De *termo-+magnético*)

termomagnetismo *n.m.* FÍSICA magnetismo desenvolvido por meio do calor (De *termo-+magnetismo*)

termomanómetro *n.m.* aparelho que serve para medir temperaturas elevadas, por variações de pressão (De *termo-+manómetro*)

termometria *n.f.* FÍSICA avaliação da temperatura e das variações da temperatura nos corpos 2 emprego de termómetros (De *termo-+-metria*)

termométrico *adj.* que diz respeito à termometria ou aos termómetros (De *termometria+-ico*)

termómetro *n.m.* 1 FÍSICA instrumento que serve para avaliar a temperatura dos corpos 2 [fig.] objeto ou circunstância que ajuda a caracterizar o estado ou o andamento de alguma coisa; medida; ~ *clínico* termómetro de máxima adaptado a usos clínicos; ~ *de máxima* aparelho que regista o valor máximo de temperatura atingida durante certo tempo; ~ *de mínima* aparelho que regista o valor mínimo de temperatura atingida durante certo tempo (Do gr. *thérme*, «calor» +*métron*, «medida», pelo fr. *thermomètre*, «id.»)

termometrógrafo *n.m.* FÍSICA termómetro que regista as temperaturas máxima e mínima que houve durante o dia; termógrafo (De *termómetro+-grafo*)

termomultiplicador *n.m.* FÍSICA termómetro que regista pequeníssimas variações de temperatura, destinado especialmente ao estudo do calor radiante (De *termo-+multiplicador*)

termonuclear *adj.2g.* 1 relativo ao uso ou à exploração da energia nuclear 2 FÍSICA (reação) que tem origem em colisões térmicas (temperaturas da ordem de 100 milhões de graus) entre núcleos atómicos leves, com a formação de núcleos mais pesados por fusão dos núcleos leves e libertação de enormes quantidades de energia (De *termo-+nuclear*)

termopar *n.m.* FÍSICA circuito elétrico, destinado a medir temperaturas, constituído por dois fios de metais diferentes unidos nas duas extremidades, no qual se gera uma força eletromotriz quando as duas junções estão a temperaturas diferentes (De *termo-+par*)

termopilha *n.f.* FÍSICA dispositivo formado por grande número de termopares ligados em série, de modo a poder obter-se uma força eletromotriz apreciável quando um dos grupos de junções é irradiado por radiações caloríficas (De *termo-+pilha*)

termoplástico *n.m.* substância que se torna plástica por aquecimento (De *termo-+plástico*)

termoquímica *n.f.* estudo qualitativo e quantitativo das relações entre o calor e as reações químicas (De *termo-+química*)

termoquímico *adj.* relativo à termoquímica (De *termo-+químico*)

termorresistente *adj.2g.* 1 que resiste ao calor 2 que não é afetado por temperaturas altas (De *termo-+resistente*, ou do fr. *thermo-résistant*, «id.»)

termos *n.m./f.2n.* recipiente composto de uma garrafa de vidro de parede dupla, revestida de material metálico ou plástico, para manter a temperatura dos líquidos colocados no seu interior; garrafa térmica; garrafa-termo(s) (Do ing. *Thermos*®)

termoscopia *n.f.* 1 observação de temperaturas 2 estudo das variações da temperatura na atmosfera (Do gr. *thérme*, «calor» +*skopeīn*, «examinar» +*-ia*)

termoscópico *adj.* relativo à termoscopia (De *termoscopia+-ico*)

termoscópio *n.m.* FÍSICA instrumento sensível a variações de temperatura, mas que não fornece o valor dessas variações (Do gr. *thérme*, «calor» +*skopeīn*, «examinar» +*-io*)

termosfera *n.f.* METEOROLOGIA camada da atmosfera com altas temperaturas, a cerca de 80 km de altitude, em que a densidade do ar é bastante reduzida (De *termo-+esfera*)

termossifão *n.m.* circulação de água devida a variações de densidade consequentes de diferenças de temperatura (água quente que sobe e água fria que desce) (De *termo-+sifão*)

termostato *n.m.* ⇒ **termóstato**

termóstato *n.m.* dispositivo que controla as variações de temperatura de um sistema, procurando mantê-lo a uma temperatura constante; termostato (Do gr. *thérme*, «calor» +*statós*, «que está», pelo fr. *thermostat*, «id.»)

termotactismo a grafia mais usada é termotatismo

termotatismo *n.m.* BIOLOGIA tatismo que tem por estímulo a temperatura; termotaxia (De *termo-+tactismo*, ou do fr. *termotactisme*, «id.») ACORDO ORTOGRÁFICO também se pode escrever **termotactismo**

termotaxia /cs/ *n.f.* ⇒ **termotatismo** (Do gr. *thérme*, «calor» +*táxis*, «ordem», pelo fr. *termotaxie*, «id.»)

termoterapia *n.f.* MEDICINA aplicação do calor no tratamento de certas doenças (Do gr. *thérme*, «calor» +*therapeía*, «tratamento»)

termotropismo *n.m.* BIOLOGIA tropismo que tem por estímulo a temperatura (De *termo-+tropismo*)

ternado *adj.* BOTÂNICA diz-se das partes de uma planta, dispostas três a três (Do lat. *ternu-*, «três a três» +*-ado*)

ternamente *adv.* com modo terno; com ternura; meigamente (De *terno+-mente*)

ternário *adj.* 1 que consta de três unidades 2 MÚSICA (compasso musical) dividido em três tempos iguais 3 CRISTALOGRAFIA (eixo de simetria) à volta do qual, numa rotação completa, um cristal ocupa três posições idênticas (Do lat. *ternarĭu-*, «id.»)

terneira *n.f.* ⇒ **vitela** (De *terno+-eira*)

terneiro *n.m.* ⇒ **vitelo** (De *terno* por *tenro+-eiro*)

terninho *n.m.* [Brasil] conjunto desportivo feminino, constituído por calças e casaco, do mesmo tecido e da mesma cor (Dim. de *terno*)

terno[1] *adj.* 1 meigo; afetuoso 2 suave; brando 3 compassivo (Do lat. *teněru-*, «id.»)

terno[2] *n.m.* 1 carta de jogar, peça de dominó ou face de dado com três pintas 2 conjunto de três objetos ou móveis 3 [Brasil] conjunto de casaco, colete e calça; fato completo; *dar um ~* [coloq.] cair, tombar (Do lat. *ternu-*, «de três»)

ternura *n.f.* 1 qualidade do que é terno 2 afeto brando e carinhoso 3 disposição para os sentimentos suaves 4 meiguice (De *terno+-ura*)

ternurento *adj.* carinhoso; meigo (De *ternura+-ento*)

terolero *n.m.* 1 antiga dança popular 2 taramela do moinho 3 [regionalismo] pessoa leviana (De orig. onom.)

teromorfos *n.m.pl.* PALEONTOLOGIA grupo de répteis fósseis, sem esterno, que aparecem desde o Pérmico ao Triásico (Do gr. *thér*, *therós*, «fera» +*morphé*, «forma»)

terópodes *n.m.pl.* PALEONTOLOGIA grupo de répteis sáurios (fósseis), carnívoros, com dentes agudos em forma de punhal (Do gr. *thér*, *therós*, «fera» +*pous*, *podós*, «pé»)

terpénico *adj.* QUÍMICA do grupo dos terpenos (De *terpeno+-ico*)

terpeno *n.m.* QUÍMICA nome genérico de vários hidrocarbonetos cíclicos, de fórmula $C_{10}H_{16}$, que se encontram em essências de origem vegetal (De fr. *terpène*, «id.»)

terpina *n.f.* FARMÁCIA glicol terpénico empregado nas afeções das vias respiratórias (Do fr. *terpine*, «id.»)

terpsicórico *adj.* 1 relativo ao canto e à dança 2 coreográfico (De *Terpsícore*, mitol., musa da dança e do canto +*-ico*)

terra *n.f.* 1 [com maiúscula] GEOGRAFIA planeta primário do sistema solar, em que habitamos, de forma elipsoidal com achatamento polar (1/297), 6370 km de raio médio e 540 082 000 km² de superfície, segundo o cálculo de Kossina **2** parte sólida da superfície terrestre, por oposição ao mar; solo **3** parte do solo que é possível cultivar **4** localidade; região; território **5** país; pátria **6** propriedade; fazenda; herdade **7** campo; planície **8** designação de certos pigmentos usados na preparação de tintas, ou das tintas com eles preparadas (como a terra de sombra, etc.) **9** ELETRICIDADE solo, considerado como condutor de potencial elétrico nulo; ligação à terra como complemento de um circuito **10** partículas de terra seca que pairam no ar; poeira; pó **11** [fig.] sepultura **12** [fig.] mundo; **~ firme** parte sólida do planeta; **Terra Fria** GEOGRAFIA uma das regiões climáticas de Portugal, que abrange as regiões trasmontana e beiroa; **beijar a ~** cair no chão; **dar em ~** cair; **dar ~ para feijões** fugir; **deitar ~ aos olhos a** enganar; **ficar em ~** perder o meio de transporte; **lançar por ~** derrubar; **terras raras** QUÍMICA minérios de que se extraem certos elementos de transição, particularmente aqueles cujos números vão de 57 a 71 na classificação periódica (Do lat. *terra-*, «id.»)

terra-a-terra ver nova grafia terra a terra
terra a terra *adj.inv.* **1** simples; natural **2** direto **3** franco; sincero **4** [pej.] trivial; corriqueiro **5** [pej.] pouco inspirado **6** [pej.] incapaz de elevação
terraço *n.m.* **1** pavimento descoberto, no alto, ao nível do pavimento de uma casa ou contíguo a ela; terrado; eirado **2** plataforma **3** GEOLOGIA nome dado às superfícies relativamente planas, geralmente estreitas e alongadas, limitadas por flancos escarpados (Do prov. *terrasa*, «id.», pelo fr. *terrasse*, «id.»)
terracota *n.f.* **1** barro cozido **2** produto de cerâmica ou de escultura que foi cozido no forno (Do it. *terracotta*, «id.»)
terrada¹ *n.f.* porção de terra (De *terra+-ada*)
terrada² *n.f.* pequena embarcação asiática; tarrada (Do ár. *tarrad*, «que empurra»)
terrádego *n.m.* **1** [ant.] terreno ocupado, num mercado ou feira, pela barraca ou tenda **2** [ant.] imposto municipal pelo aluguer desse terreno (Do lat. *terratīcu-*, «id.»)
terradegueiro *n.m.* cobrador de terrádegos (De *terrádego+-eiro*)
terra-de-sevilha ver nova grafia terra de Sevilha
terra de Sevilha *n.f.* espécie de caparrosa, de cor negra, usada como pigmento
terra-de-siena ver nova grafia terra de Siena
terra de Siena *n.f.* PINTURA espécie de ocre, de matiz variado entre o amarelo e o vermelho
terrádigo *n.m.* ⇒ **terrádego**
terrado *n.m.* **1** (raramente usado) ⇒ **terraço 2** [pop.] ⇒ **terrádego 3** [regionalismo] terreno; terreiro (De *terra+-ado*)
terra-inglesa *n.f.* nome vulgar do cimento
terra-japónica *n.f.* substância seca e friável, obtida pela decocção do pau-ferro e com aplicação na pintura e na medicina
terral *adj.,n.2g.* que ou vento que sopra da terra (Do lat. *terrāle-*, «id.»)
terramotada *n.f.* [regionalismo] grande barulho; estardalhaço (De *terramoto+-ada*)
terramoto *n.m.* **1** GEOLOGIA abalo ou tremor de terra causado pela deslocação das placas tectónicas da Terra ou explosões ocorridas no seu interior; sismo **2** [fig.] grande convulsão ou estrondo **3** [fig.] circunstância que gera grande agitação ou perturbação (Do lat. *terra-*, «terra» +*motu-*, «agitado», part. pass. de *movēre*, «mover; agitar»)
terra-nova *n.m.* ZOOLOGIA cão grande, de pelo comprido e macio, pertencente a uma raça que dizem ser originária da ilha da Terra Nova (De *Terra Nova*, top.)
terranoveiro *adj.* designativo do barco que vai pescar bacalhau à Terra Nova (De *Terra Nova*, top. +*-eiro*)
terranquim *n.m.* ⇒ **tarranquim**
terrantês *adj.* natural ou oriundo de uma terra, país ou povoação ■ *n.m.* casta de videira (ou seus frutos) cultivada em Portugal, produtora de apreciada uva branca (De **terrante*, de *terra+-ês*)
terrão *n.m.* **1** ⇒ **torrão 2** [regionalismo] cerrado para recolha de gado (De *terra+-ão*)
terraplenagem *n.f.* **1** ato ou efeito de terraplenar **2** conjunto de trabalhos de aterro e escavação necessários para a execução de determinada obra (De *terraplenar+-agem*)
terraplenar *v.tr.* **1** fazer trabalhos de aterro e escavação necessários para a execução de determinada obra **2** aplanar; alisar (Do it. *terrapienare*, «id.»)
terrapleno *n.m.* **1** porção de terreno a que se encheram as depressões e eliminaram as elevações para o nivelar **2** terreno aplanado **3** terraço (Do it. *terrapieno*, «id.»)

terráqueo *adj.* da Terra ou a ela relativo; terrestre (Do lat. med. *terraquĕu-*, «que tem terra e água»)
terrário *n.m.* **1** recipiente que contém terra, areia, pedras, etc. **2** parte isolada de um terreno onde podem viver em cativeiro certos animais de vida terrestre (Do lat. *terrarĭu-*, «id.»)
terreal *adj.2g.* **1** da Terra ou a ela relativo; terrestre **2** [fig.] mundano; que pertence ao mundo; material e transitório (De *terra+-al*)
terrear *v.intr.* **1** (terra) aparecer sem vegetação; (campo) mostrar a cor da terra **2** (vegetação) mostrar-se amarelecida pela geada (De *terra+-ear*)
terreiro *n.m.* **1** espaço de terra, plano e amplo, numa povoação ou contíguo a uma casa; adro; largo; terraço **2** espaço ao ar livre onde se realizam determinadas celebrações populares (festas, bailes, etc.) **3** adro da igreja **4** [Brasil] local onde se realizam sessões de candomblé, umbanda e outros rituais afro-brasileiros ■ *adj.* que fica ao nível do solo; térreo; **chamar a ~** desafiar; **sair a ~** entrar na discussão ou na luta (De *terra+-eiro*)
terrejar *v.intr.* ⇒ **terrear** (De *terra+-ejar*)
terrejola *n.f.* ⇒ **terriola** (De *terrejar+-ola*)
terremoto *n.m.* [Brasil] ⇒ **terramoto**
terrenal *adj.2g.* ⇒ **terreal** (De *terreno+-al*)
terrenha *adj.* (sardinha) que anda perto da costa (De *terrenho*)
terrenho *adj.* **1** da Terra ou a ela relativo; terrestre **2** [fig.] que pertence ao mundo; mundano; material e transitório **3** característico de determinado local ou região ■ *n.m.* **1** vento que sopra da terra para o mar **2** [pej.] aldeia pequena, geralmente isolada, considerada pouco desenvolvida (De *terra+-enho*, ou do cast. *terreño*, «id.»)
terreno *n.m.* **1** espaço de terra mais ou menos extenso **2** terra arável **3** [fig.] área de conhecimento; tema **4** [fig.] setor de atividades ■ *adj.* **1** relativo à Terra; terrestre **2** [fig.] que pertence ao mundo; mundano; material e transitório; **perder ~** recuar, ficar para trás, ficar com menos argumentos (Do lat. *terrēnu-*, «id.»)
terrento *adj.* ⇒ **terroso** (De *terra+-ento*)
térreo *adj.* **1** da natureza da terra; terrestre **2** da cor da terra; terroso **3** (pavimento) que fica ao nível do solo **4** que não é soalhado ■ *n.m.* [Brasil] rés do chão (Do lat. *terrĕu-*, «id.»)
terrestre *adj.2g.* **1** da terra ou a ela referente **2** que está ou vive na terra **3** [fig.] que pertence ao mundo; mundano; material e transitório **4** relativo ao planeta Terra (Do lat. *terrestre-*, «id.»)
terréu *n.m.* terreno inculto; baldio (Do lat. *terrēnu*, «de terra; terreno»)
terri-¹ elemento de formação de palavras que exprime a ideia de *terra* (Do latim *terra-*, «idem»)
terri-² elemento de formação de palavras que exprime a ideia de *terror*
terríbil *adj.2g.* [ant.] terrível; horrível (Do lat. *terribĭle-*, «id.»)
terribilidade *n.f.* **1** qualidade do que é terrível **2** coisa terrível (Do lat. *terribĭle-+-i-+-dade*)
terribilíssimo *adj.* {superlativo absoluto sintético de **terrível**} muito terrível (Do lat. *terribilissĭmu-*, «id.»)
terriça *n.f.* **1** terra esboroada **2** caliça (De *terriço*)
terriço *n.m.* **1** adubo formado por substâncias animais ou vegetais, misturadas com a terra em que se decompuseram **2** húmus **3** [regionalismo] toca de coelho ou de outro animal (De *terra+-iço*)
terrícola *adj.,n.2g.* que ou o que vive na Terra (Do lat. *terricŏla-*, «id.»)
terrícula *n.f.* terra pequena (Do lat. *terricŭla-*, «id.»)
terriê *n.m.* ⇒ **terrier**
terrier *n.m.* **1** designação de várias raças de cães que têm geralmente porte pequeno, grande vivacidade e que são usados sobretudo como animal de caça ou de companhia **2** cão de uma dessas raças (Do ing. *terrier*, «id.»)
terrificador *adj.* ⇒ **terrífico** (De *terrificar+-dor*)
terrificante *adj.2g.* ⇒ **terrífico** (De *terrificar+-ante*)
terrificar *v.tr.* causar terror; apavorar; amedrontar (Do lat. *terrificāre*, «id.»)
terrífico *adj.* que causa terror; terrificante (Do lat. *terrifĭcu-*, «id.»)
terrígeno *adj.* gerado ou nascido na terra (Do lat. *terrigĕnu-*, «id.»)
terrina *n.f.* recipiente de louça ou de metal em que se leva a sopa para a mesa (Do fr. *terrine*, «id.»)
terrincar *v.tr.* [pop.] trincar, produzindo estalidos (Alt. de *trincar*)
terriola *n.f.* [depr.] terra pequena geralmente isolada, considerada pouco desenvolvida; lugarejo; aldeola (De *terri-+-ola*)
terríssono *adj.* que tem ou produz som terrível (Do lat. *terrisŏnu-*, «id.»)

territorial *adj.2g.* do território ou a ele referente; *águas territoriais* porção de mar junto da costa de um país e sob a sua jurisdição (Do lat. *territoriăle-*, «id.»)

territorialidade *n.f.* **1** qualidade do que é territorial **2** estatuto a que estão subordinadas as disposições relativas ao território de um cidadão ou de uma nação **3** ZOOLOGIA padrão de comportamento em que um ou mais animais ocupam ou defendem uma determinada área ou território (De *territorial-+-i-+-dade*)

território *n.m.* **1** grande extensão de terra **2** área de uma jurisdição (Do lat. *territoriŭ-*, «id.»)

terrível *adj.2g.* **1** que inspira terror; medonho; assustador **2** violento **3** muito intenso **4** muito mau; péssimo **5** difícil de suportar **6** extraordinário (Do lat. *terribĭle-*, «id.»)

terrivelmente *adv.* **1** assustadoramente **2** extremamente (De *terrível+-mente*)

terrívomo *adj.* que expele terra (De *terri-+-vomo*)

terroada *n.f.* pancada recebida ou dada com o arremesso de um torrão (De *terrão+-ada*)

terroeiro *n.m.* ORNITOLOGIA ⇒ **chasco-do-monte** (De *terrão+-eiro*)

terrola *n.f.* ⇒ **terriola** (De *terra+-ola*)

terror *n.m.* **1** grande medo; pavor; pânico **2** coisa ou pessoa que mete medo; perigo **3** [fig., coloq.] coisa ou pessoa extremamente desagradável ou difícil de suportar **4** época ou fase de um regime político assinalado por morticínios, perseguições, etc. (Do lat. *terrōre-*, «id.»)

terrorar *v.tr.* ⇒ **aterrorizar** *v.tr.* (De *terror+-ar*)

terrorífico *adj.* ⇒ **terrífico** (Do lat. *terrōre-*, «terror» +*facĕre*, «fazer»)

terrorismo *n.m.* **1** prática de atos violentos (assassinatos, raptos, colocação de bombas, etc.) contra um governo, uma classe dominante ou pessoas desconhecidas, com o objetivo de fazer impor determinados objetivos, geralmente políticos **2** [fig.] sistema de governo que utiliza o terror e medidas violentas (De *terror+-ismo*)

terrorista *adj.2g.* **1** relativo à prática do terrorismo **2** que recorre à violência como meio de coação para fazer impor determinados objetivos, geralmente políticos **3** [fig.] que espalha boatos alarmantes ■ *n.2g.* **1** pessoa que é adepta do terrorismo **2** membro de uma organização que recorre à violência para fazer impor determinados objetivos, geralmente políticos **3** [fig.] pessoa que espalha boatos alarmantes (De *terror+-ista*)

terrorizar *v.tr.,pron.* ⇒ **aterrorizar** (De *terror+-izar*)

terroso /ô/ *adj.* **1** de cor de terra **2** baço (Do lat. *terrōsu-*, «id.»)

terrulento *adj.* **1** ⇒ **terroso 2** [fig.] rasteiro; baixo; vil (Do lat. *terrulentu-*, «id.»)

terrunho *n.m.* **1** terreno de cultura de pequenas dimensões **2** pequena fazenda (De *terra+-unho*)

terso *adj.* **1** limpo **2** polido; limado **3** puro **4** vernáculo **5** correto **6** rígido **7** túmido (Do lat. *tersu-*, «polido», part. pass. de *tergēre*, «limpar; polir»)

tersol *n.m.* ⇒ **manutérgio** (De *terso+-ol*)

tertúlia *n.f.* **1** reunião familiar **2** reunião de pessoas com interesses comuns **3** reunião habitual de intelectuais para troca de ideias sobre diversos temas **4** [pop.] embriaguez (Do cast. *tertulia*, «id.»)

terylene *n.m.* fibra sintética com que se fabricam tecidos leves muito utilizados em vestuário (Do ing. *Terylene*®)

tesadeira *n.f.* maquinismo usado nas fábricas de tecelagem para retesar o tecido saído do tear (De *tesar+-deira*)

tesão *n.m.* **1** rijeza; tesura **2** [fig.] força **3** [fig.] impetuosidade **4** [fig.] perseverança **5** [vulg.] ereção **6** [vulg.] desejo sexual (Do lat. *tensiōne-*, «ato de retesar»)

tesar *v.tr.* ⇒ **entesar** *v.tr.* (De *teso+-ar*)

tesauro *n.m.* ⇒ **thesaurus** (Do lat. *thĕsauru-*, «tesouro»)

tesconjuro *interj.* [Brasil] exprime censura, desagrado ou repulsa (De *te+esconjurar*)

tese *n.f.* **1** proposição que alguém apresenta para ser defendida **2** (universidade) trabalho original escrito para obtenção do grau de mestre ou doutor; proposição sustentada publicamente, numa escola superior ou universidade, por um candidato ao mestrado ou ao doutoramento **3** FILOSOFIA (Hegel) primeiro momento do processo dialético, ao qual se contrapõe uma antítese, gerando-se um conflito que se resolve numa síntese **4** afirmação ou conclusão de um teorema **5** assunto; tema; *em ~* teoricamente (Do gr. *thésis*, «ato de pôr», pelo lat. *these-*, «tese; proposição»)

tesla *n.m.* FÍSICA unidade de indução magnética do Sistema Internacional, de símbolo T, que é igual a 1 weber por metro quadrado (ou seja, 10^4 gauss) (De *N. Tesla*, antr., físico jugoslavo, 1857-1943)

Tesmofórias *n.f.pl.* (heortónimo) festas em honra de Ceres, deusa protetora das sementeiras (Do gr. *tesmophoría*, «id.», pelo lat. *thesmophoría*, «id.»)

tesmóteta *n.m.* nome dado aos magistrados que, em Atenas, estavam encarregados da guarda e revisão das leis (Do gr. *thesmothétes*, «legislador»)

teso /ê/ *adj.* **1** esticado **2** tenso **3** inteiriçado; hirto **4** [fig.] intrépido; valente **5** [fig.] enérgico **6** [fig.] que não se deixa facilmente influenciar pelas opiniões dos outros; inflexível; firme; duro **7** [fig.] renhido; violento **8** [pop.] sem dinheiro ■ *n.m.* **1** monte alcantilado **2** [coloq.] pessoa sem dinheiro; *ficar ~* [pop.] ficar sem dinheiro (Do lat. *tensu-*, «id.», part. pass. de *tendĕre*, «estender; esticar»)

tesoira *n.f.* ⇒ **tesoura**

tesoirada *n.f.* ⇒ **tesourada**

tesoirar *v.tr.* ⇒ **tesourar**

tesoirinha *n.f.* ⇒ **tesourinha**

tesoiro *n.m.* ⇒ **tesouro**

tesoura *n.f.* **1** instrumento cortante, formado de duas lâminas que se movem em torno de um eixo comum **2** objeto ou posição de objetos em forma desse instrumento aberto **3** [fig.] crítico mordaz; pessoa maldizente **4** *pl.* primeiras penas das asas das aves **5** *pl.* estrutura onde se serra a madeira antes de ser rachada para lenha **6** *pl.* abas de uma casaca (Do lat. *tonsoria [forfex]*, «ferramenta de tosquiar»)

tesourada *n.f.* **1** golpe ou corte com tesoura **2** [fig.] frase ou dito mordaz contra determinada pessoa ou coisa (Part. pass. fem. subst. de *tesourar*)

tesourar *v.tr.* **1** cortar com tesoura **2** talhar **3** [fig.] dizer mal de (De *tesoura+-ar*)

tesouraria *n.f.* **1** secção de uma instituição (empresa, banco, etc.) onde se efetuam operações monetárias **2** cargo ou repartição do tesoureiro **3** lugar onde se conserva e administra o tesouro público (De *tesouro+-aria*)

tesoureiro *n.m.* **1** indivíduo encarregado da guarda do tesouro **2** encarregado da tesouraria de um banco, companhia, etc. **3** encarregado de efetuar as operações monetárias de um banco, de uma empresa, associação, etc. (Do lat. *thesaurarĭu-*, «id.»)

tesourinha *n.f.* **1** tesoura pequena **2** BOTÂNICA elo de vide; gavinha (De *tesoura+-inha*)

tesouro *n.m.* **1** amontoado oculto de dinheiro, joias ou objetos preciosos de cujo dono não haja memória **2** lugar onde se guardam esses objetos **3** conjunto de recursos financeiros e objetos ou bens valiosos; erário **4** riqueza **5** conjunto de bens valorizados pela sua importância cultural; património **6** [fig.] aquilo que constitui um repositório de saberes e de cultura **7** [fig.] coisa considerada muito valiosa **8** [fig.] pessoa de grandes qualidades **9** [fig.] origem de bens, graças ou virtudes (Do gr. *thesaurós*, «id.», pelo lat. *thesauru-*, «id.»)

tesouro público *n.m.* **1** recursos financeiros do poder público **2** repartição pública onde se conservam e administram esses dinheiros públicos **3** administração que gere esses rendimentos

tessálico *adj.* pertencente ou relativo à Tessália (Grécia) ■ *n.m.* natural ou habitante da Tessália (Do gr. *thessalikós*, «id.», pelo lat. *thessalĭcu-*, «id.»)

tessálio *adj.,n.m.* ⇒ **tessálico** (Do gr. *thessálios*, «id.», pelo lat. *thessalĭu-*, «id.»)

tessalonicense *adj.2g.* de Tessalónica, cidade portuária da Grécia (atual Salónica) ■ *n.2g.* natural ou habitante de Tessalónica (atual Salónica) (Do lat. *thessalonicense-*, «id.»)

tesse *n.m.* [Angola] BOTÂNICA arbusto intertropical da família das Violáceas

tessela *n.f.* **1** pedra quadrangular para revestir pavimentos **2** peça de mosaico (Do lat. *tessella-*, «id.»)

tesselário *n.m.* **1** preparador de tesselas ou mosaicos para pavimentos **2** fabricante de dados (Do lat. *tessellarĭu-*, «id.»)

téssera *n.f.* **1** pequena placa de metal ou marfim que, na antiga Roma, servia de bilhete de voto ou de entrada nos teatros **2** nome dado aos objetos que serviam de senha, entre os antigos cristãos **3** dado com marcas em todas as seis faces (Do lat. *tessĕra-*, «id.»)

tessitura *n.f.* **1** encadeamento entre as partes de um todo; organização; composição **2** MÚSICA extensão total, da nota mais grave à mais aguda, abrangida pela voz humana ou por um instrumento musical; âmbito musical **3** MÚSICA intervalo entre a nota mais grave e a mais aguda de uma peça musical (Do it. *tessitura*, «tecedura»)

testa *n.f.* **1** ANATOMIA parte ântero-superior da cabeça, compreendida entre os olhos e a região do cabelo; fronte **2** BOTÂNICA parte externa do tegumento de uma semente **3** revestimento externo rígido de alguns invertebrados; couraça **4** parte superior da frontaria de um prédio **5** ENGENHARIA superfície que limita um arco ou abóbada de ponte paralelamente ao eixo longitudinal da obra **6** NÁUTICA parte lateral de uma rede onde se ligam os cabos ou amarras **7** NÁUTICA bordo lateral de uma vela redonda **8** [fig.] frente; parte dianteira; *à ~ de* à frente de, na chefia de (Do lat. *testa-*, «vaso de barro cozido; concha; casca; caixa craniana»)

testaça *n.f.* [pop.] testa grande (De *testa+-aça*)

testaceiforme *adj.2g.* em forma de concha (Do lat. *testacĕu-*, «que tem concha» +*forma-*, «forma»)

testacela *n.f.* ZOOLOGIA molusco gastrópode, voraz, também chamado lesma-de-conchinha (Do lat. *testacĕu-*, «que tem concha» +*-ela*)

testáceo *adj.* **1** ZOOLOGIA que tem concha, invólucro resistente ou couraça que protege o corpo **2** relativo ou pertencente aos testáceos ■ *n.m.* ZOOLOGIA espécime dos testáceos ■ *n.m.pl.* **1** ZOOLOGIA grupo de amebas portadoras de uma espécie de concha **2** ZOOLOGIA grupo de moluscos pterópodes (Do lat. *testacĕu-*, «que tem concha»)

testaceografia *n.f.* ZOOLOGIA descrição dos testáceos (De *testáceo+-grafia*)

testaceologia *n.f.* tratado ou estudo acerca dos testáceos (De *testáceo+-logia*)

testaçudo *adj.* **1** testudo **2** [fig.] cabeçudo; teimoso (De *testaça+-udo*)

testada *n.f.* **1** estrada ou caminho que fica à frente de um prédio **2** propriedade confinante com a via pública **3** frente; *varrer a sua ~* desviar de si a responsabilidade, justificar-se (De *testa+-ada*)

testa-de-ferro ver nova grafia testa de ferro

testa de ferro *n.2g.* pessoa que figura ostensivamente num negócio ou empresa, em vez do verdadeiro interessado ou responsável

testa-de-ponte ver nova grafia testa de ponte

testa de ponte *n.f.* MILITAR posição adiantada que se tomou ao inimigo e que servirá de ponto de apoio para ataques de maior envergadura; cabeça de ponte (Do fr. *tête de pont*, «id.»)

testador *adj.* **1** que testa **2** que faz o testamento ■ *n.m.* **1** aquele que testa **2** aquele que faz o testamento **3** dono de propriedade que confina com a via pública (testada) (Do lat. *testatōre-*, «id.»)

testamental *adj.2g.* que diz respeito a testamento (Do lat. *testamentāle-*, «id.»)

testamentaria *n.f.* **1** cargo de testamenteiro **2** possibilidade de o testador nomear uma ou mais pessoas que fiquem encarregadas de vigiar o cumprimento do seu testamento ou de o executar, no todo ou em parte (De *testamento+-aria*)

testamentário *adj.* **1** relativo ao testamento; testamental **2** contido no testamento **3** nomeado pelo testador ■ *n.m.* **1** aquele que é designado pelo testador para executar ou fazer executar as disposições de um testamento; testamenteiro **2** o que herda por testamento (Do lat. *testamentarĭu-*, «id.»)

testamenteiro *n.m.* aquele que é designado pelo testador para executar ou fazer executar as disposições de um testamento; testamentário (Do lat. *testamentarĭu-*, «id.»)

testamento *n.m.* **1** DIREITO ato unilateral e revogável pelo qual uma pessoa dispõe, para depois da morte, de todos os seus bens ou parte deles **2** [fig.] despachos de um ministro demissionário **3** [irón.] carta ou texto muito extenso **4** RELIGIÃO aliança de Deus com os Homens **5** *pl.* casas religiosas ou feudos cujas rendas cabiam, total ou parcialmente, aos seus fundadores; *Novo Testamento* RELIGIÃO conjunto dos livros da Bíblia posteriores a Cristo; *Velho/Antigo Testamento* RELIGIÃO conjunto dos livros da Bíblia anteriores a Cristo (Do lat. *testamentu-*, «id.»)

testante *adj.,n.2g.* que ou a pessoa que testa; testador (Do lat. *testante-*, «id.», part. pres. de *testāri*, «atestar; depor»)

testar¹ *v.tr.* **1** submeter a teste(s) ou experiência(s) **2** pôr à prova o funcionamento de **3** avaliar através de prova(s) **4** experimentar (De *teste+-ar*)

testar² *v.tr.* **1** deixar em testamento **2** testemunhar; atestar ■ *v.intr.* fazer testamento (Do lat. vulg. **testāre*, do lat. cl. *testāri*, «id.»)

testar³ *v.tr.* **1** [ant.] encher **2** [regionalismo] tornar testo; entesar (De *testo+-ar*)

testável *adj.2g.* que pode ser testado; que pode ser submetido a teste (De *testar+-vel*)

teste¹ *n.m.* **1** prova para verificação da eficiência ou do bom funcionamento de equipamento, organização, material, etc. **2** prova que serve para avaliar objetivamente as características físicas, psíquicas e intelectuais dos indivíduos **3** [acad.] prova de avaliação dos conhecimentos ou aptidões dos alunos **4** MEDICINA procedimento destinado a analisar as características de uma substância, de um organismo, de uma função **5** experiência; base para avaliação **6** [fig.] situação difícil que revela características desconhecidas de algo ou de alguém; *~ projetivo* PSICOLOGIA teste que tem por fim levar o indivíduo a manifestar o seu carácter ou a exteriorizar os seus complexos; *~ psicotécnico* PSICOLOGIA exame que serve para avaliar a capacidade e o interesse de uma pessoa para desempenhar determinada atividade profissional (Do ing. *test*, «id.»)

teste² *n.f.* [ant.] testemunha (Do lat. *teste-*, «id.»)

testeira *n.f.* **1** parte dianteira; frente **2** ⇒ **testada 1 3** parte da cabeçada que assenta na testa do cavalo **4** componente das antigas armaduras dos cavalos constituído por uma placa metálica destinada a proteger a parte superior da cabeça do animal **5** espécie de touca que se põe na cabeça das crianças recém-nascidas **6** tira de pano branco presa à touca das religiosas, que assenta sobre a testa (De *testa+-eira*)

testeiro *adj.* **1** que fica na frente **2** que confina ou entesta (com) ■ *n.m.* **1** cada uma das peças do topo da grade da sementeira **2** vaso de barro para plantar flores (De *testa+-eiro*)

testemunha *n.f.* **1** pessoa que presenciou ou ouviu certo facto ou dito **2** DIREITO pessoa que, não sendo parte na causa nem seu representante, é chamada a dizer em juízo o que sabe acerca de todos ou de alguns dos factos em apreço **3** prova **4** árvore que se planta ao lado de outra que serve de baliza **5** pedra que se finca ao lado de um marco; *~ de abonação* DIREITO pessoa que não testemunha sobre factos mas apenas sobre o carácter do arguido (Deriv. regr. de *testemunhar*)

testemunhador *adj.,n.m.* **1** que ou aquele que dá testemunho **2** caluniador (De *testemunhar+-dor*)

testemunhal *adj.2g.* **1** que diz respeito a testemunhas ou testemunho **2** que serve para testemunhar (Do lat. *testimoniāle-*, «id.»)

testemunhalmente *adv.* por meio de testemunhos (De *testemunhal+-mente*)

testemunhar *v.tr.,intr.* dar testemunho (de); depor como testemunha ■ *v.tr.* **1** confirmar; certificar **2** presenciar; ver **3** revelar (De *testemunho+-ar*)

testemunhável *adj.2g.* **1** que serve de testemunha **2** que se pode testemunhar **3** que confirma **4** que faz fé (De *testemunhar+-vel*)

testemunho *n.m.* **1** ato ou efeito de testemunhar **2** declaração de testemunha em juízo; depoimento **3** demonstração; prova **4** indício; vestígio **5** afirmação fundamental; comprovação **6** DESPORTO pequeno bastão que cada corredor de uma estafeta passa ao companheiro de equipa que o vai substituir na corrida **7** cada uma das cópias, parciais ou totais, atualmente existentes, de determinado texto, quer por tradição direta, quer por tradição indireta; *falso ~* afirmação intencional de algo que não é verdade, calúnia (Do lat. *testimonĭu-*, «id.»)

testico *n.m.* cada uma das testeiras da serra onde se mete o alfeizar e se prende a folha da serra (De *testa+-ico*)

testicondo *adj.* (cavalo) que tem os testículos recolhidos no ventre (Do lat. *teste-*, «testículo» +*condĕre*, «esconder»)

testicular *adj.2g.* relativo ou pertencente a testículo; testiculoso (De *testículo+-ar*)

testículo *n.m.* ANATOMIA órgão sexual masculino que, no homem e em certos outros animais, está recolhido na bolsa testicular ou escrotal correspondente, onde se produzem espermatozoides e testosterona (Do lat. *testicŭlu-*, «id.»)

testículo-de-cão *n.m.* BOTÂNICA planta herbácea, da família das Orquidáceas, de folhas lanceoladas e flores rosas, brancas ou violetas, espontânea em Portugal, também conhecida por fatua e erva-do-salepo

testiculoso /ô/ *adj.* **1** ⇒ **testicular 2** BOTÂNICA diz-se dos órgãos reprodutores vegetais bilobados (De *testículo+-oso*)

testificação *n.f.* **1** ato ou efeito de testificar **2** testemunho (Do lat. *testificatiōne-*, «id.»)

testificador *adj.,n.m.* que ou aquele que testifica; testificante (Do lat. *testificatōre-*, «id.»)

testificante *adj.,n.2g.* ⇒ **testificador** (Do lat. *testificante-*, «id.», part. pres. de *testificāri*, «testemunhar»)

testificar *v.tr.* **1** testemunhar; atestar **2** declarar **3** confirmar **4** assegurar (Do lat. vulg. **testificāre*, do lat. cl. *testificāri*, «id.»)

testilha *n.f.* **1** discussão; altercação **2** disputa **3** briga (De *testa+-ilha*)

testilhante *adj.,n.2g.* **1** que ou a pessoa que testilha **2** questionador (De *testilhar+-ante*)

testilhar *v.intr.* [regionalismo] discutir; altercar; disputar; brigar (De *testilha+-ar*)

testilho *n.m.* testeira de caixa ou de caixão (De *testa+-ilho*)

testo¹ /ê/ *n.m.* **1** tampa de um recipiente, geralmente de um tacho ou de uma panela **2** testico da serra **3** [pop.] cabeça **4** [pop.] chapéu

testo

5 [Brasil] camada de barro por onde se filtra a água dos pães de açúcar (Do lat. *testu-*, «id.»)

testo² /é/ *adj.* **1** resoluto; firme **2** que não admite brincadeiras **3** estável; seguro **4** atento **5** rijo; teso **6** (vasilha) repleto; atestado (Part. pass. irreg. de *testar*)

testosterona *n.f.* FISIOLOGIA hormona sexual masculina que se forma nos testículos sob ação da hipófise, estimula o desenvolvimento dos órgãos sexuais masculinos, e é responsável pelo aparecimento dos caracteres sexuais masculinos secundários (Do fr. *testostérone*, «id.»)

testudaço *adj.* muito teimoso; cabeçudo (De *testudo*+-*aço*)

testudo *adj.* **1** que tem testa grande **2** [fig.] cabeçudo; teimoso (De *testa*+-*udo*)

tesura *n.f.* **1** qualidade ou estado do que é ou está teso **2** rigidez **3** força **4** [fig.] firmeza; dureza **5** [fig.] valentia **6** [fig.] vaidade (Do lat. *tensūra-*, «id.»)

teta¹ /é/ *n.m.* nome da oitava letra do alfabeto grego (θ, Θ), correspondente ao dígrafo *th* (Do gr. *thēta*, «id.», pelo lat. *theta-*, «id.»)

teta² /ê/ *n.f.* **1** mama; órgão mamário das fêmeas de alguns mamíferos; úbere; teto **2** [vulg.] seio da mulher **3** [fig.] sustento **4** [fig.] situação proveitosa **5** [fig.] emprego rendoso **6** [fig.] fonte; manancial **7** [fig.] elevação de terreno; outeiro (Do b. al. *titte*, «id.», ou formação expressiva?)

tetania *n.f.* **1** MEDICINA contração espasmódica, mais ou menos persistente, dos músculos **2** MEDICINA tétano intermitente **3** agitação; convulsão (De *tétano*+-*ia*)

tetânico *adj.* **1** relativo ao tétano **2** atacado de tétano (Do lat. *tetanĭcu-*, «id.»)

tetaniforme *adj.2g.* da natureza do tétano ou semelhante a ele (Do lat. *tetănu-*, «tétano» +*forma-*, «forma»)

tetanismo *n.m.* estado tetânico (De *tétano*+-*ismo*)

tetanização *n.f.* ato ou efeito de tetanizar (De *tetanizar*+-*ção*)

tetanizar *v.tr.* provocar o tétano em (De *tétano*+-*izar*)

tétano *n.m.* MEDICINA doença infeciosa, grave, provocada pela ação de um bacilo e caracterizada por contração persistente e dolorosa dos músculos de todo o corpo; tonismo (Do gr. *tétanos*, «rigidez», pelo lat. *tetănu-*, «id.»)

tetartoedria *n.f.* CRISTALOGRAFIA meroedria em que as formas cristalográficas se imaginam originadas pelo desenvolvimento da quarta parte das faces de certas formas holoédricas correspondentes (Do gr. *tétartos*, «quatro» +*hédra*, «face» +-*ia*)

tetartoédrico *adj.* **1** CRISTALOGRAFIA que diz respeito a tetartoedria **2** CRISTALOGRAFIA diz-se da classe ou da forma cristalográfica derivável por um processo de tetartoedria (Do gr. *tétartos*, «quatro» +*hédra*, «face» +-*ico*)

tetas /é/ *n.m.2n.* [pop.] indivíduo piegas; maricas (De *teta*)

tete *n.m.* **1** nona letra do alfabeto hebraico **2** operário assalariado da antiga Grécia; mercenário

teté *n.m.* **1** [pop.] jogo popular das escondidas **2** [pop.] ato de espreitar, brincando (De orig. onom.)

tête-à-tête *n.m.* conversa entre duas pessoas (Do fr. *tête-à-tête*)

teteia *n.f.* brinquedo de criança; dixe (Formação expressiva)

teteira *n.f.* [regionalismo] doença das glândulas mamárias das cabras (De *teta*+-*eira*)

tetense *adj.2g.* relativo ou pertencente à região de Tete, em Moçambique ■ *n.2g.* **1** natural ou habitante de Tete **2** língua de Tete (De *Tete*, top. +-*ense*)

tetérrimo *adj.* **1** [superlativo absoluto sintético de **tetro**] muito tetro; muito escuro **2** feíssimo (Do lat. *teterrĭmu-*, «id.»)

tético *adj.* FILOSOFIA (fenomenologia) que põe ou é posto como tendo certo modo de realidade; posicional; existencial (Do gr. *thetikós*, «próprio para estabelecer»)

tetim *n.m.* argamassa feita de pó de tijolo, cal e azeite (De orig. obsc.)

tetina *n.f.* peça de borracha em forma de mamilo, com um pequeno furo, que se adapta ao recipiente que serve de biberão (Do fr. *tétine*, «id.»)

tetito *n.m.* GEOLOGIA pequeno corpo com a forma de gota de vidro, considerado de origem extraterrestre (Do lat. *tectu-*, «teto» +-*ito*)

teto¹ /é/ *n.m.* **1** parte superior e interna de qualquer casa ou lugar coberto; cobertura de uma casa **2** altura a que se encontra uma camada de nuvens acima do solo **3** [fig.] casa; habitação **4** [fig.] abrigo **5** [pop.] tino; juízo **6** [fig.] limite máximo; **~ *falso*** teto construído sob um outro de modo a diminuir a altura de uma ou mais divisões da casa; **~ *salarial*** limite máximo para o aumento dos salários (Do lat. *tectu-*, «id.»)

teto² /é/ *n.m.* ⇒ **tétum**

teto³ /ê/ *n.m.* mamilo de teta (dos animais) (De *teta*)

tetra- elemento de formação de palavras que exprime a ideia de *quatro* (Do gr. *tetrás-*, «número quatro»)

tetrabranquiado *adj.* ZOOLOGIA relativo ou pertencente aos tetrabranquiados ■ *n.m.* ZOOLOGIA espécime dos tetrabranquiados ■ *n.m.pl.* ZOOLOGIA grupo de moluscos cefalópodes, primitivos, com concha desenvolvida, dois pares de brânquias e numerosos tentáculos desprovidos de ventosas, atualmente representados pelo género *Nautilus* (De *tetra-*+*branquiado*)

tetracampeão *adj.,n.m.* DESPORTO que ou atleta (ou equipa) que se sagrou campeão pela quarta vez em competição ou prova desportiva (De *tetra-*+*campeão*)

tetracampeonato *n.m.* DESPORTO campeonato ganho pela quarta vez (De *tetra-*+*campeonato*)

tetracarpo *adj.* BOTÂNICA que tem quatro frutos; tetrasporângio (Do gr. *tetra-*, «quatro» +*karpós*, «fruto»)

Tetracentráceas *n.f.pl.* BOTÂNICA ⇒ **Magnoliáceas** (Do gr. *tetrás-*, «número quatro» +*kéntron*, «centro» +-*áceas*)

tetraciclina *n.f.* MEDICINA antibiótico obtido de várias espécies de fungos do género *Streptomyces* com um largo espetro antibacteriano (Do fr. *tetracycline*, «id.»)

tetracorde *adj.2g.* MÚSICA que possui quatro cordas; tetracordo ■ *n.m.* MÚSICA conjunto de quatro notas num intervalo de quarta perfeita, que corresponde a metade de uma escala diatónica (Do fr. *tétracorde*, «id.»)

tetracórdio *n.m.* MÚSICA antiga lira de quatro cordas (Do gr. *tetrákhordon*, «de quatro cordas» +-*io*)

tetracordo *adj.,n.m.* MÚSICA ⇒ **tetracorde** (Do gr. *tetrákhordon*, «que tem quatro cordas»)

tetracromia *n.f.* ⇒ **quadricromia** (De *tetra-*+*cromia*)

tetractinídeo *adj.* ZOOLOGIA relativo ou pertencente aos tetractinídeos ■ *n.m.* ZOOLOGIA espécime dos tetractinídeos ■ *n.m.pl.* ZOOLOGIA grupo de espongiários acalcários (desprovidos de esqueleto de natureza calcária), em regra com espículas de quatro raios (De *tetra-*+-*actinídeos*)

tétrada *n.f.* ⇒ **tétrade**

tetradactilia *n.f.* estado de tetradáctilo (De *tetradáctilo*+-*ia*)

tetradáctilo *adj.* que tem quatro dedos ou apêndices digitiformes em cada membro (Do gr. *tetradáktylos*, «id.»)

tétrade *n.f.* **1** BOTÂNICA grupo de quatro elementos celulares haploides provenientes da mesma célula primitiva (célula-mãe), como se verifica no pólen de muitas plantas **2** CITOLOGIA grupo natural de quatro células haploides que resultam da segunda divisão da meiose **3** MÚSICA acorde de quatro notas (Do gr. *tetrás*, -*ádos*, «número quatro», pelo lat. *tetrăde-*, «id.»)

tetradinâmico *adj.* BOTÂNICA (planta, flor) que tem seis estames livres, sendo quatro deles de maiores dimensões e iguais entre si (De *tetra-*+*dinâmico*)

tetraédrico *adj.* **1** que tem forma de tetraedro **2** relativo a tetraedro (De *tetraedro*+-*ico*)

tetraedrite *n.f.* MINERALOGIA mineral que é, quimicamente, sulfureto de cobre e antimónio e que cristaliza no sistema cúbico (De *tetraedro*+-*ite*)

tetraedro *n.m.* **1** CRISTALOGRAFIA forma constituída por quatro faces que intersetam os eixos cristalográficos a distâncias iguais, ocorrente em duas classes do sistema cúbico **2** GEOMETRIA sólido limitado por quatro faces triangulares (Do gr. *tetrás*, «número quatro» +*hédra*, «face»)

tetráfido *adj.* BOTÂNICA (órgão vegetal) que está dividido em quatro lóbulos; quadrífido (Do gr. *tetrás*, «número quatro»+lat. *findĕre*, «fender»)

tetrafilo *adj.* BOTÂNICA (vegetal) que possui quatro folhas (Do gr. *tetrás*, «número quatro» +*phýllon*, «folha»)

tetrágino *adj.* BOTÂNICA (flor) que tem quatro pistilos (Do gr. *tetrás*, «número quatro» +*gyné*, «mulher»)

tetragonal *adj.2g.* **1** que tem forma de tetrágono **2** relativo a tetrágono **3** quadrangular **4** CRISTALOGRAFIA (sistema cristalográfico) cuja cruz axial é constituída por três eixos perpendiculares entre si, sendo dois iguais (secundários) e um desigual (o principal) (Do lat. *tetragonăle-*, «id.»)

tetragónio *n.m.* manto de quatro pontas usado pelos antigos (Do gr. *tetragónion*, «id.», pelo lat. *tetragonĭu-*, «id.»)

tetrágono *n.m.* GEOMETRIA polígono de quatro ângulos (e, por isso, de quatro lados); quadrângulo; quadrilátero (Do gr. *tetrágonon*, «id.», pelo lat. *tetragŏnu-*, «id.»)

tetragonocéfalo *adj.* (animal) que possui cabeça quadrangular (Do gr. *tetrágonos*, «quadrangular» +*kephalé*, «cabeça»)

tetralogia *n.f.* **1** LITERATURA conjunto de quatro peças (três tragédias e uma comédia ou drama satírico) que os antigos poetas da Grécia apresentavam nos concursos dramáticos 2 LITERATURA, TEATRO, MÚSICA obra em quatro partes ou conjunto de quatro obras artísticas relacionadas, geralmente do mesmo autor (Do gr. *tetralogía*, «id.»)

tetrâmero *adj.* 1 que está dividido em quatro partes ou é constituído por quatro peças 2 ZOOLOGIA relativo ou pertencente aos tetrâmeros ■ *n.m.* ZOOLOGIA espécime dos tetrâmeros ■ *n.m.pl.* ZOOLOGIA grupo de insetos cujos tarsos são constituídos por quatro artículos (Do gr. *tetramerés*, «composto de quatro partes»)

tetrâmetro *n.m.* LITERATURA verso grego ou latino composto de quatro pés (Do gr. *tetrámetros*, «id.», pelo lat. *tetramĕtru*-, «id.»)

tetrandria *n.f.* estado de tetrandro (De *tetrandro*+-*ia*)

tetrândria *n.f.* BOTÂNICA classe do sistema sexual de Lineu (naturalista sueco, 1707-1778), que compreende as plantas cujas flores têm quatro estames livres (De *tetrandro*+-*ia*)

tetrandro *adj.* BOTÂNICA (androceu) que é constituído por quatro estames livres entre si; tetrastémone (Do gr. *tetrás*, «número quatro» +*anér, andrós*, «homem»)

tetraneto *n.m.* filho de trineto ou trineta (De *tetra*-+*neto*)

tetrapétalo *adj.* que tem quatro pétalas; quadripétalo (De *tetra*-+*pétala*)

tetraplegia *n.f.* MEDICINA paralisia que atinge os quatro membros (Do gr. *tetrás*, «número quatro» +*plegé*, «ferido; atingido» +-*ia*)

tetraplégico *adj.* relativo a tetraplegia ■ *n.m.* indivíduo que sofre de tetraplegia (De *tetraplegia*+-*ico*)

tetraploide *adj.2g.* BIOLOGIA diz-se da fase do núcleo (célula ou organismo), em que se verifica um número de cromossomas igual a quatro séries de cromossomas (4n) (Do gr. *tetraplóos*, «quádruplo» +*eîdos*, «forma»)

tetraplóide ver nova grafia **tetraploide**

tetraploidia *n.f.* estado do que é tetraploide (De *tetraplóide*+-*ia*)

tetrápode *adj.2g.* 1 que tem quatro pés ou membros locomotores 2 ZOOLOGIA relativo ou pertencente aos tetrápodes ■ *n.m.* ZOOLOGIA espécime dos tetrápodes ■ *n.m.pl.* ZOOLOGIA grupo de vertebrados que compreende os batráquios, os répteis, as aves e os mamíferos (De *tetra*-+*pode*)

tetráptero *adj.* 1 BOTÂNICA que tem quatro apêndices ou formações aliformes 2 ZOOLOGIA (inseto) possuidor de dois pares de asas (Do gr. *tetrápteros*, «de quatro asas»)

tetraquénio *n.m.* BOTÂNICA fruto constituído por quatro aquénios (mas proveniente de um ovário bicarpelado), também designado carcérula (De *tetra*-+*aquénio*)

tetrarca *n.m.* HISTÓRIA antigo governador de uma tetrarquia (Do gr. *tetrárkhes*, «id.», pelo lat. *tetrarcha*-, «id.»)

tetrarcado *n.m.* dignidade ou funções de tetrarca (De *tetrarca*+-*ado*)

tetrarquia *n.f.* 1 HISTÓRIA cada uma das quatro partes, províncias ou governos, em que se dividiam alguns estados, sob a tutela de Roma 2 subdivisão da antiga falange grega; ~ *imperial* forma de governo adotada em Roma na época do imperador Diocleciano, em que o Império era dirigido por dois Augustos e dois Césares, daqueles dependentes e seus sucessores por lei (Do gr. *tetrarkhía*, «id.», pelo lat. *tetrarchīa*-, «id.»)

tetraspermo *adj.* BOTÂNICA (fruto) que contém quatro sementes (Do gr. *tetrás*, «número quatro» +*spérma*, «semente»)

tetrasporácea *n.f.* BOTÂNICA espécime das Tetrasporáceas

Tetrasporáceas *n.f.pl.* BOTÂNICA família de algas clorofíceas, a que pertencem espécies de água doce ou terrícolas, de talo tipicamente gelatinoso ou com mucilagens (Do gr. *tetrás*, «número quatro» +*sporá*, ou *sporós*, «semente» +-*áceas*)

tetrasporângio *n.m.* BOTÂNICA esporângio onde se originam (ou que origina) tetrásporos; tetracarpo (De *tetrá*[*sporo*]+[*e*]*sporângio*)

tetrásporo *n.m.* BOTÂNICA cada um dos esporos, de um grupo de quatro, originados a partir do mesmo elemento celular primitivo (Do gr. *tetrás*, «número quatro» +*spóros*, «semente»)

tetrasporófita *n.f.* BOTÂNICA esporófita em que se formam tetrásporos (De *tetra*-+*esporófita*)

tetrasporófíta *n.m.* BOTÂNICA ⇒ **tetrasporófita**

tetrassépalo *adj.* BOTÂNICA que possui quatro sépalas (De *tetra*-+*sépala*)

tetrassilábico *adj.* ⇒ **tetrassílabo** *adj.* (De *tetrassílabo*+-*ico*)

tetrassílabo *n.m.* verso ou palavra que tem quatro sílabas ■ *adj.* que tem quatro sílabas (Do gr. *tetrassýllabos*, «id.», pelo lat. *tetrasyllăbu*-, «id.»)

tetrastémone *adj.2g.* BOTÂNICA que possui quatro estames; tetrandro (Do gr. *tetrás*, «número quatro» +*stémon*, -*onos*, «filete»)

tetrástico *adj.* 1 que apresenta na sua formação ou constituição elementos dispostos em quatro séries ou fileiras 2 GRAMÁTICA (estrofe) constituída por quatro versos (Do gr. *tetrástikhos*, «id.», pelo lat. *tetrastĭchu*-, «id.»)

tetrastilo *n.m.* ARQUITETURA construção com quatro ordens de colunas na fachada principal

tetratómico *adj.* QUÍMICA (espécie química) que tem quatro átomos (De *tetra*-+*atómico*)

tetravalente *adj.2g.* QUÍMICA (espécie química) de que podem partir quatro ligações químicas; quadrivalente (Do gr. *tetra*-, «quatro»+lat. *valente*-, «que vale», part. pres. de *valēre*, «valer»)

tetravó *n.f.* mãe do trisavô ou da trisavó (De *tetra*-+*avó*)

tetravô *n.m.* pai do trisavô ou da trisavó (De *tetra*-+*avô*)

tetricidade *n.f.* qualidade de tétrico (Do lat. *tetricitāte*-, «id.»)

tétrico *adj.* 1 muito triste; fúnebre 2 medonho; horrível 3 muito sério; carrancudo 4 severo (Do lat. *tetrĭcu*-, «id.»)

tetro *adj.* 1 negro; sombrio 2 horrível; medonho (Do lat. *taetru*-, ou *tetru*-, «id.»)

tétrodo *n.m.* ELETRÓNICA válvula termiónica com quatro elétrodos, dois dos quais são grelhas (grelha de comando, mais próxima do cátodo, e grelha de blindagem) (Do gr. *tetrás*, «número quatro» +*hodós*, «caminho»)

tetroftalmo *adj.* que possui quatro olhos (Do gr. *tetróphthalmos*, «de quatro olhos»)

tetudo *adj.* que tem tetas grandes (De *teta*+-*udo*)

tétum *n.m.* língua nacional e uma das línguas oficiais (juntamente com o português) de Timor-Leste; teto

teu *det.,pron.poss.* (feminino **tua**) refere-se à segunda pessoa do singular e indica, geralmente, posse ou pertença (*o teu computador*) ■ *n.m.* aquilo que pertence à pessoa a quem se fala ou escreve; *os teus* familiares, amigos ou pessoas do meio daquele a quem se fala ou escreve (Do lat. *tuu*-, «id.», com infl. de *meu*)

teúba *n.f.* [Brasil] ZOOLOGIA pequena abelha amarelada, sociável, da família dos Meliponídeos, que produz um mel relativamente pouco doce, também conhecida por tujuba (Do tupi *te'uba*, «id.»)

teucrieta /ê/ *n.f.* BOTÂNICA planta da família das Escrofulariáceas, uma espécie de verónica (Do lat. *teucrĭu*-, «pimpinela» +-*eta*)

teucro *adj.* da Têucria (Troia); troiano ■ *n.m.* natural ou habitante da Têucria; troiano (Do lat. *teucru*-, «id.»)

teúdo *adj.* [ant.] que se tem conservado (Part. pass. do port. ant. *teer*, «ter»)

teurgia *n.f.* espécie de magia com que se pretendia obter a proteção da divindade ou dos espíritos celestes (Do gr. *theourgía*, «ato de poder divino»)

teúrgico *adj.* que diz respeito à teurgia (Do gr. *theourgikós*, «id.»)

teurgismo *n.m.* doutrina e práticas dos que acreditam na magia como processo de proteção divina (De *teurgia*+-*ismo*)

teurgista *n.2g.* pessoa que se ocupa de teurgia (De *teurgia*+-*ista*)

teurgo *n.m.* aquele que pratica a teurgia; teurgista (Do gr. *theoūrgos*, «id.»)

teutão *n.m.* 1 membro do povo da antiga Germânia 2 alemão ■ *adj.* teutónico (Do lat. *Teutōnes*, «Teutões»)

teutomania *n.f.* mania de apreciar tudo o que é alemão; germanofilia (Do lat. *teuto*[*nĭcu*], «dos Teutões»+gr. *manía*, «mania»)

teutónico *adj.* relativo aos Teutões; germânico; teutão (Do lat. *teutonĭcu*-, «id.»)

teutonismo *n.m.* sistema político que preconiza a absoluta homogeneidade de todas as raças germânicas (Do lat. *Teutōnes*, «Teutões» +-*ismo*)

teutonista *n.2g.* pessoa partidária do teutonismo (Do lat. *Teutōnes*, «Teutões» +-*ista*)

textiforme *adj.2g.* com forma de tecido, de rede (Do lat. *textu*-, «tecido» +*forma*-, «forma»)

têxtil *adj.2g.* 1 que serve para tecer 2 referente a tecidos 3 (indústria) relativo ao fabrico de tecidos ■ *n.m.* (plural **têxteis**) 1 fibra usada na fabricação de tecidos 2 *pl.* indústria ou conjunto das indústrias de fabrico de tecidos (Do lat. *textĭle*-, «id.»)

texto *n.m.* 1 conjunto ordenado de palavras ou frases escritas de um autor ou de uma obra, por oposição a comentários, aditamentos, traduções, etc., feitos sobre ele 2 obra escrita considerada na sua redação original 3 palavras que se citam para demonstrar alguma coisa 4 trecho ou fragmento da obra de um autor; passagem 5 passo da Escritura que forma o assunto de um sermão 6 qualquer escrito destinado a ser dito ou lido em voz alta 7 LINGUÍSTICA sequência finita e organizada de enunciados, que constitui a unidade fundamental do processo comunicativo e que é dotada de sentido e de uma determinada intencionalidade 8 *pl.* coleções de direito, sobretudo direito romano e canónico (Do lat. *textu*-, «tecido», part. pass. de *texĕre*, «tecer; entrelaçar»)

textório *adj.* referente à arte de tecelão (Do lat. *textorĭu*-, «id.»)

textual *adj.2g.* 1 relativo ao texto 2 conforme ao texto 3 que reproduz fielmente o texto (Do lat. med. *textuāle-*, «id.»)

textualidade *n.f.* 1 qualidade do que é textual 2 LINGUÍSTICA conjunto de características que permitem perceber um grupo de frases como um texto, isto é, um todo com sentido (De *textual*+-*i*+-*dade*)

textualista *adj.,n.2g.* que ou pessoa que interpreta à letra os textos sem atender à intenção do autor ou a qualquer comentário elucidativo (De *textual*+-*ista*)

textualmente *adv.* 1 segundo o texto 2 literalmente 3 exatamente (De *textual*+-*mente*)

textuário *n.m.* livro que apenas contém o texto ou textos sem nenhum comentário (Do fr. *textuaire*, «id.»)

textura *n.f.* 1 ato ou efeito de tecer 2 tecido 3 forma, arranjo e distribuição das partes de um todo; contextura; organização 4 disposição das moléculas nos corpos homogéneos 5 aparência 6 consistência 7 GEOLOGIA conjunto de características de forma, dimensão e arranjo dos elementos mineralógicos constituintes de uma rocha ou de um solo 8 LINGUÍSTICA organização das unidades léxicas e gramaticais que fundamenta a coesão de um texto verbal (Do lat. *textūra-*, «tecedura»)

texturação *n.f.* 1 ato ou efeito de texturar ou dar textura a 2 série de tratamentos (distensão, contração, pisa, compressão, torção, distorção) a que se submetem as fibras têxteis artificiais para as tornar mais adaptáveis ao fim especial a que cada uma se destina (De *texturar*+-*ção*, ou do fr. *texturation*, «id.»)

texturar *v.tr.* fazer passar por todas as operações de que consta a texturação (De *textura*+-*ar*, ou do fr. *texturer*, «id.»)

texugo *n.m.* 1 ZOOLOGIA mamífero carnívoro, corpulento, muito atarracado, da família dos Mustelídeos, com focinho pontiagudo e pelagem rija cinzenta e negra, que existe em Portugal e é também conhecido por teixugo e bicharengo 2 [fig., pej.] pessoa muito gorda (Do gót. **thahsuks*, dim. de **thahsus*, «id.»)

tez /ê/ *n.f.* epiderme, principalmente do rosto; cútis (De orig. obscura)

TGV *n.m.* comboio de passageiros que pode atingir uma velocidade muito alta, superior a 300 quilómetros por hora (Do fr. *TGV*, acrónimo de *train à grande vitesse*, «comboio de alta velocidade»)

thesaurus *n.m.2n.* 1 coleção exaustiva de termos relativos a determinada área do conhecimento, alfabética e sistematicamente ordenados 2 dicionário que regista uma lista de palavras que são associadas semanticamente a outras, apresentando geralmente sinónimos e, algumas vezes, antónimos (Do lat. *thēsauri-*, «tesouro»)

thriller *n.m.* narrativa ficcional, peça de teatro ou filme caracterizado por uma atmosfera de suspense geralmente assente numa intriga de crime, mistério ou espionagem; tríler (Do ing. *thriller*, «id.»)

ti[1] *pron.pess.* designa a segunda pessoa do singular e indica a pessoa a quem se fala ou escreve (*contra ti; sobre ti; por ti*) (Do lat. *tibi*, «id.»)

ti[2] *n.m.* BOTÂNICA planta liliácea oriunda da China

tia *n.f.* 1 irmã do pai ou da mãe 2 mulher ou companheira do tio ou da tia 3 forma de tratamento usada por vezes para as amigas da família mais velhas 4 [coloq.] pessoa geralmente de camada social elevada e que se comporta de forma afetada 5 [coloq.] mulher solteira; *ficar para ~* [coloq.] não casar (De *tio*)

tiá *n.m.* [pop.] porco; suíno (De orig. obscura)

tia-avó *n.f.* 1 irmã do avô ou da avó em relação aos netos destes 2 esposa do tio-avô

tiamina *n.f.* BIOQUÍMICA vitamina B₁, que é um dos componentes do complexo vitamínico B, conhecida também pelo nome de aneurina, e cuja carência no organismo humano provoca o aparecimento do beribéri (De *tio*-+*amina*)

tiara *n.f.* 1 ornamento que os reis medos e persas punham na cabeça 2 mitra com três coroas que o papa usa em cerimónias solenes 3 [fig.] dignidade pontifícia 4 ornamento em forma de arco semicircular, geralmente de metal valioso e adornado com pedras preciosas, usado na cabeça por mulheres, principalmente em ocasiões formais (Do gr. *tiára*, «id.», pelo lat. *tiāra-*, «id.»)

tiazina *n.f.* QUÍMICA designação vulgar extensiva aos compostos de enxofre usados como corantes (De *tio*-+*az[oto]*+-*ina*, ou do fr. *thiazine*, «id.»)

tiberino *adj.* relativo ao rio Tibre, que atravessa Roma, ou à região por ele banhada (Do lat. *tiberīnu-*, «id.»)

tibetano *adj.* relativo ao Tibete ■ *n.m.* 1 natural ou habitante do Tibete 2 língua falada no Tibete (De *Tibete*, top. +-*ano*)

tíbia *n.f.* 1 ANATOMIA o mais grosso dos dois ossos que formam o endosqueleto da região do membro inferior (ou posterior) denominada perna ou canela 2 ZOOLOGIA segmento dos membros locomotores de alguns artrópodes, em especial insetos e aracnídeos 3 [poét.] flauta de pastor; pífaro 4 flauta romana feita de tíbias de alguns animais 5 [pop.] perna (Do lat. *tibĭa-*, «flauta; tíbia»)

tibial *adj.2g.* 1 ANATOMIA da tíbia ou a ela referente 2 ANATOMIA designativo de artérias, veias, músculos, nervos, etc., relacionados com a tíbia ou com a face anterior da perna (Do lat. *tibiāle-*, «de flauta; da tíbia»)

tibiez /ê/ *n.f.* ⇒ **tibieza** (De *tíbio*+-*ez*)

tibieza /ê/ *n.f.* 1 qualidade do que é tíbio 2 tepidez 3 [fig.] fraqueza; frouxidão 4 [fig.] falta de entusiasmo; frieza (De *tíbio*+-*eza*)

tíbio *adj.* 1 morno; tépido 2 [fig.] frouxo; indolente 3 [fig.] destituído de entusiasmo, de zelo, de fervor 4 [fig.] escasso (Do lat. *tepĭdu-*, «id.»)

tibiocalcaneano *adj.* ANATOMIA relativo à tíbia e ao calcâneo (De *tíbia*+*calcâneo*+-*ano*)

tibiofemoral *adj.2g.* 1 ANATOMIA da tíbia e do fémur 2 ANATOMIA relativo à tíbia e ao fémur (De *tíbia*+*femoral*)

tibiotársico *adj.* ANATOMIA relativo à tíbia ou ao tarso (De *tíbia*+*tarso*+-*ico*)

tibornice *n.f.* [pop.] mixórdia de comidas e bebidas (De orig. obsc.)

tica[1] *n.f.* [pop.] ponta de cigarro; beata; prisca (De origem obscura)

tica[2] *n.f.* [Moçambique] ZOOLOGIA hiena castanha (Do niungue *thika*, «idem»)

tical *n.m.* 1 designação original do baht (moeda oficial da Tailândia) 2 antigo e pequeno peso indiano (Do mal. *tikal*, «id.»)

tição *n.m.* 1 pedaço de lenha aceso ou meio queimado 2 brasa 3 carvão 4 [fig., pop.] pessoa muito suja ou enfarruscada 5 [fig., pop.] pessoa muito morena ou muito escura (Do lat. *titiōne-*, «id.»)

tico[1] *n.m.* 1 ⇒ **tique** 2 vício dos equídeos que ferram os dentes na manjedoura (Do fr. *tic*, «id.»)

tico[2] *n.m.* 1 [Brasil] pequeno pedaço; bocadinho 2 [Brasil] instante (De orig. obsc.)

tiçoada *n.f.* 1 pancada ou queimadura com um tição 2 grande quantidade de tições (De *tição*+-*ada*)

tiçoeiro *n.m.* vara de ferro com que se atiça o lume (De *tição*+-*eiro*)

tiçonado *adj.* 1 enfarruscado; chamuscado; mascarrado 2 malhado de preto (De *tição*+-*ado*)

ticotico *n.m.* 1 [Brasil] ORNITOLOGIA pequeno pássaro, da família dos Fringilídeos, que vive especialmente nas Américas do Sul e Central, junto às habitações do homem, útil pelos numerosos insetos que devora 2 pipilar das aves 3 [fig., pej.] pessoa ou coisa de pouca importância 4 [Brasil] [fig.] homem franzino (De orig. onom.)

ticum *n.m.* [Brasil] ⇒ **tucum**

ticuna *n.f.* veneno com que algumas tribos do Amazonas ervam as setas; curare (Do tupi *tu'kuna*, «id.»)

tido *adj.* 1 possuído 2 considerado; reputado (Part. pass. de *ter*)

tie-break *n.m.* DESPORTO (ténis) sistema utilizado para decidir o vencedor de um jogo ou competição quando há empate (Do ing. *tie-break*, «id.»)

tiete *n.2g.* [Brasil] fã; admirador; entusiasta

tifácea *n.f.* BOTÂNICA espécime das Tifáceas

Tifáceas *n.f.pl.* BOTÂNICA família de plantas monocotiledóneas, palustres ou aquáticas, de folhas lineares, com um único género que se denomina *Typha* (Do gr. *týphe*, «espadana» +-*áceas*)

tifão *n.m.* 1 GEOLOGIA massa de terreno não estratificada, na crusta terrestre 2 GEOLOGIA ⇒ **diápiro** (Do gr. *typhón*, «espadana», pelo lat. *typhōne-*, «tifão»)

tifemia *n.f.* MEDICINA infeção do sangue por bacilos tíficos (Do gr. *týphos*, «tifo» +*haîma*, «sangue» +-*ia*)

tífico *adj.* relativo ao tifo; tifoide (De *tifo*+-*ico*)

tifismo *n.m.* carácter tífico de certas febres (De *tifo*+-*ismo*)

tiflectomia *n.f.* CIRURGIA operação de ablação do ceco (Do gr. *typhlós*, «ceco» +*ektomé*, «ablação» +-*ia*)

tiflite *n.f.* MEDICINA inflamação do ceco (Do gr. *typhlós*, «cego» +-*ite*)

tiflo- elemento de formação de palavras que exprime a ideia de *cego* ou *ceco* (Do gr. *typhlós*, «cego; ceco»)

tiflografia *n.f.* emprego do tiflógrafo (De *tiflógrafo*+-*ia*)

tiflográfico *adj.* relativo à tiflografia ou ao tiflógrafo (De *tiflografia*+-*ico*)

tiflógrafo *n.m.* instrumento com que os cegos podem escrever (De *tiflo*-+-*grafo*)

tiflologia *n.f.* tratado ou estudo acerca da instrução intelectual e profissional dos cegos (De *tiflo*-+-*logia*)

tiflológico *adj.* relativo à tiflologia (De *tiflologia*+-*ico*)

tiflólogo *n.m.* aquele que se dedica à tiflologia (De *tiflo*-+-*logo*)

tiflostomia *n.f.* CIRURGIA abertura de um ânus artificial ao nível do ceco (Do gr. *typhlós*, «cego» +*stóma*, «boca» +-*ia*)

tiflotomia n.f. CIRURGIA abertura ou corte do ceco; cecotomia (Do gr. *typhlós*, «ceco» +*tomé*, «corte» +-*ia*)

tifo n.m. 1 MEDICINA doença febril, grave, infetocontagiosa, muitas vezes epidémica, com apresentação de exantemas, lesões hemorrágicas, nevrites, etc., em que o piolho do corpo exerce o papel de transmissor, e que é também conhecida por tabardilho e tifo exantemático 2 [pop.] febre tifoide; **~ murino** variedade de tifo transmitida ao homem pela pulga do rato (Do gr. *týphos*, «estupor; tifo», pelo lat. *typhu-*, «inchaço»)

tif(o)- elemento de formação de palavras que exprime a ideia de tifo, febre tifoide (Do gr. *typhós*, «tifo»)

tifobacilose n.f. ⇒ **tifotuberculose** (De tifo-+bacilose)

tifoide adj.2g. 1 MEDICINA que tem as características do tifo; semelhante ao tifo 2 MEDICINA relativo ao tifo 3 MEDICINA designativo de uma doença específica, infetocontagiosa, geralmente grave, que é uma bacilose também designada por tifo abdominal e, popularmente, tifo (Do gr. *týphos*, «tifo» +*eîdos*, «forma»)

tifóide ver nova grafia tifoide

tifóideo adj. ⇒ **tifoide** (De tifóide+-eo)

tifomania n.f. MEDICINA delírio acompanhado de espasmos que o doente apresenta durante o tifo e febres tifoides (Do gr. *týphos*, «tifo» +*manía*, «loucura»)

tifoso /ô/ adj. que apresenta as características do tifo; tifoide ▪ n.m. 1 doente do tifo 2 DESPORTO [gír.] adepto fanático; adepto ferrenho (De tifo+-oso)

tifotuberculose n.f. MEDICINA tuberculose aguda com manifestações semelhantes às do tifo; tifobacilose (De tifo+tuberculose)

tigela n.f. 1 recipiente de louça, vidro ou de metal em forma de meia esfera; malga 2 conteúdo desse recipiente; **de meia ~** de pouco valor; sem importância (Do lat. cl. *tegŭla-*, pelo lat. vulg. *tegella-*, «telha»)

tigelada n.f. 1 tigela cheia 2 conteúdo de uma tigela 3 CULINÁRIA pudim feito com ovos, leite e açúcar, típico da cidade portuguesa de Abrantes (Santarém) (De tigela+-ada)

tigelinha n.f. 1 tigela pequena 2 pequeno vaso de barro que serve para as luminárias, em certos arraiais minhotos (De tigela+-inha)

tigmotáctico ver nova grafia tigmotático

tigmotactismo a grafia mais usada é tigmotatismo

tigmotático adj. que é relativo ou pertencente a tigmotatismo; haptotático (Do gr. *thígma*, «contacto» +*taktós*, «regulado» +-*ico*)

tigmotatismo n.m. BIOLOGIA tatismo que tem por estímulo um contacto com um corpo duro; haptotatismo (Do gr. *thígma*, «contacto» +*taktós*, «regulado» +-*ismo*) ACORDO ORTOGRÁFICO também se pode escrever **tigmotactismo**

tigmotrópico adj. que é relativo ou pertencente a tigmotropismo; haptotrópico (Do gr. *thígma*, «contacto» +*trópos*, «volta» +-*ico*)

tigmotropismo n.m. BIOLOGIA tropismo que tem por estímulo um contacto unilateral, como o que provoca o enrolamento de um caule volúvel, por exemplo; haptotropismo (Do gr. *thígma*, «contacto» +*trópos*, «volta» +-*ismo*)

tigrado adj. que tem malhas escuras, como a pele do tigre (De tigre+-ado)

tigre n.m. 1 ZOOLOGIA mamífero carnívoro, pertencente à família dos Felídeos, cujo pelo apresenta coloração com listas transversais negras, e que vive em vastas regiões da Ásia 2 [fig.] homem cruel, sanguinário (Do gr. *tígris*, «id.», pelo lat. *tigre-*, «id.»)

tigré n.m. uma das línguas do Nordeste da África (De *Tigré*, top., região do Norte da Etiópia)

tigre-d'água n.m. ZOOLOGIA réptil quelónio do Brasil

tigrino adj. 1 relativo ou semelhante ao tigre 2 [fig.] cruel 3 [fig.] sanguinário (Do lat. *tigrīnu-*, «mosqueado»)

tigroide adj.2g. que tem aspeto de tigre (De tigre+-óide)

tigróide ver nova grafia tigroide

tijolada n.f. 1 conjunto de tijolos 2 pancada com tijolo (De tijolo+-ada)

tijolaria n.f. 1 conjunto de tijolos; tijolada 2 fábrica de tijolos (De tijolo+-aria)

tijoleira n.f. 1 peça de barro cozido, de formato regular e pequena espessura, utilizada no revestimento de pavimentos e paredes 2 revestimento formado por um conjunto dessas peças 3 tijolo grande (De tijolo+-eira)

tijoleiro n.m. aquele que faz ou vende tijolos (De tijolo+-eiro)

tijolo /ô/ n.m. 1 peça geralmente avermelhada, com forma de paralelepípedo, de barro moldado e cozido, usada em construções 2 utensílio onde os ourives vazam as arruelas 3 bloco de barro amassado com areia e palha e seco ao ar ou ao sol; adobe 4 [fig.] livro muito volumoso; **~ burro** tijolo maciço; **doce de ~** [pop.] goiabada;

fazer ~ [pop.] estar sepultado (Do cast. *tejuelo*, dim. de *tejo*, «caco de telha»)

tijuca n.m. [Brasil] ⇒ **tijuco** (De tijuco)

tijucal n.m. [Brasil] pântano; lameiro (De tijuco+-al)

tijucano adj. relativo a tijuco (De tijuco+-ano)

tijuco n.m. 1 [Brasil] pântano; charco; atoleiro 2 [Brasil] lama; lodo (Do tupi *tu'yuka*, «líquido podre; lama»)

tijupá n.m. [Brasil] palhoça com duas vertentes que pousam no solo, para abrigo de trabalhadores (Do tupi *teiyu'pawa*, «id.», com apóc.)

tijupar n.m. [Brasil] ⇒ **tijupá**

til[1] n.m. (plural **tiles**) sinal gráfico (~) para indicar que é nasal a vogal ou o ditongo sobre a qual ou o qual se coloca (Do lat. *titŭlu-*, «sinal», pelo cast. *tilde*, «id.»)

til[2] n.m. BOTÂNICA nome vulgar de uma árvore da família das Lauráceas, de copa ampla, que dá madeira negra de cheiro desagradável, quando de corte recente, e se encontra nas ilhas da Madeira e dos Açores (Do prov. ou fr. ant. *til*, «id.»)

tilar v.tr. pôr til em (De til+-ar)

tílburi n.m. espécie de cabriolé de dois assentos (Do ing. *tilbury*, «id.»)

tildar v.tr. ⇒ **tilar** (Do cast. *tildar*, «id.»)

tilde n.m. ⇒ **til**[1] (Do cast. *tilde*, «id.»)

tilha n.f. 1 NÁUTICA coberta de navio 2 NÁUTICA pequeno compartimento à proa ou à popa das pequenas embarcações (Do escand. *thilja*, «id.», pelo fr. *tille*, «id.»)

tilhado adj. que possui tilha (De tilha+-ado)

tília n.f. BOTÂNICA nome vulgar extensivo a umas árvores, por vezes de grande porte, pertencentes à família das Tiliáceas, de copa ampla, cujas folhas, pontiagudas e em forma de coração, e flores, esbranquiçadas e aromáticas, têm aplicação farmacêutica (Do lat. *tilia-*, «id.»)

tiliácea n.f. BOTÂNICA espécime das Tiliáceas

Tiliáceas n.f.pl. BOTÂNICA família de plantas dicotiledóneas, em regra arbóreas ou arbustivas, próprias dos países quentes, cujo género-tipo se denomina *Tília* (Do lat. *tiliacěu-*, «tiliáceo»)

tilintada n.f. som produzido por coisas (geralmente metálicas) que se chocam (Part. pass. fem. subst. de tilintar)

tilintante adj.2g. 1 que tilinta 2 sonante (De tilintar+-ante)

tilintar v.tr.,intr. (fazer) produzir som como o das campainhas ou moedas metálicas quando caem; fazer telim; telintar (De orig. onom.)

tilito n.m. PETROLOGIA brecha (ou conglomerado) de origem glaciária, formada por elementos grosseiros, facetados e estriados, envolvidos em cimento argiloso (Do ing. *till*, «depósito glaciário» +-*ito*)

tilo[1] n.m. BOTÂNICA formação de células que penetram como hérnias no interior de vasos condutores, nos vegetais, provocando obstrução (Do gr. *týlos*, «calo»)

tilo[2] n.m. [Moçambique] céu; firmamento (Do ronga *tilo*, pl. *amatilo*)

tiloma /ô/ n.m. MEDICINA endurecimento de pele; calosidade ou calo; tilose (Do gr. *týloma*, «id.»)

tilópode adj.2g. ZOOLOGIA relativo ou pertencente aos tilópodes ▪ n.m. ZOOLOGIA espécime dos tilópodes ▪ n.m.pl. ZOOLOGIA subordem de mamíferos artiodáctilos que tem por tipo o camelo e a que pertence o lama (Do gr. *týlos*, «calo» +*poús*, *podós*, «pé»)

tilose n.f. 1 MEDICINA ação de formação de tilos 2 MEDICINA endurecimento de pele; calosidade; tiloma (Do gr. *týlosis*, «calosidade»)

timaca n.f. [Moçambique] confusão; brigas (Do ronga, pl. de *maka*, *timhàka*, «id.»)

timão n.m. 1 peça comprida do arado a que se atrelam os animais que o puxam 2 NÁUTICA barra do leme 3 lança da carruagem 4 [fig.] direção; governo (Do lat. vulg. *timōne-*, por *temōne-*, «id.»)

timbale n.m. 1 MÚSICA espécie de tambor semiesférico, de estrutura metálica, que se pode afinar, por vezes automaticamente, e que se usa nas orquestras; atabale; atabaque; nagara 2 CULINÁRIA espécie de empada com vários recheios possíveis (Do fr. *timbale*, «id.»)

timbalear v.intr. 1 tocar timbales 2 [fig.] celebrar (De timbale+-ear)

timbaleiro n.m. tocador de timbales (De timbale+-eiro)

timbaúba n.f. [Brasil] BOTÂNICA árvore de grande porte, da família das Mimosáceas, produtora de apreciável madeira (Do tupi *timbo'iwa*, «árvore de espuma»)

timbaúva n.f. [Brasil] BOTÂNICA ⇒ **timbaúba**

timbila n.f. [Moçambique] marimba; xilofone (Do ronga *ti-mbila*, «id.»)

timbira n.m. indivíduo pertencente aos Timbiras

Timbiras n.m.pl. ETNOGRAFIA tribo indígena que outrora habitou as regiões do Maranhão e do Piauí (Brasil)

timbó n.m. 1 BOTÂNICA nome vulgar por que também é conhecido o embude 2 BOTÂNICA designação extensiva a várias outras plantas,

timbó-açu

especialmente no Brasil (timbó-açu, timbó-amarelo, etc.) (Do tupi *ti'bo*, «vapor»)

timbó-açu *n.m.* BOTÂNICA planta sapindácea do Brasil

timbrado *adj.* 1 (papel) marcado com timbre 2 (voz) que possui sonoridade harmoniosa (Part. pass. de *timbrar*)

timbrador *adj.,n.m.* que ou aquele que timbra (De *timbrar*+*-dor*)

timbragem *n.f.* 1 ato de timbrar 2 processo de impressão em relevo, empregado sobretudo em selos, notas de banco, papéis de crédito, etc. (Do fr. *timbrage*, «id.»)

timbrar *v.tr.* 1 pôr timbre em 2 assinalar; marcar 3 atribuir determinada característica a; qualificar (de); tachar 4 ter brio (em); honrar-se (em) (Do fr. *timbrer*, «id.»)

timbre *n.m.* 1 HERÁLDICA insígnia do escudo que marca os graus de nobreza 2 divisa de honra 3 marca; sinal 4 selo 5 carimbo 6 [fig.] uso; costume 7 [fig.] hábito requintado 8 [fig.] gala; glória 9 MÚSICA qualidade que distingue um som de outro, da mesma altura e intensidade, emitidos por instrumentos diferentes 10 (canções) estribilho 11 conjunto de cordas que, nos tambores de guerra, provoca sonorização especial 12 LINGUÍSTICA efeito acústico relacionado com os graus de abertura da cavidade bucal, nomeadamente na pronúncia das vogais (Do fr. *timbre*, «id.»)

timbroso /ô/ *adj.* 1 que tem timbre 2 brioso; pundonoroso (De *timbre*+*-oso*)

timbu *n.m.* [Brasil] ZOOLOGIA ⇒ **sariguê**

timburi *n.m.* BOTÂNICA planta da família das Leguminosas cujo fruto se aplica como sabão

time *n.m.* [Brasil] ⇒ **equipa** (Do ing. *team*, «id.»)

timectomia *n.f.* CIRURGIA ablação parcial ou total do timo (Do gr. *thymós*, «timo» +*ektomé*, «ablação» +*-ia*)

timeleácea *n.f.* BOTÂNICA espécime das Timeleáceas

Timeleáceas *n.f.pl.* BOTÂNICA família de plantas, a que pertence o trovisco, em regra lenhosas, com espécies espontâneas em Portugal; Aquilariáceas; Dafnáceas (Do gr. *thymelaía*, «urtiga» +*-áceas*)

timené *n.m.* língua falada pelos povos do subgrupo étnico senegambiano Timenés, nomeadamente a sul de Gabu, na Guiné-Bissau

time-sharing *n.m.* 1 sistema de partilha de uma propriedade de férias em que cada proprietário tem direito a utilizá-la durante uma época do ano preestabelecida 2 INFORMÁTICA sistema que permite a utilização de um computador por diferentes pessoas simultaneamente (Do ing. *time sharing*)

timia *n.f.* tono afetivo de base; humor (Do gr. *tymós*, «sopro; vida; alma» +*-ia*)

timiatecnia *n.f.* arte de fabricar perfumes (Do gr. *thymía[ma]*, «perfume» +*tékhne*, «arte» +*-ia*)

tímico *adj.* 1 relativo ao timo 2 que se refere às disposições afetivas, ao humor em geral (Do gr. *thymikós*, «ardente», pelo fr. *thymique*, «id.»)

timidamente *adv.* 1 com timidez 2 receosamente; com receio (De *tímida*+*-mente*)

timidez /ê/ *n.f.* carácter do que é tímido; acanhamento (De *tímido*+*-ez*)

tímido *adj.* 1 que revela reserva e inibição em face de situações novas ou de pessoas que não conhece bem 2 que não demonstra confiança ou segurança em si nem nos outros 3 que não aprecia o convívio social; esquivo; reservado 4 que se assusta com facilidade 5 que receia errar ou falhar; cuidadoso; temeroso ■ *n.m.* indivíduo reservado, cuidadoso em face de situações novas e de pessoas que não conhece, e aparentemente pouco confiante em si mesmo e nos outros (Do lat. *timĭdu-*, «id.»)

timina *n.f.* BIOQUÍMICA base orgânica derivada da pirimidina, que, em conjunto com a adenina, é um dos principais componentes da molécula do ácido desoxirribonucleico (ADN) (De *timo*+*-ina*)

timing *n.m.* 1 tempo determinado para a realização de determinada coisa ou atividade; prazo 2 coordenação e fixação do tempo adequado para uma ação ou atividade; calendarização 3 oportunidade; ocasião (Do ing. *timing*)

timo[1] *n.m.* ANATOMIA órgão situado na parte ântero-superior da cavidade torácica, atrás do esterno, que é normalmente desenvolvido nos indivíduos jovens e se atrofia depois, e cujas funções estão ainda mal esclarecidas (Do gr. *thýmos*, «timo», glândula)

timo[2] *n.m.* BOTÂNICA ⇒ **tomilho** (Do gr. *thýmos*, «vida; força», pelo lat. *thymu-*, «timo; tomilho», pelo cast. *tomillo*, «tomilho»)

timocracia *n.f.* sistema de governo em que preponderam os ricos (Do gr. *timokratía*, «id.»)

timocrata *n.2g.* pessoa partidária da timocracia (Do gr. *timé*, «valor» +*krátos*, «força»)

timocrático *adj.* relativo à timocracia (Do gr. *timé*, «valor» +*krátos*, «força» +*-ico*)

timol *n.m.* FARMÁCIA, QUÍMICA fenol que se extrai da essência do tomilho e é empregado como antisséptico e anti-helmíntico (Do lat. *thymu-*, «tomilho», pelo fr. *thymol*, «id.»)

timonar *v.tr.* 1 servir de timoneiro a 2 [fig.] governar; chefiar; dirigir 3 [fig.] orientar (De *timão*+*-ar*)

timoneira *n.f.* NÁUTICA [ant.] vão do navio onde se move o pinçote do leme (De *timoneiro*)

timoneiro *n.m.* 1 NÁUTICA aquele que governa um barco; temoneiro 2 [fig.] guia; chefe; líder; diretor (Do lat. *temonarĭu-*, «id.»)

timopsiquia *n.f.* conjunto das funções afetivas (Do gr. *thymós*, «desejo; vontade» +*psykhé*, «alma» +*-ia*)

timor *adj.,n.2g.* ⇒ **timorense** (De *Timor*, top.)

timorato *adj.* 1 que receia ofender alguém 2 tímido 3 que receia errar ou falhar; cuidadoso; escrupuloso 4 receoso; medroso (Do lat. *timorātu-*, «id.»)

timorense *adj.2g.* relativo a Timor, país situado na Oceânia, ou que é seu natural ou habitante ■ *n.2g.* natural de Timor; timor (De *Timor*, top. +*-ense*)

timpanal *adj.2g.* ⇒ **timpânico** (De *tímpano*+*-al*)

timpanectomia *n.f.* CIRURGIA operação cirúrgica para a excisão da membrana do tímpano (Do gr. *týmpanon*, «tímpano» +*ektomé*, «ablação» +*-ia*)

timpânico *adj.* 1 referente a tímpano ou a timpanismo 2 MEDICINA (ruído) que se obtém por percussão de uma parte do organismo e que se assemelha ao som produzido por um tambor 3 ANATOMIA (osso, artéria, etc.) relacionado com o tímpano (Do lat. *tympanĭcu-*, «id.»)

timpanilho *n.m.* TIPOGRAFIA peça que segura a almofada no prelo (Do cast. *timpanillo*, «id.»)

timpanismo *n.m.* ⇒ **timpanite** (Do gr. *tympanismós*, «id.»)

timpanite *n.f.* 1 MEDICINA inflamação do tímpano 2 MEDICINA intumescimento provocado por gases acumulados no canal digestivo; meteorismo; timpanismo (Do gr. *tympanítes*, «id.», pelo lat. *tympanite-*, «id.»)

timpanítico *adj.* 1 que diz respeito à timpanite 2 que sofre de timpanite (Do gr. *tympanitikós*, «id.», pelo lat. *tympanitĭcu-*, «id.»)

timpanização *n.f.* 1 ato ou efeito de timpanizar 2 ⇒ **timpanite** (De *timpanizar*+*-ção*)

timpanizar *v.tr.* causar timpanite a ■ *v.pron.* tornar-se timpanítico (Do gr. *tympanízein*, «id.»)

tímpano *n.m.* 1 ANATOMIA cavidade do ouvido que corresponde ao ouvido médio; membrana timpânica 2 (campainha) peça de metal, em forma de taça, que é percutida pelo martelo 3 roda hidráulica centrípeta 4 ARQUITETURA superfície lisa ou ornada com escultura, limitada por arcos ou linhas retas 5 ARQUITETURA superfície delimitada pelo lintel e o arco construído a partir desse elemento para descarregar o peso de uma parede 6 ARQUITETURA superfície triangular situada entre as três cornijas de um frontão 7 TIPOGRAFIA caixilho em que se faz o alceamento, se regula a margem e se coloca sucessivamente cada uma das folhas para imprimir; timpanilho 8 ENGENHARIA parte de uma ponte compreendida entre o extradorso de um arco ou abóbada e a face inferior do pavimento 9 MÚSICA espécie de tambor semiesférico, de estrutura metálica; timbale 10 *pl.* [pop.] ouvidos (Do gr. *týmpanon*, «tambor», pelo lat. *tympănu-*, «id.»)

timpanoplastia *n.f.* CIRURGIA operação cirúrgica que consta da remoção e reconstituição da membrana do tímpano (Do gr. *týmpanon*, «tambor; tímpano» +*plástos*, «que modela» +*-ia*)

tim-ta-na-raiz *n.m.* ORNITOLOGIA ⇒ **trigueirão** (De orig. onom.)

tina[1] *n.f.* 1 recipiente de aduelas ou de metal em forma de pipa serrada pelo meio, para transportar água, lavar roupa, etc. 2 recipiente grande de pedra ou de outro material para se tomar banho (Do castelhano *tina*, «idem»)

tina[2] *n.f.* [Guiné-Bissau] MÚSICA instrumento musical constituído por um grande recipiente cheio de água, onde se bate com uma cabaça virada; tambor de água (Do crioulo guineense *tina*, «vaso para líquidos»)

tinada *n.f.* 1 tina cheia 2 conteúdo de uma tina (De *tina*+*-ada*)

tinalha *n.f.* tina, dorna ou cuba para vinho (De *tina*+*-alha*)

Tinâmidas *n.m.pl.* ORNITOLOGIA ⇒ **Tinamídeos**

tinamídeo *adj.* ORNITOLOGIA relativo ou pertencente aos Tinamídeos ■ *n.m.* ORNITOLOGIA espécime dos Tinamídeos

Tinamídeos *n.m.pl.* ORNITOLOGIA família de aves galináceas, tropicais, que voam com dificuldade, cujo género-tipo se denomina *Tinamus* (De *tinamu*+*-ídeos*)

tinamu *n.m.* ORNITOLOGIA nome por que se designam umas aves galináceas, das regiões tropicais, pertencentes à família dos

Tinamídeos, em regra apreciadas como caça e denominadas, no Brasil, inambus (Do guar. *tinamu*, «id.»)

tinca *n.f.* ICTIOLOGIA ⇒ **tenca** (Do lat. *tinca-*, «id.»)

tincal *n.m.* bórax natural, impuro (Do pers. ou ár. *tinkár*, «id.»)

tincaleira *n.f.* recipiente em que se deita o tincal (De *tincal*+*-eira*)

tinção *n.f.* **1** ato ou efeito de tingir; tintura **2** coloração (Do lat. *tinctiōne-*, «id.»)

tínea *n.f.* ZOOLOGIA designação extensiva a vários insetos lepidópteros (género *Tinea*, família dos Tineídeos), nos quais se incluem algumas traças (Do lat. *tinĕa-*, «verme; traça»)

Tineidas *n.m.pl.* ZOOLOGIA ⇒ **Tineídeos**

tineídeo *adj.* ZOOLOGIA relativo ou pertencente aos Tineídeos ■ *n.m.* ZOOLOGIA espécime dos Tineídeos

Tineídeos *n.m.pl.* ZOOLOGIA família de insetos lepidópteros representada em Portugal, que inclui algumas espécies muito nocivas, como certas traças ou tíneas (Do lat. *tinĕa-*, «traça» +*-ídeos*)

tineira *n.f.* **1** [regionalismo] força; intensidade **2** [regionalismo] mania; inclinação (De *tino*+*-eira*)

tineleiro *n.m.* **1** encarregado de prover ao tinelo **2** o que come no tinelo de um fidalgo ■ *adj.* relativo ao tinelo (De *tinelo*+*-eiro*)

tinelo *n.m.* refeitório de uma casa fidalga onde comiam os criados e os serventes (It. *tinello*, «sala de estar»)

tineta /ê/ *n.f.* **1** opinião aferrada; ideia fixa **2** mania; veneta **3** inclinação; propensão; queda **4** teimosia (De *tino*+*-eta*)

tinga *n.f.* [Brasil] ZOOLOGIA espécie de cágado da região brasileira do Amazonas **2** NÁUTICA pequeno remendo no velame ou no casco de uma embarcação (Do tupi *'tinga*, «branco»?)

tingar-se *v.pron.* [pop.] fugir; raspar-se; escapulir-se (De orig. obsc.)

tingidor *adj.,n.m.* que ou aquele que tinge; tintureiro (De *tingir*+*-dor*)

tingidura *n.f.* ⇒ **tintura** (De *tingir*+*-dura*)

tingimento *n.m.* ato ou efeito de tingir; tingidura (De *tingir*+*-mento*)

tingir *v.tr.* **1** meter em tinta **2** dar cor diferente da primitiva a **3** colorir **4** ruborizar ■ *v.pron.* adquirir determinada cor (Do lat. *tingĕre*, «id.»)

tingitano *adj.* relativo ou pertencente à cidade marroquina de Tânger ■ *n.m.* natural ou habitante de Tânger (Do lat. *tingitānu-*, «id.»)

tingote *n.m.* [Moçambique] corda; cordel (Do ronga *ti-ngoti*, «id.»)

tingueiro *adj.* designativo de uma embarcação usada no Tejo ■ *n.m.* **1** embarcação usada no Tejo **2** tripulante de um tingueiro (De orig. obsc.)

tingui *n.m.* **1** [Brasil] BOTÂNICA nome vulgar de algumas plantas pertencentes à família das Sapindáceas e à família das Mirtáceas, entre as quais as que se utilizam para apanhar peixes, envenenando as águas **2** ⇒ **timbó 2** (Do tupi *tinu'i*, «id.»)

tinguijada *n.f.* [Brasil] pescaria feita por meio do tingui (Part. pass. fem. subst. de *tinguijar*)

tinguijar *v.tr.* [Brasil] pôr tingui em (rio, lagoa) para envenenar os peixes ■ *v.intr.* [Brasil] envenenar-se ou atordoar-se com tingui (De *tingui*+*-ejar*)

tinha *n.f.* **1** MEDICINA doença cutânea, grave e contagiosa, que ataca o couro cabeludo e é produzida por fungos (tricofitia) **2** algumas outras doenças cutâneas do homem e de outros animais; porrigem; porrigo **3** ZOOLOGIA nome vulgar de alguns insetos, em especial lepidópteros, cujas lagartas atacam os vegetais, como a tinha-da-cana e a tinha-dos-cereais **4** [fig.] defeito; vício (Do lat. *tinĕa-*, «traça»)

tinhorão *n.m.* [Brasil] BOTÂNICA planta herbácea da família das Aráceas, que vive na América do Sul, utilizada para fins ornamentais e terapêuticos (Do tupi *tayu'ra*, «id.»)

tinhosa *n.f.* [regionalismo] cogumelo venenoso (De *tinhoso*)

tinhoso /ô/ *adj.* **1** que está atacado de tinha **2** [fig.] repelente; nojento ■ *n.m.* **1** aquele que sofre de tinha **2** [pop.] Diabo (Do lat. *tineōsu-*, «id.»)

tinido *n.m.* **1** ato ou efeito de tinir **2** som agudo e vibrante de vidros ou metais que se chocam **3** zumbido nos ouvidos, semelhante ao de uma campainha (Do lat. *tinnītu-*, «tinido; zumbido»)

tinidor *adj.,n.m.* que, aquele ou aquilo que tine (De *tinir*+*-dor*)

tininte *adj.2g.* que tine; tinidor (Do lat. *tinniente-*, «id.», part. pres. de *tinnīre*, «tinir», ou de *tinir*+*-inte*)

tinir *v.intr.* **1** [vidro, metal, etc.] emitir sons agudos ou metálicos; produzir tinido **2** [ouvidos] zunir **3** [pop.] tremer com frio ou medo ■ *n.m.* som produzido por metais, vidros, loiças, etc., que se tocam; *andar/ficar a ~* não ter dinheiro, ficar sem dinheiro (Do lat. *tinnīre*, «id.»)

tino *n.m.* **1** juízo; sensatez **2** discrição; prudência **3** tato **4** capacidade de orientação **5** atenção **6** ideia; *não dar ~ de si* perder o conhecimento de si próprio; *perder o ~* desorientar-se (De orig. obsc.)

tinoca *n.f.* tino; juízo; bom senso (De *tino*+*-oca*)

tinote *n.m.* [pop.] ⇒ **tinoca** (De *tino*+*-ote*)

tinta *n.f.* **1** substância composta por um corante e um aglutinante, que é usada para pintar **2** essa mesma substância, líquida ou pastosa, colorida, usada para escrever, tingir ou imprimir **3** substância corante que existe na casca de alguns frutos e moluscos **4** matiz; tom **5** BOTÂNICA certa casta de videira e suas uvas, também conhecidas por vinhão **6** [fig.] pequena dose; vestígio; laivo; *~ simpática* tinta incolor que se torna visível pela ação de certos agentes; *estar-se nas tintas* mostrar-se desinteressado, indiferente, não se importar; *fazer correr muita ~* dar que falar (Do lat. *tincta-*, «tingida», part. pass. fem. de *tingĕre*, «tingir»)

tinta-da-china ver nova grafia tinta da China

tinta da China *n.f.* tinta preta indelével, utilizada em desenhos e aguarelas; tinta nanquim

tinta-dos-pobres *n.f.* BOTÂNICA ⇒ **nevoeira 1**

tinteiro *n.m.* **1** recipiente em que se deita a tinta de escrever **2** parte da impressora onde está depositada a tinta **3** INFORMÁTICA dispositivo removível que contém a tinta usada nas impressoras a jato de tinta; cartucho; *ficar no ~* esquecer, não ser dito, não ser escrito (De *tinta*+*-eiro*)

tintim *elem.loc.adv.* *~ por ~* com todos os pormenores; sem omitir nada (De orig. onom.)

tintinabular *v.tr.* fazer soar (sinos, campainhas) (De *tintinábulo*+*-ar*)

tintinábulo *n.m.* campainha (Do lat. *tintinnabŭlu-*, «id.»)

tintinante *adj.2g.* que tintina ou tilinta (Do lat. *tintinnante-*, «id.», part. pres. de *tintinnāre*, «tintinar»)

tintinar *v.tr.,intr.* ⇒ **tilintar** (Do lat. *tintinnāre*, «id.»)

tintinir *v.tr.,intr.* ⇒ **tilintar** (De *tintim*+*-ir*)

tinto *adj.* **1** que sofreu alteração de cor; tingido **2** colorido **3** [fig.] sujo; manchado **4** [uva] de cor escura **5** [vinho] de cor vermelho-escura ■ *n.m.* **1** resultado da ação de tingir **2** vinho de cor vermelho-escura (Do lat. *tinctu-*, «id.», part. pass. de *tingĕre*, «tingir»)

tintol *n.m.* **1** [pop.] vinho tinto **2** [pop.] qualquer tipo de vinho (De *tinto*+*-ol*)

tintor *adj.,n.m.* que ou aquele que tinge; tintureiro (Do lat. *tinctōre-*, «id.»)

tintorial *adj.2g.* **1** respeitante à arte de tingir ou à tinturaria **2** que serve para tingir (De *tintório*+*-al*)

tintório *adj.* **1** que produz substância que serve para tingir **2** que serve para tingir; tintorial (Do lat. *tinctoriu-*, «id.»)

tintura *n.f.* **1** ato ou efeito de tingir **2** preparado para tingir **3** solução de substâncias mais ou menos coloridas **4** FARMÁCIA preparado farmacêutico obtido por solução extrativa (maceração, lixiviação, etc.), em que o solvente é o álcool ou o éter **5** *pl.* [fig.] conhecimento superficial; rudimentos **6** *pl.* [fig.] vestígios; laivos; *~ de iodo* solução alcoólica à base de iodo, usada como desinfetante (Do lat. *tinctūra-*, «id.»)

tinturão *n.m.* **1** BOTÂNICA variedade de videira, cultivada em Portugal, que produz uva preta para vinho, e que é também conhecida por negrão **2** BOTÂNICA uva dessa videira ■ *adj.* BOTÂNICA designativo dessa uma variedade de videira (De *tintura*+*-ão*)

tinturaria *n.f.* **1** fábrica ou secção de fábrica onde se tingem tecidos e outros materiais **2** estabelecimento onde se tingem tecidos, peles, etc. **3** arte e ofício do tintureiro **4** [Brasil] lavandaria (De *tintura*+*-aria*)

tintureira *n.f.* **1** mulher que exerce a arte ou profissão de tingir **2** proprietária de tinturaria **3** BOTÂNICA variedade de videira (ou suas uvas) cultivada em Portugal, que produz grandes bagos pretos, também conhecida por tintureiro **4** BOTÂNICA ⇒ **bela-sombra** **5** ICTIOLOGIA peixe seláquio afim de cação, da família dos Carcarídeos, de grande porte, corpo e focinho longos, dorso azul-escuro e ventre branco, encontrado em águas tropicais e temperadas, sendo abundante na costa portuguesa; tubarão-azul; tintureiro; quelha **6** ZOOLOGIA ⇒ **vinagreira 3** (De *tintura*+*-eira*)

tintureiro *n.m.* **1** homem que exerce a arte ou profissão de tingir **2** proprietário de tinturaria **3** BOTÂNICA variedade de videira também conhecida por tintureira **4** ICTIOLOGIA ⇒ **tintureira 5** ■ *adj.* **1** que tinge **2** (planta) que pode ser usada para tingir (De *tintura*+*-eiro*)

tio *n.m.* **1** irmão do pai ou da mãe **2** marido ou companheiro da tia ou do tio **3** forma de tratamento usada por vezes para os amigos da família mais velhos **4** [coloq.] pessoa geralmente de camada social elevada e que se comporta de forma afetada **5** [coloq.] homem solteiro; *fazer-se ~* [coloq.] tornar-se rabugento; *ficar para ~* [coloq.] não casar (Do gr. *theîos*, «id.», pelo lat. tard. *thiu-*, «id.»)

tio- elemento de formação de palavras que exprime a ideia de enxofre (Do gr. *theîon*, «enxofre»)

tioácido n.m. QUÍMICA ácido em que um átomo de oxigénio foi substituído por um átomo de enxofre (De *tio-+ácido*)

tio-avô n.m. irmão do avô ou da avó em relação aos netos destes

tiobactéria n.f. ⇒ **sulfobactéria** (De *tio-+bactéria*)

tio-bisavô n.m. irmão de bisavô ou bisavó em relação aos bisnetos destes

tioco /ô/ n.m. ORNITOLOGIA nome extensivo a alguns pássaros da África, especialmente da família dos Alaudídeos (Do quimb. *tjyoko*, «id.»)

tiófilo adj. diz-se do organismo que se desenvolve em águas sulfurosas (Do gr. *theîon*, «enxofre»+*phílos*, «amigo»)

tiol n.m. QUÍMICA nome genérico dos compostos orgânicos semelhantes aos álcoois nos quais o grupo OH foi substituído por SH (Do gr. *theîon*, «enxofre»+*-ol*)

tionato n.m. QUÍMICA designação dos sais derivados dos ácidos tiónicos (Do gr. *theîon*, «enxofre»+*-ato*)

tiónico adj. QUÍMICA diz-se dos ácidos cuja fórmula geral é $H_2S_2O_6$ (Do gr. *theîon*, «enxofre»+*-ico*)

tiorba n.f. MÚSICA instrumento de cordas semelhante ao alaúde, muito usado entre os sécs. XVI e XVIII, distinguindo-se pelos seus dois braços ou cravelhais (Do it. *tiorba*, «id.»)

tiorga n.f. [pop.] carraspana; piela (De orig. obsc.)

tiossal n.m. QUÍMICA sal cuja fórmula se pode obter da de um sal oxigenado por substituição, parcial ou total, de átomos de oxigénio por igual número de átomos de enxofre (De *tio+sal*)

tiossulfato n.m. QUÍMICA designação genérica dos sais e dos ésteres do ácido tiossulfúrico; hipossulfito (De *tio-+sulfato*)

tiossulfúrico adj. QUÍMICA diz-se do ácido de fórmula $H_2S_2O_3$, só existente no estado livre e a temperaturas muito baixas (De *tio-+sulfúrico*)

tipa n.f. 1 [pop.] uma mulher qualquer 2 [pop., pej.] mulher de costumes duvidosos (De *tipo*)

tipicamente adv. 1 de modo típico 2 caracteristicamente (De *típico*+*-mente*)

tipicidade n.f. 1 qualidade daquilo que é típico 2 representatividade (De *típico+-i-+-dade*)

típico adj. 1 que serve de tipo; que constitui um exemplo característico 2 que é particular e representativo de uma determinada pessoa, região, época, etc. 3 simbólico; emblemático; alegórico 4 MEDICINA diz-se das manifestações características de uma doença 5 (organismo) que apresenta em evidência todos os elementos característicos de um grupo ou de uma região 6 CITOLOGIA diz-se da cariocinese (ou mitose) homotípica (Do gr. *typikós*, «id.», pelo lat. *typĭcu-*, «id.»)

tipificação n.f. 1 ato ou efeito de tipificar 2 exemplo (De *tipificar*+*-ção*)

tipificar v.tr. 1 tornar típico 2 reunir em si as características fundamentais de 3 representar os traços principais de 4 ser típico de 5 reduzir a um tipo ■ v.pron. reduzir-se a um tipo (Do lat. *typu-*, «tipo» +*facěre*, «fazer»)

tipiti n.m. [Brasil] recipiente cilíndrico de palha ou junco onde se espreme a mandioca ralada e outras substâncias (Do tupi *tipi'ti*, «id.»)

tiple n.f. 1 MÚSICA voz mais alta na consonância musical; soprano 2 MÚSICA pessoa que tem essa voz (Do cast. *tiple*, «id.»)

tipo n.m. 1 conjunto de características que distinguem uma classe 2 TIPOGRAFIA cunho ou carácter tipográfico 3 modelo; exemplar 4 BIOLOGIA grande grupo ou categoria sistemática que se divide em subtipos ou em classes, como artrópodes, cordados, talófitas, etc. 5 BIOLOGIA qualquer táxon selecionado como representante de um grupo 6 BIOLOGIA espécime utilizado para denominar uma espécie ou subespécie, apesar de não ter que ser o representante mais característico dessa espécie ou subespécie; proterótipo 7 género cuja designação é a base do nome da família a que pertence 8 personagem cujas características psicológicas, morais, sociológicas e físicas, em geral fixadas pela tradição, a tornam representativa de uma classe ou de um grupo de indivíduos 9 [fig.] pessoa que se salienta pela excentricidade 10 [pop.] indivíduo; sujeito 11 [fig.] símbolo; figura (Do gr. *týpos*, «id.», pelo lat. *typu-*, «id.»)

tipo- elemento de formação de palavras que exprime a ideia de tipo, carácter, imagem, padrão (Do gr. *týpos*, «tipo»)

tipocromia n.f. impressão tipográfica feita a cores (De *tipo[grafia]+cromia*)

tipografar v.tr. reproduzir por processo tipográfico; imprimir (Do gr. *týpos*, «tipo» +*gráphein*, «escrever»+*-ar*)

tipografia n.f. 1 arte de compor e imprimir 2 oficina onde se realizam as operações essenciais à composição e impressão 3 sistema de imprimir com formas em relevo (tipos) 4 configuração e arranjo do texto (Do gr. *týpos*, «tipo» +*gráphein*, «escrever» +*-ia*)

tipográfico adj. pertencente ou relativo à tipografia (De *tipografia*+*-ico*)

tipógrafo n.m. aquele que conhece ou exerce a arte tipográfica (De *tipo-+-grafo*)

tipoia[1] n.f. 1 carro puxado a cavalos 2 [pej.] carruagem velha e reles 3 palanquim de rede usado em África 4 rede em que as índias do Brasil transportavam os filhos pequenos (Do tupi *ti'poya*, «id.»)

tipoia[2] n.f. [pop., depr.] mulher desprezível (De orig. obsc.)

tipóia ver nova grafia tipoia[1,2]

tipolitografia n.f. arte de imprimir, na mesma folha, desenhos litográficos e caracteres tipográficos (De *tipo[grafia]+litografia*)

tipologia n.f. 1 ciência dos tipos humanos considerados do ponto de vista da sua conformação física, mas em correlação com traços psicológicos 2 estudo dos traços característicos de um conjunto de dados e determinação dos seus tipos ou sistemas (Do gr. *týpos*, «tipo» +*lógos*, «tratado» +*-ia*)

tipológico adj. relativo ou pertencente à tipologia (De *tipologia*+*-ico*)

tipometria n.f. arte de compor certos desenhos que vão ser impressos tipograficamente (De *tipo-+-metria*)

tipómetro n.m. instrumento usado em tipografia para verificar se as letras estão na sua altura e são do corpo preciso (De *tipo-+-metro*)

tipotelegrafia n.f. processo de transmitir telegramas em caracteres tipográficos (De *tipo[gráfico]+telegrafia*)

tipótono n.m. MÚSICA ⇒ **diapasão** 3 (Do gr. *týpos*, «tipo» +*tónos*, «tom»)

tiptologia n.f. 1 sessões que os espiritistas fazem com mesas girantes 2 comunicação com os espíritos por meio de pancadas com os pés das mesas trípodes (Do gr. *týptein*, «bater; pisar; tropeçar» +*lógos*, «tratado» +*-ia*)

tiptólogo n.m. médium em condições de praticar a tiptologia (Do gr. *týptein*, «bater; pisar; tropeçar» +*lógos*, «tratado»)

tipu n.m. [Brasil] BOTÂNICA nome extensivo a umas árvores da América do Sul, da família das Leguminosas, que fornecem boa madeira, algumas delas cultivadas para fins ornamentais (Do tupi *ti'pi*, «id.»)

tipuana n.f. [Brasil] BOTÂNICA ⇒ **tipu** (De *tipu+-ana*)

Tipúlidas n.m.pl. ZOOLOGIA ⇒ **Tipulídeos**

tipulídeo adj. ZOOLOGIA relativo ou pertencente aos Tipulídeos ■ n.m. ZOOLOGIA espécime dos Tipulídeos

Tipulídeos n.m.pl. ZOOLOGIA família de insetos dípteros, de membros longos e frágeis, a que pertencem as melgas (Do lat. *tippŭla-*, «aranha de água» +*ídeos*)

tique[1] n.m. 1 contração espasmódica de certos músculos 2 [fig.] gesto ou atitude característica de determinada pessoa 3 [fig., pej.] hábito ridículo (Do fr. *tic*, «id.»)

tique[2] n.m. ruído seco (De orig. onom.)

tiquetaque n.m. som cadenciado, como o do relógio, o do coração, etc. (De orig. onom.)

tiquetaquear v.intr. fazer ruído de tiquetaque (De *tiquetaque*+*-ear*)

tiquetique n.m. som mais ou menos prolongado e cadenciado; tiquetaque (De orig. onom.)

tiquinho n.m. [Brasil] pouquinho; bocadinho

tiquista n.2g. pessoa que tem tiques (De *tique*+*-ista*)

tira n.f. 1 retalho de pano, papel, couro, etc., muito mais comprido do que largo 2 fita; faixa 3 risca; lista 4 correia 5 friso; filete 6 franja 7 (banda desenhada) faixa horizontal constituída por três ou mais quadros em que se conta uma história através de desenhos ■ n.m. [Brasil] [cal.] agente da polícia (Deriv. regr. de *tirar*)

tira-agrafos n.m.2n. instrumento que serve para tirar os agrafos das folhas de papel

tira-borboto n.m. aparelho que serve para tirar o borboto de peças de vestuário

tira-bragal n.f. 1 funda usada pelos que sofrem de hérnia 2 correia que faz parte do arreio do cavalo, que se coloca sobre as ancas deste (De *tirar+bragal*)

tiração n.f. ato de tirar; extração (De *tirar+-ção*)

tira-chumbo n.m. utensílio próprio para fazer lâminas de chumbo (De *tirar+chumbo*)

tiracolo n.m. 1 correia atravessada obliquamente, passando por cima de um dos ombros e por baixo do braço oposto até à cintura 2 ⇒ **boldrié**; *a* ~ obliquamente, de um ombro para o lado oposto, na cintura (Do fr. ant. *tiracol*, «id.»)

tirada *n.f.* 1 ato de tirar 2 grande extensão de caminho 3 caminhada 4 fala ou trecho muito extenso 5 frase longa 6 intervenção inspirada e eloquente; rasgo; ímpeto 7 [Brasil] tiragem; *de uma ~* sem parar, de uma só vez (Part. pass. fem. subst. de *tirar*)

tiradeira *n.f.* 1 corda ou corrente que, nos carros de bois puxados a duas juntas, liga as duas cangas; estrovenga 2 *pl.* cordas ou tirantes que sujeitam a cavalgadura à almajarra, nos engenhos de açúcar (De *tirar*+-*deira*)

tira-dentes *n.m.2n.* [pop.] ⇒ **dentista** (De *tirar*+*dentes*)

tiradoira *n.f.* ⇒ **tiradoura**

tirador *adj.* que tira ou puxa ■ *n.m.* 1 aquele que tira ou puxa 2 NÁUTICA chicote do cabo de qualquer aparelho náutico (De *tirar*+-*dor*)

tiradoura *n.f.* timão do carro ou do arado (De *tirar*+-*doura*)

tiradura *n.f.* ato ou efeito de tirar (De *tirar*+-*dura*)

tira-dúvidas *n.m.2n.* todo aquele ou tudo aquilo que elucida ou resolve uma dificuldade (De *tirar*+*dúvida*)

tira-flor *n.m.* espécie de espumadeira para tirar a flor do vinho (De *tirar*+*flor*)

tira-fundo *n.m.* 1 instrumento de tanoeiro para colocar a última aduela no fundo da pipa 2 verruma de torneiro 3 parafuso com que se fixam os carris das vias-férreas às travessas (Do fr. *tire-fond*, «id.»)

tiragem *n.f.* 1 ato ou efeito de tirar; tiradura; tiramento 2 número de exemplares de uma publicação 3 corrente de ar quente que sobe no cano de uma chaminé 4 passagem de um metal pela fieira 5 comprimento real do tubo (ou canhão) de um microscópio, ou distância entre os sistemas óticos ocular e objetivo desse aparelho (De *tirar*+-*agem*)

tira-gosto *n.m.* qualquer alimento com que se acompanha uma bebida fora das refeições (De *tirar*+*gosto*)

tira-leite *n.m.* instrumento para extrair o leite dos órgãos mamários da mulher e de fêmeas de outros animais (De *tirar*+*leite*)

tira-linhas *n.m.2n.* instrumento com dois bicos que podem ser regulados para controlar a espessura das linhas a traçar com tinta (De *tirar*+*linha*, ou do fr. *tire-ligne*, «id.»)

tiramento *n.m.* 1 ato ou efeito de tirar; tiragem 2 [ant.] cobrança e arrecadação de tributos e rendas (De *tirar*+-*mento*)

tiramisu *n.m.* CULINÁRIA doce confecionado com camadas de bolo ou biscoitos de massa fofa, envolvidos em café que alternam com camadas de um creme cujos ingredientes principais são ovos, natas, queijo mascarpone e rum ou conhaque (Do it. *tiramisù*)

tirana *n.f.* 1 espécie de fandango brasileiro 2 género de canção espanhola de ritmo lento 3 [pop.] mulher má, cruel ou esquiva (De *tirano*)

tiranete [é] *n.m.* 1 tirano ridículo, sem credibilidade 2 [fig.] criança indisciplinada que quer ver realizadas todas as suas vontades 3 [fig.] coisa que incomoda (De *tirano*+-*ete*)

tirania *n.f.* 1 HISTÓRIA forma de governo usada na Grécia antiga após o regime democrático, em que o chefe, embora com poder ilimitado, deveria servir e representar a vontade do povo 2 governo cruel e injusto; despotismo 3 domínio de tirano 4 poder soberano ilegítimo 5 abuso do poder 6 opressão 7 ação cruel e injusta; barbaridade 8 [pop.] ingratidão (De *tirano*+-*ia*)

tiranicida *adj.,n.2g.* que ou pessoa que mata um tirano (Do lat. *tyrannicīda*-, «id.»)

tiranicídio *n.m.* assassínio de um tirano (Do lat. *tyrannicīdĭu*-, «id.»)

tirânico *adj.* 1 relativo a tirania ou a tirano 2 próprio de tirano 3 despótico; cruel; opressor (Do gr. *tyrannikós*, «id.», pelo lat. *tyrannĭcu*-, «id.»)

Tirânidas *n.m.pl.* ORNITOLOGIA ⇒ **Tiranídeos**

tiranídeo *adj.* ORNITOLOGIA relativo ou pertencente aos Tiranídeos ■ *n.m.* ORNITOLOGIA espécime dos Tiranídeos

Tiranídeos *n.m.pl.* ORNITOLOGIA família de pássaros das Américas, especialmente das zonas tropicais, cujo bico é acentuadamente encurvado na extremidade, a que pertence o bem-te-vi, frequente no Brasil (Do lat. *tyrannu*-, «tirano» +-*ídeos*)

tiranismo *n.m.* ⇒ **sadismo** (De *tirano*+-*ismo*)

tiranizador *adj.,n.m.* que ou aquele que tiraniza; déspota; opressor (De *tiranizar*+-*dor*)

tiranizar *v.tr.* 1 tratar tiranicamente 2 exercer tirania sobre 3 oprimir; escravizar 4 [fig.] reprimir 5 [fig.] embaraçar; constranger (De *tirano*+-*izar*)

tirano *n.m.* 1 HISTÓRIA antigo chefe político, na Grécia 2 aquele que governa com tirania; déspota 3 o que usurpa o poder num Estado 4 pessoa desumana, cruel e inflexível, que abusa da sua autoridade 5 [fig.] coisa que martiriza, tortura ou oprime ■ *adj.* 1 despótico 2 cruel 3 opressor (Do gr. *týrannos*, «senhor absoluto», pelo lat. *tyrannu*-, «id.»)

tira-nódoas *n.m.2n.* substância ou preparado com que se eliminam nódoas (De *tirar*+*nódoa*)

tiranossauro *n.m.* PALEONTOLOGIA dinossauro carnívoro do Cretácico americano e asiático, bípede e de grandes dimensões (Do lat. *tyrannu*-, «tirano; senhor absoluto»+gr. *saûros*, «lagarto»)

tirante *adj.2g.* 1 que tira ou puxa 2 semelhante ■ *n.m.* 1 correia que prende a parelha ao tronco da carruagem 2 corda ou correia para prender ou puxar cargas 3 corda presa ao reparo da peça de artilharia para a puxar à mão 4 ENGENHARIA peça linear ou viga de eixo retilíneo, sujeita principalmente a esforços de tração ■ *prep.* exceto; fora; salvo; menos; *~ a* parecido com; *tirantes do andor* varas do andor que assentam no ombro de quem o conduz (De *tirar*+-*ante*)

tirão *n.m.* 1 ato de tirar com violência 2 estição 3 abanão; empuxo 4 caminho longo; tirada 5 distância grande (De *tirar*+-*ão*)

tira-olhos *n.m.2n.* ZOOLOGIA ⇒ **libélula** (De *tirar*+*olho*)

tirapé *n.m.* correia com que o sapateiro segura a obra na forma, sobre os joelhos (De *tirar*+*pé*)

tira-puxa *n.m.* 1 [regionalismo] questão; contenda 2 [ant.] puxão

tira-que-tira *adv.* continuadamente (De *tirar*+*que*+*tirar*)

tirar *v.tr.* 1 fazer sair; retirar 2 arrancar; extrair 3 arremessar; atirar 4 inferir; deduzir; concluir 5 fazer subtração de; subtrair 6 diminuir 7 fazer desaparecer; eliminar 8 separar de; desunir 9 privar de 10 livrar; salvar 11 excetuar 12 imprimir 13 puxar por 14 obter; colher 15 traçar 16 fazer perder 17 apropriar-se indevidamente de 18 roubar; furtar 19 dar ares de; parecer-se com 20 despir 21 descalçar 22 fazer sair do ovo; chocar 23 fazer aparecer 24 tomar a direção (de) ■ *v.pron.* 1 desviar-se 2 livrar-se 3 sair 4 tomar uma resolução definitiva; *~ a barriga de misérias* comer muito depois de ter passado fome, usufruir de algo que antes não se tinha; *~ a limpo* averiguar; *~ à sorte* sortear; *~ da lama* tirar da miséria; *~ nabos da púcara* procurar saber informações conversando de forma aparentemente desinteressada; *~ partido* aproveitar-se, explorar; *sem ~ nem pôr* exatamente (De orig. obsc.)

tira-teimas *n.m.2n.* 1 objeto ou meio com que se castigam os teimosos 2 argumento decisivo 3 [pop.] dicionário (De *tirar*+*teima*)

tira-testa *n.m.* parte do arreio que assenta na testa do cavalo (De *tirar*+*testa*)

tira-vergal *n.m.* tira de couro com que se suspendia a liteira do dorso do macho

tira-vira *n.m.* 1 [Brasil] cabo duplo para meter a bordo pipas e tonéis 2 [Brasil] nome vulgar de alguns peixes teleósteos, marinhos 3 ICTIOLOGIA ⇒ **ratinho** 4 (De *tirar*+*virar*)

tiraz *n.m.* antigo pano de linho com lavores ■ *adj.* designativo desse pano (De orig. obsc.)

tireoide *n.f.* ANATOMIA ⇒ **tiroide** (Do gr. *thyreoeidés*, «em forma de escudo»)

tireóide ver nova grafia tireoide

tireoidectomia *n.f.* CIRURGIA ⇒ **tiroidectomia** (De *tireóide*+gr. *ektomé*, «ablação» +-*ia*)

tireóideo *adj.* ANATOMIA ⇒ **tiróideo** (De *tireóide*+-*eo*)

tireoidismo *n.m.* MEDICINA ⇒ **tiroidismo** (De *tireóide*+-*ismo*)

tireoidite *n.f.* MEDICINA ⇒ **tiroidite** (De *tireóide*+-*ite*)

tireoidoterapia *n.f.* MEDICINA ⇒ **tiroidoterapia** (De *tireóide*+*terapia*)

tireoidotomia *n.f.* CIRURGIA ⇒ **tiroidectomia** (De *tireóide*+gr. *tomé*, «corte» +-*ia*)

tireotomia *n.f.* CIRURGIA ⇒ **tirotomia** (De *tireó[ide]*+gr. *tomé*, «corte» +-*ia*)

tirete [é] *n.m.* ⇒ **hífen** (Do fr. *tiret*, «id.»)

tirintintim *n.m.* som de trombeta (De orig. onom.)

tírio *adj.* relativo à cidade de Tiro, na antiga Fenícia (hoje Sur, no Líbano) ■ *n.m.* 1 natural ou habitante de Tiro 2 cor de púrpura (Do gr. *týrios*, «id.», pelo lat. *tyrĭu*-, «id.»)

tiririca *n.f.* 1 [Brasil] ICTIOLOGIA nome vulgar de uns peixes teleósteos, de água doce, também conhecidos por piau e piaba 2 [Brasil] BOTÂNICA nome vulgar extensivo a muitas plantas do Brasil, entre as quais uma, herbácea, da família das Ciperáceas, utilizada no fabrico de papel ■ *adj.2g.* 1 [Brasil] [coloq.] aborrecido 2 [Brasil] [coloq.] zangado; furioso (Do tupi *tiri'rika*, «que alastra; que se arrasta»)

tiritação *n.f.* ato de tiritar; tremura (De *tiritar*+-*ção*)

tiritana *n.f.* 1 manteu de seriguilha que as camponesas usam por cima de outro 2 BOTÂNICA erva parietária (Do fr. *tiretaine*, «id.»)

tiritante *adj.2g.* 1 que tirita; trémulo 2 convulso (De *tiritar*+-*ante*)

tiritar *v.intr.* tremer de frio ou de medo (De orig. onom.)

tiro[1] *n.m.* 1 ato ou efeito de atirar ou disparar 2 explosão da carga de qualquer arma de fogo; detonação 3 projétil 4 ato de puxar carros 5 parelha de animais que tira ou puxa o carro 6 [gír.] chuto

tiro forte numa bola **7** [fig.] grande êxito **8** [fig.] coisa sensacional **9** [fig.] situação com consequências negativas **10** [pop.] pedido de dinheiro **11** [pop.] perda de dinheiro **12** [coloq.] piadinha; remoque **13** [gír.] (futebol) chuto forte numa bola; *~ ao alvo* DESPORTO modalidade em que, com uma arma de fogo, arco ou flecha, se dispara sobre um alvo fixo ou móvel; *animal/besta de ~* animal que puxa um carro; *dar o ~* morrer; *de um ~* de uma só vez; *é um ~ daqui lá* é muito perto; *sair o ~ pela culatra* ter o resultado contrário à expectativa; *ser ~ e queda* ter pontaria certeira, produzir efeito imediato (Deriv. regr. de *tirar*)

tiro² *n.m.* púrpura (Do lat. *Tyru-*, «púrpura; tecido de púrpura»)

tirocinante *adj.,n.2g.* que ou a pessoa que faz tirocínio (De *tirocinar+-ante*)

tirocinar *v.intr.* fazer tirocínio; exercitar-se; praticar (De *tirocínio+-ar*)

tirocínio *n.m.* **1** preparação prática inicial; formação básica; aprendizado **2** prática de serviços militares em escolas próprias, com vista à progressão ao posto militar seguinte **3** prática de determinadas funções ou atividades como forma de preparação para o desempenho posterior dessas funções ou atividades; experiência (Do lat. *tirocinĭu-*, «id.»)

tiroide *n.f.* **1** ANATOMIA glândula ímpar, de estrutura vesicular, situada na parte ântero-inferior da laringe, que funciona endocrinicamente, e que exerce importante papel no desenvolvimento do indivíduo, também conhecida por tireoide e corpo tireóideo **2** uma das cartilagens que formam o conjunto de suporte da laringe

tiróide ver nova grafia tiroide

tiroidectomia *n.f.* CIRURGIA operação de extirpação parcial ou total da glândula tiroide; tireoidectomia; tiroidotomia

tiróideo *adj.* **1** ANATOMIA (glândula, cartilagem, etc.) relativo a tiroide **2** ANATOMIA designativo de artérias, veias, etc., que estão relacionadas com a glândula tiroide; *corpo ~* tireoide, tiroide

tiroidismo *n.m.* MEDICINA perturbações provocadas pelas afeções da tiroide (glândula); tireoidismo

tiroidite *n.f.* MEDICINA inflamação da tiroide (glândula); tireoidite

tiroidoterapia *n.f.* MEDICINA utilização, em terapêutica, da tiroide ou das suas hormonas; tireoidoterapia

tiroidotomia *n.f.* CIRURGIA ⇒ **tiroidectomia**

tirolês *adj.* relativo ou pertencente ao Tirol, região comum à Áustria e à Itália ■ *n.m.* natural ou habitante dessa região (De *Tirol*, top. +*-ês*)

tirolesa /ê/ *n.f.* **1** MÚSICA canção típica do Tirol, caracterizada pela passagem rápida da voz de falsete à voz de peito e vice-versa **2** dança do Tirol, de andamento moderado e compasso ternário **3** DESPORTO atividade que consiste em atravessar de um ponto alto para outro através de um cabo horizontal aéreo pelo qual se desliza suspenso através de roldanas presas ao arnês ou a uma cadeira de alpinismo (De *tirolês*)

tiroliro *n.m.* **1** pífaro ou toque do mesmo **2** [regionalismo] jogo infantil (De orig. onom.)

tiromancia *n.f.* suposta adivinhação com o emprego do queijo (Do gr. *tyrós*, «queijo» +*manteía*, «adivinhação»)

tiromante *n.2g.* pessoa que pratica a tiromancia (Do gr. *tyrómantis*, «id.»)

tiromântico *adj.* que diz respeito à tiromancia (De *tiromante+-ico*)

tironeada *n.f.* [Brasil] golpe dado ao cavalo, com as rédeas, para ele obedecer (Part. pass. fem. subst. de *tironear*)

tironear *v.tr.* [Brasil] dar um puxão ou tirão às rédeas de (o cavalo) para o incitar (De *tirão+-ear*)

tirosina *n.f.* BIOQUÍMICA aminoácido que entra na constituição das proteínas dos tecidos vegetais e animais, pelo que é muito vulgar na natureza (Do gr. *tyrós*, «queijo» +*-ina*)

tirostimulina *n.f.* FISIOLOGIA ⇒ **tirotrofina**

tirotear *v.intr.* fazer tiroteio (De **tirote*, «pequeno tiro» +*-ear*)

tiroteio *n.m.* **1** disparo sucessivo de tiros de uma e outra parte **2** [fig.] troca de ditos ou palavras, entre duas ou mais pessoas, em que cada uma tenta levar de vencida a outra (Deriv. regr. de *tirotear*)

tirotomia *n.f.* CIRURGIA corte da cartilagem da tireoide; tireotomia

tirotrofina *n.f.* FISIOLOGIA hormona segregada pela hipófise e que estimula a produção de hormonas tiróideas

tirrénio *adj.,n.m.* etrusco; tirreno (Do lat. *tyrrhēnu-*, «id.»)

tirreno /ê/ *adj.,n.m.* ⇒ **tirrénio**

tirsense *adj.2g.* referente à cidade portuguesa de Santo Tirso, no distrito do Porto ■ *n.2g.* natural ou habitante desta cidade

tirsígero *adj.* armado de tirso (Do lat. *thyrsigĕru-*, «id.»)

tirso *n.m.* **1** bastão enfeitado com heras e pâmpanos, rematado em pinha, que era a insígnia de Baco **2** BOTÂNICA variedade de cacho em que a parte média é mais larga por motivo de os pedúnculos do meio serem os mais compridos (Do gr. *thýrsos*, «id.», pelo lat. *thyrsu-*, «id.»)

tirsoso /ô/ *adj.* com as flores dispostas em tirso (De *tirso+-oso*)

tir-te *elem. expr. sem ~ nem guar-te* sem aviso prévio (Abrev. de *tira-te*, de *tirar-se*)

tisana *n.f.* bebida pouco carregada de princípios ativos provenientes de uma decocção, maceração ou infusão de ervas, geralmente com aplicação medicinal (Do gr. *ptisáne*, «bebida feita com cevada», pelo lat. *ptisāna-*, «id.»)

tisanuro *adj.* ZOOLOGIA relativo ou pertencente aos tisanuros ■ *n.m.* ZOOLOGIA espécime dos tisanuros ■ *n.m.pl.* ZOOLOGIA ordem de insetos ápteros, com armadura trituradora, que não passam por metamorfoses, e a que pertencem os chamados peixinhos-de-prata ou lepismas (Do gr. *thysánouros*, «de cauda franjada», de *thýsanos*, «franja; orla» +*ourá*, «cauda»)

tísica *n.f.* MEDICINA designação da tuberculose, especialmente pulmonar, também popularmente conhecida por tísis e queixa de peito; *~ de algibeira* falta de dinheiro (De *tísico*)

tisicar *v.tr.* **1** tornar tísico; tuberculizar **2** [fig.] importunar **3** [fig.] mortificar (De *tísico+-ar*)

tísico *adj.,n.m.* **1** que ou aquele que é doente de tísica **2** [fig., pej.] que ou o que é muito magro (Do gr. *phthisikós*, «que causa tísica», pelo lat. *phthisĭcu-*, «id.»)

tisiologia *n.f.* MEDICINA parte da medicina que se ocupa da tuberculose (Do gr. *phthísis*, «consumpção» +*lógos*, «tratado» +*-ia*)

tisiologista *n.2g.* médico especializado em tuberculose; tisiólogo (Do gr. *phthísis*, «consumpção» +*lógos*, «tratado» +*-ista*)

tisiólogo *n.m.* ⇒ **tisiologista** (Do gr. *phthísis*, «consumpção» +*lógos*, «tratado»)

tisioterapia *n.f.* MEDICINA conjunto de processos terapêuticos para tratar a tuberculose (Do gr. *phthísis*, «consumpção» +*therapeía*, «tratamento» +*-ia*)

tisna *n.f.* **1** ato ou efeito de tisnar **2** mancha de objeto tisnado; farrusca (Deriv. regr. de *tisnar*)

tisnadura *n.f.* ⇒ **tisna** (De *tisnar+-dura*)

tisnar *v.tr.* **1** pôr da cor do tisne; enegrecer **2** enfarruscar **3** tostar; carbonizar **4** [fig.] manchar (Do cast. *tiznar*, «id.»)

tisne *n.m.* **1** cor produzida pelo fogo ou pelo fumo sobre a pele **2** parte tostada de um assado **3** fuligem (Deriv. regr. de *tisnar*, ou do cast. *tizne*, «id.»)

tisneira *n.f.* [regionalismo] grande calor; soalheira (De *tisnar+-eira*)

tistias *n.f.2n.* ORNITOLOGIA ⇒ **boita** (De orig. onom.)

tisúria *n.f.* definhamento produzido pela diabetes (De *tís[ica]+-úria*)

titã *n.m.* **1** [com maiúscula] MITOLOGIA nome dado a um dos gigantes que pretenderam escalar o céu **2** [com maiúscula] ASTRONOMIA maior satélite de Saturno **3** pessoa forte e poderosa física e/ou mentalmente **4** espécie de cabrestante que levanta e desloca grandes pesos (Do gr. *Titân*, «id.», pelo lat. *Titāne-*, «id.»)

titânico¹ *adj.* **1** relativo a titã **2** [fig.] que revela grande força ou esforço **3** [fig.] sobre-humano (Do gr. *titanikós*, «id.»)

titânico² *adj.* QUÍMICA relativo ao titânio (De *titânio+-ico*)

titanífero *adj.* que contém titânio (De *titânio+-fero*)

titânio *n.m.* QUÍMICA elemento químico com o número atómico 22, metálico, pertencente à primeira série de transição, de símbolo Ti, extraído da ilmenite e utilizado no fabrico de certas ligas resistentes ao calor (Do gr. *títanos*, «cal» +*-io*)

titanite *n.f.* MINERALOGIA mineral, silicato de cálcio e titânio, que cristaliza no sistema monoclínico; esfena (De *titânio+-ite*)

titela *n.f.* **1** parte muscular, desenvolvida, do peito das aves, também conhecida por peituga **2** [fig.] coisa muito boa ou preciosa (Do lat. *titta-*, «bico do peito» +*-ela*)

títere *n.m.* **1** boneco que se move por meio de cordéis e articulações; marioneta **2** [fig., pej.] pessoa que se deixa manipular por outrem; bonifrate **3** [pop.] aquele que gosta de provocar o riso; palhaço; bufão **4** [pop.] janota; casquilho **5** ⇒ **testa de ferro** (Do cast. *títere*, «id.»)

titerear *v.intr.* **1** manejar os títeres **2** gesticular ou mover-se como um títere (De *títere+-ear*)

titereiro *adj.,n.m.* que ou aquele que manipula títeres ou marionetas (De *títere+-eiro*)

titi *n.2g.* [infant.] tio ou tia (De *tio* ou *tia*)

titica *n.f.* [Brasil] [coloq.] excremento, sobretudo de aves; caca; cocó ■ *n.2g.* [Brasil] [coloq.] pessoa ou coisa que não presta, reles

titilação *n.f.* ⇒ **titilamento** (Do lat. *titillatiōne-*, «id.»)

titilamento n.m. 1 ato ou efeito de titilar; titilação 2 estremecimento 3 prurido leve; cócegas (Do latim *titillamentu-*, «id.»)

titilante adj.2g. 1 que titila 2 que sente ou causa titilação (Do lat. *titillante-*, «id.», part. pres. de *titillāre*, «fazer cócegas»)

titilar[1] adj.2g. ANATOMIA designativo da veia que está por baixo dos sovacos (Do latim *titillāre*, «idem»)

titilar[2] v.tr. 1 fazer cócegas a 2 [fig.] lisonjear; adular ■ v.tr.,intr. causar prurido (a) ■ v.intr. estremecer; palpitar (Do latim *titillāre*, «idem»)

titilomania n.f. mania de se coçar (Do lat. *titillāre*, «titilar»+gr. *manía*, «mania»)

titiloso /ô/ adj. que sente titilação; titilante (Do lat. *titillōsu-*, «id.»)

titímalo n.m. BOTÂNICA nome vulgar por que são designadas as plantas da família das Euforbiáceas, também conhecidas por ésula (titímalo-menor) e maleiteira (titímalo-dos-vales) (Do gr. *tithýmalos*, «eufórbia», pelo lat. *tithymălu-*, «id.»)

titímalo-dos-vales n.m. BOTÂNICA planta da família das Euforbiáceas, também conhecida por maleiteira

titímalo-menor n.m. BOTÂNICA planta da família das Euforbiáceas, também conhecida por ésula

titina n.f. ORNITOLOGIA pequena ave de penas cinzentas, salpicadas de branco (De orig. onom.?)

titismo n.m. doutrina política e social praticada por Josip Broz, mais conhecido por Tito, estadista da antiga Jugoslávia, 1892--1980 (De *Tito*, antr. +*-ismo*)

titista adj. relativo a Tito, estadista da antiga Jugoslávia (1892--1980) ou à sua doutrina política e social ■ n.2g. adepto de Tito ou da sua doutrina política e social (De *Tito*, antr. +*-ista*)

titónia n.f. [poét.] ⇒ **aurora** (Do lat. *tithonĭa- [conjŭge-]*, mitol., «mulher de Titão, a Aurora»)

titónico adj. relativo à aurora (Do lat. *tithonĭa-*, «aurora»+*-ico*)

titonídeo adj. ORNITOLOGIA relativo ou pertencente aos Titonídeos ■ n.m. ORNITOLOGIA espécime dos Titonídeos

Titonídeos n.m.pl. ORNITOLOGIA família de aves caracterizadas por terem os dedos médio e interior de comprimento igual e por serem grandes predadores adaptados a matar na escuridão

titónio adj. ⇒ **titónico** (Do lat. *tithonĭa-*, «aurora» +*-io*)

titubeação n.f. 1 ato ou efeito de titubear; hesitação; vacilação 2 estado de perplexidade 3 MEDICINA cambaleio devido a uma afeção na medula espinal ou no cerebelo (De *titubear*+*-ção*)

titubeante adj.2g. 1 que titubeia 2 vacilante 3 indeciso; perplexo (De *titubear*+*-ante*)

titubear v.intr. 1 caminhar sem firmeza nas pernas; cambalear 2 falar com hesitação 3 vacilar; hesitar (Do lat. *titubāre*, «id.»)

titulação n.f. 1 ato ou efeito de titular 2 QUÍMICA operação laboratorial destinada a determinar o título de uma solução (De *titular*+*-ção*)

titulado adj. 1 que tem ou recebeu título 2 QUÍMICA (solução) cujo título é conhecido (Do lat. *titulātu-*, «id.», part. pass. de *titulāre*, «titular»)

titular[1] v.tr. 1 dar título a; intitular; chamar 2 rotular 3 registar 4 QUÍMICA determinar experimentalmente o título de uma solução (Do lat. *titulāre*, «designar por um título; dar um nome»)

titular[2] adj.2g. 1 que tem título de nobreza; que é fidalgo com título 2 efetivo em cargo ou função 3 honorário ■ n.2g. 1 pessoa nobre; fidalgo 2 DIREITO pessoa que tem pertença efetiva; detentor; dono 3 ocupante efetivo de cargo ou função 4 DESPORTO atleta ou jogador efetivo de uma equipa 5 POLÍTICA membro de um ministério, em relação à sua pasta; *bispo* ~ bispo que usa o título de uma antiga diocese, sem por isso ter jurisdição episcopal sobre o seu território (De *título*+*-ar*)

titularidade n.f. 1 carácter de titular 2 efetividade 3 DIREITO nexo de pertença efetiva, a certa pessoa, de um direito ou privilégio (De *titular*+*-i-*+*-dade*)

tituleira n.f. TIPOGRAFIA máquina de composição mecânica ou semimecânica, usada especialmente em oficinas de jornais, destinada à composição de títulos (De *título*+*-eira*)

tituleiro n.m. 1 TIPOGRAFIA operador de tituleira 2 TIPOGRAFIA gráfico que se ocupa especialmente da composição de títulos (De *título*+*-eiro*)

título n.m. 1 elemento de identificação de um texto, livro, capítulo, jornal, artigo, música, filme, etc., que geralmente indica o tema ou a atenção para a matéria de que se trata 2 letreiro; rótulo 3 qualificação que exprime uma função, um cargo ou uma dignidade 4 denominação honorífica 5 motivo; fundamento; pretexto 6 merecimento 7 poder legal; direito 8 DIREITO subdivisão de um código de leis 9 documento 10 papel de crédito; ~ *ao portador* ECONOMIA título que não especifica o nome do beneficiário, sendo transmitido por simples entrega e pago a quem o apresentar; ~ *de crédito* ECONOMIA documento negociável que comprova a existência de um crédito e que confere ao seu detentor determinados direitos; ~ *de uma solução* QUÍMICA quantidade de determinada substância contida numa solução ou liga; ~ *executivo* DIREITO título com força legal suficiente para servir de base à ação executiva; *a que* ~? sob que pretexto?; *a* ~ *de* a pretexto de (Do lat. *titŭlu-*, «id.»)

tiú n.m. [Brasil] ZOOLOGIA ⇒ **teiú**

tiufadia n.f. [ant.] designação de uma legião de mil soldados entre os Godos (De *tiufado*+*-ia*)

tiufado n.m. [ant.] comandante de uma tiufadia (Do gót. *taihunda*, «mil»+*fath*, «guiar»)

-tivo sufixo nominal de origem latina que ocorre em adjetivos derivados de verbos e traduz a ideia de *possibilidade, obrigatoriedade, suscetibilidade* de realização da ação expressa pelo verbo correspondente (*competitivo, repetitivo, informativo*)

tixotropia /cs/ n.f. QUÍMICA propriedade que têm certas soluções (especialmente coloidais) de exibir uma viscosidade menor quando aumenta o gradiente de velocidade e, portanto, de poder passar a um estado de maior fluidez por agitação mecânica, sem variação de temperatura, voltando ao estado primitivo logo que acaba essa ação (Do gr. *thixis*, «ação de tocar» +*trópos*, «direção; giro», de *trépein*, «fazer girar» +*-ia*, ou do fr. *tixotropie*, «id.»)

tixotrópico /cs/ adj. diz-se dos fluidos que possuem tixotropia (De *tixotropia*+*-ico*, ou do fr. *tixotropique*, «id.»)

tizio n.m. ORNITOLOGIA ave passeriforme da família dos Fringilídeos, do Brasil, de plumagem azul brilhante, que, sempre que canta, dá um salto vertical e volta ao lugar onde estava pousado (De orig. onom.)

tlaspiácea n.f. BOTÂNICA espécime das Tlaspiáceas

Tlaspiáceas n.f.pl. BOTÂNICA família de plantas também designadas Cruciferas e Brassicáceas, cujo género-tipo é designado por *Thlaspi*, representado em Portugal (Do gr. *thláspis*, «mostardeira brava» +*-áceas*)

tlim n.m. som imitativo do toque da sineta, do tilintar de moedas, campainhas, etc.; telim (De orig. onom.)

tlintar v.tr.,intr. ⇒ **tilintar** (De *tlim*+*t*+*-ar*)

tlintlim n.m. ⇒ **tlim** (De orig. onom.)

tlipsencefalia n.f. MEDICINA anomalia caracterizada pela falta de desenvolvimento do encéfalo devida a compressão do crânio durante a gestação (Do gr. *thlípsis*, «compressão» +*egképhalos*, «encéfalo» +*-ia*)

tlipsia n.f. MEDICINA compressão de vasos orgânicos pela ação de uma causa externa (Do gr. *thlípsis*, «compressão» +*-ia*)

tmese n.f. GRAMÁTICA intercalação de formas pronominais átonas em formas verbais (por exemplo, *amar-te-ei*); mesóclise (Do gr. *tmêsis*, «corte», pelo lat. *tmese-*, «id.»)

to contração do pronome pessoal *te* + *o pronome demonstrativo o*

tó interj. usada para chamar porcos (De orig. onom.)

tô n.m. [regionalismo] ⇒ **porco** (De orig. obsc.)

toa /ô/ n.f. corda de rebocar; sirga; *à* ~ sem reflexão nem tino, a esmo, ao acaso (Deriv. regr. de *atoar*, com afer.)

toada n.f. 1 ato ou efeito de toar 2 recitativo melódico 3 canto 4 tom; entoação 5 ruído 6 modo; maneira; estilo; sistema 7 [Brasil] MÚSICA cantiga de texto e melodia simples, com estrofe e refrão 8 [fig.] rumor; boato; notícia vaga e incerta (Part. pass. fem. subst. de *toar*)

toadilha n.f. toada pequena, cantiguinha; tonadilha (De *toada*+*-ilha*)

toalha n.f. 1 pano próprio para cobrir a mesa onde se come, ou para enxugar o corpo ou qualquer parte dele 2 peça análoga, geralmente com rendas, para cobrir um altar 3 tecido de linho que as freiras trazem na cabeça 4 [fig.] camada extensa; ~ *freática* GEOLOGIA massa de águas freáticas com certa continuidade (Do frânc. *thwahlja*, «id.», pelo prov. *toalha*, «id.»)

toalhão n.m. toalha grande geralmente utilizada para secar o corpo depois do banho (De *toalha*+*-ão*)

toalheiro n.m. cabide ou suporte próprio para pendurar toalhas (De *toalha*+*-eiro*)

toalhete /ê/ n.m. 1 lenço de papel húmido descartável 2 toalha pequena para mãos 3 [ant.] guardanapo (De *toalha*+*-ete*)

toalhinha n.f. pano de linho que as religiosas usam na cabeça (De *toalha*+*-inha*)

toante adj.2g. 1 que tem som ou tom 2 que produz som agradável 3 (rima) em que apenas coincidem as vogais tónicas (Do lat. *tonante-*, «id.», part. pres. de *tonāre*, «soar; trovejar»)

toar *v.intr.* dar som ou tom forte; estrondear; trovejar ■ *v.tr.* 1 ser conveniente (a); agradar (a) 2 ficar bem (com); condizer (com) 3 soar (a); parecer (Do lat. *tonăre*, «soar; trovejar»)

Toarciano *n.m.* GEOLOGIA andar do Jurássico inferior (De *Thouars*, cidade francesa do departamento de Deux-Sèvres +-*iano*?)

toarda *n.f.* ⇒ **atoarda** (De *atoarda*)

tobogã *n.m.* 1 trenó baixo, de dois patins, próprio para deslizar em encostas nevadas 2 DESPORTO trenó baixo, de dois patins, tripulado por um ou dois desportistas, para prova de velocidade em pista gelada, em grande declive e em forma de sulco profundo (Do ing. *toboggan*, «id.»)

toca¹ *n.f.* 1 buraco no solo, no tronco de uma árvore, etc., onde se acolhem animais, como coelhos, ratos, etc. 2 [fig.] refúgio; esconderijo 3 [fig., pej.] casa miserável (De orig. obsc.)

toca² *n.f.* ⇒ **toqueira** (De *toco*)

tocadela *n.f.* 1 ato de tocar ou de ser tocado 2 ⇒ **tocata** 3 3 toque ligeiro; contacto (De *tocar*+*-dela*)

tocadilho *n.m.* espécie de jogo semelhante ao gamão (De *tocar*+ *-dilho*)

tocado *adj.* 1 que recebeu toque ou pancada 2 atingido 3 impelido; empurrado 4 contaminado 5 afetado; lesado 6 comovido; emocionado 7 (assunto, tema) mencionado 8 [coloq.] um tanto embriagado 9 (fruta, legume) que principiou a apodrecer 10 encetado 11 (quadro) que levou os toques convenientes para a boa expressão, colorido, etc. (Part. pass. de *tocar*)

tocador *adj.* 1 que toca 2 [pop.] bebedor ■ *n.m.* 1 aquele que toca 2 [pop.] aquele que bebe muito; bebedor 3 [Brasil] ⇒ **azemel**¹ (De *tocar*+*-dor*)

tocadura *n.f.* ⇒ **tocadela** (De *tocar*+*-dura*)

toca-fitas *n.m.* [Brasil] leitor de cassetes

tocaia *n.f.* 1 [Brasil] emboscada para matar alguém ou caçar 2 [Brasil] poleiro de galinhas (Do tupi *to'kaya*, «armadilha para caçar»)

tocaiar *v.tr.* [Brasil] esconder-se esperando, para matar ou caçar (De *tocaia*+*-ar*)

tocaio *adj.,n.m.* [regionalismo] ⇒ **homónimo** 1 (Do cast. *tocayo*, «id.»)

toca-lápis *n.m.2n.* haste de compasso em que se encaixa o lápis (De *tocar*+*lápis*)

tocamento *n.m.* ato ou efeito de tocar; tocadela (De *tocar*+ *-mento*)

tocante *adj.2g.* 1 que toca 2 relativo; referente; concernente 3 respetivo 4 comovente; enternecedor; *no ~ a* a respeito de (De *tocar*+ *-ante*)

tocantim *adj.,n.m.* indivíduo ou designativo do indivíduo pertencente à tribo dos Tocantins

Tocantins *n.m.pl.* ETNOGRAFIA tribo de aborígenes do estado brasileiro do Pará

tocar¹ /tu/ *v.tr.,intr.* 1 pôr a mão ou o dedo em; apalpar 2 tirar sons musicais de (instrumento musical) ■ *v.tr.* 1 estar próximo de; roçar por 2 executar (peça musical) 3 confinar com; ser contíguo a 5 pôr--se em contacto com 5 acionar (sistema sonoro) para alertar para a presença de alguém, para um perigo, etc. 6 dar uma pancada (em); bater (em) 7 castigar fisicamente; açoitar 8 fazer andar (um animal), picando-o com um objeto aguçado; estimular com o aguilhão 9 atingir 10 chegar a 11 mencionar; referir 12 dizer respeito a 13 caber em sorte; pertencer 14 impelir; fazer mover 15 fazer escala em (uma embarcação) 16 sensibilizar; comover 17 tornar mais expressivo; aperfeiçoar 18 ofender; ferir 19 [pop.] beber 20 fundear de passagem 21 (esgrima) atingir com golpe ■ *v.intr.* dar (o telefone, o telemóvel) o sinal sonoro que indica uma chamada em linha; soar ■ *v.pron.* 1 ter semelhança; relacionar-se 2 GEOMETRIA ter um ponto comum de contacto 3 aperceber-se (de); tomar consciência (de) 4 impressionar-se 5 (fruta, legumes) começar a apodrecer 6 [coloq.] embriagar-se 7 (solípede) bater com a ferradura de uma pata na parte interna da outra pata (Do lat. vulg. *toccāre*, «id.», de orig. onom.?)

tocar² /tó/ *v.intr.* (animal) meter-se na toca; entocar (De *toca*+*-ar*)

tó-carocha *interj.* exprime repulsa (De orig. obsc.)

tó-carocho *interj.* ⇒ **tó-carocha**

tocarola *n.f.* 1 toque desafinado de instrumento 2 [pop.] aperto de mão (De *tocar*+*-ola*)

tocata *n.f.* 1 MÚSICA composição musical para instrumentos de tecla sem repetição de partes nem desenvolvimento de temas 2 MÚSICA composição instrumental livre com andamento rápido 3 [pop.] toque de instrumento; musicata; tocadela (Do it. *toccata*, «id.»)

tocatina *n.f.* MÚSICA tocata pequena (De *tocata*+*-ina*)

tocha *n.f.* 1 objeto geralmente cilíndrico e rudimentar, feito de material combustível e usado como fonte de luz; archote; facho 2 vela grande e grossa de cera; círio; brandão (Do fr. *torche*, «id.»)

tocheira *n.f.* castiçal grande para pôr tocha (De *tocha*+*-eira*)

tocheiro *n.m.* ⇒ **tocheira** (De *tocha*+*-eiro*)

tocho /ô/ *n.m.* [ant.] cacete; pau; arrocho (De orig. obsc.)

toco /ô/ *n.m.* 1 parte do tronco ou da raiz que fica na terra após o corte de uma árvore; toca; toqueiro; toqueira 2 cacete ou pau curto 3 resto de mastro desarvorado 4 o que resta de um membro decepado ou amputado 5 pedaço de vela de iluminação 6 [pop.] vassoura já muito gasta; *andar/estar com o ~* andar ou estar rabugento (De orig. obsc.)

toco- elemento de formação de palavras que exprime a ideia de *parto* (Do gr. *tókos*, «parto»)

tocografia *n.f.* registo gráfico das contrações do útero durante o parto (De *toco-*+*-grafia*)

tocográfico *adj.* 1 relativo à tocografia 2 obstétrico (De *tocografia*+*-ico*)

tocógrafo *n.m.* aparelho que regista as contrações do útero durante o parto (De *toco-*+*-grafo*)

tocologia *n.f.* 1 estudo dos fenómenos relativos à fecundação, gestação e nascimento humanos; obstetrícia 2 tratado acerca de partos (De *toco-*+*-logia*)

tocológico *adj.* 1 pertencente ou relativo à tocologia 2 obstétrico (De *tocologia*+*-ico*)

tocomático *n.m.* manequim com a representação anatómica do útero, para estudo (De *toco-*+*m*+*-ático*)

tocóstoma *n.m.* ZOOLOGIA orifício genital, externo, através do qual, nos botriocéfalos, nos ácaros, etc., são lançados os ovos para o exterior (Do gr. *tókos*, «parto» +*stóma*, «boca»)

toda *n.f.* ORNITOLOGIA ⇒ **todeiro** (Do lat. *todu-*, certa ave pequena)

todavia *conj.* >*adv.* DT mas; contudo; no entanto; porém; ainda assim (De *toda*+*via*)

todeiro *n.m.* [Brasil] ORNITOLOGIA pássaro fissirrostro da família dos Todídeos, frequente na América Central; toda; todo (De *toda*+ *-eiro*)

Tódidas *n.m.pl.* ORNITOLOGIA ⇒ **Todídeos**

todídeo *adj.* ORNITOLOGIA relativo ou pertencente aos Todídeos ■ *n.m.* ORNITOLOGIA espécime dos Todídeos

Todídeos *n.m.pl.* ORNITOLOGIA família de pássaros insetívoros, frequentes na América Central, que inclui o todeiro (De *toda* ou *todo*+*-ídeos*)

todinho *adj.* 1 todo 2 sem falta 3 sem exceção (De *todo*+*-inho*, com sentido aum.)

todo¹ /ô/ *det.indef.* >*quant.univ.* DT 1 a totalidade de ⟨*toda a gente*⟩ 2 cada; qualquer ⟨*todo o bebé chora*⟩ ■ *pron.indef.* a totalidade de pessoas ou coisas ⟨*estão todos?*⟩ ■ *adj.* completo; inteiro; total ■ *adv.* inteiramente; completamente; absolutamente ■ *n.m.* 1 conjunto de partes que constituem uma unidade 2 soma 3 universalidade 4 aspeto geral; globalidade; totalidade; *ao ~* na totalidade, no conjunto; *de ~/de ~ em ~* absolutamente; *estar de ~* estar muito cansado; *sabê-la toda* saber enganar qualquer pessoa, ser esperto ou manhoso (Do lat. *totu-*, «inteiro»)

todo² /ó/ *n.m.* ORNITOLOGIA ⇒ **todeiro** (Do lat. *todu-*, certa ave pequena)

todo-o-terreno *adj.inv.* 1 (veículo) cujas características permitem a sua circulação em qualquer tipo de terreno 2 (veículo automóvel) que tem tração às quatro rodas ■ *n.m.* 1 veículo automóvel com tração às quatro rodas, capaz de circular em terrenos difíceis 2 DESPORTO desporto praticado com veículos desse tipo

todo-poderoso *adj.* que tem poder ilimitado ■ *n.m.* [com maiúscula] RELIGIÃO Deus

toeira *n.f.* 1 cada uma das cordas mais próximas de cada bordão da guitarra 2 [regionalismo] toada 3 [regionalismo] trovoada (De *toar*+ *-eira*)

toesa /ê/ *n.f.* 1 antiga medida do comprimento de seis pés 2 [pop.] pé muito grande (Do fr. *toise*, «id.»)

tofo /ô/ *n.m.* MEDICINA concreção calcária que se forma no interior dos órgãos ou junto das articulações (Do lat. *tofu-*, «pedra esponjosa»)

tofu *n.m.* CULINÁRIA alimento preparado com leite de soja comprimido, reduzido a pasta

toga *n.f.* 1 manto largo que era o traje particular dos Romanos 2 vestimenta geralmente preta, semelhante a um vestido longo e usada por professores universitários, magistrados e advogados em determinadas ocasiões formais 3 [fig.] magistratura (Do lat. *toga-*, «id.»)

togado *adj.* 1 que traz ou usa toga 2 que exerce a magistratura judicial ■ *n.m.* magistrado judicial (Do lat. *togātu-*, «id.»)

togar *v.tr.* 1 impor toga a 2 cobrir com toga (De *toga*+*-ar*)

togolês *adj.* pertencente ou relativo ao Togo, país da África ocidental ■ *n.m.* natural do Togo

toiça n.f. ⇒ touça
toiceira n.f. ⇒ touceira
toiceiral n.m. ⇒ touceiral
toicinheiro n.m. ⇒ toucinheiro
toicinho n.m. ⇒ toucinho
toiço n.m. ⇒ touço
toilete n.f. ⇒ toilette (Do fr. *toilette*, «id.»)
toilette n.f. **1** ação de se lavar, pentear, maquilhar, etc., para sair ou para aparecer em público **2** conjunto de roupa e acessórios combinados com algum cuidado para usar em determinada ocasião; vestuário **3** traje de cerimónia, sobretudo feminino **4** móvel com espelho, com forma semelhante à de uma mesa ou de uma cómoda (Do fr. *toilette*, «id.»)
toinha elem.loc.adv. *à* ~ à toa (De *toa*+-*inha*)
toira n.f. ⇒ toura
toirada n.f. ⇒ tourada
toiral n.m. ⇒ toural
toirão n.m. (mamífero) ⇒ tourão
toiraria n.f. ⇒ touraria
toireador adj.,n.m. ⇒ toureador
toirear v.tr.,intr. ⇒ tourear
toireio n.m. ⇒ toureio
toireiro adj.,n.m. ⇒ toureiro
toirejão n.m. ⇒ tourejão
toirejar v.tr.,intr. ⇒ tourear
toiril n.m. ⇒ touril
toirinha n.f. ⇒ tourinha
toiro n.m. ⇒ touro
tojal n.m. terreno onde cresce tojo (De *tojo*+-*al*)
tojeira n.f. **1** tojal **2** pé de tojo **3** mulher que vende ou leva tojo para os fornos (De *tojo*+-*eira*)
tojeiro n.m. **1** pé de tojo; tojeira **2** tojo grande **3** aquele que vende ou leva tojo para os fornos (De *tojo*+-*eiro*)
tojo /ô/ n.m. BOTÂNICA nome vulgar de uma planta arbustiva, com espinhos de diversas ordens e algumas das folhas reduzidas, que pertence à família das Leguminosas, frequente em Portugal (muitas vezes cultivada) e muito usada para estrumes, camas do gado, etc.; ~ *arnal* tojo de espinhos robustos; ~ *manso* tojo com espinhos munidos de pelos deitados; ~ *molar* tojo relativamente débil e com espinhos finos (Do pré-rom. *toju*, «id.»)
tola¹ n.f. espécie de turquês de madeira, usada pelos penteeiros (De orig. obsc.)
tola² n.f. [pop.] cabeça (De orig. obsc.)
tola³ n.f. BOTÂNICA árvore de grande porte, da família das Leguminosas, que se encontra na África ocidental e que fornece boa madeira (De uma língua banta)
tolã n.f. [pop.] logro; fraude; burla (De *tolo*)
tolar n.m. antiga unidade monetária da Eslovénia, substituída pelo euro em janeiro de 2007
tolaria n.f. **1** [regionalismo] tolice **2** [regionalismo] vaidade (De *tolo*+-*aria*)
tolaz adj.2g. muito tolo (De *tolo*+-*az*)
tolda¹ /ô/ n.f. **1** NÁUTICA toldo **2** NÁUTICA parte do convés entre o mastro grande e o tombadilho ou, quando este não existe, entre o mastro grande e a popa (De *toldo*)
tolda² /ô/ n.f. turvação do vinho (Deriv. regr. de *toldar*)
toldado adj. **1** coberto com toldo **2** não transparente; turvo **3** nublado; encoberto **4** escuro; sombrio **5** triste **6** [pop.] meio embriagado (Part. pass. de *toldar*)
toldar v.tr. **1** cobrir com toldo **2** [fig.] cobrir de nuvens; encobrir; anuviar **3** escurecer; ofuscar **4** turvar **5** (raciocínio) perturbar; dificultar **6** entristecer ■ v.pron. **1** tornar-se escuro **2** turvar-se **3** (vinho) perder a transparência ou a limpidez **4** [pop.] embriagar-se (De *toldo*+-*ar*)
tolde n.m. ⇒ toldo
toldeia n.f. ORNITOLOGIA ⇒ tordeira
toldo /ô/ n.m. **1** pano de lona ou qualquer outra cobertura que sirva para abrigar do sol ou da chuva **2** NÁUTICA coberta do navio (Do nórd. ant. *tjald*, «coberta; tenda», pelo fr. ant. e dial. *tialt*, «tolda de barco»)
toledana n.f. espada fabricada na cidade espanhola de Toledo (De *toledano*)
toledano adj. referente ou pertencente a Toledo, cidade espanhola na província de Castela-a-Nova; toletano ■ n.m. natural ou habitante de Toledo; toletano (Do lat. *toletănu*-, «id.»)
toledo /ê/ n.m. **1** ato ou procedimento leviano **2** toleima; cisma; patetice (De *tolo*+-*edo*)
toleima n.f. **1** qualidade de tolo **2** patetice **3** presunção (De *tolo*+-*eima*)

toleirão n.m. [depr.] grande tolo; parvalhão (De *tolo*+-*eiro*+-*ão*)
tolejar v.intr. **1** dizer ou fazer tolices **2** [Brasil] andar à toa (De *tolo*+-*ejar*)
toleno /ê/ n.m. antigo engenho de assalto a uma fortaleza destinado a, por um movimento de alavanca, elevar os guerreiros à altura das muralhas (Do lat. *tollēno* (nominativo), «id.»)
tolentiniano adj. **1** relativo ao poeta português Nicolau Tolentino, 1740-1811 **2** semelhante à forma ou ao estilo deste poeta (De *Tolentino*, antr. +-*iano*)
tolerabilidade n.f. qualidade de tolerável (Do lat. *tolerabilităte*-, «id.»)
tolerada n.f. [ant.] prostituta inscrita e sujeita a inspeção policial (De *tolerado*)
tolerado adj. **1** que se tolera **2** consentido ou permitido, embora com reserva **3** (medicamento) suportado ■ n.m. o que se tolera (Part. pass. de *tolerar*)
tolerância n.f. **1** ato ou efeito de tolerar **2** ato de admitir sem reação agressiva ou defensiva **3** atitude que consiste em deixar aos outros a liberdade de exprimirem opiniões divergentes e de atuarem em conformidade com tais opiniões; aceitação **4** disposição ou tendência para perdoar erros ou falhas; condescendência; indulgência **5** autorização; permissão; licença **6** MEDICINA diminuição do efeito de uma droga ou medicamento usado durante muito tempo **7** MEDICINA redução ou perda da resposta normal a uma droga ou a uma substância que geralmente provoca uma reação do organismo **8** diferença máxima admitida entre um valor padrão e o valor obtido; margem de erro; ~ *de ponto* permissão dada a um funcionário para não comparecer no serviço em determinados dias úteis; ~ *religiosa* possibilidade que se dá a cada um de praticar a religião que professa (Do lat. *tolerantĭa*-, «id.»)
tolerante adj.2g. **1** que tolera ou suporta **2** que consegue aceitar e conviver com a diferença (de ideias, de comportamentos, etc.) sem se sentir ameaçado por ela **3** indulgente para com erros ou falhas **4** MEDICINA (organismo) que se tornou capaz de suportar sem dano ou benefício determinados efeitos químicos ou físicos (Do lat. *tolerante*-, «id.», part. pres. de *tolerāre*, «tolerar»)
tolerantismo n.m. sistema dos que preconizam que, num Estado, se devem permitir todas as religiões (De *tolerante*+-*ismo*)
tolerar v.tr. **1** permitir tacitamente; deixar passar **2** suportar (coisa desagradável) **3** aceitar, admitir ou consentir (algo com que não se concorda) **4** aceitar e conviver com (a diferença de ideias, de comportamentos, etc.) sem se sentir ameaçado **5** BIOLOGIA (organismo) assimilar **6** MEDICINA (organismo) ser capaz de suportar sem dano ou benefício (determinados efeitos químicos ou físicos) (Do lat. *tolerāre*, «id.»)
tolerável adj.2g. **1** que se pode tolerar **2** sofrível; suportável **3** digno de indulgência (Do lat. *tolerabĭle*-, «id.»)
toleta /ê/ n.f. rapariga leviana e presumida (De *tola*+-*eta*)
toletano adj.,n.m. ⇒ toledano (Do lat. *toletănu*-, «id.»)
tolete /ê/ n.m. **1** NÁUTICA cavilha de madeira ou de ferro, fixa na borda do barco, para apoio do remo **2** pau aguçado que os índios da América empregam na caça dos crocodilos (Do escand. ant. *tholler*, «id.», pelo fr. *tolet*, «id.»)
toleteira n.f. NÁUTICA saliência na borda dos barcos, onde se fixam os toletes (De *tolete*+-*eira*)
tolhedouro n.m. tábua suspensa sobre o rodízio do moinho para o fazer parar, cortando-lhe a água (De *tolher*+-*douro*)
tolhedura n.f. **1** ato ou efeito de tolher; tolhimento **2** excremento das aves de rapina (De *tolher*+-*dura*)
tolheito adj. ⇒ tolhido (Part. pass. irreg. de *tolher*)
tolher v.tr. **1** dificultar a ação ou os movimentos de; estorvar; embaraçar **2** inibir; coibir **3** vedar; impedir **4** embargar **5** paralisar ■ v.pron. **1** ficar paralisado **2** [fig.] coibir-se (Do lat. *tollĕre*, «tirar»)
tolhiço n.m. coisa tolhida ou defeituosa ■ adj. enfezado (De *tolher*+-*iço*)
tolhido adj. **1** entrevado; paralítico **2** enfezado **3** impedido; proibido; vedado **4** atacado **5** possuído; tomado **6** apreendido (Part. pass. de *tolher*)
tolhimento n.m. **1** ato ou efeito de tolher ou tolher-se **2** estado do que se acha tolhido **3** paralisia (De *tolher*+-*mento*)
tolho /ô/ n.m. **1** [regionalismo] rapazote vadio **2** ICTIOLOGIA espécie de pargo que aparece na costa marítima do Sul de Portugal (Do cast. *tollo*, «id.»)
tolice n.f. **1** ato ou dito irrefletido, insensato ou inadequado à situação; asneira; patetice **2** qualidade de tolo (De *tolo*+-*ice*)
tolina n.f. [pop.] ⇒ tolã (De *tolo*+-*ina*)
tolinar v.tr. [pop.] aproveitar-se de (um tolo) (De *tolina*+-*ar*)

tolineiro *n.m.* [pop.] aquele que se aproveita dos outros; chupista (De *tolina*+*-eiro*)

tolinha *n.f.* ORNITOLOGIA nome vulgar por que também é conhecida uma felosa (pássaro da família dos Silviídeos), sedentária e comum em Portugal (De *tolo*+*-inho*)

tolinha-das-couves *n.f.* ORNITOLOGIA ⇒ **tolinha**

tolitates *n.m.2n.* indivíduo vaidoso e ridículo (De *tolo*)

tolo[1] /ô/ *adj.* **1** pouco inteligente **2** que revela ingenuidade e/ou falta de bom senso **3** que perdeu ou não tem sanidade mental **4** que se deixa facilmente enganar e prejudicar **5** que não tem nexo ou significação; disparatado **6** vaidoso; presunçoso **7** ridículo ■ *n.m.* **1** pessoa considerada insensata ou pouco inteligente **2** pessoa ingénua, a quem é fácil enganar e prejudicar **3** indivíduo que não tem sanidade mental **4** pessoa com pretensões injustificadas de superioridade; pessoa presunçosa (De orig. obsc.)

tolo[2] /ó/ *n.m.* ARQUEOLOGIA construção abobadada (Do gr. *thólos*, «abóbada», pelo lat. *tholu-*, «id.»)

tolontro *n.m.* intumescência produzida na cabeça por meio de uma contusão; galo; carolo (Do lat. tard. **turundu-*, de *turunda-*, «bola de massa», pelo cast. *tolondro*, «inchaço na cabeça»)

tolosano *adj.* relativo à cidade espanhola de Tolosa, no País Basco ■ *n.m.* natural ou habitante de Tolosa (De *Tolosa*, top. +*-ano*)

tolstoiano *adj.* relativo a L. Tolstoi, filósofo, romancista e dramaturgo russo, 1828-1910 (De *Tolstoi*, antr. +*-ano*)

tolstoiismo *n.m.* teorias ou sistema de Tolstoi (De *Tolstoi*, antr. +*-ismo*)

tolstoiista *adj.,n.2g.* pessoa ou designativo de pessoa admiradora e/ou seguidora das doutrinas de Tolstoi (De *Tolstoi*, antr. +*-ista*)

tolteca *adj.2g.* relativo aos Toltecas ■ *n.2g.* indivíduo dos Toltecas

Toltecas *n.m.pl.* ETNOGRAFIA povo pré-colombiano que ocupou a região central do atual México nos séculos X a XII

tolu *n.m.* FARMÁCIA bálsamo obtido de uma árvore da América tropical, da família das Leguminosas, utilizado em farmácia, oriundo de Tolu, cidade portuária da Colômbia, e também conhecido por bálsamo-de-tolu e opobálsamo (De *Tolu*, top.)

tolueno /ê/ *n.m.* QUÍMICA hidrocarboneto da série benzénica (metilbenzeno) que se emprega como componente das gasolinas de elevado índice de octano, como ponto de partida para a preparação de vários compostos orgânicos e plásticos, como dissolvente, no fabrico de um violento explosivo chamado trinitrotolueno, etc.; metilbenzeno; toluol (De *tolu*+*-eno*, ou do fr. *toluène*, «id.»)

toluico *adj.* que diz respeito ao bálsamo-de-tolu (De *tolu*+*-ico*)

toluidina *n.f.* QUÍMICA qualquer das três aminas isómeras derivadas do tolueno, empregadas em tinturaria (Do fr. *toluidine*, «id.»)

toluífero *adj.* que produz o tolu (De *tolu*+*i*+*-fero*)

toluol *n.m.* ⇒ **tolueno** (De *tolu*+*-ol*)

tom *n.m.* **1** qualidade sonora; som **2** modo de dizer; forma de expressão **3** acento **4** inflexão da voz **5** tensão **6** estado de elasticidade de cada tecido orgânico **7** grau de intensidade de uma cor **8** cor predominante **9** carácter; estilo **10** MÚSICA intervalo de segunda maior **11** MÚSICA escala das notas adotadas numa dada composição que é denominada pela primeira nota (por exemplo, tom de dó maior) **12** MÚSICA caracterização do tipo de som **13** [ant.] diapasão **14** grau de elevação ou de intensidade de uma voz ou do som de um instrumento; *dar o* ~ servir de exemplo ou modelo; *em* ~ *de* à maneira de; *sem* ~ *nem som* sem sentido, disparatadamente, sem ordem, sem harmonia; *ser de bom* ~ (atitude, comportamento, etc.) ser bem aceite, ser valorizado (Do gr. *tónos*, «id.», pelo lat. *tonu-*, «id.»)

toma *n.f.* **1** ato ou efeito de tomar; tomada **2** porção de uma amostra sobre a qual se efetua a respetiva análise (Deriv. regr. de *tomar*)

tomada *n.f.* **1** ato ou efeito de tomar ou de se apoderar **2** conquista **3** ELETRICIDADE terminal de instalação elétrica constituído por uma peça com furos revestidos de metal à qual se ligam aparelhos elétricos; ~ *de consciência* ato de perceber e aceitar conscientemente todos os factos, principalmente os mais desagradáveis, de determinada circunstância ou realidade; ~ *de posição* manifestação, geralmente pública ou oficial, de opinião sobre determinado assunto; ~ *de posse* cerimónia de investimento num cargo, numa dignidade, num direito, etc. (Part. pass. fem. subst. de *tomar*)

tomadete /é/ *adj.2g.* meio embriagado; tocado; alegre (De *tomado*+*-ete*)

tomadia *n.f.* **1** ato ou efeito de tomar ou apreender; tomada; apreensão; apresamento **2** o que se apreendeu (De *tomada*+*-ia*)

tomadiço *adj.* que se enfada facilmente; agastadiço; assomado (De *tomar*+*-diço*)

tomado *adj.* **1** conquistado; ocupado **2** possuído; dominado **3** preso **4** atacado **5** influenciado **6** ofendido; picado **7** paralisado **8** embriagado; alegre **9** avaliado **10** julgado; reputado ■ *n.m.pl.* pregas ou dobras em saia ou vestido (Part. pass. de *tomar*)

tomador *adj.* que toma ■ *n.m.* **1** aquele que toma **2** conquistador **3** o que toma uma letra de câmbio **4** pessoa a favor de quem se sacou uma letra **5** segurado (De *tomar*+*-dor*)

tomadote *adj.2g.* ⇒ **tomadete** (De *tomado*+*-ote*)

tomadura *n.f.* ferida produzida no corpo do animal pelo roçar dos arreios; assentadura (De *tomado*+*-dura*)

tomamento *n.m.* ⇒ **tomada** (De *tomar*+*-mento*)

tomar *v.tr.* **1** pegar em; agarrar **2** apanhar (ar) **3** conquistar (território) **4** prover-se de **5** apoderar-se de **6** ficar com **7** ingerir (alimento, bebida, medicamento) **8** confiscar; apreender **9** roubar **10** escolher; optar por **11** adotar **12** assumir; adquirir (aspeto, estado) **13** utilizar **14** receber; aceitar **15** ocupar **16** gastar; consumir **17** fazer perder **18** considerar; julgar **19** interpretar ■ *v.pron.* **1** ser possuído (por sentimento, emoção) **2** embebedar-se **3** agastar-se; ~ *a dianteira* passar adiante; ~ *à letra* interpretar literalmente, à risca; ~ *a peito* empenhar-se em, interessar-se por; ~ *a sério* dar importância a; ~ *de ponta* embirrar com; *toma!* exclamação que exprime satisfação ou congratulação (De orig. obsc.)

tomarense *adj.2g.* referente à cidade portuguesa de Tomar, no distrito de Santarém ■ *n.2g.* natural ou habitante de Tomar (De *Tomar*, top. +*-ense*)

tomares *elem. expr. ter os seus dares e* ~ ter altercação ou disputa com alguém (De *tomar*)

tomata *n.f.* [regionalismo] ⇒ **tomate**

tomatada *n.f.* CULINÁRIA calda, massa ou doce feito com muito tomate (De *tomate*+*-ada*)

tomatal *n.m.* **1** terreno plantado de tomateiros **2** esta plantação (De *tomate*+*-al*)

tomate *n.m.* **1** BOTÂNICA fruto (baga) do tomateiro, de cor avermelhada, com superfície lisa e brilhante, usado especialmente em culinária **2** (planta) tomateiro **3** *pl.* [cal.] testículos; *cara/nariz de* ~ [coloq.] cara ou nariz rubicundo; *ter tomates* [cal., fig.] ter coragem ou ousadia (Do nauat. *tómatl*, «id.», pelo cast. *tomate*, «id.»)

tomate-de-sodoma *n.m.* BOTÂNICA nome vulgar de uma planta arbustiva, da família das Solanáceas, armada de acúleos amarelos, que produz bagas globosas, amareladas, espontânea em Portugal, especialmente à beira-mar

tomateira *n.f.* [regionalismo] (planta) ⇒ **tomateiro** (De *tomate*+*-eira*)

tomateiro *n.m.* BOTÂNICA planta subarbustiva da família das Solanáceas, com caules ocos, vilosos e ramosos, e folhas moles um pouco lanuginosas, produtora de uma baga muito suculenta (tomate) e cultivado em grande escala (De *tomate*+*-eiro*)

tomatinho-de-capucho *n.m.* BOTÂNICA ⇒ **alquequenge**

tomba[1] *n.f.* remendo de cabedal em sapato ou bota (De orig. obsc.)

tomba[2] *n.f.* BOTÂNICA ⇒ **espelina** (De orig. obsc.)

tombada *n.f.* [Brasil] vertente (Part. pass. fem. subst. de *tombar*)

tombadilho *n.m.* NÁUTICA parte mais elevada do navio que vai do mastro da mezena à popa; convés (Do cast. *tumbadillo*, «id.»)

tombador *adj.* que tomba ■ *n.m.* **1** aquele que tomba **2** [Brasil] terreno escarpado, cheio de barrancos (De *tombar*+*-dor*)

tombar[1] *v.tr.,intr.* **1** (fazer) dar tombo ou queda; (fazer) cair **2** desprender-se (de) **3** inclinar-se (para); voltar-se (para) **4** cair, ficando suspenso **5** deslocar-se para baixo; descer; declinar ■ *v.tr.* [fig.] morrer (De orig. onom.)

tombar[2] *v.tr.* fazer o tombo de; inventariar; arrolar (De *tombo*+*-ar*)

tombasana *n.f.* [Moçambique] rapariga solteira (Do ronga *tombazana*, «virgem»; «donzela»)

tombo[1] *n.m.* **1** queda; trambolhão **2** [fig.] mudança desfavorável; *andar aos tombos* sofrer muitas contrariedades inesperadas, não ter rumo na vida (Deriv. regr. de *tombar*)

tombo[2] *n.m.* **1** inventário autêntico dos bens de raiz com todas as demarcações e confrontações **2** arquivo de um conjunto documental (manuscritos, livros, fotografias, impressões digitais, etc.); *Torre do Tombo* arquivo português onde se encontram documentos do mais alto valor histórico (Do gr. *týmbos*, «tumba», pelo b. lat. *tumbu-*, «id.»)

tômbola *n.f.* **1** jogo semelhante ao loto cujo vencedor é o primeiro a preencher totalmente um cartão **2** espécie de lotaria realizada em festas, em que os prémios são os mais variados objetos **3** recipiente cilíndrico oco que roda sobre si mesmo, usado para guardar e baralhar cartões na realização de sorteios (Do it. *tombola*, «id.»)

tombolar *v.intr.* ganhar no jogo da tômbola (De *tômbola*+*-ar*)

tômbolo *n.m.* GEOLOGIA restinga de areia que liga uma ilha pequena ao continente (Do it. *tombolo*, «almofadinha»)

tomentelho /ê/ *n.m.* BOTÂNICA ⇒ **tomentelo** (De *tomento*+*-elho*)

tomentelo *n.m.* BOTÂNICA planta prostrada, com folhas lineares e flores róseas ou brancas, pertencente à família das Labiadas, espontânea especialmente nos montes do Norte de Portugal, também conhecida por tomentelho, tomentilho, tormentelho e tormentelo (De tomento+-elo)

tomentilho *n.m.* BOTÂNICA ⇒ **tomentelo** (De tomento+-ilho)

tomento *n.m.* **1** parte lenhosa e áspera do linho **2** estopa mal desarestada **3** lanugem que cobre ou reveste certos órgãos vegetais; cotanilho **4** pubescência espessa (Do lat. *tomentu*-, «id.»)

tomentoso /ô/ *adj.* BOTÂNICA que está revestido ou coberto de tomento ou cotanilho, como muitos órgãos vegetais; cotanilhoso (De tomento+-oso)

-tomia sufixo nominal, de origem grega, que traduz a ideia de *corte, secção* (neurotomia, osteotomia)

tomilhal *n.m.* terreno onde crescem tomilhos (De tomilho+-al)

tomilhinha *n.f.* BOTÂNICA planta tomentosa, aromática, de folhas lineares muito enroladas, da família das Labiadas, que é espontânea em Portugal e utilizada no curtimento de azeitona (De tomilho+-inha)

tomilho *n.m.* BOTÂNICA em especial, uma planta subarbustiva, aromática, de caules tomentosos, da família das Labiadas, subespontânea e cultivada em Portugal, empregada como tempero e para extração de óleos essenciais, e representada pelas variedades de tomilho alvadio, tomilho peludo e tomilho cabeçudo (Do gr. *thýmus*, «timo; tomilho», pelo lat. *thymu*, «tomilho»+pelo cast. *tomillo*, «id.»)

tomismo *n.m.* doutrina teológica e filosófica de S. Tomás de Aquino (1225-1274), segundo a qual a essência do conhecimento depende, simultaneamente, dos objetos e da forma que o espírito neles apreende (De *Tomás*, antr. +-*ismo*)

tomista *adj.2g.* relativo ao tomismo ▪ *n.2g.* pessoa que segue o tomismo (De *Tomás*, antr. +-*ista*)

tomístico *adj.* relativo a São Tomás de Aquino ou à sua doutrina (De tomista+-ico)

tomo /ô/ *n.m.* **1** cada um dos volumes que formam uma obra **2** parte **3** divisão **4** fascículo **5** [fig.] alcance **6** [fig.] importância (Do gr. *tómos*, «pedaço cortado», pelo lat. *tomu*-, «tomo; volume; livro»)

-tomo sufixo nominal, de origem grega, que traduz a ideia de *corte* (neurótomo, osteótomo)

tomografia *n.f.* **1** MEDICINA técnica que utiliza os raios X para obter imagens, por planos e à profundidade que se deseje, de um órgão ou tecido, o que permite localizar, com precisão, uma lesão qualquer **2** imagem obtida por este processo; **~ axial computorizada** MEDICINA exame médico cujo objetivo é obter imagens detalhadas do interior do corpo humano, ajudando a diagnosticar e a detetar as áreas de intervenção, sem recorrer à cirurgia (De tomo-+-grafia)

tomograma *n.m.* registo visual de uma tomografia (De tomo-+-grama)

tona¹ *n.f.* **1** pele ou casca fina de fruto **2** camada fina; película **3** rolha cilíndrica de grandes dimensões, semelhante ao batoque **4** ORNITOLOGIA garça de cor cinzenta do Brasil; **à ~** à superfície; **vir à ~** saber-se (Do célt. *tunna*, «pele», pelo lat. tard. *tunna*-, «id.»)

tona² *n.f.* embarcação de transporte goense (Do tâm.-malaiala *tóni*, «id.»)

tonadilha *n.f.* toada ou cantiga rústica; toadilha; tonilho; modilho (Do cast. *tonadilla*, «id.»)

tonal *adj.2g.* **1** MÚSICA relativo a tom ou a tonalidade **2** LINGUÍSTICA diz-se da língua em que o tom ou a entoação da pronúncia das vogais pode alterar o sentido da palavra (Do lat. *tōnu*-, «tom»+-*al*)

tonalidade *n.f.* **1** propriedade que caracteriza um tom **2** MÚSICA preponderância de um tom num trecho musical **3** matiz; coloração (De tonal+-i-+-dade)

tonalito *n.m.* PETROLOGIA diorito quártzico (De *Tonale*, top., localidade italiana na zona dos Alpes Bergamoscos +-*ito*)

tonalizar *v.tr.* dar um tom característico a (De tonal+-izar)

tonante *adj.2g.* **1** que troveja **2** [fig.] atroador; forte; vibrante ▪ *n.m.* um dos epítetos de Júpiter (Do lat. *tonante*-, «id.», part. pres. de *tonăre*, «soar; trovejar»)

tonar *v.intr.* **1** [ant.] trovejar **2** [fig.] falar muito alto (Do lat. *tonāre*, «id.»)

tonário *n.m.* **1** espécie de flauta com que, na Antiguidade, se dava o tom aos oradores **2** livro coral onde se registam, por ordem, os tons da salmodia **3** MÚSICA ⇒ **diapasão 3** (Do gr. *tonárion*, «id.», pelo lat. *tonariŭ*-, «id.»)

tondelense *adj.2g.* da cidade portuguesa de Tondela, no distrito de Viseu ▪ *n.2g.* natural ou habitante dessa cidade (De *Tondela*, top. +-*ense*)

tondinho *n.m.* ARQUITETURA pequena moldura delgada e redonda que cerca a base das colunas (Do it. *tondino*, «pratinho»)

tone *n.f.* almadia; canoa (Do tâm.-malaiala *tóni*, «id.»)

tonel *n.m.* **1** vasilha de aduelas, de grande lotação, para vinhos **2** [fig.] beberrão (Do fr. ant. *tonel*, «id.», hoje *tonneau*, «id.»)

tonelada *n.f.* **1** FÍSICA unidade de medida de massa equivalente a 1000 quilogramas **2** FÍSICA unidade de medida de quantidade de energia libertada numa explosão nuclear, que equivale à energia que seria libertada pela explosão de uma tonelada de trinitrotolueno **3** conteúdo de um tonel cheio **4** medida para calcular a capacidade e a carregação dos navios **5** [fig., coloq.] grande quantidade; **~ americana** unidade de massa equivalente a 907 quilogramas; **~ inglesa** unidade de massa equivalente a 1016 quilogramas (De tonel+-ada)

tonelagem *n.f.* capacidade de um veículo de transporte expressa em toneladas; **~ de arqueação bruta** volume interno total do casco do navio e de todos os espaços ocupados pelos passageiros, tripulação, carga, equipamentos e materiais, expresso em toneladas de arqueação iguais a 100 pés cúbicos (Do fr. *tonnelage*, «id.»)

tonelaria *n.f.* **1** ⇒ **tanoaria 2** conjunto de tonéis (De tonel+-aria)

tonelete *n.m.* parte da armadura que descia da cintura até ao joelho (Do fr. *tonnelet*, «id.»)

toner *n.m.* **1** tinta em pó ou em estado líquido utilizada nas impressoras a laser e nas fotocopiadoras **2** recarga que contém essa tinta (Do ing. *toner*, «id.»)

tóner *n.m.* ⇒ **toner**

tonfe *interj.* imitativa de corpo que cai na água (De orig. onom.)

tonga¹ *adj.2g.* pertencente ou relativo à tribo dos Tongas (Sul de Moçambique) ou ao povo dos Tongas ▪ *n.2g.* indivíduo da tribo dos Tongas (Sul de Moçambique) ou do povo dos Tongas (Polinésia) ▪ *n.m.* língua dessa tribo ou daquele povo (De *Tongas*, etn.)

tonga² *n.f.* [Angola] terreno para agricultar (Do quimb. *tonga*, «id.», de *kutônga*, «pelejar»)

Tongas¹ *n.m.pl.* ETNOGRAFIA tribo que ocupou o Sul de Moçambique (De *tonga*)

Tongas² *n.m.pl.* povo das ilhas de Tonga, na Polinésia (De *Tonga*, top.)

Tongriano *n.m.* GEOLOGIA andar do Oligocénico (De *Tongres*, top., cidade belga a norte de Liège +-*iano*)

toni- elemento de formação de palavras que exprime a ideia de *tom, intensidade, vigor, energia* (Do gr. *tónos*, «tom», pelo lat. *tonu*-, «id.»)

tonia *n.f.* ⇒ **tonicidade** (Do gr. *tónos*, «tom; vigor» +-*ia*)

tónica *n.f.* **1** LINGUÍSTICA vogal ou sílaba que se pronuncia com maior intensidade de voz **2** MÚSICA primeiro grau de uma escala diatónica **3** MÚSICA a nota que dá o tom; centro tonal harmónico **4** [fig.] tema principal; **pôr a ~ em** destacar, dar mais relevo a (De tónico)

tonicardíaco *adj.* FARMÁCIA (medicamento) que revigora o músculo cardíaco (De toni-+cardíaco)

tonicidade *n.f.* **1** qualidade ou estado do que é tónico **2** FISIOLOGIA estado de vigor ou atividade de certos tecidos, principalmente musculares (De tónico+-i-+-dade)

tónico *adj.* **1** relativo a tom **2** que fortifica a ação dos órgãos **3** diz-se de bebida ou medicamento que aumenta a vitalidade dos tecidos; revigorante **4** [fig.] fortificante; revigorante **5** [fig.] estimulante **6** MÚSICA diz-se da nota que é o primeiro grau de uma escala diatónica **7** GRAMÁTICA diz-se do acento que assinala a maior intensidade sonora de uma sílaba em relação às restantes sílabas da mesma palavra **8** GRAMÁTICA diz-se de sílaba que se pronuncia com maior intensidade de voz ▪ *n.m.* **1** FARMÁCIA medicamento para fortalecer **2** [fig.] aquilo que dá energia **3** [fig.] aquilo que dá entusiasmo; estímulo; **~ capilar** produto para fortalecer o couro cabeludo, prevenindo e/ou evitando a queda de cabelo (Do gr. *tonikós*, «relativo ao tom»)

tonificação *n.f.* ato ou efeito de tonificar (De tonificar+-ção)

tonificante *adj.2g.* que tonifica (De tonificar+-ante)

tonificar *v.tr.* **1** dar energia a; fortalecer; robustecer **2** dar elasticidade a (Do lat. *tonu*-, «tom» +*facĕre*, «fazer», ou do fr. *tonifier*, «id.»)

tonilho *n.m.* {diminutivo de **tom**} tonadilha; toada leve (Do cast. *tonillo*, «id.»)

tonina *n.f.* ⇒ **toninha**

toninha *n.f.* **1** ZOOLOGIA mamífero cetáceo da família dos Delfinídeos, de corpo pequeno, comprido e estreito **2** ICTIOLOGIA atum quando novo e pouco desenvolvido (Do lat. vulg. **thunina*-, dim. de *thunnu*, «atum»)

toninho *n.m.* ⇒ **toninha** (De toninha, «id.»)

tonismo *n.m.* MEDICINA ⇒ **tétano** (Do gr. *tónos*, «tensão» +-*ismo*)

tonitruante *adj.2g.* 1 que troveja 2 que troa 3 que fala com voz forte e retumbante (Do lat. *tonitruante-*, «id.»)

tonitruar *v.intr.* produzir som forte como o de um estrondo ou de um trovão; estrondear; trovejar ■ *v.tr.* dizer com voz forte e retumbante (Do lat. *tonitruāre*, «id.»)

tonítruo *adj.* [poét.] ⇒ **tonitruante** (Do lat. *tonitrŭu-*, «id.»)

tonitruoso /ô/ *adj.* 1 [poét.] sujeito a trovoadas 2 tonitruante (De *tonítruo*+*-oso*)

tono /ô/ *n.m.* 1 tom de voz 2 cantiga ligeira; toada 3 estado de elasticidade e resistência de certos tecidos, principalmente musculares; tonicidade 4 atitude; disposição; **~ psíquico** estado de tensão das energias psíquicas requeridas para o bom exercício das funções mentais (Do gr. *tónos*, «tom», pelo lat. *tonu-*, «id.»)

tono- ⇒ **toni-**

tonoa *n.f.* conserto em tonéis ou em vasilhames semelhantes (Deriv. regr. do ant. *tonoeiro*)

tonometria *n.f.* 1 FÍSICA, QUÍMICA avaliação de tensões (de gases ou vapores) 2 MEDICINA (oftalmologia) avaliação da tensão intraocular 3 MEDICINA medição da tensão arterial (De *tono-*+*-metria*)

tonómetro *n.m.* MEDICINA aparelho destinado a medir tensões, em especial a tensão intraocular e a tensão arterial (De *tono-*+*-metro*)

tonotecnia *n.f.* processo de registar os sons ou músicas na pauta, em discos, em película cinematográfica, etc. (Do gr. *tónos*, «tom» +*tékhne*, «arte» +*-ia*)

tonquim *adj.2g.* 1 de Tonquim, região setentrional do Vietname 2 relativo ou pertencente a Tonquim ■ *n.2g.* natural ou habitante de Tonquim ■ *n.m.* 1 idioma de Tonquim 2 xaile de seda bordado proveniente de Tonquim (De *Tonquim*, top.)

tonquinês *adj.* ⇒ **tonquim** *adj.2g.* ■ *n.m.* 1 natural ou habitante de Tonquim 2 idioma de Tonquim (De *Tonquim*, top. +*-ês*)

tonsila *n.f.* ANATOMIA ⇒ **amígdala** (Do lat. *tonsilla-*, «id.»)

tonsilar *adj.2g.* das amígdalas; referente às amígdalas (De *tonsila*+*-ar*)

tonsilite *n.f.* MEDICINA inflamação das amígdalas (tonsilas); amigdalite (De *tonsila*+*-ite*)

tonsura *n.f.* 1 ato ou efeito de tonsurar 2 corte do cabelo ou da barba 3 antigo corte do cabelo que deixava uma coroa rapada no alto da cabeça, que era a coroa do clérigo (Do lat. *tonsūra-*, «id.»)

tonsurado *adj.* 1 tosquiado 2 que recebeu a tonsura ■ *n.m.* membro do clero (Part. pass. de *tonsurar*)

tonsurar *v.tr.* 1 fazer uma tonsura em 2 tosquiar (Do lat. *tonsurāre*, «id.»)

tonta *n.f.* [pop.] cabeça; tola; *à* **~** à toa, desordenadamente (De *tonto*)

tontaria *n.f.* ⇒ **tontice** (De *tonto*+*-aria*)

tontear *v.intr.* 1 fazer ou dizer disparates; proceder insensatamente 2 ter tonturas 3 atrapalhar-se; perturbar-se (De *tonto*+*-ear*)

tonteira *n.f.* 1 ato ou dito insensato; disparate 2 tontura; vertigem (De *tonto*+*-eira*)

tontice *n.f.* ato ou dito de pessoa tonta; disparate; tolice (De *tonto*+*-ice*)

tontina *n.f.* 1 associação de socorros mútuos em que o capital dos sócios falecidos passa para os sobreviventes 2 qualquer operação financeira baseada na duração da vida de um indivíduo (Do it. *tontina*, «id.», ou do fr. *tontine*, «id.», de L. Tonti, barqueiro napolitano, 1630-1695, inventor do sistema)

tonto *adj.* 1 que tem tonturas ou vertigens 2 perturbado do ponto de vista mental 3 aturdido 4 atónito 5 atrapalhado; perturbado 6 que não tem nexo ou significação; disparatado 7 que revela falta de reflexão 8 que tem ideias falsas sobre a realidade 9 leviano ■ *n.m.* 1 pessoa considerada insensata e/ou pouco inteligente 2 pessoa ingénua, a quem é fácil enganar e prejudicar (Do lat. *tontu-*, por *tonsu-*, part. pass. de *tondēre*, «tosquiar» - era hábito cortar o cabelo aos loucos)

tontura *n.f.* impressão de deslocamento acompanhada de perturbação do equilíbrio; vertigem (De *tonto*+*-ura*)

tónus *n.m.2n.* FISIOLOGIA tensão leve de um músculo em repouso; contração muscular contínua e leve; excitabilidade do tecido nervoso (Do gr. *tónos*, «tensão», pelo lat. *tonus*, «id.»)

top *n.m.* 1 posição mais elevada numa determinada hierarquia ou classificação; topo 2 lista de discos, livros, etc, mais vendidos 3 peça de roupa, geralmente feminina, que cobre a parte superior do corpo (Do ing. *top*, «id.»)

topa *n.f.* certo jogo infantil; rapa (Deriv. regr. de *topar*)

topa-a-tudo *n.2g.2n.* 1 pessoa que lança mão de tudo o que possa trazer-lhe proveito 2 pessoa que não olha a meios para conseguir o que quer (De *topar*+*a*+*tudo*)

topada *n.f.* 1 batida involuntária com a ponta do pé 2 tropeção 3 encontrão 4 ato ou dito irrefletido, insensato ou inadequado à situação; asneira (Part. pass. fem. subst. de *topar*)

topalgia *n.f.* MEDICINA manifestação neurasténica que consiste numa dor fixa, nitidamente localizada, mas sem relação com um distrito neurológico determinado (Do gr. *tópos*, «lugar» +*álgos*, «dor» +*-ia*)

topar *v.tr.* 1 encontrar pela frente; deparar com 2 bater com o pé em 3 chocar com; dar uma pancada a 4 [coloq.] perceber; compreender 5 [coloq.] aceitar (convite, proposta, desafio) 6 [coloq.] igualar ou acompanhar (aposta) ■ *v.pron.* encontrar-se; avistar-se; **~ em cheio** bater de chofre (De orig. expressiva)

toparca *n.m.* governador de circunscrição administrativa na Grécia e na Roma antigas (Do gr. *topárkhes*, «id.», pelo lat. *toparcha-*, «id.»)

toparquia *n.f.* 1 região ou lugar governado pelo toparca 2 principado independente, na Antiguidade (Do gr. *toparkhía*, «id.»)

topa-tudo *n.2g.2n.* [Brasil] ⇒ **topa-a-tudo**

topaz *n.m.* 1 nome dado, no Oriente, aos cristãos mestiços 2 [ant.] intérprete chinês (Do dravíd. *tuppási*, «id.»)

topázio *n.m.* MINERALOGIA mineral (fluossilicato de alumínio) mais ou menos transparente, muito duro (8.º termo da escala de Mohs), frequentemente de cor amarela, que cristaliza no sistema ortorrômbico e é usado como gema; **~ oriental** variedade de corindo, amarela, usada como gema; *falso* **~/~** *ocidental* quartzo citrino (Do gr. *topázion*, «id.», pelo lat. *topaziu-*, «id.»)

tope *n.m.* 1 encontro acidental de pessoa ou objeto 2 choque; embate 3 cume; topo 4 obstáculo 5 laço de fita no toucado ou chapéu 6 NÁUTICA parte superior do mastro (Deriv. regr. de *topar*, ou do fr. ant. *top*, «cume»)

topejadeira *n.f.* máquina de limpar os topos das rolhas (De *topejar*+*-deira*)

topejar *v.tr.* unir (duas peças) pelos topos ■ *v.intr.* bater de topo (De *topo*+*-ejar*)

topeta /ê/ *n.f.* [regionalismo] rolha; tapeta (De *tapeta*)

topetada *n.f.* 1 pancada com a cabeça 2 gesto feito com a cabeça (De *topete*+*-ada*)

topetar *v.tr.* 1 chegar ou bater com a cabeça (em) 2 tocar no ponto mais alto de 3 encimar 4 ascender até; elevar-se até (De *topete*+*-ar*)

topete[1] /ê/ *n.m.* 1 parte do cabelo que se levanta e eriça na frente da cabeça; poupa 2 parte anterior da crina do cavalo que desce sobre os olhos 3 parte mais elevada e saliente da dianteira das cabeleiras usadas pelos palhaços 4 [pop.] cabeça 5 [fig.] descaro; atrevimento; audácia; *ser de topete* [coloq.] ter audácia, ser atrevido (Do francês *toupet*, «idem»)

topete[2] /ê/ *n.m.* 1 [Cabo Verde] papeira 2 [Cabo Verde] nuca (Do crioulo cabo-verdiano *topete*, «idem»)

topeteira *n.f.* ⇒ **testeira** 3 (De *topete*+*-eira*)

topetudo *adj.* que traz ou tem topete (De *topete*+*-udo*)

-topia sufixo nominal, de origem grega, que exprime a ideia de lugar

tópia *n.f.* 1 qualquer planta ou arbusto talhado, com várias configurações, para efeitos ornamentais 2 caramanchão 3 paisagem pintada, principalmente em frescos (Do lat. *topīa-*, «id.»)

topiar *v.intr.* [Angola] gracejar; troçar (Do quimb. *topiala*, «id.»)

topiaria *n.f.* coleção de tópias (De *topia*+*-aria*)

topiária *n.f.* 1 arte de talhar as plantas dos jardins, dando-lhes configurações diversas 2 arte de construir caramanchões (Do lat. *topiāria-*, «id.»)

tópica *n.f.* 1 ciência dos tópicos 2 ciência relativa aos remédios que exercem a sua ação no lugar onde são aplicados (Do gr. *topiké*, «relativo a lugar», pelo lat. *topĭce*, «id.»)

tópico *adj.* 1 que diz respeito a lugar 2 relativo ao assunto de que se trata 3 MEDICINA (medicamento externo) que atua na área em que é aplicado ■ *n.m.* 1 FARMÁCIA medicamento de uso externo, que atua na área onde é aplicado 2 questão principal de um tema ou discurso 3 LINGUÍSTICA tema de um segmento textual 4 lugar-comum (Do gr. *topikós*, «relativo a lugar», pelo lat. *topĭcu-*, «id.»)

topinho *adj.* 1 diz-se da cavalgadura que tem os talões e os quartos muito altos 2 que tem os pés cambados; cambaio (De *topo*+*-inho*)

topless *n.m.2n.* 1 nudez feminina da cintura para cima 2 utilização exclusiva da parte inferior do biquíni ■ *adj.inv.* com os seios descobertos (Do ing. *topless*)

top model *n.2g.* manequim muito célebre, muito procurado(a) por estilistas e fotógrafos famosos; supermodelo (Do ing. *top model*, «id.»)

topo¹ /ô/ *n.m.* **1** parte mais elevada **2** cume **3** extremidade (Do fr. ant. *top*, «cume»)

topo² /ó/ *n.m.* **1** ato de topar; topada **2** choque (Deriv. regr. de *topar*)

top(o)- elemento de formação de palavras que exprime a ideia de *lugar* (Do gr. *tópos*, «lugar»)

topoalgia *n.f.* MEDICINA ⇒ **topalgia**

topofilia *n.f.* predileção por certos lugares (De *topo-+-filia*)

topófilo *n.m.* aquele que sente topofilia (De *topo-+-filo*)

topofobia *n.f.* horror a certos lugares (De *topo-+-fobia*)

topófobo *n.m.* aquele que sofre de topofobia (De *topo-+-fobo*)

topografar *v.tr.* fazer a topografia de (Do gr. *tópos*, «lugar» +*gráphein*, «descrever»)

topografia *n.f.* **1** técnica e arte de representar num desenho a configuração de um terreno com todos os seus acidentes, dividida em planimetria e altimetria ou nivelamento **2** aspeto morfológico e altimétrico de uma região **3** descrição minuciosa de uma região **4** descrição anatómica circunstanciada de uma parte do organismo (Do gr. *topographía*, «descrição de um lugar»)

topográfico *adj.* pertencente ou relativo à topografia; **mapa ~** mapa de uma pequena região, em escala grande (de 1: 5000 a 1: 25 000), o que permite a representação minuciosa de relevos, caminhos, cursos de água, casas, ruínas, culturas, árvores, etc. (De *topografia+-ico*)

topógrafo *n.m.* **1** aquele que se dedica à topografia **2** o que faz ou levanta a planta de um terreno (De *topo-+-grafo*)

topologia *n.f.* **1** TOPOGRAFIA descrição pormenorizada de um lugar **2** LINGUÍSTICA estudo da colocação ou disposição de certas categorias de palavras na frase **3** MATEMÁTICA estudo de noções de proximidade (vizinhança, continuidade, limite) **4** estudo das propriedades do espaço que são invariantes perante «transformações bicontínuas», como acontece por exemplo com as deformações de uma membrana de cauchu (borracha), desde que não haja rutura (De *topo-+-logia*)

topológico *adj.* relativo à topologia (De *topologia+-ico*)

toponímia *n.f.* **1** conjunto de topónimos **2** estudo da etimologia e explicação dos topónimos (De *tópos*, «lugar»+*-ónyma*, por *ónoma*, «nome»,+*-ia*)

toponímico *adj.* **1** relativo à toponímia **2** próprio de um lugar ou de uma região (De *toponímia+-ico*)

topónimo *n.m.* nome de uma localidade, de um lugar, de um sítio (Do gr. *tópos*, «lugar» +*ónyma*, «nome»)

toponomástica *n.f.* onomástica dos lugares (Do gr. *tópos*, «lugar» +*onomastiké*, «nominal»)

toponomástico *adj.* relativo à toponomástica (Do gr. *tópos*, «lugar» +*onomastikós*, «nominativo»)

toque¹ *n.m.* **1** ato ou efeito de tocar ou de tocar-se **2** contacto **3** pancada **4** percussão **5** ação de tocar instrumentos musicais **6** melodia apropriada a determinado fim **7** som, geralmente de campainha, que anuncia o começo e o fim de uma aula **8** timbre de um instrumento musical **9** MILITAR som convencional que ordena a execução de operações militares **10** aperto de mão **11** mancha indicativa de começo de apodrecimento **12** percentagem de metal puro numa liga em que ele é fundamental **13** DESPORTO pontapé dado na bola ao de leve, mas com intenção **14** [fig.] resto; vestígio **15** [fig.] inspiração **16** [fig.] esmero artístico; retoque (Deriv. regr. de *tocar*)

toque² *n.m.* **1** chapéu de senhora **2** chapéu de forma arredondada, de material muito resistente, utilizado por cavaleiros para proteger a cabeça (Do fr. *toque*)

toque-emboque *n.m.* jogo da bola em que esta tem de passar sob um arco espetado no chão, impelida por uma pá ou por um taco (De *tocar+emboçar*)

toqueira *n.f.* parte de um tronco e raiz que fica na terra após o corte de uma árvore, e que é também conhecida por toco (De *toco+-eira*)

toqueiro *n.m.* ⇒ **toqueira** (De *toco+-eiro*)

toque-toque *n.m.* som imitativo do bater repetido de qualquer coisa (De orig. onom.)

tora¹ *n.f.* **1** MILITAR [coloq.] pedaço de carne correspondente a cada marmita de rancho **2** [regionalismo] pedaço de chouriço correspondente a cada tigela de caldo-verde, em algumas regiões de Portugal (De *toro*?)

tora² *n.f.* **1** tributo que os judeus portugueses pagavam por família **2** [com maiúscula] nome que os judeus dão ao livro da lei de Moisés (Do lat. *thora-*, «id.», do hebr. *thorah*, «id.»)

toracadelfia *n.f.* TERATOLOGIA condição que se verifica nos toracadelfos; toradelfia (De *toracadelfo+-ia*)

toracadelfo *n.m.* TERATOLOGIA ser constituído por dois corpos fundidos num só, a partir do umbigo para cima; toradelfo (Do gr. *thórax, -akos*, «tórax» +*adelphós*, «irmão»)

torace *n.m.* ⇒ **tórax** (Do lat. *thorāce-*, «id.»)

toracentese *n.f.* ⇒ **toracocentese**

torácico *adj.* **1** ANATOMIA relativo ou pertencente ao tórax, ou que está situado nesta região do corpo **2** ANATOMIA designativo de artérias, veias, etc., relacionadas com o tórax; **caixa torácica** ⇒ **tórax**; **canal ~** canal coletor linfático que se abre na veia subclavicular esquerda; **cintura torácica** conjunto de peças esqueléticas que formam a parte basilar dos membros anteriores ou superiores, também conhecida por cintura escapular; **membros torácicos** membros anteriores ou superiores dos vertebrados (Do gr. *thorakikós*, «id.», pelo fr. *thoracique*, «id.»)

torac(o)- elemento de formação de palavras que exprime a ideia de *tórax* (Do gr. *thórax, -akos*, «id.»)

toracocentese *n.f.* CIRURGIA operação da extração de líquido que se acumulou na cavidade pleural (Do gr. *thórax, -akos*, «tórax» +*kéntesis*, «perfuração»)

toracofacial *adj.2g.* **1** ANATOMIA referente ao tórax e à face **2** ANATOMIA (músculo) que vem do tórax e se estende até à face (De *toraco-+facial*)

toracolombar *adj.2g.* referente ao tórax e à região lombar (De *toraco-+lombar*)

toracoplastia *n.f.* CIRURGIA operação cirúrgica de ressecção de algumas costelas com o fim de modificar a conformação da caixa torácica (Do gr. *thórax, -akos*, «tórax» +*plástos*, «que modela» +*-ia*)

toracoscopia *n.f.* MEDICINA exame direto da cavidade pleural (Do gr. *thórax, -akos*, «tórax» +*skopeīn*, «ver» +*-ia*)

toracotomia *n.f.* CIRURGIA operação cirúrgica de abertura da caixa torácica (Do gr. *thórax, -akos*, «tórax» +*tomé*, «corte» +*-ia*)

torada *n.f.* cada um dos toros em que se serra um tronco de árvore (De *toro+-ada*)

toradelfia *n.f.* ⇒ **toracadelfia**

toradelfo *n.m.* ⇒ **toracadelfo**

torado *adj.* cortado em toros (Part. pass. de *torar*)

toral *n.m.* a parte mais grossa ou forte da lança (De *toro+-al*)

toranja *n.f.* **1** BOTÂNICA citrino com casca grossa amarelada, globoso, sumarento e pouco doce **2** BOTÂNICA pequena árvore, afim das laranjeiras mas pouco cultivada em Portugal, com grandes folhas ovais e ramos delgados com espinhos (Do pers. *turanj*, «id.», pelo ár. *turunja*, «id.»)

toranjeira *n.f.* BOTÂNICA ⇒ **toranja 2** (De *toranja+-eira*)

torar¹ *v.tr.* **1** cortar em toros **2** [Brasil] fazer em pedaços (De *toro+-ar*)

torar² *v.tr.* [Cabo Verde] dar voltas a; andar às voltas (Do crioulo cabo-verdiano *tora(r)*, «idem», talvez de *tourear*)

tórax /cs/ *n.m.2n.* **1** ANATOMIA cavidade superior do tronco dos vertebrados, sobretudo dos mamíferos, entre o abdómen e o pescoço, onde se alojam os principais órgãos da respiração e da circulação **2** ZOOLOGIA região intermédia do corpo de alguns insetos (Do gr. *thórax, -akos*, «id.»)

torbernite *n.f.* MINERALOGIA mineral secundário de urânio, que é, quimicamente, fosfato hidratado de cobre e uranilo e cristaliza no sistema tetragonal (De *Torbern*, antr., nome do químico sueco Torbern Bergmann, 1736-1784 +*-ite*)

torça *n.f.* **1** pedra quadrilonga e esquadriada **2** verga de porta; padieira (Deriv. regr. de *torcer*?)

torçal *n.m.* **1** cordão de fios de retrós **2** cordão de seda com fios de ouro (Do lat. *torcēale-*, por *torqueāle-*, de *torquēre*, «torcer»)

torçalado *adj.* guarnecido com torçal (De *torçal+-ado*)

torção *n.f.* **1** ato de torcer **2** estado de coisa torcida **3** torcedura; **esforço de ~** ENGENHARIA esforço numa secção caracterizado pela existência de um momento relativamente ao seu centro de gravidade (Do lat. *tortiōne-*, «id.»)

torcaz *adj.2g.* ORNITOLOGIA diz-se de uma variedade de pombos que têm coleira de várias cores; trocaz; torquaz (Do lat. **torquāce-*, «ornado de colar»)

torcázio *n.m.* ORNITOLOGIA ⇒ **bico-grosso** (De *torcaz+-io*)

torcedeira *n.f.* ⇒ **torcedoura** (De *torcer+-deira*)

torcedela *n.f.* ato de torcer (De *torcer+-dela*)

torcedor *adj.* que torce ■ *n.m.* **1** aquilo ou aquele que torce **2** fuso de roca **3** [Brasil] indivíduo que é fervoroso adepto de um clube desportivo, de um partido político, ou de um grupo de outra índole (De *torcer+-dor*)

torcedoura *n.f.* **1** aparelho de torcer **2** torcedor (De *torcer+-doura*)

torcedura *n.f.* **1** ato ou efeito de torcer **2** sinuosidade **3** [fig.] desvio **4** [fig.] subterfúgio **5** [fig.] sofisma (De *torcer+-dura*)

torcegão n.m. ato de torcegar; beliscão (De *torcegar*+*-ão*)

torcegar v.tr. ⇒ **estorcegar**

torcer v.tr. 1 fazer girar uma extremidade de (algo), segurando na outra extremidade ou fazendo-a girar na direção contrária 2 voltar (parte de corpo) para um lado, conservando o resto do corpo na mesma posição 3 deslocar; distender (articulação) 4 mudar a direção de 5 dobrar; encurvar; entortar 6 alterar o sentido natural ou inicial de; desvirtuar; distorcer 7 inclinar 8 enroscar; encaracolar 9 [fig.] fazer ceder; sujeitar 10 [fig.] desejar muito (que algo aconteça) 11 [fig.] manifestar apoio a (alguém); desejar o melhor (a) ■ v.intr. 1 entortar-se; curvar-se 2 render-se; ceder ■ v.pron. 1 contrair-se; contorcer-se 2 sentir inquietação, raiva, insatisfação; roer-se; *~ a orelha* arrepender-se; *~ o nariz* mostrar desagrado; *~ o pescoço a* matar (alguém) por asfixia; *~ o sentido de* alterar, desviar; *aí é que a porca torce o rabo* aí é que está a dificuldade; *dar o braço a ~* ceder, concordar; *de antes quebrar que ~* que não cede à violência, de carácter íntegro (Do lat. vulg. *torcĕre*, por *torquĕre*, «id.»)

torcicolar v.intr. andar aos torcicolos; ziguezaguear (De *torcicolo*+*-ar*)

torcicolo n.m. 1 contração dos músculos do pescoço, que torna o seu movimento doloroso 2 sinuosidade; ziguezague 3 inclinação anormal da cabeça 4 [fig.] ambiguidade na expressão 5 [fig.] rodeio 6 ORNITOLOGIA ⇒ **papa-formigas** 1 (Do it. *torcicollo*, «torcicolo»)

torcida n.f. 1 cordão ou fita de fios de algodão entrançados para mecha de candeeiros; pavio 2 objeto comprido e torcido 3 [Brasil] conjunto de apoiantes de um clube desportivo; conjunto dos torcedores; claque 4 [gír.] bebedeira (Part. pass. fem. subst. de *torcer*)

torcido adj. 1 que se torceu 2 dobrado 3 vencido 4 encurvado; recurvo 5 virado 6 torto; entortado 7 mal interpretado 8 adulterado 9 mau 10 (carácter) pouco reto ■ n.m. cada uma das linhas sinuosas que algumas obras de talha apresentam (Part. pass. de *torcer*)

torcilhão n.m. 1 ⇒ **torção** 2 peça torcida sem simetria ou regularidade 3 [regionalismo] excremento duro e mais ou menos torcido (De *torcer*+*-ilho*+*-ão*)

torcimento n.m. ⇒ **torcedura** (De *torcer*+*-mento*)

torcionário adj. que serve para torturar ■ n.m. 1 aquele que ordena ou pratica a tortura 2 pessoa cruel ou violenta 3 carrasco; algoz (Do lat. *tortiōne-*, «tortura» +*ário*)

torço /ô/ n.m. xaile ou manta que os Baianos enrolam na cabeça à maneira de turbante 2 ⇒ **torcedura** (Deriv. regr. de *torcer*)

torcular adj.2g. que tem a forma de tórculo ■ n.m. ANATOMIA confluência ocasional dos seios da dura-máter ■ v.tr. (metais) alisar; polir (Do lat. *torculāre*, «de prensa; de lagar»)

tórculo n.m. 1 máquina de polir metais 2 prensa pequena (Do lat. *torcŭlu-*, «id.»)

torda /ô/ n.f. ORNITOLOGIA ⇒ **tordeira** (Do lat. *turda-*, «id.»)

torda-mergulheira n.f. ORNITOLOGIA ave palmípede, comum no inverno, nas costas do continente português, também conhecida por arau-de-bico-rombudo, tordeia ou tordeira

torda-zorzal n.f. ORNITOLOGIA ⇒ **tordeira**

tordeia n.f. ORNITOLOGIA ⇒ **tordeira**

tordeira n.f. ORNITOLOGIA nome vulgar extensivo especialmente a tordos de duas espécies comuns em Portugal, também conhecidos por tordeia, torda, tordoveia, tordo-zorzal, trigueiro, tordonha, tordela (De *torda*+*-eira*, ou do lat. *turdēlla-*, dim. de *turda*, «torda»)

tordeira-do-mar n.f. 1 (ave pernalta) ⇒ **douradinha** 5 2 (ave palmípede) ⇒ **torda-mergulheira**

tordeiro n.m. ORNITOLOGIA ⇒ **douradinha** 5 (De *tordo*+*-eiro*)

tordela n.f. ORNITOLOGIA ⇒ **tordeira** (Do lat. *turdella-*, dim. de *turda-*, «torda»)

tordilho adj. 1 que tem a cor do tordo 2 diz-se do cavalo cuja pelagem, clara com pequenas manchas acastanhadas, se assemelha à plumagem do tordo (Do cast. *tordillo*, «id.»)

tordinho n.m. ORNITOLOGIA ⇒ **estorninho** (De *tordo*+*-inho*)

tordo /ô/ n.m. ORNITOLOGIA nome vulgar extensivo especialmente a uns pássaros da família dos Turdídeos, em regra comuns em Portugal, também conhecidos por toldeia, torda, tordeia, tordeira, tordela (Do lat. *turdu-*, «id.»)

tordo-branco n.m. ORNITOLOGIA ⇒ **tordo**

tordo-bravo n.m. ORNITOLOGIA ⇒ **tordo**

tordo-malvis n.m. ORNITOLOGIA ⇒ **tordo**

tordo-marinho n.m. ORNITOLOGIA ⇒ **pica-peixe** 1

tordonha n.m. ORNITOLOGIA ⇒ **tordeira** (De *torda*+*-onha*)

tordo-pisco n.m. ORNITOLOGIA ⇒ **melriacho**

tordo-preto n.m. ORNITOLOGIA nome vulgar por que também se designa um estorninho (pássaro), sedentário e muito comum em Portugal

tordoveia n.f. ORNITOLOGIA ⇒ **tordeira**

tordo-visgueiro n.m. ORNITOLOGIA ⇒ **tordo**

tordo-zorzal n.m. ORNITOLOGIA ⇒ **tordeira**

tordusca elem.loc.adv. *às torduscas* à toa; em confusão; atabalhoadamente (De *tordo*+*-usco*)

torém n.m. [Brasil] BOTÂNICA ⇒ **umbaúba** (Do tupi *to'rẽ*, «id.»)

toreumatografia n.f. descrição dos baixos-relevos antigos (Do gr. *tóreuma, -atos*, «obra de cinzel» +*gráphein*, «descrever» +*-ia*)

toreumatógrafo n.m. aquele que se dedica à toreumatografia (Do gr. *tóreuma, -atos*, «obra de cinzel» +*gráphein*, «descrever»)

toreuta n.m. escultor que pratica a torêutica (Do gr. *toreutés*, «id.», pelo lat. *toreuta-*, «id.»)

torêutica n.f. arte de cinzelar ou esculpir em metal, marfim ou madeira (Do gr. *toreutiké [tékhne]*, «torêutica», pelo lat. *toreutĭce-*, «id.»)

torêutico adj. relativo à torêutica (Do gr. *toreutikós*, «id.»)

torga n.f. 1 BOTÂNICA nome vulgar extensivo a umas plantas (urzes) da família das Ericáceas, de modo geral espontâneas em Portugal, também conhecidas por quiroga, torga-ordinária, torgão, torgueira, urze-branca, etc. 2 raízes de urze com que se faz carvão 3 [fig., pop.] cabeça grande (Do lat. **torīca-*, de *toru-*, «toro»)

torgal n.m. 1 terreno onde se desenvolvem torgas 2 moita ou monte destas plantas (De *torga*+*-al*)

torgalho n.m. atilho; cordão; guita; trogalho (De *torcer* × *negalho*?)

torgão n.m. torga grande usada para fazer carvão (De *torga*+*-ão*)

torgueira n.f. urze de cujas raízes se faz carvão e que também se denomina torga (De *torga*+*-eira*)

torguiano adj. 1 de Miguel Torga, nome literário do escritor português Adolfo Rocha, 1907-1995 2 relativo a Miguel Torga ou à sua obra (De *M. Torga*, antr. +*-iano*)

torianite n.f. MINERALOGIA mineral formado por óxido de tório, que contém quase sempre urânio e cristaliza no sistema cúbico (De *tóri[o]*+*[ur]ân[io]*+*-ite*)

toríbios n.m.pl. avelórios ou contas de cristal, provenientes da Índia (De orig. obsc.)

tório n.m. QUÍMICA elemento químico com o número atómico 90, de símbolo Th, que caracteriza uma das famílias de elementos radiativos; *família do ~* família de elementos radiativos que começa no tório e termina no chumbo (^{208}Pb) e é uma das três famílias radioativas naturais (Do norueg. *Thor*, «o deus do trovão» +*-io*)

-tório sufixo nominal, de origem latina, que ocorre em adjetivos derivados de verbos e traduz a ideia de *possibilidade, obrigatoriedade, suscetibilidade* de realização da ação expressa pelo verbo correspondente (*escapatório, emigratório, abonatório*)

torite n.f. MINERALOGIA mineral (silicato de tório) radioativo, que cristaliza no sistema tetragonal e é minério de tório (De *tório*+*-ite*)

tormenta n.f. 1 tempestade violenta, geralmente envolvendo trovões e chuva 2 [fig.] agitação; desordem; *grande nau, grande ~* quanto mais importante for uma situação, maiores são as suas vicissitudes (Do lat. *tormenta*, pl. de *tormentu-*, «tormento»)

tormentelho n.m. ⇒ **tormentelo**

tormentelo n.m. BOTÂNICA subarbusto longamente prostrado, da família das Labiadas, de corola rosada, vulgar em Portugal, ao norte do Tejo (De *tormento*+*-elo*)

tormentila n.f. BOTÂNICA planta herbácea, de folhas caulinares rentes, pertencente à família das Rosáceas (incluindo algumas subespécies), espontânea em Portugal e também denominada sete-em--rama (Do lat. med. *tormentilla-*, por *tomentilla-*, «id.»)

tormentilha n.f. ⇒ **tormentila**

tormento n.m. 1 ato ou efeito de atormentar 2 sofrimento doloroso; tortura; inquietação 3 dor física violenta 4 causa de sofrimento ou angústia (Do lat. *tormentu-*, «id.»)

tormentório adj. 1 dado a tormentas 2 relativo a tormenta; tormentoso (De *tormenta*+*-ório*)

tormentoso adj. 1 que causa tormenta ou sofrimento 2 agitado; tempestuoso 3 [fig.] trabalhoso; difícil (Do lat. *tormentōsu-*, «id.»)

torna[1] n.f. 1 ato ou efeito de tornar 2 aquilo que se dá como suplemento para igualar o valor de uma coisa que se troca por outra 3 compensação 4 troco 5 cada uma das faixas em que é dividido, por meio de regos, o terreno cultivado 6 primeiro rego de uma lavra 7 nesga de terreno 8 viagem 9 regresso de uma viagem por mar (Deriv. regr. de *tornar*)

torna[2] n.f. espécie de pálio indiano (Do sânsc. *torana*, «id.»)

torna-boda n.f. 1 segunda boda de núpcias, em casa dos pais do noivo 2 segundo banquete, no dia imediato ao das núpcias (De *tornar*+*boda*)

torna-boi *n.f.* serviço prestado com bois, em retribuição de outro (De *tornar*+*boi*)

tornada¹ *n.f.* ato de tornar; volta; regresso (Part. pass. fem. subst. de *tornar*)

tornada² *n.f.* líquido que sai da vasilha quando se lhe tira o torno (De *torno*+*-ada*)

tornadiço *adj.* 1 diz-se do indivíduo que volta à religião, seita ou grémio donde tinha saído 2 renegado; desertor 3 apóstata 4 que deixa um amo para ir servir outro (De *tornar*+*-diço*)

tornado *n.m.* 1 METEOROLOGIA coluna de vento ciclónico em área restrita, mas de grande poder destruidor, com a aparência de uma grande nuvem negra em forma de cone invertido, frequente nas costas americanas 2 METEOROLOGIA aguaceiro forte, acompanhado de vento e trovoada (Do cast. *tornado*, «id.»)

tornadoira *n.f.* ⇒ **tornadoura**

tornadoiro *n.m.* ⇒ **tornadouro**

tornador *adj.,n.m.* ⇒ **torneador**

tornadoura *n.f.* instrumento de torneiro que serve para torcer vimes e arcos (De *tornar*+*-doura*)

tornadouro *n.m.* 1 [regionalismo] cabo preso à grade de lavoura para a dirigir e manobrar nas voltas 2 [Madeira] escoadouro do tanque (De *tornar*+*-douro*)

tornadura *n.f.* ⇒ **tornadoura**

torna-e-torna *n.f.* processo de rega usado no Minho, em que a água vai passando sucessivamente de campo em campo (De *tornar*)

torna-fio *n.m.* peça em que os penteeiros afiam as ferramentas (De *tornar*+*fio*)

torna-jeira *n.f.* contrato pelo qual os jornaleiros se ajudam mutuamente no trabalho da terra (De *tornar*+*jeira*)

tornar *v.tr.* 1 regressar a (ponto de partida); voltar; retornar 2 fazer voltar; fazer regressar 3 restituir; devolver 4 replicar; responder; retorquir 5 transformar em; converter em 6 verter; traduzir 7 voltar a tratar de; retomar 8 desviar (a água) de um rego ou de um lugar para outro 9 mudar; trasladar 10 reconsiderar; mudar de (intenção) ■ *v.intr.* voltar a suceder; repetir-se ■ *v.pron.* 1 transformar-se (em); ficar 2 recorrer (a); valer-se (de) ■ *v.cop.* liga o predicativo ao sujeito, indicando: 1 fazer ser (*o calor tornou o ambiente agradável*); 2 vir a ser (*ele tornou-se o melhor jogador*); ~ *a si* recuperar os sentidos (Do lat. *tornāre*, «trabalhar no torno; arredondar», pelo fr. *tourner*, «voltar; arredondar; mudar de posição»)

tornassol *n.m.* 1 BOTÂNICA planta da família das Boragináceas, revestida de pelos e com cimeiras escorpioides, de flores pequenas, espontânea e frequente em Portugal, também conhecida por erva-das-verrugas e verrucária 2 BOTÂNICA designação comum a várias plantas cujas flores se orientam, voltando-se para o Sol; girassol 3 QUÍMICA matéria corante extraída de uma espécie de líquen e usada como indicador químico (avermelha em meio ácido e azula em meio alcalino) e na preparação do chamado papel de tornassol (Do fr. *tournesol*, «id.»)

torna-torna *n.f.* designativo da água que cada lavrador pode aproveitar para o seu campo antes da época da repartição (De *tornar*)

torna-vaca *n.f.* serviço feito com vacas em troca de outro (De *tornar*+*vaca*)

torna-viagem *n.f.* 1 volta de uma viagem por mar 2 regresso 3 resto; refugio ■ *adj.,n.2g.* que ou o que, tendo saído de um país para outro, regressa ao de origem (De *tornar*+*viagem*)

torneado *adj.* 1 preparado ao torno 2 que tem curvas ou contornos arredondados; roliço 3 [fig.] que tem contornos ou formas elegantes 4 [fig.] bem proporcionado 5 [fig.] (texto) redigido com elegância ■ *n.m.* 1 obra feita ao torno, muitas vezes com carácter decorativo, cuja superfície é de revolução 2 contorno ou forma elegante 3 [fig.] (texto) requinte estilístico (Part. pass. de *tornear*)

torneador *n.m.* 1 aquele que torneia 2 banco de carpinteiro onde os segeiros trabalham as rodas grandes das carruagens 3 instrumento de espingardeiro para abrir as escorvas ■ *adj.* que torneia (De *tornear*+*-dor*)

torneamento *n.m.* ato ou efeito de tornear (De *tornear*+*-mento*)

tornear¹ *v.tr.* 1 lavrar no torno 2 fazer torneado em 3 dar forma arredondada ou roliça a 4 formar os contornos de (uma escultura) 5 dar a volta a; andar à roda de; circundar 6 [fig.] não enfrentar diretamente (situação difícil) 7 [fig.] tornar elegante; burilar; aprimorar (texto) (De *torno*+*-ear*)

tornear² *v.intr.* fazer torneios ou justas (De *torneio*+*-ar*)

tornearia *n.f.* ofício ou oficina de torneiro (De *tornear*+*-aria*)

torneável *adj.2g.* que se pode tornear (De *tornear*+*-vel*)

torneio¹ *n.m.* 1 ato ou efeito de tornear 2 feitio roliço que o torneiro dá a uma peça 3 [fig.] elegância de formas (Deriv. regr. de *tornear*)

torneio² *n.m.* 1 HISTÓRIA festa guerreira em que se combatia a cavalo com armas embotadas 2 DESPORTO evento desportivo que inclui um conjunto de competições geralmente funcionando como etapas e/ ou eliminatórias 3 [fig.] polémica; troca de argumentos opostos (Do prov. *tornei*, «id.»)

torneira *n.f.* peça tubular provida de uma espécie de chave que permite fechar, abrir ou regular o escoamento de um líquido ou gás contido num recipiente ou disponível numa canalização ■ *adj.* [regionalismo] diz-se da sardinha que anda à flor das águas; *abrir a ~* 1 desabafar, dizer tudo; 2 chorar; *com a boca na ~* em flagrante (De *torno*+*-eira*)

torneiro *n.m.* 1 aquele que trabalha ao torno 2 aquele que faz obra torneada (De *torno*+*-eiro*)

torneja /ê/ *n.f.* cavilha, na extremidade do eixo, para impedir que a roda saia (Deriv. regr. de *tornejar*)

tornejamento *n.m.* ato ou efeito de tornejar (De *tornejar*+*-mento*)

tornejão *n.m.* peça que atravessa verticalmente os timões do carro alentejano e liga o eixo ao leito (De *torneja*+*-ão*)

tornejar *v.tr,intr.* dar ou tomar forma cilíndrica ou redonda; encurvar(-se) ■ *v.tr.* dar volta a; contornar (De *torno*+*-ejar*)

tornel *n.m.* 1 argola que está presa a uma haste e gira em todas as direções 2 cada uma das duas peças móveis onde se prendem as extremidades da lâmina da serra (De *torno*+*-el*)

tornês *n.m.* antiga moeda de prata (Do fr. *tournois*, de *Tours*, top., cidade francesa, capital de Touraine)

tornesol *n.m.* ⇒ **tornassol**

tornessol *n.m.* ⇒ **tornassol**

tornilho *n.m.* 1 {*diminutivo* de **torno**} torno pequeno 2 antigo castigo militar 3 doença provocada por uma ténia, que é parasita do cão e que, quando instalada no carneiro, leva este animal a executar movimentos anormais de rotação 4 [fig.] situação crítica; aperto 5 ORNITOLOGIA ⇒ **estorninho** (Do cast. *tornillo*, «id.»)

torninho *n.m.* pequeno torno onde se aperta a peça que se quer limar (De *torno*+*-inho*)

torniquete *n.m.* 1 espécie de cruz móvel em posição horizontal na extremidade de ruas ou estradas, para só deixar passar peões, um a um 2 instrumento de comprimir as artérias 3 trapézio fixo 4 HISTÓRIA antiga tortura em que os membros do condenado eram apertados num torno; ~ *hidráulico* FÍSICA aparelho de física que serve para demonstrar que a direção da força de pressão exercida por um líquido é perpendicular à superfície da parede do vaso que a contém; *apertar o ~ a (alguém)* disciplinar (alguém), obrigar (alguém) (Do fr. *tourniquet*, «id.»)

torno¹ *n.m.* 1 aparelho onde se faz girar uma peça de madeira ou metal que se quer tornear 2 chave de torneira 3 prego de pau 4 utensílio de ferro onde se apertam com parafuso as peças que se querem limar 5 espécie de caixa giratória, instalada na portaria de conventos, asilos, etc., por onde se passam coisas do exterior para o interior; roda; *em torno de* em volta de, em redor de, à roda de (Do grego *tórnos*, «idem», pelo latim *tornu-*, «idem»)

torno² *n.m.* [Cabo Verde] dança considerada lasciva, ao som da música de batuque, típica pelo saracotear, com as saias apanhadas à cinta, de diferentes modos e jeitos (Do crioulo cabo-verdiano *tornu*, «idem», de *torno* [=aperto])

tornozelo /ê/ *n.m.* ANATOMIA cada uma das saliências ósseas (externa e interna) que se encontram na região da articulação da perna com o pé (De orig. obsc.)

toro *n.m.* 1 tronco de árvore derrubada limpo dos ramos 2 segmento de tronco de árvore 3 tronco do corpo humano ou de outro animal, privado de membros 4 ARQUITETURA ⇒ **bocel** 5 recetáculo de certas flores 6 porção de qualquer coisa cortada transversalmente 7 GEOMETRIA superfície gerada pela rotação de uma circunferência em torno de uma reta do seu plano que não corta a circunferência 8 [regionalismo] cacete (Do lat. *toru-*, «tronco de árvore»)

toró *n.m.* [Brasil] [pop.] aguaceiro

toroidal *adj.2g.* 1 relativo a toro 2 em forma de toro; *enrolamento* ~ dispositivo no qual um fio condutor isolado é enrolado em torno de bobina num núcleo magnético anular; *superfície* ~ superfície gerada pela rotação de um arco de circunferência em torno de um eixo do seu plano que a não encontre (Do lat. *toru-*, «toro»+gr. *eîdos*, «forma» +*-al*)

tó-rola /ô/ *interj.* usada para indicar que a pessoa não se está a deixar enganar (De orig. obsc.)

toronja *n.f.* ⇒ **toranja** (Do ár. *turunjâ*, «id.»)

toroso /ô/ *adj.* 1 que tem polpa; carnudo 2 [fig.] gordo 3 [fig.] robusto; vigoroso (Do lat. *torōsu-*, «id.»)
torpe¹ /ó/ *adj.2g.* 1 que entorpece 2 embaraçado; acanhado (Do lat. *torpēre*, «estar entorpecido»)
torpe² /ô/ *adj.2g.* 1 desonesto 2 ignóbil 3 sórdido; nojento 4 indecoroso 5 obsceno (Do lat. *turpe-*, «id.»)
torpecer *v.tr.,intr.* ⇒ **entorpecer** (Do lat. *torpescĕre*, «id.»)
torpedeamento *n.m.* ato de torpedear (De *torpedear+-mento*)
torpedear *v.tr.* 1 atacar por meio de torpedo(s) 2 destruir por meio de torpedo(s) 3 [fig.] atacar agressivamente com perguntas, críticas ou argumentos 4 [fig.] contrariar (De *torpedo+-ear*)
torpedeiro *n.m.* barco destinado a conduzir e lançar torpedos ■ *adj.* que lança torpedos (De *torpedo+-eiro*)
Torpedínidas *n.m.pl.* ICTIOLOGIA ⇒ **Torpedinídeos**
torpedinídeo *adj.* ICTIOLOGIA relativo ou pertencente aos Torpedinídeos ■ *n.m.* ICTIOLOGIA espécime dos Torpedinídeos
Torpedinídeos *n.m.pl.* ICTIOLOGIA família de peixes seláquios a cujo género-tipo, que se denomina *Torpedo*, pertencem as tremelgas (Do lat. *torpedīne-*, «tremelga» *+-ídeos*)
torpedo /ê/ *n.m.* 1 engenho explosivo provido de propulsão e direção próprias, destinado a produzir explosões em navios 2 ICTIOLOGIA peixe seláquio que produz descargas elétricas (género *Torpedo*), entre os quais a tremelga (Do lat. *torpēdo*, «torpedo; peixe seláquio»)
torpemente *adv.* 1 com torpeza 2 abominavelmente 3 com obscenidade (De *torpe+-mente*)
torpeza /ê/ *n.f.* 1 qualidade de torpe 2 desonestidade 3 ignomínia; procedimento desprezível 4 ato impudico ou ofensivo (De *torpe+-eza*)
torpidade *n.f.* ⇒ **torpeza** (De *torpe+-i-+-dade*)
tórpido *adj.* 1 que tem torpor; que não tem energia 2 que causa torpor 3 MEDICINA (lesão) que evolui muito lentamente, sem manifestar grande tendência quer para se agravar quer para melhorar (Do lat. *torpĭdu-*, «id.»)
torpilha *n.f.* aparelho para enxofrar e, de modo geral, para polvilhar plantas, composto de um fole, um depósito e um raro; enxofradeira (Do fr. *torpille*, «torpedo»?)
torpor *n.m.* 1 falta de energia; falta de vontade para agir; inércia 2 MEDICINA estado de diminuição de sensibilidade ou de movimento de alguma parte do corpo 3 adormecimento 4 [fig.] indiferença (Do lat. *torpōre-*, «id.»)
torquaz *adj.2g.* ORNITOLOGIA ⇒ **torcaz** (Do lat. **torquāce-*, «ornado de colar», de *torque-*, «colar»)
torquês *n.f.* (plural **torqueses**) [Brasil] ⇒ **turquês** (Do fr. ant. *turquoises [tenailles]*, «[tenazes] turcas»)
torr *n.m.* FÍSICA antiga unidade de medida de pressão que corresponde à pressão equivalente a 1 milímetro de mercúrio (De E. Torricelli, antr., físico e matemático it., 1608-1647)
torra *n.f.* 1 ato ou efeito de torrar 2 [pop.] sova (Deriv. regr. de *torrar*)
torração *n.f.* torragem; torrefação (De *torrar+-ção*)
torrada *n.f.* fatia de pão levemente queimada por ação do calor, geralmente barrada com manteiga, compota, etc. (Part. pass. fem. subst. de *torrar*)
torradeira *n.f.* utensílio que serve para torrar pão (De *torrar+-deira*)
torrado *adj.* 1 que sofreu torrefação; tostado; tisnado 2 diz-se do touro que tem o pelo negro do meio do corpo para baixo 3 [fig.] murcho; mirrado (Part. pass. de *torrar*)
torrador *n.m.* aparelho de torrar café (De *torrar+-dor*)
torragem *n.f.* ato ou efeito de torrar; torrefação (De *torrar+-agem*)
torralhão *n.m.* torre grande em ruínas (De *torre+-alho+-ão*)
torrão *n.m.* 1 pedaço de terra endurecida que não se desagrega por si mesma 2 pedaço endurecido de substância normalmente em pó 3 CULINÁRIA doce feito com amêndoas e açúcar ou mel 4 fragmento 5 [fig.] território; pátria (Por *terrão*, de *terra+-ão*)
torrão-de-açúcar *n.m.* BOTÂNICA variedade de pera
torrar *v.tr.* 1 tornar seco e estaladiço por meio de calor; ressequir 2 [fig.] dar uma cor acastanhada a 3 [fig.] dar aparência de queimado a; estorricar; carbonizar 4 [fig.] (SOL) bronzear intensamente 5 [fig.] gastar desenfreadamente (dinheiro) 6 [fig.] tornar murcho (Do lat. vulg. **torrāre*, por *torrēre*, «id.»)
torre /ô/ *n.f.* 1 construção estreita, alta e fortificada, construída no passado principalmente para defesa da população em caso de guerra; fortaleza 2 construção de alvenaria, redonda ou angular, anexa à igreja, onde se suspendem os sinos; campanário 3 (geral) construção alta e estreita 4 prédio alto, geralmente destinado a habitação ou escritórios 5 posto de observação ou de comando 6 peça do jogo do xadrez com valor imediatamente inferior ao da rainha 7 NÁUTICA parte elevada sobre a coberta dos navios onde se coloca a artilharia 8 MILITAR estrutura blindada, superior, móvel, dos carros de combate que permite que a boca de fogo nela alojada possa fazer tiro em todas as direções 9 [fig.] pessoa muito alta; **~ de Babel** 1 (Bíblia) torre que os descendentes de Noé pretendiam edificar e cujo projeto ambicioso de chegar até ao céu levou Deus a castigá-los, fazendo-os falar línguas diferentes e obrigando-os assim a interromper a construção; 2 [fig.] grande confusão; **~ de controlo** secção elevada do aeródromo a partir da qual se apoia e coordena as descolagens e aterragens na pista de aviação; **~ de menagem** torre principal de uma fortaleza; **meter-se na sua ~ de marfim** isolar-se, refugiar-se na sua importância (Do lat. *turre-*, «id.»)
torreado *adj.* 1 guarnecido de torres 2 em forma de torre (Part. pass. de *torrear*)
torreame *n.m.* conjunto de torres (De *torre+-ame*)
torreante *adj.2g.* que se eleva como uma torre (De *torrear+-ante*)
torreão *n.m.* 1 torre larga e ameada, construída sobre um castelo 2 pavilhão levantado no ângulo de um edifício (De *torre+-ão*)
torrear *v.tr.* fortificar com torres ■ *v.intr.* elevar-se à maneira de torre; alçar-se (De *torre+-ear*)
torrefação *n.f.* 1 ação de torrar submetendo à ação do fogo 2 fábrica onde se torra, principalmente grão de café e cevada (Do lat. **torrefactiōne-*, de *torrefacĕre*, «torrar»)
torrefacção ver nova grafia **torrefação**
torrefacto ver nova grafia **torrefato**
torrefactor ver nova grafia **torrefator**
torrefato *adj.* ⇒ **torrado** (Do lat. *torrefactu-*, «id.»)
torrefator *adj.* que torrefaz ■ *n.m.* torrador (Do lat. *torrefāctu-*, «torrefato» *+-or*)
torrefazer *v.tr.* 1 torrar submetendo à ação do calor 2 tornar tórrido (Do lat. *torrefacēre*, «id.»)
torrefeito *adj.* ⇒ **torrado** (Do lat. *torrefactu-*, «id.»)
torreira *n.f.* 1 calor excessivo do Sol 2 lugar onde o calor do Sol é mais intenso (De *torrar+-eira*)
torrejano *adj.* relativo à cidade portuguesa de Torres Novas, no distrito de Santarém ■ *n.m.* natural ou habitante desta cidade (De *Torres*, top.+j +-ano)
torrejar *v.tr.,intr.* ⇒ **torrear** (De *torre+-ejar*)
torrela *n.f.* torre pequena (De *torre+-ela*)
torrencial *adj.2g.* 1 referente às torrentes 2 que cai em torrentes 3 (rio) que tem torrentes muito fortes; caudaloso 4 [fig.] copioso; exuberante (Do fr. *torrentiel*, «id.»)
torrencialmente *adv.* 1 em torrentes 2 caudalosamente; impetuosamente 3 em grande abundância (De *torrencial+-mente*)
torrente *n.f.* 1 curso de água temporário, proveniente das chuvas e dos degelos, rápido e impetuoso 2 [fig.] grande quantidade 3 [fig.] impetuosidade 4 [fig.] força das coisas (Do lat. *torrente-*, «rio caudaloso; torrente»)
torrentoso *adj.* que tem a impetuosidade de uma torrente; torrencial; agitado; tempestuoso (De *torrente+-oso*)
torresão *adj.,n.m.* ⇒ **torriense**¹·² (De *Torres*, top. +-ão)
torresmada *n.f.* [Açores] disparate; parvoíce (De *torresmo+-ada*)
torresmo /ê/ *n.m.* 1 resíduo da banha de porco ou de outro animal, depois de extraída a gordura pela ação do fogo; rijão 2 resíduo de carvão de pedra queimado nas forjas ou fornalhas 3 [fig.] coisa muito torrada (Do cast. *torrezno*, «id.»)
torreta /ê/ *n.f.* ⇒ **torrinha** (De *torre+-eta*)
torrezão *n.m.* ⇒ **torreão** (De *torre+-z-+-ão*)
torriano *adj.,n.m.* ⇒ **torriense**¹·² (De *Torres*, top. +-iano)
tórrido *adj.* 1 muito ardente; abrasador 2 [fig.] sensual; ardente; **zona tórrida** parte da Terra situada entre os dois trópicos (Do lat. *torrĭdu-*, «id.»)
torriense¹ *adj.2g.* relativo ou pertencente a Torres Novas, no distrito de Santarém, ou que é seu natural ou habitante; torrejano ■ *n.m.* natural ou habitante de Torres Novas; torresão; torrejão (De *Torres [Novas]*, topónimo +-ense)
torriense² *adj.2g.* relativo ou pertencente a Torres Vedras, no distrito de Lisboa, ou que é seu natural ou habitante; torresão; torriano ■ *n.2g.* natural ou habitante de Torres Vedras; torresão; torriano (De *Torres [Vedras]*, topónimo +-ense)
torrificação *n.f.* ato ou efeito de torrificar (De *torrificar+-ção*)
torrificar *v.tr.* 1 tornar tórrido 2 sujeitar a um fogo vivo 3 torrar; tostar (Do lat. *torrĭdu-*, «torrado» *+facĕre*, «fazer» *+-ar*)
torrígero *adj.* (elefante) que leva torre ou palanquim (Do lat. *turrigĕru-*, «id.»)

torrija n.f. fatia de pão embebida em vinho, ovos e açúcar ou mel, e depois torrada (Do cast. *torrija*, «id.»)

torrinha n.f. 1 torre pequena 2 camarote ou galeria no lugar mais elevado dos teatros (De *torre*+-*inha*)

torriscar v.tr. torrar muito; estorricar (De *torrar*+-*iscar*)

torroada n.f. 1 arremesso ou pancada de torrão 2 grande porção de torrões (De *torrão*+-*ada*)

torroeiro n.m. sítio donde se tira o torrão para construir as vedações das marinhas (De *torrão*+-*eiro*)

torso¹ /ô/ n.m. 1 tronco 2 trabalho artístico que representa o tronco humano, sem cabeça nem membros 3 busto; peito (Do it. *torso*, «id.»)

torso² /ô/ adj. 1 torcido; torto 2 diz-se, em especial, da coluna helicoidal (Do lat. *torsu*, por *tortu*, «id.», part. pass. de *torquēre*, «torcer»)

torsor n.m. aparelho ou dispositivo que serve para torcer (Do lat. *torsu*, por *tortu*-, «torcido»; torto», part. pass. de *torquēre*, «torcer» + -*or*)

torta n.f. 1 CULINÁRIA bolo enrolado com recheio doce ou salgado 2 dor provocada pela contração do útero, após o parto 3 contorção da vara de videira ao fazer a empa 4 [pop.] bebedeira 5 [pop., pej.] mulher feia ou vesga (Do lat. *torta*-, «torcida», part. pass. fem. de *torquēre*, «torcer»)

tortão n.m. HERÁLDICA arruela ou besante do brasão em forma de torta (De *torta*+-*ão*)

torteira n.f. forma própria para fazer tortas (De *torta*+-*eira*)

tortellini n.m.2n. massa com recheio, geralmente de carne picada, legumes ou queijo fresco, em forma de pequenos anéis (Do it. *tortellini*, pl. de *tortellino*, «pequeno pedaço de massa salgada recheada»)

tortelos adj.inv.,n.m.2n. [pop.] que ou o indivíduo que tem os olhos tortos; zarolho; vesgo (De *torto*+-*elo*)

torticeiro adj. 1 que torce a lei ou o direito 2 injusto (Do cast. *torticero*, «id.»)

torticolo n.m. ⇒ **torcicolo** (Do lat. *tortu*-, «torto» +*collu*-, «pescoço»)

tortilha n.f. 1 {*diminutivo de* **torta**} torta pequena 2 CULINÁRIA omeleta não enrolada de ovos com batata e outros ingredientes, de origem espanhola (Do cast. *tortilla*, «id.»)

torto /ô/ adj. 1 que não é direito; torcido 2 inclinado; oblíquo 3 cego de um olho ou a que falta um olho 4 estrábico; vesgo 5 [fig.] que não é reto; desleal; injusto 6 [fig.] errado 7 [fig.] embriagado ■ n.m. [ant.] ofensa; dano ■ adv. 1 mal 2 erradamente; de *~ e a direito* à toa, a esmo, às cegas, para todos os lados, irrefletidamente; *Deus escreve direito por linhas tortas* há males que vêm por bem; *não passar da cepa torta* continuar a viver mal, sempre com dificuldades (Do lat. *tortu*-, «id.», part. pass. de *torquēre*, «torcer»)

Tortoniano n.m. GEOLOGIA andar do Miocénico (De *Tortona*, top., cidade italiana a sul de Milão +-*iano*)

tortual n.m. 1 barra de madeira ou de ferro que se atravessa no olho do fuso do lagar para o fazer girar 2 disco adaptado ao fuso da roca para lhe facilitar o giro (Do lat. *tortu*-, «torcido»+-*al*)

tortueiral n.m. ⇒ **tortual** (Do lat. *tortu*-, «torcido» +-*eiro*+-*al*)

tortulheira n.f. 1 conjunto de hastes ou rebentos saídos da raiz de uma só planta 2 viveiro de tortulhos 3 [fig.] grupo de pessoas; bando; magote (De *tortulho*+-*eira*)

tortulho n.m. 1 BOTÂNICA designação corrente extensiva a cogumelos, entre os quais os pertencentes às espécies comestíveis 2 feixe de tripas secas, atadas, que se destina ao comércio 3 [fig.] indivíduo gordo e baixo, de aspeto atarracado 4 [fig., coloq.] guarda-chuva (Do lat. vulg. *tertubulu*-, de *terrae tuberum*, «túbera da terra»)

tortumelo /ê/ n.m. 1 nó ou porção mais dura do enchimento de um colchão 2 protuberância; inchaço; tumor 3 coisa grosseira; coisa desajeitada (De orig. obsc.)

tortuosamente adv. 1 torcidamente 2 astuciosamente; com ardil (De *tortuoso*+-*mente*)

tortuosidade n.f. 1 qualidade ou estado do que é tortuoso 2 sinuosidade 3 [fig.] parcialidade; injustiça 4 [fig.] erro; ardil (Do lat. *tortuositāte*-, «id.»)

tortuoso adj. 1 que descreve curvas; sinuoso 2 torto 3 [fig.] desleal; injusto (Do lat. *tortuōsu*-, «id.»)

tortura n.f. 1 sofrimento físico infligido a um prisioneiro, geralmente para o fazer confessar algo que recusa revelar 2 suplício 3 [fig.] grande sofrimento físico ou psicológico; dor intolerável; tormento; angústia 4 qualidade ou estado do que o está torto; tortuosidade; curvatura (Do lat. *tortūra*-, «id.»)

torturado adj. 1 que sofreu tortura 2 [fig.] amargurado (Part. pass. de *torturar*)

torturante adj.2g. 1 que tortura 2 pungente; dilacerante (De *torturar*+-*ante*)

torturar v.tr. 1 infligir tortura a 2 [fig.] atormentar; afligir ■ v.pron. atormentar-se; angustiar-se (De *tortura*+-*ar*)

tórulo n.m. 1 saliência ou nódulo nalguns órgãos vegetais 2 fungo que ataca algumas plantas, especialmente a casca do caule e as folhas (Do lat. *torŭlu*-, «alburno»)

toruloso adj. que apresenta tórulos (De *tórulo*+-*oso*)

torvação n.f. 1 ato ou efeito de torvar 2 aspeto sombrio e carrancudo 3 perturbação de ânimo; irritação; cólera (Do lat. *turbatiōne*-, «id.»)

torvamento n.m. ⇒ **torvação** (De *torvar*+-*mento*)

torvar v.tr. 1 irritar; inquietar; perturbar 2 [ant.] impedir ■ v.intr. tornar-se carrancudo; irritar-se; perturbar-se (Do lat. *turbāre*, «id.»)

torvelinhar v.intr. fazer torvelinho; agitar-se; redemoinhar (De *torvelinho*+-*ar*)

torvelinho n.m. redemoinho (Do lat. vulg. *turbinīnu*-, dim. de *turbīne*-, «redemoinho»)

torvelino n.m. ⇒ **torvelinho**

torvidade n.f. 1 pavor 2 rigor; severidade 3 torvação; cólera (Do lat. *torvitāte*-, «id.»)

torvo /ô/ adj. 1 que infunde terror; terrível; pavoroso 2 iracundo 3 escuro; sombrio (Do lat. *torvu*-, «id.»)

tosa¹ n.f. 1 ato ou efeito de tosar; operação de tosar a lã ou de aparar a felpa; tosquia (Deriv. regr. de *tosar*, «tosquiar»)

tosa² n.f. [pop.] tunda; sova (Deriv. regr. de *tosar*, «espancar»)

tosador adj.,n.m. que ou aquele que tosa (De *tosar*+-*dor*)

tosadura n.f. ato ou efeito de tosar (De *tosar*+-*dura*)

tosão n.m. 1 pelo ou lanugem de carneiro 2 [regionalismo] rede para apanhar trutas; *Tosão de Ouro* ordem de cavalaria, instituída pelo duque de Borgonha, Filipe III, o Bom (1396-1467), por ocasião do seu casamento com D. Isabel de Portugal, filha de D. João I, 1357--1433 (Do lat. *tonsiōne*-, «tosquia»)

tosar¹ v.tr. 1 tosquiar (animais laníferos) 2 aparar a felpa a (estofos de lã) 3 [fig.] roer; cortar rente (Do lat. *tonsāre*, freq. de *tondēre*, «tosquiar»)

tosar² v.tr. [pop.] dar tosa ou sova em; espancar (Do lat. *tusāre*, freq. de *tundēre*, «bater»)

toscanejar v.intr. cabecear com sono, pestanejando (De *tosco* × *pestanejar*)

toscano¹ adj. pertencente ou relativo à Toscana ■ n.m. 1 natural ou habitante da região italiana da Toscana, antiga Etrúria 2 dialeto falado na Toscana (Do lat. *tuscānu*-, «id.»)

toscano² n.m. carpinteiro que executa os trabalhos mais toscos (De *tosco*+-*ano*)

toscar v.tr. 1 [pop.] surpreender com a vista; avistar 2 [pop.] compreender (De orig. obsc.)

tosco /ô/ adj. 1 tal como a natureza o produziu; grosseiro 2 malfeito 3 [fig.] rude; inculto (Do lat. *tuscu*-, «dissoluto»)

tosga n.f. [coloq.] bebedeira

toso /ô/ n.m. [Brasil] maneira especial de cortar a crina ao cavalo (Deriv. regr. de *tosar*)

tosquenejar v.intr. ⇒ **toscanejar** (De *tosco* × *pestanejar*)

tosquia n.f. 1 ato ou efeito de tosquiar; tosadura 2 [fig.] crítica; repreensão; censura 3 [coloq.] corte de cabelo (Deriv. regr. de *tosquiar*)

tosquiadeira n.f. tesoura de tosquiar (De *tosquiar*+-*deira*)

tosquiadela n.f. 1 tosquia leve 2 [coloq.] corte de cabelo 3 [fig.] censura leve; ensinadela (De *tosquiar*+-*dela*)

tosquiador adj.,n.m. que ou aquele que tosquia 2 [fig.] crítico (De *tosquiar*+-*dor*)

tosquiadura n.f. ⇒ **tosquia** (De *tosquiar*+-*dura*)

tosquiar v.tr. 1 cortar rente (a lã aos animais); aparar 2 talhar as extremidades de (rama das plantas) 3 [coloq.] cortar o cabelo a 4 [fig.] criticar 5 [fig.] espoliar (Do cast. *trasquilar*, «id.»)

tosse n.f. 1 expiração brusca, convulsa e ruidosa do ar contido nos pulmões 2 [coloq.] falta de dinheiro 3 [coloq.] birra 4 [coloq.] má vontade; *~ de guariba* [Brasil] tosse convulsa; *tirar a ~ a* matar, reduzir à insignificância (Do lat. *tusse*-, «id.»)

tosse convulsa n.f. MEDICINA doença infantil infeciosa e contagiosa que se manifesta através de acessos de tosse violenta e asfixiante; coqueluche; pertússis

tossegoso adj. que tem tosse (De *tosse*+*g*+-*oso*)

tossegueira n.f. tosse forte e violenta (De *tosse*+*g*+-*eira*)

tosseguento adj. que tem tossegueira (De *tosse*+*g*+-*ento*)

tosseira n.f. [pop.] tosse seca e pertinaz (De *tosse*+-*eira*)

tossezinha n.f. 1 tosse seca e contínua 2 [fig.] tosse fingida (De *tosse*+*z*+-*inha*)

tossicar v.intr. tossir fracamente e de forma repetida (De *tossir*+-*icar*)

tossidela n.f. ato de tossir (De *tossir*+*-dela*)

tossido n.m. tosse fingida para disfarçar algum sentimento ou chamar a atenção de alguém (Do lat. *tussītu-*, «id.», part. pass. de *tussīre*, «tossir»)

tossiquento adj. que tossica (De *tossicar*+*-ento*)

tossir v.intr. **1** ter tosse **2** fingir a tosse ■ v.tr. expelir da garganta; lançar de si (Do lat. *tussīre*, «id.»)

tosta n.f. **1** fatia de pão torrado; torrada **2** biscoito salgado e estaladiço, geralmente quadrado ou retangular **3** [coloq.] calor intenso (Do lat. *tosta-*, «torrada», part. pass. fem. de *torrēre*, «torrar»)

tostadela n.f. ato ou efeito de tostar levemente (De *tostar*+*-dela*)

tostado adj. **1** crestado levemente **2** queimado **3** moreno; trigueiro; queimado do sol **4** escuro (Part. pass. de *tostar*)

tostadura n.f. ⇒ **tostadela** (De *tostar*+*-dura*)

tosta-mista n.f. sanduíche quente, confecionada com duas fatias de pão de forma entremeadas de queijo e fiambre (De *tosta*+*mista*)

tostão n.m. **1** antiga moeda portuguesa equivalente a dez centavos **2** moeda de ouro cunhada no reinado de D. Manuel I (1469-1521), e que valia 1200 réis; *não ter um ~* não ter dinheiro nenhum (Do fr. *teston*, «id.»)

tostar v.tr. queimar levemente; crestar; torrar (Do lat. vulg. *tostāre*, «id.»)

toste¹ n.m. saudação; brinde; saúde (Do ing. *toast*, «brinde»)

toste² n.m. banco a que se prendiam os forçados nas galés (De orig. obsc.)

toste³ adj.2g. [ant.] breve; rápido ■ adv. [ant.] depressa (De orig. obsc.)

total adj.2g. **1** que forma ou abrange um todo **2** a que não falta nada ■ n.m. **1** resultado de uma adição; soma **2** reunião das várias partes de um todo; totalidade (Do lat. *totāle-*, de *totu-*, «todo», pelo fr. *total*, «id.»)

totalidade n.f. **1** reunião de todas as partes que formam um todo; integralidade **2** soma; total (De *total*+*-i-*+*-dade*)

totalista n.2g. pessoa que perfaz o total de pontos, num jogo como o totobola (De *total*+*-ista*)

totalitário adj. **1** que não admite divisões nem fracionamentos **2** diz-se de um sistema político em que todas as atividades sociais são dominadas pelo Estado, sem qualquer forma legal de oposição **3** diz-se do Estado organizado segundo esse sistema político (Do fr. *totalitaire*, «id.»)

totalitarismo n.m. sistema de governo totalitário (De *totalitário*+*-ismo*)

totalitarista adj.2g. relativo ao totalitarismo ■ n.2g. pessoa partidária do totalitarismo (De *totalitário*+*-ista*)

totalização n.f. ato ou efeito de totalizar (De *totalizar*+*-ção*)

totalizador adj. que totaliza ■ n.m. **1** aquele que totaliza **2** aparelho que serve para totalizar muitas parcelas (De *totalizar*+*-dor*)

totalizar v.tr. **1** formar ou calcular o total de **2** ter como total **3** avaliar no conjunto **4** perfazer um todo (De *total*+*-izar*)

totalmente adv. completamente; inteiramente; de maneira total (De *total*+*-mente*)

totem n.m. **1** animal, vegetal ou (raramente) objeto, considerado como antepassado ou protetor de um clã, que simboliza a unidade do grupo e atualiza algumas das características com que os membros do grupo sentem afinidade, ao qual se vinculam ainda por deveres e tabus sociais e religiosos **2** representação desse animal, vegetal ou objeto (Do algonquino *totem*, «parente; antepassado», pelo ing. *totem*, «símbolo de clã; antepassado de clã»)

tóteme n.m. ⇒ **totem**

totémico adj. relativo ao totem (De *tóteme*+*-ico*)

totemismo n.m. **1** organização sociofamiliar baseada no sistema totémico **2** crença nos tótemes **3** culto prestado aos tótemes **4** doutrina segundo a qual o culto do totem constituí a forma primitiva da religião, e os tabus de que o totem é objeto a forma primitiva da moral (E. Durkheim, sociólogo francês, 1858-1917, e S. Freud, psicanalista austríaco, 1856-1939) (De *tótem*+*-ismo*, ou do ing. *totemism*, «id.»)

totipalmas n.f.pl. ORNITOLOGIA grupo (subordem) de aves palmípedes de polegar desenvolvido e ligado aos outros dedos pela membrana interdigital (Do lat. *tōtu-*, «todo» +*palma-*, «pata»)

totipotente adj.2g. **1** BIOLOGIA diz-se das células do embrião que, isoladas do conjunto, são capazes de se desenvolver em embrião completo **2** diz-se do estado que apresentam as células que são portadoras de todas as características específicas **3** em micetologia, o mesmo que bissexuado (Do lat. *tōtu-*, «todo» +*potente-*, «poderoso»)

totó n.m. **1** porção de cabelo atado de cada um dos lados da cabeça **2** [pop.] cãozinho **3** [regionalismo] porco ■ adj.,n.2g. **1** [coloq., pej.] que ou pessoa que é acanhada, inibida e não se desenrasca **2** [coloq., pej.] lerdo; pateta (De orig. obsc.)

totobola n.m. jogo de apostas mútuas sobre modalidades desportivas (Do al. *Toto*, «aposta desportiva», abrev. do ing. *totalizator*, «totalizador»+port. *bola*)

totoloto n.m. jogo de azar que consiste em registar em boletim próprio seis números diferentes de 1 a 49 e em que o primeiro prémio é atribuído a quem acerta nos números que forem extraídos segundo um sistema semelhante ao da lotaria (Do al. *Toto*, «aposta desportiva» +*Lotto*, «espécie de lotaria», do it. *lotto*, «loto», jogo de azar)

touca n.f. **1** peça leve que cobre a cabeça de criança ou de mulher **2** acessório de vestuário que cobre a cabeça para proteger o cabelo, e que é usado no banho ou na natação **3** peça do vestuário das freiras, que lhes cobre a cabeça e os ombros **4** turbante **5** [pop.] bebedeira; carraspana (Do pers. *tāq*, «véu», pelo lat. hisp. *tauca-*, «id.»)

touça n.f. **1** vergôntea de castanheiro utilizada em cestaria **2** vara ou ramo comprido de uma árvore **3** parte de uma planta, especialmente árvore, que compreende as bases do caule e da raiz; cepa **4** touceira **5** pé da cana-de-açúcar **6** maciço de castanheiros **7** moita (De pré-rom. *taucia-*, «id.»)

toucado adj. **1** ornado de touca **2** [fig.] coberto; copado ■ n.m. conjunto de adornos para a cabeça (De *touca*+*-ado*)

toucador adj. que touca ■ n.m. **1** móvel com espelho para servir a quem se touca ou penteia **2** [ant.] quarto onde estava o toucador, usado para o arranjo pessoal diário **3** [ant.] touca com que as mulheres seguravam o cabelo ao deitar (De *toucar*+*-dor*)

toucar v.tr. **1** pôr touca ou toucado em **2** arranjar (o cabelo) **3** [fig.] adornar **4** [fig.] cobrir a parte superior de; circundar; aureolar ■ v.pron. **1** ajeitar o próprio cabelo **2** [fig.] enfeitar-se **3** copar-se (De *touca*+*-ar*)

touceira n.f. **1** touça grande **2** rebentos que saem especialmente da base de uma planta (De *touça*+*-eira*)

touceiral n.m. moitedo (De *touceira*+*-al*)

toucinheiro n.m. vendedor de toucinho ou de qualquer carne de porco (De *toucinho*+*-eiro*)

toucinho n.m. camada de gordura por baixo da pele do porco, usada em culinária; *~ entremeado* toucinho em que a gordura e a carne aparecem alternadas, usado na alimentação; *~ fumado* carne de porco entremeada com gordura, curada ao fumo e utilizada em culinária, bacon (Do lat. vulg. **tuccīnu-*, dim. de *tucca*, «acepipes»)

toucinho-do-céu ver nova grafia toucinho do céu

toucinho do céu n.m. CULINÁRIA doce preparado com açúcar em ponto, grande quantidade de gemas de ovos, amêndoas e por vezes doce de chila ou abóbora cristalizada

touço n.m. **1** parte do carro de bois donde sai o cabeçalho; timão do carro **2** [regionalismo] vara munida de uma rodela de madeira na extremidade com que se batia o leite para lhe separar a nata **3** [regionalismo] toucinho (De orig. obsc.)

tougue n.m. estandarte turco formado de meia lança à qual se prende uma cauda de cavalo com um botão de ouro (Do turc. *tug*, «id.», pelo fr. *tougue*, «id.»)

toupeira n.f. **1** ZOOLOGIA pequeno mamífero insetívoro, de olhos pequenos e rudimentares e pelagem densa, pertencente à família dos Talpídeos, que vive em galerias que cava com os membros anteriores espalmados, e é também conhecido por cava-terra, escava-terra, rata, rato-cego, etc. **2** [fig.] pessoa de olhos muito pequenos **3** [fig.] pessoa com vista fraca **4** [fig., pej.] pessoa ignorante, estúpida **5** [fig.] espião infiltrado **6** [pej.] mulher idosa e mal vestida **7** ICTIOLOGIA ⇒ **cantariz** (Do lat. *talpa-*, «id.», pelo port. ant. *toupa*+*-eira*)

toupeira-d'água n.f. ZOOLOGIA nome vulgar por que também se designa o rato-almiscareiro (pequeno mamífero insetívoro munido de tromba)

toupeirão n.m. ORNITOLOGIA ave de rapina, noturna, da família dos Estrigídeos, com penachos cefálicos muito desenvolvidos, que aparece em Portugal, no inverno, e é também conhecida por coruja, mocho, bufo-pequeno, etc. (De *toupeira*+*-ão*)

toupeirinho n.m. nome vulgar por que também é conhecido o ralo (inseto ortóptero) (De *toupeira*+*-inho*)

toura n.f. **1** ZOOLOGIA fêmea do touro; vaca nova que ainda não teve crias ou que é estéril **2** [gír.] moeda **3** [fig., pop.] mulher fogosa ou brava (Do lat. *taura-*, «id.»)

tourada n.f. **1** espetáculo, em terreno cercado, no qual se enfrenta e procura dominar um touro bravo; corrida de touros **2** manada de touros **3** [fig.] barulheira; tumulto **4** [fig.] chacota (De *touro*+*-ada*)

toural *n.m.* 1 lugar onde o coelho bravo costuma estercar, e onde é costume fazer-se-lhe a espera 2 espaço de uma feira reservado à compra e venda de bois e outros animais domésticos (De *touro+-al*)

tourão *n.m.* 1 ZOOLOGIA pequeno mamífero carnívoro afim da doninha, também chamado gato-toirão 2 [pop.] criança turbulenta e insubordinada (De orig. obsc.)

tourão-do-mato *n.m.* ORNITOLOGIA ⇒ **guião 5**

touraria *n.f.* 1 desordem 2 barulho; gritaria (De *touro+-aria*)

toureador *adj.,n.m.* que ou aquele que toureia (De *tourear+-dor*)

tourear *v.tr.,intr.* correr ou lidar (touros) ■ *v.tr.* 1 [fig.] perseguir; atacar 2 [fig.] desafiar; provocar 3 [fig.] chacotear 4 [Brasil] namorar (De *touro+-ear*)

toureio *n.m.* 1 ato ou efeito de tourear 2 tauromaquia (Deriv. regr. de *tourear*)

toureiro *n.m.* aquele que tem a profissão de lidar touros ■ *adj.* relativo a touros (De *touro+-eiro*)

tourejão *n.m.* cavilha, na extremidade do eixo, que segura cada uma das rodas do carro de bois (De orig. obsc.)

tourejar *v.tr.,intr.* ⇒ **tourear** (De *touro+-ejar*)

touriga *n.f.* 1 designação corrente de algumas castas de videiras, de uvas pretas ou rosadas, cultivadas em Portugal, como a touriga--nacional, que é valiosa na preparação do famoso vinho do Porto 2 uva destas videiras ■ *n.m.* vinho produzido com esse tipo de uva(s) (De orig. obsc.)

touril *n.m.* 1 curral de gado bovino 2 sítio, junto à praça dos touros, onde estão os touros que vão ser corridos (De *touro+-il*)

tourinha *n.f.* 1 toura pequena ou jovem 2 corrida de novilhas mansas 3 paródia a uma destas corridas com touros fingidos (De *toura+-inha*)

tourista *n.m.* ⇒ **toureiro** (De *touro+-ista*)

tournée *n.f.* viagem de âmbito profissional com paragens que obedecem a um itinerário predeterminado, geralmente para dar espetáculos; digressão (Do fr. *tournée*)

touro *n.m.* 1 ZOOLOGIA animal bovino, do sexo masculino, adulto e não castrado; toiro 2 [fig.] homem de grande robustez física 3 [com maiúscula] ASTRONOMIA segunda constelação do zodíaco, situada no hemisfério norte, que contém o grupo das Plêiades e a estrela Aldebarã 4 [com maiúscula] ASTROLOGIA segundo signo do zodíaco, de 20 de abril a 20 de maio 5 *pl.* corrida de touros (Do gr. *taũros*, «id.», pelo lat. *tauru-*, «id.»)

touro-galego *n.m.* ORNITOLOGIA ⇒ **garçota 1**

touro-paul *n.m.* ORNITOLOGIA nome vulgar por que também se designa a abetoira ou abetoura, ave pernalta

touta *n.f.* [pop.] cabeça; toutiço; topete (De orig. obsc.)

touteador *adj.,n.m.* que ou aquele que touteia (De *toutear+-dor*)

toutear *v.intr.* dizer ou fazer tontices; doudejar (De *touta+-ear*?)

toutelo /ê/ *n.m.* [regionalismo] cabeça (De *touta+-elo*)

toutiçada *n.f.* golpe ou pancada no toutiço (De *toutiço+-ada*)

toutiço *n.m.* parte posterior da cabeça; nuca; cachaço (De *touta+-iço*)

toutinegra /ê/ *n.f.* ORNITOLOGIA pássaro, de canto especial, da família dos Silvíideos, sedentário e por vezes muito comum em Portugal, nos sítios arborizados, também conhecido por carapuço, felosa-real, fulecra, picança, tutinegra, tutinegra-real, etc. (De *touta+negra*)

toxemia /tócs/ *n.f.* ⇒ **toxicemia** (Do gr. *toxi[kós]*, «tóxico» +*haĩma*, «sangue»+*-ia*)

toxicar /cs/ *v.tr.* ⇒ **intoxicar** (De *tóxico+-ar*)

toxicemia /cs/ *n.f.* 1 MEDICINA acumulação prejudicial de toxinas no sangue, capaz de produzir perturbações mais ou menos graves; toxicose; toxemia 2 envenenamento ou intoxicação (Do gr. *toxikón*, «tóxico»+*haĩma*, «sangue»+*-ia*)

toxicidade /cs/ *n.f.* qualidade do que é tóxico (De *tóxico+-i-+-dade*)

toxic(o)- /cs/ elemento de formação de palavras que exprime a ideia de *tóxico, veneno* (Do gr. *toxikós*, «tóxico»)

tóxico /cs/ *adj.,n.m.* 1 que ou substância que produz efeitos nocivos no organismo 2 que ou substância que contém veneno ■ *adj.* 1 ECONOMIA diz-se da dívida com alto risco de não ser paga 2 ECONOMIA diz-se do ativo cujo valor de transação não representa o seu valor real (Do gr. *toxikós*, «id.»)

toxicodependência /cs/ *n.f.* estado de dependência física e/ou psicológica de uma substância tóxica (De *toxico-+dependência*)

toxicodependente /cs/ *adj.,n.2g.* que ou pessoa que está viciada no consumo regular de substâncias tóxicas de efeitos sedativos ou estupefacientes; toxicómano; drogado (De *toxico-+dependente*)

toxicofagia /cs/ *n.f.* costume que tem o toxicófago (De *toxicófago+-ia*)

toxicófago /cs/ *n.m.* aquele que costuma ingerir pequenas porções de certo veneno para habituar o organismo aos seus efeitos e prevenir assim um eventual envenenamento (Do gr. *toxikón*, «veneno» +*phageĩn*, «comer»)

toxicofobia /cs/ *n.f.* medo excessivo dos venenos (Do gr. *toxikón*, «veneno» +*phobeĩn*, «ter horror a» +*-ia*)

toxicóforo /cs/ *adj.* que contém ou é portador de veneno (Do gr. *toxikón*, «veneno» +*phorós*, «portador»)

toxicógeno /cs/ *adj.* que produz substâncias tóxicas; toxígeno (Do gr. *toxikón*, «veneno» +*génos*, «origem»)

toxicologia /cs/ *n.f.* 1 ciência que se ocupa dos tóxicos 2 tratado consagrado a este estudo (Do gr. *toxikón*, «veneno» +*lógos*, «ciência» +*-ia*)

toxicológico /cs/ *adj.* respeitante à toxicologia (De *toxicologia+-ico*)

toxicologista /cs/ *n.2g.* ⇒ **toxicólogo** (De *toxicologia+-ista*)

toxicólogo /cs/ *n.m.* indivíduo que é versado em toxicologia (Do gr. *toxikón*, «veneno» +*lógos*, «estudo»)

toxicomania /cs/ *n.f.* MEDICINA hábito de utilizar produtos tóxicos de efeitos sedativos, euforizantes ou estupefacientes (Do gr. *toxikón*, «veneno» +*manía*, «mania»)

toxicomaníaco /cs/ *adj.,n.m.* que ou o indivíduo que sofre de toxicomania; toxicómano (De *toxico-+maníaco*)

toxicómano *adj.,n.m.* ⇒ **toxicomaníaco** (De *toxico-+-mano*)

toxicopatia /cs/ *n.f.* MEDICINA designação genérica das doenças provocadas por tóxicos (Do gr. *toxikón*, «veneno» +*páthos*, «doença» +*-ia*)

toxicose /cs/ *n.f.* 1 MEDICINA doença provocada pela presença de produtos tóxicos no organismo; toxicemia; toxinose 2 ⇒ **intoxicação** (De *tóxico+-ose*)

toxicotraficante /cs/ *n.2g.* 1 traficante de produtos tóxicos 2 pessoa que faz a comercialização ilegal de drogas estupefacientes; narcotraficante (De *toxico-+traficante*)

toxicotráfico /cs/ *n.m.* 1 tráfico de produtos tóxicos 2 comércio ilegal de drogas estupefacientes; narcotráfico (De *toxico-+tráfico*)

toxidade /cs/ *n.f.* ⇒ **toxicidade** (De *tóxi[co]+-i-+-dade*)

toxidermia /cs/ *n.f.* MEDICINA erupção cutânea de origem tóxica (Do gr. *toxi[kón]*, «veneno» +*dérma*, «pele» +*-ia*)

toxidérmico /cs/ *adj.* relativo à toxidermia (De *toxidermia+-ico*)

toxígeno /csi/ *adj.* ⇒ **toxicógeno** (Do gr. *toxi[kón]*, «veneno» +*génos*, «origem»)

toxina /csi/ *n.f.* MEDICINA substância que atua como veneno para o organismo, e que é proveniente do metabolismo deste ou de parasitas (De *tóx[ico]+-ina*)

toxinose /cs/ *n.f.* ⇒ **toxicose** (De *toxina+-ose*)

toxiterapia /cs/ *n.f.* MEDICINA emprego terapêutico de tóxicos (Do gr. *toxikón*, «veneno» +*therapeía*, «tratamento»)

toxodonte /tócs/ *adj.* relativo ou pertencente aos toxodontes ■ *n.m.* espécime dos toxodontes ■ *n.m.pl.* 1 PALEONTOLOGIA grupo de mamíferos ruminantes, fósseis, de grande porte, com dentição característica, atrofiada 2 grupo de moluscos cujas valvas mostram estas características nos dentes da charneira (Do gr. *tóxon*, «arco» +*odoús, -óntos*, «dente»)

toxofilo /tócs/ *adj.* BOTÂNICA que possui folhas em forma de flecha (Do gr. *tóxon*, «arco» +*phýllon*, «folha»)

toxofobia /tócs/ *n.f.* MEDICINA receio obsessivo de envenenamento (Do gr. *tox[ikón]*, «veneno» +*phobeĩn*, «ter horror a» +*-ia*)

toxoplasmose /cs/ *n.f.* MEDICINA doença parasitária, de sintomatologia complexa e variável, que, no caso de ser contraída durante a gravidez, pode provocar malformações no feto ou mesmo a morte (Do gr. *toxikón*, «veneno» +*plásma*, «coisa modelada» +*-ose*, ou do fr. *toxoplasmose*, «id.»)

toxúria /tócs/ *n.f.* MEDICINA existência de toxinas na urina (De *tox[ina]+-úria*)

TPM *n.f.* MEDICINA conjunto de sintomas sentidas por algumas mulheres nos dias que antecedem a menstruação, como é o caso de tensão mamária, dor de cabeça, irritabilidade, insónia, ansiedade, fadiga, etc.; síndrome pré-menstrual (Acrónimo de *tensão pré-menstrual*)

trabal *adj.2g.* diz-se do prego destinado a pregar traves (Do lat. *trabāle-*, «relativo a trave»)

trabalhabilidade *n.f.* ENGENHARIA propriedade de um material poder ser facilmente preparado e aplicado em obra (De *trabalhável+-i-+-dade*)

trabalhadeira *adj.* 1 que trabalha 2 que gosta de trabalhar; diligente ■ *n.f.* 1 aquela que trabalha; mulher laboriosa 2 aquela que gosta de trabalhar (De *trabalhar+-deira*)

trabalhado *adj.* 1 lavrado 2 feito com arte e cuidado; ornado 3 trabalhoso (Part. pass. de *trabalhar*)

trabalhador *adj.* 1 que trabalha 2 que gosta de trabalhar 3 que diz respeito às pessoas que trabalham ■ *n.m.* 1 aquele que trabalha 2 aquele que, por contrato, coloca a sua força de trabalho à disposição de outrem, mediante retribuição; empregado 3 aquele que gosta de trabalhar 4 operário 5 jornaleiro; ~ *estudante* pessoa que trabalha e estuda paralelamente; ~ *independente* profissional por conta própria (De *trabalhar+-dor*)

trabalhão *n.m.* grande esforço; trabalheira (De *trabalho+-ão*)

trabalhar *v.tr.,intr.* exercer uma profissão (em); desenvolver um trabalho (em) ■ *v.tr.* 1 preparar para um dado fim 2 melhorar (algo) através de trabalho mental 3 instruir; formar; treinar 4 submeter a exercício físico; exercitar 5 lidar com; enfrentar 6 fazer negócio com; negociar 7 empenhar-se (em); esforçar-se (por) 8 CULINÁRIA bater (um preparado) à mão ou à máquina 9 aperfeiçoar através da prática e do estudo 10 fazer com arte 11 contribuir (para); concorrer (para) 12 [fig.] manipular; seduzir 13 [fig.] atormentar ■ *v.intr.* 1 desempenhar as suas funções; funcionar (motor, máquina, aparelho, etc.) 2 pensar; maturar (Do lat. vulg. *tripaliāre, «torturar»)

trabalhável *adj.2g.* 1 suscetível de manipulação 2 ENGENHARIA que pode ser facilmente preparado e aplicado em obra (De *trabalhar+-vel*)

trabalheira *n.f.* 1 grande trabalho; canseira 2 maçada (De *trabalho+-eira*)

trabalhismo *n.m.* sistema político-económico que defende a emancipação e a melhoria económica das classes operárias, preconizando a socialização, pelo Estado, das empresas privadas de interesse nacional (De *trabalho+-ismo*)

trabalhista *adj.2g.* 1 relativo a trabalhismo 2 relativo aos partidos trabalhistas ■ *n.2g.* 1 pessoa partidária do trabalhismo 2 membro ou simpatizante de um partido trabalhista (De *trabalho+-ista*)

trabalho *n.m.* 1 ato ou efeito de trabalhar 2 exercício de atividade humana, manual ou intelectual, produtiva 3 esforço necessário para que uma tarefa seja realizada; labor 4 produção 5 atividade profissional remunerada; emprego; profissão 6 exercício da atividade profissional; serviço 7 maneira de trabalhar algo 8 obra realizada 9 maneira como alguém trabalha 10 conjunto dos trabalhadores assalariados enquanto grupo social 11 ação de um maquinismo 12 fenómeno orgânico no interior dos tecidos; fadiga 13 forma mecânica da energia 14 FÍSICA grandeza física de valor igual ao produto da intensidade de uma força pelo comprimento do deslocamento do seu ponto de aplicação, medido na direção da força 15 *pl.* discussões e deliberações de uma instituição 16 *pl.* deveres escolares 17 *pl.* dores; sofrimentos 18 *pl.* obras de um autor 19 *pl.* pesquisas no domínio científico ou intelectual 20 *pl.* empreendimentos difíceis de levar a efeito; ~ *de campo* atividade de recolha de dados para serem posteriormente estudados e analisados; ~ *de parto* série de fenómenos fisiológicos que resultam na saída do feto do corpo materno e na expulsão da placenta; ~ *em cadeia* forma de trabalho industrial caracterizada por atividades parcelares, em que cada operário só faz uma parte limitada, sempre a mesma, das operações totais; *trabalhos forçados* pena de trabalhos públicos; *acabarem-se os trabalhos a* morrer; *carga de trabalhos* grande complicação, dificuldade; *função ~* FÍSICA energia necessária para libertar um eletrão de um corpo (Do lat. vulg. *tripalĭu-*, «aparelho de tortura composto de três paus»)

trabalhoso /ô/ *adj.* 1 que dá muito trabalho 2 que causa grande fadiga (De *trabalho+-oso*)

trábea *n.f.* espécie de toga de cerimónia, entre os Romanos, ornada de listras de diferentes cores (Do lat. *trabĕa-*, «id.»)

trabécula *n.f.* 1 trave pequena 2 BOTÂNICA divisória de esporângio, em algumas plantas 3 HISTOLOGIA cada um dos filamentos que se entrecruzam e pertencem a tecidos do organismo, como no tecido ósseo 4 cada uma das duas peças cartilagíneas, anteriores, num crânio em formação (Do lat. *trabecŭla-*, «id.»)

trabeculado *adj.* 1 cuja estrutura apresenta trabéculas 2 esponjoso (De *trabécula+-ado*)

trabeculoso /ô/ *adj.* que possui muitas trabéculas (De *trabécula+-oso*)

trabelho /ê/ *n.m.* 1 peça de madeira com que se torce a corda da serra para a retesar; trambelho 2 o que é usado para prender os pés dos animais de carga para lhes moderar o andamento 3 [fig.] entrave 4 [fig.] juízo; tino; acerto; *sem trelho nem ~* sem jeito, à toa, disparatadamente (Do lat. *trabecŭlu-*, «pequena trave»)

trabucada *n.f.* 1 ruído causado pelo rodar do trabuco 2 tiro ou pancada de trabuco 3 [fig.] ruído; estrondo (De *trabuco+-ada*)

trabucador *adj.,n.m.* 1 que ou aquele que trabuca 2 [fig.] que ou o que gosta de trabalhar (De *trabucar+-dor*)

trabucar *v.tr.* 1 atacar com o trabuco 2 fazer voltar de baixo para cima (uma embarcação) ■ *v.intr.* 1 (navio) ir a pique 2 trabalhar muito; afadigar-se 3 fazer estrondo (Do prov. *trabucar*, «virar de cima para baixo»)

trabuco *n.m.* 1 espécie de bacamarte 2 antiga máquina de guerra com que se expediam pedras contra as praças (Do prov. *trabuc*, «id.»)

trabular *v.tr.* cortar com o trabulo (serra) (De *trabulo+-ar*)

trabulo *n.m.* 1 [regionalismo] pecíolo da couve 2 [regionalismo] cana do milho sem a espiga 3 [regionalismo] espécie de serra grande com um manípulo em cada extremidade; traçador (Do lat. *trabe-*, «trave» + *-ulo*)

trabuqueiro *n.m.* salteador armado de trabuco (De *trabuco+-eiro*)

trabuquete /ê/ *n.m.* {*diminutivo de* **trabuco**} trabuco pequeno (Do prov. *trabuquet*, «id.»)

trabuzana *n.f.* 1 tormenta; tempestade 2 agitação; motim 3 [pop.] indigestão 4 [pop.] bebedeira 5 [fig.] maçada 6 grande quantidade 7 trabalho; azáfama 8 [Brasil] pessoa destemida (De orig. obsc.)

trabuzanada *n.f.* 1 grande trabuzana 2 mal-estar 3 [coloq.] menstruação (De *trabuzana+-ada*)

traça[1] *n.f.* 1 ZOOLOGIA inseto áptero que ataca, roendo, peles, tecidos, livros, etc. 2 [fig.] tudo o que destrói insensivelmente 3 [coloq.] vontade muito forte de comer; fome intensa 4 [coloq.] vontade muito forte de fumar (Do ár. *tahriza*, «pulverizar»)

traça[2] *n.f.* 1 ato ou efeito de traçar 2 planta; projeto; esboço; desenho; traçado 3 organização; disposição 4 [fig.] ardil; manha (Deriv. regr. de *traçar*)

traçado[1] *n.m.* 1 ato ou efeito de traçar 2 conjunto de linhas que constituem o plano de uma obra; projeto; planta 3 linha esquemática ou contínua 4 forma dada ao que se traça 5 ENGENHARIA conjunto de características, em planta e perfil, de uma via de comunicação, canal, etc. ■ *adj.* 1 representado por traços 2 esboçado; delineado 3 riscado 4 marcado; indicado 5 (cheque) marcado com riscos transversais para impedir que seja levantado; cruzado; barrado (Part. pass. de *traçar* [= riscar])

traçado[2] *adj.* 1 (papel, tecido) roído por traça 2 partido em pedaços (Part. pass. de *traçar* [=roer])

traçado[3] *n.m.* bebida composta por uma mistura de vinho com gasosa, comum nas tascas (Part. pass. de *traçar* [=fazer mistura de])

traçador *adj.* que traça ■ *n.m.* 1 aquele ou aquilo que traça 2 serra de traçar; ~ *de gráficos* INFORMÁTICA mesa de desenho equipada com aparelhagem apropriada, ligada a um computador, a uma calculadora ou a uma unidade de banda magnética, com que se executam desenhos de precisão, especialmente gráficos (De *traçar+-dor*)

traçalhão *n.m.* 1 [regionalismo] naco de pão e de carne 2 [coloq.] mulher forte e bonita (De *traço+-alho+-ão*)

tracalhaz *n.m.* [pop.] grande fatia; naco; porção (De orig. obsc.)

traçamento *n.m.* 1 ato ou efeito de traçar; traçado 2 risco 3 plano (De *traçar+-mento*)

tracanaço *n.m.* [pop.] ⇒ **tracalhaz**

tracanaz *n.m.* [pop.] ⇒ **tracalhaz**

tração *n.f.* 1 ação de uma força que desloca um objeto, puxando-o 2 modo de arrastar veículos 3 ato de puxar, de movimentar 4 força aplicada a um corpo segundo um eixo, de modo a produzir-lhe um alongamento na direção desse eixo; ~ *às quatro rodas* dispositivo através do qual a transmissão da força de deslocação é distribuída pelos eixos traseiro e dianteiro de um veículo (Do lat. *tractiōne-*, «ato de arrastar»)

traçar[1] *v.tr.* 1 representar por meio de traços ou riscos; riscar 2 delinear; esboçar (plano, projeto) 3 descrever (retrato, imagem, trajetória) 4 ordenar; determinar 5 maquinar 6 pôr de través; cruzar (peça de vestuário) 7 marcar (cheque) com riscos transversais para impedir que seja levantado; cruzar; barrar (Do lat. *tractiāre*, «arrastar»)

traçar[2] *v.tr.* (traça) fazer buracos; roer ■ *v.pron.* 1 ser roído pela traça 2 cortar-se (De *traça+-ar*)

traçar[3] *v.tr.* fazer mistura de (substâncias, elementos); cruzar (De *terçar*)

traçaria *n.f.* porção de traças (De *traça+-aria*)

tracção ver nova grafia **tração**

tracejado *adj.* 1 diz-se da linha formada pela sequência de pequenos traços iguais, a intervalos também iguais 2 diz-se da superfície preenchida com traços ■ *n.m.* 1 conjunto das linhas ou das superfícies tracejadas, num desenho **2** linha formada pela sequência de pequenos traços iguais, a intervalos também iguais (Part. pass. de *tracejar*)

tracejamento *n.m.* **1** ato ou efeito de tracejar **2** tracejado (De *tracejar*+*-mento*)

tracejar *v.tr.* **1** formar com pequenos traços iguais, a intervalos também iguais **2** esboçar; delinear ▪ *v.intr.* fazer traços; riscar (De *traço*+*-ejar*)

trácio *adj.* da Trácia ou ela relativo ▪ *n.m.* natural ou habitante da Trácia (região entre o Danúbio e o mar da Mármara) (Do gr. *Thrákios*, «id.», pelo lat. *Thracĭu-*, «id.»)

tracista *n.2g.* pessoa que faz traços, que planeia ou que dá alvitres (De *traço*+*-ista*)

traço *n.m.* **1** ato ou efeito de traçar **2** segmento curto de uma linha; risco **3** linha de um desenho não sombreado **4** relação dos materiais que entram na composição dos betões, argamassas, etc. **5** maneira própria de desenhar **6** linha do rosto; feição **7** semelhança fisionómica; parecença **8** propriedade ou característica específica de um ser ou de uma coisa; essência **9** delineamento inicial e pouco pormenorizado de uma obra ou trabalho; esboço **10** [fig.] sinal; vestígio; rastro **11** fragmento de uma obra ou de um discurso; excerto; trecho **12** LINGUÍSTICA elemento mínimo pertinente que permite distinguir unidades fonológicas **13** LINGUÍSTICA elemento mínimo de significação não suscetível de realização independente **14** [pop.] pessoa elegante e atraente **15** [regionalismo] parte de qualquer coisa cortada em sentido transversal **16** [coloq.] (quantidade) bocado; naco; *~ de uma matriz quadrada*, *relativa a um corpo* MATEMÁTICA soma dos elementos diagonais da matriz; *~ de uma reta num plano* MATEMÁTICA ponto de interseção da reta com o plano; *~ de um plano noutro plano* MATEMÁTICA reta de interseção dos dois planos; *~ de um plano numa superfície* MATEMÁTICA interseção do plano com a superfície; *a traços largos* sem entrar em minúcias; *de um ~* de uma só vez (Deriv. regr. de *traçar*)

tracoide *n.m.* BOTÂNICA conjunto de células mortas, de paredes lenhificadas e ornamentadas que se ajustam umas às outras pelas suas extremidades, originando uma formação que conduz a seiva bruta, nalgumas plantas (De *traqueia*+*-óide*)

tracóide ver nova grafia **tracoide**

tracoma /ô/ *n.m.* MEDICINA doença infeciosa, grave, dos olhos; conjuntivite granulosa (Do gr. *trákhoma*, «aspereza da pálpebra»)

tracomatoso *adj.,n.m.* indivíduo ou designativo do indivíduo que sofre de tracoma (Do gr. *trákhoma, -atos*, «tracoma» +*-oso*)

tracto ver nova grafia **trato**[1]

tractocarro ver nova grafia **tratocarro**

tractor ver nova grafia **trator**

tractório ver nova grafia **tratório**

tractorista ver nova grafia **tratorista**

trada *n.f.* verruma pequena (De *trado*)

tradear *v.tr.* furar com trado (De *trado*+*-ear*)

tradela *n.f.* [regionalismo] ⇒ **verruma** (De *trado*+*-ela*)

tradescância *n.f.* BOTÂNICA planta herbácea, da família das Comelináceas (género *Tradescantia*), que se encontra em Portugal e é vulgarmente conhecida por erva-da-fortuna (De *Tradescant*, antr., bot. ing., 1570-1637 +*-ia*)

tradição *n.f.* **1** transmissão oral dos factos, lendas, dogmas, etc., de uma sociedade, de geração em geração **2** conjunto de doutrinas e práticas transmitidas de geração em geração **3** memória; recordação **4** forma de pensar ou de agir herdada de gerações anteriores; uso; hábito **5** RELIGIÃO (religião católica) tradição oral independente da Sagrada Escritura, vinda diretamente de Cristo ou por intermédio dos Apóstolos, considerada como fonte de revelação divina, e, por consequência, tida como transmissora de verdades de fé (Do lat. *traditiōne-*, «id.»)

tradicional *adj.2g.* **1** que diz respeito à tradição **2** conservado na tradição (Do lat. *traditiōne-*, «tradição» +*-al*)

tradicionalidade *n.f.* qualidade de tradicional (De *tradicional*+*-i-*+*-dade*)

tradicionalismo *n.m.* **1** apego às tradições ou aos usos antigos; conservantismo **2** doutrina que faz da tradição a fonte e o critério da verdade (De *tradicional*+*-ismo*)

tradicionalista *adj.2g.* **1** próprio do tradicionalismo **2** que adere ao tradicionalismo; conservador ▪ *n.2g.* adepto do tradicionalismo (De *tradicional*+*-ista*)

tradicionalmente *adv.* segundo a tradição (De *tradicional*+*-mente*)

tradicionário *adj.,n.m.* ⇒ **tradicionalista** (Do lat. *traditiōne-*, «tradição» +*ário*)

trado *n.m.* **1** grande verruma de que se servem os bombeiros, carpinteiros e tanoeiros para abrir furos grandes **2** furo feito com trado **3** ferramenta de forma helicoidal destinada à abertura de furos de sondagem (Do lat. tard. *tarătru-*, «id.», de orig. célt.)

tradução *n.f.* **1** ato de traduzir ou verter de uma língua para outra **2** texto ou obra traduzida; versão **3** [fig.] significação; explicação **4** [fig.] interpretação (Do lat. *traductiōne-*, «id.»)

traducianismo *n.m.* doutrina filosófica e teológica segundo a qual a alma humana deriva da alma dos pais por meio da geração carnal (Do lat. *traducĕre*, «fazer passar; transmitir»)

tradutor *adj.* que traduz ▪ *n.m.* autor de uma tradução (Do lat. *traductōre-*, «id.»)

traduzibilidade *n.f.* qualidade daquilo que é traduzível (De *traduzível*+*-i-*+*-dade*)

traduzideiro *n.m.* ⇒ **traduzidor** (De *traduzir*+*-deiro*)

traduzidor *n.m.* mau tradutor (De *traduzir*+*-dor*)

traduzir *v.tr.* **1** transpor de uma língua para outra; verter **2** [fig.] exprimir **3** [fig.] interpretar ▪ *v.pron.* manifestar-se; indicar (Do lat. *traducĕre*, «traduzir; verter»)

traduzível *adj.2g.* que se pode traduzir (De *traduzir*+*-vel*)

tráfega *n.f.* [regionalismo] afã; lida; azáfama (De *tráfego*)

trafegar *v.intr.* **1** exercer o tráfego; mercadejar; negociar **2** [fig.] trabalhar muito; lidar (Alt. de *traficar*)

tráfego *n.m.* **1** transporte de mercadorias **2** comércio **3** trato mercantil **4** conjunto dos veículos, passageiros e mercadorias que circulam numa via de comunicação; tráfico **5** [fig.] trabalho; afã **6** convivência; trato social (Alt. de *tráfico*)

trafeguear *v.intr.* ⇒ **trafegar** (De *tráfego*+*-ear*)

trafegueiro *n.m.* pequeno barco que, por entre os baixios, transporta parte da carga dos barcos maiores (De *trafegar*+*-eiro*)

traficância *n.f.* **1** negócio fraudulento **2** contrato feito de má-fé **3** vida de traficante (De *traficar*+*-ância*)

traficante *adj.2g.* que faz tráfico; que negoceia ▪ *n.2g.* **1** pessoa que trafica ou faz tráfico **2** [pej.] tratante; intrujão (Do it. *trafficante*, «id.»)

traficar *v.tr.* comprar e vender (mercadorias); negociar; comerciar ▪ *v.intr.* fazer negócios ilícitos ou clandestinos (Do it. *trafficare*, «id.»)

tráfico *n.m.* **1** troca de mercadorias; comércio; negócio **2** comércio ou negócio ilícito; contrabando **3** conjunto dos veículos que circulam numa via de comunicação **4** circulação de veículos; *~ de drogas* transporte e comércio ilegal de estupefacientes; *~ de influências* facto de aceitar ofertas ou subornos para influenciar uma autoridade pública no sentido de obter qualquer tipo de vantagem ou poder (Do it. *traffico*, «id.»)

trafogueiro *n.m.* ⇒ **trasfogueiro**

trafulha *adj.2g.* que diz ou faz trafulhices ▪ *n.2g.* pessoa que diz ou faz trafulhices; trapaceiro; intrujão ▪ *n.f.* trafulhice (De orig. obsc.)

trafulhice *n.f.* [pop.] ato ou dito de trafulha; intrujice; aldrabice (De *trafulha*+*-ice*)

tragacanta *n.f.* ⇒ **alcatira 2** (Do gr. *tragákantha*, «id.», pelo lat. *tragacantha-*, «id.»)

tragacanto *n.m.* BOTÂNICA ⇒ **alcatira 1** (Do gr. *tragákantha*, «id.», pelo lat. *tragacanthu-*, «id.»)

tragada *n.f.* [Brasil] ato de engolir o fumo de cigarro; fumaça (Part. pass. fem. subst. de *tragar*)

tragadeiro *n.m.* **1** [pop.] voragem **2** sorvedouro **3** goelas (De *tragar*+*-deiro*)

tragadoiro *n.m.* ⇒ **tragadouro**

tragador *adj.,n.m.* que ou aquele que traga (De *tragar*+*-dor*)

tragadouro *n.m.* lugar que traga; voragem; abismo (De *tragar*+*-douro*)

traga-malho *n.m.* imposto que os pescadores de Lisboa pagavam à Câmara Municipal (De *trazer*+*malho*)

tragamento *n.m.* ato ou efeito de tragar (De *tragar*+*-mento*)

traga-moiros *n.m.2n.* ⇒ **traga-mouros**

traga-mouros *n.m.2n.* mata-mouros; valentão; ferrabrás (De *tragar*+*mouro*)

tragar *v.tr.* **1** engolir com avidez e sem mastigar **2** beber; engolir de um trago **3** devorar **4** aspirar **5** sorver **6** submergir **7** destruir; aniquilar **7** [fig.] fazer desaparecer **8** [fig.] sofrer com paciência **9** [fig.] tolerar com certa repugnância; suportar **10** [fig.] devorar com os olhos (De orig. obsc.)

tragável *adj.2g.* **1** que se pode tragar ou engolir **2** [fig.] que se pode aguentar; tolerável (De *tragar*+*-vel*)

tragaz *adj.2g.* ávido; cúpido; cobiçoso (De *tragar*+*-az*)

tragédia *n.f.* **1** LITERATURA peça teatral cuja ação dramática tem um desfecho funesto **2** arte de compor ou representar tragédias

tragediar

3 género trágico **4** [fig.] desgraça **5** [fig.] acontecimento funesto (Do gr. *tragoidía*, «id.», pelo lat. *tragoedĭa*-, «id.»)

tragediar v.tr. **1** adaptar a tragédia **2** dar o carácter de tragédia a (De *tragédia*+-*ar*)

tragedifarsa n.f. composição dramática, misto de tragédia e de farsa (De *tragédia*+*farsa*)

tragediógrafo n.m. indivíduo que escreve tragédias (Do gr. *tragoidiográphos*, «id.», pelo lat. *tragoediogrăphu*-, «id.»)

tragicamente adv. de maneira trágica; funestamente (De *trágico*+-*mente*)

trágico adj. **1** da tragédia ou relativo a tragédia **2** [fig.] funesto; sinistro **3** [fig.] horrível ■ n.m. indivíduo que escreve ou representa tragédias (Do gr. *tragikós*, «id.», pelo lat. *tragĭcu*-, «id.»)

trágico-marítimo adj. diz-se de todos os episódios e acontecimentos funestos sucedidos no mar

tragicomédia n.f. tragédia entremeada de acidentes cómicos, e cujo desenlace não é trágico (Do lat. *tragicomoedĭa*-, «id.»)

tragicómico adj. **1** da tragicomédia **2** relativo a tragicomédia **3** que participa do trágico e do cómico (De *trági[co]*+*cómico*)

trago¹ n.m. **1** porção que se bebe de uma só vez; gole; sorvo **2** [fig.] angústia; dor; adversidade (Deriv. regr. de *tragar*)

trago² n.m. ANATOMIA saliência do pavilhão auricular situada na porção ínfero-anterior, em posição oposta ao antítrago (Do gr. *trágos*, «bode»)

Tragúlidas n.m.pl. ZOOLOGIA ⇒ **Tragulídeos**

Tragulídeos n.m.pl. ZOOLOGIA família de mamíferos ruminantes asiáticos, desprovidos de chifres, cujo género-tipo se denomina *Tragulus* (De *trágulo*+-*ídeos*)

trágulo n.m. ZOOLOGIA mamífero ruminante da região indo-malaia, desprovido de chifres, do tamanho da lebre, com caracteres que o colocam entre o cabrito-montês e o veado (Do lat. *tragŭla*-, «espécie de dardo»?)

traição n.f. **1** crime de quem deserta para o inimigo ou passa informações para outro país **2** infidelidade conjugal **3** deslealdade para com um amigo ou pessoa com quem se tem algum laço de solidariedade ou outro tipo de compromisso **4** [fig.] corrupção do pensamento de um autor **5** [fig.] emboscada; cilada; *à* ~ à falsa fé, inesperadamente (Do lat. *traditiōne*-, «entrega»)

traiçoeiramente adv. **1** de modo traiçoeiro; com traição **2** cobardemente (De *traiçoeiro*+-*mente*)

traiçoeiro adj. **1** que atraiçoa; desleal **2** relativo a traição **3** sub-reptício **4** cobarde (De *traição*+-*eiro*)

traidor adj. que usa de traição; desleal ■ n.m. **1** aquele que comete o crime de traição **2** aquele que usa de traição (Do lat. *traditōre*-, «o que entrega»)

trailer n.m. CINEMA conjunto de excertos de um filme, geralmente apresentado para anunciar a sua estreia (Do ing. *trailer*, «id.»)

traimento n.m. ⇒ **traição** (De *trair*+-*mento*)

traina n.f. grande rede de cerco para a pesca da sardinha (Do cast. *traina*, «id.»)

traineira n.f. barco de pesca aparelhado com trainas (Do cast. *trainera*, «id.»)

trainel n.m. troço de estrada de inclinação constante (De orig. obsc.)

trair v.tr. **1** enganar por traição; atraiçoar; falsear **2** faltar ao cumprimento de **3** ser infiel a **4** divulgar um segredo **5** denunciar **6** não corresponder a **7** ser o indício de; revelar **8** [fig.] dar a entender, sem querer, uma ideia diferente da que se desejava exprimir **9** [fig.] traduzir mal ■ v.pron. **1** manifestar-se **2** comprometer-se (Do lat. *tradĕre*, «entregar»)

traíra n.f. [Brasil] ICTIOLOGIA nome extensivo a uns peixes teleósteos, de água doce, da América do Sul, com espécies muito frequentes no Brasil, comestíveis, mas pouco apreciados (Do tupi *tara'wira*, «o que bamboleia»)

traite n.m. ato de cardar lã ou pano (Do fr. *trait*, «id.»)

trajadura n.f. **1** traje **2** casta de uva branca cultivada em Portugal, especialmente no Norte (De *trajar*+-*dura*)

trajar v.tr.,intr.,pron. **1** usar (como traje ou vestuário); vestir(-se) **2** vestir (alguém ou si próprio) de determinado modo **3** cobrir(-se); revestir(-se) **4** adornar(-se); enfeitar(-se) ■ n.m. **1** modo de vestir **2** traje; vestuário (De *traje*+-*ar*)

traje n.m. **1** o que se traz vestido; vestuário habitual **2** fato; vestido **3** modo de trajar; ~ *académico* fato utilizado pelos estudantes universitários e cujas características variam consoante a academia; ~ *de cerimónia* traje utilizado em ocasiões solenes; *estar em trajes menores* estar só com roupa interior (Deriv. regr. do port. arc. *trager*)

trajecto ver nova grafia **trajeto**

trajector ver nova grafia **trajetor**

trajectória ver nova grafia **trajetória**

trajeto n.m. **1** caminho ou espaço que é preciso percorrer para ir de um ponto a outro **2** ato de percorrer esse espaço; viagem (Do lat. *trajectu*-, «id.»)

trajetor adj.,n.m. **1** que ou aquele que faz um trajeto **2** viajante (Do lat. *trajectōre*-, «que atravessa»)

trajetória n.f. **1** linha descrita por qualquer ponto de um corpo em movimento; trajeto; órbita **2** linha descrita por um projétil depois de lançado **3** [fig.] percurso; caminho (Do lat. *trajectōre*-, «que atravessa» +-*ia*)

trajo n.m. ⇒ **traje**

tralha n.f. **1** pequena rede de pesca **2** NÁUTICA cabo com que se reforçam e circundam velas e redes **3** malha de rede **4** [pop.] conjunto de móveis ou utensílios caseiros de pouco valor (Do lat. *tragŭla*-, «rede»)

tralhão n.m. **1** tralha grande **2** ORNITOLOGIA ⇒ **taralhão** 1; *meter-se a* ~ [regionalismo] intrometer-se, tomar confiança, seguir afoitamente através de todos os obstáculos (De *tralha*+-*ão*)

tralhar¹ v.tr. lançar tralha em ■ v.intr. pescar com tralha (De *tralha*+-*ar*)

tralhar² v.intr. [regionalismo] coagular; solidificar (Por *talhar*)

tralharão n.m. ORNITOLOGIA ⇒ **taralhão** 1 (De *taralhão*, com met.)

tralhas-malhas elem.loc.adv. *por* ~ de modo astuto; manhosamente (De *tralha*+*malha*)

tralho n.m. ⇒ **tralha** 1 (De *tralha*)

tralhoada n.f. **1** ⇒ **tralha** 3 **2** tarecada; salgalhada (De *tralhão*+-*ada*)

tralhoto /ô/ n.m. [Brasil] ICTIOLOGIA ⇒ **quatro-olhos** 1 (De *tralha* ou *tralho*+-*oto*)

trama¹ n.f. **1** fio que a lançadeira atravessa na urdidura **2** conjunto de fios de seda grosseira que se misturam com outros de melhor qualidade **3** designação do tecido pulmonar **4** tecido; textura **5** [fig.] enredo; intriga **6** [fig.] ardil; conspiração (Do lat. *trama*-, «urdidura»)

trama² n.m. [pop.] ⇒ **trâmuei** (De *trâmuei*)

tramação n.f. ato ou efeito de tramar; trama (De *tramar*+-*ção*)

tramado adj. **1** tecido com trama **2** maquinado; urdido **3** [pop.] prejudicado **4** [pop.] aflito por não ter solução para um problema (Part. pass. de *tramar*)

tramador adj.,n.m. **1** que ou aquele que trama **2** urdidor; promotor (De *tramar*+-*dor*)

tramaga n.f. BOTÂNICA ⇒ **cornogodinho** (De *tamarga*, com met.)

tramagal n.m. terreno onde crescem tramagueiras (De *tramaga*+-*al*)

tramagueira n.f. BOTÂNICA nome vulgar do cornogodinho (De *tamargueira*, com met.)

tramar v.tr. **1** fazer passar a trama (por entre os fios da urdidura); tecer **2** [fig.] maquinar; conspirar **3** [fig.] traçar; enredar **4** [coloq.] prejudicar; lixar ■ v.pron. [coloq.] prejudicar-se; lixar-se (De *trama*+-*ar*)

tramazeira n.f. BOTÂNICA ⇒ **cornogodinho** (De *tramagueira*)

trambalazana n.2g. indivíduo ingénuo, palerma; trombalazana (Formação expressiva)

trambecar v.intr. [Brasil] andar aos ziguezagues como um ébrio; tropeçar (De orig. obsc.)

trambelho n.m. ⇒ **trabelho** (De *trabelho*)

trambicar v.tr. [regionalismo] prejudicar; lograr; burlar ■ v.intr. bugiar ■ v.pron. [coloq.] lixar-se (De orig. obsc.)

trambique n.m. [Brasil] [coloq.] vigarice; negócio fraudulento

trambolhada n.f. **1** enfiada de coisas **2** [regionalismo] trambolhão (De *trambolho*+-*ada*)

trambolhão n.m. **1** queda com ruído; tombo **2** [fig.] contratempo **3** [fig.] ruína; *andar aos trambolhões* sofrer desaires, ter dissabores; *cair do céu aos trambolhões* surgir sem razão ou esforço; *dar um* ~ cair (De *trambolho*+-*ão*)

trambolhar v.intr. **1** ir ou andar aos trambolhões **2** falar com dificuldade **3** preencher todos os cartões, no jogo do loto (De *trambolho*+-*ar*)

trambolhia n.f. [regionalismo] lenha de pernadas (De *trambolho*+-*ia*)

trambolho /ô/ n.m. **1** peça de madeira que se fixa à pata de alguns animais domésticos para que não se afastem para longe; peia **2** enfiada **3** [fig.] embaraço; empecilho **4** [fig.] pessoa que para outrem constitui um encargo penoso **5** [pop.] pessoa que mal pode andar por causa da gordura (De orig. obsc.)

trambuzana n.f. ⇒ **trabuzana**

tramela n.f. ⇒ **taramela**

tramelo /ê/ n.m. **1** (de porta) ⇒ **taramela** 1 **2** ratinho caseiro **3** [regionalismo] rapaz traquina (De *tramela*)

tramitação *n.f.* DIREITO conjunto dos requisitos legais para a formação de um processo (De *tramitar*+*-ção*)
tramitar *v.intr.* seguir os seus trâmites; transitar (De *trâmite*+*-ar*)
trâmite *n.m.* **1** caminho com direção determinada; via; senda **2** *pl.* meios prescritos **3** *pl.* via legal (Do lat. *tramĭte-*, «caminho»)
tramo *n.m.* **1** ARQUITETURA parte de uma estrutura compreendida entre dois apoios consecutivos **2** ARQUITETURA cada uma das abóbadas de uma nave (Deriv. regr. de *tramar*)
tramoia[1] *n.f.* [pop.] artimanha; ardil; artifício; embuste (Do cast. *tramoya*, «id.»)
tramoia[2] *n.f.* **1** embarcação antiga **2** antiga rede de pesca fluvial (De orig. obsc.)
tramóia ver nova grafia tramoia[1,2]
tramolhada *n.f.* terra húmida; terra lenteira (De *terra*+*molhada*)
tramontana *n.f.* **1** vento frio, seco, do norte, que sopra na região do Mediterrâneo **2** Estrela Polar **3** [fig.] rumo; direção; *perder a ~* perder o rumo, o tino, desorientar-se, atarantar-se (Do it. *tramontana*, «Estrela Polar»)
tramontar *v.intr.* **1** passar para além dos montes; trasmontar **2** (Sol) pôr-se atrás dos montes (Do it. *tramontare*, «id.»)
trampa *n.f.* **1** [cal.] excremento; fezes **2** [cal., fig.] bagatela; insignificância **3** [cal., fig.] porcaria **4** [ant.] engano; trapaça; enredo (De orig. onom.)
trampalho *n.m.* **1** [regionalismo] pau seco **2** [regionalismo] obstáculo; embaraço **3** [fig.] estafermo (De *trampa*+*-alho*)
trampão *adj.,n.m.* que ou aquele que usa de fraude; trapaceiro; caloteiro (De *trampa*+*-ão*)
trampear *v.intr.* fazer tramoias; enganar (De *trampa*+*-ear*)
trampista *adj.2g.,n.2g.* ⇒ **trampão** (De *trampa*+*-ista*)
trampolim *n.m.* **1** prancha elástica que fornece impulso para uma pessoa saltar ou mergulhar **2** auxiliar de qualquer empresa **3** [fig.] meios habilidosos para conseguir um fim (Do it. *trampolino*, «id.»)
trampolina *n.f.* **1** [pop.] cambalhota **2** [fig.] velhacaria; fraude; artimanha (De *trampolim*)
trampolinagem *n.f.* ato de fazer trampolinas ou dizer trampolinices (De *trampolinar*+*-agem*)
trampolinar *v.intr.* [pop.] fazer trampolinas; dizer trampolinices (De *trampolina*+*-ar*)
trampolineiro *adj.,n.m.* **1** trapaceiro; embusteiro; intrujão **2** caloteiro (De *trampolina*+*-eiro*)
trampolinice *n.f.* intrujice; trapaça; trampolina (De *trampolina*+*-ice*)
trampolinista *n.2g.* **1** pessoa que executa saltos de trampolim **2** pessoa que faz trampolinices; trampolineiro (De *trampolina*+*-ista*)
tramposo /ô/ *adj.* **1** [cal.] sujo; porco; imundo; nojento **2** [cal.] velhaco (De *trampa*+*-oso*)
trâmuei *n.m.* veículo para transporte público movido a eletricidade, que circula sobre carris; elétrico (Do ing. *tramway*, «id.»)
tranar *v.tr.* atravessar a nado (Do lat. *tranāre*, «id.»)
tranca *n.f.* **1** barra de ferro ou madeira que segura interiormente uma porta **2** [pop.] perna ■ *n.2g.* **1** [pej.] pessoa que constitui empecilho; trambolho **2** [pej.] pessoa rude; pessoa grosseira; *dar às/pôr-se nas trancas* [pop.] fugir (Do célt. **tranca*, ou **taranca*, «id.»)
trança *n.f.* **1** madeixa de cabelos entrelaçados **2** porção de fios de seda ou algodão entrelaçados **3** mecha **4** [Brasil] [fig.] intriga (De orig. obsc.)
trancada *n.f.* **1** pancada com tranca; paulada **2** estacada que atravessa um rio (De *tranca*+*-ada*)
trançadeira *n.f.* fita para prender o cabelo (De *trançar*+*-deira*)
trancado *adj.* **1** seguro com tranca **2** cancelado; declarado sem efeito **3** diz-se do estudante que já não pode dar mais faltas (Part. pass. de *trancar*)
trançado *adj.* disposto em trança; entrelaçado ■ *n.m.* trança (Part. pass. de *trançar*)
trancafilar *v.tr.* ⇒ **catrafilar** (De *catrafilar*, com met.)
trancafio *n.m.* ⇒ **trincafio** (De *trincafio*)
trancalho *n.m.* [regionalismo] pernada de árvore; pola (De *tranca*+*-alho*)
trancamento *n.m.* ato ou efeito de trancar (De *trancar*+*-mento*)
trancanaz *n.m.* ⇒ **tracalhaz**
trancão *n.m.* tranca grande (De *tranca*+*-ão*)
trancar *v.tr.* **1** fechar ou segurar com tranca **2** manter em local fechado; enclausurar; fechar **3** riscar espaço em branco em (documento escrito) de maneira a não permitir que se escreva mais alguma coisa **4** impedir a passagem a; barrar **5** pôr fim a; rematar **6** [Açores] arpoar (a baleia) ■ *v.intr.* [Angola] carregar o semblante ■ *v.pron.* **1** fechar-se; encerrar-se **2** não dizer nada; não se manifestar (De *tranca*+*-ar*)
trançar *v.tr.* dispor em trança; entrançar (De *trança*+*-ar*)
trancaria *n.f.* **1** rima ou feixe de toros de lenha **2** lenha grossa (De *tranca*+*-aria*)
tranca-ruas *n.m.2n.* arruaceiro; espadachim; valentão (De *trancar*+*rua*)
tranca-trilhos *n.m.2n.* [Brasil] trave com que se impede o trânsito através dos trilhos das linhas férreas (De *trancar*+*trilho*)
trancelim *n.m.* **1** trança estreita de fios de ouro ou seda para guarnições; trancinha **2** fio de ouro que se usa ao pescoço (Do cast. *trencellín*, «id.»)
trancha *n.f.* utensílio de funileiro para virar o bordo da folha (Deriv. regr. de *tranchar*)
tranchar *v.tr.* cortar rente (Do fr. *trancher*, «cortar»)
tranche *n.f.* **1** ECONOMIA parcela de um montante global disponibilizada periodicamente ao titular de um empréstimo, sujeita a taxas e prazos diferentes dos previstos para a(s) outra(s) parcela(s) **2** CULINÁRIA fatia (Do fr. *tranche*, «id.»)
tranchefilas *n.m.2n.* bocado de papel ou pelica que os encadernadores colam na parte superior e inferior da lombada dos livros para prender os cadernos (Do fr. *tranchefile*, «id.»)
trancinha *n.f.* **1** pequena trança **2** ⇒ **trancelim 1** (De *trança*+*-inha*)
tranco[1] *n.m.* **1** salto largo do cavalo **2** solavanco; abalo (Do cast. *tranco*, «id.»)
tranco[2] *n.m.* [regionalismo] tranca pequena (De *tranca*)
trancosano *adj.* referente à vila portuguesa de Trancoso, no distrito da Guarda ■ *n.m.* natural ou habitante de Trancoso (De *Trancoso*, top. +*-ano*)
trancosense *adj.,n.2g.* ⇒ **trancosano** (De *Trancoso*, top. +*-ense*)
trangalhadanças *n.2g.2n.* **1** pessoa muito alta e desajeitada **2** pessoa que não sustenta uma opinião ■ *adj.inv.* versátil (De *trangalho*+*dançar*)
trangalhão *n.m.* homem desajeitado no vestir (De *trangalho*+*-ão*)
trangalho *n.m.* **1** toro ou ramo de árvore para lenha **2** trambolho (De *tranca*+*-alho*?)
trangalomango *n.m.* ⇒ **tanglomanglo**
tranganho *n.m.* ⇒ **trangalho** (Por *trancanho*, de *tranca*+*-anho*)
trangola *n.m.* indivíduo muito alto, feio e magro (Por *trancola*, de *tranca*+*-ola*)
trangomango *n.m.* ⇒ **tanglomanglo**
trangulho *n.m.* BOTÂNICA nome vulgar de umas plantas da família das Umbelíferas, espontâneas em Portugal (Por *tranculho* de *tranca*+*-ulho*?)
tranquear *v.tr.* ⇒ **trancar** *v.tr.* (De *trancar*+*-ear*)
tranqueira *n.f.* **1** cercado de madeira para fortificar; estacada **2** buraco na parede para meter a extremidade da tranca **3** tranca **4** [regionalismo] ombreira da porta (De *tranca*+*-eira*)
tranqueiro *n.m.* **1** cada uma das escoras que sustentam a prancha que se quer serrar com serra braçal **2** [regionalismo] ombreira da porta **3** *pl.* pedras laterais da porta do forno (De *tranca*+*-eiro*)
tranqueta /ê/ *n.f.* **1** tranca pequena **2** peça de ferro para segurar ou fechar portas ou janelas pelo lado de dentro **3** pequena haste cilíndrica de metal (De *tranca*+*-eta*)
tranquia *n.f.* **1** ⇒ **tranqueira 1 2** pau ou tronco de árvore atravessado no caminho para impedir a passagem (De *tranca*+*-ia*)
tranquibernar *v.intr.* fazer tranquibérnias (De *tranquibérnia*+*-ar*)
tranquiberneiro *adj.,n.m.* **1** que ou aquele que faz tranquibérnias **2** trapalhão; mixordeiro (De *tranquibernar*+*-eiro*)
tranquibérnia *n.f.* **1** [pop.] confusão; desordem; misturada **2** [pop.] negócio de má-fé; falcatrua; fraude; trapaça; burla (De orig. obsc.)
tranquiberniar *v.intr.* ⇒ **tranquibernar** (De *tranquibérnia*+*-ar*)
tranquibernice *n.f.* ⇒ **tranquibérnia** (De *tranquibérnia*+*-ice*)
tranquilamente /qu-i/ *adv.* com tranquilidade; pacificamente; descansadamente (De *tranquilo*+*-mente*)
tranquilha *n.f.* **1** tranca pequena; tranqueta **2** peça de madeira com que se aperta o cavalo, no manejo **3** haste retilínea com que se segura, na botoeira, a corrente do relógio; *por tranquilhas* por meios indiretos (De *tranca*+*-ilha*)
tranquilho *n.m.* [regionalismo] jogo popular, feito com moedas (De *tranca*+*-ilho*)
tranquilidade /qu-i/ *n.f.* **1** estado do que é estável ou constante; sossego **2** estado de estabilidade moral ou psicológica; calma; paz; serenidade (Do lat. *tranquillĭtāte-*, «id.»)
tranquilizador /qu-i...ô/ *adj.* que tranquiliza ■ *n.m.* **1** aquele que tranquiliza **2** aquilo que tranquiliza; tranquilizante (De *tranquilizar*+*-dor*)

tranquilizante /qu-i/ *adj.2g.* que tranquiliza; calmante ■ *n.m.* FARMÁCIA medicamento de ação neurossedativa usado nas situações de ansiedade e de emotividade (De *tranquilizar*+-*ante*)

tranquilizar /qu-i/ *v.tr.* **1** pôr tranquilo; sossegar; acalmar **2** apaziguar; aquietar ■ *v.pron.* tornar-se tranquilo (De *tranquilo*+-*izar*)

tranquilo /qu-i/ *adj.* **1** que não está agitado; quieto; sossegado **2** calmo; sereno **3** descansado **4** certo; seguro (Do lat. *tranquillu-*, «id.»)

tranquitana *n.f.* ⇒ **traquitana**

trans- elemento de formação de palavras que exprime a ideia de *além de, para além de, em troca de, através, para trás*, e aparece também com as formas *tra-*, *tras-* e *tres-* (Do lat. *trans*, «além de»)

transa /z/ *n.f.* **1** [Brasil] [coloq.] ajuste para conseguir um fim; acordo; combinação **2** [Brasil] [coloq.] questão; assunto **3** [Brasil] [coloq.] intriga; trama **4** [Brasil] [coloq.] ligação amorosa **5** [Brasil] [coloq.] relação sexual (Red. de *transacção*)

transação *n.f.* **1** ato ou efeito de transigir ou transacionar; combinação **2** arranjo; compromisso **3** DIREITO acordo que se faz para pôr termo a litígios judiciais **4** DIREITO contrato pelo qual as partes previnem ou terminam um litígio mediante concessões recíprocas **5** negócio ou operação comercial (Do lat. *transactiōne-*, «ação de acabar»)

transacção ver nova grafia **transação**
transaccionador ver nova grafia **transacionador**
transaccional ver nova grafia **transacional**
transaccionar ver nova grafia **transacionar**
transaccionista ver nova grafia **transacionista**

transacionador *adj.,n.m.* que ou aquele que faz uma transação (De *transaccionar*+-*dor*)

transacional *adj.2g.* que diz respeito a transação ou transigência (Do lat. *transactiōne-*, «transação» +-*al*)

transacionar *v.tr.,intr.* fazer transações (com); negociar; comerciar (Do lat. *transactiōne-* «transação» +-*ar*)

transacionista *adj.,n.2g.* ⇒ **transacionador** (Do lat. *transactiōne-*, «transação» +-*ista*)

transacto ver nova grafia **transato**
transactor ver nova grafia **transator**

transalpino /z/ *adj.* que está para lá dos Alpes (Do lat. *transalpīnu-*, «id.»)

transar /z/ *v.tr.* **1** [Brasil] [coloq.] negociar ou fazer transação com; transacionar **2** [Brasil] [coloq.] chegar a um acordo; ajustar; combinar **3** [Brasil] [coloq.] obter; conseguir; arranjar **4** [Brasil] [coloq.] gostar de; apreciar ■ *v.tr.,intr.* **1** [Brasil] [coloq.] namorar **2** [Brasil] [coloq.] ter relações sexuais com (De *transa*+-*ar*)

transariano *adj.* que vai através do deserto do Sara ■ *n.m.* caminho de ferro que, em projeto, atravessaria o Sara (Do fr. *transsaharien*, «id.»)

transatlântico /z/ *adj.* **1** que está do outro lado do Atlântico **2** que atravessa o Atlântico ■ *n.m.* navio que faz carreira da Europa para a América (De *trans-*+*Atlântico*)

transato /z/ *adj.* **1** que já passou; pretérito **2** anterior (Do lat. *transactu-*, «acabado», part. pass. de *transigĕre*, «passar; acabar»)

transator /z/ *adj.,n.m.* que ou aquele que realiza uma transação (Do lat. *transactōre*, «id.»)

transaustraliano /z/ *adj.* (via-férrea) que vai através da Austrália (De *trans-*+*Austrália*+-*ano*)

transbordador *n.m.* guindaste que serve para transbordar (De *transbordar*+-*dor*)

transbordamento *n.m.* **1** ato ou efeito de transbordar **2** extravasamento **3** inundação

transbordante *adj.2g.* que trasborda; extravasante (De *transbordar*+-*ante*)

transbordar¹ *v.tr.,intr.* **1** (fazer) saltar as bordas; trasbordar **2** manifestar(-se) de forma intensa; extravasar ■ *v.tr.* **1** estar repleto (de); superabundar (em) **2** derramar-se (por); espalhar-se (por) (De *trans-*+*borda*+-*ar*)

transbordar² *v.tr.* passar um barco ou comboio para outro (De *trans-*+*bordo*+-*ar*)

transbordo¹ /ô/ *n.m.* ⇒ **transbordamento** (Deriv. regr. de *transbordar*)

transbordo² /ô/ *n.m.* passagem de passageiros ou mercadorias de um barco ou comboio para outro (Deriv. regr. de *transbordar*)

transcaspiano *adj.* que está ou vai além do mar Cáspio (De *trans-*+*Cáspio*+-*ano*)

transcaucasiano *adj.* ⇒ **transcaucásico** (De *trans-*+*Cáucaso*+-*iano*)

transcaucásico *adj.* **1** situado além do Cáucaso **2** que atravessa o Cáucaso **3** de ou relativo à Transcaucásia (De *trans-*+*Cáucaso*+-*ico*)

transcendência *n.f.* **1** qualidade do que é transcendente **2** ação de transcender ou transcender-se **3** aquilo que está acima da inteligência humana **4** excelência; superioridade; sagacidade **5** sistema filosófico baseado na revelação divina; *moral da* ~ a que coloca a moralidade, não no bem ou no dever, mas no facto de a pessoa se transcender, se ultrapassar (Do lat. *transcendentĭa-*, «id.»)

transcendental *adj.2g.* **1** transcendente **2** FILOSOFIA em Kant (filósofo alemão, 1724-1804), como conteúdo de conhecimento: que é conhecido como uma condição a priori e não como um dado da experiência, o que constitui a condição necessária de todo o conhecimento possível **3** como atividade do espírito: que pretende ultrapassar o domínio da experiência; *eu/sujeito* ~ FILOSOFIA o que, para além da experiência ou do empírico, condiciona essa experiência; *relação* ~ FILOSOFIA relação essencial, para os escolásticos (De *transcendente*+-*al*)

transcendentalidade *n.f.* qualidade do que é transcendental (De *transcendental*+-*i*-+-*dade*)

transcendentalismo *n.m.* **1** sistema filosófico que se baseia apenas na razão pura, pondo de parte a análise e a observação; kantismo **2** escola filosófica americana que tende a unificar Deus, a natureza e o homem (De *transcendental*+-*ismo*)

transcendentalista *n.2g.* pessoa partidária do transcendentalismo (De *transcendental*+-*ista*)

transcendentalizar *v.tr.* tornar transcendental (De *transcendental*+-*izar*)

transcendente *adj.2g.* **1** que transcende **2** que excede os limites ordinários **3** sublime; superior; eminente **4** FILOSOFIA que está acima e é de natureza radicalmente superior a um domínio dado **5** FILOSOFIA que está fora de um domínio dado sem lhe ser superior (em particular, exterior à consciência) **6** FILOSOFIA no vocabulário kantiano: que está para além de toda a experiência possível **7** FILOSOFIA metafísico; numenal ■ *n.m.* FILOSOFIA ser que ultrapassa as possibilidades da experiência, mas que é necessário para explicar os dados da experiência ou dar-lhes um sentido – Deus; *número* ~ MATEMÁTICA número que não pode ser raiz de uma equação algébrica de coeficientes inteiros (Do lat. *transcendente-*, «que passa, subindo», part. pres. de *transcendĕre*, «elevar-se acima de; ultrapassar»)

transcender *v.tr.* **1** passar além de; ultrapassar **2** ser superior a; exceder ■ *v.pron.* ir para além das suas possibilidades ou capacidades; ultrapassar-se (Do lat. *transcendĕre*, «id.»)

transcensão *n.f.* **1** ato ou efeito de transcender **2** transmigração (Do lat. *transcensiōne-*, «id.»)

transceptor ver nova grafia **transcetor**

transcetor *n.m.* reunião de um emissor e de um recetor no mesmo móvel (De *trans*[*missor*]+[*re*]*ceptor*)

transcoação *n.f.* ato ou efeito de transcoar (De *transcoar*+-*ção*)

transcoar *v.tr.,intr.* **1** passar através de; filtrar; coar; destilar **2** transpirar (Do lat. *transcolāre*, «id.»)

transcodificação *n.f.* **1** passagem de uma mensagem para outro código **2** TELEVISÃO transposição de imagens de um sistema de cor para outro (De *transcodificar*+-*ção*)

transcodificar *v.tr.* fazer a transcodificação de (De *trans-*+*codificar*)

transcolação *n.f.* ⇒ **transcoação** (De *transcolar*+-*ção*)
transcolar *v.tr.,intr.* ⇒ **transcoar** (Do lat. *transcolāre*, «id.»)

transcondutância *n.f.* ELETRÓNICA (válvula termiónica) razão entre uma pequena variação de corrente de ânodo e a pequena variação de tensão de grelha que a produz, quando se mantém constante a tensão de ânodo (De *trans-*+*condutância*)

transcontinental *adj.2g.* que atravessa um continente (De *trans-*+*continental*)

transcorrência *n.f.* ato ou efeito de transcorrer; decurso; lapso (Do lat. *transcurrentĭa*, part. pres. neut. pl. de *transcurrĕre*, «passar, correndo»)

transcorrente *adj.2g.* diz-se de qualquer complicação que aparece no decurso de uma doença (Do lat. *transcurrente-*, «que passa, correndo», part. pres. de *transcurrĕre*, «passar rapidamente»)

transcorrer *v.intr.* decorrer; passar (o tempo) ■ *v.tr.* passar além de; transpor (Do lat. *transcurrĕre*, «passar, correndo»)

transcorvo /ô/ *adj.* diz-se do cavalo que, observado de lado, não tem as patas dianteiras bem aprumadas (Por *transcurvo*)

transcrever *v.tr.* **1** passar a texto escrito (o que se ouviu ou está a ser ouvido) **2** reproduzir por cópia (texto escrito) **3** MÚSICA adaptar para um instrumento musical (um trecho escrito para outro instrumento) **4** LINGUÍSTICA transpor (letras ou caracteres de um sistema de escrita) para outro sistema de escrita **5** transpor (texto) para outro documento ou registo (Do lat. *transcribĕre*, «id.»)

transcrição *n.f.* **1** ato ou efeito de transcrever; reprodução de um texto escrito **2** texto transcrito; cópia; registo **3** MÚSICA adaptação para um instrumento musical de um trecho escrito para outro instrumento **4** LINGUÍSTICA representação das letras ou caracteres de um sistema de escrita pelos de outro sistema de escrita; ~ ***fonética*** LINGUÍSTICA representação gráfica dos sons de uma língua através de um conjunto de símbolos fonéticos (alfabeto fonético) (Do lat. *transcriptiōne-*, «id.»)

transcrito *adj.* copiado; trasladado ■ *n.m.* cópia; traslado (Do lat. *transcriptu-*, «id.», part. pass. de *transcribĕre*, «transcrever; copiar»)

transcritor *adj.,n.m.* que ou aquele que transcreve; copista (Do lat. *transcriptu-*, «transcrito» +*-or*)

transcudano *adj.* situado além do rio português Coa, afluente do rio Douro (Do lat. *Transcudānu-*, «id.»)

transcurar *v.tr.* **1** não curar de; descurar; não cuidar de **2** esquecer-se de; preterir (Do lat. *trans*, «além de» +*curāre*, «cuidar»)

transcursão *n.f.* ⇒ **transcurso** (Do lat. *transcursiōne-*, «trajeto»)

transcursar *v.tr.* passar além de; transpor ■ *v.intr.* decorrer (o tempo) (De *transcurso*+*-ar*)

transcurso *n.m.* **1** ato ou efeito de transcorrer; decurso **2** percurso **3** lapso de tempo (Do lat. *transcursu-*, «passagem; ação de atravessar»)

transcurvo *adj.* ⇒ **transcorvo**

transdanubiano *adj.* situado além do rio Danúbio (Do lat. *transdanubiānu-*, «id.»)

transdisciplinar *adj.2g.* ⇒ **interdisciplinar** (De *trans-*+*disciplinar*)

transdisciplinaridade *n.f.* ⇒ **interdisciplinaridade** (De *trans-*+*disciplinaridade*)

transdução *n.f.* LÓGICA processo mental que consiste em passar de um caso particular a outro caso particular sem o medianeiro de uma afirmação geral; analogia (Do lat. *trans-*, «além de» +*ductiōne-*, «ação de conduzir»)

transdutor *n.m.* FÍSICA aparelho que recebe de uma fonte energia de certa natureza (por exemplo, energia elétrica) e a transforma em outra espécie de energia (por exemplo, energia acústica) (Do lat. *trans*, «para além de» +*ductōre*, «condutor»)

transe /z/ *n.m.* **1** conjuntura aflitiva **2** situação perigosa ou difícil; crise; perigo **3** morte **4** estado de êxtase; exaltação; *a todo o* ~ *a todo o custo, dê por onde der*; *em* ~ *de* na altura de, na ocasião de (Deriv. regr. de *transir*, ou do fr. *transe*, «id.»)

transecular *adj.2g.* que se realiza através dos séculos (Do lat. *trans-*, «para além de» +*saeculāre*, «secular»)

transena *n.f.* grade de ferro com que se fecham certas capelas funerárias, nas catacumbas de Roma (Do lat. *transenna-*, «id.»)

transeptal *adj.2g.* que diz respeito ao transepto (De *transepto*+*-al*)

transepto *n.m.* corpo transversal de uma igreja, que se estende para um e outro lado da nave, formando com ela uma cruz (Do ing. *transept*, «id.»)

transequatorial /z/ *adj.2g.* que está situado para além do equador (De *trans-*+*equatorial*)

transeunte /z/ *adj.2g.* **1** que passa **2** que não dura **3** que não permanece ■ *n.2g.* pessoa que circula nas ruas; peão (Do lat. *transeunte-*, «que passa»)

transexual *adj.,n.2g.* **1** que ou pessoa que se identifica fortemente com o sexo oposto **2** que ou pessoa que foi submetida a tratamento hormonal e cirúrgico para mudar de sexo (De *trans-*+*sexual*)

transexualidade *n.f.* qualidade de transexual (De *transexual*+*-i-*+*-dade*)

transexualismo *n.m.* **1** PSICOLOGIA convicção de pertencer ao sexo oposto, acompanhada frequentemente pelo desejo de mudar de sexo **2** ⇒ **transexualidade** (De *transexual*+*-ismo*, ou do ing. *transexualism*, «id.»)

transfer *n.m.* serviço de transporte de passageiros ou turistas de aeroportos, estações, portos, etc. até ao local de alojamento ou vice-versa (Do ing. *transfer*, «transferência»)

trânsfer *n.m.* ⇒ **transfer**

transferência *n.f.* **1** ato ou efeito de transferir **2** deslocação de trabalhador ou funcionário para diferente secção ou cargo **3** (estudante) mudança de escola, faculdade ou curso **4** passagem; permutação; substituição **5** mudança de lugar; translação **6** ato pelo qual se cede a outrem o usufruto de um bem ou direito **7** movimento de capitais entre contas do mesmo banco ou entre bancos diferentes **8** PSICOLOGIA facto de os progressos obtidos no decurso da aprendizagem de certa forma de atividade trazerem consigo uma melhoria no exercício de uma atividade diferente, mais ou menos vizinha **9** PSICOLOGIA ato pelo qual um sentimento experimentado em relação a um objeto se estende a um objeto diferente **10** PSICANÁLISE ato pelo qual um indivíduo se alivia de uma carga afetiva que tem por objeto outra pessoa amada ou odiada outrora, principalmente durante a infância (Do lat. *transferentĭa*, part. pres. neut. pl. de *transferĕre*, por *transferre*, «transferir»)

transferidor *adj.* que transfere ■ *n.m.* **1** o que transfere **2** utensílio semicircular, com o limbo dividido em 180 partes iguais (graus), próprio para medir as amplitudes (grandezas) de ângulos (De *transferir*+*-dor*)

transferir *v.tr.* **1** transportar ou fazer passar de um lugar para outro **2** transmitir a outrem **3** nomear para um lugar de igual categoria, mas em local diferente **4** mudar (de lugar, situação) **5** movimentar capitais entre contas ou bancos diferentes **6** adiar ■ *v.pron.* **1** ir para outro lugar **2** deslocar-se (Do lat. **transferĕre*, por *transferre*, «levar além»)

transferível *adj.2g.* que se pode transferir (De *transferir*+*-vel*)

transfiguração *n.f.* **1** ato ou efeito de transfigurar ou de se transfigurar **2** mudança de uma figura noutra **3** [com maiúscula] RELIGIÃO estado de glorificação em que, segundo os Evangelhos Sinópticos, Jesus Cristo apareceu no monte Tabor a três dos Apóstolos **4** [com maiúscula] RELIGIÃO quadro que representa este acontecimento (Do lat. *transfiguratiōne-*, «id.»)

transfigurador *adj.,n.m.* que ou aquele que transfigura (Do lat. *transfiguratōre-*, «id.»)

transfigurar *v.tr.* **1** mudar a figura de **2** transformar; alterar **3** dar uma ideia falsa de ■ *v.pron.* **1** tomar outra forma **2** não ser o mesmo (Do lat. *transfigurāre*, «id.»)

transfigurável *adj.2g.* suscetível de transfiguração (Do lat. *transfigurabĭle-*, «id.»)

transfiltrar *v.tr.* fazer passar através de; transcoar (De *trans-*+*filtrar*)

transfinito *adj.* que ultrapassa o finito; ***número*** ~ MATEMÁTICA número cardinal que, na teoria dos conjuntos, serve para enumerar as coleções infinitas (De *trans-*+*finito*)

transfixação /cs/ *n.f.* ato ou efeito de transfixar; perfuração (De *trans-*+*fixação*)

transfixão *n.f.* processo cirúrgico em que se corta e trespassa, de uma só vez e de dentro para fora, como acontece na remoção de certos tumores (Do lat. *transfixu-*, «trespassado», part. pass. de *transfigĕre*, «trespassar» +*-ão*)

transfixar /cs/ *v.tr.* atravessar de lado a lado; perfurar (Do lat. *transfixu-*, «id.», part. pass. de *transfigĕre*, «trespassar» +*-ar*)

transformação *n.f.* **1** ato ou efeito de transformar **2** alteração do estado normal; modificação **3** mudança de forma; metamorfose **4** processo gradativo de mudança de estado ou condição; evolução **5** LINGUÍSTICA operação que, conservando o conteúdo informativo de uma frase, altera a sua estrutura noutra, explicando assim a equivalência entre as duas frases **6** LINGUÍSTICA operação ou regra que permite transitar da estrutura profunda para a estrutura de superfície de uma frase **7** MATEMÁTICA passagem de uma figura ou expressão para outra, segundo determinada lei **8** MATEMÁTICA aplicação; ~ ***adiabática*** FÍSICA processo sofrido por um sistema termodinâmico em que não há trocas de calor com o exterior; ~ ***de uma equação*** MATEMÁTICA determinação de uma segunda equação, cujas raízes dependem das da primeira segundo certa lei; ~ ***isobárica*** FÍSICA processo sofrido por um sistema termodinâmico sob pressão constante; ~ ***isotérmica*** FÍSICA processo sofrido por um sistema termodinâmico sob temperatura constante (Do lat. *transformatiōne-*, «id.»)

transformacional *adj.2g.* **1** relativo a transformação **2** que tem carácter transformativo **3** que provoca transformação **4** LINGUÍSTICA diz-se da gramática que se ocupa dos fenómenos de transformação na estrutura sintática da frase (Do lat. *transformatiōne*, «transformação» +*-al*)

transformada *n.f.* MATEMÁTICA curva (ou equação) obtida, respetivamente, de outra curva (ou de outra equação) segundo uma lei determinada (Part. pass. fem. subst. de *transformar*)

transformado *adj.* **1** que adquiriu nova forma **2** mudado **3** desfigurado (Do lat. *transformātu-*, «id.», part. pass. de *transformāre*, «transformar»)

transformador *adj.* **1** que transforma **2** regenerador ■ *n.m.* **1** aquele ou aquilo que transforma **2** ELETRICIDADE, ELETRÓNICA aparelho cujo objetivo é transferir energia elétrica, em corrente alternada, de um circuito de baixa tensão para outro de alta tensão, ou vice-versa (De *transformar*+*-dor*)

transformante

transformante *adj.2g.* que transforma (Do lat. *transformante-*, «id.», part. pres. de *transformāre*, «transformar»)

transformar *v.tr.* 1 dar nova forma a; modificar; renovar; alterar 2 metamorfosear; transfigurar 3 regenerar; melhorar 4 variar 5 desfigurar ■ *v.pron.* 1 mudar de forma 2 converter-se 3 disfarçar-se 4 tornar-se diferente 5 modificar-se; regenerar-se (Do lat. *transformāre*, «id.»)

transformativo *adj.* 1 diz-se da gramática que estuda os fenómenos de transformação 2 que tem o poder de transformar (De *transformar*+*-tivo*)

transformável *adj.2g.* que se pode transformar (De *transformar*+*-vel*)

transformismo *n.m.* BIOLOGIA teoria biológica que, por oposição ao fixismo, afirma que as espécies vivas não são imutáveis, mas suscetíveis de transformação, e apareceram por evolução de formas mais simples (De *transformar*+*-ismo*)

transformista *adj.2g.* referente ao transformismo ■ *n.2g.* 1 pessoa partidária do transformismo 2 ator que se disfarça rapidamente mudando sucessivamente de traje 3 alguém que sente prazer em vestir roupas associadas normalmente ao sexo oposto; travesti (De *transformar*+*-ista*)

transfretano *adj.* situado para além do estreito de Gibraltar; ultramarino; de além-mar (Do lat. *transfretānu-*, «ultramarino; de além-mar»)

transfretar *v.tr.* levar, em navio, de um ao outro lado do mar (Do lat. *transfretāre*, «atravessar»)

transfronteiras *adj.inv.* ⇒ **transfronteiriço** (De *trans-*+*fronteiras*)

transfronteiriço *adj.* que atravessa fronteiras, envolvendo mais de um país (De *trans-*+*fronteiriço*)

trânsfuga *n.2g.* 1 pessoa que deserta para o campo inimigo; desertor 2 pessoa que abandona o seu partido, posto ou seita; renegado; apóstata (Do lat. *transfŭga-*, «id.»)

transfúgio *n.m.* ato de transfugir; deserção; abjuração (Do lat. *transfugĭu-*, «id.»)

transfugir *v.intr.* fugir como trânsfuga; desertar (Do lat. *transfugĕre*, «id.»)

transfunctório *adj.* feito com negligência (Do lat. *transfunctorĭu-*, «id.»)

transfundir *v.tr.* 1 fazer passar (um líquido) de um vaso para outro por meio de uma conduta 2 infundir; instilar 3 operar a transfusão (de sangue) 4 difundir; espalhar ■ *v.pron.* transformar-se (Do lat. *transfundĕre*, «transvasar»)

transfusão *n.f.* 1 ato ou efeito de transfundir 2 passagem de um líquido de um recipiente para outro; *~ de plasma* MEDICINA operação que consiste em passar o plasma de um indivíduo (dador) para outro (recetor); *~ de sangue* MEDICINA operação que consiste em passar o sangue de um indivíduo (dador) para outro (recetor) (Do lat. *transfusiōne-*, «id.»)

transgangético *adj.* situado além do rio Ganges, no Indostão (Do lat. *trans*, «além de» +*gangetĭcu-*, «gangético»)

transgénero *adj.inv.* designativo de pessoa que se identifica com ou expressa uma identidade de género diferente da que corresponde, por convenção, ao seu género de nascença (De *trans-*+*género*)

transgénico *adj.* 1 BIOLOGIA a que foi acrescentado ou retirado um ou mais genes 2 diz-se do ser, geralmente planta, a que foi alterado o código genético

transgeracional *adj.2g.* que ocorre em ou diz respeito a diversas gerações (De *trans-*+*geracional*)

transgredir *v.tr.* ir ou passar além do que é permitido; infringir; quebrantar; violar (Do lat. *transgredĕre-*, por *transgrĕdi*, «andar além de»)

transgressão *n.f.* 1 ato ou efeito de transgredir; infração; violação 2 avanço gradual do mar sobre as terras 3 passagem para além de 4 ação de ultrapassar, de atravessar (Do lat. *transgressiōne-*, «id.»)

transgressivo *adj.* que envolve transgressão (Do lat. *transgressīvu-*, «id.»)

transgressor *adj.* que transgride ■ *n.m.* aquele que transgride; infrator (Do lat. *transgressōre-*, «id.»)

transiberiano *adj.* que atravessa a Sibéria ■ *n.m.* caminho de ferro que vai através da Sibéria (De *trans-*+*siberiano*)

transição /z/ *n.f.* 1 ato ou efeito de passar de um lugar, de um estado ou de um assunto para outro 2 passagem que comporta um transformação progressiva; evolução; *~ atómica* FÍSICA variação brusca no estado de energia de um átomo, quando um eletrão passa de um estado excitado para um estado mais estável (o termo também se aplica ao estado de energia de um núcleo, quando a transição é efetuada por um nucleão); *exame de ~* [ant.] variedade de exame, no ensino secundário, para permitir a passagem de uma modalidade de ensino para outra diferente; *ponto de ~* temperatura a que uma substância muda de fase (Do lat. *transitiōne-*, «id.»)

transido /z/ *adj.* 1 penetrado; repassado; impregnado 2 apavorado; assustado (Part. pass. de *transir*)

transiente /z/ *adj.2g.* 1 transitório; passageiro 2 momentâneo 3 efémero (Do lat. **transiente-*, por *transeunte*, «id.», part. pres. de *transīre*, «passar; passar para além de; transformar-se», pelo ing. *transient*, «id.»)

transigência /z/ *n.f.* 1 ato ou efeito de transigir 2 condescendência; contemporização 3 tolerância; indulgência (Do lat. *transigentĭa*, part. pres. neut. pl. de *transigĕre*, «transigir»)

transigente /z/ *adj.2g.* que transige; tolerante; condescendente ■ *n.2g.* pessoa condescendente (Do lat. *transigente-*, «id.», part. pres. de *transigĕre*, «transigir»)

transigir /z/ *v.tr.,intr.* 1 chegar a acordo (com alguém) por meio de concessões recíprocas; contemporizar; conciliar 2 condescender; ceder (Do lat. *transigĕre*, «id.»)

transigível /z/ *adj.2g.* 1 com que se pode transigir 2 que pode ser objeto de transação (De *transigir*+*vel*)

transiluminação *n.f.* 1 ato ou efeito de transiluminar 2 MEDICINA técnica de iluminação por transparência das cavidades da face, com introdução de uma lâmpada nas mesmas, em câmara escura (De *trans-*+*iluminação*)

transilvano *adj.* referente à região da Transilvânia, na Roménia ■ *n.m.* natural ou habitante da Transilvânia (De *Transilvânia*, top.)

transir /z/ *v.tr.* 1 passar através de; trespassar; repassar 2 assustar; apavorar; assombrar ■ *v.intr.* ficar gelado de frio, susto, etc. (Do lat. *transīre*, «ir além de»)

transístor /z/ *n.m.* 1 tríodo de cristal de germânio ou silício capaz de amplificar, detetar, modular, etc., isto é, de efetuar funções semelhantes às das válvulas termiónicas, muito utilizado em eletrónica 2 recetor portátil de rádio, equipado com estes dispositivos e alimentado por pilhas (Do ing. *transistor*, red. de *trans[fer]-[res]istor*, «que transmite sinais elétricos por meio de uma resistência»)

transistorizado /z/ *adj.* ELETRÓNICA provido de transístores (Part. pass. de *transistorizar*)

transistorizar /z/ *v.tr.* ELETRÓNICA prover de transístores em vez de válvulas (De *transístor*+*-izar*)

transitabilidade /z/ *n.f.* qualidade do que é transitável (Do lat. **transitabĭle-*, «transitável» +*-i-*+*-dade*)

transitar /z/ *v.tr.* 1 andar através de; percorrer; circular 2 mudar (de lugar, estado, condição, etc.) (De *trânsito*+*-ar*)

transitário /z/ *n.m.* intermediário que atua entre os transportadores ou representa os carregadores ou os destinatários (De *trânsito*+*-ário*, ou do fr. *transitaire*, «id.»)

transitável /z/ *adj.2g.* por onde se pode transitar (De *transitar*+*-vel*)

transitivar /z/ *v.tr.* GRAMÁTICA tornar transitivo (um verbo) (De *transitivo*+*-ar*)

transitivo /z/ *adj.* 1 que dura pouco ou que passa rapidamente; transitório; passageiro 2 GRAMÁTICA diz-se do verbo que tem um ou mais de um complemento; *~ direto* GRAMÁTICA diz-se do verbo que seleciona um complemento direto; *~ indireto* GRAMÁTICA diz-se do verbo que seleciona um complemento indireto ou um complemento oblíquo (na gramática tradicional, designa o verbo que seleciona apenas o complemento indireto) (Do lat. tard. *transitīvu-*, «id.»)

transitivo-predicativo /z/ *adj.* GRAMÁTICA diz-se do verbo que seleciona um complemento direto e um predicativo do complemento direto (é o caso do verbo *achar* na frase: *Achei-a muito simpática.*)

trânsito /z/ *n.m.* 1 ato ou efeito de transitar; circulação 2 passagem de um lugar para outro; trajeto 3 entrada num país de mercadorias que se destinam a outro país 4 situação dos passageiros em escala num aeroporto, que não passam pelos serviços aduaneiros 5 movimento de pessoas, animais e veículos que utilizam uma via de comunicação; afluência 6 conjunto de veículos que circulam numa via de comunicação; tráfego 7 [fig.] passamento; morte 8 [fig.] boa aceitação; acesso; influência; *~ em julgado* DIREITO situação em que já não são possíveis num recurso ordinário na reclamação de uma sentença; *~ intestinal* FISIOLOGIA passagem dos alimentos pelas vias digestivas; *em ~* de passagem, em viagem (Do lat. *transĭtu-*, «passagem; ação de passar»)

transitoriamente *adv.* 1 de maneira transitória 2 provisoriamente; temporariamente (De *transitório*+*-mente*)

transitoriedade /z/ n.f. qualidade do que é transitório (De *transitório+-idade*)

transitório /z/ adj. **1** que passa rapidamente; que dura pouco; passageiro; breve; fugaz; efémero **2** sujeito à morte; mortal **3** que dura um intervalo de tempo entre dois estados de coisas; provisório (Do lat. *transitoriŭ-*, «id.»)

transjordânico adj. ⇒ **transjordano** (De *transjordano+-ico*)

transjordano adj. situado além do rio Jordão (De *trans-+Jordão+-ano*)

transjugar v.tr. atravessar (montanhas) (Do lat. *transjugāre*, «id.»)

translação n.f. **1** ato ou efeito de transladar **2** transferência **3** tradução **4** metáfora **5** FÍSICA movimento de um sistema de pontos materiais, caracterizado por serem paralelas a posição inicial e a posição final de reta definida por dois quaisquer daqueles pontos **6** GEOMETRIA aplicação do espaço sobre si mesmo, em que a imagem de cada ponto é a sua soma com um vetor dado - translação associada ao vetor; ~ *da Terra* GEOGRAFIA movimento realizado pela Terra, em torno do Sol, de oeste para leste, descrevendo uma elipse alongada em 365 dias e 6 horas (Do lat. *translactiōne*, «id.»)

transladação n.f. **1** ato ou efeito de transladar; transporte **2** transferência **3** passagem dos restos mortais de um cadáver de uma sepultura para outra (De *transladar+-ção*)

transladar v.tr. **1** transportar de um lugar para outro; transferir **2** [fig.] adiar **3** traduzir; copiar **4** dar sentido translato a (De *translado+-ar*)

translado n.m. **1** ato ou efeito de trasladar **2** cópia exata **3** versão; tradução **4** [fig.] modelo; imagem **5** [fig.] imitação (Do lat. *translātu-*, «transferido», part. pass. de *transferre*, «transferir; traduzir»)

translatício adj. metafórico; figurado (Do lat. *translaticĭu-*, «id.»)

translativo adj. que diz respeito à translação (Do lat. *translatīvu-*, «que produz mudança»)

translato adj. **1** que se copiou; transcrito **2** translatício (Do lat. *translātu-*, «transferido; mudado», part. pass. de *transferre*, «transferir; mudar»)

translator n.m. **1** espécie de transformador para evitar confusões de conversas telefónicas **2** BOTÂNICA dispositivo natural, especial, nas plantas da família das Asclepiadáceas, que permite a polinização pelos insetos (Do lat. *translatōre-*, «o que transfere»)

translineação n.f. passagem de parte de uma palavra que não coube na linha de cima para o início da linha de baixo; ato ou efeito de translinear (De *translinear+-ção*)

translinear v.tr. passar de uma linha para outra, ficando parte da palavra no fim da linha de cima e o resto no início da linha de baixo (Do lat. *trans*, «além de» *+linĕa-*, «linha» *+-ar*)

transliteração n.f. substituição das letras com que está escrita uma palavra no seu alfabeto pelas letras correspondentes de um outro alfabeto (De *transliterar+-ção*)

transliterar v.tr. substituir as letras com que está escrita uma palavra no seu alfabeto pelas letras correspondentes de um outro alfabeto, como é o caso de substituir caracteres do alfabeto grego por caracteres do alfabeto latino (Do lat. *trans*, «além de» *+littĕra-*, «letra» *+-ar*)

translocação n.f. movimento ou deslocação de algo para outro lado ou outra posição (De *trans-+locação*)

translucidar v.tr. tornar translúcido (De *translúcido+-ar*)

translucidez /ê/ n.f. qualidade ou estado do que é translúcido; diafanidade (De *translúcido+-ez*)

translúcido adj. **1** que deixa passar a luz e a difunde, mas sem permitir distinguir nitidamente os objetos; diáfano **2** [fig.] esclarecido; ilustrado (Do lat. *translucĭdu-*, «id.»)

translumbrar v.tr. ⇒ **deslumbrar** v.tr. (Do cast. *traslumbrar*, «id.»)

transluzente adj.2g. ⇒ **translúcido** (Do lat. *translucente-*, «id.», part. pres. de *translucēre*, «translúcido; transluzir»)

transluzir v.tr.,intr. luzir através de (algum corpo); ser diáfano; transparecer ■ v.tr.,pron. manifestar(-se); revelar(-se); refletir(-se) ■ v.tr. deduzir-se (de); concluir-se (de) (Do lat. *translucēre*, «id.»)

transmalhar v.tr. ⇒ **tresmalhar** v.tr.

transmarino adj. ⇒ **ultramarino** (Do lat. *transmarīnu-*, «id.»)

transmeabilidade n.f. qualidade daquilo que é transmeável; permeabilidade (Do lat. *transmeabĭle-*, «transmeável» *+-i-+-dade*)

transmear v.tr.,intr. permear; atravessar; transpirar (Do lat. *transmeāre*, «passar além de»)

transmeável adj.2g. que se pode atravessar; permeável; que pode transpirar (Do lat. *transmeabĭle-*, «id.»)

transmigração n.f. **1** ato ou efeito de transmigrar ou transmigrar-se **2** RELIGIÃO metempsicose (da alma) (Do lat. *transmigratiōne-*, «id.»)

transmigrador adj.,n.m. que ou o que transmigra (De *transmigrar+-dor*)

transmigrante adj.2g. **1** que transmigra ou tem o hábito de transmigrar **2** emigrante (Do lat. *transmigrante-*, «id.», part. pres. de *transmigrāre*, «emigrar; mudar de lugar»)

transmigrar v.tr.,intr. (fazer) sair de residência, região, etc., para outra ■ v.intr. passar (a alma) de um corpo para outro (Do lat. *transmigrāre*, «id.»)

transmigratório adj. que transmigra; migratório (De *transmigrar+-tório*)

transmissão n.f. **1** ato ou efeito de transmitir **2** ato de ceder ou transferir; cessão **3** passagem, para os descendentes, de bens (materiais ou morais), caracteres ou doenças **4** ação de dar a conhecer; comunicação **5** propagação num meio **6** comunicação de movimento **7** comunicação verbal ou escrita **8** emissão radiofónica **9** DIREITO passagem de um direito do titular para a esfera jurídica de outro (Do lat. *transmissiōne-*, «id.»)

transmissário n.m. DIREITO aquele que recebe de outrem determinados direitos (De *transmiss[ão]+-ário*)

transmissibilidade n.f. qualidade de transmissível (Do lat. *transmissibĭle-*, «transmissível» *+-i-+-dade*)

transmissível adj.2g. suscetível de transmissão (Do lat. *transmissibĭle-*, «id.»)

transmissividade n.f. qualidade do que é transmissivo (De *transmissivo+-i-+-dade*)

transmissivo adj. **1** que transmite **2** pelo qual se transmite (Do lat. *transmissu-*, «transmitido», part. pass. de *transmittĕre*, «transmitir» *+-ivo*)

transmissor adj. que transmite ■ n.m. **1** o que transmite **2** instrumento (em telegrafia) operado mecanicamente e destinado a enviar sinais à distância por meio de correntes elétricas, ao longo das linhas **3** aparelho transmissor (Do lat. *transmissōre-*, «aquele que envia»)

transmissório adj. ⇒ **transmissor** adj. (De *transmissor+-io*)

transmitente adj.2g. que transmite ■ n.2g. DIREITO aquele que transmite direitos a outrem (De *transmitir+-ente*)

transmitir v.tr. **1** enviar de um lugar a outro **2** fazer chegar a; conduzir; transportar **3** transferir para a posse de outrem **4** deixar aos descendentes; legar **5** dar a conhecer; passar conhecimentos **6** comunicar; referir (mensagens, informações) **7** comunicar por rádio **8** (fenómeno físico) conduzir; propagar **9** passar (vírus, doença) de um organismo para outro; contaminar **10** propagar hereditariamente ■ v.pron. **1** propagar-se **2** comunicar-se **3** passar (Do lat. *transmittĕre*, «mandar além; transmitir»)

transmontanismo n.m. locução ou vocábulo privativo da região portuguesa de Trás-os-Montes (De *trasmontano+-ismo*)

transmontano adj. **1** situado além dos montes **2** de Trás-os-Montes e Alto Douro (antiga província portuguesa) ■ n.m. natural ou habitante de Trás-os-Montes

transmontar v.tr. **1** passar por cima de; passar além de (monte, serra) **2** ser superior a; exceder muito ■ v.intr. desaparecer por detrás dos montes (o Sol, a Lua) (De *trans-+monte-+ar*)

transmover v.tr. **1** transportar **2** deslocar para longe (Do lat. *transmovēre*, «transportar»)

transmudação n.f. ⇒ **transmutação**

transmudar v.tr. ⇒ **transmutar**

transmudável adj.2g. ⇒ **transmutável** (De *transmudar+-vel*)

transmutabilidade n.f. qualidade do que é transmutável (Do lat. **transmutabĭle-*, «transmutável» *+-i-+-dade*)

transmutação n.f. **1** ato ou efeito de transmudar **2** transformação **3** transferência; mudança; ~ *dos elementos* FÍSICA transformação, natural ou provocada, de um átomo de um elemento num átomo de outro elemento, por variação do número de protões nucleares (Do lat. *transmutatiōne-*, «id.»)

transmutar v.tr. **1** fazer passar a outra mão, a outro domínio ou a outro lugar **2** transferir **3** transformar; metamorfosear; transmudar (Do lat. *transmutāre*, «id.»)

transmutativo adj. que tem a propriedade de transmudar (Do lat. *transmutātu-*, «transmudado» *+-ivo*)

transmutável adj.2g. que pode ser transmudado ou transformado em coisa diferente (De *transmutar+-vel*)

transnacional adj.2g. que vai para além das fronteiras nacionais, englobando mais do que um país

transnadar v.tr. **1** atravessar a nado; tranar **2** conduzir, nadando **3** transportar a nado (Do lat. *transnatāre*, «id.»)

transnavegar v.intr. navegar em viagem de longo curso (De *trans-+navegar*)

transnoitar v.tr.,intr. ⇒ **tresnoitar** (De *trans-+noite+-ar*)

transnominação n.f. 1 ato ou efeito de transnominar 2 emprego ou significação translata das palavras; metonímia (Do lat. *transnominatiōne-*, «ato de mudar o nome»)

transnominar v.intr. empregar as palavras no sentido figurado (Do lat. *transnomināre*, «mudar de nome»)

transnúpcias n.f.pl. todas as núpcias celebradas após as primeiras (De *trans-+núpcias*)

transobjectivo ver nova grafia transobjetivo

transobjetivo /z/ adj. que ultrapassa o que é objetivo (De *trans-+objectivo*)

transoceânico /zó/ adj. ⇒ **ultramarino** (De *trans-+oceânico*)

transónico adj. AERONÁUTICA diz-se da velocidade pouco superior ou pouco inferior à velocidade do som no ar (De *trans-+som+-ico*)

transordinário /zó/ adj. ⇒ **extraordinário** adj. (De *trans-+ordinário*)

transpadano adj. que fica para além do rio Pó, no Norte da Itália (Do lat. *transpadānu-*, «id.»)

transparecer v.tr.,intr. 1 aparecer através de 2 [fig.] revelar-se; manifestar-se (De *trans-+parecer*)

transparência n.f. 1 qualidade ou estado do que é transparente 2 fenómeno pelo qual os raios luminosos visíveis são observados através de certas substâncias 3 qualidade do que transmite a verdade sem a adulterar; limpidez 4 qualidade de quem não tem nada a esconder 5 carácter do que não é fraudulento e pode vir a público (em matéria económica) 6 folha de plástico transparente, com texto ou gravuras, para uso no retroprojetor; acetato (Do fr. *transparence*, «id.»)

transparentar v.tr. 1 tornar transparente ou claro 2 evidenciar (De *transparente+-ar*)

transparente adj.2g. 1 que se deixa atravessar pela luz e permite distinguir os objetos através de si; límpido 2 que deixa passar a luz e a difunde, mas sem permitir distinguir nitidamente os objetos; translúcido 3 [fig.] que se percebe facilmente; evidente; claro 4 [fig.] que revela claramente a sua natureza; inequívoco; claro 5 LINGUÍSTICA diz-se de um termo, de um contexto ou de um discurso que não é opaco ▪ n.m. 1 tecido ou qualquer outro material com que se atenua a ação da luz 2 ÓTICA pedaço de tela branca utilizado em experiências óticas (Do lat. med. *transparente-*, «id.», ou do fr. *transparent*, «id.»)

transpassação n.f. ⇒ **transpassamento** (De *transpassar+-ção*)

transpassamento n.m. ato ou efeito de transpassar (De *transpassar+-mento*)

transpassar v.tr.,intr.,pron. ⇒ **trespassar** (De *trans-+passar*)

transpasse n.m. [Brasil] trespasse

transpiração n.f. 1 ato ou efeito de transpirar 2 excreção de suor 3 suor 4 BOTÂNICA fenómeno da devolução da água ao meio exterior, sob forma de vapor, pelas plantas (De *transpirar+-ção*)

transpiradeiro n.m. 1 poro 2 [fig.] respiradouro (De *transpirar+-deiro*)

transpirar v.tr.,intr. 1 deitar suor pelos poros; suar 2 começar a ser conhecido; constar; divulgar-se ▪ v.tr. 1 molhar com suor (roupa) 2 [fig.] deixar transparecer; manifestar (Do lat. *trans*, «além de» +*spirāre*, «exalar»)

transpiratório adj.,n.m. ⇒ **sudorífero** (De *transpirar+-tório*)

transpirável adj.2g. 1 que pode ser eliminado do organismo por transpiração 2 pelo qual é possível transpirar (De *transpirar+-vel*)

transplantação n.f. ⇒ **transplante** (De *transplantar+-ção*)

transplantador adj. que transplanta ▪ n.m. 1 aquele que transplanta 2 instrumento agrícola próprio para transplantar (De *transplantar+-dor*)

transplantar v.tr. 1 arrancar de um sítio para plantar noutro 2 fazer passar de uma região para outra 3 transpor 4 [fig.] transportar; transferir 5 [fig.] traduzir; trasladar 6 CIRURGIA retirar um órgão (rim, coração ou outro) de um cadáver recente ou de um dador voluntário e enxertá-lo num doente em situação de não sobreviver com o seu órgão homólogo (Do lat. *transplantāre*, «id.»)

transplantatório adj. que é transplantável (De *transplantar+-tório*)

transplantável adj.2g. que tem condições de transplantação (De *transplantar+-vel*)

transplante n.m. 1 ato ou efeito de transplantar 2 MEDICINA operação que consiste em mudar um enxerto de um órgão ou tecido de lugar ou de corpo 3 mudança de plantas de um lugar para outro 4 [fig.] tradução (Deriv. regr. de *transplantar*)

transponível adj.2g. que se pode transpor (Do lat. *trans*, «além de» +*ponibĭle-*, «que se pode pôr»)

transpor v.tr. 1 passar além de ou por cima de; ultrapassar; exceder 2 saltar; galgar 3 alterar a ordem de 4 mudar (algo) de lugar;

transferir 5 [fig.] vencer (um obstáculo); superar (um problema, uma dificuldade) 6 MÚSICA fazer uma transposição ▪ v.pron. não se deixar ver; ocultar-se; esconder-se (Do lat. *transponĕre*, «id.»)

transportação n.f. 1 transporte; condução 2 [fig.] êxtase; enlevo (De *transportar+-ção*)

transportador adj. que transporta ▪ n.m. 1 aquele que transporta 2 TIPOGRAFIA trabalhador que faz o transporte das montagens para a chapa de alumínio ou zinco (De *transportar+-dor*)

transportadora n.f. empresa de transportes

transportamento n.m. ⇒ **transporte** (De *transportar+-mento*)

transportar v.tr. 1 conduzir de um lugar para outro 2 carregar consigo 3 fazer passar de um ponto a outro; transmitir 4 passar para outro contexto; introduzir; transpor 5 MÚSICA mudar de tom 6 [fig.] arrebatar; enlevar 7 TIPOGRAFIA passar (uma montagem) para a chapa de alumínio ou zinco ▪ v.pron. 1 ir de um lugar para outro 2 remontar mentalmente 3 referir-se 4 [fig.] enlevar-se (Do lat. *transportāre*, «id.»)

transportável adj.2g. suscetível de ser transportado (De *transportar+-vel*)

transporte n.m. 1 ato ou efeito de transportar 2 facto de levar algo para outro lugar; mudança 3 deslocação de objetos ou pessoas de um lugar para outro 4 barco, veículo ou animal que serve para transportar 5 soma que numa fatura, nota ou livro comercial passa para a coluna ou página seguinte 6 mudança de um trecho de música para tom diferente 7 TIPOGRAFIA passagem de uma montagem para a chapa de alumínio ou zinco 8 [fig.] êxtase; entusiasmo 9 pl. conjunto dos meios utilizados para a deslocação de pessoas ou objetos (Deriv. regr. de *transportar*)

transposição n.f. 1 ato ou efeito de transpor 2 troca de dois objetos entre si 3 alteração da ordem 4 facto de passar para outro domínio ou forma de linguagem; adaptação 5 MATEMÁTICA operação que consiste em fazer passar, numa equação, um termo de um para o outro membro 6 MÚSICA mudança da tonalidade de um trecho musical com o objetivo de abranger um registo diferente, mantendo sempre os mesmos intervalos ao longo de todo o trecho (Do lat. *trans*, «além de» +*positiōne-*, «posição»)

transpositivo adj. em que há transposição (Do lat. *transposĭtu-*, «transposto», part. pass. de *transponĕre*, «transpor; transferir» +-*ivo*)

transpositor adj. que opera a transposição (Do lat. *transposĭtu-*, «transposto» +-*or*)

transposto /ô/ adj. 1 que mudou de lugar; transferido; transportado 2 galgado; ultrapassado 3 vencido 4 adaptado (Do lat. *transposĭtu-*, «id.», part. pass. de *transponĕre*, «transpor; transferir»)

transrenano adj. que fica além do rio Reno (Do lat. *transrhenānu-*, «id.»)

transtagano adj. de além (ao sul) do rio Tejo (Do lat. *trans-*, «além de» +*Tagu-*, «Tejo» +-*ano*)

transtiberino adj. de além do rio Tibre (em relação a Roma) (Do lat. *transtiberīnu-*, «id.»)

transtornado adj. 1 alterado; perturbado; atrapalhado 2 [pop.] demente (Part. pass. de *transtornar*)

transtornador adj. que transtorna (De *transtornar+-dor*)

transtornar v.tr. 1 causar transtorno a 2 alterar a ordem de; desorganizar 3 [fig.] perturbar; incomodar 4 [fig.] perturbar a inteligência ou o juízo a ▪ v.pron. 1 perturbar-se; alterar-se 2 malograr-se 3 estragar-se; deteriorar-se 4 perturbar-se 5 adquirir novo aspeto; desfigurar-se (De *trans-+tornar*)

transtorno /ô/ n.m. 1 ato ou efeito de transtornar 2 alteração 3 [fig.] contrariedade; contratempo; incómodo 4 [fig.] deceção 5 [fig.] prejuízo 6 [fig.] desarranjo; perturbação mental (Deriv. regr. de *transtornar*)

transtravado adj. diz-se do cavalo calçado de branco (com mancha branca no pé esquerdo e na mão direita ou vice-versa) (Do cast. *trastrabado*, «id.»)

transtrocar v.tr. 1 trocar a ordem de; inverter 2 confundir (De *trans-+trocar*)

transubstanciação n.f. 1 mudança de uma substância noutra 2 RELIGIÃO (cristianismo) transformação da substância do pão e do vinho no corpo e sangue de Jesus Cristo (De *transubstanciar+-ção*)

transubstancial adj.2g. que se transubstancia ou converte noutra substância (De *trans-+substancial*)

transubstanciar v.tr. 1 fazer mudar de substância 2 RELIGIÃO (cristianismo) operar a transubstanciação eucarística ▪ v.pron. converter-se (uma substância noutra) (De *trans-+substância+-ar*)

transudação n.f. ato ou efeito de transudar; transpiração (De *transudar+-ção*)

transudar v.tr. 1 deitar (suor) pelos poros; suar; exsudar 2 passar (um líquido) através de (recipiente que o contém ou uma superfície);

ressumar 3 [fig.] transparecer (Do lat. *trans*, «além de» +*sudāre*, «suar»)

transumanar /z/ *v.tr.* dar natureza humana a; humanar (De *trans*-+*humanar*)

transumância /z/ *n.f.* deslocação periódica de gado ovino, acompanhado pelos pastores, no verão, dos vales e planícies (onde os pastos desapareceram) para as altas pastagens das montanhas (transumância ascendente), e, no começo do inverno, destas para as zonas baixas (transumância descendente), onde os pastos reapareceram (De *transumar*+-*ância*)

transumano /z/ *adj.* além do que é humano (De *trans*-+*humano*)

transumante /z/ *adj.2g.* diz-se do rebanho que transuma (De *transumar*+-*ante*)

transumar /z/ *v.tr.* 1 realizar a transumância de 2 emigrar (Do lat. *trans*, «além» +*humu*-, «terra» +-*ar*)

transumir /z/ *v.tr.* receber de outrem ou de outra coisa ■ *v.pron.* passar de um lado para outro; deslocar-se (Do lat. *transumĕre*, «receber»)

transunto /z/ *n.m.* 1 cópia; traslado 2 retrato; imagem 3 modelo; exemplo (Do lat. *transumptu*-, «id.», part. pass. de *transumĕre*, «receber; tomar»)

transuraniano /z/ *adj.* diz-se dos elementos químicos de número atómico superior a 92 (que é o número atómico do urânio), os quais não existem na natureza mas são produzidos em reações nucleares (De *trans*-+*urânio*+-*ano*)

transurânico /z/ *adj.* ⇒ **transuraniano** (De *trans*-+*urânio*+-*ico*)

transvaliano *adj.* que diz respeito ao Transval, região da África do Sul ■ *n.m.* natural ou habitante do Transval; bur; bóer (De *Transval*+-*iano*)

transvasamento *n.m.* ato ou efeito de transvasar (De *transvasar*+-*mento*)

transvasar *v.tr.* passar, vertendo, de um vaso para outro; trasfegar (De *trans*-+*vaso*+-*ar*)

transvase *n.m.* ⇒ **transvasamento** (Deriv. regr. de *transvasar*)

transvazar *v.tr.* 1 derramar por excesso de líquido; verter 2 esvaziar (De *trans*+*vazar*)

transverberação *n.f.* 1 ato ou efeito de transverberar 2 passagem através de (De *transverberar*+-*ção*)

transverberar *v.tr.* 1 deixar passar através de 2 coar (luz) 3 refletir 4 [fig.] revelar; mostrar (Do lat. *transverberāre*, «trespassar»)

transversal *adj.2g.* 1 que atravessa 2 colocado obliquamente 3 colateral; *ondas transversais* FÍSICA ondas em que a vibração é efetuada perpendicularmente à direção de propagação (De *transverso*+-*al*)

transversalidade *n.f.* 1 qualidade do que é transversal 2 direção transversal (De *transversal*+-*i*-+-*dade*)

transversalmente *adv.* de través; no sentido da largura; obliquamente (De *transversal*+-*mente*)

transversão *n.f.* ⇒ **transformação** (Do lat. *transversiōne*-, «id.»)

transverso *adj.* 1 que ocupa posição de atravessado ou oblíquo 2 ANATOMIA (músculo, ligamento) que está numa posição perpendicular ao eixo longitudinal do corpo ou ao eixo maior de um órgão ■ *n.m.* ZOOLOGIA osso da cabeça dos répteis que une a parte posterior do maxilar ao pterigoide (Do lat. *transversu*-, «id.», part. pass. de *transvertĕre*, «desviar»)

transverter *v.tr.* 1 transtornar; alterar 2 transformar; modificar; mudar 3 transferir; trasladar 4 verter (de uma língua para outra); traduzir (Do lat. *transvertĕre*, «id.»)

transviado *adj.* 1 ⇒ **extraviado** *adj.* 2 diz-se do militar que, durante as operações, se afasta da sua unidade sem a necessária autorização 3 diz-se do indivíduo que se afastou dos padrões morais e sociais da sociedade em que vive (Part. pass. de *transviar*)

transviador *adj.,n.m.* que ou aquele que transvia ou faz sair do caminho do dever (De *transviar*+-*dor*)

transviar *v.tr.* 1 desencaminhar 2 extraviar 3 [fig.] desviar do caminho do dever 4 [fig.] corromper; seduzir (De *trans*-+*via*+-*ar*)

transvio *n.m.* 1 ato ou efeito de transviar 2 extravio (Deriv. regr. de *transviar*)

transvoar *v.tr.* atravessar, voando ■ *v.intr.* (aves) voar migratoriamente (Do lat. *transvolāre*, «id.»)

transvoo /ô/ *n.m.* 1 ato ou efeito de transvoar 2 voo rápido 3 voo migratório das aves (Deriv. regr. de *transvoar*)

transvorar *v.tr.,intr.* devorar com grande sofreguidão (Do lat. *transvorāre*, «id.»)

tranvia *n.f.* comboio de serviço suburbano; trâmuei (Do ing. *tramway*, «id.», pelo cast. *tranvía*, «id.»)

trapa[1] *n.f.* 1 cova ou alçapão próprio para apanhar feras 2 cabo com que se elevam pesos para dentro de uma embarcação (Do germ. *trappa*, «armadilha», pelo fr. *trappe*, «id.»)

trapa[2] *n.f.* [com maiúscula] designação abreviada da ordem monástica dos Cistercienses Reformados, também denominados trapistas, cuja finalidade é a vida contemplativa (De *Trappe*, top., localidade da abadia de Nossa Senhora da Trapa, na região francesa de Soligny-la-Trappe)

trapaça *n.f.* burla; embuste; engano (De *trapa*+-*aça*)

trapaçaria *n.f.* série de trapaças (De *trapaça*+-*aria*)

trapaceador *adj.,n.m.* ⇒ **trapaceiro** (De *trapacear*+-*dor*)

trapacear *v.tr.* tratar com fraude ■ *v.intr.* 1 usar de trapaça; enganar 2 roubar ao jogo (De *trapaça*+-*ear*)

trapaceiro *adj.,n.m.* que ou aquele que faz trapaças; embusteiro; batoteiro (De *trapaça*+-*eiro*)

trapacento *adj.,n.m.* ⇒ **trapaceiro** (De *trapaça*+-*ento*)

trapacice *n.f.* ato ou dito de trapaceiro; trapaça (De *trapaça*+-*ice*)

trapada *n.f.* montão de trapos (De *trapo*+-*ada*)

trapagem *n.f.* trapada; farrapagem (De *trapa*+-*agem*)

trapalhada[1] *n.f.* ⇒ **trapada** (De *trapo*+-*alhada*)

trapalhada[2] *n.f.* 1 mistura de coisas; confusão 2 coisa que não se entende; enredo 3 embuste (De *trapa*+-*alhada*)

trapalhado *adj.* diz-se do leite mal coalhado (De *trapalho*+-*ado*)

trapalhão[1] *adj.,n.m.* 1 que ou aquele que atrapalha tudo 2 atabalhoado; desorganizado 3 trapaceiro; embusteiro (De *trapa*+-*alhão*)

trapalhão[2] *adj.* que anda esfarrapado ou mal-arranjado ■ *n.m.* 1 trapo grande; rodilhado; farrapo 2 aquele que anda coberto de trapos; farroupilha (De *trapo*+-*alhão*)

trapalhice[1] *n.f.* montão de trapos; trapagem (De *trapo*+-*alhice*)

trapalhice[2] *n.f.* 1 ato ou dito de trapalhão 2 confusão 3 enredo; intriga 4 negócio pouco sério; trapaça (De *trapa*+-*alhice*)

trapalho *n.m.* [regionalismo] rodilha de cozinha (De *trapo*+-*alho*)

traparia *n.f.* ⇒ **trapagem** (De *trapo*+-*aria*)

trape *interj.* imitativa do som produzido por uma pancada (De orig. onom.)

trapear *v.intr.* NÁUTICA (vela do navio) bater contra o mastro quando o vento vem da proa; trapejar (De *trape*+-*ear*)

trapeira *n.f.* 1 armadilha para caça 2 janela ou postigo aberto no telhado 3 águas-furtadas (De *trapa*+-*eira*)

trapeiro *n.m.* aquele que apanha trapos e papéis velhos para vender; negociante de trapos; adeleiro (De *trapo*+-*eiro*)

trapejante *adj.2g.* que trapeja (De *trapejar*+-*ante*)

trapejar *v.intr.* 1 ⇒ **trapear** 2 dar estalos; estralejar (De *trape*+-*ejar*)

trapento *adj.* andrajoso; maltrapilho (De *trapo*+-*ento*)

trapes *n.m.2n.* GEOLOGIA mantos basálticos, horizontais, que se dispõem em escadaria (Do sueco *trappar*, «escada; degrau»)

trape-zape *n.m.* 1 som que imita o das espadas que se chocam 2 ruído de uma carruagem em movimento (De orig. onom.)

trapeziforme *adj.2g.* ⇒ **trapezoide** *adj.2g.* 1 (Do lat. *trapezĭu*-, «trapézio» +*forma*-, «forma»)

trapézio *n.m.* 1 DESPORTO aparelho com barra horizontal, oscilante, destinado a exercícios de ginástica 2 ANATOMIA primeiro osso da segunda série do carpo a partir do lado do dedo polegar 3 ANATOMIA músculo grande que se insere nas vértebras dorsais e na parte ínfero-posterior da cabeça e movimenta esta 4 GEOMETRIA quadrilátero que apresenta dois lados desiguais e paralelos entre si (Do gr. *trapézion*, «mesinha; trapézio»)

trapezista *n.2g.* DESPORTO ginasta que trabalha em trapézio (De *trapézio*+-*ista*, ou do fr. *trapéziste*, «id.»)

trapezoédrico *adj.* relativo a trapezoedro (De *trapezoedro*+-*ico*)

trapezoedro *n.m.* 1 CRISTALOGRAFIA forma geral das classes holoaxiais dos sistemas trigonal, hexagonal e tetragonal 2 GEOMETRIA sólido cujas faces são trapézios (Do gr. *trapézion*, «trapézio» +*hédra*, «face»)

trapezoidal *adj.2g.* ⇒ **trapezoide** *adj.2g.* 1 (De *trapezóide*+-*al*)

trapezoide *adj.2g.* 1 que tem forma de trapézio 2 designativo do segundo osso da segunda série do carpo, a partir do lado do dedo polegar ■ *n.m.* ANATOMIA segundo osso da segunda série do carpo, a partir do lado do dedo polegar (Do gr. *trapezoeidés*, «id.»)

trapezóide ver nova grafia **trapezoide**

trapicalhada *n.f.* porção de trapicalhos (De *trapicalho*+-*ada*)

trapicalho *n.m.* 1 trapo; farrapo 2 [fig.] pessoa andrajosa (De *trapo*+-*ico*+-*alho*)

trapiche *n.m.* armazém junto do cais para guardar géneros de embarque; alfândega (Do cast. *trapiche*, «engenho de açúcar»)

trapicheiro *adj.,n.m.* que ou aquele que administra ou guarda um trapiche (De *trapiche*+-*eiro*)

trapilho n.m. {*diminutivo de* **trapo**} trapo pequeno (Do cast. *trapillo*, «id.»)

trapinho n.m. 1 trapo pequeno 2 *pl.* as roupas; *juntar os trapinhos* [fig.] casar-se, juntar-se (De *trapo*+*-inho*)

trapista adj.2g. referente a Trapa, localidade francesa da região de Soligny ■ n.m. religioso da Trapa (Do fr. *trappiste*, «id.»)

trapistina n.f. 1 religiosa pertencente à Ordem da Trapa 2 licor preparado pelos monges trapistas (Do fr. *trappistine*, «id.»)

trapizonda n.f. [regionalismo] ⇒ **embriaguez** 1 (Do cast. *trapisonda*, «balbúrdia»)

trapizonga n.f. [Brasil] [pop.] porção de trastes miúdos; cangalhada

trapo n.m. 1 bocado de qualquer pano velho; farrapo 2 [fig.] vestido velho 3 sedimento tartaroso que se forma no fundo das garrafas e de outras vasilhas 4 *pl.* andrajos; *dizer trapos e farrapos* ser má-língua, murmurar; *juntar os trapos* [coloq.] casar-se, juntar-se; *pegar-lhe com um ~ quente* tentar remediar o que não tem remédio (Do lat. tard. *drappu-*, «pano»)

trapola n.2g. 1 pessoa velhaca, trapaceira 2 logro; cilada (De *trapa*+*-ola*)

trápola n.f. armadilha para apanhar caça (Do it. *trappola*, «id.»)

trapolas n.2g.2n. ⇒ **trapola**

trapuz interj. imitativa do som de uma queda repentina (De orig. onom.)

traque n.m. ventosidade, ruidosa ou não, expelida pelo ânus (De orig. onom.)

traqueado adj. 1 pertencente ou relativo aos traqueados 2 diz-se do animal (artrópode) que possui traqueias ou que tem respiração traqueal ■ n.m.pl. ZOOLOGIA grupo de artrópodes de respiração traqueal que compreende os insetos, os aracnídeos e os miriápodes (De *traqueia*+*-ado*)

traqueal adj.2g. 1 que diz respeito à traqueia; traqueano 2 ZOOLOGIA diz-se do tipo de respiração nos artrópodes em que há traqueias (De *traqueia*+*-al*)

traqueano adj. 1 que possui traqueias ou é constituído por traqueias 2 relativo ou pertencente à traqueia; traqueal 3 BOTÂNICA diz-se do tecido vegetal constituído por traqueias ou tracoides, que desempenha a função de resistência e condução da seiva bruta; *fascículo ~* feixe traqueano, conjunto mais ou menos individualizado de vasos traqueanos (De *traqueia*+*-ano*)

traqueia n.f. 1 ANATOMIA canal (via respiratória) que, nos vertebrados de respiração pulmonar, conduz o ar para os pulmões, e se estende da laringe aos brônquios primários 2 BOTÂNICA tubo constituído por células vegetais mortas, de paredes lenhificadas e ornamentadas, também condutor da seiva bruta, com funções de resistência, e que, em grupos, origina os fascículos ou feixes traqueanos 3 ZOOLOGIA cada um dos canais de paredes reforçadas por filamento helicoidal quitinoso, que, nos artrópodes traqueados, conduzem o ar às diferentes partes do corpo (Do gr. *trakheîa*, «id.»)

traqueia-artéria n.f. ANATOMIA [ant.] ⇒ **traqueia** 1

traqueíte n.f. MEDICINA inflamação da traqueia (De *traqueia*+*-ite*)

traquejar v.tr. 1 perseguir 2 bater (o mato) para levantar a caça 3 tornar apto para (algo) através da experiência; exercitar ■ v.intr. [pop.] dar traques (De *traque*+*-ejar*)

traquejo /ê/ n.m. [pop.] grande prática ou experiência em qualquer serviço; perícia (Deriv. regr. de *traquejar*)

traqueli- ⇒ **traquelo-**

traqueliano adj. relativo à parte posterior do pescoço; cervical (Do gr. *trákhelos*, «pescoço»+*-iano*)

traquelismo n.m. MEDICINA contração espasmódica dos músculos do pescoço (Do gr. *trakhelismós*, «ação de virar o pescoço»)

traquelite n.f. MEDICINA inflamação do pescoço ou do colo (De *traqueli-*+*-ite*)

traquelo- elemento de formação de palavras que exprime a ideia de *pescoço*, *colo* (Do gr. *trákhelos*, «pescoço»)

traquelocele n.f. ⇒ **traqueocele** (Do gr. *trákhelos*, «pescoço» +*kéle*, «tumor»)

traquelópode adj.2g. ZOOLOGIA que possui membros locomotores aderentes ao pescoço (Do gr. *trákhelos*, «pescoço» +*poús*, *podós*, «pé»)

traque(o)- elemento de formação de palavras que exprime a ideia de *traqueia* (Do gr. *trakheîa*, «traqueia»)

traqueobronquite n.f. MEDICINA inflamação que atinge simultaneamente a traqueia e os brônquios (De *traqueo-*+*bronquite*)

traqueocele n.f. MEDICINA hérnia na mucosa da traqueia; traquelocele (Do gr. *trakheîa*, «traqueia» +*kéle*, «tumor»)

Traqueófitas n.f.pl. BOTÂNICA plantas que apresentam, com vários graus de desenvolvimento, sistemas vasculares constituídos por tecidos condutores especializados (Do gr. *trakheîa*, «traqueia»+*phytón*, «planta»)

traqueóla n.f. 1 traqueia de calibre reduzido 2 ZOOLOGIA cada uma das extremidades das ramificações de pequeno calibre das traqueias dos artrópodes (traqueados) (Do gr. *trakheîa*, «traqueia» + *-ola*)

traqueorragia n.f. MEDICINA hemorragia da traqueia (De *traqueo-* +*-ragia*)

traqueoscopia n.f. MEDICINA exame do interior da traqueia feito com traqueoscópio (Do gr. *trakheîa*, «traqueia» +*skopeîn*, «observar» +*-ia*)

traqueoscópio n.m. MEDICINA instrumento especial para observação do interior da traqueia (Do gr. *trakheîa*, «traqueia» +*skopeîn*, «observar» +*-io*)

traqueostomia n.f. CIRURGIA ⇒ **traqueotomia** (Do gr. *trakheîa*, «traqueia» +*stóma*, «boca» +*-ia*)

traqueotomia n.f. CIRURGIA operação cirúrgica da incisão da traqueia; traqueostomia (De *traqueo-*+*-tomia*)

traquete /ê/ n.m. NÁUTICA mastro vertical colocado mais à proa; *fugir a traquetes* [Açores] fugir apressadamente (Do fr. ant. *triquet*, «id.», hoje *trinquet*, «id.»)

traqui- elemento de formação de palavras que exprime a ideia de *áspero*, *duro*, *grosseiro*, *difícil* (Do gr. *trakhýs*, «áspero»)

traquibérnia n.f. ⇒ **tranquibérnia**

traquimedusa n.f. ZOOLOGIA espécime das traquimedusas ■ n.f.pl. ZOOLOGIA grupo de celenterados hidrozoários, em cujo desenvolvimento (direto) não existe a forma pólipo (De *traqui-*+*medusa*)

traquina adj.,n.2g. que ou criança que é travessa, buliçosa e turbulenta; traquinas (De orig. obsc.)

traquinada n.f. 1 comportamento de criança travessa; diabrura de criança traquina 2 som forte; estrondo 3 enredo; intriga (Part. pass. fem. subst. de *traquinar*)

traquinar v.intr. 1 fazer travessuras, traquinices; estar inquieto; brincar 2 fazer barulho, confusão (De *traquina*+*-ar*)

traquinas adj.inv.,n.2g.2n. ⇒ **traquina** (De orig. obsc.)

traquinice n.f. comportamento de criança travessa; diabrura de criança traquina (De *traquina*+*-ice*)

Traquinídas n.m.pl. ICTIOLOGIA ⇒ **Traquinídeos**

traquinídeo adj. relativo ou pertencente aos Traquinídeos ■ n.m. ICTIOLOGIA espécime dos Traquinídeos

Traquinídeos n.m.pl. ICTIOLOGIA família de peixes teleósteos que inclui formas temíveis pela picada dolorosa da sua barbatana dorsal, e cujo género-tipo se denomina *Trach◼nus* (Do lat. cient. *Trachînu-*+*-ídeos*)

traquinote n.m. jogo popular (De *traquina*+*-ote*)

traquíola n.f. ⇒ **traqueóla**

traquitana n.f. 1 espécie de carruagem antiga, de quatro rodas, para duas pessoas 2 [pop.] veículo em mau estado; calhambeque (De orig. obsc.)

traquítico adj. relativo a traquito ou da natureza do traquito (De *traquito*+*-ico*)

traquito n.m. rocha vulcânica com a composição de um sienito, mas de textura hemicristalina (Do gr. *trakhýs*, «áspero» +*-ito*)

traquitoide adj.2g. PETROLOGIA que tem a aparência do traquito (De *traquito*+*-óide*)

traquitóide ver nova grafia traquitoide

tras- ⇒ **trans-**

trás[1] prep. atrás de; após (*ano trás ano*); *de ~* na parte posterior; *de ~ de* na parte posterior de; *para ~* para o lado posterior; *por ~* na parte posterior; *vir de ~* já ser antigo, ter começado num tempo passado (Do lat. *trans*, «além de»)

trás[2] interj. designativa da queda de um corpo ou de pancada (De orig. onom.)

trás-anteontem adv. no dia anterior ao de anteontem

trasantontem adv. ⇒ **trás-anteontem**

trasbordamento n.m. ⇒ **transbordamento** (De *trasbordar*+*-mento*)

trasbordante adj.2g. ⇒ **transbordante** (De *trasbordar*+*-ante*)

trasbordar[1] v.tr. ⇒ **transbordar**[1] (De *tras-*+*borda*+*-ar*)

trasbordar[2] v.tr. ⇒ **transbordar**[2] (De *tras-*+*bordo*+*-ar*)

trasbordo[1] /ô/ n.m. ⇒ **transbordamento** (Deriv. regr. de *trasbordar* [= saltar as bordas])

trasbordo[2] /ô/ n.m. ⇒ **transbordo**[2] (Deriv. regr. de *trasbordar* [= passar de um barco para outro])

trascâmara n.f. 1 aposento mais interior do que a câmara 2 [fig.] lugar recôndito (De *tras-*+*câmara*)

traseira n.f. 1 parte de trás 2 retaguarda 3 *pl.* face posterior de um edifício 4 *pl.* espaço para que está voltada essa face 5 *pl.*

compartimento ou conjunto de compartimentos de um edifício voltado para trás (De *trás+-eira*)
traseiro *adj.* 1 que está atrás 2 que pesa ou se inclina mais para trás do que é devido ■ *n.m.* rabo; nádegas (De *trás+-eiro*)
trasfega *n.f.* ⇒ **trasfego** (Deriv. regr. de *trasfegar*)
trasfegador *adj.,n.m.* que ou aquele que trasfega (De *trasfegar+-dor*)
trasfegadura *n.f.* ⇒ **trasfego** (De *trasfegar+-dura*)
trasfegar *v.tr.* passar de um recipiente para outro; transvasar; transfundir ■ *v.intr.* [fig.] fazer pela vida; lidar; ter negócios (Do lat. **transfaecāre*, de *trans*, «além de» +*faex, faecis*, «borras; fezes»)
trasfego /ê/ *n.m.* 1 ato ou efeito de trasfegar 2 separação da borra do vinho ou de outro líquido 3 lida; movimento (Deriv. regr. de *trasfegar*)
trasfegueiro¹ *n.m.* barco pequeno do Douro (De *trasfegar+-eiro*)
trasfegueiro² *n.m.* [regionalismo] ⇒ **trasfogueiro** (De *tras-+fogo+-eiro*)
trasflor *n.m.* trabalho em ouro sobre esmalte (De *tras-+flor*)
trasfogueiro *n.m.* toro de lenha grosso ou peça de ferro ou pedra a que se encostam as achas na lareira; morilho (De *tras-+fogo+-eiro*)
trasfoliar *v.tr.* copiar em papel transparente colocado sobre o que se quer reproduzir; decalcar; estresir (Do lat. *trans*, «além de» +*folĭu-*, «folha» +*-ar*)
trasga *n.f.* [regionalismo] argola de madeira, pendente do jugo dos bois, e destinada a segurar o timão por meio de uma cavilha (De orig. obsc.)
trasgo *n.m.* 1 aparição sobrenatural; duende 2 [fig.] pessoa muito travessa ou de má índole (Do cast. *trasgo*, «id.»)
trasguear *v.intr.* fazer travessuras; traquinar (De *trasgo+-ear*)
trasgueiro *n.m.* [regionalismo] correia que prende a trasga ao jugo (De *trasga+-eiro*)
traslação *n.f.* ⇒ **translação**
trasladação *n.f.* 1 ato ou efeito de trasladar 2 versão 3 adiamento 4 transferência 5 passagem de um cadáver de uma sepultura para outra (De *trasladar+-ção*)
trasladador *adj.,n.m.* 1 que ou aquele que traslada 2 tradutor (De *trasladar+-dor*)
trasladar *v.tr.* 1 transportar de um lugar para outro; transferir 2 traduzir 3 copiar 4 adiar ■ *v.pron.* mudar-se (De *traslado+-ar*)
trasladável *adj.2g.* que se pode trasladar (De *trasladar+-vel*)
traslado *n.m.* 1 ato ou efeito de trasladar; trasladação 2 cópia exata; imitação 3 versão; tradução 4 modelo; exemplo 5 [Brasil] ⇒ **transfer** (Do lat. *translātu-*, «levado além; transferido», part. pass. de *transferre*, «transferir»)
traslar *n.m.* parte de trás da lareira ou do fogão (De *trás+lar*)
trasmontanismo *n.m.* ⇒ **transmontanismo**
trasmontano *adj.,n.m.* ⇒ **transmontano** (Do lat. *transmontānu-*, «id.»)
trasmontar *v.tr.,intr.* ⇒ **transmontar** (De *tras-+monte+-ar*)
trasmudar *v.tr.* ⇒ **transmutar** (De *tras-+mudar*)
trasorelho /ê/ *n.m.* [pop.] ⇒ **papeira** (De *trás+orelha*)
traspassação *n.f.* 1 ato ou efeito de traspassar 2 dilação 3 demora 4 falecimento (De *traspassar+-ção*)
traspassamento *n.m.* ⇒ **traspassação** (De *traspassar+-mento*)
traspassar *v.tr.,intr.,pron.* ⇒ **trespassar**
traspasse *n.m.* ⇒ **trespasse**
traspasso *n.m.* 1 ⇒ **trespasse** 2 [fig.] aflição; dor cruciante 3 dilação (Deriv. regr. de *traspassar*)
traspés *n.m.pl.* passo em que um pé vai de encontro ao outro; passo falso; *dar ~* cambalear (De *trás+pé*)
traspilar *n.m.* pilar ou coluna que fica por detrás de outra (De *trás+pilar*)
traspor *v.tr.,pron.* ⇒ **transpor** (De *tras-+pôr*)
trastada *n.f.* 1 ato de traste; trastalhada 2 tratantada; velhacaria (De *traste+-ada*)
trastagano *adj.* ⇒ **transtagano**
trastalhada *n.f.* 1 montão de trastes; tarecada 2 grupo de pessoas sem carácter (De *traste+-alho+-ada*)
trastalhão *n.m.* [pop.] grande traste; pessoa velhaca; pessoa que não presta (De *traste+-alho+-ão*)
trastaria *n.f.* ⇒ **trastalhada** (De *traste+-aria*)
traste *n.m.* 1 móvel de casa 2 utensílio 3 [pop.] pessoa de mau carácter; tratante; velhaco 4 MÚSICA ⇒ **trasto** 5 *pl.* mobília velha (Do lat. *transtru-*, «travessa; viga transversal»)
trastear *v.tr.* TAUROMAQUIA preparar (o touro) com a muleta para a sorte de morte (Do cast. *trastear*, «id.»)

trasteio *n.m.* 1 ato de trastear 2 móveis de uma casa (Deriv. regr. de *trastear*)
trastejar *v.intr.* 1 negociar em coisas de pequeno valor 2 cuidar dos trastes (móveis de casa) 3 andar de um lado para o outro 4 [pop.] proceder como traste; agir mal ■ *v.tr.* guarnecer (casa) de móveis (De *traste+-ejar*)
trastempar *v.intr.* [ant.] passar além do tempo; prescrever (De *trastempo+-ar*)
trastempo *n.m.* 1 tempo decorrido 2 prescrição de um direito (De *tras-+tempo*)
trasto *n.m.* MÚSICA cada um dos filetes metálicos que servem para orientar a posição dos dedos, no braço dos instrumentos de corda; traste; ponteira (Do lat. *transtru-*, «travessa; viga transversal»)
trastornar *v.tr.* fazer voltar atrás ou ao antigo estado ■ *v.intr.* perder o que tinha adiantado (De *trás+tornar*)
trasvazar *v.tr.* ⇒ **transvazar** (De *tras-+vazar*)
trasvestir-se *v.pron.* 1 mudar de roupa 2 [fig.] disfarçar-se; mascarar-se (De *tras-+vestir*)
trasvisto *adj.* 1 visto de través 2 [fig.] odioso (De *tras-+visto*)
tratada *n.f.* [pop.] ⇒ **tratantada** (De *tratantada*)
tratadeira *n.f.* [pop.] mulher que trata de algum animal ou alguma coisa (De *tratar+-deira*)
tratadista *n.2g.* pessoa que escreve tratados sobre matéria em que é versada (De *tratado+-ista*)
tratadístico *adj.* que se refere a tratado (De *tratadista+-ico*)
tratado *n.m.* 1 estudo ou obra didática sobre tema científico, artístico, etc., apresentado de forma sistemática 2 acordo entre Estados; convenção 3 aliança ■ *adj.* 1 discutido; exposto 2 examinado; estudado 3 desenvolvido; aprofundado 4 cinzelado 5 arranjado 6 cultivado; cuidado 7 FOTOGRAFIA diz-se, em especial, da objetiva de um aparelho fotográfico cujas lentes têm superfícies revestidas com fluoretos hialinos, o que aumenta o poder de visão (Do lat. *tractātu-*, «ação de tratar ou praticar»)
tratador *adj.,n.m.* 1 que ou aquele que trata ou cuida de alguém ou alguma coisa 2 que ou o que trata de animais 3 [ant.] que ou o que se ocupa de negócios; contratador (Do lat. *tractatōre-*, «id.»)
tratamento *n.m.* 1 ato ou efeito de tratar 2 comportamento em relação a alguém; trato 3 modo de cumprimentar 4 forma de cuidar um doente 5 conjunto das terapias, remédios e cuidados usados num processo de cura 6 processo de cura 7 operação ou conjunto de operações que permitem modificar uma substância; *~ de informação* INFORMÁTICA recolha e elaboração de dados, e obtenção dos resultados respetivos por meio de computador (De *tratar+-mento*)
tratantada *n.f.* ação de tratante; velhacaria; burla (De *tratante+-ada*)
tratante *adj.,n.2g.* 1 que ou a pessoa que trata ou procede de má-fé; velhaco; patife 2 [ant.] negociante; contratador (Do lat. *tractante-*, «id.», part. pres. de *tractāre*, «tratar; praticar»)
tratantear *v.intr.* fazer tratantadas (De *tratante+-ear*)
tratantice *n.f.* ⇒ **tratantada** (De *tratante+-ice*)
tratantório *n.m.* grande tratante; biltre (De *tratante+-ório*)
tratar *v.tr.,pron.* 1 ocupar-se de (algo, alguém ou si próprio); cuidar(-se) 2 cuidar da saúde de (alguém ou si próprio) 3 submeter(-se) a processo terapêutico 4 alimentar(-se); sustentar(-se) ■ *v.tr.* 1 ter (uma substância) propriedades curativas; curar 2 aplicar substâncias em (terra, plantações, etc.) para evitar as pragas 3 submeter uma substância a um processo que a modifique, conserve ou melhore 4 proceder para com (alguém) de determinada forma 5 chamar alguém de 6 ter por objeto ou assunto 7 discorrer sobre 8 abordar por escrito ou oralmente (determinado tema); expor; examinar 9 manter relações pessoais ou profissionais com (alguém) 10 apresentar (obra de arte) de uma determinada forma 11 fazer o necessário para que um assunto ou negócio prossiga ou seja concluído; negociar 12 sujeitar (informação) a análise 13 submeter (um conjunto de dados) a um programa informático 14 FOTOGRAFIA melhorar as características de (uma lente) por revestimento das suas superfícies com fluoretos hialinos ■ *v.pron.* 1 estar em relação com; relacionar-se 2 estar em causa; ser o caso de 3 chamar-se ou qualificar-se de determinada forma (Do lat. *tractāre*, «id.»)
tratável *adj.2g.* 1 que se pode tratar 2 com quem se pode tratar; afável; sociável (Do lat. *tractabĭle-*, «id.»)
tratear *v.tr.* dar tratos a; atormentar (De *trato+-ear*)
trato¹ *n.m.* 1 pedaço de terreno; extensão; região; jeira 2 separação; intervalo 3 decurso 4 ANATOMIA conjunto de canais, cordões, vias, feixes ou órgãos que pertencem a um mesmo sistema; *~ digestivo* ANATOMIA conjunto de estruturas e órgãos que constituem

trato

o tubo digestivo (Do lat. *tractu-*, «qualquer coisa estendida em comprimento»)

trato² *n.m.* **1** ato ou efeito de tratar **2** tratamento; procedimento **3** convivência; relações sociais **4** delicadeza; cortesia **5** acordo; ajuste; negócio **6** *pl.* tormentos; torturas **7** [regionalismo] dinheiro pago ao médico anualmente pela assistência que prestou **8** *pl.* esforços; *dar tratos à imaginação* pensar muito (Derivação regressiva de *tratar*)

tratocarro *n.m.* veículo com motor de propulsão, de dois ou mais eixos, munido de uma caixa que se destina ao transporte de produtos agrícolas ou florestais, e cujo peso bruto não ultrapassa os 3500 kg (De *tracto(r)+carro*)

trator *n.m.* veículo automóvel construído para desenvolver um esforço de tração, sem comportar carga útil (Do lat. *tractu-*, «puxado», part. pass. de *trahĕre*, «puxar; arrastar» *+-or*)

tratório *adj.* relativo a tração (Do lat. *tractoriŭ-*, «id.»)

tratorista *n.2g.* motorista de trator (De *tractor+-ista*)

traulitada *n.f.* **1** [pop.] cacetada; bordoada **2** [pop.] pancadaria **3** [pej.] trauliteiros (De *traulito+-ada*)

Traulitânia *n.f.* HISTÓRIA [depr.] período político, entre 19 de janeiro e 13 de fevereiro de 1919, em que vigorou a denominada Monarquia do Norte, com sede na cidade do Porto, que esteve sob a influência dos traulitânios (De *traulit[eiro]+-ânia*)

trauliteiro *n.m.* **1** [pej.] designação dada aos monárquicos durante a Traulitânia **2** [pop.] caceteiro (De *traulito+-eiro*)

traulito *n.m.* pau; cacete (De *paulito*?)

trauma *n.m.* **1** MEDICINA qualquer lesão ou perturbação produzida no organismo por um agente exterior acionado por uma força; traumatismo **2** ferida contusa; contusão **3** PSICOLOGIA acontecimento emocionalmente doloroso que torna o sujeito particularmente sensível em situações similares (Do gr. *traûma*, *-atos*, «ferimento»)

traumático *adj.* **1** relativo a trauma **2** que provoca trauma (Do gr. *traumatikós*, «id.», pelo lat. *traumatĭcu-*, «id.»)

traumatismo *n.m.* **1** ferimento, lesão ou contusão provocada por ação violenta de um agente externo; trauma **2** ferida contusa **3** agente produtor da lesão (Do gr. *traumatismós*, «id.», pelo fr. *traumatisme*, «id.»)

traumatizado *adj.,n.m.* que ou aquele que sofreu um trauma (Part. pass. de *traumatizar*)

traumatizar *v.tr.* provocar trauma ou traumatismo em (Do gr. *traumatízein*, «ferir»)

traumatologia *n.f.* CIRURGIA parte da cirurgia que tem por objeto o estudo das lesões e das perturbações provocadas por traumatismos (Do gr. *traûma*, *-atos*, «ferimento» *+lógos*, «estudo» *+-ia*)

traumatológico *adj.* relativo a traumatologia (De *traumatologia+-ico*)

traumatologista *n.2g.* médico cirurgião especializado em traumatologia (De *traumatologia+-ista*)

Tráupidas *n.m.pl.* ORNITOLOGIA ⇒ **Tanagrídeos**

Traupídeos *n.m.pl.* ORNITOLOGIA ⇒ **Tanagrídeos**

trauta *n.f.* rasto deixado pela caça (Do lat. *tracta*, pl. de *tractu-*, «rasto»)

trautear *v.tr.,intr.* cantarolar ■ *v.tr.* **1** [pop.] maçar; aborrecer **2** repreender; censurar **3** enganar; iludir **4** [regionalismo] bater repetidamente; moer com pancada (De orig. obsc.)

trauteio *n.m.* ato ou efeito de trautear (Deriv. regr. de *trautear*)

trava *n.f.* **1** ato de travar **2** peia **3** pequena trave de parede a parede ou de pilar a pilar **4** [regionalismo] inclinação alternada dos dentes da serra para um e para outro lado do plano da folha; *~ da cruz* os braços da cruz (Deriv. regr. de *travar*)

travação *n.f.* **1** ato ou efeito de travar; travagem **2** ⇒ **travamento** **3** ligação das traves de um madeiramento entre si (De *travar+-ção*)

trava-contas *n.m.2n.* **1** altercação no ajuste de contas **2** controvérsia (De *travar+conta*)

travada *n.f.* **1** espaço entre duas traves **2** auge **3** força (De *trave+-ada*)

travadeira *n.f.* **1** lâmina de ferro fendida nos bordos, com que se dá trava aos dentes da serra **2** peça de madeira ou de pedra com que se impede a passagem da água do corredor para as salinas **3** prancha atravessada para reforçar os andaimes **4** pedra aparelhada que se põe nas paredes de pedra miúda para dar consistência à obra (De *travar+-deira*)

travado *adj.* **1** diz-se do processo ou procedimento que foi interrompido ou obstruído **2** que está parado **3** diz-se do veículo cujas rodas estão imobilizadas pela ação de travões **4** (conversa, discurso) começado; entabulado **5** diz-se do passo moderado do cavalo **6** designativo da cavalgadura calçada de branco no pé e na mão do mesmo lado **7** entrelaçado; unido **8** atravancado **9** preso **10** renhido; encarniçado **11** tartamudo **12** diz-se da língua que tem o freio cortado; *saia travada* saia apertada, cingida ao corpo (Part. pass. de *travar*)

travadoira *n.f.* ⇒ **travadeira**

travadoiro *n.m.* ⇒ **travadouro**

travador *adj.* que trava ■ *n.m.* **1** aquele que trava **2** peça destinada a efetuar o travamento da culatra de uma arma de fogo (De *travar+-dor*)

travados *n.m.pl.* ventos fortes da costa guineense (Por *trovoadas*)

travadouro *n.m.* **1** parte delgada da perna da cavalgadura onde se prende a trava ou a peia **2** espaço calcetado que atravessa um caminho para prender as terras **3** pedra que atravessa um muro a toda a largura, deixando ver as extremidades (De *travar+-douro*)

travadura *n.f.* ⇒ **travação** (De *travar+-dura*)

travagem *n.f.* **1** ato ou efeito de travar; travamento **2** imobilização de um veículo pela ação dos travões (De *travar+-agem*)

traval *adj.2g.* referente a trave (Do lat. *trabāle-*, «id.»)

trava-língua *n.m.* [pop.] expressão constituída por sequência de palavras cuja pronúncia se torna difícil (como *três tigres*) e se usa muitas vezes como passatempo (De *travar+língua*)

travamento *n.m.* **1** ação mecânica numa arma de fogo que impede a culatra recue enquanto o projétil percorre o cano; travação **2** ARQUITETURA elemento ou conjunto de elementos estruturais, tais como pilares, vigas ou lajes (De *travar+-mento*)

travanca *n.f.* empecilho; embaraço; obstáculo (De *trave+-anca*)

travanco *n.m.* ⇒ **travanca** (De *trave+-anco*)

travão *n.m.* **1** alavanca ou mecanismo que faz suster ou moderar o movimento, em especial de um veículo **2** [fig.] o que refreia ou impede uma ação; freio; impedimento **3** trava ou cadeia que prende os pés dos animais; peia **4** [fig.] repressão (De *travar+-ão*)

travar¹ *v.tr.* **1** suster ou moderar o movimento de (aparelho ou veículo) **2** fazer reduzir a velocidade aplicando o travão a **3** impedir os movimentos, a ação de (alguém); deter **4** fechar (porta de veículo) **5** dar início a; começar (conversa, luta) **6** refrear (uma ação ou um processo) **7** lançar mão de; sacar; agarrar **8** prender com peia; pear **9** fazer trava em (serra) ■ *v.intr.* reduzir a velocidade de um veículo usando o travão ■ *v.pron.* **1** lutar; combater **2** cruzar-se **3** unir-se; juntar-se; *~-se de razões* altercar (De *trave+-ar*)

travar² *v.tr.,intr.* provocar um sabor amargo ou adstringente (em); ter travo (De *travo+-ar*)

trave *n.f.* **1** peça de madeira comprida e de grande secção; viga; barrote **2** arame da fivela que liga a charneira ao arco **3** [pop.] freio da língua **4** [fig.] pessoa muito alta (Do lat. *trabe-*, «id.»)

travejamento *n.m.* **1** conjunto das traves de um edifício; vigamento **2** madeiramento de um edifício **3** [fig.] arcabouço (De *travejar+-mento*)

travejar *v.tr.* pôr traves em (De *trave+-ejar*)

travela *n.f.* ZOOLOGIA ⇒ **alfinete 4** (De *trave+-ela*)

travelho /ê/ *n.m.* peia (Do lat. *trabecŭla-*, «pequena trave»)

trave-mestra *n.f.* elemento estrutural que, na horizontal, suporta a maior parte das cargas de uma construção

travento *adj.* que tem travo; amargoso; adstringente; travoso (De *travo+-ento*)

travertino *n.m.* PETROLOGIA rocha sedimentar, carbonatada, de origem química, em que o calcário se distribui em camadas, num conjunto compacto a englobar restos de plantas ou de animais (Do it. *travertino*, «id.»)

través *n.m.* **1** direção oblíqua ou diagonal; obliquidade; esguelha; soslaio **2** flanco **3** peça de madeira colocada na transversal sobre tábuas; travessa **4** obra de organização do terreno, no interior de uma trincheira, destinada a limitar os efeitos dos tiros diretos, ricochetes ou estilhaços que naquela entrem de enfiada; obliquamente, transversalmente **5** NÁUTICA cada um dos lados do navio **6** NÁUTICA direção perpendicular ao movimento do navio; *de ~* obliquamente, transversalmente, de lado (Do lat. *transversu-*, «transversal; oblíquo»)

travessa *n.f.* **1** peça de madeira atravessada que reúne duas outras **2** cada uma das tábuas que formam o leito de uma cama de madeira **3** peça do carro de bois que liga as chedas ao cabeçalho **4** peça de madeira, metálica ou de betão armado, sobre a qual assentam os carris **5** rua estreita e curta que estabelece comunicação entre duas ruas principais **6** espécie de pente para segurar e enfeitar o cabelo **7** prato oval ou poligonal, sobre o comprido, em que se servem as iguarias **8** travessia **9** ENGENHARIA peça linear horizontal de uma estrutura reticulada compreendida entre nós consecutivos (Do lat. *transversu-*, «transversal; oblíquo»)

travessanho *n.m.* viga com que se arma a parte do frontal da janela correspondente ao peitoril (De *travessa*+-*anho*)
travessão¹ *adj.* 1 que dá de través 2 diz-se do vento contrário e forte 3 muito travesso (De *travesso*+-*ão*)
travessão² *n.m.* 1 alfinete de peito; broche 2 peça destinada a segurar o cabelo; gancho 3 travessa grande 4 sinal de pontuação (–) para indicar o início da fala dos interlocutores e substituir o parêntese 5 alavanca interfixa que constitui a peça fundamental da balança de pratos suspensos 6 MÚSICA traço vertical na pauta musical para dividir graficamente os compassos (De *travessa*+-*ão*)
travessar *v.tr.,pron.* ⇒ **atravessar** (Do lat. *transversāre*, «remexer através»)
travessear *v.intr.* fazer travessuras; traquinar (De *travesso*+-*ear*)
travesseira *n.f.* 1 almofada mais curta que o travesseiro, e que se coloca sobre ele 2 fronha (De *travesseiro*)
travesseiro *n.m.* 1 espécie de almofada comprida que se atravessa sobre o colchão de lado a lado, para descansar a cabeça 2 pano em forma de saco com que se reveste essa almofada; fronha 3 CULINÁRIA doce folhado, com recheio de ovos moles (Do lat. *transversarĭu-*, «transversal»)
travessia *n.f.* 1 ato ou efeito de atravessar 2 passagem através de uma grande extensão de terra ou mar 3 vento contrário à navegação 4 [fig.] desvio da linha moral (De *travessar*+-*ia*)
travesso¹ /é/ *adj.* 1 posto de través; atravessado; oblíquo 2 [fig.] colateral (Do lat. *transversu-*, «transversal»)
travesso² /ê/ *adj.* 1 traquinas; turbulento; irrequieto 2 [pop.] diz-se do animal doméstico que não é de raça pura (Do lat. *transversu-*, «atravessado»)
travessura *n.f.* 1 ato de pessoa travessa 2 maldade de criança; diabrura (De *travesso*+-*ura*)
travesti *n.2g.* 1 pessoa que gosta de vestir roupas associadas normalmente ao sexo oposto 2 ator ou atriz com traje e papel próprios do sexo oposto ■ *n.m.* 1 disfarce de um indivíduo do sexo masculino em feminino, ou vice-versa 2 traje carnavalesco (Do fr. *travesti*, «com traje próprio do sexo oposto»)
travestir *v.tr.,pron.* 1 vestir (alguém ou a si próprio) de modo a aparentar ser do outro sexo 2 alterar a aparência de (alguém ou de si próprio) 3 [fig.] disfarçar(-se); mascarar(-se) (Do fr. *travestir*, «mascarar»)
travestismo *n.m.* adoção do comportamento e uso de vestuário próprios de pessoas do sexo oposto (De *travesti*+-*ismo*, ou do fr. *travestisme*, «id.»)
travia *n.f.* 1 rumo; direção; tramontana 2 [regionalismo] mistura de farelo e bagaço para alimentação dos porcos 3 [regionalismo] comida grosseira 4 [regionalismo] requeijão com soro; *perder a ~* perder o rumo; desorientar-se (De orig. obsc.)
travial *adj.2g.* referente à travia (De *travia*+-*al*)
travinca *n.f.* 1 trave pequena 2 peça de madeira com argolas para segurar os fueiros ou estadulhos do carro de bois 3 taramela 4 travessa na extremidade da corrente do relógio de bolso para a prender à botoeira 5 [pop.] clavícula (Do lat. *trabicŭla-*, «pequena trave»)
travo *n.m.* 1 gosto adstringente; amargor 2 [fig.] impressão desagradável (Deriv. regr. de *travar*)
travor *n.m.* ⇒ **travo** (De *travar*+-*or*)
travoso /ô/ *adj.* ⇒ **travento** (De *travo*+-*oso*)
trazedeiro *adj.* que se costuma trazer (De *trazer*+-*deiro*)
trazedor *adj.,n.m.* que ou aquele que traz; portador (De *trazer*+-*dor*)
trazer *v.tr.* 1 conduzir ou transportar para cá; dirigir; encaminhar 2 ser portador de 3 transferir de um lugar para outro 4 fazer-se acompanhar de 5 conduzir; guiar 6 usar vestido ou posto; vestir 7 ter consigo; transportar 8 ter como resultado ou consequência; causar; ocasionar; acarretar 9 chamar; atrair 10 ostentar; exibir; manifestar 11 (informações, notícias) informar; comunicar; anunciar 12 oferecer; ofertar; dar 13 manter; conservar 14 produzir; infligir 15 levar; conduzir 16 proporcionar 17 conter 18 fazer menção de; *~ à memória* recordar; *~ consigo* usar, ocasionar; *~ debaixo de olho* vigiar; *~ entre mãos* estar a tratar de; *~ na mente* cogitar; *~ nas palminhas* rodear de comodidades e mimos; *~ no coração* amar; *~ no sentido* pensar em, não esquecer; *~ o diabo no ventre* ser origem de desgraça, andar colérico; *~ o rei na barriga* mostrar-se arrogante; *pessoa de levar e ~* pessoa bisbilhoteira (Do lat. *trahĕre*, «arrastar; puxar»)
trazida *n.f.* [pouco usado] ato ou efeito de trazer (Part. pass. fem. subst. de *trazer*)
tre- ⇒ **trans-**
trebelhar *v.intr.* 1 mover os trebelhos no xadrez 2 [fig.] brincar; pular (De *trebelho*+-*ar*)

trebelho /ê/ *n.m.* 1 cada uma das peças do jogo do xadrez 2 dança 3 brincadeira 4 antigo imposto sobre a venda de vinho a retalho 5 ⇒ **trabelho**
trebola /ô/ *n.f.* [regionalismo] nome vulgar por que nos Açores e no Brasil se designa o cachalote (cetáceo) (De orig. obsc.)
trebolha /ô/ *n.f.* odre grande para transporte de vinho (De orig. obsc.)
trecentésimo *num.ord. >adj.num.* ᴰᵀ que, numa série, ocupa a posição imediatamente a seguir à ducentésima nonagésima nona; que é o último numa série de trezentos ■ *num.frac. >quant.num.* ᴰᵀ que resulta da divisão de um todo por trezentos ■ *n.m.* 1 o que, numa série, ocupa o lugar correspondente ao número 300 2 uma das trezentas partes iguais em que se dividiu um todo (Do lat. *trecentesĭmu-*, «id.»)
trecentista *adj.2g.* 1 referente ao século XIV ou ao trecentismo 2 diz-se do escritor ou artista desse século ■ *n.2g.* escritor ou artista do século XIV (Do it. *trecentista*, «id.»)
trecheio *adj.* excessivamente cheio (De *tre*[*s*]+*cheio*)
trecho /ê/ *n.m.* 1 lapso de tempo 2 espaço entre dois objetos ou dois lugares 3 fragmento de uma obra literária ou musical 4 extensão maior ou menor de um rio, de uma estrada 5 excerto; *a breve ~* pouco depois, dentro de pouco tempo; *a trechos* de quando em quando (Do cast. *trecho*, «id.»)
treco *n.m.* [pop.] mal-estar; chilique (De formação expressiva)
treçolho /ô/ *n.m.* ⇒ **terçol**
trécula *n.f.* 1 [mais usado no plural] MÚSICA instrumento de percussão composto por uma série de pequenas tábuas retangulares de madeira ligadas por um cordel, com duas pegas nas extremidades, usado sobretudo no Minho nas celebrações da Semana Santa 2 [regionalismo] espécie de matraca usada para afugentar pássaros das plantas e árvores de fruto (De orig. onom.)
tredecénio *n.m.* período de treze anos (Do lat. *tredĕcim*, «treze» +*annu-*, «ano»)
tredécimo *num.ord. >adj.num.* ᴰᵀ décimo terceiro (Do lat. *tredecĭmu-*, «id.»)
tredice *n.f.* qualidade de tredo (De *tredo*+-*ice*)
tredo /ê/ *adj.* traiçoeiro; traidor; falso (Do lat. *tradĭtor*, «traidor», pelo fr. *traitre*, «id.»?)
trêfego *adj.* 1 astuto; ardiloso 2 inquieto; buliçoso; traquinas (De orig. obsc.)
trefilagem *n.f.* operação de trefilar (um metal) (De *trefilar*+-*agem*, ou do fr. *tréfilage*, «id.»)
trefilar *v.tr.* estirar (um metal), fazendo-o passar através de buracos de uma fieira, para obter fios do diâmetro desejado (Do fr. *tréfiler*, «id.»)
trefilaria *n.f.* oficina ou fábrica onde se faz a trefilagem de metais (De *trefilar*+-*ia*, ou do fr. *tréfilerie*, «id.»)
trefo /ê/ *adj.* ⇒ **trêfego**
trégua *n.f.* 1 cessação temporária de uma dor, incómodo, desgraça, etc. 2 instantes de alívio 3 *pl.* suspensão temporária de hostilidades; *não dar tréguas* não dar descanso (Do germ. *treuwa*, «tratado»)
treina *n.f.* 1 animal sobre o qual os caçadores dão de comer ao falcão para o treinar na caça 2 [fig.] cevo; comida habitual (Do fr. *traîne*, «id.»)
treinador *adj.,n.m.* que ou aquele que treina, principalmente em exercícios de desporto (De *treinar*+-*dor*)
treinamento *n.m.* ⇒ **treino** (De *treinar*+-*mento*)
treinar *v.tr.* 1 tornar apto a desempenhar determinada atividade 2 preparar para a prática de um desporto através de exercícios apropriados 3 exercitar; praticar 4 [fig.] acostumar ■ *v.intr.,pron.* praticar os exercícios necessários para realizar uma atividade ou desporto; exercitar-se (Do fr. *traîner*, «id.»)
treino *n.m.* 1 ato de preparar um animal, uma pessoa ou uma equipa para a prática de um desporto 2 preparação regular para a prática de uma determinada atividade (Deriv. regr. de *treinar*)
treita *n.f.* 1 trilho; pegada; vestígio; rasto 2 [regionalismo] tira de terreno lavrado que se separa com ramos para guiar o semeador no lançamento das sementes (Do lat. *tracta-*, «arrastada», part. pass. fem. de *trahĕre*, «puxar; arrastar»)
treitar *v.tr.* [regionalismo] dividir em treitas (De *treita*+-*ar*)
treiteiro *adj.* 1 diz-se do terreno que se pode dividir em treitas 2 ⇒ **treitento** (De *treita*+-*eiro*)
treitento *adj.* que usa de tretas; manhoso; astuto (Por *tretento*, de *treta*+-*ento*)
treito *adj.* ⇒ **atreito** (Do lat. *tractu-*, «arrastado», part. pass. de *trahĕre*, «puxar; arrastar»)
treitoira *n.f.* ⇒ **treitoura**

treitoura n.f. [regionalismo] cada uma das peças de madeira que descem das chedas, e entre as quais se move o eixo do carro de bois; cocão (Do lat. *tractorŭu-*, «que serve para arrastar»)

trejeitador adj.,n.m. que ou aquele que faz trejeitos; chocarreiro; arlequim (De *trejeitar*+*-dor*)

trejeitar v.intr. ⇒ **trejeitear** (De *trejeito*+*-ar*)

trejeitear v.tr.,intr. fazer trejeitos ou momices (De *trejeito*+*-ear*)

trejeito n.m. **1** ato ou efeito de trejeitar **2** gesto **3** esgar; momice; careta (De orig. obsc.)

trejugado adj. [regionalismo] diz-se do boi quando está prestes a asfixiar sob o jugo (De *tre-*+*jugo*+*-ado*)

trejurar v.tr.,intr. jurar repetidas vezes; afirmar, fazendo muitos juramentos (De *tre-*+*jurar*)

trekking n.m. desporto radical, com vários níveis de dificuldade, que consiste em fazer longas caminhadas em terrenos acidentados ou montanhosos, pernoitando ao relento em locais que integram o itinerário (Do ing. *trekking*, «id.»)

trela n.f. tira geralmente de couro ou metal que se prende à coleira para conduzir os cães; *dar ~* puxar conversa, aceitar os galanteios; *soltar a ~ a (alguém)* dar liberdade ou licença a (alguém) (Do lat. **tragella-*, por *tragŭla-*, «corda»)

treladar v.tr. ⇒ **trasladar**

treleado adj. desnorteado; atarantado (Part. pass. de *trelear*)

trelear v.intr. ficar desnorteado; atarantar-se (De orig. obsc.)

trelho /ê/ n.m. utensílio com que se bate a manteiga; *sem ~ nem trabelho* disparatadamente (Do lat. *tribŭlu-*, «trilho»?)

treliça n.f. **1** ENGENHARIA sistema de cruzamento de vigas usado no travejamento de pontes e telhados **2** trabalho de ripas cruzadas usado geralmente com fins ornamentais **3** rede metálica de resguardo (Do fr. *treillis*, «grade; rede»)

trem n.m. **1** conjunto dos utensílios de cozinha **2** conjunto de utensílios próprios para certo serviço **3** comitiva **4** conjunto de militares e de viaturas que fornecem à unidade a que pertencem apoio de abastecimentos, evacuação e manutenção **5** conjunto de objetos que constituem a bagagem de um viajante **6** carro de cavalos destinado ao transporte de pessoas; carruagem **7** [Brasil] comboio; *~ de aterragem* sistema articulado de suporte de um avião, que se apoia no solo por meio de rodas; *~ de navegação* meio descontínuo de transposição de um curso de água por vigas e embarcações (Do fr. *train*, «id.»)

trema /ê/ n.m. GRAMÁTICA sinal gráfico (¨) formado por dois pontos justapostos utilizado, em português, apenas em palavras derivadas de nomes próprios estrangeiros (noutras línguas é usado para alterar o som de uma vogal, como acontece no alemão, ou para indicar que uma vogal é independente de outra vogal anterior, como no francês); ápice; cimalha (Do gr. *trêma, -atos*, «trema», pelo fr. *tréma*, «id.»)

tremado[1] adj. marcado com trema (Part. pass. de *tremar*, «marcar com trema»)

tremado[2] adj. descomposto; desordenado (os fios de uma tecedura) (Part. pass. de *tremar*, «desmanchar»)

Tremadociano n.m. GEOLOGIA época ou série do Ordovícico (Do ing. *Tremadoc*, baía no País de Gales (Grã-Bretanha)+*-iano*)

tremão n.m. ICTIOLOGIA ⇒ **tremelga** (De *tremer*+*-ão*)

tremar[1] v.tr. marcar com trema (De *trema*+*-ar*)

tremar[2] v.tr. desmanchar (os fios da teia); destramar (De *tramar*)

trematode adj. ZOOLOGIA diz-se do platelminte parasita, com tubo digestivo muito ramificado ■ n.m.pl. ZOOLOGIA grupo (classe) dos platelmintes parasitas, com tubo digestivo muito ramificado, a que pertencem os dístomos (fascíolas) e os polistómios (Do gr. *tremátodes*, «perfurado»)

tremebundo adj. **1** que faz tremer **2** que treme **3** assustador **4** timorato (Do lat. *tremebundu-*, «id.»)

tremecém adj.2g. ⇒ **tremês**

tremedal n.m. **1** terreno alagadiço; lodaçal; pântano; lameiro **2** [fig.] degradação moral; torpeza ■ adj.2g. diz-se do cavalo cujas carnes tremem, ao andar (De *tremer*)

tremedeira n.f. ICTIOLOGIA ⇒ **tremelga** (De *tremer*+*-deira*)

tremedoiro n.m. ⇒ **tremedouro**

tremedor adj. que treme ■ n.m. **1** aquele que treme **2** ICTIOLOGIA ⇒ **tremelga** (De *tremer*+*-dor*)

tremedouro n.m. tremedura frequente (De *tremer*+*-douro*)

tremedura n.f. ato de tremer (De *tremer*+*-dura*)

tremelear v.tr.,intr. ⇒ **tremelicar** ■ v.intr. **1** gaguejar; tartamudear; hesitar **2** ficar perplexo (Por *tremulear*, de *trémulo*+*-ear*)

tremelejar v.intr. oscilar contínua e irradiantemente por efeito do tremelejo (De *trémulo*+*-ejar*)

tremelejo n.m. oscilação contínua e irradiante da atmosfera, que resulta do desigual aquecimento das camadas do ar que se refrangem numa sucessão de lâminas horizontais (Deriv. regr. de *tremelejar*)

tremelga n.f. **1** ICTIOLOGIA peixe seláquio (semelhante à raia), da família dos Torpedinídeos, mais ou menos frequente na costa marítima portuguesa, que produz descargas elétricas, e é também conhecido por caramelga, tremão, treme-mão, tremedor e tremedeira **2** para alguns autores, o mesmo que torpedo (peixe) (Do cast. *tremielga*, «id.»)

tremelica adj.,n.2g. que ou a pessoa que se assusta com tudo; pusilânime (Deriv. regr. de *tremelicar*)

tremelicar v.intr. **1** tremer de frio ou de susto; tiritar **2** tremer muitas vezes ■ v.tr.,intr. (fazer) tremer; estremecer (De *tremer*+*l*+*-icar*)

tremelicas adj.inv.,n.2g.2n. ⇒ **tremelica** (De *tremelica*)

tremelique n.m. **1** ato de tremelicar **2** susto; medo (Deriv. regr. de *tremelicar*)

tremeliquento adj. **1** que treme ou tremelica **2** medroso; pusilânime (De *tremelicar*+*-ento*)

tremeliques n.m.pl. ⇒ **tremelique**

tremeluzente adj.2g. que tremeluz; cintilante (De *tremeluzir*+*-ente*)

tremeluzir v.intr. brilhar com luz trémula ou vacilante; cintilar (De *tremer*+*luzir*)

treme-mão n.m. ICTIOLOGIA ⇒ **tremelga** (De *tremer*+*mão*)

tremenda n.f. naco de toucinho que os frades bernardos comiam a certa hora da noite (De *tremendo*)

tremendo adj. **1** que faz tremer **2** horrível **3** que infunde respeito ou temor **4** [fig.] grande; formidável (Do lat. *tremendu-*, «id.»)

tremenho n.m. **1** [regionalismo] jeito **2** [regionalismo] possibilidade **3** [regionalismo] esforço **4** pl. [regionalismo] atitudes; modos **5** pl. [regionalismo] aspeto (De orig. obsc.)

tremente adj.2g. que treme (Do lat. *tremente-*, «id.», part. pres. de *tremĕre*, «tremer»)

tremer v.tr.,intr. ter tremuras; tiritar; estremecer ■ v.intr. **1** ser (algo) sacudido por abalos **2** não estar firme; oscilar **3** dar de si **4** sentir medo; assustar-se ■ v.tr. **1** recear **2** fazer estremecer; agitar; *~ como varas verdes* estar totalmente dominado pelo medo (Do lat. *tremĕre*, «id.»)

tremês adj.2g. **1** que amadurece três meses depois de nascido (trigo) **2** que dura três meses (Do lat. *trimense-*, «de três meses»)

tremesinho adj. ⇒ **tremês** (De *tremês*+*-inho*)

tremido adj. **1** que treme; trémulo **2** vacilante **3** perigoso; arriscado **4** duvidoso ■ n.m. **1** tremura; estremecimento **2** linha sinuosa; tortuosidade (Part. pass. de *tremer*)

tremifusa n.f. MÚSICA ⇒ **trifusa** (De *trem(er)*+*-i-*+*fusa*)

tremilongo n.m. ORNITOLOGIA ⇒ **pernilongo** n.m. (De *tremer*+*longo*)

trémito n.m. [Brasil] ⇒ **frémito** (De *frémito*, com infl. de *tremer*)

tremó n.m. aparador com espelho colocado no pano da parede, entre duas janelas (Do fr. *trumeau*, «id.»)

tremoçada n.f. grande quantidade de tremoços (De *tremoço*+*-ada*)

tremoçagem n.f. sementeira de tremoços para serem enterrados por ocasião da floração, e servirem de estrume (De *tremoçar*+*-agem*)

tremoçal n.m. campo semeado de tremoços (De *tremoço*+*-al*)

tremoção n.m. **1** tremoço grande **2** BOTÂNICA ⇒ **alfavaca-dos-montes** (De *tremoço*+*-ão*)

tremoçar v.tr. [regionalismo] semear tremoços em (De *tremoço*+*-ar*)

tremoceira n.f. **1** mulher que vende tremoços **2** [fig., pej.] pessoa grosseira **3** BOTÂNICA ⇒ **tremoceiro** (De *tremoço*+*-eira*)

tremoceiro n.m. **1** BOTÂNICA planta leguminosa de flores brancas ou azuladas, cujas vagens dão grãos (tremoços), comestíveis depois de curados; tremoceira **2** vendedor de tremoços **3** [fig., pej.] pessoa grosseira (De *tremoço*+*-eiro*)

tremoço /ô/ n.m. **1** semente dos tremoceiros utilizada na alimentação **2** BOTÂNICA de forma geral, o mesmo que tremoceira ou tremoceiro (planta), mas em especial, para alguns autores, nome vulgar de uma planta, de flores brancas ou azuladas, pertencente à família das Leguminosas, subespontânea e cultivada em Portugal, também conhecida por tremoceiro; *~ amarelo* tremoceiro (ou as suas sementes) de flores amarelas, espontâneo em Portugal, e também conhecido por tremoço-de-folhas-estreitas; *~ hirsuto* tremoceiro de folhas hirsutas, espontâneo no Centro e no Sul de Portugal (Do gr. *thérmos*, «quente», pelo ár. *turmûs*, «tremoço»)

tremolite n.f. MINERALOGIA mineral do grupo das anfíbolas, quimicamente um silicato de cálcio e magnésio, que cristaliza no sistema monoclínico (De *Tremola*, top., cidade italiana, no Piemonte +*-ite*)

tremolo *n.m.* MÚSICA ornamento que consiste na repetição rápida e consecutiva de uma ou duas notas (Do it. *tremolo*, do lat. *tremŭlus*, «trémulo»)

tremonha /ô/ *n.f.* caixa em forma de tronco de pirâmide quadrangular onde se deita o cereal que vai cair no adelhão que o conduz ao centro da mó; moega (Do lat. *trimodĭa-*, «medida de três alqueires»?)

tremonhado *n.m.* lugar ou recipiente onde cai a farinha que se vai moendo (De *tremonha+-ado*)

tremonhal *n.m.* ⇒ **tremonhado** (De *tremonha+-al*)

tremontelo *n.m.* [regionalismo] variedade de tomilho bravo (De *tomentelo*)

tremor *n.m.* 1 ato ou efeito de tremer 2 agitação convulsiva 3 temor; medo; ~ *de terra* terramoto, sismo (Do lat. *tremōre-*, «id.»)

trempe *n.f.* 1 arco ou triângulo de ferro assente sobre três pés, onde se colocam as panelas ao lume 2 [fig.] conjunto de três pessoas com hábitos, ideias ou interesses comuns (Do lat. *tripěde-*, «de três pés»?)

tremulação *n.f.* ato de tremular; cintilação (De *tremular+-ção*)

tremulamente *adv.* 1 a tremer 2 com tremuras 3 com indecisão; irresolutamente (De *trémulo+-mente*)

tremulante *adj.2g.* 1 que tremula 2 cintilante 3 [fig.] vacilante (De *tremular+-ante*)

tremular *v.tr.,intr.* agitar(-se) com movimento trémulo; mexer(-se); tremendo ▪ *v.intr.* 1 vibrar 2 cintilar; tremeluzir 3 [fig.] hesitar; vacilar (Do it. *tremolare*, «id.»)

tremulina *n.f.* 1 movimento trémulo à superfície 2 reflexo trémulo da luz na superfície das águas levemente agitadas (De *trémulo+-ina*)

tremulinar *v.intr.* apresentar tremulina; tremeluzir (De *tremulina+-ar*)

trémulo *adj.* 1 que treme 2 que estremece 3 bruxuleante 4 [fig.] sem firmeza; indeciso 5 [fig.] cheio de medo ou de cólera 6 [fig.] tímido ▪ *n.m.* 1 tremido na voz quando se canta 2 *pl.* pedrarias que tremulam no vestido ou no peito que adornam (Do lat. *tremŭlu-*, «id.»)

tremuloso /ô/ *adj.* ⇒ **trémulo** *adj.* (De *trémulo+-oso*)

tremura *n.f.* 1 ato ou efeito de tremer; tremor 2 *pl.* susto 3 *pl.* temor; angústia (De *tremer+-ura*)

trena /ê/ *n.f.* 1 fita de estofo ou metal precioso para atar os cabelos 2 cordel de pião (Do fr. *traîne*, «id.»)

trenar *v.tr.,intr.,pron.* ⇒ **treinar** (Do fr. *traîner*, «id.»)

trengo *adj.,n.m.* 1 [coloq.] que ou o que não se desembaraça com facilidade; atado 2 [coloq.] que ou o que não tem jeito para nada; desajeitado (De orig. obsc.)

trenguice *n.f.* 1 [coloq.] qualidade de quem é trengo 2 [coloq.] ato ou dito próprio de pessoa trenga (De *trengo+-ice*)

treno[1] /ê/ *n.m.* 1 canto lamentoso, entrecortado de suspiros; lamentação 2 elegia (Do gr. *thrênos*, «lamento», pelo lat. *threnu-*, «id.», pelo fr. *thrène*, «canto fúnebre»)

treno[2] *n.m.* ⇒ **treino** (Deriv. regr. de *trenar*)

trenó *n.m.* veículo sem rodas, próprio para deslizar sobre a neve e o gelo nos países frios (Do fr. *traîneau*, «carro de arrasto»)

trentino *adj.* ⇒ **tridentino** ▪ *n.m.* natural ou habitante da cidade italiana de Trento (Do it. *trentino*, «id.»)

trepa[1] *n.f.* 1 [pop.] sova; tunda 2 folho de vestido (Deriv. regr. de *trepar*)

trepa[2] /ê/ *n.f.* ramo de árvore perto do solo que facilita o trepar à árvore (Deriv. regr. de *trepar*)

trepada *n.f.* [Brasil] encosta; ladeira; subida (Part. pass. fem. subst. de *trepar*)

trepadeira *n.f.* 1 BOTÂNICA planta que se eleva fixando-se a suportes 2 BOTÂNICA planta herbácea, volúvel, da família das Convolvuláceas, frequente em Portugal, também conhecida por bons-dias 3 ORNITOLOGIA pássaro sedentário e comum em Portugal, que tem por hábito subir ao longo do tronco das árvores, também designado atrepa, arribadeira, carrapito, engatadeira, marinhadeira, marinheira, serigaita, sube-sube, subideira, trepa-gato, trepeira, trepa-pinheiros, etc. (De *trepar+-deira*)

trepadeira-azul *n.f.* ORNITOLOGIA pássaro da família dos Sitídeos, que tem por hábito deslocar-se ao longo dos troncos das árvores, em especial descendo, e que é também conhecido por alhorca, batoco, carrapito, descedeira, marinhadeira-maior, pica-pau-cinzento, etc.

trepadeira-dos-muros *n.f.* ORNITOLOGIA pássaro da família dos Certídeos, raro em Portugal

trepadoiro *n.m.* ⇒ **trepadouro**

trepador *adj.* 1 que trepa 2 [fig.] atrevido 3 diz-se do vinho muito alcoólico que tolda o entendimento ▪ *n.m.* 1 aquele ou aquilo que trepa 2 DESPORTO (ciclismo) ciclista que se evidencia nos percursos de montanha (De *trepar+-dor*)

trepadora *n.f.* ORNITOLOGIA espécime das trepadoras ▪ *n.f.pl.* ORNITOLOGIA grupo (ordem) de aves, tipicamente com dois dedos voltados para a frente e outros dois para trás, o que lhes permite trepar com facilidade (De *trepador*)

trepadouro *n.m.* lugar onde se trepa (De *trepar+-douro*)

trepa-gato *n.m.* ORNITOLOGIA ⇒ **trepadeira** 3 (De *trepar+gato*)

trepanação *n.f.* 1 ato ou efeito de trepanar 2 CIRURGIA operação cirúrgica para remover parte de um osso, frequentemente da caixa craniana; trépano (De *trepanar+-ção*)

trepanar *v.tr.* executar a operação de trepanação em (De *trépano+-ar*)

trépano *n.m.* 1 CIRURGIA instrumento cirúrgico especial para trepanação 2 CIRURGIA trepanação 3 ENGENHARIA ferramenta terminada em gumes cortantes destinada à abertura de furos de sondagem (Do gr. *trýpanon*, «verruma», pelo b. lat. *trepănu-*, «id.»)

trepante *adj.2g.* HERÁLDICA diz-se do animal em posição de trepar, no escudo (De *trepar+-ante*)

trepa-pinheiros *n.m.2n.* ORNITOLOGIA ⇒ **trepadeira** 3 (De *trepar+pinheiro*)

trepar *v.tr.* 1 subir a (servindo-se das mãos e dos pés); deslocar-se para o cimo de (algo); escalar 2 [fig.] ascender a (posição social ou emprego melhor); elevar-se a 3 [regionalismo] pisar com os pés; espezinhar 4 [Brasil] [coloq.] dizer mal de; difamar ▪ *v.intr.* (vinho) perturbar o raciocínio, por ter um teor alcoólico alto ▪ *v.tr.,intr.* 1 subir (a planta, raiz, etc.) ao longo de (algo); crescer, agarrando-se ou enroscando-se em (algo) 2 [Brasil] [coloq.] ter relações sexuais (com); ~ *pelas paredes* [coloq.] enfurecer-se, ficar irritado ou zangado (Do germ. *trippon*, «pular»?)

trepe *n.m.* ⇒ **estrepe** (De *estrepe*, com aférese?)

trepeira *n.f.* ORNITOLOGIA ⇒ **trepadeira** 3 (De *trepar+-eira*)

trepicar *v.intr.* [pop.] contender; implicar (De *trepar+-icar*?)

trepida *n.f.* [Cabo Verde] correria; corrida em cavalgadura (De *trepidar*, «fazer estrépito»)

trepidação *n.f.* 1 ato ou efeito de trepidar 2 tremura produzida por veículo em andamento 3 tremor dos nervos 4 abalo; estremecimento 5 [fig.] agitação; balbúrdia (De lat. *trepidatiōne-*, «id.»)

trepidante *adj.2g.* 1 que trepida 2 saltitante 3 vacilante 4 agitado 5 assustado (Do lat. *trepidante-*, «id.», part. pres. de *trepidāre*, «agitar-se; tremer»)

trepidar *v.intr.* 1 sofrer movimentos rápidos e repetidos para a frente e para trás ou para cima e para baixo; estremecer; tremer; vibrar 2 tremer de medo 3 hesitar; vacilar 4 agitar-se (Do lat. *trepidāre*, «id.»)

trepidez *n.f.* 1 estado de trépido; tremura 2 susto; medo (De *trépido+-ez*)

trépido *adj.* 1 que treme; trémulo 2 vibrante 3 assustado (Do lat. *trepĭdu-*, «id.»)

tréplica *n.f.* 1 ato de treplicar 2 resposta à réplica (Deriv. regr. de *treplicar*)

treplicar *v.tr.,intr.* responder (a réplica) ▪ *v.tr.* refutar com tréplica (Do lat. *triplicāre*, «falar em terceiro lugar»)

treponema *n.m.* ZOOLOGIA designação extensiva aos protozoários parasitas, do grupo das espiroquetas (género *Treponema*), que inclui o agente causador de sífilis (Do gr. *trépein*, «virar» +*nêma*, «fio»)

tres-[1] ⇒ **trans-**

tres-[2] ⇒ **tris-**

três *num.card.* >*quant.num.* ᴰᵀ dois mais um ▪ *n.m.2n.* 1 o número 3 e a quantidade representada por esse número 2 o que, numa série, ocupa o terceiro lugar 3 carta de jogar, peça de dominó ou face de dado com três pintas; *não há duas sem* ~ uma desgraça nunca vem só (Do lat. *tres*, «três»)

tresandar *v.tr.* 1 fazer andar para trás; desandar 2 transtornar; perturbar 3 deixar perceber de modo óbvio; transparecer ▪ *v.tr.,intr.* 1 exalar (cheiro intenso e geralmente desagradável) 2 cheirar mal; empestar (De *tres-+andar*)

tresantontem *adv.* ⇒ **trás-anteontem**

trescalância *n.f.* exalação forte de certos eflúvios (De *trescalar+-ância*)

trescalante *adj.2g.* que trescala (De *trescalar+-ante*)

trescalar *v.tr.,intr.* exalar (um cheiro forte); cheirar muito; tresandar (De *tres-+calar*)

tresdobrado *adj.* 1 dobrado três vezes 2 triplicado 3 [fig.] que possui em grande quantidade (De *tres-+dobrado*)

tresdobradura

tresdobradura n.f. ato ou efeito de tresdobrar (De *três+dobradura*)
tresdobrar v.tr. dobrar três vezes; triplicar ■ v.intr. aumentar três ou mais vezes (De *três+dobrar*)
tresdobre adj.2g. 1 multiplicado por três; triplicado 2 MILITAR [ant.] dizia-se de certa evolução militar ■ n.m. tresdobro (Deriv. regr. de *tresdobrar*)
tresdobro /ô/ num.mult. >quant.num. DT três vezes uma quantidade; triplo (De *três+dobro*)
três-em-prato n.f. 1 BOTÂNICA variedade de pereira produtora de frutos grandes, cultivada em Portugal, e também conhecida por pera-de-arrátel 2 BOTÂNICA fruto desta pereira
três-estrelinhas n.f.pl. sinal (* * *) que um autor coloca por baixo de um escrito quando quer conservar o anonimato
tresfiar v.intr. entreabrirem-se as aduelas dos cascos quando expostos ao sol (De *tres-+fiar*)
tresfogueiro n.m. ⇒ **trasfogueiro** (De *tres-*, por *trans-+fogo+-eiro*)
tresfolegar v.intr. ⇒ **tresfolgar** (De *tres-+fôlego+-ar*)
tresfôlego n.m. respiração ofegante (Deriv. regr. de *tresfolegar*)
tresfolgar v.intr. respirar com dificuldade; ofegar; tresfolegar
tresfolgo /ô/ n.m. ⇒ **tresfôlego**
tresfoliar v.intr. foliar muito; divertir-se à larga (De *tres-+foliar*)
tresgastador adj.,n.m. que ou o que é muito gastador; pródigo (De *tresgastar+-dor*)
tresgastar v.tr.,intr. gastar em demasia; dissipar (De *tres-+gastar*)
três-irmãos n.m.2n. [Brasil] BOTÂNICA planta da família das Sapindáceas
tresjurar v.tr.,intr. ⇒ **trejurar** (De *tres-+jurar*)
tresler v.intr. 1 [pop.] ler do fim para o princípio; ler às avessas 2 [pop.] perder o juízo por ler de mais 3 [pop.] dizer tolices (De *tres-+ler*)
tresloucado adj. 1 desvairado 2 louco; desassisado ■ n.m. indivíduo louco (Part. pass. de *tresloucar*)
tresloucar v.tr.,intr. tornar ou ficar louco; desvairar; enlouquecer (De *tres-+louco+-ar*)
tresmalhado adj. 1 transviado; perdido 2 (animal) separado da manada ou do rebanho (Part. pass. de *tresmalhar*)
tresmalhar v.tr. 1 trocar ou deixar cair as malhas de 2 pôr em debandada ■ v.intr.,pron. 1 perder as malhas 2 escapar das malhas da rede 3 fugir, dispersando-se; desgarrar-se 4 [fig.] perder o rumo (De *tres-*, por *trans-+malha+-ar*)
tresmalho¹ n.m. 1 ato ou efeito de tresmalhar; sumiço 2 debandada (Deriv. regr. de *tresmalhar*)
tresmalho² n.m. rede de pesca formada de três panos sobrepostos (De *três+malha*)
Três-Marias n.f.pl. 1 ASTRONOMIA designação corrente das três estrelas do cinto de Oríon (constelação), de grandeza aparente 2, uma delas muito próxima do equador celeste, também chamadas Três Reis Magos, por estarem alinhadas em direção à estrela Sírio 2 [com minúscula] [Brasil] bolas presas ao laço que os gaúchos utilizam para enlaçar animais
tresmontar v.intr. abalar; fugir (De *trasmontar*)
tresnoitar v.intr. 1 passar a noite sem dormir 2 recolher-se tarde ■ v.tr. privar do sono (De *tres-*, por *trans-+noite+-ar*)
tresnoutar v.tr.,intr. ⇒ **tresnoitar**
trespano n.m. tecido de três liços (De *três+pano*)
trespassação n.f. ⇒ **traspassação** (De *trespassar+-ção*)
trespassar v.tr. 1 atravessar de um lado ao outro; passar através de 2 furar de lado a lado; varar 3 causar impressão muito forte a; atingir 4 DIREITO transferir a propriedade de (estabelecimento comercial), mediante o pagamento de um preço; fazer o trespasse de 5 exceder; ultrapassar 6 [fig.] transgredir ■ v.intr.,pron. morrer (De *traspassar*)
trespasse n.m. 1 ato ou efeito de trespassar 2 DIREITO contrato pelo qual se transfere a propriedade de um estabelecimento comercial, mediante o pagamento de um preço 3 [fig.] morte; falecimento (Deriv. regr. de *trespassar*)
trespasso n.m. 1 ⇒ **trespasse** 2 RELIGIÃO jejum guardado desde Quinta-Feira Santa até Domingo de Páscoa, em memória do trespasse de Cristo (Deriv. regr. de *trespassar*)
trespor v.tr. ⇒ **transpor** v.tr. ■ v.pron. (Sol) ocultar-se (Do lat. *transponĕre*, «id.»)
tresquiáltera n.f. MÚSICA grupo de três figuras musicais que se executam no mesmo tempo em que deveriam executar-se duas; tercina (De *três+quiáltera*)
tresquiornitídeo adj. ORNITOLOGIA pertencente ou relativo aos Tresquiornitídeos ■ n.m. ORNITOLOGIA espécime dos Tresquiornitídeos
Tresquiornitídeos n.m.pl. ORNITOLOGIA família de aves de médio e grande porte, plumagem branca ou acinzentada e bico longo, curvo e achatado na extremidade, que habitam nas margens de lagos e rios
três-setes n.m.2n. jogo de cartas em que não há trunfo e a carta de maior valor é o terno de cada naipe
tressuado adj. 1 muito suado 2 [fig.] que custou muito a fazer ou a obter (Part. pass. de *tressuar*)
tressuante adj.2g. que tressua (De *tressuar+-ante*)
tressuar v.intr. 1 suar muito 2 [fig.] despender grande esforço (De *tres-+suar*)
tresvairo n.m. ⇒ **tresvario** (De *tresvario*)
tresvariar v.intr. estar fora de si; delirar; disparatar (De *tres-+variar*)
tresvario n.m. ato ou efeito de tresvariar; delírio; alucinação (Deriv. regr. de *tresvariar*)
tresvoltear v.tr. 1 fazer dar três voltas a 2 fazer dar muitas voltas a (De *tres-+voltear*)
treta /ê/ n.f. 1 destreza na luta ou no jogo da esgrima 2 [fig.] estratagema; astúcia 3 [também no plural] palavreado para enganar; lábia; léria 4 pl. coisas sem importância (Do cast. *treta*, «astúcia; treta»)
treteiro adj. que usa de tretas ou ardis; manhoso (De *treta+-eiro*)
treva n.f. 1 ausência completa de luz; escuridão 2 pl. [fig.] noite 3 pl. [fig.] falta de civilização; ignorância (Do lat. *tenēbras*, «id.», com met.)
trevagem n.f. nome vulgar por que também é conhecida uma luzerna (luzerna-brava), espontânea em Portugal e usada como forragem (De *trevo+-agem*)
Trevas n.f.pl. RELIGIÃO designação dada a algumas cerimónias da Semana Santa (Do lat. *tenēbras*, «id.», com met.)
trevilho n.m. BOTÂNICA ⇒ **erva-canária** (De *trevo+-ilho*)
trevo /ê/ n.m. 1 BOTÂNICA planta de folhas trifoliadas, pertencente às famílias das Leguminosas, Oxalidáceas, etc., espontâneas, subespontâneas e cultivadas em Portugal 2 BOTÂNICA em especial, nome vulgar de umas plantas pertencentes a duas espécies da família das Leguminosas, uma espontânea (trevo-branco), outra subespontânea e cultivada, de corolas vermelhas (trevo-vermelho) (Do gr. *trípʰyllon*, «id.», pelo lat. *trifolĭu-*, pelo lat. vulg. *trifŏlu-*, «id.»)
trevo-azedo n.m. BOTÂNICA ⇒ **erva-canária**
trevo-betuminoso n.m. BOTÂNICA leguminosa, de flores azuladas, espontânea do Douro ao Algarve, também conhecida por fedegoso
trevo-cervino n.m. BOTÂNICA ⇒ **eupatório-de-avicena**
trevo-d'água n.m. BOTÂNICA ⇒ **fava-d'água**
trevo-de-alexandria n.m. BOTÂNICA planta leguminosa, de flores brancas ou avermelhadas, cultivada em Portugal
trevo-de-cheiro n.m. BOTÂNICA planta leguminosa, de flores aromáticas, espontânea em Portugal e também conhecida por anafa--menor e meliloto
trevo-de-quatro-folhas n.m. BOTÂNICA ⇒ **marsílea**
trevoso adj. 1 que tem trevas 2 tenebroso (Do lat. *tenebrōsu-*, «id.»)
treze /ê/ num.card. >quant.num. DT dez mais três ■ n.m. 1 o número 13 e a quantidade representada por esse número 2 o que, numa série, ocupa o décimo terceiro lugar (Do lat. *tredĕcim*, «id.»)
trezena n.f. 1 conjunto de treze unidades 2 devoção ou rezas durante treze dias consecutivos (De *trezeno*)
trezénio¹ n.m. período de treze anos; tredecénio (De *treze+-ano*)
trezénio² adj. referente à cidade de Trezena, no Peloponeso (Grécia) ■ n.m. natural ou habitante de Trezena (Do gr. *troizénios*, «id.», pelo lat. *troezenĭu-*, «id.»)
trezeno num.ord. >adj.num. DT décimo terceiro (De *treze+-eno*)
trezentos num.card. >quant.num. DT duzentos mais cem ■ n.m.2n. 1 o número 300 e a quantidade representada por esse número 2 o que, numa série, ocupa o trecentésimo lugar 3 o século XIV (Do lat. *trecentos*, «id.»)
tri- ⇒ **tris-** (Do lat. *tres*, «três», ou do gr. *treîs*, «três»)
triacanto adj. que possui três acantos (espinhos) (De *tri-+acanto*)
triácido n.m. QUÍMICA ácido que pode libertar três protões (De *tri-+ácido*)
tríada n.f. ⇒ **tríade**
tríade n.f. 1 conjunto de três coisas, três pessoas ou três divindades; trilogia 2 BOTÂNICA conjunto de três órgãos iguais 3 MÚSICA acorde composto por três notas 4 QUÍMICA [ant.] grupo de três elementos químicos de propriedades semelhantes (por exemplo ferro, cobalto e níquel) (Do gr. *triás, -ádos*, «trindade», pelo lat. *triăde-*, «id.»)
triadelfo adj. 1 BOTÂNICA diz-se da flor que tem os estames soldados pelos filetes em três feixes distintos 2 BOTÂNICA diz-se dos estames dispostos nas condições anteriormente citadas (Do gr. *treîs*, «três» *+adelphós*, «irmão»)
Triádico n.m. GEOLOGIA ⇒ **Trias** (De *tríade* ou *tríada+-ico*)

triaga *n.f.* ⇒ **teriaga**
triagem *n.f.* **1** ato de selecionar de entre um conjunto **2** ato de dividir e separar elementos de um conjunto de acordo com determinados critérios **3** resultado de uma escolha; seleção (Do fr. *triage*, «id.»)
triagueiro *n.m.* aquele que prepara triagas ou aconselha o seu emprego (De *triaga+-eiro*)
triandria *n.f.* qualidade de triandro (De *triandro+-ia*)
triândria *n.f.* BOTÂNICA classe do sistema sexual de Lineu constituída por plantas cujas flores têm três estames livres (De *triandro+-ia*)
triândrico *adj.* BOTÂNICA ⇒ **triandro** (De *triandro+-ico*)
triandro *adj.* BOTÂNICA que tem três estames livres (Do gr. *treîs*, «três» +*anér, andrós*, «homem; estame»)
triangulação *n.f.* **1** ato ou efeito de triangular **2** divisão em triângulos **3** operação trigonométrica que consiste na divisão de uma área da superfície terrestre em triângulos, para medição do perímetro de um arco de meridiano terrestre (triangulação geodésica), ou para levantamento da carta topográfica de uma região (triangulação topográfica) (De *triangular+-ção*)
triangulador *adj.,n.m.* que ou aquele que pratica a triangulação (De *triangular+-dor*)
triangular¹ *adj.2g.* **1** que tem a forma de um triângulo **2** que tem por base um triângulo (Do lat. *triangulāre-*, «id.»)
triangular² *v.tr.* **1** dividir em triângulos **2** fazer a triangulação de (De *triângulo+-ar*)
triangularidade *n.f.* qualidade do que é triangular (De *triangular+-i-+-dade*)
triângulo *n.m.* **1** polígono que tem três ângulos e três lados **2** objeto com forma triangular **3** esquadro de desenho **4** MÚSICA instrumento de percussão com a forma de um triângulo de metal que se percute com uma pequena varinha de ferro; ferrinhos; ~ *acutângulo* GEOMETRIA triângulo que tem os ângulos todos agudos; ~ *amoroso* relação amorosa em que estão envolvidas três pessoas; ~ *de pré-sinalização* dispositivo de forma triangular constituído por material refletor, que é obrigatório nos veículos automóveis e deverá ser colocado no mínimo a trinta metros em caso de avaria ou acidente; ~ *equilátero* GEOMETRIA triângulo que tem os três lados e os três ângulos iguais; ~ *escaleno* GEOMETRIA triângulo cujos lados ou ângulos são desiguais; ~ *isósceles* GEOMETRIA triângulo que tem dois lados iguais; ~ *obliquângulo* GEOMETRIA triângulo que não é retângulo; ~ *obtusângulo* GEOMETRIA triângulo que tem um ângulo obtuso; ~ *retângulo* GEOMETRIA triângulo que tem um ângulo reto (Do lat. *triangŭlu-*, «id.»)
trianual *adj.2g.* **1** que ocorre três vezes por ano **2** que ocorre de três em três anos (De *tri+-anual*)
triar *v.tr.* fazer a triagem de; escolher; selecionar (Do fr. *trier*, «id.»)
triarca *n.m.* membro de uma triarquia (Do gr. *treîs*, «três» +*árkhein*, «mandar; ser o primeiro»)
triarestado *adj.* que possui três arestas (De *tri-+aresta+-ado*)
triário *n.m.* soldado da antiga infantaria romana armado de gládio e de lança (Do lat. *triarŭ-*, «da terceira linha do exército romano»)
triarquia *n.f.* **1** governo exercido por três membros **2** conjunto de três estados **3** triunvirato (Do gr. *triarkhía*, «id.»)
Trias *n.m.* GEOLOGIA o período (ou sistema mais antigo do Mesozoico ou Secundário) anterior ao Jurássico (Do gr. *triás, -ádos*, «trindade», pelo lat. *trias*, «tríade»)
Triásico *n.m.* GEOLOGIA ⇒ **Trias** ■ *adj.* **1** [com minúscula] relativo ao Trias ou Triásico **2** composto por três; triplo (De *trias+-ico*)
triatlo *n.m.* DESPORTO conjunto de três provas ou modalidades atléticas (De *tri-+[pent]atlo*)
triatomicidade *n.f.* QUÍMICA qualidade das moléculas triatómicas (De *triatómico+-i-+-dade*)
triatómico *adj.* QUÍMICA constituído por três átomos (De *tri-+atómico*)
triaxífero /cs/ *adj.* que tem três eixos (De *tri-+axífero*)
tríbade *n.f.* mulher que pratica o tribadismo (Do gr. *tribás, -ádos*, «id.», pelo lat. *tribăde-*, «id.»)
tribadismo *n.m.* ⇒ **safismo** (De *tríbade+-ismo*)
tribal *adj.2g.* que diz respeito ao tribo (De *tribo+-al*, ou do fr. *tribal*, «id.»)
tribalismo *n.m.* **1** organização tribal **2** situação caracterizada por costumes e crenças tribais (De *tribal+-ismo*)
tribalizar *v.tr.* tornar tribal (De *tribal+-izar*)
Tribalos *n.m.pl.* ETNOGRAFIA povo da Mésia, região da Europa antiga, correspondente à Bulgária e à Sérvia, que saqueou a Grécia (Do lat. *Tribălli*, «id.»)
tribasicidade *n.f.* QUÍMICA qualidade de tribásico (De *tribásico+-i-+-dade*)

tribásico *adj.* QUÍMICA diz-se das bases que podem captar três protões (De *tri-+básico*)
tribo *n.f.* **1** cada uma das divisões de um povo, em certas nações antigas **2** conjunto de famílias que provêm de um tronco comum, sob a autoridade de um chefe **3** conjunto de clãs **4** conjunto dos descendentes de cada um dos doze patriarcas, entre os Judeus **5** BIOLOGIA categoria sistemática (grupo) correspondente, para muitos autores, à subfamília (Do lat. *tribu-*, «id.»)
tribo- elemento de formação de palavras que exprime a ideia de atrito (Do gr. *tribé*, «atrito»)
triboelectricidade ver nova grafia **triboeletricidade**
triboeletricidade *n.f.* eletricidade desenvolvida por fricção (De *tribo-+electricidade*)
tribofe *n.f.* **1** [Brasil] [coloq.] trapaça em qualquer jogo **2** [Brasil] [coloq.] trapaça; logro; patifaria (De orig. obsc.)
tribofísica *n.f.* FÍSICA parte da física que estuda o atrito e particularmente o mecanismo da lubrificação (De *tribo-+física*)
triboluminescência *n.f.* produção de luz visível durante a trituração e pulverização de sólidos (De *tribo-+luminescência*)
tribometria *n.f.* medida de coeficientes de atrito (De *tribo-+-metria*)
tribómetro *n.m.* instrumento destinado a medir o coeficiente de atrito (De *tribo-+-metro*)
tríbraco *n.m.* pé de verso, grego ou latino, formado de três sílabas breves (Do gr. *tríbrakhys*, «id.», pelo lat. *tribrăchu-*, «id.»)
tribulação *n.f.* **1** ato ou efeito de tribular **2** aflição **3** adversidade; infortúnio **4** amargura; trabalhos **5** ⇒ **atribulação** (Do lat. *tribulatiōne-*, «id.»)
tribular *v.tr.* **1** amargurar; martirizar **2** meter em trabalhos **3** ⇒ **atribular** (Do lat. *tribulāre*, «atormentar»)
tríbulo *n.m.* BOTÂNICA termo usado por alguns autores para designar os abrolhos (planta) (Do gr. *tríbolos*, «tríbulo», espécie de cardo, pelo lat. *tribŭlu-*, «id.»)
tribuna *n.f.* **1** espécie de púlpito donde os oradores falam **2** lugar alto e reservado a pessoas privilegiadas, durante uma cerimónia ou sessão; púlpito **3** plataforma situada num nível acima da plateia, numa sala de espetáculos **4** [fig.] os oradores **5** [fig.] a eloquência (Do b. lat. *tribūna-*, «púlpito do tribuno»)
tribunado *n.m.* **1** cargo ou funções de tribuno **2** tempo de exercício desse cargo (Do lat. *tribunātu-*, «id.»)
tribunal *n.m.* **1** órgão de autoridade especificamente investido na função de justa composição de litígios **2** lugar das audiências judiciais **3** conjunto dos magistrados ou das pessoas que administram a justiça **4** [fig.] jurisdição de entidades morais consideradas como juízes; ~ *arbitral* DIREITO tribunal cuja competência para o caso concreto depende da aceitação e vontade de ambas as partes; ~ *coletivo* DIREITO tribunal composto por três juízes, sendo um deles presidente e vogais os outros dois; ~ *plenário* DIREITO tribunal coletivo, presidido por um juiz desembargador, onde são julgados normalmente os crimes políticos (Do lat. *tribunāle-*, «id.»)
tribunato *n.m.* ⇒ **tribunado** (Do lat. *tribunātu-*, «id.»)
tribuneca *n.f.* **1** [pej.] tribunal ordinário **2** [coloq.] emprego rendoso e de pouco trabalho; sinecura; nicho (De *tribuna+-eca*)
tribunício *adj.* referente a tribunado ou a tribuna (Do lat. *tribunicĭu-*, «id.»)
tribuno *n.m.* **1** antigo magistrado romano **2** [fig.] orador público; parlamentar eloquente; ~ *da plebe* na Roma antiga, representante do povo no Senado (Do lat. *tribūnu-*, «id.»)
tribunocracia *n.f.* **1** forma de governo em que predomina o poder tribunício **2** influência dos agentes subalternos dos tribunais (Do lat. *tribūnu-*, «tribuno»+gr. *krátos*, «força» +*-ia*)
tributação *n.f.* **1** ato ou efeito de tributar **2** imposto (De *tributar+-ção*)
tributal *adj.2g.* referente a tributos (De *tributo+-al*)
tributando *adj.* **1** que deve ser tributado **2** sujeito a tributo; tributável (De *tributar+-ando*)
tributar *v.tr.* **1** lançar tributo sobre; coletar **2** render **3** dar; atribuir ■ *v.pron.* **1** tornar-se tributário **2** contribuir (De *tributo+-ar*)
tributário *adj.* **1** que paga tributo **2** relativo a impostos **3** afluente ■ *n.m.* **1** aquele que paga tributo **2** contribuinte; *direito* ~ direito relativo aos impostos; *sistema* ~ sistema dos impostos (Do lat. *tributarĭu-*, «id.»)
tributável *adj.2g.* que pode ou deve ser tributado; coletável (De *tributar+-vel*)
tributo *n.m.* **1** aquilo que um Estado paga a outro em sinal de dependência **2** imposto que um Estado lança sobre o povo; contribuição **3** preito; homenagem **4** [fig.] aquilo que se presta ou se

trica rende, por obrigação; **~ de sangue** dever de servir a pátria como militar; *pagar o ~ à natureza* morrer (Do lat. *tribūtu-*, «id.»)

trica *n.f.* **1** trapaça **2** enredo **3** [pop.] habilidade **4** futilidade; nica (Do lat. *tricas*, «ninharias»)

tricâmaro *adj.* ⇒ **tricâmero**

tricâmero *adj.* **1** que é formado de três câmaras ou cápsulas **2** diz-se de um edifício composto de três andares ou três abóbadas sobrepostas (De *tri-+câmara*)

tricampeão *adj., n.m.* DESPORTO que ou atleta (ou equipa) que se sagrou campeão pela terceira vez em competição ou prova desportiva (De *tri-+campeão*)

tricampeonato *n.m.* DESPORTO campeonato ganho pela terceira vez (De *tri-+campeonato*)

tricana *n.f.* **1** saia camponesa **2** mulher que traz essa saia; camponesa **3** designação dada às raparigas do povo, de Aveiro e Coimbra, que usavam traje característico, agora reduzido a um pequeno xaile (De orig. obsc.)

tricapsular *adj.2g.* que possui três cápsulas (De *tri-+cápsula+-ar*)

tricar *v.intr.* trapacear; chicanar (Do lat. *tricāri*, «id.»)

tricefalia *n.f.* TERATOLOGIA qualidade ou estado de tricéfalo (Do gr. *triképhalos*, «tricéfalo» +-*ia*)

tricéfalo *adj.* TERATOLOGIA diz-se daquele que tem três cabeças ▪ *n.m.* TERATOLOGIA aquele que tem três cabeças (Do gr. *triképhalos*, «id.»)

tricelular *adj.2g.* que é composto de três células (De *tri-+célula+-ar*)

tricenal *adj.2g.* que dura trinta anos (Do lat. *tricennāle-*, «id.»)

tricénio *n.m.* período de trinta anos (Do lat. *tricennĭu-*, «id.»)

tricentenário *adj.* que tem trezentos anos ▪ *n.m.* comemoração de um facto ocorrido há trezentos anos (De *tri-+centenário*)

tricentésimo *adj., quant., n.m.* ⇒ **trecentésimo** (Do lat. *trecentesĭmu-*, «id.»)

tricêntrico *adj.* diz-se do arco de três centros (formado por três arcos de circunferência) (De *tri-+centro+-ico*)

tricicleta *n.f.* ⇒ **triciclo** (De *triciclo+-eta*, ou de *tri-+[bi]cicleta*)

triciclo *n.m.* veículo de três rodas (Do gr. *treîs*, «três» +*kýklos*, «roda»)

tricinquentenário /qu-en/ *n.m.* comemoração de um facto ocorrido há cento e cinquenta anos ▪ *adj.* que tem cento e cinquenta anos (De *tri-+cinquentenário*)

trício *n.m.* FÍSICA ⇒ **trítio**

tricipital *adj.2g.* referente a tricípite (De *tricípite+-al*)

tricípite *adj.2g.* ANATOMIA diz-se dos músculos que se ligam, numa das suas extremidades, por três tendões correspondentes a outros tantos feixes, como os extensores do antebraço e da perna (Do lat. *tricipĭte-*, «id.»)

tricliniarca *n.m.* aquele que, entre os antigos Romanos, preparava os banquetes e tratava dos adornos do triclínio (Do gr. *trikliniárkhes*, «id.», pelo lat. *tricliniarcha-*, «id.»)

tricliniário *n.m.* escravo que servia à mesa, nos triclínios ▪ *adj.* relativo a triclínio (Do lat. *tricliniarĭu-*, «id.»)

triclínico *adj.* CRISTALOGRAFIA diz-se do sistema cristalográfico cuja cruz axial é formada por três eixos desiguais e oblíquos entre si (Do gr. *tri*, por *treîs*, «três» +*klínein*, «inclinar» +-*ico*)

triclínio *n.m.* **1** sala de refeições dos antigos Romanos, com três leitos à volta de uma mesa **2** cada um desses leitos (Do gr. *triklínion*, «id.», pelo lat. *triclinĭu-*, «id.»)

trico- elemento de formação de palavras que exprime a ideia de cabelo ou pelo (Do gr. *thríx, trikhós*, «cabelo»)

tricô *n.m.* **1** trabalho de malha confecionado com agulhas, à mão ou à máquina **2** objeto tricotado (Do fr. *tricot*, «id.»)

tricociste *n.f.* ZOOLOGIA cada um dos órgãos vesiculares, com elemento pontiagudo, que reveste o corpo de alguns protozoários ciliados (paramécias, por exemplo); triquito (Do gr. *tríx, trikhós*, «cabelo» +*kýstis*, «vesícula»)

tricoco /ô/ *adj.* que tem três células, três bagas, três sementes, três frutos (cocos), etc. (Do gr. *tríkokkos*, «que tem três sementes»)

tricofitia *n.f.* MEDICINA designação generalizada às doenças cutâneas produzidas por fungos parasitas do género *Trichophyton*; tricofitíase (De *tricofito+-ia*)

tricofitíase *n.f.* ⇒ **tricofitia** (De *tricofitia+-ase*)

tricófito *n.m.* termo que designa os fungos do género *Trichophyton*, que originam a tricofitia (Do gr. *tríx, trikhós*, «cabelo» +*phytón*, «planta»)

tricofobia *n.f.* **1** MEDICINA repugnância mórbida de tocar em coisas peludas **2** horror que sentem certas mulheres de ver crescer demasiadamente os pelos da face (Do gr. *tríx, trikhós*, «cabelo» +*phobeîn*, «ter horror a» +-*ia*)

tricófobo *adj.* que manifesta tricofobia (Do gr. *tríx, trikhós*, «cabelo» +*phobeîn*, «ter horror a»)

tricogínio *n.m.* BOTÂNICA ⇒ **tricógino** (De *tricógino+-io*)

tricógino *n.m.* BOTÂNICA órgão alongado, tubuloso, na parte superior do oogónio (carpogónio) das algas vermelhas (florídeas), recetor dos gâmetas masculinos (espermácios) (Do gr. *thríx, trikhós*, «cabelo» +*gyné*, «mulher»)

tricoide *adj.2g.* que tem a forma de um cabelo (Do gr. *trikhoeidés*, «id.»)

tricóide ver nova grafia tricoide

tricologia *n.f.* tratado acerca dos pelos (ou cabelos) (Do gr. *thríx, trikhós*, «cabelo» +*lógos*, «tratado» +-*ia*)

tricolor *adj.2g.* que tem três cores (Do lat. *tricolōre-*, «id.»)

tricoma /ô/ *n.m.* **1** MEDICINA empastamento dos cabelos produzido pela acumulação da caspa, ação de parasitas, etc. **2** BOTÂNICA tumor produzido em alguns órgãos vegetais, especialmente nas folhas, em regra, pela picada de ácaros **3** ZOOLOGIA glândulas especiais existentes em alguns insetos, na base de uns tufos de pelos, que produzem substâncias odoríferas (De *trico-+-oma*)

tricomatoso /ô/ *adj.* que apresenta tricoma (Do gr. *thríx, trikhós*, «cabelo» +[*ógk*]*oma, -atos*, «tumor» +-*oso*)

tricomicose *n.f.* MEDICINA doença do couro cabeludo que atinge os cabelos e é provocada por fungos (Do gr. *thríx, trikhós*, «cabelo» +*mýkes*, «cogumelo» +-*ose*)

tricomónade *n.f.* ZOOLOGIA protozoário flagelado, de corpo ovoide, que possui três, quatro ou cinco flagelos livres e um flagelo que se liga ao ponto de origem, formando uma membrana ondulante, e que parasita os mamíferos, incluindo o homem, na boca e nos aparelhos digestivo e genital (Do gr. *tríx, trikhós*, «cabelo» +*monás, -ádos*, «unidade»)

tricopatia *n.f.* MEDICINA designação genérica das doenças do couro cabeludo que atingem os cabelos (Do gr. *tríx, trikhós*, «cabelo» +*páthos*, «doença» +-*ia*)

tricorde *adj., n.m.* MÚSICA que ou o instrumento que tem três cordas (Do gr. *tríkhordos*, «id.», pelo lat. *trichorde-*, «id.»)

tricordo *adj., n.m.* ⇒ **tricorde**

tricorne *adj.2g.* que tem três cornos, três antenas ou três bicos (Do lat. *tricorne-*, «id.»)

tricórnio *n.m.* chapéu de três bicos (De *tricorne+-io*)

tricose *n.f.* **1** MEDICINA inflamação das pálpebras que provoca o crescimento das pestanas para dentro, dando origem à irritação da conjuntiva **2** anomalia dos pelos **3** disposição dos pelos **4** desenvolvimento anormal de pelos numa mucosa (Do gr. *tríkhosis*, «crescimento de cabelos»)

tricoso /ô/ *adj.* que gosta de armar tricas (De *trica+-oso*)

tricot *n.m.* ⇒ **tricô** (Do fr. *tricot*)

tricotada *n.f.* porção de tricotes (De *tricote+-ada*)

tricotar *v.intr.* fazer tricô ▪ *v.tr.* executar (tecido em malha) com agulhas próprias, à mão ou à máquina (Do fr. *tricoter*, «id.»)

tricote *n.m.* volume pequeno (De orig. obsc.)

tricotomia *n.f.* estado ou qualidade do que é tricotómico (Do gr. *trikhotomía*, «id.»)

tricotómico *adj.* **1** que se divide em três ramos, a partir de um ponto comum **2** diz-se da tabela de classificação em que, para cada uma das suas chaves, há três condições distintas na distribuição de caracteres (De *tricotomia+-ico*)

tricroísmo *n.m.* CRISTALOGRAFIA propriedade que têm certos cristais de, quando vistos em três direções diferentes, mostrarem três cores diferentes (Do gr. *tri*, por *treîs*, «três» +*khroá*, «cor» +-*ismo*)

tricromático *adj.* **1** em que se verifica tricromia **2** que exibe três colorações diferentes (De *tri-+cromático*)

tricromia *n.f.* **1** processo gráfico para reprodução de colorido variado pela impressão sobreposta de três chapas a cores diferentes **2** gravura impressa deste modo (Do gr. *tríkhromos*, «de três cores» +-*ia*)

tricúspide *adj.2g.* ANATOMIA que tem três pontas ▪ *n.f.* válvula auriculoventricular do lado direito do coração, constituída por três lâminas ou valvas, também designada trigloquine ou trigloquino (Do lat. *tricuspĭde-*, «id.»)

tridáctilo *adj.* que tem três dedos ou três prolongamentos digitiformes; tridigitado (Do gr. *tridáktylos*, «id.»)

tridentado *adj.* que tem três dentes ou três divisões em forma de dentes (De *tridente+-ado*)

tridente *adj.2g.* que tem três dentes ▪ *n.m.* **1** cetro que termina por três pontas e que os poetas atribuem a Neptuno, deus do mar na mitologia romana **2** forquilha com três pontas **3** [fig.] o império dos mares (Do lat. *tridente-*, «id.»)

tridênteo *adj.* [poét.] relativo ao tridente (De *tridente+-eo*)

tridentífero *adj.* 1 [poét.] que traz tridente 2 epíteto de Neptuno, deus do mar na mitologia romana (Do lat. *tridentĭfĕru-*, «id.»)

tridentígero *adj.* ⇒ **tridentífero** (Do lat. *tridentĭgĕru-*, «id.»)

tridentino *adj.* relativo à cidade italiana de Trento ou ao concílio realizado nesta cidade (1545 a 1553) para tratar dos problemas do mundo católico, abalado pelo movimento da Reforma (Do lat. *tridentīnu-*, «id.»)

tridérmico *adj.* diz-se do embrião na fase em que apresenta os três folhetos germinais definitivos (ectoderme, mesoderme e endoderme) (Do gr. *treîs*, «três» +*dérma*, «pele» +-*ico*)

tridigitado *adj.* ⇒ **tridáctilo** (Do lat. *tri*-, por *tres*, «três» +*digĭtu*-, «dedo» +-*ado*)

tridimensional *adj.2g.* 1 que tem três dimensões (comprimento, largura e altura) 2 MATEMÁTICA diz-se de um espaço vetorial cuja dimensão é três (Do lat. *tri-*, por *tres*, «três» +*dimensiōne-*, «dimensão» +-*al*)

tridimite *n.f.* MINERALOGIA mineral com a mesma composição do quartzo (sílica), polimorfo, estável entre 870 °C e 1470 °C (Do gr. *trídymos*, «trigémeo» +-*ite*)

triduano *adj.* que dura três dias (Do lat. *triduānu-*, «id.»)

tríduo *n.m.* 1 período de três dias 2 exercícios religiosos que se fazem durante três dias consecutivos (Do lat. *tridŭu-*, «id.»)

triebdomadário *adj.* que se verifica três vezes por semana (Do lat. *tri-*, por *tres*, «três» +*hebdomadărĭu-*, «hebdomadário»)

trieco *adj.* BOTÂNICA diz-se de um grupo (classe) de plantas que apresentam flores de três categorias sexuais: masculinas, femininas e hermafroditas; trioico (Do gr. *treîs*, «três» +*oîkos*, «casa»)

triedro *adj.* 1 que tem três faces 2 que é limitado por três planos ■ *n.m.* ângulo triedro (Do gr. *tri*, por *treîs*, «três» +*hédra*, «face»)

triemímere *adj.2g.* designativo da cesura, na métrica greco-latina, quando recai no terceiro meio pé (Do gr. *treîs*, «três» +*hemi-*, «semi-; pela metade» +*méros*, «parte»)

trienado *n.m.* 1 período de três anos; triénio 2 cargo que se exerce durante três anos (Do lat. *triennĭu-*, «triénio» +-*ado*)

trienal *adj.2g.* 1 que dura três anos 2 que é conferido ou exercido durante três anos 3 diz-se das plantas que só dão fruto três anos após a sua plantação ou de três em três anos (Do lat. *triennĭu-*, «triénio» +-*al*)

triénio *n.m.* período de três anos; trienado (Do lat. *triennĭu-*, «id.»)

trierarca *n.m.* cidadão grego, rico, que era obrigado a equipar uma trirreme à sua custa (Do gr. *trierárkhes*, «comandante de galera», pelo lat. *trierarchu-*, «id.»)

trierarquia *n.f.* cargo, funções ou obrigação do trierarca (De *trierarca*+-*ia*)

triestino *adj.* relativo à cidade italiana de Trieste ■ *n.m.* natural ou habitante dessa cidade (De *Trieste*+-*ino*)

trietérico *n.m.* epíteto de Baco (Do gr. *trieterikós*, «que se realiza de três em três anos», pelo lat. *trieterĭcu-*, «id.»)

trietéride *n.f.* 1 (calendário ateniense) período de três anos 2 *pl.* festas ou orgias noturnas que, de três em três anos, se celebravam em honra de Baco (Do gr. *trieterís*, *-ídos*, «período de três anos», pelo lat. *trieterĭde*, «id.»)

trifacial *adj.2g.* que se estende por três regiões da face ■ *adj.2g.,n.m.* ANATOMIA ⇒ **trigémeo** 2 (De *tri*+*facial*)

trifário *adj.* 1 de três espécies 2 que se apresenta sob três aspetos (Do lat. *trifarĭu-*, «id.»)

trifásico *adj.* que tem três fases; *correntes trifásicas* ELETRICIDADE sistema de três correntes alternadas e desfasadas, cujo transporte é facilitado por só necessitarem de um condutor por cada corrente, e cuja soma instantânea de tensões ou de intensidades é nula (Do gr. *treîs*, «três» +*phásis*, «fase» +-*ico*)

trifauce *adj.2g.* 1 [poét.] que tem três fauces 2 MITOLOGIA atributo de Cérbero, cão de três cabeças que guardava o Inferno (Do lat. *trifauce-*, «id.»)

trífido *adj.* 1 aberto ou recortado em três partes 2 designativo dos órgãos que apresentam três divisões profundas; tríplice (Do lat. *trifĭdu-*, «id.»)

trifloro *adj.* [poét.] que produz ou tem três flores (Do lat. *tri*, por *tres*, «três» +*flōre-*, «flor»)

trifoliáceas *n.f.pl.* antiga designação de um grupo (tribo) de plantas da família das Leguminosas, a que pertencem os trevos, atualmente designadas trifólias (Do lat. *trifolĭu-*, «trevo» +-*áceas*)

trifoliado *adj.* 1 que tem três folhas 2 BOTÂNICA diz-se da folha vegetal composta (foliada ou foliolada) que apresenta três folíolos, como o trevo (De *tri*+*foliado*)

trifólias *n.f.pl.* BOTÂNICA grupo de plantas da família das Leguminosas (género *Trifolium*) a que pertencem os trevos (Do lat. *trifolĭu-*, «trevo»)

trifolino *n.m.* vinho do monte Trifólio, na Campânia, região da Itália meridional (De *Trifólio*, top. +-*ino*)

trifólio *n.m.* ARQUITETURA ornato que imita o trevo ■ *adj.* de três quinas ou arestas (Do lat. *trifolĭu-*, «trevo»)

trifoliolado *adj.* que tem três folíolos; trifoliado (De *tri*+*folíolo*+-*ado*)

trifório *n.m.* galeria estreita sobre as naves laterais das igrejas (Do lat. *tri*, por *tres*, «três» +*fore-*, «porta» +-*io*)

triforme *adj.2g.* que tem três formas (Do lat. *triforme-*, «id.»)

trifurcação *n.f.* 1 ato ou efeito de trifurcar 2 divisão em três ramos ou partes (De *trifurcar*+-*ção*)

trifurcar *v.tr.* dividir em três ramos ou partes; tripartir (Do lat. *trifurcu-*, «que tem três pontas» +-*ar*)

trifusa *n.f.* MÚSICA figura musical que vale metade de uma semifusa (De *tri*+*fusa*)

triga[1] *n.f.* pressa; azáfama; afã (Deriv. regr. de *trigar*)

triga[2] *n.f.* [ant.] carro puxado por três cavalos (Do lat. *triga-*, «id.»)

triga[3] *n.f.* [regionalismo] (farinha, palha) de trigo (De *trigo*)

trigal *n.m.* campo semeado de trigo; seara ■ *adj.2g.* diz-se de uma variedade de cereja (De *trigo*+-*al*)

trigamia *n.f.* estado de trígamo (De *trígamo*+-*ia*)

triga-milha *n.f.* pão feito da mistura de farinha de trigo e farinha de milho (De *triga*+*milha*)

trígamo *n.m.* indivíduo casado simultaneamente com três mulheres (De *tri*+-*gamo*)

trigança *n.f.* pressa; afã; diligência (De *trigar-[se]*+-*ança*)

trigário *n.m.* 1 lugar, entre os Romanos, onde se adestravam os cavalos para o circo 2 picadeiro (Do lat. *trigarĭu-*, «condutor de triga»)

trigar-se *v.pron.* apressar-se; azafamar-se (Do lat. *tricāre*, por *tricāri*, «criar dificuldades»)

trigémeo *adj.,n.m.* 1 que ou indivíduo que nasceu do mesmo parto que outros dois 2 ANATOMIA adj. ou *n.m.* nervo que compõe o quinto par de nervos cranianos; trifacial (Do lat. *trigemĭnu-*, «id.»)

trigeminado *adj.* 1 diz-se do pulso em que os grupos de três pulsações curtas são separados por um intervalo longo 2 diz-se da janela dividida em três vãos (De *trigémino*+-*ado*)

trigémino *adj.* ⇒ **trífido** 1 (Do lat. *trigemĭnu-*, «id.»)

trigésimo *num.ord. >adj.num.*[DT] que, numa série, ocupa a posição imediatamente a seguir à vigésima nona; que é o último numa série de trinta ■ *num.frac. >quant.num.*[DT] que resulta da divisão de um todo por trinta ■ *n.m.* 1 o que, numa série, ocupa o lugar correspondente ao número 30 2 uma das trinta partes iguais em que se dividiu um todo (Do lat. *trigesĭmu-*, «id.»)

triginia *n.f.* estado de trígino (De *trígino*+-*ia*)

trígino *adj.* que tem três pistilos (Do gr. *treîs*, «três» +*gyné*, «mulher»)

triglicerídeo *n.m.* MEDICINA ⇒ **triglicérido**

triglicérido *n.m.* MEDICINA lípido constituído por um glicerol combinado com três moléculas de um ácido gordo, sintetizado a partir da digestão de gorduras, e que é a forma na qual a gordura é armazenada no organismo (De *tri*+*glicérido*)

Tríglidas *n.m.pl.* ICTIOLOGIA ⇒ **Triglídeos**

Triglídeos *n.m.pl.* ICTIOLOGIA família de peixes teleósteos, acantopterígios, cujas barbatanas peitorais são grandes e providas de três apêndices digitiformes (para a marcha nos fundos) (Do gr. *trígla*, «salmonete» +-*ídeos*)

tríglifo *n.m.* ARQUITETURA ornato arquitetónico constituído por três sulcos verticais (Do gr. *tríglyphos*, «com três sulcos», pelo lat. *trigl*ў*phu-*, «id.»)

Trigloquináceas *n.f.pl.* BOTÂNICA família de plantas monocotiledóneas, herbáceas, aquáticas ou palustres, de folhas lineares, representada, em Portugal, por algumas espécies que vivem nos terrenos salgados do litoral (De *trigloquine*+-*áceas*)

trigloquine *adj.2g.,n.m.* ⇒ **tricúspide** (Do gr. *treîs*, «três» +*glokhís*, *-înos*, «ponta»)

trigloquino *adj.* ⇒ **tricúspide** *adj.2g.*

triglota *adj.2g.* 1 que trata de três línguas 2 que sabe falar três línguas; trilingue ■ *n.2g.* pessoa que sabe falar três línguas (Do gr. *treîs*, «três» +*glôtta*, «língua»)

trigloto *adj.* ⇒ **triglota**

trigo *n.m.* BOTÂNICA planta da família das Gramíneas de cujo grão se obtém farinha alimentar usada para o fabrico de pão ■ *adj.* [pop.] designativo do pão feito com a farinha do grão desta planta (Do lat. *tritĭcu-*, «id.»)

trigo-candial *n.m.* BOTÂNICA ⇒ **frumento**

trigo-de-perdiz *n.m.* 1 BOTÂNICA planta afim do trigo-gigantil, trigo-mole, trigo-rijo e trigo-túrgido, espontânea e frequente em Portugal 2 os grãos desta planta

trigo-gigantil *n.m.* subespécie (raça ou variedade) da espécie de trigo, cultivada em Portugal com maior ou menor frequência, sobretudo no Centro e no Sul

trigo-mole *n.m.* ⇒ **trigo-gigantil**

trigonal *adj.2g.* **1** triangular **2** CRISTALOGRAFIA diz-se do sistema cristalino caracterizado por três eixos iguais que estão igualmente inclinados e não são perpendiculares entre si; romboédrico (Do lat. *trigonăle-*, «triangular»)

trígone *n.f.* antiga cítara ou harpa triangular (Do gr. *trígonos*, «triangular»)

trigónia *n.f.* PALEONTOLOGIA designação, por aportuguesamento, de um género de moluscos lamelibrânquios fósseis (Do gr. *trígonos*, «triangular»)

Trigónidas *n.m.pl.* ICTIOLOGIA ⇒ **Trigonídeos**

Trigonídeos *n.m.pl.* ICTIOLOGIA família de peixes seláquios, semelhantes à raia, cujo género-tipo se denomina *Trygon*, com algumas espécies que são raras em Portugal (Do gr. *trýgon*, «raia de sovela» +*-ídeos*)

trígono *adj.* **1** triangular **2** formado por três ângulos ■ *n.m.* triângulo; ~ *cerebral* ANATOMIA parte do cérebro que é o arco medular subadjacente ao corpo caloso; ~ *vesical* ANATOMIA parte da superfície interna da bexiga urinária, delimitada pelos dois orifícios dos ureteres e pelo da uretra (Do gr. *trígonos*, «de três ângulos»)

trigonocarpo *adj.* BOTÂNICA diz-se da planta que produz frutos triangulares (Do gr. *trígonos*, «triangular» +*karpós*, «fruto»)

trigonocefalia *n.f.* TERATOLOGIA qualidade de trigonocéfalo (Do gr. *trígonos*, «triangular» +*kephalé*, «cabeça» +*-ia*)

trigonocéfalo *n.m.* TERATOLOGIA aquele que tem a cabeça triangular (Do gr. *trígonos*, «triangular» +*kephalé*, «cabeça»)

trigonometria *n.f.* MATEMÁTICA estudo das funções trigonométricas (seno, cosseno, tangente, cotangente, secante, cossecante), das relações entre estas funções e da sua aplicação à resolução dos problemas relativos aos triângulos, isto é, ao cálculo dos restantes lados ou ângulos a partir de dados suficientes (Do gr. *trígonos*, «triângulo» +*métron*, «medida» +*-ia*)

trigonometricamente *adv.* MATEMÁTICA por meio de trigonometria (De *trigonométrico*+*-mente*)

trigonométrico *adj.* relativo à trigonometria (Do gr. *trígonos*, «triângulo» +*métron*, «medida» +*-ico*)

trigo-rijo *n.m.* BOTÂNICA ⇒ **trigo-gigantil**

trigo-sarraceno *n.m.* BOTÂNICA planta herbácea, da família das Poligonáceas, de folhas cordiformes, cultivada em Portugal para forragem

trigoso /ô/ *adj.* apressado (De *triga*+*-oso*)

trigo-túrgido *n.m.* BOTÂNICA ⇒ **trigo-gigantil**

trigrama *n.m.* **1** conjunto de três letras que formam uma palavra ou uma cifra **2** sinal formado de três caracteres unidos (Do gr. *treĩs*, «três» +*grámma*, «letra»)

trigueira *n.f.* [regionalismo] vendedeira de pão de trigo (De *trigo*+*-eira*)

trigueirão *adj.* um tanto trigueiro ■ *n.m.* ORNITOLOGIA pássaro da família dos Fringilídeos, comum em Portugal, também conhecido por chirrobia, trigueiro, tentarraiz, tem-te-na-raiz, milheirão, etc. (De *trigueiro*+*-ão*)

trigueiro *adj.* **1** da cor do trigo maduro **2** um tanto escuro **3** moreno **4** queimado ■ *n.m.* **1** ORNITOLOGIA ⇒ **trigueirão 2** ORNITOLOGIA ⇒ **escrevedeira 3** ORNITOLOGIA ⇒ **tordeira** (De *trigo*+*-eiro*)

triguenho /ê/ *adj.* **1** pertencente ou relativo ao trigo **2** um tanto trigueiro (De *trigo*+*-enho*)

triguilho *n.m.* [Brasil] farelo ou resíduos do trigo (Do cast. *triguillo*, «id.»)

triiodometano ver nova grafia **tri-iodometano**

tri-iodometano *n.m.* QUÍMICA ⇒ **iodofórmio** (De *tri-*+*iodo*+*metano*)

trijugado *adj.* composto de três pares de folíolos (folha) (Do lat. *trijŭgu-*, «triplo» +*-ado*)

trilado *adj.* cantado com trilos; trinado; gorjeado ■ *n.m.* ⇒ **trilo** (Part. pass. de *trilar*)

trilar *v.tr.,intr.* cantar, fazendo trilos; trinar; gorjear (Do it. *trillare*, «id.»)

trilateral *adj.2g.* **1** referente a três lados **2** ⇒ **trilátero** (De *trilátero*+*-al*)

trilátero *adj.* que tem três lados ■ *n.m.* triângulo (Do lat. *trilatĕru-*, «id.»)

trilema /ê/ *n.m.* situação embaraçosa de onde se pode sair apenas por um de três modos, todos difíceis (Do gr. *treĩs*, «três» +*lēmma*, *-atos*, «proposição; lema»)

tríler *n.m.* ⇒ **thriller** (Do ing. *thriller*)

trilha *n.f.* **1** ato ou efeito de trilhar **2** debulha dos cereais com o trilho **3** pegada **4** trilho; rasto; caminho **5** desígnio; intenção **6** exemplo; ~ *sonora* [Brasil] banda sonora (Deriv. regr. de *trilhar*)

trilhadela *n.f.* ferida ou escoriação produzida por calcadela ou entaladela; pisadura (De *trilhar*+*-dela*)

trilhado *adj.* **1** calcado; pisado **2** entalado **3** frequentado **4** sulcado; navegado **5** experimentado; usado **6** [fig.] magoado (Part. pass. de *trilhar*)

trilhador *adj.* que trilha ou serve para trilhar ■ *n.m.* **1** o que trilha ou serve para trilhar **2** aparelho de trilhar; trilho (De *trilhar*+*-dor*)

trilhadura *n.f.* ⇒ **trilhamento** (De *trilhar*+*-dura*)

trilhamento *n.m.* ato ou efeito de trilhar; pisadura (De *trilhar*+*-mento*)

trilhão *n.m.* [Brasil] mil biliões; a unidade seguida de doze zeros (10^{12})

trilhar *v.tr.* **1** debulhar (cereais) **2** pisar; calcar **3** entalar; apertar **4** fazer contusão ou pisadura; contundir **5** desfazer em pequenas partículas; moer **6** percorrer um caminho **7** seguir **8** deixar o vestígio do pé em ■ *v.pron.* magoar-se; contundir-se (Do lat. *tribulāre*, «debulhar com trilho; trilhar»)

trilho *n.m.* **1** utensílio agrícola com que se debulham os cereais na eira **2** instrumento de bater a coalhada para fazer o queijo **3** viga de ferro por onde deslizam as rodas de comboios, carros elétricos, etc. **4** arco de ferro, todo inteiro, pregado em volta da roda do carro de bois **5** vereda; caminho **6** [fig.] direção **7** [fig.] regra; norma; *sair dos trilhos* desviar-se do comportamento que seria desejável (Do gr. *tríbolos*, «grade para debulhar o trigo», pelo lat. *tribŭlu-*, «id.»)

trilhoada *n.f.* parelha de cavalgaduras com que se debulham os cereais na eira (De *trilho*+*-ada*)

trilião *num.card.* >*quant.num.* DT *,n.m.* **1** um milhão de biliões; a unidade seguida de dezoito zeros (10^{18}) **2** [Brasil] mil biliões; a unidade seguida de doze zeros (10^{12}) (De *tri-*+[*bi*]*lião*)

trilinear *adj.2g.* que possui três linhas (De *tri-*+*linear*)

trilingue *adj.2g.* ⇒ **triglota** (Do lat. *trilingue-*, «id.»)

trilíngue /gu-e/ *adj.,n.2g.* ⇒ **triglota**

triliteral *adj.2g.* ⇒ **trilítero** (De *trilítero*+*-al*)

trilítero *adj.* que é formado de três letras (Do lat. *tri-*, por *tres-*, «três» +*littĕra-*, «letra» +*-al*)

trílito *n.m.* monumento megalítico formado de três pedras, duas verticais e uma atravessada, a cobrir; dólmen; anta (Do gr. *treĩs*, «três» +*líthos*, «pedra»)

trilo *n.m.* **1** canto melodioso de alguns pássaros **2** MÚSICA articulação rápida e alternada de duas notas musicais conjuntas; trinado (Do it. *trillo*, «id.»)

trilobado *adj.* que tem três lobos (Do gr. *trílobos*, «de três lobos» +*-ado*)

trilobite *n.f.* PALEONTOLOGIA crustáceo fóssil, marinho, característico do Paleozoico, cujo corpo está tipicamente diferenciado em cefalotórax, abdómen e pigídio, e dividido longitudinalmente em três lobos (ráquis e duas pleuras) (Do gr. *trílobos*, «de três lobos» +*-ite*)

triloculado *adj.* que possui três lóculos (De *tri-*+*loculado*)

trilocular *adj.2g.* ⇒ **triloculado** (De *tri-*+*locular*)

trilogia *n.f.* **1** conjunto dos três poemas dramáticos apresentados a concurso, entre os antigos Gregos **2** qualquer obra ou poema dividido em três partes **3** conjunto de três seres ou objetos da mesma natureza; trindade; trio (Do gr. *trilogía*, «id.»)

trílogo *n.m.* conversação entre três pessoas (Do gr. *treĩs*, «três» +*lógos*, «conversação»)

trilongo *adj.* designativo do pé de verso grego ou latino, formado por três sílabas longas (Do lat. *trilongu-*, «id.»)

trimaculado *adj.* que possui três malhas ou manchas (De *tri-*+*maculado*)

trimbolim *n.m.* [regionalismo] carruagem velha e desconjuntada (Do ing. *tilbury*, «carro de dois lugares puxado por um cavalo»?)

trimembre *adj.2g.* que consta de três membros (Do lat. *trimembre-*, «id.»)

trimensal *adj.2g.* que se realiza três vezes por mês (Do lat. *trimense-*, «de três meses» +*-al*)

trimensário *n.m.* jornal que se publica de três em três meses (Do lat. *trimense-*, «de três meses» +*ário*)

trímero *adj.* dividido em três partes ou em três artículos ■ *n.m.* QUÍMICA composto cuja molécula resulta da combinação de três moléculas de outro composto mais simples (Do gr. *trimerés*, «id.»)

trimestral *adj.2g.* que se realiza de três em três meses (De *trimestre*+*-al*)

trimestralidade *n.f.* **1** quantia que se paga por trimestre **2** prestação trimestral (De *trimestral*+*-i-*+*-dade*)

trimestralmente *adv.* de três em três meses (De *trimestral+-mente*)
trimestre *n.m.* **1** período de três meses **2** importância ou quota relativa ao período de três meses ■ *adj.2g.* trimestral (Do lat. *trimestre-*, «id.»)
trimétrico *adj.* **1** que diz respeito a três medidas diferentes **2** CRISTALOGRAFIA diz-se dos sistemas cujos três eixos cristalográficos se medem com unidades diferentes (De *trímetro+-ico*)
trímetro *adj.,n.m.* LITERATURA que ou verso que, no sistema de versificação greco-latino, é composto de três pés (Do gr. *trímetros*, «id.», pelo lat. *trimĕtru-*, «id.»)
trimilenário *adj.* que é três vezes milenário (De *tri-+milenário*)
trimilénio *n.m.* período de três mil anos (De *tri-+milénio*)
trímodo *adj.* que se faz ou apresenta de três modos; trifário (Do lat. *trimŏdu-*, «id.»)
trimorfia *n.f.* ⇒ **trimorfismo** (De *trimorfo+-ia*)
trimorfismo *n.m.* qualidade ou estado do que é trimorfo; trimorfia (De *trimorfo+-ismo*)
trimorfo *adj.* **1** BOTÂNICA diz-se da flor que tem estames de três tamanhos diferentes **2** CRISTALOGRAFIA diz-se da substância suscetível de cristalizar em três estruturas diferentes (Do gr. *trímorphos*, «que tem três formas»)
trimotor *adj.* que ou avião que é acionado por três motores (De *tri-+motor*)
Trimúrti *n.f.* trindade dos Hindus que representa as três energias eternas da natureza (criação, conservação e destruição) (Do sânscr. *trimurti*, «id.»)
trinácrio *adj.,n.m.* ⇒ **siciliano** (Do gr. *trinákrios*, «id.», pelo lat. *trinacrĭ-*, «siciliano», isto é, «da Trinácria», outra designação da Sicília, por ter três promontórios)
trinado *n.m.* **1** canto de certas aves; gorjeio **2** MÚSICA articulação rápida e alternada de duas notas musicais conjuntas; trilo (Part. pass. subst. de *trinar*)
trinador *adj.* que trina (De *trinar+-dor*)
trinalidade *n.f.* estado do que é trino (De *trino+-al-i-+-dade*)
trinar *v.tr.,intr.* cantar com trinados; gorjear ■ *v.intr.* **1** soar (um instrumento) com trinados **2** fazer trinados num instrumento **3** celebrar três missas no mesmo dia (o mesmo sacerdote) (De *trino+-ar*)
trinca¹ *n.f.* **1** conjunto de três coisas análogas **2** conjunto de três cartas de baralho com o mesmo valor **3** reunião de três pessoas; trio (Do lat. **trinĭcu-*, de *tres, tria*, «três»?)
trinca² *n.f.* **1** NÁUTICA cabo ou corrente que liga o gurupés ao beque **2** amarração feita com essa corrente; *à ~* NÁUTICA muito cingido ao vento, à bolina (Deriv. regr. de *trincar*)
trinca³ *n.f.* **1** ato de partir ou cortar com os dentes; dentada **2** [regionalismo] bocado de qualquer coisa que se come **3** [regionalismo] pão em que se mete um pequeno bife ou carnes frias **4** [Moçambique] [coloq.] arroz de má qualidade (Deriv. regr. de *trincar*)
trinca-cevada *n.f.* jogo popular (De *trincar+cevada*)
trincadeira *n.f.* **1** ato de trincar ou de comer **2** o que se come **3** BOTÂNICA ⇒ **labrusca** *n.f.*; *dar à ~* mastigar, comer (De *trincar+-deira*)
trincadela *n.f.* ato de trincar; trincadeira; mordedura (De *trincar+-dela*)
trinca-dente *n.f.* casta de uva branca, chamada também agudelho (De *trincar+dente*)
trincado¹ *adj.* **1** cortado com os dentes **2** [fig.] astuto **3** [fig.] malicioso (Part. pass. de *trincar*)
trincado² *adj.* **1** ligado com trinca **2** calafetado; breado **3** sobreposto (De *trinca+-ado*)
trincadura *n.f.* barco de pesca biscainho (Do cast. *trincadura*, «id.»)
trinca-espinhas *n.2g.2n.* [pop.] pessoa alta e muito magra (De *trincar+espinha*)
trinca-ferro *n.m.* ORNITOLOGIA ave brasileira passeriforme, da família dos Fringilídeos, com um bico muito grosso (De *trincar+ferro*)
trincafiado *adj.* **1** cosido com trincafio **2** agarrado **3** [fig.] bem planeado **4** preso; encarcerado (Part. pass. de *trincafiar*)
trincafiar *v.tr.* **1** coser ou prender com trincafio **2** amarrar **3** [fig.] encarcerar (De *trincafio+-ar*)
trincafio *n.m.* **1** fio branco, delgado e resistente, usado pelos sapateiros **2** cabo náutico delgado **3** porção de estopa que se enrola nas roscas do parafuso para fixar bem as porcas **4** [fig.] astúcia (De *trincar+fio*)
trinca-fortes *n.m.2n.* arruaceiro; tranca-ruas (De *trincar+forte*)
trincal *adj.,n.2g.* [regionalismo] casta ou designativo de uma casta de uva tinta (De *trincar*?)

trinca-nozes *n.m.2n.* ORNITOLOGIA nome vulgar por que também se designa o cruza-bico (pássaro) (De *trincar+noz*)
trinca-pau *n.m.* ZOOLOGIA inseto lepidóptero cuja larva rói a madeira (De *trincar+pau*)
trinca-pinhas *n.m.2n.* ORNITOLOGIA ⇒ **bico-grosso** (De *trincar+pinha*)
trinca-pinhões *n.m.2n.* ORNITOLOGIA nome vulgar por que também é conhecido o bico-grosso (pássaro) (De *trincar+pinhão*)
trinca-pintos *n.m.2n.* **1** animal que destrói as capoeiras **2** raposa (De *trincar+pinto*)
trincar¹ *v.tr.* **1** partir ou cortar com os dentes; morder **2** apertar com os dentes **3** [pop.] comer; petiscar ■ *v.pron.* [fig.] zangar-se; ficar furioso (Do prov. *trencar*, «cortar»)
trincar² *v.tr.* NÁUTICA amarrar com trinca (volta de cabo) (De *trinca+-ar*)
trincha *n.f.* **1** utensílio semelhante à enxó **2** pincel espalmado **3** instrumento de arrancar pregos **4** lasca; posta **5** [ant., gír.] ⇒ **trincheira** **1** (Deriv. regr. de *trinchar*)
trinchador *adj.,n.m.* que ou aquele que trincha; trinchante (De *trinchar+-dor*)
trinchante *adj.2g.* que trincha ■ *n.m.* **1** o que serve para trinchar **2** conjunto de faca e garfo, próprio para trinchar **3** aparador (De *trinchar+-ante*)
trinchão *n.m.* aquele que trincha (De *trinchar+-ão*)
trinchar *v.tr.* CULINÁRIA separar as diferentes partes de uma peça de carne ou de uma ave antes de a servir (Do fr. ant. *trenchier*, hoje *trancher*, «cortar»)
trincheira *n.f.* **1** obra de fortificação constituída por uma escavação do terreno, destinada a proteger as tropas das vistas e dos fogos **2** escavação a céu-aberto feita no terreno, com o fim de dar passagem a uma via de comunicação, canal, etc. **3** muro ou tapume que circunda a arena de uma praça de touros **4** bancada em anfiteatro numa dessas praças ou num circo **5** certo tipo de gabardina impermeável **6** vedação **7** obstáculo **8** NÁUTICA caixa nas amuradas do navio onde se guardam as macas (Do fr. *tranchée*, «trincheira»)
trincheirar *v.tr.,pron.* ⇒ **entrincheirar** (De *trincheira+-ar*)
trincheiro *n.m.* espécie de degrau numa trincheira para facilitar a subida (De *trincheira*)
trinchete /ê/ *n.m.* faca de sapateiro (Do fr. ant. *trinchet*, «id.», hoje *tranchet*, «id.»)
trincho *n.m.* **1** prato grande sobre que se trincha **2** operação ou maneira de trinchar **3** sítio da peça de carne ou da ave por onde é mais fácil de trinchar **4** peça das prensas de fuso fixo que opera por pressão **5** tábua sobre que se põe a massa do queijo apertada pelo cincho **6** [fig.] meio prático de resolver um assunto; *dar com o ~* acertar (Deriv. regr. de *trinchar*)
trinco *n.m.* **1** estalido dado com os dedos **2** tranqueta da porta que se levanta ou faz correr por meio de chave **3** chave que se introduz na fechadura para levantar essa tranqueta **4** fechadura em que se introduz essa chave **5** DESPORTO no futebol, jogador que faz a ligação entre a defesa e o ataque, participando ativamente em ambas as situações; médio defensivo (Deriv. regr. de *trincar*)
trincolejar *v.tr.,intr.* ⇒ **tilintar** (De orig. onom.)
trincolejo /ê/ *n.m.* ato de trincolejar (Deriv. regr. de *trincolejar*)
trincolhos-brincolhos *n.m.pl.* brinquedos de criança (De *trincar+brincar*?)
trindade *n.f.* **1** grupo de três pessoas ou três coisas semelhantes **2** [com maiúscula] RELIGIÃO mistério fundamental do cristianismo, segundo o qual em Deus uno há três pessoas distintas, iguais e consubstanciais: Pai, Filho e Espírito Santo **3** [com maiúscula] RELIGIÃO Deus, entendido como a união dessas três pessoas divinas **4** [com maiúscula] RELIGIÃO festa em honra desse mistério **5** [com maiúscula] RELIGIÃO congregação religiosa **6** *pl.* toque das ave-marias **7** *pl.* hora desse toque; *cair o Carmo e a Trindade* dar-se uma desgraça, ser um escândalo (Do lat. *trinitāte-*, «id.»)
trinervado *adj.* ⇒ **trinérveo** (De *tri-+nervado*)
trinérveo *adj.* BOTÂNICA que apresenta três nervuras (De *tri-+nérveo*)
trineto *n.m.* filho de bisneto ou de bisneta (De *tri-+neto*)
trinfar *v.intr.* soltar a voz (a andorinha); trissar ■ *n.m.* canto característico de alguns pássaros, em especial, das andorinhas (De orig. onom.)
trinitário *adj.* **1** composto de três **2** relativo à Trindade ■ *n.m.* religioso da Ordem da Trindade (Do fr. *trinitaire*, «id.»)
trinitroglicerina *n.f.* QUÍMICA designação do éster do ácido nítrico e da glicerina (trinitrato de glicerilo), usado na preparação da dinamite (De *tri-+nitroglicerina*)
trinitroglicerol *n.m.* ⇒ **trinitroglicerina**

trinitrotolueno /ê/ n.m. QUÍMICA violento explosivo cuja molécula resulta da substituição de três hidrogénios benzénicos do tolueno por três radicais NO$_2$ e que também é conhecido por trotil e por TNT (De tri-+nitrotolueno)

trino[1] adj. que consta de três ■ n.m. religioso trinitário (Do lat. trinu-, «id.»)

trino[2] n.m. trinado; gorjeio (De orig. onom.)

trinomial adj.2g. ⇒ **trinominal** (De trinominal)

trinominal adj.2g. 1 que tem três nomes 2 em nomenclatura, diz-se da designação científica da subespécie (De trinómine+-al)

trinómine adj.2g. [poét.] ⇒ **trinominal** (Do lat. trinomĭne-, «id.»)

trinómio n.m. MATEMÁTICA polinómio composto de três termos, em particular, o polinómio do 2.º grau da forma geral: $ax^2 + bx + c$ (Do gr. treîs, «três» +nómos, «divisão» +-io)

trinque n.m. cabide em que os alfaiates põem o fato feito; *andar no* ~ vestir com elegância; *vestido de* ~ vestido novo em folha (Do fr. tringle, «varão de cortinado»)

trinquevale n.m. carreta para transportar canhões; zorra (Do fr. triqueballe ou trinqueballe, «id.»)

trinta num.card. >quant.num.^{DT} vinte mais dez ■ n.m. 1 o número 30 e a quantidade representada por esse número 2 o que, numa série, ocupa o trigésimo lugar (Do lat. triginta, «id.»)

trinta-e-um n.m.2n. 1 jogo cuja finalidade é perfazer trinta e um pontos ou aproximar-se de trinta e um pontos por defeito e nunca por excesso 2 [pop.] tumulto; revolta 3 [pop.] grande problema; complicação (De trinta+e+um)

trintanário n.m. 1 [ant.] ajudante do cocheiro que se sentava ao seu lado, na almofada da carruagem, e que realizava diversas tarefas (levar recados, abrir e fechar a portinhola, etc.) 2 pessoa que está à porta de um hotel, geralmente com um uniforme comprido, e cuja função é receber os clientes, abrir as portas dos automóveis quando estes chegam, dar informações, etc. (Do fr. ant. trantaner, «id.»)

trintaneiro adj.,n.m. ⇒ **trintenário** (De trinta+ano+-eiro)

trintão adj.,n.m. que ou pessoa que tem entre 30 e 39 anos de idade (De trinta+-ão)

trintar v.intr. completar trinta anos de idade (De trinta+-ar)

trinta-réis n.m.2n. ORNITOLOGIA designação vulgar, no Brasil, de algumas gaivinas (De orig. onom.)

trintário n.m. ofício religioso no trigésimo dia do falecimento de uma pessoa (De trinta+-ário)

trintena /ê/ n.f. 1 grupo de trinta pessoas ou coisas 2 a trigésima parte (De trinta+-ena)

trintenário adj.,n.m. indivíduo ou designativo do indivíduo com idade na casa dos trinta anos (De trinta+ano+-ário)

trio n.m. 1 conjunto de três seres ou objetos da mesma natureza; trilogia; trindade 2 MÚSICA trecho musical que deve ser executado por três instrumentos ou três vozes (terceto); composição musical a três partes (vozes ou instrumentos) 3 MÚSICA conjunto de três executantes (Do it. trio, «id.»)

trióbolo n.m. moeda que valia três óbolos entre os Gregos (Do gr. trióbolos, «id.», pelo lat. triobŏlu-, «id.»)

tríodo n.m. válvula termiónica de três elétrodos que contém um cátodo incandescente, um ânodo (placa) e uma grelha (Do gr. treîs, «três» +odós, «caminho»)

trioico adj. ⇒ **trieco**

trióico ver nova grafia trioico

trioleína n.f. QUÍMICA glicérido do ácido oleico que figura na composição de muitas gorduras naturais, principalmente no azeite (De tri-+oleína)

triovulado adj. que possui três óvulos (De tri-+óvulo+-ado)

trióxido n.m. QUÍMICA óxido que contém três átomos de oxigénio por molécula (De tri-+óxido)

trip n.f. 1 [coloq.] experiência causada por alucinogénios 2 [coloq.] experiência emocional intensa; evasão (Do ing. trip, «id.»)

tripa n.f. 1 intestino de animal 2 [coloq.] intestino humano 3 pl. entranhas 4 pl. CULINÁRIA feijoada de vísceras de vaca ou vitela; dobrada; *com as tripas na mão* com coragem; *fazer das tripas coração* suportar com paciência; *pau de virar tripas* pessoa muito magra; *vomitar as tripas* vomitar muito e com esforço (De orig. obsc.)

tripa-de-ovelha n.f. BOTÂNICA ⇒ **alface-do-monte**

tripa-forra /ô/ elem.loc.adv. [coloq.] *à* ~ com abundância; até não querer mais (De tripa+forra)

tripagem n.f. ⇒ **tripalhada** (De tripa+-agem)

tripalhada n.f. grande quantidade de tripas (De tripa+-alho+-ada)

tripalmitina n.f. QUÍMICA glicérido do ácido palmítico que faz parte do óleo de palma, do azeite e de outras gorduras (De tri-+palmitina)

tripanossoma n.m. ZOOLOGIA designação de uns protozoários flagelados, com membrana ondulante, parasitas patogénicos do homem e de outros animais, que provocam as tripanossomíases (Do gr. trýpanon, «verruma» +sōma, «corpo»)

tripanossomíase n.f. MEDICINA designação geral das doenças produzidas por tripanossomas, como a doença do sono; ~ *americana* doença de Chagas (De tripanossoma+-ase)

Tripanossómidas n.m.pl. ZOOLOGIA ⇒ **Tripanossomídeos**

Tripanossomídeos n.m.pl. ZOOLOGIA família de flagelados parasitas, patogénicos, com membrana ondulante, cujo género-tipo se denomina *Trypanossoma* (De tripanossoma+-ídeos)

tripanossomo n.m. ZOOLOGIA ⇒ **tripanossoma**

tripanossomose n.f. ⇒ **tripanossomíase** (De tripanossomo+-ose)

tripar v.tr.,intr. [coloq.] entrar em delírio; descontrolar-se (De trip+-ar)

triparco adj. sórdido; mísero; mesquinho (Do lat. triparcu-, «id.»)

triparia n.f. 1 estabelecimento onde se vendem tripas 2 rua de tripeiros (De tripa+-aria)

tríparo adj. 1 que se produz ou reproduz em grupos de três 2 diz-se da mulher que já teve três partos 3 diz-se da fêmea que já pariu três vezes (Do lat. tri-, por tres-, «três» +parĕre, «parir»)

tripartição n.f. ato ou efeito de tripartir (Do lat. tripartitiōne-, «id.»)

tripartidarismo n.m. POLÍTICA situação política de um Estado em que são somente três os partidos que existem ou são importantes (De tri-+partidarismo)

tripartido adj. que se partiu ou dividiu em três (Do lat. tripartītu-, «dividido em três partes»)

tripartir v.tr. partir em três partes (Do lat. tripartīre, «id.»)

tripartível adj.2g. que se pode tripartir (De tripartir+-vel)

tripé n.m. suporte de três pernas articuladas; tripeça; trípode (De tri-+pé)

tripeça n.f. 1 assento de três pés e sem encosto; trípode 2 [fig.] ofício de sapateiro 3 reunião de três pessoas que costumam andar juntas (Do b. lat. *tripetĭa-, do lat. tripĕde-, «que tem três pés»)

tripecinha n.f. tripeça pequena; *dançar as tripecinhas* [fig.] ver-se em apuros (De tripeça+-inha)

tripeirada n.f. grupo de tripeiros (De tripeiro+-ada)

tripeiro n.m. 1 vendedor de tripas 2 [coloq.] natural ou habitante da cidade portuguesa do Porto; portuense (De tripa+-eiro)

tripétalo adj. BOTÂNICA que tem três pétalas (Do gr. treîs, «três» +pétalon, «pétala»)

tripetrepe adv. de mansinho; sorrateiramente (De orig. onom.)

tripla n.f. 1 ELETRICIDADE (ficha) peça com dois pinos que permite a ligação simultânea de três fichas à corrente 2 marcação dos três resultados possíveis (vitória, empate, derrota) num boletim de apostas mútuas desportivas

triplamente adv. 1 três vezes 2 de três pontos de vista; sob três aspetos (De triplo+-mente)

triplano n.m. aeroplano com três superfícies de sustentação (De tri-+plano)

triple adj.2g. que é formado de três; tríplice; triplo (Do fr. triple, «id.»)

triple play n.m. pacote fornecido por um mesmo operador, que inclui três serviços: o telefónico móvel e/ou fixo, o de televisão e o de acesso à internet de banda larga (Do ing. triple play, «id.»)

tripleta /ê/ n.f. velocípede de duas rodas e três assentos; tandem (Do fr. triplette, «id.»)

tripleto n.m. 1 conjunto de três elementos 2 elemento constituído por três componentes (Do ing. triplet, «id.»)

tríplex /cs/ n.m.2n. designação comercial de uma composição vítrea formada de duas chapas de vidro e uma intermédia de mica ou matéria análoga (Do lat. triplex, «triplo»)

triplicação n.f. ato ou efeito de triplicar; multiplicação por três (Do lat. triplicatiōne-, «id.»)

triplicado adj. 1 triplo 2 desdobrado ■ n.m. 1 terceiro exemplar 2 segunda cópia (Do lat. triplicātu-, «id.», part. pass. de triplicāre, «triplicar»)

triplicar v.tr.,pron. 1 multiplicar(-se) por três; tornar(-se) três vezes maior; tresdobrar(-se) 2 [fig.] tornar(-se) muito maior (Do lat. triplicāre, «id.»)

triplicata n.f. terceiro exemplar de um documento; triplicado (Do lat. triplicāta-, «triplicada», part. pass. fem. subst. de triplicāre, «triplicar»)

tríplice adj.2g. que é formado de três; triplo (Do lat. triplĭce-, «id.»)

triplicidade *n.f.* qualidade de tríplice (Do lat. *triplicitāte-*, «id.»)

triplo *num.mult. >quant.num.* DT que contém três vezes a mesma quantidade ■ *n.m.* **1** valor ou quantidade três vezes maior **2** DESPORTO (basquetebol) lançamento efetuado ou convertido a uma distância superior à linha de 6,25 m e que vale três pontos ■ *adj.* **1** que é três vezes maior; tríplice; tresdobro **2** que consta de três partes; *ponto ~* FÍSICA ponto que corresponde ao estado de equilíbrio das três fases (sólido, líquido, vapor) de uma substância pura (água, por exemplo), isto é, em que as fases podem coexistir com qualquer variação progressiva nas suas proporções (em volume) entre o mínimo (sólido ou líquido) e o máximo (vapor) (Do lat. *triplu-*, «id.»)

triplo- elemento de formação de palavras que exprime a ideia de *três vezes*, triplo (Do gr. *triplóos*, «id.», pelo lat. *triplu-*, «id.»)

triploide *adj.2g.* **1** BIOLOGIA diz-se do núcleo celular que tem três vezes o número de cromossomas (3 n) de cada gâmeta maduro correspondente **2** BIOLOGIA diz-se da célula ou do organismo cujas células têm núcleos nestas condições (Do gr. *triplóos*, «triplo» *+eîdos*, «forma»)

triplóide ver nova grafia triploide

triploidia *n.f.* estado do que é triploide (De *triplóide+-ia*)

triplopia *n.f.* MEDICINA perturbação da visão em que se veem três imagens em vez de uma (Do gr. *triplóos*, «triplo» *+óps, opós*, «vista» *+-ia*)

triplostémone *adj.2g.* BOTÂNICA diz-se da planta, flor, etc., cujos estames são três vezes mais numerosos que as pétalas (Do gr. *triplóos*, «triplo» *+stémon, -onos*, «filete; estame»)

tripó *n.m.* espécie de tripeça com assento de couro e com os pés unidos superiormente em torno de um eixo; tripé (Do gr. *trípous*, «de três pés»)

trípode *n.f.* **1** banco de três pés e sem encosto em que se sentavam as pitonisas quando pronunciavam os seus oráculos **2** vaso precioso, consagrado aos deuses ou oferecido como prémio aos vencedores dos jogos públicos **3** ânfora antiga com três pés (Do gr. *trípous, -odos*, «id.», pelo lat. *tripŏde-*, «id.»)

tripodia *n.f.* verso formado de três pés (Do gr. *tripodía*, «id.»)

tripófago *adj.* que se alimenta de vermes (Do gr. *thríps, thripós*, «verme» *+phageîn*, «comer»)

trípoli *n.m.* PETROLOGIA depósito silicioso formado pela acumulação de frústulos de diatomáceas; diatomito; terra de diatomáceas (De *Trípoli*, top., cidade da Síria)

tripolino *adj.,n.m.* ⇒ **tripolitano** (Do it. *tripolino*, «id.»)

tripolitano *adj.* relativo a Trípoli, capital da Líbia ■ *n.m.* natural ou habitante de Trípoli (Do lat. *tripolitănu-*, «id.»)

tripsina *n.f.* BIOQUÍMICA fermento do suco pancreático que atua na digestão das proteínas (normalmente, já depois de terem sofrido os efeitos da pepsina), transformando os polipeptídeos em aminoácidos (Do gr. *thrýpsis*, «ação de amolecer» *+-ina*, pelo fr. *thrypsine*, «id.»)

tríptero *adj.* que possui três asas ou três formações aliformes (Do gr. *treîs*, «três» *+pterón*, «asa»)

tríptico *n.m.* **1** quadro pintado constituído por três panos ou folhas unidas por dobradiças para se poder fechar ou ter de pé **2** tabuinha em que escreviam os antigos e que se dobrava em três **3** livrinho de três folhas **4** impresso dobrado em três partes, de natureza informativa, promocional ou publicitária (Do gr. *tríptykhos*, «dobrado em três»)

triptofano *n.m.* BIOQUÍMICA aminoácido indispensável ao organismo (Do ing. *thryptophane*, «id.»)

tripudiante *adj.,n.2g.* que ou a pessoa que tripudia (Do lat. *tripudiante-*, «id.», part. pres. de *tripudiāre*, «dançar; saltar»)

tripudiar *v.intr.* **1** dançar, batendo com os pés; sapatear **2** divertir-se com animação; folgar **3** [fig.] viver no vício ou no crime (Do lat. *tripudiāre-*, «id.»)

tripúdio *n.m.* **1** ato de tripudiar **2** dança sapateada **3** [fig.] libertinagem; orgia (Do lat. *tripudĭu-*, «dança religiosa»)

tripulação *n.f.* **1** ato ou efeito de tripular **2** conjunto das pessoas empregadas no serviço de um navio ou de um avião (De *tripular+-ção*)

tripulante *adj.2g.* que tripula ■ *n.2g.* pessoa que faz parte da tripulação de uma embarcação, de um avião, de um veículo, etc. (De *tripular+-ante*)

tripular *v.tr.* **1** prover (barco ou avião) da tripulação necessária **2** governar ou dirigir (embarcação ou avião); manejar (Do lat. *interpolāre*, «fazer reformas em; alterar»)

Triquéquidas *n.m.pl.* ZOOLOGIA ⇒ **Triquequídeos**

Triquequídeos *n.m.pl.* ZOOLOGIA família de mamíferos pinípedes dos mares polares, cujo género-tipo (monótipo) se designa *Trichechus* (Do lat. cient. *Trichechu-+-ídeos*)

triques *adj.inv.* [coloq.] janota; aperaltado ou aperaltada; *todo ~ à beirinha* todo janota, impecável no vestir (De orig. obsc.)

triquestroques *n.m.2n.* [pop.] jogo de palavras; trocadilho (De *troca*)

triquete /ê/ *elem.loc.adv. a cada ~* a cada momento; a cada passo (De orig. onom.)

triquetraque *n.m.* **1** jogo ou tabuleiro do gamão **2** peça de fogo de artifício que tem muitas bombas que estalam (De orig. onom.)

triquetraz *adj.2g.,n.m.* [coloq.] ⇒ **traquina** (Formação expressiva)

tríquetro *adj.* BOTÂNICA diz-se, em especial, do órgão vegetal de secção triangular e com três arestas em gume (Do lat. *triquĕtru-*, «triangular»)

triquíase *n.f.* ⇒ **tricose** (Do gr. *trikhíasis*, «doença dos olhos», pelo lat. *trichiăse-*, «id.»)

triquina *n.f.* ZOOLOGIA pequeno nematelminte que parasita alguns animais (incluindo o homem, que se infeta, em regra, comendo carne de porco triquinada), e que origina uma triquinose caracterizada por quistos nos músculos do parasitado (Do gr. *trikhíne*, «de cabelo», pelo lat. *trichīna-*, «id.»)

triquinado *adj.* que tem triquinas; triquinoso (De *triquina+-ado*)

triquiníase *n.f.* MEDICINA ⇒ **triquinose** (De *triquina+-ase*)

triquinose *n.f.* MEDICINA doença produzida por triquinas (nematelmintes); triquiníase (De *triquina+-ose*)

triquinoso /ô/ *adj.* ⇒ **triquinado** (De *triquina+-oso*)

triquismo *n.m.* fratura filiforme de um osso (Do gr. *trikhismós*, «id.»)

triquito *n.m.* ⇒ **tricociste** (Do gr. *tríx, trikhós*, «cabelo» *+-ito*)

trirradiado *adj.* que possui três raios (De *tri-+radiado*)

trirramoso /ô/ *adj.* que apresenta três ramos ou ramificações em três direções (De *tri-+ramoso*)

trirrectângulo ver nova grafia trirretângulo

trirregno *n.m.* **1** domínio sobre três reinos; triarquia **2** nome dado à tiara do papa por ter três coroas (Do lat. *tri*, por *tres*, «três» *+regnu-*, «reino»)

trirreme *n.f.* antiga embarcação com três ordens de remos (Do lat. *trirēme-*, «id.»)

trirretângulo *adj.* que tem três ângulos retos (De *tri-+rectângulo*)

tris *interj.* imitativa do estalido de vidro ■ *n.m.* estalido de vidro (De orig. onom.)

tris- elemento de formação de palavras que exprime a ideia de *três* (Do gr. *trís*, «três vezes», ou do lat. *tris*, «três»)

triságio *n.m.* **1** hino religioso que começa pelas palavras latinas *sanctus, sanctus, sanctus* **2** prece ou oração que se repete três vezes (Do gr. *trís*, «três vezes» *+hágios*, «santo»)

trisanual *adj.2g.* ⇒ **trienal** (De *tris-+anual*)

trisarquia *n.f.* governo de três chefes (Do gr. *trís*, «três vezes» *+arkhé*, «governo» *+-ia*)

trisavó *n.f.* mãe de um dos bisavós (De *tris-+avó*)

trisavô *n.m.* pai de um dos bisavós (De *tris-+avô*)

trisca *n.f.* [pop.] ato ou efeito de triscar; briga; rixa; intriga (Deriv. regr. de *triscar*)

triscar *v.intr.* **1** meter-se em discussão; discutir **2** provocar desordem **3** fazer intriga; enredar ■ *v.tr.* [Brasil] roçar de leve (Do gót. *thriskan*, «bater»)

trisetor *adj.,n.m.* que ou instrumento que divide ou serve para dividir em três partes (especialmente ângulos) (Do lat. *tri-*, por *tres*, «três» *+sectóre-*, «que corta») ACORDO ORTOGRÁFICO também se pode escrever trissector

trismegisto *adj.* três vezes grande ou máximo ■ *n.m.* [com maiúscula] apelido que os Gregos davam a Mercúrio ou Hermes, deus do comércio, e que significa três vezes grande

trismo *n.m.* MEDICINA aperto ruidoso e involuntário das maxilas uma contra a outra, provocado pela contração espasmódica dos músculos mastigadores (Do gr. *trismós*, «rangido; chio»)

trispermo *adj.* BOTÂNICA que contém três sementes (Do gr. *treîs*, «três» *+spérma*, «semente»)

trissacramental *adj.2g.* que só admite três sacramentos (De *tri-+sacramental*)

trissar *v.intr.,n.m.* ⇒ **trinfar** (Do lat. *trissāre*, «id.»)

trissecar *v.tr.* cortar ou dividir em três partes iguais (Do lat. *tri-*, por *tres-*, «três» *+secāre*, «cortar»)

trissecção *n.f.* **1** ato de trissecar **2** divisão de uma coisa em três partes iguais (Do lat. *tri-*, por *tres-*, «três» *+sectióne-*, «secção»)

trissector a grafia mais usada é trisetor

trissectriz *n.f.* GEOMETRIA cada uma das semirretas que determinam a trissecção de um ângulo (De *trissector*) ACORDO ORTOGRÁFICO também se pode escrever trisetriz

trissecular *adj.2g.* que tem três séculos (De *tri-+secular*)

trissemanal *adj.2g.* **1** que se realiza três vezes por semana **2** que acontece a cada três semanas (De *tri-+semanal*)

trissemanário *n.m.* jornal que se publica três vezes por semana (De *tri-+semanário*)

trissemestral *adj.2g.* que se realiza três vezes por semestre (De *tri-+semestral*)

trissépalo *adj.* BOTÂNICA que possui três sépalas (De *tri-+sépala*)

trisseriado *adj.* disposto em três séries (De *tri-+seriado*)

trissetriz a grafia mais usada é **trissectriz**

trissilábico *adj.* que tem três sílabas (De *trissílabo+-ico*)

trissílabo *adj.,n.m.* **1** GRAMÁTICA que ou palavra que tem três sílabas **2** LITERATURA que ou verso que é composto de três sílabas métricas (Do gr. *trisýllabos*, «id.», pelo lat. *trisyllăbu-*, «id.»)

trisso *n.m.* ato de trissar (alguns pássaros) (Deriv. regr. de *trissar*)

trissomia *n.f.* MEDICINA situação de uma célula ou de um organismo que apresenta, nos pares de cromossomas homólogos, um cromossoma a mais

trissulcar *v.tr.* **1** formar três sulcos em **2** tripartir (De *tri-+sulcar*)

trissulco *adj.* que apresenta três sulcos; trífido (Do lat. *trisulcu-*, «id.»)

tristaminífero *adj.* BOTÂNICA que apresenta três estames (De *tri-+estaminífero*)

triste *adj.* **1** privado de alegria; pesaroso **2** que inspira tristeza; penoso; doloroso **3** sombrio; funesto **4** obscuro; lúgubre **5** insignificante **6** mesquinho; miserável **7** ridículo ■ *n.2g.* pessoa infeliz, digna de dó ■ *n.m.pl.* [ant.] anéis com que as mulheres adornavam a cabeça (Do lat. *triste-*, «id.»)

tristearina *n.f.* QUÍMICA glicérido do ácido esteárico, um dos mais importantes componentes das gorduras naturais (De *tri-+estearina*)

tristemente *adv.* de modo triste; com tristeza; melancolicamente (De *triste+-mente*)

tristeza /ê/ *n.f.* **1** estado de quem sente insatisfação, mal-estar ou abatimento, por vezes sem razão aparente; melancolia; angústia; inquietação **2** causa que provoca abatimento, estado depressivo ou nostalgia; pena; mágoa; aflição, consternação; saudade (Do lat. *tristitĭa-*, «id.»)

tristificar *v.tr.* entristecer; mortificar; afligir (Do lat. *tristificāre*, «id.»)

tristimania *n.f.* tristeza habitual sem fundamento razoável; monomania da tristeza (Do lat. *triste-*, «triste»+gr. *manía*, «mania»)

tristimaníaco *adj.,n.m.* que ou aquele que sofre de tristimania (De *triste+maníaco*)

tristonho /ô/ *adj.* **1** de aspeto triste; melancólico; macambúzio **2** carrancudo; sorumbático (De *triste+-onho*)

tristura *n.f.* ⇒ **tristeza** (De *triste+-ura*)

tritão *n.m.* **1** [com maiúscula] MITOLOGIA semideus marinho, filho de Posídon e de Anfitrite, que era metade homem e metade peixe e se representava frequentemente a soprar um búzio marinho **2** ZOOLOGIA molusco gastrópode cuja concha era usada pelos Romanos como trombeta de guerra **3** ZOOLOGIA batráquio urodelo aquático, da família dos Tritonídeos, de cauda comprimida dos lados **4** [com maiúscula] ASTRONOMIA satélite de Neptuno, com cerca de 3700 km de diâmetro (Do gr. *Tríton*, «Tritão», pelo lat. *Tritōne-*, «id.»)

triteísmo *n.m.* doutrina herética relativa à Santíssima Trindade, iniciada no séc. IV (Do gr. *treîs*, «três»+*Theós*, «Deus»+*-ismo*)

triteísta *n.2g.* pessoa sectária do triteísmo (Do gr. *treîs*, «três»+*Theós*, «Deus»+*-ista*)

tritão *n.m.* FÍSICA núcleo do átomo de trítio, constituído por um protão e dois neutrões (De *trítio+-ão*)

triticale *n.m.* cereal híbrido de trigo e centeio (Do lat. *tritĭ[cu]-*, «trigo»+*[se]cale-*, «centeio»)

tritíceo *adj.* **1** do trigo ou a ele relativo **2** que tem qualidades do trigo (Do lat. *tritícěu-*, «id.»)

triticina *n.f.* glúten da farinha de trigo (Do lat. *tritícu-*, «trigo»+*-ina*)

triticultura *n.f.* cultura de trigo (Do lat. *tritícu-*, «trigo»+*cultura*)

trítio *n.m.* FÍSICA isótopo radioativo do hidrogénio, de número de massa igual a 3, de símbolo T, cujo núcleo é constituído por um protão e dois neutrões (Do gr. *trítos*, «terceiro»+*-io*)

trito *adj.* triturado; pisado; esmagado (Do lat. *tritu-*, «id.», part. pass. de *terĕre*, «polir; gastar; esmagar»)

tritongo *n.m.* GRAMÁTICA sequência, numa sílaba, formada por uma vogal e duas semivogais (Do gr. *treîs*, «três»+*phtóggos*, «som»)

tritoniano *adj.* diz-se dos terrenos onde se encontram restos fósseis de animais marinhos (Do lat. *Tritōne-*, «tritão»+*-iano*)

Tritónidas *n.m.pl.* ZOOLOGIA ⇒ **Tritonídeos**

Tritonídeos *n.m.pl.* **1** ZOOLOGIA família de batráquios urodelos, de cauda mais ou menos comprimida dos lados, pele granulosa ou verrugosa e costumes aquáticos, a que pertencem os tritões **2** ZOOLOGIA família de moluscos gastrópodes, prosobrânquios, muitas vezes providos de uma concha grande, que são próprios dos mares das regiões quentes do Globo (Do lat. *Tritōne-*, «tritão»+*-ídeos*)

trítono *n.m.* MÚSICA intervalo de três tons, de difícil entoação melódica (Do gr. *trítonos*, «que tem três tons»)

tritura *n.f.* ato ou efeito de triturar; trituração; trituramento (Do lat. *tritūra-*, «id.»)

trituração *n.f.* **1** ato ou efeito de triturar **2** mastigação (Do lat. *trituratiōne-*, «id.»)

triturado *adj.* **1** que se triturou **2** pulverizado; moído **3** [fig.] atormentado; magoado (Part. pass. de *triturar*)

triturador *adj.,n.m.* que, aquele ou aquilo que tritura (De *triturar+-dor*)

trituradora *n.f.* aparelho de cozinha munido de um recipiente com lâminas giratórias e removíveis que permitem cortar aos bocadinhos, bater, desfazer e misturar os alimentos aí introduzidos

trituramento *n.m.* ⇒ **tritura** (De *triturar+-mento*)

triturar *v.tr.* **1** reduzir a pó **2** moer; esmagar **3** reduzir a nada; pulverizar **4** consumir **5** mastigar **6** [fig.] torturar; afligir (Do lat. *triturāre*, «id.»)

triturável *adj.2g.* que se pode triturar (De *triturar+-vel*)

triunfador *adj.* que triunfa; vitorioso ■ *n.m.* **1** aquele que triunfa **2** HISTÓRIA general que entrava em Roma com as honras do triunfo, após uma grande vitória (Do lat. *triumphatōre-*, «id.»)

triunfal *adj.2g.* **1** próprio de triunfo **2** apoteótico (Do lat. *triumphāle-*, «id.»)

triunfalismo *n.m.* **1** [depr.] sentimento muito exagerado do próprio triunfo **2** atitude, que pode ser pessoal ou coletiva, de quem considera as próprias ações merecedoras dos melhores elogios (De *triunfal+-ismo*, ou do fr. *triomphalisme*, «id.»)

triunfalista *adj.2g.* **1** [depr.] relativo ao triunfalismo **2** [depr.] que segue o triunfalismo ■ *n.2g.* [depr.] pessoa que tem ou segue o triunfalismo (De *triunfal+-ista*, ou do fr. *triomphaliste*, «id.»)

triunfalmente *adv.* de modo triunfal; em triunfo; jubilosamente (De *triunfal+-mente*)

triunfante *adj.2g.* **1** que triunfa; vitorioso **2** alegre por ter vencido **3** pomposo (Do lat. *triumphante-*, «id.», part. pres. de *triumphāre*, «triunfar»)

triunfar *v.tr.,intr.* **1** alcançar uma vitória (sobre); vencer **2** levar vantagem (sobre); dominar ■ *v.tr.* vangloriar-se (de); gloriar-se (de) ■ *v.intr.* encher-se de alegria; exultar (Do lat. *triumphāre*, «id.»)

triunfo *n.m.* **1** grande vitória **2** acontecimento que assegura uma vitória **3** êxito completo; sucesso **4** [fig.] grande regozijo; júbilo **5** honras solenes que se prestavam aos generais romanos vencedores; *em ~* de maneira triunfal, por entre aplausos (Do lat. *triumphu-*, «id.»)

triunvirado *n.m.* ⇒ **triunvirato**

triunviral *adj.2g.* relativo a triúnviro ou a triunvirato (Do lat. *triumvirāle-*, «id.»)

triunvirato *n.m.* **1** funções ou cargo de triúnviro **2** tempo que duram essas funções **3** governo de três indivíduos (Do lat. *triumvirātu-*, «id.»)

triúnviro *n.m.* **1** (antiga Roma) magistrado que exercia certos cargos administrativos juntamente com outros dois magistrados **2** membro de um triunvirato (Do lat. *triumvĭru-*, «id.»)

trivalência *n.f.* QUÍMICA propriedade de uma substância trivalente (De *tri-+valência*)

trivalente *adj.2g.* QUÍMICA capaz de formar três ligações químicas (De *tri-+valente*)

trivalve *adj.2g.* que possui três valvas (Do lat. *tri*, por *tres*, «três»+*valva-*, «porta»)

trivela *n.f.* [Brasil] (futebol) pontapé dado na bola com o lado externo do pé para dar à bola um efeito especial

trivial *adj.2g.* que todos sabem; vulgar; banal; comum ■ *n.m.* o que é costume ter-se ou fazer-se (Do lat. *triviāle-*, «id.»)

trivialidade *n.f.* qualidade do que é trivial; banalidade (De *trivial+-i-+-dade*)

trivializar *v.tr.* tornar trivial; banalizar (De *trivial+-izar*)

trívio *n.m.* **1** lugar onde convergem ou se cruzam três caminhos ou ruas **2** um dos dois ramos em que a Escolástica dividia as diferentes ciências na Idade Média, e que comportava a Gramática, a Retórica e a Dialética **3** ZOOLOGIA face ventral do corpo das holotúrias, caracterizada pela presença de três zonas de pés ambulacrários funcionais, em posição oposta ao bívio ■ *adj.* que se divide em três caminhos (Do lat. *trivĭu-*, «id.»)

trivogal n.f. ⇒ **tritongo** (De *tri-+vogal*)

triz¹ n.m. momento; *por um* ~ por um cabelo, por pouco (Do gr. *trix*, «cabelo»)

triz² n.f. [pop.] ⇒ **icterícia** (Corrup. de *icterícia*)

-triz sufixo nominal, de origem latina, que ocorre em substantivos femininos que designam *agente* e correspondem a masculinos terminados em *-dor* ou *-tor* (*embaixatriz, atriz*)

trízia n.f. [pop.] ⇒ **icterícia** (Corrup. de *icterícia*)

troada n.f. 1 ato ou efeito de troar 2 estrondo; tiroteio 3 brado; grito (Part. pass. fem. subst. de *troar*)

troante adj.2g. 1 que troa; tonante; retumbante 2 sonoro (De *troar+-ante*)

troar v.intr. estrondear; ribombar; trovejar; ressoar ■ n.m. estrondo; troada (Do lat. *tonāre*, «trovejar», com infl. de *trom*)

troca n.f. 1 operação pela qual se troca um bem 2 operação comercial não monetária; compensação 3 prestação recíproca entre duas unidades económicas (moedas por bens e bens por moedas) 4 câmbio (informações, documentos) comunicação recíproca 6 mudança; substituição; permuta; ~ *de palavras* altercação; *trocas e baldrocas* negócio estranho, contrato pouco sério (Deriv. regr. de *trocar*)

troça n.f. 1 ato ou efeito de troçar 2 zombaria; escárnio 3 pândega; vida dissoluta (Deriv. regr. de *troçar*)

trocadilhar v.intr. fazer trocadilhos; usar de trocadilhos (De *trocadilho+-ar*)

trocadilhista n.2g. pessoa que se serve de trocadilhos (De *trocadilho+-ista*)

trocadilho n.m. 1 jogo de palavras 2 expressão ambígua (Do cast. [a la] *trocadilla*, «às avessas»)

trocado adj. 1 dado em troca; permutado 2 confundido com outro ■ n.m. 1 dinheiro miúdo 2 jogo de palavras; trocadilho 3 pl. lavores que se usavam nos cabos ou punhos das armas e em vestidos; ~ *em miúdos* explicado minuciosamente (Part. pass. de *trocar*)

trocador adj.,n.m. que ou aquele que troca (De *trocar+-dor*)

troçador adj.,n.m. que ou aquele que faz troça; motejador; trocista (De *troçar+-dor*)

trocaico adj. GRAMÁTICA que ou verso que é composto de trocaicos (Do gr. *trokhaikós*, «id.», pelo lat. *trochaīcu-*, «id.»)

trocânter n.m. 1 ANATOMIA cada uma das duas tuberosidades da extremidade superior do fémur onde se ligam os músculos da coxa 2 ZOOLOGIA pequena peça intercalar da anca e do fémur, na pata dos insetos (Do gr. *trokhantér*, «id.»)

trocantino n.m. 1 ANATOMIA pequeno trocânter, ou trocânter interno, do fémur 2 ZOOLOGIA pequenina peça da região, mais ou menos diferenciada, da pata dos insetos (De *trocânt[er]+-ino*)

trocar v.tr. 1 fazer a troca de; permutar 2 tomar uma coisa em vez de outra 3 converter em dinheiro miúdo uma moeda ou nota de maior valor; cambiar 4 inverter 5 substituir; alterar 6 interpretar mal ■ v.pron. 1 transformar-se; converter-se 2 mudar-se; ~ *as voltas* escapar-se (De orig. obsc.)

troçar v.tr. 1 fazer troça de; zombar de 2 ridicularizar (Do lat. *tortiāre*, de *tortu-*, part. pass. de *torquēre*, «torcer»)

trocarte n.m. instrumento médico que serve para fazer punções de cavidades com líquidos (Do fr. *trocart*, «id.»)

troca-tintas n.2g.2n. 1 pintor que pinta mal 2 [fig.] pessoa de pouco crédito; trapalhão; intrujão (De *trocar+tinta*)

trocável adj.2g. que se pode trocar; permutável (De *trocar+-vel*)

trocaz adj.2g. ORNITOLOGIA ⇒ **torcaz** (Do lat. *torquacēu-*, «ornado de colar», de *torque-*, «colar»)

trochada n.f. pancada com trocho; paulada (De *trocho+-ada*)

trochado adj. 1 forte 2 (*cano de espingarda*) reforçado ■ n.m. antigo lavor em seda (Part. pass. de *trochar*)

trochar v.tr. 1 torcer para reforçar 2 tornar forte, vigoroso (De *trocho+-ar*)

trocho /ô/ n.m. pedaço de pau tosco; cacete; bordão (De orig. obsc.)

trociscação n.f. ato de trociscar (De *trociscar+-ção*)

trociscar v.tr. reduzir a trociscos (De *trocisco+-ar*)

trocisco n.m. medicamento sólido composto de substâncias secas reduzidas a pó e reunidas por meio de açúcar, goma, etc.; troquisco (Do gr. *trokhískos*, «pastilha redonda», pelo lat. *trochiscu-*, «id.»)

trocista adj.,n.2g. que ou aquele que faz troça ou gosta de fazer troça; troçador (De *troçar+-ista*)

tróclea n.f. 1 ANATOMIA protuberância articular na extremidade de um osso, que permite uma articulação com movimentos de flexão e extensão com outro osso 2 saliência da extremidade inferior do úmero, na articulação com o cúbito 3 esta articulação 4 ZOOLOGIA espessamento saliente na base das asas de alguns insetos (Do gr. *trokhilía*, «polia», pelo lat. *trochlĕa-*, «id.»)

troclear adj.2g. que diz respeito à tróclea (De *tróclea+-ar*)

troco /ô/ n.m. 1 ação de trocar; troca 2 conjunto de moedas ou notas de baixo valor, equivalente a moeda ou nota que representa uma quantia superior 3 quantia que se recebe quando se paga algo com moeda ou nota superior ao preço devido; demasia 4 pl. dinheiro em moedas; dinheiro miúdo; *a* ~ *de* em recompensa de, em resposta a, por; *não dar* ~ não ligar importância, não responder (Deriv. regr. de *trocar*)

troc(o)- elemento de formação de palavras que exprime a ideia de *círculo, giro, roda* (Do gr. *trokhós*, «roda»)

troço¹ n.m. 1 pedaço de pau tosco e roliço 2 pedaço de qualquer coisa; fragmento 3 caule de certas plantas, especialmente couves; troncho 4 secção de um trabalho 5 corpo de tropas 6 porção de pessoas destacadas para um serviço; grupo 7 cada uma das partes do molde do canhão 8 peça utilizada para evitar que as porcas se desenrosquem 9 parte ou pedaço de uma estrada, de um rio (Do prov. *tros*, «id.»)

troço² /ó/ n.m. [Brasil] [colóq.] palavra que é usada em vez do nome de um objeto ou coisa (De *troço* /ô/, com alteração de timbre)

trocófora n.f. ZOOLOGIA ⇒ **trocosfera** (Do gr. *trokhós*, «roda» +*phorós*, «portador»)

trocoide adj.2g. 1 ANATOMIA diz-se de uma articulação em que um osso gira sobre outro 2 semelhante a uma roda 3 capaz de movimento de rotação (Do gr. *trokhoeidés*, «id.»)

trocóide ver nova grafia trocoide

trocóideo adj. ⇒ **trocoide**

trocosfera n.f. ZOOLOGIA larva pelágica, em forma de pião, com cílios vibráteis numa ou mais faixas equatoriais, que aparece durante o desenvolvimento de alguns invertebrados, como nos anelados, por exemplo, e é também denominada trocófora (Do gr. *trokhós*, «roda» +*sphaîra*, «esfera»)

troços-grossos n.m.pl. maquinismo em que se dá ao fio a primeira torcedura (De *torcer+grosso*)

tróculos n.m.pl. BOTÂNICA ⇒ **dedaleira** 2; ~ *brancos* BOTÂNICA verbasco espontâneo, mas pouco frequente em Portugal (De orig. obsc.)

trofa n.f. [regionalismo] capa de junco ou de palha; palhota (De orig. obsc.)

trofeu n.m. ⇒ **troféu**

troféu n.m. 1 conjunto dos despojos do inimigo que ficam em poder do vencedor 2 qualquer símbolo de uma vitória 3 glória; honra; vitória 4 conjunto de objetos militares exibidos com fins ornamentais; panóplia 5 representação dos atributos próprios de uma ciência ou arte (Do lat. tard. *trophæu-*, «id.»)

trófico adj. relativo à nutrição ou alimentação (Do gr. *trophé*, «nutrição» +*-ico*)

trof(o)- elemento de formação de palavras que exprime a ideia de *nutrição* (Do gr. *trophé, trophés*, «nutrição»)

trofologia n.f. tratado acerca da nutrição ou, em especial, do regime alimentar (Do gr. *trophé*, «nutrição» +*lógos*, «tratado» +*-ia*)

trofoneurose n.f. MEDICINA designação geral de qualquer doença nervosa funcional que produz perturbação da nutrição dos tecidos (De *trofo-+neurose*)

trofonúcleo n.m. ZOOLOGIA núcleo de maiores dimensões (macronúcleo) nos protozoários ciliados, por exemplo, que tem a seu cargo as funções vegetativas, em distinção do núcleo menor (micronúcleo), que é germinativo (De *trofo-+núcleo*)

trofopatia n.f. MEDICINA designação genérica das doenças provenientes das perturbações da nutrição (Do gr. *trophé*, «nutrição» +*páthos*, «doença» +*-ia*)

trofoplasma n.m. BIOLOGIA para alguns autores, a parte do hialoplasma com funções puramente nutritivas (De *trofo-+plasma*)

trofosperma n.m. BOTÂNICA placenta (ou seus derivados) no interior do ovário dos vegetais (Do gr. *trophé*, «nutrição» +*spérma*, «semente»)

trofospérmio n.m. ⇒ **trofosperma**

trofotactismo a grafia mais usada é trofotatismo

trofotatismo n.m. BIOLOGIA tatismo que tem por estímulo fatores da nutrição (De *trofo-+tactismo*) ACORDO ORTOGRÁFICO também se pode escrever trofotactismo

trofotropismo n.m. BIOLOGIA tropismo que tem por estímulo fatores da nutrição (De *trofo-+tropismo*)

trogalho n.m. [pop.] ⇒ **torgalho**

troglóbio adj.,n.m. ZOOLOGIA animal ou designativo do animal do interior das cavernas ou das águas subterrâneas, que vive completamente afastado da luz e que, por isso, é despigmentado e desprovido de órgãos de visão ou os tem muito atrofiados e possui

órgãos tácteis muito desenvolvidos (Do gr. trógle, «cova» +bíos, «vida»)
troglodita adj.2g. que vive em cavernas ■ n.2g. **1** pessoa que vive em cavernas ou debaixo da terra; cavernícola **2** [fig., pej.] pessoa rude; pessoa grosseira ■ n.m.pl. grupo de quadrúmanos que inclui o chimpanzé (Do gr. troglodýtes, «id.», pelo lat. troglodýta-, «id.»)
troglodítico adj. que diz respeito a troglodita (Do gr. troglodítikós, «id.», pelo lat. trogloditĭcu-, «id.»)
troglófilo adj.,n.m. animal ou designativo do animal cavernícola ou do animal das águas subterrâneas que vive na parte menos iluminada das cavernas, como os morcegos e vários insetos (Do gr. trógle, «cova» +phílos, «amigo»)
troia n.f. antigo jogo que simulava um combate (De Tróia, top., antiga cidade da Ásia Menor)
tróia ver nova grafia troia
troiano adj. de Troia, antiga cidade da Ásia Menor ■ n.m. natural ou habitante de Troia (Do lat. troiănu-, «id.»)
troica n.f. ⇒ **troika** (Do russo troĭka)
tróica ver nova grafia troica
troika n.f. **1** trenó puxado por três cavalos **2** conjunto de três pessoas ou coisas; trio **3** grupo de trabalho ou delegação composto por três membros (Do russo troĭka, «trio»)
troile n.m. ORNITOLOGIA termo usado por alguns autores para designar certas aves palmípedes, especialmente os araus e os papagaios-do-mar (De orig. obsc.)
troilite n.f. MINERALOGIA mineral (sulfureto de ferro) existente nos meteoritos (De orig. obsc.)
troixa n.f. ⇒ **trouxa**
troixada n.f. ⇒ **trouxada**
troixe-moixe n.m. ⇒ **trouxe-mouxe**
troixo n.m. ⇒ **trouxo**
trolaró n.m. **1** [regionalismo] pessoa apatetada **2** [gír.] paródia; pândega; ao ~ sem jeito, destrambelhadamente (Formação expressiva)
trólei n.m. **1** dispositivo pelo qual um carro movido a eletricidade estabelece a ligação do seu motor ao cabo condutor de uma corrente elétrica **2** mala de viagem ou mochila com rodas **3** forma reduzida de troleicarro (Do ing. trolley, «id.»)
troleibus n.m. ⇒ **troleicarro** (Do ing. trolleybus, «id.»)
troleicarro n.m. autocarro movido por energia elétrica, que capta por meio de um trólei; troleibus (De trólei+carro)
troles-boles n.m.2n. [regionalismo] indivíduo que ora diz uma coisa ora diz outra; intrujão (Formação expressiva)
trolha /ô/ n.m. operário que assenta a argamassa nas paredes, caia, conserta telhados, etc. ■ n.f. **1** pequena tábua, com uma pegadeira na parte inferior, onde o operário traz a argamassa que vai aplicando **2** BOTÂNICA para alguns autores, uma planta herbácea, de folhas espessas e rugosas, pertencente à família das Escrofulariáceas, espontânea em Portugal **3** [pop.] tareia; pancadaria (Do lat. trullĭa-, por trulla-, «pequena espumadeira»)
trolho¹ /ô/ n.m. antiga medida para secos, equivalente a meio celamim (Do lat. trullĕu-, «id.»)
trolho² /ô/ n.m. **1** [pop.] indivíduo atarracado **2** [regionalismo] carrapito no alto da cabeça **3** [regionalismo] obra mal feita **4** [regionalismo] pagamento ao moleiro, em cereal (De orig. obsc.)
trololó n.m. música brasileira de carácter ligeiro e fácil (De orig. onom.)
trom n.m. **1** estrondo do canhão **2** nome dado às primeiras peças de artilharia **3** espécie de catapulta para arremessar pedras **4** grande ruído; estrondo; fragor (De orig. onom.)
tromba n.f. **1** focinho saliente, muito alongado **2** alongamento pronunciado da face, do nariz, dos lábios, etc. **3** METEOROLOGIA coluna de água que o vento levanta e faz girar em translação **4** ZOOLOGIA órgão do olfato, da preensão, etc., em certos animais **5** ZOOLOGIA aparelho bucal sugador de alguns insetos **6** [pop.] cara; nariz; semblante; *estar de trombas* [coloq.] mostrar aspeto carrancudo (Do ant. alto-al. trumpa, «trompa»)
trombada n.f. **1** pancada com a tromba **2** [fig.] encontrão; marrada (De tromba+-ada)
tromba-d'água n.f. METEOROLOGIA fenómeno meteorológico que consiste na formação de uma coluna de água que faz lembrar uma tromba de elefante e que, saindo de uma nuvem e girando rapidamente em volta de si própria, se prolonga até atingir a superfície do mar, momento em que produz um redemoinho, ruidoso e violento, e sorve a água até ao seio da nuvem, que depois se descarrega em forte aguaceiro
trombalazana n.2g. ⇒ **trambalazana**

trombão n.m. **1** {aumentativo de **tromba**} trombone **2** [regionalismo] a parte mais grossa da cana de pescar quando composta de duas partes (De tromba+-ão)
trombeiro n.m. **1** ICTIOLOGIA peixe teleósteo, da família dos Menídeos, com linhas longitudinais azuis, que aparece com frequência nos mares portugueses, especialmente no Sul, também conhecido por trombeiro-de-nariz-azul e trombeta **2** [ant.] tocador de trompa; trombino; trompista (De tromba+-eiro)
trombejante adj.2g. diz-se do elefante quando representado com a tromba levantada (De trombejar+-ante)
trombejar v.intr. **1** mover a tromba ou bater com ela **2** [pop.] ficar de trombas (De tromba+-ejar)
trombeta /ê/ n.f. **1** instrumento musical de sopro, formado por um tubo metálico, comprido e afunilado **2** [fig.] pessoa indiscreta **3** [coloq.] nariz; narigão ■ n.2g. tocador de trombeta; trombeteiro; trombetista (De tromba+-eta)
trombeta-branca n.f. BOTÂNICA espécie de datura ou estramónio
trombetada n.f. toque rápido de trombeta (De trombeta+-ada)
trombetão n.m. **1** trombeta grande **2** BOTÂNICA planta herbácea, de flores brancas, odoríferas, da família das Solanáceas, cultivada nos jardins, e que é afim do estramónio (De trombeta+-ão)
trombetear v.intr. tocar trombeta ■ v.tr. tocar (música) na trombeta (De trombeta+-ear)
trombeteiro n.m. **1** o que toca trombeta ou o que fabrica ou vende este instrumento musical; trombeta; trombetista **2** [pop.] mosquito vulgar em Portugal, que voa produzindo um zumbido característico; muchão (De trombeta+-eiro)
trombetista n.2g. pessoa que toca trombeta; trombeta; trombeteiro (De trombeta+-ista)
trombicar v.tr. [pop.] burlar; enganar ■ v.pron. [Brasil] [coloq.] sair-se mal; ser mal sucedido; fracassar (De orig. obsc.)
Trombidíidas n.m.pl. ZOOLOGIA ⇒ **Trombidiídeos**
Trombidiídeos n.m.pl. ZOOLOGIA família de ácaros parasitas de muitas plantas e animais, que atacam o homem, cuja pele picam, produzindo prurido e manchas vermelhas (De trombídio+-ídeos)
trombídio n.m. designação generalizada dos ácaros do género Trombidium, da família dos Trombidiídeos (Do lat. cient. Trombidĭu-, «id.»)
trombidiose n.f. MEDICINA inflamação cutânea acompanhada de prurido e ardor, produzida pelos trombídios (De trombídio+-ose)
trombífero adj. que tem tromba (De tromba+-fero)
trombina n.f. QUÍMICA enzima elaborada no sangue que provoca a sua coagulação, transformando o fibrinogénio em fibrina (Do gr. thrómbos, «coágulo» +-ina)
trombino n.m. tocador de trompa; trombeiro; trompista (De tromba [= trombeta]+-ino)
tromblom n.m. [coloq.] chapéu de copa alta (Do fr. tromblon, «id.»)
trombo n.m. MEDICINA coágulo sanguíneo que se estabelece no sítio onde se formou, no interior de um vaso ou cavidade do coração (Do gr. thrómbos, «coágulo»)
tromb(o)- elemento de formação de palavras que exprime a ideia de coágulo (Do gr. thrómbos, «coágulo»)
trombócito n.m. HISTOLOGIA elemento figurado do sangue, também designado plaqueta ou hematoblasto (Do gr. thrómbos, «coágulo» +kýtos, «concavidade»)
trombocitose n.f. MEDICINA estado mórbido originado por excesso de trombócitos no sangue (De trombócito+-ose)
tromboflebite n.f. MEDICINA inflamação da parede de uma veia, com formação de coágulos sanguíneos (De trombo-+flebite)
tromboide adj.2g. semelhante a coágulo (Do gr. thromboeidés, «semelhante a grumo»)
trombóide ver nova grafia tromboide
trombólise n.f. MEDICINA dissolução de um coágulo existente na corrente sanguínea
trombone n.m. **1** MÚSICA instrumento de sopro, formado por dois tubos encaixados um no outro, e que se alongam ou encolhem **2** pessoa que toca este instrumento; trombonista (Do it. trombone, «id.»)
trombonista n.2g. pessoa que toca trombone (De trombone+-ista)
tromboplastina n.f. enzima proveniente das plaquetas sanguíneas que, em presença do cálcio, transforma a protrombina em trombina (Do gr. thrómbos, «coágulo» +plástes, «modelador» +-ina)
trombose n.f. MEDICINA formação de coágulos sanguíneos no interior dos vasos onde circula o sangue (Do gr. thrómbos, «coágulo» +-ose)
trombudo adj. **1** que tem tromba grande **2** [fig.] amuado; carrancudo (De tromba+-udo)

trompa n.f. 1 MÚSICA instrumento de sopro, metálico e curvo, maior que a trombeta 2 aparelho de vidro usado em laboratórios 3 ANATOMIA órgão tubular, no organismo animal, que estabelece comunicação entre duas cavidades 4 ZOOLOGIA formação tubular, nos lepidópteros, originada pelo desenvolvimento das maxilas, que se enrola em espiral e que serve para sugar; **~ de Eustáquio** ANATOMIA canal que põe em comunicação com a faringe a cavidade do ouvido médio; **~ de Falópio** ANATOMIA parte distal do oviduto, sinuosa e bem diferenciada nos vertebrados superiores, terminada por um pavilhão, que recebe os óvulos que se libertam do ovário; cada um dos canais que conduzem os óvulos do ovário ao útero (Do ant. alto-al. *trumpa*, «id.»)

trompaço n.m. 1 coisa em que se tropeça; tropeço 2 encontrão; empurrão 3 bofetada; murro (De *trompa*, por *tromba+-aço*)

trompada n.f. ⇒ **trompaço** (De *trompa*, por *tromba+-ada*)

trompão n.m. 1 trompa grande 2 trombone 3 tromblom (De *trompa+-ão*)

trompázio n.m. 1 pancada com a tromba 2 bofetada na boca (De *trompa*, por *tromba+-ázio*)

trompejar v.intr. tocar trompa (De *trompa+-ejar*)

trompeta /ê/ n.2g. indivíduo velhaco, desprezível ∎ n.f. MÚSICA instrumento de sopro de metal, em forma de tubo alongado que termina em pavilhão cónico (Do cast. *trompeta*, «id.»)

trompete n.m./f. MÚSICA ⇒ **trompeta** n.f. ∎ n.2g. ⇒ **trompetista** (Do fr. *trompette*, «id.»)

trompetista n.2g. tocador de trompete (De *trompeta+-ista*)

trompista n.2g. 1 tocador de trompa; trombeiro; trombino 2 fabricante ou vendedor de trompas (De *trompa+-ista*)

tronante adj.2g. que atroa; tonante (De *tronar+-ante*)

tronar¹ v.intr. 1 soar como o trovão; troar; atroar (Do latim *tonāre*, «trovejar», com influência de *trom*)

tronar² v.intr. 1 estar no trono; ocupar o trono; reinar 2 [fig.] predominar; dominar (De *trono* [=assento] +*-ar*)

tronca n.f. corda com que se amarram os fueiros entre si; soga (De orig. obsc.)

troncado adj. ⇒ **truncado** (Do lat. *truncātu-*, «id.», part. pass. de *truncāre*, «amputar; truncar»)

troncal adj.2g. referente ao tronco humano ou ao tronco nervoso ou vascular (De *tronco+-al*)

troncar v.tr. ⇒ **truncar**

troncaria n.f. ornato feito de troncos (De *tronco+-aria*)

troncha n.f. BOTÂNICA ⇒ **tronchuda** (De *troncho*)

tronchar v.tr. 1 cortar rente 2 tornar troncho; mutilar 3 desorelhar 4 derrabar (De *troncho+-ar*)

troncho adj. 1 privado de algum membro ou apêndice; mutilado; truncado 2 [Brasil] torto; inclinado ∎ n.m. membro ou apêndice que se tronchou (Do lat. *truncŭlu-*, «pedaço de tronco»)

tronchuda n.f. BOTÂNICA variedade de couve, baixa, de talos carnudos, muito cultivada em Portugal, e apreciada em culinária (De *troncho+-uda*)

tronchudo adj. 1 que tem os talos muito grossos 2 diz-se de uma variedade de couve ∎ n.m. BOTÂNICA ⇒ **tronchuda** (De *troncha* ou *troncho+-udo*)

tronco n.m. 1 BOTÂNICA tipo de caule lenhoso (arbóreo) com ramificações e com entrenós longos 2 ANATOMIA parte desenvolvida do corpo de um animal superior, que suporta a cabeça e os membros, correspondente ao conjunto do tórax e abdómen 3 ZOOLOGIA tórax, nalguns animais, especialmente insetos 4 dispositivo forte, de madeira, onde se prendem animais para os ferrar ou tratar de algum ferimento 5 fragmento de coluna 6 parte principal de um exército 7 parte de um sólido geométrico que foi cortado perpendicular ou obliquamente ao seu eixo 8 antigo instrumento de tortura constituído por um cepo onde se prendiam os condenados 9 [fig.] pessoa considerada como a origem de uma família 10 geração 11 prisão 12 [fig.] encargo; obrigação ∎ adj. truncado; mutilado (Do lat. *truncu-*, «id.»)

troncudo adj. 1 que tem o tronco muito desenvolvido 2 atarracado; grosso (De *tronco+-udo*)

troncular adj.2g. referente ao tronco ou ao trônculo (De *trônculo+-ar*)

trônculo n.m. ANATOMIA pequeno tronco nervoso ou vascular (Do lat. *truncŭlu-*, «pedaço de tronco»)

troneira n.f. 1 intervalo entre os merlões das muralhas por onde se enfia a boca do canhão; bombardeira 2 ameia (De *trom+-eira*, ou do cast. *tronera*, «fresta»)

troneto /ê/ n.m. pequeno trono portátil (De *trono+-eto*)

trónio n.m. corpo principal de um maciço de montanhas que domina as suas ramificações (De orig. obsc.)

trono¹ n.m. 1 assento que os monarcas e o papa ocupam em ocasiões solenes 2 espécie de escadaria sobranceira ao altar-mor, no cimo da qual se expõe a Eucaristia 3 [fig.] o poder soberano 4 [fig.] a realeza 5 pl. um dos nove coros dos anjos (Do gr. *thrónos*, «assento», pelo lat. *thronu-*, «id.»)

trono² n.m. 1 ação de tronar 2 [regionalismo] trovão (Deriv. regr. de *tronar*)

tronqueira n.f. [regionalismo] cada um dos madeiros verticais onde encaixam as extremidades das varas de uma cancela ou portada (De *tronco+-eira*)

tronqueiro n.m. [regionalismo] aquele que corta árvores (De *tronco+-eiro*)

tropa n.f. 1 MILITAR conjunto dos militares que prestam serviço nas forças armadas; exército; soldados 2 MILITAR cada um dos corpos que constituem o exército 3 MILITAR serviço militar 4 aglomeração de pessoas; bando ∎ n.m. [coloq.] soldado (Do fr. ant. *trope*, hoje *troupe*, «bando»)

tropa-fandanga n.f. 1 [depr.] bando de pessoas indisciplinadas 2 [depr.] gente desprezível

tropeada n.f. 1 ato ou efeito de tropear 2 ruído feito com os pés; tropel (Part. pass. fem. subst. de *tropear*)

tropear¹ v.intr. fazer (o cavalo) barulho com os pés ao andar; fazer tropel (De *tropel+-ear*)

tropear² v.intr. [Brasil] exercer funções de tropeiro (De *tropa+-ear*)

tropeçamento n.m. ato de tropeçar; tropeção (De *tropeçar+-mento*)

tropeção n.m. ato de tropeçar; topada com os pés; tropeçamento (De *tropeçar+-ão*)

tropeçar v.tr.,intr. embater com o pé (contra alguma coisa); dar topada (em); esbarrar (em) ∎ v.tr. 1 encontrar (obstáculo inesperado) 2 deparar inesperadamente (com); esbarrar (em) 3 hesitar (em); atrapalhar-se (em) 4 cair em erro; enganar-se (em) 5 cair (em); envolver-se (em) (Do lat. vulg. *interpediāre, por *interpedīre*, «impedir»)

tropecelha n.f. [regionalismo] pequeno tropeço arredondado (De *tropeço+-elha*)

tropecilho n.m. obstáculo; estorvo; travanca (De *tropeço+-ilho*)

tropeço /ê/ n.m. 1 aquilo em que se tropeça 2 pedaço de tronco cortado; cepo 3 tropeção 4 ⇒ **tripeça** 5 [fig.] empecilho; estorvo; obstáculo; dificuldade 6 [fig.] pessoa pesada, trôpega, que estorva os outros 7 [regionalismo] fatia grossa 8 [regionalismo] banco de cortiça pregado com pregos de madeira (Deriv. regr. de *tropeçar*)

tropeçudo adj. que tropeça com facilidade; trôpego (De *tropeçar+-udo*)

trôpego adj. que sente dificuldade em andar ou mover algum membro (Do lat. *[hy]dropĭcu-*, «hidrópico»)

tropeirada n.f. 1 conjunto de tropeiros 2 os tropeiros (De *tropeiro+-ada*)

tropeiro n.m. 1 [Brasil] condutor de bestas de carga ou manadas de gado grosso; almocreve; recoveiro; campino 2 empresário de transportes 3 [Brasil] aquele que nos matos do Brasil trabalha nos cafezais, nos milharais, na cultura da cana-de-açúcar, etc. (De *tropa+-eiro*)

tropejar v.intr. ⇒ **tropear**¹ (De *tropa+-ejar*)

tropel n.m. 1 ruído que faz muita gente ao andar 2 [fig.] confusão; grande número; acervo; *em ~* tumultuariamente, confusamente (Do prov. *tropel*, «rebanho»)

tropelão adj. [Brasil] designativo do cavalo que tropeça muito (De *tropel+-ão*)

tropelia n.f. 1 confusão ou barulho resultante de muita gente em tropel 2 confusão; bulício; balbúrdia 3 [pop.] comportamento de criança travessa; travessura; diabrura; traquinice 4 ardil; astúcia; manha 5 prejuízo; dano (De *tropel+-ia*)

Tropeoláceas n.f.pl. BOTÂNICA família de plantas dicotiledóneas, herbáceas, em regra trepadoras, cujo género-tipo se denomina *Tropaeolum* (Do lat. cient. *Tropaeŏlu-*, «chagas» +*-áceas*)

Tropeóleas n.f.pl. BOTÂNICA ⇒ **Tropeoláceas**

tropia n.f. ⇒ **tropismo** (Do gr. *trópos*, «volta» +*-ia*)

tropicada n.f. ato de tropicar; topada (Part. pass. fem. subst. de *tropicar*)

tropical adj.2g. 1 relativo ou pertencente aos trópicos 2 localizado entre os trópicos 3 próprio da zona tórrida 4 (temperatura, clima) quente; abrasador (De *trópico+-al*)

tropicalismo n.m. 1 qualidade do que é tropical 2 conjunto das condições naturais e climáticas próprias dos ambientes tropicais 3 interesse pelos assuntos das regiões tropicais (De *tropical+-ismo*)

tropicalista adj.2g. relativo a tropicalismo ∎ n.2g. pessoa que trata de assuntos tropicais (De *tropical+-ista*)

tropicão *n.m.* ato ou efeito de tropicar; tropeção (De *tropicar*+*-ão*)

tropicar *v.intr.* tropeçar com frequência (o cavalo) (De *trópico*, por *trôpego*+*-ar*)

trópico *n.m.* **1** GEOGRAFIA cada um dos dois círculos menores da Terra, paralelos ao equador (paralelos terrestres), com 23° 27' de latitude N e S, o do hemisfério norte denominado *de Câncer* e o do hemisfério sul *de Capricórnio* **2** GEOGRAFIA região abrangida por esses dois círculos **3** ASTRONOMIA cada um dos círculos menores paralelos ao equador celeste (paralelos celestes), com 23° 27' de declinação N e S, o do hemisfério norte denominado *de Câncer*, o outro *de Capricórnio* ■ *adj.* diz-se do ano correspondente ao tempo decorrido entre duas passagens aparentes consecutivas do Sol pelo ponto equinocial de março (ponto vernal), e que dura 365 dias, 5 horas, 48 minutos e 46 segundos (Do gr. *tropikós*, «relativo aos solstícios», pelo lat. *tropĭcu-*, «id.»)

trópido *n.m.* [regionalismo] ⇒ **tropeada** (Por *tropeado*)

tropilha *n.f.* **1** [Brasil] porção de cavalos do mesmo pelame **2** cavalos que acompanham uma égua madrinha (Do cast. *tropilla*, «id.»)

tropismo *n.m.* BIOLOGIA movimento parcial de um organismo que se manifesta pela orientação dos seus órgãos e que é provocado por um estímulo externo; tropotaxia; tropia (Do gr. *trópos*, «volta» + *-ismo*)

tropo /ô/ *n.m.* **1** recurso expressivo em que se associa o sentido de uma palavra a outra, à qual é dado um sentido diferente do literal (é o que acontece, por exemplo, na comparação, metáfora ou metonímia) **2** TEATRO pequeno diálogo inserido na liturgia da missa e que constitui uma das primeiras manifestações teatrais da Idade Média **3** *pl.* FILOSOFIA argumentos dos céticos gregos destinados a provar ser impossível alcançar a verdade (Do gr. *trópos*, «volta; desvio», pelo lat. *tropu-*, «id.»)

trop(o)- elemento de formação que exprime a ideia de *giro, volta, mudança* (Do gr. *trópos*, «volta»)

tropologia *n.f.* **1** tratado acerca dos tropos **2** emprego de linguagem figurada (Do gr. *tropología*, «linguagem figurada», pelo lat. *tropologĭa-*, «id.»)

tropológico *adj.* **1** que diz respeito à tropologia **2** que tem o carácter de tropo **3** figurado (Do lat. *tropologĭcu-*, «id.»)

troponómico *adj.* diz-se das mudanças que um objeto experimenta conforme o tempo e os lugares em que está exposto (Do gr. *trópos*, «desvio» +*nómos*, «lei» +*-ico*)

tropopausa *n.f.* METEOROLOGIA limite entre a estratosfera e a troposfera (De *tropo*(*sfera*)+*pausa* [=*cessação*])

troposfera *n.f.* METEOROLOGIA camada inferior da atmosfera, em contacto com a superfície terrestre, com altura entre 17 km (equador) e 6 km (polos), caracterizada por ser a região dos meteoros aquosos e por a temperatura diminuir com o aumento de altitude, de modo que na parte superior (tropopausa), depois de um pequeno aumento, chega a ser de -50 °C (polos) e -85 °C (equador) (De *tropo*-+*[atmo]sfera*)

tropotaxia /cs/ *n.f.* ⇒ **tropismo** (Do gr. *trópos*, «giro» +*táxis*, «boa ordem»)

troque *n.m.* **1** estalo produzido com os dedos, em certas danças, ou no momento em que se recorda um assunto esquecido, etc. **2** *pl.* BOTÂNICA nome vulgar por que também se designa a dedaleira (planta) (De orig. onom.)

troquel *n.m.* forma ou cunho de assinalar as moedas e as medalhas (Do cast. *troquel*, «id.»)

troquelmintes *n.m.pl.* ZOOLOGIA grupo (tipo) organizado por alguns autores, que inclui metazoários microscópicos, celômatas, nefridiados e com cílios locomotores (rotíferos e gastrótricos) (Do gr. *trokhós*, «roda» +*hélmins, -inthos*, «verme»)

troqueu *adj.,n.m.* GRAMÁTICA pé de verso ou designativo de pé de verso grego ou latino formado de duas sílabas, a primeira longa e a segunda breve (Do gr. *trokhaîos*, «id.», pelo lat. *trochaeu-*, «id.»)

troquilha *n.f.* troca pouco importante ou repetida ■ *n.2g.* [pop.] pessoa que negoceia por meio de trocas (De *trocar*+*-ilha*)

troquilheira *n.f.* [pop., depr.] mulher que vive de iludir os incautos (De *troquilha*+*-eira*)

tróquilo *n.m.* moldura côncava, em forma de meia-cana (Do gr. *trokhílos*, «meia-cana», pelo lat. *trochīlu-*, «id.»)

tróquio *n.m.* ZOOLOGIA molusco gastrópode de concha cónica, branca e rugosa, vulgar nos mares quentes e temperados (Do gr. *trókhos*, «roda»)

troquisco *n.m.* ⇒ **trocisco**

troquiter *n.m.* ANATOMIA grande tuberosidade, no úmero (Do fr. *trochiter*, «id.»)

trotada *n.f.* cavalgada a trote (De *trote*+*-ada*)

trotador *adj.,n.m.* que ou o animal que trota (De *trotar*+*-dor*)

trotão *n.m.* cavalo que trota; trotador (De *trotar*+*-ão*)

trotar *v.intr.* (cavalo) andar a trote (Do gót. *trottôn*, intensivo de *trêtan*, «caminhar», pelo fr. *trotter*, «id.»)

trote *n.m.* **1** andamento do cavalo e de certos quadrúpedes, entre o passo e o galope **2** [fig.] troça; zombaria; *ir a* ~ [fig.] ir ou caminhar muito depressa; *trazer a* ~ trazer diariamente (Deriv. regr. de *trotar*)

trotear *v.intr.* ⇒ **trotar** (De *trote*+*-ear*)

troteiro *adj.,n.m.* ⇒ **trotador** ■ *n.m.* [ant.] postilhão (De *trotar*+*-eiro*)

trotil *n.m.* QUÍMICA ⇒ **trinitrotolueno** (De *[ni]trot[olueno]*+gr. *hýle*, «madeira»)

trotineta *n.f.* brinquedo infantil ou meio de transporte urbano individual, constituído por uma placa montada em duas rodas em linha, e munida de uma haste com guiador que dirige a roda da frente (Do fr. *trottinette*, «id.»)

trotskismo *n.m.* doutrina e movimento comunista do revolucionário russo L. Trotsky (1879-1940), baseado na revolução permanente e na luta contra a burocracia, de cunho excessivamente nacional (De *Trotsky*, antr. +*-ismo*)

trotskista *adj.,n.2g.* partidário do trotskismo (De *Trotsky*, antr. + *-ista*)

trouça *n.f.* [regionalismo] trasfega (Deriv. regr. de *trouçar*)

trouçar *v.tr.* [regionalismo] transferir (líquido) de um recipiente para outro; trasfegar

trouxa *n.f.* **1** embrulho de roupa **2** pacote **3** [pop.] mulher desajeitada ■ *adj.,n.2g.* [coloq.] palerma; pacóvio; ingénuo (Do cast. ant. *troja*, de *trojar*, «carregar»)

trouxada *n.f.* trouxa grande (De *trouxa*+*-ada*)

trouxa-de-ovos ver nova grafia **trouxa de ovos**

trouxa de ovos *n.f.* CULINÁRIA doce preparado com fios de ovos e enrolado em forma de trouxa

trouxe-mouxe *elem.loc.adv. a* ~ a torto e a direito; confusamente; a esmo; atabalhoadamente (Do cast. *a trochemoche* ou *a troche y moche*, «id.»)

trouxo *n.m.* trouxa pequena; embrulho (De *trouxa*)

trova *n.f.* **1** LITERATURA composição poética ligeira, de carácter mais ou menos popular **2** cantiga; loa (Deriv. regr. de *trovar*)

trovador *n.m.* **1** nome dado aos antigos poetas provençais que cultivaram a poesia lírica, e aos poetas peninsulares desse tempo que os imitaram **2** aquele que cultiva a música e a poesia, por gosto **3** poeta lírico (Do prov. *trobador*, «id.»)

trovadoresco /ê/ *adj.* **1** relativo aos trovadores medievais **2** da escola ou do tempo dos trovadores (De *trovador*+*-esco*)

trovão *n.m.* ruído que acompanha a descarga elétrica, nas trovoadas, e que resulta da brusca expansão do ar e do vapor de água, aquecidos pelo calor produzido (Do lat. vulg. *turbone-*, «tempestade», com infl. de *tronāre*, «troar»)

trovar *v.intr.* fazer ou cantar trovas ■ *v.tr.* cantar em verso (Do prov. *trobar*, «achar [as rimas]»)

troveiro *n.m.* trovador que, do século XI ao século XIV, cultivou um género de poesia do Norte de França, caracterizado, originariamente, pelo seu carácter épico (Do fr. *trouvère*, «id.»)

trovejado *adj.* acompanhado de trovão ou trovoada (Part. pass. de *trovejar*)

trovejante *adj.2g.* **1** que troveja; em que há trovoada; trovento **2** diz-se de som forte; estrondoso **3** [fig.] irado (De *trovejar*+*-ante*)

trovejar *v.intr.* **1** soar o trovão; haver trovoada **2** [fig.] ribombar ■ *v.tr.,intr.* dizer com voz forte; bradar ■ *n.m.* **1** ruído da trovoada **2** grande estrondo (De *trov[ão]*+*ejar*)

trovento *adj.* ⇒ **trovejante** (De *trov[ão]*+*-ento*)

troviscada *n.f.* troviscos macerados que se lançam nos rios para estontear os peixes (De *trovisco*+*-ada*)

troviscado *adj.* **1** entontecido com trovisco (o peixe) **2** [pop.] embriagado (De *trovisco*+*-ado*)

troviscal *n.m.* lugar onde há muitos troviscos (plantas) (De *trovisco*+*-al*)

troviscar *v.intr.* [pop.] trovejar pouco (De *trovisco*+*-ar*)

trovisco[1] *n.m.* BOTÂNICA planta subarbustiva, venenosa, de folhas coriáceas e lanceoladas, frutos drupáceos, pertencente à família das Dafnáceas, espontânea em Portugal, e também conhecida por trovisco-fêmea e troviscainho (Do lat. hisp. *turbiscu-*, «id.»)

trovisco[2] *n.m.* [pop.] pequeno trovão (De *trovão*+*-isco*)

troviscoso *adj.* que amarga como trovisco; amargoso (De *trovisco*+*-oso*)

trovisqueira *n.f.* BOTÂNICA ⇒ **trovisco**[1] (De *trovisco*+*-eira*)

trovista *n.2g.* **1** pessoa que faz ou canta trovas **2** [pej.] aquele que faz maus versos; mau poeta (De *trova*+*-ista*)

trovoada n.f. 1 série de trovões 2 tempo de trovoada 3 [fig.] grande estrondo 4 [fig.] altercação ruidosa; gritaria 5 [fig.] balbúrdia 6 [fig.] repreensão violenta 7 [fig.] crise aguda 8 [fig.] aspeto carrancudo; má cara 9 [fig.] embriaguez (De *trovão*+*-ada*)

trovoar v.intr. [pop.] ⇒ **trovejar** v.intr. (De *trovão*+*-ar*)

trovoso adj. ruidoso como o trovão; trovejante; estrondoso (De *trov[ão]*+*-oso*)

truanaz n.2g. ⇒ **truão** (De *truão*+*-az*)

truanear v.intr. levar vida de truão; fazer de truão (De *truão*+*-ear*)

truanesco /ê/ adj. próprio de truão; chocarreiro (De *truão*+*-esco*)

truania n.f. ⇒ **truanice** (De *truão*+*-ia*)

truanice n.f. 1 ato, dito ou modos de truão 2 momice; palhaçada 3 impostura (De *truão*+*-ice*)

truão n.m. 1 ⇒ **bobo**¹ n.m. 2 [fig.] pessoa que diverte as outras; palhaço (Do prov. *truan*, «id.»)

trucada n.f. ato de trucar (Part. pass. fem. subst. de *trucar*)

trucar v.intr. propor a primeira parada, no jogo do truque (De *truque*+*-ar*)

trucidação n.f. ato ou efeito de trucidar (De *trucidar*+*-ção*)

trucidador adj. ⇒ **trucidante** (De *trucidar*+*-dor*)

trucidante adj.2g. 1 que trucida 2 [fig.] cruel; feroz (De *trucidar*+*-ante*)

trucidar v.tr. 1 matar com crueldade 2 [fig.] humilhar completamente; arrasar; desfazer; crucificar (Do lat. *trucidāre*, «id.»)

trucilador adj. que trucila (De *trucilar*+*-dor*)

trucilar v.intr. cantar (o tordo) ▪ n.m. pio ou canto do tordo (Do lat. *trucilāre*, «id.»)

truco¹ n.m. [regionalismo] rolo de madeira sobre que se removem caixas, fardos, etc. (Do ing. *trunk*, «tronco»)

truco² n.m. [Brasil] jogo de cartas (Do cast. *truco*, «id.»)

truculência n.f. qualidade do que é truculento; crueldade; ferocidade (Do lat. *truculentĭa*-, «id.»)

truculento adj. cruel; feroz (Do lat. *truculentu*-, «id.»)

trufa n.f. 1 BOTÂNICA designação extensiva a uns cogumelos ascomicetes, por vezes cultivados, da família das Tuberáceas, de aparelho esporífero subterrâneo e de constituição tubercular, em regra aromáticos e comestíveis; túbara; túbera 2 CULINÁRIA doce preparado com chocolate derretido com manteiga ou leite condensado e, por vezes, ovos, apresentado em forma de bolinhas 3 [regionalismo] rodilha 4 [regionalismo] redoiça (Do lat. pop. *tufĕra*, «trufa», pelo fr. *truffe*, «id.»)

trufar v.tr. rechear ou condimentar com trufas (Do fr. *truffer*, «id.»)

trufeira n.f. terreno onde se desenvolvem trufas (De *trufa*+*-eira*)

trufeiro n.m. indivíduo que apanha ou vende trufas ▪ adj. 1 BOTÂNICA designativo de uma variedade de carvalho, junto do qual se desenvolve a trufa 2 relativo a trufas (De *trufa*+*-eiro*)

truficultor n.m. aquele que cultiva trufas (Do fr. *trufficulteur*, «id.»)

truficultura n.f. cultura de trufas (Do fr. *trufficulture*, «id.»)

trugimão n.m. ⇒ **turgimão**

truísmo n.m. verdade banal, evidente; trivialidade (Do ing. *truism*, «id.»)

truita n.f. [pop.] ⇒ **truta** (Do gr. *tróktes*, «id.», pelo lat. *tructa*-, «id.»)

truliforme adj.2g. com forma de colher de pedreiro (Do lat. *trulla*-, «colher de pedreiro» +*forma*-, «forma»)

truncação n.f. 1 LINGUÍSTICA processo através do qual é formada uma palavra a partir da eliminação de parte da palavra de que deriva 2 LINGUÍSTICA palavra que resulta desse processo (De *truncar*+*-ção*)

truncado adj. de que se suprimiu uma parte por meio de um corte; incompleto; mutilado (Do lat. *truncātu*-, «id.», part. pass. de *truncāre*, «amputar; truncar»)

truncamento n.m. ato ou efeito de truncar (De *truncar*+*-mento*)

truncar v.tr. 1 separar (uma parte do tronco) 2 cortar uma parte de; mutilar 3 omitir uma parte importante de (escrito, obra literária) 4 cortar (um sólido geométrico) por um plano secante, suprimindo uma das partes (Do lat. *truncāre*, «id.»)

trunfa n.f. 1 turbante 2 cabelo comprido e emaranhado; grenha 3 coifa (especialmente na urna dos musgos) 4 [regionalismo] trouxa ou mala de carrejão (Do fr. *touffe*, «tufo»)

trunfada n.f. 1 jogada de trunfo 2 grande quantidade de trunfos 3 almofada de descanso dos remos da jangada (Part. pass. fem. subst. de *trunfar*)

trunfado¹ adj. que tem trunfa (De *trunfa*+*-ado*)

trunfado² adj. diz-se da jogada cortada com trunfo (jogo de cartas) (Part. pass. de *trunfar*)

trunfar v.intr. 1 (cartas) jogar trunfo 2 [fig.] assumir importância; ter influência ▪ v.tr. (cartas) cortar (uma jogada) com trunfo (De *trunfo*+*-ar*)

trunfo n.m. 1 naipe que, em certos jogos de cartas, tem superioridade sobre os outros naipes 2 cada uma das cartas desse naipe 3 [fig.] vantagem (Do lat. *triumphu*-, «triunfo», pelo cast. *triunfo*, «trunfo»)

trupar v.intr. [regionalismo] bater à porta de alguém ▪ v.tr. espancar (De *trupe*+*-ar*)

trupe¹ n.f. 1 conjunto de estudantes que se agrupam para praxar 2 companhia teatral 3 [coloq.] grupo de pessoas consideradas incómodas ou desprezíveis (Do fr. *troupe*)

trupe² n.f. [regionalismo] barulho; ruído; rumor; ~! exclamação imitativa de pancada (De orig. onom.)

trupezupe n.m. [regionalismo] pessoa que, por ser bastante pesada, não se segura bem nas pernas (De orig. onom.)

trúpia n.f. 1 ⇒ **breca**¹ 2 [regionalismo] torrente impetuosa e de curta duração, resultante da chuva de uma trovoada; inundação (De orig. obsc.)

trupo n.m. 1 [regionalismo] ato ou efeito de trupar; som produzido por pancada na porta 2 pulsação (Deriv. regr. de *trupar*)

truque¹ n.m. 1 forma habilidosa de fazer algo 2 ilusão 3 ardil; manha (Do fr. *truc*, «id.»)

truque² n.m. espécie de jogo de cartas (Do cast. *truque*)

truque³ n.m. 1 espécie de bilhar comprido 2 ato de fazer saltar a bola do parceiro pela tabela do bilhar 3 designação de várias jogadas e efeitos no jogo do bilhar (Do al. *Drucken*)

truque⁴ n.m. 1 plataforma sobre rodas 2 vagão sem caixa (Do ing. *truck*, «vagão aberto para carga; vagoneta; camião»)

truta n.f. 1 ICTIOLOGIA nome comum extensivo a uns peixes teleósteos, da família dos Salmonídeos, de carne saborosa, abundantes em muitos rios portugueses, e conhecidos por truta-salmonada, truta-sapeira, truta-francesa, truta-marisca e relho 2 [acad.] muito bom aluno 3 [coloq.] pessoa importante 4 [coloq.] rapariga linda e elegante; *não se pescam trutas a bragas enxutas* tudo exige sacrifício (Do gr. *tróktes*, «id.», pelo lat. *tructa*-, «id.»)

truta-salmonada n.f. ICTIOLOGIA truta que tem a carne de cor rosada, semelhante à do salmão

truticultura n.f. criação de trutas (De *truta*+*cultura*, ou do fr. *truiticulture*, «id.»)

trutífero adj. 1 que cria trutas 2 em que há muitas trutas (De *truta*+*-fero*)

trutina n.f. 1 balança 2 exame; ponderação (De orig. obsc.)

trutinar v.tr.,intr. 1 pesar 2 medir 3 ajuizar; apreciar 4 depreciar (De *trutina*+*-ar*)

truz interj. imitativa do ruído produzido pela queda de um corpo ou pela detonação de uma arma de fogo; *de* ~ excelente, de arromba (De orig. onom.)

truz-truz interj. imitativa do ruído produzido pelo ato de bater a uma porta, para chamar (De orig. onom.)

tsé-tsé n.f. ZOOLOGIA mosca africana, pertencente a duas espécies do género *Glossina*, agente transmissor dos tripanossomas causadores da doença do sono no homem e da nagana (Do banto *tsetse*, «id.»)

t-shirt n.f. peça de vestuário, tipicamente de algodão, que cobre o tronco, de manga curta, e que, quando desdobrada, tem a forma de um T (Do ing. *T-shirt*, «id.»)

tsonga adj.2g. relativo ou pertencente aos Tsongas ▪ n.2g. indivíduo que pertence aos Tsongas

Tsongas n.m.pl. ETNOGRAFIA povo que habita áreas de África do Sul e de Moçambique

tsunâmi n.m. GEOGRAFIA vaga oceânica provocada por um tremor de terra submarino, por uma erupção vulcânica ou por um tufão; maremoto (Do jap. *tsunami*, «id.»)

tu pron.pess. designa a segunda pessoa do singular e indica a pessoa a quem se fala ou se escreve ⟨*tu viste?; estavam todos menos tu*⟩; ~ *cá,* ~ *lá* com familiaridade; *tratar por* ~ ser familiar, ser conhecedor (Do lat. *tu*, «id.»)

tua¹ det.,pron.poss. (masculino **teu**) refere-se à segunda pessoa do singular e indica, geralmente, posse ou pertença ⟨*a tua bola*⟩; *as tuas* brincadeiras próprias da pessoa com quem se fala (Do lat. *tua*-, «id.»)

tua² n.f. ORNITOLOGIA ave pernalta da África (De orig. onom.)

tuaca n.f. 1 licor que os Timorenses extraem, por incisão, dos coqueiros 2 sagu (Do mal. *tuáq* ou *tuváq*, «id.»)

tuaregue adj.2g. relativo ou pertencente aos Tuaregues ▪ n.2g. indivíduo pertencente aos Tuaregues ▪ n.m. língua berbere falada pelos Tuaregues; tamaxeque

Tuaregues n.m.pl. ETNOGRAFIA povo berbere que habita o Sara Central (Do ár. *Tawáriq*, pl. de *Táriq*, «id.», pelo berb. *Touareg*, «id.»)

tuba n.f. **1** MÚSICA instrumento de sopro da família dos metais que é o elemento de tessitura mais grave da família dos saxhorns e também dos naipes de metais de uma orquestra **2** [fig.] estilo épico (Do lat. *tuba-*, «trombeta»)

tubabo n.m. [Guiné-Bissau] homem branco; português (Do fr. do Senegal *tubab*, «id.»)

tubáceo adj. em forma de tuba; tubular (De *tuba*+*-áceo*)

tubagem n.f. **1** conjunto de tubos **2** canalização por meio de tubos **3** disposição de certos tubos; tubulação (De *tubo*+*-agem*)

túbara n.f. (fungo) ⇒ **trufa 1** (De *túbera*)

tubarão n.m. **1** ICTIOLOGIA peixe seláquio, de grande porte e nadadeira dorsal com dois lobos desiguais, frequente nos mares quentes **2** ICTIOLOGIA designação generalizada a alguns cações inofensivos **3** [fig.] pessoa que aufere grandes vencimentos, em especial, referentes a vários cargos (De orig. obsc.)

tubarão-azul n.m. ICTIOLOGIA ⇒ **tintureira 5**

tubarão-branco n.m. ZOOLOGIA tubarão da família dos Lamnídeos, de grande porte, cinzento-claro, nadadeira caudal semilunar e dentes triangulares serrilhados, considerado o mais perigoso dos tubarões

tubarão-martelo n.m. ZOOLOGIA tubarão com cabeça achatada e larga dos lados, como um martelo, que vive em águas tropicais e temperadas, tem cerca de 4 metros de comprimento, dorso castanho-acinzentado e partes inferiores brancas

tubarão-tigre n.m. ZOOLOGIA tubarão da família dos Carcarídeos, de grande porte e pele com manchas ou riscas, encontrado sobretudo em mares tropicais

tubeira n.f. boca ou extremidade de um tubo (De *tubo*+*-eira*)

tubel n.m. chispa que ressalta do metal candente quando este é batido (De orig. obsc.)

túbera n.f. **1** cogumelo com a parte esporífera subterrânea, em regra, comestível; trufa **2** testículo comestível de animal (Do lat. *tubĕre-*, «túbera»)

Tuberáceas n.f.pl. BOTÂNICA família de fungos ascomicetes, a que pertencem as trufas ou túberas, também conhecida por Eutuberáceas (Do lat. *tubĕre-*, «túbera» +*-áceas*)

tuberculado adj. que tem tubérculos ou formações semelhantes; tuberculífero (De *tubérculo*+*-ado*)

tubercular adj.2g. ⇒ **tuberculado** (De *tubérculo*+*-ar*)

tuberculífero adj. que tem ou produz tubérculos; tuberculado (De *tubérculo*+*-fero*)

tuberculiforme adj.2g. que tem a forma de tubérculo (De *tubérculo*+*-forme*)

tuberculina n.f. MEDICINA extrato de uma cultura de bacilos de Koch (médico e cientista alemão, 1843-1910), empregado no diagnóstico da tuberculose e por vezes com fins terapêuticos (De *tubérculo*+*-ina*, ou do fr. *tuberculine*, «id.»)

tuberculinização n.f. **1** MEDICINA ato de injetar tuberculina, como ensaio para o diagnóstico da tuberculose **2** MEDICINA uso terapêutico da tuberculina (De *tuberculinizar*+*-ção*)

tuberculinizar v.tr. praticar a tuberculinização em (De *tuberculina*+*-izar*)

tuberculização n.f. **1** MEDICINA ato ou efeito de tuberculizar **2** MEDICINA estado de um órgão afetado de tuberculose (De *tuberculizar*+*-ção*)

tuberculizar v.tr. **1** MEDICINA provocar tuberculose em **2** BOTÂNICA originar tubérculos em ■ v.intr.,pron. MEDICINA contrair a tuberculose (De *tubérculo*+*-izar*)

tuberculizável adj.2g. suscetível de tuberculizar-se (De *tuberculizar*+*-vel*)

tubérculo n.m. **1** excrescência ou protuberância, mais ou menos saliente, que se forma em qualquer parte de um organismo **2** BOTÂNICA cormo engrossado, em regra subterrâneo, com folhas reduzidas e carregadas de reservas nutritivas; *tubérculos quadrigémeos* ANATOMIA saliências arredondadas (2 pares) situadas junto do aqueduto de Sílvio, no encéfalo (Do lat. *tubercŭlu-*, «pequena túbera»)

tuberculose n.f. **1** MEDICINA doença infeciosa causada pelo bacilo de Koch, caracterizada pela presença de lesões nodulares nos tecidos (tubérculos) e que pode afetar qualquer órgão **2** BOTÂNICA predisposição para a formação de tubérculos (De *tubérculo*+*-ose*, ou do fr. *tuberculose*, «id.»)

tuberculosidade n.f. percentagem de pessoas tuberculosas, numa região ou localidade (De *tuberculoso*+*-i-*+*-dade*)

tuberculoso /ô/ adj. **1** que tem tubérculos **2** que é da natureza do tubérculo **3** que tem tuberculose ■ n.m. aquele que está atacado de tuberculose (De *tubérculo*+*-oso*)

tuberi- elemento de formação de palavras que exprime a ideia de trufa ou túbera (Do lat. *tubĕre-*, «túbera»)

tuberiforme adj.2g. que é morfologicamente semelhante a túbera; tuberoide (De *tuberi-*+*-forme*)

tuberoide adj.2g. ⇒ **tuberiforme** (De *tuberi-*+*-óide*)

tuberóide ver nova grafia tuberoide

tuberosa n.f. BOTÂNICA nome vulgar por que também se designa uma angélica (planta) da família das Liliáceas, de flores brancas, aromáticas (De *tuberoso*)

tuberosidade n.f. **1** excrescência carnuda **2** tumor em forma de tubérculo (De *tuberoso*+*-i-*+*-dade*)

tuberoso /ô/ adj. que tem tuberosidades; tuberculoso (Do lat. *tuberōsu-*, «id.»)

tubi- elemento de formação de palavras que exprime a ideia de tuba, trombeta (Do latim *tuba*, «idem»)

tub(i)- elemento de formação de palavras que exprime a ideia de tubo (Do lat. *tubu-*, «tubo»)

tubífero adj. que tem tubos (De *tubi-*+*-fero*)

tubiforme adj.2g. em forma de tubo (De *tubi-*+*-forme*)

tubinares n.f.pl. ORNITOLOGIA ⇒ **procelariiformes** (Do lat. *tubu-*, «tubo» +*nares*, «narinas»)

tubíporas n.m.pl. PALEONTOLOGIA grupo de octocoraliários (Do lat. *tubu-*, «tubo»+gr. *porós*, «orifício»)

tubista n.2g. MÚSICA pessoa que toca tuba (De *tuba*+*-ista*)

tubo n.m. **1** canal cilíndrico para condução de fluidos **2** vaso estreito e cilíndrico onde se guardam certos preparados farmacêuticos **3** canal ou conduta natural **4** objeto tubular; canudo **5** cano das peças de artilharia, dos lança-granadas, etc. **6** BOTÂNICA parte tubulosa (ou órgão) nos vegetais, como os vasos condutores da seiva, a parte da corola simpétala em que as pétalas estão ligadas entre si, etc.; *~ de ensaio* pequeno tubo de vidro fechado numa das extremidades, usado em experiências laboratoriais; *~ de escape* tubo de descarga do automóvel; *~ digestivo* ANATOMIA conjunto dos órgãos por onde passam os alimentos para serem transformados e assimilados; *~ neural* EMBRIOLOGIA formação epitelial situada dorsalmente no eixo mediano do embrião, do qual deriva o sistema nervoso; *~ polínico* BOTÂNICA formação que aparece quando germina o grão de pólen, que tem origem no alongamento da intina e serve para conduzir os gâmetas masculinos (Do lat. *tubu-*, «id.»)

tubotimpanite n.f. MEDICINA otite acompanhada de inflamação da trompa de Eustáquio (Do lat. *tuba-*, «trompa» +*tympănu-*, «tímpano» +*-ite*)

tubulação n.f. colocação ou disposição de um ou mais tubos; tubagem (Do lat. *tubulatiōne-*, «id.»)

tubulado adj. **1** em forma de tubo; tubuloso; tubular **2** que tem uma ou mais tubuladuras (Do lat. *tubulātu-*, «provido de tubos»)

tubuladura n.f. abertura num vaso destinada a receber um tubo (De *tubular*+*-dura*)

tubulão n.m. tubo de grande diâmetro (Do lat. *tubŭlu-*, «tubo» +*-ão*)

tubular adj.2g. ⇒ **tubulado** (Do lat. *tubŭlu-*, «tubo pequeno» +*-ar*)

tubulífero adj. que apresenta uma multidão de tubos (Do lat. *tubŭlu-*, «tubinho» +*ferre*, «ter»)

tubulifloro adj. BOTÂNICA que tem flores de corola tubulosa (Do lat. *tubŭlu-*, «tubo pequeno» +*flore-*, «flor»)

tubuliforme adj.2g. em forma de pequeno tubo (Do lat. *tubŭlu-*, «tubo pequeno» +*forma-*, «forma»)

túbulo n.m. **1** pequeno tubo **2** ANATOMIA pequena cavidade em forma de tubo (Do lat. *tubŭlu-*, «pequeno tubo»)

tubuloso /ô/ adj. **1** em forma de tubo; tubular; tubulado **2** BOTÂNICA diz-se da corola simpétala, regular, em forma de tubo (Do lat. *tubŭlu-*, «tubo pequeno» +*-oso*)

tubulura n.f. ⇒ **tubuladura** (Do fr. *tubulure*, «id.»)

tuca n.f. BOTÂNICA árvore mirtácea brasileira que produz a castanha-do-maranhão; júvia (De orig. obsc.)

tucanaboia n.f. espécie de cobra das regiões do Amazonas, considerada venenosa (Do tupi *tu'kana*, «cor de tucano» +*mboi*, «cobra»)

tucanabóia ver nova grafia tucanaboia

tucano n.m. ORNITOLOGIA ave trepadora, de bico muito volumoso e longo, plumagem de coloração vistosa, pertencente a várias espécies da família dos Ranfastídeos, algumas das quais muito frequentes no Brasil (Do tupi *tu'kana*, «id.»)

tucum n.m. **1** [Brasil] BOTÂNICA espécie de palmeira espinhosa **2** [Brasil] fibra desta palmeira com que se confecionam redes **3** [Brasil] BOTÂNICA pequeno coco, fruto desta palmeira (Do tupi *tu'kŭ*, «id.»)

tucumã n.m. BOTÂNICA palmeira dos sertões do Brasil, de cujo fruto se faz uma espécie de vinho (Do tupi *tuku'mã*, «id.»)

tucupi n.m. **1** ⇒ **mandioca 2** molho feito de manipueira (Do tupi *tiku'pir*, «id.»)

-tude sufixo nominal, de origem latina, que ocorre em substantivos femininos abstratos que designam *qualidade, estado* (*angelitude*)

tudel *n.m.* tubo metálico em que se mete a palheta de alguns instrumentos musicais (Do prov. *tudel*, «id.»)

tudense *adj.2g.* referente à cidade espanhola de Tui, na Galiza ■ *n.2g.* natural ou habitante de Tui (Do lat. *tudense-*, «id.»)

tudesco /é/ *adj.* relativo aos antigos alemães; germânico; germano; alemão ■ *adj.,n.m.* diz-se de ou a língua alemã; alemão (Do lat. med. *theodiscu-*, «id.», pelo it. *tedesco*, «id.»)

tudista *n.2g.* pessoa topa-a-tudo (De *tudo+-ista*)

tudo *pron.indef.* a totalidade de pessoas ou coisas (*pensar em tudo*); *dar ~ por/para* desejar algo fortemente; *em ~ e por ~* em todas as circunstâncias; *eis ~/é ~* não há mais nada a dizer; *estar por ~* transigir com a opinião ou desejos dos outros, estar disposto a aguentar todas as consequências; *mais que ~* principalmente; *ser ~* ser essencial, fundamental, indispensável, ser o principal; *ser ~ um* ser a mesma coisa (Do lat. *totu-*, «id.»)

tudo-bem *n.m.* ORNITOLOGIA nome vulgar por que, em algumas regiões, se designam umas gaivinas (aves) (De orig. onom.)

tudo-nada *n.m.* 1 porção insignificante 2 momento

tufão[1] *n.m.* 1 vento tempestuoso e violentíssimo; vendaval 2 ciclone tropical da região do Pacífico ocidental; furacão (Do gr. *týphon*, «torvelinho», pelo ár. *tufan*, «id.»)

tufão[2] *n.m.* variedade de calcário (De *tufo+-ão*)

tufar *v.tr.* dar o aspeto de tufo a; inchar ■ *v.intr.* formar tufos; tornar-se mais volumoso ■ *v.pron.* [fig.] encher-se de orgulho ou de vaidade (De *tufo+-ar*)

tufo[1] *n.m.* 1 porção de plantas, flores, penas, etc., muito juntas 2 proeminência ou refolho num vestido 3 porção de lã aberta 4 utensílio de espingardeiro e de ferreiro 5 montículo; proeminência (Do fr. *touffe*, «tufo»)

tufo[2] *n.m.* rocha esponjosa; *~ calcário* GEOLOGIA rocha sedimentar, calcária, vacuolar, de origem química, que, em regra, deixa ver os órgãos vegetais, conchas, etc., sobre os quais se fez o depósito; *~ vulcânico* GEOLOGIA rocha que é um aglomerado constituído por material fino lançado pelos vulcões, por vezes moldada às plantas ou aos animais, utilizada em construção, também chamada cinerito (Do lat. dial. *tufu-*, por *tofu-*, «pedra esponjosa»)

tufoso /ô/ *adj.* em forma de tufo; entufado; inchado (De *tufo+-oso*)

tugido *n.m.* ato ou efeito de tugir (Part. pass. subst. de *tugir*)

tugir *v.intr.* 1 falar muito baixo 2 dar sinal de si; *sem ~ nem mugir* sem dizer nada

tugrik *n.m.* unidade monetária da Mongólia (Do mongol *dughurik*, «coisa redonda», pelo ing. *tugrik*, «id.»)

tugue *n.m.* membro de uma seita de estranguladores da Índia (Do hind. *thag*, «id.», pelo ing. *thug*, «bandido; assassino»)

tugúrio *n.m.* 1 habitação rústica e pobre; choça; choupana 2 abrigo; covil (Do lat. *tugurĭu-*, «id.»)

tuí *n.m.* ORNITOLOGIA ⇒ **tuim**

tuia[1] *n.f.* BOTÂNICA árvore conífera, da família das Juniperáceas, afim dos ciprestes, que fornece madeira de boa qualidade (Do gr. *thyía*, «id.», pelo lat. med. *thya-*, ou *thyĭa-*, «tuia»)

tuia[2] *n.f.* conjunto de homens da lavoura, entre os habitantes da Índia (Do malaiala *tiyan*, «id.»)

tuição *n.f.* DIREITO ato de defender em juízo; defesa judicial (Do lat. *tuitiōne-*, «defesa»)

tuim *n.m.* [Brasil] ORNITOLOGIA nome vulgar de um pequeno papagaio, de cauda curta, que vive em bandos e é apreciado em cativeiro, também conhecido por bate-cu, cu-cosido, etc. (Do tupi *tu'ĩ*, «id.»)

tuitar *v.tr.* ⇒ **twittar**

tuitivo *adj.* que protege ou defende; próprio para defender (Do lat. *tuĭtu-*, «defendido», part. pass. de *tuēri*, «defender; proteger» +*-ivo*)

tuiuiú *n.m.* ORNITOLOGIA grande ave pernalta, brasileira, da família dos Ciconiídeos, também conhecida por tuiutuiú, passarão, etc. (Do tupi *tuyu'yu*, «id.»)

tuiutuiú *n.m.* ORNITOLOGIA ⇒ **tuiuiú**

tuja *n.f.* BOTÂNICA ⇒ **tuia**[1]

tujuba *n.f.* ZOOLOGIA ⇒ **teúba** (Do tupi *tui'yuba*, «abelha amarela»)

tuk-tuk *n.m.* triciclo com cabine para transporte de dois ou três passageiros, muito usado nas cidades da Índia e do sudeste asiático

tule *n.m.* tecido transparente, de seda ou algodão, com textura de rede, usado geralmente para véus e cortinados (Do fr. *tulle*, «id.»)

tulha *n.f.* 1 pia de pedra onde se junta a azeitona antes de ir para o lagar 2 montão de cereais ou frutos secos 3 casa ou compartimento onde se guardam cereais em grão; celeiro (De orig. obsc.)

tulheiro *adj.* que serve de tulha (De *tulha+-eiro*)

tuliano *adj.* 1 relativo a Túlio Hostílio, rei de Roma, séc. VII a. C. 2 designativo de um célebre cárcere de Roma 3 relativo ao túlio (elemento químico) (Do lat. *tulliānu-*, «id.»)

túlio *n.m.* QUÍMICA elemento com o número atómico 69, de símbolo Tm, um dos metais que se podem extrair das chamadas terras raras (Do lat. *Thule-*, top., ilha do Norte da Europa, hoje Islândia)

tulipa *n.f.* ⇒ **túlipa**

túlipa *n.f.* 1 BOTÂNICA planta ornamental de raiz bulbosa pertencente à família das Liliáceas 2 flor desta planta 3 refletor ou quebra-luz que se coloca em volta das lâmpadas (Do turc. *tulband*, «turbante», pelo ing. *tulip*, «id.»)

tulipáceo *adj.* semelhante ou relativo à túlipa (De *túlipa+-áceo*)

tulípeas *n.f.pl.* BOTÂNICA tribo de plantas bolbosas, da família das Liliáceas, a que pertencem as marquesinhas e as túlipas (De *túlipa+-eas*)

tulipeira *n.f.* BOTÂNICA árvore de porte desenvolvido, espécie de magnólia, de flores grandes, muito aromáticas e semelhantes às túlipas, cultivada em Portugal, nos jardins, e também conhecida por árvore-do-ponto (Do fr. *tulipier*, «id.»)

tulipeiro *n.m.* BOTÂNICA ⇒ **tulipeira**

tum *interj.* imitativa de uma detonação (De orig. onom.)

tumba[1] *n.f.* 1 espécie de maca onde se conduzem cadáveres à sepultura 2 caixão 3 túmulo; sepulcro 4 almofada de encadernador 5 [fig.] pessoa reservada ■ *n.2g.* indivíduo infeliz ao jogo (Do gr. *týmbos*, «túmulo», pelo lat. *tumba-*, «id.»)

tumba[2] *interj.* imita o som produzido por queda de um corpo ou por pancadas ou quedas sucessivas (De orig. onom.)

tumba[3] *n.f.* ato de fazer as três quinas no jogo do quino (De orig. obsc.)

tumba-catatumba *interj.* designativa de pancadas sucessivas (De orig. onom.)

tumbal *adj.2g.* referente a tumba (De *tumba+-al*)

tumbar *v.intr.* (jogo do quino) preencher todas as casas do cartão, primeiro que os outros parceiros (De *tumba+-ar*)

tumbeiro *n.m.* o que conduz a tumba ■ *adj.* relativo a tumba (De *tumba+-eiro*)

tumbice *n.f.* [pop.] infelicidade ao jogo; azar (De *tumba+-ice*)

tumefação *n.f.* 1 ato ou efeito de tumefazer 2 inchaço; intumescência; entumecência (Do lat. **tumefactiōne-*, «id.», de *tumefactu-*, «inchado», part. pass. de *tumefacĕre*, «fazer inchar; tumefazer»)

tumefacção ver nova grafia **tumefação**

tumefaciente *adj.2g.* que tumefaz ou provoca inchaço; tumefiçante (Do lat. *tumefaciente-*, «id.», part. pres. de *tumefacĕre*, «fazer inchar»)

tumefacto *adj.* que tem tumefação; intumescido; entumecido; inchado (Do lat. *tumefactu-*, «id.», part. pass. de *tumefacĕre*, «fazer inchar»)

tumefazer *v.tr.* tornar túmido; provocar a inchação de; tumeficar (Do lat. *tumefacĕre*, «id.»)

tumefeito *adj.* ⇒ **tumefacto** (Do lat. *tumefactu-*, «id.», part. pass. de *tumefacĕre*, «fazer inchar»)

tumeficante *adj.2g.* ⇒ **tumefaciente** (De *tumeficar+-ante*)

tumeficar *v.tr.* ⇒ **tumefazer** (Do lat. *tumēre*, «estar inchado» +*facĕre*, «fazer»)

tumente *adj.2g.* inchado; intumescido (Do lat. *tumente-*, «id.», part. pres. de *tumēre*, «estar inchado»)

tumescência *n.f.* ⇒ **intumescência** (Do lat. *tumescentĭa*, part. pres. neut. pl. de *tumescĕre*, «inchar»)

tumescente *adj.2g.* 1 intumescido; intumescente; inchado 2 diz-se de uma estrutura levemente dilatada (Do lat. *tumescente-*, «id.», part. pres. de *tumescĕre*, «inchar»)

tumescer *v.tr.,intr.* ⇒ **intumescer** (Do lat. *tumescĕre*, «inchar»)

tumescimento *n.m.* ⇒ **intumescimento** (De *tumescer+-i-+-mento*)

tumidez /ê/ *n.f.* qualidade ou estado de túmido; intumescência; inchaço (De *túmido+-ez*)

tumidificar *v.tr.* tornar túmido; engrossar ■ *v.intr.* aumentar de volume; inchar-se; dilatar-se (Do lat. *tumĭdu-*, «túmido» +*facĕre*, «fazer»)

túmido *adj.* 1 que aumentou de volume; inchado 2 [fig.] orgulhoso; emproado (Do lat. *tumĭdu-*, «id.»)

tumor *n.m.* 1 MEDICINA formação patológica, não inflamatória, de tecido novo, que pode ser constituído por células normais e manter-se localizado (tumor benigno), ou ser formado por células atípicas, invadindo os tecidos vizinhos ou disseminando-se à distância (tumor maligno) 2 [ant.] aumento de volume; tumefação; inchaço (Do lat. *tumōre-*, «id.»)

tumor-branco *n.m.* tuberculose articular

tumorização *n.f.* formação de um tumor (De *tumorizar*+-*ção*)
tumoroso *adj.* que tem aspeto de tumor; intumescido; túmido (De *tumor*+-*oso*)
tumular¹ *adj.2g.* relativo ou pertencente a túmulo (De *túmulo*+-*ar*)
tumular² *v.tr.* colocar no túmulo; sepultar (Do lat. *tumulāre*, «id.»)
tumulizar *v.tr.* sepultar em túmulo (De *túmulo*+-*izar*)
túmulo *n.m.* **1** monumento construído em memória da pessoa nele sepultada; sepultura; mausoléu **2** [fig.] lugar onde se morre; morte **3** [fig.] lugar triste e sombrio (Do lat. *tumŭlu*-, «id.»)
tumulto *n.m.* **1** movimento de pessoas acompanhado de burburinho e desordem **2** motim; sedição; revolta **3** alvoroço **4** [fig.] inquietação; desassossego; perturbação; *em* ~ em tropel, desordenadamente (Do lat. *tumultu*-, «id.»)
tumultuador *adj.,n.m.* **1** que ou o que tumultua **2** [fig.] amotinador; revolucionário (Do lat. *tumultuatōre*-, «id.»)
tumultuante *adj.2g.* que tumultua (Do lat. *tumultuante*-, «id.», part. pres. de *tumultuāre*, «fazer barulho»)
tumultuar *v.tr.* **1** provocar tumulto, confusão em **2** desordenar; desarrumar **3** causar alteração ou agitação a; perturbar ■ *v.tr.,intr.* amotinar(-se); revoltar(-se) ■ *v.intr.,pron.* **1** atropelar-se; agitar-se **2** espalhar-se confusamente; efervescer **3** andar sem rumo; vaguear (Do lat. *tumultuāre*, «id.»)
tumultuariamente *adv.* de modo tumultuário; desordenadamente; em tropel (De *tumultuário*+-*mente*)
tumultuário *adj.* **1** que se faz com tumulto **2** desordenado; amotinado; confuso **3** ruidoso (Do lat. *tumultuariu*-, «id.»)
tumultuosamente *adv.* em tumulto; em desordem; amotinadamente (De *tumultuoso*+-*mente*)
tumultuoso /ô/ *adj.* **1** posto em tumulto **2** desordeiro; agitador **3** impetuoso; violento **4** confuso **5** rápido (Do lat. *tumultuōsu*-, «id.»)
tuna¹ *n.f.* **1** [pop.] vida de vadio; ociosidade **2** grupo musical, geralmente constituído por estudantes universitários, em que predominam os instrumentos de corda (guitarras, bandolins, cavaquinhos, contrabaixo, etc.), e cujo espírito é manter a tradição académica associada ao gosto pela música (Do fr. ant. *tune*, «hospício de mendigos; esmola», pelo cast. *tuna*, «vadiagem»)
tuna² *n.f.* BOTÂNICA figueira-da-índia; nopálea (Do cast. *tuna*, «id.»)
tunador *adj.,n.m.* ⇒ **tunante** (De *tuna*+-*dor*)
tunal *n.m.* BOTÂNICA ⇒ **nopálea** (Do cast. *tunal*, «lugar onde abundam tunas»)
tunantagem *n.f.* conjunto de tunantes; tunantaria (De *tunante*+-*agem*)
tunantaria *n.f.* **1** qualidade, ação ou vida de tunante **2** tunantagem (Do cast. *tunantería*, «id.»)
tunante *adj.,n.2g.* **1** que ou aquele que anda à tuna; vadio; vagabundo **2** trapaceiro; embusteiro **3** ⇒ **tuno**¹ (Do cast. *tunante*, «id.»)
tunantear *v.intr.* andar à tuna; vadiar (Do cast. *tunantear*, «id.»)
tunar *v.intr.* ⇒ **tunantear** (Do cast. *tunar*, «id.»)
tunda¹ *n.f.* **1** sova; pancadaria **2** [fig.] crítica acerba (Do latim *tundĕre*, «dar pancadas»)
tunda² *n.f.* **1** [Angola] expulsão **2** [Angola] recusa; *tunda!* [Angola] exclamação que se usa para expulsar alguém ou para exprimir indignação, fora!, sai! (Do quimbundo *kutunda*, «sair»)
tundar *v.tr.* **1** dar uma tunda em; sovar; espancar **2** [fig.] criticar acerbamente (De *tunda*+-*ar*)
tundo¹ *n.m.* chefe de sacerdotes gentios, em certas regiões africanas (Do quimb. *tunda*, «id.»)
tundo² *n.m.* espécie de doutor por certas escolas japonesas (Do jap. *hondo*, «id.»)
tundra *n.f.* GEOGRAFIA associação ou formação vegetal, característica da zona ártica, que se desenvolve após os degelos, geralmente em zonas baixas e planas, constituída por líquenes fixos às saliências secas dos terrenos (tundras secas) e por musgos desenvolvidos nas depressões onde se acumula a água (tundras húmidas) (Do finl. *tuntur*, «planície musgosa», pelo russo *tundra*, «id.»)
túndrico *adj.* relativo a tundra (De *tundra*+-*ico*)
túnel *n.m.* **1** passagem subterrânea usada como via de comunicação **2** galeria subterrânea **3** espaço coberto pela ramaria densa de uma álea de árvores **4** [fig.] fase obscura ou difícil (Do ing. *tunnel*, «id.»)
tuneladora *n.f.* máquina utilizada para escavar túneis (Do ing. *tunneller*, «id.»)
tunesino *adj.* relativo ou pertencente a Tunes, capital da Tunísia, ou que é seu natural ou habitante ■ *n.m.* natural ou habitante de Tunes (Do ár. *tunesi*, «de Tunes»)
tunetano *adj.,n.m.* ⇒ **tunesino** (Do lat. *Tunēte*-, «de Tunes»+-*ano*)
tunga *n.f.* ZOOLOGIA ⇒ **nígua** (Do tupi *'tũga*, «id.»)

tungsténico *adj.* que diz respeito a tungsténio (De *tungsténio*+-*ico*)
tungsténio *n.m.* QUÍMICA elemento com o número atómico 74, de símbolo W, de tipo metálico, muito duro, dificilmente fusível, usado no fabrico de aços especiais, de filamentos para lâmpadas elétricas de incandescência e para válvulas de aparelhos eletrónicos e de anticátodos; volfrâmio (Do sueco *tungsten*, «pedra pesada»+-*io*)
tungue *adj.2g.* relativo aos Tungues ou à sua língua ■ *n.2g.* indivíduo pertencente aos Tungues ■ *n.m.* língua falada pelos Tungues (Do turc.-tártaro *tonguz*, «porco; criador de porcos»)
Tungues *n.m.pl.* ETNOGRAFIA povo mongol, que ainda inclui grupos nómadas, espalhados sobretudo pela Sibéria (De *tungue*)
tungula *n.f.* ORNITOLOGIA ave trepadora da África Ocidental (Do quimb.?)
túnica *n.f.* **1** vestuário comprido e justo, usado pelos antigos **2** peça de vestuário ampla, com ou sem mangas **3** BIOLOGIA membrana que forma as paredes de qualquer órgão **4** BOTÂNICA invólucro de um bolbo (Do lat. *tunĭca*-, «id.»)
tunicado *adj.* ZOOLOGIA diz-se do animal protocordado ■ *n.m.* espécime dos tunicados ■ *n.m.pl.* ZOOLOGIA subtipo de cordados, constituído por animais sem crânio e tipicamente com corda dorsal temporária e situada só na região caudal, a que pertencem as ascídias (Do lat. *tunicātu*-, «id.»)
tunicário *adj.* ⇒ **tunicado** (De *túnica*+-*ário*)
tunicela *n.f.* {diminutivo de *túnica*} tipo de casula usada pelos subdiáconos (Do lat. *tunicella*-, por *tunicŭla*-, «túnica pequena»)
tunicífero *adj.* ⇒ **tunicado** (De *túnica*+-*fero*)
tunicina *n.f.* substância consistente, de natureza celulósica, que reveste o corpo dos tunicados ou urocordados (animais) (De *túnica*+-*ina*)
Tunídeos *n.m.pl.* ICTIOLOGIA família de peixes teleósteos da qual fazem parte as várias espécies de atuns (Do gr. *thýnos*, «atum», pelo lat. *thunnu*-, «id.»+-*ídeos*)
tuning *n.m.* processo de modificação de qualquer um dos componentes de um carro, de forma a melhorar o seu desempenho e/ou alterar o seu aspeto, tornando-o um veículo exclusivo e único, adaptado ao gosto do condutor (Do ing. *tuning*, «afinação»)
tuniquete /ê/ *n.m.* ⇒ **tunicela** (De *túnica*+-*ete*)
tunisiano *adj.,n.m.* ⇒ **tunisino** (De *Tunísia*, top. +-*ano*)
tunisino *adj.* relativo ou pertencente à Tunísia, país do Norte da África ■ *n.m.* natural ou habitante da Tunísia (De *Tunísia*, top. +-*ino*)
tuno¹ *adj.,n.m.* que ou pessoa que faz parte de uma tuna (grupo musical) (Do castelhano *tuno*, «idem»)
tuno² *n.m.* [Angola] (umbundo) ⇒ **pau-sangue**
Tupá *n.m.* ⇒ **Tupã**
Tupã *n.m.* divindade suprema, entre os índios do Brasil (Do tupi *tu'pã*, ou *tu'pana*, «génio do raio e do trovão»)
tupaia *n.f.* ZOOLOGIA termo que tem servido a alguns autores para designar uns mamíferos insetívoros da família dos Tupaiídeos (género *Tupaya*), existentes nas Filipinas, também designados musaranho-arborícola (Do mal. *tupai*, «id.»)
Tupaíidas *n.m.pl.* ZOOLOGIA ⇒ **Tupaíideos**
Tupaíideos *n.m.pl.* ZOOLOGIA família de mamíferos insetívoros a cujo género-tipo, que se denomina *Tupaya*, pertencem uns musaranhos frequentes especialmente nas Filipinas (Do lat. cient. *Tupaya*+-*ídeos*)
tupé *n.m.* [Brasil] esteira grande onde se põem a secar alguns produtos agrícolas (Do tupi-guar. *tu'pe*, «entrançado»)
tupi *adj.2g.* relativo ou pertencente aos Tupis ■ *n.2g.* indivíduo pertencente ao povo dos Tupis ■ *n.m.* ramo linguístico que inclui diversas línguas vivas faladas em vários estados brasileiros e noutros países sul-americanos (Do tupi *tu-u'pi*, «pai supremo»)
tupia *n.f.* **1** espécie de torno de fazer molduras **2** macaco (aparelho) para levantar pesos (Do fr. *toupie*, «id.»)
tupi-guarani *n.m.* família linguística do ramo tupi, que inclui cerca de vinte línguas, faladas no Brasil e também em outros países vizinhos (De *tupi*+*guarani*)
tupinamba *n.f.* BOTÂNICA ⇒ **girassol-batateiro** (Do tupi *tupi'namba*, «id.»)
tupinambá *n.2g.* **1** indivíduo do povo dos Tupinambás **2** língua dos Tupinambás (Do tupi *tupi nambá*, «id.»)
Tupinambás *n.m.pl.* ETNOGRAFIA povo que dominava no Norte do Brasil quando os Portugueses aí se estabeleceram (Do tupi *tupi nambá*, «id.»)
tupinambo *n.m.* BOTÂNICA ⇒ **tupinambor** (De *tupinamba*)
tupinambor *n.m.* BOTÂNICA planta herbácea da família das Compostas, cujos tubérculos são comestíveis

tupinismo *n.m.* vocábulo ou locução de origem tupi (Do port. ant. *tupim*, por *tupi+-ismo*)

tupir *v.tr.* 1 apertar 2 entupir 3 tapar os poros de (Do cast. *tupir*, «id.»)

Tupis *n.m.pl.* ETNOGRAFIA grupo de ameríndios que se espalhou por várias regiões do Brasil e cujas línguas pertencem ao ramo tupi (Do tupi *tu-u'pi*, «pai supremo»)

tupperware *n.m.* recipiente de plástico com tampa que fecha de forma a não deixar entrar o ar, usado para conservar alimentos (Do ing. *Tupperware®*)

-tura sufixo nominal, de origem latina, que ocorre em substantivos abstratos que exprimem *ações* ou *resultados de ações* (*chefatura*, *formatura*)

turaco *n.m.* ORNITOLOGIA ave zigodáctila (espécie de cuco) com poupa e plumagem vistosas, que é mais ou menos frequente na África (De orig. obsc.)

turaniano *adj.* relativo ao Turão (Turquestão russo) ou aos Turanianos ■ *n.m.* indivíduo pertencente aos Turanianos

Turanianos *n.m.pl.* 1 ETNOGRAFIA povo descendente do patriarca hebreu Tur 2 ETNOGRAFIA designação dada aos Turcos da Ásia ocidental e média (Turquestão russo ou Turão) (De *Tur*, antr., ou de *Turão*, top. +-iano)

turânico *adj.* referente aos Turanianos (De *turânio+-ico*, ou de *Turão*, top. +-ico)

turânio *adj.,n.m.* ⇒ **turaniano** (De *Turão*, top. +-io)

Turânios *n.m.pl.* ETNOGRAFIA ⇒ **Turanianos** (De *Turão*, top. +-ios)

turari *n.f.* BOTÂNICA nome usado no Brasil para designar uma planta trepadeira da família das Sapindáceas (De orig. obsc.)

turba *n.f.* 1 magote de gente; multidão 2 povo; vulgo 3 coro de vozes; *em ~* tumultuosamente (Do lat. *turba-*, «id.»)

turbação *n.f.* ⇒ **turvação** (Do lat. *turbatiōne-*, «id.»)

turbador *adj.,n.m.* que ou aquele que turba; perturbador; agitador (Do lat. *turbatōre-*, «id.»)

turbamento *n.m.* ⇒ **turbação** (Do lat. *turbamentu-*, «id.»)

turbamulta *n.f.* multidão de gente desordenada; tropel (Do lat. *turba- multa-*, «grande multidão»)

turbante *n.m.* 1 espécie de banda de tecido que se enrola à volta da cabeça e que é usada pelos homens em alguns países orientais 2 chapéu feminino que evoca um turbante (Do turc. *tulband*, «id.», pelo it. *turbante*, «id.»)

turbar *v.tr.* ⇒ **turvar** (Do lat. *turbāre*, «id.»)

turbativo *adj.* que produz turbação (De *turbar+-tivo*)

turbável *adj.2g.* que se pode turbar (De *turbar+-vel*)

turbelariado *adj.,n.m.* ZOOLOGIA ⇒ **turbelário** (De *turbelário+-ado*)

turbelário *adj.* ZOOLOGIA diz-se do platelminte de vida livre, com aparelho digestivo ramificado ■ *n.m.* ZOOLOGIA espécime dos turbelários ■ *n.m.pl.* ZOOLOGIA grupo (classe) de platelmintes de vida livre, com aparelho digestivo tipicamente ramificado, cujo corpo é revestido de fina ciliatura locomotora (Do lat. *turbella-*, «desordem» +ário)

turbidez /ê/ *n.f.* 1 qualidade de turbulento 2 agitação 3 rebeldia; irrequietude 4 grande desordem 5 perturbação; desassossego 6 FÍSICA estado de movimento irregular de um fluido, tal que a velocidade das diferentes partículas fluidas que passam num ponto pode variar com o tempo em grandeza e direção (De *túrbido+-ez*)

túrbido *adj.* 1 turvo 2 escuro 3 perturbado (Do lat. *turbĭdu-*, «id.»)

turbilhão *n.m.* 1 vento tempestuoso que sopra em redemoinho 2 movimento rotativo muito rápido de uma massa de água; remoinho; sorvedouro 3 [fig.] tudo o que impele a um movimento irresistível 4 [fig.] agitação intensa ou febril (Do fr. *tourbillon*, «id.»)

turbilho *n.m.* ZOOLOGIA designação extensiva a uns moluscos gastrópodes, de concha alongada e cónica, frequentes nos mares das zonas temperadas e quentes do Globo (Do lat. *turbo*, «pião; redemoinho» +*ilho*)

turbilhonar *v.intr.* 1 formar turbilhão; redemoinhar 2 [fig.] estar agitado por um movimento rápido, irresistível (De *turbilhão+-ar*)

turbina *n.f.* motor cujo movimento é provocado pelo impulso de uma corrente de qualquer fluido (água, ar, vapor, gases quentes, etc.) (Do fr. *turbine*, «id.»)

turbinado *adj.* em forma de espiral ou de pião; turbiniforme ■ *n.m.* ANATOMIA ⇒ **corneto** (Do lat. *turbinātu-*, «de forma cónica»)

turbinal *adj.2g.* referente aos cornetos do nariz (Do lat. *turbĭne-*, «pião» +-al)

turbinectomia *n.f.* CIRURGIA operação cirúrgica para ressecção dos cornetos (fossas nasais) (Do lat. *turbĭne-*, «pião»+gr. *ek*, «fora» +*tomé*, «corte» +-*ia*)

turbíneo *adj.* impetuoso (Do lat. *turbinĕu-*, «id.»)

turbini- ⇒ **turbo-**

turbiniforme *adj.2g.* turbinado (Do lat. *turbĭne-*, «pião» +*forma-*, «forma»)

turbino- ⇒ **turbo-**

turbinoso /ô/ *adj.* 1 que gira à volta de um eixo, como um pião 2 semelhante a turbilhão (Do lat. *turbĭne-*, «pião» +-*oso*)

turbinótomo *n.m.* aparelho cirúrgico para executar a turbinectomia (Do lat. *turbĭne-*, «pião»+gr. *tomé*, «corte»)

turbo *n.m.* (automobilismo) pequena turbina que, ao comprimir os gases de escape, permite a sobrealimentação

turbo- elemento de formação de palavras que exprime a ideia de *redemoinho*, *turbilhão* (Do lat. *turbo, -ĭnis*, «movimento circular rápido; redemoinho; turbina»)

turboalternador *n.m.* ELETRICIDADE gerador síncrono de corrente alternada, comandado por uma turbina de vapor (De *turbo-+alternador*)

turbocompressor *n.m.* dispositivo mecânico constituído por uma turbina de gás e um compressor de ar, usado para aumentar a pressão no sistema de admissão dos motores de combustão interna

turbo-diesel *n.m.* 1 motor com um turbocompressor, alimentado a diesel 2 veículo com esse motor (Do ing. *turbo diesel*, «id.»)

turborreactor ver nova grafia **turborreator**

turborreator *n.m.* reator em que a compressão do fluido é feita por um compressor centrífugo ou axial, acionado por uma turbina (De *turbo-+reactor*)

turborrotunda *n.f.* tipo de rotunda em que o trânsito é canalizado através de lancis, possibilitando a circulação dos veículos, de forma contínua sem ser possível virar repentinamente (De *turbo-+rotunda*)

turbulência *n.f.* 1 qualidade de turbulento 2 agitação 3 rebeldia; irrequietude 4 grande desordem 5 perturbação; desassossego 6 FÍSICA estado de movimento irregular de um fluido, tal que a velocidade das diferentes partículas fluidas que passam num ponto pode variar com o tempo em grandeza e direção (Do lat. *turbulentĭa-*, «id.»)

turbulento *adj.* 1 que manifesta turbulência 2 que tem disposição para fazer desordens ou armar conflitos; desordeiro 3 que não está sossegado; irrequieto; buliçoso; traquinas 4 em que há muito movimento; agitado; tumultuoso ■ *n.m.* indivíduo desordeiro (Do lat. *turbulentu-*, «id.»)

turca *n.f.* 1 natural ou habitante da Turquia 2 [pop.] bebedeira (De *turco*)

túrcico *adj.* 1 turco 2 relativo à Turquia; *sela túrcica* ANATOMIA cavidade do esfenoide onde está localizada a hipófise (Do lat. med. *turcĭcu-*, «turco», pelo fr. *turcique*, «id.»)

turco *adj.* 1 relativo ou pertencente à Turquia, país do sudoeste da Ásia/sudeste da Europa, ou que é seu natural ou habitante 2 diz-se do tecido que é muito felpudo (usado em toalhas de banho e roupões) ■ *n.m.* 1 natural ou habitante da Turquia 2 língua oficial da Turquia 3 NÁUTICA braço de ferro articulado, destinado a içar ou arriar as embarcações miúdas 4 NÁUTICA viga que sai pela borda da embarcação para içar a âncora; *vida de ~* [fig.] vida regalada (Do turc. *türk*, «força; vigor»)

turcófilo *adj.,n.m.* que ou aquele que é afeiçoado à Turquia (De *turco+-filo*)

turcófobo *adj.,n.m.* que ou aquele que tem aversão à Turquia (De *turco+-fobo*)

turcomano *adj.* 1 dos Turcomanos 2 relativo aos Turcomanos ■ *n.m.* 1 indivíduo pertencente aos Turcomanos 2 língua dos Turcomanos, que faz parte do grupo turco das línguas uralo-altaicas (Do pers. *Turkuman*, «id.», pelo ing. *Turkoman*, «id.»)

Turcomanos *n.m.pl.* ETNOGRAFIA povo uralo-altaico da família turco-tártara, que vive no estado nómada, raramente sedentário, na região compreendida entre o rio Amudária e o mar Cáspio (De *turcomano*)

turdetano *adj.* relativo à Turdetânia, antiga designação da província espanhola que correspondia à parte ocidental da Andaluzia ■ *n.m.* natural ou habitante da Turdetânia (Do lat. *turdetānu-*, «id.»)

Túrdidas *n.m.pl.* ORNITOLOGIA ⇒ **Turdídeos**

Turdídeos *n.m.pl.* ORNITOLOGIA família de pássaros dentirrostros a que pertencem muitas espécies frequentes em Portugal, e cujo género-tipo se denomina *Turdus* (Do lat. *turdu-*, «tordo» +-*ídeos*)

turdonha /ô/ *n.f.* ORNITOLOGIA nome vulgar por que também se designa o tordo ou a tordeia, pássaros sedentários e comuns em Portugal (Do lat. *turdu-*, «tordo» +-*onha*)

túrdulo *n.m.* indivíduo pertencente ao povo dos Túrdulos que habitava a Bética, antiga província da Espanha meridional, a leste da Turdetânia (Andaluzia) (Do lat. *Turdŭlu-*, «id.»)

turfa *n.f.* PETROLOGIA rocha sedimentar carbonizada, com elevado teor de humidade, combustível quando seca, habitualmente fibrosa e rica em restos vegetais e que constitui a matéria-prima principal para a formação de carvões (Do ing. *turf*, «torrão»)

turfeira *n.f.* 1 jazigo de turfa 2 zona húmida e alagada em que se origina a turfa (De *turfa*+-*eira*)

turfol *n.m.* produto oleoso que se obtém pela destilação da turfa (De *turfa*+-*ol*)

turfoso /ô/ *adj.* em que há turfa (De *turfa*+-*oso*)

turgência *n.f.* ⇒ **turgidez** (Do lat. *turgentĭa*-, «id.»)

turgente *adj.2g.* ⇒ **túrgido** (Do lat. *turgente*-, «id.», part. pres. de *turgēre*, «estar inchado»)

turgescência *n.f.* ⇒ **turgidez** (Do lat. *turgescentĭa*-, «id.»)

turgescente *adj.2g.* 1 que provoca turgidez 2 túrgido (Do lat. *turgescente*-, «id.», part. pres. de *turgescĕre*, «inchar»)

turgescer *v.tr.,intr.* tornar(-se) túrgido; intumescer; inchar (Do lat. *turgescĕre*, «id.»)

turgidez /ê/ *n.f.* estado de túrgido; inchação; turgência; turgescência (De *túrgido*+-*ez*)

túrgido *adj.* 1 BIOLOGIA diz-se da célula que apresenta a membrana distendida (por vezes dilatada) pela pressão exercida contra ela pelo conteúdo celular 2 diz-se do órgão (ou organismo) que apresenta certa rigidez por estar distendido devido à pressão exercida pelo conteúdo celular ou por líquidos que a ele afluem 3 inchado; túmido 4 provido de sucos (Do lat. *turgĭdu*-, «id.»)

turgimão *n.m.* 1 intérprete oficial de uma legação ou embaixada europeia, nos países do Oriente 2 [fig.] alcoviteiro (Do ár. *tarjumán*, «intérprete»)

turgir *v.tr.* fazer inchar; intumescer (Do lat. *turgēre*, «id.»)

turião *n.m.* 1 BOTÂNICA vara simples, só munida de folhas, cujo desenvolvimento se verifica na primavera 2 BOTÂNICA rebento que se desenvolve de um rizoma, e que, por vezes, é carnoso e comestível, como os espargos hortenses (Do lat. *turiōne*-, «gomo»)

turibular *v.tr.* incensar com o turíbulo 2 [fig.] adular; bajular; lisonjear (De *turíbulo*+-*ar*)

turibulário *adj.,n.m.* 1 que ou aquele que incensa 2 [fig.] adulador (De *turíbulo*+-*ário*)

turíbulo *n.m.* objeto do culto no qual se queima o incenso para a cerimónia da incensação; incensório (Do lat. *turibŭlu*-, «id.»)

turícremo *adj.* [poét.] em que se queima incenso (Do lat. *turicrĕmu*-, «id.»)

turiferação *n.f.* ato de turiferar; turificação (De *turiferar*+-*ção*)

turiferar *v.tr.* ⇒ **turificar** (Do lat. *thure*-, «incenso» +*ferre*, «trazer» +-*ar*)

turiferário *adj.,n.m.* que ou aquele que leva o turíbulo nas procissões e outros atos religiosos solenes (De *turífero*+-*ário*)

turífero *adj.* diz-se da árvore que produz incenso (Do lat. *turifĕru*-, «id.»)

turificação *n.f.* 1 ato ou efeito de turificar; incensação 2 [fig.] adulação (Do lat. *turificatiōne*-, «id.»)

turificador *adj.,n.m.* 1 que ou aquele que turifica 2 [fig.] adulador (Do lat. *turificatōre*-, «id.»)

turificante *adj.2g.* que turifica (Do lat. *turificante*-, «id.», part. pres. de *turificāre*, «incensar»)

turificar *v.tr.* 1 incensar 2 [fig.] adular; lisonjear (Do lat. *turificāre*, «id.»)

Turingiano *n.m.* GEOLOGIA andar do Pérmico superior (De *Turíngia*, região montanhosa da Alemanha +-*ano*)

turino[1] *adj.* relativo a incenso (Do lat. *thurīnu*-, de *thure*-, «incenso»)

turino[2] *adj.* diz-se de uma raça de gado bovino (De orig. obsc.)

turismo *n.m.* 1 atividade de viajar, de conhecer lugares que não aquele onde se vive habitualmente 2 tudo o que se relaciona com os serviços organizados de viagens de pessoas que praticam esta atividade 3 movimento dos turistas; ~ *rural* tipo de turismo realizado em casas rústicas que possuem as características do meio rural em que se encontram, permitindo aos hóspedes um contacto direto com os usos e costumes da população local (Do ing. *tourism*, «id.», pelo fr. *tourisme*, «id.»)

turista *n.2g.* pessoa que viaja por recreio ou para se instruir; ~ *de pé-descalço* pessoa que viaja procurando não gastar muito dinheiro (Do ing. *tourist*, «id.», pelo fr. *touriste*, «id.»)

turístico *adj.* relativo ao turismo (De *turista*+-*ico*)

turma[1] *n.f.* 1 grupo de pessoas que se revezam para fazer o mesmo serviço ou prestar as mesmas provas 2 grupo de estudantes que seguem o mesmo programa e compõem uma sala de aulas; classe 3 bando; turba 4 [Brasil] malta (Do lat. *turma*-, «multidão; turma»)

turma[2] *n.f.* antiga moeda siamesa (Do siamês *tàm-lùng*, «id.»)

turmalina *n.f.* MINERALOGIA mineral de composição química complexa e variável (silicatos de boro e alumínio com sódio ou cálcio, magnésio, ferro ou lítio, oxidrilo e flúor), que cristaliza no sistema trigonal e cujas variedades transparentes, de diferentes cores, são apreciadas como gemas (Do cing. *toromalli*, «turmalina», pelo fr. *tourmaline*, «id.»)

turmalinoso /ô/ *adj.* da natureza da turmalina (De *turmalina*+-*oso*)

turnedó *n.m.* CULINÁRIA fatia de lombo de carne de vaca grelhada, mal passada (Do fr. *tournedos*)

túrnepo *n.m.* nome vulgar de uma variedade de nabo grande (nabo redondo) cultivado em Portugal, especialmente para alimentar gado (Do ing. ant. *turnep*, «id.», hoje *turnip*, «id.»)

Turneráceas *n.f.pl.* BOTÂNICA família de plantas dicotiledóneas, herbáceas ou lenhosas, próprias das regiões quentes do Globo, a cujo género-tipo, que se denomina *Turnera*, pertencem algumas espécies medicinais (Do lat. bot. *Turnēra*-, de *W. Turner*, antr., naturalista ing., 1832-1903 +-*áceas*)

Turnesiano *n.m.* GEOLOGIA época do Carbónico inferior (De *Tournais*, top., cidade belga da província do Hainaut +-*iano*)

Turnícidas *n.m.pl.* ORNITOLOGIA ⇒ **Turnicídeos**

Turnicídeos *n.m.pl.* ORNITOLOGIA família de aves galiformes, da fauna euro-africana, a cujo género-tipo se designa *Turnix* (Do lat. *Turnĭce*-, «codorniz» +-*ídeos*)

turno *n.m.* 1 cada um dos grupos de pessoas que se revezam em certos serviços ou atos 2 ordem; vez 3 turma; magote 4 [Brasil] cada uma das etapas em que se divide um torneio desportivo; *por seu ~* por sua vez, alternadamente; *por turnos* à vez, alternadamente (Do cast. *turno*, «turno», deriv. regr. de *turnar*, «revezar», do fr. *tourner*, «alternar»)

turonense *adj.2g.* referente à cidade francesa de Tours ■ *n.2g.* natural ou habitante de Tours (Do lat. *turonense*-, «id.»)

Turoniano *n.m.* GEOLOGIA andar do Cretácico médio (Do lat. *Turonĭa*-, «Turena», pelo fr. *Touraine*, «id.» +-*ano*)

turonicense *adj.2g.* ⇒ **turonense** (Do lat. *turonicense*-, «id.»)

turpilóquio *n.m.* expressão torpe; obscenidade; palavrão (Do lat. *turpiloquĭu*-, «id.»)

turquês *n.f.* 1 utensílio de metal, semelhante a uma tenaz, que serve para agarrar, segurar ou arrancar um objeto (prego, etc.) ou para cortar (arame, etc.) 2 pinça de alguns crustáceos (Do fr. ant. *turquoises* [*tenailles*], «tenazes turcas»)

turquesa /ê/ *n.f.* MINERALOGIA mineral (fosfato básico hidratado de alumínio e cobre) azul ou verde-azulado, que cristaliza no sistema triclínico e é usado como gema ■ *n.m.* cor desse mineral ■ *adj.inv.* que tem a cor desse mineral (Do it. *turchese*, «turquesa»)

turquesada /ê/ *n.f.* pancada com turquês (De *turquês*+-*ada*)

turquesado *adj.* da cor de turquesa (De *turquesa*+-*ado*)

turquesco /ê/ *adj.* 1 relativo aos Turcos 2 feito à maneira dos Turcos (De *turco*+-*esco*)

turquestano *adj.* relativo ou pertencente ao Turquestão (De *Turquestão*+-*ano*)

turqui *adj.2g.* designativo da cor azul carregada e sem transparência (Do ár. *turqí*, «turco»)

turquina *n.f.* espécie de turquesa de pouco valor (Do it. *turchina*, «id.»)

turra *n.f.* 1 [pop.] pancada com a testa; cabeçada; marrada 2 [fig.] teima; birra; disputa ■ *n.m.* [gír., depr.] nome atribuído pelos militares portugueses aos combatentes independentistas africanos, durante a guerra colonial portuguesa; *andar às turras* andar desavindo (Deriv. regr. de *turrar*)

turrão *adj.* 1 [pop.] diz-se do animal que turra ou marra 2 [fig.] teimoso; caturra ■ *n.m.* indivíduo teimoso (De *turrar*+-*ão*)

turrar *v.intr.* 1 [pop.] dar turras; marrar 2 [fig.] caturrar; altercar (De orig. onom.)

turrífero *adj.* (elefante) que transporta uma torre sobre si (Do lat. *turre*-, «torre» +*ferre*, «levar»)

turrífrago *adj.* [poét.] destruidor de torres (Do lat. *turre*-, «torre» +*frangĕre*, «quebrar»)

turrígero *adj.* [poét.] que possui torre ou castelo (Do lat. *turrigĕru*-, «id.»)

turrista *n.2g.* pessoa que turra muito; caturra; obstinado (De *turrar*+-*ista*)

turturinar *v.intr.* [Brasil] arrulhar (De *turturino*+-*ar*)

turturino *adj.* [poét.] relativo à rola ou ao pombo (Do lat. *turtŭre*-, «rola» +-*ino*)

turvação *n.f.* 1 ato ou efeito de turvar 2 perturbação; inquietação; desassossego 3 confusão; desordem (Do lat. *turbatiōne*-, «id.»)

turvador *adj.* que turva ou produz turvação (Do lat. *turbatōre-*, «id.»)

turvamento *n.m.* ⇒ **torvamento** (De *turvar+-mento*)

turvar *v.tr.* 1 tornar turvo 2 escurecer; toldar 3 [fig.] perturbar; desassossegar; inquietar 4 [fig.] embriagar (Do lat. *turbāre*, «perturbar»)

turvejar *v.tr.,intr.,pron.* tornar(-se) turvo; toldar(-se) (De *turvo+-ejar*)

turvo *adj.* 1 que perdeu a limpidez; toldado 2 embaciado; opaco 3 escuro; encoberto 4 [fig.] perturbado; agitado 5 [fig.] confuso ■ *n.m.* turvação (Do lat. *turbĭdu-*, «id.»)

tusa *n.f.* 1 [cal.] ereção 2 [cal.] desejo sexual 3 [cal.] força; ânimo; genica (De *tesão*?)

tusculano *adj.* que diz respeito à antiga cidade italiana de Túsculo, perto de Roma (Do lat. *tusculānu-*, «id.»)

tusébio *n.m.* variedade de mármore preto (De orig. obsc.)

tussilagem *n.f.* BOTÂNICA termo que tem sido usado para designar um grupo de plantas herbáceas, da família das Compostas, que têm aplicações medicinais, e a que pertence a unha-de-cavalo, espontânea em Portugal (Do lat. *tussilagĭne-*, «id.»)

tutáculo *n.m.* abrigo; proteção; asilo (Do lat. *tutacŭlu-*, «id.», dim. de *tutu-*, «lugar seguro»)

tuta-e-meia *n.f.* [pop.] insignificância; bagatela (De *[uma] macuta e meia*)

tutano *n.m.* 1 medula dos ossos 2 [fig.] parte mais recôndita; âmago (De orig. obsc.)

tutão *n.m.* superintendente do palácio real, na China antiga (Do chin. *tu-tung*, «id.»)

tutear *v.tr.* tratar por tu ■ *v.pron.* tratar-se por tu com alguém (De *tu+t+-ear*)

tuteio *n.m.* ato de tutear (Deriv. regr. de *tutear*)

tutela *n.f.* 1 autoridade legal sobre uma pessoa menor ou interdita 2 sujeição ou obediência técnica ou administrativa, imposta legalmente a um organismo ou uma região 3 [fig.] proteção; defesa; amparo 4 [fig.] sujeição; *ministro da ~* designação do ministro relativamente às questões da área da sua pasta (Do lat. *tutēla-*, «id.»)

tutelado *adj.* 1 que está sob tutela 2 protegido ■ *n.m.* indivíduo que está sob tutela (Part. pass. de *tutelar*)

tutelagem *n.f.* atos ou funções de tutor (De *tutelar+-agem*)

tutelar *v.tr.* 1 pôr sob tutela 2 proteger como tutor 3 [fig.] amparar; defender ■ *adj.2g.* 1 que protege 2 referente a tutela (De *tutela+-ar*)

tutia *n.f.* óxido de zinco impuro que adere às chaminés dos fornos, quando neles se calcinam certos minérios de chumbo (Do pers. *tutiya*, «id.»)

tutiar *v.intr.* criar tutia (De *tutia+-ar*)

tutilimúndi *n.m.* 1 todo o mundo; toda a gente 2 mistura de várias coisas 3 cosmorama (Do it. *tutto il mondo*, «todo o mundo; toda a gente»)

tutinegra /ê/ *n.f.* ORNITOLOGIA ⇒ **toutinegra** (Por *toutinegra*)

tutinegra-dos-valados *n.f.* ORNITOLOGIA ⇒ **fura-balças**

tutinegro /ê/ *n.m.* [Madeira] ORNITOLOGIA ⇒ **toutinegro** (Por *toutinegra*)

Tutinos *n.m.pl.* ETNOGRAFIA antigo povo da Calábria, península do Sudeste da Itália (Do lat. *tutīnu-*, «id.»)

tutor *n.m.* 1 pessoa a quem, por lei, é confiada uma tutela 2 haste cravada no solo, à qual se segura uma planta 3 [fig.] protetor 4 conselheiro (Do lat. *tutōre-*, «id.»)

tutorar *v.tr.* ⇒ **tutelar** (De *tutor+-ar*)

tutorear *v.tr.* ⇒ **tutelar** (De *tutor+-ear*)

tutoria *n.f.* 1 autoridade ou cargo de tutor 2 estabelecimento onde estão internados menores, sob tutela; casa de correção 3 [fig.] tutela; amparo; defesa (De *tutor+-ia*)

tutorial *n.m.* INFORMÁTICA série de instruções que explicam o funcionamento de um determinado programa (Do ing. *tutorial*, «id.»)

tutório *adj.* que protege; protetor; de tutor (Do lat. *tutorĭu-*, «id.»)

tutti frutti *adj.inv.* constituído por ou aromatizado com diversos frutos (Do it. *tutti frutti*, «todas as frutas»)

tutu[1] *n.m.* [infant.] nádegas (De orig. onom.)

tutu[2] *n.m.* saia de tule em camadas que têm comprimentos diferentes, usada pelas bailarinas no ballet (Do francês *tutu*, «idem»)

tutu[3] *n.m.* 1 [Brasil] ser imaginário com que se mete medo às crianças; papão 2 [Brasil] influente local; cacique (Do quimb. *kitu'tu*, «bicho-papão»)

tútulo *n.m.* gorro usado pelos flâmines, na antiga Roma, encimado por um tufo de lã (Do lat. *tutŭlu-*, «carapuça»)

tuvino *n.m.* ORNITOLOGIA pequeno pássaro frequente nas hortas (De orig. obsc.)

tuza *n.f.* BOTÂNICA arbusto moçambicano (De orig. obsc.)

tweed *n.m.* tecido de lã cardada, de origem escocesa, cardado e geralmente com uma trama de fios de duas ou mais cores (Do ing. *tweed*, «id.»)

twin *adj.inv.* (alojamento) diz-se de quarto equipado com duas camas individuais (Do ing. *twin*, «id.»)

twist *n.m.* (*plural* **twists**) estilo de dança de origem norte-americana, popular na década de 1960, caracterizada por um ritmo rápido e movimentos ágeis de pernas, braços e quadris (Do ing. *twist*, «id.»)

twittar *v.tr.* 1 publicar (comentário, fotografia, etc.) na rede social Twitter 2 comunicar através da rede social Twitter (Do ing. *Twitter+-ar*)

u[1] *n.m.* **1** vigésima primeira letra e quinta vogal do alfabeto **2** letra que representa a vogal posterior fechada (ex. *tu*) e a semivogal labiovelar (ex. *água*) **3** vigésimo primeiro lugar numa série indicada pelas letras do alfabeto **4** objeto, corte ou desenho com forma semelhante a esta letra **5** QUÍMICA símbolo de *urânio* (com maiúscula)

u[2] *adv.* [arc.] onde (Do lat. *ubi*, «onde»)

uabaína *n.f.* FARMÁCIA, QUÍMICA heterósido ativo e tóxico que se encontra, com a estrofantina, em certas partes do estrofanto e tem aplicação em medicina como cardiotónico (Do somali *wabayo*, «id.» +-*ina*)

uaçaí *n.m.* [Brasil] ⇒ **açaí**

uacari *n.m.* **1** ICTIOLOGIA peixe de água doce, cujo corpo é revestido de placas resistentes, também conhecido por acari, cascudo, etc. **2** ZOOLOGIA macaco sul-americano, arborícola, de cauda curta e cabeça total ou parcialmente desprovida de pelos, frequente na Amazónia (Do tupi *waka'ri*, «id.»)

uacauã *n.m.* [Brasil] ORNITOLOGIA nome vulgar de uma ave de rapina do Brasil, pertencente à família dos Falconídeos, que ataca cobras, também conhecida por acauã (Do tupi *waka'wã*, «id.»)

-uaçu [Brasil] ⇒ **-açu**

uadadá *n.m.* BOTÂNICA planta provida de tubérculos, que se encontra especialmente no Norte do Brasil (De orig. obsc.)

uaicima *n.f.* BOTÂNICA planta sertaneja do Brasil, usada no fabrico de cordas (Do tupi *wa'sima*, «id.»)

uajará *n.m.* **1** BOTÂNICA árvore silvestre do Brasil, da família das Sapotáceas; guajará **2** BOTÂNICA fruto desta árvore (Do tupi *waya'ra*, «id.»)

uálua *n.f.* **1** [Angola] designação genérica de qualquer bebida preparada pelas populações do Nordeste **2** [Angola] variedade de cerveja de milho usual em Luanda (Do quimb. *ualwa*, «bebida», de *kuala-lesa*, «fazer aquecer»)

uamiri *n.m.* flecha outrora usada pelos indígenas do Brasil (Do tupi *uwami'ri*, «id.»)

uanambé *n.m.* [Brasil] ORNITOLOGIA ave da família dos Cotingídeos, com espécies cuja plumagem é variável; anambé; guainambé (Do tupi *wanã'bé*, «id.»)

uanga *n.m.* [Angola] feitiço; ciência do feiticeiro (Do quimb. *wanga*, «id.»)

uariá *n.m.* [Brasil] BOTÂNICA planta brasileira de tubérculos farináceos e comestíveis (De orig. desconhecida)

uariquina *n.f.* [Brasil] espécie de malagueta vermelha e comprida (Do tupi *wari'kina*, «id.»)

uarubé *n.m.* [Brasil] preparado de massa de mandioca, sal, alho e pimenta, para ser desfeito em molho de carne ou peixe (Do tupi *waru'be*, «id.»)

uaruremboia *n.f.* BOTÂNICA arbusto medicinal do Amazonas (Do tupi *warurẽ'boya*, «id.»)

uarurembóia ver nova grafia **uaruremboia**

uatapu *n.m.* espécie de buzina com que os Índios do Brasil supõem atrair o peixe (Do tupi *wata'pu*, «id.»)

uauaçu *n.m.* [Brasil] BOTÂNICA palmeira de semente oleaginosa, também denominada babaçu (Do tupi *wawa'su*, «id.»)

ubá[1] *n.f.* BOTÂNICA planta anonácea do Brasil, com que se fabricam cestos (Do tupi *u'ba*, «id.»)

ubá[2] *n.f.* BOTÂNICA planta da família das Gramíneas, também denominada cana-brava, etc. (Do tupi *i'wa*, «cana de flecha»)

ubá[3] *n.f.* embarcação indígena de uma só peça escavada em tronco de árvore ou feita de uma casca inteiriça de tronco de árvore, sem quilha nem banco; canoa (Do tupi *i'wa*, «árvore»)

ubá-açu *n.m.* BOTÂNICA árvore do Brasil, da família das Apocináceas, chamada também pau-pereira (De *ubá*+-*açu*)

ubacaba *n.f.* BOTÂNICA planta do Brasil, da família das Mirtáceas, de frutos comestíveis (Do tupi *iwa'kaba*, «id.»)

ubacaia *n.f.* BOTÂNICA planta pertencente à família das Zingiberáceas, oriunda da Índia, também conhecida por cana-de-macaco (De orig. obsc.)

ubaense *adj.2g.* referente à cidade brasileira de Ubá, no estado de Minas Gerais ■ *n.2g.* natural ou habitante dessa cidade (De *Ubá*, top. +-*ense*)

ubango *n.m.* ORNITOLOGIA pássaro africano, de plumagem olivácea e bico e pés negros, pertencente à família dos Laniídeos

ubarana *n.m.* [Brasil] ICTIOLOGIA peixe teleósteo, marinho, pertencente a duas espécies muito perseguidas por outros peixes vorazes, e também conhecido por ubarana-mirim, focinho-de-porco e ubarana-comum (Do tupi *uba'rana*, «id.»)

ubatã *n.m.* [Brasil] BOTÂNICA árvore silvestre, da família das Anacardiáceas, também conhecida por gonçalo-alves (Do tupi *i'wa*, «árvore» +*a'tã*, «dura»)

uberar *v.tr.* fecundar; fertilizar ■ *v.intr.* produzir (Do lat. *uberāre*, «fertilizar»)

uberdade *n.f.* **1** qualidade de úbere **2** abundância de frutos **3** fertilidade; fecundidade **4** fartura; riqueza; opulência (Do lat. *ubertāte-*, «id.»)

úbere[1] *adj.2g.* **1** fértil; fecundo; produtivo **2** abundante; farto (Do lat. *ubĕre-*, «fecundo; fértil»)

úbere[2] *n.m.* órgão mamário das fêmeas de alguns animais; teta; mama (Do lat. *ubĕre-*, «mama; teta; seio»)

uberoso /ô/ *adj.* com forma de úbere (De *úbere*+-*oso*)

ubérrimo *adj.* {superlativo absoluto sintético de **úbere**} muito úbere; fertilíssimo (Do lat. *uberrĭmu-*, «id.»)

ubertoso /ô/ *adj.* [poét.] fecundo; fértil; úbere (Do lat. *ubertu-*, «fértil; abundante» +-*oso*)

ubi *n.m.* BOTÂNICA ⇒ **ubim**

ubianganga *n.f.* espécie de corvo africano

ubim *n.m.* BOTÂNICA designação extensiva a um grupo de palmeiras do Brasil, entre as quais as também conhecidas por ubimirim, ubim-uaçu (que fornecem folhas utilizadas na cobertura de palhotas), etc. (Do tupi *u'bi*, «id.»)

ubimirim *n.m.* [Brasil] BOTÂNICA espécie de palmeira; ubim pequeno (De *ubi*+-*mirim*)

ubim-uaçu *n.m.* [Brasil] BOTÂNICA espécie de palmeira de grande porte; ubim grande

ubiquidade /qu-i/ *n.f.* dom de estar ao mesmo tempo em vários lugares; omnipresença (Do lat. *ubiquitāte-*, «id.», de *ubīque*, «em toda a parte», pelo fr. *ubiquité*, «id.»)

ubiquista /qu-i/ *n.2g.* pessoa que dá a impressão de estar em vários lugares ao mesmo tempo, ou que se dá bem em qualquer lugar (Do lat. *ubīque*, «em toda a parte» +-*ista*)

ubiquitário /qu-i/ *n.m.* membro de uma seita protestante que afirma que Jesus Cristo está presente na Eucaristia apenas por força da omnipresença de Deus (Do lat. *ubīque*, «em toda a parte» +*t+ário*)

ubíquo *adj.* que tem o dom da ubiquidade (Do lat. *ubīquu-*, «que está em toda a parte»)

ubiracicá *n.f.* BOTÂNICA planta brasileira, da família das Anacardiáceas; espécie de cipó (Do tupi *ibi'ra isi'ka*, «resina de madeira»)

ubirarema /ê/ *n.f.* BOTÂNICA planta de origem americana, que pertence à família das Fitolacáceas, também conhecida por ibirarema (Do tupi *ibi'ra*, «madeira» +*rema*, «fétido»)

ubuçu *n.m.* BOTÂNICA variedade de palmeira também conhecida por *ubu'su*, «id.»)

uçá *n.m.* **1** [Brasil] ZOOLOGIA caranguejo de grande porte, utilizado na alimentação **2** ICTIOLOGIA peixe teleósteo da família dos Escombrídeos (Do tupi *u'sa*, «id.»)

-ucar sufixo verbal, de origem latina, com sentido diminutivo e repetitivo (*mexerucar*)

ucasse *n.m.* 1 decreto outrora emanado do imperador da Rússia 2 [fig.] decisão arbitrária (Do russo *ukaz*, «decreto; ordem», pelo fr. *ukase*, «id.»)

ucha¹ *n.f.* arca ou compartimento onde se guardam alimentos; despensa; tulha; *ficar à ~* ficar sem nada (Do lat. vulg. *hutīca-*, «arca», pelo fr. *huche*, «id.»)

ucha² *n.f.* queimada de mato ou urze; fogueira (Do lat. *usta-*, part. pass. fem. de *urĕre*, «queimar»)

uchão *n.m.* indivíduo que tem a seu cargo a ucharia; despenseiro (De *ucha*+*-ão*)

ucharia *n.f.* 1 depósito de alimentos; despensa; ucha 2 arrecadação 3 [regionalismo] depósito de forragens 4 conjunto das alfaias agrícolas 5 [fig.] abundância; fartura (De *ucha*+*-aria*)

-ucho sufixo nominal, de origem latina, com sentido diminutivo, por vezes pejorativo (*papelucho, gorducho*)

-uco sufixo nominal, de origem latina, que tem geralmente sentido diminutivo (*fachuco, abelharuco*)

-uço sufixo nominal, de origem latina, que traduz a ideia de *quantidade, porção* (*manhuço*)

ucraniano *adj.* relativo ou pertencente à Ucrânia (país do leste da Europa) ■ *n.m.* 1 natural da Ucrânia 2 língua indo-europeia do ramo eslavo, falada na Ucrânia (De *Ucrânia*, top. +*-ano*)

ucronia *n.f.* 1 utopia aplicada à História 2 a História refeita logicamente tal como teria podido ser (Do gr. *oū*, «não» +*khrónos*, «tempo» +*-ia*, ou do fr. *uchronie*, «id.»)

uçu *adj.* [Brasil] grande (Do tupi *u'su*, «grande»)

ucuuba *n.f.* BOTÂNICA planta brasileira da família das Miristicáceas (Do tupi *uku'iwa*, «id.»)

ucuubeira *n.f.* ⇒ **ucuuba** (De *ucuuba*+*-eira*)

udo *adj.* graúdo; *sem ~ nem miúdo* sem nada, sem coisa nenhuma (De *graúdo*, com aférr.)

-udo sufixo nominal, de origem latina, que ocorre geralmente em adjetivos derivados de substantivos e traduz a ideia de *qualidade exagerada* (*peludo, cabeludo, membrudo, mamudo*)

udometria *n.f.* METEOROLOGIA processo de determinar, por meio do udómetro, a quantidade de chuva que cai num lugar durante certo tempo; pluviometria (Do lat. *udu-*, «húmido»+gr. *métron*, «medida» +*-ia*)

udométrico *adj.* relativo à udometria ou ao udómetro (De *udometria*+*-ico*)

udómetro *n.m.* METEOROLOGIA instrumento usado em udometria; pluviómetro (Do lat. *udu-*, «húmido»+gr. *métron*, «medida»)

udu *n.m.* ORNITOLOGIA pássaro brasileiro também conhecido por juruva (De orig. onom.)

uf *interj.* exprime alívio ou cansaço (De orig. onom.)

ufa¹ *n.f.* 1 ICTIOLOGIA peixe também chamado rato 2 ICTIOLOGIA variedade de raia, no Brasil; *à ~* à farta, com abundância (Do gót. *ufjo*, «abundância»)

ufa² *interj.* exprime alívio, cansaço ou admiração (De orig. onom.)

ufanar *v.tr.* 1 tornar ufano; envaidecer 2 alegrar; regozijar ■ *v.pron.* 1 sentir ufania 2 gabar-se (De *ufano*+*-ar*)

ufania *n.f.* 1 qualidade de ufano 2 motivo de honra ou de glória 3 vaidade; ostentação; soberba (De *ufano*+*-ia*)

ufano *adj.* 1 contente de si próprio; orgulhoso 2 presunçoso; vaidoso 3 triunfante (Do gót. **ufains*, «ufano», pelo cast. *ufano*, «vaidoso»)

ufanoso /ô/ *adj.* envaidecido; ufano (De *ufano*+*-oso*)

ugabe *n.m.* MÚSICA antiga designação da harpa (De orig. obsc.)

ugalha *n.f.* [pop.] ⇒ **igualha**

ugalhar¹ *v.tr.* apagar com o ugalho (as pegadas nos meios ainda moles das salinas) (De *ugalho*+*-ar*)

ugalhar² *v.tr.* ⇒ **igualar** (De *ugalha*+*-ar*)

ugalho *n.m.* ancinho para varrer o sal nas salinas (Deriv. regr. de *ugalhar*)

ugandês *adj.* relativo ao Uganda ■ *n.m.* natural ou habitante do Uganda (De *Uganda*, top. +*-ês*)

ugar¹ *v.tr.* 1 [regionalismo] igualar 2 [regionalismo] acertar as paveias ou gavelas dos cereais para as atar (Do lat. *aequāre*, «igualar»)

ugar² *v.intr.* dar alarme; gritar (De orig. onom.)

-ugem sufixo nominal, de origem latina, que entra na formação de substantivos femininos derivados de outros substantivos, exprimindo a ideia de *semelhança, porção* (*babugem, penugem*)

ugolinesco *adj.* relativo ao conde italiano Ugolino, célebre tirano de Pisa (século XIII) (De *Ugolino*, antr. +*-esco*)

ugolino *adj.* ⇒ **ugolinesco** (De *Ugolino*, antr.)

úgrico *adj.* relativo aos Ugros ■ *n.m.* língua uralo-altaica falada pelos Ugros (Do turc. *ujgur*, «ugro» +*-ico*)

ugro *n.m.* indivíduo dos Ugros (Do turc. *ujgur*, «id.»)

ugro-finlandês *n.m.* língua que faz parte da família de línguas uralo-altaicas

Ugros *n.m.pl.* ETNOGRAFIA povo da raça uralo-altaica, espalhado por várias regiões da Ásia Central (Do turc. *ujgur*, «id.»)

uh *interj.* exprime dor, repugnância ou intenção de assustar alguém (De orig. onom.)

ui *interj.* exprime dor, espanto, surpresa ou repugnância (Do lat. *hui*, «id.»)

uiara *n.f.* [Brasil] mãe-d'água (Do tupi *i'yara*, «senhora da água»)

uigur *adj.,n.2g.* 1 que ou o que pertenceu aos Uigures, povo turco nómada que, no século VIII, percorreu a região a oeste da atual Mongólia 2 que ou o que pertence aos Uigures, povo de origem turcomena que habita no noroeste da China ■ *n.m.* língua pertencente ao ramo turco da família altaica, falada por este povo (Do uigur *uighur*, «id.»)

uigure *adj.,n.2g.,n.m.* ⇒ **uigur**

uigúrico *adj.* relativo aos Uigures ou à sua língua (De *uigure*+*-ico*)

uiofobia *n.f.* aversão aos próprios filhos (Do gr. *huiós*, «filho» +*phobeīn*, «ter horror a» +*-ia*)

uirá *n.m.* [Brasil] termo genérico que designa ave (Do tupi *gwi'ra*, «ave»)

uiramirim *n.m.* ORNITOLOGIA pequena ave passeriforme, da família dos Piprídeos, com plumagem preta brilhante, listrada de branco nas asas e vermelha na cabeça, no peito e no abdómen (De *uirá*+*-mirim*)

uirapuru *n.m.* ORNITOLOGIA pássaro brasileiro da família dos Piprídeos, pequeno e conhecido pelo seu canto, que, segundo a crença popular, dá sorte a quem o possui (Do tupi *wirapu'ru*, «id.», de *wi'ra*, «pássaro» +*pu'ru*, «magro»)

uirari *n.m.* [Brasil] veneno vegetal com que os caboclos costumam ervar as setas (Do tupi *wi'rari*, «id.»)

uísque *n.m.* ⇒ **whisky** (Do ing. *whisky*, «id.»)

uistiti *n.m.* termo que tem sido usado para designar um símio platirríneo da América, muito pequeno, cujo dedo polegar não é oponível aos outros dedos (De orig. obsc.)

uivada *n.f.* série de uivos (Part. pass. fem. subst. de *uivar*)

uivador *adj.,n.m.* que ou o animal que uiva; uivante (De *uivar*+*-dor*)

uivante *adj.2g.* que uiva; uivador (De *uivar*+*-ante*)

uivar *v.intr.* 1 emitir a sua voz característica (o lobo, a raposa, o cão); dar uivos 2 produzir um som agudo e prolongado semelhante ao uivo 3 gritar; vociferar ■ *v.tr.* exprimir, uivando (Do lat. *ululāre*, «id.»)

uivo *n.m.* 1 ato ou efeito de uivar 2 voz do lobo, do cão e de outros animais 3 grito prolongado e lamentoso (Deriv. de *uivar*)

uja *n.f.* ICTIOLOGIA peixe seláquio, afim da raia, da família dos Trigonídeos, que aparece em Portugal; rato (De orig. obsc.)

-ujar sufixo verbal, de origem latina, que exprime a ideia de que a ação se realiza aos poucos, com interrupções (*mamujar, papujar*)

uje *n.f.* ICTIOLOGIA ⇒ **uja**

ujica *n.f.* [Brasil] iguaria delicada; acepipe (De orig. obsc.)

ujo *n.m.* ORNITOLOGIA ave de rapina noturna da família dos Bubonídeos; bufo (De orig. onom.)

-ujo sufixo nominal que traduz a ideia de *referência, ligação* (*marujo*) (De orig. obsc.)

ulalgia *n.f.* MEDICINA dor nas gengivas (Do gr. *oúlon*, «gengiva» +*álgos*, «dor» +*-ia*)

ulano *n.m.* cavaleiro do exército alemão ou austríaco, armado de lança (Do turc. *oghlan*, «jovem», pelo al. *Ulan*, «lanceiro»)

úlcera *n.f.* 1 MEDICINA solução de continuidade, de difícil cicatrização, que ocorre no revestimento cutâneo ou numa mucosa 2 ferida; chaga 3 BOTÂNICA alteração no tecido lenhoso das árvores 4 [fig.] causa de corrupção moral; vício (Do lat. *ulcĕra*, pl. de *ulcus*, *ĕris*, «id.»)

ulceração *n.f.* 1 ato ou efeito de ulcerar 2 formação de úlcera ou de úlceras 3 ⇒ **úlcera** 1 (Do lat. *ulceratiōne-*, «id.»)

ulcerado *adj.* 1 que apresenta úlcera ou processo de ulceração 2 [fig.] atormentado (Part. pass. de *ulcerar*)

ulcerar *v.tr.,intr.,pron.* 1 causar úlcera em ou cobrir-se de úlceras 2 converter(-se) em úlcera 3 [fig.] afligir(-se) profundamente; atormentar(-se) ■ *v.tr.* [fig.] corromper; adulterar (Do lat. *ulcerāre*, «id.»)

ulcerativo *adj.* 1 que diz respeito a úlcera 2 próprio de úlcera 3 que produz úlcera (De *ulcerar*+*-tivo*)

ulcerável *adj.2g.* suscetível de se ulcerar (De *ulcerar*+*-vel*)

ulceroide *adj.2g.* semelhante a úlcera; ulcoide (De *úlcera*+*-óide*)

ulceróide ver nova grafia *ulceroide*

ulceroso /ô/ *adj.* **1** que tem úlceras **2** da natureza da úlcera (Do lat. *ulcerōsu-*, «id.»)
ulcoide *adj.2g.* ⇒ **ulceroide**
ulcóide ver nova grafia ulcoide
ulemá *n.m.* doutor teólogo, entre os Árabes e os Turcos (Do ár. *'ulama*, pl. de *'alim*, «sábio»)
-ulho sufixo nominal, de origem latina, que traduz a ideia de *amontoado, agitação*, por vezes com sentido aumentativo (*casculho, marulho, pedregulho*)
uliginário *adj.* que se desenvolve ou vive em terrenos húmidos (Do lat. *uligĭne-*, «humidade» +*ário*)
uliginoso /ô/ *adj.* pantanoso; húmido (Do lat. *uliginōsu-*, «id.»)
ulisseu *adj.* **1** referente a Ulisses, herói grego lendário **2** [fig.] astucioso **3** [fig.] velhaco (Do lat. *ulyssēu-*, «de Ulisses»)
ulissiponense *adj.2g.* relativo ou pertencente a Lisboa, capital de Portugal, ou que é seu natural ou habitante; lisboeta ■ *n.2g.* natural ou habitante de Lisboa; lisboeta (Do lat. *Ulyssipōna-*, «Lisboa»+*-ense*)
ulite *n.f.* MEDICINA inflamação das gengivas; gengivite (Do gr. *oúlon*, «gengiva»+*-ite*)
Ulmáceas *n.f.pl.* BOTÂNICA família de plantas dicotiledóneas, lenhosas, de folhas alternas, a cujo género-tipo, que se denomina *Ulmus*, pertence o ulmeiro ou olmo, existente em Portugal (Do lat. *ulmu-*, «olmo» +*-áceas*)
ulmáceo *adj.* relativo ou semelhante ao ulmo (Do lat. *ulmu-*, «olmo» +*-áceo*)
ulmária *n.f.* BOTÂNICA planta subarbustiva, de flores brancas, pertencente à família das Rosáceas, espontânea em algumas regiões portuguesas, e também conhecida por rainha-dos-prados, ulmeira ou erva-ulmeira (Do lat. *ulmu-*, «olmo» +*ária*)
ulmarina *n.f.* substância com propriedades medicinais que se extrai da ulmária e se usa em pó (De *ulmária*+*-ina*)
ulmeira *n.f.* BOTÂNICA ⇒ **ulmária** (De *ulmária*)
ulmeiro *n.m.* BOTÂNICA árvore de grande porte, com sâmaras quase sésseis, pertencente à família das Ulmáceas, subespontânea e cultivada em Portugal, e também conhecida por mosqueiro, negrilho, olmeiro, olmo, ulmo, etc. (Do lat. *ulmu-*, «olmo» +*-eiro*)
úlmico *adj.* QUÍMICA designativo de uma mistura complexa ácida existente no húmus, elaborada por transformação de substâncias orgânicas do solo (Do lat. *ulmu-*, «olmo» +*-ico*)
ulmo *n.m.* BOTÂNICA ⇒ **ulmeiro** (Do lat. *ulmu-*, «olmo»)
ulna *n.f.* **1** antiga designação do cúbito **2** medida antiga, equivalente à braça (Do lat. *ulna-*, «antebraço»)
ulnal *adj.2g.* ⇒ **ulnar** (Do lat. *ulna-*, «cúbito» +*-al*)
ulnar *adj.2g.* **1** ANATOMIA (OSSO) referente ao cúbito; cubital **2** ANATOMIA designativo do osso carpiano ou piramidal (Do lat. *ulna-*, «cúbito»+*-ar*)
ulnário *adj.* ⇒ **ulnar** (Do lat. *ulna-*, «cúbito» +*ário*)
ulo *n.m.* [Brasil] grito; gemido (Deriv. regr. de *ulular*)
-ulo sufixo nominal, de origem latina, que tem sentido diminutivo (*lóbulo, oxídulo*)
ulojanja *n.f.* [Angola] ORNITOLOGIA pássaro de bico amarelo-alaranjado e tarsos avermelhados, que vive na África Ocidental
Ulotricáceas *n.f.pl.* BOTÂNICA família de algas clorofíceas, filamentosas, que inclui espécies marinhas e de água doce, e cujo género-tipo se denomina *Ulotrix* (Do gr. *oulótrix, -trikhós*, «de cabelo encaracolado»)
ulótrico *adj.* que tem os cabelos ou os apêndices ciliares crespos ■ *n.m.* homem de cabelo crespo (Do gr. *oulotrikhós*, «de cabelo crespo»)
ulterior *adj.2g.* **1** que está, vem ou sucede depois; posterior **2** situado além (Do lat. *ulteriōre-*, «id.»)
ulterioridade *n.f.* qualidade do que é ulterior (De *ulterior*+*-i-*+*-dade*)
ulteriormente *adv.* depois; posteriormente (De *ulterior*+*-mente*)
última *n.f.* **1** disparate mais recente de uma pessoa **2** notícia ou informação mais recente; novidade **3** *pl.* ponto extremo; limite **4** *pl.* estado que precede a morte **5** *pl.* insultos muito graves **6** *pl.* miséria extrema **7** *pl.* notícias mais recentes; *chegar às últimas* chegar a vias de facto; *dizer as últimas de* dizer muito mal de (De *último*)
ultimação *n.f.* **1** ato ou efeito de ultimar **2** aperfeiçoamento final; conclusão; remate **3** secção das fábricas de lanifícios onde se ultimam os tecidos (De *ultimar*+*-ção*)
ultimado *adj.* **1** que se ultimou; acabado; concluído **2** (negócio) fechado (Part. pass. de *ultimar*)
ultimador *n.m.* aparelho com que se dá a última demão no preparo de certos tecidos (De *ultimar*+*-dor*)

ultimamente *adv.* **1** nos últimos tempos; recentemente **2** em último lugar; por último (De *último*+*-mente*)
ultimar *v.tr.* **1** pôr fim a; concluir; acabar; terminar **2** fechar (negócio) (Do lat. *ultimāre*, «id.»)
ultimato *n.m.* **1** últimas propostas ou condições que uma nação apresenta a outra, e de cuja aceitação ou recusa depende a paz ou a guerra **2** resolução irrevogável (Do lat. *ultimātu-*, «ultimado», pelo fr. *ultimatum*, «ultimato»)
último *adj.* **1** que está, vai ou vem no fim de todos **2** derradeiro; final; extremo **3** que ultima ou remata **4** mais recente **5** mais novo **6** que antecede; precedente **7** que está em vigor; atual **8** menos elevado em categoria **9** pior **10** restante **11** irrevogável; definitivo; terminante ■ *n.m.* **1** o que está ou vem depois de todos **2** o pior de todos; *por ~* finalmente, em conclusão (Do lat. *ultĭmu-*, «id.»)
ultimogénito *n.m.* filho mais novo (Do lat. *ultĭmu-*, «último» +*genĭtu-*, «gerado»)
ulto *adj.* vingado (Do lat. *ultu-*, «id.», part. pass. de *ulcisci*, «vingar»)
ultor *adj.,n.m.* (feminino **ultriz**) que ou o que se vinga; vingador (Do lat. *ultōre-*, «id.»)
ultra *n.2g.* pessoa extremista ou radical ■ *adj.* diz-se de algo ou alguém extremista ou radical (Do lat. *ultra*, «para além de», ou abrev. de *ultra-realista*)
ultra- prefixo que exprime a ideia de *além de, excessivamente, extremamente*, e se liga por hífen ao elemento seguinte quando este começa por vogal, *h, r* ou *s* (Do lat. *ultra*, «além de»)
ultrabásico *adj.* PETROLOGIA diz-se das rochas magmáticas com um teor de sílica inferior a 45% e que se caracterizam pela pobreza ou ausência de feldspato (De *ultra-*+*básico*)
ultracentrifugação *n.f.* QUÍMICA centrifugação obtida por meio de um centrifugador cuja velocidade angular é muito elevada (De *ultra-*+*centrifugação*)
ultracentrifugar *v.tr.* QUÍMICA separar por ultracentrifugação (De *ultra-*+*centrifugar*)
ultracorreção *n.f.* ⇒ **hipercorreção** (De *ultra-*+*correcção*)
ultracorrecção ver nova grafia ultracorreção
ultracurto *adj.* excessivamente curto (ondas elétricas) (De *ultra-*+*curto*)
ultraesdrúxulo *adj.* diz-se do agregado vocabular (como *dávamos-lhe*) que tem o acento tónico antes da antepenúltima sílaba
ultra-esdrúxulo ver nova grafia ultraesdrúxulo
ultrafantástico *adj.* que excede os limites vulgares da fantasia humana (De *ultra-*+*fantástico*)
ultrafiltração *n.f.* BIOLOGIA, QUÍMICA filtração através de membrana semipermeável e forçada por sucção ou sobrepressão para separação de coloides e isolamento de certos vírus considerados infiltráveis (De *ultra-*+*filtração*)
ultra-humano *adj.* **1** que está acima das forças humanas; sobre-humano **2** sobrenatural **3** [fig.] extraordinário; sublime
ultrajado *adj.* que sofreu ultraje; ofendido (Part. pass. de *ultrajar*)
ultrajador *adj.,n.m.* **1** que ou aquele que ultraja **2** difamador; caluniador (De *ultrajar*+*-dor*)
ultrajante *adj.2g.* que encerra ultraje (De *ultrajar*+*-ante*)
ultrajar *v.tr.* fazer ultraje a; injuriar; insultar; difamar (De *ultraje*+*-ar*)
ultraje *n.m.* **1** ato ou efeito de ultrajar **2** ofensa grave; insulto; afronta (Do fr. ant. *oltrage*, hoje *outrage*, «id.»)
ultrajoso /ô/ *adj.* ⇒ **ultrajante** (De *ultraje*+*-oso*)
ultraleve *n.m.* AERONÁUTICA aparelho de voo muito leve, constituído apenas por asas de fibra ou tela, leme simples, um pequeno motor e um assento para o tripulante ■ *adj.2g.* extremamente leve (De *ultra-*+*leve*)
ultraliberal *adj.2g.* POLÍTICA liberalista radical (De *ultra-*+*liberal*)
ultraliberalismo *n.m.* POLÍTICA liberalismo extremista (De *ultra-*+*liberalismo*)
ultramar *n.m.* **1** região ou regiões que estão além-mar **2** territórios que estão muito afastados da metrópole **3** tinta azul extraída do lápis-lazúli (Do lat. *ultra*, «além de» +*mare*, «mar»)
ultramaratona /ô/ *n.f.* DESPORTO prova de corrida pedestre com distância superior a 42,195 quilómetros (De *ultra-*+*maratona*)
ultramarino *adj.* do ultramar ou a ele referente (De *ultramar*+*-ino*)
ultramicroscopia *n.f.* FÍSICA observação dos objetos com o auxílio do ultramicroscópio (De *ultra-*+*microscopia*)
ultramicroscópico *adj.* **1** relativo à ultramicroscopia **2** extremamente pequeno (De *ultra-*+*microscópico*)
ultramicroscópio *n.m.* FÍSICA microscópio dotado de sistema de iluminação lateral da preparação, que aumenta consideravelmente

o poder separador e permite o uso de ampliações muito maiores do que as usadas em iluminação por transparência (De *ultra-+microscópio*)

ultramoderno *adj.* moderno ao máximo; moderníssimo (De *ultra-+moderno*)

ultramontanismo *n.m.* doutrina dos que, em França, defendiam a concentração de todos os poderes e atribuições da Igreja Católica na pessoa do papa e da Cúria Romana, deslocando, assim, para além dos montes (os Alpes), a sede total dos poderes eclesiásticos (em oposição ao galicanismo), e que preconizava ainda a permanência do poder temporal dos papas (De *ultramontano+-ismo*)

ultramontano *adj.,n.m.* 1 que ou aquele que é partidário do ultramontanismo 2 trasmontano (Do it. *ultramontano*, «de além dos montes»)

ultranatural *adj.2g.* ⇒ **sobrenatural** (De *ultra-+natural*)

ultraoceânico *adj.* situado além do oceano

ultra-oceânico ver nova grafia ultraoceânico

ultrapassado *adj.* 1 que se ultrapassou 2 que foi superado 3 antiquado; desatualizado

ultrapassagem *n.f.* 1 ato de ultrapassar 2 passagem de um veículo para diante de outro veículo que marche no mesmo sentido ou para diante de qualquer obstáculo que surja na sua frente (De *ultrapassar+-agem*)

ultrapassar *v.tr.* 1 passar além de; transpor 2 passar para diante de 3 exceder; superar (De *ultra-+passar*)

ultrapasteurização *n.f.* processo de tratamento do leite em que este é aquecido a uma temperatura de 145 °C durante dois ou três segundos, sendo imediatamente arrefecido até 20 °C, de forma a eliminar todas as bactérias (De *ultra-+pasteurização*)

ultrapasteurizado *adj.* que foi submetido a ultrapasteurização (De *ultra-+pasteurizado*)

ultrapressão *n.f.* FÍSICA pressão extremamente elevada, da ordem de milhares ou de centenas de milhar de atmosferas (De *ultra-+pressão*)

ultra-radical ver nova grafia ultrarradical
ultra-rápido ver nova grafia ultrarrápido
ultra-realismo ver nova grafia ultrarrealismo
ultra-realista ver nova grafia ultrarrealista
ultra-revolucionário ver nova grafia ultrarrevolucionário
ultra-romântico ver nova grafia ultrarromântico
ultra-romantismo ver nova grafia ultrarromantismo

ultrarradical *adj.2g.* excessivamente radical; radical ao máximo

ultrarrápido *adj.* extremamente rápido

ultrarrealismo *n.m.* POLÍTICA sistema dos que defendem o despotismo ou absolutismo monárquico 2 POLÍTICA absolutismo extremista

ultrarrealista *adj.2g.,n.2g.* POLÍTICA que ou pessoa que é partidária do absolutismo monárquico

ultrarrevolucionário *adj.* 1 que é excessivamente revolucionário 2 que é muito inovador

ultrarromântico *adj.* 1 posterior ao romantismo 2 romântico em excesso

ultrarromantismo *n.m.* LITERATURA corrente literária que surgiu após o romantismo, e que exagerou as normas implantadas pelos seguidores deste

ultra-secreto ver nova grafia ultrassecreto
ultra-sensível ver nova grafia ultrassensível
ultra-som ver nova grafia ultrassom
ultra-sónico ver nova grafia ultrassónico
ultra-sonografia ver nova grafia ultrassonografia
ultra-sonográfico ver nova grafia ultrassonográfico

ultrassecreto *adj.* totalmente secreto; altamente secreto

ultrassensível *adj.2g.* extremamente sensível

ultrassom *n.m.* 1 FÍSICA fenómeno ondulatório elástico, de frequência superior ao limite dos sons audíveis (mais de 20 000 hertz), com aplicação importante na medicina, na investigação das propriedades físicas dos materiais, na emulsificação, etc. 2 MEDICINA ⇒ **ecografia**

ultrassónico *adj.* 1 relativo ou pertencente a ultrassom 2 (velocidade) supersónico

ultrassonografia *n.f.* MEDICINA ⇒ **ecografia**

ultrassonográfico *adj.* diz-se do exame, estudo, etc., realizado através da ultrassonografia (De *ultra-sonografia+-ico*)

ultraterrestre *adj.2g.* que está além ou fora da Terra (De *ultra-+terrestre*)

ultravioleta /ê/ *adj.inv.* FÍSICA diz-se das radiações eletromagnéticas cujos comprimentos de onda (entre 40 e 4000 angströms) ficam compreendidos entre os do extremo violeta do espetro visível e os dos raios X moles ■ *n.m.* FÍSICA região do espetro invisível abrangida por essas radiações (De *ultra-+violeta*)

ultravírus *n.m.2n.* BIOLOGIA designação generalizada dos agentes patogénicos que, pela sua pequenez extraordinária, estão fora do alcance do poder de visibilidade dos atuais instrumentos de ótica amplificadores, e passam através dos poros dos filtros de colódio; vírus filtrante (De *ultra-+vírus*)

ultrazodiacal *adj.2g.* ASTRONOMIA diz-se de uma constelação que não esteja no zodíaco e do planeta anão Plutão, cuja órbita (com inclinação sobre o plano da eclíptica de 17° 7') não está inteiramente na zona zodiacal (De *ultra-+zodiacal*)

ultrice *n.f.* ⇒ **ultriz**

ultriz *n.f.* (*masculino* **ultor**) [poét.] aquela que se vinga; vingadora (Do lat. *ultrīce-*, «id.»)

ululação *n.f.* 1 ato ou efeito de ulular 2 grito ou uivo de aves noturnas (Do lat. *ululatiōne-*, «id.»)

ululador *adj.,n.m.* que ou o animal que ulula; ululante (De *ulular+-dor*)

ululante *adj.2g.* que ulula ou está em atitude de ulular; ululador (Do lat. *ululante-*, «id.», part. pres. de *ululāre*, «ulular»)

ulular *v.intr.* 1 soltar (certos animais) gritos lamentosos; uivar; ganir 2 [fig.] queixar-se aflitivamente ■ *v.tr.* exprimir, soltando gritos semelhantes a ulos (Do lat. *ululāre*, «id.»)

ululato *n.m.* ⇒ **ululação** (Do lat. *ululātu-*, «id.», part. pass. subst. de *ululāre*, «ulular»)

ululo *n.m.* ⇒ **ululação** (Deriv. regr. de *ulular*)

Ulváceas *n.f.pl.* BOTÂNICA família de algas cloroficeas, filiformes, de água salgada ou salobra, cujo género-tipo se denomina *Ulva* (Do lat. *ulva-*, «ulva», erva dos pântanos+-*áceas*)

um *art.indef.* antecede um nome, indicando referência imprecisa e indeterminada (*um livro*) ■ *pron.indef.* 1 alguma pessoa; alguém (*falei com um muito simpático*) 2 alguma coisa; algum (*comprei uns ontem*) ■ *num.card.* >*quant.num.*^{DT} 1 a unidade primeiro da série dos números inteiros positivos 3 MATEMÁTICA o primeiro (o menor) dos números naturais 4 MATEMÁTICA número de elementos dos conjuntos singulares ■ *adj.* indivisível; uno ■ *n.m.* 1 o número 1 e a quantidade representada por esse número 2 o que, numa série, ocupa o primeiro lugar 3 carta de jogar, peça de dominó ou face de dado com uma pinta; ~ *a/por* ~ um de cada vez (Do lat. *unu-*, «id.»)

-um sufixo nominal, de origem latina, que ocorre especialmente em adjetivos derivados de nomes de animais (*cabrum, vacum, ovelhum*)

uma *art.indef.* antecede um nome, indicando referência imprecisa e indeterminada (*uma saia*) ■ *pron.indef.* 1 alguma pessoa; alguém (*umas ficaram lá*) 2 alguma coisa (*vendi umas*); *à* ~ simultaneamente; *das duas* ~ sem mais opções; *não dar* ~ *para a caixa* não fazer nada acertado (Do lat. *una-*, «id.»)

umação *n.f.* estado de madeira umada (De *umar+-ção*)

umar¹ *v.intr.* [regionalismo] ganhar humidade (a madeira); humedecer (Do latim *humidāre*, «idem»)

umar² *v.intr.* [Angola] desaparecer; acabar (De *um+ar*, «ficar reduzido a um»)

umari *n.m.* [Brasil] BOTÂNICA designação de uma planta da família das Leguminosas, cujas sementes têm aplicações terapêuticas (Do tupi *uma'ri*, «id.»)

umbala *n.f.* [Angola] libata; senzala (Do quimb. *mbala*, «id.»)

umbamba *n.f.* [Brasil] BOTÂNICA palmeira que se desenvolve especialmente em sítios inundados (Do tupi *ũ'bāba*, «id.»)

umbanda *n.f.* 1 [Angola] arte de curar 2 [Angola] feitiço; amuleto (Do quimb. *umbanda*, ou do umbundo *oumbanda*, «id.»)

umbaúba *n.f.* [Brasil] BOTÂNICA árvore da família das Moráceas, frequente na Amazónia, também conhecida por imbaúba, imbaíba, árvore-da-preguiça, torém, etc. (Do tupi *'āba'ib*, «árvore oca»)

umbela *n.f.* 1 guarda-sol 2 pequeno pálio em forma de chapéu de sol 3 BOTÂNICA tipo de inflorescência (ou infrutescência) em que os pedúnculos nascem todos à mesma altura, também denominado umbráculo (Do lat. *umbella-*, «sombrinha»)

umbelado *adj.* 1 que possui umbela; umbelífero 2 disposto em forma de umbela; umbelífero (De *umbela+-ado*)

Umbelíferas *n.f.pl.* BOTÂNICA família de plantas dicotiledóneas com pequenas flores dispostas, na maioria dos casos, em umbelas (De *umbelífero*)

umbelífero *adj.* ⇒ **umbelado** (Do lat. *umbella*-, «sombrinha» +*ferre*, «ter»)

umbeliforme *adj.2g.* que tem forma de umbela; umbraculiforme (Do lat. *umbella*-, «sombrinha» +*forma*-, «forma»)

umbélula *n.f.* 1 umbela pequena 2 BOTÂNICA cada uma das umbelas parciais componentes de uma umbela composta (Do lat. *umbella*-, «sombrinha» +-*ula*)

umbigada *n.f.* 1 encontrão dado com a região do umbigo ou com a barriga 2 região do umbigo 3 em várias danças folclóricas brasileiras, coreografia que consiste na aproximação dos umbigos das pessoas que dançam (De *umbigo*+-*ada*)

umbigo *n.m.* 1 ANATOMIA cicatriz abdominal, saliente ou reentrante, no ponto em que o cordão umbilical se prendia ao indivíduo durante a sua vida fetal 2 ZOOLOGIA depressão existente na base da concha de alguns moluscos 3 orifício do tubo ou cálamo de uma pena 4 [fig.] centro 5 [fig.] excrescência (Do lat. *umbilīcu*-, «id.»)

umbigo-de-freira ver nova grafia **umbigo de freira**

umbigo de freira *n.m.* variedade de biscoito para o chá

umbigo-de-vénus *n.m.* BOTÂNICA ⇒ **conchelo**

umbigueira *n.f.* 1 umbigo grande 2 [Brasil] ferida no umbigo dos bezerros recém-nascidos produzida pelas larvas de certos insetos que aí puseram os ovos (De *umbigo*+-*eira*)

umbilicado *adj.* 1 relativo ou semelhante ao umbigo 2 que tem umbigo (Do lat. *umbilicātu*-, «id.»)

umbilical *adj.2g.* 1 referente ao umbigo 2 diz-se de um cordão vascular que une o feto à placenta (Do lat. *umbilicāre*-, «id.»)

umbla *n.f.* ICTIOLOGIA peixe teleósteo, de água doce, de cor acastanhada, da família dos Salmonídeos (Do lat. *umbra*-, «sombra», certo peixe, pelo fr. *ombre*, «id.»)

umbo *n.m.* 1 PALEONTOLOGIA, ZOOLOGIA extremidade posterior, recurvada, das valvas dos lamelibrânquios e dos braquiópodes 2 ⇒ **gancho** (Do lat. *umbo, -ōnis*, «bossa; cotovelo»)

umbraculífero *adj.* que tem um órgão em forma de umbela (Do lat. *umbracŭlu*-, «guarda-sol» +*ferre*, «trazer»)

umbraculiforme *adj.2g.* que tem forma de umbráculo; umbeliforme (Do lat. *umbracŭlu*-, «guarda-sol» +*forma*-, «forma»)

umbráculo *n.m.* 1 BOTÂNICA parte superior do corpo dos cogumelos, em forma de umbela, também chamada chapéu 2 ZOOLOGIA parte campanulada do corpo de uma medusa (celenterado) (Do lat. *umbracŭlu*-, «guarda-sol»)

umbral *n.m.* 1 ombreira (de porta) 2 [fig.] entrada (Do cast. *umbral*, «soleira»)

umbrático *adj.* 1 sem luz; sombrio; umbrátil 2 [poét.] relativo à sombra 3 que vive ou gosta de viver na sombra 4 [fig.] fantástico; quimérico (Do lat. *umbratīcu*-, «id.»)

umbratícola *adj.2g.* ⇒ **umbrícola** (Do lat. *umbraticŏla*-, «id.»)

umbrátil *adj.2g.* 1 ⇒ **umbrático** (Do lat. *umbratīle*-, «id.»)

umbrela *n.f.* ⇒ **umbela** (Do b. lat. *umbrella*-, por *umbella*-, «guarda-sol»)

umbria *n.f.* 1 GEOGRAFIA encosta de um relevo oposta à culminação do Sol (para norte do trópico de Câncer, a encosta voltada a norte; para sul do trópico de Capricórnio, a encosta voltada a sul; na zona tórrida, conforme a época do ano, assim será a encosta voltada para norte ou para sul) 2 lugar onde há sombra (Do lat. *umbrīva-, de *umbra*-, «sombra»)

úmbrico *adj.* 1 relativo à Úmbria, região da Itália antiga atravessada pelo Tibre 2 relativo aos seus habitantes ▪ *n.m.* 1 dialeto do ramo itálico falado na Úmbria 2 natural ou habitante da Úmbria (Do lat. *umbrĭcu*-, «id.»)

umbrícola *adj.2g.* que vive e cresce normalmente nos sítios sombrios; umbratícola; umbrófilo (Do lat. *umbra*-, «sombra» +*colĕre*, «habitar»)

umbrífero *adj.* que produz sombra; sombrio; umbroso (Do lat. *umbrifĕru*-, «id.»)

úmbrio *n.m.* ⇒ **úmbrico** *n.m.* 1

umbro *n.m.* 1 cão empregado na caça aos veados 2 indivíduo dos Umbros 3 dialeto da antiga Úmbria, região da Itália antiga atravessada pelo rio Tibre ▪ *adj.* 1 relativo aos habitantes da Úmbria 2 relativo ao dialeto da Úmbria (Do lat. *umbru*-, «da Úmbria»)

umbrófilo *adj.* que frequenta ou procura os sítios sombrios, vivendo aí normalmente; umbrícola (Do lat. *umbra*-, «sombra»+gr. *phílos*, «amigo»)

umbrófobo *adj.* diz-se do ser vivo que evita os sítios sombrios, instalando-se de preferência à luz relativamente forte (Do lat. *umbra*-, «sombra»+gr. *phobeīn*, «ter horror a»)

Umbros *n.m.pl.* ETNOGRAFIA povo antigo que viveu na Itália, entre o rio Tibre e o mar Adriático (Do lat. *Umbros*, «id.»)

umbroso /ô/ *adj.* 1 que tem ou dá sombra 2 copado 3 [fig.] escuro; tenebroso (Do lat. *umbrōsu*-, «id.»)

umbu *n.m.* ⇒ **imbu** 1

umbundo *n.m.* língua falada pelos povos do grupo étnico Ovimbundos, nomeadamente nas zonas centrais de Angola

umbuzeiro *n.m.* BOTÂNICA ⇒ **imbuzeiro**

ume *n.m.* QUÍMICA sulfato de alumínio e potássio; alúmen (Do lat. *alūmen*, «alúmen»)

-**ume** sufixo nominal, de origem latina, que exprime a ideia de *conjunto*, *ação* ou *estado desagradável* (*cardume*, *negrume*, *queixume*)

umeral *adj.2g.* referente ao úmero; dos ombros; umerário ▪ *n.m.* véu que o sacerdote coloca nos ombros para pegar na custódia ou na píxide (Do lat. *umerāle*- ou *humerāle*-, «id.»)

umerário *adj.* ⇒ **umeral** *adj.2g.* (Do lat. *umĕru*- ou *humĕru*-, «ombro» +*ário*)

úmero *n.m.* ANATOMIA osso longo que constitui o endosqueleto do braço (Do lat. *umĕru*- ou *humĕru*-, «ombro»)

umidade *n.f.* [Brasil] ⇒ **humidade**

umidificação *n.f.* [Brasil] ⇒ **humidificação**

umidificador *n.m.* [Brasil] ⇒ **humidificador**

umidificar *v.tr.* [Brasil] ⇒ **humidificar**

umidífobo *adj.* [Brasil] ⇒ **humidífobo**

úmido *adj.* [Brasil] ⇒ **húmido**

unanimar *v.tr.* 1 tornar unânime; pôr de acordo 2 harmonizar; conciliar (De *unânime*+-*ar*)

unânime *adj.2g.* 1 que está de acordo 2 relativo a todos; sem exceção; geral 3 concorde; condizente ▪ *adv.* de comum acordo (Do lat. *unanĭme*-, «id.»)

unanimemente *adv.* por unanimidade; por acordo de todos (De *unânime*+-*mente*)

unanimidade *n.f.* 1 qualidade de unânime 2 conformidade geral de ideias, pensamentos, opiniões, votos, etc.; concordância (Do lat. *unanimitāte*-, «id.»)

unanimismo *n.m.* 1 comunhão de pareceres ou vontades entre diversas pessoas acerca de uma matéria 2 LITERATURA corrente literária (de que Jules Romains, escritor francês, 1885-1972, foi o principal representante) que preconiza para a arte uma representação anímica coletiva, em vez do tradicional individualismo psíquico (Do fr. *unanimisme*, «id.»)

unanimista *adj.2g.* relativo ao unanimismo ▪ *n.2g.* LITERATURA pessoa partidária do unanimismo (Do fr. *unanimiste*, «id.»)

unar *v.tr.* unir; juntar (Do lat. *unāre*, «id.»)

unário *adj.* de uma só espécie; único (Do lat. *unarĭu*-, «id.»)

unção *n.f.* 1 ato ou efeito de ungir; untura 2 RELIGIÃO aplicação dos Santos Óleos a uma pessoa para a sagrar ou conferir-lhe uma graça 3 [fig.] sentimento piedoso 4 [fig.] doçura; *Unção dos Enfermos* RELIGIÃO sacramento católico que se ministra, geralmente, ao fiel em perigo de morte, Extrema-Unção (Do lat. *unctiōne*-, «id.»)

-**uncho** sufixo nominal, de origem latina, que tem sentido diminutivo e depreciativo (*faduncho*)

uncial *adj.2g.,n.f.* diz-se da ou a escrita constituída por uns caracteres de grandes dimensões com que, até ao século XI, se escreviam os textos eclesiásticos (Do lat. *unciāle*-, «que mede uma polegada»)

unciário *adj.* (jurisprudência romana) com direito à duodécima parte de uma herança

unciforme *adj.2g.* que tem forma de unha mais ou menos encurvada em gancho; uncinado ▪ *n.m.* ANATOMIA quarto osso da segunda série de carpianos (Do lat. *uncu*-, «gancho; unha» +*forma*-, «forma»)

uncinado *adj.* 1 que termina em unha, ou tem forma de unha ou gancho; unciforme 2 que é curvo como uma garra de ave 3 em forma de anzol 4 ANATOMIA diz-se de cada uma das apófises que unem entre si as costelas das aves e de uma apófise do etmoide (Do lat. *uncinātu*-, «id.»)

uncíneo *adj.* diz-se de cada apófise recorrente que une entre si as costelas das aves; uncinado (Do lat. *uncīnu*-, «gancho; unha» +-*eo*)

uncirrostro /ô/ *adj.* diz-se da ave cujo bico é adunco ▪ *n.m.* ORNITOLOGIA espécime dos uncirrostros ▪ *n.m.pl.* ORNITOLOGIA grupo de aves pernaltas de bico sensivelmente curvo (Do lat. *uncu*-, «curvo» +*rostru*-, «bico»)

-**úncula** sufixo nominal, de origem latina, que tem sentido diminutivo, geralmente depreciativo (*questiúncula*, *pedúnculo*, *homúnculo*)

undabundo *adj.* agitado; encapelado (Do lat. *undabundu*-, «id.»)

undação *n.f.* 1 inundação; cheia 2 corrente de rio (Do lat. *undatiōne*-, «id.»)

undalo n.m. 1 ORNITOLOGIA pássaro africano da família dos Laniídeos, com poupa de penas filiformes 2 ORNITOLOGIA pássaro africano, da família dos Motacilídeos, com o ventre amarelo-vivo e com unha muito longa no polegar, que vive em Angola e Moçambique

undante adj.2g. 1 que faz ondas; ondeante 2 que leva enchente (Do lat. *undante-*, «id.», part. pres. de *undāre*, «ondular; estar agitado»)

undecágono n.m. GEOMETRIA polígono que tem onze ângulos e onze lados; hendecágono (Do lat. *undĕcim*, «onze»+gr. *gonía*, «ângulo»)

undecenal adj.2g. que se produz ou realiza de onze em onze anos (Do lat. *undecenne-*, «onze anos» +-*al*)

undécimo num.ord. >adj.num. ᴅᴛ que, numa série, ocupa a posição imediatamente a seguir à décima; que é o último numa série de onze; décimo primeiro ▪ num.frac. >quant.num. ᴅᴛ que resulta da divisão de um todo por onze ▪ n.m. 1 o que, numa série, ocupa o lugar correspondente ao número 11 2 uma das onze partes iguais em que se dividiu um todo (Do lat. *undecĭmu-*, «id.»)

undécuplo num.mult. >quant.num. ᴅᴛ que contém onze vezes a mesma quantidade ▪ adj. 1 que é onze vezes maior 2 que consta de onze partes ▪ n.m. valor ou quantidade onze vezes maior (Do lat. *undecŭplu-*, «id.»)

undi- elemento de formação de palavras que exprime a ideia de *onda, vaga* (Do lat. *unda-*, «onda»)

undícola adj.,n.2g. que ou aquele que vive em águas agitadas, em especial, em águas que formam ondas (Do lat. *undicŏla-*, «id.»)

undífero adj. que faz ondas (Do lat. *unda-*, «onda» +*ferre*, «trazer»)

undiflavo adj. [poét.] que tem ondulações que despedem reflexos dourados (Do lat. *unda-*, «onda» +*flavu-*, «loiro»)

undífluo adj. que corre em ondas (Do lat. *undiflŭu-*, «id.»)

undísseco adj. que fende as vagas (Do lat. *undissĕcu-*, «id.»)

undíssono adj. [poét.] que tem o som das ondas (Do lat. *undisŏnu-*, «id.»)

undívago adj. [poét.] que anda sobre as ondas (Do lat. *undivăgu-*, «id.»)

undoso /ô/ adj. 1 que tem ondas; ondeante 2 que forma ondas (Do lat. *undōsu-*, «id.»)

undular v.tr.,intr. ⇒ **ondular** (Do lat. *undŭla-*, «onda pequena» +-*ar*)

unduloso /ô/ adj. que ondeia; ondeante (Do lat. *undŭla-*, «onda pequena» +-*oso*)

ungido adj. 1 que recebeu unção; untado 2 RELIGIÃO que recebeu a Extrema-Unção ▪ n.m. RELIGIÃO aquele que foi sagrado ou recebeu os Santos Óleos (Part. pass. de *ungir*)

ungir v.tr. 1 untar com óleo 2 RELIGIÃO administrar o sacramento da Extrema-Unção a 3 RELIGIÃO dar posse ou investir de autoridade por meio de unção; sagrar ▪ v.pron. 1 untar-se 2 penetrar-se de unção (Do lat. *ungĕre*, «id.»)

ungual adj.2g. ⇒ **ungueal** (Do lat. *ungŭe-*, «unha» +-*al*)

unguari n.m. ORNITOLOGIA ave africana, galinácea, frequente em Angola, onde é considerada boa caça (Do quimb. *ngwali*, «id.»)

ungue n.m. ANATOMIA ⇒ **únguis** (Do lat. *ungue-*, «unha»)

ungueal adj.2g. da unha ou a ela relativo (Do lat. *ungue-*, «unha» +-*al*)

unguentáceo /gu-en/ adj. 1 que tem o aspeto ou a consistência do unguento 2 relativo a unguento (De *unguento*+-*áceo*)

unguentar v.tr. 1 untar com unguento 2 perfumar (De *unguento*+-*ar*)

unguentário /gu-en/ adj. ⇒ **unguentáceo** ▪ n.m. 1 vaso para unguentos 2 indivíduo que faz unguentos (Do lat. *unguentarĭu-*, «perfumista»)

unguento /gu-en/ n.m. 1 FARMÁCIA medicamento de consistência pastosa, semelhante a uma pomada, cujo excipiente é uma gordura associada a uma resina e que se destina a uso externo 2 designação que se dá impropriamente a algumas pomadas 3 designação que antigamente se dava a certas drogas aromáticas (Do lat. *unguentu-*, «unguento; óleo perfumado»)

ungui /gu-i, gui/ n.m. [Brasil] iguaria feita de farinha, feijões, etc. (De orig. obsc.)

ungui- /gu-i/ elemento de formação de palavras que exprime a ideia de *unha* (Do lat. *ungue-*, «unha»)

unguiculado /gu-i/ adj. 1 BOTÂNICA diz-se da pétala cuja parte basilar mostra prolongamento (unha) 2 ZOOLOGIA diz-se do mamífero cujos dedos estão providos de unhas ou garras ▪ n.m.pl. ZOOLOGIA grupo de mamíferos cujos dedos estão providos de unhas ou garras (Do lat. *unguicŭlu-*, «pequena unha» +-*ado*)

unguífero /gu-i/ adj. 1 ZOOLOGIA que possui unha ou unhas 2 ZOOLOGIA diz-se da saliência társica de alguns artrópodes, que serve de base à articulação das unhas ou garras (Do lat. *unguifĕru-*, «id.»)

unguiforme /gu-i/ adj.2g. que se assemelha morfologicamente a uma unha (Do lat. *ungue-*, «unha» +*forma-*, «forma»)

unguinoso /gu-i...ô/ adj. untuoso; gorduroso; oleoso (Do lat. *unguinōsu-*, «id.», de *ungŭine-*, «gordura; óleo»)

únguis /gu-i/ n.m.2n. ANATOMIA osso lacrimal (Do lat. *ungŭis*, «unha»)

ungulado adj. ZOOLOGIA diz-se do mamífero cujas extremidades dos dedos são guarnecidas de unhas desenvolvidas ou cascos; unguígrado ▪ n.m. ZOOLOGIA espécime dos ungulados ▪ n.m.pl. ZOOLOGIA grupo de mamíferos cujas extremidades dos dedos são guarnecidas de unhas desenvolvidas ou cascos, que compreende, especialmente, os artiodáctilos e os perissodáctilos; unguígrados (Do lat. *ungulātu-*, «id.»)

unguígrado adj. ZOOLOGIA diz-se do mamífero que marcha apoiado apenas sobre as extremidades dos dedos que estão munidos de cascos; ungulado ▪ n.m.pl. ZOOLOGIA ⇒ **ungulado** n.m.pl. (Do lat. *ungŭla-*, «unha» +*gradi*, «caminhar»)

unha n.f. 1 órgão córneo (de origem cutânea), tipicamente laminar, que recobre a extremidade dos dedos de muitos animais 2 revestimento córneo das patas de certos animais; casco 3 BOTÂNICA parte basilar, estreita e mais ou menos alongada, de algumas pétalas ou tépalas 4 extremidade pontiaguda e curva de alguns utensílios e ferramentas 5 parte recurvada do martelo, oposta à cabeça 6 [fig.] domínio; poder; competência 7 pl. mãos; **à ~** com as mãos; **com unhas e dentes** afincadamente; **cortar as unhas rentes** ser sovina; **dar à ~** trabalhar com diligência; **enterrar/meter/ferrar a ~** vender caro, explorar; **na ponta da ~** muito bem; **por uma ~ negra** por pouco; **ser ~ com carne** ser íntimo; **ter unhas na mão** ter o vício de roubar; **untar as unhas a** subornar, peitar (Do lat. *ungŭla-*, «id.»)

unhaca n.f. [pop.] unha ▪ n.2g. 1 [pop., pej.] sovina 2 [coloq.] pessoa íntima (De *unha*+-*aca*)

unhaço n.m. golpe ou rasgão na carne, feito com as unhas; unhada (De *unha*+-*aço*)

unhada n.f. traço, arranhadura ou ferimento feito com a unha; unhaço (Part. pass. fem. subst. de *unhar*)

unha-de-asno n.f. BOTÂNICA planta herbácea, com capítulos de flores liguladas amarelas, pertencente à família das Compostas, espontânea no Norte de Portugal

unha-de-cavalo n.f. ⇒ **unha-de-asno**

unhador adj.,n.m. que ou aquele que unha (bacelos) (De *unhar*+-*dor*)

unhagata n.f. BOTÂNICA ⇒ **rilha-boi** (De *unha*+*gata*)

unhamento n.m. 1 ato ou efeito de unhar (o bacelo) 2 lugar onde se unhou o bacelo 3 parte unhada do bacelo (De *unhar*+-*mento*)

unhante n.m. 1 ZOOLOGIA veado novo 2 pescador da ria de Aveiro que apanha enguias à unha 3 [pop., pej.] larápio (De *unhar*+-*ante*)

unhão n.m. 1 NÁUTICA emenda de dois cabos, unidos pelas extremidades, que forma uma espécie de pinha 2 BOTÂNICA variedade de maçã (De *unha*+-*ão*)

unhar v.tr. 1 arranhar ou riscar com a unha 2 colocar (o bacelo) na manta, aconchegando-o com terra, no lugar onde há de deitar raízes 3 [Brasil] roubar; furtar ▪ v.intr. NÁUTICA cravar-se (a âncora) com segurança no fundo do mar (De *unha*+-*ar*)

unhas-de-fome ver nova grafia **unhas de fome**

unhas de fome n.2g.2n. [depr.] pessoa somítica

unhas-de-gato n.f.pl. BOTÂNICA planta da família das Leguminosas, de corolas branco-azuladas, espontânea do Minho ao Alentejo

unheiro n.m. furúnculo na última falange do dedo, por baixo da unha; panarício (De *unha*+-*eiro*)

-unho sufixo nominal, de origem latina, com sentido diminutivo e pejorativo (*terrunho*)

un(i)- elemento de formação de palavras que exprime a ideia de *um, um só* (Do lat. *unu-*, «um»)

unialado adj. que tem uma só asa ou formação aliforme (De *uni-*+*alado*)

uniangular adj.2g. que tem só um ângulo (De *uni-*+*angular*)

união n.f. 1 ato ou efeito de unir 2 junção; ligação; associação 3 agrupamento; aglomeração 4 confederação 5 acordo; pacto; aliança 6 conformidade de esforços ou de pensamentos; harmonia 7 casamento; **~ aduaneira** agrupamento de Estados que suprimem, entre si, as barreiras alfandegárias e formam um único território aduaneiro, estabelecendo, em relação a terceiros, uma tarifa exterior comum; **~ de facto/livre** DIREITO relação entre duas pessoas que pressupõe convivência análoga à dos cônjuges, mas sem o

uniarticulado

vínculo do matrimónio; **~ hipostática** RELIGIÃO união da natureza divina e da natureza humana na única Pessoa do Verbo (Pessoa da Santíssima Trindade); *a ~ faz a força* muitos fracos fazem um poderoso, quando todos ajudam nada custa; *traço de ~* hífen (Do lat. *uniōne-*, «id.»).

uniarticulado *adj.* ZOOLOGIA que tem só uma articulação ou um só artículo (De *uni-+articulado*)

uniaxial /cs/ *adj.2g.* provido de um só eixo (De *uni-+axial*)

unibranquiado *adj.* ZOOLOGIA diz-se do animal possuidor de uma só brânquia (De *uni-+branquiado*)

unicamente *adv.* **1** somente **2** simplesmente (De *único+-mente*)

unicapsular *adj.2g.* BOTÂNICA que tem só uma cápsula (De *uni-+capsular*)

unicarpelar *adj.2g.* BOTÂNICA diz-se do gineceu que é constituído por um só carpelo (De *uni-+carpelar*)

unicaule *adj.2g.* BOTÂNICA que tem só um caule (Do lat. *unicaule-*, «id.»)

unicelular *adj.2g.* BIOLOGIA diz-se do organismo rudimentar constituído por uma só célula (De *uni-+celular*)

unicidade *n.f.* qualidade do que é único (De *único+-i-+-dade*)

uniciliar *adj.2g.* que possui um só cílio (De *uni-+ciliar*)

único *adj.* **1** que é só um **2** que não tem outro da sua natureza ou espécie **3** exclusivo **4** [fig.] superior aos demais; excecional; incomparável; *filho ~* indivíduo sem irmãos (Do lat. *unĭcu-*, «id.»)

Unicode *n.m.* INFORMÁTICA padrão de codificação internacional usado pelos computadores para representar dados de qualquer sistema de escrita (Do ing. *Unicode*, «id.»)

unicolor *adj.2g.* de uma só cor (Do lat. *unicolōre-*, «id.»)

unicorne *adj.2g.* que tem apenas um corno ou ponta ■ *n.m.* ZOOLOGIA ⇒ **unicórnio 1** (Do lat. *unicorne-*, «unicorne»)

unicórnio *n.m.* **1** ZOOLOGIA rinoceronte asiático que apresenta um chifre forte no meio da testa; monoceronte **2** ZOOLOGIA mamífero cetáceo dos mares boreais, cujo macho é portador de um dente muito desenvolvido na maxila superior (2 a 3 metros); narval (Do lat. *unicorne-*, «unicorne» +*-io*)

unicultor *adj.,n.m.* que ou aquele que se dedica à cultura de uma só espécie de plantas (Do lat. *unicultōre-*, «id.»)

unicúspide *adj.2g.* que termina numa só ponta (Do lat. *unu-*, «um só» +*cuspĭde-*, «ponta»)

unidáctilo *adj.* diz-se do órgão que termina por um único prolongamento digitiforme (Do lat. *unu-*, «um»+gr. *dáktylos*, «dedo»)

unidade *n.f.* **1** carácter do que é uno, do que forma um todo orgânico **2** o número um **3** objeto único **4** grandeza determinada, adotada por convenção e utilizada para exprimir quantitativamente grandezas da mesma espécie **5** uniformidade; coerência **6** MATEMÁTICA cada um dos elementos de uma coleção ou de um conjunto, perante a operação de contar os objetos **7** MILITAR agrupamento militar de estrutura orgânica e funcional definidas **8** [fig.] conformidade de sentimentos, de opiniões, de objetivos a alcançar; **~ de medida** valor de uma grandeza que se toma como padrão de medida dessa grandeza; **~ de visualização** dispositivo de saída que consta sobretudo de um tubo de raios catódicos em cuja superfície frontal se podem ver textos e imagens, visor; **~ gama** FÍSICA unidade de intensidade do campo magnético utilizada em geomagnetismo, equivalente a 10^{-5} oersted; **~ X** antiga unidade de medida usada para medir comprimentos de onda de raios X, de comprimento igual a $1,002 \times 10^{-13}$ metros (Do lat. *unitāte-*, «id.»)

unidimensional *adj.2g.* que tem uma única dimensão (Do fr. *unidimensionnel*, «id.»)

unidireccional ver nova grafia **unidirecional**

unidirecional *adj.2g.* **1** que tem uma única direção **2** que se pode orientar num único sentido **3** ELETRICIDADE diz-se da corrente elétrica que tem sempre o mesmo sentido, ainda que não seja de intensidade constante (Do fr. *unidirectionnel*, «id.»)

unido *adj.* **1** reunido com outro; junto; ligado; pegado **2** *pl.* amigos; íntimos (Do lat. *unītu-*, «id.», part. pass. de *unīre*, «unir»)

unifacial *adj.2g.* concernente a uma só face (De *uni-+facial*)

unificação *n.f.* **1** ato ou efeito de unificar **2** união de vários elementos num todo **3** associação; federação **4** centralização (De *unificar+-ção*)

unificador *adj.* que, aquele ou aquilo que unifica (De *unificar+-dor*)

unificar *v.tr.* **1** tornar uno ou unido **2** reunir várias partes num todo só **3** fazer convergir para um só fim ■ *v.pron.* reunir-se em um todo (Do lat. *unu-*, «um» +*facĕre*, «fazer»)

unifilar *adj.2g.* feito de um só fio (Do lat. *unu-*, «um» +*filu-*, «fio» +*-ar*)

unifloro *adj.* BOTÂNICA que tem ou produz uma só flor (Do lat. *unu-*, «um» +*flore-*, «flor»)

unifoliado *adj.* BOTÂNICA que tem só uma folha (De *uni-+foliado*)

unifólio *adj.* BOTÂNICA ⇒ **unifoliado** (Do lat. *unu-*, «um» +*folĭu-*, «folha»)

uniformar *v.tr.* ⇒ **uniformizar** (De *uniforme+-ar*)

uniforme *adj.2g.* **1** que tem uma só forma **2** que é sempre igual; regular **3** constituído por partes idênticas ou muito semelhantes; homogéneo **4** FÍSICA diz-se dos movimentos cuja velocidade é constante em valor numérico **5** GRAMÁTICA diz-se do adjetivo que tem a mesma forma para o masculino e para o feminino (ex.: *fácil*) ■ *n.m.* vestuário com características específicas, usado por todos os membros de uma instituição ou de um serviço (profissional, militar, etc.); farda (Do lat. *uniforme-*, «id.»)

uniformemente *adv.* **1** de modo uniforme **2** sem variação ou mudança (De *uniforme+-mente*)

uniformidade *n.f.* **1** qualidade de uniforme **2** semelhança **3** coerência; harmonia **4** constância; regularidade **5** monotonia (Do lat. *uniformitāte-*, «id.»)

uniformização *n.f.* ato ou efeito de uniformizar (De *uniformizar+-ção*)

uniformizador *adj.,n.m.* que ou aquele que uniformiza (De *uniformizar+-dor*)

uniformizar *v.tr.* **1** tornar uniforme **2** distribuir ou ordenar uniformes a ■ *v.pron.* **1** tornar-se uniforme **2** fardar-se (De *uniforme+-izar*)

unigamia *n.f.* estado de unígamo; monogamia (De *unígamo+-ia*)

unígamo *adj.,n.m.* ⇒ **monógamo** (Do lat. *unu-*, «um»+gr. *gámos*, «matrimónio»)

unigénito *adj.* único que foi gerado ■ *n.m.* filho único (Do lat. *unigenĭtu-*, «gerado sozinho»)

unijugado *adj.* que forma um só par ou parelha (Do lat. *unijŭgu-*, «de um só jugo» +*-ado*)

unijugo *adj.* ⇒ **unijugado** (Do lat. *unijŭgu-*, «de um só jugo»)

unilabiado *adj.* **1** que apresenta uma só saliência em forma de lábio **2** BOTÂNICA diz-se da corola simpétala, tubulosa, irregular, cujo limbo se desenvolve prolongando-se para um só lado (De *uni-+labiado*)

unilateral *adj.2g.* **1** situado só de um lado **2** que se inclina só para um lado **3** DIREITO diz-se de um contrato em que só uma das partes contrai obrigações para com a outra (De *uni-+lateral*)

unilateralidade *n.f.* qualidade de unilateral (De *unilateral+-i-+-dade*)

unilénio *n.m.* QUÍMICA antiga designação do meitenério

uniléxio *n.m.* QUÍMICA antiga designação do seabórgio

unilingue *adj.2g.* escrito numa só língua (De *uni-+-lingue*)

unilíngue /gu-e/ *adj.2g.* ⇒ **unilingue**

uniliteral *adj.2g.* que só possui uma letra (Do lat. *unu-*, «um» +*littĕra-*, «letra» +*-al*)

unilítero *adj.* ⇒ **uniliteral** (Do lat. *unu-*, «um» +*littĕra-*, «letra»)

unilobado *adj.* que tem um único lobo (De *uni-+lobado*)

unilobulado *adj.* que tem um único lóbulo (De *uni-+lobulado*)

unilóctio *n.m.* QUÍMICA antiga designação do hássio

unilocular *adj.2g.* que só tem um lóculo ou cavidade, ou cuja cavidade não tem separações internas completas (Do lat. *unilocular*)

uníloquo *adj.* que exprime o sentir ou a vontade de um só (Do lat. *unu-*, «um» +*loqui*, «falar»)

unilpêntio *n.m.* QUÍMICA antiga designação do dúbnio

unilquádio *n.m.* QUÍMICA antiga designação do rutherfórdio

unilséptio *n.m.* QUÍMICA antiga designação do bóhrio

unimaculado *adj.* que apresenta apenas uma mancha (De *uni-+maculado*)

unimama *n.f.* amazona (Do lat. *unimamma-*, «que tem um só seio»)

unímano *adj.* que possui apenas uma mão (Do lat. *unimănu-*, «id.»)

unimetalismo *n.m.* ECONOMIA sistema monetário em que se emprega um único metal na cunhagem da moeda (De *uni-+metal+-ismo*)

uninervado *adj.* BOTÂNICA diz-se da folha vegetal longinérvea que tem uma só nervura principal (De *uni-+nervado*)

uninérveo *adj.* BOTÂNICA ⇒ **uninervado** (De *uni-+nérveo*)

uninominal *adj.2g.* **1** que só contém um nome **2** que só se pode realizar, indicando-se um único nome **3** diz-se, em sistemática, da designação científica feita com uma só palavra (De *uni-+nominal*)

uninucleado *adj.* BIOLOGIA diz-se da célula (num organismo) que só tem um núcleo (De *uni-+nucleado*)

uninuclear *adj.2g.* ⇒ **uninucleado** (De *uni-*+*nuclear*)
unioculado *adj.* que só tem um olho; unóculo (Do lat. *unu-*, «um» +*ocŭlu-*, «olho» +*-ado*)
Uniónidas *n.m.pl.* ZOOLOGIA ⇒ **Unionídeos**
Unionídeos *n.m.pl.* ZOOLOGIA família de moluscos lamelibrânquios de água doce, cujo género-tipo se designa *Unio* (Do lat. *uniōne-*, «união» +*-ídeos*)
unionismo *n.m.* sistema dos que defendem a unidade política de um país pela união dos vários partidos (Do lat. *uniōne-*, «união» + *-ismo*)
unionista *adj.2g.* que segue o unionismo ■ *n.2g.* **1** pessoa que segue o unionismo **2** membro de uma união **3** HISTÓRIA nome do partido político chefiado por Brito Camacho, estadista português (1862-1934), nos primeiros tempos da República Portuguesa (Do lat. *uniōne-*, «união» +*-ista*)
uniovular *adj.2g.* BIOLOGIA diz-se dos gémeos nascidos de um só ovo; monozigótico (De *uni-*+*ovular*)
uniparidade *n.f.* qualidade do que é uníparo (De *uni-*+*paridade*)
uníparo *adj.* **1** diz-se da fêmea que normalmente produz um único filho de cada vez, ou da espécie cujos indivíduos fêmeas se comportam dessa forma **2** diz-se da fêmea que teve um só parto **3** BOTÂNICA diz-se da cimeira cujo eixo floral produz lateralmente um só ramo ou flor (Do lat. *unu-*, «um só» +*parĕre*, «dar à luz»)
unipedal *adj.2g.* **1** referente a um só pé **2** que tem um só pé (Do lat. *unu-*, «um» +*pede-*, «pé» +*-al*)
unípede *adj.2g.* ⇒ **unipedal** (Do lat. *unu-*, «um» +*pede-*, «pé»)
unipene *adj.2g.* que possui apenas uma barbatana (Do lat. *unu-*, «um» +*penna-*, «pena; barbatana»)
unipessoal *adj.2g.* **1** relativo a uma só pessoa **2** que consta de uma só pessoa **3** GRAMÁTICA diz-se do verbo defetivo que apenas se conjuga na terceira pessoa do singular e do plural (ex.: *ladrar, miar*) (De *uni-*+*pessoal*)
unipétalo *adj.* BOTÂNICA que tem uma só pétala; monopétalo (Do lat. *unu-*, «um»+gr. *pétalon*, «pétala»)
unipolar *adj.2g.* **1** referente a um só polo **2** ELETRICIDADE que tem só um polo (De *uni-*+*polar*)
unipolaridade *n.f.* estado de um corpo unipolar (De *unipolar*+*-i-*+*dade*)
unir *v.tr.* **1** fazer a junção de (coisas ou pessoas); ligar; juntar **2** tornar um só; unificar **3** servir de ligação a; ligar **4** aproximar (pessoas); associar **5** reunir; congregar **6** juntar (algo) a um todo; anexar; agregar **7** conciliar; harmonizar **8** fazer aderir **9** casar ■ *v.intr.* **1** ligar-se **2** combinar-se (Do lat. *unīre*, «id.»)
unirrefringente *adj.2g.* que produz uma só refração ou uma só imagem por refração (De *uni-*+*refringente*)
unirreme *adj.2g.* que só tem um remo (Do lat. *unu-*, «um» +*remu-*, «remo»)
unispérmico *adj.* BOTÂNICA ⇒ **monospermo** (Do lat. *unu-*, «um»+gr. *spérma*, «semente» +*-ico*)
unispermo *adj.* BOTÂNICA ⇒ **monospermo**
unisseriado *adj.* **1** que só tem uma série **2** disposto numa só fila (De *uni-*+*seriado*)
unissexo /cs/ *adj.inv.* **1** para um ou para o outro sexo **2** para os dois sexos **3** diz-se do vestuário, ou peça de vestuário, que pode ser usado pelos dois sexos (De *uni-*+*sexo*)
unissexuado /cs/ *adj.* ⇒ **unissexual** (De *uni-*+*sexuado*)
unissexual /cs/ *adj.2g.* **1** BIOLOGIA que tem um só sexo **2** BOTÂNICA diz-se da flor incompleta à qual falta o androceu ou o gineceu (De *uni-*+*sexual*)
unissexualidade /cs/ *n.f.* condição de unissexual; unissexualismo; gonocorismo (De *unissexual*+*-i-*+*dade*)
unissexualismo /cs/ *n.m.* ⇒ **unissexualidade** (De *unissexual*+*-ismo*)
unissonância *n.f.* **1** qualidade do que é uníssono **2** uniformidade de sons **3** monotonia (De *uni-*+*sonância*)
unissonante *adj.2g.* **1** que tem o mesmo som **2** que tem um som da mesma frequência que outro; uníssono **3** monótono (De *uni-*+*sonante*)
uníssono *adj.* **1** que tem um som da mesma frequência que outro **2** [fig.] em que não há discrepância **3** [fig.] concorde; unânime ■ *n.m.* MÚSICA execução simultânea da mesma nota ou de todo um trecho melódico por dois ou mais executantes; *em ~* **1** com igual frequência sonora; **2** [fig.] ao mesmo tempo, com a aprovação geral (Do lat. *unu-*, «um» +*sonu-*, «som»)
unitário *adj.* **1** relativo à unidade **2** POLÍTICA que preconiza a unidade ou centralização política de um país **3** partidário do unitarismo ■ *n.m.* **1** RELIGIÃO sectário de um sistema que só reconhece em Deus uma pessoa **2** POLÍTICA partidário da unidade política, da centralização (Do lat. *unītu-*, «unido», part. pass. de *unīre*, «unir» +*ário*)
unitarismo *n.m.* **1** POLÍTICA doutrina dos que defendem a centralização administrativa do governo **2** RELIGIÃO doutrina que reconhece uma só pessoa em Deus (De *unitário*+*-ismo*)
unitarista *adj.,n.2g.* que ou a pessoa que defende o unitarismo (De *unitário*+*-ista*)
unitivo *adj.* que tem a propriedade de unir ou fazer unir (De *unir*+*-tivo*)
univalência *n.f.* QUÍMICA condição de univalente (De *uni-*+*valência*)
univalente *adj.2g.* capaz de formar uma só ligação química (De *uni-*+*valente*)
univalve *adj.2g.* **1** BOTÂNICA diz-se do fruto capsular formado por uma única peça **2** BOTÂNICA diz-se do fruto cujo pericarpo se abre de um só lado **3** ZOOLOGIA diz-se da concha, especialmente dos moluscos, que é formada por uma só valva **4** ZOOLOGIA diz-se da couraça de crustáceo constituída por uma só peça (Do lat. *unu-*, «um» +*valva-*, «valva; batente de porta»)
univalvular *adj.2g.* **1** que tem uma só válvula **2** BOTÂNICA diz-se de um tipo de deiscência da antera que se abre por meio de pequenas válvulas que se levantam (De *uni-*+*valvular*)
unível *adj.2g.* suscetível de se unir (De *unir*+*-vel*)
universal *adj.2g.* **1** relativo ou pertencente ao universo **2** de todo o mundo; geral; mundial **3** que abrange tudo **4** que se aplica ou se estende a tudo **5** que provém de tudo ou de todos **6** que se estende, sem exceção, a todos os indivíduos pertencentes à classe considerada ■ *n.m.* **1** o que é universal **2** *pl.* FILOSOFIA (filosofia escolástica) as ideias gerais; *constantes universais* FÍSICA constantes que não dependem das propriedades de qualquer espécie de material, tais como a velocidade da luz no vazio, a constante de Planck (físico alemão, 1858-1947), etc.; *problema dos universais* FILOSOFIA problema filosófico que consiste em elucidar se os conceitos universais ou ideias gerais têm uma realidade que lhes corresponda e de que natureza ela é; *proposição ~* LÓGICA proposição que enuncia uma relação verdadeira para cada um dos indivíduos que compõem a extensão do sujeito (Do lat. *universāle-*, «id.»)
universalidade *n.f.* **1** qualidade do que é universal **2** totalidade **3** generalidade **4** qualidade daquilo que abrange todos os conhecimentos **5** DIREITO complexo de coisas pertencentes ao mesmo sujeito e tendentes ao mesmo fim, que a ordem jurídica trata como formando uma coisa só (Do lat. *universalitāte-*, «id.»)
universalismo *n.m.* **1** FILOSOFIA opinião daqueles que reconhecem, como suma autoridade, o consenso universal **2** tendência para universalizar alguma coisa **3** cosmopolitismo (De *universal*+*-ismo*)
universalista *adj.,n.2g.* que ou a pessoa que é partidária do universalismo (De *universal*+*-ista*)
universalização *n.f.* ato ou efeito de universalizar; generalização (De *universalizar*+*-ção*)
universalizar *v.tr.* tornar universal; generalizar (De *universal*+*-izar*)
universalmente *adv.* **1** de modo universal **2** em toda a parte; em todo o mundo **3** por toda a gente (De *universal*+*-mente*)
universidade *n.f.* **1** qualidade do que é universal; universalidade; generalidade **2** instituição de ensino superior constituída por um conjunto de faculdades e escolas **3** edifício ou conjunto de edifícios onde funciona essa instituição **4** corpo docente, discente e administrativo dessa instituição (Do lat. *universitāte-*, «id.»)
universitário *adj.* **1** da Universidade ou a ela relativo **2** que dá aulas ou estuda na Universidade ■ *n.m.* docente ou estudante da Universidade (Do lat. **universitarĭu-*, de *universitāte-*, «universidade» +*ário*)
universo *n.m.* **1** [com maiúscula] conjunto de tudo quanto existe, como um todo **2** [com maiúscula] ASTRONOMIA conjunto formado pelo espaço com todos os astros; cosmos **3** [com maiúscula] o mundo; a Terra **4** reunião de vários elementos que formam um todo **5** conjunto de elementos que se tomam como referência para fins estatísticos **6** área ou domínio (moral, intelectual, artístico, etc.) em que algo se insere; âmbito **7** ambiente ou meio no qual se vive ou no qual se prefere estar; contexto; *~ do discurso* LINGUÍSTICA conjunto de elementos linguísticos e extralinguísticos que constituem as condições de produção de um enunciado (Do lat. *universu-*, «id.»)
univitelino *adj.* BIOLOGIA diz-se dos gémeos que provêm de um único óvulo (De *uni-*+*vitelino*)
univocação *n.f.* qualidade do que é unívoco (Do lat. *univocatiōne-*, «id.»)

univocidade

univocidade *n.f.* carácter de um conceito, de um termo ou de uma relação unívoca (De *unívoco*+*-i-*+*-dade*)

unívoco *adj.* 1 que só admite uma interpretação; que não é ambíguo; inequívoco 2 FILOSOFIA aplicável a coisas distintas, mas do mesmo género e com o mesmo sentido 3 homogéneo; *correspondência unívoca* MATEMÁTICA correspondência entre dois conjuntos, na qual a cada elemento do primeiro corresponde um só elemento do segundo (Do lat. *univŏcu-*, «id.»)

uno *adj.* 1 que é só um; singular; único 2 indivisível 3 diz-se de um ser cujas partes formam um todo estruturado (Do lat. *unu-*, «id.»)

uno- ⇒ **un(i)-**

unóculo *adj.* que tem um só olho; unioculado (Do lat. *unocŭlu-*, «id.»)

untadela *n.f.* untura leve (De *untar*+*-dela*)

untador *adj.,n.m.* o que ou aquele que unta (De *untar*+*-dor*)

untadura *n.f.* 1 ato ou efeito de untar 2 substância com que se unta; untura (De *untar*+*-dura*)

untanha *n.f.* [Brasil] ZOOLOGIA sapo de grande porte, da família dos *Cystignathidae*, que possui na cabeça dois pequenos cornos carnosos, também conhecido por sapo-de-chifres e sapo-boi (Do tupi *ĩ'tã*, «id.»)

untar *v.tr.* esfregar com unto ou com qualquer substância oleosa; besuntar; olear; *~ as unhas/as mãos a (alguém)* [coloq.] corromper com dinheiro, gratificar, subornar; *~ o carro* [coloq.] dar uma gratificação para que um negócio corra melhor e se realize mais rapidamente (De *unto*+*-ar*)

untitar *v.tr.* untar ou ungir amiúde (Do lat. *unctitāre*, «id.»)

unto *n.m.* banha de porco, por derreter; gordura; *ir aos untos a* [pop.] espancar (Do lat. *unctu-*, «boa mesa; óleo perfumado»)

untório *n.m.* recinto, entre os antigos Romanos, onde os banhistas se untavam com perfumes e onde estes se guardavam (Do lat. *unctoriu-*, «id.»)

untuosidade *n.f.* qualidade de untuoso (De *untuoso*+*-i-*+*-dade*)

untuoso /ô/ *adj.* 1 gorduroso; oleoso 2 gordo; nutrido 3 [fig., pej.] bajulador; melífluo (Do lat. *unctuōsu-*, «id.»)

untura *n.f.* 1 ato ou efeito de untar; untadura 2 substância para fricção; unguento 3 [fig.] conhecimento superficial; leves noções (Do lat. *unctūra-*, «id.»)

unúmbio *n.m.* QUÍMICA designação provisória do elemento químico com o número atómico 112, substituída por copernício

ununhéxio *n.m.* QUÍMICA designação provisória do elemento químico com o número atómico 116, substituída por livermório

ununnílio *n.m.* QUÍMICA designação provisória do elemento químico com o número atómico 110, substituída por darmstádio (Do lat. *un(um)*+*un(um)*+*-io*)

ununóctio *n.m.* QUÍMICA elemento químico, transuraniano, com o número atómico 118 e símbolo Uuo, obtido artificialmente

ununquádio *n.m.* QUÍMICA designação provisória do elemento químico com o número atómico 114, substituída por fleróvio

ununúnio *n.m.* QUÍMICA designação provisória do elemento químico com o número atómico 111, substituída por roentgénio

uolof *n.m.* língua falada pelos povos do grupo étnico Jalofos, nomeadamente na Guiné-Bissau, na Gâmbia e no Senegal

upa[1] *interj.* 1 usa-se para incitar um animal ou uma pessoa a levantar-se ou a subir 2 exprime esforço ao levantar um peso ■ *n.f.* salto brusco do cavalo para derrubar o cavaleiro; pinote; *às upas* aos saltos, aos pinotes (De origem onomatopeica)

upa[2] *n.f.* [São Tomé e Príncipe] espécie de sumaúma, obtida pela raspagem de ramos de palmeira, e usada em colchões e almofadas (Do forro *upa*, «idem»)

upanda[1] *n.f.* 1 [Angola] demanda 2 [Angola] penalidade por crime de adultério (Do quimbundo *kupandeka*, «cometer adultério»)

upanda[2] *n.f.* antiga medida africana, equivalente a duas jardas

upar *v.intr.* (cavalgadura) dar upas (De *upa*+*-ar*)

upas *n.m.2n.* 1 BOTÂNICA árvore da família das Moráceas, das quais os habitantes de Sonda, localidade angolana, extraem uma substância venenosa que utilizam no envenenamento das flechas 2 substância venenosa extraída desta planta (Do jav. *upas*, «veneno»)

upgrade *n.m.* INFORMÁTICA atualização dos componentes de um computador (hardware ou software) de forma a aumentar a sua capacidade (Do ing. *upgrade*, «id.»)

up-to-date *adj.inv.* atualizado; moderno; recente (Do ing. *up-to-date*, «id.»)

Upúpidas *n.m.pl.* ORNITOLOGIA ⇒ **Upupídeos**

Upupídeos *n.m.pl.* ORNITOLOGIA família de pássaros elegantes que ostentam uma poupa que abre em leque sobre a cabeça, muito frequentes em Portugal (Do lat. *upŭpa-*, «poupa» +*-ídeos*)

ura *n.f.* [Brasil] ZOOLOGIA ⇒ **berne**[1] (Do tupi-guar. *'ura*, «id.»)

-ura sufixo nominal, de origem latina, que ocorre sobretudo em substantivos abstratos, derivados de adjetivos, que designam qualidades (*planura, doçura, formosura, ternura*)

uraca *n.f.* [Índia] (Goa) bebida obtida pela destilação dos cachos da palmeira

uracrasia *n.f.* MEDICINA incontinência urinária (Do gr. *oũron*, «urina» +*akráteia*, «incontinência»)

uraliano *adj.* relativo aos montes Urais ou aos habitantes dessa região ■ *n.m.* [com maiúscula] GEOLOGIA andar do Carbónico (Do fr. *ouralien*, «id.»)

urálio *adj.* ⇒ **uraliano** *adj.* (De *Urais*, top. +*-io*)

uralite *n.f.* MINERALOGIA variedade de anfíbola actinolítica (De *Urais*, top. +*-ite*)

uralitização *n.f.* PETROLOGIA transformação da piroxena em horneblenda (De *uralite*+*-izar*+*-ção*)

uralo-altaico *adj.* 1 respeitante aos montes Urais e ao Altai 2 designativo do grupo de línguas faladas pelos povos que habitam entre os Urais e o Altai (De *Urais*, top.+*Altai*, top. +*-ico*)

uranelídeos *n.m.pl.* ZOOLOGIA classe de anelídeos com caracteres primitivos, que não apresentam segmentação exterior distinta (Do gr. *ourá*, «cauda»+lat. cient. *Annelida*, «anelídeos» +*-ídeos*)

urânia *n.f.* 1 ZOOLOGIA grande borboleta noturna que aparece especialmente em Madagáscar e em algumas regiões indianas 2 BOTÂNICA planta monocotiledónea, ornamental, do Brasil, pertencente à família das Musáceas (De *Urânia*, mitol., musa da astronomia)

urânico[1] *adj.* 1 relativo ao urânio 2 (sal, óxido) produzido pelo urânio (De *urânio*+*-ico*)

urânico[2] *adj.* 1 MITOLOGIA referente a Urano ou a Urânia (Vénus) 2 relativo ao planeta Urano (De *Urano* ou de *Urânia*, mitol. +*-ico*)

Uranídeos *n.m.pl.* ZOOLOGIA família de insetos lepidópteros, de cores vivas, semelhantes a borboletas diurnas, vulgares na América do Sul (Do gr. *ouranós*, «céu; ar; abóbada celeste» +*-ídeos*)

uranilo *n.m.* QUÍMICA radical bivalente (UO_2), encontrado nos compostos de urânio

uranina *n.f.* QUÍMICA sal de sódio da fluoresceína, utilizada como corante amarelo para tecidos (De *urânio*+*-ina*)

uraninite *n.f.* MINERALOGIA mineral de urânio cuja composição é a mesma da pechablenda, e que cristaliza no sistema cúbico (De *urânio*+*-ite*)

urânio *n.m.* QUÍMICA elemento químico, metálico e radioativo, com o número atómico 92 e símbolo U, cujo isótopo de massa atómica 235 é suscetível de desintegração em cadeia, e por isso usado na obtenção de energia nuclear; *~ enriquecido* urânio com proporções do elemento cindível por neutrões lentos (^{235}U) muito aumentadas (De *Urano*, mitol. +*-io*)

uranismo *n.m.* homossexualidade masculina (De *Urânia*, epíteto de Vénus +*-ismo*)

uranista *adj.,n.2g.* que ou a pessoa que manifesta uranismo (De *Urânia*, epíteto de Vénus +*-ista*)

uranite *n.f.* MINERALOGIA qualquer mineral que contém urânio (De *urânio*+*-ite*)

urano- elemento de formação de palavras que traduz a ideia de céu, véu palatino (Do gr. *ouranós*, «céu»)

Urano *n.m.* 1 MITOLOGIA deus do céu e seu primeiro governante, segundo a mitologia grega 2 ASTRONOMIA planeta principal do sistema solar, cuja órbita fica entre a de Saturno e a de Neptuno, e que executa o movimento de rotação em 10 h 42 m, e o de translação, em torno do Sol, em 84 anos e 7 dias, e tem cinco satélites com órbitas muito inclinadas sobre o plano da eclíptica (Do gr. *Ouranós*, «id.», pelo lat. *Urănu-*, «id.»)

Úrano *n.m.* ⇒ **Urano** (Do gr. *Ouranós*, «id.», pelo lat. *Urănu-*, «id.»)

uranófano *n.m.* MINERALOGIA mineral de urânio (silicato hidratado de uranilo e cálcio), que cristaliza no sistema ortorrômbico (De *urânio*+*-fano*)

uranografia *n.f.* descrição do céu e dos fenómenos celestes; astronomia (De *urano-*+*-grafia*)

uranográfico *adj.* relativo à uranografia; astronómico (De *uranografia*+*-ico*)

uranógrafo *n.m.* indivíduo versado em uranografia; astrónomo; cosmógrafo (De *urano-*+*-grafo*)

uranólito *n.m.* ⇒ **aerólito** (Do gr. *ouranós*, «céu» +*líthos*, «pedra»)

uranologia *n.f.* ⇒ **uranografia** (De *urano-*+*-logia*)

uranológico *adj.* relativo à uranologia; uranográfico (De *uranologia*+*-ico*)

uranometria *n.f.* medição das distâncias celestes por meio do uranómetro (De *urano-*+*-metria*)

uranométrico *adj.* relativo à uranometria ou ao uranómetro (De *uranometria+-ico*)

uranómetro *n.m.* ASTRONOMIA instrumento utilizado para medir as distâncias celestes (De *urano-+-metro*)

uranoplastia *n.f.* MEDICINA operação cirúrgica feita na cavidade bucal, em especial para restaurar a abóbada e o véu palatinos (Do gr. *ouranós*, «palato» +*plástes*, «que modela» +*-ia*)

uranorama *n.m.* representação do sistema planetário por meio de um globo móvel (Do gr. *ouranós*, «céu» +*hórama*, «vista»)

uranoscopia *n.f.* ⇒ **astrologia** (Do gr. *ouranós*, «céu» +*skopeīn*, «examinar» +*-ia*)

urapará *n.m.* [Brasil] designação que os Índios do Brasil dão ao arco (arma com que atiram setas) (Do tupi *wirapu'ru*, «pássaro magro»)

urbanidade *n.f.* **1** qualidade de urbano **2** [fig.] cortesia; boa educação; civilidade; delicadeza (Do lat. *urbanitāte-*, «id.»)

urbanismo *n.m.* **1** GEOGRAFIA conjunto das questões relativas à organização e ao planeamento das cidades e à sua evolução, incluindo a adaptação destas às necessidades do seus habitantes **2** arquitetura urbana **3** modo de vida característico das grandes cidades (De *urbano+-ismo*)

urbanista *adj.,n.2g.* que ou a pessoa que se dedica a questões ou a trabalhos de urbanização (De *urbano+-ista*)

urbanístico *adj.* **1** que diz respeito à urbanização **2** relativo à(s) cidade(s) (De *urbanista+-ico*)

urbanita *adj.,n.2g.* que ou a pessoa que vive numa cidade (De *urbano+-ita*)

urbanização *n.f.* **1** ato ou efeito de urbanizar **2** processo de criação, desenvolvimento e embelezamento dos espaços urbanos **3** zona residencial dotada das infraestruturas necessárias à habitação **4** fenómeno crescente de concentração da população em espaços urbanos **5** GEOGRAFIA processo de construção e expansão de cidades como resultado de alterações na atividade económica e no modo de vida da população; *taxa de ~* GEOGRAFIA percentagem da população residente nos centros urbanos em relação à população total da área considerada (De *urbanizar+-ção*)

urbanizar *v.tr.* **1** tornar urbano **2** proceder à urbanização de **3** [fig.] tornar civilizado; polir ■ *v.pron.* **1** tornar-se urbano **2** [fig.] civilizar-se (De *urbano+-izar*)

urbano *adj.* **1** que diz respeito à cidade **2** próprio de cidade **3** diz-se do prédio para habitação (por oposição a prédio rústico) **4** [fig.] cortês; polido; civilizado ■ *adj.,n.m.* que ou pessoa que vive na cidade ■ *n.m.* [Brasil] agente da polícia (Do lat. *urbānu-*, «id.»)

urbe *n.f.* meio geográfico e social caracterizado por uma forte concentração populacional que cria uma rede orgânica de troca de serviços (administrativos, comerciais, profissionais, educacionais e culturais); cidade (Do lat. *urbe-*, «id.»)

urbícola *adj.,n.2g.* que ou a pessoa que habita numa cidade; urbanita (Do lat. *urbe-*, «cidade» +*colĕre*, «habitar»)

urbígena *adj.,n.2g.* que ou aquele que nasceu na cidade (Do lat. *urbigĕna-*, «id.»)

urca *n.f.* **1** antiga embarcação de bojo grande **2** [pop., pej.] mulher muito gorda e feia (Do neerl. med. *hulke*, «id.», pelo ing. *hulk*, «id.»)

urcéola *n.f.* ⇒ **urcéolo** (De *urcéolo*)

urceolado *adj.* BOTÂNICA que tem forma de urna ou jarro; urceolar (De *urcéolo+-ado*)

urceolar *adj.2g.* ⇒ **urceolado** (De *urcéolo+-ar*)

urceolífero *adj.* que tem urcéolos (Do lat. *urceŏlu-*, «urcéolo» +*ferre*, «ter»)

urcéolo *n.m.* **1** BOTÂNICA órgão em forma de saco ou urna **2** BOTÂNICA cálice da flor (ou outro órgão vegetal) quando se apresenta urceolado (Do lat. *urceŏlu-*, «pequena arma»)

urchila *n.f.* ⇒ **urchilha**

urchilha *n.f.* substância vegetal, de cor roxa, usada em pintura (Do cast. *urchilla*, «id.»)

urco *n.m.* [Brasil] cavalo corpulento, chamado também frisão (De *urca*?)

urdideira *n.f.* **1** aquela que urde **2** nos teares manuais, conjunto de duas peças paralelas e verticais guarnecidas de pregos de madeira, onde se faz a urdidura (De *urdir+-deira*)

urdidor *adj.* **1** que urde **2** [fig.] que trama ou promove; intriguista ■ *n.m.* **1** aquele que urde; tecelão **2** [fig.] indivíduo que prepara alguma coisa; intriguista (De *urdir+-dor*)

urdidura *n.f.* **1** ato ou efeito de urdir **2** conjunto dos fios ao longo do tear, por entre os quais se passa a trama **3** [fig.] enredo; intriga **4** *pl.* [regionalismo] pagamento à tecedeira (De *urdir+-dura*)

urdimaças *n.2g.2n.* pessoa mexeriqueira, intriguista ■ *n.f.pl.* enredos; intrigas (De *urdir*)

urdimalas *n.2g.2n.* ⇒ **urdimaças**

urdimenta *n.f.* ⇒ **urdidura** (De *urdimento*)

urdimento *n.m.* ⇒ **urdidura** (De *urdir+-mento*)

urdir *v.tr.* **1** dispor a urdidura em (tear) **2** tecer **3** [fig.] imaginar **4** [fig.] preparar ardilosamente; tramar; maquinar (Do lat. **ordīre*, por *ordīri*, «urdir; começar a tecer»)

urdu *n.m.* língua oficial do Paquistão (Do turc. *urdu*, «arraial»)

urdume *n.m.* ⇒ **urdidura** (De *urdir+-ume*)

uredíneas *n.f.pl.* BOTÂNICA grupo (ordem) de fungos basidiomicetes que parasitam muitas plantas, nas quais produzem as doenças chamadas ferrugens, como no centeio, no trigo, na roseira, etc. (Do lat. *uredīne-*, «alforra» +*-eas*)

uredíneo *adj.* relativo ou semelhante ao uredo (Do lat. *uredīne-*, «alforra» +*-eo*)

uredo /ê/ *n.m.* **1** BOTÂNICA parte esporífera do fungo uredíneo (ou este fungo) que produz, nos vegetais que parasita, a doença denominada ferrugem **2** ardor; comichão; prurido (Do lat. *urĕdo*, (nominativo), «id.»)

uredósporo *n.m.* BOTÂNICA esporo de alguns fungos uredíneos (Do lat. *urĕdo*, «alforra» +gr. *spóros*, «semente»)

ureia *n.f.* QUÍMICA substância orgânica azotada que entra na composição da urina e é uma amida do ácido carbónico, de fórmula $CO(NH_2)_2$, utilizada como adubo, no fabrico de resinas sintéticas, em farmácia, etc. (Do gr. *oūron*, «urina», pelo fr. *urée*, «ureia»)

uremia *n.f.* MEDICINA intoxicação geral provocada pela retenção da ureia no sangue (Do gr. *oūron*, «urina» +*haîma*, «sangue» +*-ia*)

urémico *adj.* relativo a uremia (De *uremia+-ico*)

urência *n.f.* qualidade de urente (Do lat. *urentia*, part. pres. neut. pl. de *urĕre*, «queimar»)

urente *adj.2g.* que queima; ardente (Do lat. *urente-*, «id.», part. pres. de *urĕre*, «queimar»)

ureometria *n.f.* MEDICINA avaliação do doseamento de ureia num líquido por meio do ureómetro (Do fr. *uréometrie*, «id.»)

ureómetro *n.m.* MEDICINA instrumento que serve para avaliar o doseamento da ureia num líquido; densímetro de urinas (Do fr. *uréometre*, «id.»)

uretalgia *n.f.* ⇒ **ureteralgia** (Do gr. *ouretér*, «uréter» +*álgos*, «dor» +*-ia*)

uretálgico *adj.* ⇒ **ureterálgico** (De *uretalgia+-ico*)

uréter *n.m.* (*plural* **ureteres**) ANATOMIA canal que conduz a urina do rim para a bexiga (ou para a cloaca, em alguns animais); ~ *primitivo* canal longitudinal que recebe os produtos excretados pelos nefrídios que constituem o chamado rim precursor ou prónefro, e que, em certos animais, origina ductos genitais (Do gr. *ouretér*, «id.»)

ureteral *adj.2g.* ⇒ **uretérico** (De *uréter+-al*)

ureteralgia *n.f.* MEDICINA dor nos ureteres; uretralgia (Do gr. *ouretér*, «uréter» +*álgos*, «dor» +*-ia*)

ureterálgico *adj.* relativo à ureteralgia; uretrálgico (De *ureteralgia+-ico*)

ureterectomia *n.f.* CIRURGIA operação da ressecção de um uréter, que é praticada por ocasião da nefrectomia (Do gr. *ouretér*, «uréter» +*ektomé*, «ablação» +*-ia*)

uretérico *adj.* do uréter ou relativo a ele; ureteral (De *uréter+-ico*)

ureterite *n.f.* MEDICINA inflamação dos ureteres (De *uréter+-ite*)

ureterografia *n.f.* MEDICINA radiografia do uréter (Do gr. *ouretér*, «uréter» +*gráphein*, «escrever» +*-ia*)

ureterotomia *n.f.* CIRURGIA operação que consiste na incisão do uréter (Do gr. *ouretér*, «uréter» +*tomé*, «corte» +*-ia*)

urético *adj.* **1** relativo à urina **2** diurético (Do gr. *ourétikos*, «relativo à urina; diurético»)

uretra *n.f.* ANATOMIA canal do aparelho urinário que conduz a urina da bexiga para o meio exterior, e que, em certos animais (machos), é um ducto comum às funções excretoras e genitais (Do gr. *ouréthra*, «id.», pelo lat. *urethra-*, «id.»)

uretral *adj.2g.* da uretra ou a ela relativo; urétrico (De *uretra+-al*)

uretralgia *n.f.* MEDICINA dor na uretra; uretrodinia (Do gr. *ouréthra*, «uretra» +*álgos*, «dor» +*-ia*)

uretrálgico *adj.* relativo à uretralgia (De *uretralgia+-ico*)

uretrectomia *n.f.* CIRURGIA operação da ressecção (em regra, parcial) da uretra (Do gr. *ouréthra*, «uretra» +*ektomé*, «ablação» +*-ia*)

urétrico *adj.* ⇒ **uretral** (De *uretra+-ico*)

uretrite *n.f.* MEDICINA inflamação do canal da uretra (De *uretra+-ite*)

uretr(o)- elemento de formação de palavras que exprime a ideia de uretra, uréter (Do gr. *ouréthra*, «uretra»)

uretrocistografia *n.f.* MEDICINA radiografia da uretra e da bexiga (De *uretro-+cisto-+-grafia*)

uretrocistotomia *n.f.* CIRURGIA operação que diz respeito a uma incisão que atinge simultaneamente a uretra e a bexiga urinária (Do gr. *ouréthra*, «uretra» +*kýstis*, «bexiga» +*tomé*, «corte» +*-ia*)

uretrodinia *n.f.* ⇒ **uretralgia** (Do gr. *ouréthra*, «uretra» +*odýne*, «dor» +*-ia*)

uretrofraxia /cs/ *n.f.* MEDICINA obstrução do canal da uretra (Do gr. *ouréthra*, «uretra» +*phrássein*, «obstruir» +*-ia*)

uretrografia *n.f.* radiografia da uretra (De *uretro-*+*-grafia*)

uretrorragia *n.f.* MEDICINA hemorragia da uretra (De *uretro*+*-ragia*, ou do fr. *urétrorragie*, «id.»)

uretrorrectal a grafia mais usada é **uretrorretal**

uretrorreia *n.f.* MEDICINA corrimento da uretra (Do gr. *ouréthra*, «uretra» +*rhoía*, «fluxo»)

uretrorretal *adj.2g.* referente à uretra e ao reto (De *uretro-*+*rectal*) ACORDO ORTOGRÁFICO também se pode escrever **uretrorrectal**

uretroscopia *n.f.* MEDICINA observação da uretra pelo uretroscópio (Do gr. *ouréthra*, «uretra» +*skopeîn*, «examinar», ou do fr. *urétroscopie*, «id.»)

uretroscópico *adj.* relativo à uretroscopia (De *uretroscopia*+*-ico*)

uretroscópio *n.m.* instrumento para observação do interior da uretra (Do gr. *ouréthra*, «uretra» +*skopeîn*, «examinar», ou do fr. *urétroscope*, «id.»)

uretrostenia *n.f.* MEDICINA constrição do canal da uretra (Do gr. *ouréthra*, «uretra» +*sténos*, «estreito» +*-ia*)

uretrostenose *n.f.* ⇒ **uretrostenia** (Do gr. *ouréthra*, «uretra» +*sténosis*, «estreitamento»)

uretrostomia *n.f.* CIRURGIA prática de uma abertura na uretra a fim de fazer um meato artificial no caso de constrição intransponível daquela (Do gr. *ouréthra*, «uretra» +*stóma*, «boca» +*-ia*)

uretrotomia *n.f.* CIRURGIA incisão na uretra com o uretrótomo, em especial para tratamento de apertos (Do gr. *ouréthra*, «uretra» +*tomé*, «corte», ou do fr. *urétrotomie*, «id.»)

uretrótomo *n.m.* instrumento que serve para fazer incisões na uretra (Do gr. *ouréthra*, «uretra» +*témnein*, «cortar», ou do fr. *urétrotome*, «id.»)

uretrovaginal *adj.2g.* referente à uretra e à vagina (De *uretro-*+*vaginal*)

urgebão *n.m.* BOTÂNICA planta herbácea, de flores pequenas e com os estames inclusos na corola, pertencente à família das Verbenáceas, espontânea em Portugal, e também conhecida por algebrado, algebrão, orgevão, urgevão, verbena, verberão, etc. (De orig. obsc.)

urgemanta *n.f.* ICTIOLOGIA nome vulgar extensivo a uns peixes seláquios, incluindo o jamanta (De *jamanta*?)

urgência *n.f.* **1** qualidade do que é urgente; carácter do que não admite demoras **2** necessidade que requer satisfação imediata; pressa; aperto **3** situação muito grave ou crítica **4** prestação de cuidados médicos em situações de emergência **5** [mais usado no plural] serviço ou setor de um hospital onde se prestam esses cuidados médicos (Do lat. *urgentĭa-*, «id.»)

urgente *adj.2g.* **1** que urge; que não admite delongas **2** iminente **3** indispensável (Do lat. *urgente-*, «id.», part. pres. de *urgĕre*, «apertar; urgir»)

urgentemente *adv.* com urgência; sem demora (De *urgente*+*-mente*)

urgevão *n.m.* BOTÂNICA ⇒ **urgebão**

-urgia sufixo nominal, de origem grega, que exprime a ideia de trabalho (*mineralurgia*)

urgir *v.tr.,intr.* ser necessário sem demora; ser urgente; requerer pressa ■ *v.tr.* **1** pedir com insistência **2** perseguir de perto; apertar o cerco a **3** impelir; obrigar **4** exigir; reclamar ■ *v.intr.* **1** não permitir demora **2** estar iminente; instar (Do lat. *urgēre*, «apertar; urgir»)

urgueira *n.f.* BOTÂNICA ⇒ **chamiça 1** (Do lat. vulg. **ulicarĭa-*, de *ulĭce-*, «alecrim»)

urgueiral *n.m.* sítio onde crescem urgueiras (De *urgueira*+*-al*)

uri *n.m.* [Cabo Verde, Guiné-Bissau] ⇒ **quiela**

-úria sufixo nominal, de origem grega, que traduz a ideia de urina (*hematúria*)

uricana *n.f.* BOTÂNICA espécie de palmeira do Brasil (Do tupi *uri'kana*, «id.»)

uricemia *n.f.* MEDICINA concentração de ácido úrico no sangue (De *úrico*+*-emia*)

uricémico *adj.* relativo à uricemia (De *uricemia*+*-ico*)

úrico *adj.* que diz respeito a urina; **ácido ~** QUÍMICA ácido orgânico azotado, do grupo das purinas, que figura na urina humana em pequenas quantidades e nos excrementos das aves e da maior parte dos répteis em proporção maior (Do gr. *oûron*, «urina» +*-ico*)

uricopoiese *n.f.* MEDICINA formação de ácido úrico no organismo

urim *n.m.* [Cabo Verde, Guiné-Bissau] ⇒ **quiela** (Do crioulo *uri*)

urina *n.f.* líquido que é excretado pelo aparelho urinário, constituído por água com substâncias minerais e orgânicas, entre as quais importantes produtos de desassimilação, como a ureia, o ácido úrico, etc. (Do lat. *urīna-*, «id.»)

urinação *n.f.* ato ou efeito de urinar; micção (De *urinar*+*-ção*)

urinar *v.intr.* expelir urina de modo voluntário ou involuntário ■ *v.tr.* **1** expelir pela uretra **2** sujar ou molhar com urina (Do lat. *urināre*, «id.»)

urinário *adj.* respeitante à urina ou aos órgãos da sua excreção; urinoso; **meato ~** ANATOMIA orifício por meio do qual a uretra abre no exterior (De *urina*+*-ário*)

urinífero *adj.* que contém ou conduz a urina (Do lat. *urīna-*, «urina» +*ferre*, «ter»)

uriníparo *adj.* que produz urina (Do lat. *urīna-*, «urina» +*parĕre*, «produzir»)

urinol *n.m.* **1** lugar ou sítio público onde as pessoas podem urinar; mictório **2** recipiente existente em lugares públicos apropriados no qual os homens urinam **3** vaso próprio para os doentes ou os idosos urinarem (De *urina*+*-ol*)

urinoso /ô/ *adj.* **1** que tem urina **2** que é da natureza da urina (De *urina*+*-oso*)

uritutu *n.m.* ORNITOLOGIA ⇒ **udu** (De orig. onom.)

urna *n.f.* **1** caixa onde se recolhem os votos de um escrutínio ou os números de uma rifa **2** recipiente com tampa onde se recolhiam as cinzas dos finados **3** caixão funerário **4** BOTÂNICA espécie de cápsula do esporogónio dos musgos onde se formam os esporos (arquídio ou esporângio), que está tapada pelo opérculo; **ir às urnas** votar (Do lat. *urna-*, «id.»)

urnário *n.m.* **1** mesa que os Romanos utilizavam para disporem sobre ela vasilhas com água **2** BOTÂNICA (especialmente nos musgos) ⇒ **urna 4** ■ *adj.* relativo ou semelhante a urna (Do lat. *urnarĭu-*, «mesa para urnas»)

urnígero *adj.* BOTÂNICA que tem cápsula em forma de urna (Do lat. *urnigĕru-*, «id.»)

úrnula *n.f.* BOTÂNICA invólucro carnoso (ou seco) que contém os ovários ou os frutos, como nas roseiras (Do lat. *urnŭla-*, «urna pequena»)

uro *n.m.* ZOOLOGIA ⇒ **auroque** (Do ant. alto-al. *ur*, «id.», pelo lat. *uru-*, «id.»)

uro-[1] elemento de formação que exprime a ideia de *urina* (Do gr. *oûron*, «id.»)

uro-[2] elemento de formação que exprime a ideia de *cauda* (Do gr. *ourá*, «id.»)

-uro sufixo nominal, de origem grega, que traduz a ideia de *urina* ou de *cauda* (*monturo*, *anuro*)

urobilina *n.f.* pigmento biliário que é uma das substâncias corantes da urina; urocromo (Do gr. *oûron*, «urina»+lat. *bile-*, «bílis» +*-ina*)

urobrânquio *adj.* ZOOLOGIA diz-se dos moluscos cujas brânquias estão perto da cauda (Do gr. *ourá*, «cauda» +*brágkhia*, «brânquia»)

urociste *n.f.* ZOOLOGIA órgão vesicular urinário de certos animais; urocisto; bexiga urinária (Do gr. *oûron*, «urina» +*kýstis*, «bexiga»)

urocistite *n.f.* MEDICINA ⇒ **cistite** (Do gr. *oûron*, «urina» +*kýstis*, «bexiga» +*-ite*)

urocisto *n.f.* ZOOLOGIA ⇒ **urociste** (Do gr. *oûron*, «urina» +*kýstis*, «bexiga»)

urocordado *adj.,n.m.,n.m.pl.* ZOOLOGIA ⇒ **tunicado** (Do gr. *ourá*, «cauda» +*khordé*, «corda» +*-ado*)

urocrisia *n.f.* MEDICINA diagnóstico feito com base na análise da urina (Do gr. *oûron*, «urina» +*krísis*, «juízo» +*-ia*)

urocrítico *adj.* relativo à urocrisia (Do gr. *oûron*, «urina» +*kritikós*, «capaz de julgar»)

urocromo *n.m.* matéria corante, amarela, da urina; urobilina (Do gr. *oûron*, «urina» +*khrôma*, «cor», pelo fr. *urochrome*, «id.»)

urodelo *adj.* ZOOLOGIA que tem cauda bem evidente ■ *n.m.* ZOOLOGIA espécime dos urodelos ■ *n.m.pl.* ZOOLOGIA grupo (ordem) de batráquios que têm o corpo relativamente alongado e cauda que permanece no estado adulto do animal (Do gr. *ourá*, «cauda» +*dêlos*, «evidente», pelo fr. *urodèle*, «id.»)

urodinia *n.f.* MEDICINA sensação dolorosa no ato da micção (Do gr. *oûron*, «urina» +*odýne*, «dor» +*-ia*)

urofilia *n.f.* ⇒ **ondinismo** (Do gr. *oûron*, «urina» +*phílos*, «amigo» +*-ia*)

urogenital *adj.2g.* que é constituído, em conjunto, por órgãos urinários e genitais, ou a eles diz respeito (De *uro-*+*genital*)

urografia n.f. MEDICINA radiografia do aparelho urinário (De *uro-*+ *-grafia*)

urólito n.m. MEDICINA cálculo urinário chamado vulgarmente pedra da bexiga (Do gr. *oûron*, «urina» +*líthos*, «pedra»)

urologia n.f. MEDICINA especialidade que se ocupa das perturbações e doenças do aparelho urinário dos dois sexos e do sistema reprodutor masculino (De *uro-*+*-logia*, ou do fr. *urologie*, «id.»)

urológico adj. relativo à urologia (De *urologia*+*-ico*)

urologista n.2g. médico especialista de urologia (De *urologia*+ *-ista*)

urólogo n.m. ⇒ **urologista** (Do gr. *oûron*, «urina» +*lógos*, «tratado»)

urómetro n.m. instrumento que serve para determinar a massa volúmica da urina (Do gr. *oûron*, «urina» +*métron*, «medida»)

uropigial adj.2g. referente ao uropígio (De *uropígio*+*-al*)

uropígio n.m. ORNITOLOGIA extremidade da região caudal do corpo das aves (que tem por esqueleto interno o pigostilo), onde se implantam as retrizes; rabadela (Do gr. *ouropýgion*, «id.», pelo lat. *uropygĭu-*, «id.»)

urópode n.m. ZOOLOGIA cada um dos apêndices abdominais do último par, nos crustáceos ■ n.m.pl. ORNITOLOGIA grupo de aves palmípedes cujos membros inferiores se implantam muito posteriormente, dando a impressão de que, durante a marcha, a ave se apoia sobre a cauda (Do gr. *ourá*, «cauda» +*poús*, *-odós*, «pé»)

uropódio n.m. ⇒ **urópode**

uropoese n.f. conjunto dos fenómenos de que resulta produção de urina (Do gr. *oûron*, «urina» +*poíesis*, «fabrico»)

uropoiese n.f. ⇒ **uropoese**

urorragia n.f. MEDICINA hemorragia das vias urinárias (De *uro-*+ *-ragia*)

urorreia n.f. MEDICINA fluxo abundante, anormal, de urina (Do gr. *oûron*, «urina» +*rhoía*, «fluxo»)

uroscopia n.f. MEDICINA exame clínico das urinas (Do gr. *oûron*, «urina» +*skopeîn*, «examinar» +*-ia*)

uroscópico adj. que diz respeito à uroscopia (De *uroscopia*+*-ico*)

urostilo n.m. ZOOLOGIA peça óssea, terminal e alongada, que representa a região coccígea da coluna vertebral, especialmente dos anuros, e também designada hipural (Do gr. *ourá*, «cauda» +*stýlos*, «coluna»)

uroxantina /cs/ n.f. uma das matérias amarelas corantes da urina (Do gr. *oûron*, «urina» +*xanthós*, «amarelo» +*-ina*)

urra-boi n.m. ORNITOLOGIA ⇒ **guião** (De *urrar*+*boi*)

urraca n.f. NÁUTICA aparelho das velas do estai, entre os mastros (De orig. obsc.)

urrador adj.,n.m. que ou animal que urra (De *urrar*+*-dor*)

urrar v.intr. **1** dar urros (o animal); bramir; rugir **2** produzir ruído parecido com o urro ■ v.tr. vociferar; gritar; berrar (Do lat. *ululāre*, «uivar»)

urro n.m. **1** voz forte e estrídula de alguns animais; bramido; rugido **2** [fig.] berro (Deriv. regr. de *urrar*)

Ursa Maior n.f. ASTRONOMIA constelação formada por 7 estrelas, a α (grandeza aparente 2,0) e a β (grandeza aparente 2,4), utilizadas para se encontrar a Estrela Polar, que faz parte da Ursa Menor; Carro de David; Caçarola

Ursa Menor n.f. ASTRONOMIA constelação formada por 7 estrelas, com disposição idêntica à da Ursa Maior, com a estrela α (Polar) no extremo da cauda, a 1,6° do polo celeste norte, também chamada Carro Pequeno e que teve o nome de Buzina ou Trombeta, dado pelos Portugueses, na época dos Descobrimentos

Úrsidas n.m.pl. ZOOLOGIA ⇒ **Ursídeos**

Ursídeos n.m.pl. ZOOLOGIA família de mamíferos carnívoros, fissípedes, cujo género-tipo se denomina *Ursus* (Do lat. *ursu-*, «urso» + *-ídeos*)

ursino adj. **1** do urso **2** relativo ao urso (Do lat. *ursīnu-*, «id.»)

urso n.m. **1** ZOOLOGIA nome vulgar de uns mamíferos carnívoros pertencentes à família dos Ursídeos, plantígrados, relativamente corpulentos, com pelo longo e denso, pescoço grosso e curto, orelhas pequenas e arredondadas, que vivem em quase todas as partes do Globo **2** [fig.] homem peludo e feio **3** [coloq., pej.] pessoa pouco inteligente **4** [coloq., pej.] pessoa rude ou grosseira **5** [coloq., pej.] pessoa que não é sociável; misantropo **6** [acad.] melhor aluno de um curso ou de uma turma; *comida/sopa de ~* tareia, sova; *fazer de ~/fazer figura de ~* [coloq.] comportar-se de forma ridícula, ser alvo de troça (Do lat. *ursu-*, «id.»)

urso-branco n.m. ⇒ **urso-polar**

urso-d'água-doce n.m. ZOOLOGIA animal microscópico, do grupo dos tardígrados, que aparece, com frequência, nas águas estagnadas e infusões de feno

urso-formigueiro n.m. ZOOLOGIA ⇒ **papa-formigas 2**

urso-polar n.m. grande urso branco, carnívoro, com patas adaptadas para nadar, que habita no polo norte

ursulina n.f. religiosa da Ordem de Santa Úrsula (De *Úrsula*, antr. + *-ina*)

urticação n.f. **1** ato ou efeito de urticar **2** flagelação da pele para a excitar **3** sensação de ardência, parecida com a que é causada pelas urtigas sobre a pele (De *urticar*+*-ção*)

Urticáceas n.f.pl. BOTÂNICA família de plantas dicotiledóneas, em regra herbáceas, com pelos urticantes, cujo género-tipo se denomina *Urtica* (Do lat. *urtīca-*, «urtiga» +*-áceas*)

urticante adj.2g. que produz na pele uma sensação análoga à causada pela urtiga (De *urticar*+*-ante*)

urticar v.tr. **1** picar ou friccionar com urtigas **2** produzir sensação semelhante à causada pelas urtigas sobre (a pele) (Do lat. *urtīca-*, «urtiga» +*-ar*)

urticária n.f. MEDICINA erupção cutânea que produz uma ardência semelhante à do contacto da urtiga; cnidose (Do lat. *urtīca-*, «urtiga» +*ária*)

Urtíceas n.f.pl. BOTÂNICA ⇒ **Urticáceas** (Do lat. *urtīca-*, «urtiga» + *-eas*)

urticifoliado adj. BOTÂNICA que possui folhas semelhantes às da urtiga (Do lat. *urtīca-*, «urtiga» +*folĭu-*, «folha» +*-ado*)

urtiga n.f. BOTÂNICA nome vulgar que designa diversas plantas herbáceas, pertencentes à família das Urticáceas, de folhas rugosas, elípticas e revestidas de pelos secretores de uma substância que provoca comichão e irritação ao entrar em contacto com a pele; *mandar às urtigas* [coloq.] não ligar nenhuma (Do lat. *urtīca-*, «id.»)

urtiga-branca n.f. BOTÂNICA planta herbácea, medicinal, de propriedades laxativas, da família das Euforbiáceas, muito comum em Portugal; mercurial

urtigação n.f. ⇒ **urticação** (De *urtigar*+*-ção*)

urtigada n.f. **1** urticação **2** grande quantidade de urtigas (De *urtiga*+*-ada*)

urtiga-do-mar n.f. ZOOLOGIA nome vulgar por que também se designam os celenterados providos de células urticantes (cnidoblastos)

urtigal n.m. lugar onde crescem urtigas (De *urtiga*+*-al*)

urtiga-morta n.f. BOTÂNICA planta da família das Euforbiáceas, conhecida também por lâmio e mercurial

urtigão n.m. **1** urtiga pequena **2** espécie dioica de urtiga (De *urtiga*+*-ão*)

urtigar v.tr. **1** picar ou friccionar com urtigas; ortigar; urticar **2** [fig.] flagelar (De *urtiga*+*-ar*)

uru[1] n.m. [Brasil] ORNITOLOGIA ave galiforme da família dos Fasianídeos (Do tupi *u'ru*, «id.»)

uru[2] n.m. [Brasil] cesto de palha com asa onde se guarda tabaco, anzóis e outros objetos (Do tupi *u'ru*, «aquele que contém»)

urubu n.m. **1** ORNITOLOGIA ave de rapina, de grande porte, com plumagem predominantemente preta, e a cabeça nua, que se alimenta da carne de animais mortos **2** [Brasil] BOTÂNICA árvore tintorial **3** variedade de mandioca **4** [fig.] usurário **5** [Brasil] [coloq.] agente funerário; gato-pingado (Do tupi *uru'bu*, «id.»)

urubu-caçador n.m. ORNITOLOGIA variedade de urubu de voo mais rápido; ministro

urubuzinho n.m. [Brasil] ORNITOLOGIA pássaro, de plumagem predominantemente preta, pertencente à família dos Buconídeos, também designado andorinha-do-mato (De *urubu*+*z*+*-inho*)

urucari n.m. **1** BOTÂNICA espécie de palmeira do Brasil **2** BOTÂNICA fruto dessa árvore, cujo caroço se queima para defumar o leite da seringueira (Do tupi *uruku'ri*, «o que dá cachos»)

urucu n.m. substância tintorial, vermelha, extraída das sementes do urucueiro (planta brasileira), utilizada para corar queijos, e também conhecida por açafrão, anato e arnoto; urucueiro (Do tupi *uru'ku*, «id.»)

uruçu n.m. ZOOLOGIA abelha brasileira, inofensiva, de cor avermelhada, também denominada guarapu, guarupu, etc. (Do tupi *eiru'su*, «abelha grande»)

urucubaca n.f. **1** [Brasil] azar; má sorte **2** [Brasil] feitiçaria (De orig. obsc.)

urucueiro n.m. BOTÂNICA planta arbustiva americana, que fornece uma substância tintorial (arnoto ou urucu), e é também conhecida por urucu, urucuuba e urucuzeiro (De *urucu*+*-eiro*)

urucuri n.m. BOTÂNICA ⇒ **urucari**

urucuuba *n.m.* BOTÂNICA ⇒ **urucueiro** (Do tupi *uruku'iwa*, «árvore do urucu»)

urucuzeiro *n.m.* BOTÂNICA ⇒ **urucueiro** (De *urucu*+z+*-eiro*)

uruguaiano *adj.,n.m.* ⇒ **uruguaio** (De *Uruguai*, top. +*-ano*)

uruguaio *adj.* do Uruguai ■ *n.m.* natural ou habitante do Uruguai (De *Uruguai*, top.)

urupê *n.m.* BOTÂNICA nome vulgar brasileiro que designa um fungo basidiomicete (pequeno cogumelo), que é também conhecido por orelha-de-pau e urupê-vermelho (Do tupi *uru'pê*, «id.»)

urupema /ê/ *n.f.* espécie de joeira feita de urubu com que se peneira a farinha de mandioca (Do tupi *uru'pema*, «uru chato»)

urutago *n.m.* [Brasil] ORNITOLOGIA ⇒ **urutau**

urutau *n.m.* ORNITOLOGIA nome vulgar extensivo a umas aves de rapina, noturnas, de canto melancólico e fúnebre, pertencentes à família dos Caprimulgídeos; bacurau; chora-lua; manda-lua; mãe-da-lua (Do tupi *uruta'wi*, «id.»)

urutu *n.m.* ZOOLOGIA nome vulgar usado no Brasil para designar, especialmente, umas serpentes muito venenosas, que pertencem a duas espécies da família dos Crotalídeos; cruzeiro; cotiara (Do tupi *uru'tu*, «id.»)

urzal *n.m.* terreno onde crescem urzes; urzedo; urzeira (De *urze*+*-al*)

urze *n.f.* 1 BOTÂNICA nome vulgar extensivo a diversas plantas da família das Ericáceas, espontâneas, ramosas, de folhas lineares e sem pilosidade, flores pequenas dispostas em grupos axilares e raízes grossas 2 ICTIOLOGIA peixe seláquio, afim da raia, da família dos Trigonídeos, que aparece em Portugal; rato (Do lat. *ulīce-*, «alecrim»)

urzedo /ê/ *n.m.* ⇒ **urzal** (De *urze*+*-edo*)

urzeira *n.f.* ⇒ **urzal** (De *urze*+*-eira*)

urzela *n.f.* líquen de que se extrai uma tinta da cor da violeta (Do moç. *orchella*, «id.»)

urzelina *n.f.* [Açores] terreno semeado de urzela (De *urzela*+*-ina*)

urzibelha /ê/ *n.f.* BOTÂNICA arbusto espontâneo que se desenvolve, de preferência, entre os castanheiros, e que é também conhecido por chaguarço e charguaço (De *urze*?)

usabilidade *n.f.* INFORMÁTICA característica de um produto (página de internet, programa, etc.) que se adapta convenientemente ao objetivo para o qual foi concebido (De *usável*+*-i-*+*-dade*)

usado *adj.* 1 em uso 2 experimentado 3 empregado 4 exercitado 5 acostumado; habituado; afeito 6 estragado 7 gasto ou deteriorado pelo uso; velho 8 cotiado; coçado (Part. pass. de *usar*)

usagre *n.m.* MEDICINA erupção cutânea de natureza herpética, que aparece na cabeça e nas faces das crianças de peito, e por vezes na pele dos cães (De orig. obsc.)

usança *n.f.* hábito antigo e enraizado; uso; costume (De *usar*+*-ança*)

usar *v.tr.* 1 fazer uso de; utilizar 2 pôr em uso ou em prática; empregar 3 trazer habitualmente (calçado, roupa) 4 empregar em 5 consumir regularmente 6 manejar; manipular 7 deteriorar pelo uso 8 servir-se de (alguém) 9 ter por hábito; costumar ■ *v.pron.* 1 estar em uso 2 praticar-se 3 deteriorar-se pelo uso (Do lat. vulg. **usāre*, freq. de *uti*, «usar»)

usável *adj.2g.* 1 que se pode usar 2 INFORMÁTICA diz-se do site, programa, etc., que se adapta convenientemente ao objetivo para o qual foi concebido, o que implica simplicidade e facilidade na utilização, flexibilidade e isenção de erros e problemas (De *usar*+*-vel*)

usbeque *adj.2g.* da República do Usbequistão (país do centro-oeste da Ásia) ■ *adj.,n.2g.* natural ou habitante do Usbequistão ■ *n.m.* língua altaica falada no Usbequistão (De *Usbequistão*, top.)

-usco sufixo nominal, de origem grega, que ocorre sobretudo em adjetivos, exprimindo a ideia de *semelhança*, mas com sentido depreciativo (*vermelhusco, pardusco, ferrusco*)

useiro *adj.* que tem por hábito fazer alguma coisa; *ser ~ e vezeiro* ser reincidente na prática de qualquer ato censurável (De *uso*+*-eiro*)

usga *n.f.* ICTIOLOGIA ⇒ **rato2** (De orig. obsc.)

usina *n.f.* 1 [Brasil] estabelecimento fabril; fábrica 2 [Brasil] engenho de açúcar (Do fr. *usine*, «id.»)

usinagem *n.f.* 1 MECÂNICA operação que tem por objetivo dar forma à matéria-prima 2 MECÂNICA acabamento de uma peça metálica no torno mecânico (De *usinar*+*-agem* ou do fr. *usinage*, «id.»)

usinar *v.tr.* 1 fazer a usinagem de 2 fazer o acabamento de (peça metálica) no torno mecânico (De *usina*-+*-ar*, ou do fr. *usiner*, «id.»)

usineiro *adj.* 1 [Brasil] relativo a usina 2 [Brasil] que trabalha em usina ■ *n.m.* [Brasil] proprietário de usina (De *usina*+*-eiro*)

usitar *v.tr.* usar com frequência (Do lat. *usitāri*, «id.»)

úsnea *n.f.* penugem (Do ár. *uxnâ*, «musgo; líquen», pelo lat. med. *usnĕa-*, «id.»)

Usneáceas *n.f.pl.* BOTÂNICA família de líquenes a cujo género-tipo, que se denomina *Usnea*, pertence a chamada barba-das-árvores, frequente em Portugal, nos troncos das coníferas (Do ár. *uxnâ*, «musgo; líquen», pelo lat. med. *usnĕa-*, «id.»)

uso *n.m.* 1 ato ou efeito de usar 2 emprego frequente de alguma coisa para satisfação de necessidades humanas 3 prática habitual; hábito; costume 4 hábito antigo e enraizado; usança 5 utilidade 6 frequência 7 moda 8 usufruto 9 emprego; aplicação 10 serviço 11 estilo 12 deterioração 13 DIREITO faculdade de se servir de certa coisa alheia e usufruir dos respetivos frutos, na medida das necessidades, quer do titular, quer da sua família 14 *pl.* [regionalismo] peças de vestuário dadas, além da soldada, aos criados de lavoura (Do lat. *usu-*, «id.»)

ussa *n.f.* BOTÂNICA planta herbácea, africana, de flores vermelhas, utilizada com fins ornamentais (Do lat. *ursa-*, «id.»)

ustão *n.f.* 1 ato ou efeito de queimar; combustão 2 MEDICINA cauterização 3 QUÍMICA [ant.] calcinação (Do lat. *ustiōne-*, «id.»)

uste *n.m.* estima; consideração; *quem quer ~, que lhe custe* quem quer ser estimado deve merecê-lo, quem quiser conseguir um benefício, deve esforçar-se por obtê-lo (Deriv. regr. de *ustir*)

ústia *elem. expr.* [regionalismo] *ficar à ~* ficar sem nada; ficar burlado (Do lat. *ustu-*, «queimado», part. pass. de *urĕre*, «queimar»)

ustir *v.tr.* 1 estimar 2 considerar 3 retribuir ■ *v.intr.* 1 [regionalismo] suportar; aguentar 2 [regionalismo] arder; queimar-se (Do lat. *ustu-*, «queimado», part. pass. de *urĕre*, «queimar»)

usto *adj.* queimado (Do lat. *ustu-*, «queimado», part. pass. de *urĕre*, «queimar»)

ustório *adj.* 1 que queima 2 que inflama (Do lat. *ustu-*, «queimado» +*-ório*)

ustulação *n.f.* 1 ato ou efeito de ustular 2 aquecimento prolongado de um material a alta temperatura; calcinação (Do lat. *ustulatiōne-*, «leve queimadura»)

ustular *v.tr.* 1 METALURGIA secar ao fogo 2 queimar levemente 3 QUÍMICA aquecer a temperatura elevada em presença de ar (Do lat. *ustulāre*, «queimar»)

usual *adj.2g.* que se usa ou verifica habitualmente; comum; frequente ■ *n.m.* o que é habitual ou comum (Do lat. *usuāle-*, «id.»)

usuário *adj.* 1 que usufrui de algo por direito de uso 2 que serve para nosso uso ■ *n.m.* pessoa que usufrui de algo por direito de uso (Do lat. *usuarĭu-*, «id.»)

usucapião *n.f.* DIREITO aquisição dum direito sobre uma coisa pela posse prolongada no tempo (Do lat. *usucapiōne-*, «id.»)

usucapiente *adj.,n.2g.* que ou aquele que adquiriu o direito real por usucapião (Do lat. *usucapiente-*, «id.», part. pres. de *usucapĕre*, «adquirir por longo uso»)

usucapir *v.tr.* adquirir um direito real por usucapião (Do lat. *usucapĕre-*, «id.»)

usucapto *adj.* que foi adquirido por usucapião (Do lat. *usucaptu-*, «id.», part. pass. de *usucapĕre*, «adquirir por longo uso»)

usufruição *n.f.* ato ou efeito de usufruir (De *usufruir*+*-ção*)

usufruidor *adj.,n.m.* que ou aquele que usufrui (De *usufruir*+*-dor*)

usufruir *v.tr.* 1 ter o usufruto de; gozar de 2 possuir; ter 3 desfrutar (Do lat. *usufruĕre*, «gozar do uso»)

usufruto *n.m.* 1 DIREITO direito de gozar (de usar ou de fruir) temporária e plenamente uma coisa ou direito alheio, sem alterar a sua forma ou substância 2 posse ou fruição de algo por esse direito 3 gozo; fruição 4 o que se usufrui (Do lat. *usu- fructu-*, «usufruto»)

usufrutuar *v.tr.* ⇒ **usufruir** (De *usufruto*+*-ar*)

usufrutuário *adj.* 1 DIREITO que goza de usufruto 2 DIREITO relativo ao usufruto ■ *n.m.* DIREITO pessoa que goza de usufruto (Do lat. *usufructuarĭu-*, «id.»)

usura *n.f.* 1 juro de um capital ou de um empréstimo 2 juro superior ao estabelecido por lei ou por uso; onzena 3 modo de vida de usurário 4 avareza; mesquinhez (Do lat. *usūra-*, «juro»)

usurar *v.intr.* emprestar dinheiro (ou outra coisa) exigindo juros superiores aos estabelecidos por lei; viver da usura (De *usura*+*-ar*)

usurário *adj.* 1 que empresta com usura 2 em que há usura 3 referente a usura ■ *n.m.* 1 pessoa que empresta com usura; agiota 2 pessoa avarenta (Do lat. *usurarĭu-*, «id.»)

usureiro *adj.,n.m.* ⇒ **usurário** (Do lat. *usurarĭu-*, «id.»)

usurpação *n.f.* 1 ato ou efeito de usurpar 2 posse de coisa usurpada (Do lat. *usurpatiōne-*, «id.»)

usurpador *adj.,n.m.* 1 que ou aquele que usurpa 2 intruso (Do lat. *usurpatōre-*, «id.»)

usurpar v.tr. **1** apoderar-se violenta ou astuciosamente de **2** possuir ilegitimamente (Do lat. *usurpāre*, «id.»)

usurpatório adj. que implica usurpação (Do lat. *usurpatoriŭ-*, «id.»)

ut n.m. nome antigo da nota musical que hoje se chama dó e que é a primeira palavra do hino de S. João (Do lat. *Ut queant laxis...*)

uta n.f. joeira (De orig. obsc.)

utata n.f. BOTÂNICA árvore angolana

utena /é/ n.f. ORNITOLOGIA pássaro dentirrostro africano

utensilagem n.f. conjunto dos utensílios; apetrechamento (De *utensílio+-agem*)

utensilidade n.f. FILOSOFIA em Heidegger (filósofo alemão, 1889-1976), carácter puramente pragmático do mundo no qual vive o ser quotidiano (De *utensílio+-i-+-dade*)

utensílio n.m. **1** qualquer instrumento que serve para o fabrico de um produto ou para o exercício de uma arte ou indústria **2** pl. conjunto de objetos destinados ao mesmo uso (Do lat. *utensilĭa*, pl. de *utensīle-*, «útil»)

utente adj.2g. que usa ■ n.2g. pessoa que utiliza bens ou serviços públicos ou privados (Do lat. *utente-*, «que usa», part. pres. de *uti*, «usar»)

uteralgia n.f. MEDICINA dor no útero; metralgia (Do lat. *utĕru-*, «útero»+gr. *álgos*, «dor» +-*ia*)

utérculo n.m. odre pequeno; odrezinho (Do lat. *utercŭlu-*, «id.»)

uteremia n.f. MEDICINA congestão sanguínea do útero (Do lat. *utĕru-*, «útero»+gr. *haīma*, «sangue» +-*ia*)

uter(i)- elemento de formação de palavras que exprime a ideia de útero (Do lat. *utĕru-*, «útero»)

uteriforme adj.2g. que tem forma de útero (De *uteri-+-forme*)

uterino adj. **1** relativo ao ou próprio do útero **2** diz-se dos irmãos, filhos da mesma mãe, mas de pais diferentes (Do lat. *uterīnu-*, «id.»)

uterismo n.m. MEDICINA dor uterina (espasmódica) (De *útero+-ismo*)

uterite n.f. ⇒ **metrite** (De *útero+-ite*)

útero n.m. **1** ANATOMIA órgão oco e musculoso que faz parte do aparelho genital feminino, situado na cavidade pélvica entre a bexiga e o reto, destinando-se a receber o óvulo para a fecundação; madre; matriz **2** ZOOLOGIA dilatação do oviduto de muitos animais, onde se dá a fecundação, e onde se desenvolvem e acumulam os ovos; ~ *masculino* formação utricular que se abre entre os canais ejaculadores, na uretra, e que é também denominada utrículo prostático (Do lat. *utĕru-*, «id.»)

uterodinia n.f. ⇒ **uteralgia** (Do lat. *utĕru-*, «útero»+gr. *odýne*, «dor» +-*ia*)

uteromania n.f. PATOLOGIA ⇒ **ninfomania** (Do lat. *utĕru-*, «útero»+gr. *manía*, «loucura»)

uteromaníaco adj. PATOLOGIA ⇒ **ninfomaníaco** (De *útero+maníaco*)

uterorragia n.f. MEDICINA hemorragia do útero; metrorragia (De *útero+-ragia*)

uteroscopia n.f. exame ao útero com instrumentos próprios; histeroscopia (Do lat. *utĕru-*, «útero»+gr. *skopeīn*, «examinar» +-*ia*)

uteroscópio n.m. espéculo para observar a cavidade uterina; histeroscópio (Do lat. *utĕru-*, «útero»+gr. *skopeīn*, «examinar» +-*io*)

uterotomia n.f. CIRURGIA incisão ou ablação do útero; histerotomia; metrotomia (Do lat. *utĕru-*, «útero»+gr. *tomé*, «corte» +-*ia*)

uterótomo n.m. instrumento com que se pratica a uterotomia; histerótomo (Do lat. *utĕru-*, «útero»+gr. *tomé*, «corte»)

uticense adj.2g. de Útica, antiga cidade do Norte da África que veio a ser colónia romana ■ n.2g. natural ou habitante dessa cidade (Do lat. *uticense-*, «id.»)

útil adj.2g. **1** que tem utilidade ou préstimo **2** proveitoso; vantajoso **3** prestável **4** válido **5** diz-se do dia destinado ao exercício de atividades profissionais ■ n.m. o que tem utilidade; o que é proveitoso; *juntar o ~ ao agradável* aumentar um benefício com outro (Do lat. *utĭle-*, «id.»)

utilidade n.f. **1** qualidade do que é útil; préstimo; serventia **2** vantagem; proveito; interesse; lucro **3** pessoa ou coisa útil **4** qualidade de um bem ou serviço que o torna apropriado para satisfazer os desejos dos agentes económicos (Do lat. *utilitāte-*, «id.»)

utilitário adj. **1** relativo à utilidade **2** económico **3** de interesse comum **4** que considera a utilidade ou o interesse como fim principal dos seus atos ■ n.m. **1** pessoa que considera a utilidade ou o interesse como fim principal dos seus atos; utilitarista **2** INFORMÁTICA programa cujo objetivo é melhorar alguma função do sistema operativo ou de uma aplicação **3** automóvel ligeiro destinado ao transporte de mercadorias; comercial (Do fr. *utilitaire*, «id.»)

utilitarismo n.m. **1** carácter do que ou daquele que visa unicamente o útil **2** atitude de quem regula a ação unicamente pelo interesse **3** FILOSOFIA doutrina que coloca o valor supremo na utilidade, principalmente a doutrina da escola utilitarista inglesa, quer se trate da utilidade pessoal compreendida como a que é suscetível de propiciar os prazeres maiores (Bentham, filósofo inglês, 1748-1832) ou os prazeres mais elevados (Stuart Mill, filósofo inglês, 1806-1873) (Do fr. *utilitarisme*, «id.»)

utilitarista adj.,n.2g. que ou a pessoa que é partidária do utilitarismo (Do fr. *utilitariste*, «id.»)

utilização n.f. **1** ato ou efeito de utilizar **2** modo de utilizar; aproveitamento; uso (De *utilizar+-ção*)

utilizador adj. que utiliza ■ n.m. **1** aquele que utiliza ou usa; utente; usuário **2** INFORMÁTICA pessoa que utiliza um computador, geralmente sem conhecimentos informáticos especializados, tanto a nível de hardware como a nível de software (De *utilizar+-dor*)

utilizar v.tr. **1** fazer uso de; usar; empregar **2** consumir regularmente **3** manejar; manipular **4** empregar em **5** tirar partido de; tornar útil; aproveitar **6** ganhar; lucrar ■ v.pron. servir-se; tirar proveito (de) (De *útil+-izar*)

utilizável adj.2g. **1** que se pode utilizar **2** aproveitável (De *utilizar+-vel*)

utilmente adv. **1** com utilidade **2** com proveito (De *útil+-mente*)

-uto sufixo nominal, de origem latina, que traduz a ideia de referência, ligação (*matuto*)

utopia n.f. **1** projeto de governo que, a ser exequível, asseguraria a felicidade geral **2** projeto imaginário, irreal (Do gr. *oû*, «não» +*tópos*, «lugar», pelo lat. *Utopĭa-*, «utopia, lugar que não existe»)

utópico adj. que tem o carácter de utopia; quimérico; idealista (De *utopia+-ico*)

utopista n.2g. pessoa criadora ou partidária de utopias ■ adj.2g. utópico (De *utopia+-ista*)

utrário n.m. aguadeiro que, no exército romano, distribuía água em odres (Do lat. *utrarĭu-*, «id.»)

utri- elemento de formação de palavras que exprime a ideia de odre, saco (Do lat. *utre-*, «odre»)

utricular adj.2g. **1** relativo ou pertencente a utrículo **2** morfológica ou estruturalmente semelhante a utrículo; utriculariforme; utriculoso **3** relativo ou semelhante à utriculária; utriculariáceo (Do lat. *utricŭlu-*, «pequeno odre»)

utriculária n.f. BOTÂNICA planta herbácea, aquática e submersa, do género *Utricularia*, que possui utrículos para a captura de pequeninos animais aquáticos, e que é espontânea em Portugal (De *utrículo+-ária*)

Utriculariáceas n.f.pl. **1** BOTÂNICA família de plantas dicotiledóneas, herbáceas, em regra aquáticas ou dos sítios húmidos, cujas flores são hermafroditas e de corola esporoada, com algumas espécies espontâneas em Portugal **2** ⇒ **Lentibulariáceas** (De *utriculária+-áceas*)

utriculariáceo adj. relativo ou semelhante à utriculária; utricular (De *utriculária+-áceo*)

utriculariforme adj.2g. que tem a forma de utrículo; utricular (De *utricular+-forme*)

utriculiforme adj.2g. ⇒ **utriculariforme** (Do lat. *utricŭlu-*, «odre pequeno»+*forma-*, «forma»)

utrículo n.m. **1** odre pequeno **2** saco pequeno **3** ANATOMIA câmara superior do vestíbulo membranoso (ouvido interno) onde se abrem os canais semicirculares **4** ANATOMIA cavidade mais ou menos arredondada de uma glândula **5** BOTÂNICA invólucro saquiforme da flor e do fruto de algumas plantas **6** BOTÂNICA cada uma das pequenas formações vesiculares (hómologas das folhas) que existem nas plantas do género *Utricularia*, da família das Utriculariáceas, e que se comportam como os órgãos de captura da presa noutras plantas carnívoras **7** BOTÂNICA alguns frutos, como o pixídio unilocular, o fruto monocárpico, seco e deiscente de maneira irregular, etc. **8** BOTÂNICA célula ou recipiente celular secretor, nos vegetais **9** uma das antigas designações da célula vegetal, empregada por Malpighi (médico e anatomista italiano, 1628-1694); ~ *prostático* ANATOMIA formação utricular que se abre entre os canais ejaculadores, na uretra, e que é também denominada útero masculino (Do lat. *utricŭlu-*, «odre pequeno»)

utriculoso /ô/ adj. **1** que tem utrículo **2** semelhante a utrículo; utricular (De *utrículo+-oso*)

utriforme adj.2g. em forma de odre (Do lat. *utre-*, «odre» +*forma-*, «forma»)

utuaba n.f. BOTÂNICA árvore brasileira da família das Meliáceas (Do tupi *u'twaba*, «id.»)

uva *n.f.* **1** fruto da videira que consiste numa baga arredondada, rica em açúcar, e que nasce geralmente em cachos; bago **2** cacho das videiras; *muita parra e pouca ~* muitas palavras e poucas obras (Do lat. *uva-*, «id.»)

uvaça *n.f.* grande quantidade de uvas (De *uva*+*-aça*)

uva-crespa *n.f.* BOTÂNICA ⇒ **groselheira**

uvada *n.f.* conserva de uvas (De *uva*+*-ada*)

uva-de-cão *n.f.* **1** BOTÂNICA planta herbácea (ou o seu fruto) da família das Dioscoreáceas, espontânea em Portugal; baganha; norça-preta **2** BOTÂNICA planta herbácea da família das Crassuláceas, espontânea nos lugares arenosos do Norte e do Centro de Portugal; vermiculária **3** BOTÂNICA ⇒ **doce-amarga**

uva-de-urso *n.f.* BOTÂNICA subarbusto prostrado, da família das Ericáceas, espontâneo (mas raro) no Norte de Portugal; medronheiro-ursino

uva-do-monte *n.f.* BOTÂNICA ⇒ **mirtilo**

uva-espim *n.f.* BOTÂNICA arbusto espinhoso, de flores amarelas, pertencentes à família das Berberidáceas, subespontâneo e cultivado

uvaia *n.f.* **1** BOTÂNICA arbusto (ou árvore) americano da família das Mirtáceas, produtor de frutos comestíveis **2** BOTÂNICA fruto produzido por esse arbusto, comestível, de sabor ácido e agradável (Do tupi *iwa'ya*, «fruto ácido»)

uvaieira *n.f.* BOTÂNICA arbusto (ou árvore) americano da família das Mirtáceas, produtor de frutos comestíveis; uvaia (De *uvaia*+*-eira*)

uval *adj.2g.* **1** referente à uva **2** parecido com a uva ■ *n.m.pl.* [pop.] tumores hemorroidais (De *uva*+*-al*)

uvala *n.f.* GEOLOGIA depressão cárstica formada pela coalescência de várias dolinas (De orig. obsc.)

uvalha *n.f.* BOTÂNICA ⇒ **uvaieira** (De *uvaia*)

uvalheira *n.f.* BOTÂNICA ⇒ **uvaieira** (De *uvalha*+*-eira*)

uva-passa *n.f.* bago de uva seca; passa

uva-ursina *n.f.* BOTÂNICA ⇒ **uva-de-urso**

úvea *n.f.* ANATOMIA membrana média do olho, situada entre a esclerótica e a retina (De *uva*+*-ea*)

uveira *n.f.* qualquer árvore ou arbusto que serve de suporte a videiras; tutor (De *uva*+*-eira*)

uveíte *n.f.* MEDICINA inflamação da úvea (De *úvea*+*-ite*)

úvico *adj.* ⇒ **tartárico 2** (De *uva*+*-ico*)

úvido *adj.* [ant.] húmido (Do lat. *uvĭdu-*, «id.»)

uvífero *adj.* que produz frutos semelhantes a uvas (das videiras), dispostos em cachos (Do lat. *uvifĕru-*, «id.»)

uviforme *adj.2g.* semelhante a um bago de uva (Do lat. *uva-*, «uva» +*forma-*, «forma»)

úvula *n.f.* ANATOMIA saliência carnosa, contráctil, da parte posterior do véu palatino (Do lat. **uvŭla-*, dim. de *uva-*, «uva»)

uvular *adj.* **1** relativo ou pertencente à úvula **2** LINGUÍSTICA diz-se do som consonântico produzido com elevação da parte posterior do dorso da língua em direção à úvula (De *úvula*+*-ar*)

Uvulariáceas *n.f.pl.* ⇒ **Liliáceas** (Do lat. cient. *Uvularĭa-*+*-áceas*)

uvulário *adj.* ⇒ **uvular 1** (De *úvula*+*-ário*)

uvuliforme *adj.2g.* que se assemelha morfologicamente à úvula (De *úvula*+*-forme*)

uvulite *n.f.* inflamação da úvula (De *úvula*+*-ite*)

uxoriano /cs/ *adj.* relativo à esposa (Do lat. *uxōre-*, «esposa» +*-iano*)

uxoricida /cs/ *adj.,n.m.* que ou aquele que assassinou a própria esposa (Do lat. *uxōre-*, «esposa» +*caedĕre*, «matar»)

uxoricídio /cs/ *n.m.* assassínio da mulher pelo próprio cônjuge (Do lat. *uxōre-*, «esposa» +*caedĕre*, «matar» +*-io*)

uxório /cs/ *adj.* ⇒ **uxoriano** (Do lat. *uxorĭu-*, «id.»)

uxte *interj.* exprime impaciência e desejo de afastamento (De orig. onom.)

uzífur *n.m.* vermelhão feito com mercúrio e enxofre (Do fr. *uzifure*, «id.»)

uzífuro *n.m.* ⇒ **uzífur**

uzitense *adj.2g.* referente a Uzita, cidade de Bizacena, antigo país do Norte da África ■ *n.2g.* natural ou habitante dessa cidade (De *Uzita*, top. +*-ense*)

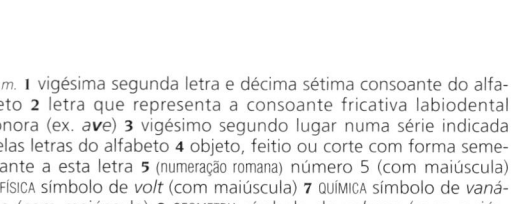

V n.m. 1 vigésima segunda letra e décima sétima consoante do alfabeto 2 letra que representa a consoante fricativa labiodental sonora (ex. a*v*e) 3 vigésimo segundo lugar numa série indicada pelas letras do alfabeto 4 objeto, feitio ou corte com forma semelhante a esta letra 5 (numeração romana) número 5 (com maiúscula) 6 física símbolo de *volt* (com maiúscula) 7 química símbolo de *vanádio* (com maiúscula) 8 geometria símbolo de *volume* (com maiúscula) 9 meteorologia símbolo de *vento* 10 (livros litúrgicos) símbolo de *versículo*

vaca n.f. 1 zoologia mamífero ruminante da família dos Bovídeos de grande utilidade para o homem pelo leite que produz 2 carne do gado vacum 3 [pej., vulg.] mulher considerada má ou traiçoeira 4 parada no jogo feita por um, mas em nome de todos; ~ *leiteira* vaca de raça especial destinada a produzir leite; *nem que a ~ tussa* [fig.] aconteça o que acontecer; *tempo das vacas gordas* [fig.] tempo de prosperidade (Do lat. *vacca-*, «id.»)

vacação n.f. 1 ato ou efeito de vagar; vacância 2 suspensão do trabalho; descanso; férias (Do lat. *vacatiōne-*, «id.»)

vacada n.f. 1 manada de vacas 2 corrida de vacas (De *vaca*+-*ada*)

vaca-fria elem. expr. *voltar à ~* voltar a falar no mesmo assunto

vaca-loira n.f. zoologia ⇒ **vaca-loura**

vaca-loura n.f. zoologia ⇒ **cabra-loira**

vacância n.f. 1 tempo durante o qual um cargo ou emprego se encontra vago 2 direito tempo que decorre entre a promulgação de um decreto ou de uma lei e a sua entrada em vigor (Do lat. *vacantĭa*, «id.», part. pres. neut. pl. de *vacāre*, «estar vazio; estar vago»)

vacante adj.2g. 1 que se encontra de vago 2 (cargo) que não tem quem o desempenhe (Do lat. *vacante-*, «id.», part. pres. de *vacāre*, «estar vago»)

vacão n.m. [regionalismo] rústico; campónio; labrego (De *vaca*+-*ão*)

vacar v.intr. ⇒ **vagar**¹ v.tr.,intr. (Do lat. *vacāre*, «estar vazio; estar vago»)

vacaria n.f. 1 manada de vacas 2 instalação para abrigo e ordenha de vacas, especialmente leiteiras 3 estabelecimento onde se munge e/ou vende leite de vaca 4 leitaria (De *vaca*+-*aria*)

vacaril adj.2g. ⇒ **vacum** adj.2g. ■ n.m.pl. couro de boi ou de vaca (De *vacaria*+-*il*)

vacarino adj. [regionalismo] relativo a vaca ou a gado vacum (De *vacaria*+-*ino*)

vacatura n.f. ⇒ **vacância** 1 (Do lat. *vacātu-*, «vago»+-*ura*)

vacilação n.f. 1 ato ou efeito de vacilar 2 movimento do que vacila; oscilação; cambaleio 3 [fig.] hesitação; perplexidade; irresolução (De *vacilar*+-*ção*)

vacilante adj.2g. 1 que vacila 2 que não tem condições de estabilidade; que oscila 3 trémulo 4 [fig.] indeciso; hesitante; perplexo 5 [fig.] precário (Do lat. *vacillante-*, «id.», part. pres. de *vacillāre*, «vacilar»)

vacilar v.intr. 1 oscilar por não ter firmeza 2 cambalear 3 tremer 4 afrouxar; enfraquecer 5 [fig.] hesitar; estar indeciso ■ v.tr. fazer oscilar (Do lat. *vacillāre*, «id.»)

vacilatório adj. que produz vacilação; vacilante (De *vacilar*+-*tório*)

vacina n.f. 1 medicina agente (microrganismo ou substância) que, introduzido no corpo de um indivíduo, provoca imunidade para determinadas doenças 2 medicina, veterinária doença infetocontagiosa que aparece no gado vacum, sob a forma de pústulas e cuja transmissão acidental ao homem o protege contra a varíola 3 operação de vacinar; vacinação 4 marca ou cicatriz dos efeitos de uma vacinação, em especial contra a varíola (Do lat. *vaccīna-*, «de vaca»)

vacinação n.f. administração de uma vacina a fim de gerar uma imunidade específica contra determinada doença (De *vacinar*+-*ção*)

vacinado adj. 1 ao qual se aplicou vacina 2 diz-se do indivíduo que, por ação da vacina, está imunizado contra determinada doença 3 [fig.] que está preparado para uma situação por já ter passado por situação idêntica; imune; *ser maior e ~* ter idade para saber o que é melhor para si próprio (Part. pass. de *vacinar*)

vacinador adj. que vacina ■ n.m. 1 aquele que vacina 2 lanceta própria para vacinar; vacinostilo (De *vacinar*+-*dor*)

vacinal adj.2g. ⇒ **vacínico** (De *vacina*+-*al*)

vacinar v.tr. 1 praticar a vacinação em; introduzir uma vacina no organismo de 2 [fig.] preparar contra situações desagradáveis semelhantes; imunizar 3 [fig.] marcar, geralmente de forma negativa (De *vacina*+-*ar*)

vacini- elemento de formação de palavras que exprime a ideia de *vacina* (Do lat. *vaccīna-*, «de vaca»)

vacínico adj. 1 da vacina 2 relativo a vacina 3 da natureza da vacina 4 que contém vacina (De *vacina*+-*ico*)

vacinífero adj. que serve para a produção de vacina (De *vacini*-+-*fero*)

vaciniforme adj.2g. com características de vacina (De *vacini*-+-*forme*)

vacino- elemento de formação de palavras que exprime a ideia de *vacina*

vacinogenia n.f. produção das vacinas (De *vacino*-+-*genia*)

vacinogénico adj. 1 relativo à vacinogenia 2 próprio para a vacinogenia (De *vacinogenia*+-*ico*)

vacinoide adj.2g. semelhante à vacina ■ n.f. falsa vacina (De *vacino*-+-*óide*)

vacinóide ver nova grafia **vacinoide**

vacinostilo n.m. instrumento em forma de aparo de escrever usado na vacinação, especialmente antivariólica (Do fr. *vaccinostyle*, «id.»)

vacinoterapia n.f. tratamento de doenças pela aplicação de vacinas (De *vacino*-+*terapia*)

vacuidade n.f. 1 estado ou condição do que está vazio; inanidade 2 [fig.] ausência de ideias; estupidez 3 [fig.] vazio moral ou intelectual (Do lat. *vacuitāte-*, «id.»)

vacuísmo n.m. doutrina dos que admitem que, para além dos mundos, só existe o vácuo (De *vácuo*+-*ismo*)

vacum adj.2g. referente a vaca ou a qualquer animal desta mesma espécie; bovino ■ n.m. gado bovino (De *vaca*+-*um*)

vácuo adj. 1 que não contém matéria; vazio 2 que não está ocupado; vacante; vago 3 oco ■ n.m. 1 ausência de matéria ponderável 2 física espaço onde não existem moléculas nem átomos 3 [fig.] privação; falta 4 [fig.] enfado; aborrecimento (Do lat. *vacŭu-*, «vazio»)

vacuolar adj.2g. semelhante a vacúolo ou da natureza do vacúolo (De *vacúolo*+-*ar*)

vacuolização n.f. formação de vacúolos no citoplasma das células (De *vacúolo*+-*izar*+-*ção*)

vacúolo n.m. 1 citologia formação vesicular no citoplasma de uma célula, que contém suco celular 2 organito formado no seio do endoplasma, em especial dos seres unicelulares, que contém substâncias nutritivas (vacúolo digestivo) ou pigmentos e produtos de desassimilação (vacúolo contráctil ou pulsátil) (De *vácuo*+-*olo*)

vacuoma /ô/ n.m. citologia conjunto de vacúolos numa célula do organismo (De *vácuo*+-*oma*)

vacuómetro n.m. física manómetro especialmente destinado à medição de pressões inferiores à pressão atmosférica normal (Do lat. *vacuu-*, «vazio»+gr. *métron*, «medida»)

vadeação n.f. ato ou efeito de vadear (De *vadear*+-*ção*)

vadear v.tr. 1 passar a vau 2 [fig.] vencer (uma dificuldade) (Do lat. *vadu-*, «vau»+-*ear*)

vadeável adj.2g. suscetível de se vadear (De *vadear*+-*vel*)

vade-mécum n.m. 1 livrinho de apontamentos que está sempre com alguém 2 agenda 3 pequena obra que se consulta amiúde e que contém os principais elementos de uma arte ou ciência (Do lat. *vade mecum*, «vai comigo»)

vadeoso /ô/ adj. que tem ou dá vau; vadeável (Por *vadoso*, do lat. *vadōsu-*, «id.»)

vade retro interj. exprime repugnância e desejo de afastamento (Do lat. *vade retro*, [Satanas!], «afasta-te, [Satanás!]»)

vadiação n.f. ato ou efeito de vadiar; vadiagem (De *vadiar*+-*ção*)

vadiagem n.f. 1 vida de vadio 2 conjunto de vadios 3 vida ociosa 4 vida errante (De *vadiar*+-*agem*)

vadiar v.intr. 1 andar de um lado para o outro, sem se fixar; vaguear 2 viver na ociosidade, sem ter qualquer ocupação; levar vida de vadio (De *vadio*+-*ar*)

vadiice n.f. ⇒ **vadiagem** (De *vadio*+-*ice*)

vadio adj. 1 que não tem ocupação ou que não quer trabalhar; ocioso 2 que não tem onde viver 3 vagabundo ■ n.m. 1 aquele que não tem ocupação ou que não quer trabalhar 2 pessoa que se desloca de um sítio para outro e geralmente não tem um lugar fixo onde viver (Do lat. *vagatīvu-*, «vagabundo»)

vadiote n.m. [depr.] vadio vulgar (De *vadio*+-*ote*)

vadoso /ô/ adj. 1 ⇒ **vadeoso** 2 GEOLOGIA diz-se da água de origem meteórica que circula nas rochas superficiais por ação gravítica (Do lat. *vadōsu-*, «id.»)

vadroil n.m. vassoura de trapos para limpar as embarcações (Do fr. *vadrouille*, «id.»)

vaga¹ n.f. 1 elevação de grande porte que se forma nos mares, rios, etc., devido ao movimento de ventos e marés; onda grande 2 [fig.] grande quantidade de algo que alastra 3 [fig.] grande quantidade de pessoas, veículos, animais ou coisas em movimento; multidão em movimento; grande afluência 4 [fig.] sensação que, depois de atingir um ponto alto, desaparece; onda 5 [fig.] fenómeno repentino; moda (Do ant. escand. *wagr*, «id.», pelo fr. *vague*, «id.»)

vaga² n.f. 1 lugar vago ou não preenchido 2 tempo durante o qual um cargo ou emprego se encontra vago; vacância 3 ausência; falta 4 vagar; tempo livre; desocupação (Deriv. regr. de *vagar*)

vagabundagem n.f. 1 vida de vagabundo 2 vida ociosa 3 vida errante 4 os vagabundos (De *vagabundar*+-*agem*)

vagabundar v.intr. ⇒ **vagabundear**

vagabundear v.intr. 1 andar de um lugar para outro; errar 2 viver na ociosidade, sem ter qualquer ocupação; levar vida de vagabundo; vadiar (De *vagabundo*+-*ear*)

vagabundo adj. 1 que vagabundeia; errante 2 que não trabalha; ocioso; vadio 3 [fig.] inconstante ■ n.m. 1 aquele que vagabundeia 2 indivíduo ocioso (Do lat. *vagabundu-*, «id.»)

vagação¹ n.f. ⇒ **vacância** (Do lat. *vacatiōne-*, «dispensa»)

vagação² n.f. vagueação (Do lat. *vagatiōne-*, «id.»)

vágado n.m. 1 tontura de cabeça; vertigem 2 desmaio (Do lat. *vacātu-* «vazio», part. pass. de *vacāre*, «estar vazio», pelo cast. ant. *váguido*, «id.»)

vagalhão n.m. {aumentativo de **vaga**} grande vaga; baldão (De *vaga*+-*alhão*)

vaga-lume n.m. ZOOLOGIA ⇒ **pirilampo** (De *vagar* [= *divagar*]+*lume*)

vagamente adv. 1 de modo vago; sem precisão 2 aproximadamente 3 levemente (De *vago*+-*mente*)

vagamundear v.intr. ⇒ **vagabundear** (De *vagamundo*+-*ear*)

vagamundo adj.,n.m. que ou o que corre o mundo sem finalidade determinada; vagabundo (De *vagabundo* × *mundo*)

vagância n.f. ⇒ **vacância** (Do lat. *vacantĭa*, «id.», part. pres. neut. pl. de *vacāre*, «estar vago»)

vagante adj.2g. 1 que vagueia; errante 2 vago ■ n.f. vagatura (Do lat. *vacante-*, «id.», part. pres. de *vacāre*, «estar vago»)

vagão n.m. veículo ferroviário, que pode ser uma automotora, destinado normalmente a transporte de mercadorias (Do ing. *waggon*, «carro», pelo fr. *wagon*, «id.»)

vagão-cama n.m. carruagem provida de camas para pernoitar

vagão-restaurante n.m. vagão onde se servem refeições aos passageiros

vagar¹ v.intr. deixar ou ficar vago; deixar ou estar livre ou desocupado ■ v.tr. 1 (tempo) sobrar (a) 2 entregar-se (a); dedicar-se (a) ■ n.m. 1 lentidão 2 tempo livre; ócio 3 ensejo; ocasião; oportunidade; *com ~* sem pressa (Do lat. *vacāre*, «id.»)

vagar² v.intr. 1 andar sem destino; vaguear; errar 2 espalhar-se; circular 3 mexer-se pela força das ondas, do vento ■ v.tr. correr ao acaso através de (Do lat. *vagāre*, por *vagāri*, «vaguear»)

vagarento adj. ⇒ **vagaroso** (De *vagar*+-*ento*)

vagareza /ê/ n.f. [pop.] lentidão (De *vagar*+-*eza*)

vagarosa n.f. [gír.] cárcere; prisão; cadeia (De *vagaroso*)

vagarosamente adv. devagar; demoradamente; sem pressa (De *vagaroso*+-*mente*)

vagaroso /ô/ adj. 1 que anda devagar; lento; moroso 2 pausado 3 carecido de diligência 4 sereno; calmo 5 grave (De *vagar*+-*oso*)

vagatura n.f. ⇒ **vacância** (De *vagar*+-*tura*)

vagem n.f. 1 BOTÂNICA fruto que é uma cápsula monocarpelar, deiscente pela sutura e linha dorsal (ex: ervilhas, feijões, indeiscente), também denominada legume 2 BOTÂNICA fruto de alguns feijoeiros, quando ainda verde, utilizado em culinária 3 BOTÂNICA invólucro (pericarpo) deste fruto (Do lat. *vagīna-*, «bainha» através da forma vagina, resultante daquela e tomada depois como dim. de *vagem*)

vagido n.m. 1 choro de criança recém-nascida 2 [fig.] gemido; lamento (Do lat. *vagītu-*, «id.»)

vagina n.f. 1 ANATOMIA órgão genital feminino definido, nos animais superiores, por um canal que se estende do colo do útero à vulva, e que intervém na cópula como órgão recetor do pénis 2 pequeno canal feminino que, em alguns invertebrados, recebe o órgão copulador masculino 3 [pop.] órgão sexual feminino 4 bainha 5 pl. [regionalismo] ervilhas (Do lat. *vagīna-*, «bainha»)

vaginal adj.2g. 1 da vagina ou a ela referente 2 que diz respeito à túnica vaginal do testículo 3 em forma de vagem ou bainha 4 diz-se de apófises de alguns ossos (De *vagina*+-*al*)

vaginalite n.f. MEDICINA inflamação da túnica vaginal do testículo (De *vaginal*+-*ite*)

vagini- elemento de formação de palavras que exprime a ideia de vagina ou bainha (Do lat. *vagīna-*, «bainha»)

vaginífero adj. (órgão) provido de bainha (De *vagini-*+-*fero*)

vaginiforme adj.2g. que se assemelha morfologicamente a bainha (De *vagini-*+-*forme*)

vaginismo n.m. MEDICINA contração espasmódica e dolorosa dos músculos da parede da vagina, no momento da penetração do pénis, durante a relação sexual (De *vagini-*+-*ismo*)

vaginite n.f. MEDICINA inflamação da mucosa da vagina (De *vagina*+-*ite*)

vaginodinia n.f. dor na vagina (Do lat. *vagīna-*, «bainha»+gr. *odýne*, «dor»+-*ia*)

vaginoscopia n.f. ⇒ **colposcopia** (Do lat. *vagīna-*, «bainha»+gr. *skopeīn*, «examinar»+-*ia*)

vaginoscópio n.m. ⇒ **colposcópio** (Do lat. *vagīna-*, «bainha»+gr. *skopeīn*, «ver; observar»)

vaginotomia n.f. CIRURGIA incisão cirúrgica da vagina; colpotomia (Do lat. *vagīna-*, «bainha»+gr. *tomé*, «corte»+-*ia*)

vagínula n.f. 1 pequena vagem ou bainha 2 BOTÂNICA corola tubulosa das flores dos capítulos das plantas da família das Compostas 3 BOTÂNICA formação arquegonial, membranosa, que persiste na base do esporogónio (seta) das briófitas (Do lat. *vagīnŭla*, «pequena bainha»)

vaginulado adj. que produz ou produz vagínulas; vaginulífero (De *vagínula*+-*ado*)

vaginulífero adj. ⇒ **vaginulado** (Do lat. *vagīnŭla-*, «pequena bainha»+*ferre*, «ter»)

vagir v.intr. 1 soltar vagidos (o recém-nascido); chorar 2 [fig.] gemer; lamentar-se ■ v. ⇒ **vagido** (Do lat. *vagīre*, «id.»)

vago¹ adj. 1 não ocupado; não preenchido 2 vacante; livre 3 desabitado (Do lat. *vacŭu-*, «vazio»)

vago² adj. 1 que vagueia; errante; vagabundo 2 [fig.] incerto; indefinido 3 [fig.] mal distinto; confuso 4 ANATOMIA ⇒ **pneumogástrico** ■ n.m. 1 aquilo que não está bem definido; indeterminado; incerteza 2 falta de clareza; imprecisão (Do lat. *vagu-*, «errante»)

vagomestre n.m. sargento responsável pela alimentação numa unidade (Do al. *Wagenmeister*, «mestre dos equipagens»)

vagoneiro n.m. [pop.] trabalhador que conduz um vagão ou uma vagoneta (Do fr. *wagonnier*, «id.»)

vagoneta /ê/ n.f. pequeno vagão utilizado no transporte de terras, minérios, etc. (Do fr. *wagonnet*, «id.»)

vagonete n.m. {diminutivo de **vagão**} pequeno vagão; vagoneta (Do fr. *wagonnet*, «id.»)

vagotonia n.f. MEDICINA perturbações derivadas da sensibilidade especial do sistema nervoso parassimpático; parassimpaticotonia (Do fr. *vagotonie*, «vagotonia»)

vagueação n.f. 1 ato ou efeito de vaguear 2 movimento contínuo sem rumo fixo ou definido 3 peregrinação 4 [fig.] divagação; devaneio 5 [fig.] distração (De *vaguear*+-*ção*)

vaguear¹ v.intr. 1 movimentar-se sem rumo certo; andar à aventura; errar 2 divagar; devanear 3 ser inconstante ou volúvel (De *vago*+-*ear*)

vaguear² v.intr. andar sobre as vagas; boiar; flutuar (De *vaga*+-*ear*)

vaguedo /ê/ n.m. 1 movimento das vagas 2 grande quantidade de vagas (De *vaga*+-*edo*)

vagueira n.f. [regionalismo] intervalo; falha (De *vaga*+-*eira*)

vagueiro¹ n.m. terreno sem vegetação; inculto (De *vago*+-*eiro*)

vagueiro² adj. 1 diz-se do trecho litoral onde há grande rebentação marinha 2 diz-se da costa muito batida das vagas (De *vaga*+-*eiro*)

vaguejar v.intr. ⇒ **vaguear**¹ (De *vago*+-*ejar*)

vaguense *adj.2g.* relativo ou pertencente à vila portuguesa de Vagos, no distrito de Aveiro ■ *n.2g.* natural ou habitante de Vagos (De *Vagos*, top. +*-ense*)

vagueza /ê/ *n.f.* **1** qualidade ou estado do que está vago; imprecisão **2** PINTURA finura das tintas suavemente distribuídas num quadro (Do it. *vaghezza*, «id.»)

vaia *n.f.* **1** demonstração de desagrado, geralmente por meio de insultos ruidosos ou assobios; apupo **2** chacota; zombaria (Do it. *baia*, «troça; zombaria», pelo cast. *vaya*, «id.»)

vaiador *adj.,n.m.* **1** que ou aquele que vaia, que faz assuada **2** trocista; zombeteiro (De *vaiar*+*-dor*)

vaiar *v.tr.,intr.* **1** dirigir vaias (a); apupar **2** zombar (de) (De *vaia*+*-ar*)

vaidade *n.f.* **1** qualidade do que é vão ou inútil, sem solidez, sem duração **2** atitude ou sentimento de superioridade relacionados com a opinião elevada, frequentemente exagerada, relativamente às próprias capacidades **3** vanglória; ostentação **4** presunção ridícula; fatuidade **5** coisa insignificante ou sem valor a que se atribui muita importância; futilidade (Do lat. *vanitāte-*, «id.»)

vaidoso /ô/ *adj.* **1** que tem vaidade **2** presunçoso **3** orgulhoso ■ *n.m.* pessoa que tem vaidade ou orgulho (De *vaidade*+*-oso*, com hapl.)

vaila *n.f.* ICTIOLOGIA ⇒ **vaira** (De *vaira*)

vai-não-vai *n.m.* **1** instante; momento **2** atitude de hesitação ou indecisão; vacilação ■ *adv.* **1** por pouco; por um triz **2** hesitantemente

vaipe *n.m.* [colloq.] mudança súbita de comportamento; reação inesperada; impulso

vaira *n.f.* ICTIOLOGIA nome vulgar de uns peixes acantopterígios perciformes da família dos Serranídeos, também conhecidos por vaila ou robalo (De orig. obsc.)

vairão *n.m.* ICTIOLOGIA peixe teleósteo, da família dos Ciprinídeos, com uns 10 centímetros de comprimento, de cor variegada com reflexos metálicos e dorso castanho-esverdeado, que vive de preferência em águas doces correntes (Do lat. *variŭ-*, «variegado; matizado», pelo fr. *vairon*, «vairão»)

vaivém *n.m.* **1** antiga máquina de guerra utilizada para derrubar portas e muralhas **2** movimento oscilatório **3** grande número de pessoas que entram em qualquer sítio e saem dele ou que caminham em sentido contrário **4** nave espacial preparada para efetuar viagens de ida e volta entre a Terra e uma estação orbital **5** capricho (da sorte); vicissitude; revés (De *vai*+*vem*)

vaixá *n.m.* agricultor ou comerciante pertencente à terceira das castas da Índia, segundo a organização bramânica (Do sânsc. *vaiçya*, «id.»)

vaixiá *n.m.* ⇒ **vaixá**

vala *n.f.* **1** escavação longa que recebe ou conduz águas de rega **2** cova **3** fosso que cerca uma obra de fortificação; **~ comum** sepultura longa onde se enterram em conjunto muitos cadáveres (Do lat. *valla*, pl. de *vallum*, «paliçada»)

valada *n.f.* vala grande (De *vala*+*-ada*)

valadio *adj.* **1** (terreno) em que há valas **2** (telhado) de telha solta, sem argamassa (De *valada* ou *valado*+*-io*)

valado *n.m.* **1** vala, sebe ou elevação de terra que cerca uma propriedade **2** propriedade rústica cercada por vala, sebe ou elevação ■ *adj.* **1** rodeado de valas **2** cercado (Do lat. *vallātu-*, «id.», part. pass. de *vallāre*, «entrincheirar; defender»)

valador *adj.,n.m.* que ou aquele que constrói ou abre valas ou valados (De *valar*+*-dor*)

valagem *n.f.* ato ou efeito de valar (De *valar*+*-agem*)

Valanginiano *n.m.* GEOLOGIA andar do Cretáceo inferior

valão *adj.* relativo ou pertencente à Valónia (região meridional da Bélgica) ■ *n.m.* **1** natural ou habitante da Valónia **2** dialeto românico usado na Valónia (Do germ. *walha*, «os povos romanizados», pelo fr. *wallon*, «valão»)

valáquio *adj.* relativo ou pertencente à Valáquia, região da Roménia ■ *n.m.* **1** natural ou habitante da Valáquia **2** (língua) romeno **3** dialeto do romeno usado na região da Valáquia (De *Valáquia*, top., ou do fr. *valaque*, «id.»)

valar *v.tr.* **1** abrir ou cercar valas em **2** cercar com valas ou valados **3** [fig.] murar **4** [fig.] fortificar **5** [fig.] defender ■ *adj.2g.* referente a vala (Do lat. *vallāre*, «defender; entrincheirar»)

valdeiro *adj.* [ant.] próprio de vadio; relativo a valdevinos (De *valdo*+*-eiro*)

valdense[1] *adj.2g.* relativo ou pertencente ao cantão suíço de Valdo ■ *n.2g.* **1** natural ou habitante desse cantão **2** dialeto falado nesse cantão (Do b. lat. *valdense-*, «id.»)

valdense[2] *n.2g.* membro de uma seita herética, "Os pobres de Lião", fundada no séc. XII por Pedro Valdo (1140-1217), comerciante rico da cidade francesa de Lião (De *Valdo*, antr. +*-ense*)

valdevinos *n.m.2n.* **1** pessoa que não tem ocupação, que não quer trabalhar; vagabundo; vadio **2** pessoa que leva uma vida desregrada; estroina **3** pessoa pobre; pelintra **4** pessoa que age de uma forma desprezível; bargante; biltre; patife (De *Balduíno*, antr., tipo de cavaleiro errante)

valdo *n.m.* ⇒ **valdevinos** (De *Balduíno*, antr., tipo de cavaleiro errante)

vale[1] *n.m.* **1** depressão alongada entre duas montanhas ou colinas **2** larga extensão de terra banhada por um rio; **~ de lágrimas** [fig.] lugar ou tempo de grande sofrimento, o mundo enquanto local de sofrimento, vida humana; **~ de lençóis** [coloq.] a cama; **correr montes e vales** afadigar-se para obter alguma coisa (Do lat. *valle-*, «id.»)

vale[2] *n.m.* **1** espécie de ordem ou letra com que se transferem fundos entre particulares por meio de correio **2** valor escrito **3** documento representativo de recibo provisório; **~ postal** tipo de cheque usado pelos correios (Deriv. regr. de *valer*)

valedio *adj.* (moeda, papel-moeda) que tem valor ou curso (De *valer*+*-dio*)

valedoiro *adj.* ⇒ **valedouro**

valedor *adj.,n.m.* **1** que ou aquele que vale **2** defensor; protetor (De *valer*+*-dor*)

valedouro *adj.* **1** válido **2** valioso **3** protetor (De *valer*+*-douro*)

valeira *n.f.* **1** valeta **2** regueiro (De *vala*+*-eira*)

valeiro *n.m.* ⇒ **valeira**

valejo /ê/ *n.m.* vale pequeno (De *vale*+*-ejo*)

valência *n.f.* **1** QUÍMICA capacidade de combinação de um átomo, um ião ou um radical, expressa no número de ligações químicas, qualquer que seja a sua natureza, que dele podem partir **2** BIOLOGIA comportamento, do ponto de vista numérico, do conjunto cromossomático num núcleo celular **3** BIOLOGIA valor atribuído a cada gene relativamente ao fenótipo correspondente **4** valimento **5** capacidade de um espaço ou de um sistema para assumir funções diferentes (Do lat. *valentĭa-*, «vigor»)

valenciana[1] *n.f.* **1** renda fina que se fazia na cidade francesa de Valenciennes **2** variedade de laranja, também chamada carrasqueira (Do fr. *valenciennes*, «id.»)

valenciana[2] *n.f.* **1** sistema de armação fixa de pesca da sardinha **2** espada fabricada na cidade espanhola de Valência (De *valenciano*)

valencianite *n.f.* MINERALOGIA ⇒ **adulária** (De *Valenciennes*, top., cidade do Norte da França +*-ite*)

valenciano[1] *adj.* relativo ou pertencente à vila portuguesa de Valença, no distrito de Viana do Castelo ■ *n.m.* natural ou habitante dessa localidade; *arroz à valenciana* CULINÁRIA prato de arroz, preparado à maneira de Valença, com carnes diversas, marisco e legumes (De *Valença*, top. +*-iano*)

valenciano[2] *adj.* relativo ou pertencente à cidade ou província espanhola de Valencia ■ *n.m.* **1** natural ou habitante dessa cidade ou província **2** [com maiúscula] GEOLOGIA andar do Silúrico inferior, correspondente ao Landoveriano (De *Valencia*, top.+*-ano*)

valencina *n.f.* antigo pano de lã fabricado na cidade espanhola de Valência (De *Valência*, top. +*-ina*)

valentaço *adj.,n.m.* ⇒ **valentão** (De *valente*+*-aço*)

valentão *adj.,n.m.* **1** que ou aquele que é muito valente **2** aquele que se mete em confusões; desordeiro **3** [pej.] fanfarrão; gabarola (De *valente*+*-ão*)

valente *adj.2g.* **1** que possui valentia ou coragem **2** robusto; rijo; sólido **3** [fig.] feito ou aplicado com força **4** [fig.] enérgico; poderoso **5** [fig.] eficaz ■ *n.2g.* **1** pessoa destemida e corajosa **2** pessoa robusta **3** pessoa notável (Do lat. *valente-*, «robusto», part. pres. de *valēre*, «ser forte»)

valentemente *adv.* **1** com valentia **2** [coloq.] com força **3** [coloq.] em grande quantidade (De *valente*+*-mente*)

valentia *n.f.* **1** qualidade de valente **2** força; robustez; vigor; energia **3** resistência **4** intrepidez; coragem; arrojo **5** [fig.] façanha; proeza (De *valente*+*-ia*)

valentona /ô/ *n.f.* aquela que é muito valente; **à ~** por meios violentos, brutalmente (De *valente*+*-ona*)

valer *v.tr.* **1** ter o valor de; representar o valor de; ser equivalente a **2** ter o preço de; custar **3** ser digno de; merecer **4** ser útil a; servir **5** socorrer; auxiliar; ajudar **6** ter como consequência; acarretar **7** significar ■ *v.intr.* **1** ter valor, crédito ou validade **2** ser permitido ■ *v.pron.* servir-se; utilizar-se; socorrer-se; **~ a pena** merecer o esforço ou o trabalho; *a ~* a sério, deveras (Do lat. *valēre*, «ser forte»)

valerato n.m. QUÍMICA ⇒ **valerianato**
valeriana n.f. BOTÂNICA, FARMÁCIA designação extensiva a umas plantas herbáceas, de flores rosadas, da família das Valerianáceas, existentes em Portugal, e especialmente uma que é utilizada na terapêutica de doenças nervosas, etc. (Do lat. med. *valeriana-*, «id.»)
valerianácea n.f. BOTÂNICA espécime das Valerianáceas
Valerianáceas n.f.pl. BOTÂNICA família de plantas dicotiledóneas, em regra herbáceas, de flores com corola simpétala e fruto seco, que inclui espécies cultivadas e espontâneas em Portugal (De *valeriana*+-*áceas*)
valerianato n.m. QUÍMICA designação genérica dos sais e dos ésteres do ácido valeriânico (De *valeriana*+-*ato*)
valerianela n.f. BOTÂNICA ⇒ **canónigos** (De *valeriana*+-*ela*)
valeriânico adj. 1 relativo à valeriana 2 QUÍMICA diz-se de um ácido que existe na valeriana e é usado em perfumaria (De *valeriana*+-*ico*)
valérico adj. ⇒ **valeriânico**
valeroso /ô/ adj. [ant.] ⇒ **valoroso** (De *valoroso*)
valesiano n.m. membro de uma seita herética fundada pelo heresiarca Valésio, no século III (De *Valésio*, antr. +-*ano*)
valeta /ê/ n.f. pequena vala de secção trapezoidal ou triangular colocada aos lados das ruas ou estradas para escoamento e drenagem das águas (De *vala*+-*eta*)
valete n.m. 1 figura de um escudeiro jovem representada nas cartas de jogar, e cujo valor se situa geralmente abaixo do rei e acima da dama, também chamada conde 2 carta com essa figura (Do fr. *valet*, «id.»)
valetudinário adj. 1 sujeito a enfermidades contínuas; enfermiço 2 de compleição fraca 3 combalido 4 inválido (Do lat. *valetudinariŭ-*, «enfermo»)
valetudinarismo n.m. estado ou condição de valetudinário (De *valetudinário*+-*ismo*)
valhacoito n.m. ⇒ **valhacouto**
valhacouto n.m. 1 local de refúgio; esconderijo 2 asilo; abrigo 3 proteção 4 pretexto; disfarce; encobrimento de defeitos ou de intenções (De *valer*+*couto*)
váli n.m. antigo nome dos governadores árabes, em território de Espanha (Do ár. *uali*, «senhor», pelo fr. *vali*, «id.»)
valia n.f. 1 valor intrínseco ou estimativo de alguma coisa 2 merecimento; préstimo 3 influência 4 proteção 5 empenho (De *valer*+-*ia*)
validação n.f. ato ou efeito de validar; confirmação da validade (De *validar*+-*ção*)
validade n.f. 1 qualidade do que é válido 2 estado daquilo que está dentro do prazo 3 legitimidade (Do lat. *validitāte-*, «força física»)
validar v.tr. 1 tornar válido 2 confirmar a validade de 3 legitimar 4 legalizar ■ v.pron. enaltecer-se (Do lat. *validāre*, «fortificar»)
validez /ê/ n.f. qualidade ou estado de válido; validade (De *válido*+-*ez*)
valido adj. que goza da estima e da proteção de alguém; querido; estimado; prezado; favorito ■ n.m. aquele que tem apoio ou proteção de alguém mais poderoso; protegido; favorito (Part. pass. de *valer*)
válido adj. 1 que tem saúde; são 2 robusto; vigoroso 3 proveitoso; prestante 4 que tem valor 5 que tem validade legal 6 que está dentro do prazo (Do lat. *valĭdu-*, «id.»)
valimba n.f. [Moçambique] instrumento musical com teclas de madeira (Do niungue *valimba*, «id.»)
valimento n.m. 1 ato ou efeito de valer 2 qualidade do que está de acordo com as regras em vigor; validade 3 valor 4 merecimento; préstimo 5 influência; importância 6 convivência com alguém de quem se obtém apoio ou favores 7 intercessão; favor (De *valer*+-*mento*)
valina n.f. BIOQUÍMICA aminoácido que desempenha um papel decisivo no crescimento normal (Do fr. *valine*, «id.»)
valioso /ô/ adj. 1 que tem grande valor; precioso 2 que vale muito dinheiro 3 extremamente útil 4 de alto merecimento 5 importante; influente 6 válido 7 legal (De *valia*+-*oso*)
valo n.m. 1 parapeito que defende um campo entrincheirado 2 fosso; valado; barranco 3 liça de justadores 4 (PESCA) rede de emalhar, em cerco (Do lat. *vallu-*, «trincheira»)
valongueiro adj.,n.m. ⇒ **valonguense**
valonguense adj.2g. relativo ou pertencente à cidade portuguesa de Valongo, no distrito do Porto ■ n.2g. natural ou habitante desta cidade (De *Valongo*, top. +-*ense*)
valor n.m. 1 aquilo que uma coisa vale 2 importância que se atribui ou reconhece a algo ou alguém 3 custo de um objeto, de um bem ou de um serviço, em função da sua capacidade de ser negociado no mercado; preço 4 qualidade que desperta admiração por alguém; valia; mérito; préstimo 5 objeto valioso 6 estima que se tem por um objeto 7 significação precisa de um termo 8 qualidade essencial de um bem ou serviço que o torna apropriado aos que o utilizam ou possuem; utilidade 9 qualidade de quem pratica atos difíceis, extraordinários ou perigosos; valentia; coragem 10 propriedade do que corresponde às normas ideais do seu tipo 11 MÚSICA duração de uma figura ou pausa musical 12 (ética) preceito ou princípio moral passível de orientar a ação humana 13 número representativo do grau de aproveitamento escolar de um aluno, ou de qualificação de uma prova, exame, etc. 14 FILOSOFIA propriedade ou carácter do que é, não só desejado, mas também desejável 15 FILOSOFIA as próprias coisas desejáveis, sendo os principais valores o verdadeiro, o belo, o bem 16 LINGUÍSTICA posição diferencial de um termo em relação a outros termos do mesmo paradigma 17 *pl.* quaisquer títulos, ações, obrigações, letras de câmbio, etc., que representem certa importância em dinheiro 18 *pl.* bens; haveres; riquezas; ~ *acrescentado* ECONOMIA diferença entre o valor da produção obtida e o valor do consumo dos bens intermédios necessários a essa produção, soma dos salários, rendas, juros e lucros; *valor de mercado* ECONOMIA quantia que se pode esperar receber em troca de uma mercadoria, de um serviço ou de um título; preço de base que compradores e vendedores estão dispostos a pagar ou receber para realizar um negócio; ~ *estimativo* valor que se calcula pelo apreço ou estima em que se tem um objeto; ~ *extrínseco* valor dependente de uma convenção, geralmente superior ao valor intrínseco; ~ *fornecido* ECONOMIA título de dívida que possui o beneficiário de uma letra contra o sacador; ~ *intrínseco* valor real, independente de quaisquer condições; ~ *nominal* ECONOMIA valor inscrito num título ou numa moeda e que pode ser superior ou inferior ao valor real, valor que não foi corrigido do efeito da inflação; ~ *real* ECONOMIA valor que foi corrigido do efeito da inflação, poder de compra (de uma moeda ou de um rendimento), cotação de um título; *filosofia dos valores* axiologia (Do lat. tard. *valōre-*, «id.»)
valoração n.f. 1 ato ou efeito de valorar; avaliação; ponderação 2 juízo crítico; parecer 3 valorização (De *valorar*+-*ção*)
valorar v.tr. 1 proferir um juízo de valor sobre; dar parecer sobre 2 ponderar; avaliar 3 valorizar; apreciar; estimar (De *valor*+-*ar*)
valorativo adj. 1 relativo à valoração 2 que implica valoração ou apreciação crítica 3 estimativo (De *valorar*+-*tivo*)
valorização n.f. 1 ato ou efeito de valorizar 2 aumento de valor ou preço 3 atribuição de importância a algo ou alguém 4 reconhecimento da importância, relevância ou interesse de algo ou alguém (De *valorizar*+-*ção*)
valorizar v.tr. 1 dar valor a; considerar importante 2 aumentar o valor material de 3 revelar; realçar (aspeto positivo) 4 classificar com valores ■ v.pron. alcançar mais valor ou importância (De *valor*+-*izar*)
valorosidade n.f. 1 qualidade de valoroso 2 coragem 3 vigor (De *valoroso*+-*i*+-*dade*)
valoroso adj. 1 que tem valor 2 destemido; corajoso 3 ativo; esforçado; animoso 4 forte (De *valor*+-*oso*)
valpacense adj.2g. relativo ou pertencente à vila portuguesa de Valpaços, no distrito de Vila Real ■ n.2g. natural ou habitante de Valpaços (De *Valpaços*, top. +-*ense*)
valquíria n.f. nome por que se designava, na mitologia escandinava, cada uma das virgens filhas de Odin, deus da guerra, que tinham por função incitar os heróis em combate e transportar ao paraíso de seu pai (Valhala) os que morriam a combater, para lá lhes ministrar o hidromel que os restituía à vida, sem sinal de ferimento (Do escand. ant. *walkyrja*, «id.», pelo ant. alto-al. *walkyrien*, de *wala*, «morto; caído em combate» +*küren*, «eleger; escolher»)
valsa n.f. 1 dança a três tempos 2 MÚSICA composição musical que acompanha essa dança; *convite à* ~ [fig.] insinuação tentadora, proposta (Do al. *Walzer*, «id.», pelo fr. *valse*, «id.»)
valsador adj.,n.m. que ou aquele que valsa ou dança a valsa muito bem; valsista (De *valsar*+-*dor*)
valsar v.intr. dançar a valsa ■ v.tr. dançar em andamento de valsa (De *valsa*+-*ar*)
valsejar v.intr. ⇒ **valsar** (De *valsa*+-*ejar*)
valsista adj.,n.2g. ⇒ **valsador** (De *valsa*+-*ista*)
valuma n.f. NÁUTICA lado de uma vela latina que fica para o lado da popa
valva n.f. 1 BOTÂNICA invólucro primitivo do aparelho esporífero de alguns fungos 2 BOTÂNICA cada uma das partes do pericarpo que se separam por deiscência longitudinal de um fruto 3 ZOOLOGIA peça ou

cada uma das peças, em regra de natureza calcária, que constituem as conchas de alguns animais **4** ZOOLOGIA parte constituinte da pinça dos pedicelários (Do lat. *valva*-, «batente de porta»)

valvar *adj.2g.* relativo ou semelhante a valva (De *valva*+-*ar*)

valverde /ê/ *n.m.* **1** peça de pirotecnia cujas faíscas jorram como uma fonte de fogo **2** BOTÂNICA ⇒ **belverde** (Do it. *belvedere*-, «belo de se ver»)

valvi- elemento de formação de palavras que exprime a ideia de *valva* (Do lat. *valva*-, «valva»)

valviforme *adj.2g.* em forma de valva (Do lat. *valva*-, «valva» +*forma*-, «forma»)

válvula *n.f.* **1** {*diminutivo de* **valva**} valva pequena **2** placa ou membrana (ou outro dispositivo) que permite a passagem de uma substância em determinado sentido, fechando e abrindo cavidades ou orifícios **3** dispositivo que permite a descarga de um recipiente, quando a pressão do seu conteúdo ultrapassa certo valor **4** BOTÂNICA formação membranosa que se levanta ou salienta, pondo em comunicação com o exterior as cavidades de certos órgãos vegetais **5** opérculo **6** membrana ou conjunto de membranas que deixam passar num organismo os líquidos num único sentido, não permitindo o seu refluxo **7** ZOOLOGIA órgão (ou parte de um órgão) do aparelho genital dos insetos; **~ termiónica** FÍSICA sistema de dois ou mais elétrodos, um dos quais é um cátodo aquecido, dispostos numa ampola em que se faz o vazio (válvula de vazio) ou se introduz um gás a pressões muito pequenas (válvulas gasosas), largamente utilizadas nos circuitos eletrónicos (emissores, recetores, amplificadores, etc.) (Do lat. *valvŭla*-, «pequeno batente de porta»)

valvulado *adj.* que possui válvula (De *válvula*+-*ado*)

valvular *adj.2g.* **1** respeitante a válvula(s) **2** valvulado **3** [fig.] que não reflui (De *válvula*+-*ar*)

valvulite *n.f.* MEDICINA inflamação de uma válvula do organismo, em especial, do coração (De *válvula*+-*ite*)

valvulotomia *n.f.* CIRURGIA corte cirúrgico de uma válvula, em especial, do coração (Do lat. *valvŭla*-, «válvula»+gr. *tomé*, «corte» + -*ia*)

vampe *n.f.* mulher sedutora e sensual; mulher fatal (Do ing. *vamp*, «id.»)

vampiresa /ê/ *n.f.* (*masculino* **vampiro**) **1** mulher morta que, segundo a lenda, sai da sepultura à noite para sugar o sangue das pessoas **2** [fig.] mulher que enriquece à custa de outra pessoa (De *vampiro*+-*esa*)

vampiresco /ê/ *adj.* **1** relativo a vampiro **2** semelhante a um vampiro (De *vampiro*+-*esco*)

vampírico *adj.* ⇒ **vampiresco** (De *vampiro*+-*ico*)

vampirino *adj.* ⇒ **vampírico** (De *vampiro*+-*ino*)

vampirismo *n.m.* **1** crença nos vampiros **2** ato próprio de vampiro **3** [fig.] avidez descomedida **4** ⇒ **necrofilia** (De *vampiro*+-*ismo*)

vampirizar *v.tr.* sugar a energia de (De *vampiro*+-*izar*)

vampiro *n.m.* **1** ente imaginário que sai de noite da sepultura para sugar o sangue das pessoas, sobretudo crianças **2** ZOOLOGIA nome vulgar extensivo a alguns morcegos, em especial aos verdadeiros hematófagos da América tropical que sugam o sangue de alguns animais (incluindo o homem adormecido), e que são também acusados de transmitir ao gado a raiva bovina **3** [pop.] morcego de grande porte **4** [fig.] pessoa que enriquece à custa de outra; explorador (Do sérvio *upir*, «sanguessuga», pelo fr. *vampire*, «id.»)

vanadato *n.m.* QUÍMICA designação genérica dos aniões que contêm vanádio (De *vanádio*+-*ato*)

vanádico *adj.* QUÍMICA relativo ao vanádio (De *vanádio*+-*ico*)

vanadinite *n.f.* MINERALOGIA mineral formado por vanádio e chumbo (Do fr. *vanadinite*, «id.»)

vanádio *n.m.* QUÍMICA elemento químico com o número atómico 23, de símbolo V, de propriedades metálicas e com emprego na composição de certas ligas de grande dureza e resistentes a altas temperaturas (De *Vanadus*, deusa da mitol. escand. +-*io*)

vanaquiá *n.m.* [Brasil] ORNITOLOGIA espécie de papagaio do Amazonas, com plumagem de colorido rico e vistoso; anacã (Do tupi *ana'ká*, «id.»)

Vandáceas *n.f.pl.* BOTÂNICA ⇒ **Orquidáceas** (Do lat. cient. *Vanda*-, do hind. *vanda*, «id.»+-*áceas*)

vandálico *adj.* **1** referente aos Vândalos **2** próprio de vândalos **3** [fig.] bárbaro; feroz; sanguinário **4** [fig.] destruidor (Do lat. *vandalĭcu*-, «id.»)

vandalismo *n.m.* **1** ato próprio de vândalo **2** destruição de património que a sociedade valoriza pela sua importância cultural **3** destruição da propriedade alheia; depredação **4** selvajaria (Do fr. *vandalisme*, «id.»)

vandalização *n.f.* ato ou efeito de vandalizar; destruição; devastação (De *vandalizar*+-*ção*)

vandalizar *v.tr.* destruir de forma selvagem (bem, propriedade, lugar, etc.); danificar; arruinar (De *vândalo*+-*izar*)

vândalo *n.m.* **1** indivíduo pertencente ao povo germânico dos Vândalos **2** [fig.] pessoa que, por maldade ou ignorância, destrói o património valorizado pela sociedade **3** [fig.] destruidor da propriedade alheia **4** [fig.] selvagem **5** [fig.] iconoclasta ■ *adj.* ⇒ **vandálico** (Do lat. *vandălu*-, «id.»)

Vândalos *n.m.pl.* ETNOGRAFIA povo germânico que, no século V, juntamente com outros povos bárbaros, invadiu a Gália, a Espanha e o Norte da África, donde foi expulso pelos Bizantinos, no tempo de Justiniano I, séc. VI (De *vândalo*)

vangana *n.f.* arroz de estiagem ou regadio (Do conc. *vamygan*, «id.»)

vanglória *n.f.* valorização que se atribui às próprias qualidades, com o desejo de que estas sejam reconhecidas e admiradas pelos outros; vaidade; jactância; ostentação; bazófia (De *vã*+*glória*)

vangloriar-se *v.pron.* **1** encher-se de vanglória; gabar-se **2** orgulhar-se (De *vanglória*+-*ar*)

vanglorioso *adj.* **1** cheio de vanglória; presunçoso **2** vaidoso (De *vanglória*+-*oso*)

vanguarda *n.f.* **1** MILITAR força, normalmente constituída por uma companhia reforçada, que marcha à frente de uma guarda avançada **2** primeira linha; frente **3** movimento artístico que procura a renovação radical dos processos criativos e dos seus pressupostos estéticos; **na ~** à frente, adiante (Do cat. *avant-guarda*, «id.», pelo port. ant. *avanguarda*, «id.»)

vanguardear *v.tr.* **1** servir de vanguarda a **2** tomar a dianteira de (De *vanguarda*+-*ear*)

vanguardeiro *adj.* **1** que vai na vanguarda **2** que segue na frente (De *vanguarda*+-*eiro*)

vanguardismo *n.m.* **1** carácter de vanguardista **2** inovação **3** progressismo (De *vanguarda*+-*ismo*)

vanguardista *adj.2g.* **1** relativo ou pertencente a vanguarda **2** que é inovador ou desafia as convenções; revolucionário ■ *n.2g.* **1** pessoa que, pelas suas ideias progressistas, tem um papel precursor na sociedade **2** revolucionário **3** pessoa que vem na frente (De *vanguarda*+-*ista*)

vanguejar *v.intr.* **1** escorregar; resvalar **2** oscilar; balançar **3** andar sem rumo certo; vaguear (De *vaguejar*)

vanidade *n.f.* **1** carácter do que é vão **2** coisa inútil ou sem valor; inutilidade **3** insignificância **4** ⇒ **vaidade** (Do lat. *vanitāte*, «vã aparência»)

Vaniláceas *n.f.pl.* BOTÂNICA ⇒ **Orquidáceas** (Do lat. bot. *Vanilla*-, do cast. *vainilla*, «baunilha» +-*áceas*)

vanilina *n.f.* **1** QUÍMICA essência natural, de aroma agradável, que é um aldeído obtido dos frutos das baunilhas **2** produto com características semelhantes, fabricado nos laboratórios, muito empregado como substância aromática (Do fr. *vanilline*, «id.»)

vaniloquência /qu-en/ *n.f.* eloquência vã, onde há frases pomposas mas sem conteúdo (Do lat. *vaniloquentĭa*-, «id.»)

vaniloquente /qu-en/ *adj.2g.* **1** que usa vaniloquência; que se exprime com frases pomposas mas sem conteúdo **2** em que há vaniloquência (Do lat. *vanu*-, «vão» +*loquente*-, «que fala», part. pres. de *loqui*, «falar»)

vaniloquio *n.m.* discurso ou frase bem enunciada, mas vã de ideias (Do lat. *vaniloquĭu*-, «id.»)

vaníloquo *adj.* **1** que se exprime com frases pomposas mas sem conteúdo **2** fanfarrão **3** mentiroso (Do lat. *vanilŏqu*-, «id.»)

vaníssimo *adj.* {*superlativo absoluto sintético de* **vão**} futilíssimo (Do lat. *vanissĭmu*-, «id.»)

vantagem *n.f.* **1** qualidade do que está acima ou adiante; superioridade **2** aspeto positivo de uma situação **3** benefício; proveito; lucro **4** DESPORTO diferença de pontos da equipa que está a ganhar um jogo **5** vitória; **levar ~ a** suplantar, exceder, sobrelevar (Do fr. *avantage*, «id.»)

vantajoso /ô/ *adj.* que traz vantagens; proveitoso **2** útil **3** lucrativo (Do fr. *avantageux*, «id.»)

vante *n.f.* NÁUTICA dianteira do navio; parte da coberta que fica do lado da proa; proa (De *avante*, com aférese)

vanuatuense *adj.2g.* relativo ou pertencente ao Vanuatu, arquipélago do Oceano Pacífico ■ *n.2g.* natural ou habitante do Vanuatu (De *Vanuatu*, top.+-*ense*)

vão *adj.* (*feminino* **vã**) **1** vazio; oco **2** sem valor; insignificante **3** que não tem fundamento; contrário à realidade; fantástico; aparente **4** fútil; frívolo; ignorante **5** vaidoso; enfatuado ■ *n.m.* **1** espaço vazio; vácuo **2** abertura; intervalo **3** [Brasil] depressão entre montanhas; vale

vápido

4 ENGENHARIA distância entre os apoios consecutivos de uma estrutura; *em ~ debalde*, inutilmente, sem apoio (Do lat. *vanu-*, «id.»)

vápido *adj.* **1** [poét.] insípido **2** MEDICINA em que há miasmas; miasmático (Do lat. *vapĭdu-*, «fraco; estragado»)

vapor *n.m.* **1** FÍSICA substância no estado gasoso que, nas condições habituais do ambiente, se apresenta no estado líquido ou sólido **2** substância ou vapor que se encontra na forma gasosa a uma temperatura inferior à temperatura crítica, podendo, portanto, ser reduzida ao estado líquido por aumento de pressão, sem ser necessário arrefecimento **3** fluido não líquido **4** fumo **5** exalação; emanação **6** navio movido por máquina a vapor; *a todo o ~* muito depressa (Do lat. *vapōre-*, «exalação»)

vaporação *n.f.* ato ou efeito de vaporar ou vaporar-se (Do lat. *vaporatiōne-*, «id.»)

vaporada *n.f.* jato de vapor (Part. pass. fem. subst. de *vaporar*)

vaporar *v.tr.,intr.,pron.* **1** transformar(-se) em vapor; evaporar(-se) **2** exalar (vapores) (Do lat. *vapōrāre*, «id.»)

vaporável *adj.2g.* suscetível de vaporar-se (De *vaporar*+*-vel*)

vaporífero *adj.* que conduz ou exala vapores (Do lat. *vaporifĕru-*, «id.»)

vaporímetro *n.m.* **1** instrumento destinado a medir o vapor produzido por uma máquina geradora **2** atmómetro (Do lat. *vapōre-*, «vapor»+gr. *métron*, «medida»)

vaporização *n.f.* **1** ato ou efeito de vaporizar ou vaporizar-se **2** passagem de uma substância do estado líquido ao estado gasoso, fenómeno que pode verificar-se por evaporação ou ebulição; volatilização **3** aspersão de líquido em gotículas; pulverização (De *vaporizar*+*-ção*)

vaporizador *adj.* **1** que vaporiza **2** que pulveriza ▪ *n.m.* **1** recipiente próprio para vaporizar um líquido **2** recipiente de onde, mediante pressão, sai um líquido em gotas finíssimas; pulverizador (De *vaporizar*+*-dor*)

vaporizar *v.tr.* **1** fazer passar do estado líquido ao estado gasoso; reduzir a vapor; volatilizar **2** aspergir (líquido) em gotículas; pulverizar ▪ *v.pron.* **1** converter-se em vapor **2** pulverizar-se (De *vapor*+*-izar*)

vaporoso *adj.* **1** impregnado de vapores **2** que exala vapores **3** [fig.] leve; subtil; delicado **4** [fig.] transparente; diáfano **5** [fig.] que tem pouco volume; magro (Do lat. *vaporōsu-*, «id.»)

vapular *v.tr.* **1** dar bastonadas em **2** açoitar **3** flagelar (Do lat. *vapulāre*, «ser açoitado»)

vaqueano *n.m.* **1** [Brasil] condutor **2** [Brasil] guia **3** [Brasil] conhecedor de caminhos (Do cast. *baqueano*, «id.»)

vaqueirada *n.f.* [Brasil] conjunto de vaqueiros; vaqueirama (De *vaqueiro*+*-ada*)

vaqueirama *n.f.* [Brasil] ⇒ **vaqueirada** (De *vaqueiro*+*-ama*)

vaqueiro *n.m.* guarda ou condutor de gado vacum ▪ *adj.* relativo a gado vacum (De *vaca*+*-eiro*)

vaquejada *n.f.* [Brasil] reunião do gado de uma fazenda, no fim do inverno (Part. pass. fem. subst. de *vaquejar*)

vaquejar *v.tr.* **1** [Brasil] perseguir **2** [Brasil] costear; arrebanhar (De *vaca*+*-ejar*)

vaqueta[1] /ê/ *n.f.* couro delgado próprio para forros de calçado, etc. (De *vaca*+*-eta*)

vaqueta[2] /ê/ *n.f.* vareta de guarda-sol; baqueta (De *baqueta*)

vaquinha *n.f.* vaca pequena; *fazer uma ~* [coloq.] juntar-se com outras pessoas para partilhar uma despesa (uma viagem, a compra de bilhetes de lotaria, etc.) (De *vaca*+*-inha*)

vara[1] *n.f.* **1** haste delgada e comprida; ramo **2** pau comprido; bordão; cajado **3** haste fina de metal **4** insígnia de juízes, vereadores e dos irmãos de certas confrarias **5** circunscrição judicial **6** DESPORTO instrumento comprido e fino utilizado na modalidade desportiva de salto à vara **7** vergasta; chibata **8** cada uma das hastes do pálio **9** manada de gado suíno; porcada **10** antiga medida de comprimento equivalente a onze decímetros **11** [fig.] poder; autoridade **12** [fig.] jurisdição; *~ larga* pau roliço e comprido terminado em ponta de aço, de que os toureiros se servem para picar os touros nas corridas; *à ~ larga* à vontade, sem restrições nem limites, sem a preocupação de poupar; *pano de varas* tecido antigo de lã (Do latim *vara-*, «pau que sustenta um andaime»)

vara[2] *n.f.* [Moçambique] tufão periódico no Oceano Índico (Do concani *vāra*, «vento»)

varação *n.f.* **1** ato ou efeito de varar **2** varadouro (De *varar*+*-ção*)

varada *n.f.* **1** pancada com vara; bastonada **2** toque do navio no fundo, sem perigo sério (De *vara*+*-ada*)

vara-de-ouro *n.f.* BOTÂNICA planta da família das Asteráceas; verga-de-ouro

varado *adj.* **1** atravessado; trespassado **2** (barco) encalhado em seco **3** [fig.] atónito; estupefacto **4** [fig.] apavorado ▪ *n.m.* uma das divisões eclesiásticas da Índia (Do b. lat. *varātu-*, «atravessado»)

varadoiro *n.m.* ⇒ **varadouro** (De *varar*+*-doiro*)

varador *n.m.* indivíduo que calcula a capacidade das pipas e dos tonéis, medindo-os com a vara (De *varar*+*-dor*)

varadouro *n.m.* **1** lugar em seco onde se fazem encalhar os navios para os guardar ou consertar **2** [fig.] sítio onde se reúnem pessoas para descansar ou conversar (De *varar*+*-douro*)

varal *n.m.* **1** cada uma das varas que saem de cada lado das liteiras, andores, etc. e nas quais pegam os seus condutores **2** cada uma das varas a que se atrela o cavalo, nos veículos **3** estendal para colocar a roupa a secar **4** *pl.* varas onde os pescadores põem as redes (De *vara*+*-al*)

varanda *n.f.* **1** estrutura saliente no sítio da abertura de uma janela ou porta, rodeada de uma grade ou de balaústres, com parapeito; sacada; balcão **2** terraço; eirado **3** roda dentada que engrana na entrosa do moinho (De orig. obsc.)

varandim *n.m.* **1** varanda estreita **2** antepara gradeado assente sobre o peitoril de algumas janelas (De *varanda*+*-im*)

varão[1] *n.m.* **1** indivíduo do sexo masculino **2** [fig.] homem corajoso ou ilustre (Do lat. *barōne-*, «mercenário»)

varão[2] *n.m.* vara grande, geralmente de ferro ou de outro metal (em escadas, etc.) (De *vara*+*-ão*)

varapau *n.m.* **1** pau comprido e forte **2** cajado; bordão (De *vara*+*pau*)

varar *v.tr.* **1** bater com vara **2** atravessar de lado a lado; trespassar; furar **3** passar além de; meter-se por; galgar **4** percorrer; transpor (distâncias grandes) **5** fazer sair; expulsar **6** espantar; aterrar; fulminar **7** passar (um período de tempo) a fazer alguma coisa ▪ *v.tr.,intr.* (fazer) encalhar (um barco) em terra para o consertar ou guardar; puxar ou ser puxado para o varadouro (Do b. lat. *varāre*, «atravessar uma corrente de água»)

varatojano *n.m.* religioso do convento de Varatojo, localidade portuguesa do concelho de Torres Vedras, no distrito de Lisboa ▪ *adj.* diz-se dos frades desse convento (De *Varatojo*, top. +*-ano*)

vareagem *n.f.* ato ou efeito de varear (De *varear*+*-agem*)

varear *v.tr.* **1** medir à vara **2** dirigir (um barco) com vara (De *vara*+*-ear*)

varedo /ê/ *n.m.* conjunto das vigotas sobre que assenta o ripado de um telhado (De *vara*+*-edo*)

vareio *n.m.* desvario; delírio (Deriv. regr. de *variar*)

vareira *n.f.* dança e música populares do Norte de Portugal (De *vareiro*)

vareiro[1] *adj.* **1** que é natural ou habitante de Ovar, no distrito de Aveiro; ovarense **2** que é habitante da beira-mar, desde Aveiro até às proximidades do Porto ▪ *n.m.* **1** vendedor ambulante de peixe **2** natural ou habitante de Ovar, no distrito de Aveiro **3** habitante da beira-mar, desde Aveiro até às proximidades do Porto (De **ovareiro*, de *Ovar*, top., com afér.)

vareiro[2] *n.m.* **1** homem que impulsiona o barco com vara **2** cavalete em que se apoia a peça de madeira que se deseja serrar longitudinalmente (De *vara*+*-eiro*)

vareja[1] /ê/ *n.f.* **1** ZOOLOGIA mosca varejeira **2** ovo de mosca varejeira **3** larva de mosca varejeira; *pôr ~ em (alguém)* [fig.] caluniar (alguém) (De *varejeira*, por red.)

vareja[2] /ê/ *n.f.* ato ou efeito de varejar (Deriv. regr. de *varejar*)

varejador *adj.,n.m.* que ou aquele que vareja ou faz varejo (De *varejar*+*-dor*)

varejadura *n.f.* ato ou efeito de varejar; varejo (De *varejar*+*-dura*)

varejamento *n.m.* **1** ⇒ **varejadura 2** ENGENHARIA encurvadura de uma peça linear (De *varejar*+*-mento*)

varejão *n.m.* vara grande para varejar (De *varejar*+*-ão*)

varejar *v.tr.* **1** açoitar; fustigar **2** varear **3** [fig.] martelar com cargas de artilharia ou rajadas de metralhadora **4** [fig.] incomodar **5** sacudir com vara (os ramos das árvores) para fazer cair o fruto (De *vara*+*-ejar*)

varejeira *n.f.* ZOOLOGIA mosca relativamente grande, de coloração azul, verde ou cinzenta, que põe os ovos nas carnes mortas e nas feridas expostas (onde se desenvolvem as larvas), e que é também denominada vareja (De *vareja*+*-eira*)

varejo /ê/ *n.m.* **1** ato ou efeito de varejar; ato de sacudir os ramos das árvores com vara para fazer cair o fruto; varejadura **2** inspeção de autoridade fiscal a um estabelecimento comercial ou industrial, para verificar se existem irregularidades **3** descargas de metralhadora ou de artilharia **4** [fig.] censura áspera **5** [Brasil] venda de mercadorias em pequenas quantidades; venda a retalho (Deriv. regr. de *varejar*)

varejo² /ê/ *n.m.* conjunto das varas que sustentam as cubatas (De *vara*+*-ejo*)
varela *n.f.* vara pequena ou delgada; vareta ■ *adj.2g.* volúvel (De *vara*+*-ela*)
vareque *n.m.* BOTÂNICA nome por que são designadas algumas algas marinhas, feofíceas (Do ing. *wrack*, «id.», pelo fr. *varech*, «sargaço»)
varestilha *n.f.* aparelho de pesca com anzóis (De *vara*+*hastilha*?)
vareta *n.f.* 1 {*diminutivo de* vara} vara pequena; varela 2 haste metálica utilizada na limpeza das espingardas e para extrair cartuchos do seu interior 3 cada uma das varas de armação do leque ou de um guarda-sol 4 varinha de vidro ou de plástico, maior ou menor, para operações de agitação e decantação em trabalhos de química experimental ou similares 5 baqueta de tambor 6 perna de compasso 7 BOTÂNICA ⇒ **píretro** 8 *pl.* [pop.] pernas (De *vara*+*-eta*)
varga *n.f.* 1 planície alagadiça; várzea 2 espécie de rede de pesca (De orig. obsc.)
várgea /é/ ⇒ **várzea**
vargedo /ê/ *n.m.* 1 conjunto de vargas ou de várzeas 2 varga grande (De *varga*+*-edo*)
vargeiro *n.m.* [Índia] cultivador de vargens (arrozais) (De *vargem*+*-eiro*)
vargem *n.f.* ⇒ **várzea** (De *várzea*, com infl. das palavras terminadas em *-agem*)
vargueiro *n.m.* 1 fabricante de vargas (redes) 2 aquele que pesca com vargas (De *varga*+*-eiro*)
vária *n.f.* 1 coletânea de obras variadas 2 conjunto de diversos assuntos 3 ICTIOLOGIA peixe da família dos Percídeos, semelhante à tainha; variaz (Do lat. *varĭa*, neut. pl., «coisas várias»)
variabilidade *n.f.* 1 qualidade de variável 2 propensão para variar 3 inconstância; instabilidade 4 variação (Do lat. *variabĭle-*, «variável» +*-i-*+*-dade*)
variação *n.f.* 1 ato ou efeito de variar 2 mudança; modificação 3 NÁUTICA declinação da agulha de marear 4 MÚSICA floreio sobre um tema musical 5 variante 6 variabilidade 7 BIOLOGIA diferença que se manifesta nos caracteres entre indivíduos da mesma espécie, de forma lenta, progressiva e não hereditária (flutuação), ou bruscamente, sem transições, e com poder de transmissão hereditária (mutação) (Do lat. *variatiōne-*, «id.»)
variadeira *n.f.* máquina usada para bater a lã e extrair-lhe a terra ou as areias (De *variar*+*-deira*)
variado *adj.* 1 que sofreu variações; mudado 2 formado de substâncias várias; vário; diverso 3 de várias cores; matizado 4 [fig.] delirante; alucinado 5 [fig.] leviano 6 FÍSICA diz-se do movimento em que o móvel percorre espaços diferentes em intervalos de tempo iguais (é uniformemente variado quando a aceleração é constante) (Do lat. *variātu-*, «id.», part. pass. de *variāre*, «variar»)
variagem *n.f.* antigo imposto alfandegário (De orig. obsc.)
variamente *adv.* 1 de modo vário 2 diversamente (De *vário*+*-mente*)
variância *n.f.* número de condições que definem um sistema físico ou químico e que se pode fazer variar arbitrariamente sem destruir o estado de equilíbrio do sistema (De *variar*+*-ância*)
varianela *n.f.* BOTÂNICA alface-de-cordeiro (planta) (Por *valerianela*)
variante *adj.2g.* 1 que varia ou que se altera; variável 2 que está sujeito a mudanças; mutável; inconstante 3 que se desvia de um modelo ou padrão estabelecido; desviante ■ *n.f.* 1 diferença existente entre coisas muito semelhantes; diversidade 2 alteração de um plano ou projeto para modificar ou substituir o mesmo; modificação 3 trecho de uma estrada que oferece um caminho alternativo ou que substitui um percurso interrompido para o mesmo destino; desvio 4 alteração no traçado de uma estrada ou outra obra de construção 5 cada uma das diferentes versões de um texto em relação ao que é considerado original 6 LINGUÍSTICA unidade linguística que constitui alternativa de outra, podendo substituí-la no mesmo contexto morfológico ou fonológico; variedade 7 cambiante; matiz; gradação 8 (curso universitário) área do conhecimento que se estuda de forma aprofundada; especialidade (Do lat. *variante-*, «id.», part. pres. de *variāre*, «variar; mudar»)
variar *v.tr.* 1 tornar vário ou diverso; dar variedade a; variegar 2 mudar; alterar 3 alternar; revezar 4 fazer variações sobre (tema musical) 5 apresentar (uma palavra) flexão em ■ *v.intr.* 1 apresentar aspetos diversos 2 sofrer mudança; tornar-se diferente; alterar-se; transformar-se 3 mudar frequentemente; ser inconstante 4 ser de opinião diferente; divergir 5 dar novo rumo; ser diferente 6 perder o juízo; desvairar; ter delírio 7 mudar de direção (Do lat. *variāre*, «id.»)
variável *adj.2g.* 1 que varia ou pode variar; inconstante; mutável 2 que pode tomar diferentes valores ou aspetos, em situações ou contextos distintos 3 GRAMÁTICA diz-se da palavra cuja terminação sofre alteração, conforme o género, o número, o tempo e a pessoa ■ *n.f.* 1 quantidade ou termo que pode tomar diferentes valores 2 MATEMÁTICA símbolo, geralmente uma letra, com que se pode designar qualquer dos elementos de um conjunto (domínio da variável); **variáveis extensivas** FÍSICA variáveis termodinâmicas proporcionais à massa (o volume, a energia total); **variáveis intensivas** FÍSICA variáveis termodinâmicas independentes da massa (a pressão, a temperatura) (Do lat. *variabĭle-*, «id.»)
variaz *n.m.* ICTIOLOGIA ⇒ **vária 3**
varicela *n.f.* MEDICINA doença febril, infetocontagiosa, que é uma modalidade de varíola, em regra benigna, caracterizando-se por uma erupção cutânea papulovesiculosa (Do fr. *varicelle*, «id.»)
varicelar¹ *v.intr.* formar varizes ■ *adj.2g.* varicoso (Do lat. *varīce-*, «variz» +*-l-*+*-ar*)
varicelar² *adj.2g.* referente à varicela (De *varicela*+*-ar*)
variceloide *n.f.* ⇒ **varicela** ■ *adj.2g.* semelhante a varicela; varicelar (De *varicela*+*-óide*)
varicelóide ver nova grafia **variceloide**
varicocele *n.f.* MEDICINA tumefação nos órgãos genitais masculinos provocada por dilatação varicosa (Do lat. *varīce-*, «variz»+gr. *kéle*, «tumor»)
varicose *n.f.* MEDICINA estado mórbido causado por varizes (Do lat. *varīce-*, «variz» +*-ose*)
varicosidade *n.f.* estado ou qualidade do que é varicoso (De *varicoso*+*-i-*+*-dade*)
varicoso /ô/ *adj.* 1 que tem varizes 2 produzido por varizes 3 diz-se de um tubo ou órgão tubular ou filiforme que apresenta dilatações semelhantes a varizes (Do lat. *varicōsu-*, «id.»)
varícula *n.f.* pequena variz (Do lat. *varicŭla-*, «id.»)
variedade *n.f.* 1 qualidade do que é vário; diversidade; diferença; variação 2 conjunto de coisas diferentes; multiplicidade 3 alternativa 4 mudança 5 inconstância; instabilidade 6 BIOLOGIA categoria sistemática inferior à espécie, que tem como equivalente taxionómico generalizado a subespécie 7 cada uma das diferentes formas que uma língua assume, dependendo de fatores geográficos, sociais ou situacionais (Do lat. *varietāte-*, «id.»)
variegação *n.f.* 1 ato ou efeito de variegar 2 diversidade de cores 3 matiz (De *variegar*+*-ção*)
variegado *adj.* 1 que apresenta cores variadas; matizado 2 diferente; diverso; vário (Do lat. *variegātu-*, «id.», part. pass. de *variegāre*, «variar; variegar»)
variegar *v.tr.* 1 tornar variegado; matizar 2 variar; diversificar (Do lat. *variegāre*, «id.»)
varina *n.f.* vendedora ambulante de peixe (De *varino*)
varinagem *n.f.* conjunto de varinos ou varinas (De *varino* ou *varina*+*-agem*)
varinel *n.m.* antiga embarcação de remos, por vezes com vela; barinel (De *barinel*)
varinha *n.f.* vara pequena e delgada; **~ de condão** 1 vara mágica com que as fadas ou feiticeiras fazem os diferentes encantos; 2 [fig.] dom de fazer coisas extraordinárias; **~ mágica** CULINÁRIA utensílio elétrico usado para triturar ou bater alimentos (De *vara*+*-inha*)
varino¹ *adj.* que é natural ou habitante de Ovar, no distrito de Aveiro; vareiro ■ *n.m.* 1 natural ou habitante de Ovar, no distrito de Aveiro; vareiro 2 gabão usado pelos homens do litoral português, de Mira até Ovar (De *ovarino*, com aférese.)
varino² *n.m.* barco pequeno, geralmente conduzido à vara (De *vara*+*-ino*?)
vário *adj.* 1 de cores diversas; matizado 2 de feitios diversos; múltiplo 3 hesitante; incerto 4 inconstante; mudável 5 caprichoso 6 desvairado; delirante (Do lat. *variu-*, «de várias cores»)
varíola *n.f.* MEDICINA doença febril infetocontagiosa, aguda, com erupção cutânea pustulosa, por vezes com manifestação epidémica, que deixa cicatrizes típicas, bem evidentes, também conhecida por bexigas e bexigas negras (Do lat. vulg. *variŏla-*, «id.»)
variolado *adj.* diz-se do indivíduo atacado de varíola, ou que apresenta as cicatrizes desta doença; bexigoso; varioloso (De *varíola*+*-ado*)
variolar *adj.2g.* que tem o aspeto ou as características da varíola (De *varíola*+*-ar*)
variólico *adj.* 1 relativo a varíola 2 da varíola (De *varíola*+*-ico*)
varioliforme *adj.2g.* cujas características se assemelham às da varíola; varioloide (Do lat. vulg. *variŏla-*, «varíola» +*forma-*, «forma»)
variolização *n.f.* MEDICINA inoculação com o vírus da varíola para imunizar contra a doença (De *varíola*+*-izar*+*-ção*)
varioloide *n.f.* MEDICINA forma atenuada de varíola; varíola benigna ■ *adj.2g.* varioliforme (De *varíola*+*-óide*)

varialóide

varialóide ver nova grafia varialoide
varioloso *adj.* relativo ou pertencente à varíola ■ *n.m.* indivíduo que tem varíola ou apresenta cicatrizes desta doença; bexigoso (De *varíola*+-*oso*)
variómetro *n.m.* **1** designação genérica de alguns instrumentos que medem a variação de uma grandeza física (força gravítica, força magnética, altura de voo, etc.) **2** ELETRICIDADE aparelho constituído por duas bobinas, uma das quais móvel, que regula a autoindução de certos circuitos (por variação da indução mútua das duas bobinas) (Do lat. *variŭ*-, «variado»+gr. *métron*, «medida»)
vários *det.indef.>quant. exist.*^{DT}*,pron.indef.* diversos; variados; numerosos (De *vário*)
varistor *adj.,n.m.* ELETRÓNICA diz-se de ou componente eletrónico cuja resistência depende da voltagem aplicada (Do ingl. *varistor*, «id.»)
variz *n.f.* **1** MEDICINA dilatação anormal, persistente, numa veia **2** ZOOLOGIA proeminência no bordo de certas conchas univalves (Do lat. *varĭce*-, «id.»)
varja *n.f.* ⇒ **várzea** (De *várzea*)
varjão *n.m.* [Brasil] varja grande (De *varja*+-*ão*)
varjota *n.f.* [Brasil] varja pequena (De *varja*+-*ota*)
varloa /ô/ *n.f.* **1** cada um dos cabos que seguram a embarcação quando está no varadouro ou em querena **2** ⇒ **balroa** (Do cast. *barloa*, «balroa»)
varola *n.f.* vara pequena; vareta ■ *n.2g.* [regionalismo] indivíduo gabarola, mentiroso (De *vara*+-*ola*)
varonia *n.f.* **1** qualidade de varão **2** sucessão por linha masculina (Do lat. *varōne*-, «homem»+-*ia*)
varonil *adj.2g.* **1** respeitante ao varão **2** próprio de varão **3** másculo; viril **4** [fig.] esforçado; destemido; enérgico (Do lat. *varōne*-, «homem» +-*il*)
varonilidade *n.f.* **1** qualidade de varonil **2** idade varonil **3** masculinidade **4** [fig.] valentia (De *varonil*+-*i*-+-*dade*)
varrão *n.m.* **1** porco não castrado próprio para a reprodução; varrasco **2** [fig.] homem femeeiro ou mulherengo (Do lat. *verrōne-, de *verre*-, «id.»)
varrasco *n.m.* ⇒ **varrão** (Do lat. vulg. *verrascu-, de *verre*-, «id.»)
varredeira *n.f.* **1** NÁUTICA vela suplementar do traquete, de forma quadrangular, que se larga quando o vento é favorável **2** máquina para varrer as ruas (De *varrer*+-*deira*)
varredela *n.f.* **1** ato de varrer **2** varredura ligeira (De *varrer*+-*dela*)
varredoira *n.f.* ⇒ **varredoura**
varredoiro *n.m.* ⇒ **varredouro**
varredor *adj.,n.m.* que ou aquele que tem por ofício varrer espaços públicos (passeios, jardins, etc.) (De *varrer*+-*dor*)
varredoura *n.f.* **1** máquina para varrer as ruas **2** NÁUTICA vela auxiliar que se larga ao lado do traquete **3** [fig.] grande morticínio ou destruição; **rede ~** rede de pesca que arrasta pelo fundo (De *varrer*+-*doura*)
varredouro *n.m.* **1** vassoura com que se varre o forno do pão **2** espécie de vassoura no feixe de ramos que, preso entre as aivecas, limpa a terra das raízes que o arado levanta (De *varrer*+-*douro*)
varredura *n.f.* **1** ato ou efeito de varrer **2** o que se recolhe, varrendo **3** *pl.* alimpaduras; restos (De *varrer*+-*dura*)
varrer *v.tr.* **1** limpar com a vassoura **2** passar pela superfície de **3** limpar; tornar límpido **4** dispersar; espalhar **5** levar atrás de si; arrastar **6** [fig.] roubar **7** [fig.] fazer desaparecer; esgotar; destruir **8** [fig.] fazer esquecer; apagar ■ *v.intr.,pron.* **1** perder o crédito **2** tornar-se esquecido **3** acabar; findar **4** desvanecer-se; **~ *a sua testada*** desviar de si as responsabilidades (Do lat. *verrĕre*, «id.»)
varrido *adj.* **1** limpo com vassoura **2** [fig.] que perdeu o juízo; alienado; doido; tresloucado **3** [fig.] desavergonhado ■ *n.m.* o que se juntou com a vassoura; varredura; **doido ~** sem ponta de juízo, louco rematado (Part. pass. de *varrer*)
varriscar *v.tr.,intr.* varrer com frequência (De *varrer*+-*iscar*)
varsoviana *n.f.* espécie de dança polaca, em compasso ternário, muito semelhante à mazurca (Do fr. *varsovienne*, «id.»)
varsoviano *adj.* relativo ou pertencente a Varsóvia, cidade capital da Polónia ■ *n.m.* natural ou habitante de Varsóvia (De *Varsóvia*, top.+-*ano*)
varudo *adj.* **1** que tem haste direita e comprida **2** diz-se de um animal comprido, direito e forte (De *vara*+-*udo*)
varve *n.f.* GEOLOGIA depósito anual, nomeadamente fluvioglaciário, constituído por pares de leitos que marcam uma sedimentação sazonal, por exemplo, o verão e o inverno de cada ano (Do sueco *varv*, «revolução periódica», pelo fr. *varve*, «varve»)
varvito *n.m.* GEOLOGIA rocha sedimentar detrítica, resultante da varve (De *varve*+-*ito*)

várzea *n.f.* **1** planície cultivada nas margens de rio; campina; chã **2** [Índia] ⇒ **arrozal** (Do lat. vulg. *barcina-, do célt. *barga, «meda»?)
varzim *adj.2g.* ⇒ **varzino**^{1,2} *adj.* ■ *n.m.* várzea pouco extensa (De *várzea*+-*im*)
varzino¹ *adj.* relativo ou pertencente à várzea ■ *n.m.* camponês da várzea (De *várzea*+-*ino*)
varzino² *adj.,n.m.* ⇒ **poveiro** (De *[Póvoa de] Varzim*, topónimo + -*ino*)
vasa *n.f.* **1** fundo lodoso de mar, lago ou rio **2** limo que se deposita no fundo das marinhas **3** espaço circular onde trabalha a mó do moinho de azeitona **4** [fig., pej.] degradação moral **5** [fig., pej.] camada da sociedade cujos costumes são por esta condenados (Do neerl. med. *wase*, «lama», pelo fr. *vase*, «vasa»)
vasaréu *n.m.* [regionalismo] vasilha velha; caco (De *vaso*)
vasca *n.f.* **1** movimento convulsivo do agonizante; estertor **2** ânsia **3** [fig.] extremidade; limite **4** *pl.* náuseas; vontade de vomitar; ***nas vascas da morte*** na agonia da morte (Do célt. *waska*, «opressão»)
vascão *adj.,n.m.* ⇒ **vasco** (Do lat. *vascōne*, «id.»)
vasco *adj.* relativo às Vascongadas (Espanha); vascongado ■ *n.m.* natural ou habitante de uma das Vascongadas (Do lat. *vascōne*-, «id.», pelo cast. *vasco*, «id.»)
vascolejador *adj.,n.m.* **1** que ou aquele que vascoleja **2** [fig.] agitador (De *vascolejar*+-*dor*)
vascolejamento *n.m.* **1** ato ou efeito de vascolejar **2** agitação; perturbação (De *vascolejar*+-*mento*)
vascolejar *v.tr.* **1** agitar; chocalhar (um líquido contido num vaso) **2** remexer; revolver ■ *v.tr.,pron.* perturbar(-se); inquietar(-se) (Do lat. *vascŭlu*-, «vaso pequeno»+-*ejar*)
vasconcear *v.intr.* **1** falar vasconço **2** falar de uma forma que não se percebe **3** gracejar; zombar ■ *v.tr.* exprimir num estilo muito subtil ou difícil de perceber (De *vasconço*+-*ear*)
vasconço *n.m.* **1** língua de origem não indo-europeia falada na região dos Pirenéus **2** [fig.] linguagem ininteligível ■ *adj.,n.m.* ⇒ **vascongado** (Do cast. *vascuence*, «id.»)
Vascongadas *n.f.pl.* as três províncias espanholas de Álava, Biscaia e Guipúzcoa (De *vascongado*)
vascongado *adj.* relativo ou pertencente às Vascongadas ■ *n.m.* natural ou habitante de uma dessas províncias (Do cast. *vascongado*, «id.»)
vascoso /ô/ *adj.* **1** que está com vascas; agonizante **2** ansiado (De *vasca*+-*oso*)
vascuense *adj.,n.2g.* ⇒ **vasconço** (Do cast. *vascuense*, «id.»)
vascular *adj.2g.* **1** ANATOMIA relativo ou pertencente a vasos (da circulação) **2** que contém vasos condutores ou é constituído por eles **3** BOTÂNICA (planta) que tem raiz (ou tubos traqueanos), como as pteridófitas e as espermatófitas; ***fascículo ~*** BOTÂNICA conjunto ou feixe de tubos condutores da seiva; ***sistema ~*** ANATOMIA conjunto dos vasos da circulação de um organismo, de um órgão ou de uma região deste; ***tecido ~*** tecido traqueano (Do lat. *vascŭlu*-, «pequeno vaso» +-*ar*)
vascularidade *n.f.* estado caracterizado pela existência de vasos condutores (em especial, sanguíneos ou linfáticos) no organismo ou em qualquer parte deste (De *vascular*+-*i*-+-*dade*)
vascularização *n.f.* **1** MEDICINA desenvolvimento dos vasos condutores de fluxo sanguíneo num organismo ou em parte deste **2** conjunto desses vasos **3** MEDICINA multiplicação, natural ou cirúrgica, dos vasos sanguíneos de uma região do corpo, de um órgão ou de um tecido **4** [fig.] movimentação; agitação; atividade (De *vascularizar*+-*ção*)
vascularizar *v.tr.* **1** provocar o desenvolvimento dos vasos condutores em (organismo) **2** [fig.] ativar (De *vascular*+-*izar*)
vasculhadeira *n.f.* ⇒ **vasculho** (De *vasculhar*+-*deira*)
vasculhador *adj.,n.m.* que ou aquele que vasculha (De *vasculhar*+-*dor*)
vasculhar *v.tr.* **1** varrer com vasculho **2** [fig.] remexer; revistar **3** [fig.] pesquisar (Do lat. *vasculeăre*, de *vascŭlu*-, «vaso pequeno»)
vasculho *n.m.* **1** vassoura feita de ramos de arbustos **2** [cal., pej.] pessoa enxovalhada; pessoa envelhecida (Deriv. regr. de *vasculhar*)
vasculoso /ô/ *adj.* ⇒ **vascular** (Do lat. *vascŭlu*-, «pequeno vaso» + -*oso*)
vasectomia *n.f.* CIRURGIA operação cirúrgica para ressecção parcial ou total dos canais deferentes (Do lat. *vase*-, ou *vasu*-, «vaso»+gr. *ektomé*, «ablação»+-*ia*)
vaseirão *adj.,n.m.* [regionalismo] comilão (De *vaseiro*+-*ão*)
vaseiro *n.m.* designativo de uma espécie de veado de casta pequena ■ *n.m.* veado dessa espécie (De *vasa*+-*eiro*?)
vaselina *n.f.* FARMÁCIA, QUÍMICA mistura pastosa essencialmente constituída por hidrocarbonetos sólidos e líquidos, extraída do petróleo

bruto, empregada como lubrificante e em farmácia e cosmética como excipiente (Do ing. *vaseline*, do al. *Wasser*, «água»+gr. *élaion*, «óleo»+*-ine*)

vasento *adj.* que tem vasa; lodoso (De *vasa*+*-ento*)

vasícola *adj.2g.* que vive normalmente na vasa (De *vasa*+lat. *colĕre*, «habitar»)

vasiforme *adj.2g.* que tem a forma de um vaso ou tubo, ou funciona como tal (Do lat. *vase*-, ou *vasu*-, «vaso» +*forma*-, «forma»)

vasilha *n.f.* 1 qualquer recipiente para líquidos 2 barril; pipa; tonel (Do lat. vulg. *vasilĭa*-, de *vasu*-, «vaso»)

vasilhame *n.m.* 1 qualquer quantidade de vasilhas 2 conjunto das vasilhas de uma adega (De *vasilha*+*-ame*)

vaso *n.m.* 1 qualquer peça ou objeto côncavo cuja cavidade serve para conter substâncias líquidas ou sólidas; receptáculo 2 recipiente, muitas vezes feito de barro, que se pode encher de terra para cultura de plantas 3 bacio 4 [pop.] vagina 5 navio 6 RELIGIÃO píxide 7 ANATOMIA órgão tubular, num organismo, onde circulam líquidos nutritivos (sangue, seiva, etc.) 8 [com maiúscula] ASTRONOMIA constelação austral 9 antiga fazenda preta de lã, para luto; *~ de noite* bacio (Do lat. *vasu*-, «id.»)

vas(o)- elemento de formação de palavras que exprime a ideia de *vaso* (Do lat. *vasu*-, «id.»)

vasoconstrição *n.f.* MEDICINA diminuição do calibre de vasos, em regra para decréscimo da irrigação sanguínea de um órgão ou parte dele (De *vaso-*+*constrição*)

vasoconstritor *n.m.* que ou substância que provoca vasoconstrição (De *vaso-*+*constritor*)

vasodilatação *n.f.* MEDICINA aumento do calibre de vasos, em regra para intensificar a irrigação sanguínea de um órgão ou parte dele (De *vaso-*+*dilatação*)

vasodilatador *adj.,n.m.* que ou substância que provoca vasodilatação (De *vaso-*+*dilatador*)

vasomotor *adj.* ANATOMIA diz-se dos nervos do simpático e parassimpático que determinam a contração ou dilatação dos vasos (De *vaso-*+*motor*)

vasoso /ô/ *adj.* ⇒ **vasento** (De *vasa*+*-oso*)

vasostomia *n.f.* CIRURGIA operação para formação de uma abertura num canal deferente (Do lat. *vasu*, «vaso»+gr. *stómion*, «abertura» + *-ia*)

vasotomia *n.f.* CIRURGIA operação para incisão de um canal deferente (Do lat. *vasu*-, «vaso»+gr. *tomé*, «corte» +*-ia*)

vasqueiro¹ *adj.* 1 que causa vascas ou ânsias 2 raro; escasso 3 [Brasil] difícil de entender; custoso de encontrar; difícil de alcançar (De *vasca*+*-eiro*)

vasqueiro² *adj.* vesgo; oblíquo; enviesado; torto ■ *n.m.* [coloq.] barulheira; confusão; desordem; *dar ~* dar de esguelha (Por *vesgueiro*, de *vesgo*+*-eiro*)

vasquejante *adj.2g.* 1 que vasqueja; agonizante 2 vacilante (De *vasquejar*+*-ante*)

vasquejar *v.intr.* 1 ter vascas, convulsões 2 estar em agonia; agonizar 3 sofrer agitação; estremecer (De *vasca*+*-ejar*)

vasquim *n.m.* [Brasil] corpete do vestido da mulher (De *vasquinha*)

vasquinha *n.f.* 1 casaco de mulher, de abas curtas, e justo ao corpo 2 [ant.] saia com muitas pregas (Do cast. *basquiña*, «id.»)

vassalagem *n.f.* 1 estado ou condição daquele que é vassalo 2 tributo ou homenagem que o vassalo deve ao seu senhor 3 sujeição; submissão 4 obediência 5 dependência 6 conjunto de vassalos; *prestar ~* reconhecer-se como vassalo (Do prov. *vassalatge*, «id.»)

vassalo *n.m.* pessoa dependente de um senhor; súbdito ■ *adj.* 1 que paga tributo; tributário 2 feudatário 3 subordinado (Do célt. **vassallos*, «semelhante a um criado», pelo prov. *vassal*, «vassalo»)

vassoira *n.f.* ⇒ **vassoura**
vassoirada *n.f.* ⇒ **vassourada**
vassoirar *v.tr.,intr.* ⇒ **vassourar**
vassoireiro *n.m.* ⇒ **vassoureiro**
vassoirinha *n.f.* ⇒ **vassourinha**
vassoiro *n.m.* ⇒ **vassouro**

vassoura *n.f.* utensílio constituído por um cabo ao qual se fixa um feixe de ramos, piaçaba, pelos artificiais, etc., que serve para varrer; *~ mecânica* vassoura de escovas rolantes, montada num veículo e acionada mecanicamente (Do lat. vulg. **versorĭa*, de *verrĕre*, «varrer»)

vassourada *n.f.* 1 pancada com a vassoura 2 cada um dos movimentos que se fazem com a vassoura, ao varrer 3 ligeira varredela 4 [fig.] expurgação; limpeza; depuração (De *vassoura*+*-ada*)

vassourar *v.tr.* varrer com vassoura ■ *v.intr.* limpar lixo com a vassoura (De *vassoura*+*-ar*)

vassoureiro *n.m.* aquele que faz ou vende vassouras (De *vassoura*+*-eiro*)

vassourense *adj.2g.* relativo ou pertencente à cidade brasileira de Vassouras, no estado do Rio de Janeiro ■ *n.2g.* natural ou habitante desta cidade (De *Vassouras*, top. +*-ense*)

vassourinha *n.f.* 1 vassoura pequena 2 espécie de jogo de criança 3 canção e música popular portuguesa 4 [Brasil] BOTÂNICA nome de diversas plantas 5 [Brasil] BOTÂNICA planta medicinal da família das Malváceas (De *vassoura*+*-inha*)

vassouro *n.m.* 1 vassoura grande 2 varredouro para fornos 3 vasculho (De *vassoura*)

vastação *n.f.* ⇒ **devastação** (Do lat. *vastatiōne*, «id.»)
vastador *adj.,n.m.* ⇒ **devastador** (Do lat. *vastatōre*-, «id.»)
vastar *v.tr.* ⇒ **devastar** (Do lat. *vastāre*, «id.»)
vasteza /ê/ *n.f.* ⇒ **vastidão** (De *vasto*+*-eza*)

vastidão *n.f.* 1 qualidade daquilo que é vasto 2 grande extensão; amplidão 3 [fig.] grandeza; importância enorme 4 [fig.] alcance (Do lat. *vastitudĭne*-, «id.»)

vasto *adj.* 1 de grandes dimensões; muito extenso; amplo 2 dilatado; largo 3 [fig.] importante; considerável 4 [fig.] variado; abrangente 5 [fig.] profundo (Do lat. *vastu*-, «id.»)

vastuoso /ô/ *adj.* ermo; despovoado; deserto (Do lat. *vastuōsu*-, «id.»)

vatapá *n.m.* [Brasil] CULINÁRIA prato típico da cozinha baiana, fortemente condimentado, de peixe ou de galinha, a que se juntam camarões, pão, amendoim, castanha de caju e leite de coco (Do ioruba *vátápá*, «id.»)

vate *n.m.* 1 indivíduo que faz vaticínios; profeta 2 poeta (Do lat. *vate*-, «id.»)

vatel *n.m.* [fig.] cozinheiro (De *Vatel*, antr., mordomo do Príncipe de Condé, «le Grand Condé», contemporâneo de Luís XIV)

vaticanismo *n.m.* partido dos que pugnam pelos interesses morais e materiais do papa; papismo (De *Vaticano*+*-ismo*)

vaticanista *adj.,n.2g.* 1 que ou pessoa que é partidária do vaticanismo; papista 2 que ou pessoa que é especialista em assuntos relativos ao Vaticano (De *Vaticano*+*-ista*)

Vaticano *n.m.* 1 designação abreviada do Estado da cidade do Vaticano 2 conjunto das instituições que auxiliam o papa no governo da Igreja 3 Santa Sé 4 Cúria Romana ■ *adj.* [com minúscula] relativo ao Estado do Vaticano; *Biblioteca Vaticana* principal biblioteca daquele Estado (De *Vaticano*, topónimo)

vaticinação *n.f.* ato ou efeito de vaticinar; profecia; vaticínio (Do lat. *vaticinatiōne*-, «id.»)

vaticinador *adj.,n.m.* que ou aquele que vaticina; profeta (Do lat. *vaticinatōre*-, «id.»)

vaticinante *adj.2g.* que vaticina ou profetiza (Do lat. *vaticinante*-, «id.», part. pres. de *vaticināri*, «predizer; vaticinar»)

vaticinar *v.tr.* predizer; profetizar; prognosticar (Do lat. **vaticināre*, por *vaticināri*, «id.»)

vaticínio *n.m.* 1 predição; profecia; oráculo 2 conjetura sobre o que vai suceder; prognóstico (Do lat. *vaticinĭu*-, «id.»)

vático *adj.* 1 relativo a vate 2 poético (De *vate*+*-ico*)

vatídico *adj.* que vaticina; que profere oráculos (Do lat. *vate*-, «profeta»+*dicĕre*, «dizer»)

vátio *n.m.* FÍSICA ⇒ **watt**

vatricoso /ô/ *adj.* cujos pés ou extremidades dos membros locomotores são defeituosos (Do lat. *vatricōsu*-, «id.»)

vatu *n.m.* unidade monetária do Vanuatu

vátua *adj.2g.* relativo ou pertencente aos Vátuas ■ *n.2g.* indivíduo pertencente aos Vátuas

Vátuas *n.m.pl.* ETNOGRAFIA povo da região austro-oriental de África (Do banto *Vatwa*, «os expulsos», referência à animosidade das populações vizinhas)

vau¹ *n.m.* 1 sítio pouco fundo de um rio, por onde se pode passar a pé 2 baixio; parcel 3 [fig.] comodidade 4 [fig.] ocasião; ensejo 5 NÁUTICA cada uma das traves onde assenta a coberta do navio 6 NÁUTICA cada um dos paus cruzados nas gáveas; *a ~* a pé (através de um rio) (Do lat. *vadu*-, «id.»)

vau² *n.m.* antigo nome da letra *v* ou *V* (Do gr. *bau*, do hebr. *vav*, «id.»)

vaudeville *n.m.* comédia leve e musicada, com situações imprevistas e intriga complexa 2 divertimento teatral composto de vários números; espetáculo de variedades (Do fr. *vaudeville*)

vavavá *n.m.* 1 [Brasil] [coloq.] tumulto 2 [Brasil] [coloq.] chinfrim (De orig. onom.)

vavelite *n.f.* MINERALOGIA mineral que, quimicamente, é um fosfato hidratado de alumínio e cristaliza no sistema ortorrômbico (De

Wawel, nome do monte calcário junto da cidade de Cracóvia, na Polónia +-*ite*)

vaza[1] *n.f.* conjunto das cartas jogadas em cada lance e que são recolhidas pelo parceiro que ganha (Do it. *bazza*, «id.»)

vaza[2] *n.f.* lavor ou feitio vazado ou escavado (Deriv. regr. de *vazar*)

vaza-barris *n.m.2n.* 1 sítio de uma costa povoado de recifes, onde se dão muitos naufrágios 2 [fig.] esconderijo ou sepultura de tesouros 3 [fig.] ruína (De *vazar*+*barril*)

vazado *adj.* 1 que se despejou 2 escavado 3 furado 4 moldado; modelado 5 fundido ▪ *n.m.* lugar oco (Part. pass. de *vazar*)

vazadoiro *n.m.* ⇒ **vazadouro**

vazador *adj.,n.m.* 1 que, aquele ou aquilo que vaza 2 instrumento de correeiro para abrir ilhós, etc. (De *vazar*+-*dor*)

vazadouro *n.m.* 1 lugar onde se vazam líquidos 2 depósito de imundícies, terras, materiais sobrantes, etc. (De *vazar*+-*douro*)

vazadura *n.f.* 1 ato ou efeito de vazar 2 líquido que se vaza 3 aquilo que se despeja; despejos (De *vazar*+-*dura*)

vazamento *n.m.* 1 ato ou efeito de vazar 2 vazadura do metal do forno para as formas (De *vazar*+-*mento*)

vazante *adj.2g.* 1 que vaza 2 que está a vazar ▪ *n.f.* 1 período em que as águas dos mares atingem o nível mais baixo; baixa-mar 2 movimento das águas do mar durante a baixa-mar; refluxo 3 saída; escoamento 4 vazão; despejo 5 [Brasil] terreno cultivado junto de torrentes, durante a estação seca (De *vazar*+-*ante*)

vazão *n.f.* 1 ato ou efeito de vazar o líquido de um vaso; despejo; vazamento 2 volume de um fluido que atravessa durante uma unidade de tempo uma dada secção; caudal 3 movimento de saída; escoamento 4 [fig.] saída; extração 5 [fig.] procura; venda; *dar ~ a* escoar (produtos para venda), dar solução ou andamento a (problema ou trabalho) (De *vazar*+-*ão*)

vazar *v.tr.* 1 fazer sair o conteúdo de (recipiente); esvaziar; despejar 2 deixar escapar (líquido); derramar; entornar; verter 3 desaguar (em) 4 exteriorizar (emoções); desabafar 5 verter (o metal em fusão) nas formas para se obter o molde 6 fazer uma abertura em; furar 7 espetar (em); cravar (em) 8 tirar para fora (olho); arrancar 9 abrir um vão em; escavar; tornar oco 10 [coloq.] beber ▪ *v.intr.* 1 ficar vazio; esvaziar 2 perder líquido; despejar-se; entornar-se 3 baixar (a maré) 4 tornar-se conhecida (informação sigilosa) 5 [coloq.] ir embora; sair; bazar ▪ *v.pron.* 1 esvaziar-se 2 escoar-se 3 derramar-se (Por *vaziar*, de *vazio*+-*ar*)

vaziador *adj.,n.m.* 1 que ou aquele que vazia 2 que ou animal que estraba demasiado (De *vaziar*+-*dor*)

vaziamento *n.m.* 1 esvaziamento 2 doença do animal que estraba demasiadamente (De *vaziar*+-*mento*)

vaziar *v.tr.,pron.* ⇒ **esvaziar** ▪ *v.intr.* (animal) defecar excessivamente (De *vazio*+-*ar*)

vazio *adj.* 1 que não contém coisa alguma; que só contém ar 2 desprovido de móveis 3 que não tem ninguém; desocupado 4 que não tem habitantes; despovoado 5 esvaziado; despejado 6 sem recheio; oco 7 [fig.] insatisfeito 8 [fig.] frívolo; fútil; vão 9 [fig.] falho de inteligência 10 [fig.] livre ▪ *n.m.* 1 vácuo; ausência de matéria ponderável 2 espaço não ocupado 3 ausência de conteúdo 4 [fig.] sensação resultante da perda ou da falta de algo que se considera importante; sentimento de insatisfação 5 [pop.] hipocôndrio 6 parte da perna dianteira do bovídeo, junto à barriga, abaixo da pá 7 *pl.* ilhargas; flancos (de cavalgadura); *~ legal* inexistência de legislação que regule uma determinada situação; lacuna na/da lei; *conjunto ~* MATEMÁTICA conjunto que não tem elemento algum (Do lat. *vacīvu-*, «vago»)

vê *n.m.* nome da letra *v* ou *V*

veação *n.f.* 1 caça aos animais bravios; montaria 2 CULINÁRIA prato preparado com a carne daqueles animais (Do lat. *venatiōne-*, «id.»)

veadeiro *n.m.* [Brasil] cão adestrado para a caça ao veado (De *veado*+-*eiro*)

veado *n.m.* 1 ZOOLOGIA mamífero ruminante, de grande porte, pertencente à família dos Cervídeos, com chifres (no macho) desenvolvidos, maciços e caducos, que vive em Portugal e é também conhecido por cervo e veado-real 2 [Brasil] BOTÂNICA espécie de mandioca de talo vermelho 3 [Brasil] [pej., vulg.] homossexual (Do lat. *venātu-*, «caça abatida; caçada»)

veado-almiscareiro *n.m.* ZOOLOGIA ⇒ **almiscareiro**

veado-bororó *n.m.* [Brasil] ZOOLOGIA ⇒ **camocica**

veador *n.m.* caçador de animais bravios; monteiro (Do lat. *venatōre-*, «caçador»)

vearia *n.f.* despensa onde se guarda a caça de veação (Do lat. *venāri*, «caçar» +-*ia*)

vectação *n.f.* ato de andar ou de ser transportado em veículo, a cavalo, etc. (Do lat. *vectatiōne-*, «id.»)

vector ver nova grafia **vetor**
vectorial ver nova grafia **vetorial**
vectorizar ver nova grafia **vetorizar**
vectrices ver nova grafia **vetrices**

vecturião *adj.* relativo ou pertencente aos Vecturiões, antigo povo da Bretanha ▪ *n.m.* indivíduo desse povo (Do lat. *Vecturiōnes*, «id.»)

veda[1] *n.f.* ato ou efeito de vedar; vedação; proibição (Deriv. regr. de *vedar*)

veda[2] *n.m.* [com Maiúscula] cada um dos quatro livros sagrados dos Hindus, escritos em sânscrito, o Rigveda, o Samaveda, o Iajurveda e o Atarvaveda, que representam a mais antiga literatura de qualquer língua indo-europeia e incluem hinos, provérbios, orações, ditados, fórmulas de encantamento, consagração e expiação, receitas, etc., constituindo o fundamento da tradição religiosa e filosófica da Índia (Do sânsc. *veda*, «saber; conhecimento»)

vedação *n.f.* 1 ato ou efeito de vedar 2 construção de madeira, rede ou outro material, ou formação de arbustos, que serve para vedar o acesso a um local ou delimitar uma área; tapume; sebe (De *vedar*+-*ção*)

vedado *adj.* 1 que tem vedação 2 murado 3 cujo acesso é interdito; onde não se pode entrar 4 proibido 5 estancado ▪ *n.m.* terreno com vedação; couto (Do lat. *vetātu-*, «proibido», part. pass. de *vetāre*, «proibir; vedar»)

vedador *adj.,n.m.* que ou aquele que veda (De *vedar*+-*dor*)

vedalhas *n.f.pl.* 1 presente, prenda, recompensa por qualquer serviço 2 presente que se leva às parturientes (De *vitualhas*)

vedália *n.f.* ZOOLOGIA pequeno coleóptero, semelhante à joaninha, que é grande destruidor da icéria que ataca algumas árvores frutíferas (Do lat. cient. *Vedalĭa*, «id.»)

veda-luz *n.m.* ⇒ **quebra-luz** (De *vedar*+*luz*)

vedar *v.tr.* 1 tapar completamente; fechar bem 2 guarnecer com vedação; cercar com muro ou valado 3 proibir; obstar a 4 impedir que escape (líquido, substância, etc.) 5 não deixar correr; estancar 6 estorvar 7 [regionalismo] desmamar (um bebé) ▪ *v.intr.* deixar de correr; estancar (Do lat. *vetāre*, «proibir; vedar»)

vedável *adj.2g.* que se pode vedar (De *vedar*+-*vel*)

vedeta[1] *n.f.* 1 artista principal de uma companhia teatral ou cinematográfica 2 pessoa considerada famosa; celebridade; estrela 3 pessoa que se destaca pela sua excelência ou pelo seu valor; pessoa ilustre 4 [pej.] pessoa que se comporta de forma ostensiva, chamando a atenção para si própria (Do fr. *vedette*, «id.»)

vedeta[2] *n.f.* 1 MILITAR torre de vigia em fortaleza, fortificação, etc. 2 MILITAR soldado combatente destacado de um posto avançado com a missão de observar a aproximação do inimigo 3 NÁUTICA pequeno barco de guerra, usado geralmente para transporte de pessoal dentro do porto (Do it. *vedetta*, «id.»)

vedetismo *n.m.* [depr.] comportamento ou atitude de quem procura tornar-se notado e ser alvo da atenção geral (De *vedeta*+-*ismo*)

védico *adj.* respeitante aos Vedas (De *Veda*+-*ico*)

vedo[1] /é/ *n.m.* BOTÂNICA árvore indiana, da família das Moráceas, também denominada árvore-de-gralha (Do sânsc. *vata*, «id.»)

vedo[2] /ê/ *n.m.* [Brasil] vedação; tapume (Deriv. regr. de *vedar*)

vedor *adj.,n.m.* 1 que ou o que vê 2 inspetor; intendente 3 que ou o que é especialista na descoberta de veios de água nos diversos terrenos (De *ver*+-*dor*)

vedoria *n.f.* cargo, funções, administração ou repartição do vedor (De *vedor*+-*ia*)

vedro[1] *n.m.* 1 valado nos campos de lavoura 2 tapume; sebe (De orig. obsc.)

vedro[2] *adj.* velho; antigo (Do lat. *vetĕre-*, «velho»)

veeira *n.f.* antiga peliça delicada e fina (Do lat. *velarĭu-*, «toldo»)

veeiro[2] *n.m.* 1 linha por onde uma pedra racha, quando percutida 2 [Brasil] filão aurífero; veio (De *veio*+-*eiro*)

veemência *n.f.* 1 qualidade do que é veemente 2 vigor; intensidade 3 energia calorosa 4 impetuosidade; violência 5 eloquência arrebatadora 6 [fig.] instância; insistência; grande interesse; empenho (Do lat. *vehementĭa-*, «id.»)

veemente *adj.2g.* 1 enérgico; intenso 2 caloroso; entusiástico 3 fervoroso; apaixonado; ardente 4 impetuoso; violento 5 empenhado; insistente (Do lat. *vehemente-*, «id.»)

veementemente *adv.* 1 com veemência 2 energicamente 3 intensamente 4 ardentemente (De *veemente*+-*mente*)

veementizar *v.tr.* 1 tornar veemente 2 entusiasmar; apaixonar (De *veemente*+-*izar*)

vegan *adj.2g.,n.2g.* ⇒ **vegano** (Do ing. *vegan*, «id.», por *veg(etari)an*)

veganismo *n.m.* sistema alimentar vegetariano que exclui os alimentos de origem animal, como carne, peixe, ovos, leite, mel (e qualquer derivado destes), associado à rejeição de qualquer produto de origem animal (peles, sedas, etc.) (Do ing. *veganism*, «id.»)

vegano *adj.* 1 relativo ao veganismo 2 que não consome nem utiliza alimentos ou produtos de origem animal ▪ *n.m.* adepto do veganismo (Do ing. *vegan*, «id.»)

vegetabilidade *n.f.* 1 qualidade do que é vegetável 2 possibilidade de vegetar (Do lat. *vegetabĭle-*, «capaz de vegetar» +-*i*-+-*dade*)

vegetação *n.f.* 1 ato ou efeito de vegetar 2 BOTÂNICA conjunto de plantas indígenas e exóticas de uma região ou de um país; flora 3 aspeto do desenvolvimento das plantas numa região ou num país 4 força com que se manifesta a vitalidade das plantas 5 formação química de cristais que se apresentam num conjunto semelhante a plantas 6 MEDICINA, BOTÂNICA excrescência que se forma anormalmente nos organismos animais e vegetais 7 [fig.] estado de espírito caracterizado por desinteresse pela vida (Do lat. *vegetatiōne-*, «id.»)

vegetal *n.m.* 1 ser vivo, também denominado planta, que, embora sem definição científica exata, na grande maioria dos casos, especialmente considerando os seres superiores, não tem mobilidade própria nem sensibilidade, mas tem membrana celular de natureza celulósica e alimentação holofítica 2 [fig., pej.] pessoa sem vitalidade e sem grande atividade mental ▪ *n.m.pl.* um dos reinos da natureza; um dos reinos dos seres vivos; plantas ▪ *adj.2g.* 1 que vegeta 2 que diz respeito ou pertence aos vegetais 3 obtido dos vegetais 4 diz-se de uma qualidade de papel transparente e resistente (Do lat. *vegĕtu-*, «vigoroso» +-*al*)

vegetálculo *n.m.* qualquer vegetal de reduzidíssimas dimensões (De *vegetal*+-*culo*)

vegetaliano *adj.,n.m.* ⇒ **vegetariano** (De *vegetal*+-*iano*)

vegetalidade *n.f.* 1 natureza ou qualidade do que é vegetal 2 conjunto de vegetais (De *vegetal*+-*i*-+-*dade*)

vegetalina *n.f.* antídoto contra o veneno ofídico (De *vegetalino*)

vegetalino *adj.,n.m.* ⇒ **vegetariano** (De *vegetal*+-*ino*)

vegetalismo *n.m.* 1 ARQUITETURA decoração que se caracteriza pela preponderância de ornatos com a forma de órgãos vegetais 2 regime de quem se alimenta exclusivamente de vegetais (De *vegetal*+-*ismo*)

vegetalista *adj.2g.* ARQUITETURA relativo a ornamentos vegetais; que tem ornamentação com vegetais ▪ *adj.,n.2g.* ⇒ **vegetariano** (De *vegetal*+-*ista*)

vegetalizar *v.tr.* dar forma ou aparência de vegetal a (De *vegetal*+-*izar*)

vegetante *adj.2g.* que vegeta ou dá origem a vegetação; vegetativo (Do lat. *vegetante-*, «id.»)

vegetar *v.intr.* 1 (planta) desenvolver-se 2 [fig.] desenvolver-se abundantemente; pulular 3 [fig.] viver sem interesse nem emoções; levar uma vida monótona e aborrecida, sem perspetivas 4 [fig.] não ter dinâmica ou progresso (Do lat. *vegetāre*, «crescer; animar»)

vegetarianismo *n.m.* sistema alimentar dos vegetarianos à base de vegetais, que exclui a carne e o peixe, podendo incluir leite, ovos e seus derivados (De *vegetariano*+-*ismo*)

vegetariano *n.m.* pessoa que não consome carne ou peixe e cuja alimentação é constituída essencialmente por vegetais, podendo incluir leite, ovos e seus derivados ▪ *adj.* relativo ao vegetarianismo (Do fr. *végétarien*, «id.»)

vegetarismo *n.m.* ⇒ **vegetarianismo** (Do fr. *végétarisme*, «id.»)

vegetarista *adj.,n.2g.* ⇒ **vegetariano** (De *vegetalista*)

vegetativo *adj.* 1 que vegeta; vegetante 2 que é capaz de vegetar ou fazer vegetar 3 BIOLOGIA diz-se da parte do organismo que realiza funções vitais que não são reprodutoras 4 BIOLOGIA diz-se dessas funções, dos aparelhos e dos órgãos correspondentes 5 que é relativo aos vegetais ou comum a estes e aos animais 6 [fig.] que se apresenta com manifestações idênticas às dos vegetais; *aparelhos da vida vegetativa* os aparelhos que, num organismo, desempenham as funções de nutrição e as de reprodução, as quais são comuns aos seres animais e vegetais; *célula vegetativa* célula relativamente grande existente no grão de pólen, que origina o tubo polínico; *funções de vida vegetativa* as funções executadas pelos aparelhos anteriormente citados; *período ~* nos organismos que mostram estado de repouso das suas funções vitais, é o período em que estas são ativas (Do fr. *végétatif*, «id.»)

vegetável *adj.2g.* que pode vegetar (Do lat. *vegetabĭle-*, «vivificante»)

végeto *adj.* 1 ⇒ **vegetativo** 2 forte; robusto (Do lat. *vegĕtu-*, «vigoroso»)

végeto-animal *adj.2g.* que participa da natureza dos vegetais e dos animais

végeto-mineral *adj.2g.* que participa da natureza vegetal e da natureza mineral

veia *n.f.* 1 ANATOMIA vaso sanguíneo que transporta o sangue que, vindo de qualquer parte do corpo, se dirige ao coração 2 BOTÂNICA nervura pouco saliente, fina, em regra ramificada, das folhas vegetais 3 filão 4 via de comunicação 5 veio; fio de água 6 [fig.] âmago 7 [fig.] inspiração artística 8 [fig.] tendência; inclinação; vocação 9 [fig.] disposição; espírito; graça 10 [fig.] mordacidade; *~ cava inferior* ANATOMIA veia que leva todo o sangue venoso da parte inferior do corpo (abdómen, bacia, membros inferiores) até à aurícula direita; *~ cava superior* ANATOMIA veia que leva todo o sangue venoso da parte superior do corpo (cabeça, pescoço, membros superiores e tórax) até à aurícula direita; *~ porta* ANATOMIA veia que conduz ao fígado o sangue venoso vindo de todas as partes subdiafragmáticas do tubo digestivo, do baço e do pâncreas; *~ supra-hepática* ANATOMIA veia que vem do fígado e abre na veia cava inferior; *gelar-se o sangue nas veias* [fig.] sentir muito medo (Do lat. *vena-*, «id.»)

veiculação *n.f.* 1 ato ou efeito de veicular 2 comunicação 3 difusão; propagação (De *veicular*+-*ção*)

veicular¹ *adj.2g.* 1 respeitante a veículo 2 próprio de veículo (Do lat. *vehiculāre-*, «id.»)

veicular² *v.tr.* 1 transportar em veículo 2 transportar 3 transmitir; difundir (De *veículo*+-*ar*)

veículo *n.m.* 1 qualquer viatura ou meio de transporte 2 meio de transmissão 3 FARMÁCIA condutor excipiente em que se diluem os princípios ativos dos medicamentos; *~ articulado* conjunto de trator e semirreboque; *~ autónomo* veículo que se desloca sem sujeição a carris ou outra via especial; *~ de mercadorias* veículo destinado ao transporte de carga; *~ de passageiros* veículo destinado ao transporte de pessoas; *~ misto* veículo destinado ao transporte de pessoas ou carga; *~ único* veículo pesado composto por dois segmentos rígidos permanentemente ligados por uma secção articulada, comboio turístico composto por um trator e um ou mais reboques, que se destinam ao transporte de passageiros em pequenos percursos (Do lat. *vehicŭlu-*, «id.»)

veiga *n.f.* 1 planície fértil; várzea 2 [regionalismo] terra de cultura de centeio ou milho serôdio (Do pré-rom. *baika*, «terreno inundado»)

veio *n.m.* 1 faixa comprida e estreita que, num terreno, madeira ou rocha, se distingue pela sua cor diferente ou pela natureza da sua substância 2 MINERALOGIA zona da mina onde se encontra o metal; filão 3 filete 4 fio de água corrente; riacho; veia 5 GEOLOGIA massa rochosa que é um filão eruptivo muito ramificado e de muito pequena espessura 6 peça destinada a transmitir movimentos 7 [fig.] fundamento; eixo; ponto principal (De *veia*)

veirado *adj.* guarnecido de veiros (De *veiro*+-*ado*)

veiro *n.m.* 1 HERÁLDICA guarnição metálica dos brasões, formada de pequenas peças azuis e prateadas 2 *pl.* peles preciosas que se importavam da Hungria e de outros países (Do lat. *variu-*, «variegado»)

vejete *n.m.* [depr.] velho ridículo ou maltrapilho (Do cast. *vejete*, dim. de *viejo*, «velho»)

-vel sufixo nominal, de origem latina, que traduz a ideia de *suscetível de* (*magnetizável*, *remível*)

vela¹ *n.f.* 1 lona de forma adequada, mediante a qual, por ação do vento, se faz navegar um barco ou mover a mó de um moinho 2 navio; nau; embarcação 3 DESPORTO conjunto dos desportos náuticos com embarcações à vela; *fazer-se à ~* começar a navegar, encetar viagem; *ir-se à ~* perder-se, não se realizar (Do lat. *vela*, pl. de *velu-*, «véu»)

vela² *n.f.* 1 rolo cilíndrico de cera ou outra substância gordurosa, que contém interiormente um pavio e que serve para dar luz; círio; brandão 2 utensílio que serve para introduzir medicamentos nos orifícios ou cavidades do organismo 3 espécie de sonda 4 supositório 5 MECÂNICA peça dos motores de explosão onde se produz a faísca 6 FÍSICA antiga unidade de medida de intensidade luminosa

vela³ *n.f.* 1 ato de velar; vigília 2 sentinela; *andar à ~* andar nu; *estar à ~* estar acordado ou vigiar (Deriv. regr. de *velar*)

velação *n.f.* ⇒ **velamento** (Do lat. *velatiōne-*, «ação de tomar o véu num mosteiro»)

velacho *n.m.* NÁUTICA vela do mastro da proa entre o traquete e o joanete (De *vela*+-*acho*)

velada *n.f.* vigília; veladura; *~ de armas* cerimónia dos antigos cavaleiros que passavam a noite em oração e de vigia às armas com que haviam de ser armados dentro ou junto de alguma igreja (Part. pass. fem. subst. de *velar*)

veladamente *adv.* de modo velado; às escondidas; disfarçadamente (De *velado*+-*mente*)

velado

velado[1] *adj.* **1** coberto com véu **2** encoberto; oculto **3** que está dissimulado ou disfarçado **4** enfraquecido **5** sem brilho **6** diz-se da emulsão fotográfica que foi danificada pela ação da luz (Do lat. *velātu-*, «id.»)

velado[2] *adj.* **1** vigiado **2** assistido **3** guardado **4** passado em vigília (Part. pass. de *velar*)

velador *adj.* **1** que vela **2** que está de vigília ■ *n.m.* **1** aquele que vela **2** haste vertical de madeira montada sobre uma prancha, para nela se suspender a candeia **3** [ant.] homem que vigia a distribuição das águas públicas na rega de uma freguesia ou área **4** [Madeira] pantalha; quebra-luz (De *velar*+*-dor*)

veladura[1] *n.f.* **1** ato de velar (cobrir) **2** aquilo que vela ou tapa **3** venda **4** ligeira mão de tinta que deixa transparecer a que está por baixo (De *lat. velatūra-*, «id.»)

veladura[2] *n.f.* tempo durante o qual se vela; vigília (De *velar+-dura*)

velame *n.m.* **1** NÁUTICA conjunto das velas de uma embarcação **2** cobertura; invólucro **3** disfarce **4** [Brasil] BOTÂNICA planta herbácea da família das Euforbiáceas, que tem aplicações terapêuticas (Do lat. *velāmen*, «id.»)

velame-do-mato *n.m.* [Brasil] BOTÂNICA ⇒ **bolsa-de-pastor**

velâmen *n.m.* ⇒ **velame**

velamento *n.m.* **1** ato ou efeito de velar **2** cobertura **3** véu **4** algo que encobre ou esconde; disfarce; velame (Do lat. *velamentu-*, «id.»)

velança *n.f.* ⇒ **veladura**[2] (De *velar+-ança*)

velar[1] *v.tr.* **1** cobrir com véu **2** tapar; ocultar **3** intercetar ■ *v.pron.* **1** cobrir-se com véu **2** encobrir-se; ocultar-se **3** perder o brilho, a sonoridade **4** acautelar-se (Do lat. *velāre*, «cobrir com véu»)

velar[2] *v.tr.* **1** estar de guarda a; vigiar **2** passar a noite acordado junto de (doente, defunto ou alguém que dorme) **3** proteger; zelar ■ *v.intr.* **1** estar de vigia; estar alerta **2** ficar acordado de noite **3** manter-se aceso (chama, luz, etc.) (Do lat. *vigilāre*, «estar desperto»)

velar[3] *adj.2g.* relativo a véu palatino ou palato mole ■ *adj.2g.,n.f.* LINGUÍSTICA que ou consoante que se produz pela elevação do dorso da língua em direção ao véu palatino (Do lat. *velum*, «véu»+*-ar*)

velário *n.m.* toldo com que os antigos Romanos cobriam os circos e os teatros ao ar livre, por causa da chuva (Do lat. *velarĭu-*, «id.»)

velcro *n.m.* fecho constituído por duas tiras que aderem uma à outra, muito usado em peças de roupa exterior, sacos, sapatilhas, etc. (Do ing. *Velcro*®)

velear *v.tr.* NÁUTICA prover ou equipar (uma embarcação) de velas (De *vela+-ear*)

veleidade *n.f.* **1** desejo que não chega a realizar-se **2** desejo ou ambição irrealista ou de difícil realização **3** vontade extravagante ou pouco razoável; capricho **4** fantasia **5** volubilidade (Do lat. med. *velleitāte-*, «id.», de *velle*, «querer»)

veleira *n.f.* criada de freiras que faz serviços fora do convento (De *veleiro*)

veleiro *n.m.* **1** grande navio com muitas velas, que constituem o seu único meio propulsor **2** fabricante de velas de navio ou de cera, etc. **3** criado que fazia os recados fora do convento ■ *adj.* **1** que anda à vela **2** que se desloca com rapidez; ligeiro (De *vela+-eiro*)

veleiro-das-índias *n.m.* ICTIOLOGIA ⇒ **velífero** *n.m.*

velejador *adj.,n.m.* que ou o que navega à vela (De *velejar+-dor*)

velejar *v.intr.* navegar à vela (De *vela+-ejar*)

velenho *n.m.* BOTÂNICA ⇒ **meimendro** (Do cast. *beleño*, «id.»)

veleta *n.f.* **1** cata-vento **2** ventoinha **3** [fig.] pessoa volúvel (Do cast. *veleta*, «id.»)

veletina *n.f.* ICTIOLOGIA ⇒ **tintureira 5** (De orig. obsc.)

velha *n.f.* **1** mulher de idade avançada **2** [coloq.] mãe **3** [regionalismo] fenda na cortiça, motivada por descuido na tiragem (Do lat. *vetūla-*, «id.»)

velhacada *n.f.* **1** ato ou procedimento malévolo ou traiçoeiro; velhacaria **2** conjunto de velhacos (De *velhaco+-ada*)

velhacagem *n.f.* ⇒ **velhacada** (De *velhaco+-agem*)

velhacão *n.m.* grande velhaco; velhacaz; velhacório (De *velhaco+-ão*)

velhacaria *n.f.* **1** ato ou procedimento malévolo ou traiçoeiro; traição **2** qualidade de pessoa maldosa (De *velhaco+-aria*)

velhaças *n.m.2n.* [regionalismo] homem muito velho, decrépito (De *velho+-aço*)

velhacaz *n.m.* ⇒ **velhacão** (De *velhaco+-az*)

velhaco *adj.* **1** que usa de astúcia ou manha para enganar; traiçoeiro; fingido **2** libertino; devasso **3** [regionalismo] designativo de uma variedade de feijoeiro (ou os seus frutos e sementes) cultivado em Portugal, especialmente no Norte ■ *n.m.* **1** pessoa traiçoeira que usa de astúcia ou manha para enganar; finório; patife **2** pessoa libertina ou devassa (Do cast. *bellaco*, «id.»)

velhacório *n.m.* ⇒ **velhacão** (De *velhaco+-ório*)

velhada *n.f.* **1** ato ou dito próprio de velho **2** grande número de velhos **3** [pej.] os velhos; velharia (De *velho+-ada*)

velhão *adj.,n.m.* que ou aquele que é muito velho (De *velho+-ão*)

velhaquear *v.intr.* praticar ações de velhaco; agir de forma traiçoeira ■ *v.tr.* enganar astuciosamente; burlar (Do cast. *bellaquear*, «id.»)

velhaquesco *adj.* **1** próprio de velhaco **2** lascivo (De *velhaco+-esco*)

velhaquete *adj.,n.m.* um tanto velhaco; sonso (De *velhaco+-ete*)

velharia *n.f.* **1** ato ou dito próprio de pessoa velha **2** objeto antigo a que se atribui pouco valor **3** costume antiquado **4** palavra caída em desuso **5** conjunto de velhos (De *velho+-aria*)

velhice *n.f.* **1** estado do que é velho; antiguidade; vetustez **2** idade avançada **3** os velhos **4** decrepitude **5** [fig.] rabugice (De *velho+-ice*)

velhinha *n.f.* **1** senhora idosa e frágil **2** [Brasil] ORNITOLOGIA pássaro da família dos Tiranídeos cujo macho tem plumagem negra, exceto na cabeça, em que ela é branca, também conhecido por velho e rendeiro (De *velha+-inha*)

velhinho *adj.* que tem muita idade ■ *n.m.* senhor idoso e frágil (De *velho+-inho*)

velho *adj.* **1** que tem muita idade; idoso **2** antiquado; antigo **3** muito usado **4** que exerce há muito uma profissão ■ *n.m.* **1** homem de idade avançada **2** [coloq.] pai **3** [Brasil] ORNITOLOGIA ⇒ **velhinha 2**; ~ *como a sé de Braga* muito antigo; ~ *e relho* muito velho, antiquíssimo (Do lat. *vetŭlu-*, «id.»)

velhori *adj.2g.* [Brasil] (cavalo) cuja pelagem é pardo-acinzentada (Do cast. *vellorí*, «id.»)

velhorro *adj.,n.m.* ⇒ **velhão** (De *velho+-orro*)

velhote *adj.* {*diminutivo de* **velho**} que está velho; que tem uma idade avançada ■ *n.m.* **1** [pop.] pessoa de idade avançada, mas bem-disposta **2** [coloq.] pai; progenitor (De *velho+-ote*)

velhusco *adj.,n.m.* [pop.] ⇒ **velhote** (De *velho+-usco*)

velhustro *adj.,n.m.* [pop.] ⇒ **velhote**

velicação *n.f.* ato ou efeito de velicar; beliscão (Do lat. *vellicatiōne-*, «id.»)

velicar *v.tr.* **1** ⇒ **beliscar 2** [fig.] pungir (Do lat. *vellicāre*, «id.»)

velicativo *adj.* **1** que velica **2** [fig.] que punge; que irrita (De *velicar+-tivo*)

velífero *adj.* **1** diz-se da embarcação que tem ou leva velas **2** que navega à vela ■ *n.m.* ICTIOLOGIA peixe do oceano Índico que iça uma barbatana, à maneira de vela de navio, e que é denominado também veleiro-das-índias (Do lat. *velifĕru-*, «id.»)

veliforme *adj.2g.* que tem forma de vela (Do lat. *velu-*, «vela»+*forma-*, «forma»)

velígero *adj.* que tem pelo ou lã; lanígero ■ *n.m.* **1** carneiro **2** [com maiúscula] ASTRONOMIA constelação do Carneiro (Do lat. *velligĕru-*, «id.»)

velilho *n.m.* tecido transparente de que se fazem véus e cortinas (Do cast. *velillo*, «id.»)

velinha *n.f.* **1** vela pequena **2** (instrumento terapêutico) vela, como a que se introduz no canal da uretra (De *vela+-inha*)

velino *n.m.* **1** pergaminho feito de pele de vitela **2** qualidade de papel branco semelhante ao pergaminho (Do fr. *vélin*, «id.»)

vélite *n.m.* **1** soldado romano armado à ligeira **2** [fig.] paladino; defensor (Do lat. *velĭte-*, «id.»)

velívago *adj.* [poét.] que veleja; que navega impelido por velas (Do lat. *velu-*, «vela»+*vagāre*, «vagar»)

velívolo *adj.* [poét.] que veleja com rapidez (Do lat. *velivŏlu-*, «que vai à vela»)

velo *n.m.* **1** pelo ou lã dos animais lanígeros **2** lã cardada **3** pele de animal lanígero com a respetiva lã **4** velocino (Do lat. *vellu-*, «id.»)

veloci- elemento de formação de palavras que exprime a ideia de *veloz* (Do lat. *velōce-*, «veloz»)

velocidade *n.f.* **1** espaço ou distância percorrida em certa unidade de tempo, sendo a medida correspondente referida em quilómetros por hora **2** qualidade do que é veloz; celeridade; rapidez; ~ *da luz* FÍSICA velocidade de 299 792,5 km/s (no vazio); ~ *de grupo* FÍSICA velocidade de propagação da energia transportada por ondas; ~ *do som* FÍSICA velocidade de propagação do som no ar; ~ *instantânea* FÍSICA limite da velocidade média quando o intervalo de tempo tende para zero; ~ *média* FÍSICA quociente do espaço percorrido por um objeto móvel pelo tempo que demorou a percorrê-lo (Do lat. *velocitāte-*, «id.»)

velocídromo n.m. ⇒ **velódromo** (Do lat. velōce-, «veloz»+gr. drómos, «corrida»)

velocímetro n.m. 1 instrumento que serve para determinar a velocidade de um veículo; celerímetro 2 instrumento destinado a avaliar a velocidade angular do movimento de rotação de uma máquina; taquímetro (De veloci-+-metro)

velocino n.m. 1 pele de cordeiro, ovelha ou carneiro, com o respetivo velo 2 MITOLOGIA o carneiro de velo de ouro (Do cast. vellocino, «id.»)

velocípede n.m. veículo de duas ou mais rodas, acionado por pedais ou dispositivos análogos ∎ adj.2g. 1 que tem pés velozes 2 que corre muito; ~ *com motor* velocípede com motor auxiliar de cilindrada inferior a 50 cm³, mas com pedais ou dispositivos análogos que permitem acioná-lo sem recurso ao motor (De veloci-+-pede)

velocipedia n.f. ⇒ **velocipedismo** (De velocípede+-ia)

velocipedismo n.m. desporto em velocípede; ciclismo (De velocípede+-ismo)

velocipedista adj.,n.2g. que ou a pessoa que anda em velocípede; ciclista (De velocípede+-ista)

velocíssimo adj. {superlativo absoluto sintético de **veloz**} muito veloz (Do lat. velocissĭmu-, «id.»)

velocista n.2g. [Brasil] pessoa especialista em corridas de velocidade (De veloci-+-ista)

velódromo n.m. campo ou estádio para corridas de velocípedes (De velo(cípede)+-dromo)

vê-lo-emos n.m.2n. adiamento; *ficar em ~* ficar para dia indeterminado ou para melhor ocasião (De ver)

velório¹ n.m. ato de velar um defunto antes do enterro ou cremação (De velar [= vigiar]+-ório)

velório² n.m. 1 variedade de uva miúda que nem serve para comer nem para fazer vinho 2 pl. contas de vidro usadas como adorno; avelórios; missanga (Alt. de avelório)

veloso /ô/ adj. 1 que tem velo 2 que tem lanugem 3 peludo; felpudo 4 cabeludo (Do lat. villōsu-, «id.»)

veloz adj.2g. que anda com rapidez; rápido; célere (Do lat. velōce-, «id.»)

velozmente adv. rapidamente; a grande velocidade (De veloz+-mente)

veludilho n.m. 1 tecido semelhante ao veludo, mas menos encorpado; veludo de algodão 2 BOTÂNICA ⇒ **galocrista** (Do cast. velludillo, «id.»)

veludíneo adj. ⇒ **aveludado** (De veludo+-íneo)

veludinho n.m. [Brasil] ORNITOLOGIA ⇒ **serra-serra** (De veludo+-inho)

veludoso /ô/ adj. 1 macio como o veludo 2 semelhante ao veludo (De veludo+-oso)

velutina n.f. 1 tecido de seda que se usou no século XVIII 2 pó de arroz preparado com bismuto (Do fr. veloutine, «id.»)

venábulo n.m. 1 dardo em forma de lança 2 arma 3 [fig.] meio; recurso (Do lat. venabŭlu-, «id.»)

venação n.f. disposição das veias e nervuras num organismo (Do lat. vena-, «veia» +-ção)

venado adj. 1 que tem veias ou veios 2 que tem raios ou filetes em diferentes direções (Do lat. vena-, «veia» +-ado)

venal¹ adj.2g. 1 que se vende ou pode vender 2 [fig.] que se deixa corromper ou subornar (Do lat. venāle-, «id.»)

venal² adj.2g. ⇒ **venoso** (Do lat. vena-, «veia» +-al)

venalidade n.f. qualidade de venal (Do lat. venalitāte-, «id.»)

venalizar v.tr. 1 tornar venal 2 subornar (De venal+-izar)

venatório adj. que diz respeito à caça; cinegético (Do lat. venatorĭu-, «id.»)

vencedor adj. 1 que vence; vitorioso 2 premiado ∎ n.m. 1 aquele que vence 2 [fig.] aquele que atingiu o sucesso, principalmente se para isso foi capaz de ultrapassar graves dificuldades (De vencer+-dor)

vencelho /ê/ n.m. ⇒ **vencilho** (De vencilho)

vencer v.tr.,intr. conseguir uma vitória (sobre); triunfar (em); ganhar ∎ v.tr. 1 superar; ultrapassar 2 dominar; subjugar 3 ser mais forte que 4 destruir; aniquilar 5 persuadir 6 percorrer completamente (caminho) 7 levar a cabo 8 receber como vencimento ∎ v.intr. alcançar os objetivos; ter êxito ∎ v.intr.,pron. 1 chegar ao fim; terminar 2 (letra, promissória) atingir a data do pagamento ∎ v.pron. refrear-se; dominar-se (Do lat. vincĕre, «id.»)

vencibilidade n.f. 1 qualidade do que é vencível 2 vencimento (Do lat. vincibĭle-, «vencível» +-i-+-dade)

vencida n.f. ato ou efeito de vencer; *levar de ~* [fig.] alcançar vitória sobre; derrotar; superar (Part. pass. fem. subst. de vencer)

vencido adj. 1 que foi dominado pelo adversário; derrotado 2 ultrapassado 3 decorrido 4 que se submeteu à vontade de outro; vergado 5 [fig.] convencido; persuadido 6 [fig.] desanimado; desalentado ∎ n.m. 1 aquele que foi derrotado em combate ou competição 2 aquele que não triunfou na luta ou na vida 3 pessoa sem ânimo nem vontade para nada (Part. pass. de vencer)

vencilho n.m. 1 corda feita de palha para atar molhos 2 qualquer atilho vegetal (Do lat. vulg. *vincicŭlu-, «ligadura», de vincīre, «atar»)

vencimento n.m. 1 ato ou efeito de vencer; vitória 2 o facto de ser vencido; derrota 3 termo do prazo para se fazer um pagamento 4 ordenado; salário (De vencer+-mento)

vencível adj.2g. 1 suscetível de ser vencido 2 que se vence (em certa data) (Do lat. vincibĭle-, «id.»)

venda¹ n.f. 1 transferência da posse de um bem ou prestação de um serviço mediante pagamento; ato ou efeito de vender 2 pequeno estabelecimento comercial onde são vendidos géneros alimentícios e artigos de primeira necessidade, e onde são, por vezes, servidas refeições leves; taberna; mercearia de aldeia; ~ *a retro* DIREITO venda com que se reconhece ao vendedor a faculdade de resolver o contrato, restituindo o preço recebido e recobrando a coisa vendida (Deriv. regr. de vender)

venda² n.f. 1 tira ou faixa com que se tapam os olhos ou o rosto 2 [fig.] algo que perturba a lucidez 3 [fig.] obsessão 4 [fig.] estado de ignorância; cegueira (Do germ. binda, «ligadura»)

vendagem n.f. 1 venda à comissão 2 ato de vender (De vender+-agem)

vendar v.tr. 1 tapar com venda 2 [fig.] cegar 3 [fig.] perturbar o raciocínio de ∎ v.pron. 1 cobrir-se 2 ocultar-se (De venda, «faixa» +-ar)

vendaval n.m. 1 vento forte e tempestuoso, geralmente do sul, por vezes acompanhado de aguaceiros intensos 2 borrasca; tempestade 3 [fig.] tumulto; grande agitação 4 [fig.] devastação (Do fr. vent d'aval, «vento de baixo; vento do alto mar; vento do oeste»)

vendável¹ adj.2g. que se pode vendar (De vendar+-vel)

vendável² adj.2g. 1 que se pode vender; vendível 2 que se vende com muita facilidade (Do fr. vendable, «id.»)

vendedeira n.f. mulher que vende; comerciante; vendedora (De vender+-deira)

vendedoiro n.m. ⇒ **vendedouro** (De vender+-doiro)

vendedor adj.,n.m. que ou aquele que vende (Do lat. venditōre-, «id.»)

vendedouro n.m. lugar público onde se vende; vendedoiro ∎ adj. em condições de ser vendido (De vender+-douro)

vendeiro n.m. 1 homem que possui venda 2 taberneiro 3 merceeiro (De venda+-eiro)

Vendemiário n.m. ⇒ **Vindemiário** (Do fr. vendemiaire, «id.»)

vender v.tr. 1 ceder a posse de (um bem) ou prestar (um serviço) mediante pagamento; trocar (bem, serviço) por dinheiro ou por outra coisa a que se atribui valor 2 colocar à venda 3 trabalhar como vendedor de 4 convencer alguém a aceitar (projeto, ideia, proposta, etc.) 5 fazer acreditar em (algo que não verdadeiro) 6 ter em abundância (uma determinada característica) 7 denunciar por interesse; trair por interesse ∎ v.intr. ser comprado (um produto) com facilidade; ter muita procura ∎ v.pron. 1 alienar a sua liberdade ou agir contra os seus valores e princípios em troca de determinados benefícios, geralmente monetários; deixar-se subornar 2 prostituir-se; *ter para dar e ~* possuir em abundância (Do lat. vendĕre, «id.»)

vendeta n.f. 1 espírito de vingança de ofensas ou assassínios existente entre famílias na Córsega 2 vingança (Do it. vendetta, «id.»)

vendido adj. 1 cedido por certo preço 2 que se deixou subornar; corrupto 3 enganado; logrado; traído 4 contrafeito; contrariado (Part. pass. de vender)

vendilhão n.m. 1 pessoa que vende na rua, sem um ponto fixo; vendedor ambulante 2 [fig.] pessoa que trafica em coisas de ordem moral (De vender+-ilho+-ão)

vendível adj.2g. 1 que se pode vender 2 que tem venda ou procura (Do lat. vendibĭle-, «id.»)

veneficiar v.intr. preparar ou administrar venefícios; envenenar (De venefício+-ar)

venefício n.m. 1 preparação de veneno para fins criminosos 2 crime de envenenar alguém 3 envenenamento acompanhado de sortilégio (Do lat. veneficĭu-, «id.»)

venéfico adj. 1 relativo a venefício 2 venenoso 3 maléfico (Do lat. venefĭcu-, «envenenador»)

venena /ê/ n.f. [regionalismo] embriaguez (De veneno)

venenífero adj. que encerra ou produz veneno; venenoso; peçonhento (Do lat. veniferu-, «id.»)

venenáparo adj. que segrega veneno (Do lat. venēnu-, «veneno» +parĕre, «produzir»)

veneno /ê/ n.m. 1 qualquer substância que, tomada ou aplicada (em certas doses) a um corpo vivo, lhe destrói ou altera as funções vitais 2 peçonha 3 [pop.] vírus 4 [regionalismo] embriaguez 5 [fig.] tudo o que corrompe moralmente 6 [fig.] malignidade 7 [fig.] pessoa má, intratável, maledicente 8 espécie de carbúnculo; *deitar ~ em* [fig.] atribuir uma intenção malévola a, julgar com malícia (Do lat. *venēnu-*, «id.»)

venenosidade n.f. 1 qualidade do que é venenoso 2 malignidade (De *venenoso*+-*i*-+-*dade*)

venenoso /ô/ adj. 1 que tem veneno; peçonhento 2 tóxico 3 [fig.] nocivo; maligno 4 [fig.] que corrompe moralmente 5 [fig.] caluniador 6 [pop.] amargo (Do lat. *venenōsu-*, «id.»)

venera n.f. 1 concha que na vieira que usavam os romeiros de Santiago de Compostela 2 medalha 3 insígnia de pessoa condecorada; condecoração (Do lat. *veneriă-*, certa concha, pelo cast. *venera*, «vieira»)

venerabilidade n.f. qualidade ou estado de venerável; respeitabilidade (Do lat. *venerabilităte-*, «id.»)

venerabundo adj. 1 que venera 2 que dá mostras de veneração; reverente (Do lat. *venerabundu-*, «id.»)

veneração n.f. 1 ato ou efeito de venerar 2 profundo respeito por algo ou alguém; reverência 3 adoração; estima; simpatia (Do lat. *veneratiōne-*, «id.»)

venerado adj. 1 reverenciado; respeitado 2 adorado; estimado (Do lat. *veneratu-*, «id.»)

venerador adj.,n.m. que ou aquele que venera (Do lat. *veneratōre-*, «id.»)

Venerais n.f.pl. antigas festas em honra de Vénus, em Roma (Do lat. *veneriă-*, «relativo a Vénus; relativo ao amor»)

veneralato n.m. grau de venerável, na maçonaria (De *venerável*+-*ato*)

venerando adj. digno de veneração; venerável; respeitável (Do lat. *venerandu-*, «id.», ger. de *venerāre*, «venerar; respeitar»)

venerar v.tr. 1 tributar veneração a 2 reverenciar; tratar com grande respeito 3 acatar 4 estimar muito (Do lat. vulg. *venerăre*, «id.», por *venerări*, «id.»)

venerável adj.2g. 1 digno de veneração 2 muito respeitável ■ n.m. 1 presidente de uma loja maçónica 2 primeiro grau nos processos para uma canonização (Do lat. *venerabĭle-*, «id.»)

venéreo adj. 1 relativo a Vénus 2 que é relativo a relações sexuais 3 que afeta os órgãos sexuais 4 MEDICINA que se transmite através de relações sexuais 5 relativo ao prazer sexual; erótico; sensual ■ n.m. 1 [pop.] sífilis 2 doença transmitida através de relações sexuais (Do lat. *venerĕu-*, «de Vénus»)

venereologia n.f. MEDICINA ramo das ciências médicas que trata das doenças venéreas; cipridologia (Do lat. *venerĕu-*, «venéreo»+gr. *lógos*, «tratado»+-*ia*)

venereologista n.2g. médico especialista em doenças venéreas (Do lat. *venerĕu-*, «venéreo»+gr. *lógos*, «tratado»+-*ista*)

venérida n.m. ZOOLOGIA ⇒ **venerídeo**

Venéridas n.m.pl. ZOOLOGIA ⇒ **Venerídeos**

venerídeo adj. ZOOLOGIA relativo ou pertencente aos Venerídeos ■ n.m. ZOOLOGIA espécime dos Venerídeos

Venerídeos n.m.pl. ZOOLOGIA família de moluscos lamelibrânquios, cujo género-tipo se denomina *Venus* (Do lat. *Venĕre-*, «Vénus» + -*ídeos*)

vénero adj. [poét.] de Vénus (Do lat. *Venĕre-*, «Vénus», por *venerĕu-*, «de Vénus»)

veneta n.f. 1 fúria repentina 2 acesso de loucura 3 telha; mania; tineta; *dar na ~* vir à ideia, resolver, decidir (Do fr. *venette*, «medo»)

véneto adj. relativo aos Vénetos, povo antigo que habitava a região da Venécia, parte da Gália Cisalpina (Itália) ■ n.m. 1 pessoa pertencente aos Vénetos 2 dialeto de origem românica falado na região do Véneto (Itália) (Do lat. *Venĕtu-*, «id.»)

veneziana n.f. 1 persiana feita de lâminas de madeira ou de metal que formam frestas 2 antiga moeda de ouro com curso na Índia (De *veneziano*)

veneziano adj. 1 relativo ou pertencente à cidade italiana de Veneza 2 diz-se de uma variedade de pêssegos ■ n.m. 1 natural ou habitante de Veneza 2 um dos dialetos italianos (Do lat. *venetiānu-*, «id.»)

venezuelano adj. relativo ou pertencente à Venezuela ■ n.m. natural ou habitante deste país (De *Venezuela*+-*ano*)

vénia n.f. 1 gesto que se faz com a cabeça ao passar por alguém; mesura; reverência; cortesia 2 licença; permissão 3 indulgência; perdão; desculpa (Do lat. *veniă-*, «perdão»)

veniaga n.f. 1 artigo vendível 2 mercadoria 3 traficância 4 [fig.] falcatrua; trapaça; tranquibérnia (Por *beniaga*, do mal. *bernyága*, «mercadejar»)

veniagar v.tr.,intr. comprar e vender (mercadorias); negociar; comerciar (De *veniaga*+-*ar*)

venial adj.2g. 1 que merece vénia ou perdão 2 RELIGIÃO diz-se de uma falta ou pecado leve (em oposição a pecado mortal) (Do lat. *veniāle-*, «id.»)

venialidade n.f. qualidade do que é venial (De *venial*+-*i*-+-*dade*)

venida n.f. 1 ataque imprevisto do inimigo 2 cuidado; diligência; desvelo 3 vinda 4 [ant.] vingança (Do cast. *venida*, «vinda»)

venífluo adj. [poét.] que circula nas veias (Do lat. *vena-*, «veia» +*fluĕre*, «correr»)

venissecção n.f. CIRURGIA incisão numa veia, para extração de sangue; flebotomia (Do lat. *vena-*, «veia»+*sectiōne-*, «corte»)

venosidade n.f. qualidade ou estado de venoso (De *venoso*+-*i*-+-*dade*)

venoso /ô/ adj. 1 que tem veias 2 relativo ou pertencente às veias; venal 3 que circula nas veias 4 (sangue) que vem do seio dos tecidos vivos, onde perdeu oxigénio e se carregou de anidrido carbónico, opondo-se a arterial; *seio ~* ANATOMIA órgão da circulação sanguínea, evidente em alguns animais, que recebe sangue venoso (ou misturado) das diferentes partes do corpo e o lança na aurícula direita; *sistema ~* ANATOMIA parte de um aparelho da circulação sanguínea constituído pelos vasos (veias) que levam o sangue para o coração (Do lat. *venōsu-*, «id.»)

venta n.f. 1 cada uma das aberturas nasais (externas) ou do focinho; narina 2 pl. [pop.] nariz; focinho 3 pl. [fig., pop.] cara; rosto 4 pl. [fig.] olfato; *andar de ventas* andar amuado, de nariz torcido; *levar nas ventas* apanhar pancada; *ter pelo na ~* ter mau génio (Do lat. **ventana-*, «lugar por onde passa o vento»)

ventã n.f. 1 [ant.] janela; ventana 2 [regionalismo] venta (Do lat. **ventana-*, «lugar por onde passa o vento»)

ventana n.f. 1 ⇒ **janela** 2 leque; abano 3 ⇒ **sineira** 4 ⇒ **ventanilha** ■ adj.,n.2g. [Brasil] que ou pessoa que é turbulenta (Do cast. *ventana*, «id.»)

ventanear v.intr. (vento) soprar com força ■ v.tr. 1 renovar o ar em; ventilar 2 abanar com abano ou leque 3 [fig.] agitar; sacudir 4 [fig.] açoitar (Do lat. **ventăna-*, «lugar por onde passa o vento»+-*ear*)

ventaneira n.f. ⇒ **ventania** (Do lat. **ventăna-*, «lugar por onde passa o vento»+-*eira*)

ventanejar v.intr. fazer vento (Do lat. **ventăna-*, «lugar por onde passa o vento»+-*ejar*)

ventania n.f. vento forte e prolongado; ventaneira (Do lat. **ventăna-*, «lugar por onde passa o vento»+-*ia*)

ventanilha n.f. abertura na mesa do bilhar por onde entra a bola; ventana (Do cast. *ventanilla*, «id.»)

ventar v.intr. 1 fazer vento 2 soprar o vento 3 [fig.] manifestar-se subitamente ■ v.tr. 1 trazer de forma inesperada 2 [fig.] ser favorável (a) (De *vento*+-*ar*, ou do lat. *ventăre*, «chegar rapidamente»)

ventarola n.f. 1 leque sem varetas; abano 2 ventilador (Do it. *ventarola*, «ventoinha»)

ventifacto n.m. GEOLOGIA calhau polido e facetado pela ação erosiva do vento (Do lat. *ventu-*, «vento» +*factu-*, «feito»)

ventígeno adj. [poét.] que produz vento 2 produzido pelo vento (Do lat. *ventigĕnu-*, «id.»)

ventilabro n.m. pá ou joeira para limpar o trigo, separando-o da palha (Do lat. *ventilăbru-*, «joeira»)

ventilação n.f. 1 ato ou efeito de ventilar 2 FISIOLOGIA entrada e saída de gases nas vias respiratórias com vista às trocas gasosas nos pulmões 3 renovação do ar 4 sistema de renovação do ar de um espaço fechado 5 [fig.] discussão de um assunto (Do lat. *ventilatiōne-*, «id.»)

ventilador adj. que ventila ■ n.m. 1 quem ou aquilo que ventila 2 aparelho próprio para renovar o ar de um recinto fechado; exaustor 3 MEDICINA aparelho destinado a assegurar as trocas respiratórias em caso de perturbação ventilatória grave (Do lat. *ventilatōre-*, «id.»)

ventilante adj.2g. que ventila; ventilador (Do lat. *ventilante-*, «id.», part. pres. de *ventilāre*, «ventilar»)

ventilar v.tr. 1 renovar o ar em 2 arejar; refrescar 3 limpar (os cereais) 4 [fig.] agitar 5 [fig.] debater; discutir (Do lat. *ventilāre*, «id.»)

ventilativo adj. 1 que estabelece ventilação 2 que é próprio para ventilar (De *ventilar*+-*tivo*)

vento n.m. 1 deslocação do ar provocada pelas diferenças de pressão ou de temperatura de várias camadas atmosféricas 2 faro dos animais 3 ventosidade 4 falha ou defeito em obra fundida, proveniente do ar que entrou no metal ao solidificar-se 5 [fig.] coisa rápida, vã ou insignificante 6 [fig.] influência favorável ou perniciosa 7 [fig.] impulso 8 [fig.] causa 9 [fig.] grande zaragata; *beber os ventos por (alguém)* gostar muito de (alguém); *de ~ em popa* com felicidade; *tomar ventos* farejar; *ver de que lado sopra o ~* esperar pelos acontecimentos para agir conforme as circunstâncias (Do lat. *ventu-*, «id.»)

ventoinha *n.f.* **1** aparelho para ventilação constituído por uma roda com pás que gira, provocando corrente de ar **2** lâmina metálica presa a uma haste que gira por ação do vento, indicando a sua direção; cata-vento **3** brinquedo feito de papel, semelhante às asas de um moinho de vento e que gira quando lhe dá o vento **4** [fig.] pessoa volúvel (De *vento*+*-inha*)

ventoinhar *v.intr.* **1** andar como ventoinha; remoinhar **2** [fig.] hesitar **3** [fig.] fazer loucuras; doidejar (De *ventoinha*+*-ar*)

ventoninho *n.m.* ORNITOLOGIA ⇒ **galispo 2** (De *abetoninha*?)

ventor *n.m.* cão que possui bom vento (faro) (De *vento*+*-or*)

ventosa *n.f.* **1** MEDICINA [ant.] copo com uma campânula de vidro que se aplicava sobre a pele e que, pela rarefação do ar, provocava um afluxo de sangue ao local **2** MEDICINA instrumento aplicado sobre a cabeça do feto para auxiliar a sua expulsão na fase final do trabalho de parto **3** órgão de certos seres vivos, com que eles se fixam ou com que aspiram os alimentos **4** peça de borracha que se aplica sobre uma superfície e que fica presa devido à pressão exercida **5** utensílio usado para desentupir ou expulsar o ar das canalizações; desentupidor manual (Do it. *ventosa*, «id.», ou do fr. *ventouse*, «id.»)

ventosidade *n.f.* **1** expulsão mais ou menos ruidosa dos gases acumulados no estômago ou nos intestinos; traque **2** eructação; arroto (Do lat. *ventositāte-*, «id.»)

ventoso /ô/ *adj.* **1** exposto ou sujeito ao vento; cheio de vento **2** flatulento **3** [fig.] fútil; vão **4** [fig.] arrogante ■ *n.m.* [com maiúscula] sexto mês do calendário da primeira República Francesa (Do lat. *ventōsu-*, «id.»)

ventrada *n.f.* **1** conjunto dos animais nascidos de um ventre; ninhada **2** barrigada; pançada (De *ventre*+*-ada*)

ventral *adj.2g.* **1** do ventre **2** referente ao ventre **3** situado no ventre (Do lat. *ventrāle-*, «id.»)

ventre *n.m.* **1** ANATOMIA cavidade do organismo onde estão alojados os órgãos principais da digestão, urinários, etc.; cavidade abdominal **2** ANATOMIA conjunto das vísceras contidas nesta cavidade, especialmente o aparelho digestivo **3** abdómen; barriga; pança **4** útero **5** ZOOLOGIA parte ou face ântero-inferior ou ínfero-posterior, em regra, saliente e volumosa, do tronco ou corpo de um animal **6** bojo de um vaso **7** BOTÂNICA parte basilar, mais ou menos bojuda, de um arquegónio, onde se encontra o gâmeta feminino **8** FÍSICA ponto de amplitude máxima num sistema de ondas estacionárias **9** [fig.] âmago; *tirar o* ~ *de misérias* **1** auferir grandes vantagens, após um período de dificuldades; **2** comer à tripa-forra (Do lat. *ventre-*, «id.»)

ventrecha /ê/ *n.f.* ⇒ **ventrisca** (Do lat. **ventriscŭla-*, «corpo do atum»)

ventr(i)- elemento de formação de palavras que exprime a ideia de *ventre* (Do lat. *ventre-*, «id.»)

ventricular *adj.2g.* **1** dos ventrículos **2** respeitante a ventrículo (De *ventrículo*+*-ar*)

ventriculito *n.m.* ZOOLOGIA cada uma das câmaras (dilatações) contrácteis que constituem o coração (vaso dorsal) dos insetos (De *ventrículo*+*-ito*)

ventrículo *n.m.* **1** cavidade de certos órgãos **2** ANATOMIA cada uma das duas cavidades musculosas do coração que recebem o sangue da aurícula correspondente e o enviam, pelos vasos arteriais, para as diversas partes do corpo **3** ANATOMIA cada uma das cavidades principais do encéfalo **4** ZOOLOGIA região gástrica (anterior) do tubo digestivo dos insetos, designada proventrículo por alguns autores **5** [ant.] estômago; ~ *sucenturiado* órgão digestivo das aves, que apresenta a parte gástrica glandular, também designado proventrículo (Do lat. *ventricŭlu-*, «id.»)

ventrilavado *adj.* (cavalo) que tem a barriga esbranquiçada (De *ventri-*+*lavado*)

ventriloquia *n.f.* arte ou capacidade de produzir sons vocais aparentemente sem mover os lábios (De *ventríloquo*+*-ia*)

ventriloquismo *n.m.* ⇒ **ventriloquia** (De *ventríloquo*+*-ismo*)

ventriloquista *adj.,n.2g.* ⇒ **ventríloquo** (De *ventríloquo*+*-ista*)

ventríloquo *adj.* diz-se do indivíduo que parece capaz de produzir sons vocais sem mover os lábios ■ *n.m.* indivíduo que tem essa faculdade; ventriloquista (Do lat. *ventrilŏquu-*, «id.»)

ventripotente *adj.2g.* **1** que tem estômago forte **2** que aprecia os prazeres da mesa **3** (mulher) que teve muitos filhos (De *ventri-*+*potente*)

ventrisca *n.f.* posta de peixe que compreende a região do corpo atrás da cabeça; ventrecha (Do fr. ant. *ventresche*, «id.»)

ventrosidade *n.f.* **1** desenvolvimento excessivo do ventre **2** obesidade (Do lat. *ventrōsu-*, «ventrudo»+*-i-*+*-dade*)

ventrudo *adj.* **1** que tem o ventre proeminente; barrigudo; pançudo **2** obeso (De *ventre*+*-udo*)

vêntulo *n.m.* brisa; aragem; vento suave (Do lat. *ventŭlu-*, «id.»)

ventura *n.f.* **1** boa sorte; fortuna próspera; felicidade **2** perigo; risco **3** acaso; destino; *à* ~ ao acaso (Do lat. *ventūra*, «coisas que hão-de vir»)

ventureiro *adj.* incerto ou arriscado ■ *n.m.* [ant.] soldado voluntário (De *ventura*+*-eiro*)

venturina *n.f.* MINERALOGIA variedade de quartzo caracterizada por conter pequenas agulhas de mica, oligisto, etc. (Por *aventurina*)

venturo *adj.* que há de vir; vindouro; futuro (Do lat. *ventūru-*, «id.»)

venturoso /ô/ *adj.* **1** cheio de ventura; afortunado **2** ditoso; feliz **3** aventuroso; arriscado (De *ventura*+*-oso*)

ventusa *n.f.* aparelho que serve para fazer sair o ar que prejudica a água nas canalizações subterrâneas (Do fr. *ventouse*, «id.»)

vénula *n.f.* **1** ANATOMIA veia pequena **2** ZOOLOGIA veia de pequeno calibre relacionada com a nervação das asas de insetos **3** BOTÂNICA cada uma das pequenas veias ramificadas que formam o tecido vascular das folhas (Do lat. *venŭla*, «id.»)

venulado *adj.* que apresenta vénulas (De *vénula*+*-ado*)

Vénus *n.f.* **1** ASTRONOMIA planeta primário do sistema solar, cuja órbita fica entre a de Mercúrio e a da Terra, que demora 225 dias tanto no movimento de rotação como numa volta completa em torno do Sol, sem satélites, com atmosfera sobretudo de gás carbónico, antigamente considerado como estrela (estrela da manhã, estrela da tarde) **2** MITOLOGIA deusa da beleza e do amor **3** [com minúscula] mulher considerada muito atraente **4** [com minúscula] [ant.] cobre (Do latim *Venus*, «idem»)

venusiano *adj.* relativo ao planeta Vénus (De *Vénus*+*-iano*)

venusino *adj.* **1** relativo a Venúsia, cidade italiana, berço natal de Horácio **2** relativo ao poeta Horácio; horaciano (Do lat. *venusīnu-*, «id.»)

venúsio *n.m.* espécie de cobre inalterável ao ar livre (De *Vénus*, mitol. +*-io*)

venustidade *n.f.* **1** grande beleza **2** elegância **3** encanto (De *venusto*+*-i-*+*-dade*)

venusto *adj.* **1** muito formoso; lindo **2** elegante **3** encantador (Do lat. *venustu-*, «id.»)

ver *v.tr.* **1** perceber ou conhecer por meio dos olhos **2** olhar para; contemplar; observar **3** assistir a; presenciar **4** reparar em; notar; divisar **5** tomar cuidado com; atender a **6** perceber; compreender **7** ponderar **8** deduzir **9** prever **10** imaginar **11** visitar; percorrer **12** conhecer **13** experimentar **14** examinar (um doente) ■ *v.intr.* possuir ou exercer o sentido da vista ■ *v.pron.* **1** observar-se; mirar-se **2** manter relação ou contacto **3** encontrar-se; achar-se **4** reconhecer-se; ~ *estrelas ao meio-dia* sofrer de repente uma grande dor; ~ *por um óculo* não conseguir o que desejava; ~*-se e desejar-se* estar seriamente atrapalhado, ter muita dificuldade; *a meu* ~ segundo a minha opinião; *até* ~ por enquanto; *fazer* ~ explicar, vangloriar-se; *ficar a* ~ *navios* ficar logrado, não obter o que pretendia; *não* ~ *um boi* ser muito estúpido; *ser bom de* ~ ser evidente; *ter a* ~ *com* estar relacionado com, dizer respeito a (Do lat. *vidēre*, «id.»)

veracidade *n.f.* **1** qualidade do que é verdadeiro ou verídico **2** apego à verdade; exatidão; fidelidade (Do lat. *verāce-*, «verídico»+*-i-*+*-dade*)

veracíssimo *adj.* {superlativo absoluto sintético de **veraz**} muito veraz (Do lat. *veracissĭmu-*, «id.»)

vera-efígie *n.f.* **1** cópia exata **2** retrato fiel (Do lat. *vera-*, «verdadeira» +*effigie*, «imagem»)

veraneante *adj.,n.2g.* que ou pessoa que veraneia (De *veranear*+*-ante*)

veranear *v.intr.* viajar ou permanecer algures, no verão, geralmente para distração (De *Verão*+*-ear*)

veranego *adj.* do verão (Do cast. *veraniego*, «id.»)

veraneio *n.m.* ato de veranear (Deriv. regr. de *veranear*)

veranico *n.m.* **1** Verão curto ou pouco quente **2** série de dias quentes nas proximidades da festa de São Martinho (11 de novembro); Verão de S. Martinho **3** [Brasil] período breve de sol e calor durante o tempo frio (De *Verão*+*-ico*)

veraniço *adj.* **1** relativo ao verão **2** próprio do verão; estival (De *Verão*+*-iço*)

veranil *adj.2g.* [Brasil] relativo ao verão; estival

veranista *adj.,n.2g.* ⇒ **veraneante** (De *Verão*+*-ista*)

veranito *n.m.* ⇒ **veranico** (De *Verão*+*-ito*)

verão *n.m.* estação mais quente do ano, entre a primavera e o outono, em que a duração dos dias vai diminuindo mantendo-se sempre maiores do que as noites (no hemisfério norte, começa

veras

entre 20 e 21 de junho, e no hemisfério sul, entre 21 e 22 de dezembro); estio; **~ de S. Martinho** série de dias quentes nas proximidades da festa de São Martinho (11 de novembro) (Do lat. *verānu-*, de *ver, veris*, «primavera»)

veras *n.f.pl.* **1** coisas verdadeiras **2** realidade; **com todas as ~** com toda a força, com vontade, com empenho (Do lat. *veras*, «verdadeiras»)

verascópio *n.m.* aparelho de fotografia em forma de binóculo e com as propriedades do estereoscópio (Do lat. *vera*, «coisas verdadeiras» +gr. *skopeīn*, «ver» +-*io*)

Veratráceas *n.f.pl.* BOTÂNICA ⇒ **Liliáceas** (Do lat. *veratru-*, «heléboro» +-*áceas*)

verátrico *adj.* que diz respeito ao veratro (ou cevadilha) ou a certos produtos obtidos desta planta (Do lat. *veratru-*, «veratro» +-*ico*)

veratrina *n.f.* FARMÁCIA, QUÍMICA mistura de alcaloides que se extrai das sementes do veratro, de propriedades medicinais (Do lat. *veratru-*, «veratro» +-*ina*)

veratro *n.m.* 1 termo que tem sido empregado para designar plantas do género *Veratrum* (família das Liliáceas), como o heléboro-branco, que fornece a veratrina **2** para alguns autores, o mesmo que cevadilha (Do lat. *veratru-*, «id.»)

veraz *adj.2g.* que fala verdade; verdadeiro; verídico (Do lat. *verāce-*, «verídico»)

verba *n.f.* **1** cada uma das cláusulas de um testamento, escritura, etc. **2** quantia consignada para determinado fim; parcela **3** nota; apontamento; registo (Do lat. *verba*, «palavras»)

verbal *adj.2g.* **1** que se faz de viva voz; oral **2** GRAMÁTICA relativo ao verbo; que deriva de um verbo **3** que diz respeito a palavras **4** [pej.] que apenas respeita às palavras; fútil (Do lat. *verbāle-*, «id.»)

verbalismo *n.m.* **1** excesso de linguagem em que se liga mais importância às palavras do que às ideias **2** logorreia; grande verbosidade **3** em certas perturbações mentais, linguagem cuja coerência aparente cobre um pensamento vazio de sentido (De *verbal*+-*ismo*)

verbalista *adj.2g.* referente ao verbalismo ▪ *n.2g.* aquele que fala muito sem precisar ideias (De *verbal*+-*ista*)

verbalização *n.f.* **1** ato de verbalizar; expressão através de palavras **2** GRAMÁTICA processo morfológico de formação de verbos a partir de vocábulos com outra categoria gramatical (De *verbalizar*+-*ção*)

verbalizar *v.tr.* **1** exprimir por palavras **2** GRAMÁTICA transformar em verbo; tornar verbal (De *verbal*+-*izar*)

verbalmente *adv.* **1** por palavras **2** oralmente (De *verbal*+-*mente*)

verbasco *n.m.* BOTÂNICA nome vulgar extensivo a umas plantas de flores amarelas que pertencem ao género *Verbascum* (família das Escrofulariáceas), com espécies espontâneas, mais ou menos frequentes em Portugal, entre as quais algumas muito tóxicas, mas com aplicações medicinais (Do lat. *verbascu-*, «id.»)

verbena /ê/ *n.f.* **1** festa com arraial noturno; quermesse **2** BOTÂNICA planta herbácea, de flores pequenas e com os estames inclusos na corola, pertencente à família das Verbenáceas; urgebão (Do lat. *verbēna-*, «id.»)

verbenácea *n.f.* BOTÂNICA espécime das Verbenáceas

Verbenáceas *n.f.pl.* BOTÂNICA família de plantas dicotiledóneas, herbáceas ou arbustivas, com flores de corola gamopétala, representada em Portugal por algumas espécies espontâneas, subespontâneas e cultivadas, também denominadas Viticáceas (Do lat. *verbēna-*, «urgebão» +-*áceas*)

verbenáceo *adj.* relativo ou semelhante à verbena (De *verbena*+-*áceo*)

verberação *n.f.* **1** ato ou efeito de verberar **2** condenação; censura **3** flagelação **4** reflexo; brilho (Do lat. *verberatiōne-*, «id.»)

verberador *adj.,n.m.* **1** que ou aquele que verbera **2** censor; crítico (Do lat. *verberatōre-*, «id.»)

verberante *adj.2g.* que verbera (Do lat. *verberante-*, «id.», part. pres. de *verberāre*, «açoitar; maltratar com palavras»)

verberão *n.m.* BOTÂNICA nome vulgar por que também é conhecido, em Portugal, o urgebão (planta), e que corresponde à jurujuba, no Brasil (Alt. de *verbenão*, aum. de *verbena*)

verberar *v.tr.* **1** flagelar; fustigar; açoitar **2** [fig.] censurar asperamente; reprovar com energia ▪ *v.intr.* brilhar; ter reflexos (Do lat. *verberāre*, «id.»)

verberativo *adj.* que serve para verberar, açoitar ou censurar (De *verberar*+-*tivo*)

verbetar *v.tr.* registar em verbete; pôr em verbetes (De *verbete*+-*ar*)

verbete /bê/ *n.m.* **1** papel avulso em que se regista um apontamento **2** registo escrito de termos ou nomes que se devem dispor por ordem alfabética **3** apontamento **4** ficheiro de arquivo **5** (lexicografia) conjunto de aceções e exemplos respeitantes a um vocábulo num dicionário, enciclopédia ou glossário (Do lat. *verbu-*, «palavra» +-*ete*)

verbeteiro *n.m.* **1** móvel onde se dispõem os verbetes por ordem alfabética **2** ficheiro (De *verbete*+-*eiro*)

verbiagem *n.f.* [Brasil] palavreado; palanfrório (Do fr. *verbiage*, «id.»)

verbo *n.m.* **1** GRAMÁTICA palavra variável que designa uma ação, um processo ou um estado e que pode apresentar marcas morfológicas de pessoa, número, modo, tempo, etc. **2** aquilo que se diz; palavra **3** forma de enunciação do pensamento através das palavras; elocução; forma de expressão **4** eloquência **5** voz; entoação **6** [com maiúscula] RELIGIÃO palavra com a qual S. João no seu Evangelho indica a segunda Pessoa da Santíssima Trindade, que se fez homem; **agarrar-se ao ~** aplicar-se ao estudo (Do lat. *verbu-*, «palavra»)

verbo-de-encher ver nova grafia verbo de encher

verbo de encher *n.m.* **1** coisa, palavra ou pessoa desnecessária ou inútil **2** palavra expletiva

verbomania *n.f.* tendência excessiva para manifestações verbais; mania de falar sem necessidade (Do lat. *verbu-*, «palavra»+gr. *manía*, «loucura»)

verbomaníaco *adj.,n.m.* ⇒ **verbómano** (De *verbo*+*maníaco*)

verbómano *adj.,n.m.* que ou aquele que tem a mania de falar muito (De *verbo*+-*mano*)

verborreia *n.f.* abundância de palavras com poucas ideias; verbosidade; logorreia (Do lat. *verbu-*, «palavra»+gr. *rhoía*, «fluxo»)

verborreico *adj.* [pej.] com que há verborreia (De *verborreia*+-*ico*)

verbosidade *n.f.* **1** abundância de palavras com poucas ideias **2** loquacidade (Do lat. *verbositāte-*, «id.»)

verboso /ô/ *adj.* **1** que fala muito; loquaz **2** abundante em palavras; prolixo **3** eloquente; facundo (Do lat. *verbōsu-*, «id.»)

verça /ê/ *n.f.* ⇒ **berça** (Do lat. vulg. *virdĭa*, do lat. cl. *viridĭa*, «plantas verdes», neut. pl. de *virĭde-*, «verde»)

verça-de-cão *n.f.* BOTÂNICA planta herbácea, suculenta, de flores pequeninas, pertencente à família das Teligonáceas, espontânea no centro e no Sul de Portugal e também conhecida por berça-de-cão

verçudo *adj.* **1** que tem muito pelo ou barba; cabeludo **2** (vegetal) que tem muitas verças ou folhas (De *verça*+-*udo*)

verdacho *adj.* esverdeado ▪ *n.m.* tinta verde mineral semelhante à cor da cana (De *verde*+-*acho*)

verdade *n.f.* **1** conformidade entre o pensamento ou a sua expressão e o objeto de pensamento **2** qualidade do que é verdadeiro; realidade **3** exatidão; rigor; precisão **4** representação fiel **5** boa-fé; sinceridade **6** coisa certa **7** axioma; premissa evidente **8** máxima; **~ formal** FILOSOFIA verdade que consiste no acordo do pensamento consigo mesmo, na ausência de contradição; **~ material** FILOSOFIA verdade que consiste na conformidade do pensamento ou da afirmação com um dado factual, material ou não; **~ primeira** FILOSOFIA proposição evidente mas indemonstrável, porque é necessária a toda a demonstração, e que, por consequência, constitui, de facto e de direito, a primeira certeza de que se parte para raciocinar; **~ ~ realmente**; **~ verdadíssima** verdade absoluta, indiscutível; **verdades eternas** FILOSOFIA princípios que constituem as leis absolutas dos seres como as normas absolutas do pensamento, e que são como que um reflexo do pensamento divino; **em/na ~** efetivamente, realmente (Do lat. *veritāte-*, «id.»)

verdadeiramente *adv.* **1** com verdade **2** deveras; realmente **3** em grau muito elevado (De *verdadeiro*+-*mente*)

verdadeiro *adj.* **1** conforme à verdade; verídico; autêntico; exato; real **2** que fala verdade; que não é fingido; sincero **3** leal **4** certo; seguro ▪ *n.m.* **1** a verdade **2** o dever **3** o mais conveniente (De *verdade*+-*eiro*)

verdasca *n.f.* **1** vara pequena e flexível **2** chibata; vergasta (De *vergasta*, com met.)

verdascada *n.f.* pancada com verdasca; chibatada; vergastada (De *verdasca*+-*ada*)

verdascar *v.tr.* açoitar com verdasca; chibatar; vergastar (De *verdasca*+-*ar*)

verdasco *adj.* diz-se de uma qualidade de vinho verde muito ácido ▪ *n.m.* vinho com essa qualidade (De *verde*+-*asco*)

verdasto *adj.* ⇒ **verdacho** (Do lat. vulg. *viridastru-*, de *virĭde-*, «verde»)

verde /ê/ *adj.2g.* **1** da cor da erva; da cor resultante da mistura do azul com o amarelo **2** que ainda não está maduro **3** que ainda não está seco **4** coberto de plantas e árvores **5** viçoso; verdejante

6 (vinho) que provém de uvas de certas videiras e regiões, tendo em regra maior grau de acidez e menor quantidade de álcool que o chamado vinho maduro **7** [fig.] mimoso; tenro **8** [fig.] ágil; vigoroso **9** [fig.] relativo aos primeiros anos de existência **10** [fig.] que ainda não está completamente desenvolvido **11** [fig.] inexperiente; fresco **12** [fig.] débil; delicado **13** [fig.] que diz respeito à proteção do ambiente; ecológico ■ *n.m.* **1** uma das cores do arco-íris, situada entre o amarelo e o azul **2** vinho verde **3** pasto **4** vegetação **5** CULINÁRIA iguaria feita de sangue de porco; *estão verdes!* expressão que se usa quando alguém desdenha de uma coisa por não poder obtê-la (Do lat. *viride-*, «id.»)

verdeal *adj.2g.* **1** de cor esverdeada **2** diz-se de umas variedades de videiras, oliveiras, trigo, etc. (ou dos seus frutos), cultivadas em Portugal ■ *n.m.* **1** ORNITOLOGIA nome vulgar por que também é designado o peto-real ou pica-pau **2** nome que os futricas de Coimbra dão aos archeiros da Universidade (De *verde*+-*al*)

verde-alface *adj.inv.,n.m.* que ou tom que é verde-claro vivo característico da alface

verde-amarelado *adj.* que apresenta a cor intermédia entre o verde e o amarelo ■ *n.m.* essa cor

verdear *v.intr.* ⇒ **verdejar** (De *verde*+-*ear*)

verde-azeitona *adj.inv.,n.m.* que ou tom que é verde-escuro, característico da azeitona

verde-bexiga *n.m.* tinta verde-escura, usada em pintura, cujo principal ingrediente é o fel de vaca

verdecer *v.intr.* **1** tornar-se verde; reverdecer **2** ter a cor verde; verdejar (Do lat. *viridescĕre*, «id.»)

verde-claro *adj.* que apresenta uma tonalidade clara de verde ■ *n.m.* essa tonalidade

verde-cré *n.m.* verde tirante a ouro

verde-escuro *adj.* que apresenta uma tonalidade escura de verde ■ *n.m.* essa tonalidade

verde-esmeralda *adj.* que apresenta uma tonalidade de verde semelhante à da esmeralda ■ *n.m.* essa tonalidade

verde-gaio *adj.* verde-claro ■ *n.m.* **1** verde-claro **2** música e dança populares

verdegar *v.intr.* ⇒ **verdejar** (Do b. lat. *viridicāre*, de *viride-*, «verde»)

verde-garrafa *adj.* que apresenta uma tonalidade de verde semelhante à de certas garrafas ■ *n.m.* essa tonalidade

verdegulho *n.m.* TAUROMAQUIA estoque de toureiro, mais comprido e delgado que o normal (Do cast. *verduguillo*, «id.»)

verdeia *n.f.* espécie de vinho de cor esverdeada (Do cast. ou it. *verdea*, «id.», ou fr. *verdée*, «id.»)

verdejância *n.f.* qualidade ou estado de verdejante (De *verdejar*+-*ância*)

verdejante *adj.2g.* que verdeja (De *verdejar*+-*ante*)

verdejar *v.intr.* **1** apresentar a cor verde; verdecer **2** tornar-se verde; verdecer (De *verde*+-*ejar*)

verdelha *n.f.* ORNITOLOGIA nome vulgar por que alguns autores designam o verdelhão e um outro pássaro raro em Portugal, e que é também conhecido por letreira (De *verde*+-*elha*)

verdelhão *n.m.* **1** ORNITOLOGIA pássaro de plumagem verde-amarelada, pertencente à família dos Fringilídeos, muito frequente e, em parte, sedentário em Portugal, também conhecido por amarelão, canário-bravo, emberiza, milheira-amarela, milheirão, mourisco, verderol, verdilhão, verdilhote, verdizel, verdizelo, etc. **2** ICTIOLOGIA ⇒ **bodião** (De *verdelha*+-*ão*)

verdelho /ê/ *n.m.* casta de uva branca da região duriense; gouveio; ~ **tinto** casta da videira (ou as suas uvas) produtora de uvas para vinho, muito cultivada em Portugal (De *verde*+-*elho*)

verde-mar *adj.inv.,n.m.* verde-claro; glauco

verde-montanha *adj.inv.* designativo da cor verde com tons escuros e levemente azulados ■ *n.m.* **1** essa cor **2** (pintura) espécie de tinta com que, nos quadros, se imita a coloração dos montes vistos de longe

verde-negro *adj.,n.m.* ⇒ **verde-escuro**

verderol *n.m.* ORNITOLOGIA ⇒ **verdelhão** (Do cast. *verderol*, «id.»)

verde-rubro *adj.inv.* designativo da coloração que os metais tomam quando incandescentes

verde-salsa *adj.inv.* que apresenta uma tonalidade de verde semelhante à das folhas da salsa ■ *n.m.* essa tonalidade (De *verde*+*salsa*)

verdete *n.m.* nome por que são designadas várias substâncias de cor verde que resultam da alteração superficial dos objetos de cobre ou suas ligas, em especial dos compostos quimicamente diferentes, que são o acetato de cobre (alteração produzida por fermentação acética de produtos vegetais, vinho, etc.) e o hidroxicarbonato de cobre (alteração produzida pelos agentes atmosféricos, dióxido de carbono, vapor de água e oxigénio) (De *verde*+-*ete*)

verde-velho *adj.* que apresenta uma tonalidade pálida de verde ■ *n.m.* essa tonalidade

verdezelha *n.f.* BOTÂNICA ⇒ **corriola** (De *verde*+*z*+-*elha*)

verdilhão *n.m.* ORNITOLOGIA ⇒ **verdelhão** (Por *verdelhão*)

verdilhote *n.m.* ORNITOLOGIA ⇒ **verdelhão** (De *verdelho*+-*ote*)

verdinegro *adj.* ⇒ **verde-negro** (De *verde*+*negro*)

verdinzela *n.f.* ORNITOLOGIA ⇒ **galispo** 2 (Por *verdizela*)

verdisseco *adj.* meio seco; quase seco (De *verde*+*seco*)

verdizel *n.m.* ORNITOLOGIA ⇒ **verdelhão** (De *verde*+*z*+-*el*)

verdizela *n.f.* **1** varinha flexível de que se fazem as boízes **2** rapaz alto e magro **3** ORNITOLOGIA ⇒ **galispo** 2 **4** BOTÂNICA ⇒ **corriola** (De *verde*+*z*+-*ela*)

verdizelo *n.m.* **1** ORNITOLOGIA ⇒ **verdelhão** **2** para alguns autores, designação de uma variedade de alvéola ou lavandisca (pássaro) (De *verde*+*z*+-*elo*)

verdoega *n.f.* BOTÂNICA ⇒ **beldroega** (De *beldroega*, com infl. de *verde*)

verdoengo *adj.* **1** que ainda não está bem maduro **2** (tonalidade) esverdeado (Do lat. *verdorencu-*, «id.»)

verdolengo *adj.* ⇒ **verdoengo**

verdor *n.m.* **1** qualidade do que é verde; verdura **2** aspeto verde **3** [fig.] inexperiência **4** [fig.] viço; força (De *verde*+-*or*)

verdoso /ô/ *adj.* **1** esverdeado **2** verdejante (De *verde*+-*oso*)

verdote *n.m.* **1** que não está bem maduro; um tanto verde **2** [fig.] relativamente novo (De *verde*+-*ote*)

verdugão *n.m.* cicatriz na pele, proveniente de ferida (Do cast. *verdugón*, «id.»)

verdugo *n.m.* **1** carrasco; algoz **2** espada sem gume que só feria na ponta **3** dobra na roupa **4** navalhinha delgada e pontiaguda **5** friso ao longo da borda do navio **6** rebordo existente no aro das rodas com a finalidade de as guiar sobre os carris **7** [fig.] pessoa cruel que inflige maus tratos a alguém (Do lat. vulg. *virdūcu-*, de *virde-*, por *viride-*, «vara verde que servia de açoite»)

verduguilho *n.m.* [regionalismo] seitoira estreita e de bom corte (Do cast. *verduguillo*, «id.»)

verdum *n.m.* ⇒ **verdume** (De *verde*+-*um*)

verdume *n.m.* **1** cor verde **2** verdura; verdor (De *verde*+-*ume*)

verdunização *n.f.* esterilização da água que se destina a ser bebida, por adição de cloro na dose de 1 decimiligrama por litro de água (Do fr. *verdunisation*, de *Verdun*, top.)

verdunizar *v.tr.* tratar as águas por verdunização (Do fr. *verduniser*, de *Verdun*, top.)

verdura *n.f.* **1** cor verde das plantas; verdor **2** viço **3** estado daquilo que não está maduro **4** vegetais **5** hortaliça **6** erva **7** [fig.] força; vigor **8** [fig.] inexperiência **9** [fig.] juventude; mocidade **10** pl. [fig.] atos ou sentimentos próprios de quem é jovem e pouco responsável (De *verde*+-*ura*)

verdureiro *n.m.* [Brasil] vendedor que anda pelas ruas a vender hortaliças, frutas, etc. (De *verdura*+-*eiro*)

vereação *n.f.* **1** ato de verear **2** cargo de vereador **3** tempo que dura esse cargo **4** conjunto dos vereadores **5** câmara municipal; edilidade (De *verear*+-*ção*)

vereador *n.m.* **1** pessoa que vereia **2** cada um dos membros eleitos para constituírem a câmara municipal; edil (De *verear*+-*dor*)

vereamento *n.m.* **1** funções ou jurisdição dos vereadores **2** vereação (De *verear*+-*mento*)

verear *v.intr.* exercer as funções de vereador ■ *v.tr.* administrar como vereador (Do lat. *verea*, por *vereda*+-*ar*)

verecúndia *n.f.* vergonha (Do lat. *verecundĭa-*, «id.»)

verecundo *adj.* ⇒ **vergonhoso** (Do lat. *verecundu-*, «id.»)

vereda /ê/ *n.f.* **1** caminho estreito; atalho; carreiro **2** [fig.] senda; rumo; direção **3** [fig.] modo de vida (Do b. lat. *verēda-*, «caminho velho e estreito»)

veredicto a grafia mais usada é *veredito*

veredito *n.m.* **1** resposta do júri aos quesitos propostos pelo tribunal sobre uma causa cível ou criminal **2** decisão **3** opinião autorizada (Do lat. *vere dictum*, «dito verdadeiramente», pelo ing. *verdict*, «id.») ACORDO ORTOGRÁFICO também se pode escrever **veredicto**

verga /ê/ *n.f.* **1** vara delgada e muito flexível **2** junco com que se fazem cadeiras, cestos e outros artefactos; vime **3** NÁUTICA pau preso ao mastro do navio, onde se amarra a vela **4** barra delgada de ferro **5** viga que cobre o vão de uma porta ou janela; *de ~*(*s*) *alta*(*s*) (navio) pronto a partir; *ter tempo e ~* ter todas as possibilidades de fazer alguma coisa (Do lat. *virga-*, «id.»)

verga-de-ouro *n.f.* BOTÂNICA planta herbácea, da família das Compostas, de capítulos de flores amarelas, espontânea em Portugal,

vergadiço *adj.* que verga facilmente (De *vergar*+-*diço*)

do Minho ao Alentejo, e também conhecida por vara-de-ouro, vergáurea e virga-áurea

vergado *adj.* 1 dobrado 2 curvado 3 [fig.] sobrecarregado; assoberbado 4 [fig.] que se submeteu à vontade de outro; vencido (Part. pass. de *vergar*)

vergadura *n.f.* ato ou efeito de vergar (De *vergar*+-*dura*)

vergal *n.m.* correia que prende os animais ao carro (De *verga*+-*al*)

vergalhada *n.f.* 1 chibatada; vergastada; pancada com vergalho 2 [pop.] maroteira; patifaria (Part. pass. fem. subst. de *vergalhar*)

vergalhamento *n.m.* ato de vergalhar (De *vergalhar*+-*mento*)

vergalhão *n.m.* barra de ferro de secção quadrada (De *vergalho*+-*ão*)

vergalhar *v.tr.* açoitar com vergalho (De *vergalho*+-*ar*)

vergalho *n.m.* 1 qualquer chicote; azorrague 2 [pop.] patife; velhaco (De *verga*+-*alho*)

vergame *n.m.* 1 NÁUTICA conjunto de todas as vergas de um navio 2 [regionalismo] varas de castanheiro para cestos (De *verga*+-*ame*)

vergamota *n.f.* BOTÂNICA ⇒ **bergamota** (Por *bergamota*)

vergancha *n.f.* [regionalismo] verga fasquiada para fazer canastras, gigos, etc. (De *verga*+*ancha*)

vergão *n.m.* 1 verga grossa 2 lesão da pele provocada por traumatismo ou pancada, nomeadamente por vergastada (De *verga*+-*ão*)

vergar *v.tr.,intr.,pron.* 1 curvar(-se); dobrar(-se); arquear(-se) 2 submeter(-se); sujeitar(-se) 3 (fazer) perder as forças; desanimar 4 (fazer) mudar de opinião; persuadir(-se) ■ *v.intr.* ceder ao peso ■ *v.tr.* comover; apiedar (De *verga*+-*ar*)

vergasta *n.f.* 1 verga pequena 2 varinha fina e flexível, utilizada para fustigar 3 qualquer chicote (De *verga*+-*asta*)

vergastada *n.f.* golpe aplicado com vergasta (De *vergasta*+-*ada*)

vergastão *n.m.* 1 vergasta grande 2 golpe aplicado com vergasta; vergastada (De *vergasta*+-*ão*)

vergastar *v.tr.* 1 bater com vergasta em; açoitar com vergasta 2 [fig.] castigar 3 [fig.] criticar asperamente; zurzir (De *vergasta*+-*ar*)

vergasteiro *n.m.* [regionalismo] ramo de qualquer arbusto para vergastar (De *vergasta*+-*eiro*)

vergáurea *n.f.* BOTÂNICA ⇒ **verga-de-ouro** (De *verga*+*áurea*)

vergel *n.m.* 1 pomar 2 jardim 3 horto (Do lat. *viridiarĭu*-, «lugar arborizado», pelo prov. ant. *vergier*, «id.»)

vergência *n.f.* FÍSICA termo genérico usado para designar quer a convergência, quer a divergência dos raios luminosos num sistema ótico (Do lat. *vergentĭa*, «id.», part. pres. neut. pl. de *vergĕre*, «inclinar»)

vergoada *n.f.* equimose causada pelo vergão (De *vergão*+-*ada*)

vergonha /ô/ *n.f.* 1 sentimento desagradável relacionado com o receio da desonra ou do ridículo; pejo 2 timidez; acanhamento 3 ato indecoroso 4 sensação de perda de dignidade ou de falta de valor pessoal; humilhação; rebaixamento 5 desonra; opróbrio 6 coisa mal feita ou mal acabada 7 afronta 8 *pl.* [ant.] órgãos sexuais humanos (Do lat. vulg. *verecunnĭa*-, por *verecundĭa*-, «id.»)

vergonhaça *n.f.* {aumentativo de **vergonha**} grande vergonha; vexame (De *vergonha*+-*aça*)

vergonhaço *n.m.* {aumentativo de **vergonha**} grande vergonha; vexame (De *vergonha*+-*aço*)

vergonhosa *n.f.* BOTÂNICA ⇒ **sensitiva** (De *vergonhoso*)

vergonhosamente *adv.* 1 indecorosamente 2 desavergonhadamente 3 de forma indigna ou pouco elevada (De *vergonhoso*+-*mente*)

vergonhoso /ô/ *adj.* 1 que causa vergonha 2 indecoroso; obsceno 3 desonesto 4 indigno; desonroso 5 que está muito mal feito (De *vergonha*+-*oso*)

vergôntea *n.f.* 1 ramo tenro de árvore; rebento; renovo 2 haste 3 [fig.] descendente; filho (Do lat. *virgulta*, «rebentos; vergônteas»)

vergonteado *adj.* 1 com forma de vergôntea 2 flexível (Part. pass. de *vergontear*)

vergontear *v.intr.* 1 criar vergônteas 2 [fig.] ter descendência (De *vergôntea*+-*ar*)

vergueiro[1] *n.m.* 1 verga grossa 2 vara 3 vergasta 4 cabo de madeira cravado nas talhadeiras, rompedeiras, etc. 5 NÁUTICA cabo grosso de prender o leme (De *verga*+-*eiro*)

vergueiro[2] *adj.* [regionalismo] diz-se do homem ou animal fraco que verga sob qualquer peso (De *vergar*+-*eiro*)

vergueta *n.f.* HERÁLDICA pala estreita, nos brasões, que tem apenas a terça parte da largura ordinária (De *verga*+-*eta*)

verguinha *n.f.* 1 verga delgada que se emprega no fabrico de peças de mobília 2 varão de aço de pequena secção utilizado no betão armado (De *verga*+-*inha*)

verguio *adj.* 1 fácil de vergar; flexível 2 ágil (De *vergar*+-*io*)

veridicidade *n.f.* qualidade do que é verídico; veracidade (De *verídico*+-*i*-+-*dade*)

verídico *adj.* 1 que fala verdade 2 que corresponde à verdade; que não é falso; verdadeiro; autêntico (Do lat. *veridĭcu*-, «id.»)

verificação *n.f.* 1 ato ou efeito de verificar 2 exame; averiguação 3 conferência; confirmação 4 prova; constatação 5 realização (De *verificar*+-*ção*)

verificador *adj.* que verifica ■ *n.m.* 1 aquele que verifica 2 funcionário superior aduaneiro encarregado de verificar as mercadorias submetidas a despacho para aplicação de impostos (De *verificar*+-*dor*)

verificar *v.tr.* 1 averiguar (se uma coisa é como deve ser ou como a dizem); certificar-se de 2 confirmar; corroborar 3 examinar 4 demonstrar ■ *v.pron.* cumprir-se; realizar-se (Do lat. *verificāre*, «id.»)

verificativo *adj.* que serve para verificar (De *verificar*+-*tivo*)

verificável *adj.2g.* que se pode verificar (De *verificar*+-*vel*)

verisímil *adj.2g.* ⇒ **verosímil** (Do lat. *verisimĭle*-, «id.»)

verisimilhança *n.f.* ⇒ **verosimilhança** (De *verisímil* × *semelhança*)

veríssimil *adj.2g.* [Brasil] ⇒ **verosímil** (Do lat. *verisimĭle*-, «id.»)

verme *n.m.* 1 ANATOMIA lobo médio do cerebelo, alongado e sulcado transversalmente, o que lhe dá o aspeto de um verme anelado, e que é correntemente designado vérmis 2 MEDICINA designação de muitos dos parasitas intestinais, especialmente as lombrigas, os oxiúros e as ténias 3 ZOOLOGIA antiga designação extensiva a muitos invertebrados de corpo mole e sensivelmente alongado, tipicamente cilíndrico ou achatado, e sem apêndices locomotores evidentes, especialmente dos grupos dos platelmintes, anelídeos e nematelmintes 4 minhoca 5 larva 6 helminto 7 [fig.] pessoa desprezível 8 [fig.] aquilo que mina ou corrói lentamente 9 [fig.] remorso 10 *pl.* BIOLOGIA atualmente, para alguns autores, grupo (tipo) constituído especialmente pelos anelídeos e platelmintes (Do lat. *verme*-, «id.»)

vermelhaço *adj.* 1 avermelhado; vermelhusco 2 corado (De *vermelho*+-*aço*)

vermelhão *n.m.* 1 cor vermelha muito pronunciada 2 pigmento vermelho-vivo, obtido por trituração do cinábrio 3 substância tintória 4 zarcão; mínio 5 rubor nas faces; vermelhidão 6 qualquer substância com que se torna corado o rosto (De *vermelho*+-*ão*, ou do fr. *vermillon*, «id.»)

vermelhar *v.tr.,pron.* 1 pintar(-se), tingir(-se) de vermelho; avermelhar(-se) 2 enrubescer ■ *v.intr.* apresentar cor vermelha (De *vermelho*+-*ar*)

vermelhear *v.tr.,intr.,pron.* ⇒ **vermelhar** (De *vermelho*+-*ear*)

vermelhecer *v.intr.* 1 tornar-se vermelho; avermelhar-se 2 enrubescer; corar (De *vermelho*+-*ecer*)

vermelhejar *v.tr.,intr.,pron.* ⇒ **vermelhar** (De *vermelho*+-*ejar*)

vermelhidão *n.f.* 1 cor vermelha 2 [fig.] afogueamento; rubor (De *vermelho*+-*idão*)

vermelhinha *n.f.* jogo em que o banqueiro coloca três cartas, voltadas para baixo, sobre a mesa, sendo duas de naipe preto e uma de naipe vermelho, e em que o parceiro ganha se adivinhar qual delas é a vermelha; *fazer a ~* fazer embuste, ludibriar (De *vermelhinho*)

vermelhinho *adj.* vermelho vivo ■ *n.m.* ORNITOLOGIA ⇒ **pintarroxo** (De *vermelho*+-*inho*)

vermelho /ê/ *adj.* 1 da cor do sangue 2 [fig.] afogueado; corado 3 [fig.] envergonhado 4 [fig., pej.] que milita em partidos de esquerda ■ *n.m.* 1 cor do sangue 2 rubor 3 verniz feito de resina, sangue de drago e álcool 4 [fig., pej.] militante de partido de esquerda; *fazer-se ~* corar, ruborizar-se, envergonhar-se (Do lat. *vermicŭlu*-, «pequeno verme; cochonilha», de que se extrai tinta vermelha)

vermelho-escuro *adj.inv.* que apresenta uma tonalidade escura de vermelho ■ *n.m.* essa tonalidade

vermelho-púrpura *adj.inv.* que apresenta uma tonalidade de vermelho com reflexos azulados e roxos ■ *n.m.* essa tonalidade

vermelhuço *adj.* ⇒ **vermelhusco** (De *vermelho*+-*uço*)

vermelhusco *adj.* 1 um tanto vermelho; avermelhado 2 [fig.] exaltado; agitado ■ *n.m.* [coloq., depr.] indivíduo da extrema-esquerda (De *vermelho*+-*usco*)

verm(i)- elemento de formação de palavras que exprime a ideia de *verme* (Do lat. *verme*-, «verme»)

vermicida *adj.2g.,n.m.* FARMÁCIA que ou substância que provoca a expulsão dos vermes intestinais; vermífugo (Do lat. *verme*-, «verme» +*caedĕre*, «matar»)

vérmico *adj.* relativo a verme (De *verme*+-*ico*)

vermiculação *n.f.* ato ou efeito de vermicular (De *vermicular*+-*ção*)

vermiculado *adj.* 1 ARQUITETURA (ornamento) que tem forma semelhante aos vestígios que os vermes deixam na terra por onde passam 2 BOTÂNICA (órgão vegetal) que apresenta saliências em forma de vermes (Do lat. *vermiculātu*, «em que há desenhos com forma de verme»)

vermicular¹ *adj.2g.* 1 referente ou semelhante a verme 2 que se desloca como um verme (Do fr. *vermiculaire*, «id.»)

vermicular² *v.intr.* deslocar-se como os vermes (Do lat. *vermicŭlu-*, «pequeno verme» +*-ar*)

vermiculária *n.f.* BOTÂNICA planta herbácea, da família das Crassuláceas, que é também denominada uva-de-cão e sanguinária (Do lat. *vermicŭlu-*, «vermelho» +*-ária*)

vermiculite *n.f.* MINERALOGIA mineral da família das clorites (Do lat. *vermicŭlu-*, «pequeno verme» +*-ite*)

vermículo *n.m.* {*diminutivo de verme*} vermezinho (Do lat. *vermicŭlu-*, «vermezinho»)

vermiculoso /ô/ *adj.* ⇒ **vermiculado** (Do lat. *vermiculōsu-*, «id.»)

vermiculura *n.f.* ARQUITETURA ornato que imita as voltas ou sulcos que os vermes fazem na madeira que corroem (Do fr. *vermiculure*, «id.»)

vermídeo *adj.* ZOOLOGIA relativo ou pertencente aos vermídeos ■ *n.m.* ZOOLOGIA espécime dos vermídeos ■ *n.m.pl.* ZOOLOGIA grupo de animais invertebrados constituído, segundo alguns autores, pelos gefíreos, troquelmintes e moluscoides (tipos), e, segundo outros, apenas por algumas classes desses tipos (De *vermi-*+*-ídeos*)

vermiforme *adj.2g.* cuja forma se assemelha à de um verme típico (De *vermi-*+*-forme*)

vermífugo *adj., n.m.* FARMÁCIA que ou substância que provoca a expulsão dos vermes intestinais; vermicida; antelmíntico (De *vermi-*+*-fugo*)

vermilingue *adj.2g.* ZOOLOGIA diz-se do animal, como alguns sáurios e mamíferos, cuja língua é cilíndrica, muito comprida e protráctil, servindo para capturar insetos ■ *n.m.* ZOOLOGIA espécime dos vermilingues ■ *n.m.pl.* ZOOLOGIA grupo de répteis sáurios cuja língua é cilíndrica, muito comprida e protráctil, servindo para capturar insetos (De *vermi-*+*-lingue*)

vermilíngue /gu-e/ *adj.2g., n.m.* ZOOLOGIA ⇒ **vermilingue**

vérmina *n.f.* MEDICINA ⇒ **verminose** (Do fr. *vermine*, «bicharia»)

verminação *n.f.* 1 ato ou efeito de verminar 2 criação e propagação dos vermes intestinais (Do lat. *verminatiōne-*, «id.»)

verminado *adj.* atacado ou roído dos vermes 2 [fig.] ralado; consumido (Do lat. *verminātu-*, «id.», part. pass. de *vermināre*, «ter vermes»)

verminal *adj.2g.* referente aos vermes (Do lat. **vermen*, por *verme-*, «verme» +*-al*)

verminar *v.tr.* 1 encher de vermes 2 corroer como verme (Do lat. *vermināre*, «ter vermes»)

vermineira *n.f.* lugar onde se fazem desenvolver vermes e larvas de insetos por meio da fermentação de matérias orgânicas, para alimentação das aves (Do lat. **vermen*, por *verme-*, «verme» +*-eira*)

verminose /ô/ *n.f.* MEDICINA doença produzida pelo excesso de vermes nos intestinos; vérmina; helmintíase (Do lat. **vermen*, por *verme-*, «verme» +*-ose*)

verminoso /ô/ *adj.* 1 produzido por vermes 2 verminado (Do lat. *verminōsu-*, «id.»)

vérmis *n.m.2n.* ANATOMIA ⇒ **verme** 1 (Do lat. *vermis* (nominativo), «verme»)

vermívoro *adj.* que se alimenta de vermes (De *vermi-*+*-voro*)

vermute *n.m.* espécie de licor feito de vinho branco em que se infundiram certas substâncias amargas (absinto, quina, casca de laranja, etc.), e que se toma como aperitivo (Do al. *Wermut*, «absinto», pelo fr. *vermout*, «id.»)

verna *n.m.* escravo que nasceu em casa do seu senhor (Do lat. *verna-*, «id.»)

vernação *n.f.* 1 BOTÂNICA modo como as folhas novas dos vegetais estão dobradas ou enroladas nos respetivos gomos; prefoliação; folheatura 2 época da formação das folhas nos vegetais (Do lat. *vernatiōne-*, «mudança de pele, na primavera»)

vernaculidade *n.f.* 1 qualidade do que é vernáculo 2 propriedade 3 pureza e correção de linguagem (De *vernáculo*+*-i-*+*-dade*)

vernaculismo *n.m.* ⇒ **vernaculidade** (De *vernáculo*+*-ismo*)

vernaculista *n.2g.* pessoa que fala ou escreve vernaculamente (De *vernáculo*+*-ista*)

vernaculização *n.f.* ato ou efeito de vernaculizar (De *vernaculizar*+*-ção*)

vernaculizar *v.tr.* tornar vernáculo (De *vernáculo*+*-izar*)

vernáculo *adj.* 1 próprio do país ou da região a que pertence; nacional; pátrio 2 (linguagem) que conserva a pureza original; sem estrangeirismos; genuíno; puro ■ *n.m.* língua própria de um país ou de uma região; idioma nacional (Do lat. *vernacŭlu-*, «escravo nascido em casa»)

vernal *adj.2g.* 1 da primavera 2 próprio da primavera 3 designativo da flor, fruto, etc., que rebenta na primavera; *ponto ~* ASTRONOMIA ponto da esfera celeste resultante da intersecção da eclíptica com o equador celeste, por onde passa o centro do Sol, no seu movimento anual aparente, quando transita do hemisfério sul para o hemisfério norte (Do lat. *vernāle-*, «primaveril»)

vernante *adj.2g.* que rebenta ou floresce na primavera (Do lat. *vernante-*, «id.», part. pres. de *vernāre*, «reverdecer; estar na primavera»)

vernar *v.intr.* (folhas) ter a vernação; despontar; nascer (Do lat. *vernāre*, «reverdecer; estar na primavera»)

vernes *n.m.pl.* ZOOLOGIA tumefação entre a pele dos animais e o tecido celular subjacente (Var. de *berne*)

vérnia *n.f.* [regionalismo] variedade de laranja, doce e de polpa muito dura (De *vernu-*, «da primavera» +*-ia*)

vernicífero *adj.* que produz verniz (Do lat. med. *veronĭce-*, «verniz» +*-ferre*, «produzir»)

vernícomo *adj.* que nasce no tempo quente (Do lat. *vernicŏmu-*, «id.»)

vernissage *n.f.* inauguração de uma exposição (Do fr. *vernissage*)

verniz *n.m.* 1 composição de resina ou goma resinosa com álcool, empregada para polir móveis e outros objetos, preservando-os da humidade 2 substância resinosa que se aplica sobre as unhas para lhes dar brilho ou cor 3 cabedal muito lustroso 4 polimento; brilho 5 [regionalismo] embriaguez 6 [fig.] boa educação; distinção; polidez 7 [fig.] elegância 8 [fig.] conhecimento superficial de algo (Do b. lat. *veronĭce-*, «sandáraca», pelo fr. *vernis*, «id.»)

verno *adj.* 1 da primavera 2 próprio da primavera (Do lat. *vernu-*, «primaveril»)

vero *adj.* 1 verdadeiro 2 real 3 exato (Do lat. *veru-*, «id.»)

veronal *n.m.* FARMÁCIA, QUÍMICA composto derivado do ácido dietilbarbitúrico, que tem propriedades hipnóticas e antiespasmódicas (Do fr. *veronal*, «id.», de *Verona*, top., cidade italiana)

veronense *adj., n.2g.* ⇒ **veronês** (Do lat. *veronense-*, «id.»)

veronês *adj.* relativo ou pertencente a Verona, cidade do Norte da Itália ■ *n.m.* natural ou habitante de Verona (De *Verona*, top. +*-ês*)

verónica *n.f.* 1 RELIGIÃO pano onde está pintada ou estampada a imagem do rosto de Cristo 2 RELIGIÃO mulher que, nas procissões da Semana Santa, conduz o Santo Sudário 3 [pop.] rosto; cara 4 TAUROMAQUIA passe de toureio apeado (De *Verónica*, antr.)

verónica-das-boticas *n.f.* BOTÂNICA planta herbácea, de flores azuladas ou brancas dispostas em cachos, pertencente à família das Escrofulariáceas, espontânea no Norte e no centro de Portugal e também conhecida por verónica-da-alemanha

ver-o-peso *n.m.* 1 antigo posto fiscal onde se examinava o peso dos géneros destinados à venda 2 exame 3 fiscalização

verosímil *adj.2g.* 1 que parece ser verdadeiro; provável 2 em que não repugna acreditar; plausível; crível (Do lat. *verisimĭle-*, «id.»)

verosimilhança *n.f.* qualidade do que é verosímil (De *vero*+*semelhança*)

verosimilhante *adj.2g.* ⇒ **verosímil** (De *vero*+*semelhante*)

verosimilitude *n.f.* ⇒ **verosimilhança** (Do lat. *verisimilitudĭne-*, «id.»)

verrasco *n.m.* ⇒ **varrão** (Do lat. *verre-*, «varrão» +*-asco*)

verriculado *adj.* que possui verrículos (De *verrículo*+*-ado*)

verrículo *n.m.* tufo de pelos eretos que apresentam alguns órgãos (Do lat. *verricŭlu-*, «rede para pescar»)

verrina *n.f.* 1 censura violenta em discurso público 2 acusação (Do lat. *verrina-*, «id.», de *Caius Verres*, antr., político romano, 119-43 a. C.)

verrinar *v.tr.* exprobrar ou acusar publicamente (De *verrina*+*-ar*)

verrinário *adj.* relativo a verrina (De *verrina*+*-ário*)

verrineiro *adj., n.m.* que ou aquele que tem o hábito de censurar ou acusar por meio de verrinas (De *verrina*+*-eiro*)

verrinista *n.2g.* pessoa que faz verrinas (De *verrina*+*-ista*)

verrinoso /ô/ *adj.* que encerra verrina ou crítica acerba (De *verrina*+*-oso*)

verrucal *adj.2g.* respeitante a verrugas (Do lat. *verruca-*, «verruga» +*-al*)

verrucária *n.f.* BOTÂNICA ⇒ **tornassol** 1 (Do lat. *verrucarĭa-* [*herba-*], «id.»)

verrucífero *adj.* que tem verrugas (Do lat. *verrūca-* +*-ferre*, «ter»)

verruciforme *adj.2g.* que tem forma de verruga (Do lat. *verrūca-*, «verruga» +*-forma-*, «forma»)

verruga n.f. 1 pequena excrescência cutânea que aparece sobretudo no rosto e nas mãos 2 BOTÂNICA pequena protuberância rugosa (Do lat. *verrūca-*, «id.»)

verrugoso /ô/ adj. 1 que possui verrugas 2 que tem forma ou aspeto de verruga (Do lat. *verrucōsu-*, «id.»)

verruguento adj. ⇒ **verrugoso** (De *verruga*+*-ento*)

verruma n.f. 1 pequeno instrumento, em forma de parafuso e de ponta aguda, destinado a abrir furos na madeira 2 broca para abrir buracos em pedra 3 [fig.] pessoa maçadora e impertinente (De orig. obsc.)

verrumão n.m. 1 verruma grande e grossa 2 trado 3 ZOOLOGIA inseto coleóptero que corrói a madeira (De *verruma*+*-ão*)

verrumar v.tr. 1 furar com verruma 2 abrir furos em (com qualquer instrumento perfurante) 3 [fig.] fitar atentamente 4 [fig.] espicaçar; irritar 5 [fig.] maçar 6 [fig.] cogitar; meditar (De *verruma*+*-ar*)

verrumeiro n.m. fabricante ou vendedor de verrumas (De *verruma*+*-eiro*)

versa n.f. estado das searas que a chuva ou qualquer outra causa derrubou e acamou (Do fr. *verse*, «id.»)

versado adj. 1 que é conhecedor de (um assunto ou ramo de atividade); experiente; especialista; perito 2 que é ou foi objeto de estudo ou de análise; estudado; tratado; discutido 3 posto em verso; versificado (Do lat. *versātu-*, «id.», part. pass. de *versāre*, «ponderar; refletir»)

versal adj.2g.,n.f. letra ou designativo da letra maiúscula de cada um dos tipos do mesmo corpo (De *verso*+*-al*)

versalete /ê/ adj. versal de tipo pequeno (De *versal*+*-ete*)

versalhada n.f. 1 [depr.] conjunto de versos mal feitos ou insípidos 2 [depr.] poesia longa e sem inspiração (De *verso*+*-alho*+*-ada*)

versão n.f. 1 ato ou efeito de verter 2 ação de voltar ou virar; volta; contorção 3 mudança; alteração 4 ato ou efeito de traduzir de uma língua para outra 5 forma diferente de contar a mesma coisa; variante 6 interpretação; explicação 7 boato 8 MEDICINA mudança feita à posição do feto no útero 9 INFORMÁTICA edição de um programa de computador que apresenta melhoramentos em relação à anterior (Do lat. *versiōne-*, «id.», de *vertĕre*, «virar; mudar»)

versar[1] v.tr. 1 manusear; manejar 2 examinar ou estudar minuciosamente 3 praticar; exercitar 4 abordar; tratar 5 dizer respeito a; incidir em; tratar de (Do lat. *versāre*, «id.»)

versar[2] v.tr. pôr em verso (texto em prosa) ■ v.intr. fazer versos (De *verso*+*-ejar*)

versaria n.f. [depr.] ⇒ **versalhada** (De *verso*+*-aria*)

versátil adj.2g. 1 que se adapta facilmente a situações novas 2 propenso a mudança; volúvel; inconstante 3 BOTÂNICA diz-se da antera que oscila na extremidade do filete que a suporta 4 ORNITOLOGIA diz-se do dedo de algumas aves que tanto pode voltar-se para diante como para trás, como no cuco (Do lat. *versatĭle-*, «id.»)

versatilidade n.f. qualidade do que é versátil (De *versátil*+*-i-*+*-dade*)

versejador adj. que verseja ■ n.m. 1 aquele que verseja 2 [pej.] poeta sem inspiração (De *versejar*+*-dor*)

versejadura n.f. ato ou efeito de versejar (De *versejar*+*-dura*)

versejar v.tr. pôr em verso (texto em prosa) ■ v.intr. 1 compor versos; poetar 2 [pej.] fazer versos sem qualidade (De *verso*+*-ejar*)

verseto n.m. 1 pequeno trecho em que tradicionalmente se divide um texto sagrado; versículo 2 palavras extraídas da Escritura, seguidas de responso, que se rezam ou cantam nos ofícios divinos 3 MÚSICA breve peça para órgão, geralmente improvisada, que substitui um verso de uma rubrica litúrgica e que é cantada pelo coro 4 sinal tipográfico que indica o princípio de cada verseto (De *verso*+*-eto*)

versi-[1] elemento de formação de palavras que exprime a ideia de *verso, linha, sulco* (Do lat. *versu-*, «verso; sulco»)

versi-[2] elemento de formação de palavras que exprime a ideia de *transformação, mudança* (Do lat. *versu-*, «mudado, virado, afugentado»)

versicolor adj.2g. que tem cores variadas; matizado; mesclado (Do lat. *versicolōre-*, «id.»)

versicorado adj. (órgão, animal) que é capaz de mudar de cor (De *versi*+*corado*)

versículo n.m. 1 RELIGIÃO cada uma das divisões de um capítulo da Bíblia 2 palavras extraídas da Escritura, seguidas de responso, que se rezam ou cantam nos ofícios divinos; verseto 3 subdivisão de um artigo, parágrafo, etc. (Do lat. *versicŭlu-*, «id.»)

versífero adj. que tem ou faz versos (De *versi-*+*-fero*)

versificação n.f. 1 ato ou efeito de versificar 2 arte de fazer versos 3 metrificação (Do lat. *versificatiōne-*, «id.»)

versificador adj.,n.m. que ou aquele que versifica (Do lat. *versificatōre-*, «id.»)

versificar v.tr. pôr em verso (texto em prosa) ■ v.intr. fazer versos; versejar (Do lat. *versificāre*, «id.»)

versífico adj. relativo ou pertencente a verso ou à versificação (Do lat. *versifĭcu-*, «id.»)

versilibrismo n.m. 1 LITERATURA corrente literária moderna que substituiu as normas tradicionais da métrica, rima e estrutura, pela expressão apoiada só no ritmo 2 LITERATURA uso do verso livre (Do fr. *vers-librisme*, «id.», de *vers libre*, «verso livre»)

versilibrista adj.,n.2g. que ou pessoa que é adepta do versilibrismo (Do fr. *vers-libriste*, «id.»)

versista adj.,n.2g. que ou pessoa que faz versos (De *verso*+*-ista*)

verso n.m. 1 cada uma das linhas de um texto poético, que obedece a determinadas normas rítmicas 2 composição poética 3 arte poética 4 lado oposto 5 página oposta à da frente 6 lado interior das folhas dos vegetais 7 face posterior de qualquer objeto (Do lat. *versu-*, «id.»)

versor n.m. MATEMÁTICA vetor de módulo igual à unidade (Do lat. *versu-*, «mudado» +*-or*)

verstá n.f. medida itinerária da Rússia equivalente a 1067 metros (Do russo *versta*, «id.»)

verste n.f. ⇒ **verstá**

versus prep. contra; por oposição a (Do lat. *versus*, «na direção de», pelo ing. *versus*, «id.»)

vértebra n.f. 1 ANATOMIA cada uma das peças esqueléticas, cartilagíneas ou ósseas, que entram na constituição da coluna vertebral 2 ZOOLOGIA cada um dos artículos que entram na constituição dos braços dos ofiurídeos (Do lat. *vertĕbra-*, «id.»)

vertebrado adj. 1 que possui vértebras; vertebral; vertebroso 2 relativo ou pertencente aos vertebrados ■ n.m. ZOOLOGIA espécime dos vertebrados ■ n.m.pl. ZOOLOGIA grupo (subtipo) de animais cordados, possuidores de crânio e, quase sempre, de vértebras individualizadas que constituem a coluna vertebral, formado pelos ciclóstomos, peixes, batráquios, répteis, aves e mamíferos, e também denominado craniotas e osteozoários (Do lat. *vertebrātu-*, «id.»)

vertebral adj.2g. 1 que pertence ou diz respeito às vértebras 2 que é constituído por vértebras 3 raquidiano (De *vértebra*+*-al*)

vertebralidade n.f. qualidade de vertebral (De *vertebral*+*-i-*+*-dade*)

vertebrar v.tr. estruturar (De *vértebra*+*-ar*)

vertebro- elemento de formação de palavras que exprime a ideia de *vértebra* (Do lat. *vertĕbra-*, «id.»)

vertebrocostal adj.2g. referente a uma vértebra e a uma costela (De *vertebro-*+*costal*)

vertebroilíaco adj. ANATOMIA relativo às vértebras e ao osso ilíaco

vertebroso /ô/ adj. ⇒ **vertebral** (De *vértebra*+*-oso*)

vertedoiro n.m. ⇒ **vertedouro**

vertedor adj. 1 que verte 2 que derrama ■ n.m. 1 vaso para despejo de águas 2 tradutor (De *verter*+*-dor*)

vertedouro n.m. 1 fossa para despejos, espécie de pá ou escudela com que se despeja a água das embarcações 2 parte mais baixa de uma barragem que se usa para alívio do excesso de água acumulada (De *verter*+*-douro*)

vertedura n.f. 1 ato ou efeito de verter 2 líquido vertido 3 buraco por onde ressuma o líquido contido numa vasilha 4 pl. quantidade de líquido que o medidor dá a mais na medida (De *verter*+*-dura*)

vertente adj.2g. 1 que verte 2 que desce ou cai ■ n.f. 1 qualquer dos lados de uma elevação por onde correm as águas; encosta; declive 2 cada um dos lados de um telhado 3 [fig.] ponto de vista; perspetiva (Do lat. *vertente-*, «que vira; que muda», part. pres. de *vertĕre*, «virar; voltar; mudar»)

verter v.tr. 1 deixar sair de si (um líquido) 2 fazer sair (um líquido) com ímpeto; jorrar 3 derramar; entornar 4 espalhar 5 traduzir (de uma língua para outra) 6 desaguar (em) ■ v.intr. 1 deixar sair líquido; ressumar 2 transbordar; ~ *águas* urinar; ~ *pranto* chorar (Do lat. *vertĕre*, «virar; voltar; mudar»)

vértex /cs/ n.m. (plural **vértices**) ANATOMIA o ponto mais alto da abóbada craniana; vértice (Do lat. *vertex*, (nominativo), «vértice; cimo da cabeça»)

vertical adj.2g. 1 que segue a direção do fio de prumo; perpendicular ao plano do horizonte 2 [fig.] direito; aprumado 3 [fig.] reto; íntegro; honesto ■ n.f. 1 linha perpendicular ao plano do horizonte 2 ASTRONOMIA círculo máximo da esfera celeste perpendicular ao horizonte geocêntrico; círculo vertical; ~ *de um lugar* reta que, nesse lugar, segue a direção da gravidade; *primeira* ~/*primeiro círculo* ~ ASTRONOMIA círculo vertical que passa pelos pontos cardeais leste e oeste; *queda* ~ queda brusca e profunda (Do lat. *vertĭce-*, «ponto mais alto» +*-al*)

verticalidade *n.f.* **1** qualidade ou estado de vertical **2** posição vertical **3** aprumo **4** [fig.] retidão; integridade; honestidade (De *vertical*+*-i-*+*-dade*)

verticalização *n.f.* ato ou efeito de verticalizar (De *verticalizar*+*-ção*)

verticalizar *v.tr.* **1** tornar vertical **2** aprumar (De *vertical*+*-izar*)

verticalmente *adv.* **1** perpendicularmente; na linha vertical **2** corretamente (De *vertical*+*-mente*)

vértice *n.m.* **1** ponto culminante; cume; pináculo; ápice **2** ANATOMIA ponto mais elevado da abóbada craniana **3** GEOMETRIA origem comum das semirretas que formam um ângulo **4** GEOMETRIA ponto de convergência de três ou mais arestas num poliedro, ou das geratrizes num cone **5** GEOMETRIA junção discordante de dois arcos **6** GEOMETRIA cada um dos pontos de uma curva onde a curvatura é máxima ou é mínima **7** GEOMETRIA ponto de uma linha poligonal ou de um poliedro em que há interseção, respetivamente, de lados ou de arestas **8** [fig.] grau ou dignidade suprema; sumidade (Do lat. *vertĭce-*, «ponto mais alto»)

verticidade *n.f.* **1** tendência de um corpo para se mover mais para um lado do que para outro **2** tendência para se dirigir para o vértice, para o ponto culminante (De *vértice*+*-i-*+*-dade*)

verticilado *adj.* **1** BOTÂNICA que é constituído por verticilos **2** BOTÂNICA diz-se de alguns órgãos vegetais (folhas, ramos, flores, etc.) que se dispõem inseridos à volta de um eixo, em número de três ou mais no mesmo ponto (nó) (De *verticilo*+*-ado*)

verticilastro *n.m.* BOTÂNICA conjunto de órgãos que aparentemente formam um verticilo (De *verticilo*+*-astro*)

verticilifloro *adj.* BOTÂNICA que possui flores dispostas em verticilos (Do lat. *verticillu-*, «verticilo» +*flore-*, «flor»)

verticilo *n.m.* **1** BOTÂNICA conjunto de órgãos vegetais (folhas, ramos, etc.), em número de três ou mais, inseridos à mesma altura no eixo correspondente **2** ZOOLOGIA conjunto de órgãos animais em disposição radiada a partir de um ponto comum (Do lat. *verticillu-*, «id.»)

vertigem *n.f.* **1** sensação de falta de equilíbrio; tontura **2** [fig.] tentação súbita; desejo irresistível **3** [fig.] desvario (Do lat. *vertigĭne-*, «redemoinho»)

vertiginosamente *adv.* **1** a toda a pressa **2** precipitadamente (De *vertiginoso*+*-mente*)

vertiginoso /ô/ *adj.* **1** que tem ou produz vertigens **2** [fig.] rápido; impetuoso **3** [fig.] que leva à prática de atos irrefletidos (Do lat. *vertiginōsu-*, «id.»)

verve *n.f.* **1** imaginação ardente **2** vivacidade no escrever e no falar **3** vigor de expressão **4** eloquência (Do lat. *verba*, «palavras», pelo fr. *verve*, «id.»)

very-light *n.m.* foguete luminoso e colorido disparado de uma pistola e utilizado como sinal (Do ing. *Very light*, «id.»)

vesânia *n.f.* **1** qualquer género de doença mental **2** ideia fixa; mania (Do lat. *vesania-*, «id.»)

vesânico *adj.* relativo à vesânia (De *vesânia*+*-ico*)

vesano *adj.* **1** louco; maníaco **2** insensato (Do lat. *vesānu-*, «id.»)

vesco /ê/ *adj.* próprio para se comer; comestível; alimentício (Do lat. *vescu-*, «id.»)

vesgo /ê/ *adj.* que apresenta estrabismo; estrábico; zarolho ■ *n.m.* indivíduo estrábico (Do lat. **versīcu-*, de *versus*, «virado», part. pass. de *vertĕre*, «virar; voltar»)

vesguear *v.intr.* **1** ser vesgo **2** olhar de soslaio **3** [fig.] ver mal (De *vesgo*+*-ear*)

vesgueiro *adj.* ⇒ **vesgo** *adj.* (De *vesgo*+*-eiro*)

vesicação *n.f.* **1** ato ou efeito de vesicar por meio de uma substância irritante **2** efeito dos vesicatórios ou vesicantes (De *vesicar*+*-ção*)

vesical *adj.2g.* relativo à bexiga (Do lat. *vesīca*, «bexiga» +*-al*)

vesicante *adj.2g.,n.m.* que ou substância que causa ou produz vesículas (Do lat. *vesicante-*, «id.», part. pres. de *vesicāre*, «produzir vesículas em»)

vesicar *v.tr.* produzir vesículas em (Do lat. *vesicāre*, «id.»)

vesicatório *adj.* ⇒ **vesicante** ■ *n.m.* substância de ação vesicante (De *vesicar*+*-tório*)

vesic(o)- elemento de formação de palavras que exprime a ideia de *bexiga* (Do lat. *vesīca*, «bexiga»)

vesicorretal a grafia mais usada é **vesicorretal**

vesicorretal *adj.2g.* que diz respeito à bexiga e ao reto (De *vesico-*+*rectal*) ACORDO ORTOGRÁFICO também se pode escrever **vesicorrectal**

vesicotomia *n.f.* CIRURGIA incisão da bexiga urinária; cistotomia (Do lat. *vesīca-*, «bexiga»+gr. *tomé*, «corte»+*-ia*)

vesicouterino *adj.* que diz respeito à bexiga e ao útero

vesicovaginal *adj.2g.* que diz respeito à bexiga e à vagina (De *vesico-*+*vaginal*)

vesícula *n.f.* **1** ANATOMIA pequeno saco membranoso semelhante à bexiga **2** erupção cutânea com líquido no interior; bolha **3** espaço arredondado que contém ar ou outras substâncias nas células ou nos tecidos dos organismos; ~ *ambulacrária* ZOOLOGIA pequena ampola existente na base de cada pé ambulacrário, nos equinodermos; ~ *biliar* ANATOMIA órgão em forma de saco onde se acumula a bile; ~ *contráctil/pulsátil* CITOLOGIA formação ampular no citoplasma das células constituintes de protozoários, que rebentam depois de terem atingido determinado volume, eliminando assim produtos de desassimilação; vacúolo contráctil, vacúolo pulsátil; ~ *encefálica* ANATOMIA cada uma das dilatações (com cavidade correspondente) da parte inferior do eixo nervoso que vão originar o encéfalo; ~ *pulmonar* ANATOMIA para alguns autores, o mesmo que alvéolo pulmonar, para outros, porém, bolsa ainda menor, proveniente da divisão daquele; ~ *seminal* ANATOMIA dilatação ou reservatório do aparelho genital masculino de muitos animais, onde se armazena o líquido fecundante; recetáculo seminal; ~ *umbilical* ANATOMIA anexo embrionário dos vertebrados, que contém reservas nutritivas e que também se denomina saco vitelino (Do lat. *vesicŭla-*, «bexiga pequena»)

vesiculação *n.f.* apresentação ou formação de vesículas (De *vesicular*+*-ção*)

vesicular¹ *v.intr.* formar vesículas (De *vesícula*+*-ar*, suf. verbal)

vesicular² *adj.2g.* **1** que é relativo a vesícula **2** que tem forma de vesícula **3** formado de vesículas (De *vesícula*+*-ar*, suf. nominal)

vesiculectomia *n.f.* CIRURGIA operação para extirpação de uma vesícula (em regra, vesícula seminal) (Do lat. *vesicŭla-*, «vesícula»+gr. *ektomé*, «ablação» +*-ia*)

vesicul(i)- elemento de formação de palavras que exprime a ideia de *vesícula* (Do lat. *vesicŭla-*, «bexiga pequena»)

vesiculífero *adj.* que possui vesícula ou vesículas (De *vesiculi-*+*-fero*)

vesiculiforme *adj.2g.* que tem forma de vesícula (De *vesiculi-*+*-forme*)

vesiculite *n.f.* inflamação de uma vesícula (geralmente vesícula seminal) (De *vesícula*+*-ite*)

vesiculoso /ô/ *adj.* que apresenta vesículas; vesicular (Do lat. *vesiculōsu-*, «id.»)

vesiculotomia *n.f.* CIRURGIA incisão de uma vesícula (especialmente vesícula seminal) (Do lat. *vesicŭla-*, «vesícula»+gr. *tomé*, «corte» +*-ia*)

vespa¹ /ê/ *n.f.* **1** ZOOLOGIA inseto de quatro asas, em regra sociável, da família dos Vespídeos, possuidor de um ferrão cuja picada é muito dolorosa **2** [fig.] pessoa cujo temperamento a torna intratável, acrimoniosa (Do lat. *vespa-*, «vespa»)

vespa² /ê/ *n.f.* veículo motorizado, com duas rodas pequenas e de aparência semelhante a uma motocicleta mas em que o espaço entre o assento e o guiador permite acomodar as pernas do condutor; lambreta; scooter (Do it. *Vespa*®)

vespão *n.m.* ZOOLOGIA vespa grande (De *vespa*+*-ão*)

vespeiro *n.m.* **1** ninho ou reunião de vespas **2** [fig.] lugar onde se vive continuamente em sobressaltos e se deparam a cada passo perigos e traições (De *vespa*+*-eiro*)

Vésper *n.m.* **1** planeta Vénus, quando se avista à tarde, após o pôr do Sol, por em tempos se ter considerado como estrela; estrela da tarde **2** [com minúscula] ocidente; ocaso; poente (Do latim *Vesper*, *-ĕri*, astrónomo, «idem»)

véspera *n.f.* **1** dia imediatamente anterior a outro determinado **2** tempo ou época anterior a um acontecimento **3** tarde **4** *pl.* horas do ofício divino que se rezam de tarde; *vésperas sicilianas* HISTÓRIA matança geral dos franceses (em 1282) pelos sicilianos que se revoltaram contra o governo de Carlos de Anju, rei de Nápoles (1226-1285), cujos soldados maltrataram algumas mulheres sicilianas (Do lat. *vespĕra-*, «tarde»)

vesperal *adj.2g.* **1** da tarde **2** referente à tarde **3** que se faz ou sucede de tarde **4** [Brasil] (espetáculo, concerto) que se realiza à tarde ■ *n.m.* RELIGIÃO livro litúrgico que contém as vésperas (Do lat. *vesperāle-*, «ocidental»)

vespérias *n.f.pl.* [ant.] exame que o doutorando da universidade fazia na véspera do doutoramento (Do lat. *vesper*, «tarde» +*-ia*)

véspero *n.m.* ⇒ **Vésper 2** (Do lat. *vespĕru-*, «ocidente»)

vespertino *adj.* 1 relativo à tarde 2 (jornal) que se publica à tarde ou à noite ■ *n.m.* jornal que se publica à tarde ou à noite (Do lat. *vespertīnu-*, «id.»)

véspida *n.m.* ZOOLOGIA ⇒ **vespídeo**

Véspidas *n.m.pl.* ZOOLOGIA ⇒ **Vespídeos**

vespídeo *adj.* ZOOLOGIA relativo ou pertencente aos Vespídeos ■ *n.m.* ZOOLOGIA espécime dos Vespídeos

Vespídeos *n.m.pl.* ZOOLOGIA família de himenópteros sociáveis a que pertencem as vespas, e cujo género-tipo se denomina *Vespa* (Do lat. *vespa-*, «vespa» +*-ídeos*)

vespilão *n.m.* escravo que, entre os Romanos, enterrava os cadáveres dos pobres ao fim da tarde (Do lat. *vespillōne-*, «id.»)

vespilheira *n.f.* [regionalismo] mulher intriguista, mexeriqueira (De *vespa*+*ilha*+*-eira*?)

vessada *n.f.* 1 terra fértil e regada; jeira 2 [regionalismo] porção de terra que se lavra num dia com uma junta de bois; vessadela (Part. pass. fem. subst. de *vessar*)

vessadela *n.f.* 1 ato de vessar 2 porção de terra que se lavra num dia (De *vessar*+*-dela*)

vessadoiro *n.m.* ⇒ **vessadouro**

vessadouro *n.m.* 1 ⇒ **vessadela** 2 direito de vessar uma terra 3 lavragem de terra ■ *adj.,n.m.* [regionalismo] arado ou designativo do arado empregado na lavra das terras em que se semeia milho grosso (De *vessar*+*-douro*)

vessar *v.tr.* lavrar fundo (a terra); lavrar para semear (Do lat. *versāre*, «revolver»)

vessas *n.f.pl.* ⇒ **avessas** (Do lat. *versas*, «voltadas», part. pass. fem. pl. de *vertĕre*, «voltar; virar»)

vesso *n.m.* [São Tomé e Príncipe] forma de literatura oral constituída sobretudo por provérbios e que se baseia em contos tradicionais ou em factos verdadeiros ou imaginados (Do forro *véssu*, «id.»)

Vestais *n.f.pl.* (heortónimo) festas pagãs celebradas em Roma em Honra de Vesta (Do lat. *vestāle-*, «id.»)

vestal *n.f.* 1 sacerdotisa de Vesta, deusa dos Romanos 2 [fig.] mulher formosa e casta 3 [fig.] virgem; donzela (Do lat. *vestāle-*, «id.»)

Vestálias *n.f.pl.* (heortónimo) ⇒ **Vestais** (Do lat. *vestalĭa*, «id.»)

vestalidade *n.f.* qualidade de vestal (De *vestal*+*-i-*+*-dade*)

vestalino *adj.* próprio de vestal (De *vestal*+*-ino*)

veste *n.f.* 1 peça de roupa 2 vestuário 3 indumentária característica 4 véstia 5 *pl.* hábito (Do lat. *veste-*, «id.»)

véstia *n.f.* 1 espécie de casaco curto; jaqueta; jaleca 2 [Brasil] casaco de couro usado pelos vaqueiros (De *veste*+*-ia*)

vestiaria *n.f.* 1 roupa 2 vestiário 3 guarda-roupa de uma corporação 4 indumentária (De *veste*+*-aria*)

vestiário *n.m.* 1 lugar onde os alunos de uma escola, os funcionários de uma repartição ou os empregados de um estabelecimento vestem, despem ou guardam os fatos 2 compartimento onde os magistrados guardam as suas vestes profissionais 3 local onde se deixam, ao entrar num edifício (teatro, cinema, etc.), o chapéu, o guarda-chuva e o sobretudo (Do lat. *vestiarĭu-*, «id.», ou fr. *vestiaire*, «id.»)

vestibular *adj.2g.* que diz respeito ao vestíbulo, especialmente do ouvido ■ *adj.,n.m.* [Brasil] exame ou designativo do exame de ingresso na Universidade (De *vestíbulo*+*-ar*)

vestíbulo *n.m.* 1 pátio de entrada 2 portal 3 espaço que fica entre a porta de entrada e a escadaria principal do interior de um edifício 4 ANATOMIA cavidade do labirinto ósseo do ouvido interno 5 ZOOLOGIA outras cavidades, câmaras, partes ou espaços pertencentes ou anexos a alguns órgãos dos animais (parte da vulva, parte posterior da cloaca das aves, dilatação das cavidades nasais, etc.) (Do lat. *vestibŭlu-*, «id.»)

vestideira *n.f.* um dos aparelhos das fábricas de fiação (De *vestir*+*-deira*)

vestido *n.m.* peça de vestuário feminino, de comprimento variável, que cobre o tronco e as pernas, com ou sem mangas ■ *adj.* 1 coberto com roupa 2 preparado para sair 3 revestido; coberto (Do lat. *vestītu-*, «id.», part. pass. de *vestīre*, «vestir»)

vestidura *n.f.* 1 tudo quanto serve para vestir; vestuário; roupa 2 cerimónia em que se toma o hábito religioso (De *vestir*+*-dura*)

vestigial *adj.2g.* 1 relativo a vestígio 2 que constitui vestígio, marca, sinal ou indício de algo 3 que resta; residual 4 ANATOMIA diz-se de órgão ou estrutura que atrofiou e deixou de ser funcional (De *vestígio*+*-al*)

vestígio *n.m.* 1 impressão que o pé deixa no chão; pegada; pisada 2 marca; indício; sinal de uma coisa que sucedeu 3 *pl.* restos; resquícios 4 *pl.* ruína (Do lat. *vestigĭu-*, «id.»)

vestimenta *n.f.* 1 tudo quanto serve para vestir 2 indumentária característica 3 *pl.* vestes sacerdotais; hábito (Do lat. *vestimenta*, pl. de *vestimentum*, «vestido; fato; roupa»)

vestimenteiro *n.m.* 1 o que faz ou vende vestimentas 2 paramenteiro (De *vestimenta*+*-eiro*)

vestir *v.tr.,pron.* 1 cobrir(-se) com roupa 2 mascarar(-se); fantasiar(-se) 3 cobrir(-se); revestir(-se) ■ *v.tr.* 1 usar como roupa; envergar; trajar 2 fornecer ou doar roupa a 3 usar (um dado tamanho de roupa) 4 criar (uma casa comercial) os modelos de roupa usados por (alguém) 5 proteger; resguardar 6 adornar 7 dar realce a 8 adotar; assumir (postura) 9 simular; disfarçar ■ *v.intr.* 1 usar uma roupa; trajar 2 ajustar-se ao corpo (uma peça de roupa); cair ■ *v.pron.* comprar roupa para seu uso (Do lat. *vestīre*, «id.»)

vestuário *n.m.* 1 conjunto das peças com que as pessoas se podem vestir; traje; indumentária 2 modo de vestir (Do lat. med. *vestuarĭu-*, do lat. cl. *vestiarĭu-*, «id.»)

vesuvianite *n.f.* MINERALOGIA mineral que é, quimicamente, silicato de alumínio, cálcio e magnésio e que cristaliza no sistema tetragonal, também denominado idocrásio (De *vesuviano*+*-ite*)

vesuviano *adj.* 1 relativo ou pertencente ao Vesúvio, vulcão italiano 2 GEOLOGIA diz-se de um tipo de erupção vulcânica caracterizada pela emissão explosiva de gases e de fragmentos de lavas e cinzas, depois lavas fluidas, por crateras adventícias, seguida de emissão lenta de gases (De *Vesúvio*+*-ano*)

vetão *adj.,n.m.* relativo ou designativo do indivíduo pertencente ao povo dos Vetões, que, outrora, habitou a Lusitânia (Do lat. *vettōne-*, «id.»)

vetar *v.tr.* opor o veto a; impedir através do veto (Do lat. *vetāre*, «id.»)

veteramento *n.m.* artigo de ferro-velho ou bricabraquista; antiqualha (Do lat. **veteramentu-*, de *veteramentarĭu-*, «relativo a coisas velhas»)

veteranice *n.f.* 1 qualidade de veterano 2 antiguidade (De *veterano*+*-ice*)

veterano *adj.* 1 MILITAR que é antigo no serviço militar 2 que tem muitos anos de experiência; experimentado ■ *n.m.* 1 MILITAR militar que tem muitos anos de serviço 2 MILITAR militar reformado 3 MILITAR antigo combatente 4 [fig.] pessoa que envelheceu em certo serviço ou tem larga prática de um ofício 5 [acad.] estudante de uma universidade que ultrapassou o número de anos estabelecido para o seu curso completo 6 [acad.] estudante dos últimos anos de um curso, por oposição a caloiro (Do lat. *veterānu-*, «velho»)

veterinária *n.f.* ramo da ciência que trata das doenças dos animais irracionais, especialmente domésticos; zooterapêutica (De *veterinário*)

veterinário *adj.* 1 relativo a veterinária 2 relativo às doenças dos animais ■ *n.m.* especialista no tratamento das doenças dos animais irracionais (Do lat. *veterinarĭu-*, «id.»)

vetérrimo *adj.* {*superlativo absoluto sintético de* **velho**} muito velho; antiquíssimo (Do lat. *veterrĭmu-*, «id.»)

vetiver *n.m.* BOTÂNICA planta aromática, indiana, pertencente à família das Gramíneas, utilizada para preservar das traças as peles e as fazendas (Do tâm. *vittiveru*, «id.», pelo fr. *vétiver*, «id.»)

veto *n.m.* 1 ato ou efeito de vetar 2 ato pelo qual o presidente da República nega a promulgação de uma lei, devolvendo-a à Assembleia legislativa 3 faculdade que têm certos chefes de Estado ou certas comissões, em especial internacionais, de recusar a sanção a uma lei votada pelo poder legislativo ou pela assembleia de nações 4 proibição; interdição 5 recusa (Do lat. *veto*, «proíbo», 1.ª pess. do sing. do pres. do ind. de *vetāre*, «vetar; proibir»)

vetor *n.m.* 1 FÍSICA, MATEMÁTICA segmento de reta orientado, usado para representar uma grandeza vetorial (por exemplo: a velocidade de um ponto material, a força aplicada a um ponto, a aceleração de um dado movimento) 2 MATEMÁTICA elemento de um espaço vetorial 3 MEDICINA ser vivo, geralmente um inseto, capaz de transmitir um agente infecioso (parasita, bactéria ou vírus); portador; ~ *aplicado* FÍSICA segmento de reta orientado (características: ponto de aplicação, direção, sentido, comprimento); ~ *deslizante* FÍSICA a classe de equivalência dos vetores aplicados que, sendo equipolentes entre si, têm como ponto de aplicação um ponto qualquer de uma reta dada; ~ *equipolente a outro* FÍSICA vetor que, com este, tenha em comum a direção, o sentido e o comprimento; ~ *livre* FÍSICA a classe de equivalência dos vetores aplicados (segmentos orientados) que entre si são equipolentes (características: direção, sentido e comprimento); ~ *solenoidal* FÍSICA vetor cuja divergência é nula em certa região, ou cujo fluxo é nulo através de uma superfície fechada dessa região; *raio* ~ *de um planeta* ASTRONOMIA segmento de reta definido pelo centro do Sol com o centro do planeta e dirigido daquele para este; *raio ~ de um ponto de uma cónica* GEOMETRIA vetor aplicado definido por um foco com qualquer ponto da curva e dirigido daquele para este (Do lat. *vectōre-*, «que transporta»)

vetorial *adj.2g.* 1 referente aos vetores 2 que opera sobre vetores; *grandeza ~* FÍSICA grandeza suscetível de variação, não só em valor numérico, mas em direção ou em sentido (Do lat. *vectōre-*, «o que é transportado»+-*al*)

vetorizar *v.tr.* INFORMÁTICA reproduzir tecnologicamente (uma imagem), convertendo-a num conjunto de traços definidos por coordenadas e equações matemáticas (De *vector*+-*izar*)

vetrices *n.f.pl.* BOTÂNICA grupo (classe ou ordem) das gimnospérmicas, com flores nuas e anterozoides não ciliados (De *vector*)

vetustade *n.f.* qualidade ou estado de vetusto; antiguidade (Do lat. *vetustāte-*, «id.»)

vetustez *n.f.* ⇒ **vetustade** (De *vetusto*+-*ez*)

vetusto *adj.* 1 velho; antigo 2 respeitável pela sua idade ou antiguidade 3 deteriorado pelo tempo; antiquado (Do lat. *vetustu-*, «id.»)

véu *n.m.* 1 tecido mais ou menos transparente com que se encobre o rosto ou qualquer objeto 2 pano de seda com que o celebrante da missa cobre o cálice 3 cortina 4 película 5 ZOOLOGIA formação membranosa, espécie de diafragma, existente na parte interna da abertura da umbela de certos celenterados denominados medusas hidroides ou hidromedusas 6 [fig.] tudo o que serve para encobrir ou esconder 7 [fig.] pretexto 8 [fig.] aparência; ilusão 9 [fig.] obscuridade; *~ da noite* as trevas; *~ palatino* ANATOMIA órgão musculomembranoso, móvel, situado atrás da abóbada palatina; *~ umeral* véu que o sacerdote coloca nos ombros para pegar na custódia ou na píxide; *tirar o ~ a* desvendar, descobrir, revelar; *tomar o ~* professar (Do lat. *velu-*, «id.»)

vexação *n.f.* 1 ato ou efeito de vexar 2 vexame; vergonha; humilhação 3 opressão 4 mau trato 5 possessão demoníaca (Do lat. *vexatiōne-*, «id.»)

vexado *adj.* 1 [Brasil] irritado 2 [Brasil] envergonhado

vexador *adj.,n.m.* que ou aquele que vexa (Do lat. *vexatōre-*, «id.»)

vexame *n.m.* 1 aquilo que vexa 2 situação humilhante 3 vergonha 4 desonra; ignomínia 5 afronta 6 opressão 7 escândalo (Do lat. *vexāmen*, «id.»)

vexante *adj.2g.* 1 que vexa 2 afrontoso 3 desonroso (Do lat. *vexante-*, «id.»), part. pres. de *vexāre*, «vexar; inquietar»)

vexar *v.tr.* 1 fazer passar por uma vergonha; humilhar 2 oprimir; sobrecarregar; atormentar ■ *v.pron.* ficar envergonhado (Do lat. *vexāre*, «vexar; inquietar»)

vexativo *adj.* ⇒ **vexante** (De *vexar*+-*tivo*)

vexatório *adj.* ⇒ **vexante** (De *vexar*+-*tório*)

vexilar /cs/ *adj.2g.* 1 relativo ou pertencente a vexilo 2 BOTÂNICA diz-se da prefloração em que a pétala maior (vexilo) está dobrada de modo a envolver todas as outras (Do lat. *vexillu-*, «estandarte»+-*ar*)

vexilário /cs/ *n.m.* porta-bandeira, entre os antigos Romanos (Do lat. *vexillarĭu-*, «id.»)

vexilífero /cs/ *n.m.* ⇒ **vexilário** (Do lat. *vexillĭfĕru-*, «id.»)

vexilo /cs/ *n.m.* 1 antiga bandeira dos exércitos romanos 2 estandarte; insígnia 3 BOTÂNICA pétala mais desenvolvida (e tipicamente superior) da corola papilionácea, que é também conhecida por estandarte (Do lat. *vexillu-*, «estandarte»)

vez *n.f.* 1 ocasião 2 turno 3 ensejo 4 alternativa 5 reciprocidade 6 época indeterminada 7 pequena porção; dose; *de ~ em sempre, irrevogavelmente; de ~ em quando/de quando em ~/às vezes* ocasionalmente; *em ~ de* em lugar de; *estar à ~* esperar que lhe chegue a ocasião; *fazer as vezes de* substituir; *não ter ~* não ter oportunidade; *pensar duas vezes* em refletir sobre, ponderar; *por vezes* de quando em quando; *(sinal) vezes* MATEMÁTICA sinal da multiplicação (x); *tirar a ~ a* usurpar o lugar de (alguém); *todas as vezes que* sempre que; *uma ~ que* visto que (Do lat. *vice-*, «id.»)

vezada *n.f.* [regionalismo] cada uma das vezes em que se faz ou em que acontece qualquer coisa (De *vez*+-*ada*)

vezar *v.tr.,pron.* ⇒ **avezar** (De *vezo*+-*ar*)

vezeira *n.f.* [regionalismo] rebanho que se reveza com outro, no pasto (De *vez*+-*eira*)

vezeireiro *n.m.* [regionalismo] aquele que guarda a vezeira (De *vezeira*+-*eiro*)

vezeiro[1] *adj.* 1 que tem vezo ou costume; habituado 2 reincidente; *ser useiro e ~* ter por costume fazer repetidas vezes as mesmas coisas, sobretudo más; ser reincidente (De *vezo*+-*eiro*)

vezeiro[2] *n.m.* [regionalismo] dono de vezeira (De *vez*+-*eiro*)

vezes *n.m.2n.* MATEMÁTICA sinal da operação de multiplicação (x) ■ *prep.* MATEMÁTICA utiliza-se para indicar operações de multiplicação, sendo representada pelo sinal (x) (De *vez*)

vezo /ê/ *n.m.* 1 hábito mau 2 reincidência 3 costume 4 propensão 5 direção (Do lat. *vitĭu-*, «vício»)

via *n.f.* 1 caminho ou estrada que conduz de um ponto a outro; itinerário 2 lugar por onde alguém vai 3 dupla linha de carris 4 mensageiro 5 mensagem escrita; carta 6 orientação de algo que se desloca ou que acontece; direção; linha; rumo 7 canal, ducto ou trajeto de deslocação de um fluido, no organismo 8 meio de transporte 9 exemplar de letra de câmbio 10 exemplar de ofício na correspondência oficial 11 conjunto de meios a que se recorre para obter uma coisa; método; sistema ■ *prep.* através de; por meio de; por (*via* Madrid; *via* rádio); *~ de tráfego* zona longitudinal da faixa de rodagem destinada ao trânsito de uma única fila de veículos; *Via Láctea* ASTRONOMIA projeção da Galáxia na superfície interna da esfera celeste, vista por nós de um ponto interior, vulgarmente considerada como uma nebulosa, mas que é constituída por milhões de estrelas (entre elas o Sol), cúmulos estelares (as Plêiades, por exemplo), nebulosas galácticas luminosas (a de Oríon) e matéria interestelar ou nebulosas escuras (a Cabeça do Cavalo, por exemplo); *~ rápida* estrada larga destinada a tráfego motorizado, com parte ou totalidade dos acessos condicionados e, geralmente, sem cruzamentos de nível; *chegar a vias de facto* espancar, empregar meios violentos; *estar em vias de* estar prestes a, estar para; *por ~ de* por causa de; *por ~ de regra* geralmente (Do lat. *via-*, «caminho»)

viabilidade[1] *n.f.* qualidade do que é viável ou pode ser percorrido; transitabilidade (De *viável*+-*i*-+-*dade*)

viabilidade[2] *n.f.* 1 qualidade de viável 2 exequibilidade 3 possibilidade de sobrevivência 4 capacidade de perdurar (Do fr. *viabilité*, «id.»)

viabilização *n.f.* ato ou efeito de viabilizar (De *viabilizar*+-*ção*)

viabilizar *v.tr.* 1 tornar viável 2 possibilitar 3 tornar realizável (De *viável*+-*izar*)

viação *n.f.* 1 meio de transporte; forma de deslocação 2 conjunto das vias de um território ou localidade para serviço de veículos 3 serviço de veículos que fazem carreira entre vários lugares, para serviço público 4 imposto para conservação das vias públicas (Do lat. *viāre*, «viajar» +-*ção*)

viador *n.m.* 1 viajante; passageiro; transeunte 2 mensageiro 3 antigo oficial da Casa Real, ao serviço da rainha 4 peregrino 5 alma peregrinante 6 homem vivente (Do lat. *viatōre-*, «id.»)

viaduto *n.m.* 1 ponte sobre um vale seco ou com uma linha de água de pequena importância 2 ponte sobre uma via de comunicação 3 passagem construída sobre uma rua ou estrada para trânsito de comboios (Do lat. *via-*, «caminho» +*ductu-*, «ação de conduzir»)

via-férrea *n.f.* ⇒ **caminho de ferro**

viageiro *adj.* relativo a viagem ■ *n.m.* 1 viajante 2 passageiro (De *viagem*+-*eiro*)

viagem *n.f.* 1 ato de ir de um lugar a outro mais ou menos distante; jornada 2 percurso extenso 3 descrição do que se viu ou aconteceu durante um passeio ou jornada; *última ~* a morte (Do lat. *viatĭcu-*, «provisão para o caminho», pelo prov. *viatge*, «id.»)

viajada *n.f.* [Brasil] caminhada; jornada; viagem (Part. pass. fem. subst. de *viajar*)

viajador *adj.,n.m.* que ou aquele que viaja; viajante (De *viajar*+-*dor*)

viajante *adj.2g.* que viaja ■ *n.2g.* 1 pessoa que viaja 2 representante de estabelecimentos comerciais ou industriais, que viaja pelo interior do país, com a função de vender as respetivas mercadorias (De *viajar*+-*ante*)

viajar *v.intr.* 1 partir de um lugar para outro, relativamente afastado; deslocar-se para um local distante; andar em viagem 2 ter alucinações sob efeito de droga(s) 3 [fig.] divagar ■ *v.tr.* 1 transitar; passar (por) 2 percorrer (em viagem); visitar (De *viagem*+-*ar*)

viajata *n.f.* viagem de recreio; passeata (De *viajar*+-*ata*)

viajor *n.m.* ⇒ **viajante** *n.2g.* (Do fr. *voyageur*, «id.»)

vial[1] *adj.2g.* que diz respeito às ruas (Do lat. *viāle-*, «id.»)

vial[2] *n.m.* alameda (Do it. *viale*, «id.»)

vianda *n.f.* 1 qualquer género de alimento, particularmente carne 2 [regionalismo] restos de comida para porcos; lavaduras 3 *pl.* iguarias (Do fr. *viande*, «carne»)

viandante *adj.,n.2g.* 1 viajante 2 passageiro 3 transeunte (De *viandar*+-*ante*)

viandar *v.intr.* viajar; peregrinar (De *via*+*andar*)

viandeiro[1] *adj.,n.m.* ⇒ **viandante** (De *viandar*+-*eiro*)

viandeiro[2] *adj.* comilão; glutão ▪ *n.m.* **1** aquele que gosta muito de viandas; comilão; glutão **2** vasilha para deitar vianda aos porcos (De *vianda+-eiro*)

vianense[1] *adj.2g.* relativo ou pertencente a Viana do Alentejo, no distrito de Évora, ou que é seu natural ou habitante ▪ *n.2g.* natural ou habitante de Viana do Alentejo (De *Viana [do Alentejo]*, topónimo +-*ense*)

vianense[2] *adj.2g.* relativo ou pertencente a Viana do Castelo, capital de distrito, ou que é seu natural ou habitante; vianês ▪ *n.2g.* natural ou habitante de Viana do Castelo; vianês (De *Viana [do Castelo]*, topónimo +-*ense*)

vianês *adj.,n.m.* ⇒ **vianense**[2] (De *Viana*, top.+*ês*)

vianesa /ê/ *n.f.* **1** natural da cidade de Viana do Castelo **2** casta de uva tinta; *à* ~ diz-se de um traje feminino característico de Viana do Castelo e seus arredores (De *Viana*, top. +-*esa*)

viário *adj.* **1** relativo à viação **2** relativo a via de comunicação ▪ *n.m.* leito da via-férrea (Do lat. *viarĭu-*, «id.»)

via-sacra *n.f.* RELIGIÃO exercício de piedade, geralmente feito diante de pequenas cruzes ou quadros com cenas da Paixão, pelo qual se recordam catorze passos daquela fase da vida de Cristo

viaticar *v.tr.* administrar o Viático a (De *Viático+-ar*)

viático *n.m.* **1** dinheiro ou provisões que se dão a alguém que vai para uma viagem **2** [com maiúscula] RELIGIÃO sacramento da Eucaristia, quando administrado a quem está em perigo de morte (Do lat. *viatĭcu-*, «provisão de viagem»)

viatório *adj.* relativo a via; viário (Do lat. *viatorĭu-*, «id.»)

viatura *n.f.* qualquer veículo para transporte de pessoas ou coisas; carro (Do fr. *voiture*, «veículo»)

viável[1] *adj.2g.* que se pode percorrer; transitável (Do lat. *viabĭle-*, «id.»)

viável[2] *adj.2g.* **1** que tem condições para viver **2** que se pode realizar; praticável; exequível **3** que tem possibilidade de perdurar (Do fr. *viable*, «id.»)

víbora *n.f.* **1** ZOOLOGIA réptil ofídio da família dos Viperídeos, cuja mordedura é muito venenosa, e que está representado em Portugal **2** [fig.] pessoa maldosa **3** [fig.] pessoa de muito mau génio (Do lat. *vipĕra-*, «id.»)

víbora-cornuda *n.f.* ZOOLOGIA ⇒ **cerasta**

vibordo *n.m.* NÁUTICA prancha grossa e horizontal que serve de parapeito a um navio; amurada (Do ing. *waistboard*, «id.»)

vibração *n.f.* **1** ato ou efeito de vibrar **2** oscilação; balanço **3** trepidação; tremor **4** movimento rápido das moléculas de um corpo sonoro, quando percutido **5** vaivém completo de uma partícula vibratória **6** [fig.] sensação **7** [fig.] comoção (Do lat. *vibratiōne-*, «id.»)

vibrador *adj.* que vibra ▪ *n.m.* **1** aparelho que produz ou transmite vibrações **2** ELETRICIDADE dispositivo que serve para produzir uma corrente alternada por interrupção ou inversão periódica de uma corrente contínua **3** aparelho elétrico com forma de pénis, que vibra e é usado como estímulo sexual (De *vibrar+-dor*)

vibrafone *n.m.* MÚSICA instrumento que possui barras de alumínio, percutidas com dois martelinhos, e cuja disposição segue o mesmo padrão do teclado de um piano

vibrante *adj.2g.* **1** que vibra **2** que faz vibrar **3** sonoro **4** LINGUÍSTICA (som) produzido quando há vibração da língua ou da úvula **5** [fig.] forte; bem timbrado **6** [fig.] entusiástico **7** [fig.] comovente ▪ *n.f.* LINGUÍSTICA consoante cuja articulação faz vibrar a língua ou a úvula (Do lat. *vibrante-*, «id.», part. pass. de *vibrāre*, «vibrar; agitar»)

vibrar *v.tr.,intr.* **1** causar ou sofrer movimentos rápidos e repetidos para a frente e para trás ou para cima e para baixo; produzir ou sofrer vibrações; estremecer **2** fazer(-se) ouvir; (fazer) soar, ecoar **3** (fazer) soar um instrumento musical **4** sentir felicidade intensa (com); entusiasmar-se (com) ▪ *v.intr.* ter som claro e distinto ▪ *v.tr.* **1** agitar; brandir; mover **2** lançar; atirar; *fazer* ~ **1** pôr em vibração; **2** [fig.] comover, excitar (Do lat. *vibrāre*, «id.»)

vibrátil *adj.2g.* que vibra; vibratório (Do fr. *vibratile*, «id.»)

vibratilidade *n.f.* qualidade do que é vibrátil (De *vibrátil+-i-+-dade*)

vibrato *n.m.* MÚSICA reforço do valor expressivo através de um efeito de oscilação de altura em torno de um som principal (Do it. *vibrato*)

vibratório *adj.* **1** que vibra **2** formado por uma série de vibrações **3** em que há vibrações; *movimento* ~ FÍSICA movimento de vaivém de um ponto material sobre um segmento de reta, cuja lei dos espaços é uma função (sinusoidal) do tempo, também chamado movimento harmónico (De *vibrar+-tório*)

vibrião *n.m.* MEDICINA designação extensiva às bactérias encurvadas em forma de arco ou de vírgula, que pertencem ao género *Vibrion* (Do fr. *vibrion*, «id.»)

vibrissa *n.f.* **1** ANATOMIA cada um dos pelos mais ou menos rígidos e longos, em regra tácteis, que existem na parte anterior da cabeça de alguns mamíferos **2** ZOOLOGIA cada uma das penas degeneradas, filiformes (que parecem pelos), existentes especialmente junto à base do bico, em muitas aves **3** *pl.* conjunto desses elementos **4** *pl.* pelos que se desenvolvem nas fossas nasais do homem (Do lat. *vibrissas*, «pelos do nariz»)

vibroscópio *n.m.* instrumento destinado a registar as vibrações dos corpos sonoros (Do lat. *vibrāre*, «vibrar»+gr. *skopeīn*, «ver» +-*io*)

Viburnáceas *n.f.pl.* BOTÂNICA ⇒ **Caprifoliáceas** (Do lat. *viburnu-*, «vime» +-*áceas*)

viburno *n.m.* **1** BOTÂNICA planta arbustiva do género *Viburnum* e da família das Loniceráceas **2** ⇒ **folhado** (Do lat. *viburnu-*, «vime»)

viçar *v.tr.,intr.* tornar ou estar viçoso; dar ou ter viço; vicejar ▪ *v.intr.* **1** [fig.] desenvolver-se com vitalidade; alastrar-se; propagar-se **2** [Brasil] andar com cio (De *viço+-ar*, ou do lat. *vitiāre*, «viciar»)

vicarial *adj.2g.* que diz respeito ao vigário ou ao vicariato (Do lat. *vicarĭu-*, «vigário» +-*al*)

vicariante *adj.2g.* **1** que substitui **2** MEDICINA (órgão) cuja capacidade supre a insuficiência de outro (Do fr. *vicariant*, «id.»)

vicariato *n.m.* **1** dignidade ou funções de vigário **2** área de jurisdição de um vigário (Do lat. *vicarĭu-*, «vigário» +-*ato*)

vicário *adj.* **1** que faz as vezes de outrem; substituto **2** (poder) transmitido por delegação; delegado **3** que se exerce através de outrem **4** GRAMÁTICA (verbo) que se emprega para evitar a repetição de outro (Do lat. *vicarĭu-*, «id.»)

vice- elemento de formação de palavras que exprime a ideia de *substituição* ou *subalternidade*, e se liga ao elemento seguinte por meio de hífen (Do lat. *vice*, «em vez de»)

vice-almirantado *n.m.* dignidade ou cargo de vice-almirante

vice-almirante *n.m.* MILITAR posto de oficial general da Marinha, superior ao de contra-almirante e inferior ao de almirante, e cuja insígnia é constituída por galões paralelos, sendo um largo e dois estreitos ▪ *n.2g.* MILITAR oficial que ocupa esse posto

vice-bailio *n.m.* antigo oficial que substituía o bailio

vice-campeão *adj.,n.m.* que ou o que ficou em segundo lugar num campeonato

vice-chanceler *n.2g.* aquele que exerce as funções de chanceler, na ausência ou impedimento deste

vice-chefe *n.2g.* oficial que auxilia o chefe ou o substitui

vice-cônsul *n.m.* (*feminino* **vice-consulesa**) **1** substituto do cônsul, na sua ausência ou falta **2** funcionário imediatamente inferior ao cônsul

vice-consulado *n.m.* **1** cargo ou repartição do vice-cônsul **2** território de jurisdição do vice-cônsul

vice-consular *adj.2g.* referente ao vice-cônsul

vice-consulesa *n.f.* (*masculino* **vice-cônsul**) **1** substituta do cônsul/consulesa, na sua ausência ou falta **2** esposa do vice-cônsul

vice-director ver nova grafia **vice-diretor**

vice-diretor *n.m.* aquele que substitui o diretor

vice-gerente *n.2g.* aquele que substitui o gerente ou o representa

vice-governador *n.m.* o que faz as vezes de governador na sua falta

vicejante *adj.2g.* **1** que viceja **2** que tem frescor **3** cheio de vitalidade; exuberante (De *vicejar+-ante*)

vicejar *v.tr.,intr.* dar ou ter viço; tornar ou estar viçoso; (fazer) vegetar com pujança; (fazer) brotar com vitalidade; viçar ▪ *v.intr.* [fig.] manifestar-se exuberantemente (De *viço+-ejar*)

vicejo /ê/ *n.m.* **1** ato ou efeito de vicejar **2** [fig.] força; vigor **3** [fig.] vitalidade; exuberância (Deriv. regr. de *vicejar*)

vice-legação *n.f.* cargo ou repartição do vice-legado

vice-legado *n.m.* o que substitui o legado, na sua ausência ou impedimento

vice-mordomia *n.f.* cargo de vice-mordomo

vice-mordomo *n.m.* substituto ou legado do mordomo

vice-morte *n.f.* estado em que o indivíduo apresenta morte aparente

vicenal *adj.2g.* que se faz, se renova ou acontece de vinte em vinte anos (Do lat. *vicennāle-*, «vigésimo»)

vicenário *n.m.* período de vinte anos (De *vicénio+-ário*)

vicénio *n.m.* decurso de vinte anos (Do lat. *vicennĭu-*, «id.»)

vicente *n.m.* **1** [regionalismo] moeda de ouro do tempo do rei português D. Sebastião, 1554-1578 **2** [pop.] corvo **3** *pl.* [regionalismo] tamancos (De *Vicente*, antr.)

vicentino[1] *adj.* **1** relativo ao poeta e dramaturgo português Gil Vicente; gil-vicentino **2** relativo a São Vicente de Paula (1581-1660)

■ *n.m.* indivíduo pertencente às confrarias de S. Vicente de Paula (De *Vicente*, antropónimo +-*ino*)

vicentino² *adj.* relativo ou pertencente a São Vicente, na ilha da Madeira, ou que é seu natural ou habitante ■ *n.m.* natural ou habitante de São Vicente (De *[São] Vicente*, topónimo +-*ense*)

vicentista *adj.2g.* gil-vicentista; vicentino (De *Vicente*, antr. +-*ista*)

vice-presidência *n.f.* dignidade ou cargo de vice-presidente

vice-presidente *n.2g.* aquele que exerce as funções de presidente, na falta ou impedimento deste

vice-primeiro-ministro *n.m.* ministro que substitui o primeiro-ministro, na falta ou impedimento deste

vice-província *n.f.* conjunto de institutos religiosos que ainda não constituem província mas que, para certos efeitos, são considerados como tal

vice-provincial *n.m.* frade ou religioso que faz as vezes do provincial

vice-provincialato *n.m.* cargo ou dignidade de vice-provincial

vice-questor *n.m.* substituto ou adjunto do questor (Do lat. *vicequaestōre-*, «id.»)

vice-realeza *n.f.* cargo ou dignidade de vice-rei

vice-rei *n.m.* **1** governador de um Estado que depende de um reino ou de outro Estado **2** nome dado aos antigos governadores da Índia Portuguesa

vice-reinado *n.m.* **1** duração do governo de um vice-rei **2** cargo ou dignidade de vice-rei

vice-reino *n.m.* estado governado por um vice-rei

vice-reitor *n.m.* professor que substitui o reitor nas suas faltas

vice-reitorado *n.m.* **1** dignidade ou cargo de vice-reitor **2** duração desse cargo

vice-reitoria *n.f.* **1** dignidade, cargo ou gabinete do vice-reitor **2** duração desse cargo

vice-secretariado *n.m.* **1** cargo ou funções de vice-secretário **2** tempo que duram essas funções

vice-secretário *n.m.* aquele que substitui o secretário no seu impedimento

vicesimal *adj.2g.* que tem por base o número vinte (Do lat. *vicesīmo-*+-*al*)

vicésimo *adj.,quant.,n.m.* ⇒ **vigésimo** (Do lat. *vicesīmu-*, «id.»)

vice-versa *adv.* **1** às avessas **2** em sentido contrário **3** reciprocamente (Do lat. *vice versa*, «voltada a vez»)

vícia *n.f.* BOTÂNICA nome de várias plantas da família das Faseoláceas, muitas vezes trepadeiras, com folhas paripinuladas, frequentemente com gavinhas e estípulas, de flores azuis, roxas ou amarelas, dispostas em cacho, frequentes na América do Sul e na zona temperada do Norte (Do lat. *vicĭa-*, «ervilhaca»)

viciação *n.f.* **1** ato ou efeito de viciar ou viciar-se **2** estado do que está viciado **3** falsificação; adulteração (Do lat. *vitiatiōne-*, «id.»)

viciado *adj.* **1** que se viciou; dependente **2** adulterado; deturpado **3** corrompido **4** falsificado ■ *n.m.* aquele que depende de um vício (Part. pass. de *viciar*)

viciador *adj.,n.m.* **1** que ou aquele que vicia **2** que ou aquele que corrompe **3** que ou o que falsifica ou adultera (Do lat. *vitiatōre-*, «id.»)

viciamento *n.m.* ⇒ **viciação** (De *viciar*+-*mento*)

viciante *adj.2g.* que cria vício; que cria dependência (De *vício*+-*ante*)

viciar *v.tr.,intr.,pron.* **1** tornar(-se) dependente de um hábito geralmente desaconselhável ou censurável **2** tornar(-se) impuro; estragar(-se); corromper(-se) ■ *v.tr.* **1** deturpar; adulterar; falsificar **2** anular (em matéria jurídica) (Do lat. *vitiāre-*, «id.»)

vicilino *n.m.* ORNITOLOGIA termo usado por alguns autores para designar o beija-flor (pássaro) (Do lat. *Vicilīnu-*, «Vicilino, epíteto de Júpiter»)

vicinal *adj.2g.* **1** vizinho **2** adjacente **3** próximo **4** designativo dos caminhos ou estradas que põem em comunicação povoações do mesmo concelho (Do lat. *vicināle-*, «de vizinhança»)

vicinalidade *n.f.* qualidade do que é vicinal; proximidade (De *vicinal*+-*i*-+-*dade*)

vício *n.m.* **1** defeito pelo qual uma pessoa ou uma coisa se afasta do tipo considerado normal, ficando inapta a cumprir determinado fim ou a desempenhar certa função **2** hábito profundamente enraizado de ações consideradas moralmente condenáveis; libertinagem; desregramento; desmoralização **3** prática de atos geralmente prejudiciais ou moralmente censuráveis; mau hábito; costume condenável **4** disposição natural para algo; propensão irresistível; tendência **5** erro contra as regras da arte ou da ciência **6** hábito repetitivo de praticar certos atos; erro sistemático; mania **7** dependência em relação ao consumo de determinada substância (álcool, tabaco, etc.) **8** [pop.] época ou estado de cio dos animais **9** [Brasil] hábito de comer terra; geofagia; *~ de linguagem* GRAMÁTICA qualquer desvio ou deturpação linguística, a nível fonético, morfológico, sintático e semântico, cometido por ignorância ou descuido, como por exemplo, barbarismos, solecismos, etc. (Do lat. *vitĭu-*, «id.»)

viciosidade *n.f.* qualidade ou estado do que é vicioso (Do lat. *vitiositāte-*, «id.»)

vicioso /ô/ *adj.* **1** que tem vícios ou defeitos; imperfeito **2** corrupto; desmoralizado; depravado **3** oposto a certas regras; incorreto (Do lat. *vitiōsu-*, «id.»)

vicissitude *n.f.* **1** mudança que se dá nas coisas que sucedem; variação **2** eventualidade; acaso **3** revés; contrariedade (Do lat. *vicissitudĭne-*, «id.»)

vicissitudinário *adj.* sujeito a vicissitudes (Do lat. *vicissitudĭne-*, «vicissitude» +-*ário*)

viço *n.m.* **1** força vegetativa; verdor **2** força; vigor **3** [fig.] ardor; exuberância; fogosidade (Do lat. *vitĭu-*, «vício»)

vicomagíster *n.m.* magistrado que, nos últimos tempos do Império Romano e na Idade Média, exercia funções idênticas às de regedor e presidente da Câmara (Do lat. *vicomagister*, «id.»)

viçoso /ô/ *adj.* **1** que tem viço; que não está murcho **2** coberto de verdura; exuberante de vegetação; virente **3** [fig.] cheio de vigor, de mocidade **4** [fig.] inexperiente (Do lat. *vitiōsu-*, «id.»)

victrice *adj.,n.f.* que ou aquela que obteve vitória; vencedora (Do lat. *victrīce-*, «vitoriosa»)

vicunha *n.f.* **1** ZOOLOGIA mamífero ruminante, da família dos Camelídeos, que vive nos Andes, fornece lã finíssima e é também conhecido por vigonho, taruca e taruga **2** tecido fabricado com a lã fornecida por esse mamífero (Do quích. *uikúña*, «id.»)

vida *n.f.* **1** estado de atividade dos animais e das plantas **2** o tempo que decorre desde o nascimento até à morte; existência **3** modo de viver **4** conjunto das coisas necessárias à subsistência **5** biografia de uma pessoa **6** comportamento **7** profissão; emprego; carreira **8** ocupação; atividade **9** [fig.] animação; vitalidade **10** causa; origem **11** essência **12** a melhor afeição de alguém **13** vigor; energia **14** progresso **15** conjunto de manifestações da atividade de uma nação, de uma coletividade; *~ airada* vagabundagem; *~ animal* manifestações provocadas pelas funções dos aparelhos de relação (aparelho locomotor, sistema nervoso e órgãos dos sentidos), funções de relação; *~ eterna* RELIGIÃO a bem-aventurança; *~ latente* estado em que as manifestações vitais estão reduzidas ou a sua atividade não se percebe sensivelmente; *~ vegetativa* manifestações provocadas pelas funções dos aparelhos da nutrição e da reprodução; *à boa ~* sem trabalhar; *a outra ~* a existência da alma após a morte; *fazer pela ~* trabalhar, esforçar-se; *levar ~ de cão* ter a vida cheia de trabalhos; *má ~* prostituição; *mulher da ~* [depr.] prostituta; *para a ~ e para a morte* para sempre; *perder a ~* morrer (Do lat. *vita-*, «id.»)

vidama *n.m.* **1** indivíduo que, nos tempos feudais, administrava as terras de um bispado, ou as possuía como feudo hereditário **2** oficial que representava o bispo na administração da justiça temporal e no comando do exército episcopal (Do lat. med. *vicedomīnu-*, «substituto do Senhor (feudal)», pelo fr. *vidame*, «id.»)

vidamia *n.f.* **1** dignidade de vidama **2** território sob a jurisdição de um vidama (Do fr. *vidamie*, «id.»)

vidar¹ *v.tr.* plantar vides em (De *vide*+-*ar*)

vidar² *n.m.* espécie de serrote com que se abriam os dentes grossos nos pentes (De orig. obsc.)

vide¹ *n.f.* **1** vara de videira; bacelo **2** ⇒ **videira** **3** [pop.] cordão umbilical; envide; *~ de enforcado* videira que se enrosca e prende a uma árvore (Do lat. *vīte-*, «id.»)

vide² *loc.* indica uma remissão do tipo *veja*, *veja-se em*, com a abreviatura vd. (Do lat. *vide*)

videasta *n.2g.* criador ou realizador de obras em vídeo

videira *n.f.* BOTÂNICA nome vulgar extensivo a um grande número de castas (quase todas cultivadas) de um arbusto sarmentoso e com gavinhas, de origem asiática, e também denominado videira europeia, pertencente à família das Vitáceas, intensivamente cultivado em Portugal pelo valor dos seus frutos (uvas), muito apreciados e utilizados na alimentação e na preparação do vinho; cepa; parreira; vide; *~ americana* designação extensiva a umas espécies de videira (e seus híbridos) que se cultivam e utilizam em Portugal como cavalos de enxertia; *~ isabela/americana* videira de origem americana, cultivada em Portugal, produtora de uvas cujo vinho é considerado de fraca qualidade, moranga; *~ silvestre* espécie de videira bravia, produtora de bagos miúdos, subespontânea em videirinho Portugal; **~ virgem** espécie de videira cultivada em Portugal, especialmente para servir de cobertura a muros (De vide+-eira)

videirinho adj.,n.m. que ou aquele que procura antes de mais nada o sucesso na vida, recorrendo a lisonjas e subserviências; videiro (De videiro+-inho)

videirismo n.m. atividade ou comportamento de pessoa videira (De videiro+-ismo)

videiro adj.,n.m. que ou aquele que trata com diligência a sua vida e os seus interesses; fura-vidas; agenciador; trabalhador (De vida+-eiro)

vidência n.f. faculdade de vidente (Do lat. videntĭa, part. pres. neut. pl. de vidēre, «ver»)

vidente adj.2g. 1 que vê 2 que tem visões 3 designativo de pessoa que pretende ter um poder supranormal de conhecer acontecimentos passados ou futuros e de descobrir coisas ocultas 4 [fig.] sagaz; perspicaz ■ n.2g. 1 pessoa que vê 2 pessoa a quem se atribui o conhecimento, por meios sobrenaturais, das coisas divinas 3 pessoa que pretende ter um poder supranormal de conhecer acontecimentos passados ou futuros e de descobrir coisas ocultas; profeta; vate (Do lat. vidente-, «que vê», part. pres. de vidēre, «ver»)

video- elemento de formação de palavras que exprime a ideia de vídeo (Do lat. vidĕo, «vejo», pres. do ind. de vidēre, «ver»)

vídeo n.m. 1 técnica audiovisual que permite gravar imagens e sons por meio de um magnetoscópio e uma câmara de televisão e reproduzi-los imediatamente num ecrã de televisão 2 aparelho eletromagnético capaz de registar imagens e sons em banda magnética ou disco magnético e de os reproduzir num aparelho de televisão 3 filme gravado ■ adj.inv. 1 diz-se dos sinais utilizados na transmissão de imagens e dos aparelhos que utilizam esses sinais 2 relativo a ou empregado na receção e transmissão de uma imagem televisiva (Do ing. video, «id.»)

videoamador n.m. aquele que faz filmes de vídeo por gosto, mas que não é profissional (De video-+amador)

videocassete n.f. pequena caixa que contém uma fita magnética onde estão registados as imagens e os sons de uma gravação, que se podem reproduzir através de um leitor de cassetes ligado a um aparelho de televisão; cassete (de) vídeo (De video-+fr. cassette, «pequena caixa»)

videochamada n.f. chamada telefónica com imagem e som simultaneamente, que permite ao utilizador ver e ser visto pelo interlocutor enquanto fala (De video-+chamada)

videoclip n.m. ⇒ **teledisco**

videoclube n.m. estabelecimento onde se compram ou alugam filmes gravados em videocassetes ou DVD (De video-+clube)

videoconferência n.f. tecnologia de comunicação que, por intermédio do videotelefone, permite que as pessoas em reunião se vejam e se ouçam, embora estando em locais diferentes (Do ing. videoconference, «id.»)

videodisco n.m. disco magnético no qual estão registados, por meio de gravação, sons e imagens que se podem reproduzir num televisor por meio de um sistema de leitura (De video-+disco)

videofone n.m. ⇒ **videotelefone** (Do ing. videophone, «id.»)

videofrequência /qu-en/ n.f. frequência que se utiliza na transmissão de sinais vídeo (De video-+frequência)

videograma n.m. 1 registo em banda magnética (videocassete) ou em disco magnético (videodisco) de imagens, acompanhadas ou não de sons 2 cópia em banda magnética ou em disco magnético de obras cinematográficas ou audiovisuais 3 programa audiovisual gravado ou difundido por meio de técnicas vídeo (De video-+grama)

videogravador n.m. aparelho que capta mensagens audiovisuais, efetua gravações delas em videocassetes e lê o que se encontra gravado nessas mesmas cassetes (De video-+gravador)

videojogo n.m. 1 programa para computador de carácter recreativo 2 aparelho eletrónico de carácter lúdico que inclui um dispositivo de entrada de dados e um dispositivo de exibição visual (Do ing. video game, «id.»)

videoporteiro n.m. dispositivo eletrónico que permite visualizar e comunicar do interior de uma casa com as pessoas que se encontram à porta (De video-+porteiro)

videotape n.m. ⇒ **vídeo** n.m. (Do ing. videotape, «gravação de imagem e som em fita magnética»)

videoteca n.f. 1 coleção organizada de videocassetes e videodiscos, com a aparelhagem necessária à sua utilização 2 lugar onde se encontra instalada uma coleção deste género 3 estabelecimento comercial especializado na venda e/ou aluguer de videocassetes e videodiscos; videoclube (De video-+-teca)

videotelefone n.m. dispositivo que pode transmitir e receber sinais vídeo e áudio, permitindo que as pessoas se vejam e se ouçam durante o tempo de conversação; videofone (Do ing. videophone, «id.»)

videotexto n.m. serviço público de informação a que se pode aceder através de um recetor de televisão adaptado ou de um terminal especial ligado a uma linha telefónica (Do ing. videotext, «id.»)

videovigilância n.f. vigilância feita com recurso a sistemas de vídeo (câmaras de filmar, sistemas de deteção automática de movimento, etc.) (De vídeo-+vigilância)

videowall n.m. painel único constituído por uma série de monitores de televisão ou vídeo (Do ing. videowall, «id.»)

vido n.m. BOTÂNICA ⇒ **vidoeiro** (Do lat. *betŭlu-, «vidoeiro»)

vidoeiro n.m. BOTÂNICA planta lenhosa da família das Betuláceas, cultivada e espontânea em Portugal (especialmente nas regiões elevadas), também conhecida por bédulo, bétula, etc. (Do lat. *betŭlu-, por betŭla-, «bétula» +-eiro)

vidonha /ô/ n.f. ⇒ **vidonho**

vidonho /ô/ n.m. 1 videira nova que se corta juntamente com um pedaço de cepa da videira mãe 2 casta de uva 3 vinho produzido com essa casta 4 [regionalismo] natureza do indivíduo (De vide+-onho)

vidraça n.f. 1 lâmina de vidro 2 conjunto de vidros encaixilhados que formam uma peça de janela, porta, etc.; caixilho com vidros (De vidro+-aça)

vidraçaria n.f. 1 conjunto das vidraças de um edifício 2 estabelecimento onde se vende vidraça (De vidraça+-aria)

vidraceiro n.m. 1 fabricante ou vendedor de vidros 2 artista que põe vidros nos caixilhos (De vidraça+-eiro)

vidracento adj. que tem aspeto de vidraça (De vidraça+-ento)

vidracista n.2g. pintor de vidraças ou de vitrais (De vidraça+-ista)

vidraço n.m. GEOLOGIA calcário do cretácico, rijo, lascável e de aspeto vítreo, formado por dissolução do carbonato de cálcio seguida de recristalização (De vidro+-aço)

vidrado adj. 1 revestido de uma substância que foi vitrificada 2 sem brilho; vidrento 3 (olhos) embaciado 4 [Brasil] apaixonado ■ n.m. substância aplicada na loiça para a vitrificar (Part. pass. de vidrar)

vidrador n.m. operário que reveste qualquer artefacto de uma camada vítrea (De vidrar+-dor)

vidragem n.f. ato ou operação de vidrar (De vidrar+-agem)

vidral n.m. ⇒ **vitral** (De vidro+-al)

vidralhada n.f. porção de vidros (De vidro-alho-ada)

vidramento n.m. ⇒ **vidragem** (De vidrar+-mento)

vidrão n.m. depósito para recolha de objetos de vidro inutilizados ou fora de uso, que serão posteriormente reciclados (De vidro+-ão)

vidrar v.tr. 1 cobrir com substância (esmalte) vitrificável 2 pôr vidro em; envidraçar 3 [coloq.] ficar completamente encantado (com); extasiar-se (com) ■ v.tr.,intr. (olhos) tirar ou perder o brilho; embaciar (De vidro+-ar)

vidraria n.f. 1 fábrica ou estabelecimento de vidros 2 arte de fabricar vidro 3 porção de vidros; vidralhada 4 grande quantidade de frascos; frascaria (De vidro+-aria)

vidrecome n.m. copo grande que os Alemães usavam nos seus banquetes (Do al. wiederkommen, «vir de novo; vir outra vez»)

vidreiro adj. relativo à indústria do vidro ■ n.m. 1 operário que trabalha em vidro 2 fabricante ou vendedor de vidro (Do lat. vitrarĭu-, «id.»)

vidrento adj. 1 semelhante ao vidro; vítreo; vidrado 2 (olhos) embaciado 3 [fig.] frágil; quebradiço 4 [fig.] melindroso; suscetível; desconfiado; agastadiço 5 [fig.] efémero (De vidro+-ento)

vidrilho n.m. canudo, conta, lâmina de vidro ou de substância análoga com que se guarnecem vestidos, chapéus, etc.; missanga; avelório (De vidro+-ilho)

vidrinho n.m. 1 vidro pequeno 2 [fig.] pessoa muito suscetível; **ser um ~ de cheiro** ser muito suscetível, ofender-se com facilidade (De vidro+-inho)

vidrino adj. 1 relativo ou semelhante a vidro; vítreo 2 feito de vidro (De vidro+-ino)

vidro n.m. 1 substância sólida, geralmente transparente e frágil, que se obtém fundindo sílica com potassa ou soda 2 artefacto desta substância 3 pedaço de vidraça que se coloca em caixilho 4 [fig.] pessoa suscetível ou delicada; vidro de cheiro 5 PETROLOGIA rocha de textura vítrea, como a de aspeto alveolar conhecida por pedra-pomes; **~ de moscóvia** MINERALOGIA moscovite; **em ~** que ainda não teve uso, especialmente em referência aos caracteres utilizados nas tipografias; **no ~** em experiência laboratorial, em proveta; **ser um ~** [fig.] ser frágil, ofender-se facilmente (Do lat. vitru-, «id.»)

vidroso /ô/ *adj.* ⇒ **vidrento** (De *vidro+-oso*)
vidual *adj.2g.* referente a viúvo ou a viúva (Do lat. *viduāle-*, «de viúva»)
vieira *n.f.* **1** ZOOLOGIA designação de uns moluscos lamelibrânquios, também conhecidos por leque, pente e romeira **2** concha destes moluscos (usada pelos romeiros) (Do lat. *venerĭa-*, certo molusco)
vieirense[1] *adj.2g.* relativo ao escritor português Padre António Vieira (1608-1697) ou ao seu estilo (De *Vieira*, antropónimo + -*ense*)
vieirense[2] *adj.* relativo ou pertencente a Vieira do Minho, no distrito de Braga, ou que é seu natural ou habitante ▪ *n.m.* natural ou habitante de Vieira do Minho (De *Vieira [do Minho]*, topónimo + -*ense*)
viela[1] *n.f.* rua estreita; quelha; beco; congosta (De *via+-ela*)
viela[2] *n.f.* MÚSICA antigo instrumento musical de corda (Do fr. *vielle*)
vienense *adj.2g.* **1** da cidade austríaca de Viena **2** referente a Viena ▪ *n.2g.* natural ou habitante de Viena (De *Viena*, top. +-*ense*)
viés *n.m.* **1** direção oblíqua; esguelha **2** tira de pano cortada da peça, em diagonal; *ao/de* ~ na diagonal, obliquamente (Do fr. *biais*, «linha oblíqua»)
vietnamita *adj.2g.* relativo ao Vietname ▪ *n.2g.* natural ou habitante do Vietname (De *Vietname*, top.+-*ita*)
viga *n.f.* ENGENHARIA peça linear sujeita principalmente a esforços de flexão; elemento de construção prismático de betão armado, madeira, etc.; trave (De orig. obsc.)
vigairada *n.f.* **1** visita rápida **2** corrida de um lado para outro **3** bando de malandros ou vadios **4** boémia; estúrdia (De *vigairo+-ada*)
vigairaria *n.f.* ⇒ **vigariaria** (De *vigairo+-aria*)
vigairo *n.m.* [pop.] ⇒ **vigário** (De *vigário*)
vigamento *n.m.* **1** conjunto das vigas ou traves de uma construção **2** disposição das traves e outros madeiros, numa armação (De *vigar+-mento*)
vigar *v.tr.* **1** assentar as vigas em **2** pôr sobre vigas (De *viga+-ar*)
vigária *n.f.* freira que substitui a abadessa ou a superiora na sua ausência (Do lat. *vicarĭa-*, «id.»)
vigariaria *n.f.* **1** cargo, funções ou área de jurisdição do vigário **2** repartição do vigário ou da vigária (De *vigário+-aria*)
vigariato *n.m.* ⇒ **vigariaria** (De *vigário+-ato*)
vigarice *n.f.* ato de vigarista; burla (De *vigário+-ice*)
vigário *n.m.* **1** aquele que substitui alguém **2** sacerdote que substitui o prelado da diocese (vigário-geral) ou que é seu delegado em certas povoações (vigário da vara) **3** coadjutor do pároco de uma freguesia; ~ *castrense* prelado que superintende nas funções religiosas das forças armadas; ~ *da vara* arcipreste; ~ *de Cristo* o papa; *conto do* ~ burla, logro; *ensinar o pai-nosso ao* ~ pretender ensinar a alguém o que essa pessoa sabe melhor; *passar/contar o conto do* ~/*levar no conto do* ~ burlar (Do lat. *vicarĭu-*, «que faz as vezes de outro»)
vigarismo *n.m.* ⇒ **vigarice** (De *vigário+-ismo*)
vigarista *n.2g.* **1** indivíduo que explora outros por meios fraudulentos **2** pessoa que pretende trocar moeda falsa e objetos sem valor por moeda legal e objetos de preço; burlão **3** intrujão; trapaceiro (De *vigário+-ista*)
vigarizar *v.tr.* enganar; burlar (De *vigário+-izar*)
vigência *n.f.* **1** qualidade ou estado do que é vigente **2** tempo durante o qual uma coisa vigora (De *viger+-ência*)
vigente *adj.2g.* que está em vigor (Do lat. *vigente-*, «que está em vigor», part. pres. de *vigēre*, «viger; estar em vigor»)
viger *v.intr.* estar em vigor; ter vigor (Do lat. *vigēre*, «ter vigor»)
vigésimo *num.ord.* >*adj.num.* DT que, numa série, ocupa a posição imediatamente a seguir à décima nona; que é o último lugar numa série de vinte ▪ *num.frac.* >*quant.num.* DT que resulta da divisão de um todo por vinte ▪ *n.m.* **1** o que, numa série, ocupa o lugar correspondente ao número 20 **2** cada uma das vinte partes iguais em que se dividiu um todo; um vinte avos **3** fração de um bilhete de lotaria, correspondente a uma das vinte partes do bilhete (Do lat. *vigēsĭmu-*, «id.»)
vigia *n.f.* **1** ato ou efeito de vigiar; vigilância **2** sentinela; guarita **3** espia; atalaia **4** buraco por onde se vigia **5** espécie de janela redonda por onde entra a luz nos camarotes dos navios **6** [fig.] insónia **7** baixio; parcel ▪ *n.2g.* pessoa que vigia; sentinela; guarda (Deriv. regr. de *vigiar*)
vigiador *adj.,n.m.* **1** que ou aquele que vigia **2** vigilante **3** desvelado; cuidadoso (De *vigiar+-dor*)
vigiante *adj.2g.* ⇒ **vigilante** (De *vigiar+-ante*)
vigiar *v.tr.* **1** observar atentamente; atentar em **2** observar de modo secreto ou oculto; espiar; espreitar **3** fiscalizar; verificar; examinar **4** cuidar com atenção de; velar ▪ *v.intr.* manter-se atento, alerta ou acordado; estar de sentinela ▪ *v.pron.* acautelar-se; precaver-se (Do lat. *vigilāre*, «id.»)
vígil *adj.2g.* **1** que vigia **2** que está acordado **3** que vela (Do lat. *vigĭle-*, «id.»)
vigilador *adj.,n.m.* ⇒ **vigiador** (De *vigilar+-dor*)
vigilambulismo *n.m.* MEDICINA automatismo inconsciente, observável principalmente na histeria e na epilepsia, que surge no estado de vigília e se manifesta por atos mais ou menos coordenados, de que não fica lembrança alguma (Do lat. *vigĭle-*, «vígil» +*ambulāre*, «caminhar» +-*ismo*)
vigilâmbulo *adj.,n.m.* que ou aquele que sofre de vigilambulismo (Do lat. *vigĭle-*, «vígil» +*ambŭlo*, «eu caminho», 1.ª pess. do pres. do ind. de *ambulāre*, «andar; caminhar»)
vigilância *n.f.* **1** ato ou efeito de vigilar ou vigiar **2** atenção desvelada; cuidado; prevenção (Do lat. *vigilantĭa-*, «id.»)
vigilante *adj.2g.* **1** que vigia **2** atento; cuidadoso **3** diligente; zeloso ▪ *n.2g.* pessoa encarregada de vigiar o trabalho, a disciplina e/ou a segurança de outras pessoas (Do lat. *vigilante-*, «id.», part. pres. de *vigilāre*, «vigiar»)
vigilar *v.tr.,intr.,pron.* ⇒ **vigiar** (Do lat. *vigilāre*, «id.»)
vigília *n.f.* **1** estado de quem não tem sono durante a noite; insónia; vela; lucubração **2** desvelo; cuidado **3** véspera de festa (Do lat. *vigilĭa-*, «id.»)
vigonho /ô/ *n.m.* ZOOLOGIA ⇒ **vicunha** **1** (Do quích. *uikúña*, «id.»)
vigor /ô/ *n.m.* **1** força muscular; robustez; energia **2** atividade; funcionamento **3** viço; vitalidade; *pôr em* ~ fazer vigorar, ordenar (Do lat. *vigōre-*, «id.»)
vigorante *adj.2g.* **1** que dá vigor; fortificante **2** que vigora; vigente (Do lat. *vigorante-*, «id.», part. pres. do ant. *vigorāre*, «dar vigor a»)
vigorar *v.tr.* **1** dar vigor a; fortalecer; vigorizar **2** tornar mais enérgico (um medicamento) ▪ *v.intr.* **1** adquirir vigor **2** estar em vigor; estar em prática; usar-se (Do lat. **vigorāre*, «id.»)
vigorexia *n.f.* obsessão patológica por exercício físico, e, muitas vezes pela ingestão de substâncias químicas para aumentar a massa muscular para ter um corpo magro e musculado; transtorno dismórfico muscular (De *vigor+-orexia*)
vigorite *n.f.* pólvora de mina, muito explosiva (De *vigor+-ite*)
vigorizar *v.tr.,pron.* dar ou adquirir vigor; fortalecer(-se); robustecer(-se) (De *vigor+-izar*)
vigorosamente *adv.* com vigor; energicamente (De *vigoroso+-mente*)
vigoroso *adj.* **1** que tem vigor; robusto; forte **2** enérgico **3** expressivo **4** (desenho) com traços firmes (De *vigor+-oso*)
vigota *n.f.* **1** vigote **2** elemento resistente de betão armado numa laje de elementos cerâmicos (De *viga+-ota*)
vigote *n.m.* **1** viga pequena; barrote **2** sarrafo (De *viga+-ote*)
viking *adj.2g.* relativo ou pertencente aos Vikings ▪ *n.2g.* pessoa pertencente aos Vikings (Do ing. *viking*, «id.», pelo nórd. ant. *víkingr*)
Vikings *n.m.pl.* ETNOGRAFIA antigo povo de navegadores e guerreiros escandinavos que, entre os séculos VIII e XI, realizaram várias expedições marítimas na costa litoral do ocidente europeu (Do ing. *viking*, «id.», pelo nórd. ant. *víkingr*)
vil *adj.2g.* **1** de pouco valor; insignificante **2** mesquinho **3** humilde **4** desprezível; abjeto; infame; torpe ▪ *n.2g.* pessoa desprezível (Do lat. *vīle-*, «id.»)
vila *n.f.* **1** povoação de categoria superior a aldeia e inferior a cidade **2** casa de campo **3** casa de construção luxuosa, geralmente situada fora da cidade (Do lat. *villa-*, «casa de campo»)
vila-condense *adj.2g.* da cidade portuguesa de Vila do Conde, no distrito do Porto ▪ *n.2g.* natural ou habitante de Vila do Conde (De *Vila do Conde*, top. +-*ense*)
Vila-Francada *n.f.* HISTÓRIA revolta portuguesa contra o liberalismo instaurado pela Constituição de 1822, liderada por D. Miguel (1802-1866), que teve lugar em Vila Franca de Xira (cidade portuguesa do distrito de Lisboa) entre 27 de maio e 3 de junho de 1823 (De *Vila Franca*, top. +-*ada*)
vila-franquense[1] *adj.2g.* relativo ou pertencente a Vila Franca de Xira, no distrito de Lisboa, ou que é seu natural ou habitante ▪ *n.2g.* natural ou habitante de Vila Franca de Xira (De *Vila Franca [de Xira]*, topónimo +-*ense*)
vila-franquense[2] *adj.2g.* relativo ou pertencente a Vila Franca do Campo, no arquipélago dos Açores, ou que é seu natural ou habitante ▪ *n.2g.* natural ou habitante de Vila Franca do Campo (De *Vila Franca [do Campo]*, topónimo +-*ense*)
vilanaço *adj.,n.m.* ⇒ **vilanaz** (Do b. lat. *villānu-*, «vilão» +-*aço*)

vilanagem *n.f.* 1 ato de vilão; vilania; baixeza 2 grupo de vilões 3 os vilões (Do b. lat. *villānu-*, «vilão» +*-agem*)

vilanaz *adj.,n.2g.* que ou aquele que tem características de vilão (Do b. lat. *villānu-*, «vilão» +*-az*)

vilancete /ê/ *n.m.* LITERATURA composição poética, composta geralmente sobre um mote, em verso de pequena medida, e de carácter campesino (Do cast. *villancete*, «id.»)

vilancico *n.m.* 1 LITERATURA composição poética formada de versos de pequena medida e, às vezes, dialogados 2 música adaptada à letra destes poemas (Do cast. *villancico*, «id.»)

vilanesco /ê/ *adj.* 1 próprio de vilão 2 relativo a vilão 3 rústico; grosseiro (Do b. lat. *villānu-*, «vilão» +*-esco*)

vilania *n.f.* 1 qualidade de vilão 2 ação própria de vilão; vileza; baixeza; indignidade 3 afronta; ofensa (Do b. lat. *villānu-*, «vilão» +*-ia*)

vila-novense *adj.2g.* referente à cidade portuguesa de Vila Nova de Gaia, no distrito do Porto ■ *n.2g.* natural ou habitante desta cidade (De *Vila Nova*, top. +*-ense*)

vilão *adj.* 1 desprezível; abjeto 2 avarento 3 designativo de habitante de vila 4 que não era de linhagem nobre; plebeu 5 rústico; grosseiro ■ *n.m.* 1 pessoa vil 2 natural ou habitante de uma vila 3 [regionalismo] espécie de chouriço trasmontano; *se queres conhecer o ~, mete-lhe a vara na mão* (provérbio) uma pessoa de sentimentos baixos, quando investida de autoridade, não tarda a manifestar-se tal qual é (Do b. lat. *villānu*, «habitante da casa de campo»)

vilar *n.m.* aldeola; lugarejo (Do lat. vulg. *villāre-*, «povoação»)

vila-realense[1] *adj.2g.* relativo ou pertencente a Vila Real, capital de distrito, ou que é seu natural ou habitante ■ *n.2g.* natural ou habitante de Vila Real (De *Vila Real*, topónimo +*-ense*)

vila-realense[2] *adj.2g.* relativo ou pertencente a Vila Real de Santo António, no distrito de Faro, ou que é seu natural ou habitante ■ *n.2g.* natural ou habitante de Vila Real de Santo António (De *Vila Real [de Santo António]*, topónimo +*-ense*)

vilarejo /ê/ *n.m.* ⇒ **vilarinho** (De *vilar*+*-ejo*)

vilarelho /ê/ *n.m.* ⇒ **vilarinho** (De *vilar*+*-elho*)

vilarinho *n.m.* vilar pequeno (De *vilar*+*-inho*)

vilegiatura *n.f.* 1 temporada que se passa fora de casa, em passeio, principalmente na estação quente 2 tempo de descanso na praia, no campo ou em estância balnear (Do it. *villeggiatura*, «temporada que se passa em casa de campo»)

vilegiaturar *v.intr.* fazer vilegiatura (De *vilegiatura*+*-ar*)

vilegiaturista *n.2g.* pessoa que faz vilegiatura (De *vilegiatura*+*-ista*)

vilela *n.f.* vila pequena (De *vila*+*-ela*)

vilescer *v.tr.* ⇒ **envilecer** (De *vil*+*-escer*)

vileta /ê/ *n.f.* ⇒ **vilela** (De *vila*+*-eta*)

vileza /ê/ *n.f.* 1 qualidade de vil 2 ação vil; desonra; baixeza; ignomínia (De *vil*+*-eza*)

vilhancete /ê/ *n.m.* LITERATURA ⇒ **vilancete**

vilhancico *n.m.* LITERATURA ⇒ **vilancico**

vílico *n.m.* antigo regedor de pequena localidade que arrecadava os impostos e administrava a justiça (Do lat. *villīcu-*, «caseiro»)

vilificar *v.tr.* tornar vil; envilecer; aviltar (Do lat. *vilificāre*, «id.»)

vilipendiador *adj.,n.m.* que ou aquele que vilipendia (De *vilipendiar*+*-dor*)

vilipendiar *v.tr.* 1 tratar com desprezo 2 considerar vil 3 amesquinhar; degradar (De *vilipêndio*+*-ar*)

vilipêndio *n.m.* 1 desprezo; menoscabo 2 degradação; vileza (Do b. lat. *vilipĕndiu-*, «desprezo»)

vilipendioso /ô/ *adj.* 1 que encerra vilipêndio 2 degradante (De *vilipêndio*+*-oso*)

vilória *n.f.* vila pequena e de pouca importância (De *vila*+*-ória*)

vilosidade *n.f.* 1 qualidade do que é viloso 2 camada de pelos ou lanugem 3 indumento de pelos macios e longos 4 ANATOMIA cada uma das expansões ramificadas e muito vascularizadas do córion (placenta); ~ *intestinal* ANATOMIA cada uma das saliências da mucosa do intestino delgado (foliáceas, digitiformes, etc.) que desempenham importante papel na absorção digestiva; ~ *sinovial* ANATOMIA cada uma das saliências da sinovial (De *viloso*+*-i-*+*-dade*)

viloso /ô/ *adj.* 1 coberto de pelos; peludo 2 BOTÂNICA pubescente 3 cabeludo 4 lanudo (Do lat. *villōsu-*, «id.»)

vilota *n.f.* ⇒ **vilória** (De *vila*+*-ota*)

vilta *n.f.* aviltamento; afronta; injúria; vitupério (Deriv. regr. de *viltar*)

viltança *n.f.* ⇒ **aviltamento** (De *viltar*+*-ança*)

viltar *v.tr.* ⇒ **aviltar** (Do lat. *vilitāre*, «aviltar»)

vima[1] *n.f.* BOTÂNICA nome vulgar por que também é designado o vimeiro-branco (Do lat. *vimīna*, pl. de *vimen*, «vara flexível»)

vima[2] *n.f.* [regionalismo] emplastro caseiro; mezinha (De orig. obsc.)

vimaranense *adj.2g.* referente à cidade portuguesa de Guimarães ■ *n.2g.* natural ou habitante de Guimarães (Do lat. *vimaranense-*, «id.»)

vime *n.m.* 1 vara (ramo) flexível dos vimeiros, utilizada para amarrar, fazer cestos, etc.; verga 2 qualquer haste fina flexível, longa e resistente que serve para atar, etc. 3 BOTÂNICA ⇒ **vimeiro**[1] (Do lat. *vimĭne-*, «id.»)

vimeiro *n.m.* 1 BOTÂNICA planta lenhosa, dioica, com flores em amentilhos, pertencente à família das Salicáceas, com ramos longos, finos e flexíveis (vimes); vime 2 ⇒ **vimieiro** (De *vime*+*-eiro*)

vimeiro-amarelo *n.m.* BOTÂNICA vimeiro com ramos novos de cor amarela ou amarelo-avermelhada, cultivado em Portugal

vimeiro-branco *n.m.* BOTÂNICA ⇒ **vimeiro-francês**

vimeiro-francês *n.m.* BOTÂNICA vimeiro cultivado e subespontâneo em Portugal, também denominado vima

vimial *n.m.* ⇒ **vimieiro** (Do lat. *vimināle-*, «próprio para atar»)

vimieiro *n.m.* sítio ou terreno onde se cultivam ou se desenvolvem os vimeiros; vimial (Do lat. **vimināriu-*, de *vimĭne-*, «vime»)

vimíneo *adj.* 1 feito de vimes 2 da natureza do vime (Do lat. *vimĭneu-*, «id.»)

viminoso /ô/ *adj.* 1 ⇒ **vimíneo** 2 onde abundam os vimeiros (Do lat. *vimĭne-*, «vime» +*-oso*)

vimoso /ô/ *adj.* ⇒ **viminoso** (De *vime*+*-oso*)

vin- elemento de formação de palavras que exprime a ideia de *vinho* (Do lat. *vinu-*, «vinho»)

vina *n.f.* 1 BOTÂNICA variedade de palmeiras 2 [sentido geral] MÚSICA designação de diversas famílias de instrumentos de corda do sul da Ásia 3 [sentido particular] MÚSICA um dos principais instrumentos de cordas dedilhadas da música clássica indiana (Do sânscr. *vina*, «id.»)

vináceo *adj.* 1 da natureza ou da cor do vinho 2 feito de vinho 3 misturado com vinho (Do lat. *vinacĕu-*, «id.»)

vinagem *n.f.* preparação do vinho; vinificação (Do fr. *vinage*, «id.»)

vinagrada *n.f.* 1 excesso de vinagre numa iguaria 2 [regionalismo] refresco de vinagre, água e açúcar (De *vinagre*+*-ada*)

vinagrar *v.tr.,pron.* ⇒ **avinagrar** (De *vinagre*+*-ar*)

vinagre *n.m.* 1 produto de fermentação acética do vinho e de outras substâncias alcoólicas 2 [fig.] coisa muito azeda e desagradável 3 [fig.] pessoa muito irritável 4 [fig.] tom áspero ou violento de linguagem; causticidade 5 [fig.] ironia malévola (Do lat. *vinu-*, «vinho» +*acre-*, «azedo», pelo cat. *vinagre*, «id.»)

vinagreira *n.f.* 1 recipiente em que se prepara ou se guarda o vinagre 2 mulher que prepara ou vende vinagre 3 ZOOLOGIA molusco gastrópode, marinho, frequente em Portugal, também denominado bêbedo, lebre-do-mar, tintureira e alpélia 4 BOTÂNICA ⇒ **azeda** 5 BOTÂNICA ⇒ **sumagre** 6 [Brasil] BOTÂNICA planta da família das Malváceas, também conhecida por fanfá e maioranta 7 [regionalismo] solteirona 8 [regionalismo] ⇒ **gaspacho** (De *vinagre*+*-eira*)

vinagreiro *n.m.* aquele que prepara ou vende vinagre (De *vinagre*+*-eiro*)

vinagrento *adj.* 1 que tem o sabor do vinagre 2 que tem muito vinagre 3 [fig.] muito azedo (De *vinagre*+*-ento*)

vinagreta /ê/ *n.f.* 1 [pop.] vinho ordinário e um tanto azedo 2 CULINÁRIA molho preparado com azeite, vinagre, sal, pimenta e salsa (ou outra planta aromática) (De *vinagre*+*-eta*)

vinagrinho *n.m.* variedade de rapé (De *vinagre*+*-inho*)

vinário *adj.* 1 do vinho ou relativo a vinho 2 (recipiente) próprio para vinho (Do lat. *vinarĭu-*, «id.»)

vincada *n.f.* 1 vinco; dobra 2 rego (Part. pass. fem. subst. de *vincar*)

vincar *v.tr.* 1 fazer vincos em; dobrar, carregando na dobra para ficar marcada 2 passar a ferro (calças), marcando bem os vincos 3 enrugar 4 [fig.] gravar; marcar; fixar no espírito 5 [fig.] dar ênfase a; sublinhar (De *vinco*+*-ar*)

vincelho /ê/ *n.m.* ⇒ **vencilho** (Do lat. vulg. **vincicŭlu-*, de *vincīre*, «atar»)

vincendo *adj.* (dívida) que se há de vencer (Do lat. *vincendu-*, «id.», ger. de *vincĕre*, «vencer»)

vincilho *n.m.* ⇒ **vencilho** (Do lat. vulg. **vincicŭlu-*, de *vincīre*, «atar»)

vincituro *adj.* que há de vencer (Do lat. *vincitūru-*, «id.», part. fut. de *vincĕre*, «vencer»)

vinco *n.m.* 1 marca deixada por uma dobra 2 sulco deixado por uma atadura delgada que se apertou muito 3 sulco que as rodas imprimem nos caminhos 4 vestígio deixado por uma unhada 5 vergão; marca ou sinal profundo 6 dobra na pele; ruga 7 ⇒ **arganel** 5 (Do lat. *vincŭlu-*, «laço»)

vinculação *n.f.* ato ou efeito de vincular(-se); formação de vínculo (De *vincular*+*-ção*)

vinculado *adj.* 1 instituído ou ligado por vínculo 2 fortemente ligado ou preso 3 [fig.] enraizado; perpetuado (Part. pass. de *vincular*)

vinculador *adj.,n.m.* que ou aquele que vincula (De *vincular+-dor*)

vincular¹ *v.tr.* 1 ligar(-se) a algo ou alguém por meio de vínculo(s) 2 ligar(-se) afetiva ou moralmente 3 prender(-se) por laços; atar(-se) 4 [fig.] sujeitar(-se); obrigar(-se) ■ *v.tr.* submeter (bens) a vínculos ■ *v.pron.* imortalizar-se; perpetuar-se (De *vínculo+-ar*, suf. verbal)

vincular² *adj.2g.* 1 referente a vínculo ou ligação 2 instituído, subordinado ou ligado por vínculo (De *vínculo+-ar*, suf. nominal)

vinculativo *adj.* que vincula ou serve para vincular; vinculatório (De *vincular+-tivo*)

vinculatório *adj.* ⇒ **vinculativo** (De *vincular+-tório*)

vinculável *adj.2g.* que se pode vincular, ligar ou prender (De *vincular+-vel*)

vínculo *n.m.* 1 tudo o que serve para prender ou atar; atilho; laço; nó; vencilho 2 ligação entre pessoas estabelecida por lei, como é o caso da filiação, do casamento, dos contratos laborais, etc. 3 ligação moral ou afetiva; relação; liame 4 grupo de bens inalienáveis que se transmitem sem serem divididos; morgadio (Do lat. *vincŭlu-*, «id.»)

vinda *n.f.* ato ou efeito de vir; regresso; chegada; aparecimento (Part. pass. fem. subst. de *vir*)

Vindemiais *n.f.pl.* (heortónimo) festas das vindimas, na antiga Roma (Do lat. **vindemiales*, por *vindemialĭa*, «id.»)

Vindemiário *n.m.* primeiro mês do calendário da primeira República Francesa, que ia de 22 de setembro a 21 de outubro (Do fr. *vendémiaire*, «id.», do lat. *vindemĭa-*, «vindima»)

vindicação *n.f.* 1 ato ou efeito de vindicar; reclamação; reivindicação 2 [ant.] vingança (Do lat. *vindicatiōne-*, «id.»)

vindicador *adj.,n.m.* que ou aquele que vindica (Do lat. *vindicatōre-*, «id.»)

vindicar *v.tr.* 1 reclamar (aquilo a que se tem direito ou de que se foi injustamente espoliado); exigir a restituição, o reconhecimento ou a legalidade de; reivindicar 2 defender a pureza de 3 impor penas vindicativas a 4 recuperar; reaver (Do lat. *vindicāre*, «vingar»)

vindicativo *adj.* 1 que vindica 2 próprio para vindicar 3 que pune; vingativo 4 que defende; que justifica (De *vindicar+-tivo*)

víndice *adj.2g.* 1 [poét.] vingador 2 que vindica 3 que defende ■ *n.2g.* pessoa vingadora (Do lat. *vindĭce-*, «id.»)

vindícia *n.f.* ato de vindicar; reivindicação (Do lat. *vindicĭa-*, «reclamação em juízo»)

vindiço *adj.* 1 que veio 2 adventício (De *vinda+-iço*)

vindicta *n.f.* 1 vingança; represália 2 perseguição 3 castigo; punição (Do lat. *vindicta-*, «castigo»)

vindima *n.f.* 1 ato ou efeito de vindimar; colheita das uvas 2 época em que se vindima 3 conjunto das uvas vindimadas 4 BOTÂNICA variedade de ameixa 5 [fig.] colheita; granjeio 6 [fig.] destruição; morte; *até ao lavar dos cestos é ~* (provérbio) não se deve desesperar do resultado antes do termo de qualquer negócio (Do lat. *vindemĭa-*, «id.»)

vindimadeiro *adj.,n.m.* ⇒ **vindimador** (De *vindimar+-deiro*)

vindimado *adj.* 1 onde já se colheram as uvas 2 colhido; apanhado 3 [fig.] morto; extinto; acabado (Part. pass. de *vindimar*)

vindimador *adj.* que vindima ■ *n.m.* 1 aquele que vindima 2 objeto que se emprega nas vindimas (cesto, tesoura, faca, etc.) (Do lat. *vindemiatōre-*, «id.»)

vindimadura *n.f.* ⇒ **vindima** (De *vindimar+-dura*)

vindimal *adj.2g.* que diz respeito à vindima (Do lat. *vindemiāle-*, «id.»)

vindimar *v.tr.,intr.* fazer a vindima (de); colher as uvas (em) ■ *v.tr.* 1 [fig.] dizimar; destruir 2 [fig.] assassinar; matar (Do lat. *vindemiāre*, «id.»)

vindimeiro *adj.* ⇒ **vindimo** (De *vindima+-eiro*)

vindimo *adj.* 1 que vem ou sucede no tempo das vindimas 2 próprio para vindima 3 que se emprega na vindima 4 (figo) que se colhe por altura das vindimas 5 [fig.] serôdio

vindita *n.f.* ORNITOLOGIA espécie de adem americano (De origem obscura)

vindo *adj.* 1 que veio; chegado; aparecido 2 proveniente; oriundo (Do lat. *venītu-*, por *ventu-*, «id.», part. pass. de *venīre*, «vir»)

Vindoboniano *n.m.* GEOLOGIA andar do Miocénico (Do lat. *Vindobŏna-*, top., nome latino de Viena, capital da Áustria +-*iano*)

vindoiro *adj.* ⇒ **vindouro**

vindouro *adj.* que há de vir; futuro ■ *n.m.pl.* as gerações futuras; a posteridade (Do lat. **venitūru-*, por *ventūru-*, «id.», part. fut. de *venīre*, «vir»)

víneo *adj.* [poét.] ⇒ **vináceo** (Do lat. *vinĕu-*, «id.»)

vingação *n.f.* ⇒ **vingança** (Do lat. *vindicatiōne-*, «id.»)

vingador *adj.,n.m.* que ou aquele que vinga ou serve para exercer vingança (Do lat. *vindicatōre-*, «id.»)

vingança *n.f.* 1 ato ou efeito de vingar; represália; vindicta; desforra 2 castigo; punição (De *vingar+-ança*)

vingar *v.tr.* 1 fazer alguém pagar por (mal, dano ou ofensa que tenha causado); punir 2 tirar (alguém) de situação humilhante ou ofensiva, punindo o causador dessa situação; tirar vingança de; desforrar-se de 3 chegar a; atingir 4 ultrapassar (espaço, distância); vencer; transpor 5 defender; sustentar ■ *v.intr.* 1 conseguir o seu fim; ter êxito; vencer 2 desenvolver-se; crescer 3 não morrer; sobreviver ■ *v.pron.* 1 castigar alguém pelo mal ou sofrimento causado a si; desforrar-se 2 compensar-se de algo desagradável com coisa que dá prazer (Do lat. *vindicāre*, «id.»)

vingativo *adj.* 1 que encerra vingança 2 feito por vingança 3 que se compraz em vingar-se (De *vingar+-tivo*)

vingue *adj.2g.* [regionalismo] diz-se do fruto que atingiu a maturação (Deriv. regr. de *vingar*)

vinha *n.f.* 1 terreno plantado de videiras; vinhal 2 conjunto de videiras de um terreno, sítio, região, etc. 3 [fig.] mina; pechincha; *~ do Senhor* a Igreja, a vida religiosa (Do lat. *vinĕa-*, «id.»)

vinhaça *n.f.* 1 abundância de vinho 2 vinho reles 3 hálito a vinho 4 bebedeira (De *vinho+-aça*)

vinhaço *n.m.* bagaço antes de espremido, e que ainda contém muito vinho (De *vinho+-aço*)

vinha-d'alhos *n.f.* CULINÁRIA molho feito com vinho, alhos, sal, loureiro, pimenta e outros aromas, para temperar carne antes de ser cozinhada; marinada (De *vinho+de+alhos*)

vinhadego *n.m.* terreno plantado de videiras; vinha; vinhago (Do lat. *vineatĭcu-*, «de vinha»)

vinhadeiro *n.m.* ⇒ **vinheiro** (De *vinha+-deiro*)

vinhagem *n.f.* ⇒ **vinhago** (De *vinha+-agem*)

vinhago *n.m.* terreno plantado de videiras; vinha; bacelos (Do lat. *vineatĭcu-*, «de vinha»)

vinhal *n.m.* 1 conjunto de vinhas; vinhedo 2 vinha extensa (Do lat. *vineāle-*, «id.»)

vinhão *n.m.* 1 vinho muito bom; vinharrão 2 vinho tinto de cor carregada, muito usado na lotação de certos tipos de vinhos 3 BOTÂNICA variedade de videira produtora de uva preta (ou os seus frutos); sousão; tinta (De *vinho+-ão*)

vinharrão *n.m.* ⇒ **vinhão** 1 (De *vinho+-arro+-ão*)

vinhataria *n.f.* 1 cultura das vinhas; viticultura 2 preparação do vinho; vinicultura (De *vinhateiro+-ia*)

vinhateiro *n.m.* 1 o que cultiva vinhas 2 produtor ou negociante de vinho ■ *adj.* relativo à cultura das vinhas (De *vinha++-eiro*)

vinhático *n.m.* 1 BOTÂNICA árvore do Brasil, pertencente à família das Leguminosas, que fornece madeira de ótima qualidade, especialmente para mobiliário, também conhecida por aranhagato 2 esta madeira (Do lat. *vineatĭcu-*, «de vinha»)

vinhático-das-ilhas *n.m.* BOTÂNICA ⇒ **loureiro-real**

vinha-virgem *n.f.* BOTÂNICA trepadeira ampelídea, com gavinhas adesivas

vinhedo /ê/ *n.m.* conjunto de vinhas; vinhal (De *vinha+-edo*)

vinheiro *n.m.* aquele que cultiva ou guarda vinhas (Do lat. *vinearĭu-*, «id.»)

vinheta /ê/ *n.f.* 1 pequena gravura para ornato de livros, e que, originariamente, representava os sarmentos da videira 2 espécie de selo destinado a fins beneficentes, e sem o valor e a obrigatoriedade dos selos postais e fiscais 3 (banda desenhada) cada um dos quadrados ou retângulos que constituem a sequência da história (Do fr. *vignette*, «id.»)

vinhete /ê/ *n.m.* vinho ordinário (De *vinho+-ete*)

vinhetista *n.2g.* pessoa que desenha ou grava vinhetas (De *vinheta+-ista*)

vinho *n.m.* 1 bebida alcoólica proveniente do sumo das uvas fermentado 2 qualquer líquido alcoólico obtido por fermentação 3 [fig.] embriaguez; bebedeira; *~ a martelo* vinho de fraca qualidade ou falsificado; *~ fino* vinho generoso de longa formação e duração que, com o tempo, vai apurando algumas das suas qualidades, como o que é conhecido por vinho do Porto (Do lat. *vinu-*, «id.»)

vinhoca *n.f.* vinho de fraca qualidade (De *vinho+-oca*)

vinho-de-cheiro ver nova grafia **vinho de cheiro**

vinho de cheiro *n.m.* [Açores] vinho elaborado a partir de castas da uva americana *Isabella*, de aroma intenso e frutado, com baixa graduação alcoólica

vinho-de-maçã ver nova grafia **vinho de maçã**

vinho de maçã *n.m.* ⇒ **sidra**
vinho-judeu *n.m.* espécie de bebida alcoólica que os habitantes de Diu fazem de arroz e certas ervas
vinho-surdo *n.m.* [Madeira] vinho abafado
vinhote *n.m.* **1** vinho de fraca qualidade, mas agradável **2** homem que bebe demasiado; beberrão (De *vinho+-ote*)
vini- elemento de formação de palavras que exprime a ideia de vinho (Do lat. *vinu-*, «vinho»)
vínico *adj.* **1** do vinho; relativo ao vinho **2** próprio ou proveniente do vinho; *álcool ~* álcool etílico, etanol (Do lat. *vinu-*, «vinho» +-*ico*)
vinícola *adj.2g.* **1** que diz respeito à vinicultura **2** em que há vinhas (Do lat. *vinu-*, «vinho» +*colĕre*, «cultivar»)
vinicolorímetro *n.m.* aparelho que serve para comparar e avaliar a intensidade da cor do vinho (Do lat. *vinu-*, «vinho» +*colōre-*, «cor»+gr. *métron*, «medida»)
vinicultor *n.m.* aquele que se dedica à cultura e à produção do vinho (Do lat. *vinu-*, «vinho» +*cultōre-*, «cultivador»)
vinicultura *n.f.* preparação dos vinhos (Do lat. *vinu-*, «vinho» +*cultūra-*, «cultura»)
Viníferas *n.f.pl.* BOTÂNICA antiga designação da família das Vitáceas ou Ampelidáceas (Do lat. *vinifĕru-*, «que produz vinho»)
vinífero *adj.* que produz vinho (Do lat. *vinifĕru-*, «id.»)
vinificação *n.f.* ato ou efeito de vinificar; processo de preparar e tratar os vinhos; vinagem (De *vinificar+-ção*)
vinificador *n.m.* aparelho próprio para a preparação do vinho, isolando-o do ar, sem prejuízo do desenvolvimento do gás carbónico (De *vinificar+-dor*)
vinificar *v.tr.* transformar (as uvas) em vinho (Do lat. *vinu-*, «vinho» +*facĕre*, «fazer» +-*ar*)
vinil *n.m.* **1** QUÍMICA radical monovalente H₂C=CH- **2** polímero que contém este radical **3** objeto fabricado a partir deste polímero (Do ing. *vinyl*, «id.»)
vinílico *adj.* QUÍMICA relativo ou pertencente ao radical vinil (Do fr. *vinylique*, «id.»)
vinilo *n.m.* ⇒ **vinil** (Do fr. *vinyle*, «id.»)
vinolência *n.f.* qualidade ou estado de vinolento (Do lat. *vinolentĭa-*, «id.»)
vinolento *adj.* **1** dado ao vinho; que bebe muito vinho; ébrio **2** impregnado de vinho (Do lat. *vinolentu-*, «id.»)
vinosidade *n.f.* conjunto das qualidades que caracterizam os vinhos ou as suas substâncias vinosas (Do lat. *vinositāte-*, «sabor a vinho»)
vinoso /ô/ *adj.* **1** que tem qualidades análogas às do vinho **2** que produz vinho **3** diz-se do vinho rico em álcool **4** próprio para conter vinho (Do lat. *vinōsu-*, «id.»)
vinoteca *n.f.* estabelecimento comercial especializado na venda de vinhos (De *vin-+-o-+-teca*)
vinoterapia *n.f.* tratamento estético que, baseado nas propriedades benéficas do vinho, propicia o rejuvenescimento da pele (De *vino-+terapia*)
vintage *n.m.* **1** (enologia) ano de colheita de um vinho **2** (enologia) vinho de excelente qualidade, que provém de uma única colheita ∎ *adj.inv.* diz-se de produto antigo mas de excelente qualidade (Do ing. *vintage*, «id.»)
vintavo *n.m.* vigésima parte (De *vinte+-avo*)
vinte *num.card.* >*quant.num.*^{DT} dez mais dez ∎ *n.m.* **1** o número 20 e a quantidade representada por esse número **2** o que, numa série, ocupa o vigésimo lugar **3** (jogo dos paus) pau que, no jogo dos paus, vale vinte pontos; *dar no ~* acertar, adivinhar, ganhar (Do lat. *viginti*, «id.»)
vintedozeno *adj.* que tem 2200 fios de urdidura (Do cast. *veinte-doceno*, «id.»)
vinte-e-um *n.m.* jogo de cartas, análogo ao trinta-e-um, em que, para se ganhar, não se podem exceder os vinte e um pontos
vintém *n.m.* antiga moeda portuguesa de cobre com a efígie do rei, equivalente a dois centavos; *não ter ~* não ter dinheiro, ser pobre; *ter o seu ~* possuir algum dinheiro (De *vinteno*)
vintena /ê/ *n.f.* **1** grupo de vinte **2** a vigésima parte **3** antigo tributo (De *vinteno*)
vinténio *n.m.* espaço de vinte anos (De *vinte*, por analogia com *decénio*)
vinteno /ê/ *adj.* **1** vigésimo **2** designativo do pano com 2000 fios de urdidura (De *vinte+-eno*)
vintenzinho *n.m.* pequena moeda (De *vintém+z+-inho*)
vinteocheno *adj.* designativo do pano que tem 2800 fios de urdidura (Do cast. *veinteocheno*, «vigésimo oitavo»)
vintequatreno *adj.* diz-se do tecido com 2400 fios de urdidura (Do cast. *veinticuatreno*, «id.»)

vintequatria *n.f.* **1** conjunto dos direitos de que gozava o agrupamento dos Vinte e Quatro **2** Casa dos Vinte e Quatro (De *Vinte e Quatro+-ia*)
vintismo *n.m.* **1** HISTÓRIA, POLÍTICA sistema liberal dos partidários das ideias da revolução portuguesa de 1820 **2** POLÍTICA liberalismo exaltado (De *vinte+-ismo*)
vintista *adj.2g.* relativo ao vintismo ∎ *n.2g.* pessoa sectária do vintismo (De *vinte+-ista*)
viola *n.f.* **1** MÚSICA instrumento musical de cordas dedilhadas, com caixa de ressonância em forma de 8 **2** MÚSICA pessoa que toca esse instrumento **3** MÚSICA instrumento de cordas friccionadas, da família do violino, de configuração idêntica mas ligeiramente maior, afinado uma quinta perfeita abaixo deste, e também designado violeta ou viola de arco **4** ICTIOLOGIA ⇒ **guitarra 5** [Brasil] ORNITOLOGIA nome vulgar de alguns pássaros, em especial um da família dos Mimídeos também chamado japacanim **6** [gír.] ⇒ **bidé**; *ir à ~* estragar-se, destruir-se, inutilizar-se, perder-se, desaparecer; *meter a ~ no saco* calar-se, embatucar (Do prov. *viula*, ou *viola*, «id.»)
víola *n.f.* BOTÂNICA ⇒ **violeta**¹ (Do lat. *viŏla-*, «id.»)
viola-amarantina *n.f.* MÚSICA instrumento semelhante à viola-braguesa, mas com a boca em forma de dois corações
violabilidade *n.f.* qualidade do que é violável (Do lat. *violabĭle-*, «violável» +-*i*-+-*dade*)
viola-braguesa *n.f.* MÚSICA viola com cinco pares de cordas metálicas e a abertura central em forma de boca de raia, que é tocada de rasgado e muito utilizada em acompanhamento de cantares e danças populares, especialmente no Norte de Portugal
violação *n.f.* **1** ato ou efeito de violar **2** DIREITO crime cometido por quem constranger ou obrigar outra pessoa a sofrer ou praticar relações sexuais, por meio de violência, ameaças ou após a ter posto na impossibilidade de resistir; estupro **3** invasão de uma área privada ou delimitada legalmente **4** transgressão; infração **5** profanação de um local sagrado (Do lat. *violatiōne-*, «id.»)
Violáceas *n.f.pl.* BOTÂNICA família de plantas dicotiledóneas, herbáceas, a que pertencem as violetas, os amores-perfeitos, etc., frequentes em Portugal e apreciadas pela beleza e aroma das suas flores (Do lat. *violacĕu-*, «violáceo»)
violáceo *adj.* **1** da cor da violeta; arroxeado **2** semelhante à violeta (Do lat. *violacĕu-*, «id.»)
viola-d'arco *n.f.* MÚSICA [ant.] ⇒ **rabeca**
viola-da-terra ver nova grafia da terra
viola da terra *n.f.* MÚSICA ⇒ **viola de arame**
viola-de-amor ver nova grafia **viola de amor**
viola de amor *n.f.* MÚSICA instrumento da antiga família das violas de braço, com as mesmas proporções da viola atual, e que tem duas ordens de cordas
viola-de-arame ver nova grafia **viola de arame**
viola de arame *n.f.* MÚSICA viola semelhante à viola-braguesa, mas com boca redonda na Madeira e na ilha da Terceira, e com a boca em forma de dois corações em S. Miguel
violador *adj.,n.m.* **1** que ou aquele que viola **2** profanador **3** transgressor (Do lat. *violatōre-*, «id.»)
viola-espanhola *n.f.* MÚSICA ⇒ **viola de amor**
viola-francesa *n.f.* MÚSICA ⇒ **violão**
violal *n.m.* sítio onde abundam violetas (De *víola+-al*)
violão *n.m.* **1** MÚSICA instrumento grande de seis cordas muito utilizado para acompanhar a guitarra portuguesa ou a viola **2** [Brasil] MÚSICA ⇒ **viola** (Do it. *violone*, «instrumento de cordas»)
violar¹ *v.tr.* **1** forçar (alguém) a ter relações sexuais **2** violentar **3** infringir; transgredir (a lei) **4** atentar contra o pudor de; ofender **5** profanar (um local sagrado) **6** entrar em (local) sem autorização; trespassar **7** poluir **8** devassar (correspondência) **9** divulgar (segredo) (Do lat. *violāre*, «id.»)
violar² *v.intr.* tocar viola (De *viola+-ar*)
violaria *n.f.* estabelecimento de violeiro (De *viola+-aria*)
violatório *adj.* que encerra ou determina violação (De *violar+-tório*)
violável *adj.2g.* que se pode violar; sujeito a ser violado (Do lat. *violabĭle-*, «id.»)
violeiro *n.m.* **1** fabricante ou vendedor de violas e instrumentos congéneres; guitarreiro **2** tocador de viola (De *viola+-eiro*)
violência *n.f.* **1** qualidade ou estado do que é violento **2** ato de violentar **3** força empregada contra o direito natural de outrem **4** ação em que se faz uso de força bruta; crueldade **5** força; intensidade **6** veemência; ímpeto **7** prepotência; tirania; coação (Do lat. *violentĭa-*, «id.»)
violentado *adj.* forçado; coagido; obrigado; constrangido (Part. pass. de *violentar*)

violentador *adj.,n.m.* que ou aquele que violenta (De *violentar+-dor*)

violentar *v.tr.* **1** exercer violência sobre **2** forçar; coagir; constranger **3** arrombar **4** violar; desflorar **5** [fig.] torcer o sentido de ■ *v.pron.* **1** forçar a própria vontade **2** constranger-se (De *violento+-ar*)

violento *adj.* **1** que atua com violência **2** que força **3** intenso **4** veemente **5** impetuoso; fogoso; arrebatado **6** agitado; tumultuoso **7** que requer muita força **8** irascível; colérico (Do lat. *violentu-*, «id.»)

violeta¹ /ê/ *n.f.* BOTÂNICA planta herbácea (ou as suas flores) da família das Violáceas, cujas flores são, em regra, violáceas e muito odoríferas, espontâneas e muito cultivadas em Portugal, também denominadas viola e violeta-de-cheiro ■ *adj.inv.* da cor da violeta (flor); roxo ■ *n.m.* cor roxa; cor que resulta da mistura do azul com o vermelho; **~ branca** violeta, em geral, de flores brancas e desprovidas de aroma, cultivada e subespontânea, em Portugal; **~ brava** BOTÂNICA benefe (Do fr. *violette*, «id.»)

violeta² *n.f.* MÚSICA instrumento de cordas friccionadas, da família do violino, de configuração idêntica mas ligeiramente maior, afinado uma quinta perfeita abaixo deste, e também designado viola ou viola de arco (Do it. *violetta*, «id.»)

violeta-do-pará *n.f.* [Brasil] BOTÂNICA ⇒ **rasteirinha**

violeteira *n.f.* vendedeira de violetas (De *violeta+-eira*)

violetista *n.2g.* pessoa que toca violeta (De *violeta+-ista*)

violinista *n.2g.* tocador de violino; rabequista (Do it. *violinista*, «id.»)

violino *n.m.* **1** MÚSICA instrumento musical constituído por uma caixa de ressonância de madeira, um braço e quatro cordas tocadas com um arco, e que é o elemento mais agudo da família dos instrumentos de corda **2** pessoa que toca esse instrumento ■ *adj.* semelhante a viola (Do it. *violino*, «id.»)

violista *n.2g.* tocador de viola (De *viola+-ista*)

violoncelista *n.2g.* tocador de violoncelo (De *violoncelo+-ista*)

violoncelo *n.m.* **1** MÚSICA grande instrumento de cordas friccionadas da família do violino, com quatro cordas, que assenta no chão **2** executante desse instrumento (Do it. *violoncello*, «id.»)

violonista *n.2g.* tocador de violão (De *violão+-ista*)

viomal *n.m.* BOTÂNICA ⇒ **lava-pé** (De orig. obsc.)

Vipéridas *n.m.pl.* ZOOLOGIA ⇒ **Viperídeos**

Viperídeos *n.m.pl.* ZOOLOGIA família de ofídios que inclui serpentes muito venenosas, como as víboras existentes em Portugal, e cujo género-tipo se denomina *Vipĕra* (Do lat. *vipĕra-*, «víbora»+-*ídeos*)

viperina *n.f.* **1** BOTÂNICA planta da família das Boragináceas (cujas folhas só têm visível a nervura principal), espontânea na bacia do Douro **2** BOTÂNICA planta da família das Boragináceas (com nervuras secundárias visíveis), espontânea no centro e no Sul de Portugal (Do lat. *viperīna-*, «serpentária»)

viperino *adj.* **1** de víbora; relativo a víbora **2** [fig.] venenoso **3** [fig.] mordaz **4** [fig.] perverso (Do lat. *viperīnu-*, «id.»)

viquingue *adj.,n.2g.* ⇒ **viking** (Do ing. *viking*, pelo nórd. ant. *vīkingr*)

vir *v.tr.,intr.* **1** encaminhar-se (alguém) para o lugar onde está a pessoa que fala **2** chegar (a um dado local) **3** regressar; voltar ■ *v.tr.* **1** acompanhar (alguém até um certo local); seguir **2** ir junto de (alguém) **3** deslocar-se a partir de (um local) e/ou utilizando (um meio de transporte) **4** chegar (alguma coisa até um certo limite) **5** ocorrer (à memória, ao pensamento) **6** provir (de); ter origem (em) **7** mostrar-se; apresentar-se (de determinada forma) **8** expor; apresentar (desculpas, argumentos, etc.) ■ *v.intr.* **1** chegar (certo tempo ou momento) **2** suceder; acontecer **3** aparecer; surgir; irromper **4** medrar; crescer **5** nascer; **~ à baila** ser lembrado na conversa; **~ à luz** nascer, publicar-se; **~ à mão** passar ao domínio, chegar ao conhecimento; **~ a ser** tornar-se; **~ a talhe de foice** vir a propósito; **~ a tempo** chegar no momento oportuno; **~ ao mundo** nascer; **~ nas horas de estalar** chegar mesmo sobre a hora, a toda a pressa, vir a toda a pressa; **~ sobre** marchar contra (Do lat. *venīre*, «id.»)

vira¹ *n.f.* **1** tira de couro que se prende entre as solas do calçado **2** tira de couro que revestia a palma da mão dos besteiros (Do lat. *verīa-*, por *virīa-*, «bracelete»)

vira² *n.m.* **1** dança popular portuguesa, característica do noroeste do país, de andamento moderado e normalmente acompanhada por um reportório vocal em forma estrófica, com ou sem refrão **2** música que acompanha esta dança, executada com diversos instrumentos típicos como o cavaquinho, a viola-braguesa, etc. (Deriv. regr. de *virar*)

vira-acento *n.m.* apóstrofo (De *virar+acento*)

vira-bosta *n.m.* [Brasil] ORNITOLOGIA ⇒ **chapim**² (De *virar+bosta*)

viração *n.f.* **1** vento fresco e brando que sopra, geralmente, do mar para a terra; aragem; brisa **2** [fig.] inspiração (De *virar+-ção*)

vira-casaca *n.2g.* pessoa que muda frequentemente de opinião, de acordo com os seus próprios interesses (De *virar+casaca*)

vira-cu *n.m.* [pop.] cambalhota que se dá, pousando a cabeça no chão e virando as pernas para o outro lado (De *virar+cu*)

virada¹ *n.f.* **1** ato de virar; viradela **2** reviravolta (Particípio passado feminino substantivado de *virar*)

virada² *n.f.* [Cabo Verde] recolha, no curral geral, do gado disperso pelo campo, para se proceder à sua marcação (Do crioulo cabo-verdiano *virada*, «idem», de *virar*)

viradeira *n.f.* **1** espátula com que se vira o peixe na frigideira **2** mulher ou rapariga que dança o vira (De *virar+-deira*)

viradela *n.f.* ato de virar (De *virar+-dela*)

viradinho *n.m.* [Brasil] CULINÁRIA prato feito de feijão, torresmo, farinha e ovos (De *virado+-inho*)

virado *adj.* **1** com o avesso para fora **2** voltado; invertido **3** que mudou de opinião ■ *n.m.* [Brasil] CULINÁRIA ⇒ **viradinho**; *ser ~ do avesso* ser traquinas, irrequieto (Part. pass. de *virar*)

virador *n.m.* **1** cabo do cabrestante **2** instrumento de encadernador para dourar as capas dos livros ■ *adj.* FOTOGRAFIA (banho) que serve para fazer a viragem (De *virar+-dor*)

vira-folhas *n.m.2n.* ORNITOLOGIA pássaro muito pequeno, de plumagem verde, muito vulgar nas hortas à procura de insetos e pulgões; felosa; furifolha (De *virar+folha*)

viragem *n.f.* **1** ato ou efeito de virar **2** mudança de direção na deslocação de automóveis, aviões, etc. **3** FOTOGRAFIA banho que se executa em fotografia e que modifica as características da coloração da imagem **4** QUÍMICA mudança de cor de um indicador, a qual assinala o termo de uma titulação ou fornece indicação sobre a acidez, neutralidade ou basicidade do meio **5** [fig.] mudança; reviravolta (Do fr. *virage*, «id.»)

virago *n.f.* [depr.] mulher de aspeto varonil e modos geralmente associados ao homem; mulher-homem (Do lat. *virago*, (nominativo), «id.»)

viral *adj.2g.* **1** relativo a vírus **2** causado por vírus **3** diz-se de algo que se espalha como se fosse um vírus (De *vírus+-al*)

vira-lata *n.2g.* **1** [Brasil] cão da rua; rafeiro **2** [Brasil] [fig., pej.] pessoa sem classe

viramento *n.m.* **1** ato ou efeito de virar **2** estado do que está virado (De *virar+-mento*)

vira-mexe *n.2g.* pessoa irrequieta (De *virar+mexer*)

vira-pedras *n.m.2n.* ORNITOLOGIA nome vulgar por que também é designada a rola-do-mar (ave pernalta) (De *virar+pedra*)

virar *v.tr.,intr.,pron.* **1** (fazer) ficar numa posição diferente ou inversa em relação à anterior **2** (fazer) mudar de direção; desviar(-se) ■ *v.tr.,intr.* **1** (fazer) mudar de opinião, de partido, etc.; converter(-se) **2** mover(-se) em torno do próprio eixo ■ *v.tr.* **1** dar volta a; dobrar **2** pôr do avesso; entornar; despejar; deitar por terra **4** agitar; revolver (terra) **5** estar voltado para **6** [coloq.] beber; emborcar ■ *v.intr.* alterar-se (o tempo) ■ *v.pron.* **1** dar volta sobre si próprio; girar **2** revoltar-se (contra); voltar-se (contra) **3** recorrer à proteção ou ajuda (de alguém) **4** dedicar-se exclusivamente a (algo) **5** [coloq.] desenrascar-se; desembaraçar-se ■ *v.cop.* [Brasil] liga o predicativo ao sujeito, indicando: tornar-se, transformar-se (*o sapo virou príncipe*); **~ a cabeça a (alguém)** fazer mudar de opinião; **~ a casaca** mudar de um partido para outro; **~ as costas a** fugir de; **~ de pernas para o ar** pôr em desordem, desarrumar; **~ do avesso** perverter, fazer mudar de opinião; **~ o bico ao prego** desvirtuar o sentido de alguma coisa, mudar de intenção (Do lat. *virāre*, «inclinar-se para um lado»)

vira-vento *n.m.* ⇒ **ventoinha** (De *virar+vento*)

viravolta *n.f.* **1** volta inteira **2** cambalhota **3** vicissitude; contratempo **4** mudança súbita e radical (De *virar+voltar*)

viravoltar *v.intr.* [Brasil] dar viravoltas (De *virar+voltar*)

virente *adj.2g.* **1** verde **2** verdejante; viçoso **3** [fig.] florescente; próspero (Do lat. *virente-*, «id.», part. pres. de *virēre*, «estar verde; verdejar»)

virescência *n.f.* **1** qualidade de virente **2** viço; frescura (Do lat. *virescentĭa*, part. pres. neut. pl. de *virescĕre*, «verdejar»)

virga *n.f.* **1** vara delgada e muito flexível; verga **2** rebento (Do lat. *virga-*, «id.»)

virga-áurea *n.f.* BOTÂNICA ⇒ **verga-de-ouro** (Do lat. *virga- aurĕa-*, «vergôntea de ouro»)

virgação *n.f.* GEOLOGIA divergência de cadeias de montanhas a partir de um centro comum (De *virga+-ção*)

virga-férrea *n.f.* **1** violência extrema **2** severidade extrema **3** utilização da força; opressão; *à ~* com todo o vigor, com o emprego de meios violentos (Do lat. *virga- ferrĕa-*, «vara de ferro»)

virgem *n.2g.* pessoa que não teve ainda relações sexuais ■ *n.f.* **1** [com maiúscula] ASTRONOMIA sexta constelação do zodíaco situada no equador celeste, entre o Leão e a Balança, com uma estrela muito brilhante (Espiga ou a da Virgem, que é dupla espetroscópica), em que a mais brilhante é branca e de grandeza aparente 1,21, e a mais fraca é de grandeza aparente 1,00 **2** [com maiúscula] ASTROLOGIA sexto signo do zodíaco, de 23 de agosto a 22 de setembro **3** [com maiúscula] RELIGIÃO a mãe de Jesus Cristo ■ *adj.2g.* **1** que não teve ainda relações sexuais **2** puro; casto **3** ingénuo; inocente **4** isento de **5** sincero **6** que ainda não foi usado; não estreado; intacto **7** não lido; não manuseado **8** diz-se da terra ainda não cultivada; *azeite* ~ o primeiro azeite que se extrai da azeitona depois de moída, mas antes de ser caldeada; *cal* ~ cal anidra; *cera* ~ cera que ainda não serviu; *cortiça* ~ a primeira cortiça que um sobreiro produz; *espada* ~ espada que ainda não foi usada; *fiar-se na Virgem* [fig.] confiar somente na proteção ou no auxílio divino para conseguir qualquer coisa, não se precaver; *floresta* ~ floresta não explorada; *metal* ~ metal conforme saiu da mina (Do lat. *virgĭne-*, «id.»)

virginal *adj.2g.* **1** respeitante a virgem; próprio de virgem **2** puro; casto **3** [fig.] inocente (Do lat. *virgināle-*, «id.»)

virginalizar *v.tr.* tornar virgem; virginizar (De *virginal*+*-izar*)

virgindade *n.f.* **1** qualidade ou estado de virgem **2** pureza original; estado daquilo que está intacto **3** [fig.] candura; singeleza; sinceridade **4** [pop.] hímen (Do lat. *virginitāte-*, «id.»)

virgíneo *adj.* ⇒ **virginal** (Do lat. *virginĕu-*, «id.»)

virgínia *n.f.* qualidade de tabaco proveniente do estado da Virgínia (EUA) (De *Virgínia*, top.)

virginiano *n.m.* ASTROLOGIA indivíduo nascido sob o signo de Virgem ■ *adj.* **1** ASTROLOGIA pertencente ou relativo a este indivíduo **2** ASTROLOGIA pertencente ou relativo ao signo de Virgem

virginizar *v.tr.* **1** dar carácter de virgem a **2** tornar virgem; virginalizar **3** purificar (De lat. *virgĭne-*, «virgem»+*-izar*)

Virgloriano *n.m.* GEOLOGIA andar do Triásico médio, equivalente de Anisiano (De *Virglória*, top., zona dos Alpes orientais, no Norte da Itália +*-ano*)

virgo *n.m.* **1** [pop.] virgindade da mulher; hímen **2** [com maiúscula] ASTRONOMIA, ASTROLOGIA ⇒ **virgem** *n.f.* (Do lat. *virgo*, (nominativo), «virgem»)

vírgula *n.f.* **1** sinal de pontuação (,) indicativo de pausa ligeira, usado com diversas finalidades: isolar o vocativo, intercalar orações subordinadas adverbiais numa frase, separar elementos repetidos, etc. **2** PALEONTOLOGIA eixo ao longo do qual se inserem as hidrotecas nos graptólitos (fósseis característicos do Silúrico); ~*!* exclamação que exprime desacordo ou protesto; *observar os pontos e vírgulas* ser muito exato; *sem faltar uma* ~ com todos os detalhes, exatamente (Do lat. *virgŭla-*, «varinha; vírgula»)

virgulação *n.f.* **1** ato ou efeito de virgular **2** maneira de colocar as vírgulas (De *virgular*+*-ção*)

virgular *v.tr.* pôr vírgulas em; pontuar (De *vírgula*+*-ar*)

virgulosa *n.f.* casta de pera muito sumarenta e apreciada (Do fr. *virgouleuse*, «id.»)

víria *n.f.* bracelete usada pelos antigos guerreiros

viriato *n.m.* **1** guerreiro que usava a víria **2** nome dado aos portugueses que participaram na Guerra Civil de Espanha

viricida *adj.2g.,n.2g.* ⇒ **virucida** (De *vírus*+*-cida*)

vírico *adj.* relativo a vírus (De *vírus*+*-ico*)

viricultura *n.f.* **1** ciência que trata das questões relativas ao desenvolvimento das populações e dos problemas que impedem o seu aumento **2** eugenia (Do lat. *viru-*, «veneno» +*cultūra-*, «cultura»)

viridante *adj.2g.* ⇒ **virente** (Do lat. *viridante-*, «id.», part. pres. de *viridāre*, «ser verde; verdejar»)

viridário *n.m.* **1** local plantado de árvores; bosque; pomar; jardim **2** jardim de delícias; éden; paraíso (Do lat. *viridarĭu-*, «id.»)

viridente *adj.2g.* ⇒ **virente**

viril[1] *adj.2g.* **1** referente ao homem ou ao varão; próprio do homem; varonil; masculino **2** [fig.] corajoso; esforçado; *idade* ~ idade de homem feito (Do lat. *virīle-*, «id.»)

viril[2] *n.m.* redoma de vidro onde se guardam relíquias e outros objetos de estimação (Por *vidril*, de *vidro*+*-il*)

virilha *n.f.* ANATOMIA região anterior do corpo no ângulo superior da coxa, que representa o ponto de ligação desta ao abdómen (Do lat. *virĭlĭa*, «partes sexuais do homem»)

virilidade *n.f.* **1** qualidade ou estado de viril **2** aparência masculina **3** idade do homem, entre a adolescência e a velhice **4** [fig.] energia; vigor (Do lat. *virilitāte-*, «id.»)

virilismo *n.m.* MEDICINA modificação feminina no sentido de uma masculinização, que diz respeito, sobretudo, ao sistema piloso, à voz, etc., e que se produz, em particular, sob a influência de tumores suprarrenais (De *viril*+*-ismo*)

virilizar *v.tr.,pron.* **1** tornar(-se) viril **2** tornar(-se) forte; robustecer (De *viril*+*-izar*)

virilmente *adv.* **1** de modo viril **2** vigorosamente; energicamente (De *viril*+*-mente*)

viripotente *adj.2g.* **1** em estado de poder casar; núbil **2** [fig.] forte; varonil (Do lat. *viripotente-*, «id.»)

viro[1] *n.m.* ⇒ **vírus** (Do lat. *vīru-*, «id.»)

viro[2] *n.m.* prego de madeira com que se pregam as vasilhas feitas de cortiça (De orig. obsc.)

virola *n.f.* anel de metal em volta do cabo de um utensílio para o reforçar e evitar que rache (Do lat. *viriŏla-*, «manilha», pelo fr. *virole*, «id.»)

virologia *n.f.* BIOLOGIA, MEDICINA parte da microbiologia que estuda os vírus (De *vírus*+*-logia*, ou do fr. *virologie*, «id.»)

virológico *adj.* que diz respeito à virologia (De *virologia*+*-ico*)

virologista *n.2g.* especialista em virologia; virólogo (De *virologia*+*-ista*, ou do fr. *virologiste*, «id.»)

virólogo *n.m.* ⇒ **virologista** (De *vírus*+*-logo*, ou do fr. *virologue*, «id.»)

viropexia *n.f.* MEDICINA mecanismo de fixação de um vírus a uma célula

virose *n.f.* MEDICINA designação genérica das doenças causadas por vírus (De *viro*+*-ose*)

viroso /ô/ *adj.* **1** que tem vírus; virulento **2** venenoso; peçonhento **3** nocivo **4** repugnante; nauseabundo (Do lat. *virōsu-*, «id.»)

virotada *n.f.* golpe ou pancada com virote (De *virote*+*-ada*)

virotão *n.m.* {*aumentativo de* **virote**} virote grande (Do fr. *vireton*, «id.»)

virote *n.m.* **1** seta curta, forte e grossa **2** peça que, nas antigas espadas, atravessava a parte superior dos copos **3** haste de forma quadrangular que constituía a peça principal da balestilha, e onde corria a soalha **4** [fig.] pessoa muito mexida e um pouco leviana **5** [regionalismo] pessoa de estatura elevada; *andar num* ~ andar apressado de um lado para o outro, andar muito atarefado, não ter mãos a medir (Do port. ant. *vira*, «seta», do fr. ant. *vire*, «id.» +*-ote*)

virtal *n.m.* [Índia] designação dada àquele que paga avença; avençal (De *virte*+*-al*)

virte *n.m.* [Índia] relação dos virtais (De orig. obsc.)

virtual *adj.2g.* **1** suscetível de se exercer ou realizar; possível **2** que existe em potência; potencial **3** INFORMÁTICA simulado por programa(s) de computador **4** FÍSICA diz-se, em ótica, das imagens sempre direitas, obtidas por reflexão (nos espelhos) ou por refração (nos dioptros), que não são formadas pelos raios refletidos ou refratados (conforme os casos), mas pelos respetivos prolongamentos, e que, por este motivo, não podem ser diretamente projetadas (Do lat. escol. *virtuāle-*, «id.»)

virtualidade *n.f.* qualidade do que é virtual (De *virtual*+*-i-*+*-dade*)

virtualmente *adv.* potencialmente; possivelmente; em potência (De *virtual*+*-mente*)

virtude *n.f.* **1** disposição habitual para a prática do bem; probidade; retidão **2** qualidade ou conjunto de boas qualidades morais; excelência moral **3** ação virtuosa **4** força moral; valentia; valor; coragem **5** propriedade; qualidade inerente **6** austeridade no viver **7** [ant.] castidade **8** validade; legitimidade **9** força; vigor; *virtudes cardeais* RELIGIÃO a prudência, a justiça, a fortaleza e a temperança; *virtudes morais* RELIGIÃO as que têm por objeto a realização da ordem moral na vida humana (sendo as cardeais as mais importantes); *virtudes teologais* RELIGIÃO as que têm Deus por objeto, isto é, a fé, a esperança e a caridade; *em* ~ *de* por causa de; *mulher de* ~ benzedeira, curandeira (Do lat. *virtūte-*, «id.»)

virtuosidade *n.f.* ⇒ **virtuosismo** (De *virtuoso*+*-i-*+*-dade*)

virtuosismo *n.m.* qualidade daquele que tem grande talento de execução, em particular no domínio das belas-artes, sobretudo na música (De *virtuoso*+*-ismo*)

virtuoso[1] /ô/ *adj.* **1** que tem virtudes **2** que é inspirado pela virtude **3** honesto; puro **4** que cumpre os objetivos pretendidos; eficaz **5** excelente; belo (Do lat. *virtuōsu-*, «id.»)

virtuoso[2] /ô/ *adj.* que é exímio na execução ■ *n.m.* **1** MÚSICA músico que domina de forma excecional a técnica de execução de um instrumento; músico de grande talento **2** artista que apresenta um domínio excelente da técnica da arte a que se dedica **3** pessoa que demonstra ser extremamente hábil no que faz (Do it. *virtuoso*, «id.»)

virucida adj.2g. que destrói os vírus ■ n.m. designação genérica das substâncias químicas empregadas para eliminar vírus (De vírus+-cida)

virulência n.f. 1 qualidade ou estado do que é virulento 2 MEDICINA grau de patogenicidade dos agentes microbianos 3 MEDICINA abundância de vírus 4 [fig.] carácter do que se manifesta com violência; agressividade (Do lat. virulentĭa-, «id.»)

virulento adj. 1 que apresenta virulência 2 produzido por vírus 3 diz-se da substância que tem vírus ou veneno; peçonhento; purulento 4 que se multiplica num organismo, provocando doença 5 [fig.] violento; agressivo (Do lat. virulentu-, «id.»)

vírus n.m.2n. 1 MEDICINA agente (microrganismo) infecioso de muitas doenças, por vezes tão pequeno que pode atravessar os poros de filtros (vírus filtrante, ultravírus, etc.) 2 substância venenosa inoculada por alguns animais 3 [fig.] origem de um contágio moral 4 INFORMÁTICA programa capaz de se copiar a si próprio e que interfere com o funcionamento normal de um computador; ~ *do papiloma humano* MEDICINA vírus frequente, que infeta a pele e algumas mucosas podendo dar origem a lesões benignas, como as verrugas, ou malignas, e que se transmite por via sexual na maioria dos casos (Do lat. virus, «veneno»)

viruta n.f. 1 apara de cortiça proveniente do rebaixamento das rolhas 2 disco musical que se toca no princípio e no fecho de uma emissão periódica de telefonia (Do prov. viróutà, «enrolar», pelo cast. viruta, «id.»)

visada n.f. 1 ato de visar 2 observação feita no decurso de um levantamento topográfico (Part. pass. fem. subst. de visar)

visado adj. 1 declarado legal por ter sido visto ou apresentado 2 citado; mencionado; referido; aludido 3 que se tem em vista (Part. pass. de visar)

visador n.m. ⇒ **visor** (De visar+-dor)

visagem n.f. 1 trejeitos de cara; careta; esgar 2 [Brasil] aparição sobrenatural; fantasma (Do prov. visatge, «id.», pelo fr. visage, «cara»)

visagismo n.m. conjunto de técnicas destinadas a embelezar e transformar o rosto através de cosméticos, corte de cabelo, etc., tendo em conta as características físicas (formato do rosto, tipo de nariz, olhos, etc.) e também a opinião da própria pessoa sobre o tipo de visual que gostaria de ter (Do fr. visagisme, «técnicas para embelezar o rosto»)

visão n.f. 1 ato ou efeito de ver; perceção operada pelos órgãos da vista 2 função sensorial pela qual os olhos põem os homens e os animais em relação com o mundo externo; vista 3 imagem que se julga ver em sonhos; sonho 4 aparição fantástica; ilusão do espírito; fantasmagoria 5 coisa que passa rapidamente 6 devaneio; quimera 7 perceção divinatória; previsão 8 modo de apreciar ou julgar 9 discernimento; clarividência 10 aspeto 11 RELIGIÃO factos que Deus transmite como profecia 12 pl. imagens 13 pl. projetos; ~ *binocular* processo visual em que se utilizam os dois olhos (Do lat. visiōne-, «id.»)

visar v.tr. 1 apontar a arma contra; mirar 2 pôr o visto em (documento); validar 3 ter em vista; ter por fim 4 referir-se a (Do fr. viser, «id.»)

Viscáceas n.f.pl. BOTÂNICA ⇒ **Lorantáceas** (Do lat. viscu-, «visco» +-áceas)

víscera n.f. 1 ANATOMIA qualquer órgão desenvolvido que está alojado nas cavidades torácica e abdominal 2 pl. conjunto destes órgãos 3 pl. parte interna ou profunda de qualquer coisa; entranhas (Do lat. viscĕra, pl. de viscus, «entranhas; vísceras»)

visceral adj.2g. 1 que diz respeito ou pertence às vísceras 2 ⇒ **visceroso** 3 [fig.] profundo; *esqueleto* ~ parte do esqueleto (arcos viscerais) que, juntamente com o crânio, constitui o esqueleto da cabeça, e que só permanece bem distinta nos vertebrados inferiores (De víscera+-al)

visceralgia n.f. MEDICINA dor numa víscera (Do lat. viscĕra, «vísceras»+gr. álgos, «dor» +-ia)

visceralmente adv. 1 essencialmente 2 profundamente 3 intimamente (De visceral+-mente)

viscer(o)- elemento de formação de palavras que exprime a ideia de víscera (Do lat. viscĕra, «vísceras; entranhas»)

visceroptose n.f. MEDICINA deslocação de uma víscera, principalmente abdominal, por relaxamento dos seus elementos de fixação na posição natural (Do lat. viscĕra, «vísceras»+gr. ptōsis, «queda»)

visceroso /ô/ adj. que tem vísceras; visceral (De víscera+-oso)

viscidez /ê/ n.f. ⇒ **viscosidade** 1 (De víscido+-ez)

víscido adj. ⇒ **viscoso** (Do lat. viscĭdu-, «id.»)

viscina n.f. substância principal do visco (De visco+-ina)

viscívoro adj. (planta) que se alimenta dos frutos do visco (Do lat. viscu-, «visco»+vorāre, «devorar»)

visco n.m. 1 substância muito pegajosa obtida da casca do azevinho, utilizada na captura de pequenas aves, também conhecida por visgo 2 BOTÂNICA designação extensiva a plantas parasitas pertencentes a duas espécies da família das Viscáceas, espontâneas em Portugal: o visco-branco (nas macieiras e pereiras) e o visco-da-oliveira 3 [fig.] coisa que prende ou atrai; engodo; isco; aquilo que encanta e seduz (Do lat. viscu-, «id.»)

visco- elemento de formação de palavras que exprime a ideia de viscoso, viscosidade (Do lat. viscu-, «id.»)

viscoelasticidade n.f. FÍSICA propriedade de certos líquidos que, além da viscosidade, exibem também elasticidade de deslizamento (De visco-+elasticidade)

viscoelástico adj. (material) que tem viscoelasticidade (De visco-+elástico)

viscondado n.m. dignidade, título, bens ou território de um visconde ou viscondessa (De visconde+-ado)

visconde n.m. 1 título nobiliárquico imediatamente inferior ao de conde e superior ao de barão 2 indivíduo que possui esse título (Do b. lat. vice comite-, «substituto do conde»)

viscondessa /ê/ n.f. 1 mulher que possui um viscondado 2 esposa ou viúva de um visconde (De visconde+-essa)

viscondizar v.tr. tornar visconde ■ v.pron. tomar o título de visconde (De visconde+-izar)

viscose n.f. QUÍMICA substância derivada do xantato de celulose, que constitui importante matéria-prima para o fabrico de sedas artificiais e películas fotográficas e cinematográficas (Do fr. viscose, «id.»)

viscosidade n.f. 1 qualidade ou estado do que é viscoso 2 FÍSICA propriedade dos fluidos que se traduz por oferecerem resistência ao escoamento, que nos líquidos diminui quando a temperatura aumenta, mas nos gases aumenta com o aumento da temperatura 3 propriedade de um corpo sofrer deformações permanentes sob a ação de uma solicitação, sendo as tensões funções lineares das velocidades de deformação (De viscoso+-i-+-dade)

viscosímetro n.m. FÍSICA instrumento que serve para medir a viscosidade dos líquidos, principalmente dos óleos (Do lat. viscōsu-, «viscoso»+gr. métron, «medida»)

viscoso /ô/ adj. 1 pegajoso como com o visco; que adere facilmente 2 untado com visco 3 [fig.] maçador (Do lat. viscōsu-, «id.»)

Viseano n.m. GEOLOGIA época do Carbónico inferior (De Viseu, cidade portuguesa da Beira Alta +-ano)

viseense adj.2g. referente à cidade portuguesa de Viseu ■ n.2g. natural ou habitante de Viseu (De Viseu, top. +-ense)

viseira n.f. 1 pala de boné ou capacete 2 parte do capacete das antigas armaduras que cobria o rosto 3 [fig.] fisionomia austera 4 [fig.] aspeto; máscara 5 [fig.] modo ou gesto que encobre o sentimento ou o pensamento (Do fr. visière, «id.»)

visgar v.tr. atrair; engodar; seduzir (De visgo+-ar)

visgo n.m. ⇒ **visco** 1 (Do lat. viscu-, «id.»)

visgueiro n.m. BOTÂNICA designação extensiva a umas árvores brasileiras da família das Leguminosas, cujas vagens contêm uma substância viscosa; fava-de-bolota (De visgo+-eiro)

visguento adj. ⇒ **viscoso** (De visgo+-ento)

visibilidade n.f. 1 qualidade ou estado do que é visível 2 carácter das radiações eletromagnéticas que impressionam o olho humano 3 qualidade da atmosfera que permite ver a uma distância maior ou menor (Do lat. visibilitāte-, «id.»)

visigodo /ô/ adj. godo ocidental (Do lat. visigothu-, «id.»)

Visigodos /ô/ n.m.pl. povos que invadiram a Itália e a Gália a partir do séc. II e a Península Ibérica a partir do séc. IV; godos do Ocidente (Do lat. visigothu-, «id.»)

visigótico adj. relativo aos Visigodos (Do lat. visigothu-, «visigodo» +-ico)

visionação n.f. ato ou efeito de visionar (De visionar+-ção)

visionamento n.m. ⇒ **visionação** (De visionar+-mento)

visionar v.tr. 1 formar uma imagem mental de; entrever como em visão 2 ver com dificuldade; lobrigar 3 observar, examinar (documento audiovisual) ■ v.intr. ter visões (Do lat. visiōne-, «visão» +-ar)

visionário adj. relativo a visões ou fantasmas ■ n.m. 1 indivíduo que julga ver coisas fantásticas 2 pessoa criativa e clarividente 3 [fig.] sonhador; utopista (Do lat. visiōne-, «visão» +ário, ou do fr. visionnaire, «id.»)

visionice n.f. imagem ou sonho criado pela imaginação; ficção; fantasia (Do lat. visiōne-, «visão» +-ice)

visita n.f. 1 ato ou efeito de visitar 2 ato de ir a um local onde uma determinada pessoa se encontra para estar com ela 3 pessoa que

visitação

visita 4 exame que o médico faz aos doentes num hospital ou em casa deles 5 [coloq.] menstruação 6 *pl.* lembranças 7 *pl.* saudações; cumprimentos; ~ *pascal* visita que é feita, no período da Páscoa, pelo pároco, aos seus paroquianos; ~ *pastoral* visita feita pelo bispo a qualquer freguesia da sua diocese; *sala de visitas* compartimento em que se recebem as visitas (Deriv. regr. de *visitar*)

visitação *n.f.* 1 ato ou efeito de visitar; visita 2 [com maiúscula] RELIGIÃO visita da Virgem Maria a Santa Isabel narrada pelo evangelista S. Lucas (Do lat. *visitatiōne-*, «id.»)

visitador *adj.,n.m.* 1 que ou aquele que visita; visitante 2 inspetor; averiguador (Do lat. *visitatōre-*, «id.»)

visitadora /ô/ *n.f.* [ant.] agente do serviço social que faz visitas domiciliárias de inquérito (De *visitador+-a*)

visitante *adj.,n.2g.* que ou pessoa que visita (Do lat. *visitante-*, «id.», part. pres. de *visitāre*, «visitar»)

visitar *v.tr.* 1 ir a (um lugar) com o objetivo de o conhecer ou de estar com alguém 2 ir assistir (um doente) no local onde ele se encontra 3 passar revista a; inspecionar 4 viajar por; percorrer 5 assomar junto de (Do lat. *visitāre*, «ver a miúdo»; «visitar»)

visitável *adj.2g.* 1 que se pode visitar 2 que é digno de visita (De *visitar+-vel*)

visiteiro *n.m.* aquele que é gosta de fazer visitas (De *visitar+-eiro*)

visiva *n.f.* sentido da visão ou o órgão correspondente (De *visivo*)

visível *adj.2g.* 1 que se pode ver; que não está intercetado por algo que o oculte 2 que está disposto ou em estado de receber visitas 3 [fig.] percetível; manifesto; evidente; patente 4 [fig.] indubitável; *radiações visíveis* FÍSICA radiações que impressionam a retina, dando a sensação de luz (Do lat. *visibĭle-*, «id.»)

visivelmente *adv.* 1 de modo visível 2 claramente (De *visível+-mente*)

visivo *adj.* 1 visual 2 ⇒ **visível** 1 (Do lat. *visu-*, «visto», part. pass. de *vidēre*, «ver» +-*ivo*)

vislumbrar *v.tr.* 1 ver indistintamente; entrever; lobrigar 2 conhecer ou perceber de forma imperfeita ■ *v.intr.* 1 mostrar-se indistintamente 2 começar a aparecer; apontar (Do cast. *vislumbrar*, «id.»)

vislumbre *n.m.* 1 luz indecisa; pequeno clarão 2 reflexo; aparência vaga 3 semelhança leve; parecença 4 mostras; vestígio; indício 5 conjetura; suspeita 6 lembrança; recordação; reminiscência (Do cast. *vislumbre*, «id.»)

viso *n.m.* 1 aspeto 2 semelhança 3 sinal; indício; vislumbre 4 alto; cimo; cume 5 outeiro (Do lat. *visu-*, «visão; imagem»)

visom *n.m.* ⇒ **vison** (Do fr. *vison*, «id.»)

vison *n.m.* 1 ZOOLOGIA mamífero carnívoro da família dos Mustelídeos, parecido com a lontra, de pele pardacenta, macia e luzidia, que habita no norte da América e na Sibéria 2 pele desse mamífero 3 peça de vestuário feita com a pele desse mamífero (Do fr. *vison*)

visonha /ô/ *n.f.* 1 aparição de figura medonha 2 fantasma; espetro (De *visão+-onha*)

visor *n.m.* 1 FOTOGRAFIA dispositivo dos aparelhos fotográficos que permite apanhar um campo fotográfico ajustado ao enquadramento e composição desejados, e que, em muitos casos, permite também verificar as condições de focagem; visador 2 INFORMÁTICA superfície frontal de um tubo de raios catódicos que mostra os textos ou os gráficos fornecidos pelo computador; ecrã (Do lat. *visu-*, «visto», part. pass. de *vidēre*, «ver» +-*or*)

visório *adj.* ⇒ **visual** (Do lat. *visu-*, «visto», part. pass. de *vidēre*, «ver» +-*ório*)

vispar-se *v.pron.* [coloq.] desaparecer; escapulir-se; esgueirar-se

víspere *interj.* exprime uma ordem para sair, de expulsão ou de repulsão; *fazer* ~ sumir-se, abalar (De *vispar-se*?)

víspora *n.f.* [Brasil] jogo do quino ou loto (De *víspere*?)

visqueira *n.f.* ⇒ **visqueiro** (De *visco+-eira*)

visqueiro *n.m.* BOTÂNICA nome por que também é designado o azevinho (planta), em virtude de o visco se extrair da sua casca (De *visco+-eiro*)

vista *n.f.* 1 ato ou efeito de ver; visão 2 [pop.] órgãos da visão; olhos 3 sentido da visão; olhar 4 aspeto do que se vê 5 panorama 6 estampa; quadro 7 contemplação 8 abertura por onde se vê; janela 9 tira de fazenda de cor viva, para guarnição de vestido 10 [fig.] maneira de ver ou de encarar uma questão 11 desígnio; intenção 12 *pl.* planos; intuitos; ~ *cansada* presbitismo; *a perder de* ~ a grande distância; *à* ~ patente, na presença; *à* ~ *desarmada* a olho nu, sem auxílio de qualquer utensílio ótico; *dar nas vistas* chamar a atenção; *fazer* ~ *grossa* fingir que não se repara, tolerar; *longe da* ~, *longe do coração* os ausentes depressa são esquecidos; *ponto de* ~ modo de ver ou julgar um assunto ou uma questão; *pôr a* ~ *em cima a* ver; *ter em* ~ atender a, fazer tenção de, considerar (Part. pass. fem. subst. de *ver*)

vistão *n.m.* boa figura; *fazer um* ~ fazer uma figura brilhante, salientar-se (De *vista+-ão*)

visto *adj.* 1 que se viu 2 conhecido; notório 3 sabido 4 aceite; acolhido 5 versado; sabedor ■ *n.m.* 1 confirmação 2 fórmula que a autoridade apõe em certos documentos submetidos à sua inspeção, e que lhes dá validade 3 sinal, em forma de √, anotado a seguir a uma resposta escrita para mostrar que está correta, ou a seguir a um item de uma lista indicando que foi tratado, etc. ■ *prep.* em razão de; por causa de; dado; ~ *que* já que, dado que; *a olhos vistos* à vista de todos, evidentemente; *pelos vistos* perante o que se viu, em face do que se verificou (Part. pass. de *ver*)

vistor *adj.,n.m.* ⇒ **vistoriador** (De *visto+-or*)

vistoria *n.f.* 1 ato ou efeito de vistoriar 2 exame feito pelo juiz com louvados ou peritos 3 inspeção feita pela autoridade a um local para determinado fim 4 revista; busca (De *vistor+-ia*)

vistoriador *adj.,n.m.* que ou aquele que faz vistorias (De *vistoriar+-dor*)

vistoriar *v.tr.* inspecionar (prédio, instalação, etc.) para verificar se estão satisfeitas as exigências estabelecidas pelas entidades ou organismos competentes (De *vistoria+-ar*)

vistorizar *v.tr.* ⇒ **vistoriar** (De *vistoria+-izar*)

vistoso /ô/ *adj.* que dá nas vistas; que chama a atenção; garboso; aparatoso (De *vista+-oso*)

visual *adj.2g.* referente à vista ou à visão; visório ■ *n.m.* aparência de uma pessoa ou de uma coisa; *acuidade* ~ termo utilizado para exprimir o poder separador espacial do olho de um observador (Do lat. *visuāle-*, «id.»)

visualidade *n.f.* 1 qualidade do que é visual 2 miragem 3 vista; aspeto (Do lat. *visualitāte-*, «id.»)

visualização *n.f.* 1 ato ou efeito de visualizar 2 conversão de conceitos em imagens ou formas visíveis 3 INFORMÁTICA tudo o que o visor do computador nos mostra: textos, desenhos, gráficos (De *visualizar+-ção*)

visualizar *v.tr.* 1 ver; imaginar 2 converter (algo abstrato) em algo real ou concreto 3 INFORMÁTICA tornar visível num ecrã (De *visual+-izar*)

Vitáceas *n.f.pl.* BOTÂNICA família de plantas dicotiledóneas, de flores de corola caduca e fruto que é uma baga, a que pertencem as videiras, e cujo género-tipo se denomina *Vitis*; Ampelídeas; Sarmentáceas (Do lat. *vite-*, «videira» +-*áceas*)

vitadínia-das-floristas *n.f.* BOTÂNICA planta herbácea, da família das Compostas, cultivada nos jardins, e também subespontânea nalgumas zonas de Portugal

vital *adj.2g.* 1 que diz respeito à vida 2 que dá força; fortificante 3 [fig.] essencial; fundamental; importantíssimo; *princípio* ~ realidade energética, distinta da matéria, que os vitalistas julgam necessária para explicação dos fenómenos da vida (Do lat. *vitāle-*, «id.»)

vitalício *adj.* 1 que dura ou deve durar toda a vida 2 que se usufrui toda a vida (Do lat. *vitāle-*, «vital» +-*ício*)

vitalidade *n.f.* 1 qualidade do que é vital 2 aptidão para a vida 3 força vital; energia; entusiasmo; atividade transbordante 4 grande capacidade de trabalho (Do lat. *vitalitāte-*, «id.»)

vitalismo *n.m.* 1 BIOLOGIA toda a doutrina segundo a qual os fenómenos vitais são irredutíveis aos fenómenos físico-químicos, explicando-se por um princípio vital, quer este seja concebido como uma realidade fisicamente distinta da matéria que vitaliza, quer como um princípio material que, sem ser fisicamente distinto da matéria, a enforma, isto é, faz dela uma matéria viva, organizada segundo o seu tipo próprio 2 conjunto das funções orgânicas; vitalidade (De *vital+-ismo*, ou do fr. *vitalisme*, «id.»)

vitalista *adj.2g.* que diz respeito ao vitalismo ■ *n.2g.* pessoa partidária do vitalismo (De *vital+-ista*, ou do fr. *vitaliste*, «id.»)

vitalização *n.f.* ato ou efeito de vitalizar (De *vitalizar+-ção*)

vitalizador *adj.,n.m.* 1 que ou o que vitaliza 2 fortificante; revigorante (De *vitalizar+-dor*)

vitalizante *adj.2g.* que vitaliza; vitalizador (De *vitalizar+-ante*)

vitalizar *v.tr.* 1 tornar vital 2 dar vida a 3 revigorar; fortificar (De *vital+-izar*)

vitamina *n.f.* 1 BIOQUÍMICA qualquer das substâncias, de composições químicas diversas, que, embora sem valor energético, são indispensáveis à manutenção do equilíbrio fisiológico do organismo, ao qual são fornecidas pelos alimentos frescos ou por via medicamentosa 2 [Brasil] batido de leite com fruta, sumo, legumes, etc. ■ *n.2g.* [São Tomé e Príncipe] pessoa que se alimenta bem (Do lat. *vita-*, «vida» +*amina*, ou do fr. *vitamine*, «id.»)

vitaminação *n.f.* 1 ato ou efeito de vitaminar 2 fornecimento de vitaminas a um organismo 3 adição de vitaminas a uma substância (De *vitaminar+-ção*)
vitaminado *adj.* 1 que contém uma ou mais vitaminas 2 que foi enriquecido com vitaminas
vitaminar *v.tr.* 1 fornecer vitaminas a 2 misturar vitaminas em (De *vitamina+-ar*)
vitamínico *adj.* relativo a vitaminas
vitaminizar *v.tr.* ⇒ **vitaminar** (De *vitamina+-izar*)
vitaminologia *n.f.* ciência que se dedica ao estudo das vitaminas (De *vitamina+-logia*)
vitaminose *n.f.* MEDICINA perturbações patológicas que têm por causa a atividade excessiva de certas vitaminas (De *vitamina+-ose*)
vitaminoterapia *n.f.* MEDICINA tratamento de doenças com emprego de vitaminas (De *vitamina+terapia*)
vitando *adj.* 1 que se deve evitar 2 abominável (Do lat. *vitandu-*, «id.», ger. de *vitāre*, «evitar»)
vitatório *adj.* 1 que serve para evitar 2 que tem por fim evitar; *pregão ~* [ant.] pregão que se soltava antes de executar um condenado (Do lat. *vitātu-*, «evitado», part. pass. de *vitāre*, «evitar» +-*ório*)
vitável *adj.2g.* que se deve evitar; vitando (Do lat. *vitabĭle-*, «id.»)
vitela *n.f.* 1 cria da vaca, fêmea, com menos de um ano; terneira; bezerra 2 carne de vitela ou vitelo 3 pele de vitela ou vitelo preparada (De *vitelo*)
vitelária *n.f.* 1 BOTÂNICA designação comum às plantas da família das Sapotáceas, com uma ou duas espécies oriundas da África ocidental 2 BOTÂNICA árvore de frutos com polpa comestível e semente de que se extrai manteiga e óleo; árvore-da-manteiga; carité (Do lat. cient.*Vittelaria*)
viteleiro *n.m.* 1 negociante de vitelas e vitelos ou da sua carne 2 curral de vitelos (De *vitelo+-eiro*)
viteliduto *n.m.* ZOOLOGIA canal do aparelho genital feminino dos platelmintes, que transporta os produtos elaborados pelas glândulas vitelogéneas; viteloduto (Do lat. *vitellu-*, «vitelo» +*ductu-*, «conduta»)
vitelífero *adj.* (gema de ovo) que tem vitelo (Do lat. *vitellu-*, «vitelo» +*ferre*, «ter»)
vitelina *n.f.* 1 QUÍMICA substância azotada, abundante em alguns óvulos (ou ovos) animais, em especial nos das aves, peixes, etc. 2 BIOLOGIA membrana envolvente do óvulo (ou ovo) animal, como na gema do ovo de ave (De *vitelino*)
vitelino *adj.* 1 relativo à gema do ovo 2 amarelo como a gema do ovo; *célula vitelina* BIOLOGIA grande célula que se diferencia durante a segmentação de certos ovos, como nos dos insetos; *glândula vitelina* órgão par do aparelho genital feminino dos platelmintes, que elabora reservas nutritivas; glândula vitelogénea; *membrana vitelina* membrana envolvente, em especial, do ovo animal; *núcleo ~* núcleo do ovo; *saco/vesícula vitelina* espécie de saco (anexo embrionário) cheio de reservas nutritivas, que está ligado ao ventre do embrião dos vertebrados (Do lat. *vitellu-*, «vitelo» +-*ino*)
vitelo /ê/ *n.m.* 1 novilho com alguns meses de idade; bezerro 2 BIOLOGIA gema do ovo 3 BOTÂNICA para alguns autores, cotilédone das gramíneas; *~ formativo/de formação* BIOLOGIA parte protoplasmática do óvulo ou do ovo animal que origina o embrião e que é também denominado protolécito; *~ nutritivo/de nutrição* BIOLOGIA parte do óvulo ou do ovo animal constituída pelas reservas nutritivas, também denominada deutolécito (Do lat. *vitellu-*, «vitelo»)
viteloduto *n.m.* ⇒ **viteliduto** (Do lat. *vitellu-*, «vitelo» +*ductu-*, «condução; conduta»)
vitelogéneo *adj.* BIOLOGIA (vitelo) que elabora ou dá origem às reservas nutritivas; *glândula vitelogénea* ZOOLOGIA órgão par do aparelho genital feminino dos platelmintes, que elabora reservas nutritivas (Do lat. *vitellu-*, «vitelo»+gr. *génos*, «origem» +-*eo*)
vitelogénese *n.f.* BIOLOGIA processo de formação do vitelo (substâncias nutritivas) (Do lat. *vitellu-*, «vitelo»+gr. *génesis*, «génese»)
Viticáceas *n.f.pl.* BOTÂNICA ⇒ **Verbenáceas** (Do lat. *vitĭce-*, «agnocasto» +-*áceas*)
vitícola *adj.2g.* 1 que diz respeito à vinha ou à viticultura 2 que se caracteriza pela viticultura 3 que cultiva as vinhas (Do lat. *vitĭcŏla-*, «id.»)
viticomado *adj.* [poét.] que tem a cabeça ornada de parras (Do lat. *vitĭcŏmu-*, «viticomado» +-*ado*)
viticultor *adj.,n.m.* que ou aquele que cultiva vinhas (Do lat. *vite-*, «videira» +*cultŏre-*, «cultor»)
viticultura *n.f.* cultura das vinhas (Do lat. *vite-*, «videira» +*cultūra-*, «cultura»)

vitífero *adj.* 1 que produz videiras 2 coberto de vinhas 3 próprio para a cultura das vinhas (Do lat. *vitifĕru-*, «id.»)
vitiligem *n.f.* MEDICINA doença caracterizada pela despigmentação da pele e pelos correspondentes, o que provoca o aparecimento de manchas claras (Do lat. *vitilīgĭne-*, «id.»)
vitiligo *n.m.* MEDICINA ⇒ **vitiligem** (Do lat. *vitilīgo-*, (nominativo), «id.»)
vítima *n.f.* 1 animal ou pessoa que os antigos sacrificavam aos deuses 2 pessoa assassinada ou maltratada por outra 3 pessoa sacrificada às paixões e aos interesses de outrem 4 pessoa ludibriada 5 tudo o que sofre qualquer dano (Do lat. *victĭma-*, «id.»)
vitimador *n.m.* sacrificador; vitimário (Do lat. *victimatŏre-*, «id.»)
vitimar *v.tr.* 1 fazer (alguém) vítima 2 matar 3 danificar 4 sacrificar; imolar (Do lat. *victĭmāre*, «id.»)
vitimário *n.m.* sacerdote que, entre os antigos, imolava as vítimas para os sacrifícios; popa; imolador; sacrificador ▪ *adj.* relativo a vítima (Do lat. *victimarĭu-*, «id.»)
vitimização *n.f.* ato ou efeito de tornar alguém vítima (De *vitimizar+-ção*)
vitimizar *v.tr.* tornar vítima ▪ *v.pron.* tornar-se vítima (De *vítima+-izar*)
vitinga *n.f.* espécie de farinha brasileira (Do tupi *wi'tinga*, «farinha branca»)
vitivinícola *adj.2g.* referente à vitivinicultura (Do lat. *vite-*, «vinha» +*vinu-*, «vinho» +*colĕre*, «cultivar»)
vitivinicultor *n.m.* cultor de vinhas e produtor de vinhos (Do lat. *vite-*, «vinha» +*vinu-*, «vinho» +*cultŏre-*, «cultivador»)
vitivinicultura *n.f.* cultura das vinhas e preparação dos vinhos (Do lat. *vite-*, «vinha» +*vinu-*, «vinho» +*cultūra-*, «cultura»)
vítor-huguesco /ê/ *adj.* relativo ao poeta francês Vítor Hugo (1802-1885) ou à sua obra (De *Vítor Hugo*, antr. +-*esco*)
vitória *n.f.* 1 ato ou efeito de vencer; triunfo; bom êxito 2 vantagem sobre alguém 3 espécie de carruagem puxada por cavalos 4 libra esterlina (Do lat. *victoria-*, «id.»)
vitoriano *adj.* HISTÓRIA relativo à época da rainha Vitória da Inglaterra, 1840-1901 (De *Vitória*, antr. +-*ano*)
vitoriar *v.tr.* 1 proclamar vitorioso 2 aplaudir muito; aclamar (De *vitória+-ar*)
vitória-régia *n.f.* BOTÂNICA planta americana, aquática (da Amazónia), ornamental, pertencente à família das Ninfeáceas, com flores e folhas muito grandes e flutuantes
vitoriense *adj.2g.* relativo à cidade de Vitória, no estado brasileiro do Espírito Santo ▪ *n.2g.* natural ou habitante desta cidade (De *Vitória*, top. +-*ense*)
vitoriosamente *adv.* triunfalmente; de modo triunfante (De *vitorioso+-mente*)
vitorioso *adj.* que obteve vitória; vencedor; triunfante (Do lat. *victoriōsu-*, «id.»)
vitral *n.m.* 1 vidraça de cores ou com pinturas sobre o vidro 2 composição decorativa feita com vidraças coloridas (Do fr. *vitrail*, «id.»)
vitraleiro *n.m.* artista que faz vitrais (De *vitral+-eiro*)
vitralizar *v.tr.* 1 aplicar vitrais a 2 ⇒ **vitrificar** (De *vitral+-izar*)
vitre *n.m.* espécie de lona para toldos e velas de embarcações (Do orig. obsc.)
vítreo *adj.* 1 relativo ao vidro 2 da natureza ou aparência do vidro 3 [fig.] transparente; límpido; *humor ~* ANATOMIA substância gelatinosa e transparente que enche o fundo do globo ocular por detrás do cristalino; *textura vítrea* PETROLOGIA textura das rochas eruptivas em que não ocorreu uma cristalização de minerais, tendo o magma cristalizado como uma massa amorfa (Do lat. *vitrĕu-*, «id.»)
vitrescibilidade *n.f.* qualidade do que é vitrescível (Do lat. **vitrescibĭle-*, «vitrescível» +-*i-+-dade*)
vitrescível *adj.2g.* suscetível de se reduzir a vidro; vitrificável (Do lat. **vitrescibĭle-*, «vitrescível»)
vitrificação *n.f.* 1 ato ou efeito de vitrificar 2 transformação de certas matérias-primas em vidro (De *vitrificar+-ção*)
vitrificar *v.tr.,intr.,pron.* 1 transformar(-se) em vidro 2 tornar(-se) semelhante ao vidro (Do lat. *vitru-*, «vidro» +*facĕre*, «fazer»)
vitrificável *adj.2g.* suscetível de se vitrificar (De *vitrificar+-vel*)
vitrina *n.f.* 1 mostrador envidraçado onde se expõem objetos para venda 2 armário ou qualquer móvel envidraçado onde se expõem ou resguardam objetos (Do fr. *vitrine*, «id.»)
vitrinário *n.m.* ladrão que rouba os objetos expostos nas vitrinas (De *vitrina+-ário*)
vitrine *n.f.* ⇒ **vitrina**
vitrinista *adj.,n.2g.* que ou pessoa que trata de arranjar e decorar as vitrinas (De *vitrina+-ista*)

vitriolado *adj.* 1 misturado ou composto com vitríolo 2 atacado com vitríolo (De *vitríolo+-ado*)

vitriólico *adj.* que é da natureza do vitríolo; sulfúrico (De *vitríolo+-ico*)

vitriolização *n.f.* 1 ato ou efeito de vitriolizar 2 passagem dos tecidos por uma solução de ácido sulfúrico para lhes destruir as matérias ferruginosas ou calcárias (De *vitriolizar+-ção*)

vitriolizar *v.tr.* 1 transformar em vitríolo 2 misturar ou compor com vitríolo 3 submeter à vitriolização (De *vitríolo+-izar*)

vitríolo *n.m.* QUÍMICA nome vulgar antigo do ácido sulfúrico concentrado; ~ *azul* sulfato de cobre hidratado, caparrosa azul; ~ *branco* sulfato de zinco hidratado, caparrosa branca; ~ *verde* sulfato de ferro hidratado, caparrosa verde (Do b. lat. *vitriŏlu-*, de *vitru-*, «vidro»)

vitripene *adj.2g.* que possui asas transparentes (Do lat. *vitru-*, «vidro» *+penna-*, «asa»)

vitrocerâmica *n.f.* matéria cerâmica produzida a partir da cristalização controlada de materiais vítreos, que possui grande resistência e é utilizada para revestimentos e em aplicações industriais (De *vitro-*, «vidro» *+cerâmica*)

vitrola *n.f.* [Brasil] gira-discos

vitualhar *v.tr.* prover de víveres; aprovisionar (De *vitualha+-ar*)

vitualhas *n.f.pl.* [também usado no singular] mantimentos; víveres (Do lat. tard. *victualĭa*, «id.»)

vítulo *n.m.* 1 vitelo; novilho 2 [Brasil] nome vulgar usado para designar uma foca, também conhecida por lobo do mar, leão-marinho, etc. (Do lat. *vitŭlu-*, «vitelo»)

vituperação *n.f.* ato ou efeito de vituperar; vitupério (Do lat. *vituperatiōne-*, «id.»)

vituperador *adj.,n.m.* que ou aquele que vitupera (Do lat. *vituperatōre-*, «id.»)

vituperar *v.tr.* 1 dirigir vitupérios a; injuriar; afrontar; ultrajar; insultar 2 depreciar; rebaixar 3 censurar asperamente 4 considerar como ignominioso (Do lat. *vituperāre*, «id.»)

vituperativo *adj.* que encerra vitupério (Do lat. *vituperatīvu-*, «id.»)

vituperável *adj.2g.* que merece vitupério (Do lat. *vituperabĭle-*, «id.»)

vitupério *n.m.* 1 ato ou efeito de vituperar ou exprobrar 2 acusação grave ou infamante; ultraje; agravo; ofensa; injúria 3 infâmia; vileza (Do lat. *vituperĭu-*, «id.»)

vituperioso /ô/ *adj.* que encerra ou denota vitupério; ignominioso (De *vitupério+-oso*)

vituperoso /ô/ *adj.* ⇒ **vituperioso**

viúva *n.f.* 1 mulher a quem morreu o cônjuge, e que não casou novamente 2 [pop.] corda 3 BOTÂNICA planta herbácea da família das Ranunculáceas, espontânea em Portugal 4 BOTÂNICA ⇒ **flor-de-viúva** 5 ICTIOLOGIA peixe teleósteo, portador de um barbilho grosso na mandíbula, pouco frequente em Portugal, que é afim da corvina e é também conhecido por este nome 6 ORNITOLOGIA ave passeriforme africana e brasileira, de plumagem negra 7 ORNITOLOGIA ⇒ **galeirão** 8 TIPOGRAFIA linha que termina um parágrafo e que não tem a largura da página ou da coluna (Do lat. *vidŭa-*, «viúva»)

viúva-alegre *n.f.* 1 ORNITOLOGIA ⇒ **rabilongo** 2 ORNITOLOGIA ⇒ **viuvinha 2**

viuvar[1] *v.tr.,intr.* ⇒ **enviuvar** (Do latim *viduāre*, «idem»)

viuvar[2] *v.intr.* [Angola] cumprir o luto, enquanto familiar direto (De *viúvo*)

viuvez *n.f.* 1 estado de viúvo ou viúva 2 pensão que recebe uma pessoa viúva 3 [fig.] privação; solidão; desamparo (De *viúvo+-ez*)

viuvinha *n.f.* 1 viúva nova 2 [Brasil] ORNITOLOGIA nome vulgar usado para designar uns pássaros da família dos Tiranídeos, com plumagem de cor preta dominante, alguns dos quais também conhecidos por viúvas 3 [regionalismo] espécie de jogo popular 4 [regionalismo] dança de roda (De *viúva+-inha*)

viúvo *n.m.* homem a quem morreu o cônjuge, e que não casou novamente ▪ *adj.* 1 diz-se da pessoa que se encontra em estado de viuvez 2 [fig.] privado 3 [fig.] abandonado; desamparado (Do lat. *vidŭu-*, «id.»)

viva *n.m.* 1 grito de aplauso, de vitória 2 expressão com que se deseja felicidade a alguém que está presente; ~! exclamação que exprime aclamação, aplauso, alegria ou que se diz a uma pessoa que acabou de espirrar (De *viver*)

vivace[1] *adj.2g.* ⇒ **vivaz** (Do lat. *vivace-*, «id.»)

vivace[2] *adj.2g.* MÚSICA indicativo de um andamento apressado, na execução musical (Do it. *vivace*, «id.»)

vivacidade *n.f.* 1 qualidade do que é vivaz 2 prontidão em agir, mover-se ou falar; atividade 3 compreensão rápida; esperteza; finura 4 brilhantismo; fulgor; viveza (Do lat. *vivacitāte-*, «força vital»)

vivacíssimo *adj.* {superlativo absoluto sintético de **vivaz**} muito vivaz (Do lat. *vivacissĭmu-*, «id.»)

vivaço *adj.* 1 que revela vivacidade 2 animado ▪ *n.m.* indivíduo que não se deixa enganar (De *vivo+-aço*)

vivalma *n.f.* ninguém (De *vivo+alma*)

vivamente *adv.* 1 energicamente; com vivacidade 2 de modo intenso; fortemente (De *vivo+-mente*)

vivandeiro *n.m.* 1 civil que fornece de víveres as tropas que acompanha 2 vendedor de víveres nas feiras 3 indivíduo que vende em tenda; tendeiro (Do fr. *vivandier*, «id.»)

vivar *v.tr.,intr.* dar vivas (a) (De *viva+-ar*)

vivaz *adj.2g.* 1 que vive muitos anos; que tem vida relativamente longa; perene; vivedouro 2 BOTÂNICA diz-se da planta cujos órgãos subterrâneos vivem durante vários anos, sendo a parte aérea anualmente renovada 3 [fig.] resistente; difícil de destruir; duradouro 4 [fig.] vivo; ardente (Do lat. *vivāce-*, «que vive muito tempo»)

vivedoiro *adj.* ⇒ **vivedouro**

vivedor *adj.* 1 que vive ou pode viver muito; vivedouro; vivaz 2 vigoroso 3 ativo; diligente; trabalhador (De *viver+-dor*)

vivedouro *adj.* 1 que vive muito; vivaz; duradouro 2 que tem condições naturais de longevidade ou de estabilidade (De *viver+-douro*)

viveirista *n.2g.* dono ou cultor de viveiro (De *viveiro+-ista*)

viveiro *n.m.* 1 recinto próprio para a criação e reprodução de animais ou plantas 2 aquário 3 alfobre 4 sítio onde se conserva alguma coisa 5 grande quantidade; reunião; enxame 6 seminário (Do lat. *vivarĭu-*, «aquário»)

vivença *n.f.* 1 [regionalismo] modo de viver nas relações domésticas 2 [regionalismo] passadio (De *vivência*)

vivência *n.f.* 1 modo como alguém vive ou se comporta; existência; experiência de vida 2 desenvolvimento de uma impressão ou experiência psíquica 3 manifestação ou exuberância de vida (De *viver+-ência*)

vivencial *adj.2g.* relativo à vivência de cada um; existencial (De *vivência+-al*)

vivenciar *v.tr.* 1 viver (algo), sentindo-o profundamente 2 experimentar factos imaginários; imaginar (De *vivência+-ar*)

vivenda *n.f.* 1 lugar onde se vive 2 casa; moradia; habitação 3 modo de ganhar a vida; subsistência (Do lat. *vivenda-*, ger. fem. de *vivĕre*, «viver»)

vivente *adj.2g.* que vive ▪ *n.2g.* 1 aquilo que vive; criatura viva 2 pessoa (Do lat. *vivente-*, «id.», part. pres. de *vivĕre*, «viver»)

viver *v.intr.* 1 ter vida; existir 2 ter (um ser vivo) um dado habitat 3 gozar a vida; aproveitar a sua existência 4 portar-se; proceder 5 durar; conservar-se ▪ *v.tr.* 1 alimentar-se (de); nutrir-se (de) 2 subsistir com base (numa dada atividade) 3 existir (em função de); dedicar-se totalmente (a) 4 residir; habitar 5 ter vida em comum (com); coabitar (com) 6 passar por (uma dada experiência) 7 experimentar (sentimento, emoção) (Do lat. *vivĕre*, «id.»)

víveres *n.m.pl.* provisões de boca; mantimentos; géneros alimentícios (Do fr. *vivres*, «id.»)

Vivérridas *n.m.pl.* ZOOLOGIA ⇒ **Viverrídeos**

viverrídeo *adj.* ZOOLOGIA relativo aos Viverrídeos ▪ *n.m.* ZOOLOGIA espécime dos Viverrídeos (Do lat. *viverra-*, «furão»+gr. *eîdos*, «forma» + *-eo*)

Viverrídeos *n.m.pl.* ZOOLOGIA família de mamíferos carnívoros, de cauda comprida e focinho alongado e aguçado, portadores de 40 dentes (De *viverrídeo*)

viverrino *adj.* relativo aos mamíferos da família dos Viverrídeos, em especial às ginetas (Do lat. *viverra-*, «furão» *+-ino*)

viveza /ê/ *n.f.* 1 animação espontânea ou natural; vivacidade 2 esperteza 3 brilho; colorido (De *vivo+-eza*)

vivianite *n.f.* MINERALOGIA mineral que é, quimicamente, fosfato hidratado de ferro e cristaliza no sistema monoclínico; ferro azul (Do ing. *vivianite*, «id.», de *J. H. Vivian*, mineralogista ing. do séc. XIX + *-ite*)

vivicombúrio *n.m.* cremação de pessoa viva (Do lat. *vivicomburĭu-*, «id.»)

vividez /ê/ *n.f.* ⇒ **vivacidade** (De *vívido+-ez*)

vivido *adj.* 1 que viveu 2 sentido 3 experimentado; conhecedor por experiência própria (Part. pass. de *viver*)

vívido *adj.* 1 dotado de viveza 2 que tem cores vivas 3 [fig.] vivo; ardente; apaixonado (Do lat. *vivĭdu-*, «id.»)

vivificação *n.f.* ato ou efeito de vivificar (Do lat. *vivificatiōne-*, «id.»)

vivificador *adj..n.m.* que ou aquele que vivifica, anima, alenta ou avigora (Do lat. *vivificatōre-*, «id.»)
vivificante *adj.2g.* que vivifica; vivificativo; vivífico; vivificador (Do lat. *vivificante-*, «id.», part. pres. de *vivificāre*, «vivificar; dar vida a»)
vivificar *v.tr.* **1** dar vida a; inocular vitalidade a **2** animar; dar vigor a; reanimar; alentar **3** fecundar (Do lat. *vivificāre*, «id.»)
vivificativo *adj.* ⇒ **vivificante** (De *vivificar+-tivo*)
vivífico *adj.* ⇒ **vivificante** (Do lat. *vivifĭcu-*, «id.»)
vivinatalidade *n.f.* estatística das crianças que nascem vivas (Do lat. *vivu-*, «vivo» +*natalitāte-*, «natalidade»)
viviparidade *n.f.* estado ou qualidade do que é vivíparo; zoogonia (De *vivíparo+-i-+-dade*)
viviparismo *n.m.* ⇒ **viviparidade** (De *vivíparo+-ismo*)
vivíparo *adj.* **1** BOTÂNICA diz-se da planta cujo embrião não permanece em estado de vida latente na semente e que está já em adiantado estado de desenvolvimento quando esta se liberta da planta **2** ZOOLOGIA diz-se do animal (vertebrado) que, no estado embrionário, vive parasitando o organismo gerador, como a grande maioria dos mamíferos; zoógono ■ *n.m.* ZOOLOGIA vertebrado nas condições atrás referidas (Do lat. *vivipăru-*, «id.»)
vivissecção *n.f.* dissecção praticada num animal vivo, para estudo (Do lat. *vivu-*, «vivo» +*sectiōne-*, «corte»)
vivisseccionista *n.2g.* pessoa que pratica a vivissecção, como operação cirúrgica ou experiência científica; vivissector (Do lat. *vivu-*, «vivo» +*sectiōne-*, «corte» +*-ista*)
vivissector *n.m.* **1** ⇒ **vivisseccionista** **2** instrumento cirúrgico que tem emprego em vivissecção (Do lat. *vivu-*, «vivo» +*sectōre-*, «cortador»)
vivo *adj.* **1** que vive; que tem vida **2** ágil; ativo; diligente **3** cheio de vivacidade **4** perspicaz; sagaz; esperto **5** travesso; buliçoso **6** engraçado **7** intenso; forte **8** marcado; visível; distinto **9** ligeiro; apressado **10** agudo; afiado ■ *n.m.* **1** pessoa viva **2** âmago **3** tira de tecido que forma o debrum em peças de vestuário **4** [regionalismo] gado; animais; *ao ~* transmitido no momento exato em que acontece, que se apresenta diante do público (Do lat. *vivu-*, «id.»)
vivório *n.m.* [depr.] grande número de vivas; entusiasmo ruidoso (De *viva+-ório*)
vivoteio *n.m.* ⇒ **vivório**
vívula *n.f.* VETERINÁRIA inflamação que afeta a pele e os tendões da quartela das cavalgaduras (Do lat. med. *vivūla-*, «id.»)
vixnuísmo /cs/ *n.m.* seita indiana que tem Vixnu como divindade suprema (De *Vixnu*, mitol. *+-ismo*)
vixnuísta /cs/ *n.2g.* pessoa sectária do vixnuísmo (De *Vixnu*, mitol. *+-ista*)
vizindade *n.f.* **1** qualidade do que é vizinho **2** vizinhança; proximidade (Do lat. *vicinitāte-*, «id.»)
vizinhança *n.f.* **1** qualidade do que está vizinho **2** proximidades; arredores; cercanias **3** os vizinhos **4** relações entre os vizinhos **5** [fig.] afinidade; analogia (De *vizinho+-ança*)
vizinhante *adj.2g.* que se encontra nas proximidades de algo ou alguém; vizinho; adjacente (De *vizinhar+-ante*)
vizinhar *v.tr.* **1** ser vizinho de **2** ser contíguo a; confinar ■ *v.intr.* conviver como vizinho ■ *v.pron.* aproximar-se (Do lat. **vicināre*, por *vicināri*, «id.»)
vizinho *adj.* **1** que fica perto; próximo **2** contíguo; limítrofe **3** prestes a suceder **4** [fig.] análogo; semelhante; afim **5** (parentesco) chegado ■ *n.m.* pessoa que reside próximo (Do lat. *vicīnu-*, «da mesma aldeia»)
vizir *n.m.* cada um dos oficiais do conselho do sultão da Turquia (Do turc. *vezir*, «id.», pelo fr. *vizir*, «id.»)
vizirado *n.m.* ⇒ **vizirato** (De *vizir+-ado*)
vizirato *n.m.* **1** cargo ou dignidade de vizir **2** tempo que dura esse cargo (De *vizir+-ato*)
vizo- elemento de formação de palavras que exprime a ideia de *substituição* ou *subalternidade*, e se liga ao elemento seguinte por meio de hífen; vice- (Do lat. *vice*, «em vez de»)
vizo-rei *n.m.* ⇒ **vice-rei**
vizo-reinado *n.m.* **1** governo do vizo-rei **2** tempo desse governo
vizo-reinar *v.intr.* governar como vizo-rei
voadeiras *n.f.pl.* ⇒ **voadouros**
voadoiros *n.m.pl.* ⇒ **voadouros**
voador *adj.* **1** que voa **2** [fig.] rápido; veloz ■ *n.m.* **1** o que voa **2** aparelho constituído por uma estrutura de metal, plástico ou outro material, que assenta em pequenas rodas e se utiliza para ajudar as crianças a manter-se de pé quando começam a andar **3** acrobata que trabalha em trapézio; trapezista **4** [São Tomé e Príncipe] ICTIOLOGIA ≡ **peixe-voador** (De *voar+-dor*)

voadouros *n.m.pl.* **1** as penas mais compridas das asas das aves, do grupo das rémiges ou guias **2** [fig.] meios de proceder **3** [fig.] intenções (De *voar+-douro*)
voadura *n.f.* ato ou efeito de voar; voo (Do lat. *volatūra-*, «id.»)
voagem *n.f.* alimpaduras ou rabeiras dos cereais debulhadas nas eiras (De *voar+-agem*)
voante *adj.2g.* **1** que voa **2** que vai voando **3** rápido **4** transitório; passageiro **5** HERÁLDICA diz-se da ave do escudo representada em atitude de voar (Do lat. *volante-*, «id.», part. pres. de *volāre*, «voar»)
voar *v.intr.* **1** suster-se e deslocar-se no ar com o auxílio das asas ou de membros análogos **2** ser impelido no ar pelo vento **3** [fig.] ir pelos ares; explodir **4** [fig.] correr com grande velocidade **5** [fig.] passar rapidamente (o tempo) **6** [fig.] propagar-se com rapidez; espalhar-se **7** [fig.] desaparecer; sumir **8** [fig.] ir (o pensamento) para longe; desligar-se da realidade ■ *v.tr..intr.* deslocar-se por meio de uma aeronave (para); ~ *de boca em boca* andar nas conversas de toda a gente (Do lat. *volāre*, «id.»)
voaria *n.f.* **1** conjunto de aves, especialmente as empregadas na caça de altanaria **2** caçada feita às aves com falcões e outras aves de rapina **3** volataria; altanaria (De *voar+-ia*)
voborde *n.m.* amurada do navio; vibordo (Alt. de *vibordo*)
vocabular *adj.2g.* do vocábulo ou a ele referente (De *vocábulo+-ar*)
vocabulário *n.m.* **1** conjunto de palavras de uma língua; léxico **2** conjunto das palavras e expressões conhecidas e utilizadas por uma pessoa ou por um grupo **3** conjunto dos termos especializados numa ciência ou arte; terminologia **4** dicionário (De *vocábulo+-ário*)
vocabularista *n.2g.* autor de um vocabulário (De *vocabulário+-ista*)
vocabulista *n.2g.* ⇒ **vocabularista** (De *vocábulo+-ista*)
vocabulizar *v.tr.* formar vocábulos(s) de origem onomatopaica a partir de (sons) (De *vocábulo+-izar*)
vocábulo *n.m.* GRAMÁTICA unidade de sentido constituída por fonemas organizados numa determinada ordem, que geralmente é delimitada por espaços brancos e não admite a inserção de outros elementos; termo (Do lat. *vocabŭlu-*, «id.»)
vocação *n.f.* **1** RELIGIÃO ato de ser chamado ou predestinado para determinado fim **2** inclinação e predisposição para certo género de vida, profissão, estudo ou arte; tendência **3** talento; jeito; queda; ~ *sucessória* DIREITO chamamento dos sucessíveis à sucessão no momento da morte do falecido (Do lat. *vocatiōne-*, «ação de chamar»)
vocacional *adj.2g.* referente a vocação (Do lat. *vocatiōne-*, «vocação» *+-al*)
vocal *adj.2g.* **1** da voz ou a ela referente **2** que serve para a produção de voz **3** que se exprime, falando; oral; verbal; *cordas vocais* ANATOMIA divertículos de constituição muscular, situados de um e outro lado da laringe, e cujas vibrações produzem a voz, que é depois modulada na cavidade bucal (Do lat. *vocāle-*, «que tem voz; sonoro»)
vocálico *adj.* **1** relativo às vogais **2** constituído por vogais (Do lat. *vocāle-*, «vogal» *+-ico*)
vocalismo *n.m.* **1** GRAMÁTICA sistema das vogais de uma língua **2** GRAMÁTICA estudo das transformações vocálicas **3** MÚSICA estudo ou prática da música destinada a ser cantada (Do lat. *vocāle-*, «vogal» *+-ismo*)
vocalista *n.2g.* **1** MÚSICA pessoa que canta; cantor; cantora **2** MÚSICA pessoa que canta integrada numa banda (especialmente numa banda pop ou rock) (Do lat. *vocāle-*, «que tem voz; sonoro» *+-ista*)
vocalização *n.f.* **1** ato ou efeito de vocalizar **2** emissão de sons da voz **3** GRAMÁTICA fenómeno fonético que consiste na transformação de uma consoante em vogal (De *vocalizar+-ção*)
vocalizador *adj..n.m.* que ou aquele que vocaliza (De *vocalizar+-dor*)
vocalizar *v.tr.* **1** MÚSICA cantar em vocalizo **2** GRAMÁTICA transformar em vogal (uma consoante) (Do lat. *vocāle-*, «vogal» *+-izar*)
vocalizo *n.m.* MÚSICA exercício de canto, em que a voz se apoia numa vogal, sem nomear as notas nem pronunciar palavras (Deriv. regr. de *vocalizar*)
vocativo *n.m.* **1** GRAMÁTICA função sintática desempenhada por um constituinte que não controla a concordância verbal, sendo constituído por uma palavra ou expressão que, no discurso direto, é usada para chamar ou interpelar o interlocutor **2** GRAMÁTICA caso que, nas línguas que têm declinação, exprime uma interpelação ou chamamento (Do lat. *vocatīvu-*, «id.»)
você *pron.pess.* usa-se para indicar a pessoa a quem se fala ou escreve, sendo acompanhado de um verbo na terceira pessoa

vociferação

quando desempenha a função de sujeito (*você acertou*; *vocês foram muito espertos*) (Contr. de *vossemecê*, de *vossa mercê*)

vociferação *n.f.* 1 ato ou efeito de vociferar 2 berreiro 3 censura 4 descompostura 5 imprecação; impropério (Do lat. *vociferatiōne-*, «id.»)

vociferador *adj., n.m.* que ou aquele que vocifera (Do lat. *vociferatōre-*, «id.»)

vociferante *adj.2g.* que vocifera (Do lat. *vociferante-*, «id.», part. pres. de *vociferāri*, «vociferar; gritar»)

vociferar *v.tr., intr.* dizer em voz alta e iradamente; berrar; clamar; bradar ▪ *v.tr.* criticar duramente em tom agressivo (Do lat. *vociferāri*, «id.»)

vodca *n.f.* ⇒ **vodka** (Do russo *vodka*, «id.»)

vodka *n.m./f.* bebida alcoólica, incolor e quase sem sabor, obtida a partir de cereais, originária da Europa oriental (Rússia e Polónia) (Do russo *vodka*, «id.»)

vodu *n.m.* ⇒ **vudu**

voduísmo *n.m.* 1 culto de origem africana, semelhante ao candomblé; vodu 2 prática de feitiçaria (De *vodu+-ismo*)

voduísta *adj.2g.* relativo a vodu ou a voduísmo ▪ *n.2g.* adepto ou praticante de voduísmo (De *vodu+-ista*)

voeira *n.f.* ORNITOLOGIA alvéola (pássaro) frequente em Portugal, nos meses de setembro e outubro, também conhecida por alvéloa, boieira, lavandisca-da-índia, etc. (Por *boeira* ou *boieira*)

voejante *adj.2g.* (animal) que voeja (De *voejar+-ante*)

voejar *v.intr.* bater as asas para se manter no ar; esvoaçar; adejar; volitar (De *voo+-ejar*)

voejo /ê/ *n.m.* 1 ato de voejar 2 pó que se levanta da farinha quando esta é agitada (Deriv. regr. de *voejar*)

voga *n.f.* 1 ato de vogar 2 NÁUTICA movimento dos remos 3 popularidade; fama 4 divulgação 5 uso corrente; moda ▪ *n.m.* remador que se encontra mais à ré e que marca o ritmo da remada; *estar em ~* estar na moda (Deriv. regr. de *vogar*)

voga-avante *n.m.* NÁUTICA remador da bancada da proa, nas galés (De *vogar+avante*)

vogal *adj.2g.* LINGUÍSTICA designativo do som produzido sem obstrução à passagem do ar nas cavidades bucal ou nasal ▪ *n.f.* 1 LINGUÍSTICA som produzido sem obstrução à passagem do ar nas cavidades bucal ou nasal 2 GRAMÁTICA letra representativa dos sons vocálicos de uma língua (em português: *a, e, i, o, u*) ▪ *n.2g.* pessoa que tem voto em qualquer junta, júri ou assembleia; *~ temática* GRAMÁTICA constituinte dos verbos que indica o paradigma de flexão verbal a que pertencem (as vogais temáticas em português são *-a, -e, -i*) (Do lat. *vocāle-*, «que tem voz; sonoro»)

vogante *adj.2g.* 1 que voga 2 flutuante (De *vogar+-ante*)

vogar *v.intr.* 1 deslocar-se sobre a água; navegar 2 boiar; flutuar 3 escorregar suavemente; deslizar 4 andar sem rumo; vaguear 5 divulgar-se; circular 6 estar na moda; estar em uso 7 [ant.] mover-se, flutuando, por impulso dos remos ▪ *v.tr.* 1 percorrer, navegando 2 [ant.] impelir com os remos (Do cat. *vogar*, «id.»)

voice mail *n.m.* sistema eletrónico que grava e guarda as mensagens telefónicas recebidas para serem ouvidas posteriormente (Do ing. *voice mail*, «id.»)

volante *adj.2g.* 1 que voa 2 flutuante 3 que se levanta ou muda com facilidade; móvel 4 (refeição) que se serve de pé, sem as pessoas se sentarem 5 que não tem domicílio certo; errante 6 diz-se da folha escrita ou impressa que não está ligada a outra ▪ *n.m.* 1 peça em forma de roda que comanda a direção do automóvel 2 MECÂNICA peça rotativa de grande massa relativa que regula o movimento de um maquinismo 3 DESPORTO pequena bola de material leve com penas espetadas em torno, que se joga com uma raquete no badminton 4 dardo; seta 5 tecido transparente próprio para véus 6 [coloq.] condutor de veículo motorizado; *ás do ~* automobilista muito hábil (Do lat. *volante-*, «que voa», part. pres. de *volāre*, «voar; correr com rapidez»)

volanteira *n.f.* rede de pesca que se maneja facilmente de uma para outra posição (De *volante+-eira*)

volantim *n.m.* ⇒ **volatim**

volapuque *n.m.* língua artificial que o seu autor, o alemão J. Martin Schleyer (1839-1913), pretendia universalizar, e que se compunha de dezoito consoantes e oito vogais, com correspondência exata entre a pronúncia e a escrita (Do fr. *volapük*, «volapuque»)

volapuquista *adj.2g.* relativo ao volapuque ▪ *n.2g.* pessoa que conhece e faz uso do volapuque (De *volapuque+-ista*)

volata *n.f.* 1 MÚSICA sequência modulada de tons executados rapidamente 2 MÚSICA progressão das notas de uma oitava que o artista executa com muita rapidez (Do it. *volata*, «voo»)

volataria *n.f.* 1 arte de caçar com falcões ou outras aves; altanaria 2 aves caçadas deste modo (Do cat. *volateria*, «conjunto de aves»)

volatear *v.intr.* ⇒ **esvoaçar** (Do lat. *volātu-*, part. pass. de *volāre*, «voar» +*-ear*)

volátil *adj.2g.* 1 que voa; voador 2 referente às aves 3 suscetível de se volatilizar 4 [fig.] volúvel; instável (Do lat. *volatĭle-*, «id.»)

volatilidade *n.f.* 1 qualidade do que é volátil 2 disposição para se volatilizar (De *volátil+-i-+-dade*)

volatilização *n.f.* 1 ato ou efeito de volatilizar ou de volatilizar-se 2 QUÍMICA passagem de uma substância química do estado líquido ou sólido ao estado de gás ou vapor (De *volatilizar+-ção*)

volatilizante *adj.2g.* 1 que faz volatilizar 2 que se volatiliza (De *volatilizar+-ante*)

volatilizar *v.tr.* QUÍMICA passar rápida e espontaneamente ao estado de vapor; evaporar ▪ *v.pron.* QUÍMICA reduzir-se a gás ou a vapor (De *volátil+-izar*)

volatilizável *adj.2g.* suscetível de se volatilizar (De *volatilizar+-vel*)

volatim *n.m.* 1 artista que faz habilidades na corda; funâmbulo 2 andarilho (Do cast. *volatín*, «id.»)

volatina *n.f.* MÚSICA composição musical simples e de execução rápida (Do it. *volatina*, «id.»)

volatório *adj.* próprio para voar (Do lat. *volātu-*, «ação de voar» +*-ório*)

vólei[1] *n.m.* forma reduzida de *voleibol*

vólei[2] *n.m.* DESPORTO (ténis) devolução da bola antes de esta tocar no chão (Do inglês *volley*, «idem»)

voleibol *n.m.* DESPORTO jogo entre duas equipas de seis jogadores cada, separadas por uma rede horizontal, que consiste em atirar uma bola, batendo-lhe com a mão ou punho, por cima dessa rede para o campo da outra equipa, que, por sua vez, terá de a reenviar ao adversário pelo mesmo processo e sem a deixar tocar no chão (Do ing. *volleyball*, «id.»)

voleibolista *adj.2g.* DESPORTO relativo ao voleibol ▪ *n.2g.* DESPORTO praticante de voleibol (De *voleibol+-ista*)

volentina *n.f.* antigo tecido de lã (De orig. obsc.)

volframato *n.m.* QUÍMICA designação genérica dos sais derivados do ácido volfrâmico (De *volfrâm[ico]+-ato*)

volfrâmico *adj.* 1 relativo a volfrâmio 2 QUÍMICA diz-se de um composto em que o volfrâmio tem a valência 6 (De *volfrâm[io]+-ico*)

volfrâmio *n.m.* QUÍMICA [ant.] ⇒ **tungsténio** (Do al. *Wolfram*, «tungsténio» +*-io*)

volframista *n.2g.* 1 pessoa que se dedica à exploração ou venda de volfrâmio 2 [pop.] indivíduo que enriqueceu rapidamente com estes negócios (De *volfrâmio+-ista*)

volframite *n.f.* MINERALOGIA mineral composto quimicamente por tungstato de ferro e manganésio, de cor preta, cinzento-escura ou acastanhada e brilho submetálico a resinoso, que cristaliza no sistema monoclínico, em cristais tabulares ou em massas granulares, e é um minério de volfrâmio (tungsténio) existente em Portugal, em certas regiões, com relativa abundância (De *volfrâmio+-ite*)

volição *n.f.* 1 ato de querer ou escolher 2 poder de escolher 3 primeiro movimento voluntário 4 [fig.] veleidade (Do lat. escol. *volitiōne-*, do lat. vulg. *volēre*, «querer»)

volitante *adj.2g.* 1 que volita 2 [fig.] indeciso; perplexo (Do lat. *volitante-*, «id.», part. pres. de *volitāre*, «volitar»)

volitar *v.intr.* ⇒ **esvoaçar** (Do lat. *volitāre*, «id.»)

volitivo *adj.* 1 relativo à volição 2 que determina a vontade 3 que expressa a vontade (Do lat. **volitīvu-*, «id.», do lat. vulg. *volēre*, «querer»)

volível *adj.2g.* 1 que pode depender da vontade 2 que se pode querer (Do lat. *volo*, pres. do ind. de *velle*, «querer» +*-vel*)

volo *n.m.* lanço no jogo do solo (Por *bolo*)

volt *n.m.* ELETRICIDADE unidade internacional de potencial elétrico, de diferença de potencial, de tensão elétrica e de força eletromotriz (uma diferença de potencial entre dois pontos de um campo elétrico ou de um condutor é igual a 1 volt, quando se realiza o trabalho de 1 joule, se, de um ponto para o outro, se transporta uma carga elétrica de 1 coulomb); *vóltio* (Do fr. *volt*, «id.», de *A. Volta*, antr., físico it., 1745-1827)

volta *n.f.* 1 ato ou efeito de voltar ou de volver 2 regresso 3 mudança; transformação 4 movimento circular 5 movimento em torno; rotação 6 percurso no fim do qual se volta ao ponto de partida; circuito 7 pequeno passeio; giro 8 sinuosidade; curva; meandro 9 feitio curvo de algum objeto; rosca 10 espécie de colar fino 11 tira branca de tecido na gola do vestuário dos sacerdotes e nas togas 12 o que se dá para igualar uma troca; torna 13 turvação do vinho 14 dança antiga 15 [fig.] solução de dificuldade 16 cada um dos versos que repetem outros da estrofe inicial ou do mote 17 *pl.*

serviço ligeiro; ~ *e meia* a cada passo; *à ~ de* cerca de; *dar a ~ a (alguém)* fazê-lo mudar de opinião; *dar as voltas* resolver, solucionar; *dar voltas ao miolo/à imaginação* tentar resolver um problema que obriga a grande esforço de raciocínio; *em ~ de* em torno de; *furtar/trocar as voltas* mudar rapidamente de direção, evitar; *ir dar uma ~* ir dar um passeio; *mandar dar uma ~* mandar bugiar; *na ~ do mar* ao sabor das ondas (Deriv. regr. de *voltar*)

volta-cara *n.f.* ato de voltar o rosto (De *voltar+cara*)

voltagem *n.f.* 1 ELETRICIDADE força eletromotriz de um gerador elétrico (em volts) 2 ELETRICIDADE diferença de potencial entre dois pontos de um circuito elétrico (em volts) 3 ELETRICIDADE número de volts para o qual um aparelho elétrico funciona normalmente (Do fr. *voltage*, «id.»)

voltaico *adj.* 1 ELETRICIDADE diz-se do arco elétrico muito luminoso que salta entre dois condutores de carvão, ou metálicos, entre os quais há grande diferença de potencial 2 ELETRICIDADE diz-se da eletricidade produzida por ação química ou dos dispositivos que a geram; *pilha voltaica* elemento de pilha de A. Volta (De *Volta*, antr. *+-ico*)

voltairianismo *n.m.* 1 filosofia de Voltaire, filósofo racionalista francês (1694-1778), que considerava como real o que fosse racional e atacava o dogma e a religião 2 [fig.] incredulidade (De *voltairiano+-ismo*)

voltairianista *n.2g.* pessoa partidária do voltairianismo (De *voltairiano+-ista*)

voltairiano *adj.* relativo a Voltaire (Do fr. *voltairien*, «id.», de *Voltaire*, antr.)

voltâmetro *n.m.* ELETRICIDADE vaso eletrolítico de variadas aplicações laboratoriais, que antigamente era usado para medir correntes elétricas (Do fr. *voltamètre*, «id.»)

volt-ampere *n.m.* ELETRICIDADE unidade de potência aparente da corrente elétrica alternada (Do fr. *voltampère*, «id.»)

volt-amperímetro *n.m.* FÍSICA aparelho que serve para medir a potência aparente de uma corrente alternada (De *volt+amperímetro*)

volta-no-meio ver nova grafia volta no meio

volta no meio *n.f.* dança popular comum nas roças do Brasil

voltar *v.tr.,intr.* regressar a (ponto de partida ou local onde se estava); retornar a ■ *v.tr.,pron.* (fazer) ficar numa posição diferente ou inversa em relação à anterior; virar(-se) ■ *v.tr.* 1 mudar de direção (para); desviar-se 2 dirigir (para); orientar (para) 3 dar volta a; contornar 4 pôr do avesso (roupa) 5 influenciar (contra) 6 fazer mudar de opinião 7 fazer (alguma coisa) novamente; retomar 8 recomeçar (a); reincidir (em) 9 devolver; restituir 10 replicar; responder 11 revolver; remexer 12 dar de troco ■ *v.intr.* 1 tornar a vir 2 manifestar-se de novo; repetir-se 3 dar volta; girar 4 andar à roda; voltear 5 mudar de rumo ou direção ■ *v.pron.* 1 revoltar-se (contra); rebelar-se (contra) 2 recorrer (a); socorrer-se (de) 3 mudar de opinião 4 toldar-se; *~ à carga* fazer nova tentativa, insistir; *~ a casaca* mudar de ideias, de opinião; *~ a si* recuperar os sentidos; *~ com a palavra atrás* não cumprir o compromisso tomado, desdizer-se; *~-se contra* investir, acometer (Do lat. **voltāre*, «voltar», de *volūtu-*, «virado», part. pass. de *volvĕre*, «volver; rolar»)

voltarete /é/ *n.m.* jogo de cartas para três parceiros e em que cada um recebe nove cartas (Do cast. *voltereta*, «id.»?)

voltaretista *n.2g.* pessoa que gosta de jogar o voltarete ou que o sabe jogar muito bem (De *voltarete+-ista*)

voltário *adj.* 1 que se volta com facilidade 2 [fig.] volúvel; inconstante; volteiro (De *voltar+-ário*)

volte *n.m.* ato de voltar a primeira carta das que estão na mesa, a qual vem a servir de trunfo no jogo do voltarete (Deriv. regr. de *voltar*)

volteação *n.f.* ato ou efeito de voltear; giro; rodopio (De *voltear+-ção*)

volteada *n.f.* [Brasil] ato de apanhar o gado amentado (Part. pass. fem. subst. de *voltear*)

volteador *adj.* que volteia ■ *n.m.* 1 que ou aquele que volteia 2 artista que faz habilidades na corda; funâmbulo (De *voltear+-dor*)

volteadura *n.f.* ato ou efeito de voltear; volteio; volteação (De *voltear+-dura*)

voltear *v.tr.* 1 andar à volta de 2 dar voltas a; fazer girar ■ *v.intr.* 1 dar voltas 2 girar; rodopiar 3 voar descrevendo pequenos movimentos mais ou menos circulares; voluteár 4 andar sem rumo; vaguear (De *volta+-ear*)

volte-face *n.m.* 1 ato de desdizer ou de retratar alguém 2 mudança súbita de opinião, de circunstâncias ou acontecimentos; reviravolta (Do fr. *volte-face*, «id.»)

volteio *n.m.* 1 ato ou efeito de voltear; volteadura 2 exercício de funâmbulo, ou artista que faz habilidades na corda 3 conjunto de exercícios feitos sobre um cavalo, geralmente à guia (Deriv. regr. de *voltear*)

volteiro *adj.* 1 que dá voltas; instável 2 diz-se do vinho sujeito a turvar-se 3 [ant.] rixoso; bulhento (De *volta+-eiro*)

voltejar *v.tr.,intr.* ⇒ **voltear** (De *volta+-ejar*)

volti- elemento de formação de palavras que exprime a ideia de *volta, voltar* (Do lat. **voltāre*, «voltar; virar»)

voltímetro *n.m.* ELETRICIDADE instrumento que mede diferenças de potencial elétrico (De *volt+-metro*)

vóltio *n.m.* ⇒ **volt**

voltívolo *adj.* 1 que dá muitas voltas 2 volante 3 [fig.] volúvel (De *volti-+-volo*)

vóltzia *n.f.* PALEONTOLOGIA planta fóssil do grupo das coníferas

volubilidade *n.f.* 1 qualidade de volúvel 2 tendência para mudar 3 facilidade de movimentos 4 [fig.] inconstância; instabilidade (Do lat. *volubilitāte-*, «id.»)

volubilismo *n.m.* BOTÂNICA propriedade dos órgãos vegetais que se enrolam, em hélice, à volta de suportes, ou da planta a que esses órgãos pertencem (Do lat. *volubĭle-*, «volúvel» *+-ismo*)

volumaço *n.m.* ⇒ **volumão** (De *volume+-aço*)

volumão *n.m.* volume grande (De *volume+-ão*)

volumar *adj.2g.* respeitante a volume (geométrico) ■ *v.tr.* ⇒ **avolumar** (De *volume+-ar*)

volume *n.m.* 1 GEOMETRIA grandeza física cuja unidade de medida é o metro cúbico, e que corresponde à quantidade de espaço ocupado por um corpo 2 unidade constituída por folhas de papel, manuscritas ou impressas, reunidas em cadernos, de um lado, através de cola, costura, etc., formando um todo que se cobre com capa, correspondendo a parte de uma obra 3 tamanho; corpulência 4 quantidade (de líquido ou outra coisa: investimentos, produção, veículos, etc.) 5 intensidade do som; altura 6 fardo; maço; pacote; *~ aparente* ENGENHARIA soma do volume de uma partícula ou agregado com os seus vazios; *~ crítico* FÍSICA volume específico a temperatura e pressão críticas; *~ de tráfego* número de veículos que passa numa dada secção da estrada durante determinado período; *~ mássico* FÍSICA volume da unidade de massa de uma substância; *~ molar* QUÍMICA volume ocupado por uma mole de substância; *adquirir/tomar ~* crescer (Do lat. *volūmen*, «rolo»)

volumetria *n.f.* 1 QUÍMICA método de análise química quantitativa que se fundamenta na medição do volume de solução de um reagente necessário e suficiente para efetuar determinada reação 2 ARQUITETURA conjunto das dimensões que definem o volume de um edifício ou de uma série de edifícios (De *volu[me]+-metria*)

volumétrico *adj.* que diz respeito à determinação de volumes; relativo à volumetria (De *volumetria+-ico*)

volúmico *adj.* relativo à unidade de volume; *massa volúmica* massa da unidade de volume, massa específica (De *volume+-ico*)

voluminoso /ô/ *adj.* ⇒ **volumoso** (Do lat. *voluminōsu-*, «id.»)

volumoso /ô/ *adj.* 1 que tem grande volume 2 que ocupa muito espaço 3 (SOM, VOZ) forte; intenso (De *volume+-oso*)

voluntariado *n.m.* 1 qualidade ou situação de voluntário 2 serviço dos voluntários 3 classe dos voluntários (De *voluntário+-ado*)

voluntariamente *adv.* 1 espontaneamente 2 segundo a própria vontade 3 por querer (De *voluntário+-mente*)

voluntariar-se *v.pron.* oferecer-se; apresentar-se como voluntário

voluntariedade *n.f.* 1 qualidade de voluntário ou de voluntarioso 2 arbítrio 3 teima; capricho (De *voluntário+-idade*)

voluntário *adj.* 1 que se faz de livre vontade 2 sem constrangimento 3 que procede espontaneamente ■ *n.m.* 1 aquele que se alista no exército sem ser obrigado a isso 2 estudante que se matricula numa aula oficial com dispensa de atos exigidos aos alunos ordinários, com exceção dos exames 3 pessoa que se compromete a cumprir determinada tarefa ou função sem ser obrigada a isso (Do lat. *voluntarĭu-*, «id.»)

voluntariosidade *n.f.* 1 qualidade de voluntarioso 2 teimosia; pertinácia (De *voluntarioso+-i-+-dade*)

voluntarioso /ô/ *adj.* 1 que procede segundo o impulso da sua vontade 2 que gosta de que todos lhe façam a vontade; caprichoso 3 teimoso (De *voluntário+-oso*)

voluntarismo *n.m.* 1 carácter do indivíduo voluntarioso 2 tendência para impor decisões sem admitir que sejam discutidas ou sem as justificar 3 FILOSOFIA teoria segundo a qual o fundo das coisas é vontade e não ideia ou representação 4 FILOSOFIA doutrina segundo a qual as normas do verdadeiro e do bem dependem da livre determinação da vontade divina (De *voluntário+-ismo*)

volunturismo

volunturismo n.m. combinação de trabalho voluntário e turismo durante um período de férias num determinado lugar, com o objetivo de interagir com a comunidade local e conhecer aspetos culturais do destino (história, arte, monumentos, etc.); turismo sustentável (De *voluntário* × *turismo*)

volunturista adj.2g. relativo ao volunturismo ■ n.2g. pessoa que faz volunturismo (De *voluntur[ismo]*+*-ista*)

volúpia n.f. 1 prazer dos sentidos 2 grande prazer 3 prazer sexual (Do lat. *Volupĭa-*, mitol., a deusa do prazer)

voluptuar v.intr. sentir volúpia (Do lat. *voluptuāre*, de *voluptuōsu-*, «voluptuoso»)

voluptuário adj. 1 relativo à voluptuosidade 2 dado aos prazeres sensuais; voluptuoso 3 que proporciona prazer 4 que tem como objetivo apenas o prazer (Do lat. *voluptuarĭu-*, «id.»)

voluptuosamente adv. 1 com voluptuosidade 2 sensualmente (De *voluptuoso*+*-mente*)

voluptuosidade n.f. 1 qualidade de quem é voluptuoso 2 prazer intenso 3 sensualidade; lascívia (De *voluptuoso*+*-i-*+*-dade*)

voluptuoso adj. 1 dado aos prazeres sensuais; sensual; libidinoso; lascivo 2 em que há prazer ou volúpia 3 que inspira volúpia (Do lat. *voluptuōsu-*, «id.»)

voluta n.f. 1 ARQUITETURA ornato espiralado de um capitel de coluna 2 espiral de fumo 3 qualquer objeto em forma de espiral 4 volta em espiral ou em hélice num objeto qualquer; rosca 5 MÚSICA parte superior, terminal, do braço dos instrumentos musicais de arco, talhada em voluta (Do it. *voluta-*, «ornato espiralado»)

volutabro n.m. 1 local onde se junta esterco; pocilga 2 lamaçal 3 [fig.] desonestidade 4 [fig.] devassidão (Do lat. *volutabru-*, «id.»)

volutar v.tr. 1 chafurdar 2 [fig.] entregar-se à devassidão (Do lat. *volutāre*, «id.»)

volutear v.intr. andar à roda; rodopiar; girar ■ n.m. movimento giratório; rodopio; giro (Do lat. *volūtu-*, «rolado», part. pass. de *volvĕre*, «volver; virar; fazer rolar»)

volúvel adj.2g. 1 que se volve 2 que gira 3 BOTÂNICA diz-se da planta trepadora cujo caule se enrola em hélice à volta de um suporte 4 BOTÂNICA diz-se do caule que se comporta desta forma 5 [fig.] que não é firme; inconstante; instável (Do lat. *volubīle-*, «id.»)

volva /ô/ n.f. BOTÂNICA membrana em forma de bolsa que envolve certos cogumelos no começo do seu desenvolvimento (Do lat. *volva-*, «vulva»)

volváceo adj. em forma de volva ou bolsa (De *volva*+*-áceo*)

volvado adj. que tem volva (De *volva*+*-ado*)

volver v.tr.,pron. 1 dirigir(-se) para outro lado; voltar(-se); virar(-se) 2 pôr(-se) em movimento; agitar(-se); revolver(-se) ■ v.tr. 1 mexer; revolver 2 rodar; girar 3 replicar; responder 4 devolver; restituir ■ v.tr.,intr. voltar (a); tornar (a); regressar (a) ■ v.pron. 1 dar volta(s) sobre si próprio 2 passar; decorrer (o tempo) ■ n.m. 1 ato de volver ou de voltar 2 decurso; ~! MILITAR voz de comando para mudar a orientação de uma formação, a pé firme ou em marcha; **num ~ de olhos** de repente (Do lat. *volvĕre*, «virar»)

volvido adj. 1 revolvido 2 decorrido; passado (Part. pass. de *volver*)

volvo /ô/ n.m. 1 MEDICINA obstrução intestinal, com cólica, provocada por torção ou nó num ponto do intestino, o que popularmente é conhecido por nó na tripa; vólvulo 2 enrolamento característico das serpentes (Contr. de *vólvulo*)

Volvocáceas n.f.pl. BOTÂNICA família de algas clorofíceas que compreende espécies cujos exemplares são formados por células flageladas associadas em colónias, e cujo género-tipo se denomina *Volvox* (Do lat. cient. *Volvŏce-*, de *volvĕre*, «virar»+*-áceas*)

Volvócidas n.m.pl. ZOOLOGIA ⇒ **Volvocídeos**

Volvocídeos n.m.pl. ZOOLOGIA família de flagelados (protozoários) que formam colónias livres e que alguns autores consideram como sendo algas clorofíceas (Volvocáceas) (Do lat. cient. *Volvŏce-*, de *volvĕre*, «virar»+*-ídeos*)

vólvulo n.m. ⇒ **volvo** 1 (Do it. *volvolo*, «id.»)

vómer n.m. ANATOMIA peça endosquelética, ímpar, situada na parte anterior da base do crânio, que entra na formação do septo das fossas nasais, e que, em alguns vertebrados inferiores, é provida de dentes (vomerianos) (Do lat. *vomĕre-*, «relha do arado»)

vómica n.f. MEDICINA expetoração súbita e muito fétida correspondente a um abcesso pulmonar (Do lat. *vomĭca-*, «id.»)

vomição n.f. ato de vomitar; vómito (Do lat. *vomitiōne-*, «id.»)

vomitado adj. 1 sujo pelo vómito 2 [fig.] expelido; cuspido ■ n.m. matérias do estômago expelidas pela boca; vómito (Part. pass. de *vomitar*)

vomitador adj.,n.m. que ou aquele que vomita, ou que expele à maneira de vómito (De *vomitar*+*-dor*)

vomitar v.tr.,intr. expelir pela boca (substâncias contidas no estômago) ■ v.tr. 1 sujar com vomitado 2 lançar em abundância; jorrar 3 [fig.] dizer ou proferir (injúrias ou obscenidades) 4 [pop.] desembuchar; desabafar 5 [pop.] mexericar; **~ as tripas** vomitar muito, estar muito enjoado (Do lat. *vomitāre*, «id.»)

vomitivo adj. 1 que provoca o vómito 2 relativo ao vómito ■ n.m. MEDICINA medicamento que provoca o vómito; vomitório (De *vomitar*+*-ivo*)

vómito n.m. 1 ato ou efeito de vomitar; vomição 2 expulsão súbita pela boca de matérias do estômago 3 matérias vomitadas; vomitado; **~ seco** contração não peristáltica do estômago que não chega a expulsar as matérias que contém (Do lat. *vomĭtu-*, «vómito»)

vómito-negro n.m. ⇒ **febre-amarela**

vomitório adj.,n.m. que ou o provoca o vómito ■ n.m. 1 corredor ou passagem de acesso à cávea de teatros e anfiteatros romanos ou às arquibancadas em locais modernos análogos, que possibilitam a entrada e saída do público 2 [uso indevido mas generalizado] compartimento de uma casa onde os antigos romanos, quando enfartados durante os banquetes, iam vomitar para poderem continuar a comer (Do lat. *vomitorĭu-*, «que faz vomitar»)

-vomo sufixo nominal, de origem latina, que ocorre em adjetivos e exprime a ideia de *vomitar, expelir* (Do lat. *vomĕre*, «vomitar; expelir»)

vontade n.f. 1 forma plenamente consciente de atividade 2 atividade ou inibição precedida de reflexão e de decisão 3 capacidade de tomar uma decisão; poder de agir livremente 4 firmeza na decisão e constância na execução 5 desejo; intenção; determinação; deliberação 6 ânimo; coragem 7 empenho; interesse 8 zelo; dedicação 9 necessidade física ou moral 10 apetite 11 capricho; veleidade 12 [fig.] pessoa; **~ de poder** FILOSOFIA para Nietzsche (filósofo alemão, 1844-1900), tendência fundamental do homem e, mais geralmente, da vida, para se desenvolverem através de esforço constante; 2 PSICOLOGIA para Adler (psiquiatra austríaco, 1870-1937), tendência, resultante de um sentimento de inferioridade, para uma valorização que sobrecompense essa inferioridade; **à ~!** voz de comando para descanso das tropas, quando na posição de descansar; **andar com/ter ~ a** desejar vingar-se de (alguém); **boa ~** disposição favorável para qualquer pessoa ou coisa; **força de ~** grande energia de carácter, perseverança na realização de um ato; **pôr-se à ~** não fazer cerimónias, sair do embaraço (Do lat. *voluntāte-*, «id.»)

voo /ô/ n.m. 1 ato ou efeito de voar; voadura 2 meio de locomoção, através do ar, próprios das aves e de outros animais dotados de órgãos aliformes 3 deslocação de aeronaves através do ar 4 maneira de voar 5 espaço percorrido, voando 6 viagem pelo ar 7 movimento rápido de um objeto, pelo ar 8 [fig.] arrebatamento; êxtase 9 [fig.] aspiração; fantasia; **~ picado** voo em que a aeronave tem a ponta totalmente inclinada para baixo (Deriv. regr. de *voar*)

vorace adj.2g. ⇒ **voraz** (Do lat. *vorāce-*, «id.»)

voracidade n.f. 1 qualidade de voraz 2 apetite devorador 3 sofreguidão no comer; avidez 4 [fig.] ímpeto destruidor 5 [fig.] ambição excessiva 6 [fig.] avareza (Do lat. *voracitāte-*, «id.»)

voracíssimo adj. {superlativo absoluto sintético de **voraz**} muito voraz

voragem n.f. 1 movimento circulatório da água, ao cair numa cavidade profunda; remoinho; sorvedouro 2 abismo 3 [fig.] tudo o que é suscetível de consumir, subverter ou que é causa de ruína e desgraça (Do lat. *voragĭne-*, «coisa que devora»)

voraginoso /ô/ adj. 1 onde há voragem 2 [fig.] que sorve, que subverte como uma voragem (Do lat. *voraginōsu-*, «id.»)

voraz adj.2g. 1 que devora; devorador 2 que come com avidez; insaciável 3 que come em excesso; comilão 4 [fig.] destruidor; consumidor 5 [fig.] muito ávido; ambicioso (Do lat. *vorāce-*, «devorador»)

vorazmente adv. 1 com voracidade; avidamente 2 sofregamente (De *voraz*+*-mente*)

vórmio n.m. ANATOMIA cada um dos ossículos situados nos ângulos das suturas cranianas (De *Wormius*, antr., anatomista din., 1588-1654)

-voro sufixo nominal de origem latina, que exprime a ideia de *devorador, que come, que se alimenta de* (herbívoro, aerívoro)

vortal n.m. INFORMÁTICA (internet) portal que reúne todo o tipo de informação relacionada com um determinado setor de atividade, e se destina a um público que tem os mesmos interesses; portal vertical

vórtice n.m. 1 movimento de rotação de um fluido em volta de um eixo, que pode ser retilíneo ou curvilíneo 2 remoinho; voragem 3 turbilhão; tufão (Do lat. *vortĭce-*, «id.»)

vorticela n.f. ZOOLOGIA género de protozoários ciliados, de forma campanulada, pedunculados, contrácteis, com ciliatura na parte anterior, frequentes nas águas estagnadas e infusões de feno (Do lat. *vortĭce-*, «redemoinho» +*-ela*)

vorticidade n.f. FÍSICA variação da rotação de um fluido por unidade de tempo (De *vórtice*+*-i-*+*-dade*)

vorticoso /ô/ adj. 1 que forma vórtices ou remoinhos 2 que se move em turbilhão (Do lat. *vorticōsu-*, «id.»)

vortilhão n.m. grande massa de água em redemoinho (De *vórtice* × *turbilhão*)

vortilhonar v.intr. redemoinhar (De *vortilhão*+*-ar*)

vos pron.pess. designa a segunda pessoa do plural e indica as pessoas (ou a pessoa, no tratamento de cerimónia) a quem se fala ou escreve (*viu-vos ontem; vou confessar-vos tudo; entendei-vos*) (Do lat. *vos*, «id.»)

vós pron.pess. designa a segunda pessoa do plural e indica as pessoas (ou a pessoa, no tratamento de cerimónia) a quem se fala ou escreve (*vós pensais mal; não irei sem vós*) (Do lat. *vos*, «id.»)

vosear v.tr. tratar (alguém) por vós (De *vós*+*-ear*)

vosmecê pron.pess. [pop.] forma reduzida de *vossemecê*

Vosselência pron.pess. {contração de **Vossa Excelência**}

vossemecê pron.pess. {contração de **Vossa Mercê**} [pop.] usa-se para indicar a pessoa a quem se fala ou escreve, sendo acompanhado de um verbo na terceira pessoa quando desempenha a função de sujeito (*vossemecê está muito bonita*)

Vossência pron.pess. {contração de **Vossa Excelência**}

vosso det.,pron.poss. refere-se à segunda pessoa do plural (pessoas ou pessoa a quem se fala ou escreve) e indica, geralmente, posse ou pertença (*o vosso CD*); **os vossos** familiares, amigos ou pessoas do meio daqueles (ou daquele) a quem se fala ou escreve (Do lat. arc. e pop. *vostru-*, «id.», por *vestru-*, «id.»)

Vossoria pron.pess. {contração de **Vossa Senhoria**}

votação n.f. 1 ato ou efeito de votar 2 conjunto dos votos dados em assembleia 3 escrutínio (De *votar*+*-ção*)

votante adj.,n.2g. 1 que ou a pessoa que vota 2 que ou a pessoa que tem o direito de votar; eleitor 3 que ou a pessoa que faz voto ou promessa (De *votar*+*-ante*)

votar v.tr. 1 aprovar ou eleger por meio de voto 2 tornar objeto de votação 3 prometer solenemente 4 consagrar; dedicar ▪ v.intr. dar o seu voto numa eleição ou numa votação ▪ v.pron. dedicar-se; consagrar-se (De *voto*+*-ar*)

votífero adj. que faz voto ou promessa; vovente (Do lat. *votifĕru-*, «id.»)

votivo adj. 1 do voto ou a ele relativo 2 oferecido em satisfação de um voto (Do lat. *votīvu-*, «id.»)

voto n.m. 1 ato de votar; votação 2 manifestação da vontade ou opinião numa eleição ou numa assembleia 3 ato de escolher por meio de votação; sufrágio 4 lista eleitoral 5 parecer 6 RELIGIÃO promessa feita deliberada e livremente a Deus, em relação a uma ação a realizar; pessoa que vota 8 objeto que representa essa promessa 9 juramento 10 súplica feita a Deus 11 expressão de um desejo; **~ branco** voto em que o boletim de votação não foi objeto de qualquer marca; **~ secreto** modo de votação em que se sabe quem votou, mas não o sentido em que cada um votou; **fazer votos por** manifestar o desejo de; **ter ~ na matéria** 1 ser competente; 2 ter poder de decisão; 3 ter direito de expressar a opinião (Do lat. *votu-*, «id.»)

voucher n.m. vale ou cheque com determinado valor que pode ser usado para comprar qualquer produto ou serviço (Do ing. *voucher*, «id.»)

vovente adj.,n.2g. que ou a pessoa que faz votos ou promessas (Do lat. *vovente-*, «id.», part. pres. de *vovēre*, «fazer um voto; prometer»)

vovó n.f. [infant.] mãe do pai ou da mãe; avó (De *avó*)

vovô n.m. [infant.] pai do pai ou da mãe; avô (De *avó*)

voyeur n.2g. pessoa que sente prazer na observação, às escondidas, de cenas íntimas ou eróticas levadas a efeito por outras pessoas (Do fr. *voyeur*, «id.»)

voyeurismo n.m. 1 PATOLOGIA tendência para observar, às escondidas, cenas íntimas ou eróticas levadas a efeito por outras pessoas, com o fim de obter prazer sexual 2 curiosidade mórbida com relação a aspetos privados ou íntimos da vida de alguém (Do fr. *voyeurisme*, «id.»)

voyeurista adj.2g. que sente prazer sexual em observar, às escondidas, cenas íntimas ou eróticas levadas a efeito por outras pessoas (De *voyeur*+*-ista*)

voz n.f. 1 produção de sons humanos emitidos pela laringe com o ar que sai dos pulmões 2 sons ou ruídos característicos produzidos por animais 3 faculdade de falar; fala 4 grito de queixa, protesto ou reclamação; clamor; brado 5 direito de exprimir uma opinião 6 expressão de uma opinião 7 notícia não confirmada que corre publicamente; boato 8 manifestação verbal; palavra 9 ordem militar dada em voz alta 10 GRAMÁTICA categoria do verbo que indica se o sujeito pratica ou sofre uma ação 11 MÚSICA parte musical, num contexto polifónico vocal e/ou instrumental, associada a uma tessitura específica (por exemplo, soprano, contralto, tenor, baixo) 12 MÚSICA parte vocal de um trecho musical 13 [fig.] poder 14 [fig.] inspiração 15 [fig.] conselho; sugestão; **~ ativa** segundo a gramática tradicional, significação dos verbos transitivos que indica que a ação é praticada pelo sujeito da frase; **~ de cana rachada** [coloq.] voz estridente e desafinada; **~ do povo** opinião geral; **~ passiva** segundo a gramática tradicional, conjugação dos verbos transitivos que indica que a ação é sofrida pelo sujeito da frase (oração); **andar às vozes** observar o que se diz; **correr ~** constar; **de viva ~** falando, pessoalmente e não por escrito, oralmente; **são mais as vozes que as nozes** há exagero no que se diz; **ter ~ ativa** ter direito de falar ou discutir; **vozes de burro não chegam ao céu** palavras ocas não merecem atenção (Do lat. *vōce-*, «id.»)

vozeada n.f. ⇒ vozearia (Part. pass. fem. subst. de *vozear*)

vozeador adj.,n.m. que ou aquele que vozeia (De *vozear*+*-dor*)

vozeamento n.m. 1 ⇒ vozearia 2 LINGUÍSTICA existência ou não de vibração das cordas vocais (De *vozear*+*-mento*)

vozear v.tr.,intr. proferir ou falar com voz muito alta; gritar; berrar; clamar ▪ v.intr. cantar; piar (alguns animais) ▪ n.m. clamor; gritaria (De *voz*+*-ear*)

vozearia n.f. 1 ato de vozear 2 clamor de muitas vozes juntas 3 gritaria; berreiro 4 ruído; barulho (De *vozear*+*-aria*)

vozeio n.m. ⇒ vozearia (Deriv. regr. de *vozear*)

vozeirada n.f. 1 [regionalismo] ⇒ vozearia 2 [regionalismo] tolice (De *vozeiro*+*-ada*)

vozeirão n.m. 1 {aumentativo de **voz**} voz forte e grossa 2 pessoa com esse tipo de voz (De *vozeiro*+*-ão*)

vozeirar v.tr.,intr. falar com voz forte (De *vozeiro*+*-ar*)

vozeiro adj. que fala muito ▪ n.m. 1 aquele que fala muito; palrador 2 ⇒ vozeirão (De *voz*+*-eiro*)

vozeria n.f. ⇒ vozearia (Var. de *vozearia*)

voz-off n.f. voz exterior à cena, que comenta os acontecimentos (De *voz*+ ing. *off*)

vrancelhas /ê/ n.f.pl. [regionalismo] variedade de uva tinta, do Minho

vudu n.m. 1 culto de origem africana, semelhante ao candomblé, praticado no Brasil e nas Antilhas (sobretudo no Haiti), que combina elementos de magia com influências cristãs 2 praticante desse culto (Do daomeano *vodu*, «id.», pelo ing. *voodoo*, «id.»)

Vulcanais n.f.pl. (heortónimo) festas que se celebravam na Roma antiga, em honra de Vulcano, deus do fogo (Do lat. vulg. *Vulcanales, por *Vulcanalĭa*, «id.»)

vulcâneo adj. 1 de Vulcano, deus do fogo 2 relativo a Vulcano 3 vulcânico (Do lat. *Vulcanĭu-*, «de Vulcano»)

vulcaniano adj. GEOLOGIA diz-se de um tipo de erupção vulcânica caracterizada pela saída de lavas viscosas e cinzas, cuja acumulação constitui o cone vulcânico (De *vulcâno-*, «vulcão» +*-iano*)

vulcanicidade n.f. 1 qualidade do que tem origem vulcânica 2 ação dos vulcões 3 quantidade de vulcões e frequência de erupções vulcânicas em dada região (De *vulcânico*+*-i-*+*-dade*)

vulcânico adj. 1 relativo a vulcão 2 formado por um vulcão 3 constituído por lavas 4 [fig.] ardente 5 [fig.] impetuoso; **rocha vulcânica** PETROLOGIA designativo da rocha magmática proveniente da consolidação dos magmas à superfície, tais como os basaltos (De *vulcão*+*-ico*)

vulcaniforme adj.2g. de forma cónica como a do vulcão (De *vulcão*+*forma*)

vulcanismo n.m. 1 GEOLOGIA conjunto de fenómenos vulcânicos 2 GEOLOGIA teoria que pretende explicar as causas das manifestações vulcânicas 3 GEOLOGIA hipótese que atribui ao fogo a formação da primitiva crusta terrestre 4 GEOLOGIA expulsão de lavas fundidas, fragmentos de lavas e gases, das partes profundas da Terra; plutonismo 5 [fig.] erupção calamitosa (De *vulcão*+*-ismo*)

vulcanista adj.2g.,n.2g. que ou a pessoa que é partidária da teoria do vulcanismo (De *vulcão*+*-ista*)

vulcanite n.f. QUÍMICA ⇒ ebonite (De *vulcan(izar)*+*-ite*)

vulcanização n.f. 1 ação de vulcanizar 2 QUÍMICA combinação da borracha com enxofre para a tornar resistente ao calor e ao frio sem perda das propriedades elásticas (De *vulcanizar*+*-ção*, ou do fr. *vulcanisation*, «id.»)

vulcanizador *adj.* que vulcaniza ■ *n.m.* **1** operário que se ocupa da vulcanização **2** aparelho com que se faz a vulcanização (De *vulcanizar*+*-dor*)

vulcanizar *v.tr.* **1** proceder à vulcanização de **2** tornar ardente; calcinar **3** [fig.] inflamar; exaltar; arrebatar (Do fr. *vulcaniser*, «id.»)

vulcanologia *n.f.* GEOLOGIA ciência que estuda os fenómenos vulcânicos, as suas causas, o seu mecanismo (De *vulcão*+*-logia*, ou do fr. *vulcanologie*, «id.»)

vulcanologista *n.2g.* ⇒ **vulcanólogo** (De *vulcanologia*+*-ista*)

vulcanólogo *n.m.* especialista em vulcanologia (Do lat. *vulcănu-*, «vulcão»+gr. *lógos*, «estudo; tratado»)

vulcão *n.m.* **1** GEOLOGIA aparelho natural formado por um canal (chaminé) aberto através da crusta terrestre, por cuja abertura superior (cratera) são expelidos produtos gasosos, sólidos e líquidos (lavas), a temperaturas muito altas, alguns dos quais se acumulam em torno da cratera e formam o monte vulcânico (cone ou cúpula) **2** [fig.] grande incêndio **3** [fig.] imaginação ardente **4** [fig.] pessoa ou coisa impetuosa **5** [fig.] agitação de protesto numa região ou país **6** [fig.] perigo iminente contra a ordem social; *estar/viver sobre um ~* estar ou viver sob um perigo oculto (Do lat. *vulcănu-*, «id.»)

vulgacho *n.m.* [depr.] camada mais baixa da sociedade; ralé (De *vulgo*+*-acho*)

vulgar[1] *adj.2g.* **1** que diz respeito ao vulgo; popular **2** que é comum; trivial **3** frequente **4** medíocre **5** conhecido; notório **6** baixo; grosseiro; reles; ordinário ■ *n.m.* **1** aquilo que é conhecido de todos **2** o que é costume; *nome ~* expressão técnica, em sistemática, que se refere à designação corrente por que é conhecido um ser vivo (considerado o grupo taxinómico correspondente), e que pode indicar-se pela abreviatura n. v. (Do lat. *vulgāre-*, «id.»)

vulgar[2] *v.tr.* tornar conhecido; divulgar; publicar (Do lat. *vulgāre*, «id.»)

vulgaridade *n.f.* **1** qualidade do que é vulgar **2** coisa vulgar; banalidade (Do lat. *vulgaritāte-*, «id.»)

vulgarismo *n.m.* **1** característica do que é comum; vulgaridade **2** palavra ou expressão grosseira **3** dito ordinário ou obsceno; palavrão (De *vulgar*+*-ismo*)

vulgarização *n.f.* **1** ato ou efeito de vulgarizar **2** propagação; divulgação **3** publicidade (De *vulgarizar*+*-ção*)

vulgarizador *adj.,n.m.* que ou aquele que vulgariza (De *vulgarizar*+*-dor*)

vulgarizar *v.tr.* **1** tornar conhecido; propagar; divulgar **2** tornar comum; banalizar **3** popularizar **4** tornar acessível; simplificar **5** abandalhar ■ *v.pron.* **1** tornar-se vulgar **2** abandalhar-se (De *vulgar*+*-izar*)

vulgarmente *adv.* usualmente; habitualmente (De *vulgar*+*-mente*)

Vulgata *n.f.* versão latina da Bíblia, feita em grande parte por S. Jerónimo (séc. IV) e impressa pela primeira vez em meados do séc. XVI (Do lat. *vulgātu-*, «divulgado»)

vulgívago *adj.,n.m.* **1** que ou aquele que se vulgariza **2** que ou aquele que se avilta ou desonra **3** que ou o que se prostitui (Do lat. *vulgivăgu-*, «id.»)

vulgo *n.m.* **1** classe do povo; plebe; povo **2** a generalidade das pessoas ■ *adv.* na linguagem comum; vulgarmente; correntemente (Do lat. *vulgu-*, «id.»)

vulgocracia *n.f.* **1** predomínio da classe popular **2** soberania popular; democracia (Do lat. *vulgu-*, «povo»+gr. *krateĩn*, «mandar»+ *-ia*)

vulnerabilidade *n.f.* qualidade de vulnerável (Do lat. *vulnerabĭle-*, «vulnerável»+*-i-*+*-dade*)

vulneração *n.f.* **1** ato ou efeito de vulnerar **2** ferimento (Do lat. *vulneratiōne-*, «ferida»)

vulnerador *adj.* que vulnera; vulnerante (Do lat. *vulneratōre-*, «id.»)

vulneral *adj.2g.* ⇒ **vulnerário** *adj.* (Do lat. *vulnĕre-*, «ferida»+*-al*)

vulnerante *adj.2g.* que vulnera (Do lat. *vulnerante-*, «id.», part. pres. de *vulnerăre*, «ferir»)

vulnerar *v.tr.* **1** causar ferimento a; ferir **2** ofender; melindrar **3** causar prejuízo a (Do lat. *vulnerāre*, «id.»)

vulnerária *n.f.* BOTÂNICA planta de capítulos sésseis, em regra com flores de corola amarela, pertencente à família das Leguminosas, espontânea em Portugal (especialmente no distrito de Bragança) e com aplicação na cicatrização de certas feridas (De *vulnerário*)

vulnerário *adj.* que se aplica no tratamento de feridas; vulneral ■ *n.m.* MEDICINA medicamento utilizado para curar feridas; *lenho ~* BOTÂNICA lenho próprio da cicatrização, nas plantas, lenho cicatricial (Do lat. *vulnerarĭu-*, «que se aplica nas feridas»)

vulnerável *adj.2g.* **1** que pode ser atingido ou ferido; frágil **2** que tem poucas defesas **3** [fig.] diz-se do ponto fraco de uma pessoa, coisa ou questão (Do lat. *vulnerabĭle-*, «id.»)

vulnífico *adj.* **1** que fere ou pode ferir **2** que corta (Do lat. *vulnifĭcu-*, «id.»)

vulpina *n.f.* substância corante extraída de certo líquen de talo amarelo-limão (Do lat. *vulpīna-*, «de raposa»)

vulpino *adj.* **1** da raposa **2** relativo à raposa **3** [fig.] astuto; manhoso (Do lat. *vulpīnu-*, «de raposa»)

vulto *n.m.* **1** rosto; face; semblante **2** figura pouco nítida; imagem **3** estátua **4** volume; massa **5** grandeza **6** consideração; interesse; notabilidade **7** [fig.] pessoa de importância; figura notável; *coisa de ~* coisa importante; *tomar ~* adquirir forma, crescer, avolumar-se (Do lat. *vultu-*, «rosto; aspeto»)

vultoso /ô/ *adj.* **1** que faz vulto; volumoso **2** avultado; considerável (De *vulto*+*-oso*)

vultuosidade *n.f.* **1** qualidade do que é vultuoso **2** grandeza; tamanho (De *vultuoso*+*-i-*+*-dade*)

vultuoso /ô/ *adj.* MEDICINA diz-se da face em que os lábios estão excessivamente vermelhos e inchados, os olhos salientes e mais ou menos congestionados (Do lat. *vultuōsu-*, «carrancudo»)

vultúridas *n.m.pl.* ORNITOLOGIA ⇒ **vulturídeos**

vulturídeos *n.m.pl.* ORNITOLOGIA família de aves de rapina, diurnas, com cabeça e pescoço nus ou revestidos de lanugem, a que pertencem os abutres, e cujo género-tipo se designa *Vultur* (Do lat. *vultŭre-*, «abutre»+*-ídeos*)

vulturino *adj.* **1** do abutre **2** relativo ao abutre (Do lat. *vulturīnu-*, «id.»)

Vulturnais *n.f.pl.* (heortónimo) festas que os antigos Romanos celebravam em honra do deus Vulturno (Do lat. vulg. *Vulturnales*, por *Vulturnalĭa*, «id.»)

vulturno *n.m.* vento de sueste (Do lat. *vulturnu-*, «id.»)

vulva *n.f.* ANATOMIA conjunto das partes externas do aparelho genital feminino, onde se abre a vagina (Do lat. *vulva-*, «id.»)

vulvar *adj.2g.* pertencente ou relativo a vulva; vulvário (Do lat. *vulva-*, «vulva»+*-ar*)

vulvária *n.f.* BOTÂNICA planta da família das Quenopodiáceas (também conhecida por fedegosa) ou de espécie afim (De *vulvário*)

vulvário *adj.* ⇒ **vulvar** (Do lat. *vulva-*, «vulva»+*-ário*)

vulvite *n.f.* MEDICINA inflamação da vulva (De *vulva*+*-ite*)

vulvo- elemento de formação de palavras que exprime a ideia de *vulva* (Do lat. *vulva-*, «id.»)

vulvovaginite *n.f.* MEDICINA inflamação simultânea da vulva e da vagina (De *vulvo-*+*vaginite*)

vunvum *n.m.* **1** BOTÂNICA árvore medicinal da ilha de S. Tomé **2** ZOOLOGIA abelha do Brasil (De orig. onom.)

vurbana *n.m.* ICTIOLOGIA peixe da América do Sul, semelhante à truta (De orig. obsc.)

vurmar *v.intr.* criar vurmo ou pus (De *vurmo*+*-ar*)

vurmeiro *n.m.* [regionalismo] infeção purulenta, localizada principalmente na planta dos pés (De *vurmo*+*-eiro*)

vurmo *n.m.* pus ou sangue purulento das feridas (Do ant. alto-al. *wurm*, «verme»)

vurmoso /ô/ *adj.* **1** que tem vurmo; purulento **2** que é da natureza do vurmo (De *vurmo*+*-oso*)

vurtemberguês *adj.* relativo a Vurtemberga, antigo estado do Sudoeste da Alemanha, hoje parte do estado alemão de Bade--Vurtemberga ■ *n.m.* natural ou habitante de Vurtemberga (De *Vurtemberga*, top. +*-ês*)

vuvu *n.m.* [Brasil] [pop.] briga; confusão; conflito (De orig. onom.)

vuvuzela *n.f.* espécie de corneta com cerca de um metro de comprimento, que emite um ruído parecido com o de uma sirene ou de um elefante, e é geralmente utilizada pelos adeptos em jogos de futebol na África do Sul (Do zulo?)

w *n.m.* **1** vigésima terceira letra do alfabeto, usada em palavras e abreviações de origem estrangeira **2** letra que representa a semivogal labiovelar (ex. *web*) e a consoante fricativa labiodental sonora (ex. *weber*) **3** vigésimo terceiro lugar numa série indicada pelas letras do alfabeto **4** FÍSICA símbolo de *watt* (com maiúscula) **5** QUÍMICA símbolo de *tungsténio* (com maiúscula) **6** GEOGRAFIA, NÁUTICA símbolo de *oeste* (com maiúscula)

wad *n.m.* **1** QUÍMICA mineral de magnésio, amorfo, cuja composição é semelhante à do psilomelano **2** QUÍMICA designação genérica dos óxidos negros de magnésio, difíceis de discernir, e que formam, frequentemente, material coloidal (Do ing. *wad*, «id.»)

waffle *n.m.* doce em forma de bolacha feita de farinha de trigo, ovos, leite, fermento, açúcar e manteiga que se assa numa grelha, podendo servir-se coberta de chocolate, geleia, canela, etc. (Do ing. *waffle*, «id.»)

wagneriano *adj.* relativo ao compositor alemão Richard Wagner (1813-1883) ou à sua obra ■ *n.m.* **1** discípulo de R. Wagner **2** admirador e/ou conhecedor da obra de Wagner (De *R. Wagner*, antr. +*-iano*)

wagnerismo *n.m.* sistema musical de R. Wagner (De *R. Wagner*, antr. +*-ismo*)

wagnerite *n.f.* MINERALOGIA mineral (fluofosfato de magnésio) que cristaliza no sistema monoclínico, em cristais amarelos (De *Moritz Wagner*, antr., naturalista al., 1813-1887 +*-ite*)

wálchia *n.f.* PALEONTOLOGIA planta fóssil do grupo das coníferas, característica do Permocarbónico

walkie-talkie *n.m.* emissor-recetor radiofónico, portátil, que permite a comunicação entre duas pessoas a certa distância (Do ing. *walkie-talkie*)

walkman® *n.m.* leitor áudio portátil, geralmente acompanhado de fones (Do ing. *walkman®*)

warrant *n.m.* **1** garantia; penhor **2** ECONOMIA documento negociável, anexo ao conhecimento de depósito de mercadorias, que confere ao prestamista o direito de penhor sobre essas mercadorias quando se contrai um empréstimo sobre elas; cautela de penhor (Do ing. *warrant*)

washingtoniano *adj.* **1** relativo a G. Washington (1732-1799), estadista e presidente dos Estados Unidos da América, eleito em 1789 **2** relativo ou pertencente ao estado norte-americano de Washington ■ *n.m.* natural ou habitante de Washington (De *Washington*, antr. ou top. +*-iano*)

watt *n.m.* FÍSICA unidade de potência do Sistema Internacional, de símbolo W, equivalente à potência de um agente produtor de trabalho (ou energia) que produz um joule em cada segundo (Do ing. *watt*, «id.», de *J. Watt*, físico escoc., 1736-1819)

watt-hora *n.m.* ELETRICIDADE unidade de medida de energia, de símbolo Wh, equivalente à energia desenvolvida em 1 hora pela potência de 1 watt e cujo valor é de 3600 joules

wattímetro *n.m.* ELETRICIDADE instrumento de medida da potência elétrica, graduado em watts e seus múltiplos e submúltiplos (De *watt*+*i*+*-metro*)

watt-segundo *n.m.* FÍSICA quantidade de energia produzida continuamente por um watt durante um segundo, equivalendo a 1 joule

WC *n.m.* divisão de uma habitação ou de um espaço público, dotada de equipamento sanitário e destinada aos cuidados de higiene; quarto de banho (Do ing. *WC*, acrónimo de *water closet*, «quarto de banho»)

Wealdiano *n.m.* GEOLOGIA divisão do Cretácico inferior (Do ing. *The Weald*, «região de florestas», no Sudeste da Inglaterra +*-iano*)

web *n.f.* [também com maiúscula] INFORMÁTICA sistema de acesso a uma grande quantidade de informação na internet, apresentada sob a forma de hipertexto (Do ing. *web*, red. de *world wide web*, «rede mundial de computadores»)

webcam *n.f.* pequena câmara de vídeo digital que se liga ao computador e permite a captação e o envio de imagens em tempo real através da internet (Do ing. *webcam*, «id.»)

webcast *n.f.* transmissão de áudio e vídeo que pode ser usada através da internet, redes e intranet (Do ing. *webcast*, «id.»)

web design *n.m.* criação da arquitetura de um sítio na internet (Do ing. *web design*, «id.»)

web designer *n.2g.* pessoa responsável pela criação da arquitetura de um sítio na internet (Do ing. *web designer*, «id.»)

weber *n.m.* ELETRICIDADE unidade de medida de fluxo magnético do Sistema Internacional, de símbolo Wb, equivalente ao fluxo que, ao atravessar uma espira, produz uma força eletromotriz de um volt quando, num intervalo de um segundo e de modo uniforme, é reduzido a zero (De *W. E. Weber*, antr., físico al., 1804-1891)

weberiano *adj.* relativo a C. M. Weber, compositor alemão, 1786-1826, ou a E. H. Weber, fisiologista e anatomista alemão, 1795-1878 (De *Weber*, antr. +*-iano*)

webgrafia *n.f.* lista de sítios e recursos disponíveis na internet para pesquisa de informação sobre um determinado tema ou assunto (De *web*+(*biblio*)*grafia*)

webinar *n.m.* seminário realizado através da internet; seminário virtual (Do ing. *webinar*, «id.», de *web*+(*sem*)*inar*)

webliografia *n.f.* ⇒ **webgrafia** (De *web*+(*bi*)*bliografia*)

webmaster *n.2g.* pessoa responsável pela edição e/ou administração de um site na internet (Do ing. *webmaster*, «id.»)

webquest *n.f.* INFORMÁTICA metodologia de investigação orientada em que os recursos ou alguns deles são provenientes da internet

wellingtónia *n.f.* BOTÂNICA ⇒ **sequoia** (De *A. Wellington*, general e estadista ing., 1769-1852 +*-ia*)

Wellingtoniáceas *n.f.pl.* BOTÂNICA família de plantas lenhosas, em regra trepadoras, próprias dos países quentes, cujo género-tipo se denomina *Wellingtonia*; Sabiáceas (De *wellingtónia*+*-áceas*)

wellingtoniano *adj.* **1** relativo ao duque de Wellington, general e estadista inglês (1769-1852) **2** relativo a Wellington, capital da Nova Zelândia (Do ing. *Wellington*, antr. e top. +*-iano*)

Welwitschiáceas *n.f.pl.* BOTÂNICA família de plantas gimnospérmicas, cujo género-tipo se denomina *Welwitschia*, adaptadas à vida nas regiões desérticas, a que pertence uma planta africana, acaule, de grandes dimensões, cujas folhas são muito largas (*Welwitschia mirabilis*), do deserto de Moçâmedes, em Angola (Do lat. bot. *Welwitschia*+*-áceas*, de *F. Welwitsch*, bot. austríaco, 1807-1872)

Wenlockiano *n.m.* GEOLOGIA época correspondente ao Silúrico médio (Do ing. *Wenlock*, top., região da península de Cape York, no Nordeste da Austrália +*-iano*)

Werfeniano *n.m.* GEOLOGIA época correspondente ao Triásico inferior, equivalente a Citiano (De *Werfen*, top., localidade austríaca no estado de Salzburg +*-iano*)

wesleyanismo *n.m.* RELIGIÃO ⇒ **metodismo** (Do ing. *J. Wesley*, teólogo ing., 1703-1791 +*-ano*+*-ismo*)

western *n.m.* CINEMA filme que retrata a conquista do Oeste norte-americano, com cenas de tiroteios e lutas (Do ing. *western*)

westminsteriano *adj.* relativo à célebre abadia de Westminster, em Londres, ou ao palácio do Parlamento, deste nome (Do ing. *Westminster*, top. +*-iano*)

whiskey *n.m.* ⇒ **whisky** (Do ing. *whiskey*, «id.»)

whisky *n.m.* aguardente de cereais fermentados (milho, centeio ou cevada); uísque (Do ing. *whisky*, «id.»)

whist *n.m.* jogo de cartas parecido com o da bisca, em que cada jogador recebe treze cartas e forma equipa com outro (Do ing. *whist*, «id.»)

widget *n.m.* INFORMÁTICA espécie de ícone interativo que, em computadores, tablets e certos telemóveis, permite aceder não só ao programa associado como também a algumas das suas funcionalidades (Do ing. *widget*, «id.»)

wi-fi *adj.inv.,n.m.2n.* tecnologia sem fios que permite o acesso à internet e/ou a comunicação entre computadores, telemóveis e outros dispositivos através de radiofrequências numa determinada área (Do ing. *wi-fi*, «id.», de *wi(reless)*, «sem fios» +*fi*, por analogia com *hi-fi*)

wildiano *adj.* relativo ou pertencente ao escritor irlandês Óscar Wilde (1854-1900) ou à sua obra (De *O. Wilde*, antr. +-*iano*)

wilsoniano *adj.* relativo a Thomas Wilson (1856-1924), estadista americano e presidente dos Estados Unidos da América, ou à sua política (De *Th. Wilson*, antr. +-*iano*)

windsoriano *adj.* **1** relativo ao Tratado de Windsor **2** relativo à aliança de Portugal com a Inglaterra, assinado em Windsor em 1386 (De *Windsor*, cidade inglesa no condado de Berk +-*iano*)

windsurf *n.m.* DESPORTO atividade náutica praticada com uma prancha munida de mastro e vela (Do ing. *windsurf*, «id.»)

windsurfista *n.2g.* praticante de windsurf (De *windsurf*+-*ista*)

Winteranáceas *n.f.pl.* BOTÂNICA designação de uma família de plantas, cujo género-tipo se denomina *Winterana*, que corresponde às Lauráceas e Celanáceas (Do lat. bot. *Winterana*+-*áceas*)

wireless *n.m.* **1** INFORMÁTICA ligação sem fios **2** INFORMÁTICA sistema de telecomunicações sem fios, que utiliza ondas eletromagnéticas ■ *adj.inv.* que não necessita de fios ou cabos; sem fios (Do ing. *wireless*, «id.»)

wok *n.m.* espécie de frigideira, típica da cozinha asiática, com uma forma de meia esfera, fundo abaulado ou arredondado, cujo revestimento em carbono praticamente puro permite a não aderência dos alimentos e uma maior resistência à oxidação (Do ing. *wok*, «id.», pelo cantonês)

won *n.m.* unidade monetária da Coreia do Norte e da Coreia do Sul (Do cor. *won*, «id.»)

workshop *n.m.* sessão, seminário ou curso, de curta duração, para aprender uma arte, técnica ou saber, em que os participantes aprendem de uma forma prática e/ou através da troca de experiências e conhecimentos; atelier; oficina (Do ing. *workshop*, «id.»)

wrap *n.m.* CULINÁRIA alimento que consiste numa massa muito fina à base de farinha, que se enrola sobre si mesma, com vários tipos de recheio (Do ing. *wrap*, «embrulho»)

wrestling *n.m.* modalidade de combate coreografado entre duas pessoas que aplicam golpes e chaves ensaiados para causar efeito dramático, vencendo quem derrubar o adversário (Do ing. *wrestling*, «id.»)

wronskiano *adj.* relativo a J. M. Wronski (1778-1853), matemático e filósofo polaco, ou às suas teorias sobre mecânica celeste (De *J. M. Wronski*, antr. +-*ano*)

wurtzite *n.f.* MINERALOGIA mineral (sulfureto de zinco), dimorfo da blenda, que cristaliza no sistema hexagonal e é um minério de zinco (Do fr. *wurtzite*, «id.», de *Charles A. Wurtz*, químico fr., 1817-1884 +-*ite*)

X n.m. 1 vigésima quarta letra e décima oitava consoante do alfabeto 2 letra que representa a consoante fricativa palatal surda (ex. *xarope*), a consoante fricativa linguodental sonora (ex. e*x*ato), a consoante fricativa linguodental surda (ex. má*x*imo) e o grupo consonantal [ks] (ex. ne*x*o) 3 vigésimo quarto lugar numa série indicada pelas letras do alfabeto 4 (numeração romana) número 10 (com maiúscula) 5 MATEMÁTICA (equação, problema) símbolo de *incógnita* (com maiúscula) 6 FÍSICA símbolo de *reactância* (com maiúscula); *não ter uma de x* [pop.] não possuir a mínima moeda, ser extremamente pobre; *unidade x* FÍSICA unidade usada para medir comprimentos de onda de raios X, de comprimento igual a $1,002 \times 10^{-11}$ centímetros (símbolo UX)

xá[1] n.m. título que era dado outrora ao soberano do Irão (Do persa *xáh*, «rei»)

xá[2] interj. [Moçambique] expressão que exprime admiração ou surpresa; oh! (Do macua *sha!*, «idem»)

xaboco /ô/ n.m. [regionalismo] ⇒ **xabouco**[1]

xaboucar v.tr. [regionalismo] dar a primeira espadelada a (linho) (De *xabouco+-ar*)

xabouco[1] n.m. 1 [regionalismo] grande poça de água 2 [regionalismo] lagoa

xabouco[2] adj. [depr.] grosseiro; ordinário; xabregas (De orig. obsc.)

xabouqueiro adj.,n.m. 1 [depr.] que ou aquele faz as coisas toscamente 2 [depr.] ordinário; grosseiro (De *xabouco+-eiro*)

xabraque n.m. espécie de xairel com que se cobrem as ancas do cavalo e os coldres (Do fr. *chabraque*, «id.», do turc. *chaprak*, «id.»)

xabrega n.f. [regionalismo] estrago feito nas vinhas, nos campos, etc. (De orig. obsc.)

xabregano adj. relativo ou pertencente a Xabregas, bairro de Lisboa ■ n.m. natural ou habitante de Xabregas (De *Xabregas*, top. + *-ano*)

xabregas adj.inv. [regionalismo] [pej.] ordinário; grosseiro; reles (De *xabrega*)

xácara n.f. espécie de romance popular, em verso, que se cantava ao som da viola, ainda frequente no Brasil (Do cast. *jácara*, «id.»)

xacoco /ô/ adj.,n.m. 1 ⇒ **enxacoco** 2 [pej.] reles; ordinário 3 [pej.] desengraçado; insípido (De quimb. *xacoco*, «linguareiro»)

xácoma n.f. ⇒ **xáquema**

x-acto ver nova grafia x-ato

xador n.m. veste feminina usada em alguns países islâmicos, que tapa todo o corpo, à exceção dos olhos (Do persa *chaddar*, pelo sânsc. *satram*, «tela»)

xadrez /ê/ n.m. 1 jogo em que duas pessoas dispõem de 16 peças de valor diferente cada uma e as movem alternadamente em lances sucessivos sobre um tabuleiro com 64 casas, pretas e brancas, dispostas em oito filas verticais e horizontais 2 tabuleiro desse jogo 3 padrão de tecido de cores dispostas em quadrados alternados na cor, como os do tabuleiro desse jogo 4 mosaico com esse desenho 5 engradamento de madeira que serve de sobrado, a bordo 6 [fig.] complicação 7 [Brasil] [pop.] prisão; calabouço (Do ár. *xatranj*, «id.»)

xadrezar v.tr. 1 dispor em forma de xadrez; enxadrezar 2 HERÁLDICA escaquear (o escudo) (De *xadrez+-ar*)

xadrezista n.2g. pessoa que joga xadrez (De *xadrez+-ista*)

xafarraz n.m. [regionalismo] jogo popular (De orig. obsc.)

xágara n.f. ⇒ **jágara**

xaguão n.m. ⇒ **saguão**

xai n.m. antiga moeda de prata da Índia (Do pers. *xahí*, «id.»)

xaia n.f. BOTÂNICA planta herbácea, vivaz, de fruto baciforme, pertencente à família das Rubiáceas, conhecida também por ruiva-indiana, e cujas raízes são empregadas em tinturaria (Do sânsc. *chaya*, «id.», pelo tâm. *chaya*, «id.»)

xaiá n.f. [Brasil] ORNITOLOGIA ave anseriforme também denominada tachã, xajá, xó. (De orig. onom.)

xaile n.m. peça de vestuário com a forma de um triângulo ou de um quadrado dobrado na diagonal, em geral franjado e utilizado sobre os ombros (Do pers. *xál*, «id.»)

xaile-manta n.m. xaile grande usado como cobertor, principalmente em viagem

xaimel n.m. ⇒ **enxaimel** (De orig. obsc.)

xairel n.m. 1 pano que se põe sobre o dorso da cavalgadura, sobre o qual assenta a sela ou o selim; sobreanca 2 [pop.] vestido ou xaile de má qualidade ou em mau estado ■ adj.2g. 1 diz-se do cavalo que tem uma malha branca na área onde assenta a sela ou o selim; xairelado 2 [regionalismo] adoentado (Do ár. *jilál*, «id.»)

xairelado adj. diz-se do cavalo que tem uma malha branca na área onde assenta a sela ou o selim (De *xairel+-ado*)

xajá n.f. [Brasil] ORNITOLOGIA ⇒ **xaiá**

xala interj. [Angola] usada como despedida (Do quimb. *xala!*, «id.»)

xalavar n.m. ⇒ **enxalavar** (Do cast. *salabar* ou *salabardo*, «rede para pescar sáveis»)

xale n.m. ⇒ **xaile** (Do pers. *xál*, «id.»)

xalma n.f. grade que se põe de cada lado dos carros ou barcos para segurar a carga; xelma (Do gr. *ságma*, «albarda; sela», pelo lat. *sagma-*, «id.»)

xama adj.2g. relativo aos Xamas ■ n.2g. indivíduo deste povo

xamã n.m. 1 feiticeiro e sacerdote nas civilizações da Ásia central e setentrional 2 curandeiro, designadamente em certas culturas africanas e ameríndias 3 praticante do xamanismo (Do tungue *xaman*, «esconjurador»)

xamane n.m. ⇒ **xamã**

xamanismo n.m. sistema religioso de certos povos e tribos baseado na crença nos espíritos, no culto da natureza e em práticas terapêuticas ou de adivinhação, tais como o transe e o êxtase (De *xamã* ou *xamane+-ismo*)

xamanista adj.,n.2g. que ou pessoa que pratica o xamanismo (De *xamã* ou *xamane+-ista*)

xamanístico adj. relativo ao xamanismo ou aos seus praticantes (De *xamanista+-ico*)

Xamas n.m.pl. ETNOGRAFIA povo indígena do Norte do Brasil

xamata n.f. manto oriental de seda, bordado a ouro (Do pers. *xám-máhút*, «tecido de Damasco»)

xamate n.m. ⇒ **xeque-mate** (Do pers. *xáh-mát*, «id.»)

xambregado adj. [Brasil] [pop.] embriagado

xampu n.m. [Brasil] ⇒ **champô** (Do ing. *shampoo*, «id.»)

xangaiense adj.2g. pertencente ou relativo à cidade chinesa de Xangai ■ n.2g. natural ou habitante de Xangai (De *Xangai*, top. + *-ense*)

xangaiês adj.,n.m. ⇒ **xangaiense** (De *Xangai*, top. +*-ês*)

xangaíno adj.,n.m. ⇒ **xangaiense** (De *Xangai*, top. +*-ino*)

xantato n.m. QUÍMICA sal da série dos ácidos xânticos, um dos quais se emprega no fabrico de viscose (De *xânt(ico)+-ato*)

xanteína n.f. QUÍMICA substância corante que se extrai da dália amarela (Do gr. *xanthós*, «amarelo» +*-ina*)

xantelasma n.m. MEDICINA grupo de placas amareladas que aparecem nas pálpebras e que, em certas situações, podem indicar alterações do metabolismo das gorduras (Do gr. *xanthós*, «amarelo»+*élasma*, «placa metálica», pelo fr. *xantélasma*, «id.»)

xantena /ê/ n.f. variedade de pedra preciosa (Do fr. *xantène*, «id.»)

xântico adj. 1 relativo à cor amarela 2 QUÍMICA designativo de um ácido hipotético, de fórmula H_2COS_2, de que só se conhecem derivados orgânicos (Do gr. *xanthós*, «amarelo» +*-ico*)

xantina n.f. QUÍMICA substância orgânica anfótera, do grupo das purinas, que se encontra no sangue, na urina, no fígado, etc. e em algumas plantas, da qual podem considerar-se derivadas a teobromina e a cafeína (Do gr. *xanthós*, «amarelo» +*-ina*)

xântio n.m. BOTÂNICA ⇒ **zântio** (Do gr. *xánthion*, «id.», pelo lat. *xanthĭu-*, «id.»)

xanto n.m. pedra preciosa, mencionada pelos antigos, mas hoje desconhecida (Do gr. *xanthós*, «amarelo»)

xant(o)- elemento de formação de palavras que exprime a ideia de *amarelo, louro* (Do gr. *xanthós*, «amarelo»)

xantocarotina n.f. BOTÂNICA pigmento amarelo ou amarelo-alaranjado de alguns órgãos vegetais (De *xanto-+carot(ena)+-ina*)

xantocéfalo adj. diz-se do animal que apresenta a cabeça, ou parte dela, amarela (Do gr. *xanthós*, «amarelo» +*kephalé*, «cabeça»)

xantocromia n.f. 1 coloração amarela de algo que normalmente possui outra cor 2 MEDICINA cor amarela do líquido cefalorraquidiano e da pele, em certos casos patológicos (De *xanto-+cromia*)

xantodermia n.f. MEDICINA coloração amarela da derme que sobrevém em certos pontos (palma das mãos, planta dos pés, etc.) (Do gr. *xanthós*, «amarelo» +*dérma*, «pele» +*-ia*)

xantofila n.f. BOTÂNICA pigmento que dá cor amarela ou amarelada a órgãos vegetais (Do gr. *xanthós*, «amarelo» +*phýllon*, «folha»)

xantogénico adj. diz-se do micróbio da febre-amarela (Do gr. *xanthós*, «amarelo» +*génos*, «origem» +*-ico*)

xantogénio n.m. BOTÂNICA pigmento de cor verde-amarelada que se encontra em certos vegetais, especialmente nas flores (De *xanto-+-génio*)

xantoleucito n.m. BOTÂNICA ⇒ **xantoplasta** (De *xanto-+leucito*)

xantolite n.f. MINERALOGIA [ant.] ⇒ **estaurolite** (Do gr. *xanthós*, «amarelo» +*líthos*, «pedra»)

xantoma /ô/ n.m. MEDICINA dermatose caracterizada pela presença de pequenos tumores de coloração amarelada (De *xanto-+-oma*)

xantomatose n.f. MEDICINA estado patológico proveniente da generalização ou difusão de xantomas, num organismo (De *xantoma+t+-ose*)

xantoplasta n.m. BOTÂNICA plasta portador de xantofila; xantoleucito; xantoplastídio (De *xanto-+plasta*)

xantoplastídio n.m. BOTÂNICA ⇒ **xantoplasta** (De *xanto-+plastídio*)

xantopsia n.f. MEDICINA perturbação visual caracterizada por todos os objetos observados parecerem corados de amarelo (Do gr. *xanthós*, «amarelo» +*ópsis*, «vista» +*-ia*)

xantose n.f. MEDICINA coloração anormal, amarela (em especial nos tegumentos), muitas vezes proveniente da perda de sangue (De *xanto-+-ose*)

Xantoxiláceas /csi/ n.f.pl. BOTÂNICA ⇒ **Rutáceas** (De *xantóxilo+-áceas*)

Xantoxíleas /csi/ n.f.pl. 1 BOTÂNICA para alguns autores, o mesmo que Xantoxiláceas ou Rutáceas (família de plantas) 2 BOTÂNICA para outros autores, subfamília de plantas da família das Rutáceas (De *xantóxilo+-eas*)

xantóxilo /csi/ adj. (árvore) cuja madeira é amarela ■ n.m. BOTÂNICA ⇒ **zantóxilo** (Do gr. *xanthós*, «amarelo» +*xýlon*, «madeira»)

xantúria n.f. MEDICINA presença de xantina, em quantidade anormal e excessiva, na urina (De *xanto-+-úria*)

xaputa n.f. ICTIOLOGIA peixe teleósteo, da família dos Corifenídeos, com a barbatana caudal em forma de cauda de andorinha, frequente nas costas marítimas portuguesas; angelinha; freira; plumbeta (Do ár. *xabbûtâ*, «id.»)

xaque n.m. [ant.] ⇒ **xeque**¹ (Do pers. *xáh*, «rei»)

xaquear v.tr. 1 (jogo do xadrez) dar xaque a 2 causar prejuízo a 3 destruir 4 pôr em dificuldade (De *xaque+-ear*)

xáquema n.f. 1 tecido de fio grosso com que se fazem cilhas 2 cabeçada das cavalgaduras (Do ár. *xakima*, «cabresto»)

xaque-mate n.m. [ant.] ⇒ **xeque-mate** (Do ár. *xáh mát*, «o rei morreu»)

xáquima n.f. ⇒ **xáquema** (Do ár. *xakima*, «id.»)

xara¹ n.f. flecha de pau tostado ao fogo (Do sânsc. *sara*, «id.»)

xara² n.f. BOTÂNICA ⇒ **esteva**¹ (Do ár. *xa'ara*, «mata; brenha»)

xará n.2g. 1 [Brasil] pessoa que tem o mesmo nome que outra; homónimo 2 [Brasil] companheiro; amigo ■ n.m. [Brasil] bailado campestre (Do tupi *xa'ra, de xe re'ra*, «o meu nome»)

xara-branca n.f. [Madeira] ICTIOLOGIA ⇒ **bruxa**

xarafim n.m. moeda de prata da Índia (Do ár. pers. *xarífí*, «nobre»)

xarafo n.m. 1 [Índia] cambista 2 perito em numismática

xara-preta n.f. [Madeira] ICTIOLOGIA ⇒ **bruxa**

xarau n.m. espécie de vinho de palmeira, cozido duas ou três vezes (Do ár. *xarab*, «id.»)

xarda n.f. 1 ICTIOLOGIA ⇒ **cavala** 2 [regionalismo] ⇒ **sarda**² (De *sarda*)

xardas n.f.pl. dança popular húngara, com uma introdução de carácter lento e melancólico, à qual se segue a parte principal, de ritmo mais acelerado; czardas (Do húng. *csarda*, «hotel; hospedaria»)

xardoso /ô/ adj. que tem sardas ou xardas; sardento (De *xarda+-oso*)

xarel n.m. ⇒ **xairel** (Do ár. *jilál*, «adorno de seda para cobrir a garupa do cavalo»)

xarelete n.m. [Brasil] designação de um peixe teleósteo escombriforme (De *xaréu+-ete*)

xarém n.m. ⇒ **xerém** (De orig. obsc.)

xareta /ê/ n.f. 1 [ant.] rede com que se impediam as abordagens dos navios inimigos 2 rede de pesca (Do ár. *karíta*, «corda de navio»)

xaréu¹ n.m. 1 [Brasil] ICTIOLOGIA peixe teleósteo, marinho, apreciado atualmente na alimentação 2 [regionalismo] frio intenso (De orig. obsc.)

xaréu² n.m. capa de couro com que os vaqueiros cobrem as ancas das cavalgaduras; xairel (De *xairel*)

xarifado n.m. cargo ou funções de xarife (De *xarife+-ado*)

xarife n.m. ⇒ **xerife**¹ (Do ár. *xarif*, «ilustre»)

xaroco n.m. METEOROLOGIA vento quente do sueste, que sopra no Mediterrâneo; siroco (Do ár. *xulúq*, «vento quente»)

xaropada n.f. 1 porção de xarope que se toma de uma vez 2 qualquer poção contra a tosse; tisana; mezinha 3 [fig.] estopada; grande maçada (De *xarope+-ada*)

xaropar v.tr. 1 curar com xaropes 2 ministrar tisanas a (De *xarope+-ar*)

xarope n.m. 1 FARMÁCIA solução muito concentrada de açúcar com substâncias aromáticas ou medicamentosas 2 tisana 3 solução muito concentrada de açúcar misturado com sumo de fruta 4 [Brasil] pessoa ou coisa maçadora (Do ár. *xaráb*, «bebida»)

xaroposo adj. 1 consistente como o xarope; pegajoso 2 [Brasil] maçador (De *xarope+-oso*)

xarrasca n.f. aparelho de linha e anzol especialmente destinado à pesca de peixes com beiços carnudos, como o goraz, o capatão, etc. (De orig. obsc.)

xarroco /ô/ n.m. 1 ICTIOLOGIA peixe teleósteo da família dos Cotídeos, que aparece na costa marítima portuguesa, também denominado enxarroco, peixe-sapo, peixe-diabo, sarronca, etc. 2 [regionalismo] dedeira utilizada pelos ceifeiros para evitar os golpes da seitoura nos dedos mínimo e anular da mão que segura a erva ou o cereal 3 pl. [regionalismo] sapatos velhos 4 falar típico da região de Setúbal (De orig. obsc.)

xate interj. ⇒ **xô**

x-ato n.m. instrumento cortante que tem uma lâmina retráctil, usado sobretudo para cortar papel, alcatifa e/ou outras superfícies moles ou flexíveis (Do ing. *X-acto®*)

xátria n.m. membro da segunda casta dos guerreiros em que se dividem os sectários do bramanismo (Do sânsc. *ksatrya*, «casta militar», pelo neo-árico *chátrí*, «id.»)

xauter n.m. muçulmano que guia os viajantes no deserto da Arábia (Do ár. *xátir*, «perito»)

xavante n.2g. indivíduo de uma tribo de índios brasileiros de S. Paulo, Goiás e Mato Grosso

xaveco n.m. 1 embarcação pequena, velha e desconjuntada 2 [Brasil] velharia 3 [Brasil] pessoa ou coisa sem valor ■ adj. [regionalismo] [pej.] ordinário; de má qualidade (Do ár. *xabbáq*, «pequeno navio»)

xávega n.f. 1 rede usada na pesca de arrasto pelos pescadores da província portuguesa do Algarve 2 embarcação usada nessa pesca (Do ár. *xábaka*, «rede»)

xecado n.m. cargo, dignidade ou território da jurisdição de um xeque (De *xeque+-ado*)

xelim¹ n.m. 1 moeda divisionária que até 1971 representou a vigésima parte da libra inglesa 2 unidade monetária de Quénia, Somália, Tanzânia e Uganda (Do ing. *shilling*, «id.»)

xelim² n.m. antiga unidade monetária da Áustria, substituída pelo euro (Do al. *Schilling*, «id.»)

xelindró n.m. [pop.] cadeia; prisão (De orig. obsc.)

xelma n.f. sebe ou grade com que se ladeia o tabuleiro do carro de bois para amparar a carga; xalma; caniça (Do gr. *ságma*, «albarda», pelo lat. *sagma-*, «id.»)

xenartro adj. ZOOLOGIA relativo ou pertencente aos xenartros ■ n.m. ZOOLOGIA espécime dos xenartros ■ n.m.pl. ZOOLOGIA grupo (subordem) de mamíferos com as últimas vértebras das regiões dorsal e lombar providas de apófises articulares suplementares, constituído pelos tamanduás, as preguiças e os tatus (Do gr. *xenós*, «estranho» +*árthron*, «articulação»)

xenato n.m. QUÍMICA designação genérica dos aniões que contêm xénon (De *xénon+-ato*)

xenelasia n.f. lei, entre os antigos Gregos, que proibia aos estrangeiros entrar numa cidade (Do gr. *xenelasía*, «id.»)

xénio n.m. 1 oferta que, entre os antigos Gregos, se dava aos hóspedes após as refeições 2 QUÍMICA ⇒ **xénon** (Do gr. *xénia*, «id.», pelo lat. *xeníu-*, «id.»)

xenismo n.m. 1 influência excessiva de uma cultura estrangeira 2 preferência injustificada por coisas estrangeiras (De *xeno-+-ismo*)

xen(o)- elemento de formação de palavras que exprime a ideia de *estrangeiro, estranho* (Do gr. *xénos*, «estrangeiro»)

xenobiose n.f. ZOOLOGIA associação de duas espécies de insetos sociais, com um regime de igualdade (Do gr. *xénos*, «estranho; estrangeiro» +*bíosis*, «modo de vida»)

xenodonte n.m. ZOOLOGIA serpente da América tropical, muito venenosa (Do gr. *xénos*, «estranho; estrangeiro» +*odoús*, *odóntos*, «dente»)

xenofilia n.f. simpatia pelos estrangeiros ou por tudo o que é estrangeiro (Do gr. *xénos*, «estrangeiro» +*philía*, «amizade»)

xenófilo adj.,n.m. que ou pessoa que tem simpatia por estrangeiros e pelo que é estrangeiro (Do gr. *xénos*, «estrangeiro» +*phílos*, «amigo»)

xenofobia n.f. antipatia ou aversão pelas pessoas ou coisas estrangeiras (De *xeno-*+*-fobia*)

xenofobismo n.m. ⇒ **xenofobia** (De *xenofobia*+*-ismo*)

xenófobo adj.,n.m. que ou pessoa que tem aversão a pessoas ou coisas estrangeiras (De *xeno-*+*-fobo*)

xenólito n.m. GEOLOGIA fragmento de rocha mais antiga que ficou incluído na rocha magmática (Do gr. *xénos*, «estranho» +*líthos*, «pedra»)

xenologia n.f. 1 ⇒ **xenelasia** 2 ⇒ **exobiologia** (De *xeno-*+*-logia*)

xenomania n.f. 1 inclinação forte para tudo o que é estrangeiro 2 grande interesse por conhecer povos e culturas estrangeiras, e/ou por viajar pelo estrangeiro (Do gr. *xénos*, «estrangeiro» +*manía*, «loucura»)

xenomórfico adj. PETROLOGIA ⇒ **alotriomórfico** (Do gr. *xénos*, «estranho» +*morphé*, «forma» +*-ico*)

xénon n.m. QUÍMICA elemento com o número atómico 54, de símbolo Xe, que é um dos gases nobres (Do gr. *xénon*, «estrangeiro; estranho»)

xenótimo n.m. MINERALOGIA mineral constituído por fosfato de ítrio, que contém habitualmente terras raras, tório e urânio, e que cristaliza no sistema tetragonal (Do gr. *xénos*, «estranho» +*timé*, «honra»)

xepa n.f. 1 [Brasil] [pop.] restos de comida; rancho 2 [Brasil] [pop.] final da feira; restos do mercado 3 [Brasil] [pop.] ponta de cigarro; beata

xeque¹ n.m. 1 posição, no jogo do xadrez, em que o rei corre o risco de ser tomado por outra peça na jogada seguinte 2 [fig.] situação de perigo ou de risco; contratempo; *pôr em ~* 1 expor a perigo, pôr em má situação; 2 pôr em dúvida a importância ou o valor de algo ou de alguém (Do pers. *xáh*, «rei»)

xeque² n.m. chefe de tribo árabe (Do ár. *xáikh*, «velho»)

xeque-mate n.m. lance que põe termo ao jogo de xadrez, em que o rei não pode ser deslocado sem ser tomado

xerafim n.m. ⇒ **xarafim** (Do ár. pers. *xarífí*, «nobre»)

xerém n.m. 1 [regionalismo] farinha de milho para papas 2 papas de milho 3 [Brasil] dança de roda

xereta n.2g. [Brasil] pessoa mexeriqueira ■ adj.2g. [Brasil] intrometido; mexeriqueiro; bisbilhoteiro (Por *cheireta*?)

xeretar v.tr.,intr. 1 [Brasil] [coloq.] bisbilhotar 2 [Brasil] [coloq.] adular (De *xereta*+*-ar*)

xerez n.m.2n. vinho branco, muito apreciado, produzido em Espanha (Do cast. *Xerez de la Frontera*, cidade espanhola da Andaluzia)

xerga /ê/ n.f. 1 espécie de burel; estamenha 2 [Brasil] espécie de almofada que se põe por debaixo da albarda das cavalgaduras 3 [pop.] enxerga 4 [regionalismo] manta de lona delgada em que se transporta a palha trilhada e que se estende debaixo das oliveiras quando se vareja a azeitona (Do lat. *seríca*, «panos de seda», pelo cast. *jerga*, «pano grosseiro»)

xergão n.m. [pop.] ⇒ **enxergão** (De *xerga*+*-ão*)

xerifado n.m. cargo ou dignidade do xerife (De *xerife*+*-ado*)

xerife¹ n.m. 1 título usado por príncipes mouros que se diziam descendentes de Maomé 2 título que usam os muçulmanos que visitaram três vezes o templo de Maomé (Do ár. *xeríf*, «nobre»)

xerife² n.m. 1 magistrado em alguns condados da Inglaterra e em certas povoações de países do Ocidente da América 2 funcionário investido de poder policial nos municípios rurais dos Estados Unidos (Do ing. *sheriff*, «id.»)

xerifino adj. relativo ao xerife; *império ~* Marrocos (De *xerife*+*-ino*)

xerimbabo n.m. [Brasil] qualquer animal de criação (Do tupi *xeri'mawa*, «a minha criação»)

xeringosa n.f. [Índia] cólica abdominal (De orig. obsc.)

xeringueira n.f. BOTÂNICA ⇒ **seringueira**

xero- elemento de formação de palavras que exprime a ideia de *seco* (Do gr. *xerós*, «seco»)

xerocar v.tr. [Brasil] ⇒ **xerocopiar** (De *xerox*+*-ar*)

xerocópia n.f. cópia obtida por xerografia (De *xero(x)*+*cópia*)

xerocopiar v.tr. fazer a xerocópia de; reproduzir por meio de xerocópia (De *xerocópia*+*-ar*)

xerodermia n.f. MEDICINA ⇒ **ictiose** (Do gr. *xerós*, «seco» +*dérma*, «pele» +*-ia*)

xerodérmico adj. relativo à xerodermia (De *xerodermia*+*-ico*)

xerofagia n.f. 1 MEDICINA dieta em que só se podem comer substâncias secas 2 HISTÓRIA, RELIGIÃO abstinência dos primitivos cristãos, que apenas comiam alimentos secos ou não cozinhados (Do gr. *xerophagía*, «id.»)

xerófago adj.,n.m. que ou aquele que pratica a xerofagia (Do gr. *xerós*, «seco» +*phageîn*, «comer»)

xerofilia n.f. ⇒ **xerofilismo** (Do gr. *xerós*, «seco» +*phílos*, «amigo» +*-ia*)

xerofilismo n.m. qualidade de xerófilo (Do gr. *xerós*, «seco» +*phílos*, «amigo» +*-ismo*)

xerófilo adj. BOTÂNICA diz-se do vegetal que vive normalmente nos sítios secos, resistindo às estiagens (Do gr. *xerós*, «seco» +*phílos*, «amigo»)

xerofitia n.f. conjunto da vegetação xerófita de uma região (Do gr. *xerós*, «seco» +*phytón*, «planta» +*-ia*)

xerofítico adj. 1 relativo ou pertencente a xerófito 2 diz-se da estrutura característica das plantas xerófitas (Do gr. *xerós*, «seco» +*phytón*, «planta» +*-ico*)

xerófito adj.,n.m. BOTÂNICA que ou vegetal que é próprio dos lugares secos e das regiões que sofrem longas estiagens (Do gr. *xerós*, «seco» +*phytón*, «planta»)

xeroftalmia n.f. 1 MEDICINA doença dos olhos em que a deficiência do líquido lacrimal faz secar a córnea, produzindo, por vezes, a cegueira, por falta de vitamina A; xeroma; escleroftalmia 2 ⇒ **xerose** (Do gr. *xerophthalmía*, «inflamação seca dos olhos»)

xeroftálmico adj. relativo à xeroftalmia (De *oftalmia*+*-ico*)

xerografia n.f. 1 método de registar e copiar, a seco, diagramas, gravuras, etc. 2 GEOGRAFIA ramo da geografia que se ocupa da parte seca do globo terrestre (Do gr. *xerós*, «seco» +*gráphein*, «descrever» +*-ia*)

xerográfico adj. relativo à xerografia (De *xerografia*+*-ico*)

xeroma /ô/ n.m. MEDICINA ⇒ **xerose** (De *xero-*+*-oma*)

xeromórfico adj. que apresenta estrutura idêntica à dos xerófitos

xeromorfo adj. ⇒ **xeromórfico**

xerorradiografia n.f. MEDICINA aplicação da técnica xerográfica à obtenção de radiografias, por utilização de raios X ou raios gama (De *xero-*+*radiografia*)

xerose n.f. MEDICINA secura anormal de qualquer órgão sobretudo na sua fase inicial, também denominada xeroftalmia (Do gr. *xérosis*, «dissecação»)

xerotermo adj. (organismo) que resiste bem ao calor e à seca (Do gr. *xerós*, «seco» +*thérme*, «calor»)

xerox n.m./f.2n. 1 [Brasil] máquina que, através de um processo de reprografia a seco, reproduz texto ou imagem 2 [Brasil] cópia que se obtém por essa técnica (Do ing. *Xerox*®)

xerpa adj.2g. relativo ou pertencente aos Xerpas ■ n.2g. 1 pessoa pertencente aos Xerpas 2 pessoa dos Xerpas que serve de guia para montanhistas ou expedições de alpinismo nos Himalaias (De *Xerpas*, etn.)

Xerpas n.m.pl. povo de origem tibetana que habita a vertente meridional dos Himalaias no Nepal e norte da Índia, conhecido pela sua perícia como montanhistas (Do tibet. *sharpa* «habitante de um país oriental», pelo ing. *sherpa*, «id.»)

xerume n.m. 1 erva usada na província moçambicana de Manica para fumar 2 aroma

xeta /ê/ n.f. [Brasil] beijo atirado de longe

xetá interj. usada para fazer parar os animais de carga (De orig. onom.)

xéu n.m. [regionalismo] [depr.] pessoa ordinária, desprezível

xeura n.f. 1 NÁUTICA inclinação na face externa dos madeiros do navio para, sobre ela, assentarem as tábuas do costado; escantilhão 2 bitola

xevá adj.2g. 1 nulo 2 vão ■ n.m. LINGUÍSTICA vogal média central, átona, representada em fonética por um e invertido (corresponde ao som produzido, por exemplo, na pronúncia do e na palavra *come*) (Do hebr. *xwa*, «nada»)

xexé n.f. 1 máscara carnavalesca que representa um velho, de cabeleira e rabicho, luneta e uma faca enorme na mão ■ n.2g. [pop.] pessoa de palavras e atos inconsequentes por efeito de envelhecimento das faculdades ■ adj.2g. [pop.] apatetado; senil (De orig. onom.)

xexéu n.m. [Brasil] ORNITOLOGIA ⇒ **japim** (Do tupi *xe'xeu*, «id.»)
xi n.m. ⇒ **csi**
xiba n.m. [Brasil] dança rural cantada (De *chiba*, «cabra nova»)
xicaca¹ n.f. [Brasil] pequeno cesto com tampa (De orig. africana)
xicaca² n.f. [Angola] certa espécie de tributo (Do quimb. *xikaka*, «multa; imposto»)
xicandarinha n.f. [Moçambique] chaleira (De *caldeirinha* ou do tsonga *xi+* guz. *kandari*)
xícara n.f. ⇒ **chávena** (Do nauat. *xikáli*, «vasilha de umbigo», pelo cast. *jícara*, *chávena*; *xícara*)
xicarada n.f. porção de líquido que uma xícara pode conter (De *xícara+-ada*)
xiconhoca adj.,n.2g. [Moçambique] (indivíduo) traiçoeiro; reacionário (Do *xico*, «indivíduo», + *nhoca*, «cobra»)
xicuembo n.m. 1 [Moçambique] espírito dos antepassados 2 [Moçambique] deus 3 [Moçambique] feitiço 4 [Moçambique] fórmula com que se jura, promete ou afirma (Do ronga *xi-kwembu*, «feitiço»)
Xifíidas n.m.pl. ICTIOLOGIA ⇒ **Xifiídeos**
Xifiídeos n.m.pl. ICTIOLOGIA família de peixes teleósteos, marinhos, de grande porte, com maxila prolongada em lâmina ou espada, cujo género-tipo se denomina *Xiphias* (Do gr. *xiphías*, «espadarte», pelo lat. *xiphĭa-*, «id.»)
xífio n.m. 1 BOTÂNICA planta da família das Iridáceas, medicinal, de ação emoliente 2 BOTÂNICA espécie de açucena (Do gr. *xíphion*, «espadana», pelo lat. *xiphĭu-*, «id.»)
xifiplastrão n.m. ZOOLOGIA cada uma das duas placas posteriores do peitilho (plastrão) da couraça dos quelónios (Do gr. *xíphos*, «espada»+fr. *plastron*, «plastrão»)
xifirrinco adj. ZOOLOGIA que tem o focinho comprido e em forma de lâmina de espada (Do gr. *xíphos*, «espada» +*rhýgkhos*, «focinho»)
xifisterno n.m. 1 ZOOLOGIA porção terminal, média e posterior, de natureza cartilagínea, do esterno dos batráquios 2 ANATOMIA extremidade inferior (ou posterior) do osso esterno; apêndice xifoide (Do gr. *xíphos*, «espada» +*stérnon*, «peito»)
xif(o)- elemento de formação que exprime a ideia de *espada* (Do gr. *xíphos*, «espada»)
xifófilo adj. BOTÂNICA diz-se do vegetal que possui folhas ensiformes (Do gr. *xíphos*, «espada» +*phýllon*, «folha»)
xifoide adj.2g. ANATOMIA diz-se da parte terminal (apêndice, de natureza cartilagínea, do esterno), cuja forma lembra a ponta da lâmina de uma espada; *apêndice ~* ANATOMIA extremidade inferior (ou posterior) do osso esterno, xifisterno (Do gr. *xiphoeidés*, «semelhante a uma espada»)
xifóide ver nova grafia xifoide
xifóideo adj. relativo ao apêndice xifoide (De *xifóide+-eo*)
xifopagia n.f. qualidade ou estado de xifópago (De *xifópago+-ia*)
xifópago adj.,n.m. 1 TERATOLOGIA que ou ser que apresenta duplicação na região ventral compreendida entre a extremidade do esterno e o umbigo; teratópago 2 [fig.] que ou indivíduo que está intimamente ligado a outro pela maneira de pensar e/ou de proceder (Do gr. *xifoeidés*, «semelhante a uma espada» +*págos*, «coisa fixa»)
xifosuros n.m.pl. ZOOLOGIA grupo de animais invertebrados constituído pelos únicos representantes atuais dos paleostráceos (merostomáceos), que são artrópodes quelicerados que respiram por brânquias e têm abdómen fino e longo (Do gr. *xíphos*, «espada» +*ourá*, «cauda»)
xigogo /ô/ n.m. [Moçambique] terreiro ou rossio no centro de povoação
xigono n.m. [Moçambique] fantasma (Do tsua *xi-gono*, «espírito de um feiticeiro morto»)
xigubo n.m. 1 [Moçambique] tambor grande 2 [Moçambique] dança ao som de tambores (Do changana *xigubu*, «id.»)
xiismo n.m. RELIGIÃO doutrina dos muçulmanos partidários de Ali (século VII), genro de Maomé, que, negando a legitimidade dos quatro califas que sucederam a Maomé, afirmam que os únicos preceitos doutrinários autênticos são os transmitidos através de membros da família do profeta (Do ár. *chī'a*, «partido», pelo fr. *chiisme*, «xiismo»)
xiita n.2g. RELIGIÃO membro de uma seita muçulmana para a qual só são verdadeiras as tradições islâmicas transmitidas através dos familiares de Maomé ▪ adj.2g. RELIGIÃO relativo ou pertencente aos membros dessa seita ou à sua doutrina
xila n.f. 1 sujidade; imundície 2 fazenda de algodão (Do quimb. *kuxila*, «ficar sujo»)
xilarmónico n.m. MÚSICA marimba com lâminas de madeira, também denominada xilórgão (Do gr. *xýlon*, «madeira» +*harmonikós*, «harmónico»)

xilema /ê/ n.m. BOTÂNICA conjunto dos vasos traqueanos num órgão vegetal; lenho; *~ primário* xilema já existente antes da atividade do câmbio, isto é, na estrutura primária de alguns órgãos vegetais; *~ secundário* xilema originado pela atividade do câmbio em alguns órgãos vegetais (Do gr. *xýlon*, «madeira», pelo fr. *xylème*, «xilema»)
xileno /ê/ n.m. QUÍMICA hidrocarboneto aromático da série benzénica, de fórmula $C_6H_4(CH_3)_2$, que se extrai da hulha e do qual se conhecem três isómeros (Do gr. *xýlon*, «madeira» +*-eno*)
xilidina n.f. QUÍMICA nome genérico das aminas do xileno (Do gr. *xýlon*, «madeira», pelo fr. *xylidine*, «xilidina»)
xilindró n.m. [Brasil] [pop.] prisão
xilo n.m. BOTÂNICA nome por que se designa o algodoeiro (Do gr. *xýlon*, «madeira»)
xil(o)- elemento de formação que exprime a ideia de *madeira* (Do gr. *xýlon*, «madeira»)
xilobálsamo n.m. 1 rebento do balsameiro-de-meca 2 balsameiro 3 bálsamo dessa planta (Do gr. *xylobálsamon*, «id.», pelo lat. *xylobálsămu-*, «id.»)
xilocarpo n.m. BOTÂNICA fruto que é duro ou lenhoso ▪ adj. BOTÂNICA (planta) que produz frutos com esta característica (Do gr. *xýlon*, «madeira» +*karpós*, «fruto»)
xilócopo adj. (inseto) que corta ou perfura as madeiras, em muitos casos para fazer o ninho (Do gr. *xylócopos*, «que corta madeira»)
xilocultura n.f. cultura do algodão (Do gr. *xýlon*, «algodão»+lat. *cultūra-*, «cultura»)
xilódio n.m. BOTÂNICA tipo de fruto (aquénio) rijo, sensivelmente lenhificado (Do gr. *xylódes*, «lenhoso»)
xilofagia n.f. 1 qualidade de xilófago; hilofagia 2 ato de roer ou comer madeira (De *xilófago+-ia*)
xilófago adj.,n.m. que ou o que rói ou se alimenta de madeira; hilófago; lignívoro (Do gr. *xylophágos*, «que come madeira»)
xilófilo adj. ZOOLOGIA que gosta da parte rija (ou madeira) das plantas ou vive nela, como alguns parasitas do xilema (Do gr. *xýlon*, «madeira» +*phílos*, «amigo»)
xilófito n.m. BOTÂNICA planta de consistência lenhosa (Do gr. *xýlon*, «madeira» +*phytón*, «planta»)
xilofone n.m. MÚSICA instrumento de percussão constituído por um conjunto de teclas de madeira ou metal e de comprimento diferente, que se percutem com baquetas de madeira; xilarmónico (De *xilo-+-fone*, ou do fr. *xylophone*, «id.»)
xilofonista n.2g. pessoa que toca xilofone (De *xilofone+-ista*)
Xilofórias n.f.pl. (heortónimo) festas em que os Hebreus transportavam lenha para o fogo sagrado (Do gr. *xylophórios*, «id.»)
xilóforo n.m. 1 RELIGIÃO sacerdote hebreu que acendia e mantinha o fogo sagrado 2 o que leva lenha ou bastão (Do gr. *xylophóros*, «que traz lenha»)
xilogénio n.m. substância existente na membrana das células vegetais (De *xilo-+-génio*)
xilógeno adj. 1 que origina lenho, nas plantas 2 que se cria e desenvolve normalmente sobre a madeira (Do gr. *xýlon*, «madeira» +*génos*, «origem»)
xiloglifia n.f. arte de esculpir em madeira (De *xilóglifo+-ia*)
xiloglífico adj. relativo à xiloglifia (De *xiloglifia+-ico*)
xilóglifo n.m. aquele que exerce a xiloglifia; escultor em madeira (Do gr. *xyloglýphos*, «o que esculpe em madeira»)
xilografia n.f. 1 técnica que consiste em executar uma gravura em relevo sobre madeira, permitindo a impressão de texto ou imagens através de estampagem 2 impressão obtida por esta técnica (De *xilógrafo+-ia*)
xilográfico adj. 1 relativo à xilografia 2 feito por xilografia (De *xilografia+-ico*)
xilógrafo n.m. gravador em madeira (Do gr. *xýlon*, «madeira» +*gráphein*, «escrever; gravar»)
xilogravador n.m. artista que faz xilogravura (De *xilo-+gravador*)
xilogravura n.f. 1 técnica que consiste em executar uma gravura em relevo sobre madeira 2 gravura obtida por esta técnica (De *xilo-+gravura*)
xiloide adj.2g. 1 que, pelo seu aspeto, resistência e outras características, se assemelha a madeira 2 que diz respeito ou pertence à madeira 3 proveniente da parte rija, lenhificada, de uma planta (Do gr. *xyloeidés*, «id.»)
xilóide ver nova grafia xiloide
xilol n.m. QUÍMICA ⇒ **xileno** (Do gr. *xýlon*, «madeira» +*-ol*)
xilólatra n.2g. pessoa que adora ídolos de madeira (Do gr. *xýlon*, «madeira» +*latréuein*, «adorar»)
xilolatria n.f. adoração dos ídolos de madeira (Do gr. *xýlon*, «madeira» +*latreía*, «adoração»)

xilólito n.m. madeira fóssil ou petrificada (Do gr. *xýlon*, «madeira» +*líthos*, «pedra»)

xilologia n.f. **1** parte da botânica que estuda a madeira; histologia da madeira **2** tratado acerca das madeiras, sobretudo de construção (De *xilo-*+*-logia*)

xilológico adj. relativo à xilologia (De *xilologia*+*-ico*)

xilólogo n.m. aquele que é perito em xilologia (Do gr. *xýlon*, «madeira» +*lógos*, «estudo»)

xiloma /ô/ n.m. corpo esporífero, lenhificado, de alguns fungos (De *xilo-*+*-oma*)

xilomancia n.f. pretensa adivinhação que se praticava, observando os pedaços de madeira que se encontravam casualmente pelo caminho (Do gr. *xýlon*, «madeira» +*manteía*, «adivinhação»)

xilometria n.f. arte de determinar a densidade da madeira ou lenha (De *xilo-*+*-metria*)

xilométrico adj. relativo à xilometria (De *xilometria*+*-ico*)

xílon n.m. celulose da madeira ou da casca dos frutos duros (Do gr. *xýlon*, «madeira»)

xilópia n.f. BOTÂNICA termo que designa umas plantas lenhosas, das regiões quentes do Globo, pertencentes à família das Anonáceas (género *Xylopia*) (Do gr. *xýlon*, «madeira» +*óps*, «olho» +*-ia*, pelo fr. *xilopie*, «id.»)

xilopódio n.m. BOTÂNICA tuberosidade existente nas raízes de algumas plantas dos países intertropicais, onde as estiagens se verificam com regularidade, que contém água de reserva (Do gr. *xýlon*, «madeira» +*poús*, *podós*, «pé» +*-io*)

xilórgão n.m. MÚSICA ⇒ **xilarmónico** (De *xilo-*+*órgão*)

xilose n.f. QUÍMICA glícido de sabor muito doce que se obtém por infusão da madeira ou da palha (Do gr. *xýlon*, «madeira» +*-ose*)

xilreu n.m. [regionalismo] rede de pesca, triangular, usada no Algarve para a pesca de lulas, bogas, etc.

xilunguíni n.m. [Moçambique] urbe dos europeus (Do ronga *xi-lungwini*, «cidade dos brancos»)

xiluva n.f. [Moçambique] flor (Do changana *xilùvà*, «id.»)

ximango n.m. [Brasil] ORNITOLOGIA espécie de falcão

ximbaúva n.f. BOTÂNICA espécie de acácia (Do tupi *xĩba'uwa*, «id.»)

ximbeque n.m. habitação gentílica entre alguns povos da África (Do guar. *xim'bé*, «plano; chato»)

ximbicar v.intr. [Angola] remar à vara (Do quicongo *ximbika*, «id.»)

ximburu n.m. [Brasil] ICTIOLOGIA ⇒ **amboré**

ximbute n.m. [Brasil] [pop.] indivíduo baixo e barrigudo

xinga n.f. [Índia] trombeta de guerra (Do prácrito *xinga*, «id.»)

xingação n.f. ⇒ **xingamento** (De *xingar*+*-ção*)

xingador adj.,n.m. **1** que ou aquele que xinga **2** trocista (De *xingar*+*-dor*)

xingamento n.m. **1** [Brasil] ato ou efeito de xingar; insulto **2** troça (De *xingar*+*-mento*)

xingar v.tr.,intr. [coloq.] insultar com palavras; ofender com insultos (De *seringar*, ou do quimb. *xin'ga*, «injuriar»?)

xingombela n.f. [Moçambique] dança dos namorados; dança da lua nova (Do changana *xìngòmbelà*, «id.»)

xingue n.m. palhota cónica (Do umbundo *osingue*, «id.»)

xingufo n.m. [Angola] tambor constituído por um caule vazado de mafumeira com um dos topos vedado por uma pele (Do umbundo *oxingufu*, «id.»)

xinguilador n.m. [Angola] adivinho; médium (Do quimb. *kuxingila*, «adivinhar» +*-dor*)

xintoísmo n.m. ⇒ **sintoísmo** (Do jap. *xintó*, «caminho dos deuses» +*-ismo*)

xintoísta adj.2g. **1** relativo ao xintoísmo **2** que professa o xintoísmo ∎ n.2g. pessoa que professa o xintoísmo; sintoísta (Do jap. *xintó*, «caminho dos deuses» +*-ista*)

xipalapala n.f. [Moçambique] corneta feita de uma haste de impala (variedade de antílope) usada para convocações (Do ronga *xi-pala-pala*, «id.»)

xipefo /ê/ n.m. [Moçambique] candeeiro rudimentar, a petróleo (Do changana *xìphefù*, «id.»)

xipo n.m. cinto de couro, com panos suspensos, com que os lundeses cobrem as partes genitais

xipoco /ô/ n.m. **1** [Moçambique] fantasma; alma penada **2** [Moçambique] raio (de roda) (Do changana *xi-poko*, «id.», do boer *spook*, «alma do outro mundo»)

xiquexique n.m. **1** [Brasil] BOTÂNICA nome vulgar extensivo a algumas plantas da família das Leguminosas; tange-tange **2** BOTÂNICA planta brasileira da família das Cactáceas (De orig. onom.)

xiricar v.tr. **1** [Moçambique] apregoar **2** [Moçambique] exibir **3** [Moçambique] cantar (De *xirico*+*-ar*)

xirico n.m. **1** [Angola, Moçambique] ave canora muito vulgar **2** [Angola, Moçambique] variedade de canário africano de cor escura (Do macua *shiriku*, «id.»)

Xiridáceas n.f.pl. BOTÂNICA família de plantas herbáceas, monocotiledóneas, próprias dos países quentes, cujo género-tipo se denomina *Xyris* (Do gr. *xyrís*, «palma-de-santa-rita», pelo lat. *xyrĭde*-, «id.» +*-áceas*)

xiriubeira n.f. BOTÂNICA planta convolvulácea do Brasil (Do tupi *siri'iwa*, «id.» +*-eira*)

xiró n.m. [Brasil] caldo de arroz temperado só com sal (Do jap. *xiru*, «caldo; sopa»)

xis n.m.2n. **1** nome da letra *x* ou *X* **2** incógnita; coisa desconhecida (Do lat. *xí*, «id.», pelo lat. *xi*, «id.»)

xisgaraviz n.m. **1** indivíduo intruso, importuno **2** [regionalismo] criança buliçosa (Formação expressiva)

xistarca n.m. instrutor que, na Grécia antiga, dirigia os exercícios gímnicos que se executavam em ginásio (Do gr. *xystárkhes*, «id.», pelo lat. *xystarcha*-, «id.»)

xistento adj. **1** que diz respeito a xistos **2** xistoso (De *xisto*+*-ento*)

xístico[1] adj. relativo ou pertencente a xisto (rocha) (De *xisto*+*-ico*)

xístico[2] adj. **1** HISTÓRIA, DESPORTO que diz respeito a uma modalidade de atletismo, na Grécia antiga, para a qual os atletas faziam a sua preparação no ginásio **2** HISTÓRIA, DESPORTO designativo desses atletas (Do gr. *xistón*, «ginásio», pelo lat. *xystĭcu*-, «xístico»)

xisto[1] n.m. **1** PETROLOGIA designação genérica das rochas com a propriedade de se dividirem em lâminas ou folhas finas, devido ao desenvolvimento e paralelização dos minerais lamelares, como a mica, e à orientação comum que assumiram os outros minerais **2** PETROLOGIA rocha metamórfica caracterizada por apresentar xistosidade, como as lousas e ardósias (Do gr. *skhistós*, «fendido», pelo fr. *schiste*, «xisto»)

xisto[2] n.m. galeria coberta para ginástica, na Grécia (Do gr. *xystón*, «id.», pelo lat. *xistu*-, «id.»)

xistocarpo adj. **1** BOTÂNICA designativo do fruto que se abre, fendendo-se o pericarpo **2** BOTÂNICA diz-se de certos musgos cujos arquídios se abrem por fendas ∎ n.m. BOTÂNICA fruto que se abre, fendendo-se o pericarpo (Do gr. *skhistós*, «fendido» +*karpós*, «fruto»)

xistocristalino adj. PETROLOGIA diz-se da rocha metamórfica com xistosidade; cristalofílico (De *xisto*-+*cristalino*)

xistoide adj.2g. **1** PETROLOGIA diz-se daquilo que se assemelha ao xisto **2** PETROLOGIA diz-se da rocha que mostra vestígios ou aparência de xistosidade (Do gr. *skhistós*, «fendido» +*eîdos*, «forma», pelo fr. *schistoide*, «id.»)

xistóide ver nova grafia **xistoide**

xistosidade n.f. PETROLOGIA propriedade que permite a certas rochas metamórficas dividirem-se em porções orientadas por planos paralelos entre si, independentes da estratificação, em resultado da tendência de os seus minerais tabulares se disporem, ao recristalizar, segundo planos ou zonas paralelas entre si, orientadas perpendicularmente à direção da máxima compressão tectónica (De *xistoso*+*-i-*+*-dade*)

xistoso /ô/ adj. **1** que tem xisto **2** que é da natureza do xisto (De *xisto*+*-oso*, ou do fr. *schisteux*, «id.»)

xistro n.m. utensílio com que os dentistas raspam o tártaro dos dentes (Do gr. *xístron*, «id.»)

xistrópodes n.m.pl. ORNITOLOGIA divisão da classe das aves que abrange as galináceas e as columbinas (Do gr. *xýstra*, «escova» +*poús*, *podós*, «pé»)

xitaca n.f. **1** [Angola] pequena terra de lavoura **2** [Angola] propriedade agrícola; fazenda (Do umbundo *oxitaka*, «id.»)

xitala n.f. [Moçambique] casa de reunião dos homens (Do maconde *chitala*, «id.»)

xitimela n.m. **1** [Moçambique] barco a vapor **2** [Moçambique] comboio; locomotiva (Do ronga *xi-timela*, «id.», a partir do ing. *steamer*)

xitolo n.m. **1** [Moçambique] loja **2** [Moçambique] cantina (Do ronga *xi-tolo*, «id.», a partir do ing. *store*, pelo zulo)

xivaísmo n.m. RELIGIÃO religião de uma seita dos Brâmanes que tem Xivá como divindade principal (De *Xivá*+*-ismo*)

xivaísta adj.2g. **1** relativo ao xivaísmo **2** seguidor do xivaísmo ∎ n.2g. pessoa sectária do xivaísmo (De *Xivá*+*-ista*)

xivaíta adj.,n.2g. ⇒ **xivaísta** (De *Xivá*+*-ita*)

xixi n.m. **1** BOTÂNICA planta faseolácea do Brasil, cujo suco serve de verniz **2** [coloq.] urina; *fazer* ~ [coloq.] urinar (De orig. onom.)

xixica n.f. [Brasil] [pop.] gorjeta; propina

xixuão n.m. antigo tecido mourisco (De *Xexuão*, top., vila marroquina)

xó interj. usada para fazer parar animais de carga (De orig. onom.)

xô *interj.* usada para afugentar galinhas e outras aves (De orig. onom.)

xocar *v.tr.* [regionalismo] enxotar (aves) (De *xô*+*c*+-*ar*)

xodó *n.m.* **1** [Brasil] namoro **2** [Brasil] namorado ou namorada **3** [Brasil] intriga; mexerico (Formação expressiva)

xofrango *n.m.* **1** ORNITOLOGIA nome vulgar que, para alguns autores, designa o brita-ossos **2** [Brasil] ORNITOLOGIA águia-pesqueira, enquanto jovem (Do lat. *ossifrăga-*, «id.»)

xogum *n.m.* HISTÓRIA chefe militar supremo ou nobre que o imperador do Japão incumbia da governação entre os séculos XII e XIX (Do jap. *xōgun*, «general, comandante-chefe»)

xonar *v.intr.* [coloq.] dormir

xonguila *adj.2g.* **1** [Moçambique] bonito; belo **2** [Moçambique] correto (Do ronga *xongela*, «id.»)

xorca *n.f.* **1** argola usada por certos povos orientais para adornar as pernas ou os braços; axorca **2** [regionalismo] sapato ou chinelo grande e mal feito (Do ár. *xurka*, «id.»)

xordo /ô/ *adj.* [regionalismo] manco e surdo (Do lat. *surdu-*, «surdo»)

xotar *v.tr.* ⇒ **enxotar** (De *xô*+*t*+-*ar*)

xote[1] *n.m.* [Brasil] dança de salão de origem alemã, popular no nordeste do Brasil, executada ao som de sanfonas nos bailes populares (Do al. *Schotisch*, «polca escocesa»)

xote[2] *interj.* ⇒ **xô** (De orig. onom.)

xoxu *n.m.* [regionalismo] tufo de cabelo preso atrás ou no alto da cabeça; puxo

xrâmana *n.m.* ⇒ **xrâmane**

xrâmane *n.m.* **1** asceta mendicante, entre os Hindus **2** asceta budista (Do sânsc. *çramana*, «asceta»)

xucro *adj.* [Brasil] bravo; selvagem; não domesticado (Do quích. *chucru*, «duro»)

xué *n.m.* [Brasil] ZOOLOGIA espécie de sapo grande ■ *adj.2g.* **1** [Brasil] [pej.] de pouca categoria; ordinário **2** [Brasil] [pej.] mal-arranjado (Do tupi *xu'e*, «vaporoso»)

xunquinito *n.m.* PETROLOGIA sienito melanocromático, frequentemente com nefelina e um ou dois minerais fénicos (De *Xunquim*, top., cidade chinesa das margens do rio Ianseqüião +-*ito*)

xurdir *v.intr.* [regionalismo] lutar pela vida; mourejar

xurreira *n.f.* **1** buraco ou lugar por onde se esgota o enxurro **2** ⇒ **enxurreiro** (De *(en)xurro*+-*eira*)

xurumbambos *n.m.pl.* [Brasil] [coloq.] objetos velhos e sem utilidade (Formação expressiva)

xuxo[1] *n.m.* ICTIOLOGIA peixe seláquio (afim das raias), de corpo grande e achatado, com cauda longa e fina, que aparece na costa marítima portuguesa; ratão; rato

xuxo[2] *adj.,n.m.* **1** [Cabo Verde] sujo **2** [Cabo Verde] endiabrado; mau (De *xuxu*, «sujo; diabo; satanás»)

y *n.m.* **1** vigésima quinta letra do alfabeto, usada em palavras e abreviações de origem estrangeira **2** letra que representa a vogal anterior fechada (ex. *lobby*) e a semivogal palatal (ex. *yang*) **3** vigésimo quinto lugar numa série indicada pelas letras do alfabeto **4** QUÍMICA símbolo de *ítrio* (com maiúscula) **5** FÍSICA símbolo de *admitância* (com maiúscula) **6** MATEMÁTICA (equação, problema) símbolo de *segunda incógnita* (quando a primeira é x) **7** MATEMÁTICA símbolo de *função de variável dependente* **8** MATEMÁTICA símbolo de *segunda coordenada cartesiana*

yang *n.m.* princípio masculino que representa a atividade, o calor e a luminosidade, e é considerado uma das forças essenciais da natureza juntamente com o yin, segundo a filosofia chinesa

yanguiano *adj.* relativo ao físico chinês Chen Ning Yang (n. 1922), prémio Nobel da Física em 1957, ou à obra deste cientista (De C. N. *Yang*, antr. +-*iano*)

yeatsiano *adj.* relativo ao poeta irlandês William Butler Yeats (1865-1939), prémio Nobel da Literatura em 1924, ou à sua obra (De W. B. *Yeats*, antr. +-*iano*)

yekkeniano *adj.* relativo ou pertencente ao escritor japonês Kaibara Yekken (1630-1714), autor de muitas dezenas de obras sobre assuntos diversos, ou à obra deste escritor (De K. *Yekken*, antr. +-*iano*)

yen *n.m.* unidade monetária do Japão; iene

yersiniano *adj.* que diz respeito ao médico francês Alexandre Yersin (1863-1943), a quem se deve a descoberta do bacilo da peste, ou à sua obra (De A. *Yersin*, antr. +-*iano*)

yin *n.m.* princípio feminino que representa a passividade, a frieza e a obscuridade, e é considerado uma das forças essenciais da natureza juntamente com o yang, segundo a filosofia chinesa

yoga *n.m.* ⇒ **ioga**

yorkshiriano *adj.* relativo ao condado inglês de York (De *Yorkshire*, top. +-*iano*)

younguiano *adj.* **1** relativo ao poeta inglês Edward Young (1683-1765), ou à sua obra **2** relativo ao médico, físico e egiptólogo inglês Thomas Young (1773-1829) ou à obra deste cientista (De *Young*, antr. +-*iano*)

yuan *n.m.* unidade monetária da China

yuppie *n.m.* jovem bem-sucedido que ocupa um cargo de responsabilidade ou de direção numa organização financeira ou comercial e que revela gosto por bens materiais de valor elevado (Do ing. *yuppie*, de **y**oung **u**rban **p**rofessional, por analogia com *hippie*)

yverdoniano *adj.* que diz respeito à cidade suíça de Yverdon, à beira do lago de Neuchâtel, onde Johann Pestalozzi, pedagogo suíço (1746-1827), fundou o seu célebre instituto de educação moderna, o Instituto de Yverdon (De *Yverdon*, top. +-*iano*)

yvoniano *adj.* relativo ao pintor militar francês Adolphe Yvon (1817-1893) ou à sua obra (De A. *Yvon*, antr. +-*iano*)

z *n.m.* **1** vigésima sexta letra e vigésima consoante do alfabeto **2** letra que representa a consoante fricativa linguodental sonora (ex. *zumbir*) e a consoante fricativa palatal surda (ex. *matriz*) **3** vigésimo sexto lugar numa série indicada pelas letras do alfabeto **4** FÍSICA símbolo de *impedância* (com maiúscula) **5** QUÍMICA símbolo de *número atómico* (com maiúscula) **6** MATEMÁTICA símbolo de *terceira incógnita* (as outras são x e y) **7** MATEMÁTICA símbolo de *terceira coordenada cartesiana*

zabelê *n.m.* [Brasil] ORNITOLOGIA ave galinácea, da família dos Tinamídeos, afim dos tinamus ou inambus, e também conhecida por jaó e juó (De orig. obsc.)

zabra *n.f.* pequena embarcação da África Oriental (Do ár. *závrak*, «id.»)

zabumba *n.m.* **1** [pop.] tambor grande; bombo **2** [pop.] tocador de bombo; zé-pereira **3** [regionalismo] chapéu alto e grande (De orig. onom.)

zabumbar *v.tr.* **1** executar (composição musical) com muito ritmo **2** atordoar com o excesso de barulho **3** anunciar em voz alta ou para muita gente ■ *v.intr.* **1** tocar zabumba **2** [pop.] bater (De *zabumba+-ar*)

zabumbeiro *n.m.* tocador de zabumba (bombo) (De *zabumbar+-eiro*)

zaburreira *n.f.* **1** sítio, nas casas de lagar, que ficou lamacento depois da preparação do vinho ou do azeite **2** ladeira à beira de um rio, formada pelas cheias (De orig. obsc.)

zaburreiro *n.m.* [regionalismo] BOTÂNICA nome vulgar da planta produtora de milho zaburro (De *zaburro+-eiro*)

zaburro *n.m.* **1** BOTÂNICA planta herbácea, pertencente à família das Gramíneas, espontânea no Centro e no Sul de Portugal **2** BOTÂNICA variedade de gramínea cultivada em Portugal, afim do milho-das--vassouras **3** [regionalismo] BOTÂNICA algumas variedades de milho, em especial as que são cortadas em verde para sustento do gado (De orig. obsc.)

zaca *n.m.* ⇒ **zaco**

zaco *n.m.* sacerdote supremo, entre os Bonzos (Do jap. *jaku*, «nirvana»)

zacum *n.m.* **1** BOTÂNICA planta da Arábia, espinhosa, de folhas análogas às do aipo e de fruto amargo **2** BOTÂNICA fruto dessa planta (De ár. *zakkum*, «id.»)

zaga[1] *n.f.* BOTÂNICA espécie de palmeira de cuja madeira se fazem azagaias (De *zagaia*?)

zaga[2] *n.f.* retaguarda; traseira (Do ár. *sâqa*, «retaguarda de exército», pelo cast. *zaga*, «id.»)

zagaia *n.f.* lança curta de arremesso, constituída por uma haste de madeira e uma ponta de ferro; azagaia (Do berb. *zagaya*, «id.»)

zagaiada *n.f.* golpe ou ferimento produzido por zagaia (De *zagaia+-ada*)

zagaiar *v.tr.* arremessar zagaias contra; azagaiar ■ *v.intr.* [Angola] fugir; escapar-se (De *zagaia+-ar*)

zagaieiro *n.m.* indivíduo armado de zagaia (De *zagaia+-eiro*)

zagaio *n.m.* [coloq.] nariz (De orig. obsc.)

zagal *n.m.* **1** pegureiro; pastor **2** ajudante do maioral do gado **3** rapaz forte, vigoroso (Do ár. vulg. *zagal*, «pessoa animosa e forte»)

zagalejo /ê/ *n.m.* ⇒ **zagaleto** (De *zagal+-ejo*)

zagalete /ê/ *n.m.* ⇒ **zagaleto** (De *zagal+-ete*)

zagaleto /ê/ *n.m.* zagal pequeno ou novo (De *zagal+-eto*)

zagalote *n.m.* pequena bala para carregar espingardas (De orig. obsc.)

zagatai *n.m.* **1** turcomano **2** língua dos Turcomanos

zagaté *n.m.* ⇒ **tagaté**

zagor *n.m.* teatro licencioso que funcionava em Goa e foi proibido (Do conc. *zágar*, «id.»)

zagorrino *n.m.* ⇒ **zagorro** (De *zagorro+-ino*)

zagorro /ô/ *adj.,n.m.* **1** [regionalismo] velhaco **2** [regionalismo] morcão; sonso (De orig. obsc.)

zagre *n.m.* MEDICINA ⇒ **usagre** (De *usagre*, com afér.)

zagucho *adj.* [regionalismo] esperto; ladino; espevitado (De orig. obsc.)

zagueiro *n.m.* [Brasil] DESPORTO no futebol, jogador que integra a linha de defesa, posicionando-se à frente do guarda-redes da própria equipa para desarmar o ataque adversário e evitar que este marque golos; defesa (Do cast. *zaguero*, «que fica atrás»)

zagunchada *n.f.* **1** ferimento produzido por zaguncho **2** tiro de zaguncho **3** [fig.] piada; remoque (De *zaguncho+-ada*)

zagunchar *v.tr.* **1** ferir com zaguncho **2** [fig.] espicaçar; molestar com remoques **3** [fig.] censurar (De *zaguncho+-ar*)

zaguncho *n.m.* **1** espécie de azagaia **2** espécie de cravador usado nas chapelarias **3** agulha grande e grossa (De orig. obsc.)

zãibo *adj.* **1** que tem os olhos tortos **2** cambado das pernas (Corrup. de *zambro*)

zaida *n.f.* ZOOLOGIA inseto díptero, espécie de mosca (De *Zaida*, antr.)

zaina *elem.loc.adv.* [regionalismo] *à* ~ à toa (De *zaino*)

zaino *adj.* **1** (cavalo) cujo pelo é castanho puro escurecido **2** (touro) cujo pelo é negro e não brilhante **3** [fig.] sonso; dissimulado; velhaco **4** [fig.] sovina ■ *n.m.* **1** [fig.] pessoa falsa, velhaca **2** [fig.] pessoa libertina (Do cast. *zaino*, «id.»)

zaira *n.f.* ZOOLOGIA ⇒ **zaida**

zaire *n.m.* antiga unidade monetária da República Democrática do Congo, substituída pelo franco congolês

zairense *adj.2g.* relativo ao rio Zaire ou à República Democrática do Congo (antigo Zaire), ou que é seu natural ou habitante ■ *n.2g.* natural ou habitante da República Democrática do Congo (antigo Zaire) (De *Zaire*, top. +-*ense*)

zama *n.f.* espécie de feijão de Moçambique

zamba *n.f.* dança argentina de ritmo em compasso binário (composto) (Do cast. *zamba*, «id.»)

zambaio *adj.* [regionalismo] zanaga; zarolho; vesgo (De *zãibo* × *cambaio*)

zambana *adj.,n.2g.* **1** [pop.] palerma; amalucado **2** [pop.] desajeitado (Formação expressiva)

zambeque *n.m.* **1** calhambeque **2** ⇒ **xaveco** (De *zambo* × *calhambeque*)

zambeta /ê/ *adj.,n.m.* [Brasil] zambro (De *zambo+-eta*)

zambiano *adj.* relativo à Zâmbia ■ *n.m.* natural ou habitante da Zâmbia (De *Zâmbia*, top.+-*ano*)

zambo *adj.* **1** diz-se do indivíduo que tem os pés tortos; zambro **2** [Brasil] que tem um progenitor masculino de raça negra e uma progenitora mulata ou indígena **3** [Brasil] desorientado; desnorteado ■ *n.m.* **1** indivíduo com os pés tortos **2** [Brasil] indivíduo que tem um progenitor masculino de raça negra e uma progenitora mulata ou indígena **3** [Brasil] indivíduo que está desorientado, desnorteado **4** ZOOLOGIA espécie de macaco da América, disforme e selvagem (Do cast. *zambo*, «id.»)

zamboa /ô/ *n.f.* **1** [Brasil] BOTÂNICA fruto (hesperídio) da zamboeira **2** BOTÂNICA árvore, da família das Citráceas, que produz esse fruto; zamboeira **3** [fig.] pessoa estúpida, insípida (Do ár. *zambu'a*, «id.»)

zamboeira *n.f.* [Brasil] BOTÂNICA árvore, da família das Citráceas, que produz zamboas; zamboa (De *zamboa+-eira*)

zamborrada *n.f.* [regionalismo] bátega forte de água; chuvada (Formação expressiva)

zambozinos *n.m.pl.* ⇒ **gambozinos**

zambra[1] *n.f.* dança e música mouriscas que se conservaram na Península Hispânica (Do ár. *zamr*, «instrumentos musicais»)

zambra[2] *n.f.* embarcação mourisca (Do cast. *zambra*, «id.»)

zambralho *n.m.* ORNITOLOGIA uma das espécies de aves empregadas para cevar falcões (De orig. obsc.)

zambro *adj.* cambado das pernas

zambuco *n.m.* embarcação de transporte asiática; sambuco (Do ár. *sanbúq*, «barca»)

zambujal *n.m.* mata de zambujeiros (De *zambujo+-al*)

zambujeiro *n.m.* BOTÂNICA oliveira brava, espontânea nos sítios incultos do Centro e Sul de Portugal, e também conhecida por azambujeira, azambujeiro, azambuja, azambujo, oleastro e oliveira-brava (Do ár. berb. *zabbúj*, «id.» +*-eiro*)

zambujo *n.m.* BOTÂNICA ⇒ **zambujeiro** (Do ár. berb. *zabbúj*, «id.»)

zambulha *n.f.* [regionalismo] ⇒ **zambulheira**

zambulheira *n.f.* [regionalismo] variedade de azeitona pequena proveniente de uma oliveira cultivada em Portugal (De *zambulha*+*-eira*)

zâmia *n.f.* BOTÂNICA planta gimnospérmica da família das Cicadáceas, que cresce de preferência nas regiões tropicais e subtropicais (Do lat. bot. *Zamīa-*, «id.»)

Zamiáceas *n.f.pl.* BOTÂNICA grupo de plantas que, para alguns autores, é uma família independente das Cicadáceas, mas constituída por espécies desta família de gimnospérmicas das regiões subtropicais e intertropicais do Globo, e cujo género-tipo se denomina *Zamia* (De *zâmia*+*-áceas*)

zampar *v.tr.* 1 comer com sofreguidão 2 encher muito de comida (o estômago); empanturrar 3 empachar (Do cast. *zampar*, «id.»)

zamparina *elem.loc.adv.* [Brasil] *à* ~ com o chapéu inclinado para a frente e sobre a orelha direita (De *Zamperini*, antr., cantora veneziana que usava chapéu à banda)

zamumo *n.m.* BOTÂNICA árvore de grande porte, de S. Tomé, fornecedora de certos produtos de aplicações medicinais

zanaga *adj.,n.2g.* que ou pessoa que é vesga; zarolho (De orig. obsc.)

zanago *adj.,n.m.* ⇒ **zanaga**

zanga *n.f.* 1 ato ou efeito de zangar ou zangar-se 2 quezília; desavença; dissensão 3 importunação; contrariedade; aborrecimento 4 aversão 5 mau humor 6 enguiço; mau agouro 7 espécie de volarete jogado entre dois parceiros 8 moinho manual (Deriv. regr. de *zangar*)

zanga-burrinha *n.f.* [Brasil] ⇒ **arre-burrinho** 1 (De orig. obsc.)

zangado *adj.* 1 que está de mau humor; irritado 2 contrariado 3 desavindo (Part. pass. de *zangar*)

zangador *adj.,n.m.* que ou aquele que provoca zanga (De *zangar*+*-dor*)

zangalhão *n.m.* ⇒ **zangalho** (De *zangalho*+*-ão*)

zangalho *n.m.* pessoa mal proporcionada; pessoa muito alta e desajeitada; trangalhadanças (Formação expressiva)

zângano *n.m.* 1 agente ou procurador de negócios particulares 2 agiota 3 adelo; bufarinheiro 4 truão (Do cast. *zángano*, «id.»)

zangão *adj.* 1 que se zanga por contrariedades insignificantes; irascível; antipático 2 chupista; parasita ■ *n.m.* 1 pessoa que se zanga por contrariedades insignificantes; pessoa irascível ou antipática 2 pessoa que vive à custa dos outros; chupista; parasita 3 ZOOLOGIA ⇒ **zângão** 1 (De *zangar*+*-ão*)

zângão *n.m.* 1 ZOOLOGIA abelha do sexo masculino que tem a seu cargo fecundar a abelha-mestra e não produz mel 2 abelha que vive parasitando as colmeias de outras abelhas 3 [fig.] pessoa parasita 4 [fig.] pessoa importuna 5 [fig.] agiota (De orig. onom.)

zangar *v.tr.,pron.* causar ou sentir zanga ou cólera; irritar(-se); incomodar(-se); aborrecer(-se) ■ *v.intr.* (motor) deixar de funcionar ■ *v.pron.* cortar relações com; desavir-se (De *zângão*+*-ar*?)

zangaralhão *n.m.* ⇒ **zangalho**

zangarelha /ê/ *n.f.* 1 [regionalismo] tarrafa de arrastar 2 [regionalismo] cangalha (De *zangarelho*)

zangarelho /ê/ *n.m.* 1 rede de um só pano para emalhar pescadas 2 cangalha (De orig. obsc.)

zangarilhar *v.intr.* [regionalismo] passar e tornar a passar muitas vezes pelo mesmo sítio; andar para trás e para diante (De *zangarilho*+*-ar*)

zangarilheira *elem.loc.adv.* *à* ~ à vontade; livremente (De *zangarilhar*+*-eira*)

zangarilho¹ *n.m.* [regionalismo] pessoa que anda sempre para trás e para diante (De *andarillo*?)

zangarilho² *n.m.* 1 engenho de tirar água a pouca profundidade; picota; cegonha 2 máquina para elevar coisas pesadas; sarilho (Do cast. *zangarilha*, «azenha provisória»)

zangarinheiro *n.m.* BOTÂNICA ⇒ **amieiro-negro** (De *zangarinho*+*-eiro*)

zangarinho *n.m.* BOTÂNICA ⇒ **amieiro-negro** (De orig. obsc.)

zangarrão *n.m.* [regionalismo] homem vestido de diabo que anda pelas povoações a pedir para os santos (De *zangurrar*+*-ão*)

zangarrear *v.tr.,intr.* 1 tocar (instrumento de corda) em ritmo uniforme e no mesmo tom 2 cantar desafinadamente (Do cast. *zangarrear*, «id.»)

zangarreio *n.m.* ato de zangarrear (Deriv. regr. de *zangarrear*)

zangarreiro *adj.,n.m.* que ou aquele que zangarreia (De *zangarrear*+*-eiro*)

zangarrilhão *n.m.* [Açores] figura de velho cómico nas comédias populares (De *zangaralhão*?)

zanguizarra *n.f.* 1 toque desafinado de viola 2 [pop.] tumulto; algazarra 3 qualquer toque desafinado (Formação expressiva)

zangular *v.tr.* [Angola] erguer no ar, para derrubar; sovar (Do quimb. *kuzangula*, «id.»)

zangurrar *v.intr.* [regionalismo] andar à tuna; vadiar; mandriar (De orig. obsc.)

zangurriana *n.f.* 1 instrumento que toca desafinado 2 [pop.] bebedeira 3 cantilena monótona e persistente 4 conversa enfadonha (Formação expressiva)

zanizo *n.m.* BOTÂNICA planta medicinal do Brasil (De orig. obsc.)

zanoio *adj.,n.m.* ⇒ **zarolho**

zanolho *adj.,n.m.* ⇒ **zarolho** (De *zanaga* × *olho*)

Zanoniáceas *n.f.pl.* BOTÂNICA ⇒ **Cucurbitáceas** (Do lat. bot. *Zanonia*+*-áceas*)

zante *n.m.* [Brasil] casta de uva (De orig. obsc.)

zântio *n.m.* BOTÂNICA termo que tem sido usado para designar umas plantas aculeadas, da família das Ambrosiáceas (ou das Compostas), que têm aplicações medicinais, sobretudo pela sua ação febrífuga, e que são afins da bardana-menor; xântio (Do gr. *xánthion*, «id.», pelo lat. *xanthīu-*, «id.»)

Zantoxiláceas /cs/ *n.f.pl.* BOTÂNICA ⇒ **Rutáceas** (De *zantóxilo*+*-áceas*)

zantóxilo /cs/ *n.m.* BOTÂNICA árvore da família das Rutáceas, com casca aromática e alcaloides de utilização medicinal (Do gr. *xánthos*, «amarelo» +*xýlon*, «madeira»)

zanza *n.f.* MÚSICA instrumento musical, do Congo, que é também conhecido por piano dos pretos (De orig. onom.)

zanzador *adj.,n.m.* que ou aquele que vagueia; mandrião (De *zanzar*+*-dor*)

zanzar *v.intr.* andar ao acaso; vaguear; zaranzar (De *zaranzar*)

zânzare *n.m.* ⇒ **zanzino**

zanzarilhar *v.intr.* ⇒ **zangarilhar**

zanzibar *n.m.* língua banta, falada na costa oriental da África (De *Zanzibar*, top., ilha do oceano Índico, próxima da costa oriental da África)

zanzibarita *adj.2g.* respeitante ao Zanzibar, ilha do oceano Índico, próxima da costa oriental da África ■ *n.2g.* natural ou habitante do Zanzibar (De *Zanzibar*, top. +*-ita*)

zanzino *n.m.* [regionalismo] moscardo (De orig. onom.)

zanzo *n.m.* [Brasil] BOTÂNICA planta herbácea, da família das Malváceas; relógio (De orig. obsc.)

zão-zão *n.m.* ⇒ **zunzum** (De orig. onom.)

zape *n.m.* pancada ■ *interj.* imitativa do som produzido por pancada, golpe ou movimento brusco (De orig. onom.)

zápete *n.m.* 1 (jogo do truque) quatro de paus 2 jogo do truque 3 chincalhão (De orig. obsc.)

zapetrape *n.m.* pancada dada pelo gato com a pata (De orig. onom.)

zapping *n.m.* ato de mudar de canal de televisão consecutiva e rapidamente através de um comando à distância (Do ing. *zapping*)

zapupe *n.m.* 1 BOTÂNICA planta de origem americana, cultivada em algumas regiões tropicais, que fornece fibra têxtil 2 fibra feita com esta planta (Do cast. do México *zapupe*, «id.»)

zarabatana *n.f.* tubo comprido para arremessar, soprando, setas ou bolinhas (Do ár. *zarbatána*, «id.»)

zarabatanada *n.f.* tiro de zarabatana (De *zarabatana*+*-ada*)

zaracoteia *n.f.* ⇒ **zaragatoa**

zaragalhada *n.f.* rebuliço; alvoroto; zaragata (Do cast. *zaragalla*, «bando de rapazes combinados para brincadeiras»+*-ada*)

zaragata *n.f.* desordem; barulho; chinfrim; confusão; algazarra (Do cast. *zaragata*, «id.»)

zaragatear *v.intr.* fazer zaragata; provocar desordem (De *zaragata*+*-ear*)

zaragateiro *adj.,n.m.* que ou pessoa que gosta de armar zaragatas; desordeiro; arruaceiro (De *zaragata*+*-eiro*)

zaragatoa /ô/ *n.f.* 1 pincel feito com um bocado de algodão hidrófilo enrolado na extremidade de uma vareta, que serve para pincelar a garganta com qualquer remédio, ou para colher um exsudado 2 o que é colhido com esse pincel 3 BOTÂNICA planta herbácea, da família das Plantagináceas, espontânea em Portugal, cujas sementes têm aplicação terapêutica (Do ár. vulg. *zarqtúná*, «caroço de algodão», pelo cast. *zaragatona*, «id.»)

zaragatoadela *n.f.* pincelada com zaragatoa (pincel) (De *zaragatoar*+*-dela*)

zaragatoar *v.tr.* pincelar com zaragatoa (De *zaragatoa*+*-ar*)

zaralho *adj.* [Madeira] diz-se da mulher destituída de personalidade ou desmazelada (Formação expressiva)
zaranza *adj.2g.* 1 que faz ou diz as coisas atabalhoadamente 2 atordoado; tonto 3 sem juízo; sem sentido 4 [regionalismo] bêbedo ■ *n.2g.* 1 pessoa que faz ou diz as coisas atabalhoadamente; cabeça de vento; doidivanas 2 [regionalismo] pessoa que se embebeda (De orig. obsc.)
zaranzar *v.intr.* 1 andar ao acaso; vaguear; zanzar 2 agir sem tino 3 atrapalhar-se no andar e nos movimentos (De *zaranza*+-*ar*)
zarão *n.m.* pião grande (De orig. obsc.)
zarapelho /ê/ *n.m.* [regionalismo] o Diabo (Formação expressiva)
zarapilheira *n.f.* ⇒ **serapilheira**
zarasca *n.f.* [regionalismo] pião reles; piorra (De orig. obsc.)
zarcão *n.m.* 1 mineral constituído por óxido de chumbo, Pb_3O_4, de cor vermelha; mínio 2 pigmento vermelho fabricado artificialmente, com a mesma composição química do mineral, muito usado em tintas anticorrosivas, em especial contra a ferrugem (Do ár. *zarkún*, «cor de fogo; zarcão»)
zarco *adj.* 1 diz-se do animal cujos olhos têm coloração azul-clara 2 designativo do cavalo cuja pelagem apresenta mancha branca ao redor de um ou dos olhos (Do ár. *zarqá*, «que tem olhos azuis»)
zaré *adj.2g.* 1 [pop.] atoleimado 2 [gír.] embriagado (Formação expressiva)
zarelhar *v.intr.* 1 intrometer-se em tudo 2 fazer travessuras; doidejar 3 agitar-se (De *zarelho*+-*ar*)
zarelho /ê/ *n.m.* 1 indivíduo metediço 2 rapaz travesso 3 zaranza 4 guarnição de espingarda que serve para prender a bandoleira 5 [regionalismo] indivíduo um tanto gago (De orig. obsc.)
zargo *adj.* 1 [regionalismo] zarolho 2 [Brasil] zarco (De *zarco*)
zargunchada *n.f.* pancada ou ferimento com zargunho; zagunchada (Part. pass. fem. subst. de *zargunchar*)
zargunchar *v.tr.* bater com zargunho em; ferir com zargunho; zagunchar (De *zargunho*+-*ar*)
zargunho *n.m.* 1 ICTIOLOGIA para alguns autores, peixe que aparece na costa marítima portuguesa 2 ⇒ **zagunho** (De *zagunho*)
zarolhice *n.f.* 1 qualidade de zarolho 2 [fig.] coisa desajeitada, mal feita (De *zarolho*+-*ice*)
zarolho *adj.,n.m.* 1 que ou pessoa que é cega de um olho 2 que ou pessoa que tem desvio nos olhos; vesgo (De *zarco* × *olho*)
zarpar *v.intr.* 1 levantar âncora (um navio); levantar ferro 2 partir; sair; ir-se embora ■ *v.tr.* [regionalismo] abusar da boa-fé de (alguém) (Do it. ant. *sarpare*, hoje *salpare*, «id.», pelo cast. *zarpar*, «id.»)
zarro[1] *n.m.* 1 ORNITOLOGIA pato-bravo que aparece em Portugal durante o inverno, também conhecido por perra, e que é afim do larro ou catulo 2 NÁUTICA cabo náutico em forma de pé de galinha (De *larro*?)
zarro[2] *n.m.* ébrio (De orig. obsc.)
zaruca *adj.2g.* ⇒ **zaruco**
zaruco *adj.* [coloq.] transtornado do juízo; apalermado (Formação expressiva)
zarzagitânia *n.f.* pano de algodão usado antigamente entre os Mouros (De orig. obsc.)
zarzuela *n.f.* 1 TEATRO, MÚSICA peça teatral espanhola, em que se alterna a declamação com o canto; opereta cómica 2 MÚSICA letra e música dessa peça (Do cast. *zarzuela*, «id.»)
zarzuelista *n.2g.* autor de zarzuelas (De *zarzuela*+-*ista*)
zás *interj.* 1 imita o som produzido por pancada ou queda; bumba! 2 indica ação rápida; pumba! (De orig. onom.)
zás-catrás *interj.* ⇒ **zás** (De orig. onom.)
zás-trás *interj.* ⇒ **zás** (De orig. onom.)
zavado *adj.* [regionalismo] safado; descarado; sem vergonha (De *safado*)
zavaneira *n.f.* 1 [regionalismo] mulher diligente; fura-vidas 2 [regionalismo] boa dona de casa (De orig. obsc.)
zavar *v.intr.* [regionalismo] morder com raiva (De orig. desconhecida)
zavra *n.f.* ⇒ **zabra**
zazo *n.m.* nome com que se designa o grão-sacerdote, entre os Japoneses
zé *n.m.* 1 [pop.] indivíduo do povo 2 [pop.] trabalhador 3 [pop.] pateta; pacóvio (De *José*, antr.)
zê *n.m.* nome da letra *z* ou *Z*
zebo /ê/ *n.m.* ZOOLOGIA ⇒ **gebo** *n.m.* 2 (De *gebo*)
zebra /ê/ *n.f.* 1 ZOOLOGIA mamífero perissodáctilo, da família dos Equídeos, domesticável, com pelagem listrada de faixas escuras, representado por várias espécies e subespécies africanas 2 faixa para travessia de peões 3 [regionalismo] pião oblongo e tosco 4 [Brasil] pessoa pouco inteligente ou estúpida (Do lat. vulg. **eciféru-*, «id.», do lat. *equiféru-*, «cavalo selvagem»)

zebrado *adj.* com listras como a zebra; raiado ■ *n.m.* [Brasil] faixa, numa rua, para travessia de peões (Part. pass. de *zebrar*)
zebrainho *n.m.* [regionalismo] casta de videira (ou as suas uvas) produtora de uvas pretas, cultivada em Portugal e apreciada em vinicultura (De orig. obsc.)
zebral *adj.2g.* 1 referente à zebra (mamífero) ou à sua coloração 2 designativo de uma pedra que servia de peso e equivalia a uma arroba (De *zebra*+-*al*)
zebrar *v.tr.* fazer listras semelhantes às da pele da zebra em (superfície) (De *zebra*+-*ar*)
zebrário *adj.* ⇒ **zebral** (De *zebra*+-*ário*)
zebrino *adj.* ⇒ **zebral** (De *zebra*+-*ino*)
zebro[1] /ê/ *n.m.* ⇒ **azevinho** (Por *azevo, do lat. vulg. **acifólu-*, do lat. cl. *aquifóliu-*, «azevinho»)
zebro[2] /ê/ *n.m.* 1 cavalo selvagem 2 boi ou novilho selvagem (Do lat. vulg. **eciféru-*, «id.», do lat. *equiféru-*, «cavalo selvagem»)
zebroide *adj.2g.* semelhante à zebra ■ *n.m.* híbrido proveniente do cruzamento de zebra com burro ou cavalo (De *zebra*+-*óide*)
zebróide ver nova grafia zebroide
zebrum *adj.* ⇒ **baio** 3 (De *zebra* ou *zebro*+-*um*)
zebruno *adj.* ⇒ **baio** 3
zebu *n.m.* ZOOLOGIA ⇒ **gebo** *n.m.* 2 (Do tibet. *zeu, zeba*, «bossa, corcova», pelo fr. *zébu*, «id.»)
zécora *n.f.* 1 BOTÂNICA nome vulgar por que também é designada a ónagra ou onagra 2 ZOOLOGIA burro selvagem; ónagro (De orig. obsc.)
zé-cuecas *n.m.2n.* [regionalismo] sujeito inútil; pacóvio
zé-da-véstia ver nova grafia zé da véstia
zé da véstia *n.m.* [pop.] zé-ninguém; jagodes
zedoária *n.f.* BOTÂNICA planta zingiberácea cuja raiz tem propriedades estimulantes (Do pers. *zädwar*, «id.», pelo ár. *zeduár*, «id.»)
zé-dos-anzóis ver nova grafia zé dos anzóis
zé dos anzóis *n.m.2n.* [pop.] qualquer sujeito; fulano
zé-faz-formas *n.m.2n.* [pop., depr.] ⇒ **jagodes**
zefir *n.m.* tecido transparente e leve (Do gr. *zéphyros*, «brisa suave», pelo lat. *zephyru-*, «id.», pelo fr. *zéphir*, «brisa suave»; tecido fino de algodão»)
zefire *n.m.* ⇒ **zefir**
zefirino *adj.* 1 relativo ao zéfiro 2 [fig.] brando (Do lat. *zephyrinu-*, «id.»)
zéfiro *n.m.* [poét.] vento brando e agradável; brisa; aragem (Do lat. *zephyru-*, «id.»)
zé-godes *n.m.2n.* [pop., depr.] ⇒ **jagodes**
Zeídas *n.m.pl.* ICTIOLOGIA ⇒ **Zeídeos**
Zeídeos *n.m.pl.* ICTIOLOGIA família de peixes teleósteos, de corpo comprido e alto, olhos grandes, cujo género-tipo se denomina *Zeus* (Do lat. cient. *Zeus*+-*ídeos*)
zeimão *n.m.* [regionalismo] indivíduo sem préstimo (De orig. obsc.)
zeísmo *n.m.* doutrina médica dos que atribuem a pelagra ao uso do maís adulterado (Do gr. *zéa*, «trigo miúdo» +-*ismo*)
zekel *n.m.* ⇒ **shekel**
zelação *n.f.* 1 ato ou efeito de zelar; zelo 2 [Brasil] estrela-cadente; bólide (De *zelar*+-*ção*)
zelador *adj.* que zela; zelante ■ *n.m.* 1 o que zela 2 pessoa que fiscaliza a execução ou o cumprimento das leis municipais 3 administrador em certas confrarias ou congregações religiosas ou caritativas 4 pessoa encarregada de tomar conta de um prédio, condomínio, colégio, escritório, museu, etc. (De *zelar*+-*dor*)
zeladoria *n.f.* repartição onde se tratam questões de fiscalização (De *zelador*+-*ia*)
zelandês *adj.* referente à Zelândia, província da Holanda ■ *n.m.* natural ou habitante da Zelândia (De *Zelândia*, top. +-*ês*)
zelante *adj.2g.* que zela; zelador (Do lat. *zelante-*, «id.», part. pres. de *zeláre*, «invejar; amar»)
zelar *v.tr.* 1 ter zelo por; cuidar com desvelo; vigiar 2 administrar; tomar conta de 3 velar; pugnar; interessar-se 4 ter ciúmes de (Do lat. *zeláre*, «invejar; amar»)
zelha /ê/ *n.f.* BOTÂNICA planta da família das Aceráceas, afim do bordo comum (Do lat. **acebúla-*, de *acer*, «agudo; áspero»)
zelo /ê/ *n.m.* 1 afeição viva e ardente por alguém ou algo; dedicação 2 cuidado; desvelo; interesse 3 diligência e pontualidade em qualquer serviço 4 *pl.* ciúme (Do gr. *zélos*, «fervor», pelo lat. *zelu*, «id.»)
zelosia *n.f.* 1 qualidade de zeloso 2 zelo (De *zeloso*+-*ia*)
zeloso /ô/ *adj.* 1 que tem zelo 2 cuidadoso 3 diligente 4 ciumento (De *zelo*+-*oso*)
zelote *adj.2g.* 1 [pop.] diz-se daquele que finge ter zelo 2 [pop.] beato falso; tartufo (Do gr. *zelotés*, «rival», pelo lat. *zelóte-*, «invejoso»)

zelotipia n.f. 1 ciúmes 2 inveja (Do gr. *zelotypía*, «id.», pelo lat. *zelotypía-*, «id.»)

zembro adj. ⇒ **zambro** (Por *zambro*)

zemiobiose n.f. relação entre dois organismos que provoca a destruição de um deles (Do gr. *zemía*, «destruição» +*bíosis*, «modo de vida»)

zemiodemia n.f. relação entre indivíduos da mesma espécie que produz prejuízos que levam ao desaparecimento da referida espécie (Do gr. *zemía*, «destruição» +*dēmos*, «povo» +*-ia*)

zen n.m. RELIGIÃO ramo do budismo que privilegia a meditação sem objeto ou a pura concentração do espírito, insistindo em certas posturas corporais ■ adj. [coloq.] que revela tranquilidade e serenidade (Do jap. *zen*, «meditação religiosa»)

zenda n.m. ⇒ **zende**

zende n.m. 1 explicação da religião de Zoroastres ou Zaratustra, profeta e reformador persa (séculos VIII e VII a. C.) 2 língua em que está escrito o Avestá ou Zendavestá, livro sagrado dos antigos Persas (Do pers. *zan*, «conhecimento»)

zendicismo n.m. doutrina religiosa do Avestá ou Zendavestá, livro sagrado dos antigos Persas (De *zende*+*-ico*+*-ismo*)

zendicista n.2g. ⇒ **zendista**

zendista n.2g. pessoa que segue o zendicismo (De *zende*+*-ista*)

zeneta adj.2g. relativo ou pertencente aos Zenetas ■ n.2g. indivíduo da tribo dos Zenetas (Do ár. vulg. *zenêti*, do ár. cl. *zanatî*, «indivíduo da tribo dos Zenetas»)

Zenetas n.m.pl. ETNOGRAFIA tribo árabe que, vinda de Marrocos, invadiu a Espanha no séc. VIII (Do ár. vulg. *zenetî*, «id.»)

zé-ninguém n.m. pessoa insignificante ou com poucos recursos económicos

zenir v.intr. ⇒ **zunir** (De orig. onom.)

zenital adj.2g. ASTRONOMIA referente ao zénite (De *zénite*+*-al*)

zénite n.m. 1 ASTRONOMIA ponto da esfera celeste que, relativamente a cada lugar da Terra, é encontrado pela vertical levantada desse lugar 2 [fig.] ponto mais elevado; auge; fastígio; apogeu; ápice (Do ár. *samt*, «caminho; rumo; direção da cabeça»)

zenónico adj. relativo a Zenão de Eleia, filósofo grego (séculos V e IV a. C.), ou à sua filosofia (Do gr. *zenonikós*, «id.», pelo lat. *zenonĭco-*, «id.»)

zenonismo n.m. doutrina do filósofo grego Zenão de Eleia (séculos V e IV a. C.), que afirmava ser o movimento incompatível com a conceção pitagórica; estoicismo (Do lat. *Zenōne-*, antr. +*-ismo*)

zenonista n.2g. pessoa sectária do zenonismo ■ adj.2g. respeitante ao zenonismo (Do lat. *Zenōne-*, antr. +*-ista*)

zenzém[1] n.m. [São Tomé e Príncipe] BOTÂNICA grande árvore da família das Anacardiáceas, frequente nas regiões de floresta densa, que atinge por vezes os 30 m de altura, cujo fruto é semelhante à azeitona, e cujas resina, casca e folhas têm aplicações medicinais (Do forro *zen-zen*, «id.»)

zenzém[2] n.m. poço situado no recinto do templo de Meca, em que, segundo a tradição, Deus fez brotar água para Agar e Ismael, personagens bíblicas (Do ár. *zamzam*, «id.»)

zeófago adj. que se alimenta de milho (Do gr. *zéa*, «milho miúdo» +*phageîn*, «comer»)

zeolite n.f. MINERALOGIA grupo numeroso de minerais (aluminossilicatos hidratados de sódio, potássio, cálcio e bário) existentes sobretudo nas rochas amigdaloides (Do gr. *zeîn*, «ferver» +*líthos*, «pedra»)

zeolítico adj. relativo às zeolites (Do gr. *zeîn*, «ferver» +*líthos*, «pedra» +*-ico*)

zepelim n.m. balão dirigível de tipo rígido e de grandes dimensões, em forma de charuto, construído pelo aeronauta alemão conde de Zeppelin (1838-1917) (De *Zeppelin*, antr.)

zé-pereira n.m. 1 [pop.] bombo 2 [pop.] tocador de bombo (De *Zé Pereira*, antr.)

zé-povinho n.m. 1 figura típica criada por Rafael Bordalo Pinheiro e que se tornou um símbolo do povo português 2 qualquer cópia dessa figura 3 [pop.] povo português 4 [coloq.] indivíduo do povo (De *Zé*, antr.+*povo*+*-inho*)

zequel n.m. ⇒ **shekel**

zé-quitólis n.m.2n. [regionalismo] indivíduo sem importância; zé-ninguém (Formação expressiva)

zerbada n.f. [regionalismo] bátega de água; chuvada violenta (De orig. obsc.)

zerbo /ê/ n.m. ANATOMIA ⇒ **peritoneu** (De *zirbo*)

zerê adj.,n.2g. [Brasil] ⇒ **zarolho**

zeribanda n.f. ⇒ **sarabanda**

zerichia n.f. 1 [regionalismo] zumbido das abelhas 2 [regionalismo] chiada de rapazes; balbúrdia (De orig. onom.)

zero num.card. >quant.num.[DT] primeiro número do conjunto de inteiros não negativos; algarismo que não designa por si só nenhum valor, mas que, no sistema posicional árabe, decuplica o valor dos algarismos que se encontram à sua esquerda ■ n.m. 1 o número 0 e a quantidade representada por esse número 2 nada; coisa nenhuma 3 ponto de origem numa escala 4 [fig.] coisa ou pessoa sem nenhum valor 5 MATEMÁTICA elemento neutro da operação de adição 6 MATEMÁTICA valor da variável que torna nula uma função dessa variável 7 LINGUÍSTICA ausência ou falta de um traço considerado pertinente num paradigma; *começar do ~* começar com poucos ou nenhuns recursos; *estar a ~* não perceber nada; *ponto ~* ponto de que se parte para contar, medir ou apreciar a extensão ou o desenvolvimento de uma coisa; *ser um ~ à esquerda* não valer nada, não saber nada (Do ár. *sifr*, «vazio», pelo lat. *zephĭru-*, pelo it. *zero*, ou pelo fr. *zéro*, «id.»)

zerumba n.f. uma das drogas que vinham da Índia, talvez o gengibre (Do pers. *zarambád*, «id.»)

zerumbete /ê/ n.m. gengibre silvestre (Do pers. *zarambád*, «id.»)

zesto n.m. 1 película interior que divide a noz em quatro partes 2 camada externa e odorífera dos frutos hesperídeos (laranja, limão, etc.) (Do fr. *zeste*, «id.»)

zeta n.m. nome da sexta letra do alfabeto grego (ζ, Z) correspondente ao **z** (Do gr. *zêta*, «id.», pelo lat. *zeta-*, «id.»)

zetacismo n.m. vício de pronúncia do *z* ou do *s* (De *zeta*+*c*+*-ismo*)

zetética n.f. pesquisa; método de investigação; indagação (Do gr. *zetetiké* [*tékhne*], «[arte] de procurar»)

zetético adj. 1 qualificativo aplicado outrora aos céticos 2 referente à zetética; *análise zetética* MATEMÁTICA nome dado pelo matemático francês F. Viète (1540-1603) ao método matemático, hoje denominado método analítico, que consiste em supor o problema resolvido para encontrar a solução (Do gr. *zetetikós*, «de pesquisador»)

zeugita[1] n.f. CITOLOGIA célula em que se opera a fusão nuclear, em especial em certos fungos (Do gr. *zeûgos*, «parelha»+*-ita*)

zeugita[2] n.m. indivíduo que pertencia à terceira classe social, em Atenas, segundo a legislação de Sólon, estadista da antiga Grécia (640-558 a. C.) (Do gr. *zeugítes*, «id.»)

zeugitano adj. da Zeugitânia, região entre Bizacena e a Numídia, antigos países do Norte da África (De *Zeugitânia*, top.)

zeugma n.m. recurso estilístico que consiste na omissão, numa oração, de uma palavra ou palavras já expressas noutra oração (ex.: *abriu os olhos; primeiro um* [*olho*], *depois o outro* [*olho*]) (Do gr. *zeûgma, -atos*, «junção», pelo lat. *zeugma-*, «id.»)

zeugmático adj. 1 relativo a zeugma 2 em que há zeugma (Do gr. *zeûgma, -atos*, «junção»+*-ico*)

zeugo n.m. MÚSICA antigo instrumento musical, usado pelos Gregos, que consistia numa flauta dupla (Do gr. *zeûgos*, «jugo; par»)

zibelina n.f. 1 ZOOLOGIA mamífero carnívoro da China e da Sibéria, que fornece uma pele muito apreciada 2 pele desse animal (Do russo *sóboli*, «id.», pelo fr. *zibeline*, «id.»)

zibeta /ê/ n.f. ZOOLOGIA mamífero carnívoro, da família dos Viverrídeos, que vive na Ásia e é também conhecido por almiscareiro, civeta, gato-de-algália, etc. (Do gr. *zabéton*, «id.», pelo ár. *zabad*, pelo it. *zibetto*, «zibeta»)

zichar v.intr. [regionalismo] sair em borbotões; golfar (Alt. de *esguichar*)

zicho n.m. ato de zichar; esguicho (Deriv. regr. de *zichar*)

zignia n.f. BOTÂNICA planta ornamental, da família das Compostas, proveniente da África (De orig. obsc.)

zig(o)- elemento de formação de palavras que exprime a ideia de *par, ligação* (Do gr. *zygós*, «jugo; fiel da balança»)

zigobrânquio adj. ZOOLOGIA pertencente ou relativo aos zigobrânquios ■ n.m.pl. ZOOLOGIA grupo de moluscos gastrópodes, prosobrânquios, com um par de brânquias, representado na fauna marinha portuguesa (Do gr. *zygós*, «par» +*brágkhia*, «brânquia»)

zigocardíaco adj. ZOOLOGIA designativo de umas peças resistentes que entram na constituição do aparelho triturador dos crustáceos superiores chamado moinho gástrico (Do gr. *zygós*, «par» +*kardía*, «coração»)

zigodáctilo adj. 1 ZOOLOGIA diz-se do animal cujos dedos estão dispostos ou ligados dois a dois 2 ORNITOLOGIA diz-se da ave cujas patas têm dois dedos voltados para a frente e dois para trás ■ n.m. espécime dos zigodáctilos ■ n.m.pl. ORNITOLOGIA grupo de aves cujas patas têm dois dedos voltados para a frente e dois para trás e ao qual pertencem as trepadoras (Do gr. *zygós*, «par» +*dáktylos*, «dedo»)

zigodonte adj.2g. designativo do animal cujos dentes molares apresentam tubérculos dispostos dois a dois (Do gr. *zygós*, «par» +*odoús, odóntos*, «dente»)

zigófase n.f. BOTÂNICA fase no ciclo evolutivo de uma planta originada pelo zigoto, quando há alternância de gerações, ou, no caso contrário, o próprio zigoto (Do gr. *zygós*, «par» +*phásis*, «fase»)

Zigofiláceas n.f.pl. BOTÂNICA família de plantas dicotiledóneas, de folhas compostas e com estípulas, cujo género-tipo se denomina Zygophyllum (De *zigofilo*+-*áceas*)

zigofíleas n.f.pl. BOTÂNICA tribo de plantas da família das Zigofiláceas (De *zigofilo*+-*eas*)

zigofilo n.m. BOTÂNICA planta da família das Zigofiláceas (género Zygophyllum) da qual existem diversas espécies ornamentais e medicinais (Do gr. *zygós*, «par» +*phýllon*, «folha»)

zigófito n.m. BOTÂNICA planta em cuja reprodução se verifica isogamia (Do gr. *zygós*, «par» +*phytón*, «planta»)

zigogâmeta n.m. BIOLOGIA gâmeta desprovido de órgãos locomotores, que intervêm na reprodução isogâmica de alguns vegetais, como em certas algas, e designado também por aplanogâmeta (Do gr. *zygós*, «par» +*gamétes*, «esposo»)

zigoma /ô/ n.m. ANATOMIA osso malar (Do gr. *zýgoma*, -*atos*, «travessão; zigoma»)

zigomatauricular adj.2g. que se refere ao zigoma e ao ouvido (De *zigomato*-+*auricular*)

zigomático adj. ANATOMIA referente ao zigoma; *arcada zigomática* região do endosqueleto da cabeça constituída por uma apófise do osso temporal e parte do osso malar (Do gr. *zýgoma*, -*atos*, «travessão; zigoma»+-*ico*)

zigomato- /ó/ elemento de formação de palavras que exprime a ideia de *travessão, zigoma* (Do gr. *zýgoma*, -*atos*, «id.»)

zigomatolabial adj.2g. referente ao zigoma e aos lábios (De *zigomato*-+*labial*)

zigomatomaxilar adj.2g. referente ao zigoma e ao maxilar (De *zigomato*-+*maxilar*)

zigomicetales n.m.pl. BIOLOGIA ⇒ **zigomicetes** (Do lat. bot. *Zygomycētes*)

zigomicetes n.m.pl. BIOLOGIA grupo (ordem) de fungos ficomicetes, de micélio muito ramificado, com formas homotálicas e heterotálicas; zigomicetales (Do gr. *zygós*, «par» +*mýkes*, -*etos*, «cogumelo»)

zigomorfo adj. BOTÂNICA diz-se de alguns órgãos vegetais que apresentam um só plano de simetria (Do gr. *zygós*, «par» +*morphé*, «forma»)

zigonema /ê/ n.m. **1** BIOLOGIA cromossoma de período zigoteno, na meiose **2** BIOLOGIA este período (Do gr. *zygós*, «par» +*nêma*, «fio; filamento»)

zigose n.f. BIOLOGIA ⇒ **conjugação** 5 (De *zigo*-+-*ose*)

zigósporo n.m. BIOLOGIA ovo que resulta de uma fecundação isogâmica (De *zigo*-+*esporo*)

zigóstata n.m. aferidor de pesos e medidas, entre os antigos Gregos e Romanos (Do gr. *zygostátes*, «id.», pelo lat. *zygostăta*-, «id.»)

zigotáctico a grafia mais usada é **zigotático**

zigotactismo a grafia mais usada é **zigotatismo**

zigotático adj. que é relativo a zigotatismo (Do gr. *zygós*, «par» +*taktikós*, «tático») ACORDO ORTOGRÁFICO também se pode escrever zigotáctico

zigotatismo n.m. BOTÂNICA tatismo que se refere à atração que se verifica entre dois elementos da reprodução ou fecundantes, nos vegetais, em especial nas hifas de fungos (Do gr. *zygós*, «par» +*taktós*, «regulado» +-*ismo*) ACORDO ORTOGRÁFICO também se pode escrever zigotactismo

zigoteno /ê/ n.m. BIOLOGIA nos fenómenos da meiose, primeiro período da prófase em que os cromossomas se juntam aos pares (Do gr. *zygós*, «par» +*tainía*, «cinta», pelo fr. *zygotène*, «id.»)

zigoto /ô/ n.m. BIOLOGIA célula que resulta da fecundação dos gâmetas; ovo (Do gr. *zygotós*, «unido»)

zigotoblasto n.m. BIOLOGIA célula resultante da divisão do zigotómero, e que é um esporo durável (esporozoíto) (Do gr. *zygotós*, «unido» +*blastós*, «gérmen»)

zigotómero n.m. BIOLOGIA cada uma das células provenientes da segmentação do zigoto nos esporozoários, as quais, por sua vez, originam os esporos duráveis (esporozoítos) (Do gr. *zygotós*, «unido» +*méros*, «parte»)

ziguezague n.m. **1** linha quebrada que forma alternadamente ângulos salientes e reentrantes **2** modo de andar que descreve essa linha **3** ornato com a forma dessa linha **4** sinuosidade; *aos ziguezagues* formando linha quebrada ou sinuosa (Do al. *Zickzack*, «id.», pelo fr. *zigzag*, «id.»)

ziguezagueante adj.2g. que descreve ziguezagues (De *ziguezaguear*+-*ante*)

ziguezaguear v.intr. **1** descrever ziguezagues **2** andar aos ziguezagues (De *ziguezague*+-*ear*)

ziguezigue n.m. **1** brinquedo infantil, espécie de cegarrega **2** [fig.] pessoa buliçosa, traquinas (De orig. onom.)

zigurate n.m. ARQUITETURA edifício da Mesopotâmia, constituído por uma torre gigantesca, de forma piramidal, com vários andares construídos em tijolo, e rematada no cume por um santuário (Do assírio-babilónico *ziqquratu*, «pináculo»)

zilro n.m. ORNITOLOGIA ⇒ **pedreiro** 3 (De orig. onom.)

zímase n.f. enzima que favorece a decomposição dos açúcares e produz álcool e anidrido carbónico; diástase (Do gr. *zýme*, «fermento» +(*diást*)*ase*)

zimbabuano adj.,n.m. ⇒ **zimbabuense** (De *Zimbabué*, top.+-*ano*)

zimbábue n.m. **1** [Moçambique] casa elevada **2** [Moçambique] grande grupo populacional sobretudo no interior (Do banto *simba*, «casa», +*woye*, «alto»)

zimbabuense adj.2g. relativo ou pertencente ao Zimbabué (país da África Austral) ■ n.2g. natural ou habitante do Zimbabué (De *Zimbabué*, top.+-*ense*)

zimbo n.m. concha univalve que serve de moeda no Congo

zimbório n.m. **1** parte mais alta e exterior da cúpula de um edifício **2** [coloq.] chapéu de senhora (Do gr. *kibórion*, «cúpula», pelo lat. *ciborĭu*-, «id.»)

zimbrada n.f. **1** ato de zimbrar; fustigação **2** sova **3** castigo (Part. pass. fem. subst. de *zimbrar*)

zimbral n.m. mata de zimbros; zimbreiral (De *zimbro*+-*al*)

zimbrão n.m. [Cabo Verde] BOTÂNICA árvore espinhosa, da família das Cupressáceas, de fruto redondo como o zimbro, constituído por uma semente envolta por uma polpa ácida (Do crioulo *simbrom*, «id.»)

zimbrar v.tr. **1** fustigar com chicote ou objeto parecido; zurzir; açoitar **2** [regionalismo] colocar bordões estirados sobre a pele (do tambor) para lhe reforçar o som ■ v.intr. (navio) baloiçar da popa à proa; arfar (Do cast. *cimbrar*, «espancar»)

zimbreiral n.m. ⇒ **zimbral** (De *zimbreiro*+-*al*)

zimbreiro n.m. BOTÂNICA ⇒ **zimbro**¹ (De *zimbro*+-*eiro*)

zimbro¹ n.m. BOTÂNICA árvore de folhas estreitas e muito espinescentes, que pertence à família das Pináceas, espontânea especialmente no Norte de Portugal; genebreiro (Do lat. *junipěru*-, «id.»)

zimbro² n.m. **1** orvalho **2** chuva miúda (De orig. obsc.)

zimbro-rasteiro n.m. BOTÂNICA árvore considerada uma subespécie (ou raça) do zimbro e que aparece na serra do Gerês e na serra da Estrela

zímico adj. relativo à fermentação (Do gr. *zýme*, «fermentação» +-*ico*)

zim(o)- elemento de formação de palavras que exprime a ideia de *fermento, fermentação* (Do gr. *zýme*, «fermentação»)

zimodiagnóstico n.m. MEDICINA diagnóstico sobre a natureza dos glóbulos brancos de um pus ou de um derrame (De *zimo*-+*diagnóstico*)

zimogenia n.f. fermentação química (De *zimo*-+-*genia*)

zimogénico adj. **1** que diz respeito à zimogenia **2** (microrganismo) que produz fermentação (De *zimogenia*+-*ico*)

zimógeno adj. ⇒ **zimogénico**

zimologia n.f. parte da química que trata das fermentações (De *zimo*-+-*logia*)

zimose n.f. **1** fermentação solúvel **2** [ant.] doença infeciosa (Do gr. *zýmosis*, «fermentação»)

zimosimetria n.f. processo para avaliar o grau de fermentação dos líquidos (Do gr. *zýmosis*, «fermentação» +*métron*, «medida» +-*ia*)

zimosimétrico adj. relativo à zimosimetria (De *zimosimetria*+-*ico*)

zimosímetro n.m. instrumento com que se avalia o grau de fermentação de um líquido (Do gr. *zýmosis*, «fermentação» +*métron*, «medida»)

zimotecnia n.f. arte de provocar e dirigir a fermentação (Do gr. *zýme*, «fermentação» +*tékhne*, «arte» +-*ia*)

zimotécnico adj. **1** pertencente à zimotecnia **2** relativo à zimotecnia (De *zimotecnia*+-*ico*)

zimoterapia n.f. tratamento de doenças, com aplicação de fermentos (De *zimo*-+*terapia*)

zimótico adj. **1** relativo aos fermentos solúveis **2** próprio para a fermentação **3** [ant.] dizia-se de qualquer doença infeciosa (Do gr. *zymotikós*, «id.»)

zina n.f. **1** o maior grau de intensidade; clímax; auge; pino **2** bico de peito; mamilo (De orig. obsc.)

zinabre n.m. ⇒ **azebre** 1 (Corrup. de *azinhavre*)

zincagem n.f. operação de zincar; revestimento de zinco (De zincar+-agem)

zincar v.tr. revestir de zinco; galvanizar com zinco (De zinco+-ar)

zíncico adj. diz-se de um composto que contém zinco (De zinco+-ico)

zincífero adj. que produz zinco (De zinci-+-fero)

zincite n.f. MINERALOGIA mineral (óxido de zinco) que cristaliza no sistema hexagonal e é minério de zinco (De zinco+-ite)

zinco n.m. QUÍMICA elemento com o número atómico 30, de símbolo Zn, que é um metal duro, branco-azulado, brilhante, muito usado em ligas metálicas (latão, alpaca, metal branco), no revestimento do ferro (ferro galvanizado), em canalizações, etc. (Do al. *Zink*, «id.», pelo fr. *zinc*, «id.»)

zincografar v.tr. gravar ou imprimir em lâminas de zinco (De zinco+grafar)

zincografia n.f. 1 arte de gravar ou imprimir sobre lâminas de zinco 2 gravura em zinco (De zinco+-grafia)

zincográfico adj. relativo ou pertencente à zincografia (De zincografia+-ico)

zincógrafo n.m. aquele que se dedica à zincografia (De zinco+-grafo)

zincogravador n.m. aquele que grava em zinco (De zinco+gravador ou de zincogravar+-dor)

zincogravar v.tr. gravar em zinco; zincografar (De zinco+gravar)

zincogravura n.f. 1 arte ou processo de gravar ou imprimir sobre lâminas de zinco 2 gravura em zinco (De zinco+gravura)

zineira n.f. [regionalismo] ⇒ **zina** (De zina+-eira)

zinga n.f. [Brasil] vara comprida com que os canoeiros vencem a força da corrente, quando não basta a ação dos remos (De orig. obsc.)

zingador adj.,n.m. [Brasil] que ou aquele que zinga (De zingar+-dor)

zingamocho /ô/ n.m. 1 remate de um zimbório; pináculo 2 grimpa; cata-vento (De zingar+mocho)

zingar v.intr. [Brasil] trabalhar com a zinga (De zinga+-ar)

zingarear v.intr. vadiar (De zíngaro+-ear)

zingarelado adj. 1 semelhante a zíngaro; aciganado 2 próprio de zíngaro (De zíngaro+-elo+-ado)

zíngaro adj.,n.m. ⇒ **cigano** (Do it. *zingaro*, «id.»)

Zingiberáceas n.f.pl. BOTÂNICA família de plantas monocotiledóneas, herbáceas, rizomatosas, intertropicais e cujo género-tipo se denomina *Zingiber*, que engloba as Amomáceas (Do gr. *ziggíberis*, «gengibre», pelo lat. *zingibĕre-*, «id.» +-áceas)

zingração n.f. ato de zingrar (De zingrar+-ção)

zingrar v.tr.,intr. escarnecer (de); troçar (de); chacotear (de) ■ v.tr. iludir (De orig. obsc.)

zinguerrear v.intr. [regionalismo] emitir um som levemente estrídulo como uma coisa que se move em torno de um eixo frouxo (De orig. onom.)

zinho n.m. [Brasil] indivíduo; tipo; sujeito (De *Zezinho*, antr., com aféres.?)

zínia n.f. 1 BOTÂNICA planta ornamental pertencente à família das Compostas, cultivada em Portugal, nos jardins 2 BOTÂNICA flor desta planta (De *J. Zinn*, antr., bot. al., 1727-1759 +-ia)

zinideira n.f. pedaço de verga espalmada, preso por um fio a um pau que os rapazes agitam para o fazerem zunir; zuna (De zinir+-deira)

zinir v.intr. ⇒ **zunir** (De orig. onom.)

zinzilular v.intr. (andorinha) pipilar; trissar; grinfar (Do lat. *zinzilulāre*, «id.»)

zipada n.f. [regionalismo] bátega de água (Part. pass. fem. subst. de zipar)

zipar¹ v.tr. INFORMÁTICA ⇒ **compactar** 3 (Do ing. *to zip*, «nome de programa para armazenamento de dados» +-ar)

zipar² v.intr. [regionalismo] chover bem (De orig. obsc.)

zíper n.m. [Brasil] ⇒ **fecho-éclair** (Do ing. *zipper*, «id.»)

zirbal adj.2g. 1 relativo a zirbo 2 que contém zirbo (De zirbo+-al)

zirbeiro n.m. [regionalismo] sítio onde se arma o ichó (De orig. obsc.)

zirbo n.m. ANATOMIA ⇒ **redenho** 1 (Do ár. *tharb*, «dobras do peritoneu», pelo lat. med. *zirbu-*, «id.», pelo it. *zirbo*, «id.»)

zircão n.m. MINERALOGIA mineral de cores variadas, frequente em rochas eruptivas, que cristaliza no sistema tetragonal; silicato de zircónio (Do ár. *zarkūn*, «id.», pelo fr. *zircon*, «zircão»)

zircónio n.m. QUÍMICA elemento com o número atómico 40, de símbolo Zr, de características metálicas, muito dificilmente atacável pelos ácidos, usado em aços especiais (Do fr. *zirconium*, «id.»)

zirneira n.f. vento persistente (De orig. onom.)

zirrar v.intr. [regionalismo] fazer zirra-zirra (De zirra+-ar)

zirra-zirra n.f. [regionalismo] surriada que as mondadeiras fazem aos rapazes que passam perto do campo da monda (De orig. onom.)

zirro n.m. ORNITOLOGIA ⇒ **pedreiro** 3 (De orig. onom.)

zito n.m. bebida semelhante à cerveja, que os antigos egípcios preparavam com base na fermentação de cevada germinada (Do gr. *zýthos*, «id.», pelo lat. *zythu-*, «id.»)

zitógala n.f. bebida feita de leite e cerveja (Do gr. *zýthos*, «cerveja» +*gála*, «leite»)

zizânia n.f. ⇒ **cizânia** (Do lat. *zizanĭa*, «id.»)

zizaniar v.intr. semear a discórdia (De zizânia+-ar)

zizanista n.2g. pessoa mexeriqueira (De zizaniar+-ista)

ziziar v.intr. 1 produzir (o inseto) o seu ruído característico; fretenir 2 sussurrar (De orig. onom.)

Zizifáceas n.f.pl. BOTÂNICA ⇒ **Ramnáceas** (De zízifo+-áceas)

zízifo n.m. BOTÂNICA termo que designa umas plantas de cultura, da família das Ramnáceas (género *Zyzyphus*), como as açofeifas ou açofeifeiras (Do gr. *zízyphon*, «jujuba», pelo lat. *zizýphu-*, «id.»)

zlóti n.m. ⇒ **zloty** (Do pol. *zloty*, «de ouro»)

zloty n.m. unidade monetária da Polónia (Do pol. *zloty*, «de ouro»)

zoada n.f. 1 som forte e indistinto 2 zumbido 3 rumor 4 [Brasil] festa; farra (Part. pass. fem. subst. de zoar)

zoadeira n.f. zoada grande e contínua; zoeira (De zoar+-deira)

zoantário adj.,n.m.,n.m.pl. ZOOLOGIA ⇒ **hexacoraliário** (Do gr. *zōon*, «animal» +*ánthos*, «flor» +-ário)

zoante adj.2g. 1 que zoa 2 diz-se de certas consoantes como o f, o v e o z que se pronunciam, zoando (De zoar+-ante)

zoantodema /ê/ n.f. ZOOLOGIA de forma geral, colónia de celenterados (Do gr. *zōon*, «animal» +*ánthos*, «flor» +*dêmos*, «povo»)

zoantropia n.f. MEDICINA espécie de monomania em que a pessoa se julga transformada num animal (De zoantropo+-ia)

zoantrópico adj. relativo à zoantropia (De zoantropo+-ico)

zoantropo n.m. doente que manifesta zoantropia (Do gr. *zōon*, «animal» +*ánthropos*, «homem»)

zoar v.intr. 1 produzir um som forte e confuso 2 (inseto) produzir ruído ao voar; zumbir; zunir ■ v.tr.,intr. [Brasil] [coloq.] fazer troça (de); gozar (com) (De orig. onom.)

zoário n.m. ZOOLOGIA parte rija, de suporte, das colónias de alguns animais, como celenterados, briozoários, etc. (Do gr. *zoárion*, «animalzinho»)

-zoário sufixo nominal, de origem grega, com o sentido de *animal pequeno* (*protozoário, microzoário, metazoário*)

zodiacal adj.2g. ASTRONOMIA do zodíaco; **luz** ~ mancha luminosa, de forma lenticular, existente à volta do Sol, no plano da eclíptica, visível a baixas latitudes, principalmente antes do nascer e do pôr do Sol (De zodíaco+-al)

zodíaco n.m. (também com maiúscula) ASTRONOMIA zona da esfera celeste compreendida entre os dois paralelos eclípticos de 8º e -8º de latitude celeste, dividida ao meio pela eclíptica, por onde se distribuem as 12 constelações zodiacais, cada uma no respetivo signo, e que o Sol parece percorrer num ano 2 [também com maiúscula] ASTROLOGIA conjunto dos doze signos representativos das constelações que compõem uma carta astrológica (Do gr. *zodiakós [kýklos]*, «[círculo] dos animaizinhos», pelo lat. *zodiăcu-*, «zodíaco»)

zoécia n.f. ZOOLOGIA cada uma das células (compartimentos) onde se aloja um pólipo, nas colónias de briozoários (Do gr. *zōon*, «animal» +*oikía*, «casa»)

zoécio n.m. ZOOLOGIA ⇒ **zoécia**

zoeia n.f. ZOOLOGIA forma larvar de certos crustáceos, com abdómen segmentado e sem apêndices (Do gr. *zoé*, «vida»)

zoeira n.f. 1 som forte e indistinto; zoada 2 zumbido 3 [regionalismo] vento forte 4 [regionalismo] maluqueira ■ n.2g. pessoa leviana, aparvalhada (De zoar+-eira)

zoga n.f. 1 [regionalismo] pau de urze com a respetiva raiz 2 [regionalismo] pião (De orig. obsc.)

zogada n.f. [regionalismo] pancada ou ferimento com zoga (De zoga+-ada)

zoiatra n.2g. médico veterinário; zoiatro; zoiatrologista; zoiatrólogo (Do gr. *zōon*, «animal» +*iatrós*, «médico»)

zoiatria n.f. medicina veterinária; zoiatrologia; zooiatrologia (Do gr. *zōon*, «animal» +*iatría*, «medicina»)

zoiatro n.m. ⇒ **zoiatra** (Do gr. *zōon*, «animal» +*iatrós*, «médico»)

zoiatrologia n.f. ⇒ **zoiatria** (Do gr. *zōon*, «animal» +*iatría*, «medicina» +*lógos*, «tratado» +-ia)

zoiatrologista n.2g. ⇒ **zoiatra** (De zoiatrologia+-ista)

zoiatrólogo n.m. ⇒ **zoiatra** (Do gr. *zōon*, «animal» +*iatrós*, «médico» +*lógos*, «tratado»)

zoico adj. relativo à vida animal (Do gr. *zoikós*, «id.»)

-zoico sufixo nominal, de origem grega, que tem o sentido de *relativo à vida, referente a animais* (mesozoico, metazoico)
zóico ver nova grafia zoico
-zóico ver nova grafia -zoico
zoide n.m.,adj.2g. ⇒ **zooide** (Do gr. *zoeidés*, «semelhante a animal»)
zóide ver nova grafia zoide
zoidiofilia n.f. BIOLOGIA ⇒ **zoogamia** (De *zoidiófilo*+-*ia*)
zoidiófilo adj. ⇒ **zoógamo** (Do gr. *zoïdion*, «pequena figura de animal» +*phílos*, «amigo»)
zoidiogamia n.f. BIOLOGIA ⇒ **zoogamia** (De *zoidiógamo*+-*ia*)
zoidiógamo adj. ⇒ **zoógamo** (Do gr. *zoïdion*, «pequena figura de animal» +*gámos*, «matrimónio»)
zoilo n.m. crítico invejoso e mordaz; detrator (De *Zoilo*, antr., crítico de Homero, séc. III a. C.)
zoina adj.,n.2g. que ou pessoa que está estonteada ou atordoada ■ n.f. [regionalismo] prostituta (Do cast. *zaino*, «falso; velhaco»)
zoisite n.f. MINERALOGIA mineral que é, quimicamente, um silicato básico de alumínio e cálcio e cristaliza no sistema ortorrômbico (De *S. Zois*, antr., barão austríaco, 1747-1819 +-*ite*)
zoísmo n.m. conjunto dos fenómenos que caracterizam a vida dos organismos animais (Do gr. *zôon*, «animal» +-*ismo*)
zola n.f. 1 [regionalismo] leite que as crianças mamam 2 [regionalismo] ato de mamar 3 [regionalismo] [coloq.] bebedeira (De orig. obsc.)
zolaesco /ê/ adj. relativo a E. Zola, romancista francês (1840-1902) ou à sua obra (De *E. Zola*, antr. +-*esco*)
zolaico adj. ⇒ **zolaísta** adj.2g. (De *E. Zola*, antr. +-*ico*)
zolaísmo n.m. 1 escola literária naturalista que tem por principal representante o romancista francês E. Zola 2 processos e conceitos seguidos nesta escola (De *E. Zola*, antr. +-*ismo*)
zolaísta adj.2g. 1 relativo ou pertencente ao zolaísmo; zolaesco; zolaico; zolesco; zolista 2 [fig.] cru ■ n.2g. pessoa que segue ou defende o zolaísmo (De *E. Zola*, antr. +-*ista*)
zolesco /ê/ adj. ⇒ **zolaísta** adj.2g. (De *E. Zola*, antr. +-*esco*)
zoli n.m. ORNITOLOGIA ⇒ **barrete** 5 (De orig. onom.)
zolismo n.m. ⇒ **zolaísmo** (De *E. Zola*, antr. +-*ismo*)
zolista adj. ⇒ **zolaísta** adj.2g. (De *E. Zola*, antr. +-*ista*)
zomba n.f. ⇒ **zombaria** (Deriv. regr. de *zombar*)
zombador adj.,n.m. que ou aquele que zomba; zombeteiro; trocista (De *zombar*+-*dor*)
zombar[1] v.tr.,intr. fazer troça (de); escarnecer (de); gozar (com) ■ v.tr. 1 rir de (algo) dizendo piadas; gracejar 2 não fazer caso (de); não recear 3 [regionalismo] seduzir 4 [regionalismo] triunfar; *zomba, zombando* por chalaça, como quem não quer a coisa, a pouco e pouco (De origem obscura)
zombar[2] v.intr. 1 [Angola] andar na ponta dos pés 2 [Angola] andar (muito) devagar (Do quimbundo *(ku)zomba*, «idem»)
zombaria n.f. 1 ato ou efeito de zombar; troça; mofa; chacota 2 dito zombeteiro (De *zombar*+-*aria*)
zombeirão adj.,n.m. ⇒ **zombador** (De *zombeiro*+-*ão*)
zombeiro adj.,n.m. ⇒ **zombador** (De *zombar*+-*eiro*)
zombetear v.tr.,intr. ⇒ **zombar**[1] (De *zombar*+-*ete*+-*ear*)
zombeteiro adj.,n.m. que ou aquele que zombeteia; motejador; escarninho (De *zombar*+-*ete*+-*eiro*)
zombie n.2g. ⇒ **morto-vivo** (Do ing. *zombie*, «id.»)
zomoterapia n.f. MEDICINA tratamento feito pela ingestão do suco de carne crua, antigamente aplicado nos casos de tuberculose pulmonar (Do gr. *zomós*, «suco; caldo» +*therapeía*, «tratamento»)
zona /ô/ n.f. 1 faixa; cinta 2 área; parte 3 espaço de terreno destinado a determinadas culturas ou produções 4 área de terreno que, a partir de certo ponto, está sujeita a fiscalização 5 cada uma das divisões naturais de um país 6 qualquer parte característica do corpo humano 7 GEOGRAFIA cada uma das cinco divisões do globo terrestre, determinadas pelos círculos polares e pelos trópicos 8 qualquer porção da superfície da Terra 9 GEOMETRIA porção de círculo compreendida entre duas cordas paralelas 10 MEDICINA doença infeciosa, causada pelo vírus da varicela e caracterizada por inflamação dolorosa da pele e erupções vesiculares localizadas 11 [Brasil] confusão; desordem 12 [fig.] esfera moral; ~ *adoral* ZOOLOGIA conjunto de membranas que marginam o perístoma de certos protozoários; ~ *cortical* BOTÂNICA, ZOOLOGIA córtex; ~ *da estrada* ENGENHARIA superfície de terreno que compreende o leito da estrada e faixas reservadas para desafogo ou futuras obras complementares; ~ *de aproximação* ENGENHARIA zona com limites determinados na superfície do solo ou da água, contígua ao topo da pista de aterragem de um aeródromo; *zona de conforto* 1 BIOLOGIA amplitude térmica na qual um organismo consegue manter a sua temperatura interna ideal; 2 lugar ou situação (pessoal, profissional, etc.) na qual uma pessoa se sente segura e confortável e que geralmente tem relutância em abandonar; ~ *diáfana* GEOGRAFIA faixa iluminada do habitat pelágico; ~ *económica exclusiva* (ZEE) setor marítimo a partir da linha de costa, sobre o qual os respetivos países costeiros detêm os direitos de exploração, conservação e administração de todos os recursos biológicos e minerais; ~ *esférica* GEOMETRIA porção de superfície esférica compreendida entre dois planos paralelos; ~ *franca* área onde existe um regime de benefícios fiscais ou franquia aduaneira; ~ *frígida* GEOGRAFIA zona compreendida entre o polo e o círculo polar do respetivo hemisfério; ~ *pelúcida* ZOOLOGIA faixa anista que circunda o óvulo num folículo de Graaf adulto; ~ *perigosa* espaço ao alcance de uma arma de fogo; ~ *temperada* GEOGRAFIA zona compreendida entre o trópico e o círculo polar do respetivo hemisfério; ~ *tórrida* GEOGRAFIA zona limitada pelo trópico de Câncer e pelo de Capricórnio; *fazer* ~ [Brasil] armar confusão, promover a desordem (Do lat. *zóne*, «cinta», pelo lat. *zona*-, «id.»)
zonada n.f. espécie de forragem (De orig. obsc.)
zonado adj. marcado com listras ou vergões coloridos e concêntricos (Part. pass. de *zonar*)
zonal adj.2g. referente a zona (De *zona*+-*al*)
zonar v.tr.,intr. dividir em zonas; formar zonas (De *zona*+-*ar*)
zonária adj. ZOOLOGIA diz-se da placenta de alguns mamíferos que se forma numa faixa anular, equatorial do útero, que é também denominada anular (Do lat. *zonarĭu*-, «relativo a cinto ou zona»)
zonchadura n.f. 1 ato ou efeito de zonchar 2 elevação do zoncho da bomba (De *zonchar*+-*dura*)
zonchar v.intr. manejar o zoncho; tocar à bomba (De *zoncho*+-*ar*)
zoncho n.m. alavanca que faz mover o êmbolo de uma bomba de mão (De orig. obsc.)
zondoca adj.,n.2g. [Angola] distraído; alheado (Do quimb. *kuzondoka*, «id.»)
zoniforme adj.2g. que tem forma de zona ou de cinta (Do lat. *zona*-, «zona» +*forma*-, «forma»)
zonífugo adj. diz-se do ser vivo que orienta a sua dispersão, afastando-se de certa zona ou região (Do lat. *zona*-, «zona» +*fugĕre*, «afastar-se; fugir»)
zonípeto adj. diz-se do ser vivo que orienta a sua dispersão para certa zona ou região (Do lat. *zona*-, «zona» +*petĕre*, «dirigir-se para»)
zonzear v.intr. ficar zonzo; estontear (De *zonzo*+-*ear*)
zonzeira n.f. [Brasil] vertigem; tontura
zonzo adj. atordoado; tonto; estonteado (De orig. onom.)
zonzom n.m. som monótono e repetido; zunzum (De orig. onom.)
zonzonar v.intr. 1 fazer zonzom 2 soar monotonamente (De *zonzom*+-*ar*)
zoo n.m. forma reduzida de *jardim zoológico*
zo(o)- elemento de formação de palavras que exprime a ideia de animal (Do gr. *zôon*, «animal»)
zoobia n.f. BIOLOGIA ciência da vida ou do funcionamento dos órgãos de que resulta a conservação do ser vivo (Do gr. *zôon*, «animal» +*bíos*, «vida»)
zoóbio adj. diz-se do animal que vive dentro de um organismo animal (entozoário); zoobiótico (Do gr. *zôon*, «animal» +*bíos*, «vida»)
zoobiologia n.f. BIOLOGIA ciência que trata da vida animal (De *zoo*-+*biologia*)
zoobiótico adj. ⇒ **zoóbio** (De *zoo*-+*biótico*)
zoocecídia n.f. BOTÂNICA cecídia originada pela ação de um animal, na maioria dos casos, um inseto (De *zoo*-+*cecídia*)
zoociste n.f. BOTÂNICA ⇒ **zoosporângio** (Do gr. *zôon*, «animal» +*kýstis*, «bexiga»)
zooclorela n.f. alga clorofícea que vive em simbiose no interior de certos protozoários, celenterados, etc. (Do gr. *zôon*, «animal» +*khlorós*, «amarelado» +-*ela*)
zoococina n.f. substância animal que se encontra no quermes vegetal (Do gr. *zôon*, «animal» +*kókkos*, «quermes» +-*ina*)
zoodinâmica n.f. estudo fisiológico dos animais; fisiologia animal (De *zoo*-+*dinâmica*)
zoodomácia n.f. esconderijo ou abrigo de animais constituído por vegetais (Do gr. *zôon*, «animal» +*dôma*, -*atos*, «casa» +-*ia*)
zooelectricidade ver nova grafia zooeletricidade
zooeletricidade n.f. eletricidade animal (De *zoo*-+*electricidade*)
zooética n.f. ZOOLOGIA parte da zoologia que trata dos costumes dos animais (De *zoo*-+*ética*)
zoofagia n.f. 1 qualidade de zoófago 2 instinto que revelam certos animais de devorarem a presa antes de morta (De *zoófago*+-*ia*)
zoófago adj. diz-se do ser que se alimenta de substâncias animais ■ n.m.pl. ZOOLOGIA grupo (subordem) de mamíferos marsupiais cujos caninos são muito desenvolvidos e que têm regime alimentar carnívoro (Do gr. *zoophágos*, «carnívoro»)

zoofilia *n.f.* **1** qualidade de zoófilo; amizade aos animais **2** PSICOLOGIA amor patológico aos animais, que se traduz sobretudo pelo receio de que lhes seja infligido o mais pequeno sofrimento **3** MEDICINA tendência patológica para praticar atividade sexual com animais (De *zoo-*+-*filia*)

zoófilo *adj.,n.m.* que ou aquele que é amigo dos animais (De *zoo*-+-*filo*)

zoofitantráceo *adj.* diz-se do carvão mineral proveniente dos restos de animais e vegetais (Do gr. *zõon*, «animal» +*phytón*, «planta» +*ánthrax*, *-akos*, «carvão» +*-eo*)

zoofitário *adj.* relativo aos zoófitos; zoofítico (De *zoófito*+-*ário*)

zoofítico *adj.* **1** relativo aos zoófitos; zoofitário **2** diz-se do estado simbiótico entre animais e plantas (De *zoófito*+-*ico*)

zoófito *adj.* relativo ou pertencente aos zoófitos ■ *n.m.* BIOLOGIA antiga designação dos seres vivos de simetria radiada (embora considerados do reino animal), que têm conformação semelhante à dos vegetais ■ *n.m.pl.* BIOLOGIA grupo de metazoários de simetria radiada (embora considerados do reino animal), com conformação semelhante à dos vegetais, ao qual pertencem os celenterados, os espongiários e os equinodermes; fitozoários (Do gr. *zoóphyton*, «animal-planta»)

zoofitografia *n.f.* descrição dos zoófitos (De *zoófito*+-*grafia*)

zoofitógrafo *n.m.* aquele que se dedica à zoofitografia (Do gr. *zoóphyton*, «zoófito» +*gráphein*, «descrever»)

zoofitoide *adj.2g.* que se assemelha ao zoófito (De *zoófito*+-*óide*)

zoofitóide ver nova grafia **zoofitoide**

zoofitologia *n.f.* ZOOLOGIA estudo científico sobre os zoófitos (Do gr. *zoóphyton*, «zoófito» +*lógos*, «estudo» +-*ia*)

zoofitólogo *n.m.* naturalista versado em zoofitologia (Do gr. *zoóphyton*, «zoófito» +*lógos*, «estudo»)

zooflagelado *adj.* ZOOLOGIA relativo ou pertencente aos zooflagelados ■ *n.m.* ZOOLOGIA espécime dos zooflagelados ■ *n.m.pl.* ZOOLOGIA grupo (subclasse) de flagelados (protozoários) que apresentam caracteres exclusivamente animais; zoomastiginos (De *zoo-*+*flagelado*)

zoofobia *n.f.* aversão patológica a qualquer animal (De *zoo-*+-*fobia*)

zoófobo *adj.* **1** em que se manifesta zoofobia **2** BOTÂNICA diz-se da planta que apresenta condições evidentes de defesa especial contra a voracidade de animais ■ *n.m.* pessoa que tem aversão a animais (De *zoo-*+-*fobo*)

zoóforo *n.m.* ARQUITETURA espaço entre a arquitrave e a cornija, ornado antigamente com cabeças de animais (Do gr. *zoophóros*, «id.», pelo lat. *zoophŏru-*, «id.»)

zoogâmeta *n.m.* BOTÂNICA gâmeta com mobilidade própria; planogâmeta (De *zoo-*+*gâmeta*)

zoogamia *n.f.* **1** BIOLOGIA reprodução sexual com intervenção de espermatozoides **2** BOTÂNICA polinização em que há intervenção de animais (Do gr. *zõon*, «animal» +*gámos*, «matrimónio» +-*ia*)

zoógamo *adj.* relativo a zoogamia; zoidiófilo; zoidiógamo (Do gr. *zõon*, «animal» +*gámos*, «matrimónio»)

zoogenia *n.f.* parte da zoologia que trata da geração e desenvolvimento dos animais (De *zoo-*+-*genia*)

zoogénico *adj.* respeitante à zoogenia (De *zoogenia*+-*ico*)

zoogénio *n.m.* substância viscosa existente em algumas águas termais (De *zoo-*+-*génio*)

zoogeografia *n.f.* parte da biogeografia que se refere às espécies animais (De *zoo-*+*geografia*)

zoogleia *n.f.* BIOLOGIA massa mucilaginosa de talófitas (bactérias ou algas inferiores) associadas entre si por fenómenos de gelificação das membranas celulares (Do gr. *zõon*, «animal» +*gloiá*, «cola»)

zoogonia *n.f.* ⇒ **viviparidade** (Do gr. *zoogonía*, «id.»)

zoógono *adj.* ZOOLOGIA ⇒ **vivíparo** *adj.* **2** (Do gr. *zoogónos*, «id.»)

zoografar *v.tr.* descrever ou desenhar animais (Do gr. *zõon*, «animal» +*gráphein*, «descrever; desenhar»)

zoografia *n.f.* **1** descrição dos animais **2** arte de desenhar ou pintar animais (De *zoografia*+-*ico*)

zoográfico *adj.* relativo à zoografia (De *zoografia*+-*ico*)

zoógrafo *n.m.* **1** aquele que se dedica à zoografia **2** pintor ou desenhador de animais (Do gr. *zõon*, «animal» +*gráphein*, «desenhar»)

zooiatra *n.2g.* ⇒ **zoiatra**

zooiatria *n.f.* ⇒ **zoiatria**

zooiatro *n.m.* ⇒ **zoiatra**

zooiatrologia *n.f.* medicina veterinária; zoiatrologia

zooiatrologista *n.2g.* ⇒ **zoiatra** (De *zooiatrologia*+-*ista*)

zooiatrólogo *n.m.* ⇒ **zoiatra** (Do gr. *zõon*, «animal» +*iatrós*, «médico» +*lógos*, «ciência»)

zooide *n.m.* **1** BIOLOGIA organismo que vive em associação colonial **2** BIOLOGIA indivíduo a partir do qual se origina uma formação colonial de protozoários **3** BIOLOGIA cada uma das partes de um ser animal complexo, que se comporta, até certo ponto, como se fosse um organismo livre **4** BIOLOGIA qualquer célula que se separa normalmente de um organismo e tem movimentos próprios ■ *adj.2g.* que se assemelha a um organismo animal (Do gr. *zooeidés*, «id.»)

zoóide ver nova grafia **zooide**

zoólatra *adj.,n.2g.* que ou a pessoa que presta culto aos animais (De *zoo-*+-*latra*)

zoolatria *n.f.* culto prestado aos animais (Do gr. *zõon*, «animal» +*latreía*, «adoração»)

zoolátrico *adj.* respeitante à zoolatria (De *zoolatria*+-*ico*)

zoolítico *adj.* **1** relativo a zoólito **2** que tem zoólitos (De *zoólito*+-*ico*)

zoolitífero *adj.* que contém fósseis de animais; zoolitóforo (De *zoólito*+-*fero*)

zoólito *n.m.* animal fossilizado; zoomorfite (Do gr. *zõon*, «animal» +*líthos*, «pedra»)

zoolitóforo *adj.* ⇒ **zoolitífero** (Do gr. *zõon*, «animal» +*líthos*, «pedra» +*phorós*, «portador»)

zoologia *n.f.* ciência que estuda os animais (Do gr. *zõon*, «animal» +*lógos*, «ciência» +-*ia*)

zoológico *adj.* pertencente ou relativo à zoologia (De *zoologia*+-*ico*)

zoologista *n.2g.* especialista em zoologia; zoólogo (De *zoologia*+-*ista*)

zoólogo *n.m.* ⇒ **zoologista** (Do gr. *zõon*, «animal» +*lógos*, «ciência»)

zoom *n.m.* **1** FOTOGRAFIA, CINEMA objetiva de máquina fotográfica ou de câmara de filmar **2** FOTOGRAFIA, CINEMA enquadramento possibilitado por esse tipo de lente, com base numa aproximação ou num afastamento rápidos do objeto focado, sem afastamento ou aproximação reais da câmara (Do ing. *zoom*, «id.»)

zoomagnético *adj.* que diz respeito ao zoomagnetismo (De *zoo-*+*magnético*)

zoomagnetismo *n.m.* magnetismo animal (De *zoo-*+*magnetismo*)

zoomania *n.f.* afeição exagerada aos animais (De *zoo-*+-*mania*)

zoomaníaco *adj.,n.m.* que ou o que sofre de zoomania (De *zoo-*+*maníaco*)

zoomastigino *adj.,n.m.,n.m.pl.* ZOOLOGIA ⇒ **zooflagelado** (Do gr. *zõon*, «animal» +*mástix*, *-igos*, «flagelo» +-*ino*)

zoomorfia *n.f.* parte da zoologia que trata da configuração exterior (morfologia externa) dos animais; zoomorfologia (Do gr. *zõon*, «animal» +*morphé*, «forma» +-*ia*)

zoomórfico *adj.* **1** relativo à zoomorfia **2** diz-se dos desenhos e gravuras que representam animais (De *zoomorfia*+-*ico*)

zoomorfismo *n.m.* **1** RELIGIÃO culto religioso que atribui às divindades a forma de animais **2** crença popular que admite a transformação do homem noutro animal, como no caso do lobisomem **3** tendência exagerada para o estudo dos animais, sem atender às suas relações de semelhança com o homem (De *zoomorfia*+-*ismo*)

zoomorfite *n.f.* ⇒ **zoólito** (Do gr. *zõon*, «animal» +*morphé*, «forma» +-*ite*)

zoomorfo *adj.* **1** que apresenta forma de animal **2** designativo dos signos do zodíaco que são simbolizados por animais (De *zoo-*+-*morfo*)

zoomorfologia *n.f.* ⇒ **zoomorfia** (De *zoo-*+*morfologia*)

zoomorfose *n.f.* fenómenos da alteração morfológica de órgãos vegetais pela ação de animais (Do gr. *zõon*, «animal» +*mórphosis*, «formação»)

zoonímia *n.f.* nomenclatura zoológica (Do gr. *zoonymía*, «id.»)

zoonito *n.m.* ZOOLOGIA cada um dos anéis ou segmentos do corpo segmentado de um animal (De *zoo-*+-*nito*)

zoonomia *n.f.* conjunto das leis estabelecidas para explicar as funções relativas à origem e desenvolvimento dos organismos animais (Do gr. *zõon*, «animal» +*nómos*, «lei» +-*ia*)

zoonómico *adj.* relativo à zoonomia (De *zoonomia*+-*ico*)

zoonomista *n.2g.* indivíduo especializado em zoonomia (De *zoonomia*+-*ista*)

zoonose *n.f.* **1** VETERINÁRIA qualquer doença que pode manifestar-se nos animais **2** MEDICINA doença originada por parasitas animais (Do gr. *zõon*, «animal» +*nósos*, «moléstia»)

zoonosia *n.f.* ⇒ **zoonose** (De *zoonose*+-*ia*)

zoonosologia *n.f.* tratado das doenças dos animais; zoopatologia (De *zoo-*+*nosologia*)

zoonosológico *adj.* referente à zoonosologia (De *zoonosologia+ -ico*)

zoonte *n.m.* ⇒ **animal** I (Do gr. *zôon*, «animal» +*ón, óntos*, «ser»)

zoopaleontologia *n.f.* parte da paleontologia que se refere aos fósseis animais; paleozoologia (De *zoo-+paleontologia*)

zooparasita *n.m.* ZOOLOGIA parasita de natureza animal (De *zoo- +parasita*)

zooparasito *n.m.* ZOOLOGIA ⇒ **zooparasita** (De *zoo-+parasito*)

zoopatologia *n.f.* ⇒ **zoonosologia** (De *zoo-+patologia*)

zoopatológico *adj.* relativo à zoopatologia (De *zoopatologia+ -ico*)

zoopedia *n.f.* arte de domar e ensinar animais (Do gr. *zôon*, «animal» +*paideía*, «educação»)

zooplâncton *n.m.* BIOLOGIA plâncton constituído por seres unicelulares não fotossintéticos, como pequenos animais, larvas e ovos de animais de maiores dimensões (De *zoo-+-plâncton*)

zooplasma *n.m.* BIOLOGIA protoplasma das células animais (De *zoo-+plasma*)

zooplastia *n.f.* operação cirúrgica de enxerto ou transplantação de tecidos animais (De *zoo-+plastia*)

zoopolita *adj.2g.* diz-se do ser vivo que habita sobre um organismo animal, parasitariamente ou não (Do gr. *zôon*, «animal» +*polítes*, «cidadão»)

zoopónica *n.f.* parte da zoologia que trata das observações e descrições (Do gr. *zôon*, «animal» +*pónos*, «trabalho» +*-ica*)

zoopsia *n.f.* PATOLOGIA alucinação em que o doente julga ver animais, particularmente e com frequência no onirismo alcoólico (Do gr. *zôon*, «animal» +*ópsis*, «vista» +*-ia*)

zooquímica *n.f.* parte da química que estuda as reações que se operam nos tecidos animais (De *zoo-+química*)

zooscopia *n.f.* parte da zoologia que trata dos processos de observação científica dos animais (Do gr. *zôon*, «animal» +*skopeîn*, «examinar» +*-ia*)

zooscópico *adj.* que diz respeito à zooscopia (De *zooscopia+-ico*)

zoose *n.f.* ⇒ **zoonose**

zoosperma *n.m.* I BIOLOGIA ⇒ **espermatozoide** I 2 BOTÂNICA ⇒ **zoósporo** (Do gr. *zôon*, «animal» +*spérma*, «semente»)

zoospermia *n.f.* presença de espermatozoides vivos no esperma ejaculado (De *zoosperma+-ia*)

zoosporângio *n.m.* BOTÂNICA esporângio no qual se formam zoósporos; zoociste; zoosporocisto (De *zoo-+esporângio*)

zoospórico *adj.* I que é relativo ou pertencente a zoósporo 2 produtor de zoósporos (De *zoósporo+-ico*)

zoósporo *n.m.* BOTÂNICA esporo móvel que se desloca por meio de órgãos locomotores, em geral flageliformes (De *zoo-+esporo*)

zoosporocisto *n.m.* BOTÂNICA ⇒ **zoosporângio** (De *zoo-+esporocisto*)

zootáctico ver nova grafia zootático

zootático *adj.* relativo à zootaxionomia; zootáxico (Do gr. *zôon*, «animal» +*taktikós*, «tático»)

zootaxia /cs/ *n.f.* ⇒ **zootaxionomia** (Do gr. *zôon*, «animal» +*táxis*, «ordem» +*-ia*)

zootáxico /cs/ *adj.* ⇒ **zootático** (De *zootaxia+-ico*)

zootaxionomia /cs/ *n.f.* taxionomia relativa aos animais; zootaxia (De *zoo-+taxionomia*)

zooteca *n.f.* BOTÂNICA [ant.] ⇒ **anterídio** (Do gr. *zôon*, «animal» +*théke*, «depósito»)

zootecnia *n.f.* I arte de multiplicar, criar, desenvolver e aperfeiçoar os animais, especialmente no sentido de aumentar a utilidade destes 2 arte de preparar, para conservação, os animais depois de mortos; taxidermia (Do gr. *zôon*, «animal» +*tékhne*, «arte» +*-ia*)

zootécnico *adj.* relativo à zootecnia (De *zootecnia+-ico*)

zootecnista *n.2g.* indivíduo especializado em zootecnia; taxidermista (De *zootecnia+-ista*)

zooterapêutica *n.f.* terapêutica dos animais; zooterapia; veterinária (De *zoo-+terapêutica*)

zooterapia *n.f.* ⇒ **zooterapêutica** (De *zoo-+terapia*)

zooterápico *adj.* pertencente ou relativo à zooterapia (De *zooterapia+-ico*)

zootipólito *n.m.* PALEONTOLOGIA fóssil representado por marca de um animal deixada numa rocha (Do gr. *zôon*, «animal» +*týpos*, «tipo» +*líthos*, «pedra»)

zootomia *n.f.* parte da zoologia que trata da dissecação dos animais para estudo da sua organização interna; anatomia animal (Do gr. *zôon*, «animal» +*tomé*, «corte» +*-ia*)

zootómico *adj.* relativo a zootomia (De *zootomia+-ico*)

zootomista *n.2g.* pessoa que se dedica à zootomia (De *zootomia+-ista*)

zootrofia *n.f.* capítulo dos estudos fisiológicos que se ocupa das condições e processos de nutrição dos animais (Do gr. *zôon*, «animal» +*tréphein*, «nutrir» +*-ia*)

zootrófico *adj.* relativo a zootrofia (De *zootrofia+-ico*)

zootrópio *n.m.* instrumento ótico constituído por um cilindro aberto no topo, com uma série de figuras no seu interior que, vistas através de um conjunto de frestas, produzem a ilusão do movimento quando o cilindro está em rotação; roda da vida (Do gr. *zôon*, «animal» +*trópos*, «volta» +*-io*)

zooxantelas /cs/ *n.f.pl.* BOTÂNICA grupo das algas amareladas que vivem no ectoplasma dos radiolários, em simbiose com estes protozoários (Do gr. *zôon*, «animal» +*xanthós*, «amarelo» +*-ela*)

zopeiro *adj.,n.m.* I que ou pessoa que é trôpega 2 [regionalismo] gordo 3 [regionalismo] brutamontes (De *zopo+-eiro*)

zopo /ô/ *adj.,n.m.* ⇒ **zopeiro** (Do cast. *zopo*, «id.»)

zorate *adj.,n.2g.* maluco; doido (De *os orates*, por mal-entendido)

zorato *adj.,n.m.* ⇒ **zorate**

zorlito *n.m.* ZOOLOGIA ⇒ **corço** (De orig. obsc.)

zornal *n.m.* ORNITOLOGIA ⇒ **tordeira** (Por *zorzal*)

zornão *adj.* I [regionalismo] diz-se do burro que zurra muito, sobretudo quando avista fêmeas 2 [fig.] femeeiro (De *zornar+-ão*)

zornar *v.intr.* [regionalismo] ⇒ **zurrar** (De *zurrar × ornear*)

zoroastriano *adj.* relativo a Zoroastres, reformador da antiga Pérsia (séculos VIII e VII a. C.), ou à sua doutrina (De *Zoroastres*, antr. +*-iano*)

zoroástrico *adj.* ⇒ **zoroastriano** (De *Zoroastres*, antr. +*-ico*)

zoroastrismo *n.m.* RELIGIÃO doutrina religiosa de Zoroastres, segundo a qual a origem de tudo se devia a dois princípios opostos: o Bem (Ormuzd) e o Mal (Ariman); mazdeísmo; dualismo (De *Zoroastres*, antr. +*-ismo*)

zoroastrista *n.2g.* pessoa partidária do zoroastrismo ■ *adj.2g.* relativo a Zoroastres, reformador da antiga Pérsia (séculos VIII e VII a. C.), ou à sua doutrina (De *Zoroastres*, antr. +*-ista*)

zorongo *n.m.* dança andaluza, muito agitada, com passos alternados para diante e para trás (Do cast. *zorongo*, «id.»)

zorra /ô/ *n.f.* I carro de leito baixo, com quatro rodas, para transporte de objetos pesados 2 espécie de trenó, usado nas matas, para arrastar madeiras 3 raposa velha e matreira 4 ICTIOLOGIA peixe seláquio, muito longo (pode atingir quase 5 m), de cor pardo-azulada, que aparece nas costas marítimas portuguesas 5 rede de arrasto, geralmente utilizada na pesca de caranguejos 6 BOTÂNICA designação extensiva a algumas plantas da família das Gramíneas; rabo-de-raposa 7 porção de azeitona que se dava aos lagareiros por moerem mais que a medida 8 [fig.] pessoa muito vagarosa 9 [Brasil] confusão, bagunça 10 [regionalismo] [pej.] prostituta; *pegar de ~* deslizar como zorra sem rodas (carro travado) (De orig. obsc.)

zorracha *n.f.* antigo barco de passagem ou carreira (De *azurracha*)

zorragar *v.tr.* ⇒ **azorragar** (De *zorrague+-ar*)

zorrague *n.m.* ⇒ **azorrague** (De *azorrague*, com afér.)

zorral *n.m.* ORNITOLOGIA ⇒ **tordeira** (De *zorzal*)

zorrão *n.m.* [regionalismo] indivíduo vagaroso, indolente ■ *adj.* [regionalismo] sonso; matreiro (De *zorra+-ão*)

zorreira *n.f.* [regionalismo] grande quantidade de fumo; fumaça; fumarada; fumaceira (De orig. obsc.)

zorreiro *adj.* I que é ronceiro 2 diz-se de uma variedade de milho cultivada em Portugal ■ *n.m.* indivíduo ronceiro (De *zorra+-eiro*)

zorrilho *n.m.* [Brasil] ZOOLOGIA pequeno mamífero carnívoro, fétido, da família dos Mustelídeos, que apresenta faixa branca e longitudinal sobre o dorso, também conhecido por jaguané e jaguaré (Do cast. *zorrillo*, «id.»)

zorro /ô/ *n.m.* I ICTIOLOGIA peixe seláquio, muito longo (pode atingir quase 5 m), de cor pardo-azulada, que aparece nas costas marítimas portuguesas 2 rede de arrasto, geralmente utilizada na pesca de caranguejos 3 ZOOLOGIA mamífero canídeo que vive no estado selvagem, no Brasil; guaraxaim 4 [regionalismo] raposo 5 [regionalismo] filho natural ou bastardo 6 [regionalismo] criança abandonada pelos pais; enjeitado 7 [regionalismo] criado velho 8 [regionalismo] velhaco (De *zorra*)

zortar *v.intr.* [regionalismo] ir-se embora; sair (De *desertar?*)

zorzal *n.m.* ORNITOLOGIA ⇒ **tordeira** (Do cast. *zorzal*, «id.»)

zorzaleiro *adj.* que se aplica para caçar zorzais, como se diz especialmente dos falcões adestrados e utilizados com este fim (De *zorzal+-eiro*)

zóster *n.m.* zona; faixa; cinta (Do gr. *zostér*, «cinturão»)

Zosteráceas *n.f.pl.* BOTÂNICA ⇒ **Naiadáceas** (Do lat. cient. *Zostĕra+ -áceas*)

zote *adj.,n.2g.* idiota; pateta; estúpido (Do cast. *zote*, «id.»)

zoteca *n.f.* gabinete, nas antigas habitações romanas, para o estudo, descanso ou sesta (Do gr. *zothéke*, «gabinete de repouso»)

zotismo *n.m.* estado ou condição de zote; estupidez; idiotismo (De *zote+-ismo*)

zoupeira *n.f.* 1 [regionalismo] [depr.] mulher gorda e desajeitada 2 [regionalismo] [depr.] prostituta (De *zoupeiro*)

zoupeiro *adj.,n.m.* ⇒ **zopeiro** (De *zoupo+-eiro*)

zoupo *adj.,n.m.* ⇒ **zopeiro** (De *zopo*)

zouvineiro *adj.,n.m.* que ou o que é mexeriqueiro, intriguista (De orig. obsc.)

zovo /ô/ *n.m.* [ant.] ⇒ **hipopótamo** 1 (De orig. obsc.)

zuaque *n.m.* [regionalismo] ⇒ **zuate** (De *zuate*)

zuarte *n.m.* tecido de algodão, azul ou preto, usado em saias (Do neerl. *zwaart*, «[tecido] preto»)

zuate *n.m.* [regionalismo] [vulg.] ânus (Do hol. *zwaart*, «preto»)

zuavo *n.m.* 1 HISTÓRIA, MILITAR soldado argelino ao serviço da França, na Argélia 2 soldado dos Estados Pontifícios 3 [gír.] merceeiro (Do berb. *Zuawa*, de uma tribo cabila, pelo fr. *zouave*, «zuavo»)

zuca¹ *n.2g.* 1 [regionalismo] pessoa aparvalhada 2 [regionalismo] pessoa embriagada ■ *n.f.* [regionalismo] bebedeira (De *zuco*)

zuca² *n.f.* [Moçambique] antiga moeda portuguesa de dois escudos e cinquenta centavos (2$50) (Do changana *zuka*, «idem»)

zucar *v.tr.* [regionalismo] bater; sovar (De *zupar*)

zuco *adj.* 1 [regionalismo] aparvalhado 2 [regionalismo] bêbedo (De orig. obsc.)

zuído *n.m.* ⇒ **zunido** (Part. pass. de *zuir*)

zuidoiro *n.m.* ⇒ **zuidouro**

zuidouro *n.m.* zuído contínuo; zunido (De *zuir+-douro*)

zuinglianismo *n.m.* doutrina religiosa do padre suíço U. Zuínglio (1484-1531), precursor da Reforma religiosa, cujos sectários se reuniram mais tarde aos calvinistas e luteranos (De *zuingliano+-ismo*, ou do fr. *zwinglianisme*, «id.»)

zuingliano *n.m.* sectário do zuinglianismo (De *Zuínglio*, antr.+-ano, ou do fr. *zwinglien*, «id.»)

zuir *v.tr.* fazer ruído; zumbir (De orig. onom.)

zular *v.tr.* [colog.] espancar (De orig. obsc.)

zulo *adj.* relativo à Zululândia, província da África do Sul ■ *n.m.* 1 indivíduo dos Zulos 2 natural ou habitante da Zululândia 3 língua dos Zulos

Zulos *n.m.pl.* ETNOGRAFIA povo que antigamente ocupou parte de Moçambique e que hoje vive na Zululândia (Do zulo *zulu*, «povo do céu», a partir do quicongo *zulu*, «céu»)

zumba *interj.* imitativa do som produzido por uma pancada ou queda ■ *n.f.* DESPORTO modalidade de fitness que combina ritmos latinos e outros estilos internacionais para fazer as coreografias, cujo objetivo é tonificar o corpo e desenvolver a capacidade cardiovascular (De orig. onom.)

zumbaia *n.f.* 1 cortesia profunda; mesura exagerada 2 *pl.* lisonjas; bajulações (Do mal. *sembahyang*, «saudação»)

zumbaiar *v.tr.* fazer zumbaias a; bajular; cortejar (De *zumbaia+-ar*)

zumbaieiro *n.m.* aquele que faz zumbaias; bajulador (De *zumbaiar+-eiro*)

zumbar¹ *v.intr.* 1 fazer zunzum; zumbir 2 sovar (Do cast. *zumbar*, «id.»)

zumbar² *v.tr.* [regionalismo] sovar; bater em (De *zumba+-ar*)

zumbeirar *v.tr.* ⇒ **zumbaiar**

zumbi *n.m.* 1 [Brasil] ente fantástico que, segundo a imaginação popular, vagueia pelas casas, a horas mortas 2 [Brasil] [fig.] indivíduo que só sai à noite (Do quimb. *nzúmbi*, «espetro»)

zumbido *n.m.* 1 ato de zumbir 2 ruído que fazem os insetos alados quando esvoaçam 3 qualquer ruído semelhante a esse 4 impressão nos ouvidos, semelhante ao ruído que os insetos fazem, produzida por uma causa patológica (Part. pass. subst. de *zumbir*)

zumbidor *adj.* 1 que zumbe 2 [fig.] importuno (De *zumbir+-dor*)

zumbir *v.intr.* 1 (inseto) emitir som ao esvoaçar; produzir zumbido 2 produzir ruído semelhante a zumbido 3 (ouvidos) sentir um ruído surdo e constante, semelhante ao que é produzido pelos insetos quando voam ■ *v.tr.* sussurrar (De orig. onom.)

zumbo *n.m.* 1 ruído confuso; rumor 2 qualquer ruído semelhante ao que é produzido pelos insetos quando esvoaçam; zumbido (Deriv. regr. de *zumbir* ou *zumbar*)

zumbrir-se *v.pron.* 1 dobrar-se; vergar-se 2 [fig.] humilhar-se (De orig. obsc.)

zuna¹ *n.f.* [regionalismo] ⇒ **zinideira** (De origem onomatopeica)

zuna² *n.f.* [Angola] grande velocidade; rapidez (Derivação regressiva de *zunir*, «seguir muito depressa»)

zunga *n.f.* [Angola] venda nas ruas (Do quimb. *kuzunga*, «circular»)

zungar *v.intr.* [regionalismo] zunir (De orig. onom.)

zungato *n.m.* [regionalismo] ⇒ **zinideira** (De *zungar+-ato*)

zunida *n.f.* [regionalismo] ⇒ **zunido** (Part. pass. fem. subst. de *zunir*)

zunideira *n.f.* 1 zunido contínuo 2 pedra sobre a qual os ourives alisam o ouro (De *zunir+-deira*)

zunido *n.m.* 1 ato ou efeito de zunir 2 som agudo; sibilo 3 ruído que fazem os insetos alados quando esvoaçam 4 qualquer ruído semelhante a esse (Part. pass. subst. de *zunir*)

zunidor *adj.* que zune (De *zunir+-dor*)

zunimento *n.m.* ⇒ **zunido** (De *zunir+-mento*)

zunir *v.intr.* 1 produzir um som agudo e intenso; sibilar 2 produzir ruído semelhante a zumbido; zumbir 3 [fig.] produzir ruído contínuo 4 (ouvidos) sentir um ruído surdo e constante, semelhante ao que é produzido pelos insetos quando voam 5 [regionalismo] ir a toda a pressa (De orig. onom.)

zunzum *n.m.* 1 zumbido; zunido 2 [fig.] rumor; boato; mexerico (De orig. onom.)

zunzunar *v.intr.* 1 fazer zunzum 2 rumorejar (De *zunzum+-ar*)

zupa *interj.* imitativa do som de uma marrada ou pancada (De orig. onom.)

zupador *adj.,n.m.* que ou aquele que zupa (De *zupar+-dor*)

zupar *v.tr.* 1 dar marradas em 2 sovar; bater 3 criticar; censurar (De *zupa+-ar*)

zúquete *interj.* designativa de som imitativo de pancada (De orig. onom.)

zuraque *n.m.* BOTÂNICA ⇒ **azuraque** (De *azuraque*, com afér.)

zurbada *n.f.* [regionalismo] ⇒ **zerbada**

zurca *n.f.* [pop.] bebedeira; turca (De *turca*?)

zureta *n.2g.* [Brasil] maluco; doido

zurpa *n.f.* [regionalismo] ⇒ **zurrapa**

zurrada *n.f.* 1 ato de zurrar 2 zurraria 3 [fig.] berreiro (Part. pass. fem. subst. de *zurrar*)

zurrador *adj.,n.m.* que ou o animal que zurra (De *zurrar+-dor*)

zurrapa *n.f.* 1 vinho fraco ou estragado 2 bebida de mau sabor (Do cast. *zurrapa*, «id.»)

zurrar *v.intr.* 1 (burro) emitir zurro 2 [fig.] dizer asneiras ou tolices (De *zurro+-ar*)

zurraria *n.f.* muitos zurros simultâneos (De *zurrar+-aria*)

zurre *interj.* usada para mandar sair ou despedir alguém (De orig. onom.)

zurro *n.m.* 1 ato de zurrar; voz do burro 2 espécie de cegarrega de som muito forte (De orig. onom.)

zurvada *n.f.* [regionalismo] ⇒ **zerbada**

zurvanada *n.f.* [regionalismo] ⇒ **zerbada**

zurza *n.f.* [regionalismo] sova; tunda (Deriv. regr. de *zurzir*)

zurzidela *n.f.* ato ou efeito de zurzir; tunda; sova (De *zurzir+-dela*)

zurzidor *adj.,n.m.* que ou aquele que zurze (De *zurzir+-dor*)

zurzir *v.tr.* 1 açoitar; vergastar 2 espancar 3 castigar 4 [fig.] repreender com severidade; criticar asperamente (Do lat. *sarcīre*, «remendar», pelo cast. *zurcir*, «id.»)

zus *interj.* ⇒ **sus** (De orig. onom.)

PALAVRAS E EXPRESSÕES ESTRANGEIRAS

A

ab abrupto *latim* abruptamente; subitamente; bruscamente
ab absurdo *latim* pelo absurdo; partindo do absurdo [usa-se em demonstrações de filosofia e de geometria]
ab æterno *latim* desde toda a eternidade; desde sempre (*Salmos*, 102, 17)
ab alio expectes alteri quod feceris *latim* espera dos outros aquilo que lhes fizeres [equivale a *assim como fizeres, assim acharás*]
ab aliquo stare *latim* ser doutro partido
ab amicis honesta petamus *latim* aos amigos peçamos coisas honestas
ab asse crevit *latim* fez-se do nada
abditæ causæ *latim* MEDICINA causas ocultas [usa-se quando se desconhecem as causas de uma doença]
abdite *latim* ocultamente; às escondidas
a beneplacito *latim* de harmonia com; de acordo com
aberratio delicti *latim* DIREITO erro relativamente à pessoa que é vítima de delito
aberratio finis legis *latim* DIREITO afastamento da finalidade da lei
aberratio ictus *latim* DIREITO erro de cálculo
aberratio personæ *latim* DIREITO erro de pessoa
aberratio rei *latim* DIREITO erro de coisa; afastamento do assunto
abhinc *latim* há quanto tempo; até ao presente
abhinc multos annos *latim* há muitos anos
ab hoc et ab hac *latim* daqui e dali; a torto e a direito
abhorride *latim* de forma inconveniente; de modo impróprio
abiecte *latim* vilmente; com baixeza
abi in malam crucem *latim* que morras crucificado [praga dirigida contra alguém]
ab imis fundamentis *latim* desde os alicerces; desde a origem
ab imo corde *latim* do mais fundo do peito; do fundo do coração; com a maior das franquezas (Virgílio, *Eneida*, 1, 485)
ab imo pectore *latim* do mais fundo do peito; do fundo do coração; com a maior das franquezas
ab incunabulis *latim* desde o princípio; no começo
ab initio *latim* desde o princípio; no começo (S. Mateus, *Evangelho*, 19, 4)
ab integro *latim* integralmente; por inteiro (Virgílio, *Bucólicas*, 4, 5)
ab intestato *latim* DIREITO sem testamento; **herdar ab intestato** herdar de alguém que morreu sem deixar testamento
ab ira *latim* num impulso de cólera (T. Lívio, 24, 30)
ab irato *latim* num impulso de cólera
abire ad vulgi opinionem *latim* seguir a opinião do povo [máxima seguida, com frequência, no foro jurídico ou na apreciação de casos]
ab Jove principium *latim* comecemos por Júpiter; comecemos pela personagem mais importante (Virgílio, *Bucólicas*, 3, 60)
a bocca chiusa *italiano* com a boca fechada [usa-se para indicar que determinada música é cantada com a boca fechada]
abondance de biens ne nuit pas *francês* a abundância de bens não prejudica [equivale a *o que é bom nunca é demais*]
ab ore ad aurem *latim* da boca ao ouvido [significa contar a outrem, com suma discrição, o que não se pode ou não se deve dizer em voz alta]
ab origine *latim* desde o princípio; no começo (Virgílio, *Eneida*, 1, 642)
ab ovo *latim* desde o ovo; desde o início; desde o princípio (Horácio, *Arte Poética*, 147)
ab ovo ad mala *latim* desde o ovo até às maçãs [de acordo com a ordem das iguarias das refeições romanas]; desde o princípio até ao fim da refeição; desde o começo até ao fim (Horácio, *Sátiras*, 1, 3, 6-7)
absque argento omnia vana *latim* nada se faz sem dinheiro

absque sudore et labore nullum opus perfectum est *latim* sem suor e sem trabalho nenhuma obra é perfeita
abstinenter *latim* desinteressadamente; moderadamente
abundanter *latim* abundantemente; copiosamente
abundantia cordis *latim* com abundância do coração; com a maior efusão; com a maior sinceridade e lealdade (S. Mateus, *Evangelho*, 12, 34)
ab uno disce omnes *latim* por um se conhecem os outros; conhecer um é conhecê-los todos; são todos iguais
ab urbe condita *latim* desde a fundação da cidade [os Romanos costumavam contar os anos da sua era referidos à fundação de Roma, 753 anos antes de Jesus Cristo] (T. Lívio, *Ab urbe condita*, título da História de Roma, de T. Lívio)
abusus non est usus, sed corruptela *latim* o abuso não é uso, mas corrupção
abusus non tollit usum *latim* DIREITO o abuso não destrói o uso [máxima do direito antigo: pelo facto de o abuso ser repreensível, nem por isso o uso deixa de ser lícito]
abyssus abyssum invocat *latim* o abismo atrai o abismo; asneira puxa asneira; uma desgraça nunca vem só; um erro ou uma falta leva muitas vezes a cometer outro erro ou outra falta
accessit *latim* aproximou-se [diz-se da classificação escolar correspondente ao segundo prémio ou imediatamente inferior à que tem prémio]
accidenter *latim* acidentalmente
accipere, quam facere, præstat injuriam *latim* é preferível receber uma injúria a fazê-la (Cícero, *Tusculanorum*, 5, 56)
accipiens *latim* DIREITO recetor [aquele que recebe um pagamento]
accomode *latim* comodamente; convenientemente
a contrario sensu *latim* em sentido contrário
à contrecœur *francês* contra vontade; a contragosto
actus corruit omissa forma legis *latim* DIREITO o ato é nulo quando omite a forma da lei
actutum *latim* imediatamente; sem demora; incessantemente
ad æternum *latim* para sempre; eternamente
ad aperturam libri *latim* ao abrir o livro; à primeira leitura; à primeira vista
ad arbitrium *latim* à vontade; a seu bel-prazer
ad argumentandum tantum *latim* apenas para argumentar [usa-se quando se faz uma concessão a um adversário com a finalidade de o refutar com mais segurança]
ad assem *latim* até ao último ceitil
ad astra per aspera *latim* **1** aos astros por caminhos ásperos **2** para atingir o triunfo é preciso vencer muitas dificuldades
ad augusta per angusta *latim* a lugares elevados por veredas apertadas; não se alcança o triunfo sem as agruras do combate; só se ascende à glória, à virtude, vencendo grandes obstáculos (Vítor Hugo, *Hernani*, IV ato)
ad bestias *latim* às feras
ad calendas græcas *latim* para as calendas gregas; nunca; no dia de S. Nunca [os Gregos não tinham calendas]
ad captandum vulgus *latim* para captar o vulgo; para seduzir as multidões
ad cautelam *latim* por cautela; por precaução
ad cetera egregius *latim* eminente em relação a outros assuntos
ad corpus *latim* DIREITO pelo corpo; pelo todo [usa-se para designar a venda de um imóvel na sua totalidade, sem medir a sua área]
ad curiam *latim* baseado na jurisprudência; decisão fundamentada na autoridade dos acórdãos
ad diem *latim* DIREITO até ao dia [usa-se para indicar um prazo limite]
ad duo *latim* MÚSICA a duas vozes; a dois instrumentos

adeo in teneris

adeo in teneris consuescere multum est *latim* tanta é a força dos hábitos da primeira idade [raramente se esquecem as práticas de criança] (Virgílio, *Geórgicas*, 2, 272)
ad ephesios *latim* à toa
ad exemplum *latim* por exemplo; para exemplificar
ad extra *latim* por fora; extra
ad extremum *latim* até ao fim; até ao extremo
ad finem *latim* até ao fim
ad gloriam *latim* pela glória; pela honra [indica que um trabalho ou uma tarefa foi realizado sem fins lucrativos]
ad hoc *latim* [sentido original] para isto, para tal fim; [uso indevido] ao acaso, para tal fim (Salústio, *Catilinárias*, 14, 3)
ad hominem *latim* ao homem; *argumento ad hominem* argumento com que se confunde o adversário, servindo-se das suas próprias palavras ou ações
ad honores *latim* (só) pelas honras; gratuitamente
ad hostes contendere *latim* marchar contra os inimigos
adhuc sub judice lis est *latim* o processo encontra-se ainda em poder do juiz [aplica-se a litígios que ainda não foram julgados em última instância]
adieu paniers, vendanges sont faites *francês* adeus cestos, acabaram as vindimas [significa que se perdeu uma oportunidade que nunca mais se proporcionará]
ad infinitum *latim* até ao infinito; sem limites; interminavelmente
ad instar *latim* à maneira de; à semelhança de
ad interim *latim* interinamente; provisoriamente
ad internecionem *latim* até ao extermínio; até ao último homem
ad intra *latim* por dentro
a divinis *latim* afastado das coisas sagradas [diz-se, por exemplo, do padre interdito de exercer o seu múnus]
ad judicem dicere *latim* falar ao juiz
ad judicia *latim* perante o foro judicial
ad laudes et per horas *latim* para as laudes e durante as horas; frequentemente
ad libitum *latim* à vontade; a seu bel-prazer
ad limina *latim* para a entrada; para o limiar (Virgílio, *Eneida*, 1, 389)
ad limina apostolorum *latim* ao solar dos apóstolos; a Roma; à Santa Sé (Sisto V, *Romanus Pontifex*, bula)
ad litem *latim* (só) para o processo; só para determinado fim
ad litteram *latim* à letra; palavra por palavra
ad lucem *latim* até à luz; até ao romper do dia
ad lunam *latim* segundo a Lua [referência à intervenção dos astros na vida]
ad majorem Dei gloriam *latim* para maior glória de Deus [é o lema da Companhia de Jesus (A. M. D. G.) que geralmente serve de epígrafe aos livros por ela editados]
ad mensuram *latim* DIREITO de acordo com a medida
admittitur et imprimatur *latim* admite-se e imprima-se [fórmula usada nas licenças eclesiásticas para a impressão de obra que não contém doutrina heterodoxa]
ad modum *latim* conforme a maneira; conforme o estilo
ad multos annos *latim* por muitos anos; por muito tempo [usa-se nas felicitações e nos aniversários] (Eclesiastes, 6, 100)
ad nauseam *latim* até enjoar
ad nauseam usque *latim* até enjoar
ad noctem *latim* até à noite (Salmos, 15, 7)
ad nummum *latim* até ao último real
ad nutum *latim* a um aceno; ao menor sinal [indica resposta pronta a um chamamento ou dependência da vontade alheia] (Job, 26, 11)
ad ostentationem *latim* para ostentação; por vaidade
ad pænitendum properat, cito qui judicat *latim* quem julga com (mais) pressa (mais) depressa se arrepende [é uma prevenção para evitar precipitações] (Publílio Siro, 32)
ad patres *latim* para os antepassados; para os mortos; *ir ad patres* morrer
ad pedes *latim* aos pés; prostrar-se diante de alguém, em súplica (Cícero, *De Divinatione*, 1, 46)
ad perpetuam *latim* para sempre
ad perpetuam rei memoriam *latim* para perpetuar a memória do facto; para lembrança dos vindouros [usa-se no início de bulas doutrinais, em monumentos comemorativos, medalhas, etc.]
ad petendam pluviam *latim* para pedir chuva [diz-se das preces públicas ordenadas após tempos de grande estiagem]
ad pompam et ostentationem *latim* para pompa e ostentação; por vaidade
ad præsens ova, cras pulla sunt meliora *latim* pôr agora os ovos, amanhã são mais proveitosos os pintos [equivale a *não se deve trocar o certo pelo duvidoso*]
ad probationem *latim* DIREITO a título de prova
ad quem *latim* DIREITO até ao qual [indica o dia marcado para o cumprimento de uma obrigação]
ad referendum *latim* para ser referendado [para obter sanção de autoridade ou poder competente e vigorar em seguida]
ad rem *latim* à coisa; apropriadamente; ao caso em questão; precisamente; sem rodeios [esta expressão usa-se também pejorativamente, com o sentido de *(mandar) àquela parte*, por inversão das letras]
ad sacra limina *latim* ao solar dos apóstolos; a Roma; à Santa Sé
adsum *latim* estou presente [usa-se para responder às chamadas] (Génesis, 22, 1)
ad tempus *latim* no devido tempo; na altura oportuna
ad unguem *latim* à unha; com perfeição; tintim por tintim [é uma alusão aos estatuários que passavam a unha sobre o mármore para avaliar o grau de polimento] (Horácio, *Sátiras*, 1, 5, 32)
ad unum *latim* sem faltar um; até ao último (Cícero, *Ad Familiares*, 10, 16, 2)
ad usum *latim* conforme o uso; segundo o costume (Cícero, *De Officiis*, 3, 42)
ad usum Delphini *latim* para uso do Delfim [designação dada aos textos clássicos latinos editados por Bossuet (bispo e escritor francês, 1627-1704) e Huet (bispo e erudito francês, 1630-1721) para a educação do delfim, filho de Luís XIV, expurgados de todos os passos inconvenientes à educação de um]
ad utrumque paratus *latim* preparado para uma e outra coisa; preparado para qualquer eventualidade
ad valorem *latim* DIREITO segundo o valor [designação de um imposto alfandegário proporcional ao valor das mercadorias declaradas no despacho]
ad verbum *latim* ao pé da letra; literalmente
ad vitam æternam *latim* para a vida eterna; para todo o sempre (Atos, 13, 48)
ægrescit medendo *latim* é pior o remédio do que a doença [equivale a *é pior a emenda que o soneto*] (Virgílio, *Eneida*, 12, 46)
æquo animo *latim* com igualdade de ânimo; imperturbavelmente (Horácio, *Sátiras*, 2, 3, 16)
æquo pulsat pede *latim* esmaga com pé indiferente [emprega-se para significar que a morte não escolhe as suas vítimas] (Horácio, *Odes*, 1, 4, 13)
ære perennius *latim* mais duradouro que o bronze; eterno (Horácio, *Odes*, 3, 30, 1)
æs debitorem leve, grave inimicum facit *latim* um favor pequeno cria um devedor; um pesado (grande) faz um inimigo (Publílio Siro)
æs triplex *latim* tríplice bronze [usa-se para caracterizar a temeridade do primeiro navegador que devia possuir um coração revestido de aço para fazer face às dificuldades da sua empresa]
æternum vale *latim* adeus até à eternidade; adeus para sempre
a facundia multum potest *latim* é muito eloquente
à forfait *francês* de empreitada; por contrato; com tudo incluído
a fortiori *latim* por maioria de razão (raciocínio ou argumento)
age quod agis *latim* faz o que fazes [isto é, presta atenção ao que estás a fazer, não te distraias]
agere invitus nem compellitur *latim* ninguém deve ser coagido a agir contra a sua vontade
agere pro viribus *latim* proceder tendo em conta os meios de que se dispõe; empregar a força que se tem
a giorno *italiano* como de dia [usa-se para indicar que uma iluminação é de grande esplendor]
agnosco veteris vestigia flammæ *latim* sinto (ainda) os vestígios dos meus primeiros entusiasmos [usa-se quando se faz alusão a uma paixão mal extinta] (Virgílio, *Eneida*, 4, 23)
aide-mémoire *francês* auxiliar de memória
aide-toi, le ciel t'aidera *francês* ajuda-te e Deus te ajudará
à la bonne heure *francês* em boa hora; felizmente
à la dernière *francês* à última (hora)
à la diable *francês* sem cuidado; à toa; de qualquer maneira
à la mode *francês* na moda
à la page *francês* em dia; a par
a latere *latim* (vindo) do lado [refere-se a cardeais enviados pelo papa para desempenharem uma missão especial]

albo lapillo diem notare *latim* marcar um dia com uma pedra branca [os antigos Romanos marcavam os dias felizes com uma pedra branca e os nefastos com uma pedra negra]

alea jacta est *latim* a sorte está lançada [estas palavras, atribuídas a César quando resolveu atravessar o Rubicão, empregam-se quando se toma uma resolução enérgica, depois de se ter hesitado por muito tempo] (Suetónio, *César*, 32)

alienum nobis, nostrum plus aliis placet *latim* nós invejamos a felicidade dos outros, e os outros invejam a nossa [isto é, julgamos sempre que a vida dos outros é melhor que a nossa]

aliquando dormitat Homerus *latim* às vezes Homero também dormita [usa-se para mostrar que uma falta pode ser cometida até pelos mais sábios e prevenidos] (Horácio, *Arte Poética*, 359)

alis volat propriis *latim* voa com as próprias asas; tudo o que possui deve-o ao próprio esforço

aliud est celare, aliud tacere *latim* uma coisa é esconder, outra é calar; é diferente o silêncio da ocultação

aliud est dare, aliud promittere *latim* uma coisa é dar, outra prometer

Allah hu acbar *árabe* Deus é grande

alla militare *italiano* MÚSICA como as marchas militares [anotação no topo de um trecho de música para indicar que este deve ser executado no andamento das marchas militares]

alla polacca *italiano* MÚSICA em compasso ternário [diz-se do andamento musical menos vivo que o allegro]

all right *inglês* tudo bem

à l'œuvre on connaît l'artisan *francês* pela obra se conhece o artista [equivale a *pela palha se conhece a espiga* ou *pela aragem se conhece quem vai na carruagem*] (La Fontaine, fábula *Os Zângãos e as Abelhas*)

alpha et omega *latim* o alfa e o ómega [emprega-se para designar o princípio e o fim de qualquer coisa, pois são estes os nomes das primeira e última letras do alfabeto grego] (*Apocalipse*, 18)

alter ab illo *latim* o primeiro depois dele

alter alterum obstrepit *latim* um interrompe o outro

alter et idem *latim* outro e igual

a maiori ad minima *latim* do maior para o menor; do certo pode concluir-se o que é menos verosímil

amant alterna Camenæ *latim* as musas gostam dos cantos alternados [significa que a monotonia, no verso, é desagradável] (Virgílio, *Bucólicas*, 3, 59)

amantis iræ amoris integratio est *latim* as zangas entre amantes fazem parte do amor (Terêncio, *Ândria*, 555)

a maximis ad minima *latim* desde as coisas maiores às mais pequenas; do máximo ao mínimo

amici vitia si feras, facis tua *latim* se desculpas os defeitos do teu amigo, toma-los para ti (Publílio Siro, 10)

amicum perdere est damnorum maximum *latim* perder um amigo é o maior dos prejuízos

amicus certus in re incerta cernitur *latim* é na adversidade que se conhecem os verdadeiros amigos

amicus Plato, sed magis amica veritas *latim* amo Platão, mas amo ainda mais a verdade [isto é, não basta a autoridade de um grande nome para que perfilhemos as suas doutrinas ou as suas opiniões, se elas não forem conformes à verdade] (Trad. de Aristóteles, *Ética a Nicómaco*, 1, 4)

amor et tussis non celantur *latim* o amor e a tosse não se podem ocultar

amor magister est optimus *latim* o amor é o melhor dos mestres [máxima pedagógica]

amor omnia vincit *latim* o amor vence tudo (Virgílio, *Bucólicas*, 10, 69)

anch'io sono pittore *italiano* eu também sou pintor [palavras de Corrégio quando admirava um quadro de Rafael e se deixou dominar por um sentimento de emulação]

Ancien Régime *francês* antigo regime [sistema de governo que vigorou em França antes da revolução de 1789]

anguis (latet) in herba *latim* a serpente (está escondida) na erva [significa que sob uma bela aparência, esconde-se, por vezes, uma grande maldade] (Virgílio, *Bucólicas*, 3, 93)

angulus ridet *latim* sorri-me este cantinho [estas palavras de Horácio a respeito de Tarento podem aplicar-se a propósito de qualquer lugar da nossa predileção]

animus abandonandi *latim* DIREITO intenção de abandonar

animus abutendi *latim* DIREITO intenção de abusar

animus adjuvandi *latim* DIREITO intenção de ajudar

animus ambulandi *latim* DIREITO intenção de ir e vir

animus calumniandi *latim* DIREITO intenção de caluniar

animus decipiendi *latim* DIREITO intenção de enganar

animus derelinquendi *latim* DIREITO intenção de abandonar

animus dolandi *latim* DIREITO intenção dolosa

animus furandi *latim* DIREITO intenção de furtar

animus lædendi *latim* DIREITO intenção de prejudicar

animus meminisse horret *latim* a minha alma horroriza-se ao recordar (essas coisas) [significa que a lembrança de uma coisa nos causa horror] (Virgílio, *Eneida*, 2, 12)

animus necandi *latim* DIREITO intenção de matar

anno mundi *latim* ano da criação do mundo

a non domino *latim* da parte de quem não é dono

a novo *latim* de novo; novamente [diz-se dos filhos concebidos por adultério de um dos progenitores]

Anschluss *alemão* anexação [designação dada ao processo pelo qual a Áustria foi anexada pela Alemanha em março de 1939]

ante focum, si frigus erit; si messis, in umbra *latim* ao lume, se faz frio; à sombra, no tempo das ceifas (Virgílio, *Bucólicas*, 5, 70)

ante mare, undæ *latim* antes do mar as águas [para significar que a causa precede o efeito, que o todo provém da reunião das partes]

ante meridiem *latim* antes do meio-dia

ante mortem *latim* antes da morte

ante omnia *latim* antes de tudo (Virgílio, *Bucólicas*, 2, 62)

ante ora patrum *latim* em presença dos pais (Virgílio, *Eneida*, 1, 95)

à outrance *francês* com exagero; custe o que custar

a pari *latim* por paridade; em circunstâncias semelhantes

aperto libro *latim* ao abrir o livro; à primeira leitura; à primeira vista

à peu près *francês* pouco mais ou menos; aproximadamente

a posteriori *latim* pelas razões que vêm depois; do efeito para a causa

apparent rari nantes in gurgite vasto *latim* são poucos os mareantes que se veem na vastidão do mar [usa-se quando queremos significar que, de entre muitas coisas, poucas nos servem, ou que de uma grande quantidade pouco podemos aproveitar] (Virgílio, *Eneida*, 1, 118)

appeler un chat un chat *francês* chamar as coisas pelo seu nome; dizer as coisas como elas são

appetitus rationi pareat *latim* a paixão deve subordinar-se à razão

après moi le déluge *francês* depois de mim o dilúvio [máxima, atribuída a Luís XV, que significava que lhe eram indiferentes todas as calamidades que sobreviessem à nação depois de ele ter morrido, contanto que houvesse paz enquanto ele vivia]

a priori *latim* de acordo com os princípios anteriores à experiência; à primeira vista

à propos *francês* a propósito; por falar nisso

apud *latim* DIREITO junto de; entre; em

apud ata *latim* DIREITO junto dos autos

apud Platonem *latim* segundo Platão; como está em qualquer autor; como se lê em qualquer autor (Cícero, *De Officiis*, 1, 9, 28)

apud se esse *latim* estar senhor de si

a pueritia *latim* desde a juventude; desde menino

a puero *latim* desde a juventude; desde menino

à quelque chose malheur est bon *francês* para alguma coisa serve a desgraça [equivale a *há males que vêm por bem*]

aquilæ non gerunt columbas *latim* as águias não geram pombas [isto é, cada indivíduo deve gerar indivíduos da mesma espécie; os filhos devem sair aos pais; uma pessoa perversa não é capaz de praticar atos virtuosos]

aquila non capit muscas *latim* a águia não apanha moscas [isto é, um espírito superior não se preocupa com ninharias]

a ratione *latim* por conjetura ou hipótese; sem fundamento em factos reais

arcades ambo *latim* ambos árcades; ambos iguais; tão bom é um como o outro (Virgílio, *Bucólicas*, 7, 4)

arcus nimis intensus rumpitur *latim* o arco muito retesado quebra [significa que o rigor excessivo produz às vezes reações que a moderação e a prudência evitam]

argumentum ad crumenam *latim* o argumento da bolsa; corrupção por meio de dinheiro (Sterbini, *O Barbeiro de Sevilha*)

argumentum baculinum *latim* argumento de cacete; convencimento à pancada, por falta de melhores razões (Molière, *Médico à força*)

arrière-pensée

arrière-pensée *francês* segunda intenção
ars est celare artem *latim* a (verdadeira) arte consiste em dissimular o artifício
ars gratia artis *latim* arte pela arte
ars longa, vita brevis *latim* a arte é longa e a vida é breve [isto é, para se chegar a ser um artista, é muitas vezes exíguo o tempo de vida] (Hipócrates)
a sacris *latim* afastado das coisas sagradas [diz -se, por exemplo, do padre interdito de exercer o seu múnus]
a se *latim* por si; independente de outrem
asinus asinum fricat *latim* o burro coça o burro [diz-se dos pedantes que se elogiam mutuamente]
a summo *latim* a partir do alto
at 30 days sight *inglês* COMÉRCIO a 30 dias de vista
ata est fabula *latim* a peça está representada [era com estas palavras que os antigos Romanos anunciavam o fim do espetáculo, e de que o Imperador Augusto, no seu leito de morte, se serviu para anunciar o seu fim próximo]
a tergo *latim* pelas costas; à falsa fé (Virgílio, *Eneida*, 1, 186)
à tort et à travers *francês* a torto e a direito; indistintamente
à tout prix *francês* a todo o preço; a todo o custo; à fina força
à tout propos *francês* a propósito de tudo; a cada passo; a propósito de tudo e de nada
à tout seigneur tout honneur *francês* a cada senhor cada honra; o seu a seu dono
at sight *inglês* COMÉRCIO à vista
auctori incumbit onus probandi *latim* ao autor (de um pleito) cabe a obrigação de provar; quem acusa tem de alegar os motivos da sua acusação
aucupari aliorum opinionem *latim* sondar a opinião dos outros
aucupari tempus *latim* esperar a ocasião oportuna
audaces fortuna juvat *latim* a fortuna favorece os audazes (Virgílio, *Eneida*, 10, 284)
audax Japeti genus *latim* a audaciosa descendência de Jápeto; a raça humana
audiatur et altera pars *latim* ouçamos também a outra parte [preceito do direito romano] (Séneca, *Medeia*, 198)
audi nos *latim* ouvi-nos
auferre litem *latim* vencer a demanda
au grand complet *francês* completamente cheio; à cunha
a una voce *italiano* a uma só voz; por unanimidade
au ralenti *francês* com afrouxamento; vagarosamente
aura popularis *latim* a aura popular [alude, metaforicamente, à inconstância do favor das multidões] (Virgílio, *Eneida*, 6, 816)
aurea mediocritas *latim* áurea mediocridade; feliz mediania (Horácio, *Odes*, 2, 10, 5)

aures habent et non audient *latim* têm ouvidos e não ouvem; há muitos que, obcecados pelas suas paixões, não ouvem a voz da consciência e da razão (*Salmo* 113, B, 6)
au revoir *francês* até à vista; até mais ver
auri sacra fames *latim* maldita fome do ouro [emprega-se para condenar a insaciável ambição das riquezas, que leva muitas vezes a cometer loucuras e até crimes] (Virgílio, *Eneida*, 3, 56-57)
auro suadente, nil potest oratio *latim* quando o ouro (dinheiro) persuade, nada valem as palavras; a eloquência é inútil quando predomina o interesse do dinheiro (Publílio Siro)
aussitôt dit, aussitôt fait *francês* dito e feito
aut Cæsar, aut nihil *latim* ou imperador ou nada [palavras de César Bórgia que se aplicam a todos os ambiciosos do poder]
autem genuit *latim* porém (este) gerou [aplica-se a uma relação longa e fastidiosa] (S. Mateus, *Evangelho*, 1, 2, 16)
aut est aut non est *latim* ou é ou não é
aut vincere aut mori *latim* ou vencer ou morrer
aux flambeaux *francês* (marcha) com archotes
auxilia humilia firma consensus facit *latim* ajudas humildes e firmes fazem o consenso; muito poucos fazem muito; a união faz a força
auxilium in periculo *latim* auxílio no perigo [divisa a várias sociedades humanitárias, especialmente corporações de bombeiros]
à vaincre sans peril, on triomphe sans gloire *francês* quando se vence sem perigo, triunfa-se sem glória; o êxito fácil não dá glória (Corneille)
avant la lettre *francês* antes do estado definitivo; antes do seu inteiro desenvolvimento
avant-première *francês* antestreia
avant-propos *francês* prólogo; prefácio; preâmbulo
avant-scène *francês* parte do palco entre o pano de boca e a orquestra
ave *latim* saúde; Deus te salve
ave, Cæsar, morituri te salutant *latim* salve, César, os que vão morrer saúdam-te [palavras que os gladiadores romanos proferiam diante da tribuna do imperador, antes de combaterem com as feras] (Suetónio, *Cláudio*, 21)
a vero domino *latim* pelo verdadeiro proprietário
aversa pecunia *latim* com dinheiro roubado
aversus a proposito *latim* o que mudou de resolução
a vertice ad unguem *latim* do vértice à unha; da cabeça aos pés; de um lado ao outro; completamente
avis rara *latim* ave rara [diz-se de uma pessoa ou coisa que raras vezes aparece ou se vê] (Horácio, *Sátiras*, 2, 26)
à vol d'oiseau *francês* a direito; em linha reta

B

beati pauperes spiritu *latim* bem-aventurados os pobres em espírito, isto é, os que possuem espírito de pobreza, que sabem desprender-se dos bens deste mundo [por deturpação do sentido, estas palavras têm sido aplicadas aos pouco inteligentes e aos ignorantes bafejados pela sorte] (S. Mateus, *Evangelho*, 5, 3)
beati possidentes *latim* ditosos os que estão de posse, isto é, os que possuem riquezas [entre outras aplicações, usa-se para significar que o melhor meio de reivindicar o direito de uma propriedade é apoderarmo-nos dela]
beau monde *francês* belo mundo; sociedade escolhida; escol
bel esprit *francês* fino; culto; pretensioso; petulante
bella matribus detestata *latim* as guerras (são) execradas pelas mães [alusão ao horror que as mães têm às guerras, que lhes levam os filhos] (Horácio, *Odes*, 1, 1, 24-25)
beneficium accipere, libertatem est vendere *latim* aceitar um benefício é vender a liberdade [alusão àqueles que fazem um favor com o fim de sujeitar a liberdade daqueles a quem o prestam] (Publílio Siro, 61)
beneficium dando accepit, qui digno dedit *latim* aquele que deu a quem merece recebeu um benefício

bene vulgo audire est alterum patrimonium *latim* a boa reputação é outro (um segundo) património; o bom nome é um tesouro incomparável
berth charter *inglês* COMÉRCIO fretamento que abrange apenas uma parte do navio
bill of exchange *inglês* COMÉRCIO letra de câmbio
bill of lading *inglês* COMÉRCIO conhecimento de embarque
bis dat qui cito dat *latim* dá duas vezes quem dá depressa [isto é, um serviço tem valor dobrado quando se presta prontamente]
bis in idem *latim* tributação dupla do mesmo indivíduo pelo mesmo objeto ou atividade
bis repetita placent *latim* as coisas agradam duas vezes (quando se pede que sejam repetidas) (Horácio, *Arte Poética*, 365)
bona est lex si quis ea legitime utatur *latim* boa é a lei se se usar dela legitimamente
bon gré, mal gré *francês* de bom grado ou de mau grado; por bem ou por mal; de boa ou má vontade
bonis avibus *latim* sob bons auspícios
bon mot *francês* dito espirituoso
bonne à tout faire *francês* criada para todo o serviço
bonne chance *francês* felicidades!; boa sorte!
bon ton *francês* boa educação; bons modos

bonum vinum lætificat cor hominis *latim* o bom vinho alegra o coração do homem (Eclesiástico, 40, 20)
booting *inglês* INFORMÁTICA operações de rotina que preparam o computador para ser utilizado
boulevard *francês* avenida ou rua comprida e larga, ladeada de árvores

breakage insurance *inglês* COMÉRCIO seguro de quebra [protege a mercadoria contra as perdas e os danos sofridos desde o embarque até à entrega ao destinatário]
brise-brise *francês* meia cortina (na parte inferior das janelas)
bye-bye *inglês* adeus; adeusinho

C

cadunt altis de montibus umbræ *latim* caem as sombras dos montes altos; pôs-se o Sol; é noite (Virgílio, *Bucólicas*, 1, 83)
cætera desiderantur *latim* desejam-se as coisas restantes; falta o resto [aplica-se às obras incompletas]
cæteris paribus *latim* em iguais circunstâncias
calomniez, il reste toujours quelque chose *francês* caluniai, que (da calúnia) fica sempre alguma coisa
camelus cupiens cornua aures perdidit *latim* o camelo, por querer ter chavelhos, perdeu as orelhas [equivale a *quem tudo quer tudo perde*]
cara deum soboles magnum Jovis incrementum *latim* raça querida dos deuses, ilustre descendência de Júpiter [usa-se para anunciar o nascimento de um filho de família ilustre] (Virgílio, *Bucólicas*, 4, 49)
caro de carne mea *latim* carne da minha carne; esposa; filho; pessoa muito íntima (Génesis, 2, 23)
caro infirma *latim* a carne é fraca [significa que o homem não resiste às tentações devido à sua fraqueza]
carpamus dulcia *latim* gozemos a vida [lema dos epicuristas]
carpent tua poma nepotes *latim* os vindouros colhem os teus frutos [isto é, o homem não deve pensar apenas em si e no presente, mas também nos descendentes e, por isso, plantar para que estes possam gozar do fruto do seu trabalho] (Virgílio, *Bucólicas*, 9, 50)
cash on delivery *inglês* COMÉRCIO pagamento no ato de entrega
castigat ridendo mores *latim* corrige os costumes, rindo; corrige os vícios, ridicularizando-os
casus belli *latim* caso de guerra [usa-se a propósito daquilo que pode provocar uma desinteligência entre duas nações, dois partidos ou duas pessoas] (César, *De Bello Gallico*, 5, 30)
casus fœderis *latim* caso de aliança [diz-se da circunstância ou cláusula que provocou a efetivação de uma aliança]
catch-as-catch-can *inglês* agarra como puderes [espécie de luta corpo a corpo, em que tudo é permitido, menos arranhar e estrangular]
caveant consules *latim* acautelem-se os cônsules [estas palavras eram dirigidas pelo Senado romano aos cônsules, para que velassem pela segurança da república com poder ditatorial]
cave canem *latim* cuidado com o cão; sê prudente e evita o perigo [legenda gravada nos umbrais das casas romanas e atestada num mosaico pompeiano]
cave illum semper qui tibi imposuit semel *latim* acautela-te sempre daquele que uma vez te enganou; quem faz um cesto faz um cento
cave ne cadas *latim* tem cuidado, não caias [usada nos cortejos do imperador, aplica-se àqueles que se alçaram a posições elevadas, mas cujos merecimentos podem não conseguir sustentar, porque a fortuna é inconstante]
ceci tuera cela *francês* isto matará aquilo; uma novidade fará esquecer a novidade precedente [diz-se dos inventos, doutrinas, modas, etc., que virão substituir os inventos, doutrinas, modas, etc., que estão em vigor]
cedant arma togæ *latim* que as armas cedam à toga; significa que o poder militar se submeta ao poder civil (Cícero, *Pis.* 29, 72)
ce que femme veut Dieu le veut *francês* o que a mulher quer, Deus o quer [isto é, a mulher exerce tal influência que consegue sempre o que deseja]
ce qui abonde ne nuit pas *francês* o que é de mais não prejudica; antes de mais do que de menos
certificate of exportation *inglês* COMÉRCIO certificado ou licença de exportação
certificate of origin *inglês* COMÉRCIO certificado de origem
cessante causa, cessat effectus *latim* quando cessa a causa, cessa o efeito
ceteris paribus *latim* em iguais circunstâncias

chacun à sa place *francês* cada um para o seu lugar [é um passo da quadrilha (dança) em que se mandam os pares para os antigos lugares, no fim de uma figura coreográfica]
chacun à son métier *francês* cada qual no seu ofício
chaperon *francês* pessoa de idade que outrora acompanhava uma menina solteira em acontecimentos de vida social; pau de cabeleira
char-à-bancs *francês* carruagem com tejadilho e com dois assentos paralelos no interior
chassez le naturel, il revient au galop *francês* expulsai a natureza, (que) ela voltará imediatamente [em vão tentamos modificar a nossa índole, porque ela não tardará a dominar-nos]
checklist *inglês* COMÉRCIO lista ou nota de verificação
cheto fuori, commosso dentro *italiano* (relógio) quieto por fora e agitado por dentro [aplica-se às pessoas que aparentam serenidade exterior, mas são agitadas interiormente]
chi dura vince *italiano* quem teima vence; quem porfia mata caça
chiffonnier *francês* armário estreito com gavetas na parte inferior
chi va piano va sano *italiano* quem vai devagar vai com segurança [significa que não corre perigo quem procede com prudência]
chi va sano va lontano *italiano* quem caminha com segurança vai longe [equivale a *devagar se vai ao longe*]
civis romanus sum *latim* sou cidadão romano; tenho direitos de cidadão romano; possuo as nobres qualidades dos antigos cidadãos romanos
claudite jam rivos, pueri; sat prata biberunt *latim* fechai os regatos, rapazes; os prados já beberam bastante; basta; é tempo de acabar (Virgílio, *Bucólicas*, 3, 111)
cleared goods *inglês* COMÉRCIO mercadorias retiradas da alfândega, depois de pagos os direitos e o despacho; mercadorias desalfandegadas
cœli enarrant gloriam Dei *latim* os céus narram a glória de Deus, isto é, os mundos celestes, na sua imensidade, beleza e harmonia, proclamam o poder e a glória do Criador (Salmos, 18, 2)
cœlo tonante, credimus Jovem regnare *latim* quando ouvimos trovejar (é que) acreditamos que Júpiter reina; conhecemos a sua força ou o seu poder pelos golpes que vibra; quando troveja é que nos lembramos de Santa Bárbara
cogito, ergo sum *latim* penso, logo existo [princípio em que Descartes fundou toda a sua doutrina filosófica, condicionando a crença na própria existência ao facto de poder pensar]
cogit rogando quem rogat potentior *latim* os pedidos dos poderosos valem por ordens
collection charges *inglês* COMÉRCIO despesas de cobrança
collection papers *inglês* COMÉRCIO documentos de cobrança
comes facundus in via pro vehiculo est *latim* um companheiro de viagem bom cavaqueador é a melhor das carruagens (Publílio Siro, 116)
commercial invoice *inglês* COMÉRCIO fatura comercial
commercial traveller *inglês* COMÉRCIO agente de vendas; caixeiro-viajante
compelle intrare *latim* obriga-os a entrar [usa-se quando se trata de compelir alguém a fazer uma coisa que lhe pode ser proveitosa] (São Lucas, *Evangelho*, 14, 23)
compos sui *latim* senhor de si [significa que, em todas as circunstâncias, o homem deve manter-se senhor de si] (Tito Lívio, 8, 18, 12)
compte rendu *francês* análise concisa ou resumo de um facto
concedo *latim* concedo; suponhamos; admito [esta expressão emprega-se em dialética para designar uma concessão sob reserva]
con delicatezza *italiano* MÚSICA com delicadeza
conditio juris *latim* DIREITO condição de direito; condição sem a qual um ato jurídico não é considerado válido

con espressione *italiano* MÚSICA com expressão; com sentimento
confirmed credit *inglês* COMÉRCIO crédito confirmado
conscientia fraudis *latim* DIREITO consciência da fraude
conscientia sceleris *latim* DIREITO consciência do crime
consensus omnium *latim* o consenso universal [usa-se para indiciar que não há divergência de opiniões] (César, *De Bello Gallico*, 7, 77)
consilio manuque *latim* com o conselho e com a mão; moral e materialmente [esta expressão usa-se a propósito da proteção dispensada a alguém, por meio da influência e até da força física, em caso de necessidade]
consuetudo est altera natura *latim* o hábito é uma segunda natureza (Cícero, *De Finibus Bonorum et Malorum*, 5, 25, 74)
consummatum est *latim* tudo está consumado; está feito o sacrifício; acabou-se tudo [aplica-se para designar o termo de uma vida ou de um acontecimento muito importante] (S. João, *Evangelho*, 19, 30 – últimas palavras de Cristo na cruz]
contra naturam *latim* contra a natureza; artificial
contraria contrariis curantur *latim* os contrários curam-se com os contrários [aforismo da medicina clássica]
contraria fata *latim* destino desfavorável [diz-se a propósito das pessoas que não conseguem os seus objetivos, por pouca sorte] (Virgílio, *Eneida*, 1, 239)
contraria simul esse non possunt *latim* as coisas contrárias não podem existir ao mesmo tempo
copia verborum *latim* abundância de palavras (Quintiliano, 10, 1, 61)
coq-à-l'âne *francês* (passagem) de galo para burro [diz-se a propósito de um discurso sem nexo, em que o orador passa repentinamente de um assunto para outro]
coram populo *latim* em presença do povo; sem rodeios; sem receio (Horácio, *Arte Poética*, 185)
corpus delicti *latim* DIREITO corpo do delito; tudo o que prova a existência de um delito
corpus juris canonici *latim* Código do Direito Canónico [conjunto de leis eclesiásticas codificadas pelo Papa Pio X]
corpus juris civilis *latim* DIREITO Corpo do Direito Civil [designação dada por Dionísio Godofredo, no fim do século XVI d.C., à compilação do Direito Romano, ordenada pelo imperador Justiniano I e formada pelo Código, pelo Digesto, pelas Institutas e pelas *Novellæ*]
cost, insurance and freight *inglês* COMÉRCIO valor, seguro e frete
coup de foudre *francês* amor à primeira vista
coup de théâtre *francês* alteração súbita de uma situação, tal como acontece no teatro
coup d'œil *francês* olhadela; vista de olhos
credant posteri *latim* acreditem os vindouros; saiba a posteridade [emprega-se para salientar um facto extraordinário, digno de ser perpetuado]
credit letter *inglês* COMÉRCIO carta de crédito

credo Deum esse *latim* creio que Deus existe
credo quia absurdum *latim* acredito porque é absurdo [expressão discutível, pela qual se indica que a fé ultrapassa a capacidade da inteligência] (Tertuliano, *De Batismo*, 2)
cuilibet in arte sua perito est credendum *latim* deve dar-se crédito ao perito na sua arte; devem consultar-se sobre uma matéria aqueles que são mais competentes nela
cui plus licet quam par est, plus vult quam licet *latim* aquele a quem se permite mais do que é justo quer mais do que é permitido
cuique suum *latim* a cada um o que é seu; o seu a seu dono [máxima do direito romano] (Cícero, *De Legibus*, 1, 6, 19)
cuivis dolori remedium est patientia *latim* a paciência é o remédio das dores de cada um
cuivis potest accidere, quod cuiquam potest *latim* o que pode acontecer a uma pessoa pode acontecer a todas; ninguém diga: desta água não beberei
cujus regio, ejus religio *latim* de tal região, de tal religião [indica a tendência do homem para professar a religião do país em que vive]
culpa vacare maximum est solatium *latim* estar isento de culpas é uma grande consolação
cum bona gratia dimittere aliquem *latim* despedir alguém com boas maneiras; ser delicado; ser cortês
cum brutis non est luctandum *latim* com brutos não se deve lutar; não se deve discutir com estúpidos ou insolentes
cum grano salis *latim* com certa dose de bom humor ou malícia (Plínio, *História Natural*, 23, 8, 149)
cum quibus (mercantur melones) *latim* aquilo com que se compram os melões [usa-se para designar dinheiro]
cum re præsenti deliberare *latim* deliberar segundo o estado presente da questão; deliberar de acordo com as circunstâncias atuais
cuncta supercilio movens *latim* que move todas as coisas com um simples franzir das sobrancelhas [usa-se para designar grande poder de alguém]
cura ut valeas *latim* tem cuidado com a saúde [fórmula de despedida nas cartas]
currente calamo *latim* ao correr da pena; sem grande preocupação
curriculum vitæ *latim* curso da vida; informação completa sobre a vida de alguém desde o nascimento até ao momento atual, com referência a habilitações, obras produzidas, cargos desempenhados, etc.
custom fees *inglês* COMÉRCIO taxas alfandegárias
customs broker *inglês* COMÉRCIO despachante alfandegário
customs broker commission *inglês* COMÉRCIO comissão do despachante alfandegário

D

damnum appelandum est cum mala fama lucrum *latim* deve chamar-se dano ao ganho adquirido à custa de má reputação (Publílio Siro, 158)
d'après nature *francês* copiado do natural; sem artifícios
dare nemo potest quod non habet neque plus quam habet *latim* ninguém pode dar o que não tem, nem mais do que o que tem
date obolum Belisario *latim* dai um óbolo a Belisário; estendei a mão protetora a todo o homem eminente perseguido pela adversidade
dat veniam corvis, vexat censura columbas *latim* a censura poupa os corvos e vexa as pombas; são muitas vezes perseguidos os inocentes, enquanto os culpados ficam impunes (Juvenal, *Sátiras*, 2, 63)
Davus sum, non œdipus *latim* sou Davo e não Édipo; sou uma pessoa modesta, simples e bonacheirona e não um espírito arguto capaz de decifrar subtilezas (Terêncio, *Ândria*, 194)
de auditu *latim* por ouvir dizer
debemur morti nos nostraque *latim* nós e tudo quanto é nosso está sujeito à morte; a morte é uma lei universal (Horácio, *Arte Poética*, 63)

decima hora amicos plures quam prima invenis *latim* encontram-se mais amigos na hora décima do que na primeira (Publílio Siro, 173)
decipimur specie recti *latim* somos enganados pela aparência do bem; toda a gente é vítima da mesma ilusão (Horácio, *Arte Poética*, 25)
de commodo et incommodo *latim* das vantagens e das desvantagens (de qualquer trabalho ou empresa que se vai realizar) [expressão da linguagem administrativa]
decorum est pro patria mori *latim* é honroso morrer pela pátria [usa-se para indicar que a intensidade do som deve ir enfraquecendo] (Horácio, *Odes*, 3, 2, 13)
de cujos (agitur) *latim* DIREITO aquele ou aquela de quem (se trata)
de die in diem *latim* de dia para dia (*Salmos*, 60, 9)
de facto *latim* de facto, por oposição a *de jure*
de gustibus et coloribus non disputandum *latim* a respeito de gostos e de cores não se deve discutir; gostos e cores não se discutem; cada qual pensa e atua como entende [provérbio medieval]
Dei gratia *latim* pela graça de Deus (1 *Coríntios*, 15, 10)
de integro *latim* integralmente; por inteiro

déjeuner à la carte *francês* almoçar à lista [isto é, escolhendo as iguarias que se deseja]

de jure *latim* de direito, por oposição a *de facto* (Cícero, *Pro Milone*, 31)

de jure et de facto *latim* de direito e de facto

de lana caprina *latim* de lã de cabra; de pouca ou nenhuma importância (como a lã de cabra)

delenda Carthago *latim* Cartago deve ser destruída [palavras com que Catão, o Antigo, terminava os seus discursos políticos; esta expressão usa-se quando se tem a ideia fixa e inabalável de realizar uma empresa para a qual se trabalha com firmeza e convicção] (Cícero, *Cato Major*, 6, 18)

delirium tremens *latim* MEDICINA delírio trémulo; forma aguda de delírio que acomete o alcoólico geralmente por ocasião da suspensão brusca da bebida e que é caracterizada por agitação violenta, fortes tremores, suores e alucinações

de mal en pis *francês* de mal a pior; cada vez pior

de minimis non curat prætor *latim* o pretor não trata de coisas insignificantes; uma pessoa importante não se ocupa de ninharias

de mortuis nihil nisi bonum *latim* dos mortos não faleis senão bem

dente lupus, cornu taurus petit *latim* o lobo ataca com os dentes, o touro investe com as hastes; cada qual serve-se das armas que tem (Horácio, *Sátiras*, 2, 1, 52)

dente superbo *latim* com dente soberbo; com desdém (como o rato da cidade ao saborear a comida do rato do campo) [aplica-se àqueles que, tendo obtido acidentalmente qualquer vantagem social, desprezam os que lhe são iguais ou até de maior merecimento] (Horácio, *Sátiras*, 2, 6, 87)

dentibus albis *latim* com dentes brancos; com punhos de renda; de luva branca [diz-se a propósito de um crítico que sabe atacar, motejar e até morder, sorrindo sempre] (Plínio, *Epístolas*, 429)

deo ignoto *latim* ao deus desconhecido [inscrição que S. Paulo viu na cidade de Atenas, e de que se serviu para mostrar aos areopagitas, num dos seus melhores discursos, que esse tal deus desconhecido era precisamente o Deus dos Cristãos] (*Atos*, 17, 22)

Deo juvante *latim* com a ajuda de Deus; se Deus ajudar (Cícero, *Ad Familiares*, 7, 20, 2)

de omni re scibili (et quibusdam aliis) *latim* de todas as coisas que é possível saber (e até de algumas outras) [divisa de Pico de Mirândola, humanista italiano (1463-1494), que tinha a pretensão de discutir com todos e sobre tudo o que se podia saber sem receio de que o suplantassem; um crítico, possivelmente para o ridicularizar, acrescentou: *et quibusdam ali*]

de ore tuo te judico *latim* julgo-te pela tua boca; avalio o teu mérito e o teu carácter pelas tuas palavras (S. Lucas, *Evangelho*, 18, 22)

Deo volente *latim* se Deus quiser

de plano *latim* com plano feito; premeditadamente [emprega-se também como expressão jurídica, para significar que se agiu sem prévio inquérito, sem as formalidades legais]

de profundis (clamavi) *latim* das profundezas do abismo (chamei por ti, Senhor) [salmo que se recita ou canta no Ofício de Defuntos e em horas de prece instante] (*Salmos*, 129, 1)

dernier cri *francês* última moda; último grito da moda

desinit in piscem *latim* acaba em peixe [diz-se das pessoas que, à semelhança das sereias, que são mulheres formosas mas acabam em rabo de peixe, isto é, não correspondem ao que delas esperávamos] (Horácio, *Arte Poética*, 4)

de stercore Ennii *latim* do esterco de Énio [Virgílio, que plagiou alguns versos de Énio, poeta latino - 239-169 a. C. - para se desculpar, dizia que tinha tirado algumas pérolas do estrume de Énio; usa-se esta expressão quando, de má origem, nos vem alguma coisa boa]

de te fabula narratur *latim* é de ti que trata esta história [emprega-se para advertir uma pessoa distraída - ou que se faz desentendida - de que é dela que se está a falar] (Horácio, *Sátiras*, 1, 1, 69-70)

deus, ecce deus *latim* o deus, eis o deus [palavras dirigidas por Virgílio à sibila de Cumas, cidade italiana da Campânia, que simbolizam a inspiração profética de que aquela se julgava possuída] (Virgílio, *Eneida*, 6, 46)

Deus ex machina *latim* um Deus (que desce) por meio de uma máquina [aplica-se figuradamente a propósito do desfecho feliz de uma situação trágica pela intervenção inesperada de uma personagem, como que fazendo descer à cena um ente sobrenatural por meio de um maquinismo] (Aristóteles, *Poética*, tradução latina)

deus nobis hæc otia fecit *latim* foi um deus que nos deu este descanso [palavras com que o pastor Títiro agradece a Augusto a restituição do seu património] (Virgílio, *Bucólicas*, 1, 6)

Deus super omnia *latim* Deus sobre todas as coisas [usa-se para indicar que acima da previsão dos homens estão sempre os desígnios de Deus] (*Epístola aos Romanos*, 9, 5)

de verbo ad verbum *latim* palavra por palavra [emprega-se para designar uma transcrição textual] (Cícero, *Tusculanarum*, 3, 7)

de visu *latim* de vista; por tê-lo visto

de vita et moribus *latim* (exposição, certificado, processo) sobre a vida e costumes

dicta est injuria quod fit non jure *latim* chama-se injustiça o que não se faz segundo o direito

diem perdidi *latim* perdi o (meu) dia [diz-se a propósito de um dia que se passou sem se ter feito alguma coisa útil ou meritória] (Suetónio, *Vida de Tito*, 8)

dies iræ, dies illa *latim* dia da ira, aquele dia [alusão ao dia do Juízo, no princípio de uma famosa "sequência" da liturgia dos defuntos]

Dieu et mon droit *francês* Deus e o meu direito [divisa da Grã-Bretanha]

Dieu protège la France *francês* Deus proteja a França [divisa da França moderna]

difficile est satyram non scribere *latim* é difícil não escrever sátiras [diz-se quando a sociedade está corrompida] (Juvenal, *Sátiras*, 1, 30)

difficiles nugæ *latim* bagatelas difíceis [usa-se para designar as ninharias a que certas pessoas aplicam grandes esforços intelectuais] (Marcial, *Epigramas*, 2, 86, 9)

dignus est intrare *latim* é digno de entrar [expressão retirada de uma cena burlesca da peça *Doente Imaginário* de Molière, empregue num modo espirituoso quando alguém entra para uma corporação ou sociedade]

di meliora piis *latim* melhores dias (deem os deuses) aos homens piedosos [emprega-se para exprimir votos favoráveis] (Virgílio, *Geórgicas*, 3, 513)

dimidium facti, qui bene cœpit, habet *latim* quem começou bem um trabalho venceu metade da tarefa; o bom começo é meio caminho andado; bem começado é meio acabado

dimidius mihi sit qui tantum maxima, sed qui cum parvis tractat maxima, totus homo est *latim* aquele que só trata de coisas grandes é só metade de um homem, mas o que tanto trata das grandes como das pequenas (esse) é homem completo

dire l'orazione della bertuccia *italiano* dizer a oração do macaco; falar por entre dentes; fingir que se reza, movendo apenas os lábios

dis aliter visum *latim* os deuses deliberaram de outro modo [usa-se quando uma pessoa é digna de melhor sorte do que a que tem, ou de uma empresa que merecia êxito mais feliz] (Virgílio, *Eneida*, 2, 428)

disciplina, pauperibus divitiæ, divitibus ornamentum, senibus oblectamentum *latim* o ensino é a riqueza dos pobres, o adorno dos ricos e o passatempo dos velhos

diseur *francês* declamador; recitador; bem-falante

disjecti membra poetæ *latim* os membros dispersos do poeta [expressão usada por Horácio para descrever a passagem dos versos a prosa]

dis-moi ce que tu manges, je te dirai qui tu es *francês* diz-me o que comes, dir-te-ei quem és [aforismo gastronómico pelo qual se pretende conhecer o carácter e a inteligência de um indivíduo pelos alimentos da sua predileção]

displicuit nasus tuus *latim* desagradou o teu nariz; não caíste em graça [aplica-se em sentido lato a qualquer pessoa que é vítima de caprichos e arbitrariedades] (Juvenal, *Sátiras*, 6, 495)

distinguo *latim* distingo [emprega-se em silogística para admitir em parte uma das premissas]

divide et impera *latim* divide e impera [máxima política dos romanos]

divide ut imperes *latim* divide para (poderes) reinar; a desunião leva ao cativeiro [divisa do político italiano Maquiavel (1469-1527), depois adotada pelo rei francês Luís XI (1423-1483) e pela rainha da França Catarina de Médicis, 1519-1589]

divide ut regnes *latim* divide para (poderes) reinar; a desunião leva ao cativeiro [divisa do político italiano Maquiavel (1469-1527), depois adotada pelo rei francês Luís XI (1423-1483) e pela rainha da França Catarina de Médicis, 1519-1589]

dixi *latim* disse; tenho dito [emprega-se como fórmula terminal de um discurso ou para indicar que se não altera o que se disse ou resolveu]
docendo, discimus *latim* ensinando aprendemos
docendo, discitur *latim* ensinando, aprende-se (Séneca, *Epodos*, 7, 8)
docta ignorantia *latim* douta ignorância [expressão atribuída a Nicolau de Cusa, cardeal alemão, 1401-1464]
doctor in utroque (jure) *latim* doutor num e noutro (direito: civil e canónico)
doctus cum libro *latim* douto com o livro [diz-se dos que pretendem inculcar, como suas, ideias tiradas de obras alheias]
dolce far niente *italiano* doce ociosidade; mandriice
dolce stil nuovo *italiano* doce estilo novo [diz respeito à escola dos poetas florentinos dos séculos XIII e XIV] (Dante, *Divina Comédia*)
domi manere virum fortunatum *latim* o homem feliz deve conservar-se em sua casa (Publílio Siro)
Dominus dedit, Dominus abstulit; sit nomen Domini benedictum *latim* Deus mo deu, Deus mo tirou; bendito seja o nome do Senhor [cita-se como exemplo de resignação à vontade de Deus] (Job, 1, 21)
Dominus mihi adjutor *latim* o Senhor é o meu auxílio [divisa da Dinamarca] (*Salmos*, 17, 7)
Dominus tecum *latim* o Senhor esteja contigo [esta expressão era, na Antiguidade, uma fórmula de saudação académica que passou depois a usar-se familiarmente quando alguém espirrava; atualmente caiu em completo desuso] (S. Lucas, *Evangelho*, 1, 28)
Dominus vobiscum *latim* o Senhor esteja convosco [expressão bíblica muito usada na liturgia romana] (2 *Paralipómenos*, 15, 2)
domus municipalis *latim* Câmara Municipal
donec eris felix, multos numerabis amicos *latim* enquanto fores feliz, terás muitos amigos (Ovídio, *Tristes*, 1, 1, 39)
door-to-door service *inglês* COMÉRCIO serviço de porta a porta; serviço que se encarrega de levantar a mercadoria no armazém do vendedor e de a entregar no armazém do comprador
dormientibus non succurrit *latim* o direito não ajuda os que dormem
do ut des *latim* dou para que (me) dês
do ut facias *latim* dou para que (me) faças
dubitando, ad veritatem pervenimus *latim* duvidando, chegamos à verdade; não aceitamos qualquer proposição ou doutrina senão depois de convencidos de que ela é verdadeira (Cícero, *De Officiis*)
dulce et decorum est pro patria mori *latim* é doce e honroso morrer pela pátria (Horácio, *Odes*, 3, 2, 13)
dulces moriens reminiscitur Argos *latim* ao morrer lembra-se com saudade da sua querida Argos (Virgílio, *Eneida*, 10, 782)
dulcia linquimus arva *latim* abandonamos os campos amenos [palavras de Melibeu, personagem das *Éclogas* de Virgílio, durante o exílio]
dulcissime rerum *latim* mais doce que tudo o mais [fórmula de tratamento muito amigável] (Horácio, *Sátiras*, 1, 9, 4)
dum spiro spero *latim* enquanto respiro, tenho esperança; enquanto há vida, há esperança
dura lex, sed lex *latim* a lei é dura, mas é lei [por mais severa que seja uma lei, por mais rigorosa que seja uma proibição, deve acatar-se e cumprir-se]

E

Ecce Agnus Dei *latim* RELIGIÃO eis o Cordeiro de deus [frase litúrgica que acompanha a apresentação da hóstia consagrada aos fiéis] (*Evangelho segundo S. João*, 1.29)
ecce homo *latim* eis o homem [palavras de Pilatos ao apresentar Cristo coroado de espinhos; empregam-se impropriamente quando nos apresentam alguém ou quando nos acercamos de uma pessoa que nos esperava] (S. João, *Evangelho*, 19, 5)
ecce iterum Crispinus *latim* eis de novo Crispino [emprega-se para anunciar a volta de um maçador, de um indesejável] (Juvenal, *Sátiras*, 1, 4, 1)
editio princeps *latim* primeira edição
ego sum qui sum *latim* Eu sou quem sou; sou o Ente Supremo; sou o Ser dos seres [palavras de Deus a Moisés, no monte Sinai]
eheu! fugaces labuntur anni *latim* ai! como os anos passam depressa [usa-se para nos lastimarmos da velocidade do tempo e da aproximação da velhice] (Horácio, *Odes*, 2, 14, 1-2)
eheu! nullum infortunium venit solum *latim* ai! uma desgraça nunca vem só; um mal acarreta outro atrás de si
ejusdem farinæ *latim* da mesma farinha; da mesma laia; do mesmo estofo
ejusdem furfuris *latim* do mesmo farelo; da mesma laia; do mesmo estofo
ejus est nolle qui potest velle *latim* pode não querer quem pode querer
Eli, Eli, lamma sabacthani *aramaico* Pai, Pai, porque me abandonastes [palavras de Jesus Cristo ao morrer na cruz] (S. Mateus, *Evangelho*, 27, 46)
en avant *francês* avante; para a frente
enfant gâté *francês* menino bonito; menino mimado
enfant prodige *francês* criança prodígio [usa-se em relação a crianças precoces]
enfant terrible *francês* criança terrível; criança mal educada que cria situações embaraçosas para os pais
en revanche *francês* em desforra; em contrapartida; em compensação
ense et aratro *latim* pela espada e pelo arado; (defender a pátria), combatendo e trabalhando
ensemble *francês* conjunto; conjunto feminino geralmente de duas peças de vestuário
entertainer *inglês* aquele que entretém ou diverte
entourage *francês* ambiente; roda; partido; camarilha; cúmplices
en toute chose il faut considérer la fin *francês* em tudo devemos considerar o fim [significa que ao tentar qualquer coisa, devemos pensar no desfecho que ela poderá ter] (La Fontaine, *Fábulas*)
Epicuri de grege porcum *latim* porco do rebanho de Epicuro [esta frase de Horácio, com que ele apodou os discípulos de Epicuro, filósofo grego (341 -270 a. C.), pode aplicar-se, em sentido pejorativo, a qualquer indivíduo devasso] (Horácio, *Epístolas*, 1, 4, 16)
epistolæ non rubescent *latim* as cartas não corarão; escrevendo, não nos envergonhamos de dizer ou pedir aquilo que nos custaria fazer pessoalmente (Cícero, *Cartas*)
e pur si muove *italiano* contudo ela move-se [célebre frase de Galileu, astrónomo italiano (1564-1642), depois que o Santo Ofício o obrigou a desdizer a sua opinião de que a Terra girava sobre si mesma, e que serve para exprimir a persistência de uma convicção]
era ut supra *latim* a data como acima [usa-se para evitar a repetição de uma data já escrita]
erga omnes *latim* para todos; contra todos
eripuit cœlo fulmen sceptrumque tyrannis *latim* arrebatou o raio ao céu e o cetro aos tiranos [inscrição gravada no pedestal do busto de B. Franklin, físico e estadista norte-americano (1706-1790), alusiva à sua descoberta do para-raios e ao seu papel histórico em prol da liberdade]
eritis sicut dii *latim* sereis como deuses [palavras que a serpente dirigiu no paraíso terrestre a Eva, induzindo-a a comer dos frutos da árvore da ciência do bem e do mal, e que podem servir como exemplo de promessa enganosa] (*Génesis*, 3, 5)
errando, corrigitur error *latim* errando, corrige-se o erro; das faltas que cometemos tiramos muitas vezes saber e experiência com que evitamos erros futuros
errare humanum est *latim* errar é próprio do homem; todos estamos sujeitos a cometer erros, porque neste mundo ninguém é perfeito
erunt duo in carne una *latim* serão dois numa só carne; serão dois num corpo só [passagem bíblica alusiva à indissolubilidade do matrimónio e à perfeita harmonia que deve existir entre marido e mulher] (S. Mateus, *Evangelho*, 19, 6)
establishment *inglês* aquilo que se encontra estabelecido e fundado; estrutura social existente; autoridade institucional e sistemas burocráticos em geral
est cupiditati et ipsa tarda celeritas *latim* para o desejo, a própria rapidez é lenta; não há pressa que não seja vagarosa em satisfazer os nossos desejos

est homini semper diligenti aliquid super *latim* o homem ativo tem sempre em que se ocupar (Publílio Siro)

est modus in rebus *latim* em todas as coisas há conta e medida; em tudo deve haver um meio-termo; devem evitar-se os extremos (Horácio, *Sátiras*, 1, 1, 106)

esto brevis et placebis *latim* sê breve e agradarás [prevenção aos oradores fastidiosos]

étagère *francês* prateleira; estante; aparador

et campos ubi Troja fuit *latim* e os campos onde foi Troia [alusão ao momento em que Eneias e os seus companheiros se dispõem a abandonar Troia incendiada] (Virgílio, *Eneida*, 3, 11)

et crimine ab uno disce omnes *latim* e por um só crime aprende a conhecê-los todos; por um crime se ficam a conhecer outros que um indivíduo praticou e os que ele é capaz de praticar (Virgílio, *Eneida*, 2, 65-66)

etiam capillus unus habet umbram suam *latim* até um cabelo projeta a sua sombra; tudo, neste mundo, tem a sua utilidade, a sua razão de ser (Publílio Siro, 186)

etiam periere ruinæ *latim* até as próprias ruínas pereceram [com esta frase exprime Lucano, poeta latino (39-65), a desolação em que ficou Troia, que já nem das ruínas tinha vestígios quando César a visitou] (Lucano, *Farsália*, 9, 969)

etiam qui faciunt, oderint injuriam *latim* até os que a cometem detestam a injustiça (Publílio Siro, 183)

etiamsi omnes, ego non *latim* ainda que todos assim façam, eu não [adaptação das palavras com que S. Pedro, na Última Ceia, protestava a Jesus o seu amor e fidelidade] (S. Mateus, *Evangelho*, 26, 35; S. Marcos, *Evangelho*, 14, 31)

et in Arcadia ego *latim* eu também vivi na Arcádia [usa-se para recordar com saudade a duração efémera de um tempo feliz que se viveu] (Epígrafe do quadro de Poussin, pintor francês, 1594-1665, *Les bergers d'Arcadie*)

et la grâce plus belle encore que la beauté *francês* e a graça (é) mais bela ainda que a beleza; o talento e os bons modos são mais importantes que a beleza física (La Fontaine, *Adónis*)

et, monté sur le faîte, il aspire à descendre *francês* e, chegado ao apogeu, aspira a descer [verso de Corneille (poeta francês, 1606-1684) que mostra que a sociedade depressa se apodera daqueles que realizaram todas as suas ambições]

et nunc erudimini *latim* e agora aprendei [mostra-se com estas palavras que devemos aproveitar a experiência dos outros] (*Salmos*, 2, 10)

et nunc reges intelligite; erudimini qui judicatis terram *latim* e agora, ó reis, compreendei; instruí-vos, vós que governais a Terra [mostra-se com estas palavras que devemos aproveitar a experiência dos outros] (*Salmos*, 2, 10)

et par droit de conquête et par droit de naissance *francês* não só por direito de conquista mas também por direito de nascimento [verso de Voltaire (escritor francês, 1694-1778) alusivo a Henrique IV (rei da França,1553-1610) que, apesar de ser legítimo sucessor do trono de França, teve de o conquistar] (Voltaire, *Henriade*)

et pluribus unum *latim* e todos por um

et pour cause *francês* e com razão

et propter vitam, vitæ perdere causas *latim* e para viver, perder aquilo que é a razão de ser da vida; a honra é a razão mais forte que temos de viver

et quasi cursores, vitæ lampada tradunt *latim* como corredores transmitem o facho da vida [alusão aos corredores da Grécia antiga que passavam um facho aceso de mão em mão e desapareciam em seguida; também os homens desaparecem da cena da vida depois de terem transmitido aos descendentes o facho da vida] (Lucrécio, *De natura rerum*, 2, 79)

et tu, Brute *latim* até tu, Bruto [palavras de J. César, estadista romano (101-44 a. C.), no Senado, a Marco Bruto, seu assassino; empregam-se contra alguém de quem menos esperávamos uma ofensa]

e tutti quanti *italiano* e os demais; e todos os restantes [utiliza-se para finalizar uma enumeração]

ex abrupto *latim* de improviso; sem preparação; subitamente

ex abundantia cordis *latim* com toda a efusão da alma; sinceramente (S. Mateus, *Evangelho*, 12, 34)

ex abundantia cordis os loquitur *latim* da abundância do coração fala a boca; falamos sempre daquilo que nos sobressalta o coração (S. Mateus, *Evangelho*, 12, 34)

ex ædibus *latim* da casa editora

exæquare dicta factis *latim* elevar o estilo à altura do acto (Cícero, *Catilinárias*, 3, 2)

ex æquo *latim* com igual mérito (Séneca, *Epodos*, 121, 23)

ex æquo et bono *latim* segundo a equidade natural

ex animo dicere *latim* falar com sinceridade; dizer o que sente

ex arte *latim* conforme os preceitos da arte

ex auctoritate propria *latim* por autoridade própria; sem delegação ou mandato especial de superior

exceptio probat regulam *latim* a exceção confirma a regra

exceptis excipiendis *latim* excetuando o que se deve excetuar; salvo raras exceções

excerpere ex malis si quid inest boni *latim* tomar do mal o que nele pode haver de bom (Cícero)

ex commodo *latim* comodamente; à vontade

ex consensu *latim* com o (seu) consentimento (da pessoa a quem nos dirigimos)

ex corde *latim* do coração

ex digito gigas *latim* pelo dedo se conhece o gigante; o homem superior revela-se até nas coisas insignificantes

ex dono *latim* por oferecimento [legenda usada nos museus para designar que o objeto exposto foi oferecido pela pessoa cujo nome se segue]

exeat *latim* saia [fórmula usada quando é concedida uma licença de saída]

exegi monumentum ære perennius *latim* construí um monumento mais durável que o bronze; acabei uma obra imortal (Horácio, *Odes*, 3, 30, 1)

exempla docent, non jubent *latim* os exemplos ensinam, não ordenam

exempli gratia *latim* por exemplo (Cícero, *De Officiis*, 3, 50)

exeunt *latim* saem [fórmula empregada nas peças teatrais para indicar as saídas dos atores]

ex-factory cost *inglês* COMÉRCIO preço de fábrica

ex imo pectore *latim* do fundo do coração; com a maior das franquezas

ex improviso *latim* de improviso; inesperadamente

ex insidiis *latim* por engano

ex integro *latim* integralmente; por inteiro

exit *latim* sai [fórmula usada nas peças teatrais para indicar as saídas dos atores]

ex itinere *latim* no caminho; de caminho

ex lege *latim* segundo a lei; conforme o estabelecido

ex libris (illius) *latim* de entre os livros de [modo pelo qual o dono de um livro dá a entender que esse livro lhe pertence]

ex nihilo nihil *latim* do nada; nada; do nada nada pode vir; nada foi criado; tudo o que existe teve um princípio de que procede (Pérsio, *Sátiras*, 3, 84)

ex officio *latim* por dever do cargo; por obrigação e regimento

ex ore parvulorum veritas *latim* da boca das crianças (sai) a verdade; as crianças não sabem dissimular a verdade (S. Mateus, *Evangelho*, 21, 16)

exoriare aliquis nostris ex ossibus ultor *latim* que da minha descendência saia um dia um vingador [palavras de Dido moribunda ao ver Eneias afastar-se] (Virgílio, *Eneida*, 4, 625)

expende Hannibalem *latim* pesa Aníbal; pondera o que Aníbal vale [aplica-se esta expressão para designar a fragilidade e a vanidade das grandezas humanas] (Juvenal, *Sátiras*, 10, 147)

expendere omnes casus *latim* pesar todos os casos; ponderar todas as circunstâncias (Virgílio, *Eneida*, 12, 21)

experto crede Roberto *latim* acreditai no experiente Roberto; devemos confiar nas pessoas experientes [segundo hemistíquio de um verso macarrónico de António Arena]

export credit *inglês* COMÉRCIO crédito de exportação

export duties *inglês* COMÉRCIO direitos de exportação

export licence *inglês* COMÉRCIO licença de exportação

ex post facto *latim* DIREITO depois do facto

ex professo *latim* claramente; francamente; com verdadeiro conhecimento da causa

ex proprio jure *latim* por direito próprio

ex toto corde *latim* de todo o coração [usa-se no fim das cartas familiares] (*Deuteronómio*, 6, 5)

extra causam *latim* fora de questão

extra modum *latim* além da medida; fora da bitola

extra muros *latim* fora das muralhas; fora das portas de uma cidade

ex ungue leonem *latim* pela garra (se conhece) o leão

ex vano *latim* debalde; em vão

ex vi *latim* por força; por direito

ex vi verborum *latim* por força da expressão; por determinação expressa

ex voto *latim* por voto; por promessa

F

facies non omnibus una *latim* nem todos têm o mesmo aspeto (Ovídio, *Metamorfoses*, 2, 13)
facilis est descensus Averni *latim* é fácil a descida ao Averno (lago infernal); o caminho do mal é fácil de trilhar (Virgílio, *Eneida*, 6, 121)
facilius crescit quam inchoatur dignitas *latim* a dignidade aumenta mais facilmente do que começa (Séneca, *Epodos*, 101)
facit indignatio versum *latim* a indignação inspira a poesia (Juvenal, *Sátiras*, 1, 1, 79)
faire les cent pas *francês* esperar muito tempo, andando de um lado para o outro
fama est *latim* é fama; diz-se (Horácio, *Sátiras*, 1, 10, 63)
fama volat *latim* a fama voa; uma notícia espalha-se rapidamente (Virgílio, *Eneida*, 7, 392)
famulatur dominus, ubi timet quibus imperat *latim* o amo torna-se criado, quando teme aqueles em quem manda (Publílio Siro, 224)
farce est jouée *francês* a farsa acabou
fas est et ab hoste doceri *latim* aprendamos nem que seja de um inimigo
fashionable *inglês* na moda; moderno
fata la legge, pensata la malizia *italiano* feita a lei, pensada a malícia (de a iludir)
fatuus fatuum invenit *latim* um parvo encontra sempre outro mais parvo do que ele, isto é, outro parvo que aplaude as tolices que ele diz ou faz
fauteuil *francês* poltrona
favete linguis *latim* favorecei-nos com o silêncio (Horácio, *Odes*, 3, 1, 12)
feci quod potui, faciant meliora potentes *latim* fiz o que pude, façam melhor os que puderem (Pensamento semelhante ao da Odisseia, 8, 202-203)
felicitas multos habet amicos *latim* a felicidade tem muitos amigos; enquanto se é feliz e rico, não faltam amigos
felix culpa *latim* feliz culpa [assim chama a liturgia da Vigília Pascal (cântico *Exultet*) à queda de Adão e Eva no Paraíso, que nos mereceu a vinda do Redentor]
felix qui potuit rerum cognoscere causas *latim* feliz aquele que pode perscrutar a causa das coisas (Virgílio, *Geórgicas*, 2, 490)
fenum habet in cornu *latim* tem feno nos chifres (Horácio, *Sátiras*, 1, 4, 34)
fervet opus *latim* ferve o trabalho [alusão à azáfama das abelhas dentro da colmeia] (Virgílio, *Geórgicas*, IV, 169)
festina lente *latim* apressa-te devagar; devagar, que tenho pressa (Suetónio, *Augusto*, 25)
fiat *latim* faça-se; estou de acordo (S. Lucas, *Evangelho*, 2, 38)
fiat justitia, ruat cœlum *latim* faça-se justiça, mesmo que o céu caia
fiat lux *latim* faça-se a luz [usa-se quando queremos que se aclare uma coisa importante]
fiat voluntas tua *latim* seja feita a Vossa vontade [palavras do pai-nosso para exprimir um assentimento resignado]
fidem qui perdit, perdere ultra nil potest *latim* quem perde a fé não tem mais nada a perder (Publílio Siro)
fides punica *latim* fé cartaginesa; má-fé
fidus Achates *latim* o fiel Acates (fiel amigo de Eneias) [usa-se para designar um amigo verdadeiro] (Virgílio, *Eneida*, 6, 158)
fidus interpres *latim* tradutor fiel [referência às traduções escravas da letra] (Horácio, *Arte Poética*, 133-134)
filler *inglês* **1** ENGENHARIA agregado fino cujas partículas têm dimensão transversal compreendida entre 0, 07 e 5 milímetros, usado para tapar cavidades ou poros em superfícies que se desejam impermeabilizadas **2** ENGENHARIA argamassa betuminosa destinada à impermeabilização de pavimentos
finis coronat opus *latim* o fim coroa a obra; o remate de um trabalho deve condizer em perfeição com o seu começo (Ovídio, *Heroidas*, 2, 85)
finita causa, cessat effectus *latim* acabada a causa, cessa o efeito; morto o bicho, acabou-se a peçonha
firmum in vita nihil *latim* nada é firme na vida [usa-se para mostrar a inconstância e a fragilidade das coisas deste mundo]
five o'clock tea *inglês* chá das cinco (horas)
flagrante delicto *latim* em flagrante delito
florent facta virum *latim* a lembrança das belas ações perdura
flos sanctorum *latim* flor dos santos [livro das biografias dos santos]
fluctuat nec mergitur *latim* flutua e não soçobra [divisa da cidade de Paris, que tem como emblema um navio]
fontes aquarum *latim* fontes das águas [expressão bíblica que pode aplicar-se humoristicamente ao dicionário de rimas a que recorre um poeta sem inspiração] (*Salmos*, 17, 16)
Foreign Office *inglês* Ministério dos Negócios Estrangeiros
forsan et hæc olim meminisse juvabit *latim* talvez um dia seja agradável recordar estas coisas (Virgílio, *Eneida*, 1, 203)
fortunæ filius *latim* filho da fortuna; homem bafejado pela sorte (Horácio, *Sátiras*, 2, 6, 49)
fortuna favet fatuis *latim* a fortuna favorece os parvos; dá Deus as nozes a quem não tem dentes
fortuna magna magna domino est servitus *latim* uma grande riqueza é para quem a possui um pesado cativeiro (Publílio Siro)
fortunate senex *latim* ditoso velho [aplica-se a qualquer ancião que tem uma velhice feliz] (Virgílio, *Bucólicas*, 1, 46)
fortuna vitrea est: tum quum splendet, frangitur *latim* a fortuna é como o vidro, tanto brilha como quebra (Publílio Siro, 219)
free on board *inglês* COMÉRCIO mercadoria posta a bordo de um transporte e livre de encargos
free on board cost *inglês* COMÉRCIO custo que inclui o preço de fábrica, o seguro, o frete interno e as despesas de embarque
freight at destination *inglês* COMÉRCIO frete a pagar no destino
freight in advance *inglês* COMÉRCIO frete pago antecipadamente; frete pago no porto de embarque
fronti nulla fides *latim* não nos fiemos nas aparências; as aparências iludem (Juvenal, *Sátiras*, 2, 8)
fugit irreparabile tempus *latim* o tempo foge irreparavelmente; o tempo, uma vez que passa, não volta mais, por isso não devemos desperdiçá-lo (Virgílio, *Geórgicas*, 3, 284)
full coverage *inglês* COMÉRCIO diz-se do seguro contra todos os riscos
furor loquendi *latim* mania de falar; mania de discursar; verborreia
furor scribendi *latim* mania de escrever

G

garden-party *inglês* festa ou reunião ao ar livre, geralmente num jardim
genera specialibus non derogant *latim* as leis gerais não anulam as leis especiais
gentlemen's agreement *inglês* acordo de cavalheiros; acordo de honra; compromisso moral
genus irritabile vatum *latim* a raça irritável dos poetas (Horácio, *Epístolas*, 2, 2, 102)
genus vivendi *latim* modo de viver
gioco remoto *italiano* tirado o gracejo; fora de brincadeira
gloriæ et virtutis invidia est comes *latim* a inveja acompanha sempre a glória e a virtude; o alto valor fomenta sempre a inveja
gloria in excelsis Deo *latim* glória a Deus nas alturas [legenda dos presépios de Natal] (S. Lucas, *Evangelho*, 2, 14)
Gloria Patri *latim* RELIGIÃO Glória ao Pai [expressão litúrgica que faz parte de diversas orações e salmos cristãos]

gloria victis *latim* glória aos vencidos

God save the king *inglês* Deus salve o rei [palavras do hino nacional inglês]

God save the queen *inglês* Deus salve a rainha [palavras do hino nacional inglês]

goods in consignment *inglês* COMÉRCIO mercadorias em consignação

græcum est, non legitur *latim* é grego, não se lê [axioma da Idade Média para os casos em que o copista não sabia grego e se passavam em claro os textos e citações naquela língua; usa-se a propósito de qualquer assunto de que se não entende nada]

grammatici certant *latim* os gramáticos discutem [usa-se a propósito de um assunto em que há várias opiniões] (Horácio, *Arte Poética*, 78)

grande mortalis ævi spatium *latim* grande espaço da vida de um homem; em pouco tempo pode fazer-se muito [alusão aos quinze proveitosos anos de governo de Domiciano] (Tácito, *Vida Agrícola*, 3)

grand monde *francês* a alta sociedade

grand prix *francês* prémio máximo, atribuído em concursos, exposições, corridas, etc.

gratis pro Deo *latim* gratuitamente; pelo amor de Deus

grave est fidem fallere *latim* é grave faltar à palavra

gravis testis *latim* testemunha digna de fé

graviter facere *latim* proceder com prudência; agir com moderação

grosso modo *latim* de modo grosseiro; de modo impreciso; por alto; pouco mais ou menos

gutta cavat lapidem *latim* a gota escava a pedra [expressão que traduz a ideia do provérbio: água mole em pedra dura tanto bate até que fura]

H

habeas corpus que tenhas o corpo [instituição inglesa que remonta à Magna Carta (1215) e que consente ao acusado de certos delitos esperar em liberdade, sob fiança, o dia do seu julgamento, e garante aos cidadãos a liberdade individual contra as prepotências da autoridade]

habemus confitentem reum *latim* temos a confissão do réu [usa-se quando conseguimos do réu a confissão de um facto que outrem pretendia ocultar]

habemus Papam *latim* temos Papa [fórmula ritual com que se anuncia à multidão que está eleito um novo Papa]

habent sua fata libelli *latim* os livros têm o seu fado [cita-se para aludir a tantas obras de valor que jazem no esquecimento] (Terenciano Mauro, poeta latino, 1286)

handle with care *inglês* COMÉRCIO manusear com cuidado

Hannibal ad portas *latim* Aníbal (está) às portas (de Roma) [grito dos Romanos após a batalha de Canas; pode empregar-se para indicar um perigo iminente] (Cícero, *Filípicas*, 1, 5, 11)

happy end *inglês* final feliz

hasta la vista *castelhano* até à vista

hatchery *inglês* incubadora; viveiro de peixes; estação aquícola

heredis fletus sub persona risus est *latim* as lágrimas de um herdeiro são riso disfarçado (Publílio Siro, 258)

hic et nunc *latim* aqui e agora; nestas circunstâncias concretas; agora mesmo; imediatamente

hic et ubique *latim* aqui e em toda a parte

hic jacet *latim* aqui jaz [usa-se no princípio de uma inscrição tumular]

hic jacet lepus *latim* aqui está a lebre; aqui é que bate o ponto; a dificuldade está aqui

high fidelity *inglês* alta-fidelidade [usada para indicar a elevada qualidade do som dos aparelhos eletrónicos]

hoc caverat mens provida Reguli *latim* o espírito previdente de Régulo previra isto [aplica-se quando alguém, depois de um facto consumado, diz tê-lo previsto] (Horácio, *Odes*, 3, 5, 13)

hoc erat in votis *latim* isto estava nos meus desejos; era isto o que eu queria [aplica-se quando uma coisa acontece nas circunstâncias que nós desejávamos] (Horácio, *Sátiras*, 2, 6, 1)

hoc opus hic labor est *latim* esta (é que é) a obra; aqui (é que) está o trabalho; aqui é que a porca torce o rabo [emprega-se para indicar o ponto difícil de uma questão]

hoc volo sic jubeo, sit pro ratione voluntas *latim* quero isto, assim ordeno, que a minha vontade predomine sobre a razão [alusão a uma vontade despótica e caprichosa] (Juvenal, *Sátiras*, 6, 223)

hodie mihi, cras tibi *latim* hoje a mim, amanhã a ti; o que sucede hoje a mim, pode suceder amanhã a ti

home rule *inglês* governo próprio; autonomia [expressa a autonomia administrativa concedida pela Grã-Bretanha aos territórios da Comunidade Britânica]

home, sweet home *inglês* lar, doce lar

homo faber *latim* homem fabricante [designação que Henri Bergson usou para o homem primitivo na fase em que fabricava utensílios]

homo homini lupus *latim* o homem é o lobo do homem [alusão à ferocidade com que os homens procuram prejudicar-se mutuamente] (Plauto, *Asinária*, 2, 4, 88)

homo sapiens *latim* homem sábio [nome da espécie homem segundo a nomenclatura de Lineu; designação que Henri Bergson usou para o homem, animal racional em oposição aos irracionais]

homo sum: humani nihil a me alienum puto *latim* sou um homem e nada do que é humano considero estranho a mim [usa-se para exprimir um sentimento de solidariedade] (Terêncio, *Heautontimoroumenos*, 77)

homo toties moritur quoties amittit suos *latim* o homem morre tantas vezes quantas perde um dos seus (Publílio Siro, 252)

honestum lucrum illud est per quod nemo læditur *latim* o lucro é honesto quando não prejudica ninguém

honesty is the best policy *inglês* a honradez é a melhor política [significa que a lealdade nos contratos favorece as relações entre os homens e os povos]

honni soit qui mal y pense *francês* maldito seja quem pensar mal disto [frase de Eduardo III de Inglaterra num baile, quando apresilhava as ligas que tinham caído ao seu par, e que deu origem à instituição da Ordem da Jarreteira]

honor alit artes *latim* a honra alimenta as artes; as honras e os prémios entusiasmam muitas vezes os artistas (Cícero, *Tusculanas*, 1, 3)

honores mutant mores *latim* as honras modificam os costumes

honor honestum decorat, inhonestum notat *latim* as honras que adornam um homem honrado são um estigma para aquele que o não é (Publílio Siro, 263)

honoris causa *latim* a título de honra; por motivo honroso

horresco referens *latim* horrorizo-me ao contá-lo [palavras que podem aplicar-se a qualquer caso horrível ou repugnante que alguém vai descrever] (Virgílio, *Eneida*, 2, 204)

horribile dictu *latim* horrível de contar

horribile visu *latim* horrível de ver (Virgílio, *Eneida*, 11, 271)

hors-concours *francês* fora do concurso; apresentado em concurso, mas sem direito a prémio ou classificação

hospes, hostis *latim* estrangeiro, inimigo [velha máxima política que considera todo o estrangeiro como inimigo]

humiliate capita vestra *latim* humilhai as vossas cabeças [expressão usada na liturgia romana, anterior à reforma do Concílio Vaticano II, no fim da missa, durante a Quaresma]

I

idem per idem *latim* o mesmo pelo mesmo [cita-se a propósito de um argumento vicioso que consiste em demonstrar um facto com palavras que significam a mesma coisa]

ignorantia differt ab errore *latim* a ignorância difere do erro

ignorantia legis neminem excusat *latim* a ignorância da lei não desculpa ninguém; pelo facto de alguém ignorar uma lei, nem por isso deixa de estar sujeito às sanções aplicáveis aos transgressores

ignoti nulla cupido *latim* não se deseja o que não se conhece (Ovídio, *Arte de Amar*, 3, 397)

il me plaît pour bien *francês* agrada-me por bem (sem maldade) [divisa usada pelo rei português D. João I, 1357-1433]

ils sont trop verts *francês* estão muito verdes [comentário da raposa a respeito das uvas maduras que pendiam de uma latada alta, fora do seu alcance; emprega-se quando alguém desdenha de uma coisa que não pode alcançar]

imo pectore *latim* do fundo do coração

impavidum ferient ruinæ *latim* cairão (sobre ele) as ruínas sem o intimidar [alusão à constância do homem justo] (Horácio, *Odes*, 3, 3, 8)

imperium in imperio *latim* um império no império; um Estado dentro do Estado [emprega-se para exprimir que uma instituição se tornou de tal maneira poderosa que se julga acima da lei]

import certificate *inglês* COMÉRCIO certificado de importação

import duties *inglês* COMÉRCIO direitos de importação

import licence *inglês* COMÉRCIO licença de importação

impossibile idem esse ac non esse *latim* é impossível que a mesma coisa seja e não seja

in abstrato *latim* em abstrato

in actu *latim* no ato; na própria ocasião (Séneca, *De Otio*, 1, 4)

in æquo *latim* em igualdade de circunstâncias (Séneca, *De Beneficiis*, 5, 6, 7)

in æternum *latim* para sempre; perpetuamente

in albis *latim* em branco [emprega-se quando se quer significar que não se entende nada de certo assunto]

in ambiguo *latim* na dúvida (Plauto, *Trinummus*, 594)

inania verba *latim* palavras ocas, frívolas, sem sentido

in anima nobili *latim* em alma (ou ente) nobre [usa-se quando nos referimos a experiências feitas em indivíduo do género *homo*]

in anima vili *latim* em alma (ou ente) vil [emprega-se a propósito de experiências feitas em animais]

in articulo mortis *latim* em artigo de morte; à hora da morte

in bocca chiusa non entrò mai mosca *italiano* em boca fechada jamais entrou mosca; para obter é preciso pedir; o silêncio não compromete

in cauda venenum *latim* na cauda (está) o veneno [alusão ao escorpião, que tem o veneno na cauda, mas aplica-se a qualquer escrito ou discurso com remate malicioso ou irónico]

incidis in Scyllam, cupiens vitare Charybdis *latim* cais em Cila, querendo evitar Caríbdis; ao querer evitar um perigo, podes cair noutro

incipit *latim* principia; começa

in continenti *latim* imediatamente

inde iræ *latim* daí as cóleras; desse motivo é que proveio o (seu) ódio ou zanga (Juvenal, *Sátiras*, 1, 2, 168)

indocti discant, ament meminisse periti *latim* aprendam os ignorantes e comprazam-se os doutos em recordar [epígrafe de muitas obras didáticas]

in dubio *latim* na dúvida (Ovídio, *Metamorfoses*, 8, 45)

in dubio favores sunt ampliandi et odia restringenda *latim* na dúvida devemos ampliar os favores e restringir o ódio

in dubio pro reo *latim* na dúvida favoreça-se o réu

in extenso *latim* por extenso

in extremis *latim* em caso extremo; nos últimos momentos da vida

in facie Ecclesiæ *latim* (casamento) à face da Igreja; perante a Igreja

infandum, regina, jubes renovare dolorem *latim* ordenas, rainha, que eu renove uma dor cruel [aplica-se quando nos custa referir um facto doloroso] (Virgílio, *Eneida*, 2, 3)

in fine *latim* no fim [usa-se para referir o final de um parágrafo, capítulo ou livro]

in folio *latim* em fólio [livro ou volume em que as folhas de impressão apenas são dobradas em duas]

in foro *latim* em público

in foro conscientiæ *latim* no foro da consciência; intimamente

infra *latim* abaixo [utiliza-se geralmente em citações de livros]

in globo *latim* em globo; no conjunto

ingratus unus omnibus nocet *latim* um só ingrato (basta) para prejudicar todos (Publílio Siro, 282)

in hoc signo vinces *latim* com este sinal vencerás; com esta divisa (a cruz) vencerás [palavras dirigidas por Jesus Cristo ao imperador Constantino, quando marchava contra Maxêncio] (Eusébio de Cesareia, *Vida de Constantino*, 1, 28)

in hoc tempore *latim* neste tempo; atualmente

in illo tempore *latim* naquele tempo; no tempo em que Jesus andava pelo mundo; em tempos antigos [por estas palavras começam os extratos dos Evangelhos lidos na Missa Romana]

in integrum *latim* na íntegra; inteiramente

in integrum restituere *latim* restituir por inteiro; restituir no estado primitivo

initium sapientiæ timor Domini *latim* o temor de Deus é o princípio da sabedoria

inland freight *inglês* frete interno

in limine *latim* no limiar; no princípio [usa-se extensivamente com o sentido de "totalmente"]

in limine litis *latim* no começo do processo [expressão forense]

in limine mortis *latim* no limiar da morte; às portas da morte

in loco *latim* no lugar; no próprio lugar (Cícero, *Verrinas*, 2, 1, 30)

in manus tuas, Domine, commendo spiritum meum *latim* nas tuas mãos, Senhor, entrego a minha alma [últimas palavras de Cristo, ao expirar na cruz, e que, figuradamente, se podem aplicar quando queremos significar a nossa confiança absoluta em alguém] (S. Lucas, *Evangelho*, 23, 46)

in medias res *latim* no meio dos acontecimentos; no âmago do assunto (Horácio, *Arte Poética*, 148)

in medio consistit virtus *latim* no meio está a virtude

in medio stat virtus *latim* no meio está a virtude

in medio virtus *latim* no meio está a virtude

in memoriam *latim* em memória [inscrição gravada em monumentos e lápides mortuárias]

in mente *latim* na mente; no pensamento

in naturalibus *latim* em estado de nudez

in nomine *latim* (só) de nome; não de facto

in nullum avarus bonus est, in se pessimus *latim* o avarento não faz bem a ninguém e faz muito mal a si próprio (Publílio Siro, 273)

in octavo *latim* diz-se do formato de livro em que as folhas de impressão foram dobradas em oito, formando dezasseis páginas

in omnibus respice finem *latim* em todas as coisas toma o fim (desfecho) em consideração (Eclesiástico, 7, 40)

inopiæ desunt multa, avaritiæ omnia *latim* à pobreza faltam muitas coisas; à avareza (falta) tudo (Publílio Siro, 275)

inops, potentem dum vult imitari, perit *latim* o fraco, quando quer imitar o poderoso, perde-se (Fedro, 1, 26, 1)

in ovo *latim* no ovo; em embrião; para aparecer; para nascer

in pace *latim* em paz [expressão usada nas sepulturas cristãs]

in pace, in bello *latim* na paz e na guerra (Cícero, *Verrinas*, 4, 7)

in partibus (infidelium) *latim* nas regiões (ocupadas pelos infiéis) [usa-se para designar um bispo sem sede nem jurisdição, mas com o título honorífico, assim como ministros, embaixadores, etc., sem funções]

in pectore *latim* no peito; particularmente [aplica-se aos cardeais que não são proclamados publicamente]

in perpetuam rei memoriam *latim* para perpetuar a memória do facto; para lembrança dos vindouros [usa-se esta expressão no começo de bulas doutrinais, em monumentos comemorativos, medalhas, etc.]

in perpetuum *latim* para sempre (Cícero, *Ad Familiares*, 13, 4, 2)

in poculis *latim* empunhando a taça; de taça em punho; bebendo (Cícero, *Filípicas*, 2, 25, 63)

in posterum (diem) *latim* para o dia seguinte (Cícero, *Arg.* 2, 9)

in posterum (tempus) *latim* para o futuro; para os vindouros (Cícero, *Ad Familiares*, 10, 12, 3)

in præsenti *latim* no tempo presente

in primis *latim* em primeiro lugar

in quarto *latim* diz-se do formato de livro em que as folhas de impressão foram dobradas em quatro, formando oito páginas

in rerum natura *latim* na natureza das coisas

in sacris *latim* nas coisas sagradas

in sacris ordinibus *latim* nas ordens sacras

in sæcula sæculorum *latim* por todos os séculos dos séculos; sem fim; eternamente (*Salmos*, 83, 5)

insalutato hospite *latim* sem saudar o hospedeiro; sem ter tempo de dizer adeus

in silvam non ligna feras insanius *latim* não sejas tão insensato que queiras levar lenha para a floresta; não pretendas ensinar o padre-nosso ao vigário

in situ *latim* no sítio; no próprio local

in solido *latim* em massa; por inteiro; solidariamente

in solidum *latim* em massa; por inteiro; solidariamente

in speciem *latim* na aparência (César, *De Bello Gallico*, 7, 23)

in spiritualibus *latim* nas coisas espirituais

instar omnium *latim* como todos; segundo o costume

in statu quo ante *latim* na mesma situação anterior; como estava primitivamente; sem mudança

insurance certificate *inglês* COMÉRCIO certificado do seguro

insurance policy *inglês* COMÉRCIO apólice de seguro

intacta invidia media sunt *latim* os medíocres escapam à inveja

Intelligence Service *inglês* polícia secreta inglesa

intelligenti pauca *latim* para um inteligente poucas palavras; para bom entendedor meia palavra basta

in temporalibus *latim* nas coisas temporais

in tempore opportuno *latim* em tempo oportuno; em ocasião propícia (*Salmos*, 31, 6)

in tenui labor *latim* as obras delicadas exigem trabalho (Virgílio, *Geórgicas*, 4, 6)

inter amicos non est judex *latim* não sejas juiz entre amigos

inter arma caritas *latim* entre as armas (põe) a caridade [divisa da Cruz Vermelha]

inter duos litigantes, tertius gaudet *latim* quando dois adversários brigam, goza um terceiro

in terminis *latim* no termo; em último lugar [diz-se de uma decisão judicial em última instância]

inter moras *latim* durante a demora; no intervalo (Plínio, *Epodos*, 9, 13, 20)

inter pocula *latim* durante o ato de beber; entre os copos

interposita personna *latim* por interposta pessoa

inter vivos *latim* entre os vivos

in toto *latim* ao todo; no todo; totalmente

in totum *latim* no todo; na totalidade; em geral

intra muros *latim* dentro dos muros; portas adentro (da povoação) (Virgílio, *Eneida*, 2, 33)

in transitu *latim* de passagem

intus et in cute *latim* interiormente e por baixo da pele; intimamente (Pérsio, *Sátiras*, 3, 30)

in utero *latim* ainda não nascido, no útero

in utroque jure *latim* num e noutro direito; no direito civil e no direito canónico

in vino veritas *latim* no vinho está a verdade [serve para exprimir que o vinho torna o indivíduo expansivo e franco] (Plínio, *História Natural*, 14, 28, 3)

invita Minerva *latim* contra a vontade de Minerva [diz-se quando um indivíduo sem talento se obstina em escrever, produzindo maus escritos ou maus versos] (Horácio, *Arte Poética*, 385)

in vitium ducit culpæ fuga *latim* foge-se de um vício para se cair noutro (Horácio, *Arte Poética*, 31)

in vitro *latim* no vidro [usa-se para designar qualquer fenómeno fisiológico que se opera fora do organismo, num tubo, numa proveta, etc.]

in vivo *latim* no ser vivente; dentro do organismo [emprega-se esta expressão para designar qualquer reação fisiológica operada no organismo]

io non so lettere *italiano* eu não sei ler; não conheço as letras; fala-me do meu ofício e não da tua arte [resposta do papa Júlio II a Miguel Ângelo, quando este lhe perguntou se queria que pusesse um livro na mão da estátua que lhe estava a fazer]

ipse dixit *latim* ele (o) disse [os discípulos de Pitágoras usavam esta expressão para se escudarem na autoridade do mestre]

ipsis litteris *latim* pelas mesmas letras; literalmente

ipso facto *latim* pelo próprio facto; por isso mesmo

ipso jure *latim* pelo mesmo direito; por força do próprio direito

ira furor brevis est *latim* a ira é uma loucura passageira (Horácio, *Epístolas*, 1, 2, 62)

iram qui vincit, hostem superat maximum *latim* quem domina a sua ira vence o seu maior inimigo

irrevocable letter of credit *inglês* COMÉRCIO carta de crédito irrevogável

irritare est calamitatem, quum te felicem vocas *latim* quando blasonas de feliz, provocas a desgraça (Publílio Siro, 281)

is diis placuit *latim* assim aprouve aos deuses [emprega-se para significar que um facto está consumado e que não há remédio a dar-lhe]

is fecit cui prodest *latim* praticou (o) ato aquele a quem esse ato aproveita; o culpado de um crime é quase sempre quem dele tira proveito

is minime eget mortalis qui minimum cupit *latim* aquele que menos deseja é o que menos necessidades tem (Publílio Siro, 324)

is pater est quem nuptiæ demonstrant *latim* o pai é aquele que o matrimónio designa como tal; um marido é considerado como pai de qualquer filho nascido durante o matrimónio

ita diis placuit *latim* assim aprouve aos deuses; o facto está consumado

Italia farà da sè *italiano* Itália agirá por si; Itália não precisa de auxílio [expressão muito utilizada na época da unificação de Itália]

ite, missa est *latim* ide, acabou a missa [fórmula com que o sacerdote despedia os fiéis no fim da missa, e que pode aplicar-se noutras circunstâncias idênticas]

J

jam proximus ardet Ucalegon *latim* já próximo (da nossa) arde a casa de Ucalegonte [exclamação empregada para designar um perigo iminente] (Virgílio, *Eneida*, 2, 311-312)

j'en passe et des meilleurs *francês* passo (alguns) e dos melhores [palavras que Victor Hugo põe na boca do fidalgo português Rui Gomes da Silva, quando este mostrava a Carlos V os retratos dos seus avós e rematava a enumeração dos seus feitos] (V. Hugo, *Hernâni*)

Jesus autem tacebat *latim* Jesus, porém, calava-se [aplica-se esta frase quando alguém se obstina em guardar silêncio, podendo impugnar acusações que lhe fazem] (S. Mateus, *Evangelho*, 26, 63)

Jesus Nazarenus Rex Judæorum *latim* Jesus Nazareno Rei dos Judeus [inscrição que Pilatos mandou colocar, por escárnio, no alto da cruz de Jesus Cristo] (S. João, *Evangelho*, 19, 19)

jeu de mots *francês* trocadilho; jogo de palavras

jeu d'esprit *francês* dito brilhante; charada

jeunesse dorée *francês* mocidade elegante

joco remoto *latim* fora de brincadeiras; falando a sério

John Bull *inglês* João Touro [designação com que os ingleses simbolizam a sua obstinação na imitação duma personagem romanesca deste nome]

joint account *inglês* COMÉRCIO conta bancária coletiva

judex damnatur quum nocens absolvitur *latim* é condenado o juiz quando o criminoso é absolvido (Publílio Siro, 296)

judicatum solvi *latim* seja pago o que está julgado [diz-se, em Direito, de uma caução exigida a um estrangeiro para pagamento das custas de um processo movido contra um súbdito do país onde a ação é intentada] (Cícero, *Pro Quinctio*, 29)

jura negant *latim* as leis não consentem; é contra o direito (Horácio, *Arte Poética*, 122)

jurare in verba magistri *latim* jurar pelas palavras do mestre [alusão aos discípulos que acreditam, sem discussão, em tudo quanto o mestre lhes ensina] (Horácio, *Epístolas*, 1, 1, 14)

jura vigilantibus subveniunt *latim* o direito protege os que vigiam

jure divino *latim* pela lei divina

jure et facto *latim* de direito e de facto [diz-se de uma pessoa que já está de posse do que lhe pertence por direito]

jure humano *latim* pelas leis humanas

jure imperii *latim* por direito de soberania (Cícero, *Verrinas*, 5, 5)

jure optimo *latim* em bom direito; com toda a justiça (Cícero, *De Oficiis*, 1, 151)

juris et de jure *latim* de direito e por direito (Cícero, *Tusculanas*, 3, 26)

jus civile *latim* o direito público

jus est ars boni et æqui *latim* o direito é a arte do bom e do justo [definição que o *Digesto* dá do Direito]

jus et norma loquendi *latim* a lei (o uso) é que estabelece as regras da linguagem (Horácio, *Arte Poética*, 72)

jus gentium *latim* o direito das gentes (Cícero, *De Officiis*, 3, 69)

jus primæ noctis *latim* o direito da primeira noite [costume medieval em que o senhor tinha o direito de passar a primeira noite com a noiva do vassalo]

jus privatum *latim* o direito privado (Cícero, *Pro Archia*, 14)

jus publicum *latim* o direito público (Cícero, *Brutus*, 269)

jus sanguinis *latim* direito de sangue

justæ nuptiæ *latim* justas núpcias [expressão com que os romanos designavam o casamento legal]

justum ac tenacem *latim* justo e firme [alusão ao varão justo e firme] (Horácio, *Odes*, 3, 3, 1)

jus vitæ et necis *latim* direito de vida e de morte

juventa fervidus *latim* a juventude fogosa; o fogo da juventude (Horácio, *Arte Poética*, 115-116)

K

keep dry *inglês* COMÉRCIO conservar em lugar seco

king charles *inglês* pequeno cão fraldiqueiro, de pelo comprido e ondulado e de orelhas longas e pendentes

L

labor omnia vincit improbus *latim* um trabalho incessante vence todas as dificuldades (Virgílio, *Geórgicas*, 1, 145-146)

lacrima Christi *latim* lágrima de Cristo [nome de um vinho moscatel cujas vinhas são cultivadas na zona do Vesúvio]

la critique est aisée, l'art est difficile *francês* a crítica é fácil, a arte é difícil [expressão erradamente atribuída a Boileau, encontrando-se na comédia de Destouches *Les Glorieux*]

lading papers *inglês* COMÉRCIO documentos de embarque

laissez faire, laissez passer *francês* deixai fazer, deixai passar [frase de Turgot, economista francês e ministro das Finanças de Luís XIV, 1727-1781, divisa do liberalismo económico]

la mouche du coche *francês* a mosca do coche [usada quando alguém aparenta esforçar-se muito e na realidade os outros é que fazem o trabalho todo] (La Fontaine, fábula *Le coche et la mouche*)

lana caprina *latim* lã de cabra; coisa insignificante; futilidade (Horácio, *Epodos*, 1, 18, 15)

la nuit porte conseil *francês* a noite é boa conselheira

lapsus calami *latim* lapso de pena [usa-se para justificar um erro que se cometeu ao escrever]

lapsus carnis *latim* lapso da carne; pecado carnal; ato sexual

lapsus linguæ *latim* lapso da língua [usa-se para justificar qualquer falta que se cometeu ao falar] (Eclesiástico, 20, 20)

lapsus loquendi *latim* lapso ao falar [usa-se para justificar um erro que se cometeu ao falar]

lapsus memoriæ *latim* lapso da memória; esquecimento

lapsus scribendi *latim* lapso ao escrever [usa-se para justificar um erro que se cometeu ao escrever]

la raison du plus fort est toujours la meilleure *francês* a razão do mais forte é sempre a melhor; contra a força não há resistência (La Fontaine, *Fábulas*)

lasciate ogni speranza, voi ch'entrate *italiano* deixai toda a esperança, ó vós que entrais [inscrição sinistra que o poeta italiano Dante, no seu poema, colocou sobre a porta do Inferno, e que tem aplicação em qualquer circunstância em que se vê a impossibilidade de recuperar uma coisa ou um bem que se perdeu] (Dante, *Divina Comédia*)

last but not least *inglês* o último, mas não o menor; o último argumento não é o menos importante

latet anguis in herba *latim* a serpente esconde-se na erva; alusão aos perigos ocultos (Virgílio)

lato sensu *latim* em sentido lato; extensivamente

laudator temporis acti *latim* louvador dos tempos passados [alusão ao hábito que os velhos têm de exaltar a superioridade do tempo passado em relação ao presente] (Horácio, *Arte Poética*, 173)

laureolam quærere in mustacem *latim* procurar uma folha de loureiro num bolo; procurar uma agulha num palheiro

laus Deo *latim* louvado seja Deus [usada no fecho das obras literárias]

laus in ore proprio vilescit *latim* louvor em boca própria é vileza [ninguém deve louvar-se a si mesmo]

lavabo manus meas *latim* lavarei daí as minhas mãos [expressão utilizada por alguém que quer livrar-se de responsabilidades]

le cœur a ses raisons, que la raison ne connaît point *francês* o coração tem razões que a razão desconhece (Pascal, *Pensées*)

le monde marche *francês* o mundo marcha; a civilização não estaciona

leonem mortuum etiam catuli morsicant *latim* até os cachorros mordiscam o leão morto; até os fracos se atrevem contra os fortes decaídos (Publílio Siro)

le roi est mort, vive le roi *francês* o rei morreu, viva o rei; rei morto, rei posto [aplica-se àquelas situações em que os homens, após a queda de um chefe, depressa o esquecem para lisonjear o sucessor]

l'État c'est moi *francês* o Estado sou eu [máxima de Luís XIV de França em que se baseava a teoria da monarquia absoluta]

letter of credit *inglês* COMÉRCIO carta de crédito [ordem de pagamento passada pelo comprador (importador) em favor do vendedor (exportador)]

levius fit patientia quidquid corrigere est nefas *latim* a resignação alivia os males que não é possível remediar (Horácio, *Odes*, 1, 24, 19-20)

le vrai peut quelquefois n'être pas vraisemblable *francês* a verdade pode às vezes não ser verosímil; um facto verdadeiro reveste, às vezes, aparências que o tornam inacreditável (Boileau, *Arte Poética*)

lex est quod notamus *latim* o que escrevemos faz lei [divisa da Câmara dos Notários de Paris]

lex injusta non est lex *latim* a lei injusta não é lei

libertas quæ sera tamen *latim* liberdade ainda que tardia [palavras de Virgílio]

licet? *latim* é permitido?; dais licença? (Horácio, *Sátiras*, 1, 9, 76)

listing *inglês* COMÉRCIO entrada de um valor na cotação da Bolsa

littérature engagée *francês* literatura comprometida; género literário em que o autor explora áreas políticas e sociais problemáticas, assumindo uma posição relativamente a esses temas

living standard *inglês* padrão de vida; nível de vida; COMÉRCIO capacidade de pagamento

loco citato *latim* no lugar citado [usa-se num livro para remeter o leitor para um ponto do mesmo, citado anteriormente]

loco dolenti *latim* no sítio dorido

loco tenens *latim* substituto; lugar-tenente

l'œil du maître *francês* o olhar do dono (La Fontaine, título de uma das suas fábulas)

loop the loop *inglês* volta completa; cabriola

lovelace *inglês* sedutor sem escrúpulos; conquistador (De *Lovelace*, personagem do romance Clarisse Harlowe, do escritor inglês S. Richardson, 1689-1761)

lucidus ordo *latim* disposição clara [qualidade essencial de um escritor ou de um escrito] (Horácio, *Arte Poética*, 41)

lucri causa *latim* por causa do lucro; interesseiramente; por interesse

l'union fait la force *francês* a união faz a força

M

macte animo *latim* coragem; ânimo [palavras adaptadas do verso *macte animo, generose puer, sic itur ad astra*, "coragem, jovem valente, é assim que se vai aos céus"] (Virgílio, *Eneida*, 9, 641)

made in *inglês* fabricado em; feito em [usa-se nos produtos comerciais para indicar o lugar de fabrico do mesmo, devendo o nome do local seguir-se à locução]

magister dixit *latim* o mestre disse [expressão dogmática usada na Idade Média pelos Escolásticos, para os quais a opinião de Aristóteles, seu mestre, não admitia discussão. Aplica-se hoje extensivamente a qualquer fundador de escola, sistema doutrinário ou político e às pessoas autoritárias]

magnæ spes altera Romæ *latim* segunda esperança da grande Roma [expressão referente a Ascânio, filho de Eneias, que pode servir para designar a segunda personagem de um Estado] (Virgílio, *Eneida*, 12, 168)

magni nominis umbra *latim* a sombra de um grande nome [esta expressão pode citar-se a propósito de indivíduos ou de coisas que tiveram o seu período de glória, e de que resta apenas a recordação] (Lucano, *Farsália*, 1, 135)

magnis itineribus *latim* a marchas forçadas (César, *De Bello Gallico*)

majores pinnas nido *latim* maiores as asas que o ninho [palavras que podem aplicar-se àqueles que, saídos de uma condição humilde, têm altas aspirações] (Horácio, *Epodos*, 1, 20, 21)

major et longinquo reverentia *latim* a distância aumenta o prestígio [frase citada para significar que nós somos às vezes levados a admirar o que está afastado de nós no tempo ou no espaço] (Tácito, *Annales*, 1, 47)

mala gratia *latim* contra a vontade; de má vontade

mal à propos *francês* fora de propósito

mal de mer *francês* enjoo

malesuada fames *latim* a fome (é) má conselheira [palavras que caracterizam a voracidade dos monstros que guardam a porta dos Infernos] (Virgílio, *Eneida*, 6, 276)

malgré tout *francês* apesar de tudo; suceda o que suceder

malo mori quam fœdari *latim* antes (quero) morrer do que manchar-me [divisa da Sicília]

mane, thecel, phares *hebraico* pesado, contado, dividido [palavras fatídicas que mão invisível escreveu na parede da sala onde Baltasar celebrava um festim orgíaco, vaticinando-lhe o destino do seu império, no momento em que Ciro entrava em Babilónia - citam-se estas palavras como ameaça de destruição] (Daniel)

manibus date lilia plenis *latim* dai lírios às mancheias [palavras que Virgílio põe na boca de Anquises, que implora flores em abundância para cobrir o túmulo do infortunado Marcelo] (Virgílio, *Eneida*, 6, 883)

manifestis in rebus teneri *latim* ser convencido pela evidência

manu militari *latim* com o poder militar; pela força das armas

manus manum lavat *latim* uma mão lava a outra

marche aux flambeaux *francês* desfile solene com archotes e fanfarra

mare magnum *latim* grande mar; abundância; confusão

margaritas ante porcos *latim* pérolas a porcos [aplica-se quando se fala de coisas elevadas diante de ignorantes, ou quando se tomam atitudes elegantes para com aqueles que não sabem apreciá-las] (S. Mateus, *Evangelho*, 7, 6)

mater dolorosa *latim* mãe dolorosa; Maria perante o Filho crucificado [expressão consagrada na *sequência* da festa de Nossa Senhora das Dores]

materiam superabat opus *latim* o trabalho excedia a matéria [palavras que podem dizer-se de tudo aquilo que impressiona mais pela forma do que pela substância] (Ovídio, *Metamorfoses*, 2, 5)

maxima puero debetur reverentia *latim* à criança é devido o máximo respeito (Juvenal, *Sátiras*, 14, 47)

mea sententia *latim* segundo a minha opinião; a meu ver (Plauto, *Bachides*, 1038)

medice, cura te ipsum *latim* médico, cura-te a ti próprio [palavras que se aplicam àqueles que dão conselhos aos outros quando deveriam tomá-los para si] (S. Lucas, *Evangelho*, 4, 23)

medio tutissimus ibis *latim* pelo meio irás mais seguro; devem evitar-se os extremos (Ovídio, *Metamorfoses*, 2, 137)

melioribus annis *latim* em melhores anos; em dias mais felizes [emprega-se em referência a um tempo de que se tem saudades] (Virgílio, *Eneida*, 6, 649)

me, me adsum qui feci *latim* fui eu, eu mesmo, que o fiz; sou o culpado [expressão que se usa quando alguém, levado por um sentimento de amizade, chama sobre si um mal que ameaça uma pessoa que lhe é cara] (Virgílio, *Eneida*, 9, 427)

memento homo, quia pulvis es et in pulverem reverteris *latim* lembra-te, homem, de que és pó e em pó te hás de tornar [palavras que Deus dirigiu a Adão após o pecado original, e que o sacerdote pronuncia no momento da imposição das cinzas]

ménage *francês* casa; governo de casa; cuidados com a família

mendaci ne verum quidem dicenti creditur *latim* ninguém acredita no mentiroso, mesmo quando fala verdade

mendicus mendico invidet *latim* o mendigo tem inveja do mendigo; o teu inimigo é o oficial do mesmo ofício

mens agitat molem *latim* o espírito move a massa (matéria); a inteligência domina as forças físicas (Virgílio, *Eneida*, 6, 727)

mens sana in corpore sano *latim* alma sã em corpo são (Juvenal, *Sátiras*, 10, 356)

mettere la coda dove non va il capo *italiano* meter a cauda onde não passa a cabeça; adaptar a tática às circunstâncias

metteur en scène *francês* TEATRO encenador; realizador

mi-carême *francês* quinta-feira da terceira semana da Quaresma [dia assinalado por bailes e outros divertimentos]

minima de malis *latim* do mal (sofrido, fale-se) o menos (possível)

mirabile dictu *latim* (coisa) admirável de dizer, que causa admiração se for contada (Virgílio, *Eneida*, 2, 174)

mirabile visu *latim* (coisa) digna de ser vista, que causa admiração a quem a vê (Virgílio, *Eneida*, 10, 637)

mise en plis *francês* ondulação permanente do cabelo

miserere mei, Deus *latim* Senhor, tende compaixão de mim (*Salmos*, 50, 1)

miserrima est fortuna, quæ inimico caret *latim* é preciso ser muito miserável para não ter inimigos (Publílio Siro, 356)
modus faciendi *latim* maneira de fazer; modo de proceder
modus in rebus *latim* há medida nas coisas; em tudo deve haver moderação (Horácio, *Sátiras*, 1, 1, 106; Plauto, *Pœnulus*, 1, 2, 30)
modus vivendi *latim* maneira de viver; arranjo conciliatório
molle atque facetum *latim* suave e gracioso [estas palavras servem para recomendar a quem graceja que não deve usar ditos que possam magoar aqueles a quem são dirigidos] (Horácio, *Sátiras*, 1, 10, 44)
mollitur mare *latim* o mar acalma-se
monsieur de la Palisse *francês* senhor de la Palisse; indivíduo que faz afirmações absolutamente óbvias, portanto, supérfluas e inúteis
mons parturiens *latim* um monte a dar à luz
monstrum horrendum, informe, ingens *latim* um monstro horrendo, informe, ingente [palavras com que foi descrito o gigante Polifemo, que Ulisses acabava de cegar] (Virgílio, *Eneida*, 3, 658)
more majorum *latim* segundo o costume dos antigos (Cícero, *Verrinas*, 5, 22)
moriente die *latim* ao declinar do dia; à tardinha
mors omnia solvit *latim* a morte desagrega tudo; a morte apaga tudo
mors ultima ratio *latim* a morte é a razão de todas as coisas; tudo acaba na sepultura (ódios, invejas, etc.) (Horácio, *Epodos*, 1, 16, 79)
mortis en solatium *latim* eis a consolação da morte (Fedro, *Fábulas*)
mot d'ordre *francês* santo e senha
motu proprio *latim* por impulso próprio; espontaneamente
much ado about nothing *inglês* muito barulho para nada
multa paucis *latim* muitas coisas em poucas palavras [aplica-se às pessoas e sobretudo aos escritores concisos]
multi sunt vocati, pauci vero electi *latim* são muitos os chamados, mas poucos os escolhidos (S. Mateus, *Evangelho*, 20, 16)
multum in parvo *latim* muitas coisas em poucas palavras [aplica-se às pessoas e sobretudo aos escritores concisos]
mutatis mutandis *latim* mudando o que deve ser mudado
mutato nomine *latim* com o nome trocado (Horácio, *Sátiras*, 1, 1, 69)

N

nascuntur pœtæ, fiunt oratores *latim* os poetas nascem, os oradores fazem-se
naturam expelles furca, tamen usque recurret *latim* expulsa a natureza com um forcado, que ela voltará sempre a correr; o que o berço dá a tumba leva
natura non facit saltus *latim* a natureza não dá saltos [desde o ser mais rudimentar até ao mais perfeito, há outros intermediários que os relacionam] (Leibniz, *Novos Ensaios*, 4, 16)
necessitas non habet legem *latim* a necessidade não tem lei; a fome não tem lei (Publílio Siro, 444)
nec mortale sonans *latim* cuja voz não soa como a dos mortais [pode aplicar-se aos grandes oradores e poetas nos grandes rasgos oratórios ou nos grandes momentos de inspiração] (Virgílio, *Eneida*, 6, 50)
nec pluribus impar *latim* não (sois) inferior (desigual) a muitos; sois superior a todos [divisa de Luís XIV, que tinha por emblema o Sol]
nec plus, nec minus *latim* nem mais nem menos; tal e qual
nec plus ultra *latim* não mais além [legenda que, segundo a fábula, Hércules gravou nos montes Calpe e Abila para significar que o mundo acabava ali; aplica-se para designar um limite que não pode ou não deve ser ultrapassado]
nec semper arcum tendit Apollo *latim* Apolo nem sempre mantém o arco retesado [verso que significa que o repouso é necessário] (Horácio, *Odes*, 2, 10, 19-20)
nec semper lilia florent *latim* nem sempre os lírios florescem [nem sempre as coisas correm à medida dos nossos desejos] (Ovídio, *Arte de Amar*, 2, 115)
nemine contradicente *latim* sem contradição; por unanimidade
nemine discrepante *latim* sem contradição; por unanimidade
nemo ante mortem beatus *latim* ninguém (deve ser considerado) feliz antes de morrer (Ovídio, *Metamorfoses*, 3, 136)
nemo dat quod non habet *latim* ninguém dá o que não tem
nemo jus ignorare non excusat *latim* ninguém pode escusar-se, alegando a ignorância da lei
ne quid nimis *latim* nada de mais; o que é de mais é prejudicial (Terêncio, *Ândria*, 1, 1, 34)
nescio vos *latim* desconheço-vos [palavras de uma parábola, alusivas àqueles que chegam demasiado tarde; emprega-se como recusa]
nescit vox missa reverti *latim* palavra proferida não volta atrás [serve para recomendar prudência no que se diz ou escreve] (Horácio, *Arte Poética*, 390)
nessun maggior dolore che ricordarsi del tempo felice nella miseria *italiano* não (há) maior dor do que recordar na miséria os tempos felizes de outrora (Dante, *Inferno*)
ne sutor ultra crepidam *latim* não suba o sapateiro além da chinela; quem te manda a ti, sapateiro, tocar rabecão [vem a propósito todas as vezes que alguém se mete a falar de coisas para as quais não tem competência] (Plínio, *História Natural*, 35, 84)
ne varietur *latim* para não variar; para que não seja alterado; para que fique definitivo [palavras que, em bibliografia, designam edições rigorosamente conformes com o original]
nigro notanda lapillo *latim* para marcar com uma pedra negra, isto é, para que seja considerado como nefasto [os antigos costumavam marcar com uma pedra negra os dias nefastos, e com uma branca os dias fastos]
nihil admirari *latim* não se admirar de coisa alguma [palavras que foram tomadas para divisa dos estoicos] (Horácio, *Epodos*, 1, 6, 1)
nihil (nil) diu occultum *latim* nada (se conserva) oculto por muito tempo; o Diabo cobre com uma capa e descobre com um chocalho
nihil (nil) medium est *latim* não há termo médio; não há meio-termo [esta expressão refere-se às circunstâncias em que tem de se escolher entre duas coisas, ambas desagradáveis]
nihil nil novi *latim* nada de novo; nenhuma novidade; tudo na mesma
nihil (nil) novi sub sole *latim* nada de novo debaixo do Sol (Eclesiastes, 1, 10)
nihil obstat *latim* nada obsta [fórmula empregada pela censura eclesiástica para autorizar a impressão de um escrito]
nihil scire potest, ne id ipsum quidem *latim* nada pode saber-se, nem isso mesmo [princípio fundamental do ceticismo absoluto]
nihil sine causa *latim* nada existe sem uma causa (Cícero, *De Finibus Bonorum et Malorum*, 1, 19)
nil actum reputans, si quid superesset agendum *latim* não julgando nada feito, se alguma coisa havia ainda para fazer [norma principal de Júlio César] (Lucano, 2, 65)
nimium ne crede colori *latim* não confies demasiadamente na cor; não te deixes levar pelas aparências; nem tudo o que luz é oiro (Virgílio, *Bucólicas*, 2, 17)
nisi utile est quod facimus, stulta est gloria *latim* se o que fazemos não é útil, é vã a glória (Fedro, 3, 17, 12)
noblesse oblige *francês* a nobreza obriga; ainda que custe, devemos manter a nossa posição social
no hay zorra con dos rabos *castelhano* não há raposa com dois rabos [significa que a mesma coisa não pode ser ao mesmo tempo verdade e mentira]
nolens, volens *latim* quer queira, quer não queira; a bem ou a mal (Séneca, *Epodos*, 107, 11)

nolentes volumus *latim* queremos os que não querem [isto significa que, para os cargos de grande responsabilidade, convém escolher os que não os pretendem]

noli me tangere *latim* não me toques [diz-se de uma pessoa que se melindra com tudo, ou de uma coisa em que se não deve tocar; palavras de Jesus a Madalena após a Ressurreição] (S. João, *Evangelho*, 20, 17)

nolite timere *latim* não temais [usa-se quando alguém, cônscio da sua força ou autoridade, deseja ganhar a confiança de outrem; palavras de Cristo aos Apóstolos]

no man's land *inglês* terra de ninguém [expressão muito usada durante a I Grande Guerra para designar o território que mediava entre as primeiras linhas dos dois beligerantes]

non bis in idem *latim* não duas vezes pela mesma coisa [axioma segundo o qual ninguém pode ser incriminado ou castigado duas vezes pelo mesmo delito]

non decet *latim* não convém [advertência contra a inconveniência de certos atos ou palavras] (*Provérbios*, 19, 10)

non ducor, duco *latim* não sou conduzido, conduzo [lema da cidade brasileira de S. Paulo]

nondum natus eram *latim* ainda eu não era nascido [resposta do cordeiro ao lobo que, segundo uma fábula, lhe imputava uma ação anterior ao seu nascimento] (Fedro, 1, 1, 11)

non eadem miramur *latim* não admiramos (todos) as mesmas coisas; os gostos são diferentes de pessoa para pessoa

non erat his locus *latim* não era (aquele) o seu lugar [alusão a uma coisa que se disse ou escreveu fora de propósito] (Horácio, *Arte Poética*, 19)

non falx mittenda in messem est alienam tibi *latim* não metas foice em seara alheia; não te metas onde não és chamado

non ignara mali, miseris succurrere disco *latim* conhecendo por experiência própria a desventura, sei socorrer os desgraçados (Virgílio, *Eneida*, 1, 630)

non in solo pane vivit homo *latim* nem só de pão vive o homem; não basta prover às necessidades materiais, é necessário também ocorrer às necessidades espirituais (S. Mateus, *Evangelho*, 4, 4)

non licet omnibus adire Corinthum *latim* nem a todos é dado entrar em Corinto [em Corinto os prazeres eram tão caros que nem todos podiam lá residir; ensina-nos este provérbio que temos muitas vezes de renunciar a muitas coisas por falta de meios para as adquirir]

non multa, sed multum *latim* não muitas coisas, mas algo de importância; muita parra e pouca uva [alusão àqueles que falam muito e dizem pouco]

non, nisi parendo, vincitur *latim* não se vence, senão obedecendo; para que a natureza sirva as necessidades do homem, é mister que este obedeça às suas leis; para bem mandar, é preciso saber obedecer

non nova, sed nove *latim* não coisas novas, mas de maneira nova [isto pode aplicar-se a um escritor que não apresenta ideias novas, mas faz suas ideias alheias, dando-lhes forma e ordem a seu gosto]

non omne id quod fulget aurum est *latim* nem tudo o que luz é oiro [prevenção para não nos deixarmos iludir pelas aparências]

non omnia possumus omnes *latim* nem todos podemos tudo; nem todos temos as mesmas aptidões (Virgílio, *Bucólicas*, 8, 63)

non omnis moriar *latim* não morrerei de todo, isto é, alguma coisa de mim sobrevirá (a minha obra) (Horácio, *Odes*, 3, 30, 6)

non plus ultra *latim* não mais além [legenda que, segundo a fábula, Hércules gravou nos montes Calpe e Abila para significar que o mundo acabava ali; aplica-se para designar um limite que não pode ou não deve ser ultrapassado]

non possumus *latim* não podemos [resposta de São Pedro e São João aos senadores romanos que pretendiam proibi-los de pregar o Evangelho; expressão usada para recusas formais] (*Atos dos Apóstolos*, IV, 19-20)

nonsense *inglês* absurdo; disparate

non troppo *italiano* MÚSICA expressão que se usa como notação musical para indicar que o andamento assinalado não deve sofrer exagero por parte do executante

non videbis annos Petri *latim* não verás (não atingirás) os anos de Pedro (no governo da Igreja) [este aforismo confirmou-se até Pio IX, pois todos os papas governaram menos de 24 anos]

non vis videre quod non licet *latim* não deves querer ver aquilo que não é lícito (ver); nem tudo nos é lícito ver sem ofender o próximo e a Deus (Imitação de Cristo)

nosce te ipsum *latim* conhece-te a ti próprio; estuda-te a ti mesmo (Cícero, *Tusculanarum*, 1, 22, 52)

nouveau riche *francês* novo rico; indivíduo que enriqueceu rapidamente mercê de expedientes e circunstâncias de ocasião

novissima verba *latim* as palavras mais recentes [expressão geralmente usada para designar as últimas palavras de um moribundo]

nucibus relictis *latim* quando deixámos de jogar as nozes, isto é, quando deixámos de ser crianças

nulla dies sine linea *latim* nem um só dia sem (uma) linha [alusão aos pintores e escritores, que deverão pintar ou escrever todos os dias alguma coisa] (Plínio, 35, 84)

numero deus impare gaudet *latim* os deuses gostam dos números ímpares [alusão às virtudes que os Antigos atribuíam aos números ímpares] (Virgílio, *Bucólicas*, 8, 75)

nunc dimittis servum tuum, Domine *latim* agora podes despedir o teu servo, Senhor [palavras de Simeão ao ver o Messias, e que podem aplicar-se às circunstâncias em que alguém, tendo realizado as suas aspirações, já não se importa de morrer] (S. Lucas, *Evangelho*, 2, 29)

nunc est bibendum *latim* chegou a ocasião de beber; é o momento de festejar o acontecimento (Horácio, *Odes*, 1, 37, 1)

O

o altitudo *latim* ó altitude, ó profundeza [exclamação de S. Paulo ao considerar a ciência divina; cita-se a propósito de qualquer coisa que a ciência humana não sabe explicar] (S. Paulo, *Epístola aos Romanos*, 11, 33)

obscurum per obscurius *latim* o obscuro pelo mais obscuro

observantia legum summa libertas *latim* a suma liberdade é a observância das leis

oculos habent et non videbunt *latim* têm olhos e não verão [alusão aos ídolos do paganismo, mas que se aplica àqueles que estão dominados por cegueira intelectual]

oderint, dum metuant *latim* que eles me odeiem, contanto que (me) temam [alusão aos soberanos despóticos e desconfiados] (Cícero, *De Officiis*, 1, 28)

odi profanum vulgus *latim* aborreço o vulgo profano [expressão de desprezo pelo aplauso do vulgo ignorante] (Horácio, *Odes*, 3, 1, 1)

o fortunatos nimium, sua si bona norint, agricolas *latim* que felizes seriam os homens do campo se conhecessem a sua felicidade (Virgílio, *Geórgicas*, 2, 458)

oleum perdidisti *latim* perdeste o (teu) azeite; perdeste o teu tempo, o teu trabalho; perdeste o teu latim

omne ignotum pro magnifico *latim* tudo o que é desconhecido é tido por magnífico [alusão à grande atração dos homens pelo desconhecido] (Tácito, *Annales*, 30, 13)

omnes eodem cogimur *latim* todos somos forçados pelo mesmo destino, isto é, a morte não distingue entre ricos e pobres (Horácio, *Odes*, 2, 3, 25)

omne tulit punctum, qui miscuit utile dulci *latim* ganhou em pleno aquele que soube juntar o útil ao agradável (Horácio, *Arte Poética*, 343)

omne vivum ex ovo *latim* todo o ser vivo provém de um ovo [aforismo do médico inglês Harvey]

omnia mecum porto *latim* trago comigo tudo [resposta do filósofo Bias, da Grécia, perante o espanto dos seus concidadãos, que ao abandonarem a cidade ameaçada pelos invasores turcos procuravam trazer o maior número de riquezas, enquanto que ele não trazia nada;

omnia mutantur

com isso pretendia mostrar que as riquezas do espírito são as únicas que têm importância]

omnia mutantur, nos et mutamur in illis *latim* todas as coisas mudam, e nós mudamos com elas (Ovídio, *Metamorfoses*, 15, 165)

omnia pro Patria *latim* tudo pela Pátria; a Pátria reclama e merece todos os sacrifícios

omnia serviliter pro dominatione *latim* tudo servilmente por causa do poder, isto é, humilhar-se até conquistar o poder e, depois de o obter, escravizar os outros (Tácito, *Histórias*, 1, 36)

omnia vincit amor *latim* o amor vence tudo (Virgílio, *Bucólicas*, 10, 69)

omnis canis in porta sua magnus est latrator *latim* todo o cão, à sua porta, é um grande ladrador [alusão à "valentia" dos que "têm as costas quentes"]

omnis homo mendax *latim* todo o homem é mentiroso (*Salmos*, 115, 11)

omnis saturatio mala *latim* toda a saturação é má; tudo o que é demasiado é mau; o que é de mais incomoda

omnium consensu *latim* com o assentimento de todos (César, *De Bello Gallico*, 7, 77)

onus probandi *latim* DIREITO a obrigação de provar [expressão usada em jurisprudência para significar que são os acusadores e não os acusados que têm de fazer prova]

open this end *inglês* COMÉRCIO abrir por este lado; abrir aqui

oportet non studere sed studuisse *latim* estudar não é o que convém, mas ter estudado [aviso aos estudantes que apenas estudam nas vésperas de exame, pretendendo assimilar, nuns escassos dias, os conhecimentos distribuídos por um ano letivo]

opus artificem probat *latim* a obra mostra o artista; o homem revela-se nas suas obras

opus citatum *latim* obra citada

ora pro nobis *latim* roga por nós; intercede em nosso favor [expressão usada nas Ladainhas, em resposta a cada invocação] (Jeremias, 37, 3)

ore rotundo *latim* com a boca redonda; com a boca cheia ao falar; em linguagem pomposa (Horácio, *Arte Poética*, 323)

origin certificate *inglês* COMÉRCIO certificado de origem

o rus, quando ego te aspiciam *latim* ó campo, quando te voltarei a ver [palavras de saudade dos prazeres da vida campestre] (Horácio, *Sátiras*, 2, 6, 60)

o sancta simplicitas *latim* ó santa simplicidade [exclamação atribuída a João Hus, reformador checo (1370-1415), ao ver uma velhinha lançar uma acha na fogueira onde ele ia ser queimado; esta expressão usa-se, por ironia, para censurar um ato ou uma frase que revela ingenuidade]

os homini sublime dedit *latim* deu (Deus) ao homem um rosto voltado para o céu; só o homem é capaz de um ideal e de ter aspirações sublimes (Ovídio, *Metamorfoses*, 1, 85)

os magna sonaturum *latim* boca que profira palavras sublimes; só merece o nome de poeta aquele que seja dotado de génio e possua inspiração divina

o tempora, o mores *latim* ó tempos, ó costumes [exclamação em que Cícero inveitva a perversidade dos homens e os costumes dissolutos da sua época] (Cícero, *Verrinas*, 24, 25, 56)

o terque quaterque beati *latim* ó três e quatro vezes felizes [palavras de Eneias para exaltar a ventura dos seus concidadãos que perderam a vida no cerco de Troia] (Virgílio, *Eneida*, 1, 94)

otium cum dignitate *latim* descanso honroso [expressão aplicável a todo aquele que, tendo levado uma vida honrada, resolve por fim descansar] (Cícero, *De Oratore*, 1, 1)

o ubi campi *latim* oh, onde (estão) os campos [exclamação de Virgílio para exprimir a nostalgia dos campos] (Virgílio, *Geórgicas*, 2, 486)

P

packing list *inglês* COMÉRCIO lista de embalagens

palmam qui meruit ferat *latim* leve a palma aquele que a mereceu; deem-se os aplausos a quem se tornou digno deles

panem et circenses *latim* pão e espetáculos de circo; pão e divertimentos [censura aos Romanos da decadência, que só queriam comer e divertir-se] (Juvenal, *Sátiras*, 10, 81)

parcere subjectis et debellare superbos *latim* poupar os que se submetem e abater os orgulhosos [palavras que definiam o programa de ação do futuro Império Romano] (Virgílio, *Eneida*, 6, 853)

parce sepultis *latim* perdoa aos mortos (que não podem defender-se)

pares cum paribus facilime congregantur *latim* os (que são) iguais facilmente se unem; cada qual com seu igual; cada ovelha com sua parelha (Cícero, *Cato Major*, 7)

par est fortuna laboris *latim* a riqueza é companheira do trabalho

pari passu *latim* a passo igual; acompanhando de perto alguém ou alguma coisa

par pari refertur *latim* pagar por igual; pagar na mesma moeda; amor com amor se paga (Terêncio, *Eunuco*, 445)

part du lion *francês* a parte do leão; parte que o mais forte toma para si

parti pris *francês* opinião preconcebida; prevenção; preconceito

parturient montes: nascetur ridiculus mus *latim* as montanhas estão a dar à luz: vai nascer um ridículo ratinho [alusão ao resultado mesquinho de muitas promessas pomposamente anunciadas] (Horácio, *Arte Poética*, 139)

parva scintilla excitavit magnum incendium *latim* uma pequena centelha ateia um grande incêndio; uma coisa insignificante pode ter consequências de grande gravidade

pas de quatre *francês* passo a quatro [dança e respetiva música, que estiveram muito em voga e ainda hoje se praticam em reuniões particulares]

passato il pericolo, gabbato il santo *italiano* passado o perigo, esquecido o santo; só nos lembramos de Santa Bárbara quando troveja

pâté de foie gras *francês* pasta de fígado gordo; pasta de fígado de ganso, engordado por um processo especial

patere quam ipse fecisti legem *latim* sofres a lei que tu mesmo fizeste; temos de sofrer as consequências dos nossos atos

pater est quem leges dicunt *latim* o pai é aquele que a lei reconhece como tal

paterna, paternis; materna, maternis *latim* os bens do pai para a linha do pai; os bens da mãe para a linha da mãe

patiens, quia æternus *latim* paciente, porque é eterno [palavras de Santo Agostinho, admirando-se da paciência imutável de Deus perante os pecados dos homens]

pauca sed bona *latim* poucas (coisas), mas boas

paulatim sed firmiter *latim* devagar, mas com segurança

paulo majora canamus *latim* cantemos coisas um pouco mais elevadas [usa-se quando se quer passar de um assunto para outro mais importante] (Virgílio, *Bucólicas*, 4, 1)

paupertas impulit audax *latim* a pobreza (que é) audaz me impeliu; a necessidade leva muitas vezes uma pessoa a cometer ações temerárias (Horácio, *Epístolas*, 2, 2, 51)

pax vobiscum *latim* a paz esteja convosco [saudação usual] (S. Lucas, *Evangelho*, 24, 36)

payment terms *inglês* COMÉRCIO condições de pagamento

pectus est quod disertos facit *latim* o coração é que faz os eloquentes (Quintiliano, *Institutiones Oratoriæ*, 10, 7, 15)

pecuniæ obediunt omnia *latim* tudo obedece ao dinheiro; o dinheiro é a mola real de todas as coisas (Eclesiastes, 10, 13)

pede certo *latim* com passo seguro; a pé firme (Horácio, *Arte Poética*, 158)

pede pœna claudo *latim* o castigo (caminha) com pé coxo; se o castigo não vem logo após a culpa, ele virá mais cedo ou mais tarde (Horácio, *Odes*, 3, 2, 32)

pedibus calcantibus *latim* a pé

pejor avis ætas *latim* a idade atual é inferior à dos nossos avós [significa que a duração da vida vai encurtando] (Horácio, *Odes*, 3, 6, 46)

pendentif *francês* pingente; joia suspensa de um colar; medalhão

per capita *latim* por cabeça; por pessoa

pereat mundus, fiat justitia *latim* acabe-se o mundo, (mas) faça-se justiça

per fas et nefas *latim* pelo justo e pelo injusto; por todos os meios (lícitos ou não); a bem ou a mal

perinde ac cadaver *latim* como um cadáver [divisa dos jesuítas preconizando a obediência absoluta]

per jocum *latim* por brincadeira

per Jovem *latim* por Júpiter [fórmula de juramento entre os Antigos]

per obitum *latim* por morte; quando morrer

per saltum *latim* interpoladamente; sem passar pelos graus intermediários; sem cumprir as prescrições legais

per se *latim* por si; por si só [expressão de uso frequente na linguagem filosófica] (Cícero, *Sull.* 67)

persona non grata *latim* pessoa indesejada; diplomata desacreditado, cuja presença num país estrangeiro é indesejada

per stirpes *latim* por estirpes ou ramos

per summa capita *latim* pelo que respeita aos pontos principais; sem entrar em minudências

pertransiit, benefaciendo *latim* passou, fazendo o bem [palavras de S. Pedro a respeito de Jesus Cristo, e que se aplicam àqueles que passaram a vida na prática do bem]

pessimum inimicorum genus laudantes *latim* os aduladores são a pior espécie de inimigos

petit à petit l'oiseau fait son nid *francês* pouco a pouco faz o pássaro o ninho; muitos poucos fazem muito; grão a grão enche a galinha o papo

philosophia ancilla theologiæ *latim* a filosofia é a criada da teologia (S. Tomás de Aquino, *Escolástica*)

piano, piano, se va lontano *italiano* devagar se vai ao longe

pied-de-poule *francês* pé de galinha; padrão de tecido que se assemelha a pegadas de uma ave

piscem natare doces *latim* ensinas um peixe a nadar; ensinar o Pai-Nosso ao vigário

pisces natare doces *latim* queres ensinar os peixes a nadar; queres ensinar o pai-nosso ao vigário

più mosso *italiano* MÚSICA expressão indicativa de movimento mais vivo

placet *latim* agrada; aprovado; aprovação da autoridade a uma nomeação ou pretensão

plaudite, cives *latim* aplaudi, cidadãos [pedido que os atores romanos faziam ao público, no fim da representação]

plurima mortis imago *latim* as múltiplas imagens da morte [palavras usadas por Eneias ao descrever os horrores da última noite em Troia] (*Eneida*, II, 369)

plus æquo *latim* mais do que o justo; mais do que o razoável

plus in maledicto quam in manu est injuria *latim* faz mais dano a língua que o braço

plus ultra *latim* mais além

plus valet actum quam scriptum *latim* mais vale o que se fez do que o que se escreveu

pœta nascitur, non fit *latim* os poetas nascem, não se fazem

point de nouvelles, bonnes nouvelles *francês* nenhumas notícias, boas notícias

pondere, mensura, numero Deus omnia fecit *latim* Deus fez todas as coisas por peso, conta e medida

pons asinorum *latim* ponte dos asnos; dificuldade aparente; teia de aranha

porte-bonheur *francês* amuleto; figa

port of destination *inglês* COMÉRCIO porto de destino

port of origin *inglês* COMÉRCIO porto de embarque

post equitem sedet atra cura *latim* o negro cuidado (a desgraça) monta na garupa atrás do cavaleiro; a desgraça persegue-nos por toda a parte

post hoc, ergo propter hoc *latim* a seguir a isto, portanto, por causa disto [alusão ao erro que consiste em tomar como causa o que não passa de um simples antecedente no tempo]

post hominum memoriam *latim* depois da memória dos homens; desde que há tradição; de há muito tempo

post meridiem *latim* após o meio-dia

post mortem *latim* após a morte

post nubila Phœbus *latim* depois das nuvens Febo (o Sol); depois da tempestade a bonança

post scriptum *latim* escrito depois; aquilo que se escreve depois de já estar concluído e assinado um escrito [expressão muito usada como complemento de uma carta]

post tantos tantosque labores *latim* após tantos e tão grandes trabalhos [frase que tem frequente aplicação quando se fala das dificuldades, perigos e tormentos por que alguém passou] (Virgílio, *Eneida*)

potius mori quam fœdari *latim* antes morrer do que desonrar-me [esta expressão pode servir de divisa àqueles que preferem a honra à própria vida]

pourboire *francês* gorjeta; gratificação

pour épater le bourgeois *francês* para embasbacar o burguês; para embasbacar os saloios

pour un moine, l'abbaye ne se perd pas *francês* por causa de um monge não se perde a abadia

præsente cadavere *latim* em presença do cadáver; de corpo presente

prima facie *latim* à primeira vista

primo avulso, non deficit alter *latim* tirado o primeiro, não falta outro; mal esteja removida a primeira dificuldade, logo aparece outra (Virgílio, *Eneida*, 6, 143)

primo occupanti *latim* ao primeiro ocupante [princípio da jurisprudência em que o primeiro ocupante, na falta de outras circunstâncias, adquire o direito de propriedade]

primum non nocere *latim* primeiro (que tudo) não prejudicar

primum vivere, deinde philosophari *latim* primeiro viver, em seguida filosofar; primeiro ganhar a vida e só depois buscar o recreio do espírito

primus inter pares *latim* o primeiro entre os iguais; o mais categorizado entre os da sua condição

principiis obsta *latim* obsta nas suas origens; ataca o mal logo no princípio (Ovídio, *Amores*, 91-92)

prise *francês* velocidade de marcha normal de um veículo motorizado

pro aris et focis *latim* pelos altares e pelos lares; dar a vida por Deus e pela pátria

pro bono pacis *latim* para bem da paz

pro bono publico *latim* para o bem público; para utilidade pública

pro Deo *latim* por Deus; por caridade; gratuitamente

pro domo sua *latim* pela sua casa; em defesa dos seus interesses

proh pudor *latim* oh vergonha [expressão que demonstra espanto ou indignação]

prolem sine matre creatam *latim* filho criado sem mãe; qualquer obra original que não se inspirou em nenhum modelo (Ovídio, *Metamorfoses*, 2, 553)

pro memoria *latim* para memória; como recordação

pro patria *latim* pela pátria; em prol da pátria

propria domus omnium optima *latim* a nossa casa é a melhor de todas [alusão ao costume de toda a gente julgar o seu melhor que o alheio]

pro rata *latim* proporcionalmente; receber ou pagar o que couber em rateio

pro rege sæpe; pro patria semper *latim* pelo rei muitas vezes; pela pátria sempre [divisa de Colbert, estadista francês, 1619-1683]

pro tempore *latim* conforme a ocasião; conforme as circunstâncias (Virgílio, *Bucólicas*, 7, 35)

pulsate, et aperietur vobis *latim* batei e abrir-se-vos-á [palavras que se citam para recomendar perseverança nos nossos intentos]

punica fides *latim* fé púnica; fé cartaginesa [os Cartagineses eram acusados pelos Romanos de violarem os tratados, de forma que esta frase tornou-se sinónima de má-fé]

puras Deus, non plenas aspicit manus *latim* Deus olha para as mãos puras e não para as que estão cheias

pur sang *francês* puro sangue; cavalo de raça selecionada

Q

quærens quem devoret *latim* procurando quem devore; buscando presa [palavras para caracterizar o Demónio] (S. Pedro, I Carta, 5, 8)

quæstio disputata *latim* assunto debatido

quæ sunt Cæsaris, Cæsari *latim* a César o que é de César (e a Deus o que é de Deus) [palavras de Jesus Cristo] (S. Mateus, *Evangelho*, 22, 21)

quæ te dementia cepit! *latim* que insensatez se apoderou de ti! (Virgílio, *Bucólicas*, 2, 69)

qualis artifex pereo! *latim* que grande artista vai morrer comigo!; que grande artista vai o mundo perder com a minha morte [palavras de Nero antes de se suicidar] (Suetónio, *Vida de Nero*, 49)

qualis pater talis filius *latim* tal pai, tal filho

qualis vita, finis ita *latim* tal vida, tal morte (Imitação de Cristo)

quality certificate *inglês* COMÉRCIO certificado de qualidade

quam multa quam paucis *latim* quantas coisas em tão poucas (palavras)

quand même *francês* suceda o que suceder

quand on n'a pas ce que l'on aime, il faut aimer ce que l'on a *francês* quando se não tem aquilo de que se gosta, deve gostar-se daquilo que se tem

quandoque bonus dormitat Homerus *latim* às vezes (até) o bom Homero dormita; não há ninguém tão perfeito que não cometa uma falta, que não tenha as suas negligências (Horácio, *Arte Poética*, 359)

quantum mutatus ab illo! *latim* quão mudado (está) do que era!; como mudou de então para cá [palavras de Eneias ao ver em sonhos Heitor coberto de feridas] (Virgílio, *Eneida*, 2, 274)

quantum satis *latim* quanto basta; o suficiente

quantum sufficit *latim* quanto basta; o suficiente

quart d'heure de Rabelais *francês* o quarto de hora de Rabelais; um momento de atrapalhação [alusão à atrapalhação de Rabelais, escritor francês, 1494-1553, quando lhe apresentavam a conta de hospedagem e ele não tinha dinheiro para a pagar]

quête *francês* peditório

quia? *latim* porquê?

quia nominor leo *latim* porque me chamo leão; porque sou o mais forte [expressão que serve para criticar os que abusam da sua força física] (Fedro, *Fábulas*, 1, 6, 6)

qui bene amat bene castigat *latim* quem bem ama bem castiga [o castigo é muitas vezes uma prova de afeição para corrigir os defeitos das pessoas que nos são queridas] (*Provérbios*, 3, 11)

qui bene olet male olet *latim* quem se perfuma é porque exala mau cheiro

quid *latim* alguma coisa; algo específico

quidam *latim* um indivíduo (qualquer)

quid deceat, quid non *latim* (vede) o que convém e o que não convém; corrija-se o que é mau e conserve-se o que é bom (Horácio, *Arte Poética*, 308)

quid est veritas? *latim* que é a verdade? (S. João, *Evangelho*, 18, 38)

quid inde? *latim* que (resulta) daí?; e daí?

quid ita? *latim* por que razão isso?

quid juris? *latim* com que direito?; que lei é que resolve este caso? (Cícero, *Filípicas*, 1, 26)

quidlibet audendi potestas *latim* licença para todas as ousadias [alusão às liberdades concedidas aos poetas e pintores] (Horácio, *Arte Poética*, 10)

quid novi? *latim* que há de novo?; que novidades há?

quid prodest? *latim* que aproveita isso?; para que serve isso? (S. Mateus, *Evangelho*, 16, 26)

quid pro quo *latim* equívoco; erro resultante de uma falsa interpretação

quidquid delirant reges, plectuntur Achivi *latim* todas as vezes que os reis deliram, são os Gregos os castigados; sempre que os grandes cometem imprudências, são os pequenos que sofrem as consequências (Horácio, *Epístolas*, 1, 2, 14)

quidquid tentabam dicere versus erat *latim* tudo o que tentava dizer era verso [alusão à irresistível inclinação de Ovídio para a poesia] (Ovídio, *Tristes*, 4, 10, 26)

quidquid vis esse tacitum nulli dixeris *latim* se queres que o teu segredo seja guardado, não o reveles a ninguém (Publílio Siro)

quid tibi videtur? *latim* que te parece?; qual é a tua opinião? (Fedro, *Fábulas*, 4, 7, 17)

quid tu hominis es? *latim* que homem és tu?

quien todo lo quiere todo lo pierde *castelhano* quem tudo quer tudo perde [reprovação da ambição desmedida]

qui est sine peccato *latim* aquele que está sem pecado (que lhe atire a primeira pedra) [palavras de Jesus Cristo quando perdoou à mulher adúltera]

quieta non movere *latim* não mexer no que está quieto; não agitar o que está tranquilo; não relembrar pecados passados

qui habet aures audiendi audiat *latim* quem tem ouvidos para ouvir, que ouça [palavras que Jesus Cristo empregava frequentes vezes após as suas parábolas]

qui ne dit mot consent *francês* quem cala consente

qui nescit dissimulare nescit regnare *latim* quem não sabe dissimular não sabe reinar; saber viver não é coisa tão fácil como se julga [máxima de Luís XI, rei da França, 1423-1483]

qui nihil debet non timet *latim* quem não deve não teme

qui non est mecum contra me est *latim* quem não está comigo está contra mim (S. Mateus, *Evangelho*, 12, 30; S. Lucas, *Evangelho*, 11, 23)

qui potest capere capiat *latim* compreenda quem puder compreender; nem todos são capazes de atingir certos valores mais elevados (S. Mateus, *Evangelho*, 19, 12)

qui potest majus potest minus *latim* quem pode o mais pode o menos

qui scribit bis legit *latim* quem escreve lê duas vezes; escrever um texto que se quer aprender equivale a lê-lo duas vezes

qui se ipsum laudat cito derisorem invenit *latim* quem se louva a si mesmo depressa encontra quem o meta a ridículo (Publílio Siro, 597)

qui semel furator semper fur est *latim* aquele que rouba uma vez é sempre ladrão; cesteiro que faz um cesto faz um cento, se lhe derem verga e tempo [isto pode significar que a honra, uma vez perdida, jamais se recupera]

qui sine peccato est *latim* aquele que está sem pecado (que lhe atire a primeira pedra) [palavras de Jesus Cristo quando perdoou à mulher adúltera]

quis, quid, ubi, quibus auxiliis, cur, quomodo, quando? *latim* quem, que coisa, onde, por que meios, por que razão, como, quando? [enunciado escolástico de todas as circunstâncias]

quis tacet consentire videtur *latim* quem cala parece consentir

quis tulerit Gracchos de seditione quærentes? *latim* quem suportará que os Gracos se queixem de uma sedição? [alusão àqueles que censuram os processos que eles próprios usaram] (Juvenal, *Sátiras*, 3, 24)

quod absurdum *latim* (não creio) porque é absurdo

quod abundat non nocet *latim* o que é de mais não prejudica; antes de mais do que de menos

quod Cæsaris, Cæsari; quod Dei, Deo *latim* a César o que é de César, a Deus o que é de Deus; dê-se a cada um aquilo a que tem direito [palavras de Jesus quando lhe perguntaram se se devia pagar o tributo a César] (S. Lucas, *Evangelho*, 20, 25)

quod Deus avertat *latim* que Deus afaste isso (de nós) [usa-se quando se receia algum perigo ou calamidade]

quod dici solet *latim* o que é costume dizer-se; o que geralmente se diz

quod di omen avertant *latim* que Deus afaste isso (de nós) [usa-se quando se receia algum perigo ou calamidade]

quod erat demonstrandum *latim* o que era preciso demonstrar [frase que se atribui a Euclides e se emprega para rematar uma demonstração]

quod facis fac citius *latim* o que fizeres fá-lo depressa [palavras de Jesus a Judas, na última ceia, para lhe dar a entender que sabia da sua traição; usam-se para significar que se deve passar depressa do plano à execução] (S. João, *Evangelho*, 13, 27)

quod non ascendet? *latim* até onde não subirá? [expressão que se aplica aos ambiciosos]
quod petis alter habet *latim* aquilo que pedes (já) outro (o) tem [aplica-se esta frase quando alguém pede uma coisa que já foi dada a outrem]
quod scripsi scripsi *latim* o que escrevi está escrito [palavras de Pilatos aos sacerdotes judeus que o censuravam por ele ter mandado escrever na cruz de Jesus Cristo: *Jesus Nazareno, Rei dos Judeus*. Usam-se a propósito de uma resolução definitiva] (S. João, *Evangelho*, 19, 22)
quod tibi non vis alteri ne facias *latim* não faças a outrem o que não queres que te façam
quod volumus facile credimus *latim* acreditamos facilmente naquilo que desejamos (César, *Bellum Civile*, 2, 27, 2)
quomodo vales? *latim* como estás de saúde?

quo non ascendet? *latim* até onde não subirá? [lema de Fouquet, pintor francês, 1420-1481]
quos Jupiter vult perdere prius dementat *latim* Júpiter enlouquece primeiro aqueles que quer perder
quot capita, tot sensus *latim* quantas cabeças, tantas sentenças; cada cabeça sua sentença
quot homines tot sententiæ *latim* quantos (os) homens, tantas (as) sentenças; cada cabeça, sua sentença
quot linguas calles, tot homines vales *latim* quantas línguas fales, tantos homens vales [alusão ao valor da cultura]
quousque tandem, Catilina, abutere patientia nostra? *latim* até quando, Catilina, abusarás da nossa paciência? [palavras de Cícero contra Catilina] (Cícero, *Catilinárias*, 1, 1)
quo vadis, Domine? *latim* para onde vais, Senhor? [pergunta de S. Pedro, que acabava de sair da prisão, a Jesus Cristo, que lhe aparece]

R

rapere in jus *latim* arrastar na justiça; protelar uma questão em juízo (Horácio, *Sátiras*, 2, 3, 72)
rara avis *latim* pessoa excecional (por vezes com sentido pejorativo) (Horácio, *Sátiras*, 2, 2, 26)
rara avis in terra *latim* ave rara na terra [aplica-se extensivamente a tudo o que é singular e extraordinário] (Juvenal, *Sátiras*, 6, 167)
reality show *inglês* programa televisivo que aborda temas e situações da vida do cidadão comum
redde Cæsari quæ sunt Cæsaris, quæ sunt Dei, Deo *latim* a César o que é de César, a Deus o que é de Deus; dê-se a cada um aquilo a que tem direito [palavras de Jesus quando lhe perguntaram se se devia pagar o tributo a César] (S. Lucas, *Evangelho*, 20, 25)
régie *francês* administração; gestão; exploração; gestão de uma empresa de interesse público por agentes do Estado; direção do pessoal e material de um teatro ou de uma produção cinematográfica; posto de comando técnico da televisão
regis ad exemplar *latim* a exemplo do rei [aplica-se a todos aqueles que pautam o seu procedimento pelo do seu chefe] (Claudiano, 8, 299)
Reichstag *alemão* assembleia nacional do império alemão
relicta non bene parmula *latim* abandonado pouco gloriosamente (o meu) escudo [palavras que podem aplicar-se a todos os que desertam diante do inimigo] (Horácio, *Odes*, 2, 7, 10)
rem acu tetigisti *latim* tocaste (atingiste) a questão com agudeza; acertaste em cheio; deste no vinte; é precisamente isso
rempli de soi même *francês* cheio de si mesmo; convencido do que vale
reprise *francês* reposição; ato de fazer voltar à cena uma peça que dela tem estado retirada
requiescat in pace *latim* descanse em paz [palavras da liturgia cristã dos defuntos que se gravam nas lápides tumulares; usam-se a propósito da perda irreparável de qualquer coisa]
rerum cognoscere causas *latim* penetrar nos segredos das coisas (Virgílio, *Geórgicas*, 2, 490)
res angusta domi *latim* circunstâncias críticas no lar; falta de recursos domésticos (Juvenal, *Sátiras*, 3, 165)
res judicata pro veritate habetur *latim* DIREITO coisa julgada deve ser tida por verdade [axioma jurídico]
res, non verba *latim* obras, não palavras
res nullius *latim* a coisa de ninguém; aquilo que não tem dono

res nullius est primi capientis *latim* a coisa que não é de ninguém é do primeiro que a toma [princípio do direito de propriedade]
res perit domino, res perit creditoribus *latim* a coisa morre para o senhor, a coisa morre para os credores [axioma do direito romano hoje aceite pelos códigos civis da Europa]
respice finem *latim* olha o fim; toma atenção ao fim que te propões (Eclesiástico, 7, 40)
res sacra miser *latim* (é) coisa sagrada o desventurado [alusão ao respeito que se deve ter pela desgraça] (Séneca, *Epigramas*, 4, 9)
res ubicumque est, sui domini est *latim* uma coisa, onde quer que esteja, é do seu dono [princípio de direito]
retro, Satana! *latim* para trás, Satanás! (S. Mateus, *Evangelho*, 4, 10)
revanche *francês* desforra; vingança
revenons à nos moutons *francês* voltemos aos nossos carneiros; voltemos ao mesmo assunto; voltando à vaca-fria
revocable letter of credit *inglês* COMÉRCIO carta de crédito revogável
ridendo castigat mores *latim* rindo, castiga os costumes
ridiculus mus *latim* (um) rato ridículo; uma coisa insignificante (Horácio, *Arte Poética*, 139)
rigor mortis *latim* rigidez cadavérica
rira bien qui rira le dernier *francês* rirá melhor quem rir no fim; até ao lavar dos cestos é vindima
risum teneatis? *latim* (acaso) reprimireis o riso? [usa-se a propósito de qualquer coisa ridícula ou grotesca] (Horácio, *Arte Poética*, 5)
robe de chambre *francês* roupão de andar por casa
Roma locuta, causa finita *latim* tendo falado Roma, acabou a questão [usa-se para encerrar definitivamente uma questão]
Roma moritur, et ridet *latim* Roma morre e ri [expressão com que Salviano, escritor eclesiástico da Germânia (390-484), caracterizava a agonia do império romano, que morria nos braços da sensualidade; esta expressão usa-se a propósito daqueles que arruínam a fortuna e a saúde no meio dos prazeres]
rudis indigestaque moles *latim* massa confusa e informe; caos (Ovídio, *Metamorfoses*, 1, 7)
rule, Britannia *inglês* governa, Inglaterra [palavras de uma canção patriótica inglesa que exalta o domínio britânico nos mares]

S

salus populi suprema lex esto *latim* seja a salvação do povo a lei suprema [máxima do direito romano para significar que todas as leis particulares devem ter em vista o bem coletivo] (Cícero, *De Legibus*, 3, 3, 8)

salutem bibere *latim* beber à saúde (de alguém)

sample without value *inglês* COMÉRCIO amostra sem valor

sancta sanctorum *latim* expressão que, entre os Judeus, significava o lugar mais sagrado do Templo, onde só podia entrar o sumo sacerdote [usa-se para designar um lugar recatado e interdito a profanos]

sancta simplicitas *latim* santa simplicidade; cândida inocência [exclamação atribuída a João Hus, reformador checo (1370-1415), ao ver uma velhinha lançar uma acha na fogueira onde ele ia ser queimado; esta expressão usa-se, por ironia, para censurar um ato ou uma frase que revela ingenuidade]

sanctum sanctorum *latim* o santo dos santos; o lugar mais privado do templo; expressão usada para referir um local privado e seguro

sans façon *francês* sem cerimónia; com toda a simplicidade

sans peur et sans reproche *francês* sem medo e sem censura [assim foi cognominado o capitão francês Pierre Bayard, 1476-1524, pela sua bravura e conduta irrepreensível em várias batalhas]

sans souci *francês* sem cuidado; despreocupado

sapiens filius lætificat patrem *latim* o filho prudente é a alegria do pai

sapiens nihil affirmat quod non probet *latim* o sábio não afirma aquilo que não pode provar

sapiens nihil invitus *latim* o sábio nada faz contra a vontade, isto é, age sempre segundo o seu critério

sapiens non mutat consilium *latim* o homem prudente não muda de parecer [norma contra a instabilidade das pessoas volúveis] (Séneca, *De Beneficiis*, 4, 34, 4)

sapienti sat *latim* para o sábio é suficiente; para bom entendedor meia palavra basta (Plauto, *Persa*, 4, 7, 9)

sapientis est mutare consilium *latim* é próprio de sábio mudar de opinião; é próprio de uma pessoa erudita modificar as suas opiniões

satis verborum *latim* basta de palavras

scientia bene dicendi *latim* arte de bem dizer; eloquência

scilicet *latim* a saber; subentenda-se; isto é

scribitur ad narrandum, non ad probandum *latim* escreve-se para narrar e não para provar [expressão com a qual se estabelece a diferença entre a história e a eloquência ou a filosofia] (Quintiliano, *De Institutione Oratoria*, 10, 1, 31)

secundo *latim* em segundo lugar

secundum artem *latim* conforme a arte; como manda a regra; com método

sedet æternumque sedebit *latim* está sentado e ficará eternamente sentado [usa-se a propósito de qualquer coisa ou de uma situação que não se modificará jamais] (Virgílio, *Eneida*, 6, 617)

self-governement *inglês* governo próprio; governo autónomo

self-made man *inglês* homem que se fez a si próprio, pelos seus próprios méritos

semel emissum volat irrevocabile verbum *latim* a palavra, uma vez dita, voa irreparável, já não pode emendar-se; a palavra, antes de ir à língua, deve ir sete vezes à lima

semel malus, semper malus *latim* uma vez mau, (é) sempre mau; presume-se que quem delinquiu uma vez venha a delinquir novamente; cesteiro que faz um cesto faz um cento

semper ad eventum festinat *latim* vai-se adiantando para o desenlace [recomendação de Horácio a todos os poetas épicos] (Horácio, *Arte Poética*, 148)

semper et ubique *latim* sempre e em toda a parte

senatus populusque Romanus *latim* o senado e o povo romano [divisa da Roma antiga]

se non é vero, é bene trovato *italiano* se não é verdadeiro, é (pelo menos) bem urdido

servum pecus *latim* rebanho servil; os bajuladores [alusão aos imitadores, plagiários e cortesãos] (Horácio, *Epístolas*, 1, 19, 19)

sesquipedalia verba *latim* palavras de seis pés de comprimento [recomendação aos dramaturgos no sentido de não porem na boca das suas personagens palavras compridas e pretensiosas] (Horácio, *Arte Poética*, 97)

shipping fees *inglês* COMÉRCIO despesas de embarque

shopping center *inglês* centro comercial

show business *inglês* negócio ou indústria de espetáculos

sic est vulgus *latim* assim é a populaça

sic itur ad astra *latim* assim se vai aos astros; é este o caminho da glória, da imortalidade (Virgílio, *Eneida*, 9, 641)

sic lex, sic judex *latim* tal lei, tal juiz

sic transit gloria mundi *latim* assim passa a glória do mundo [alusão às honrarias mundanas que são vãs e transitórias] (Imitação de Cristo)

sicut erat in principio *latim* tal como era no princípio [início da segunda parte do *Gloria Patri*]

si jeunesse savait, si vieillesse pouvait! *francês* se a juventude soubesse, se a velhice pudesse!; se o novo soubesse e o velho pudesse, não havia nada que não se fizesse

similia similibus *latim* semelhantes com semelhantes; cada qual com seu igual; cada ovelha com sua parelha

similia similibus curantur *latim* coisas semelhantes curam-se com coisas semelhantes; cura-se a ferida de cão com pelo do mesmo cão [princípio da homeopatia]

sincera fide *latim* de boa fé; com lealdade

sine Cerere et Baccho friget Venus *latim* sem Ceres e Baco, Vénus tem frio; os bons acepipes e as libações são bons estimulantes do amor (Terêncio, *Eunuco*, 4, 5, 6)

sine die *latim* sem dia; sem data fixa

sine dubio *latim* sem dúvida

sine ira et studio *latim* sem ódio e sem favor [alusão à imparcialidade de Tácito na narração dos factos históricos] (Tácito, 1, 1, 15)

sine nomine vulgus *latim* a multidão sem nome; a turba anónima

sine qua non *latim* (condição) sem a qual, não; condição indispensável

sinite parvulos venire ad me *latim* deixai vir a mim as criancinhas [palavras de Jesus Cristo aos Apóstolos que tentavam impedir que as crianças se acercassem d'Ele] (S. Marcos, *Evangelho*, 10, 14)

sint ut sunt, aut non sint *latim* sejam como são, ou não sejam; por coisa alguma se deve alterar uma norma estabelecida

si parla italiano *italiano* fala-se italiano

si parva licet componere magnis *latim* se é lícito comparar as pequenas coisas às grandes (Virgílio, *Geórgicas*, 4, 176)

si rite recordor *latim* se bem me recordo

si Romæ fueris, romano vivito more *latim* se estiveres em Roma, vive à moda romana; em Roma sê romano; onde vives, farás como vires

sit pro ratione voluntas *latim* seja a vontade em vez da razão; a única razão é a vontade

sit tibi terra levis *latim* a terra te seja leve [legenda tumular]

si vera est fama *latim* se a fama é verdadeira; se o que se diz é verdade (Virgílio, *Geórgicas*, 4, 42)

si vis me flere, dolendum est primum ipsi tibi *latim* se queres que eu chore, é mister que tu chores primeiro; quem quiser comover os outros deve provocar primeiro em si a comoção

si vis pacem, para bellum *latim* se queres a paz, prepara a guerra; se não queres ser atacado, o melhor meio é preparares a defesa (Cícero, *Filípicas*, 7, 6, 19)

sobriquet *francês* alcunha; epíteto; cognome

sola apis mel conficit *latim* só a abelha faz mel; cada qual no seu ofício

sola Deus salus *latim* Deus é a única salvação

sola nobilitas virtus *latim* a única nobreza é a virtude

solatium est miseris socios habere *latim* é uma consolação para os infelizes terem companheiros (de desgraça)

sol lucet omnibus *latim* o Sol brilha para todos; o Sol, quando nasce, é para todos; todos têm o direito de auferir os dons da natureza; todos têm os mesmos direitos

solve et repete *latim* paga e (depois) reclama

solve senescentem *latim* solta o envelhecido [tal como o cavalo velho deve ser desatrelado para não sucumbir, o escritor de idade avançada deve saber retirar-se] (Horácio, *Epístolas*, I, 1, 8)

spiritus flat ubi vult *latim* o espírito sopra em qualquer parte; a inspiração é um dom da natureza, não depende da vontade; o Espírito dá os seus dons a quem lhe apraz (S. João, *Evangelho*, 3, 8)

spiritus promptus est, caro autem infirma *latim* o espírito está pronto, (mas) a carne é fraca; a alma é forte, mas a carne é fraca [palavras de Jesus Cristo dirigidas aos Apóstolos quando os encontrou adormecidos]

sponte sua *latim* espontaneamente; de vontade própria (Virgílio, *Bucólicas*, 7, 106)

stare sulla corda *italiano* estar na corda (bamba); estar perplexo

statu quo ante *latim* o estado em que as coisas se encontravam

stockage *inglês* COMÉRCIO armazenamento das mercadorias à espera de saída

stow away from heat *inglês* COMÉRCIO conservar afastado do calor

stricto sensu *latim* em sentido restrito

struggle for life *inglês* luta pela vida

stultitiam simulare loco summa prudentia est *latim* fingir-se tolo, no momento oportuno, é de grande prudência (Catão, 2, 18, 2)

stultorum honor inglorius *latim* a honra dos néscios é inglória

stultorum infinitus est numerus *latim* o número dos insensatos é infinito (Eclesiastes, 1, 15)

stupete, gentes *latim* pasmai, ó gentes [usa-se a propósito de qualquer coisa ou facto extraordinário]

suave mari magno *latim* é agradável (andar) no mar largo [alusão à satisfação que uma pessoa tem quando se sente longe das canseiras e perigos de todos os dias]

suaviter in modo, fortiter in re *latim* suave na maneira, mas firme na ação

sub judice lis est *latim* DIREITO a questão está ainda pendente do juiz [alusão a uma questão que ainda não teve solução definitiva] (Horácio, *Arte Poética*, 78)

sublata causa, tollitur effectus *latim* cessada a causa, cessa o efeito

sub lege libertas *latim* a liberdade sob lei; a liberdade deve estar condicionada à lei

sub tegmine fagi *latim* à sombra da faia; à sombra das árvores [expressão que exprime a doçura da vida campestre] (Virgílio, *Bucólicas*, 1, 1)

sufficit *latim* basta; é o suficiente

sufficit diei malitia sua *latim* a cada dia basta a sua pena; não nos preocupemos com o dia de amanhã (S. Mateus, *Evangelho*, 6, 34)

sui juris *latim* DIREITO (senhor) do seu direito; que pode dispor de si; diz-se do indivíduo que tem a plenitude dos seus direitos civis e políticos e pode exercê-los livremente (Séneca, *Epodos*, 11, 7)

summum jus, summa injuria *latim* suma justiça, suma injustiça; o excesso de justiça redunda em injustiça (Cícero, *De Officiis*, 1, 33)

sunt lacrimæ rerum *latim* são lágrimas sobre os acontecimentos; a contemplação de um infortúnio faz-nos brotar lágrimas de compaixão (Virgílio, *Eneida*, 1, 462)

sunt verba et voces, prætereaque nihil *latim* são palavras e vozes e nada mais; muito palavreado e poucas obras; muita parra e pouca uva (Horácio, *Epodos*, 1, 1, 34)

suo jure *latim* por direito próprio (Cícero, *De Oratore*, 2, 65)

suo tempore *latim* a seu tempo; em ocasião oportuna

supplier *inglês* COMÉRCIO exportador; fornecedor

supremum vale *latim* adeus para sempre

surge et ambula *latim* ergue-te e caminha [palavras de S. Pedro ao curar um paralítico] (*Atos*, 3, 6)

sursum corda *latim* corações ao alto [usa-se para levantar os ânimos, para incutir coragem; introdução ao prefácio da Missa Romana]

sus Minervam docet *latim* o porco ensina Minerva (deusa da sabedoria); (o leigo pretende) ensinar o pai-nosso ao vigário

sustine et abstine *latim* suporta e abstém-te [máxima dos estoicos atribuída a Epicteto, filósofo grego (50-138), que aconselha resignação no infortúnio e abstenção de todos os prazeres que podem prejudicar a liberdade moral]

sutor, ne supra crepidam *latim* não suba o sapateiro além da chinela; quem te manda a ti, sapateiro, tocar rabecão [vem a propósito todas as vezes que alguém se mete a falar de coisas para as quais não tem competência] (Plínio, *História Natural*, 35, 36)

suum cuique *latim* a cada um o que é seu; o seu a seu dono (Cícero, *De Ligibus*, 1, 6, 19)

T

tacere nescit idem qui nescit loqui *latim* quem não sabe falar não sabe calar-se

tædium vitæ *latim* o aborrecimento da vida

talent de bien faire *francês* talento (talante) de bem fazer; vontade de fazer bem [divisa do infante D. Henrique, 1394-1460]

talis pater, talis filius *latim* tal pai, tal filho

talis vita, finis ita *latim* tal vida, tal fim; tal vida, tal morte (Imitação de Cristo)

tantæ molis erat... *latim* tanto era difícil... [alusão à dificuldade de qualquer empreendimento] (Virgílio, *Eneida*, 1, 33)

tantæne animis cælestibus iræ! *latim* tanto rancor na alma dos deuses! (Virgílio, *Eneida*, 1, 11)

tarde venientibus ossa *latim* para os que chegam tarde, os ossos; os retardatários têm de contentar-se com os restos

Te Deum *latim* a Ti, Deus (Primeiras palavras de um hino em honra de Deus, atribuído a Santo Hilário de Poitiers)

telum imbelle sine ictu *latim* dardo imbele e sem força (para ferir) [aplica-se a qualquer ataque frouxo] (Virgílio, *Eneida*, 2, 544)

tempora si fuerint nubila, solus eris *latim* se os tempos estiverem nublados, estarás só; na desgraça os amigos desaparecem todos (Ovídio, *Met.*, 1, 9, 6)

tempus delicti *latim* momento em que o delito foi praticado

tempus edax rerum *latim* o tempo é o destruidor das coisas; nada resiste ao camartelo do tempo (Ovídio, *Metamorfoses*, 15, 234)

tempus est optimus judex rerum omnium *latim* o tempo é o melhor juiz de todas as coisas; o tempo é o mestre de tudo

tempus fugit *latim* o tempo voa (Virgílio, *Geórgicas*, 2, 284)

tempus lenit odium *latim* o tempo aplaca o ódio; com o decorrer do tempo dissipam-se as paixões; nada cura como o tempo

tendit in ardua virtus *latim* nas dificuldades é que se aguça o engenho (Ovídio, *Ex Ponto*, 2, 2)

tenere lupum auribus *latim* segurar o lobo pelas orelhas [aplica-se às circunstâncias que se verificam depois de ser vencida uma dificuldade]

terminus ad quem *latim* limite até ao qual

terminus a quo *latim* limite a partir do qual

tertio *latim* em terceiro lugar

tertius gaudet *latim* o terceiro beneficia; havendo dois litigantes, beneficia o terceiro

testis unus, testis nullus *latim* DIREITO uma só testemunha, nenhuma testemunha; o testemunho de um só não faz juízo

that is the question *inglês* eis a questão; a questão é esta; é este o caso

the right man in the right place *inglês* o homem certo no lugar certo; o homem competente no lugar que convém [diz-se quando alguém ocupa um cargo compatível com o seu talento]

this side up *inglês* COMÉRCIO este lado para cima

time is money *inglês* o tempo é dinheiro

timeo Danaos et dona ferentes *latim* receio os Gregos, mesmo quando nos dão presentes; devemos desconfiar do nosso inimigo, mesmo quando se mostra generoso [palavras de Laocoonte para dissuadir os Troianos de introduzir na cidade o cavalo de madeira que os Gregos tinham deixado na praia, quando fingiram retirar-se]

time of delivery *inglês* prazo de entrega

timeo hominem unius libri *latim* temo o homem de um só livro [pensamento de S. Tomás de Aquino (1225-1274), que nos previne de que um homem que conhece um só livro (uma só ciência), mas que o conhece a fundo, é um inimigo temível]

tira la piedra y esconde la mano *castelhano* atira a pedra e esconde a mão [alusão aos que praticam o mal e fogem à responsabilidade]

to be kept cool *inglês* COMÉRCIO conservar em lugar fresco

to be or not to be *inglês* ser ou não ser [caracteriza uma situação em que se encontram em jogo sentimentos opostos] (Shakespeare, *Hamlet*)

tolle, lege *latim* toma e lê [palavras que, segundo a tradição, Santo Agostinho (354-430) julgou ouvir após a sua conversão, ao mesmo tempo que, vendo ali um livro aberto, leu um trecho da epístola de S. Paulo aos Romanos, que completou a sua conversão]

tollitur quæstio *latim* acabou-se a questão; não se fala mais nisso

total cost price *inglês* COMÉRCIO preço com tudo incluído

tot capita tot sententiæ *latim* quantas cabeças, tantas sentenças; cada cabeça, sua sentença

tour de force *francês* grande esforço; esforço violento

tout court *francês* sem mais; só isto; sem haver nada a acrescentar; simplesmente; somente

tout est bien qui finit bien *francês* tudo está bem quando termina bem

tout est perdu hors que l'honneur *francês* tudo se perdeu menos a honra [palavras do rei da França Francisco I (1494-1547), depois da derrota de Pavia, em 1525; usam-se para sublinhar o apreço em que a honra deve ser tida]

tout l'honneur à tout seigneur *francês* toda a honra a todo o senhor; deferências a quem as merece [esta expressão emprega-se quando, por deferência, queremos dar a primazia a alguém]

tout passe, tout casse, tout lasse et tout se remplace *francês* tudo acaba, tudo quebra, tudo cansa e tudo se troca; tudo passa, tudo acaba, tudo esquece e tudo se modifica

trade agreement *inglês* COMÉRCIO acordo comercial recíproco, que tem por objetivo promover as vendas em mercados estrangeiros

trademark *inglês* COMÉRCIO marca registada

trade union *inglês* federação sindical; sindicato operário

tradidit mundum disputationibus eorum *latim* (Deus) entregou o mundo às suas disputas [alusão às contínuas disputas travadas entre os homens da ciência, governantes e políticos] (Eclesiastes, 3, 11)

traduttore, traditore *italiano* tradutor, traidor; o tradutor deturpa muitas vezes o pensamento do autor

trahit sua quemque voluptas *latim* cada qual tem o seu gosto, que o arrasta; cada qual segue a carreira que lhe agrada (Virgílio, *Bucólicas*, 2, 65)

trait d'esprit *francês* dito gracioso; graça

transeat *latim* passe; admita-se; tolere-se

trop de zèle *francês* excesso de zelo; cuidado excessivo

trust *inglês* acordo temporário entre duas ou mais empresas para monopolizar um mercado; consórcio de empresas; monopólio

tua res agitur *latim* trata-se de coisa tua; trata-se de assunto do teu interesse (Horácio, *Epístolas*, 1, 18, 84)

tu duca, tu signore e tu mæstro *italiano* tu (és o meu) guia, tu (és o meu) senhor, tu (és o meu) mestre [palavras de Dante dirigidas a Virgílio, seu guia nos Infernos, que servem para traduzir a completa sujeição a uma pessoa]

tulit autem honores *latim* outro teve as honras; uns fazem o trabalho e outros tiram o proveito

tu quoque *latim* também tu, até tu (o meu filho) [palavras de J. César quando, no Senado, entre os conspiradores para o matar, descobriu Bruto, que tratou por filho] (Suetónio, *César*, 82)

tutti quanti *italiano* todos quantos forem; todos quantos houver

U

ubi bene, ibi patria *latim* onde se está bem, aí (é) a pátria; onde me tratam bem é que é a minha terra (Cícero, *Tusculanarum*, 5, 37)

ubi eadem est ratio, idem jus *latim* onde há a mesma razão, há o mesmo direito

ubi solitudinem faciunt, pacem appellant *latim* onde fazem a solidão, dizem que estabelecem a paz [alusão aos Romanos aplicável também a todos aqueles que, a pretexto de estabelecerem a paz num país, o devastam e saqueiam] (Tácito, *Agricola*, 30, 22)

ubi veritas *latim* onde está a verdade (Cícero, *De Natura Deorum*, 1, 67)

ultima forsan *latim* a última (hora) talvez [inscrição que se colocava nos mostradores de alguns relógios para nos lembrar que aquela que víamos podia ser a última hora da nossa vida]

ultima ratio *latim* o derradeiro recurso; o último argumento

ultima ratio regum *latim* último argumento dos reis [inscrição que Luís XIV mandava gravar nos seus canhões]

una salus victis, nullam sperare salutem *latim* a única salvação do vencido (é) não esperar nenhuma salvação [palavras de Eneias, que procurava incutir aos seus companheiros, vencidos pela tomada de Troia, coragem para suportar a sua desgraça] (Virgílio, *Eneida*, 2, 354)

unguibus et rostro *latim* com as garras e com o bico; por todos os meios; com unhas e dentes

unit price *inglês* preço unitário; preço por unidade

un sot trouve toujours un plus sot qui l'admire *francês* um tolo encontra sempre um mais tolo que o admira (Boileau, *Arte Poética*)

unum et idem *latim* um e o mesmo; é tudo o mesmo

urbi et orbi *latim* à cidade (Roma) e ao mundo; a todos os lugares da Terra [expressão característica de certas bênçãos do Papa]

use no hooks *inglês* COMÉRCIO não use ganchos

usque ad satietatem *latim* até à saciedade (Tito Lívio, 24, 38, 9)

usus loquendi *latim* maneira de falar (Cícero, *De Oratore*, 160)

ut est apud Platonem *latim* como está em Platão; como se lê nas obras de Platão (Cícero, *Tusculanarum*, 4, 67)

ut fama est *latim* como é fama; segundo consta

ut fata trahunt *latim* como os fados determinam; como a sorte quis

utile dulci *latim* (juntar) o útil ao agradável; obter dois proveitos simultâneos

utile per inutile non vitiatur *latim* o ato só não vale se não puder ser aproveitado

ut infra *latim* como abaixo (se diz)

uti, non abuti *latim* usar, mas não abusar

ut par est *latim* como é justo (Cícero, *Verrinas*, 5, 10)

ut pictura pœsis *latim* assim como a pintura, a poesia; a poesia deverá ser apreciada conforme o seu género (Horácio, *Arte Poética*, 361)

ut supra *latim* como acima se disse; como acima (está escrito)

ut vales *latim* como vais de saúde

V

vacatio legis *latim* lapso de tempo que medeia entre o momento da publicação de uma lei e a sua entrada em vigor

vade in pace *latim* vai em paz (S. Lucas, *Evangelho*, 7, 50)

vade retro, Satana *latim* afasta-te, Satanás [usa-se para exprimir a repugnância por alguma coisa ou quando queremos afastar um mau pensamento] (S. Marcos, *Evangelho*, 8, 33)

væ soli *latim* ai do (homem) só [alusão à deplorável situação do homem abandonado de todos] (Eclesiastes, 4, 10)

væ victis *latim* ai dos vencidos [palavras que exprimem que o vencido está à mercê do vencedor] (Tito Lívio, 5, 48)

vanitas vanitatum et omnia vanitas *latim* vaidade das vaidades e tudo é vaidade [palavras que mostram a vanidade das glórias deste mundo] (Eclesiastes, 1, 2)

varietas delectat *latim* a variedade deleita (Fedro, *Prólogo*, 10)

varium et mutabile *latim* vário e mutável [alusão à mulher, para convencer Eneias a deixar Dido, por quem se havia enamorado] (Virgílio, *Eneida*, 4, 569)

vedere Napoli e poi morire *italiano* ver Nápoles e depois morrer [alusão à extraordinária beleza de Nápoles: vista a cidade de Nápoles, viu-se o que há de mais bonito; esta expressão usa-se para significar qualquer coisa de beleza fora do vulgar]

velox consilium sequitur pœnitentia *latim* uma resolução precipitada é sempre seguida de arrependimento (Publílio Siro)

velut ægri somnia *latim* como os sonhos de um doente [comparação dos escritos sem conexão de ideias com os sonhos incoerentes de uma pessoa enferma] (Horácio, *Arte Poética*, 7)

veniam petimus damusque vicissim *latim* pedimos vénia e damo-la por nossa vez [esta expressão sugere que deve haver transigência recíproca] (Horácio, *Arte Poética*, 11)

veni, vidi, vici *latim* cheguei, vi, venci [palavras de César ao senado romano a respeito da sua vitória sobre o rei do Ponto; usam-se a propósito de um êxito rapidamente obtido] (Suetónio, *César*, 37)

vera effigies *latim* verdadeira efígie; cópia fiel

vera incessu patuit dea *latim* pelo andar revela que é deusa [as maneiras delicadas e o porte elegante revelam a nobreza de carácter de uma pessoa] (Virgílio, *Eneida*, 1, 405)

verba non debent esse superflua *latim* não deve haver palavras supérfluas

verbatim *latim* à letra; palavra a palavra

verba volant, scripta manent *latim* as palavras voam, os escritos permanecem [esta máxima adverte-nos de que devemos ter cuidado com o que escrevemos]

verbi gratia *latim* por exemplo

verbum pro verbo *latim* palavra por palavra (Cícero, *Opt.* 14)

veritas odium parit *latim* a verdade gera o ódio; muitas vezes a verdade é amarga e desagrada (Terêncio, *Andria*, 1, 1, 4)

victis honor! *latim* honra aos vencidos!

video lupum *latim* vejo o lobo [usa-se quando surge alguém ou alguma coisa que se receia]

video meliora proboque, deteriora sequor *latim* vejo o melhor, e aprovo-o, mas sigo o pior [palavras que se aplicam aos homens que, embora inteligentes, não sabem resistir às seduções do mal e abandonam o caminho do dever] (Ovídio, *Metamorfoses*, 7, 20)

vincit omnia veritas *latim* a verdade vence tudo (Cícero, *De Oratore*, 3, 215)

vin d'honneur *francês* vinho que se bebe em honra de alguém; porto de honra

vir bonus, dicendi peritus *latim* homem de bem, perito na arte de falar; o orador deve possuir simultaneamente virtude e talento (Cícero, *Quintiliano*, 12, 1, 1)

vires acquirit eundu *latim* adquire forças na carreira [alusão à rapidez com que a calúnia voa] (Virgílio, *Eneida*, 4, 175)

virtuose *francês* músico notável; amador de música

virtus post nummos *latim* a virtude depois do dinheiro [alusão à conduta dos Romanos que antepunham o interesse à virtude] (Horácio, *Epodos*, 1, 1, 54)

vis-à-vis *francês* frente a frente; face a face; pessoa que fica em frente de outra; poltrona de dois lugares, em forma de S, que permite a conversação de duas pessoas, que, assim, ficam sentadas frente a frente

viva voce *latim* de viva voz; de boca; verbalmente

vivere parvo *latim* (deve-se) viver com pouco (Horácio, *Sátiras*, 2, 1)

vive valeque *latim* vive e passa bem (Horácio, *Sátiras*, 2, 5, 110)

vivit sub pectore vulnus *latim* a ferida sangra no fundo do peito (Virgílio, *Eneida*, 4, 67)

vixit *latim* viveu, isto é, morreu (Plauto, *Bacchides*, 151)

vixit, dum vixit, bene *latim* viveu e, enquanto viveu, viveu bem; enquanto viveu levou vida regalada (Terêncio, *Ândria*, 52)

volenti nihil difficile *latim* para aquele que quer nada é difícil; tu podes quanto queres; querer é poder

volenti non fit injuria *latim* a quem consente não se faz injúria; a quem concorda não se criam dificuldades

volti subito *italiano* volte depressa [recomendação para quem está encarregado de voltar sem demora as páginas da partitura, para o executante não ter de interromper ou retardar o andamento]

voluntas jus suum cuique tribuendi *latim* vontade de dar a cada um segundo o seu direito [princípio fundamental da justiça]

vox clamantis in deserto *latim* a voz do que clama no deserto [palavras da Bíblia alusivas a S. João Batista, que pregava no deserto; citam-se, porém, a propósito de um assunto ou doutrina que se expõe, mas de que não se tira proveito] (S. João, *Evangelho*, 1, 23)

vox faucibus hæsit *latim* a voz parou na garganta [usa-se para significar grande espanto] (Virgílio, *Eneida*, 2, 774)

vox populi, vox Dei *latim* voz do povo, voz de Deus [máxima que nos sugere que o consenso unânime é um argumento para provar a veracidade de um facto]

vue d'ensemble *francês* vista de conjunto

vulnerant omnes, ultima necat *latim* ferem todas, a última mata [alusão às horas]

vulpes pilum mutat, non mores *latim* a raposa muda de pelo, mas não de costumes; o que o berço dá a tumba o leva

ABREVIATURAS
SIGLAS
SÍMBOLOS

A

a [símbolo de are]
a. [abreviatura de assinatura]
A 1 FÍSICA [símbolo de ampere] 2 PSICOLOGIA (na caracterologia de Heymans-Le Senne) [símbolo de tipo ativo] 3 MÚSICA (países germânicos e anglo-saxões) [símbolo de lá]
Å [símbolo de angström]
AA Alcoólicos Anónimos
aã (receitas médicas) forma abreviada de aná, que significa a mesma quantidade de cada um dos produtos prescritos
AAA MILITAR Artilharia Antiaérea
AAC Associação Académica de Coimbra
AACC Alta Autoridade Contra a Corrupção
AACS Alta Autoridade para a Comunicação Social (atualmente designada Entidade Reguladora para a Comunicação Social)
AAEE Associações de Estudantes
AAL Associação Académica de Lisboa
AAP 1 Associação dos Arquitetos Portugueses (atualmente designada Ordem dos Arquitetos) 2 Associação dos Arqueólogos Portugueses
ABAE (ambiente) Associação Bandeira Azul da Europa
ABC [Brasil] Academia Brasileira de Ciências
ABDP Associação da Bolsa de Derivados do Porto
ABG [Brasil] Associação Brasileira de Gás
ABIMOTA Associação dos Industriais de Bicicletas, Ciclomotores, Motociclos e Acessórios
ABINIA [sigla de Asociación de Bibliotecas Nacionales de Iberoamerica] Associação das Bibliotecas Nacionais de Portugal, Espanha e países da América Latina
ABLA Associação de Beneficência Luso-Alemã
ABNT [Brasil] Associação Brasileira de Normas Técnicas
abrev. [abreviatura de abreviatura]
ABVL Associação da Bolsa de Valores de Lisboa
a/c [abreviatura de ao cuidado de]
a. C. [abreviatura de antes de Cristo]
Ac QUÍMICA [símbolo de actínio]
AC 1 (ambiente) Área Classificada 2 ELETRICIDADE [sigla de alternating current] corrente alternada
ACAM Associação dos Cidadãos Automobilizados
ACAP Associação do Comércio Automóvel de Portugal
ACAPO Associação dos Cegos e Amblíopes de Portugal
ACARTE Animação, Criação Artística e Educação pela Arte
ACE Acordo de Concertação Estratégica
ACEP 1 Associação para a Cooperação entre os Povos 2 Associação do Comércio Eletrónico de Portugal
ACG MEDICINA angiocardiografia
ACI Aliança Cooperativa Internacional
ACIME Alto Comissário para a Imigração e Minorias Étnicas
ACIST Associação de Comerciantes e Instaladores de Sistemas de Telecomunicações
ACL 1 Associação Comercial de Lisboa 2 Academia de Ciências de Lisboa
ACNUR Alto Comissariado das Nações Unidas para os Refugiados
ACOP Associação de Consumidores de Portugal
ACP 1 Automóvel Club de Portugal 2 Associação Comercial do Porto
ACRA Associação dos Consumidores da Região dos Açores
ACRRU Área Crítica de Recuperação e Reconversão Urbanística
ACT Autoridade para as Condições do Trabalho (anteriormente Inspeção-Geral do Trabalho)
ACTH FISIOLOGIA [sigla de adrenocorticotrophic hormone] corticotrofina, hormona adrenocorticotrópica
AD HISTÓRIA Aliança Democrática (coligação política para as eleições democráticas pós 25 de abril, impulsionada por Francisco Sá Carneiro)
A. D. [abreviatura de Anno Domini] Ano do Senhor
ADA Associação de Defesa do Ambiente
ADC INFORMÁTICA [sigla de analogue-to-digital converter] conversor analógico-digital (método de conversão de um sinal analógico num sinal digital)
ADD Associação de Defesa dos Diabéticos
ADFA Associação dos Deficientes das Forças Armadas
ADHP Associação dos Diretores de Hotéis de Portugal
ADIBB Associação de Desenvolvimento Integrado da Beira Baixa
ADIPA Associação das Indústrias de Produção Alimentar
ADISPOR Associação dos Institutos Superiores Politécnicos Portugueses
ADITEC Associação para o Desenvolvimento e Inovação Tecnológica
adm. [abreviatura de administração]
ADM Associação de Defesa dos Motociclistas
ADMA MILITAR Assistência na Doença aos Militares da Armada
ADMD Associação de Apoio aos Doentes Depressivos e Maníaco-Depressivos
ADME MILITAR Assistência na Doença aos Militares do Exército
ADMFA MILITAR Assistência na Doença aos Militares da Força Aérea
ADP Arquivo Distrital do Porto
ADRNP Associação dos Doentes Renais do Norte de Portugal
ADSE Assistência na Doença aos Servidores do Estado
ADSL INFORMÁTICA [sigla de asymmetrical digital subscriber line] linha de ligação digital assimétrica (tecnologia para navegação na internet a alta velocidade através de uma linha telefónica normal)
ADUS Associação de Defesa dos Utentes de Sangue
AE 1 Acordo de Empresas 2 Associação de Estudantes
AEA Agência Europeia do Ambiente
AEAM Agência Europeia de Avaliação de Medicamentos (atualmente Agência Europeia de Medicamentos)
AEAP Associação de Estudantes Angolanos em Portugal
AEB 1 FOTOGRAFIA [sigla de automatic exposure bracketing] variação automática de exposição 2 [Brasil] Agência Espacial Brasileira 3 MECÂNICA [sigla de autonomous emergency braking] sistema autónomo de travagem de emergência
AEC Agência Europeia da Cooperação
AECL Associação Europeia de Comércio Livre
AECOPS Associação de Empresas de Construção e Obras Públicas do Sul
AED Agência Europeia de Defesa
AEDE [sigla de Association Européenne des Enseignants] Associação Europeia de Professores
AEE Agência Espacial Europeia
AEG Associação Europeia de Golfe
AEI Agência Europeia de Imprensa
AELPL Associação Europeia de Linguistas e Professores de Línguas
AEM 1 Agência Europeia de Medicamentos (anteriormente Agência Europeia de Avaliação de Medicamentos) 2 Associação Empresarial da Maia 3 Associação Empresarial de Mangualde
AEN Agência de Energia Nuclear
AEP Associação Empresarial de Portugal
AERSET Associação Empresarial da Região de Setúbal
AESA [sigla de Agence Européenne de la Sécurité Aérienne] Agência Europeia para a Segurança da Aviação
AESM Agência Europeia da Segurança Marítima
AESP Associação das Empresas de Segurança Privada
AESST Agência Europeia para a Segurança e Saúde no Trabalho
AEVP Associação das Empresas de Vinho do Porto
AFA MILITAR Academia da Força Aérea
AFI Alfabeto Fonético Internacional
AFIA Associação de Fabricantes para a Indústria Automóvel
AFNOR [sigla de Association Française de Normalisation] Associação Francesa de Normalização

AFP Agência France-Presse
Ag QUÍMICA [*símbolo de* prata]
AG Assembleia Geral
AGC [*sigla de* automatic gain control] técnica de ajustamento de níveis do som para melhorar a consistência de uma gravação
AGE MILITAR Ajudante General do Exército
AGECOP Associação Portuguesa para a Gestão da Cópia Privada
AGETAC ECONOMIA Acordo Geral sobre Tarifas e Comércio
AGNU Assembleia Geral das Nações Unidas
AGP INFORMÁTICA [*sigla de* accelerated graphics port] tecnologia de vídeo que permite a visualização rápida de gráficos de três dimensões num computador
AGROBIO Associação Portuguesa de Agricultura Biológica
AGT Assembleia Geral de Trabalhadores
Ah FÍSICA [*símbolo de* ampere-hora]
AHP 1 Associação de Hotelaria de Portugal 2 [*sigla de* Analytic Hierarchy Process] método que ensina e ajuda um indivíduo a tomar grandes decisões, baseado na matemática e na psicologia
AHU Arquivo Histórico Ultramarino
AI Amnistia Internacional
AIA Avaliação de Impacto Ambiental
AIBA Associação Internacional de Boxe Amador
AIC 1 Arquivo Internacional de Cor 2 Associação da Imprensa de Inspiração Cristã
AICA Associação Internacional de Críticos de Arte
AICCA Associação Internacional de Cooperação Cultural e Artística
AICCOPN Associação dos Industriais da Construção Civil e Obras Públicas
AICE Associação dos Industriais de Construção de Edifícios
AICF Ato Internacional Contra a Fome
AICL Associação Internacional de Críticos Literários
AID 1 (Nações Unidas) Associação Internacional para o Desenvolvimento 2 Associação da Imprensa Diária
AIE Agência Internacional da Energia
AIEA Agência Internacional de Energia Atómica
AIESEC [*sigla de* Association Internationale des Etudiants en Sciences Economiques et Commerciales] Associação Internacional de Estudantes de Ciências Económicas e Comerciais
AIFF INFORMÁTICA [*sigla de* audiointerchange file format] formato de armazenamento de informação áudio
AIHP Associação dos Industriais de Hospedagem de Portugal
AII Acordo Interinstitucional
AIIA Agência Internacional para a Indústria Atómica
AIL 1 Associação Internacional de Lusitanistas 2 Associação dos Inquilinos Lisbonenses
AILGP Associação de Intérpretes de Língua Gestual Portuguesa
AILP Associação Internacional de Linguística do Português
AIM 1 Associação Industrial do Minho 2 Associação das Indústrias Marítimas
AIMMAP Associação dos Industriais Metalúrgicos, Metalomecânicos e Afins de Portugal
AIND Associação Portuguesa de Imprensa (antiga Associação da Imprensa Não Diária)
AINP Associação dos Inquilinos do Norte de Portugal
AIP Associação Industrial Portuguesa
AIP-CCI Associação Industrial Portuguesa - Câmara de Comércio e Indústria
AISDPCL Associação dos Industriais de Sabões, Detergentes e Produtos de Conservação e Limpeza
AIT 1 Associação Internacional dos Trabalhadores 2 Associação de Informação Terminológica
AITA Associação Internacional do Transporte Aéreo
AIU Associação Internacional das Universidades
AJB Associação de Jogadores de Basquetebol
AJC Associação Juvenil de Ciência
AJEA Associação dos Jovens Empresários dos Açores
Al QUÍMICA [*símbolo de* alumínio]
Al. [*abreviatura de* Alameda]
AL MEDICINA anestesia local
ALABE Associação dos Laboratórios de Enologia
ALALC Associação Latino-Americana de Livre Comércio
ALCA ECONOMIA Área de Livre Comércio das Américas
ALD Aluguer de Longa Duração
ALEA Ação Local de Estatística Aplicada
ALECSO [*sigla de* Arab League Educational, Cultural and Scientific Organization] Organização da Liga Árabe para a Educação, a Cultura e a Ciência

ALGOL INFORMÁTICA [*sigla de* Algorithmic Language] linguagem de programação de alto nível
ALP Associação Lisbonense de Proprietários
a. m. [*abreviatura de* ante meridiem] antemeridiano
Am QUÍMICA [*símbolo de* amerício]
AM 1 Assembleia Municipal 2 [*sigla de* amplitude modulation] modulação em amplitude
AMDC Associação Madeirense de Defesa do Consumidor
AME (União Europeia) Acordo Monetário Europeu
AMG Assistência Médica Gratuita
AMI 1 Assistência Médica Internacional 2 Associação Mundial da Imprensa 3 ECONOMIA Agentes do Mercado Interbancário
AML Área Metropolitana de Lisboa
AMOLP Associação Moçambicana de Língua Portuguesa
AMP Área Metropolitana do Porto
AMPIF Associação dos Médicos Portugueses da Indústria Farmacêutica
AMTC Associação para o Museu dos Transportes e Comunicações
ANA Aeroportos e Navegação Aérea (atualmente a sigla é usada para designar Aeroportos de Portugal)
ANACOM Autoridade Nacional de Comunicações
ANACS Associação Nacional de Agentes e Corretores de Seguros
ANAFRE Associação Nacional de Freguesias
ANAM Aeroportos e Navegação da Madeira
ANAREC Associação Nacional de Revendedores de Combustíveis
ANBA Academia Nacional de Belas-Artes
ANC 1 (ambiente) Área Nuclear para a Conservação 2 Associação Nacional de Cruzeiros 3 [*sigla de* African National Congress] Congresso Nacional Africano
ANCE Agência Nacional para a Criação de Empresas
ANCIA Associação Nacional de Centros de Inspeção Automóvel
ANCIPA Associação Nacional de Comerciantes e Industriais de Produtos Alimentares
AND Associação Nacional de Discotecas
ANDEF Associação Nacional para o Desporto e Educação Física
ANDST Associação Nacional dos Deficientes Sinistrados no Trabalho
ANE Associação Nacional de Empresárias
ANECRA Associação Nacional das Empresas do Comércio e da Reparação Automóvel
ANEFA Agência Nacional de Educação e Formação de Adultos
ANEIS Associação Nacional para o Estudo e a Intervenção na Sobredotação
ANEM Associação Nacional dos Editores de Música
ANEMM Associação Nacional das Empresas Metalúrgicas e Metalomecânicas
ANEOP Associação Nacional de Empreiteiros de Obras Públicas
ANESPO Associação Nacional do Ensino Profissional
ANF Associação Nacional das Farmácias
ANFUP Associação Nacional dos Funcionários das Universidades Portuguesas
ANIBAVE Associação Nacional dos Industriais do Barro Vermelho
ANIECA Associação Nacional dos Industriais do Ensino de Condução Automóvel
ANIF Associação Nacional dos Industriais de Fotografia
ANIM Arquivo Nacional das Imagens em Movimento
ANIPC Associação Nacional dos Industriais de Produtos de Cimento
ANIVEC Associação Nacional das Indústrias de Vestuário e Confeção
ANJE Associação Nacional dos Jovens Empresários
ANJJ Associação Nacional de Jovens Jornalistas
ANMP Associação Nacional de Municípios Portugueses
ANP 1 Associação Nacional de Professores 2 Associação Nacional de Proprietários 3 Associação Nacional de Produtores de Pera Rocha
ANPC 1 Autoridade Nacional de Proteção Civil 2 Associação Nacional de Proprietários e Produtores de Caça
ANPE [*sigla de* Agence nationale pour l'emploi] Agência Nacional para o Emprego (atualmente designada *Pôle emploi*)
ANPES Associação Nacional de Professores do Ensino Secundário
ANPRI Associação Nacional de Professores de Informática
ANPSO Associação Nacional de Prevenção e Saúde Oral
ANRT Associação Nacional das Regiões de Turismo
ANS 1 Associação Nacional de Sargentos 2 Associação Nacional de Surfistas
ANSA Associação Nacional de Saúde Ambiental

ANSI INFORMÁTICA [sigla de American National Standards Institute] organização norte-americana vocacionada para o estabelecimento de normas na área do processamento de dados
ANTF Associação Nacional dos Treinadores de Futebol
ANTRAL Associação Nacional dos Transportadores Rodoviários Automóveis Ligeiros
ANTRAM Associação Nacional dos Transportadores Públicos Rodoviários de Mercadorias
ANTT Arquivo Nacional da Torre do Tombo
AOFA Associação de Oficiais das Forças Armadas
AOL INFORMÁTICA [sigla de America On-Line] fornecedor de acesso à internet dos Estados Unidos da América
AOR MILITAR [sigla de Area of Responsibility] área de responsabilidade
AOV Aluguer Operacional de Viaturas
AP 1 ECOLOGIA Área Protegida 2 Armada Portuguesa
APA 1 Associação Portuguesa de Asmáticos 2 Associação Portuguesa de Acupunctura 3 (regime de alojamento) Alojamento e Pequeno-almoço
APAC 1 Associação Portuguesa dos Amigos do Caminho de Ferro 2 Associação Portuguesa de Analistas Clínicos
APA-CDC Associação de Proteção e Apoio à Criança com Doença Cardíaca
APACDM Associação dos Pais e Amigos das Crianças Diminuídas Mentais
APAD Associação Portuguesa de Argumentistas e Dramaturgos
APADA Associação Portuguesa de Acupunctura e Disciplinas Associadas
APAET Associação Portuguesa de Análise Experimental de Tensões
APAF 1 Associação Portuguesa de Analistas Financeiros 2 Associação Portuguesa de Árbitros de Futebol
APAN 1 Associação Portuguesa de Anunciantes 2 Associação Portuguesa dos Agentes de Navegação
APAP 1 Associação Portuguesa de Artistas Plásticos 2 Associação Portuguesa das Agências de Publicidade 3 Associação Portuguesa dos Arquitetos Paisagistas
APAV 1 Associação Portuguesa de Apoio à Vítima 2 Associação Portuguesa para a Análise do Valor
APAVT Associação Portuguesa das Agências de Viagens e Turismo
APB 1 Associação Portuguesa de Biólogos 2 Associação Portuguesa de Bancos
APC 1 Associação Portuguesa de Casinos 2 Associação Portuguesa de Cerâmica 3 Associação Portuguesa de Contabilistas 4 Associação Portuguesa de Corretores
APCA Associação Portuguesa de Controlo Automático
APCC Associação para a Promoção Cultural da Criança
APCE Associação Portuguesa de Comunicação de Empresas
APCER Associação Portuguesa de Certificação
APCL Associação Portuguesa Contra a Leucemia
APCMC Associação Portuguesa de Comerciantes de Materiais de Construção
APCNP Associação para a Promoção Cultural do Norte de Portugal
APCOR Associação Portuguesa de Cortiça
APCS Associação Portuguesa de Crianças Sobredotadas
APCTP Associação Política e Cultural dos Trabalhadores Portugueses
APD 1 Ajuda Pública ao Desenvolvimento 2 Associação Portuguesa de Deficientes 3 Associação Promotora de Desporto 4 Associação Portuguesa de Designers
APDA Associação Portuguesa de Distribuição e Drenagem de Águas
APDC 1 Associação Portuguesa de Direito de Consumo 2 Associação Portuguesa para o Desenvolvimento das Comunicações 3 Associação Portuguesa para o Desenvolvimento Cultural
APDF Associação Portuguesa dos Doentes com Fibromialgia
APDI 1 Associação Portuguesa de Direito Intelectual 2 Associação Portuguesa da Doença Inflamatória do Intestino
APDIO Associação Portuguesa de Investigação Operacional
APDL Administração dos Portos do Douro e Leixões
APDMC Associação Portuguesa para o Desenvolvimento do Mercado de Capitais
APDP Associação Protetora dos Diabéticos de Portugal
APDSI Associação para a Promoção e Desenvolvimento da Sociedade da Informação

APDT Associação de Língua Portuguesa para o Desenvolvimento do Teletrabalho
APDTICA Associação Portuguesa para o Desenvolvimento das Tecnologias de Informação e Comunicação na Agricultura
APE 1 Associação Portuguesa de Escritores 2 Associação Portuguesa de Esperanto 3 Associação Portuguesa de Economistas 4 Associação Portuguesa de Energia
APEA Associação Portuguesa de Engenheiros do Ambiente
APEB Associação Portuguesa dos Empregados Bancários
APEC 1 Associação Portuguesa de Escolas de Condução 2 Associação Promotora do Ensino dos Cegos 3 [sigla de Asia-Pacific Economic Cooperation] Cooperação Económica da Ásia e Pacífico
APECI Associação para a Educação de Crianças Inadaptadas
APED 1 Associação Portuguesa das Empresas de Distribuição 2 Associação Portuguesa para o Estudo da Dor
APEDI 1 Associação Portuguesa para o Desenvolvimento do Comércio Eletrónico e do EDI (electronic data interchange) 2 Associação de Professores para a Educação Intercultural
APEG Associação Portuguesa de Estudos Germanísticos
APEL 1 Associação Portuguesa de Editores e Livreiros 2 Associação Promotora do Ensino Livre
APEM Associação Portuguesa de Educação Musical
APEMETA (ambiente) Associação Portuguesa de Empresas de Tecnologias Ambientais
APEMI Associação Portuguesa das Empresas de Mediação Imobiliária
APEMIP Associação dos Profissionais e Empresas de Mediação Imobiliária de Portugal
APEO Associação Portuguesa de Enfermeiros Obstetras
APEP 1 Associação Portuguesa de Ecologia da Paisagem 2 Associação Portuguesa dos Estudantes de Psicologia
APEPE Associação Profissional dos Empresários Portugueses de Eletricidade
APEPI Associação Portuguesa para o Estudo da Propriedade Intelectual
APEQ 1 Associação Portuguesa das Empresas Químicas 2 Associação Portuguesa para o Estudo do Quaternário
APERI Associação Portuguesa para o Estudo das Relações Internacionais
APESB (ambiente) Associação Portuguesa para Estudos de Saneamento Básico
APESP Associação Portuguesa do Ensino Superior Privado
APET 1 Associação Portuguesa de Empresas de Tradução 2 Associação Portuguesa de Espectadores de Televisão
APF 1 Associação para o Planeamento da Família 2 Associação Portuguesa de Fisioterapeutas
APFIN Associação Portuguesa das Sociedades Gestoras de Patrimónios e de Fundos de Investimento
APFTV Associação Portuguesa dos Fabricantes de Tintas e Vernizes
APG 1 Associação de Professores de Geografia 2 Associação Portuguesa de Geólogos 3 Associação de Profissionais da Guarda 4 Associação Portuguesa de Gestão das Pessoas (anteriormente designada Associação Portuguesa dos Gestores e Técnicos dos Recursos Humanos)
APGC Associação Portuguesa dos Gases Combustíveis
APGEI Associação Portuguesa de Gestão e Engenharia Industrial
APH 1 Associação Portuguesa de Hemofílicos 2 Associação de Professores de História
APHELLE Associação Portuguesa para a História do Ensino das Línguas e Literaturas Estrangeiras
APHP 1 Associação Portuguesa de Hospitalização Privada 2 Associação Portuguesa de Hipertensão Pulmonar
API 1 Associação Portuguesa de Informática 2 Associação Portuguesa para o Investimento 3 INFORMÁTICA [sigla de applications program interface] protocolo de interação entre dois sistemas de software
APIB Associação Portuguesa dos Industriais de Borracha
APICAN Associação Portuguesa da Indústria e Comércio das Atividades Náuticas
APICC Associação Portuguesa de Industriais da Cerâmica de Construção
APICCAPS Associação Portuguesa dos Industriais de Calçado, Componentes, Artigos de Pele e seus Sucedâneos
APICER Associação Portuguesa da Indústria de Cerâmica
APIEE Associação Portuguesa dos Industriais de Engenharia Energética
APIFARMA Associação Portuguesa da Indústria Farmacêutica

APIGTP

APIGTP Associação Portuguesa das Indústrias Gráficas e Transformadoras do Papel
APIM 1 Associação Portuguesa de Informática Médica 2 Associação Portuguesa das Indústrias de Malhas e Confeção
APIMA Associação Portuguesa das Indústrias do Mobiliário e Afins
APIP Associação Portuguesa da Indústria de Plásticos
APIR 1 Associação Portuguesa de Insuficientes Renais 2 Associação Portuguesa da Imprensa Regional
APIRAC Associação Portuguesa da Indústria de Refrigeração e Ar Condicionado
APIT Associação dos Produtores Independentes de Televisão
APJA Associação Portuguesa de Jovens Advogados
APL Associação Portuguesa de Linguística
APM 1 Associação Portuguesa de Multimédia 2 Associação de Professores de Matemática
APMCG Associação Portuguesa dos Médicos de Clínica Geral
APME Associação Portuguesa de Mulheres Empresárias
APMGF Associação Portuguesa de Medicina Geral e Familiar
APMI Associação Portuguesa de Manutenção Industrial
APMO Associação Portuguesa de Medicina Oral
APMP Associação para a Promoção do Multimédia em Portugal
APN 1 Associação Portuguesa de Doentes Neuromusculares 2 Associação Portuguesa de Notários
APO 1 Associação Portuguesa de Otoneurologia 2 Associação Portuguesa de Osteoporose
APOL Associação Portuguesa de Operadores Logísticos
APOM Associação Portuguesa de Museologia
APORBET Associação Portuguesa de Fabricantes de Misturas Betuminosas
APOROS Associação Nacional contra a Osteoporose
APOTEC Associação Portuguesa de Técnicos de Contabilidade
APP 1 Associação de Professores de Português 2 Associação Portuguesa de Psicopedagogos 3 Associação Portuguesa de Paramiloidose
APPA Associação Portuguesa de Pesca do Achigã e Defesa da Natureza
APPACDM Associação Portuguesa de Pais e Amigos do Cidadão Deficiente Mental
APPBG Associação Portuguesa de Professores de Biologia e Geologia
APPC 1 Associação Portuguesa de Paralisia Cerebral 2 Associação Portuguesa de Projetistas e Consultores
APPDA Associação Portuguesa para a Proteção dos Deficientes Autistas
APPE Associação Portuguesa de Patologia Experimental
APPF Associação Portuguesa dos Professores de Francês
APPLA Associação Portuguesa de Planeadores do Território
APPM Associação Portuguesa dos Profissionais de Marketing
APQ Associação Portuguesa para a Qualidade
APR 1 Associação Portuguesa de Radiodifusão 2 (ambiente) Área Protegida Regional
APRH Associação Portuguesa dos Recursos Hídricos
APROCES Associação de Professores de Ciências Económico-Sociais
APROSE Associação Portuguesa dos Produtores Profissionais de Seguros
APS 1 Associação Portuguesa de Sociologia 2 Associação Portuguesa de Seguradores
APSA Agência Portuguesa de Segurança Alimentar
APSI Associação para a Promoção da Segurança Infantil
APSO Associação Portuguesa de Saúde Oral
APT 1 Associação Portuguesa de Tradutores 2 Associação Portuguesa de Têxteis e Vestuário
APTA 1 Associação Portuguesa de Teatro Amador 2 Associação Portuguesa dos Técnicos de Audiologia
APTCC Associação Portuguesa de Terapias Comportamental e Cognitiva
APTEC Associação Portuguesa dos Técnicos de Cardiopneumologia
APTF Associação Portuguesa dos Terapeutas da Fala
APVG Associação Portuguesa de Veteranos de Guerra
Ar QUÍMICA [símbolo de árgon]
AR Assembleia da República
A. R. [abreviatura de aviso de receção]

ARCO Associação Regional de Consumidores do Vale do Ave
ARCOMNAV MILITAR Área do Comando Naval
ARE Assembleia das Regiões Europeias
AREAM Agência Regional da Energia e Ambiente da Madeira
ARESP Associação de Restauração e Similares de Portugal
ARG [sigla de alternate reality game] jogo de realidade alternativa (jogo eletrónico interativo em que os utilizadores se envolvem nas histórias e interagem com personagens fictícias, desenvolvendo-se a partir de sites, emails, telefonemas, etc.)
ARN BIOQUÍMICA ácido ribonucleico
ARPA [sigla de Advanced Research Projects Agency] equipa norte-americana responsável pelo desenvolvimento da primeira rede de computadores estabelecida entre instituições militares que veio a dar origem à internet
ARPANET [sigla de Advanced Research Projects Agency Network] rede de computadores estabelecida entre instituições militares norte-americanas, à qual se associaram grandes universidades americanas, dando origem à internet
Arq. [abreviatura de Arquiteto]
Arqt. [abreviatura de Arquiteto]
ARS Administração Regional de Saúde
art.º [abreviatura de artigo]
ART Autoridade de Regulação das Telecomunicações
As QUÍMICA [símbolo de arsénio]
ASA [sigla de American Standards Association] Associação Americana para a Normalização
ASAE Autoridade de Segurança Alimentar e Económica
ASCII INFORMÁTICA [sigla de American Standard Code for Information Interchange] código que atribui valores numéricos aos caracteres (algarismos, letras sinais de pontuação e outros símbolos) e que é usado como padrão para a troca de dados entre computadores
ASE Ação Social Escolar
ASEAN [sigla de Association of South East Asian Nations] Associação das Nações do Sueste Asiático
ASMAL Associação de Saúde Mental do Algarve
ASP 1 INFORMÁTICA [sigla de active server page] página da internet criada dinamicamente pelo servidor 2 INFORMÁTICA [sigla de application services provider] entidade que distribui programas e serviços por utilizadores situados ao longo de uma vasta área
ASPEA Associação Portuguesa de Educação Ambiental
ASSEDIC [sigla de Association pour l'Emploi dans l'Industrie et le Commerce] Associação para o Emprego na Indústria e no Comércio (atualmente designada Pôle emploi)
ASSFP Autoridade de Supervisão de Seguros e Fundos de Pensões
ASSIMAGRA Associação Portuguesa dos Industriais de Mármores, Granitos e Ramos Afins
ASSOFT Associação Portuguesa de Software
At QUÍMICA [símbolo de ástato]
AT MILITAR Aeródromo de Trânsito
ATIC Associação Técnica da Indústria do Cimento
ATIPOV Associação Técnica de Inspeção Periódica Obrigatória de Veículos
ATL Atividades de Tempos Livres
ATM 1 [sigla de automated teller machine] terminal de caixa automático (multibanco) 2 INFORMÁTICA [sigla de asynchronous transfer mode] técnica de comunicação assíncrona de informações codificadas em forma digital que utiliza a banda larga e atinge um elevado débito de transferência
ATP 1 Associação de Tenistas Profissionais 2 QUÍMICA [sigla de adenosine triphosphate] trifosfato de adenosina
ATPIC Associação dos Técnicos Profissionais de Informação e Consumo
ATV Associação de Telespectadores de Televisão
Au QUÍMICA [símbolo de ouro]
AUE Ato Único Europeu
AULP Associação das Universidades de Língua Portuguesa
AUP INFORMÁTICA [sigla de Acceptable Use Policy] regras de conduta estabelecidas para os utilizadores da internet
AUPEC Associação de Universidades Portuguesas para a Educação Contínua
AURN Associação das Universidades da Região do Norte
Av. [abreviatura de Avenida]
AVISPT21 Associação de Viseu de Portadores de Trissomia 21

B

b 1 INFORMÁTICA [*símbolo de* bit] 2 FÍSICA [*símbolo de* barn]
B 1 QUÍMICA [*símbolo de* boro] 2 INFORMÁTICA [*símbolo de* byte] 3 MÚSICA (países anglo-saxões) [*símbolo de* si] 4 MÚSICA (países germânicos) [*símbolo de* si bemol]
Ba QUÍMICA [*símbolo de* bário]
BA 1 MILITAR Base Aérea 2 [*sigla de* British Airways] companhia aérea britânica
BAC Brigada Anticrime
BAD 1 Banco Africano de Desenvolvimento 2 Associação Portuguesa de Bibliotecários Arquivistas e Documentalistas
BADF ECONOMIA Bases para a Apresentação de Demonstrações Financeiras
BAI 1 Banco para Acordos Internacionais 2 Brigada Aerotransportada Independente
BASIC INFORMÁTICA [*sigla de* Beginner's All-Purpose Symbolic Instruction Code] linguagem de programação de fácil aprendizagem e utilização, destinada a principiantes
BAV MEDICINA bloqueio auriculoventricular
BB 1 NÁUTICA [*símbolo de* bombordo] 2 [Brasil] Banco do Brasil
BBC [*sigla de* British Broadcasting Corporation] radiodifusão britânica
BBS INFORMÁTICA [*sigla de* Bulletin Board System] sistema eletrónico que funciona como uma fonte central de informação, e através do qual é possível a troca de mensagens com outros utilizadores, a procura de ficheiros e programas, e a participação em fóruns de discussão
Bcc [*sigla de* blind carbon copy] opção usada num email que permite enviar uma cópia oculta da mensagem para outra(s) pessoa(s) sem que o(s) destinatário(s) tenha(m) conhecimento
BCE Banco Central Europeu
BCN Banco Central Nacional
BD 1 banda desenhada 2 INFORMÁTICA base de dados
BDP Bolsa de Derivados do Porto
BDT MILITAR Brigada de Defesa Territorial
Be QUÍMICA [*símbolo de* berílio]
BE Bloco de Esquerda
BEI Banco Europeu de Investimento
BENELUX [*sigla de* Belgium, Netherlands, Luxembourg] união económica e aduaneira formada pela Bélgica, Países Baixos e Luxemburgo
BEP Bolsa de Emprego Público
BERD Banco Europeu para a Reconstrução e o Desenvolvimento
BF Brigada Fiscal
BGRE Base Geográfica de Referenciação Espacial
Bh QUÍMICA [*símbolo de* bóhrio]
Bi QUÍMICA [*símbolo de* bismuto]
BI MILITAR Batalhão de Infantaria
BIAT MILITAR Batalhão de Infantaria Aerotransportado
bibl. [*abreviatura de* bibliografia]
BIC ECONOMIA Benefício Industrial e Comercial
BID Banco Interamericano de Desenvolvimento

BIE [*sigla de* Bureau International de l'Education] Departamento Internacional de Educação
BIG Banco de Investimento Global
BIMec MILITAR Batalhão de Infantaria Mecanizada
BIMoto MILITAR Batalhão de Infantaria Motorizada
BIOS INFORMÁTICA [*sigla de* Basic Input Output System] parte do sistema de um computador que controla as operações de entrada/saída de e para diversos periféricos
BIP Banco Intercontinental Português
BIPM [*sigla de* Bureau International des Poids et Mesures] Comité Internacional de Pesos e Medidas (organismo que assegura a uniformidade das medidas e a sua conformidade com o Sistema Internacional de Unidades)
BIRD Banco Internacional para a Reconstrução e o Desenvolvimento
BISM MILITAR Batalhão de Informações e Segurança Militar
BIT Bureau Internacional do Trabalho
Bk QUÍMICA [*símbolo de* berquélio]
BK [*sigla de* Bacilo de Koch] bacilo da tuberculose
BLI MILITAR Brigada Ligeira Independente
BM Banco Mundial
BMI MILITAR Brigada Mecanizada Independente
BMN Banco Multinacional
BMP INFORMÁTICA [*sigla de* bitmap picture] formato de imagem em mapa de bits
BN Biblioteca Nacional
BNL Biblioteca Nacional de Lisboa
BOF INFORMÁTICA [*sigla de* beginning of file] início de ficheiro
BOPE [Brasil] Batalhão de Operações Policiais Especiais
BP Brigada de Pesquisa
BPARAH Biblioteca Pública e Arquivo de Angra do Heroísmo
bpi INFORMÁTICA [*sigla de* bits per inch] bits por polegada
BPI ECONOMIA Banco de Pagamentos Internacionais
bpm MEDICINA batimentos por minuto
BPMP Biblioteca Pública Municipal do Porto
BPMS Biblioteca Pública Municipal de Setúbal
bps INFORMÁTICA bits por segundo
BPVNG Biblioteca Pública de Vila Nova de Gaia
Bq FÍSICA [*símbolo de* becquerel]
Br QUÍMICA [*símbolo de* bromo]
BSE MEDICINA [*sigla de* Bovine Spongiform Encephalopathy] encefalopatia espongiforme bovina
BT Brigada de Trânsito
BTE Boletim do Trabalho e Emprego
BTT bicicleta todo-o-terreno
BTU [*sigla de* British Thermal Unit] unidade térmica britânica
BUGA Bicicleta de Utilização Gratuita de Aveiro
BV Bombeiros Voluntários
BVL ECONOMIA Bolsa de Valores de Lisboa
BVLP ECONOMIA Bolsa de Valores de Lisboa e Porto
BWV MÚSICA [*sigla de* Bach Werke Verzeichnis] Catálogo das Obras de Bach

C

°C FÍSICA [*símbolo de* grau Celsius]
C 1 QUÍMICA [*símbolo de* carbono] 2 FÍSICA [*símbolo de* coulomb] 3 MÚSICA (países germânicos e anglo-saxões) [*símbolo de* dó]
Ca QUÍMICA [*símbolo de* cálcio]
Ca. [*abreviatura de* Companhia]
CA 1 Conselho de Administração 2 DESPORTO Comissão de Arbitragem 3 Contribuição Autárquica (atual Imposto Municipal sobre Imóveis)
CAA MILITAR Comando Aéreo dos Açores
CAAD Complexo de Apoio às Atividades Desportivas
CACME Comissão de Aplicação de Coimas em Matéria Económica
CACMP Comissão de Aplicação de Coimas em Matéria de Publicidade

CAD 1 Comité de Ajuda ao Desenvolvimento 2 INFORMÁTICA [*sigla de* computer-aided design] desenho assistido por computador
CADA Comissão de Acesso aos Documentos Administrativos
CADD INFORMÁTICA [*sigla de* computer-aided design and drafting] esboço e desenho assistidos por computador
CAE 1 Classificação das Atividades Económicas 2 Centro da Área Educativa 3 Comissão de Avaliação Externa 4 INFORMÁTICA [*sigla de* computer-assisted education] educação assistida por computador
CAEM 1 Comissão de Análise de Estudos de Meios 2 Conselho de Assistência Económica Mútua
CAFUP Conselho de Avaliação da Fundação das Universidades Portuguesas
CAIC Centro de Animação Infantil e Comunitário
cal [*símbolo de* caloria]

CAL

CAL INFORMÁTICA [sigla de computer-assisted learning] aprendizagem assistida por computador
CAM Centro de Arte Moderna
CAN Câmara de Agricultura do Norte
cap. 1 [abreviatura de capítulo] 2 [abreviatura de capitão]
CAP 1 Confederação dos Agricultores de Portugal 2 Certificado de Aptidão Profissional (atualmente designado Certificado de Competências Pedagógicas) 3 MILITAR [sigla de Combat Air Patrol] patrulha aérea de combate
CASA Centro de Arbitragem do Setor Automóvel
CASE Centro de Apoio Social Escolar
cat. [abreviatura de catálogo]
CAT 1 Centro de Apoio a Toxicodependentes 2 MEDICINA [sigla de computerized axial tomography] tomografia axial computorizada 3 INFORMÁTICA [sigla de computer-aided testing] teste de desenhos realizados através do computador
CATIM Centro de Apoio Tecnológico à Industria Metalúrgica
CAV MEDICINA canal atrioventricular comum
CBD ECONOMIA [sigla de cash before delivery] pagamento antes da entrega da mercadoria
CBE (ambiente) Centro de Biomassa para a Energia
CBI Comissão Baleeira Internacional
CBL INFORMÁTICA [sigla de computer-based learning] aprendizagem baseada em computador
CBU Controlo Bibliográfico Universal
Cc [sigla de carbon copy] opção usada num email que permite enviar uma mensagem para um ou mais destinatários
CC 1 [sigla de] Cartão de Cidadão 2 ECONOMIA [sigla de] Código de Contas 3 [sigla de] Conselho Científico 4 [sigla de] Central de Cervejas
CCB Centro Cultural de Belém
CCCM Centro Cultural e Científico de Macau
CCD INFORMÁTICA [sigla de charge-coupled device] memória fotossensível utilizada como captador nas câmaras de vídeo, máquinas fotográficas digitais e aparelhos de digitalização
CCE 1 Comissão das Comunidades Europeias 2 (ambiente) Centro para a Conservação de Energia
CCEM MILITAR Conselho de Chefes do Estado-Maior
CCG Conselho de Cooperação do Golfo
CCI 1 Câmara de Comércio Internacional 2 Câmara de Comércio e Indústria
CCISP Conselho Coordenador dos Institutos Superiores Politécnicos
CCJ Código das Custas Judiciais
CCO Centro de Comando Operacional
CCP 1 Conselho das Comunidades Portuguesas 2 Clube de Criativos de Portugal 3 Confederação do Comércio e Serviços de Portugal
CCPES Comissão de Coordenação da Promoção e Educação para a Saúde
CCPJ Comissão da Carteira Profissional de Jornalista
CCR Comissão de Coordenação Regional
CCRLVT Comissão de Coordenação da Região de Lisboa e Vale do Tejo
CCS 1 Conselho de Comunicação Social 2 MILITAR Centro de Classificação e Seleção
CCT Contrato Coletivo de Trabalho
CCTD MILITAR Conselho de Ciência e Tecnologia de Defesa
CCTV [sigla de closed-circuit television] circuito fechado de televisão
cd FÍSICA [símbolo de candela]
Cd QUÍMICA [símbolo de cádmio]
CDB Centro de Documentação e Biblioteca
CDE Centro de Documentação Europeia
CD-E INFORMÁTICA [sigla de compact disc erasable] disco compacto apagável
CDH Comissão dos Direitos Humanos
CDI 1 Comissão de Direito Internacional 2 Centro de Documentação e Informação
CD-I INFORMÁTICA [sigla de compact disc interactive] disco compacto interativo
CDOS Centro Distrital de Operações de Socorro
CDP Centro de Diagnóstico Pneumológico
CDPM Comissão para os Direitos do Povo Maubere
CDR Combustível Derivado de Resíduos
CD-RW INFORMÁTICA [sigla de compact disc rewritable] disco compacto regravável
CDS-PP Centro Democrático Social - Partido Popular
CDSS Centro Distrital de Segurança Social

CdT Centro de Tradução dos Organismos da União Europeia
CDU 1 Coligação Democrática Unitária 2 Classificação Decimal Unitária
Ce QUÍMICA [símbolo de cério]
CE 1 Conselho de Estado 2 Conselho da Europa 3 Comissão Europeia 4 (ambiente) Corredor Ecológico
CEA Centro de Energia Atómica
CEAGRI Centro de Estudos de Agricultura
CEAO Comunidade Económica da África Oriental
CEAS Centro de Estudos de Antropologia Social
CEC 1 Capital Europeia da Cultura 2 Conselho Empresarial do Centro
CECA Comunidade Europeia do Carvão e do Aço
CECI Carta Europeia de Condução em Informática
CECOA Centro de Formação Profissional para o Comércio e Afins
CED Comunidade Europeia de Defesa
CEDEAO Comunidade Económica dos Estados da África Ocidental
CEDEFOP Centro Europeu para o Desenvolvimento da Formação Profissional
CEDH Convenção Europeia dos Direitos do Homem
CEDRE Centro Europeu de Desenvolvimento Regional
CEE 1 Comissão Económica para a Europa 2 HISTÓRIA Comunidade Económica Europeia
CEEA Comunidade Europeia da Energia Atómica
CEEETA Centro de Estudos em Economia da Energia, dos Transportes e do Ambiente
CEF Curso de Educação e Formação
CEFA 1 Centro de Estudos e Formação Autárquica 2 MILITAR Centro de Educação Física da Armada
CEFD Centro de Estudos e Formação Desportiva
CEFPI Centro de Educação e Formação Profissional Integrada
CEI Comunidade de Estados Independentes
CEJ Centro de Estudos Judiciários
CEMA MILITAR Chefe do Estado-Maior da Armada
CEME MILITAR Chefe do Estado-Maior do Exército
CEMFA MILITAR Chefe do Estado-Maior da Força Aérea
CEMGFA MILITAR Chefe do Estado-Maior General das Forças Armadas
CEN Comité Europeu de Normalização
CENCAL Centro de Formação Profissional para a Indústria Cerâmica (sediado nas Caldas da Rainha)
CENELEC Comité Europeu de Normalização Eletrotécnica
CENFIC Centro de Formação Profissional da Indústria de Construção Civil
CENFIM Centro de Formação Profissional da Indústria Metalúrgica e Metalomecânica
CENJOR Centro Protocolar de Formação Profissional para Jornalistas
CENL [sigla de Conference of European National Libraries] associação independente em que estão representados os responsáveis pelas bibliotecas nacionais que pertencem a estados membros do Conselho da Europa
CENOR Centro Nacional de Recursos para a Orientação Vocacional
CENTAGRO Centro de Formação Profissional para o Setor Agropecuário
CENTED Centro de Estudos de Ensino à Distância
CEO [sigla de Chief Executive Officer] Diretor Executivo
CEOE MILITAR Companhia de Elementos de Operações Especiais
CEP 1 Conferência Episcopal Portuguesa 2 Conselho Empresarial de Portugal
CEPAL Comissão Económica para a América Latina
CEPES [sigla de Centre Européen pour l'Enseignement Supérieur] Centro Europeu para o Ensino Superior
CEPESA Centro Português de Estudos do Sudeste Asiático
CEPII Centro de Estudos Prospectivos e de Informações Internacionais
CEPRA Centro de Formação Profissional de Reparação Automóvel
CEPTMP Centro Europeu de Previsão do Tempo a Médio Prazo
CER Catálogo Europeu de Resíduos
CERCO Comité Europeu dos Responsáveis pela Cartografia Oficial
CERE Conselho Europeu para Refugiados e Exilados
CERN [sigla de Centre Européen pour la Recherche Nucléaire] Organização Europeia para a Pesquisa Nuclear

CES 1 Conselho Económico e Social 2 Confederação Europeia de Sindicatos
CESAE Centro de Serviços e Apoio às Empresas
CESAI Centro de Formação Profissional de Informática
CESD Cartão Europeu de Seguro de Doença
CESE Curso de Estudos Superiores Especializados
CESIS Centro de Estudos para a Intervenção Social
CET 1 Centro de Estudos de Telecomunicações 2 Comissão Europeia do Turismo
cf. [*abreviatura de* confrontar]
Cf QUÍMICA [*símbolo de* califórnio]
CFA [*sigla de* Communauté Financière Africaine] Comunidade Financeira Africana
CFC QUÍMICA clorofluorcarboneto
CFD (ensino) Classificação Final da Disciplina
CFE Centro de Formalidades das Empresas
CFN Centro de Fusão Nuclear
CFP Clube Filatélico de Portugal
CFPIC Centro de Formação Profissional da Indústria do Calçado
CFPIMM Centro de Formação Profissional das Indústrias de Madeira e Mobiliário
CFQ (ensino) Ciências Físico-Químicas
cg [*símbolo de* centigrama]
CG 1 Computação Gráfica 2 (ensino) Curso Geral
CGA 1 Caixa Geral de Aposentações 2 INFORMÁTICA [*sigla de* colour graphics adapter] adaptador de gráficos de cor
CGD Caixa Geral de Depósitos
CGF Conselho de Garantias Financeiras
CGPM Conferência Geral de Pesos e Medidas (conferência em que são tomadas decisões relativamente à metrologia, nomeadamente, no que diz respeito ao Sistema Internacional de Unidades)
CGS FÍSICA centímetro, grama, segundo (sistema de unidades que foi substituído pelo atual Sistema Internacional de Unidades)
CGT Confederação Geral do Trabalho
CGTP-IN Confederação Geral dos Trabalhadores Portugueses - Intersindical Nacional
CH MEDICINA concentração de hemoglobina
CHR Centro Hospitalar Regional
CHU Centro Hospitalar Universitário
Ci FÍSICA [*símbolo de* curie]
CI 1 Conselho de Imprensa 2 (ensino) classificação interna anual 3 ECONOMIA consumo intermédio
CIA 1 Conselho Internacional de Arquivos 2 [*sigla de* Central Intelligence Agency] Serviço Secreto de Informação dos Estados Unidos da América
CIAC 1 Comissão Interministerial para os Assuntos Comunitários 2 Centro Internacional de Arte e Cultura 3 Centro de Informação Autárquico ao Consumidor
CIAL Conselho Internacional dos Autores Literários
CIAV Centro de Informação Antivenenos
CIC 1 Câmara Internacional de Comércio 2 Associação para a Cooperação, Intercâmbio e Cultura
CICV Comité Internacional da Cruz Vermelha
CID Classificação Internacional de Doenças
CIDAC Centro de Informação e Documentação Amílcar Cabral
CIDM Comissão para a Igualdade e para os Direitos das Mulheres
CIES Centro de Investigação e Estudos de Sociologia
CIF [*sigla de* Cost, Insurance and Freight] indica que o preço de uma mercadoria inclui, para além do seu próprio custo, as despesas de seguro e de transporte
CIG Conferência Intergovernamental
CIJ Conselho de Inspeção de Jogos
CILPAN Centro Internacional de Luta contra a Poluição de Atlântico Nordeste
CIM Centro Internacional de Matemática
CIME Cadastro e Inventário dos Móveis do Estado
CIMPA Centro Internacional de Matemática Pura e Aplicada
CIMSISSD Código do Imposto Municipal de Sisa e do Imposto sobre Sucessões e Doações
CIMT Código de Imposto Municipal sobre as Transmissões Onerosas de Imóveis
CINU Centro de Informação das Nações Unidas
CIP Confederação da Indústria Portuguesa
CIPA Comissão Interna de Prevenção de Acidentes
CIPES Centro de Investigação de Políticas do Ensino Superior
CIPM Comité Internacional de Pesos e Medidas
CIRC Código do Imposto sobre o Rendimento das Pessoas Coletivas
CIRDD Comissão Interprofissional da Região Demarcada do Douro
CIRS Código do Imposto sobre o Rendimento das Pessoas Singulares
CIRVER Centros Integrados de Recuperação, Valorização e Eliminação de Resíduos Perigosos
CIS NÁUTICA Código Internacional de Sinais
CISAC Confederação Internacional das Sociedades de Autores e Compositores
CISI Comissão Interministerial para a Sociedade da Informação
CISL Confederação Internacional dos Sindicatos Livres
CIT 1 Contrato Individual de Trabalho 2 Conferência Internacional do Trabalho
CITE Comissão para a Igualdade no Trabalho e no Emprego
CITES [*sigla de* Convention on International Trade in Endangered Species of Wild Fauna and Flora] Convenção sobre o Comércio Internacional das Espécies da Fauna e da Flora Selvagens Ameaçadas de Extinção
CIVA Código do Imposto sobre o Valor Acrescentado
CJD MEDICINA [*sigla de* Creutzfeldt-Jakob Disease] doença de Creutzfeldt-Jakob
CJM MILITAR Código de Justiça Militar
cl [*símbolo de* centilitro]
Cl QUÍMICA [*símbolo de* cloro]
cm [*símbolo de* centímetro]
Cm QUÍMICA [*símbolo de* cúrio]
CM 1 Câmara Municipal 2 Colégio Militar 3 Conselho de Ministros 4 [*sigla de* Certificate of Manufacture] certificado de fabrico
CMA MEDICINA concentração máxima admissível
CMDS Cimeira Mundial sobre o Desenvolvimento Sustentável
CME Conferência Mundial de Energia
CML Câmara Municipal de Lisboa
CMP Câmara Municipal do Porto
CMR Centro de Medicina e Reabilitação
CMSE Comissão do Mercado Social de Emprego
CMT Confederação Mundial do Trabalho
CMVM ECONOMIA Comissão do Mercado de Valores Mobiliários
Cn QUÍMICA [*símbolo de* copernício]
CN MILITAR Cartografia Náutica
CNA 1 Confederação Nacional de Agricultura 2 Conselho Nacional de Avaliação
CNADS Conselho Nacional do Ambiente e do Desenvolvimento Sustentável
CNAES Conselho Nacional de Avaliação do Ensino Superior
CNAF Confederação Nacional de Associações de Família
CNALP Comissão Nacional da Língua Portuguesa
CNANS Centro Nacional de Arqueologia Náutica e Subaquática
CNASTI Confederação Nacional de Ação sobre o Trabalho Infantil
CNB Companhia Nacional de Bailado
CNC 1 Centro Nacional de Cultura 2 ECONOMIA Comissão de Normalização Contabilística
CNCDP Comissão Nacional para as Comemorações dos Descobrimentos Portugueses
CNCETI Conselho Nacional Contra a Exploração do Trabalho Infantil
CNCT Conselho Nacional de Ciência e Tecnologia
CNE 1 Comissão Nacional de Eleições 2 Conselho Nacional de Educação 3 Corpo Nacional de Escutas
CNEFF Comissão Nacional Especializada em Fogos Florestais
CNEP 1 Conselho Nacional das Empresas Portuguesas 2 Centro Nacional de Estudos e Planeamento
CNF 1 Comissão Nacional de Família 2 Conselho Nacional da Família
CNGVN (ambiente) Corpo Nacional de Guardas e Vigilantes da Natureza
CNIG Centro Nacional de Informação Geográfica
CNJ Conselho Nacional da Juventude
CNJP Comissão Nacional Justiça e Paz
CNLCS Comissão Nacional de Luta Contra a Sida
CNLCT Comissão Nacional de Luta Contra a Tuberculose
CNLP Comissão Nacional da Língua Portuguesa
CNOS Centro Nacional de Operação de Socorros
CNP Centro Nacional de Pensões
CNPCE Conselho Nacional de Planeamento Civil de Emergência
CNPCJR Comissão Nacional de Proteção das Crianças e Jovens em Risco
CNPD Comissão Nacional de Proteção de Dados

CNPL Conselho Nacional de Profissões Liberais
CNQ Conselho Nacional da Qualidade
CNR Comissário Nacional para os Refugiados
CNRT Conselho Nacional de Resistência Timorense
CNSR Conselho Nacional de Segurança Rodoviária
CNT Contingente Nacional em Timor
CNUAD Conferência das Nações Unidas sobre Ambiente e Desenvolvimento
CNUCED Conferência das Nações Unidas sobre Comércio e Desenvolvimento
Co QUÍMICA [símbolo de cobalto]
COA MILITAR Centro de Operações dos Açores
COB ECONOMIA [sigla de Commission des Opérations de Bourse] Comissão de Operações de Bolsa
COBOL INFORMÁTICA [sigla de Common Business Oriented Language] linguagem de programação orientada para os assuntos comerciais correntes
COC MILITAR Centro de Operações Conjunto
COCAI Conselho Consultivo para os Assuntos da Imigração
COD [sigla de cash on delivery] pagamento contra a entrega da mercadoria
cód. [abreviatura de código]
CODEST [sigla de Comité Consultatif pour le Développement Européen de la Science et de la Technologie] Comissão para o Desenvolvimento da Ciência e da Tecnologia na Europa
CODU Centro de Orientação de Doentes Urgentes
COE Conselho de Orientação Estratégica
COFA MILITAR Comando Operacional da Força Aérea
COFAR MILITAR Centro de Operações das Forças Armadas
COFIDA [sigla de Comité pour les Fonds Internationaux de Droit D'Auteur] Comité para os Fundos Internacionais dos Direitos de Autor
COFT MILITAR Comando Operacional das Forças Terrestres
COI Comité Olímpico Internacional
COJO Comité Organizador dos Jogos Olímpicos
COMECON [sigla de Council for Mutual Economic Assistance] Conselho de Assistência Económica Mútua (até 1991, data em que terminou a Guerra Fria)
conc. [abreviatura de concelho]
CONFAGRI Confederação Nacional das Cooperativas Agrícolas de Portugal
CONFAP Confederação Nacional das Associações de Pais
cont. [abreviatura de continuação]
COP Comité Olímpico de Portugal
CORBA INFORMÁTICA [sigla de Common Object Request Broker Architecture] uma linguagem padrão do consórcio OMG (Object Management Group) para comunicação entre objetos relacionados
COREPE Comissão Organizadora do Recenseamento Eleitoral dos Portugueses no Estrangeiro
COREPER (União Europeia) Comité dos Representantes Permanentes
cos MATEMÁTICA [símbolo de cosseno]
COSAC [sigla de Conférence des Organes Spécialisés dans les Affaires Communautaires] Conferência de Órgãos Especializados em Assuntos Comunitários
cosec MATEMÁTICA [símbolo de cossecante]
cotg MATEMÁTICA [símbolo de cotangente]
COV Composto Orgânico Volátil
cp. [abreviatura de compare]
CP 1 Comboios de Portugal (Caminhos de Ferro Portugueses, na designação anterior) 2 Código Penal 3 Cinemateca Portuguesa
CPADA Confederação Portuguesa de Associações de Defesa do Ambiente
CPC 1 Código do Processo Civil 2 Conta-Poupança Condomínio
CPCI Código de Processo das Contribuições e Impostos
CPCJ Comissão de Proteção de Crianças e Jovens
CPCS Conselho Permanente de Concertação Social
CPD Centro Português de Design
CPE (União Europeia) Cooperação Política Europeia
CPF 1 Centro Português de Fotografia 2 Centro Português de Fundações 3 [Brasil] Cadastro de Pessoa Física
CPH Conta-Poupança Habitação
cpi INFORMÁTICA [sigla de characters per inch] caracteres por polegada
CPI 1 Comissão Parlamentar de Inquérito 2 Comité Paralímpico Internacional

CPJustiça Centro de Formação Profissional para o Setor da Justiça
CPLP Comunidade dos Países de Língua Portuguesa
CPMS INFORMÁTICA [sigla de Content Production Management System] sistema de gestão de produção de conteúdos
CPP DIREITO Código de Processo Penal
CPR 1 Centro Psiquiátrico de Recuperação 2 Conselho Português para os Refugiados 3 Conta-Poupança Reformados
cps INFORMÁTICA [sigla de characters per second] caracteres por segundo
CPS Centro Português de Serigrafia
CPT 1 Código de Processo Tributário 2 MEDICINA capacidade pulmonar total 3 ECONOMIA (comércio) [sigla de carriage paid to] transporte pago até
CPTTM Centro de Produtividade e Transferência de Tecnologia de Macau
CQEP Centros para a Qualificação e o Ensino Profissional
CQP (União Europeia) Contrato-Quadro de Parceria
Cr QUÍMICA [símbolo de crómio]
CRA Centro Regional de Alcoologia
CRC Código do Registo Comercial
CRE 1 Centro de Recursos Educativos 2 Centro de Referência Europeu
CREL Circular Regional Exterior de Lisboa
CRF FISIOLOGIA [sigla de corticotrophin releasing factor] fator libertador de corticotrofina
CRH FISIOLOGIA [sigla de corticotrophin releasing hormone] hormona libertadora de corticotrofina
CRIL Circular Regional Interior de Lisboa
CRM [sigla de Customer Relationship Management] estratégia empresarial de gestão do relacionamento com os clientes
CRP 1 Constituição da República Portuguesa 2 Centro Rodoviário Português
CRSS Centro Regional de Segurança Social
CRUP Conselho de Reitores das Universidades Portuguesas
Cs QUÍMICA [símbolo de césio]
CS Centro de Saúde
CSB Conselho Superior de Bibliotecas
CSC ECONOMIA Código das Sociedades Comerciais
CSCE Conferência sobre Segurança e Cooperação na Europa
CSDN Conselho Superior de Defesa Nacional
CSE MILITAR Conselho Superior do Exército
CSEN Conselho Superior de Economia Nacional
CSM Conselho Superior da Magistratura
CSMA/CD INFORMÁTICA [sigla de carrier sense multiple access/collision detection] protocolo que permite a partilha do meio de transmissão na rede, evitando colisões na emissão de pacotes de dados através do envio de um sinal de ocupado
CSMP Conselho Superior do Ministério Público
CSP MEDICINA Cuidados de Saúde Primários
CSSBC Comissão para a Segurança de Serviços e Bens de Consumo
CT (ensino) Curso Tecnológico
CTBTO [sigla de Comprehensive Nuclear Test-Ban Treaty Organization] Organização do Tratado de Proibição Total de Ensaios Nucleares
CTC [sigla de United Nations Counter-Terrorism Committee] Comité de Combate ao Terrorismo das Nações Unidas
CTCV Centro Tecnológico da Cerâmica e do Vidro
CTG MEDICINA cardiotocografia
CTI INFORMÁTICA [sigla de computer telephony integration] integração entre computadores e telefones
CTP Confederação do Turismo Português
CTRSU Central de Tratamento de Resíduos Sólidos Urbanos
CTT Correios e Telecomunicações de Portugal (Correios, Telégrafos e Telefones, na designação anterior)
CTV (ensino) Ciências da Terra e da Vida
Cu QUÍMICA [símbolo de cobre]
CUIP Cidade Universitária Internacional de Paris
cv FÍSICA [símbolo de cavalo-vapor]
cv. [abreviatura de cave]
CV Curriculum Vitae
CVEDT Centro de Vigilância Epidemiológica das Doenças Transmissíveis
CVM Comissão de Valores Mobiliários
CVP 1 Cruz Vermelha Portuguesa 2 (União Europeia) Comité Veterinário Permanente
CVRA Comissão Vitivinícola Regional Alentejana
CVRVV Comissão de Viticultura da Região dos Vinhos Verdes

D

d [símbolo de dia]
D 1 QUÍMICA [símbolo de deutério] 2 FÍSICA [símbolo de debye] 3 MÚSICA (países germânicos e anglo-saxões) [símbolo de ré]
D. [abreviatura de Dom, Dona]
DAA ECONOMIA (comércio) Documento Administrativo de Acompanhamento
DAB INFORMÁTICA [sigla de digital audio broadcasting] sistema de radiodifusão sonora digital
DAE 1 Diagnóstico de Análise Estratégica 2 MEDICINA desfibrilador automático externo
DAFSE Departamento para os Assuntos do Fundo Social Europeu
dag [símbolo de decagrama]
dal [símbolo de decalitro]
dam [símbolo de decâmetro]
DARPA [sigla de Defense Advanced Research Projects Agency] organismo que deu origem à internet e cuja designação inicial era ARPA (Advanced Research Projects Agency)
DAT 1 MEDICINA Dispensário Antituberculoso 2 INFORMÁTICA [sigla de digital audio tape] tecnologia de gravação áudio que utiliza os sinais digitais, e é usada para cópias de segurança em computadores 3 INFORMÁTICA [sigla de dynamic address translation] processo de conversão de endereços de memória
DAU 1 Delimitação de Área Urbana 2 Documento Administrativo Único
dB [símbolo de decibel]
Db QUÍMICA [símbolo de dúbnio]
DBA INFORMÁTICA [sigla de DataBase Administrator] administrador de bases de dados
d. C. [abreviatura de depois de Cristo]
DC 1 ECONOMIA Diretriz Contabilística (da Comissão de Normalização Contabilística) 2 ELETRICIDADE [sigla de direct current] corrente contínua
DCCB (Polícia Judiciária) Direção Central de Combate ao Banditismo
DCCCFIEF (Polícia Judiciária) Direção Central de Combate à Corrupção, Fraude e Infrações Económicas e Financeiras
DCI MEDICINA Denominação Comum Internacional
DCITE (Polícia Judiciária) Direção Central de Investigação ao Tráfico de Estupefacientes
DDA (saúde) dose diária aceitável
d.d.p. (grandeza elétrica) [abreviatura de diferença de potencial]
DDR (saúde) dose diária recomendada
DDT QUÍMICA diclorodifeniltricloroetano
DEB (ensino) Departamento de Ensino Básico
DECO Associação Portuguesa para a Defesa do Consumidor
dep. [abreviatura de departamento]
DESE Diploma de Estudos Superiores Especializados
DF ECONOMIA Demonstrações Financeiras
dg [símbolo de decigrama]
DGA (ambiente) Direção-Geral do Ambiente
DGAA Direção-Geral da Administração Autárquica
DGAC Direção-Geral da Ação Cultural
DGAE Direção-Geral da Administração Educativa
DGAED MILITAR Direção-Geral de Armamento e Equipamentos da Defesa
DGAIEC Direção-Geral das Alfândegas e dos Impostos Especiais sobre o Consumo
DGCC Direção-Geral do Comércio e da Concorrência
DGCI Direção-Geral dos Impostos (designação anterior Direção-Geral de Contribuições e Impostos)
DGCS Direção-Geral da Comunicação Social
DGCSP Direção-Geral dos Cuidados de Saúde Primários
DGCT Direção-Geral das Condições de Trabalho
DGE Direção-Geral da Energia
DGEBS Direção-Geral do Ensino Básico e Secundário
DGEMN Direção-Geral dos Edifícios e Monumentos Nacionais
DGEP Direção-Geral de Estudos e Previsão
DGES Direção Geral de Ensino Superior
DGF Direção-Geral das Florestas
DGFCQA Direção-Geral de Fiscalização e Controlo da Qualidade Alimentar
DGI 1 Direção-Geral da Indústria 2 Direção-Geral dos Impostos
DGITA Direção-Geral de Informática e Apoio aos Serviços Tributários e Aduaneiros

DGLB Direção-Geral do Livro e das Bibliotecas (anteriormente Instituto Português do Livro e das Bibliotecas)
DGO Direção-Geral do Orçamento
DGOTDU Direção-Geral do Ordenamento do Território e Desenvolvimento Urbano
DGP Direção-Geral do Património
DGPA Direção-Geral das Pescas e Aquicultura
DGPC Direção-Geral de Proteção das Culturas
DGPR Direção-Geral de Política Regional
DGREI Direção-Geral das Relações Económicas Internacionais
DGRF Direção-Geral dos Recursos Florestais
DGRN Direção-Geral dos Registos e Notariado
DGRS Direção-Geral de Reinserção Social (atualmente Direção-Geral de Reinserção e Serviços Prisionais)
DGRSP Direção-Geral de Reinserção e Serviços Prisionais (anteriormente Direção-Geral de Reinserção Social)
DGS 1 Direção-Geral da Saúde 2 HISTÓRIA Direção-Geral de Segurança (ex-PIDE)
DGSI Direção-Geral dos Serviços de Informática
DGSP Direção-Geral dos Serviços Prisionais
DGT 1 Direção-Geral do Turismo 2 Direção-Geral do Tesouro
DGTT Direção-Geral de Transportes Terrestres
DGV 1 Direção-Geral de Viação 2 Direção-Geral de Veterinária
DIAMANG Companhia de Diamantes de Angola
DIAP Departamento de Investigação e Ação Penal
DICSI MILITAR Divisão de Comunicações e Sistemas de Informação
DIEC (Nações Unidas) [sigla de Development and International Economic Cooperation] Desenvolvimento e Cooperação Económica Internacional
DIMIL MILITAR Divisão de Informações Militares
DIN [sigla de Deutsche Industrie Norm] Norma Industrial Alemã
DIT Divisão Internacional do Trabalho
dl [símbolo de decilitro]
DL Decreto-Lei
dm [símbolo de decímetro]
DM [sigla de Deutsche Mark] marco alemão
DMA INFORMÁTICA [sigla de direct memory access] canais de acesso à memória que transferem diretamente os dados de um dispositivo de armazenamento para a memória do computador
DML INFORMÁTICA [sigla de data manipulation language] linguagem de manipulação de dados
DMLU Departamento Municipal de Limpeza Urbana
DMT dose máxima tolerada
DNS INFORMÁTICA [sigla de domain name server] conjunto de regras e/ou programas que fazem a tradução de nomes alfanuméricos para endereços numéricos
DO (vinho) Denominação de Origem
doc. [abreviatura de documento]
DOC 1 (vinho) Denominação de Origem Controlada 2 MEDICINA Desordem Obsessiva-Compulsiva
DOI [sigla de Digital Object Identifier] identificador de objetos digitais
DOP (vinho) Denominação de Origem Protegida
DOS INFORMÁTICA [sigla de disk operating system] sistema operativo que dirige as operações de entrada/saída do disco, controlo do teclado, suporte de vídeo e funções internas relacionadas com a execução de programas e manutenção de ficheiros
DPH (ambiente) Domínio Público Hídrico
dpi FOTOGRAFIA, INFORMÁTICA (resolução de imagens) [sigla de dots per inch] pontos por polegada (unidade de medida para descrever a resolução geométrica de uma imagem; quanto mais elevado é o dpi, melhor é a resolução da imagem e a sua qualidade)
DPS (ensino) Desenvolvimento Pessoal e Social
DPSR Departamento de Proteção e Segurança Radiológica
Dr. [abreviatura de Doutor]
DR Diário da República
Dra. [abreviatura de Doutora]
DRA Direção Regional do Ambiente
DRAAL Direção Regional de Agricultura do Alentejo
DRABL Direção Regional de Agricultura da Beira Litoral
DRAEDM Direção Regional de Agricultura de Entre Douro e Minho
DRAN Direção Regional do Ambiente - Norte
DRARN Direção Regional do Ambiente e Recursos Naturais

DREAlent Direção Regional de Educação do Alentejo
DREAlg Direção Regional de Educação do Algarve
DREC Direção Regional de Educação do Centro
DREL Direção Regional de Educação de Lisboa
DREN Direção Regional de Educação do Norte
DRM MILITAR Distrito de Recrutamento e Mobilização
Ds QUÍMICA [símbolo de darmstádio]
DS MEDICINA desvio standard
DSBF Direção de Serviços dos Benefícios Fiscais
DSEJ Direção dos Serviços de Educação e Juventude
DSIVA Direção de Serviços do Imposto sobre o Valor Acrescentado
dst [símbolo de decistere]
DST MEDICINA doença sexualmente transmissível
DT LINGUÍSTICA Dicionário Terminológico
DTD INFORMÁTICA [sigla de document type definition] especificação formal para a estrutura de um documento SGML (standard generalized markup language)
dto. [abreviatura de direito]
DTP MEDICINA Difteria, Tétano e Poliomielite
DUA Documento Único Automóvel
DUC Documento Único de Cobrança
DUDH Declaração Universal dos Direitos Humanos
DUN INFORMÁTICA [sigla de dial-up networking] componente do sistema Windows que configura o computador para fazer a ligação à internet utilizando um modem
DVI INFORMÁTICA [sigla de digital video interactive ou digital video imaging] técnica de vídeo que utiliza a compressão e descompressão de dados digitais
Dy QUÍMICA [símbolo de disprósio]

E

e MATEMÁTICA [símbolo de base dos logaritmos neperianos]
E 1 GEOGRAFIA (ponto cardeal) [símbolo de este] 2 PSICOLOGIA (na caracterologia de Heymans-Le Senne) [símbolo de tipo emotivo] 3 FÍSICA [símbolo de energia] 4 FÍSICA [símbolo de força eletromotriz] 5 MÚSICA (países germânicos e anglo-saxões) [símbolo de mi]
EAEM [sigla de European Agency for the Evaluation of Medicinal Products] Agência Europeia de Avaliação de Medicamentos (atualmente European Medicine Agency)
EAIE [sigla de European Association for International Education] Associação Europeia para a Educação Internacional
EAR [sigla de European Agency for Reconstruction] Agência Europeia para a Reconstrução
EASA [sigla de European Aviation Safety Agency] Agência Europeia para a Segurança da Aviação
EAT Estrutura de Apoio Técnico
EB NÁUTICA [símbolo de estibordo]
EBA [sigla de European Banking Authority] Autoridade Bancária Europeia
EBE ECONOMIA Excedente Bruto de Exploração
EBF [sigla de European Booksellers Federation] Federação Europeia de Livreiros
EBITDA [sigla de earnings before interest, taxes, depreciation and amortization] resultados antes de juros, impostos, depreciação e amortizações
EBRD [sigla de European Bank for Reconstruction and Development] Banco Europeu para a Reconstrução e o Desenvolvimento
EC [sigla de European Community] Comunidade Europeia (CE)
ECC ECONOMIA entidade conjuntamente controlada
ECD 1 MEDICINA elementos complementares de diagnóstico 2 Estatuto da Carreira Docente
ECE (Nações Unidas) [sigla de Economic Commission for Europe] Comissão Económica para a Europa
ECG 1 MEDICINA eletrocardiograma 2 MEDICINA eletrocardiografia
ECLAC (Nações Unidas) [sigla de Economic Commission for Latin America and the Caribbean] Comissão Económica para a América Latina e as Caraíbas
ECMWF [sigla de European Centre for Medium-Range Weather Forecasts] Centro Europeu de Previsão do Tempo a Médio Prazo
ECOSOC [sigla de Economic and Social Council] Conselho Económico e Social da Organização das Nações Unidas
ECR ECONOMIA (comércio) [sigla de efficient consumer response] estratégia empresarial de relacionamento direto e privilegiado com o cliente
ECT MEDICINA elementos complementares de terapêutica
ECTS [sigla de European Credit Transfer System] Sistema Europeu de Transferência de Créditos Académicos
ECU ECONOMIA [sigla de European Currency Unit] antiga unidade monetária europeia, substituída pelo euro
ed. [abreviatura de edição]
EDA [sigla de European Defence Agency] Agência Europeia de Defesa
EDEC (União Europeia) Esquema de Desenvolvimento do Espaço Comunitário
EDI INFORMÁTICA [sigla de electronic data interchange] transferência eletrónica de dados
EDP 1 Eletricidade de Portugal 2 INFORMÁTICA [sigla de electronic data processing] tratamento eletrónico de dados
EEBS Estabelecimentos de Ensino Básico e Secundário
EEE Espaço Económico Europeu
EEG 1 MEDICINA eletroencefalograma 2 MEDICINA eletroencefalografia
EEI Estação Espacial Internacional
EEIC 1 Engenharia Eletrónica Industrial e de Computadores 2 Estabelecimento de Ensino e Investigação Científica
EEP Espaço Económico Português
EEPG [sigla de European Educational Publishers Group] Grupo Europeu de Editores Escolares
EFE ECONOMIA entidade de finalidades especiais
EFN Estação Florestal Nacional
EFSA [sigla de European Food Safety Authority] Autoridade Europeia para a Segurança dos Alimentos
EFTA [sigla de European Free Trade Association] Associação Europeia de Comércio Livre
e. g. [abreviatura de exempli gratia] por exemplo
EGA INFORMÁTICA [sigla de enhanced graphics adapter] adaptador de otimização gráfica
EIA Estudo de Impacte Ambiental
EIONET [sigla de European Environment Information and Observation Network] rede de serviços e de organismos criada para o estudo do ambiente a nível europeu
EM 1 MILITAR Estado-Maior 2 MEDICINA esclerose múltipla
EMA 1 MILITAR Estado-Maior da Armada 2 [sigla de European Medicines Agency] Agência Europeia de Medicamentos (anteriormente designada European Agency for the Evaluation of Medical Products)
EMAT Equipa Multidisciplinar de Assessoria aos Tribunais
EME MILITAR Estado-Maior do Exército
EMEA 1 [sigla de European Medicines Agency] Agência Europeia de Avaliação dos Medicamentos 2 [sigla de Europe, the Middle East and Africa] Europa, Médio Oriente e África (designação de região comercial)
EMFA MILITAR Estado-Maior da Força Aérea
EMGFA MILITAR Estado-Maior General das Forças Armadas
EMRC (ensino) Educação Moral e Religiosa Católica
EMRL [sigla de European Multimedia Resource Library] Biblioteca Europeia de Recursos Multimédia
EMSA [sigla de European Maritime Safety Agency] Agência Europeia de Segurança Marítima
EN Estrada Nacional
ENB Escola Nacional de Bombeiros
ENDS (ambiente) Estratégia Nacional de Desenvolvimento Sustentável
ENE GEOGRAFIA, NÁUTICA [símbolo de és-nordeste]
ENEA [sigla de European Nuclear Energy Agency] Agência Europeia de Energia Nuclear
Eng. [abreviatura de Engenheiro]
EP 1 Empresa Pública 2 Estabelecimento Prisional 3 Escola Profissional
EPA [sigla de Environmental Protection Agency] Agência para a Proteção do Ambiente
EPE 1 Ensino Português no Estrangeiro 2 Entidade Pública Empresarial

EPL Estabelecimento Prisional de Lisboa
EPRA Estudo de Planeamento Rural e Agrícola
EPS ECONOMIA [sigla de earnings per share] lucros por ação
EPUL Empresa Pública de Urbanização de Lisboa
Er QUÍMICA [símbolo de érbio]
ERASMUS [sigla de European Action Scheme for the Mobility of University Students] Programa Europeu para a Mobilidade de Estudantes Universitários
ERC Entidade Reguladora para a Comunicação Social (anteriormente designada Alta Autoridade para a Comunicação Social)
ERP [sigla de Entreprise Resource Planning] sistema de informação integrado que serve todos os departamentos de uma organização
ERSE Entidade Reguladora do Setor Elétrico
Es QUÍMICA [símbolo de einsteínio]
ES Ensino Secundário
ESA 1 Escola Secundária Artística 2 [sigla de European Space Agency] Agência Espacial Europeia
ESCAP (Nações Unidas) [sigla de Economic and Social Commission for Asia and the Pacific] Comissão Económica e Social para a Ásia e o Pacífico
ESCWA (Nações Unidas) [sigla de Economic and Social Commission for Western Asia] Comissão Económica e Social para a Ásia Ocidental
ESE 1 GEOGRAFIA, NÁUTICA [símbolo de és-sueste] 2 Escola Superior de Educação
ESO [sigla de European Southern Observatory] Observatório Europeu do Sul
ESP Escola Superior de Polícia
esq. [abreviatura de esquerdo]
ESTGVC Escola Superior de Tecnologia e Gestão de Viana do Castelo
ET extraterrestre
ETA 1 Estação de Tratamento de Águas 2 [sigla de Euskadi Ta Askatasuna] grupo independentista basco
ETAR Estação de Tratamento de Águas Residuais
etc. [abreviatura de et caetera ou et cetera] e outras coisas mais
ETL Estação de Tratamento de Lixos
ETR (jogos de computador) estratégia em tempo real
ETRS Estação de Tratamento de Resíduos Sólidos
ETRSU Estação de Tratamento de Resíduos Sólidos Urbanos
ETSI [sigla de European Telecommunications Standards Institute] Instituto Europeu de Normalização das Telecomunicações
Eu QUÍMICA [símbolo de európio]
EUA Estados Unidos da América
EUR [forma abreviada de euro]
EURATOM [sigla de European Atomic Energy Commission] Comunidade Europeia da Energia Atómica
EURIBOR ECONOMIA [sigla de Euro Interbank Offered Rate] taxa de juro interbancária de referência, calculada diariamente a partir das taxas praticadas pelos bancos da União Europeia nos empréstimos que efetuam
EURL ECONOMIA Empresa Unipessoal de Responsabilidade Limitada
EUTELSAT [sigla de European Telecommunications Satellite Organization] Organização Europeia de Telecomunicações por Satélite
eV [símbolo de eletrão-volt]
EVT (ensino) Educação Visual e Tecnológica
ex. [abreviatura de exemplo]
Exmo. [abreviatura de Excelentíssimo]

F

f FÍSICA [símbolo de frequência]
°F FÍSICA [símbolo de grau Fahrenheit]
F 1 QUÍMICA [símbolo de flúor] 2 FÍSICA [símbolo de farad] 3 FÍSICA [símbolo de força] 4 MÚSICA (países germânicos e anglo-saxões) [símbolo de fá]
FA Forças Armadas
FAA Forças Armadas Angolanas
FAD Fundo Africano de Desenvolvimento
FALINTIL Forças Armadas para a Libertação Nacional de Timor-Leste
FAO [sigla de Food and Agriculture Organization] Organização das Nações Unidas para a Alimentação e a Agricultura
FAP 1 Força Aérea Portuguesa 2 Federação Académica do Porto
FAPAS Fundo para a Proteção dos Animais Selvagens
FAPLA Forças Armadas Populares para a Libertação de Angola
FAQ INFORMÁTICA [sigla de frequently asked questions] questões mais frequentes colocadas pelos utilizadores
FASB INFORMÁTICA [sigla de Financial Accounting Standards Board] organismo responsável pela emissão de normas contabilísticas e de relato financeiro nos EUA
fasc. [abreviatura de fascículo]
FAT 1 INFORMÁTICA [sigla de file allocation table] tabela de alocação de ficheiros 2 Família de Acolhimento Temporário
FBCF ECONOMIA Formação Bruta de Capital Fixo
FBI [sigla de Federal Bureau of Investigation] Serviço Federal de Investigação dos Estados Unidos da América
FC 1 Futebol Clube 2 Fundo de Coesão 3 MEDICINA frequência cardíaca
FCCN Fundação para a Computação Científica Nacional
FCE (União Europeia) Fundo para a Cooperação Económica
FCG Fundação Calouste Gulbenkian
FCPC Ficheiro Central de Pessoas Coletivas
FCT Fundação para a Ciência e a Tecnologia
FDNUM Fundo de Desenvolvimento das Nações Unidas para a Mulher
FDTI Fundação para a Divulgação das Tecnologias de Informação
FDZHP Fundação para o Desenvolvimento da Zona Histórica do Porto
Fe QUÍMICA [símbolo de ferro]
FEADER Fundo Europeu Agrícola de Desenvolvimento Rural
FECOM Fundo Europeu de Cooperação Monetária
FECTRANS Federação dos Sindicatos de Transportes e Comunicações
FED Fundo Europeu de Desenvolvimento
FEDER Fundo Europeu de Desenvolvimento Regional
FEE Federação dos Editores Europeus
FEEE [sigla de Foundation for Environmental Education in Europe] Fundação para a Educação Ambiental na Europa
FEEF Fundo Europeu de Estabilização Financeira
FEF Fundação Europeia para a Formação
FEI Federação Equestre Internacional
f.e.m. (grandeza elétrica) [abreviatura de força eletromotriz]
FENAME Federação Nacional do Metal
FENEI Federação Nacional do Ensino e Investigação
FENPROF Federação Nacional dos Professores
FENU Fundo de Equipamento das Nações Unidas
FEOGA Fundo Europeu de Orientação e Garantia Agrícola
FEP Federação Equestre Portuguesa
FESAP Federação Sindical da Administração Pública
FFC Fundo de Fomento Cultural
FIA [sigla de Fédération Internationale de l'Automobile] Federação Internacional do Automóvel
FIAA Federação Internacional de Atletismo Amador
FIBA Federação Internacional de Basquetebol Amador
FICP Federação Internacional de Ciclismo Profissional
FIDA Fundo Internacional para o Desenvolvimento Agrícola
FIDH Federação Internacional dos Direitos Humanos
FIEP Fundo para a Internacionalização das Empresas Portuguesas
FIFA [sigla de Fédération Internationale de Football Association] Federação Internacional de Futebol
fig. [abreviatura de figura]
FIG Federação Internacional de Ginástica
FII Fundo de Investimento Imobiliário
FIIF Federação Internacional da Indústria Fonográfica
FIJ Federação Internacional dos Jornalistas
FIL Feira Internacional de Lisboa
FILLM Federação Internacional de Línguas e Literaturas Modernas
FIM Fundo de Investimento Mobiliário
FINA Federação Internacional de Natação Amadora
FIPA Federação das Indústrias Portuguesas Agroalimentares
FIS [sigla de Fédération Internationale du Ski] Federação Internacional de Esqui

FIT Federação Internacional de Tradutores
FITEC Federação Internacional de Termalismo e Climatismo
FITEI Festival Internacional de Teatro de Expressão Ibérica
FIV MEDICINA fertilização in vitro
fl. [abreviatura de folha]
FLAD Fundação Luso-Americana para o Desenvolvimento
FLAT Frente de Luta Antitouradas
FLCF ECONOMIA Formação Líquida de Capital Fixo
FLO [sigla de Fair Trade Labelling Organizations International] Organização Internacional de Certificação do Comércio Justo
fm FÍSICA [símbolo de femtómetro]
Fm QUÍMICA [símbolo de férmio]
FM [sigla de frequency modulation] modulação de frequência
FMI Fundo Monetário Internacional
FMJD Federação Mundial da Juventude Democrática
FN 1 Força Naval 2 Fazenda Nacional
FNAC Fundo Nacional de Arte Contemporânea
FNAEES Federação Nacional das Associações de Estudantes do Ensino Secundário
FNAJ Federação Nacional de Associações Juvenis
FNAM Federação Nacional dos Médicos
FNE Federação Nacional da Educação
FNLA Frente Nacional de Libertação de Angola
FNSFP Federação Nacional dos Sindicatos da Função Pública
FNSTP Federação Nacional dos Sindicatos dos Trabalhadores Portuários
FNUAP Fundo das Nações Unidas para a População
FOB ECONOMIA (comércio) [sigla de free on board] indica que as despesas de transporte e encargos legais a bordo estão incluídas no preço da mercadoria
fol. [abreviatura de folha]
FORTRAN INFORMÁTICA [sigla de Formula Translation] linguagem de programação de computadores para cálculos científicos e técnicos
FP Função Pública

FPA 1 Federação Portuguesa de Atletismo 2 Federação Portuguesa de Andebol 3 Federação Portuguesa de Aikido
FPADA Federação Portuguesa de Aikido e Disciplinas Associadas
FPAK Federação Portuguesa de Automobilismo e Karting
FPB Federação Portuguesa de Basquetebol
FPC 1 Fundação Portuguesa das Comunicações 2 Federação Portuguesa de Ciclismo 3 Federação Portuguesa de Campismo
FPCCR Federação Portuguesa das Coletividades de Cultura e Recreio
FPE 1 Federação Portuguesa de Esgrima 2 Federação Portuguesa de Espeleologia
FPF Federação Portuguesa de Futebol
FPG 1 Federação Portuguesa de Golfe 2 Federação Portuguesa de Ginástica 3 Fórum Portugal Global
FPN 1 Federação Portuguesa de Natação 2 Federação Portuguesa de Naturismo
FPP Federação Portuguesa de Patinagem
FPT 1 Federação Portuguesa de Ténis 2 Federação Portuguesa de Têxteis 3 Federação Portuguesa do Táxi
FPV Federação Portuguesa de Vela
FQDN INFORMÁTICA [sigla de fully qualified domain name] nome de domínio completo, ou seja, tudo aquilo que está à direita do símbolo @ num endereço eletrónico, e que permite identificar qualquer computador ligado à internet
Fr QUÍMICA [símbolo de frâncio]
FRELIMO Frente de Libertação de Moçambique
FRETILIN Frente Revolucionária de Timor-Leste Independente
FRI 1 Federação Rodoviária Internacional 2 Fundo para as Relações Internacionais
FSCR Fundo de Sindicação de Capital de Risco
FSE Fundo Social Europeu
FSM Federação Sindical Mundial
ft (unidade de comprimento) [símbolo de foot] pé
FTP INFORMÁTICA [sigla de file-transfer protocol] protocolo de transferência de ficheiros entre computadores usado na internet

G

g 1 [símbolo de grama] 2 FÍSICA [símbolo de aceleração da gravidade]
G 1 FÍSICA [símbolo de gauss] 2 FÍSICA [símbolo de condutância] 3 MÚSICA (países germânicos e anglo-saxões) [símbolo de sol]
G7 [Grupo dos Sete] conjunto dos países mais industrializados (França, Grã-Bretanha, Estados Unidos da América, Alemanha, Japão, Itália e Canadá)
G8 [Grupo dos Oito] conjunto dos países mais industrializados do mundo (França, Grã-Bretanha, Estados Unidos da América, Alemanha, Japão, Itália, Canadá e Rússia)
Ga QUÍMICA [símbolo de gálio]
GADS Grupo de Apoio e Desafio à Sida
GAIN Grupo de Apoio à Indústria Nacional
GAS Gabinete de Ação Social
GAT Gabinete de Apoio Técnico
GATT [sigla de General Agreement on Tariffs and Trade] Acordo Geral sobre Tarifas e Comércio
GAV Gabinete de Apoio à Vítima
Gb FÍSICA [símbolo de gilbert]
GB 1 Grã-Bretanha 2 INFORMÁTICA [símbolo de gigabyte]
Gd QUÍMICA [símbolo de gadolínio]
GDDC (Procuradoria-Geral da República) Gabinete de Documentação e Direito Comparado
GDE (União Europeia) Gabinete de Direito Europeu
Ge QUÍMICA [símbolo de germânio]
GEOTA Grupo de Estudos de Ordenamento do Território e Ambiente
GERA Grupo de Estudo de Recursos Ambientais
GF Guarda Fiscal
GHz [símbolo de gigahertz]
GIASE Gabinete de Informação e Avaliação do Sistema Educativo
GIF INFORMÁTICA [sigla de graphic interchange format] formato para armazenar ficheiros de imagem

GIS [sigla de Geographical Information System] sistema de informação que relaciona uma base de dados com a cartografia de um determinado território
GISA Grupo de Intervenção e Sensibilização Ambiental
GITP Grupo Interinstitucional de Terminologia Portuguesa
GIVA Gabinete de Inserção na Vida Ativa
GM 1 Governo Militar 2 Geneticamente Modificado
GMT [sigla de Greenwich Mean Time] Tempo Médio de Greenwich
GNC gás natural comprimido
GNR Guarda Nacional Republicana
GNS Gabinete Nacional de Segurança
GOP ECONOMIA Grandes Opções do Plano
GOPE (União Europeia) Grandes Orientações de Política Económica
GP (automobilismo) Grande Prémio
GPEP Gabinete para a Pesquisa e Exploração de Petróleo
GPIAA Gabinete de Prevenção e Investigação de Acidentes com Aeronaves
GPL Gás de Petróleo Liquefeito
GPSN Gabinete de Proteção e Segurança Nuclear
GRH Gestão de Recursos Humanos
GRID [sigla de Global Resource Information Database] base mundial de dados sobre os recursos
GSM [sigla de Global System for Mobile Communications] protocolo digital para comunicações móveis em toda a Europa, Pacífico e em grande parte da Ásia e África
GST [sigla de Goods and Services Tax] imposto único equivalente ao IVA (Imposto sobre o Valor Acrescentado) português aplicado na Austrália e na Nova Zelândia
GUI INFORMÁTICA [sigla de graphical user interface] designação atribuída a qualquer interface que permite a substituição de caracteres do sistema por gráficos
GUMO HISTÓRIA Grupo de Unidade Moçambicana
GW [símbolo de gigawatt]
Gy [símbolo de gray]

H

h 1 [*símbolo de* hora] 2 FÍSICA [*símbolo de* constante de Planck]
H 1 QUÍMICA [*símbolo de* hidrogénio] 2 FÍSICA [*símbolo de* henry]
ha [*símbolo de* hectare]
hab. [*abreviatura de* habitantes]
HC 1 Hospital Central 2 QUÍMICA hidrato de carbono
HCB Hidroelétrica de Cahora Bassa
HCG FISIOLOGIA [*sigla de* human chorionic gonadotrophin] gonadotrofina coriónica humana
HD 1 Hospital Distrital 2 [*sigla de* high definition] alta definição 3 INFORMÁTICA [*sigla de* hard disk] disco duro 4 INFORMÁTICA (disquete) [*sigla de* high densitiy] alta densidade
HDL BIOQUÍMICA [*sigla de* high density lipoprotein] lipoproteína de alta densidade
HDMI [*sigla de* High-Definition Multimedia Interface] ligação digital de alta velocidade para vídeo e áudio
HDTV [*sigla de* high definition television] televisão de alta definição
He QUÍMICA [*símbolo de* hélio]
Hf QUÍMICA [*símbolo de* háfnio]
hg [*símbolo de* hectograma]
Hg QUÍMICA [*símbolo de* mercúrio]
HG Hospital Geral
HGH MEDICINA [*sigla de* human growth hormone] hormona do crescimento humano
HGP [*sigla de* Human Genome Project] projeto de sequenciação do genoma humano
HIFD INFORMÁTICA [*sigla de* high floppy disk] disquete de alta densidade
hl [*símbolo de* hectolitro]
hm [*símbolo de* hectómetro]
HMA INFORMÁTICA [*sigla de* high memory area] área de memória superior
HMP MILITAR Hospital Militar Principal
Ho QUÍMICA [*símbolo de* hólmio]
hp FÍSICA [*símbolo de* horse-power]
HP Hospital Psiquiátrico
hPa FÍSICA [*símbolo de* hectopascal]
HPV [*sigla de* human papiloma virus] vírus do papiloma humano
Hs QUÍMICA [*símbolo de* hássio]
HTA MEDICINA hipertensão arterial
HTML INFORMÁTICA [*sigla de* hypertext markup language] linguagem utilizada na construção de páginas na internet, que permite construir blocos de informação identificados por etiquetas
HTTP INFORMÁTICA [*sigla de* hypertext transfer protocol] protocolo da internet utilizado para a transferência de ficheiros entre computadores
HUC Hospitais Universitários de Coimbra
HUGO [*sigla de* Human Genome Organization] Organização do Genoma Humano
Hz FÍSICA [*símbolo de* hertz]

I

I 1 QUÍMICA [*símbolo de* iodo] 2 FÍSICA [*símbolo de* corrente elétrica] 3 FÍSICA [*símbolo de* impulso] 4 FÍSICA [*símbolo de* momento de inércia] 5 (lógica formal) [*símbolo de* proposição particular afirmativa]
IA 1 Inteligência Artificial 2 Imposto Automóvel
IAC 1 Instituto de Apoio à Criança 2 Instituto de Arte Contemporânea
IAEFA Instituto de Altos Estudos da Força Aérea
IAEM MILITAR Instituto de Altos Estudos Militares
IAMCR [*sigla de* International Association for Media and Communication Research] Associação Internacional de Estudos e Pesquisa Acerca da Informação
IAN/TT Instituto dos Arquivos Nacionais/Torre do Tombo
IAP 1 Instituto dos Atuários Portugueses 2 Instituto de Anatomia Patológica
IAPMEI Instituto de Apoio às Pequenas e Médias Empresas e ao Investimento
IAS ECONOMIA [*sigla de* International Accounting Standards] normas internacionais de contabilidade
IASB ECONOMIA [*sigla de* International Accounting Standards Board] organismo responsável pela emissão das normas internacionais de contabilidade
IASC ECONOMIA [*sigla de* International Accounting Standards Committee] organismo responsável pela emissão das primeiras normas internacionais de contabilidade
IASFA MILITAR Instituto de Ação Social das Forças Armadas
IBAN [*sigla de* international bank account number] número internacional de conta bancária
ibid. [*abreviatura de* ibidem] no mesmo lugar
IC 1 Instituto do Consumidor 2 Instituto Camões 3 Itinerário Complementar 4 (Macau) Instituto Cultural (anteriormente Instituto Cultural de Macau)
ICA Instituto do Cinema e Audiovisual (anteriormente Instituto do Cinema, Audiovisual e Multimédia)
ICALP Instituto de Cultura e Língua Portuguesa (atualmente Instituto Camões)
ICAM Instituto do Cinema, Audiovisual e Multimédia (atualmente Instituto do Cinema e Audiovisual)
ICANN INFORMÁTICA [*sigla de* Internet Corporation for Assigned Names and Numbers] organização encarregada da gestão a nível mundial dos nomes e endereços da internet
ICAO [*sigla de* International Civil Aviation Organization] Organização da Aviação Civil Internacional
ICAP Instituto Civil da Autodisciplina da Publicidade
ICAT Instituto de Ciência Aplicada e Tecnologia
ICBL [*sigla de* International Campaign to Ban Landmines] Campanha Internacional para a Interdição das Minas Antipessoais
ICC [*sigla de* International Computing Centre] Centro Internacional de Informática
ICCTI Instituto de Cooperação Científica e Tecnológica Internacional
ICE 1 Instituto das Comunidades Educativas 2 Instituto Central de Estatística
ICEP Instituto do Comércio Externo de Portugal
ICERR Instituto para a Conservação e Exploração da Rede Rodoviária
ICLEI [*sigla de* International Council for Local Environmental Initiatives] associação internacional de autoridades locais vocacionada para a prevenção e resolução de questões ambientais locais, regionais e globais, por meio de uma ação local
ICM Instituto Cultural de Macau (atualmente Instituto Cultural)
ICNB Instituto de Conservação da Natureza e da Biodiversidade
ICNF Instituto da Conservação da Natureza e das Florestas
ICOR Instituto para a Construção Rodoviária (atualmente Estradas de Portugal, S.A.)
ICP 1 Instituto de Cultura Portuguesa 2 Instituto da Cooperação Portuguesa 3 Instituto das Comunicações de Portugal
ICQ INFORMÁTICA [*sigla de* I Seek You] sistema de conversação a nível mundial, em que o utilizador tem à disposição uma página da internet e uma base de dados com possíveis correspondentes disponíveis online e offline
ICR INFORMÁTICA [*sigla de* intelligent character recogniton] reconhecimento automático de caracteres manuscritos
ICS Instituto da Comunicação Social
ICTM Instituto para as Ciências e Tecnologias do Mar
ICVV Instituto Comunitário das Variedades Vegetais
id. [*abreviatura de* idem] o mesmo
IDAD Instituto do Ambiente e Desenvolvimento
IDE 1 Índice de Desenvolvimento Educativo 2 ECONOMIA investimento direto estrangeiro
IDH Índice de Desenvolvimento Humano

IDICT Instituto de Desenvolvimento e Inspeção das Condições de Trabalho
IDIT Instituto para o Desenvolvimento e Inovação Tecnológica
IDN Instituto de Defesa Nacional
IDP Instituto do Desporto de Portugal
IDS Instituto para o Desenvolvimento Social
IDT Instituto da Droga e da Toxicodependência
i. e. [*abreviatura de* id est] isto é
IEADR Instituto de Estruturas Agrárias e Desenvolvimento Rural
IEC ECONOMIA Imposto Especial sobre o Consumo
IED Instituto de Estudos para o Desenvolvimento
IEE Instituto de Estudos Europeus
IEEI Instituto de Estudos Estratégicos Internacionais
IEFP Instituto do Emprego e Formação Profissional
IEP 1 Instituto Europeu de Patentes 2 Instituto Eletrotécnico Português 3 Instituto das Estradas de Portugal (atualmente Estradas de Portugal SA) 4 Instituto Empresarial Portuense
IF [Brasil] Instituto Florestal
IFAD [*sigla de* International Fund for Agricultural Development] Fundo Internacional para o Desenvolvimento Agrícola
IFADAP Instituto de Financiamento e Apoio ao Desenvolvimento da Agricultura e Pescas
IFAT 1 Instituto de Financiamento e Apoio ao Turismo 2 [*sigla de* International Federation of Alternative Trade]
IFLA [*sigla de* International Federation of Library Associations and Institutions] Associação Internacional de Bibliotecas, onde está representada a Biblioteca Nacional
IFOP Instrumento Financeiro de Orientação das Pescas
IFOR (NATO) [*sigla de* Intervention Force] Força de Intervenção
IFPI [*sigla de* International Federation of the Phonographic Industry] Federação Internacional da Indústria Fonográfica
IFQ Instituto de Formação de Quadros
IFRIC ECONOMIA [*sigla de* International Financial Reporting Interpretations Committee] Interpretações das Normas Internacionais de Relato Financeiro
IFRS ECONOMIA [*sigla de* International Financial Reporting Standards] Normas Internacionais de Relatório Financeiro
IFT Instituto de Financiamento e Apoio ao Turismo
IGA Inspeção-Geral do Ambiente
IGAC Inspeção-Geral das Atividades Culturais
IGAD [*sigla de* Intergovernmental Authority on Development] Autoridade Intergovernamental para o Desenvolvimento
IGAE Inspeção-Geral das Atividades Económicas
IGAI Inspeção-Geral da Administração Interna
IGAPHE Instituto de Gestão e Alienação do Património Habitacional do Estado
IGAS Inspeção-Geral das Atividades em Saúde
IGAT Inspeção-Geral da Administração do Território
IGCP Instituto de Gestão do Crédito Público
IGDN Inspeção-Geral da Defesa Nacional
IGE 1 Inspeção-Geral da Educação 2 Instituto Geográfico do Exército
IGEP [*sigla de* International Group of Educational Publishers] Grupo Internacional de Editores Escolares
IGF Inspeção-Geral de Finanças
IGFA Inspeção-Geral da Força Aérea
IGFPJ Instituto de Gestão Financeira e Patrimonial da Justiça
IGFSE Instituto de Gestão do Fundo Social Europeu
IGFSS Instituto de Gestão Financeira da Segurança Social
IGIFS Instituto de Gestão Informática e Financeira da Saúde
IGJ Inspeção-Geral de Jogos
IGM 1 Instituto Geológico e Mineiro 2 Instituto de Genética Médica
IGP 1 Instituto Geral das Pescas 2 Indicação Geográfica Protegida 3 Instituto Geográfico Português
IGPF Instituto de Gestão do Património Fundiário Nacional
IGS Inspeção-Geral da Saúde
IGT Inspeção-Geral do Trabalho (atualmente Autoridade para as Condições de Trabalho)
IH Instituto Hidrográfico
IHERA Instituto de Hidráulica, Engenharia Rural e Ambiente
IHMT Instituto de Higiene e Medicina Tropical
IHRU Instituto da Habitação e Reabilitação Urbana (anteriormente Instituto Nacional de Habitação)
IHS [*sigla de* Iesus Hominum Salvator] Jesus Salvador dos Homens
IICT Instituto de Investigação Científica Tropical
IIE Instituto de Inovação Educacional

IIS [*sigla de* International Institute of Statistics] Instituto Internacional de Estatística
ILGA [*sigla de* International Lesbian and Gay Association] Associação Internacional de Homossexuais
ILLP Instituto de Língua e Literatura Portuguesas
Ilmo. [*abreviatura de* Ilustríssimo]
ILO [*sigla de* International Labour Organization] Organização Internacional do Trabalho
ILTEC Instituto de Linguística Teórica e Computacional
IM 1 Instituto de Meteorologia 2 ECONOMIA Interesses Minoritários
IMAPE Instituto Mineiro de Avaliação e Perícias de Engenharia
IMAR Instituto do Mar
IMC índice de massa corporal
IME Instituto Monetário Europeu (atualmente Banco Central Europeu e Sistema Europeu de Bancos Centrais)
IMF [*sigla de* International Monetary Fund] Fundo Monetário Internacional
IMI Imposto Municipal sobre Imóveis
IML Instituto de Medicina Legal
IMMAS Instituto de Materiais, Manutenção, Ambiente e Segurança
IMO [*sigla de* International Maritime Organization] Organização Marítima Internacional
IMP 1 Instituto Marítimo Portuário (atualmente Instituto Portuário e dos Transportes Marítimos) 2 Instituto Macrobiótico de Portugal
IMSO [*sigla de* International Mobile Satellite Organization] Organização Internacional de Satélites Móveis
IMSV Imposto Municipal sobre Veículos
IMT Imposto Municipal sobre Transações
in (unidade de comprimento) [*símbolo de* polegada]
In 1 QUÍMICA [*símbolo de* índio] 2 MATEMÁTICA [*símbolo de* logaritmo neperiano]
INA Instituto Nacional de Administração
INAC Instituto Nacional de Aviação Civil
INAFOP Instituto Nacional de Acreditação da Formação de Professores
INAG Instituto Nacional da Água
INATEL Instituto Nacional de Apoio aos Tempos Livres
INC Instituto Nacional de Cinema
INCM Imprensa Nacional - Casa da Moeda
INCP Instituto Nacional de Cardiologia Preventiva
IND 1 Instituto Nacional do Desporto 2 Instituto de Navegabilidade do Douro
INDC Instituto Nacional de Defesa do Consumidor
INE Instituto Nacional de Estatística
INEM Instituto Nacional de Emergência Médica
INEP Instituto Nacional de Estudos e Pesquisa
INESC Instituto Nacional de Engenharia de Sistemas e Computadores
INETI Instituto Nacional de Engenharia e Tecnologia Industrial
INFARMED Instituto Nacional da Farmácia e do Medicamento
INGA Instituto Nacional de Intervenção e Garantia Agrícola
INH Instituto Nacional de Habitação (atualmente Instituto da Habitação e da Reabilitação Urbana)
INIA Instituto Nacional de Investigação Agrária (atualmente Instituto Nacional de Investigação Agrária e Veterinária)
INIAV Instituto Nacional de Investigação Agrária e Veterinária
INIC Instituto Nacional de Investigação Científica
INMG Instituto Nacional de Meteorologia e Geofísica
INML Instituto Nacional de Medicinal Legal
INOFOR Instituto para a Inovação na Formação
INPBD Instituto Nacional de Proteção das Bases de Dados
INPC Instituto Nacional do Património Cultural
INPCC Instituto Nacional de Polícia e Ciências Criminais
INPECO Instituto Português de Ecologia
INPI Instituto Nacional de Propriedade Industrial
INR Instituto Nacional de Resíduos
INRI [*sigla de* Iesus Nazarenus Rex Iudaeorum] Jesus Nazareno Rei dos Judeus
INSA Instituto Nacional de Saúde
INSC ECONOMIA Índice Nacional de Satisfação do Cliente
INSM Inspeção de Navios e Segurança Marítima
INT Instituto Nacional do Trabalho
INTELSAT [*sigla de* International Telecommunications Satellite] Organização Internacional das Telecomunicações via Satélite
INTERFET HISTÓRIA [*sigla de* International Forces for East Timor] Força Multinacional em Timor-Leste
INTERPOL [*sigla de* International Police] Polícia Internacional

INTF Instituto Nacional de Transporte Ferroviário
INTIB [sigla de Industrial and Technological Information Bank] Banco de Informações Industriais e Técnicas
INTP Instituto Nacional do Trabalho e Previdência
IO Intervenção Operacional
IOSCO ECONOMIA [sigla de International Organization of Securities Commissions] Organização Internacional das Comissões de Valores
IP 1 Itinerário Principal 2 INFORMÁTICA [sigla de Internet protocol] um dos protocolos mais importantes da internet, responsável pela identificação das máquinas e redes e pelo encaminhamento das mensagens até ao seu destino
IPA 1 Instituto Português de Arqueologia 2 MEDICINA incapacidade permanente absoluta
IPACA Instituto Português da Arte Cinematográfica e Audiovisual (atualmente Instituto do Cinema e do Audiovisual)
IPAE Instituto Português das Artes do Espetáculo
IPAM Instituto Português de Administração e Marketing
IPAMB Instituto de Promoção Ambiental
IPATIMUP Instituto de Patologia e Imunologia Molecular da Universidade do Porto
IPB Instituto Politécnico de Bragança
IPBL Instituto Português do Livro e das Bibliotecas
IPC 1 Instituto Português de Cinema 2 Instituto Politécnico de Coimbra 3 ECONOMIA Índice de Preços ao Consumidor
IPCA Instituto Politécnico do Cávado e do Ave
IPCB Instituto Politécnico de Castelo Branco
IPCC Instituto Português de Cartografia e Cadastro (atualmente Instituto Geográfico Português)
IPCH ECONOMIA Índice de Preços no Consumidor Harmonizado
IPCR Instituto Português de Conservação e Restauro
IPDT Instituto Português da Droga e da Toxicodependência
IPE 1 Investimento e Participações do Estado 2 Instituto de Pesquisas Espaciais
IPED Instituto Português de Ensino à Distância (posteriormente Universidade Aberta)
IPEF Instituto Português de Executivos Financeiros
IPEI Instituto Português de Engenharia Industrial
IPG Instituto Politécnico da Guarda
IPIMAR Instituto de Investigação das Pescas e do Mar (atualmente Instituto Português do Mar e da Atmosfera)
IPJ Instituto Português da Juventude
IPL 1 Instituto Português do Livro (atualmente Instituto Português do Livro e da Leitura) 2 Instituto Politécnico de Leiria
IPLB Instituto Português do Livro e das Bibliotecas (atualmente Direção-Geral do Livro e das Bibliotecas)
IPLL Instituto Português do Livro e da Leitura (anteriormente Instituto Português do Livro)
IPM Instituto Português de Museus
IPMA Instituto Português do Mar e da Atmosfera (anteriormente Instituto de Investigação das Pescas e do Mar)
IPO 1 Instituto Português de Oncologia 2 Inspeção Periódica Obrigatória 3 (venda de ações) [sigla de Initial Public Offering] oferta pública inicial
IPOR Instituto Português do Oriente
IPP 1 Instituto Politécnico do Porto 2 Instituto Politécnico de Portalegre 3 MEDICINA incapacidade permanente parcial
IPPAR Instituto Português do Património Arquitetónico
IPPC Instituto Português do Património Cultural
IPPF [sigla de International Planned Parenthood Federation] Federação Internacional para o Planeamento Familiar
IPQ Instituto Português da Qualidade
IPR (vinho) Indicação de Proveniência Regulamentada
IPS 1 Instituto Português do Sangue (atualmente Instituto Português do Sangue e da Transplantação) 2 Instituto Politécnico do Sul 3 Instituto Politécnico de Setúbal 4 Instituto Politécnico de Santarém
IPSS Instituição Particular de Solidariedade Social
IPST Instituto Português do Sangue e da Transplantação (anteriormente Instituto Português do Sangue)
IPT Instituto Politécnico de Tomar
IPTM Instituto Portuário e dos Transportes Marítimos
IPV Instituto Politécnico de Viseu
IPVC Instituto Politécnico de Viana do Castelo
Ir QUÍMICA [símbolo de irídio]
IR Instituto dos Resíduos
IRA [sigla de Irish Republican Army] Exército Republicano Irlandês
IRAR Instituto Regulador de Águas e Resíduos
IRB Inspeção Regional de Bombeiros
IRC 1 Imposto sobre o Rendimento das Pessoas Coletivas 2 INFORMÁTICA [sigla de Internet Relay Chat] serviço fornecido na internet que permite conversar em tempo real, através de mensagens escritas
IRM Imagem por Ressonância Magnética
IRS 1 Imposto sobre o Rendimento das Pessoas Singulares 2 Instituto de Reinserção Social (atualmente Direção-Geral de Reinserção e Serviços Prisionais)
IS Imposto de Selo
ISBD [sigla de International Standard Bibliographic Description] Descrição Bibliográfica Internacional Normalizada
ISBN [sigla de International Standard Book Number] Número Internacional Normalizado do Livro
ISCSP Instituto Superior de Ciências Sociais e Políticas
ISDA Imposto sobre as Sucessões e Doações por Avença
ISEE Instituto Superior de Estudos Empresariais
ISEGI Instituto Superior de Estatística e Gestão de Informação
ISET Instituto Superior de Educação e Trabalho
ISGB Instituto Superior de Gestão Bancária
ISHST Instituto para a Segurança, Higiene e Saúde no Trabalho (atualmente Autoridade para as Condições de Trabalho)
ISMN [sigla de International Standard Music Number] sistema internacional de identificação de documentos musicais
ISN Instituto de Socorros a Náufragos
ISO [sigla de International Standards Organization] Organização Internacional de Normalização
ISP 1 Instituto de Seguros de Portugal 2 INFORMÁTICA [sigla de Internet service provider] entidade fornecedora de serviços de internet
ISQ Instituto de Soldadura e Qualidade
ISRC [sigla de International Standard Recording Code] Código Internacional de Normalização de Gravações (sonoras e audiovisuais)
ISS [sigla de International Space Station] Estação Espacial Internacional
ISSN [sigla de International Standard Serial Number] Número Internacional Normalizado das Publicações em Série
ISSS Instituto da Solidariedade e Segurança Social
IST Instituto Superior Técnico
ISTP Instituto Superior de Transportes
ISV Imposto Sobre Veículos
ITA Instituto de Tecnologias Ambientais
ITC [sigla de International Trade Centre] Centro de Comércio Internacional
ITG Instituto Tecnológico do Gás
ITI (ensino) Introdução às Tecnologias de Informação
ITN Instituto Tecnológico e Nuclear (atualmente Instituto Superior Técnico)
ITU 1 [sigla de International Telecommunication Union] União Internacional de Telecomunicações 2 MEDICINA infeção do trato urinário
IUC [sigla de Imposto Único de Circulação]
IUPAC [sigla de International Union of Pure and Applied Chemistry] União Internacional de Química Pura e Aplicada
IUPAP [sigla de International Union of Pure and Applied Physics] União Internacional de Física Pura e Aplicada
IVDP Instituto dos Vinhos do Douro e Porto
IVG MEDICINA interrupção voluntária da gravidez
IVP Instituto do Vinho do Porto
IVV Instituto da Vinha e do Vinho

J

J FÍSICA [*símbolo de* joule]
JAE Junta Autónoma das Estradas
JAI (União Europeia) Justiça e Assuntos Internos
JAL [*sigla de* Japan Airlines] Linhas Aéreas do Japão
JML Junta Metropolitana de Lisboa
JMP Junta Metropolitana do Porto

JNICT Junta Nacional de Investigação Científica e Tecnológica
JNRJ Jesus Nazareno Rei dos Judeus
JOC Juventude Operária Católica
JPEG INFORMÁTICA [*sigla de* joint photographic experts group] formato de armazenamento de imagens

K

k FÍSICA [*símbolo de* constante de Boltzmann]
K 1 QUÍMICA [*símbolo de* potássio] 2 FÍSICA [*símbolo de* kelvin]
kb INFORMÁTICA [*símbolo de* quilobit]
kB INFORMÁTICA [*símbolo de* quilobyte]
KB INFORMÁTICA (uso indevido) [*símbolo de* quilobyte]
kbps INFORMÁTICA kilobits por segundo
kc [*símbolo de* quilociclo]
kcal [*símbolo de* quilocaloria]
KFOR (NATO) [*sigla de* Kosovo Force] Força para o Kosovo
kg [*símbolo de* quilograma]
KGB (antiga União Soviética) [*sigla de* Komitet Gosudarstvennoi Bezopasnosti] Comité para a Segurança do Estado
kgf FÍSICA [*símbolo de* quilograma-força]
kgm [*símbolo de* quilogrâmetro]
kHz FÍSICA [*símbolo de* quilohertz/kilohertz]
kJ FÍSICA [*símbolo de* quilojoule]

kl [*símbolo de* quilolitro]
KLM [*sigla de* Koninklijke Luchtvaart Maatschappij] Companhia Real Holandesa de Aviação
km [*símbolo de* quilómetro]
km/h [*símbolo de* quilómetro(s) por hora]
K. O. (boxe) [*abreviatura de* knockout] fora de combate
Kr QUÍMICA [*símbolo de* crípton]
Ku QUÍMICA [*símbolo de* kurtschatóvio]
kV FÍSICA [*símbolo de* quilovolt]
kVA FÍSICA [*símbolo de* quilovolt-ampere]
kW FÍSICA [*símbolo de* quilowatt]
kWh [*símbolo de* quilowatt-hora]
KWIC INFORMÁTICA [*sigla de* key word in-context] processo de pesquisa e classificação de documentos através da utilização de palavras-chave contadas no texto desses documentos

L

l [*símbolo de* litro]
L 1 (ponto cardeal) [*símbolo de* leste] 2 FÍSICA [*símbolo de* indutância própria]
La QUÍMICA [*símbolo de* lantânio]
LAM Linhas Aéreas de Moçambique
LAN INFORMÁTICA [*sigla de* Local Area Network] rede de comunicação local geralmente utilizada dentro de uma organização para ligar os seus computadores
lat. [*abreviatura de* latitude]
LAT [*sigla de* living apart together] diz-se do relacionamento em que duas pessoas se assumem como casal mas não vivem juntas
lb (unidade de massa) [*símbolo de* libra]
LBOT Lei de Bases do Ordenamento do Território
LBPF Lei de Bases da Política Florestal
LBSD Lei de Bases do Sistema Desportivo
LBSE Lei de Bases do Sistema Educativo
LBV Legião da Boa Vontade
LC MILITAR Liga dos Combatentes
LCD INFORMÁTICA [*sigla de* liquid cristal display] monitor de cristal líquido
Lda. ECONOMIA [*abreviatura de* Limitada]
LDL BIOQUÍMICA [*sigla de* low density lipoprotein] lipoproteína de baixa densidade
LED ELETRICIDADE [*sigla de* light-emitting diode] semicondutor que emite luz quando uma corrente passa por ele
LGP Língua Gestual Portuguesa
Li QUÍMICA [*símbolo de* lítio]
LIBER [*sigla de* Ligue des Bibliothèques Européennes de Recherche] Associação Europeia de Bibliotecas de Investigação, onde está representada a Biblioteca Nacional
LIBOR ECONOMIA [*sigla de* London Interbank Offered Rate] taxa de juro interbancária praticada no mercado de Londres que é acompanhada como valor de referência pelas taxas de juro nos mercados internacionais
LICRA [*sigla de* Ligue Internationale Contre le Racisme et l'Antisémitisme] Liga Internacional contra o Racismo e o Antissemitismo
LISBOR ECONOMIA [*sigla de* Lisbon Interbank Offered Rate] taxa de juro interbancária de referência do mercado monetário nacional
lm FÍSICA [*símbolo de* lúmen]
LNEC Laboratório Nacional de Engenharia Civil
LNETI Laboratório Nacional de Engenharia e Tecnologia Industrial
LNIV Laboratório Nacional de Investigação Veterinária
LOBOFA MILITAR Lei Orgânica de Bases da Organização das Forças Armadas
log MATEMÁTICA [*símbolo de* logaritmo]
LOL [*sigla de* laughing out loud] palavra usada geralmente em chats e emails, indicando que a pessoa está a rir ou a dar gargalhadas
long. [*abreviatura de* longitude]
LOPJ Lei Orgânica da Polícia Judiciária
LPCE Liga Portuguesa Contra a Epilepsia
LPDA Liga Portuguesa dos Direitos dos Animais
LPFP Liga Portuguesa de Futebol Profissional
lpm INFORMÁTICA (impressora) linhas por minuto
LPM MILITAR Lei da Programação Militar
LPN Liga para a Proteção da Natureza
LPPS Liga Portuguesa de Profilaxia Social
Lr QUÍMICA [*símbolo de* laurêncio]
LSM MILITAR Lei do Serviço Militar
LTH FISIOLOGIA [*sigla de* luteotropic hormone] prolactina
Lu QUÍMICA [*símbolo de* lutécio]
Lv QUÍMICA [*símbolo de* livermório]
lx FÍSICA [*símbolo de* lux]

M

m 1 [símbolo de metro] 2 [símbolo de mês]
M FÍSICA [símbolo de indutância mútua]
ma [símbolo de miriare]
mA FÍSICA [símbolo de miliampere]
MA Ministério do Ambiente
MAAC Movimento de Apostolado de Adolescentes e Crianças
MADRP Ministério da Agricultura, do Desenvolvimento Rural e das Pescas
MAG Mesa da Assembleia Geral
MAI Ministério da Administração Interna
MAMAOT Ministério da Agricultura, do Mar, do Ambiente e do Ordenamento do Território
MAN 1 INFORMÁTICA [sigla de Metropolitan Area Network] rede que interliga um número significativo de computadores numa extensão de dezenas de quilómetros 2 Movimento Associativo Nacional
MAOT Ministério do Ambiente e do Ordenamento do Território
MAPA Medição Ambulatória da Pressão Arterial
mb FÍSICA [símbolo de milibar]
Mb INFORMÁTICA [símbolo de megabit]
MB INFORMÁTICA [símbolo de megabyte]
MBO [sigla de Management by Objectives] gestão participativa por objetivos
MC Ministério da Cultura
MCDT MEDICINA meios complementares de diagnóstico e terapêutica
MCES Ministério da Ciência e do Ensino Superior
MCT Ministério da Ciência e da Tecnologia
MCTES Ministério da Ciência, Tecnologia e Ensino Superior
Md QUÍMICA [símbolo de mendelévio]
MDA Movimento de Defesa Animal
MDF ECONOMIA Modelos de Demonstrações Financeiras
MDM Movimento Democrático de Mulheres
MDN Ministério da Defesa Nacional
ME 1 Ministério da Educação 2 Ministério da Economia
MEPAT Ministério do Equipamento, do Planeamento e da Administração do Território
MERCOSUL Mercado Comum do Sul
MES Ministério do Equipamento Social
MF Ministério das Finanças
MFA Movimento das Forças Armadas
mg [símbolo de miligrama]
Mg QUÍMICA [símbolo de magnésio]
MGF 1 medicina geral e familiar 2 mutilação genital feminina
MHz [símbolo de megahertz]
MIDI INFORMÁTICA [sigla de Musical Instrument Digital Interface] protocolo que permite a transferência de informação entre instrumentos musicais eletrónicos e computadores
MIME INFORMÁTICA [sigla de Multipurpose Internet Mail Extensions] modelo que permite incluir nas mensagens eletrónicas combinações de texto, som, imagem e vídeo
min [símbolo de minuto]
MIS INFORMÁTICA [sigla de Management Information System] sistema de informação criado para auxiliar a gestão
MIT [sigla de Massachusetts Institute of Technology] Instituto Tecnológico de Massachusetts
MJ Ministério da Justiça
MKS (sistema de unidades) [sigla de meter-kilogram-second] metro, quilograma, segundo (sistema de unidades que foi substituído pelo atual Sistema Internacional de Unidades)
ml [símbolo de mililitro]
ML Metro de Lisboa
MLD [sigla de minimum lethal dose] dose letal mínima
mm [símbolo de milímetro]
MMI Mercado Monetário Interbancário
MMS
MMX INFORMÁTICA [sigla de Multimedia Extensions] tecnologia desenvolvida para conferir maiores potencialidades multimédia a microprocessadores
Mn QUÍMICA [símbolo de manganésio]
MNE Ministério dos Negócios Estrangeiros
MNI Museu Nacional da Imprensa
Mo QUÍMICA [símbolo de molibdénio]
mol FÍSICA, QUÍMICA [símbolo de mole]
MP 1 Ministério Público 2 Ministério do Planeamento 3 Metro do Porto 4 Medida Preventiva 5 (regime de alojamento) Meia-pensão
MP3 INFORMÁTICA [sigla de MPEG-1/2 Audio Layer 3] formato digital de áudio que utiliza um padrão de compressão de som, o que permite reduzir a sua dimensão aparelho portátil capaz de armazenar e reproduzir ficheiros áudio
MPB Música Popular Brasileira
MPC ECONOMIA Marca Produto Certificado
MPEG INFORMÁTICA [sigla de moving picture experts group] padrão de compressão de dados para vídeo digital em formato de arquivo
MPLA Movimento Popular de Libertação de Angola
MRS MEDICINA [sigla de Magnetic Resonance Spectroscopy] espetroscopia de ressonância magnética
MS Ministério da Saúde
MSF Médicos Sem Fronteiras
MSH FISIOLOGIA [sigla de melanocyte stimulating hormone] melanostimulina
MSI Missão da Sociedade de Informação
MSSS Ministério da Solidariedade e Segurança Social
MST [Brasil] Movimento dos Sem-Terra
Mt QUÍMICA [símbolo de meitnério]
MTC 1 Mecanismo de Taxas de Câmbio 2 Medicina Tradicional Chinesa
MTQ (ensino) Métodos Quantitativos
MTS Ministério do Trabalho e da Solidariedade
MTSS Ministério do Trabalho e da Segurança Social
Mx FÍSICA [símbolo de maxwell]

N

n.º [abreviatura de número]
N 1 QUÍMICA [símbolo de azoto] 2 FÍSICA [símbolo de newton] 3 GEOGRAFIA (ponto cardeal) [símbolo de norte]
Na QUÍMICA [símbolo de sódio]
NAFTA [sigla de North American Free Trade Agreement] Acordo de Comércio Livre da América do Norte
NASA [sigla de National Aeronautics and Space Administration] organismo que planeia e orienta as pesquisas aeronáuticas e espaciais nos Estados Unidos da América
NATO [sigla de North Atlantic Treaty Organization] Organização do Tratado do Atlântico Norte
Nb QUÍMICA [símbolo de nióbio]
N. B. [abreviatura de nota bene] fórmula usada para chamar a atenção para um aspeto importante ou complementar de uma afirmação anterior
NBA (Estados Unidos da América) [sigla de National Basketball Association] Associação Nacional de Basquetebol
NC Nomenclatura Combinada
NCRF ECONOMIA Normas Contabilísticas e de Relato Financeiro (adaptação nacional das normas internacionais de contabilidade)
NCRF-PE ECONOMIA Normas Contabilísticas e de Relato Financeiro para Pequenas Entidades
Nd QUÍMICA [símbolo de neodímio]
N.D. (jornalismo) [abreviatura de nota da direção]
Ne QUÍMICA [símbolo de néon]
NE GEOGRAFIA, NÁUTICA [símbolo de nordeste]
NEA 1 MILITAR Núcleo de Estudos Ambientais 2 [sigla de Nuclear Energy Agency] Agência de Energia Nuclear
NEE Necessidades Educativas Especiais
NEPE Núcleo Empresarial de Promoção Externa
NEST Novas Empresas de Suporte Tecnológico
NETIE Núcleo Empresarial para as Tecnologias de Informação e Eletrónica

NEWS [sigla de Network of European World Shops] rede europeia de lojas de comércio justo
NFS INFORMÁTICA [sigla de network file system] protocolo que permite a um computador aceder a ficheiros numa rede como se estes estivessem no disco rígido local
NGO [sigla de Non Governmental Organization] Organização Não Governamental
Ni QUÍMICA [símbolo de níquel]
NI ECONOMIA Normas Interpretativas
NIB Número de Identificação Bancária
NIC ECONOMIA Normas Internacionais de Contabilidade
NIF Número de Identificação Fiscal
NIG Núcleo de Informação Geográfica
NIP Número de Identificação Pessoal (código individual composto por uma sequência de algarismos, que é usado com um cartão e permite o acesso a um terminal de multibanco ou a um sistema telefónico)
NIPC Número de Identificação de Pessoa Coletiva
NIR Núcleo dos Impostos sobre o Rendimento
NIRF ECONOMIA Normas Internacionais de Relato Financeiro
NMMO INFORMÁTICA (internet) na minha modesta opinião
NNE GEOGRAFIA, NÁUTICA [símbolo de nor-nordeste]
NNO GEOGRAFIA, NÁUTICA [símbolo de nor-noroeste]
NNRP INFORMÁTICA [sigla de network news reading protocol] protocolo de leitura de informação a partir de um servidor de notícias
NNTP INFORMÁTICA [sigla de network news transport protocol] protocolo de distribuição, solicitação, recuperação e publicação de notícias
NNW GEOGRAFIA, NÁUTICA [símbolo de nor-noroeste]
No QUÍMICA [símbolo de nobélio]
NO GEOGRAFIA, NÁUTICA [símbolo de noroeste]
NOEI Nova Ordem Económica Internacional
NOMIC Nova Ordem Mundial da Informação e da Comunicação
Np QUÍMICA [símbolo de neptúnio]
NP 1 Norma Portuguesa 2 Norma Provisória
NPI Novos Países Industrializados
N. R. (jornalismo) [abreviatura de nota da redação]
NRA Núcleo Regional do Alentejo
N. T. [abreviatura de nota do tradutor]
NTSC [sigla de National Television Standards Committee] padrão televisivo de resolução de imagens com uma definição inferior à do sistema PAL (phase alternation by line)
NU Nações Unidas
núm. [abreviatura de número]
NUT Nomenclatura de Unidade Territorial
NUTS Nomenclatura de Unidades Territoriais para Fins Estatísticos
NW GEOGRAFIA, NÁUTICA [símbolo de noroeste]

O

O 1 QUÍMICA [símbolo de oxigénio] 2 GEOGRAFIA (ponto cardeal) [símbolo de oeste]
OA 1 Ordem dos Advogados 2 Ordem dos Arquitetos
OAC Observatório das Atividades Culturais
OACI Organização da Aviação Civil Internacional
OAL Observatório Astronómico de Lisboa
OAUC Observatório Astronómico da Universidade de Coimbra
ob. [abreviatura de obra]
OBI INFORMÁTICA [sigla de Open-Buying on the Internet] modelo de comunicação entre os vários sistemas de comércio eletrónico
obs. [abreviatura de observação]
OCDE Organização de Cooperação e de Desenvolvimento Económicos
OCES Observatório da Ciência e do Ensino Superior
OCI Organização da Conferência Islâmica
OCM Organização Comum de Mercado
OCPM Obra Católica Portuguesa de Migrações
OCR INFORMÁTICA [sigla de optical character recognition] reconhecimento ótico de caracteres
OCT Observatório das Ciências e das Tecnologias
Oe FÍSICA [símbolo de oersted]
OE 1 Orçamento de Estado 2 Ordem dos Engenheiros
OEA Organização dos Estados Americanos
OECE Organização Europeia de Cooperação Económica
OEDT Observatório Europeu das Drogas e Toxicodependência
OEFP Observatório de Emprego e da Formação Profissional
OEP 1 Organização Europeia de Patentes 2 Orientação Escolar e Profissional
OERX Observatório Europeu do Racismo e da Xenofobia
OF Ordem dos Farmacêuticos
OGE Orçamento Geral do Estado
OGM Organismo Geneticamente Modificado
OGMA Oficinas Gerais de Material Aeronáutico
OICE Órgão Internacional de Controlo de Estupefacientes
OICV Organização Internacional das Comissões de Valores
OICVM ECONOMIA organismos de investimento coletivo em valores mobiliários
OIJ Organização Internacional de Jornalistas
OIM 1 Organização Internacional Marítima 2 Organização Internacional para as Migrações
OIT Organização Internacional do Trabalho
OLAF Organismo Europeu de Luta Antifraude
OLAP INFORMÁTICA [sigla de online analytical processing] software de suporte que permite ao utilizador analisar rapidamente informação complexa
OLP Organização de Libertação da Palestina
OMC Organização Mundial do Comércio
OMD Ordem dos Médicos Dentistas
OMG INFORMÁTICA [sigla de Object Management Group] grupo de gestão de objetos
OMGI Organismo Multilateral de Garantia de Investimentos
OMI Organização Marítima Internacional
OMM Organização Meteorológica Mundial
OMPI 1 Organização Mundial da Propriedade Industrial 2 Organização Mundial da Propriedade Intelectual
OMS Organização Mundial de Saúde
OMT Organização Mundial do Turismo
ONG Organização Não Governamental
ONGA Organização Não Governamental de Ambiente
ONI Organismo de Normalização Internacional
ONN Organismo de Normalização Nacional
ONO GEOGRAFIA, NÁUTICA [símbolo de oés-noroeste]
ONP Orquestra Nacional do Porto
ONR Organismo de Normalização Regional
ONU Organização das Nações Unidas
ONUDI Organização das Nações Unidas para o Desenvolvimento Industrial
op. MÚSICA [abreviatura de opus]
OPA ECONOMIA Oferta Pública de Aquisição
OPAC [sigla de Online Public Access Catalogue] catálogo informatizado de uma biblioteca, disponível publicamente através da internet
OPAQ Organismo para a Proibição de Armas Químicas
op. cit. [abreviatura de opus citatum] obra citada
OPEC [sigla de Organization of the Petroleum Exporting Countries] Organização dos Países Exportadores de Petróleo
OPEP Organização dos Países Exportadores de Petróleo
OPT ECONOMIA Oferta Pública de Troca
OPV ECONOMIA Oferta Pública de Venda
OR POLÍTICA, ECONOMIA Orçamento Retificativo
Os QUÍMICA [símbolo de ósmio]
OSCE Organização para a Segurança e Cooperação na Europa
OSI INFORMÁTICA [sigla de open systems interconnection] modelo criado para a interconexão num contexto de sistemas abertos
OSO GEOGRAFIA, NÁUTICA [símbolo de oés-sudoeste]
OSP Orquestra Sinfónica Portuguesa
OT Obrigações do Tesouro
OTAN Organização do Tratado do Atlântico Norte
OUA Organização de Unidade Africana
OVNI Objeto Voador Não Identificado

P

p 1 [*símbolo de* polegada] 2 FÍSICA [*símbolo de* pressão] 3 (medida) [*símbolo de* pé]
p. 1 [*abreviatura de* página] 2 MÚSICA [*abreviatura de* piano]
P 1 QUÍMICA [*símbolo de* fósforo] 2 FÍSICA [*símbolo de* potência]
Pa 1 QUÍMICA [*símbolo de* protactínio] 2 FÍSICA [*símbolo de* pascal]
PAAJ Programa de Apoio ao Associativismo Juvenil
PAB Produto Agrícola Bruto
PAC 1 Política Agrícola Comum 2 Posto de Atendimento ao Cidadão 3 INFORMÁTICA Programa Assistido por Computador
PAF MEDICINA Polineuropatia Amiloidótica Familiar (doença dos pezinhos)
pág. [*abreviatura de* página]
págs. [*abreviatura de* páginas]
PAICV Partido Africano da Independência de Cabo Verde
PAIG Partido Africano para a Independência da Guiné
PAIGC Partido Africano da Independência da Guiné e Cabo Verde
PAL [*sigla de* phase alternation line] padrão de resolução da imagem televisiva usado em muitos países europeus
PALOP Países Africanos de Língua Oficial Portuguesa
PAM 1 Programa Alimentar Mundial 2 MEDICINA pressão arterial média
PAMAF Plano de Apoio à Modernização da Agricultura e Florestas
PAO Plano de Atividades e Orçamento
PAT Prova de Aptidão Tecnológica
Pb QUÍMICA [*símbolo de* chumbo]
PBH Plano de Bacia Hidrográfica
PBX [*sigla de* private branch exchange] dispositivo que permite, numa rede telefónica privada, estabelecer ligações para diferentes linhas individuais
Pç. [*abreviatura de* praça]
PCE QUÍMICA percloroetileno
PCGA ECONOMIA Princípios de Contabilidade Geralmente Aceites
PCI 1 QUÍMICA poder calorífico inferior 2 (ambiente) produto de combustão incompleta
PCM Presidência do Conselho de Ministros
PCP Partido Comunista Português
Pd QUÍMICA [*símbolo de* paládio]
P.D. [*abreviatura de* Pede Deferimento]
PDAE Programa de Difusão das Artes do Espetáculo
PDAR Programa de Desenvolvimento Agrícola Regional
PDEM Países Desenvolvidos com Economia de Mercado
PDF INFORMÁTICA [*sigla de* portable document format] formato de ficheiro universal que conserva as características originais, como os tipos de letra, gráficos, cores, formatações, etc.
PDM Plano Diretor Municipal
PDR Plano de Desenvolvimento Regional
PDS Plataforma de Dados da Saúde
P.e [*abreviatura de* Padre]
PE 1 Parlamento Europeu 2 Polícia do Exército 3 ECONOMIA Pequena Entidade
PEA Plano de Estruturação Agrária
PEC ECONOMIA Programa de Estabilidade e Crescimento
PECO Países da Europa Central e Oriental
PED Países em Desenvolvimento
PEDAP Programa Específico de Desenvolvimento da Agricultura Portuguesa
PEDIP Programa Estratégico de Dinamização e Modernização da Indústria Portuguesa
P. E. F. [*abreviatura de* por especial favor]
PEN Plano Energético Nacional
PEOT Plano Específico de Ordenamento do Território
PEPS Programa de Emprego e Proteção Social
PER 1 Programa de Erradicação das Barracas 2 Plano Especial de Realojamento 3 ECONOMIA [*sigla de* price earnings ratio] rácio preço/lucros por ação
PESC (União Europeia) Política Externa e de Segurança Comum (até 2009, data em que foi abolida com o Tratado de Lisboa)
PEV Partido Ecologista Os Verdes
p. ex. [*abreviatura de* por exemplo]
p.f. [*abreviatura de* próximo futuro]
p. f. [*abreviatura de* por favor]
PFN Planeamento Familiar Natural

PG 1 Projeto Global 2 Prova Global
PGF Plano de Gestão Florestal
PGR Procuradoria-Geral da República
PGU Plano Geral de Urbanização
PI Parque Industrial
PIB 1 Produto Interno Bruto 2 Produção Interna Bruta
PIDC Programa Internacional para o Desenvolvimento da Comunicação
PIDDAC Plano de Investimentos e Despesas de Desenvolvimento da Administração Central
PIDE HISTÓRIA Polícia Internacional e de Defesa do Estado
PIER Plano de Intervenção em Espaço Rural
PIH Plano Integrado de Habitação
PIIE Programa Internacional de Intercâmbio de Estágios
PKI INFORMÁTICA [*sigla de* public key infrastructure] infraestrutura de chave pública
PLE (ensino) Português Língua Estrangeira
PLN Processamento de Linguagem Natural
p. m. 1 [*abreviatura de* preços do mercado] 2 [*abreviatura de* post meridiem] pós-meridiano
Pm QUÍMICA [*símbolo de* promécio]
PM 1 Polícia Municipal 2 Polícia Militar 3 Primeiro-Ministro
PMA Programa Mundial para a Alimentação
PME Pequenas e Médias Empresas
PMI ECONOMIA Pequenas e Médias Indústrias
PMOT Plano Municipal de Ordenamento do Território
P. M. P. [*abreviatura de* por mão própria]
PN Polícia Naval
PNA 1 Parque Natural da Arrábida 2 Plano Nacional da Água
PNAL Parque Natural do Alvão
PNB Produto Nacional Bruto
PNL 1 Plano Nacional de Leitura 2 Programação Neurolinguística
PNPA Plano Nacional de Política do Ambiente
PNPG Parque Nacional da Peneda-Gerês
PNRF Parque Natural da Ria Formosa
PNSC Parque Natural Sintra-Cascais
PNSE Parque Nacional da Serra da Estrela
PNTN Programa Nacional de Turismo de Natureza
PNUA Programa das Nações Unidas para o Ambiente
PNUCID Programa das Nações Unidas para o Controlo Internacional de Drogas
PNUD Programa das Nações Unidas para o Desenvolvimento
PNV Programa Nacional de Vacinação
Po QUÍMICA [*símbolo de* polónio]
PO Programa Operacional
POA Programa Operacional do Ambiente
POAAP Plano de Ordenamento de Albufeiras de Águas Públicas
POAP Plano de Ordenamento de Áreas Protegidas
POAT Programa Operacional Acessibilidades e Transportes
POC ECONOMIA Plano Oficial de Contabilidade (atual Sistema de Normalização Contabilística)
POCAL Plano Oficial de Contabilidade das Autarquias Locais
POC/DC ECONOMIA Plano Oficial de Contabilidade e Diretrizes Contabilísticas
POCP Plano Oficial de Contabilidade Pública
POE Programa Operacional da Economia
POEFDS Programa Operacional do Emprego, Formação e Desenvolvimento Social
POGIRSU Plano Operacional de Gestão Integrada de Resíduos Sólidos Urbanos
pol. (unidade de comprimento) [*símbolo de* polegada]
POOC Plano de Ordenamento da Orla Costeira
POP 1 INFORMÁTICA [*sigla de* post office protocol] protocolo utilizado para as trocas de correio eletrónico, permitindo o armazenamento das mensagens e a sua transferência posterior 2 INFORMÁTICA [*sigla de* point of presence] ponto de acesso a serviços de internet
PORLVT Programa Operacional da Região de Lisboa e Vale do Tejo
POS Programa Operacional de Saúde
POSI (Fundo Social Europeu) Programa Operacional Sociedade da Informação
pp MÚSICA [*sigla de* più pianissimo] mais suave
pp. [*abreviatura de* páginas]

p.p. 1 [*abreviatura de* próximo passado] 2 [*abreviatura de* por procuração] 3 [*abreviatura de* pronto pagamento]
PP 1 Partido Popular 2 ARQUITETURA Plano de Pormenor
PPA 1 ECONOMIA Plano Poupança Ações 2 ECONOMIA Paridade do Poder Aquisitivo
PPAE Países Pobres Altamente Endividados
PPC 1 ECONOMIA paridade do poder de compra 2 ECONOMIA Padrão de Poder de Compra
ppm INFORMÁTICA (impressora) páginas por minuto
p.p.m. QUÍMICA [*abreviatura de* partes por milhão]
PPM Partido Popular Monárquico
PPP 1 Parceria Público-Privada (participação de entidades privadas em investimentos de natureza pública) 2 INFORMÁTICA [*sigla de* point-to-point protocol] protocolo que permite a transmissão de informação pela internet através de linhas telefónicas normais 3 Plano de Poupança Popular
PPR ECONOMIA Plano de Poupança Reforma
PPRU Plano de Pormenor de Reabilitação Urbana
Pr QUÍMICA [*símbolo de* praseodímio]
PR 1 Presidência da República 2 Presidente da República
PRASD Programa de Recuperação de Áreas e Setores Deprimidos
PRAUD Programa de Recuperação de Áreas Urbanas Degradadas
PREC Processo Revolucionário em Curso (período de movimentação social e política registada em Portugal em 1974/1975, particularmente entre 28 de setembro de 1974 e 25 de novembro de 1975)
PRH FISIOLOGIA [*sigla de* prolactin releasing hormone] hormona libertadora de prolactina
PRI Prevenção Rodoviária Internacional
PRN Plano Rodoviário Nacional
PRODEP Programa de Desenvolvimento Educativo em Portugal
prof. [*abreviatura de* professor]
PROF Plano Regional de Ordenamento Florestal
PROLOG INFORMÁTICA [*sigla de* Programmation en Logique] linguagem de programação de alto nível baseada em relações lógicas entre as estruturas de dados
PROT Plano Regional de Ordenamento do Território
PRP Prevenção Rodoviária Portuguesa
PRU Programa de Reabilitação Urbana
PS 1 Partido Socialista 2 Pronto Socorro
P. S. [*abreviatura de* post scriptum] aquilo que se escreve no fim de uma carta, depois da assinatura
PSD 1 Partido Social Democrata 2 [Brasil] Partido Social Democrático
PSI ECONOMIA [*sigla de* Portuguese Stock Exchange]
PSP 1 Polícia de Segurança Pública 2 [Brasil] Partido Social Progressista
PSP-CI Polícia de Segurança Pública - Corpo de Intervenção
PSR 1 Partido Socialista Revolucionário 2 (ambiente) Produto Sódico Residual
Pt QUÍMICA [*símbolo de* platina]
PT 1 Polícia de Trânsito 2 Portugal Telecom 3 [Brasil] Partido dos Trabalhadores
PTA MEDICINA prótese total da anca
PTC INFORMÁTICA (sites) [*sigla de* Paid-To-Click] pago por clicar (modelo de negócio online em que os utilizadores são pagos por clicar em hiperligações de publicidade)
PTE Pactos Territoriais de Emprego
PTN FÍSICA, QUÍMICA pressão e temperatura normais
PTU Países e Territórios Ultramarinos
Pu QUÍMICA [*símbolo de* plutónio]
PU Plano de Urbanização
PUK [*sigla de* Personal Unblocking Key] número de identificação pessoal utilizado para desbloquear um cartão que permite o acesso a um sistema telefónico
PURU Plano de Urbanização de Reabilitação Urbana
PVC QUÍMICA [*sigla de* polyvinyl chloride] cloreto de polivinilo
PVD Países em Vias de Desenvolvimento
PVP Preço de Venda ao Público

Q

q 1 FÍSICA [*símbolo de* energias que entram no estabelecimento do equilíbrio de uma reação nuclear] 2 (sistema métrico) [*símbolo de* quintal]
Q FÍSICA [*símbolo de* quantidade de calor]
q.b. CULINÁRIA, FARMÁCIA [*abreviatura de* quanto baste]
QCA (União Europeia) Quadro Comunitário de Apoio
QDI Quadro de Desenvolvimento Integrado
QEC Quadro Económico de Conjunto
q.e.d. [*abreviatura de* quod erat demonstrandum] como se queria demonstrar
QES ECONOMIA Quadro de Entradas e Saídas
QG MILITAR Quartel-General
QO MILITAR Quadro Orgânico
QOF Quadro de Operações Financeiras
QP MILITAR Quadro Permanente
QPC MILITAR Quadro de Pessoal Civil
QREN Quadro de Referência Estratégico Nacional
q.s. [*abreviatura de* quantum satis] quanto baste
QZP (ensino) Quadro de Zona Pedagógica

R

R 1 FÍSICA [*símbolo de* röntgen] 2 FÍSICA [*símbolo de* resistência]
R. [*abreviatura de* Rua]
Ra QUÍMICA [*símbolo de* rádio]
RA Região Autónoma
RAA Região Autónoma dos Açores
RAAA MILITAR Regimento de Artilharia Antiaérea
rad GEOMETRIA [*símbolo de* radiano]
RAF [*sigla de* Royal Air Force] Força Aérea Britânica
RAI ECONOMIA resultado antes de impostos
RAM 1 Região Autónoma da Madeira 2 INFORMÁTICA [*sigla de* random access memory] memória de acesso aleatório
RAMA Rede Alargada do Ministério do Ambiente
RAN Reserva Agrícola Nacional
RAS INFORMÁTICA [*sigla de* Remote Access Service] servidor de acesso remoto
RAU Regime do Arrendamento Urbano
RAVE Rede Ferroviária de Alta Velocidade
Rb QUÍMICA [*símbolo de* rubídio]
RBE Rede de Bibliotecas Escolares
r/c [*abreviatura de* rés do chão]
RCTS Rede Ciência, Tecnologia e Sociedade
rd FÍSICA [*símbolo de* rad]
RDA República Democrática Alemã (até 1990, data em que ocorreu a unificação da Alemanha)
RDC República Democrática do Congo
RDD Região Demarcada do Douro
RDH Relatório de Desenvolvimento Humano
RDIS INFORMÁTICA rede digital integrada de serviços
RDM MILITAR Regulamento de Disciplina Militar
RDP Radiodifusão Portuguesa
Re QUÍMICA [*símbolo de* rénio]
REC [*sigla de* regional economic bloc] bloco económico regional
RECIPAC Associação Nacional de Recuperação e Reciclagem de Papel e Cartão
RECRIA Regime Especial de Comparticipação na Recuperação de Imóveis Arrendados

RECRIPH Regime Especial de Comparticipação e Financiamento na Recuperação de Prédios Urbanos em Regime de Propriedade Horizontal
REI Relações Económicas Internacionais
REM [sigla de rapid eye movement] movimento rápido do olho
REN 1 Reserva Ecológica Nacional 2 Rede Elétrica Nacional
RENAMO Resistência Nacional Moçambicana
RESSAA Regime Especial de Segurança Social das Atividades Agrícolas
Rf QUÍMICA [símbolo de rutherfórdio]
RF radiofrequência
RFA República Federal da Alemanha (até 1990, data em que ocorreu a unificação da Alemanha)
Rg QUÍMICA [símbolo de roentgénio]
RGA 1 Reunião Geral de Alunos 2 Recenseamento Geral da Agricultura
RGEU Regulamento Geral das Edificações Urbanas
RGP Reunião Geral de Professores
rH QUÍMICA [sigla de redutor e Hidrogénio] logaritmo decimal do inverso da atividade ou da pressão do hidrogénio molecular
Rh 1 QUÍMICA [símbolo de ródio] 2 [símbolo de Rhesus (fator)] aglutinogénio que existe no sangue de algumas pessoas (Rh+) e não existe no de outras (Rh-)
RH 1 Recursos Humanos 2 Resíduo Hospitalar 3 FISIOLOGIA [sigla de releasing hormone] hormona libertadora
RIB (ambiente) Resíduos Industriais Banais
RICC Rede Internacional de Controlo da Comercialização
RIMA Rede Interministerial de Modernização Administrativa
RIME Regime de Incentivos às Microempresas
RIP 1 (lápide tumular) [sigla de Requiescat In Pace] descanse em paz 2 Resíduos Industriais Perigosos
RM 1 Ressonância Magnética 2 MILITAR Região Militar
RMG Rendimento Mínimo Garantido (atualmente designado Rendimento de Inserção Social)
RMN Ressonância Magnética Nuclear
Rn QUÍMICA [símbolo de rádon]
RNAJ Registo Nacional de Associações Juvenis
RNCFD Registo Nacional de Clubes e Federações Desportivas
RNLP Rede Nacional de Leitura Pública
RNOA Rede Nacional de Observação Astronómica
RNPC Registo Nacional de Pessoas Coletivas
ROC Revisor Oficial de Contas
ROR Registo Oncológico Regional
ROT Rede de Observação da Terra
R.P. [abreviatura de República Portuguesa]
RPA 1 República Popular de Angola 2 Rede Portuguesa de Aerobiologia
RPE Regras Penitenciárias Europeias
rpm rotações por minuto
RPM 1 República Popular de Moçambique 2 Rede Portuguesa de Museus 3 Regimento de Polícia Militar
RSB Regimento de Sapadores Bombeiros
R. S. F. 1 [abreviatura de Resposta sem Franquia] 2 [abreviatura de Repórteres sem Fronteiras]
r. s. f. f. [abreviatura de responder se faz favor]
RSI Rendimento de Inserção Social (anteriormente designado Rendimento Mínimo Garantido)
RSU resíduos sólidos urbanos
RTA Região de Turismo do Algarve
RTB Rádio e Televisão Belgas
RTC Radiotelevisão Comercial
RTEE Rede Telemática Educativa Europeia
RTP Radiotelevisão Portuguesa
Ru QUÍMICA [símbolo de ruténio]
RUBI Rede Universitária de Bibliotecas e Informação
RV MILITAR Regime de Voluntariado
RVCC Reconhecimento, Validação e Certificação de Competências

S

s 1 (tempo) [símbolo de segundo] 2 MÚSICA [símbolo de solo]
s/ [abreviatura de seu, sua]
S 1 QUÍMICA [símbolo de enxofre] 2 FÍSICA [símbolo de siemens] 3 FÍSICA [símbolo de entropia] 4 GEOGRAFIA (ponto cardeal) [símbolo de sul]
S. [abreviatura de São]
S.A. 1 ECONOMIA [abreviatura de Sociedade Anónima] 2 [abreviatura de Sua Alteza]
SAA [sigla de South African Airways] Linhas Aéreas Sul-africanas
SABENA [sigla de Société Anonyme Belge d'Exploitation de la Navigation Aérienne] Linhas Aéreas Belgas
SAD Sociedade Anónima Desportiva
SADC [sigla de Southern African Development Community] Comunidade para o Desenvolvimento da África Austral
SADI Sistema Automático de Deteção de Incêndios
SAI Serviço de Auditoria e Inspeção
SAJE Sistema de Apoio a Jovens Empresários
SALT [sigla de Strategic Arms Limitation Treaty] Tratado para a Limitação das Armas Estratégicas
SAM MILITAR Sistema de Autoridade Marítima
SAMS Serviços de Assistência Médico-Social
SAP Serviço de Atendimento Permanente
S.A.R. [abreviatura de Sua Alteza Real]
SARL Sociedade Anónima de Responsabilidade Limitada
SAS [sigla de Scandinavian Airlines System] companhia aérea escandinava
SASU Serviço de Atendimento de Situações Urgentes
SATA Serviço Açoriano de Transportes Aéreos
SAU 1 Superfície Agrícola Utilizada 2 Serviço de Atendimento Urgente
Sb QUÍMICA [símbolo de antimónio]
SBC Sindicato dos Bancários do Centro
SBN Sindicato dos Bancários do Norte
SBPC Sociedade Brasileira para o Progresso da Ciência
SBSI Sindicato dos Bancários do Sul e Ilhas
SBV (primeiros socorros) Suporte Básico de Vida
Sc QUÍMICA [símbolo de escândio]
SCAP Sociedade de Ciências Agrárias de Portugal
SCARL Sociedade Cooperativa Anónima de Responsabilidade Limitada
SCE Sociedade Cooperativa Europeia
SCI Sociedade Civil Imobiliária
SCR Sociedade de Capital de Risco
SCSI INFORMÁTICA [sigla de Small Computer System Interface] interface usada para ligar computadores pequenos a diversos periféricos
SCUT Sem Custos para o Utilizador (designação das autoestradas cujos custos, inicialmente suportados pelo Estado português, passaram a ser pagos pelos utilizadores em algumas das vias, por meio de cobrança eletrónica
s.d. [abreviatura de sem data]
SDN Sociedade das Nações
SDPC Serviço Distrital de Proteção Civil
Se QUÍMICA [símbolo de selénio]
SE 1 GEOGRAFIA, NÁUTICA [símbolo de sueste] 2 Sindicato dos Economistas
SEAP Secretaria de Estado dos Assuntos Parlamentares
SEBC Sistema Europeu de Bancos Centrais
sec MATEMÁTICA [símbolo de secante]
SEC Secretaria de Estado da Cultura
séc. [abreviatura de século]
SECP Secretaria de Estado das Comunidades Portuguesas
SEDES Sociedade de Estudos para o Desenvolvimento Económico e Social
SEF Serviço de Estrangeiros e Fronteiras
SEICS Secretaria de Estado da Indústria, Comércio e Serviços
SEIT Secretaria de Estado da Informação e Turismo
SEJ Secretaria de Estado da Juventude
sen MATEMÁTICA [símbolo de seno]
SEN 1 MILITAR Serviço Efetivo Normal 2 Sindicato dos Enfermeiros do Norte
SEP Sindicato dos Enfermeiros Portugueses
SEPNA (Guarda Nacional Republicana) Serviço de Proteção da Natureza e do Ambiente
SERS Sindicato dos Engenheiros da Região Sul

SET

SET 1 INFORMÁTICA [*sigla de* secure electronic transaction] protocolo desenvolvido conjuntamente por várias organizações com o objetivo de estabelecer um método seguro para as transações feitas com cartões bancários 2 Secretaria de Estado do Turismo
s. f. f. [*abreviatura de* se faz favor]
SFI Sociedade Financeira Internacional
SFOR (NATO) [*sigla de* Stabilization Force] Força de Estabilização
Sg QUÍMICA [*símbolo de* seabórgio]
SGBD Sistema de Gestão de Bases de Dados
SGML INFORMÁTICA [*sigla de* standard generalized markup language] linguagem de programação que permite descrever páginas em hipertexto, permitindo transferir documentos entre diferentes sistemas de processamento de texto
SGPS ECONOMIA Sociedade Gestora de Participações Sociais (empresa criada para gerir outra empresa ou grupo de empresas e cujo objetivo é coordenar e orientar todas as atividades das suas filiais, pois possui uma parte importante do seu capital social)
SHAPE [*sigla de* Supreme Headquarters of the Allied Powers in Europe] Supremo Quartel-General das Forças Aliadas na Europa
SHL Serviço de Higiene e Limpeza
Si QUÍMICA [*símbolo de* silício]
SI Sistema Internacional de Unidades (sistema atual utilizado internacionalmente, que definiu 7 grandezas como básicas, com as respetivas unidades de base - metro, quilograma, segundo, ampere, kelvin, mole e candela -, a partir das quais se podem derivar todas as outras as unidades)
SIAC (Polícia Judiciária) Secção de Investigação de Atividades de Corrupção
SIAE Sistema de Informação de Apoio ao Empresário
SIARTE Sindicato das Artes e Espetáculos
SIBS Sociedade Interbancária de Serviços
SIC 1 Serviços de Identificação Civil 2 Sociedade Independente de Comunicação 3 ECONOMIA [*sigla de* Standard Interpretations Committee] Interpretações das Normas Internacionais de Contabilidade
SICAV Sociedade de Investimento de Capital Variável
SICIT (Polícia Judiciária) Secção de Investigação de Criminalidade Informática e de Telecomunicações
SIDA Síndrome da Imunodeficiência Adquirida
SIED Serviço de Informações Estratégicas de Defesa
SIG 1 Sistema de Informação Geográfica 2 ECONOMIA Saldo Intermédio de Gestão
SIGREM Sistema Integrado de Gestão de Resíduos de Medicamentos
SII Serviço Informativo Internacional
SIIEF (Polícia Judiciária) Secção de Investigação de Infrações Económico-Financeiras
SIII Sistema Integral dos Incentivos ao Investimento
SIM 1 Sindicato Independente dos Médicos 2 (telemóvel) [*sigla de* subscriber identification module] módulo de identificação de assinante
SIMA Sindicato da Indústria Metalúrgica e Afins
SIMF (Polícia Judiciária) Secção de Investigação de Moeda Falsa
SINAIA Sistema Nacional de Informação do Ambiente
SINAPE Sindicato Nacional dos Profissionais da Educação
SINDCES Sindicato Democrático do Comércio, Escritórios e Serviços
SINDECOR Sindicato Democrático da Indústria Corticeira
SINDEP Sindicato Nacional e Democrático dos Professores
SINDETELCO Sindicato Democrático dos Trabalhadores das Telecomunicações e Correios
SINTAP Sindicato dos Trabalhadores da Administração Pública
SINU Serviço de Informação das Nações Unidas
SIPEC Sociedade Internacional de Promoção do Ensino e Cultura
SIPNAT Sistema de Informação do Património Natural
SIRME Sistema de Incentivos à Revitalização e Modernização Empresarial
SIRP Sistema de Informações da República Portuguesa
SIS Serviço de Informações de Segurança
SISEP Sindicato dos Profissionais de Seguros de Portugal
SITEMA Sindicato dos Técnicos de Manutenção de Aeronaves
SJ 1 RELIGIÃO [*sigla de* Societas Jesu] Companhia de Jesus 2 Sindicato dos Jornalistas
SJPF Sindicato dos Jogadores Profissionais de Futebol
SLIP [*sigla de* serial line Internet protocol] protocolo que permite a utilização de uma linha telefónica normal para fazer uma ligação à internet
SLP Sociedade da Língua Portuguesa
Sm QUÍMICA [*símbolo de* samário]
SM Saúde Mental
SMAS Serviços Municipalizados de Água e Saneamento
SMAV Sindicato dos Meios Audiovisuais
SME Sistema Monetário Europeu
SMI Sistema Monetário Internacional
SMIC Serviço Municipal de Informação ao Consumidor
SMLP Sociedade Médico-Legal de Portugal
SMN 1 Sindicato dos Médicos do Norte 2 Salário Mínimo Nacional
SMO Serviço Militar Obrigatório
SMSL MEDICINA Síndrome de Morte Súbita Lactente
SMTP INFORMÁTICA [*sigla de* simple mail transport protocol] protocolo utilizado nos programas que transferem correio eletrónico entre computadores
Sn QUÍMICA [*símbolo de* estanho]
SNA 1 Secretariado Nacional do Audiovisual 2 ANATOMIA Sistema Nervoso Autónomo
SNATTI Sindicato Nacional da Atividade Turística, Tradutores e Intérpretes
SNB Serviço Nacional de Bombeiros
SNBA Sociedade Nacional de Belas-Artes
SNC 1 ECONOMIA Sociedade em Nome Coletivo 2 ANATOMIA sistema nervoso central 3 ECONOMIA Sistema de Normalização Contabilística
SNCGP Sindicato Nacional do Corpo da Guarda Prisional
SNESup Sindicato Nacional do Ensino Superior
SNET Sindicato Nacional dos Engenheiros Técnicos
SNF Sindicato Nacional dos Farmacêuticos
SNI Secretariado Nacional de Informação
SNIG Sistema Nacional de Informação Geográfica
SNIRB Sistema Nacional de Identificação e Registo de Bovinos
SNIRH Sistema Nacional de Informação de Recursos Hídricos
SNMP INFORMÁTICA [*sigla de* simple network management protocol] protocolo de comunicação recomendado para a gestão de redes TCP/IP (transmission control protocol/Internet protocol)
SNPC Serviço Nacional de Proteção Civil
SNPL Sindicato Nacional dos Professores Licenciados
SNRIPD Secretariado Nacional para a Reabilitação e Integração de Pessoas com Deficiência
SNS Serviço Nacional de Saúde
SNTRI Sistema Nacional de Tratamento de Resíduos Industriais
SNV ANATOMIA sistema nervoso vegetativo
SO 1 GEOGRAFIA, NÁUTICA [*símbolo de* sudoeste] 2 Serviço de Observação 3 INFORMÁTICA sistema operativo
Soc. [*abreviatura de* Sociedade]
SOJ Sindicato dos Oficiais de Justiça
SOS [*sigla de* save our souls] sinal radiotelegráfico internacional utilizado para pedir socorro
SPA 1 Sociedade Portuguesa de Autores 2 Setor Público Administrativo 3 (regime de alojamento) sem pequeno-almoço 4 Sociedade Protetora dos Animais 5 Salute Per Aquam (saúde pela água)
SPAIC Sociedade Portuguesa de Alergologia e Imunologia Clínica
SPCI Sociedade Portuguesa de Cuidados Intensivos
SPCP Sociedade Portuguesa de Cirurgia Pediátrica
SPCS Sociedade Portuguesa da Ciência do Solo
SPCV Sociedade Portuguesa da Cruz Vermelha
SPE 1 Sociedade Portuguesa de Escritores 2 Sindicato dos Professores no Estrangeiro
SPEB Sociedade Portuguesa de Engenharia Biomédica
SPECO Sociedade Portuguesa de Ecologia
SPED Sociedade Portuguesa de Endoscopia Digestiva
SPELM Sociedade de Promoção Empresarial Luso-Moçambicana
SPEMD Sociedade Portuguesa de Estomatologia e Medicina Dentária
SPES (ambiente) Sociedade Portuguesa de Energia Solar
SPF 1 Sociedade Portuguesa de Física 2 Sindicato dos Fisioterapeutas Portugueses
SPG Sistema de Preferências Generalizadas
SPGL Sindicato dos Professores da Grande Lisboa
SPH Sociedade Portuguesa de Hidatidologia
SPM 1 síndrome pré-menstrual 2 Sindicato dos Professores da Madeira 3 Sociedade Portuguesa de Menopausa 4 Sociedade Portuguesa de Matemática 5 Sociedade Portuguesa de Materiais
SPMA Sociedade Portuguesa Médica de Acupuntura
SPN Sindicato dos Professores do Norte
SPO 1 Serviços de Psicologia e Orientação 2 Sociedade Portuguesa de Oftalmologia
SPOT Satélite para Observação da Terra
SPP 1 Sociedade Portuguesa de Pneumologia 2 Sociedade Portuguesa de Pediatria

SPPCR Sociedade Portuguesa de Proteção Contra Radiações
SPQ Sistema Português da Qualidade
SPR Sociedade Portuguesa de Reumatologia
SPRA Sindicato dos Professores da Região Açores
SPRC Sindicato dos Professores da Região Centro
SPS Sociedade Portuguesa de Senologia
SPTT Serviço de Prevenção e Tratamento da Toxicodependência
SPV Sociedade Ponto Verde
SPZN Sindicato dos Professores da Zona Norte
SPZS Sindicato dos Professores da Zona Sul
sr GEOMETRIA [*símbolo de* esterradiano]
Sr QUÍMICA [*símbolo de* estrôncio]
Sr. [*abreviatura de* Senhor]
Sra. [*abreviatura de* Senhora]
SREA Serviço Regional de Estatística dos Açores
SRPCBA Serviço Regional de Proteção Civil e Bombeiros dos Açores
SS 1 Segurança Social 2 [*sigla de* Schutzstaffel] Esquadrão de Proteção (organização paramilitar e policial nazi)
S.S. [*abreviatura de* Sua Santidade]
SSE GEOGRAFIA, NÁUTICA [*símbolo de* su-sueste]
SSL INFORMÁTICA [*sigla de* secure sockets layer] padrão desenvolvido para transferir informação de modo seguro na internet
SSO GEOGRAFIA, NÁUTICA [*símbolo de* su-sudoeste]
SSW GEOGRAFIA, NÁUTICA [*símbolo de* su-sudoeste]
st [*símbolo de* estere]

STA Supremo Tribunal Administrativo
START [*sigla de* Strategic Arms Reduction Talks] tratado sobre a redução dos arsenais estratégicos nucleares
STCP Sociedade de Transportes Coletivos do Porto
STE Sindicato dos Trabalhadores de Espetáculos
STFPN Sindicato dos Trabalhadores da Função Pública do Norte
STFPSA Sindicato dos Trabalhadores da Função Pública do Sul e Açores
STFPZC Sindicato dos Trabalhadores da Função Pública da Zona Centro
STJ Supremo Tribunal de Justiça
STM Supremo Tribunal Militar
STML Sindicato dos Trabalhadores do Município de Lisboa
Sto. [*abreviatura de* Santo]
STP (ambiente) Sociedade Térmica Portuguesa
STRN Sindicato dos Trabalhadores de Registos e do Notariado
STSN Sindicato dos Trabalhadores de Seguros do Norte
STSSRA Sindicato dos Trabalhadores de Seguros do Sul e Regiões Autónomas
SUCH Serviço de Utilização Comum dos Hospitais
Sv [*símbolo de* sievert]
SW GEOGRAFIA, NÁUTICA [*símbolo de* sudoeste]
SWOT INFORMÁTICA [*sigla de* Strengths, Weaknesses, Opportunities, Threats] Pontos fortes, Pontos fracos, Oportunidades e Ameaças (ferramenta usada para analisar uma empresa ou corporação e os fatores internos e externos que afetam o seu funcionamento)

T

t 1 [*símbolo de* tonelada] 2 [*símbolo de* tempo]
t. [*abreviatura de* tomo]
T 1 FÍSICA [*símbolo de* tesla] 2 QUÍMICA [*símbolo de* trítio] 3 FÍSICA [*símbolo de* temperatura absoluta] 4 FÍSICA [*símbolo de* período] 5 tipologia (de habitação)
T. [*abreviatura de* tara]
Ta QUÍMICA [*símbolo de* tântalo]
TA tradução automática
TACV Transportes Aéreos de Cabo Verde
TAE Taxa Anual Efetiva
TAEG Taxa Anual Efetiva Global
TAP Transportes Aéreos Portugueses
Tb QUÍMICA [*símbolo de* térbio]
TB INFORMÁTICA [*símbolo de* terabyte]
TBB Taxa de Base Bancária
Tc QUÍMICA [*símbolo de* tecnécio]
TC 1 Tribunal de Contas 2 Tribunal Constitucional
TCA Tribunal Central Administrativo
TCE 1 MEDICINA traumatismo cranioencefálico 2 QUÍMICA tricloroetileno
TCP INFORMÁTICA [*sigla de* transmission control protocol] protocolo de transmissão de dados na internet
TCP/IP INFORMÁTICA [*sigla de* transmission control protocol/Internet protocol] conjunto de protocolos da internet que define como se processam as comunicações entre computadores de redes diferentes
TDB [*sigla de* Trade Development Board] Conselho de Comércio e Desenvolvimento
TDT Televisão Digital Terrestre
Te QUÍMICA [*símbolo de* telúrio]
TEDH Tribunal Europeu dos Direitos do Homem
TEJ Tribunal Europeu de Justiça
tel. [*abreviatura de* telefone]
TELECOM Empresa de Telecomunicações
TEP Tribunal de Execução de Penas
TFM Tribunal de Família e Menores
tg MATEMÁTICA [*símbolo de* tangente]
TGIS Tabela Geral do Imposto de Selo
Th QUÍMICA [*símbolo de* tório]
Ti QUÍMICA [*símbolo de* titânio]

TI Tecnologia de Informação
TIC 1 Tecnologias de Informação e Comunicação 2 Tribunal de Instrução Criminal
TIDE [*sigla de* Technology Initiative for Disabled and Elderly People] iniciativa comunitária no domínio da tecnologia para deficientes e idosos
TIJ Tribunal Internacional de Justiça
TIR 1 Transportes Internacionais Rodoviários 2 Taxa Interna de Rentabilidade
TJCE Tribunal de Justiça das Comunidades Europeias
tkm [*símbolo de* tonelada-quilómetro]
Tl QUÍMICA [*símbolo de* tálio]
TLB (ensino) Técnicas Laboratoriais de Biologia
TLEBS Terminologia Linguística para os Ensinos Básico e Secundário
tlm. [*abreviatura de* telemóvel]
TLP Telefones de Lisboa e Porto
TLQ (ensino) Técnicas Laboratoriais de Química
Tm QUÍMICA [*símbolo de* túlio]
TM [*sigla de* trademark] marca registada
TMG Tempo Médio de Greenwich
TMI taxa de mortalidade infantil
TMT 1 MILITAR Tribunal Militar Territorial 2 telecomunicações, média e tecnologias
TNP Tratado de Não Proliferação Nuclear
TNT trinitrotolueno
TO MILITAR teatro de operações
TOC Técnico Oficial de Contas
TPA Terminal de Pagamento Automático
TPC (ensino) trabalho para casa
TPI Tribunal Penal Internacional
TPIC Tribunal da Pequena Instância Cível
TPICE Tribunal de Primeira Instância das Comunidades Europeias
TR ECONOMIA Taxa Referencial
trad. [*abreviatura de* tradução, tradutor]
TRE Tribunal da Relação de Évora
TRL Tribunal da Relação de Lisboa
TRP Tribunal da Relação do Porto
TSF 1 telegrafia sem fios 2 telefonia sem fios
TSH 1 MEDICINA Terapia de Substituição Hormonal 2 FISIOLOGIA [*sigla de* thyroid stimulating hormone] tirostimulina

TSN MEDICINA Terapêutica de Substituição de Nicotina
TSU ECONOMIA taxa social única
TTA (ensino) Técnicas de Tradução de Alemão
TTF (ensino) Técnicas de Tradução de Francês
TTI (ensino) Técnicas de Tradução de Inglês
TU Teatro Universitário
TUE Tratado da União Europeia
TV televisão
TVAD televisão de alta definição
TVI Televisão Independente

U

u FÍSICA [símbolo de unidade de massa atómica (unificada)]
U QUÍMICA [símbolo de urânio]
UA 1 Universidade de Aveiro 2 Unidade Astronómica 3 União Africana 4 Universidade Aberta
UAç Universidade dos Açores
UACDL União das Associações de Comerciantes do Distrito de Lisboa
UAE Unidade de Atividade Económica
UAEAC União Aduaneira dos Estados da África Central
UAEAO União Aduaneira dos Estados da África Ocidental
UAI União Astronómica Internacional
UAL Universidade Autónoma de Lisboa
UALG Universidade do Algarve
UAM MILITAR Unidade Auxiliar de Marinha
UBC [sigla de Universal Bibliographic Control] registo da produção bibliográfica universal desenvolvido pelo esforço conjunto das bibliotecas nacionais
UBI Universidade da Beira Interior
UBP União Budista Portuguesa
UC 1 Universidade de Coimbra 2 unidade de crédito
UCCLA União das Cidades Capitais Luso-Afro-Américo-Asiáticas
UCI 1 Unidade de Cuidados Intensivos 2 União Ciclista Internacional
UCME Unidade de Conta Monetária Europeia
UCP Universidade Católica Portuguesa
UDP INFORMÁTICA [sigla de user datagram protocol] protocolo de transferência de dados da internet que corresponde ao nível 4 do modelo OSI (open systems interconnection)
UDR [Brasil] União Democrática Ruralista
UE 1 União Europeia 2 Universidade de Évora
UEFA [sigla de Union Européenne de Football Association] União Europeia de Futebol
UEM União Económica e Monetária
UEMOA [sigla de Union économique et monétaire ouest-africaine] União Económica e Monetária da África Ocidental
UEO União da Europa Ocidental
UEP 1 União Europeia de Pagamentos 2 União dos Editores Portugueses
UER União Europeia de Radiodifusão
UFIR ECONOMIA Unidade Fiscal de Referência
UFP União dos Farmacêuticos de Portugal
UGC União Geral de Consumidores
UGT União Geral de Trabalhadores
UHF [sigla de ultra high frequency] frequência ultra-alta
UHT [sigla de ultra heat treated] ultrapasteurizado
UI (medida) Unidade Internacional
UIA União Internacional de Arquitetos
UIC [sigla de Union Internationale des Chemins de Fer] União Internacional dos Caminhos de Ferro
UIE 1 União Internacional de Editores 2 União Internacional de Estudantes
UIPSS União das Instituições Particulares de Solidariedade Social
UIQPA União Internacional de Química Pura e Aplicada
UIT União Internacional para as Telecomunicações
UITP União Internacional dos Transportes Públicos
UK [sigla de United Kingdom] Reino Unido
UL Universidade de Lisboa
ULS unidade local de saúde
UM Universidade do Minho
UMa Universidade da Madeira
UMA União do Magrebe Árabe
UMP União das Misericórdias Portuguesas
UMTS [sigla de Universal Mobile Telecommunications System] sistema universal de telecomunicações móveis
UNAMET [sigla de United Nations Mission in East Timor] Missão das Nações Unidas para Timor-Leste

UNAVEM [sigla de United Nations Angola Verification Mission] Missão de Verificação das Nações Unidas em Angola (até 1997, data em que foi sucedida pela Mission d'Observation des Nations Unies)
UNCHS [sigla de United Nations Centre for Human Settlements] Centro das Nações Unidas para o Urbanismo
UNCITRAL [sigla de United Nations Commission on International Trade Law] Comissão de Direito Comercial Internacional das Nações Unidas
UNCTAD [sigla de United Nations Conference on Trade and Development] Conferência das Nações Unidas sobre Comércio e Desenvolvimento
UNDCP [sigla de United Nations International Drug Control Programme] Programa das Nações Unidas para o Controlo das Drogas
UNDP [sigla de United Nations Development Programme] Programa das Nações Unidas para o Desenvolvimento
UNECE [sigla de United Nations Economic Commission for Europe] Comissão Económica das Nações Unidas para a Europa
UNEP [sigla de United Nations Environment Program] Programa das Nações Unidas para o Ambiente
UNESCO [sigla de United Nations Educational, Scientific and Cultural Organization] Organização das Nações Unidas para a Educação, Ciência e Cultura
UNFA Unidade Nacional das Forças Armadas
UNFPA [sigla de United Nations Population Fund] Fundo das Nações Unidas para a População
UNHCR [sigla de United Nations High Commissioner for Refugees] Alto Comissário das Nações Unidas para os Refugiados
UNICE [sigla de Union des Industries de la Communauté européenne] União das Confederações da Indústria e do Patronato da Europa (atualmente designada BUSINESSEUROPE, The Confederation of European Business)
UNICEF [sigla de United Nations International Children's Emergency Fund] Fundo das Nações Unidas para a Infância
UNICEO Unidade Nacional de Informação do Crime Económico Organizado
UNIDO [sigla de United Nations Industrial Development Organization] Organização das Nações Unidas para o Desenvolvimento Industrial
UNITA União Nacional para a Independência Total de Angola
UNITAR [sigla de United Nations Institute for Training and Research] Instituto das Nações Unidas para a Formação e a Investigação
UNIVA Unidade de Inserção para a Vida Ativa
UNL Universidade Nova de Lisboa
UNO [sigla de United Nations Organization] Organização das Nações Unidas
UNODC [sigla de United Nations Office on Drugs and Crime] Escritório das Nações Unidas sobre Drogas e Crime
UNPO [sigla de Unrepresented Nations and People Organization] Organização das Nações e Povos não Representados
UNPROFOR [sigla de United Nations Protection Force] Força de Proteção das Nações Unidas
UNRRA [sigla de United Nations Relief and Rehabilitation Administration] Agência das Nações Unidas para a Organização de Socorros e a Reconstrução
UNRWA [sigla de United Nations Relief and Works Agency for Palestine Refugees in the Near East] Agência das Nações Unidas de Assistência aos Refugiados da Palestina no Próximo Oriente
UNSAC [sigla de United Nations Scientific Advancement Committee] Comité das Nações Unidas para o Progresso Científico
UNTAET [sigla de United Nations Transitional Administration in East Timor] Administração de Transição das Nações Unidas para Timor-Leste (até 2002, data em que foi substituída pela Missão das Nações Unidas de Apoio a Timor-Leste)

UNU Universidade das Nações Unidas
UP 1 Universidade do Porto 2 Universidade Portucalense
UPA HISTÓRIA União dos Povos de Angola
UPS INFORMÁTICA [sigla de uninterruptible power supply] fonte de alimentação ininterrupta
UPU União Postal Universal
URE utilização racional de energia
URL INFORMÁTICA [sigla de Uniform Resource Locator] sistema que localiza recursos na internet através da atribuição de nomes e endereços
URSS HISTÓRIA União das Repúblicas Socialistas Soviéticas
USA [sigla de United States of America] Estados Unidos da América
USB INFORMÁTICA [sigla de universal serial bus] norma de ligação de periféricos a um computador sem a necessidade de instalar placas e de reconfigurar o sistema
USC INFORMÁTICA [sigla de Universal Character Set] conjunto universal de caracteres (um dos métodos de mapeamento de códigos Unicode, associado a números que indicam o número de bytes por código)
USD [sigla de United States Dollar] dólar norte-americano
US GAAP ECONOMIA [sigla de United States Generally Accepted Accounting Principles] Princípios de Contabilidade Geralmente Aceites nos EUA
USIG Associação dos Utilizadores de Sistemas de Informação Geográfica
UTA Unidade de Trabalho Agrícola
UTAD Universidade de Trás-os-Montes e Alto Douro
UTF INFORMÁTICA [sigla de Unicode Transformation Format] formato de transformação Unicode (um dos métodos de mapeamento de códigos Unicode, associado a números – 7, 8, 16 – que indicam o número de bits por código)
UTH Unidade de Trabalho Humano
UTI 1 Unidade de Tratamento Intensivo 2 Unidade de Terapia Intensiva 3 [sigla de Urinary Tract Infection] infeção do trato urinário (ITU)
UTL Universidade Técnica de Lisboa
Uub QUÍMICA [símbolo de unúmbio] atual copernício (símbolo Cn)
Uuh QUÍMICA [símbolo de ununhéxio] atual livermório (símbolo Lv)
Uun QUÍMICA [símbolo de ununnílio] atual darmstádio (símbolo Ds)
Uuo QUÍMICA [símbolo de ununóctio]
Uuq QUÍMICA [símbolo de ununquádio] atual fleróvio (símbolo Fl)
Uuu QUÍMICA [símbolo de ununúnio] atual roentgénio (símbolo Rg)
UV ultravioleta

V 1 FÍSICA [símbolo de volt] 2 QUÍMICA [símbolo de vanádio] 3 GEOMETRIA [símbolo de volume]
VA ECONOMIA valor acrescentado
VAB ECONOMIA valor acrescentado bruto
VAL ECONOMIA Valor Anual Líquido
VALM MILITAR Vice-Almirante
VARIG [sigla de Viação Aérea Rio-Grandense] linhas aéreas brasileiras
VASPR MEDICINA Vacina Antissarampo, Parotidite (papeira) e Rubéola
VCEM MILITAR Vice-Chefe do Estado-Maior
VCEMA MILITAR Vice-Chefe do Estado-Maior da Armada
VCEME MILITAR Vice-Chefe do Estado-Maior do Exército
VCEMFA MILITAR Vice-Chefe do Estado-Maior da Força Aérea
VCI Via de Cintura Interna
vd. [abreviatura de vide]
V. Exa. [abreviatura de Vossa Excelência]
v. g. [abreviatura de verbi gratia] por exemplo
VGA INFORMÁTICA [sigla de video graphics array] adaptador padrão de gráficos a cores para computadores
VGM MEDICINA volume globular médio
VHF [sigla de very high frequency] altíssima frequência
VHS [sigla de video home system] sistema de leitura e gravação de programas de vídeo
VIH MEDICINA vírus da imunodeficiência humana (vírus responsável pela sida)
VIP [sigla de very important person] personalidade muito importante
VLS veículo lançador de satélites
VMER viatura médica de emergência e reanimação
VNU Voluntários das Nações Unidas
VOICE [sigla de Voluntary Organisations in Cooperation in Emergencies] Organizações de Voluntariado de Cooperação em Emergências
VoIP INFORMÁTICA [sigla de Voice over Internet Protocol] tecnologia que permite efetuar chamadas telefónicas através da internet
vol. [abreviatura de volume]
VOLP Vocabulário Ortográfico da Língua Portuguesa
VPH vírus do papiloma humano
VPN INFORMÁTICA [sigla de virtual private net] rede privada virtual
VQPRD Vinho de Qualidade Produzido em Região Determinada
VRML INFORMÁTICA [sigla de virtual reality modelling language] linguagem de programação usada para criar imagens em três dimensões para ambientes de realidade virtual no ecrã
vs. [abreviatura de versus]
V. S. [abreviatura de Vossa Senhoria]
v. s. f. f. [abreviatura de volte (a página), se faz o favor]
VSR vírus sincicial respiratório
VTOL [sigla de vertical take-off and landing] sistema aeronáutico de descolagem e aterragem verticais

W 1 GEOGRAFIA (ponto cardeal) [símbolo de oeste] 2 QUÍMICA [símbolo de tungsténio] 3 FÍSICA [símbolo de watt]
WAIS INFORMÁTICA [sigla de wide area information service] ferramenta de pesquisa que permite localizar nos conteúdos das bases de dados determinadas palavras-chave
WAN INFORMÁTICA [sigla de wide area network] rede de computadores ligados entre si numa grande extensão geográfica
WAP INFORMÁTICA [sigla de wireless application protocol] protocolo de aplicações sem fio que permite o acesso móvel à internet
Wb FÍSICA [símbolo de weber]
WEF [sigla de World Economic Forum] Fórum Económico Mundial
Wh ELETRICIDADE [símbolo de watt-hora]
WHO [sigla de World Health Organization] Organização Mundial de Saúde
WIPO [sigla de World Intellectual Property Organization] Organização Mundial da Propriedade Intelectual
WISE [sigla de World Information Service on Energy] Serviço Mundial de Informação sobre Energia
WML INFORMÁTICA [sigla de wireless markup language] linguagem padrão de páginas WAP (wireless Application protocol)
WMO [sigla de World Meteorological Organization] Organização Meteorológica Mundial
WNW GEOGRAFIA, NÁUTICA [símbolo de oés-noroeste]
WORM INFORMÁTICA [sigla de write once, read many] disco ótico de grande capacidade que pode ser gravado só uma vez pelo utilizador, podendo no entanto ser lido diversas vezes
WSW GEOGRAFIA [símbolo de oés-sudoeste]
WWF [sigla de World Wide Fund for Nature] Fundo Mundial para a Natureza
WWW [sigla de World Wide Web] rede mundial de comunicação
WYSIWYG INFORMÁTICA [sigla de what you see is what you get] sistema de interação entre o computador e o utilizador em que aquilo que se vê no ecrã corresponde ao que se pode obter na impressora

X

x MATEMÁTICA (equação, problema) [*símbolo de* incógnita]
X FÍSICA [*símbolo de* reactância]
Xe QUÍMICA [*símbolo de* xénon]

XML INFORMÁTICA [*sigla de* extensible markup language] linguagem para criar aplicações na internet e interligar aplicações
XPTO [*abreviação de* XPISTOS] Cristo

Y

y MATEMÁTICA (equação, problema) [*símbolo de* incógnita]
Y **1** QUÍMICA [*símbolo de* ítrio] **2** FÍSICA [*símbolo de* admitância]

Yb QUÍMICA [*símbolo de* itérbio]
yd [*símbolo de* yard] jarda

Z

Z FÍSICA [*símbolo de* impedância]
ZCL Zona de Comércio Livre
ZDCU Zona de Defesa e Controle Urbano
ZEC (ambiente) Zona Especial de Conservação
ZECL Zona Europeia de Comércio Livre
ZEE Zona Económica Exclusiva
ZEP Zona Especial de Protecção
ZFM Zona Franca de Manaus
ZIF INFORMÁTICA [*sigla de* zero insertion force] ficha de microprocessador que permite proceder à troca dos processadores sem qualquer esforço

ZLAN Zona Livre de Armas Nucleares
ZMA MILITAR Zona Militar dos Açores
ZMC MILITAR Zona Marítima do Centro
ZMM MILITAR Zona Militar da Madeira
ZMN MILITAR Zona Marítima do Norte
ZMS MILITAR Zona Marítima do Sul
Zn QUÍMICA [*símbolo de* zinco]
ZPE (ambiente) Zona de Proteção Especial
Zr QUÍMICA [*símbolo de* zircónio]

GUIA DO ACORDO ORTOGRÁFICO

Alfabeto

As letras **k**, **w** e **y** passam oficialmente a fazer parte do alfabeto português, que é, deste modo, constituído por vinte e seis letras.

a A (á)	n N (ene)
b B (bê)	o O (ó)
c C (cê)	p P (pê)
d D (dê)	q Q (quê)
e E (é)	r R (erre)
f F (efe)	s S (esse)
g G (gê ou guê)	t T (tê)
h H (agá)	u U (u)
i I (i)	v V (vê)
j J (jota)	**w W (dâblio ou duplo vê)**
k K (capa)	x X (xis)
l L (ele)	**y Y (ípsilon ou i grego)**
m M (eme)	z Z (zê)

Os nomes das letras acima apresentados não excluem outras formas de as designar.

Usos de k, w, e y

- Nos nomes de pessoas (antropónimos) e seus derivados originários de línguas estrangeiras

    Kant – kantiano
    Weber – weberiano
    Yang – yanguiano

- Nos nomes de localidades (topónimos) e seus derivados originários de línguas estrangeiras

    Koweit – koweitiano
    Washington – washingtoniano
    Yorkshire – yorkshiriano

- Nas siglas, símbolos e unidades de medida internacionais

    WC
    km
    watt

Sequências consonânticas

O Acordo Ortográfico prevê a supressão das consoantes c e p quando não são pronunciadas em determinadas sequências consonânticas. Nos casos em que há oscilação de pronúncia, aceitam-se duas grafias.

Supressão gráfica de consoantes mudas ou não articuladas

cc > c	accionar > acionar direccional > direcional leccionar > lecionar
cç > ç	acção > ação colecção > coleção direcção > direção
ct > t	colectivo > coletivo dialectal > dialetal electricidade > eletricidade
pc > c	adopcionismo > adocionismo excepcional > excecional recepcionista > rececionista
pç > ç	adopção > adoção perempção > perenção (*N.B.:* **mp**ç > **n**ç)
pt > t	óptimo > ótimo peremptório > perentório (*N.B.:* **mp**t > **n**t)

Nota: Sempre que as consoantes c e p são pronunciadas, mantêm-se: ca**p**tura, pa**c**to.

Grafia dupla: oscilação da pronúncia

Nos casos em que as consoantes c e p podem ser ou não pronunciadas, é possível escrever de duas formas.

cc ou c	perfeccionista / perfecionista
cç ou ç	intersecção / interseção
ct ou t	sector / setor
pç ou ç	consumpção / consunção
pt ou t	interruptor / interrutor

Acentuação gráfica

Supressão do acento

Nas palavras graves com ditongos tónicos *ói*

bóia > boia
jóia > joia

Nas formas verbais graves terminadas em *-êem*

dêem > deem
crêem > creem

Nas palavras graves homógrafas de palavras átonas

- *para* /á/ (presente do indicativo e imperativo do verbo *parar*) não se distingue de *para* (preposição)

- *pela* /é/ (presente do indicativo e imperativo do verbo *pelar*) e *pela* /é/ (nome) não se distinguem de *pela* (contração de *por + a*)

- *pelo* /é/ (presente do indicativo do verbo *pelar*) e *pelo* /ê/ (nome) não se distinguem de *pelo* (contração de *por + o*)

- *pera* /ê/ (nome) não se distingue do arcaísmo *pera* (preposição)

- *pero* /ê/ (nome) não se distingue do arcaísmo *pero* (conjunção)

- *polo* /ó/ (nome) e *polo* /ô/ (nome) não se distinguem de *polo* (antiga contração de *por + o*)

No presente indicativo dos verbos *arguir* e *redarguir*

argúis, argúi, argúem > arguis, argui, arguem
redargúis, redargúi, redargúem > redarguis, redargui, redarguem

No *ú* dos verbos terminados em *-guar*, *-quar* e *-quir*

averigúe, averigúes, averigúem > averigue, averigues, averiguem

Hifenização

Uso do hífen

Nas formas compostas que designam espécies zoológicas ou botânicas

andorinha-do-mar
couve-flor

Com qualquer prefixo, quando o 2.º elemento começa por *h*

anti-herói
pré-história
super-homem

Nas palavras em que o prefixo termina na mesma vogal com que começa o 2.º elemento

*anti-i*bérico

*infra-a*xilar

*micro-o*ndas

Nas palavras em que o prefixo termina na mesma consoante com que começa o 2.º elemento

*hiper-r*ealista

*inter-r*egional

*super-r*esistente

Com os prefixos acentuados graficamente, como *pós-*, *pré-* e *pró-*

pós-*graduação*

pré-*fabricado*

pró-*europeu*

Com os prefixos *ex-* (com o sentido de "anterior" ou "cessamento") e *vice-*

ex-combatente

vice-presidente

Com os prefixos *circum-* e *pan-*, quando o 2.º elemento começa por vogal, *h*, *m* ou *n*

*circu**m-n**avegação*

*pa**n-a**fricano*

Supressão do hífen

Nos compostos em que se perdeu a noção de composição

manda-chuva > *mandachuva**

pára-quedas > *paraquedas**

Nas palavras em que o prefixo termina em vogal e o 2.º elemento começa por *r* ou *s*, duplicando-se a consoante

*anti-r*eflexo > *antirr*eflexo

*auto-s*uficiência > *autoss*uficiência

*contra-r*elógio > *contrarr*elógio

*semi-s*elvagem > *semiss*elvagem

Nas palavras em que o prefixo termina em vogal e o 2.º elemento começa por vogal diferente

*auto-e*strada > *autoe*strada

*extra-e*scolar > *extrae*scolar

*intra-ó*sseo > *intraó*sseo

Com o prefixo *co-*, incluindo quando o 2.º elemento começa por *o*

*co-a*dministração > *coa*dministração

*co-o*corrência > *coo*corrência

Na maior parte das locuções

cartão-de-visita > *cartão de visita*

fim-de-semana > *fim de semana*

*O vocabulário oficial, *Vocabulário Ortográfico do Português*, admite atualmente como grafia alternativa a forma com hífen: manda-chuva, para-quedas.

No verbo *haver* acompanhado da preposição *de*

hei-de > *hei de*
hás-de > *hás de*
há-de > *há de*
hão-de > *hão de*

Minúsculas e maiúsculas

Uso de minúscula

Nos meses e estações do ano

*J*aneiro > *j*aneiro
*O*utubro > *o*utubro
*I*nverno > *i*nverno
*V*erão > *v*erão

Nos pontos cardeais e colaterais, exceto quando empregados absolutamente ou quando se usam os correspondentes símbolos

*Viajei de **n**orte a **s**ul do país.*
*Vivo no **N**orte.*

Em todos os usos de *fulano*, *sicrano* e *beltrano*

Nas formas de tratamento (opcionalmente, neste caso, a maiúscula pode ser usada como modo de destaque ou reverência)

senhor doutor Gustavo Madureira

Uso facultativo: minúscula ou maiúscula

Nas disciplinas escolares, cursos e domínios de saber

*m*atemática / *M*atemática
*m*edicina / *M*edicina

Nos lugares públicos, templos e edifícios

*r*ua da Restauração / *R*ua da Restauração
*p*alácio da Bolsa / *P*alácio da Bolsa
*i*greja do Carmo / *I*greja do Carmo

Nos nomes sagrados

*s*anta Filomena / *S*anta Filomena

Nos nomes de livros ou obras, exceto o primeiro elemento e os nomes próprios, que têm necessariamente de aparecer em maiúscula

*O **C**rime do **P**adre Amaro* / *O **c**rime do **p**adre Amaro*
*Memorial do **C**onvento* / *Memorial do **c**onvento*